PONS

Kompaktwörterbuch
für alle Fälle

Englisch – Deutsch
Deutsch – Englisch

herausgegeben von Prof. Dr. Erich Weis †

Teil 1: Englisch – Deutsch
von Prof. Dr. Erich Weis †

Ernst Klett Verlag
Stuttgart · Düsseldorf · Leipzig

PONS Kompaktwörterbuch für alle Fälle Englisch - Deutsch
herausgegeben von Prof. Dr. Erich Weis †

Englisch–Deutsch von Prof. Dr. Erich Weis †
Mitarbeit: Cornelia Enz, Veronika Schnorr

Neubearbeitung 1991: Hugh Keith, Elisabeth Meyer-Koch

Neubearbeitung 1997: Gudrun Küper, Rupert Livesey
unter Mitwirkung und Leitung der Redaktion PONS Wörterbücher

Neubearbeitung 2000: Redaktion PONS Wörterbücher

Die Deutsche Bibliothek - CIP-Einheitsaufnahme

Ein Titeldatensatz dieser Publikation ist
bei der Deutschen Bibliothek erhältlich

4. neu bearbeitete Auflage 2000 - Nachdruck 2001

Internet: www.pons.de
e-mail: info@pons.de

Redaktion: Andrea Ender
Sprachdatenverarbeitung: Andreas Lang,
conTEXT AG für Informatik und Kommunikation, Zürich
Einbandentwurf: Ira Häußler, Stuttgart
Logoentwurf: Erwin Poell, Heidelberg
Fotosatz: Dörr und Schiller GmbH, Stuttgart
Druck: Clausen & Bosse, Leck
Printed in Germany
ISBN 3-12-517119-9

go [gəʊ] <*irr* goes, went, gone> …
goes [gəʊz] *3. Person Präsens Singular von go.*
went [went] *s.* **go**
gone [gɒn] **I.** *pp of* **go II.** *adj* **1.** vergangen; vorbei **2.** tot; **be ~ on s.o.** (*sl*) in jdn verknallt sein; **it's ~ six o'clock** es ist sechs Uhr vorbei; **he is ~** er ist fort; …

Unregelmäßige Verbformen sind bei der Grundform in Spitzklammern < > in der Reihenfolge Präsens, Präteritum, Partizip Perfekt angegeben. Sie werden auch am alphabetischen Ort aufgeführt und zur Grundform verwiesen.

good [gʊd] <*Komparativ* better, *Superlativ* best> …
bet•ter ['betə(r)] <*Komparativ von* good, well> **I,** *adj* besser; mehr (*than* als); **II,** *s* …
best [best] <*Superlativ von* good, well> **I.** *adj* beste(r, s); **II.** *s* …

Unregelmäßige Steigerungsformen der englischen Adjektive sind in Spitzklammern < > angegeben. Sie werden auch am alphabetischen Ort aufgeführt und zur Grundform verwiesen.

event [ɪ'vent] *s* **1.** Ereignis, Geschehnis *nt,* Begebenheit *f* **2.** (SPORT) Veranstaltung *f;* Wettkampf *m;* Disziplin *f;* …

Bei den **deutschen Substantiven** ist das Geschlecht angegeben; bei mehreren aufeinander folgenden, mit Komma voneinander getrennten Substantiven gleichen Geschlechts steht die Geschlechtsangabe hinter dem letzten Substantiv.

angry ['æŋgrɪ] *adj* **1.** ärgerlich, zornig (*at s.th.* über etw, *with s.o.* auf jdn) **2.** (MED) entzündet **3.** (*See*) aufgewühlt; **be ~** sich ärgern, ärgerlich sein; böse sein (*at, with* auf, mit); …

Präpositionale Anschlüsse von Verben, Substantiven und Adjektiven werden angegeben.

Die Verwendung des Stichworts und seiner Übersetzungen im Satzzusammenhang wird durch zahlreiche Hinweise erklärt, z. B. durch

mild [maɪld] *adj* **1.** *(Charakter)* mild, sanft; **2.** *(Geschmack)* leicht, schwach; **3.** *(Klima)* mild; **4.** *(Tadel)* leicht; **~ ale** leichtes dunkles Bier

- **zusätzliche Erklärungen,**

group [gru:p] **I.** *s* **1.** Gruppe *f* **2.** (*Br*) Geschwader *nt;* (*Am*) Gruppe *f* **3.** (COM) Konsortium *nt;* Unternehmensgruppe *f;* Konzern *m* **4.** (THEAT) Ensemble *nt;* …

- **Sachgebietsangaben,**

fab•ri•cate [ˌfæbrɪkeɪt] *vt* **1.** herstellen, fabrizieren; **2.** *fig* erdichten, erfinden

- **Kennzeichnung von Wörtern mit übertragener Bedeutung,**

cracked [krækt] *adj* **1.** gesprungen; gebrochen, rissig; **2.** *fam* verrückt

- **Kennzeichnung von Stilschichten**, die von der Standardsprache abweichen *(fam, sl, lit usw.).*

Inhalt

Englisch - Deutsch

Deutsch - Englisch

Anhang

Erläuterungen

I. Schriftarten

Fettdruck	für die Stichwörter;
Halbfettdruck	für die englischen Anwendungsbeispiele und Redewendungen und für die römischen und arabischen Ziffern;
Kursivschrift:	für Angaben von Wortart und Genus etc., für Erklärungen, für Bezeichnungen der Sprachebene;
Grundschrift	für die deutschen Übersetzungen der englischen Stichwörter, Anwendungsbeispiele und Redewendungen;
Grundschrift	für die Formen der starken und unregelmäßigen englischen Verben, für Unregelmäßigkeiten der Steigerung bei englischen Adjektiven und für unregelmäßige Pluralformen der englischen Substantive.
Beispiel:	**bag** [bæg] **I.** *s* **1.** Tasche *f;* (*sack*) Beutel, Sack *m;* (*paper* ~) Tüte *f;* (*hand* ~) Handtasche *f;* **~s** Gepäck *nt;* **2.** (*game*-~) Jagdbeute *f;* **~s of** (*fam*) jede Menge; **the whole ~ of tricks** die ganze Trickkiste; **let the cat out of the ~** (*fig*) die Katze aus dem Sack lassen; **a ~ of bones** Haut u. Knochen; **old ~** (*pej*) alte Schachtel **II.** *vt* **1.** in den Sack stecken; (*fig*) einstecken **2.** (*sl*) sich unter den Nagel reißen **3.** erbeuten, erlegen **III.** *vi* sich ausbeulen
KAPITÄLCHEN	für Sachgebietsangaben, z.B. (SCHULE)

II. Stichwortanordnung und Gliederung der Einträge

Alle fett gedruckten Stichwörter sind alphabetisch angeordnet.

Die römischen Ziffern dienen zur Unterscheidung der verschiedenen Wortarten, denen ein Stichwort angehört, und zur Gliederung der Verben (*vt, vi, vr, impers. mit Präposition*).

Beispiel: **vault²** [vɔːlt] **I.** *s* (SPORT) Sprung *m* **II.** *vt* überspringen, springen über **III.** *vi* springen.

Grundlegend verschiedene Bedeutungen eines Stichworts sind durch arabische Ziffern differenziert.

Beispiel: **ac•com•plish** [əˈkʌmplɪʃ] *vt* **1.** vollenden **2.** vollbringen, zu Stande bringen, leisten **3.** (*Zweck, Aufgabe*) erfüllen; (*Plan*) verwirklichen, ausführen; (*Arbeit*) verrichten.

III. Tilde ~

Die Tilde ~ ersetzt in Anwendungsbeispielen und Redewendungen das vorhergehende fett gedruckte Stichwort.

Beispiel: **ba•con** [ˈbeɪkən] *s* (durchwachsener) Speck *m;* **save one's ~** (*fam*) mit heiler Haut davonkommen.

IV. Geschlechtsbezeichnung

Alle deutschen Substantive sind mit der Geschlechtsbezeichnung *(m, f, nt)* versehen, wobei nur das letzte von zwei oder mehreren gleichgeschlechtlichen, durch Kommas getrennten Substantiven die Geschlechtsbezeichnung erhält.

Beispiel: **re•jec•tion** [rɪˈdʒekʃn] *s* **1.** Ablehnung, Zurückweisung *f* **2.** Abweisung *f;* Verwerfen *nt* **3.** (MED) Abstoßung *f.*

Männliche Substantive, die wie Adjektive dekliniert werden, sind folgendermaßen gekennzeichnet:

Beispiel: Beamte(r) *m* = der Beamte, ein Beamter

Substantive, die wie Adjektive dekliniert werden und sowohl eine männliche als auch eine weibliche Form haben, sind folgendermaßen gekennzeichnet:

Beispiel: Angestellte(r) *f m* = der Angestellte, ein Angestellter
die Angestellte, eine Angestellte

Substantive, die die weibliche Form mit **-in** bilden, sind folgendermaßen gekennzeichnet:

Beispiel: Ingenieur(in) *m(f)*
Chirurg(in) *m(f)*
Agent(in) *m(f)*

Besteht die Übersetzung aus einem Adjektiv und einem Substantiv, wird auf die Geschlechtsangabe verzichtet, da sich das Geschlecht des Substantivs an der deklinierten Form des Adjektivs ersehen lässt.

Beispiel: **va•cancy** ['veɪkənsɪ] *s* **1.** Leere *f* **2.** (*Hotel*) freies Zimmer **3.** (*Firma*) offene Stelle **4.** (*fig*) geistige Leere; …

V. Bezeichnung der Ergänzungen des Verbs, des Adjektivs und des Substantivs

Die Präposition, die ein Verb, Adjektiv oder Substantiv oft ergänzt, wird mit ihrer deutschen Entsprechung nach der deutschen Übersetzung in Klammern angegeben.

Beispiel: **re•sult** … sich ergeben, resultieren (*from* aus)
re•sult•ant … sich ergebend, resultierend (*from* aus)
re•ac•tion … Reaktion *f* (*to* auf; *against* gegen)

VI. Phrasal Verbs

Feste Verbindungen von Verb und Präposition im Englischen (Phrasal Verbs) werden am Ende des Eintrags in einer eigenen Kategorie zusammengefasst. Transitiver und intransitiver Gebrauch wird unterschieden, grundlegende Bedeutungsunterschiede werden mit arabischen Ziffern differenziert. Beispielsätze stehen am Ende des jeweiligen Phrasal-Verb-Eintrags. Die Phrasal Verbs sind innerhalb der Kategorie alphabetisch geordnet. Um ein Auffinden des jeweiligen Phrasal Verbs zu erleichtern, ist in jedem neuen Untereintrag das Stichwort ausgeschrieben. In den Beispielsätzen steht für das Verb eine Tilde, die Präposition wird wiederholt.

Beispiel: **close**[2] [kləʊz] **I.** *vt* **1.** (zu-, ver)schließen, zumachen; (*Straße*) sperren **2.** in Verbindung, Berührung bringen; (ELEK: *Stromkreis*) schließen **3.** beenden, ab-, beschließen; (*Versammlung, Sitzung*) schließen **4.** (*Fabrik*) stilllegen **5.** (COM) abschließen, saldieren, liquidieren **6.** (*Hypothek*) löschen; ~ **a deal** ein Geschäft abschließen; ~ **one's eyes** (*fig*) die Augen verschließen (*to* vor) **II.** *vi* **1.** schließen; sich schließen **2.** aufhören, zu Ende gehen **3.** zumachen; (*Betrieb*) stillgelegt werden **4.** sich nähern **III.** *s* **1.** (Ab)Schluss *m,* Ende *n* **2.** Handgemenge *n;* **bring to a** ~ zu Ende bringen; **draw to** ~ zu Ende gehen; **close down** *vt* **1.** (*Betrieb*) stilllegen **2.** (*Geschäft*) schließen; **close in I.** *vi* **1.** näher kommen **2.** (*Winter*) anbrechen; (*Nacht*) hereinbrechen **3.** (*Tage*) kürzer werden **II.** *vt* umgeben; ~ **in on s.o.** jdm zu Leibe rücken; **close off** *vt* abriegeln, absperren; **close up I.** *vt* (ver)sperren, blockieren **II.** *vi* **1.** naherücken **2.** (MIL) aufschließen; **close with** *vi* schließen mit; ~ **with s.o.** mit jdm zu einem Kompromiss kommen; ~ **with an offer** ein Angebot annehmen.

VII. Aussprache

Zur Bezeichnung der Aussprache wurden die phonetischen Zeichen des IPA *(International Phonetic Alphabet)* verwendet. Für die Umschrift der einzelnen Wörter wurden *Everyman's English Pronouncing Dictionary, Daniel Jones & A. C. Gimson* und *Advanced Learner's Dictionary of Current English* zu Rate gezogen. Jedes Hauptstichwort hat die volle phonetische Umschrift; eine Teilumschrift wird bei Derivativen angegeben und leitet sich von der vorhergehenden Aussprache ab. Bei zusammengesetzten Wörtern, deren einzelne Teile an anderer Stelle im Wörterbuch mit der Umschrift versehen sind, wird auf die Wiederholung der Ausspracheangabe verzichtet.

VIII. Silbentrennung

Die Silbentrennung der englischen Stichwörter ist durch einen Silbentrennpunkt gekennzeichnet. Bei zusammengesetzten Wörtern, deren einzelne Teile an anderer Stelle im Wörterbuch eigene Einträge sind, findet man die mögliche Trennung dort angegeben.

Liste der Abkürzungen

a.	auch	*also*
Abk	Abkürzung	*abbreviation*
acc	Akkusativ	*accusative*
adj	Adjektiv	*adjective*
adv	Adverb	*adverb*
AGR	Landwirtschaft	*agriculture*
allg	allgemein	*generally*
Am	amerikanisches Englisch	*American English*
ANAT	Anatomie	*anatomy*
ARCH	Architektur	*architecture*
ASTR	Astronomie, Astrologie	*astronomy, astrology*
attr	attributiv	*attributive*
AUTO	Auto und Verkehr	*cars and traffic*
aux	Hilfsverb	*auxiliary verb*
AVIAT	Luftfahrt	*aviation*
bes.	besonders	*particularly*
BIOL	Biologie	*biology*
BOT	Botanik	*botany*
Br	britisches Englisch	*British English*
CH	schweizerdeutsch	*Swiss German*
CHEM	Chemie	*chemistry*
COM	Handel	*commerce*
conj	Konjunktion	*conjunction*
dat	Dativ	*dative*
ECCL	kirchlich	*ecclesiastical*
ELEK	Elektrizität	*electricity*
etc.	und so weiter	*et cetera*
etw	etwas	*something*
euph	euphemistisch, verhüllend	*euphemistic*
f	Femininum	*feminine gender*
fam	umgangssprachlich, familiär	*colloquial*
fig	bildlich, figurativ	*figurative*
FILM	Film	*film*
FIN	Finanzwesen	*finances*
GEOG	Geografie	*geography*
GEOL	Geologie	*geology*
gen	Genitiv	*genitive*
GRAM	Grammatik	*grammar*
hist	historisch	*historical*
hum	humoristisch	*humorously*

impers	unpersönlich	*impersonal*
inf	Infinitiv	*infinitive*
INFORM	Informatik	*computer science*
interj	Interjektion	*interjection*
iro	ironisch	*ironical*
irr	unregelmäßig	*irregular*
jd	jemand	*someone*
jdm	jemandem	*someone('s)*
jdn	jemanden	*someone*
jds	jemandes	*someone's*
JUR	juristisch	*legal*
LING	Linguistik	*linguistics*
LIT	literarisch, Literatur	*literary, literature*
m	Maskulinum	*masculine gender*
MAR	Seefahrt	*marine*
MARKT	Marketing	*marketing*
MATH	Mathematik	*mathematics*
MED	Medizin	*medicine*
METE	Meteorologie	*meteorology*
MIL	Militärwesen	*military*
MIN	Mineralogie, Bergbau	*mineralogy, mining*
MUS	Musik	*music(al)*
nt	Neutrum	*neuter gender*
num	Zahlwort	*numeral*
obs	veraltet	*obsolete*
o, od	oder	*or*
OPT	Optik	*optics*
ORN	Vogelkunde	*ornithology*
o.s.	sich	*oneself*
österr	österreichisch	*Austrian*
PARL	parlamentarisch	*parliamentary*
pej	pejorativ, abwertend	*pejorative*
PHILOS	Philosophie	*philosophy*
PHOT	Fotografie	*photography*
PHYS	Physik	*physics*
PHYSIOL	Physiologie	*physiology*
pl	Plural	*plural*
pl mit sing	Plural mit Singularkonstruktion	*plural with singular construction*
poet	poetisch	*poetical*
POL	Politik	*politics*
pp	Partizip Perfekt	*past participle*

ppr	Partizip Präsens	*present participle*
pred	prädikativ	*predicative*
pref	Präfix, Vorsilbe	*prefix*
prep	Präposition	*preposition*
pron	Pronomen	*pronoun*
prov	Sprichwort	*proverb*
PSYCH	Psychologie	*psychology*
RADIO	Rundfunk, Radio	*radio*
RAIL	Eisenbahnwesen	*railway, railroad*
REL	Religion	*religion*
RR	Rechtschreibreform	*German spelling reform*
S	Sache	*thing*
s	Substantiv	*noun*
s.	siehe	*see*
SCHULE	Schule	*school*
sing	Singular	*singular*
sl	Slang	*slang*
s. o.	jemand(en, em)	*someone*
s. o.'s	jemandes	*someone's*
SPORT	Sport	*sports*
s.th.	etwas	*something*
TECH	technisch	*technical*
TELE	Nachrichtentechnik	*telecommunications*
THEAT	Theater	*theatre*
TV	Fernsehen	*television*
TYP	Typografie, Buchdruck	*typography*
u., u.	und	*and*
v	Verb	*verb*
VET	Tiermedizin	*veterinary medicine*
vi	intransitives Verb	*intransitive verb*
vr	reflexives Verb	*reflexive verb*
vt	transitives Verb	*transitive verb*
vulg	vulgär	*vulgar*
®	Warenzeichen	*trademark*
ZOO	Zoologie	*zoology*

Liste der Lautschriftzeichen

Vokale und Diphthonge		Konsonanten	
[ɑː]	plant, farm, father	[b]	been, boat
[aɪ]	five, life	[d]	do, had
[aʊ]	house, mouse	[ð]	this, father
[æ]	man, sad	[f]	father, wolf
[e]	get, bed	[g]	go, beg
[eɪ]	name, same	[ŋ]	long, sing
[ə]	ago, better	[h]	house
[ɜː]	bird, her	[j]	youth
[eə]	there, care	[k]	keep, milk
[ʌ]	but, son	[l]	lamp, oil, ill
[ɪ]	it, wish	[m]	man, am
[iː]	bee, see, me, beat,	[n]	no, manner
	belief	[p]	paper, happy
[ɪə]	here, near	[r]	red, dry
[əʊ]	no, low	[s]	stand, sand, yes
[ɒ]	not, long	[ʃ]	ship, station
[ɔː]	law, all	[t]	tell, fat
[ɔɪ]	boy, oil	[tʃ]	church, catch
[ʊ]	push, look	[v]	voice, live
[uː]	you, do	[w]	water, we, which
[ʊə]	poor, sure	[z]	zeal, these, gaze
		[ʒ]	pleasure
		[dʒ]	jam, object
		[θ]	thank, youth

ː bezeichnet die Länge des vorausgehenden Vokals.
Das Zeichen ˈ gibt den Hauptton, das Zeichen ˌ den Nebenton an.

Das englische Alphabet

a [eɪ] **b** [biː] **c** [siː] **d** [diː] **e** [iː] **f** [ef] **g** [dʒiː] **h** [eɪtʃ] **i** [aɪ] **j** [dʒeɪ] **k** [keɪ] **l** [el] **m** [em] **n** [en] **o** [əʊ] **p** [piː] **q** [kjuː] **r** [ɑː] **s** [es] **t** [tiː] **u** [juː] **v** [viː] **w** [ˈdʌbljuː] **x** [eks] **y** [waɪ] **z** [zed, *Am* ziː]

A

A, a [eɪ] <*pl* -'s> *s* **1.** (*a.* MUS) A, a *nt* **2.** (*Schulnote*) eins, sehr gut; **from A to Z** von A bis Z; **A1** (MAR) erstklassig, Ia

a, an [ə, *betont* eɪ, ən, *betont* æn] *art* ein, eine, ein; **five pounds ~ week** fünf Pfund pro Woche; **in ~ day or two** in ein paar Tagen; **he is an Englishman** er ist Engländer; **he is ~ teacher** er ist Lehrer; **~ Mr Myer** ein (gewisser) Herr Myer; **in ~ sense** in gewissem Sinne

aback [ə'bæk] *adv:* **be taken ~** verblüfft sein

aban•don [ə'bændən] **I.** *vt* verlassen; aussetzen; aufgeben; verzichten (*s.th.* auf etw) **II.** *vr:* **~ o.s.** sich hingeben (*to despair* der Verzweiflung) **III.** *s:* **with ~** leidenschaftlich, mit Leib und Seele; **aban•doned** [ə'bændənd] *adj* **1.** verlassen **2.** (*Leben*) lasterhaft, liederlich

abashed [ə'bæʃt] *adj:* **feel ~** sich schämen

abate [ə'beɪt] **I.** *vt* vermindern; (*Schmerz*) mildern **II.** *vi* (*Wind*) abnehmen, abflauen, sich legen; **abate•ment** [-mənt] *s* **1.** Abnahme *f* **2.** (JUR: *Übelstand*) Beseitigung *f;* **noise ~** Lärmbekämpfung *f*

ab•at•toir ['æbətwɑ:(r), *Am* ˌæbə'twɑ:(r)] *s* Schlachthof *m*

ab•bess ['æbes] *s* Äbtissin *f;* **ab•bey** ['æbɪ] *s* Abtei *f;* **ab•bot** ['æbət] *s* Abt *m*

ab•brevi•ate [ə'bri:vɪeɪt] *vt* abkürzen, verkürzen; **ab•brevi•ation** [əˌbri:vɪ'eɪʃn] *s* Abkürzung *f*

ABC [ˌeɪbi:'si:] *s* **1.** Abc, Alphabet *nt* **2.** (*fig*) Anfangsgründe *mpl* **3.** (RAIL) alphabetischer Fahrplan **4.** (atomic, biological and chemical) ABC; **ABC weapons** ABC-Waffen *fpl*

ab•di•cate ['æbdɪkeɪt] **I.** *vt:* **~ responsibility** sich der Verantwortung entziehen; **~ the throne** abdanken **II.** *vi* abdanken; **ab•di•ca•tion** [ˌæbdɪ'keɪʃn] *s* Abdankung *f*

ab•do•men ['æbdəmən] *s* **1.** (Unter)Leib, Bauch *m* **2.** (*Insekt*) Hinterleib *m;* **ab•domi•nal** [æb'dɒmɪnl] *adj* abdominal, Unterleibs-

ab•duct [æb'dʌkt] *vt* entführen; **ab•duc•tion** [æb'dʌkʃn] *s* Entführung *f*

ab•er•ra•tion [ˌæbə'reɪʃn] *s* **1.** Abweichung *f* **2.** Verirrung *f,* Irrweg *m* **3.** (*mental ~*) geistige Verwirrung

abet [ə'bet] *vt* (*Verbrechen*) begünstigen; **aid and ~ a criminal** einen Täter begünstigen

abey•ance [ə'beɪəns] *s:* **in ~** in der Schwebe; **fall into ~** außer Kraft treten

ab•hor [əb'hɔ:(r)] *vt* verabscheuen; **ab•hor•rence** [əb'hɒrəns] *s* Abscheu *m;* **hold in ~** verabscheuen

abide [ə'baɪd] **I.** *vi:* **~ by** festhalten an; treu bleiben *dat* **II.** *vt:* **he can't ~ him** er kann ihn nicht ausstehen

abil•ity [ə'bɪlətɪ] *s* **1.** Fähigkeit *f* (*for* für, zu) **2.** Talent *nt,* Klugheit *f;* Können *nt;* **to the best of one's ~** nach besten Kräften

ab•ject ['æbdʒekt] *adj* **1.** elend, erbärmlich **2.** verworfen, gemein; **in ~ poverty** in tiefster Armut

ablaze [ə'bleɪz] *adv, adj pred* **1.** in Flammen; lodernd **2.** (*fig*) glänzend, funkelnd (*with* von, vor); **set ~** entflammen

able ['eɪbl] *adj* **1.** fähig, kompetent **2.** talentiert, begabt; tüchtig, gewandt; **an ~ teacher** ein talentierter Lehrer; **be ~ to** können, vermögen, in der Lage sein zu; **able-bodied** [-'bɒdɪd] *adj* (körperlich) kräftig, gesund; **~ seaman** Vollmatrose *m*

ab•nor•mal [æb'nɔ:ml] *adj* anomal, abnorm; ungewöhnlich; **ab•nor•mal•ity** [ˌæbnə'mælɪtɪ] *s* **1.** Regelwidrigkeit *f* **2.** (MED) Abnormität *f*

aboard [ə'bɔ:d] *adv, prep* an Bord, im Zug, Omnibus, Flugzeug; **go ~** an Bord gehen, sich einschiffen; (*in Zug, Bus, Flugzeug*) einsteigen; **all ~!** alle Mann an Bord!; (RAIL) alles einsteigen!

abode [ə'bəʊd] *s* Aufenthalt *m;* **with** [*o* **of**] **no fixed ~** ohne festen Wohnsitz

ab•ol•ish [ə'bɒlɪʃ] *vt* abschaffen; **ab•oli•tion** [æbəl'ɪʃn] *s* Abschaffung *f*

abom•in•able [ə'bɒmɪnəbl] *adj* scheußlich, widerwärtig; **abom•in•ate** [ə'bɒmɪneɪt] *vt* verabscheuen; **abom•in•ation** [əˌbɒmɪ'neɪʃn] *s* **1.** Abscheu *m* (*of* vor) **2.** Gräuel *m*

abo•rig•inal [ˌæbə'rɪdʒənl] **I.** *adj* **1.** eingeboren, ursprünglich **2.** einheimisch **II.** *s* Ureinwohner(in) *m(f)*

Abo•ri•gi•ne [ˌæbə'rɪdʒɪnɪ] *s* Ureinwohner(in) *m(f)* Australiens

abort [ə'bɔ:t] **I.** *vt* (*Embryo*) abtreiben; (*Schwangerschaft, Mission*) abbrechen **II.** *vi* **1.** abtreiben **2.** fehlgebären; **abor•tion** [ə'bɔ:ʃn] *s* **1.** (MED) Früh-, Fehlgeburt *f* **2.** Schwangerschaftsabbruch *m,* Abtreibung *f* **3.** Fehlschlag *m;* **abort•ive** [ə'bɔ:tɪv] *adj* erfolglos

abound [ə'baʊnd] *vi* **1.** im Überfluss vorhanden sein; reich sein (*in* an) **2.** Überfluss haben an, wimmeln (*with* von)

about [ə'baʊt] **I.** *prep* **1.** (*räumlich*) um, um … herum, über … hin, auf allen Seiten; **a fence ~ the garden** ein Zaun um den Garten herum **2.** nahe bei, nicht weit von; an **3.** (*Zeit, Maß*) um, ungefähr, etwa, gegen; (**at**) **~ five o'clock** gegen fünf Uhr; **it is ~ the same** es ist ungefähr dasselbe; **~ my size** etwa meine Größe **4.** bei sich, an sich; **have you any money ~ you?** haben Sie Geld bei sich? **5.** in, an; **her hair is the worst thing ~ her** ihr Haar ist das Hässlichste an ihr **6.** (*hinweisend, bezüglich*) von, über, in Bezug auf, betreffend, wegen; **what do you know ~ him?** was wissen Sie über ihn?; **what is it all ~?** um was handelt es sich?; **how ~ money?** wie steht es mit Geld?; **what ~ dinner?** was ist mit dem Abendessen? **II.** *adv* **1.** herum, umher **2.** ringsherum, rundherum, im Kreise **3.** ungefähr, fast, beinahe, nahezu; gleich **4.** abwechselnd; **be ~** sich handeln um; im Begriff sein; auf den Beinen sein; im Umlauf sein, verbreitet sein; **bring ~** zu Wege, zu Stande bringen; **all ~** überall; **round ~** ringsum; **just ~ enough** gerade noch genug; **that will just ~ do** das reicht gerade noch; **about-face/about-turn** [ə'baʊtfeɪs, ə'baʊttɜ:n] *s* **1.** Kehrtwendung *f* **2.** (*fig*) (völliger) Umschwung *m*

above [ə'bʌv] **I.** *adv* oben **II.** *prep* über; **~ all** vor allem; **III.** *adj* oben genannt

ab•rasion [ə'breɪʒn] *s* **1.** Abschleifen *nt* **2.** (MED) Abschürfung, Schürfwunde *f;* **ab•ras•ive** [ə'breɪsɪv] **I.** *s* Schleifmittel *nt* **II.** *adj* **1.** (ab)schleifend, schmirgelartig **2.** (*Person*) scharfzüngig

abreast [ə'brest] *adv* Seite an Seite; nebeneinander; **keep ~ of** [*o* **with**] Schritt halten mit

abridge [ə'brɪdʒ] *vt* **1.** (ab-, ver)kürzen **2.** (*Buch*) zusammenfassen

abroad [ə'brɔ:d] *adv* **1.** im [*o* ins] Ausland **2.** weit umher, (weit) verbreitet; **from ~** aus dem Ausland; **the news quickly spread ~** die Nachricht breitete sich rasch aus; **at home and ~** im In- u. Ausland

abrupt [ə'brʌpt] *adj* **1.** plötzlich, unerwartet, abrupt **2.** (*Verhalten*) schroff, unhöflich, barsch **3.** (*Fels, Pfad*) sehr steil

ABS [ˌeɪbi:'es] *s Abk. von* **antilock braking system** ABS *nt*

ab•scess ['æbses] *s* (MED) Abszess *m,* Geschwür *nt*

ab•scond [əb'skɒnd] *vi* flüchten (*from* vor), sich davonmachen

ab•sence ['æbsəns] *s* **1.** Abwesenheit *f* (*from* von) **2.** Fernbleiben *nt* **3.** Fehlen, Nichtvorhandensein *nt* **4.** (*~ of mind*) Zerstreutheit, Unachtsamkeit *f;* **in ~ of** mangels *+gen;* **on leave of ~** auf Urlaub; **ab•sent** ['æbsənt] **I.** *adj* **1.** abwesend, fehlend **2.** geistesabwesend, zerstreut; **be ~** fehlen, abwesend sein; **be ~ without leave** (MIL) sich unerlaubt von der Truppe entfernt haben **II.** [əb'sent] *vr:* **~ o.s. from** fernbleiben von; **ab•sen•tee** [ˌæbsən'ti:] *s* Abwesende(r) *f m;* **ab•sen•tee•ism** [-ɪzəm] *s* **1.** (dauernde) Abwesenheit *f* **2.** unentschuldigtes Fernbleiben; **ab•sen•tee landlord** *s* nicht ortsansässiger Grund-, Hausbesitzer; **ab•sent-minded** [ˌæbsənt'maɪndɪd] *adj* zerstreut, geistesabwesend

ab•so•lute ['æbsəlu:t] **I.** *adj* **1.** absolut, völlig, vollkommen **2.** (CHEM) unvermischt **3.** (POL) absolut, unumschränkt **II.** *s* Absolutum *nt;* **ab•so•lute•ly** [-lɪ, *alleinstehend:* ˌæbsə'lu:tlɪ] *adv* **1.** absolut **2.** völlig, vollkommen; **~!** (*fam*) genau!; **ab•sol•ution** [ˌæbsə'lu:ʃn] *s* (REL) Absolution *f;* **ab•so•lut•ism** ['æbsəlu:tɪzəm] *s* (POL) Absolutismus *m*

ab•solve [əb'zɒlv] *vt* **1.** los-, freisprechen **2.** (*von Versprechen*) entbinden (*from* von)

ab•sorb [əb'sɔ:b] *vt* **1.** ein-, aufsaugen **2.** (*fig*) ganz in Anspruch nehmen **3.** (*fig*) verdauen, aufnehmen; **ab•sorbed** [əb'sɔ:bd] *adj* (*fig*) vertieft; **ab•sorb•ent** [əb'sɔ:bənt] *adj* absorbierend; **ab•sorb•ing** [-ɪŋ] *adj* (*fig*) fesselnd, interessant; **ab•sorp•tion** [əb'sɔ:pʃn] *s* **1.** (CHEM) Absorption *f* **2.** (*fig*) Vertieftsein *nt;* eindringliche Beschäftigung (*in* mit)

ab•stain [əb'steɪn] *vi* sich enthalten (*from s.th.* einer Sache)

ab•stemi•ous [əb'sti:mɪəs] *adj* mäßig; enthaltsam

ab•sten•tion [əb'stenʃn] *s* **1.** Enthaltung *f* (*from* von) **2.** (POL) Stimmenthaltung *f*

ab•sti•nence ['æbstɪnəns] *s* Enthaltsamkeit *f* (*from* von)

ab•stract ['æbstrækt] **I.** *adj* abstrakt **II.** *s* (*Buch*) Auszug, Abriss *m;* Zusammenfassung *f;* **in the ~** abstrakt **III.** [əb'strækt] *vt* **1.** einen Auszug machen (*from* von) **2.** (*fam*) entwenden; **ab•stracted** [æb'stræktɪd] *adj* (*fig*) geistesabwesend; **ab•strac•tion** [əb'strækʃn] *s* **1.** Abstraktion *f* **2.** (*fig*) Zerstreutheit *f* **3.** Entwendung *f* **4.** abstrakter Begriff

ab•struse [əb'stru:s] *adj* schwerverständlich; abstrus

ab•surd [əb'sɜ:d] *adj* absurd, unsinnig; **ab•surd•ity** [əb'sɜ:dətɪ] *s* Unsinn *m*

abun•dance [ə'bʌndəns] *s* Überfluss *m,* Fülle *f* (*of* an); **abun•dant** [ə'bʌndənt] *adj* **1.** reich (*in* an), üppig **2.** reichlich versehen (*with* mit)

abuse [ə'bju:z] **I.** *vt* **1.** missbrauchen; falsch anwenden **2.** beschimpfen, beleidigen **II.** [ə'bju:s] *s* **1.** Missbrauch *m;* Missstand *m* **2.** Beschimpfung *f;* **abusive** [ə'bju:sɪv] *adj* beleidigend; ~ **language** Schimpfworte *ntpl*

abut [ə'bʌt] *vi* (an)grenzen (*on, upon* an)

abys•mal [ə'bɪzməl] *adj* (*fig*) entsetzlich (schlecht); ~ **ignorance** grenzenlose Unwissenheit

abyss [ə'bɪs] *s* Abgrund *m*

aca•demic [ˌækə'demɪk] **I.** *adj* **1.** akademisch **2.** wissenschaftlich; geistig; **that is** ~ das ist nicht direkt relevant **II.** *s* Akademiker(in) *m(f);* **acad•emy** [ə'kædəmɪ] *s* Akademie *f;* **riding** ~ Reitschule *f;* ~ **of music** Musikhochschule *f*

ac•cede [æk'si:d] *vi:* **he ~d to the office of mayor** er trat das Amt des Bürgermeisters an

ac•cel•er•ate [ək'seləreɪt] **I.** *vt* beschleunigen **II.** *vi* schneller werden; **ac•cel•er•ation** [əkˌselə'reɪʃn] *s* Beschleunigung *f;* **ac•cel•er•ator** [ək'seləreɪtə(r)] *s* **1.** (AUTO) Gaspedal *nt* **2.** (PHYS) Beschleuniger *m*

ac•cent ['æksənt] **I.** *s* Ton *m;* Betonung *f;* Akzent *m* **II.** [æk'sent] *vt* betonen; **ac•cen•tu•ate** [ək'sentʃʊeɪt] *vt* betonen, heraus-, hervorheben

ac•cept [ək'sept] *vt* **1.** annehmen, akzeptieren; in Empfang nehmen **2.** einverstanden sein (*s.th.* mit etw), glauben (*s.th.* an etw) **3.** (*Tatsache*) anerkennen, gelten lassen; **ac•cept•able** [-əbl] *adj* **1.** annehmbar **2.** angenehm, zufrieden stellend; **ac•cept•ance** [ək'septəns] *s* **1.** Annahme, Entgegennahme *f* **2.** Zustimmung, Einwilligung *f* **3.** (COM) Zusage *f*

ac•cess ['ækses] **I.** *s* **1.** Zutritt *m* (*to* zu) **2.** (~ *road*) Zugang *m,* Zugangsstraße, f; Zufahrt *f* **3.** (INFORM) Zugriff *m;* ~ **privileges** (INTERNET) Zugriffsberechtigung *f* **II.** *vt* (INFORM: *Daten*) zugreifen (auf); **ac•cess•ibil•ity** [ækˌsesə'bɪlətɪ] *s* Erreichbarkeit, Zugänglichkeit *f;* **ac•cess•ible** [ək'sesəbl] *adj* zugänglich; erreichbar (*to* für); **ac•ces•sion** [æk'seʃn] *s* (*Bibliothek*) Zugang *m,* Neuerwerbung *f;* ~ **to power** Machtergreifung, -übernahme *f;* ~ **to the throne** Thronbesteigung *f*

ac•ces•sory [ək'sesərɪ] *s* **1.** Mitschuldige(r) *f m* **2.** Zubehör *nt;* **motor-car accessories** Autozubehör *nt;* **toilet accessories** Toilettenartikel *pl*

ac•ci•dent ['æksɪdənt] *s* **1.** Zufall *m* **2.** Unglück *nt;* Unfall *m;* **by** ~ zufällig; **in an** ~ bei einem Unfall; **without** ~ unfallfrei; **meet with an** ~ einen Unfall erleiden; ~ **insurance** Unfallversicherung *f;* ~ **prevention** Unfallverhütung *f;* **be ~-prone** zu Unfällen neigen; **ac•ci•den•tal** [ˌæksɪ'dentl] *adj* zufällig; unabsichtlich, versehentlich; unfallbedingt

ac•claim [ə'kleɪm] *vt* zujubeln (*s.o.* jdm); ~ **s.o. king** jdn zum König ausrufen; **ac•cla•ma•tion** [ˌæklə'meɪʃn] *s* **1.** lauter Beifall, Zustimmung *f* **2.** (POL) Zuruf *m;* **elect by** ~ durch Akklamation wählen

ac•cli•mate ['æklɪmeɪt] (*Am*) (an)gewöhnen, akklimatisieren (*to* an); **ac•cli•ma•tion** [ˌæklaɪ'meɪʃn] *s* (*Am*) Akklimatisierung *f* (*to* an); **ac•cli•mat•iz•ation** [əˌklaɪmətaɪ'zeɪʃn] *s* (*Br*) Akklimatisierung *f* (*to* an); **ac•cli•mat•ize** [ə'klaɪmətaɪz] *vt* (*Br*) (an)gewöhnen, akklimatisieren (*to* an)

ac•com•mo•date [ə'kɒmədeɪt] *vt* **1.** anpassen (*to* an) **2.** einen Dienst, einen Gefallen erweisen (*s.o.* jdm), gefällig sein (*with* mit) **3.** beherbergen, unterbringen **4.** Platz haben für; **ac•com•mo•dat•ing** [-ɪŋ] *adj* **1.** gefällig **2.** zuvorkommend; **ac•com•mo•da•tion** [əˌkɒmə'deɪʃn] *s* **1.** Platz *m* **2.** Einigung, Übereinkunft *f* **3.** Unterbringung(smöglichkeit), Unterkunft *f,* (Fremden)Zimmer *nt*

ac•com•pani•ment [ə'kʌmpənɪmənt] *s* (MUS) Begleitung *f* (*to, for* zu); **ac•com•pan•ist** [ə'kʌmpənɪst] *s* Begleiter(in) *m(f);* **ac•com•pany** [ə'kʌmpənɪ] *vt* **1.** (*a.* MUS) begleiten (*on* auf) **2.** verbinden (*with* mit); **be accompanied with** verbunden sein mit

ac•com•plice [ə'kʌmplɪs] *s* Mittäter(in) *m(f),* Komplize *m,* Komplizin *f*

ac•com•plish [ə'kʌmplɪʃ] *vt* **1.** vollenden **2.** vollbringen, zu Stande bringen, leisten **3.** (*Zweck, Aufgabe*) erfüllen; (*Plan*) verwirklichen, ausführen; (*Arbeit*) verrichten; **ac•com•plished** [ə'kʌmplɪʃt] *adj* **1.** (*a. fig*) vollendet **2.** kultiviert, vielseitig; **ac•com•plish•ment** [-mənt] *s* **1.** Durchführung, Realisierung *f* **2. ~s** Fähigkeiten, Fertigkeiten *fpl*

ac•cord [ə'kɔ:d] **I.** *vi* übereinstimmen (*with* mit) **II.** *vt* gewähren, zugestehen **III.** *s* (JUR) Abkommen *nt* (*with* mit, *between* zwischen); **in** ~ **with** in Einklang mit; **of one's own** ~ aus eigenem Antrieb, von sich aus; **with one** ~ einstimmig; **ac•cord•ance** [ə'kɔ:dəns] *s:* **in** ~ **with** entsprechend; gemäß; **ac•cord•ing** [ə'kɔ:dɪŋ] *prep* gemäß, laut, entsprechend (*to dat*); ~ **to all appearances** allem Anschein nach; ~ **to schedule** fahrplanmäßig; **ac•cord•ing•ly** [-lɪ] *adv* dementsprechend; danach

ac•cord•ion [ə'kɔ:dɪən] *s* (MUS) Akkordeon, Schifferklavier *nt*

ac•cost [ə'kɒst] *vt* ansprechen

ac•count [ə'kaʊnt] **I.** *s* **1.** Rechnung, Berechnung *f* **2.** Konto, Guthaben *nt* (*with* bei); (INTERNET) Benutzerkonto *nt* **3.** Rechenschaft, Darlegung *f;* Bericht *m* **4. ~s** (COM) Buchhaltung, -führung *f;* Bücher *ntpl;* **of no ~** unwichtig, unbedeutend; **not on any ~, on no ~** auf keinen Fall; **on ~ of** wegen, auf Grund *+gen;* **on this ~** aus diesem Grund; **on one's ~** für eigene Rechnung; **call to ~** zur Rechenschaft ziehen (*for* wegen); **give an ~ of s.th.** über etw Bericht erstatten; über etw Rechenschaft ablegen; **open an ~ with the bank** ein Bankkonto eröffnen; **take into ~** in Betracht ziehen, berücksichtigen; **current ~** Girokonto *nt* **II.** *vi* **1.** Bericht erstatten (*for* über), erklären (*for s.th.* etw) **2.** Rechenschaft ablegen (*for* über); **how do you ~ for that?** wie erklären Sie (sich) das?; **that ~s for it** das ist die Erklärung dafür; **there's no ~ing for tastes** über Geschmack lässt sich streiten; **ac•count•abi•li•ty** [əˌkaʊntə'bɪlɪtɪ] *s* Verantwortlichkeit *f;* **ac•count•able** [-əbl] *adj* verantwortlich (*for* für); **ac•count•ancy** [ə'kaʊntənsɪ] *s* Buchhaltung *f;* **ac•count•ant** [ə'kaʊntənt] *s* Buchhalter(in) *m(f);* **certified public ~** Wirtschaftsprüfer(in) *m(f);* **account(s) book** *s* Geschäftsbuch *nt*

ac•cred•it [ə'kredɪt] *vt* **1.** beglaubigen; (POL) akkreditieren (*to* bei) **2.** zuschreiben (*s.o. with s.th.* jdm etw); **ac•credi•ta•tion** [əˌkredɪt'teɪʃn] *s* Beglaubigung *f;* **reciprocal ~ of study** gegenseitige Anerkennung von Studiengängen

ac•crue [ə'kru:] *vi* (*Betrag*) an-, zufallen (*to s.o.* jdm), sich ansammeln

ac•cu•mu•late [ə'kju:mjʊleɪt] **I.** *vt* auf-, anhäufen; ansammeln **II.** *vi* sich (an)sammeln, anwachsen; **ac•cu•mu•la•tion** [əˌkju:mjʊ'leɪʃn] *s* Anhäufung, Ansammlung *f;* **ac•cu•mu•la•tor** [ə'kju:mjʊleɪtə(r)] *s* (TECH) Akku(mulator) *m*

ac•cu•racy ['ækjərəsɪ] *s* Genauigkeit *f;* **accu•rate** ['ækjərət] *adj* genau, exakt

ac•cu•sa•tion [ˌækju:'zeɪʃn] *s* Anklage *f;* **bring an ~ against s.o.** gegen jdn Anklage erheben

ac•cus•ative [ə'kju:zətɪv] *s* (GRAM) Akkusativ *m*

ac•cus•at•ory [ækju:'zeitəri] *adj* vorwurfsvoll

ac•cuse [ə'kju:z] *vt* **1.** anklagen, beschuldigen (*of a crime* eines Verbrechens, *of having done s.th.* etw getan zu haben) **2.** vorwerfen (*of being s.th.* etw zu sein); **accused** [ə'kju:zd] *s sing u. pl* Angeklagte(r) *f m*

ac•cus•tom [ə'kʌstəm] *vt* gewöhnen (*to* an); **ac•cus•tomed** [ə'kʌstəmd] *adj* gewohnt; **be ~** gewohnt sein (*to* an); **get ~** sich gewöhnen (*to* an)

AC/DC¹ [ˌeɪsi:'di:si:] *s Abk. von* **alternating current/direct current** Allstrom-

AC/DC² [ˌeɪsi:'di:si:] *adj* (*sl*) bi(sexuell)

ace [eɪs] *s* **1.** (*Spielkarte*) Ass *nt;* (*auf Würfeln*) Eins *f* **2.** (*Experte*) Ass *nt;* **serve an ~** ein Ass spielen; **within an ~** um Haaresbreite; **~!** (*fam*) Spitze!

acet•ate ['æsɪteɪt] *s* (CHEM) Azetat *nt;* **acetic** [ə'si:tɪk] *adj* (CHEM): **~ acid** Essigsäure *f;* **acety•lene** [ə'setəli:n] *s* (CHEM) Azetylen *nt*

ache [eɪk] **I.** *s:* **~s and pains** Schmerzen *mpl* **II.** *vi:* **my foot ~s** mein Fuß tut mir weh

achieve [ə'tʃi:v] *vt* zu Stande bringen; erreichen; (*Ziele*) verwirklichen; (*Erfolg*) erzielen; **achieve•ment** [-mənt] *s* **1.** Vollendung, Ausführung *f* **2.** Leistung *f;* Errungenschaft *f*

acid ['æsɪd] **I.** *adj* sauer, herb, scharf, beißend; **~ drops** saure Drops *pl;* **~ rain** saurer Regen; **~ test** (*fig*) Feuerprobe *f* **II.** *s* **1.** Säure *f* **2.** (*LSD*) Acid *nt;* **acid•ic** [ə'sɪdɪk] *adj* sauer, säurehaltig, Säure-; **acid•ify** [ə'sɪdɪfaɪ] *vt* übersäuern; **acid•ity** [ə'sɪdətɪ] *s* Säuregehalt, -grad *m*

ac•knowl•edge [ək'nɒlɪdʒ] *vt* **1.** anerkennen (*s.o. to be s.th.* jdn als etw) **2.** bestätigen; quittieren **3.** sich erkenntlich zeigen (*s.th. to s.o.* jdm für etw); **this is to ~ receipt of** ich bestätige hiermit den Empfang *+gen;* **ac•knowl•edg(e)•ment** [-mənt] *s* **1.** Anerkennung *f* **2.** Bestätigung *f;* **in ~ of** zum Zeichen der Anerkennung für

acne ['æknɪ] *s* (MED) Akne *f*

acorn ['eɪkɔ:n] *s* (*Frucht der Eiche*) Eichel *f*

acous•tic [ə'ku:stɪk] **I.** *adj* akustisch **II.** *s pl* Akustik *f;* **acous•tic coup•ler** ['kʌplə(r)] *s* (INFORM) Akustikkoppler *m;* **acoustic guitar** *s* Akustikgitarre *f;* **acoustic nerve** *s* Gehörnerv *m*

ac•quaint [ə'kweɪnt] *vt* bekannt, vertraut machen (*with* mit); **be ~ed with s.th.** mit etw vertraut sein; **become** [*o* **get**] **~ed with s.o.** mit jdm bekannt werden; **acquaint•ance** [ə'kweɪntəns] *s* Bekanntschaft *f;* Bekannte(r) *f m;* **make s.o.'s ~** jds Bekanntschaft machen

ac•qui•esce [ˌækwɪ'es] *vi* sich abfinden (*in* mit); **ac•qui•es•cence** [ˌækwɪ'esns] *s* Einwilligung *f* (*in* in); **ac•qui•es•cent** [ˌækwɪ'esnt] *adj* fügsam, nachgiebig

ac•quire [ə'kwaɪə(r)] *vt* **1.** erlangen; erwerben **2.** (*Kenntnisse*) sich aneignen; **~ a taste for s.th.** Geschmack an etw finden; **caviar is an ~d taste** Kaviar ist etwas für

Kenner; **acquired immunity** *s* erworbene Immunität; **ac•qui•si•tion** [ˌækwɪˈzɪʃn] *s* **1.** Erwerb *m,* Erwerbung *f* **2.** Anschaffung *f;* **ac•quis•itive** [əˈkwɪzətɪv] *adj* habsüchtig, gierig (*of* auf)

ac•quit [əˈkwɪt] **I.** *vt* (JUR) freisprechen (*of a charge* von einer Anklage) **II.** *vr* sich verhalten; ~ **o.s. well** seine Schuldigkeit tun; seine Sache gut machen; **ac•quit•tal** [əˈkwɪtl] *s* (JUR) Freispruch *m*

acre [ˈeɪkə(r)] *s* Morgen *m* (= *160 square poles = 43 560 square feet = 0,40467 ha*); **acre•age** [ˈeikrədʒ] *s* Fläche *f*

ac•rid [ˈækrɪd] *adj* scharf, ätzend

ac•ri•moni•ous [ˌækrɪˈməʊnɪəs] *adj* (*fig*) scharf, bitter, beißend; **ac•ri•mony** [ˈækrɪmənɪ] *s* (*fig*) Schärfe, Bitterkeit *f*

ac•ro•bat [ˈækrəbæt] *s* Akrobat(in) *m(f);* **ac•ro•batic** [ˌækrəˈbætɪk] **I.** *adj* akrobatisch **II.** *s pl* Akrobatik *f*

across [əˈkrɒs] **I.** *adv* quer durch; jenseits; drüben **II.** *prep* quer über, quer durch; auf der anderen Seite *+gen,* jenseits *+gen,* über; ~ **the board** pauschal; **come** ~ stoßen auf; **come** ~ **as** (**being**) **nervous** nervös wirken; **come** ~ **s.o.** jdm begegnen; **put** ~ durchbringen, -drücken; **get s.th.** ~ **to s.o.** jdm etw klarmachen; **just** ~ gerade gegenüber; **right** ~ quer durch; **live** ~ **the street** gegenüber wohnen; **ten metres** ~ zehn Meter breit

act [ækt] **I.** *s* **1.** Handlung, Tat *f* **2.** (THEAT) Akt, Aufzug *m* **3.** (JUR) Gesetz *nt;* Rechtshandlung *f;* **caught in the** ~ auf frischer Tat ertappt; **get your** ~ **together!** reiß dich zusammen!; **in the** ~ **of going** gerade dabei zu gehen; **in on the** ~ mit von der Partie; **don't put on an** ~**!** spiel doch nicht Komödie!; **the Acts** (**of the Apostles**) die Apostelgeschichte; ~ **of God** höhere Gewalt **II.** *vt* **1.** (THEAT: *eine Rolle*) spielen; (*Stück*) aufführen **2.** so tun (*a child* wie ein Kind) **III.** *vi* **1.** sich benehmen, sich verhalten (*like* wie) **2.** sich in Szene setzen **3.** handeln, tun, tätig werden (*as* als) **4.** einwirken (*on* auf), beeinflussen (*on s.th.* etw); ~ **for s.o.** in jds Namen, für jdn handeln; ~ **on** (be)folgen; sich richten, handeln nach; ~ **up** (*fam*) Ärger machen; sich schlecht benehmen; **act•ing** [ˈæktɪŋ] **I.** *adj* stellvertretend, geschäftsführend **II.** *s* Schauspielkunst *f*

ac•tion [ˈækʃn] *s* **1.** Tätigkeit *f;* Handeln *nt;* Tat *f* **2.** Wirkung *f* **3.** (JUR) Klage *f;* Prozess *m* **4.** (MIL) Kampf(handlung *f*) *m* **5.** Handlungsweise *f;* **for further** ~ zur weiteren Veranlassung; **out of** ~ (TECH) außer Betrieb; **bring s.th. into** [*o* **put s.th. in**] ~ etw in Gang setzen; **take** ~ Schritte unternehmen, Maßnahmen ergreifen; **take** [*o* **bring**] **an** ~ **against s.o.** gegen jdn eine Klage einreichen; **field** [*o* **sphere**] **of** ~ Tätigkeitsbereich *m;* **where's the** ~**?** (*sl*) wo geht's ab?; **actionable** [-əbl] *adj* (JUR) verfolgbar, klagbar; **action-packed** *adj* aktionsgeladen; ~ **holiday** Aktivurlaub *m;* **action replay** *s* (TV) Wiederholung *f*

ac•ti•vate [ˈæktɪveɪt] *vt* (*a.* CHEM) aktivieren; **ac•tive** [ˈæktɪv] *adj* **1.** tätig, aktiv, handelnd **2.** betriebsam **3.** (*Geist*) beweglich, lebendig; **take an** ~ **part in s.th.** an etw regen Anteil nehmen; ~ **agent** Wirkstoff *m;* **ac•tive•wear** [ˈɑːktɪvˌweə(r)] *s* Sportkleidung *f;* **ac•tiv•ist** [ˈæktɪvɪst] *s* Aktivist(in) *m(f);* **ac•tiv•ity** [ækˈtɪvətɪ] *s* Tätigkeit *f;* Geschäftigkeit, Aktivität *f;* **there is little** ~ es ist wenig los

ac•tor [ˈæktə(r)] *s* (THEAT) Schauspieler *m;* **ac•tor-di•rec•tor** *s* regieführende(r) Schauspieler(in); **ac•tress** [ˈæktrɪs] *s* Schauspielerin *f*

ac•tual [ˈæktʃʊəl] *adj* wirklich, tatsächlich (vorhanden); eigentlich; **ac•tual•ly** [ˈæktʃʊlɪ] *adv* **1.** eigentlich, übrigens **2.** tatsächlich, wirklich

actuarial [ˌæktʃʊˈeərɪəl] *adj* versicherungsmathematisch; **ac•tu•ary** [ˈæktʃʊərɪ] *s* Versicherungsmathematiker(in) *m(f)*

ac•tu•ate [ˈæktʃʊeɪt] *vt* in Gang bringen; auslösen, betätigen

acu•punc•ture [ˈækjʊpʌŋktʃə(r)] *s* (MED) Akupunktur *f*

acute [əˈkjuːt] *adj* **1.** spitz **2.** (*Sinne*) scharf **3.** (*Frage*) brennend **4.** (*Ton*) schrill **5.** (*Winkel*) spitz **6.** (MED) akut

ad [æd] *s* (*fam*) *s.* **advertisement** Anzeige *f*

AD *s Abk. von* **Anno Domini** n. Chr.

adagio [əˈdɑːdʒɪəʊ] *adj, adv* adagio

Adam [ˈædəm] *s* Adam *m;* **not to know s.o. from** ~ jdn überhaupt nicht kennen

ada•mant [ˈædəmənt] *adj* (*fig*) unnachgiebig (*to* gegenüber)

Adam's apple *s* Adamsapfel *m*

adapt [əˈdæpt] *vt* **1.** anpassen (*to* an) **2.** (*Roman*) bearbeiten; **adapt•able** [-əbl] *adj* anpassungsfähig (*to* an); **adapt•abil•ity** [əˌdæptəˈbɪlətɪ] *s* Anpassungsfähigkeit *f;* **ad•ap•ta•tion** [ˌædæpˈteɪʃn] *s* **1.** Anpassung *f* (*to* an) **2.** (THEAT) Bearbeitung *f;* **adapter**, **adaptor** [əˈdæptə(r)] *s* **1.** Bearbeiter *m* **2.** (TECH) Adapter *m;* **universal** ~ **plug** Sammelstecker *m*

add [æd] **I.** *vt* **1.** hinzusetzen, -tun, -fügen (*to* zu) **2.** (~ *up*) zusammenzählen, addieren **II.** *vi* beitragen (*to* zu), vermehren (*to s.th.* etw); ~ **up to** sich belaufen auf; **ad•den•dum** [əˈdendəm, *pl* əˈdendə] <*pl* -da> *s* Zusatz, Nachtrag *m*

ad•der [ˈædə(r)] *s* (*ungiftige Schlange*) Natter *f*

ad•dict [ˈædɪkt] *s* Süchtige(r); Abhängige(r)

f m; **ad•dic•ted** [əˈdɪktɪd] *adj* süchtig; ~ **to drugs** rauschgiftsüchtig; **ad•dic•tion** [əˈdɪkʃən] *s* Sucht *f*

ad•ding-ma•chine [ˈædɪŋməˈʃiːn] *s* Addier-, Rechenmaschine *f*

ad•di•tion [əˈdɪʃn] *s* **1.** Bei-, Zugabe *f;* Beifügung *f* **2.** Zusatz *m* **3.** (MATH) Addition *f* **4.** (*Familie*) Zuwachs *m;* **in** ~ außerdem (noch); dazu; **in** ~ **to** (zusätzlich) zu; **ad•di•tional** [əˈdɪʃənl] *adj* zusätzlich; ergänzend; ~ **charge** Preiszuschlag *m;* **ad•di•tion•ally** [əˈdɪʃənəlɪ] *adv* zusätzlich; außerdem; **ad•di•tive** [ˈædɪtɪv] *s* Zusatz *m*

ad•dress [əˈdres] **I.** *vt* **1.** (*Brief*) adressieren **2.** (*Person*) anreden; eine Ansprache halten an (*a meeting* eine Versammlung) **3.** (*Anfrage*) richten (*to* an); ~ **o.s. to** sich wenden an; ansprechen **II.** [*Am* ˈædres] *s* **1.** Anrede, Ansprache *f* **2.** Anschrift, Adresse *f;* **deliver an** ~ eine Ansprache halten; **business** ~ Geschäftsadresse *f;* **form of** ~ Anredeform *f;* **home** [*o* **private**] ~ Privatanschrift *f;* **ad•dressee** [ˌædreˈsiː] *s* Empfänger(in) *m(f),* Adressat(in) *m(f)*

ad•duce [əˈdjuːs] *vt* (*Beispiel*) anführen; (*Beweis*) erbringen

ad•en•oids [ˈædɪnɔɪdz] *s pl* (MED) Rachenmandeln, Polypen *pl*

adept [ˈædept] **I.** *s* Kenner(in) *m(f),* Sachverständige(r) *f m* **II.** *adj* erfahren; sehr geschickt (*in* in, *at doing s.th.* etw zu tun)

ad•equacy [ˈædɪkwəsɪ] *s* Angemessenheit *f;* **ad•equate** [ˈædɪkwət] *adj* ausreichend (*to* für)

ad•here [ədˈhɪə(r)] *vi* **1.** haften, kleben (*to* an) **2.** (*fig*) festhalten (*to* an), bleiben (*to* bei); ~ **to an opinion** bei einer Meinung bleiben; **ad•her•ence** [ədˈhɪərəns] *s* Festhalten *nt* (*to* an); **ad•her•ent** [ədˈhɪərənt] *s* Anhänger(in) *m(f)*

ad•hes•ive [ədˈhiːsɪv] **I.** *adj* klebend; haftend; ~ **plaster** Heftpflaster *nt;* ~ **tape** Kleb(e)streifen *m* **II.** *s* Klebstoff *m*

adi•pose tis•sue [ˈædɪpəʊsˌtɪʃuː] *s* Fettgewebe *nt*

ad•jac•ent [əˈdʒeɪsnt] *adj* angrenzend, anliegend, anstoßend (*to* an); **be** ~ **to** angrenzen an

ad•jec•tival [ˌædʒɪkˈtaɪvl] *adj* adjektivisch; **ad•jec•tive** [ˈædʒɪktɪv] *s* Adjektiv, Eigenschaftswort *nt*

ad•join [əˈdʒɔɪn] **I.** *vt* angrenzen an; sehr nahe liegen bei **II.** *vi* nahe beieinander liegen; **ad•join•ing** [-ɪŋ] *adj* benachbart

ad•journ [əˈdʒɜːn] *vt, vi* vertagen (*for a week* um eine Woche)

ad•just [əˈdʒʌst] **I.** *vt* **1.** anpassen, verstellen; abstimmen (*to* auf); (TECH) einstellen **2.** richtig stellen; in Ordnung bringen; (*Rechnung*) berichtigen **II.** *vr:* ~ **o.s. to** sich anpassen, sich gewöhnen an; sich einstellen auf; **ad•just•able** [-əbl] *adj* regulierbar; ein-, verstellbar; **adjustable spanner** *s* Engländer *m;* **ad•just•ment** [-mənt] *s* **1.** Anpassung, Angleichung *f* **2.** (TECH) Einstellung, Regulierung *f;* ~ **range** (AUTO) Einstellbereich *m*

ad•ju•tant [ˈædʒʊtənt] *s* Adjutant *m*

ad-lib [ˌædˈlɪb] **I.** *vt, vi* improvisieren **II.** *adv* aus dem Stegreif

ad-man [ˈædmæn] <*pl* -men> *s* Anzeigen-, Werbefachmann *m;* **ad-mass** [ˈædmæs] *s* durch Werbung leicht zu beeinflussende Menschen *pl*

ad•min•is•ter [ədˈmɪnɪstə(r)] *vt* **1.** verwalten; (*Amt*) versehen **2.** (*Trost*) spenden **3.** (*Medizin*) verabreichen; ~ **justice** Recht sprechen; **the oath was ~ed to him** er wurde vereidigt; **ad•min•is•trate** [ədˈmɪnɪstreɪt] *vt* (*Am*) verwalten, kontrollieren; **ad•min•is•tra•tion** [ədˌmɪnɪˈstreɪʃn] *s* **1.** Verwaltung *f;* Amtsführung, -zeit *f;* Behörde *f* **2.** (POL) Regierung *f* **3.** (*Medizin*) Eingeben *nt* **4.** (*Sakrament*) Spenden *nt* **5.** (*Eid*) Abnahme *f;* ~ **of justice** Rechtspflege *f;* **ad•min•is•tra•tive** [ədˈmɪnɪstrətɪv] *adj* verwaltungsmäßig; **through** ~ **channels** auf dem Verwaltungsweg; **administrative building** *s* Verwaltungsgebäude *nt;* **ad•min•is•tra•tor** [ədˈmɪnɪstreɪtə(r)] *s* **1.** Verwalter(in) *m(f),* Leiter(in) *m(f)* **2.** (~ *of an estate*) Nachlassverwalter(in) *m(f)*

ad•mir•able [ˈædmərəbl] *adj* wunderbar, herrlich; bewundernswert

ad•miral [ˈædmərəl] *s* (MAR: *a. Schmetterling*) Admiral *m;* **Ad•miral•ty** [ˈædmərəltɪ] *s* (*in GB*) Marineministerium *nt;* **First Lord of the** ~ (*in GB*) Marineminister *m*

ad•mir•ation [ˌædməˈreɪʃn] *s* Bewunderung *f* (*of, for* für); **ad•mire** [ədˈmaɪə(r)] *vt* bewundern (*for* wegen); **ad•mirer** [ədˈmɪərə(r)] *s* Bewunderer *m,* Bewunderin *f*

ad•miss•ible [ədˈmɪsəbl] *adj* zulässig, statthaft; **ad•mis•sion** [ədˈmɪʃn] *s* **1.** Einlass, Eintritt, Zutritt *m* **2.** Eintrittspreis *m,* -geld *nt* **3.** Ein-, Zugeständnis *nt;* **gain** ~ **to** Zutritt erhalten zu; ~ **free** Eintritt frei; **no ~!** Eintritt verboten!

ad•mit [ədˈmɪt] **I.** *vt* **1.** hereinlassen (*into a house* in ein Haus), aufnehmen (*to a club* in einen Klub) **2.** (*Saal*) Raum haben für **3.** zugeben, ein-, zugestehen; ~ **to the Bar** als Rechtsanwalt, -anwältin zulassen **II.** *vi* gestatten, erlauben (*of no doubt* keinen Zweifel); ~ **of no other meaning** keine andere Bedeutung zulassen; **ad•mit•tance** [ədˈmɪtns] *s* Einlass, Zutritt *m;* **no ~!** Zutritt verboten!; **no ~ except on business** kein Zutritt für Unbefugte!; **ad•mit•ted•ly** [əd'mɪtɪdlɪ] *adv* zugegebenermaßen

ad•mon•ish [əd'mɒnɪʃ] *vt* **1.** ermahnen **2.** verwarnen; **ad•mo•ni•tion** [ˌædmə'nɪʃn] *s* **1.** Ermahnung *f* **2.** Warnung *f;* Verwarnung *f*

ado [ə'du:] *s:* **much ~ about nothing** viel Lärm um nichts; **without further ~** ohne weitere Umstände

ado•les•cence [ˌædə'lesns] *s* Jugend *f;* Pubertät *f;* **ado•les•cent** [ˌædə'lesnt] **I.** *adj* jugendlich **II.** *s* Jugendliche(r) *f m*

adopt [ə'dɒpt] *vt* **1.** (JUR) adoptieren, an Kindes statt annehmen **2.** (*Bericht*) billigen; (*Gedanken*) übernehmen; (*Maßnahmen*) ergreifen; **~ a motion** einen Antrag annehmen; **adop•tion** [ə'dɒpʃn] *s* **1.** Adoption *f;* Annahme *f* an Kindes statt **2.** Annahme, Billigung *f*

ador•able [ˌə'dɔ:rəbl] *adj* **1.** liebenswert **2.** reizend, entzückend; **ador•ation** [ˌædə'reɪʃn] *s* Anbetung *f;* Verehrung *f;* **adore** [ə'dɔ:(r)] *vt* **1.** anbeten; verehren **2.** (*fam*) sehr gern haben; **ador•ing** [ə'dɔ:rɪŋ] *adj* bewundernd

adorn [ə'dɔ:n] *vt* (ver)zieren, schmücken, verschönern; **adorn•ment** [-mənt] *s* Schmuck *m;* Verzierung *f*

ad•ren•alin(e) [ə'drenəlɪn] *s* Adrenalin *nt;* **ad•ren•alin junkie** *s* jemand, der den ständigen Nervenkitzel braucht

adrift [ə'drɪft] *adv, adj pred* (MAR) (ab)treibend; **come adrift** (*fig*) sich lösen; (*Pläne*) fehlschlagen

adroit [ə'drɔɪt] *adj* gewandt, geschickt

adu•la•tion [ˌædjʊ'leɪʃn] *s* Verherrlichung *f*

adult ['ædʌlt] **I.** *adj* erwachsen; ausgewachsen; (*fig*) reif **II.** *s* **1.** Erwachsene(r) *f m* **2.** ausgewachsenes Tier; **adult education** *s* Erwachsenenbildung *f*

adul•ter•ate [ə'dʌltəreɪt] *vt* verfälschen; (*Wein*) panschen; **adul•ter•ation** [əˌdʌltə'reɪʃn] *s* (Ver)Fälschung *f*

adul•terer [ə'dʌltərə(r)] *s* Ehebrecher *m;* **adul•ter•ess** [ə'dʌltərɪs] *s* Ehebrecherin *f;* **adul•ter•ous** [ə'dʌltərəs] *adj* ehebrecherisch; **adul•tery** [ə'dʌltərɪ] *s* Ehebruch *m*

adult film *s* Film *m* nur für Erwachsene

ad•vance [əd'vɑ:ns] **I.** *vt* **1.** vorrücken **2.** befördern **3.** (*Meinung*) vorbringen, äußern; (*Grund*) anführen, vortragen **4.** (*Geld*) vorschießen, -strecken **II.** *vi* **1.** vorgehen, -stoßen, -dringen **2.** Fortschritte machen **3.** (*Preise*) steigen; (*Qualität*) besser werden **III.** *s* **1.** Vorrücken *nt* **2.** Fortschritt *m,* Besserung, Aufwärtsentwicklung *f* **3.** (Preis)Erhöhung *f* **4.** Vorschuss *m;* An-, Vorauszahlung *f;* Darlehen *nt* **5.** (*Beamter*) Beförderung *f;* **in ~** im Voraus; **be in ~ of one's times** seiner Zeit voraus sein; **be on the ~** (COM) im Steigen begriffen sein; **book in ~** vorausbestellen, -belegen; **make ~s to s.o.** (*fig*) an jdn herantreten; (*pej*) sich an jdn ranmachen; **ad•vance booking** *s* Vor(aus)bestellung *f;* Vorverkauf *m;* **ad•vanced** [əd'vɑ:nst] *adj* **1.** (*Alter*) vorgeschritten **2.** fortschrittlich; **ad•vance•ment** [əd'vɑ:nsmənt] *s* Förderung *f;* (*beruflich*) Beförderung *f;* **advance notice** *s* Voranzeige, Voranmeldung, -kündigung *f;* **ad•vance payment** *s* Vorauszahlung *f*

ad•van•tage [əd'vɑ:ntɪdʒ] *s* **1.** Vorteil *m* **2.** Vorzug *m;* Überlegenheit *f* (*over, of* über) **3.** günstige Gelegenheit; **to s.o.'s ~** zu jds Gunsten; **to the best ~** so vorteilhaft wie möglich; **be of ~** von Nutzen, nützlich sein; **have an ~ over s.o.** jdm gegenüber im Vorteil sein; **take ~ of** übervorteilen (*s.o.* jdn), ausnutzen (*s.th.* etw); **turn to ~** Vorteil, Nutzen ziehen aus; **ad•van•tageous** [ˌædvən'teɪdʒəs] *adj* vorteilhaft

ad•vent ['ædvənt] *s* Anbruch *m;* **Advent** Advent *m*

ad•ven•ture [əd'ventʃə(r)] *s* Abenteuer *nt;* **ad•ven•ture ad•dict** *s* Abenteuersüchtige(r) *f m;* **ad•ven•turer** [əd'ventʃərə(r)] *s* **1.** Abenteurer(in) *m(f)* **2.** Hochstapler(in) *m(f);* **ad•ven•tur•ous** [əd'ventʃərəs] *adj* abenteuerlich

ad•verb ['ædvɜ:b] *s* Adverb *nt;* **ad•verb•ial** [æd'vɜ:bɪəl] *adj* adverbial

ad•ver•sary ['ædvəsərɪ] *s* Gegner(in) *m(f);* **ad•verse** ['ædvɜ:s] *adj* ungünstig, nachteilig; (*Umstände*) widrig; **ad•ver•sity** [əd'vɜ:sətɪ] *s* Unglück, Missgeschick *nt;* Elend *nt,* Not *f*

ad•ver•tise ['ædvətaɪz] **I.** *vt* **1.** anzeigen, ankündigen **2.** werben für; annoncieren **II.** *vi* **1.** inserieren; annoncieren **2.** Reklame machen, Werbung betreiben; **~ for** inserieren nach; durch eine Zeitungsanzeige suchen; **ad•ver•tise•ment** [əd'vɜ:tɪsmənt, *Am* ˌædvər'taɪzmənt] *s* **1.** (Zeitungs)Anzeige *f,* Inserat *nt,* Annonce *f* **2.** Reklame, Werbung *f;* **TV ~s** Werbefernsehen *nt;* **ad•ver•tiser** ['ædvətaɪzə(r)] *s* **1.** Inserent *m* **2.** Anzeigenkunde *m;* **ad•ver•tis•ing** ['ædvəˌtaɪzɪŋ] *s* Werbung, Reklame *f;* **radio ~** Rundfunkreklame *f;* **advertising agency** *s* Werbeagentur *f;* **advertising campaign** *s* Werbekampagne *f;* **advertising hoarding** *s* Reklametafel, Plakatwand *f;* **advertising media** *s* Werbemittel *ntpl;* **advertising space** *s* Reklamefläche *f;* (*Zeitung*) Inseratenteil, Anzeigenteil *m*

ad•ver•to•rial [ˌædvɜ:'tɔ:rɪəl] *s* Werbetext

m (*in Form eines Leitartikels*)

ad•vice [əd'vaɪs] *s* **1.** Rat(schlag) *m* **2.** Gutachten *nt* **3.** (COM) Benachrichtigung *f* (*from* von); **a piece** [*o* **a bit**] **of** ~ ein Rat; **act on s.o.'s** ~ jds Rat befolgen; **ask s.o.'s** ~ jdn um Rat fragen; **take medical** ~ einen Arzt aufsuchen; **ad•vis•able** [əd'vaɪzəbl] *adj* ratsam, empfehlenswert; **ad•vise** [əd'vaɪz] *vt* **1.** raten, empfehlen **2.** (COM) benachrichtigen; **be well ~d** wohl beraten sein; **we strongly ~ you to ...** wir raten Ihnen dringend, ... zu; **ad•viser** [əd'vaɪzə(r)] *s* Berater(in) *m(f)*; **my legal** ~ mein(e) Rechtsanwalt (-anwältin) *m (f)*; **my medical** ~ mein(e) (Haus)Arzt (-Ärztin) *m (f)*; **ad•vis•ory** [əd'vaɪzərɪ] *adj* beratend; **in an ~ capacity** in beratender Eigenschaft; ~ **committee** Beratungsausschuss *m;* Beirat *m*

ad•vo•cate ['ædvəkət] **I.** *s* **1.** Fürsprecher(in) *m(f)*, Verfechter(in) *m(f)* **2.** Anwalt *m*, Anwältin *f* **II.** ['ædvəkeɪt] *vt* eintreten (*s.th.* für etw), befürworten

ad-writer ['ædraɪtə(r)] *s* Texter(in) *m(f)*

aegis ['i:dʒɪs] *s* (*fig*) Schirmherrschaft *f*

aeon ['i:ən] *s* Ewigkeit *f*

aer•ate ['eəreɪt] *vt* **1.** lüften **2.** mit Kohlensäure versetzen

aer•ial ['eərɪəl] **I.** *adj* **1.** Luft- **2.** (*Kabel*) oberirdisch **II.** *s* (*Br*) Antenne *f;* **aerial view** *s* Luftbild *nt*

aero- ['eərə] *prefix* Luft-, Flug-, Aero-

aero•bics [eə'rəʊbɪks] *s pl* Aerobic *nt*

aero•drome ['eərədrəʊm] *s* Flugplatz *m;* **aero•dy•nam•ics** [ˌeərəʊdaɪ'næmɪks] *s pl mit sing* Aerodynamik *f;* **aero•naut•ic(al)** ['eərənɔ:tik(l)] *adj* aeronautisch; ~ **engineering** Luftfahrttechnik *f;* ~ **medicine** Luftfahrtmedizin *f;* **aero•naut•ics** [ˌeərə'nɔ:tɪks] *s pl mit sing* Aeronautik *f;* **aero•plane** ['eərəpleɪn] *s* Flugzeug *nt;* **aero•sol** ['eərəsɒl] *s* Sprühdose *f*

aes•thet•ic(al) [i:s'θetɪk(l)] *adj* ästhetisch; **aes•thet•ics** [i:s'θetɪks] *s pl mit sing* Ästhetik *f*

afar [ə'fɑ:(r)] *adv:* **from** ~ aus der Ferne

affa•bil•ity [ˌæfə'bɪlətɪ] *s* Leutseligkeit, Umgänglichkeit *f;* **af•fable** ['æfəbl] *adj* umgänglich

af•fair [ə'feə(r)] *s* **1.** Angelegenheit, Sache *f* **2.** Veranstaltung *f* **3.** (*love* ~) Verhältnis *nt* **4.** Affäre *f*, Skandal *m;* **foreign ~s** (POL) auswärtige Angelegenheiten *fpl;* **Secretary of State for Foreign Affairs** Außenminister(in) *m(f)*

af•fect [ə'fekt] *vt* **1.** beeinflussen, in Mitleidenschaft ziehen **2.** (MED) angreifen, befallen **3.** einen tiefen Eindruck machen (*s.o.* auf jdn), bewegen, (be)rühren **4.** vortäuschen, vorgeben; **af•fec•ta•tion** [ˌæfek'teɪʃn] *s* **1.** Verstellung *f* **2.** Künstelei *f;* **affected** [ə'fektɪd] *adj* **1.** geziert, affektiert **2.** in Mitleidenschaft gezogen; angegriffen, erkrankt; **af•fec•tion** [ə'fekʃn] *s* (Zu)Neigung *f;* Liebe *f* (*for, towards* zu); **af•fec•tion•ate** [ə'fekʃənət] *adj* liebevoll, herzlich, zärtlich; **yours ~ly** mit herzlichen Grüßen

af•fi•da•vit [ˌæfɪ'deɪvɪt] *s* (JUR) eidesstattliche Versicherung

af•fili•ate [ə'fɪlɪeɪt] **I.** *vt* **1.** angliedern **2.** (*Mitglied*) aufnehmen (*to, with* in) **II.** *vi* eng verbunden sein (*to, with* mit), ein Mitglied sein (*to, with* bei) **III.** *s* (*Am*) Tochter(gesellschaft) *f;* **af•fili•ated** [ə'fɪlɪeɪtɪd] *adv* angeschlossen, verbunden, Schwester-; **af•fili•ation** [əˌfɪlɪ'eɪʃn] *s* **1.** Verbindung *f*, Anschluss *m* **2.** Angliederung *f*

af•fin•ity [ə'fɪnətɪ] *s* **1.** Verwandtschaft *f* **2.** Neigung *f* (*for, to* zu) **3.** (CHEM) Affinität *f*

af•firm [ə'fɜ:m] **I.** *vt* (nachdrücklich) erklären; versichern, bestätigen **II.** *vi* (JUR) feierlich versichern; **af•firm•ation** [ˌæfə'meɪʃn] *s* **1.** Bestätigung, Versicherung *f* **2.** (JUR) Erklärung *f* an Eides statt; **af•firm•ative** [ə'fɜ:mətɪv] *adj* bejahend; **answer in the** ~ mit „Ja" antworten

af•fix [ə'fɪks] **I.** *vt* anheften, anbringen (*to* an); (*Stempel*) aufdrücken; (*Unterschrift*) beifügen **II.** ['æfɪks] *s* (GRAM) Affix *nt*

af•flict [ə'flɪkt] *vt* betrüben, kränken; heimsuchen; **~ed with a disease** von einer Krankheit geplagt; **~ed by doubts** von Zweifeln geplagt; **the ~ed** die Leidenden *pl;* **af•flic•tion** [ə'flɪkʃn] *s* **1.** Leiden *nt*, Pein *f* **2.** Kummer *m*, Betrübnis *f* **3.** Gebrechen *nt*

af•flu•ence ['æflʊəns] *s* Reichtum *m;* Fülle *f;* Überfluss *m;* **af•flu•ent** ['æflʊənt] *adj* reich (*in, of, with* an); ~ **society** Wohlstandsgesellschaft *f*

af•ford [ə'fɔ:d] *vt* **1.** sich erlauben, sich leisten **2.** (*Vergnügen*) geben, gewähren; (*Gewinn*) einbringen; **I can't ~ it** ich kann es mir nicht leisten; **you can ~ to laugh** Sie haben gut lachen; **af•ford•able** [ə'fɔ:dəbl] *adj* leicht erschwinglich

af•for•est [ə'fɒrɪst] *vt* aufforsten; **af•for•est•ation** [əˌfɒrɪ'steɪʃn] *s* Aufforstung *f*

af•front [ə'frʌnt] **I.** *vt* beleidigen **II.** *s* Beleidigung *f*

Af•ghan ['æfgæn] **I.** *s* **1.** Afghane *m*, Afghanin *f* **2.** (*Hund*) Afghane *m* **II.** *adj* afghanisch; **Af•ghani•stan** [æf'gænɪstæn] *s* Afghanistan *nt*

afield [ə'fi:ld] *adv* in die Ferne; fort, weg; **far** ~ weit weg

aflame [ə'fleɪm] *adv, adj pred* in Flammen

afloat [ə'fləʊt] *adv, adj pred* **1.** schwimmend **2.** überflutet **3.** (*fig*) in Umlauf; **set**

rumours ~ Gerüchte ausstreuen
afoot [ə'fʊt] *adv, adj pred* im Gange
afore•men•tioned, afore•said [əˌfɔː-'menʃnd, əˌfɔːsed] *adj* oben genannt
afraid [ə'freɪd] *adj pred:* **be** ~ (sich) fürchten, Angst haben (*of* vor); **I am ~ I have to go** ich muss leider gehen; **don't be ~ to ...** scheuen Sie sich nicht zu ...
afresh [ə'freʃ] *adv* wieder, erneut
Af•ri•ca ['æfrɪkə] *s* Afrika *nt;* **Af•ri•can** ['æfrɪkən] **I.** *s* Afrikaner(in) *m(f)* **II.** *adj* afrikanisch; **Af•ri•can-Ameri•can** *s* Afroamerikaner(in) *m(f)*
af•ter ['ɑːftə(r)] **I.** *adv* hinterher, darauf, danach, nachher **II.** *prep* **1.** (*räumlich*) hinter, nach, hinter ... her **2.** (*zeitlich*) nach **3.** (*Reihenfolge*) hinter **4.** (*Verhältnis*) entsprechend **5.** (*Grund*) auf Grund von, infolge; bei **6.** (*Gegensatz*) trotz; **day ~ day** Tag für Tag; **the day ~ tomorrow** übermorgen; **one ~ another** einer nach dem andern; **time ~ time** immer wieder; **~ all** schließlich, eben, doch; letzten Endes; **~ hours** nach Geschäftsschluss; **~ that** danach, nachher, daraufhin **III.** *conj* nachdem; **af•ter-care** ['ɑːftəkeə(r)] *s* (MED) Nachbehandlung *f;* **after-din•ner** [ˌɑːftə'dɪnə(r)] *adj* nach Tisch; **~ speech** Tischrede *f;* **af•ter-ef•fect** ['ɑːftərɪˌfekt] *s* Nachwirkung *f;* **after-life** ['ɑːftəlaɪf] *s* Leben *nt* nach dem Tod; **af•ter•mar•ket** ['ɑːfter-ˌmɑːrkɪt] *s* Nachbörse *f;* **after•math** ['ɑːftəmæθ] *s* (*fig*) Nachwirkungen *fpl;* **after•noon** [ˌɑːftə'nuːn] *s* Nachmittag *m;* **in the ~(s)** nachmittags, am Nachmittag (*at* um); **this ~** heute Nachmittag; **good ~!** Guten Tag!; **after-sales service** [ˌɑːftə-'seilz] *s* Kundendienst *m*
after•shock ['ɑːftəʃɒk] *s* Nachbeben *nt;* **after•thought** ['ɑːftəθɔːt] *s* nachträgliche Überlegung
after•wards ['ɑːftəwədz] *adv* danach, später
again [ə'gen] *adv* wieder; noch einmal, nochmals; **as much ~** noch einmal so viel; **never ~** nie wieder, nie mehr; **now and ~** dann und wann; **over and over ~, time and time ~, ~ and ~** immer wieder
against [ə'genst] *prep* gegen, wider; entgegen(gesetzt zu); **be for or ~ s.th.** für oder gegen etw sein; **I'm not ~ it** ich habe nichts dagegen
ag•ate ['ægət] *s* Achat *m*
age [eɪdʒ] **I.** *s* **1.** Alter *nt* **2.** Zeitalter *nt;* Epoche *f;* **at the ~ of** im Alter von; **for ~s** (*fam*) ewig lang; **in ~s to come** in künftigen Zeiten; **over ~** über der Altersgrenze; **under ~** minderjährig; **be** [*o* **take**] **~s** ewig brauchen; **come of ~** mündig, volljährig werden; **~-related illness** altersbedingte Krankheit; **the Ice Age** die Eiszeit; **the Stone Age** die Steinzeit; **the Middle Ages** das Mittelalter **II.** *vi* alt, reif werden; altern; **~ing population** Alterung *f* der Bevölkerung **III.** *vt* alt werden lassen, altern; (*Kleidung*) alt machen; (*Käse, Wein*) lagern, reifen; **age-bracket, age-group** *s* Jahrgang *m;* **age-gap** ['eɪdʒˌgæp] *s* Altersunterschied *m*
aged[1] [eɪdʒd] *adj* im Alter von
aged[2] ['eɪdʒɪd] **I.** *adj* **1.** bejahrt, betagt **2.** (*Gebäude, Auto*) sehr alt **II.** *s:* **the ~** die alten Leute
age•ism ['eɪdʒɪzm] *s* Diskriminierung *f* auf Grund des Alters; **age•less** ['eɪdʒlɪs] *adj* zeitlos; nicht alternd; **age limit** *s* Altersgrenze *f;* **age-long** ['eɪdʒlɒŋ] *adj* ewig dauernd
agency ['eɪdʒənsɪ] *s* **1.** Geschäftsstelle *f;* Vertretung *f,* Büro *nt;* Agentur *f;* (*government ~*) Behörde, Dienststelle *f* **2.** Tätigkeit, Wirkung *f;* **by** [*o* **through**] **the ~ of** durch Vermittlung von; **tourist** [*o* **travel**] **~** Reisebüro *nt*
agenda [ə'dʒendə] *s* Tagesordnung *f;* **be on the ~** auf der Tagesordnung stehen; **place** [*o* **put**] **on the ~** auf die Tagesordnung setzen; **item on the ~** Tagesordnungspunkt *m*
agent ['eɪdʒənt] *s* **1.** Mittel, Agens *nt;* (CHEM) Wirkstoff *m* **2.** Vertreter(in) *m(f),* Repräsentant(in) *m(f),* Beauftragte(r) *f m,* Agent(in) *m(f);* **estate ~** Grundstücks-, Immobilienmakler(in) *m(f);* **forwarding ~** Spediteur *m;* **insurance ~** Versicherungsagent(in) *m(f),* -vertreter(in) *m(f);* **sole ~** Alleinvertreter *m;* **travel ~** Reiseverkehrskaufmann *m,* -frau *f*
ag•glom•er•ate [ə'glɒməreɪt] **I.** *vt, vi* zusammenballen, (sich) anhäufen **II.** [ə'glɒmərət] *adj* an-, aufgehäuft; zusammengeballt **III.** [ə'glɒmərət] *s* (GEOL) Agglomerat *nt;* **ag•glom•er•ation** [əˌglɒmə-'reɪʃn] *s* Zusammenballung, Anhäufung *f*
ag•gra•vate ['ægrəveɪt] *vt* **1.** verschlimmern **2.** ärgern; reizen; **ag•gra•vat•ing** [-ɪŋ] *adj* ärgerlich, lästig; **ag•gra•va•tion** [ˌægrə'veɪʃn] *s* **1.** Verschlimmerung *f;* Erschwerung *f* **2.** Ärger *m*
ag•gre•gate ['ægrɪgɪt] **I.** *adj* gesamt, ganz; **~ amount** Gesamtbetrag *m;* **~ weight** Gesamtgewicht *nt* **II.** *s* **1.** (*a.* GEOL) Aggregat *nt* **2.** Menge, Summe, Masse *f;* Gesamtheit *f;* Gesamtsumme *f* **III.** ['ægrɪgeɪt] *vt* **1.** anhäufen, vereinigen, verbinden (*to* mit) **2.** sich belaufen (auf)
ag•gres•sion [ə'greʃn] *s* Aggression *f;* Angriff *m;* **ag•gres•sive** [ə'gresɪv] *adj* aggressiv; **ag•gres•sive•ness** [-nəs] *s* Aggressivität *f;* **ag•gres•sor** [ə'gresə(r)] *s*

Angreifer(in) *m(f)*

ag·grieved [əˈgriːvd] *adj* **1.** betrübt (*at, by* über) **2.** verletzt (*at, by* durch); (*Blick, Stimme*) gekränkt; **the ~ (party)** (JUR) der/die Beschwerte

aghast [əˈgɑːst] *adj pred* entsetzt, bestürzt (*at* über)

agile [ˈædʒaɪl, *Am* ˈædʒl] *adj* beweglich, wendig; flink, behände; **agil·ity** [əˈdʒɪlətɪ] *s* Beweglichkeit, Wendigkeit *f,* Behändigkeit *f*

agi·tate [ˈædʒɪteɪt] **I.** *vt* **1.** auf-, erregen, beunruhigen (*about* wegen) **2.** schütteln, rütteln **II.** *vi* agitieren (*against* gegen, *for* für); **agi·ta·tion** [ˌædʒɪˈteɪʃn] *s* **1.** Auf-, Erregung *f* **2.** Beunruhigung *f;* Agitation *f;* **agi·ta·tor** [ˈædʒɪteɪtə(r)] *s* Aufrührer, Agitator *m*

aglow [əˈgləʊ] *adj pred* **1.** glühend **2.** (*fig*) erregt (*with* von, vor)

ag·nos·tic [ægˈnɒstɪk] *s* Agnostiker(in) *m(f)*

ago [əˈgəʊ] *adv* vor; **three months ~** vor drei Monaten; **a long time ~** schon lange her; **(just) a moment ~** eben noch; **not long ~** vor kurzem, unlängst; **a while ~** vor einer Weile; **how long ~?** wie lange ist es her?

agog [əˈgɒg] *adj pred* gespannt; **be ~ with curiosity** vor Neugier fast platzen; **set s.o. ~** jdn auf die Folter spannen

ag·on·ize [ˈægənaɪz] *vi* sich quälen; **agonized** [ˈægənaɪzd] *adj* gequält; **ag·on·iz·ing** [ˈægənaɪzɪŋ] *adj* quälend; **ag·ony** [ˈægənɪ] *s* **1.** Qual *f* **2.** Todeskampf *m*

agree [əˈgriː] *vi* **1.** einverstanden sein (*to* mit), einwilligen (*to* in), übereinstimmen (*with* mit) **2.** sich einigen, einig sein (*on* über) **3.** verabreden, vereinbaren (*on s.th.* etw) **4.** (*Speisen*) gut bekommen (*with s.o.* jdm); **I don't ~ with children staying up late** ich bin dagegen, dass Kinder lange aufbleiben; **agreeable** [-əbl] *adj* **1.** angenehm **2.** liebenswürdig; **be ~** einverstanden sein (*to* mit); **agree·ment** [-mənt] *s* **1.** Vereinbarung *f,* Übereinkommen *nt,* Übereinkunft *f,* Abkommen *nt,* Abmachung *f;* Vertrag *m* **2.** Zustimmung, Verständigung, Einigung *f,* Einverständnis, Einvernehmen *nt;* **by mutual ~** in gegenseitigem Einverständnis; **come to an ~** zu einem Übereinkommen gelangen, sich verständigen (*with* mit)

ag·ri·bio·tech [ˈægriːˌbaɪətek] *s* Agrobiotechnologie *f;* **ag·ri·busi·ness** [ˈægrɪˌbɪznɪs] *s* Agroindustrie *f*

ag·ri·cul·tural [ˌægrɪˈkʌltʃərəl] *adj* landwirtschaftlich; **ag·ri·cul·ture** [ˈægrɪkʌltʃə(r)] *s* Landwirtschaft *f*

agrono·my [əˈgrɒnəmɪ] *s* Agronomie *f*

ag·ro·tour·ism [ˌəgrɒˈtʊərɪzm] *s* Ferien auf dem Bauernhof

aground [əˈgraʊnd] *adj pred* gestrandet; **run ~** auf Grund laufen

ah [ɑː] *interj* ach! ah!; **aha** [ɑːˈhɑː] *interj* aha!

ahead [əˈhed] *adv* vor, voran, voraus; **~ of** vor; **full speed ~** volle Kraft voraus; **~ of time** vorzeitig; **be ~ of s.o.** jdm voraus sein; **get ~** vorwärtskommen; **go ~** voran-, vorausgehen; weitermachen, fortfahren; **go ~ and tell her** sag's ihr doch!; **straight ~** geradeaus; **way ~** weit voraus

ahem [əˈhəm] *interj* hm!

ahoy [əˈhɔɪ] *interj* (MAR) ahoi!

AI [ˌeɪˈaɪ] *s* **1.** (MED) *Abk. von* **artificial insemination** künstliche Befruchtung **2.** (INFORM) *Abk. von* **artificial intelligence** künstliche Intelligenz

aid [eɪd] **I.** *vt* helfen (*s.o.* jdm, *in* bei) **II.** *s* Hilfe, Unterstützung *f;* **in ~ of** zu Gunsten, zur Unterstützung von; **give first ~** erste Hilfe leisten; **grant in ~** staatliche Subvention; **aid convoy** *s* Hilfskonvoi *m*

Aids, **AIDS** [eidz] *s Abk. von* **Acquired Immune Deficiency Syndrome** (MED) Aids *nt,* Immunschwächekrankheit *f*

ail [eɪl] **I.** *vt* schmerzen; **what's ~ing him?** was fehlt ihm? **II.** *vi* kränkeln

aileron [ˈeɪlərɒn] *s* (AVIAT) Querruder *nt*

ail·ing [ˈeɪlɪŋ] *adj* leidend; (*fig: Wirtschaft, Industrie*) krank, krankend; **ail·ment** [ˈeɪlmənt] *s* Gebrechen, Leiden *nt;* **all his little ~s** all seine kleinen Wehwehchen

aim [eɪm] **I.** *vi, vt* **1.** zielen (*at* auf, nach) **2.** (*Anstrengungen*) richten (*at* auf, *to do* zu tun) **3.** beabsichtigen, bezwecken (*at doing, to do* zu tun) **II.** *s* Ziel *nt;* Zweck *m,* Absicht *f;* **take ~ at** zielen auf, aufs Korn nehmen; **aim·less** [ˈeɪmlɪs] *adj* ziellos

air [eə(r)] **I.** *s* **1.** Luft *f;* (*a. fig*) Atmosphäre *f* **2.** (RADIO) Äther *m* **3.** Miene *f,* Aussehen *nt;* **a breath of fresh ~** (*a. fig*) frische Luft; **by ~** auf dem Luftweg; mit dem Flugzeug; **in the ~** in der Schwebe, unentschieden; allgemein bekannt; in der Luft liegend; **in the open ~** unter freiem Himmel; **on the ~** über den Rundfunk; **be on the ~** im Rundfunk gesendet werden; **put on** [*o* **give o.s.**] **~s** sich wichtig machen; **take some ~** frische Luft schnappen; **walk on ~** (*fam*) überglücklich sein; **open-~(theatre)** Freilichtbühne *f;* **prevention of ~ pollution** Reinhaltung *f* der Luft **II.** *vt* **1.** (aus-, durch)lüften **2.** (*fig*) bekannt machen; **air bag** *s* (AUTO) Luftsack, Airbag *m;* **airborne** [ˈeəbɔːn] *adj* in der Luft; Luftlande-; **air·brake** [ˈeəbreɪk] *s* Luftdruckbremse *f;* **air bubble** *s* Luftblase *f;* **air-con·di·tioned** [ˈeəkənˈdɪʃnd] *adj* klimatisiert;

air-con·di·tion·ing ['eəkən'dɪʃnɪŋ] *s* Klimatisierung *f;* (~ *plant*) Klimaanlage *f;* **air-cooled** ['eəku:ld] *adj* luftgekühlt; **air corridor** *s* Luftkorridor *m;* **air·craft** ['eəkrɑ:ft] *s* Flugzeug *nt;* **air·craft carrier** *s* Flugzeugträger *m;* **air·craft industry** *s* Flugzeugindustrie *f;* **air·crew** ['eəkru:] *s* (Flugzeug)Besatzung *f;* **air cushion** *s* Luftkissen *nt;* **air fan** *s* Ventilator *m;* **air·field** ['eəfi:ld] *s* Flugplatz *m;* **air filter** *s* Luftfilter *m;* **air force** *s* Luftwaffe *f;* **air freight** *s* Luftfracht *f;* **air gun** *s* Luftgewehr *nt;* **air hole** *s* Luftloch *nt;* **air host·ess** *s* Stewardess *f;* **air lift** *s* Luftbrücke *f;* **air·line** ['eəlaɪn] *s* Fluglinie, -gesellschaft *f;* **air·liner** ['eəlaɪnə(r)] *s* Verkehrsflugzeug *nt;* **air·mail** ['eəmeɪl] **I.** *vt* mit Luftpost senden **II.** *s* Luftpost *f;* **air·man** ['eəmən] <*pl* -men> *s* Flieger, Flugzeugführer *m;* **air·plane** ['eəpleɪn] *s* (*Am*) Flugzeug *nt;* **air pollutant** *s* Luftschadstoff *m;* **air pollution** *s* Luftverschmutzung *f;* **air·port** ['eəpɔ:t] *s* Flughafen *m;* **air quality** *s* Luftqualität *f;* **air-raid** *s* Luft-, Fliegerangriff *m;* **air·sick** ['eəsɪk] *adj* luftkrank; **air·sick·ness** ['eəˌsɪknɪs] *s* Luftkrankheit *f;* **air space** *s* Luftraum *m;* **air·strip** ['eəstrɪp] *s* Start- und Landebahn *f;* **air terminal** *s* Flughafen(abfertigungsgebäude *nt*) *m;* **air ticket** *s* Flugschein *m;* **air·tight** ['eətaɪt] *adj* luftdicht; **air traffic** *s* Flugverkehr *m;* **air-traffic controller** *s* Fluglotse *m;* **air·way** ['eəweɪ] *s* Fluglinie, -gesellschaft *f;* **air·worthi·ness** ['eəˌwɜ:ðɪnɪs] *s* Flugtüchtigkeit *f;* **airworthy** ['eəˌwɜ:ðɪ] *adj* flugtüchtig

airy ['eərɪ] *adj* **1.** luftig **2.** (*fig*) lässig, blasiert; (*Versprechen, Theorie*) vage

airy-fairy ['eərɪ'feərɪ] *adj* versponnen; unausgegoren

aisle [aɪl] *s* Gang *m;* **lead a woman down the** ~ eine Frau zum Altar führen

ajar [ə'dʒɑ:(r)] *adv* halboffen; angelehnt

akim·bo [ə'kɪmbəʊ] *adv:* **with arms** ~ mit in die Seite gestemmten Armen

akin [ə'kɪn] *adj pred* verwandt (*to* mit), ähnlich, gleich

alac·rity [ə'lækrətɪ] *s* Bereitwilligkeit *f;* **accept with** ~ ohne weiteres annehmen

alarm [ə'lɑ:m] **I.** *s* **1.** Alarm *m;* Warnung *f;* (~ *signal*) Alarmsignal *nt* **2.** Beunruhigung *f,* Schreck *m* **3.** (~ *clock*) Wecker *m;* **give the** ~ Alarm schlagen **II.** *vt* alarmieren; beunruhigen, erschrecken (*at* über); **alarm·ing** [-ɪŋ] *adj* beunruhigend, alarmierend; **alarm·ist** [-ɪst] **I.** *s* Panik-Macher(in) *m(f)* **II.** *adj* Panikstimmung erzeugend

alas [ə'læs] *interj* ach! leider!

Al·ba·nia [æl'beɪnɪə] *s* Albanien; **Al·ba·ni·an** [-n] **I.** *s* **1.** (das) Albanisch(e) **2.** Alban(i)er(in) *m(f)* **II.** *adj* albanisch

al·ba·tross ['ælbətrɒs] *s* (*großer Sturmvogel*) Albatros *m*

al·bino [æl'bi:nəʊ] <*pl* -binos> *s* Albino *m*

al·bum ['ælbəm] *s* Album *nt*

al·bu·men ['ælbjʊmɪn] *s* Eiweiß *nt;* (CHEM) Albumin *nt*

al·co·hol ['ælkəhɒl] *s* Alkohol *m;* **blood** ~ **level** Blutalkoholkonzentration *f;* **al·co·holic** [ˌælkə'hɒlɪk] **I.** *adj* alkoholisch **II.** *s* Alkoholiker(in) *m(f);* **al·co·hol·ism** [-ɪzəm] *s* Alkoholismus *m;* **al·co·pop** ['ælkəpɒp] *s* Limonade mit Alkoholzusatz

al·cove ['ælkəʊv] *s* Alkoven *m;* Nische *f*

al·der ['ɔ:ldə(r)] *s* (*Baum oder Strauch*) Erle *f*

al·der·man ['ɔ:ldəmən] <*pl* -men> *s* Ratsherr *m*

ale [eɪl] *s* Ale, Bier *nt;* **real** ~ biologisch gebrautes Bier, Real Ale *nt*

alert [ə'lɜ:t] **I.** *adj* lebhaft; aufgeweckt **II.** *s* Alarm *m,* Alarmsignal *nt;* **be on the** ~ auf der Hut sein **III.** *vt* alarmieren; warnen

alga ['ælgə, *pl* 'ældʒi:] <*pl* algae> *s* Alge *f;* **al·gal bloom** ['ælgəlˌblu:m] *s* Algenblüte, Algenpest *f*

al·ge·bra ['ældʒɪbrə] *s* Algebra *f;* **al·gebra·ic** [ˌældʒɪ'breɪɪk] *adj* algebraisch

Al·ge·ria [æl'dʒɪərɪə] *s* Algerien *nt;* **Al·ge·ri·an** [-n] **I.** *s* Algerier(in) *m(f)* **II.** *adj* algerisch

ali·as ['eɪlɪəs] **I.** *adv* sonst … genannt, alias **II.** *s* Deckname *m*

ali·bi ['ælɪbaɪ] *s* (JUR) Alibi *nt*

Alice band ['ælɪsˌbænd] *s* Haarreif *m*

al·ien ['eɪlɪən] **I.** *s* Ausländer(in) *m(f),* außerirdisches Wesen **II.** *adj* **1.** ausländisch; außerirdisch **2.** fremd, unbekannt (*to dat*); **al·ien·ate** ['eɪlɪəneɪt] *vt* **1.** befremden; (*Gefühle*) zerstören **2.** (JUR) veräußern; ~ **o.s. from s.th.** sich einer S entfremden; **al·ien·ation** [ˌeɪlɪə'neɪʃn] *s* **1.** Entfremdung *f* (*from* von) **2.** (*Eigentum*) Veräußerung *f*

alight¹ [ə'laɪt] *adj pred* **1.** brennend **2.** (*Gesicht*) glühend, strahlend; **be** ~ brennen; in Flammen stehen; **set** ~ in Brand setzen, stecken; **keep** ~ nicht ausgehen lassen

alight² [ə'laɪt] *vi* **1.** ab-, aussteigen (*from* von) **2.** (*Vogel, Flugzeug*) landen **3.** zufällig stoßen, treffen (*upon* auf)

align [ə'laɪn] **I.** *vt* (*a. fig*) in eine Linie bringen, (aus)richten (*with* nach) **II.** *vr:* ~ **o.s.** sich anschließen (*with* an); **align·ment** [-mənt] *s* **1.** (*a. fig*) Ausrichtung *f* **2.** Orientierung, Gruppierung *f;* **out of** ~ nicht richtig ausgerichtet (*with* nach)

alike [ə'laɪk] **I.** *adj pred* ähnlich, gleich **II.** *adv* in gleicher Weise; ohne Unterschied;

treat ~ gleich behandeln

ali•mony ['ælɪmənɪ] *s* Unterhalt *m;* Alimente *pl*

aline [ə'laɪn] **I.** *vt* in eine Linie bringen, (aus)richten (*with* nach) **II.** *vr:* ~ **o.s.** sich anschließen (*with* an)

A-list ['eɪlɪst] *s:* **be on the** ~ zu der Crème de la Crème gehören

alive [ə'laɪv] *adj meist pred* **1.** lebend(ig) **2.** tätig, unternehmend; **be** ~ **to s.th.** sich etwas bewusst sein; **be** ~ **with s.th.** von etw wimmeln; **keep** ~ am Leben erhalten

al•kali ['ælkəlaɪ] *s* (CHEM) Alkali *nt,* Lauge *f;* **al•kal•ine** ['ælkəlaɪn] *adj* alkalisch

all [ɔːl] **I.** *adj* (*mit Plural*) alle; (*mit Singular*) ganze(r, s); (*mit Possessivpronomen*) all; ~ **the children** alle Kinder; ~ **the butter** die ganze Butter, all die Butter, alle Butter; ~ **my friends** alle meine Freunde; ~ **my life** mein ganzes Leben (lang); ~ **London** ganz London; **with** ~ **possible speed** so schnell wie möglich; **for** ~ **her beauty** trotz (all) ihrer Schönheit **II.** *pron* alles; alle *pl;* ~ **of them** sie alle; ~ **of it** alles; ~ **of Germany** ganz Deutschland; ~ **of five minutes** ganze fünf Minuten; **richest of** ~ am reichsten; **I like that best of** ~ das mag ich am meisten **III.** *adv* ganz; ~ **dirty** ganz schmutzig; ~ **round** rundum; ~ **the same** trotzdem; **not as stupid as** ~ **that** gar nicht so dumm; **I'm** ~ **for it** ich bin ganz dafür; ~ **the hotter** umso heißer; noch heißer **IV.** *s* alles; **give one's** ~ alles geben **V.** (*Wendungen*): **above** ~ vor allem, vor allen Dingen; **after** ~ trotzdem; schließlich (und endlich); **at** ~ überhaupt; **for** ~ **that** trotzdem; **from** ~ **over** von überall her; **in** ~ insgesamt; **not at** ~ keineswegs; überhaupt nicht; nicht im geringsten; keine Ursache!; **once and for** ~ ein für alle Mal; ~ **in** ~ alles in allem; im Ganzen genommen; ~ **alone** ganz allein; ~ **but** beinahe, nahezu; alle, alles außer; ~ **day/night long** den ganzen Tag/die ganze Nacht hindurch; ~ **at once** plötzlich; ~ **right** in Ordnung; schön; einverstanden; ~ **the same** ganz gleich, ganz einerlei; trotzdem; ~ **of a sudden** auf einmal; ~ **the time** die ganze Zeit; ~ **told** alles zusammengenommen; alles in allem; ~ **over** (**the place**) überall; ~ **over the world** in der ganzen Welt; **be** ~ **ears** ganz Ohr sein; **be** ~ **there** auf Draht, schlau, gewitzt sein; **tremble** ~ **over** an allen Gliedern zittern; **you of** ~ **people** vor allem du; **in June, of** ~ **times** ausgerechnet im Juni; **he isn't** ~ **there** er ist nicht richtig im Oberstübchen; **is that** ~ **right with you?** ist Ihnen das recht?; **don't worry, it'll be** ~ **right** mach dir keine Sorgen, es kommt schon alles in Ordnung; **it's** ~ **over with him** er ist erledigt, fertig, ruiniert; ~ **hands on deck!** alle Mann an Deck!; **if that's** ~ **there is to it** wenn's weiter nichts ist; **that's** ~ **I needed** das hat mir gerade noch gefehlt; **our plans are** ~ **set** unsere Pläne stehen fest

all clear [ˌɔːl'klɪə(r)] *s* (MIL) Entwarnung *f*

al•le•ga•tion [ˌælɪ'geɪʃn] *s* Behauptung *f;* **al•lege** [ə'ledʒ] *vt* behaupten; **al•leged** [ə'ledʒd] *adj,* **al•leged•ly** [ə'ledʒɪdlɪ] *adv* angeblich

al•le•giance [ə'liːdʒəns] *s* Treue *f;* **oath of** ~ Treueeid *m*

al•le•goric(al) [ˌælɪ'gɒrɪk(l)] *adj* allegorisch; **al•le•gory** ['ælɪgərɪ] *s* Allegorie *f*

al•le•luia [ˌælɪ'luːjə] *s* Hallelujah *nt*

al•ler•gen ['ælədʒən] *s* (MED) Allergen *nt;* **al•ler•genic** [ælə'dʒenɪk] *adj* (MED) allergen; **al•ler•gic** [ə'lɜːdʒɪk] *adj* (*a. fig*) allergisch (*to* gegen); **al•lergy** ['ælədʒɪ] *s* (MED) Allergie *f;* **he suffers from an** ~ er ist Allergiker

al•levi•ate [ə'liːvɪeɪt] *vt* (*Schmerz*) lindern, mildern

al•ley ['ælɪ] *s* **1.** Gasse *f* **2.** (*bowling* ~) Kegelbahn *f;* **blind** ~ Sackgasse *f;* (*fig*) ausweglose Lage; **alley cat** *s* **1.** streunende Katze **2.** (*sl*) Nutte *f*

All Fools' Day [ˌɔːl'fuːlzdeɪ] *s* der erste April; **All Hallows'** [ˌɔːl'hæləʊz] *s* Allerheiligen *nt*

al•liance [ə'laɪəns] *s* **1.** Bündnis *nt* **2.** (*Familien*) Verbindung, Verschwägerung *f* **3.** Zusammenschluss *m*

al•lied ['ælaɪd] *adj* **1.** verbündet, alliiert **2.** verwandt (*to* mit); **the Allied Forces** die Alliierten

al•li•ga•tor ['ælɪgeɪtə(r)] *s* Alligator *m*

all-in [ɔːl'ɪn] *adj* einschließlich, gesamt, global; **I'm** ~ (*fam*) ich bin völlig erledigt

all-nighter [ɔːl'naɪtə] *s* etwas, das die ganze Nacht dauert; (*Person*) jemand, der die ganze Nacht durchmacht

al•lo•cate ['æləkeɪt] *vt* an-, zuweisen; **al•lo•ca•tion** [ˌælə'keɪʃn] *s* **1.** Zuteilung *f;* An-, Zuweisung *f* **2.** Quote *f;* zugeteilter Betrag

al•lot [ə'lɒt] *vt* **1.** zu-, anweisen; verteilen **2.** zubilligen; **al•lot•ment** [-mənt] *s* **1.** Zu-, Verteilung *f* **2.** An-, Zuweisung *f;* Anteil *m* **3.** (*Br*) Parzelle *f;* Schrebergarten *m*

all-out [ɔːl'aʊt] *adj* (*fam*) umfassend, total

allow [ə'laʊ] **I.** *vt* **1.** erlauben, gestatten (*s.o. to do, doing s.th.* jdm etw), zulassen **2.** bewilligen; anerkennen **3.** (*Betrag*) einkalkulieren, vorsehen, ansetzen (*for* für); **will you** ~ **me?** darf ich? **II.** *vi* **1.** erlauben, gestatten, zulassen (*of s.th.* etw) **2.** berücksichtigen, in Betracht ziehen (*for s.th.* etw) **III.** *vr:* ~ **o.s. s.th** sich etw gönnen; sich etw erlauben; **allow•able** [-əbl] *adj* statthaft, zulässig; **allowable expenses** *s pl* abzugsfähige Geschäftsausgaben *fpl;* **allow•ance** [ə'laʊəns] *s* **1.** Bewilligung, Genehmigung *f* **2.** Zuteilung *f;* Zuschuss *m;* Taschengeld *nt;* Beihilfe, Unterstützung *f* **3.** Nachlass, Abzug, Rabatt *m* **4.** (TECH) Toleranz *f;* **make ~(s) for s.th.** etw berücksichtigen; **children's ~** Kindergeld *nt;* **daily ~** Tagessatz *m;* **family ~** Familienzulage *f;* **tax ~** Steuerfreibetrag *m*

alloy ['ælɔɪ] *s* Legierung *f*

all-pur•pose [ɔ:l'pɜ:pəs] *adj attr* Allzweck-; **all right I.** *adj* **1.** anständig, zuverlässig **2.** in Ordnung, okay **II.** *adv* schon; ganz gut; **are you feeling ~?** fehlt Ihnen etwas?; **all-round** [ˌɔ:l'raʊnd] *adj* vielseitig; **all-roun•der** [ɔ:l'raʊndə(r)] *s* Multitalent *nt,* Allroundsportler(in) *m(f);* **All Saints' Day** *s* Allerheiligen *nt;* **all-seater stadium** *s* Stadion *nt* ohne Stehplätze; **All Souls' Day** *s* Allerseelen *nt;* **all-time high** [ˌɔ:lˌtaɪm'haɪ] *s* Höchstleistung *f,* -stand *m;* **all-time low** [ˌɔ:lˌtaɪm'ləʊ] *s* absoluter Tiefstand

allude [ə'lu:d] *vi* anspielen (*to* auf)

allure [ə'lʊə(r)] *s* Reiz, Zauber *m;* **allur•ing** [ə'lʊərɪŋ] *adj* verlockend, verführerisch

al•lu•sion [ə'lu:ʒn] *s* Anspielung *f* (*to* auf)

all-weather [ˌɔ:l'weðə(r)] *adj attr* Allwetter-

ally ['ælaɪ] **I.** *s* Bundesgenosse, Verbündete(r) *m;* (HIST) Alliierte(r) *m* **II.** [ə'laɪ] *vt* verbünden; vereinigen (*to, with* mit)

al•ma•nac ['ɔ:lmənæk] *s* Almanach, Kalender *m*

al•mighty [ɔ:l'maɪtɪ] **I.** *adj* allmächtig **II.** *s:* **the Almighty** der Allmächtige

almond ['ɑ:mənd] *s* Mandel(baum *m*) *f*

al•most ['ɔ:lməʊst] *adv* fast, beinahe

aloe vera [ˌæləʊ'vɪərə] *s* (*tropische Pflanze*) Aloe Vera *f*

alone [ə'ləʊn] *adv, adj* allein; nur, bloß; **leave it ~!** lassen Sie es bleiben!; **leave me ~!** lass mich in Ruhe!; **let ~ ...** ganz abgesehen von ...

along [ə'lɒŋ] **I.** *prep* entlang, längs; an ... entlang **II.** *adv* geradeaus, weiter; vorwärts; längs; **all ~** schon immer; **~ here** in dieser Richtung; **~ with** zusammen mit; **come ~** mitkommen; **get ~** Fortschritte machen (*with* mit), auskommen, fertig werden (*with* mit), durchkommen, leben; **take ~** mitnehmen; **how are you getting ~?** wie geht es Ihnen denn?; **along•side** [əˌlɒŋ'saɪd] **I.** *prep* neben **II.** *adv* Seite an Seite; daneben; (MAR) längsseits

aloof [ə'lu:f] **I.** *adv* abseits, entfernt, von weitem, fern **II.** *adj* unnahbar, zurückhaltend; **stand** [*o* **hold o.s.**] **~ from s.th.** sich von etw zurückhalten

aloud [ə'laʊd] *adv* laut; **read ~** vorlesen

al•pha ['ælfə] *s* Alpha *nt;* **al•pha•bet** ['ælfəbet] *s* Alphabet, Abc *nt;* **al•pha•beti•cal** [ˌælfə'betɪkl] *adj* alphabetisch; **alpha male** *s* dominanter Mann; **al•pha•nu•mer•ic** [ˌælfənju:'merɪk] *adj* alphanumerisch; **alpha ray** *s* Alphastrahl *m*

al•pine ['ælpaɪn] *adj* alpin

Alps [ælps] *s pl* die Alpen *pl*

al•ready [ɔ:l'redɪ] *adv* schon, bereits

al•sa•tian [æl'seɪʃn] *s* (*Br*) Schäferhund *m;* **Al•sa•tian** *adj* elsässisch

also ['ɔ:lsəʊ] *adv* auch, ebenfalls

al•tar ['ɔ:ltə(r)] *s* Altar *m*

al•ter ['ɔ:ltə(r)] **I.** *vt* (ab-, um-, ver)ändern **II.** *vi* sich wandeln, sich (ver)ändern; **al•ter•able** ['ɔ:ltərəbl] *adj* veränderlich; **al•ter•ation** [ˌɔ:ltə'reɪʃn] *s* Änderung *f;* (*an Gebäude*) Umbau *m;* **subject to ~** Änderungen vorbehalten

al•ter•ca•tion [ˌɔ:ltə'keɪʃn] *s* Auseinandersetzung *f*

al•ter•nate [ɔ:l'tɜ:nət] **I.** *adj* abwechselnd; **on ~ days** jeden zweiten Tag **II.** ['ɔ:ltəneɪt] *vt* abwechseln lassen **III.** ['ɔ:ltəneɪt] *vi* abwechseln (*with* mit); **al•ter•nat•ing** ['ɔ:ltəneɪtɪŋ] *adj* wechselnd; **~ current** Wechselstrom *m;* **al•ter•na•tive** [ɔ:l'tɜ:nətɪv] **I.** *adj* alternativ; sich gegenseitig ausschließend **II.** *s* Alternative *f;* **there is no ~** es gibt keine andere Möglichkeit; **al•ter•na•tive•ly** [-lɪ] *adv* im anderen Falle; **alter•nator** ['ɔ:ltəneɪtə(r)] *s* (ELEK) Wechselstromgenerator *m;* (AUTO) Lichtmaschine *f*

al•though [ɔ:l'ðəʊ] *conj* obgleich, wenn auch, obschon

al•tim•eter ['æltɪmi:tə(r)] *s* Höhenmesser *m*

al•ti•tude ['æltɪtju:d] *s* Höhe *f;* Höhenlage *f;* **fly at an ~ of ...** in einer Höhe von ... fliegen

alto ['æltəʊ] <*pl* **altos**> *s* (MUS) Alt *m;* **alto clef** *s* (MUS) Altschlüssel *m*

al•to•gether [ˌɔ:ltə'geðə(r)] *adv* **1.** gänzlich, ganz und gar, völlig **2.** alles in allem, insgesamt, im Ganzen

alto saxophone *s* Altsaxophon *nt*

al•tru•ism ['æltru:ɪzəm] *s* Selbstlosigkeit *f,* Altruismus *m;* **al•tru•ist** ['æltru:ɪst] *s* Altruist *m;* **al•tru•is•tic** [ˌæltru:'ɪstɪk] *adj* altruistisch, selbstlos

alu•min•ium [ˌæljʊ'mɪnɪəm] *s* Aluminium *nt;* **aluminium oxide** *s* Tonerde *f;* **alu•mi•num** [ə'lu:mɪnəm] *s* (*Am*) Aluminium *nt;* **alu•mi•nize** [ə'lu:mɪˌnaɪz] *vt* aluminieren, mit Aluminium überziehen

al•ways ['ɔ:lweɪz] *adv* **1.** immer, stets, (be)ständig **2.** von jeher, schon immer

am [əm, *betont* æm] *1. Person Singular Präsens* **be**

a.m. *Abk. von* **ante meridiem** vormittags

amal•gam [ə'mælgəm] *s* **1.** (CHEM) Amalgam *nt* **2.** (*fig*) Mischung *f;* **amal•ga•mate** [ə'mælgəmeɪt] **I.** *vt* vermischen; vereinigen, verschmelzen **II.** *vi* **1.** sich vereinigen, verschmelzen **2.** (COM) fusionieren; **amal•ga•ma•tion** [əˌmælgə'meɪʃn] *s* **1.** Amalgamierung *f* **2.** Vereinigung, Verschmelzung, Fusion *f,* Fusionieren *nt*

amass [ə'mæs] *vt* an-, aufhäufen; zusammentragen, -bringen

ama•teur ['æmətə(r)] *s* Amateur *m;* **ama•teur•ish** ['æmətərɪʃ] *adj* dilettantisch

amaze [ə'meɪz] *vt* verblüffen, sehr überraschen; **be ~d at** erstaunt sein über; **amaze•ment** [-mənt] *s* Erstaunen *nt,* Verblüffung *f;* **amaz•ing** [-ɪŋ] *adj* erstaunlich

Am•azon ['æməzən] *s* (GEOG) Amazonas *m*

am•bas•sa•dor [æm'bæsədə(r)] *s* Botschafter *m;* **am•bas•sa•dress** [æm'bæsədrɪs] *s* Botschafterin *f*

am•ber ['æmbə(r)] **I.** *s* **1.** Bernstein *m* **2.** (*Verkehrsampel*) Gelb *nt* **II.** *adj* bernsteinfarben

am•bi•dex•trous [ˌæmbɪ'dekstrəs] *adj* beidhändig

am•bi•guity [ˌæmbɪ'gju:ətɪ] *s* Mehr-, Doppeldeutigkeit *f;* Zweideutigkeit *f;* **am•bigu•ous** [æm'bɪgjʊəs] *adj* mehr-, doppel-, zweideutig

am•bi•tion [æm'bɪʃn] *s* Ehrgeiz *m;* **be filled with ~** ehrgeizig sein; **am•bi•tious** [æm'bɪʃəs] *adj* ehrgeizig

amble ['æmbl] *vi* schlendern

am•bu•lance ['æmbjʊləns] *s* Kranken-, Sanitätswagen *m*

am•bush ['æmbʊʃ] **I.** *s* Hinterhalt *m;* **lie in ~** im Hinterhalt liegen **II.** *vt* aus dem Hinterhalt überfallen

ameba *s* (*Am*) Amöbe *f;* **amebic** *adj* (*Am*): **~ dysentery** Amöbenruhr *f*

ameli•or•ate [ə'mi:lɪəreɪt] *vt* verbessern; **ameli•or•ation** [əˌmi:lɪə'reɪʃn] *s* Verbesserung *f*

amen [ɑ:'men, *Am* eɪ'men] *s* Amen *nt*

amen•able [ə'mi:nəbl] *adj* zugänglich (*to* für)

amend [ə'mend] *vt* **1.** verbessern **2.** (*Gesetze*) (ab)ändern; **amend•ment** [-mənt] *s* **1.** Verbesserung, Richtigstellung *f* **2.** Änderung *f*

amen•ity [ə'mi:nətɪ] *s* **1.** öffentliche Einrichtung **2.** angenehme Lage; **close to all amenities** in günstiger (Einkaufs- und Verkehrs)Lage; **a house with every ~** ein Haus mit allem Komfort; **high ~ district** gute Wohngegend

Ameri•ca [ə'merɪkə] *s* Amerika *nt;* **Ameri•can** [ə'merɪkən] **I.** *s* Amerikaner(in) *m(f)* **II.** *adj* amerikanisch; **Ameri•can•ism** [-ɪzəm] *s* amerikanischer Ausdruck, Amerikanismus; **Ameri•can•ize** [-aɪz] *vt* amerikanisieren

am•ethyst ['æmɪθɪst] *s* (MIN) Amethyst *m*

amia•bil•ity [ˌeɪmɪə'bɪlətɪ] *s* Freundlichkeit, Liebenswürdigkeit *f;* **ami•able** ['eɪmɪəbl] *adj* liebenswürdig

amic•able ['æmɪkəbl] *adj* freundschaftlich, friedlich

amid(st) [ə'mɪd(st)] *prep* mitten unter, inmitten

amiss [ə'mɪs] **I.** *adj pred* in Unordnung, schlecht; mangelhaft; **there's something ~** da stimmt irgendetwas nicht **II.** *adv:* **take s.th. ~** etw übelnehmen

am•me•ter ['æmɪtə(r)] *s* (ELEK) Amperemeter *nt*

am•mo•nia [ə'məʊnɪə] *s* (CHEM) Ammoniak *nt*

am•mu•ni•tion [ˌæmjʊ'nɪʃn] *s* Munition *f;* **ammunition dump** *s* Munitionslager *nt*

am•nesia [æm'ni:zɪə] *s* (MED) Amnesie *f,* Gedächtnisschwund *m*

am•nesty ['æmnəstɪ] *s* Amnestie *f*

amoeba [ə'mi:bə] *s* Amöbe *f;* **amoebic** [ə'mi:bɪk] *adj:* **~ dysentery** Amöbenruhr *f*

amok [ə'mɒk] *s:* **run ~** Amok laufen

among(st) [ə'mʌŋ(st)] *prep* **1.** unter, zwischen; in; bei **2.** zusammen mit; **~ other things** unter anderem; **be popular ~ them** bei ihnen populär sein; **they agreed ~ themselves** sie kamen untereinander überein; **settle that ~ yourselves!** machen Sie das unter sich aus!

amoral [ˌeɪ'mɒrəl] *adj* amoralisch

am•or•ous ['æmərəs] *adj* amourös

amor•phous [ə'mɔ:fəs] *adj* **1.** (CHEM MIN) amorph **2.** gestaltlos

amor•ti•za•tion [əˌmɔ:tɪ'zeɪʃn] *s* Amortisation, Tilgung *f;* **amor•tize** [ə'mɔ:taɪz] *vt* amortisieren, tilgen

amount [ə'maʊnt] **I.** *s* **1.** Betrag *m,* Summe *f* **2.** Menge *f;* **any ~ of** beliebig viel; **up to the ~ of** bis zum Betrag von; **large ~s of money** beträchtliche Geldsummen **II.** *vi* **1.** sich belaufen (*to* auf), (den Betrag) erreichen (*to* von), betragen, ausmachen (*to s.th.* etw) **2.** hinauslaufen (*to* auf), bedeuten (*to s.th.* etw); **~ to nothing** belanglos sein; **amount carried forward** *s* (COM) Übertrag *m*

am•pere ['æmpeə(r)] *s* Ampere *nt*

am•pheta•mine [æm'fetəmi:n, -mɪn] *s* Amphetamin *nt*

am•phib•ian [æm'fɪbɪən] *s* Amphibie *f;* Amphibienfahrzeug *nt;* **am•phibi•ous** [æm'fɪbɪəs] *adj* amphibisch

amphi•theatre ['æmfɪˌθɪətə(r)] *s* Amphitheater *nt*
ample ['æmpl] *adj* **1.** geräumig, ausgedehnt **2.** reichlich; ausreichend, genügend; **we've (got)** ~ **time** wir haben reichlich Zeit
am•pli•fi•ca•tion [ˌæmplɪfɪ'keɪʃn] *s* **1.** Erweiterung, Ausdehnung *f* **2.** zusätzliche Einzelheiten, weitere Ausführungen *fpl* (*upon* über) **3.** (ELEK) Verstärkung *f;* **am•pli•fier** ['æmplɪfaɪə(r)] *s* (ELEK) Verstärker *m;* **am•plify** ['æmplɪfaɪ] *vt* **1.** (*a.* ELEK) verstärken **2.** erweitern, ausdehnen, vergrößern **3.** (*Thema*) näher ausführen, ausführlich darstellen
am•pli•tude ['æmplɪtju:d] *s* **1.** Weite, Größe *f,* Umfang *m;* Fülle *f* **2.** (PHYS) Amplitude *f*
am•poule ['æmpu:l] *s* (MED) Ampulle *f*
am•pu•tate ['æmpjʊteɪt] *vt* amputieren; **am•pu•ta•tion** [ˌæmpjʊ'teɪʃn] *s* (MED) Amputation *f*
amuck [ə'mʌk] *adv:* **run** ~ Amok laufen
amu•let ['æmjʊlɪt] *s* Amulett *nt*
amuse [ə'mju:z] **I.** *vt* belustigen, amüsieren; **be** ~**d at** [*o* **by**] **s.th.** sich freuen über etw **II.** *vr* sich die Zeit vertreiben (*by doing s.th.* mit etw); **amu•se•ment** [-mənt] *s* Belustigung, Unterhaltung *f;* Zeitvertreib *m;* Vergnügen *nt* (*at* über); **amu•se•ment ar•cade** *s* Spielhalle *f;* **amus•ing** [-ɪŋ] *adj* unterhaltend, belustigend, amüsant (*to* für)
an [ən, *betont* æn] *art s.* **a**
ana•bol•ic ster•oid [ˌænə'bɒlɪk'stɪərɔɪd] *s* Anabolikum *nt*
anach•ron•ism [ə'nækrənɪzəm] *s* Anachronismus *m;* **anach•ron•is•tic** [əˌnækrə'nɪstɪk] *adj* anachronistisch
ana•conda [ˌænə'kɒndə] *s* (*Riesenschlange*) Anakonda *f*
anae•mia [ə'ni:mɪə] *s* (MED) Anämie, Blutarmut *f;* **anaemic** [ə'ni:mɪk] *adj* blutarm
an•aes•thesia [ˌænɪs'θi:zɪə] *s* (MED) Narkose, Anästhesie *f;* **an•aes•thetic** [ˌænɪs'θetɪk] **I.** *adj* betäubend **II.** *s* Betäubungsmittel *nt;* **anaes•the•tize** [ə'ni:sθətaɪz] *vt* betäuben, narkotisieren
ana•gram ['ænəgræm] *s* Anagramm *nt*
anal ['eɪnəl] *adj* anal, Anal-
an•al•gesic [ˌænæl'dʒi:sɪk] **I.** *s* schmerzstillendes Mittel, Analgetikum *nt* **II.** *adj* schmerzstillend
an•a•log ['ænəlɒg] *adj* (INFORM) analog; **anal•og•ic(al)** [ˌænə'lɒdʒɪk(l)] *adj* analog; **anal•og•ous** [ə'næləgəs] *adj* analog, entsprechend; **anal•ogy** [ə'nælədʒɪ] *s* Analogie, Ähnlichkeit *f;* **on the** ~ **of** analog zu
ana•lyse ['ænəlaɪz] *vt* **1.** analysieren, zergliedern, zerlegen **2.** (*fig*) untersuchen; (*Bericht*) auswerten; **analy•sis** [ə'næləsɪs, *pl* -si:z] <*pl* -ses> *s* **1.** Analyse *f* **2.** Untersuchung, Auswertung *f;* **ana•lyst** ['ænəlɪst] *s* Analytiker(in) *m(f),* Psychotherapeut(in) *m(f);* **food** ~ Lebensmittelchemiker(in) *m(f);* **ana•lyti•c(al)** [ˌænə'lɪtɪkl] *adj* analytisch; **ana•lyze** (*Am*) *s.* **analyse**
an•archic, an•archi•cal [ə'nɑ:kɪk(l)] *adj* anarchisch; **an•arch•ism** ['ænəkɪzəm] *s* Anarchismus *m;* **an•arch•ist** ['ænəkɪst] *s* Anarchist(in) *m(f);* **an•arch•istic** [ˌænə'kɪstɪk] *adj* anarchistisch; **an•archy** ['ænəkɪ] *s* Anarchie *f*
ana•tomi•cal [ˌænə'tɒmɪkl] *adj* anatomisch; **ana•to•mize** [ə'nætəmaɪz] *vt* **1.** sezieren **2.** (*fig*) in allen Einzelheiten prüfen; **anat•omy** [ə'nætəmɪ] *s* **1.** Anatomie *f* **2.** (*fig*) Aufbau *m*
an•ces•tor ['ænsestə(r)] *s* Vorfahr *m;* **an•ces•tral** [æn'sestrəl] *adj* angestammt, seiner/ihrer Vorfahren; ~ **home** Stammsitz *m;* **an•ces•try** ['ænsestrɪ] *s* Vorfahren *mpl,* Abstammung *f*
an•chor ['æŋkə(r)] **I.** *s* Anker *m;* **at** ~ vor Anker; **cast** [*o* **drop**] ~ Anker werfen; **ride at** ~ vor Anker liegen; **weigh** ~ den Anker lichten **II.** *vt* verankern **III.** *vi* ankern; **an•chor•age** ['æŋkərɪdʒ] *s* Liege-, Ankerplatz *m;* Anker-, Liegegebühren *fpl;* **an•chor•man, an•chor•woman** ['æŋkəmæn, -wʊmən] <*pl* -men, -women> *s* (TV) Koordinator(in) *m(f)*
an•chovy ['æntʃəvɪ] *s* Anschovis, Sardelle *f*
ancient ['eɪnʃənt] **I.** *adj* **1.** alt, aus alter Zeit; antik **2.** (*Person*) uralt **II.** *s:* **the** ~**s** Menschen *m pl* des Altertums
an•cil•lary [æn'sɪlərɪ, *Am* 'ænsəlerɪ] *adj* **1.** zusätzlich, ergänzend (*to* für) **2.** Neben-, Hilfs-
and [ən, ənd, *betont* ænd] *conj* und; und auch; und dazu; **for days** ~ **days** tagelang; **years** ~ **years** jahrelang; **nice** ~ **warm** schön warm; ~ **so on** und so weiter (usw.); **try** ~ **do it** versuch's doch mal!; **wait** ~ **see** abwarten
an•dro•gyne ['ændrəˌdʒaɪn] *s* Zwitter *m*
an•dro•pause ['ændrəˌpɔ:z] *s* Wechseljahre des Mannes
an•ec•do•tal [ˌænɪk'dəʊtl] *adj* anekdotisch; **an•ec•dote** ['ænɪkdəʊt] *s* Anekdote *f*
ane•mia [ə'ni:mɪə] *s* (*Am:* MED) Anämie, Blutarmut *f;* **anemic** [ə'ni:mɪk] *adj* (*Am*) blutarm
ane•mom•eter [ˌænɪ'mɒmɪtə(r)] *s* Anemometer *nt,* Windmesser *m*
anem•one [ə'nemənɪ] *s* Anemone *f*
an•es•thesia [ˌænɪs'θi:ʒə] *s* (*Am:* MED) Narkose, Anästhesie *f;* **an•esthetic I.** *adj* (*Am*) betäubend **II.** *s* Betäubungsmittel *nt;* **an•es•the•tize** *vt* (*Am*) betäuben, narko-

tisieren

anew [ə'nju:] *adv* wieder, von neuem

angel ['eɪndʒl] *s* (*a. fig*) Engel *m;* **angelic** [æn'dʒelɪk] *adj* engelhaft

anger ['æŋgə(r)] **I.** *s* Ärger, Zorn *m,* Wut *f* (*at* über); **in (a moment of)** ~ im Zorn **II.** *vt* wütend machen, ärgern

angle¹ ['æŋgl] **I.** *s* **1.** Winkel *m* **2.** Ecke *f* **3.** Seite *f* **4.** Standpunkt *m,* Position *f;* **at an ~ of** in einem Winkel von; **at an ~** schräg; **consider s.th. from all ~s** etw von allen Seiten betrachten **II.** *vt* **1.** ausrichten, einstellen **2.** (*Information*) färben

angle² ['æŋgl] *vi* angeln; ~ **for** (*fig*) fischen nach, aus sein auf

ang•ler ['æŋglə(r)] *s* Angler(in) *m(f)*

Ang•li•can ['æŋglɪkən] **I.** *s* Anglikaner(in) *m(f)* **II.** *adj* anglikanisch; **Anglican Church** *s* anglikanische Kirche

ang•li•cism ['æŋglɪsɪzəm] *s* Anglizismus *m;* **ang•li•cist** ['æŋglɪsɪst] *s* Anglist(in) *m(f);* **ang•li•cize** ['æŋglɪsaɪz] *vt* anglisieren

Anglo [ˌæŋgləʊ] *prefix* Anglo-; englisch-; **anglo•phile I.** *s* Anglophile(r) *f m,* Englandfreund *m* **II.** *adj* anglophil, englandfreundlich; **anglo•pho•bia** [ˌæŋgləʊ'fəʊbɪə] *s* Anglophobie *f,* Englandhass *m;* **Anglo-Saxon** [ˌæŋgləʊ'sæksən] **I.** *s* Angelsachse *m,* Angelsächsin *f* **II.** *adj* angelsächsisch

An•go•la [æŋ'gəʊlə] *s* Angola *nt;* **An•go•lan** [æŋ'gəʊlən] **I.** *adj* angolanisch **II.** *s* Angolaner(in) *m(f)*

an•gora [æŋ'gɔ:rə] *s* Angorawolle *f;* **angora cat** *s* Angorakatze *f*

angry ['æŋgrɪ] *adj* **1.** ärgerlich, zornig (*at s.th.* über etw, *with s.o.* auf jdn) **2.** (MED) entzündet **3.** (*See*) aufgewühlt; **be ~** sich ärgern, ärgerlich sein; böse sein (*at, with* auf, mit); **what are you ~ about?** worüber ärgern Sie sich?

an•guish ['æŋgwɪʃ] *s* Schmerz *m,* Qual *f;* **be in ~** Qualen ausstehen

angu•lar ['æŋgjʊlə(r)] *adj* **1.** wink(e)lig; eckig **2.** (*Mensch*) knochig

ani•mal ['ænɪml] **I.** *s* Tier *nt* **II.** *adj* tierisch, animalisch; **animal husbandry** *s* Viehwirtschaft *f;* **animal kingdom** *s* Tierreich *nt*

ani•mate ['ænɪmeɪt] **I.** *vt* **1.** beleben, mit Leben erfüllen **2.** aufmuntern, ermutigen, begeistern **3.** (FILM) animieren **II.** ['ænɪmət] *adj* belebt, lebendig; **ani•ma•ted** ['ænɪmeɪtɪd] *adj* **1.** lebhaft, rege; angeregt **2.** beseelt (*by, with* von); ~ **cartoon** (Zeichen)Trickfilm *m*

ani•mat•ics [ˌænɪ'mætɪks] *s* (INFORM: *Computerdesign einer Filmszene*) Animatics *pl*

ani•ma•tion [ˌænɪ'meɪʃn] *s* **1.** Aufmunterung *f;* Lebhaftigkeit *f* **2.** (FILM) Animation *f;*

ani•ma•tor ['ænɪmeɪtə(r)] *s* Animator(in) *m(f)*

ani•mos•ity [ˌænɪ'mɒsətɪ] *s* Feindseligkeit *f;* starke Abneigung (*against* gegen, *between* zwischen)

an•ise ['ænɪs] *s* Anis *m;* **ani•seed** ['ænɪsi:d] *s* Anis(samen) *m*

an•kle ['æŋkl] *s* Fußknöchel *m;* **sprain one's ~** sich den Fuß verstauchen; **ankle-biter** *s* (*Aus: sl*) Kind *nt;* **ankle•bone** ['æŋklbəʊn] *s* Sprungbein *nt;* **ankle-deep** *adj, adv* knöcheltief, bis zum Knöchel; **ankle sock** *s* Söckchen *nt*

anklet ['æŋklɪt] *s* Fußkettchen *nt*

an•nal•ist ['ænəlɪst] *s* Chronist(in) *m(f);* **an•nals** ['ænlz] *s pl* Annalen *pl;* (*von Verein*) Bericht *m*

an•neal [ə'ni:l] *vt* kühlen; (aus)glühen, tempern; (*fig*) stählen

an•nex ['æneks] **I.** *s* **1.** (ARCH) Anbau *m,* Nebengebäude *nt* **2.** Anhang *m;* Nachtrag *m* (*to* zu) **II.** [ə'neks] *vt* **1.** (POL) annektieren **2.** anhängen, beifügen; **an•nex•ation** [ˌænek'seɪʃn] *s* (POL) Annexion *f*

an•ni•hi•late [ə'naɪəleɪt] *vt* vernichten; auslöschen; **an•ni•hi•la•tion** [əˌnaɪə'leɪʃn] *s* Vernichtung, Zerstörung, Zerschlagung *f*

an•ni•ver•sary [ˌænɪ'vɜ:sərɪ] *s* Jahrestag *m;* **wedding ~** Hochzeitstag *m*

an•no•tate ['ænəteɪt] *vt* mit Anmerkungen versehen, kommentieren; **anno•ta•tion** [ˌænə'teɪʃn] *s* Anmerkung *f,* Kommentar *m;* **an•no•ta•tor** ['ænəteɪtə(r)] *s* Kommentator(in) *m(f)*

an•nounce [ə'naʊns] *vt* **1.** ankündigen, melden; ansagen, durchgeben **2.** bekannt geben, machen, anzeigen; **an•nounce•ment** [-mənt] *s* **1.** Ankündigung, Anzeige, Bekanntmachung *f* **2.** (RADIO) Durchsage, Ansage *f;* **an•noun•cer** [ə'naʊnsə(r)] *s* (RADIO) Ansager(in) *m(f)*

an•noy [ə'nɔɪ] *vt* ärgern; aufregen; belästigen; **be ~ed** sich ärgern (*at s.th.* über etw, *with s.o.* über jdn); **get ~ed** sich aufregen; **an•noy•ance** [-əns] *s* **1.** Ärger *m* **2.** Belästigung, Plage *f;* **an•noy•ing** [-ɪŋ] *adj* lästig, störend; ärgerlich

an•nual ['ænjʊəl] **I.** *adj* jährlich; ~ **general meeting** Jahreshauptversammlung *f;* ~ **ring** (*von Baumstämmen*) Jahresring *m;* ~ **salary** Jahresgehalt *nt;* ~ **work contract** Jahresarbeitszeitverhältnis *nt* **II.** *s* **1.** Jahrbuch *nt* **2.** einjährige Pflanze; **an•nual•ly** ['ænjʊəlɪ] *adv* jährlich; **twice ~** zweimal im Jahr, zweimal jährlich

an•nu•ity [ə'nju:ətɪ] *s* Jahresrente, Annuität *f;* **life ~** Lebens-, Leibrente *f*

an•nul [ə'nʌl] *vt* annullieren, aufheben, für

ungültig erklären; **an·nul·ment** [-mənt] *s* Annullierung, Aufhebung, Nichtigkeitserklärung *f;* Abschaffung *f*

An·nun·ci·ation [əˌnʌnsɪ'eɪʃn] *s* Mariä Verkündigung *f* (*25. März*)

an·ode ['ænəʊd] *s* (ELEK) Anode *f*

ano·dyne ['ænədaɪn] **I.** *s* schmerzstillendes Mittel **II.** *adj* schmerzstillend, beruhigend; (*fig*) harmlos

anoint [ə'nɔɪnt] *vt* (REL) salben

anom·al·ous [ə'nɒmələs] *adj* unregelmäßig; anomal; **anom·aly** [ə'nɒməlɪ] *s* Anomalie *f*

an·omie ['ænʊəmɪ] *s* Anomie *f*

ano·nym·ity [ˌænə'nɪmətɪ] *s* Anonymität *f;* **anony·mous** [ə'nɒnɪməs] *adj* anonym

an·or·ak ['ænəræk] *s* Anorak *m*

an·or·exia [ˌɑnə'reksɪə] *s* Magersucht, Anorexie *f*

an·other [ə'nʌðə(r)] **I.** *adj* **1.** noch eine(r, s) **2.** ein Zweiter **3.** ein anderer; **at ~ time** zu einer anderen Zeit; **in ~ place** an einem anderen Ort **II.** *pron* ein anderer; **one ~** einander, sich

answer ['ɑ:nsə(r)] **I.** *s* **1.** Antwort *f;* Entgegnung, Erwiderung *f* **2.** (*Problem*) Lösung *f;* **in ~ to** als Antwort auf **II.** *vi* **1.** antworten, erwidern, entgegnen **2.** geeignet sein, taugen; **~ to the name of ...** auf den Namen ... hören **III.** *vt* **1.** beantworten, antworten auf; antworten (*s.o.* jdm) **2.** (*einer Beschreibung, einem Zweck*) entsprechen; (*Verpflichtungen*) nachkommen; (*den Anforderungen*) genügen; (*Hoffnung*) erfüllen; (*Gebet*) erhören; (*Bedürfnis*) befriedigen **3.** (JUR) sich verantworten wegen; **~ the door** die Tür öffnen; **~ the telephone** ans Telefon gehen; **~ a description** einer Beschreibung entsprechen; **answer back** *vi* widersprechen; frech sein; **don't ~ back!** keine Widerrede!; **~ s.o. back** jdm widersprechen; jdm eine freche Antwort geben; **answer for** *vi* **1.** verantwortlich sein für, verantworten **2.** sich verbürgen für; sprechen für; **he has a lot to ~ for** er hat einiges auf dem Gewissen; **~ to s.o. for s.th.** jdm für etw Rechenschaft schuldig sein; **~ to the controls** auf die Steuerung ansprechen; **~ to a description** einer Beschreibung entsprechen; **answer·able** ['ɑ:nsərəbl] *adj* **1.** beantwortbar **2.** (JUR) verantwortlich; **be (held) ~ to s.o. for s.th.** für etw gegenüber jdm verantwortlich sein; **answer·ing ma·chine** ['ɑ:nsərɪŋ mə'ʃi:n] *s* Anrufbeantworter *m*

ant [ænt] *s* Ameise *f*

an·tag·on·ism [æn'tægənɪzəm] *s* Gegensatz *m;* Feindseligkeit *f;* **be in ~ with** im Gegensatz stehen zu; **an·tag·on·is·tic** [ænˌtægə'nɪstɪk] *adj* feindselig; (*Macht*) gegnerisch, feindlich; (*Interessen*) widerstreitend; **an·tag·on·ize** [æn'tægənaɪz] *vt* zu seinem Gegner machen

ant·arc·tic [æn'tɑ:ktɪk] **I.** *s:* **the Antarctic** die Antarktis **II.** *adj* antarktisch; **Antarctic Circle** *s* Südpolarkreis *m;* **Antarctic Ocean** *s* Südpolarmeer *nt,* südlicher Ozean

ant·eater ['æntˌi:tə(r)] *s* Ameisenbär *m*

ante·ced·ent [ˌæntɪ'si:dnt] **I.** *adj* früher (*to* als), vorangehend **II.** *s pl* Vorleben *nt;* Abstammung *f*

ante·cham·ber ['æntɪʃeɪmbə(r)] *s* Vorzimmer *nt*

ante·di·luvian [ˌæntɪdɪ'lu:vɪən] *adj* **1.** (*a. fig*) vorsintflutlich **2.** altmodisch

ante·lope ['æntɪləʊp] *s* Antilope *f*

ante·na·tal [ˌæntɪ'neɪtl] *adj* vor der Geburt; **~ clinic** Klinik *f* für schwangere Frauen

an·tenna¹ [æn'tenə, *pl* æn'teni:] <*pl* -tennae> *s* Fühler *m*

an·tenna² [æn'tenə] <*pl* -tennas> *s* (TECH) Antenne *f*

an·ter·ior [æn'tɪərɪə(r)] *adj* **1.** (*Ort*) vordere(r, s) **2.** (*Zeit*) vorhergehend, früher (*to* als)

ante·room ['æntɪrʊm] *s* Vor-, Wartezimmer *nt*

an·them ['ænθəm] *s* Hymne *f*

an·ther ['ænθə(r)] *s* (BOT) Staubbeutel *m*

ant·hill ['ænthɪl] *s* Ameisenhaufen *m*

an·thol·ogy [æn'θɒlədʒɪ] *s* Anthologie *f*

an·thra·cite ['ænθrəsaɪt] *s* (MIN) Anthrazit *m*

an·thro·poid ['ænθrəpɔɪd] **I.** *adj* menschenähnlich **II.** *s* Menschenaffe *m;* **an·thro·po·logi·cal** [ˌænθrəpə'lɒdʒɪkl] *adj* anthropologisch; **an·thro·pol·ogy** [ˌænθrə'pɒlədʒɪ] *s* Anthropologie *f*

anti ['æntɪ, *Am* 'æntaɪ] *prep* gegen; **anti-** *prefix* Anti-, anti-; **anti-air·craft** [ˌæntɪ'eəkrɑ:ft] *adj attr* Flugabwehr-; **~ artillery** Flak *f;* **~ defence** Luftverteidigung *f;* **~ fire** Flakfeuer *nt;* **~ gun** Flak *f;* **antibiotic** [ˌæntɪbaɪ'ɒtɪk] *s* Antibiotikum *nt;* **anti-blem·ish stick** [ˌæntɪ'blemɪʃˌstɪk] *s* Antipickelstift *m;* **anti-body** ['æntɪbɒdɪ] *s* Antikörper *m*

an·tic ['æntɪk] *s meist pl* dummer Streich, Posse *f*

an·ti·car·cino·gen·ic [ˌæntɪ'kɑ:sɪnʊədʒenɪk] *adj* (MED) antikarzinogen, Krebs hemmend

Anti·christ ['æntɪkraɪst] *s* Antichrist *m*

an·tici·pate [æn'tɪsɪpeɪt] *vt* **1.** erwarten **2.** (*zeitlich*) vorwegnehmen, zuvorkommen (*s.th.* einer S) **3.** vorausberechnen, vorhersehen; voraussehen; ahnen **4.** im Voraus bezahlen; im Voraus verbrauchen; **an·tici-**

pa•tion [æn,tɪsɪ'peɪʃn] *s* **1.** Erwartung, Voraussicht, Ahnung *f;* Erwartungshaltung *f* **2.** Vorwegnahme *f;* Zuvorkommen *nt* **3.** Vorausberechnung *f;* **in ~** im Voraus; in Erwartung (*of +gen*); **an•tici•pa•tory** [æn,tɪsɪ'peɪtərɪ] *adj* vorwegnehmend

anti•cleri•cal [,æntɪ'klerɪkl] *adj* antiklerikal; **anti•cli•max** [,æntɪ'klaɪmæks] *s* Enttäuschung *f;* (*lit*) Antiklimax *m;* **anti•clock•wise** [,æntɪ'klɒkwaɪz] *adj, adv* entgegen dem Uhrzeigersinn; **anti•coagu•lant** [,æntɪkəʊ'ægjʊlənt] **I.** *s* Antikoagulans *nt* **II.** *adj* blutgerinnungshemmend; **anti•cor•ros•ive** [,æntɪkə'rəʊsɪv] *adj* Korrosionsschutz-; **anti•cyc•lone** [,æntɪ'saɪkləʊn] *s* Hoch(-druckgebiet) *nt;* **anti•dazzle** [,æntɪ'dæzl] *adj* blendfrei; **~ mirror** blendfreier Spiegel; **anti•dote** ['æntɪdəʊt] *s* Gegenmittel, Gegengift *nt* (*against, for, to* gegen); **anti•freeze** ['æntɪfri:z] *s* Frostschutzmittel *nt;* **anti•gen** ['æntɪdʒən] *s* (BIOL) Abwehrstoff *m;* **anti•his•ta•mine** [,æntɪ'hɪstə,mi:n] *s* Antihistamin *nt;* **anti•knock** [,æntɪ'nɒk] *adj* (*Benzin*) klopffest; **anti•lock brak•ing sys•tem** [æntɪ'lɒk 'breɪkɪŋ 'sɪstəm] *s* (AUTO) Antiblockiersystem, ABS *nt*

anti•mat•ter ['æntɪmætə(r)] *s* Antimaterie *f;* **anti•mis•sile** [,æntɪ'mɪsaɪl] *adj* Raketenabwehr-; **anti•oxi•dant** [,æntɪ'ɒksɪdənt] *s* Antioxydationsmittel *nt*

an•tipa•thy [æn'tɪpəθɪ] *s* Antipathie, Abneigung *f;* Widerwillen *m* (*to, towards, against* gegen); **anti•per•spir•ant** [,æntɪ'pɜ:spərənt] *s* Deodorant *nt*

an•tipo•des [æn'tɪpədi:z] *s pl* entgegengesetzte Teile *m pl* der Erde

anti•quar•ian [,æntɪ'kweərɪən] **I.** *adj* antiquarisch **II.** *s* Antiquitätenhändler(in) *m(f);* **anti•quary** ['æntɪkwərɪ] *s* **1.** Antiquar(in) *m(f)* **2.** Altertumsforscher(in) *m(f);* **anti•quated** ['æntɪkweɪtɪd] *adj* antiquiert; altmodisch; rückständig; **an•tique** [æn'ti:k] **I.** *s* Antiquität *f* **II.** *adj* antik; **~ dealer** Antiquitätenhändler(in) *m(f);* **an•tiquity** [æn'tɪkwətɪ] *s* **1.** Altertum *nt* **2. antiquities** Altertümer *pl*

anti-rust [,æntɪ'rʌst] *adj* Rostschutz-; **~ agent** Rostschutzmittel *nt;* **~ protection** Rostschutz *m;* **~ paint** Rostschutzfarbe *f;* **anti-Sem•ite** [,æntɪ'si:maɪt] *s* Antisemit *m;* **anti-Sem•itic** [,æntɪsɪ'mɪtɪk] *adj* antisemitisch; **anti-Sem•it•ism** [æntɪ'semɪtɪsm] *s* Antisemitismus *m;* **anti•sep•tic** [,æntɪ'septɪk] **I.** *adj* (MED) antiseptisch, keimtötend **II.** *s* keimtötendes Mittel, Antiseptikum *nt;* **anti•so•cial** [,æntɪ'səʊʃl] *adj* unsozial; ungesellig; asozial; **anti•static** [,æntɪ'stætɪk] *adj* antistatisch; **anti•tank** [,æntɪ'tæŋk] *adj* Panzerabwehr-

an•tith•esis [æn'tɪθəsɪs, *pl* æn'tɪθəsi:z] <*pl* -eses> *s* Antithese *f,* Gegensatz *m;* **anti•theti•cal** [,æntɪ'θetɪkl] *adj* gegensätzlich

anti•toxin [,æntɪ'tɒksɪn] *s* Gegengift *nt*

anti-wrinkle cream [,æntɪ'rɪŋkl,kri:m] *s* Antifaltencreme *f*

ant•ler ['æntlə(r)] *s* Geweihsprosse *f;* **~s** Geweih *nt*

an•to•nym ['æntənɪm] *s* Antonym, Gegensatzwort *nt*

anus ['eɪnəs] *s* (ANAT) After *m*

an•vil ['ænvɪl] *s* (*a.* ANAT) Amboss *m*

anxiety [æŋ'zaɪətɪ] *s* **1.** Besorgnis, Angst(-gefühl *nt*) *f* (*for, about* um) **2.** (dringender) Wunsch, Verlangen *nt* (*for* nach); **with ~** angstvoll, besorgt; **anxious** ['æŋkʃəs] *adj* **1.** besorgt, beunruhigt (*about* wegen) **2.** begierig (*for* nach), gespannt (*for* auf); **be ~** bestrebt sein (*to do s.th.* etw zu tun), besorgt sein, sich Sorgen machen (*about* um)

any ['enɪ] **I.** *adj* **1.** (*in Frage- u. Bedingungssätzen, in verneinenden Sätzen*) irgendein(e); irgendwelche; etwas; **not ~** kein(e); **have you ~ other questions?** haben Sie noch eine Frage?; **do you have ~ money with you?** haben Sie Geld bei sich?; **if it's ~ help (at all)** wenn das irgendwie hilft **2.** jede(r, s) beliebige; alle; **come at ~ time** kommen Sie zu jeder (beliebigen) Zeit; **in ~ case** jederzeit; auf jeden Fall; **at ~ rate** auf jeden Fall; **do it ~ way you like** mach es wie du willst **II.** *pron* ein(e), welche(r, s) **III.** *adv* **1.** noch; **not ~ colder** nicht kälter; **~ more?** noch mehr? **2.** überhaupt

any•body ['enɪbɒdɪ] *s, pron* **1.** irgendjemand; **is ~ ill?** ist jemand krank? **2.** jeder (beliebige); **~ can do that** jeder kann das; **~ else** (irgend)ein anderer; **if ~** wenn überhaupt jemand; **not ~** niemand; (*einzelne*) keine(r, s)

any•how ['enɪhaʊ] *adv* **1.** jedenfalls, trotzdem; **~, you can try** du kannst es trotzdem versuchen; **he did it ~** er tat es doch **2.** irgendwie; **he does his work ~** er erledigt seine Arbeit schlecht und recht

any•one ['enɪwʌn] *s, pron* **1.** irgendjemand; **is ~ ill?** ist jemand krank? **2.** jeder (beliebige); **~ can do that** jeder kann das; **~ else** (irgend)ein anderer; **if ~** wenn überhaupt jemand; **not ~** niemand; (*einzelne*) keine(r, s)

any•thing ['enɪθɪŋ] **I.** *pron* (irgend) etwas, jedes beliebige; alles; **is there ~ new?** gibt es etwas Neues?; **is ~ left over?** ist noch was übrig?; **if ~** womöglich, noch; eher, sogar; **not ~** nichts; **not for ~** um keinen Preis; **scarcely ~** fast nichts; kaum etwas; **~ but** alles andere als; nichts weniger als; **~ else** noch etwas, sonst etwas **II.** *adv* irgendwie, in irgendeiner Art, überhaupt; **it isn't ~ like him** das sieht ihm überhaupt nicht ähnlich; **it's not worth ~ like that** es ist bei weitem nicht so viel wert

any•way ['enɪweɪ] *adv* irgendwie; ohnehin, sowieso; trotzdem; (*fam: Satzanfang*) auf jeden Fall; **I didn't want to go ~** ich wollte sowieso nicht gehen; **I did it ~** ich tat es trotzdem

any•where ['enɪweə(r)] *adv* irgendwo(hin); wo … auch (immer); überall (hin); **are you going ~ tomorrow?** gehen Sie morgen irgendwohin?; **~ you go** wohin Sie auch gehen; **he'll never get ~** er kommt nie auf einen grünen Zweig; **that won't get you ~** damit erreichen Sie gar nichts; **it isn't ~ near the truth** es kommt der Wahrheit auch nicht einmal annähernd nahe; **it isn't ~ near as nice** es ist bei weitem nicht so schön; **if ~** wenn überhaupt (irgendwo); **not ~** nirgendwo(hin); nirgends

A-OK ['eɪˌəʊ'keɪ] *adj* (*Am: fam*) eins a

aor•ta [eɪ'ɔːtə] *s* (ANAT) Aorta *f*

apart [ə'pɑːt] *adv* **1.** auseinander, getrennt **2.** zur Seite; abseits (*from* von) **3.** abgesehen von; **~ from** abgesehen von; **know ~** auseinander halten können; **live ~** getrennt leben; **set ~** beiseite legen; **stand ~** beiseite, abseits stehen (*from* von); **take ~** auseinander nehmen, zerlegen; beiseite nehmen; **joking ~!** Scherz beiseite!

apart•heid [ə'pɑːtheɪt] *s* Apartheid *f*

apart•ment [ə'pɑːtmənt] *s* **1.** (*Am*) (Miet)Wohnung, Etagenwohnung *f* **2.** (*Br*) Zimmer *nt;* Apartment *nt;* **apart•ment house** *s* (*Am*) Mietshaus *nt*

apa•thetic [ˌæpə'θetɪk] *adj* apathisch, teilnahmslos; **apa•thy** ['æpəθɪ] *s* Apathie, Teilnahmslosigkeit *f* (*to* gegen)

ape [eɪp] **I.** *s* Affe *m* **II.** *vt* nachäffen

ap•er•ture ['æpətʃə(r)] *s* **1.** Öffnung *f* **2.** (PHOT) Blende *f*

apex ['eɪpeks, *pl* 'eɪpɪsiːz] <*pl* apexes, apices> *s* Spitze *f;* (*a. fig*) Höhepunkt *m*

aph•or•ism ['æfərɪzəm] *s* Aphorismus *m;* **apho•rize** ['æfəˌraɪz] *vi* viele Aphorismen (Sinnsprüche) verwenden

api•ar•ist ['eɪpɪərɪst] *s* Bienenzüchter(in) *m(f)*, Imker(in) *m(f);* **api•ary** ['eɪpɪərɪ] *s* Bienenhaus *nt;* **api•cul•ture** ['eɪpɪkʌltʃə(r)] *s* Bienenzucht *f*

apiece [ə'piːs] *adv* je Stück; pro Kopf

apoca•lypse [ə'pɒkəlɪps] *s* Apokalypse *f;* **apoca•lyp•tic** [əˌpɒkə'lɪptɪk] *adj* apokalyptisch; **~ mood** Weltuntergangsstimmung *f*

apo•gee ['æpədʒiː] *s* **1.** (ASTR) Apogäum *nt* **2.** (*fig*) Höhepunkt *m*

apolo•getic [əˌpɒlə'dʒetɪk] *adj,* **apolo•geti•cal•ly** [-əlɪ] *adv* entschuldigend;

apolo•gize [ə'pɒlədʒaɪz] *vi* sich entschuldigen (*to s.o. for s.th.* bei jdm wegen etw); **apol•ogy** [ə'pɒlədʒɪ] *s* **1.** Entschuldigung *f* **2.** Rechtfertigung *f;* **offer s.o. an ~** jdn um Verzeihung bitten; **make apologies** sich entschuldigen; **an ~ for a …** ein armseliges Exemplar

apo•plec•tic [ˌæpə'plektɪk] *adj* (MED) apoplektisch

apostle [ə'pɒsl] *s* Apostel *m*

apos•trophe [ə'pɒstrəfɪ] *s* Apostroph *m*

ap•pal [ə'pɔːl] *vt,* **ap•pall** (*Am*) erschrecken; entsetzen; **ap•palled** [-d] *adj* entsetzt; **ap•pal•ling** [-ɪŋ] *adj,* **ap•pal•ling•ly** [-ɪŋlɪ] *adv* schrecklich, furchtbar, entsetzlich

ap•par•atus [ˌæpə'reɪtəs] *s* Apparat *m,* Gerät *nt,* Vorrichtung *f*

ap•parel [ə'pærəl] *s* (*Am*) Kleidung *f*

ap•par•ent [ə'pærənt] *adj* **1.** offenbar, offensichtlich **2.** scheinbar; vermeintlich; **ap•par•ent•ly** [-lɪ] *adv* anscheinend

ap•par•ition [ˌæpə'rɪʃn] *s* Erscheinung *f;* Gespenst *nt;* Geist *m*

ap•peal [ə'piːl] **I.** *s* **1.** dringende Bitte (*for* um), Aufruf, Appell *m* **2.** (*fig*) Anziehungskraft *f* **3.** (JUR) Einspruch *m;* Berufung, Revision *f* (*from* gegen) **4.** Flehen *nt;* **without further ~** in letzter Instanz; **lodge an ~** Berufung einlegen (*with* bei) **II.** *vt* (JUR): **~ the case** Berufung einlegen **III.** *vi* **1.** sich wenden, appellieren (*to* an), anrufen (*to s.o.* jdn) **2.** (*fig*) zusagen, gefallen (*to s.o.* jdm), Anklang finden (*to* bei) **3.** (JUR) Berufung einlegen (*against* gegen); **ap•peal•ing** [-ɪŋ] *adj* **1.** flehentlich **2.** reizvoll, ansprechend; **ap•peal•ing•ly** [-ɪŋlɪ] *adv* bittend

ap•pear [ə'pɪə(r)] *vi* **1.** (*a.* JUR) erscheinen; zum Vorschein kommen, sichtbar werden, auftauchen **2.** scheinen, den Anschein haben **3.** (*Zeitung*) erscheinen, veröffentlicht werden; (*Buch*) herauskommen; stehen (*in the list* auf der Liste) **4.** (THEAT) auftreten; **~ for s.o.** jdn als Anwalt vor Gericht vertreten; **ap•pear•ance** [ə'pɪərəns] *s* **1.** Erscheinen, Auftauchen *nt* **2.** (*Schauspieler*) Auftritt *m* **3.** Aussehen *nt;* Äußere(s) *nt* **4. ~s** Anschein, Schein *m;* **~s can deceive** der Schein trügt; **by his ~** seinem Aussehen, seinem Äußeren nach; **to all** [*o* **by all**] [*o* **from all**] **~s** allem Anschein nach; **judge by ~s** nach dem Äußeren urteilen; **keep up ~s** den äußeren Schein wahren; **make an ~** sich zeigen

ap•pease [ə'piːz] *vt* **1.** beruhigen, beschwichtigen **2.** (*Neugier*) befriedigen; **ap•pease•ment** [-mənt] *s* Beruhigung *f;* Befriedigung *f;* **appeasement policy** *s* Beschwichtigungspolitik *f*

ap•pel•lant [ə'pelənt] *s* (JUR) Berufungskläger(in) *m(f)*

ap•pend [ə'pend] *vt* anhängen; beifügen; **ap•pend•age** [ə'pendɪdʒ] *s* Beifügung *f;* Anhang *m;* **ap•pen•di•ci•tis** [əˌpen-dɪ'saɪtɪs] *s* Blinddarmentzündung *f;* **ap-pen•dix** [ə'pendɪks, *pl* ə'pendɪsiːz] <*pl* -dices> *s* **1.** Anhang *m;* Zusatz *m* (*to* zu) **2.** (ANAT) Blinddarm *m*

ap•per•tain [ˌæpə'teɪn] *vi* **1.** gehören (*to* zu) **2.** betreffen; sich beziehen (*to* auf)

ap•pe•tite ['æpɪtaɪt] *s* Appetit *m;* Lust *f* (*for* auf), Verlangen *nt* (*for* nach); **lose one's ~** keinen Appetit haben; **appetite suppressant** *s* Appetitzügler *m;* **ap•pe•tizer** ['æpɪtaɪzə(r)] *s* Appetithappen *m;* **ap•pe-tiz•ing** ['æpɪtaɪzɪŋ] *adj* appetitanregend

ap•plaud [ə'plɔːd] *vi, vt* Beifall klatschen; applaudieren (*s.o.* jdm); **applause** [ə'plɔːz] *s* Beifall, Applaus *m*

apple ['æpl] *s* Apfel *m;* **the ~ of s.o.'s eye** (*fig*) jds Liebling; **the Big Apple** (*fam*) New York *nt;* **apple•cart** *s:* **upset the ~** alles über den Haufen werfen; **apple-juice** *s* Apfelsaft *m;* **apple•pie** *s* gedeckter Apfelkuchen; **apple•sauce** *s* Apfelmus *nt;* **apple•tree** *s* Apfelbaum *m*

ap•pli•ance [ə'plaɪəns] *s* Gerät *nt* (*for doing s.th.* um etw zu tun), Apparat *m,* Vorrichtung *f;* **domestic ~s** Haushaltsgeräte *ntpl*

ap•pli•cable ['æplɪkəbl] *adj* zutreffend, anwendbar (*to* auf); **ap•pli•cant** ['æplɪkənt] *s* Bewerber(in) *m(f)* (*for* um), Antragsteller(in) *m(f),* Kandidat(in) *m(f);* **ap•pli•ca-tion** [ˌæplɪ'keɪʃn] *s* **1.** An-, Verwendung *f,* Gebrauch *m* (*to* für, auf) **2.** Antrag *m* (*for* auf), Gesuch *nt;* Bewerbung *f* (*for* um), Bewerbungsschreiben *nt* **3.** (*Verband*) Anlegung *f;* (*Salbe*) Auftragen *nt;* Umschlag *m* **4.** Fleiß, Eifer *m* (*in* bei); **on ~ to** auf Antrag, auf Ansuchen an; **file an ~** eine Bewerbung, einen Antrag, eine Anmeldung einreichen (*with* bei); **for external ~** (MED) äußerlich; **this has no ~ to** dies findet keine Anwendung auf; **field of ~** Anwendungsgebiet *nt,* -bereich *m;* **letter of ~** Bewerbungsschreiben *nt;* **~ form** Bewerbungs-, Antragsformular *nt;* **~ program** (INFORM) Anwendungsprogramm *nt*

ap•plied [ə'plaɪd] *adj* angewandt

ap•ply [ə'plaɪ] **I.** *vt* **1.** anwenden (*to* auf); (*Mittel*) benutzen, verwenden **2.** (*Farbe*) auftragen; (*Pflaster*) auflegen **3.** (*Bremse*) betätigen; **~ one's mind** seinen Kopf anstrengen **II.** *vi* **1.** sich beziehen, zutreffen (*to* auf), gelten (*to* für) **2.** sich wenden (*to* an), sich bewerben (*for* um) **3.** beantragen (*for s.th.* etw), bitten, nachsuchen (*for* um); **~ to** Näheres bei **III.** *vr* sich anstrengen

ap•point [ə'pɔɪnt] *vt* **1.** ernennen, bestellen, berufen (*s.o. judge* jdn zum Richter), anstellen **2.** (*Arbeit*) zuteilen **3.** (*Termin*) verabreden; vereinbaren; **ap•pointed** [-ɪd] *adj:* **well/badly ~** gut/dürftig ausgestattet; **ap•point•ment** [-mənt] *s* **1.** Ernennung *f;* Bestellung *f* **2.** Stelle, Anstellung *f* (*in a firm* bei einer Firma) **3.** Termin *m;* Verabredung, Vereinbarung *f* **4.** *meist pl* Ausstattung *f;* Mobiliar *nt;* **break an ~** eine Verabredung nicht einhalten; **have an ~** eine Verabredung haben (*with* mit), bestellt sein (*at the dentist's* zum Zahnarzt); **keep an ~** eine Verabredung einhalten; **make an ~** eine Verabredung treffen; sich anmelden (*with* bei); **appointment book** *s* Terminkalender *m*

ap•por•tion [ə'pɔːʃn] *vt* gleichmäßig, anteilmäßig zu-, verteilen

ap•po•site ['æpəzɪt] *adj* passend; (*Bemerkung*) treffend; **ap•po•si•tion** [ˌæpə'zɪʃn] *s* (GRAM) Apposition, Beifügung *f*

ap•prai•sal [ə'preɪzl] *s* Schätzung, Bewertung *f;* **ap•praise** [ə'preɪz] *vt* abschätzen, taxieren (*to* auf)

ap•preci•able [ə'priːʃəbl] *adj* merkbar, merklich; **it makes an ~ difference** es macht einen fühlbaren Unterschied; **ap-preci•ate** [ə'priːʃɪeɪt] **I.** *vt* **1.** schätzen, (zu) würdigen (wissen) **2.** gut verstehen, gut begreifen **3.** anerkennen; dankbar sein (*s.th.* für etw); **I would ~ it, if** es wäre mir lieb, wenn; **I quite ~ that** ich verstehe ganz gut, dass **II.** *vi* im Wert steigen; **ap•preci-ation** [əˌpriːʃɪ'eɪʃn] *s* **1.** Ab-, Einschätzung *f* **2.** Würdigung *f;* Verständnis *nt* (*of* für) **3.** Dank *m,* Anerkennung *f* **4.** (COM) Wertzuwachs *m;* **ap•preci•ative** [ə'priːʃɪətɪv] *adj* **1.** verständnisvoll (*of* für) **2.** dankbar

ap•pre•hend [ˌæprɪ'hend] *vt* **1.** festnehmen, verhaften **2.** begreifen, erfassen **3.** (be)fürchten; **ap•pre•hen•sion** [ˌæprɪ-'henʃn] *s* **1.** Verständnis *nt* **2.** *oft pl* Furcht, Besorgnis *f* **3.** Festnahme *f;* **ap•pre•hen-sive** [ˌæprɪ'hensɪv] *adj* besorgt (*for* um, *of* wegen)

ap•pren•tice [ə'prentɪs] **I.** *s* Lehrling *m,* Auszubildende(r) *f m* **II.** *vt* in die Lehre geben (*to* bei); **ap•pren•tice•ship** [ə'pren-tɪʃɪp] *s* Lehrzeit *f;* Lehre, Ausbildung *f*

ap•proach [ə'prəʊtʃ] **I.** *vi* sich nähern **II.** *vt* **1.** sich wenden, herantreten (*s.o. about s.th.* an jdn wegen etw) **2.** herangehen (*a problem* an ein Problem) **3.** zugehen auf **III.** *s* **1.** Herannahen, Heranrücken *nt;* Annäherung *f* **2.** Zugang *m;* (*a. fig:* **~** *road*) Zufahrt(sstraße) *f* **3.** (*fig*) Weg *m,* Methode *f* (*to* zu), Einstellung *f* (*to* zu) **4.** (AVIAT) Landeanflug *m;* **easy/difficult of ~** leicht/schwer zugänglich; (*fig*) leicht, schwer ansprechbar; **make ~es to s.o.** an jdn herantreten; Annäherungsversuche machen; **ap·proach·able** [-əbl] *adj* **1.** zugänglich, erreichbar **2.** umgänglich

ap·pro·ba·tion [ˌæprəˈbeɪʃn] *s* Billigung *f*

ap·pro·pri·ate [əˈprəʊprɪət] **I.** *adj* passend, geeignet, zweckdienlich (*to, for* für); (*Bemerkung*) angebracht **II.** [əˈprəʊprɪeɪt] *vt* **1.** sich aneignen **2.** (*Geld*) bestimmen, anweisen, zuteilen (*for* für); **ap·pro·pri·ation** [əˌprəʊprɪˈeɪʃn] *s* **1.** Aneignung *f* **2.** Verwendung *f;* (~ *of funds*) (Geld)Zuteilung, Zuweisung, Bereitstellung *f*

ap·pro·val [əˈpruːvl] *s* Zustimmung, Einwilligung, Billigung, Genehmigung *f* (*of s.th.* für, zu etw); **on** ~ zur Ansicht, auf Probe; **does it meet with your ~?** sind Sie damit einverstanden?; **approve** [əˈpruːv] **I.** *vt* billigen, genehmigen **II.** *vi* zustimmen (*of dat*), einverstanden sein (*of* mit), billigen (*of s.th.* etw); **ap·proved** [əˈpruːvd] *adj:* **read and** ~ gelesen u. genehmigt; ~ **school** (*Br obs*) Erziehungsheim *nt;* **ap·prov·ing·ly** [əˈpruːvɪŋlɪ] *adv* zustimmend, billigend

ap·proxi·mate [əˈprɒksɪmət] **I.** *adj* annähernd, ungefähr **II.** [əˈprɒksɪmeɪt] *vt, vi* nahe kommen, sich nähern (*to*); (*Summe*) ungefähr betragen; **ap·proxi·mate·ly** [əˈprɒksɪmətlɪ] *adv* ungefähr, etwa; **ap·proxi·ma·tion** [əˌprɒksɪˈmeɪʃn] *s* Annäherung *f* (*to* an)

apri·cot [ˈeɪprɪkɒt] *s* Aprikose *f*

April [ˈeɪprəl] *s* April *m;* ~ **fool!** April, April!

apron [ˈeɪprən] *s* **1.** Schürze *f* **2.** (AVIAT) Vorfeld *nt* **3.** (THEAT: ~ *stage*) Vorbühne *f;* **apron-strings** *s pl* Schürzenbänder *ntpl*

apse [æps] *s* (ARCH) Apsis *f*

apt [æpt] *adj* **1.** fähig (*to do* zu tun) **2.** geeignet, geschickt (*at* in) **3.** (*Bemerkung*) treffend, passend; **be ~ to do s.th.** dazu neigen etw zu tun; **I'm ~ to be out** (*Am*) es kann sein, dass ich nicht da bin; **ap·ti·tude** [ˈæptɪtjuːd] *s* **1.** Fähigkeit, Tauglichkeit, Eignung *f* **2.** Begabung *f,* Talent *nt* (*for* für); **aptitude test** *s* Eignungsprüfung *f*

aqua·cul·ture [ˈækwəˌkʌltʃə(r)] *s* Aquakultur *f;* **aqu·aerobics** [ˌækweəˈrəʊbɪks] *s* Wasseraerobic *nt;* **aqua·lung** [ˈækwəlʌŋ] *s* Tauchgerät *nt;* **aqua·mar·ine** [ˌækwəməˈriːn] **I.** *s* (MIN) Aquamarin *m* **II.** *adj* aquamarin(blau); **aqua·plan·ing** [ˌækwəˈpleɪnɪŋ] *s* Aquaplaning *nt;* **aquarium** [əˈkweərɪəm] *s* Aquarium *nt;* **Aquar·ius** [əˈkweərɪəs] *s* (ASTR) Wassermann *m;* **aqua·tic** [əˈkwætɪk] *adj* im Wasser lebend; Wasser-; ~ **sports** Wassersportarten *fpl*

aque·duct [ˈækwɪdʌkt] *s* Aquädukt *m*

aqui·line [ˈækwɪlaɪn] *adj* Adler-; ~ **nose** Adlernase *f*

Arab [ˈærəb] **I.** *s* Araber(in) *m(f)* **II.** *adj* arabisch; **ara·besque** [ˌærəˈbesk] *s* Arabeske *f;* **Ara·bian** [əˈreɪbɪən] *adj* arabisch; **the ~ Nights** Tausendundeine Nacht; **Ara·bic** [ˈærəbɪk] **I.** *s* (das) Arabisch(e), arabische Sprache **II.** *adj* arabisch

ar·able [ˈærəbl] *adj* bebaubar, Acker-

ar·bi·ter [ˈɑːbɪtə(r)] *s* Schiedsrichter(in) *m(f)* (*of* über); **ar·bit·rary** [ˈɑːbɪtrərɪ] *adj* **1.** willkürlich **2.** tyrannisch; **ar·bi·trate** [ˈɑːbɪtreɪt] **I.** *vt* schlichten, schiedsrichterlich entscheiden **II.** *vi* Schiedsrichter sein; **ar·bi·tra·tion** [ˌɑːbɪˈtreɪʃn] *s* Schiedsspruch *m;* Schlichtung *f;* **ar·bi·tra·tor** [ˈɑːbɪtreɪtə(r)] *s* Schiedsrichter(in) *m(f),* Schlichter(in) *m(f)*

ar·bor *s* (*Am*) Laube *f*

arbori·cul·ture [ˈɑːbərɪˌkʌltʃə(r)] *s* Baumkultur *f*

ar·bour [ˈɑːbə(r)] *s* Laube *f*

arc [ɑːk] *s* Bogen *m*

ar·cade [ɑːˈkeɪd] *s* Arkade *f;* Bogengang *m*

arch[1] [ɑːtʃ] **I.** *s* **1.** (ARCH) Bogen *m;* Gewölbe(bogen *m*) *nt* **2.** (~ *of the foot*) Fußrücken *m* **3.** (*triumphal* ~) Triumphbogen *m* **II.** *vt* wölben **III.** *vi* sich wölben

arch[2] [ɑːtʃ] *adj* schelmisch, schalkhaft

arch[3] [ɑːtʃ] *adj attr* Erz-; ~ **enemy** Erzfeind *m*

ar·chae·ologi·cal [ˌɑːkɪəˈlɒdʒɪkl] *adj* archäologisch; **ar·chae·ol·ogist** [ˌɑːkɪˈɒlədʒɪst] *s* Archäologe *m,* Archäologin *f;* **ar·chae·ol·ogy** [ˌɑːkɪˈɒlədʒɪ] *s* Archäologie *f*

ar·chaic [ɑːˈkeɪɪk] *adj* altertümlich; veraltet, archaisch

arch·angel [ˈɑːkeɪndʒl] *s* Erzengel *m*

arch·bishop [ˌɑːtʃˈbɪʃəp] *s* Erzbischof *m;* **arch·bishop·ric** [-rɪk] *s* Erzbistum *nt;* **arch·deacon** [ˌɑːtʃˈdiːkən] *s* Archidiakon *m;* **arch·dio·cese** [ˌɑːtʃˈdaɪəsɪs] *s* Erzdiözese *f*

archer [ˈɑːtʃə(r)] *s* Bogenschütze *m;* **arch·ery** [ˈɑːtʃərɪ] *s* Bogenschießen *nt*

arche·type [ˈɑːkɪtaɪp] *s* (PSYCH) Archetyp *m;* Urbild *nt*

archi·pel·ago [ˌɑːkɪˈpeləgəʊ] <*pl* -ago(e)s> *s* Archipel *m,* Inselgruppe *f*

archi·tect [ˈɑːkɪtekt] *s* Architekt(in) *m(f),* Baumeister(in) *m(f);* **archi·tec·ture** [ˈɑːkɪtektʃə(r)] *s* Baukunst, Architektur *f*

ar·chives [ˈɑːkaɪvz] *s pl* Archiv *nt;* **archi·vist** [ˈɑːkɪvɪst] *s* Archivar(in) *m(f)*

arch·way [ˈɑːtʃweɪ] *s* (ARCH) Bogengang *m;* gewölbter Eingang

arc·lamp *s* Bogenlampe *f*

arc·tic [ˈɑːktɪk] **I.** *adj* arktisch; Polar- **II.** *s:* **the Arctic** die Arktis; **Arc·tic Cir·cle** *s* Polarkreis *m;* **Arc·tic Ocean** *s* Nordpolarmeer *nt*

arc•weld•ing *s* (Licht)Bogenschweißung *f*
ar•dent ['ɑːdnt] *adj* leidenschaftlich; enthusiastisch, begeistert; brennend, heftig
ar•dor *s* (*Am*), **ar•dour** ['ɑːdə(r)] *s* **1.** Eifer *m,* Leidenschaft *f;* große Begeisterung (*for* für) **2.** (*fig*) Wärme, Glut, Inbrunst *f*
ar•du•ous ['ɑːdjʊəs] *adj* anstrengend; mühsam
are [ə(r), *betont* ɑː(r)] *2. Person Singular, 1., 2., 3. Person Plural Präsens* **be**
area ['eərɪə] *s* **1.** (*a. fig*) Gebiet *nt,* Bereich *m* **2.** Teil *m;* Raum *m* **3.** (Grund-, Boden)Fläche *f;* Flächenraum, -inhalt *m* **4.** (*Haus*) Vorplatz *m;* **city** ~ Stadtgebiet *nt;* **depressed** ~ Notstandsgebiet *nt;* **penalty** ~ (*Fußball*) Strafraum *m;* **postal** ~ Postbezirk *m;* ~ **of responsibility** Verantwortungsbereich *m;* **area code** *s* (TELE) Vorwahl *f*
arena [ə'riːnə] *s* (*a. fig*) Arena *f;* **boxing-**~ Boxkampfarena *f*
Ar•gen•ti•na [ˌɑːdʒən'tiːnə] *s* Argentinien *nt;* **Ar•gen•tine** ['ɑːdʒəntaɪn] *s:* **the** ~ Argentinien *nt;* **Ar•gen•tin•ian** [ˌɑːdʒən'tɪnɪən] **I.** *s* Argentinier(in) *m(f)* **II.** *adj* argentinisch
ar•gu•a•bly ['ɑːgjuːəblɪ] *adv* wohl; **ar•gue** ['ɑːgjuː] **I.** *vi* **1.** diskutieren, sich auseinander setzen (*with* mit, *about* über, *against* gegen) **2.** sich streiten (*about* über) **II.** *vt* **1.** überreden (*s.o. into doing s.th.* jdn, etw zu tun) **2.** bestreiten **3.** (*Gesichtspunkt*) ausführen, darlegen **4.** behaupten (*that* dass); ~ **s.o. out of s.th.** jdm etw ausreden; **ar•gu•ment** ['ɑːgjʊmənt] *s* **1.** Argument *nt* (*in his favour* zu seinen Gunsten, *against* gegen) **2.** Beweisführung, Erörterung, Debatte *f* (*about* über) **3.** Auseinandersetzung *f;* Wortwechsel *m* **4.** Thema *nt;* Inhaltsangabe *f;* **he doesn't want an** ~ **with you** er will nicht mit Ihnen streiten; **have an** ~ sich streiten; **ar•gu•men•ta•tive** [ˌɑːgjʊ'mentətɪv] *adj* (*Person*) streitsüchtig
aria ['ɑːrɪə] *s* (MUS) Arie *f*
arid ['ærɪd] *adj* **1.** trocken, dürr; wasserarm **2.** (*fig*) langweilig; reizlos
Aries ['eəriːz] *s* (ASTR) Widder *m*
arise [ə'raɪz] <*irr:* arose, arisen> *vi* **1.** hervorkommen, -gehen, entstehen (*from, out of* aus) **2.** (*Schwierigkeiten*) sich zeigen, sich ergeben; (*Problem*) aufkommen, auftauchen; herrühren (*from* von)
arisen [ə'rɪzn] *pp of* **arise**
ar•is•toc•racy [ˌærɪ'stɒkrəsɪ] *s* Aristokratie *f;* **ar•is•to•crat** ['ærɪstəkræt] *s* Aristokrat(in) *m(f);* **ar•is•to•cratic** [ˌærɪstə'krætɪk] *adj* aristokratisch
arith•me•tic [ə'rɪθmətɪk] *s* Arithmetik *f,* Rechnen *nt;* **ar•ith•meti•cal** [ˌærɪθ'metɪkl] *adj* arithmetisch
ark [ɑːk] *s* (REL) Arche *f;* **Noah's** ~ die Arche Noah; ~ **of the Covenant** Bundeslade *f*
arm¹ [ɑːm] *s* **1.** Arm *m* **2.** Ärmel *m* **3.** (~ *of the sea*) (Meeres)Arm *m* **4.** (*Baum*) dicker Ast; ~ **in** ~ Arm in Arm; **hold** [*o* **keep**] **s.o. at** ~**'s length** sich jdn vom Leibe halten; **welcome s.o. with open** ~**s** jdn mit offenen Armen empfangen
arm² [ɑːm] **I.** *vt* bewaffnen (*with* mit); ~**ed with patience** mit Geduld gewappnet **II.** *vi* aufrüsten **III.** *s s.* **arms**
ar•ma•ment ['ɑːməmənt] *s* **1.** Bewaffnung *f;* Ausrüstung *f* **2.** Aufrüstung *f;* ~**s industry** Rüstungsindustrie *f*
ar•ma•ture ['ɑːmətʃʊə(r)] *s* (ELEK) Anker *m,* Armatur *f*
arm•chair ['ɑːmˌtʃeə(r)] *s* Lehnstuhl *m;* **armchair politician** *s* Stammtischpolitiker(in) *m(f)*
armed [ɑːmd] *adj* bewaffnet; ~ **forces** Streitkräfte *fpl*
arm•ful ['ɑːmfʊl] *s* Arm voll *m;* **arm•hole** *s* Armloch *nt*
arm•ing ['ɑːmɪŋ] *s* Bewaffnung, Ausrüstung *f*
ar•mis•tice ['ɑːmɪstɪs] *s* Waffenstillstand *m*
ar•mor *s* (*Am*), **ar•mour** ['ɑːmə(r)] *s* **1.** Panzer *m* **2.** (HIST) Rüstung *f* **3.** (MIL) Panzertruppe *f;* **ar•mour-clad** ['ɑːmə'klæd] *adj* Panzer-, gepanzert; **ar•moured** ['ɑːməd] *adj* Panzer-, gepanzert
arm•pit ['ɑːmpɪt] *s* Achselhöhle *f;* **arm•rest** ['ɑːmrest] *s* Armlehne *f*
arms [ɑːmz] *s pl* **1.** Waffen *fpl* **2.** Wappen *nt;* **take up** ~ zu den Waffen greifen; (*fig*) zum Angriff übergehen; **be up in** ~ **about s.th.** über etw empört sein; **be under** ~ unter Waffen stehen; **arms control** *s* Rüstungskontrolle *f;* **arms control talks** *s pl* Rüstungskontrollverhandlungen *fpl;* **arms conversion** *s* Rüstungskonversion *f;* **arms limitation** *s* Rüstungsbegrenzung *f;* **arms race** *s* Wettrüsten *nt,* Rüstungswettlauf *m;* **arms reduction** *s* Rüstungsabbau *m*
army ['ɑːmɪ] *s* **1.** Armee *f;* Heer *nt;* Militär *nt* **2.** (*fig*) Menge, große Zahl *f,* Heer *nt;* **Salvation Army** Heilsarmee *f;* ~ **headquarters** Armeeoberkommando *nt;* **be in the** ~ beim Militär sein; **join the** ~ zum Militär gehen
aroma [ə'rəʊmə] *s* Aroma *nt;* **aroma•ther•apy** [əˌrəʊmə'θerəpɪ] *s* Aromatherapie *f;* **aro•matic** [ˌærə'mætɪk] *adj* aromatisch, würzig
arose [ə'rəʊz] *s.* **arise**
around [ə'raʊnd] **I.** *adv* ringsherum, rundherum; nach, auf allen Seiten; überall; (*fam*) in der Nähe; **is he** ~**?** ist er da?; **he's**

been ~! der kennt sich aus! **II.** *prep* **1.** um ... herum, ringsum; am Rande **2.** ungefähr, etwa um; **somewhere ~ here** irgendwo hierherum

arouse [ə'raʊz] *vt* **1.** (auf)wecken **2.** erregen

ar·range [ə'reɪndʒ] *vt* **1.** (an)ordnen; aufstellen **2.** verabreden, planen, arrangieren (*to do s.th., for doing s.th.* dass etw getan wird) **3.** (MUS) umsetzen, bearbeiten **4.** (*Streit*) schlichten; **as ~d** wie abgesprochen; **~ it so that** richten Sie es so ein, dass; **ar·range·ment** [-mənt] *s* **1.** Ordnung *f;* Anordnung, Gruppierung *f* **2. ~s** Vorkehrungen *fpl* **3.** Abmachung, Abrede, Vereinbarung, Übereinkunft *f* **4.** (MUS) Bearbeitung *f;* **come to an ~** zu einer Einigung kommen; **make ~s** Vorbereitungen treffen

ar·ray [ə'reɪ] **I.** *s* **1.** (An)Ordnung, Aufstellung *f* **2.** (*Kleider*) Staat *m* **3.** Ansammlung *f* **II.** *vt* (an)ordnen; bereitstellen; (*Truppen*) aufstellen

ar·rears [ə'rɪəz] *s pl* **1.** Rückstände *mpl* **2.** unerledigte Sachen *fpl;* **be in ~** im Rückstand sein

ar·rest [ə'rest] **I.** *vt* **1.** auf-, anhalten; verhindern, hemmen **2.** (*Aufmerksamkeit*) fesseln **3.** (JUR) festnehmen, verhaften **II.** *s* Verhaftung, Festnahme *f;* **under ~** in Haft; **grant a warrant of ~** einen Haftbefehl erlassen; **ar·rest·ing** [-ɪŋ] *adj* fesselnd, auffallend, interessant

ar·ri·val [ə'raɪvl] *s* **1.** Ankunft *f;* Eintreffen *nt;* (*Waren*) Eingang *m* **2.** Ankömmling *m;* (*Hotel*) neuer Gast; **on ~** bei Ankunft; **~s and departures** (RAIL) Ankunft/Abfahrt *f;* (AVIAT) Ankunft *f*/Abflug *m;* **~s board** Ankunftstafel *f;* **ar·rive** [ə'raɪv] *vi* **1.** ankommen (*at, in* in), eintreffen **2.** (*fig*) gelangen, kommen (*at a decision* zu einer Entscheidung) **3.** Erfolg haben; **~ home** nach Hause kommen

ar·ri·viste [ˌæriː'viːst] *s* Emporkömmling *m*

ar·ro·gance ['ærəgəns] *s* Arroganz *f,* Hochmut *m;* **ar·ro·gant** ['ærəgənt] *adj* arrogant, überheblich

ar·row ['ærəʊ] *s* Pfeil *m;* **ar·row·head** [-hed] *s* Pfeilspitze *f*

arse [ɑːs] *s* (*vulg*) Arsch *m*

ar·senal ['ɑːsənl] *s* **1.** Arsenal *nt* **2.** Waffen-, Munitionsfabrik *f*

ar·senic ['ɑːsnɪk] *s* (CHEM) Arsen(ik) *nt*

ar·son ['ɑːsn] *s* Brandstiftung *f*

art [ɑːt] *s* **1.** Kunst *f* **2.** Kunstfertigkeit *f;* Geschicklichkeit *f* **3.** Verschlagenheit, List *f* **4. ~s** Geisteswissenschaften *fpl* **5. ~s** Kniffe, Schliche *mpl;* **~s and crafts** Kunstgewerbe *nt;* **work of ~** Kunstwerk *nt;* **~ of printing** Druckkunst *f;* **art collection** *s* Kunstsammlung *f;* **art critic** *s* Kunstkritiker(in) *m(f);* **art dealer** *s* Kunsthändler(in) *m(f)*

arte·fact ['ɑːtɪfækt] *s* Artefakt *nt*

ar·ter·ial [ɑː'tɪərɪəl] *adj* (MED) Arterien-, Schlagader-; **~ road** Hauptverkehrsstraße *f;* **ar·terio·scler·osis** [ɑːˌtɪərɪəʊsklə'rəʊsɪs] *s* Arterienverkalkung *f;* **ar·tery** ['ɑːtərɪ] *s* **1.** (MED) Arterie, Schlagader *f* **2.** Verkehrsader *f*

ar·tesian well [ɑː'tiːzɪən'wel] *s* artesischer Brunnen

art·ful ['ɑːtfl] *adj* verschlagen, listig

ar·thri·tic [ɑː'θrɪtɪk] *adj* arthritisch; **ar·thri·tis** [ɑː'θraɪtɪs] *s* Gelenkentzündung, Arthritis *f*

ar·ti·choke ['ɑːtɪtʃəʊk] *s* Artischocke *f*

ar·ticle ['ɑːtɪkl] **I.** *s* **1.** (*a.* GRAM JUR COM) Artikel *m;* Gegenstand *m,* Objekt *nt* **2.** Aufsatz *m;* (*newspaper ~*) Zeitungsartikel *m* **3.** (GRAM) Geschlechtswort *nt* **4.** (JUR) Klausel, Bestimmung *f,* Abschnitt, Paragraf *m* **II.** *vt* in die Lehre geben (*to* bei)

ar·ticu·late [ɑː'tɪkjʊlət] **I.** *adj* klar, gegliedert; unterteilt; deutlich, artikuliert **II.** [ɑː'tɪkjʊleɪt] *vt* **1.** durch ein Gelenk verbinden **2.** gliedern **3.** artikulieren; deutlich aussprechen; **~d lorry** Sattelschlepper *m;* **~d bus** Gelenkbus *m;* **ar·ticu·la·tion** [ɑːˌtɪkjʊ'leɪʃn] *s* **1.** Gelenkverbindung *f* **2.** (*Sprache*) Aussprache, Artikulation *f*

ar·ti·fice ['ɑːtɪfɪs] *s* **1.** List *f* **2.** Gewandtheit, Geschicklichkeit *f;* **ar·ti·ficial** [ˌɑːtɪ'fɪʃl] *adj* **1.** künstlich **2.** unnatürlich; geziert, gekünstelt, unecht; **~ ice** Kunsteis *nt;* **~ insemination** künstliche Befruchtung; **~ intelligence** (INFORM) künstliche Intelligenz; **~ leather** Kunstleder *nt;* **~ leg** Beinprothese *f;* **~ manure** Kunstdünger *m;* **~ respiration** künstliche Atmung; **ar·ti·fici·al·ity** [ˌɑːtɪfɪʃɪ'ælətɪ] *s* künstlicher Charakter; Unnatürlichkeit *f*

ar·til·lery [ɑː'tɪlərɪ] *s* Artillerie *f;* **ar·til·lery·man** [ɑː'tɪlərɪmən] <*pl* -men> *s* Artillerist *m*

ar·ti·san [ˌɑːtɪ'zæn] *s* Handwerker(in) *m(f)*

art·ist ['ɑːtɪst] *s* **1.** Künstler(in *f*) *m* **2.** Könner *m*

art·iste [ɑː'tiːst] *s* Artist(in) *m(f),* Sänger(in) *m(f),* Tänzer(in) *m(f)*

ar·tis·tic [ɑː'tɪstɪk] *adj* **1.** künstlerisch; geschmackvoll **2.** kunstverständig; **art·istry** ['ɑːtɪstrɪ] *s* Kunstsinn *m;* Kunstfertigkeit *f;* künstlerische Fähigkeiten *fpl*

art·less ['ɑːtlɪs] *adj* einfach, natürlich, harmlos

art·work ['ɑːtwɜːk] *s* (*book*) Bildmaterial *nt*

arty ['ɑːtɪ] *adj* (*fam*) gewollt künstlerisch

Aryan ['eərɪən] **I.** *adj* arisch **II.** *s* Arier(in) *m(f)*

as [əz, *betont* æz] **I.** *adv* wie, als; wie zum

Beispiel; ~ **...** ~ (eben)so ... wie; **not so ...** ~ nicht so ... wie; ~ **long** ~ so lang(e) wie; ~ **much** (**many**) **...** ~ ebenso viel(e) ... wie; bis zu ...; ~ **yet** bis jetzt; bisher; **not** ~ **yet** noch nicht; ~ **well** auch; ~ **well** ~ sowie, dazu, (und) außerdem; ~ **far** ~ bis (zu); so viel; so weit; **I thought** ~ **much** das dachte ich mir doch **II.** *conj* da, weil; als, während; (in der Art) wie, genauso wie; wie, als; obgleich; als (ob); ~ **it were** sozusagen, gleichsam; ~ **if** [*o* **though**] als ob; ~ **...** so wie ..., so; ~ **soon** ~ sobald (als), sowie; **everything stands** ~ **it was** alles bleibt beim Alten **III.** *prep* als; in der Eigenschaft als; ~ **for** [*o* **to**] was ... anbetrifft; hinsichtlich; ~ **to whether** ob; **so** ~ **to** um zu; **so** ~ **to be sure** um sicher zu sein **IV.** *pron* welche(r, s); was; wie; **in proportion** ~ in dem Maße, wie

as•bes•tos [æz'bestɒs] *s* Asbest *m*

as•bes•tos•is [ˌæsbes'təʊsɪs] *s* (MED) Asbestose, Asbestlunge *f*

as•cend [ə'send] **I.** *vi* **1.** auf-, ansteigen, sich erheben (*from* von) **2.** (*Ton*) steigen **II.** *vt* **1.** be-, ersteigen; erklettern **2.** (*Thron*) besteigen; **as•cend•ancy**, **as•cend•ency** [-ənsɪ] *s* (*fig*) Vormachtstellung, Vorherrschaft *f;* **as•cend•ant**, **as•cend•ent** [-ənt] *adj* aufsteigend; **in the** ~ im Aufgehen

As•cen•sion [ə'senʃn] *s* Christi Himmelfahrt *f*

as•cent [ə'sent] *s* Aufsteigen *nt,* Aufstieg *m*

as•cer•tain [ˌæsə'teɪn] *vt* feststellen, ermitteln, herausfinden

as•cetic [ə'setɪk] **I.** *adj* asketisch **II.** *s* Asket *m;* **as•ceti•cism** [ə'setɪsɪzəm] *s* Askese *f*

As•cot heater® ['æskət] *s* (ELEK) Durchlauferhitzer *m*

as•crib•able [ə'skraɪbəbl] *adj* zuzuschreiben; **as•cribe** [ə'skraɪb] *vt* zuschreiben, beimessen (*to s.o.* jdm); **as•crip•tion** [ə'skrɪpʃn] *s* Zuschreiben *nt* (*to s.o.* jdm)

ASEAN *s Abk. von* **Association of South-East Asian Nations** Verband Südostasiatischer Nationen, ASEAN; ~ **members** ASEAN-Staaten

asex•ual [ˌeɪ'sekʃʊəl] *adj* geschlechtslos

ash[1] [æʃ] *s* (~ *tree*) Esche *f*

ash[2] [æʃ] *s* **1.** Asche *f* **2.** **~es** Asche *f,* sterbliche Überreste *mpl*

ashamed [ə'ʃeɪmd] *adj pred* beschämt; **be** ~ sich schämen (*of s.th.* einer S, *to do s.th.* etw zu tun); **you ought to be** ~ **of yourself** du solltest dich schämen

ash bin ['æʃbɪn] *s* Ascheneimer *m;* **ashcan** ['æʃkæn] *s* (*Am*) Ascheneimer *m*

ashore [ə'ʃɔ:(r)] *adv* am Ufer, an Land; **go** ~ an Land gehen

ash-pan ['æʃpæn] *s* Aschenkasten *m;* **ash-tray** *s* Aschenbecher *m;* **Ash Wednesday** *s* Aschermittwoch *m*

Asia ['eɪʃə] *s* Asien *nt;* **Asia Minor** *s* Kleinasien *nt;* **Asian**, **Asi•atic** ['eɪʃn, ˌeɪʃɪ'ætɪk] **I.** *adj* asiatisch **II.** *s* Asiat(in) *m(f)*

aside [ə'saɪd] *adv* beiseite; abseits; auf die Seite; weg, fort; ~ **from** (*Am*) abgesehen von; außer; (**all**) **joking** ~**!** Spaß beiseite!; **lay** ~ beiseite legen; (*Gewohnheit*) ablegen, aufgeben; **put** ~ auf die Seite legen, beiseite legen; (*Waren, Geld*) zurücklegen; **set** ~ weg-, beiseite legen; (*Geld*) beiseite legen, zurücklegen; (*Anspruch*) abweisen; (*Einwand*) verwerfen; (*Urteil*) aufheben; **stand** [*o* **step**] ~ zur die Seite gehen

ask [ɑ:sk] **I.** *vt* **1.** fragen (*s.o. for s.th., s.o. s.th.* jdn nach etw); (*Frage*) stellen **2.** einladen **3.** bitten (*s.th. of s.o.* jdn um etw, *s.o. to do s.th.* jdn, etw zu tun), erbitten; erwarten, fordern, verlangen **4.** (*Preis*) verlangen; ~ **s.o.'s advice** jdn um Rat fragen; ~ **me another!** frag mich bloß das nicht! **II.** *vi* fragen (*for* nach), sich erkundigen (*about, after, for* nach), sich informieren (*about* über); ~ **after** sich erkundigen nach; ~ **for permission** um Erlaubnis bitten; ~ **for trouble** Schwierigkeiten heraufbeschwören

askance [ə'skæns] *adv:* **look** ~ **at s.th.** etw misstrauisch, missbilligend betrachten

askew [ə'skju:] *adv* schief, quer, schräg

ask•ing ['ɑ:skɪŋ] *s:* **it's yours for the** ~ Sie brauchen nur darum zu bitten; ~ **price** Verkaufspreis *m*

aslant [ə'slɑ:nt] **I.** *adv* schief, schräg **II.** *prep* quer über, quer durch

asleep [ə'sli:p] *adj pred* **1.** schlafend **2.** (*Glieder*) eingeschlafen; **be** ~ schlafen; **fall** ~ einschlafen

as•para•gus [ə'spærəgəs] *s* Spargel *m*

as•pect ['æspekt] *s* **1.** Aussehen *nt,* Erscheinung *f;* Anblick *m* **2.** (*eines Problems*) Seite *f,* Aspekt, Stand-, Gesichtspunkt *m* **3.** (ASTR GRAM) Aspekt *m* **4.** (*Haus*) Seite, Lage, Fläche *f*

as•pen ['æspən] *s* Espe, Zitterpappel *f*

as•per•ity [æ'sperətɪ] *s* **1.** Rauheit, Unebenheit *f* **2.** (*fig*) Schroffheit, Strenge, Härte *f*

as•per•sion [ə'spɜ:ʃn] *s:* **cast ~s on s.o.** jdn verleumden

as•phalt ['æsfælt] **I.** *s* Asphalt *m* **II.** *vt* asphaltieren

as•phyxia [æs'fɪksɪə] *s* (MED) Erstickung, Asphyxie *f;* **as•phyxi•ate** [əs'fɪksɪeɪt] *vt* ersticken; **as•phyxi•ation** [əsˌfɪksɪ'eɪʃn] *s* Erstickung *f*

as•pir•ant [ə'spaɪərənt] *s* Bewerber(in) *m(f)* (*to, after* um), Anwärter(in) *m(f)* (*to, after* auf); **as•pir•ation** [ˌæspə'reɪʃn] *s*

Verlangen, Streben *nt,* Sehnsucht *f* (*after, for* nach); **as•pire** [ə'spaɪə(r)] *vi* streben, trachten (*after, at, to* nach)

as•pirin ['æsprɪn] *s* (MED) Aspirin *nt*

as•pir•ing [ə'spaɪərɪŋ] *adj* ehrgeizig; strebend (*after, to* nach)

ass [æs] *s* **1.** (*a. fig*) Esel *m* **2.** (*fig*) Dummkopf *m;* **make an ~ of o.s.** sich lächerlich machen

as•sail [ə'seɪl] *vt* angreifen, überfallen; **~ s.o. with questions** jdn mit Fragen bestürmen; **be ~ed by doubts** von Zweifeln geplagt sein; **as•sail•able** [-əbl] *adj* angreifbar; anfechtbar

as•sas•sin [ə'sæsɪn] *s* (Meuchel)Mörder(in) *m(f);* **as•sas•sin•ate** [ə'sæsɪneɪt] *vt* ermorden; **as•sas•sin•ation** [əˌsæsɪ'neɪʃn] *s* Ermordung *f,* Attentat *nt*

as•sault [ə'sɔːlt] **I.** *s* **1.** (Sturm)Angriff, Überfall *m* (*upon* auf) **2.** (JUR) tätliche Beleidigung **II.** *vt* **1.** angreifen, überfallen **2.** (JUR) angreifen; sich vergehen an; **assault and battery** *s* (JUR) Körperverletzung *f*

as•semble [ə'sembl] **I.** *vt* **1.** versammeln **2.** (TECH) montieren; zusammensetzen **3.** (*Parlament*) einberufen **II.** *vi* sich versammeln; **as•sem•bly** [ə'semblɪ] *s* **1.** Versammlung *f;* Zusammenkunft, Veranstaltung *f* **2.** (POL) gesetzgebende Körperschaft **3.** (TECH) Montage *f;* Zusammensetzen *nt;* **~ line** Fließ-, Montageband *nt;* **~ hall** Aula *f*

as•sent [ə'sent] **I.** *vi* einwilligen (*to* in), zustimmen (*to dat*), billigen (*to s.th.* etw), beipflichten (*to an opinion* einer Meinung) **II.** *s* Zustimmung, Einwilligung, Billigung *f;* **by common ~** mit Zustimmung aller; **with one ~** einmütig

as•sert [ə'sɜːt] **I.** *vt* **1.** feststellen; bestehen auf, behaupten **2.** (*Recht*) geltend machen; beanspruchen; (*Forderung*) durchsetzen **II.** *vr* sich durchsetzen; auf seinem Recht bestehen; **as•ser•tion** [ə'sɜːʃn] *s* **1.** Erklärung *f;* Behauptung, Feststellung *f* **2.** (*Rechte*) Geltendmachung *f;* **make an ~** eine Behauptung aufstellen; **as•sert•ive** [ə'sɜːtɪv] *adj* bestimmt; **as•sert•ive•ness** [ə'sɜːtɪvnɪs] *s* Bestimmtheit *f*

as•sess [ə'ses] *vt* **1.** bewerten, den Wert feststellen (*s.th.* einer S) **2.** festsetzen, feststellen (*at* auf), (ab)schätzen, veranschlagen **3.** (*fig*) einschätzen; **as•sess•ment** [-mənt] *s* **1.** Feststellung, Festsetzung *f* **2.** Ab-, Einschätzung *f* **3.** Bemessung, Veranlagung *f;* **as•sessor** [ə'sesə(r)] *s* **1.** (*~ of taxes*) Steuerbeamte(r) *m,* -beamtin *f* **2.** (JUR) Beisitzer(in) *m(f)*

as•set ['æset] *s* **1.** (*fig*) Vorteil *m,* Plus *nt* **2. ~s** Aktivposten *mpl,* Aktiva *pl,* Vermögensstand *m,* Aktivvermögen *nt;* **capital ~s** Anlagevermögen *nt;* **~s and liabilities** Aktiva u. Passiva *pl*

as•si•du•ity [ˌæsɪ'djuːətɪ] *s* Fleiß, Eifer *m;* **as•sidu•ous** [ə'sɪdjʊəs] *adj* fleißig, eifrig; gewissenhaft

as•sign [ə'saɪn] *vt* **1.** festlegen, festsetzen, bestimmen **2.** an-, zuweisen; zuteilen; (*Aufgabe*) beauftragen mit **3.** (*Ursache*) zuschreiben, bezeichnen (*as* als); (*Bedeutung*) beilegen **4.** (JUR) übertragen, abtreten **5.** ernennen (*to a post* auf einen Posten); **as•sign•ment** [-mənt] *s* **1.** Zuteilung *f;* An-, Zuweisung *f* **2.** zugewiesene Aufgabe, Auftrag *m* **3.** Ernennung *f;* Posten *m* **4.** (JUR) Übertragung *f*

as•simi•late [ə'sɪməleɪt] *vt* **1.** aufnehmen, einverleiben, integrieren **2.** assimilieren **3.** (geistig) verdauen; **as•simi•la•tion** [əˌsɪmə'leɪʃn] *s* **1.** Angleichung, Assimilation *f* **2.** Übereinstimmung *f*

as•sist [ə'sɪst] **I.** *vt* **1.** helfen (*s.o.* jdm), unterstützen, behilflich sein (*s.o.* jdm) **2.** mitwirken (*in doing s.th.* etw zu tun, *in* bei) **II.** *vi* **1.** Hilfe leisten **2.** beiwohnen; teilnehmen (*at* an); **as•sist•ance** [ə'sɪstəns] *s* Hilfe, Unterstützung *f;* **as•sist•ant** [ə'sɪstənt] **I.** *s* Assistent(in) *m(f),* Helfer(in) *m(f),* Mitarbeiter(in) *m(f)* **II.** *adj* stellvertretend; **~ director** stellvertretende(r) Direktor(in); **~ member** außerordentliches, assoziiertes Mitglied; **~ physician** Assistenzarzt *m,* -ärztin *f;* **~ professor** (*Am*) Assistenzprofessor(in) *m(f)*

as•sizes [ə'saɪzɪz] *s pl* Schwurgerichtssitzungen *f pl* des High Court of Judges

as•so•ci•ate [ə'səʊʃɪət] **I.** *s* **1.** Mitarbeiter(in) *m(f)* **2.** (COM) Partner(in) *m(f),* Teilhaber(in) *m(f)* **II.** *adj* verbündet, beigeordnet; **~ professor** (*Am*) außerordentliche(r) Professor(in) **III.** [ə'səʊʃɪeɪt] *vt* **1.** vereinigen, verbinden **2.** hinzufügen; zuordnen; in Zusammenhang bringen (*with* mit) **IV.** [ə'səʊʃɪeɪt] *vi* verkehren (*with s.o.* mit jdm); **he never did ~ with us very much** er war nie mit uns besonders befreundet; **as•so•ci•ation** [əˌsəʊsɪ'eɪʃn] *s* **1.** Vereinigung *f,* Verein *m;* Gesellschaft *f;* Genossenschaft *f* **2.** Umgang, Verkehr *m* (*with* mit), Beziehung *f* (*with* zu) **3.** Gedankenverbindung, Assoziation *f;* **call up ~s** Erinnerungen wachrufen; **join an ~** einem Verein beitreten; **~ football** Fußball *m,* Soccer *nt*

as•so•nance ['æsənəns] *s* Assonanz *f*

as•sorted [ə'sɔːtɪd] *adj* **1.** sortiert; geordnet **2.** verschiedenartig; gemischt; **ill-~** schlecht zusammenpassend; **well-~** gut zusammenpassend; **as•sort•ment** [ə'sɔːtmənt] *s* **1.** Sortieren, Klassifizieren *nt* **2.** Auswahl *f,* Sortiment *nt*

as•sume [ə'sjuːm] *vt* **1.** voraussetzen; annehmen, vermuten **2.** vorgeben, unterstellen **3.** (*Macht*) sich anmaßen; (*Amt*) antreten; (*Verantwortung*) übernehmen; (*Namen*) annehmen; **assuming that it is true** angenommen, es stimmt; **as•sumed** [ə'sju:md] *adj* (*Name*) angenommen

as•sump•tion [ə'sʌmpʃn] *s* **1.** An-, Übernahme *f* **2.** Aneignung *f* **3.** Vermutung, Annahme, Voraussetzung *f* **4.** Anmaßung *f;* Überheblichkeit *f;* **the Assumption** (Mariä) Himmelfahrt *f;* **on the ~ that** unter der Annahme, Voraussetzung, dass

as•sur•ance [ə'ʃʊərəns] *s* **1.** Versicherung, Beteuerung, Zusicherung *f* **2.** Sicherheit, Gewissheit *f,* Vertrauen *nt;* Selbstsicherheit *f* **3.** Überheblichkeit *f* **4.** (COM) Versicherung *f;* **life ~** Lebensversicherung *f;* **assure** [ə'ʃʊə(r)] *vt* **1.** versichern (*s.o. of s.th.* jdm etw), beteuern **2.** garantieren; bürgen für; zusichern **3.** beruhigen **4.** (COM) versichern; **as•sur•ed•ly** [ə'ʃʊərɪdlɪ] *adv* sicherlich

as•ter•isk ['æstərɪsk] *s* (TYP) Sternchen *nt*

astern [ə'stɜ:n] *adv* (MAR) achtern

as•ter•oid ['æstərɔɪd] *s* (ASTR) Asteroid *m*

asthma ['æsmə] *s* (MED) Asthma *nt;* **asthmatic** [æs'mætɪk] *adj* asthmatisch

as•ton•ish [ə'stɒnɪʃ] *vt* in Erstaunen setzen, überraschen; **be ~ed** erstaunt, überrascht sein; sich wundern (*at* über); **as•ton•ish•ing** [-ɪŋ] *adj* erstaunlich, verwunderlich; **it's ~ to me** das überrascht mich; **as•ton•ish•ment** [-mənt] *s* Erstaunen *nt,* Verwunderung *f* (*at* über)

astound [ə'staʊnd] *vt* erstaunen

astray [ə'streɪ] *adj:* **go ~** in die Irre gehen; **lead ~** vom rechten Weg abführen

astride [ə'straɪd] *adv, prep, adj pred* rittlings (auf)

as•trin•gent [ə'strɪndʒənt] *adj* **1.** adstringierend **2.** (*fig: Humor*) ätzend

as•trol•oger [ə'strɒlədʒə(r)] *s* Astrologe *m,* -login *f;* **as•tro•logi•cal** [ˌæstrə'lɒdʒɪkl] *adj* astrologisch; **as•trol•ogy** [ə'strɒlədʒɪ] *s* Astrologie *f;* **as•tro•naut** ['æstrənɔ:t] *s* Astronaut(in) *m(f);* **as•tro•naut•ics** [ˌæstrə'nɔ:tɪks] *s pl mit sing* Astronautik, Raumfahrt *f;* **as•tron•omer** [ə'strɒnəmə(r)] *s* Astronom(in) *m(f);* **as•tro•nomi•cal** [ˌæstrə'nɒmɪkl] *adj* (*a. fig*) astronomisch; **as•tron•omy** [ə'strɒnəmɪ] *s* Astronomie *f*

as•tute [ə'stju:t] *adj* schlau; scharfsinnig; **as•tute•ness** [-nɪs] *s* **1.** Schlauheit, List *f* **2.** Scharfsinn *m*

asy•lum [ə'saɪləm] *s* **1.** Asyl *nt* **2.** (Irren)Anstalt *f;* **ask for ~** um Asyl bitten; **apply for ~** Asyl beantragen; **~ seeker** Asylbewerber(in) *m(f)*

at [ət] *prep* **1.** (*Ort*) in, bei, an, auf, zu; **~ Oxford** in Oxford; **~ a distance** in einer Entfernung; **~ school** in der Schule; **~ sign** (INTERNET) Klammeraffe *m,* @-Symbol *nt;* **~ the office** im Büro; **~ the dentist's** beim Zahnarzt; **~ work** bei der Arbeit; **~ the sight** beim Anblick (*of+gen*); **~ the next corner** an der nächsten Ecke; **~ the station** auf dem Bahnhof; **~ home** zu Hause **2.** (*Art und Weise*) in, zu; **be ~ a loss** in Verlegenheit sein; **~ his request** auf seine Bitte (hin) **3.** (*zeitlich*) um; in; zu; **~ midnight** um Mitternacht; **~ night** in der Nacht; **~ noon** mittags; **~ the age of** im Alter von; **~ Christmas** zu Weihnachten **4.** (*Zustand*) in; **~ peace** im Frieden; **~ rest** in Ruhe; **I feel ~ ease** mir ist wohl zu Mute **5.** (*Richtung*) nach, gegen, zu, an, auf; **aim ~** zielen nach; **arrive ~ a decision** zu einer Entscheidung kommen; **be astonished ~** erstaunt sein über; **he is mad ~ me** er ist wütend auf mich **6.** (*bei Zahlangabe*) zu; **buy ~ a pound** zu einem Pfund kaufen **7.** (*Wendungen*): **~ all** überhaupt; **not ~ all** gar nicht, durchaus nicht; **not ~ all!** gern geschehen!; **~ best** bestenfalls; **~ first** zuerst; **~ last** endlich; **~ least** mindestens, wenigstens; **~ most** höchstens; **(all) ~ once** sofort; auf einmal

ata•vism ['ætəvɪzəm] *s* Atavismus *m;* **ata•vis•tic** [ˌætə'vɪstɪk] *adj* atavistisch

ate [et, *Am* eɪt] *s.* **eat**

athe•ism ['eɪθɪɪzəm] *s* Atheismus *m;* **athe•ist** ['eɪθɪɪst] *s* Atheist *m;* **athe•istic** [ˌeɪθɪ'ɪstɪk] *adj* atheistisch

ath•lete ['æθli:t] *s* Athlet(in) *m(f),* Leichtathlet(in) *m(f),* Sportler(in) *m(f);* **athletic** [æθ'letɪk] **I.** *adj* sportlich; athletisch **II.** *s pl a. mit sing* (Leicht)Athletik *f*

At•lan•tic [ət'læntɪk] **I.** *s* Atlantischer Ozean, Atlantik *m* **II.** *adj* atlantisch

at•las ['ætləs] *s* (GEOG) Atlas *m*

ATM [ˌeɪti:'em] *s Abk. von* **automated teller machine** Geldautomat, Bankomat *m*

at•mos•phere ['ætməsfɪə(r)] *s* (*a. fig*) Atmosphäre *f;* **at•mos•pheric** [ˌætməs'ferɪk] *adj* atmosphärisch; **~ conditions** Witterung *f;* **~ pollution** Luftverschmutzung, Luftbelastung *f;* **~ pressure** Luftdruck *m;* **~ resistance** Luftwiderstand *m;* **at•mos•pher•ics** [ˌætməs'ferɪks] *s pl* (TECH) atmosphärische Störungen *fpl*

atoll ['ætɒl] *s* (GEOG) Atoll *nt*

atom ['ætəm] *s* **1.** (CHEM) Atom *nt* **2.** (*fig*) winzige Kleinigkeit; **atom bomb** *s* Atombombe *f;* **atomic** [ə'tɒmɪk] *adj* atomar; Atom-; **~ energy** Atomenergie *f;* **~ fission** Atomspaltung *f;* **~ nucleus** Atomkern *m;* **~ power** Atomkraft *f;* **~ reactor** Atomreaktor *m;* **~ weight** Atomgewicht *nt;* **at•om•ize** ['ætəmaɪz] *vt* atomisieren; zerstäuben; **at•om•izer** ['ætəmaɪzə(r)] *s* Zerstäuber *m*

atone [əˈtəʊn] *vi* sühnen (*for* für); **atonement** [-mənt] *s* Sühne, Buße *f*

atro•cious [əˈtrəʊʃəs] *adj* **1.** grausam **2.** (*fam*) abscheulich, scheußlich; **atrocity** [əˈtrɒsətɪ] *s* **1.** Grausamkeit *f* **2.** Gräueltat *f*

atro•phy [ˈætrəfɪ] **I.** *s* (MED) Atrophie *f* **II.** *vi* verkümmern **III.** *vt* verkümmern lassen

at-seat TV [æt,siːtˈtiːviː] *s* (*im Flugezug, ICE*) in der Rückenlehne eingebauter Fernseher

at•tach [əˈtætʃ] *vt* **1.** anheften, befestigen (*to* an); (*einem Schriftstück*) beifügen **2.** (*Bedeutung*) beilegen, beimessen **3.** (MIL) abkommandieren; ~ **o.s. to** sich anschließen an; (*Partei*) beitreten *dat;* **be ~ed** eng verbunden sein (*to* mit), hängen (*to* an); ~ **value to** Wert legen auf

at•taché [əˈtæʃeɪ] *s* (POL) Attaché *m;* **attaché case** *s* Aktentasche *f*

at•tach•ment [əˈtætʃmənt] *s* **1.** Befestigung, An-, Beifügung *f* **2.** Bei-, Anlage *f;* (INTERNET) Anlage *f* **3.** (*fig*) Zuneigung *f* **4.** (TECH) Zusatzvorrichtung *f*, -gerät *nt*

at•tack [əˈtæk] **I.** *vt* **1.** (*a.* CHEM) angreifen; sich stürzen (*s.th.* auf etw) **2.** (*Aufgabe*) anpacken, in Angriff nehmen **3.** (*Krankheit*) befallen **II.** *s* **1.** Angriff *m* (*on* auf, gegen) **2.** (*Arbeit*) Inangriffnahme *f* **3.** (*Krankheit*) Anfall *m;* **heart** ~ Herzanfall *m;* Herzinfarkt *m*

at•tain [əˈteɪn] **I.** *vt* erreichen, erlangen; vollenden; ~ **power** an die Macht gelangen **II.** *vi* gelangen (*to* bis zu); ~ **a very great age** sehr alt werden; **at•tain•able** [-əbl] *adj* erreichbar; **at•tain•ment** [-mənt] *s* **1.** (*Ziel*) Erreichen *nt;* Erlangung *f* **2.** **~s** Kenntnisse, Fähigkeiten, Fertigkeiten *fpl*

at•tempt [əˈtempt] **I.** *vt* versuchen; wagen; sich bemühen (*to do, at doing s.th.* etw zu tun) **II.** *s* **1.** Versuch *m* (*at* mit) **2.** Anschlag *m;* **make an ~ on s.o.'s life** auf jdn einen Anschlag verüben

at•tend [əˈtend] **I.** *vt* **1.** (*Schule*) besuchen; beiwohnen (*a meeting* einer Versammlung); (*Vorlesung*) hören **2.** betreuen, bedienen, pflegen; (*Arzt*) behandeln **3.** (*fig*) begleiten **II.** *vi* **1.** anwesend, zugegen sein (*at* bei) **2.** aufpassen, sich konzentrieren, hören, Acht geben (*to* auf) **3.** beachten, einhalten (*to s.th.* etw) **4.** sich befassen (*to* mit), sorgen (*to* für), sich kümmern (*to* um), besorgen, erledigen (*to s.th.* etw) **5.** erfüllen (*to one's duties* seine Pflicht), ausführen (*to an order* einen Auftrag) **6.** bedienen (*to a customer* einen Kunden); **at•tend•ance** [əˈtendəns] *s* **1.** Anwesenheit *f;* Besuch *m* **2.** (Zu)Hörerschaft *f* (*at* bei), Beteiligung *f* (*at* bei, an) **3.** Dienerschaft, Begleitung *f* **4.** (TECH) Wartung *f* **5.** (MED) Behandlung *f;* **be in** ~ Dienst haben (*at* bei); **the ~ at the meeting was poor** die Versammlung war schwach besucht; **medical** ~ ärztliche Behandlung; ~ **at school** Schulbesuch *m;* ~ **list** [*o* **book**] Anwesenheitsliste *f;* **at•tendant** [əˈtendənt] **I.** *adj* **1.** begleitend, dazugehörig **2.** anwesend; ~ **circumstances** Begleitumstände *mpl* **II.** *s* **1.** Diener(in) *m(f),* Wärter(in) *m(f),* Aufseher(in) *m(f)* **2.** Begleiter(in) *m(f)* **3.** Anwesende(r) *f m*

at•ten•tion [əˈtenʃn] *s* **1.** Aufmerksamkeit *f* **2.** Berücksichtigung, Beachtung *f* **3.** (MIL) Habachtstellung *f;* **~!** (MIL) stillgestanden!; **without attracting** ~ unauffällig; **attract** ~ Aufmerksamkeit erregen; **call** [*o* **draw**] **s.o.'s ~ to s.th.** jdn auf etw hinweisen; (**for the**) ~ **of** (*Brief*) zu Händen von; **pay** ~ Acht geben, aufpassen; **pay ~ to s.o.** jdm aufmerksam zuhören; **pay ~ to s.th.** etw beachten, auf etw achten; **at•tent•ive** [əˈtentɪv] *adj* **1.** aufmerksam (*to* auf) **2.** zuvorkommend, gefällig (*to* gegenüber)

at•tenu•ate [əˈtenjʊeɪt] *vt* **1.** verdünnen; schwächen **2.** verkleinern, verringern **3.** (*fig*) abschwächen

at•test [əˈtest] **I.** *vt* **1.** bestätigen; beweisen; klarlegen **2.** beglaubigen, bescheinigen, beurkunden **II.** *vi* bezeugen (*to s.th.* etw); **attes•ta•tion** [ˌæteˈsteɪʃn] *s* **1.** Bescheinigung, Bestätigung *f;* Beurkundung, Beglaubigung *f* **2.** Beweis *m*

at•tic [ˈætɪk] *s* Dachboden, Speicher *m*

at•ti•tude [ˈætɪtjuːd] *s* Haltung *f;* Verhalten *nt,* Einstellung *f* (*towards* gegenüber); **adopt an** ~ eine Haltung einnehmen; **strike an** ~ sich affektiert benehmen

at•tor•ney [əˈtɜːnɪ] *s* (JUR) **1.** Bevollmächtigte(r) *f m* **2.** Rechtsanwalt *m*, -anwältin *f;* **letter** [*o* **power**] **of** ~ Vollmacht *f*

at•tract [əˈtrækt] *vt* **1.** (*a. fig*) anziehen **2.** (*Aufmerksamkeit*) erregen, auf sich lenken **3.** (*fig*) fesseln, reizen, anlocken; **without ~ing attention** unauffällig; **attrac•tion** [əˈtrækʃn] *s* **1.** (*a.* PHYS) Anziehung *f;* (*power of* ~) Anziehungskraft *f* **2.** Reiz, Zauber *m* **3.** (THEAT) Attraktion, Zugnummer *f;* **at•tract•ive** [əˈtræktɪv] *adj* **1.** fesselnd, anziehend **2.** (*fig*) verlockend, attraktiv

at•tri•bute [əˈtrɪbjuːt] **I.** *vt* zuschreiben, beimessen (*to s.th.* einer S) **II.** [ˈætrɪbjuːt] *s* **1.** Eigenschaft *f,* Merkmal *nt;* (*a.* GRAM) Attribut *nt* **2.** Kennzeichen *nt;* **at•tribu•tive** [əˈtrɪbjʊtɪv] **I.** *adj* (GRAM) attributiv **II.** *s* (GRAM) Attribut *nt*

at•tri•tion [əˈtrɪʃn] *s* Abnutzung *f,* Verschleiß *m;* (*fig*) Zermürbung *f;* **war of** ~ Zermürbungskrieg *m*

au•ber•gine [ˈəʊbəʒiːn] *s* Aubergine *f*

au•burn [ˈɔːbən] *adj* rotbraun, kastanienbraun

auc•tion ['ɔːkʃn] **I.** *s* Auktion, (öffentliche) Versteigerung *f;* **buy by** ~ ersteigern; **sell by** ~ versteigern **II.** *vt* (~ *off*) versteigern; **auc•tion•eer** [ˌɔːkʃə'nɪə(r)] *s* Auktionator(in) *m(f)*

aud•acious [ɔː'deɪʃəs] *adj* **1.** kühn, wagemutig **2.** frech, dreist; **aud•ac•ity** [ɔː'dæsətɪ] *s* **1.** Kühnheit *f,* Wagemut *m* **2.** Dreistigkeit *f*

aud•ible ['ɔːdəbl] *adj* hörbar; vernehmlich

audi•ence ['ɔːdɪəns] *s* **1.** Publikum *nt;* Zuhörer(schaft *f*) *mpl;* (TV) Zuschauer *mpl;* (RADIO) Hörer *mpl* **2.** Audienz *f* (*with* bei)

audio- [ˌɔːdɪəʊ] *prefix* Ton-, Radio-, Hör-; **~-visual aids** Anschauungsmaterial *nt;* audiovisuelle Hilfsmittel *ntpl*

au•dit ['ɔːdɪt] **I.** *s* Buchprüfung *f;* (~ *of accounts*) Rechnungsprüfung *f* **II.** *vt* prüfen

aud•ition [ɔː'dɪʃn] **I.** *s* **1.** (Zu-, An)Hören *nt* **2.** (THEAT) Sprech-, Hörprobe *f* **II.** *vt* vorsprechen, vorsingen lassen

au•di•tor ['ɔːdɪtə(r)] *s* **1.** Wirtschafts-, Buchprüfer(in) *m(f)* **2.** (*Am: Universität*) Gasthörer(in) *m(f)*

au•di•tor•ium [ˌɔːdɪ'tɔːrɪəm] *s* **1.** Hörsaal *m,* Auditorium *nt* **2.** Vortrags-, Konzertsaal *m*

aug•ment [ɔːg'ment] **I.** *vt* vermehren, vergrößern **II.** *vi* zunehmen, sich vergrößern; **aug•men•ta•tion** [ˌɔːgmen'teɪʃn] *s* Vermehrung, Steigerung, Vergrößerung *f;* Zunahme *f*

au•gur ['ɔːgə(r)] **I.** *vt* weissagen, vorhersagen **II.** *vi* ein Vorzeichen sein; ~ **ill/well** ein schlechtes/gutes Vorzeichen sein (*for* für); **au•gury** ['ɔːgjʊrɪ] *s* Vorzeichen *nt*

au•gust [ɔː'gʌst] *adj* erhaben

Au•gust ['ɔːgəst] *s* August *m;* **in** ~ im August

aunt [ɑːnt, *Am* ænt] *s* Tante *f*

aura ['ɔːrə] *s* Aura *f*

au•ral ['ɔːrəl] *adj* Ohr-; ~ **surgeon** Ohrenarzt *m*

aur•icle ['ɔːrɪkl] *s* **1.** (*Herz*) Vorhof *m* **2.** Ohrmuschel *f;* **aur•icu•lar** [ɔː'rɪkjʊlə(r)] *adj* Ohr-

aur•ora [ɔː'rɔːrə] *s:* ~ **australis** Südlicht; ~ **borealis** Nordlicht *nt*

aus•pices ['ɔːspɪsɪz] *s pl:* **under the ~ of s.o.** unter jds Schirmherrschaft; **aus•pi•cious** [ɔː'spɪʃəs] *adj* Erfolg versprechend

aus•tere [ɔː'stɪə(r)] *adj* **1.** streng **2.** schmucklos, einfach; **aus•ter•ity** [ɔː'sterətɪ] *s* **1.** Strenge *f;* Ernst *m* **2.** Schmucklosigkeit, strenge Einfachheit *f* **3.** (COM) Sparmaßnahmen *fpl*

Aus•tralia [ɒ'streɪlɪə] *s* Australien *nt;* **Aus•tral•ian** [ɒ'streɪlɪən] **I.** *s* Australier(in) *m(f)* **II.** *adj* australisch

Aus•tria ['ɒstrɪə] *s* Österreich *nt;* **Aus•trian** ['ɒstrɪən] **I.** *s* Österreicher(in) *m(f)* **II.** *adj* österreichisch

auth•en•tic [ɔː'θentɪk] *adj* authentisch; echt; verbürgt; **auth•en•ti•cate** [ɔː'θentɪkeɪt] *vt* **1.** beglaubigen **2.** die Echtheit nachweisen (*s.th. +gen*); **auth•en•ti•ca•tion** [ɔːˌθentɪ'keɪʃn] *s* Beglaubigung *f;* **auth•en•tic•ity** [ˌɔːθən'tɪsətɪ] *s* Echtheit *f*

author ['ɔːθə(r)] *s* **1.** Autor(in) *m(f),* Verfasser(in) *m(f),* Schriftsteller(in) *m(f)* **2.** Urheber(in) *m(f);* **author•ess** ['ɔːθərɪs] *s* Schriftstellerin *f*

auth•ori•tar•ian [ɔːˌθɒrɪ'teərɪən] *adj* autoritär; **auth•ori•tat•ive** [ɔː'θɒrɪtətɪv] *adj* **1.** maßgebend; zuverlässig **2.** gebieterisch; entschieden; **auth•or•ity** [ɔː'θɒrətɪ] *s* **1.** (Amts-, Befehls)Gewalt *f* **2.** Befugnis, Vollmacht *f* **3.** Ansehen *nt,* Autorität *f* **4.** Kapazität, Autorität *f,* Experte *m,* Expertin *f* (*on* auf dem Gebiet *+gen*) **5.** zuverlässige Quelle, Nachweis *m* **6.** *meist pl* Behörde(n) *f (pl);* **from competent** ~ von maßgebender Seite; **on one's own** ~ auf eigene Verantwortung; **under the ~ of** im Auftrag von; **without** ~ unbefugt, unberechtigt; **apply to the proper** ~ sich an die zuständige Stelle wenden; **have** ~ befugt, ermächtigt sein (*to do* zu tun); **parental** ~ elterliche Gewalt

auth•or•iz•ation [ˌɔːθəraɪ'zeɪʃn] *s* Ermächtigung *f;* **give s.o.** ~ jdn ermächtigen (*to do* zu tun, *for* zu); **auth•or•ize** ['ɔːθəraɪz] *vt* **1.** bevollmächtigen, ermächtigen; die Befugnis erteilen (*s.o.* jdm) **2.** genehmigen, bewilligen; **through ~d channels** auf dem Dienstweg; **be ~d** befugt, ermächtigt, autorisiert sein (*to* zu); **~d to sign** zeichnungsberechtigt

author•ship ['ɔːθəʃɪp] *s* **1.** Verfasserschaft *f* **2.** Schriftstellerberuf *m*

auto- ['ɔːtəʊ] *prefix* selbst(tätig); Auto-, auto-

auto•bio•graphi•cal [ˌɔːtəbaɪə'græfɪkl] *adj* autobiografisch; **au•to•bi•ogra•phy** [ˌɔːtəbaɪ'ɒgrəfɪ] *s* Autobiografie *f*

auto-bronzer ['ɔːtəbrɒnzə(r)] *s* Selbstbräuner *m;* **auto-bronzing cream** *s* Selbstbräunungscreme *f*

au•toc•racy [ɔː'tɒkrəsɪ] *s* Autokratie, Selbstherrschaft *f;* **au•to•crat** ['ɔːtəkræt] *s* Autokrat(in) *m(f);* **au•to•cratic** [ˌɔːtə'krætik] *adj* autokratisch

au•to•cue ['ɔːtəˌkjuː] *s* (TV) Teleprompter *m*

au•to•graph ['ɔːtəgrɑːf] **I.** *s* Autogramm *nt* **II.** *vt* signieren

au•to•mate ['ɔːtəmeɪt] *vt* automatisieren; **au•to•ma•ted** ['ɔːtəmeɪtɪd] *adj* automatisiert; **automated teller machine,**

ATM *s* Geldautomat, Bankomat *m;* **au•to•matic** [ˌɔːtə'mætɪk] **I.** *adj* **1.** automatisch, selbsttätig **2.** (*fig*) mechanisch; ~ **choke** Startautomatik *f;* ~ **pilot** Autopilot *m;* ~ **dialling** (TELE) Wählautomatik *f;* ~ **exposure** (PHOT) Belichtungsautomatik *f;* ~ **gear change** (AUTO) Automatikschaltung *f;* ~ **rewind** (*Kamera, Video*) Rückspulautomatik *f* **II.** *s* Maschinenwaffe *f;* Automatikwagen *m;* Waschautomat *m;* **au•to•ma•tion** [ˌɔːtə'meɪʃn] *s* Automatisierung *f;* **automa•ton** [ɔː'tɒmətən] *s* Automat, Roboter *m*

au•to•mo•bile ['ɔːtəməbiːl] *s* Auto(mobil) *nt;* **auto•mo•tive** [ˌɔːtə'məʊtɪv] *adj* selbstbeweglich; mit Selbstantrieb; Kfz-

au•ton•omous [ɔː'tɒnəməs] *adj* autonom; **au•ton•omy** [ɔː'tɒnəmɪ] *s* Autonomie *f*

au•topsy ['ɔːtɒpsɪ] *s* (MED) Autopsie *f*

au•tumn ['ɔːtəm] *s* (*a. fig*) Herbst *m;* **in** ~ im Herbst; **au•tum•nal** [ɔː'tʌmnəl] *adj* herbstlich

aux•ili•ary [ɔːg'zɪlɪərɪ] **I.** *adj* Hilfs-; zusätzlich **II.** *s* **1.** (~ *verb*) Hilfszeitwort *nt* **2. auxiliaries** (MIL) Hilfstruppen *fpl*

avail [ə'veɪl] **I.** *vr* Gebrauch machen (*of* von) **II.** *vi* helfen **III.** *s:* **of no** ~ nutzlos; erfolglos; **to no** [*o* **without**] ~ vergeblich; **be of little** ~ von geringem Nutzen sein (*to* für); **avail•able** [ə'veɪləbl] *adj* **1.** verfügbar **2.** (COM) lieferbar, erhältlich; **by all** ~ **means** mit allen verfügbaren Mitteln; **no longer** ~ (*Buch*) vergriffen; (*Ware*) nicht mehr lieferbar; **be** ~ erhältlich sein

ava•lanche ['ævəlɑːnʃ] *s* (*a. fig*) Lawine *f*

avant-garde [ˌævɒŋ'gɑːd] *adj* avantgardistisch

av•ar•ice ['ævərɪs] *s* Habsucht *f;* Geiz *m;* **av•ar•icious** [ˌævə'rɪʃəs] *adj* habsüchtig; geizig

avenge [ə'vendʒ] **I.** *vt* rächen; strafen **II.** *vr* sich rächen (*on* an)

av•enue ['ævənjuː] *s* **1.** Allee *f* **2.** (*fig*) Weg, Zugang *m* (*to* zu)

av•er•age ['ævərɪdʒ] **I.** *s* Durchschnitt *m;* **on** (**an**) ~ durchschnittlich, im Durchschnitt; **be above** (**below**) (**the**) ~ über (unter) dem Durchschnitt liegen **II.** *adj* durchschnittlich, Durchschnitts- **III.** *vt* **1.** im Durchschnitt betragen **2.** den Durchschnitt nehmen von; im Durchschnitt ausmachen, im Mittel ergeben **3.** durchschnittlich verdienen

averse [ə'vɜːs] *adj* abgeneigt (*to dat*), zuwider; **aver•sion** [ə'vɜːʃn] *s* **1.** Widerwille *m,* Abneigung *f* (*to* gegen), Widerstreben *nt* **2.** Gräuel *m*

avert [ə'vɜːt] *vt* **1.** abwenden (*from* von) **2.** verhindern, verhüten

avi•ary ['eɪvɪərɪ] *s* Vogelhaus *nt*

avi•ation [ˌeɪvɪ'eɪʃn] *s* Luftfahrt *f,* Fliegen, Flugwesen *nt;* **civil** ~ Zivilluftfahrt; **commercial** ~ Verkehrsluftfahrt *f;* ~ **fuel** Flugbenzin *nt*

avid ['ævɪd] *adj* gierig (*for, of* nach), begierig (*for* auf, *of* nach); **avid•ity** [ə'vɪdətɪ] *s* Begierde *f;* Gier *f* (*of, for* nach)

avo•ca•do [ˌævə'kɑːdəʊ] *s* Avocado *f*

avoid [ə'vɔɪd] *vt* **1.** meiden, aus dem Wege gehen (*s.o.* jdm), ausweichen (*s.o.* jdm) **2.** vermeiden (*doing s.th.* etw zu tun); (*Schaden*) verhüten; **avoid•able** [-əbl] *adj* vermeidbar; **avoid•ance** [-əns] *s* (Ver)Meiden *nt;* Verhütung *f;* **tax** ~ Umgehung *f* von Steuern

avow [ə'vaʊ] *vt* anerkennen, zugeben, eingestehen; **avowal** [ə'vaʊəl] *s* Eingeständnis *nt;* **avow•ed•ly** [ə'vaʊɪdlɪ] *adv* zugegebener-, eingestandenermaßen

AWACS ['eɪwæks] *s Abk. von* **Airborne Warning and Control System** Frühwarnsystem, AWACS *nt*

await [ə'weɪt] *vt* **1.** erwarten, warten auf **2.** abwarten

awake [ə'weɪk] <*irr:* awoke, awoken (awaked)> **I.** *vt* aufwecken **II.** *vi* aufwachen **III.** *adj pred* wach, munter; **be** ~ wach sein; **be** ~ **to s.th.** sich einer S bewusst sein; **wide** ~ hellwach; **awaken** [ə'weɪkən] **I.** *vt* aufwecken **II.** *vi* aufwachen; **awaken•ing** [ə'weɪknɪŋ] *s* (*a. fig*) Erwachen *nt*

award [ə'wɔːd] **I.** *s* **1.** Preis *m;* Auszeichnung *f* **2.** (JUR) Urteilsspruch *m;* (Sachverständigen)Gutachten *nt* **3.** Stipendium *nt* **II.** *vt* **1.** zuerkennen, zusprechen **2.** (*Preis*) verleihen (*s.o.* jdm); **award-winning** *adj* preisgekrönt

aware [ə'weə(r)] *adj pred* bewusst; **I'm** ~ **of that** ich bin mir dessen bewusst; **aware•ness** [ə'weənɪs] *s* Bewusstsein *nt*

away [ə'weɪ] *adv* **1.** weg, fort **2.** entfernt, abseits **3.** abwesend; **far** ~ weit weg; **far and** ~ bei weitem; **right** [*o* **straight**] ~ auf der Stelle; sofort; **do** ~ **with** abschaffen; beseitigen; **give** ~ verschenken (*s.th.* etw); **give o.s.** ~ sich verraten; **go** ~ weg-, fortgehen; **take** ~ weg-, fortnehmen; **work** ~ unablässig arbeiten; **away match** *s* (SPORT) Auswärtsspiel

awe [ɔː] **I.** *s* Ehrfurcht *f;* Scheu *f;* **keep s.o. in** ~ jdm imponieren; **stand** [*o* **be**] **in** ~ **of s.o.** jdn fürchten; **strike s.o. with** ~ jdm Furcht einflößen **II.** *vt* Ehrfurcht einflößen (*s.o.* jdm); **be** ~**d** eingeschüchtert sein; **awe-in•spir•ing** ['ɔːɪnˌspaɪərɪŋ] *adj,* **awe•some** ['ɔːsəm] *adj* Ehrfurcht gebietend; **what did you think of it? – ~!** (*sl*) wie war's? – Geil!; **awe•struck** ['ɔːstrʌk] *adj* tief beeindruckt

aw•ful ['ɔːfl] *adj* **1.** furchtbar **2.** (*fam*) scheußlich; **aw•fully** ['ɔːflɪ] *adv* **1.** schrecklich **2.** (*fam*) furchtbar, schrecklich; äußerst, sehr

awk•ward ['ɔːkwəd] *adj* **1.** linkisch, unpraktisch, ungeschickt **2.** (*Situation*) peinlich, unangenehm; (*Frage*) schwierig; peinlich; ~ **age** schwieriges Alter

awn•ing ['ɔːnɪŋ] *s* **1.** Plane *f* **2.** (MAR) Sonnensegel *nt* **3.** Markise *f*

awoke, **awoken** [ə'wəʊk, ə'wəʊkən] *s.* **awake**

awry [ə'raɪ] *adj pred, adv* schief, krumm; **go** ~ schiefgehen

ax *s* (*Am*), **axe** [æks] **I.** *s* Axt *f;* Beil *nt;* Hacke *f;* **get the** ~ (*fam*) entlassen, hinausgeworfen werden; **have an** ~ **to grind** persönliche Interessen verfolgen **II.** *vt* (*fig*) stark beschneiden, kürzen, abbauen, streichen

ax•iom ['æksɪəm] *s* Axiom *nt,* Grundsatz *m*

axis ['æksɪs, *pl* 'æksiːz] <*pl* **axes**> *s* **1.** (PHYS POL) Achse *f* **2.** (MATH) Mittellinie *f*

axle ['æksl] *s* (Rad)Achse, Welle *f*

ay•a•tol•lah [ˌaɪjə'tɔlə] *s* Ajatollah *m*

aye [aɪ] **I.** *interj* jawohl! **II.** *s* (PARL) Jastimme *f;* **the ~s have it** die Mehrzahl ist dafür

aza•lea [ə'zeɪlɪə] *s* Azalee *f*

az•ure ['æʒə(r)] **I.** *s* Himmelblau *nt,* Azur *m* **II.** *adj* himmelblau, azurblau

B

B, b [biː] <*pl* -'s> *s* **1.** B, b *nt* **2.** (MUS) H, h *nt* **3.** (SCHULE) gut

baa [bɑː] *vi* (*Schaf*) blöken

babble ['bæbl] **I.** *vt, vi* **1.** stammeln, lallen, plappern; schwatzen **2.** (*Wasser*) murmeln, plätschern **II.** *s* Geplapper *nt;* Geschwätz *nt*

babe [beɪb] *s* **1.** (*poet*) Kind *nt* **2.** (*fam*) netter Käfer, Puppe *f;* ~ **in arms** Säugling *m*

babel ['beɪbl] *s* Wirrwarr *m,* Durcheinander *nt*

ba•boon [bə'buːn] *s* (*großer Affe*) Pavian *m*

ba•by ['beɪbɪ] **I.** *s* **1.** Baby *nt,* Säugling *m* **2.** (*fam*) Schätzchen *nt* **3.** (*sl*) Sache *f;* **carry** [*o* **hold**] **the** ~ (*fam*) die Sache am Hals haben **II.** *vt* verzärteln, verhätscheln; **baby carriage** *s* (*Am*) Kinderwagen *m;* **baby cleansing wipe** *s* Babypflegetuch *nt;* **baby food** *s* Babykost *f;* **baby•hood** ['beɪbɪhʊd] *s* Säuglingsalter *nt;* **baby pants** *s pl* Gummihöschen *nt;* **baby-sitter** ['beɪbɪˌsɪtə(r)] *s* Babysitter(in) *m(f);* **baby stroller** *s* (zusammenklappbarer) Kindersportwagen; **baby wipe** *s* Babypflegetuch *nt*

bach•elor ['bætʃələ(r)] *s* **1.** Bakkalaureus *m* (*unterster akad. Grad*) **2.** Junggeselle *m*

ba•cil•lus [bə'sɪləs, *pl* bə'sɪlaɪ] <*pl* -li> *s* Bazillus *m*

back [bæk] **I.** *s* **1.** (*a. fig*) Rücken *m* **2.** Rückgrat *nt* **3.** Rücklehne *f* **4.** (AUTO) Rücksitz *m* **5.** Rückseite *f;* Hintergrund *m* **6.** (*fig*) Kehrseite *f* **7.** (*Fußball*) Verteidiger *m;* **get s.o.'s** ~ **up** jdn auf die Palme bringen; **put one's** ~ **into s.th.** (*fam*) sich in eine S hineinknien; ~ **of a book/hill** Buch-/Bergrücken *m;* ~ **of the hand** Handrücken *m;* ~ **to** ~ Rücken an Rücken; **at the** ~ **of** hinter; (*fig*) hinter dem Rücken von; **behind s.o.'s** ~ (*fig*) hinter jds Rücken; **with one's** ~ **to the wall** (*fig*) in der Klemme **II.** *adj* **1.** rückwärtig; hinter **2.** (*Betrag*) rückständig **3.** abgelegen, fern **III.** *adv* rückwärts; zurück (*from* von), hinten; wieder; **5 years** ~ vor fünf Jahren; ~ **and forth** hin u. her; **answer** ~ frech antworten; widersprechen; **stand** [*o* **keep**] ~**!** zurück(bleiben)!; **go** ~ **on one's word** sein Versprechen nicht halten **IV.** *vt* **1.** (unter)stützen **2.** (~ *up*) den Rücken decken, beistehen (*s.o.* jdm) **3.** zurückschieben; (AUTO) zurückstoßen **4.** wetten (*s.th.* auf etw); **back away** *vi* zurückweichen; **back down** *vi* klein beigeben; **back on to** *vi* hinten angrenzen an; **back out of** *vi* (*fig*) aussteigen aus; (AUTO) rückwärts herausfahren aus; **back up I.** *vi* (AUTO) zurückstoßen **II.** *vt* **1.** unterstützen; (*Geschichte*) bestätigen; (*Theorie*) untermauern **2.** (AUTO) zurückfahren **3.** (INFORM) sichern

back•bencher [ˌbæk'bentʃə(r)] *s* (PARL) Hinterbänkler(in) *m(f);* **back•bit•ing** ['bækˌbaɪtɪŋ] *s* Verleumdung *f;* **back•bone** ['bækbəʊn] *s* (*a. fig*) Rückgrat *nt;* **back catalogue** *s* (*von Künstler*) Repertoire *nt;* **back•cloth** ['bækˌklɒθ] *s* (THEAT) Hintergrund(vorhang) *m;* **back•door** [ˌbæk'dɔː(r)] **I.** *adj* (*fig*) heimlich, verstohlen **II.** *s* (*a. fig*) Hintertür *f*

backer ['bækə(r)] *s* **1.** Helfer(in) *m(f),* Förderer *m,* Förderin *f* **2.** (COM) Geldgeber(in) *m(f)* **3.** Wettende(r) *f m*

back•fire [ˌbæk'faɪə(r)] **I.** *s* (AUTO) Fehlzündung *f* **II.** *vi* **1.** fehlzünden **2.** schief gehen; (*fam*) ins Auge gehen; **back•gam•mon** [bæk'gæmən] *s* Backgammon *nt* (*Spiel*)

back•ground ['bækgraʊnd] *s* **1.** Hintergrund *m;* (*a. fig*) Umwelt *f,* Milieu *nt* **2.** (*fig*) berufliche Erfahrung, Aus-, Vorbildung *f* **3.** Vorgeschichte *f* **4.** Zusammenhänge *mpl;* **keep in the** ~ im Hintergrund bleiben; **background check** *s* Nachforschungen *pl*

back•hand ['bækhænd] **I.** *s* (*Tennis*) Rückhand *f* **II.** *adj* Rückhand-; **back•hander** [-ə(r)] *s* Schmiergeld *nt*

back•ing ['bækɪŋ] *s* **1.** Stütze, Unterstützung, Hilfe *f;* Rückhalt *m* **2.** (MUS) Begleitung *f* **3.** Rücken(verstärkung *f*) *m*

back•lash ['bæklæʃ] *s* **1.** (TECH) Gegenschlag *m* **2.** Gegenreaktion *f;* **back•log** ['bæklɒg] *s* (COM) Rückstände *mpl;* **back matter** *s* **1.** Anhang *m* **2.** Nachspann *m;* **back•number** *s* **1.** (*Zeitung*) alte Nummer **2.** (*fam fig*) altmodischer Mensch; **back•pack** ['bækpæk] *s* (*Am*) Rucksack *m;* **back•packer** *s* (*Am*) Rucksacktourist(in) *m(f);* **back•packing** *s* Rucksacktourismus *m;* **back pay** *s* Nachzahlung *f;* **back•seat** [bæk'siːt] *s* Rücksitz *m;* **take a** ~ sich zurückhalten; **back•seat driver** *s* (*fig*) Besserwisser(in) *m(f);* **back•side** ['bæksaɪd] *s* (*fam*) Hintern *m;* **back•slapper** ['bækˌslæpə] *s* (*fam*) kumpelhafter

Typ; **back-slap·ping** *adj* kumpelhaft; **back·space** ['bækspeɪs] *vi* (INFORM) zurücksetzen; **back·stage** [bæk'steɪdʒ] *adj, adv* hinter der Bühne; **back·stairs** [ˌbæk'steəz] *s pl* Hintertreppe *f;* **backstroke** ['bækstrəʊk] *s* Rückenschwimmen *nt;* **back·talk** ['bæktɔːk] *s* (*Am*) unverschämte Antwort; **back·track** ['bæktræk] *vi* umkehren; sich zurückziehen; **back-up** ['bækʌp] *s* **1.** Unterstützung **2.** (INFORM) Sicherung *f;* **back-up copy** *s* (INFORM) Sicherungskopie *f*

back·ward ['bækwəd] *adj* **1.** rückwärtig; rückwärts gerichtet **2.** zurückgeblieben, rückständig, spät entwickelt; **back·wards** ['bækwədz] *adv* rückwärts, zurück; ~ **and forwards** hin u. her

back·wash ['bækwɒʃ] *s* **1.** zurücklaufende Strömung **2.** (*fig*) Nach-, Rückwirkung *f;* **back·water** ['bækˌwɔːtə(r)] *s* **1.** Rückstau *m;* Stauwasser *nt* **2.** (*fig*) Stillstand *m;* Stagnation *f* **3.** rückständiges Nest; **backwoods** ['bækwʊdz] *s pl* abgelegene Gegend; **back·woods·man** ['bækwʊdzmən] *s* Hinterwäldler *m;* **back·yard** [ˌbæk'jɑːd] *s* Hinterhof *m*

ba·con ['beɪkən] *s* (durchwachsener) Speck *m;* **save one's** ~ (*fam*) mit heiler Haut davonkommen; **bac·teria** [bæk'tɪərɪə] *s pl* Bakterien *fpl;* **bac·teri·ol·ogist** [bækˌtɪərɪ'ɒlədʒɪst] *s* Bakteriologe *m,* -login *f;* **bac·ter·ium** [bæk'tɪərɪəm] <*pl* -ia> *s* Bakterie *f*

bad [bæd] <*Komparativ* worse, *Superlativ* worst> **I.** *adj* **1.** schlecht **2.** übel **3.** böse, schlimm **4.** (*Fehler*) schwer **5.** widerlich, -wärtig, ärgerlich **6.** unanständig; ungezogen **7.** verdorben; (*Ei*) faul **8.** unpässlich; krank **9.** (*sl*) toll, geil; ~ **debt** uneinbringliche Forderung; ~ **news** (*sl*) übel; **from** ~ **to worse** immer schlimmer; **in** ~ **faith** wider Treu u. Glauben; **in a** ~ **temper** wütend; verärgert; **not** (**half**) ~ (*fam*) nicht übel; **go** ~ schlecht werden, verderben; **I feel** ~ mir ist nicht wohl; **he feels very** ~ **about it** es tut ihm sehr Leid; **that is too** ~! das ist zu dumm!; ~ **luck** Pech *nt;* ~ **hair day** (*fam*) Tag, an dem alles schief geht **II.** *s* (das) Böse, Schlechte

bad(**e**) [bæd] *s.* **bid²**

badge [bædʒ] *s* Abzeichen *nt,* Button *m,* Kennzeichen, Merkmal *nt*

badg·er ['bædʒə(r)] **I.** *s* Dachs *m* **II.** *vt* plagen

bad·ly ['bædlɪ] <*Komparativ* worse, *Superlativ* worst> *adv* **1.** schlecht, schlimm **2.** arg, dringend; **come off** ~ schlecht wegkommen; **be** ~ **off** finanziell schlecht dran sein; **want** ~ dringend brauchen [*o* benötigen]; ~ **beaten** vernichtend geschlagen

bad·min·ton ['bædmɪntən] *s* Federball, Badminton *nt*

baf·fle ['bæfl] **I.** *vt* **1.** vor den Kopf stoßen; aus dem Konzept bringen **2.** verblüffen, verwirren **3.** (*Pläne*) durchkreuzen, vereiteln; **I am completely** ~**d** ich stehe vor einem Rätsel **II.** *s* (AUTO) Umlenkblech *nt;* **baffling** [-ɪŋ] *adj* **1.** verwirrend; unverständlich **2.** rätselhaft

bag [bæg] **I.** *s* **1.** Tasche *f;* (*sack*) Beutel, Sack *m;* (*paper* ~) Tüte *f;* (*hand* ~) Handtasche *f;* ~**s** Gepäck *nt* **2.** (*game*~) Jagdbeute *f;* ~**s of** (*fam*) jede Menge; **the whole** ~ **of tricks** die ganze Trickkiste; **let the cat out of the** ~ die Katze aus dem Sack lassen; **a** ~ **of bones** Haut und Knochen; **old** ~ (*pej*) alte Schachtel **II.** *vt* **1.** in den Sack stecken; (*fig*) einstecken **2.** (*sl*) sich unter den Nagel reißen **3.** erbeuten, erlegen **III.** *vi* sich ausbeulen

bag·gage ['bægɪdʒ] *s* (*Am*) (Reise)Gepäck *nt;* **baggage car** *s* (*Am*) Gepäckwagen *m;* **baggage check** *s* (*Am*) Gepäckkontrolle *f;* **baggage check-in counter** *s* Abfertigungs-, Abflugschalter *m;* **baggage claim** *s* Gepäckausgabe *f;* **baggage room** *s* Gepäckaufbewahrung *f*

bag·gy ['bægɪ] *adj* bauschig; ausgebeult; sackartig

bag·lady ['bægleɪdɪ] *s* Stadtstreicherin *f*

bag·piper ['bægpaɪpə(r)] *s* Dudelsackpfeifer(in) *m(f);* **bag·pipes** ['bægpaɪps] *s pl* Dudelsack *m*

Ba·ha·mas [bə'hɑːməz] *s pl* Bahamas, Bahamainseln *pl*

Bah·rain [bɑː'reɪn] *s* Bahrain *nt*

bail¹ [beɪl] **I.** *s* (JUR) Bürgschaft, Kaution *f;* **out on** ~ auf freiem Fuß gegen Sicherheitsleistung; **go** ~ **for** Bürgschaft leisten für **II.** *vt:* ~ **out** gegen Bürgschaft freibekommen; (*fig*) retten

bail² [beɪl] *s* (*Kricket*) Querholz *nt*

bail³ [beɪl] *vi, vt* **1.** (*Wasser*) schöpfen **2.** bündeln

baili·wick ['beɪlɪwɪk] *s* Spezialgebiet *nt;* **be the** ~ **of s.th.** (*Am*) zu etw gehören, etw zugeordnet werden

bai·liff ['beɪlɪf] *s* **1.** Gerichtsvollzieher(in) *m(f),* Gerichtsdiener(in) *m(f)* **2.** (Guts)Verwalter(in) *m(f)*

bait [beɪt] **I.** *vt* **1.** mit einem Köder versehen **2.** (mit Hunden) hetzen **3.** (*Menschen*) quälen **II.** *s* Köder *m;* (*fig*) (Ver)Lockung, Versuchung *f;* **rise to the** ~ anbeißen, sich ködern lassen

bake [beɪk] **I.** *vt* **1.** backen **2.** (*durch Hitze*) härten; dörren; (*Ziegel*) brennen **II.** *vi* backen; (*a. fig*) braten; **baker** ['beɪkə(r)] *s* Bäcker(in) *m(f);* **bak·ery** ['beɪkərɪ] *s* Bäckerei *f;* **bak·ing** ['beɪkɪŋ] **I.** *s* Backen *nt;*

Brennen *nt* II. *adj* glühend heiß; **baking powder** *s* Backpulver *nt*

bal•ance ['bæləns] I. *s* 1. (*a. fig*) Waage *f* 2. Gleichgewicht *nt* 3. (innere) Ausgeglichenheit *f;* Gleichmut *m* 4. (COM) Überschuss *m;* Saldo *m;* Guthaben *nt;* Bilanz *f;* Rechnungs-, Kontenabschluss *m* 5. Rest, Überschuss *m;* **in the** ~ in der Schwebe; **on** ~ alles in allem; **be** (**thrown**) **off** ~ das Gleichgewicht verloren haben; **draw the** ~, **make up the** ~, **strike the** ~ die Bilanz ziehen; **hold the** ~ das Zünglein an der Waage bilden; **lose one's** ~ das Gleichgewicht, den Kopf verlieren; **credit** ~ Habensaldo *m;* **cash** ~ Kassenbestand *m;* ~ **of payments** Zahlungsbilanz *f* II. *vt* 1. ins Gleichgewicht bringen 2. (COM) ausgleichen; (*Rechnung*) abschließen 3. (TECH) auswuchten III. *vi* 1. sich im Gleichgewicht halten 2. (COM) sich ausgleichen; **bal•anced** ['bælənst] *adj* ab-, ausgeglichen, ausgewogen; **bal•ance sheet** *s* (COM) Bilanz *f;* ~ **totals** *pl* Bilanzsumme *f*

bal•cony ['bælkənɪ] *s* Balkon *m*

bald [bɔ:ld] *adj* (*Kopf*) kahl; (*Stil*) knapp

bald-head ['bɔ:ldhed] *s* Kahlkopf *m;* **bald-headed** [ˌbɔ:ld'hedɪd] *adj* kahlköpfig; **bald•ly** [bɔ:ldlɪ] *adv* frei heraus, unverblümt; **bald•ness** ['bɔ:ldnɪs] *s* 1. Kahlköpfigkeit *f* 2. (*fig*) Dürftigkeit, Knappheit *f*

bale[1] [beɪl] I. *s* (COM) Ballen *m;* Bündel *nt* II. *vt* bündeln

bale[2] [beɪl] *vt:* ~ **out** (AVIAT) abspringen

ba•leen [bə'li:n] *s* Barte *f;* **baleen whale** *s* Bartenwal *m*

bale•ful [beɪlfʊl] *adj* unheilvoll; übel, böse

balk, **baulk** [bɔ:k] I. *s* 1. Balken *m* 2. Hindernis *nt;* Hemmschuh *m* II. *vt* vereiteln, hemmen III. *vi* zurückschrecken (*at* vor); (*Pferd*) scheuen (*at* vor)

Balkan States ['bɔlkən steɪts] *s pl* Balkanländer *ntpl*

ball[1] [bɔ:l] *s* 1. Kugel *f;* Knäuel *m* 2. (SPORT) (Spiel)Ball *m* 3. (~ *of the thumb, of the foot*) Hand-, Fußballen *m* 4. (*sl: Testikel*) Ei *nt;* **on the** ~ (*fam*) auf Draht; **keep the** ~ **rolling** das Gespräch in Gang halten; **play** ~ (*fam*) mitmachen, zusammenarbeiten; **set the** ~ **rolling** den Stein ins Rollen bringen; **the** ~ **is in his court** er ist am Ball; ~**s!** (*sl*) Quatsch!

ball[2] [bɔ:l] *s* (Tanz)Ball *m*

bal•lad ['bæləd] *s* Ballade *f;* **bal•lad•eer** [ˌbælə'dɪə] *s* Liedermacher(in) *m(f)*

bal•last ['bæləst] I. *s* 1. Ballast *m* 2. Schotter *m* II. *vt* mit Ballast beladen

ball-bear•ing [ˌbɔ:l'beərɪŋ] *s* (TECH) Kugellager *nt*

bal•let ['bæleɪ] *s* Ballett *nt*

ball field ['bɔ:lfi:ld] *s* (*Am*) Baseballplatz *m;* **ball game** *s* Ballspiel *nt;* (*Am*) Baseballspiel *nt*

bal•lis•tic [bə'lɪstɪk] I. *adj* ballistisch; ~ **missile** Flugkörper *m;* **go** ~ (*fam*) an die Decke gehen, in die Luft gehen II. *s pl meist mit sing* Ballistik *f*

bal•loon [bə'lu:n] *s* 1. Ballon *m* 2. Sprechblase *f;* **bal•loon•ist** [-ɪst] *s* Ballonfahrer(in) *m(f)*

bal•lot ['bælət] I. *s* 1. Stimmzettel *m* 2. (Geheim)Abstimmung *f;* Stimmen(-zahl *f*) *fpl;* **take a** ~ (geheim) abstimmen; ~**-box** Wahlurne *f;* ~ **paper** Wahlzettel, Stimmzettel *m* II. *vi* (geheim) abstimmen (*for* über)

ball player ['bɔ:lˌpleɪə(r)] *s* Ballspieler(in) *m(f);* (*Am*) Baseballspieler(in) *m(f);* **ball-point-pen** [ˌbɔ:lpɔɪnt'pen] *s* Kugelschreiber *m*

ball•room ['bɔ:lrʊm] *s* Ballsaal *m*

balls-up ['bɔ:lzʌp] *s* (*Br sl*) Durcheinander *nt*

balm [bɑ:m] *s* Balsam *m;* **balmy** ['bɑ:mɪ] *adj* 1. balsamisch 2. mild; lindernd, heilend

bal•us•trade [ˌbælə'streɪd] *s* Balustrade *f*

bam•boo [bæm'bu:] *s* Bambus(rohr *nt*) *m*

bam•boozle [bæm'bu:zl] *vt* (*fam*) beschwindeln (*out of s.th.* um etw), verblüffen; hereinlegen

ban [bæn] I. *s* Verbot *nt;* Bann *m;* **place** [*o* **put**] **under a** ~ verbieten II. *vt* 1. verbieten 2. (SPORT) sperren

ba•nal [bə'nɑ:l] *adj* banal, abgedroschen; **ba•nal•ity** [bə'nælətɪ] *s* Banalität *f;* Gemeinplatz *m*

ba•nana [bə'nɑ:nə] *s* Banane *f;* **banana republic** *s* Bananenrepublik *f*

band [bænd] I. *s* 1. Band *nt* 2. Ring, Streifen *m;* Leiste *f;* Binde *f;* Gurt *m* 3. (RADIO ANAT) Band *nt* 4. Bande, Schar *f* 5. (Musik)Kapelle *f* II. *vt, vi* zusammenbinden; ~ **together** sich zusammenschließen

ban•dage ['bændɪdʒ] I. *s* Bandage, Binde *f;* Verband *m* II. *vt* verbinden

ban•dit ['bændɪt] *s* Bandit, Räuber *m*

band•master ['bændmɑ:stə(r)] *s* Kapellmeister *m;* **bands•man** ['bændzmən] <*pl* -men> *s* Musiker *m;* **band•stand** ['bændstænd] *s* Musikpavillon *m*

band•wagon ['bændwægən] *s* (*Am*) Festwagen *m* mit Musikkapelle; **climb** [*o* **jump**] **on the** ~ sich dranhängen, zur siegreichen Partei übergehen

band•width ['bændˌwɪdθ] *s* Bandbreite *f*

bandy ['bændɪ] I. *vt* (*Worte, Blicke, Schläge*) tauschen, wechseln; ~ **about** (*Nachricht*) verbreiten, herumerzählen; (*Gerüchte*) unter die Leute bringen II. *adj* krumm; ~**-legged** O-beinig

bang [bæŋ] I. *s* 1. (heftiger) Schlag *m* 2. (lauter) Knall *m;* **go off with a** ~ ein

Bombenerfolg sein **II.** *vt* **1.** heftig schlagen (*on s.th.* an etw) **2.** (*Tür*) zuschlagen; **he ~ed his fist on the table** er schlug mit der Faust auf den Tisch **III.** *vi* **1.** (laut) knallen **2.** heftig stoßen (*against* gegen) **IV.** *adv* heftig, mit lautem Knall; **go ~** knallen **V.** *interj* peng! bums!

banger ['bæŋə(r)] *s* **1.** (Brat)Wurst *f* **2.** (*fam*) Klapperkiste *f*

bangle ['bæŋgl] *s* Arm-, Fußring *m*

bang-up *adj* (*Am: sl*) prima, klasse

ban•ish ['bænɪʃ] *vt* **1.** ausweisen (*from* aus), verbannen **2.** (*Gedanken*) vertreiben; **ban•ish•ment** [-mənt] *s* Verbannung, Ausweisung *f*

ban•is•ter ['bænɪstə(r)] *s a. pl* Treppengeländer *nt*

ban•jo ['bændʒəʊ] <*pl* **banjo(e)s**> *s* (MUS) Banjo *nt*

bank¹ [bæŋk] **I.** *s* **1.** (Fluss-, See)Ufer *nt;* Böschung *f* **2.** Damm, Deich *m* **3.** (*sand~*) (Sand)Bank *f;* (*~ of snow*) (Schnee)Verwehung *f;* (*cloud ~*) (Wolken)Bank *f* **II.** *vt* aufschütten, anhäufen **III.** *vi* (AVIAT) in die Kurve gehen; **bank up I.** *vt* aufhäufen **II.** *vi* (*Schnee*) sich anhäufen; (*Wolken*) sich auftürmen

bank² [bæŋk] **I.** *s* **1.** Bank(haus, -geschäft *nt*) *f* **2.** (*Spiel*) Bank *f* **3.** (MED: *blood ~*) (Blut)Bank *f* **4.** Reserven *fpl* **II.** *vt* (*Geld*) auf die Bank bringen, einzahlen **III.** *vi* **1.** ein Bankkonto haben **2.** (*Spiel*) die Bank halten; **~ with s.o.** bei jdm ein Konto haben; **~ (up)on** sich verlassen auf, rechnen mit, zählen auf

bank³ [bæŋk] *s* **1.** Ruderbank *f* **2.** Reihe *f*

bank ac•count ['bæŋkəkaʊnt] *s* Bankkonto *nt;* **bank balance** *s* Kontostand *m;* **bank-book** *s* Sparbuch *nt;* **bank charges** *s pl* Bankgebühren *fpl;* **bank clerk** *s* Bankangestellte(r) *f m;* **bank code** (**number**) *s* Bankleitzahl *f;* **banker** ['bæŋkə(r)] *s* Bankier *m;* **~'s order** Zahlungsauftrag *m;* **bank holiday** *s* (*Br*) Feiertag *m;* (*Am*) Bankfeiertag *m;* **bank•ing** ['bæŋkɪŋ] *s* **1.** Bankwesen *nt* **2.** (AVIAT) Schräglage *f;* **banking hall** *s* Schalterhalle *f;* **banking hours** *s pl* Schalterstunden *fpl;* **bank manager** *s* Bankdirektor(in) *m(f);* **bank•note** ['bæŋknəʊt] *s* Banknote *f;* **bank-rate** *s* Diskontsatz *m;* **bank robber** *s* Bankräuber(in) *m(f);* **bank robbery** *s* Banküberfall *m*

bank•rupt ['bæŋkrʌpt] **I.** *s* Bankrotteur *m;* (*a. fig*) Gemein-, Konkursschuldner(in) *m(f)* **II.** *adj* bankrott, zahlungsunfähig; **go** [*o* **become**] **~** in Konkurs gehen **III.** *vt* zu Grunde richten; **bank•ruptcy** ['bæŋkrəpsɪ] *s* **1.** Bankrott, Konkurs *m* **2.** (*fig*) Schiffbruch, Ruin *m;* **bankruptcy proceedings** *s pl* Konkursverfahren *nt*

bank statement [bæŋksteɪtmənt] *s* Kontoauszug *m;* **bank transfer** *s* Banküberweisung *f*

ban•ner ['bænə(r)] *s* **1.** Banner *nt;* Fahne *f* **2.** Spruch-, Reklametafel *f;* Spruchband *nt;* (INTERNET) Werbebanner *nt;* **banner headlines** *s pl* (*Zeitung*) Schlagzeilen *fpl*

banns [bænz] *s pl* (kirchliches) Aufgebot *nt*

ban•quet ['bæŋkwɪt] *s* Bankett, Festessen *nt;* **banquet-hall** *s* Speise-, Festsaal *m*

ban•tam ['bæntəm] *s* Zwerghuhn *nt;* **~ weight** (*Boxen*) Bantamgewicht *nt*

ban•ter ['bæntə(r)] **I.** *s* Geplänkel *nt* **II.** *vi* Spaß, Ulk machen, scherzen (*with* mit)

bap•tism ['bæptɪzəm] *s* (*a. fig*) Taufe *f;* **Bap•tist** ['bæptɪst] *s* Baptist(in) *m(f);* **bap•tize** [bæp'taɪz] *vt* taufen

bar [bɑ:(r)] **I.** *s* **1.** Stange *f* **2.** (*Schokolade*) Tafel *f* **3.** Querriegel *m;* Schlagbaum *m;* Schranke, Barriere *f;* (Straßen)Sperre *f* **4.** Sandbank *f* **5.** (*fig*) Hindernis *nt* (*to* für), Schranke *f* **6.** Querstrich *m;* Querstreifen *m* **7.** (MUS) Taktstrich *m* **8.** Gerichtsschranke *f,* Gericht *nt* **9.** Ausschank, Schanktisch *m;* Büfett *nt;* Bar, Theke *f;* Tresen *m;* **the Bar** der Anwaltsberuf, der Stand der Barrister; **at the Bar** vor Gericht; **prisoner at the Bar** Angeklagte(r) *f m;* **be called to the Bar** als Anwalt/Anwältin vor Gericht zugelassen werden; **read for the Bar** Jura studieren; **parallel ~s** (SPORT) Barren *m;* **toll ~** Zollschranke *f* **II.** *vt* **1.** (*Tür, Fenster*) verriegeln, ab-, ver-, zusperren; zumachen, schließen **2.** (*Weg*) (ver)sperren **3.** (*fig*) verbieten, untersagen; (*Person*) hindern (*from* an) **III.** *prep* (*fam*) abgesehen von, außer; **~ none** ohne Ausnahme; **~ one** außer einem

barb [bɑ:b] *s* **1.** (*Angel, Pfeil*) Widerhaken *m* **2.** (*fig*) Schärfe, Spitze *f*

Bar•ba•dos [bɑ:'bəɪdɒs] *s* Barbados *nt*

bar•bar•ian [bɑ:'beərɪən] **I.** *s* Barbar(in) *m(f)* **II.** *adj* barbarisch; roh, ungesittet; **bar•baric** [bɑ:'bærɪk] *adj* barbarisch, roh; **bar•bar•ity** [bɑ:'bærətɪ] *s* Barbarei *f;* Unmenschlichkeit, Rohheit *f;* **bar•bar•ous** ['bɑ:bərəs] *adj* barbarisch, unmenschlich, grausam

bar•be•cue ['bɑ:bɪkju:] **I.** *s* **1.** Grill *m* **2.** Grillfleisch *nt* **3.** Grillparty *f* **II.** *vt* auf dem Rost braten, grillen

barbed [bɑ:bd] *adj* mit Widerhaken; **~ wire** Stacheldraht *m*

bar•ber ['bɑ:bə(r)] *s* (Herren)Friseur *m;* **barber('s) shop** *s* Friseursalon *m*

bar•bitu•rate [bɑ:'bɪtjʊrɪt] *s* Barbiturat *nt*

bar code ['bɑ:kəʊd] *s* Strichcode *m;* **bar code scanner** *s* Strichcodeleser *m*

bare [beə(r)] **I.** *adj* **1.** nackt, bloß **2.** kahl; ohne, entblößt (*of* von) **3.** (*Raum*) unmöbliert, leer **4.** schmucklos **5.** (*fig*) unverhüllt, offen; (*Tatsachen*) nackt **6.** (*Mehrheit*) knapp **7.** bloß, nur ..., ... allein; **lay** ~ entblößen; aufdecken, offen darlegen; **a ~ ten people** nur [*o* gerade] zehn Leute **II.** *vt* **1.** entblößen; aufdecken **2.** (*fig*) enthüllen, bloßlegen; ~ **one's heart** sein Herz ausschütten; **bare•back** ['beəbæk] *adj, adv* (*Pferd*) ohne Sattel; **bare•faced** ['beəfeɪst] *adj* unverfroren, unverschämt; **bare•foot(ed)** [ˌbeə'fʊt[ɪd]] *adj, adv* barfuß; **bare•headed** [ˌbeə'hedɪd] *adj* barhäuptig; **bare-knuckled** *adj* **1.** ohne Boxhandschuhe **2.** (*fig*) brutal; **bare•ly** ['beəlɪ] *adv* **1.** kaum, knapp **2.** dürftig, spärlich; **bare•ness** ['beənɪs] *s* **1.** Nacktheit, Blöße *f* **2.** Ärmlichkeit, Dürftigkeit *f*

bar•gain ['bɑːgɪn] **I.** *s* **1.** Handel *m;* Geschäft(sabschluss *m*) *nt* **2.** günstiges Angebot, Gelegenheitskauf *m;* **into the** ~ obendrein, noch dazu; **drive a hard** ~ hart handeln; **make the best of a bad** ~ (*fig*) sich so gut wie möglich aus der Affäre ziehen; **make a good** ~ ein gutes Geschäft machen; **it's a ~!** abgemacht!; **it's a ~ at that price!** das ist geschenkt zu dem Preis!; **a ~'s a ~!** abgemacht ist abgemacht! **II.** *vi* **1.** handeln, feilschen (*with s.o. for s.th.* mit jdm um etw) **2.** verhandeln; abmachen (*with s.o. for s.th., to do* mit jdm, etw zu tun); ~ **away** mit Verlust verkaufen; verspielen; veräußern; ~ **for** handeln, feilschen um; rechnen mit, zählen auf, erwarten; **bargain-bin** *s* Wühlkorb *m;* **bargain counter** *s* (*Warenhaus*) Sonderangebotstisch *m;* **bargaining table** *s* Verhandlungstisch *m;* **bargain price** *s* Sonderpreis *m;* **bargain sale** *s* Ausverkauf *m*

barge [bɑːdʒ] **I.** *s* **1.** Last-, Schleppkahn *m;* Barke *f* **2.** Hausboot *nt* **II.** *vi* (*fam*): ~ **about** herumtrampeln; ~ **in** dazwischenplatzen, sich einmischen; ~ **into** hineinrennen in, hineinplatzen

bar•hop•ping ['bɑːrˌhɒpɪŋ] *s* (*Am: fam*) Kneippenbummel *m*

bari•tone ['bærɪtəʊn] *s* Bariton *m*

bark¹ [bɑːk] **I.** *s* (*Baum*) Rinde, Borke *f* **II.** *vt* **1.** ab-, entrinden **2.** wund reiben, wund scheuern

bark² [bɑːk] **I.** *s* Bellen *nt;* **his ~ is worse than his bite** (*prov*) Hunde, die bellen, beißen nicht **II.** *vi* **1.** bellen, kläffen **2.** anfahren (*at s.o.* jdn); ~ **up the wrong tree** auf dem Holzweg sein

bar•keeper ['bɑːkiːpə(r)] *s* Barmann *m;* Gastwirt *m*

bar•ley ['bɑːlɪ] *s* Gerste *f*

bar•maid ['bɑːmeɪd] *s* Bardame *f;* Bedienung *f;* **bar•man** ['bɑːmən] <*pl* -men> *s* Barmann *m;* Kellner *m*

barn [bɑːn] *s* Scheune, Scheuer *f;* (*Am*) Stall *m;* **barn-yard** *s* (Bauern)Hof *m*

ba•rom•eter [bə'rɒmɪtə(r)] *s* (*a. fig*) Barometer *nt;* **baro•met•ric(al)** [ˌbærə'metrɪk(l)] *adj* barometrisch; ~ **pressure** Luftdruck *m*

bar•on ['bærən] *s* **1.** Baron *m* **2.** (*fig*) Magnat *m;* **bar•on•ess** ['bærənɪs] *s* Baronin *f;* **bar•onet** ['bærənɪt] *s* Baronet *m;* **bar•o•nial** [bə'rəʊnɪəl] *adj* freiherrlich; großartig, prächtig

ba•roque [bə'rɒk] **I.** *adj* (*Kunst*) barock **II.** *s* Barock(stil *m*) *nt*

bar•rack ['bærək] **I.** *s meist pl* **1.** (MIL) Kaserne *f* **2.** (Miets)Kaserne *f* **II.** *vt* **1.** kasernieren **2.** (SPORT) auspfeifen

bar•rage ['bærɑːʒ] *s* **1.** Damm *m;* Talsperre *f* **2.** (~ *fire*) Sperrfeuer *nt* **3.** (*fig*) Flut *f;* **tidal** ~ Gezeitensperrmauer *f;* ~ **of questions** Flut von Fragen

bar•rel ['bærəl] *s* **1.** Fass *nt* **2.** (TECH) Tank *m* **3.** (Kanonen)Rohr *nt;* (Gewehr)Lauf *m* **4.** (*Maßeinheit für Öl*) Barrel *nt;* **barrel-organ** *s* Drehorgel *f*

bar•ren ['bærən] *adj* **1.** unfruchtbar; (*a. fig*) steril **2.** dürr, karg **3.** (*fig*) unergiebig, unproduktiv, unrentabel; **bar•ren•ness** [-nɪs] *s* **1.** Unfruchtbarkeit *f* **2.** (*fig*) Dürftigkeit *f;* Unergiebigkeit *f;* Unproduktivität *f*

bar•ri•cade [ˌbærɪ'keɪd] **I.** *s* Barrikade *f* **II.** *vt* (*Straße*) verbarrikadieren

bar•rier ['bærɪə(r)] *s* **1.** Schranke, Sperre *f;* Barriere *f* **2.** (*fig*) Schranke *f;* Hindernis *nt* (*to* für); **barrier cream** *s* (Haut)Schutzcreme *f*

bar•ring ['bɑːrɪŋ] *prep* außer +*dat,* ausgenommen +*acc,* abgesehen von

bar•ris•ter ['bærɪstə(r)] *s* (~*-at-law*) (vor Gericht auftretende(r)) Anwalt *m,* Anwältin *f*

bar•row ['bærəʊ] *s* (*hand-*~) (Trag)Bahre *f;* (*wheel-*~) Schubkarren *m*

bar•ten•der ['bɑːtendə(r)] *s* Barkeeper *m*

bar•ter ['bɑːtə(r)] **I.** *vt* (aus-, ein)tauschen (*against, for* gegen); ~ **away** verspielen **II.** *vi* Tauschhandel betreiben **III.** *s* Tausch(handel) *m*

ba•salt ['bæsɔːlt] *s* (GEOL) Basalt *m*

base [beɪs] **I.** *s* **1.** (*a.* MATH) Basis *f,* Grundlinie, Grundfläche *f;* Grundzahl *f* **2.** Fundament *nt;* (ARCH) Fuß, Sockel *m* **3.** (~ *plate*) Grundplatte *f* **4.** Grund(-lage *f*) *m,* Basis *f;* Ausgangspunkt *m* **5.** (MIL) Basis *f;* Stützpunkt *m* **6.** (SPORT) Mal *nt;* Standlinie *f* **7.** (TECH) Grundstoff *m* **8.** (CHEM) Base *f* **II.** *adj* **1.** niedrig; gewöhnlich, gemein **2.** gering-, minderwertig; (*Münze*) falsch, unecht; (*Metall*) unedel **III.** *vt* basieren, gründen, stützen (*on* auf); ~ **o.s. on** sich stützen auf

base•ball ['beɪsbɔːl] *s* Baseball *m;* **base-camp** ['beiskæmp] *s* Basis-, Versorgungslager *nt;* **base coat** *s* Unter(nagel)lack *m*
base•less ['beɪslɪs] *adj* grundlos, unbegründet
base•ment ['beɪsmənt] *s* **1.** (ARCH) Fundament *nt* **2.** Kellergeschoss *nt*
base•ness ['beɪsnɪs] *s* **1.** Niedrigkeit *f;* Gemeinheit, Niedertracht *f* **2.** Minderwertigkeit *f* **3.** Unechtheit *f*
base rate ['beisreit] *s* (FIN) Leitzins *m*
bash [bæʃ] **I.** *vt* (*fam*) heftig schlagen **II.** *s* heftiger Schlag; **have a ~!** (*fam*) probier mal!
bash•ful ['bæʃfl] *adj* **1.** scheu, schüchtern **2.** verlegen, befangen; **bash•ful•ness** ['bæʃfʊlnɪs] *s* Schüchternheit *f;* Befangenheit *f*
ba•sic ['beɪsɪk] *adj* **1.** grundsätzlich (wichtig), prinzipiell; fundamental, elementar **2.** (CHEM) basisch; **ba•si•cally** [-lɪ] *adv* im Grunde; **basic idea** *s* Grund-, Leitgedanke *m;* **basic pay** *s* Grundgehalt *nt;* Grundlohn *m;* **basic research** *s* Grundlagenforschung *f;* **basic vocabulary** *s* Grundwortschatz *m;* **basic wage(s)** *s* (*a. pl*) Grundlohn *m*
ba•sil•ica [bə'zɪlɪkə] *s* (ARCH) Basilika *f*
ba•sin ['beɪsn] *s* **1.** Schale, Schüssel *f;* Waschbecken *nt* **2.** (GEOG) Becken *nt* **3.** Bucht *f;* Hafenbecken *nt*
ba•sis ['beɪsɪs, *pl* 'beɪsiːz] <*pl* **bases**> *s* **1.** Basis, Grundlage *f;* Fundament *nt* **2.** Grund *m;* **on the ~ of** auf Grund *+gen,* auf der Grundlage *+gen;* **serve as a ~** als Grundlage dienen
bask [bɑːsk] *vi* (*a. fig*) sich sonnen; **~ in the sun** ein Sonnenbad nehmen
bas•ket ['bɑːskɪt] *s* Korb *m;* **clothes-~** Wäschekorb *m;* **basket•ball** *s* (SPORT) Basketball *m*
bass[1] [bæs] *s* Flussbarsch *m*
bass[2] [beɪs] *s* (MUS) Bass *m*
bas•soon [bə'suːn] *s* (MUS) Fagott *nt*
bas•tard ['bɑːstəd] **I.** *s* **1.** Bastard *m* **2.** (*sl*) Schweinehund *m* **II.** *adj* unehelich
baste [beɪst] *vt* **1.** heften **2.** (*bratendes Fleisch*) mit Fett begießen **3.** verprügeln; beschimpfen
bas•tion ['bæstɪən] *s* Bastion *f*
bat[1] [bæt] *s* Fledermaus *f;* **blind as a ~** stockblind
bat[2] [bæt] **I.** *s* (SPORT) Schlagholz *nt;* **off one's own ~** auf eigene Faust **II.** *vt* (SPORT) (mit dem Schlagholz) schlagen
bat[3] [bæt] *vt:* **not to ~ an eyelid** nicht mal mit der Wimper zucken
batch [bætʃ] *s* **1.** (*Bäckerei*) Schub *m* **2.** Haufen, Stoß, Stapel *m;* **batch processing** *s* (INFORM) Stapelverarbeitung *f*
bated ['beɪtɪd] *adj:* **with ~ breath** mit angehaltenem Atem, voller Spannung
bath [bɑːθ] **I.** *s* **1.** (*a.* CHEM PHOT) Bad *nt* **2.** Badewanne *f;* Badezimmer *nt* **3. ~s** (Stadt)Bad *nt;* Badeanstalt *f* **4.** Kurort *m;* **have** [*o* **take**] **a ~** ein Bad nehmen **II.** *vt* baden; **bath cube** *s* Würfel *m* Badesalz
bathe [beɪð] **I.** *vt* baden, *a. vi,* befeuchten, benetzen; **go bathing** schwimmen, baden gehen **II.** *s* Baden *nt;* Schwimmen *nt;* **bather** ['beɪðə(r)] *s* Badende(r) *f m;* **bathing** ['beɪðɪŋ] *s* Baden *nt;* **bathing•cap** *s* Badehaube *f;* **bathing-costume** *s* Badeanzug *m;* **bathing-trunks** *s pl* Badehose *f*
bath•robe ['bɑːθrəʊb] *s* Bademantel *m;* **bath•room** ['bɑːθruːm] *s* Badezimmer *nt;* **bath towel** *s* Badetuch *nt;* **bath•tub** ['bɑːθtʌb] *s* Badewanne *f*
ba•tik [bə'tiːk] *s* (*Textil*) Batik(druck) *m*
baton ['bætən] *s* **1.** Kommando-, Marschallstab *m* **2.** Taktstock *m* **3.** (SPORT) (Staffel)Stab *m*
bats•man ['bætsmən] <*pl* -men> *s* (SPORT) Schlagmann *m*
bat•tal•ion [bə'tælɪən] *s* (MIL) Bataillon *nt*
bat•ten ['bætn] **I.** *s* Leiste, Latte *f* **II.** *vt* (*~ down*) mit Brettern verstärken **III.** *vi:* **~ on** schmarotzen bei
bat•ter ['bætə(r)] **I.** *vt, vi* **1.** heftig, wiederholt schlagen, verprügeln **2.** (*~ down, in*) nieder-, einschlagen **3.** trommeln (*at the door* gegen die Tür) **4.** böse zurichten **II.** *s* **1.** (*Spiel*) Schlagmann *m* **2.** Teig *m* (*aus Eiern, Milch und Mehl*); **bat•tered** ['bætəd] *adj* **1.** stark mitgenommen, abgenutzt **2.** (*fig*) ausgemergelt, abgezehrt; misshandelt; **~ babies** misshandelte Kinder *ntpl;* **~ wives** verprügelte Frauen *fpl;* **bat•ter•ing** ['bætərɪŋ] *s* Schläge *mpl;* **child ~** Kindesmisshandlung *f;* **battering ram** ['bætəriŋræm] *s* (HIST) Sturmbock *m*
bat•tery ['bætərɪ] *s* **1.** (MIL, ELEK) Batterie *f* **2.** Reihe, Serie *f* **3.** (JUR) tätlicher Angriff; Tätlichkeiten *fpl* **4.** (AGR) Legebatterie *f;* **battery charger** *s* (ELEK) Ladegerät *nt;* **battery hen** *s* (AGR) Batteriehuhn *nt;* **battery powered** *adj* batteriebetrieben
bat•ting ['bætɪŋ] *s* **1.** (Baumwoll)Watte *f* **2.** (SPORT) Schlagen *nt*
battle ['bætl] **I.** *s* **1.** Schlacht *f* (*of* bei), Gefecht *nt* (*for* um) **2.** (*fig*) Kampf *m* (*for* um); **give** [*o* **offer**] **~** sich zum Kampf stellen **II.** *vi* sich schlagen, kämpfen, streiten (*for* um, *with* mit); **battle-axe** *s* **1.** Streitaxt *f* **2.** Hausdrachen *m;* **battle-cry** *s* Schlachtruf *m;* **battle•dress** ['bætldres] *s* Kampfanzug *m;* **battle•field, battle•ground** ['bætlfiːld, 'bætlgraʊnd] *s* Schlachtfeld *nt;* **battle•ments** [-mənts] *s pl* (ARCH MIL

HIST) Zinnen *fpl;* **battle•ship** ['bætlʃɪp] *s* Schlachtschiff *nt*

baulk [bɔːk] **I.** *s* **1.** Balken *m* **2.** Hindernis *nt;* Hemmschuh *m* **II.** *vt* vereiteln, hemmen **III.** *vi* zurückschrecken (*at* vor); (*Pferd*) scheuen (*at* vor)

baux•ite ['bɔːksaɪt] *s* (MIN) Bauxit *m*

bawdy ['bɔːdɪ] *adj* derb, obszön

bawl [bɔːl] **I.** *vt* (~ *out*) herausschreien, brüllen **II.** *vi* brüllen, grölen; anschreien (*at s.o.* jdn)

bay¹ [beɪ] *s* Lorbeer(baum) *m*

bay² [beɪ] *s* Bucht, Bai *f*

bay³ [beɪ] *s* **1.** Erker *m* **2.** (RAIL) Abstellgleis *nt* **3.** (AVIAT) Schacht *m*

bay⁴ [beɪ] **I.** *s* Bellen *nt;* **at ~** (*Wild*) gestellt; (*fig*) ohne Ausweg; **hold** [*o* **keep**] **at ~** in Schach halten **II.** *vi* bellen

bay⁵ [beɪ] *adj* (*Pferd*) rotbraun

bay•leaf *s* Lorbeerblatt *nt*

bay•onet ['beɪənɪt] *s* Bajonett, Seitengewehr *nt*

bay win•dow [ˌbeɪ'wɪndəʊ] *s* Erkerfenster *nt*

ba•zaar [bə'zɑː(r)] *s* **1.** Basar *m* **2.** Kaufhaus *nt* **3.** (Wohltätigkeits)Basar *m*

be [biː] <*irr:* am, are, is, are, being, was, were, been> *aux, vi* **1.** sein, existieren, leben, vorhanden sein; sich befinden **2.** (*Zustand*) herrschen; bleiben **3.** (*beruflich*) sein; (*in Zukunft*) werden **4.** stattfinden, geschehen, sich ereignen **5.** gehören **6.** betragen, ausmachen; kosten **7.** bedeuten; gelten (*to s.o.* jdm) **8.** müssen, sollen (*to do* tun); (*verneint*) nicht dürfen **9.** (*Passiv*) werden; **~ about** in der Nähe sein; **~ about to do s.th.** im Begriff sein, etw zu tun; **~ after s.th.** hinter etw her sein; **~ at s.th.** bei, an etw sein; **~ at s.o.** an jdm herumnörgeln; **~ behind** im Rückstand, zu spät dran sein; **~ by s.o.** jdm zur Seite stehen; **~ doing** gerade tun; **~ down** schlecht dran sein; niedergeschlagen sein; **~ for** eintreten für; (MAR) bestimmt sein nach; **~ in** zu Hause sein; (PARL) einen Sitz im Parlament haben; (*fig*) am Ruder sein; **~ in for** sich beteiligen an; zu erwarten haben; **~ long** viel Zeit brauchen; **~ off** weggehen; **~ on to s.o.** jdm auf die Schliche gekommen sein; **~ out** nicht zu Hause sein; (PARL) seinen Sitz im Parlament verlieren; Unrecht haben, auf dem Holzweg sein; **~ out for s.th.** auf der Suche nach etw sein; **~ up** aufgestanden sein, auf sein; **~ up to s.o.** jds Aufgabe sein; **~ up to s.th.** etw im Schilde führen; etw bewältigen können; **it is me** das bin ich; **as it is** wie die Dinge liegen; **here you are!** siehst du! sehen Sie!; **how is he?** wie geht es ihm?; **how is it that …?** wie kommt es, dass …?; **how much will that ~?** wie viel macht das?; **let it ~!** lass sein!; **that is his** das gehört ihm; **that is to say** das heißt; **there is/there are …** es gibt …; **there you are!** da haben Sie's!; da sind Sie ja!; **when is that to ~?** wann soll das sein?; **~ that as it may!** wie dem auch sei!; **~ off with you!** fort mit dir/euch! raus!; **his wife to ~** seine Zukünftige

beach [biːtʃ] **I.** *s* Strand *m* **II.** *vt* (*Schiff*) auf den Strand setzen; **beach•comber** ['biːtʃkəʊmə(r)] *s* **1.** Strandwelle *f* **2.** (*fam*) Strandgutsammler(in) *m(f);* **beach•head** ['biːtʃhed] *s* (MIL) Landekopf *m;* **beach-wear** ['biːtʃweə(r)] *s* Strandkleidung *f*

bea•con ['biːkən] *s* **1.** Leuchtfeuer, Lichtsignal *nt* **2.** (AVIAT MAR) Bake *f* **3.** Verkehrs-, Warnsignal *nt*

bead [biːd] *s* **1.** Perle *f* **2.** Tropfen *m;* **say** [*o* **tell**] **one's ~s** den Rosenkranz beten; **bead•ing** ['biːdɪŋ] *s* Perlschnur *f;* Perlstab *m;* **beady** ['biːdɪ] *adj:* **~ eyes** Kulleraugen *ntpl;* **cast one's ~ eyes on s.th.** sich etw (gut) ansehen

beak [biːk] *s* **1.** Schnabel *m* **2.** (*sl*) Kadi *m*

beaker ['biːkə(r)] *s* Becherglas *nt*

beam [biːm] **I.** *s* **1.** Balken *m* **2.** (~ *of balance*) Waagebalken *m* **3.** (*Schiff*) Deck-, Querbalken *m* **4.** (MAR, AVIAT) (größte) Breite *f* **5.** (~ *of light*) (Licht)Strahl *m* **6.** (RADIO) Leit-, Richtstrahl *m* **7.** (*fig*) strahlender Blick; **off ~** vom Kurs abgekommen; **on ~** auf Kurs; **be on one's ~-ends** (*fig*) aus dem letzten Loch pfeifen; **broad in the ~** breit gebaut (*Mensch*) **II.** *vt* (TV) ausstrahlen, senden **III.** *vi* (übers ganze Gesicht) strahlen (*with joy* vor Freude); **beam•ing** ['-ɪŋ] *adj* (*Mensch*) strahlend (*with* vor)

bean [biːn] *s* **1.** Bohne *f* **2.** (*sl*) Birne *f;* **spill the ~s** (*fam*) nicht dichthalten; **I haven't a ~** (*fam*) ich bin (völlig) abgebrannt; **full of ~s** in guter Laune, übermütig; **bean-feast** *s* Festessen *nt;* **bean sprout** *s* Sojasprosse *f,* Sojabohnenkeim *m*

bear¹ [beə(r)] **I.** *s* **1.** Bär *m* **2.** (*fig*) (grober) Klotz *m* **3.** (COM) Baissespekulant(in) *m(f)* **II.** *vi* auf Baisse spekulieren

bear² [beə(r)] <*irr:* bore, borne> **I.** *vt* **1.** tragen; (*Namen, Waffe*) führen, tragen; (*Zeichen*) tragen **2.** (*Amt*) ausüben, innehaben **3.** (*Gefühl*) hegen (*against* gegen) **4.** (*Frucht*) tragen, (hervor)bringen; (*Zinsen, Geld*) (ein)bringen, eintragen **5.** (*fig*) (v)ertragen, aushalten, erdulden, leiden **6.** ertragen, dulden, zulassen, gestatten **7.** (*Menschen*) ausstehen, leiden (können); **~ comparison** einem Vergleich standhalten (*with* mit); **~ s.o. a grudge** jdm grollen, jdm böse sein; **~ s.o. in mind** an jdn denken; **~ s.th. in mind** etw berücksichtigen;

~ **s.o. out** jds Aussagen bestätigen; ~ (**a**) **resemblance to** gleichen *dat*, ähneln, ähnlich sein *dat;* ~ **witness** Zeugnis ablegen (*to* für) **II.** *vi* **1.** sich wenden, sich halten (*to the right* nach rechts, rechts), eine Richtung einschlagen (*to* nach) **2.** sich stützen; sich drücken **3.** (*fig*) lasten (*on* auf) **4.** einen Einfluss haben (*on* auf); sich beziehen (*on* auf); **bring pressure to** ~ Druck ausüben (*on* auf); **bear down** *vi* sich stürzen, losgehen (*on* auf); (*fig*) belasten (*on s.o.* jdn); **bear off** *vt* davontragen; entfernen; (*fig*) gewinnen; **bear up** *vi* sich tapfer zeigen; standhaft bleiben; **bear upon** *vi* Bezug haben auf; Bedeutung haben für; **bear with** *vi* Geduld haben mit

bear•able ['beərəbl] *adj* erträglich

beard [bɪəd] *s* Bart *m;* **bearded** ['-ɪd] *adj* bärtig; **beard•less** ['-lɪs] *adj* bartlos

bearer ['beərə(r)] *s* **1.** Träger(in) *m(f)* **2.** (COM) Überbringer(in) *m(f)*

bear•ing ['beərɪŋ] *s* **1.** Ertragen, Dulden, Aushalten *nt* **2.** Verhalten, Auftreten, Benehmen *nt* **3.** Bezeichnung *f*, Bezug *m* (*on* auf) **4.** Tragweite *f;* Wirkung *f;* Einfluss *m* (*on* auf) **5.** ~**s** Lage *f;* Kompasskurs *m* **6.** (TECH) Lager(ung *f*) *nt;* **beyond** [*o* **past**] **all** ~ unerträglich; **have a** ~ **upon** von Bedeutung sein für, Einfluss haben auf; **have lost one's** ~**s** sich verlaufen haben; (*fig*) nicht mehr aus noch ein wissen; **take one's** ~**s** sich orientieren

bear•skin ['beəskɪn] *s* Bärenfellmütze *f*

beast [bi:st] *s* **1.** (wildes) Tier *nt* **2.** (*fig*) Biest *nt;* **beast•ly** ['-lɪ] *adj* **1.** (*fig*) viehisch **2.** (*fam*) grässlich, abscheulich

beat [bi:t] <*irr:* beat, beat(en)> **I.** *vt* **1.** schlagen; (*Pfad*) trampeln; (*Weg*) bahnen; (*Teppich*) klopfen; (*Regen*) peitschen (*against the trees* gegen die Bäume), schlagen (*the windows* an die Fenster); (*Eier, Feind*) schlagen **2.** (*Wild*) aufstöbern **3.** (*den Takt*) schlagen **4.** hauen, verhauen, prügeln; (*fam*) verdreschen **5.** (*Gegend*) absuchen **6.** (MIL SPORT) schlagen, besiegen; ~ **s.th. into s.o.** jdm etw einbläuen; ~ **s.o. to s.th.** jdm bei etw zuvorkommen; ~ **a retreat** das Weite suchen; ~ **time** den Takt schlagen; ~ **it!** hau ab! **II.** *vi* **1.** schlagen (*on* an, gegen), klopfen (*a. Herz*), pochen (*at* an) **2.** stürmen, tosen **3.** (*Regen*) prasseln, klatschen (*on* an, auf) **4.** (MAR) lavieren, kreuzen **III.** *s* **1.** Schlag(en *nt*) *m;* Klopfen, Pochen *nt* **2.** (Herz)Schlag *m* **3.** Takt *m* **4.** (~ *music*) Beat *m* **5.** Rundgang *m;* Runde *f;* (Jagd)Revier *nt* **IV.** *adj* (*sl*) ausgepumpt, geschafft, fertig; **dead** ~ (*fam: Mensch*) völlig erledigt, total kaputt; **beat about, beat around** *vi* um sich schlagen; ~ **about the bush** wie die Katze um den heißen Brei herumschleichen; **beat back** *vt* zurückschlagen; **beat down** *vt* ein-, niederschlagen; (*Preis*) drücken; **beat in** *vt* (*Tür, Wand*) einschlagen, -stoßen; **beat off** *vt* abwehren; **beat up** *vt* (*Küche*) kräftig verrühren; (*Menschen*) verdreschen

beaten ['bi:tn] **I.** *pp of* **beat II.** *adj* **1.** geschlagen **2.** (*Weg*) ausgetreten **3.** (*fig*) geschlagen; **off the** ~ **track** (*fig*) weit abgelegen; **beater** ['bi:tə(r)] *s* **1.** Schläger, Klopfer *m* **2.** (*Jagd*) Treiber(in) *m(f)*

bea•tif•ic [bɪə'tɪfɪk] *adj* (glück)selig; **beati•fi•ca•tion** [bɪˌætɪfɪ'keɪʃn] *s* (REL) Seligsprechung *f;* **be•ati•fy** [bɪ'ætɪfaɪ] *vt* (REL) selig sprechen

beat•ing ['bi:tɪŋ] *s* Schlagen *nt;* Prügel *pl;* **give s.o. a good** ~ jdm eine tüchtige Tracht Prügel geben

beat•nik ['bi:tnɪk] *s* Beatnik *m*

beau•tician [bju:'tɪʃn] *s* Kosmetiker(in) *m(f);* **beau•ti•ful** ['bju:tɪfl] *adj* schön; herrlich, wundervoll; **beau•tify** ['bju:tɪfaɪ] *vt* verschönern; **beauty** ['bju:tɪ] *s* **1.** Schönheit *f* **2.** Prachtexemplar *nt;* **a** ~ etw Schönes; ~ **is only skin-deep** der äußere Schein kann trügen; **Sleeping Beauty** Dornröschen *nt;* **beauty contest** *s* Schönheitswettbewerb *m;* **beauty parlo**(**u**)**r**, **beauty salon** *s* Schönheitssalon *m;* **beauty-spot** *s* Schönheitspflästerchen *nt;* schöne Gegend

bea•ver ['bi:və(r)] *s* Biber *m;* **eager** ~ Streber(in) *m(f)*, Enthusiast(in) *m(f)*

be•calmed [bɪ'kɑ:md] *adj:* **be** ~ (*Schiff*) in eine Flaute geraten sein

be•came [bɪ'keɪm] *s.* **become**

be•cause [bɪ'kɒz] **I.** *conj* weil, da **II.** *prep:* ~ **of** wegen, infolge *+gen;* ~ **of her/him** ihret-/seinetwegen

beck [bek] *s:* **be at s.o.'s** ~ **and call** nach jds Pfeife tanzen

beckon ['bekən] *vt* (zu)winken (*s.o.* jdm)

be•come [bɪ'kʌm] <*irr:* became, become> **I.** *vi* werden **II.** *vt* **1.** (gut) stehen (*s.o.* jdm), kleiden, passen (*s.o.* jdm) **2.** sich schicken für; **be•com•ing** [-ɪŋ] *adj* kleidsam; **be** ~ **to s.o.** jdm sehr gut stehen; sich für jdn schicken

bec•querel ['bekərel] *s* Becquerel *nt*

bed [bed] **I.** *s* **1.** Bett *nt* **2.** (Blumen)Beet *nt* **3.** (*river* ~) Flussbett *nt;* Meeresboden *m* **4.** (TECH) Unterbau *m*, -lage *f;* **get out of** ~ aufstehen; **go to** ~ zu Bett, schlafen gehen; **put to** ~ zu Bett bringen; **take to one's** ~ sich ins Bett legen (müssen); **double** ~ Doppelbett *nt* **II.** *vt* setzen, pflanzen; **bed down** *vt* das Bett machen für; **bed in** *vt* einbetten; **bed and breakfast** *s* Zimmer *nt* mit Frühstück

be•daubed [bɪ'dɔ:bd] *adj* beschmiert

(*with* mit)
bed-clothes ['bedkləʊðz] *s pl* Bettwäsche *f*, -zeug *nt;* **bed•ding** ['bedɪŋ] *s* **1.** Bettzeug *nt*, -wäsche *f* **2.** Streu *f*
be•deck [bɪ'dek] *vt* schmücken, zieren
be•dev•il [bɪ'devl] *vt:* **be ~(l)ed** durcheinander gebracht, gestört sein
bed-fellow ['bed͵feləʊ] *s* Schlafkamerad(in) *m(f);* (*fig*) Freund(in) *m(f)*
bed•lam ['bedləm] *s* (*fig*) Tollhaus, Chaos *nt*
bed•linen ['bed͵lɪnɪn] *s* Bettwäsche *f*
Bed•ouin ['bedʊɪn] **I.** *s* Beduine *m*, Beduinin *f* **II.** *adj* beduinisch
be•drag•gled [bɪ'drægld] *adj* beschmutzt
bed•ridden ['bed͵rɪdn] *adj* bettlägerig; **bed-rock** ['bedrɒk] *s* **1.** (GEOL) gewachsener Fels **2.** (*fig*) Grundlage *f;* **bed•room** ['bedrʊm] *s* Schlafzimmer *nt;* **bed•side** ['bedsaɪd] *s:* **have a good ~ manner** (*Arzt*) gut mit Kranken umzugehen verstehen; **sit at s.o.'s ~** an jds Bett sitzen; **bedside lamp** *s* Nacht(tisch)lampe *f;* **bedside rug** *s* Bettvorleger *m;* **bedside table** *s* Nachttisch *m;* **bed•sit•ting-room, bed•sit•ter** [͵bed'sɪtɪŋrʊm, ͵bed'sɪtə(r)] *s* Wohn-Schlaf-Zimmer *nt;* möbliertes Zimmer; **bed•sore** ['bedsɔ:(r)] *s* wundgelegene Stelle; **bedspread** ['bedspred] *s* Tagesdecke *f;* **bedstead** ['bedsted] *s* Bettgestell *nt;* **bedtime** ['bedtaɪm] *s* Schlafenszeit *f*
bee [bi:] *s* **1.** Biene *f* **2.** (*Am*) Zirkel *m*, Kränzchen *nt;* **busy as a ~** fleißig wie eine Biene; **have a ~ in one's bonnet** einen Tick haben; **queen ~** Bienenkönigin *f*
Beeb [bi:b] *s* (*fam*) BBC *f*
beech [bi:tʃ] *s* Buche(nholz *nt*) *f;* **beechnut** ['bi:tʃnʌt] *s* Buchecker *f*
beef [bi:f] **I.** *s* **1.** Rindfleisch *nt* **2.** (*fam: Mensch*) (Muskel)Kraft *f* **II.** *vi* (*sl*) meckern (*about* über); **beef•cake** ['bi:fkeɪk] *s* (*sl*) leicht bekleidete Männer (*bes. in Zeitschriften*); **beef•eater** ['bi:f͵i:tə(r)] *s* Tower-Wärter *m;* **beef•steak** [͵bi:f'steɪk] *s* Beefsteak *nt;* **beef(steak) tomato** *s* Fleischtomate *f;* **beefy** ['bi:fɪ] *adj* fleischig
bee•hive ['bi:haɪv] *s* Bienenstock *m;* **beekeeper** ['bi:͵ki:pə(r)] *s* Imker(in) *m(f)*, Bienenzüchter(in) *m(f);* **bee-line** *s:* **make a ~ for** gerade(wegs) zugehen auf
been [bi:n] *s.* **be**
beer [bɪə(r)] *s* Bier *nt;* **beery** ['bɪərɪ] *adj* in Bierlaune, bierselig
bees•wax ['bi:zwæks] *s* Bienenwachs *nt*
beet [bi:t] *s* Rübe *f;* **red ~** rote Rübe, Bete; **sugar ~** Zuckerrübe *f*
beetle¹ ['bi:tl] *s* Ramme *f;* Stampfer *m*
beetle² ['bi:tl] **I.** *s* Käfer *m* **II.** *vi* überhängen, hervorragen, überstehen; **~ off** abschwirren, abziehen; **beetle-browed** ['bi:tl͵braʊd] *adj* mit buschigen Augenbrauen
beet•root ['bi:tru:t] *s* Rote Bete; **beet sugar** *s* Rübenzucker *m*
be•fall [bɪ'fɔ:l] *irr vt* widerfahren (*s.o.* jdm); **what has befallen him?** was ist ihm zugestoßen?
be•fit [bɪ'fɪt] *vt* angebracht, passend sein (*the occasion* für die Gelegenheit); **be•fitting** [-ɪŋ] *adj* angemessen, schicklich
be•fore [bɪ'fɔ:(r)] **I.** *prep* (*zeitlich, räumlich*) vor; **the day ~ yesterday** vorgestern; **~ long** bald, in Bälde; **business ~ pleasure** (*prov*) erst die Arbeit, dann das Vergnügen **II.** *adv* vorn; voran; voraus; (*zeitlich*) (schon) früher, vorher, zuvor; ehemals; **the day ~** am Tag vorher; **long ~** lange vorher, viel früher **III.** *conj* bevor, eher; ehe; **before•hand** [bɪ'fɔ:hænd] *adv* im Voraus, (schon) vorher
be•friend [bɪ'frend] *vt* als Freund behandeln; helfen, unterstützen
beg [beg] **I.** *vt* erbitten; bitten um; **~ a favour of s.o.** jdn um etw bitten; **~ leave to** um Erlaubnis bitten zu; **I ~ your pardon** Verzeihung! wie bitte?; **we ~ to inform you** wir gestatten uns Ihnen mitzuteilen **II.** *vi* **1.** bitten (*for* um) **2.** betteln (gehen) (*for* um); **it is going ~ging** es ist noch zu haben
be•gan [bɪ'gæn] *s.* **begin**
be•get [bɪ'get] <*irr:* begot, begot(ten)> *vt* (er)zeugen, hervorbringen
beg•gar ['begə(r)] **I.** *s* **1.** Bettler(in) *m(f)* **2.** (*fam*) Bürschchen *nt*, Kerl(chen *nt*) *m* **II.** *vt* an den Bettelstab bringen, ruinieren; **beg•gar•ly** ['begəlɪ] *adj* ärmlich, arm(selig); (*a. fig*) dürftig
be•gin [bɪ'gɪn] <*irr:* began, begun> **I.** *vt* beginnen, anfangen; starten **II.** *vi* **1.** seinen Anfang nehmen; entstehen; beginnen **2.** ausgehen (*at* von); **~ again** (wieder) von vorn anfangen; **to ~ with** erstens; zunächst; **he began by saying ...** zuerst sagte er ...; **be•gin•ner** [bɪ'gɪnə(r)] *s* Anfänger(in) *m(f);* **be•gin•ning** [-ɪŋ] *s* **1.** Beginn *m;* Anfang *m* **2.** Ausgangspunkt, Ursprung *m;* **at the very ~** ganz am Anfang; **from the ~** von Anfang an; **from ~ to end** von Anfang bis Ende; **in the ~** anfangs, am Anfang
be•gonia [bɪ'gəʊnɪə] *s* Begonie *f*
be•got, be•got•ten [bɪ'gɒt, bɪ'gɒtn] *s.* **beget**
be•grudge [bɪ'grʌdʒ] *vt* beneiden (*s.o. s.th.* jdn um etw); nicht gönnen (*s.o. s.th.* jdm etw); **~ doing s.th.** etw widerwillig tun
be•guile [bɪ'gaɪl] *vt* **1.** täuschen, betrügen **2.** verführen, verleiten (*into doing s.th.* etw

zu tun) **3.** (*Zeit*) vertreiben
be•gun [bɪ'gʌn] *s.* **begin**
be•half [bɪ'hɑːf] *s:* **on ~ of** im Interesse, zu Gunsten, im Sinne von; für; im Namen von
be•have [bɪ'heɪv] **I.** *vi* **1.** sich betragen, sich (gut) benehmen **2.** (*Sache*) gehen, laufen, funktionieren; **he doesn't know how to ~** er weiß sich nicht zu benehmen **II.** *vr* sich benehmen; **~ yourself!** benimm dich!; **be•hav•ior** *s* (*Am*), **be•hav•iour** [bɪ'heɪvɪə(r)] *s* Verhalten, Betragen, Benehmen *nt* (*to, towards* gegen); **be on one's best ~** sich von seiner besten Seite zeigen; **be•hav•iour•ism** [-ɪzəm] *s* Behaviorismus *m* (*psychol. Richtung*)*;* **behaviour pattern** *s* Verhaltensweise *f*
be•head [bɪ'hed] *vt* enthaupten
be•hind [bɪ'haɪnd] **I.** *prep* hinter (*a. zeitlich, Reihenfolge*)*;* (*Rangfolge*) unter; **he has s.o. ~ him** hinter ihm steht jemand; **who's ~ that scheme?** wer steckt hinter dem Plan?; **~ time** zu spät; **be ~ the times** hinter seiner Zeit zurück sein **II.** *adv* hinten; nach hinten, zurück; dahinter; (*a. fig*) hinterher; rückständig (*with, in* mit); **be ~ in** [*o* **with**] **s.th.** mit einer Sache im Rückstand sein; **fall ~** zurückbleiben; **my watch is ten minutes ~** meine Uhr geht zehn Minuten nach **III.** *s* (*fam*) Hintern *m;* **be•hind•hand** [bɪ'haɪndhænd] *adv* zurück, im Rückstand (*with* mit)
be•hookie [biː'hʊkɪ] *s* (*Am: fam*) Hintern *m*
beige [beɪʒ] *adj* beige
be•ing ['biːɪŋ] **I.** *ppr of* **be II.** *s* **1.** Dasein *nt* **2.** Wesen *nt,* Natur *f;* Existenz *f* **3.** (Lebe)Wesen, Geschöpf *nt;* **in ~** existierend, vorhanden; **this ~ so ...** da dies (nun einmal) so ist ...; **the time ~** zum gegenwärtigen Zeitpunkt; zurzeit; **for the time ~** einstweilen; **come into ~** entstehen
Be•la•rus [ˌbelə'rʌs] *s* Weißrussland *nt;* **Be•la•rus•sian** [ˌbelə'rʌʃn] **I.** *adj* weißrussisch **II.** *s* Weißrusse *m,* -russin *f*
be•lated [bɪ'leɪtɪd] *adj* verspätet
belch [beltʃ] **I.** *vi* rülpsen, aufstoßen **II.** *vt* von sich geben, ausstoßen, auswerfen **III.** *s* **1.** Aufstoßen *nt* **2.** (*Vulkan*) Ausbruch *m*
be•leaguer [bɪ'liːgə(r)] *vt* belagern
bel•fry ['belfrɪ] *s* Glockenturm *m*
Bel•gian ['beldʒən] **I.** *s* Belgier(in) *m(f)* **II.** *adj* belgisch; **Bel•gium** ['beldʒəm] *s* Belgien *nt*
be•lie [bɪ'laɪ] *vt* **1.** belügen, hintergehen **2.** Lügen strafen
be•lief [bɪ'liːf] *s* **1.** (*a.* REL) Glaube(n) *m* (*in* an), Vertrauen *nt* (*in* zu), Zuversicht *f* **2.** Meinung, Überzeugung *f;* **beyond** [*o* **past**] **all ~** unglaublich; **to the best of one's ~** nach bestem Wissen u. Gewissen;
be•liev•able [bɪ'liːvəbl] *adj* glaubhaft, glaubwürdig; **be•lieve** [bɪ'liːv] **I.** *vi* **1.** glauben (*in* an), vertrauen (*in* auf), überzeugt sein (*in* von) **2.** der Meinung sein (*that* dass); **~ in** Vertrauen haben zu; **I ~ so** ich glaube ja; **I ~ not** ich glaube nein **II.** *vt* **1.** glauben **2.** denken, meinen **3.** halten für; **would you ~ it!** hätten Sie das für möglich gehalten!; **be•liever** [bɪ'liːvə(r)] *s* (REL) Gläubige(r) *f m;* **he is a great ~** er glaubt fest (*in* an)
be•little [bɪ'lɪtl] *vt* herabsetzen, -würdigen, schmälern
bell [bel] *s* **1.** Glocke *f;* Schelle, Klingel *f* **2.** Läuten *nt* **3.** (Blüten)Kelch *m* **4.** (MAR) Schiffsglocke *f;* **answer the ~** die (Haus)Tür öffnen; **this rings a ~** das kommt mir bekannt vor; **sound as a ~** gesund u. munter
bella•donna [ˌbelədɒnə] *s* Tollkirsche *f*
bell•boy ['belbɔɪ] *s* Page *m;* **bell-flower** *s* Glockenblume *f*
bel•li•cose ['belɪkəʊs] *adj* kriegerisch
bel•liger•ent [bɪ'lɪdʒərənt] *adj* Krieg führend; (*Mensch*) aggressiv
bel•low ['beləʊ] **I.** *vi* brüllen; (*vor Schmerz*) heulen **II.** *s* Gebrüll *nt*
bel•lows ['beləʊz] *s pl* Blasebalg *m*
bell-push ['belpʊʃ] *s* Klingelknopf *m*
belly ['belɪ] *s* **1.** Bauch *m* **2.** Magen *m;* Unterleib *m* **3.** Ausbauchung *f;* **belly•ache I.** *s* Leibschmerzen *mpl;* (*fam*) Bauchweh *nt* **II.** *vi* mächtig jammern, klagen; **belly button** *s* (*fam*) Bauchnabel *m;* **belly dancer** *s* Bauchtänzerin *f;* **belly landing** *s* Bauchlandung *f*
be•long [bɪ'lɒŋ] *vi* **1.** gehören (*to s.o.* jdm) **2.** (*einer Gemeinschaft*) angehören (*to dat*), dazugehören **3.** zukommen, gebühren (*to s.o.* jdm); **~ here** hergehören, am rechten Platz sein; **I ~ here** ich bin von hier; **where does that ~?** wohin gehört das?; **be•long•ings** [-ɪŋz] *s pl* Eigentum *nt,* Habe *f,* Sachen *fpl;* **my ~** meine Habseligkeiten *fpl*
be•loved [bɪ'lʌvɪd] **I.** *adj* (innig) geliebt, (heiß) geliebt (*of, by* von) **II.** *s* Geliebte(r) *f m,* Liebling *m*
be•low [bɪ'ləʊ] **I.** *prep* (*Ort, Rang, Wert*) unter; unterhalb *+gen,* niedriger; geringer; **~ him** unter seiner Würde; **~ the mark** von geringer Qualität **II.** *adv* unten; nach unten, abwärts; hinunter, hinab; niedriger im Rang; **see ~** siehe unten; **go ~** unter Deck gehen
belt [belt] **I.** *s* **1.** Gürtel *m;* Riemen *m;* Gurt *m* **2.** (SPORT) Gürtellinie *f* **3.** Zone *f,* (Anbau)Gebiet *nt* **4.** (TECH) Treibriemen *m;* **below the ~** unter der Gürtellinie; (*fig*) unfair; **hit s.o. below the ~** jdm einen

Tiefschlag versetzen; **tighten one's** ~ (*a. fig*) den Gürtel enger schnallen; **fasten your seat ~s!** anschnallen!; **green** ~ Grüngürtel *m* (*einer Stadt*); **safety** ~ Sicherheitsgurt *m* **II.** *vt* **1.** um-, anschnallen **2.** verdreschen, verprügeln; **belt out** *vt* (*fam*) schmettern; **belt up** *vi* (*sl*) die Klappe halten

belter ['beltə(r)] *s* (*sl*) stimmungsvolles Lied

be•moan [bɪ'məʊn] *vt* beklagen, bedauern

be•mused [bɪ'mju:zd] *adj* verwirrt

bench [bentʃ] *s* **1.** (Sitz)Bank *f* **2.** Richteramt *nt*, Richter *mpl*, Gericht *nt* **3.** Werkbank *f*; **be on the** ~ Richter sein; (SPORT) auf der Reservebank sein; **be raised to the** ~ zum Richter bestellt werden; **carpenter's** ~ Hobelbank *f*; **bench test** *s* Test *m* auf dem Prüfstand

bend [bend] <*irr:* bent, bent> **I.** *vt* **1.** biegen, beugen, knicken, krümmen; abbiegen (*from* von); (*Bogen*) spannen; (*Kopf*) wenden (*towards us* uns zu) **2.** unterwerfen (*s.o. to one's will* jdn seinem Willen); ~ **s.th. out of shape** etwas verbiegen; ~ **the law** das Gesetz beugen **II.** *vi* **1.** sich biegen, sich beugen, sich neigen; sich krümmen **2.** (*fig*) sich unterwerfen **3.** (*Fluss, Straße, Bahn*) eine Biegung machen **III.** *s* Biegung, Krümmung *f*; Kurve *f*; **round the** ~ (*fam*) verrückt; **bend back** *vi* sich zurückbiegen; **bend down** *vi* sich bücken; **bended** ['bendɪd] *adj* gebeugt; **on one's** ~ **knees** kniefällig

be•neath [bɪ'ni:θ] **I.** *prep* (*Ort und Rang*) unter, unterhalb; **that's** ~ **him** das ist unter seiner Würde **II.** *adv* (weiter) unten, tiefer

bene•dic•tion [,benɪ'dɪkʃn] *s* Segen(sspruch) *m*; Segnung *f*

bene•fac•tion [,benɪ'fækʃn] *s* **1.** Wohltat *f* **2.** (Geld)Spende *f*; **bene•fac•tor**, **bene•fac•tress** ['benɪfæktə(r), -trɪs] *s* Wohltäter(in) *m(f)*, Förderer *m*, Förderin *f*

be•nefi•cence [bɪ'nefɪsns] *s* Mildtätigkeit, Wohltätigkeit *f*; **be•nefi•cent** [bɪ'nefɪsnt] *adj* wohltätig

bene•fi•cial [,benɪ'fɪʃl] *adj* **1.** nützlich; wohltuend, gesund **2.** (JUR) nutznießend; **bene•fi•ci•ary** [,benɪ'fɪʃərɪ] *s* (JUR) Begünstigte(r) *f m*, Nutznießer(in) *m(f)*

bene•fit ['benɪfɪt] **I.** *s* **1.** Wohltat *f*; Gunst *f*; Hilfe *f* **2.** Nutzen, Vorteil, Gewinn *m* **3.** (*finanziell*) Unterstützung, Beihilfe *f* **4.** (THEAT) Benefizvorstellung *f*; **for the** ~ **of** zum Nutzen von; **for the public** ~ im öffentlichen Interesse; **sickness** ~ Krankengeld *nt*; **unemployment** ~ Arbeitslosengeld *nt* **II.** *vt* gut tun, nützen (*s.o.* jdm) **III.** *vi* Nutzen ziehen (*by* aus), begünstigt sein (*by* durch)

ben•ev•ol•ence [bɪ'nevələns] *s* Güte *f*; Wohltätigkeit *f*; **ben•ev•ol•ent** [bɪ'nevələnt] *adj* wohlwollend; wohltätig, hilfsbereit; ~ **fund** Unterstützungsfonds *m*

be•nign [bɪ'naɪn] *adj* **1.** gütig, hilfsbereit, gefällig **2.** (*Klima*) mild, gesund **3.** (MED) gutartig

bent [bent] **I.** *pt, pp of* **bend II.** *s* (*fig*) Neigung *f*, Hang *m*; Begabung *f* (*for* zu, für); **follow one's** ~ seinen Neigungen nachgehen **III.** *adj* versessen (*on* auf); **be** ~ **on doing s.th.** entschlossen sein etw zu tun

be•numbed [bɪ'nʌmd] *adj* **1.** steif (gefroren), starr, erstarrt (*with cold* vor Kälte) **2.** (*fig*) benommen, wie gelähmt

ben•zene ['benzi:n] *s* (CHEM) Benzol *nt*; **ben•zine** ['benzi:n] *s* Benzin *nt* (*bes. Reinigungsmittel*)

be•queath [bɪ'kwi:ð] *vt* vererben; **be•quest** [bɪ'kwest] *s* Hinterlassenschaft *f*

be•rate [bɪ'reɪt] *vt* ausschimpfen

be•reave [bɪ'ri:v] <*irr:* bereft, bereft> *vt* **1.** berauben (*of +gen*) **2.** rauben, nehmen (*s.o. of s.o.* jdm jdn); **the ~d** die Hinterbliebenen *pl*; **be•reave•ment** [-mənt] *s* Trauerfall *m*; schmerzlicher Verlust

be•reft [bɪ'reft] *pt, pp of* **bereave**

beret ['bereɪ] *s* Baskenmütze *f*, Béret *nt*

Ber•mu•da shorts [bɜ:'mju:dəʃɔ:ts] *s pl* Bermudashorts *pl*

berry ['berɪ] *s* Beere *f*

ber•serk [bə'sɜ:k] *adj:* **go** ~ rabiat werden

berth [bɜ:θ] **I.** *s* **1.** (MAR) Koje *f*; (RAIL) Schlafwagenplatz *m* **2.** Liege-, Ankerplatz *m*; **give s.th. a wide** ~ einen weiten Bogen um etw machen **II.** *vi* (*Schiff*) anlegen

be•seech [bɪ'si:tʃ] <*irr:* beseeched (besought) , beseeched (besought)> *vt* (*Person*) ersuchen, anflehen (*for* um); **be•seech•ing** [-ɪŋ] *adj* flehentlich

be•set [bɪ'set] <*irr:* beset, beset> *vt* bedrängen, heimsuchen; ~ **with difficulties** mit Schwierigkeiten überhäuft; **be•set•ting** [-ɪŋ] *adj:* ~ **sin** Gewohnheitslaster *nt*

be•side [bɪ'saɪd] *prep* **1.** (*örtlich*) neben, (nahe) an, bei, dicht bei **2.** (*fig*) neben, verglichen mit; **be** ~ **oneself** außer sich sein; **that is** ~ **the point** [*o* **question**] das hat nichts mit der Sache zu tun

be•sides [bɪ'saɪdz] **I.** *prep* außer, neben; abgesehen von **II.** *adv* außerdem, ferner, (noch) dazu, überdies, sonst

be•siege [bɪ'si:dʒ] *vt* (*a. fig*) belagern; ~ **s.o. with questions** jdn mit Fragen bestürmen

be•smirch [bɪ'smɜ:tʃ] *vt* (*meist fig*) beschmutzen, besudeln

be•sot•ted [bɪ'sɒtɪd] *adj* **1.** betrunken, betäubt (*with* von) **2.** vernarrt (*with* in)

be•sought [bɪ'sɔ:t] *pt, pp of* **beseech**

best [best] <*Superlativ von* good, well> **I.** *adj* beste(r, s) **II.** *s:* **the ~** der, die, das Beste **III.** *adv* am besten; am meisten **IV.** *vt* (*fam*) übertreffen, übertrumpfen **V.** (*Wendungen*): **at ~** bestenfalls, höchstens; **~ before date** Haltbarkeitsdatum *nt;* **in one's (Sunday) ~** im Sonntagsstaat; **to the ~ of one's knowledge** nach bestem Wissen; **to the ~ of one's power** [*o* **ability**] so gut man kann; **with the ~ of them** so gut wie nur einer; **be at one's ~** ganz auf der Höhe sein; **do one's ~** sein Bestes, Möglichstes tun; **make the ~ of it** das Beste aus der Sache machen; **put one's ~ foot forward** (*fig*) sein Bestes tun; **the ~ part of s.th.** das meiste von etwas; **like ~** am liebsten mögen; **you had ~ ...** du würdest am besten, du solltest ...

bes•tial ['bestɪəl] *adj* tierisch; unmenschlich; bestialisch; **bes•ti•al•ity** [ˌbestɪ'æləti] *s* **1.** Bestialität, Brutalität *f* **2.** Perversität *f*

be•stir [bɪ'stɜː(r)] *vr* sich rühren, sich regen

be•stow [bɪ'stəʊ] *vt* verleihen (*s.th. on s.o.* jdm etw); **be•stowal** [bɪ'stəʊəl] *s* Verleihung, Übertragung *f*

best-seller ['bestselə(r)] *s* Bestseller *m*

bet [bet] <*irr:* bet (betted), bet (betted)> **I.** *vi, vt* wetten; **I ~ five pounds on that horse** ich setze fünf Pfund auf das Pferd; **he ~ me five pounds** er wettete mit mir um fünf Pfund; **you ~!** (*fam*) aber sicher!; **you can ~ your bottom dollar** (*fam*) darauf können Sie Gift nehmen!; **I ~ you (ten to one) that ...** ich wette mit Ihnen (zehn gegen eins), dass ... **II.** *s* Wette *f;* Wetteinsatz *m;* **that's your best ~!** das ist Ihre beste Chance!

beta-blocker ['biːtɜ'blɒkə(r)] *s* (MED) Betablocker *m*

beta•carot•ene [ˌbiːtə'kærətiːn] *s* Beta-Karotin *nt*

be•tray [bɪ'treɪ] *vt* **1.** verraten (*to* an) **2.** (*Geheimnis*) preisgeben; (*Vertrauen*) missbrauchen; (*Versprechen*) nicht halten **3.** untreu werden (*s.o.* jdm); **~ o.s.** sich verraten; **be•trayal** [bɪ'treɪəl] *s* Verrat *m* (*of* an)

bet•ter ['betə(r)] <*Komparativ von* good, well> **I.** *adj* besser; mehr (*than* als) **II.** *s:* **the ~** der, die, das Bessere; **one's ~s** Höhergestellte *pl* **III.** *adv* besser **IV.** *vt* (ver)bessern; übertreffen; **~ o.s.** sich (beruflich) verbessern; vorwärtskommen **V.** (*Wendungen*): **for ~ (f)or worse** in Freud u. Leid; **change for the ~** sich zum Besseren wenden; **get the ~ of s.o.** jdn übertreffen; **I am getting ~ now** es geht mir (gesundheitlich) (wieder) besser; **I know ~** da lasse ich mir nichts vormachen; **he thought ~ of it** er überlegte es sich noch einmal; **all the ~, so much the ~** umso besser; **~ off** besser dran; wohlhabender, reicher; **the sooner the ~** je eher, desto besser; **the ~ part** [*o* **half**] **of** der größere Teil *+gen,* mehr als die Hälfte; **~ and ~** immer besser; **like ~** lieber haben, vorziehen; **you had ~ go, you ~ go now** du tätest besser daran jetzt zu gehen; **you had ~ not!** das will ich dir nicht geraten haben!

bet•ter, bet•tor ['betə(r)] *s* Wettende(r) *f m*

bet•ter•ment ['betəmənt] *s* **1.** Verbesserung *f* **2.** (Wert)Steigerung *f,* Zuwachs *m*

bet•ting ['betɪŋ] *s* Wetten *nt;* **betting office** *s* Wettbüro *nt*

be•tween [bɪ'twiːn] **I.** *prep* (*zeitlich, örtlich, der Menge, dem Grad nach*) zwischen, unter; dazwischen, darunter; **far ~** in großen Abständen; **few and far ~** (*fig*) dünn gesät; **in ~** dazwischen; inmitten; **~ you and me** unter uns (gesagt) **II.** *adv* dazwischen, darunter; mittendrin

bevel ['bevl] **I.** *s* (TECH) Abschrägung *f* **II.** *vt* (*Kante*) abschrägen

bev•er•age ['bevərɪdʒ] *s* Getränk *nt*

bevvy ['bevɪ] *s* **1.** (*Br fam*) (alkoholisches) Getränk *nt* **2.** (*Br fam*) Saufabend *m*

be•wail [bɪ'weɪl] *vt* beklagen

be•ware [bɪ'weə(r)] *vi* (*nur im Imperativ inf*) sich in Acht nehmen; **~ what you say!** gib Acht auf das, was du sagst!; **~ of the dog!** Achtung, bissiger Hund!; **~ of pickpockets!** vor Taschendieben wird gewarnt!

be•wil•der [bɪ'wɪldə(r)] *vt* verwirren; verblüffen; **be•wil•dered** [bɪ'wɪldəd] *adj* verwirrt; verblüfft; **be•wil•der•ing** [-ɪŋ] *adj* verwirrend; verblüffend; **be•wil•der•ment** [-mənt] *s* Verwirrung *f;* Verblüffung *f*

be•witch [bɪ'wɪtʃ] *vt* bezaubern, verhexen; **be•witch•ing** [-ɪŋ] *adj* bezaubernd, hinreißend

be•yond [bɪ'jɒnd] **I.** *prep* **1.** jenseits *+gen,* über ... hinaus; (*a. fig*) außerhalb *+gen,* weiter als **2.** (*örtlich*) nach **3.** (*zeitlich*) länger als (bis), später als **4.** mehr als; außer, neben; **~ belief** unglaublich; **~ control** unkontrollierbar; **~ hope** hoffnungslos; **~ imagination** unvorstellbar; **be ~ s.o.** jdn übertreffen; **live ~ one's income** über seine Verhältnisse leben; **he is ~ help** ihm ist nicht (mehr) zu helfen; **that is ~ me** das ist mir zu hoch **II.** *adv* jenseits; darüber hinaus **III.** *s:* **the ~** das Jenseits

bi- [ˌbaɪ] *prefix* Zwei-, Doppel-; **bi-an•nual** [ˌbaɪ'ænjʊəl] *adj* halbjährlich

bias ['baɪəs] **I.** *s* (*fig*) **1.** Neigung *f,* Hang *m* (*towards* zu), Vorliebe *f* (*towards* für) **2.** Voreingenommenheit *f* **II.** *adj* schräg; quer verlaufend **III.** *vt* **1.** beeinflussen, in eine bestimmte Richtung lenken **2.** einnehmen (*towards the plan* für den Plan); **bias(s)ed** ['baɪəst] *adj* **1.** (*fig*) voreingenommen (*against* gegen) **2.** (JUR) befangen

bib [bɪb] *s* **1.** Lätzchen *nt* **2.** (Schürzen)Latz *m*

Bible ['baɪbl] *s* Bibel *f;* **bib•li•cal** ['bɪblɪkl] *adj* biblisch

bib•li•ogra•pher [ˌbɪblɪ'ɒgrəfə(r)] *s* Bibliograf(in) *m(f);* **bib•li•ogra•phic(al)** [ˌbɪblɪɒ'græfɪk(l)] *adj* bibliografisch; **bib•li•ogra•phy** [ˌbɪblɪ'ɒgrəfɪ] *s* Bibliografie *f;* **bib•lio•phile** ['bɪblɪəfaɪl] *s* Bibliophile(r) *f m,* Bücherfreund(in) *m(f)*

bi•car•bon•ate [ˌbaɪ'kɑ:bənət] *s* (CHEM): ~ **of soda** Natron *nt*

bi•cen•ten•ary [ˌbaɪsen'ti:nərɪ] *s* Zweihundertjahrfeier *f*

bi•ceps ['baɪseps] *s* (ANAT) Bizeps *m*

bicker ['bɪkə(r)] *vi* (sich herum)zanken; **bicker•ing** [-ɪŋ] *s* Gezänk *nt*

bi•coast•al [baɪ'kəʊstəl] *adj* (*Am*) an der Ost- und Westküste der USA

bi•cycle ['baɪsɪkl] *s* Fahrrad *nt;* **ride a** ~ Rad fahren

bid[1] [bɪd] <*irr:* bid, bid> **I.** *vt* **1.** bieten (*for* auf) **2.** (*Kartenspiel*) reizen **II.** *vi* bieten **III.** *s* **1.** (*Auktion*) Gebot *nt* **2.** Preisangebot *nt* **3.** (*Karten*) Reizen *nt* **4.** Versuch *m,* Bewerbung, Bemühung *f* (*for* um); **make a** ~ **for power** nach der Macht greifen

bid[2] [bɪd] <*irr:* bad(e), bidden> *vt* (*Gruß*) entbieten (*s.o.* jdm); ~ **s.o. farewell** jdm Lebewohl sagen

bidden ['bɪdn] *pp of* **bid[2]**

bid•der ['bɪdə(r)] *s* (*Auktion*) Bieter(in) *m(f);* **bid•ding** ['bɪdɪŋ] *s* **1.** (*Auktion*) Gebot *nt* **2.** Geheiß *nt,* Befehl *m*

bide [baɪd] *vt:* ~ **one's time** seine Zeit, Gelegenheit abwarten

bi•en•nial [baɪ'enɪəl] *adj* **1.** zweijährlich **2.** zweijährig

bier [bɪə(r)] *s* (Toten)Bahre *f*

bi•focals [baɪ'fəʊklz] *s pl* Bifokalbrille *f*

big [bɪg] **I.** *adj* **1.** groß, dick **2.** groß, erwachsen **3.** groß, bedeutend, wichtig **4.** großzügig, -mütig **5.** hochmütig, anmaßend; **have** ~ **ideas** große Pläne haben; ~ **with** voller, voll von; **the Big Apple** (*fam*) New York **II.** *adv* aufgeblasen, großspurig; **talk** ~ (*fam*) große Töne reden, spucken

big•am•ist ['bɪgəmɪst] *s* Bigamist *m;* **big•amy** ['bɪgəmɪ] *s* Bigamie *f*

big busi•ness [ˌbɪg'bɪznɪs] *s* Großkapital *nt;* **big game** *s* Hochwild *nt*

bigot ['bɪgət] *s* **1.** engstirniger Mensch **2.** (REL) Frömmler(in) *m(f);* **bigoted** [-ɪd] *adj* engstirnig; bigott; **bigotry** [-rɪ] *s* **1.** Engstirnigkeit *f;* Fanatismus *m* **2.** Bigotterie *f*

big pic•ture [ˌbɪg'pɪktʃə(r)] *s* (*fam*) Überblick *m;* **big-screen tv** [bɪg'skri:nˌti:vi:] *s* Großbildschirmfernseher *m;* **big shot** ['bɪgʃɒt] *s* (*fam*) Bonze *m;* **big-time** *adj* (*fam*) Haupt-, Star-; **big top** *s* (*Zirkus*) Hauptzelt *nt;* **big•wig** ['bɪgwɪg] *s* (*sl*) großes Tier

bike [baɪk] *s* (*fam*) (Fahr)Rad *nt;* **bike lane** *s* Radweg *m;* **biker boot** *s* Motorradstiefel *m*

bi•kini [bɪ'ki:nɪ] *s* Bikini *m*

bi•lat•eral [ˌbaɪ'lætərəl] *adj* bilateral, zweiseitig

bil•berry ['bɪlbərɪ] *s* Heidel-, Blaubeere *f*

bile [baɪl] *s* **1.** (MED) Galle *f* **2.** (*fig*) schlechte Laune

bil•har•zia [bɪl'hɑ:zɪə] *s* (MED) Bilharzia, Bilharziose *f*

bi•lin•gual [baɪ'lɪŋgwəl] *adj* zweisprachig

bil•ious ['bɪlɪəs] *adj* **1.** Gallen- **2.** (*fig: Mensch*) gallig, reizbar; ~ **attack** Gallenkolik *f*

bilk [bɪlk] *vt* prellen

bill[1] [bɪl] *s* Schnabel *m*

bill[2] [bɪl] **I.** *s* **1.** Rechnung *f* **2.** Anschlag(zettel) *m,* Plakat *nt* **3.** (Theater-, Konzert)Programm *nt* **4.** (PARL) Gesetzesvorlage *f,* -entwurf *m* **5.** (COM: ~ *of exchange*) Wechsel *m* **6.** (*Am*) Banknote *f,* Geldschein *m;* **cash** [*o* **honour**] **a** ~ einen Wechsel einlösen; **draw a** ~ **on s.o.** einen Wechsel auf jdn ziehen; **fit** [*o* **fill**] **the** ~ (*fig*) passen; **foot the** ~ (*fam*) dafür aufkommen; **pass a** ~ ein Gesetz verabschieden; **stick a** ~ ein Plakat ankleben; **post no ~s!** Plakate ankleben verboten!; **the ~, please!** bitte zahlen!; ~ **of lading** (MAR) Seefrachtbrief *m;* ~ **of entry** Zolleinfuhrerklärung, -deklaration *f;* ~ **of fare** Speisekarte *f;* ~ **of health** Gesundheitsbescheinigung *f,* -pass *m;* ~ **of sale** Kaufurkunde *f* **II.** *vt* **1.** (*durch Anschlag*) bekannt machen, geben; anschlagen **2.** (~ *for*) in Rechnung stellen

bill•board ['bɪlbɔ:d] *s* Anschlag-, Plakattafel *f*

bil•let[1] ['bɪlɪt] **I.** *s* **1.** (MIL) Quartierschein *m;* (Privat)Quartier *nt* **2.** (*fam*) Stellung, Arbeit *f* **II.** *vt* einquartieren, unterbringen (*on s.o.* bei jdm, *in, at* in)

bil•let[2] ['bɪlɪt] *s* (Holz)Scheit *m*

bill•fold ['bɪlfəʊld] *s* (*Am*) Brieftasche *f*

bil•liards ['bɪlɪədz] *s pl mit sing* Billard(spiel) *nt;* **a game of** ~ eine Partie Billard

bil•lion ['bɪlɪən] *s* Milliarde *f*

bil•low ['bɪləʊ] **I.** *s* (*lit*) Woge *f* **II.** *vi* **1.** wogen **2.** sich (auf)türmen; **bil•lowy** ['bɪləʊɪ] *adj* wogend

bill-poster, **bill-sticker** ['bɪlˌpəʊstə(r), 'bɪlˌstɪkə(r)] *s* Plakat-, Zettelankleber *m;*

bill•post•ing [ˈbɪlˌpəʊstɪŋ] *s* Plakatankleben *nt*

billy [ˈbɪlɪ] *s* (*~-can*) Kochgeschirr *nt;* **billy-goat** *s* Ziegenbock *m*

bimbo [ˈbɪmbəʊ] *s* (*pej sl*) Puppe *f*

bi-month•ly [ˌbaɪˈmʌnəlɪ] *adj* zweimonatlich

bin [bɪn] *s* **1.** Behälter *m* **2.** Mülltonne *f*

bi•nary [ˈbaɪnərɪ] *adj* binär; **binary code** *s* (INFORM) Binärcode *f*

bind [baɪnd] <*irr:* bound, bound> **I.** *vt* **1.** binden (*a. Buch*) **2.** befestigen (*to, on* an) **3.** (*Küche*) binden **4.** verbinden **5.** einfassen (*with* mit) **6.** (*fig*) binden, verpflichten; **~ o.s. to s.th.** sich zu etw verpflichten; **~ over** rechtlich verpflichten; **~ together** zusammenbinden; (*fig*) verbinden; **~ up** an-, hoch-, zu-, zusammenbinden **II.** *vi* fest, hart werden; **binder** [ˈbaɪndə(r)] *s* **1.** (Buch)-Binder(in) *m(f)* **2.** Band *nt;* Binde *f* **3.** Aktendeckel *m* **4.** (AGR) Mähbinder *m* **5.** (TECH) Bindemittel *nt;* **bind•ery** [ˈbaɪndərɪ] *s* Buchbinderei *f;* **bind•ing** [ˈbaɪndɪŋ] **I.** *adj* bindend, verbindlich, verpflichtend (*on* für); **be ~ for s.o.** für jdn rechtsverbindlich sein; **legally ~** rechtsverbindlich; **not ~** unverbindlich **II.** *s* **1.** (*Buch*) Einband *m* **2.** Besatz *m;* Saum *m* **3.** (*Ski*) Bindung *f*

bind•weed [ˈbaɪndwiːd] *s* (*Kletterpflanze*) Winde *f*

binge [bɪndʒ] *s* (*sl*) Sauferei *f*

bingo [ˈbɪŋgəʊ] *s* Bingo *nt* (*Spiel*)

bin•ocu•lars [bɪˈnɒkjʊləz] *s:* **pair of ~** Fernglas *nt*

bi•nomial [baɪˈnəʊmɪəl] *adj* (MATH) binomisch

bio- [ˌbaɪəʊ] *prefix* Bio-, Lebens-

bio•aer•ation [ˌbaɪəʊeəˈreɪʃn] *s* Belebtschlammverfahren *nt,* Schlammbelebung *f;* **bio•chemi•cal** [ˌbaɪəʊˈkemɪkl] *adj* biochemisch; **bio•chem•ist** [ˌbaɪəʊˈkemɪst] *s* Biochemiker(in) *m(f);* **bio•chem•is•try** [ˌbaɪəʊˈkemɪstrɪ] *s* Biochemie *f;* **bio-degrad•able** [ˌbaɪəʊdɪˈgreidəbl] *adj* biologisch abbaubar; **bio•degrade** [ˌbaɪəʊdɪˈgreid] *vi* sich (biologisch) abbauen; **bio-de•ter•gent** [ˌbaɪəʊdɪˈtɜːdʒənt] *s* biologisches Wasch-, Reinigungsmittel; **bio•di•ver•sity** [ˌbaɪəʊdaɪˈvɜːsətɪ] *s* Artenvielfalt *f;* **bio•dy•nam•ic** [ˌbaɪəʊdainæmik] *adv* biodynamisch; **bio•en•gin•eer•ing** [ˌbaɪəʊendʒɪˈnɪərɪŋ] *s* Biotechnik *f;* **bio-eth•ics** [baɪəʊˈeθɪks] *s pl* Bioethik *f;* **bio-feed•back** [ˌbaɪəʊˈfiːdbæk] *s* Biofeedback *nt;* **bio•fuel** [ˈbaɪəʊˌfjuːl] *s* Biobrennstoff *m*

bi•og [ˈbaɪɔːg] *s Abk. von* **biography** Biografie *f;* (*Person*) Biograf(in) *m(f)*

bio•gas [ˈbaɪəʊˌgæs] *s* Biogas *nt*

bio•graphi•cal [ˌbaɪəˈgræfɪkl] *adj* biografisch; **bi•ogra•phy** [baɪˈɒgrəfɪ] *s* Biografie, Lebensbeschreibung *f*

bio•logi•cal [ˌbaɪəˈlɒdʒɪkl] *adj* biologisch; **biological control**, **biocontrol** *s* biologische Schädlingsbekämpfung; **biological indicator** *s* Bioindikator *m;* **bi•ol•ogist** [baɪˈɒlədʒɪst] *s* Biologe *m,* Biologin *f;* **bi•ol•ogy** [baɪˈɒlədʒɪ] *s* Biologie *f*

bio•mass [ˌbaiəmæs] *s* Biomasse *f;* **bio-medi•cine** [baɪəʊˈmed(ɪ)sɪn] *s* Biomedizin *f;* **bio•pes•ti•cide** [ˌbaɪəʊˈpestɪsaɪd] *s* Pflanzenschutzmittel *nt* auf Naturstoffbasis; **bio•physics** [ˌbaɪəʊˈfɪzɪks] *s pl mit sing* Biophysik *f*

bio•pic [ˈbaɪəʊˌpɪk] *s* Filmbiographie *f*

bio•rhythm [ˈbaɪəriðəm] *s meist pl* Biorhythmus *m;* **bio•sphere** [ˈbaɪəsfiːə(r)] *s* Biosphäre *f;* **bio•tech•no•lo•gy** [ˌbaɪəʊtekˈnɒlədʒɪ] *s* Biotechnik *f;* **bio-tope** [ˈbaɪətəʊp] *s* Biotop *nt*

bi•par•ti•san [ˌbaɪpɑːtɪˈzæn] *adj* (POL) Zweiparteien-

bi•ped [ˈbaɪped] *s* (ZOO) Zweifüßler *m*

bi•plane [ˈbaɪpleɪn] *s* (AVIAT) Doppeldecker *m*

birch [bɜːtʃ] **I.** *s* **1.** Birke(nholz *nt*) *f* **2.** (*~-rod*) (Birken)Rute *f* **II.** *vt* mit der Rute schlagen

bird [bɜːd] *s* **1.** Vogel *m* **2.** (*sl*) Puppe, Biene *f* **3.** (*fam*) Kauz *m;* **kill two ~s with one stone** (*fig*) zwei Fliegen mit einer Klappe schlagen; **~s of a feather flock together** (*prov*) Gleich und Gleich gesellt sich gern; **a ~ in the hand is worth two in the bush** (*prov*) der Spatz in der Hand ist besser als die Taube auf dem Dach; **early ~** Frühaufsteher(in) *m(f);* **~ of passage** Zugvogel *m;* **~ of prey** Raub-, Greifvogel *m;* **bird-cage** *s* Vogelkäfig *m,* -bauer *nt;* **birdie** [ˈbɜːdɪ] *s* **1.** Vögelchen *nt* **2.** (*Golf*) Birdie *nt;* **Bird of Paradise** *s* Paradiesvogel *m;* **bird•seed** [ˈbɜːdsiːd] *s* Vogelfutter *nt;* **bird's-eye view** [ˌbɜːdzaɪˈvjuː] *s* Vogelperspektive *f;* **bird's nest** *s* Vogelnest *nt;* **bird table** *s* Futterhäuschen *nt*

Biro® [ˈbaɪrəʊ] *s* (*Br*) Kugelschreiber *m,* Kuli *m* (*fam*)

birth [bɜːθ] *s* **1.** (*a. fig*) Geburt *f* **2.** Abstammung, Herkunft *f,* Ursprung *m* **3.** Entstehung *f,* Aufkommen *nt;* Ausgangspunkt, Anbruch *m;* **at ~** bei der Geburt; **by ~** von Geburt; **from his ~** von Geburt an; **give ~ to** zur Welt bringen; (*fig*) ins Leben rufen; **date of ~** Geburtsdatum *nt;* **place of ~** Geburtsort *m;* **premature ~** Frühgeburt *f;* **birth certificate** *s* Geburtsurkunde *f;* **birth-control** *s* Geburtenregelung, -kontrolle *f;* **birth•day** [ˈbɜːθdeɪ] *s* Geburtstag *m;* **birthday party** *s* Geburtstagsfeier,

-party *f;* **birthday present** *s* Geburtstagsgeschenk *nt;* **birthday suit** *s* (*hum*) Adamskostüm *nt;* **birth•mark** *s* Muttermal *nt;* **birth•place** *s* Geburtsort *m,* -haus *nt;* **birth•rate** *s* Geburtenziffer *f;* **falling ~** Geburtenrückgang *m;* **birth•stone** ['bɜːəstəʊn] *s* Monatsstein *m*

bis•cuit ['bɪskɪt] *s* Keks *m;* (*Am*) Brötchen *nt*

bi•sect [baɪ'sekt] *vt* in zwei Teile teilen, halbieren; **bi•sec•tion** [baɪ'sekʃn] *s* Halbierung *f*

bi•sex•ual [ˌbaɪ'sekʃʊəl] **I.** *adj* bisexuell **II.** *s* Bisexuelle(r) *f m*

bishop ['bɪʃəp] *s* **1.** (REL) Bischof *m* **2.** (*Schach*) Läufer *m;* **bishop•ric** [-rɪk] *s* Bistum *nt*

bi•son ['baɪsn] *s* Wisent *m;* (*in den USA*) Bison *m*

bit¹ [bɪt] *s* **1.** (*Pferd*) Gebiss *nt* **2.** Bohrer *m;* **take the ~ between one's teeth** (*fig*) sich ins Zeug legen

bit² [bɪt] *s* Bissen *m;* Stückchen *nt;* **a ~** ein bisschen; ein Weilchen; **a ~ at a time, ~ by ~** Stück für Stück, schrittweise; **not a ~** kein bisschen, nicht im Geringsten; **do one's ~** seine Pflicht tun; **smash to ~s** kurz u. klein schlagen; **he's a ~ better** es geht ihm etwas besser; **I'm going to sleep for a ~** ich gehe eine Weile schlafen

bit³ [bɪt] *s* (INFORM) Bit *nt*

bit⁴ [bɪt] *s.* **bite**

bitch [bɪtʃ] **I.** *s* **1.** Hündin *f* **2.** (*sl pej*) Weibsstück *nt* **II.** *vi* (*sl*) meckern

bite [baɪt] <*irr:* bit, bitten> **I.** *vt* **1.** beißen **2.** (*Insekt*) stechen **3.** (TECH) ätzen, zerfressen; **~ the dust** (*fam*) ins Gras beißen; **~ one's lips** sich auf die Lippen beißen; **~ one's nails** an den Nägeln kauen; **~ off** abbeißen; **once bitten twice shy** (*prov*) ein gebranntes Kind scheut das Feuer **II.** *vi* **1.** (hinein-, zu)beißen (*into, at* in), schnappen (*at s.th.* nach etw) **2.** brennen, stechen **3.** (TECH) eingreifen (*in* in) **4.** (*Fisch*) anbeißen **III.** *s* **1.** Biss(wunde *f*) *m;* Stich *m* **2.** (*Angel*) Anbiss *m* **3.** Happen, Imbiss *m* **4.** (TECH) Eingreifen *nt;* Ätzen *nt;* Fassen *nt* **5.** (*fig*) Schärfe, Bitterkeit *f;* **bit•ing** ['-ɪŋ] *adj* **1.** (*Wind, Kälte*) schneidend **2.** (*fig: Worte*) scharf, beißend; **bite-sized** ['baɪtˌsaɪzd] *adj* mundgerecht

bit•ten ['bɪtn] *s.* **bite**

bit•ter ['bɪtə(r)] **I.** *adj* **1.** bitter **2.** (*fig*) schmerzlich, hart, schwer **3.** sarkastisch, scharf, heftig **4.** (*Wind*) scharf, rau; (*Kälte*) streng; **to the ~ end** bis zum bitteren Ende; **a ~ pill to swallow** eine bittere Pille **II.** *s* dunkles Bier; **bit•ter•ly** [-lɪ] *adv* bitterlich; **bit•ter•ness** [-nɪs] *s* **1.** Bitterkeit, Herbheit *f* **2.** (*fig*) Verbitterung *f*

bitu•men ['bɪtjʊmən] *s* Bitumen *nt;* **bitumi•nous** [bɪ'tjuːmɪnəs] *adj* (GEOL) bituminös; **~ coal** Fettkohle *f*

bi•valve ['baivælv] *s* zweischalige Muschel

biv•ouac ['bɪvʊæk] *s* (MIL) Biwak *nt*

bi-week•ly [ˌbaɪ'wiːklɪ] *adj* **1.** vierzehntäglich **2.** zweimal wöchentlich

bi•zarre [bɪ'zɑː(r)] *adj* bizarr

blab [blæb] **I.** *vi* schwatzen, plappern **II.** *vt* ausplaudern

black [blæk] **I.** *adj* **1.** schwarz **2.** dunkel, düster, finster **3.** schmutzig, dreckig **4.** dunkel(häutig) **5.** (*fig*) unheimlich, unheilvoll, drohend **6.** ärgerlich, mürrisch; böse, abscheulich; **~ ice** Glatteis *nt;* **give s.o. a ~ look** jdn finster anblicken; **have s.th. down in ~ and white** etw schwarz auf weiß haben; **he is not so ~ as he is painted** er ist nicht so schlecht wie sein Ruf **II.** *s* **1.** Schwarz *nt,* schwarze Farbe, Schwärze *f* **2.** (*Person*) Schwarze(r) *f m;* **in the ~** (FIN) in den schwarzen Zahlen **III.** *vt* schwarz machen, schwärzen; (*Schuhe*) wichsen; **black out I.** *vt* verdunkeln **II.** *vi* ohnmächtig werden; **black•ball** ['blækbɔːl] *vt* stimmen gegen; **black-berry** ['blækbərɪ] *s* Brombeere *f;* **black-bird** ['blækbɜːd] *s* Amsel *f;* **black•board** ['blækbɔːd] *s* Wandtafel *f;* **write on the ~** an die Tafel schreiben; **black book** *s:* **be in s.o.'s ~s** bei jdm auf der schwarzen Liste stehen; **black•cur•rant** [ˌblæk'kʌrənt] *s* schwarze Johannisbeere; **blacken** ['blækən] **I.** *vt* **1.** schwarz machen, schwärzen **2.** (*fig*) anschwärzen, schlecht sprechen von **II.** *vi* schwarz, dunkel werden; **black•eye** *s* blaues Auge

black•guard ['blægɑːd] **I.** *s* Schuft, Schurke, Lump *m* **II.** *vt* heruntermachen, schlecht machen (*s.o.* jdn)

black•head ['blækhed] *s* Mitesser *m;* **black•ing** ['blækɪŋ] *s* schwarze Schuhcreme, -wichse *f;* **black•ish** ['blækɪʃ] *adj* schwärzlich; **black•jack** ['blækˌdʒæk] *s* (*Am*) Totschläger *m* (*Waffe*); **black-lead** [ˌblæk'led] *s* Graphit *m;* **black•leg** ['blækleg] **I.** *s* (*Br*) Streikbrecher(in) *m(f)* **II.** *vi* (*Br*) Streikbrecher sein; **black•list** ['blæklɪst] **I.** *s* schwarze Liste **II.** *vt* auf die schwarze Liste setzen; **black•mail** ['blækmeɪl] **I.** *s* Erpressung *f* **II.** *vt* erpressen; **black•mailer** ['blækmeɪlə(r)] *s* Erpresser(in) *m(f);* **black mark** *s* (*fig*) Minuspunkt *m,* schlechte Note; **black market** *s* schwarzer Markt; **black mar•keteer** [ˌblækˌmɑːkɪ'tɪə(r)] *s* Schwarzhändler(in) *m(f)*

black•ness ['blæknɪs] *s* Schwärze *f*

black•out ['blækaʊt] *s* **1.** Stromausfall *m;* Blackout *m;* Verdunkelung *f* **2.** Bewusstlosigkeit *f* **3.** (*Zensur*) Streichung, Nachrichtensperre *f;* **black pudding** *s* Blutwurst *f;* **Black Sea** *s* Schwarzes Meer; **black sheep** *s* (*fig*) schwarzes Schaf; **blacksmith** ['blæksmɪθ] *s* (Grob)Schmied *m;* **black•thorn** ['blækθɔːn] *s* Schwarzdorn *m*

blad•der ['blædə(r)] *s* (ANAT) Blase *f*

blade [bleɪd] **I.** *s* **1.** Klinge *f* **2.** (Ruder-, Säge)Blatt *nt;* (Turbinen)Schaufel *f;* (Propeller)Flügel *m* **3.** (*shoulder*~) (Schulter)Blatt *nt* **4.** (BOT) Halm *m* **II.** *vi* (*fam*) Inliners fahren

blag [blæg] *vt* (*Br: sl*) schnorren

blah [blɑː] *s* (*fam*) Quatsch *m,* Geschwafel *nt*

blame [bleɪm] **I.** *vt* **1.** tadeln (*for* wegen) **2.** die Schuld geben (*s.o. for s.th.* jdm an etwas) **3.** Vorwürfe machen (*s.th. on s.o.* jdm wegen etw), vorwerfen (*s.th. on s.o.* jdm etw); **be to ~ (for)** schuld sein (an); **I'm not blaming you for anything** ich werfe Ihnen nichts vor **II.** *s* **1.** Tadel *m,* Rüge *f,* Verweis *m* **2.** Schuld *f* (*on, for* an); **bear the ~** Schuld haben; **lay the ~ for s.th. on s.o.** jdm die Schuld an etw geben; **take the ~ for s.th.** die Schuld für etw auf sich nehmen; **blame•less** ['bleɪmlɪs] *adj* untadelig; schuldlos; **blame•worthy** ['bleɪmwɜːðɪ] *adj* tadelnswert

blanch [blɑːntʃ] **I.** *vt* **1.** weiß machen, bleichen **2.** (*durch Brühen*) schälen, enthülsen; (*Küche*) blanchieren **II.** *vi* erbleichen, erblassen

blanc•mange [blə'mɒnʒ] *s* Pudding *m*

bland [blænd] *adj* **1.** freundlich, umgänglich, angenehm, nett **2.** (*Klima*) mild **3.** nichtssagend **4.** (*Geschmack*) fade; **bland•ish•ment** ['blændɪʃmənt] *s* Schmeichelei *f*

blank [blæŋk] **I.** *adj* **1.** weiß, leer, unbeschrieben, unausgefüllt **2.** ausdruckslos; inhaltsleer **3.** verblüfft; **~ cheque** Blankoscheck *m;* **~ form** unausgefülltes Formular, Vordruck *m;* **~ space** freier Raum, frei gelassene Stelle; **~ verse** Blankvers *m* **II.** *s* **1.** (*Buch, Blatt, Papier*) leere Stelle, freier Raum **2.** (*Lotterie*) Formblatt, Formular *nt* zum Ausfüllen, Vordruck *m* **3.** (~ *cartridge*) Platzpatrone *f;* **draw a ~** eine Niete ziehen

blan•ket ['blæŋkɪt] **I.** *s* (Woll)Decke *f;* **wet ~** Spiel-, Spaßverderber(in) *m(f);* **~ of snow** Schneedecke *f* **II.** *adj attr* allgemein, umfassend, pauschal **III.** *vt* be-, über-, zudecken; einhüllen

blare [bleə(r)] **I.** *vt, vi* **1.** (*Trompete*) schmettern **2.** grölen **II.** *s* Schmettern *nt;* Lärm *m*

blas•pheme [blæs'fiːm] **I.** *vt* (*Gott*) lästern **II.** *vi* fluchen; lästern (*against* gegen); **blasphemer** [blæs'fiːmə(r)] *s* Gotteslästerer *m,* -lästerin *f;* **blas•phem•ous** ['blæsfəməs] *adj* (*Mensch*) lästernd; **blasphemy** ['blæsfəmɪ] *s* Gotteslästerung *f*

blast [blɑːst] **I.** *s* **1.** Windstoß *m* **2.** Knall *m,* Druckwelle, Explosion *f* **3.** Trompetenstoß *m;* Hornsignal *nt;* **in** [*o* **at**] **full ~** auf vollen Touren **II.** *vt* **1.** sprengen **2.** verdorren; erfrieren lassen; vernichten **III.** *vi* (~ *off*) starten (*Rakete*) **IV.** *interj* (*sl*): **~ (it)!** verflucht!; **blasted** ['blɑːstɪd] *adj* (*sl*) verflixt, verdammt; **blast-furnace** *s* Hochofen *m;* **blast-off** ['blɑːstɒf] *s* (*Rakete*) Abschuss *m;* **blast wave** *s* Druckwelle *f*

bla•tant ['bleɪtnt] *adj* **1.** geräuschvoll, laut; aufdringlich **2.** (*Unrecht*) krass, schreiend, offensichtlich

blaze[1] [bleɪz] **I.** *s* **1.** (lodernde) Flamme *f;* Glut *f* **2.** Feuer *nt,* Brand *m* **3.** heller Schein **II.** *vi* (*Sonne*) brennen; **blaze away** *vi* drauflos feuern (*at* auf); **blaze up** *vi* aufflammen

blaze[2] [bleɪz] **I.** *s* (*Pferd, Rind*) Blesse *f* **II.** *vt* (*Baum*) markieren; **~ a trail** einen Weg bezeichnen

blazer ['bleɪzə(r)] *s* Blazer *m,* leichte Sportjacke

blaz•ing ['bleɪzɪŋ] *adj* **1.** brennend; lodernd; auffallend **2.** (*Lüge*) offenkundig; **in the ~ sun** in der prallen Sonne; **~ hot** glühend heiß

bleach [bliːtʃ] **I.** *s* Bleichmittel *nt* **II.** *vt* bleichen; **bleach•ers** ['bliːtʃəz] *s pl* (*Am:* SPORT) Zuschauersitze *mpl* (*im Freien*); **bleach•ing** [-ɪŋ] *s* Bleichen *nt*

bleak [bliːk] *adj* **1.** kahl, öde **2.** kalt, rau **3.** (*fig*) unfreundlich, trostlos, trübe

bleary ['blɪərɪ] *adj* unscharf, undeutlich, verschwommen; (*Auge*) trüb; **bleary-eyed** [ˌblɪərɪ'aɪd] *adj* trübäugig

bleat [bliːt] **I.** *vi* **1.** (*Schaf*) blöken; (*Ziege*) meckern **2.** weinerlich reden **II.** *s* Blöken, Meckern *nt*

bled [bled] *pt, pp of* **bleed**

bleed [bliːd] *<irr:* bled, bled*>* **I.** *vi* **1.** bluten (*from* von) **2.** (BOT) Saft verlieren **3.** (*fig: ~ for*) leiden (mit); **~ to death** verbluten **II.** *vt* **1.** zur Ader lassen **2.** (*fig*) schröpfen **3.** (TECH) entlüften; **~ s.o. white** (*fam*) jdn total ausnehmen; **bleeder** ['bliːdə(r)] *s* (MED) Bluter(in) *m(f);* **a cheeky little ~** (*fam*) ein frecher Lümmel; **bleed•ing** ['-ɪŋ] **I.** *adj* (*sl*) verdammt **II.** *s* **1.** Blutung *f;* Aderlass *m* **2.** (TECH) Entlüften *nt*

bleep [bliːp] *vt* anpiepsen; **bleeper** ['blɪːpə(r)] *s* (TELE) Piepser *m*

blem•ish ['blemɪʃ] **I.** *s* **1.** Fehler, Mangel, Makel *m* **2.** Hautfleck *m* **II.** *vt* entstellen, verunstalten, beflecken; **blemished** *adj:* **~ skin** unreine Haut

blench [blentʃ] *vi* bleich werden

blend [blend] **I.** *vt* **1.** (*Tee, Kaffee, Tabak*) mischen; (*Wein*) verschneiden **2.** übergehen lassen (*into* in) **II.** *vi* **1.** sich (ver)mischen (*with* mit) **2.** (*Farben*) harmonieren (*with* mit) **III.** *s* Mischung *f;* **blender** [blendə(r)] *s* Mixer *m*

bless [bles] *vt* **1.** segnen **2.** preisen; **bles·sed** ['blesɪd] *adj* **1.** gesegnet, (glück)selig, glücklich **2.** (REL) heilig; selig **3.** Glück bringend **4.** (*sl*) verflixt; **be ~ with** gesegnet sein mit; **bless·ing** ['-ɪŋ] *s* **1.** Segen *m;* Gnade *f* **2.** (*fig*) Wohltat *f* (*to* für); **a ~ in disguise** Glück *nt* im Unglück

blew [blu:] *s.* **blow**

blight [blaɪt] **I.** *s* **1.** (BOT) Mehltau *m* **2.** schädlicher Einfluss **II.** *vt* (*fig*) vereiteln, zunichte machen; **blighter** ['blaɪtə(r)] *s* (*sl*) Ekel *nt;* Kerl *m;* **blight-rid·den** [blaɪt'rɪdn] *adj* (*fam*) trostlos

bli·mey ['blaɪmɪ] *interj* (*sl*) verdammt!; Mensch!

blind [blaɪnd] **I.** *adj* **1.** blind **2.** (*fig*) uneinsichtig, verständnislos (*to* gegenüber) **3.** planlos; sinnlos **4.** (*Kurve*) unübersichtlich; **be ~ in one eye** auf einem Auge blind sein **II.** *s* Blende *f;* Markise *f;* Rollo *nt;* **the ~** die Blinden *pl;* **~ sight** sechster Sinn der Blinden **III.** *vt* **1.** blind machen (*to* für), blenden **2.** (*fig*) verblenden; **blind alley** *s* (*a. fig*) Sackgasse *f;* **that's leading up a ~** das führt in eine Sackgasse; **blinder** ['blaɪndə(r)] *s* (*Am*) Scheuklappe *f;* **blind flying** *s* (AVIAT) Blindflug *m;* **blind·fold** ['blaɪndfəʊld] **I.** *vt* die Augen verbinden (*s.o.* jdm) **II.** *adj* mit verbundenen Augen **III.** *s* Augenbinde *f;* **blind landing** *s* (AVIAT) Blindlandung *f;* **blind-man's buff** [ˌblaɪndmænz'bʌf] *s* Blindekuh(spiel *nt*) *f;* **blind·ness** ['-nɪs] *s* Blindheit *f;* **blind spot** *s* (ANAT) blinder Fleck; (AUTO) toter Winkel; (*fig*) schwacher Punkt; **blind-worm** ['blaɪndwɜ:m] *s* Blindschleiche *f*

blink [blɪŋk] **I.** *vt, vi* **1.** blinzeln, zwinkern (*one's eyes* mit den Augen) **2.** (*Licht, Stern*) flimmern; (*Licht*) blinken **3.** (*fig*) nicht sehen wollen, übergehen (*at s.th.* etw) **II.** *s* Blinzeln *nt;* **blink·ers** ['blɪŋkəz] *s pl* Scheuklappen *fpl;* **blink·ing** ['-ɪŋ] *adj* (*sl*) verflixt

bliss [blɪs] *s* (Glück)Seligkeit *f;* **bliss·ful** ['blɪsfl] *adj* (glück)selig, überglücklich

blis·ter ['blɪstə(r)] **I.** *s* (MED) Blase *f;* Bläschen *nt* **II.** *vt* Blasen bilden auf **III.** *vi* Blasen bekommen; (TECH) Blasen werfen

blith·er·ing ['blɪðərɪŋ] *adj* (*fam*) blöde, dämlich; **a ~ idiot** ein Vollidiot

blitz [blɪts] **I.** *s* Blitzkrieg *m;* Luftangriff *m;* (*fig fam*) Blitzaktion *f* **II.** *vt* heftig bombardieren; **~ed town** zerbombte Stadt

bliz·zard ['blɪzəd] *s* Schneesturm *m*

bloated ['bləʊtɪd] *adj* aufgedunsen (*with* von)

bloater ['bləʊtə(r)] *s* (*geräucherter Hering*) Bückling *m*

blob [blɒb] *s* Tropfen, Klecks *m*

bloc [blɒk] *s* (POL) Block *m*

block [blɒk] **I.** *s* **1.** (Holz)Klotz *m;* (Fels)Block *m;* Hack-, Hauklotz *m* **2.** Richtblock *m* **3.** Wohn-, Häuserblock *m* **4.** (*writing ~*) Schreibblock *m* **5.** (Verkehrs)Hindernis *nt,* Sperre *f* **6.** (TECH) Flaschenzug *m* **7.** (TYP) (Druck)Stock *m,* Klischee *nt* **8.** (*Spielzeug*) Bauklotz *m* **9.** (*fig*) Block *m,* geschlossene Gruppe, Satz *m* **10.** (MED) Verlegung *f;* **~ of flats** Wohnblock *m* **II.** *vt* **1.** blockieren, verstopfen, aufhalten, (ver)sperren **2.** (*Ball*) abfangen; **block off** *vt* abschirmen, absperren; **block up** *vt* einsperren; zumauern; versperren

block·ade [blɒ'keɪd] **I.** *s* Blockade *f* **II.** *vt* blockieren; (ver)sperren; **block·age** ['blɒkɪdʒ] *s* (MED) Verlegung *f*

block·house ['blɒkhaʊs] *s* Blockhaus *nt;* **block letters** *s pl* Blockschrift *f*

bloke [bləʊk] *s* (*sl*) Kerl, Bursche *m*

blond [blɒnd] *adj* (*Mann*) blond; **blonde** [blɒnd] **I.** *adj* (*Frau*) blond **II.** *s* Blondine *f*

blood [blʌd] *s* **1.** Blut *nt* **2.** Abstammung, Herkunft *f;* Rasse *f;* **in cold ~** kaltblütig; **make bad ~ between** Unfrieden stiften zwischen; **my ~ ran cold** ich war starr vor Schrecken; **his ~ was up** er war sehr erregt; **it made my ~ boil** ich kochte vor Wut; **circulation of the ~** Blutkreislauf *m;* **my own flesh and ~** mein eigenes Fleisch u. Blut; **blood alcohol** *s* Blutalkohol *m;* **blood bank** *s* (MED) Blutbank *f;* **blood clot** *s* Blutgerinnsel *nt;* **blood-curd·ling** ['blʌdˌkɜ:dlɪŋ] *adj* haarsträubend; **blood-donor** *s* Blutspender(in) *m(f);* **blood-group** *s* Blutgruppe *f;* **blood·hound** ['blʌdhaʊnd] *s* Bluthund *m*

blood·less ['blʌdlɪs] *adj* **1.** blutleer; bleich **2.** unblutig

blood-poison·ing ['blʌdˌpɔɪznɪŋ] *s* Blutvergiftung *f;* **blood pressure** *s* Blutdruck *m;* **blood-relation** *s* Blutsverwandte(r) *f m;* **blood·shed** ['blʌdʃed] *s* Blutvergießen *nt;* **blood·shot** ['blʌdʃɒt] *adj* blutunterlaufen; **blood·stained** ['blʌdsteɪnd] *adj* blutbefleckt; **blood-stock** *s* Vollblutpferde *ntpl;* **blood·stream** *s* (MED) Blutstrom *m;* **blood-sucker** *s* **1.** (*Ringelwurm*) Blutegel *m* **2.** (*fig*) Blutsauger *m;* **blood sugar** *s* Blutzucker *m;* **blood test** *s* Blutprobe; Blutuntersuchung *f;* **blood-thirsty** ['blʌdˌθɜ:stɪ] *adj* blutdurstig; **blood-transfusion** *s* Bluttübertragung *f;* **blood-vessel** *s* (ANAT) Blutgefäß *nt*

bloody ['blʌdɪ] **I.** *adj* **1.** blutig, blutend **2.** (*vulg*) verdammt, verflucht; ~ **hell!** (*sl*) verdammt! Menschenskind! **II.** *adv* (*vulg*) sehr; **bloody-minded** [ˌblʌdɪ'maɪndɪd] *adj* (*fam*) stur

bloom [bluːm] **I.** *s* **1.** Blüte; (*a. fig*) Blume *f* **2.** Schimmer *m;* **in** (**full**) ~ in (voller) Blüte **II.** *vi* (*a. fig*) blühen

bloomer ['bluːmə(r)] *s* (*sl*) Bock, Schnitzer *m*

bloom•ing ['bluːmɪŋ] *adj* **1.** (*a. fig*) blühend **2.** (*sl*) verflixt, verteufelt

blos•som ['blɒsəm] **I.** *s* (Baum)Blüte *f;* **in** ~ in (voller) Blüte **II.** *vi* **1.** (auf)blühen **2.** (*fig:* ~ *out*) erblühen, sich entwickeln, sich entfalten (*into* zu)

blot [blɒt] **I.** *s* **1.** Fleck, Klecks *m* **2.** (*fig*) Makel, Schandfleck *m* **II.** *vt* **1.** einen Klecks machen (*s.th.* auf etw) **2.** ablöschen; ~ **out** unleserlich machen, verdecken

blotch [blɒtʃ] *s* Klecks, Fleck *m;* **blotchy** ['blɒtʃɪ] *adj* fleckig

blot•ter ['blɒtə(r)] *s* **1.** Löscher *m* **2.** (*Am*) Kladde *f;* **blot•ting** ['blɒtɪŋ] *adj:* ~ **pad** Schreibunterlage *f;* ~ **paper** Löschpapier *nt*

blotto ['blɒtəʊ] *adj* (*sl*) sternhagelvoll

blouse [blaʊz] *s* Bluse *f*

blo•vi•ate ['bləʊviːeɪt] *vi* (*Am: pej*) schwafeln *pej*

blow¹ [bləʊ] <*irr:* blew, blown> **I.** *vi* **1.** (*Wind*) wehen, blasen, pfeifen; stürmen **2.** (*im Wind*) wegfliegen **3.** (*Blasinstrument*) ertönen **4.** heftig atmen, keuchen, blasen, pusten **5.** (ELEK: *Sicherung*) durchbrennen **II.** *vt* **1.** blasen, wehen **2.** (*Feuer*) anblasen, anfachen **3.** (MUS: *Instrument*) blasen **4.** (*sl: Geld*) verpulvern; ~ **the horn** (AUTO) hupen; ~ **hot and cold** nicht wissen, was man will; ~ **one's nose** sich die Nase putzen; ~ **it!** verdammt noch mal!; ~ **the expense!** egal, was es kostet! **III.** *s* Blasen *nt;* **go for a** ~ an die (frische) Luft gehen; **blow away I.** *vi* (*im Wind*) wegfliegen **II.** *vt* **1.** wegwehen, -blasen, -fegen **2.** (*Am sl*) erschießen **3.** (*Am sl*) vernichtend schlagen; **blow down** *vt* (*Sturm*) umwerfen; **blow off I.** *vi* (*im Wind*) wegfliegen **II.** *vt* wegwehen, -blasen, -fegen; **blow out I.** *vi* (*Reifen*) platzen **II.** *vt* (*Streichholz*) ausblasen; ~ **one's brains out** sich eine Kugel durch den Kopf jagen; **blow over** *vi* vorbei-, vorübergehen; **blow up I.** *vt* **1.** aufblasen, -pumpen **2.** sprengen, in die Luft jagen **3.** (PHOT) vergrößern **II.** *vi* (*a. fig*) explodieren

blow² [bləʊ] *s* (*a. fig*) Schlag, Stoß *m;* **at one** ~ auf einen Schlag; **without striking a** ~ ohne jede Gewalt; **come to** ~**s** sich in die Haare geraten; **strike a** ~ **for s.th.** einer Sache einen großen Dienst erweisen

blow-dry ['bləʊˌdraɪ] *vt* fönen

blower ['bləʊə(r)] *s* **1.** Bläser *m* **2.** Gebläse *nt*

blow•fly ['bləʊflaɪ] *s* Schmeißfliege *f;* **blow•hole** ['bləʊhəʊl] *s* **1.** (*Wal*) Nasenloch *nt* **2.** Luftloch *nt;* **blow•lamp** ['bləʊlæmp] *s* Schweißbrenner *m;* **blown** [bləʊn] *s.* **blow¹**; **blow•out** ['bləʊaʊt] *s* **1.** (ELEK) Durchschmelzen *nt* **2.** (AUTO) Reifenpanne *f* **3.** (*sl*) Schlemmerei *f;* **blowpipe** ['bləʊpaɪp] *s* **1.** Lötrohr *nt* **2.** Blasrohr *nt;* **blow•torch** ['bləʊtɔːtʃ] *s* Schweißbrenner *m;* **blow-up** ['bləʊʌp] *s* **1.** Explosion *f* **2.** (*fam*) Zornesausbruch *m* **3.** (PHOT) Vergrößerung *f*

blub•ber ['blʌbə(r)] **I.** *s* Walfischspeck *m* **II.** *vi* weinen, heulen

bludgeon ['blʌdʒən] **I.** *s* Knüppel *m* **II.** *vt* **1.** niederknüppeln **2.** zwingen (*into doing s.th.* etw zu tun)

blue [bluː] **I.** *adj* **1.** blau **2.** (*fig*) trübsinnig, schwermütig, niedergeschlagen **3.** unanständig, zweideutig; **dark/light** ~ dunkel-/hellblau; **once in a** ~ **moon** alle Jubeljahre (einmal) **II.** *s* **1.** Blau *nt,* blaue Farbe **2.** (POL) Konservative(r) *f m* **3.** ~**s** Trübsinn *m,* Schwermut *f;* **out of the** ~ aus heiterem Himmel, unerwartet; **have the** ~**s** (*Am*) Trübsal blasen; **like a bolt from the** ~ wie ein Blitz aus heiterem Himmel; **blueberry** ['bluːbərɪ] *s* Blau-, Heidelbeere *f;* **blue•bottle** ['bluːˌbɒtl] *s* Schmeißfliege *f;* **Blue Flag** *s* (EU) blaue Flagge; **blue mussel** *s* Miesmuschel *f;* **blue-pencil** *vt* ausstreichen, korrigieren; zensieren; **blueprint** ['bluːprɪnt] *s* **1.** Blaupause *f* **2.** Plan, Entwurf *m;* **blues** [bluːz] *s* (MUS) Blues *m*

bluff¹ [blʌf] **I.** *s* Steilufer *nt;* Klippe *f* **II.** *adj* **1.** (*Klippe*) schroff, abschüssig **2.** (*fig*) rau, aber herzlich

bluff² [blʌf] **I.** *vi* bluffen **II.** *s* Bluff *m;* **I'd call his** ~ ich würde ihn auf die Probe stellen

bluffer ['blʌfə(r)] *s* Angeber(in) *m(f)*

blu•ish ['bluːɪʃ] *adj* bläulich

blun•der ['blʌndə(r)] **I.** *vi* **1.** stolpern (*on, against* gegen, *into* in) **2.** (~ *in*) hineingeraten **3.** einen Bock schießen **II.** *s* (dummer) Fehler, Schnitzer *m;* **blun•derer** ['blʌndərə(r)] *s* Tölpel, Stümper(in) *m(f)*

blunt [blʌnt] **I.** *adj* **1.** stumpf **2.** geradeheraus, unverblümt **II.** *vt* stumpf machen **III.** *vi* (*fig*) abstumpfen; **blunt•ly** [-lɪ] *adv* ganz offen, frei heraus, unverblümt; **bluntness** [-nɪs] *s* **1.** (*a. fig*) Stumpfheit *f* **2.** (*fig*) Unverblümtheit *f*

blur [blɜː(r)] **I.** *vt* **1.** trüben **2.** trübe, undeutlich, unscharf, verschwommen machen **3.** verwischen, verschmieren **II.** *s* **1.** undeutliches, verschwommenes Bild

2. Trübung, Verschwommenheit *f* 3. Fleck *m*

blurb [blɜːb] *s* Waschzettel, Klappentext *m*

blurred [blɜːd] *adj* verschwommen, unscharf

blurt [blɜːt] *vt:* ~ **out** herausplatzen (*s.th.* mit einer S)

blush [blʌʃ] **I.** *vi* **1.** erröten, (scham)rot werden (*with, for* vor) **2.** sich schämen **II.** *s* Schamröte *f;* Erröten *nt;* **at (the) first** ~ auf den ersten Blick; **blusher** [-ə(r)] *s* Rouge *nt;* **blusher brush** *s* Rougepinsel *m;* **blush•ing** [-ɪŋ] *adj* errötend

blus•ter ['blʌstə(r)] **I.** *vi* **1.** brausen, toben **2.** schimpfen, poltern **II.** *s* **1.** Toben, Heulen *nt* **2.** Wutgeheul, -geschrei *nt*

boa ['bəʊə] *s* (*Riesenschlange; langer Federschal*) Boa *f*

boar [bɔː(r)] *s* Eber *m;* Keiler *m*

board [bɔːd] **I.** *s* **1.** Brett *nt;* Diele, Planke *f* **2.** Karton *m,* Pappe *f* **3.** (Anschlag-, Wand)Tafel *f* **4.** Spielbrett *nt* **5.** Platte *f* **6.** Kost, Verpflegung *f* **7.** Ausschuss *m;* Kommission *f;* Behörde *f;* Ministerium *nt;* Vorstand *m* **8.** (MAR) Bord *m;* Deck *nt;* **the ~s** (THEAT) die Bretter *ntpl;* **above** ~ offen, ehrlich; **on** ~ **(a) ship** an Bord eines Schiffes; **be a member of the** ~ Mitglied des Vorstandes sein; **go by the** ~ (*fig*) fallen gelassen werden; **go on** ~ **ship** sich einschiffen; **sweep the** ~ (*fig*) alle Preise gewinnen; **advisory** ~ Beratungsausschuss *m;* **arbitration** ~ Schlichtungsausschuss *m;* **bulletin** ~ (*Am*) schwarzes Brett; **chess-**~ Schachbrett *nt;* **examination** ~ Prüfungskommission *f;* **school** ~ Schulbehörde *f;* **Board of Admiralty** Marineministerium *nt;* **Board of Trade** Wirtschaftsministerium *nt;* ~ **of directors** Vorstand *m,* Aufsichtsrat *m* **II.** *vt* **1.** verschalen, dielen **2.** an Bord gehen (*a ship* eines Schiffes), besteigen, einsteigen (*the train* in den Zug) **III.** *vi* **1.** in Pension sein (*with* bei) **2.** Internatsschüler(in) sein **3.** (AVIAT) die Maschine besteigen; **flight LH 283 now ~ing** Aufruf für Passagiere des Fluges LH 283; ~ **out** in Pension wohnen; **boarder** ['bɔːdə(r)] *s* **1.** Kostgänger(in) *m(f)* **2.** Internatsschüler(in) *m(f);* **board•ing** ['-ɪŋ] *s* **1.** Täfelung *f,* Dielen *fpl* **2.** Verpflegung, Kost *f;* **boarding-card** *s* (AVIAT) Bordkarte *f;* **boarding house** *s* **1.** Pension *f* **2.** Wohngebäude *nt* eines Internats; **boarding-school** *s* Internat *nt;* **board meeting** *s* Vorstandssitzung *f;* **board•room** ['bɔːdrʊm] *s* Sitzungssaal *m;* **board•walk** ['bɔːdwɔːk] *s* (*Am*) Holzsteg *m*

boast [bəʊst] **I.** *s* **1.** Prahlerei *f* **2.** Stolz *m* **II.** *vi* prahlen (*of* mit) **III.** *vt* **1.** sich rühmen (*s.th.* einer S) **2.** prahlen; **boaster** ['bəʊstə(r)] *s* Aufschneider, Prahlhans *m;* **boast•ful** ['bəʊstfl] *adj* prahlerisch

boat [bəʊt] *s* **1.** Boot *nt;* Kahn *m* **2.** Schiff *nt;* Dampfer *m* **3.** (*gravy* ~) Soßenschüssel *f;* **in the same** ~ (*fig*) in der gleichen Lage; **cargo** ~ Frachtdampfer *m;* **motor-**~ Motorboot *nt;* **rowing** ~ Ruderboot *nt;* **sailing** ~ Segelboot *nt;* **~s for hire** Bootsverleih *m;* **boat-hook** *s* Bootshaken *m;* **boat-house** *s* Bootshaus *nt;* **boat•ing** ['bəʊtɪŋ] *s* Bootfahren *nt;* **boat•man** ['bəʊtmən] <*pl* -men> *s* **1.** Bootsverleiher *m* **2.** Ruderer *m,* Ruderin *f;* **boat-people** ['bəʊtpɪːpl] *s pl* Bootsflüchtlinge *mpl;* **boat race** *s* (Ruder)Regatta; **boat-swain** ['bəʊsn] *s* (MAR) Bootsmann *m;* **boat-train** ['bəʊtˌtreɪn] *s* Zug *m* mit Schiffsanschluss; **boat trip** *s* Bootsfahrt *f*

bob[1] [bɒb] **I.** *vi* **1.** sich auf- u. abbewegen **2.** knicksen; ~ **up** auftauchen **II.** *vt* nicken mit **III.** *s* **1.** Knicks *m* **2.** Nicken *nt*

bob[2] [bɒb] *s* Bubikopf(frisur *f*) *m*

bob[3] [bɒb] *s* (SPORT) Bob *m;* Kufe *f;* **two-man** ~ Zweierbob *m*

bob[4] [bɒb] *s* (*Br fam*) Shilling *m*

bob•bin ['bɒbɪn] *s* (Garn)Spule *f;* Rolle *f*

bobble hat ['bɒblˌhæt] *s* Pudel-, Bommelmütze *f*

bobby ['bɒbɪ] *s* (*Br fam*) Polizist *m;* **bobby pin** *s* Haarklemme *f*

bob•sled, bob•sleigh ['bɒbsled, 'bɒbsleɪ] *s* (SPORT) Bob *m*

bob•tail ['bɒbteɪl] *s* Stutzschwanz *m*

bode [bəʊd] *vt:* ~ **ill** ein schlechtes (Vor)Zeichen sein (*for* für)

bod•ice ['bɒdɪs] *s* Mieder, Leibchen *nt;* Oberteil *nt*

bodi•less ['bɒdɪlɪs] *adj* körperlos

bod•ily ['bɒdəlɪ] **I.** *adj* körperlich, leiblich; **grievous** ~ **harm** (JUR) schwere Körperverletzung **II.** *adv* **1.** in Person, persönlich; leibhaftig **2.** geschlossen; im Ganzen, als Ganzes **3.** gewaltsam

bo•dy ['bɒdɪ] *s* **1.** Körper, Leib *m* **2.** Rumpf *m* **3.** (*dead* ~) Leiche *f;* Leichnam *m* **4.** (*fam*) Person *f,* Mensch *m* **5.** (JUR) Körperschaft *f;* Gremium *nt;* Organ *nt* **6.** (MIL) (Truppen)Verband *m* **7.** (Menschen)Gruppe, Ansammlung, Masse *f* **8.** Komplex *m;* Material *nt;* Masse *f* **9.** (AUTO) Karosserie *f* **10.** (*fig*) Gehalt *m;* Stärke, Güte *f* **11.** (PHYS) Körper *m;* **in a** ~ im Ganzen, zusammen, insgesamt; **governing** ~ Direktion, Leitung *f;* **heavenly** ~ Himmelskörper *m;* **legislative** ~ gesetzgebende Körperschaft; **body-bag** *s* Leichensack *m;* **body-building** *s* Bodybuilding *nt;* **body•guard** ['bɒdɪgɑːd] *s* Leibwache *f;* **body language** *s* Körpersprache *f;* **body lotion** *s* Körperlotion *f;* **body politic** *s* Staat(swesen *nt*) *m;*

body search *s* Leibesvisitation *f;* **body(suit)** ['bɒdɪ(ˌsu:t)] *s* Body(suit) *m;* **body•work** ['bɒdɪwɜ:k] *s* (AUTO) Karosserie *f;* **body-wrap** ['bɔ:di:ˌræp] *s* Ganzkörperpackung *f*

bof•fo ['bɔ:fəʊ] *adj* (*Am: sl*) Super-, eins a

bog [bɒg] *s* **1.** Sumpf, Morast *m;* Moor *nt* **2.** (*Br fam*) Klo *nt;* **peat** ~ Torfmoor *nt;* **bog down** *vt:* **be ~ged down** feststecken; (*fig*) sich festgefahren haben; **get ~ged down** stecken bleiben; (*fig*) sich festfahren

bog•gle ['bɒgl] *vi* sprachlos sein; **the mind ~s** das ist ja Wahnsinn

bog•gy ['bɒgɪ] *adj* sumpfig

bo•gie ['bəʊgɪ] *s* (RAIL) Drehgestell *nt*

bo•gus ['bəʊgəs] *adj* falsch, unecht

bogy, bo•gey ['bəʊgɪ] *s* **1.** Kobold *m;* (*fig*) Schreckgespenst *nt* **2.** (*Golf*) Bogey *nt* **3.** (*sl*) Popel *m*

Bo•he•mi•an [bəʊ'hi:mɪən] *s* **1.** (GEOG) Böhme *m,* Böhmin *f* **2. b~** Bohemien, Künstlertyp *m*

boil [bɔɪl] **I.** *vi, vt* **1.** kochen, sieden **2.** (*fig: vor Wut*) kochen, schäumen (*with* vor) **3.** (*Fluten*) wogen, toben; **make s.o.'s blood ~** jdn rasend machen **II.** *s* Siedepunkt *m;* **be on the ~** kochen; **come to the ~** zu kochen anfangen; **bring s.th. to the ~** etw aufkochen lassen; **boil away** *vi* verkochen, verdampfen; weiterkochen; **boil down I.** *vt* einkochen **II.** *vi* dickflüssig werden; **~ down to s.th.** (*fig*) auf etw hinauslaufen; **boil over** *vi* überkochen; (*fig*) sich zuspitzen; (*Mensch*) explodieren; **boil up** *vi* aufkochen; (*fig: Wut*) sich steigern; **boiler** ['bɔɪlə(r)] *s* **1.** Warmwasserbereiter, Boiler *m* **2.** (MAR) Kessel *m* **3.** (*Küche*) Suppenhuhn *nt;* **boiler•house** *s* (MAR) Kesselhaus *nt;* **boiler•man** ['bɔɪləmən] <*pl* -men> *s* Heizer *m;* **boiler-room** *s* Kesselraum *m;* Heizungskeller *m;* **boiler-suit** *s* Overall *m,* blauer Anton; **boil•ing** [-ɪŋ] *adj* kochend, siedend; **~ hot** (*fam*) kochend, siedend, glühend heiß; **~-point** (*a. fig*) Siedepunkt *m*

bois•ter•ous ['bɔɪstərəs] *adj* **1.** heftig, stürmisch **2.** lärmend, laut, ausgelassen

bold [bəʊld] *adj* **1.** kühn, tapfer, mutig **2.** forsch; keck; gewagt; dreist **3.** (*Farbe, Muster*) kräftig; fest umrissen; (*Stil*) ausdrucksvoll **4.** (TYP) fett; halbfett; **make (so) ~** es wagen (*as to* zu), sich erkühnen; **as ~ as brass** frech wie Oskar; **bold•ness** [-nɪs] *s* **1.** Kühnheit, Tapferkeit *f* **2.** Unverfrorenheit *f* **3.** (*fig*) Kräftigkeit *f;* Ausdruckskraft *f*

bole [bəʊl] *s* (Baum)Stamm *m*

bo•le•ro [bə'leərəʊ] *s* Bolero *m*

Bo•liv•ia [bə'lɪvɪə] *s* Bolivien *nt;* **Bo•liv•ian** [bə'lɪvɪən] **I.** *adj* boliv(ian)isch **II.** *s* Bolivi(an)er(in) *m(f)*

bol•ster ['bəʊlstə(r)] **I.** *s* Nackenrolle *f* **II.** *vt* (~ *up*) unterstützen, Mut machen (*s.o.* jdm); (*Währung*) stützen; (*Stellung, Ansehen*) aufbessern

bolt [bəʊlt] **I.** *s* **1.** (Tür)Riegel *m* **2.** Bolzen *m* **3.** (*a. fig*) Blitz(strahl) *m* **4.** (*Stoff*) Ballen *m* **5.** (*fam*) Satz *m,* plötzlicher Sprung; **make a ~ for it** Fersengeld geben; **a ~ from the blue** ein Blitz aus heiterem Himmel **II.** *vi* **1.** davonstürzen, abhauen **2.** (*Pferd*) durchgehen **III.** *vt* **1.** (~ *down*) hinunterschlingen **2.** verriegeln **3.** ver-, festschrauben; **bolt-hole** *s* Schlupfloch *nt;* **bolt upright** *adv* kerzengerade

bomb [bɒm] **I.** *s* Bombe *f;* **go like a ~** (*sl*) ein Bombenerfolg sein; **cost a ~** (*sl*) ein Heidengeld kosten **II.** *vt* bombardieren; **~ out** ausbomben **III.** *vi* (*fam*) durchfallen

bom•bard [bɒm'bɑ:d] *vt* **1.** (*a. fig*) bombardieren **2.** (*fig*) bestürmen, überschütten; **bom•bard•ment** [bɒm'bɑ:dmənt] *s* Bombardierung *f*

bom•bast ['bɒmbæst] *s* Schwulst, Bombast *m;* **bom•bas•tic** [bɒm'bæstɪk] *adj* bombastisch, schwülstig

bomb cra•ter ['bɒmˌkreɪtə(r)] *s* Bombenkrater *m;* **bombed** [bɒmd] *adj* (*sl*) besoffen, high; **bomber** ['bɒmə(r)] *s* **1.** Bomber *m,* Bombenflugzeug *nt* **2.** Bombenattentäter(in) *m(f);* **bomb•ing** [-ɪŋ] *s* Bombenabwurf *m;* **bomb-proof** *adj* bombensicher; **bomb•shell** ['bɒmʃel] *s* (*fig*) Überraschung *f;* **the news came like a ~** die Nachricht schlug ein wie eine Bombe

bona fide [ˌbəʊnə'faɪdɪ] *adj* (JUR) bona fide, ehrlich, aufrichtig, gutgläubig

bon•anza [bə'nænzə] **I.** *s* Goldgrube *f;* **oil ~** Ölboom *m* **II.** *adj attr* ergiebig, ertragreich, Boom-

bond [bɒnd] **I.** *s* **1.** Übereinkommen *nt* **2.** (Ver)Bindung *f,* Band *nt* **3.** (COM) Verbindlichkeit, Verpflichtung *f* **4.** Pfandbrief *m,* Obligation *f;* festverzinsliches Wertpapier **5.** Zollverschluss *m* **6.** Haftfestigkeit *f* **7. ~s** Fesseln *fpl;* **in ~** unter Zollverschluss **II.** *vt* **1.** verpfänden **2.** unter Zollverschluss nehmen

bond•age ['bɒndɪdʒ] *s* Knechtschaft *f*

bonded ['bɒndɪd] *adj:* **~ warehouse** Zollspeicher *m;* **bond-holder** ['bɒndˌhəʊldə(r)] *s* Inhaber(in) *m(f)* von Wertpapieren

bone [bəʊn] **I.** *s* **1.** Knochen *m* **2.** (*Fisch*) Gräte *f* **3.** (*Substanz*) Bein *nt* **4. ~s** Gebeine *ntpl;* **to the ~** bis auf die Knochen, völlig; **be nothing but skin and ~s** nur noch Haut u. Knochen sein; **have a ~ to pick with s.o.** mit jdm ein Hühnchen zu rupfen haben; **as dry as a ~** knochentrocken **II.** *vt*

1. entbeinen; (*Fisch*) entgräten **2.** (*sl*) klauen, mopsen **III.** *vi:* ~ **up on** (*sl*) pauken, büffeln; **bone fracture** *s* Knochenbruch *m;* **bone-head** *s* (*sl*) Dummkopf *m;* **bone-headed** *adj* (*sl*) blöd; **bone idle** *adj* (*sl*) stinkfaul; **bone•less** ['-lɪs] *adj* ohne Knochen; (*Fisch*) ohne Gräten; **bone•meal** ['bəʊnmi:l] *s* Knochenmehl *nt;* **boner** ['bəʊnə] *s* (*sl Am, Aus*) Schnitzer *m;* **bone•shaker** ['bəʊnˌʃeɪkə(r)] *s* (*fam*) Klapperkasten *m;* **bone•yard** *s* (*sl*) Friedhof *m*

bon•fire ['bɒnfaɪə(r)] *s* Freudenfeuer *nt;* Feuer *nt* im Freien

bon•net ['bɒnɪt] *s* **1.** Haube *f* **2.** (AUTO) Motorhaube *f* **3.** Wollmützchen

bonny ['bɒnɪ] *adj* schön, gut aussehend

bo•nus ['bəʊnəs] *s* **1.** Bonus *m,* Gratifikation, Prämie *f* **2.** (COM) Sonderdividende *f;* **Christmas** ~ Weihnachtsgratifikation *f;* **cost-of-living** ~ Teuerungszulage *f*

bony ['bəʊnɪ] *adj* **1.** voller Knochen; (*Fisch*) voller Gräten **2.** knochig **3.** knochendürr

boo [bu:] **I.** *interj* bah! pah! buh! **II.** *vt* auspfeifen, -buhen **III.** *vi* buhen

boob [bu:b] **I.** *s* **1.** (*fam*) Schnitzer *m* **2.** (*fam*) Brust *f* **II.** *vi* einen Schnitzer machen; **boob job** *s* (*sl*) kosmetische Brustoperation; **booby** ['bu:bɪ] *s* Tölpel, Trottel *m;* **booby prize** *s* Trostpreis *m*

book [bʊk] **I.** *s* **1.** Buch *nt* **2.** Heft *nt;* Block *m* **3.** ~**s** (COM) Bücher *ntpl* **4.** Wettliste *f* **5.** (~ *of matches*) (Streichholz)Heftchen *nt* **6.** (MUS) Textbuch *nt;* **balance the ~s** die Bücher abschließen; **be in s.o.'s black/good ~s** bei jdm schlecht/gut angeschrieben sein; **in my** ~ meines Wissens nach; **keep ~s** Bücher führen; ~ **of stamps** Briefmarkenheft *nt;* ~ **of tickets** Fahrscheinheft *nt;* **the** (**good**) **Book** das Buch der Bücher **II.** *vt* **1.** buchen **2.** auf-, niederschreiben; notieren; vormerken **3.** (*Platz*) (vor)bestellen, buchen, belegen; (*Karte*) bestellen; (*Gepäck*) aufgeben; (*Fahrkarte*) lösen; **book in I.** *vi* sich eintragen; absteigen (*at* in) **II.** *vt* **1.** eintragen **2.** reservieren lassen (*s.o.* jdm); **book through** *vi* direkt lösen (*to* bis); **book up I.** *vi* buchen **II.** *vt* reservieren lassen; **be ~ed up** ausgebucht sein; ausverkauft sein; **book•able** [-əbl] *adj* im Vorverkauf erhältlich; **book•binder** ['bʊkˌbaɪndə(r)] *s* Buchbinder(in) *m(f);* **book-bind•ing** ['bʊkˌbaɪndɪŋ] *s* Buchbinderei *f;* **book•case** ['bʊkkeɪs] *s* Bücherschrank *m;* **book-club** *s* Buchklub *m;* Lesering *m;* **book-end** *s* Bücherstütze *f*

bookie ['bʊkɪ] *s* (*sl*) Buchmacher *m*

book•ing ['bʊkɪŋ] *s* Buchung, Bestellung *f;* Reservierung *f;* **booking clerk** *s* Fahrkartenverkäufer(in) *m(f);* **booking office** *s* Fahrkartenschalter *m;* Vorverkaufsstelle *f*

book•ish ['bʊkɪʃ] *adj* **1.** lesefreudig **2.** gelehrt **3.** (*Stil*) papieren

book•keeper ['bʊkˌki:pə(r)] *s* Buchhalter(in) *m(f);* **book•keep•ing** ['bʊkˌki:pɪŋ] *s* Buchhaltung, -führung *f*

book•let ['bʊklɪt] *s* Broschüre *f*

book•maker ['bʊkˌmeɪkə(r)] *s* Buchmacher(in) *m(f);* **book•mark** ['bʊkmɑ:k] *s* (*a.* INTERNET) Lesezeichen *nt;* **book of matches** *s* Streichholzheftchen *nt;* **book•plate** ['bʊkpleɪt] *s* Exlibris *nt;* **book review** *s* Buchbesprechung *f;* **book reviewer** *s* Kritiker(in) *m(f);* **book•seller** ['bʊkˌselə(r)] *s* Buchhändler(in) *m(f);* **book•shelf** <*pl* -shelves> *s* Bücherregal, -bord *nt;* **book•shop** *s* Buchhandlung *f;* **book•stall** ['bʊkstɔ:l] *s* Buchverkaufsstand *m;* Zeitungskiosk *m;* **book•store** ['bʊkstɔ:(r)] *s* (*Am*) Buchhandlung *f;* **book token** *s* Büchergutschein *m;* **book trade** *s* Buchhandel *m;* **book•worm** ['bʊkwɜ:m] *s* (*a. fig*) Bücherwurm *m*

boom¹ [bu:m] *s* (TECH) **1.** (*derrik* ~) Ladebaum *m;* Ausleger *m* **2.** Sperre *f* **3.** Galgen *m* für Mikrofon

boom² [bu:m] **I.** *s* Brausen, Donnern *nt;* ~ **boom** (AVIAT) Schallknall *m* **II.** *vi* brausen, hallen, dröhnen **III.** *vt:* ~ **out** dröhnen

boom³ [bu:m] **I.** *s* (COM) Boom, Aufschwung *m;* Hochkonjunktur *f* **II.** *vi* einen Aufschwung nehmen; in die Höhe schnellen; **be ~ing** florieren, im Aufschwung begriffen sein, boomen

boom box *s* (*Am: sl*) Ghettoblaster *m*

boom•er•ang ['bu:məræŋ] *s* (*a. fig*) Bumerang *m*

boom•let ['bu:mlɪt] *s* Miniboom *m*

boon [bu:n] *s* Wohltat *f,* Segen *m*

boor [bʊə(r)] *s* Rüpel *m;* **boor•ish** [-ɪʃ] *adj* rüpel-, lümmelhaft

boost [bu:st] **I.** *vt* **1.** (*Preise*) in die Höhe treiben **2.** ankurbeln **3.** (ELEK: *Strom, Leistung*) verstärken **II.** *s* **1.** Auftrieb *m* **2.** (ELEK) Verstärkung *f;* **that was a ~ to my ego** das hat mir Auftrieb gegeben; **booster** [bu:stə(r)] *s* **1.** (MED) Wiederholungsimpfung *f* **2.** (ELEK) Puffersatz *m;* (RADIO) Zusatzverstärker *m;* (AUTO) Kompressor *m;* Gebläse *nt* **3.** (AVIAT) Zusatztriebwerk *nt;* **booster rocket** *s* Start-, Trägerrakete *f;* **booster seat** *s* Stuhlaufsatz *m*

boot [bu:t] **I.** *s* **1.** Stiefel *m* **2.** (*Br*) Kofferraum *m;* **die with one's ~s on** in den Sielen sterben; **get the** ~ (*sl*) rausgeschmissen werden; **give s.o. the** ~ (*sl*) jdn rausschmeißen; **the ~ is on the other foot** (*fig*) es ist gerade andersherum **II.** *vt* **1.** einen Fußtritt geben (*s.th.* einer S); (*Ball*) ki-

B

cken **2.** (INFORM) urladen, hochladen; **boot out** *vt* (*fam*) rausschmeißen; **boot•black** ['bu:tblæk] *s* Schuhputzer *m*

bootee ['bu:ti:] *s* **1.** Halbstiefel *m* **2.** gestrickter Babyschuh

booth [bu:ð] *s* (Markt)Bude *f;* Messestand *m;* **interpreter's** ~ Dolmetscherkabine *f;* **polling** [*o* **voting**] ~ Wahlzelle, -kabine *f;* **telephone** ~ Fernsprech-, Telefonzelle *f*

boot•jack ['bu:tdʒæk] *s* Stiefelknecht *m;* **boot•lace** ['bu:tleɪs] *s* Schnürsenkel *m;* **boot•leg** ['bu:tleg] *vt* schwarz brennen; schwarz herstellen; schwarz verkaufen; **boot•licker** ['bu:tlɪkə(r)] *s* Speichellecker(in) *m(f);* **boot-maker** *s* Schuhmacher(in) *m(f)*

booty ['bu:tɪ] *s* (*a. fig*) Beute *f*

booze [bu:z] **I.** *vi* (*fam*) saufen **II.** *s* (*fam*) **1.** Alkohol *m* **2.** (~-*up*) Sauferei *f;* **boozer** ['bu:zə(r)] *s* (*fam*) **1.** Säufer(in) *m(f)* **2.** (*sl*) Kneipe *f;* **boozy** ['bu:zɪ] *adj* (*fam*) be-, versoffen

bor•der ['bɔ:də(r)] **I.** *s* **1.** Kante *f;* Rand(streifen) *m* **2.** (Landes)Grenze *f* **3.** Saum *m;* Einfassung *f* **4.** (*Garten*) Rabatte *f;* ~ **control** Grenzkontrolle *f* **II.** *vt* begrenzen; einfassen **III.** *vi:* ~ **on** (*a. fig*) grenzen an; **bor•derer** ['bɔ:dərə(r)] *s* Grenzbewohner(in) *m(f);* **bor•der•ing** [-ɪŋ] *adj* angrenzend (*on* an); **bor•der•land** ['bɔ:dəlænd] *s* Grenzgebiet *nt;* **bor•der•line** ['bɔ:dəlaɪn] *s* Grenzlinie *f;* **borderline case** *s* Grenzfall *m*

bore¹ [bɔ:(r)] **I.** *vt* **1.** ausbohren, -höhlen **2.** (~ *through*) durchbohren **3.** (*Loch*) bohren **II.** *vi* bohren (*for* nach) **III.** *s* **1.** Kaliber *nt;* lichte Weite; Durchmesser *m* **2.** (~-*hole*) Bohrloch *nt*

bore² [bɔ:(r)] **I.** *vt* langweilen; ~ **s.o. to death** jdn zu Tode langweilen; **be ~d** sich langweilen **II.** *s* langweiliger Mensch, Langweiler *m*

bore³ [bɔ:(r)] *s.* **bear²**

bore•dom ['bɔ:dəm] *s* Langeweile *f*

borer ['bɔ:rə(r)] *s* (TECH) Bohrer *m*

boric ['bɔ:rɪk] *adj* Bor-; ~ **acid** Borsäure *f*

bor•ing ['bɔ:rɪŋ] *adj* langweilig

born [bɔ:n] *adj* geboren; **be** ~ geboren werden; (*fig*) entstehen; **where were you ~?** wo sind Sie geboren?; **he was ~ in the year 1940** er wurde im Jahre 1940 geboren; **he was ~ blind** er ist von Geburt blind; **born-again** ['bɔ:nəgen] *adj* (REL) wieder geboren

borne [bɔ:n] *s.* **bear²**

boron ['bɔ:rɒn] *s* (CHEM) Bor *nt*

bor•ough ['bʌrə] *s* Bezirk *m;* Stadt(gemeinde) *f*

bor•row ['bɒrəʊ] *vt* borgen, (aus-, ent)leihen, entlehnen (*of, from* von); **bor•rower** ['bɒrəʊə(r)] *s* **1.** Borger(in) *m(f),* (Ent)Leiher(in) *m(f)* **2.** (COM) Kreditnehmer(in) *m(f);* **bor•row•ing** [-ɪŋ] *s* Ausborgen *nt;* Anleihe *f*

Bos•nia ['bɒznɪə] *s* Bosnien *nt;* **Bos•nian** ['bɒznɪən] **I.** *adj* bosnisch **II.** *s* Bosnier(in) *m(f)*

bosom ['bʊzəm] *s* **1.** (*a. fig*) Busen *m* **2.** (*Kleid*) Brustteil *m* **3.** (*fig*) (das) Innere; **in the ~ of one's family** im Schoße der Familie; ~ **friend** Busenfreund(in) *m(f)*

boss¹ [bɒs] **I.** *s* (*fam*) Boss, Chef *m* **II.** *vt* arrangieren, leiten; ~ **around** herumkommandieren

boss² [bɒs] *s* Knauf, Buckel *m*

bossy ['bɒsɪ] *adj* (*fam*) herrschsüchtig; rechthaberisch

bo'sun ['bəʊsn] *s* (MAR) Bootsmann *m*

bot•an•ical [bə'tænɪkl] *adj* botanisch; **bot•an•ist** ['bɒtənɪst] *s* Botaniker(in) *m(f);* **bot•any** ['bɒtənɪ] *s* Botanik, Pflanzenkunde *f*

botch [bɒtʃ] **I.** *s* Flickwerk *nt,* Pfuscherei *f* **II.** *vt* (~ *up*) verpfuschen; **botcher** ['bɒtʃə(r)] *s* Stümper(in) *m(f),* Pfuscher(in) *m(f)*

both [bəʊθ] **I.** *adj, pron* beide; beides; **we ~ can go, we can ~ go** wir beide können gehen; ~ (**the**) **brothers** beide Brüder; **on ~ sides** auf beiden Seiten **II.** *adv:* ~ **... and** sowohl ... als auch

bother ['bɒðə(r)] **I.** *s* **1.** Mühe, Schererei, Schwierigkeit *f* **2.** Plage *f* **II.** *vt* **1.** lästig sein (*s.o.* jdm), belästigen; plagen, quälen **2.** aufregen, aus der Ruhe bringen **III.** *vi* sich Sorgen machen (*about* um), sich kümmern (*about* um); ~ (**it**)! zum Kuckuck!; **don't ~!** bemühen Sie sich nicht!; **bother•ation** [ˌbɒðə'reɪʃn] *interj* verflixt!; **bothersome** ['bɒðəsəm] *adj* ärgerlich, lästig

Bot•swa•na [ˌbɒt'swɑ:nə] *s* Botswana *nt;* **Bot•swa•nan** [ˌbɒt'swɑ:nən] **I.** *adj* botswanisch **II.** *s* Botswaner(in) *m(f)*

bottle ['bɒtl] **I.** *s* Flasche *f;* **lose one's** ~ (*sl*) die Nerven verlieren **II.** *vt* in Flaschen füllen; ~ **up** (*fig*) in sich hineinfressen; **bottle bank** *s* Altglascontainer *m;* **bottle brush** *s* Flaschenbürste *f;* **bottled** ['bɒtld] *adj* in Flaschen; **bottle-feed•ing** ['bɒtlˌfi:dɪŋ] *s* Füttern *nt* mit der Flasche; **bottle-green** *adj* flaschengrün; **bottle heater** *s* Fläschchenwärmer *m;* **bottleneck** ['bɒtlnek] *s* (*a. fig*) Engpass *m;* **bottle-party** *s* Bottleparty *f* (*Party, bei der jeder Gast ein Getränk mitbringt*)

bot•tom ['bɒtəm] **I.** *s* **1.** Boden, Grund *m* (*a. eines Gewässers*) **2.** Basis *f;* unteres Ende, Fuß *m* (*bes. eines Berges*) **3.** Schiffsboden *m* **4.** Sitz *m;* Sitzfläche *f* **5.** (*fig*) Grundlage *f;* Kern *m;* Ursache *f;* **at** ~ (*fig*) im Grunde; **from top to** ~ von oben bis unten; **from the** ~ **of my heart** aus tiefstem Herzen; **be at the** ~ **of s.th.** hinter etw stecken; **get to the** ~ **of s.th.** einer Sache auf den Grund gehen; **knock the** ~ **out of s.th.** etw widerlegen **II.** *adj attr* letzte(r, s), unterste(r, s), niedrigste(r, s) **III.** *vi:* ~ **out** den tiefsten Stand erreichen; **bot·tom·less** [-lɪs] *adj* **1.** grundlos; ohne Boden **2.** (*fig*) unergründlich; **a** ~ **pit** ein Fass ohne Boden

botu·lism ['bɒtjʊlɪzəm] *s* Lebensmittelvergiftung *f,* Botulismus *m*

bough [baʊ] *s* Ast, Zweig *m*

bought [bɔːt] *s.* **buy**

boul·der ['bəʊldə(r)] *s* Felsblock *m*

bounce [baʊns] **I.** *vi* **1.** auf-, zurückprallen **2.** springen; stürzen **3.** hochschnellen **4.** (*fam: Scheck*) platzen; ~ **back** (*fig*) sich nicht unterkriegen lassen **II.** *vt* **1.** aufprallen lassen **2.** (*sl*) an die Luft setzen **III.** *s* **1.** Rückprall, -stoß *m* **2.** Elastizität *f* **3.** Aufprall *m;* **bouncer** ['baʊnsə(r)] *s* (*fam*) Rausschmeißer *m;* **bounc·ing** ['-ɪŋ] *adj* (*fam*) stramm, drall; **bouncing cradle** *s* Babywippe *f*

bound¹ [baʊnd] **I.** *s* (*a. fig*) Grenze *f;* **out of** ~**s** Betreten verboten (*im Lokal*)*;* **within the** ~**s** innerhalb der Grenzen **II.** *vt* begrenzen

bound² [baʊnd] **I.** *s* Sprung, Satz *m* **II.** *vi* springen, einen Satz machen

bound³ [baʊnd] *adj pred:* **be** ~ **for** auf dem Weg sein nach; gehen nach; **homeward** ~ auf der Heimreise, -fahrt; **outward** ~ auf der Ausreise

bound⁴ [baʊnd] **I.** *pt, pp of* **bind II.** *adj* verpflichtet, gebunden; **be** ~ **to do s.th.** etw bestimmt tun; **it's** ~ **to happen** das muss so kommen; ~ **up in** sehr interessiert an; **be** ~ **up with** ganz in Anspruch genommen sein von

bound·ary ['baʊndrɪ] *s* Grenze, Trennungslinie *f*

bound·less ['baʊndlɪs] *adj* grenzen-, maßlos; unbeschränkt

boun·te·ous ['baʊntɪəs] *adj,* **boun·ti·ful** ['baʊntɪfl] *adj* freigebig, großzügig; **boun·ty** ['baʊntɪ] *s* **1.** Freigebigkeit, Großzügigkeit *f* **2.** großzügige Gabe **3.** Zulage *f*

bou·quet [bʊ'keɪ] *s* **1.** Bukett *nt,* (Blumen)Strauß *m* **2.** Bukett *nt;* Blume *f* (*des Weines*)

bout [baʊt] *s* **1.** (MED) Anfall *m* **2.** Runde *f* (*Boxen*)

bov·ine ['bəʊvaɪn] *adj* **1.** Rind(er)-, Ochsen- **2.** (*fig*) blöd(e), doof, dumm; ~ **spongiform encephalopathy** (**BSE**) (VET: *Rinderkrankheit*) Bovine-Spongiform-Enzephalopathie *f*

bow¹ [baʊ] *s* (MAR) Bug *m*

bow² [bəʊ] **I.** *s* **1.** (*Waffe*) Bogen *m* **2.** (MUS) Geigenbogen *m* **3.** (*rain~*) Regenbogen *m* **4.** Knoten *m;* Schleife *f;* **have two strings to one's** ~ (*fig*) zwei Eisen im Feuer haben **II.** *vi* den Bogen führen

bow³ [baʊ] **I.** *s* Verbeugung *f* **II.** *vi* **1.** sich verbeugen, sich verneigen **2.** sich biegen **3.** (*fig*) sich beugen; **have a** ~**ing acquaintance** sich nur flüchtig kennen; ~ **out** sich verabschieden **III.** *vt:* ~ **one's head** den Kopf senken

bowd·ler·ize ['baʊdləraɪz] *vt* (*Buch*) von anstößigen Stellen säubern

bowel ['baʊəl] *s meist pl* Eingeweide *pl;* **bowel movement** *s* Stuhl(gang) *m;* **the** ~**s of the earth** das Erdinnere

bower ['baʊə(r)] *s* Laube *f*

bowl¹ [bəʊl] *s* **1.** Schüssel *f;* Napf *m;* Schale *f* **2.** Schöpfteil *m*

bowl² [bəʊl] **I.** *s* **1.** (schwere) Holzkugel *f* **2.** ~**s** Bowling *nt* (*Kugelspiel auf dem Rasen*) **II.** *vt* (SPORT: *Ball*) werfen; (*Kugel*) schieben, rollen; ~ **over** umwerfen, -stoßen; (*fig*) aus dem Konzept bringen; **be** ~**ed over** sprachlos sein **III.** *vi* Bowling spielen; werfen; ~ **along** (dahin)rollen

bow-legged [ˌbəʊ'legd] *adj* o-beinig

bowler ['bəʊlə(r)] *s* **1.** (*Kricket*) Ballmann, Werfer *m* **2.** (~ *hat*) Melone *f* (*Hut*)

bowl·ing ['bəʊlɪŋ] *s* **1.** Bowlingspiel *nt* **2.** (*Kricket*) Werfen *nt* des Balles; **bowling alley** *s* Kegelbahn *f;* **bowling-green** *s* Rasenplatz *m* für Bowling

bow·man ['bəʊmən] <*pl* -men> *s* Bogenschütze *m;* **bow·string** ['bəʊstrɪŋ] *s* Bogensehne *f;* **bow tie** *s* Fliege *f;* **bow window** *s* Erkerfenster *nt*

bow-wow [ˌbaʊ'waʊ] **I.** *interj* wauwau! **II.** *s* (*Kindersprache*) Wauwau *m*

box¹ [bɒks] *s* Buchsbaum *m*

box² [bɒks] **I.** *s* **1.** Schachtel *f* **2.** Kiste *f;* Kasten, Behälter *m;* Karton *m* **3.** Etui, Futteral *nt* **4.** Koffer *m* **5.** (Wahl)Urne *f* **6.** Fach *nt;* Feld *nt;* Rubrik *f* **7.** (*letter-~*) Briefkasten *m* **8.** (*money-~*) Kasse, Geldkassette *f* **9.** (TECH) Gehäuse *nt* **10.** (THEAT) Loge *f* **11.** (JUR) Zeugenstand *m* **12.** (*Stall, Garage*) Box *f* **13.** (*Am*) Postfach *nt* **II.** *vt* in eine Schachtel packen; **box in** *vt* einklemmen; (*a. fig*) einengen; **box off** *vt* unterteilen; **box up** *vt* einschließen

box³ [bɒks] **I.** *vt, vi* boxen; ~ **s.o.'s ears** jdn ohrfeigen **II.** *s* Stoß, Schlag *m;* ~ **on the ear** Ohrfeige *f*

box calf ['bɒkskɑːf] *s* Boxkalf *nt* (*Leder*)

boxer ['bɒksə(r)] *s* Boxer *m;* **box·ing** ['bɒksɪŋ] *s* Boxen *nt,* Boxsport *m;* **Boxing Day** *s* zweiter Weihnachtsfeiertag; **boxing-gloves** *s pl* Boxhandschuhe *mpl;*

boxing-match *s* Boxkampf *m*
box-num•ber ['bɒksnʌmbə(r)] *s* **1.** Chiffre(-nummer) *f* **2.** Postfach *nt;* **box-office** *s* (Theater)Kasse *f;* ~ **hit** Kassenschlager *m*
boy [bɔɪ] *s* **1.** Knabe, Junge *m* **2.** Bursche *m;* **my ~!** (*fam*) mein Lieber!; **old ~!** (*fam*) alter Junge!; **oh, ~!** Junge! Junge!
boy•cott ['bɔɪkɒt] **I.** *s* (COM POL) Boykott *m* **II.** *vt* boykottieren
boy•friend ['bɔɪfrend] *s* Freund *m;* **boy-hood** ['bɔɪhʊd] *s* Knabenalter *nt;* **boy-ish** ['bɔɪɪʃ] *adj* knaben-, jungenhaft; **boy scout** *s* Pfadfinder *m*
bra [brɑː] *s* Büstenhalter, BH *m*
brace [breɪs] **I.** *s* **1.** Klammer *f* **2.** (TECH) Strebe, Stütze *f,* Stützbalken *m,* Versteifung *f* **3.** (~ *and bit*) Bohrer *m* **4.** Klammer, Spange *f* (*für Zähne*) **5. ~s** (*Br: pair of ~s*) Hosenträger *mpl* **6.** geschweifte Klammer **II.** *vt* **1.** verklammern; befestigen; (ver)spannen; (ab)stützen, verstreben **2.** festigen; (*a. fig*) stärken; **brace up** *vi* sich zusammenreißen, -nehmen
brace•let ['breɪslɪt] *s* Armband *nt*
bracken ['brækn] *s* Adlerfarn *m*
bracket ['brækɪt] **I.** *s* **1.** Träger, Arm *m;* Konsole *f* **2.** (TYP) Klammer *f* **3.** (*fig*) (Einkommens)Klasse, Gruppe, Schicht *f;* **in ~s** in Klammern; **income ~** Einkommensgruppe *f;* **round ~** runde Klammer; **square ~** eckige Klammer **II.** *vt* **1.** einklammern **2.** (zu einer Gruppe) zusammenstellen
brack•ish ['brækɪʃ] *adj* brackig
brag [bræg] **I.** *vi* prahlen (*of, about s.th.* mit einer S), angeben **II.** *s* Prahlerei *f;* **brag-gart** ['brægət] *s* Prahler(in) *m(f),* Aufschneider(in) *m(f)*
braid [breɪd] **I.** *s* **1.** Litze, Kordel, Tresse, Borte *f* **2.** (Band, Haar)Flechte *f* **II.** *vt* **1.** mit Litze besetzen **2.** (*Litze, Haar*) flechten
braille [breɪl] *s* Blinden-, Brailleschrift *f*
brain [breɪn] *s* **1.** Gehirn *nt* **2.** (*fig: meist pl*) Geist, Verstand *m;* Intelligenz *f;* Fähigkeiten *fpl;* **rack one's ~(s)** sich den Kopf zerbrechen; **blow one's ~s out** sich eine Kugel durch den Kopf jagen; **have ~s** Köpfchen haben, intelligent sein; **have s.th. on the ~** auf etw versessen, erpicht sein; **pick s.o.'s ~** sich von jdm inspirieren lassen; **brain-child** *s* Geistesprodukt *nt;* Idee *f;* **brain dead** *adj* (MED) hirntot; **brain death** *s* (MED) Hirntod *m;* **brain drain** *s* Abwanderung *f* von Wissenschaftlern; **brain fever** *s* Hirnhautentzündung *f;* **brain•less** ['-lɪs] *adj* gedankenlos; dumm; **brain scan** *s* (MED) Brain-, Gehirnscan *nt;* **brain-storm** *s* **1.** verrückte Idee **2.** geistige Verwirrung; **brain•storm•ing** ['breɪnstɔːmɪŋ] *s* Brainstorming *nt;* **brains trust** *s* Podiumsdiskussion *f;* **brain tumo(u)r** *s* (MED) Gehirntumor *m;* **brain-wash•ing** ['breɪnwɒʃɪŋ] *s* Gehirnwäsche *f;* **brain•wave** ['breɪnweɪv] *s* Geistesblitz *m;* **brain-worker** *s* Kopf-, Geistesarbeiter(in) *m(f);* **brainy** ['breɪnɪ] *adj* klug
braise [breɪz] *vt* (*Küche*) schmoren
brake[1] [breɪk] *s* Unterholz *nt*
brake[2] [breɪk] **I.** *s* (TECH) Bremse *f;* **put on the ~s** die Bremsen betätigen, bremsen **II.** *vt, vi* bremsen; **brake block** *s* Bremsklotz *m;* **brake fluid** *s* (AUTO) Bremsflüssigkeit *f;* **brake shoe** *s* Bremsschuh *m*
brak•ing ['breɪkɪŋ] *s* Bremsen *nt;* **braking distance** *s* Bremsweg *m*
bramble ['bræmbl] *s* Brombeerstrauch *m;* Brombeere *f*
bran [bræn] *s* Kleie *f*
branch [brɑːntʃ] **I.** *s* **1.** Zweig, Ast *m* **2.** Nebenfluss *m;* (Fluss)Arm *m* **3.** (*Straße, Bahn*) Abzweigung, Nebenstrecke *f* **4.** (*fig*) Zweig *m;* Abschnitt *m* **5.** (COM) Branche *f,* Zweig *m* **II.** *vi* sich gabeln; **branch off** *vi* abzweigen, auseinander gehen; **branch out** *vi* sein Geschäft erweitern, vergrößern; **branch line** *s* (RAIL) Zweiglinie, Nebenstrecke *f;* **branch office** *s* Zweigstelle *f,* -geschäft *nt,* Filiale *f*
brand [brænd] **I.** *s* **1.** Marke *f;* Warenzeichen *nt* **2.** Brandmal *nt* **II.** *vt* **1.** (*a. fig*) brandmarken, ein Zeichen einbrennen (*the cattle* dem Vieh) **2.** mit dem Waren-, Gütezeichen versehen
bran•dish ['brændɪʃ] *vt* schwingen
brand name ['brændneɪm] *s* (COM) Markenname *m,* Marke *f*
brand-new [ˌbrænd'njuː] *adj* (funkel)nagelneu
brandy ['brændɪ] *s* Weinbrand *m;* **brandy snap** *s* Ingwerwaffel *f*
brash [bræʃ] *adj* nassforsch, frech; unverschämt
brass [brɑːs] **I.** *s* **1.** Messing *nt* **2.** (MUS: *the ~*) Blasinstrumente *ntpl* **3.** (*sl*) Geld *nt,* Zaster *m* **II.** *adj* Messing-, aus Messing; **brass band** *s* Blaskapelle *f;* **brass hat** *s* (MIL: *sl*) hohes Tier
brass•iere ['bræsɪə(r)] *s* Büstenhalter *m*
brass plate [ˌbrɑːs'pleɪt] *s* Messing-, Türschild *nt;* **brass-ware** *s* Messingwaren *fpl;* **brassy** ['brɑːsɪ] *adj* **1.** messingartig **2.** (*Ton*) blechern **3.** (*fam*) frech
brat [bræt] *s* (*pej*) ungezogenes Kind
bra•vado [brə'vɑːdəʊ] *s* forsches Auftreten, Draufgängertum *nt*
brave [breɪv] **I.** *adj* tapfer, mutig, unerschrocken, furchtlos **II.** *vt* mutig entgegentreten, trotzen (*s.th.* einer S); **~ it out** mutig die Stirn bieten; **brav•ery** ['breɪvərɪ] *s* Tapferkeit *f;* (Wage)Mut *m*
bravo [ˌbrɑː'vəʊ] <*pl* bravo(e)s> **I.** *interj*

bravo! **II.** *s* Bravo *nt*

brawl [brɔːl] **I.** *s* Schlägerei *f* **II.** *vi* **1.** sich schlagen **2.** (*Fluss*) rauschen, tosen; **brawl•ing** [-ɪŋ] *s* Schlägereien *fpl*

brawn [brɔːn] *s* **1.** Muskeln *mpl* **2.** (*fig*) (Muskel)Kraft *f* **3.** Sülze *f*; **brawny** ['brɔːnɪ] *adj* muskulös; kräftig

bray [breɪ] **I.** *s* Iahen *nt* **II.** *vi* (*Esel*) iahen

braze ['breɪz] *vt* hartlöten

brazen ['breɪzn] **I.** *adj* **1.** ehern; metallen **2.** (*~-faced*) schamlos, unverschämt **II.** *vt:* ~ **it out** frech leugnen

braz•ier ['breɪzɪə(r)] *s* Kohlenbecken *nt*

Bra•zil [brə'zɪl] *s* Brasilien *nt;* **Bra•zil•ian** [brə'zɪlɪən] **I.** *s* Brasilianer(in) *m(f)* **II.** *adj* brasilianisch

breach [briːtʃ] **I.** *s* **1.** (*fig*) Bruch *m* **2.** (*fig*) Verstoß *m,* Verletzung *f* **3.** Lücke *f;* (MIL) Bresche *f;* **commit ~ of contract** vertragsbrüchig werden; **stand in** [*o* **step into**] **the ~** in die Bresche springen; ~ **of promise** Bruch *m* des Eheversprechens; ~ **of the peace** öffentliche Ruhestörung, Friedensbruch *m* **II.** *vt* eine Bresche schlagen in, durchbrechen

bread [bred] **I.** *s* **1.** Brot *nt* **2.** Lebensunterhalt *m;* **earn one's ~** seinen Lebensunterhalt verdienen; **know which side one's ~ is buttered** wissen, wo man seinen Vorteil hat; **the daily ~** das tägliche Brot; **a loaf/slice/piece of ~** ein Laib/eine Scheibe/ein Stück Brot **II.** *vt* panieren; **bread and butter** *s* **1.** Butterbrot *nt* **2.** (*fam*) Lebensunterhalt *m;* **bread-basket** *s* **1.** Brotkorb *m* **2.** (*sl*) Magen *m;* **bread•bin** ['bredbɪn] *s* Brotkasten *m;* **bread•crumb** ['bredkrʌm] *s* **1.** Brotkrume *f* **2. ~s** Paniermehl *nt*

breadth ['bretθ] *s* **1.** Breite *f;* Weite *f* **2.** (*fig*) Großzügigkeit *f;* **in ~** breit, in der Breite; **~ of mind** Weitherzigkeit *f*

bread•win•ner ['bred,wɪnə(r)] *s* Ernährer(in) *m(f)*

break [breɪk] <*irr:* broke, broken> **I.** *vt* **1.** (zer)brechen, zerreißen, zerstoßen, aufschlagen **2.** ruinieren, zu Grunde richten; kaputtmachen **3.** (*Fensterscheibe*) einschlagen **4.** (*fig: Gesetz*) übertreten; (*sein Wort, Versprechen*) nicht halten; (*Verabredung*) nicht einhalten; (*Vertrag*) verletzen **5.** (*Verlobung*) auflösen **6.** unter-, abbrechen **7.** (*Rekord*) brechen **8.** (ELEK) abschalten **9.** (*Tier*) zähmen, abrichten **10.** abgewöhnen (*s.o. of s.th.* jdm etw) **11.** (*Weg*) bahnen **12.** mitteilen, eröffnen; (*fam*) beibringen **13.** (*Banknote*) klein machen; **be broken** kaputt, ruiniert sein; ~ **camp** das Lager abbrechen; ~ **one's neck** sich den Hals brechen; ~ **the news** die Nachricht eröffnen **II.** *vi* **1.** (zer)brechen, zu Bruch gehen; zerreißen **2.** (*Tag*) anbrechen, beginnen **3.** (*Unwetter*) aus-, los-, hereinbrechen **4.** (*Wetter*) sich ändern, wechseln **5.** aufhören, zu Ende gehen; **my heart ~s** es tut mir in der Seele weh **III.** *s* **1.** Bruch(stelle *f*) *m,* Sprung, Riss, Knick *m* **2.** Lücke *f;* Nische *f;* Lichtung *f* **3.** Unterbrechung *f;* Pause *f;* Urlaub *m* **4.** Absatz *m* (*in Schrift und Druck*) **5.** Anbruch, Beginn *m* **6.** Wechsel, Umschwung *m,* Wende *f;* (Wetter)Umbruch *m;* **without a ~** ununterbrochen; **give us a ~!** (*fam*) halt mal die Luft an!; **at ~ of day** bei Tagesanbruch; **bad ~** Pech *nt;* **break away** *vi* **1.** ab-, ausbrechen; abreißen **2.** sich losreißen, sich trennen, sich lossagen (*from* von) **3.** (*Gewohnheiten*) aufgeben (*from s.th.* etw); **break down I.** *vt* **1.** abbrechen, zusammenschlagen; auseinander nehmen, abmontieren **2.** (*fig: Widerstand*) brechen **3.** (*Kosten, Rechnung*) aufgliedern **II.** *vi* **1.** aufhören zu funktionieren; betriebsunfähig werden, kaputtgehen **2.** (AUTO) eine Panne haben **3.** (*fig*) versagen, ausfallen; (*Mensch*) zusammenbrechen; **break even** *intr* (COM) kostendeckend arbeiten, die Ertragsschwelle erreichen; **break forth** *vi* **1.** ausbrechen (*in cheers* in Hochrufe) **2.** hervorbrechen; **break in I.** *vt* **1.** aufbrechen **2.** abrichten, dressieren **3.** (*Person*) einarbeiten **4.** (*Schuhe*) einlaufen **II.** *vi* **1.** einbrechen **2.** unterbrechen; **break into** *vi* **1.** einbrechen in **2.** plötzlich beginnen mit **3.** (*Geld*) anbrechen; **break loose I.** *vt* los-, abbrechen **II.** *vi* ausbrechen; **break off I.** *vt* **1.** abbrechen **2.** (*fig: Verlobung*) aufheben, lösen **II.** *vi* (*in der Rede*) aufhören, abbrechen; **break out** *vi* **1.** (*Gefangener, Feuer, Krieg*) ausbrechen **2.** (MED: *~ out in a rash*) einen Ausschlag bekommen **3.** (*fig*) losplatzen; **break through** *vt* durchstoßen, -brechen; **break up I.** *vt* **1.** auf-, er-, zerbrechen, zerstören **2.** (TECH) auseinander nehmen **3.** (*fig: Veranstaltung*) abbrechen, aufheben; (*Versammlung*) auflösen **4.** unterteilen (*into* in), aufschlüsseln, aufgliedern **II.** *vi* **1.** in Stücke gehen, zerschellen **2.** (*fig*) nachlassen, abnehmen, zusammenfallen **3.** in die Ferien gehen

break•able ['breɪkəbl] *adj* zerbrechlich; **break•age** ['breɪkɪdʒ] *s* **1.** Bruch(stelle *f*) *m* **2.** Bruch(schaden) *m;* **break-away** ['breɪkəweɪ] *s* (POL) Absplitterung *f;* **break•down** ['breɪkdaʊn] *s* **1.** Versagen *nt;* Ausfall *m;* (Betriebs)Störung *f;* (AUTO) Panne *f* **2.** (*fig*) Versagen, Scheitern *nt* **3.** (MED) Zusammenbruch *m* **4.** listenmäßige Aufstellung; Aufgliederung, Aufschlüsselung *f;* **break•down lorry** *s* Abschleppwagen *m;* **break•down service** *s* Pannendienst *m*

breaker ['breɪkə(r)] *s* (*Welle*) Brecher *m*

break•fast ['brekfəst] **I.** *s* Frühstück *nt;* **have** ~ frühstücken **II.** *vi* frühstücken

break•ing ['breɪkɪŋ] *s* Bruch *m;* **breaking-off** *s* Abbruch *m;* **breaking-test** *s* Bruch-, Zerreißprobe *f;* **break•neck** ['breɪknek] *adj* halsbrecherisch; **breakthrough** ['breɪkθru:] *s* Durchbruch *m;* **break•up** ['breɪkʌp] *s* **1.** Auf-, Zerbrechen, Zerreißen *nt* **2.** (*a. fig*) Zerfall *m,* Auflösung *f* **3.** Zusammenbruch *m* **4.** (*Ehe*) Zerrüttung *f;* (*zwischen Freunden*) Bruch *m;* **break•water** ['breɪkwɔ:tə(r)] *s* Wellenbrecher *m*

breast [brest] **I.** *s* Brust *f;* (*a. fig*) Busen *m;* **make a clean ~ of s.th.** sich etw vom Herzen reden **II.** *vt* die Stirn bieten, trotzen (*s.th.* einer S); **breast•bone** ['brestbəʊn] *s* (ANAT) Brustbein *nt;* **breast cancer** *s* (MED) Brustkrebs *m;* **breast•feed** ['brestfi:d] *vt, vi* (*Säugling*) stillen; **breast-fed child** Brustkind *nt;* **breast pocket** *s* Brusttasche *f;* **breast screening** *s* (MED) Vorsorge-, Reihenuntersuchung *f* auf Brustkrebs; **breast•stroke** ['breststrəʊk] *s* Brustschwimmen *nt*

breath [breθ] *s* **1.** Atem(zug *m,* -luft *f*) *m* **2.** (Luft)Hauch *m* **3.** (*fig*) Spur *f,* Anflug *m;* **bad** ~ Mundgeruch *m;* **below** [*o* **under**] **one's** ~ leise, flüsternd; **out of** ~ außer Atem, atemlos; **catch one's** ~ verschnaufen; **gasp for** ~ nach Luft schnappen; **save one's** ~ sich seine Worte sparen; **waste one's** ~ seine Worte verschwenden; **take** ~ Atem holen; **take a deep** ~ tief Luft holen; **it took my ~ away** (*fig*) es verschlug mir den Atem

breath•alyze ['breθəlaɪz] *vt* (MED) jdm eine Atemprobe abnehmen; **breathalyzer** ['breθəlaɪzə(r)] *s* (AUTO) Alkoholtest *m;* Promillemesser *m*

breathe [bri:ð] **I.** *vi* **1.** atmen **2.** Luft holen; ~ **again** [*o* **freely**] (*fig*) aufatmen **II.** *vt* **1.** einatmen **2.** atmen **3.** flüstern; ~ **one's last** den letzten Atemzug tun; **don't ~ a word about ...** verrate kein Wort über ...; **breather** ['bri:ðə(r)] *s* Atem-, Verschnaufpause *f;* **take a** ~ verschnaufen; **breathing** ['-ɪŋ] *s* Atmung *f;* **breathing apparatus** *s* Sauerstoffgerät *nt;* **breathing space** *s* Atem-, Ruhepause *f;* **breathless** ['breθlɪs] *adj* **1.** außer Atem, atemlos **2.** (*fig*) atemberaubend; **breath•tak•ing** ['breθteɪkɪŋ] *adj* atemberaubend; **breath test** *s* (AUTO) Alkoholtest *m*

bred [bred] *s.* **breed**

breech [bri:tʃ] **I.** *s* (*Gewehr*) Verschluss *m* **II.** *adj attr* (MED) Steiß-

breeches ['brɪtʃɪz] *s pl* Kniehose *f*

breed [bri:d] <*irr:* bred, bred> **I.** *vi* **1.** sich fortpflanzen, sich vermehren **2.** Junge bekommen **II.** *vt* **1.** (AGR) züchten **2.** (*fig*) hervorbringen, erzeugen, die Ursache sein *+gen* **III.** *s* Zucht *f;* Rasse *f;* Art *f;* **breeder** ['bri:də(r)] *s* **1.** Züchter(in) *m(f)* **2.** (PHYS) Brüter *m;* **breed•ing** ['-ɪŋ] *s* **1.** Fortpflanzung *f;* (*a.* PHYS) Brüten *nt* **2.** (AGR) Zucht *f* **3.** (*fig*) Erziehung *f* **4.** Benehmen *nt;* Bildung *f*

breeze [bri:z] *s* Brise *f;* **there's not a ~ stirring** es weht kein Lüftchen; **breeze in** *vi* fröhlich hereinschneien; **breeze block** [brɪ:z blɒk] *s* Ytong® *m;* **breezy** ['bri:zɪ] *adj* **1.** (leicht) windig; (*Platz*) luftig **2.** (*fig*) lebhaft, flott; kess

breth•ren ['breðrən] *s pl* (REL) Brüder *mpl*

breve [bri:v] *s* (MUS) Brevis *f*

brevi•ary ['bri:vɪərɪ] *s* (REL) Brevier *nt*

brev•ity ['brevətɪ] *s* Kürze *f*

brew [bru:] **I.** *vt* **1.** (*Bier*) brauen **2.** (*Getränk*) zubereiten **3.** (*fig*) zu Stande bringen; ausbrüten, -hecken **II.** *vi* **1.** brauen **2.** (*fig*) sich zusammenbrauen, im Anzug sein, in der Luft liegen **III.** *s* Gebräu *nt;* **brew up** *vi* (*fam*) Tee machen; **brewer** ['bru:ə(r)] *s* Brauer(in) *m(f);* **brew•ery** ['brʊərɪ] *s* Brauerei *f*

briar ['braɪə(r)] *s* Dornstrauch *m;* Heckenrose *f*

bribe [braɪb] **I.** *s* Schmier-, Bestechungsgeld *nt* **II.** *vt* **1.** bestechen **2.** (*fig*) verleiten, verführen; **bri•bery** ['braɪbərɪ] *s* Bestechung *f;* **attempt at** ~ Bestechungsversuch *m;* (**not**) **open to** ~ (un)bestechlich

bric-a-brac ['brɪkəbræk] *s* Nippes, Nippsachen *pl*

brick [brɪk] *s* **1.** Ziegel, Backstein *m* **2.** Block, Riegel *m* **3.** Bauklotz *m* (*Spielzeug*)*;* **drop a** ~ (*fam*) ins Fettnäpfchen treten; **brick in**, **brick up** *vt* zu-, vermauern; **brickie** ['brɪkɪ] *s* (*fam*) Maurer(in) *m(f);* **brick•layer** ['brɪk,leɪə(r)] *s* Maurer(in) *m(f);* **brick•work** ['brɪkw3:k] *s* Maurerarbeit *f;* Mauern *fpl;* **brick•works**, **brick•yard** ['brɪkw3:ks, 'brɪkjɑ:d] *s* Ziegelei *f*

bri•dal ['braɪdl] *adj* Braut-; hochzeitlich; **bride** ['braɪd] *s* Braut *f;* **bride•groom** ['braɪdgrʊm] *s* Bräutigam *m;* **bridesmaid** ['braɪdzmeɪd] *s* Brautjungfer *f*

bridge [brɪdʒ] **I.** *s* **1.** (*a.* ELEK SPORT) Brücke *f* **2.** (MAR) Kommandobrücke *f* **3.** (*Geige, Brille*) Steg *m* **4.** Nasenrücken *m* **5.** (*Zahnprothese*) Brücke *f* **6.** (*Kartenspiel*) Bridge *nt* **II.** *vt* **1.** eine Brücke schlagen/ bauen über *+acc* **2.** (*fig*) überbrücken; **bridg•ing loan** ['brɪdʒɪŋ'ləʊn] *s* Überbrückungskredit *m*

bridle ['braɪdl] **I.** *s* Zaum(zeug *nt*) *m* **II.** *vt*

1. (auf)zäumen 2. (*fig*) im Zaum halten, zügeln III. *vi* 1. den Kopf hoch tragen 2. sich entrüstet wehren (*at* gegen); **bridle-path** *s* Reitweg *m*

brief [bri:f] I. *s* 1. (JUR) Auftrag *m;* Unterlagen *f pl* zu einem Fall; (*Br sl*) Anwalt *m,* Anwältin *f* 2. (COM) Auftrag *m* 3. (MIL AVIAT) Flugbesprechung *f* II. *vt* 1. einen Auftrag geben (*s.o.* jdm) 2. einweisen, instruieren, unterrichten III. *adj* 1. kurz 2. kurz gefasst, knapp, gedrängt; **in** ~ in Kürze, kurz, *adj;* **be** ~ sich kurz fassen; **brief•case** ['bri:fkeɪs] *s* Aktentasche, -mappe *f;* **brief•ing** ['-ɪŋ] *s* 1. Einsatzbesprechung *f* 2. Einweisung, Instruktion *f,* Briefing *nt;* **brief•ly** ['-lɪ] *adv* kurz; in Kürze, mit wenigen Worten; **brief•ness** ['-nɪs] *s* Kürze *f;* Gedrängtheit *f*

briefs [bri:fs] *s pl* Damenschlüpfer, Slip *m*

brier, briar ['braɪə(r)] *s* Dornstrauch *m;* Heckenrose *f*

brig•ade [brɪ'geɪd] *s* 1. (MIL) Brigade *f* 2. Kolonne *f;* Trupp *m;* **fire** ~ Feuerwehr *f*

bright [braɪt] *adj* 1. leuchtend, strahlend, hell 2. (*Wetter*) heiter; klar 3. glücklich, freudig 4. aufgeweckt, gescheit, klug; **brighten (up)** ['braɪtn (ʌp)] I. *vt* 1. hell, glänzend machen, aufhellen, (auf)polieren 2. aufheitern, glücklich machen II. *vi* 1. (*Himmel*) sich aufhellen 2. (*Gesicht*) aufleuchten; **brightener** [-ə(r)] *s* (optischer) Aufheller; **bright•ness** ['-nɪs] *s* 1. Glanz *m;* Klarheit, Helligkeit *f* 2. (*fig*) Aufgewecktheit *f*

brill ['brɪl] *adj* (*fam*) prima, toll, Spitze!

bril•liance, bril•liancy ['brɪlɪəns, 'brɪlɪənsɪ] *s* 1. heller Glanz, Leuchtkraft *f* 2. (*fig*) geistige Wendigkeit; Brillanz *f;* **bril•liant** ['brɪlɪənt] *adj* 1. hell leuchtend 2. (*fig*) glänzend, brillant; (*Mensch*) geistreich

brim [brɪm] I. *s* 1. Rand *m* (*eines Gefäßes*) 2. (*Hut*) Krempe *f;* **full to the** ~ randvoll II. *vi* voll sein; ~ **over** überfließen (*with* mit); **brim•ful** [ˌbrɪm'fʊl] *adj* randvoll; **he is** ~ **of new ideas** er steckt voller Ideen

brine [braɪn] *s* Lake, Sole *f*

bring [brɪŋ] <*irr:* brought, brought> *vt* 1. (mit-, her)bringen 2. mitführen, bei sich haben 3. im Gefolge haben 4. verschaffen, schenken, geben 5. (*Gründe*) vorbringen; (*Gewinn*) einbringen; (*Preis*) erzielen 6. (*Person*) dazu bringen, veranlassen, bewegen; ~ **upon o.s.** sich zuziehen; sich zuzuschreiben haben; sich aufladen; ~ **an action against s.o.** gegen jdn eine Klage einreichen; ~ **to bear** anwenden (*on* auf), anbringen (*on* bei), geltend machen; ~ **to an end** beenden; ~ **home to s.o.** jdm verständlich machen; jdn überzeugen; ~ **to light** ans Licht bringen; ~ **into the open** an die Öffentlichkeit bringen; ~ **into play** ins Spiel bringen; ins Feld führen; ~ **s.o. to his senses** jdn zur Vernunft bringen; **bring about** *vt* verursachen; zu Stande, zu Wege bringen; **bring along** *vt* mitbringen; **bring back** *vt* 1. ins Gedächtnis (zurück)rufen 2. (*Gegenstand*) zurückbringen; ~ **s.o. back to health** jdn wieder gesund machen; **bring down** *vt* 1. herunterbringen, -holen 2. (*Preis*) herabsetzen 3. (*Tier*) zur Strecke bringen; ~ **down the house,** ~ **the house down** (THEAT) die Zuschauer mitreißen; **bring forth** *vt* 1. zur Welt, hervorbringen 2. verursachen; **bring forward** *vt* 1. vorbringen 2. vorverlegen 3. zur Sprache bringen 4. (COM) über-, vortragen; **bring in** *vt* 1. (*finanziell*) einbringen, abwerfen 2. hereinbringen 3. einführen 4. (*Gesetzesvorlage*) einbringen; **bring off** *vt* 1. retten, wegbringen 2. zu Stande, zu Wege bringen; **bring on** *vt* 1. verursachen, bewirken 2. zur Sprache bringen 3. fördern, weiterbringen; **bring out** *vt* 1. klar, deutlich machen 2. (*Standpunkt*) vorbringen 3. (*Buch*) herausbringen 4. (*Ware*) auf den Markt bringen; ~ **s.o. out of himself** jdm die Hemmungen nehmen; **bring over** *vt* umstimmen, überzeugen; **bring round** *vt* 1. wieder zu Bewusstsein bringen 2. umstimmen 3. bringen (*to* auf); **bring through** *vt* (*Kranken*) durchbringen; **bring to** *vt* 1. (*Ohnmächtigen*) wieder zu sich bringen 2. (MAR) beidrehen; **bring under** *vt* 1. unterwerfen 2. bringen unter; **bring up** *vt* 1. auf-, erziehen 2. zum Stillstand bringen 3. zur Sprache bringen 4. erbrechen 5. (*Truppen*) einsetzen; ~ **up the rear** als Letzter kommen

brink [brɪŋk] *s* (*a. fig*) Rand *m;* **on the** ~ **of disaster** am Rande des Abgrunds

briny ['braɪnɪ] *adj* salz(halt)ig

bri•quet(te) [brɪ'ket] *s* Brikett *m*

brisk [brɪsk] *adj* 1. lebhaft, munter 2. schnell, rasch, flott 3. belebend, anregend, feurig; **brisk•ness** [-nɪs] *s* Lebhaftigkeit *f*

bristle ['brɪsl] I. *s* Borste *f* II. *vi* 1. (*Haar*) (sich) sträuben 2. strotzen (*with* vor) 3. (~ *with anger*) zornig werden; **brist•ly** ['brɪslɪ] *adj* stachelig; struppig

Brit [brɪt] *s* (*fam*) Brite *m,* Britin *f*

Brit•ain ['brɪtn] *s* Großbritannien *nt;* **Bri•tan•nic** [brɪ'tænɪk] *adj:* **Her/His** ~ **Majesty** Ihre/Seine Britannische Majestät; **Brit•ish** ['brɪtɪʃ] I. *adj* britisch II. *s:* **the** ~ die Briten *pl;* **British Broadcasting Corporation, BBC** *s* britische Rundfunkgesellschaft, BBC *f;* **Briton** ['brɪtn] *s* Brite *m,* Britin *f*

brittle ['brɪtl] *adj* **1.** zerbrechlich, spröde **2.** (*fig*) reizbar

broach [brəʊtʃ] *vt* **1.** anzapfen, -stechen **2.** (*Thema*) anschneiden

broad [brɔːd] *adj* **1.** breit; weit **2.** allgemein, umfassend **3.** grob, vage **4.** großzügig, tolerant **5.** klar, deutlich, unmissverständlich **6.** (*Sprache*) breit; **in ~ outline** in groben Zügen; **~ hint** deutlicher Wink; **~ daylight** helles Tageslicht; **~-leaved tree** Laubbaum *m;* **the ~ of the back** die Schultergegend; **broad bean** *s* dicke Bohne, Saubohne *f*

broad•cast ['brɔːdkɑːst] <*irr:* broadcast, broadcast> **I.** *s* Rundfunk-, Fernsehübertragung *f* **II.** *vt* **1.** senden, übertragen, im Rundfunk, Fernsehen übertragen **2.** an die große Glocke hängen, ausposaunen **III.** *vi* **1.** senden **2.** im Rundfunk, Fernsehen auftreten; **broad•caster** ['brɔːdkɑstə(r)] *s* Fernseh-, Rundfunksprecher(in) *m(f);* **news ~** Nachrichtensprecher(in) *m(f);* **broad•cast•ing** [-ɪŋ] *s* Rundfunk-, Fernsehübertragung *f;* **broadcasting station** *s* Sender *m*

broaden ['brɔːdn] **I.** *vi* sich verbreitern, sich erweitern **II.** *vt* verbreitern, erweitern

broad•ly ['brɔːdlɪ] *adv* **1.** allgemein **2.** beträchtlich; **~ speaking** ganz allgemein gesprochen

broad-minded [ˌbrɔːd'maɪndɪd] *adj* tolerant; **broad•sheet** ['brɔːdʃiːt] *s* Flugblatt *nt;* **~ format** Planobogen *m;* **broad•side** ['brɔːdsaɪd] *s* **1.** (MAR) Breitseite *f* **2.** (*fam*) Schimpfkanonade *f*

bro•cade [brə'keɪd] *s* Brokat *m*

broc•coli ['brɒkəlɪ] *s* Brokkoli *pl*

bro•chure ['brəʊʃə(r)] *s* Broschüre *f*

brogue [brəʊg] *s* derber (Arbeits)Schuh

broil [brɔɪl] *vt* auf dem Rost braten, grillen; **broiler** ['brɔɪlə(r)] *s* **1.** Brathuhn *nt* **2.** Grill *m*

broke [brəʊk] **I.** *pt of* **break II.** *adj* (*sl*) abgebrannt, pleite; **go ~** Pleite gehen; **bro•ken** ['brəʊkn] **I.** *pp of* **break II.** *adj* **1.** kaputt, gebrochen, zerbrochen **2.** (*Stimmung*) gedrückt; (*Gesundheit*) zerrüttet **3.** (*Gelände*) uneben; **~ English** gebrochenes Englisch; **~ sleep** unterbrochener Schlaf; **broken-down** *adj* (*Maschine*) nicht betriebs-, gebrauchsfähig; **broken-hearted** *adj* mit gebrochenem Herzen; untröstlich

bro•ker ['brəʊkə(r)] *s* **1.** Makler(in) *m(f),* Agent(in) *m(f),* Vermittler(in) *m(f)* **2.** Gerichtsvollzieher(in) *m(f);* **real estate ~** Grundstücksmakler(in) *m(f);* **bro•ker•age** ['brəʊkərɪdʒ] *s* **1.** Maklergeschäft *nt* **2.** Maklergebühr, Courtage *f*

brol•la•bil•ity [ˌbrɒlə'bɪlɪtɪ] *s* (*Br: fam*) Wahrscheinlichkeit, dass es regnen wird; **brol•ly** ['brɒlɪ] *s* (*Br: fam*) Schirm *m*

bro•mide ['brəʊmaɪd] *s* **1.** (CHEM) Bromid *nt* **2.** Beruhigungsmittel *nt* **3.** (*fam*) Banalität *f*

bro•mine ['brəʊmiːn] *s* Brom *nt*

bron•chi ['brɒŋkaɪ, *sing* -kəs] <*sing* bronchus> *s pl* (ANAT) Bronchien *fpl;* **bronchial** ['brɒŋkɪəl] *adj* Bronchial-; **bron•chi•tis** [brɒŋ'kaɪtɪs] *s* Bronchitis *f,* Bronchialkatarrh *m*

bronze [brɒnz] **I.** *s* Bronze *f* **II.** *adj* bronzen; bronzefarben; **Bronze Age** *s* Bronzezeit *f*

brooch [brəʊtʃ] *s* Brosche *f*

brood [bruːd] **I.** *s* (*a. pej*) Brut *f* **II.** *vi* (*a. fig*) brüten (*on, over* über); **broody** ['bruːdɪ] *adj* (*a. fig*) brütend

brook[1] [brʊk] *s* Bach *m*

brook[2] [brʊk] *vt* (*meist verneint*) ertragen, dulden

broom [bruːm] *s* **1.** Ginster *m* **2.** Besen *m;* **a new ~ sweeps clean** neue Besen kehren gut; **broom•stick** ['bruːmstɪk] *s* Besenstiel *m*

broth [brɒθ] *s* (Fleisch)Brühe *f*

brothel ['brɒθl] *s* Bordell *nt*

brother ['brʌðə(r)] *s* **1.** (*a. fig*) Bruder *m* **2.** **~s** (COM) Gebrüder *mpl;* **~(s) and sister(s)** Geschwister *pl;* **brother•hood** [-hʊd] *s* **1.** Brüderschaft *f* **2.** Brüderlichkeit *f;* **brother-in-law** ['brʌðərɪnlɔː] <*pl* brothers-in-law> *s* Schwager *m;* **brother•ly** ['-lɪ] *adj* brüderlich; **~ love** Nächstenliebe *f*

brought [brɔːt] *s.* **bring**

brow [braʊ] *s* **1.** Augenbraue *f* **2.** (*a. fig*) Stirn *f* **3.** Vorsprung *m;* (Berg)Kuppe *f;* **knit one's ~s** die Stirn runzeln; **brow•beat** ['braʊbiːt] <*irr:* browbeat, browbeaten> *s* unter Druck setzen (*into doing s.th.* etw zu tun)

brown [braʊn] **I.** *adj* braun **II.** *s* Braun *nt* **III.** *vt* bräunen; (*Fleisch*) anbraten; **I'm ~ed off** (*fam*) das hängt mir zum Hals raus **IV.** *vi* braun werden; **brown bread** *s* Misch-, Graubrot *nt;* **brown goods** [ˌbraʊn'gʊdz] *s pl* Unterhaltungselektronik *f*

brownie ['braʊnɪ] *s* Wichtel *m;* **~ points** Pluspunkte *mpl*

brown-nose ['braʊnˌnəʊz] *vi* (*Am: sl*) hinten reinkriechen *sl;* **brown-noser** *s* (*Am: sl*) Arschkriecher *m sl*

brown paper ['braʊn'peɪpə(r)] *s* Packpapier *nt;* **brown rice** *s* Naturreis *m;* **brown•stone** ['braʊnstəʊn] *s* (*Am*) brauner Sandstein

browse [braʊz] *vi* **1.** weiden **2.** (*fig*) sich umsehen; (*in Büchern*) (herum)schmökern; **browser** *s* (INTERNET) Browser *m*

bruise [bru:z] **I.** *s* (MED) Quetschung *f;* blauer Fleck **II.** *vt* **1.** quetschen; stoßen **2.** grün u. blau schlagen **III.** *vi* blaue Flecke bekommen; **bruiser** ['bru:zə(r)] *s* (*fam*) Schläger *m*

brunch [brʌntʃ] *s* (*fam*) Brunch *nt* (*Frühstück u. Mittagessen zugleich*)

bru•nette [bru:'net] **I.** *adj* brünett **II.** *s* Brünette *f*

brunt [brʌnt] *s:* **bear the ~ of s.th.** die Hauptlast einer S tragen

brush [brʌʃ] **I.** *s* **1.** Bürste *f* **2.** Pinsel *m* **3.** Abbürsten *nt* **4.** (Fuchs)Schwanz *m* **5.** Gestrüpp, Unterholz *nt* **6.** Zusammenstoß *m* **II.** *vt* **1.** bürsten **2.** fegen, kehren **3.** streifen; **~ one's teeth** sich die Zähne putzen; **brush aside** *vt* zur Seite schieben, abtun; **brush away** *vt* abbürsten; **brush off** *vt* **1.** abbürsten **2.** (*fam*) abblitzen lassen; **brush up** *vt* **1.** aufkehren **2.** (*fig*) auffrischen; **brush-off** ['brʌʃɒf] *s* Abfuhr *f;* **give sb the ~** (*fam*) jdm eine Abfuhr erteilen; **brush•wood** ['brʌʃwʊd] *s* Unterholz, Dickicht *nt*

brusque [bru:sk] *adj* brüsk, barsch; **brusque•ness** [-nɪs] *s* Schroffheit *f*

Brus•sels ['brʌslz] *s* Brüssel *nt;* **Brussels sprouts** *s pl* Rosenkohl *m*

bru•tal ['bru:tl] *adj* roh, brutal; **bru•tal•ity** [bru:'tælətɪ] *s* Rohheit, Brutalität *f;* **brutal•ize** ['bru:təlaɪz] *vt* brutal behandeln

brute [bru:t] **I.** *s* **1.** Tier, Vieh *nt* **2.** Rohling *m* **II.** *adj* viehisch, grausam, brutal; roh; stumpf, gefühllos; **by ~ force** mit roher Gewalt; **brut•ish** ['bru:tɪʃ] *adj* tierisch, viehisch; roh

B-school ['bi:sku:l] *s* (*Am: fam*) *Wirtschaftskurs an einer Universität*

BSE *s Abk. von* **bovine spongiform encephalopathy** BSE *f*

bubble ['bʌbl] **I.** *s* **1.** (Luft, Seifen)Blase *f* **2.** (*fig*) Schwindel *m* **II.** *vi* sprudeln, blubbern, schäumen; **bubble over** *vi* überfließen, -sprudeln; **bubble bath** *s* Schaumbad *nt;* **bubble gum** *s* Bubblegum *m;* **bub•bly** ['bʌblɪ] **I.** *adj* sprudelnd **II.** *s* (*fam*) Schampus *m*

bu•bonic [bju:'bɒnɪk] *adj:* **~ plague** Beulenpest *f*

buc•ca•neer [ˌbʌkə'nɪə(r)] *s* Seeräuber *m*

buck [bʌk] **I.** *s* **1.** Bock *m* (*Reh- und Steinwild*); (*Hase*) Rammler *m* **2.** (*old ~*) Geck, Stutzer *m* **3.** (*Am sl*) Dollar *m;* **earn a fast ~** schnelles Geld machen; **pass the ~** die Verantwortung abschieben (*to* auf) **II.** *vi* **1.** (*Pferd*) bocken **2.** (*Mensch*) bocken, sich sträuben; **buck up I.** *vi* (*fam*) **1.** sich beeilen **2.** sich zusammenreißen **II.** *vt* **1.** Dampf machen (*s.o.* jdm) **2.** aufmuntern

bucket ['bʌkɪt] **I.** *s* **1.** Eimer, Kübel *m* **2.** (TECH) Schaufel *f;* **kick the ~** (*sl*) ins Gras beißen **II.** *vt* (*Pferd*) zu Schanden reiten; **bucket•ful** [-fʊl] *s* Eimervoll *m*

buckle ['bʌkl] **I.** *s* Schnalle, Spange *f* **II.** *vt* **1.** an-, um-, zuschnallen **2.** (TECH) (ver)biegen, krümmen **III.** *vi* (TECH) sich werfen; sich verziehen; **~ down to s.th.** etw ernsthaft in Angriff nehmen

buck•shot ['bʌkʃɒt] *s* Rehposten *m;* **buck•skin** ['bʌkskɪn] *s* Wildleder *nt*

buck•wheat ['bʌkwi:t] *s* Buchweizen *m*

bud [bʌd] **I.** *s* Knospe *f;* **in (the) ~** voller Knospen; **nip in the ~** (*fig*) im Keim ersticken **II.** *vi* knospen; (*a. fig*) keimen; **bud•ding** [-ɪŋ] *adj* (*fig*) angehend

buddy ['bʌdɪ] *s* (*Am fam*) Kumpel *m;* **buddy system** *s* (*Am*) Klüngelei *f pej*

budge [bʌdʒ] *vt:* **I can't ~ it** ich kann es nicht von der Stelle bringen; **it won't ~** es lässt sich nicht bewegen

bud•geri•gar ['bʌdʒərɪgɑ:(r)] *s* Wellensittich *m*

budget ['bʌdʒɪt] **I.** *s* Etat, Finanzplan *m,* Budget *nt* **II.** *vi* haushalten; **~ for s.th.** etw im Haushaltsplan vorsehen; **budget•ary** ['bʌdʒɪtərɪ] *adj* Haushalts-, Budget-

buff [bʌf] **I.** *s* **1.** dickes, weiches Leder **2.** (*fam*) bloße Haut **3.** stumpfes Gelbbraun; **in the ~** im Adamskostüm **II.** *adj* lederfarben **III.** *vt* polieren

buf•falo ['bʌfələʊ] <*pl* **buffalo(e)s**> *s* Büffel *m;* Bison *m*

buf•fer ['bʌfə(r)] *s* **1.** (TECH) Puffer, Prellbock *m* **2.** (INFORM) Puffer, Zwischenspeicher *m* **3.** Polierpfeile *f*

buf•fet¹ ['bʌfɪt] **I.** *s* (*a. fig*) Schlag *m* **II.** *vt* hin- u. herwerfen

buf•fet² ['bʊfeɪ] *s* **1.** Büfett *nt;* Theke, Bar *f* **2.** kaltes Büfett; **buffet car** *s* (*Br:* RAIL) Speisewagen *m*

buf•foon [bə'fu:n] *s* Possenreißer, Clown *m*

bug [bʌg] **I.** *s* **1.** Wanze *f* **2.** (*allgemein*) Insekt *nt;* (*Am*) Käfer *m* **3.** (*fam*) Bazillus *m* **4.** (*sl*) Bock, Fehler, Defekt *m* **5.** (*big ~*) hohes Tier **6.** (*Abhörgerät*) Wanze *f* **7.** (INFORM) Virus *m* **II.** *vt* **1.** eine Wanze einbauen in **2.** (*fam*) ärgern

bug•bear ['bʌgbeə(r)] *s* Schreckgespenst *nt*

bug•ger ['bʌgə(r)] **I.** *s* (*sl*) Kerl, Bursche *m;* (*als Schimpfwort*) Scheißkerl *m;* **you lucky ~!** da hast du aber Schwein gehabt! **II.** *vt* anal verkehren mit; **(oh,) ~!** (*vulg*) Scheiße!; **bugger off** *vi* (*sl*) abhauen; **bugger up** *vt* (*sl*) versauen; **bug•gery** ['bʌgərɪ] *s* Sodomie *f*

bugging ['bʌgɪŋ] *s* Abhöraktion *f;* **bugging system** *s* Abhörsystem *nt*

buggy ['bʌgɪ] *s* **1.** Buggy *m* **2.** (*Am*) Kinderwagen *m*

bugle ['bju:gl] *s* (MUS) Waldhorn *nt;* **bugler** ['bju:glə(r)] *s* Hornist(in) *m(f)*

build [bɪld] <*irr:* built, built> I. *vt* 1. bauen (*of* aus) 2. auf-, erbauen, errichten II. *vi* (ein Haus) bauen III. *s* Körperbau *m;* Figur *f;* **build in** *vt* einbauen, einplanen; **build on** *vt* anbauen; **build up** I. *vt* 1. aufbauen, aufbessern 2. steigern, erhöhen, kräftigen 3. bebauen II. *vi* 1. entstehen, zunehmen 2. sich verdichten

builder ['bɪldə(r)] *s* 1. Erbauer(in) *m(f)* 2. Baumeister(in) *m(f)* 3. Bauunternehmer(in) *m(f)* 4. (*fig*) (Be)Gründer(in) *m(f)*

build·ing ['bɪldɪŋ] *s* 1. Bau *m,* Bauen *nt;* Baukunst *f* 2. Bau(werk *nt*) *m,* Gebäude *nt;* **building contractor** *s* Bauunternehmer(in) *m(f);* **building site** *s* Baustelle *f;* **building society** *s* Bausparkasse *f*

build-up ['bɪldʌp] *s* 1. Reklame; Propaganda *f* 2. Steigerung *f;* **give s.o. a ~** jdn aufbauen; **a ~ of traffic** eine Verkehrsverdichtung

built [bɪlt] *s.* **build**; **built-in** ['bɪlt'ɪn] *adj* eingebaut; **built-up** ['bɪltʌp] *adj:* ~ **area** bebautes Gelände; geschlossene Ortschaft

bulb [bʌlb] *s* 1. (Blumen)Zwiebel, Knolle *f* 2. (Glas)Kolben *m* 3. (Glüh)Birne *f;* **bulbous** ['bʌlbəs] *adj* (BOT) zwiebelförmig

Bul·garia [bʌl'geərɪə] *s* Bulgarien *nt;* **Bul·gar·ian** [bʌl'geərɪən] I. *s* Bulgare *m,* Bulgarin *f* II. *adj* bulgarisch

bulge [bʌldʒ] I. *s* 1. Ausbuchtung *f;* Rundung *f;* Beule *f* 2. Zunahme *f* II. *vi* anschwellen, sich wölben; einen Wulst bilden; **bulg·ing** [-ɪŋ] *adj* prall gefüllt

bul·imia [bʊlɪ:mɪə] *s* (MED) Bulimie *f*

bulk [bʌlk] I. *s* 1. Masse *f;* Umfang *m;* Volumen *nt;* Größe *f* 2. Hauptteil *m;* Mehrzahl *f* (*of+gen*); **in ~** unverpackt, lose; in großen Mengen; (COM) en gros; **the ~ of** der größte Teil *+gen* II. *vi:* ~ **large** bedeutend erscheinen; **bulk buying** *s* Großeinkauf *m;* **bulked-up** ['bʌlktʌp] *adj* gestärkt

bulk·head ['bʌlkhed] *s* (MAR) Schott *nt*

bulky ['bʌlkɪ] *adj* 1. umfangreich, massig 2. unhandlich; sperrig

bull[1] [bʊl] I. *s* 1. Stier, Bulle *m* 2. (COM) Haussespekulant *m;* **like a ~ in a china shop** wie ein Elefant im Porzellanladen *m;* **take the ~ by the horns** (*fig*) den Stier bei den Hörnern packen II. *vi* (COM) auf Hausse spekulieren III. *vt* die Kurse in die Höhe treiben

bull[2] [bʊl] *s* (REL) Bulle *f*

bull·dog ['bʊldɒg] *s* Bulldogge *f*

bull·doze ['bʊldəʊz] *vt* planieren; ~ **s.o. into doing s.th.** jdn zwingen etw zu tun; **bull·dozer** ['bʊldəʊzə(r)] *s* Planierraupe *f,* Bulldozer *m*

bul·let ['bʊlɪt] *s* Gewehrkugel *f;* Geschoss *nt*

bull·etin ['bʊlətɪn] *s* 1. amtlicher Bericht, Bulletin *nt* 2. Tages-, Krankenbericht *m;* **bulletin board** *s* (*Am*) schwarzes Brett

bul·let·proof *adj* kugelsicher; **bullet train** *s* japanischer Hochgeschwindigkeitszug

bull·fight ['bʊlfaɪt] *s* Stierkampf *m;* **bull·fighter** ['bʊlfaɪtə(r)] *s* Stierkämpfer *m;* **bull·finch** ['bʊlfɪntʃ] *s* Dompfaff *m;* **bull-headed** [ˌbʊl'hedɪd] *adj* starrsinnig, starrköpfig

bul·lion ['bʊlɪən] *s* Gold-, Silberbarren *m*

bull-neck ['bʊlnek] *s* Stiernacken *m*

bul·lock ['bʊlək] *s* Ochse *m*

bull·ring ['bʊlrɪŋ] *s* Stierkampfarena *f;* **bull's-eye** ['bʊlzaɪ] *s* Scheibenmittelpunkt *m*

bull·shit I. *s* (*vulg*) Scheiße *f;* **~!** Quatsch! II. *vi* (*vulg*) Scheiß erzählen

bully[1] ['bʊlɪ] I. *s* Tyrann *m;* (*in der Schule*) Rabauke *m* II. *vt* einschüchtern; schikanieren; fertig machen

bully[2] ['bʊlɪ] *s* (~ *beef*) Cornedbeef *nt*

bully[3] ['bʊlɪ] *interj* (*fam*) prima!; ~ **for you!** gratuliere!

bul·rush ['bʊlrʌʃ] *s* Binse *f*

bul·wark ['bʊlwək] *s* 1. Bollwerk *nt* 2. (MAR) Schanzkleid *nt*

bum[1] [bʌm] *s* (*fam*) Gesäß *nt,* Hintern *m*

bum[2] [bʌm] I. *s* (*sl*) Penner *m* II. *adj* (*sl*) mies, erbärmlich, schlecht III. *vi* (*sl*) 1. rumgammeln 2. schnorren (*off s.o.* bei jdm)

bum·ble around ['bʌmblˌəraʊnd] *vi* (*Br: fam*) herumwursteln

bum·ble-bee ['bʌmblbi:] *s* Hummel *f*

bumf [bʌmf] *s* (*sl*) Papierkram *m*

bummed *adj* (*Am: sl*) stinksauer *sl*

bump [bʌmp] I. *vt* 1. stoßen (*s.th.* gegen etw), rammen 2. auffahren II. *vi* 1. stoßen, bumsen (*against, into* gegen, an) 2. (*Wagen*) rumpeln, holpern III. *s* 1. Stoß, Puff, Bums *m* 2. Beule *f* (*on the head* am Kopf) 3. (AVIAT) Bö *f* 4. (*Straße*) Unebenheit *f* IV. *adv* mit einem Ruck; **bump off** *vt* (*sl*) um die Ecke bringen

bum·per ['bʌmpə(r)] I. *s* Stoßstange *f* II. *adj:* ~ **crop** Rekordernte *f;* **bumper car** *s* (Auto)Scooter *m;* **bumper-to-bumper** *adj* Stoßstange an Stoßstange

bumph *s* (*sl*) Papierkram *m*

bump·kin ['bʌmpkɪn] *s* Tölpel *m*

bump·tious ['bʌmpʃəs] *adj* überheblich, anmaßend

bumpy ['bʌmpɪ] *adj* holp(e)rig

bun [bʌn] *s* 1. (*England*) süßes Brötchen 2. (Haar)Knoten *m*

bunch [bʌntʃ] I. *s* 1. Büschel, Bündel *nt*

B

2. (*Blumen*) Strauß *m* 3. (*fam*) Haufen *m*, Gruppe *f*; Trupp, Schwarm *m*; **the best of the ~** das Beste an der ganzen Sache, das Allerbeste; **a ~ of people** eine Menschengruppe; **~ of grapes** Weintraube *f*; **~ of keys** Schlüsselbund *m* **II.** *vt*: **~ together** zusammenfassen **III.** *vi* sich bauschen

bundle ['bʌndl] **I.** *s* (*a. fig*) Bündel *nt*, Paket *nt* **II.** *vt* 1. (zusammen)bündeln, zusammenbinden 2. (unordentlich) (hinein)stopfen (*into* in) 3. (*Menschen*) verfrachten; **~ away/off/out** (schnell) weg-/fort-/hinausbefördern; **~ s.o. off to bed** jdn ins Bett packen

bung [bʌŋ] **I.** *s* 1. Spund *m* 2. (*sl*) Schmiergeld *nt* **II.** *vt* verspunden; **~ up** verstopfen; **~ed-up** geschwollen; verstopft

bun·ga·low ['bʌŋgələʊ] *s* Bungalow *m*

bun·gee jump·ing ['bʌndʒɪˌdʒʌmpɪŋ] *s* Bungeespringen *nt*

bung-hole ['bʌŋhəʊl] *s* Spundloch *nt*

bungle ['bʌŋgl] **I.** *vi* pfuschen, stümpern **II.** *vt* verpfuschen **III.** *s* Pfuscherei, Pfuscharbeit *f*; **bung·ler** ['bʌŋglə(r)] *s* Pfuscher(in) *m(f)*, Stümper(in) *m(f)*; **bungl·ing** ['-ɪŋ] *adj* stümperhaft

bunk[1] [bʌŋk] *s* Koje *f*; **bunk bed** *s* Etagen-, Stockbett *nt*

bunk[2] [bʌŋk] *s*: **do a ~** (*sl*) türmen; **bunk off** *vt* (*sl*) schwänzen

bunker ['bʌŋkə(r)] **I.** *s* 1. (MAR) Kohlenbunker *m* 2. (MIL) Bunker *m* 3. (*Golf*) Bunker *m* **II.** *vt*: **be ~ed** in der Klemme sitzen; **bunker mentality** *s* Bunker-Mentalität *f*

bun·kum ['bʌŋkəm] *s* Blödsinn *m*

bunny ['bʌnɪ] *s* (*Kindersprache*) Kaninchen *nt*

bunt·ing ['bʌntɪŋ] *s* Fahnentuch *nt*

buoy [bɔɪ] **I.** *s* 1. (MAR) Boje, Bake *f* 2. (*life-~*) Rettungsring *m* **II.** *vt* (*~ out*) durch Bojen bezeichnen; **~ up** über Wasser halten; (*fig*) Auftrieb geben, Mut zusprechen (*s.o.* jdm); **buoy·ancy** ['bɔɪənsɪ] *s* 1. (*Wasser*) Tragfähigkeit *f*; (*Gegenstand*) Schwimmfähigkeit *f* 2. (*fig*) Spannkraft *f*, Schwung, Lebensmut *m*; **buoy·ant** ['bɔɪənt] *adj* 1. (*Wasser*) tragend; (*Gegenstand*) schwimmend 2. (*fig*) schwungvoll 3. (COM) steigend; lebhaft

bur(r) [bɜː(r)] *s* 1. (*a. fig*) Klette *f* 2. (TECH) Grat *m*

burb [bɜːb] *s* (*fam: kurz für suburb*) Vorort *m*

burble ['bɜːbl] **I.** *vi* 1. murmeln, plätschern; gurgeln 2. (*fam*) daherquasseln **II.** *s* Plätschern *nt*

bur·den ['bɜːdn] **I.** *s* 1. (*a. fig*) Last *f* 2. (*Schiff*) Tragkraft *f*, Tonnengehalt *m* 3. Kehrreim, Refrain *m* 4. Leitgedanke *m*; **be a ~ on s.o.** jdm zur Last fallen; **~ of proof** Beweislast *f* **II.** *vt* (*a. fig*) belasten; **bur·den·some** [-səm] *adj* lästig, beschwerlich

bureau ['bjʊərəʊ] *s* 1. Schreibtisch *m* 2. Büro *nt*; **information** [*o* **tourist**] **~** Auskunft *f*

bureau·cracy [bjʊə'rɒkrəsɪ] *s* Bürokratie *f*; **bureau·crat** ['bjʊərəkræt] *s* Bürokrat(in) *m(f)*; **bureau·cratic** [ˌbjʊərə'krætɪk] *adj* bürokratisch

bur·geon ['bɜːdʒən] *vi* (*lit*) knospen, keimen, sprießen

bur·ger ['bɜːgə(r)] *s* Hamburger *m*

bur·glar ['bɜːglə(r)] *s* Einbrecher(in) *m(f)*; **bur·glar·ize** ['bɜːgləraɪz] *vt* (*Am*) einbrechen (*a house* in ein Haus); **bur·glary** ['bɜːglərɪ] *s* Einbruch(sdiebstahl) *m*; **bur·gle** ['bɜːgl] *vt* einbrechen in; **we were ~d** bei uns wurde eingebrochen

burial ['berɪəl] *s* Begräbnis *nt*, Bestattung, Beerdigung *f*; **burial ground** *s* Friedhof *m*; **burial place** *s* Grabstätte *f*; **burial service** *s* Trauerfeier *f*; **burial site** *s* Endlager *nt*

bur·lesque [bɜː'lesk] **I.** *s* 1. Burleske, Posse *f* 2. (*Am*) Varietee *nt* **II.** *adj* possenhaft

burly ['bɜːlɪ] *adj* stämmig, kräftig

burn [bɜːn] <*irr:* burnt (burned), burnt (burned)> **I.** *vt* 1. verbrennen 2. anbrennen, anzünden, in Brand stecken; (*ein Loch in eine S*) brennen 3. (*Kohle*) verfeuern; (*Ziegel*) brennen 4. (*den Mund, die Finger*) sich verbrennen 5. (*Speise*) anbrennen lassen 6. (*Hitze*) versengen, verdorren lassen, ausdörren; **~ one's fingers** sich die Finger verbrennen **II.** *vi* 1. brennen, in Flammen stehen 2. (*Licht*) brennen, eingeschaltet sein 3. (*Speise*) anbrennen 4. (*fig*) darauf brennen (*to* zu) 5. (*vor Wut*) kochen, schäumen **III.** *s* Brandwunde, Verbrennung *f*; **burn away** *vi* ab-, aus-, verbrennen; **burn down** *vt, vi* ab-, niederbrennen; **burn out** *vt, vi* 1. völlig aus-, verbrennen, ausgehen 2. (ELEK) durchbrennen; **~ o.s. out** sich kaputtmachen; **burn up** **I.** *vt* 1. verbrennen 2. (*fig*) verzehren **II.** *vi* 1. in Flammen aufgehen; wieder aufflammen 2. verglühen; **burner** ['bɜːnə(r)] *s* Brenner *m*; **burn·ing** ['bɜːnɪŋ] *adj* 1. (*a. fig*) brennend, glühend 2. (*fig*) leidenschaftlich, feurig 3. (*Schmach*) empörend; **~ hot** glühend heiß; **~ issue** [*o* **question**] brennende Frage

bur·nish ['bɜːnɪʃ] *vt* polieren

burnt [bɜːnt] **I.** *pt, pp of* **burn** **II.** *adj* verbrannt; **have a ~ taste** angebrannt schmecken

burp [bɜːp] *vi* (*fam*) rülpsen

burr [bɜː(r)] *s* 1. (*a. fig*) Klette *f* 2. (TECH) Grat *m*

bur•row ['bʌrəʊ] **I.** *s* Bau *m* **II.** *vt* (*Bau*) graben **III.** *vi* **1.** sich einwühlen, -graben **2.** (*fig*) sich vergraben (*into* in)

bur•sar ['bɜːsə(r)] *s* Schatzmeister(in) *m(f)*, Quästor(in) *m(f)*; **bur•sary** ['bɜːsərɪ] *s* **1.** Quästur *f* **2.** Stipendium *nt*

burst [bɜːst] <*irr:* burst, burst> **I.** *vi* **1.** bersten, (zer)platzen, reißen, zerspringen; explodieren **2.** (*Knospe*) aufbrechen; (*Sturm*) ausbrechen; (*Gewitter*) sich entladen **3.** (*a. fig*) bersten, platzen (*with* vor); ~ **open** aufbrechen; **be ~ing with health** vor Gesundheit strotzen; **be ~ing to** darauf brennen zu; ~ **into tears** in Tränen ausbrechen **II.** *vt* sprengen; bersten, platzen lassen; ~ **one's side(s) with laughter** vor Lachen platzen; ~ **its banks** über die Ufer treten **III.** *s* **1.** Bersten, Zerspringen *nt* **2.** (MIL: ~ *of fire*) Feuerstoß *m* **3.** (*fig*) Ausbruch, Anfall *m*; ~ **of applause** Beifallssturm *m*; **burst forth** *vi* ausbrechen (*into* in); **burst in** *vi* **1.** hereinstürzen **2.** dazwischenplatzen; **burst out** *vi* ausbrechen in, ausrufen, (plötzlich) schreien; ~ **out crying** in Tränen ausbrechen; ~ **out laughing** sich vor Lachen nicht halten können; loslachen

Bu•run•di [bʊ'rʊndɪ] *s* Burundi *nt*; **Bu•run•dian** [bʊ'rʊndɪən] **I.** *adj* burundisch **II.** *s* Burundier(in) *m(f)*

bury ['berɪ] *vt* **1.** begraben, beerdigen **2.** ein-, vergraben **3.** verbergen **4.** (*fig*) vergessen, auf sich beruhen lassen; ~ **o.s. in one's books** sich in seinen Büchern vergraben; **buried in thought** gedankenversunken

bus [bʌs] <buses, busses *Am*> **I.** *s* **1.** Bus, Omnibus, Autobus *m* **2.** (AUTO: *fam*) Kiste *f*; **go by** ~ mit dem Bus fahren; **miss the** ~ (*fam*) den Anschluss verpassen **II.** *vt* mit dem Bus befördern; **bus driver** *s* Busfahrer(in) *m(f)*

bush [bʊʃ] *s* **1.** Busch, Strauch *m*; Gebüsch *nt* **2.** Busch *m* (*in Afrika*) **3.** Haarschopf *m*; **beat about the** ~ (*fig*) wie die Katze um den heißen Brei herumschleichen

bushel ['bʊʃl] *s* Scheffel *m* (*36,37 l*); **hide one's light under a** ~ (*prov*) sein Licht unter den Scheffel stellen

Bush•man ['bʊʃmən] <*pl* -men> *s* Buschmann *m*; **bushy** ['bʊʃɪ] *adj* buschig

busi•ly ['bɪzɪlɪ] *adv* geschäftig, eifrig

busi•ness ['bɪznɪs] *s* **1.** Geschäftsleben *nt*, Handel *m*, Gewerbe *nt* **2.** geschäftliches Unternehmen, Geschäftsbetrieb *m*, gewerblicher Betrieb **3.** Aufgabe *f*; Angelegenheit, Sache *f* **4.** Problem *nt*; **in** ~ im Geschäftsleben; **on** ~ geschäftlich; **be in** ~ Geschäftsmann sein; **do** ~ Geschäfte machen; **have no** ~ **to** kein Recht haben zu; **get down to** ~ zur Sache kommen; **mean** ~ es ernst meinen; **retire from** ~ sich aus dem Geschäftsleben zurückziehen; **set up in** ~ ein Geschäft anfangen; **mind your own** ~**!** kümmern Sie sich um Ihre eigenen Angelegenheiten!; **send s.o. about his** ~ jdn in seine Schranken weisen; **that's none of your** ~**!** das geht Sie nichts an!; **what's his** ~**?** was macht, wovon lebt er?; **what's your** ~ (**with me**)? was führt Sie zu mir?; **what** ~ **is he in?** in welcher Branche arbeitet er?; **business address** *s* Geschäftsadresse *f*; **business card** *s* Visitenkarte *f*; **business end** *s* scharfes Ende; **business expenses** *s pl* Geschäftskosten *pl*; **business hours** *s pl* Geschäftszeit(en) *f (pl)*; **business letter** *s* Geschäftsbrief *m*; **busi•ness•like** [-laɪk] *adj* **1.** geschäftstüchtig **2.** praktisch (veranlagt), gewandt; **busi•ness•man** [-mæn] <*pl* -men> *s* Geschäftsmann *m*; **business park** *s* Industriegelände *nt*; **business transaction** *s* Geschäftsvorfall *m*; **business trip** *s* Geschäftsreise *f*; **busi•ness•woman** [-wʊmən, *pl* -wɪmɪn] <*pl* -women> *s* Geschäftsfrau *f*

busker ['bʌskə(r)] *s* Straßenmusikant(in) *m(f)*

bus•load ['bʌsləʊd] *s* Busladung *f*; **by the** ~**, in** ~**s** busweise; **busman's holiday** *s* Fortsetzung *f* der Berufstätigkeit in den Ferien; **bus service** *s* Busverbindung *f*; **bus station** *s* Busbahnhof *m*; **bus stop** *s* Bushaltestelle *f*

bust[1] [bʌst] *s* **1.** Busen *m* **2.** (*Kunst*) Büste *f*

bust[2] [bʌst] **I.** *vt* **1.** kaputtmachen **2.** (*Am*) eine Razzia durchführen (in) **II.** *vi* kaputtgehen; **go** ~ Pleite gehen

bustle ['bʌsl] **I.** *vi* sich geschäftig bewegen, sich tummeln; ~ **about** sehr geschäftig tun **II.** *s* Geschäftigkeit, Eile, Hetze *f*

bust-up ['bʌstʌp] *s* (*sl*) Krach, Streit *m*

busy ['bɪzɪ] **I.** *adj* **1.** beschäftigt **2.** bewegt, belebt **3.** (*Straße*) verkehrsreich, belebt; (*Tag*) voll ausgefüllt; (*Mensch*) ausgelastet **4.** (TELE) besetzt; **be** ~ **doing s.th.** gerade etw tun **II.** *vr* sich beschäftigen (*with* mit); **busy•body** ['bɪzɪˌbɒdɪ] *s* Gschaftlhuber(in) *m(f)*, Wichtigtuer(in) *m(f)*

but [bʌt] **I.** *conj* **1.** aber, dennoch, (je)doch, indessen, nichtsdestoweniger, andererseits **2.** sondern; außer dass; ohne dass, ohne zu; wenn nicht **3.** (*nach Verneinung*) dass; ~ **that** außer dass, ohne dass; **not only ...** ~ **also** nicht nur ..., sondern auch **II.** *prep* außer; **anything** ~ nichts weniger als; **nothing** ~ nichts als; **the last** ~ **one** der Vorletzte; **all** ~ **one** alle bis auf einen; ~ **for** ohne **III.** *adv* nur, bloß; **all** ~ beinahe, fast, nahezu; ~ **then** dafür aber **IV.** *pron* (*nach verneintem Hauptsatz*): **there was not one** ~ **was wounded** es war nicht einer

da, der nicht verwundet war **V.** *s* Aber *nt*
bu•tane ['bju:teɪn] *s* Butan(gas) *nt*
butch [bʊtʃ] *adj* (*sl*) maskulin
butcher ['bʊtʃə(r)] **I.** *s* **1.** Metzger(in) *m(f),* Fleischer(in) *m(f),* Schlachter(in) *m(f)* **2.** (*fig*) Schlächter *m;* **~'s shop** Fleischerei, Metzgerei *f;* **at the ~'s** beim Fleischer **II.** *vt* (*Menschen*) (hin)schlachten, niedermetzeln; **butchery** ['bʊtʃərɪ] *s* **1.** Metzgerhandwerk *nt* **2.** (*fig*) Gemetzel *nt*
but•ler ['bʌtlə(r)] *s* Butler *m*
butt¹ [bʌt] *s* **1.** großes Fass **2.** Tonne *f* **3.** (*~-end*) stumpfes Ende
butt² [bʌt] *s* **1.** (Gewehr)Kolben *m* **2.** Zigarettenstummel *m*
butt³ [bʌt] *s* **1.** Schießscheibe *f* **2. ~s** Kugelfang *m* **3.** (*fig*) Zielscheibe *f*
butt⁴ [bʌt] **I.** *vt* mit dem Kopf stoßen **II.** *vi* (*fam*): **~ in** sich einmischen; **~ into** dazwischenplatzen; **~ out!** (*Am*) hau ab! verpiss dich!; **~ out** (*a cigarette, Am: fam*) eine Zigarette ausmachen
but•ter ['bʌtə(r)] **I.** *s* Butter *f;* **peanut-~** Erdnussbutter *f* **II.** *vt* mit Butter bestreichen; **~ up** schmeicheln (*s.o.* jdm); **but•ter•cup** ['bʌtəkʌp] *s* Butterblume *f,* Hahnenfuß *m;* **butter-dish** *s* Butterdose *f;* **but•ter•fin•gers** ['bʌtəˌfɪŋgəz] *s sing* Schussel *m*
but•ter•fly ['bʌtəflaɪ] *s* **1.** Schmetterling *m* **2.** (SPORT) Schmetterlings-, Delphinstil *nt*
but•ter•milk ['bʌtəmɪlk] *s* Buttermilch *f*
but•tery ['bʌtərɪ] *s* **1.** Speisekammer *f* **2.** Cafeteria *f*
but•tock ['bʌtək] *s* **1.** Hinterbacke *f* **2.** *meist pl* Hinterteil, Gesäß *nt*
but•ton ['bʌtn] **I.** *s* **1.** Knopf *m* **2.** junger Champignon **3.** (ELEK) Klingel-, Schaltknopf *m* **4. ~s** (*fam*) Page *m;* **press the ~** auf den Knopf drücken **II.** *vt* zuknöpfen; **~ your lip!** (*sl*) halt den Mund! **III.** *vi* sich knöpfen lassen; **~ up** (zu)knöpfen; (*fam: Aufgabe*) erledigen, fertigbringen; **buttoned-down** *adj* **1.** (*Kragen*) mit angeknöpften Enden **2.** (*Am: fam*) fantasielos; **but•ton•hole** [-həʊl] **I.** *s* **1.** Knopfloch *nt* **2.** Sträußchen *nt* im Knopfloch **II.** *vt* (*fig*) sich schnappen
but•tress ['bʌtrɪs] **I.** *s* **1.** (ARCH) Strebepfeiler *m* **2.** (*fig*) Stütze *f* **II.** *vt* (*a. fig*) stützen
buxom ['bʌksəm] *adj* drall, vor Gesundheit strotzend
buy [baɪ] <*irr:* bought, bought> **I.** *vt* **1.** kaufen; erwerben, erstehen **2.** (*Fahrkarte*) lösen **3.** (*fig*) erkaufen (*with* mit); **~ at an auction** ersteigern; **~ at a loss/profit** mit Verlust/Gewinn kaufen; **~ s.th.** (*fig*) etw akzeptieren; etw glauben **II.** *s* (*fam*) (guter) Kauf; **buy back** *vt* zurückkaufen; **buy in** *vt* einkaufen; **buy off** *vt* (*fam*) bestechen; **buy out** *vt* auszahlen; aufkaufen; (*Gefangene*) freikaufen; **buy up** *vt* aufkaufen; **buyer** ['baɪə(r)] *s* **1.** Käufer(in) *m(f),* Abnehmer(in) *m(f)* **2.** Einkäufer(in) *m(f);* **~'s market** Käufermarkt *m*
buzz [bʌz] **I.** *vi* summen, surren, schwirren, brausen, brummen **II.** *vt* **1.** durch Summer herbeirufen **2.** (AVIAT) niedrig fliegen (*a field* über ein Feld) **III.** *s* **1.** Summen, Brausen, Brummen *nt* **2.** Gemurmel, Stimmengewirr *nt* **3.** (*fam*) (Telefon)Anruf *m;* **give s.o. a ~** (*fam*) jdn anrufen; **buzz about** *vi* herumschwirren; **buzz off** *vi* (*sl*) abhauen
buz•zard ['bʌzəd] *s* Bussard *m*
buzzer ['bʌzə(r)] *s* (TECH) Summer *m;* **buzz word** *s* Schlagwort *nt*
by [baɪ] **I.** *prep* **1.** (*örtlich*) bei, an, neben; **~ the sea** an der See; **close ~ the river** dicht am Fluss; **sit ~ me** setz dich zu mir, neben mich **2.** (*örtlich*) durch, über; **I went ~ Paris** ich bin über Paris gefahren **3.** (*örtlich*) an … vorbei; **I walked ~ the post-office** ich bin an der Post vorbeigegangen **4.** (*zeitlich*) während, in, an; **~ day** bei, am Tage, tagsüber **5.** (*zeitlich*) vor, bis (zu), spätestens an, um; **~ tomorrow** bis morgen; **~ now** bisher, bis jetzt; **~ then** bis dahin **6.** (*je*): **~ the day** am Tag, täglich, pro Tag; **~ the pound** pfundweise **7.** (*Ausdehnung*): **four feet ~ six** vier zu sechs Fuß **8.** von, durch, mit, (ver)mittels, an; **a tragedy ~ Shakespeare** eine Tragödie von Shakespeare; **~ car/rail/train/tram/bus/boat** mit dem Wagen/der Bahn/dem Zug/der Straßenbahn/dem Bus/dem Schiff; **~ plane** im Flugzeug; **~ land/sea/air** zu Lande/zu Wasser/auf dem Luftwege; **live ~ bread** von Brot leben **9.** nach (*einer S urteilen*)**;** **swear ~ s.th.** (*fig*) auf etw schwören; **what do you mean ~ that?** was meinen Sie damit? was wollen Sie damit sagen?; **judge ~ appearances** nach dem Äußeren urteilen **II.** (*Wendungen*): (**all**) **~ o.s.** (ganz) allein; ohne Hilfe; **day ~ day** Tag für Tag, täglich; **little ~ little** nach u. nach, langsam, allmählich, stufen-, schrittweise; **one ~ one** einer nach dem andern; **step ~ step** Schritt für Schritt, schrittweise; **~ chance** zufällig; **~ degrees** stufenweise; **~ the dozen** dutzendweise, im Dutzend; **~ far** bei weitem, (sehr) viel; **~ all/no means** auf jeden/keinen Fall; **~ name** dem Namen nach; **~ the name of** unter dem Namen *+gen;* **~ nature** von Natur (aus); **~ right** von Rechts wegen; **~ the way** [*o* **by**(**e**)] übrigens **III.** *adv* vorbei; **I can't get ~** ich kann, komme nicht vorbei; **in days gone ~** in vergangener, früherer Zeit; **stand ~** in der Nähe, bereit sein; **put** [*o* **lay**] **~** (*fig*) auf die Seite legen, sparen; **~**

B

and ~ nach und nach; ~ **and large** im Großen und Ganzen

bye [baɪ] *s* **1.** etw Nebensächliches **2.** (*Kricket*) angerechneter Lauf für einen vorbeigelassenen Ball

bye-bye ['baɪ'baɪ] **I.** *s* (*Kindersprache*) Heia *f*, Bettchen *nt* **II.** *interj* auf Wiedersehen!

by(e)-law ['baɪlɔː] *s* Verordnung *f;* **by-elec·tion** ['baɪɪlekʃn] *s* (PARL) Nachwahl *f;* **by·gone** ['baɪgɒn] **I.** *adj* vergangen **II.** *s:* **let ~s be ~s** lasst die Vergangenheit begraben sein; **by·pass** ['baɪpɑːs] **I.** *s* **1.** Umgehungsstraße *f* **2.** (MED) Bypass *m* **II.** *vt* **1.** umfahren, herumfahren um, umleiten **2.** (*fig*) umgehen; **by·pass op·era·tion** *s* (MED) Bypassoperation *f;* **by·path** ['baɪpɑːθ] *s* Neben-, Seitenweg *m;* **by·play** ['baɪpleɪ] *s* Nebenhandlung *f;* **by·prod·uct** ['baɪprɒdʌkt] *s* Nebenprodukt *nt;* **by-road** ['baɪrəʊd] *s* Neben-, Seitenstraße *f;* **by·stander** ['baɪstændə(r)] *s* Zuschauer(in) *m(f);* **byte** [baɪt] *s* (INFORM) Byte *nt;* **by-way** ['baɪweɪ] *s* Seitenweg *m;* **by-word** ['baɪwɜːd] *s* Inbegriff *m;* **become a ~ for** gleichbedeutend werden mit

C

C, c [si:] <*pl* -'s> *s* **1.** (*a.* MUS) C, c *nt* **2.** (*Schulnote*) befriedigend

cab [kæb] *s* **1.** (*taxi*~) Taxe *f,* Taxi *nt* **2.** (RAIL) Führerstand *m* (*a. Kran, Bagger*) **3.** (*Lastkraftwagen*) Führerhaus *nt;* **go by** ~ mit der Taxe fahren

cab•aret ['kæbəreɪ] *s* Kabarett *nt*

cab•bage ['kæbɪdʒ] *s* **1.** Kohl *m* **2.** (*fam*) geistiger Krüppel

cabby ['kæbɪ] *s* (*fam*) Taxifahrer(in) *m(f)*

cabin ['kæbɪn] *s* **1.** Hütte *f* **2.** Wochenendhaus *nt* **3.** (MAR) Kabine, Kajüte *f* **4.** Führerhaus *nt;* (AVIAT) Kanzel *f;* **cabin attendant** *s* Steward *m,* Stewardess *f;* **cabin-class** *s* (MAR) zweite Klasse; **cabin cruiser** *s* Motorboot *nt* mit Kabine

cabi•net ['kæbɪnɪt] *s* **1.** Glasschrank *m,* Vitrine *f* **2.** Schrank *m;* Kasten *m* **3.** (*radio*) Gehäuse *nt;* **Cabinet** (POL) Kabinett *nt;* **filing** ~ Aktenschrank *m;* **shadow** ~ Schattenkabinett *nt;* **cabi•net-maker** [-ˌmeɪkə(r)] *s* Möbeltischler(in) *m(f),* -schreiner(in) *m(f)*

cable ['keɪbl] **I.** *s* **1.** Tau *nt;* (Draht)Seil *nt* **2.** Ankertau *nt,* -kette *f;* Trosse *f* **3.** (TELE) Kabel *nt;* Kabelnachricht *f* **4.** (ELEK) Kabel *nt;* Leitung *f;* **by** ~ durch Kabel, telegrafisch **II.** *vt, vi* (TELE) kabeln; **cable car** *s* Wagen *m* einer (Draht)Seilbahn, Straßenbahn; **cable•gram** ['keɪblgræm] *s* Kabel *nt;* **cable network** *s* Kabelnetz *nt;* **cable railway** *s* Drahtseilbahn *f;* **cable stitch** *s* Zopfmuster *nt;* **cable television** *s* Kabelfernsehen *nt*

ca•boodle [kə'bu:dl] *s:* **the whole** ~ (*fam*) der ganze Kram; der ganze Haufen

cab-rank, cab-stand ['kæbræŋk, 'kæbstænd] *s* Taxi-, Taxenstand *m*

cab•rio•let [ˌkæbrɪəʊ'leɪ] *s* (AUTO) Kabriolett *nt*

ca•cao [kə'kɑ:əʊ] *s* **1.** (~ *bean*) Kakaobohne *f* **2.** (~*-tree*) Kakaobaum *m*

cache [kæʃ] **I.** *s* Versteck *nt;* versteckter Vorrat **II.** *vt* verstecken, verbergen

ca•chet ['kæʃeɪ] *s* **1.** (Qualitäts-, Herkunfts)Stempel *m* **2.** (MED) Kapsel *f*

cackle ['kækl] **I.** *s* Gegacker *nt;* (*fig*) Gekicher *nt* **II.** *vi* gackern; (*fig*) plappern; kichern

ca•coph•ony [kæ'kɒfənɪ] *s* Missklang *m,* Kakophonie *f*

cac•tus ['kæktəs, *pl* 'kæktaɪ] <*pl* -tuses, -ti> *s* Kaktus *m*

CAD *s Abk. von* **computer-aided design** CAD *nt*

ca•daver [kə'deɪvə(r)] *s* Kadaver *m;* **cadaver bag** *s* (*Am*) Leichensack *m*

caddie ['kædi] *s* (*Golf*) Caddie *m*

caddy ['kædɪ] *s* Teebüchse *f*

ca•dence ['keɪdns] *s* **1.** Kadenz *f* **2.** Rhythmus *m* **3.** Tonfall *m*

ca•det [kə'det] *s* (MIL) Kadett *m*

cadge [kædʒ] *vi, vt* schnorren; **cad•ger** ['kædʒə(r)] *s* Schnorrer(in) *m(f)*

cad•mium ['kædmjəm] *s* Cadmium *nt*

cadre ['kɑ:də(r)] *s* Kader *m*

Caesar•ian [sɪ'zeərɪən] *s, adj:* ~ **section** (MED) Kaiserschnitt *m*

cae•sium ['sɪ:zjəm] *s* Cäsium *nt*

café ['kæfeɪ] *s* **1.** Café *nt* **2.** Restaurant *nt;* **cafe•teria** [ˌkæfɪ'tɪərɪə] *s* Selbstbedienungsrestaurant *nt,* Cafeteria *f;* **caf•fein(e)** ['kæfi:n] *s* Koffein *nt;* **caf•fei•nate** ['kæfɜ:ˌneɪt] *vt* (*sl*) Kaffee trinken

cage [keɪdʒ] **I.** *s* **1.** Käfig *m* **2.** (*Aufzug*) Kabine *f* **3.** (MIN) Förderkorb *m* **4.** (*Hockey*) Tor *nt* **II.** *vt* in einen Käfig sperren; **cagey** ['keɪdʒɪ] *adj* **1.** (*fam*) zurückhaltend **2.** berechnend **3.** (*Am*) gerissen

ca•hoots [kə'hu:ts] *s* (*fam*): **be in** ~ **with s.o.** mit jdm unter einer Decke stecken

cairn [keən] *s* Steinpyramide *f*

ca•jole [kə'dʒəʊl] *vt* schmeicheln (*s.o.* jdm); ~ **s.o. into/out of doing s.th.** jdn dazu bringen etw zu tun/zu unterlassen; ~ **s.th. out of s.o.** jdm etw abbetteln

cake [keɪk] **I.** *s* **1.** Kuchen *m* **2.** Stück *nt* (*of soap* Seife), Riegel *m;* Tafel *f* (*of chocolate* Schokolade) **3.** (TECH) Masse *f,* Klumpen *m;* **be a piece of** ~ (*fam*) kinderleicht sein **II.** *vi* zusammenbacken, einen Klumpen bilden

ca•lam•ity [kə'læmətɪ] *s* **1.** Unglück *nt;* Schicksalsschlag *m* **2.** Not *f,* Elend *nt*

cal•ci•fer•ous [kæl'sɪfərəs] *adj* kalkhaltig; **cal•cify** ['kælsɪfaɪ] *vt, vi* verkalken; **cal•cium** ['kælsɪəm] *s* (CHEM) Kalzium *nt;* ~ **carbide** Kalziumkarbid *nt*

cal•cu•lable ['kælkjʊləbl] *adj* berechenbar; kalkulierbar; **cal•cu•late** ['kælkjʊleɪt] **I.** *vi* rechnen (*on* mit); (*fig*) sich verlassen (*on* auf) **II.** *vt* aus-, be-, errechnen; veranschlagen, kalkulieren; **be ~d to** (*mit inf*) darauf berechnet, zugeschnitten sein, zu, dass;

cal•cu•lated [-ɪd] *adj* berechnet, vorbedacht, absichtlich; **take a ~ risk** ein kalkulierbares Risiko eingehen; **cal•cu•lat•ing** [-ɪŋ] *adj* berechnend; überlegt; ~ **error** Rechenfehler *m;* ~**-machine** Rechenmaschine *f;* **cal•cu•la•tion** [ˌkælkjʊ'leɪʃn] *s* **1.** Kalkulation, (Be)Rechnung *f* **2.** Überschlag, Voranschlag *m* **3.** Überlegung *f;* ~ **of cost** Kostenberechnung *f;* **cal•cu•la•tor** ['kælkjʊleɪtə(r)] *s* **1.** Kalkulator *m* **2.** Rechner *m;* Rechentabelle *f* **3.** Taschenrechner *m;* **cal•cu•lus** ['kælkjʊləs, *pl* -liː] <*pl* -li> *s* **1.** (MED) Stein *m* **2.** (MATH) Rechnungsart *f;* Differenzialrechnung *f*

cal•en•dar ['kælɪndə(r)] *s* **1.** Kalender *m* **2.** Verzeichnis, Register *nt,* Liste *f* **3.** (JUR) Terminkalender *m;* ~ **of events** Veranstaltungskalender *m;* **ca•len•dri•cal** [kæ'lendrɪkl] *adj* kalendarisch; **calendar month** *s* Kalendermonat *m*

calf[1] [kɑːf, *pl* kɑːvz] <*pl* calves> *s* **1.** Kalb *nt* **2.** (*Mensch*) Ochse, Esel *m* **3.** (~*-skin*) Kalbleder *nt* **4.** Eisscholle *f;* **in** [*o* **with**] ~ (*Kuh*) trächtig

calf[2] [kɑːf, *pl* kɑːvz] <*pl* calves> *s* Wade *f*

calf-love ['kɑːflʌv] *s* Jugendliebe *f*

cali•ber *s* (*Am*) **1.** Kaliber *nt* **2.** (*fig*) Format *nt,* Bedeutung *f,* Kaliber *nt* (*eines Menschen*)

cali•brate ['kælɪbreɪt] *vt* kalibrieren; (*Messgerät*) eichen; **cal•ibre** ['kælɪbə(r)] *s* **1.** Kaliber *nt* **2.** (*fig*) Format *nt,* Bedeutung *f,* Kaliber *nt* (*eines Menschen*)

cal•ico ['kælɪkəʊ] <*pl* -ico(e)s> *s* Kaliko *m;* (*Am*) Kattun *m*

call [kɔːl] **I.** *vt* **1.** rufen; (TELE) anrufen; (*Namen*) aufrufen; (*Schauspieler vor den Vorhang*) herausrufen **2.** (*Arzt, Taxe*) holen, rufen **3.** wecken **4.** nennen; bezeichnen **5.** betrachten, ansehen als, halten für **6.** (*in ein Amt*) berufen **7.** (*Versammlung*) einberufen **8.** (*Pause*) einlegen; **be ~ed** heißen, genannt werden (*after s.o.* nach jdm); ~ **to account** zur Rechenschaft ziehen; ~ **attention to** aufmerksam machen auf; ~ **into being** ins Leben rufen; ~ **it a day** Feierabend machen; ~ **to mind** sich erinnern an; ~ **s.o. names** jdn be-, ausschimpfen; ~ **to order** zur Ordnung rufen; ~ **into question** in Frage stellen **II.** *vi* **1.** rufen **2.** kurz besuchen, vorsprechen **3.** (TELE) anrufen **III.** *s* **1.** Ruf *m* **2.** (TELE) Anruf *m,* (Telefon)Gespräch *nt* **3.** (dringende) Bitte, Aufforderung *f* **4.** Abruf *m;* Aufruf *m* **5.** An-, Nachfrage *f* (*for* nach) **6.** Anspruch *m* (*for, on* auf) **7.** (THEAT) Vorhang *m* **8.** (JUR) Aufruf *m* (*of a case* einer Sache) **9.** (kurzer) Besuch *m* **10.** (RAIL) Aufenthalt, Halt *m* **11.** (MAR, AVIAT) Zwischenlandung *f* **12.** Signal *nt* **13.** (*meist verneint*) Notwendigkeit, Gelegenheit *f,* Grund *m,* Ursache *f* (*for, to* zu); **at ~** bereit; verfügbar, greifbar; **at** [*o* **on**] ~ (FIN) auf tägliche Kündigung; **on ~** auf Abruf, auf Anforderung; in Bereitschaft; **within ~** in Ruf-, Hörweite; **give s.o. a ~** (TELE) jdn anrufen; **local ~** (TELE) Ortsgespräch *nt;* **roll ~** namentlicher Aufruf; **trunk** [*o* **long-distance**] ~ Ferngespräch *nt;* ~ **for help** Hilferuf *m;* ~ **to order** Ordnungsruf *m;* **call at** *vi* **1.** vorsprechen bei **2.** (*einem Ort*) halten in; (*einen Hafen*) anlaufen; (AVIAT) anfliegen; **call away** *vt* ab-, wegrufen; **call back** *vt* zurückrufen; **call down** *vt* **1.** herunterrufen **2.** (*Zorn*) auf sich ziehen; **call for** *vt* **1.** fragen nach, (dringend) verlangen **2.** benötigen, erfordern **3.** (*Konferenz*) einberufen, ansetzen **4.** (*Menschen*) abholen; **to be ~ed for** postlagernd; **call forth** *vt* **1.** einsetzen, anwenden **2.** hervorbringen **3.** erfordern; ~ **forth all one's energy** seine ganze Kraft zusammennehmen; **call in I.** *vt* **1.** hereinrufen; herbeirufen, -holen **2.** (*einen Arzt*) holen, zuziehen **3.** (*Geld*) zurückfordern; einziehen **II.** *vi* vorsprechen (*on* bei); **call off** *vt* **1.** ab-, wegrufen **2.** (*Veranstaltung*) absagen, abblasen, abbrechen; **call on** *vi* **1.** auf-, besuchen (*at s.o.'s home, office* in jds Heim, Büro), vorsprechen bei **2.** sich wenden an **3.** auffordern (*s.o.* jdn); **call out I.** *vt* **1.** herausrufen **2.** in Aktion bringen **3.** (*Namen*) (auf)rufen **4.** (*Haltestelle*) ausrufen **5.** (*Truppen*) einsetzen **6.** (*Am: Schauspieler*) herausrufen **7.** (*Feuerwehr*) herbeirufen **8.** zum Streiken auffordern **II.** *vi* (laut) aufschreien; **call up** *vt* **1.** aufrufen **2.** (TELE) anrufen **3.** ins Gedächtnis rufen **4.** (*fig*) hervorrufen, wachrufen; aufwecken **5.** (MIL) einberufen

call-box ['kɔːlbɒks] *s* Telefonzelle *f;* **call diversion** *s* Rufumleitung *f;* **called** [kɔːld] *adj* genannt; **many are ~** (REL) viele sind berufen; **caller** ['kɔːlə(r)] *s* **1.** Besucher(in) *m(f)* **2.** (TELE) Anrufer(in) *m(f);* **call-girl** ['kɔːlgɜːl] *s* Callgirl *nt*

cal•ligra•phy [kə'lɪgrəfɪ] *s* Kalligrafie *f*

call•ing ['kɔːlɪŋ] *s* (REL) Berufung *f;* **calling card** *s* Visitenkarte *f*

cal•lous ['kæləs] *adj* **1.** schwielig **2.** (*fig*) gefühllos, abgestumpft (*to* gegen)

call-sign ['kɔːlsaɪn] *s* (RADIO) Sendezeichen *nt;* **call-up** ['kɔːlʌp] *s* Einberufung *f*

cal•lus ['kæləs] *s* **1.** Schwiele *f* **2.** Hornhaut *f* **3.** (MED) Kallus *m*

call waiting *s* (TELE) Anklopfen *nt*

calm [kɑːm] **I.** *s* **1.** Ruhe, Stille *f* **2.** Windstille, Flaute *f* **3.** (*fig*) (innere) Ruhe *f* **II.** *adj* **1.** ruhig **2.** (wind)still **3.** (*fig*) ruhig, friedlich **III.** *vt* beruhigen; ~ **down** sich beruhigen; (*Wind*) abflauen; **calm•ness** [-nɪs] *s* (innere) Ruhe *f;* Stille *f*

cal•oric ['kælərɪk] *adj* kalorisch; Wärme-; **cal•orie** ['kælərɪ] *s* Kalorie *f;* **cal•or•if•ic** [ˌkælər'ɪfək] *adj* wärmeerzeugend; ~ **value** Heizwert *m*

cal•umny ['kæləmnɪ] *s* Verleumdung *f*

Cal•vary ['kælvərɪ] *s* (REL) Golgatha *nt;* Kalvarienberg *m*

calve [kɑ:v] *vi* kalben (*a. Eisberg, Gletscher*)

Cal•vin•ism ['kælvɪnɪzəm] *s* Kalvinismus *m;* **Cal•vin•ist** ['kælvɪnɪst] *s* Kalvinist(in) *m(f)*

CAM ['kæm] *s Abk. von* **computer-aided manufacture** computergestützte Fertigung

cam [kæm] *s* (TECH) Nocken, Mitnehmer, Daumen *m*

cam•ber ['kæmbə(r)] **I.** *s* **1.** Wölbung, Schweifung *f* **2.** (AUTO) Radsturz *m* **II.** *vt* wölben

Cam•bo•dia [kæm'bəʊdɪə] *s* Kambodscha *nt;* **Cam•bo•dian** [kæm'bəʊdɪən] **I.** *adj* kambodschanisch **II.** *s* Kambodschaner(in) *m(f)*

cam•cord ['kæmˌkɔ:rd] *vt* (mit einer Videokamera) filmen; **cam•cor•der** ['kæmkɔdə(r)] *s* Camcorder *m*

came [keɪm] *s.* **come**

camel ['kæml] *s* Kamel *nt;* **camel•hair** *s* Kamelhaar *nt*

cameo ['kæmɪəʊ] *s* Kamee *f*

cam•era ['kæmərə] *s* Kamera *f;* Fotoapparat *m;* **in** ~ (JUR) unter Ausschluss der Öffentlichkeit; **camera angle** *s* Blickwinkel *m;* **cam•era•man** <*pl* -men> *s,* **cam•era•wo•man** *s* **1.** (FILM) Kameramann *m,* Kamerafrau *f* **2.** Pressefotograf(in) *m(f),* Bildberichter(in) *m(f);* **camera-ready copy, CRC** *s* (TYP) reproreife Vorlage; **camera shot** *s* Einstellung *f;* **camera-shy** *adj* kamerascheu

Came•roon [ˌkæmə'ru:n] *s* Kamerun *nt;* **Came•roo•nian** [ˌkæmə'ru:nɪən] **I.** *adj* kamerunisch **II.** *s* Kameruner(in) *m(f)*

camo•mile ['kæməmaɪl] *s* Kamille *f*

cam•ou•flage ['kæməˌflɑ:ʒ] **I.** *s* (MIL) Tarnung *f* **II.** *vt* (MIL) tarnen

camp¹ [kæmp] **I.** *s* **1.** (Zelt)Lager *nt;* Lagerplatz *m* **2.** (*fig*) (Partei)Lager *nt;* **break up** [*o* **strike**] ~ das Lager abbrechen; **training** ~ Ausbildungslager *nt* **II.** *vi* lagern; kampieren; (~ *out*) zelten

camp² [kæmp] **I.** *adj* **1.** schwul **2.** tuntenhaft **3.** übertrieben; manieriert **II.** *vt:* ~ **up** übertrieben darstellen; (*fam*) aufmotzen; ~ **it up** übertreiben; sich weibisch benehmen

cam•paign [kæm'peɪn] **I.** *s* **1.** Feldzug *m;* (*fig*) Kampagne, Aktion *f* **2.** (*electoral* ~) Wahlkampf *m* **3.** (TECH) Kampagne *f;* **advertising** ~ Werbekampagne *f* **II.** *vi* **1.** an einem Feldzug teilnehmen **2.** (*fig*) agitieren, sich einsetzen (*for* für); **cam•paigner** [kæm'peɪnə(r)] *s* **1.** Feldzugsteilnehmer(in) *m(f),* Kämpfer(in) *m(f)* **2.** Befürworter(in) *m(f),* Gegner(in) *m(f),* Wahlhelfer(in) *m(f)*

camp-bed ['kæmpˌbed] *s* Feldbett *nt;* Campingliege *f;* **camp-chair** *s* Campingstuhl *m;* **camper** ['kæmpə(r)] *s* **1.** Camper(in) *m(f)* **2.** Campingbus *m,* Wohnmobil *nt;* **camp-fever** *s* (MED) Typhus *m;* **camp-fire** *s* Lagerfeuer *nt;* **camp-fol•lower** ['kæmpˌfɒləʊə(r)] *s* **1.** Schlachtenbummler(in) *m(f)* **2.** (MIL) Marketender(in) *m(f)* **3.** (POL) Mitläufer(in) *m(f)*

cam•phor ['kæmfə(r)] *s* (MED) Kampfer *m*

camp•ing ['kæmpɪŋ] *s* Zelten, Camping *nt;* **go** ~ zelten; ~**-ground** Camping-, Zeltplatz; ~ **van** Wohnmobil *nt;* **camp•site** ['kæmpsait] *s* Camping-, Lager-, Zeltplatz *m;* **camp-stool** *s* Campingstuhl *m*

cam•pus ['kæmpəs] *s* Universitätsgelände *nt,* Campus *m*

cam•shaft ['kæmʃɑ:ft] *s* Nocken-, Steuerwelle *f*

can¹ [kæn] **I.** *s* **1.** Kanne *f;* Behälter *m* **2.** (Konserven)Dose, Büchse *f* **3.** Kanister *m* **4.** Mülleimer *m* **5.** (*Am sl*) Kittchen *nt* **6.** (*Am sl*) Klosett *nt;* **carry the** ~ (*fam*) den Kopf hinhalten **II.** *vt* **1.** eindosen **2.** (*Am sl*) aufhören mit

can² [kən, *betont* kæn] <*irr:* could> *aux* können; **you can't go** du darfst nicht gehen; **could I look at it?** darf ich es mir ansehen?; **I could have kissed her** ich hätte sie küssen können

Cana•da ['kænədə] *s* Kanada *nt;* **Ca•na•dian** [kə'neɪdɪən] **I.** *adj* kanadisch **II.** *s* Kanadier(in) *m(f)*

ca•nal [kə'næl] *s* **1.** Kanal *m* **2.** (ANAT) Röhre *f,* Gang *m;* **ca•nal•iz•ation** [ˌkænəlaɪ'zeɪʃn] *s* Kanalisierung *f;* **ca•nal•ize** ['kænəlaɪz] *vt* **1.** kanalisieren **2.** (*fig*) lenken (*into* in), dirigieren

ca•nary [kə'neərɪ] **I.** *s* Kanarienvogel *m* **II.** *adj* hellgelb; **canary seed** *s* (Kanarien)Vogelfutter *nt*

ca•nasta [kə'næstə] *s* Kanasta *nt* (*Kartenspiel*)

can•cel ['kænsl] **I.** *vt* **1.** (aus-, durch)streichen; ungültig machen **2.** (*Briefmarke*) entwerten **3.** rückgängig machen, abbestellen; widerrufen, annullieren; (COM) stornieren **4.** (*Veranstaltung*) absagen **5.** (*Vertrag*) lösen **6.** (*Anordnung*) zurückziehen **7.** (MATH: *in einem Bruch, einer Gleichung*) streichen, kürzen **8.** (INFORM) abbrechen, löschen **II.** *vi* absagen; stornieren; sich (gegenseitig) aufheben; **can•cel•la•tion** [ˌkænsə'leɪʃn] *s* **1.** Streichung *f* **2.** Entwer-

C

tung *f* **3.** Absage *f* **4.** Kündigung *f* **5.** Annullierung *f,* Abbestellung *f;* (COM) Stornierung *f;* ~ **clause** Rücktrittsklausel *f*

can•cer ['kænsə(r)] *s* **1.** (MED) Krebs *m* **2.** (*fig*) Krebsgeschwür, Übel *nt* **3.** (ASTR) Krebs *m;* **cancer check-up** *s* Krebsvorsorge(untersuchung) *f;* **cancer clinic** *s* Krebsklinik *f;* **can•cer•ous** ['kænsərəs] *adj* krebsartig; **cancer research** *s* Krebsforschung *f;* **cancer screening** *s* Krebsvorsorgeuntersuchung *f*

can•de•la•brum [ˌkændɪ'lɑːbrəm, *pl* ˌkændɪ'lɑːbrə] <*pl* -bra> *s* Kandelaber *m*

can•did ['kændɪd] *adj* **1.** aufrichtig, ehrlich **2.** unvoreingenommen **3.** freimütig **4.** (PHOT) unbemerkt aufgenommen

can•di•dacy ['kændɪdəsɪ] *s* Kandidatur *f;* **can•di•date** ['kændɪdət] *s* Kandidat(in) *m(f),* Bewerber(in) *m(f),* Anwärter(in) *m(f),* Prüfling *m;* **can•di•da•ture** ['kændɪdətʃə(r)] *s* (*Br*) Bewerbung, Kandidatur *f*

can•died ['kændɪd] *adj* (*Früchte*) kandiert, überzuckert

candle ['kændl] *s* Kerze *f;* **light a ~** eine Kerze anzünden; **burn the ~ at both ends** (*fig*) sich keine Ruhe gönnen; **it is not worth the ~** es lohnt sich nicht; **candle-light** *s* Kerzenlicht *nt;* **Candle•mas** ['kændlməs] *s* (REL) Lichtmess *f;* **candle-power** *s* Licht-, Kerzenstärke *f* (*Lichteinheit*)*;* **candle•stick** *s* Leuchter *m;* **candle•wick** ['kændlˌwɪk] *s* Kerzendocht *m*

can•dor *s* (*Am*), **can•dour** ['kændə(r)] *s* Aufrichtigkeit, Offenheit, Ehrlichkeit *f*

candy ['kændɪ] **I.** *s* **1.** (*sugar-~*) Kandis(zucker) *m* **2.** (*Am*) Bonbon *m;* (*sweets*) Süßigkeiten *fpl* **II.** *vt* **1.** (*Früchte*) kandieren, überzuckern **2.** (*Zucker*) kristallisieren; **candy floss** ['kændɪˌflɒs] *s* (*Br*) Zuckerwatte *f;* **candy store** *s* (*Am*) Süßwarenhandlung *f*

cane [keɪn] **I.** *s* **1.** (Schilf-, Zucker)Rohr *nt* **2.** (Spazier-, Rohr)Stock *m* **II.** *vt* **1.** (ver)prügeln **2.** das Rohr einziehen in (*einen Stuhlrahmen*)*;* ~ **s.th. into s.o.** jdm etw einbläuen; **cane chair** *s* Rohrstuhl *m;* **cane sugar** *s* Rohrzucker *m*

can•is•ter ['kænɪstə(r)] *s* Kanister *m,* Blechbüchse, -dose *f*

can•na•bis ['kænəbɪs] *s* **1.** Hanf *m* **2.** Cannabis *m*

can•ned [kænd] *adj* **1.** eingemacht, eingedost; Büchsen- **2.** mechanisch konserviert, Konserven- **3.** serienmäßig hergestellt **4.** (*sl*) besoffen; ~ **meat** Büchsenfleisch *nt;* ~ **milk** Büchsenmilch *f;* ~ **music** (*fam*) Musikberieselung *f;* **canner** ['kænə(r)] *s* Konservenfabrikant, -arbeiter *m;* **can•nery** ['kænərɪ] *s* Konservenfabrik *f*

can•ni•bal ['kænɪbl] **I.** *s* Kannibale *m* **II.** *adj* kannibalisch; **can•ni•bal•ism** ['kænɪbəlɪzəm] *s* Kannibalismus *m;* **can•ni•bal•ize** ['kænɪbəlaɪz] *vt* (AUTO) ausschlachten

can•ning ['kænɪŋ] *adj:* ~ **factory** Konservenfabrik *f;* ~ **industry** Konservenindustrie *f*

can•non ['kænən] **I.** *s* **1.** Kanone *f,* Geschütz *nt* **2.** (TECH) Zylinder *m* **3.** (*Br: Billard*) Karambolage *f* **II.** *vi* **1.** karambolieren **2.** (*fig*) zusammenstoßen (*into s.th.* mit etw); **cannon-ball** *s* Kanonenkugel *f;* **can•non•fod•der** ['kænənfɒdə(r)] *s* Kanonenfutter *nt*

can•not ['kænɒt] *verneinte Form von* **can**

canny ['kænɪ] *adj* **1.** schlau, pfiffig **2.** vorsichtig **3.** sparsam

ca•noe [kə'nuː] **I.** *s* Kanu, Paddelboot *nt* **II.** *vi* Kanu fahren; paddeln; **ca•noe•ing** [-iŋ] *s* Kanufahren *nt;* **ca•noe•ist** [-ɪst] *s* Kanufahrer(in) *m(f)*

canon•iz•ation [ˌkænənaɪ'zeɪʃn] *s* Heiligsprechung *f;* **canon•ize** ['kænənaɪz] *vt* heilig sprechen

can opener ['kænˌəʊpənə(r)] *s* Büchsenöffner *m*

can•opy ['kænəpɪ] *s* **1.** Baldachin *m;* Betthimmel *m* **2.** (ARCH) Vordach *nt* **3.** Überdachung *f* **4.** (AVIAT) Kabinendach *nt* **5.** (BOT) Kronenschluss *m,* Kronen-, Laubdach *nt*

can't [kɑːnt] = **cannot**

cant¹ [kænt] **I.** *s* **1.** geneigte Fläche; Schräglage *f* **2.** (*Straße*) Kurvenüberhöhung *f* **II.** *vt* **1.** abschrägen **2.** verkanten **III.** *vi* sich verkanten, umkippen

cant² [kænt] *s* **1.** Zunftsprache *f;* Jargon *m* **2.** Gaunersprache *f* **3.** Geschwätz *nt* **4.** Heuchelei, Scheinheiligkeit *f* **5.** Redensart *f*

can•tank•er•ous [kæn'tæŋkərəs] *adj* zänkisch, streitsüchtig; rechthaberisch

can•tata [kæn'tɑːtə] *s* (MUS) Kantate *f*

can•teen [kæn'tiːn] *s* **1.** Kantine *f* **2.** (MIL) Feldflasche *f;* Kochgeschirr *nt* **3.** Besteckkasten *m*

can•ter ['kæntə(r)] **I.** *s* Handgalopp *m* **II.** *vi* Handgalopp reiten

can•ti•lever ['kæntɪliːvə(r)] **I.** *s* (ARCH) Frei-, Konsol-, Kragträger *m;* (*Brückenbau*) Ausleger *m* **II.** *adj* freitragend

can•vas ['kænvəs] *s* **1.** Kanevas *m* **2.** Segeltuch *nt* **3.** Zeltbahn *f,* -tuch *nt* **4.** Packleinwand *f* **5.** (*Malerei*) Leinwand *f*

can•vass ['kænvəs] **I.** *vt* **1.** (*Kunden, Wähler*) werben, besuchen **2.** (*Wahlstimmen*) werben **3.** Wahlwerbung machen in (*einem Gebiet*) **II.** *vi* **1.** (COM POL) werben (*for* für), sich um Aufträge bemühen **2.** einen Wahlfeldzug führen **3.** sich bewerben (*for* um) **III.** *s* **1.** (Stimmen-, Kunden)Werbung *f* **2.** Werbe-, Wahlfeldzug *m* **3.** (*Am*) Wahlprüfung *f*; **can•vasser** ['kænvəsə(r)] *s* **1.** (Kunden-, Abonnenten)Werber(in) *m(f)* **2.** (POL) Propagandist(in) *m(f)* **3.** (*Am*) Wahlprüfer(in) *m(f)*; **can•vass•ing** [-ɪŋ] *s* **1.** (Stimmen-, Kunden)Werbung *f*; (Wahl)Propaganda *f* **2.** (COM) Werbefeldzug *m*; ~ **for votes** Stimmenfang *m*

can•yon ['kænjən] *s* Cañon *m*; Schlucht *f*

CAP ['kæp] *s Abk. von* **Common Agricultural Policy** (EU) gemeinsame Agrarpolitik

cap [kæp] **I.** *s* **1.** Mütze, Kappe, Haube *f*; Barett *nt*; (Sport-, Klub)Mütze *f* **2.** (TECH) Aufsatz, Deckel *m*; Kappe, Haube *f* **3.** Kapsel *f*; (*a. einer Flasche*) Verschluss *m* **4.** Spreng-, Zündkapsel *f* **5.** Gipfel *m*, Spitze *f* **6.** (*Empfängnisverhütung*) Pessar *nt*; **set one's ~ at s.o.** (*fam*) jdn angeln **II.** *vt* **1.** eine Mütze aufsetzen (*s.o.* jdm) **2.** mit einem Deckel, einer Kappe versehen **3.** (*fig*) übertreffen **4.** einen akademischen Grad verleihen (*s.o.* jdm) **5.** (FIN POL) eine Obergrenze setzen **6.** (*Br*) einen Höchstsatz setzen; ~ **everything** alles übertreffen

ca•pa•bil•ity [ˌkeɪpə'bɪlətɪ] *s* **1.** Fähigkeit *f* (*of* zu) **2.** **capabilities** Begabung *f*; **capable** ['keɪpəbl] *adj* **1.** fähig, tüchtig **2.** befähigt; geeignet **3.** (*pej*) fähig (*of* zu); **be ~ of** im Stande sein zu; können (*singing* singen); ~ **of earning** erwerbsfähig; ~ **of work** arbeitsfähig; **he is ~ of anything** er ist zu allem fähig

ca•pac•ity [kə'pæsətɪ] *s* **1.** Inhalt *m*, Volumen *nt* **2.** Fassungskraft *f*, -vermögen *nt* **3.** (*fig*) Umfang *m* **4.** Fähigkeit *f*; geistige Fähigkeiten *fpl* **5.** (TECH) Leistung(sfähigkeit) *f*; Tragkraft *f*; Produktionsvermögen *nt* **6.** (AUTO) Hubraum *m* **7.** (ELEK) Kapazität *f* **8.** (JUR) Befugnis *f* **9.** Funktion, Aufgabe, Stellung *f*; **in my ~ as** in meiner Eigenschaft als; **buying ~** Kaufkraft *f*; **filled to ~** (THEAT) voll (besetzt); **have a seating ~ of 600** 600 Sitzplätze haben

cape¹ [keɪp] *s* Umhang *m*, Cape *nt*

cape² [keɪp] *s* Kap *nt*

ca•per¹ ['keɪpə(r)] *s* Kapernstrauch *mpl*; (*Gewürz*) Kapern *fpl*

ca•per² ['keɪpə(r)] **I.** *s* **1.** Luftsprung *m* **2.** *meist pl* Kapriolen *fpl*, Streiche *mpl* **II.** *vi* (*cut ~s, a ~*) Luftsprünge machen, herumtollen; (*fig*) Kapriolen machen; (*fam*) ein Ding drehen

cap•il•lary [kə'pɪlərɪ] **I.** *adj* haarfein; Kapillar- **II.** *s* (ANAT) Kapillargefäß *nt*

capi•tal ['kæpɪtl] **I.** *s* **1.** Kapital, Vermögen *nt* **2.** Hauptstadt *f* **3.** Großbuchstabe *m* **4.** (ARCH) Kapitell *nt*; **federal ~** Bundeshauptstadt *f*; **fixed ~** Anlagekapital *nt* **II.** *adj* **1.** (*Strafe, Urteil*) Todes-; (*Verbrechen*) todeswürdig, schwer **2.** verhängnisvoll **3.** hauptsächlich; Haupt- **4.** (*fam*) glänzend, prächtig, tadellos, famos **5.** (*Buchstabe*) groß **6.** Kapital-; **capital assets** *s pl* Anlagevermögen *nt*; **capital crime** *s* Kapitalverbrechen *nt*; **capital gains tax** *s* Kapitalertragssteuer *f*; **capital investment** *s* Kapitalanlage *f*; **capital investment company** *s* Kapitalbeteiligungsgesellschaft *f*

capi•tal•ism ['kæpɪtəlɪzəm] *s* Kapitalismus *m*; **capi•tal•ist** ['kæpɪtəlɪst] **I.** *s* Kapitalist(in) *m(f)* **II.** *adj* kapitalistisch; **capi•tal•is•tic** [ˌkæpɪtə'lɪstɪk] *adj* kapitalistisch

capi•tal•iz•ation [ˌkæpɪtəlaɪ'zeɪʃn] *s* **1.** Kapitalisierung *f* **2.** Großschreibung *f*; **capi•tal•ize** ['kæpɪtəlaɪz] **I.** *vi* Nutzen ziehen (*on* aus) **II.** *vt* **1.** kapitalisieren **2.** groß schreiben

capi•tal let•ter ['kæpɪtl 'letə(r)] *s* Großbuchstabe *m*; **capital punishment** *s* Todesstrafe *f*

ca•pitu•late [kə'pɪtʃʊleɪt] *vi* kapitulieren (*to* vor); **ca•pitu•la•tion** [kəˌpɪtʃʊ'leɪʃn] *s* Kapitulation, Übergabe *f*

ca•price [kə'pri:s] *s* Laune *f*; (lustiger, launiger) Einfall *m*; **ca•pri•cious** [kə'prɪʃəs] *adj* launisch, launenhaft

Cap•ri•corn ['kæprɪkɔ:n] *s* (ASTR) Steinbock *m*

cap•size [kæp'saɪz] **I.** *vi* (*Schiff*) kentern **II.** *vt* kentern lassen

cap•stan ['kæpstən] *s* (MAR) Gangspill *nt*, Ankerwinde *f*

cap•sule ['kæpsju:l] *s* **1.** (ANAT BOT MED) Kapsel *f* **2.** (BOT) Hülse *f* **3.** (Flaschen)Kapsel *f*

cap•tain ['kæptɪn] **I.** *s* **1.** (MIL) Hauptmann *m* **2.** (MAR) Kapitän *m* **3.** (AVIAT) Flugzeugführer, -kapitän *m* **4.** Führer(in) *m(f)*, Leiter(in) *m(f)* **5.** (SPORT) Kapitän *m*, Mannschaftsführer(in) *m(f)* **6.** (SCHULE) Sprecher(in) *m(f)* **II.** *vt* **1.** (SPORT: *die Mannschaft*) führen **2.** (MAR) befehligen

cap•tion ['kæpʃn] **I.** *s* **1.** (*Buch*) Kapitelüberschrift *f*; (*Zeitung*) Beitrags-, Artikelüberschrift *f* **2.** Titel, Kopf *m*, Schlagzeile *f* **3.** (Bild)Erklärung *f*; Bildunterschrift *f* **4.** (FILM) Untertitel, (erläuternder) Zwischentext *m* **II.** *vt* mit einer Überschrift versehen

cap•ti•vate ['kæptɪveɪt] *vt* (*fig*) fesseln, faszinieren, bezaubern; **cap•tive** ['kæptɪv] **I.** *adj* gefangen **II.** *s* Gefangene(r) *f m*; **hold ~** gefangen halten; **take ~** gefangen nehmen; **cap•tiv•ity** [kæp'tɪvətɪ] *s* Gefangenschaft, Haft *f*; **cap•ture** ['kæptʃə(r)] **I.** *s* **1.** Gefangennahme *f* **2.** (MAR) Prise *f* **3.** Eroberung *f*; Beute *f*, Raub *m* **4.** Fang *m* **II.** *vt* **1.** gefangen nehmen **2.** (*Tier, Augenblick,*

Atmosphäre) einfangen **3.** (*Stadt*) einnehmen; (*Schatz*) erobern; (*Schiff*) kapern **4.** (*Preis, Stimmen*) erbeuten; (*Aufmerksamkeit*) an sich reißen **5.** (INFORM) erfassen

car [kɑː(r)] *s* **1.** (Kraft)Wagen *m,* Auto(mobil) *nt* **2.** (Straßenbahn)Wagen *m;* (*Am*) (Eisenbahn)Wagen, Waggon *m* **3.** (*Ballon*) Gondel *f* **4.** (*Aufzug*) Fahrstuhl *m;* **by ~** mit dem Wagen, Auto; **drive a ~** einen Wagen fahren, Auto fahren; **put the ~ in the garage** das Auto in die Garage fahren; **car accessories** *s pl* Ersatzteile *pl;* **car aerial** *s* Autoantenne *f*

ca•rafe ['kærəf] *s* Karaffe *f*

cara•mel ['kærəmel] *s* **1.** Karamel(zucker) *m* **2.** Karamelbonbon *m*

carat ['kærət] *s* Karat *nt*

cara•van ['kærəvæn] *s* **1.** Karawane *f* **2.** (*Br*) Wohnwagen *m* **3.** Zigeuner-, Zirkus-, Wanderschauwagen *m;* **cara•van•sary, cara•van•serai** [ˌkærər'vænsərɪ] *s* Karawanserei *f*

cara•way ['kærəweɪ] *s* Kümmel *m;* **caraway seeds** *s pl* (*Gewürz*) Kümmel *m*

car•bide ['kɑːbaɪd] *s* (CHEM) Karbid *nt*

car•bine ['kɑːbaɪn] *s* Karabiner *m*

car body ['kɑːbɒdɪ] *s* Karosserie *f*

carbo•hy•drate [ˌkɑːbəʊ'haɪdreɪt] *s* Kohlehydrat *nt;* **car•bolic** [kɑː'bɒlɪk] *adj* (CHEM) Karbol-; **~ acid** Karbolsäure *f,* Phenol *nt*

car bomb ['kɑːbɒm] *s* Autobombe *f*

car•bon ['kɑːbən] *s* **1.** (CHEM) Kohlenstoff *m* **2.** (ELEK) Kohlestift *m* (*für Bogenlicht*) **3.** (*~ paper*) Kohlepapier *nt* **4.** (*~ copy*) Durchschlag *m,* -schrift *f;* **~ trading** (POL) Kohlenstoffhandel *m;* **car•bon•ated** ['kɑːbəneɪtɪd] *adj* mit Kohlensäure; **carbon copy** *s* Durchschlag *m;* (*fig*) Ebenbild *nt;* **carbon-copy crime** *s* Nachahmungstat *f;* **carbon dating** *s* Kohlenstoffdatierung *f;* **carbon dioxide** *s* (CHEM) Kohlendioxyd *nt;* **car•bonic** [kɑː'bɒnɪk] *adj* (CHEM) Kohlen-; **~ acid** Kohlensäure *f;* **~ oxide** Kohlenoxyd *nt;* **car•bon•ize** ['kɑːbənaɪz] *vt* **1.** verkohlen **2.** (*Kohle*) verkoken; **carbon monoxide** *s* Kohlenmonoxyd *nt;* **carbon paper** *s* Kohle-, Durchschreibepapier *nt*

car-boot sale ['kɑːbuːtˌseɪl] *s privater Flohmarkt, bei dem der Kofferraum als Verkaufsfläche dient*

car•buncle ['kɑːbʌŋkl] *s* **1.** (MIN) Karfunkel *m* **2.** (MED) Karbunkel *m*

car•bu•ret ['kɑːbjʊˌret] *vt* **1.** (CHEM) karburieren **2.** (AUTO) vergasen; **car•bu•ret(t)or** [ˌkɑːbjʊ'retə(r)] *s* Vergaser *m*

car•cass, car•case ['kɑːkəs] *s* **1.** Leiche *f;* Tierleiche *f,* Kadaver *m* **2.** (*Metzgerei*) Rumpf *m* **3.** (*Haus, Schiff*) Gerippe *nt,* Skelett *nt;* Rohbau *m* **4.** (*Reifen*) Karkasse *f* **5.** (*fig*) Trümmer *pl*

car•ci•no•gen ['kɑːsɪnəˌdʒen] *s* Karzinogen *nt;* **car•ci•no•gen•ic** [-ɪk] *adj* karzinogen, Krebs erzeugend

car•ci•noma [ˌkɑːsɪ'nəʊmə] *s* (MED) Karzinom *nt,* Krebs(geschwulst) *m (f)*

card [kɑːd] *s* **1.** (Spiel-, Post-, Besuchs)Karte *f* **2.** (SPORT) Programm(nummer *f*) *nt* **3.** Pappe *f* **4. ~s** (Arbeits)Papiere *ntpl;* **on the ~s** wahrscheinlich, möglich; **have a ~ up one's sleeve** etw in petto haben; **play (at) ~s** Karten spielen; **put** [*o* **lay**] **one's ~s on the table** seine Karten aufdecken; **game of ~s** Kartenspiel *nt;* **picture post-~** Ansichtskarte *f;* **reply ~** Antwortkarte *f;* **visiting-** [*o* **business**] **~** Visitenkarte *f;* **card•board** ['kɑːdbɔːd] *s* Pappe *f;* **~ box** Pappschachtel *f,* -karton *m*

car deck ['kɑːˌdek] *s* Autodeck *nt*

car•diac ['kɑːdɪæk] *adj* (MED) Herz-; **~ arrest** Herzstillstand *m*

car•di•gan ['kɑːdɪgən] *s* Wolljacke, -weste *f*

car•di•nal ['kɑːdɪnl] **I.** *adj* **1.** hauptsächlich; Haupt- **2.** hochrot **II.** *s* (REL) Kardinal *m;* **cardinal number** *s* Kardinalzahl *f;* **cardinal points** *s pl* Himmelsrichtungen *fpl*

card in•dex ['kɑːdˌɪndeks] *s* Kartei, Kartothek *f*

car•dio•gram ['kɑːdɪəʊgræm] *s* Kardiogramm *nt*

car door ['kɑːdɔː(r)] *s* Wagentür *f*

card•phone ['kɑːdfəʊn] *s* Kartentelefon *nt;* **card punch** ['kɑːdˌpʌntʃ] *s* Lochkartenmaschine *f;* **card reader** *s* Lesemaschine *f;* **card table** *s* Kartenspieltisch *m*

care [keə(r)] **I.** *s* **1.** Sorgfalt, Achtsamkeit *f* **2.** Pflege *f;* Wartung *f* **3.** Fürsorge *f* **4.** Obhut *f* **5.** Anteilnahme *f,* Interesse *nt* **6.** Sorge, Besorgnis *f,* Not *f,* Kummer *m;* **free from ~s** ohne Sorgen, sorgenfrei; **in** [*o* **under**] **s.o.'s ~** in jds Obhut; **(in) ~ of, c/o** c/o, bei; **take ~** vorsichtig sein, sich hüten, aufpassen; sorgen (*of* für), sich kümmern (*of* um), Acht geben (*of* auf, *that* dass), erledigen (*of s.th.* etw), aufbewahren (*of s.th.* etw); **take ~!** pass auf dich auf!; **take ~ of o.s.** sich pflegen; **that takes ~ of that** damit wäre das erledigt **II.** *vi, vt* sich Sorgen, sich Gedanken machen (*about* über); **~ about** Interesse haben an, Lust haben zu; sich kümmern um; **~ for** sorgen für, aufpassen auf, sich kümmern um; pflegen; (*fragend und verneint*) gern haben, mögen, Interesse haben an; wünschen, haben wollen; **be ~d for** versorgt, aufgehoben sein; **~ to** Lust haben zu; **not to ~ a rap** sich keinen Deut kümmern (*whether* ob, *for* um); **I don't ~** das ist mir gleich; **what do I ~!**

was geht's mich an!; **who ~s?** wen interessiert das schon?; **would you ~ to ...?** macht es Ihnen etwas aus zu ...?; würden Sie vielleicht gerne ...?

ca•reer [kəˈrɪə(r)] **I.** *s* **1.** Laufbahn, Karriere *f;* Beruf *m* **2.** voller Galopp; **in full ~** in vollem Galopp; **enter upon a ~** eine Laufbahn einschlagen **II.** *vi* laufen, eilen, rennen, rasen; **~ about/along/over/through** umher-/entlang-/hinüber-/hindurchrasen; **ca•reer•ist** [kəˈrɪərɪst] *s* Karrieremacher(in) *m(f),* Streber(in) *m(f);* **career woman** *s* Karrierefrau *f*

care•free [ˈkeəfriː] *adj* ohne Sorgen, sorglos; **care•ful** [ˈkeəfl] *adj* sorgfältig; achtsam; sorgsam; **be ~** vorsichtig sein, aufpassen; **I was ~ not to go** ich habe mich gehütet zu gehen; **care•ful•ness** [-nɪs] *s* Sorgfalt *f;* Achtsamkeit, Um-, Vorsicht *f;* **care•less** [ˈkeəlɪs] *adj* **1.** sorglos; gleichgültig, gedankenlos; achtlos **2.** unachtsam (*of* gegen), unvorsichtig; nachlässig **3.** sorgenfrei; **care•less•ness** [-nɪs] *s* Sorglosigkeit *f;* Unachtsamkeit *f;* Nachlässigkeit *f*

ca•ress [kəˈres] **I.** *s* Liebkosung *f* **II.** *vt* liebkosen, streicheln

care•taker [ˈkeəˌteɪkə(r)] *s* **1.** Verwalter, Aufseher *m* **2.** Hausmeister *m;* **~ government** Interimsregierung *f;* **care•worn** [ˈkeəwɔːn] *adj* erschöpft, ausgemergelt

car ferry *s* Autofähre *f*

cargo [ˈkɑːgəʊ] <*pl* -go(e)s> *s* (AVIAT MAR) Fracht, (Schiffs)Ladung *f;* **cargo aircraft, cargo plane** *s* Transportflugzeug *nt;* **cargo boat** *s* Frachtschiff *nt*

car hire [ˈkɑːˌhaɪə(r)] *s* Autovermietung *f*

Car•ib•bean [ˌkærɪˈbiːən, *Am* ˌkæˈrɪbiːən] **I.** *adj* karibisch **II.** *s* Karibik *f*

cari•ca•ture [ˈkærɪkətjʊə(r)] **I.** *s* Karikatur *f* **II.** *vt* karikieren; **cari•ca•tur•ist** [-ɪst] *s* Karikaturist(in) *m(f),* Karikaturenzeichner(in) *m(f)*

car•ies [ˈkeəriːz] *s* (MED) Karies *f;* **dental ~** Zahnfäule *f*

car insurance [ˈkɑːɪnʃʊərəns] *s* Kraftfahrzeug-, Autoversicherung *f*

car•nal [ˈkɑːnl] *adj* fleischlich; sinnlich, geschlechtlich

car•na•tion [kɑːˈneɪʃn] *s* (*Blume*) Nelke *f*

car•ni•val [ˈkɑːnɪvl] *s* **1.** Karneval, Fasching *m* **2.** Rummel *m,* Volksfest *nt*

car•ni•vore [ˈkɑːnɪvɔː(r)] *s* (ZOO) Fleischfresser *m;* **car•ni•vor•ous** [kɑːˈnɪvərəs] *adj* (ZOO BOT) Fleisch fressend

carol [ˈkærəl] **I.** *s* **1.** frohes Lied **2.** (*Christmas ~*) Weihnachtslied *nt* **II.** *vi* jubilieren; **carol singers** *s pl* Sternsinger *pl*

car owner [ˈkɑːrəʊnə(r)] *s* Autobesitzer(in) *m(f)*

carp¹ [kɑːp] *s* Karpfen *m*

carp² [kɑːp] *vi* nörgeln, etwas auszusetzen haben (*at* an)

car park [ˈkɑːpɑːk] *s* Parkplatz *m;* **multi-storey ~** Parkhaus *nt;* **underground ~** Tiefgarage *f*

car•pen•ter [ˈkɑːpəntə(r)] **I.** *s* Zimmermann *m,* Tischler(in) *m(f)* **II.** *vt, vi* zimmern; **car•pen•try** [ˈkɑːpəntrɪ] *s* Zimmerhandwerk *nt,* -arbeit *f*

car•pet [ˈkɑːpɪt] **I.** *s* Teppich *m,* Läufer *m;* **be on the ~** zur Debatte, zur Diskussion stehen; **have s.o. on the ~** (*fam*) sich jdn vorknöpfen, -nehmen; **sweep s.th. under the ~** (*fig*) etw unter den Teppich kehren **II.** *vt* **1.** mit einem Teppich, einem Läufer belegen **2.** (*fam*) herunterputzen; **car•pet-bag** [ˈkɑːpɪtbæg] *s* Reisetasche *f;* **car•pet•bag•ger** [ˈkɑːpɪtˌbægə(r)] *s* (*Am*) politischer Abenteurer; Schwindler *m;* **carpet bombing** *s* Flächenbombadierung *f;* **car•pet•ing** [ˈkɑːpɪtɪŋ] *s* Teppich, Teppichboden *m;* Teppiche *mpl;* **car•pet-sweeper** [ˈkɑːpɪtˌswiːpə(r)] *s* Teppichkehrmaschine *f*

car pool [ˈkɑːpuːl] *s* **1.** (*Am*) Fahrgemeinschaft *f* **2.** Fuhrpark *m*

car•riage [ˈkærɪdʒ] *s* **1.** (*Güter*) Transport *m;* Beförderung *f* **2.** Fracht *f* **3.** Transportgebühr *f,* Frachtkosten *pl,* Fuhrlohn *m,* Rollgeld *nt* **4.** Wagen *m;* Waggon *m;* (Eisenbahn-, Personen)Wagen *m;* Kutsche *f* **5.** Wagengestell, Laufwerk *nt;* Laufkatze *f* **6.** (MIL: *gun~*) Lafette *f* **7.** (TECH) Wagen (*a. d. Schreibmaschine*), Schlitten *m;* (AVIAT: *under~*) Fahrgestell *nt* **8.** (Körper)Haltung *f;* Auftreten *nt;* Verhalten, Betragen *nt;* **~ free** [*o* **paid**] frachtfrei; **~ by air/by rail/by sea** Luft-/Bahn-/Seetransport *m;* **carriage return** *s* (*Schreibmaschine*) Wagenrücklauf *m*

carriage•way [ˈkærɪdʒˈweɪ] *s* Fahrbahn *f;* **dual ~** Schnellstraße *f*

car•rier [ˈkærɪə(r)] *s* **1.** (Last-, Gepäck-, Aus)Träger; (*a.* ELEK) Bote *m* **2.** Fuhrmann *m;* Fuhrunternehmer, Spediteur *m* **3.** (MED) Bazillenträger(in) *m(f)* **4.** (TECH) Mitnehmer, Schlitten *m* **5.** Tragnetz, -gestell *nt* **6.** (*Fahrrad*) Gepäckständer, -träger *m* **7.** (*aircraft ~*) Flugzeugträger *m* **8.** (*~-pigeon*) Brieftaube *f;* **carrier-bag** *s* Tragetasche *f*

car•rion [ˈkærɪən] *s* Aas *nt;* **carrion crow** *s* Rabenkrähe *f*

car•rot [ˈkærət] *s* Mohrrübe, Karotte *f;* **the stick and the ~** (*fig*) Zuckerbrot u. Peitsche; **car•roty** [ˈkærətɪ] *adj* rötlich, rot(haarig)

carry [ˈkærɪ] **I.** *vt* **1.** tragen, fahren, befördern, transportieren; (über)bringen **2.** (*Wasser, Strom, Öl*) leiten, führen **3.** (bei sich) haben (*about one* mit sich), führen, tragen **4.** (*Kopf, Körper*) halten **5.** (ARCH TECH) halten, stützen, tragen; (*Gewicht, Last*) aushalten **6.** (*Buchung*) über-, vortragen **7.** (*den Sieg*) davontragen; (*Preis*) gewinnen; (*Argument*) (erfolgreich) behaupten **8.** (*Menschen*) für sich einnehmen, gewinnen, überzeugen, mitreißen **9.** (PARL: *Antrag*) durchbringen **10.** (*Am: Ware*) führen, auf Lager haben **11.** (*Nachrichten in Zeitungen*) drucken, bringen; ~ **the can** (*fig*) es ausbaden müssen; ~ **coals to Newcastle** (*fig*) Eulen nach Athen tragen; ~ **consequences** Folgen haben; ~ **conviction** überzeugend wirken; ~ **current** Strom führen; ~ **interest** Zins(en) tragen; ~ **one's point** seine Ansicht durchdrücken; ~ **weight** Gewicht haben, von (ausschlaggebender) Bedeutung sein; **be carried** (*Antrag*) durchgehen, angenommen werden **II.** *vi* (*bis zu einer bestimmten Entfernung*) reichen, gehen, tragen, dringen **III.** *s* **1.** Trag-, Reichweite *f* **2.** (*Golf*) Flug(strecke *f*) *m* (*des Balles*) **3.** (*Am*) Tragen *nt* eines Bootes; **carry along**, **carry away** *vt* **1.** wegtragen, -bringen, -schaffen **2.** (*fig*) mitreißen, begeistern; **carry forward** *vt* **1.** fortsetzen **2.** (*Buchung*) vor-, übertragen; (**amount**) **carried forward** Übertrag *m;* **carry off** *vt* **1.** wegschleppen, weg-, mitnehmen, entführen **2.** (*Preis*) gewinnen; ~ **it off well** eine Schwierigkeit glänzend meistern; **carry on I.** *vt* **1.** fortsetzen, weiterführen **2.** (*Gespräch, Krieg*) führen **3.** (*Geschäft*) betreiben **4.** (*Beruf*) ausüben **II.** *vi* **1.** weitermachen **2.** (*fam*) sich aufregen; die Nerven verlieren; verrückt spielen, den wilden Mann markieren **3.** unaufhörlich reden **4.** es haben (*with* mit); **carry out** *vt* aus-, durchführen; (*Versprechen*) halten; (*Drohung*) wahrmachen; **carry over** *vt* **1.** (*Buchung*) vor-, übertragen **2.** vertagen; **carry through** *vt* **1.** durchführen, zu Ende bringen **2.** durchhelfen (*s.o.* jdm)

carry-cot [ˈkærɪˌkɒt] *s* Tragbettchen *nt;* **carry-forward** [ˌkærɪˈfɔːwəd] *s* (COM) Saldovortrag *m;* **carry•ing** [ˈkærɪɪŋ] *s* **1.** Beförderung *f,* Transport *m,* Fracht *f;* Spedition *f* **2.** (~ *fees*) Transportkosten *pl,* Fracht *f* **3.** (*Gesetzesvorlage*) Annahme *f;* ~**s-on** (*fam*) Getue *nt;* Lärm *m;* Treiben *nt;* **carrying agent** *s* Spediteur *m;* **carrying capacity** *s* Tragfähigkeit *f;* Nutzlast *f;* Platzzahl *f;* **carrying trade** *s* Fuhrunternehmen *nt;* **carry-over** [ˌkærɪˈəʊvə(r)] *s* (COM) **1.** Übertrag *m* **2.** Rest *m* **3.** Prolongation(sgeschäft *nt*) *f*

cart [kɑːt] **I.** *s* Karren *m;* (zweirädriger) Wagen *m;* **put the** ~ **before the horse** (*fig*) das Pferd am Schwanz aufzäumen **II.** *vt* befördern, transportieren

car•tel [kɑːˈtel] *s* **1.** (FIN) Kartell *nt,* Ring *m* **2.** (~ *agreement*) Kartellvertrag *m*

car•ter [ˈkɑːtə(r)] *s* Fuhrmann *m;* **cart-horse** [ˈkɑːtˌhɔːs] *s* Zugpferd *nt*

car•ti•lage [ˈkɑːtɪlɪdʒ] *s* (ANAT) Knorpel *m*

cart-load [ˈkɑːtˌləʊd] *s* Fuhre *f*

car•togra•pher [kɑːˈtɒgrəfə(r)] *s* Kartograf(in) *m(f);* **car•togra•phy** [kɑːˈtɒgrəfɪ] *s* Kartografie *f*

car•ton [ˈkɑːtn] *s* Karton *m,* Pappschachtel *f;* (*Milch*) Tüte *f;* (*Zigaretten*) Stange *f*

car•toon [kɑːˈtuːn] *s* **1.** (*Kunst*) Karton, Entwurf *m* **2.** (politische) Karikatur, Cartoon *m* **3.** (Zeichen)Trickfilm *m;* Trickzeichnung *f,* -bild *nt;* **car•toon•ist** [-ɪst] *s* (Karikaturen-, Trickfilm)Zeichner(in) *m(f);* **car•toony** *adj* wie ein Cartoon

car•tridge [ˈkɑːtrɪdʒ] *s* **1.** (MIL) Patrone *f* **2.** (PHOT) Kassette *f;* (*Füllfederhalter*) Patrone *f* **3.** (*Plattenspieler*) Tonabnehmer *m;* **cartridge case** *s* Patronenhülse *f;* **cartridge paper** *s* (starkes) Zeichenpapier *nt*

cart-wheel [ˈkɑːtˌwiːl] *s* (Wagen)Rad *nt;* **turn a** ~ (SPORT) Rad schlagen

carve [kɑːv] *vt* **1.** schnitzen (*on/in(to)/out of wood* in/aus Holz), meißeln (*on, in(to) stone* in Stein), hauen (*out of stone* aus Stein) **2.** (*Name*) (ein)ritzen, (ein)schneiden **3.** (*zubereitetes Fleisch*) (zer)schneiden, tranchieren, zerlegen **4.** (~ *up*) einteilen; in Stücke schneiden; ~ **out** (*fig*) erkämpfen, erarbeiten; **carver** [ˈkɑːvə(r)] *s* **1.** Bildschnitzer(in) *m(f)* **2.** Tranchiermesser *ntpl,* Tranchierbesteck *nt;* **carv•ing** [-ɪŋ] *s* Schnitzerei *f;* **carving-knife** *s* Tranchiermesser *nt*

car•wash [ˈkɑːwɒʃ] *s* Autowäsche *f;* Autowaschanlage *f*

cas•cade [kæˈskeɪd] **I.** *s* **1.** Kaskade *f,* Wasserfall *m* **2.** (TECH: ~ *connection*) Stufen-, Kaskadenschaltung *f* **II.** *vi* in Kaskaden herunterfallen

case¹ [keɪs] *s* **1.** Fall *m* **2.** (GRAM) Fall, Kasus *m* **3.** (Rechts)Fall *m,* Sache *f;* Prozess *m* **4.** (Krankheits)Fall *m;* Kranke(r) *f m,* Patient(in) *m(f),* Betroffene(r) *f m* **5.** (*fam*) sonderbarer Mensch; (**just**) **in** ~ im Falle, für den Fall dass; **in** ~ **of** im Fall +*gen;* **in** ~ **of doubt** im Zweifelsfall; **in** ~ **of emergency** im Notfall; **in any** ~ auf jeden Fall; **close the** ~ die Beweisaufnahme schließen; **make out one's** ~ **for** seine Gründe darlegen für; **put the** ~ **that** den Fall annehmen, dass; **that's not the** ~ das ist nicht der Fall; **as the** ~ **stands** so wie die Dinge liegen

case² [keɪs] **I.** *s* **1.** Behälter *m* **2.** Hülle, Hülse, Kapsel *f* **3.** Etui, Futteral *nt,* Scheide *f* **4.** Gehäuse *nt;* Fach *nt;* Tasche *f,* Beutel,

Sack *m;* Mappe *f* **5.** Schachtel *f,* Kästchen *nt,* Kasten *m,* Kiste *f* **6.** (*glass* ~) Glas-, Schaukasten *m* **7.** (TECH) Be-, Umkleidung *f,* Mantel *m* **II.** *vt* **1.** in einen Behälter stecken **2.** (TECH: ~ *up, over*) überziehen, be-, umkleiden

case-book ['keɪsˌbʊk] *s* Patientenbuch *nt;* Buch *nt,* in dem die Fälle aufgezeichnet werden; **case law** ['keisˌlɔː] *s* Fallrecht *nt;* **case study** ['keɪsˌstʌdɪ] *s* Fallstudie *f*

cash [kæʃ] **I.** *s* Bargeld *nt;* Kasse *f;* Barzahlung *f;* Sofortzahlung *f;* **against/for/in/in ready** ~/~ **down** (gegen, in) bar; **in** ~ bei Kasse; **out of** ~ nicht bei Kasse, ohne Geld; ~ **on delivery** per Nachnahme; **buy for** ~ (gegen) bar kaufen; **pay (in)** ~ bar (be)zahlen; **I have no** ~ **with me** ich habe kein Geld bei mir; ~ **in hand** Bar-, Kassenbestand *m;* **discount for** ~ Rabatt bei Barzahlung; Skonto *nt* **II.** *vt* **1.** einwechseln; (*Scheck*) einlösen **2.** (ein)kassieren, einziehen; **cash down**, **cash over** *vt* (*Am fam*) das Geld auf den Tisch legen für; **cash in I.** *vt* einlösen **II.** *vi* (*sl*) abkratzen, ins Gras beißen (müssen); **cash in on** profitieren von; nach Kräften ausnutzen

cash-and-carry [ˌkæʃn'kærɪ] *s* Cash-and-Carry, Abhol-, Mitnahme-, Verbrauchermarkt *m;* **cash balance** *s* Kassenbestand *m;* **adverse** ~ Kassendefizit *nt;* **cash box** *s* (Geld)Kassette *f;* **cash card** *s* Geldautomatenkarte *f;* **cash cow** *s* (COM) Milchkuh *f;* **cash crop** *s* für den Markt erzeugte Ernte; **cash dispenser** [di'spensə] *s* Geldautomat *m*

ca•shew ['kæʃuː] *s* Nierenbaum *m,* Cashewnuss *f*

cash flow ['kæʃˌfləʊ] *s* Cashflow *m*

cash•ier¹ [kæ'ʃɪə(r)] *s* Kassierer(in) *m(f)*

cash•ier² [kæ'ʃɪə(r)] *vt* entlassen

cash•mere ['kæʃmɪə] *s* Kaschmir(schal, -stoff) *m*

cash pay•ment ['kæʃˌpeɪmənt] *s* Barzahlung *f;* **cash point** *s* Geldautomat *m;* **cash register** *s* Registrierkasse *f;* **cash sale** *s* Barverkauf *m*

cas•ing ['keɪsɪŋ] *s* **1.** (TECH) Be-, Umkleidung, Umhüllung, Hülle *f,* Futteral *nt,* Mantel *m* **2.** Überzug *m;* Gehäuse *nt* **3.** (ARCH) (Ver)Schalung *f;* Auskleidung *f* **4.** Tür-, Fensterrahmen *m* **5.** (AUTO) (Reifen)Mantel *m* **6.** ~**s** Därme *mpl* (*als Wursthüllen*)

ca•sino [kə'siːnəʊ] <*pl* -sinos> *s* Kasino *nt*

cask [kɑːsk] *s* Fass *nt;* Tonne *f;* **cas•ket** ['kɑːskɪt] *s* **1.** (Schmuck)Kästchen *nt* **2.** Urne *f* **3.** (*Am*) Sarg *m*

cas•ser•ole ['kæsərəʊl] *s* Kasserolle *f,* Schmortopf *m*

cas•sette [kə'set] *s* (Film-, Tonband-, Video)Kassette *f;* **cassette deck** *s* Kassettendeck; **cassette recorder** *s* Kassettenrecorder *m*

cast [kɑst] <*irr:* cast, cast> **I.** *vt* **1.** (ab-, weg)werfen; (*Netze, Angel*) auswerfen **2.** (*Zahn, Huf*) verlieren **3.** (*Junge*) werfen **4.** (TECH) gießen **5.** formen, gestalten **6.** (*Schauspieler*) einteilen (*for* für); (*Rolle*) besetzen (*to* mit); ~ **anchor** Anker werfen; ~ **dice** würfeln; ~ **an eye** [*o* **a glance**] **at** [*o* **on**] [*o* **over**] **s.th.** einen Blick auf etw werfen; ~ **a horoscope** ein Horoskop erstellen; ~ **light/a shadow on** Licht/seinen Schatten werfen auf; ~ **lots** Lose ziehen; das Los entscheiden lassen; ~ **one's skin** (*Schlange*) sich häuten; ~ **a spell on s.o.** jdn verhexen; ~ **a vote** [*o* **ballot**] seine (Wahl)Stimme abgeben **II.** *vi* **1.** (*Holz*) sich werfen, sich verziehen **2.** würfeln **3.** die Angel auswerfen **4.** die Rollen besetzen **III.** *s* **1.** Wurf(weite *f*) *m;* Auswerfen *nt* (*Angel, Netz*) **2.** Wurf *m* (*beim Würfeln*) **3.** (ZOO) (das) Abgeworfene; (*von Raubvögeln*) Gewölle *nt* **4.** (TECH) Gussform *f;* Abguss *m* **5.** (*plaster* ~) Gipsverband *m* **6.** (THEAT) (Rollen)Besetzung *f;* Ensemble *nt* **7.** (*fig*) Neigung, Anlage, Eigenart *f* **8.** (Farb)Nuance, Schattierung *f,* Schimmer, Anstrich *m* **9.** Eigenschaft *f,* Charakter, Wesenszug *m;* (~ *of features*) Gesichtszüge *mpl;* (~ *of mind*) Geistes-, Wesensart *f;* **cast about** *vi* (herum)suchen (*for* nach), (hin u. her) überlegen; **cast aside** *vt* wegwerfen; (*fig*) ablegen; (*Person*) fallen lassen; **cast away** *vt* wegwerfen; **be** ~ **away** gestrandet sein; **cast down** *vt* **1.** niederwerfen **2.** (*Augen*) senken **3.** (*fig*) niederschmettern, deprimieren; **be** ~ **down** niedergeschlagen, traurig sein; **cast in** *vt* (*fig*) teilen (*one's lot with s.o.* sein Los mit jdm); **cast off I.** *vt* **1.** (*alte Kleider*) ablegen **2.** (*Masche beim Stricken*) abketten **3.** (TYP: *Manuskript*) be-, ausrechnen (*in Druckseiten*) **4.** (*fig*) verstoßen **II.** *vi* in See stechen; **cast on** *vt* (*Maschen*) anschlagen; **cast out** *vt* hinauswerfen; vertreiben; **cast up** *vt* **1.** hochwerfen **2.** (*die Augen*) nach oben richten; (*den Kopf*) hochwerfen **3.** (*an den Strand*) anspülen **4.** vorhalten (*to s.o.* jdm)

cast•an•ets [kæstə'nets] *s pl* Kastagnetten *pl*

cast•away ['kɑːstəweɪ] **I.** *s* **1.** Verworfene(r), Ausgestoßene(r) *f m* **2.** Schiffbrüchige(r) *f m* **II.** *adj* **1.** verstoßen; unnütz **2.** schiffbrüchig, gestrandet

caste [kɑːst] *s* **1.** (REL) Kaste *f* **2.** Kaste, Gesellschaftsschicht *f* **3.** soziale Stellung, Rang *m*

cas•ter ['kɑːstə(r)] *s* **1.** (TECH) Gießer *m* **2.** Streuer *m* **3.** (Lauf)Rolle *f;* **caster sugar** *s* Raffinade *f*

cas•ti•gate ['kæstɪgeɪt] *vt* **1.** züchtigen **2.** (*fig*) heruntermachen; **cas•ti•ga•tion** [ˌkæstɪ'geɪʃn] *s* **1.** Züchtigung *f* **2.** heftiger Tadel

cast•ing ['kɑːstɪŋ] *s* **1.** Guss *m* **2.** **~s** Gusseisen *nt;* Abguss *m* **3.** (THEAT) Rollenverteilung *f* **4.** roher Bewurf **5.** Auswerfen *nt* der Angel **6.** (~ *of votes*) Stimmabgabe *f;* **casting vote** *s* (PARL) entscheidende Stimme; **the chairman has the ~** die Stimme des Vorsitzenden entscheidet

cast iron [ˌkɑːst'aɪən] **I.** *s* Gusseisen *nt* **II.** *adj:* (**cast-iron**) gusseisern; (*fig*) hart, unbeugsam; (*Wille*) eisern

castle ['kɑːsl] **I.** *s* **1.** Burg *f;* (festes) Schloss *nt* **2.** (*Schach*) Turm *m;* **~s in the air** [*o* **in Spain**] Luftschlösser *pl* **II.** *vi* (*Schach*) rochieren

cast-off [ˌkɑːst'ɒf] **I.** *s* **1.** Verstoßene(r) *f m* **2.** (das) Weggeworfene **3.** **~s** abgelegte Kleider *ntpl* **4.** Umfangsberechnung *f* **II.** *adj* abgelegt

castor ['kɑːstə(r)] *s* **1.** Laufrolle *f* **2.** (Salz)Streuer *m;* **castor oil** *s* (MED) Rizinusöl *nt;* **castor stand** *s* (*Am*) Menage *f;* **castor sugar** *s* (*Br*) Sandzucker *m;* Raffinade *f*

cas•trate [kæ'streɪt] *vt* kastrieren

cas•ual ['kæʒʊəl] **I.** *s* **1.** Gelegenheitsarbeiter(in) *m(f)* **2.** **~s** Freizeitkleidung *f;* Slipper *mpl* **II.** *adj* **1.** zufällig, unerwartet **2.** gelegentlich **3.** (*Bekanntschaft*) flüchtig **4.** zwanglos **5.** lässig; **casual labour**, **casual work** *s* Gelegenheitsarbeit *f;* **casual labourer**, **casual worker** *s* Gelegenheitsarbeiter *m*

casu•alty ['kæʒʊəltɪ] *s* **1.** Un(glücks)fall *m* **2.** Verunglückte(r), Verletzte(r) *f m;* (*Krieg*) Gefallene(r) *f m,* Opfer *nt* **3.** **casualties** (MIL) Ausfälle, Verluste *mpl,* Opfer *ntpl* **4.** (~ *list*) Verlustliste *f;* **~ insurance** Schadensversicherung *f;* **~ report** Verlustmeldung *f;* **~ (ward)** Unfallstation *f* (*Krankenhaus*)

cat [kæt] *s* **1.** Katze *f* **2.** (AUTO: *catalytic converter*) Katalysator *m* **3.** Raupenschlepper *m;* **let the ~ out of the bag** (*fig*) die Katze aus dem Sack lassen; **there is not room to swing a ~** man kann sich dort nicht umdrehen; **it's raining ~s and dogs** es regnet in Strömen

cata•combs ['kætəkuːmz] *s pl* Katakomben *fpl*

cata•log(ue) ['kætəlɒg] **I.** *s* **1.** Katalog *m,* Verzeichnis *nt;* (*price ~*) Preisliste *f;* Prospekt *m* **2.** (*Am*) Vorlesungsverzeichnis *nt* **II.** *vt* katalogisieren

ca•ta•ly•sis [kə'tæləsɪs] *s* (CHEM) Katalyse *f;* **cata•lyst** ['kætəlɪst] *s* **1.** (CHEM) Katalysator *m* **2.** (*fig*) beschleunigender Faktor; **ca•ta•ly•tic** *adj* katalytisch; **~ converter** Katalysator *m*

cata•maran [ˌkætəmə'ræn] *s* **1.** Katamaran *m* **2.** Floß *nt*

cat•a•pult ['kætəpʌlt] **I.** *s* (AVIAT) Katapult *nt* **II.** *vt* (AVIAT: ~ *off*) katapultieren; (heraus)schleudern

cata•ract ['kætərækt] *s* **1.** Katarakt *m;* Wasserfall *m* **2.** (MED) grauer Star

ca•tarrh [kə'tɑː(r)] *s* (MED) Katarr *m*

ca•tas•trophe [kə'tæstrəfɪ] *s* Katastrophe *f;* (*a.* THEAT) Schicksalsschlag *m,* großes Unglück; **cata•strophic** [ˌkætə'strɒfɪk] *adj* katastrophal

cat•call ['kætkɔːl] **I.** *s* (THEAT) Pfeifen, Zischen *nt* **II.** *vt* auspfeifen, -zischen

catch [kætʃ] <*irr:* **caught, caught**> **I.** *vt* **1.** (auf-, ein)fangen **2.** ergreifen, packen, schnappen **3.** (fest)halten; (*Finger*) einklemmen **4.** treffen (*on* auf), einholen, erreichen **5.** (*Ball*) abfangen **6.** (*Zug, Bus*) (noch) erreichen **7.** ertappen, erwischen (*at* bei) **8.** hängen bleiben (*a coat* mit einem Mantel) **9.** erlangen, erhalten, bekommen **10.** (*Krankheit*) sich holen, sich zuziehen; (*Gewohnheit*) annehmen **11.** mitkriegen, hören, verstehen; **~ in the act** [*o* **red-handed**] auf frischer Tat ertappen; **~ (a) cold** sich einen Schnupfen holen; **~ s.o.'s eye** jds Blick, Aufmerksamkeit auf sich ziehen; **~ fire** Feuer fangen; **~ hold of** ergreifen, packen, anfassen; **~ it** (*fam*) eins abkriegen; ausgeschimpft, bestraft werden; **~ the Speaker's eye** (PARL) das Wort erhalten; **I caught my breath** mir stockte der Atem; **~ me!** denkste! das fällt mir nicht im Traum ein! **II.** *vi* **1.** sich verfangen (*on a nail* an einem Nagel), sich einklemmen, eingeklemmt werden **2.** (*Schloss, Riegel*) einschnappen, einrasten **3.** (*Schlag*) treffen (*on the nose* auf die Nase) **4.** in Brand geraten, Feuer fangen **5.** (MED) anstecken(d sein) **III.** *s* **1.** (*a. fig*) Fang *m* **2.** (*Ball*) Fangen *nt* **3.** Beute *f,* Fang *m* **4.** (SPORT) Fangball *m* **5.** (PHOT) Verschluss *m* **6.** (TECH) Anschlag *m,* Arretierung, Sperre *f* **7.** (Tür)Klinke *f;* (Fenster)Griff *m* **8.** (*fig*) Haken, Nachteil *m;* (~ *question*) Fangfrage *f* **9.** (*Frau*) Partie *f;* **there is a ~ in it** die Sache hat einen Haken; **~-22 situation** Zwickmühle *f;* **catch at** *vi* greifen, fassen, haschen nach; **catch on** *vi* **1.** begreifen, verstehen **2.** Anklang finden, Mode werden; **catch out** *vt* **1.** (*Kricket*) abfangen **2.** (*fig*) ertappen; erwischen; **catch up** *vt* **1.** (*Gewohnheit*) annehmen **2.** (*Redenden*) unterbrechen **3.** aufholen (*s.o., with s.o.* jdn), einholen; (SPORT) überholen

catch•all ['kætʃɔːl] *s* **1.** (*Am*) Rumpelkammer *f* **2.** (~ *phrase*) allgemeine Bezeichnung; **catcher** ['kætʃə(r)] *s* (*a.* SPORT) Fänger *m;* **catch•ing** ['kætʃɪŋ] *adj* ansteckend; **catch•ment** ['kætʃmənt] *s* (Wasser)Stauung *f;* Reservoir *nt;* (~ *area*) Einzugsgebiet *nt;* ~**-basin** Staubecken *nt;* **catch phrase** *s* Schlagwort *nt;* **catch question** *s* Fangfrage *f*

catch•up ['kætʃəp] *s* (*Am*) Ketchup *nt/m,* Ketschup *nt/m;* **catch•word** ['kætʃˌwɜːd] *s* **1.** Schlagwort *nt* **2.** Stichwort *nt;* **catchy** ['kætʃɪ] *adj* **1.** eingängig; anziehend, einnehmend, gefällig **2.** verfänglich **3.** schwierig

cat•echism ['kætɪkɪzəm] *s* (REL) Katechismus *m;* **put s.o. through his** ~ (*fig*) jdn genau ausfragen

cat•egori•cal [ˌkætɪ'gɒrɪkl] *adj* kategorisch; **cat•egory** ['kætɪgərɪ] *s* Kategorie *f;* Klasse *f*

cater ['keɪtə(r)] *vi* **1.** be-, heranschaffen, liefern (*for* für), für Verpflegung sorgen **2.** bringen, beschaffen, geben (*to dat*); ~ **for** beliefern; sorgen für; (*Bedürfnisse*) befriedigen; **caterer** ['keɪtərə(r)] *s* Lieferfirma *f* für Speisen und Getränke; **cater•ing** ['keɪtərɪŋ] *s* Versorgung *f* mit Speisen und Getränken; Partyservice *m*

cat•er•pil•lar ['kætəpɪlə(r)] *s* (*a.* TECH) Raupe *f;* **caterpillar tractor** *s* Raupenschlepper *m*

cat•er•waul ['kætəwɔːl] **I.** *vi* miauen **II.** *s* Miauen *nt*

cat•gut ['kætgʌt] *s* **1.** (MUS, SPORT) Darmsaite *f* **2.** (MED) Katgut *nt*

ca•the•dral [kə'θiːdrəl] *s* Kathedrale *f,* Dom *m*

cath•erine-wheel ['kæθərɪnˌwiːl] *s* **1.** (ARCH) Rosette *f* **2.** (*Feuerwerk*) Feuerrad *nt*

cath•eter ['kæθɪtə(r)] *s* (MED) Katheter *m*

cath•ode ['kæθəʊd] *s* (ELEK) Kathode *f;* **cathode ray** *s* Kathodenstrahl *m*

cath•olic ['kæθəlɪk] *adj* **1.** universal, allgemein **2.** verständnisvoll, tolerant; **Catholic** ['kæθəlɪk] **I.** *adj* katholisch **II.** *s* Katholik(in) *m(f);* **Ca•tholi•cism** [kə'θɒləsɪzəm] *s* Katholizismus *m*

cat•kin ['kætkɪn] *s* (*von Weiden*) Kätzchen *nt;* **cat litter** *s* Katzenstreu *f;* **cat•nap** ['kætˌnæp] *s* kurzes Schläfchen; **cat's cradle** [ˌkæts'kreɪdl] *s* Katzenleiter *f,* Abnehmespiel *nt;* **cat's eye** ['kætsaɪ] *s* (AUTO) Katzenauge *nt;* **cat•tery** ['kætərɪ] *s* Katzenheim *nt*

cattle ['kætl] *s* Rind(vieh) *nt;* **raise** ~ Vieh züchten; **10** (**head of**) ~ 10 Stück Rindvieh; **cattle-breeder** *s* Viehzüchter(in) *m(f);* **cattle-breeding** *s* Rinderzucht *f;* **cattle-car** *s* (RAIL) Viehwagen *m;* **cattle range** *s* Weidegründe *mpl;* **cattle-thief** *s* Viehdieb *m*

cat•ty ['kætɪ] *adj* **1.** katzenhaft **2.** (*fig*) giftig, boshaft, gehässig; **cat-walk** ['kætˌwɔːk] *s* Laufsteg *m*

Cau•ca•sian [kɔː'keɪzɪən] **I.** *adj* **1.** weiß **2.** kaukasisch **II.** *s* **1.** Weiße(r) *f m* **2.** Kaukasier(in) *m(f)*

cau•cus ['kɔːkəs] *s* (*Am*) **1.** Parteiführerversammlung *f* **2.** Partei-, Wahlausschuss *m* **3.** Clique *f*

caught [kɔːt] *s.* **catch**

caul•dron ['kɔːldrən] *s* großer Kessel

cauli•flower ['kɒlɪflaʊə(r)] *s* Blumenkohl *m*

caulk [kɔːk] *vt* abdichten; (MAR) kalfatern

causal ['kɔːzl] *adj* ursächlich; kausal; **causal•ity** [kɔː'zælətɪ] *s* Kausalzusammenhang *m;* **cau•sa•tive** ['kɔːzətɪv] *adj* **1.** verursachend **2.** (GRAM) kausativ

cause [kɔːz] **I.** *s* **1.** Ursache *f* **2.** Veranlassung *f;* Grund, Anlass *m* (*for* zu) **3.** Sache, Angelegenheit *f* **4.** (JUR) Prozess, Streitfall *m;* **be the** ~ **of s.th.** Anlass zu etw sein; **make common** ~ **with s.o.** mit jdm gemeinsame Sache machen; **plead a** ~ (*vor Gericht*) eine Sache vertreten; ~ **of divorce** Scheidungsgrund *m* **II.** *vt* **1.** verursachen; (*Schaden*) zufügen, anrichten **2.** veranlassen **3.** (*Überraschung*) hervorrufen, erregen

cause•way ['kɔːzˌweɪ] *s* (Straßen)Damm *m*

caus•tic ['kɔːstɪk] **I.** *adj* **1.** ätzend **2.** (*fig*) beißend, scharf, sarkastisch; ~ **lime/potash/soda** Ätzkalk *m*/-kali/-natron *nt* **II.** *s* Ätzmittel *nt*

cau•ter•ize ['kɔːtəraɪz] *vt* **1.** (MED) ausbrennen, ätzen **2.** (*fig*) abstumpfen

cau•tion ['kɔːʃn] **I.** *s* **1.** Vorsicht, Bedachtsamkeit, Umsicht *f* **2.** (JUR) Verwarnung *f* **II.** *vt* **1.** warnen (*against* vor) **2.** verwarnen; **cau•tious** ['kɔːʃəs] *adj* vorsichtig, umsichtig

cav•al•cade [ˌkævl'keɪd] *s* Kavalkade *f;* **cav•alry** ['kævlrɪ] *s* Reiterei, Kavallerie *f;* **cav•alry•man** [-mən] <*pl* -men> *s* Kavallerist *m*

cave [keɪv] **I.** *s* **1.** Höhle *f* **2.** (*Br:* POL) Parteispaltung *f* **II.** *vt* aushöhlen **III.** *vi* **1.** (POL) sich abspalten **2.** zusammensacken **3.** (~ *in*) einsinken, -stürzen; **cave•dweller** *s* Höhlenbewohner(in) *m(f);* **cave-in** ['keɪvɪn] *s* Einsturz *m;* **cave•man** [-mæn] <*pl* -men> *s* Höhlenmensch *m;* (*fig*) primitiver Mensch; **cave painting** *s* Höhlenmalerei *f;* **caver** ['keɪvə(r)] *s* Höhlenforscher(in) *m(f)*

cav•ern ['kævən] *s* (große) Höhle *f;* **cav•ern•ous** [-əs] *adj* **1.** höhlenreich **2.** porös **3.** (*Augen*) hohl, tief(liegend); (*Wangen*) eingefallen **4.** (*Dunkelheit*) tief

caviar(e) ['kævɪɑː(r)] *s* Kaviar *m*

cav•ity ['kævɪtɪ] *s* **1.** Hohlraum *m,* Höhlung

f **2.** (*Zahn*) Loch *nt;* **abdominal** ~ Bauchhöhle *f*

ca•vort [kə'vɔ:t] *vi* (*fam*) herumtollen

caw [kɔ:] **I.** *vi* (*Rabe, Krähe*) krächzen **II.** *s* Krächzen *nt*

cay•enne [keɪ'en] *s* (~ *pepper*) Cayennepfeffer *m*

CB *s Abk. von* **citizens' band radio** CB-Funk *m*

CCTV [ˌsi:si:ti:'vi:] *s Abk. von* **closed circuit TV** Fernsehüberwachungsanlage *f*

CD *s Abk. von* **compact disc** CD *f;* **CD player** *s* CD-Gerät *nt,* CD-Spieler *m;* **CD recorder** *s* CD-Brenner *m;* **CD-ROM** *s Abk. von* **compact disc read-only memory** CD-ROM *f;* **CD-ROM player** [ˌsi:di:-'rɒmˌpleɪə(r)] *s* CD-ROM-Laufwerk *nt*

cease [si:s] **I.** *vi* **1.** aufhören **2.** ablassen (*from* von) **II.** *vt* einstellen, aufhören mit; ~ **payment** (FIN) die Zahlungen einstellen; ~ **work** die Arbeit(en) einstellen; **cease-fire** [ˌsi:s'faɪə(r)] *s* (MIL) Feuereinstellung *f;* Waffenruhe *f;* **cease•less** ['si:slɪs] *adj* unaufhörlich, pausenlos

CEECs *s Abk. von* **Central and Eastern European countries** mittel- und osteuropäische Länder, MOEL

cedar ['si:də(r)] *s* Zeder *f;* (~*-wood*) Zedernholz *nt*

cede [si:d] *vt* abtreten, überlassen (*to* an)

ceil•ing ['si:lɪŋ] *s* **1.** (Zimmer)Decke *f* **2.** (*Schiffbau*) Innenbeplankung *f* **3.** (AVIAT) untere Wolkengrenze **4.** (AVIAT) Gipfelhöhe *f* **5.** (FIN) oberste Grenze; Höchstpreis *m;* Plafond *m*

ce•leb [sɪ'leb] *s* (*kurz für celebrity*) berühmte Persönlichkeit

cel•ebrate ['selɪbreɪt] *vi, vt* **1.** (REL) zelebrieren **2.** feiern; **cel•ebrated** [-ɪd] *adj* gefeiert; berühmt (*for* für, wegen); **cel•ebration** [ˌselɪ'breɪʃn] *s* Feier *f;* **celeb•rity** [sɪ'lebrətɪ] *s* Berühmtheit *f* (*a. Person*)

ce•leriac [sə'lerɪæk] *s* (Kollen)Sellerie *m o f;* **ce•le•ry** ['selərɪ] *s* Stangensellerie *m o f*

ce•les•tial [sɪ'lestɪəl] *adj* **1.** (ASTR) Himmels- **2.** himmlisch; **celestial body** *s* Himmelskörper *m*

celi•bacy ['selɪbəsɪ] *s* Ehelosigkeit *f,* Zölibat *nt;* **celi•bate** ['selɪbət] **I.** *adj* ehelos **II.** *s* Ehelose(r) *f m*

cell [sel] *s* Zelle *f*

cel•lar ['selə(r)] **I.** *s* Keller *m;* **keep a good** ~ einen guten Tropfen (im Keller) haben **II.** *vt* einkellern

cel•list ['tʃelɪst] *s* Cellist(in) *m(f)*

cell nu•cleus ['selˌnju:klɪəs] *s* Zellkern *m*

cello ['tʃeləʊ] <*pl* cellos> *s* (MUS) Cello *nt*

cel•lo•phane ['seləfeɪn] *s* Zellophan *nt*

cel•lu•lar ['seljʊlə(r)] *adj* **1.** (BIOL) zellular **2.** netzförmig; ~ **telephone** Funktelefon *nt;* ~ **therapy** Frischzellentherapie *f*

cel•lu•loid ['seljʊlɔɪd] *s* Zelluloid *nt*

cel•lu•lose ['seljʊləʊs] *s* Zellulose *f,* Zellstoff *m*

Celt [kelt, selt] *s* Kelte *m,* Keltin *f;* **Celtic** ['keltɪk, 'seltɪk] **I.** *s* (das) Keltisch(e) **II.** *adj* keltisch

ce•ment [sɪ'ment] **I.** *s* **1.** Zement *m* **2.** Kitt *m;* Bindemittel *nt* **3.** (*fig*) Band *nt* **II.** *vt* **1.** (aus)zementieren; (ver)kitten, kleben **2.** (*fig*) festigen, zusammenhalten; **cement mixer** *s* Betonmischmaschine *f*

cem•etery ['semətrɪ] *s* Friedhof *m*

cen•ser ['sensə(r)] *s* (REL) Weihrauchfass *nt*

cen•sor ['sensə(r)] **I.** *s* Zensor *m* **II.** *vt* zensieren; prüfen; **cen•sori•ous** [sen'sɔ:rɪəs] *adj* kritisch; **cen•sor•ship** [-ʃɪp] *s* Zensur *f*

cen•sus ['sensəs] *s* (Volks)Zählung *f,* Zensus *m*

cent [sent] *s* Cent *m;* **I don't care a** ~ das ist mir völlig egal; **per** ~ von Hundert

cen•ten•ar•ian [ˌsentɪ'neərɪən] **I.** *adj* (*Mensch*) hundertjährig **II.** *s* Hundertjährige(r) *f m;* **cen•ten•ary** [sen'ti:nərɪ], **cen•ten•nial** [sen'tenɪəl] **I.** *adj* hundertjährig **II.** *s* Jahrhundert *nt;* Hundertjahrfeier *f*

cen•ter **I.** *s* (*Am*) **1.** Mittelpunkt *m,* Zentrum *nt;* Mitte *f* **2.** Zentrale, Zentralstelle *f* **3.** Sitz, Herd *m* **4.** (SPORT: ~ *forward*) Mittelstürmer *m;* **business** ~ Geschäftszentrum *nt;* ~ **back** Vorstopper *m;* **shopping** ~ Einkaufszentrum *nt;* ~ **of gravity** [*o* **mass**] Schwerpunkt *m;* ~ **half** (SPORT) Mittelläufer *m;* ~**-line** Mittellinie *f* **II.** *vi* **1.** seinen Mittelpunkt haben (*in* in), beruhen (*on* auf) **2.** sich drehen (*round* um) **3.** sich konzentrieren (*on* auf) **III.** *vt* **1.** in den Mittelpunkt stellen **2.** konzentrieren **3.** (SPORT) zur Mitte abspielen **4.** (INFORM) zentrieren; **be ~ed on** sich drehen, kreisen um

cen•ti•grade ['sentɪgreɪd] *adj* (*Thermometer*) Celsius-; **degree** ~ Grad *m* Celsius; **cen•ti•gram(me)** ['sentɪgræm] *s* Zentigramm *nt;* **cen•ti•meter** (*Am*), **centi•metre** ['sentɪˌmi:tə(r)] *s* Zentimeter *m;* **cen•ti•pede** ['sentɪpi:d] *s* Tausendfüß(l)er *m*

cen•tral ['sentrəl] **I.** *adj* in der Mitte gelegen, zentral, Haupt-; **Central Bank** Zentralbank *f;* ~ **corridor** [*o* **gangway**] (RAIL) Mittelgang *m;* **Central European country** mitteleuropäisches Land; ~ **heating** Zentralheizung *f;* ~ **locking** (AUTO) Zentralverriegelung *f;* ~ **processing unit, CPU** (INFORM) Zentraleinheit *f;* ~ **processor** (INFORM) Zentraleinheit *f;* ~ **reserve** [*o* **reservation**] Mittel-, Grünstreifen *m* (*auf Autobahn*); ~ **station** Hauptbahnhof *m;* (ELEK) Kraftwerk *nt* **II.** *s* (*Am:* TELE) Zentrale, Vermittlung *f;* (*Am*) Vermittler(in) *m(f);* **cen•tral•i•zation** [ˌsentrəlaɪˈzeɪʃn] *s* Zentralisierung *f;* **cen•tral•ize** [ˈsentrəlaɪz] *vt* zentralisieren

cen•tre [ˈsentə(r)] **I.** *s* **1.** Mittelpunkt *m,* Zentrum *nt;* Mitte *f* **2.** Zentrale, Zentralstelle *f* **3.** Sitz, Herd *m* **4.** (SPORT: ~ *forward*) Mittelstürmer *m;* **business** ~ Geschäftszentrum *nt;* ~ **back** (*Fußball*) Vorstopper *m;* ~ **forward** (*Fußball*) Mittelstürmer *m;* ~ **of gravity** [*o* **mass**] Schwerpunkt *m;* ~ **half** (SPORT) Mittelläufer *m;* ~**-line** Mittellinie *f;* **shopping** ~ Einkaufszentrum *nt* **II.** *vi* **1.** seinen Mittelpunkt haben (*in* in), beruhen (*on* auf) **2.** sich drehen (*round* um) **3.** sich konzentrieren (*on* auf) **III.** *vt* **1.** in den Mittelpunkt stellen **2.** konzentrieren **3.** (SPORT) zur Mitte abspielen **4.** (INFORM) zentrieren; **be ~ed on** sich drehen, kreisen um

cen•tri•fu•gal [senˈtrɪfjʊgl] *adj* zentrifugal; ~ **force** Fliehkraft *f;* **cen•tri•fuge** [ˈsentrɪfjuːdʒ] *s* Zentrifuge *f;* **cen•tri•pe•tal** [senˈtrɪpɪtl] *adj* zentripetal

cen•tury [ˈsentʃərɪ] *s* **1.** Jahrhundert *nt* **2.** (*Kricket*) 100 Läufe *mpl*

CEO [ˌsiːiːˈəʊ] *s Abk. von* **chief executive officer** Generaldirektor(in) *m(f)*

ce•ramic [sɪˈræmɪk] **I.** *adj* keramisch **II.** *s* **1.** ~**s** Keramik *f* **2.** ~**s** Töpferwaren *fpl;* ~ **hob** Kochfeld *nt*

cer•eal [ˈsɪərɪəl] **I.** *adj* Getreide- **II.** *s* **1.** ~**s** Getreide *nt;* Getreideflocken *fpl* **2.** Getreideflocken *pl* (*Cornflakes, Müsli etc*)

cer•ebel•lum [ˌserɪˈbeləm] *s* Kleinhirn *nt;* **cer•ebral** [ˈserɪbrəl] *adj* Gehirn-; **cer•ebrum** [ˈserɪbrəm] *s* Großhirn *nt*

cer•emo•nial [ˌserɪˈməʊnɪəl] **I.** *adj* **1.** zeremoniell, feierlich **2.** förmlich **II.** *s* Zeremoniell *nt;* **cer•emo•ni•ous** [ˌserɪˈməʊnɪəs] *adj* **1.** feierlich **2.** rituell **3.** zeremoniös, steif; **cer•e•mo•ny** [ˈserɪmənɪ] *s* Zeremonie *f;* Feierlichkeit *f;* Förmlichkeit *f;* **without** ~ zwanglos; **stand** (**up**)**on** ~ auf Äußerlichkeiten Wert legen; **no ~, please!** bitte keine Umstände!

cert [sɜːt] *s* (*sl*) todsichere Sache

cer•tain [ˈsɜːtn] *adj* **1.** bestimmt; gewiss; sicher **2.** verlässlich, zuverlässig **3.** überzeugt, sicher (*of+gen, that* dass); **a** ~ ein(e) gewisse(r, s); **for** ~ bestimmt, (ganz) sicher, *adj;* **to a** ~ **extent** bis zu einem gewissen Grade; **under** ~ **circumstances** unter bestimmten Umständen; **make** ~ sich vergewissern; **cer•tain•ly** [-lɪ] *adv* sicher(lich), gewiss, wirklich, bestimmt; **I** ~ **won't do it** ich tue es bestimmt nicht; **cer•tain•ty** [-tɪ] *s* **1.** Gewissheit, Sicherheit, Bestimmtheit *f* **2.** unbestrittene Tatsache; **for a** ~ ohne jeden Zweifel

cer•ti•fi•able [ˌsɜːtɪˈfaɪəbl] *adj* **1.** feststellbar **2.** (*fam*) unzurechnungsfähig

cer•ti•fi•cate [səˈtɪfɪkət] **I.** *s* Zeugnis *nt,* Bescheinigung *f,* Attest *nt;* Urkunde *f;* **birth/marriage** ~ Geburts-/Heiratsurkunde *f;* **school** ~ Schulzeugnis *nt;* ~ **of origin** Ursprungszeugnis *nt* **II.** [səˈtɪfɪˌkeɪt] *vt* bescheinigen, beurkunden; eine Bescheinigung ausstellen (*s.o.* jdm); **cer•ti•fi•ca•tion** [ˌsɜːtɪfɪˈkeɪʃn] *s* **1.** Bescheinigung *f* **2.** Beglaubigung, Beurkundung *f*

cer•tify [ˈsɜːtɪfaɪ] *vt* **1.** bestätigen; bescheinigen **2.** beurkunden; **this is to** ~ hiermit wird bescheinigt; **certified copy** beglaubigte Abschrift; **certified public accountant** (*Am*) Wirtschaftsprüfer(in) *m(f)*

cer•ti•tude [ˈsɜːtɪtjuːd] *s* Gewissheit *f*

cer•vical [ˈsɜːvɪkl, sɜːˈvaɪkl] *adj* zervikal, Gebärmutterhals-; ~ **smear** Abstrich *m;*

cer•vix [ˈsɜːvɪks, *pl* ˈsɜːvɪsiːz] <*pl* -vixes, -vices> *s* Gebärmutterhals *m*

ce•sium [ˈsɪːzjəm] *s* (*Am*) Cäsium *nt*

ces•sa•tion [seˈseɪʃn] *s* Aufhören *nt;* Stillstand *m*

cess•pit, cess•pool [ˈsespɪt, ˈsespuːl] *s* **1.** Senkgrube *f* **2.** (*fig*) (Sünden)Pfuhl *m*

Cey•lon [sɪˈlɒn] *s* Ceylon *nt;* **Cey•lo•nese** [sɪlɒˈniːz] **I.** *adj* ceylonesisch **II.** *s* Ceylonese *m,* Ceylonesin *f*

CFC [ˌsiːefˈsiː] *s Abk. von* **chlorofluorocarbon** FCKW *nt;* **CFC-free** *adj* FCKW-frei

Chad [tschæd] *s* Tschad *m*

chafe [tʃeɪf] **I.** *vt* **1.** wund reiben, wund scheuern **2.** reizen, ärgern **II.** *vi* **1.** sich reiben (*on, against* an), sich wund scheuern **2.** sich auf-, erregen, sich ärgern **3.** aufgeregt, -gebracht sein, toben **III.** *s* wund geriebene Stelle

chafer [ˈtʃeɪfə(r)] *s* **1.** (Mai)Käfer *m* **2.** (*rose~*) Rosenkäfer *m*

chaff¹ [tʃɑːf] *s* (AGR) **1.** Spreu *f* **2.** Häcksel *m* **3.** Abfall, Plunder *m*

chaff² [tʃɑːf] **I.** *s* Neckerei *f* **II.** *vt* necken

chaf•finch [ˈtʃæfɪntʃ] *s* Buchfink *m*

chain [tʃeɪn] **I.** *s* **1.** Kette *f* **2.** Schmuck-, Halskette *f* **3.** (*fig*) (Gedanken)Kette, Folge, Reihe *f* **4.** ~**s** Ketten, Fesseln *fpl* **5.** (COM) Ladenkette *f;* **in ~s** in Ketten; ~ **of mountains** Bergkette *f* **II.** *vt* (an)ketten, fesseln; (~ *up*) anketten, an die Kette legen; **chain-mail** [ˌtʃeɪnˈmeɪl] *s* (HIST) Panzerhemd *nt;* **chain reaction** *s* Kettenreaktion *f;* **chain saw** *s* Kettensäge *f;* **chain-smoker** *s* Kettenraucher(in) *m(f)*

chair [tʃeə(r)] **I.** *s* **1.** Stuhl *m;* Sessel *m* **2.** (*fig*) Lehrstuhl *m* **3.** Vorsitzende(r) *f m,* Vorsitz *m* **4.** (*Am: electric ~*) elektrischer Stuhl; **with Mr. X in the** ~ unter dem Vorsitz von Herrn X; **leave the** ~ die Sitzung beenden; **take a** ~ Platz nehmen; **take the**

C

~ den Vorsitz übernehmen; die Sitzung eröffnen **II.** *vt* **1.** den Vorsitz führen bei **2.** im Triumph umhertragen; **chair lift** *s* Sessellift *m;* **chair•man** ['tʃeəmən] <*pl* -men> *s* Vorsitzende(r) *m;* **act as** ~ den Vorsitz führen; **chair•man•ship** ['tʃeəmənʃɪp] *s* Vorsitz *m;* **chair•per•son** *s* Vorsitzende(r) *f m;* **chair•woman** ['tʃeəwʊmən, *pl* -wɪmɪn] <*pl* -women> *s* Vorsitzende *f*

chalet ['ʃæleɪ] *s* **1.** Sennhütte *f* **2.** Schweizerhaus *nt* **3.** Ferienhaus *nt*

chalk [tʃɔːk] **I.** *s* Kreide *f;* **as like as ~ and cheese** grundverschieden, sehr ungleich; **by a long ~** bei weitem **II.** *vt* mit Kreide zeichnen, markieren; **chalk out** *vt* skizzieren, entwerfen; **chalk up** *vt* ankreiden (*against s.o.* jdm); **chalky** ['tʃɔːkɪ] *adj* kreidehaltig; voll Kreide, Kalk

chal•lenge ['tʃælɪndʒ] **I.** *s* **1.** Aufforderung *f;* Anruf *m* (*durch einen Posten*) **2.** (*Jagd*) Anschlagen *nt* (*der Hunde*) **3.** Herausforderung *f* **4.** Anzweifeln, Infragestellen *nt* **5.** Wettstreit *m;* Probe *f* **6.** lockende Aufgabe; Problem *nt,* Schwierigkeit *f* **7.** Ablehnung *f* (*of a juror* eines Geschworenen), Anfechtung *f* **II.** *vt* **1.** auffordern **2.** (*Posten*) anrufen **3.** herausfordern **4.** beanspruchen, verlangen **5.** in Frage stellen, bezweifeln, bestreiten, anfechten **6.** (*Aufgabe*) reizen **7.** Einwendungen machen gegen, einen Einwand erheben gegen; (JUR) (als befangen) ablehnen; **I ~ anybody else to do that!** das soll mir jemand nachmachen!; **chal•len•ger** ['tʃælɪndʒə(r)] *s* Herausforderer(in) *m(f),* Konkurrent(in) *m(f),* Gegner(in) *m(f);* **chal•leng•ing** [-ɪŋ] *adj* **1.** herausfordernd **2.** (*fig*) lockend; faszinierend **3.** schwierig

cham•ber ['tʃeɪmbə(r)] *s* **1.** (POL) Kammer *f;* gesetzgebende Körperschaft; (Handels)Kammer *f* **2.** **~s** (JUR) Richterzimmer *nt* **3.** (TECH: *Schusswaffe*) Kammer *f* **4.** Zimmer *nt* **5.** **~s** (JUR) Rechtsanwaltskanzlei *f;* **cham•ber•lain** ['tʃeɪmbəlɪn] *s* Kammerherr *m;* **cham•ber•maid** ['tʃeɪmbəmeɪd] *s* Zimmermädchen *nt;* **chamber music** *s* Kammermusik *f;* **chamber-pot** *s* Nachttopf *m*

cha•mel•eon [kə'miːlɪən] *s* Chamäleon *nt;* **cha•me•le•on•ic** [kəˌmiːlɪ'ɒnɪk] *adj* (*sl*) sehr wechselhaft

cham•ois ['ʃæmwɑː, *Am* 'ʃæmɪ] <*pl* -> *s* **1.** Gämse *f* **2.** (~*-leather*) Sämisch-, Fensterleder *nt*

champ [tʃæmp] **I.** *vt, vi* geräuschvoll kauen **II.** *vi* mit den Zähnen knirschen; **at the bit** sich ungeduldig gebärden **III.** *s* (*sl*) Meister *m;* Sportskanone *f*

cham•pagne [ʃæm'peɪn] *s* Champagner *m*

cham•pion ['tʃæmpɪən] **I.** *s* **1.** Verfechter(in) *m(f)* **2.** (SPORT) Meister(in) *m(f)* **II.** *adj* Meister-; Preis-; beste(r, s), erste(r, s) **III.** *vt* sich einsetzen für, verfechten; verteidigen; **cham•pion•ship** [-ʃɪp] *s* **1.** Eintreten (*of* für), Verfechten *nt* **2.** (SPORT) Meisterschaft *fpl,* Meisterschaftskämpfe *mpl*

chance [tʃɑːns] **I.** *s* **1.** Zufall *m* **2.** Möglichkeit, Aussicht, Chance *f;* Gelegenheit *f;* Glück(sfall *m*) *nt* **3.** Wagnis, Risiko *nt* **4.** Los *nt;* **by ~** zufällig, durch Zufall; **on the ~ of** im Falle *+gen,* in der Hoffnung auf; **give s.o. a ~** jdm eine Chance geben; **give s.o. a fair ~** jdm jede Möglichkeit geben; **stand a (good, fair) ~** Aussichten, Chancen haben; **take a ~** es darauf ankommen lassen; **take one's ~** sein Glück versuchen; **the ~s are against it** vieles spricht dagegen; **not a ~!** keine Spur!; **~ of winning** Gewinnaussichten, -chancen *fpl* **II.** *adj* zufällig **III.** *vi* zufällig geschehen; **~ (up)on** stoßen auf, zufällig finden; **I ~d to be** zufällig war ich **IV.** *vt:* **~ it** es riskieren, wagen; es darauf ankommen lassen; **chance acquaintance** *s* Zufallsbekanntschaft *f;* **chance hit** *s* Zufallstreffer *m*

chan•cel•lor ['tʃɑːnsələ(r)] *s* Kanzler(in) *m(f);* **Chancellor of the Exchequer** Schatzkanzler(in) *m(f);* **chan•cel•lory** ['tʃɑːnsəlrɪ] *s* Kanzlei *f* (*eines Konsulats, einer Botschaft*), Kanzleramt *nt*

chancy ['tʃɑːnsɪ] *adj* (*fam*) riskant

chan•de•lier [ʃændə'lɪə(r)] *s* Kronleuchter *m*

change ['tʃeɪndʒ] **I.** *s* **1.** (Ver)Änderung *f;* (Ver)Wandlung *f* **2.** Wandel, Wechsel, Umschwung *m* **3.** Abwechs(e)lung *f;* Unterschied *m* **4.** frische Wäsche, Kleidung *f* **5.** Kleingeld, Wechselgeld *nt;* Wechselkurs *m* **6.** Börse *f;* **for a ~** zur Abwechs(e)lung; **bring about a ~** Wandel schaffen; **give ~ for** herausgeben auf; **ring the ~s** (*fig*) dasselbe immer wieder in anderer Form tun [*o* sagen]; **many ~s have taken place** es hat sich viel verändert; **can you give me ~ (for a pound)?** können Sie (ein Pfund) wechseln?; **~ for the better** Besserung *f;* **~ of direction** Richtungsänderung *f;* (*fig*) Kurswechsel *m;* **~ of leadership** (POL) Führungswechsel *m;* **~ of life** Wechseljahre *ntpl;* **~ in values** Wertewandel *m;* **~ in the weather** Wetterwechsel, -umschwung *m* **II.** *vt* **1.** (ab-, um-, ver)ändern; um-, verwandeln (*into* in) **2.** (aus-, um)tauschen; (*Geld*) (um)wechseln **3.** (*Bett*) frisch überziehen; (*andere Kleider*) anziehen **4.** (TECH) umschalten **5.** (*Baby*) wickeln; **~ hands** den Besitzer wechseln; **~ one's mind** sich eines anderen besinnen, seine Meinung ändern; **I've ~d my mind** ich hab's mir anders überlegt **III.** *vi* **1.** sich (ver)ändern, anders werden, sich (ver)wandeln **2.** (*trains, buses*) umsteigen **3.** sich umziehen; ~ **over** die Stellung wechseln; ~ **up/down** (AUTO) in einen höheren/niederen Gang schalten; ~ **for the better** sich verbessern; ~ **for the worse** sich verschlechtern; **all ~, please!** bitte alle aussteigen!; **change•able** ['tʃeɪndʒəbl] *adj* **1.** veränderlich **2.** wankelmütig; **change machine** ['tʃeɪndʒməˌʃɪn] *s* (Geld)Wechselautomat *m;* **change•over** ['tʃeɪndʒəʊvə(r)] *s* Umstellung, -schaltung *f* (*to* auf); Übergang, Wechsel *m;* **chang•ing** ['tʃeɪndʒɪŋ] *s:* ~ **cubicle** Umkleidekabine *f;* ~ **mat** Wickelmulde *f;* ~ **of the guard** Wachablösung *f;* ~ **room** Umkleideraum *m*

chan•nel ['tʃænl] **I.** *s* **1.** (MAR) Kanal *m* **2.** Fluss-, Kanalbett *nt;* Fahrrinne *f* **3.** Rinne *f,* Graben *m* **4.** (ARCH) Hohlkehle *f* **5.** (RADIO) Kanal *m* **6.** (*fig*) Weg *m,* Verbindung, Vermittlung, Übertragung *f;* **through official ~s** auf dem Dienstweg; ~ **of communication** Nachrichtenverbindung *f;* ~ **of distribution** Absatzweg *m;* **the** (**English**) **Channel** der (Ärmel)Kanal **II.** *vt* **1.** (*Rinne*) graben **2.** (ARCH) auskehlen **3.** hinleiten (*to* zu); **channel-surf** *vi* (TV) ständig umschalten; **Channel Tunnel** *s* (Ärmel)Kanaltunnel *m*

chant [tʃɑːnt] **I.** *s* **1.** Gesang *m* **2.** Singsang *m* **II.** *vt, vi* **1.** singen **2.** (*pej*) (herunter-, her)leiern

chan•te•relle [ˌtʃæntə'rel] *s* (*Speisepilz*) Pfifferling *m*

chaos ['keɪɒs] *s* Chaos *nt,* völliges Durcheinander, Wirrwarr *m;* **Chaos Theory** *s* (PHYS) Chaostheorie *f;* **cha•otic** [keɪ'ɒtɪk] *adj* chaotisch, wirr

chap¹ [tʃæp] *s* **1.** Riss, Sprung *m* **2.** *meist pl* Kinnbacken *m* (*bes. d. Tiere*)

chap² [tʃæp] *s* (*fam*) Kerl, Bursche, Junge *m*

chapel ['tʃæpl] *s* **1.** (REL) Kapelle *f;* (nichthochkirchliches) Gotteshaus *nt* (*in Großbritannien*) **2.** betriebliche Druckergewerkschaft

chap•er•on(**e**) ['ʃæpərəʊn] *s* Anstandsdame *f*

chap•lain ['tʃæplɪn] *s* (Haus)Kaplan *m*

chap•ter ['tʃæptə(r)] *s* **1.** Kapitel *nt* **2.** (*fig*) Stück (*einer Erzählung*), (ausgewähltes) Kapitel, Thema *nt* **3.** (REL) Domkapitel *nt* **4.** (*Am*) Ortsgruppe *f;* **give ~ and verse for s.th.** etw genau belegen; **chapter-house** *s* **1.** Domstift *nt* **2.** Klubhaus *nt*

char [tʃɑː(r)] **I.** *vt* verkohlen; schwärzen **II.** *vi* reinemachen, putzen **III.** *s* (~*woman*) Reinemache-, Putzfrau *f*

char•ac•ter ['kærəktə(r)] *s* **1.** Kennzeichen *nt* **2.** Anlage, Natur *f,* Wesen(sart *f*) *nt;* Charakter *m;* (PSYCH) Verhaltensweise *f* **3.** Persönlichkeit, Person *f* **4.** (THEAT) (handelnde) Person, Rolle *f* **5.** Stellung *f,* Rang, Stand *m* **6.** Zeugnis *nt,* Empfehlung *f* (*eines Arbeitgebers*) **7.** Name, Ruf (*of, for +gen*), guter Ruf *m* **8.** Schriftzeichen *nt,* Buchstabe *m;* Ziffer *f;* **in the ~ of** in der Eigenschaft als; **it is out of ~** es passt nicht; **character actor** *s* Charakterdarsteller(in) *m(f);* **char•ac•ter•is•tic** [ˌkærəktə'rɪstɪk] **I.** *adj* charakteristisch, be-, kennzeichnend, typisch (*of* für) **II.** *s* Kennzeichen, Merkmal *nt,* Besonderheit *f;* **char•ac•ter•is•ti•cally** [ˌkærəktə'rɪstɪklɪ] *adv* bezeichnenderweise; **char•ac•ter•iz•ation** [ˌkærəktəraɪ'zeɪʃən] *s* Charakterisierung, Beschreibung *f;* **char•ac•ter•ize** ['kærəktəraɪz] *vt* **1.** charakterisieren, beschreiben (als) **2.** kennzeichnen

char•coal ['tʃɑːkəʊl] *s* **1.** Holzkohle *f* **2.** Kohlestift *m;* **charcoal-burner** *s* Köhler *m*

charge [tʃɑːdʒ] **I.** *s* **1.** Ladung *f;* (TECH) Beschickung, Füllung *f;* Einsatz *m* **2.** (*oft pl*) Lasten *fpl,* Kosten *pl,* Preis *m* **3.** (*Konto*) Belastung *f;* Lastschrift *f;* Gebühr, Taxe *f* **4.** Amt *nt,* Pflicht, Verpflichtung, Verantwortung *f* **5.** Auftrag, Befehl *m* **6.** (Polizei)Aufsicht *f,* Gewahrsam *m;* Überwachung, Obhut, Fürsorge *f* **7.** anvertraute Person/Sache; Schützling *m,* Mündel *nt* **8.** (REL) Schafe *ntpl,* Herde *f* **9.** anvertrautes Gut **10.** Ermahnung, Anweisung *f;* Vorwurf *m;* Beschuldigung, Anklage(punkt *m*) *f* **11.** (JUR) Rechtsbelehrung *f* (*der Geschworenen*) **12.** (MIL) Angriff(ssignal *nt*), Sturm *m;* **at s.o.'s ~** zu jds Lasten; auf jds Kosten; **under s.o.'s ~** unter jds Aufsicht; **be in ~ of s.th.** die Aufsicht über, die Verantwortung für etw haben; **bring a ~ against s.o.** jdn anklagen; **have ~ of s.th.** für etw verantwortlich sein; **take ~ of s.th.** für etw die Verantwortung übernehmen; **there's no ~** es kostet nichts; Eintritt frei; **free of ~** gebührenfrei; gratis; **overhead ~s** allgemeine Unkosten *pl;* **travelling ~s** Reisekosten *pl* **II.** *vt* **1.** (be)laden; belasten (*with* mit) **2.** (*Schusswaffe*) laden; (*Batterie*) aufladen **3.** (CHEM) sättigen **4.** (TECH) beschicken **5.** (COM: *Preis*) fordern, verlangen; rechnen für (*eine Ware, Arbeit*), berechnen (*too much* zu viel); (~ *upon, against s.o.*) jdm aufrechnen **6.** (*Abnehmer*) belasten mit **7.** (~ *off*) abschreiben, abbuchen **8.** anvertrauen (*s.o. with s.th.* jdm etw), beauftragen **9.** anweisen, befehlen (*s.o.* jdm) **10.** ermahnen **11.** zur Last legen, vorwerfen (*s.o. with s.th., s.th. on s.o.* jdm etw), beschuldigen, anklagen **12.** angreifen (*s.o., at s.o.* jdn), anstürmen; (SPORT) (an)rempeln; ~ **to s.o.'s account** auf jds Rechnung setzen **III.**

vi **1.** (einen Preis) fordern; berechnen (*for s.th.* etw) **2.** sich stürzen (*at* auf +*acc*), angreifen (*at s.o.* jdn); **charge·able** ['tʃɑːdʒəbl] *adj* **1.** zu Lasten (*to* von) **2.** gebührenpflichtig **3.** strafbar; **to whom is this ~?** wer soll das bezahlen?; **charge account** *s* Kunden(kredit)konto *nt;* **charge card** *s* Kunden(kredit)karte *f*

chargé d'affaires [ˌʃɑːʒeɪdæ'feə(r)] *s* (POL) Geschäftsträger *m*

chari·table ['tʃærɪtəbl] *adj* **1.** wohl-, mildtätig **2.** nachsichtig; **char·ity** ['tʃærətɪ] *s* **1.** Nächstenliebe *f* **2.** Wohltätigkeit *f* **3.** Almosen *ntpl;* **charity (organisation)** *s* Wohltätigkeitsverein *m,* karitative Organisation

charm [tʃɑːm] **I.** *s* **1.** Zauber *m* **2.** Amulett *nt* **3.** Anmut *f,* Reiz, Zauber, Charme *m* **II.** *vt* **1.** verzaubern **2.** bezaubern, entzücken; **~ s.th. out of s.o.** jdm etw entlocken **III.** *vi* reizend sein; **charmer** ['tʃɑːmə(r)] *s* **1.** (*fig*) Zauberer *m;* Charmeur *m* **2.** bezaubernde Frau; **snake ~** Schlangenbeschwörer *m;* **charm·ing** [-ɪŋ] *adj* berückend, betörend; bezaubernd, entzückend, reizend, charmant

chart [tʃɑːt] **I.** *s* **1.** (MAR) Seekarte *f* **2.** Schaubild *nt,* grafische Darstellung, Diagramm *nt* **3.** Tabelle *f* **4. ~s** Hitliste *f* **II.** *vt* **1.** in einer Karte darstellen **2.** entwerfen, skizzieren

char·ter ['tʃɑːtə(r)] **I.** *s* **1.** Grundgesetz *nt,* Verfassungsurkunde *f* **2.** bewilligtes Recht, Vorrecht, Privileg *nt* **3.** (MAR, AVIAT) Charter(vertrag) *m* **II.** *vt* **1.** ein (Vor)Recht verleihen (*s.o.* jdm) **2.** (*Schiff, Flugzeug*) chartern; **charter company** *s* (AVIAT) Chartergesellschaft *f;* **char·ter·ed** ['tʃɑːtəd] *adj:* **~ accountant** (vereidigte(r)) Wirtschaftsprüfer(in) *m(f);* **char·terer** ['tʃɑːtərə(r)] *s* Befrachter *m;* **charter flight** *s* (AVIAT) Charterflug *m*

chary ['tʃeərɪ] *adj* **1.** vorsichtig **2.** zurückhaltend (*of* gegenüber)

chase [tʃeɪs] **I.** *s* **1.** Verfolgung *f* **2.** Jagd *f* **3.** verfolgtes Schiff **II.** *vt* **1.** verfolgen; (nach)jagen (*s.o.* jdm, *s.th.* einer S) **2.** hetzen **3.** (*~ away*) weg-, verjagen, vertreiben **III.** *vi* herrennen (*after s.o.* hinter jdm), nachlaufen (*after s.o.* jdm); (*~ about*) herumrennen

chasm ['kæzəm] *s* **1.** (Erd)Spalt, Abgrund *m* **2.** (*fig*) Lücke *f*

chas·sis ['ʃæsɪ] <*pl* -> *s* Fahrgestell, Chassis *nt*

chaste [tʃeɪst] *adj* **1.** keusch **2.** (*fig*) streng, einfach

chas·ten ['tʃeɪsn] *vt* **1.** züchtigen **2.** mäßigen **3.** reinigen; vereinfachen

chas·tise [tʃæ'staɪz] *vt* züchtigen, strafen

chas·tity ['tʃæstətɪ] *s* **1.** Keuschheit *f* **2.** Reinheit, Unberührtheit *f*

chat [tʃæt] **I.** *s* **1.** Geplauder *nt* **2.** (INTERNET) Chat *m* **II.** *vi* plaudern, sich unterhalten; **~ s.o. up** (*fam*) anquatschen; **chat partner** *s* Chat-Partner(in) *m(f)*

chat·tel ['tʃætl] *s meist pl:* **goods and ~s** Hab u. Gut *nt*

chat·ter ['tʃætə(r)] **I.** *vi* **1.** (*Menschen*) schnattern, plappern, quasseln **2.** (*Zähne, a.* TECH) klappern **II.** *s* Geschnatter, Geplapper *nt;* **~-box** Plappermaul *nt;* **chatty** ['tʃætɪ] *adj* **1.** redselig, geschwätzig **2.** familiär, formlos

chauf·feur ['ʃəʊfə(r)] *s* Chauffeur(in) *m(f),* Fahrer(in) *m(f)*

chau·vin·ism ['ʃəʊvɪnɪzəm] *s* Chauvinismus *m;* **chau·vin·ist** ['ʃəʊvɪnɪst] *s* Chauvinist *m;* **male ~ (pig)** (*fam*) Chauvi *m*

cheap [tʃiːp] *adj, adv* **1.** billig; preiswert **2.** verbilligt **3.** minderwertig, schlecht **4.** kitschig **5.** schäbig, gemein; **on the ~** sehr billig; **feel ~** sich schäbig vorkommen; **get off ~** billig davonkommen; **hold ~** geringschätzen; **dirt ~** (*fam*) spottbillig; **cheapen** ['tʃiːpən] **I.** *vt* verbilligen, herabsetzen **II.** *vi* billiger werden; **cheap-jack** ['tʃiːpdʒæk] *adj* Ramsch-; **cheap labour** *s* billige Arbeitskräfte *pl;* **cheap·ness** ['tʃiːpnɪs] *s* Billigkeit *f;* Minderwertigkeit *f;* Schäbigkeit *f;* **cheap·skate** ['tʃiːpˌskeɪt] *s* (*sl*) Knicker, Knauser *m*

cheat [tʃiːt] **I.** *vt* betrügen (*of, out of* um); **~ s.o. out of s.th.** jdn um etw bringen, betrügen, prellen **II.** *vi* mogeln, betrügen **III.** *s* **1.** Betrug, Schwindel *m* **2.** Betrüger(in) *m(f),* Schwindler(in) *m(f);* **cheat sheet** *s* (INFORM) Spickzettel *m*

check [tʃek] **I.** *vt* **1.** zum Stillstand bringen, Einhalt gebieten (*s.th.* einer S), hindern, zurückhalten, unterbinden **2.** eindämmen, hemmen; (TECH) drosseln **3.** tadeln, einen Verweis erteilen (*s.o.* jdm) **4.** (nach-, über)prüfen, kontrollieren, nachrechnen; (prüfend) vergleichen (*by* mit) **5.** anstreichen, markieren, abhaken **6.** (*Gepäck*) ab-, aufgeben; (*Hut*) an der Garderobe abgeben **7.** Schach bieten (*s.o.* jdm) **II.** *vi* **1.** übereinstimmen **2.** (*Am*) einen Scheck ausstellen (*for, against an amount* über einen Betrag, *upon s.o.* auf jdn) **III.** *s* **1.** Schach *nt* **2.** Stillstand, Aufschub, Rückschlag *m* **3.** Misserfolg *m;* (*fam*) Schlappe *f* **4.** Hindernis *nt,* Widerstand *m* **5.** (Nach-, Über)Prüfung *f;* Kontrolle *f* (*on* über), Probe *f;* (prüfender) Vergleich *m* **6.** Prüf-, Kontrollzeichen *nt,* -marke *f,* Haken *m* **7.** (*Am*) Gepäckschein *m;* Garderobenmarke *f* **8.** (*Textil*) Karo *nt* (*Muster*), karierter Stoff **9.** (*Am*) Scheck *m;* (*bill*) Rechnung *f;* **act as a ~ on** hemmend, nachteilig wirken auf; **hold [*o* keep] in ~**

(*fig*) in Schach halten; **spot** ~ Stichprobe *f;* **check in** *vi* (*Hotel*) sich eintragen, ankommen; (AVIAT) einchecken; **check off** *vt* abhaken, ankreuzen; (nach)zählen; **check out** *vi* (*Hotel*) die Rechnung bezahlen und abreisen; (*Gepäck*) abholen; weggehen; **check through** *vt* **1.** durchsehen, durchgehen **2.** (*Gepäck*) durchchecken; **check up** *vi* im Einzelnen nachprüfen, genau vergleichen (*on s.th.* etw)

check•book ['tʃekˌbʊk] *s* (*Am*) Scheckheft *nt*

checker•board ['tʃekə(r)ˌbɔːd] *s* (*Am*) Schach-, Damebrett *nt;* **check•ered** ['tʃekə(r)d] *adj* (*Am*) kariert; (*history*) bewegt; **check•ers** ['tʃekəz] *s pl mit sing* (*Am*) Dame(spiel *nt*) *f*

check-in desk ['tʃekinˌdesk] *s* (AVIAT) Abfertigungsschalter *m*

check•ing ['tʃekɪŋ] *s* Kontrolle *f;* **checking account** *s* (*Am*) Girokonto *nt;* **checking form**, **checking slip** *s* Kontrollzettel, -abschnitt *m*

check-in time ['tʃekinˌtaim] *s* (AVIAT) Eincheckzeit *f*

check-list ['tʃekˌlɪst] *s* **1.** Kontrolliste *f* **2.** (POL) Wahlliste *f*

check•mate ['tʃekmeɪt] **I.** *s* (Schach) Matt *nt;* (*fig*) hoffnungslose Lage **II.** *vt* matt setzen

check•out *s* (*Supermarkt*) Kasse *f*

check•point ['tʃekpɔɪnt] *s* Überwachungs-, Kontrollstelle *f;* **check room** *s* (*Am*) **1.** (RAIL) Gepäckaufbewahrung *f,* -schalter *m* **2.** (*Hotel*) Gepäckraum *m;* **check•up** ['tʃekʌp] *s* **1.** genaue Prüfung, Kontrolle *f* **2.** (MED) gründliche Untersuchung **3.** (TECH) Nachuntersuchung *f*

cheek [tʃiːk] **I.** *s* **1.** (*a.* TECH) Backe, Wange *f* **2.** (*fig fam*) Unverschämtheit, Frechheit *f;* **he said that tongue in** ~ das hat er nicht ernst gemeint **II.** *vt* frech sein gegen; **cheek•bone** ['tʃiːkbəʊn] *s* Backenknochen *m;* **cheeky** ['tʃiːkɪ] *adj* (*fam*) frech, unverschämt

cheep [tʃiːp] *vi* piepen

cheer [tʃɪə(r)] **I.** *s* **1.** (gute) Stimmung *f;* Frohsinn *m,* Freude *f* **2.** Hoch, Hurra(ruf *m*) *nt* **3.** Jubel, Beifall(sruf) *m* **4.** Ermutigung *f;* **be of good** ~ guten Mutes, voller Hoffnung sein; **give three ~s for s.o.** ein dreifaches Hoch auf jdn ausbringen; **give s.o. a** ~ jdn hochleben lassen; **three ~s** ein dreifaches Hoch (*for* für); **cheers!** prosit! tschüss! danke! **II.** *vt* **1.** in gute Stimmung versetzen **2.** (*a.* ~ *up*) auf-, ermuntern, ermutigen **3.** zujubeln (*s.o.* jdm), laut Beifall zollen (*s.o.* jdm) **4.** (*Nachricht*) freudig begrüßen **III.** *vi* Hurra schreien, jubeln (*at the news* bei der Nachricht); ~ **up** froh werden; Mut fassen, Hoffnung schöpfen; ~ **up!** Kopf hoch!; **cheer•ful** ['tʃɪəfʊl] *adj* **1.** fröhlich **2.** gut aufgelegt; aufgeräumt **3.** erfreulich, angenehm **4.** gefällig, entgegenkommend; **cheer•ful•ness**, **cheeri•ness** [-nɪs, 'tʃɪərɪnɪs] *s* Heiterkeit *f;* **cheer•io** [ˌtʃɪərɪ'əʊ] *interj* (*fam*) mach's gut! prost!; **cheer leader** *s* (*Am*) *Teilnehmerin am organisierten Beifall bei College-Sportwettkämpfen;* **cheery** ['tʃɪərɪ] *adj* heiter

cheese [tʃiːz] *s* Käse *m;* **hard ~!** Pech!; ~**-and-tomato sandwich** Käse-Tomatensandwich *nt;* **cheese•burg•er** *s* Cheeseburger *m;* **cheese•cake** *s* **1.** Käsekuchen *m* **2.** (*sl*) leichtbekleidete Frauen (*bes. in Zeitschriften*)*;* **cheese•cloth** ['tʃiːzklɒθ] *s* indische Baumwolle; **cheese fries** *s pl* (*Am*) Pommes mit Käse überbacken; **cheesed-off** [ˌtʃiːzd'ɒf] *adj* (*fam*) angeödet; **cheese-paring** ['tʃiːzˌpeərɪŋ] *s* Knauserei *f;* **cheesy** *adj* (*Am: sl*) albern, klischeehaft

chee•tah ['tʃɪːtə] *s* Gepard *m*

chef [ʃef] *s* Küchenchef *m;* Koch *m*

chemi•cal ['kemɪkl] **I.** *adj* chemisch; ~ **warfare** chemische Kriegführung; ~ **weapons** Chemiewaffen *pl* **II.** *s pl* Chemikalien *fpl;* **chem•ist** ['kemɪst] *s* **1.** Chemiker(in) *m(f)* **2.** (*Br*) Drogist(in) *m(f);* (*dispensing* ~) Apotheker(in) *m(f);* **~'s shop** Drogerie *f;* Apotheke *f;* **chem•is•try** ['kemɪstrɪ] *s* Chemie *f*

chemo•thera•py [] *s* (MED) Chemotherapie *f*

cheque [tʃek] *s* Scheck *m* (*for* auf); **cash a** ~ einen Scheck einlösen; **give a blank ~ to s.o.** jdm einen Blankoscheck geben; (*fig*) jdm Blankovollmacht geben, (völlig) freie Hand lassen; **make out a** ~ einen Scheck ausstellen; **crossed** ~ Verrechnungsscheck *m;* **traveller's** ~ Reisescheck *m;* **cheque-account** *s* Girokonto *nt;* **cheque-book** *s* Scheckbuch *nt;* **cheque card** *s* Scheckkarte *f*

chequ•ered ['tʃekəd] *adj* **1.** kariert **2.** abwechslungsreich; **a ~ career** eine bewegte Karriere

cher•ish ['tʃerɪʃ] *vt* **1.** hegen (u. pflegen) **2.** hängen an, (großen) Wert legen auf

che•root [ʃə'ruːt] *s* Stumpen *m* (*Zigarre*)

cherry ['tʃerɪ] **I.** *s* Kirsche *f;* (~*-tree*) Kirschbaum *m* **II.** *adj* kirschrot; **cherry-blossom** *s* Kirschblüte *f;* **cherry brandy** *s* Kirschlikör *m;* **cherry•stone** *s* Kirschkern *m*

cherub[1] ['tʃerəb, *pl* 'tʃerəbɪm] <*pl* cherubim> *s* (*Engel*) Cherub *m*

cherub[2] ['tʃerəb] <*pl* -s> *s* Putte *f;* Engelskopf *m*

cher•vil ['tʃɜːvɪl] *s* Kerbel *m*

chess [tʃes] *s* Schach(spiel) *nt;* **play** (**at**) ~ Schach spielen; **chess-board** *s* Schachbrett *nt;* **chess•man** <*pl* -men> *s,* **chess•piece** *s* Schachfigur *f*

chest [tʃest] *s* **1.** Kiste *f,* Kasten, Behälter *m* **2.** Brust(kasten *m*) *f;* **that's a load off my** ~ da fällt mir ein Stein vom Herzen; ~ **of drawers** Kommode *f*

chest•nut ['tʃesnʌt] **I.** *s* **1.** Kastanie *f* **2.** (~-*tree, -wood*) Kastanie(nbaum *m,* -nholz *nt*) *f* **3.** Braune(r) *m* (*Pferd*) **4.** (*fam*) alte Geschichte **II.** *adj* kastanienbraun

chesty ['tʃestɪ] *adj* **1.** (*fam*) erkältet; (*Husten*) rauh, tief **2.** (*Frau*) mit großen Brüsten

chew [tʃu:] **I.** *vt, vi* **1.** kauen **2.** nachdenken, -sinnen (*upon, over* über) **II.** *s* Kauen *nt;* Priem *m;* **chew•ing-gum** ['tʃu:ɪŋgʌm] *s* Kaugummi *m*

chic [ʃi:k] *adj* schick, elegant

chi•cane [ʃɪ'kein] *s* (SPORT) Schikane; **chi•can•ery** [ʃɪ'keɪnərɪ] *s* Schikane *f*

chick [tʃɪk] *s* **1.** Küken *nt;* junger Vogel **2.** (*fam*) Kind(chen) *nt;* **chicken** ['tʃɪkɪn] *s* **1.** Huhn *nt;* Küken *nt;* Hähnchen, Hühnchen *nt* **2.** (*fig*) Gänschen *nt* **3.** (*sl*) Feigling *m;* **I'm no** ~ ich bin (doch) kein Kind mehr; **she is no** ~ sie ist nicht mehr die Jüngste; **chicken out** *vi* (*fam*) kneifen; **chicken-broth** *s* Hühnersuppe *f;* **chicken-farm** *s* Hühnerfarm *f;* **chicken-feed** *s* lächerliche Summe, Lappalie *f;* **chicken-hearted, chicken-livered** [ˌtʃɪkɪn'hɑ:tɪd, ˌtʃɪkɪn'lɪvəd] *adj* bange, feige; **chicken-pox** *s* Windpocken *pl;* **chicken-run** *s* Hühnerhof *m*

chick-pea ['tʃɪkpi:] *s* Kichererbse *f*

chic•ory ['tʃɪkərɪ] *s* Chicorée *m od f;* Zichorie *f*

chief [tʃi:f] <*pl* -s> **I.** *s* **1.** Chef *m,* (Ober)Haupt *nt,* (An)Führer(in) *m(f);* Leiter(in) *m(f),* Vorgesetzte(r) *f m* **2.** Häuptling *m* (*eines Stammes*) **II.** *adj* erste(r, s), oberste(r, s); führend, leitend; **chief accent** *s* (MUS) Hauptton *m;* **chief clerk** *s* Büro-, Kanzleivorsteher(in) *m(f);* **chief editor** *s* Hauptschriftleiter(in) *m(f);* **chief executive officer, CEO** *s* Generaldirektor(in) *m(f);* **chief justice** *s* Gerichtspräsident(in) *m(f);* **chief•ly** [-lɪ] *adv* hauptsächlich, besonders

chief•tain ['tʃi:ftən] *s* **1.** Häuptling *m* **2.** Oberhaupt *nt,* Älteste(r) *f m*

chil•blain ['tʃɪlbleɪn] *s* Frostbeule *f*

child [tʃaɪld] <*pl* children> *s* Kind *nt;* **give birth to a** ~ ein Kind zur Welt bringen; **children's allowance** Kinderzulage *f;* **child abuse** ['tʃɑildəbju:s] *s* Kindesmisshandlung *f;* **child-bear•ing** ['tʃaɪldbeərɪŋ] **I.** *s* Mutterschaft *f* **II.** *adj* (*Alter*) gebärfähig; (*Becken*) gebärfreudig; **child-birth** ['tʃaɪldbɜ:θ] *s* Entbindung, Niederkunft *f,* Kindbett *nt;* **child-hood** ['tʃaɪldhʊd] *s* Kindheit *f;* **childish** ['tʃaɪldɪʃ] *adj* kindisch; **child•less** ['tʃaɪldlɪs] *adj* kinderlos; **child•like** ['tʃaɪlaɪk] *adj* kindlich; einfach; **child minder** *s* Tagesmutter *f;* **child-proof** *adj* kindersicher; **chil•dren** ['tʃɪldrən] *s pl von* **child**; **child-resistant** *adj* kindersicher; **child** (**safety**) **seat** *s* Kindersitz *m* im Auto; **child's play** *s* Kinderspiel *nt*

Chile ['tʃɪlɪ] *s* Chile *nt;* **Chil•ean** ['tʃɪlɪən] **I.** *adj* chilenisch **II.** *s* Chilene *m,* Chilenin *f*

chili ['tʃɪlɪ] *s* (*Am*) Peperoni *f;* (*Gewürz*) Chili *m;* **chili dog** *s* (*Am*) Hotdog *m* mit Chilisauce

chill [tʃɪl] **I.** *s* **1.** Frost *m,* Kälte *f* **2.** Kältegefühl, Frösteln *nt* **3.** Erkältung *f* **4.** (*fig*) abgekühlte Atmosphäre **5.** (TECH) Gussform, Kokille *f* **II.** *adj* **1.** kühl **2.** (*fig*) (gefühls)kalt, frostig **III.** *vt* **1.** kühlen **2.** (*Blut*) erstarren lassen **3.** (*fig: Atmosphäre, Begeisterung*) abkühlen **4.** (TECH) abschrecken

chilli ['tʃɪlɪ] *s* Peperoni *f;* (*Gewürz*) Chili *m*

chill(**i**)**•ness** ['tʃɪl(ɪ)nɪs] *s* (*a. fig*) Kälte *f*

chill out [ˌtʃɪl'aʊt] *vi* (*sl*) sich entspannen

chilly ['tʃɪlɪ] *adj* **1.** frostig, fröstelnd **2.** (*fig*) kühl; **feel** ~ frösteln

chime [tʃaɪm] **I.** *s* Geläut, Glockenspiel *nt* **II.** *vt* **1.** (*die Glocken*) läuten **2.** (*Stunde*) schlagen **III.** *vi* **1.** (*Glocke*) schlagen, läuten **2.** ertönen **3.** (~ *in, together*) in Einklang sein, übereinstimmen (*with* mit); ~ **in** sich einschalten

chim•ney ['tʃɪmnɪ] *s* Rauchfang, Kamin *m* (*a. im Hochgebirge*), Schornstein *m;* **chimney pot** *s* Schornsteinaufsatz *m;* **chimney stack** *s* Fabrikschornstein *m;* **chimney-sweep**(**er**) [-ˌswi:pə(r)] *s* Schornsteinfeger(in) *m(f)*

chim•pan•zee [ˌtʃɪmpæn'zi:] *s* Schimpanse *m*

chin ['tʃɪn] *s* Kinn *nt;* ~ **up!** Kopf hoch!

china ['tʃaɪnə] **I.** *s* (~-*ware*) Porzellan *nt* **II.** *adj* Porzellan-

China ['tʃaɪnə] *s* China *nt*

chin•chil•la [tʃɪn'tʃɪlə] *s* Chinchilla *f*

Chi•nese [tʃaɪ'ni:z] **I.** *adj* chinesisch **II.** *s* **1.** Chinese *m,* Chinesin *f* **2.** (das) Chinesisch(e); **Chinese cabbage** *s* Chinakohl *m;* **Chinese lantern** *s* Lampion *m;* **Chinese mushroom** *s* Austernpilz *m;* **Chinese restaurant** *s* Chinarestaurant *nt*

chink [tʃɪŋk] **I.** *s* **1.** Ritze *f,* Spalt, Schlitz *m* **2.** Klang *m* **II.** *vt, vi* klingen lassen; (*Gläser*) anstoßen

Chink [tʃɪŋk] *s* (*sl pej*) Chinese *m,* Chinesin *f*

chintz [tʃɪnts] *s* Chintz *m*

chin•wag ['tʃɪnˌwæg] *s* (*sl*) Schwatz *m*

chip [tʃɪp] I. *s* **1.** Splitter *m;* Span *m;* Scherbe *f* **2.** (*Porzellan, Glas*) lädierte Stelle **3.** ~**s** Pommes frites *pl;* (*Am*) Kartoffelchip *m* **4.** Spielmarke *f* **5.** (INFORM) Chip *nt;* **carry a ~ on one's shoulder** einen Komplex haben; **he is a ~ off the old block** (*prov*) der Apfel fällt nicht weit vom Stamm **II.** *vt* **1.** (*Holz*) zerhacken, spalten **2.** (*Geschirr*) anschlagen, lädieren, ausbrechen (*off, from* aus) **III.** *vi* (*Porzellan, Glas*) (leicht) angestoßen, beschädigt werden; ~ **in** (*fam*) ins Wort fallen; (*fam*) Geld (her)geben (*für eine S*), beitragen (zu etw); **chip-basket** *s* Fritiersieb *nt;* **chip buttie** *s* (*Br*) Brötchen *nt* mit Pommes; **chip•munk** ['tʃɪpmʌŋk] *s* Chipmunk *m* (*nordamerik. Erdhörnchen*)*;* **chip-pan** *s* Friteuse *f;* **chipped** ['tʃɪpt] *adj* (*Porzellan, Glas*) angestoßen, angeschlagen; **chip•ping** ['tʃɪpɪŋ] *s* **1.** (*Am*) Einschnitt *m* **2.** ~**s** Splitter *mpl,* Späne *mpl,* (Straßen)Schotter *m;* **chippy** ['tʃɪpɪ] **I.** *adj* **1.** trocken, langweilig **2.** reizbar **II.** *s* (*fam*) Fisch- u. Pommes frites-Bude *f*

chi•rop•odist [kɪ'rɒpədɪst] *s* Fußpfleger(in) *m(f);* **chi•rop•ody** [kɪ'rɒpədɪ] *s* Fußpflege *f*

chi•ro•prac•tic ['kaɪrəpræktɪk] *s* Chiropraktik *f;* **chi•ro•prac•tor** ['kaɪrəpræktə(r)] *s* Chiropraktiker(in) *m(f)*

chirp [tʃɜːp] I. *vi, vt* zirpen, zwitschern; (*Lied*) trällern **II.** *s* Gezirp, Gezwitscher *nt;* **chirpy** ['tʃɜːpɪ] *adj* lebhaft, munter

chir•rup ['tʃɪrəp] *vi* zwitschern, zirpen

chisel ['tʃɪzl] I. *s* Meißel *m* **II.** *vt* **1.** (aus)meißeln **2.** (*sl*) begaunern, betrügen (*out of* um)

chit [tʃɪt] *s* **1.** (*fam*) Kindchen *nt* **2.** (*pej*) junges, freches Ding **3.** Notiz *f,* Zettel *m;* abgezeichnete Rechnung (*bes. des Kellners*)*;* **chit-chat** ['tʃɪt,tʃæt] *s* Geplauder *nt*

chiv•al•rous ['ʃɪvlrəs] *adj* ritterlich; **chiv•al•ry** ['ʃɪvlrɪ] *s* **1.** Rittertum *nt* **2.** Ritterlichkeit *f*

chives [tʃaɪvz] *s pl* Schnittlauch *m*

chlor•ide ['klɔːraɪd] *s* Chlorid *nt;* **chlor•in•ate** ['klɔːrɪneɪt] *vt* chlorieren, chloren; **chlor•ine** ['klɔːriːn] *s* Chlor *nt;* **chloro•fluoro•carbon** ['klɔrə,fluːərə,kaːbən] *s* (CHEM) Fluorchlorkohlenwasserstoff *m;* **chloro•form** ['klɒrəfɔːm] I. *s* Chloroform *nt* **II.** *vt* chloroformieren; **chloro•phyll** ['klɒrəfɪl] *s* Chlorophyll, Blattgrün *nt;* **chlo•rous** ['klɔːrəs] *adj* chlorig

choc-ice ['tʃɒk,aɪs] *s* Eis *nt* mit Schokoladenüberzug

chock [tʃɒk] I. *s* (*~-block*) Bremsklotz, -schuh *m* **II.** *vt* (*~ up*) verkeilen; **chock-a-block, chock-full** [,tʃɒkə'blɒk, tʃɒk'fʊl] *adj* (*fam*) gerammelt, gedrängt voll (*with* von)

choc•olate ['tʃɒklət] I. *s* **1.** Schokolade *f* **2.** Praline *f;* **bar of ~** Tafel *f* Schokolade, Schoko(laden)riegel *m* **II.** *adj* schokoladenbraun

choice ['tʃɔɪs] I. *s* **1.** (Aus)Wahl *f* **2.** (das) Beste, (die) Auslese; **by ~** vorzugsweise; **have no ~** keine andere Wahl haben; **make a ~** eine (Aus)Wahl treffen; **I have no ~** es bleibt mir nichts anderes übrig; **he is my ~** ich habe ihn gewählt (*for* als); **a large ~** eine große Auswahl; **ladies' ~** Damenwahl *f* **II.** *adj* vorzüglich, ausgezeichnet; (aus)gewählt, ausgesucht

choir ['kwaɪə(r)] *s* **1.** (MUS) (Kirchen)Chor *m* **2.** (ARCH) Chor *m;* **choir•mas•ter** ['kwaɪə,maːstə(r)] *s* Chordirigent *m;* **choir stalls** *s pl* Chorgestühl *nt*

choke [tʃəʊk] I. *vt* **1.** (er)würgen, ersticken **2.** (*~ up*) verstopfen, versperren, vollpfropfen (*with* mit) **3.** (*Gefühl*) unterdrücken, ersticken **4.** (TECH) (ab)drosseln **II.** *vi* (zu) ersticken (drohen), keine Luft bekommen; würgen **III.** *s* **1.** Würgen *nt* **2.** (AUTO) Choke, Starterzug *m;* **choke back** *vt* unterdrücken, herunterschlucken (*the tears* die Tränen); **choke down** *vt* hinunterwürgen; (*Gefühl*) unterdrücken; **choke off** *vt* (*fig*) anschnauzen; abschrecken; **choke up** *vt* verstopfen, ersticken; **choker** ['tʃəʊkə(r)] *s* Halsreif *m*

chol•era ['kɒlərə] *s* (MED) Cholera *f*

chol•eric ['kɒlərɪk] *adj* cholerisch, jähzornig

cho•les•terol [kə'lestərɒl] *s* Cholesterin *nt;* **cholesterol level** *s* Cholesterinspiegel *m*

choose [tʃuːz] <*irr:* chose, chosen> **I.** *vt* **1.** (aus)wählen, aussuchen **2.** vorziehen, lieber wollen, sich entscheiden für **II.** *vi* wählen; **have to ~ between** die Wahl haben zwischen; **I cannot ~ but** mir bleibt nichts anderes übrig als zu; **choos(e)y** ['tʃuːzɪ] *adj* (*fam*) wählerisch

chop [tʃɒp] I. *vt* **1.** (zer)hacken; (*Holz*) spalten **2.** (*~ up*) zerkleinern; (*fig: Wort, Satz*) zerhacken **II.** *vi* hacken, hauen, schlagen (*at* nach); **~ and change** wechseln, schwanken, unbeständig sein **III.** *s* **1.** Hieb, Schnitt *m;* Schlag *m* **2.** Kotelett *nt* **3.** ~**s** Kiefer *mpl;* (*fig*) Rachen *m* **4.** (*Indien, China*) Siegel *nt,* Stempel *m;* **first-~/second-~** erstklassig/zweitklassig; **get the ~** (*sl*) rausgeschmissen werden; **chop away** *vt* wegschneiden, -hacken; **chop down** *vt* umhacken, -legen; (*Baum*) fällen; **chop off I.** *vt* abhacken, -schneiden, -hauen **II.** *vi* (*Wind*) umschlagen; **chop-chop** *interj* (*fam*) dalli, dalli!; **chop•per** ['tʃɒpə(r)] *s* Hackmesser *nt;* (*fam*) Helikopter *m;* **chop-**

ping [-ɪŋ] *s:* ~ **block** Hackklotz *m;* Block *m;* ~ **board** Hackbrett *nt;* **choppy** ['tʃɒpɪ] *adj* 1. unbeständig 2. (*See*) kabbelig 3. (*Worte, Sätze*) abgehackt; **chop·sticks** ['tʃɒpstɪks] *s pl* Essstäbchen *ntpl*

chop·suey [ˌtʃɒp 'su:ɪ] *s* Chopsuey *nt* (*chinesisches Gericht*)

choral ['kɔ:rəl] I. *adj* Chor- II. *s* Choral *m*

chord ['kɔ:d] *s* 1. (ANAT) Band *nt* 2. (MATH) Sehne *f* 3. (*fig*) Saite *f* 4. (MUS) Akkord *m* 5. (TECH) Gurt(ung *f*) *m;* **strike the right** ~ (*fig*) die richtige Saite anklingen lassen; **does that strike a ~?** erinnert dich das an etwas?; **spinal** ~ Rückenmark *nt;* **vocal** ~ Stimmband *nt*

chore [tʃɔ:(r)] *s meist pl* 1. unangenehme Arbeit 2. Hausarbeit *f*

chor·eogra·pher [ˌkɒrɪ'ɒgrəfə(r)] *s* Choreograf(in) *m(f);* **chor·eogra·phy** [ˌkɒrɪ'ɒgrəfɪ] *s* Choreografie *f;* Tanz-, Ballettkunst *f*

chor·is·ter ['kɒrɪstə(r)] *s* Chorsänger(in) *m(f),* Chorknabe *m;* **chorus** ['kɔ:rəs] I. *s* 1. (*a.* THEAT) Chor *m* 2. Chorgesang *m* 3. Refrain *m* 4. (*Revue*) Tanzgruppe *f;* **in** ~ im Chor, alle zusammen; ~ **girl** Revuetänzerin *f* II. *vt, vi* im Chor singen, (auf)sagen, sprechen

chose, **chosen** [tʃəʊz, 'tʃəʊzn] *s.* **choose**

chow [tʃaʊ] *s* 1. (~ ~) Chow-Chow *m* (*Hunderasse*) 2. (*sl*) Futter *nt;* Fraß *m*

chow·der ['tʃaʊdə(r)] *s* (*Am*) dicke (Fisch)Suppe

Christ [kraɪst] I. *s* Christus *m* II. *interj* Herrgott!; **christen** ['krɪsn] *vt* taufen; **Christen·dom** ['krɪsndəm] *s* die Christenheit; **christen·ing** ['krɪsnɪŋ] *s* Taufe *f*

Chris·tian ['krɪstʃən] I. *adj* christlich II. *s* Christ(in) *m(f);* **Christian burial** *s* kirchliches Begräbnis; **Christian era** *s* christliche Zeitrechnung; **Chris·ti·an·ity** [ˌkrɪstɪ'ænətɪ] *s* das Christentum; **Chris·tian·ize** ['krɪstʃənaɪz] *vt* christianisieren; **Christian name** *s* Vorname *m*

Christ·mas, **Xmas** ['krɪsməs] *s* Weihnachten *nt;* **at** ~ an Weihnachten; **merry ~!** frohe Weihnachten!; **Father** ~ der Weihnachtsmann; **Christmas carol** *s* Weihnachtslied *nt;* **Christmas Day** *s* der 1. Weihnachtstag (*25. Dez.*); **Christmas Eve** *s* der Heilige Abend (*24. Dez.*); **Christmas pudding** *s* Plumpudding *m;* **Christmas tree** *s* Weihnachts-, Christbaum *m*

chro·matic [krəʊ'mætɪk] *adj* (PHYS MUS) chromatisch; **chrome** [krəʊm] *s* (CHEM) Chrom *nt;* **chro·mium** ['krəʊmɪəm] *s* (CHEM) Chrom *nt*

chro·mo·some ['krəʊməsəʊm] *s* (BIOL) Chromosom *nt*

chronic ['krɒnɪk] *adj* 1. (MED) chronisch 2. dauernd, (be)ständig 3. (*sl*) widerlich

chron·icle ['krɒnɪkl] *s* Chronik *f;* **chronicler** ['krɒnɪklə(r)] *s* Chronist(in) *m(f);* **chro·no·logi·cal** [ˌkrɒnə'lɒdʒɪkl] *adj* chronologisch; **in** ~ **order** in zeitlicher Folge; ~ **chart** Zeittafel *f;* **chro·no·logy** [krə'nɒlədʒɪ] *s* Chronologie *f;* chronologische Übersicht

chry·sa·lis ['krɪsəlɪs] *s* (*Insektenlarve*) Puppe *f*

chry·san·the·mum [krɪ'sænəəməm] *s* Chrysantheme *f*

chubby ['tʃʌbɪ] *adj* pausbäckig

chuck [tʃʌk] I. *vt* 1. wegwerfen 2. loswerden; ~ **s.o. under the chin** jdn ans Kinn schlagen; ~ **it!** (*fam*) lass das! II. *s* 1. Schlag *m* ans Kinn 2. Wurf *m* 3. (*sl*) Entlassung *f,* Hinauswurf *m;* **chuck away** *vt* (*Gelegenheit*) verpassen, versäumen; (*Sachen*) wegwerfen; **chuck out** *vt* (*Menschen*) hinauswerfen; **chuck up** *vt* wegwerfen; (*Arbeitsplatz*) aufgeben; **chucker-out** [ˌtʃʌkər'aʊt] *s* (*sl*) Rausschmeißer *m*

chuckle ['tʃʌkl] I. *vi* 1. kichern; (~ *to o.s.*) in sich hineinlachen 2. (*Henne*) glucksen II. *s* Gekicher, Glucksen *nt*

chug [tʃʌg] I. *s* Blubbern, Tuckern *nt* II. *vi* (*Motor*) blubbern, tuckern; (*Maschine*) stampfen; ~ **along** entlangzockeln; (*Schiff*) entlangtuckern; (*fig fam*) (gut) vorankommen

chug·alug ['tʃʌgəlʌg] *vt* (*Am: sl*) runterkippen *sl*

chum [tʃʌm] *s* (Schul)Kamerad *m;* (*fam*) Kumpel *m;* **chum up with/around with** *vi* (*Am fam*) sich (eng) anschließen an; **chummy** ['tʃʌmɪ] *adj* (*fam*) eng befreundet

chump [tʃʌmp] *s* 1. (Holz)Klotz *m* 2. Keule *f* 3. (*fam*) Trottel *m;* **be off one's** ~ eine Meise haben

chunk [tʃʌŋk] *s* 1. Brocken *m;* Klumpen *m;* (Holz)Klotz *m* 2. ziemlich hoher Betrag; **chunky** ['tʃʌŋkɪ] *adj* (*fam*) untersetzt; dick

Chun·nel ['tʃʌnl] *s s.* **Channel Tunnel** (*fam*) Kanaltunnel *m*

church [tʃɜ:tʃ] *s* 1. Kirche *f* 2. Gottesdienst *m* 3. (die) Christen *mpl* 4. Geistlichkeit *f;* **at** [*o* **in**] ~ in der Kirche, beim Gottesdienst; **in the** ~ in der Kirche; **go to** ~ in die Kirche gehen, den Gottesdienst besuchen; **church·goer** ['tʃɜ:tʃˌgəʊə(r)] *s* Kirchgänger(in) *m(f);* **church·war·den** [ˌtʃɜ:tʃ'wɔ:dn] *s* Kirchenvorsteher, -älteste(r) *m;* **church·yard** [ˌtʃɜ:tʃ'jɑ:d] *s* Kirchhof *m*

churl [tʃɜ:l] *s* ungehobelter Kerl

churl•ish ['tʃɜːlɪʃ] *adj* **1.** flegelhaft **2.** filzig, knauserig **3.** mürrisch
churn [tʃɜːn] **I.** *s* **1.** Butterfass *nt* **2.** (*Br*) große Milchkanne **II.** *vt* **1.** zu Butter verarbeiten **2.** (~ *up*) auf-, umwühlen **III.** *vi* **1.** buttern **2.** schäumen **3.** sich heftig bewegen
chute [ʃuːt] *s* **1.** Stromschnelle *f* **2.** Rutsche *f* **3.** (SPORT) Rutschbahn *f* **4.** (*fam*) Fallschirm *m*
chut•ney ['tʃʌtnɪ] *s* Chutney *m*
cider ['saɪdə(r)] *s* Apfelwein, Most *m*
cigar [sɪ'gɑː(r)] *s* Zigarre *f;* **cigar•box** [sɪ'gɑːbɒks] *s* Zigarrenkiste *f;* **cigar•case** *s* Zigarrenetui *nt;* **cigar-cutter** *s* Zigarrenabschneider *m*
ciga•rette [ˌsɪgə'ret, *Am* 'sɪgəret] *s* Zigarette *f;* **cigarette-case** *s* Zigarettenetui *nt;* **cigarette end** *s* Zigarettenstummel *m;* (*fam*) Kippe *f;* **cigarette holder** *s* Zigarettenspitze *f;* **cigarette paper** *s* Zigarettenpapier *nt*
ciga•rillo [sɪgə'rɪləʊ] *s* Zigarillo *nt*
cin•der ['sɪndə(r)] *s* **1.** Schlacke *f* **2.** verkohltes Stück Holz **3.** **~s** Asche *f;* **~-track** (SPORT) Aschenbahn *f*
Cin•de•rella [ˌsɪndə'relə] *s* Aschenbrödel, -puttel *nt*
cine- ['sɪnɪ] *prefix* Film-, Kino-; **cin•east(e)** ['sɪnɪˌæst] *s* Kinoliebhaber(in) *m(f);* **cine camera** *s* Filmkamera *f;* **cine film** *s* Schmalfilm *m;* **cin•ema** ['sɪnəmə] *s* Kino, Film-, Lichtspieltheater *nt;* **cinema•goer** *s* Kinobesucher(in) *m(f);* **Cin•ema•scope®** ['sɪnɪməˌskəʊp] *s* Breit(lein)wand *f;* **cin•ema•tic** [ˌsɪnə'mætɪk] *adj* Film-; **cine-pro•jec•tor** ['sɪnɪprəˌdʒektə(r)] *s* Filmprojektor *m*
cin•na•mon ['sɪnəmən] *s* Zimt *m*
ci•pher, cy•pher ['saɪfə(r)] **I.** *s* **1.** (MATH) Ziffer, Zahl *f;* Null(zeichen *nt*) *f* **2.** (*fig*) Null *f,* völlig unbedeutender Mensch **3.** Chiffre *f;* Chiffrierverfahren *nt* **4.** (~*-key*) Schlüssel *m* (*einer Geheimschrift*) **II.** *vt* verschlüsseln, chiffrieren; **cipher code** *s* Chiffrierschlüssel *m*
circle ['sɜːkl] **I.** *s* **1.** (MATH) Kreis *m* **2.** (ASTR) Kreisbahn *f* **3.** Ring *m;* Reif *m* **4.** (SPORT) Rundlauf *m* **5.** (THEAT) Rang *m* **6.** Kreis *m,* Gebiet *nt* **7.** (~ *of friends*) Freundes-, Bekanntenkreis *m* **8.** Wirkungskreis *m,* (Einfluss)Sphäre *f;* Spielraum, Bereich *m;* **full ~** rundherum, im Kreise; **square the ~** (*fig*) das Unmögliche versuchen; **dress ~** (THEAT) 1. Rang *m* **II.** *vt* umkreisen; sich bewegen um; umfahren, umgeben **III.** *vi* fahren, segeln, fliegen (*round, about s.th.* um etw), sich im Kreis bewegen; (*Vogel, Flugzeug*) kreisen
cir•cuit ['sɜːkɪt] **I.** *s* **1.** Umkreis, Umfang *m* **2.** Gebiet *nt,* Bezirk *m* **3.** Runde *f,* Rundgang *m,* -fahrt *f,* -flug *m* (*of* um), Rundreise *f* **4.** (JUR) Rundreise *f* (eines Richters); Gerichtsbezirk *m* **5.** (*Am: methodistischer*) (Kirchen)Sprengel *m* **6.** Ring *m;* Kreislauf *m;* Periode *f* **7.** Theater-, Kinoring *m* **8.** (SPORT) Rennbahn *f;* Turnierrunde *f* **9.** (ELEK) Stromkreis *m;* Schaltung *f;* **short ~** (ELEK) Kurzschluss *m* **II.** *vt* umfahren, -schiffen, -segeln, -fliegen **III.** *vi* eine Runde, Rundfahrt, -reise machen; sich im Kreis bewegen; **circuit board** *s* (ELEK) Schaltplatte *f;* **circuit breaker** *s* (ELEK) Stromkreisunterbrecher *m;* **circuit diagram** *s* (ELEK) Schaltplan *m;* **cir•cu•itous** [sɜː'kjuːɪtəs] *adj* weitschweifig; weitläufig; umständlich
cir•cu•lar ['sɜːkjʊlə(r)] **I.** *adj* kreisförmig, rund **II.** *s* Rundschreiben *nt;* **circular letter** *s* Rundschreiben *nt;* **circular saw** *s* Kreissäge *f;* **circular ticket** *s* Rundreisekarte *f;* **circular tour, circular trip** *s* Rundreise, -fahrt *f;* **cir•cu•late** ['sɜːkjʊleɪt] **I.** *vi* **1.** zirkulieren (*a. Blut*), umlaufen **2.** die Runde machen **3.** herumreisen **II.** *vt* in Umlauf setzen; **cir•cu•lat•ing** [-ɪŋ] *adj* (FIN) umlaufend; **~ capital** Umlaufkapital *nt;* **cir•cu•la•tion** [ˌsɜːkjʊ'leɪʃn] *s* **1.** (Blut)Zirkulation *f,* Kreislauf *m* **2.** (*Zeitung*) Verbreitung *f;* Auflage(nhöhe, -ziffer) *f* **3.** (Geld)Umlauf *m;* **out of ~** außer Kurs; **with a wide ~** mit hoher Auflage; **be in ~** in Umlauf sein; **put into ~** in Umlauf setzen, in Verkehr bringen; **withdraw from ~** außer Kurs setzen; **cir•cu•la•tory** [ˌsɜːkjʊ'leɪtərɪ] *adj* Kreislauf-; **~ system** Blutkreislauf *m*
cir•cum- ['sɜːkəm] *prefix* (her)um-; Um-; **cir•cum•cise** ['sɜːkəmsaɪz] *vt* (REL MED) beschneiden; **cir•cum•ci•sion** [ˌsɜːkəm'sɪʒn] *s* Beschneidung *f;* **cir•cum•fer•ence** [sə:'kʌmfərəns] *s* (MATH) Umfang *m,* Peripherie *f;* **cir•cum•lo•cu•tion** [ˌsɜːkəmlə'kjuːʃn] *s* Umschreibung *f;* Weitschweifigkeit *f;* **cir•cum•navi•gate** [ˌsɜːkəm'nævɪgeɪt] *vt* umschiffen, -segeln; **cir•cum•navi•ga•tion** [ˌsɜːkəmˌnævɪ'geɪʃn] *s* Umschiffung, Umsegelung *f;* **cir•cum•scribe** ['sɜːkəmskraɪb] *vt* **1.** (MATH: *Figur*) einen Kreis beschreiben um **2.** begrenzen, einschränken **3.** definieren; **cir•cum•scrip•tion** [ˌsɜːkəm'skrɪpʃn] *s* **1.** (MATH) Umschreibung *f* **2.** Ab-, Begrenzung, Beschränkung *f* **3.** (*Münze*) Umschrift *f;* **cir•cum•spect** ['sɜːkəmspekt] *adj* umsichtig; bedachtsam, vorsichtig
cir•cum•stance ['sɜːkəmstəns] *s* **1.** Umstand *m,* Tatsache *f;* Sachverhalt *m* **2.** **~s** Einzelheiten, Gegebenheiten *fpl,* Verhältnisse *ntpl,* Fall *m;* **in** [*o* **under**] **the ~s** unter diesen Umständen; **in** [*o* **under**] **no ~s**

C

auf keinen Fall; **in all ~s** unter allen Umständen; **in easy/good/flourishing ~s** in angenehmen/guten Verhältnissen; **in bad~s** in schlechten Verhältnissen; **the ~ that** der Umstand, dass; **that depends on ~s** das kommt darauf an; **aggravating/extenuating ~s** (JUR) erschwerende/mildernde Umstände *mpl;* **cir•cum•stan•tial** [ˌsɜːkəmˈstænʃl] *adj* **1.** genau, eingehend, ausführlich **2.** zufällig, nebensächlich; **~ evidence** (JUR) Indizienbeweis *m*

cir•cum•vent [ˌsɜːkəmˈvent] *vt* umgehen

cir•cus [ˈsɜːkəs] *s* **1.** Zirkus *m* **2.** (*Br*) runder Platz

cir•rho•sis [sɪˈrəʊsɪs] *s* (MED) Leberzirrhose *f*

cir•rus [ˈsɪrəs, *pl* ˈsɪraɪ] <*pl* -ri> *s* **1.** (BOT) Ranke *f* **2.** (~ *cloud*) Zirrus(wolke *f*) *m,* Federwolke *f*

CIS [ˌsiːaɪˈes] *s Abk. von* **Commonwealth of Independent States** GUS *f*

cis•sy [ˈsɪsɪ] **I.** *s* (*pej*) Waschlappen *m,* Weichling *m* **II.** *adj* (*pej: Mann*) weibisch, verweichlicht

cis•tern [ˈsɪstən] *s* Zisterne *f;* (*Toilette*) Spülkasten *m*

cita•del [ˈsɪtədəl] *s* Zitadelle *f*

ci•ta•tion [saɪˈteɪʃn] *s* **1.** (JUR) (Vor)Ladung *f* **2.** Anführung *f;* Zitat *nt* **3.** (MIL) ehrenvolle Erwähnung; **cite** [saɪt] *vt* **1.** (JUR) vorladen (*before* vor) **2.** zitieren, anführen; sich berufen (*s.th.* auf etw)

citi•zen [ˈsɪtɪzn] *s* **1.** Bürger(in) *m(f)* **2.** Staatsangehörige(r) *f m;* **citi•zens' band** *s* CB-Funk *m;* **citi•zen•ship** [-ʃɪp] *s* Bürgerrecht *nt;* Staatsangehörigkeit *f*

cit•ric [ˈsɪtrɪk] *adj:* **~ acid** Zitronensäure *f;* **cit•rus** [ˈsɪtrəs] *s* (~ *fruit*) Zitrusfrucht *f*

city [ˈsɪtɪ] *s* **1.** (große, bedeutende) Stadt *f* **2.** Stadtgemeinde *f* **3.** Zentrum *nt,* Altstadt *f,* Geschäftsviertel *nt,* City *f;* **city-father** *s* Stadtrat *mpl,* Stadtväter *mpl;* **city hall** *s* Rathaus *m;* **city planner** *s* (*Am*) Stadtplaner(in) *m(f)*

civic [ˈsɪvɪk] **I.** *adj* (staats)bürgerlich; städtisch **II.** *s pl mit sing* Staatsbürgerkunde *f*

civ•ies [ˈsɪvɪz] *s pl* (*sl*) Zivilkleidung *f*

civil [ˈsɪvl] *adj* **1.** (staats)bürgerlich **2.** zivil(rechtlich) **3.** zivil, bürgerlich **4.** höflich, gesittet; **civil action** *s* Zivilprozess *m,* zivilrechtliche Klage; **civil aviations** *s pl* Zivilluftfahrt *f;* **civil court** *s* Zivilgericht *nt;* **civil defence** *s* Zivilschutz *m;* **civil disobedience** *s* passiver Widerstand, ziviler Ungehorsam; **civil engineer** *s* Bauingenieur(in) *m(f)*

ci•vil•ian [sɪˈvɪlɪən] **I.** *s* Zivilist(in) *m(f)* **II.** *adj* bürgerlich

ci•vil•ity [sɪˈvɪlətɪ] *s* Höflichkeit *f*

civi•li•za•tion [ˌsɪvəlaɪˈzeɪʃn] *s* Zivilisation, Kultur *f;* **civi•lize** [ˈsɪvəlaɪz] *vt* zivilisieren

civil law [ˈsɪvlˈlɔː] *s* bürgerliches Recht; **civil marriage** *s* standesamtliche Trauung; **civil population** *s* Zivilbevölkerung *f;* **civil rights** *s pl* Bürgerrechte, bürgerliche Ehrenrechte *ntpl;* **civil rights movement** *s* Bürgerrechtsbewegung *f;* **civil servant** *s* (Staats)Beamte(r) *f m;* **civil service** *s* Staatsdienst *m;* **civil war** *s* Bürgerkrieg *m*

civ•vies [ˈsɪvɪz] *s pl* (*sl*) Zivilkleidung *f*

clack [klæk] **I.** *s* **1.** Klappern *nt* **2.** Plappern *nt* **3.** Ventil(klappe *f*) *nt* **II.** *vi* **1.** klappern **2.** (*fam*) schwatzen

claim [kleɪm] **I.** *s* **1.** Anspruch *m* (*to* auf) **2.** Forderung *f* (*on s.o.* gegen jdn) **3.** Behauptung *f* **4.** Anrecht *nt* **5.** (MIN) (beanspruchte) Parzelle *f;* Mutung *f;* Kux *m* **6.** (JUR) Schadenssumme *f,* Klage, Mängelrüge, Reklamation *f;* **baggage ~** (AVIAT) Gepäckausgabe *f;* **lay ~ to, make a ~ to** Anspruch erheben auf; **~ for damages** Schadensanspruch *m* **II.** *vt* **1.** (*Person*) Anspruch erheben auf **2.** (*Unterstützung*) beantragen; beanspruchen **3.** verlangen, fordern, geltend machen **4.** behaupten, versichern; **~ attention** Aufmerksamkeit erfordern; **where do I ~ my baggage?** wo bekomme ich mein Gepäck? **III.** *vi* Schadensersatz verlangen; **~ for s.th.** sich etw erstatten lassen; **claim•ant** [ˈkleɪmənt] *s* Antragsteller(in) *m(f),* Anspruchsberechtigte(r) *f m,* Kläger(in) *m(f)*

clair•voy•ance [kleəˈvɔɪəns] *s* Hellsehen *nt;* **clair•voy•ant** [kleəˈvɔɪənt] *s* Hellseher(in) *m(f)*

clam [klæm] *s* **1.** Venusmuschel *f* **2.** (*Am sl*) maulfauler Mensch; **clam up** *vi* das Maul halten

clam•ber [ˈklæmbə(r)] *vi* (mühsam) klettern

clam chow•der [ˈklæmˌtʃaʊdə(r)] *s* (*Am*) Suppe *f* mit Venusmuscheln

clammy [ˈklæmɪ] *adj* feucht(kalt)

clam•or•ous [ˈklæmərəs] *adj* lärmend, schreiend; **clam•our** [ˈklæmə(r)] **I.** *s* Geschrei *nt,* Lärm *m* **II.** *vi* schreien, lärmen **III.** *vi, vt* laut fordern, rufen (*s.th., for s.th.* nach etw), laut protestieren (*s.th., against s.th.* gegen etw)

clamp [klæmp] **I.** *s* **1.** (Eisen)Klammer *f;* Klemme, (Schraub)Zwinge *f;* (*Kabel*) Schelle *f* **2.** (*Ski*) Strammer *m* **II.** *vt* **1.** (ver)klammern; festklemmen; (ein)spannen **2.** (*Auto*) mit einer Parkkralle festsetzen; **clamp down** *vi* (*fam*) strenger vorgehen (*on s.o.* gegen jdn)

clan [klæn] *s* **1.** (*in Schottland*) Clan *m* **2.** Sippschaft *f;* Clique *f*

clan•des•tine [klæn'destɪn] *adj* heimlich, geheim

clang [klæŋ] **I.** *s* Klang *m,* Klirren, Rasseln *nt* **II.** *vi* klingen, klirren, rasseln **III.** *vt* klappern lassen; (*Glocke*) läuten; **clanger** ['klæŋgə(r)] *s* (*Br fam*) Fauxpas, Schnitzer *m;* **drop a ~** ins Fettnäpfchen treten; **clangor** *s* (*Am*), **clang•our** ['klæŋə(r)] *s* Klirren *nt,* Schall *m;* (*Trompete*) Geschmetter *nt*

clank [klæŋk] **I.** *s* Geklirr, Gerassel *nt* **II.** *vi* klirren, rasseln **III.** *vt* klirren lassen

clap [klæp] **I.** *vt* **1.** (zusammen)schlagen **2.** einen Klaps geben (*s.o.* jdm) **3.** beklatschen, Beifall spenden (*s.o.* jdm); **~ eyes on s.o.** jdn erblicken; **~ one's hands** in die Hände klatschen; **~ s.o. on the shoulder** jdm (freundschaftlich) auf die Schulter klopfen; **he ~ped his hat on** er setzte rasch seinen Hut auf **II.** *vi* (Beifall) klatschen **III.** *s* **1.** (lauter) Schlag *m* **2.** (Hände)Klatschen *nt;* Beifall, Applaus *m* **3.** Klaps, leichter Schlag *m* **4.** (*sl*) Tripper *m;* **~ of thunder** Donnerschlag *m;* **clapped-out** [ˌklæpt'aʊt] *adj* (*fam*) **1.** erschöpft **2.** (*Auto*) klapprig; **clap•per** ['klæpə(r)] *s* **1.** (*Glocke*) Klöppel *m* **2.** (Vogel)Klapper *f;* **run like the ~s** mit einer Affengeschwindigkeit rennen; **clap•trap** ['klæptræp] *s* Geschwätz *nt;* Unsinn *m*

claret ['klærət] *s* roter Bordeauxwein

clari•fi•ca•tion [ˌklærɪfɪ'keɪʃn] *s* **1.** Klärung *f* **2.** Klarstellung, Verdeutlichung *f;* **clar•ify** ['klærɪfaɪ] **I.** *vt* **1.** abklären, läutern, reinigen **2.** aufklären **II.** *vi* **1.** sich klären **2.** (*fig*) sich aufklären

clari•net [ˌklærɪ'net] *s* (MUS) Klarinette *f*

clar•ity ['klærətɪ] *s* Klarheit, Deutlichkeit *f*

clash [klæʃ] **I.** *vi* **1.** klirren, rasseln **2.** (zusammen-, aufeinander) prasseln, prallen (*with* mit) **3.** aneinander stoßen, zusammenstoßen, kollidieren **4.** (*fig*) (zeitlich) zusammenfallen **5.** sich widersprechen **6.** nicht zusammenpassen, zueinander passen (*with* mit) **7.** (*Farben*) sich beißen **8.** sich streiten **II.** *s* **1.** Klirren *nt* **2.** Zusammenprall, -stoß *m* **3.** (*fig*) Widerstreit *m;* Disharmonie, Diskrepanz *f* **4.** Kollision *f* **5.** (zeitliches) Zusammentreffen *nt*

clasp [klɑ:sp] **I.** *vt* **1.** fest-, an-, einhaken **2.** umklammern, umfassen; fassen, (er)greifen; fest drücken (*to* an); **~ s.o. in one's arms** jdn in die Arme schließen; **~ s.o.'s hand** jdm die Hand drücken; **~ one's hands** die Hände falten **II.** *s* **1.** Haken (u. Öse *m*) *f,* Klammer *f;* Schnalle *f;* Spange *f* **2.** Umklammerung *f;* Umarmung *f;* Händedruck *m;* **clasp knife** <*pl* -knives> *s* Klappmesser *nt*

class [klɑ:s] **I.** *s* **1.** Klasse *f* **2.** (Gesellschafts)Klasse, Schicht *f* **3.** (SCHULE RAIL) Klasse *f;* Unterrichts-, Schulstunde *f;* Vorlesung *f;* Kurs *m* **4.** (*Br: Universität*) Klassifizierung *f* im Examen **5.** (*Am*) Jahrgang *m* **6.** Qualität, Klasse, Güte, Sorte *f;* **in a ~ by itself** von besonderer Qualität; einzigartig; **not to be in the same ~ with** sich nicht messen können mit **II.** *vt* **1.** einstufen, in Gruppen einteilen; einordnen **2.** betrachten (*as* als); **class-conscious** *adj* klassenbewusst; **class distinctions** *s pl* Klassenunterschiede *mpl*

C

classic ['klæsɪk] **I.** *adj* klassisch **II.** *s* Klassiker *m;* **clas•si•cal** ['klæsɪkl] *adj* **1.** klassisch **2.** (*Bildung*) humanistisch **3.** (ARCH) klassizistisch; **clas•si•cism** ['klæsɪsɪzəm] *s* Klassik *f;* Klassizismus *m;* **clas•si•cist** ['klæsɪsɪst] *s* Altphilologe *m,* -philologin *f;* **clas•sics** ['klæsɪks] *s pl mit sing* Altphilologie *f*

clas•si•fi•ca•tion [ˌklæsɪfɪ'keɪʃn] *s* Klassifizierung, Einteilung *f;* **clas•si•fied** ['klæsɪfaɪd] *adj* **1.** (MIL) geheim **2.** in Klassen eingeteilt; **~ ad(vertisement)** Kleinanzeige *f;* **~ directory** Branchenverzeichnis *nt;* **classify** ['klæsɪfaɪ] *vt* klassifizieren, einteilen

class•less ['klɑ:flɪs] *adj* klassenlos; **classmate** ['klɑ:smeɪt] *s* Klassen-, Schulkamerad, Schulfreund *m;* **class•room** ['klɑ:srʊm] *s* Klassenzimmer *nt;* **class struggle** *s* Klassenkampf *m*

classy ['klɑ:sɪ] *adj* (*fam*) Klasse, prima, in Ordnung

clat•ter ['klætə(r)] **I.** *s* **1.** Klappern, Rasseln, Rattern *nt* **2.** Lärm, Tumult *m* **II.** *vi* klappern, rasseln, rattern; **~ along** dahinrattern, -rasseln **III.** *vt* klappern, rattern, rasseln mit

clause [klɔ:z] *s* **1.** Satz *m* **2.** (JUR) Vertragsbestimmung, Klausel *f;* Absatz, Paragraf *m;* **jurisdiction ~** Gerichtsstandklausel *f;* **main ~, subordinate ~** Haupt-, Nebensatz *m*

claus•tro•pho•bia [ˌklɔ:strə'fəʊbɪə] *s* Klaustrophobie, Platzangst *f*

clav•icle ['klævɪkl] *s* (ANAT) Schlüsselbein *nt*

claw [klɔ:] **I.** *s* **1.** Kralle, Klaue *f;* (*a.* TECH) Tatze, Pfote *f,* (Krebs)Schere *f* **2.** (TECH) Haken *m* **II.** *vt* **1.** packen **2.** zerkratzen **3.** reißen (*a hole* ein Loch) **III.** *vi* greifen (*at* nach), zerren (*at* an)

clay [kleɪ] *s* Lehm *m;* Ton *m;* **clay pigeon** *s* Tontaube *f*

clean [kli:n] **I.** *adj* **1.** sauber **2.** frisch, neu, unbenutzt **3.** (*Papier*) weiß, unbeschrieben **4.** (*fig*) einwand-, fehlerfrei, tadellos, anständig; fair **5.** unschuldig **6.** vorbehaltlos, uneingeschränkt; (*Wechsel*) einwandfrei **7.** (*Bruch, Schnitt*) sauber; (*Linien*) klar **8.** umweltschonend **9.** geschickt, gewandt; gekonnt; **have ~ hands/a ~ slate** (*fig*) eine reine Weste haben; **have a ~ record**

eine tadellose Vergangenheit haben; **keep ~** sauber halten; **make a ~ breast of s.th.** sich etw vom Herzen reden; **make a ~ copy of s.th.** etw ins Reine schreiben; **make a ~ sweep of s.th.** mit einer S vollständig aufräumen **II.** *adv* **1.** vollkommen, -ständig, völlig, ganz **2.** sauber, rein **III.** *vt* **1.** reinigen, säubern, putzen **2.** (*Fisch, Geflügel*) ausnehmen; **clean down** *vt* abwischen, -bürsten; gründlich abwaschen; **clean out** *vt* beseitigen, aus-, aufräumen; (*Geld*) aufbrauchen; **~ s.o. out** (*fam*) jdn ausnehmen; **be ~ed out** (*fam*) blank sein, kein Geld mehr haben; **clean up I.** *vt* **1.** rein machen, sauber machen, aufräumen, aufwischen **2.** (*fam*) fertig machen **3.** (*sl: als Gewinn*) einstecken, in die Tasche stecken, absahnen **II.** *vi* aufräumen; sich waschen

clean-cut [ˌkliːnˈkʌt] *adj* **1.** wohlgeformt; gut aussehend **2.** scharf umrissen **3.** (*fig*) klar; **cleaner** [ˈkliːnə(r)] *s* **1.** Reiniger *m* **2.** Putzfrau *f;* **dry-~'s** chemische Reinigung *f* (*Geschäft*); **take s.o. to the ~'s** (*fam*) jdn übers Ohr hauen, reinlegen; **clean•ing** [kliːnɪŋ] *s* Reinigung, Säuberung *f;* **cleaning lady, cleaning woman** *s* Putzfrau *f;* **clean•li•ness** [ˈklenlɪnɪs] *s* Reinlichkeit, Sauberkeit *f;* **clean•ly** [ˈklenlɪ] **I.** *adv* sauber **II.** *adj* reinlich, sauber; **cleanse** [ˈklenz] *vt* reinigen, säubern; (*Bibel: vom Aussatz*) heilen, rein machen; (*fig*) läutern; (*von Sünde*) frei machen; **cleanser** [ˈklenzə(r)] *s* Reinigungsmittel *nt;* **clean-shaven** [ˈkliːnˈʃeɪvn] *adj* glatt rasiert; **cleansing cream** *s* Reinigungscreme *f;* **cleansing tissue** *s* Erfrischungstuch *nt;* **clean-up** [ˈkliːnʌp] *s* **1.** Reine-, Saubermachen *nt* **2.** (*fam*) Säuberungsaktion *f*

clear [klɪə(r)] **I.** *adj* **1.** klar; hell, rein **2.** deutlich, scharf, fest umrissen **3.** verständlich; eindeutig **4.** (*Straße*) frei; (*Weg*) offen, frei (*of* von) **5.** sicher, zuversichtlich, entschlossen (*of, on* in, hinsichtlich) **6.** frei von Schuld, unschuldig **7.** (*Zeit, Summe*) voll; schuldenfrei **8.** (*Gewinn*) Rein-; Netto- **9.** (*Himmel*) wolkenlos **II.** *adv* **1.** (voll u.) ganz, völlig, vollständig **2.** (*fam*) geradeswegs, mitten durch **III.** *s* **1.** Klartext *m* **2.** (*Am*) Lichtung *f* **3.** lichte Weite **IV.** *vt* **1.** klar, hell, deutlich machen; auf-, erhellen **2.** (*Straße*) freimachen; räumen **3.** (*Wald*) roden **4.** (*Weg*) bahnen **5.** (*Konto*) ausgleichen; (*Schuld*) bereinigen, begleichen **6.** säubern; (*Tisch*) abräumen; aufräumen **7.** (INFORM) löschen **8.** (COM: *Lager*) räumen **9.** überholen, springen über, vorbeikommen an **10.** (*fig*) freimachen, befreien (*of, from* von) **11.** (JUR) entlasten, freisprechen (*of* von) **12.** für unbedenklich erklären; genehmigen; freigeben **13.** (FIN) bezahlen, begleichen; einlösen; (*Grundstück*) von Belastungen freimachen **14.** (rein) gewinnen, einnehmen **15.** (RADIO: *Sendezeit*) kaufen **16.** (*Ware*) verzollen; zollamtlich abfertigen **17.** (TECH) entstören; (*Störung*) beseitigen; (*Aufnahme*) löschen **V.** *vi* **1.** klar, hell, deutlich werden **2.** (*Himmel: ~ up*) aufklaren **3.** (*Schiff*) absegeln, -fahren; klarkommen; (*~ in, out*) Hafengebühren bezahlen **VI.** (*Wendungen*): **in the ~** aus allem heraus; **come out of a ~ sky** aus heiterem Himmel kommen; **get ~ of s.th.** etw loswerden; **keep ~ of s.th.** etw meiden; **make o.s. ~** sich verständlich machen; **~ the hurdle** die Schwierigkeiten überwinden; **~ one's throat** sich räuspern; **all ~!** Gefahr vorbei!; **~ the decks!** (MAR) klar Deck!; **a ~ conscience** ein reines Gewissen; **three ~ days** drei volle Tage; **~ profit** [*o* **gain**] Reingewinn *m;* **clear away** *vt* **1.** ab-, wegräumen **2.** (*fig: Zweifel*) beseitigen **3.** (*Schwierigkeiten*) überwinden; **clear off I.** *vt* wegbringen, beseitigen, weg-, fortschaffen **II.** *vi* (*fam*) abhauen, türmen; **clear out I.** *vt* säubern, reinigen; ausräumen **II.** *vi* sich aus dem Staub machen; **clear up** *vt* aufräumen; ins Reine, in Ordnung bringen; (auf)klären

clear•ance [ˈklɪərəns] *s* **1.** (Auf)Räumung(sarbeiten *f*) *pl,* Beseitigung *f* **2.** (COM) Räumung *f* des Lagers **3.** (FIN) Tilgung *f;* Deckungsbestätigung *f* (*von Scheck*) **4.** Rodung *f* **5.** (*Brücke*) lichte Höhe **6.** (TECH) Spiel(raum *m*) *nt,* Abstand, Zwischenraum, freier Raum *m* **7.** Genehmigung, Erlaubnis *f* **8.** (*a.* AVIAT) Verzollung, Zollabfertigung, Freigabe, Abfertigung *f* **9.** (*bill of ~*) Zoll(abfertigungs)schein *m* **10.** (AVIAT) Starterlaubnis, -freigabe *f;* **clearance sale** *s* Räumungs-, Ausverkauf *m*

clear-cut [ˈklɪəˈkʌt] **I.** *adj* **1.** scharf geschnitten **2.** (*fig*) klar, eindeutig **II.** *vt* kahl schlagen, abholzen; **clear-fell** *vt* kahl schlagen, abholzen; **clear film** *s* Klarsichtfolie *f;* **clear-headed** [ˌklɪəˈhedɪd] *adj* einsichtig, verständig

clear•ing [ˈklɪərɪŋ] *s* **1.** Ab-, Verrechnung *f,* Clearing *nt* **2.** Rodung *f;* Lichtung *f;* **clearing bank** *s* Clearingbank *f;* **clearing-house** *s* Verrechnungsstelle *f;* **clearing office** *s* Ausgleichs-, Ab-, Verrechnungsstelle *f*

clear•ly [ˈklɪəlɪ] *adv* **1.** klar (und deutlich) **2.** eindeutig, offensichtlich; **clear•ness** [ˈklɪənɪs] *s* Klarheit, Deutlichkeit *f;* **clear-sighted** [ˌklɪəˈsaɪtɪd] *adj* **1.** klar sehend **2.** scharfsichtig

cleav•age [ˈkliːvɪdʒ] *s* **1.** (Auf)Spaltung *f,* Spalte *f* **2.** Dekolletee *nt*

cleave [kliːv] <*irr:* cleft (cleaved, clove), cleft (cleaved)> I. *vt* 1. (auf)spalten, zerhacken, auseinander brechen, zerbrechen 2. (*Weg*) bahnen 3. (*Menschen*) trennen II. *vi* sich spalten

clef [klef] *s* (MUS) (Noten)Schlüssel *m*

cleft [kleft] I. *pt, pp of* **cleave** II. *s* Spalte *f*, Riss *m;* Kluft *f*

cle•ma•tis ['klemətɪs] *s* Klematis *f;* Waldrebe *f*

clem•ency ['klemənsɪ] *s* Milde *f;* Nachsicht *f;* **clem•ent** ['klemənt] *adj* milde; nachsichtig

clench [klentʃ] *vt* 1. (fest) zusammendrücken, -pressen 2. ergreifen, packen

clergy ['klɜːdʒɪ] *s sing mit pl* Klerus *m*, Geistlichkeit *f;* **clergy•man** [-mən] <*pl* -men> *s* Geistliche(r) *m;* **clergy•woman** [-wʊmən] *s* Pfarrerin *f*

cleric ['klerɪk] *s* Geistliche(r) *f m*

cleri•cal ['klerɪkl] *adj* 1. geistlich 2. (POL) klerikal 3. Büro-, Schreib-; **clerical error** *s* Schreibfehler *m;* **clerical staff** *s* Büropersonal *nt;* **clerical work** *s* Büroarbeit *f*

clerk [klɑːk, *Am* klɜːrk] *s* 1. Büroangestellte(r) *f m*, Sekretär(in) *m(f)* 2. Buchhalter(in) *m(f)*, Kontorist(in) *m(f)* 3. Leiter(in) *m(f)*, Vorsteher(in) *m(f)*

clever ['klevə(r)] *adj* 1. klug, gescheit (*a. Rede, Schrift*) 2. begabt, talentvoll 3. geschickt, gewandt (*at* in) 4. tüchtig 5. gewieft, raffiniert; **clever dick** *s* (*fam*) Besserwisser *m;* **clever•ness** [-nɪs] *s* 1. Klugheit *f* 2. Geschicklichkeit, Gewandtheit *f* 3. Raffinesse *f*

cliché ['kliːʃeɪ] *s* 1. Klischee *nt* 2. (*fig*) (abgedroschene) Redensart *f*, Gemeinplatz *m*

click [klɪk] I. *s* 1. Klicken *nt;* Knacken *nt;* Schnalzen *nt* 2. Sperrhaken *m*, -klinke *f* II. *vi* 1. klicken; knacken; zuschnappen 2. (*sl*) zusammenpassen; erfolgreich ankommen (*for* bei) 3. (*fam*) sich verknallen III. *vt* schnalzen (*one's tongue* mit der Zunge); ~ **one's heels** die Hacken zusammenschlagen; **click around** *vi* (*mit der Maus*) herumklicken; **click on** *vt* (INFORM) anklicken

cli•ent ['klaɪənt] *s* 1. Klient(in) *m(f)*, Mandant(in) *m(f)* (*eines Rechtsanwalts*) 2. Patient(in) *m(f)* 3. Kunde *m*, Kundin *f;* **cli•en•tele** [ˌkliːɒn'tel] *s* 1. Kundschaft *f* 2. (JUR) Klientel *f* 3. (MED) Patienten *pl*

cliff [klɪf] *s* Klippe *f;* **cliff-hanger** ['klɪfhæŋə(r)] *s spannender Schluss ohne Lösung des Rätsels*

cli•mac•ter•ic [klaɪ'mæktərɪk] I. *adj* 1. kritisch, entscheidend 2. (PHYSIOL) klimakterisch II. *s* 1. Wechseljahre *pl* 2. (*fig*) kritische Zeit; **cli•mac•tic** [ˌklaɪ'mæktɪk] *adj:* **a** ~ **scene** ein Höhepunkt *m*

cli•mate ['klaɪmɪt] *s* 1. Klima *nt* 2. (*fig*) Stimmung, Atmosphäre *f;* **cli•mate change** *s* Klimaveränderungen *pl;* ~ **levy** *eine Art Ökosteuer;* **cli•mat•ic** [klaɪ'mætɪk] *adj* klimatisch; **cli• ma•tol•ogist** [ˌklaɪmə'tɔlədʒɪst] *s* Klimatologe *m*, Klimatologin *f*, Klimaforscher(in) *m(f);* **cli•ma•tol•ogy** [ˌklaɪmə'tɒlədʒɪ] *s* Klimatologie *f*

cli•max ['klaɪmæks] I. *s* 1. Höhepunkt *m* 2. Orgasmus *m* II. *vi* seinen Höhepunkt erreichen

climb [klaɪm] I. *vt* 1. ersteigen, erklimmen, erklettern 2. steigen, klettern (*the tree* auf den Baum) II. *vi* 1. klettern 2. (*Straße*) steigen; (empor-, auf)steigen 3. rasch hineinschlüpfen (*into* in) III. *s* 1. Klettern *nt;* Steigung *f;* Steigen *nt* 2. Aufstieg *m* 3. Kletterpartie *f;* **climb down** *vi* hinab-, hinunterklettern, -steigen; (*fig*) nachgeben; zurücktreten; **climber** ['klaɪmə(r)] *s* 1. Kletterer *m;* Bergsteiger(in) *m(f)* 2. (*social* ~) Aufsteiger *m* 3. Kletterpflanze *f;* **climb•ing** ['klaɪmɪŋ] *s* 1. Klettern *nt;* Bergsteigen *nt* 2. (AVIAT) Steigflug *m;* **climbing iron** *s* Steigeisen *nt*

clinch [klɪntʃ] I. *vt* 1. (*Boxkampf*) umklammern; festhalten 2. (*Nagel*) krumm schlagen 3. (*Tau*) festmachen 4. (*fig*) fest abmachen; (*Geschäft*) abschließen II. *s* 1. (*Boxkampf*) Clinch *m* 2. (*sl*) Umarmung *f;* **have s.th. in a** ~ etw fest in der Hand haben; **clincher** ['klɪntʃə(r)] *s* entscheidendes Argument; **that's a** ~ damit ist der Fall erledigt

cling [klɪŋ] <*irr:* clung, clung> *vi* 1. haften, sich klammern (*to* an) 2. (*fig*) hängen, festhalten (*to* an); ~ **together** (fest) zusammenhalten; **cling film** ['kliŋfilm] *s* Frischhaltefolie *f;* **cling•ing** [-ɪŋ] *adj* 1. (*Kleidung*) eng anliegend 2. (*fig*) (sehr) anhänglich

cli•nic ['klɪnɪk] *s* 1. (MED) klinisches Praktikum 2. Klinik *f;* Poliklinik *f;* **speech** ~ Beratungsstelle *f* für Sprachgestörte; **cli•ni•cal** ['klɪnɪkl] *adj* 1. klinisch 2. (*fig*) kühl, unpersönlich; steril; ~ **thermometer** Fieberthermometer *nt*

clink [klɪŋk] I. *vi* klirren, klinge(l)n II. *vt* klirren lassen; klimpern mit; ~ **glasses** anstoßen III. *s* 1. Klirren *nt* 2. (*sl*) Kittchen *nt*

clinker ['klɪŋkə(r)] *s* 1. Klinker *m* 2. Schlacke *f* 3. (*Am sl*) Fehler *m*

clip¹ [klɪp] I. *s* 1. Halter *m;* Klammer *f;* Spange *f* 2. (*paper* ~) Büroklammer *f;* (*laundry* ~) Wäscheklammer *f* 3. (*Rohr*) Schelle *f* 4. (RAIL) Lasche *f* 5. (MIL) Ladestreifen *m* 6. (Ohr)Klips *m;* ~(-**on**) **earring** Klipp, Clip *m* II. *vt* festklammern, -klemmen, -halten

clip² [klɪp] I. *vt* 1. (*Haar*) schneiden;

(*Hund*) scheren **2.** stutzen; kappen; (*Hecke*) beschneiden **3.** (*Fahrschein*) knipsen **4.** (*aus einer Zeitung*) ausschneiden **5.** (*fig: Laut, Silbe*) verschlucken **II.** *s* **1.** (Schaf)Schur *f;* Schneiden *nt;* Stutzen *nt* **2.** Klaps, Schlag *m* **3.** (Film)Ausschnitt *m* **4.** (*fam*) hohes Tempo

clip•board ['klipbɔːd] *s* Klemmbrett *nt*

clip•per ['klɪpə(r)] *s* **1.** Klipper, Schnellsegler *m* **2.** (AVIAT) Verkehrsflugzeug *nt* **3.** **~s** Schere *f;* **nail-~s** Nagelzwicker *m*

clip•ping ['klɪpɪŋ] *s* **1.** (Zeitungs)Ausschnitt *m* **2.** **~s** Abfälle *mpl*

clique [kliːk] *s* Clique *f,* Klüngel *m;* **cliquish**, **cliquey** ['kliːkɪʃ, 'kliːkɪ] *adj* cliquenhaft

clit•oris ['klɪtərɪs] *s* (ANAT) Klitoris *f*

cloak [kləʊk] **I.** *s* **1.** Umhang, (weiter) Mantel *m* **2.** (*fig*) Deckmantel, Vorwand *m* (*for* für); **under the ~ of** unter dem Vorwand, im Schutz von; **~ and dagger operation** Nacht-und-Nebel-Aktion *f* **II.** *vt* (*fig*) verbergen, bemänteln; **cloak•room** ['kləʊkrʊm] *s* **1.** Garderobe *f* **2.** (*Br*) Toilette *f*

clob•ber ['klɒbə(r)] **I.** *s* (*sl*) **1.** Kram *m* **2.** Kleider *ntpl* **II.** *vt* (*fam*) **1.** (vollkommen) erledigen, fertigmachen **2.** verprügeln

clock [klɒk] **I.** *s* **1.** (*Wand-, Turm-*) Uhr *f* **2.** (*fam*) Tacho(meter) *m;* **it is ten o'~** es ist 10 Uhr; **round the ~** rund um die Uhr; **put the ~ back** die Uhr zurückstellen, *fig* -drehen; **alarm-~** Wecker *m;* **cuckoo ~** Kuckucksuhr *f* **II.** *vt* mit der Stoppuhr messen, abstoppen; (*Zeit*) registrieren; **clock in** *vi* einstempeln; **clock out** *vi* ausstempeln; **clock up** *vt* **1.** (*Entfernung*) zurücklegen **2.** (*Geschwindigkeit*) erreichen **3.** (*Schulden*) machen **4.** (*Erfolg*) verbuchen; **clock•face** *s* Zifferblatt *nt;* **clock radio** *s* Radiowecker *m;* **clock timer** *s* Schaltuhr *f;* **clock-watcher** *s jd, der dauernd auf die Uhr schaut;* **clock•wise** ['klɒkwaɪz] *adj, adv* im Uhrzeigersinn; **clock-work** ['klɒkwɜːk] *s* Uhrwerk *nt;* **like ~** (*fig*) wie am Schnürchen; **~ toy** mechanisches Spielzeug

clod [klɒd] *s* **1.** (Erd)Klumpen *m* **2.** (*Mensch*) Trottel *m;* Trampel *m*

clog [klɒg] **I.** *s* **1.** (Holz)Klotz *m* **2.** (*fig*) Klotz *m* am Bein, Hindernis *nt* **3.** Holzschuh *m* **II.** *vt* **1.** (*fig*) hemmen **2.** (TECH) verstopfen, verschmieren; blockieren; **be ~ged up** verstopft sein **III.** *vi* **1.** sich (zusammen)ballen **2.** verstopfen; blockiert werden; **clog-dance** ['klɒgdɑːns] *s* Holzschuhtanz *m*

clois•ter ['klɔɪstə(r)] **I.** *s* **1.** Kloster *nt* **2.** Kreuzgang *m* **II.** *vt* ins Kloster stecken **III.** *vr:* **~ o.s.** (**away**) sich von der Welt verschließen

clone [kləʊn] **I.** *s* Klon *m* **II.** *vt* klonen; **clon•ing** ['kləʊnɪŋ] *s* Klonen *nt*

close¹ [kləʊs] **I.** *adj* **1.** (*örtlich, zeitlich*) nahe **2.** (ab-, ein)geschlossen, eingeengt, beengt, eng(anliegend) **3.** knapp **4.** (*Deckel*) dicht schließend **5.** (*Gelände*) bedeckt, bewachsen **6.** (*fig*) beschränkt, begrenzt **7.** dicht(gedrängt), eng(stehend), eng aneinander gerückt **8.** (*fig*) scharf, streng (bewacht) **9.** vertraut, eng befreundet; (eng) zusammenhängend **10.** voll(ständig), völlig, vollkommen **11.** genau, sorgfältig **12.** sparsam, geizig **13.** verborgen, geheim **14.** zurückhaltend, verschlossen **15.** (POL) in scharfem Wettbewerb befindlich **16.** (*Luft*) verbraucht, schlecht, stickig, drückend, schwül **17.** (*Übersetzung*) getreu, genau **18.** (*Aufmerksamkeit*) gespannt **19.** (*Am fam*) tüchtig **II.** *adv* dicht, nahe (*by* dabei), dicht, eng zusammen **III.** (*Wendungen*): **~ by** in der Nähe; **~ on** nahezu; beinahe; **~ to** dicht, nahe bei; **~ up to** dicht heran an; **from ~ up** aus der Nähe; **~ together** dicht zu-, beisammen; **~ to the ground** dicht am Boden; **~-to-the-vest behaviour** Heimlichtuerei *f;* **after ~ consideration** nach reiflicher Überlegung; **at ~ quarters** in nächster Nähe; **in ~ confinement** unter strenger Bewachung; **in ~ contact** in enger Berührung; **come ~r together** zusammenrücken; **cut ~** glatt abschneiden; **drive up ~** dicht heranfahren; **have a ~ shave** (*fig*) mit knapper Not davonkommen; **press s.o. ~** jdn streng behandeln; **sit ~** eng beieinander sitzen; **stick ~ to s.o.** sich eng an jdn halten; **that was a ~ call!** das war knapp!; **he is a ~ friend of mine** er und ich, wir sind eng miteinander befreundet

close² [kləʊz] **I.** *vt* **1.** (zu-, ver)schließen, zumachen; (*Straße*) sperren **2.** in Verbindung, Berührung bringen; (ELEK: *Stromkreis*) schließen **3.** beenden, ab-, beschließen; (*Versammlung, Sitzung*) schließen **4.** (*Fabrik*) stilllegen **5.** (COM) abschließen, saldieren, liquidieren **6.** (*Hypothek*) löschen; **~ a deal** ein Geschäft abschließen; **~ one's eyes** (*fig*) die Augen verschließen (*to* vor) **II.** *vi* **1.** schließen; sich schließen **2.** aufhören, zu Ende gehen **3.** zumachen; (*Betrieb*) stillgelegt werden **4.** sich nähern **III.** *s* **1.** (Ab)Schluss *m,* Ende *nt* **2.** Handgemenge *nt;* **bring to a ~** zu Ende bringen; **draw to ~** zu Ende gehen; **close down** *vt* **1.** (*Betrieb*) stilllegen **2.** (*Geschäft*) schließen; **close in I.** *vi* **1.** näher kommen **2.** (*Winter*) anbrechen; (*Nacht*) hereinbrechen **3.** (*Tage*) kürzer werden **II.** *vt* umgeben; **~ in on s.o.** jdm zu Leibe rücken; **close off** *vt* abriegeln, absperren; **close**

up I. *vt* (ver)sperren, blockieren **II.** *vi* **1.** naherücken **2.** (MIL) aufschließen; **close with** *vi* schließen mit; ~ **with s.o.** mit jdm zu einem Kompromiss kommen; ~ **with an offer** ein Angebot annehmen

closed [kləʊzd] *adj* **1.** geschlossen; gesperrt **2.** (ELEK) eingeschaltet, geschlossen; **declare (a debate, a meeting)** ~ (eine Aussprache, eine Sitzung) für beendet erklären; **road ~!** Straße gesperrt!; **~-circuit television** interne Fernsehanlage *f;* Fernsehüberwachungsanlage *f;* **~-shop system** Gewerkschaftszwang *m;* **close-down** ['kləʊzdaʊn] *s* **1.** Betriebsstilllegung *f* **2.** (RADIO) Ende *nt* (*der Sendung*)*;* **close-knit** [ˌkləʊs'nɪt] *adj* (*fig*) eng zusammengehörig; **close•ly** [ˌkləʊslɪ] *adv* **1.** dicht, eng **2.** streng **3.** genau; **close•ness** ['kləʊsnɪs] *s* **1.** Enge, Knappheit *f* **2.** Nähe *f* **3.** Schärfe, Strenge *f* **4.** Lückenlosigkeit *f;* Vollständigkeit, Genauigkeit, Sorgfalt *f* **5.** Schwüle *f;* **close season** *s* (*Jagd*) Schonzeit *f*

closet ['klɒzɪt] **I.** *s* **1.** eingebauter (Wand)Schrank **2.** (*water-~*) WC *nt,* Abort *m* **II.** *vt, vr:* ~ **o.s.** sich zurückziehen (*with* mit) **III.** *adj:* **a ~ liberal** ein heimlicher Liberaler; **be ~ed** eine vertrauliche Besprechung haben

close-up ['kləʊsʌp] *s* (FILM) Nah-, Großaufnahme *f*

clos•ing ['kləʊzɪŋ] *s* Schließung, Beendigung *f;* (Ab)Schluss *m;* **early ~ day** Tag *m* mit frühem Ladenschluss; ~ **of an account** Abschluss *m* eines Kontos; **closing date** *s* Einsendeschluss *m;* **clos•ing down** *s* (*Firma*) Schließung *f;* **clos•ing-down sale** *s* Räumungsverkauf *m;* **closing price** *s* (*Börse*) Schlusskurs *m;* **closing time, closing hour** *s* Geschäfts-, Ladenschluss *m;* Polizeistunde *f*

clo•sure ['kləʊʒə(r)] *s* **1.** (Ver)Schließen *nt;* Schließung *f* **2.** (TECH) (Ver)Schluss *m* **3.** (PARL) Schluss *m* der Debatte; **apply (the) ~ to a debate** eine Debatte schließen; **move the** ~ Antrag auf Schluss der Debatte stellen

clot [klɒt] **I.** *s* **1.** Klümpchen *nt;* Blutgerinnsel *nt* **2.** (*sl*) Depp *m* **II.** *vi* gerinnen **III.** *vt* gerinnen lassen

cloth [klɒθ] *s* **1.** Tuch *nt,* Stoff *m* **2.** Tuch *nt,* Lappen *m* **3.** Geistlichkeit *f*

clothe [kləʊð] *vt* **1.** kleiden, mit Kleidung versorgen **2.** ankleiden, anziehen **3.** (*fig*) (ein)hüllen **4.** (*fig: Gedanken*) einkleiden

clothes [kləʊðz] *s pl* **1.** Kleider *ntpl,* Kleidung *f* **2.** Wäsche *f;* **put on/take off one's** ~ sich anziehen/ausziehen; **bed-~** Bettwäsche *f;* **clothes hanger** *s* Kleiderbügel *m;* **clothes-horse** *s* Wäscheständer *m;* **clothes-line** *s* Wäscheleine *f;* **clothes moth** *s* Kleidermotte *f;* **clothes peg, clothes•pin** *s* Wäscheklammer *f*

cloth•ing ['kləʊðɪŋ] *s* Kleidung *f;* **clothing industry** *s* Bekleidungsindustrie *f*

cloud [klaʊd] **I.** *s* **1.** Wolke *f* **2.** trüber Fleck, Schleier *m* **3.** (*Vögel*) Schwarm *m* **4.** (*Pfeile*) Hagel *m* **5.** (*fig*) Schatten *m,* Drohung *f;* **on a** ~ (*fam*) im sieb(en)ten Himmel; **be on ~ nine, have one's head in the ~s** überglücklich sein; (*fig*) in den Wolken schweben, (mit den Gedanken) ganz woanders sein; **there's more ~ today than yesterday** es ist heute wolkiger als gestern; ~ **of dust** Staubwolke *f;* ~ **of flies** Fliegenschwarm *m* **II.** *vt, vi* **1.** (*~ over, up*) (sich) bewölken **2.** (TECH) trüben **3.** (*fig*) (sich) umwölken, (sich) umschatten, (sich) verdüstern; **cloud•burst** *s* Wolkenbruch *m;* **cloud-capped** ['klaʊdkæpt] *adj* (*Berggipfel*) in Wolken gehüllt; **cloud-cuckoo-land** [klaʊd'kʊku:lænd] *s* Wolkenkuckucksheim *nt;* **clouded** ['klaʊdɪd] *adj* **1.** bewölkt, bedeckt, wolkig **2.** (*fig*) trübe; **cloud•less** ['klaʊdlɪs] *adj* wolkenlos; ungetrübt; **cloudy** ['klaʊdɪ] *adj* **1.** wolkig, bewölkt **2.** trübe **3.** verschwommen, unklar **4.** düster

clout [klaʊt] **I.** *s* **1.** Lappen *m* **2.** (*fam*) Schlag *m* **3.** (*sl*) Kleidungsstück *nt* **4.** (POL) Einfluss *m* **II.** *vt* (*fam*) schlagen

clove[1] [kləʊv] *s* **1.** (Gewürz)Nelke *f* **2.** (BOT) Brutzwiebel *f;* ~ **of garlic** Knoblauchzehe *f*

clove[2] [kləʊv] *s.* **cleave**; **clo•ven** ['kləʊvn] **I.** *pp of* **cleave II.** *adj* gespalten; ~ **hoof** gespaltener Huf

clo•ver ['kləʊvə(r)] *s* Klee *m;* **be** [*o* **live**] **in** ~ wie die Made im Speck leben; **clover-leaf** <*pl* -leaves> *s* Kleeblatt *nt*

clown [klaʊn] **I.** *s* **1.** Clown *m* **2.** Tölpel *m* **II.** *vi* **1.** (*Clown*) seine Späße machen **2.** (*fig*) sich dumm benehmen; **clown•ish** ['klaʊnɪʃ] *adj* **1.** tölpelhaft, ungeschliffen **2.** töricht, dumm

club [klʌb] **I.** *s* **1.** Keule *f* **2.** (Golf)Schläger *m* **3.** (Gummi)Knüppel *m* **4.** Klub, Verein *m,* Gesellschaft *f;* (*~-house, -rooms*) Klub-, Vereinshaus *nt,* Klubräume *mpl* **5. ~s** (*Spielkarten*) Kreuz, Treff *nt,* Eichel(n *pl*) *f;* **Indian ~s** (SPORT) Keulen *fpl;* **join the ~!** ach, du auch! **II.** *vt* **1.** mit der Keule, mit dem Gewehrkolben schlagen **2.** beisteuern, -tragen **3.** (*Geld*) zusammenlegen **III.** *vi* (*~ together*) sich zusammentun; **club-foot** <*pl* -feet> *s* Klumpfuß *m*

clue [klu:] *s* **1.** Anhaltspunkt, Schlüssel *m* (*to* zu) **2.** (roter) Faden, Verlauf *m* (*der Ereignisse*)*;* **he hasn't a** ~ er hat keine Ahnung; **clue up** *vt* informieren; **all ~d up** bestens informiert; **clue•less** ['klu:lɪs] *adj* (*fam*) ahnungslos

clump [klʌmp] **I.** *s* **1.** (Erd)Klumpen *m*, (Holz)Klotz *m* **2.** (Baum)Gruppe *f* **3.** (*~-sole*) Doppelsohle *f* **4.** schwerer Tritt **5.** Bakterien *fpl* **II.** *vi* schwer auftreten **III.** *vt* **1.** zusammenballen; anhäufen **2.** (*Bäume, Büsche*) massieren **3.** (*Schuhe*) doppelt sohlen

clum•si•ness ['klʌmzɪnɪs] *s* **1.** Schwerfälligkeit *f*; Ungeschicktheit *f* **2.** Taktlosigkeit *f*; **clumsy** ['klʌmzɪ] *adj* **1.** plump, schwerfällig **2.** unelegant; ungeschickt **3.** taktlos

clung [klʌŋ] *s.* **cling**

clus•ter ['klʌstə(r)] **I.** *s* **1.** Traube *f*, Büschel, Bündel *nt* **2.** Gruppe *f*, Schwarm *m* **II.** *vi* **1.** in Trauben wachsen **2.** (*~ together*) sich scharen um

clutch [klʌtʃ] **I.** *s* **1.** fester Griff **2.** (TECH) Klaue *f* **3.** (AUTO) Kupplung *f* **4.** Gelege *nt*; (*Eier*) Brut *f* **5.** **~es** (*fig*) Hände, Klauen *fpl*, Gewalt *f*; **fall into s.o.'s ~es** jdm in die Hände fallen; **let in/disengage the ~** (AUTO) ein-/auskuppeln; **slip the ~** (AUTO) die Kupplung schleifen lassen **II.** *vt* (er)greifen, packen, festhalten, umklammern **III.** *vi* greifen, schnappen (*at* nach); **~ at a straw** sich an einen Strohhalm klammern

clut•ter ['klʌtə(r)] **I.** *s* Wirrwarr *m*, Unordnung *f*; **be in a ~** in Unordnung sein **II.** *vt* **1.** anhäufen **2.** (*~ up*) in Unordnung bringen

coach [kəʊtʃ] **I.** *s* **1.** Kutsche *f*; (*stage-~*) Postkutsche *f* **2.** (Eisenbahn)Wagen *m* **3.** Reise(omni)bus *m* **4.** Einpauker, Repetitor *m* **5.** (SPORT) Trainer *m* **II.** *vt* **1.** aufs Examen vorbereiten **2.** trainieren; **coach-builder** ['kəʊtʃbɪldə(r)] *s* Karosseriebauer *m*; **coach car** *s* (RAIL) Großraumwagen *m*; **coach•ing** [-ŋ] *s* Trainieren *nt*; **coach-man** ['kəʊtʃmən] <*pl* -men> *s* Kutscher *m*; **coach-work** *s* (AUTO) Karosserie *f*

co•agu•late [kəʊ'ægjʊleɪt] **I.** *vi* gerinnen **II.** *vt* gerinnen lassen; **co•agu•lation** [kəʊˌægjʊ'leɪʃn] *s* Gerinnen *nt*; Verdichtung *f*

coal [kəʊl] **I.** *s* (Stein)Kohle(n *pl*) *f*; **haul s.o. over the ~s** jdm die Leviten lesen; **carry ~s to Newcastle** (*fig*) Eulen nach Athen tragen; **heap ~s of fire on s.o.'s head** (*fig*) feurige Kohlen auf jds Haupt sammeln **II.** *vt* (MAR) mit Kohlen versorgen **III.** *vi* (MAR) Kohlen einnehmen; **coal-bed**, **coal-seam** *s* Kohlenflöz *nt*; **coal-box** *s* Kohlenkasten *m*; **coal-bunker** *s* Kohlenbunker *m*; **coal-face** *s* Streb *m*; **at the ~** im Streb; (*fig*) vor Ort; **coal-fired power station** *s* Kohlekraftwerk *nt*

co•ali•tion [ˌkəʊə'lɪʃn] *s* **1.** Vereinigung *f* **2.** (POL) Koalition *f*

coal-mine, **-pit** ['kəʊlmaɪn, -pɪt] *s* Kohlenbergwerk *nt*, -grube, Zeche *f*; **coal-miner** *s* Bergmann *m*; **coal-mining** *s* Kohlenbergbau *m*; **coal-tar** ['kəʊltɑː(r)] *s* Steinkohlenteer *m*; **~ soap** Teerseife *f*

coarse [kɔːs] *adj* **1.** rau, grob **2.** (ganz) gewöhnlich, sehr einfach **3.** grob(körnig) **4.** (*fig*) derb, unfein; **coarsen** ['kɔːsn] **I.** *vt* vergröbern **II.** *vi* sich vergröbern; **coarseness** ['kɔːsnɪs] *s* Grobheit, Rohheit *f*

coast [kəʊst] **I.** *s* **1.** Küste *f*; Meeresufer *nt*; Küstenlandstrich *m* **2.** (*Am*) (Ski)Abfahrt *f*; **on the ~** an der Küste; **the ~ is clear** (*fig*) die Luft ist rein **II.** *vi* **1.** (MAR) an der Küste entlang fahren **2.** (hinunter)rodeln **3.** (AUTO) im Leerlauf fahren; ausrollen **4.** sich ziellos bewegen; **coastal** ['kəʊstl] *adj* Küsten-; **~ navigation/trade** Küstenschiffahrt *f*, -handel *m*; **~ waters** Küstengewässer *ntpl*; **coaster** ['kəʊstə(r)] *s* **1.** (MAR) Küstenfahrzeug *nt* **2.** (*für ein Glas*) Untersetzer *m* **3.** (*Am*) Berg-und-Tal-Bahn *f*; **coast-guard** *s* Küstenwache *f*; **coast-line** *s* Küstenlinie *f*

coat [kəʊt] **I.** *s* **1.** Jacke *f* **2.** Mantel *m* **3.** (*von Pelztieren*) Fell *nt*, Pelz *m* **4.** Hülle *f*, Überzug *m*, Decke *f*; Anstrich *m*; **cut one's ~ according to one's cloth** sich nach der Decke strecken; **~ of arms** Wappen *nt*; **~ of paint** Anstrich *m* **II.** *vt* **1.** bestreichen (*with* mit) **2.** mit einem Überzug versehen; (ein)hüllen (*with* in), umkleiden; **coat check** *s* (*Am*) Garderobe *f*; **coated** ['kəʊtɪd] *adj* **1.** überzogen **2.** bedeckt (*with* mit) **3.** beschichtet **4.** (MED) belegt; **coat-hanger** *s* Kleiderbügel *m*; **coat•ing** ['kəʊtɪŋ] *s* **1.** Jacken-, Mantelstoff *m* **2.** Überzug *m*, Hülle *f*; (äußere) Schicht *f* **3.** Belag *m*; Anstrich *m*; (Ver)Putz *m*

coax [kəʊks] *vt* **1.** überreden, im Guten dahin bringen (*s.o. to do, into doing s.th.* dass jd etw tut), beschwatzen **2.** schmeicheln (*s.o.* jdm); **~ s.th. out of** [*o* **from**] **s.o.** jdm etw abschmeicheln

cob [kɒb] *s* **1.** (männlicher) Schwan *m* **2.** kurzbeiniges Pferd **3.** (*~-nut*) (große) Haselnuss *f* **4.** Stück, Klümpchen *nt* **5.** (*corn on the ~*) Maiskolben *m*

co•balt ['kəʊbɔːlt] *s* **1.** (CHEM) Kobalt *nt* **2.** (*~-blue*) Kobaltblau *nt*

cobble ['kɒbl] **I.** *s* **1.** Kopfstein *m* **2.** **~s** Eier-, Nusskohlen *fpl* **II.** *vt*: **~ together** (*fam*) zusammenschustern

cob•bler ['kɒblə(r)] *s* **1.** Flickschuster *m* **2.** (*fig*) Stümper *m* **3.** (*Getränk*) Cobbler *m*; **a load of old ~s** (*sl*) Unsinn *m*

cobble•stone ['kɒblstəʊn] *s* Pflaster-, Kopfstein *m*; **~ pavement** Kopfsteinpflaster *nt*

co•bra ['kəʊbrə] *s* (*Giftschlange*) Kobra *f*

cob•web ['kɒbweb] *s* **1.** Spinn(en)gewebe *nt*, -faden *m* **2.** (*fig*) Hirngespinst *nt*; **blow**

the ~s away sich einen klaren Kopf schaffen

coca ['kəʊkə] *s* Koka(strauch *m*) *f;* **Coca-Cola®** [ˌkəʊkə'kəʊlə] *s* Coca-Cola *nt;* **cocaine** [kəʊ'keɪn] *s* Kokain *nt*

cock [kɒk] **I.** *s* **1.** Hahn *m* **2.** (Vogel)Männchen *nt* **3.** (An)Führer *m* **4.** (Wasser)Hahn *m* **5.** (*Gewehr*) Abzug *m* **6.** (*weather ~*) Wetterfahne *f* **7.** Aufrichten *nt* **8.** (*Augen*) Zwinkern *nt* **9.** Neigung, Schräglage *f* **10.** (*sl*) Mensch, Kamerad *m* **11.** (*sl*) Penis *m* **12.** Heuhaufen *m;* **go off at half ~** ohne genügende Vorbereitung handeln **II.** *vt* **1.** (*~ up*) aufrichten **2.** (*Gewehr*) spannen; **~ one's ears** die Ohren spitzen; **~ one's eye at s.o.** jdm zublinzeln; **~ one's hat** den Hut schief aufsetzen; **~ one's nose** die Nase rümpfen; **he knocked all my plans into a ~ed hat** (*sl*) er machte alle meine Pläne zur Sau

cock•ade [kɒ'keɪd] *s* Kokarde *f*

cock-a-doodle-doo [ˌkɒkəˌdu:dl'du:] *s* Kikeriki *nt;* Hahn *m;* **cock-a-hoop** [ˌkɒkə'hu:p] *adj, adv* außer sich vor Freude; frohlockend; (*Am*) in Unordnung

cock-and-bull story [ˌkɒkən'bʊlˌstɔ:rɪ] *s* Lügengeschichte *f*

cocka•too [ˌkɒkə'tu:] *s* Kakadu *m*

cock•chafer ['kɒktʃeɪfə(r)] *s* Maikäfer *m*

cock-crow ['kɒkkrəʊ] *s* **1.** Hahnenschrei *m* **2.** (Morgen)Dämmerung *f*

cocker ['kɒkə(r)] *s* (*~ spaniel*) Cockerspaniel *m*

cock•erel ['kɒkərəl] *s* junger Hahn; **cock-eyed** ['kɒkaɪd] *adj* **1.** schielend **2.** schief **3.** doof; **cock•fight(ing)** *s* Hahnenkampf *m*

cocki•ness ['kɒkɪnɪs] *s* Keckheit, Frechheit, Arroganz *f*

cockle ['kɒkl] *s* **1.** (*corn-~*) Kornrade *f* **2.** (*~-shell*) Herzmuschel *f* **3.** (*~ boat*) Nussschale *f;* Jolle *f;* **delight** [*o* **warm**] **the ~s of s.o.'s heart** jdm wird es warm ums Herz

cock•ney ['kɒknɪ] *s* Cockney *m,* (gebürtige(r)) Londoner(in) *m(f)*

cock•pit ['kɒkpɪt] *s* **1.** (Hahnen)Kampfplatz *m* **2.** (AVIAT) Cockpit *nt,* Kanzel *f* **3.** (*Rennwagen*) Cockpit *nt,* Fahrersitz *m* **4.** (*Jacht*) Cockpit *nt,* Kabinenvorraum *m*

cock•roach ['kɒkrəʊtʃ] *s* Küchenschabe *f*

cocks•comb ['kɒkskəʊm] *s* **1.** Kamm *m* (*des Hahnes*) **2.** (*fam: versch. Pflanzen*) Hahnenkamm *m;* **cock•sure** [ˌkɒk'ʃʊə(r)] *adj* **1.** todsicher **2.** felsenfest überzeugt (*of, about* von) **3.** von sich überzeugt; **cock-tail** ['kɒkteɪl] *s* Cocktail *m;* **~ cabinet** Hausbar *f;* **cock-up** ['kɒkʌp] *s* (*sl*) völliges Durcheinander

cocky ['kɒkɪ] *adj* keck, dreist, frech

coco ['kəʊkəʊ] <*pl* cocos> *s* (*~(nut) tree*) Kokospalme *f*

co•coa ['kəʊkəʊ] *s* Kakao(pulver *nt*) *m;* Kakaobohne *f*

coco•nut ['kəʊkənʌt] *s* Kokosnuss *f;* **coconut butter** *s* Kokosbutter *f;* **coconut matting** *s* Kokosmatte *f;* **coconut milk** *s* Kokosmilch *f;* **coconut palm** *s* Kokospalme *f;* **coconut shy** *s* Wurfbude *f*

co•coon•ing [kə'ku:nɪŋ] *s* Cocooning *nt* (*Zurückziehen in die eigenen vier Wände*)

cod [kɒd] <*pl* -> *s* (*~fish*) Kabeljau, Dorsch *m;* **dried ~** Stockfisch *m;* **~-liver oil** Lebertran *m*

COD ['si:əʊ'di:] *Abk. von* **cash/collect on delivery** per Nachnahme

coddle ['kɒdl] *vt* **1.** verweichlichen; verhätscheln, verwöhnen **2.** (*Ei*) pochieren

code [kəʊd] **I.** *s* **1.** Kodex *m,* Gesetzbuch *nt* **2.** Chiffre *f,* Code, Kode *m* **3.** Telegrafenschlüssel *m* **4.** (INFORM) Code *m;* **~ of conduct** Verhaltenskodex *m;* **~ of honour** Ehrenkodex *m* **II.** *vt* (ver)schlüsseln, chiffrieren; **code name** *s* Deckname *m;* **code number** *s* Kennnummer *f*

co-de•ter•mi•na•tion [ˌkəʊdɪtɜ:mɪ'neɪʃn] *s* Mitbestimmung *f*

code word *s* Kennwort *nt*

codi•fy ['kəʊdɪfaɪ] *vt* kodifizieren

cod•ing ['kəʊdɪŋ] *s* (MATH) Kodierung *f*

co-ed ['kəʊed] *s* gemischte Schule; **co-edu•ca•tion** [ˌkaʊˌedʒʊ'keɪʃn] *s* Koedukation *f*

co-ef•fi•cient [ˌkəʊɪ'fɪʃnt] *s* (MATH PHYS) Koeffizient *m,* Kennzahl *f*

co•erce [kəʊ'ɜ:s] *vt* **1.** (*Person*) zwingen, nötigen (*into doing* zu tun) **2.** (*Verhalten*) erzwingen; unterdrücken; **co•ercion** [kəʊ'ɜ:ʃn] *s* Zwang *m,* Gewalt *f;* **under ~** unter Zwang, gezwungenermaßen

co•exist [ˌkəʊɪg'zɪst] *vi* gleichzeitig, zusammen (vorhanden) sein, bestehen (*with* mit); **co•exist•ence** [ˌkəʊɪg'zɪstəns] *s* (POL) Koexistenz *f;* **co•exist•ent** [ˌkəʊɪg'zɪstənt] *adj* gleichzeitig (bestehend, vorhanden)

cof•fee ['kɒfɪ] *s* Kaffee *m;* **wake up and smell the ~** (*fam*) sich plötzlich einer [oft schwierigen] Situation bewusst werden; **coffee bar** *s* (kleines) Café *nt;* **coffee bean** *s* Kaffeebohne *f;* **coffee break** *s* Kaffeepause *f;* **coffee cup** *s* Kaffeetasse *f;* **coffee grinder** *s* Kaffeemühle *f;* **coffee grounds** *s pl* Kaffeesatz *m;* **coffee machine** *s* Kaffeemaschine *f;* **coffee pot** *s* Kaffeekanne *f;* **coffee set** *s* Kaffeeservice *nt;* **coffee shop** *s* Café *nt;* **coffee table** *s* Kaffeetisch *m*

cof•fer ['kɒfə(r)] *s* **1.** Kiste *f,* Kasten *m* (*für Wertsachen*) **2.** Kasse *f,* Geldschrank *m* **3.** (TECH) Caisson *m* **4.** **~s** Tresor(raum) *m*

cof•fin ['kɒfɪn] *s* Sarg *m;* **drive a nail into s.o.'s ~** jds Untergang sein

cog [kɒg] *s* 1. (TECH) (Rad)Zahn *m* 2. (*fig: ~ in the machine*) Rädchen *nt* (*Mensch*)

co•gency ['kəʊdʒənsɪ] *s* Stichhaltigkeit *f;* **co•gent** ['kəʊdʒənt] *adj* 1. (*Beweis*) zwingend 2. (*Grund*) triftig

cogi•tate ['kɒdʒɪteɪt] *vi* (tief) nachdenken, nachsinnen (*upon* über); **cogi•tation** [ˌkɒdʒɪ'teɪʃn] *s* 1. (Nach)Denken, Nachsinnen *nt* 2. **~s** Überlegungen *fpl*

cog•nac ['kɒnjæk] *s* Kognak *m*

cog•nate ['kɒgneɪt] I. *adj* verwandt II. *s* 1. Verwandte(r) *m* 2. verwandtes Wort

cog•ni•tion [kɒg'nɪʃn] *s* Erkenntnis(vermögen *nt*) *f;* **cog•ni•tive** ['kɒgnɪtɪv] *adj* kognitiv

cog•no•men [kɒg'nəʊmən] *s* Zu-, Bei-, Spitzname *m*

cog-wheel ['kɒgwiːl] *s* Zahnrad *nt*

co•habit [kəʊ'hæbɪt] *vi* ehelich zusammenwohnen; **co•habi•ta•tion** [ˌkəʊhæbɪ'teɪʃn] *s* 1. eheliches Zusammenwohnen 2. Beischlaf *m*

co•here [kəʊ'hɪə(r)] *vi* 1. (miteinander) verbunden sein 2. zusammenhängen; **co•her•ence** [kəʊ'hɪərəns] *s* Stimmigkeit; Kohärenz *f;* **co•her•ent** ['kəʊ'hɪərənt] *adj* 1. zusammenhängend, innerlich verbunden 2. klar gegliedert u. verständlich 3. (*Argument*) stimmig; **co•he•sion** [kəʊ'hiːʒn] *s* 1. (PHYS) Kohäsion *f* 2. (*fig*) Zusammenhalt *m;* **Cohesion Fund** (EU) Kohäsionsfonds *m;* **co•he•sive** [kəʊ'hiːsɪv] *adj* 1. (PHYS) Kohäsions- 2. (*fig*) geschlossen

coil [kɔɪl] I. *s* 1. Spirale *f;* Spule *f* 2. (MED) Spirale 3. Windung *f* II. *vt* (*~ up*) (auf)wickeln, -rollen III. *vi* sich winden, sich zusammenrollen; **coil spring** *s* Sprungfeder *f*

coin [kɔɪn] I. *s* 1. Münze *f* 2. Metall-, Hartgeld *nt;* **pay s.o. back in his own ~** (*fig*) jdm mit gleicher Münze heimzahlen II. *vt* 1. (*Geld, Wort*) prägen 2. (*fig*) ausdenken, ersinnen; **be ~ing money** (*fig fam*) das Geld scheffeln; **coin•age** ['kɔɪnɪdʒ] *s* 1. Prägen (*des Geldes*), Ausmünzen *nt* 2. (*fig*) Erfindung, Prägung *f* (*neuer Wörter*); **coin-box telephone** *s* Münzfernsprecher *m*

co•incide [ˌkəʊɪn'saɪd] *vi* 1. (*räumlich*) sich decken 2. (*zeitlich*) zusammenfallen 3. (*fig*) übereinstimmen; **co•inci•dence** [kəʊ'ɪnsɪdəns] *s* 1. Zusammentreffen *nt* 2. Übereinstimmung *f* 3. Zufall *m;* **what a ~** welch ein Zufall; **co•inci•dent** [kəʊ'ɪnsɪdənt] *adj* 1. gleichzeitig; zusammentreffend 2. übereinstimmend; **co•inci•den•tal** [kəʊˌɪnsɪ'dentl] *adj* 1. zufällig 2. übereinstimmend

co•itus ['kəʊɪtəs] *s* Beischlaf, Koitus *m*

coke [kəʊk] *s* 1. Koks *m* 2. (*sl*) Kokain *nt*

Coke® [kəʊk] *s* (*fam*) Coca-Cola *nt*

col•an•der ['kɒləndə(r)] *s* Durchschlag *m,* (Küchen)Sieb *nt*

cold [kəʊld] I. *adj* 1. kalt 2. (*fig*) kühl, leidenschaftslos 3. (*Empfang*) eisig, frostig 4. (*sl*) besinnungslos 5. frigid; **be** [*o* **feel**] **~** frieren; **I am ~** ich friere, mir ist kalt; **be ~ to s.o.** kühl zu jdm sein; **in ~ blood** kaltblütig; **get ~ feet** (*fig*) kalte Füße kriegen; **give s.o. the ~ shoulder** jdm die kalte Schulter zeigen; **~ sweat** Angstschweiß *m* II. *adv:* **refuse ~** rundweg ablehnen; **make s.o.'s blood run ~** jdn erschaudern lassen; **come ~ to s.th.** unvorbereitet an etw herangehen; **stop ~** plötzlich stehen bleiben, anhalten III. *s* 1. Kälte *f* 2. Erkältung *f,* Schnupfen *m;* (**shivering**) **with ~** (zitternd) vor Kälte; **be left out in the ~** links liegen gelassen werden; **catch** (**a**) **~** sich erkälten, sich einen Schnupfen holen; **suffer from the ~** unter der Kälte leiden; **cold-blooded** [ˌkəʊld'blʌdɪd] *adj* 1. (*Tier, a.fig*) kaltblütig 2. (*fig*) gefühl-, herzlos; **cold cream** *s* Coldcream *f;* **cold cuts** *s pl* kalter Aufschnitt, kalte Platte; **cold front** *s* (METE) Kaltfront *f;* **cold-hearted** [ˌkəʊld'hɑːtɪd] *adj* gefühl-, herzlos; kaltherzig; **cold•ish** ['kəʊldɪʃ] *adj* etwas kalt, kühl; **cold•ness** ['kəʊldnɪs] *s* Kälte *f;* **cold start** *s* (INFORM AUTO) Kaltstart *m;* **cold storage** *s* Lagerung *f* im Kühlraum; **put in ~** (*fig*) auf Eis legen; **cold store** *s* Kühlhaus *nt;* **cold turkey** *adj* (*sl*): **~** (**cure**) (*sl: Drogen*) totale Entziehung; **cold war** *s* kalter Krieg; **cold wave** *s* (METE) Kältewelle *f*

cole•slaw ['kəʊlslɔː] *s* Krautsalat *m*

colic ['kɒlɪk] *s* Kolik *f*

col•lab•or•ate [kə'læbəreɪt] *vi* zusammenarbeiten (*with* mit); **col•lab•or•ation** [kəˌlæbə'reɪʃn] *s* Zusammenarbeit *f;* (MIL) Kollaboration *f;* **in ~ with** in Zusammenarbeit mit; **col•lab•or•ator** [kə'læbəreɪtə(r)] *s* Mitarbeiter *m;* (MIL) Kollaborateur *m*

col•lapse [kə'læps] I. *s* 1. Einsturz *m* 2. (*fig*) Zusammenbruch *m* 3. (MED) Kollaps, Nervenzusammenbruch *m* 4. (*Börse*) Krach, Sturz *m* II. *vi* 1. zusammen-, einstürzen, zusammenbrechen 2. einen (Nerven)Zusammenbruch haben; **col•laps•ible** [-əbl] *adj* zusammenlegbar, zusammenklappbar; **~ boat** Faltboot *nt;* **~ chair** Klappstuhl *m*

col•lar ['kɒlə(r)] I. *s* 1. Kragen *m* 2. (*Hund*) Halsband *nt* 3. (*Pferd*) Kum(me)t *nt* 4. (TECH) Ring, Reif(en) *m,* Manschette, Muffe *f;* **hot under the ~** (*fam*) aufgeregt;

blue-~ worker Arbeiter(in) *m(f)*; **white-~ worker** Büroangestellte(r) *f m* **II.** *vt* **1.** beim Kragen nehmen **2.** festhalten **3.** (*sl*) sich unter den Nagel reißen; **collar-bone** *s* (ANAT) Schlüsselbein *nt*

col·lat·eral [kə'lætərəl] **I.** *adj* **1.** seitlich **2.** parallel **3.** zusätzlich **4.** entsprechend **II.** *s* **1.** (Seiten)Verwandte(r) *f m* **2.** Sicherheit, Deckung *f*; **col·lat·eral loan** *s* (FIN) Lombardkredit *m*; **col·lat·erally** [kə'lætərəlɪ] *adv* in der Seitenlinie; zusätzlich

col·league ['kɒli:g] *s* Kollege *m*, Kollegin *f*

col·lect [kə'lekt] **I.** *vt* **1.** (ein)sammeln; zusammentragen, zusammenfassen **2.** beschaffen; abholen, mitnehmen; (*Geld*) einkassieren **3.** (*Briefmarken, Gedanken*) sammeln; ~ **information** sich orientieren; ~ **the mail** den Briefkasten, die Briefkästen leeren **II.** *vi* **1.** sich (an)sammeln; zusammenkommen **2.** Geld einziehen **III.** ['kɒlekt] *s* (REL) Kollekte *f* **IV.** *adj, adv* (*Am*): **telephone** ~ ein R-Gespräch führen; ~ **on delivery (COD)** gegen Nachnahme; **collect call** *s* (*Am*) R-Gespräch *nt*; **collected** [kə'lektɪd] *adj* (*fig*) gefasst; **col·lec·tion** [kə'lekʃn] *s* **1.** Sammlung *f*; Sammeln *nt*; Ansammlung *f* **2.** Abholung *f*; (Briefkasten)Leerung *f* **3.** Einziehung *f*, Einkassieren *nt*; (*Steuer*) Erhebung *f* **4.** (*Nachrichten*) Beschaffung *f* **5.** (COM) Kollektion *f* **6.** (Geld-, Spenden)Sammlung *f*; (REL) Kollekte *f*; **stamp** ~ Briefmarkensammlung *f*; ~ **agent** Inkassobevollmächtigte(r) *f m*; **col·lec·tive** [kə'lektɪv] **I.** *adj* gemeinsam, gemeinschaftlich; vereint, kollektiv; ~ **agreement** Kollektivvertrag *m*; ~ **bargaining** Tarifverhandlungen *fpl*; ~ **consignment** Sammelladung *f*; ~ **farm** Kolchos(e *f*) *m*; ~ **ownership** Gemeineigentum *nt*; ~ **responsibility** gemeinsame Verantwortung **II.** *s* **1.** Sammelbegriff *m* **2.** (POL) Kollektiv *nt* **3.** Gruppe, Gemeinschaft *f*; **col·lec·tor** [kə'lektə(r)] *s* **1.** Sammler(in) *m(f)* **2.** (ELEK) Stromabnehmer *m*; **~'s item** Liebhaberstück *nt*

col·lege ['kɒlɪdʒ] *s* **1.** College *nt* **2.** (kleinere) Universität, Akademie *f*; (Fach)Hochschule *f* **3.** Universitäts-, Schulgebäude *nt* **4.** Kolleg(ium) *nt*; **col·le·giate** [kə'li:dʒɪət] *adj* College-, Universitäts-

col·lide [kə'laɪd] *vi* **1.** kollidieren, zusammenstoßen, -prallen (*with* mit) **2.** (*fig*) in Widerspruch stehen (*with* zu)

col·lie ['kɒlɪ] *s* Collie, schottischer Schäferhund *m*

col·lier ['kɒlɪə(r)] *s* **1.** Bergmann *m* **2.** Kohlenschiff *nt*; **col·liery** ['kɒlɪərɪ] *s* (Kohlen)Grube, Zeche *f*

col·li·sion [kə'lɪʒn] *s* **1.** Zusammenstoß, -prall *m* **2.** (*fig*) Widerspruch, Konflikt *m*

col·lo·quial [kə'ləʊkwɪəl] *adj* umgangssprachlich, familiär; **col·lo·quial·ism** [-ɪzəm] *s* umgangssprachlicher Ausdruck; **col·lo·quy** ['kɒləkwɪ] *s* Gespräch *nt*, Konferenz *f*, Kolloquium *nt*

col·lu·sion [kə'lu:ʒn] *s* geheimes Einverständnis

Co·lom·bia [kə'lʌmbɪə] *s* Kolumbien *nt*; **Co·lom·bian** [kə'lʌmbɪən] **I.** *adj* kolumb(ian)isch **II.** *s* Kolumbi(an)er(in) *m(f)*

co·lon ['kəʊlən] *s* **1.** (ANAT) Dickdarm *m* **2.** (TYP) Doppelpunkt *m*

co·lo·nel ['kɜ:nl] *s* Oberst *m*

co·lo·nial [kə'ləʊnɪəl] *adj* kolonial; **co·lo·nial·ism** [-ɪzəm] *s* Kolonialismus *m*; **col·on·ist** ['kɒlənɪst] *s* Kolonist(in) *m(f)*, Siedler(in) *m(f)*; **col·on·iz·ation** [ˌkɒlənaɪ'zeɪʃn] *s* Kolonisation, Besiedlung *f*; **col·on·ize** ['kɒlənaɪz] **I.** *vt* kolonisieren **II.** *vi* eine Kolonie gründen; (sich an)siedeln; **col·on·izer** ['kɒlənaɪzə(r)] *s* Kolonisator *m*; **col·ony** ['kɒlənɪ] *s* **1.** Kolonie, (An)Siedlung *f* **2.** Kolonie *f* (*einer Landsmannschaft*) **3.** (ZOO) Kolonie *f*; (*a.* BOT) Volk *nt*; ~ **of ants** Ameisenvolk *nt*; ~ **of artists** Künstlerkolonie *f*

color ['kʌlə(r)] (*Am*) *s*. **colour**

Colo·rado beetle [ˌkɒlə'rɑ:dəʊ'bi:tl] *s* Kartoffelkäfer *m*

col·ora·tion [ˌkʌlə'reɪʃn] *s* Färbung *f*

co·los·sal [kə'lɒsl] *adj* kolossal, gewaltig, gigantisch; **co·los·sus** [kə'lɒsəs, *pl* -'lɒsaɪ] <*pl* -suses, -si> *s* Koloss *m*

col·our ['kʌlə(r)] **I.** *s* **1.** Farbe *f* **2.** *meist pl* Farbe *f*, Farbstoff *m* **3.** Haut-, Gesichtsfarbe *f* **4.** (Farb)Ton *m*, Färbung *f* **5.** (*fig*) Anstrich, (An)Schein *m*, Ausrede, -flucht *f* **6.** (*fig*) Wesen *nt*, Charakter *m*; Eigenart *f* **7.** Schattierung *f*, Kolorit *nt* **8.** **~s** Farben *fpl* (*als Kennzeichen*) **9.** **~s** Fahne, Flagge *f*; **be off** ~ (*fam*) sich nicht wohl fühlen; **change** ~ rot werden; **give** [*o* **lend**] ~ **to** (*fig*) unterstreichen; wahrscheinlich, glaubhaft machen; **lose** ~ blass werden; **paint s.th. in bright/dark ~s** (*fig*) etw in den glänzendsten/schwärzesten Farben schildern; **see s.th. in its true ~s** (*fig*) etw im rechten Licht sehen; **what** ~ **is it?** was für eine Farbe hat es? **II.** *vt* **1.** färben, (an-, be)malen, (an)streichen, tönen, schattieren **2.** (*fig*) einen Anstrich geben (*s.th.* einer S), färben **3.** (*fig*) entstellen; ~ **in** anmalen **III.** *vi* sich (ver)färben; erröten; **colo(u)r-bar** *s* Rassenschranke *f*; **colo(u)r-blind** *adj* farbenblind; **colo(u)r-blindness** *s* Farbenblindheit *f*; **colo(u)r consultant** *s* Farbberater(in) *m(f)*; **Coloured** ['kʌləd] *s* Farbige(r) *f m*; **col·o(u)red** ['kʌləd] *adj* farbig; ~ **pencil** Farbstift *m*; ~ **people** Farbige *pl*; **col·o(u)r·fast** ['kʌlə(r)fɑ:st] *adj* farbecht;

colo(u)r filter *s* Farbfilter *m;* **colo(u)rful** ['kʌləfl] *adj* **1.** farbenreich, -prächtig **2.** (*fig*) farbig, bunt, lebendig; **colo(u)r·ing** ['kʌlərɪŋ] *s* **1.** Färbung *f,* Farbton *m,* Schattierung *f* **2.** (Gesichts-, Augen-, Haar)Farbe *f* **3.** (*fig*) Färbung, Darstellungsweise *f;* Schein *m;* ~ **cream** Tönungscreme *f;* **col·o(u)r·less** ['kʌləlɪs] *adj* (*a. fig*) farblos; **colo(u)r line** *s* (*Am*) Rassentrennung *f;* **colo(u)r scheme** *s* Farbgebung, Farbzusammenstellung *f;* **colo(u)r slide** *s* Farbdia *nt;* **colo(u)r television** *s* Farbfernsehen *nt;* (~ *set*) Farbfernseher *m*

colt [kəʊlt] *s* Hengstfohlen *nt*

col·umn ['kɒləm] *s* **1.** (*a. fig*) Säule *f* **2.** (TYP) Spalte *f* **3.** regelmäßig erscheinender Zeitungsartikel **4.** (MIL MATH) Kolonne *f;* ~ **of figures** Zahlenreihe *f;* ~ **of mercury** Quecksilbersäule *f;* ~ **of smoke** Rauchsäule *f;* **col·um·nist** ['kɒləmnɪst] *s* Kolumnist(in) *m(f)*

coma ['kəʊmə] *s* (MED) Koma *nt,* tiefe Bewusstlosigkeit; **coma·tose** ['kəʊmə təʊs] *adj* im Koma befindlich

comb [kəʊm] **I.** *s* **1.** Kamm *m* **2.** (TECH: *Textil*) (Hechel)Kamm *m* **3.** (Hahnen)Kamm *m* **4.** (*fig*) (Berg-, Wellen)Kamm *m* **5.** (*honey*~) Honigwabe *f;* **your hair needs a good** ~ du solltest dich kämmen **II.** *vt* **1.** kämmen; (*Pferd*) striegeln **2.** (*Textil*) hecheln, (aus)kämmen **3.** (*fig*) durchkämmen, -suchen; ~ **out** auskämmen

com·bat ['kɒmbæt] **I.** *s* Kampf *m;* Gefecht *nt;* Einsatz *m;* **close** ~ Nahkampf *m* **II.** *vi* kämpfen **III.** *vt* bekämpfen, kämpfen gegen; **combat aircraft** *s* Kampfflugzeug *nt;* **com·bat·ant** ['kɒmbətənt] **I.** *adj* kämpfend **II.** *s* Kämpfer(in) *m(f)*

com·bi·na·tion [ˌkɒmbɪ'neɪʃn] *s* **1.** Zusammensetzung *f;* (CHEM) Verbindung *f;* (MATH) Kombination *f* **2.** gemeinsames Handeln, gemeinsame Aktion, Zusammenwirken *nt* **3.** (POL COM) (Interessen)Verband *m;* Kartell *nt* **4.** (~ *lock*) Kombinationsschloss *nt* **5.** Motorrad *nt* mit Beiwagen **6.** ~**s** Hemdhose *f;* **com·bine** [kəm'baɪn] **I.** *vt* **1.** zusammenstellen; (miteinander) verbinden, vereinigen, zusammenschließen; verknüpfen; vermischen **2.** (CHEM) verbinden **3.** kombinieren **II.** *vi* **1.** sich verbinden; (*a.* CHEM) sich vereinigen, sich zusammenschließen (*with* mit) **2.** zusammenarbeiten, zusammenwirken **III.** ['kɒmbaɪn] *s* **1.** Verband, Ring *m,* Kartell *nt,* Trust *m* **2.** Finanzgruppe *f* **3.** (*Am*) Mähdrescher *m;* **combined** [kəm'baɪnd] *adj* zusammengefasst, gemeinsam; kombiniert; ~ **board** vermischter Ausschuss

com·bust·ible [kəm'bʌstəbl] **I.** *adj* **1.** brennbar; entzündlich **2.** (*fig*) erregbar **II.** *s meist pl* Brennmaterial *nt;* **com·bus·tion** [kəm'bʌstʃən] *s* Verbrennung *f;* **combustion chamber** *s* Brennkammer *f*

come [kʌm] <*irr:* came, come> *vi* **1.** (an-, her-, herbei)kommen **2.** erreichen (*to s.th.* etw) **3.** sich belaufen (*to* auf), hinauslaufen (*to* auf) **4.** (*der Ordnung nach*) kommen, folgen **5.** geschehen, sich ereignen, stattfinden **6.** die Folge sein (*of doing* davon dass, wenn man tut) **7.** sich zeigen, sich erweisen als; ~ **of age** mündig werden; ~ **to an agreement** zu einer Vereinbarung gelangen; ~ **to blows** handgemein werden; ~ **to a decision** sich entscheiden; ~ **to s.o.'s ear(s)** jdm zu Ohren kommen; ~ **to the fore** ins Blickfeld geraten; ~ **into effect** [*o* **force**] in Kraft treten; ~ **to an end** zu Ende kommen, aufhören; ~ **into fashion** [*o* **style**] Mode werden; ~ **to grief** [*o* **harm**] zu Schaden kommen, Schaden (er)leiden; ~ **to grips with** klarkommen mit; ~ **into s.o.'s head** jdm in den Kopf kommen, einfallen; ~ **home** heimkommen, nach Hause kommen; ~ **home to s.o.** jdm einleuchten; ~ **to s.o.'s knowledge** [*o* **notice**] Kenntnis erhalten, erfahren; ~ **to light** ans Licht kommen; ~ **to nothing** ins Wasser fallen; (*fig*) fehlschlagen; ~ **to pass** sich ereignen, geschehen; ~ **and see,** ~ **to see** besuchen; ~ **short of** nicht erreichen, nicht befriedigen, hinter den Ansprüchen zurückbleiben; ~ **into sight** in Sicht kommen, auftauchen; ~ **to a standstill** zum Stillstand kommen; ~ **to terms with s.o.** mit jdm einig werden; ~ **true** wahr, Wirklichkeit werden, sich verwirklichen; in Erfüllung gehen; **how** ~**s it that ...?** wie kommt es, dass ...?; ~ **what may!** komme, was (da) wolle!; **I don't know whether I'm coming or going** (*fig*) ich weiß nicht, wo mir der Kopf steht; ~**!** hör mal! hör zu!; ~**,** ~**!** komm, mach keinen Unsinn!; **come about** *vi* sich ereignen, geschehen, passieren; **come across** *vi* **1.** (zufällig) treffen, begegnen (*s.o.* jdm), stoßen auf **2.** (*Rede*) gut ankommen **3.** den Eindruck machen (*as ...* dass ...); ~ **across with** (*fam*) blechen für, bezahlen; **come again** *vi* wieder-, zurück-, noch (ein)mal kommen; ~ **again!** sag es noch mal!; **come along** *vi* **1.** mitkommen, -gehen (*with s.o.* mit jdm) **2.** (*Gelegenheit*) sich zufällig ergeben **3.** gesünder werden **4.** (*Arbeit*) vorangehen, gedeihen; ~ **along!** los!, vorwärts!; **everything's coming along fine** alles geht gut; **come apart** *vi* auseinander gehen, in Stücke gehen; **come around** *vi* **1.** (zufällig) vorbeikommen, hereinschauen; gelegentlich wiederkommen **2.** (*einer Auffassung*) sich anschließen (*to* *dat*) **3.** nachgeben, einlenken **4.** sich wieder erholen, wieder auf die Beine kommen; **come at** *vi* **1.** kommen, gelangen zu, erreichen **2.** herfallen über, anfallen, -greifen; **come away** *vi* **1.** weggehen **2.** abgehen, sich loslösen; **come back** *vi* **1.** zurückkehren, wiederkommen **2.** wieder einfallen **3.** es heimzahlen; die passende Antwort geben; **come by** *vi* **1.** kommen zu **2.** vorbei-, vorübergehen; **come down** *vi* **1.** herunterkommen, heruntergehen, -reichen (*to* bis) **2.** mit dem Preis heruntergehen **3.** (*durch Überlieferung*) kommen (*to* auf) **4.** (ein)stürzen, fallen **5.** (*fig: sozial*) (ab)sinken; ~ **down** (**up**)**on s.o.** jdn tadeln, bestrafen, zur Rechenschaft ziehen; sich auf jdn stürzen; ~ **down with influenza** sich die Grippe geholt haben; ~ **down in favour of s.o.** jdn unterstützen; **come forward** *vi* **1.** vortreten **2.** sich freiwillig melden; **come from** *vi* (her)kommen von; abstammen von; **come in** *vi* **1.** hereinkommen, nähertreten **2.** (*Geld*) hereinkommen **3.** aufkommen; (*Kleidung*) modern werden; ~ **in for** erhalten (*Erbschaft*); ~ **in handy** [*o* **useful**] nützlich sein; ~ **in second** (SPORT) Zweiter werden, den zweiten Platz belegen; **he came in on the plan** er machte bei dem Projekt mit; **where do I ~ in?** und was ist mit mir?; ~ **in!** herein!; **come into** *vt* erben; ~ **into one's own** zu seinem Recht kommen; **come of** *vi* **1.** die Folge sein *+gen* **2.** stammen aus; **come off** *vi* **1.** (*Knopf*) abgehen **2.** sich ereignen, stattfinden **3.** eintreten, in Erfüllung gehen **4.** Erfolg haben, ins Schwarze treffen; ~ **off it!** das ist doch nicht dein Ernst!; **come on** *vi* **1.** an die Reihe kommen **2.** nachkommen **3.** anfangen, beginnen; (*Dunkelheit*) hereinbrechen **4.** vorankommen, fortschreiten **5.** (*Frage*) sich erheben, sich ergeben **6.** (THEAT) auftreten; ~ **on!** los! vorwärts! sachte! Unsinn!; **come out** *vi* **1.** herauskommen **2.** (*Fleck*) herausgehen **3.** hervorgehen (*aus einem Examen*), an den Tag treten, sich zeigen, bekannt werden, offenkundig werden **4.** (*Zeitung, Druckschrift*) erscheinen, herauskommen **5.** (*als junge Dame*) in die Gesellschaft eingeführt werden **6.** in (den) Streik treten **7.** sich als Homosexueller/Lesbierin bekennen; ~ **out against** sich erklären gegen; ~ **out with** gestehen; herausrücken mit; veröffentlichen; auf den Markt bringen; **he came out third** er wurde Dritter; **come over** *vi* **1.** herüberkommen **2.** übergehen (*to* zu) **3.** (*Gefühle*) überkommen; **what's ~ over you?** was ist in dich gefahren?; **come round** *vi* **1.** außen herumkommen **2.** zu Besuch vorbeikommen **3.** wieder zu sich kommen **4.** sich eines anderen belehren lassen; ~ **round to doing s.th.** dazu kommen etw zu tun; **come through** *vi* **1.** durchkommen, das Ziel erreichen **2.** überstehen **3.** den Erwartungen entsprechen; **come to** *vi* **1.** dazu kommen (*to do* zu tun), führen zu **2.** (wieder) zu sich kommen **3.** sich belaufen auf; **come under** *vi* **1.** fallen unter **2.** unter Aufsicht kommen *+gen;* **come up** *vi* **1.** heraufkommen **2.** (*Gewitter*) im Anzug sein **3.** in die Stadt kommen **4.** die Universität beziehen **5.** (*fig: Mode*) aufkommen **6.** (*Gedanke*) zur Sprache kommen; ~ **up against** stoßen auf; ~ **up to** reichen bis zu; sich belaufen auf; (*den Erwartungen*) entsprechen; (*seinen Platz*) ausfüllen; ~ **up with** erreichen, einholen; vorschlagen, zur Sprache bringen; **something has ~ up** es ist etwas dazwischengekommen; **come upon** *vt* **1.** überfallen, überraschen **2.** in Anspruch nehmen **3.** zufällig treffen, stoßen auf; **come•back** [ˈkʌmbæk] *s* **1.** Wieder-, Rückkehr *f* **2.** (THEAT FILM) Comeback *nt* **3.** Antwort *f*

com•edian [kəˈmiːdɪən] *s* Komiker(in) *m(f)*

come-down [ˈkʌmdaʊn] *s* **1.** (*fig*) Abstieg *m* **2.** Reinfall *m*

com•edy [ˈkɒmədɪ] *s* **1.** Lustspiel *nt,* Komödie *f* **2.** komische Geschichte

come•li•ness [ˈkʌmlɪnɪs] *s* Anmut *f;* **come•ly** [ˈkʌmlɪ] *adj* (*Mensch*) gut aussehend, hübsch

come-on [ˈkʌmɒn] *s* **1.** Lockmittel *nt* **2.** Einladung, Aufforderung *f*

comet [ˈkɒmɪt] *s* (ASTR) Komet *m*

com•fort [ˈkʌmfət] **I.** *s* **1.** Trost *m,* Beruhigung *f* (*to* für) **2.** Stütze, Hilfe *f* **3.** Zufriedenheit, Ausgeglichenheit *f* **4.** Bequemlichkeit *f,* Komfort *m;* **live in ~** in angenehmen Verhältnissen leben **II.** *vt* trösten, beruhigen; **com•fort•able** [ˈkʌmftəbl] *adj* **1.** bequem, behaglich, gemütlich **2.** komfortabel, gut eingerichtet **3.** auskömmlich **4.** sorgenfrei **5.** (*Patient*) ohne Beschwerden; **make yourself ~** machen Sie sich's bequem!; **com•fort•ably** [ˈkʌmftəblɪ] *adv:* **be ~ off** wohlhabend sein; ~ **warm** angenehm warm; **com•forter** [ˈkʌmfətə(r)] *s* **1.** Tröster *m* **2.** Schnuller *m* **3.** wollenes Halstuch **4.** (*Am*) Steppdecke *f;* Deckbett *nt;* **com•fort•ing** [ˈkʌmfətɪŋ] *adj* tröstlich; **com•fort•less** [ˈkʌmfətlɪs] *adj* ohne Komfort; unbehaglich, ungemütlich; **comfort station** *s* (*Br fam*) Pinkelpause *f;* **comfy** [ˈkʌmfɪ] *adj* (*fam*) behaglich

com•ic [ˈkɒmɪk] **I.** *adj* **1.** komisch **2.** spaßig, lustig **II.** *s* **1.** Komiker(in) *m(f)* **2.** Comicheft *nt* **3.** **~s** (*Am*) Comics *mpl;* **comi•cal** [ˈkɒmɪkl] *adj* **1.** amüsant, lustig **2.** drollig,

C

komisch; **comic book** *s* Comicheft *nt;* **comic strip** *s* Comic(strip) *m*

com•ing ['kʌmɪŋ] **I.** *adj* kommend, (zu)künftig **II.** *s* Kommen *nt;* Ankunft *f;* **~s and goings** Kommen *nt* und Gehen *nt;* **~ of age** Mündigwerden *nt* **III.** *interj* ja! (ich) komme gleich! sofort!

com•ma ['kɒmə] *s* Komma *nt*

com•mand [kə'mɑːnd] **I.** *s* **1.** Befehl *m* **2.** Befehlsgewalt *f,* Oberbefehl *m* **3.** Führung, Leitung *f* **4.** Beherrschung *f;* Überblick *m,* Übersicht *f* **5.** Herrschaft *f* (*of* über) **6.** (MIL) Befehlsbereich *m;* **at my ~** zu meiner Verfügung; auf mein Kommando; **by ~** auf Befehl (*of+gen*); **under s.o.'s ~** unter jds Befehl; **be in ~** die Befehlsgewalt, das Kommando haben (*of* über); **have a good ~ of s.th.** etw beherrschen; **take ~ of** die Befehlsgewalt, das Kommando übernehmen über **II.** *vt* **1.** befehlen (*s.o. to do s.th.* jdm etw zu tun) **2.** kommandieren **3.** verfügen über; beherrschen, herrschen über **4.** (*fig: Gefühl*) beherrschen, in der Gewalt haben **5.** (*Achtung*) fordern, gebieten; (*Mitgefühl*) verdienen **6.** (*Preis*) erzielen **III.** *vi* **1.** befehlen; herrschen **2.** (MIL) kommandieren; **com•man•dant** [ˌkɒmən'dænt] *s* (MIL) Kommandant *m;* Befehlshaber *m;* **com•mander** [kə'mɑːndə(r)] *s* (MIL) **1.** (*Einheit*) Kommandeur *m;* (Truppen)Führer *m,* Führer *m* einer Einheit **2.** (MAR) Fregattenkapitän *m* **3.** (*Panzer, Flugzeug*) Kommandant *m;* **~-in-chief** Oberbefehlshaber *m;* **com•mand•ing** [kə'mɑːndɪŋ] *adj* **1.** kommandierend; befehlshabend **2.** (*Anhöhe, Stellung*) beherrschend **3.** (*fig*) gebieterisch

command key *s* (INFORM) Befehlstaste *f*

com•mand•ment [kə'mɑːndmənt] *s* Gebot *nt;* Vorschrift *f;* **the Ten Commandments** die Zehn Gebote *pl;* **command module** *s* (*Raumschiff*) Kommandokapsel *f;* **com•mando** [kə'mɑːndəʊ] *<pl* -mandos> *s* (Angehöriger eines) Kommando-, Sabotagetrupp(s) *m;* **command post** *s* Gefechtsstand *m;* **command prompt** *s* (INFORM) Befehlseingabeformat *nt*

com•mem•or•ate [kə'meməreɪt] *vt* **1.** gedenken (*s.o., s.th.* jds, einer S), feiern **2.** (*Sache*) erinnern an; **com•mem•or•ation** [kəˌmemə'reɪʃn] *s* (*a.* REL) Gedenk-, Gedächtnisfeier *f;* **in ~ of s.o.** zur Erinnerung an jdn; **com•mem•or•ative** [kə'memərətɪv] *adj* erinnernd (*of* an); **~ plaque** Gedenktafel *f;* **~ stamp** Sondermarke *f*

com•mence [kə'mens] *vt, vi* beginnen, anfangen (*to do/doing s.th.* etw zu tun); **com•mence•ment** [-mənt] *s* **1.** Anfang, Beginn *m* **2.** Promotion(stag *m,* -feier *f*)

com•mend [kə'mend] *vt* **1.** anvertrauen; (an)empfehlen **2.** empfehlen, loben; **com•mend•able** [-əbl] *adj* empfehlens-, lobenswert; **com•men•da•tion** [ˌkɒmen'deɪʃn] *s* **1.** Empfehlung *f* **2.** Lob *nt,* Preis *m;* **com•men•da•tory** [kə'mendətrɪ] *adj* empfehlend; **~ letter** Empfehlungsschreiben *nt*

com•men•sur•able [kə'menʃərəbl] *adj* vergleichbar (*with, to* mit, dat); **com•men•sur•ate** [kə'menʃərət] *adj* **1.** angemessen, entsprechend (*with, to dat*) **2.** im richtigen, rechten Verhältnis (*with, to* zu)

com•ment ['kɒment] **I.** *s* **1.** Bemerkung *f* **2.** Kommentar *m,* Stellungnahme *f* **3.** Erklärung, Erläuterung *f;* **no ~!** ich habe nichts dazu zu sagen! kein Kommentar! **II.** *vi* **1.** kommentieren (*on s.th.* etw) **2.** seine Meinung äußern (*on* über); **com•men•tary** ['kɒməntrɪ] *s* Kommentar *m* (*on* zu); **com•men•tate** ['kɒmənteɪt] *vt* kommentieren; **com•men•ta•tor** ['kɒmənteɪtə(r)] *s* Kommentator(in) *m(f)*

com•merce ['kɒmɜːs] *s* Handel *m;* (Geschäfts)Verkehr *m;* **com•mer•cial** [kə'mɜːʃl] **I.** *adj* **1.** geschäftlich, kaufmännisch, kommerziell, Handels- **2.** gewerbsmäßig **3.** auf Gewinn aus; gewinnbringend; **~ building** Geschäftsgebäude *nt;* **~ company** Handelsgesellschaft *f;* **~ correspondence** Handelskorrespondenz *f;* **~ firm** [*o* **house**] Handelshaus *nt;* **~ interests** Geschäftsinteressen *ntpl;* **~ television** Privatfernsehen *nt;* **~ vehicle** Nutzfahrzeug *nt* **II.** *s* **1.** Funk-, Fernsehwerbung *f* **2.** Werbespot *m;* **com•mer•ciali•zation** [kəˌmɜːʃəlaɪ'zeɪʃn] *s* Vermarktung, Kommerzialisierung *f;* **com•mer•cial•ize** [kə'mɜːʃəlaɪz] *vt* kommerzialisieren

com•miser•ate [kə'mɪzəreɪt] *vi* Mitleid haben (*with* mit); **com•miser•ation** [kəˌmɪzə'reɪʃn] *s* Mitleid *nt*

com•mis•sion [kə'mɪʃn] **I.** *s* **1.** Auftrag *m,* Instruktion *f* **2.** Amt *nt,* Funktion *f* **3.** Indienststellung *f* (*eines Schiffes*) **4.** (Offiziers)Patent *nt* **5.** Kommission *f,* Ausschuss *m* **6.** (COM) Bestellung *f,* Auftrag *m,* Order *f* **7.** Kommission *f;* Provision *f* **8.** (JUR) Begehung, Verübung *f;* **by ~** im Auftrag; **in ~** in Betrieb; **in** [*o* **on**] **~** (COM) gegen Provision; **on** [*o* **by**] **way of ~** (COM) in Kommission, im Auftrag; **out of ~** außer Betrieb; **appoint a ~** eine Kommission einsetzen; **carry out a ~** einen Auftrag ausführen; **give/take in ~** (COM) in Kommission geben/nehmen; **European ~** EU-Kommission *f* **II.** *vt* **1.** beauftragen, den Auftrag erteilen (*s.o.* jdm) **2.** ermächtigen, bevollmächtigen **3.** (*Schiff*) in Dienst stellen **4.** (MIL) (zum Offizier) befördern **5.** (COM) bestellen; **com•mis•sion•aire** [kəˌmɪʃə'neə(r)] *s* (uniformierter) Portier *m;* **com•mis·sioned** [kə'mɪʃnd] *adj:* ~ **officer** (durch Patent bestallter) Offizier *m;* **com•mis·sioner** [kə'mɪʃənə(r)] *s* **1.** Beauftragte(r), Bevollmächtigte(r) *f m* **2.** Kommissions-, Ausschussmitglied *nt* **3.** Regierungsvertreter(in) *m(f)* **4.** (*Europäische Union*) Kommissar *m;* ~ **for oaths** (*Br*) Notar(in) *m(f)*

com•mit [kə'mɪt] **I.** *vt* **1.** übergeben, anvertrauen **2.** einem Ausschuss überweisen **3.** (*Verbrechen*) begehen, verüben; ~ **to earth/to the flames** der Erde/den Flammen übergeben; ~ **to memory** dem Gedächtnis einprägen; ~ **to paper/print/writing** niederschreiben; ~ **to prison** ins Gefängnis einliefern, festnehmen **II.** *vr* sich festlegen (*on* auf); ~ **o.s. to do** [*o* **to doing**] **s.th.** sich verpflichten etw zu tun; **be ~ted to s.th.** sich für etw einsetzen; **com•mit·ment** [-mənt] *s* **1.** Verpflichtung, Bindung *f* **2.** (FIN) Verbindlichkeit *f* **3.** (PARL) Überweisung *f* (an einen Ausschuss) **4.** Einlieferung *f* (*ins Gefängnis*) **5.** Einweisung *f* (*to* in) **6.** Inhaftierung *f;* **without** ~ unverbindlich

com•mit·tee [kə'mɪtɪ] *s* Ausschuss *m,* Kommission *f,* Komitee *nt;* **appoint** [*o* **set up**] **a** ~ einen Ausschuss, eine Kommission einsetzen; **be** [*o* **sit**] **on a** ~ einem Ausschuss, einer Kommission angehören; **arbitration** ~ Schlichtungsausschuss *m;* ~ **of experts** Fach-, Sachverständigenausschuss *m*

com•mode [kə'məʊd] *s* **1.** Kommode *f* **2.** (*Am*) Waschtisch *m* **3.** (*night-~*) Nachtstuhl *m* **4.** (*Am*) Toilette *f;* **com•modi·ous** [kə'məʊdɪəs] *adj* geräumig; **com•mod·ity** [kə'mɒdətɪ] *s* **1.** (Gebrauchs)Artikel *m* **2. commodities** Waren *fpl,* Produkte, Verbrauchsgüter *ntpl;* ~ **exchange** Warenbörse *f;* ~ **market** Waren-, Rohstoffmarkt *m*

com•mo·dore ['kɒmədɔ:(r)] *s* **1.** (MAR) Flottillenadmiral *m* **2.** (*dienstältester*) Kapitän *m* (*a. einer Schifffahrtslinie*) **3.** Präsident *m* eines Jachtklubs

com•mon ['kɒmən] **I.** *adj* **1.** gemein(sam, -schaftlich) **2.** öffentlich; allgemein, (weit) verbreitet **3.** häufig, alltäglich, abgedroschen **4.** ordinär, vulgär, niedrig; **by** ~ **consent** mit Zustimmung aller; **for the** ~ **good** im allgemeinen Interesse; für das allgemeine Wohl; **be** ~ **practice** allgemein üblich sein; **make** ~ **cause with** gemeinsame Sache machen mit; **it is** ~ **knowledge that** es ist allgemein bekannt, dass **II.** *s* **1.** Gemeindeland *nt,* -weide *f* **2. ~s** (das) gemeine Volk, (die) Bürgerschichten *fpl* **3.** Gemeinschaftsverpflegung *f;* **the** (**House of**) **Commons** das Unterhaus; **have s.th. in** ~ etw gemein haben; **have interests in** ~ gemeinsame Interessen haben; **Common Agricultural Policy, CAP** *s* (EU) gemeinsame Agrarpolitik; **common denominator** *s* (MATH) gemeinsamer Nenner

com•moner ['kɒmənə(r)] *s* Bürgerliche(r) *f m*

common ground *s* gemeinsame Diskussions-, Verhandlungsgrundlage; **common land** *s* Gemeindeland *nt;* **common law** *s* Gewohnheitsrecht *nt;* **common-law wife** *s* in eheähnlicher Gemeinschaft lebende Frau; **com•mon·ly** ['kɒmənlɪ] *adv* gewöhnlich; im Allgemeinen, allgemein; **Common Market** *s* (HIST) Gemeinsamer Markt, EG *f;* **com•mon·or·gar·den** [ˌkɒmənə'gɑ:dn] *adj* ganz gewöhnlich; **com•mon·place** ['kɒmənpleɪs] **I.** *s* Gemeinplatz *m,* Banalität *f;* alltägliche Sache **II.** *adj* alltäglich; uninteressant; **common room** *s* Gemeinschaftsraum *m;* (SCHULE) Lehrerzimmer *nt;* **common sense** *s* gesunder Menschenverstand; **common stock** *s* (FIN) Stammaktien *fpl;* **com•mon·wealth** ['kɒmənwelθ] *s* Gemeinwesen *nt;* **the Commonwealth of Nations** das Commonwealth; **Commonwealth of Independent States, CIS** Gemeinschaft unabhängiger Staaten, GUS *f*

com•mo·tion [kə'məʊʃn] *s* **1.** (heftige) Erregung, Erschütterung *f* **2.** Tumult, Aufruhr *m*

com•mu·nal ['kɒmjʊnl] *adj* **1.** Gemeinde-, Kommunal-; kommunal; gemeindeeigen **2.** Gemeinschafts-; öffentlich

com•mune[1] [kə'mju:n] *vi* **1.** sich vertraulich unterhalten (*with* mit, *together* miteinander) **2.** (*Am:* REL) kommunizieren

com•mune[2] ['kɒmju:n] *s* Kommune *f*

com•muni·cable [kə'mjʊ:nikəbl] *adj* (*Idee, Gefühle*) vermittelbar; (*Krankheit*) übertragbar

com•muni·cate [kə'mju:nɪkeɪt] **I.** *vt* **1.** mitteilen **2.** (*a.* PHYS MED) übertragen (*to* auf) **3.** (*Gefühl, Botschaft*) rüberbringen **II.** *vi* **1.** (REL) das Abendmahl empfangen **2.** in Verbindung stehen (*with* mit), sich besprechen (*with* mit) **3.** (*Zimmer*) durch eine Tür miteinander verbunden sein

com•muni·ca·tion [kəˌmju:nɪ'keɪʃn] *s* **1.** Mitteilung *f* (*to* an) **2.** (PHYS MED) Übertragung *f* **3.** Verbindung *f,* Verkehr *m* **4.** Unterredung, Besprechung *f;* Mitteilung, Nachricht *f* **5.** Verbindung(sweg *m*) *f,* Verkehr(sweg *m,* -mittel *nt*) *m* **6.** Fernmeldewesen *nt;* Fernmeldeeinrichtungen *fpl;* ~(**s**) **centre** (MIL) Nachrichtensammelstelle *f;* Fernmeldezentrale *f;* ~ **cord** (RAIL) Notbremse *f;* ~ **line** Verbindungslinie *f;* ~ **network** Kommunikationsnetz *nt;* ~ **satellite** Kommunikations-, Nachrichtensatellit *m;*

C

com•muni•cat•ive [kə'mju:nɪkətɪv] *adj* mitteilsam, gesprächig

com•mu•nion [kə'mju:nɪən] *s* **1.** Gemeinschaft *f* **2.** enge Beziehungen *fpl,* Gedankenaustausch *m* **3.** Glaubensgemeinschaft *f* **4.** (*Holy* ~) (heilige) Kommunion *f;* Abendmahl *nt;* **go to** ~ zur Kommunion, zum Abendmahl gehen

com•mu•niqué [kə'mju:nɪkeɪ] *s* Kommunikee *nt,* amtliche Mitteilung

com•mu•nism ['kɒmjʊnɪzəm] *s* Kommunismus *m;* **com•mu•nist** ['kɒmjʊnɪst] **I.** *s* Kommunist(in) *m(f)* **II.** *adj* kommunistisch

com•mu•nity [kə'mju:nətɪ] *s* **1.** Gemeinschaft *f* **2.** Gemeinwesen *nt* **3.** Gemeinsamkeit *f;* (Interessen)Gemeinschaft *f* **4.** (REL) Gemeinde *f* **5.** (BIOL) Lebensgemeinschaft *f;* **the** ~ die Allgemeinheit, die Öffentlichkeit, der Staat; **community centre** *s* Gemeindehaus, -zentrum *nt;* **community home** *s* Erziehungsheim *nt;* **community singing** *s* gemeinschaftliches Liedersingen; **Community Support Frameworks, CSFs** *s pl* (EU) Gemeinschaftliche Förderkonzepte, GFK; **community worker** *s* Sozialarbeiter(in) *m(f)*

com•mut•able [kə'mju:təbl] *adj* umwandelbar; **com•mu•ta•tion** [ˌkɒmju:'teɪʃn] *s* **1.** (Aus-, Um)Tausch *m* **2.** Ablösung(ssumme) *f* **3.** (Straf)Umwandlung, Herabsetzung *f;* (*Am*) Benutzung *f* einer Zeitkarte; ~ **ticket** (*Am*) Zeitkarte *f;* **com•mute** [kə'mju:t] **I.** *vt* **1.** (aus-, ein-, um)tauschen (*for* gegen) **2.** (FIN) ablösen **3.** (JUR: *Strafe*) umwandeln, herabsetzen (*to, into* in) **II.** *vi* pendeln; **com•muter** [kɒ'mju:tə(r)] *s* Pendler(in) *m(f);* **commuter belt** *s* städtischer Einzugsbereich; **commuter train** *s* Pendler-, Vorort(s)zug *m*

com•pact[1] ['kɒmpækt] **1.** (*powder* ~) Puderdose *f* **2.** (*Am*) Kompaktwagen *m*

com•pact[2] ['kɒmpækt] *s* Vertrag *m,* Abkommen *nt*

com•pact[3] [kəm'pækt] **I.** *adj* **1.** kompakt **2.** (*Stil*) gedrängt **3.** (*Schnee, Masse*) fest **II.** *vt* fest zusammenpressen, -drängen; **be ~ed of** sich zusammensetzen aus; ~ **camera** Kompaktkamera *f;* ~ **disc** Compact-Disc, CD *f;* ~ **disc player** CD-Spieler *m;* **com•pact•ness** [kəm'pæktnɪs] *s* **1.** (*fig*) Knappheit *f;* Gedrängtheit *f* **2.** Festigkeit, Dichte *f*

com•pan•ion [kəm'pænɪən] *s* **1.** Begleiter(in) *m(f),* Genosse *m,* Genossin *f;* Gefährte *m,* Gefährtin *f* **2.** Gesellschafter(in) *m(f)* **3.** Gegenstück, Pendant *nt* **4.** Ratgeber, Leitfaden *m* (*Buch*)*;* **travelling** ~ Reisebegleiter(in), -gefährte *m,* -gefährtin *f,* Mitreisende(r) *f m;* **com•pan•ion•able** [-əbl] *adj* gesellig, umgänglich; **com•pan•ion•ship** [-ʃɪp] *s* Gesellschaft *f;* **com•pan•ion•way** [-weɪ] *s* Kajütentreppe *f*

com•pany ['kʌmpənɪ] *s* **1.** Gesellschaft, Begleitung *f;* Umgang, Verkehr *m* **2.** Gäste *mpl,* Besuch *m* **3.** (Handels)Gesellschaft, Firma *f* **4.** (Schauspieler)Truppe *f* **5.** (*ship's* ~) Besatzung *f* **6.** (MIL) Kompanie *f;* **for** ~ zur Gesellschaft; **in** ~ zusammen, gemeinsam; **be good/bad/poor** ~ ein guter/schlechter Gesellschafter sein; **keep** ~ **with** verkehren mit; **part** ~ sich trennen (*with* von)

com•par•able ['kɒmpərəbl] *adj* vergleichbar; ähnlich; entsprechend; **com•para•tive** [kəm'pærətɪv] **I.** *adj* **1.** vergleichend **2.** verhältnismäßig, relativ **II.** *s* (GRAM: ~ *degree*) Komparativ *m;* **com•para•tive•ly** [-lɪ] *adv* vergleichsweise; verhältnismäßig; **com•pare** [kəm'peə(r)] **I.** *vt* **1.** (*prüfend*) vergleichen (*with, to* mit) **2.** gleichstellen, auf eine Stufe stellen (*to* mit) **3.** (GRAM) steigern **II.** *vi* sich vergleichen (lassen) (*with* mit); ~ **favo(u)rably with** bei einem Vergleich günstig abschneiden mit **III.** *s:* **beyond** [*o* **past**] ~ [*o* **without**] unvergleichlich, *adv;* **com•pari•son** [kəm'pærɪsn] *s* **1.** Vergleich *m* (*to, with* mit) **2.** Gegenüberstellung *f* **3.** (GRAM) Steigerung *f* **4.** (INFORM) Abgleich *m;* **by** ~ vergleichsweise, verhältnismäßig, *adv;* **in** ~ **with** im Vergleich zu; **bear** [*o* **stand**] ~ **with** sich vergleichen lassen, den Vergleich aushalten mit; **there is no** ~ **between them** sie lassen sich nicht vergleichen

com•part•ment [kəm'pɑ:tmənt] *s* **1.** Abteilung *f* **2.** Fach, Feld *nt* **3.** (RAIL) Abteil *nt* **4.** (MAR) Schott *nt*

com•pass ['kʌmpəs] *s* **1.** Umfang, -kreis *m* **2.** Um-, Einfassung, Begrenzung *f* **3.** Bezirk *m,* Gebiet *nt,* Bereich *m* **4.** (MUS) Stimmumfang *m* **5.** (*mariner's* ~) (Schiffs)Kompass *m* **6.** **~es** Zirkel *m* (*Gerät*)

com•pas•sion [kəm'pæʃn] *s* Mitleid, -gefühl *nt* (*for* mit); **have** [*o* **take**] ~ **on** Mitleid haben mit; **com•pas•sion•ate** [kəm'pæʃənət] *adj* mitleid(s)voll, mitfühlend; ~ **leave** (*Br:* MIL) Sonderurlaub *m* aus familiären Gründen

com•pati•bil•ity [kəmˌpætə'bɪlətɪ] *s* **1.** Vereinbarkeit *f* **2.** Verträglichkeit *f* **3.** Kompatibilität *f;* **com•pat•ible** [kəm'pætəbl] *adj* **1.** vereinbar, verträglich (*with* mit), in Übereinstimmung (*with* mit) **2.** angemessen (*with s.th.* einer S) **3.** kompatibel

com•patriot [kəm'pætrɪət] *s* Landsmann *m,* -männin *f*

com•pel [kəm'pel] *vt* **1.** zwingen (*to do* zu tun) **2.** erzwingen (*from* von); **com•pel-**

ling [-ɪŋ] *adj* **1.** zwingend **2.** (*fig*) verlockend; unwiderstehlich

com•pen•dium [kəm'pendɪəm, *pl* kəm'pendɪə] <*pl* -diums, -dia> *s* **1.** Zusammenfassung, Übersicht *f* **2.** Grundriss, Leitfaden *m*

com•pen•sate ['kɒmpənseɪt] **I.** *vt* **1.** ausgleichen, ersetzen; aufwiegen **2.** (PSYCH TECH) kompensieren **3.** (FIN) entschädigen **4.** (*Schaden*) ersetzen; vergüten **II.** *vi* **1.** ausgleichen (*for s.th.* etw) **2.** wieder gutmachen (*for s.th.* etw), Ersatz leisten; **com•pen•sa•tion** [ˌkɒmpen'seɪʃn] *s* **1.** Ausgleich, Ersatz *m* **2.** (PSYCH TECH) Kompensation *f* **3.** (FIN) Entschädigung *f,* Schadenersatz *m;* Vergütung *f* **4.** (*Am*) (Be)Zahlung, Entlohnung *f;* Lohn *m,* Gehalt *nt;* **as** [*o* **by way of**] ~ **for** als Ersatz, als Entschädigung für

com•pere ['kɒmpeə(r)] **I.** *s* Ansager(in) *m(f)* **II.** *vt* ansagen

com•pete [kəm'pi:t] *vi* **1.** sich mitbewerben (*for* um) **2.** teilnehmen (*in a contest* an einem Wettbewerb) **3.** wetteifern (*with s.o. for s.th.* mit jdm um etw), konkurrieren, sich messen (*against s.o. in a race* mit jdm bei einem Rennen)

com•pet•ence ['kɒmpɪtəns] *s* **1.** Kompetenz *f;* Können, Geschick *nt;* Befähigung, Qualifikation *f* (*for s.th.* zu etw) **2.** (JUR) Zuständigkeit *f;* **com•pet•ent** ['kɒmpɪtənt] *adj* **1.** kompetent; geschickt, fähig; befähigt, qualifiziert (*for s.th.* zu etw, *to do* zu tun) **2.** genügend, ausreichend, entsprechend **3.** (JUR) zuständig; (*Zeuge, Beweise*) zulässig

com•pe•ti•tion [ˌkɒmpə'tɪʃn] *s* **1.** Wettbewerb, -streit, -kampf *m* (*for* um) **2.** (COM) Konkurrenz(kampf *m*) *f* **3.** Preisausschreiben *nt;* **be in ~ with** im Wettbewerb stehen mit; **enter into ~ with** in Wettbewerb treten mit; **keen** ~ scharfer Wettbewerb; harte Konkurrenz; ~ **rules** *pl* Wettbewerbsregeln *pl;* **com•peti•tive** [kəm'petətɪv] *adj* **1.** konkurrierend **2.** konkurrenzfähig; ~ **spirit** Wettbewerbs-, Konkurrenzgeist *m;* Kampfgeist *m;* **com•peti•tive•ness** [kəm'petətivnəs] *s* Wettbewerbsfähigkeit *f;* **com•peti•tor** [kəm'petɪtə(r)] *s* **1.** Mitbewerber(in) *m(f)* **2.** (COM) Konkurrent(in) *m(f)* **3.** (SPORT) Wettkämpfer(in) *m(f),* Teilnehmer(in) *m(f)* (*for* um)

com•pi•la•tion [ˌkɒmpɪ'leɪʃn] *s* Auf-, Zusammenstellung *f;* Kompilation *f;* **compile** [kəm'paɪl] *vt* **1.** (*Material*) zusammentragen **2.** (*Liste*) zusammenstellen; **com•pil•er** [ˌkɒm'pɪlə(r)] *s* (INFORM) Compiler *m*

com•pla•cence, **com•pla•cency** [kəm'pleɪsns(ɪ)] *s* Selbstzufriedenheit, -gefälligkeit *f;* **com•pla•cent** [kəm'pleɪsnt] *adj* selbstzufrieden, -gefällig

com•plain [kəm'pleɪn] *vi* **1.** klagen, sich beklagen (*of* über) **2.** sich beschweren (*of, about* über, *to* bei) **3.** jammern **4.** (COM) reklamieren; **com•plain•ant** *s* (JUR) Kläger(in) *m(f);* **com•plaint** [kəm'pleɪnt] *s* **1.** Klage, Beschwerde, Beanstandung *f* **2.** (COM) Reklamation, Mängelrüge *f* **3.** (JUR) Klage, Strafanzeige *f* (*against* gegen) **4.** (MED) Beschwerden *fpl,* Leiden *nt;* **make** [*o* **lodge**] **a ~ against s.o.** sich über jdn beschweren; ~ **book** Beschwerdebuch *nt*

com•plais•ance [kəm'pleɪzəns] *s* Gefälligkeit *f;* **com•plais•ant** [kəm'pleɪzənt] *adj* gefällig, entgegenkommend, willfährig

com•ple•ment ['kɒmplɪmənt] **I.** *s* **1.** (*a.* MATH GRAM) Ergänzung *f* **2.** (MAR) Bemannung *f* **3.** (MIL) Sollstärke *f* **4.** (AVIAT) volle Besatzung **II.** ['kɒmplɪment] *vt* ergänzen, vervollständigen; **com•ple•ment•ary** [ˌkɒmplɪ'mentrɪ] *adj* Ergänzungs-; sich ergänzend; ~ **colours** Komplementärfarben *fpl*

com•plete [kəm'pli:t] **I.** *adj* **1.** vollständig, -kommen, völlig, ganz **2.** vollendet, fertig (gestellt), zu Ende (gebracht), abgeschlossen; ~ **with** mitsamt, komplett mit **II.** *vt* **1.** vervollständigen, vollständig machen, abschließen **2.** (*Formular*) ausfüllen **3.** beenden, fertig stellen, fertig machen; **complete•ly** [-lɪ] *adv* völlig, ganz (u. gar), vollständig, vollkommen; **com•plete•ness** [-nɪs] *s* Vollständigkeit *f;* Vollkommenheit *f;* **com•ple•tion** [kəm'pli:ʃn] *s* **1.** Vervollständigung *f* **2.** Abschluss *m;* (*a.* JUR) Erledigung, Fertigstellung, Vollendung *f* **3.** Ergänzung, Vervollständigung *f* **4.** Ausfüllung *f* (*eines Formulars*) **5.** (*Vertrag*) Erfüllung *f;* **on ~ of** bei Beendigung *+gen;* **be nearing** ~ vor dem Abschluss stehen

com•plex ['kɒmpleks] **I.** *adj* **1.** komplex; vielschichtig, vielseitig **2.** kompliziert, verwickelt **II.** *s* (das) Ganze; (*a.* PSYCH) Komplex *m*

com•plexion [kəm'plekʃn] *s* **1.** (Haut-, Gesichts)Farbe *f,* Aussehen *nt* **2.** (*fig*) Aspekt, Anstrich *m*

com•plex•ity [kəm'pleksətɪ] *s* Komplexität *f;* Kompliziertheit *f*

com•pli•ance [kəm'plaɪəns] *s* **1.** (*Gesetz*) Befolgung *f* **2.** Einverständnis *nt,* Willfährigkeit *f;* **in ~ with** in Übereinstimmung mit; entsprechend, gemäß *+dat;* **com•pliant** [kəm'plaɪənt] *adj* nachgiebig; willfährig

com•pli•cate ['kɒmplɪkeɪt] *vt* komplizieren, (noch) verwickelter, schwieriger machen; **that ~s matters** das macht die Sache noch schwieriger; **com•pli•cated** [-ɪd] *adj* kompliziert; verwickelt; **com•pli•ca-**

tion [ˌkɒmplɪˈkeɪʃn] *s* Komplikation *f*
com•plic•ity [kəmˈplɪsətɪ] *s* Mitschuld (*in* an), Mittäterschaft *f* (*in* bei)
com•pli•ment [ˈkɒmplɪmənt] **I.** *s* **1.** Kompliment *nt* **2.** Anerkennung *f,* Lob *nt* **3.** Ehrenerweisung *f* **4.** **~s** (*in Briefen*) Grüße *mpl,* Gruß *m;* Empfehlung *f;* **angle** [*o* **fish**] **for ~s** Komplimente hören wollen; **pay a ~ to s.o.** jdm ein Kompliment machen; **with the ~s of the season** mit den besten Wünschen zum Fest **II.** [ˈkɒmplɪment] *vt* **1.** ein Kompliment machen (*s.o.* jdm) **2.** beglückwünschen (*on* zu); **com•pli•men•tary** [ˌkɒmplɪˈmentrɪ] *adj* **1.** höflich, artig **2.** Ehren-; Gratis-; **~ copy** Freiexemplar *nt;* **~ ticket** Frei-, Ehrenkarte *f;* **compliments slip** *s* (Firmen)Begleitkarte *f*
com•ply [kəmˈplaɪ] *vi* **1.** Folge leisten (*with dat*) **2.** einwilligen (*with* in), zustimmen (*with dat*) **3.** (*Wunsch, Bedingung, Bitte*) erfüllen (*with s.th.* etw)
com•po•nent [kəmˈpəʊnənt] **I.** *adj* einzeln; Einzel-, Teil- **II.** *s* Bestandteil *m;* **additional ~** (AUTO) Nachrüstsatz *m;* **component parts** *s pl* Zubehör-, Einzelteile *ntpl*
com•pose [kəmˈpəʊz] **I.** *vt* **1.** zusammensetzen **2.** (an)ordnen, bilden **3.** ab-, verfassen, aufsetzen, dichten **4.** (MUS) komponieren **5.** (TYP) setzen **6.** (*Streit*) (gütlich) beilegen, schlichten, (glücklich) beenden **7.** (*Gedanken*) sammeln; **be ~d of** bestehen aus **II.** *vi* **1.** schriftstellern; dichten **2.** (MUS) komponieren **III.** *vr* sich beruhigen, sich fassen; **com•posed** [kəmˈpəʊzd] *adj* gefasst, ruhig, gelassen; **com•poser** [kəmˈpəʊzə(r)] *s* **1.** (MUS) Komponist(in) *m(f)* **2.** Verfasser(in) *m(f);* **com•pos•ite** [ˈkɒmpəzɪt] *adj* zusammengesetzt; vielfältig; **~ photograph** Fotomontage *f;* **com•po•si•tion** [ˌkɒmpəˈzɪʃn] *s* **1.** Zusammensetzung, (An)Ordnung, Anlage, Bildung *f* **2.** Abfassung *f* **3.** (MUS) Komposition *f* **4.** (TYP) (Schrift)Satz *m* **5.** (Schul)Aufsatz *m* **6.** Übersetzung *f* **7.** Zusammensetzung *f,* (Auf)Bau *m* **8.** (PSYCH) Anlage, Art *f,* Wesen *nt* **9.** (JUR) Verständigung *f,* Vergleich *m;* **com•po•si•tor** [kəmˈpɒzɪtə(r)] *s* (TYP) (Schrift)Setzer(in) *m(f)*
com•post [ˈkɒmpɒst] *s* Kompost *m*
com•po•sure [kəmˈpəʊʒə(r)] *s* Fassung, Gelassenheit, (Gemüts)Ruhe *f*
com•pound [ˈkɒmpaʊnd] **I.** *adj* **1.** zusammengesetzt; aus einzelnen Teilen bestehend **2.** gemischt **3.** (TECH) Verbund- **II.** *s* **1.** Zusammensetzung *f;* Mischung *f* **2.** (*chemische*) Verbindung *f* **3.** (GRAM: *~ word*) zusammengesetztes Wort **4.** eingefriedeter Platz **III.** [kəmˈpaʊnd] *vt* **1.** zusammensetzen; verbinden; mischen **2.** (*Streit*) beilegen **3.** (*Schuld*) tilgen; in Raten abzahlen **4.** (*Zinsen*) kapitalisieren **5.** verschlimmern; **this only ~s our difficulties** das erschwert unsere Lage noch zusätzlich **IV.** *vi* **1.** sich vergleichen, sich einigen, sich verständigen (*with* mit) **2.** pauschalieren (*for s.th.* etw); **compound fracture** *s* (MED) komplizierter Bruch; **compound interest** *s* (FIN) Zinseszins *m*
com•pre•hend [ˌkɒmprɪˈhend] *vt* **1.** verstehen, einsehen **2.** umfassen, einschließen
com•pre•hen•sible [ˌkɒmprɪˈhensəbl] *adj* verständlich, begreiflich; **com•pre•hen•sion** [ˌkɒmprɪˈhenʃn] *s* **1.** Verstehen, Begreifen *nt* **2.** Verständnis *nt* (*of* für), Einsicht *f;* Fassungs-, Begriffsvermögen *nt* **3.** (Bedeutungs-, Begriffs)Umfang *m;* **beyond ~** unbegreiflich
com•pre•hen•sive [ˌkɒmprɪˈhensɪv] *adj* umfassend; **~ coverage** ausführliche Berichterstattung; **~ insurance** kombinierte Haftpflicht- und Vollkaskoversicherung; **~ school** Gesamtschule *f*
com•press¹ [kəmˈpres] *vt* zusammendrücken, (zusammen)pressen, komprimieren
compress² [ˈkɒmpres] *s* (MED) Kompresse *f*
com•pressed [kəmˈprest] *adj* zusammengedrückt; zusammengepresst; **~ air** Pressluft *f;* **com•pres•sor** [kəmˈpresə(r)] *s* (TECH) Kompressor *m*
com•prise [kəmˈpraɪz] *vt* **1.** umfassen; bestehen aus **2.** einschließen (*within* in)
com•pro•mise [ˈkɒmprəmaɪz] **I.** *s* Kompromiss *m;* Übereinkunft *f,* Vergleich *m* **II.** *vi* einen Kompromiss, einen Vergleich schließen (*on* über) **III.** *vt* **1.** kompromittieren; (*Ruf*) schaden (*s.th.* einer S) **2.** gefährden
comp•trol•ler [kənˈtrəʊlə(r)] *s* Controller *m,* Rechnungsprüfer(in) *m(f)*
com•pul•sion [kəmˈpʌlʃn] *s* Zwang *m;* **under ~** unter Zwang; **com•pul•sive** [kəmˈpʌlsɪv] *adj* Zwangs-; zwingend; **com•pul•sory** [kəmˈpʌlsərɪ] *adj* obligatorisch; zwingend, bindend; **~ auction** Zwangsversteigerung *f;* **~ education** Schulpflicht *f;* **~ insurance** Pflichtversicherung *f;* **~ schooling** allgemeine Schulpflicht; **~ subject** (SCHULE) Pflichtfach *nt*
com•punc•tion [kəmˈpʌŋkʃn] *s* Schuldgefühl *nt;* Gewissensbisse *mpl,* Reue *f;* **with no ~** ohne sich schuldig zu fühlen
com•pu•ta•tion [ˌkɒmpjʊˈteɪʃn] *s* (Be-, Er)Rechnung *f;* Überschlag *m,* Schätzung *f;* **com•pu•ta•tion•al** *adj* Computer-; **com•pute** [kəmˈpjuːt] *vt, vi* **1.** (aus-, be-, er)rechnen **2.** überschlagen, schätzen, veranschlagen (*at* auf); **com•puter** [kəmˈpjuːtə(r)] *s* Computer *m;* Rechner *m;* Datenverarbeitungsanlage *f;* **~-aided design, CAD** computergestützter Entwurf;

digital ~ digitale Rechenanlage; **personal** ~ PC *m;* **computer-aided** *adj* rechnergestützt; **computer centre** *s* Rechenzentrum *nt;* **computer crime** *s* Computerkriminalität *f;* **computer freak** [fri:k] *s* Computerfreak *m;* **computer game** *s* Computerspiel *nt;* **computer-generated** *adj* computergeneriert; **computer graphics** *s pl* Computergrafik *f;* **com·puter·iz·ation** [kəm,pju:təraɪ'zeɪʃn] *s* Computerisierung *f;* **com·puter·ize** [kəm'pju:təraɪz] *vt* **1.** auf Computer umstellen **2.** in einen Computer eingeben; **computer network** *s* Computernetzwerk *nt,* Rechnerverbund *m;* **computer programmer** *s* Programmierer(in) *m(f);* **computer science** *s* Informatik *f;* **computer scientist** *s* Informatiker(in) *m(f);* **computer search** *s* Rasterfahndung *f;* **computer tomography** *s* Computertomographie *f;* **computer virus** *s* Computervirus *m;* **computer workstation** *s* Computerarbeitsplatz *m,* Workstation *f*

com·rade ['kɒmreɪd] *s* **1.** Kamerad(in) *m(f)* **2.** (POL) Genosse *m,* Genossin *f;* **com·rade·ship** ['kɒmreɪdʃɪp] *s* Kameradschaft *f*

con[1] [kɒn] **I.** *vt* betrügen (*out of* um) **II.** *s* Schwindel, Betrug *m*

con[2] [kɒn]: **pros and ~s** Für *nt* und Wider *nt*

con art·ist [,kɒn'ɑ:tɪst] *s* Hochstapler(in) *m(f)*

con·cat·ena·tion [kɒn,kætɪ'neɪʃn] *s* Verkettung *f;* Kette, Folge *f*

con·cave ['kɒnkeɪv] *adj* konkav; **con·cav·ity** [kən'kævɪtɪ] *s* Konkavität *f*

con·ceal [kən'si:l] *vt* verstecken, verbergen; verheimlichen (*from* vor); **concealer stick** *s* Abdeckstift *m;* **con·ceal·ment** [-mənt] *s* **1.** Verbergen *nt;* Verheimlichung *f* **2.** Geheimhaltung *f* **3.** Versteck *nt*

con·cede [kən'si:d] **I.** *vt* **1.** einräumen, zugeben, anerkennen (*that* dass) **2.** zugestehen **3.** nachgeben (*a point* in einem Punkt) **4.** (SPORT: *Punkte*) vorgeben **5.** (SPORT: *sl*) verlieren; ~ **defeat** die Niederlage eingestehen **II.** *vi* sich geschlagen geben

con·ceit [kən'si:t] *s* Selbstgefälligkeit, Einbildung *f;* **con·ceited** [-ɪd] *adj* eingebildet

con·ceiv·able [kən'si:vəbl] *adj* denkbar, vorstellbar; **con·ceive** [kən'si:v] **I.** *vt* **1.** aus-, erdenken, ersinnen **2.** (*Gedanken*) fassen; in Worte fassen **3.** sich denken, sich vorstellen, meinen **4.** begreifen, verstehen **5.** (*Kind*) empfangen **II.** *vi* **1.** schwanger werden **2.** sich vorstellen (*of s.th.* etw)

con·cen·trate ['kɒnsəntreɪt] **I.** *vt* **1.** konzentrieren **2.** (CHEM) verdichten, eindicken, kondensieren **3.** (*Strahlen*) bündeln **II.** *vi* sich sammeln, sich konzentrieren (*upon, on* auf), seine Gedanken zusammennehmen **III.** *s* Konzentrat *nt;* **con·cen·trated** [-ɪd] *adj* **1.** konzentriert **2.** (*fig*) stark; **con·cen·tration** [,kɒnsn'treɪʃn] *s* **1.** Ansammlung *f* **2.** Konzentration *f;* **lacking in** ~ unkonzentriert; **concentration camp** *s* Konzentrationslager *nt*

con·cen·tric [kən'sentrɪk] *adj* konzentrisch

con·cept ['kɒnsept] *s* Begriff *m;* Vorstellung, Idee *f;* **con·cep·tion** [kən'sepʃn] *s* **1.** (geistige) Gestaltungskraft *f;* Vorstellungsvermögen *nt,* Fassungskraft *f* **2.** Begriff *m;* Auffassung, Vorstellung, Idee *f;* Gedanke *m* **3.** Plan, Entwurf *m* **4.** (PHYSIOL) Empfängnis *f;* **con·cep·tual** [kən'septjʊəl] *adj* Begriffs-; **con·cep·tua·lize** [kən'septjʊəlaɪz] *vt* sich eine Vorstellung machen von; einen Plan fassen von

con·cern [kən'sɜ:n] **I.** *vt* **1.** betreffen, angehen, interessieren; wichtig sein für **2.** beunruhigen; **be ~ed about** sich Gedanken, Sorgen machen um; ~ **o.s. about** sich bemühen, sich Mühe machen um; ~ **o.s. with** sich befassen, zu tun haben, sich abgeben mit; **as ~s** was ... betrifft, betreffend, betreffs; **as far as I am ~ed** was mich angeht, von mir aus; **to whom it may** ~ an die zuständige Stelle **II.** *s* **1.** Beziehung *f,* Bezug *m* **2.** Interesse *nt,* Anteil *m* **3.** Sorge, Besorgnis, Beunruhigung *f* (*over* wegen) **4.** Angelegenheit, Sache *f* **5.** Geschäft, Unternehmen *nt,* Betrieb *m* **6.** (*fam*) Kram, Plunder, Dreck *m;* **with deep** ~ sehr besorgt, *adv;* **have a ~ in** interessiert sein, Anteil haben an; **that is no ~ of yours** das geht Sie nichts an; **business ~s** Geschäftsinteressen *ntpl;* **going** ~ gutgehendes Geschäft, Unternehmen; **con·cerned** [kən'sɜ:nd] *adj* **1.** betroffen (*in* von), beteiligt (*in* an) **2.** besorgt, in Unruhe (*at, for s.o.* um jdn, *about s.th.* wegen einer S); **all** ~ alle Beteiligten *mpl;* **the persons** ~ die Interessenten *mpl,* die Betroffenen *mpl;* **con·cern·ing** [-ɪŋ] *prep* betreffend, betreffs; bezüglich, in Bezug auf

con·cert[1] ['kɒnsət] *s* Konzert *nt;* **in** ~ im Chor; gemeinsam; live; **work in ~ with** zusammenarbeiten mit

con·cert[2] [kən'sɜ:t] *vt* (*Kräfte*) vereinigen; **con·certed** [kən'sɜ:tɪd] *adj* gemeinsam; (POL) konzertiert

con·cert grand ['kɒnsət grænd] *s* Konzertflügel *m;* **con·cer·tina** [,kɒnsə'ti:nə] *s* Ziehharmonika, Konzertina *f;* **con·cert·mas·ter** [,kɒnsət'mæstə(r)] *s* Konzertmeister *m;* **con·certo** [kən'tʃeətəʊ] <*pl* -certos> *s* Konzert *nt;* **concert pitch** *s* (MUS) Kammerton *m*

C

con•ces•sion [kən'seʃn] *s* **1.** (behördliche) Bewilligung, Genehmigung, Konzession *f* **2.** Einräumung *f,* Zugeständnis, Entgegenkommen *nt;* **grant a** ~ eine Konzession erteilen; **make ~s** Zugeständnisse machen; **tax** ~ Steuervergünstigung *f*

con•cili•ate [kən'sɪlɪeɪt] *vt* **1.** beschwichtigen, besänftigen **2.** in Übereinstimmung, in Einklang bringen; ~ **s.o.** jds Wohlwollen gewinnen; **con•cili•ation** [kənˌsɪlɪ'eɪʃn] *s* Ausgleich *m;* Einigung *f;* Schlichtung *f;* **conciliation board** *s* Schlichtungskommission *f;* **con•cili•atory** [kən'sɪlɪətərɪ] *adj* versöhnlich, vermittelnd, ausgleichend

con•cise [kən'saɪs] *adj* kurz (u. bündig), knapp, gedrängt, prägnant; **con•cise•ness**, **con•cision** [kən'saɪsnɪs, kən'sɪʒən] *s* Kürze, Knappheit, Prägnanz *f*

con•clave ['kɒnkleɪv] *s* (REL) Konklave *nt;* **sit in** ~ eine Geheimsitzung abhalten

con•clude [kən'klu:d] **I.** *vt* **1.** beenden, (be-, ab)schließen, zu Ende führen **2.** (*Vertrag*) (ab)schließen **3.** (*Am*) beschließen, entscheiden **II.** *vi* **1.** schließen, den Schluss ziehen, folgern (*that* dass, *from* aus) **2.** enden, aufhören **3.** zu einem Entschluss, zu einem Ergebnis kommen; **con•clud•ing** [-ɪŋ] *adj* abschließend, Schluss-

con•clusion [kən'klu:ʒn] *s* **1.** Beendigung *f;* (Ab)Schluss *m* **2.** Abschluss *m* (*eines Vertrages*) **3.** Beschluss, Entscheid(ung *f*) *m* **4.** Schluss(folgerung *f*) *m,* Folgerung *f* **5.** Ende, Ergebnis *nt;* **in** ~ zuletzt, schließlich; zum Schluss; **bring to a** ~ zum Abschluss bringen; **come to a** ~ zu einer Ansicht, Überzeugung kommen; **draw the** ~ **from** den Schluss, die Folgerung ziehen aus; **jump to ~s** voreilige Schlüsse ziehen; **con•clus•ive** [kən'klu:sɪv] *adj* **1.** abschließend, endgültig; entscheidend **2.** (*Beweis*) schlüssig

con•coct [kən'kɒkt] *vt* **1.** zusammenbrauen **2.** (*fig*) austüfteln, aushecken; **con•coc•tion** [kən'kɒkʃn] *s* **1.** Zusammenbrauen *nt* **2.** Gebräu *nt* **3.** (*fig*) Aushecken *nt;* Erfindung, Idee *f*

con•course ['kɒŋkɔ:s] *s* **1.** Zusammentreffen *nt* **2.** (Menschen)Auflauf *m,* Gewühl, Gedränge *nt;* Menge, Masse *f* **3.** (*Am*) Aufmarschgelände *nt;* (großer) freier Platz, breite Straße, Durchfahrt *f;* (RAIL) Bahnhofshalle *f*

con•crete[1] ['kɒnkri:t] *adj* **1.** fest (geworden), (ver)dicht(et), kompakt **2.** real, wirklich; konkret, gegenständlich **3.** (*Zahl*) benannt

con•crete[2] ['kɒnkri:t] **I.** *s* Beton *m* **II.** *adj* Beton- **III.** *vt* betonieren; **concrete mixer** *s* Betonmischmaschine *f*

con•cu•bine ['kɒŋkjʊbaɪn] *s* Konkubine *f;* Nebenfrau *f*

con•cur [kən'kɜ:(r)] *vi* **1.** zusammenkommen, -treffen, -fallen **2.** zusammen-, mitwirken, (mit) dazu beitragen (*to do s.th.* etw zu tun) **3.** beipflichten, -stimmen (*with s.o.* jdm) **4.** übereinstimmen (*with* mit); **con•cur•rence** [kən'kʌrəns] *s* **1.** Zusammentreffen, -fallen *nt* **2.** Zusammenwirken *nt,* Mitwirkung *f* **3.** Einverständnis *nt;* **con•cur•rent** [kən'kʌrənt] **I.** *adj* **1.** gleichzeitig; zusammentreffend, -fallend **2.** mitwirkend **3.** übereinstimmend **II.** *s* Begleitumstand *m*

con•cuss [kən'kʌs] *vt* erschüttern; **con•cus•sion** [kən'kʌʃn] *s* Gehirnerschütterung *f;* Erschütterung *f*

con•demn [kən'dem] *vt* **1.** verurteilen, missbilligen, ablehnen **2.** (JUR) für schuldig erklären, verurteilen (*to* zu) **3.** für abbruchreif erklären; für nicht mehr seetüchtig erklären **4.** (*Kranken*) aufgeben **5.** (*Am*) beschlagnahmen; enteignen; **con•dem•na•tion** [ˌkɒndem'neɪʃn] *s* **1.** Missbilligung, Ablehnung *f* **2.** (JUR) Verurteilung *f* **3.** (*Am*) Beschlagnahme *f;* Enteignung *f*

con•den•sa•tion [ˌkɒnden'seɪʃn] *s* **1.** Verdichtung, Kondensation *f* **2.** Kondensat *nt;* Schwitzwasser *nt* **3.** (*fig*) Zusammenfassung, Straffung *f;* **con•dense** [kɒn'dens] **I.** *vi* kondensieren, sich niederschlagen **II.** *vt* **1.** kondensieren **2.** (*fig*) zusammenfassen; **~d milk** Kondens-, Büchsenmilch *f;* **con•denser** [kɒn'densə(r)] *s* **1.** (CHEM) Kühler *m* **2.** (OPT RADIO ELEK) Kondensator *m*

con•de•scend [ˌkɒndɪ'send] *vi* sich herablassen (*to do* zu tun); **con•de•scend•ing** [-ɪŋ] *adj* herablassend

con•di•ment ['kɒndɪmənt] *s* Gewürz *nt,* Würze *f;* Zutat *f*

con•di•tion [kən'dɪʃn] **I.** *s* **1.** Bedingung, Voraussetzung *f* (*of* für) **2.** Zustand *m,* Beschaffenheit *f* **3.** Stand *m,* Stellung *f,* Rang *m;* Personenstand *m* **4.** (SPORT) gute Form **5.** (JUR) Vorbehalt *m,* Klausel *f* **6. ~s** Umstände *mpl,* Gegebenheiten *fpl,* Lage *f;* **in good** ~ in gutem Zustand, gut erhalten; (SPORT) in Form; **on** ~ (**that**) unter der Voraussetzung [*o* Bedingung] (, dass); **on** [*o* **under**] **no** ~ unter keinen Umständen, auf keinen Fall; unter keiner Bedingung; **out of** ~ in schlechter Verfassung; (SPORT) in schlechter Form; **under favo(u)rable ~s** unter günstigen Umständen; **answer** [*o* **fulfil**] **a** ~ eine Bedingung erfüllen; **be in no** ~ **to** nicht in der Lage sein zu; **keep in good** ~ gut im Stande halten; **make s.th. a** ~ etw zur Voraussetzung machen **II.** *vt* **1.** zur Bedingung machen (*to do* zu tun), an eine Bedingung knüpfen **2.** in einen guten Zustand versetzen, in Form bringen **3.** regeln, bestimmen **4.** gewöhnen (*to* an) **5.** (TECH) konditionieren **6.** (*fig*) programmieren (*to, for* auf) **7.** (COM: *Waren*) prüfen; **con•di•tional** [kən'dɪʃənl] *adj* **1.** an eine Bedingung geknüpft **2.** bedingt (*on* durch), abhängig (*on* von); **con•di•tional•ly** [kən'dɪʃənəlɪ] *adv* bedingt, unter gewissen Bedingungen; **con•di•tioned** [kən'dɪʃənd] *adj* **1.** bedingt; abhängig (*upon* von) **2.** beschaffen, geartet **3.** (TECH) klimatisiert **4.** (PSYCH) gewöhnt (*to* an), konditioniert; **con•di•tion•er** [kən'dɪʃənə(r)] *s* **1.** (*für Wäsche*) Weichspüler *m* **2.** (*für Haare*) Spülung *f*

con•do [ˌkɒndəʊ] *s* (*Am*) Eigentumswohnung *f*

con•dol•ence [kən'dəʊləns] *s meist pl* Beileid *nt*

con•dom ['kɒndəm] *s* Kondom *nt*

con•do•min•ium [ˌkɒndə'mɪnɪəm] *s* (POL) Kondominium *nt;* Kondominat *nt*

con•done [kən'dəʊn] *vt* **1.** verzeihen **2.** (mit Absicht) nicht beachten **3.** (*Fehler*) stillschweigend dulden

con•duc•ive [kən'dju:sɪv] *adj* dienlich, zuträglich (*to* für)

con•duct [kən'dʌkt] **I.** *vt* **1.** führen; leiten **2.** (*Unternehmen*) (durch)führen, leiten **3.** (*Geschäft*) führen **4.** (*Orchester, Chor*) leiten; dirigieren **II.** *vr* sich betragen, sich benehmen **III.** ['kɒndʌkt] *s* **1.** Führung, Leitung, Verwaltung *f* **2.** Handhabung *f* **3.** Verhalten, Betragen, Benehmen *nt;* Führung *f;* **con•duc•tive** [kən'dʌktɪv] *adj* (PHYS ELEK) leitend; **con•duc•tor** [kən'dʌktə(r)] *s* **1.** Führer(in) *m(f),* Leiter(in) *m(f),* Direktor(in) *m(f)* **2.** (MUS) Dirigent(in) *m(f)* **3.** Schaffner(in) *m(f);* (*Am*) Zugführer(in) *m(f)* **4.** (PHYS ELEK) (Wärme)Leiter *m;* Blitzableiter *m* **5.** (*Kabel*) Ader *f;* **con•duc•tress** [kən'dʌktrɪs] *s* Schaffnerin *f*

cone [kəʊn] *s* **1.** (MATH) Kegel *m;* Konus *m* **2.** (Berg)Kegel *m* **3.** Eistüte *f* **4.** (BOT) Zapfen *m* **5.** (*Verkehr*) Pylon *m;* ~ **of light** Lichtkegel *m*

con•fec•tion [kən'fekʃn] *s* Konfekt *nt;* **con•fec•tioner** [kən'fekʃnə(r)] *s* Konditor(in) *m(f);* **con•fec•tion•ery** [kən'fekʃənərɪ] *s* **1.** Süßwaren *fpl* **2.** Süßwarenhandlung, Konditorei *f*

con•fed•er•acy [kən'fedərəsɪ] *s* **1.** Bund *m,* Bündnis *nt* **2.** Verschwörung *f;* **con•fed•er•ate** [kən'fedərət] **I.** *adj* konföderiert; verbündet **II.** *s* **1.** Bundesgenosse, Alliierte(r) *m* **2.** Komplize, Verschwörer *m;* **the Confederates** (HIST) die Konföderierten *mpl;* **con•fed•er•ation** [kənˌfedə'reɪʃn] *s* Bund *m,* Bündnis *nt;* Staatenbund *m*

con•fer [kən'fɜ:(r)] **I.** *vt* verleihen, übertragen (*on, upon s.o.* jdm) **II.** *vi* sich beraten, verhandeln (*with* mit); **con•fer•ence** ['kɒnfərəns] *s* **1.** Tagung, Konferenz *f* **2.** Besprechung, Unterredung, Verhandlung *f;* **be in** ~ bei einer Besprechung sein; **conference call** *s* Konferenzschaltung *f*

con•fess [kən'fes] **I.** *vt* **1.** bekennen, (ein-, zu)gestehen (*to have, to having* zu haben) **2.** (REL) beichten **3.** die Beichte abnehmen (*s.o.* jdm); **I must** ~ ich muss zugeben **II.** *vi* **1.** seine Schuld, seinen Fehler eingestehen **2.** ein Geständnis ablegen; **con•fess•ed•ly** [-ɪdlɪ] *adv* zugestandenermaßen; **con•fes•sion** [kən'feʃn] *s* **1.** Bekenntnis, Geständnis *nt* **2.** (REL) Beichte *f* **3.** Bekenntnis *nt,* Konfession *f;* **make a full** ~ ein volles Geständnis ablegen; **con•fes•sional** [kən'feʃənl] *s* Beichtstuhl *m;* **con•fes•sor** [kən'fesə(r)] *s* Beichtvater *m*

con•fetti [kən'fetɪ] *s* Konfetti *nt*

con•fi•dant [ˌkɒnfɪ'dænt] *s* Vertraute(r) *m;* **con•fi•dante** [ˌkɒnfɪ'dænt] *s* Vertraute *f;* **con•fide** [kən'faɪd] **I.** *vt* anvertrauen (*to s.o.* jdm) **II.** *vi* **1.** vertrauen (*in s.o.* jdm) **2.** sich verlassen (*in s.o.* auf jdn); **con•fi•dence** ['kɒnfɪdəns] *s* **1.** Vertrauen (*in* auf), Zutrauen *nt* (*in* zu) **2.** Zuversicht, Überzeugung *f;* Selbstsicherheit *f* **3.** vertrauliche Mitteilung, Geheimnis *nt;* **in strict** ~ streng vertraulich; **place** ~ **in s.o.** in jdn Vertrauen setzen; **take s.o. into** ~ jdn ins Vertrauen ziehen; **question of** ~ (POL) Vertrauensfrage *f;* ~ **trick** Schwindel *m;* ~ **trickster** [*o* **man**] Schwindler *m;* **con•fi•dent** ['kɒnfɪdənt] *adj* **1.** sicher, überzeugt (*of* von) **2.** zuversichtlich **3.** selbstsicher **4.** überheblich

con•fi•den•tial [ˌkɒnfɪ'denʃl] *adj* **1.** (*Mitteilung*) vertraulich, geheim **2.** vertraut, eingeweiht; **con•fid•en•tial•ly** [ˌkɒnfɪ'denʃəlɪ] *adv* im Vertrauen; **con•fid•ing** [kən'faɪdɪŋ] *adj* vertrauensvoll

con•fine ['kɒnfaɪn] **I.** *s meist pl* Grenze *f;* Grenzstreifen *m;* (*fig*) Grenzgebiet *nt* **II.** [kən'faɪn] *vt* **1.** begrenzen, beschränken (*to* auf) **2.** einsperren, gefangenhalten (*in, to* in); **be ~d** niederkommen, entbunden werden; **be ~d to one's bed** ans Bett gefesselt sein; **be ~d to one's room** das Zimmer nicht verlassen können; ~ **o.s. to** sich beschränken auf; **con•fine•ment** [kən'faɪnmənt] *s* **1.** Einschränkung, Beschränkung *f* **2.** Haft *f;* Einsperren *nt;* Einweisung *f;* Gefangenschaft *f* **3.** Niederkunft *f,* Wochenbett *nt*

con•firm [kən'fɜ:m] *vt* **1.** bestätigen **2.** (*Entschluss*) bekräftigen (*in* in), (be)stärken, festigen **3.** (REL) konfirmieren; firmen; **con•fir•ma•tion** [ˌkɒnfə'meɪʃn] *s* **1.** Be-

C

stätigung, Bekräftigung *f* **2.** Festigung *f* **3.** (REL) Konfirmation *f;* Firmung *f;* **confirmed** [kən'fɜːmd] *adj* **1.** eingefleischt **2.** (MED) chronisch **3.** unverbesserlich

con•fis•cate ['kɒnfɪskeɪt] *vt* beschlagnahmen

con•flict ['kɒnflɪkt] **I.** *s* **1.** Zusammenstoß, Kampf *m* **2.** Streit, Konflikt *m;* Meinungsverschiedenheit *f;* Widerstreit *m* (*der Gefühle*)*;* **in ~ with** im Gegensatz zu; **~ of interests** Interessenkonflikt *m* **II.** [kən'flɪkt] *vi* **1.** im Widerspruch stehen (*with* zu), kollidieren (*with* mit) **2.** sich widersprechen; **conflict attenuation** *s* Konfliktbegrenzung, -eindämmung *f;* **con•flict•ing** [kən'flɪktɪŋ] *adj* (*Gefühle*) widerstreitend; widersprechend

con•flu•ence ['kɒnfluːəns] *s* Zusammenfluss *m*

con•form [kən'fɔːm] **I.** *vt* in Übereinstimmung bringen (*to* mit), anpassen (*to* an) **II.** *vi* **1.** übereinstimmen (*to* mit), entsprechen (*to dat*) **2.** sich anpassen (*to* an); **con•form•ist** [kən'fɔːmɪst] *s* Anpasser(in) *m(f),* Konfirmist(in) *m(f);* **con•form•ity** [kən'fɔːmɪtɪ] *s* **1.** Übereinstimmung *f* (*with* mit) **2.** Anpassung *f* (*to* an); **in ~ with** gemäß, übereinstimmend mit

con•found [kən'faʊnd] *vt* **1.** verwechseln (*with* mit) **2.** durcheinander bringen, durcheinander werfen **3.** verwirren, aus der Fassung bringen **4.** zunichte machen; **~ it!** verdammt (noch mal)!; **con•founded** [-ɪd] *adj* (*fam*) verdammt, verflixt; abscheulich

con•front [kən'frʌnt] *vt* **1.** gegenüberstellen (*with dat*), konfrontieren (*with* mit) **2.** gegenüber-, entgegentreten (*s.th.* einer S), ins Auge sehen (*danger* der Gefahr); **con•fron•ta•tion** [ˌkɒnfrʌn'teɪʃn] *s* Konfrontation *f;* **con•fron•ta•tional** [ˌkɒnfrʌn'teɪʃnəl] *adj* Konfrontations-

con•fuse [kən'fjuːz] *vt* **1.** durcheinander bringen, durcheinander werfen **2.** verwechseln (*with* mit); **con•fused** [kən'fjuːzd] *adj* **1.** verwirrt **2.** in Verlegenheit **3.** verworren, unklar; **con•fusion** [kən'fjuːʒn] *s* **1.** Verwirrung *f,* Durcheinander *nt* **2.** Aufruhr, Tumult *m* **3.** Verworrenheit *f* **4.** Verwirrtheit, Bestürzung *f* **5.** Verwechs(e)lung *f*

con•geal [kən'dʒiːl] **I.** *vt* (*Kälte*) erstarren lassen **II.** *vi* **1.** (vor Kälte) erstarren, steif werden **2.** (*Flüssigkeit*) fest werden, (ge)frieren **3.** gerinnen

con•gen•ial [kən'dʒiːnɪəl] *adj* **1.** geistesverwandt (*with, to s.o.* jdm) **2.** freundlich, sympathisch **3.** (*Sache*) angenehm, zusagend **4.** passend, angemessen (*to dat*)

con•gested [kən'dʒestɪd] *adj* **1.** überfüllt; übervölkert **2.** sehr dicht besiedelt **3.** (*Straßen*) verstopft **4.** (MED) mit Blutandrang; **con•ges•tion** [kən'dʒestʃən] *s* **1.** (MED) Blutandrang *m* **2.** Überfüllung *f* **3.** (*~ of traffic*) (Verkehrs)Stauung, Stockung, Verstopfung *f* **4.** (*~ of population*) Übervölkerung *f*

con•glom•er•ate [kən'glɒmərət] **I.** *adj* zusammengewürfelt; (*Sprache*) Misch- **II.** *s* Konglomerat *nt;* (*fig*) zusammengewürfelte Masse; (COM) (Misch)Konzern *m* **III.** [kən'glɒməreɪt] *vi* sich zusammenballen, verschmelzen; **con•glom•er•ation** [kənˌglɒmə'reɪʃn] *s* Zusammenballung, Anhäufung *f;* Konglomerat *nt*

Con•go ['kɒŋgəʊ] *s* Kongo *m;* **Con•go•lese** [ˌkɒŋgəʊ'liːz] **I.** *adj* kongolesich **II.** *s* Kongolese *m,* Kongolesin *f*

con•gratu•late [kən'grætʃʊleɪt] *vt* Glück wünschen (*s.o.* jdm), gratulieren (*s.o.* jdm, *on* zu); **~ o.s. on s.th.** sich über etw freuen, über etw froh sein; **con•gratu•lation** [kənˌgrætʃʊ'leɪʃn] *s meist pl* Glückwunsch *m,* Gratulation *f;* **~s on passing the exam!** ich gratuliere zum bestandenen Examen!

con•gre•gate ['kɒŋgrɪgeɪt] *vi* zusammenkommen, sich versammeln (*round* um *+acc*); **con•gre•ga•tion** [ˌkɒŋgrɪ'geɪʃn] *s* **1.** Ansammlung *f;* Zusammenkunft, Versammlung *f* **2.** (REL) Gemeinde *f;* **con•gre•ga•tional** [ˌkɒŋgrɪ'geɪʃənl] *adj* (REL) Gemeinde-

con•gress ['kɒŋgres] *s* Zusammenkunft, Tagung *f;* Kongress *m;* Parteitag *m;* **Congress** (*Am*) der Kongress; **Con•gress•man** [-mən] <*pl* -men> *s* Kongressabgeordnete(r) *m;* **Con•gress•woman** [-wʊmən, *pl* -wɪmɪn] <*pl* -women> *s* Kongressabgeordnete *f*

con•gru•ence ['kɒŋgrʊəns] *s* **1.** (*a.* GRAM) Übereinstimmung *f* **2.** (MATH) Kongruenz *f;* **con•gru•ent** ['kɒŋgrʊənt] *adj* **1.** (*a.* GRAM) übereinstimmend (*with* mit) **2.** entsprechend, gemäß (*with dat*), passend (*with* zu) **3.** (MATH) kongruent

conical ['kɒnɪkl] *adj* konisch, kegelförmig

coni•fer ['kɒnɪfə(r)] *s* Nadelbaum *m;* **co•nif•erous** [kə'nɪfərəs] *adj* (BOT) zapfentragend; **~ tree** Nadelbaum *m*

con•jec•tural [kən'dʒektʃərəl] *adj* mutmaßlich; **con•jec•ture** [kən'dʒektʃə(r)] **I.** *s* Vermutung, Mutmaßung *f* **II.** *vt* mutmaßen, vermuten **III.** *vi* Vermutungen anstellen

con•ju•gal ['kɒndʒʊgl] *adj* ehelich

con•ju•gate ['kɒndʒʊgeɪt] **I.** *vt* (GRAM) konjugieren **II.** *vi* (BIOL) sich paaren; **con•ju•ga•tion** [ˌkɒndʒʊ'geɪʃn] *s* **1.** (BIOL) Paarung *f* **2.** (GRAM) Konjugation *f*

con•junc•tion [kən'dʒʌŋkʃn] *s* **1.** Verbindung *f* **2.** Zusammentreffen, -fallen *nt*

3. (GRAM ASTR) Konjunktion *f;* **in ~ with** in Verbindung mit

con•junc•ti•vitis [kənˌdʒʌŋktɪ'vaɪtɪs] *s* (MED) Bindehautentzündung *f*

con•jure ['kʌndʒə(r)] *vt, vi* zaubern; **conjure away** *vt* wegzaubern; **conjure up** *vt* hervorzaubern; (*fig*) heraufbeschwören; (*Geist*) beschwören; **con•jurer** ['kʌndʒərə(r)] *s* **1.** Zauberkünstler(in) *m(f),* Taschenspieler(in) *m(f)* **2.** Zauberer *m,* Zauberin *f;* **con•jur•ing** [-ɪŋ] *s* Zaubern *nt;* Zauberei *f;* **conjuring trick** *s* Zauberkunststück *nt;* **con•juror** ['kʌndʒərə(r)] *s* **1.** Zauberkünstler(in) *m(f),* Taschenspieler(in) *m(f)* **2.** Zauberer *m,* Zauberin *f*

conk [kɒŋk] **I.** *vt* (*fam*) hauen **II.** *s* (*fam*) Zinken *m;* **conk out** *vi* **1.** (*fam*) versagen; (AUTO) stehenbleiben **2.** (*fam: Mensch*) umkippen; sterben

conker ['kɒŋkə(r)] *s* Rosskastanie *f*

con•man ['kɒnmæn] <*pl* -men> *s* Schwindler, Hochstapler *m*

con•nect [kə'nekt] **I.** *vt* **1.** verbinden (*with* mit); (TELE) anschließen (*with* an) **2.** (TECH) koppeln, kuppeln (*with* mit), an-, einschalten **3.** (*fig*) miteinander in Verbindung, in Zusammenhang bringen; **~ through** (TELE) durchschalten; **be ~ed with** in Verbindung stehen mit; **be well ~ed** gute Beziehungen haben **II.** *vi* **1.** in Verbindung stehen (*with* mit) **2.** (*Zug*) Anschluss haben (*with* an) **3.** landen (*with a blow* einen Schlag); **con•nec•ted** [-ɪd] *adj* **1.** verbunden **2.** verwickelt (*with* in) **3.** verwandt **4.** (*fig*) zusammenhängend, logisch aufgebaut; **con•nect•ing** [-ɪŋ] *adj:* **~ flight** Anschlussflug *m;* **~ link** Zwischen-, Bindeglied *nt;* **~ rod** Pleuelstange *f;* **~ train** Anschlusszug *m*

con•nec•tion, con•nex•ion [kə'nekʃn] *s* **1.** Verbindung *f;* (TELE, RAIL) Anschluss *m* **2.** Zusammenhang *m* **3.** (*a. pl*) Beziehungen *f* (*with* zu), Verbindungen *fpl* **4.** Kundenkreis *m,* Kundschaft *f* **5.** Bekanntschaft *f;* Bekanntenkreis *m;* Verwandtschaft *f;* **in this ~** in diesem Zusammenhang; **in ~ with** im Zusammenhang mit; in Bezug auf; **with good ~s** mit guten Beziehungen; **establish a ~** sich einen Kundenkreis schaffen; **what is the ~ between …?** welcher Zusammenhang besteht zwischen, wie hängen … zusammen?; **parallel ~** (ELEK) Parallelschaltung *f;* **rail/train ~** Bahn-/Zugverbindung *f;* **telephone ~** Fernsprechverbindung *f;* **~ by air/by sea** Flug-/Schiffsverbindung *f;* **con•nect•or** [kə'nektə(r)] *s* (ELEK) Lüsterklemme *f*

con•niv•ance [kə'naɪvəns] *s* (sträfliche) Nachsicht (*at, in* mit), Begünstigung *f;* **connive** [kə'naɪv] *vi* (*Unrecht*) mit Absicht übersehen (*at s.th.* etw), stillschweigend dulden (*at s.th.* etw), Vorschub leisten (*at s.th.* einer S)

con•nois•seur [ˌkɒnə'sɜː(r)] *s* Kenner *m*

con•no•ta•tion [ˌkɒnə'teɪʃn] *s* Nebenbedeutung, Assoziation *f;* (LING) Konnotation *f*

con•quer ['kɒŋkə(r)] **I.** *vt* **1.** erobern **2.** besiegen, überwältigen, überwinden (*Schwierigkeit*) **3.** (*fig*) Herr werden über **II.** *vi* siegen, siegreich sein; **con•queror** ['kɒŋkərə(r)] *s* Eroberer *m,* Eroberin *f;* Sieger(in) *m(f)*

con•quest ['kɒŋkwəst] *s* **1.** (*a. fig*) Eroberung *f* **2.** (JUR) Errungenschaft *f*

con•science ['kɒnʃəns] *s* Gewissen *nt;* **in all ~** (*fam*) alles, was recht ist; **have on one's ~** auf dem Gewissen haben; **have no ~** gewissenlos sein; **con•scien•tious** [ˌkɒnʃɪ'enʃəs] *adj* gewissenhaft; **con•scien•tious•ness** [-nɪs] *s* Gewissenhaftigkeit *f;* **conscientious objector** *s* Kriegs-, Wehrdienstverweigerer *m*

con•scious ['kɒnʃəs] *adj* **1.** bewusst **2.** absichtlich, wissentlich; vorsätzlich **3.** (MED) bei Bewusstsein; **be ~ of s.th.** sich über etw im Klaren sein; **con•scious•ness** ['kɒnʃəsnɪs] *s* **1.** Bewusstsein *nt* (*of +gen, that* dass) **2.** Wissen *nt* (*of* um), Kenntnis *f* (*of* von)

con•script [kən'skrɪpt] **I.** *vt* (MIL) einziehen, einberufen **II.** ['kɒnskrɪpt] *s* Wehrdienstpflichtige(r) *m;* **con•scrip•tion** [kən'skrɪpʃn] *s* **1.** Einberufung *f* **2.** Wehrpflicht *f*

con•se•crate ['kɒnsɪkreɪt] *vt* **1.** (REL) weihen, konsekrieren **2.** widmen **3.** heiligen; **con•se•cra•tion** [ˌkɒnsɪ'kreɪʃn] *s* **1.** (REL) Weihe, Konsekration *f* **2.** Hingabe *f* (*to* an)

con•secu•tive [kən'sekjʊtɪv] *adj* aufeinander folgend, fortlaufend; **~ clause** (GRAM) Konsekutivsatz *m;* **~ interpreting** Konsekutivdolmetschen *nt;* **consecu•tive•ly** [-lɪ] *adv* nacheinander; fortlaufend

con•sen•sus [kən'sensəs] *s* **1.** Übereinstimmung *f* **2.** (*~ of opinion*) übereinstimmende Meinung, allgemeine Ansicht

con•sent [kən'sent] **I.** *vi* einwilligen (*to* in), einverstanden sein (*to* mit) **II.** *s* Einwilligung *f* (*to* in), Einverständnis *nt* (*to* mit), Zustimmung *f* (*to* zu); **by mutual ~** in gegenseitigem Einvernehmen; **give one's ~ to** seine Zustimmung erteilen zu

con•se•quence ['kɒnsɪkwəns] *s* **1.** Folge, Konsequenz *f;* Ergebnis *nt* **2.** Folgerung *f,* Schluss *m* **3.** Bedeutung, Wichtigkeit *f,* Einfluss *m;* **in ~** folglich; **in ~ of** infolge *+gen;* **of ~** bedeutend, wichtig (*to* für); **of no ~** unwichtig, unbedeutend; **be the ~ of s.th.** die Folge einer S sein; **have serious ~s** ernste Folgen haben; **bear the ~s** die Folgen tragen; **that's of no further ~** das fällt nicht weiter ins Gewicht; **con•se•quent** ['kɒnsɪkwənt] *adj* folgend (*upon* auf), sich ergebend (*upon* aus); **conse•quen•tial** [ˌkɒnsɪ'kwenʃl] *adj* **1.** sich ergebend (*on* aus) **2.** dünkelhaft **3.** folgerichtig; **con•se•quent•ly** ['kɒnsɪkwəntlɪ] *adv* folglich

con•ser•va•tion [ˌkɒnsə'veɪʃn] *s* **1.** Erhaltung, Bewahrung *f;* Schutz *m* **2.** Umweltschutz *m* **3.** Konservierung *f;* **soil** ~ Bodenmelioration *f;* ~ **area** Naturschutzgebiet *nt;* Gebiet *nt* unter Denkmalschutz; **con•ser•va•tion•ist** [ˌkɒnsə'veɪʃənɪst] *s* Umweltschützer(in) *m(f),* Denkmalpfleger(in) *m(f);* **conservation technology** *s* Umweltschutztechnik *f*

con•ser•va•tism [kən'sɜːvətɪzəm] *s* (*bes.* POL) Konservat(iv)ismus *m;* **con•ser•va•tive** [kən'sɜːvətɪv] **I.** *adj* **1.** (*a.* POL) konservativ **2.** vorsichtig, zurückhaltend **II.** *s* (POL) Konservative(r) *f m*

con•ser•va•toire [kən'sɜːvətwɑː(r)] *s* (*Br*) Musikhochschule *f*

con•ser•va•tory [kən'sɜːvətrɪ] *s* **1.** Treibhaus *nt;* Wintergarten *m* **2.** (MUS) Konservatorium *nt,* Musik(hoch)schule *f*

con•serve [kən'sɜːv] **I.** *vt* **1.** erhalten, bewahren **2.** sparsam umgehen mit **3.** konservieren, einmachen, -kochen **II.** *s meist pl* (das) Eingemachte

con•sider [kən'sɪdə(r)] **I.** *vt* **1.** betrachten, erwägen, bedenken **2.** reiflich überlegen, prüfen **3.** berücksichtigen, Rücksicht nehmen auf **4.** ansehen, betrachten als, halten für; **all things ~ed** wenn man alles in Betracht zieht; **I** ~ ich bin der Auffassung (*that* dass) **II.** *vi* nachdenken, überlegen; **con•sider•able** [kən'sɪdərəbl] *adj* **1.** bedeutend **2.** beachtlich, beträchtlich; **con•siderate** [kən'sɪdərət] *adj* rücksichtsvoll, aufmerksam, zuvorkommend (*of* gegen); **be** ~ **of** Rücksicht nehmen auf; **con•sider•ation** [kənˌsɪdə'reɪʃn] *s* **1.** Überlegung, Erwägung *f* **2.** Gesichtspunkt *m* **3.** Beweggrund, Anlass *m;* Umstand *m* **4.** Rücksicht(nahme), Aufmerksamkeit, Zuvorkommenheit *f* (*of* gegenüber) **5.** Vergütung *f,* Entgelt *nt;* Gegenleistung *f;* **after long** ~ nach reiflicher Überlegung; **in** ~ **of** in Anbetracht *+gen,* im Hinblick, mit Rücksicht auf; **for a** ~ entgeltlich; **of no** ~ (**at all**) (völlig) belanglos, unerheblich; **on** [*o* **under**] **no** ~ auf keinen Fall, unter keinen Umständen; **on further** ~ bei näherer Überlegung; **out of** ~ **for** mit Rücksicht auf; in Anbetracht *+gen;* **be** (**still**) **under** ~ noch nicht entschieden sein; **come into** ~ in Frage, in Betracht kommen; **give careful** ~ **to s.th.** etw sorgfältig erwägen, überdenken; **take into** ~ in Betracht, in Erwägung ziehen; berücksichtigen; **con•sidered** [kən'sɪdəd] *adj* überlegt; **your** ~ **opinion** Ihre geschätzte Meinung; **con•sider•ing** [kən'sɪdərɪŋ] **I.** *prep* in Anbetracht *+gen,* in Hinblick auf **II.** *adv* (*fam*) den Umständen nach **III.** *conj* da

con•sign•ment [kən'saɪnmənt] *s* **1.** Versand *m,* Zustellung, Aushändigung *f* **2.** (Waren)Sendung *f* **3.** Kommission *f;* Konsignation *f*

con•sist [kən'sɪst] *vi* bestehen, sich zusammensetzen (*of* aus); ~ **in** bestehen in; **con•sist•ency** [kən'sɪstənsɪ] *s* **1.** Dichte, Festigkeit, Konsistenz *f* **2.** Übereinstimmung *f* **3.** logische Folge, Zusammenhang *m,* Folgerichtigkeit *f* **4.** Beständigkeit, Einheitlichkeit *f;* **con•sist•ent** [kən'sɪstənt] *adj* **1.** in Übereinstimmung, in Einklang, vereinbar (*with* mit) **2.** beständig, gleich bleibend **3.** konsequent (*about s.th.* in etw)

con•so•la•tion [ˌkɒnsə'leɪʃn] *s* Trost *m;* **consolation prize** *s* Trostpreis *m;* **con•sola•tory** [kən'sɒlətərɪ] *adj* tröstend

con•sole[1] ['kɒnsəʊl] *s* **1.** Konsole *f* **2.** Wandgestell *nt* **3.** Musiktruhe *f* **4.** (RADIO) Gehäuse *nt* **5.** (TECH) Steuerpult *nt*

con•sole[2] [kən'səʊl] *vt* trösten (*for* über)

con•soli•date [kən'sɒlɪdeɪt] *vt* **1.** stärken, festigen **2.** miteinander verbinden, vereinigen, zusammenschließen; (*a.* FIN) zusammenlegen **3.** (FIN) fundieren, konsolidieren; **con•soli•dated** [-ɪd] *adj* **1.** (FIN) fundiert, konsolidiert **2.** (*Am*) gemeinsam, für mehrere Betriebe arbeitend; **con•soli•da•tion** [kənˌsɒlɪ'deɪʃn] *s* **1.** Stärkung, Festigung *f* **2.** Verbindung, Vereinigung *f,* Zusammenschluss *m,* Fusion *f;* (*a.* FIN) Zusammenlegung *f* **3.** (FIN) Konsolidierung *f*

con•sommé [kən'sɒmeɪ] *s* (klare) Fleischbrühe *f*

con•so•nance ['kɒnsənəns] *s* (MUS) Wohlklang *m,* Konsonanz *f*

con•son•ant ['kɒnsənənt] **I.** *adj* **1.** übereinstimmend (*with* mit) **2.** harmonisch **3.** (GRAM) konsonantisch **II.** *s* (GRAM) Konsonant *m*

con•sort [kən'sɔːt] **I.** *vi* **1.** Umgang haben, verkehren (*with* mit) **2.** in Einklang stehen, harmonieren (*with* mit) **II.** ['kɒnsɔːt] *s* **1.** Gemahl(in *f*) *m* **2.** (MAR) Begleitschiff *nt;* **prince** ~ Prinzgemahl *m;* **con•sor•tium** [kən'sɔːtɪəm] *s* Konsortium *nt*

con•spicu•ous [kən'spɪkjʊəs] *adj* **1.** deutlich sichtbar **2.** auffällig, auffallend **3.** bemerkenswert (*by, for* durch, wegen); **be** ~ **by one's absence** durch Abwesenheit glänzen; **make o.s.** ~ sich auffällig benehmen

con•spir•acy [kən'spɪrəsɪ] *s* Verschwörung *f;* **con•spira•tor** [kən'spɪrətə(r)] *s* Verschwörer(in) *m(f);* **con•spire**

[kən'spaɪə(r)] *vi* **1.** sich verschwören (*against* gegen) **2.** (*fig*) zusammenwirken

con•stable ['kʌnstəbl] *s* Polizist(in) *m(f)*; **con•sta•bu•lary** [kən'stæbjʊlərɪ] *s* Polizei *f*

con•stancy ['kɒnstənsɪ] *s* **1.** Standhaftigkeit, Beständigkeit *f* **2.** Treue *f* **3.** Stabilität *f*; Dauerhaftigkeit *f*

con•stant ['kɒnstənt] **I.** *adj* **1.** standhaft, beständig **2.** ununterbrochen, fortwährend, dauernd **3.** gleich bleibend, konstant **II.** *s* (MATH PHYS) Konstante *f*; **con•stant•ly** [-lɪ] *adv* (be)ständig, immer(zu), unaufhörlich

con•stel•la•tion [ˌkɒnstə'leɪʃn] *s* Sternbild *nt*; (*a. fig*) Konstellation *f*

con•ster•na•tion [ˌkɒnstə'neɪʃn] *s* Bestürzung, Fassungslosigkeit *f*

con•sti•pate ['kɒnstɪpeɪt] *vt* (MED) verstopfen; **be ~d** Verstopfung haben; **con•sti•pa•tion** [ˌkɒnstɪ'peɪʃn] *s* Verstopfung *f*

con•sti•tu•ency [kən'stɪtjʊənsɪ] *s* **1.** Wähler(schaft *f*) *mpl* (*eines Wahlbezirks*) **2.** Wahlbezirk, -kreis *m*; **con•sti•tu•ent** [kən'stɪtjʊənt] **I.** *adj* **1.** wählend **2.** verfassunggebend **3.** (*Teil*) einzeln **II.** *s* **1.** Wähler(in) *m(f)* **2.** Auftrag-, Vollmachtgeber(in) *m(f)*, Mandant(in) *m(f)* **3.** (*~ part*) Grundbestandteil *m*; Bauteil *m*; Komponente *f*; Satzteil *m*

con•sti•tute ['kɒnstɪtju:t] *vt* **1.** (*Person*) einsetzen, ernennen **2.** (*Körperschaft*) konstituieren, begründen; (*Ausschuss*) bilden; (*Einrichtung*) schaffen **3.** (*Gesetz*) in Kraft setzen **4.** (*ein Ganzes*) ausmachen, bilden, darstellen **5.** (*Summe*) betragen

con•sti•tu•tion [ˌkɒnstɪ'tju:ʃn] *s* **1.** (Auf)Bau *m*, Struktur *f* **2.** (*Mensch*) Konstitution *f* **3.** Wesensart *f*, Charakter *m* **4.** Gesellschafts-, Staats-, Regierungsform *f* **5.** Verfassung *f*, (Staats) Grundgesetz *nt*; Satzung *f*; **con•sti•tu•tional** [ˌkɒnstɪ'tju:ʃənl] **I.** *adj* **1.** Verfassungs-; (*Monarchie*) konstitutionell; (*Regierung, Vorgang*) verfassungsmäßig **2.** (MED) konstitutionell, der Veranlagung entsprechend; (*Abneigung*) naturgegeben; **it's not ~** das ist verfassungswidrig **II.** *s* Spaziergang *m*

constrain [kən'streɪn] *vt* (er)zwingen; nötigen; **be ~ed by circumstances** Sachzwängen unterliegen; **find o.s. ~ed** sich gezwungen, genötigt sehen; **con•straint** [kən'streɪnt] *s* **1.** Zwang *m* **2.** Verlegenheit, Befangenheit *f*; Zurückhaltung *f* **3.** Einschränkung *f*; **under ~** unter Zwang, zwangsweise; **be under ~** sich in einer Zwangslage befinden

con•strict [kən'strɪkt] *vt* **1.** einengen **2.** zusammenziehen **3.** beschränken; **con•stric•tion** [kən'strɪkʃn] *s* **1.** Einengung *f* **2.** Zusammenziehen *nt* **3.** Beschränkung *f*; **con•strictor** [-ə(r)] *s* (MED) Schließmuskel, Konstriktor *m*

con•struct¹ [kən'strʌkt] *vt* **1.** (auf-, er)bauen, errichten, konstruieren **2.** (*fig*) aus-, erdenken, ersinnen; (*Theorie*) entwickeln **3.** (GRAM: *Satz*) konstruieren

con•struct² ['kɒnstrʌkt] *s* Gedankengebäude *nt*

con•struc•tion [kən'strʌkʃn] *s* **1.** Bau *m*, Erbauung, Errichtung *f*; Konstruktion *f* **2.** Gestaltung, Konstruktion *f*; Bauart, -weise, Ausführung *f*; Aufbau *m* **3.** Gebäude *nt*, Bau(werk *nt*) *m*, Anlage *f* **4.** (*fig*) Deutung, Erklärung, Auslegung *f* **5.** (GRAM) Konstruktion *f*; Satzbau *m*; **under** [*o* **in the course of**] **~** im Bau; **put a (good, wrong) ~ on** (günstig, falsch) auslegen; **~ material** Baumaterial *nt*; **~ supervision** Bauaufsicht *f*; **con•struc•tional** [kən'strʌkʃnl] *adj* baulich; **~ drawing** Konstruktionszeichnung *f*; **~ element** Bauelement *nt*; **construc•tive** [kən'strʌktɪv] *adj* **1.** (*fig*) aufbauend, konstruktiv, positiv **2.** (*Mensch*) schöpferisch, erfinderisch **3.** (JUR) hypothetisch; **~ dismissal** fingierte Entlassung; **con•structor** [kən'strʌktə(r)] *s* Erbauer(in) *m(f)*; Konstrukteur(in) *m(f)*

con•strue [kən'stru:] **I.** *vt* **1.** (*Satz*) konstruieren **2.** wörtlich übersetzen **3.** erklären, deuten, auslegen **II.** *vi* (*Satz*) sich konstruieren lassen

con•sul ['kɒnsl] *s* Konsul *m*; **con•su•lar** ['kɒnsjʊlə(r)] *adj* konsularisch; **con•su•late** ['kɒnsjʊlət] *s* Konsulat *nt*; **consulate general** *s* Generalkonsulat *nt*; **consul general** <*pl* -s-> *s* Generalkonsul *m*

con•sult [kən'sʌlt] **I.** *vt* **1.** um Rat fragen, zu Rate ziehen, konsultieren **2.** (*Buch*) nachschlagen in **3.** beachten, berücksichtigen, bedenken **II.** *vi* sich beraten (*with s.o. about s.th.* mit jdm über etw); **con•sul•tan•cy** [kən'sʌltənsɪ] *s* Beratung *f*; Beratungsbüro *nt*; **con•sul•tant** [kən'sʌltənt] **I.** *adj* beratend **II.** *s* **1.** Berater(in) *m(f)*, (Rechts)Konsulent(in) *m(f)* **2.** (MED) Spezialist(in) *m(f)*, Facharzt *m*, -ärztin *f*; **con•sul•ta•tion** [ˌkɒnsʌl'teɪʃn] *s* **1.** Befragung, Konsultation, Beratung *f* (*with* mit) **2.** Konferenz (*on* über), Sitzung *f*; **on ~ with** nach Rücksprache mit; **~ hour** Sprechstunde *f*; **con•sult•ing** [kən'sʌltɪŋ] *adj* beratend; **~-room** (MED) Sprechzimmer *nt*

con•sume [kən'sju:m] *vt* **1.** verzehren, konsumieren **2.** ver-, aufbrauchen **3.** (*Geld, Zeit, Kraft*) verbrauchen **4.** (*Zeit*) in Anspruch nehmen **5.** zerstören, vernichten; (*Feuer*) verzehren; **con•sumer** [kən'sju:mə(r)] *s* Verbraucher(in) *m(f)*, Konsument(in) *m(f)*, Abnehmer(in) *m(f)*; **~-friendly** verbraucherfreundlich; **~ resis-**

tance Kaufunlust *f;* ~ **society** Konsumgesellschaft *f;* ~ **durables** langlebige Gebrauchsgüter *ntpl;* ~**-goods** Konsum-, Verbrauchsgüter *pl;* ~ **protection** Verbraucherschutz *m;* ~ **advice centre** Verbraucherzentrale *f;* ~ **spending** Verbraucherausgaben *pl;* **con•sumer•ism** [-ɪzəm] *s* Konsumsteigerung *f;* Konsumverhalten *nt;* **con•sum•er•ist** *adj* Konsum-

con•sum•mate ['kɒnsəmeɪt] **I.** *vt* **1.** vollenden **2.** (JUR: *Ehe*) vollziehen **II.** [kən'sʌmət] *adj* vollständig, vollkommen, vollendet; **con•sum•ma•tion** [ˌkɒnsə'meɪʃn] *s* **1.** Vollendung *f;* (*a.* COM) Abschluss *m,* Ende *nt* **2.** (JUR) Vollziehung *f* (der Ehe) **3.** (*fig*) Höhepunkt *m;* Erfüllung *f*

con•sump•tion [kən'sʌmpʃn] *s* **1.** Verbrauch, Konsum *m* (*of* an), Absatz *m* **2.** (MED) Schwindsucht *f;* ~ **of energy/fuel/materials/water** Energie-/Brennstoff-/Material-/Wasserverbrauch *m;* **con•sump•tive** [kən'sʌmptɪv] *adj* schwindsüchtig, tuberkulös

con•tact ['kɒntækt] **I.** *s* **1.** Kontakt *m;* (*a.* ELEK) Berührung *f;* (ELEK) Kontakt *m* **2.** (*fig*) Verbindung (*with* mit), Beziehung *f* (*with* zu), Kontaktperson *f;* Verbindungsmann *m* **3.** (MED) Kontaktperson *f* **4.** Ansprechpartner(in) *m(f);* **be in** ~ **with** in Verbindung stehen mit; **make** ~ Verbindung anknüpfen (*with* mit); (ELEK) Kontakt herstellen **II.** *vt* Fühlung nehmen, in Verbindung treten mit; sich wenden an; ~ **by telephone** sich telefonisch in Verbindung setzen mit, anrufen; **try to** ~ **s.o.** versuchen, jdn zu erreichen; **contact-breaker** *s* (ELEK) Unterbrecher *m;* **contact lens** *s* Kontaktlinse *f;* **contact man** <*pl* -men> *s* Verbindungsmann *f;* **contact print** *s* (PHOT) Kontaktabzug *m*

con•tagion [kən'teɪdʒən] *s* **1.** (MED) Ansteckung, Übertragung *f;* ansteckende Krankheit, Seuche *f* **2.** (*fig*) verderblicher Einfluss; **con•tagious** [kən'teɪdʒəs] *adj* (*a. fig*) ansteckend, übertragbar

con•tain [kən'teɪn] **I.** *vt* **1.** enthalten **2.** (um)fassen, einschließen, in sich begreifen **3.** (*Gefühl*) beherrschen, zügeln **4.** begrenzen, einschließen **II.** *vr* sich beherrschen, sich in der Gewalt haben, sich zurückhalten; **con•tainer** [kən'teɪnə(r)] *s* **1.** Behälter *m;* Gefäß *nt;* (Benzin)Kanister *m* **2.** (COM) Container *m;* **con•tainer•ize** [kən'teɪnəraɪz] *vt* **1.** auf Containerbetrieb umstellen **2.** in Containern transportieren; **container ship** *s* Containerschiff *nt;* **con•tain•ment** [kən'teinmənt] *s* **1.** (MIL) Abwehr *f;* In-Schach-Halten *nt* **2.** (*in Kernkraftwerk*) Sicherheitsbehälter *m*

con•tami•nate [kən'tæmɪneɪt] *vt* **1.** verschmutzen, verunreinigen **2.** (MED) verseuchen; (*Gelände*) (radioaktiv) verseuchen **3.** (*fig*) verderben; ~**ed by radiation** strahlenverseucht; **con•tami•na•tion** [kənˌtæmɪ'neɪʃn] *s* **1.** Verschmutzung, Verunreinigung *f* **2.** (radioaktive) Verseuchung *f* **3.** Ansteckung *f;* verderblicher Einfluss **4.** (GRAM) Kontamination *f*

con•tem•plate ['kɒntempleɪt] **I.** *vt* **1.** betrachten, beschauen **2.** nachdenken, (nach)sinnen über **3.** ins Auge fassen, vorhaben, beabsichtigen **4.** erwarten, rechnen mit **II.** *vi* (nach)sinnen, meditieren (*on* über); **con•tem•pla•tion** [ˌkɒntem'pleɪʃn] *s* **1.** Betrachtung *f* **2.** Nachdenken, (Nach)Sinnen *nt* **3.** Beschaulichkeit *f* **4.** Absicht *f* **5.** Erwartung *f;* **con•tem•pla•tive** [kən'templətɪv] *adj* nachdenklich, besinnlich, beschaulich

con•tem•por•ary [kən'temprərɪ] **I.** *adj* **1.** gleichzeitig (*with* mit) **2.** zeitgenössisch **3.** gleichaltrig **II.** *s* Zeit-, Altersgenosse *m,* -genossin *f*

con•tempt [kən'tempt] *s* **1.** Verachtung, Geringschätzung *f* **2.** Schande *f* **3.** (~ *of court*) Missachtung *f* des Gerichts; Beeinflussung *f* der Rechtspflege; **con•tempt•ible** [kən'temptəbl] *adj* verächtlich, verachtenswert; **con•temptu•ous** [kən'temptʃʊəs] *adj* verächtlich, geringschätzig

con•tend [kən'tend] **I.** *vi* **1.** kämpfen, ringen **2.** sich bewerben (*for* um) **3.** streiten, disputieren (*with s.o. about s.th.* mit jdm über etw); ~ **with s.o./s.th.** mit jdm/etw fertig werden **II.** *vt* verfechten; behaupten (*that* dass)

con•tent¹ ['kɒntent] *s meist pl* **1.** Rauminhalt *m,* Volumen, Fassungsvermögen *nt* **2.** Inhalt *m* **3.** Inneneinrichtung *f* **4.** (*fig*) Gehalt *m;* **table of** ~**s** (*Buch*) Inhaltsverzeichnis *nt;* ~ **monitoring schemes** *pl* Überwachung der Inhalte (im Internet)

con•tent² [kən'tent] **I.** *adj* **1.** zufrieden (*with* mit) **2.** geneigt, bereit, gewillt (*to do* zu tun) **II.** *s* Zufriedenheit *f;* **to one's heart's** ~ nach Herzenslust **III.** *vt* zufrieden stellen, befriedigen; ~ **o.s. with** zufrieden sein, sich begnügen mit; **con•tented** [kən'tentɪd] *adj* zufrieden (*with* mit)

con•ten•tion [kən'tenʃn] *s* **1.** Streit, Zank *m* **2.** Disput *m,* Wortgefecht *nt,* Kontroverse *f* **3.** Streitpunkt *m* **4.** (JUR) Behauptung *f;* **con•ten•tious** [kən'tenʃəs] *adj* **1.** streitsüchtig **2.** (JUR) streitig; (*Sache*) strittig, umstritten

con•tent•ment [kən'tentmənt] *s* Zufriedenheit *f*

con•test [kən'test] **I.** *vt* **1.** umkämpfen, kämpfen um **2.** sich bemühen, sich bewerben, wetteifern um **3.** bestreiten, in Frage stellen; (*Wahl*) anfechten; ~ **a seat in Parliament** für einen Sitz im Unterhaus kandidieren **II.** *vi* streiten, kämpfen (*with, against s.o.* mit jdm) **III.** ['kɒntest] *s* **1.** Kampf, Streit *m* **2.** Wettkampf, -streit, -bewerb *m* (*for* um); **con•testant** [kən'testənt] *s* **1.** Wettkämpfer(in) *m(f)* **2.** Kandidat(in) *m(f)* **3.** Bewerber(in) *m(f)*; **contested takeover** *s* (COM) angefochtene Übernahme

con•text ['kɒntekst] *s* **1.** (Satz-, Sinn)Zusammenhang *m* **2.** Milieu *nt;* Umgebung *f;* Rahmen *m;* **in this** ~ in diesem Zusammenhang; **con•tex•tual** [kən'tekstʃʊəl] *adj* Kontext-; **con•tex•tual•ize** [-aɪz] *vt* in einen Zusammenhang setzen

con•ti•nent¹ ['kɒntɪnənt] *adj* **1.** zurückhaltend; enthaltsam; keusch **2.** (MED) fähig, Stuhl u. Harn zurückzuhalten

con•ti•nent² ['kɒntɪnənt] *s* Festland *nt,* Kontinent *m;* **the Continent** (Kontinental)Europa *nt;* **con•ti•nen•tal** [ˌkɒntɪ'nentl] **I.** *adj* kontinental, europäisch; ~ **climate** Landklima *nt;* ~ **quilt** Steppdecke **II.** *s* Bewohner *m* des Kontinents; (Festlands)Europäer(in) *m(f)*

con•tin•gency [kən'tɪndʒənsɪ] *s* **1.** Möglichkeit *f* **2.** Zufälligkeit *f;* Zufall *m;* Eventualität *f* **3. contingencies** unvorhergesehene Ausgaben *fpl;* **be prepared for all contingencies** für alle Eventualitäten vorbereitet sein; ~ **plan** Ausweichplan *m;* **con•tin•gent** [kən'tɪndʒənt] **I.** *adj* **1.** möglich, eventuell; unsicher, ungewiss; zufällig **2.** abhängig (*on, upon* von), bedingt **II.** *s* Kontingent *nt,* Quote *f,* Anteil *m*

con•tin•ual [kən'tɪnjʊəl] *adj* **1.** wiederholt, ständig wiederkehrend **2.** fortwährend, beständig, dauernd; **con•tin•ual•ly** [-lɪ] *adv* immer wieder; ohne Unterbrechung; **con•tinu•ation** [kənˌtɪnjʊ'eɪʃn] *s* **1.** Fortsetzung, Weiterführung *f* **2.** Fortdauer *f,* -bestehen *nt,* -bestand *m* **3.** Beibehaltung *f* **4.** Erweiterung *f,* Zusatz *m;* Verlängerung *f* **5.** (COM) Prolongation *f;* **con•tinue** [kən'tɪnju:] **I.** *vt* **1.** fortsetzen, fortfahren, weitermachen mit **2.** verlängern, ausdehnen **3.** wiederaufnehmen **4.** (bei)behalten **5.** (JUR) vertagen; ~ **to do s.th.** etw weiterhin tun; ~ **to read** weiterlesen; **to be ~d** Fortsetzung folgt **II.** *vi* **1.** fortfahren, weitermachen; fortdauern, anhalten **2.** (ver)bleiben; weiterhin sein, sich weiterhin befinden **3.** weitergehen, fortgeführt werden **4.** sich fortsetzen, sich (weiter) erstrecken **5.** wieder anfangen, fortfahren; ~ **on (one's way)** weiterfahren, -reisen; **con•ti•nu•ity** [ˌkɒntɪ'nju:ətɪ] *s* **1.** (Fort)Dauer, Beständigkeit, Stetigkeit *f* **2.** natürliche Folge, Zusammenhang *m* **3.** (FILM) Anschluss *m* **4.** (RADIO) Ansagen *fpl* **5.** (*fig*) roter Faden; **in** ~ im Zusammenhang, in der richtigen Reihenfolge; **out of** ~ nicht im Zusammenhang; ~ **of programme** Sendefolge *f;* ~ **girl** Scriptgirl *nt;* **con•tinu•ous** [kən'tɪnjʊəs] *adj* **1.** zusammenhängend, durchgehend, -laufend **2.** stetig, beständig; fortlaufend; ununterbrochen, dauernd **3.** kontinuierlich; ~ **current** (ELEK) Gleichstrom *m;* ~ **paper** [*o* **stationery**] (INFORM) Endlospapier *nt;* ~ **performance** (FILM) durchgehende Vorstellung; **present/past** ~ Verlaufsform *f* Präsens/Vergangenheit

con•tort [kən'tɔ:t] *vt* **1.** verdrehen, verzerren **2.** (TECH) verformen; **con•tor•tion** [kən'tɔ:ʃn] *s* **1.** Verzerrung *f;* Krümmung *f* **2.** (TECH) Verformung *f* **3.** Verrenkung *f;* **con•tor•tion•ist** [kən'tɔ:ʃənɪst] *s* Schlangenmensch *m*

con•tour ['kɒntʊə(r)] **I.** *vt* **1.** umreißen **2.** (TECH) formen, profilieren **3.** (GEOG) einer Höhenlinie folgen lassen **II.** *s* Umriss(linie *f*) *m;* **contour line** *s* (GEOG) Höhenlinie *f;* **contour map** *s* Höhenschichtkarte *f*

contra•band ['kɒntrəbænd] *s* **1.** Schmuggel *m* **2.** Schmuggelware *f*

contra•cep•tion [ˌkɒntrə'sepʃn] *s* Empfängnisverhütung *f;* **contra•cep•tive** [ˌkɒntrə'septɪv] **I.** *adj* empfängnisverhütend **II.** *s* Verhütungsmittel *nt*

con•tract¹ [kən'trækt] **I.** *vt* **1.** zusammenziehen, verkürzen **2.** enger machen, einengen **3.** (*Pupille*) verengen **4.** (*Schulden*) ansammeln **5.** (*Krankheit*) erkranken (an); entwickeln **II.** *vi* **1.** sich zusammenziehen; zusammenschrumpfen; einlaufen **2.** enger werden, sich verenge(r)n

contract² ['kɒntrækt] **I.** *s* **1.** Vertrag *m,* Abkommen *nt,* Kontrakt *m* **2.** Übereinkunft, Vereinbarung *f* **3.** (Liefer-, Werk)Vertrag *m* **4.** (*Bridge*) Kontrakt *m;* **by** ~ vertraglich; **enter into** [*o* **make a**] ~ einen Vertrag abschließen; **breach of** ~ Vertragsbruch *m;* **marriage** ~ Ehevertrag *m;* ~ **of carriage** Frachtvertrag *m;* ~ **of employment** Arbeits-, Anstellungsvertrag *m* **II.** *adj* vertraglich festgelegt, vereinbart **III.** [kən'trækt] *vt* **1.** (*Schulden*) machen **2.** (*Krankheit*) sich zuziehen, bekommen **3.** (*Angewohnheit, Laster*) annehmen; (*Vorliebe*) entwickeln **4.** (*Freundschaft*) schließen; (*Ehe*) eingehen; (*Bekanntschaft*) machen **5.** (*Verpflichtung*) übernehmen **IV.** [kən'trækt] *vi* **1.** sich vertraglich verpflichten **2.** sich verbünden; **contract in** *vi* sich anschließen; (*einer Versicherung*) beitreten; **contract out I.** *vi* austreten (*of* aus) **II.** *vt* (*Arbeit*) (außer Haus) vergeben

con•trac•tion [kən'trækʃn] *s* **1.** Zusammenziehung *f;* (*Pupille*) Verengung *f*

C

2. (GRAM) Verkürzung *f* 3. (MED) Wehe *f;* (*von Krankheit*) Erkrankung *f* (*of* an)

con•tractor [kən'træktə(r)] *s* 1. Vertragschließende(r) *f m,* Lieferant(in) *m(f)* 2. (Bau)Unternehmer(in) *m(f);* **con•trac•tual** [kən'træktʃʊəl] *adj* vertraglich

con•tra•dict [ˌkɒntrə'dɪkt] *vt* 1. widersprechen (*s.o.* jdm) 2. für unrichtig erklären 3. im Widerspruch stehen (*s.o., s.th.* zu jdm, zu einer S), unvereinbar sein (*s.th.* mit einer S); **con•tra•dic•tion** [ˌkɒntrə'dɪkʃn] *s* 1. Widerspruch *m,* Widerrede *f* 2. Unvereinbarkeit *f;* **con•tra•dic•tory** [ˌkɒntrə'dɪktərɪ] *adj* (sich) widersprechend, widerspruchsvoll

con•tralto [kən'træltəʊ] <*pl* -traltos> *s* Alt(stimme *f*) *m;* Altistin *f*

con•trap•tion [kən'træpʃn] *s* (*fam pej*) Apparat *m;* komisches Ding(s)

con•trary¹ ['kɒntrərɪ] I. *adj* 1. entgegengesetzt, gegenteilig; gegensätzlich 2. ungünstig 3. entgegen, gegen; ~ **to** entgegen +*dat,* gegen; ~ **to expectations** wider Erwarten; ~ **to order** [*o* **rule**] befehls-/regelwidrig II. *s* Gegenteil *nt* (*to* von); **on the** ~ im Gegenteil; **to the** ~ im entgegengesetzten Sinn; **proof to the** ~ Gegenbeweis *m*

con•trary² [kən'treərɪ] *adj* widerspenstig, bockig

con•trast [kən'trɑːst] I. *vt* vergleichen (*with* mit), gegenüberstellen (*with dat*), in Gegensatz stellen (*with* zu) II. *vi* sich (stark) abheben (*with* von), abstechen (*with* von, gegen), kontrastieren; im Widerspruch stehen (*with* zu) III. ['kɒntrɑːst] *s* Gegensatz *m* (*to* zu), Kontrast *m;* **by** ~ **with** im Vergleich zu; **in** ~ **to** im Gegensatz zu; **contrast control** *s* Kontrastregelung *f;* Kontrastregler *m*

con•tra•vene [ˌkɒntrə'viːn] *vt* 1. zuwiderhandeln (*s.th.* einer S), verstoßen (*a law* gegen ein Gesetz); (*Bestimmung, Vorschrift*) nicht beachten 2. widersprechen (*s.th.* einer S), in Abrede stellen, Stellung nehmen (*s.th.* gegen etw) 3. im Widerspruch stehen (*s.th.* zu einer S); **con•tra•ven•tion** [ˌkɒntrə'venʃn] *s* Zuwiderhandlung *f,* Verstoß *m;* **in** ~ **of the rules** entgegen den Vorschriften

con•trib•ute [kən'trɪbjuːt] I. *vt* 1. geben (*to* für), beitragen, beisteuern 2. (*einen Beitrag*) liefern II. *vi* 1. mitwirken, helfen (*to* bei) 2. beitragen (*to* zu); ~ **to a newspaper** für eine Zeitung schreiben; **con•tri•bu•tion** [ˌkɒntrɪ'bjuːʃn] *s* 1. Mitwirkung *f* 2. Beitrag *m* (*to* zu) 3. Spende *f;* Beitragsleistung, Beisteuer *f* 4. (COM) Einlage *f;* **con•tribu•tor** [kən'trɪbjuːtə(r)] *s* (*Zeitschrift*) Mitarbeiter(in) *m(f);* (*Geld*) Spender(in) *m(f);* **con•tribu•tory** [kən'trɪbjʊtrɪ] *adj* 1. beitragend (*to* zu) 2. mitwirkend (*to* an), mitverursachend

con•trite ['kɒntraɪt] *adj* zerknirscht; reumütig; **con•trition** [kən'trɪʃn] *s* 1. Zerknirschung *f,* Schuldbewusstsein *nt* 2. Reue *f*

con•triv•ance [kən'traɪvəns] *s* 1. Erfindung(sgabe) *f* 2. Plan, Entwurf, Gedanke *m,* Idee *f* 3. Kunstgriff, Kniff, Dreh *m* 4. Erfindung, Vorrichtung *f,* Apparat *m;* **con•trive** [kən'traɪv] I. *vt* 1. ausdenken, ersinnen 2. erfinden; planen, entwerfen 3. zu Stande, zu Wege bringen, bewerkstelligen II. *vi:* **he** ~**d to escape** es gelang ihm zu fliehen; **she** ~**d to shock me** sie brachte es fertig, mich zu schockieren

con•trol [kən'trəʊl] I. *vt* 1. beherrschen, in seiner Gewalt haben 2. einen beherrschenden, entscheidenden Einfluss haben auf 3. leiten, lenken, dirigieren, steuern 4. in Schranken halten; zügeln, mäßigen, einschränken 5. beaufsichtigen, überwachen; prüfen, kontrollieren 6. (TECH) regulieren, regeln, steuern II. *s* 1. Herrschaft, Gewalt, Macht *f* (*of* über) 2. Beherrschung *f,* beherrschender, entscheidender Einfluss (*of* auf) 3. Leitung, Lenkung, Führung, Steuerung *f* 4. Bewirtschaftung *f* 5. Zurückhaltung, Zügelung, Mäßigung, Einschränkung *f* 6. Aufsicht (*of, over* über), Beaufsichtigung, Überwachung *f;* Kontrolle *f* 7. (TECH) Regulierung, Steuerung, Betätigung, Bedienung *f;* Schaltung *f;* Regler *m* 8. (AVIAT) Steuerung *f* 9. (~ *room*) Zentrale *f;* (~ *tower*) Kontrollturm *m;* **out of** ~ herren-, führerlos; **under** ~ unter Aufsicht; **gain** ~ **over, get** ~ **of** die Herrschaft gewinnen über; **bring** [*o* **get**] **under** ~ unter Kontrolle bringen; **lose** ~ **of** [*o* **over**] die Gewalt, die Herrschaft verlieren über; **remote** ~ Fernlenkung, -steuerung *f;* (TV) Fernbedienung *f;* **volume** ~ (RADIO) Lautstärkeregler *m;* **control board** *s* Schalttafel *f;* **control centre** *s* Schaltzentrale *f;* Kontrollzentrum *nt;* **control character** *s* (INFORM) Steuerzeichen *nt;* **control column** *s* Steuersäule *f;* **control desk** *s* Schaltpult *nt;* (TV) Regiepult *nt;* **con•trol•lable** [-əbl] *adj* 1. lenkbar; regulierbar 2. kontrollierbar; **con•trolled** [kən'trəʊld] *adj* beherrscht; kontrolliert; (*Preise*) gebunden; ~ **thermonuclear fusion** kontrollierte Kernfusion; **con•trol•ler** [kən'trəʊlə(r)] *s* 1. Leiter(in) *m(f),* Aufseher(in) *m(f),* Aufsichtführende(r) *f m* 2. Rechnungsprüfer(in) *m(f)* 3. Kontrolleur(in) *m(f)* 4. (ELEK) Steuer-, Fahrschalter, Regler *m;* **control lever** *s* Schalthebel *m;* **control light** *s* Kontrolllampe *f;* **control panel** *s* Schalttafel *f;* (AVIAT TV) Bedienungsfeld *nt;* (AUTO) Armaturenbrett *nt;* (INFORM)

Betriebs-, Steuerpult *nt;* **control point** *s* Kontrollpunkt *m,* -stelle *f;* **control switch** *s* Kontrollschalter *m;* **control tower** *s* (AVIAT) Kontrollturm *m;* **control unit** *s* (INFORM) Steuer-, Leitwerk *nt*

con•tro•ver•sial [ˌkɒntrəˈvɜːʃl] *adj* **1.** strittig, umstritten **2.** polemisch, streitlustig; ~ **issue** Reizthema, umstrittenes Thema *nt;* **be highly** ~ stark umstritten sein; **con•tro•versy** [ˈkɒntrəvɜːsɪ, kənˈtrɒvəsɪ] *s* **1.** Streitfrage *f;* Kontroverse *f* **2.** (Wort)Streit, Disput *m,* (erregte) Debatte *f;* Polemik *f;* **beyond** ~ unumstritten

con•tusion [kənˈtjuːʒn] *s* Quetschung, Prellung *f*

co•nun•drum [kəˈnʌndrəm] *s* Scherzfrage *f;* knifflige Frage

con•ur•ba•tion [ˌkɒnɜːˈbeɪʃn] *s* Ballungsraum *m*

con•va•lesce [ˌkɒnvəˈles] *vi* genesen, (wieder) gesund werden; **he is convalescing** er ist auf dem Wege der Besserung; **con•va•les•cence** [ˌkɒnvəˈlesns] *s* Genesung, Rekonvaleszenz *f;* **con•vales•cent** [ˌkɒnvəˈlesnt] **I.** *adj* genesend **II.** *s* Rekonvaleszent(in) *m(f)*

con•vec•tion *s* (PHYS) Konvektion *f;* **convection oven** *s* Heißluftherd *nt*

con•vec•tor (heater) [kənˈvektə(r)ˈhiːtə(r)] *s* Heizstrahler *m*

con•vene [kənˈviːn] **I.** *vi* zusammenkommen, sich versammeln **II.** *vt* **1.** zusammenkommen lassen; (*eine Versammlung*) einberufen **2.** (JUR) (vor)laden; **con•vener** [kənˈviːnə(r)] *s* Einberufende(r) *f m*

con•veni•ence [kənˈviːnɪəns] *s* **1.** Bequemlichkeit, Annehmlichkeit *f;* Vorteil *m* **2.** *meist pl* Bequemlichkeiten *fpl,* Komfort *m* **3.** Waschgelegenheit *f;* Klosett *nt;* **at your earliest** ~ möglichst bald; **at your (own)** ~ wenn es Ihnen recht ist [*o* passt]; **make a** ~ **of s.o.** jdn ausnutzen; **(public)** ~ öffentliche Toilette; **with all modern ~s** mit allem modernen Komfort; **con•veni•ent** [kənˈviːnɪənt] *adj* **1.** passend, geeignet; (*Zeit*) gelegen **2.** (*Werkzeug, Gerät*) praktisch, leicht zu handhaben(d); **if it is** ~ **for you** wenn es Ihnen recht ist

con•venor [kənˈviːnə(r)] *s* Einberufende(r) *f m*

con•vent [ˈkɒnvənt] *s* (Nonnen)Kloster *nt*

con•ven•tion [kənˈvenʃn] *s* **1.** Versammlung *f;* Tagung *f,* Kongress *m;* (*Am:* POL) Parteitag *m* **2.** Übereinkommen, Abkommen *nt;* Vereinbarung, Konvention *f;* Vertrag *m* **3.** Sitte *f,* Brauch *m,* Gewohnheit *f;* **con•ven•tional** [kənˈvenʃənl] *adj* **1.** konventionell, förmlich **2.** üblich, herkömmlich, traditionell

con•verge [kənˈvɜːdʒ] *vi* konvergieren, zusammenlaufen; **con•ver•gence** [kənˈvɜːdʒəns] *s* **1.** (MATH) Konvergenz(-punkt *m*) *f* **2.** Annäherung *f,* Konvergenz *f;* **con•ver•gent** [kənˈvɜːdʒent] *adj* zusammenlaufend; konvergent

con•ver•sant [kənˈvɜːsnt] *adj* **1.** vertraut, bekannt (*with* mit) **2.** erfahren (*with* in)

con•ver•sa•tion [ˌkɒnvəˈseɪʃn] *s* Gespräch *nt,* Unterhaltung *f;* **make** ~ sich unterhalten; **in** ~ **with** im Gespräch mit; **enter into a** ~ ein Gespräch anknüpfen; **con•ver•sa•tional** [ˌkɒnvəˈseɪʃənl] *adj* **1.** gesprächig; im Plauderton **2.** (*Sprache*) Umgangs-, gesprochen; **con•ver•sa•tional•ly** [-lɪ] *adv* im Plauderton

con•verse[1] [kənˈvɜːs] *vi* sprechen, sich unterhalten (*with s.o. on, about s.th.* mit jdm über etw)

con•verse[2] [ˈkɒnvɜːs] **I.** *adj* entgegengesetzt, umgekehrt **II.** *s* Gegenteil *nt*

con•ver•sion [kənˈvɜːʃn] *s* **1.** Umwandlung *f* (*from* von, *into* in), Umbau *m;* Umstellung *f;* Umrüstung *f* **2.** (TECH) Umformung *f* **3.** (MATH FIN) Umrechnung *f* **4.** (REL) Bekehrung *f,* Übertritt *m;* ~ **rate** Umrechnungskurs *m;* ~ **table** Umrechnungstabelle *f*

con•vert [kənˈvɜːt] **I.** *vt* **1.** ver-, umwandeln (*into* in) **2.** umbauen, umrüsten; umstellen **3.** (MATH FIN) umrechnen **4.** (REL) bekehren (*to* zu) **5.** (TECH) umformen, umsetzen (*into* in) **II.** [ˈkɒnvɜːt] *s* (REL) Konvertit *m;* Bekehrte(r) *f m;* **con•verter** [kənˈvɜːtə(r)] *s* **1.** Konverter *m,* Bessemerbirne *f* **2.** (ELEK) Umformer *m;* Gleichrichter *m* **3.** (AUTO: *catalytic* ~) Katalysator *m;* **con•vert•ible** [kənˈvɜːtəbl] **I.** *adj* **1.** umwandelbar **2.** (FIN) konvertierbar; einlösbar (*into* in) **II.** *s* (AUTO) Kabrio(lett) *nt*

con•vex [ˈkɒnveks] *adj* konvex

con•vey [kənˈveɪ] *vt* **1.** befördern, transportieren, verfrachten **2.** (über-, weg)bringen, hinschaffen **3.** mitteilen **4.** (*Nachricht*) übermitteln **5.** (*Sinn, Gedanken*) vermitteln **6.** (*Trost*) spenden **7.** (*Eigentum, Vermögen*) übertragen, abtreten, übereignen (*to* an); **con•vey•ance** [kənˈveɪəns] *s* **1.** Beförderung *f,* Transport *m,* Spedition *f* **2.** (TECH) Zuführung, Leitung *f* **3.** Übermitt(e)lung, Mitteilung *f* **4.** (JUR) Übertragung, Abtretung *f;* ~ **of passengers** Personenbeförderung *f;* **conveyancing** [-ɪŋ] *s* (JUR) (Eigentums)Übertragung *f;* **con•veyor** [kənˈveɪə(r)] *s* **1.** Übermittler, Beförderer *m* **2.** Fuhrunternehmer, Spediteur *m* **3.** (TECH) Förderband *nt,* -anlage *f;* ~ **belt** Fließ-, Förderband *nt*

con•vict [ˈkɒnvɪkt] **I.** *s* Sträfling *m,* Strafgefangene(r) *f m* **II.** [kənˈvɪkt] *vt* **1.** überführen (*of a crime* eines Verbrechens) **2.** für schuldig befinden [*o* erklären]; verurteilen (*on a criminal charge* wegen einer strafbaren Handlung, *of murder* wegen Mords); **con•vic•tion** [kən'vɪkʃn] *s* **1.** (JUR) Überführung *f;* Verurteilung *f* **2.** (feste) Überzeugung *f;* **by** ~ aus Überzeugung; **carry** ~ überzeugend wirken; **have a previous** ~ vorbestraft sein (*for* wegen)

con•vince [kən'vɪns] *vt* überzeugen (*of* von); **be** ~**d** (**of**) überzeugt sein (von); ~ **o.s.** (**of**) sich überzeugen (von); **con•vinc•ing** [-ɪŋ] *adj* überzeugend; (*Beweis*) schlagend

con•voy ['kɒnvɔɪ] **I.** *vt* (BES. MAR) geleiten, eskortieren **II.** *s* Konvoi *m;* Geleit *nt*

con•vulse [kən'vʌls] *vt* **1.** erschüttern **2.** (*Gesicht*) verzerren; **con•vul•sion** [kən'vʌlʃn] *s* **1.** (*a. fig*) Erschütterung *f* **2.** (Nerven)Zuckung *f;* Verkrampfung *f;* ~**s of laughter** Lachanfall, -krampf *m;* **con•vul•sive** [kən'vʌlsɪv] *adj* krampfhaft, konvulsivisch; ~ **laughter** Lachkrämpfe *mpl*

coo [ku:] **I.** *vi* (*Taube*) gurren **II.** *s* Gurren *nt*

cook [kʊk] **I.** *vt, vi* kochen; sich kochen lassen; **what's** ~**ing?** (*Am fam*) was gibt's Neues? **II.** *vt* **1.** (*Essen*) zubereiten; braten, backen **2.** (*fam:* ~ *up*) zusammenbrauen, aushecken, -brüten **3.** verfälschen, (auf)frisieren; (*Konten*) frisieren **III.** *s* Koch *m,* Köchin *f;* **cook•book** ['kʊkbʊk] *s* (*Am*) Kochbuch *nt;* **cooker** ['kʊkə(r)] *s* **1.** Kocher, Kochapparat *m;* Herd *m* **2.** ~**s** Kochapfel *nt;* **cook•ery** ['kʊkərɪ] *s* Kochen *nt,* Kochkunst, Küche *f;* **cookery book** *s* Kochbuch *nt;* **cookie** ['kʊkɪ] *s* (*Am*) **1.** Keks *m,* Plätzchen *nt* **2.** (INTERNET) Cookie *nt* **3.** (*Mensch*) Typ, Kerl *m;* **that's the way the** ~ **crumbles** so ist das nun mal; **cook•ing** ['kʊkɪŋ] *s* **1.** Kochen *nt* **2.** Küche *f,* Essen *nt*

cool [ku:l] **I.** *adj* **1.** kühl, frisch **2.** (*fig*) kühl; zurückhaltend; ablehnend **3.** kaltblütig **4.** (*sl*) prima, klasse; **a** ~ **...** (*fam: vor einer Zahlenangabe*) lausige, lumpige, bloß(e), nur; rund ...; **keep** ~ Ruhe bewahren; **play it** ~ die Nerven nicht verlieren **II.** *s* Kühle *f;* **blow** [*o* **lose**] **one's** ~ die Nerven verlieren **III.** *vt* (~ *off*) abkühlen (lassen); ~ **it!** (*sl*) nun mach mal halb lang! **IV.** *vi* kühl werden, abkühlen; ~ **down** [*o* **off**] (*fig*) ruhiger werden; **cooler** ['ku:lə(r)] *s* **1.** Kühler *m* **2.** (*sl*) Gefängnis *nt,* Bau *m;* **cool-headed** [ˌku:l'hedɪd] *adj* besonnen; **cool•ing** ['ku:lɪŋ] *s* (Ab)Kühlung *f;* ~**-off period** Rücktrittsfrist *f;* **cooling fan** *s* **1.** (AUTO) Lüfter *m* **2.** (INFORM) Kühlgebläse *nt;* **cooling tower** *s* Kühlturm *m;* **cool•ness** ['ku:lnɪs] *s* **1.** Kühle *f* **2.** (*fig*) Kaltblütigkeit *f*

coop [ku:p] **I.** *s* Hühnerstall *m* **II.** *vt* (~ *in, up*) einsperren, einschließen

cooper ['ku:pə(r)] *s* Küfer, Böttcher *m*

co-op•er•ate [kəʊ'ɒpəreɪt] *vi* **1.** zusammenarbeiten (*with* mit) **2.** mitarbeiten, -wirken, -helfen (*in* an); **co-op•er•ation** [kəʊˌɒpə'reɪʃn] *s* **1.** Zusammenarbeit, Mitwirkung *f* **2.** Zusammenschluss *m;* (COM) Genossenschaft *f;* **in** ~ **with** in Zusammenarbeit mit; **co-op•er•ative** [kəʊ'ɒpərətɪv] **I.** *adj* **1.** zusammenarbeitend, mitwirkend **2.** hilfsbereit, kooperativ **3.** genossenschaftlich **II.** *s* Genossenschaft *f;* **building** ~ Baugenossenschaft *f;* **distributive** [*o* **marketing**] ~ Absatzgenossenschaft *f;* ~ **shop** [*o* **store**] Konsum(vereinsladen) *m*

co-opt [kəʊ'ɒpt] *vt* hinzuwählen, kooptieren

co-or•di•nate [ˌkəʊ'ɔ:dɪnət] **I.** *adj* **1.** gleichrangig, -gestellt, -geordnet **2.** bei-, zugeordnet **II.** *s* **1.** (das) Zugeordnete **2.** (MATH) Koordinate *f* **III.** [ˌkəʊ'ɔ:dɪneɪt] *vt* **1.** gleichstellen; bei-, zuordnen, koordinieren **2.** (aufeinander) abstimmen, einander angleichen; **co-or•di•na•tion** [ˌkəʊˌɔ:dɪ'neɪʃn] *s* **1.** Gleichstellung *f* **2.** Zuordnung *f,* Koordinierung *f* **3.** Koordination *f*

coot [ku:t] *s* Wasserhuhn *nt;* **as bald as a** ~ (*fam*) ratzekahl

cop [kɒp] **I.** *s* (*sl*) Polizist(in) *m(f);* **not much** ~ nichts Besonderes **II.** *vt* (*sl*) erwischen, schnappen (*at* bei); ~ **it** Prügel bekommen; bestraft werden

co-part•ner ['kəʊ'pɑ:tnə(r)] *s* Teilhaber(in) *m(f);* **co•part•ner•ship** ['kəʊ'pɑ:tnəʃɪp] *s* **1.** Teilhaberschaft *f* **2.** Beteiligung *f* **3.** Mitbestimmung *f*

cope [kəʊp] *vi* sich messen (können) (*with* mit), gewachsen sein (*with dat*), es aufnehmen (*with* mit)

Copenhagen [ˌkəʊpən'heɪgən] *s* Kopenhagen *nt*

copier ['kɒpɪə(r)] *s* Kopierer *m;* Kopiergerät *nt*

co-pilot ['kəʊ'paɪlət] *s* (AVIAT) Kopilot(in) *m(f)*

copi•ous ['kəʊpɪəs] *adj* **1.** reich(lich), massenhaft, in Mengen **2.** weitschweifig **3.** (*fig*) viel produzierend

cop•per ['kɒpə(r)] **I.** *s* **1.** Kupfer *nt* **2.** Kupfermünze *f* **3.** Kupferkessel *m* **4.** Kupferfarbe *f* **5.** (*sl*) Polizist(in) *m(f)* **II.** *adj* kupfern; **copper beech** *s* Blutbuche *f;* **copper-ore** *s* Kupfererz *nt;* **copperplate** ['kɒpəpleɪt] *s* (TYP) Kupferstichplatte *f;* Kupferstich *m;* **copper-smith** *s* Kupferschmied(in) *m(f)*

cop•pice ['kɒpɪs] *s* Dickicht *nt;* (~ *wood*) Unterholz *nt*

copu•late ['kɒpjʊleɪt] *vi* sich paaren;

copu•la•tion [ˌkɒpjʊ'leɪʃn] *s* Paarung, Begattung *f*

copy ['kɒpɪ] **I.** *s* **1.** Nachbildung, -ahmung *f* **2.** Kopie, Abschrift *f* **3.** Durchschrift *f*, -schlag *m;* Ausfertigung *f* **4.** (PHOT) Abzug *m* **5.** (Druck)Manuskript *nt;* (Werbe)Text *m* **6.** (*Buch, Druck*) Exemplar *nt;* (*Zeitung, Zeitschrift*) Nummer *f* **7.** (*Presse*) Stoff *m;* Artikel *m* **8.** Muster, Modell *nt;* **clean** [*o* **fair**] ~ Reinschrift *f;* **rough** ~ Konzept *nt;* **specimen** ~ Probenummer *f* **II.** *vt, vi* **1.** nachahmen, nachmachen; imitieren; nachbilden **2.** (~ *down*) kopieren, abschreiben **3.** vervielfältigen; durchpausen; ab-, nachzeichnen; (INFORM) kopieren **4.** (PHOT) einen Abzug machen von; ~ **out** ab-, ins Reine schreiben; **copy•book I.** *s* Schreibheft *nt;* **blot one's** ~ sich etwas zuschulden kommen lassen **II.** *adj* mustergültig; **copy-cat** *s* (*fam*) Nachahmer(in) *m(f);* **copy desk** *s* Redaktionstisch *m;* **copy editor** *s* Redakteur(in) *m(f);* **copy•ing** [-ɪŋ] *adj,* **copying ink** *s* Kopiertinte *f;* **copying paper** *s* Durchschlagpapier *nt;* **copying pencil** *s* Kopierstift *m;* **copy-protection** *s* (INFORM) Kopierschutz *m;* **copy-right** ['kɒpɪraɪt] **I.** *s* Urheber-, Verlagsrecht *nt* (*in* an); ~ **reserved** Nachdruck verboten **II.** *vt* urheberrechtlich schützen **III.** *adj* urheberrechtlich geschützt; **copy-writer** ['kɒpɪraɪtə(r)] *s* Texter(in) *m(f)*

coral ['kɒrəl] **I.** *s* Koralle *f* **II.** *adj* (~*-red*) korallenrot; **coral island** *s* Koralleninsel *f;* **coral reef** *s* Korallenriff *nt*

cord [kɔːd] *s* **1.** Seil *nt,* Strick *m* **2.** Bindfaden *m;* (*österreichisch*) Spagat *m* **3.** Leine, Kordel *f;* Litze *f* **4.** (ELEK) Schnur *f,* Kabel *nt* **5.** (ANAT) Band *nt,* Strang *m;* (*umbilical* ~) Nabelschnur *f* **6.** Klafter *m od nt* **7.** Cordsamt *m*

cor•dial ['kɔːdɪəl] **I.** *adj* **1.** (*fig*) freundlich **2.** (MED) (herz)stärkend **II.** *s* **1.** herzstärkendes Mittel **2.** Fruchtlikör *m;* Fruchtsaftkonzentrat *nt;* **cor•dial•ity** [ˌkɔːdɪ'ælətɪ] *s* Freundlichkeit *f*

cord•less *adj* drahtlos, schnurlos; ~ **telephone** schnurloses Telefon

cor•don ['kɔːdn] **I.** *s* **1.** Polizei-, Absperrkette *f,* Kordon *m* **2.** Ordensband *nt* **3.** Kordon, Schnurbaum *m* **II.** *vt* (~ *off*) absperren, -riegeln

cor•du•roy ['kɔːdərɔɪ] **I.** *s* **1.** Cord(samt) *m* **2.** ~**s** Cordhose *f* **II.** *adj* Cord-

core [kɔː(r)] **I.** *s* **1.** (BOT) Kerngehäuse, -haus *nt* **2.** (ELEK) Eisenkern *m;* (Kabel)Ader, Seele *f* **3.** (*fig*) Kern(stück *nt*) *m,* Herz, Mark, (das) Inner(st)e **4.** (*Atomanlage*) Reaktorkern *nt;* **to the** ~ durch u. durch, voll u. ganz **II.** *vt* (*Apfel*) entkernen; **core memory** *s* (INFORM) Kernspeicher *m;* **core subject** *s* Pflichtfach *nt;* **core time** *s* Kern(arbeits)zeit *f*

cork [kɔːk] **I.** *s* **1.** (*Material*) Kork *m* **2.** (*Stöpsel*) Korken *m* **3.** Angelkork, Schwimmer *m* **II.** *vt* (~ *up*) ver-, zukorken; **cork•age** ['kɔkədʒ] *s* Korkengeld *nt;* **cork•screw** ['kɔːkskruː] **I.** *s* Korkenzieher *m* **II.** *adj* spiralig; (*Locken*) Korkenzieher-

corn¹ [kɔːn] *s* **1.** Korn, Getreide *nt;* (*England meist*) Weizen *m;* (*Schottland, Irland meist*) Hafer *m;* (*Amerika meist*) Mais *m* **2.** Korn(schnaps) *m*

corn² [kɔːn] *s* (MED) Hühnerauge *nt;* **tread on s.o.'s** ~**s** (*fig*) jdm auf die Füße treten

corn³ [kɔːn] *s* (*fam*) Schmalz, Kitsch *m*

corn•cob *s* Maiskolben *m*

cor•nea ['kɔːnɪə] *s* (ANAT) Hornhaut *f*

cor•ner ['kɔːnə(r)] **I.** *s* **1.** Ecke *f;* Winkel *m;* (*street-*~) (Straßen)Ecke *f* **2.** (AUTO) Kurve *f* **3.** (finsterer, heimlicher) Winkel *m,* (abgelegene) Gegend *f* **4.** (*tight* ~) Klemme, schwierige Lage *f* **5.** (COM) (spekulative) Aufkäufe *mpl* **6.** (SPORT: ~ *kick*) Eckball *m;* **just round the** ~ gleich um die Ecke; **cut** ~**s** Kurven schneiden; (*fig*) das Verfahren abkürzen; **turn the** ~ (*fig*) es überstehen, über den Berg kommen; **he's in a** ~ er sitzt in der Patsche **II.** *vt* **1.** in die Enge treiben **2.** (COM) aufkaufen **III.** *vi* **1.** eine Ecke bilden **2.** (AUTO) um eine Kurve biegen; **cor-nered** ['kɔːnəd] *adj* (*fig*) in der Klemme; **corner house** *s* Eckhaus *nt;* **corner seat** *s* Eckplatz *m;* **corner shop** *s* Tante-Emma-Laden *m;* **cor•ner•stone** ['kɔːnəstəʊn] *s* **1.** Eck-, Grundstein *m* **2.** (*fig*) Grundlage *f,* Fundament *nt*

cor•net ['kɔːnɪt] *s* (MUS) Kornett *nt*

corn•flakes ['kɔːnfleɪks] *s pl* Cornflakes *pl;* **corn•flour** ['kɔːnflaʊə(r)] *s* Maisstärke *f,* Stärkemehl *nt;* **corn-flower** *s* Kornblume *f*

cornice ['kɔːnɪs] *s* Gesims *nt*

corn poppy *s* Klatschmohn *m;* **corny** ['kɔːnɪ] *adj* **1.** kornreich **2.** (*fam*) altmodisch, abgedroschen; rührselig; kitschig; (*Witz*) doof

cor•oll•ary [kər'ɒlərɪ] *s* (MATH) Korollar *nt;* logische Folgerung *f*

cor•on•ary ['kɒrənrɪ] **I.** *adj* (MED) koronar; ~ **thrombosis** Herzinfarkt *m* **II.** *s* Herzinfarkt *m*

cor•on•ation [ˌkɒrə'neɪʃn] *s* Krönung *f,* Krönungsfeierlichkeiten *fpl*

cor•oner ['kɒrənə(r)] *s* (amtlicher) Leichenbeschauer *m;* ~**'s inquest** (*bei Todesfall*) amtliche Untersuchung

cor•poral ['kɔːpərəl] **I.** *adj* körperlich, leiblich; ~ **punishment** körperliche Züchtigung **II.** *s* Ober-, Hauptgefreite(r) *f m*

cor•por•ate ['kɔːpərət] *adj* **1.** vereinigt, zusammengeschlossen **2.** körperschaftlich, gesellschaftlich, korporativ **3.** gemeinsam, gemeinschaftlich; ~ **body** Körperschaft *f;* ~ **network** Firmennetzwerk *nt;* **cor•por•ation** [ˌkɔːpə'reɪʃn] *s* **1.** Körperschaft *f;* juristische Person **2.** Innung, Gilde *f* **3.** Gemeindevertretung *f,* -rat *m* **4.** Unternehmen *nt,* Kapitalgesellschaft *f;* (*Am*) Aktiengesellschaft *f;* **corporation bus** *s* städtischer Bus; **corporation tax** *s* Körperschaftssteuer *f*

corps [kɔː(r)] *s* **1.** (MIL) (Armee)Korps *nt;* Truppe *f* **2.** Körperschaft *f;* Korps *nt;* **medical** ~ Sanitätstruppe *f;* **corps de ballet** [ˌkɔːdə'bæleɪ] *s* Ballettgruppe *f*

corpse [kɔːps] *s* Leiche *f,* Leichnam *m*

cor•pus ['kɔːpəs, *pl* 'kɔːpərə] <*pl* -pora> *s* **1.** (MED) Körper *m* **2.** (FIN) Kapitalbetrag *m* **3.** geschlossenes Ganze(s) **4.** Korpus *nt,* (Gesetzes)Sammlung *f;* **Corpus Christi** *s* (REL) Fronleichnam *m*

cor•puscle ['kɔːpʌsl] *s* **1.** (PHYS) Korpuskel, Masseteilchen *nt* **2.** (PHYSIOL) Blutkörperchen *nt*

cor•ral [kə'rɑːl] **I.** *s* **1.** Umzäunung *f,* Pferch *m* **2.** Wagenburg *f* **II.** *vt* (*Vieh*) in einen Pferch einsperren, einpferchen

cor•rect [kə'rekt] **I.** *adj* **1.** richtig, korrekt, genau **2.** (*Antwort*) zutreffend **3.** (*Verhalten*) einwandfrei; (*Kleidung*) vorschriftsmäßig, korrekt **II.** *vt* **1.** verbessern, korrigieren, richtig stellen **2.** (*Uhr*) stellen; (*Fehler*) ausschalten, abstellen **3.** zurechtweisen, tadeln, (be)strafen **4.** ausgleichen; **cor•rection** [kə'rekʃn] *s* **1.** Verbesserung, Korrektur, Berichtigung, Richtigstellung *f* **2.** Zurechtweisung *f,* Tadel *m* **3.** Strafe, Züchtigung *f;* **correction fluid** *s* Korrekturflüssigkeit *f;* **cor•rect•ly** [kə'rektlɪ] *adv* mit Recht; richtig; **cor•rect•ness** [kə'rektnɪs] *s* Richtigkeit, Korrektheit *f*

cor•re•late ['kɒrəleɪt] **I.** *vt* (miteinander) in Beziehung, in Zusammenhang bringen; aufeinander abstimmen **II.** *vi* in Wechselbeziehung stehen (*to, with* zu), sich gegenseitig bedingen; **cor•re•la•tion** [ˌkɒrə'leɪʃn] *s* Wechselbeziehung *f*

cor•re•spond [ˌkɒrɪ'spɒnd] *vi* **1.** entsprechen (*to dat*), übereinstimmen, in Einklang stehen (*with, to* mit) **2.** den Anforderungen genügen (*to +gen*) **3.** in Briefwechsel stehen, korrespondieren (*with* mit); **cor•re•spon•dence** [ˌkɒrɪ'spɒndəns] *s* **1.** Übereinstimmung *f,* Einklang *m* (*with* mit, *between* zwischen) **2.** Entsprechung *f;* Verbindung *f;* Zusammenhang *m* **3.** Schriftverkehr, Briefwechsel *m,* Korrespondenz *f;* Post *f* **4.** (*Zeitung*) Leserbriefe *mpl;* **take care of the** ~ die Post erledigen; **be in** ~ **with** in Briefwechsel stehen, korrespondieren mit; ~ **clerk** Korrespondent(in) *m(f);* ~ **course** Fernkurs *m;* ~ **school** Fernlehrinstitut *nt;* **cor•re•spon•dent** [ˌkɒrɪ'spɒndənt] **I.** *adj* entsprechend **II.** *s* **1.** Briefpartner(in) *m(f)* **2.** (*Zeitung*) Korrespondent(in) *m(f),* Berichterstatter(in) *m(f),* Einsender(in) *m(f)* **3.** Geschäftsfreund(in) *m(f);* **foreign** ~ Auslandskorrespondent(in) *m(f);* **cor•re•spond•ing** [ˌkɒrɪ'spɒndɪŋ] *adj* **1.** entsprechend (*to dat*), in Einklang (*with* mit) **2.** korrespondierend

cor•ri•dor ['kɒrɪdɔː(r)] *s* **1.** (*a.* POL) Gang, Korridor, Flur *m* **2.** (*air* ~) Luftkorridor *m,* Flugschneise *f*

corrie ['kɒrɪ] *s* (GEOL) Kar *nt*

cor•rob•or•ate [kə'rɒbəreɪt] *vt* bestätigen, bekräftigen, erhärten; **cor•rob•or•ation** [kəˌrɒbə'reɪʃn] *s* Bestätigung, Bekräftigung *f;* **cor•rob•or•at•ive** [kə'rɒbərətɪv] *adj* bestätigend, bekräftigend

cor•rode [kə'rəʊd] **I.** *vt* **1.** zerfressen, -nagen, -setzen; angreifen, ätzen **2.** (*fig*) verderben, schädigen, beeinträchtigen **II.** *vi* sich zersetzen; korrodieren, rosten; **cor•rosion** [kə'rəʊʒn] *s* **1.** Zerfressen *nt,* Korrosion *f,* Rosten *nt* **2.** Zerstörung *f;* **cor•ros•ive** [kə'rəʊsɪv] *adj* **1.** zerfressend, -setzend **2.** (*fig*) nagend, bohrend, quälend

cor•ru•gated ['kɒrəgeɪtɪd] *adj* gerillt, geriefelt, gewellt; ~ **cardboard** [*o* **paper**] ~ Wellpappe *f;* ~ **iron** Wellblech *nt*

cor•rupt [kə'rʌpt] **I.** *adj* **1.** verdorben, verrottet, faul **2.** (*fig*) (sittlich) verkommen; schlecht, böse **3.** unredlich, unehrenhaft **4.** bestechlich, käuflich; korrupt **5.** (*Text*) entstellt, verfälscht **II.** *vt* **1.** verderben **2.** anstecken, ungünstig beeinflussen, untergraben **3.** bestechen **4.** (*Text*) entstellen, verfälschen **III.** *vi* **1.** verderben, (ver)faulen **2.** (*fig*) verkommen; **cor•rup•tion** [kə'rʌpʃn] *s* **1.** Fäulnis, Verwesung *f* **2.** (Sitten)Verderbnis *f;* Verkommenheit, Verdorbenheit *f;* Verführung *f* **3.** Bestechung *f;* Käuflichkeit *f;* Korruption *f* **4.** (*Text*) Entstellung, Verfälschung *f*

cor•set ['kɔːsɪt] *s* Korsett *nt*

co-signa•tory [ˌkəʊ'sɪgnətərɪ] *s* Mitunterzeichner(in) *m(f)*

co•sine ['kəʊsaɪn] *s* (MATH) Kosinus *m*

cosi•ness ['kəʊzɪnɪs] *s* Gemütlichkeit *f*

cos let•tuce ['kɒsˌletɪs] *s* Romagnasalat *m,* römischer Salat

cos•metic [kɒz'metɪk] **I.** *adj* kosmetisch **II.** *s* **1.** Schönheitsmittel *nt* **2.** ~**s** Kosmetik *f;* **cos•me•tician** [ˌkɒzmə'tɪʃn] *s* Kosmetiker(in) *m(f)*

cos•mic ['kɒzmɪk] *adj* **1.** kosmisch **2.** riesig, gewaltig, ungeheuer **3.** (wohl)geordnet, harmonisch; **cos•mo•logy** [kɒz'mɒlədʒɪ] *s* Kosmologie *f;* **cos•mo•naut** ['kɒzmənɔːt] *s* Kosmonaut(in) *m(f);* **cos•mo•poli•tan** [ˌkɒzmə'pɒlɪtən] **I.** *adj* weltbürgerlich, kosmopolitisch **II.** *s* Weltbürger(in) *m(f),* Kosmopolit(in) *m(f);* **cos•mos** ['kɒzmɒs] *s* Kosmos *m,* Weltall *nt*

cost [kɒst] <*irr:* cost, cost> **I.** *vt* **1.** kosten **2.** (*fig: Zeit, Mühe*) (er)fordern **3.** (*Schaden, Ärger*) einbringen, machen **4.** (COM) kalkulieren, den Kostenpreis festsetzen; **that will ~ him dearly** das wird ihn teuer zu stehen kommen **II.** *s* **1.** Preis *m,* Kosten *pl,* Selbstkostenpreis *m* **2.** Ausgaben, -lagen *fpl* **3.** (*fig*) Einsatz *m;* Schaden, Nachteil, Verlust *m,* Opfer *nt* **4. ~s** Kosten *pl,* Gerichtskosten *pl;* **at ~** zum Selbstkostenpreis; **at the ~ of** auf Kosten *+gen;* **at all ~s, at any ~** um jeden Preis; **without ~** kostenlos, gratis; **bear** [*o* **pay**] **the ~** die Kosten tragen; **carry ~s** Kosten nach sich ziehen; **spare no ~** keine Kosten scheuen; **overhead** [*o* **operating**] [*o* **running**] [*o* **working**] **~s** Betriebs(un)kosten *pl;* **~-benefit analysis** Kosten-Nutzen-Analyse *f;* **~-effective** kostendeckend; **~-effectiveness** Preis-Leistungsverhältnis *nt;* **~ of living** Lebenshaltungskosten *pl;* **~-of-living bonus** Teuerungszulage *f;* **~-of-living index** Lebenshaltungsindex *m*

co-star [ˌkəʊ'stɑː(r)] **I.** *vi* eine zweite Hauptrolle spielen **II.** *s* zweite(r) Hauptdarsteller(in)

costly ['kɒstlɪ] *adj* **1.** kostspielig, teuer **2.** wertvoll, kostbar

cost price ['kɒstˌpraɪs] *s* Einkaufs-, Selbstkostenpreis *m*

cos•tume ['kɒstjuːm] *s* **1.** Tracht *f* **2.** Kostüm *nt;* **~ jewel(le)ry** Modeschmuck *m*

cosy ['kəʊzɪ] **I.** *adj* gemütlich, behaglich, mollig **II.** *s* (*tea~*) Tee-, Kaffeewärmer *m,* **egg-~** Eierwärmer *m;* **cosy up** *vi* (*Br fam*) sich einschmeicheln

cot [kɒt] *s* **1.** (*Br*) Kinderbett *nt* **2.** (*Am*) Klapp-, Feldbett *nt*

co•tan•gent ['kəʊˌtændʒənt] *s* (MATH) Kotangens *m*

cot death *s* Krippentod *m*

cot•tage ['kɒtɪdʒ] *s* kleines Landhaus; Ferien-, Sommerhaus *nt;* **cottage cheese** *s* Hüttenkäse *m;* **cottage industry** *s* Heimindustrie *f*

cot•ton ['kɒtn] **I.** *s* **1.** Baumwolle *f* **2.** (*~ yarn*) Baumwollgarn *nt* **3.** (*absorbent ~*) Watte *f* **II.** *adj* Baumwoll-; **cotton on** *vi* (*fam*) es kapieren; **cotton bud** *s* Wattestäbchen *nt;* **cotton-grower** *s* Baumwollpflanzer *m;* **cotton mill** *s* Baumwollspinnerei *f;* **cotton•seed** *s* Baumwollsamen *m;* **cotton swab** *s* **1.** (*Br*) Tupfer *m* **2.** (*Am*) Wattestäbchen *nt;* **cotton wool** *s* **1.** (*Br*) Watte *f* **2.** (*Am*) Rohbaumwolle *f*

couch [kaʊtʃ] **I.** *s* **1.** Couch *f,* Liegesofa *nt* **2.** Bett *nt* **II.** *vt* (*Gedanken*) ausdrücken; abfassen (*in* in) **III.** *vi* (*Tiere*) (nieder)kauern; **couch•ette** [kuː'ʃet] *s* (RAIL) **1.** Liegewagen *m* **2.** Liegewagenplatz *m;* **couch potato** *s* (*sl*) Dauerglotzer(in) *m(f) sl*

cough [kɒf] **I.** *s* Husten *m;* **have a bad ~** einen schlimmen Husten haben **II.** *vi* husten; **cough out** *vt* aushusten; **cough up** *vt* (*sl: Geld*) herausrücken; **cough drop** *s* Hustenbonbon *nt;* **cough mixture** *s* Hustensaft *m;* **cough sweet** *s* Hustenbonbon *nt*

could [kʊd] *s.* **can²**

coun•cil ['kaʊnsl] *s* **1.** Rat(sversammlung *f*) *m;* beratende Versammlung; Beratung *f* **2.** (*church ~*) Kirchenrat *m* **3.** Vorstand, Ausschuss *m;* **be in ~** beraten; **meet in ~** eine Sitzung abhalten; **cabinet ~** Kabinetts-, Ministerrat *m;* **municipal ~** Stadtrat *m;* **council estate** *s* Siedlung *f* des sozialen Wohnungsbaus; **council flat, council house** *s* Sozialwohnung *f;* **council housing** *s* sozialer Wohnungsbau; **coun•cil•lor** ['kaʊnsələ(r)] *s* Rat(smitglied *nt*) *m;* Stadtrat *m,* -rätin *f;* **coun•cil•or** *s* (*Am*) **1.** Berater(in) *m(f),* Ratgeber(in) *m(f)* **2.** (*in den USA*) (Rechts)Anwalt *m,* Anwältin *f;* **Council of the Economic and Finance Minister** *s* Rat *m* der Wirtschafts- und Finanzminister; **Council of Europe** *s* Europarat *m;* **Council of Ministers** *s* Ministerrat *m;* **council tax** *s* (*Br*) Gemeindesteuer *f*

coun•sel ['kaʊnsl] **I.** *s* **1.** Beratung *f* **2.** Rat(schlag) *m* **3.** (*pl: ohne s*) (Rechts)Anwalt *m,* Anwältin *f;* **keep one's own ~** seine Meinung für sich behalten; **~ for the defence** Verteidiger(in) *m(f);* **~ for the prosecution** Staatsanwalt *m,* -anwältin *f* **II.** *vt* (*Sache*) raten, empfehlen; (*Person*) beraten; **coun•sel•ling** ['kaʊnsəlɪŋ] *s* soziale Beratung; **coun•sel•or** ['kaʊnsələ(r)] *s* **1.** Berater(in) *m(f),* Ratgeber(in) *m(f)* **2.** (*Irland, Amerika*) (Rechts)Anwalt *m,* Anwältin *f*

count¹ [kaʊnt] *s* Graf *m*

count² [kaʊnt] **I.** *vt* **1.** zählen; (*~ up*) zusammenzählen, -rechnen; (*Geld*) (nach)zählen **2.** (*~ in*) (mit)rechnen, einschließen **3.** halten für, ansehen als; in Rechnung stellen **II.** *vi* **1.** (mit)zählen; rechnen **2.** ins Gewicht fallen, wichtig sein; **that doesn't ~** das macht nichts; das gilt nicht **III.** *s* **1.** (Zusammen)Zählung *f;* (Be)Rechnung *f* **2.** Gesamtzahl *f;* Summe *f,* Ergebnis *nt* **3.** (JUR) (An)Klagepunkt *m;* **on all ~s** in jeder Beziehung; **take no ~ of s.th.** etw nicht berücksichtigen; **take the** ~ (*Boxen*) ausgezählt werden; **count against s.o.** sich gegen jdn auswirken; **count me in** ich mache mit; **count off** *vt* abzählen; **count out** *vt* **1.** nicht rechnen mit **2.** (*Geldstücke*) zusammenzählen **3.** (*Boxen*) auszählen

count-down ['kaʊntdaʊn] *s* Countdown *m*

coun•ten•ance ['kaʊntɪnəns] **I.** *s* **1.** Gesicht(sausdruck *m*) *nt,* Miene *f* **2.** innere Haltung, Fassung *f* **3.** Unterstützung, Ermunterung *f;* **change** (**one's**) ~ den Gesichtsausdruck wechseln; **give** ~ **to** billigen, unterstützen; **keep** (**one's**) ~ Haltung, die Fassung bewahren; **lose** ~ die Fassung verlieren **II.** *vt* **1.** billigen, gutheißen **2.** unterstützen, ermutigen

counter ['kaʊntə(r)] **I.** *s* **1.** Zähler *m;* Zählapparat *m,* -werk *nt* **2.** Spielmarke *f* **3.** Laden-, Zahltisch *m;* Theke *f,* Büfett *nt;* (Bank)Schalter *m* **4.** (*Fechten*) Parade *f;* (*Boxen*) Konter *m* **5.** Erwiderung *f;* **at the** ~ an der Theke; **sold over the** ~ rezeptfrei; **under the** ~ unter dem Ladentisch, heimlich **II.** *adv* entgegen, zuwider; ~ **to s.th.** gegen etw, entgegen einer S **III.** *adj* entgegengesetzt **IV.** *vt* **1.** entgegenarbeiten **2.** entgegnen; kontern (*s.o.* jdm) **3.** zuwiderhandeln; durchkreuzen **V.** *vi* kontern

counter•act [ˌkaʊntər'ækt] *vt* **1.** entgegen-, zuwiderhandeln, entgegenarbeiten (*s.o.* jdm, *s.th.* einer S) **2.** neutralisieren; unwirksam machen; **counter•ac•tive** [ˌkaʊntər'æktɪv] *adj* entgegenwirkend; ~ **measure** Gegenmaßnahme *f;* **counter-at•tack** ['kɑːʊntərətæk] **I.** *s* Gegenangriff *m* **II.** *vi* einen Gegenangriff machen **III.** *vt* einen Gegenangriff machen auf; kontern; **counter•bal•ance** ['kaʊntəbæləns] **I.** *s* Gegengewicht *nt* (*to* gegen) **II.** *vt* ein Gegengewicht bilden (*s.th.* zu etw), aufwiegen, ausgleichen, kompensieren; **counter-charge** ['kaʊntətʃɑːdʒ] *s* **1.** (JUR) Gegenklage *f* **2.** Gegenangriff *m;* **counter-check** ['kauntətʃek] *s* Gegenkontrolle *f;* **counter-clock•wise** [ˌkaʊntə 'klɒkwaɪz] *adj, adv* (*Am*) gegen den Uhrzeigersinn; **counter-espion•age** [ˌkaʊntər'espɪənɑːʒ] *s* (Spionage)Abwehr *f;* **counter-espionage service** *s* militärischer Abschirmdienst *m*

counter•feit ['kaʊntəfɪt] **I.** *adj* **1.** gefälscht **2.** falsch; ~ **money** Falschgeld *nt* **II.** *s* Fälschung *f* **III.** *vt* **1.** fälschen **2.** vortäuschen, heucheln

counter•foil ['kaʊntəfɔɪl] *s* (Kontroll)Abschnitt *m*

counter-in•tel•li•gence [ˌkaʊntər ɪn'telɪdʒəns] s ˌʃpionageˌɑbwehr f

counter•mand [ˌkaʊntə'mɑːnd] *vt* **1.** (*Befehl*) widerrufen; (*Anordnung*) aufheben; (*Bestellung*) zurückziehen **2.** abbestellen; absagen

counter•measure ['kaʊntəmeʒə(r)] *s* Gegenmaßnahme *f;* **counter•part** ['kaʊntəpɑːt] *s* **1.** Gegenstück *nt* (*of* zu) **2.** Gegenüber *nt* **3.** Ergänzung *f* (*of* +*gen*) **4.** Ebenbild *nt;* **counter•point** ['kaʊntəpɔɪnt] *s* (MUS) Kontrapunkt *m;* **counter-poise** ['kaʊntəpɔɪz] *s* **1.** (*a. fig*) Gegengewicht *nt* (*to* zu) **2.** Gleichgewicht *nt;* **counter-pro•duc•tive** [ˌkaʊntəprə'dʌktɪv] *adj* unsinnig, das Gegenteil bewirkend, destruktiv; **counter-rev•ol•ution** [ˌkaʊntəˌrevə'luːʃn] *s* Gegenrevolution *f;* **counter•sign** ['kaʊntəsaɪn] **I.** *s* **1.** Gegenzeichnung *f* **2.** (MIL) Losung, Parole *f* **II.** *vt* **1.** gegenzeichnen **2.** (*fig*) bestätigen; **counter•sink** ['kaʊntəsɪŋk] **I.** *s* (TECH) Versenker *m* **II.** *vt* (*Schraube*) versenken; (*Loch*) senken

counter-terrorism *s* Terrorismusbekämpfung *f*

count•ess ['kaʊntɪs] *s* Gräfin *f*

count•less ['kaʊntlɪs] *adj* zahllos, unzählig

coun•try ['kʌntrɪ] *s* **1.** Land *nt* **2.** Heimat(land *nt*) *f,* Vaterland *nt;* Staat *m;* Volk *nt* **3.** *ohne pl* Land(strich *m*) *nt,* Gegend(en *pl*) *f;* (*a. fig*) Gebiet *nt;* **the** ~ das Land (*im Gegensatz zur Stadt*), die Nation; **from all over the** ~ aus allen Teilen des Landes; **in the** ~ auf dem Land; **go to the** ~ (*Br:* PARL) Neuwahlen ausschreiben; **industrial** ~ Industriestaat *m;* **member** ~ Mitgliedstaat *m;* ~ **of destination** (*Post*) Bestimmungsland *nt;* ~ **of origin** Herkunfts-, Ursprungsland *nt;* **country bumpkin** *s* Bauerntrampel *m,* Bauerntölpel *m,* Hinterwäldler(in) *m(f),* Landpomeranze *f;* **country club** *s* Klub *m* auf dem Lande (für Städter); **country dance** *s* Volkstanz *m;* **country folk** *s* Landvolk *nt;* **country house** *s* Landhaus *nt;* **coun•try•man** ['kʌntrɪmən] <*pl* -men> *s* **1.** Landsmann *m* **2.** Landmann *m;* **country road** *s* Landstraße *f;* **coun•try-side** ['kʌntrɪsaɪd] *s* Landschaft, Gegend *f;* Land *nt;* **in the** ~ auf dem Lande; **coun-try-wide** *adj* über das ganze Land; landesweit; **coun•try•woman** ['kʌntrɪwʊmən, *pl* -wɪmɪn] <*pl* -women> *s* **1.** Landsmännin *f* **2.** Landfrau *f*

county ['kaʊntɪ] *s* Grafschaft *f,* (Land)Kreis *m;* (*Am*) (Verwaltungs-, Regierungs)Bezirk *m* (*eines Staates*); **county borough** *s* ≈ kreisfreie Stadt, Stadtkreis *m;* **county council** *s* ≈ Kreis-, Bezirkstag *m;* **county court** *s* ≈ Amtsgericht *nt;* **county seat** *s* (*Am*) Kreisstadt *f;* **county town** *s* (*Br*) Bezirkshauptstadt *f*

C

coup [kuː] *s* Coup, Putsch *m;* **coup de grace** [ˌkuːdəˈgrɑːs] *s* Gnadenstoß *m;* Gnadenschuss *m;* **coup d'état** [ˌkuːdeɪˈtɑː] *s* (POL) Staatsstreich *m*
coupé [ˈkuːpeɪ] *s* (AUTO) Schrägheck, Coupé *nt*
couple [ˈkʌpl] **I.** *s* **1.** Paar *nt* **2.** (*married ~*) Ehepaar *nt;* **a ~ of** (*fam*) zwei; ein paar **II.** *vt* **1.** (ver)koppeln **2.** verheiraten **3.** (*fig*) verbinden, in Verbindung bringen (*with* mit) **4.** (TECH) kuppeln, koppeln **III.** *vi* sich paaren; heiraten
coup•let [ˈkʌplɪt] *s* Reimpaar *nt*
coup•ling [ˈkʌplɪŋ] *s* **1.** Verbindung *f* **2.** (AUTO) Kupp(e)lung *f* **3.** (RADIO CHEM) Kopp(e)lung *f* **4.** Paarung *f*
cou•pon [ˈkuːpɒn] *s* **1.** Abschnitt, Coupon *m* **2.** Zinsschein *m* **3.** Gutschein *m* **4.** Wettschein *m;* **reply ~** Antwortschein *m*
cour•age [ˈkʌrɪdʒ] *s* Mut *m;* Unerschrockenheit *f;* Tapferkeit *f;* **lose ~** den Mut verlieren; **pluck up** [*o* **muster up**] [*o* **take**] **~** Mut, sich ein Herz fassen; **cou•rageous** [kəˈreɪdʒəs] *adj* mutig, tapfer, furchtlos, unerschrocken
cour•gette [kʊəˈʒet] *s* Zucchini *mpl*
cour•ier [ˈkʊrɪə(r)] *s* **1.** Kurier, (Eil)Bote *m* **2.** Reiseleiter(in) *m(f);* **by ~** durch Boten
course¹ [kɔːs] *s* **1.** Gang, Lauf *m,* Fahrt *f* **2.** (*fig*) Ablauf *m;* Fortschritt *m* **3.** Verlauf *m* (*einer Linie, einer Straße*); (*Fluss*) Lauf *m* **4.** Kurs *m,* Richtung, Strecke *f* **5.** (*fig*) Weg *m,* Möglichkeit *f;* (Verhaltens-, Lebens)Weise *f* **6.** (*Mahlzeit*) Gang *m* **7.** Reihe, Folge *f* **8.** (*~ of instruction*) Kurs(us), Lehrgang *m* **9.** (SPORT) Bahn *f,* Sportplatz *m* **10.** (ARCH) (Stein)Lage *f;* **in the ~ of** im Verlauf *+gen,* während *+gen;* **in due ~** zu seiner, zu gegebener Zeit; **in the ~ of construction** im Bau (befindlich); **in the ~ of time** im Laufe der Zeit; **of ~** natürlich, selbstverständlich; gewiss, sicher; **run its ~** seinen Gang gehen, seinen Verlauf nehmen; **set ~ for s.th** etw ansteuern; **stay the ~** (*fig*) nicht aufgeben; **take its ~** seinen Verlauf nehmen; **a matter of ~** eine Selbstverständlichkeit; **as a matter of ~** selbstverständlich; **~ of a disease** Krankheitsverlauf *m;* **the ~ of events** der Gang der Ereignisse; **the ~ of life** der Lauf des Lebens
course² [kɔːs] **I.** *vt* (*Wild*) hetzen, jagen **II.** *vi* **1.** strömen, fließen **2.** jagen
court [kɔːt] **I.** *s* **1.** Hof *m;* Lichthof *m* **2.** (SPORT) (Tennis)Platz *m;* Spielfeld *nt* **3.** (Fürsten)Hof *m;* Hofstaat *m;* Empfang *m* bei Hof **4.** Aufwartung, Aufmerksamkeit *f* **5.** Werben *nt,* Werbung *f* **6.** Gericht(shof *m*) *nt;* Gerichts-, Justizgebäude *nt;* Gerichtssitzung *f;* **at ~** bei Hof; **in ~** vor, bei Gericht; **bring to ~** vor Gericht bringen; **represent s.o. in ~** jdn vor Gericht vertreten; **the ~ is sitting** das Gericht tagt; **juvenile ~** Jugendgericht *nt;* **~ of arbitration** Schiedsgericht *nt;* **Court of Justice of the European Communities, CJ** Gerichtshof der Europäischen Gemeinschaften, EuGH **II.** *vt* **1.** den Hof machen (*s.o.* jdm), werben um **2.** (*fig*) sich bemühen um **3.** (*Gelegenheit*) erspähen; (*Gefahr, Unheil*) herausfordern **III.** *vi* jung verliebt sein; auf Freiersfüßen gehen; **when we were ~ing** als wir jung verliebt waren
cour•teous [ˈkɜːtɪəs] *adj* höflich, gesittet; aufmerksam, gefällig, freundlich, nett;
cour•tesy [ˈkɜːtəsɪ] *s* **1.** Höflichkeit, Freundlichkeit *f* **2.** Gefälligkeit *f;* **by ~ of** mit freundlicher Genehmigung von; **courtesy bus** *s* gebührenfreier Bus; **courtesy light** *s* (AUTO) Innenleuchte *f;* **courtesy title** *s* Höflichkeitstitel *m*
court hear•ing [ˌkɔːtˈhɪərɪŋ] *s* Gerichtstermin *m;* **court house** *s* Gerichtsgebäude *nt*
court•ier [ˈkɔːtɪə(r)] *s* Höfling *m*
court-mar•tial [ˌkɔːtˈmɑːʃl] **I.** *vt* vor ein Kriegsgericht stellen **II.** *s* Kriegsgericht *nt;* **court of appeal** *s* Berufungs-, Revisionsgericht *nt;* **court room** *s* Gerichtssaal *m;* **court•yard** [ˈkɔːtjɑːd] *s* Hof(raum) *m;* **in the ~** auf dem Hof
cousin [ˈkʌzn] *s* Cousin *m,* Cousine *f*
cove [kəʊv] *s* **1.** kleine Bucht **2.** Schlupfwinkel, Unterschlupf *m* **3.** (ARCH) Wölbung *f*
cov•en•ant [ˈkʌvənənt] **I.** *s* **1.** (feierlicher) Vertrag, Pakt *m;* Ab-, Übereinkommen *nt* **2.** Vertragsklausel *f* **3.** (REL) Bund *m* **II.** *vt, vi* **1.** einen Vertrag schließen, übereinkommen, vereinbaren (*with* mit) **2.** sich (vertraglich) verpflichten (*with s.o.* jdm gegenüber)
Cov•en•try [ˈkɒvntrɪ] *s:* **send s.o. to ~** jdn schneiden
cover [ˈkʌvə(r)] **I.** *vt* **1.** be-, zudecken; be-, überziehen (*with* mit), ausbreiten über **2.** sich verbreiten, sich erstrecken über **3.** einschlagen, einwickeln, umhüllen (*with* mit), einhüllen (*with* in) **4.** abschirmen, schützen, decken; verdecken, verbergen **5.** (*finanziell*) sichern, decken, ausreichen für **6.** (*Strecke*) zurücklegen **7.** (MIL SPORT) decken **8.** (*Radar*) erfassen; (*mit Feuer*) belegen; (*Waffe*) richten auf (*with s.th.* etw), in Schach halten (*with* mit); (*Person*) decken, Feuerschutz geben (*s.o.* jdm) **9.** (*Tier*) decken, bespringen **10.** (*fig*) umfassen, einbeziehen, einschließen, decken; vorhersehen **11.** einen Bericht zusammenstellen, berichten über **II.** *s* **1.** Decke *f;* Deckel *m;* Überzug *m,* (Schutz)Hülle *f,* Umschlag *m,* Futteral *nt* **2.** (*Buch*) Einband(decke *f,* -de-

ckel *m*) **3.** (Brief)Umschlag *m;* Verpackung *f* **4.** Deckung *f,* Schutz *m;* Zuflucht *f,* Unterschlupf *m,* Obdach *nt* **5.** Gebüsch, Dickicht, Unterholz *nt* **6.** Schutz-, Deckmantel, Vorwand *m;* Tarnung *f* **7.** (FIN) Deckung, Sicherheit *f* **8.** Gedeck *nt;* **from ~ to ~** (*Buch*) von Anfang bis Ende; **under the ~ of** im Schutz (von) *+gen;* **under the same ~** beiliegend, als Anlage; **under separate ~** getrennt; **without ~** (FIN) ungedeckt; **break ~** die Deckung verlassen; **take ~** in Deckung gehen, Schutz suchen; **cover for** *vt* einspringen für; **cover in** *vt* (*mit Erde*) auffüllen; überdachen; **cover over** *vt* abdecken, -dichten; zudecken; **cover up I.** *vt* **1.** zudecken, verhüllen **2.** (*fig*) verbergen, vertuschen **II.** *vi* **1.** sich warm einwickeln, anziehen **2.** alles vertuschen; **~ up for s.o.** jdn decken

cover•age ['kʌvərɪdʒ] *s* **1.** Geltungs-, Anwendungsbereich *m* **2.** Umfang *m* eines Versicherungsschutzes **3.** (*durch die Medien*) Berichterstattung *f* (*of* über) **4.** Erfassung *f* **5.** (TELE RADIO) Empfangs-, Sendebereich *m;* Reichweite *f*

cover charge ['kʌvətʃɑ:dʒ] *s* Preis *m* eines Gedecks, Gedeck *nt*

covered ['kʌvəd] *adj* **1.** bedeckt; überdacht **2.** (TECH) umsponnen; isoliert; **period ~** Berichtszeit *f;* **~ wagon** Planwagen *m*

cover girl ['kʌvəgɜ:l] *s* Titelblattmädchen *nt* (*auf Illustrierten*)

cover•ing ['kʌvərɪŋ] *s* **1.** Decke, Hülle *f;* Verkleidung *f,* Überdachung *f* **2.** (TECH) Verschalung *f;* Überzug *m* **3.** (*Fußboden*) Belag *m;* **covering letter** *s* Begleitbrief *m,* -schreiben *nt*

cover note ['kʌvənəʊt] *s* vorläufiger Versicherungsschein; Versicherungsdoppelkarte *f;* **cover story** *s* Titelgeschichte *f*

cov•ert ['kʌvət] **I.** *adj* (*fig*) versteckt, verborgen, verschleiert, heimlich **II.** *s* Versteck *nt*

cover-up ['kʌvərʌp] *s* Verschleierung, Vertuschung *f*

covet ['kʌvɪt] *vt* (heftig) begehren; versessen sein auf

cow¹ [kaʊ] *s* **1.** Kuh *f* **2.** (*pej: Frau*) blöde Kuh; gemeine Ziege; **wait till the ~s come home** warten bis man schwarz wird

cow² [kaʊ] *vt* einschüchtern, verängstigen

cow•ard ['kaʊəd] *s* Feigling *m;* **cow•ard•ice** ['kaʊədɪs] *s* Feigheit, Angst *f;* **cow•ard•ly** ['kaʊədlɪ] *adj* feige

cow•boy ['kaʊbɔɪ] *s* **1.** Cowboy *m* **2.** (*fig fam*) Gauner, Schwindler *m;* **cow•dung** *s* Kuhmist *m*

cower ['kaʊə(r)] *vi* (nieder-, zusammen)kauern, sich ducken

cow•herd ['kaʊhɜ:d] *s* Kuhhirt *m;* **cow•hide** ['kaʊhaɪd] *s* **1.** Kuhhaut *f,* -leder *nt* **2.** (*Am*) Ochsenziemer *m*

cowl [kaʊl] *s* **1.** (Mönchs)Kutte *f* **2.** Kapuze *f* **3.** Kaminkappe *f;* **cowl•ing** [-ɪŋ] *s* (AVIAT) Getriebe-, Motorhaube *f*

cow•man ['kaʊmən] <*pl* -men> *s* **1.** (*Am*) Rinder-, Viehzüchter *m* **2.** Stallknecht *m;* **cow•shed** ['kaʊʃed] *s* Kuhstall *m;* **cow•slip** ['kaʊslɪp] *s* **1.** (*Br*) Schlüsselblume *f* **2.** (*Am*) Sumpfdotterblume *f*

cox, cox•swain ['kɒksn] *s* **1.** Boots-, Steuermann *m* **2.** Bootsführer *m*

coy [kɔɪ] *adj* **1.** schüchtern; zurückhaltend **2.** (*Frau*) verschämt; spröde

coy•ote [kɔɪ'əʊt, *Am* kaɪ'əʊtɪ] *s* Steppenwolf, Kojote *m*

cozy ['kəʊzɪ] *adj* (*Am*) gemütlich, behaglich; **cozy up** *vi* (*Am: fam*) sich einschmeicheln

CPU [ˌsi:pi:'ju:] *s Abk. von* **central processing unit** (INFORM) Zentraleinheit *f*

crab¹ [kræb] *s* **1.** Krabbe *f;* Taschenkrebs *m* **2.** (TECH) Hebezeug *nt;* Winde *f* **3.** (*~ louse*) Filzlaus *f* **4.** (SPORT) Brücke *f*

crab² [kræb] **I.** *s* Miesmacher *m;* Nörgler *m* **II.** *vi* (*fam*) meckern, nörgeln, schimpfen

crab (apple) ['kræbˌæpl] *s* Holzapfel *m;* **crab•bed** ['kræbɪd] *adj* **1.** mürrisch, griesgrämig **2.** kompliziert, schwierig **3.** schwerverständlich, schlecht lesbar; **crabby** ['kræbɪ] *adj* mürrisch, sauertöpfisch; querköpfig; **crab louse** <*pl* -lice> *s* Filzlaus *f*

crack [kræk] **I.** *vi* **1.** rissig werden; (*Glas*) springen **2.** (auf)platzen, bersten, brechen **3.** knallen, krachen **4.** (*Stimme*) brechen; umschlagen, überschnappen **5.** zusammenklappen, -brechen **6.** rasen; **get ~ing!** (*fam*) los! voran! **II.** *vt* **1.** (zer)brechen; beschädigen, zerstören **2.** (*Nuss*) knacken; (*Ei*) aufschlagen; (*Öl*) kracken **3.** knallen lassen **4.** herausschreien; (*die Stimme*) überschnappen lassen **5.** (*fam*) eine knallen (*s.o.* jdm) **6.** (*fam*) rauskriegen, klären, lösen **7.** (*fam: Stellung*) bekommen, erringen **8.** (*Am fam*) ohne Eintrittskarte, uneingeladen besuchen **9.** (*Geld*) wechseln; **~ a bottle** einer Flasche den Hals brechen; **~ a joke** (*fam*) einen Witz reißen; **he didn't ~ a smile** er verzog keine Miene **III.** *s* **1.** Sprung, Riss, Spalt *m;* Ritze *f* **2.** Knall, Krach, (Donner)Schlag *m;* Schlag, Stoß *m* **3.** (*Stimme*) Überschnappen *nt;* (*Peitsche*) Knallen *nt* **4.** (*sl*) Versuch *m* **5.** (*fam*) Moment, Augenblick *m,* Sekunde *f* **6.** (*sl*) Pfunds-, Prachtkerl *m;* hervorragender Spieler, Schütze **7.** (*sl*) Witz, Spaß *m;* bissige Bemerkung **8.** (*Droge*) Crack *m;* **at the ~ of dawn** bei Tagesanbruch; beim Morgengrauen; **in a ~** im Nu; **have a ~ at s.th.** etw versuchen; **what's the ~?** (*sl*) was läuft? **IV.** *adj* (*fam*) großartig; prachtvoll, fantastisch; prima **V.** *interj* krach!; **crack down** *vi* (*fam*) fest anpacken, scharf anfassen (*on s.o.* jdn), vorgehen (*on* gegen); **crack up I.** *vi* (*fam*) durchdrehen; zusammenbrechen **II.** *vt* (*fam*) herausstreichen, hochjubeln

crack•down ['krækdaʊn] *s* scharfes Vorgehen (*on* bei); **cracked** [krækt] *adj* **1.** gesprungen; gebrochen; rissig **2.** (*fam*) verrückt

cracker ['krækə(r)] *s* **1.** Knall-, Feuerwerkskörper *m* **2.** (INTERNET) Cracker *m* **3.** (salziger) Keks *m* **4.** Knallbonbon *nt* **5.** (*fam*) tolles Ding; toller Mann; tolle Frau

crack•er•jack ['krækədʒæk] *adj* (*fam*) klasse, fantastisch; **crackers** ['krækəz] **I.** *adj* (*fam*) übergeschnappt **II.** *s* Nussknacker *m*

crackle ['krækl] *vi* knistern, prasseln, knattern; **crack•ling** ['kræklɪŋ] *s* **1.** Geknister, Geprassel *nt* **2.** knusprige Kruste (*des Schweinebratens*)

crack•pot ['krækpɒt] **I.** *s* Spinner(in) *m(f)* **II.** *adj* verrückt, irre; **crack-up** ['krækʌp] *s* Zusammenbruch, Kollaps *m*

cradle ['kreɪdl] **I.** *s* **1.** (*a. fig*) Wiege *f* **2.** (*fig*) Kindheit *f;* Ursprung *m* **3.** (TECH) Gestell *nt;* Schlitten *m;* Telefongabel *f;* **from the ~** von klein auf; **in the ~** in frühester Jugend **II.** *vt* **1.** an sich drücken, halten **2.** (*auf den Armen*) wiegen

craft [krɑ:ft] *s* **1.** Geschick(lichkeit *f*) *nt,* (Hand-, Kunst)Fertigkeit *f* **2.** Handwerk, Gewerbe, Kunstgewerbe *nt;* (*~-guild*) Zunft, Innung *f* **3.** Schiff(e *pl*) *nt;* Flugzeug(e *pl*) *nt* **4.** (*fig*) Verschlagenheit, List *f;* **crafti•ness** ['-ɪnɪs] *s* Schlauheit, List *f;* **craft•shop** ['krɑ:ftʃɒp] *s* Kunstgewerbeladen *m;* **crafts•man** ['krɑ:ftsmən] <*pl* -men> *s* Handwerker *m;* **crafty** ['krɑ:ftɪ] *adj* listig, schlau, gerissen

crag [kræg] *s* Felsspitze *f;* Klippe *f;* **craggy** ['krægɪ] *adj* zerklüftet; steil, schroff; (*Gesicht*) kantig

cram [kræm] **I.** *vt* **1.** hineinstopfen; (voll)stopfen, vollpfropfen (*s.th. into s.th.* etw mit einer S) **2.** stopfen, nudeln, mästen **3.** (*fam*) einpauken **II.** *vi* **1.** pauken, ochsen, büffeln **2.** verschlingen; **cram•full** [ˌkræm'fʊl] *adj* vollgepfropft; **cram•mer** ['kræmə(r)] *s* **1.** Büffler(in) *m(f)* **2.** Einpauker *m* **3.** Paukbuch *m* **4.** Paukschule *f*

cramp[1] [kræmp] **I.** *s* (MED) Krampf *m* **II.** *vt* **1.** zusammenpferchen **2.** (MED) Krämpfe verursachen in **3.** (*fig*) hindern, hemmen, be-, einengen; ~ **s.o.'s style** jdm hinderlich sein

cramp[2] [kræmp] **I.** *s* Krampe, Klammer *f* **II.** *vt* klammern; **cram•pons** ['kræmpɒnz] *s pl* Steigeisen *ntpl*

cran•berry ['krænbərɪ] *s* Preiselbeere *f*

crane [kreɪn] **I.** *s* **1.** Kranich *m* **2.** (TECH) Kran *m* **II.** *vt, vi* (den Hals) recken (*for* nach); **crane•fly** ['kreɪnflaɪ] *s* Schnake *f*

cran•ium ['kreɪnɪəm, *pl* 'kreɪnɪə] <*pl* -ia> *s* (ANAT) Schädel *m*

crank[1] ['kræŋk] *s* Verrückte(r) *f m*

crank[2] [kræŋk] **I.** *s* (TECH) Kurbel *f* **II.** *vt* (*Motor: ~ up*) ankurbeln; **crank•case** ['kræŋkkeɪs] *s* Kurbelgehäuse *nt,* -wanne *f;* **crank•shaft** ['kræŋkʃɑ:ft] *s* Kurbelwelle *f*

cranky ['kræŋkɪ] *adj* **1.** (TECH) nicht in Ordnung **2.** (*fam*) komisch

cranny ['krænɪ] *s* Riss *m,* Ritze *f,* Spalt(e *f*) *m*

crap [kræp] **I.** *s* **1.** (*sl*) Unsinn, Schwindel *m;* Käse, Mist *m* **2.** (*vulg*) Kacke *f* **II.** *vi* (*vulg*) scheißen

crape [kreɪp] *s* **1.** Krepp, Flor *m* **2.** (*~ of mourning*) Trauerflor *m*

crappy ['kræpɪ] *adj* (*sl*) beschissen

crash [kræʃ] **I.** *vi* **1.** zusammenbrechen, (zusammen)krachen **2.** (*Flugzeug, Computer*) abstürzen **3.** krachen, stürzen (*against* gegen) **4.** (AUTO) einen Unfall haben **5.** brechen (*through* durch), einbrechen (*into* in) **6.** (wirtschaftlich, finanziell) zusammenbrechen **II.** *vt* **1.** zerschmettern **2.** (AVIAT) zum Absturz bringen; (AUTO) einen Unfall haben mit **3.** (*sl*) eindringen, sich einschleichen in (*eine Veranstaltung*) **4.** (*sl*) pennen **III.** *s* **1.** Krachen *nt;* Krach *m* **2.** Zusammenbrechen *nt,* (Ein)Sturz *m* **3.** Zusammenstoß *m* **4.** (AVIAT) Absturz *m;* (AUTO) Unfall *m;* (INFORM) Programm-, Systemabsturz *m* **5.** (FIN) Zusammenbruch, Crash *m;* ~ **of thunder** Donnerschlag *m* **IV.** *adj* gewaltsam; unter Einsatz aller Kräfte **V.** *adv* mit einem Krach; **crash barrier** *s* Leitplanke *f;* **crash course** *s* Intensivkurs *m;* **crash diet** *s* Radikalkur *f;* **crash helmet** *s* (AUTO) Sturzhelm *m;* **crash•ing** [-ɪŋ] *adj* (*fam*) fürchterlich; **crash-land** [ˌkræʃ'lænd] *vi* (AVIAT) bruchlanden; **crash-land•ing** [ˌkræʃ'lændɪŋ] *s* (AVIAT) Bruchlandung *f;* **crash programme** *s* Intensivprogramm *nt*

crass [kræs] *adj* grob; krass; absolut

crate [kreɪt] *s* **1.** Lattenkiste *f* **2.** Packkorb *m* **3.** (*fam: Auto, Flugzeug*) Kiste *f*

cra•ter ['kreɪtə(r)] *s* **1.** (GEOL) Krater *m* **2.** Granat-, Bombentrichter *m*

cra•vat [krə'væt] *s* Halstuch *nt*

crave [kreɪv] **I.** *vt* erbitten, erflehen **II.** *vi* sich sehnen (*for* nach), sehnlichst wünschen (*for s.th.* etw); **crav•ing** ['kreɪvɪŋ] *s* Verlangen *nt,* Sehnsucht *f* (*for* nach)

crawl [krɔ:l] **I.** *vi* **1.** kriechen (*to* vor), krabbeln; schleichen **2.** (*Ort*) wimmeln (*with* von) **3.** (*Haut*) kribbeln **4.** (SPORT) kraulen **II.** *s* **1.** Kriechen *nt* **2.** (SPORT) Kraul *nt;* **go at a ~** im Schneckentempo fahren; **crawler** ['krɔːlə(r)] *s* **1.** (SPORT) Kraulstilschwimmer *m* **2.** (*fig*) Kriecher(in) *m(f),* Speichellecker(in) *m(f),* Schleimer(in) *m(f)* **3. ~s** Spielanzug *m;* **crawler lane** *s* (AUTO) Kriechspur *f;* **crawlers** ['krɔːləz] *s pl* Strampelanzug, Strampler *m;* **crawling suit** ['krɔːlɪŋˌsuːt] *s* Strampelanzug, Strampler *m*

cray•fish ['kreɪfɪʃ] *s* **1.** (Fluss)Krebs *m* **2.** Languste *f*

crayon ['kreɪən] **I.** *s* Zeichen-, Pastellstift *m* **II.** *vt* **1.** mit Kreide zeichnen **2.** (*fig*) skizzieren

craze [kreɪz] **I.** *vt* **1.** den Verstand rauben (*s.o.* jdm) **2.** (*Glasur*) krakelieren **II.** *s* Manie, fixe Idee *f;* Hobby *nt;* Fimmel *m;* **be the ~** sehr beliebt sein; **the latest ~** der letzte Schrei; **crazed** [kreɪzd] *adj* wahnsinnig, verrückt (*with* vor); **crazi•ness** ['kreɪzɪnɪs] *s* Wahnsinn *m,* Verrücktheit *f;* **crazy** ['kreɪzɪ] *adj* **1.** wahnsinnig, verrückt (*with* vor, *about* nach) **2.** versessen (*about* auf), wild (*about* nach); **~ paving** mit unregelmäßigen Platten belegter Weg; **drive** [*o* **send**] **s.o. ~** jdn wahnsinnig machen; **go ~** verrückt werden; **at a ~ angle** völlig schief

CRC [ˌsiːɑːˈsiː] *s Abk. von* **camera-ready copy** (TYP) reporeife Vorlage

creak [kriːk] **I.** *vi* knarren; quietschen **II.** *s* Knarren *nt;* Quietschen *nt;* **creaky** ['kriːkɪ] *adj* knarrend; quietschend

cream [kriːm] **I.** *s* **1.** Sahne *f,* Rahm *m* **2.** Creme, Schaum-, Süßspeise *f* **3.** (Haut)Creme *f;* **the ~** das Beste, die Spitze, die Auslese **II.** *adj* cremefarben **III.** *vi* sahnig werden **IV.** *vt* **1.** entrahmen **2.** eincremen **3.** (*fig: off*) das Beste abschöpfen von **4.** Sahne tun an, in **5.** schaumig schlagen; **cream cheese** *s* Frisch-, Rahmkäse *m;* **cream-colo(u)red** *adj* cremefarben; **cream•ery** ['kriːmərɪ] *s* **1.** Molkerei *f* **2.** Milchgeschäft *nt;* **creamy** ['kriːmɪ] *adj* sahnig

crease [kriːs] **I.** *s* **1.** Falte *f;* Kniff *m* **2.** Bügelfalte *f* **3.** Eselsohr *nt* **4.** (SPORT) (Tor)Linie *f* **II.** *vt* **1.** falten **2.** (*Hose*) bügeln **3.** zerknittern **III.** *vi* knittern

cre•ate [kriːˈeɪt] **I.** *vt* **1.** (er)schaffen **2.** hervorbringen, herstellen, machen **3.** ins Leben rufen; hervorrufen, verursachen, bewirken **4.** machen, ernennen (*s.o. s.th.* jdn zu etw) **5.** gründen, errichten **6.** (THEAT: *Rolle*) zum erstenmal spielen **II.** *vi* (*sl*) Theater, Tamtam machen (*about* um); **cre•ation** [kriːˈeɪʃn] *s* **1.** Erschaffung *f* **2.** Werk *nt;* Kreation, Modeschöpfung *f* **3.** Erzeugung, Hervorbringung, Herstellung *f* **4.** Verursachung, Bewirkung *f;* Schaffung, Bildung, Gestaltung *f* **5.** (Be)Gründung, Errichtung *f* **6.** Ernennung *f* **7.** (THEAT) Kreieren *nt* (*einer Rolle*)*;* **the Creation** die Schöpfung; **cre•ative** [kriːˈeɪtɪv] *adj* kreativ, schöpferisch; produktiv (*of* in); **~ writing** dichterisches Schreiben; **cre•ator** [kriːˈeɪtə(r)] *s* Schöpfer, Erzeuger, Hersteller *m;* Modeschöpfer *m;* **the Creator** der Schöpfer, Gott *m*

crea•ture ['kriːtʃə(r)] *s* Geschöpf *nt,* Kreatur *f;* **living ~** Lebewesen *nt;* **lovely ~** herrliches Geschöpf; **creature comfort** *s* leibliches Wohl

crèche [kreɪʃ] *s* Kinderhort *m*

cre•dence ['kriːdns] *s:* **give ~ to** Glauben schenken *dat;* **cre•den•tials** [krɪˈdenʃlz] *s pl* **1.** Empfehlungs-, Beglaubigungsschreiben *nt* **2.** Zeugnisse *ntpl,* (Ausweis)Papiere *ntpl*

credi•bil•ity [ˌkredɪˈbɪlətɪ] *s* Glaubwürdigkeit *f;* **cred•ible** ['kredəbl] *adj* glaubwürdig, zuverlässig

cred•it ['kredɪt] **I.** *s* **1.** Glaube *m,* Vertrauen *nt* **2.** Glaubwürdigkeit *f* **3.** Ansehen *nt,* Geltung *f,* (guter) Name, (guter) Ruf *m* **4.** Verdienst *nt,* Ehre *f,* Ruhm *m;* Einfluss *m* **5.** Namensnennung, Quellenangabe *f* **6.** (*Am: ~ point*) Gutpunkt *m* **7.** (FIN) Kredit *m;* Guthaben *nt,* -schrift *f* **8.** (COM) Haben *nt;* **on ~** auf Kredit; **to s.o.'s ~** zu jds Gunsten; **allow/give/grant/open ~ to s.o.** jdm Kredit gewähren/einräumen/eröffnen; **do ~** Ehre machen; **give s.o. ~ for s.th.** jdm etw zutrauen, -schreiben; jdm etw zugute halten; **give s.th. on ~** etw auf Kredit geben, kreditieren **II.** *vt* **1.** glauben, Glauben schenken, (ver)trauen (*s.o., s.th.* jdm, einer S) **2.** Anerkennung bringen (*s.o.* jdm), (ehrenvoll) erwähnen **3.** (*Am: Universität*) anrechnen **4.** (FIN) Kredit geben (*s.o.* jdm); (COM) gutschreiben, kreditieren; **~ s.th. to s.o.** [*o* **s.o. with s.th.**] jdm etw zutrauen, -schreiben; **credi•table** ['kredɪtəbl] *adj* rühmlich, anerkennenswert (*to* für); **credit agency** *s* Kreditschutzverein *m;* **credit card** *s* Kreditkarte *f;* **credit department** *s* Kreditabteilung *f;* **credit facilities** *s pl* Kreditmöglichkeiten *fpl;* **credit limit** *s* Kredit-, Verfügungsrahmen *m;* **credit note** *s* Gutschrift(sanzeige) *f;* **credi•tor** ['kredɪtə(r)] *s* Gläubiger(in) *m(f);* **creditor bank** *s* Gläubigerbank *f;* **credit page** *s* Herausgeber-, Mitarbeiterseite *f;* **credit rating** *s* Kreditwürdigkeit *f;* **credit side** *s* Habenseite *f;* **on his ~** zu seinen Gunsten; **credit terms** *s pl* Kreditbedingungen *fpl;* **credit-worthy** ['kredɪtwɜːðɪ] *adj* kreditwürdig

cre•du•lity [krɪˈdjuːlətɪ] *s* Leichtgläubigkeit *f;* **credu•lous** ['kredjʊləs] *adj* leichtgläubig

creed [kri:d] *s* **1.** (Glaubens)Bekenntnis *nt* **2.** Überzeugung *f*

creek [kri:k] *s* **1.** kleine Bucht **2.** Flüsschen *nt;* **be up the ~** aufgeschmissen sein; sich völlig vertan haben

creep [kri:p] <*irr:* crept, crept> **I.** *vi* **1.** kriechen (*Zeit*) **2.** schleichen **3.** (*Pflanze*) sich ranken **4.** (*Haut*) kribbeln; **it makes my flesh ~** da bekomme ich eine Gänsehaut **II.** *s* **1.** Kriechen *nt* **2.** (*fam*) widerlicher Mensch **3. ~s** Kribbeln *nt,* Schauder *m;* **it gave me the ~s** es überlief mich (eis)kalt, ich bekam eine Gänsehaut; **creep into** *vi* (*fig*) sich einschleichen in; **creep up** *vi* heranschleichen, sich heranarbeiten (*to* an); **creeper** ['kri:pə(r)] *s* **1.** Kriechtier *nt* **2.** Kletterpflanze *f* **3. ~s** Steigeisen *ntpl* **4. ~s** Schuhe *m pl* mit Kreppsohlen; **creep•ing** [-ɪŋ] *adj* (*Krankheit*) schleichend; **creepy** ['kri:pɪ] *adj* schaurig; gruselig

cre•mate [krɪ'meɪt] *vt* (*Leiche*) einäschern; **cre•ma•tion** [krɪ'meɪʃn] *s* Einäscherung, Feuerbestattung *f;* **cre•ma•tor•ium** [ˌkremə'tɔ:rɪəm] *s* Krematorium *nt;* **cre•ma•tory** ['kremətərɪ] *s* (*Am*) Krematorium *nt*

crept [krept] *s.* **creep**

cres•cent ['kresnt] *s* **1.** Mondsichel *f;* Halbmond *m* **2.** (*Br*) bogenförmig geschwungene Häuserreihe

cress [kres] *s* Kresse *f*

crest [krest] *s* **1.** (*Hühner*) Kamm *m* **2.** (*von Vögeln*) Haube *f;* (*von Pferden, Löwen*) Mähne *f* **3.** (*auf Helm*) Helmbusch *m* **4.** (*mountain ~*) Bergkamm, -rücken *m* **5.** (*~ of a wave*) Wellenkamm *m* **6.** (ARCH) Bekrönung *f* **7.** (*fig*) Höchst-, Scheitelpunkt, Gipfel *m;* **on the ~ of the wave** (*fig*) auf dem Gipfel des Glücks; **crest-fallen** ['krestˌfɔ:lən] *adj* (*fig*) tief enttäuscht

Crete [kri:t] *s* Kreta *nt*

cre•tin ['kretɪn] *s* **1.** Kretin *m,* Schwachsinnige(r) *f m* **2.** (*sl*) Idiot *m*

cre•vasse ['krɪvæs] *s* Gletscherspalte *f*

crev•ice ['krevɪs] *s* Spalte, Ritze *f*

crew [kru:] **I.** *s* **1.** (MAR AVIAT) Besatzung, Crew *f;* (SPORT) Mannschaft *f* **2.** Gruppe *f* **II.** *vi* der Vorschormann sein **III.** *vt* die Mannschaft sein von; **crew-cut** *s* Bürstenschnitt *m;* **crew-member** *s* Besatzungsmitglied *nt*

crib [krɪb] **I.** *s* **1.** Krippe *f* **2.** (*Am*) Kinderbett *nt* **3.** Lachsreuse *f* **4.** (*Am*) Behälter *m* (*für Mais*) **5.** (*fam*) Plagiat *nt* **6.** (SCHULE) Spickzettel *m;* **~ death** (*Am*) Krippentod *m* **II.** *vt, vi* **1.** (*fam*) plagiieren **2.** (SCHULE) abschreiben

crib•bage ['krɪbɪdʒ] *s* (*Kartenspiel*) Cribbage *nt*

crick [krɪk] *s:* **have a ~ in the neck** einen steifen Hals haben

cricket¹ ['krɪkɪt] *s* Grille *f*

cricket² ['krɪkɪt] *s* (SPORT) Kricket *nt;* **not ~** (*fam*) unfair; **cricket•bat** *s* (Kricket)Schläger *m;* **cricketer** ['krɪkɪtə(r)] *s* Kricketspieler(in) *m(f);* **cricket ground** *s* (Rasen)Spielfeld *nt;* **cricket pitch** *s* Wurfbahn *f*

crier ['kraɪə(r)] *s* **1.** Schreihals *m* **2.** Ausrufer *m;* Gerichtsdiener *m*

crime [kraɪm] *s* **1.** Verbrechen *nt* **2.** Sünde, Schande *f;* Frevel *m;* **commit a ~** ein Verbrechen begehen; **crime-busting** *s* Verbrechensbekämpfung *f;* **crime prevention** *s* präventive Verbrechensbekämpfung; **crime-rid•den** ['kraɪmˌrɪdn] *adj* mit einer hohen Kriminalitätsrate; **crime wave** *s* Welle *f* von Verbrechen

crimi•nal ['krɪmɪnl] **I.** *adj* **1.** verbrecherisch, kriminell; strafbar **2.** (*fam*) schändlich; **~ assault** Körperverletzung *f;* **Criminal Investigation Department (CID)** (*Br*) Kriminalpolizei *f;* **~ code** Strafgesetzbuch *nt;* **~ law** Strafrecht *nt;* **have a ~ record** vorbestraft sein **II.** *s* Verbrecher(in) *m(f);* **crimi•nali•ty** [ˌkrɪmɪ'nælətɪ] *s* Kriminalität *f;* **crimi•nol•og•ist** [krɪmɪ'nɒlədʒɪst] *s* Kriminologe *m;* Kriminologin *f;* **crimi•nol•ogy** [ˌkrɪmɪ'nɒlədʒɪ] *s* Kriminologie *f*

crimp [krɪmp] *vt* **1.** fälteln **2.** (*Haar*) wellen

crim•son ['krɪmzn] **I.** *adj* purpurrot; blutrot **II.** *vt* rot färben **III.** *vi* rot werden; erröten

cringe [krɪndʒ] *vi* **1.** zurückschrecken (*at* vor) **2.** (*fig*) schaudern, sich schütteln **3.** kriechen, katzbuckeln; **make s.o. ~** jdn schaudern lassen, jdm weh tun

crinkle ['krɪŋkl] **I.** *vi* faltig werden; knittern **II.** *vt* zerknittern; **crin•kly** ['krɪŋklɪ] *adj* wellig, faltig; zerknittert

cripple ['krɪpl] **I.** *s* Krüppel *m* **II.** *vt* **1.** zum Krüppel machen **2.** (*fig*) lähmen; schwächen, behindern

cri•sis ['kraɪsɪs, *pl* 'kraɪsi:z] <*pl* -ses> *s* Krise *f;* Wendepunkt, entscheidender Augenblick *m;* **bring to a ~** zu einer Entscheidung bringen; **pass through a ~** eine Krise durchmachen; **financial ~** Finanzkrise *f;* **crisis management** *s* Krisenmanagement *nt*

crisp [krɪsp] **I.** *adj* **1.** knusp(e)rig **2.** (*Luft*) frisch **3.** (*Stil*) lebendig **4.** (*Benehmen*) entschieden, klar **5.** kraus; wellig, faltig **II.** *s* (*Br*) Kartoffelchip *m* **III.** *vt* **1.** knusp(e)rig machen **2.** kräuseln; **crisp•bread** ['krɪsbred] *s* Knäckebrot *nt;* **crispy** ['krɪspɪ] *adj* **1.** knusp(e)rig **2.** kraus

criss-cross ['krɪskrɒs] **I.** *adj* sich kreuzend,

gekreuzt **II.** *adv* kreuzweise; durcheinander **III.** *vt* kreuzweise durchziehen

cri•terion [kraɪ'tɪərɪən, *pl* -'tɪərɪə] <*pl* -teria> *s* **1.** Kriterium *nt* **2.** Merkmal, Kennzeichen *nt*

critic ['krɪtɪk] *s* **1.** Kunstkenner(in) *m(f)*, -sachverständige(r) *f m* **2.** Kritiker(in) *m(f)*; **criti•cal** ['krɪtɪkl] *adj* **1.** kritisch; (*Augenblick*) entscheidend; ernst, bedenklich **2.** tadelsüchtig (*of s.o.* jdm gegenüber); **at the ~ moment** im entscheidenden Augenblick; **in a ~ situation** in einer schwierigen Lage; **criti•cism** ['krɪtɪsɪzəm] *s* **1.** Kritik *f* (*of* an, über) **2.** negative Beurteilung; **literary ~** Literaturkritik *f*; **criti•cize** ['krɪtɪsaɪz] *vt* **1.** kritisieren **2.** sich kritisch äußern über; tadeln; **cri•tique** [krɪ'ti:k] *s* Kritik, Besprechung, Rezension *f*

croak [krəʊk] **I.** *s* Quaken *nt*, Krächzen *nt* **II.** *vi* **1.** (*Frosch*) quaken **2.** (*Rabe*) krächzen **3.** (*sl*) abkratzen

Croat ['krəʊæt] *s* Kroate *m*, Kroatin *f*; **Croa•tia** [krəʊ'eɪʃɪə] *s* Kroatien *nt*; **Croa•tian** [krəʊ'eɪʃɪən] **I.** *adj* kroatisch **II.** *s* Kroate *m*, Kroatin *f*

cro•chet ['krəʊʃeɪ] **I.** *vt, vi* häkeln **II.** *s* (*~-work*) Häkelarbeit *f*; **crochet•hook** *s* Häkelnadel *f*

crock [krɒk] *s* **1.** Topf *m*, -scherbe *f* **2.** (AUTO: *fam*) alte Kiste **3.** (*Mensch*) Klappergestell *nt*; **crock•ery** ['krɒkərɪ] *s* Töpferware *f*; Geschirr *nt*

croco•dile ['krɒkədaɪl] *s* Krokodil *nt*; **walk in a ~** (*Br*) zwei und zwei hintereinander gehen; **crocodile tears** *s pl* Krokodilstränen *fpl*

cro•cus ['krəʊkəs] *s* Krokus *m*

croft [krɒft] *s* **1.** eingefriedetes Feld **2.** kleiner Bauernhof; **crofter** ['krɒftə(r)] *s* Kleinpächter(in) *m(f)*

crois•sant ['krwɑ:sɒŋ] *s* Hörnchen, Croissant *nt*

crook [krʊk] **I.** *s* **1.** Haken *m* **2.** Hirtenstab *m*; (REL) Krummstab *m* **3.** (*Fluss*) Krümmung, Biegung *f*; (*Arm*) Beuge *f* **4.** (*fam*) Schwindler, Gauner *m* **II.** *vt* krümmen, biegen **III.** *adj* **1.** (*fam*) unehrlich **2.** (*Australien*) krank; kaputt; schlecht; wütend; **crooked** ['krʊkɪd] *adj* **1.** gekrümmt, gebeugt **2.** krumm, schief **3.** buck(e)lig **4.** (*fig: Wege*) krumm **5.** unehrlich

croon [kru:n] *vt, vi* schmalzig singen; **crooner** ['kru:nə(r)] *s* Schlager-, Schnulzensänger(in) *m(f)*

crop [krɒp] **I.** *s* **1.** (*Vogel*) Kropf *m* **2.** Feldfrüchte *fpl*, Getreide *nt* **3.** Ertrag *m*, Ernte *f*; Ausbeute *f* **4.** Haufen *m*, Menge *f* **5.** Peitschenstiel *m*; Reitpeitsche *f* **6.** kurzer Haarschnitt; **~ rotation** Fruchtwechsel *m* **II.** *vt* **1.** kurz abschneiden, stutzen, scheren **2.** ab-, kahlfressen, abgrasen; **crop out** *vi* auftauchen; (GEOL) zutage treten; **crop up** *vi* auftauchen; (*fam*) aufkreuzen; dazwischenkommen

crop•per ['krɒpə(r)] *s* **1.** Kropftaube *f* **2.** (*Mensch*) Anbauer *m* **3.** (*fam*) furchtbarer Sturz **4.** (*fam*) Misserfolg, Reinfall *m*; **be a good/bad ~** (AGR) gut/schlecht tragen; **come a ~** (*fam*) furchtbar (hin)fallen; versagen; (*im Examen*) durchsausen, -rasseln

crop top ['krɒp,tɒp] *s* bauchfreies Top

cro•quet ['krəʊkeɪ] *s* (SPORT) Krocket *nt*

cross[1] [krɒs] **I.** *s* **1.** Kreuz *nt* **2.** Querstrich *m* (*z.B. beim t*) **3.** (*fig*) Kreuz, Leiden *nt* **4.** Ordenskreuz *nt* **5.** (BIOL) (Rassen)Kreuzung *f* **6.** (ELEK) Überbrückung *f*; **the Cross** das Kreuz (Christi); **the sign of the Cross** das Kreuzzeichen; **bear one's ~** sein Kreuz auf sich nehmen **II.** *adj* **1.** quer verlaufend, schräg; sich überschneidend **2.** entgegengesetzt, im Widerspruch (*to* zu) **III.** *vt* **1.** kreuzen, durch-, überqueren, überschreiten **2.** das Kreuz machen (*s.th.* über etw) **3.** (*die Beine*) kreuzen, übereinanderschlagen **4.** (*Brücke*) überspannen, hinüberführen (*s.th.* über etw) **5.** mit einem Querstrich versehen **6.** übersetzen (*s.th.* über), überfliegen **7.** (*~ off, ~ out*) (durch)streichen **8.** (*Scheck*) zur Verrechnung ausstellen **9.** (*Plan*) durchkreuzen, vereiteln **10.** (*Person*) in den Weg, entgegentreten (*s.o.* jdm), begegnen (*s.o.* jdm) **11.** (BIOL: *Rassen*) kreuzen; **~ s.o.'s mind** jdm in den Sinn kommen, einfallen; **~ s.o.'s path** jds Weg kreuzen, jdm begegnen; **~ one's t's and dot one's i's** (*fig*) es (ganz) genau nehmen, (sehr) genau sein; **~ your heart!** Hand aufs Herz!; **I'll keep my fingers ~ed** (*fig*) ich halte den Daumen! **IV.** *vi* **1.** hinüberfahren (*from … to* von … nach), (die Straße) überqueren **2.** sich treffen, sich begegnen, sich kreuzen **3.** sich überschneiden **4.** (*Briefe*) sich kreuzen **V.** *vr* (REL) sich bekreuzigen; **cross off**, **cross out** *vt* (aus-, durch)streichen; **cross over** *vi* hinübergehen; überwechseln (*to* zu)

cross[2] [krɒs] *adj* ärgerlich, wütend, böse; **be ~ with s.o.** mit jdm, auf jdn böse sein

cross•bar ['krɒsbɑ:(r)] *s* **1.** Querholz *nt*, -balken *m*, -stange *f* **2.** (SPORT) Torlatte *f*; **cross•beam** ['krɒsbi:m] *s* Querbalken *m*; (SPORT) Schwebebalken *m*; **cross-bor•der** *adj* grenzüberschreitend; **~ collaboration** grenzüberschreitende Zusammenarbeit; **cross•bow** ['krɒsbəʊ] *s* (HIST) Armbrust *f*; **cross•breed** ['krɒsbri:d] **I.** *s* (BIOL) Kreuzung *f*; Mischrasse *f*; Mischling *m* **II.** *vt* kreuzen; **cross-check** **I.** *vt* doppelt kontrollieren **II.** *s* Gegenprobe *f*; **cross-coun•try** [,krɒs'kʌntrɪ] **I.** *adj* **1.** querfeldein

2. (AUTO) geländegängig; ~ **ski** Langlauf-, Tourenski *m;* ~ **skiing** Skilanglauf *m;* ~ **skier** Skilangläufer(in) *m(f);* ~ **ski run** (Langlauf)Loipe *f;* ~ **flight** (AVIAT) Überlandflug *m;* ~ **race** Querfeldeinrennen *nt* **II.** *adv* querfeldein **III.** *s* Querfeldeinrennen *nt;* **cross-current** *s* Gegenströmung *f;* **cross-disciplinary** *adj* interdisziplinär; **cross-examination** *s* Kreuzverhör *nt;* **cross-examine** *vt* ins Kreuzverhör nehmen; **cross-eyed** ['krɒsaɪd] *adj* schielend; **be** ~ schielen; **cross-fertilization** *s* Fremdbestäubung *f;* (*fig*) gegenseitige Befruchtung; **cross•fire** ['krɒsfaɪə(r)] *s* (*a. fig*) Kreuzfeuer *nt;* **cross-grained** [ˌkrɒs'greɪnd] *adj* **1.** quer gemasert **2.** (*fig*) eigensinnig; widerborstig, mürrisch; **cross•ing** ['krɒsɪŋ] *s* **1.** Kreuzung *f* **2.** Kreuz-, Schnittpunkt *m* **3.** Überquerung *f,* -gang *m,* -fahrt *f* **4.** (RAIL) Überführung *f;* (Fußgänger)Überweg *m* **5.** (ARCH) Vierung *f;* **level** ~ schienengleicher Bahnübergang; **cross-legged** [ˌkrɒs'legd] *adj* mit übergeschlagenen Beinen; **cross•over** ['krɒsəʊvə(r)] *s* **1.** Kreuzungsstelle *f* **2.** Überführung *f;* **cross-promotional** *adj* cross-promotional (*verkaufsfördernd für beide Seiten*); **cross-pur•poses** [ˌkrɒs'pɜːpəsɪz] *s pl:* **be at** ~ **with s.o.** mit jdm eine Meinungsverschiedenheit haben; **talk at** ~ aneinander vorbeireden; **cross-reference** *s* (*Buch*) Verweis *m;* **cross-roads** ['krɒsrəʊdz] *s sing od pl* Wege-, Straßenkreuzung *f;* **at the** ~ (*fig*) am Scheideweg; **cross section** *s* Querschnitt *m;* **cross•talk** ['krɒstɔːk] *s* Wortgefecht *nt;* (TELE) Nebensprechen *nt;* **cross•walk** *s* (*Am*) Fußgängerüberweg *m;* **cross•ways** ['krɒsweɪz] *adv* quer; **cross•wind** ['krɒswɪnd] *s* (AVIAT) Seitenwind *m;* **cross•wise** ['krɒswaɪz] *adv* quer hinüber; kreuzweise; **cross•word** (**puzzle**) ['krɒswɜːd(pʌzl)] *s* Kreuzworträtsel *nt*

crotch [krɒtʃ] *s* **1.** Gabel(ung) *f* **2.** (*Hose*) Schritt *m*

crotchet ['krɒtʃɪt] *s* **1.** (MUS) Viertelnote *f* **2.** (*fig*) Marotte, Schrulle *f;* ~ **rest** (MUS) Viertelpause *f*

crotchety ['krɒtʃɪtɪ] *adj* schrullenhaft; schlecht gelaunt; quengelig

crouch [kraʊtʃ] **I.** *vi* sich ducken, sich (nieder)kauern **II.** *s* geduckte Stellung

croup [kruːp] *s* **1.** (MED) Krupp *m,* Halsbräune *f* **2.** (*Pferd*) Kruppe *f*

crou•pier ['kruːpɪeɪ] *s* Croupier *m*

crow [krəʊ] **I.** *s* **1.** Krähe *f* **2.** (~-*bar*) Brecheisen *nt;* **as the** ~ **flies** in der Luftlinie **II.** *vi* **1.** krähen **2.** jubeln, triumphieren (*over* über) **3.** (*Kind*) juchzen

crow•bar ['krəʊbɑː(r)] *s* Brecheisen *nt*

crowd [kraʊd] **I.** *s* **1.** (Menschen)Menge *f,* Menschenmassen *fpl* **2.** Gedränge, Gewühl, Gewimmel *nt* **3.** (die) große Masse, (das) gemeine Volk **4.** (*fam*) Gruppe *f,* Haufen, Verein *m,* Gesellschaft *f* **5.** Haufen, Berg, Stoß, Stapel *m;* **follow the** ~ (*fig*) der Masse folgen, mitlaufen **II.** *vi* (~ *round*) sich ansammeln, zusammenströmen; (sich) drängen (*round* um, *into* in); (~ *forward*) vorwärtsdrängen, -stürmen **III.** *vt* **1.** drängen, stoßen, schieben **2.** voll stopfen **3.** (*fam: Menschen*) unter Druck setzen, auf den Leib rücken (*s.o.* jdm); **be** ~**ed with** wimmeln von; **crowd out** *vt* ausschließen, wegdrängen, verdrängen; **crowd up** *vt* (*Am: Preise*) in die Höhe treiben; **crowded** [-ɪd] *adj* gedrängt, zum Brechen voll (*with* von), zusammengepfercht; ~ **to capacity** bis auf den letzten Platz gefüllt; **crowd•puller** *s* (*fam*) Publikumsmagnet *m*

crown [kraʊn] **I.** *s* **1.** Krone *f* **2.** (Sieger)Kranz *m* **3.** Fünfshillingstück *nt* **4.** oberer Teil, Krone *f,* Gipfel *m* **5.** Scheitel, Schädel *m* **6.** Scheitelpunkt *m;* (Dach)First *m;* (Straßen)Kuppe *f* **7.** (Zahn)Krone *f* **8.** (Baum)Krone *f* **9.** (*fig*) Höhepunkt *m,* Krone *f,* Gipfel *m,* Krönung *f* **II.** *vt* **1.** krönen **2.** (*fig*) die Krone aufsetzen (*s.th.* einer S), vollenden **3.** (*Zahn*) mit einer Krone versehen **4.** (*sl*) eins aufs Dach geben (*s.o.* jdm); **to** ~ **it all** um der Sache die Krone aufzusetzen; ~ **s.o. king** jdn zum König krönen; **crown cap** *s* Kronkorken *m;* **crown colony** *s* Kronkolonie *f;* **crown cork** *s* Kronkorken *m;* **crown•ing** [-ɪŋ] *adj* krönend; **crown jewels** *s pl* Kronjuwelen *pl;* **crown prince** *s* Kronprinz *m;* **crown witness** *s* Kronzeuge *m,* Zeuge *m* der Anklage

crow's feet ['krəʊzfiːt] *s pl* Krähenfüße *mpl* (*im Gesicht*); **crow's nest** *s* (MAR) Mastkorb *m*

cru•cial ['kruʃl] *adj* entscheidend, kritisch, ernst; **at the** ~ **moment** im entscheidenden Augenblick; **put to a** ~ **test** einer entscheidenden Prüfung unterziehen

cru•cible ['kruːsɪbl] *s* **1.** Schmelztiegel *m* **2.** (*fig*) Feuer-, Bewährungsprobe *f*

cru•ci•fix [ˌkruːsɪ'fɪks] *s* Kruzifix *nt;* **cru•ci•fixion** [ˌkruːsɪ'fɪkʃn] *s* Kreuzigung *f;* **cru•cify** ['kruːsɪfaɪ] *vt* **1.** kreuzigen **2.** (*fig*) fertig machen, keinen guten Faden lassen an

cruddy ['krʌdɪ] *adj* (*sl*) mies

crude [kruːd] *adj* **1.** roh **2.** (*fig*) ungeformt, unfertig; unreif, nicht durchdacht **3.** (*Mensch*) grob, ungeschliffen, ungebildet **4.** geschmacklos; ~ **iron** Roheisen *nt;* ~ **oil** Rohöl *nt;* **crud•ity** ['kruːdətɪ] *s* **1.** Roh-

C

heit *f* **2.** grobe Bemerkung, Grobheit *f*

cruel [krʊəl] *adj* **1.** grausam; unmenschlich, erbarmungs-, mitleid(s)los, herzlos (*to* gegen) **2.** (*Wind, Schicksal*) heftig; schrecklich, furchtbar; **cruelty** ['krʊəltɪ] *s* Grausamkeit *f,* Unmenschlichkeit, Herzlosigkeit *f;* ~ **to animals** Tierquälerei *f*

cruise [kru:z] **I.** *vi* **1.** (MAR) kreuzen **2.** umherfahren **3.** mit Reisegeschwindigkeit fahren, fliegen; ~ **the internet** surfen **II.** *s* Kreuz-, Vergnügungsfahrt, Schiffsreise *f;* **go on** [*o* **for**] **a** ~ eine Vergnügungsfahrt machen; **cruise missile** *s* (MIL) Marschflugkörper *m;* **cruiser** ['kru:zə(r)] *s* **1.** (MAR) Kreuzer *m* **2.** Jacht *f;* Motorboot *nt* **3.** (*Am*) Funkstreifenwagen *m;* **cruis•ing** [-ɪŋ] *adj:* ~ **speed** Reisegeschwindigkeit *f*

crul•ler ['krʌlə] *s* (*Am*) länglicher Berliner mit Zuckerglasur

crumb [krʌm] *s* **1.** Stück(chen) *nt,* Krume *f,* Krümel *m* **2.** (*fig*) Fetzen *m,* Stück *nt,* Brocken *m* **3.** (*sl*) Lump *m* **4.** kleine Geldsumme; **a** ~ **of** ein bisschen ..., ein wenig ...

crumble ['krʌmbl] **I.** *vt, vi* zerkrümeln, zerbröckeln **II.** *vi* **1.** zer-, verfallen **2.** (*fig*) einstürzen, zusammenbrechen **3.** (*Preise*) abbröckeln; **crum•bly** ['krʌmblɪ] **I.** *adj* krümelig, bröckelig **II.** *s* (*sl*) Grufti *m*

crummy ['krʌmɪ] *adj* (*sl*) **1.** schäbig, dürftig, elend **2.** krank, angeschlagen

crum•pet ['krʌmpɪt] *s kleines rundes Hefegebäck zum Toasten*

crumple ['krʌmpl] **I.** *vt* zerknittern, faltig machen; zusammenknüllen; eindrücken **II.** *vi* **1.** knittern **2.** (*fam:* ~ *up*) zusammenbrechen, zusammensacken **3.** zusammengedrückt werden; **crumple zone** *s* (AUTO) Knautschzone *f*

crunch [krʌntʃ] **I.** *vt* knacken, zerbeißen; mampfen **II.** *vi* knirschen, krachen **III.** *s* **1.** Knacken, Knirschen *nt* **2.** (*fam*) Zusammenstoß *m* **3.** (*sl*) Krise *f* **4.** Knackpunkt *m;* **when it comes to the** ~ wenn es darauf ankommt

cru•sade [kru:'seɪd] **I.** *s* (*a. fig*) Kreuzzug *m* (*against* gegen, *for* für) **II.** *vi* sich an einem Kreuzzug beteiligen; **cru•sader** [kru:'seɪdə(r)] *s* Kreuzfahrer *m*

crush [krʌʃ] **I.** *vt* **1.** (zer-, zusammen)drücken, (zer)quetschen, zermalmen, zerschmettern **2.** zerkleinern **3.** (zer)knüllen, zerknittern **4.** (*fig*) zerstören, vernichten; niederschmettern; unterdrücken **II.** *vi* **1.** sich drängen, sich stürzen **2.** knittern **III.** *s* **1.** (starker) Druck, Stoß *m* **2.** Gedränge *nt,* (Menschen)Menge *f,* Massen *fpl* **3.** Fruchtsaftgetränk *nt* **4.** (*fam*) große Gesellschaft, Haufen *m* **5.** (*sl*) Schwärmerei *f;* (*Person*) Schwarm *m;* **have a** ~ **on s.o.** (*sl*) für jdn schwärmen; **crush down** *vt* niederdrücken; zerkleinern; (*fig*) unterdrücken; **crush out** *vt* (*Frucht*) auspressen; (*fig*) auslöschen, völlig vernichten; **crush up** *vt* zermahlen, zerstampfen; **crush barrier** *s* Absperrung *f;* **crush boy** *s* (*Am: sl*) *Junge, in den sich Mädchen verknallen;* **crushing** [-ɪŋ] *adj* überwältigend; erdrückend; niederschmetternd

crust [krʌst] **I.** *s* **1.** (Brot)Kruste, Rinde *f* **2.** Stück *nt* trockenes Brot **3.** Kruste *f* **4.** (MED) Schorf *m* **5.** (BOT ZOO) Schale *f* **6.** Ablagerung *f;* Weinstein *m* **7.** (*sl*) Unverschämtheit *f* **II.** *vi* verkrusten; (*Schnee*) verharschen; ~ **over** zufrieren; verkrusten; **crus•ta•cean** [krʌ'steɪʃn] *s* Krebs-, Schalentier *nt*

crusty ['krʌstɪ] **I.** *adj* **1.** verkrustet **2.** knusprig **3.** (*fig*) mürrisch **II.** *s* junge(r) Obdachlose(r)

crutch [krʌtʃ] *s* (*a. fig*) Krücke *f;* **go on** ~**es** an Krücken gehen

crux [krʌks] *s* **1.** Crux *f,* Haken *m* **2.** schwieriges Problem

cry [kraɪ] **I.** *vi* **1.** schreien (*for* nach) **2.** verlangen (*for* nach) **3.** weinen (*with* vor, *for* um), heulen, jammern (*over* über) **4.** (*Hund*) anschlagen; ~ **for the moon** Unmögliches verlangen; ~ **o.s. to sleep** sich in den Schlaf weinen; ~ **over spilt milk** Vergangenem nachweinen; ~ (**for**) **vengeance** nach Rache schreien **II.** *vt* **1.** (aus)rufen, schreien **2.** verkünden; ~ **one's eyes** [*o* **heart**] **out** sich die Augen aus dem Kopf weinen **III.** *s* **1.** Schrei, Ruf *m* **2.** Geschrei *nt* (*for* nach) **3.** Ausrufen, Verkünden *nt* **4.** Parole *f,* Schlachtruf *m* **5.** Weinen, Heulen, Geheul *nt* **6.** (*Tier*) Gebell *nt;* (*Jagdhunde*) Anschlag *m* **7.** Koppel, Meute *f;* **be a far** ~ **from ...** ganz anders sein als ...; **in full** ~ in vollem Eifer; **within** ~ in Rufweite; **follow in the** ~ mit der großen Masse mitlaufen; **have a good** ~ sich ausweinen; **cry down** *vt* herabsetzen, schlecht machen; niederschreien; **cry for** *vt* dringend gebrauchen, benötigen; verlangen nach; **cry off** *vt* widerrufen; es sich anders überlegen; sich zurückziehen; **cry out** *vt* aufschreien; ~ **out against** scharf protestieren gegen; ~ **out for** schreien nach; dringend verlangen; **crying** ['kraɪɪŋ] **I.** *adj* (himmel)schreiend; dringend; **it is a** ~ **shame** es ist eine wahre Schande **II.** *s* Weinen *nt;* Schreien *nt*

crypt [krɪpt] *s* (ARCH) Krypta *f*

cryp•tic ['krɪptɪk] *adj* geheim, verborgen; hintergründig, rätselhaft

crys•tal ['krɪstl] *s* **1.** Kristall *m* **2.** (~ *glass*) Kristall(glas) *nt* **3.** (*Am*) Uhrglass *nt;* **crystal ball** *s* Glaskugel *f* (*des Hellsehers*); **crystal-clear** *adj* glasklar; **crys•tal•line**

['krɪstəlaɪn] *adj* kristallinisch; **crys•tal•li•za•tion** [ˌkrɪstəlaɪ'zeɪʃn] *s* Kristallbildung *f;* Kristallisierung *f;* **crystal•lize** ['krɪstəlaɪz] **I.** *vt* **1.** kristallisieren, auskristallisieren **2.** (*fig*) eine endgültige Gestalt geben (*s.th.* einer S) **II.** *vi* **1.** Kristalle bilden **2.** (*fig*) sich herauskristallisieren; feste Form annehmen

cub [kʌb] *s* **1.** Junge(s) *nt* (*eines Raubtieres*) **2.** (*Pfadfinder*) Wölfling *m* **3.** Neuling, Anfänger *m*

Cuba ['kju:bə] *s* Kuba *nt*

Cuban ['kju:bən] **I.** *adj* kubanisch **II.** *s* Kubaner(in) *m(f)*

cubby-hole ['kʌbɪhəʊl] *s* **1.** Kämmerchen *nt* **2.** Fach *nt*

cube [kju:b] **I.** *s* **1.** Würfel *m* **2.** (MATH) Kubikzahl *f,* dritte Potenz; ~ **root** (MATH) Kubikwurzel *f* **II.** *vt* **1.** (MATH) in die dritte Potenz erheben **2.** in Würfel schneiden; **cu•bic** ['kju:bɪk] *adj* würfelförmig; kubisch; Raum-, Kubik-; ~ **metre** Kubikmeter *m;* ~ **capacity** Fassungsvermögen *nt;* (AUTO) Hubraum *m*

cu•bicle ['kju:bɪkl] *s* Kabine *f*

cuckoo ['kʊku:] **I.** *s* Kuckuck(sruf) *m* **II.** *adj* (*sl*) verrückt, blöd; **cuckoo-clock** *s* Kuckucksuhr *f*

cu•cum•ber ['kju:kʌmbə(r)] *s* Gurke *f;* **(as) cool as a** ~ völlig ungerührt

cud [kʌd] *s:* **chew the** ~ wiederkäuen; (*fig*) gründlich überlegen

cuddle ['kʌdl] **I.** *vt* hätscheln, liebkosen; schmusen mit **II.** *vi* schmusen **III.** *s* Umarmung *f;* **give s.o. a** ~ jdn umarmen; mit jdm schmusen

cud•gel ['kʌdʒəl] **I.** *s* Keule *f,* Knüppel *m;* **take up the ~s for s.o.** für jdn Partei ergreifen **II.** *vt* (ver)prügeln

cue [kju:] *s* **1.** (THEAT) Stichwort *nt* **2.** Fingerzeig, Hinweis *m* **3.** Billardstock *m,* Queue *nt* **4.** (MUS) Einsatz *m;* **give s.o. his** ~ jdm nahelegen, was er zu tun hat; **take one's** ~ **from s.o.** sich nach jdm richten

cuff [kʌf] **I.** *s* **1.** Manschette *f* **2.** (*Am*) Hosenaufschlag *m* **3.** Handschelle *f* **4.** Schlag *m,* Ohrfeige *f;* **off the** ~ (*sl*) aus dem Stegreif **II.** *vt* schlagen, ohrfeigen; **cuff-link** ['kʌflɪŋk] *s* Manschettenknopf *m*

cui•sine [kwɪ'zi:n] *s* Küche, Kochkunst *f*

cul-de-sac ['kʌldəsæk] *s* (*a. fig*) Sackgasse *f*

cu•li•nary ['kʌlɪnerɪ] *adj* kulinarisch

cull [kʌl] **I.** *vt* **1.** (*Blumen*) pflücken **2.** (*fig*) auswählen; ausmerzen; ~ **seals** Robbenschlag betreiben **II.** *s* **1.** Auslese *f* **2.** Ausmerzen *nt*

cul•mi•nate ['kʌlmɪneɪt] *vi* **1.** (*a. fig*) kulminieren **2.** (*fig*) seinen Höhepunkt erreichen, gipfeln (*in* in); **cul•mi•na•tion** [ˌkʌlmɪ'neɪʃn] *s* **1.** (ASTR) Kulmination *f* **2.** (*fig*) Höhepunkt, Gipfel *m*

cu•lottes [kju:'lɒts] *s pl* Hosenrock *m*

culp•able ['kʌlpəbl] *adj* strafbar, schuldhaft; ~ **negligence** (JUR) grobe Fahrlässigkeit; ~ **homicide** fahrlässige Tötung; **cul•prit** ['kʌlprɪt] *s* **1.** Angeklagte(r) *f m* **2.** Missetäter(in) *m(f),* Übeltäter(in) *m(f)*

cult [kʌlt] *s* **1.** (REL) Kult *m* **2.** Verehrung *f;* **make a** ~ **out of s.th.** einen Kult mit etw treiben; **cult figure** *s* Kultfigur *f*

cul•ti•vate ['kʌltɪveɪt] *vt* **1.** (AGR) kultivieren, an-, bebauen **2.** (*fig*) kultivieren, pflegen; **cul•ti•vated** [-ɪd] *adj* **1.** (AGR) bebaut; gezüchtet **2.** (*fig*) gebildet, kultiviert; **cul•ti•va•tion** [ˌkʌltɪ'veɪʃn] *s* **1.** (AGR) Anbau *m* **2.** Pflege, Förderung *f* **3.** Kultiviertheit *f;* **cul•ti•va•tor** ['kʌltɪveɪtə(r)] *s* **1.** Landwirt(in) *m(f)* **2.** (AGR) Kultivator *m;* **a** ~ **of the fine arts** jd, der die schönen Künste pflegt

cul•tural ['kʌltʃərəl] *adj* kulturell; **culture** ['kʌltʃə(r)] *s* **1.** (AGR) Kultur *f,* Anbau *m,* Zucht *f* **2.** (*fig*) Bildung, Kultur *f* **3.** (BIOL) (Bakterien)Kultur *f;* **physical** ~ Körperkultur *f;* ~ **medium** Nährboden *m;* **cul•tured** ['kʌltʃəd] *adj* **1.** gebildet, kultiviert **2.** gezüchtet; ~ **pearl** Zuchtperle *f;* **culture vulture** *s* (*pej*) Kulturfanatiker(in) *m(f);* Kulturkonsument(in) *m(f)*

cum•ber•some, **cum•brous** ['kʌmbəsəm, 'kʌmbrəs] *adj* **1.** lästig, beschwerlich, mühsam **2.** sperrig, unhandlich **3.** schwerfällig

cumin ['kʌmɪn] *s* Kreuzkümmel *m*

cumu•lat•ive ['kju:mjʊlətɪv] *adj* **1.** sich (an)häufend, zunehmend **2.** kumulativ; **cumu•lus** ['kjumjʊləs, *pl* 'kju:mjʊlaɪ] <*pl* -li> *s* Haufenwolke *f,* Kumulus *m*

cun•ning ['kʌnɪŋ] **I.** *adj* schlau, listig; (*fam*) gerissen **II.** *s* Schläue, Gerissenheit *f*

cup [kʌp] *s* **1.** Tasse *f* **2.** Becher *m* **3.** (SPORT) Pokal *m* **4.** (REL) Kelch *m;* **that's not my** ~ **of tea** (*fam*) das ist nicht nach meinem Geschmack; **in one's ~s** angezecht; **cup•board** ['kʌbəd] *s* Schrank *m;* **cup final** *s* Pokalendspiel *nt;* **cup•ful** ['kʌpfʊl] *s* Tasse *f*

cu•pola ['kju:pələ] *s* (ARCH) Kuppel *f*

cuppa ['kʌpə] *s* (*fam*) Tasse *f* Tee

cup-tie ['kʌptaɪ] *s* (SPORT) Pokalspiel *nt*

cup win•ner ['kʌpˌwɪnə(r)] *s* Pokalsieger *m*

cur [kɜ:(r)] *s* **1.** Köter *m* **2.** (*fig*) gemeiner Kerl

cura•bil•ity [ˌkjʊərə'bɪlətɪ] *s* Heilbarkeit *f;* **cur•able** ['kjʊərəbl] *adj* heilbar

cu•rate ['kjʊərət] *s* **1.** Kurat *m* **2.** Vikar *m*

curb [kɜ:b] **I.** *s* **1.** (*Pferd*) Kandare *f* **2.** (*fig*) Zügel *mpl* **3.** Beschränkung *f* **4.** (*Am*) Bordstein *m* **II.** *vt* **1.** an die Kandare nehmen

C

2. (*fig*) zügeln, im Zaum halten; bändigen; ~ **one's temper** sich im Zaum halten; **curb bit** *s* Kandare *f;* **curb•stone** ['kɜ:bstəʊn] *s* (*Am*) Bordstein *m*

curd [kɜ:d] *s oft pl* Quark *m;* **curdle** [kɜ:dl] **I.** *vt* gerinnen (lassen) **II.** *vi* gerinnen, sauer werden; **my blood ~d** es durchlief mich eiskalt

cure ['kjʊə(r)] **I.** *s* **1.** (MED) Heilung(sprozess *m*) *f;* Heilmittel, -verfahren *nt,* Heilmethode *f* **2.** Kur *f* (*for* gegen) **3.** (*fig*) Mittel *nt* (*for* gegen), Abhilfe *f* (*for* für) **4.** Pfarrstelle *f;* Seelsorge *f;* **past ~** unheilbar; **~ of souls** Seelsorge *f;* **there is no ~ for** es gibt kein Mittel gegen **II.** *vt* **1.** heilen **2.** (*fig*) abhelfen (*s.th.* einer S), beheben **3.** pökeln, einsalzen; räuchern; konservieren, haltbar machen **4.** (TECH) vulkanisieren; **cure-all** ['kjʊərɔ:l] *s* Allheilmittel *nt*

cur•few ['kɜ:fju:] *s* Sperrstunde *f;* Ausgehverbot *nt,* -sperre *f*

curi•os•ity [ˌkjʊərɪ'ɒsətɪ] *s* **1.** Neugier(de) *f;* Wissensdurst *m* **2.** Seltenheit, Rarität *f;* ~ **shop** Kuriositätengeschäft *nt;* ~ **killed the cat** (*prov*) man soll nicht so neugierig sein; **curi•ous** ['kjʊərɪəs] *adj* **1.** neugierig; wissbegierig **2.** seltsam, eigenartig, ungewöhnlich **3.** (*fam*) komisch; **be ~ about s.th.** auf etw gespannt sein

curl [kɜ:l] **I.** *s* **1.** Locke *f* **2.** Kräuselung *f;* **in ~s** gekräuselt; gelockt; ~ **of smoke** Rauchwölkchen *ntpl* **II.** *vt* kräuseln **III.** *vi* sich kräuseln; ~ **up** (sich) zusammenrollen; **curlers** ['kɜ:ləz] *s pl* Lockenwickler *mpl*

cur•lew ['kɜ:lju:] *s* Brachvogel *m*

curl•ing ['kɜ:lɪŋ] *s* **1.** Kräuselung *f* **2.** (SPORT) Curling *nt;* **curling iron** *s* Lockenstab *m;* **curly** ['kɜ:lɪ] *adj* lockig, wellig

cur•rant ['kʌrənt] *s* **1.** Korinthe *f* **2.** Johannisbeere *f*

cur•rency ['kʌrənsɪ] *s* **1.** (FIN) Währung *f,* Zahlungsmittel *nt,* Geldsorte, Valuta *f* **2.** Laufzeit, Gültigkeit *f* **3.** (Geld-, Noten)Umlauf *m;* **gain ~** in Umlauf, in Gebrauch kommen; ~ **control** Devisenkontrolle *f;* ~ **depreciation/devaluation** Geldentwertung/Geldabwertung *f;* ~ **reform** Währungsreform *f;* **cur•rent** ['kʌrənt] **I.** *adj* **1.** laufend; im Umlauf befindlich **2.** aktuell; gebräuchlich, üblich **3.** (allgemein)gültig, landläufig **II.** *s* **1.** Strom *m,* Strömung *f;* Luftzug *m* **2.** (ELEK) Strom *m* **3.** Ab-, Verlauf *m;* (*fig*) Tendenz, Richtung *f;* **current account** *s* Girokonto *nt;* **current events** *s pl* Tagesgeschehen *nt;* **current expenses** *s pl* laufende Ausgaben *fpl;* **cur•rent•ly** [-lɪ] *adv* gegenwärtig, jetzt; **current opinion** *s* öffentliche Meinung; **current rate** *s* (Tages-, laufender) Kurs *m*

cur•ricu•lum [kə'rɪkjʊləm, *pl* kə'rɪkjʊlə] <*pl* -la> *s* Studien-, Lehrplan *m;* **curriculum vitae** [kə'rɪkjʊləm 'vi:taɪ] *s* Lebenslauf *m*

curry ['kʌrɪ] **I.** *s* (~ *powder*) Curry *m o nt* **II.** *vt* **1.** (*Pferd*) striegeln **2.** (*Leder*) zurichten **3.** prügeln; ~ **favour with s.o.** sich bei jdm einzuschmeicheln suchen

curse [kɜ:s] **I.** *s* **1.** Verwünschung *f* **2.** Fluch *m,* Unglück *nt* (*to* für) **3.** Fluch(wort *nt*) *m* **II.** *vt* **1.** verfluchen, verdammen **2.** fluchen über **III.** *vi* fluchen; **cursed** ['kɜ:sɪd] *adj* **1.** verflucht **2.** (*fam*) verflixt

cursor ['kɜ:sə(r)] *s* (INFORM) Cursor *m*

cur•sory ['kɜ:sərɪ] *adj* flüchtig, oberflächlich

curt [kɜ:t] *adj* **1.** kurz, knapp **2.** barsch (*to* gegen)

cur•tail [kɜ:'teɪl] *vt* **1.** kürzen **2.** (*Rechte*) schmälern **3.** (*Lohn*) herabsetzen; **curtailment** [-mənt] *s* **1.** (Ab)Kürzung, Verkleinerung *f* **2.** Einschränkung, Schmälerung *f*

cur•tain ['kɜ:tn] **I.** *s* **1.** Gardine *f,* Vorhang *m* **2.** (*fig*) Schleier *m;* **lift the ~** (*fig*) den Schleier lüften; **the ~ rises/falls** (THEAT) der Vorhang geht auf/fällt; **it will be ~s** (*sl*) dann ist es endgültig aus **II.** *vt* mit einem Vorhang versehen; ~ **off** mit einem Vorhang abteilen; **curtain-call** *s* (THEAT) Vorhang *m;* **curtain-raiser** *s* **1.** (THEAT) Eröffnungseinakter *m* **2.** (FILM) Vorspann *m* **3.** Vorspiel *nt*

curt•s(e)y ['kə:tsɪ] **I.** *s* Knicks *m* **II.** *vi* knicksen; **drop a ~** einen Knicks machen (*to* vor)

cur•va•ture ['kɜ:vətʃə(r)] *s* Krümmung *f;* ~ **of the spine** Rückgrat(ver)krümmung *f;* **curve** [kɜ:v] **I.** *s* Kurve, Biegung, Krümmung *f* **II.** *vt* biegen; wölben; krümmen **III.** *vi* sich biegen; sich wölben, sich krümmen

cushion ['kʊʃn] **I.** *s* **1.** (*a.* TECH) Kissen *nt,* Polster *nt* **2.** (TECH) Puffer *m* **3.** (*Billard*) Bande *f* **II.** *vt* **1.** polstern **2.** abschirmen, -decken **3.** (TECH) (ab)federn; (*Stoß*) abfangen **4.** (*Billard*) auf Bande spielen

cushy ['kʊʃɪ] *adj* (*sl*) bequem, leicht

cuss [kʌs] **I.** *s* (*fam*) Fluch *m;* **not worth a tinker's ~** keinen Heller wert **II.** *vi* (*fam*) fluchen; **cuss•word** ['kʌsˌwɜ:d] *s* (*Am: fam*) Schimpfwort *nt*

cus•tard ['kʌstəd] *s* Vanillesoße *f*

cus•tod•ian [kʌ'stəʊdɪən] *s* **1.** Kustos *m* **2.** Verwalter(in) *m(f),* Treuhänder(in) *m(f)* **3.** Pfleger(in) *m(f)* **4.** Hüter(in) *m(f)* **5.** Aufseher(in) *m(f)* **6.** (*Am*) Raumpfleger(in) *m(f);* **cus•tody** ['kʌstədɪ] *s* **1.** Obhut, Verwahrung *f* **2.** Aufsicht(spflicht) *f* (*of* über *+acc*) **3.** (JUR) Sorgerecht *nt* **4.** (JUR) Gewahrsam *m,* Haft *f;* **release from ~** aus der Haft entlassen; **take into ~** verhaften

cus•tom ['kʌstəm] **I.** *s* **1.** Sitte *f,* Brauch *m,* Gewohnheit *f* **2.** (JUR) Gewohnheitsrecht *nt* **3.** (*commercial, trade* ~) Handelsbrauch *m,* Usance *f* **4.** (COM) Kundschaft *f;* Kundenkreis *m;* Klientel *f* **5.** (*pl*) Zoll *m,* Zollverwaltung *f,* Zollgebühren *fpl;* **pass through ~s** den Zoll passieren; **it is his ~ to do** er pflegt zu tun **II.** *adj* (*Am: Kleidung*) Maß-; **cus•tomary** ['kʌstəmərɪ] *adj* üblich, gebräuchlich, gewöhnlich; **custom-built** ['kʌstəm,bɪlt] *adj* spezialangefertigt

cus•tomer ['kʌstəmə(r)] *s* **1.** Kunde *m,* Kundin *f,* Käufer(in) *m(f),* Abnehmer(in) *m(f)* **2.** (*fam*) Kerl *m;* **a queer ~** (*fam*) ein komischer Kauz; **~-oriented outlook** an den Bedürfnissen des Kunden orientierte Managementstruktur; **regular ~** Stammkunde *m,* -kundin *f;* **stray ~** Laufkunde *m,* -kundin *f;* **customer number** *s* Kundennummer *f;* **customer service** *s* Kundendienst *m*

cus•tom•ize ['kʌstəmaɪz] *vt* (AUTO) individuell aufmachen; **customized** [-d] **1.** (AUTO) individuell aufgemacht, getunt **2.** kundenspezifisch

custom-made ['kʌstəm'meɪd] *adj* nach Maß angefertigt, spezialangefertigt; **custom-made clothes** *s pl* (*Am*) Maßkleidung *f*

customs barrier ['kʌstəmz'bærɪə(r)] *s* Zollschranke *f;* **customs clearance** *s* Zollabfertigung *f;* **customs declaration** *s* Zollerklärung *f;* **customs documents** *s pl* Zollbegleitpapiere *pl;* **customs dues customs duties** *s pl* Zollgebühren *fpl;* **customs examination** *s* Zollkontrolle *f;* **custom(s)house** *s* Zollamt *nt;* **customs investigation** *s* Zollfahndung *f;* **customs investigator** *s* Zollfahnder(in) *m(f);* **customs officer** *s* Zollbeamter *m,* -beamtin *f;* **customs matters** *s pl* Zollbereich *m*

cut [kʌt] <*irr:* cut, cut> **I.** *vt* **1.** (ab-, durch-, zer)schneiden **2.** (*Hecke*) stutzen **3.** (*Gras*) mähen **4.** (*Holz*) hacken, spalten **5.** trennen, (zer)teilen; (auf)schlitzen; abhauen **6.** (*Tier*) verschneiden, kastrieren **7.** (*Stoff*) zuschneiden; (*Film*) schneiden **8.** schnitzen, (ein)gravieren **9.** (*Karten*) abheben **10.** (SPORT: *Ball*) schneiden **11.** (*Getränk*) verschneiden, verdünnen **12.** (*fig*) beschneiden, verringern, verkleinern; (*Gehalt*) kürzen; (*Preise*) herabsetzen, ermäßigen, reduzieren **13.** (*fam: Menschen*) schneiden, nicht sehen wollen **14.** (*fam: Schule*) schwänzen **15.** (*sl*) stoppen, Schluss machen, aufhören mit; **~ corners** einsparen (*on* bei); **~ a figure** Eindruck schinden [*o* machen]; **~ a tooth** zahnen; **~ one's teeth on s.th.** sich mit etw versuchen; **~ it fine** (*fam*) es gerade (so) schaffen; **~ the ground from under s.o.** [*o* **s.o.'s feet**] (*fig*) jdm den Boden unter den Füßen wegziehen; **~ no** [*o* **not much**] **ice** (*fam*) nicht viel ausrichten; **~ the record** den Rekord brechen; **~ a record** eine Schallplattenaufnahme machen (*of* von); **~ both ways** (*fig*) ein zweischneidiges Schwert sein; für beide gelten **II.** *vi* **1.** scharf sein, schneiden **2.** (*Wind*) schneiden; (**~** *through*) pfeifen durch **3.** (*fam*) abhauen; (*Schule*) schwänzen **4.** (*Karten*) abheben; **~ and run** (*fam*) abhauen; **~ loose** (MAR) losmachen; (*fig*) sich freimachen; (*Am*) loslegen **III.** *adj* **1.** (ab-, aus-, ein)geschnitten; be-, zerschnitten; behauen **2.** beschnitten, kastriert **3.** (*fig*) vekleinert, verringert, reduziert, gekürzt **IV.** *s* **1.** Schnitt *m;* Stich *m* **2.** (Ein)Schnitt *m* **3.** (Schnitt)Wunde *f* **4.** Schnittfuge *f* **5.** (*Fleisch*) Scheibe *f* **6.** (*Schafe*) Schur *f* **7.** Durchstich, Graben *m* **8.** (Druck)Platte *f,* (Kupfer-, Stahl)Stich *m;* Holzschnitt *m* **9.** (*Kleidung*) (Zu)Schnitt *m* **10.** (*Karten*) Abheben *nt* **11.** (*short ~*) Abkürzung *f* **12.** (*fig*) Verringerung *f;* Kürzung *f;* **a ~ above** (*fam*) ein bisschen besser als; **salary ~** Gehaltskürzung *f;* **wage ~** Lohnkürzung *f;* **~ in prices** Preissenkung *f;* **cut across** *vt* laufen über, überqueren; widersprechen (*s.th.* einer S); **cut away** *vt* weg-, abschneiden; **cut back I.** *vt* **1.** zurück-, beschneiden **2.** einschränken; ab-, unterbrechen **II.** *vi* **1.** (FILM) zurückblenden **2.** (*Ausgaben, Essen*) sich einschränken; **cut down I.** *vt* **1.** ab-, umhauen; (*Baum*) fällen **2.** niederhauen, -schlagen **3.** (*fig*) kleiner machen, verkleinern, (ver)kürzen, verringern; herabsetzen, einschränken **4.** herunterhandeln **II.** *vi* sich einschränken; **cut in** *vi* **1.** unterbrechen **2.** (AUTO) nach dem Überholen zu rasch einbiegen; schneiden **3.** (*beim Tanzen*) abklatschen; **~ in on s.o.'s market** jdm Konkurrenz machen; **~ s.o. in on s.th.** jdn bei etw beteiligen; **cut into** *vt* **1.** anschneiden **2.** (*Gespräch*) sich einschalten in **3.** (*Verkehr*) sich hineindrängeln in **4.** (*fig: Reserven*) angreifen; **cut off** *vt* **1.** abschneiden, -hauen, -trennen **2.** plötzlich unterbrechen; (TELE) unterbrechen **3.** (*Gas, Strom*) abstellen **4.** enterben; **cut out I.** *vt* **1.** ausschneiden; wegschneiden, entfernen **2.** streichen, weg-, auslassen **3.** (*Weg*) bahnen **4.** (*Stoff*) zuschneiden **5.** (*Rivalen*) ausstechen; übertrumpfen, verdrängen **6.** (*das Rauchen*) aufgeben **II.** *vi* (TECH) aussetzen; **be ~ out for s.th.** für etw geschaffen sein; **~ it out!** hör auf damit!; **have one's work ~ out** alle Hände voll zu tun haben; **cut short** *vt* **1.** abkürzen, unterbrechen **2.** plötzlich beenden; **cut up** *vt* **1.** zerschneiden, -legen **2.** vernichten **3.** (*seelisch*) mitnehmen, aufwühlen; (*fam*) fertigmachen **4.** heftig kritisieren, heruntermachen **5.** (*Am sl*) dumme Witze machen; ~ **up rough** massiv werden; ~ **up well** reich sterben

cut-and-dried [ˌkʌtn'draɪd] *adj* eindeutig, fix und fertig; (*Meinung*) vorgefasst; **cut-away** ['kʌtəweɪ] (TECH) aufgeschnitten; ~ **drawing** Schnitzzeichnung *f;* ~ **model** Schnittmodell *nt;* **cut•back** ['kʌtbæk] *s* **1.** Kürzung, Verminderung *f;* Einschränkung *f* **2.** (FILM) Rückblende *f*

cute [kjuːt] *adj* **1.** gewitzt, helle **2.** (*Am fam*) süß; niedlich; hübsch; **cut(e)y, cutie** ['kjuːtɪ] *s* (*Am sl*) süße Maus

cut flowers [ˌkʌt'flaʊəz] *s pl* Schnittblumen *fpl*

cu•ticle ['kjuːtɪkl] *s* **1.** (ANAT BOT) Oberhaut *f* **2.** Nagelhaut *f*

cut•lass ['kʌtləs] *s* Entermesser *nt*

cut•lery ['kʌtlərɪ] *s* Besteck *nt*

cut•let ['kʌtlɪt] *s* **1.** Schnitzel *nt* **2.** Hacksteak *nt*

cut-off ['kʌtɒf] *s* **1.** (*Am*) Abkürzung *f* **2.** (TECH) Ausschaltung *f;* **cut•out** ['kʌtaʊt] *s* **1.** Ausschnitt *m* **2.** Ausschneidemodell *nt;* Ausschneidepuppe *f* **3.** (ELEK) Schalter *m;* (~ *switch*) Unterbrecher *m* **4.** (TECH) Aussetzen *nt;* **cut-price** *adj* zu Schleuderpreisen; **cut-rate** *adj* verbilligt; **cut-sheet feed** *s* (INFORM) Einzelblatteinzug *m*

cut•ter ['kʌtə(r)] *s* **1.** Schneidende(r) *f m,* Schneider(in) *m(f);* Zuschneider(in) *m(f)* **2.** (FILM) Cutter(in) *m(f)* **3.** (TECH) Schneidwerkzeug *nt* **4.** (MAR) Kutter *m;* Beiboot *nt;* (*Am*) Küstenschutzboot *nt*

cut-throat **I.** *s* Mörder(in) *m(f)* **II.** *adj* mörderisch

cut•ting ['kʌtɪŋ] **I.** *s* **1.** Schneiden *nt;* Schnitt *m* **2.** Einschnitt *m;* Durchstich *m* (*für eine Straße*) **3.** (FILM) Schnitt *m* **4.** (*Br*) (Zeitungs)Ausschnitt *m* **5.** (AGR) Ableger *m* **6.** (*pl*) Abfälle *mpl* **II.** *adj* **1.** (*Kälte, Wind*) schneidend **2.** (*Messer, Kante*) scharf **3.** (*fig*) beißend, verletzend

cuttle•fish ['kʌtlfɪʃ] *s* Tintenfisch *m*

CV [siː'viː] *s Abk. von* **curriculum vitae** Lebenslauf *m*

cy•an•ide ['saɪənaɪd] *s* (CHEM) Zyanid *nt;* **potassium** ~ Zyankali *nt*

cy•ber•ca•fé ['saɪbəˌkæfeɪ] *s* (INTERNET) Internet-Café *nt;* **cy•ber•cash** ['saɪbəˌkæʃ] *s* (INTERNET) Cybercash *m;* **cy•ber•net•ics** [ˌsaɪbə'netɪks] *s pl mit sing* Kybernetik *f;* **cy•ber•punk** ['saɪbəˌpʌŋk] *s* Cyberpunk *m* (*Mailboxkommunikation in der Sciencefictionszene*)*;* **cy•ber•sex** ['saɪbəˌseks] *s* (INTERNET) Cybersex *m;* **cy•ber•space** ['saɪbəˌspeɪs] *s* (INTERNET) Cyberspace *m* (*vom Computer simulierter dreidimensionaler Raum*)

cy•cla•men ['sɪkləmən] *s* Alpenveilchen *nt*

cy•cle ['saɪkl] **I.** *s* **1.** Kreis(lauf), Zyklus *m* **2.** Periode *f* **3.** Arbeitsgang *m* **4.** (ASTR) (Kreis)Bahn *f* **5.** (LIT) Sagen-, Legendenkreis *m* **6.** (*fam*) (Fahr)Rad *nt;* **economic** [*o* **trade**] [*o* **business**] ~ Konjunkturzyklus *m* **II.** *vi* Rad fahren, radeln

cy•clic(al) ['saɪklɪk(l)] *adj* **1.** zyklisch, periodisch **2.** (COM) konjunkturbedingt

cy•cling ['saɪklɪŋ] *s* Radfahren *nt;* ~ **shorts** Radlerhose *f;* **cy•clist** ['saɪklɪst] *s* Radfahrer(in) *m(f)*

cy•clone ['saɪkləʊn] *s* Wirbelsturm, Zyklon *m*

cyg•net ['sɪgnɪt] *s* junger Schwan

cyl•in•der ['sɪlɪndə(r)] *s* **1.** (MATH TECH AUTO) Zylinder *m* **2.** (TECH) Walze, Trommel, Rolle *f;* **cylinder block** *s* (AUTO) Zylinderblock *m;* **cylinder capacity** *s* (AUTO) Hubraum *m;* **cylinder head** *s* (AUTO) Zylinderkopf *m;* **cy•lin•dri•cal** [sɪ'lɪndrɪkl] *adj* zylindrisch, walzenförmig

cym•bals ['sɪmblz] *s pl* (MUS) Becken *nt*

cyn•ic ['sɪnɪk] **I.** *s* Zyniker(in) *m(f)* **II.** *adj* zynisch; **cyni•cal** ['sɪnɪkl] *adj* zynisch; **cyni•cism** ['sɪnɪsɪzəm] *s* Zynismus *m;* zynische Bemerkung *f*

cy•pher ['saɪfə(r)] **I.** *s* **1.** (MATH) Ziffer, Zahl *f;* Null(zeichen *nt*) *f* **2.** (*fig*) Null *f,* völlig unbedeutender Mensch **3.** Chiffre *f;* Chiffrierverfahren *nt* **4.** (~-*key*) Schlüssel *m* (*einer Geheimschrift*) **II.** *vt* verschlüsseln, chiffrieren; **cipher code** *s* Chiffrierschlüssel *m*

cy•press ['saɪprəs] *s* Zypresse *f*

Cyp•ri•ot ['sɪprɪət] **I.** *adj* zypriotisch, zyprisch **II.** *s* Zypriot(in) *m(f),* Zyprer(in) *m(f);* **Cy•prus** ['saɪprəs] *s* Zypern *nt*

cyst [sɪst] *s* (MED) Zyste *f;* **cys•ti•tis** [sɪs'taɪtɪs] *s* (MED) Blasenentzündung *f*

czar [zɑː(r)] *s* Zar *m;* **czar•ina** ['zɑː'riːnə] *s* Zarin *f*

Czech [tʃek] **I.** *adj* tschechisch **II.** *s* **1.** Tscheche *m,* Tschechin *f* **2.** (das) Tschechisch(e); **Czech Republic** *s* die Tschechische Republik

D

D, d [diː] <*pl* -'s> *s* **1.** (*a.* MUS) D, d *nt* **2.** (*Schulnote*) ausreichend
dab¹ [dæb] **I.** *vt* **1.** leicht berühren **2.** ab-, betupfen (*with s.th.* mit etw) **II.** *s* **1.** Klecks *m* **2.** Tupfer *m*
dab² [dæb] *adj* (*fam*): **be a ~ hand at doing s.th.** sich darauf verstehen etw zu tun
dabble ['dæbl] **I.** *vt* plantschen **II.** *vi:* **~ in s.th.** sich nebenbei mit etw beschäftigen
dad(dy) ['dædɪ] *s* (*fam*) Papi, Vati *m*
daddy-long·legs [ˌdædɪ'lɒŋlegz] *s sing* Schnake *f;* (*Am*) Weberknecht *m*
dae·mon ['diːmən] *s* Dämon *m*
daf·fo·dil ['dæfədɪl] *s* Narzisse, Osterglocke *f*
daft [dɑːft] *adj* (*fam*) dumm, blöd
dag·ger ['dægə(r)] *s* **1.** Dolch *m* **2.** (TYP) Kreuz *nt;* **be at ~s drawn with s.o.** mit jdm auf Kriegsfuß stehen; **look ~s at** feindselige Blicke werfen auf
dah·lia ['deɪlɪə] *s* Dahlie *f*
daily ['deɪlɪ] **I.** *adj, adv* täglich; Tages-; **~ dozen** Morgengymnastik *f;* **one's ~ bread** das tägliche Brot **II.** *s* **1.** (**~** *paper*) Tageszeitung *f* **2.** (*fam*) Zugehfrau *f*
dainti·ness ['deɪntɪnɪs] *s* **1.** Zierlichkeit, Zartheit *f* **2.** Anmutigkeit *f;* **dainty** ['deɪntɪ] **I.** *adj* **1.** (*Person*) zierlich; anmutig **2.** wählerisch (*about* in) **3.** appetitlich **4.** zerbrechlich **II.** *s pl* Leckerbissen *mpl*
dairy ['deərɪ] *s* **1.** Molkerei *f* **2.** Milchgeschäft *nt;* **dairy cattle** *s pl* Milchvieh *nt;* **dairy·man** [-mən] <*pl* -men> *s* Melker *m,* Molkereiangestellte(r) *f m;* **dairy produce** *s* Molkereiprodukte *ntpl*
dais ['deɪɪs] *s* Podium *nt*
daisy ['deɪzɪ] *s* Gänseblümchen *nt;* **push up the daisies** (*sl*) die Radieschen von unten begucken; **daisy wheel** *s* Typenrad *nt;* **daisy-wheel typewriter** *s* Typenradschreibmaschine *f*
dally ['dælɪ] *vi* **1.** tändeln, flirten (*with* mit) **2.** die Zeit vertrödeln (*over one's work* bei der Arbeit)
dam [dæm] **I.** *s* **1.** Damm *m;* Talsperre *f* **2.** Stausee *m* **II.** *vt* **1.** (**~** *in, up*) stauen, eindämmen **2.** (*fig:* **~** *back*) unterdrücken; (**~** *up*) aufstauen
dam·age ['dæmɪdʒ] **I.** *s* **1.** Schaden *m* **2.** **~s** Schadensersatz *m;* **what's the ~?** (*fam*) was kostet der Spaß? **II.** *vt* **1.** beschädigen **2.** schaden (*s.th.* einer S); **damage limitation** *s* Schadensbegrenzung *f*
dam·ask ['dæməsk] *s* Damast *m*
dame [deɪm] *s* **1.** (Titel *m* einer) Ordensinhaberin *f* **2.** (*obs*) Dame *f*
damn [dæm] **I.** *vt* **1.** (*a.* REL) verdammen **2.** verurteilen; verreißen **3.** (*sl*): **~ it!** verdammt!; **~ it all!** zum Donnerwetter!; **I'll be ~ed if I go** ich denk' nicht dran zu gehen **II.** *s:* **not to care** [*o* **give**] **a ~** sich einen Dreck daraus machen **III.** *adj, adv* (*sl*) verdammt; **dam·nable** ['dæmnəbl] *adj* abscheulich; **dam·na·tion** [dæm'neɪʃn] **I.** *s* (*a.* REL) Verdammung *f* **II.** *interj* (*sl*) verdammt!; **damned** [dæmd] **I.** *adj* (*sl*) verdammt **II.** *adv* (*sl*) äußerst, sehr **III.** *s:* **the ~** die Verdammten *pl*
damp [dæmp] **I.** *adj* feucht **II.** *s* **1.** Feuchtigkeit *f* **2.** (*fire* **~**) schlagende Wetter *ntpl* **III.** *vt* **1.** an-, befeuchten **2.** (PHYS TECH: **~** *down*) drosseln **3.** (ELEK) dämpfen; **damp-course** *s* (ARCH) Isolierschicht *f;* **dampen** ['dæmpən] *vt* drosseln, dämpfen; **damper** ['dæmpə(r)] *s* Dämpfer *m* (*to* für); **cast a ~ over** entmutigen; **damp·ness** ['dæmpnɪs] *s* Feuchtigkeit *f*
dance [dɑːns] **I.** *vi, vt* **1.** tanzen (*with* mit) **2.** hüpfen (*for, with* vor); **~ attendance on s.o.** sich um jdn unablässig bemühen **II.** *s* **1.** Tanz *m* **2.** Tanzparty *f;* **lead s.o. a pretty ~** jdm Scherereien machen; **dance band** *s* Tanzkapelle *f;* **dance music** *s* Tanzmusik *f;* **dancer** ['dɑːnsə(r)] *s* Tänzer(in) *m(f);* **danc·ing** [-ɪŋ] **I.** *s* Tanzen *nt* **II.** *adj attr* Tanz-; **dancing master** *s* Tanzlehrer *m;* **dancing partner** *s* Tanzpartner(in) *m(f);* **dancing shoes** *s pl* Tanzschuhe *mpl*
dan·de·lion ['dændɪlaɪən] *s* Löwenzahn *m*
dan·druff ['dændrʌf] *s* Kopfschuppen *fpl*
dandy ['dændɪ] **I.** *s* Dandy *m* **II.** *adj* (*fam*) prima
Dane [dein] *s* Däne *m,* Dänin *f*
dan·ger ['deɪndʒə(r)] *s* Gefahr *f* (*to* für); **in ~** in Gefahr; **out of ~** außer Gefahr; **be a ~ to** eine Gefahr bilden für; **be in ~ of losing** Gefahr laufen zu verlieren; **caution, ~!** Achtung, Lebensgefahr!; **danger area** *s* Gefahrenzone *f;* **danger money** *s* Gefahrenzulage *f;* **dan·ger·ous** ['deɪndʒərəs] *adj* gefährlich (*to* für)

dangle ['dæŋgl] **I.** *vt* **1.** baumeln lassen **2.** (*fig*) in Aussicht stellen (*before s.o.* jdm) **II.** *vi* baumeln

Dan•ish ['deɪnɪʃ] **I.** *adj* dänisch **II.** *s* (das) Dänisch(e)

dank [dæŋk] *adj* nasskalt

Danube ['dænju:b] *s* Donau *f*

dap•per ['dæpə(r)] *adj* elegant; gepflegt

dapple ['dæpl] *vt* sprenkeln

dare [deə(r)] **I.** *vi* es wagen, sich trauen; **don't you ~ !** unterstehen Sie sich! **II.** *vt* **1.** wagen, riskieren (*to do s.th.* etw zu tun) **2.** trotzen, herausfordern; **I ~ say** ich könnte mir denken; vermutlich **III.** *s* Herausforderung *f;* **do s.th. for a ~** etw als Mutprobe tun; **dare-devil** ['deə,devl] *s* Draufgänger(in) *m(f)*

dar•ing ['deərɪŋ] **I.** *adj* (toll)kühn, waghalsig, gewagt **II.** *s* Wagemut *m*

dark [dɑ:k] **I.** *adj* **1.** dunkel, finster **2.** (*Farbe, Haut, Haare*) dunkel **3.** (*fig*) verborgen, versteckt **4.** mutlos, niedergeschlagen, traurig **5.** düster; **~ horse** unbekannte Größe **II.** *s* **1.** Dunkelheit, Finsternis *f* **2.** (*fig*) Dunkel *nt;* **before ~** vor Einbruch der Dunkelheit; **after ~** nach Einbruch der Dunkelheit; **be in the ~ about s.th.** keine Ahnung haben von etw; **Dark Ages** *s pl:* **the ~** das Mittelalter; **Dark Continent** *s:* **the ~** der Schwarze Kontinent; **darken** ['dɑ:kən] **I.** *vt* dunkel machen; ver-, abdunkeln; **~ s.o.'s door** zu jdm auf Besuch kommen **II.** *vi* dunkel werden; **darkly** ['dɑ:klɪ] *adv* dunkel; finster; **dark•ness** ['dɑ:knɪs] *s* **1.** Dunkelheit, Finsternis *f* **2.** (*fig*) Düsterkeit *f;* **dark-room** *s* (PHOT) Dunkelkammer *f;* **dark-skinned** [,dɑ:k'skɪnd] *adj* dunkelhäutig

dar•ling ['dɑ:lɪŋ] **I.** *s* Liebling *m;* Schatz *m* **II.** *adj* lieb, reizend

darn¹ [dɑ:n] **I.** *vt* (*Strümpfe*) stopfen **II.** *s* gestopfte Stelle

darn² [dɑ:n] *interj* (*Am sl*): **~ it!** zum Kuckuck noch mal!; **well I'll be ~ed!** zum Donnerwetter!

darn•ing ['dɑ:n:ɪŋ] *s* Stopfen *nt;* **darning-needle** ['dɑ:nɪŋni:dl] *s* Stopfnadel *f*

dart [dɑ:t] **I.** *vt* **1.** (*Blick*) werfen **2.** mit einem Pfeil schießen **II.** *vi* sausen, flitzen; schnellen **III.** *s* **1.** Sprung, Satz *m* **2.** Pfeil *m* **3.** **~s** (SPORT) Darts, Pfeilwurfspiel *nt* **4.** (*Textil*) Abnäher *m;* **dart board** *s* Dartscheibe *f*

dash [dæʃ] **I.** *vt* **1.** schleudern; (zer)schlagen **2.** (*fig*) zunichte machen **3.** (*Brief: ~ off*) rasch hinwerfen; **~ it!** (*fam*) verdammt! **II.** *vi* schlagen, prallen (*against* gegen) **III.** *s* **1.** Jagd *f* **2.** Schuss *m;* Spritzer *m;* etwas, ein bisschen **3.** (*fig*) Schwung, Elan *m* **4.** Gedankenstrich *m* **5.** (*Morsealphabet*) Strich *m;* **at a ~** wie der Wind; **make a ~** losstürzen; **the ~** der Kurzstreckenlauf; **at one ~** in einem Zug; **cut a ~** eine schneidige Figur machen; **dash•board** ['dæʃbɔ:d] *s* (AUTO) Armaturenbrett *nt;* **dash•ing** ['dæʃɪŋ] *adj* **1.** schwungvoll **2.** lebhaft; schneidig

das•tard•ly ['dæstədlɪ] *adj* hinterhältig, gemein

DAT [,di:eɪ'ti:] *s Abk. von* **digital audio tape** DAT *nt*

data ['deɪtə] *s pl oft sing* **1.** Einzelheiten, Tatsachen, Gegebenheiten *fpl* **2.** Daten *pl,* Angaben *fpl;* **data bank** *s* (INFORM) Datenbank *f;* **data•base** *s* (INFORM) Datenbasis *f,* Datenbestand *m;* **data bus** *s* Datenbus *m;* **data carrier** *s* (INFORM) Datenträger *m;* **data file** *s* Datei *f;* **data glove** *s* Datenhandschuh *m;* **data network** *s* (INFORM) Datennetz *nt,* Datenverbund *m;* **data processing** *s* (INFORM) Datenverarbeitung *f;* **data protection** *s* Datenschutz *m;* Datensicherheit *f;* **data retrieval** *s* (INFORM) Datenabruf *m;* **data transfer** *s* (INFORM) Datentransfer *m,* Datenübertragung *f*

date¹ [deɪt] **I.** *s* **1.** Datum *nt,* Zeitangabe *f;* Jahreszahl *f* **2.** Termin, Zeitpunkt *m* **3.** (*fam*) Verabredung *f;* **at that ~** zu jener Zeit; damals; **of recent ~** neueren Datums; **out-of-~** überholt, veraltet, altmodisch; **up-to-~** auf dem neuesten Stand, aktuell; **up to ~** modisch, aktuell; **out of ~** aus der Mode; **fix** [*o* **set**] **a ~** eine Frist festlegen; einen Zeitpunkt bestimmen; **have** [*o* **make**] **a ~** sich verabreden; **what is the ~ of ... ?** wann war ... ?; **what is the ~ today?** welches Datum, den Wievielten haben wir heute?; **to ~** bis heute; **~ of birth** Geburtsdatum *nt* **II.** *vt* **1.** datieren; zeitlich festlegen **2.** ausgehen (*s.o.* mit jdm) **III.** *vi:* **~ from** stammen aus; **~ back to** zurückgehen auf

date² [deɪt] *s* Dattel *f*

dated ['deɪtɪd] *adj* altmodisch; **date-line** *s* (GEOG) Datumsgrenze *f;* **date stamp** *s* Datumsstempel *m*

da•tive ['deɪtɪv] **I.** *s* Dativ *m* **II.** *adj* dativisch, Dativ-

daub [dɔ:b] **I.** *vt* (be)schmieren; (be)sudeln **II.** *s* **1.** Schmiererei *f* **2.** (ARCH) Bewurf *m*

daugh•ter ['dɔ:tə(r)] *s* Tochter *f;* **daughter-in-law** ['dɔ:tərɪnlɔ:] <*pl* -s-in-law> *s* Schwiegertochter *f*

daunt [dɔ:nt] *vt* entmutigen; **nothing ~ed** unverzagt; **daunt•less** ['dɔ:ntlɪs] *adj* unerschrocken

dawdle ['dɔ:dl] **I.** *vi* (herum)trödeln, -bummeln **II.** *vt:* **~ away** (*Zeit*) vertrödeln, -bummeln; **daw•dler** ['dɔ:dlə(r)] *s* Trödler(in) *m(f)*

dawn [dɔ:n] **I.** *s* **1.** (Morgen)Dämmerung *f,*

Tagesanbruch *m* **2.** (*fig*) Beginn *m;* **at** ~ bei Tagesanbruch **II.** *vi* **1.** dämmern **2.** (*fig*) heraufkommen, beginnen, anbrechen **3.** (*Sinn*) dämmern (*on, upon s.o.* jdm)

day [deɪ] *s* **1.** Tag *m* **2.** Termin *m* **3.** Epoche, (Blüte)Zeit *f* **4.** ~**s** Zeiten *fpl;* (**three times**) **a** ~ (dreimal) täglich; **all** ~ den ganzen Tag; **by** ~ am Tag(e), bei Tage; **at the present** ~ gegenwärtig; **at this time of** ~ zu dieser Stunde; **every** ~ jeden Tag, täglich; **from** ~ **to** ~ von Tag zu Tag; **these** ~**s** heute, heutzutage; **in those** ~**s** damals; **in my young** ~**s** in meiner Jugendzeit; **in** ~**s to come** in Zukunft; **one** ~ eines Tages; einmal; **one of these** ~**s** in den nächsten Tagen; einmal; **the other** ~ kürzlich, neulich; **the present** ~ die Gegenwart; **the** ~ **after tomorrow** übermorgen; **this** ~ **week/month/year** heute in acht Tagen/vier Wochen/einem Jahr; **up to this** ~ bis heute; ~ **after** [*o* **by**] ~ Tag für Tag; **the** ~ **before** der, am Vortag; ~ **in,** ~ **out** tagein, tagaus; **call it a** ~ Feierabend, Schluss machen; **have a nice** ~! (ich wünsche Ihnen) einen schönen Tag!; **that'll be the** ~ das möcht ich sehen; **those were the** ~**s** das waren noch Zeiten; **what** ~ **of the week is it?** welchen Wochentag haben wir?; **business** ~ Werk-, Arbeitstag *m;* Markt-, Börsentag *m;* **present-**~ heutig, von heute; **rainy** ~ Regentag *m;* ~ **of arrival** Ankunftstag *m;* ~ **of birth** Geburtstag *m;* ~ **of death** Sterbetag *m;* **day•break** ['deɪbreɪk] *s* Tagesanbruch *m;* **at** ~ bei Tagesanbruch; **day care centre** *s* Tagesstätte *f;* **day•dream** ['deɪdri:m] **I.** *s* Tagtraum *m* **II.** *vi* mit offenen Augen träumen; **day job** *s* (*fam*) *Job, den man tagsüber ausübt;* **day•light** ['deɪlaɪt] *s* Tageslicht *nt;* **by** ~ bei Tageslicht; **in broad** ~ am hellichten Tage; **see** ~ (*fam*) kapieren; (wieder) Land sehen; ~**saving time** (*Am*) Sommerzeit *f;* **day nursery** *s* Tagesheim *nt* für Kleinkinder; Kindertagesstätte *f;* **day release** *s tageweise Freistellung von Angestellten zur Weiterbildung;* **day return** *s* (Tages)Rückfahrkarte *f;* **day•school** *s* Tagesschule *f;* **day shift** *s* Tagschicht *f;* **day•time** *s* Tag *m;* **daytime cream** *s* Tagescreme *f;* **during** [*o* **in**] **the** ~ bei Tage; **day trip** *s* Kaffeefahrt *f;* Tagesausflug *m*

daze [deɪz] **I.** *vt* benommen machen **II.** *s* Benommenheit *f;* **in a** ~ ganz benommen

dazzle ['dæzl] **I.** *vt* blenden **II.** *s* Blenden *nt*

DC *s s.* **direct current**

DDT [ˌdi:di:'ti:] *s Abk. von* **dichlorodiphenyltrichloroethane** DDT *nt*

dea•con ['di:kən] *s* (REL) Diakon *m;* **dea•con•ess** ['di:kənɪs] *s* Diakonissin *f*

dead [ded] **I.** *adj* **1.** tot, verstorben **2.** (*Materie*) unbelebt **3.** (*Glieder*) taub, abgestorben **4.** (*Sprache*) tot **5.** (*Maschine*) nicht in Betrieb **6.** reg(ungs)los **7.** öde, langweilig, leblos **8.** (*Schlaf*) tief **9.** (*Wasser*) stehend **10.** (*Feuer*) erloschen **11.** (*Zigarre*) ausgegangen **12.** (ELEK) spannungslos **13.** unproduktiv, unergiebig; **shoot s.o.** ~ jdn erschießen; **strike s.o.** ~ jdn erschlagen; **he is** ~ **to pity** er kennt kein Mitleid; ~ **to the world** (*fig*) vollkommen weggetreten; **be in a** ~ **faint** völlig bewusstlos sein; **come to a** ~ **stop** völlig zum Stillstand kommen **II.** *adv* **1.** genau **2.** total, völlig; ~ **tired** todmüde; ~**drunk** (*fam*) stockvoll; ~ **against** völlig dagegen; ~ **on target** genau ins Ziel; ~ **slow!** Schritt fahren! **III.** *s:* **the** ~ die Toten *mpl;* **in the** ~ **of night** mitten in der Nacht; **in the** ~ **of winter** mitten im Winter; **dead-beat** [ˌded'bi:t] *adj* völlig kaputt, erschöpft; **dead centre** *s* Mittelpunkt *m*

deaden ['dedn] *vt* mildern, abschwächen; abstumpfen (*to* gegen)

dead end [ˌded'end] *s* Sackgasse *f;* **come to a** ~ (*fig*) in eine Sackgasse geraten; **dead-end** ['dedend] *adj:* ~ **street** Sackgasse *f;* ~ **job** Arbeitsplatz *m* ohne Aufstiegsmöglichkeit; **dead heat** *s* (SPORT) totes Rennen; **dead•line** ['dedlaɪn] *s* letzter Termin; Einsendeschluss *m;* **fix** [*o* **set**] **a** ~ eine Frist setzen; **meet the** ~ den Termin einhalten; **dead•lock** ['dedlɒk] *s* völliger Stillstand; **come to** [*o* **reach**] **a** ~ auf den toten Punkt gelangen, sich festfahren

deadly ['dedlɪ] **I.** *adj* **1.** tödlich **2.** Tod- **3.** (*fam*) todlangweilig **II.** *adv:* ~ **pale** totenbleich

dead•pan [ˌded'pæn] **I.** *s* ausdrucksloses Gesicht **II.** *adj* unbewegt **III.** *vi* (*sl*) Witze reißen, ohne dabei zu lachen; **Dead Sea** *s* das Tote Meer; **dead•wood** ['dedˌwʊd] *s* **1.** morsches Holz **2.** (*fig*) Ballast *m*

deaf [def] **I.** *adj* taub (*to* für, gegen); **be** ~ **in one ear** auf einem Ohr taub sein; **turn a** ~ **ear to** nichts hören wollen von; ~ **and dumb** taubstumm **II.** *s:* **the** ~ die Tauben *pl;* **deaf-aid** *s* Hörapparat *m;* **deafen** ['defn] *vt* taub machen; **deafen•ing** ['defnɪŋ] *adj* ohrenbetäubend; **deaf-mute** [ˌdef'mju:t] *s* Taubstumme(r) *f m;* **deafness** ['defnɪs] *s* Taubheit *f* (*to* gegenüber)

deal[1] [di:l] <*irr:* dealt, dealt> **I.** *vt* (~ *out*) aus-, verteilen; ausgeben; ~ **s.o. a blow** jdm einen Schlag versetzen **II.** *vi* **1.** (*Karten*) geben **2.** (*Drogen*) dealen; ~ **well by s.o.** jdn gut behandeln; ~ **badly by s.o.** schlecht behandeln **III.** *s* **1.** Handel *m,* Geschäft *nt;* Abmachung *f* **2.** (Karten)Geben *nt;* **make a good** ~ ein gutes Geschäft machen; **give s.o. a square** ~ jdn fair behandeln; **who's** ~ **is it?** wer ist am Geben?;

D

deal in *vt* handeln mit; **deal out** *vt* verteilen; **deal with** *vt* **1.** verhandeln mit **2.** sich kümmern um; sich befassen mit; fertig werden mit **3.** handeln von

deal[2] [diːl] **I.** *s* Menge *f;* **a good** [*o* **a great**] ~ eine Menge, viel **II.** *adj:* **a good** ~ ziemlich viel

dealer ['diːlə(r)] *s* **1.** Händler(in) *m(f)* (*in* mit) **2.** (*mit Drogen*) Dealer(in) *m(f)* **3.** (*Am: Börse*) Makler(in) *m(f)* **4.** Kartengeber(in) *m(f);* **wholesale** ~ Großhändler(in) *m(f),* Grossist(in) *m(f);* **deal•ing** ['diːlɪŋ] *s* **1.** Handel *m;* (*Drogen a.*) Dealen *nt* (*in* mit) **2.** (*Am*) Effektenhandel *m* **3.** ~**s** Geschäfte *ntpl,* Umgang *m;* **have ~s with s.o.** mit jdm in (Geschäfts)Verbindung stehen; **dealt** [delt] *s.* **deal**[1]

dean [diːn] *s* **1.** (*Kirche, Universität, College*) Dekan *m* **2.** (POL) Doyen *m*

dear [dɪə(r)] **I.** *adj* **1.** lieb, teuer **2.** kostspielig, teuer **3.** (*in der Briefanrede*) liebe(r); sehr geehrte(r); **Dear Mr X,** Sehr geehrter Herr X! **II.** *s* Liebling, Schatz *m;* **give it to me, there's a** ~ gib es mir, sei so lieb **III.** *adv* teuer **IV.** *interj:* **oh, ~! ~ me! ~, ~!** ach du liebe Zeit!; **dear•ly** [-lɪ] *adv* **1.** teuer **2.** von ganzem Herzen; **dear•ness** [-nɪs] *s* hoher Preis

dearth [dɜːθ] *s* Mangel *m* (*of* an)

deary, dearie ['dɪərɪ] *s* (*fam*) Liebling *m*

death [deθ] *s* **1.** Tod *m;* Todesfall *m* **2.** (*fig*) Ende *nt,* Vernichtung *f;* **at ~'s door** an der Schwelle des Todes; **on pain of** ~ bei Todesstrafe; **be burnt/frozen/starved to** ~ verbrennen/erfrieren/verhungern; **die a natural** ~ eines natürlichen Todes sterben; **die a violent** ~ eines gewaltsamen Todes sterben; **he'll be the ~ of me yet** er bringt mich noch ins Grab; **put s.o. to** ~ jdn hinrichten; **death-bed** *s* (*a. fig*) Totenbett *nt;* **death-blow** *s* Todesstoß *m* (*to* für); **death-certificate** *s* Totenschein *m;* **death-duties** *s pl* Erbschaftssteuer *f;* **deathly** *adj, adv* tödlich; **death penalty** *s* Todesstrafe *f;* **death-rate** *s* Sterblichkeit(sziffer), Sterberate *f;* **death row** *s* Todestrakt *m;* **death sentence** *s* Todesurteil *nt;* **death squad** *s* Todesschwadron *f,* Todeskommando *nt;* **death-trap** *s* Todesfalle *f*

de•bacle [deɪ'bɑːkl] *s* (*fig*) Untergang *m,* Debakel *nt*

de•bar [dɪ'bɑː(r)] *vt* ausschließen (*from doing s.th.* etw zu tun)

de•base [dɪ'beɪs] *vt* **1.** entwürdigen, erniedrigen **2.** (*Münze*) den Wert mindern

de•bat•able [dɪ'beɪtəbl] *adj* **1.** umstritten **2.** strittig; **de•bate** [dɪ'beɪt] **I.** *s* Debatte, Diskussion *f;* **open the** ~ (PARL) die Debatte eröffnen **II.** *vi* diskutieren, debattieren (*with s.o. on s.th.* mit jdm über etw) **III.** *vt* debattieren, diskutieren; **de•bater** [dɪ'beɪtə(r)] *s* Debattierer(in) *m(f)*

de•bauch [dɪ'bɔːtʃ] **I.** *s* Ausschweifung, Orgie *f* **II.** *vt* verderben; **de•bauch•ery** [dɪ'bɔːtʃərɪ] *s* Ausschweifung *f*

de•ben•ture [dɪ'bentʃə(r)] *s* **1.** (kurzfristiger) Schuldschein *m* **2.** (COM) Rückzollschein *m;* **debenture stock** *s* Schuldverschreibung *f;* (*Am*) Vorzugsaktie *f*

de•bili•tate [dɪ'bɪlɪteɪt] *vt* schwächen, entkräften; entnerven; **de•bil•ity** [dɪ'bɪlətɪ] *s* (*a. fig*) Schwäche *f*

debit ['debɪt] **I.** *s* Debet, Soll *nt,* Lastschrift *f;* ~ **and credit** Soll und Haben *nt* **II.** *vt* belasten; ~ **s.o.'s account with s.th.** jds Konto mit etw belasten; **debit-side** *s* Passivseite *f*

deb•on•air [ˌdebə'neə(r)] *adj* umgänglich, freundlich

de•bris ['deɪbriː] *s* **1.** Schutt *m* **2.** (GEOL) Geröll *nt*

debt [det] *s* (COM) Schuld *f;* **out of** ~ schuldenfrei; **be in** ~ verschuldet sein; **run** [*o* **get**] **into** ~ Schulden machen; **pay off a** ~ eine Schuld abzahlen; **debt burden** *s* Schuldenlast *f;* **debt-collecting agency** *s* Inkassobüro *nt;* **debt-collector** *s* Inkassobeauftragte(r) *f m;* **debtor** ['detə(r)] *s* Schuldner(in) *m(f);* **debtor nation** *s* Schuldnerstaat *m;* **debt servicing** *s* (FIN) Schuldendienst *m;* **debt-strapped** *adj* mit Schulden beladen

de•bug [ˌdiː'bʌg] *vt* **1.** (TECH) den Defekt beheben (*s.th.* bei etw) **2.** (*fig*) entwanzen

de•bunk [diː'bʌŋk] *vt* den Nimbus nehmen (*s.o.* jdm)

debut ['deɪbjuː] *s* Debüt *nt;* **debu•tante** ['debjuːtɑːnt] *s* Debütantin *f*

dec•ade ['dekeɪd] *s* Dekade *f,* Jahrzehnt *nt*

deca•dence ['dekədəns] *s* Dekadenz *f;* **deca•dent** ['dekədənt] *adj* dekadent

de•caf ['diːkæf] *s* (*fam*) koffeinfreier Kaffee

de•caf•fein•ated [ˌdiː'kæfɪneɪtɪd] *adj* koffeinfrei, entkoffeiniert

de•camp [dɪ'kæmp] *vi* sich (auf und) davon-, sich aus dem Staub(e) machen

de•cant [dɪ'kænt] *vt* umfüllen; **de•canter** [dɪ'kæntə(r)] *s* Karaffe *f*

de•capi•tate [dɪ'kæpɪteɪt] *vt* enthaupten; **de•capi•ta•tion** [dɪˌkæpɪ'teɪʃn] *s* Enthauptung *f*

de•cath•lete [dɪ'kæθliːt] *s* (SPORT) Zehnkämpfer(in) *m(f);* **de•cath•lon** [dɪ'kæθlən] *s* (SPORT) Zehnkampf *m*

de•cay [dɪ'keɪ] **I.** *vi* **1.** sich zersetzen, verfaulen; schlecht werden **2.** verwittern; verblühen, vergehen **3.** (*a. fig*) verfallen **4.** (*fig*) untergehen, auseinander gehen; verkümmern **II.** *s* **1.** Zersetzung *f;* Verfall,

Zerfall *m* **2.** Niedergang, Verfall *m;* **tooth-~** Zahnfäule, Karies *f*

de•cease [dɪ'siːs] *s* Ableben *nt,* Tod *m;* **de•ceased** [dɪ'siːst] **I.** *adj* verstorben **II.** *s:* **the** ~ der, die Verstorbene

de•ceit [dɪ'siːt] *s* Täuschung *f;* Betrug *m;* **de•ceit•ful** [dɪ'siːtfl] *adj* **1.** unaufrichtig, betrügerisch **2.** irreführend

de•ceive [dɪ'siːv] **I.** *vt* täuschen, irreführen, hintergehen **II.** *vi* trügen; **de•ceiver** [dɪ'siːvə(r)] *s* Betrüger(in) *m(f)*

de•cel•er•ate [diː'seləreɪt] *vt, vi* langsamer werden; verlangsamen

De•cem•ber [dɪ'sembə(r)] *s* Dezember *m;* **in** ~ im Dezember

de•cency ['diːsnsɪ] *s* Anstand *m,* Anständigkeit, Schicklichkeit *f;* **de•cent** ['diːsnt] *adj* **1.** anständig **2.** (*fam*) ganz nett, (ganz) ordentlich; annehmbar

de•cen•tra•liz•ation [ˌdiːˌsentrəlaɪ'zeɪʃn] *s* Dezentralisation, Dezentralisierung *f;* **de•cen•tra•lize** [ˌdiː'sentrəlaɪz] *vt* dezentralisieren; **de•cen•tra•lized** [-d] *adj* dezentral

de•cep•tion [dɪ'sepʃn] *s* Irreführung, Täuschung *f,* Betrug *m;* **practise ~ on s.o.** jdn irreführen; **de•cep•tive** [dɪ'septɪv] *adj* täuschend, trügerisch, irreführend

deci•bel ['desɪbel] *s* (TECH) Dezibel *nt*

de•cide [dɪ'saɪd] **I.** *vt* (sich) entscheiden (*between* zwischen, *for, in favour of* zugunsten, *against* gegen); ~ **s.o.'s fate** jds Schicksal bestimmen; ~ **s.o. to do s.th.** jdn veranlassen etw zu tun **II.** *vi* sich entscheiden, sich entschließen; ~ **on** sich entscheiden für; **de•cided** [dɪ'saɪdɪd] *adj* **1.** entschieden; deutlich **2.** entschlossen, bestimmt

de•cidu•ous [dɪ'sɪdjʊəs] *adj* jährlich die Blätter abwerfend; ~ **tree** Laubbaum *m*

deci•mal ['desɪml] *adj* Dezimal-; ~ **fraction** Dezimalbruch *m;* ~ **key** Dezimaltaste *f;* ~ **point** Komma *nt;* ~ **system** Dezimalsystem *nt;* **deci•mal•ize** ['desɪməlaɪz] *vt* auf das Dezimalsystem umstellen

deci•mate ['desɪmeɪt] *vt* dezimieren

de•cipher [dɪ'saɪfə(r)] *vt* entziffern

de•ci•sion [dɪ'sɪʒn] *s* **1.** Entscheidung *f* (*over* über) **2.** Entschluss *m;* Beschluss *m* **3.** Entschlusskraft, Entschlossenheit *f;* **make a** ~ eine Entscheidung treffen; **arrive at** [*o* **come to**] **a** ~ zu einer Entscheidung kommen; **decision maker** *s* Entscheidungsträger *m;* **decision making** *s* Entscheidungsfindung *f*

de•ci•sive [dɪ'saɪsɪv] *adj* **1.** entscheidend, ausschlaggebend (*for* für) **2.** entschieden, entschlossen

deck [dek] **I.** *s* **1.** (MAR) Deck *nt* **2.** Verdeck *nt* **3.** Spiel *nt* Karten; **on** ~ auf Deck; **clear the ~s** (*fig*) sich bereit machen **II.** *vt* schmücken, verzieren; ~ **o.s. out** sich herausputzen (*with* mit); **deck chair** *s* Liegestuhl *m*

de•claim [dɪ'kleɪm] **I.** *vt* vortragen **II.** *vi* deklamieren; ~ **against s.th.** gegen etw wettern; **dec•la•ma•tion** [ˌdeklə'meɪʃn] *s* Deklamation, Tirade *f;* **de•clama•tory** [dɪ'klæmətərɪ] *adj* deklamatorisch, pathetisch

dec•lar•ation [ˌdeklə'reɪʃn] *s* **1.** Erklärung, Aussage *f* **2.** (*Zoll*) Deklaration *f;* **give** [*o* **make**] **a** ~ eine Erklärung abgeben; ~ **of independence** Unabhängigkeitserklärung *f;* ~ **of intent** Absichtserklärung *f;* ~ **of love** Liebeserklärung *f;* **de•clare** [dɪ'kleə(r)] **I.** *vt* **1.** erklären; bekannt geben **2.** (*Zoll*) angeben, deklarieren **3.** beteuern, erklären; **have you anything to ~?** haben Sie etwas zu verzollen?; ~ **war** (**on s.o.**) (jdm) den Krieg erklären; **I ~ this meeting closed** ich erkläre die Sitzung für geschlossen **II.** *vi* sich erklären, sich entscheiden (*against, for* gegen, für)

de•cline [dɪ'klaɪn] **I.** *vi* **1.** verfallen; verblassen **2.** nachlassen, abnehmen; geringer werden **3.** (*Preise*) zurückgehen, sinken, fallen **4.** ablehnen **5.** (GRAM) deklinieren; **in declining health** bei schlechter werdender Gesundheit **II.** *vt* ablehnen, ausschlagen (*doing, to do* zu tun) **III.** *s* **1.** Rückgang *m;* Abnahme *f;* Niedergang, Verfall *m* **2.** Schwächung *f* (*der Gesundheit*)*;* **be on the** ~ abnehmen; (*Preise*) fallen; ~ **of the birthrate** Geburtenrückgang *m*

de•clutch [ˌdiː'klʌtʃ] *vi* (TECH) auskuppeln

de•code [ˌdiː'kəʊd] *vt* entschlüsseln; **de•coder** [diː'kəʊdə(r)] *s* (INFORM) Decoder *m*

de•coke [ˌdiː'kəʊk] *vt* (TECH: *fam*) entkohlen

de•col•on•iz•ation [diːˌkɒlənaɪ'zeɪʃn] *s* Dekolonisation *f*

de•com•mis•sion [ˌdiːkə'mɪʃn] *vt* stilllegen

de•com•pose [ˌdiːkəm'pəʊz] **I.** *vt* zerlegen, aufspalten **II.** *vi* sich zersetzen; **de•com•po•si•tion** [ˌdiːkɒmpə'zɪʃn] *s* **1.** Aufspaltung, Zerlegung *f* **2.** Zersetzung, Fäulnis *f*

de•com•press [ˌdiːkəm'pres] *vt* den Druck +*gen* vermindern; **de•com•pres•sion** [ˌdiːkəm'preʃn] *s* Druckminderung *f;* **decompression chamber** *s* Unterdruckkammer *f*

de•con•tami•nate [ˌdiːkən'tæmɪneɪt] *vt* entgiften, entseuchen; **de•con•tami•na•tion** [ˌdiːkənˌtæmɪ'neɪʃn] *s* Entseuchung, Entgiftung *f*

de•con•trol [ˌdiːkən'trəʊl] *vt* die Preisüberwachung aufheben; freigeben

dec•or•ate ['dekəreɪt] *vt* **1.** dekorieren, schmücken, verzieren **2.** (*Wände*) bemalen; tapezieren **3.** (*mit einem Orden*) auszeichnen (*with* mit); **dec•ora•tion** [ˌdekə'reɪʃn] *s* **1.** Verzierung, Dekoration *f* **2.** Auszeichnung *f,* Orden *m;* **dec•or•ative** ['dekərətɪv] *adj* dekorativ; **dec•or•ator** ['dekəreɪtə(r)] *s* Maler(in); Tapezierer(in) *m(f),* Dekorateur(in) *m(f)*

dec•or•ous ['dekərəs] *adj* anständig, schicklich; **de•corum** [dɪ'kɔːrəm] *s* Anstand *m,* Schicklichkeit *f*

de•coy ['diːkɔɪ] **I.** *s* **1.** (*a. fig*) Lockvogel *m* **2.** (*fig*) Köder *m* **II.** *vt* (ver)locken (*into doing s.th.* etw zu tun)

de•crease [dɪ'kriːs] **I.** *vi* abnehmen, nachlassen; zurückgehen; **in decreasing order of importance** in der Reihenfolge ihrer Bedeutung **II.** *vt* verringern, reduzieren, herabsetzen **III.** ['diːkriːs] *s* Abnahme, Verringerung *f,* Rückgang *m* (*in* an); **on the ~** im Abnehmen; **~ in population** Bevölkerungsrückgang *m*

de•cree [dɪ'kriː] **I.** *s* **1.** Erlass *m,* Verordnung, Verfügung *f* **2.** Gerichtsbeschluss, -entscheid *m;* Urteil *nt;* **issue a ~** eine Verordnung erlassen **II.** *vt* anordnen, verfügen; **decree nisi** [-'naɪsaɪ] *s* (JUR) vorläufiges Scheidungsurteil

de•crepit [dɪ'krepɪt] *adj* altersschwach; (*fig: Strukturen*) verkrustet; **de•crepitude** [dɪ'krepitjuːd] *s* Altersschwäche, Verkrustung *f*

de•crimi•na•lize [ˌdiː'krɪmɪnəlaɪz] *vt* entkriminalisieren

de•cruit [diː'kruːt] *vt* (*Personal*) entlassen; **de•cruit•ment** [dɪ'kruːtmənt] *s* (*Am*) Abbau *m* von Arbeitsplätzen

de•cry [dɪ'kraɪ] *vt* anprangern; schlecht machen

dedi•cate ['dedɪkeɪt] *vt* **1.** (REL) weihen **2.** (*Buch*) widmen; **~ one's life to s.th.** sein Leben einer Sache widmen; **dedi•cation** [ˌdedɪ'keɪʃn] *s* **1.** Einweihung *f* (*to* an) **2.** (*Buch*) Widmung *f* **3.** Hingabe *f*

de•duce [dɪ'djuːs] *vt* **1.** ab-, herleiten (*from* von) **2.** folgern, schließen (*from* aus); **de•duc•ible** [dɪ'djuːsəbl] *adj* ableitbar

de•duct [dɪ'dʌkt] *vt* **1.** abziehen (*from* von) **2.** (*Betrag*) einbehalten; **de•duct•ible** [dɪ'dʌktəbl] *adj* absetzbar; abziehbar; **de•duc•tion** [dɪ'dʌkʃn] *s* **1.** Abzug *m* **2.** (COM) Rabatt, Nachlass *m* **3.** Schlussfolgerung *f;* **after ~ of** nach Abzug von; **de•duct•ive** [dɪ'dʌktɪv] *adj* deduktiv, zu folgern(d), sich ergebend

deed [diːd] **I.** *s* **1.** Tat, Handlung *f* **2.** Leistung *f* **3.** (JUR) Übertragungsurkunde *f;* **in word and ~** in Wort und Tat; **~ of covenant** Vertragsurkunde *f* **II.** *vt* (*Am*) notariell übertragen; **deed poll** *s* (JUR) einseitige Erklärung

deem [diːm] *vt:* **~ s.o. s.th.** jdn für etw erachten

deep [diːp] **I.** *adj* **1.** tief **2.** (*Schlaf*) tief **3.** (tief)sinnig, tiefgründig **4.** schwerverständlich; **take a ~ breath** tief atmen; **have ~ pockets** viel Geld haben; **a two-metre ~ trench** ein zwei Meter tiefer Graben; **go off the ~ end** (*fig*) aufbrausen **II.** *adv* tief; **still waters run ~** (*prov*) stille Wasser sind tief; **~ into the night** bis tief in die Nacht hinein; **~ in debt** tief verschuldet; **~ in love** sehr verliebt **III.** *s:* **the ~** das Meer; **in the ~ of winter** mitten im tiefsten Winter; **deep-acting** [ˌdiːp'æktɪŋ] *adj* mit Tiefenwirkung

deepen ['diːpən] **I.** *vt* **1.** vertiefen **2.** (*Farben*) verdunkeln **II.** *vi* sich vergrößern

deep-freeze [ˌdiːp'friːz] **I.** *s* Tiefkühlschrank *m;* Tiefkühltruhe *f* **II.** *vt* einfrieren; **deep-frozen** [ˌdiːp'freʊzn] *adj* tiefgefroren; **deep-frozen foods** *s pl* Tiefkühlkost *f;* **deep-fry** *vt* im Fett schwimmend braten; **deep•ly** ['diːplɪ] *adv* (zu)tief(st); gründlich; **~ hurt** schwer gekränkt; **deep•ness** ['diːpnɪs] *s* **1.** Tiefe *f* **2.** (*fig*) Scharfsinn *m,* Tiefsinnigkeit *f;* **deep-rooted** [ˌdiːp'ruːtɪd] *adj* tief verwurzelt; **deep-sea** *adj* Tiefsee-, Hochsee-; **~ fishing** Hochseefischerei *f;* **deep-seated** [ˌdiːp'siːtɪd] *adj* tief sitzend; **deep space** *s* äußerer Weltraum

deer [dɪə(r)] <*pl* deer> *s* Hirsch *m;* Reh *nt;* **red ~** Rotwild *nt;* **deer-stalker** ['dɪəˌstɔːkə(r)] *s* **1.** (*Person*) Jäger auf der Pirsch **2.** (*Hut*) Sherlock-Holmes-Mütze *f*

def [def] *adj* (*Am: sl*) toll, geil

de•face [dɪ'feɪs] *vt* verunstalten

defa•ma•tion [ˌdefə'meɪʃn] *s* Verleumdung, Diffamierung *f;* **de•fama•tory** [dɪ'fæmətrɪ] *adj* verleumderisch, beleidigend; **de•fame** [dɪ'feɪm] *vt* verleumden

de•fang [dɪ'fæŋ] *vt* abschwächen

de•fault [dɪ'fɔːlt] **I.** *s* **1.** Nichteinhaltung, Nichterfüllung *f;* Versäumnis *nt* **2.** Nichterscheinen, Ausbleiben *nt;* **in ~ of** in Ermangelung *+gen;* **judgement by ~** Versäumnisurteil *nt* **II.** *vi* **1.** säumig sein **2.** vor Gericht nicht erscheinen **3.** (SPORT) nicht antreten; **~ in one's payments** seinen Zahlungsverpflichtungen nicht nachkommen; **default value** *s* (INFORM) Standardwert *m*

de•feat [dɪ'fiːt] **I.** *vt* **1.** besiegen, schlagen **2.** (*Plan*) vereiteln, zunichte machen **II.** *s* **1.** Sieg *m* **2.** Ablehnung *f* **3.** Vereitelung *f* **4.** Niederlage *f;* **suffer a ~** eine Niederlage erleiden; **de•feat•ist** [-ɪst] **I.** *adj* defätistisch **II.** *s* Defätist, Miesmacher *m*

de•fe•cate ['defəkeɪt] *vi* den Darm entleeren; **def•eca•tion** [ˌdefə'keɪʃn] *s* (MED) Darmentleerung *f*

de•fect¹ ['di:fekt] *s* Fehler, Defekt *m* (*in* an); **physical** ~ körperlicher Schaden

de•fect² [dɪ'fekt] *vi* sich absetzen, abfallen; ~ **to the enemy** zum Feind übergehen, überlaufen; **de•fec•tion** [dɪ'fekʃn] *s* Abfall *m,* Überlaufen *nt* (*from* von)

de•fec•tive [dɪ'fektɪv] *adj* **1.** fehlerhaft, schadhaft, defekt **2.** geistesgestört

de•fence [dɪ'fens] *s* **1.** (*a.* SPORT) Verteidigung *f* **2.** Befestigung, Schutzmaßnahme *f* **3.** (JUR) Verteidigung *f;* **body's ~s** Abwehrkräfte (des Körpers); **in s.o.'s** ~ zu jds Rechtfertigung; **come to s.o.'s** ~ jdn verteidigen; **speak** [*o* **say**] **in s.o.'s** ~ für jdn sprechen; jdn verteidigen; **de•fence•less** [-lɪs] *adj* schutzlos; **defence minister** *s* Verteidigungsminister(in) *m(f)*

de•fend [dɪ'fend] *vt* **1.** (*a.* JUR) verteidigen (*against* gegen) **2.** rechtfertigen; **de•fend•ant** [dɪ'fendənt] *s* Angeklagte(r), Beklagte(r) *f m;* **de•fense** [dɪ'fens] *s* (*Am*) **1.** (*a.* SPORT) Verteidigung *f* **2.** Befestigung, Schutzmaßnahme *f* **3.** (JUR) Verteidigung *f;* **body's ~s** Abwehrkräfte (des Körpers); **in s.o.'s** ~ zu jds Rechtfertigung; **come to s.o.'s** ~ jdn verteidigen; **speak** [*o* **say**] **in s.o.'s** ~ für jdn sprechen; jdn verteidigen; **Defense Secretary** *s* (*in den USA*) Verteidigungsminister *m;* **de•fens•ible** [dɪ'fensəbl] *adj* zu verteidigen; vertretbar; **de•fens•ive** [dɪ'fensɪv] **I.** *adj* defensiv; ~ **measures** Schutzmaßnahmen *fpl;* ~ **weapon** Verteidigungswaffe *f* **II.** *s* Defensive *f;* **on the** ~ in der Defensive

de•fer¹ [dɪ'fɜ:(r)] *vt* auf-, hinaus-, verschieben (*doing s.th.* etw zu tun), verlegen

de•fer² [dɪ'fɜ:(r)] *vi* sich fügen (*to s.o.* jdm, *to s.th.* in etw)

de•fer•ence ['defərəns] *s* Achtung *f,* Respekt *m;* **in** [*o* **out of**] ~ **to** aus Achtung vor; **pay** ~ **to s.o.** jdm Achtung erweisen; **de•fer•en•tial** [ˌdefə'renʃl] *adj* ehrerbietig (*to* gegenüber)

de•ferred [dɪ'fɜ:d] *adj:* ~ **terms** Teilzahlung *f;* ~ **payment** Ratenzahlung *f*

de•fiance [dɪ'faɪəns] *s* Trotz *m* (*of* gegenüber), Missachtung *f;* **in** ~ **of** trotz, ungeachtet *+gen;* **de•fiant** [dɪ'faɪənt] *adj* **1.** herausfordernd **2.** aufsässig, trotzig

de•fi•ciency [dɪ'fɪʃnsɪ] *s* **1.** Mangel *m* **2.** (COM) Defizit *nt,* Fehlbetrag *m* **3.** Fehlbestand *m;* **de•fi•cient** [dɪ'fɪʃnt] *adj* unzulänglich; fehlerhaft; **be** ~ **in** Mangel haben an; **mentally** ~ schwachsinnig

defi•cit ['defɪsɪt] *s* Defizit *nt;* **show a** ~ ein Defizit aufweisen

de•file¹ [dɪ'faɪl] *vt* be-, verschmutzen; schänden

de•file² ['di:faɪl] **I.** *s* Hohlweg *m* **II.** *vi* hintereinander marschieren

de•fine [dɪ'faɪn] *vt* **1.** scharf abgrenzen; näher bestimmen, festlegen **2.** klarlegen, -stellen; definieren; **be ~d against** sich abheben von, gegen; ~ **one's position** seinen Standpunkt darlegen; **define down** *vt* (*Am*) verharmlosen

defi•nite ['defɪnət] *adj* **1.** definitiv; fest **2.** klar, deutlich, unmissverständlich **3.** bestimmt, sicher; **it's** ~ **that** es ist sicher, dass; **for a** ~ **period** für eine bestimmte Zeit; **defi•nite•ly** [-lɪ] *adv* **1.** fest, definitiv **2.** sicherlich, zweifellos

defi•ni•tion [ˌdefɪ'nɪʃn] *s* **1.** Definition *f* **2.** scharfe Abgrenzung; Festlegung *f* **3.** (Bild-, Ton)Schärfe *f*

de•fini•tive [dɪ'fɪnətɪv] *adj* **1.** entscheidend; maßgeblich **2.** endgültig, definitiv

de•flate [dɪ'fleɪt] **I.** *vt* **1.** (die) Luft lassen aus **2.** (*Notenumlauf*) verringern, vermindern **II.** *vi* (FIN) eine Deflation herbeiführen; **de•fla•tion** [dɪ'fleɪʃn] *s* (FIN) Deflation *f;* **de•fla•tion•ary** [ˌdɪ'fleɪʃnərɪ] *adj* deflationär, deflationistisch

de•flect [dɪ'flekt] *vt* um-, ablenken (*from* von); **de•flec•tion** [dɪ'flekʃn] *s* Ablenkung *f*

de•foli•ant [ˌdi:'fəʊlɪənt] *s* Entlaubungsmittel *nt;* **de•foli•ate** [ˌdi:'fəʊlɪeɪt] *vt* entlauben

de•for•est [ˌdi:'fɒrɪst] *vt* abholzen, entwalden; **de•for•est•ation** [di:ˌfɒrɪ'steɪʃn] *s* Abholzung, Entwaldung *f*

de•form [dɪ'fɔ:m] *vt* **1.** deformieren, verformen **2.** entstellen, verunstalten; **de•form•ation** [ˌdi:fɔ:'meɪʃn] *s* **1.** Deformation *f* **2.** (TECH) Verformung *f;* **de•formed** [-d] *adj* deformiert; **de•form•ity** [dɪ'fɔ:mətɪ] *s* **1.** Missbildung, Entstellung *f* **2.** Abartigkeit *f*

de•fraud [dɪ'frɔ:d] *vt* betrügen, hintergehen (*s.o. of s.th.* jdn um etw)

de•fray [dɪ'freɪ] *vt* (*Kosten*) bestreiten, tragen

de•frost [ˌdi:'frɒst] *vt* **1.** enteisen **2.** auftauen

deft [deft] *adj* gewandt, geschickt

de•funct [dɪ'fʌŋkt] *adj* verstorben

defy [dɪ'faɪ] *vt* **1.** sich widersetzen, trotzen (*s.o.* jdm) **2.** widerstehen, trotzen, spotten (*s.th.* einer S) **3.** herausfordern

de•gen•er•ate [dɪ'dʒenərət] **I.** *adj* degeneriert, entartet **II.** *s* degenerierter Mensch **III.** [dɪ'dʒenəreɪt] *vi* degenerieren, entarten (*into* in, zu); **de•gen•er•ation** [dɪˌdʒenə'reɪʃn] *s* Entartung, Degeneration *f*

de•grade [dɪ'greɪd] *vt* **1.** degradieren

2. (*fig*) erniedrigen 3. (GEOL) abtragen 4. (CHEM) abbauen

de•gree [dɪ'gri:] *s* **1.** (MATH PHYS) Grad *m* **2.** Maß *nt* **3.** akademischer Grad **4.** Rang, Stand *m* **5.** (MUS) Stufe *f* (auf einer Tonleiter); **by ~s** nach und nach, allmählich; **to a certain ~** bis zu einem gewissen Grade; **to some ~** einigermaßen; **to such a ~** in solchem Maße, dermaßen; **drop five ~s** um fünf Grad fallen; **study for a ~** studieren; **get one's ~** seinen akademischen Grad erhalten; **first/second ~ murder** Mord *m/* Totschlag *m;* **~ of development** Entwicklungsstufe *f;* **~ of latitude** Breitengrad; **~ of longitude** Längengrad *m;* **degree course** *s Studiengang, der zu einem akademischen Grad führt*

de•hu•man•ize [ˌdi:'hju:mənaɪz] *vt* entmenschlichen

de•hy•drate [ˌdi:'haɪdreɪt] *vt* Wasser entziehen (*s.th.* einer S); **de•hy•drated** [ˌdi:haɪ'dreɪtɪd] *adj* Trocken-; pulverisiert; ausgetrocknet; **be ~** Nachdurst haben; **de•hy•dra•tion** [ˌdi:hai'dreiʃn] *s* Austrocknung; Dehydration *f*

de-ice [ˌdi:'aɪs] *vt* (AUTO AVIAT) enteisen

deign [deɪn] *vt:* **~ to do s.th.** geruhen, sich herablassen etw zu tun

de•ism ['di:ɪzəm] *s* Deismus *m*

de•ity ['di:ɪtɪ] *s* Gottheit *f*

de•ject [dɪ'dʒekt] *vt* deprimieren; **de•ject•ed** [-ɪd] *adj* bedrückt, niedergeschlagen; **de•jec•tion** [dɪ'dʒekʃn] *s* Niedergeschlagenheit *f*

de•lay [dɪ'leɪ] **I.** *vt* **1.** ver-, aufschieben (*doing s.th.* etw zu tun) **2.** aufhalten; **he ~ed writing the letter** er schob den Brief auf **II.** *vi:* **~ in doing s.th.** es verschieben etw zu tun; **don't ~!** verlieren Sie keine Zeit! **III.** *s* **1.** Aufenthalt *m* **2.** (*Verkehr*) Stockung *f* **3.** (*Zug*) Verspätung *f;* **without ~** sofort, unverzüglich; **admit of no ~** keinen Aufschub dulden; **have a ~** aufgehalten werden; **a two-hour ~** eine zweistündige Verspätung; **delayed-action** *adj* (*Bombe*) mit Zeitzünder; **~ shutter release** (PHOT) Selbstauslöser *m;* **de•lay•ing** [-ɪŋ] *adj* hinhaltend; **~ tactics** Verzögerungstaktik *f*

de•lec•table [dɪ'lektəbl] *adj* köstlich; **de•lec•ta•tion** [ˌdi:lek'teɪʃn] *s* Vergnügen *nt;* **for your ~** um Ihnen eine Freude zu machen

del•egate **I.** ['delɪgeɪt] *vt* **1.** delegieren **2.** (*Vollmacht*) erteilen; (*Befugnisse*) übertragen (*to s.o.* jdm) **II.** ['delɪgət] *s* Delegierte(r) *f m,* bevollmächtigte(r) Vertreter(in) *m(f);* **del•ega•tion** [ˌdelɪ'geɪʃn] *s* Abordnung, Delegation *f*

de•lete [dɪ'li:t] *vt* **1.** streichen (*from* aus) **2.** (INFORM) löschen; **de•le•tion** [dɪ'li:ʃn] *s* Streichung *f*

deli ['delɪ] *s s.* **delicatessen** (*fam*) Delikatessengeschäft *nt*

de•lib•er•ate [dɪ'lɪbəreɪt] **I.** *vi* nachdenken (*on, upon* über), sich beraten **II.** *vt* bedenken, erwägen **III.** [dɪ'lɪbərət] *adj* **1.** bewusst, absichtlich **2.** (wohl)überlegt; bedächtig; **de•lib•er•ation** [dɪˌlɪbə'reɪʃn] *s* **1.** Überlegung *f* **2.** Beratungen *fpl* (*on* über) **3.** Bedächtigkeit *f;* **after due ~** nach reiflicher Überlegung

deli•cacy ['delɪkəsɪ] *s* **1.** Feinheit, Zartheit *f* **2.** Anfälligkeit *f* **3.** Zart-, Feingefühl *nt* **4.** Delikatesse *f;* **of great ~** heikel, schwierig; **deli•cate** ['delɪkət] *adj* **1.** fein, zart; empfindlich **2.** (MED) empfindlich, anfällig **3.** (*Situation*) heikel, schwierig **4.** (*Instrument*) empfindlich **5.** (*fig*) feinfühlig, zartfühlend **6.** (*Essen*) delikat; **deli•ca•tessen** [ˌdelɪkə'tesn] *s* Delikatessengeschäft *nt*

de•li•cious [dɪ'lɪʃəs] *adj* **1.** herrlich, wunderbar **2.** (*Essen*) schmackhaft, lecker

de•light [dɪ'laɪt] **I.** *vt* erfreuen **II.** *vi* seine Freude, seinen Spaß haben (*in doing s.th.* etw zu tun) **III.** *s* Freude *f,* Vergnügen *nt;* **to my ~** zu meiner Freude; **take ~** Freude, Spaß haben (*in doing s.th.* etw zu tun); **give s.o. ~** jdn erfreuen; **de•light•ful** [dɪ'laɪtfl] *adj* entzückend, reizend, bezaubernd

de•limit [di:'lɪmɪt] *vt* abgrenzen

de•lin•eate [dɪ'lɪnɪeɪt] *vt* **1.** skizzieren, entwerfen **2.** beschreiben, schildern

de•lin•quency [dɪ'lɪŋkwənsɪ] *s* **1.** Pflichtvergessenheit *f,* Versäumnis *nt* **2.** Kriminalität *f;* **juvenile ~** Jugendkriminalität *f;* **de•lin•quent** [dɪ'lɪŋkwənt] **I.** *adj* **1.** straffällig **2.** (*Am: Steuern*) rückständig **II.** *s* Delinquent *m*

de•liri•ous [dɪ'lɪrɪəs] *adj* **1.** im Delirium, phantasierend **2.** (*fig*) außer sich (*with* vor); **de•liri•ous•ly** [-lɪ] *adv:* **~ happy** überglücklich; **de•lirium** [dɪ'lɪrɪəm] *s* **1.** Delirium *nt* **2.** (*fig*) Taumel *m*

de•liver [dɪ'lɪvə(r)] *vt* **1.** (ab-, aus)liefern, übergeben, zustellen **2.** (*Post*) austragen, zustellen **3.** befreien (*from* von) **4.** (*Rede, Vortrag*) halten **5.** (MED) zur Welt bringen **6.** aushändigen, übergeben **7.** (*Schlag*) versetzen; **be ~ed of** entbunden werden von; **~ed free** frei Haus; **~ the goods** (*fig*) es bringen, schaffen; **de•liver•ance** [dɪ'lɪvərəns] *s* Befreiung, Erlösung *f* (*from* von); **de•liverer** [dɪ'lɪvərə(r)] *s* **1.** (COM) Lieferant(in) *m(f)* **2.** Erlöser(in) *m(f);* **de•liv•ery** [dɪ'lɪvərɪ] *s* **1.** (Aus)Lieferung *f;* Zustellung *f* **2.** (MED) Entbindung *f* **3.** Vortrag *m,* Vortragsweise *f* **4.** Wurf *m* (*eines Bal-*

*les); **on** ~ bei Lieferung; **take** ~ **of** in Empfang nehmen; **cash on** ~ gegen Nachnahme; **delivery note** *s* Lieferschein *m;* **delivery room** *s* Kreißsaal *m;* **delivery service** *s* Zustelldienst *m;* **delivery van** *s* (*Br*) Lieferwagen *m*

delta ['deltə] *s* (Fluss)Delta *nt;* **delta wing** *s* (AVIAT) Deltaflügel *m*

de•lude [dɪ'lu:d] *vt* täuschen, irreführen; ~ **s.o. into thinking s.th.** jdn dazu verleiten etw zu glauben; ~ **o.s.** sich etwas vormachen

del•uge ['delju:dʒ] **I.** *s* **1.** Überschwemmung *f* **2.** (*fig*) Flut *f,* Schwall *m;* **the Deluge** die Sintflut **II.** *vt* überfluten; (*a. fig*) überschwemmen (*with* mit)

de•lusion [dɪ'lu:ʒn] *s* **1.** Täuschung, Irreführung *f* **2.** Wahn *m;* **be under a** ~ in einem Wahn leben; ~**s of grandeur** Größenwahn *m*

de luxe [dɪ'lʌks] *adj* Luxus-

delve [delv] *vi* sich vertiefen (*into, among* in), durchforschen (*into s.th.* etw)

dema•gog *s* (*Am*) Demagoge *m;* **dema•gogic** [ˌdemə'gɒgɪk] *adj* demagogisch; **dema•gogue** ['deməgɒg] *s* Demagoge *m;* **dema•gogy** ['deməgɒgɪ] *s* Demagogie *f*

de•mand [dɪ'mɑ:nd] **I.** *vt* **1.** (*Person*) fordern, verlangen, beanspruchen **2.** (*Sache*) erfordern, verlangen, beanspruchen **II.** *s* **1.** Forderung *f;* Verlangen *nt* (*for* nach) **2.** (COM) Bedarf *m,* Nachfrage *f* (*for* nach); **on** ~ auf Verlangen; bei Sicht; **be in great** ~ sehr gefragt sein; **create a** ~ **for s.th.** eine Nachfrage für etw schaffen; **demand note** *s* Zahlungsaufforderung *f*

de•mar•cate ['di:mɑ:keɪt] *vt* abgrenzen (*from* von, gegen); **de•mar•ca•tion** [ˌdi:mɑ:'keɪʃn] *s* Abgrenzung *f;* **demarcation line** *s* Demarkationslinie *f*

de•mean [dɪ'mi:n] *vr* sich erniedrigen

de•mean•or *s* (*Am*), **de•mean•our** [dɪ'mi:nə(r)] *s* Benehmen, Betragen *nt*

de•mented [dɪ'mentɪd] *adj* wahnsinnig, verrückt

de•merit [di:'merɪt] *s* Fehler, Mangel *m*

de•mesne [dɪ'meɪn] *s* Grundbesitz *m*

demi- ['demɪ] *prefix* halb-; **demi•god** *s* Halbgott *m*

de•mili•tar•ize [ˌdi:'mɪlɪtəraɪz] *vt* entmilitarisieren

de•mise [dɪ'maɪz] *s* Tod *m,* Ableben *nt*

de•mist [ˌdi:'mɪst] *vt* (AUTO: *Windschutzscheibe*) freimachen; **de•mist•er** [-ə(r)] *s* (AUTO) Gebläse *nt*

de•mo ['deməʊ] *s* Demo *nt*

de•mo•bil•ize [di:'məʊbəlaɪz] *vt* demobilisieren

democ•racy [dɪ'mɒkrəsɪ] *s* Demokratie *f;* **demo•crat** ['deməkræt] *s* Demokrat(in) *m(f);* **demo•cratic** [ˌdemə'krætɪk] *adj* demokratisch; **de•moc•ra•ti•za•tion** [-eɪʃn] *s* Demokratisierung *f;* **de•moc•ra•tize** [dɪ'mɒkrətaɪz] *vt* demokratisieren

de•mo•graphic sur•vey [ˌdeməgræfɪk-'sɜ:veɪ] *s* demographische Erhebung

de•mol•ish [dɪ'mɒlɪʃ] *vt* **1.** (*Gebäude*) abbrechen, niederreißen **2.** (*fig*) zunichte machen; **demo•li•tion** [ˌdemə'lɪʃn] *s* Abbruch *m*

de•mon ['di:mən] *s* **1.** Dämon *m* **2.** (*fam*) Besessene(r) *f m;* ~ **for work** Arbeitstier *nt;* **de•mon•iac** [dɪ'məʊnɪæk] *adj,* **de•monic** [di:'mɒnɪk] *adj* dämonisch

de•mon•strable ['demənstrəbl] *adj* nachweisbar, offensichtlich

dem•on•strate ['demənstreɪt] **I.** *vt* **1.** be-, nachweisen; zeigen **2.** vorführen, demonstrieren **II.** *vi* (POL) demonstrieren

dem•on•stra•tion [ˌdemən'streɪʃn] *s* **1.** Beweis(führung *f*) *m;* Vorführung *f* **2.** (POL) Kundgebung, Demonstration *f;* **give a** ~ etw demonstrieren; **hold a** ~ eine Demonstration veranstalten; **demonstration model** *s* Vorführmodell *nt*

de•mon•stra•tive [dɪ'mɒnstrətɪv] *adj* **1.** demonstrativ **2.** (*Mensch*) offen; **de•mon•stra•tor** ['demənstreɪtə(r)] *s* **1.** (COM) Vorführer(in) *m(f)* **2.** (POL) Demonstrant(in) *m(f)*

de•moral•ize [dɪ'mɒrəlaɪz] *vt* demoralisieren, entmutigen

de•mote [ˌdi:'məʊt] *vt* degradieren (*to* zu)

de•mure [dɪ'mjʊə(r)] *adj* **1.** ernst, gesetzt **2.** spröde

den [den] *s* **1.** Höhle *f* **2.** (Räuber)Höhle *f* **3.** (*fam*) Bude *f*

de•nation•al•ize [ˌdi:'næʃənəlaɪz] *vt* (*Industrie*) entnationalisieren, reprivatisieren

de•nial [dɪ'naɪəl] *s* **1.** Leugnen *nt;* Dementi *nt* **2.** Ablehnung *f,* abschlägige Antwort **3.** Verleugnung *f;* **give an official** ~ offiziell dementieren (*to s.th.* etw)

deni•grate ['denɪgreɪt] *vt* verunglimpfen

denim ['denɪm] *s* **1.** Zwil(li)ch, Köper *m* **2.** ~**s** Jeans *pl;* **denim jacket** *s* Jeansjacke *f*

deni•zen ['denɪzn] *s* (*a.* ZOO BOT) Bewohner *m*

Den•mark ['denmɑ:k] *s* Dänemark *nt*

de•nomi•na•tion [dɪˌnɒmɪ'neɪʃn] *s* **1.** (REL) Konfession *f* **2.** Benennung, Bezeichnung *f* **3.** (COM) Nennbetrag *m* **4.** Klasse, Gruppe *f;* **de•nomi•na•tional** [dɪˌnɒmɪ'neɪʃənl] *adj* konfessionell

de•nomi•na•tor [dɪ'nɒmɪneɪtə(r)] *s* (MATH) Nenner *m;* (**lowest**) **common** ~ gemeinsamer Nenner

de•nota•tion [ˌdi:nəʊ'teɪʃn] *s* Begriffsum-

D

fang *m,* Denotation *f;* **de•note** [dɪ'nəʊt] *vt* **1.** be-, kennzeichnen; benennen **2.** bedeuten

de•nounce [dɪ'naʊns] *vt* **1.** heftig kritisieren, anprangern **2.** (JUR) anzeigen, denunzieren **3.** (*Abkommen*) kündigen

dense [dens] *adj* **1.** dicht, eng **2.** (*fig*) schwer von Begriff, beschränkt; **dense•ly** [-lɪ] *adv* dicht; ~ **populated** dicht bevölkert, dicht besiedelt; **den•sity** ['densətɪ] *s* Dichte *f;* ~ **of population** Bevölkerungs-, Besiedlungsdichte *f;* ~ **of traffic** Verkehrsdichte *f;* **single/double** ~ **disk** (INFORM) Diskette *f* mit einfacher/doppelter Schreibdichte

dent [dent] **I.** *s* Beule, Delle *f;* **a** ~ **in one's pride** (*fig*) verletzter Stolz **II.** *vt* eindrücken, -beulen

den•tal ['dentl] **I.** *adj* **1.** Zahn- **2.** (GRAM) dental; ~ **floss** Zahnseide *f;* ~ **plate** Zahnprothese *f* **II.** *s* Zahnlaut *m;* **den•tist** ['dentɪst] *s* Zahnarzt *m,* -ärztin *f;* **at the** ~**('s)** beim Zahnarzt; **den•tistry** ['dentɪstrɪ] *s* Zahnmedizin *f;* **den•ti•tion** [den'tɪʃn] *s* **1.** Gebissform *f* **2.** Zahnen *nt;* **den•tures** ['dentʃəz] *s pl* Gebiss *nt*

de•nu•clear•ize [dɪ'nju:klɪəˌraɪz] *vt* atomwaffenfrei machen

de•nude [dɪ'nju:d] *vt* **1.** entblößen, bloßlegen (*of* von), freilegen **2.** (*fig*) berauben (*of* +*gen*)

de•nunci•ation [dɪˌnʌnsɪ'eɪʃn] *s* **1.** (JUR) Anzeige, Denunziation *f* **2.** Kündigung *f* (*eines Vertrages*) **3.** Verurteilung *f*

deny [dɪ'naɪ] *vt* **1.** (ver)leugnen, bestreiten **2.** ablehnen, -schlagen, verweigern (*to* zu); ~ **o.s.** sich selbst verleugnen; ~ **all responsibility** jede Verantwortung ablehnen; ~ **a request** eine Bitte abschlagen

de•odor•ant [di:'əʊdərənt] **I.** *adj* desodorierend; ~ **spray** Deospray *nt* **II.** *s* Deodorant *nt;* **roll-on** ~ Deoroller *m;* **de•odor•ize** [di:'əʊdəraɪz] *vt* desodorieren

de•part [dɪ'pɑ:t] *vi* **1.** abreisen, -fahren; wegfahren **2.** (*fig*) abgehen, abweichen (*from* von); ~ **from the truth** von der Wahrheit abweichen; **be ready to** ~ startbereit sein; **de•parted** [-ɪd] **I.** *adj* verstorben **II.** *s:* **the** ~ der, die Verstorbene

de•part•ment [dɪ'pɑ:tmənt] *s* **1.** Abteilung *f;* Ressort *nt* **2.** Fach, Gebiet *nt;* **men's clothing** ~ Abteilung *f* für Herrenkleidung; **de•part•mental** [ˌdi:pɑ:t'mentl] *adj* Abteilungs-; **department store** *s* Waren-, Kaufhaus *nt*

de•par•ture [dɪ'pɑ:tʃə(r)] *s* **1.** Aufbruch *m,* Weg-, Abgang *m* **2.** Abreise, -fahrt *f,* -flug *m* **3.** Abweichen *nt* (*from* von) **4.** (*fig*) Richtung *f;* Ansatz *m* **5.** ~**s** Abfahrt *f,* Abflug *m;* **departure gate** *s* (AVIAT) Flugsteig *m;* **departure lounge** *s* (AVIAT) Abflughalle *f;* **departure time** *s* Abfahrts-, Abflugzeit *f*

de•pend [dɪ'pend] *vi* **1.** abhängen, abhängig sein (*on* von) **2.** sich verlassen (*on, upon* auf); ~ **upon it!** verlassen Sie sich darauf!; **that** [*o* **it all**] ~**s** das kommt drauf an, je nachdem; **de•pend•abil•ity** [dɪˌpendə'bɪlətɪ] *s* Zuverlässigkeit *f;* **de•pend•able** [dɪ'pendəbl] *adj* zuverlässig

de•pend•ant, **de•pend•ent** [dɪ'pendənt] *s* Abhängige(r) *f mpl,* Familienangehörige *pl;* **de•pend•ence** [dɪ'pendəns] *s* **1.** Abhängigkeit *f* (*on, upon* von) **2.** Vertrauen *nt* (*on* auf); **de•pend•ency** [dɪ'pendənsɪ] *s* **1.** Abhängigkeit *f* **2.** Kolonie *f,* Schutzgebiet *nt;* **de•pend•ent** [dɪ'pendənt] **I.** *adj* abhängig (*on* von); **be** ~ **on** abhängen von; abhängig sein von **II.** *s* Abhängige(r) *f mpl,* Familienangehörige *pl*

de•pict [dɪ'pɪkt] *vt* **1.** abbilden **2.** schildern, beschreiben; **de•pic•tion** [dɪ'pɪkʃn] *s* Schilderung, Beschreibung *f*

de•pila•tory [dɪ'pɪlətrɪ] *s* Enthaarungsmittel *nt;* **depilatory cream** *s* Enthaarungscreme *f*

de•plete [dɪ'pli:t] *vt* (aus-, ent)leeren; erschöpfen, vermindern; **de•ple•ted** [-d] *adj* **1.** entleert; erschöpft **2.** (*Uran*) abgereichert; **de•ple•tion** [dɪ'pli:ʃn] *s* Erschöpfung; Verminderung *f;* ~ **of natural resources** intensive Nutzung der natürlichen Ressourcen

de•plor•able [dɪ'plɔ:rəbl] *adj* bedauerns-, beklagens-, bejammernswert; **de•plore** [dɪ'plɔ:(r)] *vt* bedauern, beklagen

de•ploy [dɪ'plɔɪ] **I.** *vt* (MIL) einsetzen, aufmarschieren lassen, stationieren **II.** *vi* sich aufstellen; **de•ploy•ment** [-mənt] *s* (MIL) Einsatz *m;* Stationierung *f*

de•popu•late [ˌdi:'pɒpjʊleɪt] *vt* entvölkern

de•port [dɪ'pɔ:t] **I.** *vt* ausweisen, abschieben, deportieren **II.** *vr* sich benehmen; **de•port•ation** [ˌdi:pɔ:'teɪʃn] *s* Deportation, Abschiebung *f;* **de•portee** [ˌdi:pɔ:'ti:] *s* Ausgewiesene(r), Deportierte(r) *f m;* **de•port•ment** [dɪ'pɔ:tmənt] *s* **1.** Betragen, Benehmen *nt* **2.** Haltung *f*

de•pose [dɪ'pəʊz] **I.** *vt* aus dem Amt entfernen, absetzen (*from* von) **II.** *vi* (JUR) unter Eid aussagen

de•posit [dɪ'pɒzɪt] **I.** *vt* **1.** hinlegen; hinstellen **2.** (*Geld*) deponieren (*with* bei) **3.** (COM) einzahlen, hinterlegen (*at the bank* bei der Bank) **4.** (GEOL) ablagern (*on* auf) **II.** *s* **1.** Einlage *f,* Guthaben *nt* **2.** (COM) Anzahlung *f;* Sicherheit, Kaution *f* **3.** (GEOL) Ablagerung *f;* **have money on** ~ ein Guthaben haben; **put down a** ~ eine Anzahlung leisten; **leave** [*o* **pay**] **a** ~ eine Anzahlung machen; **deposit account** *s* Spar-, Depositenkonto *nt;* **de•posi•tion** [ˌdepəˈzɪʃn] *s* 1. Entthronung *f;* Absetzung *f* 2. (JUR) Aussage *f* unter Eid 3. (GEOL) Ablagerung *f* 4. (REL: *Kunst*): ~ **from the cross** Kreuzabnahme *f;* **de•posi•tor** [dɪˈpɒzɪtə(r)] *s* Einleger(in) *m(f),* Einzahler(in) *m(f)*

depot [ˈdepəʊ] *s* (Waren)Lager, Depot, Magazin *nt*

de•prave [dɪˈpreɪv] *vt* verderben; **depraved** [-d] *adj* verworfen; verderbt; **deprav•ity** [dɪˈprævətɪ] *s* Verderbtheit, Sittenlosigkeit *f*

dep•re•cate [ˈdeprəkeɪt] *vt* missbilligen, ablehnen; **dep•re•cat•ing** [-ɪŋ] *adj* 1. missbilligend 2. abwehrend; **dep•reca•tion** [ˌdeprəˈkeɪʃn] *s* Missbilligung *f;* **dep•re•ca•tory** [ˌdeprəˈkeɪtərɪ] *adj* 1. missbilligend 2. abwehrend

de•pre•ci•ate [dɪˈpriːʃɪeɪt] I. *vt* 1. im Wert mindern, ent-, abwerten 2. herabsetzen II. *vi* an Wert verlieren; **de•pre•ci•ation** [dɪˌpriːʃɪˈeɪʃn] *s* 1. Entwertung, Wertminderung *f,* -verlust *m* 2. Herabsetzung *f;* ~ **of money** Geldentwertung *f*

dep•re•da•tion [ˌdeprəˈdeɪʃn] *s oft pl* Verheerung, Verwüstung *f*

de•press [dɪˈpres] *vt* 1. nieder-, herunterdrücken 2. deprimieren, entmutigen 3. (*im Preis*) herabsetzen; **de•pres•sant** [dɪˈpresnt] I. *s* Beruhigungsmittel *nt* II. *adj* beruhigend; **de•pressed** [dɪˈprest] *adj* 1. (*fig*) deprimiert, niedergeschlagen 2. (COM) flau; notleidend; ~ **area** Notstandsgebiet *nt;* **de•press•ing** [-ɪŋ] *adj* bedrückend, deprimierend; **de•press•ion** [dɪˈpreʃn] *s* 1. (*a.* MED) Depression *f* 2. Vertiefung, Senke, Mulde *f* 3. (COM) Flaute, Krise *f* 4. (METE) Tief(druckgebiet) *nt;* **depress•ive** [dɪˈpresɪv] *adj* depressiv

depri•va•tion [ˌdeprɪˈveɪʃn] *s* 1. Beraubung *f;* Verlust *m;* Entzug *m* 2. Entbehrung *f,* Mangel *m;* **de•prive** [dɪˈpraɪv] *vt:* ~ **s.o. of s.th.** jdm etw entziehen; jdn um etw bringen; ~ **o.s. of s.th.** sich etw nicht gönnen; **de•prived** [dɪˈpraɪv] *adj* benachteiligt; **from** ~ **backgrounds** aus einem sozial benachteiligten Umfeld

depth [depθ] *s* 1. Tiefe *f* 2. (*fig*) Kraft, Tiefe *f;* ~**s** (*fig*) Tiefen *fpl;* **at a** ~ **of** in einer Tiefe von; **get out of one's** ~ (*fig*) den Boden unter den Füßen verlieren; **with great** ~ **of feeling** sehr gefühlvoll; ~ **of field** (PHOT) Tiefenschärfe, Schärfentiefe *f;* **in** ~ eingehend, intensiv; **in the** ~**s of winter** mitten im Winter; **depth charge** *s* Wasserbombe *f*

depu•ta•tion [ˌdepjʊˈteɪʃn] *s* Abordnung *f;* **de•pute** [dɪˈpjuːt] *vt* 1. abordnen, delegieren 2. (*Befugnisse*) übertragen (*to s.o.* jdm); **depu•tize** [ˈdepjʊtaɪz] I. *vt* ernennen II. *vi* vertreten (*for s.o.* jdn); **dep•uty** [ˈdepjʊtɪ] *s* 1. Stellvertreter(in) *m(f)* 2. (POL) Delegierte(r) *f m*

de•rail [dɪˈreɪl] I. *vt* entgleisen lassen II. *vi* entgleisen; **de•rail•ment** [dɪˈreɪlmənt] *s* Entgleisung *f*

de•range [dɪˈreɪndʒ] *vt* 1. verrückt machen 2. (*Plan*) durcheinander bringen; **deranged** [dɪˈreɪndʒd] *adj* gestört, verwirrt; **be mentally** ~ geistesgestört sein; **derange•ment** [-mənt] *s* 1. Geistesgestörtheit *f* 2. Unordnung *f*

Derby [ˈdɑːbɪ, *Am* ˈdɜːrbɪ] *s* 1. Derbyrennen *nt* in Epsom 2. Pferderennen *nt;* **local** ~ Lokalderby *nt*

de•regu•la•tion [ˌdɪregjʊˈleɪʃn] *s* 1. Deregulierung *f* 2. Wettbewerbsfreiheit *f*

der•el•ict [ˈderəlɪkt] I. *adj* 1. baufällig, verfallen 2. verlassen II. *s* (*a. fig*) Wrack *nt;* **der•el•ic•tion** [ˌderəˈlɪkʃn] *s* Verfall *m;* ~ **of duty** Pflichtversäumnis *nt*

de•ride [dɪˈraɪd] *vt* sich lustig machen über, verhöhnen; **de•rision** [dɪˈrɪʒn] *s* Spott, Hohn *m;* **object of** ~ Zielscheibe *f* des Spottes; **de•ris•ive** [dɪˈraɪsɪv] *adj* spöttisch; **de•ris•ory** [dɪˈraɪsərɪ] *adj* (*Angebot*) lächerlich

deri•va•tion [ˌderɪˈveɪʃn] *s* 1. (*Wort, Sprache*) Ableitung *f* 2. Herkunft *f,* Ursprung *m;* **de•riva•tive** [dɪˈrɪvətɪv] I. *adj* abgeleitet; nachgeahmt II. *s* Ableitung *f;* Derivat *nt;* **de•rive** [dɪˈraɪv] I. *vt* 1. ab-, herleiten (*from* von) 2. (*Gefallen*) gewinnen, erhalten (*from* von); ~ **benefit/profit from** Nutzen/Vorteile ziehen aus II. *vi:* ~ **from** sich ableiten von; herkommen von

der•ma•ti•tis [ˌdɜːməˈtaɪtɪs] *s* Hautentzündung *f;* **der•ma•tol•ogist** [ˌdɜːməˈtɒlədʒɪst] *s* Dermatologe *m,* Dermatologin *f,* Hautarzt *m,* -ärztin *f;* **der•ma•tol•ogy** [ˌdɜːməˈtɒlədʒɪ] *s* Dermatologie *f*

dero•gate [ˈderəgeɪt] *vi* beeinträchtigen (*from s.th.* etw), schaden (*from s.o.* jdm); **dero•ga•tion** [ˌderəˈgeɪʃn] *s* Beeinträchtigung *f,* Abbruch *m;* **de•roga•tory** [dɪˈrɒgətrɪ] *adj* nachteilig, abträglich (*to* für), abfällig

der•rick [ˈderɪk] *s* 1. (Lade)Kran *m* 2. Bohrturm *m*

de•sal•in•ate [ˌdɪˈsælɪneɪt] *vt* entsalzen; **de•sal•in•ation** [ˌdɪsælɪˈneɪʃn] *s* Entsalzung *f;* **desalination plant** *s* (Meerwasser)Entsalzungsanlage *f*

de•scale [ˌdiːˈskeɪl] *vt* entkalken

des•cant [ˈdeskænt] I. *s* (MUS) Diskant *m* II. [dɪˈskænt] *vi* sich (lobend) auslassen (*on, upon* über)

de•scend [dɪˈsend] I. *vi* 1. herab-, hinabsteigen, herabkommen; hinunterfahren; he-

D

runtergehen **2.** abstammen (*from* von) **3.** (*Eigentum*) übergehen (*from* von, *to* auf), vererbt werden **4.** herfallen (*on, upon* über), überfallen (*on s.o.* jdn), hereinbrechen (*on* über) **5.** sich erniedrigen, herablassen (*to* zu); ~ **to details** in die Einzelheiten gehen **II.** *vt* (*Treppe*) hinuntergehen, -steigen; **de•scend•ant** [-ənt] *s* Nachkomme, Abkömmling *m;* **de•scent** [dɪ'sent] *s* **1.** Abstieg *m;* Hinuntergehen, Absteigen *nt;* Abfall *m* **2.** Abstammung, Herkunft *f* **3.** Vererbung, Übertragung *f* (*to* auf) **4.** Überfall *m* (*on, upon* auf) **5.** (*fig*) Niedergang, Verfall *m*

de•scribe [dɪ'skraɪb] *vt* **1.** beschreiben; schildern, darstellen **2.** bezeichnen (*as* als) **3.** (*Kreis*) beschreiben; **de•scrip•tion** [dɪ'skrɪpʃn] *s* **1.** Beschreibung *f;* Schilderung *f* **2.** Bezeichnung *f* **3.** (*fam*) Art, Sorte *f;* **beyond** ~ unbeschreiblich; **of every** ~ jeder Art; **answer to a** ~ einer Beschreibung entsprechen; **de•scrip•tive** [dɪ'skrɪptɪv] *adj* **1.** beschreibend **2.** anschaulich; ~ **writing** Beschreibung *f*

des•ecrate ['desɪkreɪt] *vt* (REL) entweihen; **des•ecra•tion** [ˌdesɪ'kreɪʃn] *s* Entweihung *f*

de•seg•re•gate [ˌdiː'segrɪgeɪt] *vt* die Rassentrennung aufheben in; **de•seg•re•ga•tion** [ˌdiː'segrɪgeɪʃn] *s* Aufhebung *f* der Rassentrennung, Desegregation *f*

de•sen•si•tize [ˌdiː'sensɪtaɪz] *vt* **1.** (PHOT) lichtunempfindlich machen **2.** (MED) desensibilisieren

de•sert¹ [dɪ'zɜːt] **I.** *vt* verlassen, im Stich lassen; ~**ed street** verlassene Straße **II.** *vi* desertieren

des•ert² ['dezət] **I.** *s* Wüste *f* **II.** *adj* **1.** unfruchtbar; Wüsten- **2.** unbewohnt

de•serter [dɪ'zɜːtə(r)] *s* Deserteur *m;* **de•ser•ti•fi•ca•tion** [dɪ'zɜːtɪfɪkeɪʃn] *s* (GEOG) Desertifikation, Wüstenbildung *f*

de•ser•tion [dɪ'zɜːʃn] *s* **1.** (böswilliges) Verlassen *nt* **2.** Desertion, Fahnenflucht *f*

de•serts [dɪ'zɜːts] *s pl* Verdienste *ntpl,* verdiente Belohnung; **according to one's** ~ nach seinen Verdiensten; **get one's (just)** ~ das bekommen, was man verdient hat

de•serve [dɪ'zɜːv] *vt* verdienen; **he** ~**s to be punished** er verdient es bestraft zu werden; **de•serv•ed•ly** [dɪ'zɜːvɪdlɪ] *adv* verdientermaßen, gebührend; **de•serv•ing** [dɪ'zɜːvɪŋ] *adj* verdienstvoll

de•sign [dɪ'zaɪn] **I.** *s* **1.** Zeichnung, Skizze *f* **2.** Entwurf, Plan *m* **3.** Konstruktion *f* **4.** Design *nt;* Muster *nt* **5.** (*fig*) Absicht *f,* Vorhaben *nt;* **by** ~ mit Absicht, absichtlich; **at the** ~ **stage** im Stadium der Konstruktion; **have** ~**s on** [*o* **against**] etw im Schilde führen gegen **II.** *vt* skizzieren; entwerfen; konstruieren; ~ **for s.th.** für etw vorsehen **III.** *vi* planen

des•ig•nate¹ ['dezɪgneɪt] *vt* **1.** be-, kennzeichnen **2.** bestimmen, ernennen (*s.o. as s.th.* jdn zu etw)

des•ig•nate² ['dezɪgnɪt] *adj* (*nach Substantiven*) designiert; **des•ig•na•tion** [ˌdezɪg'neɪʃn] *s* **1.** Bezeichnung *f;* Name *m;* Kennzeichnung *f* **2.** Bestimmung, Ernennung *f*

de•sign•ed•ly [dɪ'zaɪnɪdlɪ] *adv* absichtlich; vorsätzlich

de•signer [dɪ'zaɪnə(r)] *s* **1.** Designer(in) *m(f)* **2.** Konstrukteur(in) *m(f)* **3.** (THEAT) Dekorateur(in) *m(f);* ~ **drug** Designerdroge *f;* **de•sign•ing** [dɪ'zaɪnɪŋ] **I.** *adj* intrigant; verschlagen **II.** *s* Entwerfen *nt;* Planen, Konstruieren *nt*

de•sir•able [dɪ'zaɪərəbl] *adj* **1.** wünschens-, begehrens-, erstrebenswert **2.** (*Haus*) reizvoll, attraktiv; **de•sire** [dɪ'zaɪə(r)] **I.** *vt* **1.** wünschen **2.** begehren, verlangen nach; **it leaves much to be** ~**d** das lässt viel zu wünschen übrig **II.** *s* **1.** Wunsch *m;* Sehnsucht *f* **2.** Verlangen, Begehren *nt* (*for* nach); **de•sir•ous** [dɪ'zaɪərəs] *adj:* **be** ~ **of** den Wunsch haben zu

de•sist [dɪ'zɪst] *vi* Abstand nehmen (*from* von)

desk [desk] *s* **1.** Schreibtisch *m* **2.** (*Geschäft*) Kasse *f* **3.** (*Presse*) Ressort *nt* **4.** (*Hotel*) Empfang *m;* **ask at the information** ~ sich bei der Auskunft erkundigen; **desk lamp** *s* Schreibtischlampe *f;* **desktop pub•lish•ing** ['desktɒp 'pʌblɪʃɪŋ] *s* (INFORM) Desktoppublishing *nt;* **desk work** *s* Büroarbeit *f*

deso•late ['desəleɪt] **I.** *vt* untröstlich machen, sehr betrüben **II.** ['desələt] *adj* **1.** verwüstet, verlassen, trostlos **2.** (*Mensch*) tieftraurig, zu Tode betrübt; **deso•la•tion** [ˌdesə'leɪʃn] *s* **1.** Verwüstung *f* **2.** Öde, Trostlosigkeit *f* **3.** Verlassenheit, Einsamkeit *f*

des•pair [dɪ'speə(r)] **I.** *vi* verzweifeln (*of* an); ~ **of s.th.** alle Hoffnung auf etw aufgeben **II.** *s* Verzweiflung, Hoffnungslosigkeit *f* (*at* über); **in** ~ verzweifelt; **give up in** ~ verzweifeln, aufgeben; **be the** ~ **of s.o.** jdn zur Verzweiflung bringen; **des•pair•ing** [-ɪŋ] *adj* verzweifelt

des•per•ado [ˌdespə'rɑːdəʊ] *<pl* -ado(e)s*>* *s* Bandit, Desperado *m*

des•per•ate ['despərət] *adj* **1.** verzweifelt **2.** zum Äußersten entschlossen **3.** (*Lage*) hoffnungslos, ausweglos **4.** (*fig*) extrem; **get** ~ verzweifeln; **des•per•ation** [ˌdespə'reɪʃn] *s* Verzweiflung *f;* **in** ~ aus Verzweiflung; **drive to** ~ zur Verzweiflung bringen

des•pic•able [dɪˈspɪkəbl] *adj* verabscheuungswürdig, widerwärtig
des•pise [dɪˈspaɪz] *vt* verachten, verschmähen
des•pite [dɪˈspaɪt] *prep* trotz
de•spoil [dɪˈspɔɪl] *vt* berauben (*of s.th.* einer S), plündern
de•spon•dent [dɪˈspɒndənt] *adj* mut-, hoffnungslos, niedergeschlagen
des•pot [ˈdespɒt] *s* Despot *m;* **des•potic** [dɪˈspɒtɪk] *adj* despotisch, tyrannisch; **des•pot•ism** [ˈdespətɪzəm] *s* Despotismus *m,* Tyrannei *f*
des•sert [dɪˈzɜːt] *s* Nachtisch *m,* Dessert *nt;* **des•sert•spoon** [dɪˈzɜːtˌspuːn] *s* Dessertlöffel *m*
de•sta•bil•iz•ation [ˌdiːˈsteɪbəlaɪzˈeɪʃn] *s* Destabilisierung *f;* **de•sta•bil•ize** [ˌdiːˈsteɪbəlaɪz] *vt* destabilisieren
des•ti•na•tion [ˌdestɪˈneɪʃn] *s* Bestimmung(sort *m*) *f;* Reiseziel *nt;* **port of ~** Bestimmungshafen *m*
des•tine [ˈdestɪn] *vt* aussersehen (*for* für, zu), bestimmen; **be ~d to do s.th.** dazu bestimmt sein etw zu tun; **it was ~d to happen** es sollte so kommen
des•tiny [ˈdestɪnɪ] *s* Schicksal, Geschick, Los *nt;* **it was his ~** es war sein Schicksal
des•ti•tute [ˈdestɪtjuːt] *adj* 1. notleidend; mittellos 2. bar (*of +gen*); **des•ti•tu•tion** [ˌdestɪˈtjuːʃn] *s* Not *f;* Mittellosigkeit *f*
de•stroy [dɪˈstrɔɪ] *vt* 1. zerstören, vernichten; ruinieren; kaputtmachen 2. (*Tier*) einschläfern; **de•stroyer** [dɪˈstrɔɪə(r)] *s* (*a.* MAR) Zerstörer *m*
de•struc•tible [dɪˈstrʌktəbl] *adj* zerstörbar; **de•struc•tion** [dɪˈstrʌkʃn] *s* 1. Zerstörung, Vernichtung *f* 2. (*fig*) Verwüstung *f;* **de•struc•tive** [dɪˈstrʌktɪv] *adj* zerstörerisch; destruktiv; **de•struc•tive•ness** [-nɪs] *s* zerstörende Wirkung, Destruktivität *f*
de•sul•phur•iz•ation [diːˌsʌlfəraɪˈzeɪʃn] *s* (CHEM) Entschwefelung *f*
des•ul•tory [ˈdesəltrɪ] *adj* flüchtig; halbherzig; vereinzelt
de•tach [dɪˈtætʃ] *vt* 1. losmachen; abtrennen; herausnehmen (*from* aus) 2. (MIL) (ab)kommandieren; **~ o.s. from a group** sich von einer Gruppe lösen; **de•tach•able** [-əbl] *adj* ablösbar, abtrennbar, abnehmbar (*from* von); **de•tached** [dɪˈtætʃt] *adj* 1. distanziert, unvoreingenommen, kühl 2. (*Haus*) freistehend; **de•tach•ment** [dɪˈtætʃmənt] *s* 1. Ablösung, Abtrennung *f;* Herausnehmen *nt* 2. (*fig*) Distanz *f,* Abstand *m* 3. (MIL) Abordnung *f*
de•tail [ˈdiːteɪl] I. *s* 1. Detail *nt;* Einzelheit *f;* Ausschnitt *m* 2. unwichtige Einzelheit 3. (MIL) Sondertrupp *m;* **in ~** im Einzelnen, im Detail; **in every ~** Punkt für Punkt; **go into ~s** auf Einzelheiten eingehen II. *vt* 1. genau erzählen, berichten 2. (MIL) abkommandieren (*for* zu); **de•tailed** [ˈdiːteɪld] *adj* ausführlich, detailliert
de•tain [dɪˈteɪn] *vt* 1. (*Person*) zurückhalten, aufhalten 2. (JUR) inhaftieren; festnehmen; **de•tainee** [ˌdiːteɪˈniː] *s* Häftling *m*
de•tect [dɪˈtekt] *vt* 1. entdecken; feststellen 2. ausfindig machen; wahrnehmen; **de•tect•able** [-əbl] *adj* feststellbar; **de•tec•tion** [dɪˈtekʃn] *s* 1. Auf-, Entdeckung *f;* Feststellung *f* 2. Ermittlung *f;* **escape ~** nicht gefasst werden; **de•tec•tive** [dɪˈtektɪv] *s* Kriminalbeamte(r) *m,* -beamtin *f;* Detektiv(in) *m(f);* **detective inspector** *s* Kriminalkommisar *m;* **detective novel** *s* Kriminalroman *m;* **detective story** *s* Kriminalroman *m;* **detective superintendent** *s* Kriminalrat *m,* -rätin *f;* **de•tector** [dɪˈtektə(r)] *s* (RADIO) Detektor *m*
de•ten•tion [dɪˈtenʃn] *s* 1. (JUR) Haft *f,* Gewahrsam *m* 2. (SCHULE) Nachsitzen *nt* 3. (*fig*) Verzögerung *f;* **detention centre** *s* (*Br*) Jugendstrafanstalt *f*
de•ter [dɪˈtɜː(r)] *vt* 1. abhalten, hindern (*from* an) 2. abschrecken
de•ter•gent [dɪˈtɜːdʒənt] *s* Reinigungsmittel *nt;* Waschmittel *nt;* Waschpulver *nt*
de•terio•rate [dɪˈtɪərɪəreɪt] *vi* 1. sich verschlechtern, sich verschlimmern 2. verfallen; **de•terio•ra•tion** [dɪˌtɪərɪəˈreɪʃn] *s* 1. Verschlechterung, Verschlimmerung *f* 2. Verfall *m*
de•ter•min•able [dɪˈtɜːmɪnəbl] *adj* bestimmbar; **de•ter•mi•nant** [dɪˈtɜːmɪnənt] I. *adj* determinierend II. *s* entscheidender Faktor, Determinante *f;* **de•ter•mi•nate** [dɪˈtɜːmɪnət] *adj* bestimmt, begrenzt, festgelegt; **de•ter•mi•na•tion** [dɪˌtɜːmɪˈneɪʃn] *s* 1. Entschlossenheit *f;* Entschlusskraft *f* 2. Bestimmung *f* (*of* von), Festlegung *f;* **de•ter•mine** [dɪˈtɜːmɪn] I. *vt* 1. bestimmen, entscheiden 2. (*Preis*) festlegen, -setzen 3. ermitteln 4. (*Person*) veranlassen 5. beschließen 6. (*Vertrag*) (auf)lösen II. *vi:* **~ on** sich entschließen zu; **de•ter•mined** [dɪˈtɜːmɪnd] *adj* entschlossen (*to do* zu tun)
de•ter•rence [dɪˈterəns] *s* (MIL) Abschreckung *f;* **de•ter•rent** [dɪˈterənt] I. *adj* abschreckend II. *s* Abschreckungsmittel *nt*
de•test [dɪˈtest] *vt* verabscheuen, hassen; **de•test•able** [-əbl] *adj* abscheulich, scheußlich; **de•tes•ta•tion** [ˌdiːteˈsteɪʃn] *s* Abscheu *m*
de•throne [ˌdiːˈθrəʊn] *vt* entthronen
det•on•ate [ˈdetəneɪt] I. *vi* zünden, detonieren II. *vt* explodieren lassen; **deton•ation** [ˌdetəˈneɪʃn] *s* Zündung, Detonation *f;* **det•on•ator** [ˈdetəneɪtə(r)] *s* Zündkap-

D

sel *f*
de·tour ['di:tʊə(r)] **I.** *s* Abstecher, Umweg *m;* Umleitung *f* **II.** *vt* umleiten
de·tox·ify [dɪ'tɒksɪfaɪ] *vt* entgiften
de·tract [dɪ'trækt] *vi:* ~ **from s.th.** etw beeinträchtigen, einer S Abbruch tun; **detract·or** [dɪ'træktə(r)] *s* Kritiker(in) *m(f),* Gegner(in) *m(f)*
det·ri·ment ['detrɪmənt] *s* Nachteil, Schaden *m* (*to* für); **to s.o.'s** ~ zu jds Nachteil, Schaden; **without** ~ **to** ohne Schaden für; **det·ri·men·tal** [ˌdetrɪ'mentl] *adj* nachteilig, ungünstig, schädlich (*to* für)
de·tri·tus [dɪ'traɪtəs] *s* Geröll *nt;* Schutt *m*
deuce [dju:s] *s* **1.** (*Spielkarten, Würfel*) Zwei *f* **2.** (*Tennis*) Einstand *m*
de·val·u·ate [ˌdi:'væljʊeɪt] *vt* abwerten; **de·valu·ation** [ˌdi:væljʊ'eɪʃn] *s* (COM) Abwertung *f;* **de·value** [ˌdi:'vælju:] *vt* abwerten
dev·as·tate ['devəsteɪt] *vt* verwüsten, verheeren; **dev·as·tat·ing** [-ɪŋ] *adj* **1.** (*fig*) verheerend, vernichtend **2.** (*fam*) umwerfend; **dev·as·ta·tion** [ˌdevə'steɪʃn] *s* Verwüstung *f*
de·vel·op [dɪ'veləp] **I.** *vt* **1.** (*a.* PHOT) entwickeln **2.** (*Idee*) entfalten, ausweiten, ausbauen **3.** (*Boden*) erschließen **4.** (*Haus*) erweitern, ausbauen; sanieren **5.** (*fig*) ausarbeiten, auswerten **6.** (*Krankheit*) sich zuziehen **II.** *vi* **1.** sich entwickeln (*from* aus, *into* zu) **2.** (*Talent*) sich entfalten **3.** entstehen **4.** sich herausstellen, sich zeigen, bekannt werden; **de·vel·oper** [dɪ'veləpə(r)] *s* (*a.* PHOT) Entwickler *m;* **de·vel·op·ing** [dɪ'veləpɪŋ] *adj* aufkommend, entstehend; ~ **country** Entwicklungsland *nt;* **de·vel·op·ment** [dɪ'veləpmənt] *s* **1.** Entwicklung *f;* Wachstum *nt* **2.** Ausführung *f;* Entfaltung *f* **3.** Nutzbarmachung, Erschließung *f,* Ausbau *m;* ~ **area** Erschließungs-, Fördergebiet *nt*
de·vi·ate ['di:vɪeɪt] *vi* abweichen, abkommen (*from* von); **de·vi·ation** [ˌdi:vɪ'eɪʃn] *s* **1.** (*fig*) Abweichung *f* **2.** (*vom Kurs*) Abkommen *nt;* **de·vi·ation·ist** [-ɪst] *s* (POL) Abweichler *m*
de·vice [dɪ'vaɪs] *s* **1.** Gerät *nt,* Vorrichtung *f* **2.** Kunstgriff, Trick *m;* **leave s.o. to his own ~s** jdn sich selbst überlassen
devil ['devl] **I.** *s* **1.** Teufel *m* **2.** Teufelskerl *m;* **between the ~ and the deep blue sea** in der Klemme; **like the ~** wie ein Verrückter; **play the ~ with** ruinieren; **go to the ~ !** geh zum Teufel!; **run like the ~** wie ein geölter Blitz sausen; **work like the ~** wie ein Pferd schuften; **what the ~?** was zum Teufel?; **there'll be the ~ to pay** das dicke Ende kommt noch **II.** *vt* scharf gewürzt grillen **III.** *vi* Handlangerdienste tun (*for* für); **devil·ish** ['devəlɪʃ] **I.** *adj* teuflisch, niederträchtig, gemein **II.** *adv* (*fam*) verdammt, mächtig, sehr; **devil-may-care** [ˌdevlmeɪ'keə(r)] *adj* leichtsinnig; **devil·ment** ['devlmənt] *s* grober Unfug; **full of ~** voller Übermut; **dev·ilry** ['devlrɪ] *s* grober Unfug; Teufelei *f*
de·vi·ous ['di:vɪəs] *adj* **1.** indirekt, gewunden **2.** (*fig*) krumm **3.** (*Mensch*) unaufrichtig, verschlagen; **by ~ ways** auf krummen Wegen; **take a ~ route** einen Umweg machen
de·vise [dɪ'vaɪz] *vt* **1.** sich ausdenken **2.** (JUR) vermachen, hinterlassen
de·void [dɪ'vɔɪd] *adj* ohne; ~ **of fear** furchtlos
de·vol·ution [ˌdi:və'lu:ʃn] *s* **1.** Übertragung *f* (*from* … *to* von … auf) **2.** (POL) Dezentralisierung *f;* **de·volve** [dɪ'vɒlv] **I.** *vt* übertragen (*on* auf) **II.** *vi* übergehen (*to,* (*up*)*on* auf)
de·vote [dɪ'vəʊt] *vt* **1.** widmen (*to dat*) **2.** verwenden (*to* für); **de·voted** [dɪ'vəʊtɪd] *adj* **1.** voller Hingabe (*to* an) **2.** ergeben, treu; **be ~ to s.o.** sehr an jdm hängen; **devo·tee** [ˌdevə'ti:] *s* Verehrer(in) *m(f),* Anhänger(in) *m(f),* Liebhaber(in) *m(f);* **de·vo·tion** [dɪ'vəʊʃn] *s* **1.** Hingabe *f* (*to* an), Ergebenheit *f* (*to* gegenüber) **2.** Verwendung *f* **3. ~s** Andacht *f;* ~ **to duty** Pflichteifer *m;* **de·vo·tional** [dɪ'vəʊʃənl] *adj* religiös
de·vour [dɪ'vaʊə(r)] *vt* **1.** ver-, hinunterschlingen **2.** (*fig*) verschlingen; **be ~ed** erfüllt sein, verzehrt sein (*by hate* von Hass); **de·vour·ing** [-ɪŋ] *adj* (*fig*) verzehrend
de·vout [dɪ'vaʊt] *adj* **1.** fromm, religiös **2.** aufrichtig, echt
dew [dju:] *s* Tau *m;* **dew·drop** *s* Tautropfen *m;* **dewy** ['dju:ɪ] *adj* taufeucht; **~-eyed** schmachtend; naiv
dex·ter·ity [ˌdek'sterətɪ] *s* Geschicklichkeit, Gewandtheit *f;* **dex·ter·ous, dex·trous** ['dekstrəs] *adj* geschickt, gewandt
dex·trose ['dekstrəʊz] *s* Traubenzucker *m,* Dextrose *f*
dia·betes [ˌdaɪə'bi:tɪz] *s* (MED) Diabetes *m;* **dia·betic** [ˌdaɪə'betɪk] **I.** *s* Diabetiker(in) *m(f)* **II.** *adj* zuckerkrank
dia·bolic(al) [ˌdaɪə'bɒlɪk(l)] *adj* **1.** teuflisch **2.** (*fam*) widerlich, abscheulich
dia·dem ['daɪədem] *s* Diadem *nt*
di·ag·nose ['daɪəgnəʊz] *vt* (MED) diagnostizieren; **di·ag·no·sis** [ˌdaɪəg'nəʊsɪs, *pl* daɪəg'nəʊsi:z] <*pl* -noses> *s* Diagnose *f;* **di·ag·nos·tic** [ˌdaɪəg'nɒstɪk] *adj* diagnostisch
di·ag·onal [daɪ'ægənl] **I.** *adj* diagonal **II.** *s* (MATH) Diagonale *f*
dia·gram ['daɪəgræm] *s* grafische Darstel-

lung; Schaubild, Diagramm *nt*

dial ['daɪəl] I. *s* 1. Zifferblatt *nt* 2. Skala *f* 3. (TELE) Wählscheibe *f* 4. (RADIO) Einstellskala *f* 5. (*sl*) Fresse *f;* Gesicht *nt* II. *vt* (TELE) wählen; ~ **direct** durchwählen

dia•lect ['daɪəlekt] *s* Dialekt *m,* Mundart *f;* **dia•lectal** [ˌdaɪə'lektl] *adj* mundartlich, dialektal

dia•lec•ti•cal [ˌdaɪə'lektɪkl] *adj* dialektisch

dial•ling ['daɪəlɪŋ]: ~ **code** Vorwahlnummer *f;* ~ **tone** Amtszeichen *nt,* Wählton *m*

dia•log *s* (*Am*), **dia•logue** ['daɪəlɒg] *s* (*a. fig*) Dialog *m*

di•al•ys•is [daɪ'æləsɪs] *s* (MED) Dialyse *f*

di•am•eter [daɪ'æmɪtə(r)] *s* Durchmesser *m;* **be one metre in** ~ einen Durchmesser von einem Meter haben; **dia•metri•cal•ly** [ˌdaɪə'metrɪklɪ] *adv* diametral; ~ **opposed** genau entgegengesetzt

dia•mond ['daɪəmənd] *s* 1. Diamant *m* 2. (MATH) Rhombus *m* 3. (*Spielkarten*) Karo *nt* 4. (*Baseball*) Innenfeld *nt;* **rough** ~ Rohdiamant *m;* (*fig*) *Mensch mit gutem Kern in rauher Schale;* **diamond cutter** *s* Diamantschleifer *m;* **diamond wedding** *s* diamantene Hochzeit

dia•per ['daɪəpə(r)] *s* (*Am*) Windel *f*

di•apha•nous [daɪ'æfənəs] *adj* durchscheinend, durchsichtig

dia•phragm ['daɪəfræm] *s* 1. (ANAT PHYS CHEM) Diaphragma *nt* 2. (ANAT) Zwerchfell *nt* 3. (PHYS) Membran *f* 4. (PHOT) Blende *f* 5. Pessar *nt*

dia•rist ['daɪərɪst] *s* Tagebuchschreiber(in) *m(f)*

di•ar•rhea *s* (*Am*), **di•ar•rhoea** [ˌdaɪə'rɪə] *s* (MED) Durchfall *m*

diary ['daɪərɪ] *s* 1. (*a.* COM) Tagebuch *nt* 2. Terminkalender *m*

dia•tonic [ˌdaɪə'tɒnɪk] *adj* (MUS) diatonisch

dia•tribe ['daɪətraɪb] *s* Schmährede *f*

dice [daɪs] I. *s pl* Würfel *mpl;* **play** ~ Würfel spielen II. *vi* würfeln; ~ **with death** mit dem Tod(e) spielen III. *vt* in Würfel schneiden

dicey ['daɪsɪ] *adj* (*fam*) riskant

di•chot•omy [daɪ'kɒtəmɪ] *s* Trennung *f*

dick [dɪk] *s* 1. (*vulg*) Penis, Schwanz *m* 2. (*Am sl*) Detektiv *m;* **clever** ~ (*fam*) Schlaumeier *m*

dick•ens ['dɪkɪnz] *s:* **what the** ~**!** was zum Teufel!

dicky ['dɪkɪ] *adj* (*fam*) angeknackst

dic•ta•phone® ['dɪktəfəʊn] *s* Diktafon *nt*

dic•tate [dɪk'teɪt] I. *vt* diktieren II. *vi:* ~ **to s.o.** jdm diktieren, Vorschriften machen III. ['dɪkteɪt] *s meist pl* Diktat, Gebot *nt;* **dic•ta•tion** [dɪk'teɪʃn] *s* Diktat *nt;* **take a** ~ ein Diktat aufnehmen

dic•ta•tor [dɪk'teɪtə(r)] *s* Diktator(in) *m(f);* **dic•ta•torial** [ˌdɪktə'tɔːrɪəl] *adj* diktatorisch; **dic•ta•tor•ship** [-ʃɪp] *s* Diktatur *f*

dic•tion ['dɪkʃn] *s* Ausdruck(sweise *f*) *m,* Diktion *f*

dic•tion•ary ['dɪkʃənrɪ] *s* Wörterbuch *nt*

did [dɪd] *s.* **do**

di•dac•tic [dɪ'dæktɪk] *adj* didaktisch

diddle ['dɪdl] *vt* (*fam*) beschwindeln, übers Ohr hauen

didn't [dɪdnt] = **did not**

die[1] [daɪ] *vi* 1. sterben (*of* an); (*im Krieg*) fallen 2. (*Liebe*) vergehen, erlöschen 3. (*Sitte*) aussterben; untergehen; ~ **of hunger** vor Hunger sterben; **be dying** im Sterben liegen; **be dying to do s.th.** darauf brennen, etw zu tun; ~ **hard** nicht totzukriegen sein; ~ **in one's bed** eines natürlichen Todes sterben; **die away** *vi* nachlassen; schwächer werden; **die back** *vi* absterben; **die down** *vi* 1. nachlassen; herunterbrennen 2. (*Lärm*) schwächer werden 3. (*Aufregung*) sich legen; **die off** *vi* wegsterben; **die out** *vi* aussterben

die[2] [daɪ, *pl* daɪs] <*pl* dice> *s* Würfel *m;* **the** ~ **is cast** die Würfel sind gefallen

die[3] [daɪ, *pl* daɪz] <*pl* dies> *s* Gussform *f;* Prägestempel *m*

die•back ['daɪˌbæk] *s* Baum-, Waldsterben *nt*

die•hard ['daɪhɑːd] *s* zäher Kämpfer

die•sel ['diːzl] *s* 1. Dieselmotor *m* 2. Dieselkraftstoff *m;* **diesel engine** *s* Dieselmotor *m;* **diesel oil** *s* Dieselöl *nt*

diet[1] ['daɪət] I. *s* 1. Nahrung *f* 2. Diät *f;* Abmagerungskur *f;* **keep to a strict** ~ strenge Diät halten; **put s.o. on a** ~ jdm eine Diät verordnen; **he is on a** ~ er lebt Diät; er macht eine Abmagerungskur II. *vi* Diät leben; eine Abmagerungskur machen

diet[2] ['daɪət] *s* Abgeordnetenversammlung *f*

die•tary ['daɪətərɪ] *adj* diätetisch; **dietary fibre** *s* Ballaststoffe *pl;* **die•tet•ic** [ˌdaɪə'tetɪk] *adj* diätetisch; **die•tet•ics** [ˌdaɪə'tetɪks] *s pl mit sing* Diätetik *f;* **die•tician** [ˌdaɪə'tɪʃn] *s* Diätist(in) *m(f)*

dif•fer ['dɪfə(r)] *vi* 1. verschieden sein (*in, as to* in) 2. sich unterscheiden, abweichen (*from* von) 3. verschiedener, entgegengesetzter Meinung sein (*on, about, over* über); **agree to** ~ verschiedene Meinungen zugestehen; **I beg to** ~ Verzeihung, da bin ich anderer Ansicht

dif•fer•ence ['dɪfrəns] *s* 1. Unterschied *m* (*between* zwischen); (*a.* MATH) Differenz *f,* Verschiedenheit *f* 2. ~**s** Meinungsverschiedenheiten *fpl;* **with the** ~ **that** mit dem Unterschied, dass; **settle one's** ~**s** die Meinungsverschiedenheiten beilegen; **split the** ~ (*fig*) sich auf halbem Wege einigen; **I**

D

can't see much ~ ich sehe keinen großen Unterschied; **make a** ~ **to s.th.** einen Unterschied bei etw machen; **does it make any** ~ **if …?** macht es was aus, wenn …?; **what's the** ~**?** was macht das schon?; **pay the** ~ den Rest bezahlen; ~ **in age** Altersunterschied *m*

dif·fer·ent ['dɪfrənt] *adj* **1.** andere(r, s); anders (*from, to* als) **2.** verschieden, unterschiedlich; **that's a** ~ **matter** das ist etwas anderes; **in what way are they** ~**?** wie unterscheiden sie sich?

dif·fer·en·tial [ˌdɪfə'renʃl] **I.** *adj* unterschiedlich, verschieden; ~ **calculus** Differenzialrechnung *f* **II.** *s* **1.** Unterschied *m* **2.** (MATH) Differenzial *nt* **3.** (AUTO) Differenzial-, Ausgleichsgetriebe *nt;* **wage/salary** ~ Lohn-/Gehaltsunterschiede *mpl*

dif·fer·en·ti·ate [ˌdɪfə'renʃɪeɪt] **I.** *vt* **1.** unterscheiden, trennen **2.** (*a.* MATH) differenzieren **II.** *vi* sich unterscheiden (*from* von); **dif·fer·en·ti·ation** [ˌdɪfərenʃɪ'eɪʃn] *s* Differenzierung, Unterscheidung *f*

dif·fi·cult ['dɪfɪkəlt] *adj* **1.** schwer, schwierig **2.** (*Mensch*) schwierig; anspruchsvoll **3.** (*Lage*) schwierig, heikel; **it's** ~ **to know whether** es ist schwer zu sagen, ob; **dif·fi·culty** ['dɪfɪkəltɪ] *s* **1.** Schwierigkeit *f* (*in walking* beim Gehen) **2.** schwierige Angelegenheit; **with** ~ mit Mühe; **be in difficulties** Schwierigkeiten haben; **get into difficulties** in Schwierigkeiten geraten; **work under difficulties** unter schwierigen Umständen arbeiten

dif·fi·dent ['dɪfɪdənt] *adj* zaghaft, schüchtern; **be** ~ kein Selbstvertrauen haben (*about doing s.th.* etw zu tun)

dif·fract [dɪ'frækt] *vt* (*Licht*) brechen, beugen

dif·fuse [dɪ'fju:z] **I.** *vt* **1.** ausstrahlen, verbreiten **2.** (*Flüssigkeit*) ausgießen **3.** (*Parfüm*) verbreiten **II.** *vi* **1.** ausstrahlen, sich ausbreiten **2.** (PHYS) diffundieren **3.** (*fig*) sich verbreiten **III.** [dɪ'fju:s] *adj* **1.** diffus **2.** (*fig*) weitschweifig, langatmig, wortreich; **dif·fu·sion** [dɪ'fju:ʒn] *s* (OPT) Diffusion *f;* Streuung *f*

dig [dɪg] <*irr:* **dug, dug**> **I.** *vt* **1.** (aus-, um)graben **2.** (*Graben*) ausheben **3.** stoßen, schubsen **4.** (*sl*) stehen auf; ~ **s.o. in the ribs** jdn in die Rippen stoßen **II.** *vi* **1.** graben (*for* nach) **2.** stöbern, suchen (*for* nach) **3.** (TECH) schürfen **4.** (*fam*) wohnen, hausen **III.** *s* **1.** Puff, Stoß *m* **2.** (*fig*) Seitenhieb *m* (*at* auf) **3.** Ausgrabung *f;* **dig at** *vi* anmeckern; **dig in I.** *vi* **1.** (*beim Essen*) zugreifen **2.** (MIL) sich eingraben **II.** *vt* eingraben; ~ **one's heels in** (*fig*) sich sperren gegen; **dig into** *vt* **1.** wühlen in **2.** (*fam*) herfallen über; **dig out** *vt* ausgraben; **dig up** *vt* **1.** (*Erde*) aufwühlen, umgraben **2.** (*fig*) ausgraben, ausfindig machen

di·gest [dɪ'dʒest, daɪ'dʒest] **I.** *vt* **1.** verdauen **2.** (*fig*) geistig verarbeiten **II.** *vi* verdauen **III.** ['daɪdʒest] *s* Zusammenfassung *f,* Abriss *m;* **di·gest·ible** [dɪ'dʒestəbl] *adj* verdaulich; **di·ges·tion** [dɪ'dʒestʃən] *s* Verdauung *f;* **di·ges·tive** [dɪ'dʒestɪv] *adj* verdauungsfördernd; ~ **trouble** Verdauungsstörungen *fpl*

dig·ger ['dɪgə(r)] *s* **1.** Goldgräber(in) *m(f)* **2.** Bagger *m*

dig·it ['dɪdʒɪt] *s* **1.** Finger *m;* Zehe *f* **2.** (MATH) Ziffer *f;* **digi·tal** ['dɪdʒɪtl] *adj* digital; ~ **age** digitales Zeitalter; ~ **audio tape, DAT** digitales Tonband, DAT *nt;* ~ **computer** Digitalrechner *m;* ~ **recording** Digitalaufnahme *f;* ~ **technology** Digitaltechnik *f;* ~ **TV** Digitalfernsehen *nt;* ~ **watch/clock** Digitaluhr *f;* **digi·tal·ize** ['dɪdʒɪtəlaɪz] *vt* digitalisieren

dig·ni·fied ['dɪgnɪfaɪd] *adj* würdig; würdevoll; **dig·nify** ['dɪgnɪfaɪ] *vt* ehren, herausstreichen

dig·ni·tary ['dɪgnɪtərɪ] *s* Würdenträger(in) *m(f);* **dig·nity** ['dɪgnətɪ] *s* **1.** Würde *f* **2.** Rang *m;* Stellung *f;* **beneath s.o.'s** ~ unter jds Würde; **stand** (**up**)**on one's** ~ förmlich sein

di·gress [daɪ'gres] *vi* abschweifen (*from* von); **di·gress·ive** *adj* abschweifend, abweichend

dike [daɪk] **I.** *s* **1.** (Wasser)Graben *m* **2.** Deich, Damm *m* **3.** (*sl*) Lesbe *f* **II.** *vt* eindeichen

dil·api·dated [dɪ'læpɪdeɪtɪd] *adj* verfallen, baufällig

di·late [daɪ'leɪt] **I.** *vt* weiten, erweitern; dehnen **II.** *vi* sich weiten, sich erweitern; **di·la·tion** [daɪ'leɪʃn] *s* **1.** Ausdehnung *f* **2.** (MED) Erweiterung *f* **3.** (MATH) Streckung *f*

dila·tory ['dɪlətərɪ] *adj* **1.** hinhaltend **2.** (*Person*) langsam

di·lemma [dɪ'lemə, daɪ'lemə] *s* Dilemma *nt,* Verlegenheit *f;* **place s.o. in a** ~ jdn in eine Klemme bringen

dil·et·tante [ˌdɪlɪ'tæntɪ, *pl* ˌdɪlɪ'tæntɪ] <*pl* -tanti> *s* Dilettant(in) *m(f)*

dili·gence ['dɪlɪdʒəns] *s* **1.** Fleiß *m* **2.** Sorgfalt *f;* **dili·gent** ['dɪlɪdʒənt] *adj* **1.** fleißig **2.** sorgfältig, gewissenhaft

dill [dɪl] *s* Dill *m*

dilly-dally ['dɪlɪdælɪ] *vi* (*fam*) (herum)trödeln, bummeln

di·lute [daɪ'lju:t] **I.** *vt* **1.** verdünnen (*to* auf) **2.** verwässern **3.** (*fig*) abschwächen, mildern **II.** *adj* verdünnt; **di·lu·tion** [daɪ'lju:ʃn] *s* **1.** Verdünnung *f;* Verwässerung *f* **2.** (*fig*) Abschwächung *f*

dim [dɪm] **I.** *adj* **1.** trübe, matt **2.** (*Lampe*) schwach, dunkel **3.** undeutlich, verschwommen **4.** (*Erinnerung*) blass, verschwommen **5.** (*fam fig*) schwer von Begriff; **take a ~ view of s.th.** nicht viel von etw halten **II.** *vi* (*Licht*) schwächer werden **III.** *vt* **1.** verdunkeln **2.** (*Licht*) abblenden **3.** (*Sinn*) trüben

dime [daɪm] *s* (*in den USA*) Zehncentstück *nt,* Dime *m*

di•men•sion [dɪˈmenʃn, daɪˈmenʃn] *s* **1.** (*a.* MATH) Dimension *f* **2.** Abmessung *f,* Maß *nt;* Ausdehnung *f,* Umfang *m,* Größe *f* **3.** ~**s** Ausmaße *ntpl;* **of great ~s** sehr groß; **-di•men•sional** [dɪˈmenʃənl, daɪˈmenʃənl] *adj* (*Suffix*) -dimensional

dim•in•ish [dɪˈmɪnɪʃ] **I.** *vi* **1.** sich vermindern, sich verringern **2.** abnehmen (*in* an) **3.** nachlassen **II.** *vt* **1.** vermindern, verringern **2.** herabsetzen **3.** (*fig*) dämpfen; **diminished responsibility** *s* verminderte Zurechnungsfähigkeit; **dim•in•ution** [ˌdɪmɪˈnjuːʃn] *s* **1.** Verminderung, Verringerung *f* **2.** Abnahme *f* (*in* an) **3.** (*fig*) Nachlassen *nt;* **dim•inu•tive** [dɪˈmɪnjʊtɪv] **I.** *adj* sehr klein, winzig **II.** *s* (GRAM) Verkleinerungsform *f*

dim•mer [ˈdɪmə(r)] *s* Abblendschalter *m,* -vorrichtung *f;* Dimmer *m;* **dim•ness** [ˈdɪmnɪs] *s* **1.** Mattheit *f;* Schwäche *f;* Trübheit *f* **2.** (*fig*) Undeutlichkeit, Verschwommenheit *f*

dimple [ˈdɪmpl] *s* Grübchen *nt*

din [dɪn] **I.** *s* Lärm *m,* Getöse *nt,* Tumult *m* **II.** *vt:* ~ **s.th. into s.o.** jdm etw einbläuen **III.** *vi* lärmen, toben, dröhnen (*in the ears* in den Ohren)

dine [daɪn] **I.** *vi* speisen; ~ **out** auswärts speisen **II.** *vt* bewirten; **diner** [ˈdaɪnə(r)] *s* **1.** Speisende(r) *f m* **2.** (RAIL) Speisewagen *m*

din•ghy [ˈdɪŋgɪ] *s* Ding(h)i *nt;* **collapsible** ~ Schlauchboot *nt*

din•go [ˈdɪŋgəʊ] <*pl* -goes> *s* australischer Wildhund, Dingo *m*

dingy [ˈdɪndʒɪ] *adj* schmuddelig

dining [ˈdaɪnɪŋ]: ~ **car** Speisewagen *m,* Zugrestaurant *nt;* ~ **room** Ess-, Speisezimmer *nt;* ~ **table** Esstisch *m*

dinkies *s pl* (*fam*) *s.* **double income no kids** Doppelverdiener *pl* ohne Kinder; (*fam*) Dinks *pl*

dinky [ˈdɪŋkɪ] *adj* (*fam*) hübsch, nett, reizend

din•ner [ˈdɪnə(r)] *s* Hauptmahlzeit *f;* (Mittag-, Abend)Essen *nt;* **after** ~ nach Tisch; **at** ~ beim Essen; **be having one's** ~ zu Abend, Mittag essen; **for** ~ zum (Mittag-, Abend)Essen; **ask to** ~ zum (Mittag-, Abend)Essen einladen; ~ **is served** bitte zu Tisch!; **dinner jacket** *s* Smoking *m;* **dinner party** *s* Abendgesellschaft *f;* **dinner service** *s* Essservice, Tafelgeschirr *nt;* **dinner table** *s* Tafel *f;* **dinner time** *s* Essenszeit *f*

dino•saur [ˈdaɪnəsɔː(r)] *s* Dinosaurier *m*

dint [dɪnt]: **by** ~ **of** (ver)mittels, mit Hilfe *+gen,* durch

dio•cese [ˈdaɪəsɪs] *s* Diözese *f*

di•ox•ide [daɪˈɒksaɪd] *s* (CHEM) Dioxyd *nt;* **carbon** ~ Kohlendioxyd *nt*

di•oxin [daɪˈɒksɪn] *s* (CHEM) Dioxin *nt*

dip [dɪp] **I.** *vt* **1.** (ein)tauchen, (ein)tunken (*in* in) **2.** (*Hand*) stecken **3.** (MAR: *Fahne*) dippen **4.** (AUTO: *Licht*) abblenden **5.** (*Kerzen*) ziehen **II.** *vi* **1.** (*Preise*) fallen **2.** (~ *down*) sich neigen, sich senken; **the sun ~ped below the horizon** die Sonne verschwand hinter dem Horizont **III.** *s* **1.** (Ein-, Unter)Tauchen *nt* **2.** (Wasser-, Farb)Bad *nt;* Desinfektionslösung *f* **3.** Senke, Mulde *f* **4.** (MAR) Dippen *nt* **5.** (*Soße*) Dip *m;* **have** [*o* **go for**] **a** ~ [*o* **take**] baden gehen; **dip into** *vi* **1.** greifen in **2.** einen kurzen Blick werfen in; ~ **into one's pocket** tief in die Tasche greifen; ~ **into one's savings** seine Ersparnisse angreifen

diph•theria [dɪfˈθɪərɪə] *s* (MED) Diphtherie *f*

diph•thong [ˈdɪfθɒŋ] *s* Diphthong *m*

di•ploma [dɪˈpləʊmə] *s* Diplom *nt* (*in* in)

di•plo•macy [dɪˈpləʊməsɪ] *s* (POL) Diplomatie *f;* **diplo•mat** [ˈdɪpləmæt] *s* Diplomat(in) *m(f);* **diplo•matic** [ˌdɪpləˈmætɪk] *adj* (*adv: ~ally*) diplomatisch; **the** ~ **corps** das Diplomatische Korps; ~ **answer** diplomatische Antwort; **di•plo•ma•tist** [dɪˈpləʊmətɪst] *s* Diplomat(in) *m(f)*

dip•per [ˈdɪpə(r)] *s* **1.** Schöpflöffel *m,* Kelle *f* **2.** (AUTO) Abblendschalter *m* **3.** Wasseramsel *f;* **the Big Dipper** (*Am:* ASTR) der Große Bär; **the Little Dipper** (*Am:* ASTR) der Kleine Bär; **big** ~ Achterbahn *f*

dip•so•mania [ˌdɪpsəˈmeɪnɪə] *s* Trunksucht *f;* **dip•so•maniac** [ˌdɪpsəˈmeɪnɪæk] *s* Trunksüchtige(r) *f m*

dip•stick [ˈdɪpstɪk] *s* (AUTO) Ölmessstab *m;* **dip-switch** *s* (AUTO) Abblendschalter *m*

dire [ˈdaɪə(r)] *adj* **1.** schrecklich, furchtbar **2.** äußerste(r, s); **be in** ~ **need** in großer Verlegenheit sein

di•rect [dɪˈrekt, daɪˈrekt] **I.** *adj* **1.** direkt **2.** unmittelbar **3.** (*Zug*) durchgehend **4.** (*Bemerkung*) gerade, offen, deutlich; **be a** ~ **descendant of s.o.** ein direkter Nachkomme von jdm sein; ~**-mail advertising** Postwurfsendung *f* **II.** *adv* direkt, gerade, unmittelbar; **the flight goes ~ to Paris** es ist ein Direktflug nach Paris **III.** *vt* **1.** richten (*towards* auf) **2.** lenken, leiten **3.** (*Verkehr*) regeln **4.** anweisen, anordnen (*s.o. to do s.th.* jdn etw zu tun), befehlen **5.** (*Worte*) richten (*to* an) **6.** (*Brief*) adressieren, schicken (*to* an) **7.** (*Orchester*) dirigieren, leiten **8.** (*Film*) Regie führen bei; ~ **one's remark(s) to s.o.** jdn anreden; ~ **one's steps to s.th.** auf etw zugehen; ~ **s.o.'s attention to s.th.** jds Aufmerksamkeit auf etw lenken; **as ~ed** (MED) wie verordnet; ~ **a play** Regie führen; **direct action** *s* direkte Aktion; **direct current** *s* (ELEK) Gleichstrom *m;* **direct debit** *s* Direktabbuchung *f;* **direct dial phone** *s* Telefon *nt* mit Direktdurchwahl; **direct hit** *s* Volltreffer *m;* **direct in•sur•ance en•ter•prise** *s* Direktversicherungsunternehmen *nt*

di•rec•tion [dɪ'rekʃn] *s* **1.** Richtung *f* **2.** Leitung, Führung *f* **3.** (THEAT FILM) Regie *f* **4. ~s** Anweisungen *fpl,* Angaben *fpl,* Gebrauchsanweisung *f;* **by ~ of** auf Anweisung, Anordnung +*gen;* **in the opposite ~** in entgegengesetzter Richtung; **under the ~ of** unter Leitung von; **sense of ~** Orientierungssinn *m;* **di•rec•tional** [dɪ'rekʃənl] *adj* gerichtet; ~ **microphone** Richtmikrofon *nt*

di•rec•tive [dɪ'rektɪv] *s* Weisung, Direktive, Richtlinie *f*

di•rect•ly [dɪ'rektlɪ] **I.** *adv* **1.** direkt, unmittelbar **2.** sofort, gleich **II.** *conj* sobald wie

direct-marketing *s* Direktmarketing *nt*

di•rec•tor [dɪ'rektə(r)] *s* **1.** Direktor(in) *m(f),* Leiter(in) *m(f)* **2.** (THEAT FILM) Regisseur(in) *m(f);* **board of ~s** Verwaltungsrat *m;* Vorstand *m;* ~ **general** Generaldirektor(in) *m(f);* **di•rec•tor•ate** [dɪ'rektərət] *s* **1.** Direktorenstelle *f* **2.** Aufsichtsrat *m;* **di•rec•tor•ship** [-ʃɪp] *s* Direktorstelle *f*

di•rec•tory [dɪ'rektərɪ] *s* **1.** Adressbuch, Verzeichnis *nt* **2.** (*telephone* ~) Telefonbuch *nt;* **trade ~** Branchenverzeichnis *nt;* **directory enquiries** *s pl* Telefonauskunft *f*

dirt [dɜːt] *s* **1.** Schmutz, Dreck *m* **2.** Unrat, Kehricht *m* **3.** (*fig*) Schmutz *m;* schmutzige Wäsche; **treat s.o. like ~** jdn wie Dreck behandeln; **eat ~** sich widerspruchslos demütigen lassen; **fling** [*o* **throw**] **~ at s.o.** jdn in den Schmutz ziehen; **dirt-cheap** [ˌdɜːt'tʃiːp] *adj* spottbillig; **dirt road** *s* unbefestigte Straße; **dirt track** *s* Feldweg *m;* (SPORT) Aschenbahn *f;* **dirty** ['dɜːtɪ] **I.** *adj* **1.** schmutzig, verschmutzt **2.** (*fig*) unflätig, zotig **3.** (*fig*) niederträchtig, gemein **4.** (*Wetter*) stürmisch, windig; **give s.o. a ~ look** jdm einen bösen Blick zuwerfen; **play a ~ trick on s.o.** jdm einen üblen Streich spielen; ~ **weather** Dreckwetter *nt;* ~ **work** Schmutzarbeit *f* **II.** *vt* schmutzig machen, verschmutzen **III.** *s:* **do the ~ on s.o.** jdn reinlegen

dis•abil•ity [ˌdɪsə'bɪlətɪ] *s* **1.** Unfähigkeit *f,* Unvermögen *nt* **2.** Behinderung *f;* Invalidität *f;* ~ **for work** Arbeitsunfähigkeit *f;* **dis•able** [dɪs'eɪbl] *vt* **1.** unfähig, untauglich, unbrauchbar machen **2.** (JUR) für unfähig erklären (*from doing s.th.* etw zu tun); **dis•abled** [dɪs'eɪbld] **I.** *adj* **1.** behindert **2.** unbrauchbar **3.** (JUR) nicht rechtsfähig; ~ **person** Behinderte(r) *f m;* **seriously ~** schwerbeschädigt **II.** *s:* **the ~** die Behinderten *pl;* **dis•able•ment** [-mənt] *s* Behinderung *f*

dis•abuse [ˌdɪsə'bjuːz] *vt:* ~ **s.o. of s.th.** jdn von etw befreien

dis•ad•van•tage [ˌdɪsəd'vɑːntɪdʒ] **I.** *vt* benachteiligen **II.** *s* **1.** Nachteil *m* **2.** Schaden *m;* **at a ~** im Nachteil; **to s.o.'s ~** zu jds Nachteil; **put at a ~** benachteiligen; **sell at a ~** mit Verlust verkaufen; **dis•ad•van•taged** [-d] *adj* benachteiligt; **dis•ad•van•tage•ous** [ˌdɪsˌædvən'teɪdʒəs] *adj* nachteilig, ungünstig, unvorteilhaft (*to* für)

dis•af•fected [ˌdɪsə'fektɪd] *adj* unzufrieden; entfremdet; **dis•af•fec•tion** [ˌdɪsə'fekʃn] *s* Unzufriedenheit *f;* Entfremdung *f*

dis•agree [ˌdɪsə'griː] *vi* **1.** nicht übereinstimmen (*with* mit), nicht einverstanden sein **2.** eine Meinungsverschiedenheit haben **3.** schlecht bekommen, unzuträglich sein (*with s.o.* jdm); **dis•agree•able** [ˌdɪsə'griːəbl] *adj* **1.** unangenehm, widerwärtig **2.** (*Wetter*) hässlich **3.** (*Mensch*) unsympathisch; **dis•agree•ment** [ˌdɪsə'griːmənt] *s* **1.** Unstimmigkeit *f;* Uneinigkeit *f* **2.** Meinungsverschiedenheit *f,* Streit *m*

dis•al•low [ˌdɪsə'laʊ] *vt* nicht gelten lassen, nicht anerkennen

dis•ap•pear [ˌdɪsə'pɪə(r)] *vi* ent-, verschwinden (*from* von, aus); **dis•ap•pear•ance** [ˌdɪsə'pɪərəns] *s* Verschwinden *nt*

dis•ap•point [ˌdɪsə'pɔɪnt] *vt* **1.** enttäuschen **2.** (*Absicht, Plan*) durchkreuzen, zunichte machen; **dis•ap•pointed** [ˌdɪsə'pɔɪntɪd] *adj* **1.** enttäuscht (*in s.o.* von jdm) **2.** (*Hoffnung*) getäuscht; **dis•ap•point•ing** [-ɪŋ] *adj* enttäuschend; **dis•ap•point•ment** [ˌdɪsə'pɔɪntmənt] *s* Enttäuschung *f*

dis•ap•pro•ba•tion [ˌdɪsˌæprə'beɪʃn] *s* Missbilligung *f*

dis•ap•prove [ˌdɪsə'pruːv] **I.** *vt* missbilligen **II.** *vi* dagegen sein; ~ **of s.th.** etw missbilligen

dis•arm [dɪs'ɑːm] **I.** *vt* entwaffnen **II.** *vi* abrüsten; **dis•arma•ment** [dɪs'ɑːməmənt] *s* Abrüstung *f;* **disarmament talks** *s pl* Abrüstungsverhandlungen *fpl*

dis•arm•ing [dɪs'ɑːmɪŋ] *adj* (*fig*) entwaffnend

dis•ar•range [ˌdɪsə'reɪndʒ] *vt* durcheinanderbringen

dis•ar•ray [ˌdɪsəˈreɪ] **I.** *s* Unordnung *f* **II.** *vt* in Unordnung bringen

dis•as•ter [dɪˈzɑːstə(r)] *s* **1.** Katastrophe *f* **2.** Unglück *nt;* Fiasko *nt;* ~ **area** Katastrophengebiet *nt;* **dis•as•trous** [dɪˈzɑːstrəs] *adj* katastrophal, verheerend

dis•be•lief [ˌdɪsbɪˈliːf] *s* Zweifel *m;* Ungläubigkeit *f;* **dis•be•lieve** [ˌdɪsbɪˈliːv] *vt* an-, bezweifeln; nicht glauben; **dis•be•liever** [ˌdɪsbɪˈliːvə(r)] *s* Ungläubige(r) *f m*

dis•burse [dɪsˈbɜːs] *vt* aus(be)zahlen; **dis•burse•ment** [-mənt] *s* Auszahlung *f*

disc, **disk** [dɪsk] *s* **1.** Scheibe *f* **2.** (ANAT) Bandscheibe *f* **3.** (Schall)Platte *f* **4.** (INFORM) Diskette *f;* (*hard* ~) Platte *f*

dis•card [dɪˈskɑːd] **I.** *vt* **1.** (*Karte, Kleider*) ablegen, abwerfen **2.** (*fam*) ausrangieren **II.** [ˈdɪskɑːd] *s* **1.** abgelegte Karten *fpl* **2.** Ausschussre *f*

disc brake [ˈdɪskbreɪk] *s* (AUTO) Scheibenbremse *f*

dis•cern [dɪˈsɜːn] *vt* **1.** deutlich sehen, wahrnehmen **2.** klar erkennen; **dis•cern•ible** [-əbl] *adj* wahrnehmbar; klar erkennbar; **dis•cern•ing** [-ɪŋ] *adj* **1.** anspruchsvoll **2.** (*Auge*) fein; **dis•cern•ment** [-mənt] *s* **1.** Urteilskraft, -fähigkeit *f* **2.** Wahrnehmung *f;* Erkennen *nt*

dis•charge [dɪsˈtʃɑːdʒ] **I.** *vt* **1.** entladen; (*Ladung, Last*) ab-, ausladen; (MAR) löschen **2.** (ELEK) entladen **3.** (*Schuss*) abfeuern **4.** (*Gas*) ausströmen lassen **5.** (*Eiter*) ausscheiden **6.** (*Patienten*) entlassen **7.** (*Angeklagten*) freisprechen **8.** (*Schuld*) begleichen **9.** (*Pflicht*) erfüllen **II.** *vi* (*Wunde*) eitern **III.** [ˈdɪstʃɑːdʒ] *s* **1.** Ab-, Entladen *nt;* (MAR) Löschen *nt* **2.** (ELEK) Entladung *f* **3.** (*Gas*) Aus-, Entströmen *nt* **4.** (MED) Ausfluss *m;* Absonderung *f* **5.** (*Patient*) Entlassung *f* **6.** (JUR) Freispruch *m* **7.** (*Schuld*) Begleichung *f* **8.** (*Pflicht*) Erfüllung *f*

dis•ciple [dɪˈsaɪpl] *s* **1.** Anhänger(in) *m(f)* **2.** (REL) Jünger *m*

dis•ci•plin•ary [ˈdɪsɪplɪnərɪ] *adj* disziplinarisch; ~ **measures** disziplinarische Maßnahmen *fpl;* **dis•ci•pline** [ˈdɪsɪplɪn] **I.** *s* **1.** Disziplin *f,* Lehrfach *nt* **2.** Zucht, Disziplin *f* **3.** disziplinarische Maßnahmen *fpl;* **keep** [*o* **maintain**] ~ die Disziplin aufrechterhalten **II.** *vt* **1.** disziplinieren; unter Kontrolle halten **2.** bestrafen

disc jockey [ˈdɪskdʒɒkɪ] *s* Diskjockey *m*

dis•claim [dɪsˈkleɪm] *vt* **1.** abstreiten; von sich weisen **2.** (JUR) verzichten auf; ~ **all responsibility** jede Verantwortung von sich weisen; **dis•claimer** [dɪsˈkleɪmə(r)] *s* Dementi *nt;* **issue a** ~ eine Gegenerklärung abgeben

dis•close [dɪsˈkləʊz] *vt* **1.** enthüllen **2.** bekannt machen, mitteilen; **dis•clos•ure** [dɪsˈkləʊʒə(r)] *s* Enthüllung *f;* Mitteilung *f*

disco [ˈdɪskəʊ] <*pl* discos> *s* Disko *f*

dis•color (*Am*), **dis•col•our** [dɪsˈkʌlə(r)] **I.** *vt* verfärben **II.** *vi* sich verfärben

dis•com•fit [dɪsˈkʌmfɪt] *vt* Unbehagen verursachen (*s.o.* jdm); **dis•com•fi•ture** [dɪsˈkʌmfɪtʃə(r)] *s* Unbehagen *nt*

dis•com•fort [dɪsˈkʌmfət] *s* **1.** Un-, Misshagen *nt* **2.** Beschwerden *fpl*

dis•con•cert [ˌdɪskənˈsɜːt] *vt* aus der Fassung bringen

dis•con•nect [ˌdɪskəˈnekt] *vt* **1.** trennen (*from, with* von) **2.** (TECH) auskuppeln **3.** (ELEK) aus-, abschalten **4.** (*Wasser*) abstellen; **dis•con•nected** [-ɪd] *adj* **1.** unzusammenhängend **2.** abgeschaltet, abgestellt

dis•con•tent [ˌdɪskənˈtent] *s* Unzufriedenheit *f* (*at, with* mit); **dis•con•tented** [-ɪd] *adj* unzufrieden (*with, about* mit); **dis•con•tent•ment** [-mənt] *s* Unzufriedenheit *f*

dis•con•tinue [ˌdɪskənˈtɪnjuː] *vt* **1.** unterbrechen, aussetzen mit, aufhören (*doing* zu tun) **2.** (*Geschäft*) aufgeben **3.** (JUR: *Klage*) einstellen; **~d line** (COM) ausgelaufene Serie; **dis•con•ti•nuity** [ˌdɪskəntɪˈnjuːɪtɪ] *s* Diskontinuität *f;* **dis•con•tinu•ous** [ˌdɪskənˈtɪnjʊəs] *adj* nicht kontinuierlich

dis•cord [ˈdɪskɔːd] *s* **1.** Uneinigkeit *f* **2.** (MUS) Missklang *m,* Dissonanz *f;* **dis•cor•dant** [dɪˈskɔːdənt] *adj* **1.** nicht übereinstimmend, widersprechend **2.** (MUS) disharmonisch

dis•co•theque [ˈdɪskətek] *s* Diskothek *f*

dis•count [ˈdɪskaʊnt] **I.** *s* **1.** Nachlass, Skonto, Rabatt *m* (*on* auf) **2.** (~ *rate, rate of* ~) Diskontsatz *m;* **at a** ~ auf Rabatt; **give a** ~ **on s.th.** Rabatt auf etw geben; ~ **for cash** Skonto bei Barzahlung; **bank** ~ Bankdiskont *m;* **trade** ~ Händlerrabatt *m* **II.** [dɪsˈkaʊnt] *vt* **1.** einen Rabatt gewähren (*s.th.* für etw) **2.** (*Rechnung*) diskontieren **3.** (*fig*) unberücksichtigt lassen; **discount store** *s* Discountladen *m*

dis•cour•age [dɪˈskʌrɪdʒ] *vt* **1.** entmutigen, mutlos machen **2.** abraten (*s.o. from s.th.* jdm von etw) **3.** abhalten, abschrecken (*from* von), zu verhindern suchen; **become ~d** den Mut verlieren; **dis•cour•age•ment** [-mənt] *s* **1.** Mutlosigkeit *f* **2.** Abraten *nt* **3.** Verhinderung *f;* **dis•cour•ag•ing** [-ɪŋ] *adj* entmutigend

dis•course [ˈdɪskɔːs] **I.** *s* **1.** Diskurs *m,* Rede *f* **2.** Vorlesung *f* **3.** Abhandlung *f* **II.** *vi* **1.** einen Vortrag, eine Vorlesung halten **2.** abhandeln (*upon s.th.* etw)

dis•cour•teous [dɪsˈkɜːtɪəs] *adj* unhöflich; **dis•cour•tesy** [dɪsˈkɜːtəsɪ] *s* Unhöflichkeit *f*

dis•cover [dɪˈskʌvə(r)] *vt* **1.** entdecken;

D

finden **2.** (*fig*) ausfindig machen; **dis·coverer** [dɪ'skʌvərə(r)] *s* Entdecker(in) *m(f)*; **dis·covery** [dɪ'skʌvərɪ] *s* Entdeckung *f*

dis·credit [dɪs'kredɪt] **I.** *vt* **1.** an-, bezweifeln; keinen Glauben schenken (*s.o.* jdm) **2.** in Misskredit bringen (*with* bei) **II.** *s* **1.** Zweifel *m;* Misstrauen *nt* **2.** Misskredit *m;* **bring ~ on s.o.** jdn in Misskredit bringen; **be a ~ to s.o.** eine Schande für jdn sein; **dis·credit·able** [-əbl] *adj* schändlich, diskreditierend

dis·creet [dɪ'skriːt] *adj* diskret, rücksichtsvoll

dis·crep·ancy [dɪ'skrepənsɪ] *s* Diskrepanz *f* (*between* zwischen)

dis·cre·tion [dɪ'skreʃn] *s* **1.** Diskretion *f* **2.** Ermessen *nt;* **be at s.o.'s ~** in jds Ermessen stehen; **leave to s.o.'s ~** jdm anheim stellen; **it is within your own ~** es liegt bei Ihnen

dis·crimi·nate [dɪ'skrɪmɪneɪt] **I.** *vt* unterscheiden (*from* von) **II.** *vi* **1.** kritisch sein **2.** Unterschiede machen; **~ between** unterscheiden zwischen; **~ in favour of s.o.** jdn bevorzugen; **~ against s.o.** jdn benachteiligen; **dis·crimi·nat·ing** [-ɪŋ] *adj* urteilsfähig, kritisch; **dis·crimi·na·tion** [dɪˌskrɪmɪ'neɪʃn] *s* **1.** Unterscheidungsvermögen *nt* **2.** unterschiedliche Behandlung; Diskriminierung; Ungleichbehandlung *f;* **racial ~** Rassendiskriminierung *f;* **dis·crimi·na·tory** [dɪ'skrɪmɪnətərɪ] *adj* diskriminierend

dis·cur·sive [dɪ'skɜːsɪv] *adj* weitschweifig

dis·cus ['dɪskəs] *s* (SPORT) Diskus *m*

dis·cuss [dɪ'skʌs] *vt* diskutieren, erörtern, besprechen; **~ a question with s.o.** mit jdm eine Frage erörtern; **dis·cussion** [dɪ'skʌʃn] *s* **1.** Diskussion *f* **2.** Besprechung, Beratung *f;* **open/close a ~** eine Diskussion eröffnen/schließen; **be under ~** zur Diskussion stehen; **after much ~** nach langen Diskussionen

dis·cus thrower *s* Diskuswerfer(in) *m(f)*

dis·dain [dɪs'deɪn] **I.** *vt* **1.** verachten **2.** verschmähen (*to do* zu tun) **II.** *s* Geringschätzung *f*

dis·dain·ful [-fʊl] *adj* verächtlich

dis·ease [dɪ'ziːz] *s* Krankheit *f;* **dis·eased** [dɪ'ziːzd] *adj* krank

dis·em·bark [ˌdɪsɪm'bɑːk] **I.** *vt* ausschiffen **II.** *vi* von Bord gehen; **dis·em·bar·ka·tion** [ˌdɪsˌembɑː'keɪʃn] *s* Landung *f*

dis·en·chant [ˌdɪsɪn'tʃɑːnt] *vt* ernüchtern, enttäuschen

dis·en·fran·chise [ˌdɪsən'fræntʃaɪz] *vt* die bürgerlichen Ehrenrechte aberkennen (*s.o.* jdm)

dis·en·gage [ˌdɪsɪn'geɪdʒ] **I.** *vt* **1.** losmachen, lösen **2.** auskuppeln, -rücken, -klinken **3.** (MIL) abziehen **II.** *vi* (MIL) auseinanderrücken; **dis·en·gage·ment** [-mənt] *s* **1.** (Los)Lösung *f* **2.** (POL) Disengagement *nt;* Abrücken *nt*

dis·en·tangle [ˌdɪsɪn'tæŋgl] *vt* **1.** los-, freimachen, befreien (*from* von) **2.** entwirren, ordnen

dis·favor (*Am*), **dis·favour** [ˌdɪs'feɪvə(r)] *s* **1.** Missfallen *nt* **2.** Ungnade *f;* **fall into ~ with** in Ungnade fallen bei; **look with ~ on s.th.** etw missbilligend betrachten

dis·figure [dɪs'fɪgə(r)] *vt* entstellen, verunstalten; **dis·fig·ure·ment** [dɪs'fɪgə(r)mənt] *s* Entstellung, Verunstaltung *f*

dis·fran·chise [dɪs'fræntʃaɪz] *vt* die bürgerlichen Ehrenrechte aberkennen (*s.o.* jdm)

dis·gorge [dɪs'gɔːdʒ] **I.** *vt* **1.** ausspeien **2.** (*fig*) herausrücken **II.** *vi* (*Fluss*) sich ergießen (*into* in)

dis·grace [dɪs'greɪs] **I.** *s* **1.** Ungnade *f* **2.** Schande *f* (*to* für); **bring ~ on s.o.** jdm Schande machen; **be in ~** in Ungnade sein **II.** *vt* Schande bringen über **III.** *vr* sich blamieren; **be ~d** blamiert sein; **dis·grace·ful** [dɪs'greɪsfl] *adj* schändlich; skandalös

dis·gruntled [dɪs'grʌntld] *adj* verstimmt (*at* über, *with s.o.* mit jdm)

dis·guise [dɪs'gaɪz] **I.** *vt* verstellen, tarnen **II.** *vr* sich verkleiden (*as* als) **III.** *s* Verkleidung *f;* Verstellung *f;* **in ~** verkleidet, maskiert

dis·gust [dɪs'gʌst] **I.** *s* Ekel *m* (*at* vor), Widerwille *m;* **go away in ~** sich voller Empörung abwenden **II.** *vt* anekeln, anwidern; **be ~ed with s.o.** über jdn empört sein; **dis·gust·ing** [-ɪŋ] *adj* ekelhaft, widerlich

dish [dɪʃ] **I.** *s* **1.** Schüssel, Schale *f* **2.** Gericht *nt,* Speise *f* **3. ~es** Geschirr *nt* **4.** (*sl*) duftes Mädchen; **do the ~es** das Geschirr spülen **II.** *vt* **1.** anrichten **2.** (*Plan*) verpatzen; **dish aerial** *s* Parabolantenne *f,* Schüssel *f;* **dish of the day** *s* Tagesgericht *nt;* **dish out** *vt* austeilen; **dish up** *vt* **1.** auftragen **2.** (*fig*) auftischen

dis·ha·bille [ˌdɪsæ'biːl] *s* nachlässige Kleidung

dis·har·moni·ous [ˌdɪshɑː'məʊnɪəs] *adj* disharmonisch; **dis·har·mony** [dɪs'hɑːmənɪ] *s* Disharmonie *f*

dish·cloth ['dɪʃklɒθ] *s* Spültuch *nt;* (*Br*) Geschirrtuch *nt*

dis·hearten [dɪs'hɑːtn] *vt* entmutigen

di·shev·eled (*Am*), **di·shev·elled** [dɪ'ʃevld] *adj* **1.** (*Kleidung*) in Unordnung **2.** (*Haare*) zerzaust

dis·hon·est [dɪs'ɒnɪst] *adj* **1.** unredlich, unehrlich **2.** (*fig*) unsauber; **dis·hon·esty**

[dɪs'ɒnɪstɪ] *s* **1.** Unredlichkeit, Unehrlichkeit *f* **2.** Unlauterkeit *f*
dis•honor (*Am*), **dis•hon•our** [dɪs'ɒnə(r)] **I.** *s* Schande, Unehre *f;* **bring ~ upon s.o.** Schande über jdn bringen **II.** *vt* **1.** Schande bringen über **2.** (*Wechsel*) nicht einlösen; **dis•honor•able** *adj* (*Am*), **dis•hon•our•able** [-əbl] *adj* unehrenhaft
dish•proof [dɪʃpruːf] *adj* spülmaschinenfest; **dish•towel** *s* (*Am*) Geschirrtuch *nt;* **dish•washer** *s* **1.** Tellerwäscher(in) *m(f)* **2.** Geschirrspülmaschine *f;* **dish•water** *s* Spül-, Abwaschwasser *nt*
dis•il•lusion [ˌdɪsɪ'luːʒn] **I.** *vt* desillusionieren **II.** *s* Desillusion *f;* **dis•il•lusioned** [-d] *adj* desillusioniert; **dis•il•lusion•ment** [-mənt] *s* Desillusionierung *f*
dis•in•cli•na•tion [ˌdɪsɪnklɪ'neɪʃn] *s* Abneigung *f* (*for* gegen); **dis•in•clined** ['dɪsɪn'klaɪnd] *adj* abgeneigt
dis•in•fect [ˌdɪsɪn'fekt] *vt* (MED) desinfizieren; **dis•in•fec•tant** [ˌdɪsɪn'fektənt] *s* Desinfektionsmittel *nt;* **dis•in•fec•tion** [ˌdɪsɪn'fekʃn] *s* Desinfektion *f*
dis•in•genu•ous [ˌdɪsɪn'dʒenjʊəs] *adj* unaufrichtig
dis•in•herit [ˌdɪsɪn'herɪt] *vt* enterben
dis•in•te•grate [dɪs'ɪntɪgreɪt] **I.** *vt* auflösen, zersetzen **II.** *vi* **1.** zerfallen **2.** (GEOL) verwittern; **dis•in•te•gra•tion** [dɪsˌɪntɪ'greɪʃn] *s* Auflösung, Zersetzung *f,* Zerfall *m*
dis•in•ter•ested [dɪs'ɪntrəstɪd] *adj* **1.** uneigennützig, selbstlos **2.** unparteiisch, unvoreingenommen
dis•jointed [dɪs'dʒɔɪntɪd] *adj* zusammenhanglos
disk [dɪsk] *s* **1.** Scheibe *f* **2.** (ANAT) Bandscheibe *f* **3.** (Schall)Platte *f* **4.** (INFORM) Diskette *f;* (*hard ~*) Platte *f;* **single/double-sided ~** einseitig/beidseitig beschreibbare Diskette; **disk drive** *s* Diskettenlaufwerk *nt;* **diskette** [dɪs'kæt] *s* Diskette *f*
dis•like [dɪs'laɪk] **I.** *vt* nicht leiden können, nicht gern haben; **~ doing s.th.** etw ungern tun **II.** *s* Abneigung *f,* Widerwille *m,* Antipathie *f* (*of, for* gegen); **take a ~ to** eine Abneigung fassen, einen Widerwillen bekommen gegen
dis•lo•cate ['dɪsləkeɪt] *vt* **1.** (MED) aus-, verrenken **2.** (*fig*) durcheinander bringen; **dis•lo•ca•tion** [ˌdɪslə'keɪʃn] *s* **1.** (MED) Verrenkung *f* **2.** (*fig*) Durcheinanderbringen *nt*
dis•lodge [dɪs'lɒdʒ] *vt* **1.** (*Stein*) entfernen, lösen **2.** herausstochern
dis•loyal [dɪs'lɔɪəl] *adj* nicht loyal (*to* gegen)
dis•mal ['dɪzməl] *adj* **1.** düster, trübe **2.** (*fig*) pessimistisch
dis•mantle [dɪs'mæntl] *vt* **1.** leer machen, ausräumen **2.** auseinander nehmen, zerlegen; demontieren
dis•may [dɪs'meɪ] **I.** *s* Bestürzung *f;* **in ~** bestürzt **II.** *vt* bestürzen
dis•mem•ber [dɪs'membə(r)] *vt* **1.** zerstückeln **2.** (*Gebiet*) aufteilen
dis•miss [dɪs'mɪs] *vt* **1.** (*aus einer Stellung*) entlassen **2.** (*Thema*) fallen lassen; abtun **3.** (JUR) abweisen; **dis•missal** [dɪs'mɪsl] *s* **1.** Entlassung *f;* Kündigung *f;* Abschied *m* **2.** Abtun *nt* **3.** (JUR) Abweisung *f*
dis•mount [ˌdɪs'maʊnt] **I.** *vt* (*Reiter*) abwerfen **II.** *vi* absteigen
dis•obedi•ence [ˌdɪsə'biːdjəns] *s* Ungehorsam *m;* **civil ~** ziviler Ungehorsam; **dis•obedi•ent** [ˌdɪsə'biːdjənt] *adj* ungehorsam (*to* gegen)
dis•obey [ˌdɪsə'beɪ] *vt* **1.** nicht gehorchen (*s.o.* jdm) **2.** sich widersetzen (*an order* einem Befehl)
dis•oblige [ˌdɪsə'blaɪdʒ] *vt* keinen Gefallen tun (*s.o.* jdm); **dis•oblig•ing** [-ɪŋ] *adj* ungefällig, unhöflich
dis•order [dɪs'ɔːdə(r)] **I.** *s* **1.** Unordnung *f,* Durcheinander *nt* **2.** (MED) Funktionsstörung *f* **3.** **~s** (POL) Unruhen *fpl;* **mental ~** Geistesgestörtheit *f;* **in ~** durcheinander **II.** *vt* **1.** in Unordnung bringen **2.** (MED) angreifen; **dis•order•ly** [dɪs'ɔːdəlɪ] *adj* **1.** unordentlich, unaufgeräumt **2.** (*Menge*) aufrührerisch **3.** (*Benehmen*) ungehörig; **~ house** Bordell *nt*
dis•or•gan•ize [ˌdɪs'ɔːgənaɪz] *vt* durcheinander bringen
dis•orient, **dis•orien•tate** [dɪs'ɔːrɪənt, dɪs'ɔːrɪənteɪt] *vt* verwirren
dis•own [dɪs'əʊn] *vt* ab-, verleugnen; nichts zu tun haben wollen mit
dis•par•age [dɪ'spærɪdʒ] *vt* herabsetzen, -würdigen; **dis•par•age•ment** [-mənt] *s* Herabsetzung *f;* **dis•par•ag•ing** [-ɪŋ] *adj* geringschätzig
dis•par•ate ['dɪspərət] *adj* verschiedenartig, ungleich
dis•par•ity [dɪ'spærətɪ] *s* Ungleichheit *f;* **~ in age** Altersunterschied *m;* **~ in rank** Rangunterschied *m*
dis•pas•sion•ate [dɪ'spæʃənət] *adj* unparteiisch
dis•patch [dɪ'spætʃ] **I.** *vt* **1.** abschicken, -senden; aufgeben **2.** (*Zug*) abfertigen **3.** schnell erledigen **4.** töten **II.** *s* **1.** Abschicken, Absenden, Aufgeben *nt* **2.** Abfertigung, Erledigung *f* **3.** Telegramm *nt,* Depesche *f;* **with ~** prompt; **dispatch note** *s* Versandanzeige *f,* -auftrag *m*
dis•pel [dɪ'spel] *vt* vertreiben, zerstreuen, auflösen
dis•pens•able [dɪ'spensəbl] *adj* entbehrlich

D

dis•pens•ary [dɪ'spensərɪ] *s* **1.** Apotheke *f* **2.** Arzneiausgabe(stelle) *f*

dis•pen•sa•tion [ˌdɪspen'seɪʃn] *s* **1.** Aus-, Verteilung *f* **2.** (REL) Befreiung *f* (*from* von) **3.** Fügung *f* (*des Schicksals*) **4.** Glaubenssystem *nt*

dis•pense [dɪ'spens] **I.** *vt* **1.** ausgeben, aus-, verteilen **2.** (*Arznei*) zubereiten, ausgeben **3.** (REL) spenden **4.** befreien, dispensieren (*from* von) **II.** *vi:* ~ **with** verzichten auf; **dis•penser** [dɪ'spensə(r)] *s* **1.** Apotheker(in) *m(f)* **2.** (*Automat*) Spender *m;* **cash** ~ Geldautomat *m*

dis•per•sal [dɪ'spɜːsl] *s* Zerstreuung, Auflösung *f;* **dis•perse** [dɪ'spɜːs] **I.** *vt* **1.** ver-, zerstreuen **2.** (*Nebel*) auflösen **3.** (*Licht*) streuen **4.** (*fig*) verbreiten **II.** *vi* sich zerstreuen, auseinander gehen; **dis•per•sion** [dɪ'spɜːʃn] *s* **1.** Zerstreuung, Auflösung *f* **2.** (OPT) Dispersion, Streuung *f*

dis•pirit•ed [dɪ'spɪrɪtɪd] *adj* mutlos, niedergedrückt

dis•place [dɪs'pleɪs] *vt* **1.** versetzen, -legen, -lagern, -schieben **2.** ablösen, ersetzen; **~d person** Verschleppte(r) *f m;* **dis•place•ment** [dɪs'pleɪsmənt] *s* **1.** Verschiebung *f;* Verlagerung *f* **2.** (*Arbeitskräfte*) Freisetzung *f* **3.** Ablösung *f,* Ersatz *m* **4.** (PSYCH) Verdrängung *f* **5.** (MAR) Wasserverdrängung *f;* ~ **of labour** Freisetzung *f* von Arbeitskräften

dis•play [dɪ'spleɪ] **I.** *vt* **1.** (offen) zeigen, zur Schau stellen; ausstellen **2.** (*Macht*) demonstrieren **3.** (*Kleider*) vorführen **4.** (INFORM) anzeigen **II.** *s* **1.** Zeigen *nt;* Zurschaustellung *f* **2.** (*fig*) Demonstration *f* **3.** Ausstellung *f* **4.** (COM) Auslage *f* **5.** (TYP) Hervorhebung *f* **6.** (INFORM) Display *nt;* Anzeige *f;* **be on** ~ ausgestellt sein; **display case** *s* Vitrine *f;* **display window** *s* Schaufenster *nt*

dis•please [dɪs'pliːz] *vt* **1.** missfallen (*s.o.* jdm) **2.** verstimmen, verärgern; **be ~d with s.o.** über jdn verärgert sein; **dis•pleas•ing** [-ɪŋ] *adj* unangenehm, lästig; **dis•pleasure** [dɪs'pleʒə(r)] *s* Missfallen *nt* (*at* über)

dis•pos•able [dɪ'spəʊzəbl] *adj* **1.** wegwerfbar; Papier-; Einweg-; Wegwerf- **2.** verfügbar; ~ **income** verfügbares Einkommen; ~ **lenses** Einweglinsen *pl;* ~ **nappy** Wegwerfwindel *f;* **dis•posal** [dɪ'spəʊzl] *s* **1.** Loswerden *nt;* Beseitigung *f;* Veräußerung *f* **2.** Verfügung(sgewalt) *f* (*of* über) **3.** Anordnung *f,* Arrangement *nt;* **be at s.o.'s** ~ zu jds Verfügung stehen; **waste-~ unit** Müllschlucker *m;* **dis•pose** [dɪ'spəʊz] **I.** *vt* (an)ordnen; aufstellen; ~ **s.o. to do s.th.** jdn geneigt machen etw zu tun **II.** *vi:* ~ **of** loswerden; beseitigen; veräußern; erledigen; (*Zeit*) verfügen über; **dis•posed** [dɪ'spəʊzd] *adj* bereit; **be well ~ towards s.o.** jdm wohl wollen; **be ill ~ towards s.o.** jdm übel wollen; **dis•po•si•tion** [ˌdɪspə'zɪʃn] *s* **1.** Anordnung *f;* Aufstellung *f* **2.** Veranlagung *f;* Neigung *f,* Hang *m* **3.** Verfügungsgewalt *f;* **her cheerful** ~ ihre freundliche Art

dis•pos•sess [ˌdɪspə'zes] *vt* enteignen

dis•proof [dɪs'pruːf] *s* Widerlegung *f*

dis•pro•por•tion•ate [ˌdɪsprə'pɔːʃənət] *adj:* **be** ~ in keinem (richtigen) Verhältnis stehen (*to* zu)

dis•prove [ˌdɪs'pruːv] *vt* widerlegen

dis•put•able [dɪ'spjuːtəbl] *adj* anfechtbar; zweifelhaft; **dis•pu•ta•tion** [ˌdɪspjuː'teɪʃn] *s* Disput, Streit *m;* **dis•pu•ta•tious** [ˌdɪspjuː'teɪʃəs] *adj* streitsüchtig

dis•pute [dɪ'spjuːt] **I.** *vi* disputieren, streiten (*with, against* mit, *on, about* über) **II.** *vt* **1.** bestreiten, anfechten **2.** (*Frage*) sich streiten über **3.** streitig machen (*s.th. to s.o.* jdm etw) **III.** *s* Kontroverse, Meinungsverschiedenheit *f;* Streit *m;* **beyond** [*o* **past**] ~ unbestritten; **without** ~ zweifellos; **in** ~ strittig; fraglich; **settle a** ~ einen Streit beilegen; **wages** ~ Tarifauseinandersetzungen *fpl*

dis•quali•fi•ca•tion [dɪsˌkwɒlɪfɪ'keɪʃn] *s* **1.** Disqualifizierung *f* **2.** Untauglichkeit, Unfähigkeit *f* **3.** (SPORT) Ausschluss *m;* **dis•qual•ify** [dɪs'kwɒlɪfaɪ] *vt* **1.** untauglich machen (*from* für) **2.** (SPORT) disqualifizieren; ~ **s.o. from driving** jdm den Führerschein entziehen

dis•quiet [dɪs'kwaɪət] **I.** *vt* beunruhigen **II.** *s* Unruhe, Besorgnis *f;* **dis•quiet•ing** [-ɪŋ] *adj* beunruhigend

dis•re•gard [ˌdɪsrɪ'gɑːd] **I.** *vt* **1.** nicht beachten, ignorieren **2.** (*Gefahr*) missachten **II.** *s* **1.** Nichtbeachtung *f* **2.** Missachtung *f* **3.** Geringschätzung *f*

dis•re•pair [ˌdɪsrɪ'peə(r)] *s* Baufälligkeit *f;* **fall into** ~ verfallen; **in a state of** ~ baufällig

dis•repu•table [dɪs'repjʊtəbl] *adj* verrufen; anrüchig; **dis•re•pute** [ˌdɪsrɪ'pjuːt] *s* schlechter Ruf; **fall into** ~ in Verruf kommen

dis•re•spect [ˌdɪsrɪ'spekt] *s* Respektlosigkeit *f* (*to* gegenüber); **dis•re•spect•ful** [-fʊl] *adj* respektlos

dis•rupt [dɪs'rʌpt] *vt* stören; unterbrechen; **dis•rup•tion** [dɪs'rʌpʃn] *s* Störung *f;* Unterbrechung *f;* **dis•rup•tive** [dɪs'rʌptɪv] *adj* störend

dis•sat•is•fac•tion [ˌdɪsˌsætɪs'fækʃn] *s* Unzufriedenheit *f* (*with* mit); **dis•sat•is•fied** [dɪs'sætɪsfaɪd] *adj* unzufrieden (*with* mit)

dis•sect [dɪ'sekt] *vt* **1.** (ANAT) sezieren

2. (*fig*) zergliedern; **dis•sec•tion** [dɪ'sekʃn] *s* 1. (ANAT) Sektion *f* 2. (*fig*) Zergliederung *f*

dis•semble [dɪ'sembl] *vt* (*Gedanken, Gefühle, Absichten*) verbergen, verhehlen

dis•semi•nate [dɪ'semɪneɪt] *vt* (*fig*) verbreiten; **dis•semi•na•tion** [dɪˌsemɪ'neɪʃn] *s* Verbreitung *f*

dis•sen•sion [dɪ'senʃn] *s* Meinungsverschiedenheit, Differenz *f;* **dis•sent** [dɪ'sent] **I.** *vi* 1. anderer Ansicht sein (*from* als) 2. (REL) sich weigern, die Staatskirche anzuerkennen **II.** *s* andere Ansicht; **express one's** ~ erklären, dass man (mit etw) nicht übereinstimmt; **dis•senter** [dɪ'sentə(r)] *s* 1. Dissident(in) *m(f)* 2. (REL) Dissenter(in) *m(f)*

dis•ser•ta•tion [ˌdɪsə'teɪʃn] *s* Dissertation *f* (*on* über)

dis•ser•vice [dɪs'sɜːvɪs] *s:* **do s.o. a** ~ jdm einen schlechten Dienst erweisen

dis•si•dent ['dɪsɪdənt] **I.** *adj* dissident, regimekritisch **II.** *s* Dissident(in) *m(f)*

dis•simi•lar [dɪ'sɪmɪlə(r)] *adj* unterschiedlich, verschieden (*to* von); **dis•simi•lar•ity** [ˌdɪsɪmɪ'lærətɪ] *s* Unterschiedlichkeit, Verschiedenheit *f*

dis•simu•la•tion [dɪˌsɪmjʊ'leɪʃn] *s* Verstellung, Heuchelei *f*

dis•si•pate ['dɪsɪpeɪt] **I.** *vt* 1. zerstreuen; auflösen 2. (*Energie*) verschwenden, vergeuden **II.** *vi* 1. sich auflösen 2. (*fig*) sich zerstreuen; **dis•si•pated** ['dɪsɪpeɪtɪd] *adj* zügellos, ausschweifend; leichtlebig; **dis•si•pa•tion** [ˌdɪsɪ'peɪʃn] *s* 1. Zerstreuung, Auflösung *f* 2. (*Energie*) Verschwendung *f* 3. Ausschweifung *f*

dis•so•ci•ate [dɪ'səʊʃɪeɪt] *vt* 1. trennen (*from* von) 2. (CHEM) dissoziieren; ~ **o.s. from s.o.** sich von jdm distanzieren; **dis•so•cia•tion** [dɪˌsəʊsɪ'eɪʃn] *s* 1. Trennung *f* 2. (CHEM) Spaltung *f*

dis•so•lute ['dɪsəljuːt] *adj* ausschweifend, zügellos; **dis•so•lu•tion** [dɪsəl'juːʃn] *s* Auflösung *f*

dis•solve [dɪ'zɒlv] **I.** *vt* 1. verflüssigen; auflösen 2. (*Ehe*) scheiden 3. (*Versammlung*) aufheben 4. (FILM) überblenden **II.** *vi* 1. sich (auf)lösen 2. (*fig*) sich in nichts auflösen; ~ **into tears** in Tränen zerfließen

dis•son•ance ['dɪsənəns] *s* Missklang *m,* Dissonanz *f;* **dis•son•ant** ['dɪsənənt] *adj* 1. unharmonisch 2. (*Meinung*) unvereinbar

dis•suade [dɪ'sweɪd] *vt* ausreden (*s.o. from s.th.* jdm etw), abbringen (*from doing s.th.* etw zu tun)

dis•tance ['dɪstəns] **I.** *s* 1. Abstand *m,* Entfernung *f;* Distanz *f* 2. Zeitraum *m* 3. (*fig*) Unterschied *m;* **at** [*o* **from a**] ~ von fern, von weitem; **at some** ~ in einiger Entfernung; **in the** ~ in der Ferne; **it's no** ~ es ist nur ein Katzensprung; **it's within walking** ~ es ist zu Fuß erreichbar; **cover a** ~ eine Strecke zurücklegen; **keep one's** ~ Abstand halten; **what is the** ~ **to ...?** wie weit ist es nach ...?; **keep s.o. at a** ~ jdn auf Distanz halten; ~ **runner** Langstreckenläufer(in) *m(f)* **II.** *vt* (SPORT) hinter sich lassen; (*beim Rennen*) abhängen; **dis•tant** ['dɪstənt] *adj* 1. weit entfernt, fern 2. (*fig*) weit zurückliegend 3. (*Verwandter*) weitläufig, entfernt 4. (*fig*) zurückhaltend; **have a** ~ **view of s.th.** etw in der Ferne sehen; **in the** ~ **future** in ferner Zukunft; **dis•tant•ly** [-lɪ] *adv* 1. entfernt, fern 2. (*fig*) kühl, zurückhaltend; ~ **related** entfernt, weitläufig verwandt

dis•taste [dɪs'teɪst] *s* Abneigung *f,* Widerwille *m* (*for* gegen); **dis•taste•ful** [dɪs'teɪstfl] *adj* widerwärtig; zuwider, unangenehm

dis•temper[1] [dɪ'stempə(r)] *s* (VET) Staupe *f*

dis•temper[2] [dɪ'stempə(r)] *s* Temperafarbe *f*

dis•tend [dɪ'stend] *vi* sich blähen; **dis•ten•sion** [dɪ'stenʃn] *s* (*Magen*) Blähung *f*

dis•til [dɪ'stɪl] **I.** *vi* 1. sich herausdestillieren 2. langsam heraustropfen **II.** *vt* 1. destillieren; brennen 2. tropfenweise absondern; **dis•till** (*Am*) *s.* **distil**; **dis•til•la•tion** [ˌdɪstɪ'leɪʃn] *s* Destillation *f;* Brennen *nt;* Destillat *nt;* **dis•til•ler** [dɪ'stɪlə(r)] *s* Destillateur *m;* Whisky-, Branntweinbrenner *m;* **dis•til•lery** [dɪ'stɪlərɪ] *s* Whisky-, Branntweinbrennerei *f*

dis•tinct [dɪ'stɪŋkt] *adj* 1. deutlich, klar; ausgeprägt; merklich 2. verschieden 3. (*fig*) eigen, individuell; **as** ~ **from** im Unterschied zu; **dis•tinc•tion** [dɪ'stɪŋkʃn] *s* 1. Unterscheidung *f;* Unterschied *m* 2. Rang *m;* Vornehmheit *f* 3. Auszeichnung *f;* **of** ~ ausgezeichnet, von Rang; **without** ~ ohne Unterschied; **award s.o. academic ~s** jdm akademische Auszeichnungen verleihen; **draw a** ~ **between** einen Unterschied machen zwischen; **make ~s** Unterschiede machen, unterscheiden; **dis•tinc•tive** [dɪ'stɪŋktɪv] *adj* kennzeichnend, charakteristisch; unverwechselbar

dis•tin•guish [dɪ'stɪŋgwɪʃ] **I.** *vt* 1. unterscheiden 2. erkennen, wahrnehmen, bemerken 3. auseinander halten, unterscheiden (*from* von) **II.** *vi* unterscheiden (*between, among* zwischen) **III.** *vr* sich auszeichnen, sich hervortun; **dis•tin•guish•able** [-əbl] *adj* 1. unterscheidbar 2. zu erkennen, erkennbar; **dis•tin•guished** [dɪ'stɪŋgwɪʃt] *adj* 1. von hohem Rang; hervorragend 2. vornehm

dis•tort [dɪ'stɔ:t] *vt* **1.** verdrehen **2.** verzerren **3.** entstellen; **dis•tor•tion** [dɪ'stɔ:ʃn] *s* Verzerrung, Entstellung *f*

dis•tract [dɪ'strækt] *vt* ablenken (*from* von); **dis•tracted** [dɪ'stræktɪd] *adj* besorgt, beunruhigt; außer sich (*with* vor); **dis•trac•tion** [dɪ'strækʃn] *s* **1.** Unaufmerksamkeit *f* **2.** Ablenkung *f;* Zerstreuung, Unterhaltung *f* **3.** (*fig*) Zerstreutheit, Verwirrung *f;* **to ~** bis zur Raserei, aufs Äußerste

dis•traught [dɪ'strɔ:t] *adj* verzweifelt, außer sich

dis•tress [dɪ'stres] **I.** *s* **1.** Kummer *m;* Verzweiflung *f* **2.** Not *f,* Elend *nt* **3.** Notlage *f;* **in ~** (*Schiff*) in Seenot; **be in great ~** sehr leiden **II.** *vt* Kummer machen, Sorge bereiten (*s.o.* jdm); **dis•tressed** [dɪ'strest] *adj* bekümmert; **~ area** Notstandsgebiet *nt;* **dis•tress•ing** [-ɪŋ] *adj* Besorgnis erregend; erschütternd

dis•trib•ute [dɪ'strɪbju:t] *vt* **1.** ver-, aus-, zuteilen **2.** (*Film*) verleihen **3.** (*Dividende*) ausschütten **4.** (COM) vertreiben, absetzen; **dis•tribu•tion** [ˌdɪstrɪ'bju:ʃn] *s* **1.** Ver-, Zuteilung *f* **2.** (*Film*) Verleih *m* **3.** (*Dividende*) Ausschüttung *f* **4.** (COM) Vertrieb, Absatz *m;* **distribution area** *s* Absatzgebiet *nt;* **distribution channel** *s* Absatzweg *m;* **distribution rights** *s pl* (COM) Vertriebsrechte *ntpl*

dis•tribu•tive [dɪ'strɪbjʊtɪv] *adj* verteilend

dis•tribu•tor [dɪ'strɪbjʊtə(r)] *s* **1.** (*a.* AUTO) Verteiler *m* **2.** (COM) Großhändler *m* **3.** Filmverleiher *m*

dis•trict ['dɪstrɪkt] *s* **1.** Gebiet, Land(strich *m*) *nt* **2.** (Stadt)Viertel *nt* **3.** (Verwaltungs)Bezirk *m;* **electoral** [*o* **polling**] **~** Wahlbezirk *m;* **postal ~** Post-, Zustellbezirk *m;* **rural ~** Landbezirk *m;* **district attorney** *s* (*Am*) Bezirksanwalt *m,* -anwältin *f;* **district council** *s* (*Br*) Bezirksregierung *f;* **district court** *s* (*Am*) Bezirksgericht *nt*

dis•trust [dɪs'trʌst] **I.** *s* Misstrauen *nt* (*of, towards* gegen) **II.** *vt* misstrauen (*s.o.* jdm); **dis•trust•ful** [-fʊl] *adj* misstrauisch (*of* gegenüber)

dis•turb [dɪ'stɜ:b] *vt* **1.** stören; unterbrechen **2.** beunruhigen, verwirren **3.** (*fig*) aufwirbeln; durcheinander bringen; **dis•turb•ance** [dɪ'stɜ:bəns] *s* **1.** Störung *f* **2. ~s** (POL) Unruhen *fpl;* **cause a ~** eine Ruhestörung verursachen; **dis•turbed** [dɪ'stɜ:bd] *adj* **1.** geistig gestört **2.** beunruhigt; **dis•turbing** [-ɪŋ] *adj* beunruhigend; störend

dis•unite [ˌdɪsju:'naɪt] *vt* spalten, entzweien; **dis•unity** [dɪs'ju:nətɪ] *s* Uneinigkeit *f*

dis•use [dɪs'ju:s] außer Gebrauch kommen; **dis•used** [dɪs'ju:zd] *adj* **1.** außer Gebrauch **2.** (*Bergwerk*) stillgelegt

ditch [dɪtʃ] **I.** *s* Graben *m* **II.** *vt* (*sl*) abservieren; wegschmeißen

dither ['dɪðə(r)] **I.** *vi* (*fam*) zaudern, schwanken **II.** *s* (*fam*): **be all of a ~** ganz aufgeregt sein; ganz verdattert sein

dit•sy ['dɪtzɪ] *adj* (*Am: sl*) einfältig, dumm

ditto ['dɪtəʊ]: **I'd like tea – ~** ich möchte Tee – ich auch

ditty ['dɪtɪ] *s* Liedchen *nt*

di•ur•nal [daɪ'ɜ:nl] *adj* Tages-

di•van [dɪ'væn] *s* Diwan *m;* **divan bed** *s* Liege *f*

dive [daɪv] **I.** *vi* **1.** springen; einen Kopfsprung machen **2.** tauchen **3.** (*U-Boot*) untertauchen **4.** (*fig*) plötzlich verschwinden (*into* in); **~ in** hineinspringen; **he ~d into his pocket** er fischte in seiner Tasche **II.** *s* **1.** Sprung *m;* Kopfsprung *m* **2.** Tauchen *nt* **3.** (*fam*) Spelunke *f;* **make a ~ for s.th.** sich auf etw stürzen; **diver** ['daɪvə(r)] *s* Taucher(in) *m(f);* Turmspringer(in) *m(f);* Kunstspringer(in) *m(f)*

di•verge [daɪ'vɜ:dʒ] *vi* auseinander gehen; divergieren; abweichen (*from* von); **di•vergence** [daɪ'vɜ:dʒəns] *s* Abweichung *f;* Divergenz *f;* **di•ver•gent** [daɪ'vɜ:dʒənt] *adj* divergierend; abweichend

di•verse [daɪ'vɜ:s] *adj* verschieden(artig); **di•ver•si•fi•ca•tion** [daɪˌvɜ:sɪfɪ'keɪʃn] *s* **1.** (COM) Diversifikation *f;* Streuung *f* **2.** Abwechslung *f;* **di•ver•sify** [daɪ'vɜ:sɪfaɪ] *vt* **1.** (COM) diversifizieren; auffächern **2.** verschieden, abwechslungsreich gestalten

di•ver•sion [daɪ'vɜ:ʃn] *s* **1.** Umleitung *f* **2.** (*fig*) Unterhaltung *f;* Ablenkung, Zerstreuung *f*

di•ver•sity [daɪ'vɜ:sətɪ] *s* Mannigfaltigkeit, Vielfalt *f*

di•vert [daɪ'vɜ:t] *vt* **1.** (*Verkehr*) umleiten **2.** ablenken (*from* von) **3.** (*fig*) ablenken; zerstreuen; **di•vert•ing** [-ɪŋ] *adj* unterhaltsam, amüsant

di•vest [daɪ'vest] **I.** *vt* **1.** entkleiden **2.** berauben (*s.o. of s.th.* jdn einer S) **II.** *vr* sich trennen (*of* von)

di•vide [dɪ'vaɪd] **I.** *vt* **1.** trennen **2.** teilen (*into* in) **3.** (*Geld*) auf-, verteilen **4.** (MATH) dividieren **5.** (*fig*) entzweien; **~ the House** (*im brit. Parlament*) durch Hammelsprung abstimmen lassen **II.** *vi* **1.** sich teilen, sich gliedern (*into* in) **2.** (MATH) sich dividieren lassen **III.** *s* Wasserscheide *f;* **divide off** *vi* sich abtrennen; **divide out** *vt* aufteilen (*among* unter); **divide up** *vi* sich teilen; **di•vid•ed** [dɪ'vaɪdɪd] *adj* **1.** getrennt **2.** (*fig*) gespalten; geteilt; **be ~ on a question** in einer Frage geteilter Meinung sein

divi•dend ['dɪvɪdend] *s* **1.** (FIN) Dividende *f* **2.** (MATH) Dividend *m;* **pay a ~** eine Dividende ausschütten

di•vid•ing [dɪ'vaɪdɪŋ] *adj:* ~ **line** Trenn(ungs)linie *f;* ~ **wall** Trennwand *f*

div•i•na•tion [ˌdɪvɪ'neɪʃn] *s* Weissagung, Prophezeiung *f;* **di•vine** [dɪ'vaɪn] **I.** *vt* **1.** weissagen, prophezeien **2.** vermuten, erraten **II.** *s* Geistliche(r) *f m* **III.** *adj* göttlich; ~ **service** Gottesdienst *m;* **di•viner** [dɪ'vaɪnə(r)] *s* Wahrsager(in) *m(f)*

div•ing ['daɪvɪŋ] *s* Tauchen *nt;* Wasserspringen *nt;* **div•ing-bell** ['daɪvɪŋbel] *s* Taucherglocke *f;* **div•ing-board** ['daɪvɪŋbɔːd] *s* Sprungbrett *nt;* **div•ing-suit** ['daɪvɪŋsjuːt] *s* Taucheranzug *m*

di•vin•ing-rod [dɪ'vaɪnɪŋ'rɔd] *s* Wünschelrute *f*

di•vin•ity [dɪ'vɪnətɪ] *s* **1.** Göttlichkeit *f* **2.** Gottheit *f* **3.** Theologie *f*

di•vis•ible [dɪ'vɪzəbl] *adj* (*a.* MATH) teilbar (*by* durch)

di•vi•sion [dɪ'vɪʒn] *s* **1.** (Ein-, Ver)Teilung *f* **2.** (MATH) Division *f* **3.** Abteilung *f;* Sparte *f;* Fach *nt;* Kategorie *f* **4.** (MIL) Division *f* **5.** Trennungsstrich *m;* Trennlinie, Grenze *f* **6.** (PARL) Abstimmung *f* durch Hammelsprung **7.** (*fig*) Uneinigkeit, Spaltung *f;* **division of labour** *s* Arbeitsteilung *f*

di•vorce [dɪ'vɔːs] **I.** *s* **1.** (Ehe)Scheidung *f* **2.** (*fig*) Trennung *f;* **apply** [*o* **sue**] **for a** ~ die Scheidungsklage einreichen; ~ **proceedings** Scheidungsprozess *m* **II.** *vt* **1.** sich scheiden lassen von **2.** (*fig*) trennen (*from* von); **get ~d** sich scheiden lassen; **he ~d his wife** er ließ sich von seiner Frau scheiden; **they have been ~d** sie haben sich scheiden lassen; **di•vor•cee** [dɪˌvɔː'siː] *s* Geschiedene(r) *f m*

di•vot ['dɪvət] *s* (*Golf*) Divot *nt*

di•vulge [daɪ'vʌldʒ] *vt* bekannt machen, veröffentlichen

DIY *s Abk. von* **do-it-yourself** Heimwerken *nt*

diz•zi•ness ['dɪzɪnɪs] *s* Schwindel(anfall) *m;* **dizzy** ['dɪzɪ] *adj* **1.** schwind(e)lig **2.** (*Höhe*) schwindelerregend **3.** verrückt; ~ **spell** Schwindelanfall *m;* **feel** ~ schwindlig sein

DNA *s Abk. von* **desoxyribonucleic acid** DNS *f*

do [duː] <*irr:* does, did, done> **I.** *vt* **1.** tun, machen; **what are you ~ing now?** was machst du nun?; **I will ~ what I can** ich werde tun, was ich kann; **I have nothing to ~** ich habe nichts zu tun **2.** (*ausführen*) machen; ~ **a play** ein Stück aufführen; ~ **the housework** die Hausarbeit tun; ~ **the shopping** einkaufen gehen, die Einkäufe erledigen; **what can I ~ for you?** was kann ich für Sie tun?; **what do you want me to ~?** und was soll ich tun? **3.** (SCHULE) durchnehmen, behandeln **4.** lösen **5.** (*richten*): ~ **one's hair** sich frisieren; ~ **one's nails** sich die Nägel schneiden; ~ **the shoes** die Schuhe putzen **6.** (*beim Friseur*): **I will ~ you next, sir** Sie kommen als Nächster an die Reihe **7.** (*vollenden*): **the work's done now** die Arbeit ist gemacht **8.** (*Museum*) besuchen **9.** (*Geschwindigkeit*) fahren, machen **10.** passen (*s.o.* jdm) **11.** (THEAT) spielen **12.** übers Ohr hauen; **you've been done!** du bist reingelegt worden **13.** (*bearbeiten*): **we don't ~ letters** wir können keine Briefe annehmen **14.** (*Essen*) machen, kochen **15.** (*ermüden*): **he's absolutely done!** er ist völlig geschafft! **II.** *aux* **1.** (*zur Bildung von Frage- und verneinten Sätzen*): ~ **you understand?** verstehen Sie?; **I ~ not** [*o* **don't**] **understand** ich verstehe nicht **2.** (*zur Betonung*): ~ **stop the noise!** hör' mit dem Lärm auf!; **but I ~ like it** aber es gefällt mir wirklich **3.** (*um die Wiederholung des Verbs zu vermeiden*): **you speak better than I ~** Sie sprechen besser als ich **4.** (*zur Bestätigung*): **he lives in London, doesn't he?** er lebt doch in London?; **so you know him, ~ you?** Sie kennen ihn also, oder? **5.** (*um bei Antworten das Verb zu ersetzen*): **they speak English – ~ they really?** sie sprechen Englisch – wirklich?; **may I come in? – ~!** darf ich hereinkommen? – ja, bitte **III.** *vi* **1.** handeln; **he did right** er hat richtig gehandelt **2.** (*Mensch, Lage, Geschäfte*): **how are you ~ing?** wie geht es Ihnen?; **the business is ~ing well** das Geschäft geht gut **3.** (*Essen*) fertig sein **4.** gehen; **that will never ~!** das geht nicht!; **nothing ~ing** nichts zu machen **5.** reichen; **that'll ~!** jetzt reicht's aber! **IV.** *s* **1.** (*sl*) Schwindel *m* **2.** (*fam*) Veranstaltung, Fete *f* **3.** Sitte *f;* **the ~s and don'ts** was man tun und nicht tun sollte; **fair ~s** (*sl*) gleiches Recht; **do away with** *vt* **1.** abschaffen; vernichten **2.** (*Menschen*) aus dem Wege räumen, erledigen; **do by** *vi:* ~ **well by s.o.** jdn gut behandeln; ~ **badly by s.o.** jdn schlecht behandeln; **do down** *vt* (*fam*) schlecht machen; **do for** *vi* **1.** (*Person*) fertig machen **2.** putzen für; **be done for** erledigt sein; **do in** *vt* (*sl*) umlegen, killen; **be done in** fertig, geschafft sein; **do out** *vt* aufräumen, reinigen, putzen; ~ **s.o. out of his job** jdn um eine Stelle bringen; **do over** *vt* **1.** neu be-, überziehen **2.** (*sl*) zusammenschlagen; **do up** *vt* **1.** zumachen **2.** (*Waren*) zusammenpacken; einwickeln **3.** neu herrichten; ~ **o.s. up** sich zurechtmachen; **do with** *vt* **1.** brauchen **2.** vertragen; **he can't be ~ing with this noise** er kann den Lärm nicht ausstehen; **what has that got to ~ with it?** was hat das damit zu tun?; **I could ~ with**

a cup of tea ich könnte eine Tasse Tee vertragen; **she didn't know what to ~ with herself** sie wusste nichts mit sich anzufangen; **do without** *vt* nicht brauchen, nicht nötig haben, auskommen ohne

doc·ile ['dəʊsaɪl, *Am* 'dɒsl] *adj* **1.** sanftmütig **2.** gelehrig; **do·cil·ity** [dəʊ'sɪlətɪ] *s* **1.** Sanftmut *f* **2.** Gelehrigkeit *f*

dock[1] [dɒk] **I.** *s* **1.** (MAR) Dock *nt;* Kai *m* **2. ~s** Hafen *m* **II.** *vt* docken **III.** *vi* (MAR) anlegen

dock[2] [dɒk] *s* (JUR) Anklagebank *f;* **stand in the ~** auf der Anklagebank sitzen

dock[3] [dɒk] **I.** *vt* **1.** (*Schwanz*) stutzen **2.** (*Lohn*) kürzen **II.** *s* gestutzter Schweif

dock[4] [dɒk] *s* Ampfer *m*

docker ['dɒkə(r)] *s* Docker, Hafenarbeiter *m*

docket ['dɒkɪt] **I.** *s* **1.** (JUR) Urteilsregister *nt* **2.** (COM) Bestell-, Lieferschein *m;* Laufzettel *m* **3.** Zollquittung *f* **II.** *vt* **1.** (JUR) zusammenfassen **2.** (COM) etikettieren

dock·ing ['dɒkɪŋ] *s* (*Raumfahrt*) Ankoppelung *f*

dock·yard ['dɒkjɑːd] *s* Werft *f*

doc·tor ['dɒktə(r)] **I.** *s* **1.** (*akademischer Grad*) Doktor *m* **2.** Doktor(in) *m(f),* Arzt *m,* Ärztin *f;* **take one's ~'s degree** promovieren; **lady** [*o* **woman**] ~ Ärztin *f* **II.** *vt* **1.** (*Erkältung*) behandeln **2.** (*fig*) manipulieren, zurechtbiegen; (*Dokumente*) frisieren, fälschen; **doc·tor·ate** ['dɒktərət] *s* Doktorgrad *m*

doc·tri·naire [ˌdɒktrɪ'neə(r)] *adj* doktrinär; **doc·trine** ['dɒktrɪn] *s* Doktrin *f,* Grundsatz *m*

docu·ment ['dɒkjʊmənt] **I.** *s* Urkunde *f,* Dokument *nt* **II.** *vt* **1.** beurkunden **2.** mit Papieren versehen; **docu·men·tary** [ˌdɒkjʊ'mentərɪ] **I.** *adj* urkundlich, dokumentarisch **II.** *s* Dokumentarfilm *m;* **docu·men·ta·tion** [ˌdɒkjʊmen'teɪʃn] *s* Dokumentation *f;* **document folder** *s* Aktenmappe *f*

docu·soap ['dokjuːˌsəʊp] *s* realistische Seifenoper

dod·dery ['dɒdərɪ] *adj* vertrottelt

dodge [dɒdʒ] **I.** *vt* **1.** schnell ausweichen (*s.th.* einer S) **2.** (*fig*) sich drücken vor **II.** *vi* ausweichen **III.** *s* **1.** Sprung *m* zur Seite, rasches Ausweichen **2.** Trick *m;* **be up to all the ~s** mit allen Wassern gewaschen sein; **dodge around** *vi* (*Br: sl*): ~ **with s.o.** mit jdm herumhängen; **dodger** ['dɒdʒə(r)] *s* Schlaumeier, Schlawiner *m*

dodgy ['dɒdʒɪ] *adj* (*fam*) **1.** (*Situation*) vertrackt **2.** (*Maschine*) nicht einwandfrei

doe [dəʊ] *s* **1.** Reh *nt,* Hirschkuh *f* **2.** Häsin *f*

doer ['duːə(r)] *s* (*fam*) Macher *m;* aktiver Mensch

does [dʌz] *3. Person Singular Präsens von* **do**

doe·skin ['dəʊskɪn] *s* Rehleder *nt*

doesn't ['dʌznt] = **does not**

dog [dɒg] **I.** *s* **1.** Hund, Rüde *m* **2.** (*fam*) Kerl *m* **3. ~s** Hunderennen *nt* **4.** (TECH) Klammer *f;* **a ~'s dinner/breakfast** (*fam*) Schlamassel *m;* **die like a ~** im Elend sterben; **lead a ~'s life** ein Hundeleben führen; **go to the ~s** vor die Hunde gehen; **give a ~ a bad name** wer einmal in Verruf kommt; ~ **in the manger** Spielverderber(in) *m(f);* **every ~ has his day** jeder hat einmal Glück; **let sleeping ~s lie** (*prov*) man soll schlafende Hunde nicht wecken; **hot ~** Hot dog *m;* **lucky ~** Glückspilz *m;* **dirty ~** gemeiner Hund **II.** *vt:* ~ **s.o.** jdm hart auf den Fersen sein; **dog biscuit** *s* Hundekuchen *m;* **dog collar** *s* **1.** Hundehalsband *nt* **2.** weißer Stehkragen (*eines Geistlichen*); **dog days** *s pl* Hundstage *mpl;* **dog-eared** ['dɒgˌɪərd] *adj* (*Buch*) mit Eselsohren

dog·ged ['dɒgɪd] *adj* verbissen, hartnäckig

dog·gerel ['dɒgərəl] *s* Knittelvers *m*

dogma ['dɒgmə] *s* Dogma *nt,* Glaubens-, Lehrsatz *m;* **dog·matic** [dɒg'mætɪk] *adj* dogmatisch; **dog·ma·tism** ['dɒgmətɪzəm] *s* Dogmatismus *m*

dogs·body ['dɒgzˌbɒdɪ] *s* Mädchen *nt* für alles; **dog-tired** [ˌdɒg'taɪəd] *adj* hundemüde

do·ing ['duːɪŋ] *s* Tun *nt;* **this is your ~** das ist dein Werk; **it was none of my ~** ich hatte nichts damit zu tun; **do·ings** ['duːɪŋz] *s pl* (*fam*) Handlungen, Taten *fpl*

do-it-your·self ['duːɪtjɔː'self] **I.** *s* Heimwerken *nt* **II.** *adj* Bastler-, Hobby-

dol·drums ['dɒldrəmz] *s pl* (GEOG) Kalmenzone *f;* **be in the ~** Trübsal blasen; (COM) in einer Flaute stecken

dole [dəʊl] **I.** *s* Stempelgeld *nt;* **go** [*o* **be**] **on the ~** stempeln gehen **II.** *vt:* ~ **out** austeilen; **dole-out** *s* (*pej*) Almosen *pl*

dole·ful ['dəʊlfl] *adj* traurig, trübselig

doll [dɒl] **I.** *s* Puppe *f;* **~'s house** Puppenhaus *nt* **II.** *vt:* ~ **up** (*fam*) herausputzen

dol·lar ['dɒlə(r)] *s* Dollar *m*

dol·lop ['dɒləp] *s* (*fam*) Schlag *m*

dolly ['dɒlɪ] *s* **1.** (*Kindersprache*) Püppchen *nt* **2.** (FILM) Kamerawagen *m;* **dolly-bird** *s* (*fig fam*) Puppe *f*

dol·phin ['dɒlfɪn] *s* Delfin, Delphin *m*

dolt [dəʊlt] *s* Tölpel *m;* **dolt·ish·ly** ['dəʊltɪʃlɪ] *adj* tölpelhaft

do·main [dəʊ'meɪn] *s* **1.** Domäne *f* **2.** (*fig*) Gebiet *nt,* Bereich *m* **3.** (INTERNET) Domain *f*

dome [dəʊm] *s* (ARCH) Kuppel *f*

do·mes·tic [də'mestɪk] *adj* **1.** häuslich **2.** (POL COM) Innen-; Inland-; Binnen-; einheimisch **3.** Haus-; ~ **animal** Haustier *nt;* ~ **appliance** Haushaltsgerät *nt;* ~ **disturbance** Ehekrach *m;* ~ **flight** Inlandsflug *m;* ~ **policy** Innenpolitik *f;* ~ **refuse** [*o* **rubbish**] Hausmüll *m;* ~ **science** Hauswirtschaftslehre; ~ **servant** Hausangestellte(r) *f m;* **do•mes•ti•cate** [də'mestɪkeɪt] *vt* **1.** ans Haus gewöhnen **2.** (*Tiere*) zähmen

domi•cile ['dɒmɪsaɪl] **I.** *s* **1.** Wohnsitz *m* **2.** (FIN) Zahlungsort *m* **II.** *vt* **1.** unterbringen (*with* bei) **2.** (FIN) domizilieren

domi•nance ['dɒmɪnəns] *s* Vorherrschaft, Dominanz *f;* **domi•nant** ['dɒmɪnənt] *adj* **1.** (be)herrschend, bestimmend; dominierend **2.** (*Gesichtszug*) hervorstechend **3.** (MUS) dominant; **domi•nate** ['dɒmɪneɪt] **I.** *vt* beherrschen **II.** *vi* dominieren; **domi•na•tion** [ˌdɒmɪ'neɪʃn] *s* (Vor)Herrschaft *f*

domi•neer [ˌdɒmɪ'nɪə(r)] *vi* den Ton angeben; ~ **over** beherrschen, tyrannisieren; **domi•neer•ing** [-ɪŋ] *adj* **1.** tonangebend, herrisch **2.** tyrannisch

Do•min•ican Re•pub•lic [də'mɪnɪkən-ˌrɪ'pʌblɪk] *s* Dominikanische Republik

do•min•ion [də'mɪnɪən] *s* **1.** Herrschaft, Souveränität *f* (*over* über) **2.** Herrschaftsgebiet *nt,* -bereich *m*

dom•ino ['dɒmɪnəʊ] <*pl* -inoes> *s* **1.** Domino(stein) *m* **2.** (*Kostüm*) Domino *m;* **play ~es** Domino spielen; **domino effect** *s* Dominoeffekt *m*

do•nate [dəʊ'neɪt] *vt* spenden; stiften; **do•na•tion** [dəʊ'neɪʃn] *s* **1.** Spenden *nt;* Stiften *nt* **2.** Spende *f*

done [dʌn] **I.** *pp of* **do II.** *adj* **1.** getan; erledigt; abgemacht **2.** fertig; gar **3.** (*fam*) erschöpft, kaputt

do•ner ke•bab ['dəʊnə(r)kə'bæb] *s* Dönerkebab *m*

don•key ['dɒŋkɪ] *s* Esel *m;* **~'s years** eine Ewigkeit; **don•key jacket** ['dɒŋki-ˌdʒækət] *s* dicke (gefütterte) Jacke; **don•key-work** *s* Routinearbeit; (*pej*) Dreckarbeit *f*

do•nor ['dəʊnə(r)] *s* **1.** (JUR) Stifter(in) *m(f)* **2.** (MED) Spender(in) *m(f)*

don't [dəʊnt] = **do not**

doodle ['du:dl] **I.** *vi* Männchen malen **II.** *s* Gekritzel *nt*

doom [du:m] **I.** *s* Verhängnis, Schicksal *nt;* **go to one's** ~ seinem Verhängnis entgegengehen **II.** *vt* verurteilen, verdammen; **be ~ed** verloren sein; **~ed to die** dem Tode geweiht; **dooms•day** ['du:mzdeɪ] *s* der Jüngste Tag

door [dɔ:(r)] *s* **1.** Tür *f;* Eingang *m* **2.** (*fig*) Weg *m* (*to* zu); **go from** ~ **to** ~ von Tür zu Tür gehen; **live two ~s away** zwei Häuser weiter wohnen; **next** ~ nebenan; **next** ~ **to** (*fig*) beinahe, fast; **open the** ~ **to s.th.** einer S Tür und Tor öffnen; **lay s.th. at s.o.'s** ~ (*fig*) jdm etw zum Vorwurf machen; **show s.o. the** ~ jdn vor die Tür setzen; **back** ~ Hintertür *f;* **front** ~ Haustür *f;* **door•bell** ['dɔ:bel] *s* Türklingel *f;* **door-frame** *s* Türrahmen *m;* **door•keeper** *s* Portier *m;* **door•knob** *s* Türknopf *m;* **door•man** ['dɔ:mən] <*pl* -men> *s* Pförtner, Portier *m;* **door•mat** *s* Türvorleger *m;* **door•nail**: ~ **dead as a** ~ mausetot; **door•plate** *s* Türschild *nt;* **door•step** ['dɔ:step] *s* Türstufe *f;* **door-to-door** [ˌdɔ:tə'dɔ:(r)] *adj:* ~ **sales** Haustürgeschäft *nt;* ~ **salesman** Vertreter *m;* **door•way** ['dɔ:weɪ] *s* **1.** Eingang *m* **2.** (*fig*) Weg *m*

doozy ['dəʊzɪ] *s* (*Am: sl*) Prachtexemplar *nt*

dope [dəʊp] **I.** *s* **1.** Rauschgift *nt,* Stoff *m* **2.** (*sl*) Information *f,* Tip *m* **3.** (*sl*) Trottel *m* **4.** Lack *m* **II.** *vt* **1.** (*Pferde, Sportler*) dopen **2.** Aufputschmittel, Dopingmittel geben (*s.o.* jdm); **dope peddler**, **dope pusher** *s* Drogenhändler(in) *m(f),* Dealer(in) *m(f);* **dopey**, **dopy** ['dəʊpɪ] *adj* (*fam*) **1.** bekloppt, blöd **2.** benommen, benebelt

do-rag [du:'ræg] *s* (*Am: sl*) Stirnband *nt*

dor•mant ['dɔ:mənt] *adj* **1.** (BOT) ruhend **2.** (*Vulkan*) untätig **3.** (*Energie*) verborgen, latent; **lie** ~ (*fig*) schlummern

dor•mer(-win•dow) ['dɔ:mə(r)(wɪndəʊ)] *s* Mansardenfenster *nt*

dor•mi•tory ['dɔ:mɪtrɪ] *s* **1.** Schlafsaal *m* **2.** (*Am*) (Studenten)Wohnheim *nt;* ~ **town** Schlafstadt *f;* **dor•mo•bile®** ['dɔ:məʊbi:l] *s* Wohnmobil *nt*

dor•mouse ['dɔ:maʊs] <*pl* -mice> *s* Haselmaus *f*

dor•sal ['dɔ:sl] *adj* (ANAT) Rücken-; ~ **fin** Rückenflosse *f*

DOS [dɒs] *s Abk. von* **Disk Operating System** (INFORM) Diskettenbetriebssystem, DOS *nt*

dos•age ['dəʊsɪdʒ] *s* Dosis *f;* Dosierung *f;* **dose** [dəʊs] **I.** *s* Dosis *f* **II.** *vt* Arznei geben (*s.o.* jdm); ~ **o.s.** Medikamente schlucken

doss [dɒs] *vi* (*sl*) pennen; **dos•ser** ['dɒsə(r)] *s* (*Br sl*) Penner(in) *m(f);* **doss-house** *s* (*Br sl*) billige Unterkunft

dos•sier ['dɒsɪeɪ] *s* Dossier *nt*

dot [dɒt] **I.** *s* **1.** Punkt *m* **2.** Pünktchen *nt;* **on the** ~ auf die Minute **II.** *vt* **1.** punktieren **2.** (*fig*) übersäen (*with* mit); ~ **an i** einen i-Punkt setzen; ~ **one's i's and cross one's t's** (*fig*) peinlich genau sein; **sign on the ~ted line** (*fig*) formell zustimmen

dote [dəʊt] *vi:* ~ **on** vernarrt sein in; **dot•ing** ['dəʊtɪŋ] *adj* vernarrt, heftig verliebt

D

(*on* in)

dot-matrix print•er ['dɒt'meɪtrɪks 'prɪntə(r)] *s* (INFORM) Matrixdrucker *m*

dot•ty ['dɒtɪ] *adj* (*fam*) schrullig

dou•ble ['dʌbl] **I.** *adj* **1.** doppelt, zweifach **2.** Doppel- **3.** (*Blume*) gefüllt **4.** (*fig*) zweideutig; scheinheilig; **have a ~ meaning** doppeldeutig sein; **lead a ~ life** ein Doppelleben führen **II.** *adv* doppelt, noch einmal so (viel); **see ~** doppelt sehen; **he's ~ your age** er ist doppelt so alt wie du **III.** *s* **1.** (das) Doppelte, (das) Zweifache **2.** Ebenbild *nt;* Doppelgänger(in) *m(f)* **3.** (THEAT FILM) Double *nt* **4.** (MIL) Laufschritt *m* **5.** (*Tennis*) Doppel(spiel) *nt;* **~ or quits** doppelt oder nichts; **at the ~** im Laufschritt **IV.** *vt* **1.** verdoppeln **2.** (*Papier*) (einmal) falten **3.** (THEAT FILM) das Double sein (*s.o.* jds) **4.** (MAR) umschiffen **5.** (*Kartenspiel*) verdoppeln **V.** *vi* **1.** sich verdoppeln **2.** (MUS) zwei Instrumente spielen; **~ for s.o.** (THEAT FILM) jds Double sein; **double back** *vi* kehrtmachen, zurückgehen; **double up I.** *vi* **1.** sich krümmen, sich biegen (*with laughter* vor Lachen) **2.** (*Zimmer*) sich teilen, gemeinsam benutzen **II.** *vt* (*Papier*) falten, knicken

dou•ble-bar•rel•led [ˌdʌbl'bærəld] *adj* **1.** (*Gewehr*) doppelläufig **2.** (*Nachname*) Doppel-; **dou•ble bass** *s* Kontrabass *m;* **dou•ble bed** *s* Doppelbett *nt;* **dou•ble-breasted** [-'brestɪd] *adj* (*Jacke*) zweireihig; **dou•ble-check** *vt* doppelt prüfen; **dou•ble chin** *s* Doppelkinn *nt;* **dou•ble-cross I.** *vt* (*fam*) ein Doppelspiel treiben mit **II.** *s* (*fam*) Doppelspiel *nt;* **dou•ble-crosser** *s* (*fam*) falscher Hund; **dou•ble-dealer** *s* Betrüger(in) *m(f);* **dou•ble-dealing I.** *s* Betrügerei *f* **II.** *adj* betrügerisch; **dou•ble-decker** *s* Doppeldecker (*a. Brötchen*)*;* **dou•ble-Dutch** *s* (*fam*) Kauderwelsch *nt;* **dou•ble-edged** [-'edʒd] *adj* zweischneidig; **dou•ble-entry book•keeping** *s* doppelte Buchführung; **dou•ble feature** *s* Programm *nt* mit zwei Hauptfilmen; **dou•ble-glaze** *vt* doppelt verglasen; **dou•ble glazing** *s* Doppelverglasung *f,* Doppelfenster *ntpl;* **dou•ble-jointed** [-'dʒɔɪntɪd] *adj* sehr gelenkig; **dou•ble-park** *vi* in der zweiten Reihe parken; **dou•ble-quick I.** *adv* sehr schnell **II.** *adj:* **in ~ time** im Nu

dou•bles ['dʌblz] *s sing od pl* (SPORT) Doppel *nt*

dou•ble-sided *adj* doppelseitig

dou•ble take [ˌdʌbl'teɪk] *s* (*fig fam*) Spätzündung *f;* **do a ~** zweimal hingucken (müssen); **dou•ble talk** *s* doppeldeutiges Gerede; **dou•ble think** *s* widersprüchliches Denken; **dou•ble time** *s* doppelter Lohn

dou•bly ['dʌblɪ] *adv* doppelt

doubt [daʊt] **I.** *s* Zweifel *m* (*of, about* an); **be in great ~ as to s.th.** schwere Bedenken hinsichtlich einer S haben; **I am in ~ as to whether ...** ich habe so meine Zweifel, ob ...; **in ~** zweifelhaft; **cast ~ on s.th.** etw in Zweifel ziehen; **no ~ he will come tomorrow** höchstwahrscheinlich kommt er morgen; **without (a) ~** ohne Zweifel; **beyond (all) ~** ohne (jeden) Zweifel **II.** *vt* bezweifeln; anzweifeln, Zweifel haben an; **I ~ whether he will come** ich bezweifle, dass er kommen wird **III.** *vi* Zweifel haben;

doubt•ful ['daʊtfl] *adj* **1.** unsicher, zweifelhaft; ungewiss **2.** (*Charakter*) zweifelhaft; zwielichtig; **be ~ about s.th.** einer S gegenüber Zweifel hegen; **look ~** skeptisch aussehen; **doubt•less** ['daʊtlɪs] *adv* ohne Zweifel, zweifellos

dough [dəʊ] *s* **1.** Teig *m* **2.** (*sl*) Moneten *pl;* **dough•nut** ['dəʊnʌt] *s* Berliner (Pfannkuchen) *m;* **doughy** ['dəʊɪ] *adj* **1.** teigig **2.** (*fam*) käsig, bleich

dour [dʊə(r)] *adj* **1.** mürrisch **2.** (*Kampf*) hart

douse [daʊs] *vt* **1.** eintauchen; Wasser gießen über **2.** (*fam: Licht*) auslöschen

dove[1] [dəʊv] (*Am*) *s.* **dive**

dove[2] [dʌv] *s* Taube *f;* **dove•cot(e)** ['dʌvkəʊt] *s* Taubenschlag *m*

dove•tail ['dʌvteɪl] **I.** *s* (TECH) Schwalbenschwanz *m* **II.** *vt* **1.** (TECH) (ver)zinken, verschwalben **2.** (*fig*) koordinieren (*with* mit) **III.** *vi* (*Pläne*) übereinstimmen

dowa•ger ['daʊədʒə(r)] *s* adlige Witwe

dowdy ['daʊdɪ] *adj* schlampig; schlecht gekleidet

dowel ['daʊəl] *s* Dübel *m*

down[1] [daʊn] *s* Daunen *fpl,* Flaum *m*

down[2] [daʊn] *s meist pl* Hügelland *nt*

down[3] [daʊn] **I.** *adv* **1.** her-, hinunter; nach unten **2.** (*statische Position*) unten **3.** (*an einen anderen Punkt*): **on the way ~ from London** auf dem Weg von London hierher; **~ South** im Süden; **go ~ to the sea** an die See fahren **4.** (INFORM) ausgefallen **5.** (*im Volumen, in der Menge*): **be worn ~** abgetragen sein; **the wind died ~** der Wind nahm ab; **the fire is burning ~** das Feuer erlischt; **the tyres are ~** die Reifen sind platt; **the price of fruit is ~** der Obstpreis ist gefallen **6.** (*Schreiben*): **write s.th. ~** etw aufschreiben; **get s.th. ~** etw notieren; **be ~ for the next race** für das nächste Rennen gemeldet sein **7.** (*zeitlich*): **from 1900 ~ to the present** seit 1900 bis zur Gegenwart; **~ through the ages** von jeher **8.** (*Wendungen*): **fall ~** herunterfallen; **~ there** da unten; **he's ~ with flu** er liegt mit Grippe im Bett; **the sun is ~** die Sonne ist untergegangen; **head** ~ mit dem Kopf nach unten; **pay s.th.** ~ etw anzahlen; **up and** ~ hin und her; auf und ab; **be** ~ **on s.o.** auf jdn sauer sein; **be** ~ **in the mouth** niedergeschlagen sein **II.** *prep* **1.** her-, hinunter **2.** nach unten; **go** ~ **the hill** den Berg hinuntergehen; **he lives** ~ **the street** er wohnt ein Stückchen weiter die Straße entlang; **he was walking** ~ **the street** er ging die Straße entlang; **she's** ~ **the shops** (*sl*) sie ist einkaufen gegangen; ~ **the ages** durch die Jahrhunderte (hindurch); **ups and** ~**s** gute und schlechte Zeiten **III.** *vt* niederschlagen; ~ **tools** die Arbeit niederlegen; ~ **a glass of beer** ein Glas Bier runterkippen

down-and-out ['daʊnənaʊt] **I.** *s* Penner(in) *m(f)* **II.** *adj* heruntergekommen; **down•cast** ['daʊnkɑːst] *adj* **1.** niedergedrückt **2.** (*Augen*) niedergeschlagen; **down•fall** ['daʊnfɔːl] *s* **1.** Sturz, Fall *m* **2.** (*fig*) Ruin *m;* Untergang *m* **3.** (*Regen*) Regenschauer, Platzregen *m;* **down-grade** [ˌdaʊn'greɪd] *vt* (*Arbeit*) herunterstufen; degradieren; **down•hearted** [ˌdaʊn'hɑːtɪd] *adj* niedergeschlagen, gedrückt; **down•hill** [ˌdaʊn'hɪl] *adv* bergab, abwärts; **go** ~ bergab gehen; (*fig*) auf dem absteigenden Ast sein; **down•load** *vt* (INTERNET) herunterladen, downloaden; **down-mar•ket** [ˌdaʊn'mɑːkɪt] *adj* Billig-, Massen-; **down payment** *s* Anzahlung *f;* **down•pour** ['daʊnpɔː(r)] *s* Platzregen *m;* **down•right** ['daʊnraɪt] **I.** *adj* **1.** (*Lüge*) glatt **2.** (*Lügner*) ausgesprochen **II.** *adv* (*unhöflich*) ausgesprochen; **down-shift•er** ['daʊnʃɪftə(r)] *s* Aussteiger(in) *m(f);* **down•side** ['daʊnsaɪd] *s* Nachteil *m;* **down•siz•ing** ['daʊnsaɪzɪŋ] *s* Stellenabbau *m*

Down's Syn•drome ['daʊnz'sɪndrəʊm] *s* (MED) (Morbus)Down-Syndrom *nt*

down•stairs [ˌdaʊn'steəz] **I.** *adv* die Treppe hinunter; (nach) unten **II.** *adj* Parterre-; **the** ~ **rooms** die unteren Zimmer **III.** *s* Parterre *m;* **down•stream** [ˌdaʊn'striːm] *adv* stromabwärts; **down•time** ['daʊntaɪm] *s* (INFORM COM) Ausfallzeit *f;* **down-to-earth** [ˌdaʊntə'ɜːθ] *adj* praktisch veranlagt; wirklichkeitsnah; nüchtern; **down-town** ['daʊntaʊn] **I.** *adv:* **go** ~ in die Innenstadt gehen; **live** ~ im Zentrum wohnen **II.** *adj:* ~ **district** Zentrum *nt;* (*Am*) Geschäftsviertel *nt* **III.** *s* Geschäftsviertel *nt;* **down•trod•den** ['daʊntrɒdn] *adj* (*Volk*) unterdrückt; **down•turn** ['daʊntɜːn] *s* (COM) Abflauen *nt;* **down-ward** ['daʊnwəd] **I.** *adj* **1.** abwärtsführend, geneigt **2.** (*fig*) absteigend **II.** *adv* (*a. downwards*) abwärts, bergab; **from the 10th century** ~ seit dem 10. Jahrhundert

downy ['daʊnɪ] *adj* flaumig

dowry ['daʊərɪ] *s* Aussteuer, Mitgift *f*

dowse[1] [daus] *vt* **1.** eintauchen; Wasser gießen über **2.** (*fam: Licht*) auslöschen

dowse[2] [daʊs] *vi* mit der Wünschelrute suchen; **dows•er** ['daʊsə(r)] *s* Rutengänger(in) *m(f);* **dows•ing** ['daʊsɪŋ] *s* Rutengehen *nt*

doyen ['dɔɪən] *s* Doyen *m*

doze [dəʊz] **I.** *vi* (vor sich hin) dösen; ~ **off** einnicken **II.** *s* Nickerchen *nt*

dozen ['dʌzn] *s* Dutzend *nt;* ~**s of times** x-mal, tausendmal; **talk nineteen to the** ~ unaufhörlich reden

dozy ['dəʊzɪ] *adj* schläfrig

drab [dræb] *adj* **1.** graubraun **2.** (*fig*) trüb(e), düster

dra•co•nian [drə'kəʊnɪən] *adj* drakonisch

draft [drɑːft] **I.** *s* **1.** Skizze *f,* Entwurf *m* **2.** (FIN) Wechsel *m* **3.** (MIL) Sonderkommando *nt* **4.** (*Am:* MIL) Rekruten *mpl,* Einberufung zum Wehrdienst **5.** (*Am*) (Luft)zug *m* **II.** *vt* **1.** skizzieren, entwerfen **2.** (*Am:* MIL) rekrutieren, einberufen; ~ **s.o. to do s.th.** jdn beauftragen etw zu tun; **draft•ee** [ˌdrɑː'ftiː] *s* (*Am:* MIL) Einberufene(r), Wehrpflichtige(r) *f m;* **drafts•man** *s* (*Am*) Zeichner *m;* (*of documents*) Verfasser *m;* **drafty** *adj* (*Am*) zugig; **it's** ~ **in here** hier zieht es

drag [dræg] **I.** *s* **1.** Schlepp-, Baggernetz *nt* **2.** Hemmklotz *m* **3.** (*fig*) Hemmschuh *m,* Hindernis *nt* (*on s.o.* für jdn) **4.** (AVIAT) Luftwiderstand *m* **5.** (*sl: Zigarette*) Zug *m* **6.** (*sl*) Frauenkleidung *f* (von Männern getragen); **what a** ~**!** (*fam*) Mann, ist das langweilig; so'n Mist **II.** *vt* **1.** (hinter sich her)ziehen, schleppen **2.** (*Gewässer*) absuchen (*for* nach); ~ **one's feet** schlurfen; ~ **anchor** vor Anker treiben **III.** *vi* **1.** schleifen, schlurfen **2.** hinterherhinken **3.** (*Zeit*) sich hinziehen; sich in die Länge ziehen; **drag along** *vt* mitschleppen; **drag away** *vt* wegschleppen, -ziehen; **drag behind** *vi* zurück sein, hinterherhinken; **drag down** *vt* herunterziehen; **drag in** *vt* hineinziehen; **drag lift** *s* Schlepplift *m;* **drag off** *vt* wegzerren; **drag on** *vi* sich in die Länge ziehen; sich hinschleppen; **drag out** *vt* in die Länge ziehen; **drag up** *vt* **1.** (*Skandal*) ausgraben **2.** (*fam: Kind*) mehr schlecht als recht aufziehen

dragon ['drægən] *s* (*a. fig*) Drache *m*

drag•on•fly ['drægənflaɪ] *s* Libelle *f*

dra•goon [drə'guːn] **I.** *s* Dragoner *m* **II.** *vt* zwingen (*into doing* zu tun)

drain [dreɪn] **I.** *s* **1.** Rohr *nt;* Abflussrohr *nt* **2.** ~**s** Kanalisation *f* **3.** (*fig*) Belastung *f;* **go down the** ~ vor die Hunde gehen; **brain** ~ Abwanderung *f* von Wissenschaftlern,

D

Braindrain *m* **II.** *vt* **1.** (*a.* MED) drainieren, entwässern, trockenlegen **2.** (*Gemüse*) abgießen **3.** (*Boiler*) das Wasser ablassen von **4.** (*Glas*) leeren; ~ **s.o. of strength** an jds Kräften zehren; ~ **s.o. dry** jdn ausnehmen **III.** *vi* **1.** (*Gemüse*) abtropfen **2.** (*Land*) entwässert werden; **drain away** *vi* ablaufen; (*fig*) dahinschwinden; **drain off** *vt* abgießen; abtropfen lassen; **drain•age** ['dreɪnɪdʒ] *s* **1.** Entwässerung, Dränage *f* **2.** Entwässerungssystem *nt;* Kanalisation *f* **3.** Abwasser *nt;* **drainage basin** *s* (GEOG) Einzugsgebiet *nt;* **drain•ing board** ['dreɪnɪŋ'bɔːd] *s* Ablauf *m;* **drain•pipe** *s* Abflussrohr *nt;* **drainpipe trousers** *s pl* Röhrenhose *f*

drake [dreɪk] *s* Enterich, Erpel *m*

dram [dræm] *s* Schluck *m* (*Whisky*)

drama ['drɑːmə] *s* (*a. fig*) Drama *nt;* **drama school** *s* Schauspielschule *f;* **dramatic** [drə'mætɪk] *adj* **1.** dramatisch **2.** schauspielerisch; **dra•mat•ics** [drə'mætɪks] *s pl mit sing* theatralisches Getue; **drama•tis per•sonae** [ˌdræmətɪspɜː'səʊnaɪ] *s pl* Personen *f pl* der Handlung; **drama•tist** ['dræmətɪst] *s* Dramatiker(in) *m(f);* **drama•tiz•ation** [ˌdræmətaɪ'zeɪʃn] *s* Dramatisierung *f;* **drama•tize** ['dræmətaɪz] *vt* dramatisieren

drank [dræŋk] *s.* **drink**

drape [dreɪp] *vt* **1.** drapieren; mit Vorhängen versehen **2.** hüllen; ~ **s.th. over s.th.** etw über etw drapieren; **dra•per** ['dreɪpə(r)] *s* (*Br*) Textilkaufmann *m,* -kauffrau *f;* **dra•pery** ['dreɪpərɪ] *s* **1.** Tuch *nt,* Stoff *m* **2.** (*Geschäft*) Stoffladen *m*

dras•tic ['dræstɪk] *adj* **1.** drastisch, durchgreifend **2.** bedrohlich

drat [dræt] *interj* (*fam*) zum Teufel mit …!

draught [drɑːft] *s* **1.** (Luft)Zug *m,* Zugluft *f* **2.** Schluck, Zug *m* **3.** (*von Fischen*) Fischzug *m* **4.** (MAR) Tiefgang *m* **5.** Fassbier *nt* **6.** ~**s** (*Br*) Damespiel *nt;* **drink in one** ~ in einem Zug, auf einmal austrinken; **beer on** ~ Bier vom Fass, Fassbier *nt;* **draught board** *s* (*Br*) Damebrett *nt;* **draughtsman** ['drɑːftsmən] <*pl* -men> *s* **1.** Zeichner *m;* Verfasser *m* **2.** (*Br*) Damestein *m;* **draughty** ['drɑːftɪ] *adj* zugig

draw¹ [drɔː] <*irr:* drew, drawn> *vt* zeichnen; (*Linie*) ziehen

draw² <*irr:* drew, drawn> **I.** *vt* **1.** (an-, herab-, heran-, zu)ziehen (*from* aus), zurückschieben **2.** (*Wasser*) holen **3.** (*Interesse*) erregen **4.** (*Menge*) anlocken **5.** einatmen **6.** (*fig*) herausbringen **7.** (*Schluss*) ziehen **8.** (MAR) Tiefgang haben **9.** (*Tier*) ausnehmen **10.** (*Fuchs*) aufstöbern; ~ **one's belt tighter** den Gürtel enger schnallen; ~ **a bath** Badewasser einlassen; ~ **money from the bank** Geld abheben; ~ **first prize** den ersten Preis gewinnen; ~ **comfort from s.th.** sich mit etw trösten; **feel ~n towards s.o.** sich zu jdm hingezogen fühlen; ~ **s.o. into s.th.** jdn in etw hineinziehen; ~ **a deep breath** tief Luft holen; ~ **conclusions** Schlüsse ziehen; ~ **a match** unentschieden spielen; ~ **s.th. to a close** etw beenden **II.** *vi* **1.** (*Zeit, Person*) kommen **2.** (*Pfeife, Tee*) ziehen **3.** (SPORT) unentschieden spielen; ~ **round the table** sich um den Tisch versammeln; ~ **to a close** dem Ende zugehen; ~ **nearer** näher kommen **III.** *s* **1.** (*Lotterie*) Ziehung *f* **2.** (SPORT) Unentschieden *nt* **3.** (*Film*) Schlager *m;* **be quick on the** ~ (*fig*) schlagfertig sein; **draw apart** *vi* sich lösen; sich auseinander leben; **draw aside** *vt* beiseite nehmen; **draw away I.** *vi* **1.** losfahren **2.** (*Läufer*) davonziehen **3.** (*Person*) sich entfernen **II.** *vt* weglocken; **draw down** *vt* (*Vorhang*) herunterlassen; **draw in I.** *vi* **1.** (*Zug*) einfahren **2.** (*Tage*) kürzer werden **II.** *vt* **1.** (*Luft*) einziehen **2.** (*fig*) anziehen; **draw off I.** *vi* losfahren **II.** *vt* ausziehen; **draw on I.** *vt* sich stützen auf **II.** *vt* (*Schuhe*) anziehen; **as the night drew on** mit fortschreitender Nacht; **draw out I.** *vt* **1.** herausziehen **2.** ziehen; in die Länge ziehen **II.** *vi* **1.** (*Tag*) länger werden **2.** (RAIL) abfahren; ~ **s.o. out** jdn aus der Reserve locken; **draw together** *vt* miteinander verknüpfen; **draw up I.** *vi* anhalten **II.** *vt* **1.** (*Plan*) entwerfen, ausarbeiten **2.** (*Stuhl*) heranziehen **3.** (*Truppen*) aufstellen **4.** (*Dokumente*) ausstellen; ~ **o.s. up** sich aufrichten

draw•back ['drɔːbæk] *s* Nachteil *m;* **draw•bridge** ['drɔːbrɪdʒ] *s* Zugbrücke *f*

drawer ['drɔː(r)] *s* **1.** Schublade *f* **2.** Zeichner(in) *m(f)* **3.** (FIN) Aussteller(in) *m(f)* **4.** ~**s** (*obs*) Unterhosen *fpl*

draw•ing ['drɔːɪŋ] *s* Zeichnung *f;* **drawing board** *s* Reißbrett *nt;* **go back to the** ~ (*fam*) wieder von vorne anfangen; **drawing pin** *s* (*Br*) Reißzwecke *f;* **drawing room** *s* Wohnzimmer *nt;* Salon *m*

drawl [drɔːl] **I.** *s* schleppende Sprache **II.** *vi* schleppend sprechen

drawn [drɔːn] **I.** *pp of* **draw II.** *adj* **1.** abgespannt **2.** (*Spiel*) unentschieden

dread [dred] **I.** *vt* (be)fürchten, Angst haben vor; **he ~s going to the dentist** er hat Angst zum Zahnarzt zu gehen **II.** *s* Furcht *f;* Grauen *nt* (*of* vor); **live in ~ of** in ständiger Angst leben vor

dread•ful ['dredfl] *adj* furchtbar, schrecklich; **dread•fully** ['dredfəlɪ] *adv* (*fam*) sehr, schrecklich

dream [driːm] <*irr:* dreamed (dreamt),

dreamed (dreamt)> **I.** *s* **1.** Traum *m* **2.** Wunsch(bild *nt*) *m* **3.** (*fig*) Traum *m,* Gedicht, Wunder *nt;* **have a bad** ~ schlecht träumen; **have a** ~ **about s.th.** von etw träumen; **lost in** ~**s** traumverloren; **go into a** ~ zu träumen anfangen **II.** *vi* träumen (*of* von) **III.** *vt* erträumen, träumen von; **dream away** *vt* verträumen; **dream up** *vt* sich einfallen lassen, ausdenken; **dreamer** ['driːmə(r)] *s* Träumer(in) *m(f);* **dream•land** ['driːmlænd] *s* Traumland *nt;* **dream•less** ['driːmlɪs] *adj* traumlos; **dream•like** ['driːmlaɪk] *adj* traumähnlich; traumhaft; **dreamt** [dremt] *s.* **dream**; **dream team** *s* (SPORT) Traummannschaft *f;* **dreamy** ['driːmɪ] *adj* **1.** verträumt **2.** (*Musik*) zum Träumen **3.** traumhaft

dreary ['drɪərɪ] *adj* eintönig; trüb

dredge¹ [dredʒ] **I.** *s* **1.** Schleppnetz *nt* **2.** Bagger *m* **II.** *vt* **1.** (~ *for*) mit dem Schleppnetz fischen **2.** ausbaggern; ~ **up** ausbaggern; (*fig*) ausgraben

dredge² [dredʒ] *vt* (*Küche*) bestreuen (*over* über), panieren (*with* mit)

dredger¹ ['dredʒə(r)] *s* **1.** Schleppnetzfischer *m* **2.** Baggerschiff *nt;* Bagger *m*

dredger² ['dredʒə(r)] *s* Streubüchse *f*

dregs [dregz] *s pl* **1.** Bodensatz *m* **2.** (*fig*) Abschaum *m*

drench [drentʃ] *vt:* **be** ~**ed to the skin** bis auf die Haut durchnässt sein

dress [dres] **I.** *vt* **1.** (an-, be)kleiden, anziehen **2.** mit Kleidung versorgen **3.** schmücken; (heraus)putzen, dekorieren (*a. Schaufenster*) **4.** (*Wunde*) verbinden **5.** her-, zurichten, vorbereiten **6.** (*Salat*) anmachen **7.** (*Geflügel*) putzen, rupfen u. ausnehmen **8.** (MIL: *Front*) ausrichten **9.** (MAR) beflaggen; ~**ed to kill** in Schale, herausgeputzt; ~ **in one's** (**Sunday**) **best** seinen Sonntagsstaat anziehen **II.** *vi* **1.** sich anziehen, -kleiden **2.** Abendkleidung anziehen **III.** *s* **1.** Kleidung *f,* Kleider *ntpl* **2.** (Damen)Kleid *nt;* **in full** ~ in Gala; **dress down I.** *vt* (*fam*) abkanzeln; (*Pferd*) striegeln **II.** *vi* sich unauffällig anziehen; **dress up I.** *vi* **1.** Gesellschaftskleidung anziehen; sich fein machen **2.** sich verkleiden **II.** *vt* (*fig: Tatsachen*) ausschmücken; interessant machen; frisieren; **dress circle** *s* (THEAT) erster Rang; **dress coat** *s* Frack *m;* **dresser** ['dresə(r)] *s* **1.** (THEAT) Gardobier(e) *m (f)* **2.** (MED) Assistent(in) *m(f)* **3.** (Schaufenster)Dekorateur(in) *m(f)* **4.** Anrichte *f,* (Küchen)Büfett *nt* **5.** (*Am*) Frisierkommode *f;* **be an elegant** ~ sich elegant kleiden

dress•ing ['dresɪŋ] *s* **1.** Ankleiden *nt* **2.** Verbinden *nt;* Verband *m;* Verbandszeug *nt* **3.** Putzen *nt;* Zurichten *nt* **4.** (AGR) Düngung *f* **5.** (*Textil*) Appretur *f* **6.** (Salat)Soße *f* **7.** (*Geflügel*) Füllung *f* **8.** (*fam*) Prügel *pl;* **dressing-down** [ˌdresɪŋ'daʊn] *s* **1.** (*fam*) Rüffel *m* **2.** (*fam*) Tracht *f* Prügel; **dressing gown** *s* Morgenrock *m;* **dressing room** *s* Ankleidezimmer *nt;* (THEAT) Garderobe *f;* (SPORT) Umkleidekabine *f;* **dressing table** *s* Frisierkommode *f*

dress•maker ['dresˌmeɪkə(r)] *s* (Damen)Schneider(in) *m(f);* **dress•mak•ing** ['dresmeɪkɪŋ] *s* Damenschneiderei *f;* **dress rehearsal** *s* (THEAT) Generalprobe *f;* **dress shirt** *s* Frackhemd *nt;* **dress suit** *s* Gesellschaftsanzug *m;* **dress uniform** *s* Gala-Uniform *f;* **dressy** ['dresɪ] *adj* **1.** geschniegelt **2.** (*Kleidung*) fein, elegant, fesch

drew [druː] *s.* **draw**

dribble ['drɪbl] **I.** *vt* tröpfeln, rinnen lassen **II.** *vi* **1.** sabbern, geifern **2.** tröpfeln, rinnen **3.** (SPORT) dribbeln **III.** *s* **1.** Tröpfchen *nt* **2.** Rinnsal *nt* **3.** (SPORT) Dribbling *nt*

drib•let ['drɪblɪt]: **a** ~ ein bisschen, ein wenig, etwas; **in** ~**s** nach und nach

dribs [drɪbz] *s pl:* **pay in** ~ **and drabs** abstottern; in kleinen Beträgen zahlen; **in** ~ **and drabs** kleckerweise

dried [draɪd] *adj* getrocknet; ~ **fruit** Dörr-, Backobst *nt;* ~ **milk** Milchpulver *nt;* **dried-up** [ˌdraɪd'ʌp] *adj* (*fig*) eingetrocknet

drier, **dryer** ['draɪə(r)] *s* **1.** Trockenapparat *m* **2.** Trockenmittel *nt;* **hair-**~ Föhn *m*

drift [drɪft] **I.** *s* **1.** Strömung *f* **2.** Fahrtrichtung *f,* Abdrift *f* **3.** Tendenz *f;* (*Ereignisse*) Gang *m;* Absicht *f;* Einfluss *m* **4.** (Schnee)Verwehung *f* **5.** (GEOL) Geschiebe *nt* **6.** Treibsand *m* **7.** (*fig*) Ziellosigkeit *f;* ~ **from the land** Landflucht *f* **II.** *vi* **1.** getrieben werden; verweht werden **2.** (AVIAT) vom Kurs abweichen **3.** (*fig*) sich treiben lassen; (~ *along*) plan-, ziellos umherwandern; **let things** ~ die Dinge laufen lassen **III.** *vt* (zusammen)treiben; aufhäufen; **drift apart** *vi* (*fig*) sich auseinander leben; **drift in** *vi* hereinschneien; **drift off** *vi* (*fam*) sich verkrümeln; **drifter** ['drɪftə(r)] *s* **1.** Logger *m;* Treibnetzfischer *m* **2.** Gammler, Tunichtgut *m;* **drift-ice** *s* Treibeis *nt;* **drift-sand** *s* Treibsand *m;* **drift-wood** *s* Treibholz *nt*

drill¹ [drɪl] **I.** *s* **1.** Bohrer *m* **2.** (MIL) Drill *m* **II.** *vt, vi* **1.** bohren **2.** drillen **3.** einpauken; ~ **for oil** nach Öl bohren

drill² [drɪl] *s* **1.** (AGR) Furche, Rille *f* **2.** (*Textil*) Drillich *m*

drill•ing rig ['drɪlɪŋˌrɪg] *s* **1.** Bohrturm *m* **2.** Bohrinsel *f*

drink [drɪŋk] <*irr:* drank, drunk> **I.** *vt* **1.** trinken **2.** (*Tier*) saufen **3.** (~ *off*) austrinken, leeren **4.** auf-, einsaugen, absorbieren; ~ **s.o.'s health** auf jds Gesundheit trinken **II.** *vi* trinken; saufen; ~ **to s.o.** jdm zutrinken; ~ **to s.th.** auf etw trinken **III.** *s* **1.** Trunk *m* (*Wasser*), Schluck *m* **2.** Getränk *nt;* Drink *m;* **the** ~ (*sl*) der Große Teich (*Ozean*); **have a** ~ ein Gläschen trinken; **take to** ~ zu trinken anfangen; **drink in** *vt* (*fig*) begierig aufnehmen; **drinkable** [-əbl] *adj* trinkbar; **drinker** ['drɪŋkə(r)] *s* Trinker(in) *m(f)*

drink·ing ['drɪŋkɪŋ] *s* Trinken *nt;* **drinking fountain** *s* Trinkwasserspender *m;* **drinking song** *s* Trinklied *nt;* **drinking straw** *s* Trinkhalm *m;* **drinking water** *s* Trinkwasser *nt;* **drinking-water supply** *s* Trinkwasserversorgung *f*

drip [drɪp] **I.** *vi* **1.** tropfen, tröpfeln (*from* von) **2.** (*fig*) triefen (*with* von) **II.** *vt:* ~ **sweat** von Schweiß triefen **III.** *s* **1.** Tropfen, Tröpfeln *nt* **2.** Tropfgeräusch *nt* **3.** (*sl*) doofer Kerl; **drip-dry** [ˌdrɪp'draɪ] **I.** *adj* bügelfrei **II.** *vt* tropfnass aufhängen; **dripping** ['drɪpɪŋ] **I.** *adj* **1.** (~ *wet*) patschnass **2.** (*Hahn, Baum*) tropfend **II.** *s* **1.** Bratenfett *nt* **2.** Tröpfeln, Tropfen *nt*

drive [draɪv] <*irr:* drove, driven> **I.** *vt* **1.** (an-, be)treiben **2.** stoßen, jagen, hetzen **3.** (*Auto, Passagier*) fahren **4.** (*Regen*) peitschen **5.** (*Wolken*) jagen **6.** (*Pfahl*) einrammen **7.** (*fig*) drängen, an-, aufstacheln, aufhetzen **8.** zwingen, veranlassen (*to do* zu tun) **9.** hineinschlagen (*into* in) **10.** (*Sache*) energisch betreiben, durchsetzen, -führen, zum Abschluss bringen; ~ **a hard bargain** hart verhandeln; ~ **into a corner** (*fig*) in die Enge treiben; ~ **home** nach Hause fahren, heimfahren; (*fig*) nahelegen (*s.o. s.th.* jdm etw); (*Nagel*) einschlagen; ~ **one's point home** seinen Standpunkt überzeugend darlegen; ~ **crazy** [*o* **mad**] verrückt machen **II.** *vi* **1.** eilen, stürmen, jagen **2.** (*im Wind*) treiben **3.** (*Fahrzeug, Fahrer*) fahren **4.** schwer arbeiten (*at* an); **can you ~?** können Sie Auto fahren? **III.** *s* **1.** Fahren *nt* **2.** (Spazier)Fahrt *f* **3.** Fahrstraße *f,* -weg *m* **4.** Auf-, Ausfahrt *f* **5.** (AUTO TECH) Antrieb *m,* Triebwerk *nt* **6.** (SPORT) heftiger Schlag, Stoß **7.** (PSYCH) Trieb *m;* Schwung, Unternehmungsgeist *m,* Energie, Tatkraft *f* **8.** Kampagne *f,* (Werbe-, Propaganda)Feldzug *m* (*against* gegen) **9.** (INFORM) Laufwerk; **go for a** ~ spazieren fahren; **drive at** *vt* hinauswollen auf; **what are you driving at?** worauf wollen Sie denn hinaus?; **drive off** *vi* wegfahren; wegjagen; **drive out** *vi* hinausfahren (*into the country* aufs Land); **drive up I.** *vt* hinauf-, in die Höhe treiben; hinauffahren (auf) **II.** *vi* vorfahren (*to* bei, vor), hinauffahren

drive-by *adj* aus dem fahrenden Auto

drive-in ['draɪvɪn] *s* Drive-in-Restaurant *nt;* **drive-in bank** *s* Bank *f* mit Autoschalter; **drive-in cinema** *s* Autokino *nt*

drivel ['drɪvl] **I.** *vi* faseln **II.** *s* Unsinn *m*

driven ['drɪvn] *s.* **drive**

driver ['draɪvə(r)] *s* **1.** (Auto)Fahrer(in) *m(f),* Chauffeur(in) *m(f)* **2.** (*Golf*) Schläger *m;* ~**'s cab** Führerstand *m,* -haus *nt;* ~**'s license** (*Am*) Führerschein *m;* ~**'s seat** Fahrersitz *m*

driving ['draɪvɪŋ] **I.** *adj* **1.** (TECH) treibend **2.** heftig, stark; ~ **rain** peitschender Regen **II.** *s* Fahren *nt;* **driving ban** *s* Führerscheinentzug *m;* **driving force** *s* Trieb-, treibende Kraft *f;* **driving instructor** *s* Fahrlehrer(in) *m(f);* **driving lessons** *s pl* Fahrstunden *fpl;* **driving licence** *s* (*Br*) Führerschein *m;* **driving pool** *s* Fahrgemeinschaft *f;* **driving school** *s* Fahrschule *f;* **driving test** *s* Fahrprüfung *f*

drizzle ['drɪzl] **I.** *vi* nieseln **II.** *s* Sprühregen *m;* **driz·zly** ['drɪzlɪ] *adj* feucht u. neblig

droll [drəʊl] *adj* drollig, ulkig; komisch

drom·edary ['drɒmədərɪ] *s* Dromedar *nt*

drone [drəʊn] **I.** *s* **1.** (*Männchen der Honigbiene*) Drohne *f* **2.** Summen, Brummen *nt* **II.** *vi* **1.** summen, brummen **2.** monoton reden **3.** faulenzen

drool [dru:l] **I.** *vi* faseln **II.** *s* Unsinn *m*

droop [dru:p] **I.** *vi* **1.** herabsinken; herunterhängen (*over* über) **2.** kraftlos, welk werden **3.** (*Preise*) fallen; (*Kurse*) nachgeben **4.** (*fig*) den Kopf hängen lassen **II.** *vt* hängen lassen

drop [drɒp] **I.** *s* **1.** Tropfen *m* **2.** ein bisschen, ein wenig, etwas **3.** Sinken, Fallen *nt;* Fall, (Ab)Sturz *m* **4.** (COM) Rückgang *m;* (*Börse*) Baisse *f* **5.** Vorhang *m;* ~ **of blood** Blutstropfen *m;* **a** ~ **in the bucket** [*o* **in the ocean**] ein Tropfen auf den heißen Stein; ~ **in prices** Preissturz *m;* ~ **in production** Produktionsrückgang *m;* ~ **in performance** Leistungsabfall *m;* ~ **of rain** Regentropfen *m;* ~ **in the temperature** Temperatursturz *m* **II.** *vi* **1.** (herab)tropfen, tröpfeln **2.** (herab-, herunter)fallen (*out of the window* aus dem Fenster) **3.** hineingeraten (*into* in), stoßen (*into* auf) **4.** hin-, umfallen; zusammenbrechen, tot umfallen (*from exhaustion* vor Erschöpfung) **5.** schwächer werden, nachlassen; (*Wind*) abflauen **6.** (*Temperatur*) fallen, sinken **III.** *vt* **1.** tropfen, tröpfeln; besprengen **2.** fallen lassen; (*fig*) fallen lassen; (hin)werfen **3.** (*Arbeit*) niederlegen **4.** (*Bomben*) abwerfen **5.** (*Geld*) verlieren **6.** (*Fahrgäste*) absetzen **7.** zu Boden strecken; abschießen **8.** (*Äußerung*) fallen lassen **9.** (*Thema*) auf sich beruhen lassen **10.** (*Gewohnheit*) aufgeben 11. (*Buchstaben, Wort*) auslassen 12. (*Brief*) einwerfen (*in the letter-box* in den Briefkasten) 13. (*Junge*) werfen; **let** ~ fallen lassen, aufgeben; ~ **anchor** den Anker werfen; ~ **a brick** [*o* **a clanger**] (*fam*) eine Dummheit machen; ~ **a hint** eine Andeutung fallen lassen; ~ **a line** ein paar Zeilen schreiben; **not to be ~ped!** nicht stürzen!; **~ped curb** abgeflachter Gehweg (für Rollstuhlfahrer); ~ **it!** lass das!; **drop across** *vt* (*fam*) treffen; in die Arme laufen (*s.o.* jdm); **drop behind** *vi* zurückbleiben (hinter); **drop down** *vi* niedersinken; herunterfallen; **drop in** *vi* besuchen; **drop off** *vi* 1. sich zurückziehen 2. nachlassen, zurückgehen; ~ **s.th. off** etw abgeben (*at* bei); ~ **s.o. off** jdn aussteigen lassen; **drop out** *vi* 1. nicht mehr teilnehmen (*of* an) 2. (aus der Gesellschaft) aussteigen 3. ausfallen 4. ausscheiden

drop-dead ['drɒp,ded] *adj* (*sl*) umwerfend

drop-in *adj* ohne Voranmeldung

drop kick ['drɒpkɪk] *s* (SPORT) Dropkick, Prellstoß *m;* **drop•let** ['drɒlɪt] *s* Tröpfchen *nt;* **drop•out** ['drɒpaʊt] *s* Aussteiger(in) *m(f);* (*pej*) Asoziale(r) *f m,* Studienabbrecher(in) *m(f);* **drop•per** ['drɒpə(r)] *s* Pipette *f;* Tropfer *m;* **drop•pings** ['drɒpɪŋz] *s pl* Dung, Dünger, Mist *m;* **drop shot** *s* (SPORT) Stoppball *m*

dross [drɒs] *s* 1. (Metall)Schlacken *fpl* 2. (*fig*) Tand *m*

drought [draʊt] *s* Trockenheit *f;* Dürre(periode, -zeit) *f*

drove¹ [drəʊv] *s.* **drive**

drove² [drəʊv] *s* 1. Herde *f* (*Vieh*) 2. Menschenmenge, Masse *f;* **they came in ~s** sie kamen in Scharen; **drover** ['drəʊvə(r)] *s* Viehtreiber *m*

drown [draʊn] I. *vt* 1. ertränken 2. überfluten 3. einweichen 4. (*fig*) übertönen, ersticken (*a. in Tränen*); (*Kummer*) betäuben; **be ~ed** ertrinken II. *vi* ertrinken

drowse [draʊz] I. *s* Schläfrigkeit *f;* Halbschlaf *m* II. *vi* schläfrig sein; dösen; ~ **off** eindösen; **drowsy** ['draʊzɪ] *adj* 1. schläfrig 2. einschläfernd 3. (*fig*) schlafmützig

drudge [drʌdʒ] I. *s* (*fig*) 1. (*Mensch*) Arbeitstier *nt* 2. (*Arbeit*) Schufterei *f* II. *vi* sich placken, sich (ab)schinden; **drudgery** ['drʌdʒərɪ] *s* Plackerei *f*

drug [drʌg] I. *s* Medikament *nt;* Droge *f,* Rauschgift *nt;* **be on ~s** Medikamente einnehmen; drogensüchtig sein; ~ **on the market** Ladenhüter *m* II. *vt* 1. (*Speise, Getränk*) etwas zusetzen (*s.th.* einer S) 2. betäuben, narkotisieren 3. (*Patienten*) Medikamente geben (*s.o.* jdm); **drug abuse** *s* Medikamenten-, Drogenmissbrauch *m;* **drug addict** *s* Rauschgiftsüchtige(r) *f m;* **drug addiction** *s* Rauschgiftsucht, Drogenabhängigkeit *f;* **drug consumption** *s* Drogenkonsum *m;* **drug culture** *s* Drogenkultur *f;* **drug dealer** *s* Dealer *m;* **drug dependency** *s* Medikamenten-, Drogensucht, Medikamenten-, Drogenabhängigkeit *f;* **drug manufacturer** *s* Pharmahersteller *m;* **drug pusher** *s* Pusher, Dealer *m;* **drug squad** *s* Rauschgiftdezernat *nt;* Drogenfahndungsbehörde *f;* **drug•store** ['drʌgstɔː(r)] *s* (*in den USA*) Drugstore *m;* **drug tak•ing** *s* Einnehmen *nt* von Drogen, Rauschgift; **drug traf•fic, drug traf•fick•ing** *s* Drogen-, Rauschgifthandel *m;* **drug traf•fick•er** *s* Drogenhändler(in) *m(f);* **drug pre•ven•tion** *s* Drogenprävention *f*

druid ['druːɪd] *s* (REL HIST) Druide *m*

drum [drʌm] I. *s* 1. (*a.* TECH) Trommel *f* 2. (ANAT: *ear-~*) Trommelfell *nt* 3. **~s** Schlagzeug *nt* II. *vi, vt* 1. trommeln (*s.th., on s.th.* auf etw) 2. (~ *up*) ausfindig machen; zusammentrommeln 3. einhämmern (*s.th. into s.o.* jdm etw); ~ **up business** die Werbetrommel rühren; **drum•beat** ['drʌmbiːt] *s* Trommeln *nt;* **drum brake** *s* Trommelbremse *f;* **drum•head** ['drʌmhed] *s* Trommelfell *nt;* **drum•major** *s* Tambourmajor *m;* **drum•mer** ['drʌmə(r)] *s* Trommler(in) *m(f),* Schlagzeuger(in) *m(f);* **drum•stick** ['drʌmstɪk] *s* 1. Trommelstock *m* 2. (*Geflügel*) Schlegel *m*

drunk [drʌŋk] I. *pp of* **drink** II. *adj* 1. betrunken 2. (*fig*) trunken (*with* vor); **get** ~ sich betrinken; ~ **as a lord** sternhagelvoll III. *s* Betrunkene(r) *f m,* Säufer(in) *m(f);* **drunk•ard** ['drʌŋkəd] *s* Trinker(in) *m(f);* **drunken** ['drʌŋkən] *adj* betrunken; trunksüchtig; feuchtfröhlich; **drunken•ness** ['drʌŋkənɪs] *s* Trunkenheit *f,* Rausch *m*

dry [draɪ] I. *adj* 1. trocken 2. (*Holz*) dürr 3. ausgetrocknet 4. (*fig*) trocken, langweilig 5. (*Wein*) herb, trocken 6. durstig (machend); (**as**) ~ **as dust** todlangweilig; **keep ~!** vor Feuchtigkeit zu schützen II. *vt* (ab)trocknen III. *vi* trocknen, trocken werden; **dry up** I. *vi* abtrocknen II. *vt* (*a. fig*) austrocknen; (THEAT) stecken bleiben; ~ **up!** (*sl*) halt's Maul!; **dryad** ['draɪəd] *s* Dryade *f*

dry cell ['draɪ,sel] *s* (ELEK) Trockenelement *nt;* **dry cell battery** *s* Trockenbatterie *f;* **dry-clean** *vt* reinigen; **dry-cleaner's** *s* chemische Reinigung (*Geschäft*); **dry-cleaning** *s* chemische Reinigung (*Vorgang*); **dry dock** *s* (MAR) Trockendock *nt*

dryer ['draɪə(r)] *s* Wäschetrockner *m;* (*spin ~*) Wäscheschleuder *f*

dry goods ['draɪ'gʊdz] *s pl* (*Am*) Manufakturwaren *fpl,* Textilien *pl,* Kurzwaren *fpl;* **dry ice** *s* Trockeneis *nt;* **dry land** *s* fester Boden; **dry measure** *s* Trockenmaß *nt;* **dry•ness** ['draɪnɪs] *s* Trockenheit *f;* **dry rot** *s* **1.** (BOT) Trockenfäule *f* **2.** (*fig*) Verfall *m,* Entartung *f;* **dry-shod** ['draɪʃɒd] *adj* trockenen Fußes; **dry-stone wall** *s* Trockenmauer *f*

DTP [ˌdiːtiː'piː] *s Abk. von* **desktop publishing** DTP *nt*

dual ['djuːəl] *adj* zweifach, doppelt; **dual carriageway** *s* (*Br*) vierspurige Straße, Schnellstraße *f;* **dual-currency period** *s* Doppelwährungsphase *f;* **dual-deck** *adj* mit Doppelkassettendeck; **dual•fuel** *adj* (AUTO) mit zwei verschiedenen Brennstoffen; **dual•ism** ['djʊəlɪzəm] *s* Dualismus *m;* **dual-use goods** *s pl* Güter mit doppeltem Verwendungszweck

dub [dʌb] *vt* **1.** zum Ritter schlagen **2.** einen Spitznamen geben (*s.o.* jdm) **3.** (FILM) synchronisieren; **dub•bing** ['dʌbɪŋ] *s* (FILM) Synchronisation *f*

du•bious ['djuːbɪəs] *adj* **1.** zweifelhaft, fraglich **2.** verdächtig **3.** (*Zukunft, Ergebnis*) ungewiss **4.** unsicher, im Zweifel (*of, about* über)

duch•ess ['dʌtʃɪs] *s* Herzogin *f;* **duchy** ['dʌtʃɪ] *s* Herzogtum *nt*

duck [dʌk] **I.** *s* **1.** Ente *f* **2.** (*fam*) Liebling *m;* **like a ~ takes to water** (*fig*) mit der größten Selbstverständlichkeit; **like water off a ~'s back** wirkungs-, eindruckslos **II.** *vi* **1.** sich ducken **2.** (kurz) untertauchen **III.** *vt* **1.** (*den Kopf*) schnell einziehen **2.** ins Wasser tauchen **3.** (*sl*) aus dem Wege gehen (*s.o.* jdm, *s.th.* einer S); **duck•boards** ['dʌkbɔːdz] *s pl* Lattenrost *m;* **duck•ling** ['dʌklɪŋ] *s* Entchen *nt;* **roast ~** Entenbraten *m;* **duck(y)** ['dʌkɪ] *s* (*fam*) Liebling *m*

duct [dʌkt] *s* **1.** Rohr(leitung *f*) *nt* **2.** (ANAT) Gang *m;* Kanal *m*

dud [dʌd] *s* **1.** (*sl*) Versager(in) *m(f)* **2.** (*Bombe*) Blindgänger *m* **3.** (*sl*) ungedeckter Scheck

dude [djuːd] *s* (*Am*) **1.** Städter *m* **2.** feiner Pinkel

due [djuː] **I.** *adj* **1.** (*Gelder, Arbeit*) fällig **2.** zahlbar **3.** (*Verkehrsmittel*) planmäßig ankommend, fällig (*at noon* um 12 Uhr mittags) **4.** gebührend, gehörig **5.** zu verdanken(d), zuzuschreiben(d) (*to dat*), zurückzuführend (*to* auf); **after ~ consideration** nach reiflicher Überlegung; **in ~ course** im rechten Augenblick; **in ~ form** ordnungsgemäß; **in ~ time** zu gegebener Zeit; **when ~** (FIN) bei Fälligkeit; **when is the baby ~?** wann kommt das Kind?; **when is the train ~?** wann soll der Zug ankommen?; **~ east** (MAR) genau Ost; **be ~ to** sollen, müssen; (*Am*) im Begriff sein zu; **be ~ to s.o.** jdm zustehen, gebühren; **be ~ to s.th.** auf etw beruhen; **become** [*o* **fall**] **~** fällig werden; **the train is ~ at ...** die planmäßige Ankunft(szeit) des Zuges ist ...; **the plane is already ~** das Flugzeug müsste schon da sein **II.** *s* **1.** *ohne pl* (das) Geschuldete; (das) Zustehende **2. ~s** Abgaben, Gebühren *fpl,* Zoll *m,* Zollgebühren *pl;* (Mitglieds)Beitrag *m* **3. ~s** auszuliefernde Bestellungen *pl*

duel ['djuːəl] *s* **1.** Duell *nt* **2.** (*fig*) Kampf, Streit *m*

duet [djuː'et] *s* (MUS) Duett *nt;* Duo *nt*

duf•fel bag ['dʌflbæg] *s* Matchsack *m;* **duffel coat** *s* Dufflecoat *m*

duf•fer ['dʌfə(r)] *s* Dummkopf *m*

dug[1] [dʌg] *s* Zitze *f*

dug[2] [dʌg] *s.* **dig; dug-out** ['dʌgaʊt] *s* **1.** (MIL) Schützengraben *m* **2.** (*Boot*) Einbaum *m*

duke [djuːk] *s* Herzog *m*

dull [dʌl] **I.** *adj* **1.** schwerfällig, langsam **2.** langweilig **3.** (*Person*) lustlos **4.** (*Licht*) trüb; matt **5.** (*Wetter*) grau **6.** (*Schmerz*) dumpf **7.** (COM) flau, lustlos; **as ~ as ditch water** sterbenslangweilig **II.** *vt* **1.** (*Sinne*) abstumpfen **2.** (*Schmerz*) lindern **3.** (*Lärm*) dämpfen; **dull•ard** ['dʌləd] *s* Dummkopf *m;* **dull•ness** ['dʌlnɪs] *s* **1.** Schwerfälligkeit, Langsamkeit *f* **2.** Langweiligkeit *f* **3.** Lustlosigkeit *f* **4.** Trübheit, Mattheit *f* **5.** Grauheit *f* **6.** Dumpfheit *f* **7.** Flauheit *f*

duly ['djuːlɪ] *adv* **1.** entsprechend; gebührend, ordnungsgemäß **2.** zur rechten Zeit, rechtzeitig

dumb [dʌm] *adj* **1.** stumm **2.** schweigend, sprachlos (*with* vor); **be struck ~** sprachlos sein

dumb-bell ['dʌmbel] *s* (SPORT) Hantel *f*

dumbed-down *adj* vereinfacht

dumb•found [dʌm'faʊnd] *vt* verblüffen; **be ~ed** sprachlos sein

dumb show ['dʌmʃəʊ] *s* Pantomime *f*

dumb•size ['dʌmˌsaɪz] *vi die Belegschaft derartig reduzieren, dass nicht mehr effektiv gearbeitet werden kann*

dumb•struck, dumb•stricken ['dʌmstrʌk, 'dʌmstrɪkən] *adj* sprachlos

dumb waiter [ˌdʌm'weɪtə(r)] *s* **1.** Serviertisch *m,* stummer Diener **2.** (*Am*) Speisenaufzug *m*

dum•found *vt* (*Am*) verblüffen; **be ~ed** sprachlos sein

dummy ['dʌmɪ] **I.** *s* **1.** Attrappe *f;* Schaufensterpuppe *f;* Blindband *m* **2.** (*für Babys*) Schnuller *m* **3.** (*Kartenspiel*) Strohmann *m* **4.** (*Am: pej*) Dummkopf *m* **II.** *adj attr* unecht; **~ run** Probe *f*

dump [dʌmp] **I.** *vt* **1.** (*Abfall*) (hin)werfen, abladen **2.** (*Last*) ausladen, auskippen **3.** (COM) zu Dumpingpreisen verkaufen **II.** *s*

1. Schutthaufen *m;* Müllkippe *f* **2.** (MIL) Depot *nt* **3.** (*sl*) Dreckloch *nt;* Bruchbude *f;* **be down in the ~s** deprimiert sein; **dumper** ['dʌmpə(r)] *s* Kipper *m;* **dump•ing** [-ɪŋ] *s* **1.** (COM) Dumping *nt* **2.** (TECH: *Abfallstoffe*) Verklappung *f;* **"no ~"** „Schutt abladen verboten"; **dumping ground** *s* Schuttabladeplatz *m*

dump•ling ['dʌmplɪŋ] *s* **1.** Knödel, Kloß *m* **2.** (*apple ~*) Apfel *m* im Schlafrock **3.** (*fam*) Dickerchen *nt*

dumpy ['dʌmpɪ] *adj* pummelig

dun¹ [dʌn] *adj* graubraun

dun² [dʌn] *vt* anmahnen

dunce [dʌns] *s* langsame(r) Schüler(in) *m(f),* Dummkopf *m*

dune [dju:n] *s* Düne *f*

dung [dʌŋ] *s* Dung, Mist *m*

dunga•rees [ˌdʌŋgə'ri:z] *s pl* Latzhosen *fpl*

dun•geon ['dʌndʒən] *s* Verlies *nt*

dung•hill ['dʌŋhɪl] *s* Misthaufen *m*

dunk [dʌŋk] *vt* (ein)tunken

duo ['dju:əʊ] <*pl* duos> *s* Duo *nt*

duo•denum [ˌdju:ə'di:nəm] *s* Zwölffingerdarm *m*

dupe [dju:p] **I.** *s* Betrogene(r) *f m* **II.** *vt* betrügen

du•plex ['dju:pleks] *adj* doppelt; **~ apartment** (*Am*) zweistöckige Wohnung

du•pli•cate ['dju:plɪkət] **I.** *adj* doppelt, zweifach; **~ key** Zweitschlüssel *m* **II.** *s* Duplikat *nt,* Kopie *f;* **in ~** in doppelter Ausfertigung **III.** ['dju:plɪkeɪt] *vt* **1.** kopieren; vervielfältigen **2.** eine Zweitschrift anfertigen von; **du•pli•ca•tor** ['dju:plɪkeɪtə(r)] *s* Vervielfältigungsapparat *m;* **du•plic•ity** [dju:'plɪsətɪ] *s* Doppelspiel *nt*

dura•bil•ity [ˌdjʊərə'bɪlətɪ] *s* Dauer *f;* Haltbarkeit *f;* Widerstandsfähigkeit *f;* **dur•able** ['djʊərəbl] *adj* dauerhaft, haltbar; widerstandsfähig

dur•ation [djʊ'reɪʃn] *s* Dauer, Laufzeit *f;* **for the ~** für die Dauer

dur•ess [djʊ'res] *s* Zwang *m,* Nötigung *f*

dur•ing ['djʊərɪŋ] *prep* während

dusk [dʌsk] *s* (Abend)Dämmerung *f;* **at ~** bei Einbruch der Dunkelheit; **dusky** ['dʌskɪ] *adj* dunkel, schwärzlich

dust [dʌst] **I.** *s* Staub *m;* **throw ~ in s.o.'s eyes** jdm Sand in die Augen streuen; **give s.th. a ~** etw abstauben **II.** *vt* **1.** abstauben **2.** (*Kuchen*) pudern **III.** *vi* Staub wischen; **dust•bin** ['dʌstbɪn] *s* (*Br*) Mülltonne *f;* **dust•cart** *s* (*Br*) Müllwagen *m;* **dust coat** *s* Kittel *m;* **dust cover**, **dust jacket** *s* Schutzumschlag *m*

duster ['dʌstə(r)] *s* Staubtuch *nt*

dust•man ['dʌstmən] <*pl* -men> *s* Müllmann *m;* **dust•pan** *s* Kehrschaufel *f;* **dust storm** *s* Sandsturm *m;* **dust-up** ['dʌstʌp] *s* (*fam*) Streit *m*

dusty ['dʌstɪ] *adj* staubig; verstaubt

Dutch [dʌtʃ] **I.** *adj* holländisch, niederländisch; **go ~** getrennte Kasse machen; **~ courage** angetrunkener Mut **II.** *s* **1.** (das) Holländisch(e), Niederländisch(e) **2.** (*Menschen*): **the ~** die Holländer, Niederländer *pl;* **Dutch•man** [dʌtʃmən] <*pl* -men> *s* Holländer, Niederländer *m;* **the Flying ~** der Fliegende Holländer; **Dutch•woman** ['dʌtʃˌwʊmən, *pl* -ˌwɪmɪn] <*pl* -women> *s* Holländerin, Niederländerin *f*

duti•able ['dju:tɪəbl] *adj* zollpflichtig

duti•ful ['dju:tɪfl] *adj* pflichtgetreu, -bewusst; gehorsam

duty ['dju:tɪ] *s* **1.** Pflicht *f* **2.** Aufgabe, Obliegenheit *f* **3.** (FIN) Zoll *m;* **do one's ~** seine Pflicht tun; **as in ~ bound** pflichtgemäß; **free from ~** zollfrei; **off ~** außer Dienst; dienstfrei; **on ~** im Dienst; **duty call** *s* Höflichkeitsbesuch *m;* **duty-free** *adj* zollfrei; **~ shop** Dutyfreeshop *m;* **duty roster** *s* Dienstplan *m*

du•vet ['du:vet] *s* Duvet, Federbett *nt*

dwarf [dwɔ:f, *pl* dwɔ:vz] <*pl* dwarves> **I.** *s* Zwerg *m* **II.** *vt* klein erscheinen lassen **III.** *adj* zwergenhaft

dweeb [dwi:b] *s* (*Am: sl*) Depp, Blödmann *m*

dwell [dwel] <*irr:* dwelt, dwelt> *vi* wohnen, leben; **~ on** verweilen, sich länger aufhalten bei; **dweller** ['dwelə(r)] *s* Bewohner(in) *m(f);* **dwell•ing** [-ɪŋ] *s* Wohnsitz *m;* **dwelling house** *s* Wohnhaus *nt;* **dwelt** [dwelt] *s.* **dwell**

dwindle ['dwɪndl] *vi* abnehmen; schwinden; zurückgehen

dye [daɪ] **I.** *s* Farbstoff *m;* **hair ~** Haarfärbemittel *nt* **II.** *vt* färben; **dyed-in-the-wool** *adj* (*fig*) durch und durch; **dye-works** *s pl* Färberei *f*

dy•ing ['daɪɪŋ] *adj* **1.** sterbend **2.** (*Rasse*) aussterbend **3.** (*Zivilisation*) untergehend

dyke¹ [daɪk] **I.** *s* **1.** (Wasser)Graben *m* **2.** Deich, Damm *m* **II.** *vt* eindeichen

dyke² *s* (*Am sl*) Lesbe *f*

dy•namic [daɪ'næmɪk] *adj* dynamisch; **dy•namics** [daɪ'næmɪks] *s pl mit sing* (*a. fig*) Dynamik *f*

dyna•mite ['daɪnəmaɪt] **I.** *s* Dynamit *nt* **II.** *vt* sprengen

dy•namo ['daɪnəməʊ] <*pl* -namos> *s* Dynamo(maschine *f*) *m*

dyn•asty ['dɪnəstɪ] *s* Dynastie *f*

dys•en•tery ['dɪsəntrɪ] *s* (MED) Ruhr *f*

dys•lex•ia [dɪs'leksɪə] *s* Legasthenie *f;* **dys•lex•ic** [dɪs'leksɪk] **I.** *adj* legasthenisch **II.** *s* Legastheniker(in) *m(f)*

dys•pep•sia [dɪs'pepsɪə] *s* Verdauungsstörung *f*

E

E, e [iː] <*pl* -'s> *s* **1.** (*a.* MUS) E, e *nt* **2.** (SCHULE) mangelhaft

each [iːtʃ] **I.** *adj, pron* **1.** jede(r, s) (Einzelne); ~ **and every one** jede(r, s) Einzelne **2.** ~ **other** einander, sich (gegenseitig); **with** ~ **other** miteinander **II.** *adv* je

eager ['iːgə(r)] *adj* **1.** eifrig **2.** begierig (*about, after, for* auf, nach); **be** ~ begierig sein; darauf brennen (*to do* zu tun); **eager beaver** *s* (*fam*) Streber(in) *m(f)*; **eagerness** [-nɪs] *s* Eifer *m;* Ungeduld *f*

eagle ['iːgl] *s* Adler *m;* (*Golf*) Eagle *nt;* **eagle-eyed** ['iːglaɪd] *adj* **1.** scharfsichtig **2.** (*fig*) sehr aufmerksam

ear¹ [ɪə(r)] *s* **1.** Ohr *nt* **2.** Gehör *nt* (*for* für); **be all ~s** ganz Ohr sein; **be out on one's** ~ (*fam*) plötzlich seinen Job los sein; **have one's** ~ **to the ground** Augen u. Ohren offen halten; **play it by** ~ (*fig*) improvisieren; **his ~s must be burning** (*fig*) seine Ohren müssen ihm klingen; **I pricked up my ~s** ich spitzte die Ohren

ear² [ɪə(r)] *s* (*Getreide*) Ähre *f*

ear•ache ['ɪəreɪk] *s* Ohrenschmerzen *mpl;* **ear•bashing** *s:* **give s.o. an** ~ (*sl*) jdm ein Ohr abreden; **ear•drum** *s* Trommelfell *nt;* **ear infection** *s* Ohrenentzündung *f*

earl [ɜːl] *s* (englischer) Graf *m*

ear•lobe ['ɪələʊb] *s* Ohrläppchen *nt*

early ['ɜːlɪ] **I.** *adv* früh(zeitig); bald; **as** ~ **as May** schon im Mai; **very** ~ **on** zu sehr früher Zeit; ~ **in life** in jungen Jahren **II.** *adj* früh(zeitig); baldig; **at your earliest convenience** sobald wie möglich; **at the earliest possible date** zum frühest möglichen Zeitpunkt; **in** ~ **summer** im Frühsommer; ~ **closing** (**day**) halber Geschäftstag; ~ **morning call** telefonischer Weckruf; ~ **retirement** vorzeitige Pensionierung; vorgezogener Ruhestand; ~ **retirement scheme** Vorruhestandsregelung *f;* ~ **stage** Anfangs-, Frühstadium *nt;* ~ **warning system** (MIL) Frühwarnsystem *nt*

ear•mark ['ɪəmɑːk] **I.** *s* **1.** Eigentumszeichen *nt* am Ohr (*eines Haustieres*) **2.** (*fig*) Kennzeichen *nt* **II.** *vt* reservieren, zurücklegen, bereitstellen; **~ed funds** zweckgebundene Mittel *ntpl;* **ear•muffs** *s pl* Ohrenschützer *mpl*

earn [ɜːn] *vt* **1.** (sich) verdienen; (sich) erwerben **2.** (*Zinsen*) bringen; **earned income** ['ɜːnd'ɪnkʌm] *s* Einkünfte *pl* aus Erwerbstätigkeit

ear•nest ['ɜːnɪst] **I.** *adj* **1.** ernsthaft; ernst **2.** aufrichtig, ehrlich **II.** *s:* **in** ~ im Ernst; **in dead** ~ in vollem Ernst; **are you in ~?** ist das Ihr Ernst?; **ear•nest•ly** [-lɪ] *adv* ernstlich; inständig

earn•ing ['ɜːnɪŋ] *adj:* ~ **capacity** [*o* **power**] Erwerbs-, Ertragsfähigkeit *f;* **earn•ings** [-ɪŋz] *s pl* Einkommen *nt;* Einkünfte *pl,* Einnahme(n *pl*) *f;* Arbeitslohn *m;* **earnings-related** *adj* gehalts-, lohnbezogen

ear•phones ['ɪəfəʊnz] *s pl* (TELE RADIO) Kopfhörer *mpl;* **ear•piece** ['ɪəpiːs] *s* (TELE) Hörer *m;* **ear•plug** *s* Ohrenstöpsel *m;* Oropax® *nt;* **ear•ring** ['ɪərɪŋ] *s* Ohrring *m;* **ear•shot** ['ɪərʃɒt] *s:* **out of/within** ~ außer/in Hörweite

earth [ɜːθ] **I.** *s* **1.** Erde *f* **2.** (festes) Land *nt;* (Erd)Boden *m;* Erde *f* **3.** (Fuchs-, Dachs)Bau *m;* **on** ~ auf der Erde; auf Erden; **to** (**the**) ~ auf die Erde, zu Boden; **be down to** ~ mit beiden Füßen fest auf der Erde stehen; **come down to** ~ (*fig*) auf den Boden der Tatsachen zurückkehren; **move heaven and** ~ Himmel u. Hölle in Bewegung setzen; **it cost the** ~ es kostete einen Haufen Geld; **down to** ~ praktisch; nüchtern; sachlich; **why on** ~ warum auch **II.** *vt* **1.** (ELEK RADIO) erden **2.** (*Kartoffeln:* ~ *up*) häufeln; **earth-bound** ['ɜːθbaʊnd] *adj* erdgebunden; ~ **journey** Flug *m* zur Erde; **earthen•ware** ['ɜːθnweə(r)] *s* Tongeschirr *nt;* **earthi•ness** ['ɜːθɪnɪs] *s* Derbheit *f;* **earth•ling** ['ɜːθlɪŋ] *s* (*pej*) Erdenwurm *m;* **earthly** ['ɜːθlɪ] **I.** *adj* irdisch, weltlich; **of no** ~ **use** völlig unnütz **II.** *s* (*fam*): **he hasn't an** ~ er hat nicht die geringste Chance; **earth-orbit** ['ɜːθɔːbɪt] *s* Erdumlaufbahn *f;* **earth•quake** ['ɜːθkweɪk] *s* Erdbeben *nt;* **earthquake zone** *s* Erdbebengürtel *m;* **earth-shat•ter•ing** ['ɜːθʃætrɪŋ] *adj* welterschütternd; **earthwork** ['ɜːθwɜːk] *s* Erdarbeiten *fpl;* (MIL) Schanze *f;* **earth•worm** ['ɜːθwɜːm] *s* Regenwurm *m;* **earthy** ['ɜːθɪ] *adj* erdig; (*fig: Mensch, Humor*) derb

ear•wax ['ɪəwæks] *s* Ohrenschmalz *nt;* **ear•wig** ['ɪəwɪg] *s* Ohrwurm *m*

ease [iːz] **I.** *s* **1.** Bequemlichkeit *f;* Behagen *nt* **2.** Leichtigkeit, Mühelosigkeit *f;* **at** ~ frei, ungezwungen; behaglich; (**stand**) **at ~!** (MIL) rührt euch!; **with** ~ mit Leichtigkeit;

mühelos; **be** (**ill**) **at** ~ sich (nicht) wohl fühlen; **live at** ~ in angenehmen Verhältnissen leben; **take one's** ~ es sich bequem machen **II.** *vt* **1.** entlasten, befreien (*of* von) **2.** (*Schmerz*) lindern **3.** erleichtern **4.** ermäßigen, herabsetzen **5.** (~ *down*) verlangsamen **6.** vorsichtig, behutsam bewegen; bockern **III.** *vi* **1.** (*Börsenkurse*) nachgeben **2.** (*Lage*) sich entspannen; **ease off, ease up** *vi* **1.** langsamer werden; sich verlangsamen **2.** (*Lage*) sich entspannen **3.** (*Geschäfte*) ruhiger werden **4.** (*Regen, Schmerzen*) nachlassen

easel ['iːzl] *s* Staffelei *f*

eas•ily ['iːzəlɪ] *adv* **1.** leicht, mühelos **2.** zweifellos; bestimmt, bei weitem; **easi•ness** ['iːzɪnɪs] *s* Leichtigkeit *f*

east ['iːst] **I.** *s* Ost(en) *m;* **the East** der Osten, der Orient; **to the** ~ im Osten, östlich (*of* von) **II.** *adj* östlich; Ost- **III.** *adv* ostwärts, nach Osten; **east-bound** ['iːstbaʊnd] *adj* in Richtung Osten

Easter ['iːstə(r)] *s* Ostern *nt;* **at** ~ an Ostern; **Easter Day**, **Sunday** *s* Ostersonntag *m;* **Easter egg** *s* Osterei *nt;* **Easter holidays** *s pl* Osterferien *pl;* **Easter Islands** *s pl* Osterinseln *fpl*

east•er•ly ['iːstəlɪ] **I.** *adj* östlich **II.** *adv* nach, von Osten **III.** *s* Ostwind *m;* **east•ern** ['iːstən] *adj* östlich; (**the**) ~ (**states of**) **Germany** die neuen Bundesländer; **east•erner** ['iːstənə(r)] *s* (*in den USA*) Bewohner(in) *m(f)* der Oststaaten; **east•ern•most** ['iːstənməʊst] *adj* östlichste(r, s)

East Ger•ma•ny [ˌiːst'dʒɜːmənɪ] *s* Ostdeutschland *nt;* (POL HIST) DDR

east•ward ['iːstwəd] *adj* östlich; **east•ward**(**s**) ['iːstwəd(z)] *adv* ostwärts, nach Osten

easy ['iːzɪ] **I.** *adj* **1.** leicht (*zu tun*), nicht schwer, nicht schwierig **2.** frei von Schmerzen **3.** sorglos, unbekümmert **4.** angenehm, behaglich **5.** (*Kleidung*) bequem **6.** zwanglos **7.** (*Geld*) leicht verdient **8.** (*Börse*) freundlich **9.** (*Zahlungsbedingungen*) günstig; **in** ~ **circumstances,** *Am* **on** ~ **street** in angenehmen Verhältnissen; **on** ~ **terms** (COM) zu günstigen Bedingungen; ~ **on the eye**/**ear** angenehm zu sehen/zu hören; **I'm** ~ (*fam*) mir ist es eigentlich egal; **it's** ~ **for you to talk** Sie haben gut reden **II.** *adv:* ~! ~ **does it!** (immer) sachte!; **take things** ~ sich schonen; **take it** ~**!** immer mit der Ruhe! nimm's nicht so tragisch!; **go** ~ **on** [*or* **with**] **s.th** mit etw sparsam umgehen; **go** ~ **on s.o.** jdn nicht zu streng behandeln; **easy-care** *adj* (*Textilien*) pflegeleicht; **easy-chair** *s* Lehnstuhl *m;* **easy-go•ing** ['iːzɪˌgəʊɪŋ] *adj* (*fig*) gelassen, lässig; großzügig; **easy-to-use** *adj* benutzerfreundlich

eat [iːt] <*irr:* ate, eaten> **I.** *vt* **1.** essen; (~ *up*) aufessen, verzehren **2.** (~ *into*) zerfressen; sich hineinfressen in **3.** (~ *away, up*) aufessen; verbrauchen; vernichten **4.** (*Feuer*) verzehren **5.** (*Wasser*) fortspülen **6.** (*Kilometer*) verschlingen, fressen; ~ **dirt** (*fam*) eine Beleidigung hinunterschlucken; ~ **humble pie** klein beigeben müssen; ~ **one's heart out** sich in Kummer verzehren; ~ **one's words** das Gesagte zurücknehmen; **what's** ~**ing you?** (*fam*) was hast du denn? **II.** *vi* essen; speisen; ~ **out** zum Essen ausgehen **III.** *s pl* (*fam*) Essen *nt;* Esswaren *fpl;* **eat•able** [-əbl] **I.** *adj* ess-, genießbar **II.** *s meist pl* Essen *nt;* Nahrung *f,* Nahrungsmittel *ntpl;* **eat-by date** ['iːtbaɪˌdeɪt] *s* Haltbarkeitsdatum *nt;* **eaten** ['iːtn] *s.* **eat**; **eater** ['iːtə(r)] *s* **1.** Esser(in) *m(f)* **2.** Tafelobst *nt;* **a big**/**poor** ~ ein starker/schwacher Esser; **eat•ing** ['iːtɪŋ] *s* Essen *nt;* **eating disorder** *s* Essstörung *f*

eaves [iːvz] *s pl* Dachvorsprung *m*

eaves•drop ['iːvzdrɒp] *vi* horchen, lauschen; ~ **on s.th.** etw belauschen; **eaves•drop•per** ['iːvzdrɒpə(r)] *s* Horcher(in) *m(f)*

ebb [eb] **I.** *s* **1.** (~*-tide*) Ebbe *f* **2.** (*fig*) Tiefstand *m;* **at a low** ~ auf einem Tiefstand **II.** *vi* **1.** zurückfluten (*from* von), verebben **2.** (*fig:* ~ *away*) nachlassen

eb•ony ['ebənɪ] *s* Ebenholz *nt*

ebul•lient [ɪ'bʌlɪənt] *adj* (*fig*) übersprudelnd (*with* von), enthusiastisch, überschwänglich

EC [iː'siː] *s Abk. von* **European Community** (HIST) EG *f*

e-cash ['iːkæʃ] *s* (INTERNET) *s.* **electronic cash** elektronisches Geld, Cybergeld *nt*

ECB *s Abk. von* **European Central Bank** EZB *m*

ec•cen•tric [ɪk'sentrɪk] **I.** *adj* exzentrisch **II.** *s* **1.** Exzentriker(in) *m(f)* **2.** (TECH) Exzenter *m;* **ec•cen•tric•ity** [ˌeksen'trɪsətɪ] *s* (*fig*) Überspanntheit *f*

ec•clesi•as•tic [ɪˌkliːzɪ'æstɪk] *s* Geistliche(r) *f m;* **ec•clesi•as•ti•cal** [ɪˌkliːzɪ'æstɪkl] *adj* kirchlich; geistlich

ECG *s Abk. von* **electrocardiogram** EKG *nt*

eche•lon ['eʃəlɒn] *s* **1.** Gliederung, Staffelung *f* **2.** (*fig*) Ebene *f;* **the higher** ~**s** die höheren Ränge

echo ['ekəʊ] <*pl* echoes> **I.** *s* Echo *nt;* (*fig*) Anklang *m* **II.** *vi* widerhallen (*with* von) **III.** *vt* **1.** (*Schall*) zurückwerfen **2.** (*fig*) wiederholen; **echo chamber** *s* Hallraum *m;* **echo-sounder** ['ekəʊˌsaʊndə(r)] *s* Echolot *nt*

eclipse [ɪ'klɪps] **I.** *s* **1.** (ASTR) Verfinsterung *f;*

Finsternis *f* **2.** (*fig*) Verdunkelung *f;* (Ver)Schwinden *nt;* ~ **of the sun/moon** Sonnen-/Mondfinsternis *f* **II.** *vt* **1.** verfinstern **2.** (*fig*) in den Schatten stellen

eco-friend•ly *adj* umweltfreundlich; **eco-la•bel** *s* Umweltzeichen, Ökozeichen *nt;* **eco•lim•it** *s* Ökogrenze *f* (*höchste Belastbarkeitsgrenze*)

eco•logi•cal [ˌiːkəˈlɒdʒɪkl] *adj* ökologisch, Öko-; ~ **disaster** Umweltkatastrophe *f;* **eco•logi•cally** [ˌɪːkəˈlɒdʒɪklɪ] *adv:* ~ **harmless** (*Produkte, Stoffe*) umweltverträglich; ~ **beneficial** umweltfreundlich; **ecol•ogist** [iːˈkɒlədʒɪst] *s* Ökologe *m,* Ökologin *f;* **ecol•ogy** [iːˈkɒlədʒɪ] *s* Ökologie *f;* **ecol•ogy movement** *s* Umweltbewegung *f;* **ecology party** *s* Ökopartei *f;* **ecology tax** *s* Umweltsteuer *f*

e-com•merce [iːˈkɒmɜːs] *s* E-commerce *m*

eco•nom•ic [ˌiːkəˈnɒmɪk] *adj* ökonomisch, (volks)wirtschaftlich; Wirtschafts-; ~ **adviser** Wirtschaftsberater(in) *m(f);* ~ **agreement** Handels-, Wirtschaftsabkommen *nt;* ~ **aid** Wirtschaftshilfe *f;* **Economic and Monetary Union** Wirtschafts- und Währungsunion *f;* **Economic and Social Committee** Wirtschafts- und Sozialausschuss *m;* ~ **boom** Konjunkturaufschwung *m;* ~ **cohesion** wirtschaftlicher Zusammenhalt; ~ **commission** Wirtschaftskommission *f;* ~ **control** Wirtschaftslenkung *f;* (**world**) ~ **crisis** (Welt)Wirtschaftskrise *f;* ~ **cycle** Konjunkturzyklus *m;* ~ **divergence** ökonomischer Unterschied; ~ **downswing** Konjunkturabschwung *m;* ~ **feasibility study** Wirtschaftlichkeitsanalyse *f;* ~ **fluctuations** Konjunkturschwankungen *fpl;* ~ **growth** Wirtschaftswachstum *nt;* ~ **planning** gesamtwirtschaftliche Planung; ~ **policy** Wirtschaftspolitik *f;* ~ **profit** Grenzkostenergebnis *nt;* ~ **recovery** Wirtschaftsbelebung *f;* ~ **refugee** Wirtschaftsflüchtling *m;* ~ **situation** Wirtschaftslage *f;* ~ **structure** Wirtschaftsstruktur *f;* ~ **union** Wirtschaftsunion *f;* ~ **upswing** Konjunkturaufschwung *m;* **eco•nomi•cal** [ˌiːkəˈnɒmɪkl] *adj* wirtschaftlich, sparsam (*with* mit); **eco•nom•ics** [ˌiːkəˈnɒmɪks] *s pl* **1.** *mit sing* Wirtschaftswissenschaften *fpl,* Volkswirtschaft(slehre) *f* **2.** *mit pl* Wirtschaftlichkeit *f;* **econo•mist** [ɪˈkɒnəmɪst] *s* Wirtschaftswissenschaftler(in) *m(f),* Volkswirt(in) *m(f);* **econo•mize** [ɪˈkɒnəmaɪz] *vi* sparsam sein (*in, on* mit); **econo•my** [ɪˈkɒnəmɪ] *s* **1.** Wirtschaft *f* **2.** Wirtschaftlichkeit; Sparsamkeit *f* **3.** Sparmaßnahme, Einsparung *f;* **make economies** sparen; **the state of the** ~ die Wirtschafts-, Konjunkturlage *f;* **controlled** [*o* **planned**] ~ Planwirtschaft *f;* **market** ~ Marktwirtschaft *f;* **national** ~ Volkswirtschaft *f;* **world** ~ Weltwirtschaft *f;* ~ **class** (AVIAT) Touristenklasse *f;* ~ **drive** Sparaktion *f;* ~ **price** Sparpreis *m;* ~ **size** Sparpackung *f;* ~ **study** Wirtschaftlichkeitsberechnung *f*

eco•sys•tem [ˈiːkəʊsɪstəm] *s* Ökosystem *nt;* **eco•war•ri•or** [ˌiːkəʊˈwɒrɪə] *s* aktiver Umweltschützer

ec•sta•sy [ˈekstəsɪ] *s* **1.** (*a.* REL) Verzückung, Ekstase *f* **2.** Begeisterung(staumel *m*) *f* **3.** (*Droge*) Ecstasy *nt;* **ec•stat•ic** [ɪkˈstætɪk] *adj* ekstatisch; begeistert, verzückt, hingerissen

ECU [ˈeɪkjuː, ˈiːkjuː] *s Abk. von* **European Currency Unit** ECU *m*

Ecua•dor [ˈekwədɔː(r)] *s* Ecuador *nt;* **Ecua•dor•ian** [ˌekwəˈdɔːrɪən] **I.** *adj* ecuadorianisch **II.** *s* Ecuadorianer(in) *m(f)*

ecu•meni•cal [ˌiːkjuːˈmenɪkl] *s* ökumenisch

ec•zema [ˈeksɪmə] *s* (MED) Ekzem *nt,* Ausschlag *m*

eddy [ˈedɪ] **I.** *s* Wirbel, Strudel *m* **II.** *vi* wirbeln, strudeln

Eden [ˈiːdn] *s* (REL): **the Garden of** ~ der Garten Eden, das Paradies

edge [edʒ] **I.** *s* **1.** (*Klinge*) Schneide *f* **2.** Kante *f* **3.** (*Buch*) Schnitt *m* **4.** Rand *m* **5.** Ufer *nt* **6.** (*fam*) Vorteil *m* (*on* vor); **at the** ~ **of** am Rande *+gen;* **on** ~ hochkant; (*fig*) nervös, ungeduldig; **have the** ~ **on s.o.** (*fam*) jdm gegenüber im Vorteil, besser sein; **set s.o.'s teeth on** ~ jdm unangenehm sein; **take the** ~ **off** abschwächen **II.** *vt* **1.** (um)säumen, einfassen **2.** (*Messer*) schleifen **3.** schieben, rücken; ~ **one's way through** sich zwängen durch **III.** *vi* sich einen Weg bahnen; sich schieben, vorrücken; **edge away** *vi* sich davonmachen; ~ **away from s.o.** von jdm abrücken; **edge forward** *vi* sich vorschieben, vorrücken; **edge off** *vi* ab-, wegrücken; **edgeways**, **edge•wise** [ˈedʒweɪz, ˈedʒwaɪz] *adv* **1.** seitwärts, von der Seite **2.** hochkant; **get a word in** ~ zu Worte kommen

edg•ing [ˈedʒɪŋ] *s* Rand, Saum *m;* Borte *f*

edgy [ˈedʒɪ] *adj* (*fig*) nervös, gereizt

ed•ible [ˈedɪbl] **I.** *adj* ess-, genießbar **II.** *s pl* Lebensmittel *ntpl*

edict [ˈiːdɪkt] *s* Erlass *m;* Edikt *nt*

edi•fi•ca•tion [ˌedɪfɪˈkeɪʃn] *s* (*fig*) Erbauung *f*

edi•fice [ˈedɪfɪs] *s* Bauwerk *nt*

edify [ˈedɪfaɪ] *vt* (geistig) erbauen; **edify•ing** [-ɪŋ] *adj* erbaulich

edit [ˈedɪt] *vt* **1.** (*Buch*) herausgeben **2.** (*Zeitung*) redigieren **3.** (FILM) zusammenstellen **4.** (INFORM: *Daten*) edi(ti)eren, aufbereiten; **edi•tion** [ɪˈdɪʃn] *s* **1.** (*Buch*) Ausgabe *f* **2.** Auflage *f;* **morning/evening** ~ Morgen-

/Abendausgabe *f;* **pocket** ~ Taschenausgabe *f;* **edi•tor** ['edɪtə(r)] *s* **1.** Herausgeber(in) *m(f)* **2.** Redakteur(in) *m(f),* Schriftleiter(in) *m(f)* **3.** (INFORM) Editor *m* **4.** (*Film*) Cutter(in) *m(f);* **chief ~, ~ in chief** Chefredakteur(in) *m(f);* **letter to the ~** Leserbrief *m;* **edi•tor•ial** [ˌedɪ'tɔ:rɪəl] **I.** *adj* redaktionell; ~ **assistent** Redaktionsassistent(in) *m(f);* ~ **staff** Redaktionsstab *m* **II.** *s* (*Zeitung*) Leitartikel *m*

edu•cate ['edʒʊkeɪt] *vt* erziehen, (aus-, heran)bilden; **edu•ca•ted** ['edʒʊkeɪtɪd] *adj* gebildet; ~ **guess** auf Tatsachen beruhende Vermutung; **edu•ca•tion** [ˌedʒʊ'keɪʃn] *s* **1.** (*Prozess*) Erziehung, (Aus-, Heran)Bildung *f* **2.** (*Fachgebiet*) Erziehungswissenschaft, Pädagogik *f;* **adult** ~ Erwachsenenbildung *f;* **compulsory** ~ Schulpflicht *f;* **general** ~ Allgemeinbildung *f;* **ministry of** ~ Kultusministerium *nt;* **edu•ca•tional** [ˌedʒʊ'keɪʃənl] *adj* **1.** erzieherisch **2.** pädagogisch **3.** (*Film, Spiel*) Lehr- **4.** Lehrbuch; ~ **experience** lehrreiche Erfahrung; ~ **background** Bildungsgang *m;* Vorbildung *f;* ~ **establishment** Bildungsanstalt *f;* ~ **leave** Bildungsurlaub *m;* **edu•ca•tion(al)•ist** [ˌedʒʊ'keɪʃən(əl)ɪst] *s* Pädagoge *m,* Pädagogin *f;* Erziehungswissenschaftler(in) *m(f);* **edu•ca•tor** ['edʒʊkeɪtə(r)] *s* Erzieher(in) *m(f)*

EEC [i:i:'si:] *s Abk. von* **European Economic Community** (HIST) EWG *f*

eel [i:l] *s* Aal *m*

eerie, eery ['ɪərɪ] *adj* schaurig, gespenstisch

ef•face [ɪ'feɪs] **I.** *vt* **1.** ausradieren **2.** auslöschen, streichen, tilgen **II.** *vr* sich zurückhalten

ef•fect [ɪ'fekt] **I.** *s* **1.** Wirkung *f* (*on* auf) **2.** Folge *f,* Ergebnis *nt* (*of +gen*) **3.** Eindruck, Effekt *m* **4.** (JUR) Gültigkeit *f* **5.** (TECH) (Nutz)Effekt *m;* Leistung *f* **6.** ~**s** Gegenstände *ntpl,* Sachen *fpl,* Besitz *m,* (bewegliches) Eigentum *nt,* Habe *f;* Effekten *pl;* **in** ~ in Wirklichkeit; (*Gesetz*) gültig, in Kraft; **of no** ~ wirkungslos; **to this** ~ zu dem Zweck; **a letter to the** ~ ein Brief des Inhalts; **words to that** ~ etwas in diesem Sinne; **with** ~ **from …** mit Wirkung vom …; **come into** [*o* **take**] ~ in Kraft treten; **put into** ~ in Kraft setzen **II.** *vt* **1.** bewirken; zu Stande bringen **2.** aus-, durchführen; **ef•fec•tive** [ɪ'fektɪv] *adj* **1.** wirksam **2.** wirkungs-, eindrucksvoll **3.** tatsächlich, effektiv; **cost** ~ kostenwirksam; ~ **immediately** mit sofortiger Wirkung; **be** ~ gelten; **become** ~ in Kraft treten; **ef•fec•tive•ness** [-nɪs] *s* Wirksamkeit *f;* **cost** ~ Kostenwirksamkeit *f;* **ef•fec•tual** [ɪ'fektʃʊəl] *adj* wirksam; gültig, in Kraft; **be** ~ die gewünschte Wirkung haben; **ef•fec•tuate** [ɪ'fektʃʊeɪt] *vt* bewirken, zu Stande bringen

ef•femi•nacy [ɪ'femɪnəsɪ] *s* (*pej*) Unmännlichkeit *f;* **ef•femi•nate** [ɪ'femɪnət] *adj* (*pej*) unmännlich, weibisch

ef•fer•vesce [ˌefə'ves] *vi* **1.** perlen, sprudeln, moussieren; aufbrausen **2.** (*fig*) überschäumen; **ef•fer•ves•cence** [ˌefə'vesns] *s* **1.** Sprudeln, Aufwallen *nt* **2.** (*fig*) Munterkeit, Lebhaftigkeit *f;* **ef•fer•ves•cent** [ˌefə'vesnt] *adj* **1.** sprudelnd, aufbrausend **2.** (*fig*) überschäumend

ef•fete [ɪ'fi:t] *adj* schwach; saft- und kraftlos

ef•fi•ca•cious [ˌefɪ'keɪʃəs] *adj* wirksam; **ef•fi•cacy** ['efɪkəsɪ] *s* Wirksamkeit, Wirkungskraft *f*

ef•fi•ciency [ɪ'fɪʃnsɪ] *s* **1.** Leistungsfähigkeit, Effizienz *f* **2.** Tüchtigkeit *f* **3.** (TECH) Wirkungsgrad *m* **4.** Produktivität *f* **5.** Wirtschaftlichkeit *f;* Rentabilität *f;* ~ **bonus** Leistungszulage *f;* ~**-minded** leistungsorientiert; **ef•fi•cient** [ɪ'fɪʃnt] *adj* **1.** wirksam, effizient **2.** rationell, wirtschaftlich **3.** leistungsfähig, ergiebig **4.** (*Mensch*) tüchtig, fähig

ef•flu•ent ['eflʊənt] *s* Abwasser *nt,* Abfluss *m*

ef•fort ['efət] *s* **1.** Anstrengung, Mühe *f* **2.** Kraftaufwand *m* **3.** (TECH) Leistung *f* **4.** Bemühung *f* **5.** Werk *nt,* Tat, Leistung *f;* **without** ~ mühelos; **be worth the** ~ der Mühe wert sein; **make every** ~ sich alle Mühe geben; **spare no** ~ keine Mühe scheuen; **ef•fort•less** [-lɪs] *adj* mühelos

ef•front•ery [ɪ'frʌntərɪ] *s* Unverschämtheit, Frechheit *f*

ef•fu•sion [ɪ'fju:ʒn] *s* Erguss *m;* **ef•fu•sive** [ɪ'fju:sɪv] *adj* (*fig*) überschwänglich

EFT [ˌi:ef'ti:] *s Abk. von* **electronic funds transfer** elektronischer Zahlungsverkehr

EFTA ['eftə] *s Abk. von* **European Free Trade Association** EFTA *f*

egg [eg] *s* **1.** (Hühner)Ei *nt* **2.** (BIOL) Ei(zelle *f*) *nt;* **have ~ on one's face** (*fam*) sich blamieren; **put all one's ~s in one basket** (*fig*) alles auf eine Karte setzen; **teach one's grandmother to suck ~s** das Ei will klüger sein als die Henne; **a bad** ~ (*sl*) ein Strolch, ein Taugenichts; **scrambled ~s** Rührei *nt;* **boiled/fried ~s** gekochte Eier/Spiegeleier *ntpl;* **egg on** *vt* aufstacheln, -hetzen; aufmuntern; **egg cell** *s* (BIOL) Eizelle *f;* **egg cup** *s* Eierbecher *m;* **egg-head** ['eghed] *s* (*fam*) Intellektuelle(r) *f m;* **egg•plant** *s* (*Am*) Aubergine *f;* **egg-shell** *s* Eierschale *f;* **egg spoon** *s* Eierlöffel *m;* **egg timer** *s* Eieruhr *f;* **egg yolk** *s* Eidotter *m,* Eigelb *nt*

ego ['egəʊ, *Am* 'i:gəʊ] <*pl* egos> *s* Ich *nt;* Selbstbewusstsein *nt*

E

ego•cen•tric [ˌegəʊˈsentrɪk] *adj* egozentrisch; **ego•ism** [ˈegəʊɪzəm] *s* Egoismus *m;* **ego•ist** [ˈegəʊɪst] *s* Egoist(in) *m(f);* **ego•istic(al)** [ˌegəʊˈɪstɪk(l)] *adj* egoistisch; **ego•tism** [ˈegəʊtɪzəm] *s* Ichbezogenheit *f;* **ego•tist** [ˈegəʊtɪst] *s* ichbezogener Mensch, Egozentriker(in) *m(f);* **ego•tis•tic(al)** [ˌegəˈtɪstɪk(l)] *adj* geltungsbedürftig; überheblich; **ego trip** [ˈegəʊtrɪp] *s* (*fam*) Egotrip *m;* **be on an ~** sich selbst beweihräuchern

Egypt [ˈiːdʒɪpt] *s* Ägypten *nt;* **Egyp•tian** [ɪˈdʒɪpʃn] **I.** *adj* ägyptisch **II.** *s* Ägypter(in) *m(f)*

eh [eɪ] *interj* **1.** nanu? hm! **2.** (*unhöflich*) was?

eider [ˈaɪdə(r)] *s* (~ *duck*) Eiderente *f;* **eider•down** [ˈaɪdədaʊn] *s* Daunendecke *f;* Federbett *nt*

eight [eɪt] **I.** *adj* acht **II.** *s* Acht *f;* **have had one over the ~** (*sl*) einen sitzen haben; **eight•een** [ˌeɪˈtiːn] *adj* achtzehn; **eighth** [eɪtθ] *adj* achte(r, s); **eight-hour day** *s* Achtstundentag *m;* **eight•ieth** [ˈeɪtɪəθ] **I.** *adj* achtzigste(r, s) **II.** *s* Achtzigstel *nt;* Achtzigste(r, s); **eighty** [ˈeɪtɪ] **I.** *adj* achtzig **II.** *s* Achtzig *f;* **the eighties** die Achtzigerjahre

Eire [ˈæərə] *s* (*gälischer Name*) Irland *nt*

either [ˈaɪðə(r)] **I.** *pron, adj* eine(r, s) von beiden; jede(r, s), beide(s) **II.** *adv* (*mit Verneinung*) auch nicht; **I shall not go ~** ich gehe auch nicht **III.** *conj:* **~ … or** entweder … oder

ejacu•late [ɪˈdʒækjʊleɪt] *vt* **1.** (*Wort*) ausstoßen **2.** (PHYSIOL) ejakulieren; **ejacu•la•tion** [ɪˌdʒækjʊˈleɪʃn] *s* **1.** (PHYSIOL) Samenerguss *m* **2.** (Auf)Schrei *m*

eject [ɪˈdʒekt] **I.** *vt* **1.** (*Menschen*) hinauswerfen (*from* aus) **2.** (JUR) exmittieren **3.** (*Flammen, Rauch*) ausstoßen; (*Patrone*) auswerfen **4.** (TECH) auswerfen; (*Piloten*) herausschleudern **II.** *vi* (*Pilot*) den Schleudersitz betätigen; **ejec•tor** [ɪˈdʒektə(r)] *s* (TECH) Auswerfer *m;* **ejector seat** *s* (AVIAT) Schleudersitz *m*

eke out [iːk aʊt] *vt* **1.** verlängern, abrunden (*with, by* durch) **2.** (*Vorrat*) strecken; **~ a living** sich mühsam durchschlagen

elab•or•ate¹ [ɪˈlæbərət] *adj* **1.** sorgfältig, genau ausgearbeitet **2.** ausführlich **3.** kunstvoll **4.** vielgestaltig

elab•or•ate² [ɪˈlæbəreɪt] **I.** *vt* sorgfältig ausarbeiten **II.** *vi* genauere Einzelheiten (an)geben (*on, upon* über), näher ausführen (*on, upon s.th.* etw); **elab•or•ation** [ɪˌlæbəˈreɪʃn] *s* genauere Angaben *fpl,* Einzelheiten *fpl*

elapse [ɪˈlæps] *vi* (*Zeit*) vergehen, verfließen, verstreichen

elas•tic [ɪˈlæstɪk] **I.** *adj* **1.** biegsam, dehnbar **2.** elastisch; **~ band** Gummiband *nt;* **~ stockings** Gummistrümpfe *mpl* **II.** *s* Gummiband *nt;* **elas•tic•ity** [ˌelæˈstɪsətɪ] *s* **1.** Elastizität *f* **2.** (*fig*) Spannkraft *f* **3.** Anpassungsfähigkeit *f*

elate [ɪˈleɪt] *vt:* **be ~d** stolz, froh, begeistert sein; **ela•tion** [ɪˈleɪʃn] *s* Begeisterung, Freude *f;* Stolz *m*

el•bow [ˈelbəʊ] **I.** *s* **1.** Ellbogen *m* **2.** (TECH) Knie(stück) *nt;* **at one's ~** bei der Hand, dicht dabei; **rub ~s with s.o.** mit jdm in nähere Berührung kommen **II.** *vt* sich bahnen (*one's way through* einen Weg durch); **~ s.o. out of the way** jdn zur Seite drängen; **elbow grease** *s* (*hum*) **1.** (körperliche) Kraft *f* **2.** Schufterei *f;* **elbow room** *s* Bewegungsfreiheit *f;* Spielraum *m*

el•der¹ [ˈeldə(r)] **I.** *adj attr* (*unter Verwandten*) älter **II.** *s:* **my ~s** ältere Leute als ich

el•der² [ˈeldə(r)] *s* Holunder *m*

el•der•berry [ˈeldəberɪ] *s* Holunderbeere *f;* **elderberry wine** *s* Holunderbeerwein *m*

el•der•ly [ˈeldəlɪ] *adj* ältlich, ältere(r)

el•dest [ˈeldɪst] *adj attr* (*unter Verwandten*) älteste(r, s)

elect [ɪˈlekt] **I.** *adj* (*nachgestellt*) designiert, zukünftig **II.** *s* (REL) Auserwählte(r) *f m* **III.** *vt* wählen (*president* zum Präsidenten); **elec•tion** [ɪˈlekʃn] *s* Wahl *f;* **hold an ~** eine Wahl durchführen; **stand for ~** kandidieren; **election address, speech** *s* Wahlrede *f;* **election booth** *s* Wahlzelle *f;* **election campaign** *s* Wahlkampf *m;* **election commission, committee** *s* Wahlausschuss *m;* Wahlkomitee *nt;* **election day** *s* Wahltag *m;* **election defeat** *s* Wahlniederlage *f*

elec•tion•eer [ɪˌlekʃəˈnɪə(r)] *vi* Wahlpropaganda treiben; **elec•tion•eer•ing** [ɪˌlekʃəˈnɪərɪŋ] *s* Wahlpropaganda *f;* Wahlkampf *m*

election manifesto *s* Wahlprogramm *nt;* **election meeting** *s* Wahlversammlung *f;* **election platform, program(me)** *s* Wahlprogramm *nt;* **election poster** *s* Wahlplakat *nt;* **election results, returns** *s pl* Wahlergebnis *nt*

elec•tive [ɪˈlektɪv] **I.** *adj* **1.** Wahl- **2.** (*Am:* SCHULE) wahlfrei **II.** *s* (*Am:* SCHULE) Wahlfach *nt*

elec•tor [ɪˈlektə(r)] *s* **1.** (*Br*) Wähler(in) *m(f)* **2.** (*Am*) Wahlmann *m;* **Elector** (HIST) Kurfürst *m;* **elec•toral** [ɪˈlektərəl] *adj* Wahl-; **~ ballot** Wahl-, Abstimmungsergebnis *nt;* **~ campaign** Wahlkampf *m;* **~ college** Wahlkollegium *nt;* (*Am*) Wahlmänner *mpl;* **~ commission** [*o* **committee**] Wahlausschuss *m;* Wahlkomitee *nt;* **~ defeat** Wahlniederlage *f;* **~ district** Wahlbezirk *m;* **~ list** Wählerliste *f;* **~ rally** Wahlversammlung *f;* ~ **register** [*o* **roll**] Wählerliste *f;* ~ **system** Wahlsystem *nt;* **elec·tor·ate** [ɪ'lektərət] *s* Wähler(schaft *f*) *mpl*

elec·tric [ɪ'lektrɪk] *adj* **1.** elektrisch **2.** (*fig*) elektrisierend; ~ **arc** Lichtbogen *m;* ~ **blanket** Heizdecke *f;* ~ **car** Elektroauto *nt;* ~ **light bulb** Glühbirne *f;* ~ **chair** elektrischer Stuhl; ~ **cooker** Elektroherd *m;* ~ **current** elektrischer Strom; ~ **motor** Elektromotor *m;* ~ **razor** elektrischer Rasierapparat; ~ **shock** elektrischer Schlag; (MED) Elektroschock *m;* ~ **shock treatment** (MED) Elektroschockbehandlung *f;* **elec·tri·cal** [ɪ'lektrɪkl] *adj* elektrisch; ~ **appliances** Elektrogeräte *ntpl;* ~ **engineer** Elektroingenieur(in) *m(f);* ~ **engineering** Elektrotechnik *f;* ~ **shop** Elektrowerkstatt *f;* **elec·tri·cian** [ɪˌlek'trɪʃn] *s* Elektriker(in) *m(f);* **elec·tric·ity** [ɪˌlek'trɪsətɪ] *s* Elektrizität *f;* Strom *m;* ~ **cut** Stromsperre *f;* Stromausfall *m;* ~ **meter** Stromzähler *m;* ~ **supply** Stromversorgung *f;* ~ **works** Elektrizitätswerk *nt*

elec·tri·fi·ca·tion [ɪˌlektrɪfɪ'keɪʃn] *s* Elektrifizierung *f;* **elec·trify** [ɪ'lektrɪfaɪ] *vt* **1.** elektrisieren **2.** elektrifizieren **3.** unter Strom setzen

elec·tro·analy·sis [ɪˌlektrəʊə'nælɪsɪs] *s* Elektrolyse *f;* **elec·tro·cardio·gram** [ɪˌlektrəʊ'kɑːdɪəʊgræm] *s* Elektrokardiogramm, EKG *nt;* **elec·tro·cute** [ɪ'lektrəkjuːt] *vt* auf dem elektrischen Stuhl hinrichten; durch elektrischen Strom töten; **elec·tro·cu·tion** [ɪˌlektrə'kjuːʃn] *s* Tod *m* durch Stromschlag; Hinrichtung *f* durch den elektrischen Stuhl; **elec·trode** [ɪ'lektrəʊd] *s* Elektrode *f;* **elec·tro·en·cepha·lo·gram** [ɪˌlektrəʊen'sefələˌgræm] *s* Elektroenzephalogramm, EEG *nt;* **elec·tro·ly·sis** [ɪˌlek'trɒləsɪs] *s* Elektrolyse *f;* **elec·tro·mag·net** [ɪ'lektrəʊ'mægnɪt] *s* Elektromagnet *m;* **elec·tro·mag·netic** [ɪˌlektrəʊmæg'netɪk] *adj* elektromagnetisch

elec·tron [ɪ'lektrɒn] *s* Elektron *nt*

elec·tron·ic [ˌɪlek'trɒnɪk] **I.** *adj* elektronisch; ~ **brain** Elektronen(ge)hirn *nt;* ~ **commerce** elektronischer Geschäftsverkehr; ~ **data processing, EDP** elektronische Datenverarbeitung, EDV *f;* ~ **funds transfer, EFT** elektronischer Zahlungsverkehr; ~ **mail** (INFORM) elektronische Post; ~ **mailbox** (INFORM) elektronischer Briefkasten; ~ **music** elektronische Musik **II.** *s pl mit sing* Elektronik *f;* **elec·tronics** [ˌɪlek'trɒnɪks] *s* Elektronik *f;* **electron microscope** *s* Elektronenmikroskop *nt*

elec·tro·plate [ɪ'lektrəʊpleɪt] *vt* galvanisieren; **elec·tro·scope** [ɪ'lektrəʊˌskəʊp] *s* Elektroskop *nt*

elec·tro·ther·apy [ɪˌlektrəʊ'θerəpɪ] *s* Elektrotherapie *f*

el·egance ['elɪgəns] *s* Eleganz *f;* **el·egant** ['elɪgənt] *adj* elegant

el·egiac [ˌelɪ'dʒaɪək] **I.** *adj* elegisch **II.** *s pl* elegische Verse *mpl;* **el·egy** ['elədʒɪ] *s* Elegie *f*

el·ement ['elɪmənt] *s* **1.** (*a.* MATH CHEM ELEK) Element *nt;* Grundstoff *m* **2.** Bestandteil *m* **3.** Faktor, Umstand *m* **4.** (JUR) Tatbestandsmerkmal *nt* **5.** (TECH) Bauelement, -teil *nt;* **the ~s** die Elemente *ntpl,* Anfangsgründe *mpl,* Grundlagen *fpl* (*einer Wissenschaft*), die Natur(gewalten *pl*) *f;* **in/out of one's ~** in seinem/nicht in seinem Element; ~ **of surprise** Überraschungsmoment *nt;* **el·emen·tal** [ˌelɪ'mentl] *adj* **1.** elementar **2.** urgewaltig **3.** einfach; **ele·men·tary** [ˌelɪ'mentərɪ] *adj* **1.** elementar; einführend **2.** einfach; ~ **particle** Elementarteilchen *nt;* ~ **school** (*Am*) Volks-, Grundschule *f;* ~ **training** Grundausbildung *f*

el·eph·ant ['elɪfənt] *s* Elefant *m;* **white ~** nutzloser Gegenstand; Fehlinvestition *f;* **el·ephan·ti·asis** [ˌelɪfən'taɪəsɪs] *s* (MED) Elefantiasis *f;* **ele·phan·tine** [ˌelɪ'fæntaɪn] *adj* (*fig*) schwerfällig; **elephant's ear** *s* Begonie *f*

el·ev·ate ['elɪveɪt] *vt* **1.** (hoch)heben **2.** (*Person*) befördern (*to* zu) **3.** (*fig*) erbauen **4.** auf eine höhere Stufe heben; **el·ev·ated** ['elɪveɪtɪd] *adj* erhaben, würdevoll, würdig; gehoben; ~ **railway** Hochbahn *f;* ~ **motorway** (*Br*) Hochstraße *f;* **el·ev·ation** [ˌelɪ'veɪʃn] *s* **1.** Erhebung *f* **2.** Anhöhe *f* **3.** Hoheit, Würde *f;* Erhabenheit *f* **4.** (GEOG) Höhe *f* über dem Meeresspiegel **5.** (ARCH) Aufriss *m;* **front ~** Vorderansicht *f;* **el·ev·ator** ['elɪveɪtə(r)] *s* **1.** (AVIAT) Höhenruder *nt* **2.** (TECH) Winde *f* **3.** (*Am*) Aufzug, Fahrstuhl *m* **4.** (*Am*) (Getreide)Silo *nt*

eleven [ɪ'levn] **I.** *adj* elf **II.** *s* (*a.* SPORT) Elf *f;* **elev·enses** [ɪ'levnzɪz] *s pl* (*Br fam*) zweites Frühstück; **elev·enth** [ɪ'levnθ] **I.** *adj* elfte(r, s); **at the ~ hour** in letzter Minute **II.** *s* Elftel *nt;* Elfte(r, s)

elf [elf, *pl* elvz] <*pl* elves> *s* Elfe *f;* Kobold *m;* **elf·ish** ['elfɪʃ] *adj* **1.** elfenhaft **2.** koboldhaft, schelmisch

eli·cit [ɪ'lɪsɪt] *vt* ent-, hervorlocken, herausholen (*from* aus)

el·igi·bil·ity [ˌelɪdʒə'bɪlətɪ] *s* **1.** Wählbarkeit *f* **2.** Berechtigung *f;* **eli·gible** ['elɪdʒəbl] *adj* **1.** wählbar **2.** (teilnahme)berechtigt (*for* für), geeignet; **be ~** in Frage kommen; ~ **bachelor** gute Partie

elim·in·ate [ɪ'lɪmɪneɪt] *vt* **1.** entfernen **2.** ausscheiden, -schalten, -lassen, beseitigen (*from* aus) **3.** ausschließen **4.** (MATH) eliminieren **5.** (*Feind, Gegner*) ausschalten,

E

eliminieren; **elim•in•ation** [ɪˌlɪmɪ'neɪʃn] *s* 1. Ausschaltung *f* 2. Ausmerzung, Beseitigung *f;* Streichung *f;* Nichtberücksichtigung *f* 3. (MED SPORT) Ausscheidung *f;* **elimination contest** *s* Ausscheidungswettbewerb *m*

elite [eɪ'li:t] *s* Elite *f;* **elit•ism** [ei'li:tɪsm] *s* Elitedenken *nt;* **elit•ist** [ei'li:tɪst] *adj* elitär

elixir [ɪ'lɪksə(r)] *s* Elixier *nt*

elk [elk] *s* 1. Elch *m* 2. (*Am*) Wapiti *m*

el•lipse [ɪ'lɪps] *s* (MATH) Ellipse *f;* **el•lip•tic(al)** [ɪ'lɪptɪk(l)] *adj* elliptisch

elm [elm] *s* (~ *tree*) Ulme *f*

elo•cu•tion [ˌelə'kju:ʃn] *s* Vortragskunst, -weise *f;* Sprecherziehung *f*

elon•gate ['i:lɒŋgeɪt] I. *vt* verlängern II. *vi* länger werden; sich strecken

elope [ɪ'ləʊp] *vi* durchbrennen (um zu heiraten)

elo•quent ['eləkwənt] *adj* 1. beredsam, redegewandt 2. vielsagend, ausdrucksvoll (*of* für)

El Sal•va•dore [el'sælvəˌdɔ:(r)] *s* El Salvador *nt*

else [els] *adv* 1. sonst, weiter, außerdem, noch 2. andere(r, s); **anybody ~?** sonst noch jemand?; **anything ~?** sonst noch etwas?; **everybody ~** alle anderen; **everything ~** alles andere; **nobody ~** sonst niemand; **nothing ~** nichts weiter; **or ~** sonst, andernfalls; **somebody ~** jemand anders; **somewhere ~** woanders; woandershin; **what ~?** was noch? was sonst? was weiter?; **else•where** [ˌels'weə(r)] *adv* 1. anderswo, sonst wo, woanders 2. anderswohin

elu•ci•date [ɪ'lu:sɪdeɪt] *vt* erklären, erläutern

elu•sive [ɪ'lu:sɪv] *adj* 1. ausweichend 2. schwer zu begreifen(d), zu (er)fassen(d)

elv•ish ['elvɪʃ] *adj* koboldhaft

em•aci•ated [ɪ'meɪʃɪeɪtɪd] *adj* abgemagert

email ['i:meɪl] *s* E-Mail *f/nt,* elektronische Post; **email address** *s* E-Mail-Adresse *f*

ema•nate ['eməneɪt] *vi* 1. ausfließen, -strömen 2. ausstrahlen, ausgehen (*from* von) 3. (*fig*) herrühren, herstammen (*from* von)

eman•ci•pate [ɪ'mænsɪpeɪt] *vt* 1. emanzipieren 2. befreien; **eman•ci•pated** [-ɪd] *adj* 1. emanzipiert 2. (*Sklave*) frei(gelassen); **eman•ci•pa•tion** [ɪˌmænsɪ'peɪʃn] *s* Emanzipation *f*

em•balm [ɪm'bɑ:m] *vt* (ein)balsamieren

em•bank•ment [ɪm'bæŋkmənt] *s* 1. Ufermauer *f,* Damm *m* 2. Uferstraße *f*

em•bargo [ɪm'bɑ:gəʊ] <*pl* -bargoes> *s* 1. Embargo *nt* 2. (*fig*) Sperre *f;* **under an ~** mit einem Embargo belegt; **lay** [*o* **put**] **an ~ on** ein Embargo verhängen über; **export/import ~** Aus-/Einfuhrsperre *f*

em•bark [ɪm'bɑ:k] I. *vt* einschiffen; verladen (*for* nach), an Bord nehmen II. *vi* 1. sich einschiffen (*for* nach) 2. abreisen, -fahren (*for* nach) 3. (*fig*) anfangen (*upon* mit); **em•bar•ka•tion** [ˌembɑ:'keɪʃn] *s* Einschiffung *f;* Verladung *f*

em•bar•rass [ɪm'bærəs] *vt* 1. in Verlegenheit, aus der Fassung bringen 2. (be)hindern; lästig sein (*s.o.* jdm) 3. in finanzielle Schwierigkeiten bringen; **em•bar•rassed** [ɪm'bærəst] *adj* 1. in Verlegenheit; verlegen 2. in Geldverlegenheit; **em•bar•rass•ing** [-ɪŋ] *adj* peinlich, unangenehm; **em•bar•rass•ment** [-mənt] *s* 1. Verlegenheit *f* 2. Geldverlegenheit *f;* **be an ~ to s.o.** jdn blamieren

em•bassy ['embəsɪ] *s* (POL) Botschaft *f*

em•bed [ɪm'bed] *vt* einbetten, einlagern; **be ~ded in s.th.** in etw fest verankert sein; **~ in concrete** einbetonieren

em•bel•lish [ɪm'belɪʃ] *vt* verschönern, ausschmücken

em•ber ['embə(r)] *s* 1. verglühendes Stück Holz 2. **~s** Glut *f*

em•bezzle [ɪm'bezl] *vt* unterschlagen; **em•bezzle•ment** [-mənt] *s* Unterschlagung *f;* **em•bezzler** [ɪm'bezlə(r)] *s* Veruntreuer(in) *m(f)*

em•bit•ter [ɪm'bɪtə(r)] *vt* verbittern; (*Verhältnis*) vergiften

em•blem ['embləm] *s* Sinnbild, Symbol, Emblem *nt*

em•bodi•ment [ɪm'bɒdɪmənt] *s* Verkörperung *f;* **em•body** [ɪm'bɒdɪ] *vt* 1. verkörpern; Gestalt geben (*s.th.* einer S) 2. ausdrücken 3. enthalten, einschließen

em•bo•lism ['embəlɪsm] *s* (MED) Embolie *f*

em•boss [ɪm'bɒs] *vt* 1. erhaben arbeiten 2. (*dünnes Metall, Leder*) bossieren, prägen

em•brace [ɪm'breɪs] I. *vt* 1. umarmen 2. (*Gelegenheit, Beruf*) ergreifen 3. (*Glauben, Angebot*) annehmen 4. (*Hoffnung*) hegen 5. umgeben, einschließen 6. (*fig*) enthalten, umfassen II. *s* Umarmung *f*

em•bro•ca•tion [ˌembrə'keɪʃn] *s* Einreibemittel *nt*

em•broider [ɪm'brɔɪdə(r)] *vt* 1. besticken 2. (*fig*) ausschmücken; **em•broidery** [ɪm'brɔɪdərɪ] *s* 1. Stickerei *f* 2. (*fig*) Ausschmückung *f*

em•bryo ['embrɪəʊ] <*pl* -bryos> *s* Embryo *m;* **in ~** (*fig*) in den Anfängen; **em•bry•onic** [ˌembrɪ'ɒnɪk] *adj* 1. (PHYSIOL) embryonal 2. (*fig*) (noch) unentwickelt

emend [ɪ'mend] *vt* verbessern, berichtigen

em•er•ald ['emərəld] I. *s* Smaragd *m* II. *adj* smaragdgrün

emerge [ɪ'mɜ:dʒ] *vi* 1. auftauchen 2. entstehen (*from, out of* aus) 3. (*fig*) in Erscheinung treten, sichtbar werden; bekannt werden; **emerg•ence** [ɪ'mɜːdʒəns] *s* Auftauchen *nt,* Entstehung *f*

emerg•ency [ɪ'mɜːdʒənsɪ] *s* Dringlichkeits-, Notfall *m;* Notlage *f;* **in an** [*o* **in case of**] ~ im Not-, im Ernstfall; **provide for emergencies** für Notfälle Vorsorge treffen; **state of** ~ Notstand *m;* ~ **aid** Soforthilfe *f;* ~ **brake** Notbremse *f;* ~ **call** Notruf *m;* ~ **dressing** Notverband *m;* ~ **exit** Notausgang *m;* ~ **landing** (AVIAT) Notlandung *f;* ~ **measure** Notmaßnahme *f;* ~ **power** (ELEK) Notstrom *m;* ~ **power generator** (ELEK) Notstromaggregat *nt;* ~ **ration** eiserne Ration; ~ **sale** Notverkauf *m;* ~ **seat** Notsitz *m;* ~ **service** Not-, Hilfsdienst *m;* ~ **stop** Vollbremsung *f;* ~ **tank** Reservetank *m;* ~ **telephone** Notrufsäule *f*

emerg•ent [ɪ'mɜːdʒənt] *adj* (*Land*) aufstrebend

em•ery ['emərɪ] *s* (MIN) Schmirgel *m;* **emery board** *s* Papiernagelfeile *f;* **emery paper** *s* Schmirgelpapier *nt*

em•etic [ɪ'metɪk] *s* Brechmittel *nt*

EMI [ˌiːem'aɪ] *s Abk. von* **European Monetary Institute** EWI *nt*

emi•grant ['emɪgrənt] *s* Auswanderer *m,* -wand(r)erin *f,* Emigrant(in) *m(f);* **emi•grate** ['emɪgreɪt] *vi* auswandern, emigrieren (*from* aus, *to* nach); **emi•gra•tion** [ˌemɪ'greɪʃn] *s* Auswanderung, Emigration *f*

emi•nence ['emɪnəns] *s* **1.** (An)Höhe *f* **2.** Ansehen *nt,* Berühmtheit *f;* **Eminence** (REL) Eminenz *f;* **emi•nent** ['emɪnənt] *adj* hervorragend, bedeutend, ausgezeichnet (*in* in, *for* durch); (*Person*) angesehen, berühmt; **emi•nent•ly** [-lɪ] *adv* in hohem Maße

em•iss•ary ['emɪsərɪ] *s* Bote *m,* Botin *f,* Abgesandte(r) *f m*

emission [mɪʃn] *s* **1.** (FIN) Ausgabe, Emission *f* **2.** (PHYS) Emission, Ausstrahlung *f;* (*Wärme, Schall*) Abgabe *f* **3.** Ausströmen *nt;* Ausfluss, Austritt *m*

emit [ɪ'mɪt] *vt* **1.** ausströmen, ausfließen lassen; ausstrahlen; abgeben **2.** (*Gebrüll*) ausstoßen **3.** (FIN) in Umlauf setzen

emolu•ment [ɪ'mɒljʊmənt] *s* Vergütung *f,* Honorar *nt*

emote [ɪ'məʊt] *vt* (*fam*) dramatisieren

emo•ticon *s* (INTERNET) Emoticon *nt,* Smiley *nt,* :-)

emo•tion [ɪ'məʊʃn] *s* **1.** Erregung, (innere) Bewegung, Erregtheit *f* **2.** (starkes) Gefühl *nt;* **emo•tion•al** [ɪ'məʊʃənl] *adj* **1.** gefühlsbetont **2.** (leicht) erregbar **3.** gefühlvoll; **emo•tion•al•ly** *adv:* ~ **constipated** (emotional) verkorkst; **emo•tion•less** [-lɪs] *adj* gefühllos

emot•ive [ɪ'məʊtɪv] *adj* gefühlserregend

em•pa•thy ['empəθɪ] *s* Einfühlung(svermögen *nt*) *f*

em•peror ['empərə(r)] *s* Kaiser *m*

em•pha•sis ['emfəsɪs] *s* Betonung *f* (*on* auf); **put** [*o* **lay**] ~ **on s.th.** die Betonung auf etw legen; **em•pha•size** ['emfəsaɪz] *vt* Nachdruck legen auf; hervorheben, unterstreichen; **em•phatic** [ɪm'fætɪk] *adj* **1.** emphatisch; nachdrücklich, betont **2.** eindeutig **3.** entscheidend, auffallend; **be ~ about s.th.** etw nachdrücklich betonen

em•pire ['empaɪə(r)] *s* **1.** Reich *nt* **2.** Macht *f* **3.** (*fig*) Imperium *nt*

em•piri•cal [ɪm'pɪrɪkl] *adj* empirisch; erprobt

em•ploy [ɪm'plɔɪ] *vt* **1.** gebrauchen, benutzen; an-, verwenden **2.** beschäftigen (*in* mit) **3.** (*Arbeitskraft*) an-, einstellen; einsetzen; **be ~ed in doing s.th.** damit beschäftigt sein etw zu tun; **be ~ed part-time** teilzeitbeschäftigt sein; **em•ployee** [ˌɪmplɔɪ'iː] *s* Arbeitnehmer(in) *m(f),* Angestellte(r) *f m;* **em•ployer** [ɪm'plɔɪə(r)] *s* Unternehmer(in) *m(f),* Arbeitgeber(in) *m(f);* **~'s contribution** Arbeitgeberanteil *m;* **em•ploy•ment** [ɪm'plɔɪmənt] *s* **1.** Beschäftigung *f* **2.** Verwendung *f* **3.** Arbeit(sverhältnis *nt*), Stellung *f;* **out of** ~ arbeits-, stellungslos; **full** ~ Vollbeschäftigung *f;* **full-time** ~ Ganztagsbeschäftigung *f;* **permanent** ~ Dauerbeschäftigung *f,* feste(s) Anstellung(sverhältnis *nt*) *f;* ~ **agency** [*o* **bureau**] Arbeitsvermittlung *f;* ~ **contract** Arbeitsvertrag *m;* ~ **exchange** Arbeitsamt *nt;* ~ **freeze** Einstellungssperre *f,* Einstellungsstopp *m*

em•por•ium [ɪm'pɔːrɪəm] *s* **1.** Handelsplatz *m;* Markt *m* **2.** Warenhaus *nt*

em•power [ɪm'paʊə(r)] *vt* berechtigen, ermächtigen (*to do* zu tun); **em•power•ment** [im'paʊəmənt] *s* Ermächtigung *f*

em•press ['emprɪs] *s* Kaiserin *f*

emp•ti•ness ['emptɪnɪs] *s* Leere *f;* **empty** ['emptɪ] **I.** *adj* **1.** leer; leer stehend **2.** (*fig*) inhaltslos, leer; **on an** ~ **stomach** auf nüchternen Magen; **feel** ~ Hunger haben; sich innerlich leer fühlen; ~ **of** ohne **II.** *s pl* Leergut *nt* **III.** *vt* (~ *out*) (aus-, ent)leeren **IV.** *vi* **1.** sich leeren **2.** (*Fluss*) sich ergießen, münden (*into* in); **empty-handed** [ˌemptɪ'hændɪd] *adj* mit leeren Händen; **empty-headed** [ˌemptɪ'hedɪd] *adj* hohlköpfig; **empty phrase** *s* Leerformel *f;* **empty weight** *s* Eigen-, Leergewicht *nt*

EMU [ˌiːem'juː] *s Abk. von* **European Monetary Union** EWU *f,* Europäische Währungsunion

emu•late ['emjʊleɪt] *vt* nacheifern (*s.o.* jdm), wetteifern (*s.o.* mit jdm); **emu•la-**

E

tion [ˌemjʊ'leɪʃn] *s* Nacheiferung *f;* Wetteifer *m*

emul•si•fier [ɪ'mʌlsifaɪə(r)] *s* Emulgator *m;* **emul•sify** [ɪ'mʌlsɪfaɪ] *vt* emulgieren; **emul•sion** [ɪ'mʌlʃn] *s* **1.** Emulsion *f* **2.** (~ *paint*) Emulsionsfarbe *f*

en•able [ɪ'neɪbl] *vt* **1.** in den Stand setzen, befähigen (*to do* zu tun) **2.** ermöglichen, möglich machen (*s.o. to* jdm zu) **3.** berechtigen, ermächtigen (*to* zu); **be ~d to** in der Lage sein zu; **enabling act** (JUR) Ermächtigungsgesetz *nt*

en•act [ɪ'nækt] *vt* **1.** verfügen, verordnen; (*Gesetz*) erlassen **2.** (THEAT) aufführen; (*Rolle*) spielen; **en•act•ment** [-mənt] *s* Erlass *m* (*eines Gesetzes*)

en•amel [ɪ'næml] **I.** *s* **1.** Emaille *f;* Glasur *f;* Nagellack *m* **2.** (Zahn)Schmelz *m* **II.** *vt* emaillieren

en•amour [ɪ'næmə(r)] *vt:* **be/become ~ed of** verliebt sein/sich verlieben in

en•camp [ɪn'kæmp] **I.** *vt* (in einem Lager) unterbringen **II.** *vi* ein Lager aufschlagen; **en•camp•ment** [-mənt] *s* (Zelt)Lager *nt;* Lagern *nt*

en•case [ɪn'keɪs] *vt:* **be ~d in** eingehüllt sein in

en•cepha•li•tis [ˌensefə'laɪtɪs] *s* Gehirnentzündung, Enzephalitis *f*

en•chant [ɪn'tʃɑ:nt] *vt* verzaubern; **be ~ed** entzückt sein (*by, with* über); **en•chanter** [ɪn'tʃɑ:ntə(r)] *s* Zauberer *m;* **en•chant•ing** [-ɪŋ] *adj* faszinierend; bezaubernd, entzückend; **en•chant•ment** [-mənt] *s* **1.** Zauber *m* **2.** Entzücken *nt;* **en•chant•ress** [ɪn'tʃɑ:ntrɪs] *s* **1.** Zauberin *f* **2.** bezaubernde Frau

en•cipher [ɪn'saɪfə(r)] *vt* verschlüsseln

en•circle [ɪn'sɜ:kl] *vt* **1.** ein-, umschließen **2.** umgeben (*with* mit) **3.** umzingeln, umfassen; **en•circle•ment** [-mənt] *s* Einkesselung *f;* Einkreisung *f*

en•close [ɪn'kləʊz] *vt* **1.** umgeben, einschließen (*in* in) **2.** (*einem Brief*) beilegen; **en•closed** [ɪn'kləʊzd] *adj:* **please find ~** in der Anlage erhalten Sie; **~ area** umbauter Raum; **en•clos•ure** [ɪn'kləʊʒə(r)] *s* **1.** Einzäunung *f* **2.** Gehege **3.** (*Brief*) Anlage *f*

en•code [ɪn'kəʊd] *vt* verschlüsseln

en•compass [ɪn'kʌmpəs] *vt* **1.** ein-, umschließen **2.** umfassen

en•core ['ɒŋkɔ:(r)] *s* Dakapo *nt;* Zugabe *f*

en•coun•ter [ɪn'kaʊntə(r)] **I.** *vt* **1.** (unerwartet) treffen **2.** (*Schwierigkeiten*) stoßen auf **II.** *s* **1.** Begegnung *f* **2.** Gefecht *nt;* **~ group** Selbsterfahrungsgruppe *f*

en•cour•age [ɪn'kʌrɪdʒ] *vt* **1.** ermutigen **2.** bestärken (*in* in), unterstützen, helfen (*s.o.* jdm) **3.** begünstigen, fördern; **en•cour•age•ment** [-mənt] *s* **1.** Ermutigung *f* **2.** Unterstützung, Förderung *f* **3.** Ansporn *m* (*to* für); **en•cour•ag•ing** [ɪn'kʌrɪdʒɪŋ] *adj* ermutigend; vielversprechend

en•croach [ɪn'krəʊtʃ] *vi* **1.** (unberechtigt) übergreifen (*on, upon* auf), eingreifen (*on, upon* in) **2.** beeinträchtigen, verletzen (*on, upon s.th.* etw); **en•croach•ment** [-mənt] *s* **1.** Über-, Eingriff *m* **2.** Beeinträchtigung *f*

en•cum•ber [ɪn'kʌmbə(r)] *vt* **1.** (be)hindern, belasten **2.** (*fig: Grundstück mit einer Hypothek*) belasten; **be ~ed** überfüllt sein (*with* mit), belastet sein (*with debts* mit Schulden)

en•cy•clo•p(a)edia [ɪnˌsaɪklə'pi:dɪə] *s* Enzyklopädie *f;* **en•cy•clo•p(a)edic** [ɪnˌsaɪklə'pi:dɪk] *adj* enzyklopädisch

end [end] **I.** *s* **1.** Ende *nt;* Schluss *m* **2.** Ende *nt,* Rest *m;* Stummel *m* **3.** Zweck *m,* Ziel *nt,* Absicht *f* **4.** Ergebnis *nt,* Folge, Konsequenz *f;* **at the ~** am Ende; **at an ~** beendet; **a few loose ~s** einige Kleinigkeiten; **for** [*o* **to**] **this ~** zu diesem Zweck; **in the ~** schließlich, am Ende; **no ~ of** unendlich viel(e) ...; sehr groß; endlos; **on ~** aufrecht, aufgerichtet; (*Kiste*) hochkant; ohne Unterbrechung; **~ on** mit dem Ende voran; **to the ~ that** zu dem Zweck, dass; damit; **without ~** endlos; **be at an ~** zu Ende sein; **be at a loose ~** (*fam*) gerade nichts (Besonderes) vorhaben; **come to an ~** zu Ende gehen; **keep one's ~ up** seinen Mann stehen; **put an ~ to** ein Ende, Schluss machen mit; **make ~s meet** gerade (mit seinem Geld) auskommen; **stand on ~** (*Haare*) zu Berge stehen, sich sträuben; **there is no ~ to it** es nimmt kein Ende; **the ~ justifies the means** (*prov*) der Zweck heiligt die Mittel; **~ of the month** Monatsende *nt;* **~-of-season sale** Saisonschlussverkauf *m;* **~-of-year adjustment** Rechnungsabgrenzung *f* **II.** *vt* beenden; beschließen **III.** *vi* **1.** enden; zu Ende sein, gehen; Schluss machen **2.** sein Leben beschließen; **~ in s.th.** mit etw enden; **end off** *vt* zum Abschluss bringen; **end up** *vi* landen; schließlich werden zu; enden; **~ up doing s.th.** schließlich etw tun; **~ up with the wrong thing** schließlich das Falsche haben

en•dan•ger [ɪn'deɪndʒə(r)] *vt* gefährden; **endangered species** *s* vom Aussterben bedrohte Art(en)

en•dear•ing [ɪn'dɪərɪŋ] *adj* gewinnend, einnehmend; **en•dear•ment** [ɪn'dɪəmənt] *s* **1.** Zärtlichkeit *f* **2.** (*term of ~*) Kosewort *nt*

en•dea•vor (*Am*), **en•deav•our** [ɪn'devə(r)] **I.** *vi* sich bemühen, sich anstrengen **II.** *s* Anstrengung *f* (*to do, at doing* etw zu tun)

en•demic [en'demɪk] *adj* endemisch

end•ing ['endɪŋ] *s* **1.** Ende *nt;* Ausgang *m* **2.** (GRAM) Endung *f*

en•dive ['endɪv, *Am* 'endaɪv] *s* Endivie *f*

end•less ['endlɪs] *adj* **1.** endlos, ohne Ende **2.** unendlich; ~ **belt** Transport-, Förderband *nt*

end mat•ter ['endˌmætə(r)] *s* **1.** Anhang *m* **2.** (TYP) Nachspann *m*

en•dorse [ɪn'dɔːs] *vt* **1.** indossieren **2.** (*auf dem Führerschein*) einen Strafvermerk eintragen **3.** billigen, zustimmen, beipflichten (*s.th.* einer S) **4.** unterstützen, sich anschließen (*s.th.* an etw); **en•dorsee** [ɪnˌdɔː'siː] *s* (FIN) Indossat(ar) *m;* **en•dorse•ment** [-mənt] *s* **1.** (FIN) Indossament *nt* **2.** (*im Führerschein*) Strafvermerk *m* **3.** Bestätigung, Billigung, Zustimmung *f* **4.** (*Versicherung*) Nachtrag *m;* **en•dorser** [ɪn'dɔːsə(r)] *s* Indossant *m*

en•dow [ɪn'daʊ] *vt* **1.** ausstatten **2.** stiften; **be ~ed with** begabt sein mit; **en•dowment** [-mənt] *s* **1.** Ausstattung, Dotierung *f* **2.** Stiftung *f* **3.** Begabung *f,* Talent *nt,* Anlage *f;* ~ **fund** Stiftungsvermögen *nt;* ~ **insurance** Erlebensversicherung *f;* ~ **mortgage** mit einer Lebensversicherung gekoppelte Hypothek

end•paper ['endpeɪpə(r)] *s* Vorsatzpapier, -blatt *nt;* **end product** *s* Endprodukt *nt;* **end result** *s* Endergebnis *nt*

en•dur•able [ɪn'djʊərəbl] *adj* erträglich; **en•dur•ance** [ɪn'djʊərəns] *s* Ausdauer, Geduld *f;* (Stand)Festigkeit *f;* **past** [*o* **beyond**] ~ nicht auszuhalten(d), unerträglich; ~ **test** Belastungsprobe *f;* **en•dure** [ɪn'djʊə(r)] **I.** *vt* **1.** ertragen, aushalten **2.** durchmachen; (*verneint*) ausstehen **II.** *vi* Bestand haben; durchhalten

en•ema ['enɪmə] *s* (MED) **1.** Einlauf *m,* Klistier *nt* **2.** Klistierspritze *f*

en•emy ['enəmɪ] *s* Feind *m;* **make enemies** sich Feinde machen; **he is his own worst** ~ er schadet sich selbst am meisten

en•er•getic [ˌenə'dʒetɪk] *adj* energisch, tatkräftig, energiegeladen; **en•er•gize** ['enədʒaɪz] *vt* **1.** Energie verleihen (*s.o.* jdm) **2.** (ELEK) Energie liefern an; **en•ergy** ['enədʒɪ] *s* **1.** Arbeitskraft, Tatkraft, Energie *f* **2.** (PHYS) Kraft, Energie *f* **3. energies** (persönliche) Kraft *f,* Kräfte *fpl;* ~ **conscious** energiebewusst; ~ **conservation** Energieeinsparung *f;* ~ **consumption** Energieverbrauch *m;* ~ **crisis** Energiekrise *f;* ~ **demand** Energiebedarf *m;* ~**-efficient** energiewirksam; ~ **gap** Energielücke *f;* ~ **policy** Energiepolitik *f;* ~ **saving** energiesparend; ~ **shortage** Energieknappheit *f;* ~ **supplies** Energievorräte *mpl;* ~ **supply company** Energieversorgungsunternehmen *nt*

en•er•vate ['enəveɪt] *vt* schwächen; entnerven; **en•er•va•ting** [-ɪŋ] *adj* nervenaufreibend

en•feeble [ɪn'fiːbl] *vt:* **be ~d by** geschwächt sein durch

en•force [ɪn'fɔːs] *vt* **1.** erzwingen (*upon s.o.* von jdm), Geltung verschaffen (*s.th.* einer S) **2.** durchsetzen, durchführen **3.** (JUR) vollstrecken; **en•force•able** [-əbl] *adj* vollstreckbar, erzwingbar, einklagbar; **en•force•ment** [-mənt] *s* **1.** Erzwingung *f;* (gewaltsame) Durchsetzung *f* **2.** (*Urteil*) Vollstreckung *f* **3.** (*Forderung*) Geltendmachung *f;* ~ **order** Vollstreckungsbescheid *m*

en•fran•chise [ɪn'fræntʃaɪz] *vt* **1.** befreien **2.** das Bürgerrecht, Wahlrecht zuerkennen (*s.o.* jdm)

en•gage [ɪn'geɪdʒ] **I.** *vt* **1.** verpflichten **2.** (*sein Wort*) verpfänden **3.** an-, einstellen, engagieren **4.** (*Zimmer*) sich nehmen **5.** (*in eine S*) verwickeln, dazu bringen **6.** in Anspruch nehmen; (*die Aufmerksamkeit*) fesseln **7.** (*Truppen*) einsetzen **8.** (TECH) einrücken, kuppeln; ~ **a gear** einen Gang einlegen; ~ **the clutch** kuppeln; ~ **o.s. to do s.th.** sich verpflichten, etw zu tun **II.** *vi* **1.** sich verpflichten (*to do* zu tun) **2.** sich einlassen (*in* auf), sich abgeben (*with* mit), sich beschäftigen, sich befassen (*with* mit) **3.** (TECH) ineinander greifen; **en•gaged** [ɪn'geɪdʒd] *adj* **1.** verlobt **2.** beschäftigt, nicht zu sprechen **3.** (*Platz*) belegt **4.** (TELE) besetzt **5.** (TECH) gekuppelt; **be** ~ damit beschäftigt sein (*in doing s.th.* etw zu tun); verlobt sein; **become** ~ **to s.o.** sich mit jdm verloben; ~ **couple** Verlobte *pl;* ~ **signal** [*o* **tone**] (TELE) Besetztzeichen *nt;* **engage•ment** [ɪn'geɪdʒmənt] *s* **1.** Verpflichtung *f* **2.** Verlobung *f* (*to* mit) **3.** Abmachung, Vereinbarung *f* **4.** Verabredung *f;* Termin *m* **5.** Beschäftigung, (An)Stellung, Stelle *f,* Engagement *nt* **6.** (TECH) Einkuppeln *nt* **7.** (MIL) Gefecht *nt* **8.** *meist pl* (FIN COM) (finanzielle) Verpflichtungen, Verbindlichkeiten *fpl;* **meet** [*o* **carry out**] **one's ~s** seinen Verpflichtungen nachkommen; **I have a previous** ~ ich bin schon verabredet; **engagement book**, **diary** *s* Terminkalender *m;* **engagement ring** *s* Verlobungsring *m;* **en•gag•ing** [ɪn'geɪdʒɪŋ] *adj* gewinnend, gefällig; reizend, reizvoll

en•gen•der [ɪn'dʒendə(r)] *vt* hervorrufen, verursachen, erzeugen

en•gine ['endʒɪn] *s* **1.** Maschine *f;* Motor *m;* Triebwerk *nt* **2.** (RAIL) Lokomotive *f;* **start/shut off the** ~ den Motor anlassen/abstellen; ~ **block** Motorblock *m;* ~ **bonnet** Motorhaube *f;* ~ **driver** Lok(omotiv)führer(in) *m(f);* ~ **failure** (TECH) Maschinenschaden *m;* (AUTO) Motorschaden *m;* ~ **hood** (*Am*) Motorhaube *f;* ~ **room** (MAR) Maschinenraum *m;* ~ **trouble** Motorstörung *f;* **en•gi•neer** [ˌendʒɪ'nɪə(r)] **I.** *s* **1.** Ingenieur(in) *m(f),* Techniker(in) *m(f),* Maschinist(in) *m(f)* **2.** (MIL) Pionier *m* **II.** *vt* **1.** planen, konstruieren, bauen **2.** (*fig fam*) geschickt einfädeln, organisieren; **en•gin•eer•ing** [ˌendʒɪ'nɪərɪŋ] *s* **1.** Ingenieurwesen *nt;* Technik *f* **2.** (*mechanical* ~) Maschinenbau *m* **3.** (*fam*) Manipulation *f;* Organisation *f;* **civil** ~ Hoch- und Tiefbau *m;* **electrical** ~ Elektrotechnik *f;* ~ **and design department** technische Abteilung und Konstruktionsbüro; **human** ~ *Anwendung psychologischer Erkenntnisse auf betriebliche menschliche Probleme;* **industrial** ~ Fertigungstechnik *f;* ~ **manager** technische(r) Direktor(in) *m f;* **engineering works** *s mit sing od pl* Maschinenfabrik *f*

Eng•land ['ɪŋglənd] *s* England *nt;* **English** ['ɪŋglɪʃ] **I.** *adj* englisch; **the** ~ **Channel** der Ärmelkanal; **he's** ~ er ist Engländer **II.** *s* (das) Englisch(e), die englische Sprache; **the** ~ die Engländer *mpl;* **in plain** ~ schlicht u. einfach (ausgedrückt); (*fig*) unverblümt; **Eng•lish•man** [-mən] <*pl* -men> *s* Engländer *m;* **Eng•lish•woman** [-wʊmən, *pl* -wɪmɪn] <*pl* -women> *s* Engländerin *f*

en•grave [ɪn'greɪv] *vt* **1.** (ein)gravieren (*on* in) **2.** (*fig*) fest einprägen (*on, upon* in); **engraver** [ɪn'greɪvə(r)] *s* Graveur(in) *m(f),* Stecher(in) *m(f),* Radierer(in) *m(f),* (Holz)Schneider(in) *m(f);* **en•grav•ing** [ɪn'greɪvɪŋ] *s* **1.** Gravieren, Radieren *nt* **2.** (Kupfer-, Stahl)Stich *m,* Radierung *f* **3.** (*wood* ~) Holzschnitt *m*

en•gross [ɪn'grəʊs] *vt* ganz in Anspruch nehmen; ausschließlich beschäftigen; **be** ~**ed** ganz vertieft sein (*in* in), ausschließlich beschäftigt sein (*in* mit)

en•gulf [ɪn'gʌlf] *vt* verschlingen

en•hance [ɪn'hɑːns] *vt* **1.** steigern; erhöhen, vergrößern **2.** verschönern

enigma [ɪ'nɪgmə] *s* (*fig*) Rätsel *nt;* **enigmatic(al)** [ˌenɪg'mætɪk(l)] *adj* rätselhaft, unerklärlich, mysteriös

en•joy [ɪn'dʒɔɪ] **I.** *vt* genießen; sich erfreuen (*s.th.* an etw, einer S), sich freuen (*seeing* zu sehen); **how are you** ~**ing London?** wie gefällt es Ihnen in London? **II.** *vr* sich gut unterhalten, sich amüsieren; ~ **yourself!** viel Vergnügen!; **en•joy•able** [-əbl] *adj* angenehm; unterhaltsam; **enjoy•ment** [ɪn'dʒɔɪmənt] *s* **1.** Freude *f,* Spaß *m* **2.** (JUR) Genuss *m*

en•large [ɪn'lɑːdʒ] **I.** *vt* vergrößern; verbreitern; ausweiten, ausdehnen; erweitern **II.** *vi* sich vergrößern; sich ausdehnen; sich erweitern; ~ (**up**)**on** näher eingehen auf; **en•large•ment** [-mənt] *s* Erweiterung, Ausdehnung *f;* (PHOT) Vergrößerung *f*

en•lighten [ɪn'laɪtn] *vt* (*fig*) aufklären, belehren (*on, as to* über); **en•lightened** [ɪn'laɪtnd] *adj* aufgeklärt; **en•lightenment** [-mənt] *s* Aufklärung *f;* **the Enlightenment** (HIST) die Aufklärung

en•list [ɪn'lɪst] **I.** *vt* **1.** (MIL) anwerben; (MAR) anmustern **2.** (*Hilfe*) in Anspruch nehmen **3.** interessieren (*for* an) **II.** *vi* **1.** sich freiwillig melden (*in the navy* zur Marine) **2.** eintreten (*in* für)

en•liven [ɪn'laɪvn] *vt* **1.** beleben, aufmuntern **2.** (*fig*) er-, aufheitern

en•mesh [ɪn'meʃ] *vt* (*fig*): **be** ~**ed in** verstrickt sein in

en•mity ['enmətɪ] *s* Feindschaft *f*

en•noble [ɪ'nəʊbl] *vt* adeln, in den Adelsstand erheben

enor•mity [ɪ'nɔːmətɪ] *s* **1.** Ungeheuerlichkeit *f* **2.** Greuel *m* **3.** (*fig*) großer Umfang; **enor•mous** [ɪ'nɔːməs] *adj* riesig, enorm, gewaltig, ungeheuer

enough [ɪ'nʌf] **I.** *adv* genug, genügend; **good** ~**!** sehr gut!; **likely** ~ sehr wahrscheinlich, höchstwahrscheinlich; **true** ~ nur zu wahr; **sure** ~ freilich, gewiss, allerdings; **surprisingly** ~ überraschenderweise; **well** ~ ziemlich gut; nicht schlecht; **be kind** ~ **to come** sei so gut und komm!; **he's good** ~ **in his way** er ist nicht übel **II.** *adj* aus-, hinreichend, hinlänglich, genügend; **more than** ~ mehr als genug; **be** ~ genug sein, genügen, langen; **I had** ~ **to do** ich hatte genug, alle Hände voll zu tun; **that's quite** ~ mir langt's jetzt

en•quire, **in•quire** [ɪn'kwaɪə(r)] **I.** *vi* sich erkundigen (*about, after* nach), fragen (*about* nach); ~ **for** fragen nach; ~ **into** untersuchen **II.** *vt* sich erkundigen nach, fragen nach; ~ **s.th. of s.o.** sich bei jdm nach etw erkundigen

en•quiry, **in•quiry** [ɪn'kwaɪərɪ] *s* **1.** Anfrage *f* (*about* über) **2.** Erkundigung *f* (*about* über) **3.** Untersuchung *f;* **on** ~ auf Anfrage; **make enquiries** Erkundigungen einziehen; Nachforschungen anstellen (*about s.o.* über jdn); **court of** ~ Untersuchungskommission *f;* **hold an** ~ **into s.th.** eine Untersuchung über etw durchführen

en•rage [ɪn'reɪdʒ] *vt* wütend, rasend machen; **en•raged** [ɪn'reɪdʒd] *adj* wütend, aufgebracht, entrüstet (*at, by, with* über)

en•rap•ture [ɪn'ræptʃə(r)] *vt* hinreißen, bezaubern

en•rich [ɪn'rɪtʃ] *vt* **1.** reicher machen **2.** (*fig*) bereichern, befruchten **3.** anreichern

en•rol [ɪn'rəʊl] **I.** *vt* **1.** eintragen, registrieren **2.** anwerben **II.** *vi* **1.** sich einschreiben, sich immatrikulieren lassen **2.** Mitglied werden; **en•roll** (*Am*) *s.* **enrol**; **en•roll•ment** *s* (*Am*), **en•rol•ment** [-mənt] *s* **1.** Beitrittserklärung *f* **2.** Hörer-, Schülerzahl *f*

en route [ˌɒn'ru:t] *adj* auf dem Weg (*to, for* nach, zu)

en•semble [ɒn'sɒmbl] *s* Ensemble *nt*

en•sign ['ensən] *s* **1.** Fahne, Flagge *f* **2.** (*Am*) Fähnrich *m* zur See

en•slave [ɪn'sleɪv] *vt* **1.** versklaven; knechten **2.** unterdrücken

en•snare [ɪn'sneə(r)] *vt* **1.** (*in einer Schlinge*) fangen **2.** (*fig*) verstricken, umgarnen

en•sue [ɪn'sju:] *vi* **1.** (unmittelbar) folgen **2.** sich ergeben (*from* aus); **en•su•ing** [-ɪŋ] *adj* (darauf) folgend; nächste(r, s)

en suite (**bath•room**) [ˌɒn'swi:t-ˌbɑ:əru:m] *s* eigenes Bad

en•sure [ɪn'ʃʊə(r)] *vt* **1.** (ver)sichern, sicherstellen (*against, from* gegen) **2.** garantieren (*s.th.* etw) **3.** schützen (*against* gegen)

en•tail [ɪn'teɪl] *vt* **1.** zur Folge haben, mit sich bringen (*on* für) **2.** (JUR) als Erbgut vererben (*on s.o.* jdm)

en•tangle [ɪn'tæŋgl] *vt* **1.** verwickeln **2.** hineinziehen (*in* in), verstricken (*in* in); ~ **o.s., get ~d** sich verwickeln, sich verfangen (*in* in); **en•tangle•ment** [-mənt] *s* (*fig*) Verwick(e)lung *f*

en•ter ['entə(r)] **I.** *vt* **1.** betreten **2.** eindringen in, durchbohren **3.** einschreiben, -tragen, auf die Liste setzen **4.** zu Protokoll geben **5.** (COM) buchen **6.** (*Daten*) eingeben **7.** eintreten in, Mitglied werden in; ~ **one's name** sich eintragen, -schreiben (lassen); ~ **a protest** Einspruch, Protest erheben; **it never ~ed my head** das ist mir nie in den Sinn gekommen **II.** *vi* **1.** eintreten, hereinkommen; einsteigen **2.** eindringen **3.** (*Schiff*) einlaufen; ~ **into details** auf Einzelheiten eingehen; ~ **for an examination** sich einer Prüfung unterziehen; ~ **for** sich melden für; **enter into** *vi* **1.** sich einlassen auf; eingehen auf; teilnehmen an **2.** einen Teil bilden, eine Rolle spielen bei **3.** (*Vereinbarung*) treffen **4.** (*Geschäft*) (ab)schließen **5.** (*Vergleich*) eingehen; ~ **into correspondence with** in Briefwechsel treten mit; ~ **into an engagement** eine Verpflichtung übernehmen; ~ **into relations with** in Beziehung treten zu; **enter up** *vt* eintragen; **enter** (**up**)**on** *vt* **1.** anfangen, beginnen, in Angriff nehmen **2.** (*Laufbahn*) einschlagen **3.** (*Besitz, Erbe*) antreten **4.** (*Sache*) eingehen auf; (*Thema*) anschneiden

en•ter key *s* (INFORM) Entertaste, Eingabetaste *f*

en•ter•prise ['entəpraɪz] *s* **1.** Unternehmen, Vorhaben *nt,* Pläne *mpl* **2.** Unternehmen *nt,* Unternehmung *f,* Geschäft *nt,* Betrieb *m* **3.** (*spirit of* ~) Unternehmungsgeist *m;* **free** [*o* **private**] ~ Privatunternehmen *nt;* Privatwirtschaft *f;* freies Unternehmertum; **Enterprise Allowance Scheme** *s Programm, wobei Arbeitslose, die eine Firma gründen wollen und bereit sind, im ersten Jahr eine bestimmte Summe darin zu investieren, wöchentlich eine Beihilfe bekommen;* **enterprise culture** *s* eine das Unternehmertum fördernde Gesellschaft

en•ter•pris•ing [-ɪŋ] *adj* unternehmungslustig, einfallsreich

en•ter•tain [ˌentə'teɪn] *vt* **1.** unterhalten, belustigen **2.** bewirten; einladen **3.** (*Verdacht*) hegen **4.** (*Ansicht*) haben, vertreten **5.** (*Vorschlag*) in Erwägung ziehen; **they ~ a great deal** sie haben sehr oft Gäste; **en•ter•tainer** [ˌentə'teɪnə(r)] *s* Unterhaltungskünstler(in) *m(f);* **en•ter•tain•ing** [-ɪŋ] *adj* unterhaltend, unterhaltsam; **en•ter•tain•ment** [-mənt] *s* **1.** Unterhaltung *f;* Vergnügen *nt* **2.** Darbietung *f* **3.** Bewirtung *f;* ~ **allowance** Aufwandspauschale *f;* ~ **expenses** Bewirtungskosten *pl*

en•thral(**l**) [ɪn'θrɔ:l] *vt* (*fig*) fesseln

en•throne [ɪn'θrəʊn] *vt* auf den Thron setzen

en•thuse [ɪn'θju:z] *vi* begeistert sein; schwärmen (*about* für, von); **en•thusi•asm** [ɪn'θju:zɪæzəm] *s* Begeisterung *f,* Enthusiasmus *m;* **en•thusi•ast** [ɪn'θju:zɪæst] *s* Enthusiast(in) *m(f),* begeisterte(r) Anhänger(in) *m f;* **en•thusi•astic** [ɪnˌθju:zɪ'æstɪk] *adj* begeistert (*at, about* von)

en•tice [ɪn'taɪs] *vt* (an-, ver)locken, verführen, verleiten (*into s.th.* zu etw, *to do, into doing* zu tun); ~ **away** abspenstig machen (*from* von); (COM) abwerben; **en•tice•ment** [-mənt] *s* **1.** Verführung *f;* (Ver)Lockung *f* **2.** Abwerbung *f;* **en•tic•ing** [-ɪŋ] *adj* verlockend, verführerisch

en•tire [ɪn'taɪə(r)] *adj* **1.** ganz; vollständig **2.** völlig, gesamt, total **3.** (*Zustimmung*) uneingeschränkt; **en•tire•ly** [-lɪ] *adv* gänzlich; ~ **different** grundverschieden; **en•tirety** [ɪn'taɪə(r)ətɪ] *s* Gesamtheit *f;* **in its ~** in seiner Gesamtheit, in vollem Umfang

en•title [ɪn'taɪtl] *vt* **1.** betiteln **2.** berechtigen (*to* zu); **en•titled** [ɪn'taɪtld] *adj:* **be ~ to** Anspruch haben auf, berechtigt sein zu; ~ **to inherit/to a pension/to vote** erb-/pensions-/stimmberechtigt; **en•title•ment** [-mənt] *s* Berechtigung *f;* Anspruch *m*

en•tity ['entətɪ] *s* Wesen *nt;* **legal** ~ juristische Person

ento•mol•ogy [ˌentəˈmɒlədʒɪ] *s* Insektenkunde *f*

en•trails [ˈentreɪlz] *s pl* Eingeweide *ntpl*

en•train [enˈtreɪn] *vt* (*Truppen*) verladen

en•trance¹ [ˈentrəns] *s* **1.** Eingang *m* **2.** (THEAT) Auftritt *m* **3.** Zugang *m* (*into* zu), Eingang(stür *f*) *m* **4.** Einfahrt *f*, Tor *nt* **5.** Eintritt(sgeld *nt*) *m*; **make one's ~** eintreten; **no ~!** Eintritt verboten!; **no ~ except on business** Unbefugten ist der Eintritt verboten

en•trance² [ɪnˈtrɑːns] *vt* hin-, mitreißen (*with* vor); **be ~d by** entzückt sein von

en•trance exam•in•ation [ˈentrəns ɪɡˌzæmɪˈneɪʃn] *s* Aufnahmeprüfung *f*; **entrance fee** *s* Eintrittsgeld *nt*; Aufnahme-, Einschreib(e)gebühr *f*; **entrance form** *s* Anmeldeformular *nt*; **entrance hall** *s* Vorhalle *f*; Hausflur *m*; **entrance requirement** *s* Zulassungsanforderung *f*

en•trant [ˈentrənt] *s* **1.** Berufsanfänger(in) *m(f)* **2.** (*Wettkampf*) Teilnehmer(in) *m(f)*

en•treat [ɪnˈtriːt] *vt* dringend bitten, ersuchen (*for* um); **en•treaty** [ɪnˈtriːtɪ] *s* dringende Bitte

en•trench [ɪnˈtrentʃ] *vt* (*a. fig*) verschanzen (*behind* hinter); **be ~ed** sich eingebürgert haben

en•tre•pre•neur [ˌɒntrəprəˈnɜː(r)] *s* Unternehmer(in) *m(f)*; **en•tre•pre•neur•ial spir•it** *s* Unternehmergeist *m*; **en•tre•pre•neur•ship** *s* Unternehmertum *nt*

en•trust [ɪnˈtrʌst] *vt* **1.** betrauen (*s.o. with s.th.* jdn mit einer S) **2.** anvertrauen (*s.th. to s.o.* jdm etw)

en•try [ˈentrɪ] *s* **1.** Eintritt *m*; Einfahrt *f*; Einreise *f* **2.** (*Am*) Einfahrt *f*; Eingang(stür *f*) *m* **3.** Eingangshalle *f*, Flur *m* **4.** (THEAT) Auftritt *m* **5.** Eintrag(ung *f*) *m*; (*Lexikon*) Stichwort *nt* **6.** Anmeldung *f* **7.** Aufnahme *f* **8.** Antritt *m* **9.** Namensliste *f* **10.** (*bei einem Wettkampf*) Bewerber(in) *m(f)*; **as per ~** laut Eintrag; **make an ~ of s.th.** etw buchen; **make an ~ in** eintragen in; **no ~** kein Zugang!; **credit/debit ~** Gut-/Lastschrift *f*; **entry fee** *s* Eintrittsgeld *nt*; (SPORT) Nenngeld *nt*; **entry form** *s* Anmeldeformular *nt*; (SPORT) Nennungsformular *nt*; **entry permit** *s* Einreiseerlaubnis *f*; **entry•phone** [ˈentrɪfəʊn] *s* Türsprech-, Wechselsprechanlage *f*; **entry regulations** *s pl* Einreisebestimmungen *fpl*; **entry test** *s* Zulassungsprüfung *f*

en•twine [ɪnˈtwaɪn] *vt* **1.** umschlingen, umwinden (*with* mit) **2.** winden (*about, around* um)

enu•mer•ate [ɪˈnjuːməreɪt] *vt* (auf)zählen; einzeln aufführen; **enu•mer•ation** [ɪˌnjuːməˈreɪʃn] *s* (Auf)Zählung *f*

enun•ci•ate [ɪˈnʌnsɪeɪt] **I.** *vt* **1.** klar formulieren **2.** aussprechen **3.** (*Behauptung*) aufstellen **II.** *vi* deutlich sprechen

en•velop [ɪnˈveləp] *vt* **1.** einwickeln, -hüllen; verhüllen **2.** einschließen

en•vel•ope [ˈenvələʊp] *s* **1.** Decke, Hülle *f* **2.** (Brief)Umschlag *m*

en•vi•able [ˈenvɪəbl] *adj* beneidens-, begehrenswert; **en•vi•ous** [ˈenvɪəs] *adj* missgünstig, neidisch (*of* auf)

en•vi•ron•ment [ɪnˈvaɪərənmənt] *s* **1.** Umgebung *f* **2.** (BIOL) Umwelt *f* **3.** (PSYCH) Milieu *nt*; **~ related job** Arbeitsplatz *m* im Umweltbereich; **en•vi•ron•mental** [ɪnˌvaɪərənˈmentl] *adj*: **~ awareness** [*o* **consciousness**] Umweltbewusstsein *nt*; **~ conditions** Umweltbedingungen *fpl*; **~ degradation** Verschlechterung *f* der Umwelt; **~ forecasting** Umweltplanung *f*; **~-friendly practice** umweltverträgliches Verfahren; **~ influences** Umwelteinflüsse *mpl*; **~ pollutant** Umweltgift *nt*; **~ pollution** Umweltverschmutzung *f*; **~ protection** Umweltschutz *m*; **~ standards** *pl* Umweltnormen *pl*; **en•vi•ron•ment•alist** [ɪnˌvaɪərənˈmentəlɪst] *s* Umweltschützer(in) *m(f)*; **en•vi•ron•ment•al•ly** *adv* umwelt-; **~ compatible technology** umweltschonende Technologie; **en•virons** [ɪnˈvaɪərənz] *s pl* Umgebung, Umgegend *f*

en•vis•age [ɪnˈvɪzɪdʒ] *vt* (*fig*) im Geiste sehen, sich vorstellen

en•voy [ˈenvɔɪ] *s* (POL) Gesandte(r) *f m*

envy [ˈenvɪ] **I.** *s* Neid *m* (*at, of s.o., s.th.* auf jdn, über etw), Missgunst *f*; **out of ~** aus Neid; **be the ~ of s.o.** jds Neid erregen **II.** *vt* beneiden (*s.o. s.th.* jdn um etw), missgönnen (*s.o. s.th.* jdm etw)

en•zyme [ˈenzaɪm] *s* (CHEM) Enzym *nt*

ephem•er•al [ɪˈfemərəl] *adj* kurzlebig

epic [ˈepɪk] **I.** *s* Epos *nt* **II.** *adj* **1.** episch **2.** heldenhaft

epi•cen•ter *s* (*Am*), **epi•centre** [ˈepɪsentə(r)] *s* Epizentrum *nt*

epi•cycle [ˈepɪsaɪkl] *s* Epizykel *m*

epi•demic [ˌepɪˈdemɪk] **I.** *adj* epidemisch **II.** *s* Epidemie, Seuche *f*

epi•der•mis [ˌepɪˈdɜːmɪs] *s* (ANAT) Epidermis, Oberhaut *f*

epi•gram [ˈepɪɡræm] *s* Epigramm *nt*

epi•lepsy [ˈepɪlepsɪ] *s* Epilepsie *f*; **epi•lep•tic** [ˌepɪˈleptɪk] **I.** *adj* epileptisch **II.** *s* Epileptiker(in) *m(f)*

epi•log(ue) [ˈepɪlɒɡ] *s* Epilog *m*

Epiph•any [ɪˈpɪfənɪ] *s* (REL) Dreikönigsfest *nt*

epis•co•pacy [ɪˈpɪskəpəsɪ] *s* Episkopat *nt*; **epis•co•pal** [ɪˈpɪskəpl] *adj* bischöflich; **Epis•co•pa•lian** [ɪˌpɪskəˈpeɪlɪən] *s* Anhänger(in) *m(f)* der Episkopalkirche

epi•sode [ˈepɪsəʊd] *s* Episode *f*; Fortsetzung *f;* **epi•sodic** [ˌepɪˈsɒdɪk] *adj* episodisch

epistle [ɪˈpɪsl] *s* (REL) Epistel *f;* **epis•tol•ary** [ɪˈpɪstələrɪ] *adj* Brief-

epi•taph [ˈepɪtɑːf] *s* Grabschrift *f*

epi•thet [ˈepɪθet] *s* Beiwort, Epitheton *nt*

epit•ome [ɪˈpɪtəmɪ] *s*: **be the ~ of s.th.** die Verkörperung von etw sein; **epit•om•ize** [ɪˈpɪtəmaɪz] *vt* (*fig*) verkörpern

ep•och [ˈiːpɒk] *s* Epoche *f,* Zeitabschnitt *m;* **ep•och-mak•ing** [ˈiːpɒkˌmeɪkɪŋ] *adj* Aufsehen erregend, umwälzend, bahnbrechend

equabil•ity [ekwəˈbɪlɪtɪ] *s* (*fig*) (innere) Ausgeglichenheit *f,* Gleichmut *m;* **equable** [ˈekwəbl] *adj* **1.** gleichmäßig, gleichförmig **2.** (*fig*) (innerlich) ausgeglichen

equal [ˈiːkwəl] **I.** *adj* **1.** gleich **2.** gleichgestellt; ebenbürtig (*to + dat*) **3.** (POL) gleichberechtigt (*to, with s.o.* jdm) **4.** gewachsen *to s.th.* einer S), in der Lage, fähig, im Stande (*to doing* zu tun); **~ opportunities for men and women** Chancengleichheit *f* von Männern und Frauen; **in ~ parts** zu gleichen Teilen; **on ~ terms** zu gleichen Bedingungen; **be ~ to the occasion** der Lage gewachsen sein **II.** *s* Gleichgestellte(r) *f m;* **be the ~ of s.th./be s.o.'s ~** einer S/jdm gleich sein; **my ~s** meinesgleichen; **he has no ~** er hat nicht seinesgleichen **III** *vt* **1.** gleichen, gleich sein (*s.o., s.th.* jdm, einer S) **2.** (*Leistung*) erreichen; gleichkommen (*s.o.* jdm); (SPORT) gleichziehen (*s.th.* mit etw); **equal•ity** [ɪˈkwɒlətɪ] *s* **1.** Gleichheit *f;* Gleichsetzung *f* **2.** (POL) Gleichberechtigung *f;* **~ of opportunity** Chancengleichheit *f;* **equal•iz•ation** [ˌiːkwəlaɪˈzeɪʃn] *s* Ausgleich *m;* **equal•ize** [ˈiːkwəlaɪz] *vt* ausgleichen; angleichen; **the equalizing goal** das Ausgleichstor; **equal•izer** [ˈiːkwəlaɪzə(r)] *s* **1.** (SPORT) Ausgleich *m;* Ausgleichstor *nt* **2.** (ELEK) Equalizer *m;* **equally** [ˈiːkwəlɪ] *adv* **1.** gleich **2.** ebenso, genauso; **equal opportunities** *s pl* Chancengleichheit *f;* **equal(s) sign** *s* (MATH) Gleichheitszeichen *nt*

equa•nim•ity [ˌekwəˈnɪmətɪ] *s* Gleichmut *m;* Ausgeglichenheit *f*

equate [ɪˈkweɪt] *vt* (*a.* MATH) gleichsetzen (*to, with* mit); **equa•tion** [ɪˈkweɪʒn] *s* **1.** (MATH CHEM) Gleichung *f* **2.** Gleichsetzung, -stellung *f*

equa•tor [ɪˈkweɪtə(r)] *s* Äquator *m;* **equa•tor•ial** [ˌekwəˈtɔːrɪəl] *adj* äquatorial

eques•trian [ɪˈkwestrɪən] *adj* Reiter-; Reit-; **~ statue** Reiterstandbild *nt;* **~ sport** Pferde-, Reitsport *m*

equi•dis•tant [ˌiːkwɪˈdɪstənt] *adj* gleich weit entfernt; **equi•lat•eral** [ˌiːkwɪˈlætərəl] *adj* (MATH) gleichseitig

equi•lib•rium [ˌiːkwɪˈlɪbrɪəm, *pl* -rɪə] <*pl* -riums, -ria> *s* (*a. fig*) Gleichgewicht *nt;* **in ~** im Gleichgewicht

equi•noc•tial [ˌiːkwɪˈnɒkʃl] *adj* Äquinoktial-; **equi•nox** [ˈiːkwɪnɒks] *s* Tagundnachtgleiche *f*

equip [ɪˈkwɪp] *vt* **1.** ausrüsten, -statten **2.** vorbereiten (*to* zu); **be well ~ped for a job** das nötige Rüstzeug für einen Beruf haben; **equip•ment** [-mənt] *s* **1.** Ausstattung, Ausrüstung *f* **2.** Einrichtung *f* **3.** Ausrüstung *f* **4.** Anlage *f,* Rüstzeug *nt* **5.** (COM) Investitionsgüter *ntpl;* **camping ~** Campingausrüstung *f;* **office ~** Büroeinrichtung *f*

equi•table [ˈekwɪtəbl] *adj* gerecht; **equity** [ˈekwətɪ] *s* **1.** Billigkeit, Gerechtigkeit *f* **2.** (COM) Eigenkapital *nt* **3.** (JUR) Billigkeitsrecht *nt*

equiv•al•ence [ɪˈkwɪvələns] *s* (*a.* CHEM) Gleichwertigkeit *f,* Entsprechung *f;* **~ relation** (MATH) Äquivalenzrelation *f;* **equiv•al•ent** [ɪˈkwɪvələnt] **I.** *adj* **1.** gleich(wertig) **2.** gleichbedeutend (*to* mit) **3.** entsprechend; **be ~ to s.th.** einer S gleichkommen; einer S entsprechen **II.** *s* **1.** Gegenwert *m;* (*a.* CHEM ELEK) Äquivalent *nt* **2.** Gegenstück *nt* (*of, to* zu)

equivo•cal [ɪˈkwɪvəkl] *adj* **1.** mehrdeutig **2.** fragwürdig; unsicher; zweifelhaft; **equivo•cate** [ɪˈkwɪvəkeɪt] *vi* zweideutig reden; **equivo•ca•tion** [ɪˌkwɪvəˈkeɪʃn] *s* Zwei-, Mehrdeutigkeit *f*

era [ˈɪərə] *s* Ära *f;* (*a.* GEOL) Zeitalter *nt*

eradi•cate [ɪˈrædɪkeɪt] *vt* ausrotten, völlig vernichten

erase [ɪˈreɪz] *vt* **1.** ausradieren **2.** vertilgen, entfernen **3.** (*fig*) auslöschen (*from* aus) **4.** (INFORM) löschen; **~ key** (INFORM) Löschtaste *f;* **eraser** [ɪˈreɪzə(r)] *s* **1.** Radiergummi *m* **2.** Tafelwischer *m;* **eras•ure** [ɪˈreɪʒə(r)] *s* **1.** Radieren *nt* **2.** radierte Stelle

erect [ɪˈrekt] **I.** *adj* **1.** aufrecht, senkrecht **2.** aufgerichtet **3.** (PHYSIOL) erigiert **II.** *vt* **1.** (*Gebäude*) errichten; aufrichten **2.** senkrecht stellen **3.** (*Maschine*) montieren; **erec•tion** [ɪˈrekʃn] *s* **1.** Errichtung *f,* Bau *m* **2.** Montage *f* **3.** Bau(werk *nt*) *m,* Gebäude *nt* **4.** (PHYSIOL) Erektion *f*

erg [ɜːg] *s* (PHYS: *Arbeitseinheit*) Erg *nt*

ergo•nom•ic [ˌɜgəˈnɒmɪk] *adj* ergonomisch; **ergo•nom•ics** [ˌɜːgəˈnɒmɪks] *s pl mit sing* Ergonomie *f*

er•mine [ˈɜːmɪn] *s* **1.** (*Wiesel*) Hermelin *nt* **2.** (*Pelz*) Hermelin *m*

erode [ɪˈrəʊd] *vt* **1.** zerfressen, -nagen **2.** (GEOL: **~** *away*) auswaschen

erogen•ous [ɪˈrɒdʒənəs] *adj* (PHYSIOL) erogen

ero•sion [ɪ'rəʊʒn] *s* **1.** (GEOL) Erosion *f* **2.** (*fig*) langsamer Verlust (*of* an)

erotic [ɪ'rɒtɪk] *adj* erotisch; **eroti•cism** [ɪ'rɒtɪsɪzəm] *s* Erotik *f*

err [ɜ:(r)] *vi* **1.** (sich) irren (*in* in) **2.** (REL) fehlen

er•rand ['erənd] *s* Botengang *m,* Besorgung *f;* **run ~s** Botengänge, (kleine) Besorgungen machen; **errand boy** *s* Laufbursche *m*

er•rant ['erənt] *adj* **1.** umherstreifend **2.** sündig; fehlgeleitet; **knight ~** fahrender Ritter

er•ratic [ɪ'rætɪk] *adj* **1.** unberechenbar **2.** (*Denken*) sprunghaft **3.** (*Arbeit*) ungleichmäßig **4.** (GEOL) erratisch

er•ratum [e'rɑ:təm, *pl* e'rɑ:tə] <*pl* errata> *s* Schreib-, Druckfehler *mpl,* Druckfehler(verzeichnis *nt*) *mpl*

er•ron•eous [ɪ'rəʊnɪəs] *adj* irrig, falsch; **~ judg(e)ment** Fehlurteil *nt*

er•ror ['erə(r)] *s* Irrtum *m;* Fehler *m,* Versehen *nt;* **by trial and ~** durch Ausprobieren; **in** [*o* **through an**] **~** versehentlich, irrtümlich; **be in ~** im Irrtum sein; **free from ~** fehlerfrei, -los; **error message** *s* (INFORM) Fehleranzeige, Fehlermeldung *f;* **error-prone** ['erə(r)prəʊn] *adj* fehleranfällig; **error rate** *s* Fehlerquote *f*

eru•dite ['eru:daɪt] *adj* gelehrt; **eru•di•tion** [ˌeru:'dɪʃn] *s* Gelehrsamkeit *f*

erupt [ɪ'rʌpt] *vi* **1.** hervorbrechen **2.** (*Vulkan, Streit, Krieg*) ausbrechen **3.** (*Haut*) einen Ausschlag bekommen **4.** (*Person*) explodieren; **erup•tion** [ɪ'rʌpʃn] *s* **1.** Ausbruch *m* **2.** (Haut)Ausschlag *m*

es•ca•late ['eskəleɪt] **I.** *vi* **1.** (*Preise*) ansteigen **2.** (POL) sich ausweiten **II.** *vt* **1.** ausweiten, eskalieren **2.** (*Preise*) sprunghaft steigen lassen; **es•ca•la•tion** [ˌeskə'leɪʃn] *s* Eskalation *f;* **es•ca•la•tor** ['eskəleɪtə(r)] *s* Rolltreppe *f*

es•ca•lope ['eskələp] *s* Schnitzel *nt*

es•ca•pade [ˌeskə'peɪd] *s* toller, dummer Streich

es•cape [ɪ'skeɪp] **I.** *vi* **1.** entfliehen, flüchten, entweichen, entkommen (*from* aus) **2.** entgehen (*from s.th.* einer S), davonkommen (*with* mit) **3.** (*Flüssigkeit, Gas*) ausströmen, auslaufen (*from* aus) **4.** entschlüpfen, entschwinden (*from +dat*) **II.** *vt* **1.** entfliehen (*s.th.* einer S), ausweichen (*s.th.* einer S), vermeiden **2.** (*Name*) entfallen (*s.o.* jdm) **III.** *s* **1.** Flucht *f;* Entkommen *nt* **2.** Rettung *f* (*from* von) **3.** Fluchtweg *m* **4.** (TECH) undichte Stelle; **have a narrow ~** mit knapper Not davonkommen; **~ attempt** Fluchtversuch *m;* **~ chute** (AVIAT) Notrutsche *f;* **~ notice** unbemerkt bleiben; **~ valve** Sicherheitsventil *nt;* **~ velocity** Fluchtgeschwindigkeit *f* (*aus dem Schwerefeld*); **es•capee** [ɪˌskeɪ'pi:] *s* entwichene(r) Gefangene(r) *f m;* **es•cap•ism** [ɪ'skeɪpɪzəm] *s* Flucht *f* aus der Wirklichkeit, Eskapismus *m;* **es•cap•ist** [-ɪst] *s* Aussteiger(in) *m(f)*

es•carp•ment [ɪ'skɑ:pmənt] *s* Steilabhang *m;* Böschung *f*

es•chew [ɪ'stʃu:] *vt* **1.** (ver)meiden, ausweichen (*s.th.* einer S) **2.** unterlassen; sich enthalten (*s.th.* einer S)

es•cort¹ ['eskɔ:t] *s* **1.** Begleiter(in) *m(f)* **2.** (MIL) Geleitschutz *m,* Eskorte *f*

es•cort² [ɪ'skɔ:t] *vt* **1.** begleiten **2.** decken, eskortieren

es•cutcheon [ɪ'skʌtʃən] *s* Wappen(schild) *nt;* **have a blot on one's ~** (*fig*) keine reine Weste haben

Es•kimo ['eskɪməʊ] <*pl* -kimo(e)s> *s* Eskimo *m,* Eskimofrau *f*

esopha•gus [i:'sɒfəgəs] *s* (*Am*) Speiseröhre *f*

eso•teric [ˌesəʊ'terɪk] *adj* esoterisch

es•pa•drille ['espədrɪl] *s* Espadrille *f*

es•pecial [ɪ'speʃl] *adj* **1.** besondere(r, s) **2.** un-, außergewöhnlich; **es•pecial•ly** [ɪ'speʃəlɪ] *adv* (ganz) besonders, vor allem

espion•age ['espɪənɑ:ʒ] *s* Spionage *f;* **industrial ~** Werkspionage *f*

es•pla•nade [ˌesplə'neɪd] *s* Esplanade, (Ufer)Promenade *f*

es•pousal [ɪ'spaʊzl] *s* Parteiergreifung, -nahme *f* (*of* für); **es•pouse** [ɪ'spaʊz] *vt* Partei ergreifen, eintreten für

es•presso [e'spresəʊ] <*pl* -pressos> *s* Espresso *m*

Esq., Es•quire [ɪ'skwaɪə(r), *Am* 'eskwaɪər] *s* (*auf Briefumschlägen*): **John Brown ~** Herrn John Brown

es•say¹ [e'seɪ] **I.** *vt* versuchen; erproben **II.** *s* Versuch *m* (*at s.th.* an einer S, *at doing s.th.* etw zu tun)

es•say² ['eseɪ] *s* Essay *m;* Aufsatz *m;* **es•say•ist** [-ɪst] *s* Essayist(in) *m(f)*

es•sence ['esns] *s* **1.** Wesen *nt* (*einer S*) **2.** (das) Wesentliche **3.** Essenz *f;* **in ~** (im) wesentlich(en); **be of the ~** sehr wesentlich, wichtig sein; **es•sen•tial** [ɪ'senʃl] **I.** *adj* **1.** wesentlich (*to* für) **2.** unentbehrlich; (lebens)notwendig, unerlässlich; **~ goods** Güter *nt pl* des täglichen Bedarfs; **not ~** nicht unbedingt erforderlich **II.** *s* (das) Wesentliche, Wichtigste, Notwendigste; Hauptsache *f;* wesentliche Umstände *mpl;* **~s of life** das Lebensnotwendige; **es•sen•tial•ly** [ɪ'senʃəlɪ] *adv* (im) wesentlich(en), in der Hauptsache

es•tab•lish [ɪ'stæblɪʃ] **I.** *vt* **1.** er-, einrichten, gründen **2.** (*Geschäft*) eröffnen **3.** (*Regelung*) einführen; (*Verbindung*) herstellen, aufnehmen **4.** (*Theorie*) aufstellen **5.** (*Ordnung*) herstellen **6.** (*Frieden*) stiften **7.** (*Autorität*) sich verschaffen **8.** (*Regierung*) bilden **9.** (*Rekord*) aufstellen **10.** (*Ausschuss*) einsetzen **11.** be-, nachweisen, begründen **12.** (*Fakten*) ermitteln **13.** Geltung verschaffen (*s.th.* einer S) **II.** *vr* sich niederlassen, sich selbstständig machen (*as a grocer* als Lebensmittelhändler), ein Geschäft gründen; **es•tab•lished** [ɪ'stæblɪʃt] *adj* **1.** feststehend **2.** (*Ruf*) gesichert **3.** (*Brauch*) althergebracht **4.** (*Gesetze*) geltend; (*Ordnung*) bestehend; **Established Church** Staatskirche *f;* **es•tab•lish•ment** [ɪ'stæblɪʃmənt] *s* **1.** Er-, Einrichtung, Gründung *f;* Eröffnung *f* **2.** (*Regierung*) Bildung *f* **3.** Fest-, Klarstellung *f;* Begründung *f;* Beweis *m* **4.** Haus(halt *m*) *nt,* Wohnung *f* **5.** Geschäft(shaus) *nt,* Firma *f,* Unternehmen *nt,* Betrieb *m* **6.** Anstalt, Institution *f* **7.** (Verwaltungs-, Beamten)Apparat, Personalbestand *m;* Truppenstärke *f* **8.** (*der brit. Gesellschaft*) (das) Establishment; **educational** ~ Lehranstalt *f;* **industrial** ~ Industrieunternehmen *nt*

es•tate [ɪ'steɪt] *s* **1.** Besitz *m,* Eigentum, Vermögen *nt* **2.** Grund-, Landbesitz *m,* (Land)Gut *nt* **3.** Gelände *nt* **4.** Nachlass *m,* Hinterlassenschaft, Erbmasse *f* **5.** (*bankrupt's* ~) Konkursmasse *f* **6.** Stand, Rang *m;* **family** ~ Familienbesitz *m;* **housing** ~ Wohnsiedlung *f;* **leasehold** ~ Pachtgrundstück *nt;* **real** ~ Grundbesitz *m;* Immobilien *pl;* **estate agent** *s* Grundstücksmakler(in) *m(f);* **estate car** *s* Kombi(wagen) *m;* **estate duty** *s,* **estate tax** *s* (*Am*) Erbschaftssteuer *f*

es•teem [ɪ'sti:m] **I.** *vt* **1.** hochschätzen, sehr schätzen **2.** ansehen als, erachten für **II.** *s* (Hoch)Achtung *f* (*for, of* vor), Wertschätzung *f* (*for, of+gen*), Ansehen *nt*

es•ti•mable ['estɪməbl] *adj* schätzens-, achtenswert; abschätzbar

es•ti•mate¹ ['estɪmeɪt] **I.** *vt* **1.** (ab-, ein)schätzen; taxieren **2.** veranschlagen (*at* auf) **3.** beurteilen **II.** *vi* schätzen

es•ti•mate² ['estɪmət] *s* **1.** (Ab)Schätzung, Bewertung *f* **2.** Kostenvoranschlag *m* **3.** (*Lage*) Beurteilung *f* **4.** statistische Messzahl; **at** [*o* **on**] **a rough** ~ grob überschlagen; **rough** ~ Überschlag *m;* ~ **of damages** Schadensberechnung *f;* **es•ti•ma•ted** ['estɪmeɪtɪd] *adj* **1.** geschätzt **2.** voraussichtlich; ~ **cost** Sollkosten *pl;* ~ **time of arrival, ETA** (AVIAT) voraussichtliche Ankunftszeit; ~ **useful life** geschätzte Nutzungsdauer; ~ **value** Taxwert *m;* **es•ti•ma•tion** [ˌestɪ'meɪʃn] *s* **1.** Beurteilung *f* **2.** Ansicht, Meinung *f* **3.** Hochschätzung, Achtung *f,* Respekt *m;* **in my** ~ meines Erachtens

Es•to•nia [e'stəʊnɪə] *s* Estland *nt;* **Es•to•nian** [e'stəʊnɪən] **I.** *adj* estnisch, estländisch **II.** *s* Este *m,* Estin *f*

es•trange [ɪ'streɪndʒ] *vt* entfremden (*from s.o.* jdm); **become ~d from s.o.** sich jdm entfremden; **es•trange•ment** [-mənt] *s* Entfremdung *f*

es•tro•gen ['i:strəʊdʒən] *s* (*Am*) Östrogen *nt*

es•tu•ary ['estʃʊərɪ] *s* Mündung *f*

et cet•era [ɪt'setərə] und so weiter, und so fort, usw.

etch [etʃ] *vt, vi* **1.** (*Kunst*) radieren **2.** ätzen (*on* auf) **3.** (*fig*) einprägen (*in* in); **etcher** ['etʃə(r)] *s* Radierer(in) *m(f);* **etch•ing** [-ɪŋ] *s* Radierung *f;* Kupferstich *m*

eter•nal [ɪ'tɜ:nl] *adj* ewig; immer während; **eter•nal•ly** [ɪ'tɜ:nəlɪ] *adv* **1.** für immer **2.** (*fam*) ununterbrochen; **eter•nity** [ɪ'tɜ:nətɪ] *s* Ewigkeit *f*

ether ['i:θə(r)] *s* Äther *m;* **ethe•real** [ɪ'θɪərɪəl] *adj* (*fig*) ätherisch

ethi•cal ['eθɪkl] *adj* moralisch, ethisch; **eth•ics** ['eθɪks] *s pl a. mit sing* Ethik, Moral *f*

Ethio•pia [ˌi:θɪ'əʊpɪə] *s* Äthiopien *nt;* **Ethio•pian** [ˌi:θɪ'əʊpɪən] **I.** *adj* äthiopisch **II.** *s* **1.** Äthiopier(in) *m(f)* **2.** (das) Äthiopisch(e)

ethnic ['eθnɪk] *adj* **1.** ethnisch **2.** (*Atmosphäre*) urtümlich **3.** (*Restaurant*) folkloristisch; **eth•nol•ogy** [eθ'nɒlədʒɪ] *s* Ethnologie *f*

ethos ['i:θɒs] *s* Ethos *nt*

ethyl ['eθɪl] *s* (CHEM) Äthyl *nt*

eti•quette ['etɪket] *s* Etikette *f;* **breach of professional** ~ standeswidriges Verhalten

ety•mo•logi•cal [ˌetɪmə'lɒdʒɪkl] *adj* etymologisch; **ety•mol•ogy** [ˌetɪ'mɒlədʒɪ] *s* Etymologie *f*

EU [ˌi:'ju:] *s Abk. von* **European Union** EU *f;* ~ **member state** EU-Mitgliedstaat *m*

euca•lyptus [ˌju:kə'lɪptəs] *s* Eukalyptus *m;* **eucalyptus oil** *s* Eukalyptusöl *nt*

Eu•char•ist ['ju:kərɪst] *s* (das) heilige Abendmahl

eu•logize ['ju:lədʒaɪz] *vt* übermäßig loben; **eu•logy** ['ju:lədʒɪ] *s* Lobrede *f,* hohes Lob

eu•nuch ['ju:nək] *s* Eunuch *m*

eu•phem•ism ['ju:fəmɪzəm] *s* Euphemismus *m;* **eu•phem•is•tic** [ˌju:fə'mɪstɪk] *adj* euphemistisch, beschönigend

eu•phony ['ju:fənɪ] *s* Wohlklang *m*

eu•phoria [ju:'fɔ:rɪə] *s* Euphorie *f;* **euphoric** [ju:'fɒrɪk] *adj* euphorisch

Eur•asia [jʊə'reɪʒə] *s* Eurasien *nt;* **Eurasian** [jʊə'reɪʒn] **I.** *adj* eurasisch **II.** *s* Eurasier(in) *m(f)*

Eur•at•om [jʊə'rætəm] *s Abk. von* **European Atomic Energy Community** Euratom *f*

E

eu•rhyth•mics [juːˈrɪðmɪks] *s pl mit sing* Eurhythmie *f*

Eu•ro [ˈjʊərəʊ] *adj* Euro-; ~ **Info Centre, EIC** Euro-Info-Centre *nt*

eu•ro [ˈjʊərəʊ] *s* Euro *m;* **eu•ro bank-note** *s* Euro-Banknote *f;* **eu•ro cent** *s* Cent *m*

Euro•cheque [ˈjʊrətʃek] *s* Eurocheque *m;* ~ **card** Eurochequekarte, ec-Karte *f;* **eu•ro coin** *s* Euro-Münze *f;* **Euro•crat** [ˈjʊərəʊkræt] *s* Eurokrat(in) *m(f);* **euro-cur•ren•cy** [ˈjʊrəʊˌkʌrənsɪ] *s* Euro-Währung *f;* **eu•ro-cur•ren•cy area** *s* Euro-Währungsgebiet *nt;* **Euro•dol•lar** [ˈjʊərəʊdɒlə(r)] *s* Eurodollar *m;* **eu•ro note** *s* Euro-Schein *m*

Europe [ˈjʊərəp] *s* Europa *nt;* **the Council of** ~ der Europarat; **Euro•pean** [ˌjʊərəˈpɪən] **I.** *adj* europäisch; ~ **Audit Office** Europäischer Rechnungshof *m;* ~ **Central Bank** Europäische Zentralbank *f;* ~ **Central Bank System** Europäisches System der Zentralbanken *m;* ~ **Commission** Europäische Kommission *f;* ~ **Communities** Europäische Gemeinschaften *fpl;* ~ **Coal and Steel Community** Montanunion *f;* ~ **Council** Europäischer Rat; ~ (**Economic**) **Community, E**(**E**)**C** (HIST) Europäische (Wirtschafts)Gemeinschaft, E(W)G *f;* ~ **Court** Europäischer Gerichtshof *m;* ~ **Court of Auditors, ECA** Europäischer Rechnungshof, ERH *m;* ~ **elections** Europawahlen *fpl;* ~ **Intercity Train** EuroCity(-Zug), EC *m;* ~ **Investment Bank, EIB** Europäische Investitionsbank, EIB *f;* ~ **Monetary Agreement** Europäisches Währungsabkommen; ~ **Monetary Institute** Europäisches Währungsinstitut *nt;* ~ **Monetary System, EMS** Europäisches Währungssystem, EWS *f;* ~ **Monetary Union, EMU** Europäische Währungsunion, EWU *f;* ~ **Ombudsman** Europäische(r) Bürgerbeauftragte(r) *mf;* ~ **Parliament** Europaparlament *nt,* Europäisches Parlament *nt;* ~ **Police Office** Europäisches Polizeiamt; ~ **Regional Development Fund, ERDF** Europäischer Fonds für regionale Entwicklung, EFRE *m;* ~ **Union, EU** Europäische Union, EU *f;* ~ **Union Council** Rat *m* der Europäischen Union; ~ **Union Member State** EU-Mitgliedstaat *m* **II.** *s* Europäer(in) *m(f)*

Eu•ro•pol [ˈjʊərəʊpəl] *s Abk. von* **European Police Office** Europol *nt,* Europäisches Polizeiamt

eu•ro zone *s* Eurozone *f;* **euro-zone countries** Länder der Eurozone

eu•tha•nasia [ˌjuːθəˈneɪzɪə] *s* Euthanasie *f*

evacu•ate [ɪˈvækjʊeɪt] *vt* **1.** räumen; (*Bevölkerung*) evakuieren **2.** (*Darm*) entleeren; **evacu•ation** [ɪˌvækjʊˈeɪʃn] *s* **1.** Räumung *f,* Evakuierung *f* **2.** (Darm)Entleerung *f;* **evacuee** [ɪˌvækjuːˈiː] *s* Evakuierte(r) *f m*

evade [ɪˈveɪd] *vt* **1.** aus dem Wege gehen, ausweichen (*s.th.* einer S) **2.** sich entziehen (*s.th.* einer S) **3.** umgehen, vermeiden (*doing s.th.* etw zu tun) **4.** (*Steuern*) hinterziehen

evalu•ate [ɪˈvæljʊeɪt] *vt* **1.** (ab)schätzen, bewerten, taxieren **2.** auswerten **3.** beurteilen; **evalu•ation** [ɪˌvæljʊˈeɪʃn] *s* **1.** Abschätzung, Taxierung *f* **2.** Wertberechnung, -bestimmung, Bewertung *f*

evan•geli•cal [ˌiːvænˈdʒelɪkl] *adj* evangelisch; **evan•gel•ist** [ɪˈvændʒəlɪst] *s* **1.** Evangelist(in) *m(f)* **2.** (Wander)Prediger(in) *m(f);* **evan•gelize** [ɪˈvændʒəlaɪz] **I.** *vt* bekehren **II.** *vi* das Evangelium predigen

evap•or•ate [ɪˈvæpəreɪt] **I.** *vt* **1.** verdampfen lassen **2.** (*Milch*) kondensieren; ~**d milk** Dosen-, Kondensmilch *f* **II.** *vi* **1.** verdampfen, verdunsten; sich verflüchtigen **2.** (*fig*) (dahin)schwinden, vergehen

evas•ion [ɪˈveɪʒn] *s* **1.** Ausweichen *nt;* Umgehen, Vermeiden *nt* (*of +gen*) **2.** Ausflucht, Ausrede *f* **3.** (*Steuer*) Hinterziehung *f;* **evas•ive** [ɪˈveɪsɪv] *adj* **1.** ausweichend **2.** (*Bedeutung*) schwer zu fassen(d); **he is so** ~ er weicht dauernd aus

eve [iːv] *s* Vorabend *m;* **on the** ~ **of** am Vorabend *+gen,* (unmittelbar) vor; am Tage vor

even [ˈiːvn] **I.** *adj* **1.** eben, flach, glatt **2.** gleichmäßig; gleichförmig; regelmäßig **3.** (*Mensch*) ausgeglichen, ruhig **4.** gleich (groß) **5.** (*Zahl*) gerade **6.** (*Maßangabe*) genau; **be** ~ **with s.o.** mit jdm quitt sein; **break** ~ sein Geld wieder herausbekommen; kostendeckend arbeiten; **get** ~ abrechnen (*with s.o.* mit jdm); **make s.th.** ~ etw ebnen; etw glätten; ~ **score** (SPORT) punktgleich, unentschieden; **I'm** ~ **with you** wir beide sind quitt; **odd or** ~ gerade oder ungerade **II.** *vt* **1.** einebnen, gleichmachen **2.** gleichstellen **III.** *vi* **1.** eben, auf gleicher Ebene sein **2.** gleich sein **IV.** *adv* **1.** sogar, selbst **2.** gerade, genau **3.** noch, sogar (*mit Komparativ*) **4.** nämlich; gleich; **never** ~ **...** nie auch nur ...; **not** ~ nicht einmal; selbst ... nicht; ~ **if** selbst wenn; ~ **now** sogar jetzt; gerade jetzt; ~ **so** trotzdem; **even out I.** *vi* **1.** eben werden **2.** (*Preise*) sich einpendeln **II.** *vt* **1.** ausgleichen **2.** glätten; eben machen **3.** gleichmäßig verteilen; **even up** *vt* ausgleichen; aufrunden; (*Schulden*) bezahlen

even•ing [ˈiːvnɪŋ] *s* **1.** Abend *m* **2.** Abend(veranstaltung, -gesellschaft *f*) *m;* **in the** ~ am Abend; **on Sunday** ~ Sonntagabend; **one** ~ eines Abends; **this/yesterday/tomorrow** ~ heute, gestern, morgen

Abend; **evening class** *s* Abendschule *f;* Abendkurs *m;* **evening dress** *s* Abendkleid *nt;* Abendanzug *m;* **evening paper** *s* Abendzeitung *f;* **evening star** *s* Abendstern *m*

even•ly [ˈiːvənlɪ] *adv* **1.** gleichmäßig **2.** ruhig, gelassen; **even•ness** [ˈiːvnnɪs] *s* **1.** Ausgeglichenheit *f,* Gleichmut *m* **2.** Ebenheit *f* **3.** Gleichmäßigkeit *f;* Regelmäßigkeit *f;* **evens** *s pl:* **it's ~ that** es steht 50:50, dass

event [ɪˈvent] *s* **1.** Ereignis, Geschehnis *nt,* Begebenheit *f* **2.** (SPORT) Veranstaltung *f;* Wettkampf *m;* Disziplin *f;* **at all ~s, in any ~** auf alle Fälle, jedenfalls, sowieso; **in the ~ of** im Falle *+gen,* bei; **in either ~** in dem einen oder anderen Falle; **athletic ~s** Leichtathletikkämpfe *mpl*

even-tem•pered [ˈiːvənˈtempəd] *adj* ausgeglichen

event•ful [ɪˈventfl] *adj* ereignisreich; **event planner** *s* Veranstaltungsplaner(in) *m(f)*

event•ual [ɪˈventʃʊəl] *adj* schließlich; **event•ual•ity** [ɪˌventʃʊˈælətɪ] *s* Möglichkeit, Eventualität *f,* Fall *m;* **event•ual•ly** [ɪˈventʃʊəlɪ] *adv* schließlich

ever [ˈevə(r)] *adv* **1.** je(mals) **2.** immer **3.** (*fam*) zum Kuckuck; unheimlich; **as ~** wie immer; **for ~ (and ~)** für alle Zeiten; für immer; **hardly ~** fast nie; **not ... ~** noch nie; **~ since** seitdem; **~ and again** immer wieder; **~ so kind** unheimlich nett; **what~/wherever/who~ ... ?** was/wo/wer ... bloß?

ever•glade [ˈevəgleɪd] *s* (*Am*) Sumpf *m;* **ever•green** [ˈevəgriːn] *s* **1.** (BOT) immergrüne Pflanze **2.** (MUS) Evergreen *m;* **ever•last•ing** [ˌevəˈlɑːstɪŋ] *adj* **1.** beständig, dauernd **2.** unverwüstlich; **ever•more** [ˌevəˈmɔː(r)] *adv* immer; **for ~** für immer

every [ˈevrɪ] *adj* **1.** jede(r, s) (mögliche) **2.** alle; **each and ~ one** jede(r, s) einzelne; **~ bit** genauso; **~ now and then** [*o* **again**] ab und zu, von Zeit zu Zeit; **~ one of them** sie alle ohne Ausnahme; **~ other day** jeden zweiten Tag; **~ other week** alle vierzehn Tage; **he has ~ reason** er hat allen Grund; **~ time** jedesmal; **in ~ way** in jeder Hinsicht; **every•body, every•one** [ˈevrɪbɒdɪ, ˈevrɪwʌn] *pron* jeder, alle; jedermann; **everybody else** *s* alle anderen, alle übrigen; **every•day** [ˈevrɪdeɪ] *adj attr* alltäglich, gewöhnlich; **every•one** [ˈevrɪwʌn] *s s.* **everybody; every•thing** [ˈevrɪθɪŋ] *pron* alles; **she is ~ to him** sie ist sein Ein und Alles; **~ new** alles Neue; **money is ~** das Geld ist das Wichtigste; **every•where** [ˈevrɪweə(r)] *adv* überall; wo(hin) auch immer; **~ I tried** wo ich es auch versucht habe

evict [ɪˈvɪkt] *vt* zur Räumung zwingen

evi•dence [ˈevɪdəns] *s* **1.** Beweis *m* **2.** Anhaltspunkt, Nachweis *m* **3.** (JUR) Beweismaterial *nt;* Beweisstück *nt;* Zeugenaussage *f;* **for lack of ~** aus Mangel an Beweisen; **in ~** deutlich sichtbar, offenkundig; (*fig*) im Vordergrund; (JUR) als Beweis; **be in ~** auffallen; **call s.o. in ~** jdn als Zeugen aufrufen; **furnish ~** den Beweis erbringen (*of* für); **give ~** eine Aussage machen (*for* für, *against* gegen); **bear ~ of** Zeugnis ablegen für; deutliche Anzeichen zeigen von; **offer** [*o* **tender**] **~** den Beweis antreten; **produce ~** Beweise erbringen; **turn King's/Queen's/State's ~** (*Am*) als Kronzeuge aussagen; **~ to the contrary** Gegenbeweis *m*

evi•dent [ˈevɪdənt] *adj* offenkundig, augenscheinlich

evil [ˈiːvl] **I.** *adj* **1.** schlecht, böse **2.** übel, schlimm **II.** *adv* schlecht, übel **III.** *s* **1.** (das) Böse; Übel *nt* **2.** Schlechtigkeit *f* **3.** Unheil *nt;* **wish s.o. ~** jdm Böses wünschen; **deliver us from ~** erlöse uns von dem Bösen; **the lesser ~** das kleinere Übel; **evil-doer** [ˌiːvlˈduːə(r)] *s* Übeltäter(in) *m(f);* **evil-minded** [ˌiːvlˈmaɪndɪd] *adj* **1.** boshaft **2.** (*Bemerkung*) hämisch; **evil-tem•pered** [ˌiːvlˈtempəd] *adj* schlechtgelaunt

evince [ɪˈvɪns] *vt* an den Tag legen; zur Schau tragen

evoca•tion [ˌevəˈkeɪʃn] *s* Heraufbeschwören *nt*

evoca•tive [ɪˈvɒkətɪv] *adj:* **be ~ of s.th.** an etw erinnern; **evoke** [ɪˈvəʊk] *vt* hervorrufen, wachrufen, erinnern an

evol•ution [ˌiːvəˈluːʃn] *s* **1.** Entwicklung *f* **2.** Entfaltung, Evolution *f*

evolve [ɪˈvɒlv] **I.** *vt* **1.** entwickeln, entfalten (*into* zu) **2.** (*Plan*) ausarbeiten **II.** *vi* **1.** sich entwickeln **2.** entstehen (*from* aus)

ewe [juː] *s* (Mutter)Schaf *nt*

ewer [ˈjuːə(r)] *s* Wasserkrug *m,* -kanne *f*

ex [eks] **I.** *prep* (FIN COM) **1.** ohne, ausschließlich; frei von **2.** ab; **price ~ works** Preis ab Werk **II.** *s* (*fam*) Verflossene(r) *f m*

ex- [eks] *prefix* ehemalige(r, s), frühere(r, s)

ex•acer•bate [ɪgˈzæsəbeɪt] *vt* **1.** verschärfen, verschlimmern **2.** verbittern, verärgern

exact [ɪgˈzækt] **I.** *adj* **1.** genau, exakt **2.** pünktlich **3.** gewissenhaft; **~ fare** passendes Fahrgeld **II.** *vt* **1.** (*Forderung*) eintreiben **2.** (*Geld*) erpressen (*from, of* von) **3.** fordern, verlangen; **exact•ing** [-ɪŋ] *adj* anspruchsvoll; **be ~** es sehr genau nehmen; viel verlangen; **exacti•tude** [ɪgˈzæktɪtjuːd] *s* Genauigkeit *f;* **exact•ly** [ɪgˈzæktlɪ] *adv* **1.** so ist es, allerdings **2.** genau, ganz; **not ~ friendly** nicht gerade freundlich; **not ~ sure** nicht ganz sicher; **exact•ness**

E

[ɪɡˈzæktnɪs] *s* **1.** Genauigkeit *f* **2.** Pünktlichkeit *f*
exag•ger•ate [ɪɡˈzædʒəreɪt] *vt, vi* übertreiben; **exag•ger•ated** [ɪɡˈzædʒəreɪtɪd] *adj* übertrieben; **exag•ger•ation** [ɪɡˌzædʒəˈreɪʃn] *s* Übertreibung *f*
ex•alt [ɪɡˈzɔːlt] *vt* **1.** (*fig*) erhöhen; (*in einen Stand*) erheben (*to* in) **2.** preisen; **exal•ta•tion** [ˌeɡzɔːlˈteɪʃn] *s* Begeisterung *f;* **ex•alted** [ɪɡˈzɔːltɪd] *adj* **1.** hoch **2.** überschwenglich, exaltiert
exam [ɪɡˈzæm] *s* Prüfung *f;* **exam•in•ation** [ɪɡˌzæmɪˈneɪʃn] *s* **1.** Prüfung *f,* Examen *nt* (*in* in) **2.** Untersuchung, Überprüfung *f;* Kontrolle *f* **3.** (JUR) Vernehmung *f;* (**up**)**on** ~ bei näherer, eingehender Prüfung; **be under** ~ geprüft, vernommen, untersucht werden; **fail** (**in**) **an** ~ bei einer Prüfung durchfallen; **pass an** ~ eine Prüfung bestehen; **undergo an** ~ (MED) sich einer Untersuchung unterziehen; ~ **of accounts** Rechnungsprüfung *f;* ~ **of the books** Bücherrevision *f;* ~ **paper** (schriftliche) Prüfungsarbeit *f;* ~ **question** Prüfungsfrage *f;* ~ **of witnesses** Zeugenverhör *nt;* **exam•ine** [ɪɡˈzæmɪn] *vt* **1.** prüfen **2.** untersuchen **3.** besichtigen **4.** verhören, vernehmen; **ex•ami•nee** [ɪɡˌzæmɪˈniː] *s* Prüfling *m;* (Examens)Kandidat(in) *m(f);* **exam•iner** [ɪɡˈzæmɪnə(r)] *s* **1.** Prüfer(in) *m(f)* **2.** Revisor(in) *m(f)* **3.** (JUR) vernehmende(r) Richter(in) *m f;* **exam•in•ing** [ɪɡˈzæmɪnɪŋ] *adj:* ~ **body** Prüfungsausschuss *m,* -kommission *f;* ~ **magistrate** Untersuchungsrichter(in) *m(f)*
example [ɪɡˈzɑːmpl] *s* **1.** Beispiel *nt* **2.** Muster *nt* (*of* für) **3.** Vorbild *nt* **4.** warnendes Beispiel; **without** ~ beispiellos; **for** ~ zum Beispiel; **be an** ~ **to s.o.** für jdn ein Beispiel sein; **give** [*o* **set**] **an** ~ mit gutem Beispiel vorangehen; **make an** ~ **of** ein Exempel statuieren an
exas•per•ate [ɪɡˈzɑːspəreɪt] *vt* verzweifeln lassen, zur Verzweiflung bringen; **exas•per•ating** [ɪɡˈzɑːspəreɪtɪŋ] *adj* ärgerlich; **he can be** ~ er kann einen zur Verzweiflung bringen; **exas•per•ation** [ɪɡˌzɑːspəˈreɪʃn] *s* **1.** Erbitterung *f* **2.** Ärger *m;* **in** ~ verzweifelt
ex•ca•vate [ˈekskəveɪt] *vt* ausbaggern, -graben; **ex•ca•va•tion** [ˌekskəˈveɪʃn] *s* **1.** Ausschachtung, Ausbaggerung *f* **2.** Höhlung, Höhle *f* **3.** Ausgrabung *f;* **ex•ca•vator** [ˈekskəveɪtə(r)] *s* Trockenbagger *m*
ex•ceed [ɪkˈsiːd] *vt* **1.** überschreiten; übersteigen **2.** übertreffen (*s.o.'s expectations* jds Erwartungen); **ex•ceed•ing•ly** [-ɪŋlɪ] *adv* äußerst, (ganz) besonders, außerordentlich
ex•cel [ɪkˈsel] **I.** *vt* übertreffen, überragen (*in* in); ~ **o.s.** sich selbst übertreffen **II.** *vi* sich auszeichnen, sich hervortun (*at* bei, *in* in, *as* als); **ex•cel•lence** [ˈeksələns] *s* **1.** Vorzüglichkeit *f* **2.** Fähigkeit *f;* hervorragende Leistung (*at, in* in); **Ex•cel•lency** [ˈeksələnsɪ] *s* (*Titel*) Exzellenz *f;* **ex•cel•lent** [ˈeksələnt] *adj* ausgezeichnet, hervorragend
ex•cept [ɪkˈsept] **I.** *vt* **1.** ausnehmen, ausschließen (*from* aus) **2.** eine Ausnahme machen mit **II.** *prep* außer, ausgenommen; ~ **for** bis auf; mit Ausnahme *+gen* **III.** *conj* (*fam*) (je)doch; **ex•cept•ing** [-ɪŋ] *prep* außer, ausgenommen; **ex•cep•tion** [ɪkˈsepʃn] *s* **1.** Ausnahme *f* (*to* von) **2.** Einwand *m;* Einwendung *f;* Beanstandung *f* **3.** (JUR) Einrede *f* **4.** Anstoß *m;* **as an** [*o* **by way of**] ~ als Ausnahme; ausnahmsweise; **with the** ~ **of** mit Ausnahme *+gen,* mit der Ausnahme, dass; **with certain** ~**s** mit bestimmten Ausnahmen; **without** ~ ausnahmslos; **be an** ~ **to s.th.** eine Ausnahme von etw bilden; **make an** ~ **to s.th.** von etw eine Ausnahme machen; **take** ~ Anstoß nehmen (*to* an), beanstanden (*to s.th.* etw), Einwendungen erheben (*to* gegen); **the** ~ **proves the rule** (*prov*) Ausnahmen bestätigen die Regel; **ex•cep•tion•able** [ɪkˈsepʃənəbl] *adj* anfechtbar; **ex•cep•tional** [ɪkˈsepʃənl] *adj* außergewöhnlich; ~ **case** Ausnahmefall *m;* **ex•cep•tion•ally** [ɪkˈsepʃnəlɪ] *adv* außergewöhnlich, ungewöhnlich
ex•cerpt [ˈeksɜːpt] *s* Auszug *m,* Exzerpt *nt*
ex•cess [ɪkˈses] **I.** *s* **1.** Übermaß *nt* (*of* an) **2.** Überschuss *m* **3.** ~**es** Exzesse *mpl,* Ausschweifungen *fpl;* (POL) Ausschreitungen *fpl;* **in** ~ **of** mehr als, über … hinaus; **be in** ~ **of** hinausgehen über, überschreiten; **carry to** ~ übertreiben; über das Ziel hinausschießen (*s.th.* mit etw); ~ **of exports** Exportüberschuss *m;* ~ **of population** Bevölkerungsüberschuss *m;* ~ **of purchasing power** Kaufkraftüberhang *m* **II.** *adj* überschüssig; **excess amount** *s* Mehrbetrag, Überschuss *m;* **excess baggage** *s* Übergewicht *nt* (*Gepäck*)*;* **excess charge** *s* zusätzliche Gebühr; (*Post*) Nachporto *nt;* **excess expenditure** *s* Mehrausgaben *fpl;* **ex•cess•ive** [ɪkˈsesɪv] *adj* übermäßig, übertrieben; **excess production** *s* Produktionsüberschuss *m;* **excess supply** *s* Überangebot *nt*
ex•change [ɪksˈtʃeɪndʒ] **I.** *vt* **1.** (aus-, ein-, um)tauschen (*with* mit) **2.** (aus-, ein-, um)wechseln (*for* gegen); ~ **blows** sich schlagen; ~ **words** einen Wortwechsel haben **II.** *s* **1.** (Aus-, Um)Tausch *m;* Tauschgeschäft *nt* **2.** (Geld)Wechseln *nt;* Wechselstube *f* **3.** (*foreign* ~) Valuta *f,* Devisen *pl,*

ausländische Zahlungsmittel *ntpl* **4.** Börse *f* **5.** (TELE) Vermittlung *f;* Zentrale *f;* Fernamt *nt* **6.** Wortwechsel *m;* **in ~ for** im Tausch gegen, für; als Entschädigung für; **give in ~** in Tausch geben, einwechseln; **obtain in ~ for s.th.** im Tausch gegen etw erhalten; **bill of ~** Wechsel *m;* Tratte *f;* **corn/cotton ~** Getreide-/Baumwollmarkt *m;* **labo(u)r ~** Arbeitsamt *nt;* **rate of ~, ~ rate** Wechselkurs *m;* **stock ~** Börse *f;* **~ of goods** Güter-, Warenaustausch *m;* **~ of letters** Briefwechsel *m;* **~ of views** Meinungsaustausch *m* **III.** *adj attr* **1.** Austausch- **2.** Börsen-; Wechsel-; Devisen-; **ex•change•able** [ɪk'stʃeɪndʒəbl] *adj* austauschbar; umtauschbar; **exchange broker, dealer** *s* Devisenmakler(in) *m(f);* **exchange control** *s* Devisenkontrolle *f;* **exchange course mechanism** *s* Wechselkursmechanismus *m;* **exchange market** *s* Devisenmarkt *m;* **exchange rate** *s* Wechselkurs *f;* **exchange regulations** *s pl* Devisenbestimmungen *fpl,* Börsenordnung *f;* **exchange restrictions** *s pl* Devisenbeschränkungen *fpl;* **exchange student** *s* Austauschstudent(in) *m(f);* **exchange teacher** *s* Austauschlehrer(in) *m(f);* **exchange value** *s* Tausch-, Gegenwert *m*

ex•chequer [ɪks'tʃekə(r)] *s* **1.** Staatskasse *f,* Fiskus *m* **2.** (*fam*) Geldmittel *ntpl;* **the Exchequer** (*in GB*) das Finanzministerium; **the Chancellor of the Exchequer** der (die) Finanzminister(in)

ex•cise¹ ['eksaɪz] *s* **1.** (*~ tax*) Verbrauchssteuer *f* **2.** (*in GB*) Abteilung *f* für indirekte Steuern; **~-man** [*o* **-officer**] Steuereinnehmer *m;* **~ duty** Verbrauchsteuer *f*

ex•cise² [ek'saɪz] *vt* (her)ausschneiden

ex•cit•able [ɪk'saɪtəbl] *adj* erregbar; reizbar; **ex•cite** [ɪk'saɪt] *vt* **1.** hervorrufen, erregen **2.** aufregen, nervös machen **3.** begeistern **4.** (PHYSIOL) reizen, erregen; **ex•cit•ed** [ɪk'saɪtɪd] *adj* aufgeregt; erregt; **get ~** sich aufregen (*over* über); **be ~ about prospects/ideas** Aussichten aufregend finden/von Ideen begeistert sein; **ex•cite•ment** [ɪk'saɪtmənt] *s* Aufregung *f;* Erregung *f;* Reizung *f;* **ex•cit•ing** [ɪk'saɪtɪŋ] *adj* aufregend; spannend; erregend

ex•claim [ɪk'skleɪm] *vt, vi* **1.** (aus)rufen **2.** (auf)schreien (*in pain* vor Schmerz); **ex•cla•mation** [ˌeksklə'meɪʃn] *s* Ausruf *m;* **~ mark,** *Am* **~ point** Ausrufezeichen *nt*

ex•clude [ɪk'sklu:d] *vt* ausschließen; ausgrenzen (*from* aus); **~ all possibility of doubt** jeden Zweifel ausschließen; **be ~d** nicht zugelassen, ausgeschlossen sein (*from* von); **ex•clud•ing** [ɪk'sklu:dɪŋ] *adj* nicht inbegriffen; ausgenommen; **ex•clu•sion** [ɪk'sklu:ʒn] *s* Ausschluss *m;* Ausgrenzung *f;* **to the ~ of** unter Ausschluss *+gen;* **~s from gross income** steuerfreie Einkünfte; **ex•clus•ive** [ɪk'sklu:sɪv] *adj* **1.** ausschließend, ausschließlich **2.** exklusiv **3.** vornehm, elegant **4.** (*fam: Laden*) teuer; **~ of** ausschließlich *+gen;* **be mutually ~** sich gegenseitig ausschließen; **~ agent** Alleinvertreter(in) *m(f);* **~ report** Exklusivbericht *m;* **~ right** Exklusivrecht *nt* (*to* auf)

ex•com•muni•cate [ˌekskə'mju:nɪkeɪt] *vt* exkommunizieren; **ex•com•muni•ca•tion** [ˌekskəˌmju:nɪ'keɪʃn] *s* Exkommunikation *f*

excre•ment ['ekskrəmənt] *s* Kot *m,* Ausscheidung *f,* Fäkalien *pl*

ex•cres•cence [ɪk'skresns] *s* Auswuchs *m,* Wucherung *f*

ex•creta [ɪk'skri:tə] *s pl* Exkremente *ntpl;* **ex•crete** [ɪk'skri:t] *vt* (PHYSIOL) ausscheiden, absondern; **ex•cre•tion** [ɪk'skri:ʃn] *s* Ausscheidung, Absonderung *f;* Exkret *nt*

ex•cru•ciat•ing [ɪk'skru:ʃɪeɪtɪŋ] *adj* qualvoll, schmerzhaft

ex•cur•sion [ɪk'skɜ:ʃn] *s* **1.** Ausflug *m* **2.** Rundfahrt, -reise *f* **3.** (*~ trip*) Gesellschaftsfahrt *f;* **go on** [*o* **make**] **an ~** einen Ausflug machen; **excursion ticket** *s* verbilligte Karte; verbilligtes Ticket; **excursion train** *s* Sonderzug *m*

ex•cus•able [ɪk'skju:zəbl] *adj* verzeihlich

ex•cuse¹ [ɪk'skju:z] **I.** *vt* **1.** entschuldigen (*for* wegen, *for being late* für das Zuspätkommen) **2.** verzeihen (*s.o.* jdm) **3.** Nachsicht üben gegen, in Schutz nehmen **4.** rechtfertigen, verteidigen **5.** erlassen (*s.o. from s.th.* jdm etw), befreien (*from* von); **~ me!** entschuldigen Sie!; **you may be ~d now** Sie können jetzt gehen **II.** *vr* sich entschuldigen

ex•cuse² [ɪk'skju:s] *s* Entschuldigung *f;* Rechtfertigung *f;* Ausrede *f;* **in ~ of** als Entschuldigung; **without ~** unentschuldigt; **make** [*o* **offer**] **an ~** sich entschuldigen (*to* bei); **make ~s for s.o.** jdn entschuldigen; **make s.th. one's ~** etw zur Entschuldigung vorbringen; **~s, ~s!** nichts als Ausreden!

ex-di•rec•tory [ˌeksdɪ'rektərɪ] *adj* nicht im Telefonbuch eingetragen

ex•ecrable ['eksɪkrəbl] *adj* abscheulich, grässlich; **ex•ecrate** ['eksɪkreɪt] *vt* **1.** verfluchen, verwünschen **2.** verabscheuen

ex•ecute ['eksɪkju:t] *vt* **1.** (*Arbeit*) ausführen; (*Auftrag*) durchführen, erledigen; (*Verkauf*) tätigen **2.** (*Gesetz*) anwenden; (*Amt*) ausüben **3.** (*Urteil*) vollstrecken; (*Verbrecher*) hinrichten **4.** (*Dokumente*) unterzeichnen; (*Vertrag*) ausfertigen; (*Testament*) vollstrecken **5.** (MUS) vortragen; (THEAT) darstellen, aufführen; **ex•ecu•tion**

[ˌeksɪ'kjuːʃn] *s* **1.** Aus-, Durchführung, Erledigung *f* **2.** (JUR) Vollstreckung *f;* Pfändung *f* **3.** Hinrichtung *f* **4.** Unterzeichnung, Ausfertigung *f* **5.** (*Kunst*) Ausführung, Technik *f,* Vortrag *m,* Darstellung *f,* Spiel *nt;* **carry** [*o* **put**] **into** ~ vollenden, aus-, durchführen, bewerkstelligen; ~ **of contract** Vertragserfüllung *f;* **ex•ecu•tioner** [ˌeksɪ'kjuːʃnə(r)] *s* Scharfrichter *m*

execu•tive [ɪg'zekjʊtɪv] **I.** *adj* **1.** (POL) ausführend, exekutiv **2.** (COM) geschäftsführend; (*Stellung*) leitend; ~ **ability** Führungsqualität *f;* ~ (**brief**)**case** Aktentasche *f,* -koffer *m;* ~ **committee** Vorstand *m;* ~ **suite** Vorstandsetage *f;* ~ **functions** Führungsaufgaben *fpl;* ~ **staff** leitende Angestellte *pl* **II.** *s* **1.** (POL) vollziehende Gewalt; (~ *branch*) Exekutive *f* **2.** leitende(r) Angestellte(r) *f m,* Geschäftsführer(in) *m(f);* **top** ~ Spitzenkraft *f*

execu•tor [ɪg'zekjʊtə(r)] *s* Testamentsvollstrecker(in) *m(f)*

exemp•lary [ɪg'zemplərɪ] *adj* **1.** musterhaft, -gültig **2.** exemplarisch

exemp•lifi•ca•tion [ɪgˌzemplɪfɪ'keɪʃn] *s* (Erläuterung *f* durch ein) Beispiel *nt;* **exemp•lify** [ɪg'zemplɪfaɪ] *vt* **1.** durch ein Beispiel erläutern **2.** (*Am*) eine beglaubigte Abschrift anfertigen von

exempt [ɪg'zempt] **I.** *vt* befreien, freistellen (*from* von) **II.** *adj* befreit, ausgenommen (*from* von); ~ **from charges** spesen-, kostenfrei; ~ **from duty** gebühren-, abgaben-, zollfrei; ~ **from postage** portofrei; ~ **from taxation** steuerfrei; von den Steuern befreit; **exemp•tion** [ɪg'zempʃn] *s* **1.** Befreiung, Freistellung *f* (*from* von) **2.** (COM) Steuerfreibetrag *m;* ~ **from duty** Gebühren-, Abgabenfreiheit *f;* ~ **from liability** Haftungsausschluss *m;* ~ **from taxation** Steuerfreiheit *f*

ex•er•cise ['eksəsaɪz] **I.** *s* **1.** Übung *f;* (MUS) Etude *f;* (SCHULE) (Schul)Aufgabe *f* **2.** Bewegung *f* **3.** ~**s** (Leibes)Übungen *fpl* **4.** (MIL) Übung *f* **5.** Anwendung *f,* Gebrauch *m;* Ausübung *f* **II.** *vt* **1.** üben; (MIL) exerzieren; (*Hund*) spazieren führen **2.** praktizieren; ausüben; gebrauchen **3.** (*Geduld*) aufbringen **4.** (*Pflichten*) erfüllen **5.** ausbilden, einexerzieren **III.** *vi* sich üben (*in* in), sich Bewegung verschaffen; **exercise book** *s* Heft *nt*

ex•er•ciser ['eksəsaɪzə(r)] *s* Trainingsgerät *nt,* Heimtrainer *m*

exert [ɪg'zɜːt] **I.** *vt* **1.** anwenden **2.** (*Druck*) ausüben **3.** (*Einfluss*) aufbieten; zur Geltung bringen **II.** *vr* sich anstrengen; **exer•tion** [ɪg'zɜːʃn] *s* **1.** Anstrengung *f* **2.** Anwendung *f;* Ausübung *f;* Aufbietung *f*

ex•fo•liant [ɪks'fəʊlɪənt] *s* Peelingpräparat *nt;* **ex•fo•li•ating cream** *s* Peelingcreme *f;* **ex•fo•li•ation** [eksˌfəʊlɪ'eɪʃn] *s* Abschilferung *f,* Peeling *nt*

ex•ha•la•tion [ˌekshə'leɪʃn] *s* **1.** Ausatmung *f,* -atmen *nt* **2.** Ausdünstung *f;* Dunst *m;* **ex•hale** [eks'heɪl] *vi, vt* ausatmen

ex•haust [ɪg'zɔːst] **I.** *vt* **1.** erschöpfen **2.** aufbrauchen **3.** (*Thema*) erschöpfen(d behandeln) **II.** *s* (TECH, AUTO) **1.** Auspuff(rohr *nt*) *m* **2.** Abgas *nt* **3.** Abdampf *m;* **ex•hausted** [-ɪd] *adj* **1.** aufgebraucht **2.** erschöpft; **be** ~ erschöpft sein; **exhaust fumes** *s pl* Abgase *ntpl;* **ex•haust•ing** [-ɪŋ] *adj* mühsam, anstrengend, ermüdend; **ex•haus•tion** [ɪg'zɔːstʃn] *s* **1.** Verbrauchen *nt* **2.** Erschöpfung, Ermattung *f;* **ex•haus•tive** [ɪg'zɔːstɪv] *adj* erschöpfend; vollständig; **exhaust pipe** *s* Auspuffrohr *nt;* **exhaust system** *s* Auspuff *m*

ex•hibit [ɪg'zɪbɪt] **I.** *vt* **1.** zeigen, sehen lassen, zur Schau stellen **2.** ausstellen; (*Ware*) auslegen **3.** (*Papiere*) vorzeigen, -legen; einreichen **4.** (JUR: *Klage*) ein-, vorbringen **II.** *vi* ausstellen **III.** *s* **1.** Ausstellungsstück *nt,* -gegenstand *m* **2.** (JUR) Beweisstück *nt;* **ex•hi•bi•tion** [ˌeksɪ'bɪʃn] *s* **1.** Ausstellung *f;* (COM: *Waren*) Auslage *f* **2.** Vorlage, Einreichung *f* **3.** Vorführung *f* **4.** (*Br*) Stipendium *nt;* **make an** ~ **of o.s.** sich lächerlich machen; **put on an** ~ eine Ausstellung veranstalten; **art** ~ Kunstausstellung *f;* **universal** ~ Weltausstellung *f;* ~ **hall** Ausstellungshalle *f;* ~ **of paintings** Gemäldeausstellung *f;* ~ **room** Ausstellungsraum *m*

ex•hi•bi•tion•ism [ˌeksɪ'bɪʃnɪzəm] *s* **1.** Angeberei *f* **2.** (MED) Exhibitionismus *m;* **ex•hi•bi•tion•ist** [ˌeksɪ'bɪʃnɪst] *s* **1.** Angeber(in) *m(f)* **2.** (MED) Exhibitionist(in) *m(f);* **she's a real** ~ sie stellt sich gern zur Schau

ex•hibi•tor [ɪg'zɪbɪtə(r)] *s* Aussteller(in) *m(f)*

ex•hil•ar•at•ing [ɪg'zɪləreɪtɪŋ] *adj* erhebend; **ex•hil•aration** [ɪg'zɪləreɪʃn] *s* erhebendes Gefühl

ex•hort [ɪg'zɔːt] *vt* ermahnen, mahnen; **ex•hor•ta•tion** [ˌeksɔː'teɪʃn] *s* (Er)Mahnung *f*

ex•hu•ma•tion [ˌekshjuː'meɪʃn] *s* Exhumierung *f;* **ex•hume** [eks'hjuːm] *vt* exhumieren

exi•gence, exi•gency ['eksɪdʒəns, 'ekzɪdʒənsɪ] *s* **1.** Dringlichkeit *f* **2.** Notwendigkeit, Notlage *f;* dringendes Bedürfnis, Erfordernis *nt;* **exi•gent** ['eksɪdʒənt] *adj* dringend; streng

exigu•ous [eg'zɪgjʊəs] *adj* **1.** klein, winzig **2.** dürftig

exile ['eksaɪl] **I.** *s* **1.** Verbannung *f,* Exil *nt* **2.** Verbannte(r) *f m;* **live in** ~ im Exil leben

II. *vt* verbannen (*from* aus)

exist [ɪg'zɪst] *vi* **1.** bestehen, existieren **2.** leben (*on* von), auskommen (*on* mit) **3.** vorkommen, vorhanden sein; **does that ~?** gibt es das?; **exist•ence** [ɪg'zɪstəns] *s* **1.** Dasein *nt,* Existenz *f* **2.** Leben(sweise *f*) *nt;* Vorhandensein *nt;* **be in ~** bestehen; **bring** [*o* **call**] **into ~** ins Leben rufen; **come** [*o* **spring**] **into ~** (plötzlich) auftreten; **~ theorem** (MATH) Existenzsatz *m;* **exist•ent** *adj* bestehend, vorhanden; **exis•ten•tial** [ˌegzɪ'stenʃl] *adj* existenziell; **exis•ten•tial•ism** [ˌegzɪ'stenʃəlɪzəm] *s* Existenzialismus *m;* **exist•ing** [ɪg'zɪstɪŋ] *adj* bestehend, vorhanden; **under ~ circumstances** unter den gegebenen Umständen

exit ['eksɪt] **I.** *s* **1.** (THEAT) Abgang *m* **2.** Ausreise *f* **3.** Ausgang *m* (*aus einem Gebäude*) **II.** *vi* **1.** hinausgehen **2.** (*Bühnenanweisung*) (er, sie geht) ab **3.** (INFORM) Programm, beenden; **exit documents** *s pl* Ausreisepapiere *ntpl;* **exit permit** *s* Ausreisegenehmigung *f;* **exit visa** *s* Ausreisevisum *nt*

ex•odus ['eksədəs] *s* Auszug *m;* Abwanderung *f* (*of, from* aus); (*a. fig*) Exodus *m;* **mass ~** Massenabwanderung *f;* **~ of capital** Kapitalflucht *f*

ex of•fi•cio [ˌeks ə'fɪʃɪəʊ] *adj, adv* von Amts wegen, dienstlich

exon•er•ate [ɪg'zɒnəreɪt] *vt* **1.** (JUR) entlasten **2.** (*von einer Verbindlichkeit*) befreien, entbinden (*from* von); **exon•er•ation** [ɪgˌzɒnə'reɪʃn] *s* **1.** Entlastung *f* **2.** Befreiung *f* (*from* von)

exor•bi•tance [ɪg'zɔːbɪtəns] *s* Übermaß *nt;* Maßlosigkeit *f;* **exor•bi•tant** [ɪg'zɔːbɪtənt] *adj* übertrieben, maßlos; **~ price** Wucherpreis *m*

ex•or•cism ['eksɔːsɪzəm] *s* Exorzismus *m;* **ex•or•cist** ['eksɔːsɪst] *s* Exorzist *m;* **ex•or•cize** ['eksɔːsaɪz] *vt* exorzieren; (*einen bösen Geist*) austreiben (*from, out of* aus)

exotic [ɪg'zɒtɪk] *adj* fremdartig, exotisch

ex•pand [ɪk'spænd] **I.** *vt* **1.** ausbreiten; (aus)dehnen **2.** vergrößern **3.** erweitern (*into* zu) **II.** *vi* **1.** sich ausdehnen (*with heat* durch Hitze) **2.** sich (aus)weiten; sich erweitern, sich verbreitern; zunehmen **3.** gesprächig werden **4.** sich näher auslassen (*on* über); **ex•pand•able** [ɪk'spændəbl] *adj* **1.** erweiterbar; ausdehnbar **2.** (INFORM) aufrüstbar; **ex•pander** [ɪk'spændə(r)] *s* Expander *m;* **ex•panse** [ɪk'spæns] *s* (große) Ausdehnung *f;* weiter Raum; **ex•pan•sion** [ɪk'spænʃn] *s* **1.** Ausdehnung *f* **2.** (*a.* MATH) Erweiterung *f* **3.** (POL) Expansion *f;* **ex•pan•sion•ism** [ɪk'spænʃənɪzəm] *s* Expansionspolitik *f;* **ex•pan•sive** [ɪk'spænsɪv] *adj* **1.** dehnbar, expansiv **2.** mitteilsam

ex•patri•ate¹ [eks'pætrɪeɪt] *vt* ausbürgern

ex•patri•ate² [eks'pætrɪət] **I.** *adj* im Ausland lebend **II.** *s* im Ausland Lebende(r) *f m*

ex•pect [ɪk'spekt] *vt* **1.** erwarten; rechnen mit **2.** zumuten (*from s.o.* jdm) **3.** annehmen, meinen, vermuten; **be ~ing** in andern Umständen sein; **~ s.o. to do s.th.** von jdm erwarten, dass er etw tut; **I ~ed as much** das habe ich erwartet; **I can't be ~ed** man kann nicht von mir erwarten; **ex•pect•ancy** [-ənsɪ] *s* Erwartung *f;* **life ~** Lebenserwartung *f;* **ex•pect•ant** [-ənt] *adj* (er)wartend; **~ mother** werdende Mutter; **ex•pec•ta•tion** [ˌekspek'teɪʃn] *s* **1.** *oft pl* Erwartung, Aussicht(en *pl*) *f* **2.** Anwartschaft *f* (*of* auf); **against** [*o* **contrary**] **to ~(s)** wider Erwarten; **beyond ~(s)** über Erwarten; **in ~ of** in Erwartung *+gen;* **answer** [*o* **come up to**] [*o* **meet**] **s.o.'s ~s** jds Erwartungen entsprechen; **fall short of s.o.'s ~s** jds Erwartungen nicht entsprechen; **~ of life** Lebenserwartung *f*

ex•pec•tor•ate [ɪk'spektəreɪt] *vt, vi* ausspeien

ex•pedi•ence, ex•pedi•ency [ɪk'spiːdɪəns, ɪk'spiːdɪənsɪ] *s* **1.** Zweckmäßigkeit *f* **2.** eigenes Interesse; **ex•pedi•ent** [ɪk'spiːdɪənt] **I.** *adj* angebracht, zweckmäßig (*to* für) **II.** *s* Ausweg *m;* (Not)Behelf *m*

ex•pedite ['ekspɪdaɪt] *vt* **1.** beschleunigen **2.** absenden; **ex•pedit•ing** [-ɪŋ] *s* Terminüberwachung *f*

ex•pedi•tion [ˌekspɪ'dɪʃn] *s* Expedition *f;* Forschungsreise *f;* Feldzug *m;* **go on an ~** auf (eine) Expedition gehen

ex•pedi•tious [ˌekspɪ'dɪʃəs] *adj* eilig, prompt; flink

ex•pel [ɪk'spel] *vt* **1.** ausweisen **2.** ausschließen (*from* aus) **3.** (*Gas, Flüssigkeit*) ausstoßen

ex•pen•di•ture [ɪk'spendɪtʃə(r)] *s* **1.** Ausgabe(n *pl*) *f;* Aufwendung *f* **2.** Aufwand *m* (*of* an); **administrative ~** Verwaltungskosten *pl;* **capital ~** Investitionsaufwendungen *fpl;* **cash ~** Geld-, Barausgabe *f;* **social ~** Soziallasten *fpl*

ex•pense [ɪk'spens] *s* **1.** Kosten *pl,* Auslagen, Aufwendungen *fpl* **2.** **~s** (Un)Kosten *pl,* Lasten *fpl* **3.** **~s** Auslagen *fpl,* Spesen *pl;* **at s.o.'s ~** auf jds Kosten; **free of ~** kosten-, spesenfrei; **bear** [*o* **meet**] [*o* **pay**] **the ~(s)** die Kosten tragen; **go to great ~** sich in Unkosten stürzen; **spare no ~** keine Kosten scheuen; **travelling ~s** Reisekosten *pl;* **ex•pense account** *s* Spesenkonto *nt;* **ex•pense allowance** *s* Aufwandsentschädigung *f*

ex•pens•ive [ɪk'spensɪv] *adj* kostspielig, teuer

E

ex•peri•ence [ɪk'spɪərɪəns] I. *s* 1. Erfahrung *f* (*in, of* in) 2. Praxis, Sachkenntnis *f* 3. Erlebnis *nt* 4. (COM) Kenntnisse, praktische Fertigkeiten *fpl;* **from** ~ aus Erfahrung; **gain** ~ Erfahrungen sammeln; **have (a) wide** ~ über umfangreiche Erfahrungen verfügen; **learn by** ~ aus der Erfahrung lernen; **business** ~ Geschäftserfahrung *f;* **driving** ~ Fahrpraxis *f;* **professional** ~ Berufserfahrung *f* II. *vt* 1. erfahren; erleben 2. mit-, durchmachen 3. (*Verluste*) erleiden 4. (*Schwierigkeiten*) stoßen (auf); **ex•peri•enced** [ɪk'spɪərɪənst] *adj* erfahren, sachkundig; (COM) versiert

ex•peri•ment [ɪk'sperɪmənt] I. *s* Versuch *m,* Experiment *nt* II. *vi* Versuche anstellen; experimentieren (*on* an, *with* mit); **animal** ~ Tierversuch *m;* **conduct an** ~ einen Versuch durchführen; **ex•peri•men•tal** [ɪkˌsperɪ'mentl] *adj* experimentell; **for** ~ **purposes** zu Versuchszwecken; ~ **farm** Versuchsfarm *f;* ~ **stage** Versuchsstadium *nt;* **ex•peri•men•ta•tion** [ɪkˌsperɪmen'teɪʃn] *s* Experimentieren *nt*

ex•pert ['ekspɜːt] I. *adj* 1. sachkundig, -verständig 2. geübt, geschickt (*in, at* in, *with* an); **be** ~ **at driving** ein ausgezeichneter Fahrer sein II. *s* 1. Sachverständige(r) *f m,* Experte *m,* Expertin *f,* Fachmann *m,* Fachfrau *f* (*in a field* auf einem Gebiet) 2. Gutachter(in) *m(f);* **expert advice** *s* fachmännischer Rat; **ex•pert•ise** [ˌekspɜː'tiːz] *s* Expertise *f;* **expert knowledge** *s* Sachkenntnis *f,* Fachwissen *nt;* **expert opinion** *s* Sachverständigengutachten *nt;* **experts** *s pl* Fachwelt *f;* **expert system** *s* (INFORM) Expertensystem *nt;* **expert witness** *s* (JUR) sachverständiger Zeuge

ex•pi•ate ['ekspɪeɪt] *vt* sühnen, büßen (für); **ex•pi•ation** [ˌekspɪ'eɪʃn] *s* Sühne *f*

ex•pir•ation [ˌekspɪ'reɪʃn] *s* 1. Ende *nt,* Ablauf *m* 2. (FIN) Verfall *m;* **at the** ~ **of** nach Ablauf *+gen;* **upon** ~ bei Verfall; **ex•pire** [ɪk'spaɪə(r)] *vi* enden; ablaufen; ungültig werden; **ex•piry** [ɪk'spaɪərɪ] *s* Ablauf *m;* **expiry date** *s* Ablauftermin *m;* Verfallsdatum *nt*

ex•plain [ɪk'spleɪn] I. *vt* 1. erklären, erläutern 2. begründen, rechtfertigen; ~ **away** rechtfertigen; **that ~s everything** damit wird alles klar II. *vr* seine Gründe angeben, sich rechtfertigen; **ex•pla•na•tion** [ˌeksplə'neɪʃn] *s* 1. Erklärung, Erläuterung *f* 2. Begründung *f* (*of* für); **in** ~ **of** zur Erklärung *+gen;* **ex•plana•tory** [ɪk'splænətrɪ] *adj* erklärend, erläuternd

ex•ple•tive [ɪk'spliːtɪv] *s* Füllwort *nt;* Ausruf *m;* Kraftausdruck *m*

ex•plic•able [ek'splɪkəbl] *adj* erklärbar; **ex•pli•cate** ['eksplɪkeɪt] *vt* erklären

ex•plicit [ɪk'splɪsɪt] *adj* 1. eindeutig, klar 2. ausdrücklich 3. (*Sprache, Filmszene*) unverhüllt; **be** ~ **about s.th.** detaillierte Angaben über etw machen

ex•plode [ɪk'spləʊd] I. *vi* 1. explodieren, (zer)platzen 2. ausbrechen (*with laughter* in Gelächter) 3. (*Mensch*) bersten (*with* vor) II. *vt* 1. in die Luft jagen, sprengen 2. (*fig*) zerstören; **ex•plod•ed** [ɪk'spləʊdɪd] *adj:* ~ **view** Ansicht *f* der Einzelteile

ex•ploit¹ ['eksplɔɪt] *s* Heldentat *f*

ex•ploit² [ɪks'plɔɪt] *vt* 1. aus-, benutzen; verwerten 2. (MIN) abbauen 3. (*pej*) ausbeuten; **ex•ploi•ta•tion** [ˌeksplɔɪ'teɪʃn] *s* 1. Nutzung *f;* Verwertung *f* 2. (MIN) Abbau *m* 3. Ausnutzung *f;* Ausbeutung *f*

ex•plo•ra•tion [ˌeksplə'reɪʃn] *s* 1. Erforschung *f* 2. (*a.* MED) Untersuchung *f;* **exploratory** [ɪk'splɒrətrɪ] *adj* Forschungs-, Untersuchungs-; ~ **talks** Sondierungsgespräche *pl;* **ex•plore** [ɪk'splɔː(r)] *vt* 1. erforschen 2. (*a.* MED) untersuchen; ~ **every possibility** jede Möglichkeit genau prüfen; **ex•plorer** [ɪk'splɔːrə(r)] *s* Forschungsreisende(r) *f m*

ex•plosion [ɪk'spləʊʒn] *s* 1. Explosion *f* 2. (*fig*) Ausbruch *m;* ~ **of laughter** Lachanfall *m;* ~ **of wrath** Zornesausbruch *m;* **explos•ive** [ɪk'spləʊsɪv] I. *adj* 1. explosiv 2. (*fig*) jähzornig; aufbrausend II. *s* 1. Sprengstoff *m* 2. (GRAM) Verschlusslaut *m*

ex•po•nent [ɪk'spəʊnənt] *s* 1. Vertreter(in) *m(f)* 2. (MATH) Exponent *m;* **ex•po•nen•tial curve** [ˌekspəʊ'nenʃəl 'kɜːv] *s* Exponentialkurve *f;* **ex•po•nen•tiate** [ˌekspəʊ'nenʃɪeɪt] *vt* (MATH) potenzieren

ex•port¹ [ɪk'spɔːt] *vt* ausführen, exportieren

ex•port² ['ekspɔːt] *s* Ausfuhr *f,* Export *mpl,* Ausfuhrgüter *ntpl,* (Gesamt)Ausfuhr *f;* **invisible ~s** unsichtbare Ausfuhren *fpl;* **export•able** [ɪk'spɔːtəbl] *adj* exportfähig; **ex•por•ta•tion** [ˌekspɔː'teɪʃn] *s* Ausfuhr *f,* Export *m* (*from* aus, *of* von); **export business** *s* Exportgeschäft *f;* **exporter** [ik'spɔːtə(r)] *s* Exporteur(in) *m(f);* **export goods** *s pl* Exportwaren *fpl;* **export licence** *s* Ausfuhrgenehmigung *f;* **export marketing** *s* Auslandsmarketing *nt;* **export regulations** *s pl* Ausfuhrbestimmungen *fpl;* **export surplus** *s* Exportüberschuss *m;* **export trade** *s* Exporthandel *m*

ex•pose [ɪk'spəʊz] *vt* 1. (*Kind, a. fig*) aussetzen (*to a danger* einer Gefahr) 2. entblößen; freilegen 3. (*fig*) enthüllen, aufdecken 4. (*Person*) bloßstellen, entlarven (*as* als) 5. (PHOT) belichten 6. (COM) ausstellen, -legen, feilbieten; **be ~d for sale** zum Verkauf ausliegen; ~ **to ridicule** der Lächerlichkeit preisgeben; **ex•posed** [ɪk'spəʊzd] *adj* **1.** exponiert, gefährdet; ungeschützt **2.** (*Waren*) ausgestellt; (*Teile*) sichtbar **3.** (PHOT) belichtet; ~ **to the weather** dem Wetter ausgesetzt

ex•po•si•tion [ˌekspə'zɪʃn] *s* **1.** Darlegung, -stellung *f;* Erklärung *f* **2.** (COM) Ausstellung, Schau *f*

ex•postu•late [ɪk'spɒstjʊleɪt] *vi* protestieren; disputieren (*with s.o.* mit jdm)

ex•po•sure [ɪk'spəʊʒə(r)] *s* **1.** Ausgesetztsein *nt* (*to the rain* dem Regen) **2.** (*fig*) Enthüllung, Bloßstellung *f* **3.** Lage *f* (*eines Gebäudes*) **4.** (PHOT) Belichtung(szeit) *f* **5.** Publicity *f;* **die of** ~ erfrieren; **indecent** ~ Exhibitionismus *m;* Erregung *f* öffentlichen Ärgernisses; **southern** ~ Südlage *f;* **time** ~ (PHOT) Zeitaufnahme *f;* **exposure meter** *s* (PHOT) Belichtungsmesser *m*

ex•pound [ɪk'spaʊnd] *vt* ausführlich erörtern; erläutern

ex•press [ɪk'spres] **I.** *vt* **1.** ausdrücken, zum Ausdruck bringen, äußern **2.** (*Zeichen*) bedeuten **3.** durch Eilboten, als Eilgut schicken **4.** (*Orange*) auspressen **II.** *vr* sich ausdrücken, sich verständlich machen **III.** *adj* **1.** ausdrücklich; bestimmt, unmissverständlich **2.** Eil-, Schnell-, Express- **IV.** *adv* (*by* ~) durch Eilboten; als Eilgut **V.** *s* **1.** Eilbote *m* **2.** (~ *train*) Schnell-, D-Zug *m* **3.** (~ *bus*) durchfahrender Bus **4.** (*Br:* ~ *delivery*) Eilgutzustellung, -beförderung *f* **5.** (*Am:* ~ *company*) Speditionsgesellschaft *f*

ex•press•ion [ɪk'spreʃn] *s* **1.** Ausdruck *m;* Redewendung *f* **2.** Äußerung *f* **3.** (MATH) Formel *f;* **beyond** [*o* **past**] ~ unaussprechlich, unbeschreiblich; **facial** ~ Gesichtsausdruck *m;* **find** ~ **in** zum Ausdruck kommen in; **give** ~ **to** zum Ausdruck bringen

ex•press•ion•ism [ɪk'spreʃənɪzəm] *s* Expressionismus *m;* **ex•press•ion•ist** [ɪk'spreʃənɪst] *s* Expressionist(in) *m(f)*

ex•press•ion•less [ɪk'spreʃənlɪs] *adj* ausdruckslos; **ex•press•ive** [ɪk'spresɪv] *adj* **1.** ausdrucksvoll **2.** ausdrückend (*of s.th.* etw)

ex•press•ly [ɪk'spreslɪ] *adv* ausdrücklich (*for* für)

ex•press•way [ɪk'spresweɪ] *s* (*Am*) Autobahn *f*

ex•pro•pri•ate [eks'prəʊprɪeɪt] *vt* enteignen; **ex•pro•pri•ation** [eks'prəʊprɪeɪʃn] *s* Enteignung *f*

ex•pul•sion [ɪk'spʌlʃn] *s* **1.** Vertreibung *f;* Ausweisung *f* **2.** Ausschluss *m* (*from* aus)

ex•quis•ite ['ekskwɪzɪt] *adj* **1.** fein (gearbeitet) **2.** ausgezeichnet, herrlich **3.** feinfühlig, empfindlich **4.** (*Schmerz*) stechend

ex•ser•vice•man [ˌeks'sɜːvɪsmən] *<pl -men>* *s* Veteran, ehemaliger Soldat *m*

ex•tant [ek'stænt] *adj* noch vorhanden

ex•tem•por•aneous [ekˌstempə'reɪnɪəs] *adj* unvorbereitet, aus dem Stegreif; **ex•tem•pore** [ek'stempərɪ] *adj, adv* aus dem Stegreif; improvisiert; **ex•tem•po•rize** [ɪk'stempəraɪz] **I.** *vi* aus dem Stegreif sprechen **II.** *vt* improvisieren

ex•tend [ɪk'stend] **I.** *vt* **1.** (aus)dehnen, strecken, verlängern **2.** erweitern, verbreitern, ausbreiten **3.** (*Geschäft, Gebäude*) ausbauen; (*Haus*) anbauen (an) **4.** (*Hand*) ausstrecken, hinhalten **5.** (*Sympathie*) zeigen **6.** (*Freundlichkeit*) erweisen **7.** (*Glückwünsche, Einladung*) aussprechen **8.** (COM) prolongieren; Frist verlängern *+gen* **9.** (*Kredit*) gewähren **10.** (*Saldo*) vor-, übertragen **11.** (*Urkunde*) ausfertigen **12.** (*Küche*) verlängern, strecken **13.** zur Höchstleistung anspornen **II.** *vi* sich erstrecken, (hinaus)reichen (*beyond* über, *to* bis); **extend•ed** [-ɪd] *adj* verlängert; (COM) prolongiert; ~ **coverage** erweiterter Versicherungsschutz; ~ **credit** verlängerter Kredit; langfristiges Zahlungsziel; ~ **family** Großfamilie *f*

ex•ten•sion [ɪk'stenʃn] *s* **1.** Ausdehnung, Verlängerung *f* (*a. zeitlich*) **2.** Erweiterung, Vergrößerung *f;* An-, Ausbau *m* **3.** Bedeutungsumfang *m* (*eines Wortes*) **4.** (*Wechsel*) Prolongation *f;* Fristverlängerung *f* **5.** (TELE) (Neben)Anschluss, Apparat *m;* (*österreichisch*) Klappe *f* **6.** An-, Erweiterungsbau *m;* ~ **of business** Geschäftserweiterung, -ausweitung *f;* ~ **of credit** Kreditgewährung *f;* ~ **of leave** Nachurlaub *m;* ~ **of time** Nachfrist *f;* ~ **for payment** Stundung *f;* ~ **3295** Apparat 3295; **extension cable**, **cord**, **flex** *s* (*Br:* ELEK) Verlängerungskabel *nt,* -schnur *f;* **extension course** *s* **1.** (*Br*) weiterführender Kurs **2.** (*Am*) Fernlehrgang *m;* **extension ladder** *s* Ausziehleiter *f*

ex•ten•sive [ɪk'stensɪv] *adj* **1.** ausgedehnt **2.** (*fig*) umfassend **3.** (AGR) extensiv

ex•tent [ɪk'stent] *s* **1.** Ausdehnung, Größe *f,* Umfang *m* **2.** Grad *m;* Ausmaß *nt;* **to a certain** ~ bis zu einem gewissen Grad; **to such an** ~ **that** in solchem Maße, dass; **to the full** ~ in vollem Umfang; **to a great** ~ in hohem Maße; **to some** ~ bis zu einem gewissen Grad; **to what** ~**?** inwieweit?; **to the** ~ **of** bis zu

ex•tenu•ate [ɪk'stenjʊeɪt] *vt* abschwächen, mildern; **ex•tenu•ating** [-ɪŋ] *adj:* ~ **circumstances** (JUR) mildernde Umstände *mpl;* **ex•tenu•ation** [ɪkˌstenjʊ'eɪʃn] *s:* **in** ~ **of** zur Entschuldigung *+gen*

ex•terior [ɪk'stɪərɪə(r)] **I.** *adj* **1.** äußere(r, s) **2.** außerhalb gelegen (*to s.th.* einer S) **3.** auswärtig, fremd **II.** *s* **1.** (das) Äußere;

E

Außenseite *f;* Außenansicht *f* **2.** (äußerer) Schein *m* **3.** (FILM) Außenaufnahme *f*

ex•ter•mi•nate [ɪk'stɜ:mɪneɪt] *vt* vertilgen, ausrotten; **ex•ter•mi•na•tion** [ɪkˌstɜ:mɪ'neɪʃn] *s* Vertilgung, Ausrottung *f*

ex•ter•nal [ɪk'stɜ:nl] **I.** *adj* **1.** äußere(r, s) **2.** (MED) äußerlich **3.** (COM) außerbetrieblich **4.** auswärtig **5.** (*Prüfung, Kandidat*) extern **II.** *s pl* Äußerlichkeiten *fpl;* **ex•ter•nal•ize** [ɪk'stɜ:nəlaɪz] *vt* Ausdruck geben (*s.th.* einer S); **external world** *s* (PSYCH) Außenwelt *f*

ex•ter•ri•tor•ial [ˌeksˌterɪ'tɔ:rɪəl] *adj* (POL) exterritorial

ex•tinct [ɪk'stɪŋkt] *adj* **1.** (*Vulkan*) erloschen **2.** (*Tier*) ausgestorben **3.** (*fig*) abgeschafft; erloschen; **become** ~ erlöschen; aussterben; **ex•tinc•tion** [ɪk'stɪŋkʃn] *s* **1.** (*Feuer*) Löschen *nt* **2.** Aussterben *nt* **3.** Vernichtung *f;* ~ **of species** Artenschwund *m*

ex•tin•guish [ɪk'stɪŋgwɪʃ] *vt* **1.** (*Feuer*) (aus)löschen **2.** (ELEK) abschalten **3.** auslöschen, vernichten **4.** (*Schuld*) tilgen; **ex•tin•guisher** [ɪk'stɪŋgwɪʃə(r)] *s* Feuerlöscher *m*

ex•tir•pate ['ekstəpeɪt] *vt* ausrotten, ausmerzen; beseitigen

ex•tol [ɪk'stəʊl] *vt* preisen, rühmen

ex•tort [ɪk'stɔ:t] *vt* erpressen (*from* von); **ex•tor•tion** [ɪk'stɔ:ʃn] *s* Erpressung *f;* **ex•tor•tion•ate** [ɪk'stɔ:ʃənət] *adj* erpresserisch, wucherisch

extra ['ekstrə] **I.** *adj* zusätzlich; übrig, Reserve-; Außer-; **a few** ~ **books** ein paar Bücher mehr; ~**-parliamentary** außerparlamentarisch **II.** *adv* besonders; extra; **be charged** ~ **for** gesondert berechnet werden **III.** *s* **1.** Zuschlag *m;* Sonderleistung *f;* Extra *nt* **2.** zusätzliche Arbeitskraft; (FILM THEAT) Statist *m* **3.** Extrablatt *nt,* Sondernummer *f* **4.** ~**s** Nebenausgaben, -einnahmen *fpl* **5.** ~**s** (*Küche*) Beilagen *fpl;* **extra allowance** *s* Sondervergütung *f;* **extra charge** *s* Aufschlag *m;* (RAIL) Zuschlag *m*

ex•tract[1] [ɪk'strækt] *vt* **1.** (her)ausziehen, herauslösen **2.** (*Zahn*) ziehen **3.** (MATH: *Wurzel*) ziehen **4.** (*Saft*) auspressen **5.** herausnehmen (*from* aus) **6.** herausbekommen (*from s.o.* aus jdm) **7.** (*Geständnis*) erpressen (*from* von) **8.** (*Zitat*) entnehmen (*from a book* einem Buch), einen Auszug machen (*from* aus)

ex•tract[2] ['ekstrækt] *s* **1.** (*Küche*) Extrakt *m* **2.** (*Buch*) Auszug *m;* **ex•trac•tion** [ɪk'strækʃn] *s* **1.** Ausziehen *nt* **2.** Zahnziehen *nt* **3.** Auszug, Extrakt *m* **4.** Herkunft, Abstammung *f* **5.** (TECH) Gewinnung *f* **6.** (*fig*) Herauslocken *nt*

extra•cur•ricu•lar [ˌekstrəkə'rɪkjʊlə(r)] *adj* außerhalb des Lehrplans; ~ **activity** Arbeitsgemeinschaft *f*

ex•tra•dite ['ekstrədaɪt] *vt* (*Person*) ausliefern; **ex•tra•dition** [ekstrə'dɪʃn] *s* Auslieferung *f*

extra•mari•tal [ˌekstrə'mærɪtl] *adj* außerehelich

extra•mural [ˌekstrə'mjʊərəl] *adj:* ~ **course** Universitätskurs *m* für Nicht-Studenten; Volkshochschulkurs *m*

ex•traneous [ɪk'streɪnɪəs] *adj* **1.** fremd **2.** nicht gehörig (*to* zu)

extra•ordi•nary [ɪk'strɔ:dnrɪ] *adj* **1.** außerordentlich **2.** außer-, ungewöhnlich **3.** merkwürdig, seltsam **4.** außerplanmäßig

extra pay ['ekstrəˌpeɪ] *s* (*Lohn*) Zulage *f*

ex•trapo•late [ek'stræpəleɪt] *vt* extrapolieren

extra•sen•sory [ˌekstrə'sensərɪ] *adj:* ~ **perception** außersinnliche Wahrnehmung

extra•ter•res•trial ['ekstrətɪ'restrɪəl] *adj* außerirdisch

extra•terri•tor•ial [ˌekstrəˌterɪ'tɔ:rɪəl] *adj* (POL) exterritorial

extra time ['ekstrətaɪm] *s* (SPORT) Verlängerung *f*

ex•trava•gance [ɪk'strævəgəns] *s* **1.** Luxus *m* **2.** Verschwendung *f* **3.** Ausgefallenheit *f;* Übertriebenheit *f* **4.** Extravaganz *f;* **ex•trava•gant** [ɪk'strævəgənt] *adj* **1.** übertrieben, übermäßig **2.** überspannt, extravagant **3.** verschwenderisch; **ex•trava•gan•za** [ɪkˌstrævə'gænzə] *s* (THEAT) Ausstattungsstück *nt*

ex•treme [ɪk'stri:m] **I.** *adj* **1.** äußerste(r, s) **2.** höchste(r, s), größte(r, s) **3.** extrem, radikal; **at the** ~ **end** am äußersten Ende (*of +gen*); **resort to** ~ **measures** zu den äußersten Maßnahmen greifen; **the** ~ **left** (POL) die äußerste Linke; **the Extreme Unction** die Letzte Ölung **II.** *s* **1.** Extrem *nt* **2.** höchster Grad **3.** (das) Äußerste; **in the** ~ im höchsten Grade; **go to** ~**s** bis zum Äußersten gehen; **ex•treme•ly** [-lɪ] *adv* äußerst, höchst; **extreme sport** *s* Extremsportart *f;* **ex•trem•ism** [ɪk'stri:mɪzəm] *s* Extremismus *m;* **ex•trem•ist** [ɪk'stri:mɪst] *s* Extremist(in) *m(f);* **ex•trem•ity** [ɪk'stremətɪ] *s* **1.** äußerstes Ende **2.** höchster Grad **3.** höchste Not **4.** ~**s** äußerste Maßnahmen *fpl* **5.** ~**s** Extremitäten *fpl*

ex•tri•cate ['ekstrɪkeɪt] *vt* **1.** befreien (*from* aus, von) **2.** losmachen, freimachen

ex•tro•vert ['ekstrəvɜ:t] *adj* extrovertiert

ex•trude [eks'tru:d] **I.** *vt* ausstoßen; herauspressen **II.** *vi* herausragen, -stehen

ex•uber•ance [ɪg'zju:bərəns] *s* **1.** Lebendigkeit *f* **2.** Überschwang *m* **3.** Überfluss *m;* **ex•uber•ant** [ɪg'zju:bərənt] *adj* **1.** übersprudelnd; lebendig **2.** überschwenglich

ex•ude [ɪg'zjuːd] *vt* **1.** absondern **2.** (*fig*) ausstrahlen, -strömen

ex•ult [ɪg'zʌlt] *vi* jubeln (*at, over, in* über); **ex•ult•ant** [-ənt] *adj* jubelnd, triumphierend; **ex•ul•ta•tion** [ˌegzʌl'teɪʃn] *s* Jubel, Triumph *m*

eye [aɪ] **I.** *s* **1.** Auge *nt* **2.** Gesicht(ssinn *m*) *nt* **3.** Auge *nt* (*an einer Kartoffel*) **4.** Knospe *f* **5.** Pfauenauge *nt* (*auf der Feder*) **6.** Öhr *nt,* Öse, Schlinge *f* **7.** (Sturm)Kern *m;* **in s.o.'s ~s** nach jds Ansicht; **under the very ~s of s.o.** direkt unter jds Augen; **up to the ~s** bis über die Ohren; **with an ~ to** mit Rücksicht auf; in der Hoffnung auf; in der Absicht zu; **with the naked ~** mit bloßem Auge; **be all ~s** aufpassen wie ein Luchs; große Augen machen; **be in the public ~** im Brennpunkt des öffentlichen Interesses stehen; **catch s.o.'s ~** jds Blick auf sich ziehen; jds Aufmerksamkeit auf sich lenken; **catch the Speaker's ~** (PARL) das Wort erhalten; **clap** [*o* **set**] **~s on s.o.** jdn anschauen; **close one's ~s to** nicht sehen wollen; **have an ~ for** ein Auge haben für; **have an ~ on s.th.** auf etw ein (wachsames) Auge haben; **keep an ~ on** (*fig*) im Auge behalten; **make ~s at s.o.** jdm verliebte Blicke zuwerfen; **open s.o.'s ~s** (*fig*) jdm die Augen öffnen; **run an ~ over s.th.** etw überfliegen; **see ~ to ~ with s.o.** mit jdm einer Meinung sein; **see s.th. in one's mind's ~** sich etw vorstellen können; **black ~** blaues Auge **II.** *vt* mustern; anstarren; **~ up** begutachten; **~ up and down** von oben bis unten mustern; **eye•ball** *s* Augapfel *m;* **~ to ~** Auge in Auge (*with* mit); **drugged up to the ~s** (*sl*) total breit, bekifft; **eye•brow** ['aɪbraʊ] *s* Augenbraue *f;* **raise one's ~s** (*fig*) die Stirne runzeln; **~ pencil** Augenbrauenstift *m;* **eye-catcher** ['aɪkætʃə(r)] *s* Blickfang *m;* **eye contact** *s* Blick-, Sichtkontakt *m;* **eye•ful** ['aɪfʊl] *s* (*sl*): **get an ~** etwas Hübsches sehen; **I had an ~** ich hatte genug gesehen; **eye•glass** ['aɪglɑːs] *s* **1.** (OPT) Linse *f* **2. ~es** Augengläser *ntpl,* Brille *f;* **eye•lash** ['aɪlæʃ] *s* Wimper *f;* **~ curler** Wimpernformer *m;* **eye•let** ['aɪlɪt] *s* Öhr *nt,* Öse *f;* **eye•lid** ['aɪlɪd] *s* Augenlid *nt;* **eye liner** ['aɪlaɪnə(r)] *s* Eyeliner, Lidstrich *m;* **eye-opener** ['aɪˌəʊpnə(r)] *s* (*fam*) Überraschung *f* (*to* für); **eye-opening** *adj* aufschlussreich; **eye•piece** ['aɪpiːs] *s* Okular *nt;* **eye•shadow** ['aɪˌʃædəʊ] *s* Lidschatten *m;* **eye•sight** ['aɪsaɪt] *s* Sehkraft, -schärfe *f;* **bad ~** schlechte Augen *ntpl;* **eye•sore** ['aɪsɔː(r)] *s* Schandfleck *m;* **it's an ~** das tut den Augen weh; **eye•strain** *s* Ermüdung *f* der Augen; **eye•tooth** <*pl* -teeth> *s* Eckzahn *m;* **eye•wash** ['aɪwɑʃ] *s* **1.** (MED) Augenwasser *nt* **2.** (*fam*) fauler Zauber; Augenwischerei *f;* **eye•witness** *s* Augenzeuge *m*

eyrie, eyry ['eərɪ] *s* Horst *m*

e-zine ['iːziːn] *s* (INTERNET) elektronische Zeitschrift

F

F, f [ef] <*pl* -'s> *s* **1.** (*a.* MUS) F, f *nt* **2.** (*Am: Schulnote*) ungenügend

fable ['feɪbl] *s* **1.** Fabel *f* **2.** Märchen *nt;* Sage *f;* **fabled** ['feɪbld] *adj* sagenhaft

fab•ric ['fæbrɪk] *s* **1.** Gewebe *nt,* Stoff *m* **2.** Struktur *f,* Gefüge *nt*

fab•ri•cate ['fæbrɪkeɪt] *vt* **1.** herstellen, fabrizieren **2.** (*fig*) erdichten, erfinden

fabu•lous ['fæbjʊləs] *adj* **1.** sagenhaft, legendär **2.** (*fig*) fantastisch; unglaublich

fa•cade [fə'sɑːd] *s* (*a. fig*) Fassade *f*

face [feɪs] **I.** *s* **1.** Gesicht *nt* **2.** Gesichtsausdruck *m* **3.** Zifferblatt *nt* **4.** Vorderseite *f;* ~ **to** ~ Auge in Auge; **come** ~ **to** ~ **with s.o.** jdn treffen; **look s.o. in the** ~ jdn ansehen; **in the** ~ **of** angesichts; **pull a** ~ das Gesicht verziehen; **set one's** ~ **against s.o.** sich gegen jdn stemmen; **save one's** ~ das Gesicht wahren; **have the** ~ **to do s.th.** die Stirn haben etw zu tun **II.** *vt* **1.** gegenüberstehen, -liegen **2.** (*Fenster*) gehen nach **3.** (*Raum*) liegen nach **4.** (*fig*) rechnen müssen mit **5.** (*Gefahr*) sich stellen (*s.th.* einer S) **6.** (*Karten*) aufdecken; **be ~d with s.th.** sich einer S gegenübersehen; ~ **the facts** den Tatsachen ins Auge blicken; ~ **doing s.th.** es fertig bringen etw zu tun **III.** *vi* sehen, blicken (*to, towards* nach); **face up to** *vt* ins Gesicht sehen; sich abfinden mit; **face-cloth** *s* Waschlappen *m;* **face-cream** *s* Gesichtscreme *f;* **face-lift** *s* Gesichtsstraffung *f;* **face-pack** *s* Gesichtspackung *f;* **face-powder** *s* (Gesichts)Puder *m*

facet ['fæsɪt] *s* **1.** Fassette *f* **2.** (*fig*) Seite *f,* Aspekt *m*

fa•cetious [fə'siːʃəs] *adj* scherzend, scherzhaft, spaßig

face-to-face ['feistə'feɪs] *adj* persönlich; ~ **discussion** Gespräch *nt* unter vier Augen

face value ['feɪsvæljuː] *s* (FIN) Nennwert *m;* **take at** ~ wörtlich, für bare Münze nehmen

fa•cial care [ˌfeɪʃəl'keə(r)] *s* Gesichtspflege *f*

facile ['fæsaɪl] *adj* **1.** leicht, mühelos **2.** (*Stil*) gewandt **3.** oberflächlich

fa•cili•tate [fə'sɪlɪteɪt] *vt* erleichtern; **fa•cili•ta•tor** [fə'sɪlɪteɪtə(r)] *s* Moderator(in) *m(f);* **fa•cil•ity** [fə'sɪlətɪ] *s* **1.** Leichtigkeit, Mühelosigkeit *f* **2.** Einrichtung *f;* **cooking facilities** Kochgelegenheit *f;* **offer facilities** Möglichkeiten bieten; ~ **in learning** leichte Auffassungsgabe

facing ['feɪsɪŋ] *s* **1.** Besatz(stoff) *m* **2.** (ARCH) Verputz *m*

fac•sim•ile [fæk'sɪməlɪ] *s* Faksimile *nt;* Telefax *nt,* Fern-, Telekopie *f;* **facsimile machine terminal** *s* Telefaxgerät *nt*

fact [fækt] *s* **1.** Tatsache *f;* Umstand *m* **2.** Wirklichkeit, Realität *f* **3.** **~s** (JUR) Tatbestand *m;* **as a matter of** ~ in Wirklichkeit, tatsächlich; **in** ~ eigentlich; **stick to the ~s** sachlich bleiben; **founded on** ~ auf Tatsachen beruhend; **hard ~s** nackte Tatsachen *fpl;* **matter-of-~** sachlich; **~s of the case** Sachverhalt *m;* ~ **of life** Tatsache *f;* **the ~s of life** sexuelle Aufklärung; **teach s.o. the ~s of life** jdn aufklären; **fact-find•ing** ['fæktfaɪndɪŋ] *adj* Untersuchungs-; Erkundungs-

fac•tion ['fækʃn] *s* **1.** Gruppe *f,* Splittergruppe *f* **2.** interne Unstimmigkeiten *fpl*

fac•tor ['fæktə(r)] *s* **1.** Faktor *m* **2.** (BIOL) Erbfaktor *m* **3.** (COM) Makler(in) *m(f)*

fac•tory ['fæktərɪ] *s* Fabrik(anlage) *f;* Werk *nt;* **Factory Act** Arbeitsschutzgesetz *nt;* ~ **building** Fabrikgebäude *nt;* ~ **hand** [*o* **worker**] Fabrikarbeiter(in) *m(f);* ~ **farming** (voll)automatisierte Viehhaltung; ~ **inspector** Gewerbeaufsichtsbeamte(r) *m,* -beamtin *f;* ~ **ship** Fabrikschiff *nt*

fac•to•tum [fæk'təʊtəm] *s* Mädchen *nt* für alles, Faktotum *nt*

fac•tual ['fæktʃʊəl] *adj* sachlich; tatsächlich

fac•ulty ['fækltɪ] *s* **1.** Fähigkeit *f,* Vermögen *nt;* Begabung *f,* Talent *nt* **2.** (*Universität*) Fakultät *f* **3.** (*Am:* SCHULE) Lehrkörper *m;* **have a** ~ **for doing s.th.** ein Talent dafür haben etw zu tun

fad [fæd] *s* Laune *f,* Tick *m;* **latest** ~ letzter Schrei; **faddish** ['fædɪʃ], **faddy** ['fædɪ] *adj* wählerisch

fade [feɪd] **I.** *vi* **1.** verblassen; verbleichen **2.** (*Blume*) (ver)welken **3.** (*fig*) schwächer werden; verblassen **4.** (TV) aus-, überblenden **5.** (*Bremsen*) nachlassen **II.** *vt* ausbleichen; **fade away** *vi* schwinden, verblassen; verklingen; **fade in** *vi, vt* (FILM RADIO TV) einblenden; **fade out** *vi, vt* (FILM RADIO TV) abblenden; **fade up** *vt* (FILM RADIO TV) aufblenden

faeces ['fiːsiːz] *s pl* Kot *m*

faff about [ˌfæfə'baʊt] *vi* (*fam*) herumwursteln; **faf•fi•ness** ['fæfɪnɪs] *s (fam)* Getue *nt*

fag [fæg] **I.** *vi* **1.** schuften, sich abrackern **2.** *(Schüler)* Burschendienste tun **II.** *vt (~ out)* erschöpfen, schlauchen **III.** *s* **1.** Schufterei *f* **2.** *(Br sl)* Kippe *f;* **fag-end** *s* **1.** *(fig)* letztes Ende **2.** *(sl)* Kippe *f*

fag•got ['fægət] *s,* **fagot** *(Am)* **1.** Reisigbündel *nt* **2.** *(Küche)* Frikadelle *f* **3.** *(Am sl: pej)* Schwule(r) *m*

fail [feɪl] **I.** *vi* **1.** versagen *(of* in*)*, keinen Erfolg haben **2.** *(Plan)* fehlschlagen, scheitern, misslingen **3.** *(Ernte)* schlecht ausfallen **4.** *(im Examen)* durchfallen **5.** *(Gesundheit)* sich verschlechtern; schwächer werden **6.** (TECH) ausfallen; versagen; **I ~ed** es gelang mir nicht; **~ in one's duty** seine Pflicht nicht tun; **if all else ~s** wenn alle Stricke reißen **II.** *vt* **1.** *(Prüfung)* durchfallen lassen **2.** *(fig)* im Stich lassen; **~ to do s.th.** etw nicht tun **III.** *s:* **without ~** ganz bestimmt; **fail•ing** ['feɪlɪŋ] **I.** *s* Fehler *m;* Schwäche *f* **II.** *prep* in Ermangelung *+gen,* ohne, mangels; **~ this** sonst; **fail-safe** ['feɪlseɪf] *adj* (ab)gesichert; **fail•ure** ['feɪljə(r)] *s* **1.** Misserfolg *m;* Fehlschlag *m;* Scheitern *nt* **2.** *(Mensch)* Versager(in) *m(f),* Niete *f* **3.** (TECH) Ausfall *m,* Versagen *nt* **4.** (COM) Bankrott *m;* **end in ~** mit einem Misserfolg enden; **he is a ~** er taugt nicht viel; **~ of crops** Missernte *f;* **~ to answer** nicht erfolgte Antwort

faint [feɪnt] **I.** *adj* **1.** schwach; kraftlos **2.** *(Hoffnung)* gering **3.** *(Farbe)* matt **4.** *(Ton)* schwach; leise; **he looked ~** er schien einer Ohnmacht nahe; **I haven't the ~est idea** ich habe keine Ahnung **II.** *s* Ohnmacht *f* **III.** *vi* ohnmächtig werden *(from, with hunger* vor Hunger*)*; **faint-hearted** [ˌfeɪnt'hɑːtɪd] *adj* zaghaft

fair[1] [feə(r)] **I.** *adj* **1.** gerecht, fair **2.** ganz ordentlich; ziemlich **3.** *(Wetter)* schön, heiter, sonnig **4.** *(Haare)* blond; hell; **a ~ amount** ziemlich viel; **be ~ to s.o.** jdm gegenüber gerecht sein; **~ enough!** na schön!; **that's only ~** das ist nur recht und billig **II.** *adv* den Regeln entsprechend, fair; **play ~** fair spielen; **~ and square** offen und ehrlich

fair[2] [feə(r)] *s* **1.** (Jahr)Markt *m* **2.** (COM) Messe *f*

fair copy [ˌfeə'kɒpɪ] *s* Reinschrift *f;* **fair game** *s* **1.** jagdbares Wild **2.** *(fig)* Freiwild *nt*

fair•ground ['feəgraʊnd] *s* Rummelplatz *m*

fair•ly ['feəlɪ] *adv* **1.** gerecht **2.** ziemlich

fair-minded [ˌfeə'maɪndɪd] *adj* gerecht; **fair•ness** ['feənɪs] *s* **1.** Gerechtigkeit, Fairness *f* **2.** *(Haar)* Blondheit *f;* **fair play** *s* faires Verhalten, Fair play *nt*

fair•way ['feəweɪ] *s* **1.** (MAR) Fahrrinne *f* **2.** *(Golf)* Spielbahn *f*

fairy ['feərɪ] *s* **1.** Fee *f* **2.** *(sl)* Homosexuelle(r) *m;* **fairy-lamps** *s pl* bunte Lichter *ntpl;* **fairy•land** ['feərɪlænd] *s* Wunderland, Zauberreich *nt;* **fairy-tale** *s* Märchen *nt*

faith [feɪθ] *s* **1.** (REL) Glaube(n) *m (in* an*)* **2.** Vertrauen *nt (in* zu*)* **3.** Treue *f;* **have ~ in s.o.** auf jdn vertrauen; **faith cure** *s* Gesundbeten *nt;* **faith•ful** ['feɪθfl] **I.** *adj* **1.** treu, ergeben *(to s.o.* jdm*)* **2.** *(Abschrift)* genau **II.** *s:* **the ~** die Gläubigen *pl;* **faith•fully** ['feɪθfəlɪ] *adv* treu; **yours ~** hochachtungsvoll, mit freundlichen Grüßen; **faith healer** *s* Gesundbeter(in) *m(f);* **faith•less** ['feɪθlɪs] *adj* treulos *(to* gegenüber*)*

fake [feɪk] **I.** *vt* fälschen; erfinden; vortäuschen **II.** *s* Fälschung *f*

fakir ['feɪkɪə(r)] *s* Fakir *m*

fal•con ['fɔːlkən] *s* Falke *m*

Falk•land Is•lands *s pl* Falklandinseln, Malvinas *pl*

fall [fɔːl] <*vi:* fell, fallen> **I.** *vi* **1.** (herab-, hinunter)fallen; stürzen **2.** *(im Kampf)* fallen **3.** sich senken *(a. Stimme)* **4.** *(Wind)* sich legen **5.** *(Temperatur, Preise)* sinken, fallen **6.** *(Land)* eingenommen werden **7.** *(Nacht)* hereinbrechen **8.** *(auf einen Tag)* fallen *(on* auf*)* **9.** *(Preis, Gewinn)* fallen *(to s.o.* auf jdn*)* **10.** zerfallen, eingeteilt sein *(into* in*)*; **his face fell** er machte ein langes Gesicht; **~ in battle** fallen; **the blame for that ~s on him** ihn trifft die Schuld daran; **~ asleep** einschlafen; **~ ill** krank werden; **~ in love with** sich verlieben in; **~ silent** still werden; **~ into despair** verzweifeln; **~ to pieces** verfallen; aus den Fugen geraten **II.** *s* **1.** Fall, Sturz *m* **2.** Einnahme, Eroberung *f* **3.** *(der Nacht)* Einbruch *m* **4.** *(der Preise)* Sinken, Fallen *nt* **5.** *(Sitte)* Verfall *m* **6.** *(Hang)* Gefälle *nt* **7.** *(Am)* Herbst *m* **8.** *meist pl* Wasserfall *m;* **~ in the birthrate** Geburtenrückgang *m;* **~ in price** Preisrückgang *m;* **~ in prices** *(Börse)* Kursrückgang *m;* **~ of rain/of snow** Regen-/Schneefall *m;* **fall about** *vi* sich krank lachen; **fall away** *vi* abbröckeln; abfallen; **fall back** *vi* zurückweichen; **fall back on** *vt* zurückgreifen auf; **fall behind** *vi* **1.** zurückbleiben **2.** *(mit Zahlungen)* im Rückstand bleiben *(with* mit*)*; **fall down** *vi* **1.** hinfallen, herunterfallen **2.** *(Treppe)* hinunterfallen **3.** *(fig)* versagen; **fall for** *vt (fam)* **1.** sich vergaffen in **2.** hereinfallen auf; **fall in** *vi* **1.** hineinfallen **2.** einstürzen **3.** (MIL) antreten; **fall in with** *vt* **1.** sich anschließen *(s.o.* jdm*)* **2.** mitmachen bei; **fall off** *vi* zurückgehen, schwächer werden, nachlassen, abnehmen; **fall on** *vt* **1.** herfallen

F

über **2.** (*Verantwortung*) zufallen (*s.o.* jdm); **fall out** *vi* **1.** herausfallen **2.** sich streiten (*with* mit) **3.** sich ergeben; **it fell out that** es geschah, dass; **fall over** *vi* **1.** (*Person*) hinfallen **2.** fallen über; ~ **over backwards to do s.th.** sich die größte Mühe geben etw zu tun; **fall through** *vi* (*fig*) fehlschlagen, ins Wasser fallen; **fall to** *vi* **1.** beginnen, anfangen; reinhauen **2.** zufallen, obliegen (*s.o.* jdm)

fal·la·cious [fəˈleɪʃəs] *adj* trügerisch; irreführend; **fal·la·cy** [ˈfæləsɪ] *s* Irrtum *m;* Trugschluss *m*

fallen [ˈfɔːlən] **I.** *pp of* **fall** **II.** *adj* gefallen **III.** *s:* **the Fallen** die Gefallenen *pl;* **fall guy** *s* (*Am*) armes Opfer; Sündenbock *m*

fal·li·ble [ˈfæləbl] *adj* fehlbar

fall·ing star [ˈfɔːlɪŋˈstɑː(r)] *s* Sternschnuppe *f*

fall-off [ˈfɔːlɒf] *s* **1.** Rückgang *m,* Abnahme *f* **2.** Nachlassen *nt*

Fal·lo·pi·an tube [fəˈləʊpɪənˈtjuːb] *s* Eileiter *m*

fall·out [ˈfɔːlaʊt] *s* radioaktiver Niederschlag, Fall-Out *m;* **fallout shelter** *s* Atombunker *m*

fal·low [ˈfæləʊ] *adj* (AGR) brach; **lie** ~ brachliegen

fal·low deer [ˈfæləʊdɪə(r)] *s* Damwild *nt*

false [fɔːls] **I.** *adj* **1.** falsch; treulos **2.** unrichtig, unwahr; **put s.o. in a** ~ **position** jdn in eine Position drängen, die er sonst nicht vertritt; **sail under** ~ **colours** unter falscher Flagge segeln; **a** ~ **bottom** ein doppelter Boden **II.** *adv:* **play s.o.** ~ mit jdm ein falsches Spiel treiben; **false alarm** *s* blinder Alarm; **false·hood** [ˈfɔːlshʊd] *s* **1.** Unwahrheit *f* **2.** Lügen *nt;* **false·ness** [ˈfɔːlsnɪs] *s* **1.** Falschheit *f* **2.** Treulosigkeit *f;* **false start** *s* Fehlstart *m;* **false teeth** *s pl* (künstliches) Gebiss *nt*

fal·setto [fɔːlˈsetəʊ] <*pl* -settos> *s* Fistelstimme *f;* Falsett *nt*

falsi·fi·ca·tion [ˌfɔːlsɪfɪˈkeɪʃn] *s* (Ver)Fälschung *f;* **fals·ify** [ˈfɔːlsɪfaɪ] *vt* **1.** (ver)fälschen **2.** widerlegen

fals·ity [ˈfɔːlsətɪ] *s* **1.** Falschheit *f* **2.** Unrichtigkeit *f*

fal·ter [ˈfɔːltə(r)] *vi* **1.** (sch)wanken; stolpern **2.** (*Stimme*) stocken; **fal·ter·ing** [ˈfɔːltərɪŋ] *adj* stockend

fame [feɪm] *s* Ruhm *m;* **famed** [ˈfeɪmd] *adj* berühmt (*for* wegen, durch)

fam·il·iar [fəˈmɪlɪə(r)] **I.** *adj* **1.** vertraut; gewohnt, bekannt **2.** vertraulich, familiär **3.** (*Freunde*) eng; **be** ~ **with s.th.** sich in etw auskennen; **make o.s.** ~ **with s.th.** sich mit etw vertraut machen **II.** *s* Vertraute(r) *f m;* **fam·ili·ar·ity** [fəˌmɪlɪˈærətɪ] *s* **1.** Vertrautheit *f* **2.** Vertraulichkeit, Intimität *f* **3.** *meist pl* Aufdringlichkeit *f;* **fam·il·iar·ize** [fəˈmɪlɪəraɪz] *vr:* ~ **o.s. with s.th.** sich mit etw vertraut, bekannt machen

fam·ily [ˈfæməlɪ] *s* **1.** Familie *f* **2.** Verwandtschaft *f* **3.** Abstammung *f;* **of good** ~ aus gutem Hause; **it runs in the** ~ das liegt in der Familie; **family allowance** *s* Kindergeld *nt;* **family doctor** *s* Hausarzt *m,* -ärztin *f;* **family man** *s* häuslicher Mensch; **family name** *s* Familienname *m;* **family planning** *s* Familienplanung *f;* **family-run** *adj:* ~ **business** Familienbetrieb *m;* **family tree** *s* Stammbaum *m*

fam·ine [ˈfæmɪn] *s* Hungersnot *f;* **fam·ish** [ˈfæmɪʃ] *vi* verhungern; **fam·ished** [ˈfæmɪʃt] *adj* (*fam*) ver-, ausgehungert

fa·mous [ˈfeɪməs] *adj* berühmt (*for* durch, wegen); **fa·mous·ly** [-lɪ] *adv* (*fam*) prima, erstklassig

fan[1] [fæn] **I.** *s* **1.** Fächer *m* **2.** Ventilator *m* **3.** (AUTO) Gebläse *nt* **II.** *vt* **1.** (an)fächeln **2.** (*Feuer, Leidenschaft*) an-, entfachen (*into* zu); ~ **out** fächerförmig ausbreiten **III.** *vi* (MIL: ~ *out*) ausschwärmen

fan[2] [fæn] *s* (*fam*) Fan, Verehrer(in) *m(f)*

fa·natic [fəˈnætɪk] **I.** *adj* fanatisch **II.** *s* Fanatiker(in) *m(f);* **fa·nati·cal** [-əl] *adj* fanatisch; **fa·nati·cism** [fəˈnætɪsɪzəm] *s* Fanatismus *m*

fan belt [ˈfænbelt] *s* Keilriemen *m*

fan·cied [ˈfænsɪd] *adj* eingebildet

fan·cier [ˈfænsɪə(r)] *s* Liebhaber(in) *m(f)*

fan·ci·ful [ˈfænsɪfl] *adj* **1.** fantasiebegabt, einfallsreich **2.** (*Idee*) fantastisch

fan club [ˈfænklʌb] *s* Fanclub *m*

fancy [ˈfænsɪ] **I.** *s* **1.** Einbildungskraft, Fantasie *f* **2.** Vorliebe, Neigung *f* **3.** Laune *f,* Einfall *m;* **a passing** ~ nur so eine Laune; **take a** ~ **to** Gefallen, Geschmack finden an; **take s.o.'s** ~ jdm gefallen **II.** *adj* **1.** kunstvoll; ausgefallen **2.** (*Idee*) überspannt; seltsam **3.** (*Am*) Delikatess-; ~ **prices** gepfefferte Preise; **a big** ~ **car** ein toller Schlitten **III.** *vt* **1.** sich vorstellen **2.** meinen, sich einbilden; ~ **doing that!** so was zu tun!; ~ **him doing that** nicht zu fassen, dass er das getan hat; ~ **that!** denk mal an!; **he fancies that car** das Auto gefällt ihm; **he fancies doing that** er möchte das gern tun **IV.** *vr* von sich eingenommen sein; sich halten für; **fancy dress** *s* Maskenkostüm *nt;* **fancy-free** *adj* ungebunden, frei; **fancy goods** *s pl* Geschenkartikel *mpl;* **fancy man** <*pl* -men> *s* Liebhaber *m*

fan·fare [ˈfænfeə(r)] *s* Fanfare *f*

fang [fæŋ] *s* **1.** Fangzahn *m* **2.** (*Schlange*) Giftzahn *m*

fan light [ˈfænlaɪt] *s* Oberlicht *nt*

fan mail [ˈfænmeɪl] *s* Verehrerpost *f*

fan·tasia [fænˈteɪzɪə] *s* Fantasie *f;* **fan-**

tas•tic [fæn'tæstɪk] *adj* **1.** fantastisch **2.** unwahrscheinlich **3.** (*fam*) toll; **fan•tasy** ['fæntəsɪ] *s* **1.** Fantasie, Einbildung *f* **2.** Hirngespinst *nt*

fan vault•ing ['fæn,vɔːltɪŋ] *s* (ARCH) Fächergewölbe *nt*

fan•zine ['fænziːn] *s* (*fam*) Fanmagazin *nt*

FAQ *s abr de* **frequently asked question** (INTERNET) FAQ *f*

far [fɑː(r)] <further, furthest> **I.** *adj* **1.** weiter entfernt; hintere(r,s) **2.** weit entfernt; **the ~ end of the room** das andere Ende des Zimmers; **in the ~ distance** in weiter Ferne; **it's a ~ cry from ...** das ist etwas ganz anderes als ...; **in the ~ future** in ferner Zukunft **II.** *adv* **1.** weit (weg, entfernt), in weiter Ferne; weit her; weit weg **2.** lange hin, lange her **3.** bei weitem, beträchtlich, (sehr) viel; **~ and wide** weit und breit; **~ away** weit entfernt; **as ~ back as 1900** schon 1900; **~ better** weit besser; **as ~ as I am concerned** was mich betrifft; **by ~** bei weitem; **from ~** von weitem; von weit her; **in so ~ as** insofern; **so ~** so weit, bis dahin, bis hierher; bis jetzt; **so ~ so good** so weit, so gut; **~ afield** weit weg; **get ~ from a subject** von einem Gegenstand weit abschweifen; **~ and away** bei weitem; **~ and near** überall; nah u. fern; **~ from** alles andere als; **~ from it** weit davon entfernt; **~ into the night** bis spät in die Nacht hinein; **go ~** lange reichen; (*fig*) es weit bringen; **that's going too ~** das geht zu weit; **I am ~ from doing it** ich denke nicht daran es zu tun; **I wouldn't carry things too ~** ich würde die Sache nicht auf die Spitze treiben

far•away ['fɑːrəweɪ] *adj* **1.** weit entfernt, abgelegen **2.** verträumt, (geistes)abwesend

farce [fɑːs] *s* Farce *f;* **far•ci•cal** ['fɑːsɪkl] *adj* possenhaft; (*fig*) absurd

fare [feə(r)] **I.** *vi:* **he ~d well** es ging ihm gut **II.** *s* **1.** Fahrgeld *nt,* -preis *m* **2.** Fahrgast *m;* **~s, please!** noch jemand zugestiegen?; **have your ~s ready** Fahrgeld bereithalten!; **what's the ~?** was kostet die Fahrt?; **bill of ~** Speisekarte *f*

Far East [,fɑː(r)'iːst] *s* Ferner Osten

fare•well [,feə'wel] **I.** *s* Abschied *m;* **make one's ~s** sich verabschieden **II.** *interj* lebe(n Sie) wohl!

fare zone ['feə(r)zəʊn] *s* Tarifzone *f*

far-fetched [,fɑː'fetʃt] *adj* weit hergeholt; **far-flung** [,fɑː'flʌŋ] *adj* **1.** weit ausgedehnt **2.** abgelegen

farm [fɑːm] **I.** *s* Bauern-, Gutshof *m;* Farm *f* **II.** *vt* (*Land*) bestellen; bewirtschaften **III.** *vi* Landwirtschaft betreiben; **farm out** *vt* (*Arbeit*) vergeben; **farmer** ['fɑːmə(r)] *s* **1.** Bauer *m,* Bäuerin *f,* Landwirt(in) *m(f)* **2.** Pächter(in) *m(f);* **~'s wife** Bäuerin *f;* **~s' cooperative** landwirtschaftliche Genossenschaft; **farm•hand** *s* Landarbeiter(in) *m(f);* **farm•house** *s* Bauernhaus *nt;* **farm•ing** ['fɑːmɪŋ] *s* Landwirtschaft *f;* Ackerbau *m;* **farm•stead** ['fɑːmsted] *s* Bauernhof *m;* **farm•yard** ['fɑːmjɑːd] *s* Hof *m*

far-off ['fɑːrɒf] *adj* (weit) entfernt

far-reach•ing [,fɑː'riːtʃɪŋ] *adj* weitreichend; **far-see•ing** [,fɑː'siːɪŋ] *adj* weitblickend; **far-right** [,fɑː'raɪt] *adj* rechtsextrem; **far-sighted** [,fɑː'saɪtɪd] *adj* **1.** weitsichtig **2.** (*fig*) weitblickend, vorausschauend

fart [fɑːt] **I.** *s* (*vulg*) Furz *m* **II.** *vi* (*vulg*) furzen

far•ther ['fɑːðə(r)] <*Komparativ von* far> **I.** *adj* weiter entfernt **II.** *adv* weiter (weg); **far•thest** ['fɑːðɪst] <*Superlativ von* far> **I.** *adj* entfernteste(r, s), weiteste(r, s); am weitesten weg **II.** *adv* am weitesten entfernt, weg

far•thing ['fɑːðɪŋ] *s* (*obs*) Viertelpenny *m*

fas•cia ['feɪʃə] *s* Armaturenbrett *nt*

fas•ci•nate ['fæsɪneɪt] *vt* fesseln, faszinieren, begeistern; **fas•ci•nat•ing** [-ɪŋ] *adj* faszinierend, spannend, fesselnd; **fas•ci•na•tion** [,fæsɪ'neɪʃn] *s* Faszination *f;* Zauber *m*

fas•cism ['fæʃɪzəm] *s* Faschismus *m;* **fas•cist** ['fæʃɪst] **I.** *s* Faschist(in) *m(f)* **II.** *adj* faschistisch

fash•ion ['fæʃn] **I.** *s* **1.** Art und Weise *f* **2.** Mode *f* **3.** Sitte *f,* Brauch *m;* **after** [*o* **in**] **a ~** in gewisser Weise; **in the usual ~** wie üblich; **in ~** in Mode, modern; **out of ~** aus der Mode, unmodern; **come into ~** Mode werden; **go out of ~** unmodern werden; **set the ~** den Ton angeben; **a man of ~** ein modischer Herr **II.** *vt* formen, gestalten; **fash•ion•able** ['fæʃnəbl] *adj* modern, modisch; elegant, schick; **fashion-designer** *s* Modezeichner(in) *m(f),* Modedesigner(in) *m(f);* **fash•ion•ista** *s* Modefan *m;* **fashion-parade**, **fashion-show** *s* Mode(n)schau *f*

fast¹ [fɑːst] **I.** *adj* **1.** fest **2.** (*Material*) farbecht **3.** (*Freundschaft*) gut **II.** *adv* fest; **stick ~** festsitzen; **stand ~** standhaft bleiben; **play ~ and loose with s.o.** mit jdm ein doppeltes Spiel treiben; **be ~ asleep** tief schlafen

fast² [fɑːst] **I.** *adj* **1.** schnell **2.** (PHOT) hoch empfindlich; lichtstark **3.** (*Mensch, Lebenswandel*) locker; **~ breeder (reactor)** schneller Brüter; **~ developing nation** Schwellenland *nt;* **~ food** Schnellimbiss *m;* Fastfood *nt;* **~ food restaurant** Schnellgaststätte *f;* **~ forward** (*Tonband*) Schnellvorlauf *m;* ~ **lane** Überholspur *f;* ~ **rewind** (*Tonband*) Schnellrücklauf *m;* **be** ~ (*Uhr*) vorgehen **II.** *adv* schnell; **live** ~ locker leben

fast³ [fɑːst] **I.** *vi* fasten **II.** *s* Fasten *nt;* Fastenzeit *f;* **break one's** ~ das Fasten brechen; ~ **day** Fasttag *m*

fas•ten ['fɑːsn] **I.** *vt* **1.** befestigen; anbinden (*to* an) **2.** (*Knopf*) zumachen **3.** (*fig*) zuwenden (*on s.o.* jdm); ~ **the blame on s.o.** jdm die Schuld zuschieben; ~ **one's seatbelt** sich anschnallen **II.** *vi* sich schließen lassen; **fasten down** *vt* festmachen; **fasten in** *vt* festschnallen; **fasten on** *vt* befestigen, festmachen; (*fig*) herumhacken auf; **fasten up** *vt* zumachen

fas•tener ['fɑːsnə(r)] *s* Verschluss *m;* **zip** ~ Reißverschluss *m*

fas•tid•ious [fə'stɪdɪəs] *adj* heikel, wählerisch, anspruchsvoll

fast•ness ['fɑːstnɪs] *s* **1.** Feste *f* **2.** Farbechtheit *f*

fast-paced [fɑːst'peɪsd] *adj* tempogeladen

fat [fæt] **I.** *adj* **1.** fett **2.** (*Band*) dick **3.** (*Gewinn*) üppig; **get** ~ dick werden; **a** ~ **lot of good you are!** (*iro*) Sie sind ja 'ne schöne Hilfe! **II.** *s* (*a.* CHEM) Fett *nt;* **live off the** ~ **of the land** wie Gott in Frankreich leben; **the** ~ **is in the fire** jetzt ist der Teufel los; **vegetable** ~ Pflanzenfett *nt*

fatal ['feɪtl] *adj* **1.** verhängnisvoll, fatal (*to* für) **2.** tödlich, vernichtend (*to* für)

fatal•ism ['feɪtəlɪzəm] *s* Fatalismus *m;* **fatal•ist** ['feɪtəlɪst] *s* Fatalist(in) *m(f)*

fatal•ity [fə'tælətɪ] *s* **1.** Unglück(sfall *m*) *nt,* Tod(esfall) *m* **2.** Unabwendbarkeit *f;* **fatal•ly** ['feɪtəlɪ] *adv* tödlich

fat cat [ˌfæt'kæt] *s* (*sl*) Geldsack *m*

fate [feɪt] *s* **1.** Schicksal, Los *nt* **2.** Untergang, Tod *m;* **as sure as** ~ todsicher; **fated** ['feɪtɪd] *adj* unglückselig; vom Schicksal bestimmt; **be** ~ **to fail** zum Scheitern verurteilt sein; **fate•ful** ['feɪtfl] *adj* verhängnisvoll; entscheidend

fat•head ['fæthed] *s* Dummkopf *m*

fa•ther ['fɑːðə(r)] **I.** *s* **1.** Vater *m* **2.** ~**s** Väter *pl,* Vorfahren *pl* **3.** (Be)Gründer *m* **4.** (REL) Pfarrer *m;* Pater *m;* **Father** (REL) Vater *m* **II.** *vt* zeugen; Urheber sein von; **Father Christmas** *s* Weihnachtsmann *m;* **father figure** *s* (PSYCH) Vaterfigur *f;* **fa•ther•hood** ['fɑːðəhʊd] *s* Vaterschaft *f;* **fa•ther-in-law** ['fɑːðərɪnlɔː] <*pl* -s-in-law> *s* Schwiegervater *m;* **father•land** ['fɑːðəlænd] *s* Vaterland *nt;* **fa•ther•less** ['fɑːðəlɪs] *adj* vaterlos; **fa•ther•ly** ['fɑːðəlɪ] *adj* väterlich

fathom ['fæðəm] **I.** *s* (*Längenmaß*) Faden *m* **II.** *vt* **1.** (*die Wassertiefe*) loten **2.** (*fig*) ergründen, erfassen; **I can't** ~ **him** ich verstehe ihn überhaupt nicht; **fathom•less** [-lɪs] *adj* unergründlich

fa•tigue [fə'tiːg] **I.** *s* **1.** Ermüdung, Erschöpfung *f* **2.** (MIL) Arbeitsdienst *m* **3.** (*Metall*) Ermüdung *f* **II.** *vt* ermüden, strapazieren; **fatigue dress**, **fatigues** *s pl* (MIL) Arbeitsanzug *m*

fat•less ['fætlɪs] *adj* fettlos; **fat stock** *s* Mastvieh *nt;* **fatted** ['fætɪd] *adj:* **kill the** ~ **calf** einen Willkommensschmaus veranstalten; **fatten** ['fætn] **I.** *vt* mästen **II.** *vi* fett, dick werden; **fat•ten•ing** ['fætnɪŋ] *adj* dick machend; **fatty** ['fætɪ] **I.** *adj* fett(ig); fetthaltig; ~ **acid** Fettsäure *f;* ~ **degeneration** (MED) Verfettung *f;* ~ **tissue** Fettgewebe *nt* **II.** *s* (*fam*) Dickerchen *nt*

fa•tu•ity [fə'tjuːətɪ] *s* Albernheit *f;* **fatuous** ['fætʃʊəs] *adj* albern

fau•cet ['fɔːsɪt] *s* (*Am*) (Wasser)Hahn *m*

fault [fɔːlt] **I.** *s* **1.** Fehler *m;* Mangel *m;* Defekt *m* **2.** Schuld *f;* Verschulden *nt* **3.** (GEOL) Verwerfung *f;* **at** ~ im Irrtum; **to a** ~ im Übermaß; **through no** ~ **of mine** ohne mein Verschulden; **find** ~ **with** etw auszusetzen haben; **the** ~ **lies with** die Schuld liegt bei; **it's not my** ~ es ist nicht meine Schuld **II.** *vt* Fehler finden an, etw auszusetzen haben an **III.** *vi* (GEOL) sich verwerfen; **fault-finder** *s* Krittler(in) *m(f);* **fault-finding** *s* Nörgelei, Meckerei *f;* **fault-indicator** ['fɔːlt'ɪndɪkeɪtə(r)] *s* (TECH) Störungsanzeige *f;* **fault•less** ['fɔːltlɪs] *adj* fehlerfrei, untadelig, tadellos; **faulty** ['fɔːltɪ] *adj* fehler-, mangelhaft; defekt; ~ **circuit** (ELEK) Fehlschaltung *f*

faun [fɔːn] *s* Faun *m*

fauna ['fɔːnə] *s* Fauna *f*

fa•vor (*Am*) *s.* **favour**; **fa•vor•able** (*Am*) *s.* **favourable**; **fa•vored** (*Am*) *s.* **favoured**; **fa•vor•ite** (*Am*) *s.* **favourite**; **fa•vor•it•ism** (*Am*) *s.* **favouritism**

fa•vour ['feɪvə(r)] **I.** *s* **1.** Gunst *f,* Wohlwollen *nt* **2.** Vergünstigung *f* **3.** Gefallen *m,* Gefälligkeit *f* **4.** Schleife *f;* **win s.o.'s** ~ jds Gunst erlangen; **find** ~ **with s.o.** bei jdm Anklang finden; **be in** ~ **with s.o.** bei jdm gut angeschrieben sein; **fall out of** ~ in Ungnade fallen; **be out of** ~ nicht mehr beliebt sein; **be in** ~ **of s.th.** für etw sein; **ask a** ~ **of s.o.** jdn um einen Gefallen bitten; **do s.o. a** ~ jdm einen Gefallen tun; **as a** ~ **to him** ihm zuliebe **II.** *vt* **1.** für gut halten; bevorzugen **2.** begünstigen **3.** beehren **4.** ähnlich sehen (*s.o.* jdm); **I don't** ~ **the idea** ich halte nichts von der Idee

fa•vour•able ['feɪvərəbl] *adj* **1.** günstig, vorteilhaft (*to* für) **2.** (*Antwort*) positiv

fa•voured ['feɪvəd] *adj:* **a** ~ **few** einige Auserwählte; **a** ~ **friend** ein besonderer Freund

fa•vour•ite ['feɪvərɪt] **I.** *s* **1.** Liebling *m;* Günstling *m* **2.** (SPORT) Favorit(in) *m(f);* **this one is my ~** das habe ich am liebsten **II.** *adj attr* Lieblings-; **fa•vour•it•ism** [-ɪzəm] *s* Vetternwirtschaft *f*

fawn¹ [fɔːn] **I.** *s* **1.** Rehkitz, Hirschkalb *nt* **2.** Beige *nt* **II.** *adj* beige

fawn² [fɔːn] *vi* **1.** mit dem Schwanz wedeln **2.** (*Mensch*) schmeicheln (*on, upon s.o.* jdm); **fawn•ing** ['fɔːnɪŋ] *adj* kriecherisch

fax [fæks] **I.** *vt* fernkopieren, (tele)faxen **II.** *s* **1.** (*Gerät*) (Tele)Fax *nt* **2.** Telekopie, Fernkopie *f;* **fax machine** *s* Telefax(gerät) *nt;* **fax subscriber** *s* Telefaxteilnehmer(in) *m(f)*

fear [fɪə(r)] **I.** *s* **1.** Angst, Furcht *f;* Schreck *m* **2.** Scheu, Ehrfurcht *f;* **for ~ that** aus Angst, dass; **go in ~ of s.o.** Angst vor jdm haben; **no ~!** (nur) keine Angst!; **in ~ and trembling** mit schlotternden Knien; **without ~ or favour** ganz gerecht **II.** *vt* **1.** (be)fürchten **2.** Ehrfurcht haben vor **III.** *vi:* **~ for** fürchten um; **fear•ful** ['fɪəfl] *adj* **1.** furchtbar, schrecklich **2.** ängstlich (*of* vor); **be ~ for one's life** um sein Leben fürchten; **fear•less** ['fɪəlɪs] *adj* furchtlos (*of* vor); **fear•some** ['fɪəsəm] *adj* Furcht erregend

feasi•bil•ity [ˌfiːzə'bɪlətɪ] *s* **1.** Aus-, Durchführbarkeit *f* **2.** Wahrscheinlichkeit *f;* **feasibility study** *s* Machbarkeitsstudie *f;* **feas•ible** ['fiːzəbl] *adj* **1.** machbar, durchführbar; realisierbar **2.** (*Entschuldigung*) glaubhaft, plausibel

feast [fiːst] **I.** *s* **1.** (REL) Fest *nt* **2.** Festmahl, -essen, Bankett *nt* **II.** *vt* festlich bewirten; **~ one's eyes on** seine Augen weiden an **III.** *vi* **1.** (ein Fest) feiern **2.** sich ergötzen (*on* an)

feat [fiːt] *s* Leistung *f;* Kunststück *nt*

feather ['feðə(r)] **I.** *s* Feder *f;* Gefieder *nt;* **as light as a ~** federleicht; **they are birds of a ~** sie sind vom gleichen Schlag; **show the white ~** Angst verraten; **a ~ in one's cap** Leistung *f,* auf die man stolz sein kann **II.** *vt* **1.** mit Federn versehen [*o* schmücken] **2.** (*Ruder*) flach werfen; **~ one's nest** sein Schäfchen ins Trock(e)ne bringen; **feather-bed I.** *s* mit Federn gefüllte Matratze **II.** *vt* verhätscheln; unnötig subventionieren; **feather-brained** ['feðəbreɪnd] *adj* dumm; leichtsinnig; **feather-weight** ['feðəweɪt] *s* **1.** (*Boxen*) Federgewicht *nt* **2.** (*fig*) Leichtgewicht *nt;* **feath•ery** ['feðərɪ] *adj* federleicht

fea•ture ['fiːtʃə(r)] **I.** *s* **1.** (Gesichts)Zug *m* **2.** Charakterzug *m,* Kennzeichen, Merkmal *nt* **3.** Charakteristikum *nt* **4.** (TV) Dokumentarbericht *m,* Feature *nt* **5.** (*Zeitung*) Sonderbericht *m;* **a ~ of his style is …** sein Stil ist durch … gekennzeichnet; **make a ~ of s.th.** etw besonders hervorheben **II.** *vt* **1.** (*Geschichte*) bringen **2.** (*Rolle*) spielen, darstellen; **feature film** *s* Spielfilm *m;* **fea•ture•less** ['fiːtʃəlɪs] *adj* ohne besondere Merkmale; **feature story** *s* Sonderbericht *m*

feb•rile ['fiːbraɪl] *adj* fieberhaft, fiebernd

Feb•ru•ary ['febrʊərɪ] *s* Februar *m*

feces ['fiːsiːz] *s pl* (*Am*) Kot *m*

feck•less ['feklɪs] *adj* nutzlos

fed [fed] *s.* **feed**

fed•eral ['fedərəl] *adj* bundesstaatlich; föderativ; **Federal Bureau of Investigation (FBI)** (*in den USA*) Bundeskriminalamt *nt;* **the Federal Republic of Germany** die Bundesrepublik Deutschland; **~ state** (*Am*) (Einzel)Staat *m;* **fed•eral•ism** ['fedərəlɪzəm] *s* Föderalismus *m;* **federal•ist** ['fedərəlɪst] *s* Föderalist(in) *m(f);* **fed•er•ate** ['fedəreɪt] **I.** *vt* zu einem Bund zusammenschließen **II.** *vi* sich zu einem Bund zusammenschließen; **fed•er•ation** [ˌfedə'reɪʃn] *s* **1.** Zusammenschluss *m* **2.** Föderation *f,* Bund *m*

fed up [ˌfed'ʌp] *adj:* **I'm ~** ich habe die Nase voll; **I'm ~ with it** es hängt mir zum Hals heraus

fee [fiː] *s* **1.** Gebühr *f* **2.** Honorar *nt* **3.** (*Schauspieler*) Gage *f,* Bezüge *pl;* **on payment of a small ~** gegen eine geringe Gebühr; **school ~s** Schulgeld *nt*

feeble ['fiːbl] *adj* **1.** schwach **2.** (*Stimme*) matt; **feeble-minded** [-'maɪndɪd] *adj* dümmlich; **feeble•ness** ['fiːblnɪs] *s* Schwäche *f*

feed [fiːd] <*irr:* fed, fed> **I.** *s* **1.** Füttern *nt,* Fütterung *f* **2.** (*eines Babys*) Mahlzeit *f,* Essen *nt* **3.** (*eines Tieres*) Futter *nt* **4.** (TECH) Beschickung *f;* Versorgung *f;* Eingabe *f* **II.** *vt* **1.** verpflegen; ernähren **2.** (*Person, Tier*) füttern; (*Baby a.*) stillen **3.** (TECH) versorgen; beschicken; füttern **4.** Geld einwerfen in **5.** (*fig*) Nahrung geben *dat,* nähren; **~ o.s.** sich selbst verpflegen; **~ an animal** einem Tier zu fressen geben; **~ s.o. with information** jdn mit Informationen versorgen **III.** *vi* (*Tier*) fressen; **feed back** *vt* zurückleiten; rückkoppeln; **feed in** *vt* einführen, -geben, -speisen; **feed on I.** *vi* sich (er)nähren von **II.** *vt* füttern mit; **feed up** *vt* mästen

feed•back ['fiːdbæk] *s* Rückkopp(e)lung *f;* Feedback *nt,* Rückmeldung *f;* **~ of information** Rückinformation *f;* **feeder** ['fiːdə(r)] *s* **1.** Versorger *m* **2.** (Saug)Flasche *f* **3.** (TECH) Zuführung(svorrichtung), Speiseleitung *f* **4.** (*Verkehr*) Zubringer *m;* **~ road** Zubringerstraße *f*

feed•ing bottle ['fiːdɪŋˌbɒtl] *s* Babyfläsch-

F

chen *nt*

feed•ing•stuffs *s* Tierernährung *f*

feel [fiːl] *<irr:* felt, felt> **I.** *vt* **1.** (be)fühlen, betasten **2.** spüren, empfinden **3.** leiden unter; empfinden **4.** glauben; ~ **one's way** sich vortasten; **what do you ~ about it?** was halten Sie davon? **II.** *vi* **1.** sich fühlen; sich anfühlen **2.** meinen; ~ **well** sich wohl fühlen; ~ **hungry** hungrig sein; **I ~ hot** mir ist heiß; ~ **hard** sich hart anfühlen; **how do you ~ about him?** was halten Sie von ihm?; **what do you ~ about it?** was halten Sie davon?; ~ **like** Lust haben auf; ~ **like doing s.th.** Lust haben etw zu tun; **I ~ as if** mir ist, als ob; **I'm ~ing much better** es geht mir viel besser **III.** *s* Gefühl *nt;* Gefühlseindruck *m;* **have a ~ for s.th.** ein Gefühl für etw haben; **feel about** *vi* umhertasten; **feel for** *vi* fühlen mit

feeler ['fiːlə(r)] *s* (*von Insekten und Schnecken*) Fühler *m;* **put out ~s** seine Fühler ausstrecken

feel•good fac•tor ['fiːlgʊdˌfæktə(r)] *s* Faktor *m* des allgemeinen Wohlbefindens

feel•ing ['fiːlɪŋ] *s* **1.** Gefühl *nt* **2.** Empfindung *f* **3.** Mitgefühl *nt* **4.** Meinung, Ansicht *f;* **bad** [*o* **ill**] ~ Ablehnung, Bitterkeit *f;* **I have a ~ that ...** ich habe das Gefühl, dass ...; **I hope you haven't any hard ~s** ich hoffe, Sie sind (mir) nicht böse; **hurt s.o.'s ~s** jdn verletzen

feet [fiːt] *s pl* **foot**

feign [feɪn] *vt* **1.** heucheln, simulieren **2.** (*Krankheit*) vortäuschen; **feigned** ['feɪnd] *adj* vorgetäuscht, simuliert, geheuchelt

feint [feɪnt] *s* Finte *f;* **make a ~ of doing** so tun, als ob man tut

fel•ici•ta•tion [fəˌlɪsɪ'teɪʃn] *s meist pl* Glückwunsch *m* (*on, upon* zu)

fel•ici•tous [fə'lɪsɪtəs] *adj* (*Ausdruck*) treffend; **fel•ic•ity** [fə'lɪsətɪ] *s* Glück *nt,* Glückseligkeit *f*

fe•line ['fiːlaɪn] *adj* Katzen-; katzenartig

fell¹ [fel] *s.* **fall**

fell² [fel] *s* Fell *nt*

fell³ [fel] *adj* (*lit*) fürchterlich

fell⁴ [fel] *vt* **1.** (*Baum*) fällen **2.** (*Mensch*) niederschlagen

fell⁵ [fel] *s* Berg *m;* Moorland *nt*

fel•low ['feləʊ] *s* **1.** Bursche, Kerl *m* **2.** Gefährte, Kamerad *m* **3.** Gegenstück *nt;* **a Fellow** ein Mitglied eines College; **my dear** [*o* **good**] **~!** mein lieber Mann!; **old ~!** alter Junge!; **poor ~!** armer Kerl!; **school-~** Schulkamerad *m;* **fellow being** *s* Mitmensch *m;* **fellow citizen** *s* Mitbürger(in) *m(f);* **fellow countryman** *s* Landsmann *m,* -männin *f;* **fellow countrymen** *s pl* Landsleute *pl;* **fellow feeling** *s* Mitgefühl *nt,* Sympathie *f;* **fellow member** *s* Klubkamerad(in) *m(f);* **fellow passenger** *s* Mitreisende(r) *f m;* **fel•low•ship** ['feləʊʃɪp] *s* **1.** Kameradschaft *f;* Gemeinschaft *f* **2.** Gesellschaft *f* **3.** Forschungsstipendium *nt;* **fellow traveller** *s* **1.** Mitreisende(r) *f m* **2.** (POL) Mitläufer *m;* **fellow worker** *s* Kollege *m,* Kollegin *f*

felon ['felən] *s* (*obs*) (Schwer)Verbrecher(in) *m(f);* **fel•oni•ous** [fɪ'ləʊnɪəs] *adj* verbrecherisch; **fel•ony** ['felənɪ] *s* Verbrechen *nt*

felt¹ [felt] *s.* **feel**

felt² [felt] *s* Filz *m;* **felt-tip** (**pen**) *s* Filzschreiber, Filzstift *m*

fe•male ['fiːmeɪl] **I.** *adj* weiblich; ~ **screw** Schraubenmutter *f* **II.** *s* **1.** (*von Tieren*) Weibchen *nt* **2.** (*pej*) Weib *nt;* **female suffrage** *s* Frauenstimmrecht *nt*

femi•nine ['femənɪn] *adj* feminin, weiblich; **femi•nin•ity** [ˌfemə'nɪnətɪ] *s* Weiblichkeit *f;* **femi•nism** ['femɪnɪzəm] *s* Feminismus *m;* **femi•nist** ['femɪnɪst] **I.** *adj* feministisch, Frauen- **II.** *s* Feminist(in) *m(f),* Frauenrechtler(in) *m(f)*

fe•mur ['fiːmə(r)] *s* (ANAT) Oberschenkelknochen *m*

fen [fen] *s* Fenn, Moorland *nt*

fence [fens] **I.** *s* **1.** Zaun *m;* Hindernis *nt* **2.** (*sl*) Hehler *m;* **sit on the ~** neutral bleiben **II.** *vt* **1.** (~ *in*) ein-, umzäunen **2.** (*sl*) hehlen; ~ **off** absperren **III.** *vi* **1.** (SPORT) fechten **2.** (*fig*) ausweichen (*with a question* einer Frage) **3.** (*sl*) Hehlerei treiben; **fencer** ['fensə(r)] *s* Fechter(in) *m(f);* **fenc•ing** ['fensɪŋ] *s* **1.** (SPORT) Fechten *nt* **2.** Zaun *m,* Umzäunung *f*

fend [fend] *vi:* ~ **for o.s.** für sich sorgen; **fend off** *vt* abwehren

fend•er ['fendə(r)] *s* **1.** Kamingitter *nt* **2.** (MAR) Fender *m* **3.** (*Am:* AUTO) Kotflügel *m*

fen•nel ['fenl] *s* Fenchel *m*

feoff [fiːf] *s* Lehen *nt*

fer•ment [fə'ment] **I.** *vt* **1.** gären lassen, vergären **2.** (*fig*) anwachsen lassen **II.** *vi* gären **III.** ['fɜːment] *s* **1.** Ferment *nt* **2.** Gärung *f* **3.** (*fig*) Unruhe, Erregung *f;* **fer•men•ta•tion** [ˌfɜːmen'teɪʃn] *s* **1.** Gärung *f* **2.** (*fig*) Erregung, Unruhe *f*

fern [fɜːn] *s* Farn(kraut *nt*) *m*

fer•ocious [fə'rəʊʃəs] *adj* wild, grimmig, heftig; **fer•oc•ity** [fə'rɒsətɪ] *s* Wildheit, Grimmigkeit *f*

fer•ret ['ferɪt] **I.** *s* Frettchen *nt* **II.** *vi* **1.** mit dem Frettchen jagen **2.** (~ *about*) herumstöbern, -schnüffeln; ~ **out** aufstöbern

fer•ro•con•crete [ˌferəʊ'kɒŋkriːt] *s* Eisenbeton *m*

fer•rous ['ferəs] *adj* eisenhaltig

fer•rule ['feru:l] *s* Metallring *m*

ferry ['ferɪ] I. *s* Fähre *f* II. *vt* 1. (mit der Fähre) übersetzen 2. transportieren; **ferry-boat** *s* Fähre *f*; **ferry•man** <*pl* -men> *s* Fährmann *m*

fer•tile ['fɜ:taɪl] *adj* 1. fruchtbar, ertragreich 2. reich (*of, in* an); **fer•til•ity** [fə'tɪlətɪ] *s* Fruchtbarkeit *f*; Ergiebigkeit *f*; **fer•ti•liz-ation** [ˌfɜ:təlaɪ'zeɪʃn] *s* 1. Düngung *f* 2. (BIOL) Befruchtung *f*; **fer•til•ize** ['fɜ:təlaɪz] *vt* 1. düngen 2. (BIOL) befruchten; **fer•ti•lizer** ['fɜ:təlaɪzə(r)] *s* Dünger *m*

fer•vent ['fɜ:vənt] *adj* 1. heiß, glühend 2. (*Wunsch*) inbrünstig; leidenschaftlich; **fer•vid** ['fɜ:vɪd] *adj* leidenschaftlich; **fervor** *s* (*Am*), **fer•vour** ['fɜ:və(r)] *s* 1. Glut, Hitze *f* 2. Inbrunst, Leidenschaft *f*

fes•ter ['festə(r)] *vi* 1. eitern 2. (*fig: Ärger*) fressen, nagen (*in* in)

fes•ti•val ['festɪvl] *s* 1. Fest *nt*; Feier *f* 2. (MUS THEAT) Festspiele *ntpl*; **music** ~ Musikfestspiele *ntpl*; **Church ~s** Feiertage *mpl*; **fes•tive** ['festɪv] *adj* festlich; **fes-tiv•ity** [fe'stɪvətɪ] *s* 1. Fest *nt*, Feier *f* 2. **festivities** Festlichkeiten, Feierlichkeiten *fpl*

fes•toon [fe'stu:n] I. *s* Girlande *f* II. *vt* mit Girlanden verzieren

fe•tal ['fi:tl] *adj* (*Am*) fötal

fetch [fetʃ] I. *vt* 1. holen, bringen 2. (*Schrei*) ausstoßen 3. (*Geld*) einbringen; ~ **s.o. a blow** jdm eine langen II. *vi*: ~ **and carry for s.o.** bei jdm Mädchen für alles sein; **fetch•ing** ['fetʃɪŋ] *adj* (*fam*) bezaubernd

fête [feɪt] I. *s* (Garten)Fest *nt* II. *vt* feiern

fetid ['fetɪd] *adj* übelriechend

fet•ish ['fetɪʃ] *s* (REL PSYCH) Fetisch *m*; **fet-ish•ism** ['fetɪʃɪzəm] *s* Fetischismus *m*; **fet•ish•ist** ['fetɪʃɪst] *s* Fetischist(in) *m(f)*

fet•ter ['fetə(r)] I. *s* 1. **~s** (Fuß)Fesseln *fpl* 2. (*fig*) Fesseln *fpl* II. *vt* 1. fesseln 2. (*fig*) in Fesseln legen

fettle ['fetl] *s*: **in fine** [*o* **good**] ~ in guter Verfassung

fe•tus ['fi:təs] *s* (*Am*) Fötus, Fetus *m*

feud [fju:d] I. *s* Fehde *f* II. *vi* sich befehden

feu•dal ['fju:dl] *adj* feudal; Feudal-, Lehns-; **feu•dal•ism** [-ɪzəm] *s* Lehnswesen *nt*

fe•ver ['fi:və(r)] *s* 1. Fieber *nt* 2. (*fig*) Erregung *f*; **be at ~ pitch** in höchster Erregung sein; **be in a ~ of excitement** in fieberhafter Aufregung sein; **fe•ver•ish** ['fi:vərɪʃ] *adj* 1. fiebernd 2. (*fig*) fieberhaft

few [fju:] I. *adj* wenige; ~ **and far between** dünn gesät; **as ~ as** genauso wenig wie; **a ~** ein paar; **a ~ times** ein paar Male; **quite a ~** ziemlich viele; **every ~ days** alle paar Tage II. *pron* wenige; **a ~** ein paar; **quite a ~** eine ganze Menge; **a ~ more** ein paar mehr; **fewer** ['fju:ə(r)] *adj, pron* weniger; **no ~ than** nicht weniger als; **fewest** ['fju:ɪst] *adj, pron* die Wenigsten

fi•ancé [fɪ'ɒnseɪ] *s* Verlobte(r) *m*; **fiancée** [fɪ'ɒnseɪ] *s* Verlobte *f*

fi•asco [fɪ'æskəʊ] <fiascos, fiascoes *Am*> *s* Fiasko *nt*

fib [fɪb] I. *s* (*fam*) Schwindelei *f* II. *vi* flunkern, schwindeln; **fib•ber** ['fɪbə(r)] *s* Flunkerer *m*

fiber *s* (*Am*), **fibre** ['faɪbə(r)] *s* 1. Faser *f* 2. (*fig*) Charakter *m*, Wesen *nt*; **cotton ~** Baumwollfaser *f*; **dietary ~** Ballaststoffe *pl*; **glass ~** Glasfiber, -faser *nt*; **moral ~** Charakterstärke *f*

fibre•glass ['faɪbəglɑ:s] *s* Fiberglas *nt*

fibre op•tic cable ['faɪbə(r)'ɒptɪk'keɪbl] *s* Glasfaserkabel *nt*; **fibre optics** ['faɪbə(r)ɒptɪks] *s pl* Glasfaseroptik *f*

fib•ula ['fɪbjʊlə] *s* (ANAT) Wadenbein *nt*

fickle ['fɪkl] *adj* wankelmütig, unbeständig

fic•tion ['fɪkʃn] *s* 1. (*a.* JUR) Fiktion *f* 2. Erzähl-, Prosaliteratur *f*; **fic•tion•al** ['fɪkʃənl] *adj* erfunden, erdichtet

fic•ti•tious [fɪk'tɪʃəs] *adj* 1. fiktiv, frei erfunden 2. falsch

fiddle ['fɪdl] I. *s* 1. Fiedel, Geige *f* 2. (*sl*) Schiebung *f*; **be fit as a ~** gesund und munter sein; **play first/second ~** (*fig*) die erste/die zweite Geige spielen II. *vi* 1. (MUS) fiedeln 2. herumspielen; ~ **about** herumspielen, -fummeln III. *vt* (*Bilanz*) frisieren; manipulieren; **fid•dler** ['fɪdlə(r)] *s* 1. Geiger(in) *m(f)* 2. (*sl*) Gauner(in) *m(f)*

fid•dling ['fɪdlɪŋ] *adj* (*fam*) läppisch

fid•dly ['fɪdlɪ] *adj* (*fam*) knifflig

fi•del•ity [fɪ'delətɪ] *s* 1. Treue *f* 2. Genauigkeit *f*; **high ~** Klangtreue *f*

fidg•et ['fɪdʒɪt] I. *s* (*fam*) Zappelphilipp *m* II. *vi* nervös sein; zappeln; **fidg•ety** ['fɪdʒɪtɪ] *adj* zappelig; nervös

fief, **feoff** [fi:f] *s* Lehen *nt*

field [fi:ld] I. *s* 1. Feld *nt*, Acker *m*; Wiese *f*; Weide *f* 2. Platz *m* 3. (MIL) Feld *nt* 4. (*fig*) (Fach)Gebiet *nt*, Bereich, Sektor *m* 5. (COM) Außendienst *m* 6. (SPORT) Feld *nt*; (*Baseball*) Fängerpartei *f*; **in this ~** (*fig*) auf diesem Gebiet, in diesem Bereich; **working in the ~** auf dem Feld arbeiten; **wheat ~** Weizenfeld *nt*; **~ of battle** Schlachtfeld *nt*; **~ of vision** Blick-, Gesichtsfeld *nt*; **magnetic ~** Magnetfeld *nt*; **take the ~** (SPORT) das Spiel eröffnen; ~ **of activity** Tätigkeits-, Wirkungsbereich *m*; Arbeitsgebiet *nt* II. *vt* 1. (*Kricket, Baseball*) auffangen und zurückwerfen 2. (*Spieler*) als Fänger im Ausfeld einsetzen III. *vi* als Fänger spielen; **field day** *s* 1. (MIL) Manöver *nt* 2. (*fig*) großer Tag; **fielder** *s* (*Kricket*) Fänger(in) *m(f);* **field events** *s pl* (SPORT) Springen, Stoßen u. Werfen *nt;* **field glasses** *s pl* Feldstecher *m;* **field mouse** <*pl* -mice> *s* Feldmaus *f;* **fields•man** ['fi:ldzmən] <*pl* -men> *s* (*Kricket*) Fänger *m;* **field sports** *s pl* Jagd *f,* Schießen *nt,* Fischfang *m;* **field•work** ['fi:ldwɜ:k] *s* **1.** Arbeit *f* im Gelände **2.** (*von Soziologen*) Feldforschung *f;* **field•worker** ['fi:ldwɜ:kə(r)] *s* Praktiker(in) *m(f)*

fiend [fi:nd] *s* **1.** Unhold, Satan *m* **2.** (*fam*) Fanatiker(in) *m(f);* **fresh-air/jazz** ~ Frischluft-/Jazzfanatiker(in) *m(f);* **fiend•ish** ['fi:ndɪʃ] *adj* teuflisch

fierce [fɪəs] *adj* **1.** (*Erscheinung*) wild **2.** (*Blick*) böse **3.** (*Hund*) scharf **4.** (*Kampf*) heftig **5.** (*Konkurrenz*) erbittert; **fierce•ness** ['fɪəsnɪs] *s* Wildheit *f;* Heftigkeit *f;* Grimmigheit *f;* Schärfe *f*

fiery ['faɪərɪ] *adj* **1.** feurig, glühend, heiß **2.** (*fig*) erregt, aufwühlend

fife [faɪf] *s* (MUS) Querpfeife *f*

fif•teen [ˌfɪf'ti:n] *adj* fünfzehn; **fif•teenth** [ˌfɪf'ti:nθ] *adj* fünfzehnte(r,s)

fifth [fɪfθ] **I.** *adj* fünfte(r, s) **II.** *s* Fünftel *nt;* Fünfte(r, s)

fif•ti•eth ['fɪftɪəθ] *adj* fünfzigste(r, s); **fifty** ['fɪftɪ] *adj* fünfzig; **go** ~-~ **with s.o.** mit jdm halbe-halbe machen

fig [fɪg] *s* Feige *f;* **I don't care a** ~ (*fam*) ich kümmere mich einen Dreck darum

fight [faɪt] <*irr:* fought, fought> **I.** *s* **1.** Kampf *m,* Gefecht *nt* **2.** Kampfkraft *f,* -geist *m;* **have a** ~ **with s.o.** sich mit jdm schlagen; **put up a** ~ sich zur Wehr setzen **II.** *vi* kämpfen; sich streiten; ~ **for one's life** um sein Leben kämpfen; ~ **shy of s.th.** einer S aus dem Weg gehen **III.** *vt* **1.** kämpfen mit **2.** bekämpfen; ankämpfen gegen; **fight back** *vi* zurückschlagen; sich wehren; **fight off** *vt* abwehren; ankämpfen gegen; **fight on** *vi* weiterkämpfen

fighter ['faɪtə(r)] *s* **1.** Kämpfer(in) *m(f)* **2.** (AVIAT) Jagdflugzeug *nt;* **fight•ing** ['faɪtɪŋ] *s* Kampf *m,* Gefecht *nt*

fig•ment ['fɪgmənt] *s* Einbildung, Erfindung *f;* **a** ~ **of the imagination** pure Einbildung

figu•rat•ive ['fɪgjərətɪv] *adj* bildlich, übertragen; **figu•rat•ive•ly** [-lɪ] *adv* in übertragener Bedeutung

fig•ure ['fɪgə(r)] **I.** *s* **1.** Zahl, Ziffer *f* **2.** Figur, Form, Gestalt *f* **3.** Persönlichkeit *f* **4.** (*Modell*) Figur *f* **5.** (*Tanz*) Figur *f* **6.** ~**s** Rechnen *nt* **7.** (MUS) Motiv *nt;* **be good at** ~**s** ein guter Rechner sein; **she has a good** ~ sie hat eine gute Figur; ~-**hugging** figurbetont; ~ **of fun** Witzfigur *f;* ~ **of speech** Redensart *f* **II.** *vt* **1.** formen, gestalten; (figürlich) darstellen **2.** sich vorstellen **III.** *vi* in Erscheinung treten; **he** ~**d in a play** er trat in einem Stück auf; **figure out** *vt* begreifen, verstehen; ausrechnen

fig•ure•head ['fɪgəhed] *s* (*a. fig*) Galionsfigur *f;* **figure skater** ['fɪgəˌskeɪtə(r)] *s* Eiskunstläufer(in) *m(f);* **fig•ure skat•ing** *s* Eiskunstlauf *m*

fila•ment ['fɪləmənt] *s* **1.** (BOT) Staubfaden *m* **2.** (ELEK) Glüh-, Heizfaden *m*

filch [fɪltʃ] *vt* (*fam*) mausen, stibitzen

file[1] [faɪl] **I.** *s* Feile *f* **II.** *vt* feilen; ~ **smooth** glatt feilen

file[2] [faɪl] **I.** *s* **1.** Aktenhefter, Aktenordner *m* **2.** Akte *f* (*on s.o.* über jdn) **3.** (INFORM) Datei *f;* **on** ~ aktenkundig; **keep a** ~ **on s.o.** eine Akte über jdn führen **II.** *vt* **1.** ablegen, abheften **2.** (JUR) einreichen; ~ **away** zu den Akten legen; ~ **a suit** Klage erheben

file[3] [faɪl] *s* Reihe *f;* **in Indian** [*o* **single**] ~ im Gänsemarsch; **file in** *vi* hereinmarschieren; **file out** *vi* hinausgehen

file name *s* (INFORM) Dateiname *m*

fil•ial ['fɪlɪəl] *adj* Kindes-; ~ **duty** Kindespflicht *f*

fili•bus•ter ['fɪlɪbʌstə(r)] **I.** *s* (PARL) Obstruktion, Dauerrede *f;* (*Person*) Obstruktionspolitiker(in) *m(f)* **II.** *vi* (PARL) Obstruktion treiben

fili•gree ['fɪlɪgri:] *s* Filigran(arbeit *f*) *nt*

fil•ing ['faɪlɪŋ] *s* **1.** Ablegen, Abheften *nt* **2.** (JUR) Einreichnung *f;* **filing cabinet** *s* Aktenschrank *m*

fil•ings ['faɪlɪŋz] *s pl* Späne *mpl*

Fi•li•pi•no [fɪlɪ'pi:nəʊ] **I.** *adj* filipinisch **II.** *s* Filipino *m,* Filipina *f*

fill [fɪl] **I.** *vt* **1.** füllen, stopfen **2.** (*Zahn*) füllen, plombieren **3.** (*Loch*) zustopfen **4.** erfüllen **5.** (*Stelle*) besetzen, einnehmen, innehaben; ~**ed with anger** von Zorn erfüllt **II.** *vi* voll werden, sich füllen **III.** *s:* **drink one's** ~ seinen Durst löschen; **have had one's** ~ gut satt sein; **I've had my** ~ **of it** ich habe davon die Nase voll; **fill in** *vt* **1.** (*Loch*) auffüllen **2.** (*Formular*) ausfüllen **3.** (*Namen*) einsetzen; ~ **in for s.o.** für jdn einspringen; ~ **s.o. in on s.th.** jdn über etw ins Bild setzen; **fill out I.** *vi* sich blähen; dicker werden **II.** *vt* (*Am: Formular*) ausfüllen; **fill up I.** *vt* **1.** vollfüllen; volltanken **2.** (*Formular*) ausfüllen **II.** *vi* sich (an)füllen, voll werden

fill•er ['fɪlə(r)] *s* **1.** Trichter *m* **2.** Spachtelmasse *f* **3.** (CHEM) Füllstoff *m;* **filler cap** *s* Tankdeckel *m*

fil•let ['fɪlɪt] **I.** *s* **1.** Stirnband *nt* **2.** (*Küche*) Filet, Lendenstück *nt* **II.** *vt* (*Fleisch, Fisch*) in Filets schneiden

fill•ing ['fɪlɪŋ] **I.** *s* Plombe, Füllung *f* **II.** *adj* sättigend; **filling station** *s* Tankstelle *f*

fil•lip ['fɪlɪp] *s* Ansporn *m,* Aufmunterung *f*

film [fɪlm] **I.** *s* **1.** Film *m*, Schicht *f*; dünner Belag **2.** (PHOT FILM) Film *m*; **make** [*o* **shoot**] **a** ~ einen Film drehen **II.** *vt* (ver)filmen **III.** *vi* sich verfilmen lassen; **film camera** *s* Filmkamera *f*; **film speed** *s* Lichtempfindlichkeit *f*; **film star** *s* Filmstar *m*; **film studio** *s* Filmatelier, -studio *nt*

fil·ter ['fɪltə(r)] **I.** *s* Filter *m* **II.** *vt* filtern **III.** *vi* **1.** durch-, einsickern **2.** (*Br*) sich einordnen; **filter in** *vi* langsam eindringen; einsickern; **filter out I.** *vt* herausfiltern **II.** *vi* langsam herausgehen; **filter through** *vi* durchsickern

fil·ter bed *s* Filterbett *nt*, Filterschicht *f*; **filter lane** *s* Abbiegespur *f*; **filter pad** *s* Filtereinsatz *m*; **filter paper** *s* Filterpapier *nt*; **filter tip** *s* Filtermundstück *nt*, Filter *m*

filth [fɪlθ] *s* **1.** Schmutz, Dreck *m* **2.** (*fig*) Schweinerei *f*; **filthy** ['fɪlθɪ] *adj* **1.** schmutzig, dreckig **2.** (*fig*) unanständig, schweinisch; ~ **rich** (*fam*) stinkreich

fil·tra·tion [fɪl'treɪʃn] *s* Filtration *f*, Filtern *nt*

fin [fɪn] *s* **1.** (*a.* AVIAT MAR) Flosse *f*; Finne *f* **2.** (*Heizkörper*) Rippe *f*

fi·nal ['faɪnl] **I.** *adj* **1.** letzte(r, s); Schluss- **2.** letztendlich **3.** endgültig; ~ **word** letztes Wort **II.** *s pl* **1.** Abschlussprüfung *f* **2.** (SPORT) Endspiel, Finale *nt* **3.** (*Zeitung*) Spätausgabe *f*

fi·nale [fɪ'nɑːlɪ] *s* (MUS) Finale *nt*; Schlussszene *f*

fi·nal·ist ['faɪnəlɪst] *s* (SPORT) Teilnehmer(in) *m(f)*, an der Schlussrunde

fi·nal·ity [faɪ'nælətɪ] *s* **1.** Endgültigkeit *f* **2.** Entschiedenheit *f*

fi·nal·ize ['faɪnəlaɪz] *vt* abschließen; fertig machen, beenden

fi·nal·ly ['faɪnəlɪ] *adv* **1.** endlich, schließlich **2.** endgültig, unwiderruflich

fi·nance ['faɪnæns] **I.** *s* **1.** Finanzwesen *nt* **2.** ~**s** Finanzen *fpl*; ~ **company** Finanzierungsgesellschaft *f* **II.** *vt* finanzieren; **fi·nan·cial** [faɪ'nænʃl] *adj* finanziell; Finanz-; ~ **adviser** Finanzberater(in) *m(f)*; ~ **assistance** Finanzhilfe *f*; ~ **markets** Finanzmärkte; ~ **resources** Finanzmittel *ntpl*; **the** ~ **year** das Rechnungsjahr; **fi·nan·ci·er** [faɪ'nænsɪə(r)] *s* Finanzier *m*

finch [fɪntʃ] *s* (*kleiner Singvogel*) Fink *m*

find [faɪnd] <*irr:* **found, found**> **I.** *vt* **1.** finden **2.** besorgen **3.** (heraus)finden, ausfindig machen **4.** bemerken, gewahr werden **5.** halten für, ansehen als **6.** (JUR) befinden (*guilty* für schuldig); **it is not to be found** es lässt sich nicht finden; ~ **one's feet** sich zurechtfinden; ~ **fault with** etw auszusetzen haben an; ~ **one's voice** [*o* **tongue**] die Sprache wiederfinden; ~ **one's way** seinen Weg finden; **this tree is found everywhere** diesen Baum findet man überall; ~ **o.s. unable** sich außer Stande sehen; **he found himself in hospital** er fand sich im Krankenhaus wieder **II.** *vi:* ~ **for the accused** den Angeklagten freisprechen **III.** *s* Fund *m*; **find out I.** *vt* **1.** herausfinden **2.** (*Person*) erwischen **II.** *vi* dahinterkommen

finder ['faɪndə(r)] *s* Finder(in) *m(f)*; **finding** ['faɪndɪŋ] *s* **1.** ~**s** Ergebnis *nt*, Befund *m*; Feststellung *f* **2.** (JUR) Urteil *nt*

fine[1] [faɪn] **I.** *adj* **1.** fein, schön (*a. Wetter*) **2.** ausgezeichnet, hervorragend, prächtig **3.** (*Material*) fein, zart **4.** gesund **5.** in Ordnung, gut **6.** fein, scharf, spitz; **one** ~ **day** eines schönen Tages; **that's a** ~ **excuse** das ist ja eine schöne Ausrede; ~ **clothes** feine Kleider; ~ **dust** feiner Staub; **that's** ~**!** das ist prima!; ~ **feelings** Feingefühl *nt* **II.** *adv* (*fam*) sehr gut, prima; **chop s.th. up** ~ etw fein zerhacken; **that will suit me** ~ das passt mir gut; **I'm feeling** ~ mir geht's bestens; **you're looking very** ~ **today** du siehst heute gut aus; **fine down** *vt* abfeilen; straffen; reduzieren

fine[2] [faɪn] **I.** *s* (JUR) Bußgeld *nt*, Geldstrafe *f* **II.** *vt* mit einer Geldstrafe belegen

fine art [ˌfaɪn'ɑːt] *s meist pl* schöne Künste

fine·ness ['faɪnnɪs] *s* **1.** Schönheit *f* **2.** Güte *f*; Feinheit *f* **3.** (*Material*) Zartheit *f* **4.** (*Sand*) Feinheit *f* **5.** Dünnheit *f*

fin·ery ['faɪnərɪ] *s* **1.** Putz, Staat *m* **2.** (TECH) Frischofen *m*

fi·nesse [fɪ'nes] *s* **1.** Geschicklichkeit *f* **2.** (*Karten*) Schneiden *nt*

fine-tooth comb [ˌfaɪn'tuːθkəʊm] *s:* **go through s.th. with a** ~ etw genau unter die Lupe nehmen

fin·ger ['fɪŋgə(r)] **I.** *s* Finger *m*; **cut one's** ~ sich in den Finger schneiden; **burn one's** ~**s** (*fig*) sich die Finger verbrennen; **have a** ~ **in the pie** die Hand im Spiel haben; **lay a** ~ **on s.o.** jdn berühren; **let s.th. slip through one's** ~**s** sich etw entgehen lassen; **twist s.o. around one's (little)** ~ jdn um den kleinen Finger wickeln; **put the** ~ **on s.o.** (*sl*) jdn verpfeifen **II.** *vt* **1.** befühlen, betasten **2.** (MUS) mit dem Fingersatz bezeichnen; **fin·ger·ing** ['fɪŋgərɪŋ] *s* (MUS) Fingersatz *m*; **finger·mark** *s* Fingerabdruck *m*; **finger·nail** *s* Fingernagel *m*; **finger·print** ['fɪŋgəprɪnt] **I.** *s* Fingerabdruck *m* **II.** *vt* einen Fingerabdruck nehmen (*s.o.* von jdm); **fin·ger·tip** ['fɪŋgətɪp] *s* Fingerspitze *f*; **have s.th. at one's** ~**s** etw aus dem Effeff kennen; etw parat haben

fin·icky ['fɪnɪkɪ] *adj* wählerisch, verwöhnt (*about* in)

fin•ish ['fɪnɪʃ] I. *s* 1. Ende *nt,* Schluss *m* 2. (SPORT) Endkampf, Endspurt *m;* Ziel *nt* 3. Schliff *m;* Verarbeitung *f;* Vollendung *f* 4. (TECH) Oberflächenbehandlung *f;* **be in at the ~** (*fig*) beim Ende dabei sein; **fight to the ~** bis zum letzten Augenblick kämpfen; **his manners lack ~** seinen Manieren fehlt der Schliff II. *vt* 1. beenden; aufhören (*doing s.th.* etw zu tun) 2. (*Arbeit*) erledigen, vollenden 3. fertig stellen, den letzten Schliff geben (*s.th.* einer S); **have ~ed doing s.th.** mit etw fertig sein; **~ writing** fertig schreiben III. *vi* 1. zu Ende sein; fertig sein; aufhören 2. (SPORT) das Ziel erreichen (*with* mit); **finish off** I. *vi* aufhören, Schluss machen II. *vt* 1. fertig machen 2. (*Essen*) aufessen 3. (*Tier*) den Gnadenschuss geben *dat* 4. (*fig*) den Rest geben (*s.o.* jdm); **finish up** *vt* aufessen; **~ up with a brandy** zum Abschluss einen Brandy trinken; **finish with** *vt* nicht mehr brauchen; (*fig*) fertig sein mit, nichts mehr zu tun haben wollen mit

fin•ished ['fɪnɪʃt] *adj* 1. fertig; bearbeitet 2. (*Erscheinung*) vollendet; **be ~** fertig, erledigt sein; **~ goods** Fertigerzeugnisse *ntpl;* **a ~ performance** eine makellose Aufführung; **~ product** Fertigprodukt *nt*

fin•ish•ing line ['fɪnɪʃɪŋˌlaɪn] *s* Ziellinie *f;* **fin•ish•ing post** ['fɪnɪʃɪŋˌpəʊst] *s* Zielpfosten *m*

fi•nite ['faɪnaɪt] *adj* 1. (*a.* MATH) begrenzt; endlich 2. (GRAM) finit

Fin•land ['fɪnlənd] *s* Finnland *nt;* **Finn** [fɪn] *s* Finne *m,* Finnin *f;* **Finn•ish** ['fɪnɪʃ] I. *adj* finnisch II. *s* (das) Finnisch(e)

fiord [fɪ'ɔːd] *s* Fjord *m*

fir [fɜː(r)] *s* 1. Tanne *f* 2. Tanne(nholz *nt*), Fichte(nholz *nt*) *f;* **fir-cone** *s* Tannenzapfen *m*

fire ['faɪə(r)] I. *s* 1. Feuer *nt;* Brand *m* 2. Kaminfeuer *nt* 3. (MIL) Feuer *nt* 4. Erregung, Leidenschaft *f;* **between two ~s** zwischen zwei Feuern; **on ~** in Brand; **be on ~** in Flammen stehen; **come under ~** unter Beschuss geraten; **catch ~** Feuer fangen; **go through ~ and water for s.o.** für jdn durchs Feuer gehen; **play with ~** (*fig*) mit dem Feuer spielen; **set ~ to, set on ~** in Brand stecken; anzünden; **danger of ~** Brandgefahr *f;* **liable to catch ~** feuergefährlich II. *vt* 1. anzünden, in Brand stecken 2. (*Ofen*) befeuern 3. (*Ziegel*) brennen 4. (*fig*) anfeuern; beflügeln; entzünden 5. (*Feuerwaffe, Geschoss*) abfeuern 6. (*fam*) feuern, entlassen III. *vi* 1. (*Schuss*) feuern, schießen 2. (*Maschine*) zünden; **fire away** *vi* (*fam*) losschießen; **fire off** *vt* abschießen

fire alarm ['faɪərəˌlɑːm] *s* 1. Feueralarm *m* 2. Feuermelder *m;* **fire•arm** *s* Feuer-, Schusswaffe *f;* **fire•ball** ['faɪəbɔːl] *s* (*Atom*) Feuerball *m;* **fire•brand** ['faɪəbrænd] *s* 1. Feuerbrand *m* 2. (*fig*) Unruhestifter(in) *m(f);* **fire•break** ['faɪəbreɪk] *s* Feuerschneise *f;* **fire•brick** ['faɪəˌbrɪk] *s* Schamottenstein *m;* **fire brig•ade** *s* Feuerwehr *f;* **fire•cracker** *s* Knallkörper *m;* **fire•damp** *s* (MIN) Grubengas *nt;* schlagende Wetter *ntpl;* **fire department** *s* (*Am*) Feuerwehr *f;* **fire-eater** *s* Feuerfresser(in) *m(f);* **fire engine** *s* Feuerwehrauto *nt;* **fire escape** *s* Feuertreppe, Feuerleiter *f;* **fire extinguisher** *s* Feuerlöscher *m;* **fire•fighter** *s* Feuerwehrmann *m;* **fire•fly** ['faɪəflaɪ] *s* Leuchtkäfer *m;* **fire•guard** *s* Ofenschirm *m;* **fire hazard** *s* Feuersgefahr *f;* **fire house** *s* (*Am*) Feuerwache *f;* **fire insurance** *s* Feuerversicherung *f;* **fire irons** *s pl* Kaminbesteck *nt;* **fire•man** ['faɪəmən] <*pl* -men> *s* 1. Feuerwehrmann *m* 2. Heizer *m;* **fire•place** ['faɪəpleɪs] *s* Kamin *m;* **fire plug** *s* (*Am*) Hydrant *m;* **fire•proof** *adj* feuerfest, -sicher; **fire-raiser** ['faɪəreɪsə(r)] *s* Brandstifter(in) *m(f);* **fire-raising** ['faɪəreɪsɪŋ] *s* Brandstiftung *f;* **fire•side** ['faɪəsaɪd] *s* Platz *m* um den Kamin; **by the ~** am Kamin; **fire•wall** *s* (INTERNET) Firewall *f;* **fire•water** *s* (*fam*) Feuerwasser *nt;* **fire•woman** ['faɪəwʊmən, *pl* -wɪmɪn] <*pl* -women> *s* Feuerwehrfrau *f;* **fire•wood** ['faɪəwʊd] *s* Brennholz *nt;* **fire•work** *s* 1. Feuerwerkskörper *m* 2. *meist pl* Feuerwerk *nt*

firing ['faɪrɪŋ] *s* (MIL) Feuern *nt;* **firing line** *s* Feuer-, Schusslinie *f;* **firing squad** *s* Exekutionskommando *nt*

firm¹ [fɜːm] I. *adj* 1. fest; hart; stabil 2. (*Freundschaft*) beständig, unaufhörlich 3. (*Basis*) standhaft, unerschütterlich 4. (COM) fest, stabil II. *vi* fest werden III. *adv:* **stand ~ on s.th.** fest bei etw bleiben

firm² [fɜːm] *s* Firma *f,* Unternehmen *nt*

fir•ma•ment ['fɜːməmənt] *s* Firmament *nt*

firm•ness ['fɜːmnɪs] *s* Festigkeit *f;* Beständigkeit *f*

first [fɜːst] I. *adj* erste(r, s); **at ~ hand** aus erster Hand; **at ~ sight** auf den ersten Blick; **for the ~ time** zum erstenmal; **~ things ~** eins nach dem anderen; **not to know the ~ thing about s.th.** keinen blassen Schimmer von etw haben; **in the ~ place** an erster Stelle; zunächst II. *adv* 1. zuerst, als Erste(r, s) 2. als Erstes, zunächst 3. zum erstenmal 4. (zu)erst 5. eher, lieber; **~ of all, ~ and foremost** zuallererst; **~ come, ~ served** (*prov*) wer zuerst kommt, mahlt zuerst; **come in ~** das Rennen gewinnen; **I must finish this ~** ich muss das erst fertig machen **III.** *s* **1.** (*the* ~) der, die, das Erste **2.** (SCHULE) Eins *f* **3.** (AUTO) erster Gang; **at** ~ zuerst, zunächst; **from** ~ **to last** von Anfang bis Ende; **first aid** *s* (MED) erste Hilfe; ~ **box** Verbandskasten *m;* ~ **kit** Erste-Hilfe-Ausrüstung *f;* ~ **station** Sanitätswache *f;* **first-born** ['fɜːstbɔːn] *adj* erstgeboren; **first-class** [ˌfɜːst'klɑːs] **I.** *adj* erstklassig; ~ **compartment** Abteil *nt* erster Klasse **II.** *adv* erster Klasse; **first cousin** *s* Cousin(e) *m (f)* ersten Grades; **first-hand** [ˌfɜːst'hænd] *adj, adv* aus erster Hand; **First Lady** *s* (*in den USA*) Gemahlin des Präsidenten

first•ly ['fɜːstlɪ] *adv* erstens

first name ['fɜːst neɪm] *s* Vorname *m;* **be on** ~ **terms** sich mit dem Vornamen anreden, sich duzen; **first night** *s* (THEAT) Erstaufführung *f;* **first offender** *s* (JUR) Ersttäter(in) *m(f),* Nichtvorbestrafte(r) *f m;* **first option** *s* Vorhand *f;* **first-person narrator** *s* Icherzähler(in) *m(f);* **first-rate** [ˌfɜːst'reɪt] *adj* **1.** erstrangig, -klassig **2.** (*fam*) prima, großartig; **first strike** *s* (MIL: *Atomwaffen*) Ersteinsatz, Erstschlag *m*

firth [fɜːθ] *s* Meeresarm *m,* Förde *f*

fis•cal ['fɪskl] *adj* fiskalisch; Finanz-

fish [fɪʃ] <*pl* fish (fishes)> **I.** *s* Fisch *m;* **the Fishes** (ASTR) die Fische *pl;* **feel like a** ~ **out of water** sich fehl am Platze vorkommen; **have other** ~ **to fry** wichtigere Dinge zu tun haben; **neither** ~ **nor fowl** weder Fisch noch Fleisch; **a pretty kettle of** ~ (*iro*) eine schöne Bescherung; ~ **and chips** (fritierter) Fisch und Pommes frites; ~ **farming** Aquakultur *f* **II.** *vi* **1.** fischen **2.** angeln (*for* nach); ~ **in troubled waters** im Trüben fischen **III.** *vt* fischen, angeln in; ~ **out** herausfischen; ~ **up** herausziehen; hervorkramen; **fish•bone** ['fɪʃbəʊn] *s* Fischgräte *f;* **fish•cake** ['fɪʃkeɪk] *s* Fischfrikadelle *f*

fisher•man ['fɪʃəmən] <*pl* -men> *s* Fischer, Angler *m*

fish•ery ['fɪʃərɪ] *s* **1.** Fischerei *f,* Fischfang *m* **2.** Fischereizone *f;* **inshore/deep-sea** ~ Küsten-/Hochseefischerei *f*

fish fin•ger [ˌfɪʃ'fɪŋgə(r)] *s* Fischstäbchen *nt;* **fish-hook** *s* Angelhaken *m*

fish•ing ['fɪʃɪŋ] *s* Fischen *nt;* Angeln *nt;* **fishing•grounds** *s pl* Fischgründe *mpl;* **fishing•line** *s* Angelschnur *f;* **fishing rod** *s* Angelrute *f;* **fishing tackle** *s* Angelgerät *nt*

fish•mon•ger ['fɪʃmʌŋgə(r)] *s* (*Br*) Fischhändler(in) *m(f);* **fish•pond** *s* Fischteich *m*

fishy ['fɪʃɪ] *adj* **1.** fischartig **2.** (*fam*) verdächtig, faul

fis•sile ['fɪsaɪl] *adj* spaltbar; **fis•sion** ['fɪʃn] *s* **1.** (BIOL) (Zell)Teilung *f* **2.** (PHYS) (Kern)Spaltung *f;* **fis•sion•able** [-əbl] *adj* spaltbar; **fission material** *s* Spaltmaterial *nt*

fis•sure ['fɪʃə(r)] *s* Spalt(e *f*) *m,* Kluft *f*

fist [fɪst] *s* Faust *f;* **shake one's** ~ **at s.o.** jdm mit der Faust drohen

fit¹ [fɪt] *s* (MED) Anfall *m;* **by** [*o* **in**] ~**s and starts** stoßweise; **give s.o. a** ~ (*fam*) jdm einen Schrecken einjagen; ~ **of anger** Wutanfall *m;* ~ **of coughing** Hustenanfall *m;* ~ **of laughter** Lachkrampf *m*

fit² [fɪt] **I.** *adj* **1.** geeignet; günstig **2.** passend, ratsam, angebracht **3.** gesund; in Form; **be** ~ geeignet, tauglich sein; **be** ~ **to be seen** sich sehen lassen können; **keep** ~ in Form bleiben; ~ **to drink** trinkbar; ~ **for a position** für eine Stelle geeignet; ~ **for work** arbeitsfähig **II.** *vt* **1.** passen auf; passen in **2.** (*Kleid*) passen (*s.o.* jdm) **3.** anbringen; montieren; einbauen **4.** (*Tatsachen*) entsprechen (*s.th.* einer S); ~ **a dress on s.o.** jdm ein Kleid anprobieren; ~ **a key in a lock** einen Schlüssel ins Schloss stecken **III.** *vi* **1.** passen **2.** zusammenpassen **IV.** *s* Passform *f;* **fit in I.** *vt* **1.** unterbringen **2.** (TECH) einbauen **II.** *vi* **1.** passen (*with* zu) **2.** in Einklang, in Übereinstimmung sein (*with* mit) **3.** harmonieren; **fit out** *vt* ausrüsten, ausstatten; **fit together** *vi* zusammenpassen; **fit up** *vt* **1.** (*Haus*) einrichten, möblieren **2.** ausrüsten (*with* mit) **3.** (*Maschine*) montieren

fit•ful ['fɪtfl] *adj* **1.** unregelmäßig; unbeständig **2.** (*Schlaf*) unruhig

fit•ment ['fɪtmənt] *s* Einrichtungsgegenstand *m;* Möbel(stück) *nt*

fit•ness ['fɪtnɪs] *s* **1.** Tauglichkeit *f* **2.** Gesundheit *f;* Fitness, Kondition *f*

fit•ted ['fɪtɪd] *adj* **1.** eingerichtet, ausgestattet (*with* mit) **2.** (*Person*) geeignet **3.** (*Hemd*) tailliert; ~ **carpet** Teppichboden *m;* ~ **kitchen** Einbauküche *f;* ~ **sheet** Spannbetttuch *nt*

fit•ter ['fɪtə(r)] *s* **1.** Schneider(in) *m(f)* **2.** (TECH) Monteur(in) *m(f),* Schlosser(in) *m(f)* **3.** Installateur(in) *m(f)*

fit•ting ['fɪtɪŋ] **I.** *adj* angebracht, angemessen, geeignet **II.** *s* **1.** (*Kleider*) Anprobe *f* **2.** Zubehörteil *nt;* ~**s** Ausstattung *f;* Einrichtung *f;* **go in for a** ~ zur Anprobe gehen

five [faɪv] *adj* fünf; ~**-day week** Fünftagewoche *f;* ~**fold** fünffach; ~**; -speed gearbox** (AUTO) Fünfganggetriebe *nt;* **fiver** ['faɪvə(r)] *s* (*fam*) Fünfpfundnote *f*

fix [fɪks] **I.** *vt* **1.** festmachen, befestigen (*to* an), anbringen **2.** (*Bild*) aufhängen **3.** heften, richten (*one's eyes* den Blick, *on, upon* auf) **4.** (*Preis*) festsetzen, festlegen (*at* auf) **5.** (*Aufmerksamkeit*) fesseln **6.** vereinbaren,

F

abmachen **7.** (*Besprechung*) ansetzen, anberaumen **8.** (CHEM PHOT) fixieren **9.** in Ordnung bringen **10.** (*fam*) drehen, schieben, manipulieren; ~ **the blame on s.o.** die Schuld auf jdn schieben; ~ **s.th. in one's mind** sich etw fest einprägen; ~ **a date** ein Treffen vereinbaren; ~ (**up**) **one's face** (*sl*) sich schminken; ~ **one's hair** sich frisieren; ~ **the meal** das Essen fertig machen; **I'll ~ him!** ich werde es ihm schon geben! **II.** *s* **1.** (*fam*) Klemme *f* **2.** (*sl: Drogen*) Fix *m* **3.** (MAR AVIAT) Standortbestimmung *f;* **in a ~** in einer Klemme; **fix down** *vt* befestigen; **fix on I.** *vt* festmachen; anstecken **II.** *vi* sich entscheiden für; **fix up** *vt* **1.** anbringen **2.** arrangieren, festmachen; ~ **s.o. up for the night** jdn für die Nacht unterbringen; ~ **s.o. up with s.th.** jdm etw besorgen

fix•ation [fɪk'seɪʃn] *s* Fixierung *f*

fixed [fɪkst] *adj* **1.** fest **2.** (*Idee*) fix **3.** (*Lächeln*) starr; ~ **expenses** Fixkosten *pl;* ~ **interest securities** (FIN) Rentenwerte *pl;* ~ **term contract** befristeter Arbeitsvertrag; ~ **term deposit** (FIN) Termingeld *nt;* ~ **rate of interest** (FIN) Festzins(satz) *m;* **fix•ed•ly** ['fɪksɪdlɪ] *adv* starr, unbeweglich

fixer ['fɪksə(r)] *s* **1.** (PHOT) Fixiermittel *nt* **2.** (*Drogen*) Fixer(in) *m(f);* **fix•ing bath** ['fɪksɪŋˌbɑːθ] *s* Fixierbad *nt*

fix•ity ['fɪksətɪ] *s:* ~ **of purpose** Zielstrebigkeit *f*

fix•ture ['fɪkstʃə(r)] *s* **1.** Ausstattung *f,* unbewegliches Inventar **2.** (SPORT) Spiel *nt;* **lighting ~s** elektrische Anschlüsse *mpl;* **be a ~** (*hum*) zum Inventar gehören

fizz [fɪz] **I.** *vi* zischen; sprudeln, moussieren **II.** *s* **1.** Zischen *nt* **2.** Sprudel *m*

fizzle ['fɪzl] *vi* zischen, spucken; ~ **out** verpuffen; im Sand verlaufen

fizzy ['fɪzɪ] *adj* sprudelnd

fjord [fɪ'ɔːd] *s* Fjord *m*

flab•ber•gast ['flæbəgɑːst] *vt* (*fam*) verblüffen, umhauen

flabby ['flæbɪ] *adj* **1.** schlaff, schlapp **2.** (*fig*) saft- und kraftlos; **flabby cheek** *s* Hängebacke *f*

flac•cid ['flæksɪd] *adj* lose hängend; schlaff

flag[1] [flæg] **I.** *s* Flagge *f;* Fahne *f;* ~ **of convenience** (COM MAR) Billigflagge *f;* **keep the ~ flying** die Stellung halten; **show the ~** seine Anwesenheit dokumentieren **II.** *vt* beflaggen; ~ **down** anhalten; ~ **up** markieren

flag[2] [flæg] *s* (~*stone*) Steinplatte *f*

flag[3] [flæg] *s* Schwertlilie *f*

flag[4] [flæg] *vi* **1.** (*Pflanze*) welken **2.** (*fig*) ermatten, nachlassen

flag day ['flægdeɪ] *s* (*in GB*) *Tag, an dem eine Sammlung für karitative Zwecke durchgeführt wird;* **Flag Day** (*in den USA*) 14. Juni, *Gedenktag der Einführung der amerikanischen Nationalflagge*

flagel•late ['flædʒəleɪt] *vt* geißeln

flagon ['flægən] *s* bauchige Kanne

flag•pole ['flægpəʊl] *s* Fahnenstange *f*

fla•gran•cy ['fleɪgrənsɪ] *s* eklatante Offensichtlichkeit; Unverhohlenheit *f;* **fla•grant** ['fleɪgrənt] *adj* **1.** (*Verbrechen*) himmelschreiend, empörend **2.** skandalös, eklatant

flag•staff ['flægstɑːf] *s* Fahnenstange *f,* -mast *m*

flail [fleɪl] **I.** *s* Dreschflegel *m* **II.** *vt* dreschen

flair [fleə(r)] *s* Gespür *nt;* Fingerspitzengefühl *nt;* **have a ~ for s.th.** eine Nase für etw haben

flake [fleɪk] **I.** *s* **1.** Flocke *f* **2.** (*Metall*) Span *m* **3.** (*Rost*) Splitter *m* **II.** *vt* (*Schokolade*) raspeln **III.** *vi* abbröckeln; abblättern; **flake out** *vi* (*fam*) abschlaffen; **flaky** ['fleɪkɪ] *adj* flockig; schuppig; (*Am sl*) verrückt; ~ **pastry** Blätterteig *m*

flam•boy•ant [flæm'bɔɪənt] *adj* prunkvoll, (farben)prächtig; üppig

flame [fleɪm] **I.** *s* **1.** Flamme *f* **2.** (*fig*) Leidenschaft *f* **3.** (*fam*) Geliebte, Flamme *f;* **be in ~s** in Flammen stehen; **burst into ~s** in Flammen aufgehen **II.** *vi* flammen, lodern; ~ **up** auflodern; (*fig*) in Wut geraten; **flame•out** ['fleɪmˌaʊt] *s* Versagen *nt;* **flam•ing** ['fleɪmɪŋ] *adj* **1.** flammend, lodernd; glühend **2.** (*sl*) verdammt

fla•mingo [flə'mɪŋgəʊ] <*pl* -mingo(e)s> *s* Flamingo *m*

flam•mable ['flæməbl] *adj* leicht brennbar

flan [flæn] *s* Obstkuchen *m*

flange [flændʒ] *s* **1.** (TECH) Flansch *m* **2.** (*am Rad*) Spurkranz *m*

flank [flæŋk] **I.** *s* **1.** (ANAT) Flanke *f* **2.** (MIL) Seite, Flanke *f* **II.** *vt* **1.** flankieren **2.** (MIL) umgehen

flan•nel ['flænl] **I.** *s* **1.** Flanell *m* **2.** Waschlappen *m* **3.** **~s** Flanellhose *f* **4.** (*sl*) Geschwafel *nt* **II.** *vi* (*fig*) schwafeln; **flan•nel•ette** [ˌflænə'let] *s* Baumwollflanell *m*

flap [flæp] **I.** *s* **1.** Klappe *f* **2.** (~ *of skin*) Hautlappen *m* **3.** Klaps *m,* Schlagen *nt* **4.** (AVIAT) Landeklappe *f* **5.** (*sl*) Aufregung, Nervosität *f;* **get into a ~** in helle Aufregung geraten **II.** *vi* **1.** schlagen; flattern **2.** in heller Aufregung sein; **his ears were ~ping** er spitzte die Ohren; ~ **away** davonfliegen **III.** *vt:* ~ **its wings** mit den Flügeln schlagen; **flap•jack** ['flæpdʒæk] *s* Haferflockenplätzchen *nt*

flare [fleə(r)] **I.** *vi* **1.** aufflackern, auflodern **2.** (*Hose*) ausgestellt sein; ~ **up** aufflackern; (*fig*) aufbrausen **II.** *s* **1.** Aufleuchten *nt;* Aufflackern *nt* **2.** Leuchtkugel, Leuchtrakete *f;* Leuchtsignal *nt* **3.** (*Mode*) ausgestellter

Schnitt; **flare-up** ['fleərʌp] *s* **1.** Aufflackern *nt* **2.** (*fig*) Wutausbruch *m*

flash [flæʃ] **I.** *vi* **1.** (auf)blitzen, blinken, funkeln (*with anger* vor Zorn) **2.** (*fig*) sausen, flitzen; ~ **in and out** rein und raus sausen; **a smile ~ed across his face** ein Lächeln huschte über sein Gesicht; ~ **by** vorbeisausen; **the time ~ed past** die Zeit verflog im Nu; **the idea ~ed through my mind** es fuhr mir durch den Sinn; ~ **back** zurückblenden **II.** *vt* **1.** aufblitzen, aufleuchten lassen **2.** (*Ring*) blitzen lassen **III.** *s* **1.** Aufblinken *nt;* Blitzen *nt* **2.** (PHOT) Blitz(licht *nt*) *m* **3.** (AUTO) Lichthupe *f* **4.** (*news* ~) Kurzmeldung *f* **5.** (MIL) Abzeichen *nt* **6.** (*Am*) Taschenlampe *f* **7.** **~es** Szenen *fpl,* aus einem Film; ~ **of lightning** Blitz *m;* **a ~ in the pan** ein Strohfeuer *nt;* **a ~ of wit** ein Geistesblitz *m;* **in a ~** im Nu; **as quick as a ~** blitzschnell; **flash•back** ['flæʃbæk] *s* (FILM) Rückblende *f;* **flash•bulb** ['flæʃbʌlb] *s* (PHOT) Blitzbirne *f;* **flash cube** *s* (PHOT) Blitz(licht)würfel *m;* **flasher** ['flæʃə(r)] *s* **1.** (AUTO) Lichthupe *f* **2.** (*sl*) Exhibitionist *m;* **flash•gun** ['flæʃgʌn] *s* Blitzlichtgerät *nt;* **flash•light** ['flæʃlaɪt] *s* **1.** Blinklicht *nt* **2.** (*Am*) Taschenlampe *f* **3.** (PHOT) Blitzlicht *nt;* **flash-point** ['flæʃpɔɪnt] *s* Flammpunkt *m;* **flashy** ['flæʃɪ] *adj* auffallend, auffällig

flask [flɑːsk] *s* **1.** Flachmann *m;* Thermosflasche *f* **2.** (CHEM) Glaskolben *m*

flat¹ [flæt] **I.** *adj* **1.** flach, platt, eben **2.** (*fig*) fade, matt, stumpf **3.** (*Absage*) glatt, deutlich **4.** (COM) pauschal **5.** (MUS) zu tief; ~ **fish** Plattfisch *m;* ~ **screen** (TV) Flachbildschirm *m* **II.** *adv* (*Ablehnung*) rundweg, kategorisch; **sing ~** zu tief singen; **he told me ~ that ...** er sagte mir klipp und klar, dass ...; ~ **broke** (*fam*) total pleite; ~ **out** total erledigt; **work ~ out** auf Hochtouren arbeiten **III.** *s* **1.** Fläche *f;* flache Seite **2.** (GEOG) Ebene *f* **3.** (MUS) Erniedrigungzeichen *nt* **4.** platter Reifen **5.** (THEAT) Kulisse *f*

flat² [flæt] *s* (*Br*) Wohnung *f*

flat-bot•tomed [ˌflæt'bɒtəmd] *adj* (*Kahn*) flach; **flat feet** *s pl* Plattfüße *mpl;* **flat-footed** [-'fʊtɪd] *adj* plattfüßig

flat•let ['flætlɪt] *s* Kleinwohnung *f*

flat•ness ['flætnɪs] *s* **1.** Flachheit, Plattheit *f* **2.** Fadheit, Abgedroschenheit *f*

flat•ten ['flætn] **I.** *vt* **1.** planieren; zu Boden drücken; umwerfen **2.** (*Stadt*) dem Erdboden gleichmachen **II.** *vi* flach(er) werden

flat•ter ['flætə(r)] *vt* schmeicheln (*s.o.* jdm); **feel ~ed** sich geschmeichelt fühlen; ~ **o.s. that ...** sich einbilden, dass ...; **flatterer** ['flætərə(r)] *s* Schmeichler(in) *m(f);* **flat•ter•ing** [-ɪŋ] *adj* schmeichelhaft; **flat•tery** ['flætərɪ] *s* Schmeichelei *f*

flatu•lence ['flætjʊləns] *s* (PHYSIOL) Blähung *f*

flaunt [flɔːnt] *vt* zur Schau stellen; prahlen, großtun mit

flaut•ist ['flɔːtɪst] *s* Flötist(in) *m(f)*

fla•vor (*Am*) *s.* **flavour; fla•vor•ing** (*Am*) *s.* **flavouring**

fla•vour ['fleɪvə(r)] **I.** *s* **1.** Geschmack *m;* Aroma *nt* **2.** (*fig*) Beigeschmack *m* **II.** *vt* würzen; **fla•vour•ing** [-ɪŋ] *s* Aroma *nt;* Aromastoff *m;* **artificial ~** künstlicher Aromastoff

flaw [flɔː] *s* **1.** Sprung, Riss *m* **2.** (Material)Fehler, Defekt, Mangel *m;* **flaw•less** ['flɔːlɪs] *adj* fehlerlos, makellos

flax [flæks] *s* Flachs *m;* **flaxen** ['flæksn] *adj* flachsfarben; ~ **hair** Flachshaar *nt*

flay [fleɪ] *vt* **1.** die Haut abziehen (*s.o.* jdm) **2.** (*fig*) keinen guten Faden lassen an

flea [fliː] *s* Floh *m;* **send s.o. off with a ~ in his ear** jdn wie einen begossenen Pudel abziehen lassen; **flea•bite** *s* **1.** Flohbiss *m* **2.** (*fig*) Bagatelle *f;* **flea-bitten** ['fliːbɪtn] *adj* (*fig*) vergammelt; **flea market** *s* Flohmarkt *m*

fleck [flek] **I.** *s* **1.** Fleck(en), Tupfen *m* **2.** Teilchen *nt* **II.** *vt* sprenkeln

fled [fled] *s.* **flee**

fledged [fledʒd] *adj* flügge; **fully ~** (*fig*) vollentwickelt; **fledg(e)•ling** ['fledʒlɪŋ] *s* **1.** Jungvogel *m* **2.** (*fig*) Grünschnabel *m*

flee [fliː] <*irr:* fled, fled> **I.** *vi* entfliehen, flüchten (*from* vor) **II.** *vt* fliehen vor, aus; entfliehen

fleece [fliːs] **I.** *s* Vlies, Schaffell *nt* **II.** *vt* **1.** scheren **2.** (*fig*) übers Ohr hauen; schröpfen (*of* um)

fleet¹ [fliːt] *s* **1.** Flotte *f;* Geschwader *nt* **2.** Fuhr-, Wagenpark *m*

fleet² [fliːt] *adj* schnell, flink

fleet•ing ['fliːtɪŋ] *adj* flüchtig, vergänglich

flesh [fleʃ] *s* **1.** Fleisch *nt* **2.** (*von Obst*) (Frucht)Fleisch *nt;* **in the ~** leibhaftig; in Person; **go the way of all ~** den Weg allen Fleisches gehen; **one's own ~ and blood** sein eigenes Fleisch und Blut; **have one's pound of ~** alles auf Heller und Pfennig bekommen; **flesh•colo(u)red** *adj* fleischfarben; **flesh-pots** *s pl* (*fig*) Fleischtöpfe *mpl;* **flesh-wound** *s* Fleischwunde *f;* **fleshy** ['fleʃɪ] *adj* fleischig; fett

flew [fluː] *s.* **fly², fly³**

flex [fleks] **I.** *vt* biegen, beugen **II.** *s* (ELEK) Kabel *nt*

flexi•bil•ity [ˌfleksə'bɪlətɪ] *s* **1.** Elastizität, Biegsamkeit *f* **2.** (*fig*) Anpassungsfähigkeit, Flexibilität *f;* **flex•ible** ['fleksəbl] *adj* **1.** biegsam, elastisch **2.** (*fig*) anpassungsfähig, flexibel; **flexi•time** ['fleksɪtaɪm] *s* gleitende Arbeitszeit, Gleitzeit *f*

flick [flɪk] I. *s* 1. (Peitschen)Knall *m* 2. (*mit Fingern*) Schnipsen *nt* 3. **~s** (*sl*) Kino *nt* II. *vt* 1. schnalzen mit 2. wegschnippen

flicker ['flɪkə(r)] I. *vi* 1. flattern 2. (*Flamme*) flackern; flimmern; zucken II. *s* Flackern, Flimmern, Zucken *nt;* ~ **of hope** Hoffnungsschimmer *m*

flick knife ['flɪknaɪf] <*pl* -knives> *s* Klappmesser *nt*

flier ['flaɪə(r)] *s* 1. Flieger(in) *m(f)* 2. Schnellzug *m* 3. fliegender Start 4. Handzettel *m;* **high~** (*fam*) Senkrechtstarter *m*

flight[1] [flaɪt] *s* 1. Flug *m,* Fliegen *nt* 2. Flugstrecke *f* 3. (*Vögel*) Schar *f,* Schwarm *m* 4. (*fig*) Höhenflug *m* 5. (~ *of stairs*) Treppenflucht *f;* **in** ~ im Flug; **in the first** ~ (*fig*) an der Spitze

flight[2] [flaɪt] *s* Flucht *f;* **put to** ~ in die Flucht schlagen; **take** (**to**) ~ die Flucht ergreifen; ~ **of capital** Kapitalflucht *f*

flight attendant *s* Flugbegleiter(in) *m(f);* **flight controller** *s* Fluglotse *m,* -lotsin *f;* **flight deck** ['flaɪtdek] *s* Flugdeck *nt;* **flight engineer** *s* Bordmechaniker(in) *m(f);* **flight•less** [-lɪs] *adj* (*Vogel*) flugunfähig; **flight number** *s* Flugnummer *f*

flighty ['flaɪtɪ] *adj* flatterhaft

flim•si•ness ['flɪmzɪnɪs] *s* 1. Dünne *f;* Leichtigkeit *f;* Dürftigkeit *f* 2. (*fig*) Fadenscheinigkeit *f;* **flimsy** ['flɪmzɪ] I. *adj* 1. dünn; leicht; düftig; nicht stabil 2. (*Ausrede*) fadenscheinig II. *s* Durchschlagpapier *nt*

flinch [flɪntʃ] *vi* 1. zurückzucken 2. (*fig*) zurückschrecken (*from* vor); **without ~ing** ohne eine Miene zu verziehen

fling [flɪŋ] <*irr:* flung, flung> I. *s* 1. Wurf *m,* Schleudern *nt* 2. (*fig*) Versuch, Anlauf *m;* **have a** ~ **at** sich versuchen an; **have one's** ~ sich austoben II. *vt* schleudern; ~ **the window open** das Fenster aufstoßen; ~ **s.th. at s.o.** jdm etw an den Kopf werfen; ~ **into prison** ins Gefängnis werfen; ~ **o.s. into a chair** sich in einen Sessel werfen; **fling away** *vt* wegwerfen; **fling off** *vt* abwerfen; abschütteln; **fling on** *vt* (*Kleider*) schnell überwerfen; **fling open** *vt* (*Tür*) aufreißen; **fling out** *vt* hinauswerfen

flint [flɪnt] *s* Feuerstein *m*

flip [flɪp] I. *vt* 1. (~ *off*) wegschnippen 2. (*Pfanne:* ~ *over*) wenden II. *vi* 1. schnipsen 2. (*sl*) ausflippen III. *adj* (*fam*) schnippisch IV. *s* 1. Schnipser *m* 2. (*fam*) Rundflug *m* 3. (*Getränk*) Flip *m* 4. Salto *m;* **flip•chart** *s* Flipchart *nt*

flip-flop ['flɪpflɒp] *s* 1. (ELEK) Flipflop *m* 2. (*fam*) Latsche, Sandale *f* 3. (SPORT) Flickflack *m* 4. plötzlicher Gesinnungswandel

flip•pancy ['flɪpənsɪ] *s* Keckheit *f;* **flippant** ['flɪpənt] *adj* leichtfertig, schnoddrig

flip•per ['flɪpə(r)] *s* (Schwimm)Flossen *pl*

flip side ['flɪpsaɪd] *s* (*Schallplatte*) Rückseite *f*

flirt [flɜ:t] I. *vi* flirten; ~ **with an idea** mit einem Gedanken spielen II. *s:* **he is just a** ~ er will nur flirten; **flir•ta•tion** [flɜ:'teɪʃn] *s* Flirt *m;* **flir•ta•tious** [flɜ:'teɪʃəs] *adj* kokett

flit [flɪt] *vi* 1. (*Vögel*) flattern, huschen 2. (*fig*) bei Nacht und Nebel ausziehen

float [fləʊt] I. *s* 1. (TECH) Schwimmer *m;* Schwimmkork *m* 2. (*Fisch*) Schwimmblase *f* 3. (AVIAT) Schwimmwerk *nt* 4. Festzugswagen *m* 5. (COM) Wechselgeld *nt* II. *vi* 1. schwimmen; treiben; schweben 2. (COM) floaten III. *vt* 1. flottmachen 2. (COM) in Umlauf bringen; (*Anleihe*) auflegen; (*Handelsgesellschaft*) gründen; (*Wechselkurs*) freigeben; **float around** *vi* im Umlauf sein; herumschweben; **float off** *vi* abtreiben; davonschweben; **flo(a)•ta•tion** [fləʊ'teɪʃn] *s* (COM) *Gesellschaftsgründung durch Aktienemission an der Börse;* **floating** ['fləʊtɪŋ] *adj* 1. schwimmend, schwebend 2. (*Bevölkerung*) fluktuierend 3. (COM) freigegeben; ~ **capital** Umlaufvermögen *nt;* ~ **dock** Schwimmdock *nt;* ~ **kidney** (MED) Wanderniere *f;* ~ **voter** Wechselwähler(in) *m(f)*

flock[1] [flɒk] I. *s* 1. Herde *f* 2. (*Vögel*) Schwarm *m* 3. (*von Personen*) Schar *f,* Haufen *m* 4. (REL) Herde *f* II. *vi* in Scharen kommen; ~ **in** hineinströmen; ~ **together** zusammenströmen; ~ **around s.o.** sich um jdn scharen

flock[2] [flɒk] *s* Flocke *f*

floe [fləʊ] *s* Treibeis *nt,* Eisscholle *f*

flog [flɒg] *vt* 1. (aus)peitschen, verprügeln 2. (*sl*) verschachern; **you're ~ging a dead horse** Sie verschwenden Ihre Zeit; **flogging** [-ɪŋ] *s* Tracht *f* Prügel

flood [flʌd] I. *s* 1. Hochwasser *nt,* Überschwemmung *f* 2. (MAR) Flut *f* 3. (*fig*) Flut *f,* Schwall *m;* **the Flood** die Sintflut II. *vt* 1. überschwemmen, überfluten 2. (*fig*) überschütten (*with* mit); ~ **out** überfluten, unter Wasser setzen; ~ **the market** den Markt überschwemmen; **be ~ed out** durch das Hochwasser vertrieben werden III. *vi* (*Fluss*) über die Ufer treten; ~ **in** hereinstürmen; hineinströmen; **flood•light** ['flʌdlaɪt] I. *s* Scheinwerfer(licht *nt*) *m,* Flutlicht *nt* II. *vt* anstrahlen, beleuchten

floor [flɔ:(r)] I. *s* 1. Fußboden *m;* Tanzboden *m* 2. Stockwerk *nt* 3. (*von Preisen*) Minimum *nt* 4. (PARL) Sitzungssaal *m;* **give s.o. the** ~ jdm das Wort erteilen; **take the** ~ auf den Tanzboden gehen; (PARL) das Wort ergreifen; **wipe the ~ with s.o.** (*fam*) jdn am Boden zerstören; **may I have the ~?** (PARL) ich bitte ums Wort **II.** *vt* **1.** (*Haus*) mit einem Fußboden versehen **2.** zu Boden strecken, niederschlagen **3.** (*fig*) die Sprache verschlagen (*s.o.* jdm), verblüffen; **floor•board** [ˈflɔ:bɔ:d] *s* Diele *f;* **flooring** [-ɪŋ] *s* Fußbodenbelag *m;* **floor lamp** *s* Stehlampe *f;* **floor polish** *s* Bohnerwachs *nt;* **floor show** *s* Nachtklubvorstellung *f;* **floor•walker** *s* Abteilungsleiter(in) *m(f)* (*in Warenhaus*)

flop [flɒp] **I.** *vi* **1.** fallen; sich fallenlassen **2.** (THEAT) durchfallen; nicht ankommen; **~ down on the bed** sich auf das Bett fallen lassen **II.** *s* **1.** Plumps *m* **2.** (*fam*) Reinfall, Misserfolg *m;* **floppy** [ˈflɒpɪ] *adj* schlaff; schlapp; **~ disk** Floppydisk, Diskette *f*

flora [ˈflɔ:rə] *s* Flora *f;* **floral** [ˈflɔ:rəl] *adj* Blumen-; geblümt

florid [ˈflɒrɪd] *adj* **1.** (*Aussehen*) blühend, rosig **2.** (*Kunst*) überladen; blumig, schwülstig

flor•ist [ˈflɒrɪst] *s* Blumenhändler(in) *m(f);* **~'s shop** Blumenladen *m*

flo•tel [fləʊˈtel] *s* Hotelschiff *nt*

flo•tilla [fləˈtɪlə] *s* Flottille *f*

flot•sam [ˈflɒtsəm] *s* Treibgut *nt;* **~ and jetsam** Strandgut *nt*

flounce[1] [flaʊns] **I.** *vi* stolzieren; **~ in** hereinstolzieren **II.** *s:* **leave the room with a ~** aus dem Zimmer stolzieren

flounce[2] [flaʊns] **I.** *s* Volant *m* **II.** *vt* mit einem Volant besetzen

floun•der[1] [ˈflaʊndə(r)] *s* Flunder *f*

floun•der[2] [ˈflaʊndə(r)] *vi* sich abstrampeln, sich abzappeln; (*fig*) ins Schwimmen kommen

flour [ˈflaʊə(r)] **I.** *s* Mehl *nt* **II.** *vt* mit Mehl bestreuen

flour•ish [ˈflʌrɪʃ] **I.** *vi* **1.** sich gut entwickeln, gedeihen **2.** (*fig*) eine Blütezeit haben; erfolgreich sein **II.** *vt* (*Fahne*) schwenken **III.** *s* **1.** Schnörkel *m;* (*a. fig*) Floskel *f* **2.** (MUS) Fanfare *f* **3.** schwungvolle Bewegung; **flour•ish•ing** [ˈflʌrɪʃɪŋ] *adj* blühend, florierend

flour mill [ˈflaʊəmɪl] *s* Getreidemühle *f;* **floury** [ˈflaʊərɪ] *adj* mehlig

flout [flaʊt] *vt* sich hinwegsetzen über, missachten

flow [fləʊ] **I.** *vi* **1.** fließen, strömen **2.** münden (*into the lake* in den See) **3.** (*Tränen*) rinnen **4.** (*Flut*) steigen **5.** (*Haar*) fließen, wallen; **~ down** (*Haar*) herunterhängen; **~ in** hereinströmen **II.** *s* **1.** Fließen, Strömen *nt* **2.** Fluss, Strom *m* **3.** (*fig*) Redefluss *m;* **~ of business** Geschäftsgang *m;* **~ of traffic** Verkehrsstrom *m;* **go with the ~** (*fam*) mit dem Strom schwimmen; **flow chart** *s* Flussdiagramm *nt*

flower [ˈflaʊə(r)] **I.** *s* **1.** Blume, Blüte *f* **2.** (*fig*) Blüte *f;* **in ~** in Blüte; **say it with ~s** lasst Blumen sprechen; **in the ~ of youth** in der Blüte der Jugend **II.** *vi* blühen; **flower arrangement** *s* Blumengesteck *nt;* **flower•bed** [ˈflaʊəbed] *s* Blumenbeet *nt;* **flow•ered** [ˈflaʊəd] *adj* geblümt; **flower garden** *s* Blumengarten *m;* **flower•pot** [ˈflaʊəpɒt] *s* Blumentopf *m;* **flower show** *s* Blumenschau *f;* **flower tub** *s* Blumenkübel *m;* **flowery** [ˈflaʊərɪ] *adj* **1.** blumenreich, blumig **2.** (*Stil*) bilderreich

flown [fləʊn] *s.* **fly**[2], **fly**[3]

flu [flu:] *s* (*fam*) Grippe *f*

flub around [ˌflʌbəˈraʊnd] *vt* (*Am: fam*) vermasseln *fam*

fluc•tu•ate [ˈflʌktʃʊeɪt] *vi* schwanken, fluktuieren; **fluc•tu•ation** [ˌflʌk tʃʊˈeɪʃn] *s* Schwanken *nt,* Schwankung *f;* Fluktuation *f;* **~ of prices/of temperature** Preis-/Temperaturschwankungen *fpl*

flue [flu:] *s* Rauchfang, -abzug *m;* **flue gas** *s* Rauchgas *nt;* **~ desulphurization** Rauchgasentschwefelung *f*

flu•ency [ˈflu:ənsɪ] *s* (Rede)Gewandtheit *f;* **flu•ent** [ˈflu:ənt] *adj* **1.** (*Stil*) flüssig **2.** (*Redner*) gewandt; **speak ~ English** fließend Englisch sprechen

fluff [flʌf] **I.** *s* **1.** (Staub)Flocke *f* **2.** Flaum *m* **II.** *vt* **1.** (*~ out*) aufplustern **2.** (*Auftritt*) verpfuschen; **fluffy** [ˈflʌfɪ] *adj* flaumig

fluid [ˈflu:ɪd] **I.** *adj* **1.** flüssig **2.** (*fig*) veränderlich, ungewiss **II.** *s* (CHEM) Flüssigkeit *f*

flung [flʌŋ] *s.* **fling**

flunk [flʌŋk] **I.** *vt* (*fam*) durchfallen lassen **II.** *vi* (*fam*) durchfallen

flu•or•escence [flʊəˈresns] *s* Fluoreszenz *f;* **flu•or•escent** [flʊəˈresnt] *adj* fluoreszierend; **~ tube** Neonröhre *f*

flu•ori•da•tion [ˌflʊərɪˈdeɪʃn] *s* (*Trinkwasser*) Fluoridbehandlung *f;* **flu•o•ride** [ˈflʊəraɪd] *s* (CHEM) Fluorid *nt;* **flu•o•rine** [ˈflʊəri:n] *s* (CHEM) Fluor *nt;* **flu•oro•car•bon** [ˌflʊərəˈkɑ:bən] *s* (CHEM) Fluorkohlenwasserstoff *m*

flurry [ˈflʌrɪ] **I.** *s* **1.** (*~ of wind*) Windstoß *m* **2.** Schneegestöber *nt* **3.** (*fig*) plötzliches Durcheinander, Aufregung *f;* **in a ~ (of alarm/of excitement)** in (großer) Aufregung **II.** *vt* verwirrt machen, aufregen

flush[1] [flʌʃ] **I.** *vi* rot werden, rot anlaufen **II.** *vt* **1.** (aus-, durch)spülen **2.** (*Gesicht*) röten; **~ out** (*Dieb*) aufstöbern, aufspüren **III.** *s* **1.** (Wasser)Guss *m,* Spülung *f* **2.** Auf-, Erblühen *nt;* Blüte *f* **3.** Erregung *f,* Aufwallen *nt* **4.** Röte *f;* **in the first ~ of victory** im ersten Siegestaumel

flush[2] [flʌʃ] *adj pred* in gleicher Ebene; bün-

F

dig; **be** ~ gut bei Kasse sein
flush³ [flʌʃ] *vt* (*Vögel*) aufscheuchen
flush⁴ [flʌʃ] *s* (*Poker*) Flush *m*
flushed ['flʌʃt] *adj* rot; gerötet
flus·ter ['flʌstə(r)] **I.** *vt* nervös machen **II.** *s* Verwirrung, Nervosität *f;* **all in a** ~ ganz verwirrt
flute [flu:t] **I.** *s* Querflöte *f* **II.** *vt* (*Pfeiler*) kannelieren; **flut·ing** [-ɪŋ] *s* (ARCH) Kannelierung *f;* **flut·ist** ['flu:tɪst] *s* (*Am*) Flötist(in) *m(f)*
flut·ter ['flʌtə(r)] **I.** *vi* **1.** (*a.* MED) flattern **2.** (*Person*) tänzeln **II.** *vt* flattern mit; wedeln mit **III.** *s* **1.** (*a.* MED) Flattern *nt* **2.** Erregung, Unruhe, Aufregung *f;* **have a** ~ (*fam*) sein Glück beim Wetten versuchen; **in a** ~ in heller Aufregung
flu·vial ['flu:vɪəl] *adj* Fluss-
flux [flʌks] *s* **1.** Fluss *m,* Fließen *nt* **2.** (MED) Ausfluss *m* **3.** (TECH) Flussmittel *nt;* **be in a state of** ~ sich ständig ändern
fly¹ [flaɪ] *s* Fliege *f;* **a** ~ **in the ointment** ein Haar in der Suppe; **there are no flies on him** (*fig*) ihn legt man nicht so leicht rein
fly² [flaɪ] <*irr:* flew, flown> **I.** *vi* **1.** fliegen **2.** (*Zeit*) verfliegen; sausen **3.** (*Fahne*) wehen **4.** (*sl*) super ankommen, ein Hit sein; ~ **past** vorbeisausen; ~ **into a rage** einen Wutanfall bekommen; ~ **at s.o.** auf jdn losgehen; **the door flew open** die Tür flog auf; ~ **in the face of reason** sich über jede Vernunft hinwegsetzen; jeder Vernunft entbehren **II.** *vt* **1.** fliegen lassen **2.** (*Drachen*) steigen lassen **3.** (*Flugzeug*) fliegen; überfliegen **4.** (*Flagge*) wehen lassen **III.** *s:* **go for a** ~ fliegen; **fly away** *vi* wegfliegen; abfliegen; **fly in** *vt* einfliegen; **fly off** *vi* abfliegen; wegfliegen; **fly out I.** *vi* ausfliegen **II.** *vt* hinfliegen
fly³ [flaɪ] <*irr:* flew, flown> **I.** *vi* fliehen, flüchten **II.** *vt:* ~ **the country** aus dem Land flüchten
fly⁴ [flaɪ] *s* **1.** (Hosen)Schlitz *m* **2.** (*Zelt*) Überdach *nt*
fly⁵ [flaɪ] *adj* (*sl*) clever, gerissen
fly·away ['flaɪəweɪ] *adj* flatternd, wehend; **fly-by-night** ['flaɪbaɪnaɪt] **I.** *s* flüchtiger Schuldner; Windhund *m* **II.** *adj* **1.** unzuverlässig **2.** (COM) windig, zweifelhaft; **fly-catcher** ['flaɪˌkætʃə(r)] *s* **1.** (*Vogel*) Fliegenschnäpper *m* **2.** Fliegenfänger *m*
flyer ['flaɪə(r)] *s* **1.** Flieger(in) *m(f)* **2.** Schnellzug *m* **3.** fliegender Start **4.** Handzettel *m;* **high~** (*fam*) Senkrechtstarter *m*
fly·ing ['flaɪɪŋ] *s* Fliegen *nt;* **pass with** ~ **colours** glänzend abschneiden; **flying boat** *s* Flugboot *nt;* **flying buttress** *s* Strebebogen *m;* **flying fish** *s* fliegender Fisch; **flying fox** *s* Flughund *m;* **flying picket** *s* mobiler Streikposten; **flying saucer** *s* fliegende Untertasse; **flying squad** *s* Überfallkommando *nt;* **flying start** *s* fliegender Start; **he's got off to a** ~ er hat einen hervorragenden Start; **flying time** *s* Flugzeit *f;* **flying visit** *s* Blitzbesuch *m*
fly·leaf ['flaɪli:f] <*pl* -leaves> *s* (*Buch*) Vorsatzblatt *nt;* **fly·over** ['flaɪəʊvə(r)] *s* (*Straße*) Überführung *f;* **fly·paper** *s* Fliegenfänger *m;* **fly·past** ['flaɪpɑ:st] *s* Flugparade *f;* **fly·sheet** *s* (*Zelt*) Überdach *nt;* **fly·trap** *s* Fliegenfalle *f;* **fly·weight** ['flaɪweɪt] *s* (*Boxen*) Fliegengewicht *nt;* **fly·wheel** ['flaɪwi:l] *s* (TECH) Schwungrad *nt*
foal [fəʊl] *s* Fohlen, Füllen *nt;* **in** ~ (*Stute*) trächtig
foam [fəʊm] **I.** *s* Schaum *m;* Gischt *f* **II.** *vi* schäumen (*with rage* vor Wut); **foam bath** *s* Schaumbad *nt;* **foam rubber** *s* Schaumgummi *m;* **foamy** ['fəʊmɪ] *adj* schäumend
fob [fɒb] **I.** *s* Uhrtasche *f* **II.** *vt:* ~ **s.o. off** jdn abspeisen; ~ **s.th. off on s.o.** jdm etw andrehen
fo·cal ['fəʊkl] *adj* im Brennpunkt; ~ **length** Brennweite *f;* ~ **point** Brennpunkt *m;* **fo·cus** ['fəʊkəs, *pl* 'fəʊsaɪ] <*pl* focuses, foci> **I.** *s* **1.** (MATH OPT) Brennpunkt *m* **2.** (*fig*) Brennpunkt, Herd *m,* Zentrum *nt;* **in** (**out of**) ~ (un)scharf eingestellt; **bring into** ~ scharf einstellen **II.** *vt* **1.** (OPT PHOT) einstellen (*on* auf) **2.** (*fig*) konzentrieren (*on* auf)
fod·der ['fɒdə(r)] *s* Futter *nt*
foe·tal ['fi:tl] *adj* fötal; **foe·tus** ['fi:təs] *s* Fötus *m*
fog [fɒg] **I.** *s* **1.** Nebel *m* **2.** (PHOT FILM) (Grau)Schleier *m* **II.** *vt* **1.** (*glass:* ~ *up*) beschlagen **2.** (*fig*) trüben, verdunkeln **3.** (PHOT) verschleiern **III.** *vi* **1.** sich beschlagen **2.** (PHOT) einen Grauschleier bekommen; **fog·bank** ['fɒgbæŋk] *s* Nebelbank *f;* **fog·bound** ['fɒgbaʊnd] *adj* (MAR AVIAT) durch Nebel behindert
fogey ['fəʊgɪ] *s:* **old** ~ alter Kauz
foggy ['fɒgɪ] *adj* **1.** neb(e)lig **2.** (*fig*) undeutlich, verwirrt; **I haven't the foggiest** (**idea**) ich habe nicht die mindeste Ahnung; **fog·horn** ['fɒghɔ:n] *s* (MAR) Nebelhorn *nt;* **fog·lamp** ['fɒglæmp] *s* (AUTO) Nebellampe *f;* **rear** ~ Nebelschlussleuchte *f*
fogy *s* (*Am: fam*): **old** ~ alter Kauz
foible ['fɔɪbl] *s* (*fig*) Eigenheit *f*
foil¹ [fɔɪl] *vt* **1.** einen Strich durch die Rechnung machen (*s.o. in s.th.* jdm bei einer S) **2.** (*Plan*) durchkreuzen
foil² [fɔɪl] *s* Florett *nt*
foil³ [fɔɪl] *s* **1.** Folie *f* **2.** (*fig*) Hintergrund *m* (*to* für); **aluminium** ~ Alufolie *f*
foist [fɔɪst] *vt:* ~ **s.th. off on s.o.** jdm etw

andrehen; ~ **o.s. on s.o.** sich jdm aufdrängen

fold[1] [fəʊld] **I.** *s* **1.** Falte *f,* Falz, Kniff *m* **2.** (GEOL) Bodenfalte *f* **II.** *vt* **1.** zusammenfalten, -legen, -klappen **2.** (*die Arme*) kreuzen, verschränken **3.** (*die Hände*) falten **4.** (~ *in one's arms*) in die Arme schließen **5.** einhüllen, -wickeln, -schlagen **III.** *vi* **1.** sich zusammenlegen, zusammengelegt werden **2.** (*Geschäft*) eingehen; **fold up** *vi* (*Geschäft*) eingehen; abgesetzt werden

fold[2] [fəʊld] *s* **1.** Pferch *m* **2.** (REL) Herde, Gemeinde *f;* **return to the** ~ (*fig*) in den Schoß der Gemeinde zurückkehren

folder ['fəʊldə(r)] *s* **1.** Schnellhefter, Aktendeckel *m* **2.** Merkblatt *nt*

fold•ing ['fəʊldɪŋ] *adj* zusammenklappbar; ~ **boat** Faltboot *nt;* ~ **chair** Klappstuhl *m;* ~ **doors** Falttür *f;* ~ **table** Klapptisch *m*

fo•li•age ['fəʊlɪɪdʒ] *s* Blätter *ntpl,* Laubwerk *nt*

fo•lio ['fəʊlɪəʊ] <*pl* folios> *s* **1.** Folio *nt* **2.** Foliant *m*

folk [fəʊk] *s pl* Leute *pl;* **my** ~**s** (*fam*) meine Leute; **a lot of** ~ **think ...** viele denken ...; **folk dance** *s* Volkstanz *m;* **folk•lore** ['fəʊklɔ:(r)] *s* Folklore *f;* **folk music** *s* Volksmusik *f;* **folk song** *s* Volkslied *nt;* **folksy** ['fəʊksɪ] *adj* (*fam*) volkstümlich

fol•low ['fɒləʊ] **I.** *vt* **1.** folgen, nachkommen (*s.o.* jdm) **2.** sich anschließen (*s.o.* jdm) **3.** verfolgen **4.** (*einem Weg*) folgen **5.** (*Beruf*) ausüben, nachgehen **6.** (*Mode*) mitmachen, folgen **7.** (*Serie*) verfolgen; sich interessieren für; **have s.o.** ~**ed** jdn verfolgen lassen; ~ **one's nose** der Nase nach gehen; **do you** ~ **me?** können Sie mir folgen? **II.** *vi* **1.** (er)folgen, sich ergeben (*from* aus) **2.** folgen (*on s.th.* auf etw); **as** ~**s** wie folgt; folgendermaßen; **it** ~**s that** daraus folgt, es ergibt sich, dass; **follow on** *vi* später folgen, nachkommen; sich ergeben; **follow out** *vt* zu Ende verfolgen, durchziehen; **follow through** *vt* zu Ende führen; **follow up** *vt* **1.** nachgehen **2.** sich näher beschäftigen mit; weiterverfolgen **3.** (*Erfolg*) fortsetzen, ausbauen **4.** (*Vorteil*) (aus)nutzen

fol•lower ['fɒləʊə(r)] *s* **1.** Anhänger(in) *m(f)* **2.** (*pej*) Mitläufer(in) *m(f);* **fol•low•ing** ['fɒləʊɪŋ] **I.** *adj* folgend, weiter, im Anschluss an; ~ **wind** Rückenwind *m* **II.** *s* Anhängerschaft *f;* Anhang *m;* **he said the** ~ er sagte Folgendes; **fol•low-up** ['fɒləʊˌʌp] *s* **1.** Weiterverfolgen *nt* **2.** (*Brief*) Nachfassschreiben *nt* **3.** (MED) Nachuntersuchung *f* **4.** Nachfolge-

folly ['fɒlɪ] *s* Torheit, Narrheit *f*

fond [fɒnd] *adj* **1.** zärtlich, liebevoll **2.** vernarrt (*of* in) **3.** zu nachsichtig; **be** ~ **of** gern haben, mögen; lieben; **be** ~ **of doing s.th.** etw gern tun; ~**est regards** mit lieben Grüßen

fondle ['fɒndl] *vt* (zärtlich, liebevoll) streicheln; hätscheln

fond•ness ['fɒndnɪs] *s* **1.** Begeisterung *f* **2.** Vorliebe *f* (*for* für) **3.** Zuneigung *f*

font [fɒnt] *s* **1.** Taufstein *m* **2.** (TYP) Schrift(art) *f*

food [fu:d] *s* **1.** Essen *nt;* Futter *nt;* Nahrung *f* **2.** Nahrungsmittel *ntpl* **3.** (*fig*) Nahrung *f;* **food chain** *s* Nahrungskette *f*

foodie ['fʊdɪ] *s* (*fam*) Feinschmecker(in) *m(f)*

food poisoning *s* Lebensmittelvergiftung *f;* **food processor** *s* Küchenmaschine *f;* **food•stuff** *s* Nahrungs-, Lebensmittel *ntpl*

fool [fu:l] **I.** *s* Dummkopf, Narr *m;* **be a** ~ **for one's pains** sich umsonst geplagt haben; **live in a** ~**'s paradise** in einem Traumland leben; **make a** ~ **of o.s.** sich lächerlich machen; **make a** ~ **of s.o.** jdn zum Besten haben; **go on a** ~**'s errand** einen nutzlosen Gang tun; **April Fools' Day** der 1. April; **April Fool!** April, April! **II.** *adj* (*Am fam*) dumm, doof **III.** *vi* herumalbern; Blödsinn machen; **stop** ~**ing!** lass den Blödsinn!; ~ **about** [*o* **around**] herumtrödeln; herumalbern **IV.** *vt* **1.** zum Narren halten; seinen Spaß haben mit **2.** hereinlegen, betrügen; **fool•hardy** ['fu:lhɑ:dɪ] *adj* tollkühn; **fool•ish** ['fu:lɪʃ] *adj* dumm, töricht, unklug; **fool•proof** ['fu:lpru:f] *adj* narrensicher, idiotensicher

fools•cap ['fu:lskæp] *s* Akten-, Kanzleipapier *nt*

foot [fʊt] <*pl* feet> **I.** *s* **1.** Fuß *m* **2.** unterer Teil, Ende *nt* **3.** Fußende *nt* **4.** Versfuß *m;* **at the** ~ **of the page** unten auf der Seite; **on** ~ zu Fuß; **under** ~ unter den Füßen; auf dem Boden; **be on one's feet** (*nach einer Krankheit*) wieder auf den Beinen sein; (*finanziell*) auf eigenen Füßen stehen; **put one's** ~ **down** ein Machtwort sprechen; es strikt verbieten; **put one's best** ~ **forward** die Beine unter den Arm nehmen; (*fig*) sich anstrengen; **put one's** ~ **in it** ins Fettnäpfchen treten; **have one** ~ **in the grave** mit einem Bein im Grab(e) stehen; **find one's feet** sich eingewöhnen **II.** *vt* (~ *it*) (zu Fuß) gehen; ~ **the bill** (*fam*) für die Rechnung aufkommen

foot•age ['fʊtɪdʒ] *s* Filmmaterial *nt*

foot-and-mouth dis•ease ['fʊtænd 'maʊðdɪ'zi:z] *s* Maul- und Klauenseuche *f*

foot•ball ['fʊtbɔ:l] *s* **1.** Fußball *m* **2.** amerikanischer Fußball, Football *m;* **football hooligan** *s* Fußballrowdy *m;* **football pools** *s pl* Fußballtoto *nt;* **foot•board**

F

['fʊtbɔːd] *s* Trittbrett *nt;* **foot•bridge** ['fʊtbrɪdʒ] *s* Fußgängerbrücke *f;* **foot-care** ['fʊtkeə(r)] *s* Fußpflege *f;* **foothills** *s pl* Gebirgsausläufer *mpl;* **foot•hold** ['fʊthəʊld] *s* **1.** Halt *m* **2.** (*fig*) fester Stand

foot•ing ['fʊtɪŋ] *s* **1.** Stand, Halt *m* **2.** (*fig*) Grundlage, Basis *f* **3.** Beziehungen *fpl;* **be on a friendly ~ with s.o.** mit jdm auf freundschaftlichem Fuß(e) stehen; **be on the same ~ with s.o.** mit jdm auf gleichem Fuß stehen; **lose one's ~** den Halt verlieren

foot•lights ['fʊtlaɪts] *s pl* **1.** (THEAT) Rampenlicht *nt* **2.** (*fig*) die Bretter *pl,* Bühne *f*

foot•ling ['fuːtlɪŋ] *adj* läppisch; albern

foot•loose ['fʊtluːs] *adj:* **~ and fancy-free** frei und ungebunden; **foot•man** [-mən] <*pl* -men> *s* Lakai, Diener *m;* **foot•note** ['fʊtnəʊt] *s* Fußnote, Anmerkung *f;* **foot-path** ['fʊtpɑːθ] *s* Fuß-, Gehweg *m;* **foot-print** ['fʊtprɪnt] *s* Fußabdruck *m;* **foot-rest** ['fʊtrest] *s* Fußstütze *f*

footsie ['fʊtsɪ] *s:* **play ~ with s.o.** mit jdm füßeln

foot•slog ['fʊtslɒg] *vi* (*fam*) latschen; **foot•sore** ['fʊtsɔː(r)] *adj:* **be ~** wunde Füße haben; **foot•step** ['fʊtstep] *s* Schritt, Tritt *m;* **follow in s.o.'s ~s** in jds Fußstapfen treten; **foot•stool** ['fʊtstuːl] *s* Fußschemel *m;* **foot•wear** ['fʊtweə(r)] *s* Schuhwerk *nt;* **foot•work** ['fʊtwɜːk] *s* (SPORT) Beinarbeit *f*

for [fɔː(r)] **I.** *prep* **1.** für; zu; nach; **go ~ a walk** spazieren gehen; **make ~ home** sich auf den Heimweg machen; **the train ~ Glasgow** der Zug nach Glasgow; **the struggle ~ existence** der Kampf ums Dasein; **what ~?** zu welchem Zweck? **2.** für; **it's not ~ me to say** es steht mir nicht zu mich dazu zu äußern; **a letter ~ you** ein Brief für dich; **are you ~ or against it?** sind Sie dafür oder dagegen **3.** (*betreffend*): **anxious ~ s.o.** um jdn besorgt; **as ~ him** was ihn betrifft **4.** (*Grund*) aus; **~ this reason** aus diesem Grund; **shout ~ joy** vor Freude jauchzen **5.** trotz; **~ all her money** trotz all ihres Geldes; **~ all that** trotzdem **6.** (*im Austausch*) für **7.** (*zeitlich*) seit; für; **I haven't been there ~ three years** ich bin seit drei Jahren nicht dort gewesen; **I'm going to be here ~ three weeks** ich bin für drei Wochen hier **8.** (*Entfernung*): **we walked ~ two miles** wir sind zwei Meilen weit gelaufen **9.** (*in Verbverbindung*): **hope ~ news** auf Nachrichten hoffen; **wait ~ s.o.** auf jdn warten **10.** (*Wunsch*): **a weakness ~** eine Schwäche für **11.** (*mit Infinitivkonstruktion*): **~ this to be possible** damit dies möglich wird; **the best would be ~ you to go** das Beste wäre, wenn Sie weggingen **12. ~ example** zum Beispiel; **he is in ~ it** er ist dran, fällig **II.** *conj* denn

for•age ['fɒrɪdʒ] **I.** *s* Futter *nt* **II.** *vi* nach Futter suchen

foray ['fɒreɪ] *s* (Raub)Überfall *m*

for•bad(e) [fə'bæd] *s.* **forbid**

for•bear [fɔː'beə(r)] <*irr:* forbore, forborne> *vi:* **we begged him to ~** wir baten ihn darauf zu verzichten; **for•bear•ance** [fɔː'beərəns] *s* Nachsicht *f*

for•bears ['fɔːbeəz] *s* Vorfahren, Ahnen *mpl*

for•bid [fə'bɪd] <*irr:* forbad(e), forbidden> *vt* **1.** verbieten (*s.o. s.th.* jdm etw) **2.** verhindern; **God ~!** Gott bewahre!; **it is ~den to ...** es ist verboten zu ...; **for-bidden** [fə'bɪdn] **I.** *pp of* **forbid II.** *adj* verboten; **~ fruit** verbotene Früchte *pl;* **for•bid•ding** [fə'bɪdɪŋ] *adj* bedrohlich; unfreundlich; grauenhaft

for•bore, **for•borne** [fɔː'bɔː(r), fɔː'bɔːn] *s.* **forbear**

force [fɔːs] **I.** *s* **1.** Stärke, Kraft *f* **2.** Gewalt *f;* Zwang, Druck *m* **3.** Überzeugungskraft *f;* Eindringlichkeit *f* **4.** Macht *f* **5.** (JUR) Gültigkeit *f;* **the ~s** die Streitkräfte *pl;* **by ~** mit Gewalt; **in ~** in voller Stärke; **in full ~** in voller Stärke; vollzählig; **come into/be in ~** rechtskräftig werden/sein; **join ~s** sich zusammentun; **resort to** [*o* **use**] **~** Gewalt anwenden; **~ of character** Charakterstärke *f;* **~ of gravity** Schwerkraft *f;* **the ~ of habit** Macht *f* der Gewohnheit **II.** *vt* **1.** zwingen, Zwang antun (*s.o.* jdm) **2.** erzwingen, mit Gewalt verschaffen **3.** (*~ open*) aufbrechen **4.** aufzwingen, -drängen, -nötigen (*on s.o.* jdm) **5.** überfordern, -anstrengen **6.** (*Pflanzen*) zu beschleunigtem Wachstum anregen **7.** (*Preise*) in die Höhe treiben; **~ the issue** die Entscheidung erzwingen; **~ the pace** den Schritt beschleunigen; **~ one's way through** sich gewaltsam einen Weg bahnen; **~ an entry** sich gewaltsam Zutritt verschaffen; **~ s.th. upon s.o.** jdm etw aufdrängen, aufzwingen; **he was ~d to resign** er wurde gezwungen zurückzutreten; **you can't ~ things** das lässt sich nicht übers Knie brechen; **force into** *vt* hineindrücken, -pressen; **force off** *vt* mit Gewalt abmachen; **force on, force upon** *vt* aufdrängen (*s.th. on s.o.* jdm etw); **force out** *vt* hinausdrängen

forced [fɔːst] *adj* **1.** erzwungen **2.** (*Lächeln*) gezwungen; **~ landing** Notlandung *f;* **~ march** Gewaltmarsch *m;* **force-feed** ['fɔːsfiːd] <*irr:* force-fed, force-fed> *vt* zwangsernähren; **force•ful** ['fɔːsfl] *adj* kraftvoll, energisch; stark; eindringlich

for•ceps ['fɔːseps] *s pl u. sing* (MED) Zange *f;* **forceps delivery** *s* Zangengeburt *f*

forc•ible ['fɔːsəbl] *adj* 1. gewaltsam, erzwungen 2. (*Stil*) eindringlich, überzeugend; **forc•ib•ly** ['fɔːsəblɪ] *adv* zwangsweise, gewaltsam

ford [fɔːd] I. *s* Furt *f* II. *vt* durchwaten

fore [fɔː(r)] I. *adv* (MAR) vorn; ~ **and aft** (MAR) längsschiffs II. *adj* vordere(r, s) III. *s* Vorderteil *nt;* **to the ~** (*fig*) im Vordergrund, an der Spitze; **come to the ~** ins Blickfeld geraten

fore•arm[1] ['fɔːrɑːm] *s* Unterarm *m*

fore•arm[2] [ˌfɔːr'ɑːm] *vt* vorbereiten; ~ **o.s.** sich wappnen

fore•bear [fɔː'beə(r)] (*Am*) *s.* **forbear**

fore•bears ['fɔːbeəz] (*Am*) *s.* **forbears**

fore•bode [fɔː'bəʊd] *vt* ein Zeichen sein für, deuten auf; **fore•bod•ing** [-ɪŋ] *s* Vorahnung *f,* Vorgefühl *nt*

fore•cast ['fɔːkɑːst] <*irr:* forecast (forecasted), forecast (forecasted)> I. *vt* vorausplanen; vorhersehen; vorhersagen II. *s* 1. Vorhersage, Prognose *f* 2. (METE) (Wetter)Voraus-, Vorhersage *f;* **fore•cast•er** [-ə(r)] *s* (METE) Meteorologe *m,* Meteorologin *f*

fore•castle ['fəʊksl] *s* (MAR) Vorschiff *nt*

fore•close [fɔː'kləʊz] *vt* (*Darlehen*) kündigen

fore•court ['fɔːkɔːt] *s* Vorhof *m*

fore•father ['fɔːfɑːðə(r)] *s* Ahnherr, Vorfahr *m*

fore•fin•ger ['fɔːfɪŋgə(r)] *s* Zeigefinger *m*

fore•foot ['fɔːfʊt] <*pl* -feet> *s* Vorderfuß *m*

fore•front ['fɔːfrʌnt] *s:* **in the ~** im Vorfeld

fore•go [fɔː'gəʊ] <*irr:* forewent, foregone> *vt* verzichten auf; **fore•go•ing** ['fɔːgəʊɪŋ] *adj* vorausgehend, vorangehend; **fore•gone** [fɔː'gɒn] I. *pp of* **forego** II. ['fɔːgɒn] *adj:* **be a ~ conclusion** von vornherein feststehen

fore•ground ['fɔːgraʊnd] *s* Vordergrund *m;* **in the ~** im Vordergrund

fore•hand ['fɔːhænd] *s* (*Pferd, Tennis*) Vorhand *f*

fore•head ['fɒrɪd] *s* Stirn *f*

for•eign ['fɒrən] *adj* 1. fremd, nicht (da)zugehörig 2. auswärtig, ausländisch; ~ **person** Ausländer(in) *m(f);* **foreign affairs** *s pl* (POL) Außenpolitik *f;* **foreign correspondent** *s* Auslandskorrespondent(in) *m(f);* **foreign currency** *s* Devisen *fpl,* Fremdwährung *f;* **foreigner** ['fɒrənə(r)] *s* Ausländer(in) *m(f);* **foreign exchange** *s* Devisen *pl;* **foreign language** *s* Fremdsprache *f;* **Foreign Office** *s* (*in GB*) Außenministerium *nt;* **foreign policy** *s* Außenpolitik *f;* **Foreign Secretary** *s* (*in GB*) Außenminister(in) *m(f)*

fore•knowl•edge [ˌfɔː'nɒlɪdʒ] *s* vorherige Kenntnis *f*

fore•man ['fɔːmən] <*pl* -men> *s* Vorarbeiter, Meister, Polier *m*

fore•most ['fɔːməʊst] I. *adj* 1. vorderste(r, s) 2. (*fig*) führend II. *adv* zuerst; **first and ~** in erster Linie

fore•name ['fɔːneɪm] *s* Vorname *m*

for•en•sic [fə'rensɪk] *adj* gerichtsmedizinisch; forensisch; ~ **medicine** Gerichtsmedizin *f*

fore•or•dain [ˌfɔːrɔː'deɪn] *vt* vorherbestimmen (*to* zu)

fore•paw ['fɔːpɔː] *s* Vorderpfote *f*

fore•play ['fɔːpleɪ] *s* Vorspiel *nt*

fore•run•ner ['fɔːrʌnə(r)] *s* 1. Vorläufer, -reiter *m* 2. Vorbote *m,* -zeichen *nt*

fore•sail ['fɔːseɪl] *s* Focksegel *nt*

fore•see [fɔː'siː] <*irr:* foresaw, foreseen> *vt* vorhersehen; **fore•see•able** [-əbl] *adj* vorhersehbar, absehbar; **in the ~ future** in absehbarer Zeit

fore•shadow [fɔː'ʃædəʊ] *vt* ahnen lassen, andeuten

fore•sight ['fɔːsaɪt] *s* Voraussicht *f;* Weitsicht *f*

fore•skin ['fɔːskɪn] *s* (ANAT) Vorhaut *f*

for•est ['fɒrɪst] *s* Wald, Forst *m*

fore•stall [fɔː'stɔːl] *vt* zuvorkommen (*s.o., s.th.* jdm, einer S), vorbeugen; vorwegnehmen

for•est blight (**dieback**) *s* Waldsterben *nt*

for•est•er ['fɒrɪstə(r)] *s* Förster(in) *m(f);* **for•est ranger** *s* Förster(in) *m(f);* **for•est•ry** ['fɒrɪstrɪ] *s* Forstwirtschaft *f*

fore•taste ['fɔːteɪst] *s* Vorgeschmack *m*

fore•tell [fɔː'tel] <*irr:* foretold, foretold> *vt* vorhersagen

for•ever [fə'revə(r)] *adv* 1. immer, ewig, ständig 2. (*Am*) (für) immer

fore•warn [fɔː'wɔːn] *vt* vorher warnen (*of* vor)

fore•went [fɔː'went] *s.* **forego**

fore•woman ['fɔːwʊmən, *pl* 'fɔːwɪmɪn] <*pl* forewomen> *s* Meisterin, Vorarbeiterin *f*

fore•word ['fɔːwɜːd] *s* Vorwort *nt*

for•feit ['fɔːfɪt] I. *s* 1. Strafe, Buße *f* 2. (*fig*) Einbuße *f* 3. **~s** Pfänderspiel *nt* II. *adj* (JUR): **be ~** verfallen sein III. *vt* 1. (JUR) verwirken; verlustig gehen (*s.th.* einer S) 2. (*fig*) einbüßen; **for•feit•ure** ['fɔːfɪtʃə(r)] *s* Verwirkung *f;* Verlust *m*

for•gather [fɔː'gæðə(r)] *vi* sich begegnen, zusammentreffen

for•gave [fə'geɪv] *s.* **forgive**

forge [fɔːdʒ] I. *s* Schmiede *f* II. *vt* 1. schmieden 2. (*Banknote*) nachmachen, fälschen III. *vi:* ~ **ahead** Fortschritte machen; vorwärts kommen; (SPORT) vorstoßen; **forger** ['fɔːdʒə(r)] *s* Fälscher(in) *m(f);*

F

forg•ery ['fɔːdʒərɪ] *s* Fälschung *f;* Fälschen *nt;* ~ **of documents** Urkundenfälschung *f*

for•get [fə'get] <*irr:* forgot, forgotten> **I.** *vt* vergessen (*to do, about doing s.th.* etw zu tun), verlernen **II.** *vi* es vergessen **III.** *vr* sich vergessen, aus der Rolle fallen; **for•get•ful** [fə'getfl] *adj* vergesslich; **forget-me-not** [fə'getmɪnɒt] *s* Vergissmeinnicht *nt*

for•give [fə'gɪv] <*irr:* forgave, forgiven> *vt* **1.** vergeben, verzeihen (*s.o. s.th.* jdm etw) **2.** (*Schuld*) erlassen; ~ **and forget** vergeben und vergessen; **for•given** [fə'gɪvn] *pp of* **forgive**; **for•giv•ing** [-ɪŋ] *adj* nachsichtig; versöhnlich

forgo [fɔː'gəʊ] <*irr:* forwent, forgone> *s.* **forego**

for•got [fə'gɒt] *s.* **forget**; **for•got•ten** [fə'gɒtn] *s.* **forget**

fork [fɔːk] **I.** *s* **1.** Gabel *f* **2.** Gabelung, Abzweigung *f* **II.** *vi* **1.** sich gabeln **2.** abbiegen (*left* nach links) **III.** *vt* mit einer Gabel aufladen; ~ **out** (*fam*) zahlen, blechen; **forked** [fɔːkt] *adj* **1.** gegabelt **2.** (*Zunge*) gespalten **3.** (*Blitz*) zickzackförmig; **fork-lift truck** *s* Gabelstapler *m*

for•lorn [fə'lɔːn] *adj* **1.** verlassen **2.** (*Versuch*) verzweifelt; ~ **hope** aussichtsloses Unternehmen

form [fɔːm] **I.** *s* **1.** Form, Gestalt, Figur *f* **2.** (An)Ordnung *f,* Schema *nt* **3.** (GRAM) Form *f* **4.** Umgangsform *f* **5.** Formblatt, Formular *nt,* Vordruck *m* **6.** (SPORT) Form, (körperliche) Verfassung *f* **7.** (*Br*) Bank (ohne Lehne) *f* **8.** (*Br*) (Schul)Klasse *f;* **in due** ~ vorschriftsmäßig; **without** ~ formlos; **be in good** ~ in guter Verfassung sein; **be out of** ~ nicht in Form sein; **fill in a** ~ ein Formular ausfüllen; **application** ~ Antragsformular *nt;* **that is good** (**bad**) ~ das gehört sich (nicht); **a** (**mere**) **matter of** ~ eine (bloße) Formsache **II.** *vt* **1.** formen, bilden, gestalten **2.** (*Idee*) entwickeln; annehmen **3.** (*Freundschaft*) schließen **4.** (*Eindruck*) gewinnen **5.** bilden, konstituieren, organisieren; (*Gesellschaft*) gründen; (*Regierung*) bilden; ~ **an idea/a plan** einen Gedanken/einen Plan fassen; ~ **a judg**(**e**)**ment/ an opinion** sich ein Urteil/eine Meinung bilden **III.** *vi* sich bilden; (feste) Gestalt annehmen; ~ **up** (sich) aufstellen

for•mal ['fɔːml] *adj* **1.** formell, förmlich **2.** offiziell **3.** (*Unterschied*) formal; **make a** ~ **apology** sich in aller Form entschuldigen; ~ **dress** Gesellschaftskleidung *f*

for•mal•de•hyde [fɔː'mældɪhaɪd] *s* (CHEM) Formaldehyd *m*

for•mal•ity [fɔː'mælətɪ] *s* **1.** Förmlichkeit *f* **2.** Formalität, Formsache *f;* **as a** ~ der (bloßen) Form wegen; **it's a mere** ~ es ist eine reine Formsache; **for•mal•ize** ['fɔːməlaɪz] *vt* formalisieren; zur Formsache machen

for•mat ['fɔːmæt] **I.** *s* (*Buch*) Format *nt;* Aufmachung *f* **II.** *vt* (INFORM) formatieren

for•ma•tion [fɔː'meɪʃn] *s* **1.** Bildung *f;* Gestalt(ung) *f* **2.** Struktur, (An)Ordnung, Gliederung *f,* Aufbau *m* **3.** (*Gesellschaft*) Gründung *f* **4.** (GEOL) Formation *f;* **battle** ~ Gefechtsaufstellung *f;* **formation dancing** *s* Formationstanzen *nt*

for•ma•tive ['fɔːmətɪv] **I.** *adj* bildend, gestaltend; Bildungs-; ~ **years** entscheidende Jahre **II.** *s* Wortbildungselement *nt*

for•mer ['fɔːmə(r)] **I.** *adj* **1.** früher, ehemalig **2.** erstere(r, s), erstgenannte(r, s); **in** ~ **times** früher **II.** *s:* **the** ~ der, die, das Erstere

for•mer•ly ['fɔːməlɪ] *adv* früher, ehemals

form feed *s* (INFORM) Formularvorschub *m*

for•mic acid ['fɔːmɪk'æsɪd] *s* Ameisensäure *f*

for•mi•dable ['fɔːmɪdəbl] *adj* **1.** furchtbar **2.** (*Gegner*) fürchterlich, schrecklich, entsetzlich **3.** (*fam*) gewaltig, riesig

form•less ['fɔːmlɪs] *adj* formlos

for•mula ['fɔːmjʊlə, *pl* 'fɔːmjʊliː] <*pl* formulas, formulae> *s* **1.** Formel *f* **2.** (*Medikament*) Rezept *nt*

for•mu•late ['fɔːmjʊleɪt] *vt* formulieren; **for•mu•la•tion** [ˌfɔːmjʊ'leɪʃn] *s* Formulierung *f*

for•ni•cate ['fɔːnɪkeɪt] *vi* Unzucht treiben

for•sake [fə'seɪk] <*irr:* forsook, forsaken> *vt* sich trennen von, verlassen; aufgeben; **forsaken** [fə'seɪkən] *pp of* **forsake**; **forsook** [fə'sʊk] *pt of* **forsake**

for•swear [fɔː'sweə(r)] *irr vt* **1.** abschwören (*s.th.* einer S) **2.** unter Eid verneinen

for•sythia [fɔː'saɪθɪə] *s* Forsythie *f*

fort [fɔːt] *s* Fort *nt;* **hold the** ~ (*fig*) die Stellung halten

forte ['fɔːteɪ] *s* starke Seite

forth [fɔːθ] *adv:* **and so** ~ und so weiter; **back and** ~ vor und zurück, hin und her; **from this day** ~ von heute an

forth•com•ing [ˌfɔːθ'kʌmɪŋ] *adj* **1.** (unmittelbar) bevorstehend **2.** (*Buch*) in Kürze erscheinend **3.** (*fig*) mitteilsam; ~ **books** Neuerscheinungen *fpl;* **the money/help is** ~ das Geld/Hilfe kommt

forth•right ['fɔːθraɪt] *adj* **1.** offen, aufrichtig **2.** (*Antwort*) unverblümt

forth•with [ˌfɔːθ'wɪθ] *adv* sofort, umgehend

for•ti•eth ['fɔːtɪəθ] *adj* vierzigste(r, s)

for•ti•fi•ca•tion [ˌfɔːtɪfɪ'keɪʃn] *s* Befestigung *f;* Festungsanlagen *fpl;* **for•tify** ['fɔːtɪfaɪ] *vt* **1.** (*fig*) bestärken, bekräftigen

2. (MIL) befestigen 3. (*Nahrungsmittel*) anreichern

for•ti•tude ['fɔːtɪtjuːd] *s* innere Kraft, Stärke

fort•night ['fɔːtnaɪt] *s* vierzehn Tage, zwei Wochen; **for a ~** für, auf 14 Tage; **today/tomorrow/next Monday ~** heute/morgen/Montag in 14 Tagen; **fort•night•ly** [-lɪ] **I.** *adj* vierzehntägig **II.** *adv* alle 14 Tage (stattfindend, erscheinend)

for•tress ['fɔːtrɪs] *s* Festung *f*

for•tu•itous [fɔː'tjuːɪtəs] *adj* zufällig

for•tu•nate ['fɔːtʃənət] *adj* glücklich; **be ~ in s.th.** bei etw Glück haben; **it was ~ that …** es war ein Glück, dass …; **for•tu•nate•ly** [-lɪ] *adv* glücklicherweise

for•tune ['fɔːtʃuːn] *s* **1.** Geschick, Schicksal *nt;* Zufall *m* **2.** (*Geld*) Wohlstand, Reichtum *m,* Vermögen *nt;* **by good ~** glücklicherweise; **have good (bad) ~** (kein) Glück haben; **the ~s of war** das Auf und Ab des Krieges; **have one's ~ told** sich die Zukunft sagen lassen; **make a ~** ein Vermögen verdienen; **marry a ~** eine gute Partie machen; **come into a ~** ein Vermögen erben; **fortune hunter** *s* Mitgiftjäger *m;* **fortune teller** *s* Wahrsager(in) *m(f)*

forty ['fɔːtɪ] *adj* vierzig; **have ~ winks** (*fam*) ein Nickerchen machen

fo•rum ['fɔːrəm] *s* (*a. fig*) Forum *nt*

for•ward ['fɔːwəd] **I.** *adj* **1.** vordere(r, s) **2.** (*zeitlich*) früh-, vorzeitig; Voraus-; fortgeschritten **3.** dreist **4.** (COM) auf Ziel; Termin-; **~ gear** Vorwärtsgang *m* **II.** *adv* **1.** (*a.* **~s**) vorwärts, nach vorn **2.** in die Zukunft; **from that** [*o* **this**] **time ~** seitdem; **bring ~** vorbringen; **step ~** vortreten; **come ~** sich melden **III.** *s* (SPORT) Stürmer(in) *m(f)* **IV.** *vt* **1.** (*Plan*) voran-, weiterbringen; fördern, unterstützen **2.** (*Waren*) befördern, schicken **3.** (*Brief*) nachschicken; **please ~!** bitte nachsenden!

for•ward•ing ['fɔːwədɪŋ] *s* Beförderung *f;* Versand *m,* Spedition *f;* **~ address** Nachsendeanschrift *f;* **~ agent** Spediteur *m;* **~ instructions** Lieferanweisungen *fpl*

for•ward-look•ing ['fɔːwəd,lʊkɪŋ] *adj* fortschrittlich; vorausblickend; **for•ward•ness** ['fɔːwədnɪs] *s* Dreistigkeit *f;* **for•wards** ['fɔːwədz] *adv s.* **forward**

for•went [fɔː'went] *s.* **forgo**

fos•sil ['fɒsl] **I.** *s* Fossil *nt* **II.** *adj* versteinert; **~ fuel** fossiler Brennstoff; **fos•sil•ized** ['fɒsəlaɪzd] *adj* versteinert; (*fig*) verknöchert

fos•ter ['fɒstə(r)] *vt* **1.** (*Kind*) in Pflege nehmen **2.** (*fig*) fördern, begünstigen **3.** (*Idee*) hegen; **foster-brother** *s* Pflegebruder *m;* **foster-child** <*pl* -children> *s* Pflegekind *nt;* **foster-father** *s* Pflegevater *m;* **foster-mother** *s* Pflegemutter *f;* **foster-sister** *s* Pflegeschwester *f*

fought [fɔːt] *s.* **fight**

foul [faʊl] **I.** *adj* **1.** übel, schlecht **2.** (*Essen*) übelriechend; verdorben **3.** (*Luft*) verbraucht **4.** (*Person*) gemein, fies **5.** (*Wetter*) schlecht **6.** (*Wind*) ungünstig, widrig **7.** (*Sprache*) anstößig, gemein **8.** (SPORT) unfair; ungültig **9.** verwickelt; **fall** [*o* **run**] **~ of s.o.** mit jdm in Konflikt geraten; **~ play** (SPORT) Foul *nt* **II.** *s* (SPORT) Foul *nt* **III.** *vt* **1.** (*Luft*) verpesten **2.** (*Kamin*) verstopfen **3.** (*Ruf*) lädieren **4.** rammen **5.** (SPORT) verstoßen gegen; **~ up a chance** eine Chance vermasseln **IV.** *vi* **1.** (*Seil*) sich verwickeln **2.** (SPORT) foulen

fou•lard [fuː'lɑːd] *s* Foulard *m* (*feines, weiches Gewebe*)

foul-mouthed ['faʊlmaʊðd] *adj* unflätig, vulgär; **foul•ness** ['faʊlnɪs] *s* **1.** Verdorbenheit *f;* Fauligkeit *f* **2.** Unflätigkeit *f*

found[1] [faʊnd] *vt* gründen; errichten; **~ s.th. on s.th.** etw auf etw gründen, stützen

found[2] [faʊnd] *vt* (*Metall*) schmelzen und gießen

found[3] [faʊnd] *s.* **find**

foun•da•tion [faʊn'deɪʃn] *s* **1.** Gründung *f;* Errichtung *f* **2.** Schenkung, Stiftung *f* **3. ~s** Grundmauer *f,* Fundament *nt* **4.** (*fig*) Grundlage, Basis *f;* **foundation cream** *s* Grundierungscreme *f;* **foundation stone** *s* Grundstein *m;* **foundation subject** *s* Pflichtfach *nt*

foun•der[1] ['faʊndə(r)] *s* Gründer(in) *m(f),* Stifter(in) *m(f)*

foun•der[2] ['faʊndə(r)] *vi* **1.** sinken, untergehen **2.** (*Pferd*) straucheln **3.** (*Plan*) scheitern

foun•der[3] ['faʊndə(r)] *s* (*Metall*) Gießer(in) *m(f)*

Found•ing Fa•ther [,faʊndɪŋ'fɑːðə(r)] *s* (HIST) Gründungsvater *m*

foun•dry ['faʊndrɪ] *s* Gießerei *f*

fount [faʊnt] *s* **1.** (*lit*) Born *m;* Quelle *f* **2.** (TYP) Schrift(art) *f*

foun•tain ['faʊntɪn] *s* **1.** Springbrunnen *m;* Fontäne *f* **2.** (*drinking ~*) (Trinkwasser)Brunnen *m;* **fountain pen** *s* Füller, Füllfederhalter *m*

four [fɔː(r)] *adj* vier; **on all ~s** auf allen vieren; **four-by-four** [,fɔːbaɪ'fɔː(r)] *s* Kraftfahrzeug *nt* mit Vierradantrieb; **four-door car** ['fɔː(r)dɔː(r) kɑː] *s* viertüriges Auto; **four•fold** ['fɔːfəʊld] *adj, adv* vierfach, -fältig; **four-footed** [,fɔː'fʊtɪd] *adj* vierfüßig; **four-handed** [,fɔː'hændɪd] *adj* (*a.* MUS) vierhändig; **four-leaf clover** *s* vierblättriges Kleeblatt; **four-letter word** *s* unanständiges Wort; **four•some** ['fɔːsəm] *s* Quartett *nt;* Viererspiel *nt;* **four•square**

F

['fɔːskweə(r)] *adj* **1.** viereckig **2.** (*Entscheidung*) entschlossen, unnachgiebig; **four·teen** [ˌfɔː'tiːn] *adj* vierzehn; **four·teenth** [ˌfɔː'tiːnθ] *adj* vierzehnte(r, s); **fourth** [fɔːθ] **I.** *adj* vierte(r, s) **II.** *s* Viertel *nt;* Vierte(r, s); **four-wheel drive** *s* Allrad-, Vierradantrieb *m*

fowl [faʊl] *s* Geflügel *nt;* **fowl·pest** ['faʊlpest] *s* Hühnerpest *f*

fox [fɒks] **I.** *s* **1.** Fuchs *m* **2.** Fuchspelz *m* **II.** *vt* täuschen, hereinlegen; verblüffen; **fox·glove** ['fɒksglʌv] *s* Fingerhut *m;* **fox hunt** ['fɒkshʌnt] **I.** *s* Fuchsjagd *f* **II.** *vi* auf die Fuchsjagd gehen; **fox terrier** *s* Foxterrier *m;* **fox·trot** ['fɒkstrɒt] *s* Foxtrott *m;* **foxy** ['fɒksɪ] *adj* schlau, listig

foyer ['fɔɪeɪ] *s* (THEAT) Foyer *nt;* Empfangshalle *f*

fra·cas ['frækɑː, *pl* 'frækɑːz] <*pl* fracas> *s* Aufruhr, Tumult *m*

frac·tal ['fræktl] *s* (MATH) Fraktal *nt*

frac·tion ['frækʃn] *s* **1.** (*fig*) Bruchteil *m* **2.** (MATH) Bruch *m;* **frac·tional** ['frækʃənl] *adj* **1.** (*fig*) geringfügig **2.** (MATH) Bruch-

frac·tious ['frækʃəs] *adj* mürrisch, verdrießlich

frac·ture ['fræktʃə(r)] **I.** *s* **1.** Bruch *m* **2.** (MED) Bruch *m,* Fraktur *f;* ~ **of the skull** Schädelbruch *m* **II.** *vt, vi* brechen

frag·ile ['frædʒaɪl] *adj* **1.** zerbrechlich, empfindlich **2.** (TECH) brüchig **3.** (MED) anfällig, schwach; **fra·gil·ity** [frə'dʒɪlətɪ] *s* Zerbrechlichkeit *f*

frag·ment ['frægmənt] **I.** *s* Bruchstück *nt,* -teil *m;* Scherbe *f* **II.** [fræg'ment] *vi* zersplittern, zerbrechen, in Stücke brechen **III.** [fræg'ment] *vt* in Teile zerlegen; in Stücke schlagen; **frag·men·tary** ['frægməntrɪ] *adj* bruchstückhaft, fragmentarisch

fra·grance ['freɪgrəns] *s* Duft *m;* **fra·grant** ['freɪgrənt] *adj* wohlriechend

frail [freɪl] *adj* **1.** zart; zerbrechlich **2.** (*fig*) gering; schwach; **frailty** ['freɪltɪ] *s* Zartheit *f;* Zerbrechlichkeit *f;* Schwäche *f*

frame [freɪm] **I.** *vt* **1.** (*Bild*) rahmen **2.** entwerfen, ausarbeiten, formulieren **3.** (*Gesicht*) ein-, umrahmen **4.** (*Wort*) bilden, formen **5.** (*sl*) fälschlich bezichtigen **II.** *vi* sich entwickeln **III.** *s* **1.** Gerüst *nt;* Gestell *nt;* Rahmen *m* **2.** Fassung *f* **3.** Körperbau *m,* Figur, Gestalt *f* **4.** (Auf)Bau *m,* Konstruktion *f,* Anordnung, Gestaltung *f* **5.** (~ *of mind*) Veranlagung *f;* Temperament *nt* **6.** (*Gärtnerei*) Frühbeet *nt* **7.** (PHOT FILM) (Einzel)Aufnahme *f* **8.** (AUTO) Rahmen *m* **9.** (*Statistik*) Erhebungsgrundlage *f* **10.** (INTERNET) Frame *m;* **frame-up** ['freɪmʌp] *s* (*fam*) Komplott *nt,* Machenschaften *fpl;* **frame·work** ['freɪmwɜːk] *s* **1.** Gerüst, Gerippe *nt* **2.** (*fig*) Gefüge *nt,* Struktur *f,* Rahmen *m;* **within the** ~ **of** im Rahmen von

France [frɑːns] *s* Frankreich *nt*

fran·chise ['fræntʃaɪz] *s* **1.** Wahlrecht *nt* **2.** (COM) Konzession *f*

Fran·cis·can [fræn'sɪskən] *s* (REL) Franziskaner(in) *m(f)*

Franco- ['fræŋkəʊ] *prefix* Französisch-; ~-**German** deutsch-französisch

frank¹ [fræŋk] *adj* **1.** frei(mütig), offen **2.** (*Meinung*) ehrlich, aufrichtig; **to be** ~ aufrichtig gesagt, offen gestanden

frank² [fræŋk] *vt* frankieren

frank·furter ['fræŋkfɜːtə(r)] *s* Frankfurter (Würstchen *nt*) *f*

frank·in·cense ['fræŋkɪnsens] *s* Weihrauch *m*

frank·ing-ma·chine ['fræŋkɪŋmə'ʃiːn] *s* Frankiermaschine *f*

fran·tic ['fræntɪk] *adj* **1.** verzweifelt; rasend **2.** (*Person*) außer Fassung; **go** ~ außer sich geraten; **be** ~ **with pain** vor Schmerz fast wahnsinnig sein; **drive s.o.** ~ jdn zur Verzweiflung treiben

fra·ter·nal [frə'tɜːnl] *adj* brüderlich; **fra·ter·nity** [frə'tɜːnətɪ] *s* **1.** Brüderlichkeit *f* **2.** (REL) Bruderschaft *f* **3.** (*Am*) (studentische) Verbindung *f;* **frat·er·niz·ation** [ˌfrætənaɪ'zeɪʃn] *s* Verbrüderung *f;* **frat·er·nize** ['frætənaɪz] *vi* sich verbrüdern; **frat·ri·cide** ['frætrɪsaɪd] *s* **1.** Brudermord *m* **2.** Brudermörder(in) *m(f)*

fraud [frɔːd] *s* **1.** Betrug *m;* Schwindel *m* **2.** Betrüger(in) *m(f);* **fraudu·lence** ['frɔːdjʊləns] *s* Betrügerei *f;* **fraudu·lent** ['frɔːdjʊlənt] *adj* betrügerisch

fraught [frɔːt] *adj* geladen (*with* mit); ~ **with danger** gefahrvoll

fray¹ [freɪ] *s* Schlägerei *f;* Kampf *m;* **eager for the** ~ kampflustig

fray² [freɪ] **I.** *vt* ausfransen **II.** *vi* **1.** ausfransen; sich durchscheuern **2.** (*fig*) sich erregen

frazzed [frɑːzd] *adj* (*Am: fam*) mitgenommen, aufgewühlt

freak [friːk] **I.** *s* **1.** Laune *f,* Einfall *m* **2.** Missbildung *f,* Monstrum *nt* **3.** (*fam*) verrückter Kerl **II.** *adj* ungewöhnlich; abnorm; verrückt **III.** *vi:* ~ **out** (*sl*) ausflippen; **freaked** [friːkt] *adj* (*sl*) verängstigt

freckle ['frekl] *s* Sommersprosse *f;* **freckled** ['frekld] *adj* sommersprossig

free [friː] **I.** *adj* **1.** frei (*from, of* von) **2.** unabhängig **3.** frei beweglich, lose, locker **4.** ungehindert, zwanglos, ungebunden **5.** (*Platz, Zimmer*) frei, nicht besetzt **6.** (*Bewegung*) ungezwungen, leicht, anmutig **7.** freigebig, großzügig (*with* mit) **8.** gratis, kostenlos, umsonst; ~ **from pain** schmerzfrei; ~ **of s.th.** frei von etw; ~ **of chemical weapons** chemiewaffenfrei; **get s.th.** ~

etw umsonst bekommen; **give s.o. a ~ hand** jdm freie Hand lassen; **you're ~ to choose** die Wahl steht Ihnen frei; **set ~** freilassen; **admission ~** Eintritt frei; **~ delivery** freier Versand; (**nuclear**) **weapon-~ zone** (atom)waffenfreie Zone; **~ sample** Gratisprobe *f;* **~ and easy** ungezwungen; **~ on board** frei an Bord; **have one's hands ~** (*fig*) freie Hand haben; **be ~ with one's money** großzügig mit seinem Geld umgehen **II.** *vt* **1.** freilassen, befreien **2.** (*Straße*) (wieder) freimachen **3.** (*Knoten*) lösen; **free•bie** ['fri:bi:] *s* (*fam*) Werbegeschenk *nt;* **free•booter** ['fri:bu:tə(r)] *s* Freibeuter *m;* **free collective bargaining** *s* Tarifautonomie *f*

free•dom ['fri:dəm] *s* **1.** Freiheit *f* **2.** Unabhängigkeit, Ungebundenheit *f* **3.** Offenheit, Aufrichtigkeit *f;* **give s.o. the ~ of one's house** jdm sein Haus zur freien Verfügung stellen; **~ of action** Handlungsfreiheit *f;* **~ of assembly** Versammlungsfreiheit; **~ of opinion** Meinungsfreiheit *f;* **~ of the press** Pressefreiheit *f;* **~ of religion** Religionsfreiheit *f;* **the ~ of the city** die Ehrenbürgerrechte *ntpl*

free en•ter•prise [ˌfrɪ:'entəpraɪz] *s* freie Marktwirtschaft; **free fall** *s* freier Fall; **free-for-all** ['fri:fərˌɔ:l] *s* Gerangel *nt;* **free•hold** ['fri:həʊld] *s* (freier) Grundbesitz; **free•holder** ['fri:həʊldə(r)] *s* Grundeigentümer(in) *m(f);* **free kick** *s* (SPORT) Freistoß *m;* **free labour** *s* nicht organisierte Arbeiter *mpl*

free•lance ['fri:lɑ:ns] **I.** *s* Freiberufler(in) *m(f),* Freischaffende(r) *f m* **II.** *vi* freiberuflich tätig sein **III.** *adv, adj* freiberuflich

free•load ['fri:ləʊd] *vi* (*fam*) schmarotzen; **free•loader** *s* Schmarotzer(in) *m(f)*

free•ly ['fri:lɪ] *adv* **1.** reichlich, großzügig **2.** frei; ungehindert

free•man ['fri:mən] <*pl* -men> *s* (Ehren)Bürger *m;* **free market economy** *s* freie Marktwirtschaft; **Free•ma•son** ['fri:meɪsn] *s* Freimaurer *m;* **free port** *s* Freihafen *m;* **free-range** *adj* **1.** (*Huhn*) freilaufend **2.** (*Ei*) aus Bodenhaltung *f;* **~ egg** Freilandei *nt;* **free speech** *s* Redefreiheit *f;* **free-spoken** [ˌfri:'spəʊkən] *adj* freimütig; **free-stand•ing** [ˌfri:'stændɪŋ] *adj* frei stehend; **free•style** ['fri:staɪl] *s* (SPORT) Freistil *m;* **free-thinker** *s* Freidenker, -geist *m;* **free-thinking** *adj* freidenkerisch; **free trade** *s* Freihandel *m;* **free•ware** ['fri:ˌweə] *s* (INFORM) Freeware *f* (*kostenlose Software*); **free•way** ['fri:weɪ] *s* (*Am*) (gebührenfreie) Autobahn *f;* **free•wheel I.** *vi* (*Fahrrad*) im Freilauf fahren **II.** *s* (*Fahrrad*) Freilauf *m;* **free will** *s* freier Wille; **of one's own ~** aus freien Stücken

freeze [fri:z] <*irr:* froze, frozen> **I.** *vi* **1.** (ge)frieren **2.** anfrieren (*to* an) **3.** (*Wasserleitung*) einfrieren **4.** (*Blut*) erstarren **5.** (*fig*) starr werden (*with* vor) **6.** (*Flüssigkeit*) dick, steif werden; **it is freezing hard** es herrscht starker Frost; **~ onto** (*fam*) sich anklammern an; **~ over** überfrieren; **~ up** zufrieren; **make s.o.'s blood ~** jdm das Blut in den Adern erstarren lassen; **I'm freezing** ich friere, mich friert **II.** *vt* **1.** gefrieren lassen; einfrieren **2.** (*Lohn*) einfrieren, stoppen **3.** (*Wunde*) vereisen; **~ s.o. with a look** jdm einen eisigen Blick zuwerfen; **~ out** herausekeln **III.** *s* **1.** (METE) Frost(periode *f*) *m* **2.** Lohn-, Preisstopp *m;* **freezer** ['fri:zə(r)] *s* Tiefkühltruhe *f;* Gefrierschrank *m;* **freeze-up** ['fri:zʌp] *s* Dauerfrost *m;* **freez•ing** ['fri:zɪŋ] **I.** *adj* eisig, eiskalt **II.** *s* Einfrieren *nt;* **below ~** unter dem Gefrierpunkt; **~-point** Gefrierpunkt *m*

freight [freɪt] **I.** *s* **1.** (MAR, AVIAT) Frachtgut *nt* **2.** Frachtkosten *pl;* **~ charges** Frachtkosten *pl* **II.** *vt* **1.** (*Waren*) verfrachten **2.** (*Boot*) beladen; **freight car** *s* Güterwagen *m;* **freighter** ['freɪtə(r)] *s* **1.** Frachtschiff *nt,* Frachter *m* **2.** Transportflugzeug *nt;* **freight train** *s* Güterzug *m*

French [frentʃ] **I.** *adj* französisch **II.** *s* (das) Französisch(e); **the ~** die Franzosen *mpl;* **French bean** *s* grüne Bohne; **French chalk** *s* Schneiderkreide *f;* **French dressing** *s* Salatdressing *nt,* Vinaigrette *f;* **French fried potatoes**, **French fries** *s pl* Pommes frites *pl;* **French horn** *s* (MUS) Waldhorn *nt;* **French leave** *s:* **take ~** sich auf französisch empfehlen; **French letter** *s* Kondom *nt;* **French•man** ['frentʃmən] <*pl* -men> *s* Franzose *m;* **French window** *s* Verandas-, Balkontür *f;* **French•woman** ['frentʃwʊmən, *pl* -wɪmɪn] <*pl* -women> *s* Französin *f*

fren•etic [frə'netɪk] *adj* frenetisch, rasend

fren•zied ['frenzɪd] *adj* wahnsinnig; rasend; **frenzy** ['frenzɪ] *s* Raserei *f;* Wahnsinn *m;* **in a ~ of despair** in wilder Verzweiflung; **rouse to ~** in Raserei versetzen

fre•quency ['fri:kwənsɪ] *s* **1.** Häufigkeit *f* **2.** (ELEK) Frequenz *f;* **frequency band** *s* Frequenzband *nt;* **frequency modulation** *s* Frequenzmodulation *f*

fre•quent ['fri:kwənt] **I.** *adj* häufig; landläufig **II.** [frɪ'kwent] *vt* häufig besuchen

fresco ['freskəʊ] <*pl* fresco(e)s> *s* Freskomalerei *f,* -gemälde *nt*

fresh [freʃ] **I.** *adj* **1.** frisch **2.** neu **3.** kühl, erfrischend; **~ water** Süßwasser *nt;* **in the ~ air** an der frischen Luft; **make a ~ start** neu anfangen; **a ~ arrival** ein Neuankömmling *m* **II.** *adv* frisch; ~ **from the oven** ofenfrisch; **freshen** ['freʃn] *vi* (*Wind*) auffrischen; ~ **up** sich auffrischen; **freshman** ['freʃmən] <*pl* -men> *s* Student *m* im ersten Studienjahr; **fresh•ness** ['freʃnɪs] *s* Frische *f*

fret[1] [fret] **I.** *vt* nagen an **II.** *vi* sich Sorgen machen; unruhig sein **III.** *s:* **be in a ~** beunruhigt, besorgt sein

fret[2] [fret] *vt* laubsägen

fret[3] [fret] *s* (MUS) Griffleiste *f*

fret•ful ['fretfl] *adj* in Sorge; unruhig

fret•saw ['fretsɔ:] *s* Laubsäge *f;* **fret•work** ['fretwɜ:k] *s* Laubsägearbeit *f*

friar ['fraɪə(r)] *s* Mönch *m*

frica•tive ['frɪkətɪv] *s* Reibelaut *m*

fric•tion ['frɪkʃn] *s* **1.** (*a.* TECH) Reibung *f* **2.** (*fig*) Reibungen, Spannungen *fpl*

Fri•day ['fraɪdɪ] *s* Freitag *m;* **on ~s** freitags; **Good ~** Karfreitag *m*

fridge [frɪdʒ] *s* (*Br fam*) Kühlschrank *m*

fried [fraɪd] *adj* gebraten; **fried chicken** *s* Brathähnchen *nt;* **fried egg** *s* Spiegelei *nt*

friend [frend] *s* **1.** Freund(in) *m(f)* **2.** Bekannte(r) *f m;* **Friends** Quäker *pl;* **be ~s with** befreundet sein mit; **be great ~s** eng miteinander befreundet sein; **make ~s with** sich anfreunden mit; **make ~s again** sich wieder vertragen, sich (wieder) versöhnen; **friend•less** [-lɪs] *adj* ohne Freunde; **friend•ly** ['frendlɪ] *adj* **1.** freundschaftlich **2.** freundlich; angenehm; **be on ~ terms with s.o.** mit jdm auf freundschaftlichem Fuß stehen; **~ society** Versicherungsverein *m;* **friend•ship** ['frendʃɪp] *s* Freundschaft *f*

frieze [fri:z] *s* **1.** Zierstreifen *m* **2.** (ARCH) Fries *m* **3.** (*schwerer Wollstoff*) Fries *m*

frig•ate ['frɪgət] *s* (MAR) Fregatte *f*

fright [fraɪt] *s* **1.** Schreck(en) *m* **2.** (*Person*) Vogelscheuche *f;* **get off with a bad ~** mit dem Schrecken davonkommen; **give s.o. a ~** jdn erschrecken; **take ~** erschrecken; **frighten** ['fraɪtn] **I.** *vt* erschrecken; Angst machen (*s.o.* jdm), ängstigen; **~ away** abschrecken; **~ s.o. into doing s.th.** jdn dazu treiben, dass er etw tut; **be ~ed of s.th.** vor etw Angst haben; **be ~ed by s.th.** vor etw erschrecken; **in a ~ed voice** mit angsterfüllter Stimme **II.** *vi:* **she doesn't ~ easily** so leicht fürchtet sie sich nicht; **fright•ful** ['fraɪtfl] *adj* schrecklich, fürchterlich

frigid ['frɪdʒɪd] *adj* **1.** (eis)kalt; frostig **2.** (*fig*) frostig, kühl **3.** (PHYSIOL) frigid(e); **frigid•ity** [frɪ'dʒɪdətɪ] *s* **1.** Kühle *f* **2.** (PHYSIOL) Frigidität *f*

frill [frɪl] *s* **1.** Manschette *f;* Rüsche *f* **2.** (*am Hals eines Tieres*) Kragen *m;* **with all the ~s** mit allem Drum und Dran

fringe [frɪndʒ] **I.** *s* **1.** (*fig*) Rand *m* **2.** Ponyfrisur *f,* Pony *m* **II.** *vt* mit Fransen besetzen; **fringe benefits** *s pl* zusätzliche Nebenleistungen *fpl;* **fringe group** *s* Randgruppe *f;* **fringe theatre** *s* unkonventionelles Theater

frip•pery ['frɪpərɪ] *s* Tand *m,* Kinkerlitzchen *pl*

frisk [frɪsk] **I.** *vi* herumtollen **II.** *vt* (*fam*) abtasten, durchsuchen; **frisky** ['frɪskɪ] *adj* verspielt

frit•ter[1] ['frɪtə(r)] *s* Beignet *m*

frit•ter[2] ['frɪtə(r)] *vt* (~ *away*) vergeuden; verschwenden

fritz [frɪts] *s* (*sl*): **go on the ~** kaputtgehen

friv•ol•ity [frɪ'vɒlətɪ] *s* Frivolität *f;* **friv•ol•ous** ['frɪvələs] *adj* **1.** frivol **2.** (*Mensch*) leichtfertig, -sinnig

frizzy ['frɪzɪ] *adj* kraus, gekräuselt

fro [frəʊ] *adv:* **to and ~** hin und her, auf und ab

frock [frɒk] *s* **1.** (Mönchs)Kutte *f* **2.** Kleid *nt*

frog [frɒg] *s* **1.** Frosch *m* **2.** Schnürverschluss *m;* **have a ~ in one's throat** einen Frosch im Hals haben; **frog•man** ['frɒgmən] <*pl* -men> *s* Froschmann *m;* **frog•march** ['frɒgmɑ:tʃ] *vt* abschleppen; wegschleifen; **frog•spawn** *s* Froschlaich *m*

fro•lic ['frɒlɪk] <frolicking, frolicked> **I.** *s* Herumtollen *nt;* Ausgelassenheit *f* **II.** *vi* umhertoben; **fro•lic•some** ['frɒlɪksəm] *adj* lustig, ausgelassen

from [frɒm] *prep* **1.** (*Ausgangspunkt*) von; aus **2.** (*zeitlich*) seit; ab, von ... an **3.** (*Entfernung*) von ... weg; von ... entfernt **4.** (*wegnehmen*) von; aus **5.** (*Quellenangabe*) von; aus **6.** (*Modell*) nach **7.** (*unterste Grenze angebend*) ab **8.** (*Grund*) wegen; infolge; **~ house to house** von Haus zu Haus; **where are you ~ ?** wo sind Sie her?; **~ his childhood** von Kindheit an; **~ time to time** von Zeit zu Zeit; **go away ~ home** von zu Hause weggehen; **steal s.th. ~ s.o.** jdm etw stehlen; **quotations ~ Shakespeare** Zitate nach Shakespeare; **judge ~ appearances** nach dem Äußeren urteilen; **drink ~ a glass** aus einem Glas trinken; **translated ~ the English** aus dem Englischen übersetzt; **painted ~ life** nach dem Leben gemalt; **~ the age of 18 upwards** von 18 Jahren aufwärts; **escape ~ prison** aus dem Gefängnis entkommen; **go ~ bad to worse** immer schlimmer werden; **weak ~ hunger** schwach vor Hunger; **~ experience** aus Erfahrung; **~ what I heard** nach dem, was ich gehört habe; **prevent s.o. ~ doing s.th.** jdn daran hindern etw zu tun; **~ inside** von innen; **~ beneath s.th.** unter etw hervor; **~ among the trees** zwischen den Bäumen hervor

front [frʌnt] **I.** *s* **1.** (*a.* ARCH) Stirn-, Vorderseite, Vorderfront *f* **2.** (MIL POL METE) Front *f* **3.** Uferpromenade *f* **4.** (*a. fig*) Fassade *f* **5.** Hemdbrust *f* **6.** (THEAT) Zuschauerraum *m* **7.** Strohmann *m* **8.** (*lit*) Stirn *f*; **in ~ of s.o.** vor jdm; **in ~** vorne; **at the ~ of** vorn; an der Spitze von; **be in ~** vorne sein; **be sent to the ~** an die Front geschickt werden; **cold ~** (METE) Kaltluftfront *f*; **come to the ~** (*fig*) hervortreten, bekannt werden; **put on a bold ~** eine tapfere Miene zur Schau stellen **II.** *vi:* **the windows ~ onto the street** die Fenster gehen auf die Straße hinaus **III.** *vt* der Frontmann sein **IV.** *adj* vorderste(r, s); erste(r, s); **~ brake** Vorderbremse *f*; **~ garden** Vorgarten *m* **V.** *adv:* **up ~** vorne (*upon, towards* nach)

front·age ['frʌntɪdʒ] *s* (ARCH) Vorderfront, Frontseite *f*

frontal ['frʌntl] *adj* Frontal-; Stirn-

front bench [ˌfrʌnt'bentʃ] *s* (PARL) Regierungsbank *f*; **front door** *s* Haustür *f*; **front end** *s* (INFORM) Benutzeroberfläche *f*

fron·tier ['frʌntɪə(r)] *s* Grenze, Landesgrenze *f*; Grenzgebiet *nt*; **frontier district** *s* Grenzgebiet *nt*, -bezirk *m*; **frontier police** *s* Grenzpolizei *f*; **fron·tiers·man** ['frʌntɪəzmən] <*pl* -men> *s* Grenzbewohner *m*; **frontier station** *s* Grenzbahnhof *m*

front·is·piece ['frʌntɪspi:s] *s* (*Buch*) Titelbild *nt*

front line [ˌfrʌnt'laɪn] *s* (*a. fig*) Front *f*; **front·list** ['frʌntlɪst] *s* (*Verlagswesen*) Neuerscheinungen *fpl*; **front page I.** *s* (*Zeitung*) Titel-, Vorderseite *f* **II.** *adj:* **front-page** auf der ersten Seite **III.** *vt* (*Am: in der Zeitung*) groß herausstellen; **front rank** *s:* **be in the ~** (*fig*) zur Spitze zählen; **front runner** *s* Läufer(in) *m(f)*, an der Spitze; (*fig*) Spitzenreiter(in) *m(f)*; **front spoiler** [ˌfrʌnt'spɔɪlə(r)] *s* (AUTO) Frontspoiler *m*; **front-wheel drive** *s* Vorderradantrieb *m*

frost [frɒst] **I.** *s* **1.** Frost, Raureif *m* **2.** (*fig*) Kühle, Kälte *f* **3.** (*fam*) Reinfall *m*, Versager *m* **II.** *vt* **1.** (*Glas*) mattieren **2.** mit Reif überziehen **3.** (*Kuchen*) glasieren; **frost·bite** *s* Frostbeulen *fpl*; **frost-bitten** ['frɒstbɪtn] *adj* erfroren; **frost-bound** ['frɒstbaʊnd] *adj* festgefroren; **frosted** ['frɒstɪd] *adj* **1.** mit Zuckerguss überzogen **2.** (*Essen*) tiefgekühlt **3.** (*Pflanzen*) erfroren; **~ glass** Milchglas *nt*; **frost·ing** ['frɒstɪŋ] *s* Zuckerguss *m*; Glasur *f*; **frosty** ['frɒstɪ] *adj* kalt; frostig, eisig

froth [frɒθ] **I.** *s* **1.** Schaum *m* **2.** (*fig*) leeres Gerede; **the dog has ~ at the mouth** der Hund hat Schaum vor dem Maul **II.** *vi* schäumen; **frothy** ['frɒθɪ] *adj* **1.** schaumig, schäumend **2.** (*Gerede*) hohl, albern

frown [fraʊn] **I.** *vi* die Stirn runzeln (*at* über); **~ on** missbilligen **II.** *s* Stirnrunzeln *nt*

frowzy ['fraʊzɪ] *adj* schmutzig, schlampig

froze [frəʊz] *s.* **freeze**; **frozen** ['frəʊzn] **I.** *pp of* **freeze II.** *adj* **1.** (zu)gefroren, vereist **2.** (*Körper*) erfroren **3.** eisig, sehr kalt **4.** (*fig*) eiskalt **5.** (*Löhne*) eingefroren, blockiert, gesperrt; **I'm ~** mir ist eiskalt; **~ foods** Tiefkühlkost *f*; **~ meat** Gefrierfleisch *nt*; **~ assets** (FIN) festliegendes Kapital; eingefrorenes Guthaben

fru·gal ['fru:gl] *adj* **1.** sparsam, genügsam **2.** (*Essen*) einfach, schlicht, frugal; **fru·gal·ity** [fru:'gælətɪ] *s* Sparsamkeit *f*; Einfachheit *f*

fruit [fru:t] **I.** *s* **1.** Frucht *f*; Obst *nt* **2.** (*fig*) Ergebnis *nt*, Folge *f*; **the ~s of the earth** Früchte *f pl* des Feldes; **bear ~** Früchte tragen **II.** *vi* Früchte tragen; **fruit·cake** *s* englischer Kuchen; **nutty as a ~** (*sl*) total bekloppt; **fruit·erer** ['fru:tərə(r)] *s* Obsthändler(in) *m(f)*; **fruit·ful** ['fru:tfl] *adj* fruchtbar, ertragreich

fru·ition [fru:'ɪʃn] *s* Verwirklichung, Erfüllung *f*; **bring to ~** verwirklichen; **his hopes came to ~** seine Hoffnungen erfüllten sich

fruit knife ['fru:tnaɪf] <*pl* -knives> *s* Obstmesser *nt*; **fruit·less** ['fru:tlɪs] *adj* **1.** unfruchtbar **2.** (*fig*) fruchtlos, ergebnislos; **fruit salad** *s* Obstsalat *m*

fruity ['fru:tɪ] *adj* **1.** fruchtartig; fruchtig **2.** (*fam: Geschichte*) gesalzen **3.** (*Stimme*) rauchig

frump [frʌmp] *s* (*fig*) Vogelscheuche *f*

frus·trate [frʌ'streɪt] *vt* **1.** (*Hoffnung*) zunichte machen **2.** (*Plan*) durchkreuzen **3.** (PSYCH) frustieren; **frus·trated** [frʌ'streɪtɪd] *adj* frustriert; **frus·tra·tion** [frʌ'streɪʃn] *s* **1.** Zerschlagung *f* **2.** (PSYCH) Frustration *f*

fry¹ [fraɪ] **I.** *vt* in der Pfanne braten, backen; **fried eggs** Spiegeleier *ntpl*; **fried potatoes** Bratkartoffeln *fpl* **II.** *vi* braten

fry² [fraɪ] *s* kleine Fische *mpl*

fry·ing-pan ['fraɪŋpæn] *s* Bratpfanne *f*; **out of the ~ into the fire** vom Regen in die Traufe

fuchsia ['fju:ʃə] *s* Fuchsie *f*

fuck [fʌk] **I.** *vt, vi* (*vulg*) ficken; **~ about** verarschen; **~ off** sich verpissen **II.** *s* (*vulg*): **not to care a ~** sich einen Dreck kümmern um **III.** *interj* (*vulg*) verdammte Scheiße!; **fuck·er** ['fʌkə(r)] *s* (*vulg*) Arschloch *nt*; **fuck·up** [fʌk'ʌp] *s* (*vulg*) Versager(in) *m(f)*

fuddled ['fʌdld] *adj* verwirrt; beschwipst

fuddy-duddy ['fʌdɪdʌdɪ] *s* (*fam*) altmodischer Kauz

fudge [fʌdʒ] **I.** *s* **1.** Fondant *m* **2.** (*Zeitung*)

F

Spalte *f* für letzte Meldungen **II.** *vt* sich aus den Fingern saugen

fuel ['fju:əl] **I.** *s* **1.** Heiz-, Brennmaterial *nt;* Brennstoff *m* **2.** Kraftstoff *m;* Benzin *nt* **3.** (*fig*) Nahrung *f;* **add ~ to the flames** (*fig*) Öl ins Feuer gießen **II.** *vt* mit Brenn-, Kraftstoff versorgen **III.** *vi* tanken; **fuel capacity** *s* Tankfassungsvermögen *nt;* **fuel cell** *s* Brennstoffzelle *f;* **fuel consumption** *s* Benzinverbrauch *m;* **fuel element** *s* Brennelement *nt;* **fuel gauge** *s* Benzinuhr *f;* **fuel-injection engine** *s* (AUTO) Einspritzmotor *m;* **fuel oil** *s* Heizöl *nt;* **fuel pump** *s* Benzinpumpe *f;* **fuel rod** *s* Brennstab *m*

fug [fʌg] *s* Mief *m;* **fuggy** ['fʌgɪ] *adj* muffig

fu•git•ive ['fju:dʒətɪv] **I.** *adj* **1.** flüchtig, entflohen **2.** (*fig*) vergänglich **II.** *s* Flüchtling *m*

fugue [fju:g] *s* (MUS) Fuge *f*

ful•fil [fʊl'fɪl], **ful•fill** *vt* **1.** (*Wunsch*) erfüllen **2.** (*Aufgabe*) ausführen **3.** (*Versprechen*) einlösen **4.** (*Verpflichtung*) einhalten; **~ o.s.** sich selbst verwirklichen; **ful-fill•ment** (*Am*), **ful•fil•ment** [-mənt] *s* Erfüllung *f*

full [fʊl] **I.** *adj* **1.** voll, (voll)gefüllt **2.** (*Bericht*) vollständig **3.** (*Sympathie*) vollste(r, s) **4.** wimmelnd (*of* von) **5.** (*Figur*) füllig **6.** (*Segel*) gebläht; **be ~ of ...** voller, voll von ... sein; **~ house** (THEAT) ausverkauft; **~ up** vollbesetzt; **I'm ~ up** ich bin satt; **at ~ speed** in voller Fahrt; **fall ~ length** der Länge nach hinfallen; **in ~ bloom** in voller Blüte; **~ sail** mit vollen Segeln; **~ steam ahead** Volldampf voraus; **~ to overflowing** bis zum Überlaufen voll; **be in ~ swing** in vollem Gange sein; **come to a ~ stop** plötzlich stehen bleiben; **pay in ~** voll bezahlen **II.** *adv:* **I know it ~ well** ich weiß es sehr wohl; **look s.o. ~ in the face** jdm voll in die Augen sehen **III.** *s:* **in ~** ganz, vollständig; **write one's name in ~** seinen Namen ausschreiben; **to the ~** vollständig; **full-back** ['fʊlbæk] *s* (SPORT) Verteidiger(in) *m(f);* **full-blooded** [ˌfʊl'blʌdɪd] *adj* **1.** kräftig **2.** Vollblut-; **full-blown** [ˌfʊl'bləʊn] *adj* **1.** (*Blüten*) voll aufgeblüht **2.** (*fig*) ausgewachsen; **full-bodied** [ˌfʊl'bɒdɪd] *adj* (*Wein*) würzig, schwer; **full-cream milk** [ˌfʊl'kri:m] *s* Vollmilch *f;* **full-dress** *adj* **1.** Gala- **2.** (*fig*) wichtig; **full-faced** [ˌfʊl'feɪst] *adj* rundgesichtig; **full(y)-fledged** [ˌfʊl'fledʒd] *adj* **1.** flügge **2.** (*fig*) voll entwickelt; **full-frontal** [ˌfʊl'frʌntl] *adj* oben und unten ohne; **full-grown** [ˌfʊl'grəʊn] *adj* voll ausgewachsen; **full-length** *adj* **1.** (*Portrait*) lebensgroß **2.** (*Film*) abendfüllend; **full moon** *s* Vollmond *m*

full•ness ['fʊlnɪs] *s* Vollständigheit *f;* Sattheit *f;* **in the ~ of time** zu gegebener Zeit

full-page [ˌfʊl'peɪdʒ] *adj* ganzseitig; **full-scale** *adj* in Lebensgröße; **full score** *s* (MUS) Gesamtpartitur *f;* **full stop** *s* Punkt *m;* **full time** *s* (SPORT) Abpfiff *m;* **full-time** *adj* ganztägig; vollberuflich

fully ['fʊlɪ] *adv* **1.** völlig, ganz **2.** (*bei Zahlangabe*) mindestens, mehr als; **~ fashioned** mit Passform; **~ qualified** voll qualifiziert

ful•mi•nate ['fʌlmɪneɪt] *vi* (*fig*) donnern, wettern (*against* gegen)

ful•some ['fʊlsəm] *adj* (*Lob, Schmeichelei*) übertrieben

fumble ['fʌmbl] **I.** *vi* (*~ about*) umhertasten, -tappen **II.** *vt* vermasseln; **fumbler** ['fʌmblə(r)] *s* Stümper(in) *m(f)*

fume [fju:m] **I.** *s meist pl* Rauch, Dampf *m;* Abgase *ntpl* **II.** *vi* **1.** rauchen, dampfen **2.** (*fig*) aufgebracht, wütend sein (*about, over* über)

fu•mi•gate ['fju:mɪgeɪt] *vt* ausräuchern

fun [fʌn] *s* Spaß *m;* Vergnügen *nt,* Belustigung *f;* **for ~** zum Spaß; **he is great ~** man hat mit ihm viel zu lachen; **make ~ of s.o., poke ~ at s.o.** sich über jdn lustig machen; **he's ~** er ist ein lustiger Kerl; **have ~!** viel Spaß!

func•tion ['fʌŋkʃn] **I.** *s* **1.** Funktion, Tätigkeit *f* **2.** Aufgaben, Pflichten *fpl* **3.** Veranstaltung *f;* Feier *f* **4.** (MATH) Funktion *f* **II.** *vi* funktionieren, laufen; arbeiten; **~ as** fungieren als; **func•tional** ['fʌŋkʃənl] *adj* **1.** (PHYSIOL) funktionsfähig **2.** funktionell; zweckmäßig; **func•tion•ary** ['fʌŋkʃənərɪ] *s* Funktionär(in) *m(f);* **function key** *s* (INFORM) Funktionstaste *f*

fund [fʌnd] **I.** *s* **1.** Vorrat, Schatz *m* **2.** (FIN) Fonds *m* **3.** **~s** Gelder, Geldmittel *ntpl* **4.** **~s** Staatspapiere *ntpl;* **the public ~s** öffentliche Mittel *ntpl;* **no ~s** ohne Deckung; **be in ~s** zahlungsfähig sein; **raise ~s** Mittel aufbringen **II.** *vt* **1.** (*Geld*) anlegen, investieren **2.** (*Schuld*) ausgleichen, bezahlen

fun•da•men•tal [ˌfʌndə'mentl] **I.** *adj* **1.** grundlegend, fundamental **2.** wesentlich (*to* für) **3.** hauptsächlich; elementar; **~ tone** (MUS) Grundton *m;* **~ research** Grundlagenforschung *f* **II.** *s meist pl* Grundlage, Basis *f;* **fun•da•men•tal•ism** [ˌfʌndə'mentəlɪzəm] *s* Fundamentalismus *m;* **fun•da•men•tal•ist** [ˌfʌndə'mentəlɪst] **I.** *adj* fundamentalistisch **II.** *s* **1.** Fundamentalist(in) *m(f)* **2.** (*fam*) Fundi; **fun•da•men•tal•ly** [ˌfʌndə'mentəlɪ] *adv* grundlegend; im Grunde genommen, im Wesentlichen

fu•ner•al ['fju:nərəl] *s* Beerdigung *f,* Begräbnis *nt,* Beisetzung *f;* **that's his ~** (*fig*) das ist sein Problem; **funeral director** *s*

Beerdigungsunternehmer(in) *m(f)*; **funeral march** *s* Trauermarsch *m*; **funeral parlour** *s* Leichenhalle *f*; **funeral pyre** *s* Scheiterhaufen *m*

fu•ner•eal [fjuːˈnɪərɪəl] *adj* traurig, trübselig

fun•fair [ˈfʌnfeə(r)] *s* Rummelplatz *m*

fun•gi•cide [ˈfʌŋɡɪsaɪd] *s* Pilzvernichtungsmittel *nt*; **fun•gus** [ˈfʌŋɡəs, *pl* ˈfʌŋɡaɪ] <*pl* fungi> *s* Pilz *m*

fu•nicu•lar [fjuːˈnɪkjʊlə(r)] (~ *railway*) Seilbahn *f*

funk [fʌŋk] **I.** *s* **1.** (*fam*) Schiss *m*, Mordsangst *f* (*of* vor) **2.** (MUS) Funk *m*; **he is in a ~** ihm schlottern die Knie **II.** *vt* (*fam*) sich drücken vor; **funky** [ˈfʌŋkɪ] *adj* **1.** (*fam*) feige **2.** (*sl: Musik*) irre

fun-lov•ing [ˈfʌnˌlʌvɪŋ] *adj* lebenslustig

funnel [ˈfʌnl] **I.** *s* **1.** Trichter *m* **2.** (MAR RAIL) Schornstein *m* **II.** *vt* (*Flüssigkeit*) leiten; schleusen

funnies [ˈfʌnɪz] *s pl* (*fam*) Witze *mpl*, Witzseite *f*; **funny** [ˈfʌnɪ] *adj* **1.** lustig, komisch **2.** seltsam, komisch **3.** unwohl; **funny-bone** *s* (ANAT) Musikantenknochen *m*

fur [fɜː(r)] **I.** *s* **1.** Fell *nt*; Pelz *m* **2.** (MED) Belag *m* **3.** Kesselstein *m* **4. ~s** Pelzwaren *fpl*; **make the ~ fly** (*fig*) einen Streit vom Zaun brechen **II.** *vi*: **~ up** Kesselstein ansetzen; pelzig werden

fur•bish [ˈfɜːbɪʃ] *vt* **1.** blank putzen, polieren **2.** aufpolieren

furi•ous [ˈfjʊərɪəs] *adj* **1.** wütend **2.** (*See*) stürmisch, wild **3.** (*Geschwindigkeit*) rasant; **fast and ~** wild, toll, ausgelassen

furl [fɜːl] *vt* **1.** (*Flagge*) aufrollen **2.** (*Schirm*) zusammenrollen

fur•long [ˈfɜːlɒŋ] *s* Achtelmeile *f* (*201 m*)

fur•lough [ˈfɜːləʊ] *s* (MIL) Urlaub *m*; **on ~** auf Urlaub

fur•nace [ˈfɜːnɪs] *s* Hochofen *m*; Schmelzofen *m*

fur•nish [ˈfɜːnɪʃ] *vt* **1.** (*Haus*) einrichten **2.** (*Informationen*) liefern, geben; **~ s.o. with s.th.** jdn mit etw versorgen, jdm etw liefern; **~ed room** möbliertes Zimmer; **fur•nish•ings** [ˈfɜːnɪʃɪŋz] *s pl* Einrichtung *f*; Mobiliar *nt*

fur•ni•ture [ˈfɜːnɪtʃə(r)] *s* Möbel *pl*; **a piece of ~** ein Möbelstück *nt*; **furniture van** *s* (*Br*) Möbelwagen *m*

fur•rier [ˈfʌrɪə(r)] *s* Kürschner(in) *m(f)*

fur•row [ˈfʌrəʊ] **I.** *s* **1.** (Acker)Furche *f* **2.** Furche, Runzel *f* **II.** *vt* **1.** (zer)furchen; pflügen **2.** runzeln

furry [ˈfɜːrɪ] *adj* Pelz-; belegt, pelzig

fur•ther [ˈfɜːðə(r)] <*Komparativ von* far> **I.** *adj* weiter (entfernt), hintere(r, s); **till ~ notice** bis auf weiteres; **~ particulars** weitere Einzelheiten; **~ education** Weiter-, Fortbildung *f* **II.** *adv* **1.** weiter, ferner **2.** darüber hinaus; überdies; **~ on** weiter; **~ back** weiter zurück; früher; **get ~ and ~ away** sich immer weiter entfernen; **and ~ ...** und darüber hinaus; **until you hear ~** bis auf weiteres **III.** *vt* fördern, unterstützen; **fur•ther•ance** [ˈfɜːðərəns] *s* Förderung, Unterstützung *f*; **fur•ther•more** [ˌfɜːðəˈmɔː(r)] *adv* überdies; ferner; **fur•ther•most** [ˈfɜːðəməʊst] *adj* äußerste(r, s)

fur•thest [ˈfɜːðɪst] <*Superlativ von* far> **I.** *adj*: **the ~ way round** den längsten Weg **II.** *adv* am weitesten weg; **he went the ~** er ging am weitesten

fur•tive [ˈfɜːtɪv] *adj* verstohlen, heimlich; **fur•tive•ness** [-nɪs] *s* Heimlichkeit *f*

fury [ˈfjʊərɪ] *s* **1.** Wut, Raserei *f*; Heftigkeit *f* **2.** Wutanfall, -ausbruch *m*; **be in a ~** wütend sein; **fly into a ~** in Wut geraten; **like ~** wie verrückt

fuse [fjuːz] **I.** *vt* **1.** verschmelzen **2.** (*fig*) vereinigen, verbinden; **~ the lights** die Sicherung durchbrennen lassen **II.** *vi* **1.** sich verbinden **2.** (ELEK) durchbrennen **III.** *s* **1.** (ELEK) Sicherung *f* **2.** Zündschnur *f*; **blow the ~** die Sicherung durchbrennen lassen; **fuse box** *s* Sicherungskasten *m*

fu•sel•age [ˈfjuːzəlɑːʒ] *s* (AVIAT) Rumpf *m*

fu•sion [ˈfjuːʒn] *s* **1.** Verschmelzung *f*, Fusion *f* **2.** (PHYS) Kernfusion *f*; **fusion bomb** *s* Wasserstoffbombe *f*; **fusion reactor** *s* (TECH) Fusionsreaktor *m*

fuss [fʌs] **I.** *s* Umstände *pl*, Wirbel *m*; Getue *nt*; **make** [*o* **kick up**] **a ~** ein wahres Theater aufführen; **make a ~ about s.th.** viel Aufhebens um etw machen; **don't make so much ~** mach kein Theater!; **be in a ~** Zustände haben **II.** *vi* **1.** sich aufregen (*about, over* über) **2.** Umstände machen; **~ over s.o.** jdn bemuttern; **~ around** herumfuhrwerken; **~ with s.th.** nervös an etw herummachen **III.** *vt* (*fam*) nervös, verrückt machen; **fuss-free** [ˌfʌsˈfriː] *adj* (*fam*) unkompliziert, problemlos; **fuss•pot** [ˈfʌspɒt] *s* Umstandskrämer *m*; **fussy** [ˈfʌsɪ] *adj* **1.** kleinlich, pingelig **2.** (*Kleid*) verspielt; **be ~ about s.th.** mit etw heikel, wählerisch sein

fusty [ˈfʌstɪ] *adj* (*a. fig*) muffig

fu•tile [ˈfjuːtaɪl] *adj* **1.** sinnlos, nutzlos, vergeblich **2.** unerheblich, nebensächlich; **fu•til•ity** [fjuːˈtɪlətɪ] *s* **1.** Sinnlosigkeit, Nutzlosigkeit *f* **2.** Vergeblichkeit *f*

fu•ture [ˈfjuːtʃə(r)] **I.** *adj* (zu)künftig, kommend, bevorstehend **II.** *s* **1.** Zukunft *f*; Aussichten *fpl* **2.** (GRAM) Zukunft *f*, Futur *nt*; **in ~** in Zukunft; **in the near ~** in naher Zukunft; **~ prospects** Zukunftsperspektive *fsing*; **futures market** *s* (FIN) Terminbörse *f*; **fu•tur•ism** [ˈfjuːtʃərɪzəm] *s* Futuris-

F

mus *m;* **fu·tur·istic** [ˌfjuːtʃəˈrɪstɪk] *adj* futuristisch

fuze [fjuːz] **I.** *vt* (*Am*) **1.** verschmelzen **2.** vereinigen, verbinden; ~ **the lights** die Sicherung durchbrennen lassen **II.** *vi* **1.** sich verbinden **2.** (ELEK) durchbrennen **III.** *s* **1.** (ELEK) Sicherung *f* **2.** Zündschnur *f;* **blow the** ~ die Sicherung durchbrennen lassen; **fuze box** *s* Sicherungskasten *m*

fuzz [fʌz] *s* **1.** Flaum *m* **2.** Wuschelkopf *m* **3.** (*sl: Polizei*) Bulle *m;* **fuzzy** [ˈfʌzɪ] *adj* **1.** (*Bild*) unklar **2.** (*Haar*) kraus

f-word [ˈefˌwɜːd] *s verhüllende Umschreibung für das Wort fuck*

G

G, g [dʒiː] <*pl* -'s> *s* (*a.* MUS) G, g *nt*

gab [gæb] *s* Gequassel *nt;* **have the gift of the** ~ (*fam*) ein gutes Mundwerk haben; ~ **session** (*Am: fam*) ungezwungenes Treffen

gab•ar•dine [ˌgæbə'diːn] *s* Gabardine *m*

gabble ['gæbl] *vi* **1.** plappern **2.** (*Gänse*) schnattern

gable ['geɪbl] *s* Giebel *m*

Ga•bon [gæ'bɒn] *s* Gabun *nt*

gad•about ['gædəbaʊt] *s* (*fam*) Herumtreiber(in) *m(f);* **gad about, gad around** [gæd ə'baʊt, gæd ə'raʊnd] *vi* umherschweifen

gad•fly ['gædflaɪ] *s* Viehbremse *f*

gadget ['gædʒɪt] *s* (*fam*) **1.** Gerät *nt,* Apparat *m;* Vorrichtung *f* **2.** Dingsda *nt;* **gadgetry** ['gædʒɪtrɪ] *s* Apparate *mpl,* technische Spielereien *fpl*

Gaelic ['geɪlɪk] **I.** *adj* gälisch; ~ **coffee** Irishcoffee *m* **II.** *s* (das) Gälisch(e)

gaff [gæf] *s* Fischhaken *m;* **blow the** ~ (*sl*) nicht dichthalten

gaffe [gæf] *s* Fauxpas *m;* Taktlosigkeit *f*

gaffer ['gæfə(r)] *s* **1.** (*fam*) Chef *m;* Vorarbeiter *m* **2.** alter Mann

gag [gæg] **I.** *s* **1.** Knebel *m* **2.** (*fig*) Maulkorb *m* **3.** witziger Einfall; Gag *m* **II.** *vt* **1.** knebeln **2.** (*fig*) mundtot machen **III.** *vi* **1.** einen Witz, Spaß machen **2.** würgen (*on s.th.* an etw)

gaga ['gɑːgɑː] *adj* (*fam*) plemplem, meschugge; **go** ~ senil werden; **go** ~ **over s.o.** in jdn vernarrt sein

gage [geɪdʒ] **I.** *s* (*Am*) **1.** Messgerät *nt* **2.** (TECH) Lehre *f;* (*für Ring*) Ringmaß *nt;* (*für Wasser*) Pegel *m* **3.** (*Draht, Blech*) Dicke, Stärke *f* **4.** (RAIL) Spurweite *f* **5.** (*fig*) Maß(stab *m*) *nt;* **narrow** ~ Schmalspur *f;* **standard** ~ Normalspur *f;* **pressure** ~ Druckmesser *m;* **petrol** ~ Benzinuhr *f;* **temperature** ~ Temperaturanzeiger *m* **II.** *vt* **1.** messen **2.** beurteilen, (ab)schätzen

gag•ging or•der *s* Nachrichtensperre *f*

gag•gle ['gægl] **I.** *s* Gänseschar *f* **II.** *vi* (*Gans*) schnattern

gai•ety ['geɪətɪ] *s* **1.** Heiterkeit *f* **2.** *meist pl* Festlichkeiten *fpl;* **gaily** ['geɪlɪ] *adv* fröhlich

gain [geɪn] **I.** *s* **1.** Gewinn *m;* Vorteil *m* **2.** Steigerung, Zunahme *f* **3.** ~**s** Gewinn *m;* Verdienst *m;* **for** ~ aus Berechnung; des Geldes wegen; ~ **in weight** (Gewichts)Zunahme *f* **II.** *vt* gewinnen; (sich) erwerben; erlangen; erreichen; ~ **a footing** festen Fuß fassen; ~ **ground** (*fig*) Fortschritte machen; sich durchsetzen; ~ **the upper hand** die Oberhand gewinnen; ~ **speed** schneller werden **III.** *vi* **1.** (*an Gewicht*) zunehmen **2.** vorankommen, Fortschritte machen **3.** näherkommen (*on, upon* an) **4.** einen Vorteil erlangen (*on* über) **5.** Vorsprung gewinnen (*on, upon* vor) **6.** (*Uhr*) vorgehen **7.** (AUTO) aufholen; **gain•ful** ['geɪnfl] *adj* einträglich, gewinnbringend; ~ **employment** Erwerbstätigkeit *f;* **gain•ings** ['geɪnɪŋz] *s pl* Gewinn(e *pl*) *m*

gait [geɪt] *s* Gang *m;* Haltung *f*

gai•ter ['geɪtə(r)] *s* Gamasche *f*

gala ['gɑːlə] *s* Fest(lichkeit *f*) *nt,* Feier *f;* Galaveranstaltung *f*

ga•lac•tic [gə'læktɪk] *adj* (ASTR) galaktisch

gal•axy ['gæləksɪ] *s* **1.** (ASTR) Sternsystem *nt* **2.** (*fig*) Schar *f*

gale [geɪl] *s* Sturm *m;* **it is blowing a** ~ es stürmt; ~**-force wind** stürmischer Wind; ~**s of laughter** schallendes Gelächter; **gale warning** *s* Sturmwarnung *f*

gall [gɔːl] **I.** *s* **1.** Galle *f* **2.** (*fig*) Bitterkeit *f,* Groll *m* **3.** Wunde, wundgeriebene Stelle *f* **4.** Gallapfel *m* **5.** (*fam*) Frechheit *f* **II.** *vt* **1.** wund reiben **2.** (*fig*) ärgern

gal•lant ['gælənt] *adj* **1.** prächtig; stattlich; tapfer **2.** galant; **gal•lantry** ['gæləntrɪ] *s* **1.** Tapferkeit *f* **2.** Ritterlichkeit *f*

gall blad•der ['gɔːlblædə(r)] *s* Gallenblase *f*

gal•leon ['gælɪən] *s* (MAR HIST) Galeone *f*

gal•lery ['gælərɪ] *s* **1.** (*Kunst*) Galerie *f* **2.** (THEAT) oberster Rang, Galerie *f* **3.** Tribüne *f;* Empore *f;* Galerie *f* **4.** Säulenhalle *f;* Korridor, Gang *m* **5.** (MIL) Schießstand *m* **6.** Stollen *m;* **play to the** ~ Effekthascherei treiben

gal•ley ['gælɪ] *s* **1.** (HIST) Galeere *f* **2.** Kombüse *f* **3.** (TYP) Setzschiff *nt;* **gal•ley proof** ['gælɪpruːf] *s* (TYP) Fahnenabzug *m,* Fahne *f*

gal•li•vant [ˌgælɪ'vænt] *vi* sich herumtreiben

gal•lon ['gælən] *s* Gallone *f* (*4,55 l, Am 3,79 l*)

gal•lop ['gæləp] **I.** *s* (*Pferd*) Galopp *m;* **at a** ~ im Galopp **II.** *vi:* **ride at a** ~ galoppieren; ~**ing inflation** galoppierende Inflation

gal•lows ['gæləʊz] *s pl meist mit sing* Gal-

gen *m*
gall•stone ['gɔ:lstəʊn] *s* Gallenstein *m*
Gal•lup poll ['gæləp pəʊl] *s* Meinungsumfrage *f*
ga•lore [gə'lɔ:(r)] *adv* in Hülle und Fülle
ga•loshes [gə'lɒʃɪz] *s pl* Gummi-, Überschuhe *mpl*
ga•lumph [gə'lʌmf] *vi* (*fam*) trapsen
gal•van•ize ['gælvənaɪz] *vt* **1.** galvanisieren **2.** (*fig*) aufschrecken
Gambia ['gæmbɪə] *s* Gambia *nt;* **Gam•bian** ['gæmbɪən] **I.** *adj* gambisch **II.** *s* Gambier(in) *m(f)*
gam•bit ['gæmbɪt] *s* **1.** (*Schach*) Gambit *nt* **2.** (*fig*) Schachzug *m*
gamble ['gæmbl] **I.** *vi* **1.** (um Geld) spielen **2.** (*fig*) etw riskieren, wagen; spekulieren (*on* auf); ~ **with s.th** etw aufs Spiel setzen **II.** *vt* (~ *away*) verspielen **III.** *s* gewagtes Spiel, Risiko *nt;* **gam•bler** ['gæmblə(r)] *s* Spieler(in) *m(f)*, Spekulant(in) *m(f)*, Spielernatur *f;* **gam•bling** [-ɪŋ] *s* **1.** Spielen *nt* **2.** gewagtes Spiel **3.** Spekulieren *nt;* **gambling debts** *s pl* Spielschulden *pl;* **gambling den** *s* Spielhölle *f*
gam•bol ['gæmbl] **I.** *s* Luftsprung *m* **II.** *vi* umherspringen, -tollen
game¹ [geɪm] *s* **1.** Spiel *nt* **2.** (SPORT) Sportart *f;* Spiel *nt;* Runde, Partie *fpl;* (SCHULE) Sport *m* **3.** (*fig*) Vorhaben *nt*, Plan *m* **4.** Wild(bret) *nt;* **be on/off one's game** in Form/nicht in Form sein; **give the ~ away** (*fam*) alles verraten; **play the** ~ fair spielen; **the ~ is up** (*fig*) das Spiel ist aus; **two can play at that** ~ wie du mir, so ich dir; **big** ~ Großwild *nt;* **the Olympic Games** die Olympischen Spiele *ntpl;* ~ **of chance/of skill** Glücks-/Geschicklichkeitsspiel *nt;* **a ~ of chess** eine Partie Schach
game² [geɪm] *adj* mutig; **be** ~ mitmachen; **be ~ for anything** für alles zu haben sein; **be ~ to do s.th.** bereit sein etw zu tun
game³ [geɪm] *adj* lahm
game-cock ['geɪmkɒk] *s* Kampfhahn *m;* **game•keeper** ['geɪmˌki:pə(r)] *s* Wildhüter(in) *m(f);* **game war•den** *s* Jagdaufseher(in) *m(f)*
gaming ['geɪmɪŋ] *s* (Glücks)Spiel *nt* (*um Geld*); **gaming table** *s* Spieltisch *m*
gamma rays ['gæmə'reɪz] *s pl* Gammastrahlen *mpl*
gam•mon ['gæmən] *s* gesalzener, geräucherter Schinken, Speckseite *f*
gammy ['gæmɪ] *adj* (*fam*) lahm
gamut ['gæmət] *s* **1.** Tonleiter *f* **2.** (*fig*) Skala *f*
gan•der ['gændə(r)] *s* **1.** Gänserich *m* **2.** (*sl*) Blick *m*
gang [gæŋ] **I.** *s* **1.** (*Menschen*) Gruppe *f* **2.** (*Arbeiter*) Rotte, Kolonne *f* **3.** (*Gefangene*) Trupp *m* **4.** (*Verbrecher*) Bande *f* **II.** *vi* (~ *up*) sich zusammentun; ~ **up on s.o.** auf jdn losgehen; sich gegen jdn verschwören; **ganger** ['gæŋə(r)] *s* Vorarbeiter *m*
gan•gling ['gæŋglɪŋ] *adj* schlaksig
gan•glion ['gæŋglɪən, *pl* -lɪə] <*pl* -glia> *s* **1.** (MED) Ganglion *nt* **2.** (*fig*) Kräftezentrum *nt*
gang•plank ['gæŋplæŋk] *s* Laufplanke *f*
gan•grene ['gæŋgri:n] *s* (MED) Brand *m;* **gan•gren•ous** ['gæŋgrɪnəs] *adj* (MED) brandig
gang•ster ['gæŋstə(r)] *s* Gangster *m*, Verbrecher(in) *m(f);* **gang war•fare** *s* Bandenkrieg *m*
gang•way ['gæŋweɪ] *s* **1.** Gang *m* (*zwischen Sitzreihen*), Korridor *m* **2.** Landungsbrücke *f* **3.** (AVIAT MAR) Gangway *f;* **clear the** ~ Platz machen
gan•try ['gæntrɪ] *s* (TECH) Gerüst *nt*, Bock *m;* Abschussrampe *f;* Schilderbrücke *f*
gaol [dʒeɪl] *s* Gefängnis *nt;* **in** ~ im Gefängnis
gap [gæp] *s* **1.** Lücke *f*, Spalt(e *f*) *m*, Loch *nt* **2.** Abstand *m* **3.** (Gebirgs)Schlucht *f* **4.** Lücke, Unterbrechung *f* **5.** (*Ansichten*) Auseinandergehen, -klaffen *nt;* **bridge** [*o* **fill**] [*o* **stop**] **a** ~ eine Lücke schließen
gape [geɪp] **I.** *vi* anstarren (*at s.o.* jdn); ~ **open** aufklaffen; auseinander gehen **II.** *s* **1.** Loch *nt;* geplatzte Stelle **2.** Starren *nt;* **gap•ing** *adj* (*Wunde*) klaffend; (*Loch*) gähnend
gar•age ['gærɑ:ʒ, *Am* gə'rɑ:ʒ] **I.** *s* **1.** Garage *f* **2.** Autoreparaturwerkstatt *f;* Tankstelle *f* **II.** *vt* in die Garage stellen
garb [gɑ:b] **I.** *s* Tracht, Kleidung *f* **II.** *vt* kleiden (*in* in)
gar•bage ['gɑ:bɪdʒ] *s* **1.** Abfälle *mpl*, Müll *m* **2.** (*fig*) Schund *m;* Unsinn *m;* **garbage can** *s* (*Am*) Mülleimer *m*, -tonne *f;* **garbage chute**, **garbage disposer** *s* Müllschlucker *m;* **garbage collector** *s* (*Am*) Müllkutscher *m;* **garbage dump** *s* Mülldeponie *f;* **garbage truck** *s* (*Am*) Müllauto *nt*
garble ['gɑ:bl] *vt* (*Bericht*) durcheinander bringen, entstellen
gar•den ['gɑ:dn] **I.** *s* **1.** Garten *m* **2.** **~s** Anlagen *fpl*, Park *m;* **lead s.o. up the ~ path** (*fam*) jdn an der Nase herumführen; **market** ~ Handelsgärtnerei *f;* **vegetable** ~ Gemüsegarten *m* **II.** *vi* im Garten arbeiten; **garden city** *s* Gartenstadt *f;* **gar•dener** ['gɑ:dnə(r)] *s* Gärtner(in) *m(f)*
gar•denia [gɑ:'di:nɪə] *s* Gardenie *f*
gar•den•ing ['gɑ:dnɪŋ] *s* Gartenarbeit *f;* **garden party** *s* Gartenfest *nt*, -party *f*
gar•gan•tuan [gɑ:'gæntjʊən] *adj* riesig, gewaltig

gargle ['gɑ:gl] **I.** *vi* gurgeln (*with* mit) **II.** *s* Mundwasser *nt*
gar·goyle ['gɑ:gɔɪl] *s* (ARCH) Wasserspeier *m*
gar·ish ['geərɪʃ] *adj* (*Farbe*) grell, schreiend
gar·land ['gɑ:lənd] **I.** *s* Kranz *m;* Girlande *f* **II.** *vt* bekränzen
gar·lic ['gɑ:lɪk] *s* Knoblauch *m;* **garlic press** *s* Knoblauchpresse *f*
gar·ment ['gɑ:mənt] *s* Kleidungsstück *nt*
gar·net ['gɑ:nɪt] *s* (MIN) Granat *m*
gar·nish ['gɑ:nɪʃ] **I.** *vt* (*Küche*) garnieren **II.** *s* (*Küche*) Garnierung *f*
gar·ret ['gærət] *s* Dachkammer *f*
gar·ri·son ['gærɪsn] **I.** *s* (MIL) **1.** Garnison *f,* Standort *m* **2.** (~ *town*) Garnison(sstadt) *f* **II.** *vt* mit einer Garnison belegen; (*Soldaten*) in Garnison legen
gar·ru·lous ['gærələs] *adj* schwatzhaft
gar·ter ['gɑ:tə(r)] *s* **1.** Strumpfband *nt* **2.** (*Am*) Strumpf-, Sockenhalter *m;* (**the Order of**) **the Garter** der Hosenbandorden; **garter stitch** *s* Rippenmuster *nt*
gas [gæs] **I.** *s* **1.** Gas *nt* **2.** (*Am*) Benzin *nt* **3.** (*fig sl*) leeres Gerede; tolle Geschichte; **cook by** ~ auf Gas kochen; **step on the** ~ (*Am fam:* AUTO) Gas geben; **turn on/off the** ~ den Gashahn auf-/zudrehen **II.** *vt* vergasen **III.** *vi* (*sl*) faseln; **gas·bag** *s* (*fig pej*) Schwätzer *m;* **gas chamber** *s* Gaskammer *f;* **gas cooker** *s* Gaskocher *m;* **gas·eous** ['gæsɪəs] *adj* gasförmig; **gas fire** *s* Gasofen *m;* **gas-fitter** *s* Installateur(in) *m(f),* Rohrleger(in) *m(f)*
gash [gæʃ] **I.** *s* klaffende Wunde; tiefe Kerbe; Schlitz *m* **II.** *vt* aufschlitzen; eine tiefe Wunde beibringen (*s.o.* jdm)
gas heat·ing ['gæshi:tɪŋ] *s* Gasheizung *f;* **gas-holder** *s* Gasometer *m*
gas·ket ['gæskɪt] *s* **1.** (TECH) Dichtung *f* **2.** (MAR) Zeising *nt*
gas lamp ['gæslæmp] *s* Gaslampe *f;* Gaslaterne *f;* **gas lighter** *s* Gasfeuerzeug *nt;* **gas·man** ['gæsmən] <*pl* -men> *s* Gasmann *m;* **gas·mask** *s* Gasmaske *f;* **gas meter** *s* Gaszähler *m,* Gasuhr *f*
gaso·line, **gaso·lene** ['gæsəli:n] *s* (*Am*) Benzin *nt;* **gasoline gauge** *s* Benzinuhr *f;* **gasoline tank** *s* Benzintank *m*
gas·ometer [gə'sɒmɪtə(r)] *s* (*Br*) Gasometer *m*
gasp [gɑ:sp] **I.** *vi* keuchen; nach Luft schnappen; ~ **for breath** nach Luft schnappen; **I ~ed in surprise** mir stockte der Atem vor Überraschung (*at* über) **II.** *vt* (*Worte:* ~ *out*) mühsam hervorbringen **III.** *s* Keuchen, schweres Atmen *nt;* **at one's last** ~ in den letzten Zügen
gas pipe ['gæspaɪp] *s* Gasrohr *nt,* -leitung *f;* **gas pump** ['gæspʌmp] *s* (*Am*) Zapfsäule *f;* **gas ring** ['gæsrɪŋ] *s* Gasbrenner *m;* **gas station** ['gæssteɪʃn] *s* (*Am*) Tankstelle *f;* **gas station operator** *s* Tankwart *m;* **gas stove** *s* Gasherd *m;* **gas·sy** ['gæsɪ] *adj* **1.** (*sl*) geschwätzig **2.** kohlensäurehaltig, mit Gas gefüllt
gas·tric ['gæstrɪk] *adj:* ~ **acid** Magensäure *f;* ~ **juice** (PHYSIOL) Magensaft *m;* ~ **ulcer** Magengeschwür *nt;* **gas·tri·tis** [gæ'straɪtɪs] *s* Gastritis *f;* **gas·tro·en·ter·itis** [ˌgæstrəʊˌentə'raɪtɪs] *s* Magen-Darm-Katarrh *m*
gas·tron·omic [ˌgæstrə'nɒmɪk] *adj* gastronomisch; **gas·tron·omy** [gæ'strɒnəmɪ] *s* Gastronomie *f*
gas·tro·sco·py [ˌgæs'trəʊskɒpɪ] *s* Magenspiegelung *f*
gas·works ['gæswɜ:ks] *s pl mit sing* Gaswerk *nt*
gate [geɪt] **I.** *s* **1.** (*fig*) Tor *nt,* Zugang *m* (*to* zu) **2.** (enge) Durchfahrt *f,* Durchlass *m* **3.** Sperre *f;* (Bahn)Schranke *f* **4.** (AVIAT) Flugsteig *m* **5.** Schleusentor *nt* **6.** (*Fußball*) Besucherzahl *f* **7.** (*Eintrittsgeld*) Gesamteinnahme *f* **II.** *vt:* **be ~d** Ausgangsverbot erhalten; **gate·crash** ['geɪtkræʃ] *vi, vt* ungebeten erscheinen (*in* bei); **gatecrasher** ['geɪtkræʃə(r)] *s* ungebetener Gast; **gate·house** *s* Tor-, Pförtnerhaus *nt;* **gate·keeper** *s* **1.** Torwärter(in) *m(f),* Pförtner(in) *m(f)* **2.** (*Am*) Bahnwärter(in) *m(f);* **gate-legged table** [ˌgeɪtlegd'teɪbl] *s* Klapptisch *m;* **gate money** *s* Eintrittsgeld *nt;* **gate·post** *s* Torpfosten *m;* **between you, me and the** ~ in strengstem Vertrauen, unter uns gesagt; **gate·way** ['geɪtweɪ] *s* **1.** Torweg *m,* Einfahrt *f* **2.** (*fig*) Weg *m* (*to* zu)
gather ['gæðə(r)] **I.** *vt* **1.** versammeln **2.** zusammenbringen, anhäufen **3.** (*Ernte*) einbringen **4.** (*Geld*) einziehen, kassieren **5.** (*Eindruck*) gewinnen **6.** schließen (*from* aus), den Schluss ziehen (*that* dass) **7.** zunehmen an (*Kraft, Umfang*) **8.** fälteln, kräuseln; ~ **information** Erkundigungen einziehen; ~ **speed** an Geschwindigkeit zunehmen **II.** *vi* **1.** sich versammeln, zusammenkommen **2.** (*Wolken*) sich zusammenziehen **3.** (*Wunde*) eitern **4.** (*Stirn*) sich in Falten legen **III.** *s* Falte *f;* **gather·ing** [-ɪŋ] *s* Versammlung *f*
GATT *s abr de* **General Agreement on Tariffs and Trade** GATT *nt*
gauche [gəʊʃ] *adj* unbeholfen, ungeschickt; linkisch
gaudy ['gɔ:dɪ] *adj* geschmacklos, protzig
gauge [geɪdʒ] **I.** *s* **1.** Messgerät *nt;* Eichmaß *nt* **2.** (TECH) Lehre *f;* (*für Ring*) Ringmaß *nt;* (*für Wasser*) Pegel *m* **3.** (*Draht, Blech*) Dicke, Stärke *f* **4.** (RAIL) Spurweite *f* **5.** (*fig*)

G

Maß(stab *m*) *nt;* **narrow** ~ Schmalspur *f;* **standard** ~ Normalspur *f;* **pressure** ~ Druckmesser *m;* **petrol** ~ Benzinuhr *f;* **temperature** ~ Temperaturanzeiger *m* **II.** *vt* **1.** messen **2.** beurteilen, (ab)schätzen

gaunt [gɔːnt] *adj* **1.** hager; hohlwangig **2.** finster, trostlos

gaunt•let ['gɔːntlɪt] *s* **1.** (HIST) Fehdehandschuh *m* **2.** Stulpenhandschuh *m;* **throw down the** ~ herausfordern (*to s.o.* jdn); **pick** [*o* **take**] **up the** ~ die Herausforderung annehmen; **run the** ~ Spießruten laufen

gauze [gɔːz] *s* **1.** Gaze *f;* ~ **bandage** Verband(s)mull *m* **2.** feines Drahtgeflecht; **gauzy** ['gɔːzɪ] *adj* hauchdünn, -zart, durchscheinend

gave [geɪv] *s.* **give**

gavel ['gævl] *s* (kleiner) Hammer *m*

gawk [gɔːk] *vi* blöde starren; **gawky** ['gɔːkɪ] *adj* ungeschickt, linkisch

gay [geɪ] **I.** *adj* **1.** lustig, vergnügt, fröhlich **2.** lebenslustig **3.** farbenfroh, bunt **4.** schwul **II.** *s* Schwule(r) *m*

gaze [geɪz] **I.** *vi* starren, glotzen (*at, on, upon* auf) **II.** *s* starrer Blick

ga•zelle [gə'zel] *s* Gazelle *f*

ga•zette [gə'zet] **I.** *s* Amtsblatt *nt;* Zeitung *f* **II.** *vt* amtlich bekannt geben; **ga•zet•teer** [ˌgæzə'tɪə(r)] *s* alphabetisches Ortsverzeichnis

ga•zil•lion [gə'zɪljən] *s* (*sl*): **a** ~ eine Unmenge

ga•zump [gə'zʌmp] *vt* (*Hauskauf*) *den Preis nachträglich heraufsetzen und an jdn anderen verkaufen*

GB [dʒiː'biː] *s abr de* **Great Britain** GB

GDP [ˌdʒiːdiː'piː] *s abr de* **gross domestic product** BIP *nt,* Bruttoinlandsprodukt *nt*

GDR [ˌdʒiːdiː'ɑː(r)] *s abr de* **German Democratic Republic** (HIST) DDR *f*

gear [gɪə(r)] **I.** *s* **1.** Gerät *nt;* Ausrüstung *f;* (*fam*) Sachen *fpl,* Zeug *nt* **2.** (TECH) Getriebe *nt* **3.** (AUTO) Gang *m* **4.** (*Fahrrad*) Übersetzung *f;* **landing** ~ Fahrgestell *nt;* **go** [*o* **shift**] **into first** ~ (AUTO) den ersten Gang einlegen; **shift** [*o* **change**] ~ (AUTO) schalten; **first/second/top/reverse** ~ (AUTO) erster/zweiter/vierter Gang/Rückwärtsgang *m* **5.** (*fam: Kleidung*) Sachen *fpl* **II.** *vt* **1.** (TECH) mit einem Getriebe versehen; einkuppeln **2.** (*fig*) ausrichten (*to* auf) **III.** *vi* (TECH) ineinander greifen, eingreifen (*into* in); **gear-box**, **gear•case** ['gɪəbɒks, 'gɪəkeɪs] *s* (AUTO) Getriebe *nt;* **geared** ['gɪəd] *adj* **1.** eingestellt (*to* auf) **2.** gerüstet (*to* für); **I was all** ~ **up** ich war ganz gespannt; **gearing** ['gɪərɪŋ] *s* (*Gänge*) Auslegung *f;* **gear lever** *s* (*Am*), **gear•shift**, **gear stick** *s* Schaltknüppel *m;* Schalthebel *m;* **gear•wheel** *s* Zahnrad *nt*

gee ['dʒiː] *interj* **1.** (*fam*) Mensch, Mann! **2.** (*zu Pferd*) hü!; ~ **whizz!** Mensch Meier!

geezer ['giːzə(r)] *s* (*sl*) Typ, Kerl *m;* **old** ~ Mummelgreis *m*

geisha ['geɪʃə] *s* Geisha *f*

gela•tine [ˌdʒelə'tiːn] *s* Gelatine *f;* **gel•ati•nous** [dʒɪ'lætɪnəs] *adj* gallert(art)ig

geld [geld] *vt* kastrieren; **geld•ing** [-ɪŋ] *s* Wallach *m*

gem [dʒem] *s* **1.** (geschliffener) Edelstein *m* **2.** (*fig*) Perle *f,* Prachtstück *nt*

Gem•ini ['dʒemɪnɪ] *s* (ASTR) Zwillinge *mpl*

gen [dʒen] *s* (*Br fam*) Information *f;* **gen up** *vt* informieren

gen•der ['dʒendə(r)] *s* (GRAM) Geschlecht *nt;* ~ **balance** ausgewogene Mitwirkung von Männern und Frauen; ~ **gap** Ungleichbehandlung *f* der Geschlechter; ~**-specific** geschlechtsspezifisch

gene [dʒiːn] *s* (BIOL) Gen *nt*

ge•nea•logi•cal [ˌdʒiːnɪə'lɒdʒɪkl] *adj* genealogisch; ~ **tree** Stammbaum *m;* **ge•nealo•gist** [ˌdʒiːnɪ'ælədʒɪst] *s* Genealoge *m,* Genealogin *f,* Stammbaumforscher(in) *m(f);* **ge•neal•ogy** [ˌdʒiːnɪ'ælədʒɪ] *s* Genealogie *f*

gene bank [dʒiːn-] *s* Genbank *f;* **gene patent** [dʒiːn-] *s* Genpatent *nt*

gen•eral ['dʒenrəl] **I.** *adj* **1.** allgemein **2.** üblich, gewöhnlich, normal **3.** unbestimmt, allgemein gehalten; **as a** ~ **rule, in** ~ im Allgemeinen; **consul**(**ate**) ~ Generalkonsul(at *nt*) *m;* **secretary** ~ Generalsekretär(in) *m(f)* **II.** *s* (MIL) General *m;* **general agency** *s* Generalvertretung *f;* **general agent** *s* **1.** Generalagent *m* **2.** Generalbevollmächtigte(r) *f m;* **general anaesthetic** *s* Vollnarkose *f;* **general assembly** *s* Voll-, Generalversammlung *f;* **general delivery** *adj* (*Am*) postlagernd; **general director**, **general manager** *s* Generaldirektor(in) *m(f);* **general editor** *s* Hauptschriftleiter(in) *m(f);* **general election** *s* Parlamentswahlen *fpl;* **general endorsement** *s* Blankoindossament *nt;* **general headquarters** *s pl oft mit sing* (MIL) großes Hauptquartier

gen•er•al•ity [ˌdʒenə'rælətɪ] *s* Allgemeingültigkeit *f;* **the** ~ **of** die Masse, Mehrheit, Mehrzahl *+gen*

gen•er•al•iz•ation [ˌdʒenərəlaiz'eɪʃn] *s* Verallgemeinerung *f;* **gen•er•al•ize** ['dʒenərəlaɪz] *vt* verallgemeinern; allgemein verbreiten

gen•eral•ly ['dʒenrəlɪ] *adv* im Allgemeinen, allgemein, gemeinhin, gewöhnlich; ganz allgemein

gen•eral man•age•ment ['dʒenrəl 'mænɪdʒmənt] *s* Geschäftsleitung *f;* **ge-**

neral partnership *s* offene Handelsgesellschaft; **General Post Office** *s* Hauptpost *f;* **general practitioner** *s* praktischer Arzt, praktische Ärztin, Arzt *m,* Ärztin *f* für Allgemeinmedizin; **general staff** *s* (MIL) Generalstab *m;* **general store** *s* Gemischtwarengeschäft *nt;* **general strike** *s* Generalstreik *m;* **general view** *s* Gesamtbild *nt,* -ansicht *f,* Überblick *m*

gen•er•ate ['dʒenəreɪt] *vt* **1.** (BIOL) (er)zeugen **2.** hervorbringen, -rufen **3.** (TECH) erzeugen **4.** (*fig*) verursachen; **generating station** ['dʒenəreɪtɪŋ ˌsteɪʃn] *s* Kraftwerk *nt;* **gen•er•ation** [ˌdʒenə'reɪʃn] *s* **1.** Generation *f* **2.** (BIOL) Zeugung *f* **3.** (TECH) Erzeugung *f;* **gen•er•at•ive** ['dʒenərətɪv] *adj* **1.** (GRAM) generativ **2.** (BIOL) Zeugungs- **3.** (ELEK) Erzeugungs-; **gen•er•ator** ['dʒenəreɪtə(r)] *s* Generator *m*

gen•eric [dʒɪ'nerɪk] **I.** *adj:* ~ **term** Gattungsbegriff *m* **II.** *s* (MED: ~ *drug*) Generikum *nt*

gen•er•os•ity [ˌdʒenə'rɒsətɪ] *s* **1.** Großmut *f* **2.** Großzügigkeit *f;* **gen•er•ous** ['dʒenərəs] *adj* **1.** großmütig (*to* gegenüber) **2.** großzügig, freigebig (*of, with* mit) **3.** (*Boden*) fruchtbar **4.** reichlich

gen•esis ['dʒenəsɪs, *pl* 'dʒenɪsi:z] <*pl* geneses> *s* Entstehung *f*

gene ther•apy [ˌdʒi:n'θerəpɪ] *s* Gentherapie *f*

gen•etic [dʒɪ'netɪk] **I.** *adj* genetisch; ~ **code** genetischer Code; ~ **engineering** Gentechnologie *f;* ~ **fingerprint** genetischer Fingerabdruck; ~ **heritage** Erbanlage *f;* ~ **information** Erbinformation *f;* ~ **manipulation** Genmanipulation *f;* ~ **research** Genforschung *f;* ~ **transfer** Gentransfer *m* **II.** *s pl mit sing* Genetik *f;* **gen•eti•cist** [dʒɪ'netɪsɪst] *s* Genetiker(in) *m(f)*

Ge•ne•va [dʒi:'ni:və] *s* Genf *nt;* ~ **Convention** Genfer Abkommen *nt*

ge•nial ['dʒi:nɪəl] *adj* **1.** angenehm, heiter, froh **2.** (*Mensch*) freundlich, leutselig **3.** (*Klima*) mild, warm; **ge•nial•ity** [ˌdʒi:nɪ'ælətɪ] *s* **1.** Heiterkeit *f,* Frohsinn *m* **2.** Freundlichkeit, Herzlichkeit *f* **3.** (*Wetter*) Milde *f*

genie ['dʒi:nɪ] *s* dienstbarer Geist

geni•tals ['dʒenɪtlz] *s pl* Genitalien *pl*

geni•tive ['dʒenətɪv] *s* (GRAM) Genitiv *m*

gen•ius ['dʒi:nɪəs, *pl* 'dʒi:nɪaɪ] <*pl* geniuses, genii> *s* **1.** Schutzgeist *m* **2.** Genius *m,* Anlage *f;* Fähigkeit *f* (*for, to* zu) **3.** Genie *nt,* genialer Mensch

genned-up [ˌdʒend'ʌp] *adj* (*fam*) gut informiert (*about* über)

geno•cide ['dʒenəsaɪd] *s* Völkermord *m*

genre ['ʒɑ:nrə] *s* (*Kunst*) Gattung *f;* **genre painting** *s* Genremalerei *f*

gent [dʒent] *s* (*fam*) Gentleman *m;* **the Gents** die Herrentoilette

gen•teel [dʒen'ti:l] *adj* vornehm; affektiert

gen•tian ['dʒenʃn] *s* Enzian *m*

Gen•tile ['dʒentaɪl] **I.** *adj* nicht jüdisch **II.** *s* Nichtjude *m,* -jüdin *f*

gentle ['dʒentl] *adj* **1.** sanft; mild **2.** wohlerzogen; gebildet; **gentle•folk** ['dʒentlfəʊk] *s pl* feine Leute *pl;* **gentle•man** ['dʒentlmən] <*pl* -men> *s* Herr *m;* Ehrenmann *m;* (**Ladies and**) **Gentlemen!** meine (Damen und) Herren!; **gentlemen's agreement** stillschweigendes Abkommen; ~-**farmer** Gutsbesitzer *m;* **gentle•man•ly** ['dʒentlmənlɪ] *adj* höflich, zuvorkommend; **gentle•ness** ['dʒentlnɪs] *s* Sanftheit *f;* Zartheit *f;* Freundlichkeit *f;* **gentle-woman** ['dʒentlwʊmən, *pl* -wɪmɪn] <*pl* -women> *s* Dame *f;* Hofdame *f;* Zofe *f*

gen•try ['dʒentrɪ] *s* niederer Adel

genu•ine ['dʒenjʊɪn] *adj* **1.** echt; unverfälscht **2.** aufrichtig, ehrlich

ge•nus ['dʒi:nəs, *pl* 'dʒenərə] <*pl* genera> *s* (ZOO BOT) Gattung *f*

geo•cen•tric [ˌdʒi:əʊ'sentrɪk] *adj* geozentrisch

geo•des•ic [ˌdʒɪ:əʊ'desɪk] *adj* geodätisch; ~ **dome** Traglufthalle *f*

ge•ogra•pher [dʒɪ'ɒgrəfə(r)] *s* Geograph(in) *m(f);* **geo•graphic**(**al**) [ˌdʒɪə'græfɪk(l)] *adj* geographisch; **geogra•phy** [dʒɪ'ɒgrəfɪ] *s* Erdkunde, Geographie *f;* **economic** ~ Wirtschaftsgeographie *f*

geo•logi•cal [ˌdʒɪə'lɒdʒɪkl] *adj* geologisch; **ge•ol•ogist** [dʒɪ'ɒlədʒɪst] *s* Geologe *m,* Geologin *f;* **ge•ol•ogy** [dʒɪ'ɒlədʒɪ] *s* Geologie *f*

geo•met•ric(**al**) [ˌdʒɪə'metrɪk(l)] *adj* geometrisch; **ge•ometry** [dʒɪ'ɒmətrɪ] *s* Geometrie *f*

geo•physi•cal [ˌdʒɪə'fɪzɪkl] *adj* geophysikalisch; **geo•phys•ics** [ˌdʒi:əʊ'fɪzɪks] *s pl mit sing* Geophysik *f*

geo•ther•mal [ˌdʒi:əʊ'θɜ:məl] *adj* geothermal

ger•anium [dʒə'reɪnɪəm] *s* Geranie *f*

geria•tri•cian [ˌdʒerɪə'trɪʃn] *s* Facharzt *m,* -ärztin *f* für Geriatrie; **geri•atrics** [ˌdʒerɪ'ætrɪks] *s pl mit sing* Geriatrie *f*

germ [dʒɜ:m] **I.** *s* **1.** (*a. fig*) Keim *m* **2.** Bakterie *f;* **in** ~ (*fig*) im Keim; **free from ~s** keimfrei **II.** *vi* (*fig*) keimen

Ger•man ['dʒɜ:mən] **I.** *adj* deutsch **II.** *s* **1.** (das) Deutsch(e) **2.** Deutsche(r) *f m;* **do you speak ~?** sprechen Sie Deutsch?; **translated into** ~ ins Deutsche übersetzt; ~ **Democratic Republic** (HIST) Deutsche Demokratische Republik

ger•mane [dʒə'meɪn] *adj* von Belang (*to*

G

für)

Ger•manic [dʒəˈmænɪk] *adj* germanisch; **German measles** *s pl* (MED) Röteln *pl;* **German shepherd** *s* (*Am*) deutscher Schäferhund; **Ger•ma•ny** [ˈdʒɜːmənɪ] *s* Deutschland *nt;* **Federal Republic of ~** Bundesrepublik Deutschland; **the two Germanies** (HIST) die zwei deutschen Staaten

germ•free [ˈdʒɜːmfriː] *adj* keimfrei; **ger•mi•cid•al** [ˌdʒɜːmɪˈsaɪdəl] *adj* keimtötend; **ger•mi•cide** [ˈdʒɜːmɪsaɪd] *s* Desinfektionsmittel *nt;* **ger•mi•nal** [ˈdʒɜːmɪnəl] *adj* (*fig*) im Anfangsstadium (befindlich); **ger•mi•nate** [ˈdʒɜːmɪneɪt] **I.** *vi* keimen **II.** *vt* keimen lassen; **ger•mi•na•tion** [ˌdʒɜːmɪˈneɪʃn] *s* Keimen *nt;* **germ warfare** *s* bakteriologische Kriegsführung

ger•on•tol•ogist [ˌdʒerɒnˈtɒlədʒɪst] *s* Gerontologe *m,* Gerontologin *f;* **ger•on•to•logy** [ˌdʒerɒnˈtɒlədʒɪ] *s* Gerontologie *f*

gerry•man•der [ˈdʒerɪmændə(r)] **I.** *vt* (POL: *Wahlkreis*) willkürlich neu einteilen **II.** *vi* Wahlkreisschiebungen vornehmen

ger•und [ˈdʒerənd] *s* (GRAM) Gerundium *nt*

ges•ta•tion [dʒeˈsteɪʃn] *s* **1.** Trächtigkeit *f* **2.** Schwangerschaft *f*

ges•ticu•late [dʒeˈstɪkjʊleɪt] *vi* gestikulieren; **ges•ticu•la•tion** [dʒeˌstɪkjʊˈleɪʃn] *s* Gestikulieren *nt*

ges•ture [ˈdʒestʃə(r)] *s* Gebärde *f;* Geste *f*

get [get] <got, got, gotten *Am*> **I.** *vt* **1.** bekommen, erhalten, empfangen **2.** verdienen, gewinnen, erwerben **3.** besorgen, beschaffen **4.** (zu) fassen (kriegen), schnappen **5.** verstehen, begreifen **6.** veranlassen, überreden, (dazu) bewegen; bringen (*to* zu) **7.** (*Essen*) (fertig) machen **8.** (*fam*) drankriegen; fertig machen; totschlagen **9.** (*fam*) nicht aus dem Sinn gehen (*s.o.* jdm) **10.** (*Junge*) werfen; **have got** (*fam*) haben, besitzen; (*fam*) müssen (*to do* tun) **II.** *vi* **1.** kommen (*from* von, *at* zu, *to* nach) **2.** gelangen (*to* nach) **3.** erreichen (*to acc*) **4.** herankönnen (*at* an) **5.** (*in eine Lage*) kommen, versetzt werden, gelangen, geraten **III.** (*Wendungen*): **~ s.o.'s back up** jdn auf die Palme bringen; **~ the better of s.o.** jdn kleinkriegen; **~ the boot** (*fam*) entlassen werden; **~ to the bottom of s.th.** einer S auf den Grund gehen; **~ done with** fertig werden mit; **~ even with s.o.** mit jdm abrechnen; **~ going** in Gang setzen; **~ one's hair cut** sich die Haare schneiden lassen; **~ hold of** zu fassen kriegen; **~ home** heimkommen, nach Hause kommen; (*fig*) zum springenden Punkt kommen; **~ to know** in Erfahrung bringen; **~ married** sich verheiraten; **~ there** (*fam*) sein Ziel erreichen; **~ one's own way** seinen Kopf durchsetzen; **~ the worst of it** am schlechtesten wegkommen; **it's ~ting warmer** es wird wärmer; **I ~ it** ich begreife schon; **I've got it!** ich hab's!; **I'll ~ him for that!** dem werde ich es besorgen!; **get about** *vi* **1.** (viel) herumkommen **2.** (*Nachricht*) sich verbreiten; **get across I.** *vt* **1.** hinüberbringen; hinüberkommen über **2.** (*fig*) verständlich machen; (*Witz*) ankommen mit **II.** *vi* **1.** hinüberkommen **2.** (*fig*) sich verständlich machen; (*Witz*) ankommen; **get ahead** *vi* vorwärts kommen, vorankommen; überholen, -treffen, -runden (*of s.o.* jdn); **get along** *vi* **1.** weiter-, vorankommen, vorwärts kommen (*with* mit) **2.** auskommen, fertig werden, sich vertragen (*with s.o.* mit jdm); **how are you ~ting along?** wie kommen Sie zurecht?; **~ along with you!** (*fam*) ach, erzähl mir doch nichts!; **get around I.** *vt* herumkriegen, gewinnen **II.** *vi s.* **get about**: **~ around s.o.** um jdn herumkommen; **~ around to doing s.th.** dazu kommen, etw zu tun; **get at s.o.** *vi* (*sl*) jdn erreichen; jdn beeinflussen, auf seine Seite ziehen; auf jdm herumhacken; **get at s.th.** *vi* **1.** an etw herankommen; etw herausfinden **2.** (*fig*) auf etw hinauswollen; **stop ~ting at me!** lass mich endlich in Ruhe!; **what are you ~ting at?** worauf willst du hinaus?; **get away I.** *vt* entfernen; wegbringen **II.** *vi* sich aus dem Staube machen; **~ away from s.o.** von jdm loskommen; **~ away with s.th.** sich etw erlauben können; **~ away!** (*fam*) sag bloß!; **get back I.** *vt* zurückbekommen **II.** *vi* zurückkehren, -kommen; **~ back at s.o.** (*fam*) es jdm heimzahlen; **get behind** *vi* **1.** unterstützen **2.** (*in der Arbeit*) zurückfallen; **get by** *vi* **1.** vorbeigehen **2.** (*fam*) durchkommen **3.** (*mit Geld*) auskommen **4.** noch den Anforderungen entsprechen; **get down I.** *vt* **1.** hinunterbringen; schlucken **2.** (*fig*) entmutigen **II.** *vi* hinuntersteigen (*from* von); **~ down to** sich konzentrieren auf; **~ s.o. down** jdn deprimieren; **get in I.** *vt* hineinbringen; hereinbekommen; (*Ernte*) einbringen **II.** *vi* **1.** hineinkommen, -gelangen **2.** (*Zug, Flug*) ankommen; (*Zug*) einfahren **3.** sich einlassen (*with* mit) **4.** (PARL) gewählt werden (*for* in); **~ in on s.th.** (*fig*) bei etw einsteigen; **he doesn't let you ~ a word in edgeways** er lässt einen überhaupt nicht zu Wort kommen; **get into** *vi* **1.** (*Gewohnheit*) annehmen **2.** (*Schule*) zugelassen werden zu **3.** (*Auto*) einsteigen in; **~ into a temper** wütend werden; **I'll ~ into the way of things** ich werde mich schon daran gewöhnen; **what's got into him?** was ist mit ihm los?; **get off I.** *vt* (*Brief*) abschicken **II.** *vi* **1.** herunter-, ab-, aussteigen **2.** weggehen **3.** davonkommen **4.** (~ *off work*) mit der Arbeit aufhören; **tell s.o. where to ~ off** jdm die Meinung sagen; **~ off with s.o.** mit jdm anbändeln; **get on I.** *vt* (*Kleidung*) anziehen **II.** *vi* **1.** aufsitzen **2.** auf-, einsteigen **3.** weiterführen (*with s.th.* etw) **4.** weiterkommen, Erfolg haben **5.** es gut verstehen (*with* mit), auskommen (*with* mit); **~ on for eighty** auf die Achtzig zugehen; **they don't ~ on** sie verstehen sich nicht; **get out I.** *vt* **1.** herausbringen, -bekommen **2.** vorbereiten, ausarbeiten **3.** veröffentlichen **4.** herausbekommen (*out of s.th.* aus etw) **II.** *vi* **1.** aussteigen **2.** weggehen **3.** entkommen (*of s.th.* einer S) **4.** (*Geheimnis*) herauskommen; **~ that out of your head!** schlagen Sie sich das aus dem Kopf!; **get over I.** *vt* hinwegkommen über; fertig werden mit **II.** *vi* durchkommen; **get round** *vt* (*Sache*) umgehen; (*Person*) umstimmen; **get straight** *vt* in Ordnung bringen; sich im Klaren sein über; **get through I.** *vt* **1.** durchkriegen, -bringen **2.** (*Geld*) ausgeben **II.** *vi* **1.** durchkommen **2.** (TELE) Anschluss bekommen; **get together I.** *vt* zusammenbringen **II.** *vi* **1.** zusammenkommen, sich treffen **2.** einig werden (*on* über); **get up I.** *vt* **1.** zu Wege bringen **2.** zurechtmachen, aufputzen; inszenieren **3.** verstärken, erhöhen (*speed* die Geschwindigkeit) **4.** durcharbeiten **II.** *vi* **1.** aufstehen **2.** Fortschritte machen **3.** (*Wind*) auffrischen **4.** (*bei der Lektüre*) kommen (*to* bis); **~ o.s. up** sich kostümieren; **get up to** *vi* **1.** gelangen bis **2.** anstellen; **what have you been ~ting up to?** was hast du getrieben?

get-at-able [ˌget'ætəbl] *adj* (*fam*) (leicht) erreichbar, zugänglich; **get•away** ['getəweɪ] *s* Entkommen *nt;* **get•away car** *s* Fluchtwagen *m;* **get-to•gether** ['gettə'geðə(r)] *s* (zwangloses) Treffen *nt,* Zusammenkunft *f;* **get-up** ['getʌp] *s* **1.** Aufmachung, Ausstattung *f* **2.** (*Kleidung*) Aufzug *m*

gey•ser ['gi:zə(r)] *s* **1.** Geysir *m* **2.** (*Br*) Durchlauferhitzer, Boiler *m*

Gha•na ['gɑ:nə] *s* Ghana *nt;* **Gha•na•ian** [gɑ:'neɪən] **I.** *adj* ghanaisch **II.** *s* Ghanaer(in) *m(f)*

ghast•ly ['gɑ:stlɪ] *adj* **1.** gespenstisch **2.** entsetzlich, schrecklich; grässlich

gher•kin ['gɜ:kɪn] *s* Essig-, Gewürzgurke *f*

ghetto ['getəʊ] <*pl* ghettos> *s* G(h)etto *nt;* **ghetto blaster** ['getəʊblɑ:stə(r)] *s* tragbares Stereogerät *nt,* Ghettoblaster *m*

ghost [gəʊst] **I.** *s* **1.** Geist *m* (*eines Verstorbenen*), Gespenst *nt* **2.** Schatten *m,* Spur *f;* **give up the ~** den Geist aufgeben; **not a ~ of a chance** nicht die geringsten Aussichten *fpl* (*with s.o.* bei jdm) **II.** *vi* (*fam*) für einen anderen Reden aufsetzen, Artikel schreiben **III.** *vt* (*Buch, Rede*) für einen anderen schreiben; **ghost•ly** ['gəʊstlɪ] *adj* geisterhaft; **ghost•writer** *s* Ghostwriter *m*

ghoul [gu:l] *s* **1.** Ghul *m* **2.** (*fig*) Mensch mit schaurigen Gelüsten

G.I. [ˌdʒi:'aɪ] *s* (*fam*) amerikanischer Soldat

gi•ant ['dʒaɪənt] **I.** *s* Riese *m* **II.** *adj* riesig; **a ~ packet** ein Riesenpaket *nt;* **gi•ant•ess** ['dʒaɪəntes] *s* Riesin *f*

gib•ber ['dʒɪbə(r)] *vi* schnattern; brabbeln; **gib•ber•ish** ['dʒɪbərɪʃ] *s* Quatsch *m;* Kauderwelsch *nt*

gib•bet ['dʒɪbɪt] *s* Galgen *m*

gib•bon ['gɪbən] *s* Gibbon *m* (*Affe*)

gibe [dʒaɪb] **I.** *vi* verspotten (*at s.o.* jdn) **II.** *s* Spott *m;* Stichelei *f*

gib•lets ['dʒɪblɪts] *s pl* Geflügelinnereien *fpl*

Gi•bral•tar [dʒɪ'brɔ:ltə(r)] *s* Gibraltar *nt*

gid•di•ly *adv* (*fig*) leichtfertig, unbesonnen; **gid•dy** ['gɪdɪ] *adj* **1.** schwind(e)lig (*with* von, vor) **2.** (*Höhe*) schwindelerregend **3.** leichtfertig, leichtsinnig

gift [gɪft] *s* **1.** Geschenk *nt;* Gabe *f;* Spende *f* **2.** (*fig*) Gabe, Veranlagung, Anlage *f,* Talent *nt* (*for* zu) **3.** (JUR) Schenkung *f* **4.** (COM: *free ~*) Werbegeschenk *nt;* **I wouldn't take that as a ~** das möchte ich nicht geschenkt haben; **it's a ~!** es ist geschenkt!; **the ~ of the gab** ein gutes Mundwerk; **gifted** ['gɪftɪd] *adj* begabt, talentiert; **gift-horse** ['gɪfthɔ:s] *s:* **don't look a ~ in the mouth** (*prov*) einem geschenkten Gaul schaut man nicht ins Maul; **gift shop** *s* Geschenkartikelladen *m;* **gift token**, **gift voucher** *s* Geschenkgutschein *m*

gig [gɪg] *s* (*fam*) Gig *m,* Konzert *nt*

gi•ga•hype ['gaɪgəˌhaɪp] *s* völlig überzogener Medienrummel

gi•gan•tic [dʒaɪ'gæntɪk] *adj* riesig; ungeheuer, gewaltig

giggle ['gɪgl] **I.** *vi* kichern **II.** *s* Kichern, Gekicher *nt;* **do s.th. for a ~** etw zum Spaß tun

gild [gɪld] <*pp* gilded (gilt)> *vt* vergolden

gill[1] [dʒɪl] *s* Viertelpint *nt* (*0,14 l, Am 0,12 l*)

gill[2] [gɪl] *s* **1.** (*von Fischen*) Kieme *f* **2. ~s** (*Pilz*) Lamellen *fpl;* **go green about the ~s** sehr schlecht aussehen

gilt [gɪlt] **I.** *pp of* **gild II.** *s* Vergoldung *f;* **take the ~ off the gingerbread** der Sache den Reiz nehmen; **gilt-edged** [ˌgɪlt'edʒd] *adj:* **~ securities** mündelsichere Wertpapiere *ntpl*

gim•crack ['dʒɪmkræk] *adj* (*fam*) billig,

G

minderwertig

gim·let ['gɪmlɪt] *s* (Hand)Bohrer *m;* **gim-let-eyed** [ˌgɪmlɪt'aɪd] *adj* mit stechenden Augen

gim·mick ['gɪmɪk] *s* Trick, Knüller *m;* Spielerei *f;* effekthaschender Gag; **gim·micky** ['gɪmɪkɪ] *adj* werbewirksam

gin[1] [dʒɪn] *s* Wacholderschnaps, Gin *m;* ~ **and tonic** Gin Tonic *m*

gin[2] [dʒɪn] *s* **1.** Schlinge *f,* Netz *nt,* Falle *f* **2.** (*cotton* ~) Entkörnmaschine *f*

gin·ger ['dʒɪndʒə(r)] **I.** *s* **1.** Ingwer *m* **2.** Schwung, Schneid *m* **II.** *vt* (~ *up*) aufmöbeln, in Schwung bringen **III.** *adj* rötlich; **ginger ale** *s* Gingerale *nt;* **ginger beer** *s* Gingerbeer *nt,* Ingwerlimonade *f;* **gin·ger·bread** ['dʒɪndʒəbred] *s* Pfefferkuchen *m;* **ginger group** *s* (POL) Aktionsgruppe *f;* **ginger-haired** ['dʒindʒə(r)heə(r)d] *adj* rothaarig; **gin·ger·ly** ['dʒɪndʒəlɪ] *adj, adv* vorsichtig, behutsam; **ginger-nut**, **ginger-snap** *s* Ingwerkeks *m*

gin·gi·vi·tis [ˌdʒɪndʒɪ'vaɪtɪs] *s* Zahnfleischentzündung *f*

ginned up [ˌdʒɪnd'ʌp] *vi* (*fam*): **get** ~ **up about s.th.** sich für etw begeistern

gin·seng ['dʒɪnseŋ] *s* Ginseng *m*

gipsy, **gypsy** ['dʒɪpsɪ] *s* Zigeuner(in) *m(f)*

gi·raffe [dʒɪ'rɑːf] *s* Giraffe *f*

girder ['gɜːdə(r)] *s* Träger, Binder *m*

girdle ['gɜːdl] **I.** *s* **1.** Gurt, Gürtel *m* **2.** Hüftgürtel *m* **II.** *vt* (~ *about, in, round*) umgürten; umgeben, einfassen

girl [gɜːl] *s* **1.** Mädchen *nt* **2.** Tochter *f* **3.** (junge) Frau *f* **4.** Angestellte, Arbeiterin, Verkäuferin *f* **5.** Hausgehilfin *f;* **girl Friday** *s* Allround-Sektretärin *f;* **girl-friend** ['gɜːlfrend] *s* Freundin *f;* **Girl Guide** *s* (*Br*) Pfadfinderin *f;* **girl·hood** ['gɜːlhʊd] *s* Mädchenzeit *f,* -jahre *ntpl;* **girlie** ['gɜːlɪ] *s* Mädchen; **girlie magazine** *s* (*fam*) Zeitschrift *f* mit Fotos von nackten Mädchen; **girl·ish** ['gɜːlɪʃ] *adj* mädchenhaft

giro ['dʒaɪrəʊ] *s* Giro-, Postgiroverkehr *m;* **giro account** *s* Giro-, Postgirokonto *nt;* **giro system** *s* Giro-, Postgiroverkehr *m;* **giro transfer** *s* Giro-, Postüberweisung *f*

girth [gɜːθ] *s* **1.** Sattelgurt *m* **2.** Umfang *m*

gist [dʒɪst] *s* (JUR) Haupt-, Kernpunkt *m;* (das) Wesentliche; **the** ~ **of the matter** der Kern der Sache

give [gɪv] <*irr:* gave, given> **I.** *vt* **1.** (ab-, über)geben; übermitteln **2.** schenken; übertragen **3.** bewilligen **4.** spenden **5.** hervorbringen, liefern **6.** veranlassen, verursachen **7.** einräumen, ein-, zugestehen **8.** vorbringen **9.** (*Grund*) angeben **10.** (THEAT MUS) aufführen; ~ **o.s. airs** sich aufspielen; ~ **birth to** entbinden; das Leben schenken *dat;* ~ **credit** Glauben schenken (*to* + *dat*), zugute halten (*for s.th.* etw); ~ **an example to s.o.** jdm ein Beispiel geben; ~ **ground** (*a.* MIL) sich zurückziehen; ~ **s.o. a hand** jdm helfen; ~ **it to s.o.** jdm gehörig die Meinung sagen; ~ **s.o. a lift** (AUTO) jdn mitnehmen; ~ **notice** ankündigen; ~ **place** Platz machen (*to* für), das Feld überlassen (*to* an), Ursache sein (*to* für); ~ **a report** einen Bericht erstatten; ~ **rise to** veranlassen; erzeugen, hervorbringen; ~ **s.o. trouble** jdm Unannehmlichkeiten bereiten; ~ **to understand** zu verstehen geben; ~ **voice** Ausdruck verleihen (*to* + *dat*); ~ **way** weichen; nachgeben; (*Preis*) fallen; ~ **her my regards** bestellen Sie ihr Grüße von mir; **I don't** ~ **a damn** ich scher' mich den Teufel darum; **nobody's going to** ~ **a hoot about that** kein Hahn wird danach krähen **II.** *vi* **1.** (gern) geben **2.** elastisch sein; sich dehnen **3.** nachgeben; (*Schnur*) reißen; (*Kraft, Stimme*) versagen **4.** (*fam*): **what ~s?** was gibt's? **III.** *s* Elastizität *f;* **give away** *vt* **1.** weggeben, verschenken **2.** (*Gelegenheit*) verpassen **3.** preisgeben, verraten; ~ **o.s. away** sich verraten; ~ **away one's daughter** die Hand seiner Tochter geben (*to s.o.* jdm); **give back** *vt* **1.** zurückgeben **2.** widerhallen; **give in I.** *vt* **1.** einreichen **2.** (*Name*) eintragen **II.** *vi* nachgeben; **give off** *vt* **1.** von sich geben **2.** (*Licht*) ausstrahlen **3.** (*Geruch*) ausströmen; **give out I.** *vt* **1.** ausgeben, verteilen **2.** veröffentlichen **3.** ausströmen **II.** *vi* **1.** zu Ende gehen **2.** sich erschöpfen, nachlassen, ermatten **3.** müde, erschöpft sein; ~ **o.s. out as** [*o* **for**] [*o* **to be**] sich ausgeben für/als; **give over I.** *vt* **1.** übergeben, aushändigen, abliefern **2.** aufgeben **II.** *vi* aufhören; es aufgeben (*doing s.th.* etw zu tun); **do** ~ **over!** hör endlich auf!; **be given over** gänzlich verfallen sein (*to s.th.* einer S); **give up I.** *vt* aufgeben; ~ **it up for s.o.** (*fam*) jdm applaudieren **II.** *vi* **1.** aufgeben; aufhören **2.** sich abgewöhnen (*doing s.th.* etw zu tun) **3.** verzichten (auf); ~ **o.s. up** sich stellen; **I don't** ~ **up that easily** so leicht werfe ich die Flinte nicht ins Korn; **I** ~ **up on you** Sie sind ein hoffnungsloser Fall

give-and-take [ˌgɪvən'teɪk] *s* gegenseitiges Entgegenkommen, Kompromiss(bereitschaft *f*) *m*

give-away ['gɪvəweɪ] *s* **1.** unbeabsichtigte Preisgabe, Verplappern *nt* **2.** (COM) Gratisprobe *f;* ~ **articles** Werbegeschenke *ntpl;* ~ **price** Schleuderpreis *m;* ~ **show** (*Am*) Preisrätselsendung *f;* **be a real** ~ sich verraten

given ['gɪvn] **I.** *pp of* **give II.** *adj* **1.** gegeben, ausgefertigt (*at* zu) **2.** festgesetzt, bestimmt; **be ~ to doing s.th.** die Gewohnheit haben etw zu tun; ~ **that** vorausgesetzt, angenommen, dass; (**if**) ~ **the chance** sofern sich die Möglichkeit ergibt; ~ **name** Vorname *m*

giver ['gɪvə(r)] *s* Geber(in) *m(f)*

glacé ['glæseɪ] *adj* **1.** glasiert; kandiert **2.** (*Leder*) Glacé-

gla•cial ['gleɪsɪəl] *adj* **1.** eiszeitlich **2.** eisig; ~ **epoch** [*o* **era**] Eiszeit *f;* **gla•cier** ['glæsɪə(r)] *s* Gletscher *m*

glad [glæd] *adj* **1.** froh, glücklich (*about, at, of* über, *that* dass) **2.** erfreulich, angenehm **3.** gern bereit (*to do* zu tun); **be ~** sich freuen; dankbar sein (*of* für); **give s.o. the ~ eye** jdm verliebte Blicke zuwerfen; **I am so ~** das freut mich; ~ **to meet you!** sehr angenehm!; **glad•den** ['glædn] *vt* erfreuen

glade [gleɪd] *s* **1.** Lichtung *f* **2.** (*Am*) Sumpfland *nt,* -niederung *f*

gladi•ator ['glædɪeɪtə(r)] *s* (HIST) Gladiator *m*

gladi•olus [ˌglædɪ'əʊləs, *pl* -'əʊlaɪ] <*pl* -oluses, -oli> *s* Gladiole *f*

glad•ly ['glædlɪ] *adv* gern(e); **glad•ness** ['glædnɪs] *s* Freude *f;* frohe, freudige Stimmung, Fröhlichkeit *f;* **glad rags** *s pl* (*fam*) Sonntagsstaat *m*

glam•or *s* (*Am*) Glamour, Zauber *m;* **glamor•ize** ['glæməraɪz] *vt* idealisieren; besonders reizvoll erscheinen lassen; **glamor•ous** ['glæmərəs] *adj* zauberhaft, blendend; **glam•our** ['glæmə(r)] *s* Glamour, Zauber *m;* **glamour boy** *s* Schönling *m;* **glamour girl** *s* Glamourgirl *nt*

glance [glɑːns] **I.** *s* (flüchtiger) Blick *m;* **at a ~** auf einen Blick; **give s.o. an angry ~** jdm einen wütenden Blick zuwerfen **II.** *vi* sehen, blicken; ~ **at s.o./s.th.** jdn/etw kurz ansehen; ~ **over s.th.** etw überfliegen; ~ **round** sich umsehen; ~ **at a problem** ein Problem (nur) streifen; **glance off** *vi* abprallen; abgleiten; (*Licht*) reflektiert werden

gland [glænd] *s* (ANAT) Drüse *f;* **glandu•lar** ['glændjʊlə(r)] *adj* Drüsen-; ~ **fever** Drüsenfieber *nt;* ~ **secretion** Drüsensekretion *f*

glare [gleə(r)] **I.** *vi* **1.** hell glänzen **2.** (an)starren (*at s.o.* jdn) **3.** wütend, böse anblicken (*at s.o.* jdn) **4.** (*fig*) ins Auge springen (*at s.o.* jdm) **II.** *s* **1.** blendender Glanz; grelles Licht **2.** wütender, starrer Blick; **glar•ing** [-ɪŋ] *adj* **1.** blendend hell, grell **2.** glänzend, strahlend **3.** auffällig, auffallend; eklatant; **a ~ error** ein grober Fehler

glass [glɑːs] *s* **1.** Glas *nt* **2.** Glaswaren *fpl* **3.** (Trink)Glas *nt* **4.** (*pane of ~*) (Fenster)Scheibe *f* **5.** (*looking-~*) Spiegel *m* **6.** (Vergrößerungs-, Fern)Glas *nt* **7.** Wetterglas *nt* **8.** **~es** (*eye-~es*) Brille *f;* ~ **ceiling** (*fig*) unsichtbare Barriere für die Karriere (besonders für Frauen); **glass-blower** *s* Glasbläser(in) *m(f);* **glass-cutter** *s* Glasschneider(in) *m(f),* Glasschleifer(in) *m(f);* **glass fibre** *s* Glasfaser *f;* **glass•ful** ['glɑːsfʊl] *s* Glasvoll *nt;* **glass•house** ['glɑːshaʊs] *s* Treib-, Gewächshaus *nt;* **sit in a ~** (*fig*) im Glashaus sitzen; **glass-ware** ['glɑːsweə(r)] *s* Glaswaren *fpl;* **glass•works** ['glɑswɜːks] *s pl* Glashütte *f;* **glassy** ['glɑːsɪ] *adj* **1.** gläsern **2.** (*Augen*) glasig **3.** (*Wasser*) klar

glau•coma [glɔː'kəʊmə] *s* (MED) grüner Star, Glaukom *nt;* **glau•cous** ['glɔːkəs] *adj* **1.** blaugrün **2.** (BOT) bereift

glaze [gleɪz] **I.** *vt* **1.** verglasen **2.** glasieren **3.** mit Zuckerguss bestreichen; **~d paper** Glanzpapier *nt;* **~d tile** Kachel, Fliese *f* **II.** *vi* glasig, trübe werden **III.** *s* **1.** Glasur *f* **2.** Politur *f* **3.** Satinierung *f;* **glaz(i)er** ['gleɪzə(r)] *s* Glaser(in) *m(f);* **~'s putty** Glaserkitt *m*

gleam [gliːm] **I.** *s* Lichtschein, Schimmer *m;* (*a. fig*) Schimmer *m;* (*~ of hope*) Hoffnungsschimmer *m* **II.** *vi* **1.** strahlen, leuchten, schimmern **2.** blinken, aufleuchten

glean [gliːn] **I.** *vi* Ähren lesen **II.** *vt* **1.** (*Ähren*) lesen **2.** sammeln **3.** (*fig*) erfahren (*from* von); **glean•ings** [-ɪŋz] *s pl* Nachlese *f;* (das) Gesammelte, Ausbeute *f*

glee [gliː] *s* **1.** Freude *f* **2.** (*pej*) Schadenfreude *f* **3.** (MUS) mehrstimmiges Lied; **glee•ful** ['gliːfəl] *adj* **1.** fröhlich **2.** (*pej*) schadenfroh, hämisch

glen [glen] *s* enges Tal

glib [glɪb] *adj* **1.** glatt; (rede)gewandt **2.** oberflächlich, wenig überzeugend

glide [glaɪd] **I.** *vi* **1.** gleiten; schweben **2.** (AVIAT) im Gleitflug niedergehen; segeln **II.** *s* Gleiten *nt;* Schweben *nt;* Gleitflug *m;* **glider** ['glaɪdə(r)] *s* Segelflugzeug *nt;* **glider pilot** *s* Segelflieger(in) *m(f);* **glid•ing** ['glaɪdɪŋ] *s* Segelfliegen *nt;* **gliding club** *s* Segelflugverein *m*

glim•mer ['glɪmə(r)] **I.** *vi* flimmern; schimmern **II.** *s* Flimmern *nt;* (*a. fig*) Schimmer *m;* **a ~ of interest** eine Spur von Interesse

glimpse [glɪmps] **I.** *s* **1.** flüchtiger Einblick **2.** kurzer Blick; **catch a ~ of s.th.** etw flüchtig zu sehen bekommen **II.** *vt* im Vorübergehen sehen **III.** *vi:* ~ **at s.o./s.th.** einen Blick auf jdn/etw werfen

glint [glɪnt] **I.** *vi* glitzern, funkeln **II.** *s* Schimmer *m;* Glanz *m*

glis•san•do [glɪ'sændəʊ] **I.** *adj* (MUS) glissando (*gleitend*) **II.** *s* (MUS) Glissando *nt*

glis•ten ['glɪsn] *vi* glänzen, schimmern, funkeln

glit•ter ['glɪtə(r)] **I.** *vi* glitzern, funkeln **II.** *s* **1.** Schimmer, Glanz *m,* Funkeln *nt* **2.** (*fig*) Pracht *f;* **glit•ter•ing** [-ɪŋ] *adj* **1.** glitzernd **2.** (*fig*) glänzend

glitz [glɪts] *s* Pomp *m,* Glitzerwelt *f;* **glitzy** [glɪtsɪ] *adj* glamourös

gloat [gləʊt] *vi* **1.** sich hämisch freuen, sich weiden (*on, upon, over* an) **2.** sich großtun; sich brüsten (*over* mit)

glo•bal ['gləʊbl] *adj* **1.** weltweit **2.** umfassend, global; ~ **backdrop** Weltlage *f;* ~ **change** globale Veränderungen; **Global Navigation Satellite System, GNSS** globales Navigationssatellitensystem, GNSS *nt;* ~ **sum** Gesamtsumme *f;* ~ **warming** globaler Temperaturanstieg

glo•bali•za•tion [ˌgləʊbəˌlaɪzeɪʃən] *s* Globalisierung *f*

globe [gləʊb] *s* **1.** Kugel *f* **2.** Erdball *m;* Globus *m* **3.** Kugelglas *nt;* Glaskugel *f* **4.** (runder) Lampenschirm *m;* **globe-trotter** *s* Weltenbummler(in) *m(f)*

glob•ule ['glɒbjuːl] *s* Kügelchen *nt;* Tröpfchen *nt*

gloom [gluːm] *s* **1.** Dunkel(heit *f*) *nt* **2.** (*fig*) Traurigkeit, Schwermut *f;* **an atmosphere of** ~ eine düstere, gedrückte Stimmung; **cast a** ~ **over** einen Schatten werfen auf; **gloomi•ness** ['gluːmɪnəs] *s* Düsterkeit *f;* **gloomy** ['gluːmɪ] *adj* **1.** dunkel, düster, trüb(e) **2.** verdrießlich, trübselig; melancholisch **3.** hoffnungslos

glori•fi•ca•tion [ˌglɔːrɪfɪ'keɪʃn] *s* **1.** Verherrlichung *f* **2.** (REL) Lobpreisung *f;* **glor•ify** ['glɔːrɪfaɪ] *vt* **1.** rühmen, preisen **2.** verherrlichen **3.** herausstreichen; **a glorified hut** eine bessere Hütte; **glori•ous** ['glɔːrɪəs] *adj* **1.** ruhmreich **2.** prächtig, majestätisch **3.** (*fam*) großartig, pfundig; **glory** ['glɔːrɪ] **I.** *s* **1.** Ruhm *m* **2.** (*a.* REL) Ehre *f* **3.** Herrlichkeit *f,* Glanz *m* **4.** (*fig*) Stolz *m* **II.** *vi* **1.** sehr stolz sein **2.** frohlocken (*in* über); ~ **in one's ability** auf sein Können stolz sein; ~ **in s.o.'s success** sich in jds Erfolg sonnen; **glory-hole** *s* (*fam*) Rumpelkammer *f*

gloss¹ [glɒs] **I.** *s* **1.** Glanz *m* **2.** (*fig*) äußerer Schein **II.** *vt* (*fig:* ~ *over*) beschönigen, bemänteln

gloss² [glɒs] *s* Glosse, Fußnote *f;* **glossary** ['glɒsərɪ] *s* Glossar *nt*

gloss paint *s* Glanzlack *m*

glossy ['glɒsɪ] *adj* **1.** glänzend **2.** (*Papier*) Glanz-; **be** ~ glänzen; ~ (**magazine**) (Hochglanz)Magazin *nt*

glot•tal stop ['glɒtl'stɒp] *s* Knacklaut *m;* **glot•tis** ['glɒtɪs] *s* (ANAT) Stimmritze *f*

glove [glʌv] *s* Handschuh *m;* **fit like a** ~ wie angegossen sitzen; **with the** ~**s off** schonungslos; **handle with** (**kid**) ~**s** (*fig*) mit Glacéhandschuhen, seidenen Handschuhen anfassen; **throw down the** ~ **to s.o.** jdm den Fehdehandschuh hinwerfen; **he is hand in** ~ **with her** er und sie sind ein Herz und eine Seele; **boxing** ~ Boxhandschuh *m;* **rubber** ~ Gummihandschuh *m;* **glove-compartment** *s* Handschuhfach *nt;* **glover** ['glʌvə(r)] *s* Handschuhmacher(in) *m(f)*

glow [gləʊ] **I.** *vi* **1.** glühen **2.** leuchten (*with* vor) **3.** rot werden, erröten **II.** *s* **1.** Glut *f;* helles Licht **2.** (*Farben*) Lebhaftigkeit, Frische *f* **3.** (*fig*) Glut, Heftigkeit *f* (*des Gefühls*)

glower ['glaʊə(r)] *vi* böse anstarren, wütend anblicken (*at s.o.* jdn)

glow•light ['gləʊlaɪt] *s* Nachtlicht *nt*

glow-worm ['gləʊwɜːm] *s* Glühwürmchen *nt*

glu•cose ['gluːkəʊs] *s* Traubenzucker *m*

glue [gluː] **I.** *s* Klebstoff *m;* Leim *m* **II.** *vt* **1.** leimen; kleben (*on* auf, *to* an) **2.** (*fig*) heften (*to* auf); **be** ~**d to s.o.** jdm nicht von der Seite weichen; **his eyes were** ~**d to the screen** er sah wie gebannt auf die Leinwand; **as if** ~**d to the spot** wie angewurzelt; **glue sniffing** *s* (*fam*) Schnüffeln, Sniefen *nt;* **glue stick** *s* Klebestift *m*

glum [glʌm] *adj* **1.** verdrießlich, mürrisch **2.** niedergedrückt

glut [glʌt] **I.** *vt* (*fig: den Markt*) überschwemmen; ~ **o.s. with** [*o* **on**] sich vollstopfen mit **II.** *s* (COM) Schwemme *f,* Überangebot *nt*

glu•ten ['gluːtən] *s* Gluten *nt,* Kleber *m;* **glu•ti•nous** ['gluːtɪnəs] *adj* klebrig

glut•ton [glʌtn] *s* **1.** Vielfraß *m,* unersättlicher Mensch **2.** (*Marderart*) Vielfraß *m;* **be a** ~ **for work** von der Arbeit nicht genug kriegen können; **a** ~ **for punishment** ein Masochist; **glut•ton•ous** ['glʌtənəs] *adj* **1.** gefräßig **2.** gierig (*of* nach); **glut•tony** ['glʌtənɪ] *s* Gefräßigkeit *f*

gly•cer•in(**e**) ['glɪsəriːn] *s* Glyzerin *nt*

gly•col ['glaɪkɒl] *s* (CHEM) Glykol *nt*

GM *adj abr de* **genetically modified** genetisch verändert; **GMO** *s abr de* **genetically modified organism** genetisch veränderter Organismus

gnarled [nɑːld] *adj* knorrig, knotig

gnash [næʃ] *vt* knirschen (*one's teeth* mit den Zähnen)

gnat [næt] *s* (*Br*) (Stech)Mücke *f;* **strain at a** ~ über Kleinigkeiten nicht hinwegkommen

gnaw [nɔː] **I.** *vt* (zer)nagen; (zer)fressen **II.** *vi* nagen, fressen (*at, on* an); **gnaw•ing** [-ɪŋ] *adj* (*Schmerz*) nagend; (*fig*) quälend

gneiss [naɪs] *s* (MIN) Gneis *m*

gnome [nəʊm] *s* Gnom, Zwerg *m*

GNP [ˌdʒiːen'piː] *s abr de* **gross national product** Bruttosozialprodukt *nt*

gnu [nuː] *s* Gnu *nt*

go [gəʊ] <*irr:* goes, went, gone> **I.** *vi* **1.** gehen **2.** (~ *on horseback*) reiten **3.** fahren (*by train* mit dem Zug) **4.** (~ *by air*) fliegen; reisen **5.** (*Maschine*) in Betrieb sein; funktionieren **6.** sich erstrecken, reichen (*to* bis zu) **7.** (*Weg*) führen (*to* nach) **8.** darauf hinausgehen, -laufen (*to* zu) **9.** übergehen (*to* auf) **10.** zuteil werden (*to s.o.* jdm); (*Preis*) zufallen, gehen (*to* an) **11.** verlaufen **12.** (*Zeit*) verstreichen **13.** (um)laufen, kursieren **14.** (*örtlich*) kommen, gehören (*into* in) **15.** sich befinden; leben (*in fear* in dauernder Furcht) **16.** sich richten (*by, upon* nach) **17.** weggehen, aufbrechen, abreisen **18.** verschwinden **19.** (*Ware*) weggehen, verkauft werden **20.** (*Material, Maschine*) kaputtgehen; (*Augen, Gesundheit*) schlechter werden; (*Bremsen*) versagen **21.** (*blind, verrückt*) werden **22.** (*Bewegung, Geräusch*) machen; **there you ~!** bitte schön! **II.** *aux* (*zur Futurbildung*) werden, wollen; **I am ~ing to write soon** ich werde bald schreiben; **he was ~ing to do it** er wollte es machen **III.** *vt* (*Weg, Strecke*) gehen; fahren; ~ **it alone** selbstständig vorgehen; ~ **it strong** energisch auftreten **IV.** *s* **1.** Schwung, Schneid *m,* Tatkraft, Energie *f* **2.** Versuch *m;* **all systems** ~ (AVIAT) wir sind startklar; **on the** ~ immer auf Trab; **from the word** ~ (*fam*) von Anfang an; **have a ~ at s.th.** (*fam*) etw versuchen; **it's all** ~ (*fam*) es ist immer was los; **it's no** ~ (*fam*) da ist nichts zu machen; **is it a ~?** (*fam*) abgemacht?; **let me have a** ~ (*fam*) lass mich mal! **V.** (*Wendungen*): **let** ~ laufen lassen; aufgeben; **let o.s.** ~ sich gehen lassen; **let s.o.** ~ jdn laufen lassen; ~ **on the air** (RADIO) senden; ~ **bad** schlecht werden, verderben; ~ **from bad to worse** immer schlechter werden; ~ **for a drive** ausfahren; ~ **into effect** in Kraft treten; ~ **halves** [*o* **shares**] ehrlich teilen; ~ **off one's head** den Verstand verlieren; ~ **to law** den Rechtsweg beschreiten; ~ **mad** verrückt werden; ~ **to pieces** in Stücke gehen, zerbrechen; durchdrehen; (SPORT) abbauen; ~ **to see** besuchen; ~ **shopping** einkaufen gehen; ~ **to sleep** einschlafen; ~ **for a song** für ein Butterbrot weggehen; ~ **for a swim** schwimmen gehen; ~ **with the tide** mit der Zeit gehen; ~ **unnoticed** unbemerkt bleiben; ~ **on a visit** einen Besuch machen; ~ **for a walk** spazieren gehen; ausgehen; ~ **to waste** in den Abfall kommen; ~ **wrong** schief gehen; sich irren; **as things** ~ wie die Dinge nun einmal liegen; **we'll let it ~ at that** wir wollen es dabei belassen; **just ~ and try!** versuchen Sie es nur!; **let ~!** (*fam*) los!; ~ **easy!** übernimm dich nicht!; **where do you want it to ~?** wo soll es hin(gestellt werden)?; **here ~es!** nun los!; **who ~es there?** wer da?; **one, two, three ~!** (SPORT) Achtung – fertig – los!; **go about** *vi* **1.** (umher)gehen **2.** sich umwenden **3.** (*Gerücht*) im Umlauf sein **4.** sich befassen mit **5.** anfassen, behandeln **6.** herangehen an; **go abroad** *vi* **1.** (*Gerücht*) sich verbreiten **2.** ins Ausland gehen; **go after** *vi* (*fam*) nachsteigen (*s.o.* jdm); **go against** *vi* widerstreben; ungünstig sein für; **the case went against him** es wurde gegen ihn entschieden; **go ahead** *vi* **1.** anfangen **2.** vorangehen **3.** Fortschritte machen **4.** weitermachen; ~ **ahead!** vorwärts! los!; **go along** *vi* **1.** weitermachen **2.** Fortschritte machen **3.** begleiten (*with s.o.* jdn), unterstützen (*with s.o.* jdn); **go around** *vi* **1.** herumgehen **2.** (aus)reichen; **there's enough bread to ~ around** es ist genug Brot für alle da; **go at** *vi* **1.** losgehen (*s.o.* auf jdn) **2.** anpacken (*s.th.* etw) **3.** verkauft werden zu; **go away** *vi* weggehen; abreisen; **go back** *vi* **1.** zurückkehren; zurückgehen **2.** nachlassen, schwächer werden **3.** (*zeitlich*) sich zurückführen lassen (*to* auf); ~ **back on one's word** sein Wort brechen; ~ **back on s.o.** jdn im Stich lassen; **go between** *vi* vermitteln; **go beyond** *vi* hinausgehen über; **go by** *vi* **1.** vorüber-, vorbeigehen (*a. Zeit*) **2.** (*Zeit*) vergehen **3.** sich richten nach **4.** (*Namen*) führen; **go down** *vi* **1.** hinab-, hinuntergehen **2.** (MED) sich hinlegen (*with flu* mit Grippe) **3.** (*Schiff, Sonne*) untergehen **4.** unterliegen (*before s.o.* jdm) **5.** an Qualität verlieren **6.** (*Wind, Preise*) nachlassen **7.** (*Universität*) abgehen **8.** Beifall finden (*with* bei) **9.** zurückgehen (*to* bis auf); ~ **down in history** in die Geschichte eingehen; **that won't ~ down with me** das lasse ich mir nicht gefallen; **that didn't ~ down too well** das kam nicht so gut an; **go far** *vi* **1.** es zu etwas bringen **2.** viel beitragen (*towards s.th.* zu etw); **not to ~ far** nicht weit reichen; **go for** *vi* **1.** holen (*s.th.* etw) **2.** (*sl*) sich interessieren für **3.** gelten als **4.** hinauslaufen auf **5.** (*sl*) losgehen (*s.o.* auf jdn); ~ **for a drive** ausfahren; ~ **for nothing** umsonst sein; **how much did it ~ for?** für wie viel wurde es verkauft?; **go in** *vi* **1.** hineingehen **2.** sich interessieren (*for* für), Spaß haben (*for* an) **3.** studieren (*for s.th.* etw) **4.** teilnehmen (*in an exam* an einer Prüfung); **go into** *vi* **1.** untersuchen (*s.th.* etw) **2.** eingehen auf **3.** einsteigen in **4.** gehen, fahren zu; **go off** *vi* **1.** weg-, hinausgehen **2.** stattfinden, sich ereignen, verlaufen **3.** einschlafen; das Bewusstsein verlieren **4.** (*Veranstaltung*) zu Ende gehen **5.** (*Licht, Heizung*) ausgehen **6.** (*Ware*) weg-, abgehen, Absatz finden **7.** (*Zug*) (ab)gehen **8.** losgehen, sich entladen; explodieren **9.** nachlassen, schlechter werden **10.** (*Lebensmittel*) schlecht werden; ~ **well/badly** auf Zustimmung/Ablehnung stoßen; ~ **off into a fit of laughter** laut loslachen; **~es off** (THEAT) ab; **go on** *vi* **1.** weitermachen, fortfahren (*with* mit) **2.** (*Zeit*) vorrücken, weitergehen; fortfahren (*talking* zu reden) **3.** vor sich gehen, geschehen, stattfinden, sich ereignen **4.** (*fam*) meckern **5.** sich aufführen, sich benehmen **6.** sich stützen auf; ~ **on to do** als Nächstes tun; ~ **on the road** (COM) auf die Reise gehen; (THEAT) auf Tournee gehen; **be ~ing on (for) fifty** auf die Fünfzig zugehen; **this can't ~ on any longer** das kann nicht mehr so weitergehen; ~ **on, do it** tu's doch; **what's ~ing on?** was ist los?; **he went on and on about it** er hat unentwegt davon geredet; **go out** *vi* **1.** hinausgehen **2.** auswandern (*to* nach) **3.** (*zum Vergnügen*) ausgehen **4.** (POL: ~ *out of office*) zurücktreten **5.** (*on strike*) streiken **6.** (*Feuer, Licht*) ausgehen **7.** (~ *out of fashion*) aus der Mode kommen **8.** (*Jahr*) zu Ende gehen, ausgehen **9.** (*Am*) zusammenbrechen **10.** (*Herz*) sich hängen (*to* an) **11.** sich bemühen (*for* um), wollen (*for s.th.* etw); ~ **out of one's way** sich besonders anstrengen; ~ **out to work** arbeiten gehen; **my heart went out to him** ich habe mit ihm mitgefühlt; **go over** *vi* **1.** durchgehen, -sehen, (über)prüfen, untersuchen **2.** wiederholen **3.** übergehen (*to the other party* zur anderen Partei), hinübergehen (*to* zu) **4.** (*fam*) Erfolg haben; (*Rede*) gut ankommen; (*Theaterstück*) einschlagen; ~ **over the figures** nachrechnen; **go through** *vi* **1.** durchgehen, -sehen **2.** durchführen **3.** (*Gesuch, Gesetz*) durchgehen, angenommen werden **4.** durchmachen, erleiden **5.** zu Ende führen, vollenden (*with s.th.* etw); ~ **through ten editions** (*Buch*) zehn Auflagen erleben; **go to** *vi* zufallen (*s.o.* jdm); ~ **to the country** Neuwahlen ausschreiben; ~ **to court** vor Gericht gehen; ~ **to expense** sich in Unkosten stürzen; **go together** *vi* **1.** zusammenpassen; sich (gut) vertragen **2.** (*fam: Verliebte*) zusammen gehen; **go under I.** *vi* **1.** untergehen, sinken **2.** zugrunde gehen, eingehen **II.** *vt* (*Namen*) führen; **go up** *vi* **1.** hinaufgehen; hinaufsteigen **2.** (*im Preis*) steigen **3.** in die Luft fliegen **4.** die Universität beziehen; ~ **up in the air** (*fig*) wütend werden; ~ **up in flames/in smoke** in Flammen/in Rauch aufgehen; **go with** *vi* **1.** gehen mit; Hand in Hand gehen mit **2.** gehören zu **3.** passen zu; **go without** *vi* **1.** nicht haben **2.** sich behelfen müssen ohne, entbehren müssen; **that goes without saying** das versteht sich von selbst; ~ **without food** nichts essen; **I'll have to ~ without it** darauf werde ich verzichten müssen

goad [gəʊd] **I.** *s* **1.** (*fig*) Stachel, Ansporn, Antrieb *m* **2.** (*für Tiere*) Stachelstock *m* **II.** *vt* (*fig*) aufreizen; ~ **on** (*fig*) antreiben, anstacheln

go-ahead ['gəʊəhed] **I.** *s* freie Bahn; **give s.o. the ~** jdm grünes Licht geben **II.** *adj* **1.** unternehmungslustig **2.** fortschrittlich

goal [gəʊl] *s* **1.** (SPORT) Tor *nt* **2.** (*fig*) Ziel *nt;* **score a ~** ein Tor schießen; **win by three ~s to one** 3 : 1 gewinnen; **keep** [*o* **play in**] ~ Torwart sein; ~ **area** Torraum *m;* **goalie** ['gəʊlɪ] *s* (*fam*) Torwart(in) *m(f);* **goal·keeper** *s* Torwart(in) *m(f),* -hüter(in) *m(f);* **goal line** *s* Torlinie *f;* **goal-oriented** *adj* zielorientiert; **goal post** *s* Torpfosten *m*

goat [gəʊt] *s* **1.** Ziege *f* **2.** (*he-~*) (Ziegen)Bock *m* **3.** (*fig*) geiler Bock; **the Goat** (ASTR) der Steinbock; **get s.o.'s ~** (*sl*) jdn auf die Palme bringen; **play the giddy ~** (*fam*) sich albern benehmen; **goat·ee** [gəʊ'tiː] *s* Spitzbart *m*

gob [gɔːb] *s* (*Br: fam*): **~s of s.th.** Haufen von etw

gob·ble ['gɒbl] **I.** *vi* (*Puter*) kollern **II.** *vt* (~ *down*) hinunter-, verschlingen; **gobble·dy·gook** ['gɒbldɪguːk] *s* (*fam*) Kauderwelsch *nt*

go-be·tween ['gəʊbɪtwiːn] *s* Vermittler(in) *m(f)*

gob·let ['gɒblɪt] *s* Pokal *m;* Kelch(glas *nt*) *m*

gob·lin ['gɒblɪn] *s* Kobold *m*

go-cart *s* **1.** Seifenkiste *f;* Go-kart *m* **2.** (*Am*) Laufstuhl *m;* (Kinder)Sportwagen *m*

god [gɒd] *s* **1.** (heidnischer) Gott *m,* Gottheit *f* **2.** (*fig*) Abgott, Götze *m;* **God** Gott; **make a ~ of s.o./s.th.** jdn/etw zu seinem (Ab)Gott machen, vergötzen; **God willing** so Gott will; **God forbid** Gott bewahre; **God knows who** weiß der Himmel, wer; **for God's sake!** um Himmels willen!; **god·aw·ful** ['gɒd'ɔːfl] *adj* (*Am*) fürchterlich, beschissen; **god·child** ['gɒdtʃaɪld] <*pl* -children> *s* Patenkind *nt;* **god·dam(ned)** ['gɒd'dæm(d)] *adj* (*Am sl*) Scheiß-, beschissen; **god·daughter** ['gɒd,dɔːtə(r)] *s* Patentochter *f;* **god·dess** ['gɒdɪs] *s* Göttin *f;* **god·father** ['gɒd,fɑːðə(r)] *s* Pate *m;* **god-fear·ing** ['gɒdfɪərɪŋ] *adj* gottesfürchtig; **god·for-**

saken ['gɒdfə,seɪkən] *adj* (*fam*) gottverlassen; **god•head** ['gɒdhed] *s* Gottheit *f;* **god•less** ['gɒdlɪs] *adj* gottlos; **god•like** ['gɒdlaɪk] *adj* göttlich; erhaben; **god•ly** ['gɒdlɪ] *adj* fromm; **god•mother** ['gɒd,mʌðə(r)] *s* Patin *f;* **god•parent** ['gɒd,peərənt] *s* Pate *m,* Patin *f;* **god-send** ['gɒdsend] *s* **1.** Retter *m* in der Not **2.** unerwartetes Glück; **god•son** ['gɒdsʌn] *s* Patensohn *m*

goer ['gəʊə(r)] *s* **1.** Geher *m* **2.** unternehmender Mensch; **my car is a nice ~** mein Wagen läuft gut; **goes** [gəʊz] *3. Person Singular Präsens* **go**

go-get•ter [,gəʊ'getə(r)] *s* Tatmensch *m;* (*pej*) Ellbogentyp *m*

go-gett•ing [,gəʊ'getɪŋ] *adj* dynamisch

goggle ['gɒgl] *vi* glotzen, starren (*at* auf); **goggle-box** *s* (*sl*) Glotze *f;* **goggle-eyed** ['gɒglaɪd] *adj* (*fam*) **1.** (*very surprised*) mit weit aufgerissenen Augen **2.** (*pej*) glotzäugig; **goggles** ['gɒglz] *s pl* Schutzbrille *f*

go-go dancer ['gəʊgəʊ'dɑːnsə(r)] *s* Go-go-Girl *nt,* Go-go-Tänzerin *f;* **go-go dancing** *s* Go-Go *nt*

go•ing ['gəʊɪŋ] **I.** *adj* **1.** in Gang; funktionierend **2.** in Tätigkeit, in Betrieb **3.** vorhanden, erhältlich **4.** gängig **5.** (*Unternehmen*) florierend **6.** (*Leben*) üblich; **get ~** (*fam*) in Gang kommen; **set (a-)~** in Gang bringen; **~! ~! gone!** (*Versteigerung*) zum Ersten! zum Zweiten! zum Dritten! **II.** *s* **1.** Ab-, Weggang *m;* Aufbruch *m* **2.** Abreise, -fahrt *f* **3.** Gang(art *f*) *m,* Geschwindigkeit *f* **4.** Fortbewegung *f,* Weiterkommen *nt;* **going price** *s* **1.** Marktpreis *m* **2.** Tageskurs *m;* **go•ings-on** [,gəʊɪŋz'ɒn] *s pl:* **such ~** derartige Betätigungen, Zustände

goi•ter *s* (*Am*), **goitre** ['gɔɪtə(r)] *s* (MED) Kropf *m*

go-kart ['gəʊkɑːt] *s* Gokart *m*

gold [gəʊld] **I.** *s* Gold *nt;* **be as good as ~** sehr brav sein **II.** *adj* **1.** golden **2.** gold(farb)en; **gold•brick** *s* (*Am fam*) Schwindel *m;* **gold bullion** *s* Goldbarren *m;* **gold coin** *s* Goldmünze *f;* **gold content** *s* Goldgehalt *m;* **gold-digger** *s* **1.** Goldsucher(in) *m(f)* **2.** (*fig pej: Frau*) eine, die aufs Geld aus ist; **gold dust** *s* Goldstaub *m;* **golden** ['gəʊldən] *adj* **1.** golden **2.** gold(farb)en **3.** (*Gelegenheit*) günstig; **the ~ age** das goldene Zeitalter; **the ~ calf** das goldene Kalb; **~ handshake,** *Am* **~ parachute** großzügige Abfindung bei Entlassung; **~ hello** Einstellungsprämie *f;* **the ~ mean** die goldene Mitte; **~ ratio** goldener Schnitt; **Golden Triangle** goldenes Dreieck; **~ wedding** goldene Hochzeit; **gold•finch** ['gəʊldfɪntʃ] *s* Distelfink *m;* **gold•fish** ['gəʊldfɪʃ] *s* Goldfisch *m;* **gold foil** *s* Goldfolie *f;* **gold leaf** *s* Blattgold *nt;* **gold medal** *s* Goldmedaille *f;* **gold mine** ['gəʊldmaɪn] *s* Goldgrube *f;* **gold nugget** *s* Goldklumpen *m;* **gold plating** *s* Vergoldung *f;* **gold reserves** *s pl* Goldreserven *fpl;* **gold•smith** ['gəʊldsmɪθ] *s* Goldschmied *m;* **gold standard** *s* Goldwährung *f*

golf [gɒlf] **I.** *s* Golf(spiel) *nt* **II.** *vi* (*go ~ing*) Golf spielen; **golf ball** *s* (SPORT) Golfball *m;* (*Schreibmaschine*) Kugelkopf *m;* **golf-ball typewriter** *s* Kugelkopfschreibmaschine *f;* **golf club** *s* **1.** Golfschläger *m* **2.** Golfklub *m;* **golf course** *s pl* Golfplatz *m;* **golfer** ['gɒlfə(r)] *s* Golfspieler(in) *m(f),* Golfer(in) *m(f);* **golf links** *s pl* Küstengolfplatz *m*

G

Gol•iath [gə'laɪəθ] *s* (*fig*) Riese, Goliath *m*

gol•li•wog ['gɒlɪwɒg] *s* Negerpuppe *f*

golly ['gɒlɪ] *interj* Donnerwetter!

go•loshes [gə'lɒʃɪz] *s pl* Gummischuhe *mpl*

gon•do•la ['gɒndələ] *s* **1.** (*a.* AVIAT) Gondel *f* **2.** (*Am*) flacher Lastkahn **3.** (*Am:* RAIL) Niederbordwagen *m;* **gon•do•lier** [,gɒndə'lɪə(r)] *s* Gondoliere *m*

gone [gɒn] **I.** *pp of* **go II.** *adj* **1.** vergangen; vorbei **2.** tot; **be ~ on s.o.** (*sl*) in jdn verknallt sein; **it's ~ six o'clock** es ist sechs Uhr vorbei; **he is ~** er ist fort; **goner** ['gɒnə(r)] *s* (*sl*) hoffnungsloser Fall

gong [gɒŋ] *s* **1.** Gong *m* **2.** (*sl*) Blech *nt,* Orden *m*

gon•or•rh(o)ea [,gɒnə'rɪə] *s* (MED) Tripper *m,* Gonorrhö(e) *f*

gon•zo ['gɔːnzəʊ] *adj* (*Am: fam*) verrückt; (*Stil*) egozentrisch

goo [guː] *s* (*fam*) **1.** Papp *m* **2.** (*fig*) Schmalz *m*

good [gʊd] <better, best> **I.** *adj* **1.** gut **2.** ausgezeichnet, vorteilhaft; günstig **3.** geeignet, passend (*for* für) **4.** ausreichend, genügend **5.** (*Nahrungsmittel*) frisch; bekömmlich **6.** kräftig, stark **7.** tüchtig, geschickt, gewandt **8.** brauchbar, zuverlässig; pflichtbewusst **9.** artig, wohlerzogen **10.** wohlwollend, freundlich **11.** erfreulich, angenehm, glücklich **12.** (*Kaufmann*) kredit-, zahlungsfähig; **a ~ deal** ziemlich viel, eine Menge; **a ~ many** ziemlich viele, eine Menge; **all in ~ time** alles zu seiner Zeit; **as ~ as** so gut wie; **for ~** für immer; endgültig; **for ~ and all** ein für allemal; **in ~ faith** in gutem Glauben, gutgläubig, *adv;* **no ~** nichts wert, unbrauchbar; **~ and ...** (*fam*) mächtig, sehr; recht, (voll und) ganz; **be ~** gelten, gültig sein; **be ~ enough to** so gut sein und; **be ~ at figures** gut im Rechnen sein; **have ~ looks** gut aussehen; **have a ~**

time sich gut unterhalten; **make** ~ es schaffen; bewerkstelligen; wiedergutmachen; bestätigen; (*Versprechen*) erfüllen; Erfolg haben; sich durchsetzen; aufkommen für, gutmachen; ~ **for you!** gut so! bravo!; ~ **gracious!** ach du meine Güte!; **is it any** ~ **trying? what** ~ **is it?** hat es Sinn, Zweck?; **a** ~ **half** gut die Hälfte; **a** ~ **hour** eine gute Stunde; **too much of a** ~ **thing** zu viel des Guten; **that's a** ~ **one** das ist ein guter Witz; wer's glaubt, wird selig; ~ **fortune** Glück *nt;* ~ **nature** Gutmütigkeit *f;* **feel** ~ sich wohl fühlen; **that's not** ~ **enough** so geht das nicht; **be a** ~ **boy!** sei brav, artig!; ~ **morning/evening!** guten Morgen/Abend!; ~ **to see you** schön, dich zu sehen **II.** *s* **1.** (das) Gute **2.** Wohl *nt;* **the** ~ die Guten *pl;* **the common** ~ das allgemeine Wohl; **that's all to the** ~ umso besser

good·by (*Am*), **good·bye** [ˌgʊd'baɪ] **I.** *s* Lebewohl *nt;* **bid** [*o* **say**] ~ **to s.o.** jdm Lebewohl sagen **II.** *interj* auf Wiedersehen!; **good-for-no·thing** ['gʊd fəˌnʌθɪŋ] *s* Taugenichts *m;* **Good Friday** *s* Karfreitag *m;* **good-hu·mored** *adj* (*Am*), **good-hu·moured** [ˌgʊd'hju:məd] *adj* gutgelaunt, gutmütig; **good-look·ing** [ˌgʊd'lʊkɪŋ] *adj* gut aussehend; **good looks** *s pl* gutes Aussehen; **good·ly** ['gʊdlɪ] *adj* ziemlich, beträchtlich; **a** ~ **number** viele; **good-na·tured** [ˌgʊd'neɪtʃəd] *adj* gutmütig; freundlich, entgegenkommend; **good·ness** ['gʊdnɪs] *s* **1.** Güte *f;* Gütigkeit *f* **2.** (*von Nahrungsmitteln*) Nährgehalt *m;* **would you have the** ~ **to do that** hätten Sie die Güte das zu tun; ~ **gracious,** ~ **me!** (ach) du meine Güte!; **for** ~ **sake** um Gottes, um Himmels willen!

goods [gʊdz] *s pl* **1.** Güter *pl,* Waren *fpl;* (RAIL) Fracht *f* **2.** Sachen *fpl,* (bewegliche) Habe *f;* ~ **and chattels** bewegliche Habe; **leather/knitted** ~ Leder-/Strickwaren *fpl*

good-sized [ˌgʊd'saɪzd] *adj* ziemlich groß

goods station *s* (*Br*) Güterbahnhof *m;* **goods traffic** *s* Güter-, Frachtverkehr *m;* **goods train** *s* (*Br*) Güterzug *m*

good-tem·pered [ˌgʊd'tempəd] *adj* umgänglich; freundlich; **good·will** [ˌgʊd'wɪl] *s* **1.** guter Wille, Verständigungsbereitschaft *f* **2.** (POL COM) Goodwill *m;* **goody** ['gʊdɪ] **I.** *s* **1.** Tugendbold *m* **2. goodies** Süßigkeiten, Leckereien *fpl* **II.** *interj* prima!

gooey ['gu:ɪ] *adj* **1.** klebrig; pappig **2.** (*fig*) sentimental, schmalzig

goof [gu:f] **I.** *s* (*fam*) **1.** Depp *m* **2.** Dummheit *f,* Schnitzer *m* **II.** *vi* (*fam*) Mist machen; **goof up** *vt* (*fam*) vermurksen

goofy ['gu:fɪ] *adj* **1.** doof, dämlich **2.** (*Zähne*) vorstehend

goolies ['gu:li:z] *s pl* (*sl*) Eier *ntpl*

goon [gu:n] *s* (*fam*) **1.** komischer Kauz **2.** (*Am sl*) Schläger *m*

goose [gu:s, *pl* gi:s] <*pl* geese> *s* **1.** Gans *f* **2.** dumme Person; **be unable to say boo to a** ~ ein Angsthase sein; **cook s.o.'s** ~ (*fam*) jds Pläne durchkreuzen; **all his geese are swans** bei ihm ist alles so viel besser; **goose·berry** ['gʊzbərɪ] *s* Stachelbeere *f;* **play** ~ den Anstandswauwau spielen; **goose-flesh, goose-pimples** *s pl* Gänsehaut *f;* **goose-step** *s* Stechschritt *m;* **goos·ey, goosy** ['gu:sɪ] *adj* dumm, blöd(e)

gore[1] [gɔ:(r)] *s* Blut *nt*

gore[2] [gɔ:(r)] *s* Zwickel *m*

gore[3] [gɔ:(r)] *vt* (*mit den Hörnern*) durchbohren, aufspießen

gorge [gɔ:dʒ] **I.** *s* Schlucht, Klamm *f;* **my** ~ **rises** mir wird übel (*at* bei) **II.** *vr* schlingen, gierig essen; schlemmen **III.** *vt* vollstopfen; hinunter-, verschlingen; **be ~d** satt sein; vollgefressen sein

gorg·eous ['gɔ:dʒəs] *adj* **1.** prächtig, prachtvoll **2.** (*fam*) fabelhaft, großartig

gor·illa [gə'rɪlə] *s* Gorilla *m*

gorm·less ['gɔ:mlɪs] *adj* (*fam*) stupid

gorse [gɔ:s] *s* (Stech)Ginster *m*

gory ['gɔ:rɪ] *adj* blutig; blutrünstig

gosh [gɒʃ] *interj* Donnerwetter!

gos·ling ['gɒzlɪŋ] *s* Gänschen *nt*

go-slow ['gəʊsləʊ] *s* Bummelstreik *m*

gos·pel ['gɒspl] *s* **1.** Evangelium *nt* **2.** (MUS) Gospel *m;* **the Gospel according to St Luke** das Evangelium nach Lukas; **St Luke's Gospel** das Lukasevangelium; **it's the** ~ **truth** das ist die reine Wahrheit; ~ **singer** Gospelsänger(in) *m(f)*

gos·sa·mer ['gɒsəmə(r)] *s* **1.** feine Gaze **2.** Altweibersommer *m,* Marienfäden *mpl*

gos·sip ['gɒsɪp] **I.** *s* **1.** Klatschbase *f* **2.** Klatsch *m* **II.** *vi* klatschen; **gossip column** *s* Klatschspalte *f;* **gos·sipy** ['gɒsɪpɪ] *adj* geschwätzig, klatschhaft

got [gɒt] *s.* **get**

Gothic ['gɒθɪk] **I.** *adj* gotisch; ~ **arch** Spitzbogen *m;* ~ **novel** Schauerroman *m* **II.** *s* **1.** Gotik *f* **2.** (TYP) Fraktur *f*

gotten ['gɒtən] (*Am*) *pp* **get**

gouge [gaʊdʒ] **I.** *vt* bohren; ~ **s.o.'s eyes out** jdm die Augen ausstechen **II.** *s* Hohlmeißel *m*

gou·lash ['gu:læʃ] *s* Gulasch *nt*

gourd [gʊəd] *s* Kürbis *m;* Kürbisflasche *f*

gour·mand ['gʊəmənd] *s* Schlemmer(in) *m(f);* **gour·met** ['gʊəmeɪ] *s* Feinschmecker(in) *m(f)*

gout [gaʊt] *s* Gicht *f*

gov·ern ['gʌvn] *vt* **1.** (*a.* GRAM) regieren **2.** leiten, lenken **3.** bestimmen **4.** (*fig*) beherrschen, zügeln; **be ~ed by** sich leiten lassen von; geregelt werden durch; **gov·er·ness** ['gʌvənɪs] *s* Gouvernante *f;* **gov·ern·ing** [-ɪŋ] *adj* regierend; führend, leitend; ~ **body** Direktion *f,* Vorstand *m;* Führungsgremium *nt;* ~ **idea** Leitgedanke *m*

gov·ern·ment ['gʌvənmənt] *s* **1.** Regierung *f* **2.** Regierungsform *f* **3.** Staat *m* **4.** Führung, Leitung *f;* **form a** ~ eine Regierung bilden; **overthrow a** ~ eine Regierung stürzen; **the** ~ **has resigned** die Regierung ist zurückgetreten; **coalition** ~ Koalitionsregierung *f;* **local** ~ Gemeindeverwaltung *f;* ~ **bond** Staatsanleihe *f;* Bürgschaft *f* der Regierung; ~ **borrowing** Kreditaufnahme *f* der öffentlichen Hand; ~ **expenditure** Staatsausgaben *fpl;* ~ **monopoly** Staatsmonopol *nt;* **Government Procurement Agreement, GPA** Übereinkommen *nt* über das öffentliche Beschaffungswesen; ~ **revenue** Staatseinnahmen *fpl;* ~ **securities** (*Br*) Wertpapiere *nt pl* der öffentlichen Hand; ~ **spending** öffentliche Ausgaben *fpl;* ~ **spokesman** Regierungssprecher(in) *m(f);* **gov·ern·mental** [ˌgʌvn'mentl] *adj* Regierungs-, behördlich; ~ **budget** öffentlicher Haushalt; **gov·ernor** ['gʌvənə(r)] *s* **1.** Gouverneur *m* **2.** Leiter, Direktor *m* **3.** (*fam*) Chef *m* **4.** (TECH) Regler *m*

gown [gaʊn] *s* **1.** Kleid *nt;* Robe *f;* Talar *m* **2.** (*dressing-~*) Morgenrock *m* **3.** (*night-~*) Nachthemd *nt*

goy·ish [gɔɪ'jɪʃ] *adj* (*Am: sl pej*) nichtjüdisch

GP [dʒiː'piː] *s abr de* **General Practitioner** praktischer Arzt, praktische Ärztin

GPO [ˌdziːpiː'əʊ] *s abr de* **General Post Office** (*in GB*) Hauptpostamt *nt*

grab [græb] **I.** *vt* **1.** packen, schnappen **2.** an sich reißen; **how does that music ~ you?** wie gefällt Ihnen diese Musik? **II.** *vi* die Hand legen (*at* auf), greifen (*at* nach); **the brakes are ~bing** die Bremsen greifen **III.** *s* (TECH) Greifer *m;* **be up for ~s** zu haben sein; **make a ~ at s.th.** nach etw greifen

grace [greɪs] **I.** *s* **1.** Anmut, Grazie *f,* Charme *m* **2.** Anstand *m* **3.** Gefälligkeit *f,* Entgegenkommen *nt* **4.** (REL) Gnade *f,* Tischgebet *nt* **5.** (FIN) Aufschub *m,* Nachfrist *f;* **give s.o. a day's** ~ jdm einen Tag Aufschub gewähren; **say** ~ das Tischgebet sprechen; **do s.th. with good/bad** ~ etw anstandslos/widerwillig tun; **Your Grace** Euer Gnaden **II.** *vt:* **be ~d with** geehrt sein durch; **grace·ful** ['greɪsfl] *adj* anmutig; reizend; **grace·less** ['greɪslɪs] *adj* **1.** schwerfällig, ungeschickt **2.** unpassend, unangebracht

gra·cious ['greɪʃəs] *adj* **1.** gütig; gefällig **2.** gnädig; (**good**) ~ [*o* **me**] ach du liebe Güte!

gra·da·tion [grə'deɪʃn] *s* **1.** Stufenfolge *f;* Abstufung *f* **2.** Übergang *m;* Schattierung, Tönung *f;* **grade** [greɪd] **I.** *s* **1.** Stufe *f,* Schritt *m* **2.** Grad *m;* Rang *m* **3.** (Güte)Klasse, Sorte, Qualität *f* **4.** (*Am*) (Schul)Klasse *f;* Zensur *f* **5.** (*Am*) (Schul)note *f* **6.** (*Am*) Steigung, Neigung *f,* Gefälle *nt;* **at** ~ (*Am*) auf gleicher Höhe; **on the upgrade/downgrade** steigend/fallend; **up to** ~ (*fig*) dem Standard entsprechend; **make the** ~ (*fig*) die Schwierigkeiten überwinden; es schaffen; ~ **crossing** (*Am*) schienengleicher Bahnübergang; ~ **school** (*Am*) Grundschule *f* **II.** *vt* **1.** ab-, einstufen, sortieren **2.** bewerten **3.** staffeln; einteilen, klassifizieren **4.** (*Am:* SCHULE) zensieren **5.** (*Am*) abflachen, (ein)ebnen; ~ **up** verbessern; in eine höhere Gruppe einstufen; **gradi·ent** ['greɪdɪənt] *s* Steigung, Neigung *f,* Gefälle *nt;* **grad·ing** ['greɪdɪŋ] *s* **1.** Einstufung, Eingruppierung, Staffelung, Klassi(fizi)erung *f* **2.** (COM) Güteklasseneinteilung *f*

grad·ual ['grædʒʊəl] *adj* **1.** graduell, stufen-, schrittweise **2.** allmählich; **grad·ual·ly** ['grædʒʊlɪ] *adv* stufen-, schrittweise; allmählich

grad·uate[1] ['grædʒʊət] *s* **1.** Universitätsabsolvent(in) *m(f)* **2.** (*Am*) Schulabsolvent(in) *m(f)* **3.** Graduierte(r) *f m*

grad·uate[2] ['grædʒʊeɪt] **I.** *vi* **1.** einen Grad erlangen; promovieren **2.** absolvieren (*from high school* die höhere Schule) **II.** *vt* **1.** graduieren, promovieren, einen Grad verleihen (*s.o.* jdm) **2.** (*Messgerät*) einteilen; **gradu·ated** ['grædʒʊeɪtɪd] *adj* Mess-; mit Messeinteilung; abgestuft; ~ **price** Staffelpreis *m;* ~ **tariff** Staffeltarif *m;* **gradu·ation** [ˌgrædʒʊ'eɪʃn] *s* **1.** Erlangung *f* eines akademischen Grades **2.** Universitäts-, *Am* Schul-, Lehrgangsabschluss *m* **3.** (Grad)Einteilung *f*

graf·fiti [grə'fiːtɪ] *s pl* Graffiti *pl*

graft [grɑːft] **I.** *s* **1.** Pfropfreis *nt* **2.** (MED) Transplantat *nt* **3.** (*Am*) Bestechung *f;* Schmiergelder *ntpl* **4.** (*fam*) Schufterei *f;* **hard** ~ Knochenarbeit *f* **II.** *vt* **1.** (auf)pfropfen (*in* in, *on* auf), okulieren **2.** (MED) verpflanzen **3.** (*Bestechungsgelder*) erhalten, annehmen **III.** *vi* (*fam*) schuften; **grafter** ['grɑːftə(r)] *s* **1.** (*Am*) bestechlicher Beamte(r) *m* **2.** (*fam*) Arbeitstier *nt,* Malocher *m*

grail [greɪl] *s:* **the Holy Grail** der Heilige Gral

grain [greɪn] *s* **1.** (Samen-, Getreide)Korn *nt* **2.** Getreide, Korn *nt* **3.** (Sand-, Salz)Korn *nt* **4.** Gran *nt* (*0,065 g*) **5.** (*Holz*) Struktur, Maserung *f* **6.** (*Fleisch*) Faser *f* **7.** (*Leder*)

Narbe *f;* **a ~ of** ein (kleines) bisschen; **against the ~** gegen den Strich; **be without a ~ of sense** nicht ein Fünkchen Vernunft haben; **it goes against the ~ with me** das geht mir gegen den Strich; **a ~ of truth** ein Körnchen Wahrheit; **grain elevator** *s (Am)* Getreidesilo *m;* **grain export** *s* Getreideausfuhr *f;* **grain market** *s* Getreidemarkt *m*

gram•mar ['græmə(r)] *s* Grammatik *f;* **his ~ is awful** er drückt sich grammat(ikal)isch völlig falsch aus; **grammar book** *s* Grammatik *f,* Sprachlehrbuch *nt;* **gram•mar•ian** [grə'meərɪən] *s* Grammatiker(in) *m(f);* **grammar school** *s* Gymnasium *nt;* **gram•mati•cal** [grə'mætɪkl] *adj* grammat(ikal)isch

gram(me) [græm] *s (Masse)* Gramm *nt*

gramo•phone ['græməfəʊn] *s* Plattenspieler *m*

gram•pus ['græmpəs] *s* Schwertwal *m;* **wheeze like a ~** *(fam)* wie ein Walross schnauben

gran [græn] *s (fam)* Oma *f*

gran•ary ['grænərɪ] *s* **1.** Getreide-, Kornspeicher *m* **2.** *(fig)* Kornkammer *f;* **granary loaf** *s* Mehrkornbrot *nt*

grand [grænd] **I.** *adj* **1.** groß; bedeutend; berühmt **2.** prächtig, prachtvoll **3.** *(fam)* großartig, fantastisch **4.** vollständig, endgültig **II.** *s* **1.** *(~ piano)* Flügel *m* **2.** *(sl)* tausend Dollar *mpl,* tausend Pfund *ntpl*

grand•child ['græntʃaɪld] <*pl* -children> *s* Enkelkind *nt;* **gran•dad**, **grand•dad** ['grændæd] *s* Opa, Opi *m;* **grand-daughter** ['græn,dɔːtə(r)] *s* Enkelin *f*

gran•dee [græn'diː] *s* Grande *m*

gran•deur ['grændʒə(r)] *s* **1.** Größe, Erhabenheit *f* **2.** Würde *f;* **delusions of ~** Größenwahn *m*

grand•father ['grænd,fɑːðə(r)] *s* Großvater *m;* **~('s) clock** Standuhr *f*

gran•dilo•quent [græn'dɪləkwənt] *adj* hochtrabend, prahlerisch

gran•di•ose ['grændɪəʊs] *adj* bombastisch, hochtrabend

grand jury [,grænd 'dʒʊərɪ] *s (Am)* Großes Geschworenengericht; **grand larceny** *s* (JUR) schwerer Diebstahl; **grand•ma** ['grænmɑː] *s* Oma *f;* **grand master** *s* Großmeister *m;* **grand•mother** ['græn,mʌðə(r)] *s* Großmutter *f;* **grand•pa** ['grænpɑː] *s* Opa *m;* **grand•parents** ['græn,peərənts] *s pl* Großeltern *pl;* **grand piano** *s* (MUS) Flügel *m;* **grand•son** ['grænsʌn] *s* Enkel *m;* **grand•stand** *s* Haupttribüne *f;* **grand total** *s* Gesamt-, Endsumme *f*

grange [greɪndʒ] *s* Bauernhof *m,* -haus *nt*

gran•ite ['grænɪt] *s* (MIN) Granit *m*

granny, **gran•nie** ['grænɪ] *s (fam)* Oma *f*

grant [grɑːnt] **I.** *vt* **1.** bewilligen, gewähren **2.** *(Bescheinigung)* ausstellen **3.** *(Eigentum)* übertragen **4.** *(einem Gesuch)* entsprechen **5.** zugeben, einräumen; **take for ~ed** (fest) annehmen; als selbstverständlich voraussetzen; **~ed (that)** angenommen, zugegeben (dass) **II.** *s* **1.** Bewilligung, Gewährung, Erteilung *f* **2.** Verleihung *f;* Übertragung *f* **3.** Konzession *f* **4.** bewilligte Gelder *ntpl,* Stipendium *nt;* **~-aided** gefördert, subventioniert; **~-in-aid** staatliche Beihilfe, Zuschuss *m*

granu•lar ['grænjʊlə(r)] *adj* körnig, granulös; **granu•lated** ['grænjʊleɪtɪd] *adj* gekörnt, granuliert; **~ sugar** Kristallzucker *m;* **gran•ule** ['grænjuːl] *s* Körnchen *nt*

grape [greɪp] *s* **1.** Weinbeere *f* **2. ~s** Weintrauben *fpl;* **grape•fruit** ['greɪpfruːt] *s* Grapefruit, Pampelmuse *f;* **grape juice** *s* Traubensaft *m;* **grape-vine** *s* Weinstock *m,* Weinrebe *f;* **hear s.th. on the ~** etw gerüchteweise hören

graph [grɑːf] **I.** *s* grafische Darstellung, Schaubild *nt;* Graph *m;* **~ paper** Millimeterpapier *nt* **II.** *vt* grafisch darstellen; **graphic** ['græfɪk] *adj* **1.** grafisch **2.** anschaulich; **~ art(s)** Grafik *f;* **~ artist** Grafiker(in) *m(f);* **~orient(at)ed** grafikorientiert; **graphics** ['græfɪks] *s pl* Grafik *f;* **graphics card** *s* (INFORM) Grafikkarte *f;* **graphics screen** *s* (INFORM) Grafikbildschirm *m*

graph•ite ['græfaɪt] *s* (MIN) Grafit *m*

graph•ol•ogist [græ'fɒlədʒɪst] *s* Grafologe *m;* Grafologin *f;* **graph•ol•ogy** [græ'fɒlədʒɪ] *s* Grafologie *f*

grapple ['græpl] *vi* **1.** raufen, ringen **2.** *(fig)* sich herumschlagen *(with* mit); **grappling** [-ɪŋ] *s:* **~-iron** [*o* **-hook**] Enterhaken *m*

grasp [grɑːsp] **I.** *vt* **1.** (er)greifen, fassen, packen **2.** *(fig)* begreifen, verstehen **II.** *vi* **1.** greifen, trachten **2.** streben *(at* nach) **3.** schnappen *(at* nach) **III.** *s* **1.** (Zu)Griff *m* **2.** *(fig)* Reichweite, Gewalt *f* **3.** Verständnis *nt;* **within s.o.'s ~** in jds Gewalt; greifbar nahe; **have a good ~ of s.th.** etw sehr gut beherrschen; **lose one's ~** loslassen; **grasp•ing** [-ɪŋ] *adj* habgierig

grass [grɑːs] **I.** *s* **1.** Gras *nt* **2.** Rasen *m;* Weide(land *nt*) *f* **3.** *(sl)* Spitzel *m* **4.** *(sl: Marihuana)* Gras *nt;* **out at ~** auf der Weide; **go to ~** weiden (gehen); *(fig)* sich ausruhen; **put out to ~** auf die Weide treiben; *(altem Pferd)* das Gnadenbrot geben; *(fig: Menschen)* aufs Abstellgleis schieben; **the ~ is always greener on the other side** *(prov)* man will immer das haben, was man nicht hat; **let the ~ grow under one's feet** sich Zeit lassen; **keep off the ~** Betreten des Rasens verboten! **II.** *vt* mit Gras einsäen **III.** *vi* (*sl*) singen; ~ **on s.o.** jdn verpfeifen; **grass•hop•per** ['grɑːshɒpə(r)] *s* Heuschrecke *f;* **grass•roots** [ˌgrɑːs'ruːts] **I.** *s pl* gewöhnliches Volk *nt;* (POL) Basis *f;* **get down to** ~ zum Kern der Sache kommen **II.** *adj* volksnah; **at** ~ **level** an der Basis; ~ **democracy** Basisdemokratie *f;* **grass snake** *s* Ringelnatter *f;* **grass widow** *s* Strohwitwe *f;* **grass widower** *s* Strohwitwer *m;* **grassy** ['grɑːsɪ] *adj* grasbewachsen

grate¹ [greɪt] **I.** *vt* **1.** kratzen, reiben, schaben **2.** (*Küche*) reiben; raspeln **3.** knirschen (*one's teeth* mit den Zähnen) **4.** reizen, ärgern **II.** *vi* **1.** kratzen; knirschen; quietschen; streifen **2.** reizen, aufregen (*on s.o.* jdn); ~ **on s.o.'s nerves** an jds Nerven zerren

grate² [greɪt] *s* **1.** (Fenster-, Tür)Gitter *nt* **2.** (Feuer)Rost *m*

grate•ful ['greɪtfl] *adj* dankbar (*to s.o.* jdm)

grater ['greɪtə(r)] *s* Reibeisen *nt;* Raspel *f*

grati•fi•ca•tion [ˌgrætɪfɪ'keɪʃn] *s* Genugtuung, Befriedigung *f* (*at* über); **grat•ify** ['grætɪfaɪ] *vt* **1.** erfreuen, befriedigen **2.** (*Wunsch*) erfüllen; **be gratified** sich freuen; **grat•ify•ing** [-ɪŋ] *adj* erfreulich, angenehm (*to* für)

grat•ing ['greɪtɪŋ] *s* Gitter *nt*

gra•tis ['greɪtɪs] *adv, adj* gratis, umsonst; kostenlos, unentgeltlich

grati•tude ['grætɪtjuːd] *s* Dankbarkeit *f* (*to* gegenüber, *for* für); **in** ~ **for** aus Dankbarkeit für

gra•tu•itous [grə'tjuːɪtəs] *adj* **1.** überflüssig, unnötig **2.** unerwünscht

gra•tu•ity [grə'tjuːətɪ] *s* **1.** Trinkgeld *nt* **2.** Gratifikation *f;* **no gratuities!** kein Trinkgeld!

grave¹ [greɪv] *adj* **1.** ernst(haft); besorgniserregend **2.** wichtig, schwerwiegend

grave² [greɪv] *s* Grab *nt;* **from the cradle to the** ~ von der Wiege bis zur Bahre; **dig one's own** ~ sein eigenes Grab schaufeln; **have one foot in the** ~ (*fig*) mit einem Fuß im Grabe stehen; **silent as the** ~ totenstill; **turn in one's** ~ sich im Grabe umdrehen; **s.o. is walking over my** ~ mich [*o* mir] schaudert; **grave-digger** *s* Totengräber *m*

gravel ['grævl] **I.** *s* **1.** Kies *m* **2.** (MED) Harngrieß *m* **II.** *vt* mit Kies bestreuen; **gravel-pit** *s* Kiesgrube *f;* **gravel-stone** *s* Kieselstein *m*

grave mound ['greɪvmaʊnd] *s* Grabhügel *m;* **grave robber** *s* Grabschänder *m;* **grave•stone** ['greɪvstəʊn] *s* Grabstein *m;* **grave•yard** ['greɪvjɑːd] *s* Friedhof *m*

grav•ing dock ['greɪvɪŋˌdɒk] *s* Trockendock *nt*

gravi•tate ['grævɪteɪt] *vi* **1.** angezogen werden (*to(wards)* von) **2.** (*fig*) tendieren, streben (*to, towards* zu) **3.** (CHEM) sich setzen; **gravi•ta•tion** [ˌgrævɪ'teɪʃn] *s* Schwerkraft, Gravitation *f;* **gravi•ta•tional** [ˌgrævɪ'teɪʃənl] *adj* Gravitations-; ~ **field** Schwerefeld *nt;* ~ **force** Schwerkraft *f;* ~ **pull** Anziehungskraft *f;* **grav•ity** ['grævətɪ] *s* **1.** Ernst *m* **2.** (PHYS) Anziehungs-, Schwerkraft *f;* **specific** ~ spezifisches Gewicht

gra•vure [grə'vjʊə(r)] *s* Gravüre *f*

gravy ['greɪvɪ] *s* **1.** Fleischsaft *m* **2.** (Braten)Soße *f* **3.** (*Am sl*) Spesen *pl,* Schmiergelder *ntpl;* **get on the** ~ **train** auch ein Stück vom Kuchen abbekommen; **gravy boat** *s* Soßenschüssel *f*

gray *adj* (*Am*) grau

graze¹ [greɪz] **I.** *vt* **1.** (*Vieh*) weiden lassen **2.** (*Gras, Weide*) abweiden lassen **II.** *vi* grasen, weiden

graze² [greɪz] **I.** *vt* **1.** streifen **2.** (MED) (ab)schürfen **II.** *s* Schramme, Schürfwunde *f*

grease [griːs] **I.** *s* **1.** Fett *nt* **2.** Schmierfett *nt* **II.** *vt* **1.** (ein)fetten **2.** (TECH) schmieren; **like ~d lightning** wie ein geölter Blitz; ~ **s.o.'s palm** jdm Schmiergelder zahlen; **grease-gun** *s* Fettpresse *f;* **grease mark** *s* Fettfleck *m;* **grease-paint** *s* (THEAT) Schminke *f;* **grease•proof paper** *s* Butterbrotpapier *nt;* **grease spot** *s* Fettfleck *m;* **greasy** ['griːsɪ] *adj* **1.** fettig, ölig; schmierig **2.** glitschig, schlüpfrig **3.** (*fig*) aalglatt

great [greɪt] **I.** *adj* **1.** groß **2.** beträchtlich, ausgedehnt **3.** (*Zeit*) lange, lange dauernd **4.** mächtig, gewaltig **5.** hervorragend, bedeutend **6.** eindrucksvoll **7.** (*Freund*) eng, intim **8.** (*fam*) (ganz) groß (*in* in), geschickt (*at* bei, in), beschlagen (*at* in), interessiert (*on* an) **9.** (*fam*) großartig, prima; gewaltig, herrlich, mächtig; **a** ~ **deal** eine (ganze) Menge, viel; **a** ~ **many** sehr viele; **no** ~ **matter** nichts von Bedeutung; **that's ~!** das ist (ja) prima! **II.** *s* (*fam*): **the** ~ die Großen *pl;* **great-aunt** *s* Großtante *f;* **Great Bear** *s* (ASTR): **the** ~ der Große Bär; **Great Britain** *s* Großbritannien *nt;* **great•coat** ['greɪtkəʊt] *s* (Winter)Mantel *m;* **Great Depression** *s* Weltwirtschaftskrise *f;* **Greater Lon•don** ['greɪtə 'lʌndən] *s* Groß-London *nt;* **great-grandchild** <*pl* -children> *s* Urenkel(in) *m(f);* **great-grandparents** *s pl* Urgroßeltern *pl;* **great-great-grandparents** *s pl* Ururgroßeltern *pl;* **great•ly** ['greɪtlɪ] *adv* sehr, in hohem Grade; **great-nephew** *s* Großneffe *m;* **great•ness** ['greɪtnɪs] *s* Größe,

Bedeutung *f;* **great-niece** *s* Großnichte *f;* **great-uncle** *s* Großonkel *m*

Gre•cian ['gri:ʃn] *adj,* **Greece** [gri:s] *s* Griechenland *nt*

greed, **greedi•ness** [gri:d, 'gri:dɪnɪs] *s* **1.** Gier *f* (*for* nach) **2.** Habgier *f* **3.** Gefräßigkeit *f;* **greedy** ['gri:dɪ] *adj* **1.** gierig (*for* nach) **2.** gefräßig; **be ~ for s.th.** auf etw begierig sein, nach etw gieren

Greek [gri:k] **I.** *adj* griechisch **II.** *s* **1.** Grieche *m,* Griechin *f* **2.** (das) Griechisch(e); **it's all ~ to me** das sind für mich böhmische Dörfer

green [gri:n] **I.** *adj* **1.** grün (*with* vor) **2.** unreif **3.** unerfahren (*at* in); **give s.o. the ~ light** jdm freie Fahrt geben; **he was ~ with envy** er platzte vor Neid **II.** *s* **1.** Grün *nt,* grüne Farbe **2.** Grünfläche *f,* Rasen *m* **3.** **~s** grünes Gemüse; **green•back** ['gri:nbæk] *s* (*Am sl*) Geldschein *m;* **green belt** *s* Grüngürtel *m;* **green card** *s* **1.** (AUTO) grüne Versicherungskarte *f* **2.** (*Am*) Aufenthalts- und Arbeitserlaubnis *f;* **greenery** ['gri:nərɪ] *s* (das) Grün (*in der Natur*)*;* **green-eyed** [ˌgri:n'aɪd] *adj* (*fig*) eifersüchtig; **the ~ monster** der Neid; **green fingers** *s pl* gärtnerisches Geschick; **green•fly** ['gri:nflaɪ] *s* grüne Blattlaus; **green•gage** ['gri:ngeɪdʒ] *s* Reineclaude *f;* **green•grocer** ['gri:nˌgrəʊsə(r)] *s* (Obst- u.) Gemüsehändler(in) *m(f);* **green-horn** ['gri:nhɔ:n] *s* Grünschnabel *m;* Anfänger(in) *m(f);* **green•house** ['gri:nhaʊs] *s* Gewächs-, Treibhaus *nt;* **~ effect** Treibhauseffekt *m;* **~ gas emissions** Treibhausgasemissionen; **green•ish** ['gri:nɪʃ] *adj* grünlich; **green issue** *s* Umweltfrage *f*

Green•land ['gri:nlənd] *s* Grönland *nt;* **Green•lander** ['gri:nləndə(r)] *s* Grönländer(in) *m(f)*

green•ness ['gri:nnɪs] *s* (*fam*) Umweltfreundlichkeit *f*

green pep•per [ˌgri:n'pepə(r)] *s* (grüne) Paprikaschote *f;* **green policy** *s* grüne Politik; **green politics** *s* Umweltpolitik *f;* **green thumb** *s* (*Am*) gärtnerisches Geschick

Green•wich ['grɪnɪtʃ] *s Vorort von London;* **Greenwich mean time**, **G.M.T** *s* westeuropäische Zeit

green•wood ['gri:nwʊd] *s* Laubwald *m*

greet [gri:t] *vt* **1.** (be)grüßen (*on behalf of* im Namen von) **2.** empfangen, entgegenkommen (*s.o.* jdm) **3.** sich darbieten (*her eyes* ihren Augen); **greet•ing** [-ɪŋ] *s* Begrüßung *f;* Gruß *m;* (*Am: Brief*) Anrede *f;* **~s-card** Glückwunschkarte *f*

greg•ari•ous [grɪ'geərɪəs] *adj* **1.** (*Tiere*) in Herden lebend **2.** (*Mensch*) gesellig

gre•nade [grɪ'neɪd] *s* (Hand)Granate *f;* **grena•dier** [ˌgrenə'dɪə(r)] *s* Grenadier *m*

grew [gru:] *s.* **grow**

grey [greɪ] **I.** *adj* **1.** grau **2.** trüb(e), düster **3.** grauhaarig; **turn ~** grau werden **II.** *s* Grau *nt;* (*Pferd*) Grauschimmel *m;* **grey-beard** ['greɪˌbɪəd] *s* Graubart *m;* **grey-hound** ['greɪhaʊnd] *s* Windhund *m;* **grey•ish** ['greɪɪʃ] *adj* gräulich; **grey matter** *s* **1.** (ANAT) graue Hirnsubstanz **2.** (*fam*) graue Zellen *fpl*

grid [grɪd] *s* **1.** (*a.* RADIO) Gitter *nt* **2.** (ELEK) Stromnetz *nt;* Leitungsnetz *nt* **3.** (*Karte*) Gitter *nt* **4.** (AUTO) Start(platz) *m* **5.** (THEAT) Schnürboden *m* **6.** (TECH) Netz *nt*

griddle ['grɪdl] *s* (rundes) Kuchenblech *nt;* **griddle-cake** *s* Pfannkuchen *m*

grid•iron ['grɪdaɪən] *s* (Brat)Rost, Grill *m;* **grid square** *s* Planquadrat *nt*

grief [gri:f] *s* Kummer, Gram *m,* Leid *nt;* **come to ~** zu Schaden kommen; (*Plan*) scheitern

griev•ance ['gri:vns] *s* **1.** Beschwerde(grund *m*) *f* **2.** Missstand *m;* **nurse a ~ against s.o.** gegen jdn einen Groll haben; **grieve** [gri:v] **I.** *vt* **1.** bekümmern, betrüben **2.** traurig stimmen; **it ~s me** es stimmt mich traurig **II.** *vi* **1.** bekümmert sein **2.** trauern (*at, for, over* um); **griev•ous** ['gri:vəs] *adj* **1.** schmerzlich **2.** bedauerlich **3.** (*Fehler*) schwer; **~ bodily harm, GBH** (JUR) schwere Körperverletzung

grif•fin, **grif•fon**, **gry•phon** ['grɪfɪn, 'grɪfən] *s* Greif *m* (*Fabeltier*)*;* **grif•fon** ['grɪfən] *s* **1.** Gänsegeier *m* **2.** Affenpinscher *m*

grift•er ['grɪftə] *s* (*Am: sl*) unbedeutender Dieb

grill [grɪl] **I.** *s* **1.** Grill *m* **2.** gegrilltes Fleisch **3.** (*~room*) Grillroom *m* **II.** *vt* **1.** grillen **2.** (*fam fig*) streng verhören **III.** *vi* **1.** (*Fleisch*) grillen **2.** (*von der Sonne*) sich braun brennen lassen

grille [grɪl] *s* Gitter *nt*

grilling ['grɪlɪŋ] *s* strenges Verhör; **give s.o. a ~** jdn in die Zange nehmen

grim [grɪm] *adj* **1.** grimmig, erbarmungslos **2.** hart, streng **3.** abschreckend, abstoßend; **hold on like ~ death** nicht lockerlassen

gri•mace [grɪ'meɪs] **I.** *s* Grimasse *f* **II.** *vi* Grimassen schneiden

grime [graɪm] **I.** *s* Ruß *m;* Schmutz *m* **II.** *vt* verschmutzen; **grimy** ['graɪmɪ] *adj* schmutzig, verschmutzt

grin [grɪn] **I.** *vi* grinsen (*with pleasure* vor Vergnügen); **~ from ear to ear** über das ganze Gesicht grinsen; **I had to ~ and bear it** ich musste gute Miene zum bösen Spiel machen **II.** *s* **1.** Grinsen *nt* **2.** gezwungenes Lächeln; **wipe that ~ off your face!** lach mich nicht aus!

grind [graɪnd] <*irr:* ground, ground> **I.** *vt* **1.**(zer)mahlen, zerstoßen, zerreiben **2.**schleifen, wetzen **3.**(*Absatz*) bohren (*into the earth* in die Erde) **4.**(*Kaffeemühle, Leierkasten*) drehen **5.**(*fig*) quälen, bedrücken, plagen; ~ **one's teeth** mit den Zähnen knirschen (*in anger* vor Wut) **II.** *vi* **1.**sich mahlen lassen **2.**(*fam*) pauken, büffeln, ochsen; sich abplagen **III.** *s* **1.**(*fam*) Schinderei, Plackerei *f* **2.**Paukerei, Büffelei *f* **3.**(*Am fam*) Büffler *m;* **grind down** *vt* unterdrücken; **grind out** *vt* mühsam hervorbringen; fabrizieren; **grinder** ['graɪndə(r)] *s* **1.**Schleifer *m;* Schleifmaschine *f;* Schleifstein *m* **2.**Mühle *f;* Fleischwolf *m* **3.**Backenzahn *m;* **grind•stone** ['graɪndstəʊn] *s* Schleifstein *m;* **keep** [*o* **put**] **one's nose to the** ~ schuften; büffeln

grin•go ['grɪŋgəʊ] <*pl* -gos> *s* (Nord)Amerikaner, Gringo *m*

grip [grɪp] **I.** *s* **1.**(fester, Zu)Griff *m* **2.**Greifen, Packen *nt* **3.**(*fig*) Fassungskraft *f;* Verständnis *nt* **4.**Herrschaft *f* (*of, on* über) **5.**(TECH) Greifer *m* **6.**Handgriff *m* **7.**Haarklemmchen *nt* **8.**(AUTO) Griffigkeit *f* **9.**Reisetasche *f;* **come to ~s** handgemein werden; aneinander geraten; **come to ~s with** (*fig*) in den Griff bekommen; **get a ~ on o.s.** sich wieder beherrschen; **lose one's ~** den Halt verlieren; (*fig*) nachlassen; **lose one's ~ on the situation** die Situation nicht mehr unter Kontrolle haben **II.** *vt* **1.**(er)greifen, packen, fassen, festhalten **2.**(*die Aufmerksamkeit*) fesseln

gripe [graɪp] **I.** *vi* **1.**Magenschmerzen haben **2.**(*fam*) meckern **II.** *s* **1.**(*fam*) Beschwerde *f* **2.~s** (*fam*) Magenschmerzen *mpl,* Kolik *f*

grip•ping ['grɪpɪŋ] *adj* (*Buch*) spannend, fesselnd

gris•ly ['grɪzlɪ] *adj* grässlich, schrecklich

grist [grɪst] *s:* **it's all ~ to his mill** er kann alles brauchen; das ist Wasser auf seine Mühle

gristle ['grɪsl] *s* Knorpel *m*

grit [grɪt] **I.** *s* **1.**Staub *m;* (feiner) Kies *m;* Streusand *m* **2.**(*fam*) Mut, Schneid *m,* Entschlossenheit *f* **3.~s** (*Am*) Hafergrütze *f* **II.** *vt* mit Sand, Kies bestreuen; ~ **one's teeth** die Zähne zusammenbeißen

grizzle ['grɪzl] **I.** *s* graues Haar; Grau *nt* **II.** *vi* (*fam: Kind*) flennen, quengeln; **grizzled** ['grɪzld] *adj* grau(meliert); **griz•zly** ['grɪzlɪ] **I.** *adj* **1.**grau, gräulich **2.**(*fam*) quengelig **II.** *s* (~ *bear*) Grisly-, Graubär *m*

groan [grəʊn] **I.** *vi* **1.**seufzen, stöhnen, ächzen (*with* vor) **2.**brummen, murren **3.**(zu) leiden (haben), seufzen (*under* unter) **II.** *vt* (~ *out*) stöhnend hervorbringen, erzählen **III.** *s* **1.**Seufzen *nt* **2.**Ächzen *nt*

groats [grəʊts] *s pl* (Hafer)Grütze *f;* Schrot *m*

grocer ['grəʊsə(r)] *s* Lebensmittelhändler(in) *m(f);* **grocery** ['grəʊsərɪ] *s* **1.**Lebensmittelgeschäft *nt* **2.groceries** Lebensmittel *ntpl*

grog [grɒg] *s* Grog *m*

groggy ['grɒgɪ] *adj* **1.**benommen, schwindlig **2.**wack(e)lig **3.**(SPORT: *fam*) groggy

groin[1] [grɔɪn] *s* **1.**(ANAT) Leiste(ngegend) *f* **2.**(ARCH) Grat *m;* Gewölberippe *f*

groin[2] [grɔɪn] *s* (MAR) Buhne *f*

grok [grɒk] *vt* (*sl*) schnallen *fam*

groom [gruːm] **I.** *s* **1.**Stallbursche *m* **2.**Bräutigam *m* **II.** *vt* **1.**(*Pferd*) pflegen **2.**(*Menschen, Frisur, Kleidung*) pflegen **3.**vorbereiten (*for* für); **well ~ed** gepflegt

groove [gruːv] **I.** *s* **1.**Furche, Rille, Nut, Rinne *f* **2.**Tonspur *f* **3.**(*fig*) Routine, Gewohnheit *f* **II.** *vt* auskehlen, riefeln, nuten

groovy ['gruːvɪ] *adj* (*sl*) toll, klasse; modisch

grope [grəʊp] **I.** *vt* (*fam*) befummeln **II.** *vi* **1.**(~ *about*) (herum)tappen **2.**(*a. fig*) suchen (*for* nach); ~ **in the dark** im Dunkeln tappen; ~ **one's way** tastend den Weg suchen; **grop•ing•ly** ['grəʊpɪŋlɪ] *adj* **1.**tastend **2.**(*fig*) unsicher

gross[1] [grəʊs] *s* Gros *nt,* 12 Dutzend *pl*

gross[2] [grəʊs] **I.** *adj* **1.**dick, fett, korpulent **2.**schwer(fällig), plump **3.**grob, rau, roh, unfein **4.**vulgär, unanständig **5.**(*Fehler*) schwer, grob; (*Ungerechtigkeit*) krass, ungeheuer(lich); (*Fehler, Nachlässigkeit*) grob **6.**(*Vegetation*) üppig **7.**(*Essen*) unappetitlich **8.**(COM) brutto **II.** *vt* einen Bruttogewinn haben von; **gross amount** *s* Bruttobetrag *m;* **gross cash flow** *s* Bruttocashflow *m* (*einschließlich Abschreibung*); **gross domestic product, GDP** *s* Bruttoinlandsprodukt *nt;* **gross income, gross receipts** *s pl* Bruttoverdienst *m,* -einkommen *nt,* -gewinn *m;* **gross•ly** ['grəʊslɪ] *adv* **1.**sehr stark, stark, schwer **2.**(*sich benehmen*) derb; **eat ~** (*sl*) essen wie ein Schwein; **gross national product, GNP** *s* Bruttosozialprodukt *nt;* **gross negligence** *s* grobe Fahrlässigkeit; **gross pay** *s* Bruttolohn *m;* **gross profit** *s* Bruttogewinn, Rohgewinn *m;* **gross ton** *s* Bruttoregistertonne *f* (= *2240 pounds*)

grot ['grɒt] *s* (*sl*) Schrott *m*

gro•tesque [grəʊ'tesk] **I.** *adj* **1.**grotesk, bizarr, fantastisch **2.**komisch, lächerlich **II.** *s* **1.**Groteske *f* **2.**(TYP) Grotesk *f*

grotto ['grɒtəʊ] <*pl* grotto(e)s> *s* Grotte *f*

grot•ty ['grɒtɪ] *adj* (*sl*) mies

grouch [graʊtʃ] **I.** *vi* (*fam*) meckern; nör-

G

geln **II.** *s* **1.** Meckerer *m,* Nörgler(in) *m(f)* **2.** Grund *m* zur Klage; **grouchy** ['graʊtʃɪ] *adj* (*fam*) meckerig, brummig, mürrisch

ground¹ [graʊnd] *pp of* **grind**

ground² [graʊnd] **I.** *s* **1.** Grund *m;* Boden *m* **2.** Meeresboden *m* **3.** (Erd)Boden *m,* Erde *f;* Land *nt* **4.** Grund und Boden *m* **5.** (*a. fig*) Gebiet *nt* **6.** (*Kunst*) Untergrund *m,* Grundierung *f* **7.** (*fig*) Grundlage, Basis *f* **8.** (Beweg)Grund *m* (*for* für, zu), Motiv *nt,* Ursache *f,* Anlass *m* **9.** **~s** Grundstück *nt;* Gelände *nt* **10.** **~s** Anlagen *fpl,* Gärten *mpl* **11.** **~s** (Boden)Satz *m;* (Kaffee)Satz *m* **12.** (Rechts)Grund *m;* Begründung *f;* **above** ~ über der Erde; über Tage; am Leben; **below** ~ unter der Erde; unter Tage; tot; **down to the** ~ (*fam*) voll und ganz; **on the ~s of** auf Grund *+gen,* wegen; **on one's own** ~ (*a. fig*) zu Hause; **on firm** ~ (*fig*) auf festem Boden; **be on common** ~ (*fig*) auf gleichem Boden stehen; **be forbidden** ~ (*fig*) tabu sein; **break fresh** ~ (*fig*) in Neuland vorstoßen; **cover** (**much**) ~ eine (große) Strecke zurücklegen; (gute) Fortschritte machen; viel umfassen; **cut the ~ from under s.o.'s feet** (*fig*) jdm den Boden unter den Füßen wegziehen; **fall to the** ~ (*fig: Plan*) scheitern; **gain** ~ (*fig*) um sich greifen; an Boden gewinnen; **get off the** ~ (*fig*) einen guten Anfang machen; **give** ~ nachgeben, weichen; **hold** [*o* **keep**] [*o* **stand**] **one's** ~ seinen Platz behaupten; seinen Mann stehen; **keep one's feet on the** ~ mit den Füßen auf festem Boden bleiben; **lose** ~ an Boden verlieren; **that suits me down to the** ~ genau das wollte ich; das passt mir ausgezeichnet; **coffee-~s** Kaffeesatz *m;* **fishing-~s** Fischgründe *mpl;* ~ **for divorce** Scheidungsgrund *m;* ~ **for suspicion** Verdachtsmoment *nt* **II.** *vt* **1.** (*Schiff*) auf Grund auflaufen lassen **2.** (AVIAT) nicht starten lassen **3.** (ELEK) erden **4.** (*fig*) begründen; basieren (*on* auf) **5.** die Grundlagen beibringen (*s.o.* jdm, *in* in) **6.** (*Am fam*) ans Haus fesseln; **be ~ed** nicht ausgehen dürfen, Stubenarrest haben; **be well ~ed in** gute Vorkenntnisse haben in **III.** *vi* (*Schiff*) auflaufen; **ground bass** *s* (MUS) Grundbass *m;* **ground control** *s* Bodenkontrolle *f;* **ground crew** *s* Bodenpersonal *nt;* **ground floor** *s* Erdgeschoss *nt;* **get in on the** ~ (*fig fam*) gleich zu Beginn einsteigen; **ground fog** *s* Bodennebel *m;* **ground frost** *s* Bodenfrost *m;* **ground•ing** ['graʊndɪŋ] *s* **1.** Grundkenntnisse *fpl* **2.** (AVIAT) Startverbot *nt;* Hinderung *f* am Start; (*Pilot*) Sperren *nt;* **give s.o. a ~ in German** jdm die Grundlagen des Deutschen beibringen; **ground keeper** *s* (SPORT) Platzwart *m;* **ground•less** ['graʊndlɪs] *adj* grundlos, unbegründet, ungerechtfertigt; **ground•nut** *s* Erdnuss *f;* **ground personnel** *s* Bodenpersonal *nt;* **ground•sheet** ['graʊndʃiːt] *s* Zeltboden *m;* **grounds•man** ['graʊndzmən] <*pl* -men> *s* Platzwart *m;* **ground staff** *s* (AVIAT) Bodenpersonal *nt;* **ground-station** *s* (AVIAT) Bodenstation *f;* **ground-swell** ['graʊndswel] *s* Dünung *f;* (*fig*) Anschwellen *nt,* Zunahme *f;* **ground temperature** *s* Bodentemperatur *f;* **ground-to-air missile** *s* Boden-Luft-Rakete *f;* **ground-to-ground missile** *s* Boden-Boden-Flugkörper *m;* **ground troup** *s* Bodentruppe *f;* **ground water** *s* Grundwasser *nt;* **ground•work** ['graʊndwɜːk] *s* (*fig*) Grundlage, Basis *f*

group [gruːp] **I.** *s* **1.** Gruppe *f* **2.** (*Br*) Geschwader *nt;* (*Am*) Gruppe *f* **3.** (COM) Konsortium *nt;* Unternehmensgruppe *f;* Konzern *m* **4.** (THEAT) Ensemble *nt* **II.** *vt* gruppieren; anordnen; **group booking** *s* Gruppenbuchung *f;* **group captain** *s* (MIL: *Luftwaffe*) Oberst *m;* **group dynamics** *s pl* Gruppendynamik *f*

groupie ['gruːpɪ] *s* (weiblicher) Fan *m;* Groupie *nt*

group•ing ['gruːpɪŋ] *s* (Ein)Gruppierung, (An)Ordnung *f*

group prac•tice ['gruːpˌpræktɪs] *s* (MED) Gemeinschaftspraxis *f;* **group therapy** *s* (MED) Gruppentherapie *f;* **group ticket** *s* Sammelfahrschein *m*

grouse¹ [graʊs] <*pl* grouse> *s* Moorhuhn *nt*

grouse² [graʊs] **I.** *s* Klage *f;* **have a** ~ sich beklagen **II.** *vi* meckern, nörgeln, murren (*about* über)

grove [grəʊv] *s* Wäldchen *nt;* **olive** ~ Olivenhain *m*

grovel ['grɒvl] *vi* **1.** liegen (*at s.o.'s feet* jdm zu Füßen, *before s.o.* vor jdm) **2.** (*a. fig*) kriechen (*in the dirt, dust* im Staube)

grow [grəʊ] <*irr:* grew, grown> **I.** *vi* **1.** wachsen **2.** (*fig*) zunehmen, sich entwickeln **3.** sich ausdehnen; sich vergrößern; sich vermehren **4.** werden (*into* zu), erwachsen (*from* aus); ~ **into fashion** Mode werden; ~ **into a habit** zur Gewohnheit werden; ~ **on s.o.** jdm ans Herz wachsen; ~ **out of fashion/use** aus der Mode/aus dem Gebrauch kommen **II.** *vt* **1.** züchten **2.** (an)bauen **3.** (*Bart*) sich wachsen lassen; **grow away from** *vi* sich entfremden von; **grow down** *vi* zurückgehen, abnehmen; **grow into** *vi* **1.** heranwachsen zu **2.** hineinwachsen in; **grow out of** *vi* **1.** herauswachsen aus **2.** (*eine Gewohnheit*) verlieren **3.** (*fig*) entstehen aus; herrühren von; **grow up** *vi* **1.** auf-, heranwachsen **2.** (*fig*) sich entwickeln; ~ **up!** sei nicht kindisch; **grow worse** *vi* sich verschlimmern

grower ['grəʊə(r)] *s* Züchter(in) *m(f)*, Erzeuger(in) *m(f)*; **grow·ing** ['grəʊɪŋ] *adj* wachsend; steigend; **growing pains** *s pl* Wachstumsschwierigkeiten *fpl*; (*fig*) Kinderkrankheiten *fpl*

growl [graʊl] **I.** *s* **1.** Brummen *nt* **2.** (*Hund*) Knurren *nt* **3.** (*Donner*) Rollen *nt* **II.** *vi* **1.** knurren; brummen, murren **2.** (*Donner*) grollen; ~ **at s.o.** (*Hund*) jdn anknurren **III.** *vt* (~ *out*) hervorstoßen

grown [grəʊn] **I.** *pp of* grow **II.** *adj* **1.** herangewachsen **2.** bewachsen (*with* mit); **grown-up** ['grəʊnʌp] **I.** *adj* erwachsen **II.** *s* Erwachsene(r) *f m*

growth [grəʊθ] *s* **1.** Wachstum *nt* **2.** Heranwachsen *nt*; Entwicklung *f* **3.** Züchtung, Erzeugung *f*; Ernte *f* **4.** (*fig*) Zunahme *f*, Zuwachs *m* (*in* an) **5.** (MED) Tumor *m*, Gewächs *nt*; **growth industries** *s pl* Wachstumsindustrien, -branchen *fpl*; **growth rate** *s* Wachstumsrate *f*; **growth stock** *s* (FIN) Wachstumsaktie *f*

groyne [grɔɪn] *s* (MAR) Buhne *f*

grub [grʌb] **I.** *vi* **1.** graben **2.** (herum)wühlen, stöbern **II.** *vt* ausgraben, -roden; ~ **out** [*o* **up**] ausgraben **III.** *s* **1.** Larve, Made *f* **2.** (*sl*) Fraß *m*, Futter *nt*; **grubby** ['grʌbɪ] *adj* schmutzig, unsauber

grudge [grʌdʒ] **I.** *vt* nicht gönnen (*s.o. s.th.* jdm etw); **not ~ s.o. s.th.** jdm etw gönnen; ~ **doing s.th.** etw ungern, widerwillig tun; **I ~ the time** es ist mir leid um die Zeit **II.** *s* **1.** Groll *m* **2.** Neid *m*; **bear s.o. a ~** jdm etw nachtragen; **grudg·ing·ly** ['grʌdʒɪŋlɪ] *adv* (nur) ungern, widerwillig

gruel ['gru:əl] *s* Haferschleim *m*

gruel·ling ['gru:əlɪŋ] *adj* zermürbend, aufreibend

grue·some ['gru:səm] *adj* grausig, schauerlich, schaurig

gruff [grʌf] *adj* **1.** bärbeißig, schroff **2.** grob, barsch **3.** (*Stimme*) rau

grumble ['grʌmbl] **I.** *vi* **1.** brummen; nörgeln, murren (*at, about, over* über) **2.** (*Donner*) (g)rollen; **mustn't ~!** (*fam*) ich kann mich nicht beschweren! **II.** *vt* murrend sagen **III.** *s* **1.** Murren *nt*; Nörgeln *nt* **2.** Grollen *nt*

grump [grʌmp] *vi* (*fam*) meckern; **grumpy** ['grʌmpɪ] *adj* verdrießlich, mürrisch, reizbar

grunt [grʌnt] **I.** *vi* **1.** grunzen **2.** (*Mensch*) stöhnen **II.** *vt* (~ *out*) brummend sagen **III.** *s* **1.** Grunzen *nt* **2.** Stöhnen *nt*

gry·phon ['grɪfən] *s* (Vogel) Greif

G-string ['dʒi:strɪŋ] *s* **1.** (MUS) G-Saite *f* **2.** Minislip *m*

guar·an·tee [ˌgærən'ti:] **I.** *s* **1.** Garantie *f*; Bürgschaft *f*; Gewähr(leistung) *f*; Kaution *f* **2.** Beweis *m*, Sicherheit *f* **3.** Garant(in) *m(f)*, Bürge *m*, Bürgin *f*; Gewährsmann *m*; **conditional ~** Ausfallbürgschaft *f*; **joint ~** Mitgarant, -bürge *m*; ~ **of a bill of exchange** Wechselbürgschaft *f*, -bürge *m*; ~ **deposit** Kaution *f* **II.** *vt* garantieren, gewährleisten, bürgen für; Garantie leisten für; **he can't ~ that** dafür kann er nicht garantieren; **guar·an·teed** [ˌgærən'ti:d] *adj* garantiert; gesichert; ~ **annual wages** garantierter Jahreslohn; ~ **mortgage** Hypothekenpfandbrief *m*; **guar·an·tor** [ˌgærən'tɔ:(r)] *s* Garant(in) *m(f)*, Bürge *m*, Bürgin *f*; **stand as ~ for s.o.** für jdn Bürgschaft leisten; **guar·an·ty** ['gærəntɪ] *s* (JUR) Garantie *f*, Kaution, Bürgschaft *f*; ~ **of collection** Ausfallbürgschaft *f*

guard [gɑ:d] **I.** *vt* **1.** wachen über; bewachen **2.** behüten, beschützen (*from, against* vor) **3.** (*Gefangene*) bewachen **4.** beaufsichtigen **II.** *s* **1.** Wache *f* **2.** Wachsamkeit, Vorsicht *f* **3.** Wache, Wachmannschaft *f*; Wachmann, Posten *m* **4.** (Gefangenen)Wärter(in) *m(f)* **5.** (RAIL) Schaffner(in) *m(f)*, Zugführer(in) *m(f)*; (*Am*) Bahnwärter(in) *m(f)*; **be on/off one's ~** auf/nicht auf der Hut sein; **stand** [*o* **keep**] ~ Wache stehen; **his ~ was up** (**down**) er war (nicht) auf der Hut; **guard against** *vi* **1.** sich in Acht nehmen vor; sich hüten vor **2.** (*Krankheit, Missverständnis*) vorbeugen (*s.th.* einer S) **3.** (*Unfall*) verhüten; **guard dog** *s* Wachhund *m*; **guard duty** *s* Wachdienst *m*; **be on ~** Wache haben, auf Wache sein; **guarded** ['gɑ:dɪd] *adj* **1.** zurückhaltend **2.** (*Antwort*) vorsichtig; **guard·house** *s* Wache *f*

guard·ian ['gɑ:dɪən] *s* **1.** Wächter(in) *m(f)*, Wärter(in) *m(f)* **2.** Vormund *m*, Pfleger(in) *m(f)*; **guardian angel** *s* Schutzengel *m*; **guard·ian·ship** [-ʃɪp] *s* Vormundschaft *f*; Pflegschaft *f*; **place under ~** unter Vormundschaft stellen

guard·rail ['gɑ:dreɪl] *s* Geländer *nt*; **guard·room** *s* Wachraum *m*, -stube *f*; **guards·man** ['gɑ:dsmən] <*pl* -men> *s* Gardist *m*

Gua·te·ma·la [ˌgwɑ:tɪ'mɑ:lə] *s* Guatemala *nt*; **Gua·te·ma·lan** [ˌgwɑ:tɪ'mɑ:lən] **I.** *adj* guatemaltekisch **II.** *s* Guatemalteke *m*, Guatemaltekin *f*

guer·(r)illa [gə'rɪlə] *s* Guerilla *f*; Guerillakämpfer(in) *m(f)*, Freischärler(in) *m(f)*; **guerilla warfare** *s* Guerillakrieg *m*

guess [ges] **I.** *vt* **1.** (er)raten; schätzen; vermuten, ahnen **2.** (*fam*) annehmen, glauben, meinen **II.** *vi* **1.** raten **2.** schätzen (*at s.th.* etw); **I ~** (*Am fam*) ich glaube; **I ~ so**

vermutlich! **III.** *s* Vermutung, Annahme *f;* Schätzung *f;* **at a** [*o* **by**] ~ aufs Geratewohl; schätzungsweise; **make a ~ at s.th.** etw raten; über etw Vermutungen äußern; **have a ~!** rate mal!; **I'll give you three ~es** dreimal darfst du raten; **it's anybody's** ~ niemand weiß etwas Genaues; **your ~ is as good as mine** ich weiß so wenig wie Sie; **gues•sing game** ['gesɪŋ,geɪm] *s* Ratespiel *nt;* (*fig*) Raterei *f;* **guess•ti•mate** ['gestɪmɪt] *s* grobe Schätzung; **guess-work** *s* Vermutung, Mutmaßung *f*

guest [gest] **I.** *s* Gast *m;* **paying** ~ Pensionsgast *m;* **be my ~!** bitte sehr! **II.** *vi* als Gast mitwirken; **guest-house** *s* (Privat)Pension *f,* Gästehaus *nt;* **guest-room** *s* Gäste-, Fremdenzimmer *nt;* **guest worker** *s* Gastarbeiter(in) *m(f)*

guf•faw [gə'fɔː] **I.** *s* schallendes Gelächter *nt* **II.** *vi* schallend lachen

guid•ance ['gaɪdns] *s* **1.** Anleitung *f;* Beratung *f* **2.** Studienberatung *f;* **for s.o.'s** ~ zu jds Orientierung; **under s.o.'s** ~ unter jds Leitung; **spiritual** ~ geistiger Rat; **pray for** ~ um Erleuchtung beten; ~ **system** Steuerungssystem *nt* (*an Rakete*); **vocational** ~ Berufsberatung *f*

guide [gaɪd] **I.** *s* **1.** (Fremden)Führer(in) *m(f)* **2.** Vorbild *nt* **3.** (*~-book*) Reiseführer *m* (*Buch*) **4.** Leitfaden *m* (*Buch*) **5.** Anhaltspunkt, Hinweis *m* **6.** (*Br: girl ~*) Pfadfinderin *f* **II.** *vt* **1.** führen, leiten, lenken **2.** beraten **3.** Anweisungen geben (*s.o.* jdm) **4.** (TECH) (fern)steuern; **guided** ['gaɪdɪd] *adj* (TECH) (fern)gelenkt, gesteuert; **be ~ by** sich leiten lassen von; ~ **missile** ferngelenktes Geschoss; ~ **tour** Führung *f;* **guide-dog** *s* Blindenhund *m;* **guide-line** *s* Richtlinie *f;* Richtwert *m;* **guide-posts** *s pl* Wegweiser *mpl;* **guide•rope** *s* Schlepptau *nt;* **guid•ing hand** ['gaɪdɪŋ 'hænd] *s* leitende Hand; **guid•ing principle** ['gaɪdɪŋ 'prɪnsəpl] *s* Leitmotiv *nt*

guild [gɪld] *s* **1.** Gilde, Zunft, Innung *f* **2.** Vereinigung *f*

guilder ['gɪldə(r)] *s* (holländischer) Gulden *m*

guile [gaɪl] *s* Hinterlist *f;* **guile•ful** ['gaɪlfl] *adj* arg-, hinterlistig; **guile•less** ['gaɪllɪs] *adj* arglos, (frei und) offen

guillo•tine ['gɪlətiːn] **I.** *s* **1.** Fallbeil *nt,* Guillotine *f* **2.** Papierschneidemaschine *f* **3.** (PARL) Befristung *f* der Debatten **II.** *vt* **1.** mit dem Fallbeil hinrichten **2.** (PARL: *Debatten*) abkürzen

guilt [gɪlt] *s* Schuld *f;* **admit one's** ~ sich schuldig bekennen; **guilt•less** [-lɪs] *adj* schuldlos, unschuldig (*of* an); **guilt out** [gɪlt'aʊt] *vi:* **get ~ed out** sich sehr schuldig fühlen; **guilty** ['gɪltɪ] *adj* schuldig; (*Blick*) schuldbewusst; **feel** ~ ein schlechtes Gewissen haben; **plead** ~ sich schuldig bekennen; **guilty conscience** *s* schlechtes Gewissen; **guilty secret** *s* dunkles Geschäft

Guinea ['gɪnɪ] *s* Guinea *nt*

guinea ['gɪnɪ] *s* Guinee *f* (*21 Shilling*); **guinea-fowl** *s* Perlhuhn *nt;* **guinea-pig** *s* **1.** Meerschweinchen *nt* **2.** (*fig*) Versuchskaninchen *nt*

guise [gaɪz] *s:* **in a new** ~ (*fig*) in neuem Gewand(e); **in the ~ of** in der Maske *+gen,* in Gestalt von

guitar [gɪ'tɑː(r)] *s* Gitarre *f;* **guitar•ist** [gɪ'tɑːrɪst] *s* Gitarrist(in) *m(f),* Gitarrenspieler(in) *m(f)*

gulch [gʌltʃ] *s* (*Am*) Schlucht, Klamm *f*

gulf [gʌlf] *s* **1.** Meerbusen, Golf *m* **2.** Kluft *f;* (*a. fig*) Abgrund *m;* **the Golf Stream** der Golfstrom; **the Persian Golf** der Persische Golf; **the Golf War** der Golfkrieg

gull [gʌl] **I.** *s* **1.** (*sea~*) Möwe *f* **2.** (*fig*) Gimpel *m* **II.** *vt* **1.** hereinlegen, betrügen **2.** verleiten (*into* zu)

gul•let ['gʌlɪt] *s* Speiseröhre *f*

gull•ible ['gʌləbl] *adj* leichtgläubig

gully ['gʌlɪ] *s* **1.** (tiefe) (Wasser)Rinne *f* **2.** Schlucht *f* **3.** Abzugsgraben *m;* (Abzugs)Kanal *m*

gulp [gʌlp] **I.** *vt* **1.** (*~ down*) hinunter-, verschlingen **2.** (*Seufzer: ~ back*) unterdrücken **3.** (*Getränk*) hinunterstürzen **II.** *vi* würgen **III.** *s* (großer) Schluck *m;* **empty at one** ~ in einem Zug leeren

gum¹ [gʌm] **I.** *s* **1.** Kautschuk *m* **2.** Gummi(lösung *f*), Klebstoff *m* **3.** (*Am*) Kaugummi *m* **4.** **~s** (*Am*) Gummi-, Überschuhe *mpl* **II.** *vt* **1.** gummieren **2.** ankleben (*to* an); **gum up** *vt* verkleben; ~ **up the works** alles verkleben; (*fig*) alles durcheinander bringen; **be ~med up** (*Pläne*) undurchführbar sein

gum² [gʌm] *s* Zahnfleisch *nt;* **gum•boil** ['gʌmbɔɪl] *s* Zahngeschwür *nt*

gum•drop ['gʌmdrɒp] *s* Geleebonbon *m od nt;* **gummy** ['gʌmɪ] *adj* klebrig

gump•tion ['gʌmpʃn] *s* (*fam*) **1.** Pfiffigkeit *f,* Grips *m* **2.** Unternehmungsgeist *m*

gum•shield ['gʌmʃiːld] *s* Zahnschutz *m*

gum•shoe ['gʌmʃuː] *s* **1.** Gummi-, Überschuh *m* **2.** Turnschuh *m* **3.** (*fam*) Detektiv(in) *m(f),* Schnüffler(in) *m(f);* **gum-tree** ['gʌmtriː] *s* Gummibaum *m;* **be up a** ~ (*sl*) in der Patsche sitzen, in der Klemme sein

gun [gʌn] **I.** *s* **1.** Kanone *f,* Geschütz *nt;* Gewehr *nt* **2.** (*fam*) Pistole *f,* Revolver *m* **3.** (TECH) Spritzpistole *f;* Fettpresse *f* **4.** Schütze *m;* Pistolenheld *m;* **jump the** ~ voreilig sein; **spike s.o.'s ~s** (*fig*) jdn matt setzen; **stick to one's ~s** (*fig*) durchhalten;

bei der Stange bleiben; **carry a ~** bewaffnet sein; **draw a ~ on s.o.** jdn mit der Waffe bedrohen; **big ~** (*fig*) hohes Tier; **be going great ~s** gut in Schuss sein **II.** *vt* (*~ down*) erschießen; abschießen **III.** *vi* (*sl*) sausen, schießen; **he's ~ning for you** (*fig*) er hat dich auf dem Korn; **gun barrel** *s* Kanonenrohr *nt;* Gewehrlauf *m;* Pistolenlauf *m;* **gun-fight** *s* Schießerei *f;* Schusswechsel *m;* **gun•fire** *s* Schüsse *mpl,* Geschützfeuer *nt*

gunky ['gʌŋkɪ] *adj* (*fam*) schmierig, schleimig

gun-licence *s* Waffenschein *m;* **gun-man** ['gʌnmən] <*pl* -men> *s* Bewaffnete(r) *m;* **gun•ner** ['gʌnə(r)] *s* **1.** Kanonier *m* **2.** (AVIAT) Bordschütze *m;* **gun•powder** ['gʌn,paʊdə(r)] *s* Schießpulver *nt;* **gun-runner** *s* Waffenschmuggler *m;* **gun-running** *s* Waffenschmuggel *m;* **gun•shot** ['gʌnʃɒt] *s* **1.** Schuss *m* **2.** (*Entfernung*) Schussweite *f;* **gunshot wound** *s* Schusswunde *f;* **gun•slinger** ['gʌn,slɪŋə(r)] *s* Revolverheld *m*

gurgle ['gɜːgl] **I.** *vi* glucksen; gurgeln **II.** *s* Gluckern *nt;* Gurgeln *nt*

guru ['gʊru] *s* Guru *m*

gush [gʌʃ] **I.** *vi* **1.** herausspritzen, -sprudeln **2.** sich ergießen (*from* aus) **3.** überfließen (*with* von) **4.** (*fig*) schwärmen (*over* von) **II.** *s* **1.** Guss *m* **2.** (*fig*) Erguss *m,* Schwärmerei *f;* **gusher** ['gʌʃə(r)] *s* **1.** (sprudelnde) Ölquelle *f* **2.** (*fig*) Schwärmer(in) *m(f);* **gush•ing** [-ɪŋ] *adj* **1.** sprudelnd **2.** (*fig*) schwärmerisch; überspannt, überschwenglich; **gushy** ['gʌʃɪ] *adj* schwärmerisch

gus•set ['gʌsɪt] *s* **1.** Zwickel *m* **2.** Eckblech *nt*

gust [gʌst] *s* **1.** Windstoß *m,* Bö *f* **2.** Ausbruch *m*

gusto ['gʌstəʊ] *s* **1.** Genuss *m;* Vorliebe *f* (*for* für) **2.** Vergnügen *nt;* **do s.th. with ~** etw mit Begeisterung tun

gusty ['gʌstɪ] *adj* stürmisch

gut [gʌt] **I.** *s* **1.** Darm *m* **2.** Darmsaite *f* **3.** ~**s** (*fam*) Eingeweide *ntpl* **4.** ~**s** Mut *m* **5.** ~**s** (AUTO) Bestandteile *mpl,* eines Motors; **hate s.o.'s ~s** (*fam*) jdn nicht ausstehen können; **have the ~s to do something** den Mut haben etw zu tun; **work one's ~s out** (*fam*) wie verrückt schuften; **~ reaction** gefühlsmäßige Reaktion **II.** *vt* **1.** ausweiden, -nehmen **2.** im Innern völlig zerstören; **be ~ted by fire** ausgebrannt sein; **gutless** [-lɪs] *adj* feige; **gutsy** ['gʌtsɪ] *adj* **1.** (*fam*) mutig **2.** (*fam*) verfressen

gut•ter ['gʌtə(r)] **I.** *s* **1.** Dachrinne *f* **2.** Rinnstein *m;* (*a. fig*) Gosse *f* **II.** *vi* (*Kerze*) tropfen; (*Flamme*) flackern; **gutter journalism** *s* Kloakenjournalismus *m;* **gutter press** *s* Skandalpresse *f*

gut•tural ['gʌtərəl] *adj* guttural

guy[1] [gaɪ] *s* **1.** (MAR) Backstag *m;* Geitau *nt* **2.** (*~-rope*) Haltetau *nt;* Halterung *f;* Zeltleine *f*

guy[2] [gaɪ] **I.** *s* **1.** (*Am fam*) Kerl, Typ, Bursche *m* **2.** Guy-Fawkes-Puppe *f;* (*fig*) Schießbudenfigur *f* **II.** *vt* lächerlich machen

guzzle ['gʌzl] *vi, vt* saufen; fressen

gym [dʒɪm] *s* **1.** (*fam*) Turnhalle *f* **2.** Turnen *nt,* Turnstunde *f* **3.** Fitnessraum *m*

gym•khana [dʒɪm'kɑːnə] *s* Reiterfest *nt*

gym•nasium [dʒɪm'neɪzɪəm] *s* Turnhalle *f;* **gym•nast** ['dʒɪmnæst] *s* Turner(in) *m(f),* (Leicht)Athlet(in) *m(f);* **gym•nastic** [dʒɪm'næstɪk] *adj* turnerisch, (leicht)athletisch, gymnastisch; **gym•nastics** [dʒɪm'næstɪks] *s pl meist mit sing* Turnen *nt;* Leibesübungen *fpl;* **gym shoes** *s pl* Turnschuhe *mpl;* **gym shorts** *s pl* Turnhose *f*

gyn(a)e•co•logi•cal [,gaɪnɪkə'lɒdʒɪkl] *adj* gynäkologisch; **gyn(a)e•colo•gist** [,gaɪnɪ'kɒlədʒɪst] *s* Frauenarzt *m,* -ärztin *f,* Gynäkologe *m,* Gynäkologin *f;* **gyn(a)e•col•ogy** [,gaɪnɪ'kɒlədʒɪ] *s* Gynäkologie *f*

gyp [dʒɪp] **I.** *s* (*sl*) Schwindel *m,* Gaunerei *f;* **give s.o. ~** (*fam*) jdn fertig machen **II.** *vt* (*sl*) beschwindeln, begaunern

gyp•sum ['dʒɪpsəm] *s* Gips *m*

gypsy ['dʒɪpsɪ] *s* Zigeuner(in) *m(f)*

gy•rate [,dʒaɪ'reɪt] *vi* **1.** rotieren **2.** sich drehen, wirbeln (*round* um); **gy•ra•tion** [,dʒaɪ'reɪʃn] *s* **1.** Rotation, Kreisbewegung *f* **2.** Wirbel *m;* **gy•ro•com•pass** ['dʒaɪrəʊ-'kɒmpəs] *s* Kreiselkompass *m;* **gyroscope** ['dʒaɪrəskəʊp] *s* Gyroskop *nt*

H

H, h [eɪtʃ] <*pl* -'s> *s* H, h *nt*

ha [hɑː] *interj* ha! ah!

ha•beas cor•pus [ˌheɪbɪəs'kɔːpəs] *s* (JUR: *writ of* ~) Vorführungsbefehl *m*

hab•er•dasher ['hæbədæʃə(r)] *s* **1.** (*Br*) Kurzwarenhändler(in) *m(f)* **2.** (*Am*) Inhaber *m* eines Herrenartikelgeschäfts; **hab•er•dashery** [ˌhæbə'dæʃərɪ] *s* **1.** (*Br*) Kurzwaren(handlung *f*) *fpl* **2.** (*Am*) Herrenartikel(geschäft *nt*) *mpl*

habit ['hæbɪt] *s* **1.** Angewohnheit, Gewohnheit(ssache) *f* **2.** Gewand *nt;* (kirchliche) Tracht *f;* **from** [*o* **out of**] ~ aus Gewohnheit; **be in the** ~ die Angewohnheit haben (*of doing s.th.* etw zu tun); ~**s of consumption** Verbraucher-, Konsumgewohnheiten; **get into the** ~ **of doing s.th.** sich etw angewöhnen; **get out of the** ~ **of doing s.th.** sich etw abgewöhnen

hab•it•able ['hæbɪtəbl] *adj* (*Haus*) bewohnbar

habi•tat ['hæbɪtæt] *s* (BIOL) Habitat *nt,* Standort *m;* Verbreitungsgebiet *nt;* ~**s of species under threat** Lebensräume bedrohter Tiere

habi•ta•tion [ˌhæbɪ'teɪʃn] *s* (Be)Wohnen *nt;* **fit for** ~ bewohnbar

ha•bit•ual [hə'bɪtʃʊəl] *adj* **1.** gewohnt, üblich **2.** gewohnheitsmäßig; ~ **criminal** Gewohnheitsverbrecher(in) *m(f);* ~ **drunkard** Gewohnheitstrinker(in) *m(f);* **ha•bitu•ate** [hə'bɪtʃʊeɪt] *vt* gewöhnen (*to* an, *to do, doing* daran, zu tun)

hack¹ [hæk] **I.** *vt* **1.** (zer)hacken (*to pieces* in Stücke) **2.** (*Fußball*) vors Schienbein treten (*s.o.* jdm) **II.** *vi* trocken husten; ~**ing cough** trockener Husten **III.** *s* **1.** Hieb *m* **2.** Tritt *m* vors Schienbein

hack² [hæk] **I.** *s* **1.** Schindmähre *f* **2.** (*pej*) Schreiberling *m* **II.** *vi* über Land reiten

hack³ [hæk] *vt* (INFORM) hacken; **hacker** [-ə(r)] *s* (INFORM) Hacker(in) *m(f)*

hackles ['hæklz] *s pl* Nackenfedern *fpl;* **with his** ~ **up** mit gesträubten Federn; (*fig*) kampfbereit; **get s.o.'s** ~ **up** jdn verärgern

hack•ney ['hæknɪ] *s* Reit-/Kutschpferd *nt;* **hackney carriage** *s* (Pferde)Droschke *f;* Taxi *nt;* **hack•neyed** ['hæknɪd] *adj* abgedroschen

hack•saw ['hæksɔː] *s* Metallsäge *f*

had [həd, *betont* hæd] *s.* **have**

had•dock ['hædək] <*pl* -> *s* Schellfisch *m*

hadn't ['hædnt] = **had not**

hae•ma•tite ['hemətaɪt] *s* (MIN) Roteisenstein *m;* Roteisenerz *nt;* **hae•mo•glo•bin** [ˌhiːmə'gləʊbɪn] *s* Hämoglobin *nt,* roter Blutfarbstoff; **hae•mo•philia** [ˌhiːmə'fɪlɪə] *s* Bluterkrankheit *f;* **hae•mo•phil•iac** [ˌhiːməʊ'fɪlɪæk] *s* Bluter *m;* **hae•mor•rhage** ['hemərɪdʒ] **I.** *s* (schwere) Blutung *f;* Blutsturz *m* **II.** *vi* stark bluten; **hae•mor•rhoids** ['hemərɔɪdz] *s pl* (MED) Hämorrhoiden *fpl*

haft [hɑːft] *s* Griff *m,* Heft *nt,* Stiel *m*

hag [hæg] *s* Hexe *f*

hag•gard ['hægəd] *adj* hohläugig, -wangig; abgespannt; verhärmt

hag•gis ['hægɪs] *s mit Schafsinnereien und Haferschrot gefüllter Schafsmagen*

haggle ['hægl] *vi* **1.** sich auseinander setzen, streiten **2.** feilschen (*about, over, with* über, um)

haha ['hɑːhɑː] **I.** *interj* ha-ha! **II.** *s* versenkter Grenzzaun

hail¹ [heɪl] **I.** *s* Hagel *m* **II.** *vi* hageln **III.** *vt* (*fig:* ~ *down*) hageln, niederprasseln, -gehen lassen (*on, upon* auf)

hail² [heɪl] **I.** *vt* **1.** zujubeln (*s.o.* jdm) **2.** begrüßen (*as winner* als Sieger) **3.** zurufen (*s.o.* jdm); ~ **a taxi** ein Taxi rufen **II.** *vi* **1.** (MAR) ein Signal geben **2.** (*Schiff*) (her)stammen (*from* aus, von); **hail-fel•low-well-met** *adj* sich anbiedernd, plumpvertraulich; **be** ~ mit allen gut Freund sein

hair [heə(r)] *s* **1.** (*a.* BOT) Haar *nt* **2.** (die) Haare *pl* **3.** Behaarung *f;* **by a** ~**'s breadth** um Haaresbreite; **do one's** ~ sich frisieren; **get s.o. by the short** ~**s** (*fam*) jdn kleinkriegen; **get in s.o.'s** ~ jdn ärgern; **have one's** ~ **cut** sich die Haare schneiden lassen; **let one's** ~ **down** (*fig*) aus sich herausgehen; **split** ~**s** Haarspalterei treiben; **his** ~ **stood on end** die Haare standen ihm zu Berge; **it turned on a** ~ es hing an einem Faden; **hair•brush** ['heəbrʌʃ] *s* Haarbürste *f;* **hair conditioner** *s* Pflegespülung *f;* **hair curler** *s* Lockenwickler *m;* **hair•cut** ['heəkʌt] *s* Haarschnitt *m;* **have a** ~ sich die Haare schneiden lassen; **hair-do** ['heəduː] <*pl* -dos> *s* Frisur *f;* **hair-dresser** ['heəˌdresə(r)] *s* Friseur *m;* Friseurin, Friseuse *f;* **hair•dress•ing** ['heədresɪŋ] *s* Frisieren *nt;* **hairdressing**

salon *s* Frisiersalon *m;* **hair-dryer** ['heədraɪə(r)] *s* Föhn *m;* **hair•grip** *s* Haarklammer *f;* **hair•less** ['heəlɪs] *adj* kahl; **hair•line** *s* **1.** Haaransatz *m* **2.** haarfeine Linie; senkrechter Strich *pl,* Fadenkreuz *nt;* **hairline crack** *s* Haarriss *m;* **hair•net** ['heənet] *s* Haarnetz *nt;* **hair•piece** ['heəpi:s] *s* Haarteil *nt;* Toupet *nt;* **hair•pin** ['heəpɪn] *s* Haarnadel *f;* **hairpin bend** *s* Haarnadelkurve *f;* **hair-rais•ing** ['heəreɪzɪŋ] *adj* haarsträubend; **hair remover** ['heərɪˌmu:və(r)] *s* Haarentfernungsmittel *nt;* **hair re•storer** ['heərɪˌstɔ:rə(r)] *s* Haarwuchsmittel *nt;* **hair roller** *s* Lockenwickler *m;* **hair slide** *s* Haarspange *f;* **hair-split•ting** ['heəsplɪtɪŋ] *s* Haarspalterei, Wortklauberei *f;* **hair•spray** ['heəspreɪ] *s* Haarspray *m od nt;* **hair•style** ['heəstaɪl] *s* Frisur *f;* **hairy** ['heərɪ] *adj* **1.** behaart; haarig **2.** (*fig*) haarsträubend **3.** riskant

Hai•ti ['heɪtɪ] *s* Haiti *nt;* **Hai•tian** ['heɪʃər] **I.** *adj* hait(ian)isch **II.** *s* **1.** Haitianer(in) *m(f)* **2.** (das) Haitisch(e)

hake [heɪk] <*pl* -> *s* Hechtdorsch *m*

hale [heɪl] *adj:* ~ **and hearty** gesund und munter

half [hɑ:f, *pl* 'hɑ:vz] <*pl* halves> **I.** *s* **1.** Hälfte *f* **2.** (SPORT) Halbzeit *f* **3.** (~*-back*) Läufer *m* **4.** (RAIL) Abschnitt *m* der Fahrkarte; Fahrkarte *f* zum halben Preis **II.** *adj* halb; die Hälfte *+gen;* (*in Zusammensetzungen*) Halb- **III.** *adv* halb; zur Hälfte **IV.** (*Wendungen*): ~ **an hour** eine halbe Stunde; **at** [*o* **for**] ~ **the price** zum halben Preis; **too good by** ~ viel zu gut; **in** ~, **into halves** in zwei gleiche Teile; **not** ~ sehr; **not** ~ **bad** (*fam*) gar nicht (mal) so schlecht; ~ **as much again** noch mal so viel; ~ **asleep** halb im Schlaf; ~ **past three** halb vier; **cut in** ~, **cut in**(**to**) **halves** halbieren; **go halves** halbe-halbe machen (*with s.o. in s.th.* mit jdm in einer S); **not do things by halves** keine halben Sachen machen; **half-back** *s* (*Fußball*) Läufer *m;* **half-baked** [ˌhɑ:f'beɪkt] *adj* unfertig; unreif, unerfahren; **half-breed**, **half-caste** *s* Halbblut *nt,* Mischling *m;* **half-brother** *s* Halbbruder *m;* **half-cock** *s:* **go off at** ~ eine Pleite sein; **half-crown** [ˌhɑ:f'kraʊn] *s* (HIST) Zweieinhalbschillingstück *nt;* **half-cut** *adj* (*Br: sl*) ganz schön blau; **half-dozen** *s* halbes Dutzend; **half-empty** *adj* halb leer; **half fare** *s* halber Fahrpreis; **half-full** *adj* halb voll; **half-hearted** [ˌhɑ:f'hɑ:tɪd] *adj* wenig interessiert; ohne Schwung; **half-life** *s* (COM) Lebensdauer *f;* **half-mast** *s:* **at** ~ (auf) halbmast; **half-moon** *s* Halbmond *m;* **half-note** *s* (*Am:* MUS) halbe Note; **half•penny** ['heɪpnɪ] *s* (*obs*) halber Penny; **half-price** *s* halber Preis; **at** ~ zum halben Preis; **half rest** *s* (*Am:* MUS) halbe Pause; **half-sister** *s* Halbschwester *f;* **half-tim•bered** [ˌhɑ:f'tɪmbəd] *adj* Fachwerk-; **half-time** [ˌhɑ:f'taɪm] *s* **1.** (SPORT) Halbzeit *f* **2.** (*Industrie*) Kurzarbeit *f;* **at** ~ (SPORT) bei Halbzeit; **half-title** [ˌhɑ:f'taɪtl] *s* (TYP) Schmutztitel *m;* **half-tone** *s* Halbton *m;* **half•way I.** *adj* **1.** auf halbem Wege liegend **2.** (*fig*) unvollständig, halb **II.** *adv* **1.** halbwegs **2.** (*fig*) (nur) halb, *fam* (auch nur) einigermaßen; **meet s.o.** ~ (*fig*) jdm entgegenkommen; **half-wit** *s* (*pej*) Einfaltspinsel *m;* **half-yearly** *adj, adv* halbjährlich

hali•but ['hælɪbət] <*pl* -> *s* Heilbutt *m*

hali•tosis [ˌhælɪ'təʊsɪs] *s* übler Mundgeruch

hall [hɔ:l] *s* **1.** Halle *f,* Saal *m* **2.** (*in einem College*) Speisesaal *m* **3.** (Eingangs)Halle *f,* Flur, Korridor *m* **4.** Herrensitz *m* **5.** Gutshaus *nt* **6.** Versammlungs-/Sitzungssaal *m;* **booking** ~ Schalterhalle *f;* **city** ~ Rathaus *nt;* **music** ~ Varietee *nt;* (*Am*) Konzertsaal *m;* ~ **of residence** (Studenten)Wohnheim *nt*

hal•le•lu•jah [ˌhælɪ'lu:jə] **I.** *interj* halleluja! **II.** *s* Halleluja *nt*

hall•mark ['hɔ:lmɑ:k] **I.** *s* **1.** (*Edelmetall*) (Feingehalts)Stempel *m* **2.** (*fig*) (untrügliches) Kennzeichen *nt* **II.** *vt* stempeln; kennzeichnen

hallo [hə'ləʊ] *interj* hallo!

hal•low ['hæləʊ] *vt* heiligen; weihen; **Hal•low•e'en** [ˌhæləʊ'i:n] *s* Abend *m* vor Allerheiligen (*31. Okt.*)

hal•luci•nate [hə'lu:sɪneɪt] *vi* halluzinieren; **hal•luci•na•tion** [həˌlu:sɪ'neɪʃn] *s* Halluzination, Wahnvorstellung *f;* **hal•luci•no•genic** [həˌlu:sɪnə'dʒenɪk] *adj* Halluzinationen hervorrufend, halluzinogen

halo ['heɪləʊ] <*pl* halo(e)s> *s* **1.** (ASTR) Hof *m* **2.** Heiligenschein *m*

halo•gen ['heɪləʊdʒɪn] *s* Halogen *nt;* **halogen bulb** *s* (ELEK) Halogenbirne *f;* **halogen lamp** *s* (ELEK) Halogenlampe *f;* (AUTO) Halogenscheinwerfer *m*

halt [hɔ:lt] **I.** *s* **1.** kurze Rast **2.** (Bus)Haltestelle *f;* (RAIL) Haltepunkt *m;* **come to a** ~ (an)halten, stehen bleiben, zum Stillstand kommen **II.** *vi* (an)halten **III.** *vt* halten lassen, stoppen; ~ **sign** Stoppschild *nt*

hal•ter ['hɔ:ltə(r)] *s* **1.** Halfter *m od nt* **2.** Schlinge *f;* **halter-neck** *adj* rückenfrei und zum Binden im Nacken

halt•ing ['hɔ:ltɪŋ] *adj* (*fig*) unsicher; zögernd

halve [hɑ:v] *vt* **1.** halbieren **2.** (*Zeit*) um die Hälfte verkürzen **3.** teilen (*with* mit)

hal•yard ['hæljəd] *s* (MAR) **1.** Fall *nt* **2.** Flaggleine *f*

ham [hæm] **I.** *s* **1.** Schinken *m* **2.** (*sl*) übertreibend spielende(r) Schauspieler(in) *m(f)* **3.** (*sl*) Funkamateur(in) *m(f);* ~ **and eggs** Schinken *m* mit Ei **II.** *vt* (*sl: Rolle*) übertreibend spielen; ~ **up** (*fig*) übertreiben; dick auftragen

ham•burger ['hæmbɜːgə(r)] *s* Hamburger *m;* Frikadelle *f*

ham-fisted, ham-handed [ˌhæm'fɪstɪd, ˌhæm'hændɪd] *adj* täppisch, ungeschickt

ham•let ['hæmlɪt] *s* Weiler *m*

ham•mer ['hæmə(r)] **I.** *s* Hammer *m;* ~ **and tongs** mit aller Kraft; **bring under the** ~ unter den Hammer bringen; **throwing the** ~ (SPORT) Hammerwerfen *nt;* ~ **and sickle** (POL HIST) Hammer und Sichel **II.** *vt* **1.** hämmern (auf), schlagen **2.** (*fig*) einhämmern, einbleuen (*s.th. into s.o.* jdm etw) **3.** (*fig*) besiegen, schlagen **III.** *vi* **1.** hämmern (*at the door* gegen die Tür) **2.** (~ *away*) angestrengt, unermüdlich arbeiten (*at* an) **3.** ununterbrochen reden (*at* über); **hammer in** *vt* (*Nagel*) einschlagen; (*fig*) einhämmern; **hammer out** *vt* herausschlagen; (*fig*) (her)ausarbeiten, klarstellen; **ham•mer•drill** ['hæmədrɪl] *s* Schlagbohrmaschine *f;* **ham•mer•head (shark)** ['hæməhed(ˌʃɑːk)] *s* Hammerhai *m*

ham•mock ['hæmək] *s* Hängematte *f*

ham•per¹ ['hæmpə(r)] *s* (großer) Deckelkorb *m;* Geschenkkorb *m*

ham•per² ['hæmpə(r)] *vt* **1.** hindern **2.** (*fig*) behindern; hinderlich sein (*s.o.* jdm)

ham•ster ['hæmstə(r)] *s* Hamster *m*

ham•string ['hæmstrɪŋ] <*irr:* **hamstrung, hamstrung**> **I.** *s* (ANAT) Kniesehne *f;* (*Tier*) Achillessehne *f* **II.** *vt* **1.** verkrüppeln **2.** (*fig*) lähmen, hemmen

hand [hænd] **I.** *s* **1.** Hand *f* **2.** Seite *f;* Richtung *f* **3.** Hilfeleistung *f* **4.** Handfertigkeit *f,* Geschick *nt* **5.** Einfluss *m;* Macht *f* **6.** Arbeiter *m;* Mann *m;* (*Schiff*) Besatzungsmitglied *nt* **7.** Experte, Kenner *m;* (*fam*) Kapazität *f* **8.** Handschrift *f* **9.** (THEAT: *fam*) Beifall, Applaus *m* **10.** (*Kartenspiel*) Hand *f,* Karten *fpl* (*eines Spielers*), Spieler *m* **11.** (Uhr)Zeiger *m;* **at** ~ zur Hand, greifbar, in Reichweite; (*zeitlich*) in greifbarer Nähe; **at one's right/left** ~ rechter/linker Hand, rechts/links; linker Hand, links; **at first/second** ~ aus erster/zweiter Hand; **in** ~ zur Verfügung; in Arbeit; unter Kontrolle; **on** ~ in Reichweite; (COM) auf Lager, vorrätig; **on either** ~ auf beiden Seiten; **on all** ~**s** auf allen Seiten; **out of** ~ außer Kontrolle; **lend s.o. a** ~ jdm helfen (*in, with* bei); **change** ~**s** in andere Hände übergehen; **force s.o.'s** ~ (*fig*) jdn zwingen mit offenen Karten zu spielen; **get the upper** ~ **of** die Oberhand gewinnen über; **give s.o. a** ~ jdm Beifall spenden, jdm behilflich sein (*with* bei); **have s.th. on one's** ~**s** (*fig*) etw am Hals haben; **lay** ~**s on s.o.** jdn schlagen; jdn zu fassen kriegen; (REL) jdm die Hand auflegen, jdn segnen; **play a good** ~ ein guter Spieler sein; **play into s.o.'s** ~**s** (*fig*) jdm in die Hände spielen; **shake s.o.'s** ~**, shake** ~**s with s.o.** jdm die Hand drücken; jdm die Hand geben; **show one's** ~ (*fig*) seine Karten aufdecken; **take a** ~ **in** mitarbeiten, -wirken an, bei; **take in** ~ in die Hand, in Angriff nehmen; **win** ~**s down** leichtes Spiel haben; **he can turn his** ~ **to anything** er ist in allen Sätteln gerecht; er kennt sich in allen Gebieten aus; **the matter is out of his** ~**s** er kann in der Sache nichts mehr tun; **keep your** ~**s off that!** lass die Finger davon!; ~**s off!** Hände weg!; ~**s up!** Hände hoch!; **all** ~**s** die ganze Mannschaft; **minute** ~ Minutenzeiger *m* **II.** *vt* **1.** aus-,einhändigen, übergeben **2.** ausliefern; ~ **it to s.o.** jdm etw zugestehen, *sl* zutrauen; **hand around** *vt* herumreichen; **hand back** *vt* zurückgeben; **hand down** *vt* **1.** hinunterreichen, -geben **2.** (*fig*) überliefern; vererben **3.** (*Am*) öffentlich bekannt geben; **hand in** *vt* abliefern, abgeben; (*Gesuch*) einreichen; **hand on** *vt* weitergeben; übergeben; **hand out** *vt* **1.** ausgeben, verteilen **2.** (*Rat*) geben **3.** (*Strafe*) verhängen; **hand over I.** *vt* weitergeben; abgeben; aushändigen; übergeben **II.** *vi* die Regierung, das Amt übergeben; (TV) übergeben; **hand round** *vt* herumreichen; austeilen

hand•bag ['hændbæg] *s* Handtasche *f;* **hand•ball** ['hændbɔːl] *s* Handball(spiel *nt*) *m;* **hand-bar•row** ['hændˌbærəʊ] *s* Schubkarre, Handkarre *f;* **hand•bill** ['hændbɪl] *s* Reklamezettel *m;* Handzettel *m;* Flugblatt *nt;* **hand•book** ['hændbʊk] *s* Handbuch *nt;* Reiseführer *m* (*to* für); **hand•brake** ['hændbreɪk] *s* Handbremse *f;* **hand•cart** ['hændkɑːt] *s* Handwagen *m;* **hand•cuff** ['hændkʌf] **I.** *s meist pl* Handschellen *fpl* **II.** *vt* Handschellen anlegen (*s.o.* jdm); **hand-eye coordination** *s* visuell-motorische Koordination; **handful** ['hændfʊl] *s* Handvoll *f;* (*Leute*) ein paar; **they're a real** ~ sie halten einen ganz schön in Trab; **hand-grenade** *s* Handgranate *f*

handi•cap ['hændɪkæp] **I.** *s* **1.** (SPORT) Handikap *nt;* Vorgabe *f;* Vorgaberennen *nt* **2.** Behinderung *f;* (*fig*) Benachteiligung *f,* Handikap *nt* (*to* für) **II.** *vt* **1.** behindern **2.** (*fig*) benachteiligen; ~**ped people** Behinderte *pl;* **mentally/physically** ~**ped**

geistig/körperlich behindert

handi•craft ['hændɪkrɑːft] *s* **1.** Handfertigkeit *f* **2.** (Kunst)Handwerk *nt*

handi•work ['hændɪwɜːk] *s* **1.** Handarbeit *f;* eigene Arbeit **2.** (*fig*) Werk *nt*

hand•ker•chief ['hæŋkətʃɪf] *s* Taschentuch *nt*

handle ['hændl] **I.** *s* **1.** Griff *m;* (Tür)Klinke *f* **2.** (*Besen, Kamm, Topf*) Stiel *m* **3.** (*Korb, Tasse*) Henkel *m* **4.** (Pumpen)Schwengel *m* **5.** (AUTO) Kurbel *f* **6.** (*fig*) Handhabe *f* (*against* gegen) **7.** (gute) Gelegenheit *f* **8.** Vorwand *m* **9.** (*fam: ~ to one's name*) Titel *m;* **fly off the ~** (*fam*) aufbrausen, wütend werden **II.** *vt* **1.** anfassen; handhaben **2.** manipulieren **3.** (*fig*) in die Hand nehmen, erledigen **4.** (*Sache*) behandeln, sich befassen mit **5.** (*Geschäft*) erledigen **6.** (*Thema*) abhandeln; handeln von **7.** (*Verkehr*) abwickeln **8.** (COM) handeln mit; (*Waren*) führen **9.** (*Menschen*) behandeln, umgehen mit; **glass! ~ with care!** Vorsicht Glas!; **handle•bar**(**s**) ['hændlbɑː(z)] *s pl* (*Fahrrad*) Lenkstange *f;* **~ moustache** Schnauzbart *m;* **han•dling** ['hændlɪŋ] *s* **1.** Handhabung, Manipulation *f;* Behandlung *f* **2.** Bearbeitung *f* **3.** (Waren)Umschlag *m;* **handling charge**, **handling fee** *s* Bearbeitungsgebühr *f;* **hand luggage** *s* Handgepäck *nt*

hand•made [ˌhænd'meɪd] *adj* handgearbeitet; **hand-me-down** ['hændmɪdaʊn] *s* (*fam*) abgelegtes Kleidungsstück; **hand-operated** *adj* handbedient; **hand•out** ['hændaʊt] *s* **1.** Almosen *nt;* Geldzuwendung *f* **2.** Handzettel *m;* Flugblatt *nt;* Zusammenfassung *f;* **hand-picked** [ˌhænd'pɪkt] *adj* erlesen, ausgesucht; **hand•rail** ['hændreɪl] *s* Geländer *nt*, **hand saw** *s* Fuchsschwanz *m;* **hand-shake** ['hændʃeɪk] *s* Händedruck *m*

hand•some ['hænsəm] *adj* **1.** stattlich, gut aussehend **2.** großzügig **3.** ansehnlich, beträchtlich, bedeutend; **hands-on** [ˌhændz'ɒn] *adj* praxisorientiert; **hand-spring** ['hændsprɪŋ] *s* (Handstand)Überschlag *m*

hand•stand ['hændstænd] *s* Handstand *m;* **hand-to-mouth** *adj* von der Hand in den Mund (lebend); **hand•work** ['hændwɜːk] *s* Handarbeit *f;* **hand-writing** ['hændˌraɪtɪŋ] *s* Handschrift *f;* **hand•writ•ten** [ˌhænd'rɪtn] *adj* handgeschrieben

handy ['hændɪ] *adj* **1.** geschickt, praktisch **2.** günstig gelegen; in nächster Nähe **3.** praktisch; handlich; **come in ~** sich als nützlich erweisen; **handy•man** ['hændɪmæn] <*pl* -men> *s* Faktotum *nt*, Mädchen *nt* für alles; Bastler *m*

hang¹ [hæŋ] <hanged, hanged> *vt* (*mit einem Strick*) hängen, aufhängen; **~ o.s.** sich erhängen

hang² [hæŋ] <*irr:* hung, hung> **I.** *vt* **1.** (auf)hängen (*by* an) **2.** (*Tür*) einhängen (*on* in) **3.** (*frisch geschlachtetes Tier*) abhängen lassen **4.** (*Wand*) behängen (*with* mit) **5.** (*~ with paper*) tapezieren **6.** (*Tapete*) ankleben; **~ s.th. from s.th.** etw an etw aufhängen; **~ one's head** den Kopf hängen lassen; **~ fire** das Feuer einstellen; (*fig*) zögern, abwarten; **~ with s.o.** (*fam*) mit jdm herumhängen; **~ it!** verdammt noch mal! **II.** *vi* **1.** hängen; aufgehängt sein **2.** (*Kleidungsstück*) fallen **3.** (*Verbrecher*) gehenkt, gehängt werden; **~ a left** (*sl*) links abbiegen; **~ by a thread** (*fig*) an einem (seidenen) Faden hängen; **~ in there!** bleib am Ball! **III.** *s* Sitz *m* (*eines Kleidungsstückes*); **get the ~ of s.th.** (*fam*) etw herauskriegen; **I don't give a ~** das ist mir ganz egal; **hang about**, **hang around** *vi* **1.** sich herumtreiben; sich herumdrücken **2.** warten; **he doesn't ~ about** er ist ganz schön schnell; **hang back** *vi* zögern; sich zurückhalten; **hang behind** *vi* zurückbleiben, bummeln; **hang on** *vi* **1.** sich (fest)halten (*to* an) **2.** warten; durchhalten **3.** (TELE) am Apparat bleiben; **~ on s.o.'s lips** (*fig*) an jds Lippen hängen; **~ on to s.th.** etw halten; etw behalten; **hang out** *vi* **1.** heraushängen **2.** hinauslehnen **3.** (*fam*) wohnen; zu finden sein **4.** nicht aufgeben; **let it all ~ out** (*sl*) die Sau rauslassen; **hang over** *vi* **1.** übrig geblieben sein (*from the old days* aus früheren Zeiten) **2.** drohen, bevorstehen (*s.o.* jdm); **hang together** *vi* **1.** zusammenhängen, ein Ganzes bilden, zusammenpassen **2.** (*Menschen*) zusammenhalten; **hang up** *vt, vi* **1.** aufhängen **2.** (TELE) (den Hörer) auflegen; **be hung up on** [*o* **about**] (*sl*) einen Komplex haben wegen; **he hung up on me** er legte einfach auf; **~ s.th. up** (*fam*) etw aufgeben

hang•ar ['hæŋə(r)] *s* (Flugzeug)Halle *f*, Hangar *m*

hang•dog ['hæŋdɒg] *adj* trübsinnig; beschämt

hang•er ['hæŋə(r)] *s* **1.** Aufhänger *m* **2.** Kleiderbügel *m;* **hangers-on** [ˌhæŋərs'ɒn] *s pl* Gefolge *nt*

hang-glider ['hæŋglaɪdə(r)] *s* (SPORT) Drachen *m;* Drachenflieger(in) *m(f);* **hang-glid•ing** ['hæŋglaɪdɪŋ] *s* (SPORT) Drachenfliegen *nt*

hang•ing ['hæŋɪŋ] *s* **1.** Erhängen *nt*, Hinrichtung *f* **2.** **~s** Vorhänge *m pl* und Tapeten *f pl*

hang•man ['hæŋmən] <*pl* -men> *s* Henker *m;* **hang•nail** ['hæŋneɪl] *s* Niednagel *m;* **hang•out** ['hæŋaʊt] *s* (*sl*) **1.** Stammkneipe *f,* -lokal *nt* **2.** Wohnung *f;* **hang-over** ['hæŋˌəʊvə(r)] *s* **1.** Überbleibsel *nt,* Rest *m* **2.** (*sl*) Katzenjammer, Kater *m;* **hang•up** ['hæŋʌp] *s* (*fam*) Komplex *m;* Fimmel *m*

hank [hæŋk] *s* (*Garn*) Strähne *f*

han•ker ['hæŋkə(r)] *vi* sich sehnen (*after, for* nach); **han•ker•ing** [-ɪŋ] *s* Sehnsucht *f,* Verlangen *nt* (*after, for* nach)

hankie, **hanky** ['hæŋkɪ] *s* (*fam*) Taschentuch *nt*

hanky-panky [ˌhæŋkɪ'pæŋkɪ] *s* (*fam*) **1.** Hokuspokus *m* **2.** Schwindel *m* **3.** Techtelmechtel *nt* **4.** Fummelei *f,* Geknutsche *nt*

hap•haz•ard [hæp'hæzəd] *adj* ganz zufällig; planlos, aufs Geratewohl

hap•pen ['hæpən] *vi* sich ereignen, geschehen; ~ **to s.o.** jdm zustoßen; ~ **to do** zufällig tun; ~ (**up**)**on s.o./s.th.** zufällig auf jdn, etw stoßen; **how does it ~ that ...?** wie kommt es, dass ...?; **he ~ed to be there** er war zufällig(erweise) dort; **it never ~ed** es geschah nie; (*Spiel, Party*) es fand nie statt; **hap•pen•ing** ['hæpənɪŋ] *s* **1.** Ereignis *nt,* Vorfall *m* **2.** Happening *nt*

hap•pily ['hæpɪlɪ] *adv* **1.** glücklicherweise **2.** glücklich; **hap•pi•ness** ['hæpɪnɪs] *s* Glück *nt;* **happy** ['hæpɪ] *adj* **1.** glücklich **2.** zufrieden (*about* mit) **3.** gelungen, glücklich (gewählt), passend, treffend, geschickt; **feel ~ about s.th.** über etw erfreut sein; ~ **medium** goldener Mittelweg; ~ **birthday!** herzlichen Glückwunsch zum Geburtstag!; ~ **Christmas!** frohe Weihnachten!; **hap-py-go-lucky** *adj* sorglos, unbekümmert

har•ass ['hærəs] *vt* beunruhigen, aufreiben, quälen; nicht zur Ruhe kommen lassen; **har•assed** ['hærəst] *adj* abgespannt; von Sorgen gequält; geplagt; **har•ass•ment** ['hærəsmənt] *s* **1.** Belästigung *f* **2.** Schikane *f* **3.** Kleinkrieg *m*

har•bin•ger ['hɑːbɪndʒə(r)] *s* **1.** Herold *m* **2.** (*fig*) Vorbote *m*

har•bor *s* (*Am*), **har•bour** ['hɑːbə(r)] **I.** *s* **1.** Hafen *m* **2.** (*fig*) Unterschlupf *m* **II.** *vt* **1.** Unterschlupf gewähren (*s.o.* jdm) **2.** (*Groll*) hegen

hard [hɑːd] **I.** *adj* **1.** hart **2.** fest, starr, widerstandsfähig, unnachgiebig **3.** kräftig, stark, robust **4.** (*Schlag, Stoß*) stark, heftig, kraftvoll **5.** anstrengend, mühsam **6.** schwierig, verzwickt **7.** hart, schwer (zu ertragen); (*Winter*) streng; (*Zeiten*) schlecht **8.** hart(herzig), gefühllos, streng, unerbittlich **9.** energisch, tüchtig, fleißig **10.** (*Wasser*) hart **11.** (*alkoholisches Getränk*) stark, berauschend **12.** (COM) fest, beständig; **be ~ to sell** schwer verkäuflich sein; **be ~ (up)on s.o.** mit jdm streng sein; **be ~ on s.th.** etw strapazieren; **do s.th. the ~ way** nicht den einfachen Weg wählen; **drive a ~ bargain** viel verlangen; hart verhandeln; **he is ~ to deal with** mit ihm ist schlecht Kirschen essen; ~ **to believe** kaum zu glauben; **a ~ drinker** ein Säufer *m;* **the ~ facts** die harten Tatsachen *fpl;* ~ **and fast** (*Brauch*) streng; (*Regel*) starr, unumstößlich; **a ~ fight** ein schwerer Kampf; ~ **luck!** ~ **lines!** Pech gehabt!; Pech *nt;* **a ~ nut to crack** (*fig*) eine harte Nuss, ein schweres Problem; ~ **to please** schwer zu befriedigen, zufrieden zu stellen **II.** *adv* **1.** heftig, kräftig **2.** unverdrossen, unermüdlich, zäh; ~ **by** dicht dabei; ~ **up** in arger Bedrängnis, in großer Not; ~ **upon** dicht auf den Fersen; kurz danach; **be ~ put to s.th.** mit etw seine Schwierigkeiten haben; **be ~ up** sehr knapp sein (*for* an); **die ~** ein zähes Leben haben; **run s.o. ~** jdm dicht auf den Fersen sein; **try ~** sich große Mühe geben; **work ~** schwer, tüchtig arbeiten; **it will go ~** es wird Schwierigkeiten geben; **it comes ~ to ...** es ist schwierig zu ...; **it goes ~ with him** es fällt ihm schwer zu; **she's taking it ~** sie trägt es schwer; ~ **of hearing** schwerhörig

hard•back ['hɑːdbæk] *s* (TYP) gebundene Ausgabe; **hard-bit•ten** [ˌhɑːd'bɪtn] *adj* abgebrüht; **hard•board** ['hɑːdbɔːd] *s* Pressspanplatte *f;* **hard-boiled** [ˌhɑːd-'bɔɪld] *adj* **1.** (*Ei*) hart gekocht **2.** (*fig fam*) hartgesotten, kalt berechnend; nüchtern; **hard cash** *s* Bargeld *nt;* **hard copy** *s* Computerausdruck *m;* **hard core** *s* **1.** Schotter *m* **2.** (*fig*) harter Kern **3.** harter Porno; **hard court** *s* Hartplatz *m;* **hard currency** *s* harte Währung; **hard disk** *s* (INFORM) Festplatte *f;* **hard drink, liquor** *s* scharfes Getränk; **hard drinker** *s* starke(r) Trinker(in); **hard drug** *s* harte Droge; **hard-earned** [ˌhɑːd'ɜːnd] *adj* (*Lohn*) sauer verdient; (*Sieg*) hart erkämpft

harden ['hɑːdn] **I.** *vt* **1.** härten **2.** (*Zement*) abbinden **3.** abhärten, stählen **4.** (*fig*) stärken, festigen **5.** hart, streng, unerbittlich machen; **become ~ed** abgehärtet werden (*to* gegen); **~ed criminal** Gewohnheitsverbrecher(in) *m(f)* **II.** *vi* **1.** hart werden **2.** (*fig*) streng, unerbittlich werden **3.** (*Preise*) anziehen

hard feel•ings [ˌhɑːd'fiːlɪŋz] *s pl:* **no ~** nichts für ungut; **hard-fought** [ˌhɑːd'fɔːt] *adj* erbittert; hart; **hard-hearted** [ˌhɑːd'hɑːtɪd] *adj* hartherzig; **hard-hit** *adj* schwer getroffen; **hard labour** *s* Zwangsarbeit *f;* **hard line** *s* unnachgiebige, harte Haltung; **take a ~** einen harten Kurs einschlagen; **hardliner** [ˌhɑːd'laɪnə(r)] *s*

Hardliner *m*
hard•ly ['hɑːdlɪ] *adv* **1.** (nur) mit Mühe **2.** kaum, fast nicht; ~ **any** fast kein; ~ **ever** kaum je(mals), fast nie
hard•ness ['hɑːdnɪs] *s* **1.** Härte *f* **2.** Strenge *f* **3.** Schwierigkeit *f*
hard•scrab•ble [ˌhɑːd'skræbl] *adj* (*Am*) **1.** (*Erde*) ertragsarm **2.** (*Leben*) mühselig
hard sell ['hɑːdˌsel] *s* aggressive Verkaufstaktik, Hardsell *m*
hard•ship ['hɑːdʃɪp] *s* **1.** Mühsal, Plage, Härte *f* **2.** Not(lage), Bedrängnis, schwierige Lage *f* **3.** ~**s** schwierige Umstände *mpl*
hard shoul•der [ˌhɑːd'ʃəʊldə(r)] *s* (*Br: Autobahn*) Rand-/Seitenstreifen *m*; **hard-top** ['hɑːdtɒp] *s* (AUTO) Hardtop *nt od m*; **hard•ware** ['hɑːdweə(r)] *s* **1.** Eisen-/Stahlwaren *fpl* **2.** (INFORM) Hardware *f*; **hard-wear•ing** [ˌhɑːd'weərɪŋ] *adj* strapazierfähig; **hard•wired** ['hɑːrd'waɪrd] *adj*: **be ~ for s.th.** etw in sich haben; **hard•wood** ['hɑːdwʊd] *s* Hartholz *nt*; **hard-work•ing** [ˌhɑːd'wɜːkɪŋ] *adj* arbeitsam, emsig, fleißig
hardy ['hɑːdɪ] *adj* **1.** ausdauernd, zäh, unempfindlich, abgehärtet; mutig **2.** (BOT) winterfest
hare [heə(r)] *s* Hase *m*; **be mad as a (March) ~** (*fam*) total verrückt sein; **run with the ~ and hunt with the hounds** (*prov*) auf beiden Schultern Wasser tragen; **hare-brained** ['heəbreɪnd] *adj* verrückt; **hare•lip** ['heəlɪp] *s* (MED) Hasenscharte *f*
harem ['hɑːriːm] *s* Harem *m*
hark [hɑːk] *vi* lauschen; ~**!** horch!; ~ **at s.o.** jdn anhören; ~ **back to** (*fig*) zurückdenken, -gehen auf
harm [hɑːm] **I.** *s* **1.** Schaden *m*; Verletzung *f* **2.** Nachteil *m*; **do ~** Schaden anrichten; **do ~ to s.o.** jdn verletzen; jdm schaden; **mean no ~** es nicht böse meinen; **there's no ~ in trying** es kann nichts schaden, wenn man's mal versucht **II.** *vt* **1.** verletzen **2.** Schaden zufügen (*s.o.* jdm); **harm•ful** ['hɑːmfl] *adj* schädlich, nachteilig; **harm-less** [-lɪs] *adj* harmlos, unschädlich
har•monic [hɑː'mɒnɪk] **I.** *adj* (*a.* MUS) harmonisch **II.** *s* (MUS) Oberton *m*; **har•mon-ica** [hɑː'mɒnɪkə] *s* Mundharmonika *f*; **har•moni•ous** [hɑː'məʊnɪəs] *adj* harmonisch; **har•mo•nium** [hɑː'məʊnɪəm] *s* Harmonium *nt*; **har•mo•ni•za•tion** [ˌhɑːmənɪ'zeɪʃn] *s* Harmonisierung *f*; **har-mon•ize** ['hɑːmənaɪz] **I.** *vt* **1.** harmonisieren **2.** in Einklang, *fig* auf einen Nenner bringen **II.** *vi* in Einklang sein; harmonisieren; übereinstimmen; **har•mony** ['hɑːmənɪ] *s* (*a.* MUS) Harmonie *f*, Einklang *m*; **be in ~** in Einklang stehen; auskommen (*with* mit)
har•ness ['hɑːnɪs] **I.** *s* **1.** (Pferde)Geschirr *nt* **2.** Gurtwerk *nt*; Laufgurt *m*; **be back in ~** wieder bei der Arbeit sein **II.** *vt* **1.** (*Pferd*) anschirren **2.** (*Naturkraft*) nutzbar machen
harp [hɑːp] **I.** *s* Harfe *f* **II.** *vi* (*fig*) herumreiten (*on, upon* auf), jammern, lamentieren
har•poon [hɑː'puːn] **I.** *s* Harpune *f* **II.** *vt* harpunieren
harp•si•chord ['hɑːpsɪkɔːd] *s* Cembalo *nt*
har•row ['hærəʊ] *s* Egge *f*; **har•row•ing** [-ɪŋ] *adj* erschütternd, grauenhaft
harsh [hɑːʃ] *adj* **1.** rau **2.** grell **3.** schrill **4.** roh; hart
hart [hɑːt] *s* Hirsch *m*
harum-scarum [ˌheərəm'skeərəm] *adj, adv* eilig; Hals über Kopf
har•vest ['hɑːvɪst] **I.** *s* **1.** Ernte(zeit) *f* **2.** Ernte *f*, (Ernte)Ertrag *m*; **bad ~** Missernte *f* **II.** *vt* ernten, einbringen **III.** *vi* ernten; **har•vester** ['hɑːvɪstə(r)] *s* **1.** Mähmaschine *f*; (*combine* ~) Mähdrescher *m* **2.** Erntearbeiter(in) *m(f)*; **harvest festi-val** *s* Erntedankfest *nt*; **harvest moon** *s* Vollmond *m* (*im September*)
has [həz, *betont* hæz] *3. Person Singular Präsens* **have**; **has-been** ['hæzbiːn] *s* (*fam*) Größe *f* von gestern
hash [hæʃ] **I.** *vt* (*Fleisch*) hacken; ~ **up** durcheinander bringen **II.** *s* **1.** Haschee *nt* **2.** (*fam fig*) aufgewärmte Geschichte **3.** Durcheinander *nt*; **make (a) ~ of** vermasseln; **hash browns** *s pl* (*Am*) Rösti *nt*
hash•ish ['hæʃiːʃ] *s* Haschisch *nt*
hasn't ['hæznt] = **has not**
has•sle ['hæsl] **I.** *vt* ärgern, belästigen **II.** *s* **1.** Auseinandersetzung *f* **2.** (*fam*) Mühe *f*; **it's such a ~** das ist so mühsam
has•sock ['hæsək] *s* **1.** Kniekissen *nt* **2.** Grasbüschel *nt*
haste [heɪst] *s* Hast, Eile *f*; **make ~** sich beeilen; **more ~ less speed** (*prov*) eile mit Weile; **hasten** ['heɪsn] **I.** *vt* beschleunigen; **he ~ed to say** er sagte schnell **II.** *vi* (sich be)eilen; **hasty** ['heɪstɪ] *adj* **1.** eilig, schnell **2.** hastig, überhastet, voreilig **3.** hitzig
hat [hæt] *s* Hut *m*; **keep s.th. under one's ~** etw für sich behalten; **pass round the ~** Geld (ein)sammeln (*for* für); **take one's ~ off** den Hut abnehmen (*to* vor); **talk through one's ~** (*fam*) Unsinn reden; **I'll eat my ~ if ...** ich fresse einen Besen, wenn ...; **my ~!** glaubste!
hatch[1] [hætʃ] **I.** *vt* **1.** ausbrüten **2.** (*fig*) ausdenken, *pej* aushecken **II.** *vi* **1.** brüten **2.** (*aus dem Ei*) ausschlüpfen **III.** *s* **1.** Brüten *nt* **2.** Brut *f*
hatch[2] [hætʃ] *s* **1.** (*a.* MAR) Klapp-/Falltür *f* **2.** (*Flugzeug*) Einstieg *m*; Luke *f* **3.** Durchreiche *f*; **down the ~!** (*fam*) hoch die Tas-

sen!

hatch³ [hætʃ] *vt* schraffieren

hatch•back ['hætʃbæk] *s* (AUTO) Fließheck-, Schrägheckmodell *nt;* Hecktür *f*

hatch•et ['hætʃɪt] *s* Beil *nt;* **bury the ~** (*fig*) das Kriegsbeil begraben; **hatchet-face** *s* scharfgeschnittenes Gesicht; **hatchet man** <*pl* -men> *s* gedungener Mörder; (*fig*) Vollstreckungsbeamte(r) *m*

hatch•ing ['hætʃɪŋ] *s* Schraffur, Schraffierung *f*

hate [heɪt] **I.** *vt* **1.** hassen, verabscheuen **2.** nicht mögen; **~ to do** [*o* **doing**] **s.th.** etw nicht gern, ungern tun; etw mit Bedauern tun; jdm sehr peinlich sein etw zu tun **II.** *s* Hass *m;* **he is my pet ~** ich kann ihn auf den Tod nicht ausstehen; **hate•ful** ['heɪtfl] *adj* ekelhaft; **hatred** ['heɪtrɪd] *s* **1.** Hass *m* **2.** Abscheu, Ekel *m* (*of* vor)

hat stand ['hætstænd] *s* Garderobenständer *m*

hat•ter ['hætə(r)] *s* Hutmacher(in) *m(f);* **as mad as a ~** total verrückt

hat-trick ['hættrɪk] *s* (SPORT) Hattrick *m*

haughty ['hɔːtɪ] *adj* stolz, hochmütig, anmaßend

haul [hɔːl] **I.** *vt* **1.** ziehen, zerren (*at, upon* an) **2.** (be)fördern, transportieren **3.** (MIN) fördern **4.** (MAR) den Kurs ändern (*a ship* eines Schiffes); **~ s.o. over the coals** jdn abkanzeln **II.** *s* **1.** Ziehen, Zerren *nt* **2.** Fisch-/Beutezug *m* **3.** Fang *m,* Beute *f* **4.** Transportweg *m;* **make a good ~** reiche Beute machen; **short/long ~** kurzer/weiter Weg (*to* nach); **short/long/medium ~ aircraft** Kurz-/Lang-/Mittelstreckenflugzeug *nt;* **haul away** *vi* kräftig ziehen (*at* an); **~ away!** hau ruck!; **haul down** *vt* **1.** (*Flagge*) einziehen, niederholen **2.** herunterziehen; **haul off** *vi* (MAR) abdrehen; **haul up** *vt* **1.** hochziehen; (*Segel*) hissen **2.** (*fig*) schleppen (*before* vor)

haul•age ['hɔːlɪdʒ] *s* **1.** Beförderung *f,* Transport *m* **2.** (MIN) Förderung *f* **3.** Beförderungs-, Transportkosten *pl,* Rollgeld *nt;* **haulage business**, **haulage firm** *s* Transportunternehmen *nt,* Speditionsfirma *f;* **haulage contractor** *s* Transportunternehmer *m*

hauler, **haul•ier** ['hɔːlə(r), 'hɔːlɪə(r)] *s* Spediteur *m*

haunch [hɔːntʃ] *s* **1.** Hüftpartie *f;* Gesäß *nt* **2.** Lendenstück *nt,* Keule *f*

haunt [hɔːnt] **I.** *vt* **1.** häufig besuchen **2.** (dauernd) verfolgen **3.** (*Erinnerung*) haften an **4.** (*Gespenst*) umgehen in **II.** *s* häufig besuchter Ort; gewöhnlicher Aufenthalt(sort); **haunt•ed** [-əd] *adj:* **a ~ house** Spukhaus *nt,* Haus *nt*, in dem es spukt; **a ~ look** ein gequälter Blick; **haunt•ing** [-ɪŋ] *adj* quälend; (*Melodie, Dichtung*) eindrucksvoll

have [həv, *betont* hæv] <*irr:* has, had, had> **I.** *vt* **1.** haben (*about one* bei sich, *on one* bei, an sich) **2.** haben, wissen (*from* von) **3.** haben, besitzen **4.** wissen, können, verstehen **5.** versichern, behaupten **6.** bekommen, erhalten, *fam* kriegen **7.** lassen, zulassen, erlauben, gestatten **8.** betrügen, reinlegen; **~ a bath** ein Bad nehmen; **~ a cold** erkältet sein; **~ had it with s.o. (s.th.)** (*fam*) die Nase von jdm (etw) voll haben; **~ to do with s.o./s.th.** mit jdm/einer S zu tun haben; **~ no doubt** nicht (be)zweifeln; **~ a game** ein Spiel machen; **~ it** (beim Spiel) gewonnen haben; sich erinnern; **~ it in for s.o.** jdn auf dem Kieker haben; **~ a look** mal sehen, schauen, gucken; **~ a swim** schwimmen, baden; **~ tea** Tee trinken; **~ a walk** spazieren gehen; **you ~ it** so ist's; **you've been had!** (*fam*) da hat man dich über's Ohr gehauen!; **let him ~ it!** (*fam*) gib's ihm!; **he's had it** er ist erledigt; **thank you for having me** vielen Dank für Ihre Gastfreundschaft **II.** *aux* **1.** (*zur Bildung der Vergangenheit*) haben; (*bei Verben der Bewegung*) sein **2.** (*modal, mit Infinitiv*) müssen; **he has seen/gone** er hat gesehen/er ist gegangen; **~ been** gewesen sein; **he has been living there** er hat da gewohnt; **~ done** fertig sein; **~ got** haben; **you ~ taken it, haven't you?** du hast das doch genommen, oder?; **you haven't taken it, ~ you?** du hast es doch nicht genommen, oder?; **you ~ to do it** du musst das machen; **I don't ~ to if I don't want to** wenn ich nicht will, muss ich es nicht machen; **you had better go** du gehst jetzt besser; **what would you ~ me do?** was soll(te) ich denn machen?; **have around** *vt* zu Besuch haben; einladen; **you are a good person to ~ around** es ist praktisch, wenn du da bist; **have back** *vt* zurückbekommen; **have in** *vt* **1.** hereinholen **2.** hineintun **3.** im Haus haben; **~ it in for s.o.** jdn auf dem Kieker haben; **have off** *vt* **1.** wegbringen, -schaffen **2.** auswendig gelernt haben; **~ it off with s.o.** (*sl*) mit jdm schlafen; **have on** *vt* **1.** (*Kleidung*) anhaben **2.** (*Radio*) anhaben **3.** vorhaben **4.** (*sl*) beschummeln; auf den Arm nehmen; **~ s.th. on s.o.** gegen jdn eine Handhabe haben; **have out** *vt* herausnehmen lassen, hinausschaffen; **~ it out with s.o.** sich mit jdm aussprechen; **have over** *vi* zu Besuch haben; einladen; **have up** *vi:* **be had up** vor den Richter kommen (*for* wegen)

ha•ven ['heɪvn] *s* (*fig*) Zufluchtsort *m,* Oase *f*

have-not ['hævnɒt] *s* Habenichts *m*

haven't ['hævnt] = **have not**

haves [hævz] *s pl* (*fam*) Betuchte, reiche Leute *pl*

havoc ['hævək] *s* Chaos *nt;* **wreak ~ on, make ~ of, play ~ with** verheerend wirken auf; durcheinander bringen

haw [hɔ:] *vi* summen; (*traffic*) brausen; (*engine*) brummen

Ha•waii [hə'waɪi:] *s* Hawaii *nt;* **Ha•waiian** [hə'waɪjən] **I.** *adj* hawaiisch, Hawaii- **II.** *s* **1.** Hawaiianer(in) *m(f)* **2.** (das) Hawaiisch(e)

hawk¹ [hɔ:k] *s* **1.** Habicht *m;* Sperber *m;* Falke *m* **2.** (POL) Falke *m*

hawk² [hɔ:k] *vt* hausieren mit; feilbieten; ausschreien; **~ about** verbreiten, ausposaunen

hawker ['hɔ:kə(r)] *s* Straßenhändler(in) *m(f),* Hausierer(in) *m(f),* Marktschreier(in) *m(f)*

hawk-eyed [ˌhɔ:k'aɪd] *adj* mit scharfen Augen; scharfsichtig

hawk moth ['hɔ:kmɒθ] *s* Schwärmer *m*

haw•ser ['hɔ:zə(r)] *s* (MAR) Tau, Kabel *nt,* Trosse *f*

haw•thorn ['hɔ:θɔ:n] *s* Weiß-/Hagedorn *m*

hay [heɪ] *s* Heu *nt;* **make ~** Heu machen; **hit the ~** (*fam*) schlafen gehen; **make ~ while the sun shines** (*prov*) das Eisen schmieden, solange es heiß ist; **hay•cock, hay•rick, hay•stack** ['heɪkɒk, 'heɪrɪk, 'heɪstæk] *s* Heuhaufen *m;* **hay fever** *s* Heuschnupfen *m;* **hay•wire** ['heɪwaɪə(r)] *adj:* **be ~** durcheinander sein; **go ~** durcheinander geraten; (*Mensch*) durchdrehen, wahnsinnig werden; (*Maschine*) verrückt spielen

haz•ard ['hæzəd] **I.** *s* **1.** Risiko *nt,* Gefahr *f* **2.** (SPORT) Hindernis *nt;* **at all ~s** unter allen Umständen; **by ~** durch Zufall; **occupational ~** Berufsrisiko *nt* **II.** *vt* aufs Spiel setzen (*s.th. on* etw für), wagen, riskieren; **~ a guess** wagen, eine Vermutung anstellen; **haz•ard•ous** ['hæzədəs] *adj* gewagt, gefährlich, riskant; **hazard warning lights** *s pl* (AUTO) Warnlichtanlage *f*

haze [heɪz] *s* **1.** Dunst, leichter Nebel *m* **2.** (*fig*) Verwirrtheit *f;* Unklarheit *f*

hazel ['heɪzl] **I.** *s* Haselnuss(strauch *m*) *f* **II.** *adj* nussbraun; **hazel•nut** ['heɪzlnʌt] *s* Haselnuss *f*

hazy ['heɪzɪ] *adj* **1.** dunstig, diesig **2.** verschwommen, vage, unklar (*about* über)

HDTV [ˌeɪtʃdi:ti:'vi:] *s abr de* **high definition television** hochauflösendes Fernsehen

he [hi:] **I.** *pron* er; **~ who** derjenige, welcher **II.** *s* Männchen *nt;* **the baby is a ~** das Baby ist ein Junge; **he'll** [hi:l] = **he shall;** he will; **he's** [hi:z] = **he is; he has**

head [hed] **I.** *s* **1.** Kopf *m* **2.** (*fig*) Vernunft *f,* Verstand, Kopf *m* **3.** (*Vieh*) Stück *nt* **4.** Haupt *nt,* (An)Führer(in) *m(f),* Chef(in) *m(f),* Direktor(in) *m(f)* **5.** Führung, Leitung, führende Stellung, Spitze *f* (*einer Organisation*) **6.** ober(st)er Teil, oberes Ende, Spitze *f,* Gipfel *m* **7.** (Baum)Wipfel *m,* Krone *f* **8.** Schaum(krone *f*) *m* (*auf dem Bier*) **9.** (Kohl-, Salat)Kopf *m* **10.** (Stecknadel)Kopf *m;* (*Nagel*) Kopf *m* **11.** vorderes Ende, Spitze *f;* (*Schiff*) Bug *m;* (*Bett*) Kopfende *nt* **12.** Landspitze *f,* Kap, Vorgebirge *nt* **13.** Quelle *f;* Mühlteich *m;* Wasserstand *m* **14.** Schlagzeile *f;* (Kapitel)Überschrift *f* **15.** Rubrik, Kategorie *f* **16.** Abschnitt *m,* Kapitel *nt,* Hauptteil *m* **17.** Thema *nt,* (Haupt)Punkt *m* **18.** (*fig*) Höhe-, Wendepunkt *m,* Krisis *f* **19.** (*sl*) Junkie *m;* **a** [*o* **per**] **~** pro Kopf; **at the ~ of** an der Spitze *+gen,* oben, am oberen Ende *+gen;* **by a short ~** um eine Kopflänge; **~ first** kopfüber; **~ over heels** kopfüber; (*fig*) bis über beide Ohren, Hals über Kopf; **be off** [*o* **out of**] **one's ~** aus dem Häuschen sein; den Verstand verloren haben; **be ~ and shoulders above s.o.** (*fig*) weit über jdm stehen; **bring to a ~** zur Entscheidung bringen; **come to a ~** (*Geschwür*) reif werden; (*fig*) sich zuspitzen; zum Krach kommen; **go to one's ~** (*Getränk*) zu Kopf steigen; **go over s.o.'s ~** über jds Kopf hinweg handeln; **have a ~ for business** einen guten Geschäftssinn haben; **have a ~ for figures** mathematisch begabt sein; **have a ~ for heights** schwindelfrei sein; **have a poor ~ for** keine Begabung haben für; **keep one's ~ above water** sich über Wasser halten; **put one's ~s together** (*fig*) die Köpfe zusammenstecken; **lose one's ~** (*fig*) den Kopf verlieren; **be unable to make ~ or tail of** nicht schlau werden aus; **put s.th. into s.o.'s ~** jdm etw in den Kopf setzen; **put s.th. out of one's/s.o.'s ~** sich etw aus dem Kopf schlagen; jdn von etw abbringen; **shake one's ~** den Kopf schütteln (*at* zu); **take the ~** die Führung übernehmen; **take it into one's ~** sich etw in den Kopf setzen; **laugh one's ~ off** sich fast totlachen; **talk one's ~ off** sich dumm u. dämlich reden; **turn s.o.'s ~** (*fig*) jdm den Kopf verdrehen; **my ~ is spinning** mir dreht sich alles; **~s or tails?** Kopf oder Zahl (*einer Münze*)**;** **top of the ~** Scheitel *m;* **~ of the department** Abteilungsleiter(in) *m(f);* **~ of the government** Regierungschef(in) *m(f);* **~ of hair** (Haar)Schopf *m;* **~ of a letter** Briefkopf *m* **II.** *adj* hauptsächlich; Haupt-, Ober-; Spitzen- **III.** *vt* **1.** anführen; vorstehen (*s.th.* einer S) **2.** als Erster stehen (*a list* auf einer Liste), der Erste sein (*a class* in einer Klasse) **3.** steuern, lenken **4.** mit einer Überschrift versehen **5.** (SPORT: *Ball*) köpfen **IV.** *vi* sich bewegen, fahren (*for* in Richtung auf); **where are you ~ed?** wo wollen Sie hin?; **head back** *vi* zurückgehen, -fahren; **head for** *vi* **1.** (*Schiff*) Kurs halten auf **2.** (*a. fig*) auf dem Weg sein zu, zusteuern auf; **head off** *vt* abfangen; (*fig*) abwenden; ablenken; **head up** *vt* leiten, führen

head•ache ['hedeɪk] *s* **1.** Kopfweh *nt,* Kopfschmerzen *mpl* **2.** (*fam*) Sorgen *fpl,* Schwierigkeit *f;* **have a bad ~** schlimme Kopfschmerzen haben; **head•band** ['hedbænd] *s* Stirnband *nt;* **head•banger** ['hed,bæŋə(r)] *s* **1.** Bekloppte(r) *f m* **2.** Heavymetalfan *m;* **head•butt** ['hedbʌt] *s* Kopfstoß *m;* **head cold** *s* Kopfgrippe *f;* **head-count** ['hed,kaʊnt] *s* (*sl*) Belegschaft *f;* **head•dress** ['heddres] *s* Kopfputz *m;* **head•er** ['hedə(r)] *s* **1.** (*Fußball*) Kopfball *m* **2.** Kopfsprung *m* **3.** (INFORM) Kopfzeile *f;* **head•first** ['hed'fɜːst] *adv* **1.** mit dem Kopf voraus **2.** (*fig*) geradewegs; **head•hunt** ['hedhʌnt] *vt* abwerben; **head-hunter** *s* Kopfjäger *m*

head•ing ['hedɪŋ] *s* **1.** (TYP) Titel *m,* Überschrift *f,* Kopf *m* **2.** (COM) Posten *m,* Position *f* **3.** (SPORT) Köpfen *nt;* **head•land** [,hedlænd] *s* Landspitze *f;* **head•less** ['hedlɪs] *adj* kopflos; **head•light, head-lamp** ['hedlaɪt, 'hedlæmp] *s* Scheinwerfer *m;* **head•line** ['hedlaɪn] *s* **1.** (TYP) Schlagzeile *f* **2. ~s** (das) Wichtigste in Schlagzeilen; **hit** [*o* **make**] **the ~s** Schlagzeilen machen; **headline inflation** *s* (*Br*) *System der Inflationsratenbestimmung;* **head•long** ['hedlɒŋ] *adj, adv* **1.** kopfüber **2.** überstürzt, übereilt; **head-mas•ter** [,hed'mɑːstə(r)] *s* (SCHULE) (Di)Rektor, Schulleiter *m;* **head•mis-tress** [,hed'mɪstrɪs] *s* (SCHULE) (Di)Rektorin, Schulleiterin *f;* **head-office** *s* Hauptbüro *nt,* Zentrale *f;* **head-of-state** [,hedəf'steɪt] *s* Staatsoberhaupt *nt;* **head-on** [,hed'ɒn] *adj, adv* **1.** (*Zusammenstoß*) frontal, Frontal- **2.** (*Konfrontation*) direkt; **~ collision** Frontalzusammenstoß *m;* **head-phones** ['hedfəʊnz] *s pl* Kopfhörer *mpl;* **head•quar•ters** [,hed'kwɔːtəz] *s pl oft mit sing* **1.** Hauptquartier *nt* **2.** Zentrale *f,* Stammhaus *nt;* Hauptgeschäftsstelle *f* **3.** Parteizentrale *f;* **police ~** Polizeidirektion *f;* **head•rest** ['hedrest] *s,* **head•re-straint** ['hedrɪ,streɪnt] *s* Kopfstütze *f;* **head•room** ['hedrʊm] *s* lichte Höhe; (AUTO) Kopfraum *f;* **head•scarf** [,heds-kɑːf, *pl* -skɑːvz] <*pl* -scarves> *s* Kopftuch *nt;* **head•set** ['hedset] *s* Kopfhörer *mpl;* **head•ship** [,hedʃɪp] *s* Schulleiterstelle *f;* **head•shrinker** ['hed,ʃrɪŋkə(r)] *s* (*sl*) Psychiater *m;* **head start** *s* (*fig*) Vorsprung *m;* **head•stone** ['hedstəʊn] *s* Grabstein *m;* **head•strong** ['hedstrɒŋ] *adj* eigenwillig; **head waiter** *s* Oberkellner *m;* **head•water** [,hed'wɔːtə(r)] *s* Quellfluss *m;* **head•way** ['hedweɪ] *s:* **make ~** vorwärts kommen, vorankommen; (*fig*) Fortschritte machen; **head•wind** ['hedwɪnd] *s* Gegenwind *m;* **head•word** ['hedwɜːd] *s* (*Wörterbuch*) Stichwort *nt*

heady ['hedɪ] *adj* **1.** eigenwillig, impulsiv **2.** (*Getränk*) berauschend

heal [hiːl] **I.** *vt* **1.** heilen; befreien (*von Kummer, Ärger*) **2.** (*Streit*) beilegen **II.** *vi* (*~ over*) (zu)heilen

health [helθ] *s* Gesundheit(szustand *m*) *f;* **~ and safety regulations** Arbeitsschutzvorschriften *fpl;* **~ and safety standards** Arbeitsschutz *m;* **be in poor ~** kränklich sein; **drink (to) s.o.'s ~** auf jds Wohl trinken; **your ~! good ~!** zum Wohl!; **health care** *s* Gesundheitsfürsorge *f;* **health centre** *s* Ärztezentrum *nt;* **health certificate** *s* ärztliches Attest; **health club** *s* Fitnesscenter *nt;* **health farm** *s* Gesundheitsfarm *f;* **health food** *s* Natur-/Reformkost *f;* **health food shop** *s* Naturkostladen *m;* **health hazard** *s* Gefahr *f* für die Gesundheit; **health insurance** *s* Krankenversicherung *f;* **health resort** *s* Kurort *m;* **Health Service** *s* (*Br*) (das) Gesundheitswesen; **health visitor** *s* Sozialarbeiter(in) *m(f);* **healthy** ['helθɪ] *adj* **1.** gesund **2.** zuträglich **3.** natürlich

heap [hiːp] **I.** *s* Haufen *m;* **~s of** (*fam*) ein(en) Haufen, massig; **in ~s** in Haufen, haufenweise; **be struck** [*o* **knocked**] **all of a ~** (*fam*) (völlig) platt, ganz verblüfft sein **II.** *vt* **1.** (*~ up, together*) an-, aufhäufen **2.** (*fig*) überhäufen (*with praise* mit Lob)

hear [hɪə(r)] <*irr:* heard, heard> **I.** *vt* **1.** hören (*of* von, *doing, do* tun) **2.** anhören **3.** zuhören (*s.th.* einer S) **4.** Acht geben auf; zur Notiz, zur Kenntnis nehmen **5.** erfahren **6.** (JUR) verhandeln; (*Zeugen*) vernehmen; verhören; **~ out** bis zu Ende anhören **II.** *vi* **1.** (zu)hören **2.** erfahren (*of, about* von) **3.** Bescheid bekommen (*from* von); **~! ~!** (PARL) hört! hört! ausgezeichnet! bravo!; **he won't ~ of it** er will davon nichts wissen; **let me ~ from you** lassen Sie von sich hören

heard [hɜːd] *pt, pp of* **hear**

hear•ing ['hɪərɪŋ] *s* **1.** Gehör(sinn *m*) *nt* **2.** (An)Hören *nt;* Anhörung *f* **3.** (JUR) Verhör *nt,* Vernehmung *f;* Verhandlung *f* **4.** Hörweite *f;* **within/out of ~** in/außer Hörweite; **hard of ~** schwerhörig; **gain** [*o* **get**] **a ~** sich Gehör verschaffen; **his ~ is poor** er hört schlecht; **hearing-aid** *s* Hörgerät *nt*

hear•say ['hɪəseɪ] *s* Gerede, Gerücht *nt;* **by** [*o* **from**] ~ vom Hörensagen

hearse [hɜːs] *s* Leichenwagen *m*

heart [hɑːt] *s* **1.** Herz *nt* **2.** (*fig*) Brust *f* **3.** (das) Innere, tiefste Gefühle *ntpl,* Gedanken *mpl* **4.** Mut *m,* Energie, Kraft *f* **5.** Liebling, Schatz *m* **6.** Mittelpunkt *m;* Hauptsache *f;* (das) Wesentliche, (der) Kern **7.** ~**s** (*Kartenspiel*) Herz *nt;* **after one's own ~** nach Herzenslust; **at ~** im Innersten; im Grunde genommen; **by ~** auswendig; **to one's ~'s content** nach Herzenslust; **with all one's ~** von ganzem Herzen; **be near to s.o.'s ~** jdm am Herzen liegen; **eat one's ~ out** vor Kummer vergehen; **get to the ~ of s.th.** einer S auf den Grund kommen; **have a ~** (*fig*) ein Herz haben; Verständnis haben; **not to have the ~ to** es nicht übers Herz bringen zu; **set one's ~ on** sein Herz hängen an; **take to ~** sich zu Herzen nehmen; **wear one's ~ on one's sleeve** das Herz auf der Zunge tragen; **he had his ~ in his boots** das Herz rutschte ihm in die Hose; **don't lose ~!** verlier den Mut nicht!; **heart•ache** ['hɑːteɪk] *s* Kummer *m;* **heart attack** *s* (MED) Herzanfall *m;* Herzinfarkt *m;* **heart•beat** ['hɑːtbiːt] *s* (PHYSIOL) Puls-, Herzschlag *m;* **heart•break** ['hɑːtbreɪk] *s* großer Kummer, Leid *nt;* **heart•break•ing** ['hɑːtbreɪkɪŋ] *adj* herzzerreißend; **heart•broken** ['hɑːt-ˌbrəʊkən] *adj* untröstlich; **heart•burn** ['hɑːtbɜːn] *s* Sodbrennen *nt;* **heart disease** *s* Herzleiden *nt,* -krankheit *f;* **heart•en•ing** ['hɑːtnɪŋ] *adj* ermutigend; **heart failure** *s* (MED) Herzversagen *nt;* **heartfelt** ['hɑːtfelt] *adj* aufrichtig; tief empfunden

hearth [hɑːθ] *s* **1.** Feuerstelle *f;* Kamin *m* **2.** (*fig*) (häuslicher) Herd *m;* **~ and home** Haus und Herd; **hearth-rug** *s* Kaminvorleger *m*

heart•ily ['hɑːtɪlɪ] *adv* herzhaft, tüchtig; sehr; **heart•less** ['hɑːtlɪs] *adj* herzlos

heart murmur *s* Herzgeräusch *nt;* **heart•rend•ing** ['hɑːtˌrendɪŋ] *adj* herzzerreißend; **heart-search•ing** ['hɑːtˌsɜːtʃɪŋ] *s* Selbstprüfung *f;* **heart•strings** ['hɑːt-strɪŋz] *s pl:* **tug at s.o.'s ~** jdn zutiefst bewegen, jdn rühren; **heart-throb** *s* (*fam*) Schwarm *m;* **heart-to-heart I.** *adj* offenherzig **II.** *s* freimütiges Gespräch; **heart transplant** *s* (MED) Herztransplantation *f;* **heart-warm•ing** ['hɑːtˌwɔːmɪŋ] *adj* tröstlich; erfreulich

hearty ['hɑːtɪ] *adj* **1.** herzlich **2.** tüchtig, gesund **3.** (*Essen*) reichlich **4.** (*fam*) lärmend, lustig

heat [hiːt] **I.** *s* **1.** Hitze *f;* (PHYS) Wärme *f;* (*von Speise*) Schärfe *f* **2.** (*fig*) Erregung *f,* Eifer *m,* Leidenschaft *f* **3.** (*fam*) Druck *m;* Gefahr *f* **4.** Brunst, Brunft *f* **5.** (Vor)Runde, Vorentscheidung *f;* **in** [*o* **on**] ~ brünstig, läufig; **in the ~ of the debate** in der Hitze, im Eifer des Gefechts; **dead ~** unentschiedenes Rennen; **final ~** (SPORT) Ausscheidungskampf *m* **II.** *vt* erhitzen, heiß, warm machen; heizen; beheizen; **heat up I.** *vt* erwärmen; warm machen; (*fig*) anheizen **II.** *vi* warm werden; (*Motor*) heißlaufen; **heat•ed** ['hiːtɪd] *adj* **1.** geheizt; beheizt **2.** (*fig*) hitzig, erregt; **get ~** sich erhitzen; **heat•ed•ly** ['hiːtɪdlɪ] *adv* in Erregung, hitzig; **heater** ['hiːtə(r)] *s* Ofen *m;* Heizkörper *m;* (*Auto*) Heizung *f;* **heat exchanger** ['hiːtəksˌtʃeɪndʒə(r)] *s* (TECH) Wärmetauscher *m*

heath [hiːθ] *s* Heide *f*

hea•then ['hiːðn] *s* **1.** Heide *m,* Heidin *f* **2.** (*fam*) Barbar *m;* **hea•then•ish** ['hiːðənɪʃ] *adj* heidnisch

heather ['heðə(r)] *s* Heide(kraut *nt*), Erika *f*

heat•ing ['hiːtɪŋ] *s* **1.** Heizung *f* **2.** (Be)Heizen *nt;* (*Materien*) Erwärmung *f;* **heating engineer** *s* Heizungsinstallateur(in) *m(f);* **heating system** *s* **1.** Heizungssystem *nt* **2.** Heizungsanlage *f;* **heat pump** *s* Wärmepumpe *f;* **heat rash** *s* Hitzebläschen *nt*

heat-re•sis•tant, heat-re•sisting ['hiːt-rɪˌzɪstənt] *adj* hitzebeständig; **heat-seek•ing** ['hiːtsiːkɪŋ] *adj* wärmesuchend; **heat shield** *s* Hitzeschild *m;* **heat•stroke** ['hiːtstrəʊk] *s* Hitzschlag *m;* **heat treatment** *s* (TECH MED) Wärmebehandlung *f;* **heat•wave** ['hiːtweɪv] *s* Hitzewelle *f*

heave [hiːv] <*irr:* **hove, hove**> **I.** *vt* **1.** heben, an-, hochheben; schleppen **2.** (MAR) hieven **3.** (*Schiff*) den Anker lichten **4.** (*Brust*) dehnen, weiten **5.** (*Seufzer*) ausstoßen **6.** (*Stein*) werfen **II.** *vi* **1.** ziehen **2.** sich heben und senken, wogen **3.** hieven (*at* an) **4.** (*Magen*) sich umdrehen **5.** (*Körper*) sich krümmen **6.** (MAR: ~ *alongside*) längsseit gehen **III.** *s* **1.** Heben *nt* **2.** Wogen, Anschwellen *nt* **3.** (GEOL) Verschiebung *f;* **heave to** *vt* (MAR) beidrehen; abstoppen; **heave up I.** *vi* sich übergeben **II.** *vt* **1.** hochhieven; hochstemmen **2.** (PHYSIOL) von sich geben

heaven ['hevn] *s* **1.** (REL) Himmel *m* **2.** ~**s** Firmament *nt;* **Heaven** der Himmel; **in ~** im Himmel; **in (one's seventh) ~** im siebten Himmel; **move ~ and earth** Himmel und Hölle in Bewegung setzen; **for ~'s sake!** um Himmels [*o* Gottes] Willen!; **good ~s!** du meine Güte!; **thank ~!** Gott sei Dank!; **heav•en•ly** ['hevnlɪ] *adj* **1.** (REL) himmlisch **2.** (*fig*) wunderbar; ~

bodies Himmelskörper *mpl;* **heav•en-sent** ['hevn,sent] *adj* ideal, wie gerufen, ein Geschenk des Himmels

heavy ['hevɪ] **I.** *adj* **1.** schwer **2.** gewichtig, stark, fest **3.** heftig; stark **4.** grob, dick, massiv **5.** schwer (zu ertragen), drückend, lästig, unangenehm, unerfreulich **6.** schwer (zu tun), anstrengend **7.** niedergedrückt, (tief) bekümmert **8.** (*Schlaf*) tief **9.** (*Speise*) schwer **10.** (*Geruch*) durchdringend **11.** (*Himmel*) bedeckt **12.** (*Regen*) heftig **13.** (*Boden*) schwer **14.** (*Straße*) schlammig, schwer passierbar **15.** (*Verkehr*) stark **16.** schwerfällig **17.** (COM: *Absatz*) lebhaft **18.** (*Geldstrafe, Verluste, Steuern*) hoch **19.** (*Am sl*) prima; **with a ~ heart** schweren Herzens; **be ~ on oil** (AUTO TECH) viel Öl verbrauchen; **make ~ weather of s.th.** etw unnötig erschweren; **a ~ sea** eine schwere See **II.** *adv* schwer; **lie ~** (*fig*) schwer liegen, lasten (*on* auf); **time hangs ~ on his hands** die Zeit schleicht für ihn dahin **III.** *s* **1.** (THEAT) Bösewicht *m* **2.** (*fam*) Schläger *m;* **heavy-duty** *adj* strapazierfähig; Hochleistungs-; **heavy-going** *adj* **1.** mühsam **2.** nicht gesprächig; **heavy goods vehicle** *s* Lastkraftwagen *m;* **heavy-handed** [,hevɪ'hændɪd] *adj* unbeholfen, ungeschickt; **heavy-hearted** [,hevɪ'hɑːtɪd] *adj* traurig, (nieder)gedrückt; **heavy industry** *s* Schwerindustrie *f;* **heavy metal** *s* **1.** Schwermetall *nt* **2.** Heavy Metal *nt;* **heavy water** *s* schweres Wasser; **heavy•weight** ['hevɪweɪt] **I.** *s* **1.** (SPORT) Schwergewichtler *m* **2.** (*fig fam*) hohes Tier **II.** *adj* **1.** (SPORT) Schwergewichts- **2.** (*fig*) einflussreich

He•brew [hiː'bruː] **I.** *adj* hebräisch **II.** *s* **1.** Hebräer(in) *m(f)* **2.** (das) Hebräisch(e)

Heb•ri•des ['hebrɪdiːz] *s pl* Hebriden *pl*

heck [hek] *interj* (*fam*) verflixt!

heckle ['hekl] *vt* durch Zwischenrufe stören; **heck•ler** [heklə(r)] *s* Zwischenrufer(in) *m(f)*

hec•tare ['hekteə(r)] *s* Hektar *nt od m*

hec•tic ['hektɪk] *adj* hektisch; **have a ~ time** keinen Augenblick Ruhe haben

hec•to•li•ter *s* (*Am*), **hec•to•li•tre** ['hektəʊ,liːtə(r)] *s* Hektoliter *m*

he'd [hiːd] = **he had; he would**

hedge [hedʒ] **I.** *s* **1.** Hecke *f* **2.** (*fig*) Schutz *m* **II.** *vt* **1.** mit einer Hecke umgeben **2.** (*fig*) absichern **III.** *vi* ausweichen; **hedge about, hedge around** *vt* **1.** mit einer Hecke umgeben **2.** (*fig*) erschweren; einengen; **hedge in** *vt* **1.** mit einer Hecke umgeben **2.** (*fig*) behindern; in seiner Freiheit einengen; **hedge•hog** ['hedʒhɒg] *s* Igel *m;* **hedge•row** ['hedʒrəʊ] *s* Hecke *f*

hedg•ing ['hedʒɪŋ] *s* (FIN) Hedgegeschäft, Hedging *nt*

heebie-jeebies ['hiːbɪ'dʒiːbɪz] *s pl* (*fam*) Angst *f;* **give s.o. the ~** jdm Angst und Bange machen

heed [hiːd] **I.** *vt* (*give, pay ~ to, take ~ of*) beachten; hören auf **II.** *s* Beachtung *f;* **heed•ful** ['hiːdfl] *adj* aufmerksam, behutsam; **be ~ of s.th.** auf etw achten, hören; **heed•less** [-lɪs] *adj* sorglos, leichtsinnig

hee•haw ['hiːhɔː] **I.** *s* Iah *nt* (*des Esels*) **II.** *vi* iahen

heel [hiːl] **I.** *s* **1.** Ferse *f* **2.** (*Schuh*) Absatz *m;* unterster Teil **3.** (*sl*) Schuft *m;* **at** [*o* (**up**)**on**] **s.o.'s ~s** jdm auf den Fersen; **down at ~** schäbig, heruntergekommen; **bring to ~** zum Gehorsam zwingen, *fam* kleinkriegen; **come to ~** klein beigeben; **cool** [*o* **kick**] **one's ~s** (*fam*) sich die Beine in den Leib [*o* Bauch] stehen; warten müssen; Däumchen drehen; **~!** (bei) Fuß!; **kick up one's ~s** vor Freude tanzen; **show a clean pair of ~s** Fersengeld geben; **turn on one's ~(s)** sich plötzlich umdrehen **II.** *vt* **1.** mit Absätzen versehen **2.** auf den Fersen folgen (*s.o.* jdm); **heel bar** *s* Absatzbar *f*

hef•ty ['heftɪ] *adj* **1.** schwer **2.** stämmig

heifer ['hefə(r)] *s* Färse *f*

height [haɪt] *s* **1.** (*a.* GEOG ASTR) Höhe *f* **2.** (Körper)Größe *f* **3.** (*fig*) Höhepunkt *m* **4.** (An)Höhe, Erhebung *f;* **at its ~** auf seinem/ihrem Höhepunkt; **he is six feet in ~** er ist 6 Fuß groß; **~ of fashion** neueste Mode; **the ~ of folly** der Gipfel der Torheit; **heighten** ['haɪtn] *vt* (*meist fig*) erhöhen; verstärken

hei•nie ['haɪniː] *s* (*Am: sl*) Hintern *m*

hei•nous ['heɪnəs] *adj* abscheulich; schändlich

heir [eə(r)] *s* Erbe *m* (*to, of s.o.* jds); **appoint s.o. one's ~** jdn als Erben einsetzen; **become s.o.'s ~** jdn beerben; **~ apparent** gesetzlicher Erbe, gesetzliche Erbin; **~ apparent to the throne** Thronfolger(in) *m(f);* **sole** [*o* **universal**] **~** Alleinerbe *m,* -erbin *f;* **heir•ess** ['eərɪs] *s* Erbin *f;* **heir•loom** ['eəluːm] *s* Erbstück *nt*

heist [haɪst] *s* (*Am sl*) Raubüberfall *m*

held [held] *s.* **hold**

heli•cop•ter ['helɪkɒptə(r)] *s* Hubschrauber, Helikopter *m*

Heli•go•land ['helɪgəʊlænd] *s* Helgoland *nt*

heli•pad ['helɪpæd] *s* Hubschrauberlandeplatz *m*

heli•port ['helɪpɔːt] *s* Hubschrauber-Flugplatz, Heliport *m;* **heli-ski•ing** ['heliː,skiːɪŋ] *s mit einem Hubschrauber auf einen Berg gelangen und mit Skiern wieder herunterfahren*

he•lium ['hiːlɪəm] *s* (CHEM) Helium *nt*
hell [hel] **I.** *s* Hölle *f;* **go to ~!** scher dich zum Teufel!; **what the ~ are you doing here?** was zum Teufel machen Sie denn hier?; **a ~ of a noise** ein Höllenlärm; **for the ~ of it** (*fam*) nur zum Spaß; **like ~** verdammt, sehr; nicht im mindesten; **~ for leather** wie ein Wilder; **give s.o. ~** jdm die Hölle heiß machen; **play ~ with s.o.** (*s*[!]) jdm übel mitspielen; auf jdn wütend sein; **he suffers ~ on earth** ihm ist das Leben zur Hölle geworden **II.** *interj* verdammt (noch mal)!; **oh, ~!** verdammte Schweinerei!
he'll [hiːl] = **he will; he shall**
hell-bent [ˌhel'bent] *adj* (*sl*) **1.** versessen, erpicht (*on, for* auf) **2.** verrückt (*on, for* nach); **hell-fire** *s* Höllenfeuer *nt;* (*Strafe*) Höllenqualen *fpl;* **hell•ish** ['helɪʃ] *adj* **1.** höllisch, teuflisch **2.** (*fam*) entsetzlich **hell•ish•ly** [-lɪ] *adv* (*fam*) verteufelt, verdammt
hello [hə'ləʊ] *interj* hallo!; **say ~ to your mother** grüße deine Mutter von mir
helm [helm] *s* **1.** Steuer(rad, -ruder) *nt* **2.** (*fig*) Ruder *nt*
hel•met ['helmɪt] *s* **1.** Helm *m* **2.** (*beim Fechten*) Maske *f;* **crash ~** Sturzhelm *m*
helms•man ['helmzmən] <*pl* -men> *s* Steuermann *m*
help [help] **I.** *vt* **1.** helfen, behilflich sein (*s.o.* jdm) **2.** förderlich sein (*s.th.* einer S), fördern; **~ s.o. to food** (*bei Tisch*) jdn bedienen; **I can't ~ it** ich kann nichts dafür; ich kann nichts daran ändern; **can I ~ you?** womit kann ich Ihnen dienen? kann ich Ihnen behilflich sein?; **I can't ~ smiling** ich muss lächeln; **that can't be ~ed** das lässt sich nicht ändern; **so ~ me God!** so wahr mir Gott helfe! **II.** *vr* sich selbst helfen; sich bedienen; wegnehmen; **~ yourself!** bedienen Sie sich! **III.** *vi* helfen; behilflich sein; nützlich sein **IV.** *s* **1.** Hilfe, Unterstützung *f* **2.** Bedienung *f* **3.** Hilfe *f* im Haushalt **4.** Personal *nt;* **help out I.** *vi* aushelfen (*with* bei) **II.** *vt* helfen (*s.o.* jdm, *with* mit); **helper** ['helpə(r)] *s* Helfer(in) *m(f);* **help•ful** ['helpfl] *adj* **1.** behilflich **2.** nützlich; **help•ing** ['helpɪŋ] **I.** *s* Portion *f;* **take a second ~** sich noch einmal nehmen **II.** *adj* helfend, hilfreich; **give s.o. a ~ hand** jdm helfen; **help•less** ['helplɪs] *adj* hilflos; **help•line** ['helplaɪn] *s* **1.** Notruf *m* **2.** Informationsdienst *m*
hel•ter-skel•ter [ˌheltə'skeltə(r)] **I.** *adv* Hals über Kopf **II.** *s* **1.** Durcheinander *nt* **2.** (*Br*) Rutschbahn *f*
hem [hem] **I.** *s* Saum *m;* **take the ~ up** (*Kleid*) kürzer machen **II.** *vt* säumen; **hem about, hem in** *vt* einschließen, einkesseln; (*fig*) einengen
he-man ['hiːmæn] <*pl* -men> *s* echter Mann
hemi•sphere ['hemɪsfɪə(r)] *s* Hemisphäre *f*
hem•line ['hemlaɪn] *s* Rocklänge *f*
hem•lock ['hemlɒk] *s* (*sehr giftige Pflanze*) Schierling *m*
hemo- (*Am*) Hämo-, Blut-
hemp [hemp] *s* **1.** Hanf *m* **2.** Cannabis *m*
hen [hen] *s* **1.** Henne *f,* Huhn *nt* **2.** (Vogel)Weibchen *nt;* **hen battery** *s* Legebatterie *f*
hence [hens] *adv* also; folglich, deshalb; **two years ~** in zwei Jahren; **henceforth, hence•for•ward** [ˌhens'fɔːə, ˌhens'fɔːwəd] *adv* nunmehr, in Zukunft
hench•man ['hentʃmən] <*pl* -men> *s* (*pej*) Kumpan *m*
hen•coop, hen•house ['henkuːp, 'henhaʊs] *s* Hühnerstall *m*
henna ['henə] **I.** *s* **1.** Hennastrauch *m* **2.** (*Haarfärbemittel*) Henna *f* **II.** *vt* mit Henna färben
hen night ['hennaɪt] *s Frauenparty für die Braut vor der Hochzeit*
hen party ['henpɑːtɪ] *s* (*fam*) Damenkränzchen *nt;* (*pej*) Kaffeeklatsch *m;* **henpeck** ['henpek] *vt* unter dem Pantoffel haben; **be ~ed** unter dem Pantoffel stehen; **a ~ed husband** ein Pantoffelheld *m*
hepa•ti•tis [ˌhepə'taɪtɪs] *s* Hepatitis *f*
hep•tath•lon [hep'tæθlɒn] *s* Siebenkampf *m*
her [hɜː(r)] *pron* **1.** sie *acc,* ihr *dat* **2.** (*adjektivisch*) ihr; **with ~ children around ~** mit ihren Kindern um sich; **it's ~** sie ist es
her•ald ['herəld] **I.** *s* **1.** Herold *m* **2.** (*fig*) (Vor)Bote *m* **II.** *vt* ankündigen
her•al•dic [he'rældɪk] *adj* heraldisch; **heraldry** ['herəldrɪ] *s* Wappenkunde *f*
herb [hɜːb] *s* (Heil)Kraut *nt;* **her•baceous** [hɜː'beɪʃəs] *adj* krautig; **~ border** Staudenrabatte *f;* **her•ba•lism** ['hɜːbəlɪzəm] *s* Naturheilkunde *f;* **herb•al•ist** ['hɜːbəlɪst] *s* Kräuterhändler(in) *m(f),* Naturheilkundige(r) *f m;* **herbi•cide** ['hɜːbɪsaɪd] *s* Herbizid *nt;* **her•bi•vor•ous** [hɜː'bɪvərəs] *adj* Pflanzen fressend
her•cu•lean [ˌhɜːkjʊ'liːən] *adj* herkulisch; **a ~ task** eine Herkulesarbeit
herd [hɜːd] **I.** *s* **1.** Herde *f,* Rudel *nt* **2.** (*fig pej*) breite Masse, Menge *f* **II.** *vt* **1.** (*Vieh*) hüten, weiden **2.** (hinein)treiben (*into* in); **herd together I.** *vi* sich zusammendrängen **II.** *vt* zusammentreiben; **herd instinct** *s* Herdentrieb *m;* **herds•man** ['hɜːdzmən] <*pl* -men> *s* Hirt *m*
here [hɪə(r)] **I.** *adv* **1.** hier(her); her **2.** (*zeitlich*) an dieser Stelle, jetzt, nun; **~ and the-**

H

re hier(hin) und dort(hin); hier u. da; ~, **there and everywhere** vielerorts; ~ **we go again!** es geht (schon) wieder los!; **neither** ~ **nor there** unwichtig, unbedeutend; **come** ~**!** komm her!; **look** ~**!** sieh [*o* schau] mal (her)!; ~ **he comes!** da kommt er (ja)!; ~ **you are!** bitte schön! da sind Sie ja!, da haben Sie es!; ~ **goes!** auf!; ~**'s to Peter!** auf Peters Wohl! **II.** *interj* hier!; **hereabouts** [ˌhɪərə'baʊts] *adv* hier herum; **here•after** [hɪər'ɑːftə(r)] *adv* von jetzt an; später; in Zukunft; **the** ~ das Diesseits; **here•by** [hɪə'baɪ] *adv* hiermit

her•ed•itary [hɪ'redɪtrɪ] *adj* **1.** (ver)erblich **2.** (*fig*) überkommen; ~ **disease** Erbkrankheit *f;* ~ **peer** Peer *m* mit ererbtem Adelstitel; **her•ed•ity** [hɪ'redətɪ] *s* (*a.* BIOL) Erblichkeit *f,* Vererbung *f*

here•in [ˌhɪər'ɪn] *adv* hierin; **here•of** [hɪər'ɒv] *adv* hiervon

her•esy ['herəsɪ] *s* (REL) Ketzerei *f;* **heretic** ['herətɪk] *s* Ketzer(in) *m(f);* **her•etical** [hɪ'retɪkl] *adj* ketzerisch

here•upon [ˌhɪərə'pɒn] *adv* hierauf; **herewith** [ˌhɪə'wɪð] *adv* hiermit

heri•tage ['herɪtɪdʒ] *s* Erbschaft *f;* Erbgut, Erbe *nt;* Erbrecht *nt*

her•maph•ro•dite [hɜː'mæfrədaɪt] **I.** *s* (*a.* BOT) Zwitter *m* **II.** *adj* zwittrig

her•metic [hɜː'metɪk] *adj* hermetisch (abgeschlossen); luftdicht; ~**ally sealed** hermetisch abgeschlossen

her•mit ['hɜːmɪt] *s* Einsiedler, Eremit *m;* **her•mit•age** [-ɪdʒ] *s* Einsiedelei *f;* **hermit crab** *s* Einsiedlerkrebs *m*

her•nia ['hɜːnɪə] *s* (MED) Bruch *m,* Hernie *f*

hero ['hɪərəʊ] <*pl* heroes> *s* Held *m;* **heroic** [hɪ'rəʊɪk] *adj* **1.** heroisch; heldenhaft; heldenmütig **2.** hochtrabend

her•oin ['herəʊɪn] *s* Heroin *nt;* **heroin addict** *s* Heroinsüchtige(r) *f m*

hero•ine ['herəʊɪn] *s* Heldin *f*

hero•ism ['herəʊɪzəm] *s* Heldenhaftigkeit *f,* -mut *m*

heron ['herən] *s* Reiher *m*

her•pes ['hɜːpiːz] *s* (MED) Herpes *m*

her•ring ['herɪŋ] <*pl* -ring(s)> *s* Hering *m;* **red** ~ (*fig*) Ablenkungsmanöver *nt;* **that's a red** ~ das führt vom Thema ab; **her•ringbone** ['herɪŋbəʊn] *s* **1.** Fischgrätenmuster *nt* **2.** (ARCH) Zickzackband *nt;* **herring gull** *s* Silbermöwe *f*

hers [hɜːz] *pron* ihre(r, s); der, die, das Ihre/Ihrige; **a friend of** ~ einer ihrer Freunde, ein Freund von ihr; **the book is** ~ das Buch gehört ihr

her•self [hɜː'self] *pron* **1.** sich *acc/dat* **2.** (*betont*) (sie) selbst; (**all**) **by** ~ (ganz) allein; ohne Hilfe; **she's not** ~ **today** sie ist heute nicht wie sonst; **she'll do it** ~ sie macht das selbst; **she** ~ **said it** sie hat es selbst gesagt

he's [hiːz] = **he is; he has**

hesi•tant ['hezɪtənt] *adj* zögerlich; **hesitant•ly** [-lɪ] *adv* zögerlich; **hesi•tate** ['hezɪteɪt] *vi* **1.** stocken; zaudern, zögern (*about doing, to do* zu tun) **2.** unsicher, unentschlossen, unschlüssig sein (*about, over* wegen); **hesi•ta•tion** [ˌhezɪ'teɪʃn] *s* **1.** Unschlüssigkeit, Unentschlossenheit *f* **2.** Zögern *nt;* **without a moment's** ~ ohne einen Augenblick zu zögern; **have no** ~ keine Bedenken tragen (*in doing s.th.* etw zu tun)

hes•sian ['hesɪən, *Am* 'heʃn] *s* Rupfen *m,* Sackleinwand *f*

het•ero•gen•eous [ˌhetərə'dʒiːnɪəs] *adj* verschiedenartig; heterogen

het•ero•sex•ual [ˌhetərə'sekʃʊəl] **I.** *adj* heterosexuell **II.** *s* Heterosexuelle(r) *f m*

het-up [ˌhet'ʌp] *adj* (*fam*) aufgeregt, erregt

hew [hjuː] <*irr:* hewed, hewn (hewed)> *vt* **1.** hauen, schlagen **2.** (*Baum:* ~ *down*) fällen; ~ **to pieces** in Stücke schlagen; ~ **one's way** sich einen Weg bahnen; **hewer** ['hjuːə(r)] *s* **1.** (Holz)Hauer *m* **2.** (MIN) Häuer *m;* **hewn** ['hjuːn] *s.* **hew**

hex [heks] **I.** *s* (*Am sl*) Zauber, Fluch *m;* **put a** ~ **on s.th.** etw verhexen **II.** *vt* verhexen

hexa•gon ['heksəgən] *s* Sechseck *nt;* **hexag•onal** [heks'ægənl] *adj* sechseckig; **hex•am•eter** [heks'æmɪtə(r)] *s* Hexameter *m*

hey [heɪ] *interj* he! hei! hallo!

hey•day ['heɪdeɪ] *s* Höhepunkt *m,* Glanzzeit *f;* **in his** ~ in der Blüte seines Lebens

hey presto ['heɪ'prestəʊ] *adv* plötzlich; sofort

hi [haɪ] *interj* (*fam*) hallo!

hi•ber•nate ['haɪbəneɪt] *vi* Winterschlaf halten; **hi•ber•na•tion** [ˌhaɪbə'neɪʃn] *s* Winterschlaf *m*

hi•bis•cus [hɪ'bɪskəs] *s* Hibiskus, Eibisch *m*

hic•cup, **hic•cough** ['hɪkʌp] **I.** *vi* den Schluckauf haben **II.** *s* Schluckauf *m*

hick•ey ['hɪkeɪ] *s* **1.** (*Am: sl*) Dings(bums) *nt* **2.** (*Am: sl*) Knutschfleck *m*

hid [hɪd] *vt, vi s.* **hide¹**

hidden ['hɪdn] *adj* verborgen; versteckt; verdeckt; ~ **assets** stille Rücklagen *fpl*

hide¹ [haɪd] <*irr:* hid, hidden> **I.** *vt* **1.** verstecken, verbergen (*from* vor) **2.** verheimlichen (*from* vor) **II.** *vi* sich verbergen, sich verstecken **III.** *s* Versteck *nt* (*des Jägers*); **hide away I.** *vi* sich verstecken **II.** *vt* verstecken; **hide out**, **hide up** *vi* sich verstecken; sich versteckt halten

hide² [haɪd] *s* Haut *f,* Fell *nt;* **save one's own** ~ die eigene Haut retten

hide-and-seek [ˌhaɪdn'siːk] *s* Versteckspiel *nt;* **play** (**at**) ~ Versteck spielen; **hide·away** ['haɪdəweɪ] *s* Unterschlupf *m*

hid·eous ['hɪdɪəs] *adj* scheußlich, grässlich; abscheulich, widerlich

hide-out ['haɪdaʊt] *s* Versteck *nt,* Schlupfwinkel, Unterschlupf *m*

hid·ing¹ ['haɪdɪŋ]: **go into** ~ sich verstecken; **be in** ~ sich versteckt halten

hid·ing² ['haɪdɪŋ] *s* (*fam*) Tracht *f* Prügel

hi·er·archic(**al**) [ˌhaɪə'rɑːkɪk(l)] *adj* hierarchisch; **hi·er·archy** ['haɪərɑːkɪ] *s* Hierarchie *f*

hi·ero·glyph ['haɪərəglɪf] *s* Hieroglyphe *f*

hi-fi [ˌhaɪ'faɪ] **I.** *adj* Hi-Fi- **II.** *s* Hi-Fi-Gerät *nt;* Hi-Fi-Anlage *f*

hig·gledy-pig·gledy [ˌhɪgldɪ'pɪgldɪ] *adv, adj* drunter und drüber, durcheinander

high [haɪ] **I.** *adj* **1.** hoch **2.** (*fig*) hoch, erhaben (*above* über) **3.** (*Ton*) hoch, schrill, scharf **4.** (*fig*) hochgestellt; überragend **5.** vornehm **6.** mächtig, gewaltig **7.** intensiv **8.** (*Fleisch*) leicht angegangen **9.** kostspielig, teuer **10.** (*sl*) angeheitert, im Drogenrausch, high; **in** ~ **favo**(**u**)**r** in hoher Gunst; **in** ~ **spirits** in guter Laune; ~ **and dry** (MAR) gestrandet; (*fig*) hilflos, sich selbst überlassen; **be on one's** ~ **horse** (*fig*) auf dem hohen Ross sitzen; **it is** ~ **time** es ist höchste Zeit; ~ **and mighty** (*fam*) hochnäsig, übermütig **II.** *adv* **1.** hoch, stark, sehr **2.** in hohem Maße; ~ **and low** überall; **feelings ran** ~ es herrschte eine gereizte Stimmung **III.** *s* **1.** Höchststand *m;* Rekord(höhe *f*) *m;* **on** ~ im Himmel **2.** (METEO) Hoch(druckgebiet) *nt* **3.** (*sl: Drogen*): **have** [*o* **be on**] **a** ~ high sein

high·ball ['haɪbɔːl] *s* Whisky *m* (mit) Soda; **high beam** *s* (AUTO) Fernlicht *nt;* **high·boy** ['haɪbɔɪ] *s* (*Am*) Kommode *f;* **high·brow** ['haɪbraʊ] **I.** *adj* intellektuell, hochgestochen **II.** *s* Intellektuelle(r) *f m;* **high-chair** ['haɪtʃeə(r)] *s* Hochstuhl *m* (*für Kinder*)*;* **High Church** *s* (anglikanische) Hochkirche *f;* **high court** *s* oberster Gerichtshof; **high definition television**, **HDTV** *s* hochauflösendes Fernsehen; **high density** *adj* (INFORM) mit hoher Schreibdichte; **high diving** *s* Turmspringen *nt;* **higher-up** ['haɪərʌp] *s* (*fam*) Höhergestellte(r) *f m;* **high-falu·tin** [ˌhaɪfə'luːtn] *adj* (*fam*) geschwollen, hochtrabend; **high-fibre** [ˌhaɪ'faɪbə(r)] *adj* ballaststoffreich; **high-fidelity** *s* High-Fidelity, Tontreue *f;* **high-flier** [ˌhaɪ'flaɪə(r)] *s* (*fig*) Senkrechtstarter *m,* Hochbegabte(r) *f m;* **high-flown** ['haɪfləʊn] *adj* hochfliegend; hochgesteckt; hochtrabend; **high frequency I.** *s* (ELEK) Hochfrequenz *f* **II.** *adj* Hochfrequenz-

High German *s* (das) Hochdeutsch(e)

high-handed [ˌhaɪ'hændɪd] *adj* anmaßend; willkürlich; **high-hand·ed·ness** [ˌhaɪ'hændɪdnɪs] *s* Anmaßung *f*

high heels *s pl* hohe Absätze *mpl*

high·jack ['haɪdʒæk] *vt* entführen

high jump *s* (SPORT) Hochsprung *m;* **highlands** ['haɪləndz] *s pl* Hochland *nt;* **high level** *adj* (*Gespräche*) auf höchster Ebene; (*Bahn*) Hoch-; **high-level heat-generating waste** hochaktive wärmeerzeugende Abfälle *pl;* **high life** *s* Leben *nt* in großem Stil; Highlife *nt;* **high·light** ['haɪlaɪt] **I.** *s* **1.** Glanzlicht *nt* **2.** (*im Haar*) Strähne *f* **3.** (*fig*) Glanz-/Höhepunkt *m* **II.** *vt* (stark) hervorheben, herausstellen; **high·lighter** [-ə(r)] *s* Leucht-/Markierstift *m*

high·ly ['haɪlɪ] *adv* in hohem Maße, stark, sehr, äußerst; **speak** ~ **of s.o.** von jdm in den höchsten Tönen reden; **think** ~ **of s.o.** große Stücke auf jdn halten; **Highly Indebted Poor Countries, HIPC** hoch verschuldete arme Länder; ~ **strung** überreizt, nervös; ~**-targeted** hoch angesetzt

High Mass [ˌhaɪ'mæs] *s* Hochamt *nt*

high·ness ['haɪnɪs] *s* **1.** Höhe *f* **2.** (*a. Anrede*) Hoheit *f;* **high-octane** [ˌhaɪ'ɒkteɪn] *adj* hyper-dynamisch; **high-performance** *adj* Hochleistungs-; **high-pitched** [haɪ'pɪtʃt] *adj* (*Stimme*) hoch, schrill, hell; **high point** *s* Höhepunkt *m;* **high-powered** [ˌhaɪ'paʊəd] *adj* **1.** (*Auto*) mit starkem Motor **2.** (*fig*) Spitzen-; sehr anspruchsvoll, hochintellektuell; **high-pressure** *adj* Hochdruck-; ~ **area** Hochdruckgebiet *nt;* ~ **sales talk** aggressives Verkaufsgespräch; **high priest** *s* Hohepriester *m;* **high protein** *adj* eiweißreich; **high qual·ity** *adj* hochwertig; **high-rank·ing** ['haɪˌræŋkɪŋ] *adj* von hohem Rang; **high-res·ol·ution** [ˌhaɪrezə'luːʃən] *adj* (*Bildschirm*) hochauflösend; **high-rise building**, **high-rise flats** *s pl* Hochhaus *nt;* **high-risk** [ˌhaɪ'rɪsk] *adj* riskoreich; **high school** *s* (*Am*) weiterführende Schule; **high seas** *s pl* hohe See; **high season** *s* Hochsaison *f;* **high-security wing** *s* (*in Gefängnis*) Hochsicherheitstrakt *m;* **high society** *s* bessere Gesellschaft, High-Society *f;* **high-sound·ing** ['haɪˌsaʊndɪŋ] *adj* klangvoll; **high-speed train** *s* Hochgeschwindigkeitszug *m;* **high-spirited** [ˌhaɪ'spɪrɪtɪd] *adj* **1.** temperamentvoll **2.** (*Pferd*) feurig; **high spirits** *s pl* gehobene Stimmung; **high spot** *s* Höhepunkt *m;* **hit the** ~**s** sich gründlich amüsieren; **high street** *s* Hauptstraße *f;* **high-strung** [ˌhaɪ'strʌŋ] *adj* (*Am*) nervös; **high summer** *s* Hochsommer *m;* **high·tail** ['haɪteɪl] *vi* (*Am sl*) abhauen; **high tea** *s* (Fünfuhr)Tee *m* mit

H

Imbiss; **high-tech** [ˌhaɪˈtek] **I.** *adj* Hightech- **II.** *s* Hightech *nt;* **high technology** *s* Spitzentechnologie *f;* **high-tension** *s* (ELEK) Hochspannung *f;* **high tide** *s* Flut *f;* **high treason** *s* Hochverrat *m;* **high-up** [ˈhaɪʌp] **I.** *s* hochgestellte Persönlichkeit **II.** *adj* hochgestellt; **high water** *s* Hochwasser *nt;* **come hell or ~** komme, was da wolle; **high-water mark** *s* Hochwasserstand *m;* (*fig*) Höchststand *m;* **highway** [ˈhaɪweɪ] *s* Landstraße *f;* Haupt(durchgangs)straße *f;* **high•way code** *s* Straßenverkehrsordnung *f;* **high•way•man** [ˈhaɪweɪmən] <*pl* -men> *s* (HIST) Straßenräuber, Wegelagerer *m;* **highway robbery** *s* Straßenraub *m;* (*fig*) Wucher, Nepp *m*

hi•jack [ˈhaɪdʒæk] **I.** *vt* **1.** (AVIAT) entführen **2.** überfallen; berauben **II.** *s* **1.** (Flug-zeug)Entführung *f* **2.** Überfall *m;* **hi-jacker** [ˈhaɪdʒækə(r)] *s* **1.** Luftpirat(in) *m(f),* Flugzeugentführer(in) *m(f)* **2.** Räuber(in) *m(f);* **hi•jack•ing** [-ɪŋ] *s* Entführung *f*

hike [haɪk] **I.** *s* Wanderung *f* **II.** *vi* wandern; **hiker** [ˈhaɪkə(r)] *s* Wanderer *m,* Wanderin *f;* **hik•ing** [ˈhaɪkɪŋ] *s* Wandern *nt*

hil•ari•ous [hɪˈleərɪəs] *adj* fröhlich, lustig, vergnügt, heiter; **hil•ar•ity** [hɪˈlærətɪ] *s* Lustigkeit, Fröhlichkeit *f*

hill [hɪl] *s* Hügel, Berg *m;* (An)Höhe *f;* **as old as the ~s** steinalt; **be over the ~** seine beste Zeit hinter sich haben

hill•billy [ˈhɪlbɪlɪ] *s* (*Am fam*) Hinterwäldler(in) *m(f)*

hill•ock [ˈhɪlək] *s* (kleiner) Hügel *m*

hill•side [ˈhɪlsaɪd] *s* Hang, Berghang *m;* **hill•top** [ˈhɪltɒp] *s* Berggipfel *m;* **hill-walk•ing** [ˈhɪlwɔːkɪŋ] *s* Bergwandern *nt;* **hilly** [ˈhɪlɪ] *adj* hüg(e)lig, bergig

hilt [hɪlt] *s* Griff *m,* Heft *nt;* (**up**) **to the ~** bis an den Hals; völlig, gänzlich

him [hɪm] *pron* ihn *acc,* ihm *dat;* **it's ~** er ist es; **with his pupils around ~** mit seinen Schülern um sich

Hi•ma•la•yas [ˌhɪməˈleɪəz] *s pl* Himalaya *m*

him•self [hɪmˈself] *pron* **1.** sich *acc/dat* **2.** (*betont*) (er) selbst; (**all**) **by ~** (ganz) allein; ohne (fremde) Hilfe; **he is quite beside ~** er ist ganz außer sich; **he's not ~ today** er ist heute nicht wie sonst; **he'll do it ~** er macht es selbst; **he ~ said it** er hat es selbst gesagt

hind¹ [haɪnd] *s* Hindin, Hirschkuh *f*

hind² [haɪnd] *adj* hinter, Hinter-

hin•der [ˈhɪndə(r)] *vt* **1.** verhindern; verhüten **2.** hindern (*from* an)

Hindi [ˈhɪndiː] *s* Hindi *nt* (*Sprache*)

hind legs [ˌhaɪndˈlegz] *s pl* Hinterbeine *ntpl;* **get up on one's ~** den Mund aufmachen; **talk the ~ off a donkey** reden wie ein Buch; **hind•most** [ˈhaɪndməʊst] *adj* hinterste(r, s); **hind•quar•ters** [ˌhaɪndˈkwɔːtəz] *s pl* (*Pferd*) Hinterhand *f*

hin•drance [ˈhɪndrəns] *s* **1.** Behinderung *f* **2.** Hemmnis, Hindernis *nt* (*to* für)

hind•sight [ˈhaɪndsaɪt] *s:* **with ~** im Nachhinein

Hin•du [ˈhɪnduː] **I.** *adj* hinduistisch **II.** *s* Hindu *m;* **Hin•duism** [ˈhɪnduːɪzəm] *s* (REL) Hinduismus *m*

hinge [hɪndʒ] **I.** *s* **1.** (Tür)Angel *f;* Scharnier *nt;* Gelenk *nt* **2.** (*fig*) Angelpunkt *m* **II.** *vt* **1.** drehbar aufhängen **2.** (*fig*) abhängig machen (*upon* von) **III.** *vi* **1.** (*fig*) abhängen (*on, upon* von) **2.** sich drehen (*on, upon* um)

hint [hɪnt] **I.** *s* **1.** Hinweis, Wink, Fingerzeig *m* **2.** Andeutung, Anspielung *f* (*at* auf); **drop a ~** eine Bemerkung fallenlassen; **take a ~** es sich gesagt sein lassen; **a broad ~** ein Wink mit dem Zaunpfahl **II.** *vt* andeuten; anspielen auf **III.** *vi* Andeutungen, Anspielungen machen (*at* auf)

hip¹ [hɪp] *s* (ANAT) Hüfte *f;* **~-hugging** an der Hüfte eng anliegend; **~ pocket** Gesäßtasche *f*

hip² [hɪp] *s* Hagebutte *f*

hip³ [hɪp] *interj:* **~, ~, hooray!** hipp, hipp, hurra!

hip⁴ [hɪp] *adj* (*fam*) auf dem Laufenden; modern

hip•bone [ˈhɪpˌbəʊn] *s* Hüftbein *nt,* Hüftknochen *m;* **hip-flask** *s* Taschenflasche *f;* (*fam*) Flachmann *m*

hip•pie [ˈhɪpɪ] *s* Hippie *m*

hip•po [ˈhɪpəʊ] <*pl* -pos> *s* (*fam*) Nilpferd *nt*

hip•po•pota•mus [ˌhɪpəˈpɒtəməs, *pl* -ˈpɒtəmaɪ] <*pl* -muses, -mi> *s* Fluss-, Nilpferd *nt*

hip•py [ˈhɪpɪ] *s* Hippie *m;* **hip•py•ish** [ˈhɪpɪˌɪʃ] *adj* (*Br: fam*) wie ein Hippie

hire [ˈhaɪə(r)] **I.** *s* **1.** Mieten *nt;* Leihen *nt* **2.** Mietpreis *m* **3.** Einstellen *nt* **4.** (Arbeits)Lohn *m;* (MAR) Heuer *f;* **for ~** zu vermieten; (*Taxi*) frei; **let** (**out**) **on ~** vermieten; **take** (**out**) **on ~** mieten **II.** *vt* **1.** mieten; (*Auto, Anzug*) leihen **2.** engagieren, einstellen; **~d car** Mietwagen *nt;* **~d assassin** gedungener Mörder; **~d hand** Lohnarbeiter *m;* **hire out I.** *vt* vermieten; verleihen **II.** *vi* (*Am*) sich verdingen; **hire purchase** *s* Ratenkauf, Teilzahlungskauf *m;* **on ~** auf Raten, auf Abzahlung; **hire purchase agreement** *s* Teilzahlungs(kauf)vertrag *m*

his [hɪz] *pron* **1.** sein(e, r); der, die, das Seine, Seinige **2.** (*adjektivisch*) sein; **a friend**

of ~ einer seiner Freunde, ein Freund von ihm; **the book is** ~ das Buch gehört ihm
His•pan•ic [hɪs'pænɪk] **I.** *adj* hispanisch **II.** *s* Hispano-Amerikaner(in) *m(f)*
hiss [hɪs] **I.** *vi* zischen; (*Katze*) fauchen **II.** *vt* (~ *at, off*) auszischen **III.** *s* Zischen *nt*; Fauchen *nt*
his•ta•mine ['hɪstəmi:n] *s* (MED) Histamin *nt*
his•tor•ian [hɪ'stɔ:rɪən] *s* Historiker(in) *m(f)*, Geschichtsschreiber(in) *m(f)*; **his•toric** [hɪ'stɒrɪk] *adj* (*a.* GRAM) historisch; **his•tori•cal** [hɪ'stɒrɪkl] *adj* historisch, geschichtlich; ~ **novel** historischer Roman; **his•tory** ['hɪstrɪ] *s* **1.** Geschichte *f* **2.** (*life* ~) Lebensgeschichte *f*, Werdegang *m* **3.** (MED PSYCH) Vorgeschichte *f*; **ancient/medi(a)eval/modern** ~ alte/mittlere/neuere Geschichte; ~ **of art** Kunstgeschichte *f*; ~ **of literature** Literaturgeschichte *f*; **make** ~ Geschichte machen
his•tri•on•ic [ˌhɪstrɪ'ɒnɪk] *adj* theatralisch
hit [hɪt] <*irr:* hit, hit> **I.** *vt* **1.** schlagen **2.** aufschlagen auf **3.** treffen **4.** (*fig: Ziel*) erreichen **5.** (*in einer Stadt*) ankommen **6.** (*Schicksalsschlag*) treffen; in Mitleidenschaft ziehen **7.** (*jds Geschmack*) treffen; (*einem Wunsch*) genau entsprechen **8.** (*s.o.*) (jdm) auffallen; (jdm) aufgehen **9.** (*sl*) töten, umlegen **10.** (*Am fam*) anpumpen (*for* um); **be hard** ~ schwer in Mitleidenschaft gezogen werden; ~ **s.o. where it hurts** jdn an der schwachen Stelle angreifen; ~ **s.o. below the belt** (*Boxen*) jdm einen Tiefschlag versetzen; ~ **the bottle** (*fam*) zur Flasche greifen; ~ **one's head against s.th.** mit dem Kopf gegen etw schlagen [*o* stoßen]; mit dem Kopf auf etw aufschlagen; ~ **the ceiling** (*fig*) aus der Haut fahren; **it ~s you in the eye** das springt einem ins Auge; ~ **the road** sich auf den Weg machen; auf die Reise gehen; **you've** ~ **it!** du hast es getroffen; **he** ~ **the nail on the head** er hat den Nagel auf den Kopf getroffen; ~ **the papers** Schlagzeilen machen **II.** *vi* **1.** schlagen **2.** zusammenstoßen **3.** (*fig*) losschlagen **III.** *s* **1.** Schlag *m* **2.** Treffer *m* **3.** (*fig*) Erfolg *m*; (MUS) Schlager, Hit *m* **4.** (INTERNET) Hit *m*; **that's a** ~ **at me** das galt mir, das war auf mich gemünzt; **make** [*o* **be**] **a** ~ **with s.o.** bei jdm gut ankommen; **hit back** *vi* zurückschlagen; **hit off** *vt*: ~ **it off** sich gut verstehen (*with* mit); **hit out** *vi* losschlagen (*at s.o.* auf jdn); (*fig*) angreifen (*at s.o.* jdn); **hit (up)on** *vi* stoßen auf
hit-and-run [ˌhɪtən'rʌn] *adj* (*Fahrer*) unfallflüchtig, fahrerflüchtig; ~ **accident** Unfall *m* mit Fahrerflucht; ~ **raid** Blitzüberfall *m*
hitch [hɪtʃ] **I.** *vi* **1.** hängenbleiben, sich (ver)fangen (*to* an) **2.** per Anhalter fahren (*across Europe* durch Europa) **II.** *vt* an-, festhaken, befestigen (*to* an, *round* um); **get ~ed** (*fam*) heiraten; ~ **a lift** [*o Am* **ride**] per Anhalter fahren **III.** *s* **1.** Ruck, Stoß *m*, Ziehen *nt* **2.** Hindernis *nt* **3.** Schwierigkeit *f*; Haken *m* **4.** Knoten *m*; **without a** ~ ohne Störung, reibungslos, glatt; **technical** ~ technisches Versagen; **hitch up** *vt* **1.** (*Pferde*) anspannen **2.** (*Hose*) hochziehen; **hitcher** ['hɪtʃər] *s* (*fam*) Anhalter(in) *m(f)*, Tramper(in) *m(f)*; **hitch•hike** ['hɪtʃhaɪk] *vi* per Anhalter fahren; Autostopp machen; trampen; **hitch•hiker** ['hɪtʃhaɪkə(r)] *s* Anhalter(in) *m(f)*, Tramper(in) *m(f)*; **hitch-hik•ing** [-ɪŋ] *s* Autostopp *m*, Trampen *nt*
hi(gh) tech [ˌhaɪ'tek] *s* Hightech *nt*
hither ['hɪðə(r)] *adv* hierher/-hin; ~ **and thither** hierhin und dorthin; **hither to** [ˌhɪðə'tu:] *adv* bisher, bis jetzt
hit•man ['hɪtmæn] <*pl* -men> *s* (*sl*) Killer *m*; **hit-or-miss** *adj* aufs Geratewohl; (*pej: Planung*) schlampig; **hit parade** *s* Schlagerparade, Hitparade *f*
HIV [ˌeɪtʃaɪ'vi:] *s abr de* **human immunodeficiency virus** HIV *nt*
hive [haɪv] *s* **1.** (*bee~*) Bienenstock, -korb *m*; Bienenvolk *nt*, -schwarm *m* **2.** (*fig*) (Menschen)Menge *f*; belebte Gegend; **hive off** **I.** *vi* weggehen, verschwinden **II.** *vt* (COM) absondern, ausgliedern; verselbstständigen
hives [haɪvz] *s pl* Nesselsucht *f*, -fieber *nt*
ho [həʊ] *interj* oh! oha! he! holla! heda!; **westward** ~! auf nach Westen!
hoar [hɔ:(r)] *s* Reif *m*
hoard [hɔ:d] **I.** *s* (stille) Reserve *f*, Vorrat *m*; Schatz *m* **II.** *vt, vi* hamstern, horten
hoard•ing[1] ['hɔ:dɪŋ] *s* Hamstern, Horten *nt*
hoard•ing[2] ['hɔ:dɪŋ] *s* (*Br*) **1.** Bau, Bretterzaun *m* **2.** Reklametafel/-fläche *f*
hoar•frost [ˌhɔ:'frɒst] *s* (Rau)Reif *m*
hoarse [hɔ:s] *adj* rau; heiser; **hoarse•ness** [-nɪs] *s* Rauheit *f*; Heiserkeit *f*
hoary ['hɔ:rɪ] *adj* **1.** grau-, weißhaarig; altersgrau **2.** (*fig*) uralt
hoax [həʊks] **I.** *s* Scherz, Ulk *m*; Streich *m*; blinder Alarm **II.** *vt* einen Streich spielen (*s.o.* jdm); **hoaxer** [-ə(r)] *s jemand, der einen blinden Alarm auslöst*
hob [hɒb] *s* Kochfeld *nt*
hobble ['hɒbl] **I.** *vi* humpeln **II.** *vt* eine Fußfessel anlegen (*a horse* einem Pferd)
hob•by ['hɒbɪ] *s* Hobby, Steckenpferd *nt*; **hob•by•craft** ['hɒbɪ'krɑ:ft] *s* (Kunst)handwerksarbeiten *pl*; **hobby-horse** ['hɒbɪhɔ:s] *s* Steckenpferd *nt*; (*fig*)

H

Lieblingsthema *nt*

hob·gob·lin [ˌhɒbˈgɒblɪn] *s* Kobold *m*

hob·nailed [ˈhɒbneɪld] *adj* genagelt

hob·nob [ˈhɒbnɒb] *vi* **1.** zusammensitzen (*with* mit) **2.** auf du und du stehen (*with* mit)

hobo [ˈhəʊbəʊ] <*pl* hobo(e)s> *s* (*Am*) **1.** Wanderarbeiter(in) *m(f)* **2.** (*pej*) Penner(in) *m(f)*

Hob·son's choice [ˌhɒbsnzˈtʃɔɪs] *s:* **take ~** keine Wahl haben

hock¹ [hɒk] *s* (*Pferd*) Sprunggelenk *nt*

hock² [hɒk] *s* (weißer) Rheinwein *m*

hock³ [hɒk] **I.** *s* (*sl*) Pfand *nt;* **in ~** verpfändet **II.** *vt* verpfänden, versetzen

hockey [ˈhɒkɪ] *s* (SPORT) Hockey *nt;* **ice ~** Eishockey *nt;* **hockey stick** *s* Hockeyschläger *m*

ho·cus-po·cus [ˌhəʊkəsˈpəʊkəs] *s* Hokuspokus, Schwindel *m,* Gaunerei *f;* fauler Zauber

hodge·podge [ˈhɒdʒpɒdʒ] *s* Mischmasch *m,* Durcheinander *nt*

hoe [həʊ] **I.** *s* (AGR) Hacke *f* **II.** *vt, vi* hacken

hog [hɒg] **I.** *s* **1.** (Mast)Schwein *nt* **2.** (*fig pej fam*) Schwein *nt;* schmutziger Kerl; Saukerl *m;* **go the whole ~** (*sl*) aufs Ganze gehen; **road ~** rücksichtslose(r) Fahrer(in) **II.** *vt* (*fam*) an sich reißen; **~ the road** in der Mitte der Straße fahren

Hog·ma·nay [ˈhɒgməneɪ] *s* (*schottisch*) Silvester(abend *m*) *nt*

hogs·head [ˈhɒgzhed] *s* großes Fass (*238 oder 245 l*); **hog·wash** [ˈhɒgwɒʃ] *s* **1.** Schweinefutter *nt* **2.** (*fam*) Gewäsch, (dummes) Gerede *nt*

ho-hum [ˈhəʊˌhʌm] *adj* (*fam*) belanglos

hoi pol·loi [ˌhɔɪpəˈlɔɪ] *s* Pöbel, Plebs *m*

hoist [hɔɪst] **I.** *vt* **1.** auf-, hochziehen **2.** (MAR) hissen **II.** *s* **1.** Auf-, Hochziehen *nt* **2.** Aufzug *m,* Winde *f,* Flaschenzug *m;* (Lade)Kran *m*

hoity-toity [ˌhɔɪtɪˈtɔɪtɪ] *adj* anmaßend, arrogant

hold [həʊld] <*irr:* held, held> **I.** *vt* **1.** (fest)halten; (*a.* ARCH) nicht fallen lassen, tragen **2.** besitzen, innehaben, einnehmen, bekleiden **3.** (*Funktion, Amt*) ausüben, innehaben **4.** (*Versammlung*) abhalten **5.** (*Gespräch*) führen **6.** (*Stellung*) halten, behaupten **7.** enthalten; (*Raum, Gefäß*) fassen **8.** (*fig*) im Sinne haben; betrachten als, halten für **9.** der Ansicht sein; meinen, glauben (*that* dass) **10.** (*Ansicht, Meinung*) vertreten **11.** (JUR) entscheiden; vertraglich verpflichten **12.** (COM: *Waren*) zurücklegen; **~ s.o.'s attention** jds Aufmerksamkeit fesseln; **be left ~ing the baby** [*o* **bag**] (*Am*) für den Schaden einstehen müssen; **~ one's breath** den Atem anhalten; **~ cheap** gering achten; keinen Wert legen auf; **~ dear** wertschätzen; **~ one's ground** [*o* **one's own**] sich behaupten; **~ hands** sich an der Hand halten; Händchen halten; **~ the line** (TELE) am Apparat bleiben; **~ office** (*Partei*) an der Macht, im Amt sein; **~ the record** den Rekord halten (*for the high jump* im Hochsprung); **~ the road well** (AUTO) eine gute Straßenlage haben; **~ water** wasserdicht sein; (*fig*) stichhaltig sein; **there's no ~ing him** er ist nicht zu halten; **~ it!** halt!; **he can't ~ his drink liquor** [*o* **liquor** *Am*] er verträgt nichts **II.** *vi* **1.** festhalten, sich halten (*by, to* an) **2.** halten, nicht reißen, nicht brechen **3.** (*Preise, Wetter*) sich halten **4.** (*Recht*) Geltung haben, in Kraft sein **5.** übereinstimmen (*with* mit) **6.** billigen (*with s.th.* etw); **~ true** zutreffen, gelten **III.** *s* **1.** Griff *m* **2.** Halt *m* **3.** (*fig*) Gewalt, Macht *f,* starker Einfluss (*on* auf) **4.** (MAR) Laderaum *m;* **catch/get/lay/take ~ of s.th.** etw fassen/packen/ergreifen, etw in seine Gewalt bringen; **get a ~ of o.s.** sich in den Griff bekommen; **keep ~ of s.th.** etw festhalten; **let go one's ~, lose ~ of s.th.** etw loslassen; **miss one's ~** fehlgreifen; **hold against** *vt* verübeln (*s.o.* jdm); **hold back I.** *vt* **1.** zurückhalten; unter Kontrolle halten **2.** geheim halten **3.** hindern (*from* an) **II.** *vi* **1.** sich zurückhalten (*from* von) **2.** zögern; **hold down** *vt* **1.** niederhalten, unter Kontrolle halten; unterdrücken **2.** (*Preise*) niedrig halten **3.** (*Stelle*) halten; behalten; **hold forth** *vi* reden (*on* über); **hold in** *vt* (*Bauch*) einziehen; (*Gefühle*) unterdrücken, beherrschen; **hold off I.** *vt* **1.** ab-, fernhalten; abwehren **2.** (*Entscheidung*) verschieben **II.** *vi* **1.** sich abseits halten, sich fernhalten **2.** warten; nicht angreifen **3.** (*Regen*) nicht anfangen, ausbleiben; **hold on** *vi* **1.** (sich) festhalten (*to* an) **2.** durchhalten, ausdauern **3.** warten **4.** (TELE) am Apparat bleiben; **hold out I.** *vi* **1.** Bestand haben, sich halten, ausdauern, bleiben **2.** standhalten, aushalten; sich behaupten (*against* gegen) **3.** (*Vorräte*) reichen **4.** abwarten (*for s.th.* etw) **II.** *vt* **1.** (*Hand*) ausstrecken **2.** an-/darbieten **3.** (*Angebot, Hoffnung*) machen; **~ out on s.o.** (*fam*) jdm etw verschweigen; **hold over** *vt* **1.** auf-, verschieben **2.** reservieren **3.** (*Film*) verlängern **4.** (*Waren*) zurücklegen **5.** (*Wechsel*) prolongieren; **hold to** *vi* festhalten an; **hold together** *vt, vi* zusammenhalten; **hold under** *vt* (*Volk*) unterdrücken; **hold up I.** *vt* **1.** hoch, aufrecht halten, stützen **2.** hochhalten, hochheben **3.** zeigen, preisgeben (*to ridicule* der Lächerlichkeit) **4.** (*Am*) als Kandidaten aufstellen **5.** anhalten; aufhalten; verzögern

6. überfallen (und ausrauben) **II.** *vi* **1.** stehen bleiben; halten **2.** (*fig*) standhalten; sich halten lassen; **be held up** aufgehalten werden; **hold with** *vi* übereinstimmen mit, billigen

hold•all ['həʊldɔːl] *s* Reisetasche *f*

holder ['həʊldə(r)] *s* **1.** Inhaber(in) *m(f)*, Besitzer(in) *m(f)*, Pächter(in) *m(f)* **2.** (*Gegenstand*) Halter *m;* (Zigaretten)Spitze *f;* Übertopf *m;* ~ **of shares** Aktionär(in) *m(f)*

hold•ing ['həʊldɪŋ] *s* **1.** Pachtgut *nt* **2.** *meist pl* (Grund)Besitz *m,* Grundstück *nt* **3.** Guthaben *nt,* (Kapital)Einlage, (Aktien)Beteiligung *f* **4.** (*Boxen*) Festhalten *nt;* ~ **capacity** Fassungsvermögen *nt;* ~ **company** Holdinggesellschaft *f;* ~ **of stocks** Lagerhaltung *f;* Wertpapierbesitz *m;* ~ **spray** Fixierspray *m*

hold•over ['həʊldəʊvə(r)] *s* (*Am: fam*) Überbleibsel *nt;* **hold-up** ['həʊldʌp] *s* **1.** Verzögerung *f* **2.** (*traffic* ~) Stau *m* **3.** (bewaffneter) Raubüberfall *m*

hole [həʊl] **I.** *s* **1.** (*a.* GOLF) Loch *nt,* Lücke *f;* Öffnung *f* **2.** Höhle *f;* Bau *m* **3.** Elendsquartier *nt;* (*fam*) Loch *nt* **4.** (*Ort*) Kaff *nt* **5.** (*fam*) Patsche, Klemme, schwierige Situation *f;* **make a ~ in s.th.** (*fig*) ein (großes) Loch in etw reißen; **pick ~s in s.th.** (*fig*) an etw herumkritisieren **II.** *vt* **1.** durchlöchern **2.** (aus)höhlen **3.** durchbohren **4.** (*Ball*) in ein Loch spielen; **hole up** *vi* sich verkriechen; sich verstecken; sich verschanzen

holi•day ['hɒlədeɪ] **I.** *s* **1.** Feiertag *m* **2.** arbeitsfreier Tag, Ruhetag *m* **3.** ~**s** Ferien *pl,* Urlaub *m;* **on** ~ in Urlaub; in den Ferien; **be on** ~ in Urlaub sein; Ferien haben; **take a** ~ Urlaub nehmen; **bank** ~ Bankfeiertag *m;* **public** ~ gesetzlicher Feiertag; ~**s with pay** bezahlter Urlaub **II.** *vi* die Ferien verbringen; **holiday address** *s* Ferienanschrift *f;* **holiday camp** *s* Ferienlager *nt;* **holiday course** *s* Ferienkurs *m;* **holiday destination** *s* Reiseziel *nt;* **holiday entitlement** *s* Urlaubsanspruch *m;* **holiday flat** *s* Ferienwohnung *f;* **holiday house** *s* Ferienhaus *nt;* **holiday-maker** *s* Feriengast *m,* Urlauber(in) *m(f);* **holiday mood** *s* Ferienstimmung *f;* **holiday resort** *s* Ferienort *m*

holi•ness ['həʊlɪnɪs] *s* Heiligkeit *f*

ho•lism ['həʊlɪzəm] *s* Holismus *m;* **ho•listic** [həʊ'lɪstɪk] *adj* holistisch, ganzheitlich

Holland ['hɒlənd] *s* Holland *nt*

hol•ler ['hɒlə(r)] **I.** *s* (*fam*) Schrei *m* **II.** *vi, vt* (*fam*) schreien, brüllen

hol•low ['hɒləʊ] **I.** *adj* **1.** hohl **2.** (*Wangen*) eingefallen **3.** (*fig*) leer, hohl, falsch, unaufrichtig; **beat** ~ (*fam*) völlig besiegen **II.** *s* Höhlung, Vertiefung *f;* Loch *nt,* Grube *f* **III.** *vt* (~ *out*) aushöhlen; vertiefen

holly ['hɒlɪ] *s* Stechpalme *f*

holly•hock ['hɒlɪhɒk] *s* Rosenmalve *f*

holm oak ['həʊmˌəʊk] *s* Steineiche *f*

holo•caust ['hɒləkɔːst] *s* **1.** Brandkatastrophe *f,* Inferno *nt* **2.** Massenvernichtung *f,* -mord *m* **3.** (HIST) Holocaust *m*

holo•gram ['hɒləgræm] *s* Hologramm *nt*

hol•ster ['həʊlstə(r)] *s* (Pistolen)Halfter *nt*

holy ['həʊlɪ] *adj* **1.** heilig; geweiht **2.** gottgefällig; **a ~ terror** entsetzlicher Mensch; **Holy Communion** *s* heilige Kommunion; **Holy See** *s* (der) Heilige Stuhl; **Holy Week** *s* (die) Karwoche

hom•age ['hɒmɪdʒ] *s* Huldigung *f;* Ehrerbietung *f;* **do** [*o* **pay**] ~ **to s.o.** jdm huldigen

home [həʊm] **I.** *s* **1.** Heim *nt,* Wohnung *f* **2.** Heimat *f* **3.** Haus *nt;* Familie *f;* Haushalt *m* **4.** Anstalt *f;* Heim *nt* **5.** (ZOO BOT) Standort *m;* **at** ~ daheim, zu Hause; **not at** ~ nicht zu Hause (*to* für); **at ~ and abroad** im In- u. Ausland; **be/feel at** ~ (*fig*) zu Hause sein/sich zu Hause fühlen; **make o.s. at** ~ es sich bequem machen; **his ~ is in Vienna** er ist in Wien zu Hause; **away from** ~ von zu Hause weg **II.** *adj* **1.** einheimisch, inländisch **2.** häuslich **III.** *adv* heim, nach Hause; zu Hause, daheim; **bring** [*o* **get**] **s.th. ~ to s.o.** jdm etw klarmachen; **drive** ~ (*Nagel*) einschlagen; **drive s.o. home** jdn (mit dem Auto) nach Hause bringen; **drive s.th. ~ to s.o.** jdm etw beibringen; **go** ~ nach Hause, heimgehen; **see s.o.** ~ jdn nach Hause begleiten; **it has come ~ to me** ich bin mir darüber im Klaren; **nothing to write ~ about** nichts Besonderes **IV.** *vi* heimfinden **V.** *vt* (*Rakete*) automatisch ins Ziel steuern; **home in** *vi* (MIL) sich ausrichten (*on* auf); ~ **in on a target** ein Ziel ansteuern; ~ **in on a point** (*fig*) einen Punkt herausgreifen; **home address** *s* Heimatanschrift *f;* Privatanschrift *f;* **home affairs** *s pl* (*Br:* POL) innere Angelegenheiten *fpl;* **home-baked** [ˌhəʊm'beɪkt] *adj* selbst gebacken; **homebanking** *s* Homebanking *nt;* **home birth** *s* Hausgeburt *f;* **home•body** *s* (*fam*) häuslicher Mensch; **home-brew** [ˌhəʊm'bruː] *s* selbst gebrautes Bier; **home•com•ing** ['həʊmˌkʌmɪŋ] *s* Heimkehr *f;* **home computer** *s* Heimcomputer *m;* **home cooking** *s* Hausmannskost *f;* **Home Counties** *s pl* (*Br*) *an London angrenzende Grafschaften;* **home economics** *s* Hauswirtschaft(slehre) *f;* **home exercise machine** *s* Heimtrainer *m;* **home-grown** [ˌhəʊm'grəʊn] *adj* selbst gezogen; ~ **produce** einheimisches Erzeugnis; **home help** *s* Haushaltshilfe *f;* **home•land** ['həʊmlænd] *s* Heimat(land *nt*) *f;* **home-**

H

less ['həʊmlɪs] *adj* obdachlos; heimatlos; **home•like** ['həʊmlaɪk] *adj* heimelig, behaglich; **home loan** *s* Hypothek *f;* **homely** ['həʊmlɪ] *adj* **1.** häuslich, heimisch **2.** einfach, schlicht; ~ **fare** bürgerliche Küche; **home-made** [ˌhəʊm'meɪd] *adj* selbst gemacht; **home•maker** ['həʊmˌmeɪkə(r)] *s* (*Am*) Hausfrau *f;* **home market** *s* (*Br*) Inlandsmarkt *m*

ho•meo- ['həʊmɪə] (*Am*) Homöo-, homöo-

Home Of•fice ['həʊm'ɒfɪs] *s* (*Br*) Innenministerium *nt*

ho•meo•path *s* (*Am*) Homöopath(in) *m(f);* **ho•me•opathy** *s* (*Am*) Homöopathie *f*

home•page *s* (INTERNET) Homepage *f*

home plate *s* (*Baseball*) Schlagmal *nt;* **Home Rule** *s* (POL) Selbstverwaltung *f;* **home run** *s* (*Baseball*) Vier-Mal-Lauf *m;* **Home Secretary** *s* (*Br*) Innenminister(in) *m(f);* **home shop•ping** *s* Homeshopping *nt* (*online einkaufen*)*;* **homesick** ['həʊmsɪk] *adj:* **be** ~ Heimweh haben; **home•sick•ness** ['həʊmsɪknɪs] *s* Heimweh *nt;* **home•spun** ['həʊmspʌn] *adj* **1.** handgesponnen **2.** (*fig*) einfach; (*pej*) hausbacken; **home•stead** ['həʊmsted] *s* **1.** Heimstätte *f* **2.** (*Am*) zugewiesenes Freiland (*160 acres*)*;* **home straight**, **home stretch** *s* (SPORT) Zielgerade *f;* **we are on the** ~ (*fig*) wir haben's bald geschafft; **home team** *s* Heimmannschaft *f;* **home town** *s* Heimatstadt *f;* **home truth** *s* bittere Wahrheit; **home•ward** ['həʊmwəd] *adj* Heim-, Nachhause-, Rück-; **homewards** ['həʊmwədz] *adv* heim, nach Hause, zurück; **home•work** ['həʊmwɜːk] *s* **1.** Heimarbeit *f* **2.** (SCHULE) Hausaufgaben *fpl;* **do one's** ~ seine Hausaufgaben machen; (*fig*) sich mit der Materie vertraut machen; **home•worker** ['həʊmwɜːkə(r)] *s* Heimarbeiter(in) *m(f)*

homey ['həʊmɪ] *adj* (*Am fam*) behaglich, heimelig

homi•cidal [ˌhɒmɪ'saɪdl] *adj* gemeingefährlich; **in a** ~ **mood** in Mordstimmung; **a** ~ **maniac** gemeingefährlicher Verbrecher; **homi•cide** ['hɒmɪsaɪd] *s* **1.** Totschlag *m;* Mord *m* **2.** Mörder *m*

hom•ing ['həʊmɪŋ] *adj* **1.** heimkehrend **2.** (MIL) zielsuchend; **homing pigeon** *s* Brieftaube *f*

ho•moeo•path ['həʊmɪəpæθ] *s* Homöopath(in) *m(f);* **ho•moeo•pathic** [ˌhəʊmɪə'pæθɪk] *adj* homöopathisch; **homoe•opathy** [ˌhəʊmɪ'ɒpəθɪ] *s* Homöopathie *f*

ho•mo•gene•ous [ˌhɒmə'dʒiːnɪəs] *adj* gleichartig, homogen; **hom•ogen•ize** [hə'mɒdʒɪnaɪz] *vt* (*Milch*) homogenisieren

homo•graph ['hɒməgrɑːf] *s* Homograph *nt;* **homo•nym** ['hɒmənɪm] *s* Homonym *nt;* **homo•phone** ['hɒməfəʊn] *s* Homophon *nt*

homo•sex•ual [ˌhɒmə'sekʃʊəl] **I.** *adj* homosexuell **II.** *s* Homosexuelle(r) *f m;* **homo•sex•ual•ity** [ˌhɒməsekʃʊ'ælətɪ] *s* Homosexualität *f*

Hon•du•ran [hɒnʊdjʊərən] **I.** *adj* honduranisch **II.** *s* Honduraner(in) *m(f)*

Hon•du•ras [hɒn'djʊərəs] *s* Honduras *nt*

hone [həʊn] **I.** *vt* (*Messerklinge*) (fein)schleifen; (*fig*) schärfen **II.** *s* Schleifstein *m*

hon•est ['ɒnɪst] *adj* **1.** ehrlich, aufrichtig **2.** zuverlässig, vertrauenswürdig **3.** anständig; ehrenhaft; **hon•est•ly** [-lɪ] *adv* **1.** auf ehrliche Weise **2.** wirklich, tatsächlich; **to tell you** ~ offen gestanden; **hon•est-to-good•ness** ['ɒnɪsttə'gʊdnɪs] *adj* (*fam*) echt, natürlich; unvermischt; **hon•esty** ['ɒnɪstɪ] *s* **1.** Ehrlichkeit, Aufrichtigkeit *f* **2.** Zuverlässigkeit *f*

honey ['hʌnɪ] *s* **1.** Honig *m* **2.** (*fig*) Schätzchen *nt* **3.** (*Am*) Pfundssache *f;* **honeybee** ['hʌnɪbiː] *s* Honigbiene *f;* **honeycomb** ['hʌnɪkəʊm] *s* Honigwabe *f;* **honey•dew melon** ['hʌnɪdjuː 'melən] *s* Honigmelone *f;* **honey•moon** ['hʌnɪmuːn] **I.** *s* Flitterwochen *fpl* **II.** *vi* die Flitterwochen verbringen; **honey•suckle** ['hʌnɪsʌkl] *s* Geißblatt *nt*

honk [hɒŋk] **I.** *s* **1.** Schrei *m* der Wildgans **2.** (AUTO) Hupen *nt* **II.** *vi* **1.** (*Wildgans*) schreien **2.** (AUTO) hupen

honor (*Am*) *s.* **honour**

hon•or•ary ['ɒnərərɪ] *adj* ehrenamtlich; Ehren-; ~ **member** Ehrenmitglied *nt*

hon•our ['ɒnə(r)] **I.** *s* **1.** Ehre *f;* Auszeichnung *f* **2.** Unbescholtenheit *f* **3.** ~**s** öffentliche Ehrungen *fpl* **4.** ~**s** (SCHULE) Auszeichnung *f;* (*Universität*) *dem Staatsexamen vergleichbarer Abschluss;* **Your Honour** Euer Gnaden (*Anrede für einen Richter*)*;* **do s.o. the** ~ **of coming** jdm die Ehre erweisen zu kommen; **do the** ~**s** die Honneurs machen; **take** ~**s in** (*Universität*) sich spezialisieren in; **in** ~ **bound** moralisch verpflichtet; **guest of** ~ Ehrengast *m;* **man of** ~ Ehrenmann *m;* **word of** ~ Ehrenwort *nt;* ~ **where** ~ **is due** (*prov*) Ehre, wem Ehre gebührt **II.** *vt* **1.** ehren; (hoch)achten, hochschätzen **2.** eine Ehrung zuteil werden lassen (*s.o.* jdm) **3.** (FIN) honorieren, einlösen; **hon•o(u)r•able** ['ɒnərəbl] *adj* ehrenhaft, -voll, -wert; **my Honourable friend the member for ...** (*Br:* PARL) der Abgeordnete für ...; **honours degree** *s* ≈ Staatsexamen *nt;* **honours list** *s* **1.** (*Br:* POL) Liste *f* der verliehenen Titel **2.** (*Universität*) *Liste der Kandidaten, die das „honours degree" erworben haben*

hood [hʊd] *s* **1.** Kapuze *f* **2.** (TECH) Haube, Kappe *f*, Aufsatz *m* **3.** (AUTO) Verdeck *nt* **4.** (*Am:* AUTO) Motorhaube *f* **5.** (*von Vögeln*) Kamm *m*, Haube *f* **6.** (*sl*) Gangster *m* **7.** (*sl*) Rowdy *m*

hood•lum ['hu:dləm] *s* (*sl*) **1.** Rowdy *m* **2.** Gangster *m*

hood•wink ['hʊdwɪŋk] *vt* (*fig*) Sand in die Augen streuen (*s.o.* jdm), täuschen; betrügen

hoof [hu:f] <*pl* hoofs, hooves> **I.** *s* Huf *m*; **on the ~** (*Vieh*) lebend **II.** *vt, vi* (*fam: ~ it*) latschen

hoo-ha ['hu:hɑ:] *s* (*Br fam*) Krach *m*

hook [hʊk] **I.** *s* **1.** Haken *m*, Kleiderhaken *m*; (*fish~*) Angelhaken *m* **2.** Sichel *f* **3.** gekrümmte Landspitze/-zunge **4.** (*Boxen*) Haken *m*; **by ~ or by crook** ganz gleich, gleichgültig, wie; mit allen Mitteln; **off the ~** (*sl*) aus den Schwierigkeiten heraus; **leave the phone off the ~** nicht auflegen; **~, line, and sinker** (*fam*) vollkommen, vollständig, *adv*; **~ and eye** Haken *m* u. Öse *f* **II.** *vt* **1.** an-, fest-, zuhaken **2.** fangen; angeln **3.** (*Wagen*) anhängen (*on to* an) **4.** hakenförmig biegen **5.** (SPORT: *Ball*) einen Haken schlagen lassen **6.** (*Boxen*) einen Haken versetzen (*s.o.* jdm); **get/be ~ed** (*sl*) abhängig werden/sein; toll finden (*on s.th.* etw); **be ~ed on an idea** von einer Idee besessen sein; **~ it** (*sl*) abhauen **III.** *vi* **1.** (hakenförmig) gekrümmt sein **2.** mit (einem) Haken befestigt sein; **hook on I.** *vi* angehängt, angehakt werden; sich festhaken **II.** *vt* anhaken; anhängen; mit einem Haken befestigen; **hook up I.** *vi* **1.** mit einem Haken zugemacht werden **2.** (RADIO TV) gemeinsam ausstrahlen **II.** *vt* **1.** zuhaken **2.** (*Anhänger*) ankoppeln, anhängen **3.** (RADIO TV) anschließen (*with* an)

hooked [hʊkt] *adj* **1.** hakenförmig, krumm **2.** mit Haken versehen **3.** süchtig; **hooker** ['hʊkə(r)] *s* (*Am sl*) Prostituierte *f*; **hook-up** ['hʊkʌp] *s* (RADIO) Sendergruppe, Ringsendung *f*; **hooky** ['hʊkɪ]: **play ~** (*Am fam*) die Schule schwänzen

hoo•li•gan ['hu:lɪgən] *s* Rowdy *m*; **hoo•li•gan•ism** [-ɪzm] *s* Rowdytum *nt*

hoop [hu:p] **I.** *s* **1.** Reif(en) *m*; Bügel, Ring *m* **2.** (SPORT) (Krocket)Tor *nt*; **go through the ~s** (*fam*) eine schwere Zeit durchmachen **II.** *vt* die Reifen auftreiben (*a barrel* auf ein Fass); **hoop earing** *s* Kreole *f*

hoo•poe ['hu:pu:] *s* Wiedehopf *m*

hoose•gow ['hu:sgaʊ] *s* (*Am: sl*) Knast *m sl*

hoot [hu:t] **I.** *vi* **1.** schreien **2.** hupen **3.** johlen; sich kaputtlachen **II.** *vt* ausbuhen **III.** *s* **1.** Ruf, Schrei *m* **2. ~s** Gejohle *nt* **3.** (TECH) Hupen *nt*; **I don't care a ~** das ist mir völlig egal; **he's a ~** er ist zum Schreien komisch; **hoot down** *vt* niederschreien; **hooter** ['hu:tə(r)] *s* **1.** (TECH) Sirene *f* **2.** (AUTO) Hupe *f* **3.** (*sl*) Nase *f*

hoov•er® ['hu:və(r)] **I.** *vt* staubsaugen **II.** *s* Staubsauger *m*

hop[1] [hɒp] **I.** *vi* **1.** hüpfen **2.** eine kurze Reise machen **II.** *vt* springen über; **~ it!** hau ab! **III.** *s* **1.** Sprung *m* **2.** (*fam*) Tänzchen *nt* **3.** (AVIAT: *fam*) kurzer Flug; **catch s.o. on the ~** (*fam*) jdn unvorbereitet erwischen, treffen; **on the ~** fleißig; in Bewegung; **~, step, and jump** (SPORT) Dreisprung *m*; **hop about, hop around** *vi* umherhüpfen; **hop in** *vi* hineinhüpfen; (*fam*) einsteigen; **hop out** *vi* heraushüpfen; (*fam*) aussteigen

hop[2] [hɒp] *s* **1.** Hopfen *m* (*Pflanze*) **2. ~s** Hopfen *m* (*Bierzusatz*)

hope [həʊp] **I.** *s* **1.** Hoffnung *f* (*of* auf) **2.** Vertrauen *nt* (*in* zu), Zuversicht *f*; **past** [*o* **beyond**] **~** hoffnungslos; **hold out a ~** Hoffnung haben; **live in ~ of s.th.** auf etw hoffen; **there's no ~ of that** da braucht man sich keine Hoffnungen zu machen; **what a ~!** schön wär's! **II.** *vt* hoffen auf; erhoffen; ersehnen **III.** *vi* **1.** hoffen (*for* auf), erhoffen (*for s.th.* etw) **2.** vertrauen (*in* auf); **I ~ so** hoffentlich!; **I ~ not** hoffentlich nicht!; **~ against ~** trotz allem die Hoffnung nicht aufgeben; **hope•ful** ['həʊpfl] **I.** *adj* hoffnungsvoll; viel versprechend; **be ~** sich Hoffnungen machen, hoffen **II.** *s*: **a young ~** hoffnungsvoller junger Mensch; viel versprechendes Talent; **hope•ful•ly** ['həʊpfəlɪ] *adv* **1.** hoffnungsvoll **2.** hoffentlich; **hope•less** ['həʊplɪs] *adj* **1.** hoffnungslos **2.** aussichtslos **3.** nutzlos **4.** unverbesserlich; **hope•less•ly** [-lɪ] *adv* hoffnungslos

hopper ['hɒpə(r)] *s* (TECH) Einfüll-, Speisetrichter *m*

hop-picker ['hɒp,pɪkə(r)] *s* Hopfenpflücker(in) *m(f)*

hop•ping mad ['hɒpɪŋ 'mæd] *adj* (*fam*) fuchsteufelswild

hop•pole ['hɒp,pəʊl] *s* Hopfenstange *f*

hop•scotch ['hɒpskɒtʃ] *s* Himmel u. Hölle-Spiel *nt*

horde [hɔ:d] *s* Horde *f*; Menge *f*

hor•izon [hə'raɪzn] *s* (*a. fig*) Horizont *m*; **hori•zon•tal** [,hɒrɪ'zɒntl] *adj* horizontal, waagerecht; **~ bar** (SPORT) Reck *nt*; **~ hold** (TV) Zeilenfang *m*

hor•mone ['hɔ:məʊn] *s* Hormon *nt*

horn [hɔ:n] *s* **1.** Horn *nt* **2.** (*Schnecke*) Fühler *m* **3.** (Trink)Horn *nt* **4.** Füllhorn *nt*

5. (MUS) Horn *nt* **6.** (AUTO) Hupe *f;* (MAR) Signalhorn *nt* **7.** (*Mondsichel*) Spitze *f;* **~s** Hörner *ntpl,* Geweih *nt;* **be caught on the ~s of a dilemma** in einer Zwickmühle sitzen; **blow** [*o* **sound**] **the ~** (AUTO) hupen; **~ of plenty** Füllhorn *nt;* **horn in** *vi* mitmachen; sich einmischen; **~ in on a conversation** sich in eine Unterhaltung einmischen

hor•net ['hɔ:nɪt] *s* Hornisse *f;* **stir up a ~'s nest** (*fig*) in ein Wespennest stechen

horn•less ['hɔ:nlɪs] *adj* hornlos; **horn-rimmed** ['hɔ:nrɪmt] *adj:* **~ spectacles** Hornbrille *f;* **horny** ['hɔ:nɪ] *adj* **1.** horn(art)ig **2.** schwielig **3.** (*sl*) scharf, spitz, geil

horo•scope ['hɒrəskəʊp] *s* Horoskop *nt;* **cast a ~** ein Horoskop stellen

hor•ren•dous [hɒ'rendəs] *adj* **1.** (*Verbrechen*) entsetzlich **2.** (*Preise, Lüge*) horrend

hor•rible ['hɒrəbl] *adj* **1.** schrecklich, furchtbar, entsetzlich **2.** ekelhaft, unfreundlich; **hor•rid** ['hɒrɪd] *adj* abscheulich, ekelhaft; abstoßend; **hor•rific** [hə'rɪfɪk] *adj* schrecklich; **hor•rify** ['hɒrɪfaɪ] *vt* **1.** entsetzen, Schrecken einjagen (*s.o.* jdm) **2.** (*fam*) schockieren (*at, by* von); **hor•ror** ['hɒrə(r)] *s* **1.** Schrecken *m,* Entsetzen, Grauen *nt* **2.** Abscheu, Ekel *m* (*of* vor) **3.** (*Person*) Ekel *nt* **4. ~s** Grausen *nt;* **~ film** Horrorfilm *m;* **it gives me the ~s** es läuft mir kalt über den Rücken; **hor•ror-stricken, hor•ror-struck** ['hɒrəstrɪkn, 'hɒrəstrʌk] *adj* von Entsetzen gepackt

hors d'œuvre [ɔ:'dɜ:v(r)] *s* Hors d'œuvre *nt,* Vorspeise *f*

horse [hɔ:s] *s* **1.** (*a.* SPORT) Pferd *nt* **2.** Ständer *m,* Gestell *nt;* **straight from the ~'s mouth** (*fig*) direkt von der Quelle; **wild ~s would not drag me there** dahin würden mich keine zehn Pferde bringen; **back the wrong ~** (*fig*) aufs falsche Pferd setzen; **eat like a ~** fressen wie ein Scheunendrescher; **flog a dead ~** (*fig*) seine Zeit verlieren; **put the cart before the ~** (*fig*) das Pferd beim Schwanz aufzäumen; **work like a ~** arbeiten wie ein Pferd; **a dark ~** (*fig*) unbeschriebenes Blatt; (SPORT) Außenseiter *m;* **horse about, horse around** *vi* herumalbern; **horse•back** ['hɔ:sbæk] *s:* **on ~** zu Pferde; **go on ~** reiten; **get on ~** aufsitzen; **horse•box** ['hɔ:sbɒks] *s* (RAIL) Pferdetransportwagen *m;* **horse-chestnut** *s* Rosskastanie *f;* **horse-drawn** ['hɔ:sdrɔ:n] *adj* von Pferden gezogen; **horse•fly** ['hɔ:sflaɪ] *s* Pferdebremse *f;* **horse•hair** ['hɔ:sheə(r)] *s* Rosshaar *nt;* **horse-laugh** ['hɔ:slɑ:f] *s* wieherndes Gelächter; **horse•man** ['hɔ:smən] <*pl* -men> *s* Reiter *m;* **horse•man•ship** ['hɔ:smənʃɪp] *s* Reitkunst *f;* **horse play** *s* grober Unfug; **horse•pow•er** ['hɔ:spaʊə(r)] *s* Pferdestärke *f;* **horse race** *s* Pferderennen *nt;* **horse racing** *s* **1.** Pferderennsport *m* **2.** Pferderennen *nt;* **horse•rad•ish** *s* Meerrettich *m;* **horse sense** *s* gesunder Menschenverstand; **horse•shoe** ['hɔ:sʃu:] *s* Hufeisen *nt;* **horse trading** *s* (*fig*) Kuhhandel *m;* **horsewhip** ['hɔ:swɪp] *s* Reitpeitsche *f;* **horse woman** ['hɔ:sˌwʊmən, *pl* -wɪmɪn] <*pl* -women> *s* Reiterin *f*

hors(e)y ['hɔ:sɪ] *adj* **1.** pferdeartig **2.** pferdeliebend

hor•ti•cul•tural [ˌhɔ:tɪ'kʌltʃərəl] *adj:* **~ exhibition** Gartenschau *f;* **hor•ti•cul•ture** ['hɔ:tɪkʌltʃə(r)] *s* Gartenbau *m*

ho•sanna [həʊ'zænə] **I.** *s* Hosianna *nt* **II.** *interj* hosianna!

hose[1] [həʊz] **I.** *vt* abspritzen **II.** *s* (Gummi)Schlauch *m*

hose[2] [həʊz] *s* **1.** (*Sammelbegriff*) Strumpfwaren *fpl* **2.** (*historisch*) Kniehose *f;* **hosier** ['həʊzɪə(r)] *s* Strumpfwarenhändler(in) *m(f);* **ho•siery** ['həʊzɪərɪ] *s* Strumpf-, Wirkwaren *fpl*

hos•pice ['hɒspɪs] *s* Pflegeheim *nt* für unheilbar Kranke

hos•pit•able [hɒ'spɪtəbl] *adj* gastlich, gastfreundlich

hos•pi•tal ['hɒspɪtl] *s* Klinik *f,* Krankenhaus *nt;* **be in ~** im Krankenhaus sein

hos•pi•tal•ity [ˌhɒspɪ'tælətɪ] *s* Gastlichkeit *f;* Gastfreundschaft *f*

hos•pi•tal•iz•ation [ˌhɒspɪtəlaɪz'eɪʃn] *s* **1.** Einlieferung *f* in ein Krankenhaus **2.** Krankenhausaufenthalt *m;* **hos•pi•tal•ize** ['hɒspɪtlaɪz] *vt* in ein Krankenhaus einliefern

hospital ship *s* Lazarettschiff *nt;* **hospital train** *s* Lazarettzug *m*

host[1] [həʊst] **I.** *s* **1.** Gastgeber *m* (*to* für) **2.** (BIOL) Wirt(stier *nt*) *m* **3.** (TV) Showmaster *m* **II.** *vt* Gastgeber sein bei

host[2] [həʊst] *s:* **a ~ of, ~s of …** eine Unzahl …; sehr viel …

Host [həʊst] *s* (REL) Hostie *f*

hos•tage ['hɒstɪdʒ] *s* Geisel *f;* **take s.o. ~** jdn als Geisel nehmen

host country ['həʊstˌkʌntrɪ] *s* **1.** Gastland *nt* **2.** (*von Flüchlingen*) Aufnahmeland *nt*

hos•tel ['hɒstl] *s* Wohnheim *nt;* **youth~** Jugendherberge *f;* **hos•tel•ler** ['hɒstələ(r)] *s* Heimbewohner(in) *m(f),* (Jugend)Herbergsgast *m*

host•ess ['həʊstɪs] *s* **1.** Gastgeberin *f;* Dame *f* des Hauses **2.** Empfangsdame *f;* Hostess *f* **3.** (AVIAT) Stewardess *f*

hos•tile ['hɒstaɪl] *adj* **1.** feindlich **2.** feindselig (*to* gegen); **hos•til•ity** [hɒ'stɪlətɪ] *s*

1. Feindschaft *f* (*to, towards, against* gegen) **2. hostilities** Feindseligkeiten *fpl*

hot [hɒt] *adj* **1.** heiß; (*Wasserhahn, Mahlzeit*) warm **2.** brennend, beißend **3.** stark gewürzt, scharf **4.** (*fig*) heiß(blütig), feurig, leicht erregbar **5.** (hell) begeistert; leidenschaftlich **6.** (*fam*) erpicht, scharf (*on* auf) **7.** (*sl*) lüstern; sexuell erregend **8.** (*Kampf*) heiß, heftig **9.** (*Motor*) heißgelaufen **10.** radioaktiv **11.** (MUS) heiß **12.** (SPORT) geschickt, gewandt **13.** (*Spur*) heiß **14.** (*fam: Mensch*) fähig, gut; (*Sache*) toll **15.** (*sl*) gestohlen, heiß; **not so ~** (*fam*) ergebnislos; wirkungslos; nicht gerade umwerfend; **~ and bothered** beunruhigt; **blow ~ and cold** nicht wissen, was man will; **get ~ under the collar** verärgert werden; **get into ~ water** (*fig*) in Teufels Küche kommen; **make a place** [*o* **things**] **~ for s.o.** jdm die Hölle heiß machen; **I'm ~ on his trail** ich bin ihm dicht auf den Fersen; **it's too ~ to handle** das ist ein heißes Eisen; **hot up** *vi* an Intensität zunehmen; gefährlich werden

hot air [ˌhɒt'eə(r)] *s* **1.** Heißluft *f* **2.** (*fam*) leeres Gerede, Angeberei *f;* **hot•bed** ['hɒtbed] *s* **1.** Mistbeet *nt* **2.** (*fig*) Brutstätte *f;* **hot-blooded** [ˌhɒt'blʌdɪd] *adj* heißblütig, feurig

hotch•potch ['hɒtʃpɒtʃ] *s* (*fig*) Mischmasch *m*

hot dog [ˌhɒt'dɒg] *s* heißes Würstchen, Hotdog *m;* **hot-dogging** ['hɒtˌdɒgɪŋ] *s* (*Ski*) Freestyle *m*

ho•tel [həʊ'tel] *s* Hotel *nt;* **hotel accommodation** *s* Unterbringung *f* im Hotel; **hotel bill** *s* Hotelrechnung *f;* **ho•tel•ier** [hɒ'teljeɪ] *s* Hotelier *m;* **hotel industry** *s* Hotelgewerbe *nt;* **hotel keeper** *s* Hotelbesitzer(in) *m(f);* **hotel register** *s* Hotelverzeichnis *nt;* **hotel staff** *s* Hotelpersonal *nt*

hot•foot ['hɒtfʊt] **I.** *adv* in aller Eile **II.** *vt, vi* (*~ it*) schnell gehen, sich beeilen; **hothead** ['hɒthed] *s* Hitzkopf *m;* **hotheaded** [ˌhɒt'hedɪd] *adj* hitzköpfig; **hothouse** ['hɒthaʊs] *s* Treibhaus *nt;* **hot jazz** *s* Hot Jazz *m;* **hot line** *s* (POL) heißer Draht; **hot•ly** ['hɒtlɪ] *adv:* **~ contested** heiß umkämpft; **~ debated** heiß umstritten; **~ denied** heftig bestritten; **hot metal** *s* (TYP) Blei *nt;* Bleisatz *m;* **hot•plate** ['hɒtpleɪt] *s* Heiz-, Kochplatte *f;* Warmhalteplatte *f;* **hot potato** *s* (*fig fam*) heißes Eisen; **hot•rod** ['hɒtrɒd] *s* (AUTO) Auto *nt* mit frisiertem Motor; **hot seat** *s* **1.** (*fig*) Schleudersitz *m;* schwierige Position **2.** (*Am sl*) elektrischer Stuhl; **hot•shot** ['hɒtʃɒt] *s* (*sl*) Kanone *f,* As *nt;* **hot spot** *s* (*sl*) **1.** Nachtlokal *nt* **2.** (POL) Krisenherd *m;* **hot stuff** *s* (*sl*) **1.** tolles Ding; tolle Frau **2.** Zündstoff *m;* **hot-tempered** [ˌhɒt'tempə(r)d] *adj* jähzornig; **hot-water bottle** *s* Bett-, Wärmflasche *f*

hound [haʊnd] **I.** *s* **1.** Jagdhund *m* **2.** (*fig*) Schurke, Hund *m;* **ride to ~s** mit der Meute jagen **II.** *vt* (beständig) hetzen; **hound down** *vt* Jagd machen auf; erjagen; erwischen

hour ['aʊə(r)] *s* **1.** Stunde *f* **2.** Zeit *f;* Zeitpunkt *m* **3.** Uhr(zeit) *f;* **after ~s** nach Geschäftsschluss; (*Kneipe*) nach der Polizeistunde; (*Arzt*) außerhalb der Sprechstunde; **at all ~s** zu jeder Stunde; **at the eleventh ~** in letzter Minute; **by the ~** stundenweise; **for ~s** stundenlang; **every ~ on the ~** jeweils zur vollen Stunde; **keep late ~s** spät zu Bett gehen; **the rush ~** die Hauptgeschäfts-, Hauptverkehrs-, Stoßzeit *f;* **opening ~s** Geschäftszeiten *fpl,* Öffnungszeiten *fpl,* Schalterstunden *fpl,* Sprechstunde *f;* **the small ~s** die frühen Morgenstunden *fpl;* **working ~s** Arbeitszeit *f;* Dienststunden *fpl;* **his ~ has come** seine Stunde ist gekommen; sein letztes Stündchen hat geschlagen; **hour hand** *s* Stundenzeiger *m;* **hour•ly** ['aʊəlɪ] *adj, adv* stündlich; **~ wage** Stundenlohn *m*

house [haʊs, *pl* 'haʊzɪz] <*pl* houses> **I.** *s* **1.** Haus *nt* **2.** Dynastie *f* **3.** Geschäft(shaus) *nt,* Firma *f* **4.** (THEAT) Vorstellung *f,* Publikum, Theater *nt* **5.** (*Universität*) College *nt;* Wohngebäude *nt* (*eines Internats*) **6.** (Abgeordneten)Haus, Parlament *nt;* **on the ~** auf Kosten des Hauses; **like a ~ on fire** (*fam*) bestens; **bring the ~ down** (THEAT) großen Beifall ernten; **keep ~** haushalten (*for s.o.* jdm); **set one's ~ in order** reinen Tisch machen; **apartment-~** Mietshaus *nt;* **boarding-~** Pension *f;* **~ of cards** (*fig*) Kartenhaus *nt;* **the House of Commons** (*in GB*) das Unterhaus; **the House of Lords** (*in GB*) das Oberhaus; **the Houses of Parliament** (*in GB*) das Parlamentsgebäude; **Lower/Upper House** Unter-/Oberhaus *nt;* **the House of Representatives** (*in den USA*) das Repräsentantenhaus **II.** *vt* unterbringen; verstauen; **house•boat** ['haʊsbəʊt] *s* Hausboot *nt;* **house•breaker** ['haʊsˌbreɪkə(r)] *s* Einbrecher(in) *m(f);* **house•break•ing** ['haʊsˌbreɪkɪŋ] *s* Einbruch *m;* **housecoat** ['haʊskəʊt] *s* Morgenrock *m;* Hauskleid *nt;* **house•fly** ['haʊsflaɪ] *s* Stubenfliege *f*

house•hold ['haʊshəʊld] *s* Haushalt *m;* **~ articles** Haushaltsgegenstände *mpl;* **it's a ~ name** [*o* **word**] das ist ein Begriff; **householder** ['haʊshəʊldə(r)] *s* Haus-, Wohnungsinhaber(in) *m(f)*

house-hunt ['haʊshʌnt] *vi* auf Wohnungssuche sein; **house-husband** ['haʊshʌzbənd] *s* Hausmann *m;* **house-keeper** ['haʊsˌkiːpə(r)] *s* Haushälterin *f;* (*Institution*) Wirtschaftsleiterin *f;* **house-keep•ing** ['haʊsˌkiːpɪŋ] *s* Führung *f* eines Haushalts, Haushalten *nt;* ~ **money** Haushaltsgeld *nt;* **house•maid** ['haʊsmeɪd] *s* Hausgehilfin *f;* ~**'s knee** (MED) Schleimbeutelentzündung *f;* **houseman** ['haʊsmən] *s* (*Br*) Medizinalassistent *m;* **house martin** *s* Mehlschwalbe *f;* **house physician** *s* Anstaltsarzt *m,* -ärztin *f;* **house plant** *s* Zimmerpflanze *f;* **house•proud** ['haʊspraʊd] *adj* auf (die) Ordnung im Haus bedacht; **house•room** ['haʊsrʊm] *s* (*Br*): **I would not give it** ~ das möchte ich nicht geschenkt haben; **house rules** *s pl* Hausordnung *f;* **house running** *s* (SPORT) House Running *nt;* **house starts** *s pl* Neubauten *pl;* **house surgeon** *s* Krankenhauschirurg(in) *m(f);* **house-to-house** *adj:* ~ **collection** Haussammlung *f;* ~ **search** Suche *f* von Haus zu Haus; ~ **selling** Direktverkauf *m* an der Haustür, Haustürgeschäft *nt;* **house•top** ['haʊstɒp] *s* (Haus)Dach *nt;* **shout s.th. from the ~s** etw ausposaunen; **house•trained** ['haʊstreɪnd] *adj* (*Tier*) stubenrein; **house-warm•ing** ['haʊsˌwɔːmɪŋ] *s* Einzugsfest *nt*

house•wife¹ ['haʊswaɪf] <*pl* -wives> *s* Hausfrau *f;* Haushälterin, Wirtschafterin *f*

house•wife² ['hʌsɪf, *pl* 'hʌsɪvz] <*pl* -wives> *s* Nähzeug *nt*

house•work ['haʊswɜːk] *s* Hausarbeit *f*

hous•ing ['haʊzɪŋ] *s* **1.** Unterbringung, Unterkunft, Wohnung *f* **2.** Wohnungsbeschaffung *f* **3.** (*Waren*) (Ein)Lagerung *f* **4.** (TECH) Gehäuse *nt;* **housing association** *s* Wohnungsbaugesellschaft *f;* **housing benefit** *s* Wohnbeihilfe *f,* Wohngeld *nt;* **housing conditions** *s pl* Wohnverhältnisse *ntpl;* **housing development** *s* (*Am*), **housing estate** *s* (*Br*) (Wohn)Siedlung *f;* **housing problem** *s* Wohnungsproblem *nt;* **housing programme** *s* Wohnungsbeschaffungsprogramm *nt;* **housing scheme** *s* **1.** (Wohn)Siedlung *f* **2.** Siedlungsbauvorhaben *nt;* **housing shortage** *s* Wohnraummangel *m*

hove [həʊv] *vt, vi* (MAR) wenden

hovel ['hɒvl] *s* (*pej*) Bruchbude *f,* Loch *nt*

hover ['hɒvə(r)] *vi* **1.** schweben (*about, over* über) **2.** herumlungern, sich herumtreiben (*about, near* in der Nähe *+gen*) **3.** (*fig*) schwanken (*between* zwischen) **4.** (*fig*) schweben (*between life and death* zwischen Leben und Tod); **hover•craft** ['hɒvəkrɑːft] *s* Luftkissenfahrzeug, Hovercraft *nt;* **hover•port** ['hɒvəpɔːt] *s* Hafen *m* für Luftkissenfahrzeuge; **hover•train** ['hɒvətreɪn] *s* Schwebebahn *f*

how [haʊ] *adv* **1.** wie; wieso **2.** (*fam*) was? warum?; **and ~!** (*sl*) und wie!; ~ **about ...?** wie wäre es mit ...?; ~ **come ...?** (*sl*) wie kommt es ...?; ~ **is it ...?** wie kommt es ...?; ~ **many?** wie viele?; ~ **much?** wie viel?; ~ **are you?** wie geht's?, guten Tag!; (*bei einer Vorstellung*) sehr erfreut!; **how-d'ye-do** ['haʊdjəduː] *s* (*fam*) Theater *nt,* Krach *m*

how•ever [haʊ'evə(r)] **I.** *adv* wie auch immer; ~ **big/intelligent** wie groß/intelligent auch immer **II.** *conj* indessen; jedoch, aber; trotzdem

howl [haʊl] **I.** *vi* **1.** heulen **2.** brüllen, schreien **II.** *s* Geheul *nt;* **howl down** *vt* niederbrüllen, -schreien; **howler** ['haʊlə(r)] *s* (*fam*) Schnitzer, dummer Fehler *m;* **howl•ing** [-ɪŋ] **I.** *s* Gebrüll, Geschrei *nt;* Heulen *nt* **II.** *adj* **1.** heulend **2.** (*fam*) gewaltig; (*Ungerechtigkeit*) schreiend; (*Erfolg*) toll

HP, hp [ˌeɪtʃ'piː] *s* **1.** *abr de* **hire purchase** **2.** *abr de* **horse power**

HTML *s abr de* **Hypertext Markup Language** (INTERNET) HTML *f*

hub [hʌb] *s* **1.** (*Rad*) Nabe *f* **2.** (*fig*) Mittelpunkt *m*

hub•bub ['hʌbʌb] *s* Stimmengewirr *nt;* Tumult *m*

hub•cap ['hʌbkæp] *s* (AUTO) Radkappe *m*

huckle•berry ['hʌklbərɪ] *s* amerikanische Heidelbeere

huck•ster ['hʌkstə(r)] *s* **1.** (Straßen)Händler(in) *m(f)* **2.** (*Am: pej*) Reklamefritze *m*

huddle ['hʌdl] **I.** *vi* **1.** sich drängen, sich drücken **2.** sich schmiegen (*to* an) **II.** *s* Durcheinander *nt;* **huddle down** *vi* sich hinkuscheln; **huddle together** *vi* sich aneinander schmiegen; **huddle up** *vi* sich zusammenkauern; ~ **up against** sich kauern an

hue [hjuː] *s* **1.** Farbe *f;* Färbung *f* **2.** Farbton *m;* Schattierung *f;* ~ **and cry** lautes Geschrei; **raise a ~ and cry against s.o.** gegen jdn heftig protestieren

huff [hʌf] **I.** *vi* blasen, pusten **II.** *s* Groll *m;* **go into a ~** schmollen, beleidigt sein; **huffy** ['hʌfɪ] *adj* leicht beleidigt, leicht eingeschnappt, empfindlich

hug [hʌg] **I.** *vt* **1.** umarmen **2.** sich dicht halten (*the shore* am Ufer) **3.** (*fig*) hängen an, festhalten an **II.** *vr* stolz sein (*over* auf) **III.** *s* **1.** Umarmung *f* **2.** (SPORT) Griff *m*

huge [hjuːdʒ] *adj* riesig, gewaltig; ungeheuer; **huge•ly** [-lɪ] *adv* ungeheuer; **huge-ness** [-nɪs] *s* gewaltige Größe

hulk [hʌlk] *s* **1.** (Schiffs)Rumpf *m* **2.** schwerfälliger Mensch, Klotz, Trampel *m;* **hulk-**

ing [-ɪŋ] *adj* unförmig; plump
hull[1] [hʌl] **I.** *s* (BOT) Hülse, Schale *f;* Schote *f* **II.** *vt* enthülsen, schälen
hull[2] [hʌl] *s* Schiffskörper *m;* Flugzeugrumpf *m*
hul·la·ba·loo [ˌhʌləbəˈluː] *s,* Tumult *m*
hullo [həˈləʊ] *interj* hallo! nanu!
hum [hʌm] **I.** *vi* **1.** summen **2.** (er)dröhnen (*with* von) **3.** (*fam*) geschäftig sein **4.** (*sl*) stinken; **make things** ~ (*fam*) den Laden in Schwung bringen; ~ **and haw** herumdrucksen; **things are always ~ming** es ist immer Betrieb **II.** *vt* (*Melodie*) summen (*to o.s.* vor sich hin) **III.** *s* Summen, Brummen *nt*
hu·man [ˈhjuːmən] **I.** *adj* menschlich; **to err is** ~ (*prov*) Irren ist menschlich; **I'm only** ~ ich bin auch nur ein Mensch; ~ **chain** Menschenkette *f;* ~ **error** menschliches Versagen; **Human Genum Project** *Forschungsprojekt: menschliche Gene;* ~ **rights** Menschenrechte *ntpl* **II.** *s* (~ *being*) Mensch *m;* **hu·mane** [hjuːˈmeɪn] *adj* menschlich, human; **hu·man·ism** [ˈhjuːmənɪzəm] *s* Humanismus *m;* **hu·man·istic** [ˌhjuːməˈnɪstɪk] *adj* humanistisch; **hu·mani·tar·ian** [hjuːˌmænɪˈteərɪən] *adj* menschenfreundlich; humanitär; **hu·man·ity** [hjuːˈmænətɪ] *s* **1.** die Menschheit **2.** Menschlichkeit *f;* **the humanities** die Geisteswissenschaften *pl;* **hu·man·ize** [ˈhjuːmənaɪz] *vt* humanisieren; **hu·man·ly** [ˈhjuːmənlɪ] *adv:* ~ **possible** menschenmöglich
humble [ˈhʌmbl] **I.** *adj* **1.** demütig **2.** bescheiden **3.** unbedeutend; **eat** ~ **pie** zurückstecken, klein beigeben **II.** *vt* demütigen; **humble·ness** [-nɪs] *s* Bescheidenheit *f;* Einfachheit *f;* Demut *f*
hum·bug [ˈhʌmbʌg] *s* **1.** Schwindel, Humbug *m* **2.** Quatsch *m* **3.** Schwindler(in) *m(f),* Hochstapler(in) *m(f)* **4.** (*Br*) Pfefferminzbonbon *m od nt*
hum·drum [ˈhʌmdrʌm] *adj* eintönig, monoton, langweilig
hu·mid [ˈhjuːmɪd] *adj* feucht; **hu·mid·ifier** [hjuːmɪdɪfaɪə(r)] *s* Verdunster *m;* Luftbefeuchtungsanlage *f;* **hu·mid·ify** [hjuːˈmɪdɪfaɪ] *vt* an-, befeuchten; **hu·mid·ity** [hjuːˈmɪdətɪ] *s* Feuchtigkeit *f*
hu·mili·ate [hjuːˈmɪlɪeɪt] *vt* demütigen; **hu·mili·ation** [hjuːˌmɪlɪˈeɪʃn] *s* Demütigung *f;* **hu·mil·ity** [hjuːˈmɪlətɪ] *s* Demut *f;* Bescheidenheit *f*
hum·ming·bird [ˈhʌmɪŋbɜːd] *s* Kolibri *m*
hum·mock [ˈhʌmək] *s* (kleiner) Hügel *m*
hu·mon·gous [hjuːˈmʌŋɪs] *adj* (*Am: sl*) Riesen-, riesig
hu·mor (*Am*) *s.* **humour**
hu·mor·ist [ˈhjuːmərɪst] *s* Humorist(in) *m(f);* **hu·mor·ous** [ˈhjuːmərəs] *adj* humorvoll, amüsant, komisch; **hu·mour** [ˈhjuːmə(r)] **I.** *s* **1.** (*sense of* ~) Humor *m* **2.** Stimmung, Laune *f;* **be out of** ~ nicht in Stimmung sein **II.** *vt* nachgeben (*s.o.* jdm gegenüber), den Willen lassen (*s.o.* jdm); **hu·mour·less** [-lɪs] *adj* humorlos, trocken
hump [hʌmp] **I.** *s* **1.** (*Kamel*) Höcker *m* **2.** (*Mensch*) Buckel *m* **3.** Hügel *m* **4.** schlechte Laune, Ärger, Verdruss *m;* **be over the** ~ (*fig*) über den Berg sein **II.** *vt* **1.** krümmen **2.** schleppen; auf die Schulter nehmen; **hump·back** [ˈhʌmpbæk] *s* **1.** Buckel *m* **2.** Bucklige(r) *f m;* ~ (**whale**) Buckelwal *m;* **hump·backed** [ˈhʌmpbækt] *adj* bucklig; ~ **bridge** gewölbte Brücke
humph [hʌmpf, mm] *interj* hm!
Hun [hʌn] *s* **1.** (HIST) Hunne *m,* Hunnin *f* **2.** (*pej*) Deutsche(r) *f m*
hunch [hʌntʃ] **I.** *vt* wölben, krümmen; ~ **one's back** einen Buckel machen **II.** *s* (*fam*) (Vor)Ahnung *f;* **have a** ~ eine Ahnung haben; **play one's** ~ einer Intuition folgen; **hunch·back** [ˈhʌntʃbæk] *s* **1.** Buckel *m* **2.** Bucklige(r) *f m;* **be a** ~ bucklig sein, einen Buckel haben
hun·dred [ˈhʌndrəd] **I.** *adj* hundert **II.** *s* (das) Hundert; **a** ~ hundert; **one** ~ einhundert; **~s of …** Hunderte von …; **hun·dred·fold** [ˈhʌndrədfəʊld] *adj, adv* hundertfach; hundertfältig; **hun·dredth** [ˈhʌndrədθ] **I.** *adj* hundertste(r, s) **II.** *s* Hundertstel *nt;* Hundertste(r, s); **hun·dred·weight** [ˈhʌndrədweɪt] *s* Zentner *m* (*= 112 Pfund bzw. 50,8 kg, Am = 100 Pfund bzw. 45,36 kg*)
hung [hʌŋ] *s.* **hang**
Hun·gar·ian [hʌŋˈgeərɪən] **I.** *adj* ungarisch **II.** *s* **1.** (*Mensch*) Ungar(in) *m(f)* **2.** (*Sprache*) (das) Ungarisch(e); **Hun·gary** [ˈhʌŋgərɪ] *s* Ungarn *nt*
hun·ger [ˈhʌŋgə(r)] **I.** *s* **1.** Hunger *m* **2.** (*fig*) Verlangen *nt* (*for, after* nach); **die of** ~ verhungern; **feel** ~ hungrig sein; ~ **strike** Hungerstreik *m* **II.** *vi* sich sehnen, (heftig) verlangen (*for, after* nach)
hung par·lia·ment [ˌhʌŋˈpɑːləmənt] *s* *Parlament ohne klare Mehrheitsverhältnisse*
hun·gry [ˈhʌŋgrɪ] *adj* **1.** hungrig **2.** verlangend, (be)gierig (*for* nach) **3.** (*Boden*) mager; **be** ~ Hunger haben, hungrig sein
hunk [hʌŋk] *s* **1.** dickes Stück, Ranken *m* (*bes. Brot*) **2.** (*sl*) geiler Typ
hunky-dory [ˈhʌŋkɪˌdɔːrɪ] *adj* (*fam*): **everything's** ~ alles ist in Butter
hunt [hʌnt] **I.** *vt* **1.** jagen; hetzen **2.** verfolgen **3.** eifrig suchen **4.** durchjagen, -streifen

H

II. *vi* **1.** auf die Jagd gehen, jagen **2.** suchen, forschen (*for* nach); **go ~ing** auf die Jagd gehen **III.** *s* **1.** Jagd *f;* Fuchsjagd *f* **2.** (*fig*) Jagd, Suche *f* (*for* nach); **hunt down** *vt* zur Strecke bringen; **hunt out** *vt* ausfindig machen; **hunt up** *vt* aufstöbern; **hunter** [ˈhʌntə(r)] *s* **1.** Jäger *m* **2.** Jagdpferd *nt;* **hunt•ing** [-ɪŋ] *s* **1.** Jagen *nt,* Jagd *f* **2.** Suche *f;* **hunt•ing-ground** *s* Jagdgründe *mpl;* **hunt•ing-licence** *s* Jagdschein *m;* **hunt•ing-season** *s* Jagdzeit *f;* **hunt•ress** [ˈhʌntrɪs] *s* Jägerin *f;* **hunts•man** [ˈhʌntsmən] <*pl* -men> *s* **1.** Jäger *m* **2.** Aufseher *m* der Jagdhunde

hurdle [ˈhɜːdl] *s* **1.** (AGR SPORT) Hürde *f* **2.** (*fig*) Hindernis *nt,* Hürde *f;* **~s** (SPORT) Hürdenlauf *m;* **hundred meters~s** 100-m-Hürden(lauf); **hur•dler** [ˈhɜːdlə(r)] *s* Hürdenläufer(in) *m(f);* **hurdle race** *s* Hürdenlauf *m,* Hindernisrennen *nt*

hurdy-gurdy [ˈhɜːdɪgɜːdɪ] *s* Leierkasten *m;* Drehorgel *f*

hurl [hɜːl] **I.** *vt* **1.** schleudern **2.** hinausbrüllen, -schreien **3.** (*Worte*) ausstoßen (*at* gegen) **II.** *s* Schleudern, Stoßen *nt*

hurly-burly [ˈhɜːlɪbɜːlɪ] *s* Lärm, Tumult *m*

hur•rah, hur•ray [hʊˈrɑː, hʊˈreɪ] **I.** *interj* hurra! **II.** *s* Hurra(ruf *m*) *nt*

hur•ri•cane [ˈhʌrɪkən] *s* Wirbelsturm, Orkan *m;* **hurricane lamp** *s* Sturmlaterne *f;* **hurricane warning** *s* Sturmwarnung *f*

hur•ried [ˈhʌrɪd] *adj* **1.** hastig; eilig **2.** übereilt

hurry [ˈhʌrɪ] **I.** *s* **1.** Eile, Hast *f* **2.** Übereilung, Überstürzung *f* **3.** Drängen *nt,* Ungeduld *f;* **in a ~** in (großer) Eile, überstürzt; **in no ~** (*fam*) nicht von sich aus, nicht ohne Not, nicht freiwillig; **be in a ~** es sehr eilig haben (*to do s.th.* etw zu tun); **there is no ~** damit hat's keine Eile; **why (all) this ~?** warum diese Eile? **II.** *vi* sich beeilen; **don't ~** immer mit der Ruhe! **III.** *vt* **1.** (~ *up*) beschleunigen; antreiben **2.** (*Person*) rasch schicken (*to* zu); **hurry along I.** *vi* sich beeilen **II.** *vt* drängen; zur Eile antreiben; vorantreiben; **hurry away, hurry off I.** *vi* forteilen **II.** *vt* schnell wegbringen; **hurry on I.** *vi* schnell weitergehen, weiterreden, weiterlesen **II.** *vt* antreiben; **hurry up I.** *vi* sich beeilen **II.** *vt* zur Eile antreiben; vorantreiben

hurt [hɜːt] <*irr:* hurt, hurt> **I.** *vt* **1.** weh tun (*s.o.* jdm) **2.** verletzen, verwunden **3.** schaden, Schaden zufügen (*s.o.* jdm) **4.** (*fig*) verletzen, kränken, wehtun (*s.o.* jdm); **feel ~** sich gekränkt [*o* verletzt] fühlen; **~ s.o.'s feelings** jdn kränken [*o* verletzen] **II.** *vi* wehtun; **that won't ~** das schadet nichts **III.** *s* **1.** Schmerz *m* **2.** Verletzung, Verwundung *f* **3.** (*fig*) Kummer *m,* Leid *nt* **4.** Schaden, Nachteil *m* (*to* für); **hurt•ful** [ˈhɜːtfl] *adj* **1.** verletzend **2.** schädlich, nachteilig (*to* für)

hurtle [ˈhɜːtl] *vi* rasen

hus•band [ˈhʌzbənd] **I.** *s* (Ehe)Mann, Gatte *m;* **~ and wife** Eheleute *pl* **II.** *vt* sparsam umgehen mit

hus•bandry [ˈhʌzbəndrɪ] *s* Landwirtschaft *f;* **animal ~** Viehzucht *f*

hush [hʌʃ] **I.** *vt* zum Schweigen bringen **II.** *vi* verstummen **III.** *s* Stille *f* **IV.** *interj* still! Ruhe (da)!; **hush up** *vt* vertuschen, verheimlichen; **hush-hush** [ˌhʌʃˈhʌʃ] *adj* streng (vertraulich und) geheim; **hush-money** [ˈhʌʃmʌnɪ] *s* Schweigegeld *nt*

husk [hʌsk] **I.** *s* **1.** (BOT) Hülse, Schote *f* **2.** (*fig*) Schale *f* **II.** *vt* enthülsen, schälen

husky[1] [ˈhʌskɪ] *adj* **1.** (*Stimme*) belegt **2.** (*fam*) kräftig, stämmig

husky[2] [ˈhʌskɪ] *s* Eskimohund *m*

hussy [ˈhʌsɪ] *s* **1.** (*pej*) Flittchen *nt* **2.** (*brazen ~*) freches Ding

hust•ings [ˈhʌstɪŋz] *s pl* (POL) Wahlkampf *m*

hus•tle [ˈhʌsl] **I.** *vt* **1.** drängen (*into* zu) **2.** (*Am: Kunden*) fangen **II.** *vi* **1.** sich beeilen, eilen **2.** sich einen Weg bahnen (*through* durch) **3.** (*Am fam*) wie toll schuften **4.** (*Am sl*) betteln, stehlen **III.** *s* Gedränge *nt;* Hetze *f;* **~ and bustle** reges Treiben, Betriebsamkeit *f;* **hustle up** *vt* (*Am: fam*) auftreiben *fam;* **hus•tler** [ˈhʌslə(r)] *s* **1.** Strichmädchen *nt;* Strichjunge *m* **2.** (*Am fam*) Arbeitstier *nt* **3.** (*Am fam*) Gauner *m;* **hustling** [ˈhʌslɪŋ] *s* Prostitution *f;* (*fam*) Strich *m*

hut [hʌt] *s* Hütte *f;* Baracke *f*

hutch [hʌtʃ] *s* Käfig *m;* (Kaninchen)Stall *m*

hya•cinth [ˈhaɪəsɪnθ] *s* Hyazinthe *f*

hy•aena [haɪˈiːnə] *s* Hyäne *f*

hy•brid [ˈhaɪbrɪd] *s* **1.** (BOT) Hybride, Kreuzung *f* **2.** (ZOO) Kreuzung *f* **3.** (*fig*) Mischung *f*

hy•drangea [haɪˈdreɪndʒə] *s* Hortensie *f*

hy•drant [ˈhaɪdrənt] *s* Hydrant *m*

hy•drate [ˈhaɪdreɪt] *s* (CHEM) Hydrat *nt*

hy•drau•lic [haɪˈdrɒlɪk] *adj* hydraulisch; **hy•drau•lics** [-] *s pl a. mit sing* Hydraulik *f*

hy•dro•car•bon [ˌhaɪdrəˈkɑːbən] *s* Kohlenwasserstoff *m;* **hy•dro•chloric** [ˌhaɪdrəˈklɒrɪk] *adj:* **~ acid** Salzsäure *f;* **hy•dro•elec•tric** [ˌhaɪdrəʊɪˈlektrɪk] *adj* hydroelektrisch; **~ power-station** Wasserkraftwerk *nt;* **hy•dro•foil** [ˈhaɪdrəfɔɪl] *s* Tragflächen-, Tragflügelboot *nt*

hy•dro•gen [ˈhaɪdrədʒən] *s* Wasserstoff *m;* **hydrogen bomb** *s* Wasserstoffbombe *f;* **hydrogen peroxide** *s* Wasserstoffperoxyd *nt;* **hydrogen sulphide** *s* Schwefelwasserstoff *m*

hy•dro•pho•bia [ˌhaɪdrəˈfəʊbɪə] *s* **1.** Wasserscheu *f* **2.** (MED) Tollwut *f*

hy•dro•pon•ics [ˌhaɪdrəˈpɒnɪks] *s* Hydrokultur *f*

hy•ena [haɪˈiːnə] *s* Hyäne *f*

hy•giene [ˈhaɪdʒiːn] *s* Gesundheitspflege, Hygiene *f*; **personal ~** Körperpflege *f*; **hy•gienic** [haɪˈdʒiːnɪk] *adj* hygienisch

hy•gro•meter [haɪˈgrɒmɪtə(r)] *s* Feuchtigkeitsmesser *m*

hy•gro•scope [ˈhaɪgrəskəʊp] *s* Hygroskop *nt*

hymn [hɪm] *s* Hymne *f*; Loblied *nt*; **hymnal**, **hymn•book** [ˈhɪmnəl, ˈhɪmbʊk] *s* Gesangbuch *nt*

hype [haɪp] *s* (reißerische) Publicity *f*, Reklamerummel *m*

hy•per•ac•tive [ˌhaɪpəˈæktɪv] *adj* sehr aktiv; hyperaktiv

hy•per•bola [haɪˈpɜːbələ] *s* (MATH) Hyperbel *f*; **hy•per•bole** [haɪˈpɜːbəlɪ] *s* (*stilistische*) Übertreibung, Hyperbel *f*; **hy•perbolic** [haɪpəˈbɒlɪk] *adj* **1.** (*Stil*) übertreibend **2.** (MATH) Hyperbel-

hy•per•criti•cal [ˌhaɪpəˈkrɪtɪkl] *adj* überstreng urteilend; schwer zu befriedigen(d)

hy•per•link [ˌhaɪpəˈlɪŋk] *s* (INTERNET) Hyperlink *f*, Link *f*

hy•per•mar•ket [ˈhaɪpəmɑːkɪt] *s* (*Br*) Groß-, Verbrauchermarkt *m*

hy•per•sen•si•tive [ˌhaɪpəˈsensətɪv] *adj* überempfindlich

hy•per•text [ˌhaɪpəˈtekst] *s* (INTERNET) Hypertext *m*

hy•per•ven•ti•late [ˌhaɪpəˈventɪleɪt] *vi*: **~ over s.th.** auf etw total überreagieren

hy•phen [ˈhaɪfn] *s* **1.** Bindestrich *m* **2.** Trennstrich *m*; (TYP) Divis *nt*; **hy•phenate** [ˈhaɪfəneɪt] *vt* mit einem Bindestrich schreiben

hyp•no•sis [hɪpˈnəʊsɪs, *pl* -siːz] <*pl* -ses> *s* Hypnose *f*; **hyp•no•ther•apy** [ˌhɪpnəˈθerəpɪ] *s* Hypnotherapie *f*; **hypnotic** [hɪpˈnɒtɪk] *adj* hypnotisch; **hypnot•ist** [ˈhɪpnətɪst] *s* Hypnotiseur(in) *m(f)*; **hyp•not•ize** [ˈhɪpnətaɪz] *vt* hypnotisieren

hy•po•al•ler•gen•ic [ˌhaɪpəʊælɜːˈdʒenɪk] *adj* (MED) hypoallergen

hy•po•chon•dria [ˌhaɪpəˈkɒndrɪə] *s* Hypochondrie *f*, Einbildung *f* krank zu sein; **hy•po•chon•driac** [ˌhaɪpəˈkɒn drɪæk] **I.** *adj* hypochondrisch **II.** *s* Hypochonder *m*

hy•poc•risy [hɪˈpɒkrəsɪ] *s* Heuchelei *f*; **hyp•ocrite** [ˈhɪpəkrɪt] *s* Heuchler(in) *m(f)*, Scheinheilige(r) *f m*; **hy•po•criti•cal** [ˌhɪpəˈkrɪtɪkl] *adj* heuchlerisch

hy•po•der•mic [ˌhaɪpəˈdɜːmɪk] *adj* subkutan; ~ **syringe** (Subkutan)Spritze *f*

hy•pot•en•use [ˌhaɪˈpɒtənjuːz] *s* (MATH) Hypotenuse *f*

hy•po•ther•mia [ˌhaɪpəˈθɜːmɪə] *s* Unterkühlung *f*; Kältetod *m*

hy•poth•esis [haɪˈpɒθəsɪs, *pl* -əsiːz] <*pl* -eses> *s* Hypothese *f*; **hy•po•theti•cal** [ˌhaɪpəˈθetɪkl] *adj* hypothetisch

hys•ter•ec•to•my [ˌhɪstəˈrektəmɪ] *s* Totaloperation, Hysterektomie *f*

hys•teria [hɪˈstɪərɪə] *s* Hysterie *f*; **hys•teric** [hɪˈsterɪk] **I.** *adj* hysterisch **II.** *s* Hysteriker(in) *m(f)*; **go into ~s** einen hysterischen Anfall bekommen; **have a fit of ~s** einen hysterischen Anfall haben; (*fig fam*) sich totlachen; **hys•teri•cal** [hɪˈsterɪkl] *adj* **1.** hysterisch **2.** (*fam*) irrsinnig komisch

H

I

I, i [aɪ] <*pl* -'s> *s* I, i *nt*

I [aɪ] *pron* ich

ibex ['aɪbeks] *s* Steinbock *m*

ice [aɪs] **I.** *s* **1.** Eis *nt* **2.** Speiseeis *nt;* **be skating on thin** ~ (*fig*) sich aufs Glatteis begeben; **break the** ~ (*fig*) das Eis brechen; **cut no** ~ keine Wirkung haben; **put on** ~ (*fig*) auf Eis legen, aufschieben **II.** *vt* **1.** tiefkühlen **2.** mit Eis kühlen **3.** (*Kuchen*) glasieren **III.** *vi* (~ *up,* ~ *over, a.* AVIAT) zufrieren, vereisen; **Ice Age** *s* Eiszeit *f;* **ice axe** *s* Eispickel *m;* **ice•berg** ['aɪsbɜːg] *s* Eisberg *m;* **ice•bound** ['aɪsbaʊnd] *adj* (ein-, zu)gefroren; **ice•box** ['aɪsbɒks] *s* **1.** (*Br*) Eisfach *nt* **2.** (*Am*) Eisschrank *m;* **ice•breaker** ['aɪsˌbreɪkə(r)] *s* Eisbrecher *m;* **ice•cap** ['aɪskæp] *s* (GEOG) Eiskappe *f;* **ice-cold** *adj* eiskalt; **ice-cream** *s* Eis *nt,* Eiscreme *f;* **ice-cream parlour** *s* Eisdiele *f,* Eiscafé *nt;* **ice cube** ['aɪskjuːb] *s* Eiswürfel *m;* **iced** [aɪst] *adj* **1.** eisgekühlt **2.** glasiert; ~ **coffee** Eiskaffee *m;* **ice floe** ['aɪsfləʊ] *s* Treibeisscholle *f;* **ice hockey** *s* Eishockey *nt*

Ice•land ['aɪslənd] *s* Island *nt;* **Ice•lander** ['aɪsləndə(r)] *s* Isländer(in) *m(f);* **Ice•landic** [aɪs'lændɪk] **I.** *adj* isländisch **II.** *s* (das) Isländisch(e)

ice lolly [ˌaɪs'lɒlɪ] *s* (*Br*) Eis *nt* am Stil; **ice pack** ['aɪspæk] *s* **1.** (GEOG) Packeis *nt* **2.** (MED) Eisbeutel *m;* **ice rink** ['aɪsrɪŋk] *s* Eis-, Schlittschuhbahn *f;* **ice-skate I.** *vi* Schlittschuh laufen **II.** *s* Schlittschuh *m;* **ice-skat•ing** ['aɪskeɪtɪŋ] *s* Eislauf *m,* Schlittschuhlaufen *nt*

icicle ['aɪsɪkl] *s* Eiszapfen *m*

icing ['aɪsɪŋ] *s* **1.** Zuckerguss *m,* Glasur *f* **2.** (AVIAT RAIL) Eisbildung, Vereisung *f;* **icing sugar** *s* Puderzucker *m*

icon ['aɪkɒn] *s* **1.** (REL) Ikone *f* **2.** (INFORM) Ikon *nt*

icono•clast [aɪ'kɒnəklæst] *s* Bilderstürmer *m;* **icono•clast•ic** [aɪˌkɒnə'klæstɪk] *adj* (*fig*) bilderstürmerisch

icy ['aɪsɪ] *adj* **1.** (*Straße*) vereist; gefroren **2.** (*fig*) eisig

I'd [aɪd] = **I had; I would**

ID card [aɪ'diːˌkaːd] *s* Personalausweis *m*

idea [aɪ'dɪə] *s* **1.** Gedanke *m,* Idee *f* **2.** Begriff *m* **3.** Auffassung, Meinung *f;* Vorstellung *f* **4.** Ahnung *f;* **form an** ~ sich eine Vorstellung machen (*of* von); **get ~s into one's head** sich trügerischen Hoffnungen hingeben; **I have an ~ that** mir ist (so), als ob; **I have no** ~ ich habe keine Ahnung; **I haven't the faintest** [*o* **slightest**] ~ ich habe nicht die leiseste [*o* geringste] Ahnung; **that's the** ~ darum dreht es sich; **what an ~!** was für eine Idee!; **according to his** ~ seiner Meinung nach; **a man of ~s** ein Denker *m*

ideal [aɪ'dɪəl] **I.** *adj* ideal, vorbildlich **II.** *s* Ideal *nt;* **ideal•ism** [aɪ'dɪəlɪzəm] *s* Idealismus *m;* **ideal•ist** [aɪ'dɪəlɪst] *s* Idealist(in) *m(f);* **ideal•ist•ic** [ˌaɪdɪə'lɪstɪk] *adj* idealistisch; **ideal•ize** [aɪ'dɪəlaɪz] *vt* idealisieren

iden•ti•cal [aɪ'dentɪkl] *adj* identisch, völlig gleich; ~ **twins** eineiige Zwillinge *mpl*

iden•ti•fi•able [aɪ'dentɪˌfaɪəbl] *adj* erkennbar; identifizierbar; **iden•ti•fi•ca•tion** [aɪˌdentɪfɪ'keɪʃn] *s* **1.** Identifizierung *f* **2.** Ausweispapiere *ntpl,* Legitimation *f* **3.** Identifikation *f;* **identification papers** *s pl* Ausweispapiere *ntpl;* **identification parade** *s* Gegenüberstellung *f;* **iden•ti•fier** [aɪ'dentɪfaɪə(r)] *s* (INFORM) Kennzeichen *nt*

iden•ti•fy [aɪ'dentɪfaɪ] *vt* **1.** identifizieren **2.** (*Gegenstand*) wiedererkennen **3.** (*Pflanzen*) kennzeichnen **4.** gleichsetzen (*with* mit); ~ **o.s.** sich ausweisen; ~ **o.s. with s.o.** sich mit jdm identifizieren; **iden•ti•kit**® [aɪ'dentɪkɪt] **I.** *s* Phantombild *nt* **II.** *adj* (*pej*) ein Abklatsch von …; **iden•ti•ty** [aɪ'dentətɪ] *s* **1.** Identität *f* **2.** Gleichheit, Übereinstimmung *f;* **prove one's** ~ sich ausweisen; **identity card** *s* (Personal)Ausweis *m*

ideo•logi•cal [ˌaɪdɪə'lɒdʒɪkl] *adj* ideologisch; **ideolo•gist** [ˌaɪdɪ'ɒlədʒɪst] *s* Ideologe *m,* Ideologin *f;* **ideol•ogy** [ˌaɪdɪ'ɒlədʒɪ] *s* Ideologie, Weltanschauung *f*

idi•ocy ['ɪdɪəsɪ] *s* **1.** (MED) Schwachsinn *m* **2.** Dummheit *f,* Unsinn *m*

id•iom ['ɪdɪəm] *s* **1.** idiomatische Redewendung **2.** Sprache *f;* Sprech-, Ausdrucksweise *f;* **idio•matic** [ˌɪdɪə'mætɪk] *adj* idiomatisch

idio•syn•crasy [ˌɪdɪəʊ'sɪŋkrəsɪ] *s* Eigenart, Eigenheit *f;* **idio•syn•crat•ic** [ˌɪdɪəʊsɪŋ'krætɪk] *adj* eigenartig

id•iot ['ɪdɪət] *s* **1.** (MED) Schwachsinnige(r) *f m* **2.** Idiot, Dummkopf *m;* **idi•otic**

[ˌɪdɪ'ɒtɪk] *adj* blöd(sinnig), idiotisch

idle ['aɪdl] I. *adj* 1. müßig, untätig 2. faul, träge 3. unbeschäftigt; stillstehend 4. (TECH) nicht in Betrieb 5. (*Worte*) leer; nutzlos, vergeblich; **lie** ~ (*Geld*) nicht arbeiten; **stand** ~ stillstehen, außer Betrieb sein; ~ **fear** unbegründete Angst; ~ **wish** Wunschtraum *m* II. *vi* 1. (~ *about*) müßig gehen, faulenzen; untätig sein 2. (TECH) leer laufen III. *vt* (*Zeit:* ~ *away*) vertun, vertrödeln; **idle•ness** ['aɪdlnɪs] *s* 1. Muße *f* 2. Faul-, Trägheit *f;* **idler** ['aɪdlə(r)] *s* Müßiggänger(in) *m(f)*

idol ['aɪdl] *s* 1. Götter-, Götzenbild *nt* 2. Idol *nt;* **idol•atrous** [aɪ'dɒlətrəs] *adj* 1. Götzen verehrend 2. (*fig*) leidenschaftlich ergeben; **idolatry** [aɪ'dɒlətrɪ] *s* 1. Götzendienst *m* 2. (*fig*) Vergötterung *f;* **idol•ize** ['aɪdəlaɪz] *vt* (*fig*) vergöttern

idyll ['ɪdɪl] *s* 1. (*lit*) Idylle *f* 2. (*fig*) Idyll *nt;* **idyl•lic** [ɪ'dɪlɪk] *adj* idyllisch

if [ɪf] I. *conj* wenn, falls; für den Fall, dass ...; ob; **I wonder** ~ **he'll come** ich bin gespannt, ob er kommt; **as** ~ als ob, als wenn; **as** ~ **by chance** wie zufällig; ~ **so** wenn ja; ~ **not** falls nicht; **and** ~ **...!** und ob ...!; **even** ~ auch wenn; ~ **only** wenn doch nur II. *s* Wenn *nt;* ~**s and buts** Wenn und Aber; **iffy** ['ɪfɪ] *adj* (*fam*) 1. (*Sache*) fraglich, zweifelhaft 2. (*Person*) skeptisch (*about* gegenüber)

ig•loo ['ɪglu:] *s* Iglu *m od nt*

ig•neous ['ɪgnɪəs] *adj* (GEOL) vulkanisch; ~ **rocks** Eruptivgestein *nt*

ig•nite [ɪg'naɪt] I. *vt* entzünden II. *vi* sich entzünden; **ig•ni•tion** [ɪg'nɪʃn] *s* 1. Entzünden *nt* 2. (AUTO) Zündung *f;* **ignition coil** *s* (AUTO) Zündspule *f;* **ignition key** *s* Zündschlüssel *m;* **ignition switch** *s* Zündschalter *m*

ig•noble [ɪg'nəʊbl] *adj* gemein, schändlich

ig•nom•ini•ous [ˌɪgnə'mɪnɪəs] *adj* schändlich, schmachvoll; **ig•nom•iny** ['ɪgnəmɪnɪ] *s* Schmach, Schande *f*

ig•nor•amus [ˌɪgnə'reɪməs] *s* Ignorant(in) *m(f);* **ig•nor•ance** ['ɪgnərəns] *s* Unwissenheit *f;* Mangel *m* an Bildung, Ignoranz *f;* Unkenntnis *f;* ~ (**of the law**) **is no excuse** Unkenntnis schützt vor Strafe nicht; **ig•nor•ant** ['ɪgnərənt] *adj* 1. unwissend, ungebildet 2. nicht informiert (*in* über); **be** ~ **of** nicht wissen, nicht kennen; **ig•nore** [ɪg'nɔ:(r)] *vt* ignorieren; hinwegsehen über; nicht beachten

iguana [ɪ'gwɑ:nə] *s* Leguan *m*

ilk [ɪlk] *s:* **of that** ~ von der Art; solche(r, s)

ill [ɪl] I. *adj* 1. krank 2. schlecht, schlimm, übel; **fall** [*o* **be taken**] ~ erkranken (*with s.th.* an etw), krank werden; **feel** ~ sich unwohl fühlen; ~ **feeling** böses Blut; ~ **humo(u)r** schlechte Laune; ~ **nature** Übellaunigkeit *f* II. *adv* schlecht III. *s* 1. Übel *nt,* (das) Böse 2. ~**s** Missstände, Übel *pl;* **speak/think** ~ **of s.o.** Schlechtes über jdn sagen/denken

I'll [aɪl] = **I will; I shall**

ill-ad•vised [ˌɪləd'vaɪzd] *adj* unklug, unvernünftig; **ill-as•sorted** [ˌɪlə'sɔ:tɪd] *adj* nicht zusammenpassend; **ill-at-ease** [ˌɪlət'i:z] *adj* unbehaglich; **ill-bred** [ˌɪl'bred] *adj* ungezogen, schlecht erzogen; **ill-breed•ing** [ˌɪl'bri:dɪŋ] *s* schlechte Erziehung *f*

il•legal [ɪ'li:gl] *adj* unerlaubt; ungesetzlich, illegal; **il•legal•ity** [ˌɪlɪ'gælətɪ] *s* Gesetzwidrigkeit *f;* Illegalität *f*

il•leg•ible [ɪ'ledʒəbl] *adj* unleserlich

il•legit•imate [ˌɪlɪ'dʒɪtɪmət] *adj* 1. (*Kind*) unehelich 2. (JUR) unrechtmäßig, ungesetzlich 3. (*Argument*) unzulässig

ill-fated [ˌɪl'feɪtɪd] *adj* unglücklich; unglückselig; **ill-fa•vored** (*Am*), **ill-fa•voured** [ˌɪl'feɪvəd] *adj* unschön; **ill-got•ten gains** *s pl* unrechtmäßiger Gewinn

il•lib•eral [ɪ'lɪbərəl] *adj* 1. unduldsam, intolerant 2. geizig, knauserig

il•licit [ɪ'lɪsɪt] *adj* unerlaubt, verboten; ~ **trade** Schwarzhandel *m*

il•limit•able [ɪ'lɪmɪtəbl] *adj* grenzenlos, unbeschränkt; unermesslich

ill-in•formed ['ɪlɪnˌfɔ:md] *adj* schlecht informiert; wenig sachkundig

il•lit•er•acy [i'lɪtərəsɪ] *s* Analphabetentum *nt;* **illiteracy rate** *s* Analphabetismus *m;* **il•lit•er•ate** [ɪ'lɪtərət] I. *adj* des Schreibens und Lesens unkundig II. *s* Analphabet(in) *m(f)*

ill-man•nered [ˌɪl'mænəd] *adj* schlecht erzogen; **ill-na•tured** [ˌɪl'neɪtʃəd] *adj* (*Mensch*) launisch

ill•ness ['ɪlnɪs] *s* Krankheit *f*

il•logi•cal [ɪ'lɒdʒɪkl] *adj* unlogisch; **il•logi•cal•ity** [ɪˌlɒdʒɪ'kælɪtɪ] *s* mangelnde Logik, Unlogik *f*

ill-omened [ˌɪl'əʊmend] *adj* von schlechten Vorzeichen begleitet; **ill- starred** [ˌɪl'stɑ:d] *adj* unter einem ungünstigen Stern geboren; **ill-tem•pered** [ˌɪl'tempəd] *adj* launisch, launenhaft; **ill-timed** [ˌɪl'taɪmd] *adj* ungelegen, unpassend, unangebracht; **ill-treat** [ˌɪl'tri:t] *vt* misshandeln; **ill-treat•ment** [ˌɪl'tri:tmənt] *s* Misshandlung *f*

il•lumi•nate [ɪ'lu:mɪneɪt] *vt* 1. be-, erleuchten, erhellen 2. (*fig*) erklären, erläutern 3. illuminieren, festlich beleuchten; ~**d display** Leuchtanzeige *f;* **il•lumi•nat•ing** [ɪ'lu:mɪneɪtɪŋ] *adj* (*fig*) aufschlussreich; **il•lumi•na•tion** [ɪˌlu:mɪ'neɪʃn] *s* 1. Aus-, Beleuchtung *f* 2. (*fig*) Erläuterung, Erklärung *f* **3.** Festbeleuchtung *f*

il·lu·sion [ɪ'lu:ʒn] *s* **1.** Illusion *f;* trügerische Hoffnung **2.** (Sinnes)Täuschung *f;* **have no ~s about** keine falschen Vorstellungen haben von; **be under the ~ that ...** sich einbilden, dass ...; **il·lu·sion·ist** [ɪ'lu:ʒənɪst] *s* Illusionist(in) *m(f);* **il·lu·sive, il·lu·sory** [ɪ'lu:sɪv, ɪ'lu:sərɪ] *adj* illusorisch, trügerisch

il·lus·trate ['ɪləstreɪt] *vt* **1.** (*fig*) erklären, erläutern, veranschaulichen **2.** (*Buch*) illustrieren, bebildern; **il·lus·tra·tion** [ˌɪlə'streɪʃn] *s* **1.** Erklärung *f* **2.** Abbildung, Illustration *f;* **by way of ~** als Beispiel; **il·lus·tra·tive** ['ɪləstrətɪv] *adj* erklärend, erläuternd; anschaulich; **il·lus·tra·tor** ['ɪləstreɪtə(r)] *s* Illustrator(in) *m(f)*

il·lus·tri·ous [ɪ'lʌstrɪəs] *adj* berühmt, gefeiert

I'm [aɪm] = **I am**

im·age ['ɪmɪdʒ] *s* **1.** Bild *nt* **2.** Bildwerk, Standbild *nt* **3.** Ebenbild, Abbild *nt* **4.** Vorstellung, Auffassung, Idee *f* **5.** Verkörperung, Versinnbildlichung *f,* Sinnbild *nt* **6.** Inbegriff *m;* **be the spitting ~ of s.o.** jdm wie aus dem Gesicht geschnitten sein; **speak in ~s** in Bildern sprechen; **~ and sound processing** Bild- und Tonverarbeitung *f;* **im·age·maker** ['ɪmɪdʒ'meɪkə(r)] *s* Imagedesigner(in) *m(f);* **im·agery** ['ɪmɪdʒərɪ] *s* Metaphorik *f*

im·agin·able [ɪ'mædʒɪnəbl] *adj* vorstellbar; **everything ~** alles Erdenkliche

im·agin·ary [ɪ'mædʒɪnərɪ] *adj* (*a.* MATH) unwirklich, imaginär

im·agin·ation [ɪˌmædʒɪ'neɪʃn] *s* Einbildung, Fantasie *f;* **im·agin·ative** [ɪ'mædʒɪnətɪv] *adj* fantasievoll, schöpferisch, einfallsreich

im·ag·ine [ɪ'mædʒɪn] *vt* **1.** sich vorstellen, sich ausdenken **2.** sich denken, annehmen, glauben; **just ~!** denken Sie nur (mal)!; **I ~ so** ich glaube schon

im·bal·ance [ˌɪm'bæləns] *s* Ungleichgewicht *nt;* Unausgeglichenheit *f*

im·be·cile ['ɪmbəsi:l] **I.** *adj* schwachsinnig **II.** *s* Schwachsinnige(r) *f m;* **im·be·cil·ity** [ˌɪmbə'sɪlətɪ] *s* Schwachsinn *m*

im·bibe [ɪm'baɪb] *vt* **1.** auf-, einsaugen **2.** (*fig: geistig*) aufnehmen

im·bro·glio [ɪm'brəʊlɪəʊ] *s* <*pl* -glios> Verwirrung *f;* verwickelte Lage

im·bue [ɪm'bju:] *vt* durchdringen, erfüllen; **be ~d** erfüllt sein (*with* mit)

IMF [ˌaɪem'ef] *s abr de* **International Monetary Fund** IWF *m*

imi·tate ['ɪmɪtəɪt] *vt* **1.** nachahmen, nachmachen; imitieren **2.** kopieren; fälschen; **imi·ta·tion** [ˌɪmɪ'teɪʃn] **I.** *s* Nachahmung, Imitation *f;* **in ~ of** nach dem Vorbild +*gen* **II.** *adj* unecht, künstlich, falsch; **~ leather** Kunstleder *nt;* **imi·tat·ive** ['ɪmɪtətɪv] *adj* nachgeahmt, imitierend; **imi·ta·tor** ['ɪmɪtətə(r)] *s* Imitator(in) *m(f),* Nachahmer(in) *m(f)*

im·macu·late [ɪ'mækjʊlət] *adj* **1.** fleckenlos, rein **2.** fehlerlos, untadelig

im·ma·nence ['ɪmənəns] *s* (PHILOS) Immanenz *f;* **im·ma·nent** ['ɪmənənt] *adj* immanent

im·ma·terial [ˌɪmə'tɪərɪəl] *adj* **1.** (PHILOS) immateriell **2.** (*Fragen*) unwesentlich, unerheblich, unwichtig

im·ma·ture [ˌɪmə'tjʊə(r)] *adj* **1.** unreif; unentwickelt **2.** (*Ideen*) unausgegoren; **im·ma·tur·ity** [ˌɪmə'tjʊərətɪ] *s* Unreife *f*

im·measur·able [ɪ'meʒərəbl] *adj* unermesslich; unmessbar

im·medi·acy [ɪ'mi:dɪəsɪ] *s* Unmittelbarkeit, Unvermitteltheit *f*

im·medi·ate [ɪ'mi:dɪət] *adj* **1.** unmittelbar, unvermittelt, direkt **2.** (*Nachbarn*) nächste(r, s) **3.** (*Antwort*) umgehend, prompt; **im·medi·ate·ly** [-lɪ] **I.** *adv* direkt, unmittelbar; unverzüglich, sofort; **~ after** unmittelbar danach **II.** *conj* sobald, sowie

im·mem·or·ial [ˌɪmə'mɔ:rɪəl] *adj* unvordenklich; **from time ~** seit undenklichen Zeiten

im·mense [ɪ'mens] *adj* ungeheuer (groß), gewaltig; immens; **im·men·sity** [ɪ'mensətɪ] *s* Unermesslichkeit *f*

im·merse [ɪ'mɜ:s] *vt* **1.** ein-, untertauchen **2.** (*fig*) sich stürzen (*in* in); **be ~d in one's work** in seine Arbeit vertieft sein; **be ~d in water** unter Wasser sein; **im·mer·sion** [ɪ'mɜ:ʃn] *s* **1.** Ein-, Untertauchen *nt* **2.** (*fig*) Versunkenheit *f;* **immersion heater** *s* **1.** (*Br*) Boiler, Heißwasserspeicher *m* **2.** Tauchsieder *m*

im·mi·grant ['ɪmɪgrənt] **I.** *adj attr:* **~ worker** ausländische(r) Arbeitnehmer(in) *m(f),* Gastarbeiter(in) *m(f)* **II.** *s* Einwanderer *m,* Einwanderin *f;* **im·mi·grate** ['ɪmɪgreɪt] *vi* einwandern (*into* in, nach); **im·mi·gra·tion** [ˌɪmɪ'greɪʃn] *s* Einwanderung *f;* **immigration country** *s* Einwanderungsland *nt*

im·mi·nence ['ɪmɪnəns] *s* nahes Bevorstehen; **im·mi·nent** ['ɪmɪnənt] *adj* nahe bevorstehend; **be ~** nahe bevorstehen

im·mo·bile [ɪ'məʊbaɪl] *adj* unbeweglich; reglos, immobil; **im·mo·bil·ity** [ˌɪmə'bɪlətɪ] *s* Unbeweglichkeit *f;* **im·mo·bi·lize** [ɪ'məʊbəlaɪz] *vt* **1.** (*Verkehr*) lahm legen **2.** (*Geld*) festlegen **3.** (*Armee*) bewegungsunfähig machen **4.** (*Auto, Arm*) stilllegen

im·mod·er·ate [ɪ'mɒdərət] *adj* unmäßig, maßlos, übertrieben, unvernünftig

im•mod•est [ɪ'mɒdɪst] *adj* 1. unbescheiden 2. unverschämt 3. unanständig

im•mo•late ['ɪməleɪt] *vt* (REL) opfern

im•moral [ɪ'mɒrəl] *adj* 1. unmoralisch 2. (*Person a.*) sittenlos 3. (*Benehmen a.*) unsittlich

im•mor•tal [ɪ'mɔ:tl] *adj* 1. unsterblich 2. (*Ruhm*) unvergänglich; **im•mor•tal•ity** [ˌɪmɔ:'tælətɪ] *s* 1. Unsterblichkeit *f* 2. Unvergänglichkeit *f*; **im•mor•tal•ize** [ɪ'mɔ:təlaɪz] *vt* unsterblich machen

im•mov•able [ɪ'mu:vəbl] *adj* 1. unbeweglich; unüberwindlich 2. (*Mensch*) fest, beharrlich

im•mune [ɪ'mju:n] *adj* 1. (MED) immun (*against, to* gegen) 2. (*fig*) unempfindlich; sicher (*from* vor); ~ **defence** (MED) Immunabwehr *f*; ~ **system** Immunsystem *nt*; **immun•ity** [ɪ'mju:nətɪ] *s* 1. (MED) Immunität *f* 2. (JUR) Immunität, Straffreiheit *f* 3. (*fig*) Unempfindlichkeit *f*; Sicherheit *f*; **im•mu•nize** ['ɪmjʊnaɪz] *vt* immunisieren (*against* gegen); **im•mu•no-** ['ɪmjʊnəʊ] *adj* (MED) Immun-; ~**deficiency** Immunschwäche *f*; ~ **deficiency syndrome** Immunschwächekrankheit *f*; **im•mu•no•logi•cal** [ˌɪmjʊnəʊ'lɒdʒɪkl] *adj* immunologisch; **im•mu•no•logist** [ˌɪmjʊ'nɒlədʒɪst] *s* Immunologe *m*, Immunologin *f*

im•mure [ɪ'mjʊə(r)] *vt* einkerkern; ~ **o.s.** sich vergraben (*in* in)

im•mut•able [ɪ'mju:təbl] *adj* unveränderlich, unwandelbar

imp [ɪmp] *s* Kobold *m*; kleiner Schelm

im•pact ['ɪmpækt] *s* 1. Stoß *m*; Aufschlag, -prall *m* 2. (*fig*) (Aus)Wirkung *f*, Eindruck, Einfluss *m* 3. Einschlag *m*; **im•pact•ed** [ɪm'pæktɪd] *adj* eingekeilt, eingeklemmt

im•pair [ɪm'peə(r)] *vt* 1. (*Gehör*) verschlechtern, verschlimmern 2. beeinträchtigen

im•pale [ɪm'peɪl] *vt* durchbohren

im•pal•pable [ɪm'pælpəbl] *adj* 1. unfühlbar 2. (*fig*) unbegreiflich, unfassbar

im•part [ɪm'pɑ:t] *vt* 1. verleihen (*s.o. s.th.* jdm etw) 2. (*Information*) mitteilen 3. (*Geheimnis*) preisgeben

im•par•tial [ɪm'pɑ:ʃl] *adj* unparteiisch; vorurteilslos; **im•par•tial•ity** [ˌɪmˌpɑ:ʃɪ'ælətɪ] *s* Unparteilichkeit, Unvoreingenommenheit *f*

im•pass•able [ɪm'pɑ:səbl] *adj* unpassierbar

im•passe ['æmpɑ:s, *Am* 'ɪmpæs] *s* (*fig*) Sackgasse *f*

im•pas•sioned [ɪm'pæʃnd] *adj* leidenschaftlich

im•pass•ive [ɪm'pæsɪv] *adj* gelassen

im•pa•tience [ɪm'peɪʃns] *s* 1. Ungeduld *f* 2. Unduldsamkeit *f* (*of* gegen); **im•pa•tient** [ɪm'peɪʃnt] *adj* 1. ungeduldig 2. unduldsam (*of* gegen)

im•peach [ɪm'pi:tʃ] *vt* 1. (JUR) anklagen 2. (*Motiv*) in Zweifel ziehen; **im•peach•ment** [-mənt] *s* Anklage *f* (*wegen eines Amtsvergehens*)

im•pec•cable [ɪm'pekəbl] *adj* untadelig

im•pe•cuni•ous [ˌɪmpɪ'kju:nɪəs] *adj* mittellos, unbemittelt

im•pede [ɪm'pi:d] *vt* 1. verhindern 2. (*Erfolg*) behindern, erschweren; **im•pedi•ment** [ɪm'pedɪmənt] *s* 1. Hindernis *nt* 2. (MED) Behinderung *f*

im•pel [ɪm'pel] *vt* zwingen, veranlassen

im•pend [ɪm'pend] *vi* bevorstehen

im•pen•etrable [ɪm'penɪtrəbl] *adj* 1. undurchdringlich; undurchlässig 2. (*fig*) unerforschlich, unverständlich

im•peni•tent [ɪm'penɪtənt] *adj* reuelos, ohne Reue

im•pera•tive [ɪm'perətɪv] I. *adj* 1. gebieterisch 2. (*Wunsch*) dringend, unerlässlich II. *s* (GRAM) Imperativ *m*

im•per•cep•tible [ˌɪmpə'septəbl] *adj* nicht wahrnehmbar, unmerklich

im•per•fect [ɪm'pɜ:fɪkt] I. *adj* 1. unvollständig, unvollkommen 2. (*Fehler*) mangelhaft 3. (*Wettbewerb*) ungleich II. *s* (GRAM) Imperfekt *nt*; **im•per•fec•tion** [ˌɪmpə'fekʃn] *s* Mangel, Fehler *m*; Unvollkommenheit *f*

im•perial [ɪm'pɪərɪəl] *adj* 1. Reichs-; kaiserlich 2. (*des British Empire*) Empire- 3. (*Gewichte, Maße*) englisch; **im•peri•al•ism** [ɪm'pɪərɪəlɪzəm] *s* Imperialismus *m*; **im•per•ial•is•t(ic)** [ɪm'pɪərɪəlɪst, ɪmˌpɪərɪə'lɪstɪk] *adj* imperialistisch

im•peril [ɪm'perəl] *vt* gefährden

im•peri•ous [ɪm'pɪərɪəs] *adj* gebieterisch

im•per•ish•able [ɪm'perɪʃəbl] *adj* (*fig*) unvergänglich

im•per•ma•nent [ɪm'pɜ:mənənt] *adj* unbeständig

im•per•me•able [ɪm'pɜ:mɪəbl] *adj* undurchlässig (*to* für)

im•per•sonal [ˌɪm'pɜ:sənl] *adj* unpersönlich; sachlich

im•per•son•ate [ɪm'pɜ:səneɪt] *vt* 1. (THEAT) darstellen 2. nachahmen, nachmachen; **im•per•son•ator** [-ə(r)] *s* Imitator(in) *m(f)*, Nachahmer(in) *m(f)*

im•per•ti•nent [ɪm'pɜ:tɪnənt] *adj* 1. ungehörig, unverschämt 2. irrelevant

im•per•turb•able [ˌɪmpə'tɜ:bəbl] *adj* unerschütterlich

im•per•vi•ous [ɪm'pɜ:vɪəs] *adj* 1. undurchdringlich, undurchlässig (*to* für) 2. (*fig: Mensch*) unzugänglich (*to* für)

im•petu•ous [ɪm'petʃʊəs] *adj* 1. ungestüm, heftig 2. (*Entscheidung*) übereilt, im-

I

pulsiv

im•pe•tus ['ɪmpɪtəs] *s* **1.** Wucht *f;* Schwung *m* **2.** (*fig*) Impuls *m;* **give an ~ to s.th.** einer S Impulse geben

im•pi•ety [ɪm'paɪətɪ] *s* **1.** Gottlosigkeit *f* **2.** Respektlosigkeit *f*

im•pinge [ɪm'pɪndʒ] *vi* sich auswirken (*on, upon* auf)

im•pi•ous ['ɪmpɪəs] *adj* **1.** gottlos **2.** respektlos

imp•ish ['ɪmpɪʃ] *adj* **1.** koboldhaft **2.** (*Lächeln*) spitzbübisch

im•plac•able [ɪm'plækəbl] *adj* unversöhnlich; **im•plac•ably** [-ɪ] *adv:* **he was ~ opposed to the idea** er war ein erbitterter Gegner der Idee

im•plant [ɪm'plɑ:nt] **I.** *vt* **1.** (MED) einpflanzen, übertragen **2.** (*fig*) einprägen **II.** ['ɪmplɑ:nt] *s* Implantat *nt*

im•plaus•ible [ɪm'plɔ:zɪbl] *adj* unglaubhaft, unglaubwürdig

im•ple•ment ['ɪmplɪmənt] **I.** *s* Gerät, Werkzeug *nt* **II.** [ɪmplɪ'ment] *vt* **1.** aus-, durchführen **2.** (*Vertrag*) erfüllen **3.** (*Gesetz*) vollziehen; **im•ple•men•ta•tion** [ˌɪmplɪmen'teɪʃn] *s* Aus-, Durchführung *f;* Erfüllung *f;* Vollzug *m*

im•pli•cate ['ɪmplɪkeɪt] *vt:* **~ s.o. in s.th.** jdn in etw verwickeln; **im•pli•ca•tion** [ˌɪmplɪ'keɪʃn] *s* **1.** Verwicklung *f* **2.** Bedeutung *f* **3.** (*von Gesetzen*) Auswirkung *f;* **by ~** implizit

im•pli•cit [ɪm'plɪsɪt] *adj* **1.** stillschweigend, implizit **2.** (*Drohung*) indirekt, unausgesprochen **3.** (*Gehorsam*) unbedingt

im•plied [ɪm'plaɪd] *adj* **1.** stillschweigend **2.** indirekt

im•plode [ɪm'pləʊd] *vi* implodieren

im•plore [ɪm'plɔ:(r)] *vt* anflehen; dringend bitten (*for* um); **im•plor•ing** [ɪm'plɔ:rɪŋ] *adj* flehend, flehentlich

im•plo•sion [ɪm'pləʊʒn] *s* Implosion *f*

im•ply [ɪm'plaɪ] *vt* **1.** andeuten, implizieren **2.** schließen lassen auf **3.** bedeuten

im•po•lite [ˌɪmpə'laɪt] *adj* unhöflich; **im•po•lite•ness** [-nɪs] *s* Unhöflichkeit *f*

im•poli•tic [ɪm'pɒlətɪk] *adj* unklug

im•pon•der•able [ɪm'pɒndərəbl] **I.** *adj* (*fig*) unwägbar **II.** *s* unberechenbare Größe; **~s** Imponderabilien *pl*

im•port [ɪm'pɔ:t] **I.** *vt* **1.** (COM) einführen, importieren (*into, in* nach) **2.** (*fig*) bedeuten **II.** ['ɪmpɔ:t] *s* **1.** (COM) Einfuhr *f,* Import *m* **2.** **~s** Einfuhr-, Importartikel *mpl* **3.** (*fig*) Bedeutung *f,* Sinn *m*

im•port•ance [ɪm'pɔ:tns] *s* **1.** Wichtigkeit *f* **2.** Grund *m,* Bedeutung *f;* **of no ~** bedeutungs-, belanglos; **attach ~ to s.th.** einer S Bedeutung beimessen; **im•port•ant** [ɪm'pɔ:tnt] *adj* **1.** wichtig (*to* für) **2.** einflussreich; **im•port•ant•ly** [-lɪ] *adv* **1.** (*pej*) wichtigtuerisch **2.** entscheidend

im•port•ation [ˌɪmpɔ:'teɪʃn] *s* (COM) Einfuhr *f,* Import *m;* **import duty** *s* Einfuhrzoll *m*

im•por•tu•nate [ɪm'pɔ:tʃʊnət] *adj* auf-, zudringlich; **im•por•tune** [ˌɪmpə'tju:n] *vt* mit Bitten belästigen; bestürmen

im•pose [ɪm'pəʊz] **I.** *vt* **1.** (*Steuer*) erheben (*on* auf) **2.** (*Bedingungen*) auferlegen, aufzwingen (*on s.o.* jdm) **3.** aufzwingen, aufdrängen (*on, upon s.o.* jdm) **II.** *vi* ausnützen; zur Last fallen (*on s.o.* jdm); **im•pos•ing** [-ɪŋ] *adj* eindrucksvoll, imponierend, imposant; **im•po•si•tion** [ˌɪmpə'zɪʃn] *s* **1.** Steuer *f* **2.** Auferlegung *f;* Aufzwingen *nt* **3.** Zumutung *f*

im•possi•bil•ity [ɪmˌpɒsə'bɪlətɪ] *s* Unmöglichkeit *f;* **im•poss•ible** [ɪm'pɒsəbl] *adj* **1.** unmöglich **2.** (*fam*) unausstehlich, unerträglich

im•pos•tor [ɪm'pɒstə(r)] *s* Betrüger(in) *m(f),* Hochstapler(in) *m(f);* **im•pos•ture** [ɪm'pɒstʃə(r)] *s* Betrug, Schwindel *m*

im•po•tence ['ɪmpətəns] *s* **1.** Schwäche, Machtlosigkeit *f* **2.** (MED) Impotenz *f;* **im•po•tent** ['ɪmpətənt] *adj* **1.** schwach, unfähig **2.** (MED) impotent

im•pound [ɪm'paʊnd] *vt* **1.** (*Vieh*) einsperren, -schließen **2.** (*Waren*) beschlagnahmen; in Verwahrung nehmen

im•pov•er•ish [ɪm'pɒvərɪʃ] *vt* **1.** arm machen **2.** (*Kultur*) verkümmern lassen **3.** (*Boden*) erschöpfen; **be ~ed** verarmen

im•prac•ti•cable [ɪm'præktɪkəbl] *adj* **1.** impraktikabel; nicht anwendbar; praxisfern, praxisfremd **2.** (*Straße*) ungangbar, unwegsam

im•prac•ti•cal [ɪm'præktɪkl] *adj* unpraktisch

im•pre•ca•tion [ˌɪmprɪ'keɪʃn] *s* Verwünschung *f,* Fluch *m;* **hurl ~s at s.o.** jdn verwünschen, verfluchen

im•pre•cise [ˌɪmprɪ'saɪs] *adj* ungenau

im•preg•nable [ɪm'pregnəbl] *adj* uneinnehmbar

im•preg•nate ['ɪmpregneɪt] *vt* **1.** (*Ei*) befruchten **2.** (*fig*) durchdringen, erfüllen **3.** tränken

im•pre•sario [ˌɪmprɪ'sɑ:rɪəʊ] *s* <*pl* -sarios> Impresario *m*

im•press [ɪm'pres] **I.** *vt* **1.** (ein)drücken, (ein)prägen (*on* auf) **2.** imponieren (*s.o.* jdm), beeindrucken **3.** einschärfen (*on s.o.* jdm) **4.** (*Meinung*) aufzwingen (*on s.o.* jdm) **II.** ['ɪmpres] *s* Abdruck *m;* **im•pres•sion** [ɪm'preʃn] *s* **1.** Prägung, Abdruck *m* **2.** (*fig*) Eindruck *m* **3.** Ahnung *f,* unbestimmtes Gefühl **4.** (*eines Buches*) Nachdruck *m;* **give the ~** den Eindruck erwecken; **be under the** ~ den Eindruck haben; **im•pres•sion•able** [ɪmˈpreʃənəbl] *adj* leicht zu beeindrucken

im•pres•sion•ism [ɪmˈpreʃnɪzəm] *s* Impressionismus *m;* **im•pres•sion•ist** [ɪmˈpreʃnɪst] *s* Impressionist(in) *m(f);* **im•pres•sion•is•tic** [ɪmˌpreʃəˈnɪstɪk] *adj* impressionistisch

im•pres•sive [ɪmˈpresɪv] *adj* eindrucksvoll

im•print [ɪmˈprɪnt] **I.** *vt* **1.** (auf)drücken (*on* auf), prägen; bedrucken **2.** einprägen (*on s.o.'s memory* in jds Gedächtnis) **II.** [ˈɪmprɪnt] *s* **1.** Abdruck *m;* Aufdruck *m* **2.** (TYP) Impressum *nt,* Druckvermerk *m*

im•prison [ɪmˈprɪzn] *vt* einsperren; gefangen halten; inhaftieren; **im•prison•ment** [-mənt] *s* Inhaftierung *f;* Gefangenschaft *f;* **sentence s.o. to one year's** ~ jdn zu einem Jahr Gefängnis verurteilen; **life** ~ lebenslängliche Freiheitsstrafe

im•prob•abil•ity [ɪmˌprɒbəˈbɪlətɪ] *s* Unwahrscheinlichkeit *f;* **im•prob•able** [ɪmˈprɒbəbl] *adj* unwahrscheinlich

im•promptu [ɪmˈprɒmptjuː] **I.** *adj, adv* aus dem Stegreif; improvisiert **II.** *s* (MUS) Impromptu *nt*

im•proper [ɪmˈprɒpə(r)] *adj* **1.** unpassend, unangebracht (*to* für) **2.** unrichtig, unzutreffend **3.** unanständig; **im•pro•pri•ety** [ˌɪmprəˈpraɪətɪ] *s* **1.** Unangebrachtheit *f* **2.** Ungehörigkeit *f* **3.** Unanständigkeit *f*

im•prove [ɪmˈpruːv] **I.** *vt* **1.** (ver)bessern, (an)heben **2.** (COM) veredeln **3.** (*Beziehungen*) ausbauen **4.** (*Essen*) verfeinern **II.** *vi* sich bessern; schöner werden; sich erhöhen; ~ (**up**)**on** übertreffen, überbieten; besser machen; ~ **on acquaintance** bei näherer Bekanntschaft gewinnen; **im•prove•ment** [-mənt] *s* **1.** Verbesserung *f* **2.** (COM) Vered(e)lung *f* **3.** Steigerung, Anhebung, Vervollkommnung *f* **4.** (*Gehalt*) Aufbesserung *f* **5.** (*Preise*) Anziehen *nt* **6.** Fortschritt *m* (*on, over* gegenüber); **an** ~ **in pay** eine Gehaltsaufbesserung; **make** ~**s** Verbesserungen erzielen; **carry out** ~**s** Ausbesserungsarbeiten vornehmen

im•provi•dent [ɪmˈprɒvɪdənt] *adj* leichtsinnig, sorglos

im•pro•vis•ation [ˌɪmprəvaɪˈzeɪʃn] *s* Improvisation *f,* Improvisieren *nt;* **im•pro•vise** [ˈɪmprəvaɪz] *vt, vi* improvisieren

im•prud•ent [ɪmˈpruːdnt] *adj* unklug, unüberlegt

im•pu•dence [ˈɪmpjʊdəns] *s* Unverschämtheit, Frechheit *f;* **im•pu•dent** [ˈɪmpjʊdənt] *adj* unverschämt, frech

im•pugn [ɪmˈpjuːn] *vt* bestreiten, anfechten; angreifen

im•pulse [ˈɪmpʌls] *s* **1.** Anstoß, Antrieb, Impuls *m* **2.** (PSYCH) Trieb, Drang *m;* **act on** ~ impulsiv handeln; ~ **buy**(**ing**) Impulskauf *m;* **im•pul•sion** [ɪmˈpʌlʃn] *s* Antrieb, Drang *m;* Antriebskraft *f;* **im•pul•sive** [ɪmˈpʌlsɪv] *adj* impulsiv, spontan

im•pun•ity [ɪmˈpjuːnətɪ] *s* Straflosigkeit *f;* **with** ~ straflos

im•pure [ɪmˈpjʊə(r)] *adj* **1.** (*a.* REL) unrein **2.** (*Motiv*) unsauber **3.** (*Essen*) verunreinigt; **im•pur•ity** [ɪmˈpjʊərətɪ] *s* **1.** Unreinheit *f* **2.** (TECH) Verunreinigung *f*

im•pu•ta•tion [ˌɪmpjʊˈteɪʃn] *s* **1.** Unterstellung *f* **2.** Be-, Anschuldigung *f* (*on* gegen); **im•pute** [ɪmˈpjuːt] *vt* zuschreiben, zur Last legen (*to dat*)

in [ɪn] **I.** *prep* **1.** (*räumlich*) in; ~ **the house** im Hause; ~ **the street** auf der Straße; **sitting** ~ **the window** am Fenster sitzend; ~ **bed** im Bett **2.** (*zeitlich*) in; während; ~ **1999** 1999; ~ **July** im Juli; ~ **the morning/afternoon/evening** morgens/nachmittags/abends; ~ **the beginning** am Anfang **3.** (*Zukunft*) in; innerhalb von; ~ **a week** in einer Woche **4.** (*Art, Zustand*): **speak** ~ **a loud voice** laut, mit lauter Stimme sprechen; **speak** ~ **German** Deutsch reden; ~ **this way** so; ~ **anger** im Zorn; ~ **black** in Schwarz gekleidet; **write** ~ **ink** mit Tinte schreiben **5.** (*Ausmaß*): ~ **some measure** in gewisser Weise; ~ **part** teilweise **6.** (*betreffend*): **a rise** ~ **prices** ein Preisanstieg **II.** *adv* daheim, zu Hause; **the train is** ~ der Zug ist angekommen; **strawberries are** ~ **now** es ist Erdbeerzeit; **the Liberal candidate is** ~ der liberale Kandidat ist gewählt; **the fire is still** ~ das Feuer brennt noch; **green is** ~ Grün ist in; **be** ~ **for s.th.** etw zu erwarten, zu befürchten haben; **be** ~ **on s.th.** an einer Sache beteiligt sein; über etw Bescheid wissen; **are you** ~ **on it, too?** sind Sie auch dabei?; **be** ~ **with s.o.** mit jdm auf gutem Fuße stehen; **now you are** ~ **for it!** jetzt geht's dir aber schlecht! **III.** *adj* innen befindlich; (*Tür*) nach innen gehend **IV.** *s:* **know the** ~**s and outs of a matter** in, bei einer S genau Bescheid wissen

in•abil•ity [ˌɪnəˈbɪlətɪ] *s* Unfähigkeit *f,* Unvermögen *nt;* ~ **to pay** Zahlungsunfähigkeit *f*

in•ac•cess•ible [ˌɪnækˈsesəbl] *adj* (*a. fig*) unzugänglich (*to* für)

in•ac•cur•acy [ɪnˈækjʊrəsɪ] *s* Unrichtigkeit, Ungenauigkeit *f;* **in•ac•cur•ate** [ɪnˈækjərət] *adj* unrichtig, ungenau

in•ac•tion [ɪnˈækʃn] *s* Untätigkeit *f,* Nichtstun *nt;* **in•ac•tive** [ɪnˈæktɪv] *adj* **1.** untätig **2.** (*Mensch*) müßig **3.** (*Kapital*) brachliegend **4.** (*Vulkan*) erloschen; **in•ac•tiv•ity** [ˌɪnækˈtɪvətɪ] *s* **1.** Untätigkeit *f* **2.** (COM) Flaute *f*

in•ad•equacy [ɪn'ædɪkwəsɪ] *s* **1.** Unangemessenheit *f* **2.** Unzulänglichkeit *f;* **in adequate** [ɪn'ædɪkwət] *adj* **1.** unangemessen **2.** unzulänglich **3.** unzureichend, ungenügend **4.** nicht geeignet; **feel ~** sich nicht gewachsen fühlen (*for s.th, to do s.th.* einer S)

in•ad•miss•ible [ˌɪnəd'mɪsəbl] *adj* unzulässig

in•ad•ver•tent [ˌɪnəd'vɜːtənt] *adj* unbeabsichtigt, ungewollt

in•ad•vis•able [ˌɪnəd'vaɪzəbl] *adj* unratsam, nicht zu empfehlen

in•alien•able [ɪn'eɪlɪənəbl] *adj* unveräußerlich

in•ane [ɪ'neɪn] *adj* **1.** dumm **2.** (*fam: Vorschlag*) hirnverbrannt

in•ani•mate [ɪn'ænɪmət] *adj* **1.** leblos **2.** (*Natur*) unbelebt

in•an•ity [ɪ'nænətɪ] *s* **1.** Dummheit *f* **2.** Hirnverbranntheit *f*

in•ap•pli•cable [ɪn'æplɪkəbl] *adj* unzutreffend; nicht anwendbar (*to* auf)

in•ap•pro•pri•ate [ˌɪnə'prəʊprɪət] *adj* **1.** unangemessen, unangebracht **2.** (*Zeit*) unpassend, ungelegen

in•apt [ɪn'æpt] *adj* **1.** unpassend **2.** ungeschickt

in•ap•ti•tude [ɪn'æptɪtjuːd] *s* **1.** Unfähigkeit *f* **2.** Untauglichkeit *f* **3.** Ungeschicktheit *f*

in•ar•ticu•late [ˌɪnɑː'tɪkjʊlət] *adj* **1.** undeutlich; schlecht ausgedrückt **2.** (ZOO) nicht gegliedert; **he is very ~** er kann sich nur schlecht ausdrücken

in•ar•tis•tic [ˌɪnɑː'tɪstɪk] *adj* unkünstlerisch

in•as•much [ˌɪnəz'mʌtʃ] *adv:* **~ as** da, weil

in•at•ten•tion [ˌɪnə'tenʃn] *s* Unaufmerksamkeit *f* (*to* gegenüber); **in•at•ten•tive** [ˌɪnə'tentɪv] *adj* unaufmerksam (*to* gegenüber)

in•aud•ible [ɪn'ɔːdəbl] *adj* unhörbar

in•aug•ural [ɪ'nɔːgjʊrəl] **I.** *adj* Antritts-, Eröffnungs- **II.** *s* (*~ address, lecture*) Antrittsrede, -vorlesung *f;* **in•au•gur•ate** [ɪ'nɔːgjʊreɪt] *vt* **1.** (ins Amt) einsetzen **2.** (*Gebäude*) eröffnen, einweihen **3.** (*Ära*) einleiten; **in•aug•ur•ation** [ɪˌnɔːgjʊ'reɪʃn] *s* **1.** Amtseinführung *f* **2.** Einweihung *f;* Eröffnung *f* **3.** Beginn, Anfang *m*

in•aus•pi•cious [ˌɪnɔː'spɪʃəs] *adj* unheil verheißend

in•board ['ɪnbɔːd] **I.** *adj* Innenbord- **II.** *s* Innenbordmotor *m*

in•born [ˌɪn'bɔːn] *adj* angeboren

in•bred [ˌɪn'bred] *adj* **1.** angeboren **2.** aus Inzucht hervorgegangen; **inbreed•ing** [ˌɪn'briːdɪŋ] *s* Inzucht *f*

in-built ['ɪnbɪlt] *adj* **1.** eingebaut, integriert **2.** instinktiv, angeboren

in•cal•cu•lable [ɪn'kælkjʊləbl] *adj* **1.** (*Charakter*) unberechenbar **2.** (*Betrag*) unschätzbar; unabsehbar **3.** (MATH) nicht berechenbar

in•can•descent [ˌɪnkæn'desnt] *adj* **1.** weißglühend **2.** (*fig*) leuchtend; **~ bulb** Glühbirne *f*

in•can•ta•tion [ˌɪnkæn'teɪʃn] *s* **1.** Beschwörung *f* **2.** Zauberspruch *m*

in•capa•bil•ity [ɪnˌkeɪpə'bɪlətɪ] *s* Unfähigkeit *f;* Unvermögen *nt;* **in•capable** [ɪn'keɪpəbl] *adj* **1.** unfähig, nicht im Stande, nicht in der Lage (*of doing* zu tun) **2.** untauglich, ungeeignet (*of* für); **~ of working** arbeitsunfähig; **drunk and ~** volltrunken

in•ca•paci•tate [ˌɪnkə'pæsɪteɪt] *vt* **1.** unfähig machen (*for* für, *from doing* zu tun) **2.** disqualifizieren; **physically ~d** körperlich behindert; **in•ca•pac•ity** [ˌɪnkə'pæsətɪ] *s* **1.** Unfähigkeit *f* **2.** (JUR) mangelnde Berechtigung

in•car•cer•ate [ɪn'kɑːsəreɪt] *vt* einkerkern

in•car•nate [ɪn'kɑːneɪt] **I.** *adj* verkörpert, personifiziert, leibhaftig **II.** *vt* verkörpern; Gestalt geben; **in•car•na•tion** [ˌɪnkɑː'neɪʃn] *s* **1.** (REL) Fleisch-, Menschwerdung *f* **2.** (*fig*) Verkörperung *f,* Inbegriff *m;* Inkarnation *f*

in•cau•tious [ɪn'kɔːʃəs] *adj* unvorsichtig; unbedacht

in•cen•di•ary [ɪn'sendɪərɪ] **I.** *adj* **1.** aufrührerisch **2.** Brand-; **~ bomb** Brandbombe *f* **II.** *s* **1.** Brandstifter(in) *m(f)* **2.** (*fig*) Aufwiegler(in) *m(f)*

in•cense¹ ['ɪnsens] *s* Weihrauch *m*

in•cense² [ɪn'sens] *vt* wütend machen, erbosen

in•cen•tive [ɪn'sentɪv] *s* Anreiz *m* (*to* zu); **incentive scheme** *s* (*Industrie*) leistungsabhängiges Schema

in•cep•tion [ɪn'sepʃn] *s* Anfang, Beginn *m*

in•cer•ti•tude [ɪn'sɜːtɪtjuːd] *s* Unsicherheit *f*

in•cess•ant [ɪn'sesnt] *adj* unablässig, unaufhörlich

in•cest ['ɪnsest] *s* Blutschande *f;* **in•ces•tu•ous** [ɪn'sestjʊəs] *adj* blutschänderisch, inzestuös

inch [ɪntʃ] **I.** *s* **1.** Zoll *m* (= *2,54 cm*) **2.** ein bisschen, (ein) wenig; **~ by ~** Zentimeter um Zentimeter; **the car missed me by ~es** das Auto hat mich um Haaresbreite verfehlt; **he is every ~ a soldier** er ist jeder Zoll ein Soldat; **within an ~ of** um ein Haar, beinahe **II.** *vt* (langsam) schieben **III.** *vi* sich (langsam) bewegen

in•ci•dence ['ɪnsɪdəns] *s* **1.** Vorkommen *nt,* Verbreitung, Häufigkeit *f* **2.** (OPT) Einfall *m;* **in•ci•dent** ['ɪnsɪdənt] **I.** *adj* **1.** verbunden (*to* mit) **2.** (OPT) einfallend **II.** *s* **1.** Vorfall *m,* Ereignis, Geschehen *nt* **2.** Zwischenfall *m*

in•ci•den•tal [ˌɪnsɪ'dentl] **I.** *adj* **1.** zufällig, beiläufig **2.** nebensächlich **3.** verbunden (*to* mit); ~ **music** Begleitmusik *f;* ~ **expenses** Nebenkosten *pl* **II.** *s pl* Nebenausgaben *fpl;* **in•ci•den•tally** [ˌɪnsɪ'dentlɪ] *adv* übrigens, nebenbei gesagt

in•cin•er•ate [ɪn'sɪnəreɪt] *vt* einäschern, verbrennen; **in•cin•er•ator** [ɪn'sɪnəreɪtə(r)] *s* Verbrennungsofen *m;* (*Müll*) Verbrennungsanlage *f*

in•cipi•ent [ɪn'sɪpɪənt] *adj* anfangend, beginnend; (*Probleme*) einsetzend

in•cise [ɪn'saɪz] *vt* **1.** (ein)schneiden (*into* in) **2.** einritzen; einschnitzen; **in•ci•sion** [ɪn'sɪʒn] *s* (*a.* MED) Einschnitt *m*

in•cis•ive [ɪn'saɪsɪv] *adj* **1.** (*Verstand*) scharf; ausgeprägt **2.** (*Bemerkung*) beißend; scharfsinnig

in•cisor [ɪn'saɪzə(r)] *s* (ANAT) Schneidezahn *m*

in•cite [ɪn'saɪt] *vt* aufwiegeln, aufhetzen (*to* zu); **in•cite•ment** [-mənt] *s* Aufwiegelung, Aufhetzung *f* (*to* zu)

in•civ•il•ity [ˌɪnsɪ'vɪlətɪ] *s* Unhöflichkeit *f*

in•clem•ent [ɪn'klemənt] *adj* (*Wetter*) rau, streng

in•cli•na•tion [ˌɪnklɪ'neɪʃn] *s* **1.** Neigung *f,* Hang *m* **2.** (*fig*) Vorliebe *f* (*for* für) **3.** Gefälle *nt;* **she follows her ~s** sie tut das, wozu sie Lust hat; **in•cline** ['ɪnklaɪn] **I.** *s* (Ab)Hang *m,* Gefälle *nt* **II.** [ɪn'klaɪn] *vi* **1.** (*Fläche*) sich neigen; abfallen **2.** neigen; **he ~s to leanness** er neigt zu Magerkeit **III.** [ɪn'klaɪn] *vt* **1.** (*Dach*) neigen **2.** (*fig*) veranlassen, bewegen; **in•clined** [ɪn'klaɪnd] *adj* geneigt; **be ~ to do s.th.** Lust haben etw zu tun; dazu neigen etw zu tun; **I am ~ to think that ...** ich neige zu der Ansicht, dass ...; **be well ~ towards s.o.** jdm gewogen sein

in•close [ɪn'kləʊz] *vt* **1.** umgeben, einschließen (*in* in) **2.** (*einem Brief*) beilegen

in•clude [ɪn'klu:d] *vt* einschließen, umfassen, enthalten; einbeziehen (*in* in); **the children ~d** einschließlich der Kinder; **in•clud•ing** [ɪn'klu:dɪŋ] *prep* einschließlich, inklusive, inbegriffen; **in•clu•sion** [ɪn'klu:ʒn] *s* Aufnahme *f;* Einbeziehung *f;* **in•clus•ive** [ɪn'klu:sɪv] *adj* eingerechnet, einschließlich, inklusive; **be ~ of** einschließen; **Monday to Friday ~** von Montag bis einschließlich Freitag; **~ terms** Pauschalpreis *m*

in•cog•nito [ˌɪnkɒg'ni:təʊ] **I.** *adv* inkognito **II.** *s* Inkognito *nt*

in•co•her•ent [ˌɪnkəʊ'hɪərənt] *adj* **1.** zusammenhanglos; unzusammenhängend **2.** (*Rede*) wirr

in•come ['ɪŋkʌm] *s* Einkommen *nt,* Einkünfte *pl* (*from* aus); **live within one's ~** seinen Verhältnissen entsprechend leben; **income group** *s* Einkommensklasse *f;* **income support** *s* Sozialhilfe *f;* **income tax** *s* Lohnsteuer *f;* Einkommensteuer *f;* **~ return** Einkommenssteuererklärung *f*

in•com•ing ['ɪnˌkʌmɪŋ] *adj* **1.** hereinkommend **2.** (*Zug*) einfahrend; (*Schiff*) einlaufend **3.** nachfolgend; ~ **tide** Flut *f*

in•com•ings ['ɪnˌkʌmɪŋz] *s pl* Einkünfte, Einnahmen *pl*

in•com•men•sur•ate [ˌɪnkə'menʃərət] *adj* unzureichend; **be ~ with s.th.** in keinem Verhältnis zu etw stehen

in•com•muni•cado [ˌɪnkəˌmju:nɪ'kɑ:dəʊ] *adj* ohne Verbindung zur Außenwelt; nicht zu sprechen

in•com•par•able [ɪn'kɒmprəbl] *adj* nicht vergleichbar (*to, with* mit), unvergleichlich

in•com•pati•bil•ity [ˌɪnkəmˌpætə'bɪlɪtɪ] *s* Unvereinbarkeit *f;* Unverträglichkeit *f;* **in•com•pat•ible** [ˌɪnkəm'pætəbl] *adj* **1.** unvereinbar (*with* mit), nicht zueinander passend **2.** (*Farben*) unverträglich

in•com•pe•tence, **in•com•pe•tency** [ɪn'kɒmpɪtəns(ɪ)] *s* **1.** Unfähigkeit *f;* Untauglichkeit *f* **2.** (JUR) Unzuständigkeit *f;* **in•com•pe•tent** [ɪn'kɒmpɪtənt] *adj* **1.** unfähig; untauglich **2.** (JUR) unzuständig (*to* für)

in•com•plete [ˌɪnkəm'pli:t] *adj* unvollständig, unvollkommen

in•com•pre•hen•sible [ˌɪnˌkɒmprɪ'hensəbl] *adj* unverständlich, unbegreiflich

in•con•ceiv•able [ˌɪnkən'si:vəbl] *adj* **1.** unvorstellbar, undenkbar **2.** unfassbar

in•con•clus•ive [ˌɪnkən'klu:sɪv] *adj* nicht überzeugend, nicht schlüssig; unbestimmt; ergebnislos

in•con•gru•ity [ˌɪnkɒŋ'gru:ətɪ] *s* **1.** Unvereinbarkeit *f* **2.** Missverhältnis *nt* **3.** Unstimmigkeit *f*

in•con•gru•ous [ɪn'kɒŋgrʊəs] *adj* **1.** nicht zusammenpassend, unvereinbar **2.** fehl am Platz

in•con•sequent [ɪn'kɒnsɪkwənt] *adj* **1.** inkonsequent, unlogisch **2.** (*Bemerkung*) nicht zur Sache gehörend; **in•con•sequen•tial** [ɪnˌkɒnsɪ'kwenʃl] *adj* beziehungslos; belanglos, unwichtig

in•con•sider•able [ˌɪnkən'sɪdrəbl] *adj* unbedeutend, belanglos

in•con•sider•ate [ˌɪnkən'sɪdərət] *adj* **1.** unaufmerksam **2.** rücksichtslos

in•con•sist•ency [ˌɪnkən'sɪstənsɪ] *s* **1.** Widersprüchlichkeit *f* **2.** Unbeständigkeit *f;* **in•con•sist•ent** [ˌɪnkən'sɪstənt] *adj* **1.** widersprüchlich **2.** (*Arbeit*) unbeständig,

I

ungleich; **be ~ with s.th.** mit etw nicht übereinstimmen

in•con•sol•able [ˌɪnkən'səʊləbl] *adj* untröstlich

in•con•spicu•ous [ˌɪnkən'spɪkjʊəs] *adj* unauffällig; unscheinbar

in•con•stant [ɪn'kɒnstənt] *adj* **1.** unbeständig **2.** schwankend **3.** (*Wetter*) wechselhaft

in•con•test•able [ˌɪnkən'testəbl] *adj* unbestreitbar, unanfechtbar

in•con•ti•nent [ɪn'kɒntɪnənt] *adj* **1.** (*Wünsche*) zügellos **2.** (MED) inkontinent

in•con•tro•vert•ible [ɪnˌkɒntrə'vɜːtəbl] *adj* unbestreitbar, unleugbar

in•con•ven•ience [ˌɪnkən'viːnɪəns] **I.** *s* Unannehmlichkeit *f;* **put s.o. to great ~** jdm große Umstände bereiten **II.** *vt* Umstände bereiten (*s.o.* jdm); **in•con•ven•ient** [ˌɪnkən'viːnɪənt] *adj* **1.** ungelegen, ungünstig **2.** unbequem, unpraktisch

in•cor•por•ate [ɪn'kɔːpəreɪt] *vt* **1.** aufnehmen, einbauen, integrieren **2.** vereinigen, enthalten **3.** (JUR) gesellschaftlich organisieren; **~ a company** (*Am*) als Aktiengesellschaft eintragen; **~d company** (*Am*) Aktiengesellschaft *f;* **in•cor•por•ation** [ɪnˌkɔːpə'reɪʃn] *s* **1.** Aufnahme, Integration *f* **2.** Verbindung, Vereinigung *f* **3.** (JUR) Gründung *f*

in•cor•por•eal [ˌɪnkɔː'pɔːrɪəl] *adj* unkörperlich, immateriell

in•cor•rect [ˌɪnkə'rekt] *adj* **1.** falsch; fehlerhaft; unzutreffend **2.** inkorrekt

in•cor•ri•gible [ɪŋ'kɒrɪdʒəbl] *adj* unverbesserlich

in•cor•rupt•ible [ˌɪnkə'rʌptəbl] *adj* **1.** unbestechlich **2.** (*Substanz*) unzerstörbar

in•crease [ɪn'kriːs] **I.** *vi* **1.** (an)wachsen, (an)steigen, zunehmen **2.** sich vergrößern; sich vermehren, sich erhöhen (*to* auf); **~ in volume** umfangreicher werden; **~ in height** höher werden **II.** *vt* **1.** vergrößern, erhöhen **2.** (*Freude*) vermehren **3.** (*Bemühung*) verstärken **4.** (*Firma*) erweitern **5.** (*Preis*) erhöhen; **~d demand** verstärkte Nachfrage; **~d standard of living** höherer Lebensstandard **III.** ['ɪŋkriːs] *s* **1.** Wachstum *nt,* Vergrößerung *f* **2.** Erhöhung, Steigerung *f* (*on* gegenüber) **3.** Zunahme *f;* Zuwachs *m* **4.** Anwachsen *nt;* **be on the ~** ständig zunehmen; **~ in population** Bevölkerungszunahme *f;* **~ in value** Wertsteigerung *f,* -zuwachs *m;* **in•creas•ing** [-ɪŋ] *adj* zunehmend, steigend

in•cred•ible [ɪn'kredəbl] *adj* **1.** unglaubhaft **2.** unglaublich

in•cred•ul•ity [ˌɪnkrɪ'djuːlətɪ] *s* Ungläubigkeit *f;* **in•credu•lous** [ɪn'kredjʊləs] *adj* ungläubig, skeptisch

in•crement ['ɪŋkrəmənt] *s* **1.** Zuwachs *m,* Zunahme *f* (*of* an) **2.** Gehaltserhöhung *f*

in•crimi•nate [ɪn'krɪmɪneɪt] *vt* belasten

in•cu•bate ['ɪnkjʊbeɪt] **I.** *vt* **1.** ausbrüten **2.** (*fig*) ausreifen lassen **II.** *vi* **1.** ausgebrütet werden **2.** (*fig*) reifen; **in•cu•ba•tion** [ˌɪnkjʊ'beɪʃn] *s* **1.** Ausbrüten *nt* **2.** (*fig*) Ausreifen *nt;* **incubation period** *s* (MED) Inkubationszeit *f;* **in•cu•ba•tor** ['ɪŋkjʊbeɪtə(r)] *s* Brutapparat, -kasten *m*

in•cul•cate ['ɪnkʌlkeɪt] *vt* einschärfen (*in s.o.* jdm)

in•cum•bent [ɪŋ'kʌmbənt] **I.** *adj* obliegen **II.** *s* Amtsinhaber(in) *m(f)*

in•cur [ɪn'kɜː(r)] *vt* sich zuziehen, auf sich laden; **~ debts** Schulden machen; **~ heavy expenses** sich in große Unkosten stürzen; **~ a loss** einen Verlust erleiden; **~ a risk** ein Risiko eingehen; **heavy costs can be ~red** hohe Kosten können entstehen

in•cur•able [ɪn'kjʊərəbl] **I.** *adj* unheilbar; (*fig*) unverbesserlich **II.** *s* unheilbar Kranke(r) *f m*

in•cur•sion [ɪn'kɜːʃn] *s* plötzlicher Angriff; Einfall *m*

in•debted [ɪn'detɪd] *adj* **1.** (COM) verschuldet (*to* bei) **2.** (*fig*) verpflichtet; **be ~ to s.o. for s.th.** jdm für etw zu Dank verpflichtet sein; **in•debtedness** [-nɪs] *s* **1.** Verpflichtung *f* **2.** (COM) Verschuldung *f*

in•de•cen•cy [ɪn'diːsənsɪ] *s* Unanständigkeit *f;* **in•de•cent** [ɪn'diːsnt] *adj* **1.** (JUR) unsittlich **2.** anstößig, unanständig; **~ assault** Notzucht *f;* **with ~ haste** mit ungebührlicher Eile

in•de•cipher•able [ˌɪndɪ'saɪfrəbl] *adj* nicht zu entziffern

in•de•ci•sion [ˌɪndɪ'sɪʒn] *s* Unentschlossenheit *f;* **in•de•cis•ive** [ˌɪndɪ'saɪsɪv] *adj* **1.** unentschlossen, unschlüssig **2.** (*Entscheidung*) ergebnislos

in•de•clin•able [ɪndɪ'klaɪnəbl] *adj* indeklinabel

in•dec•or•ous [ɪn'dekərəs] *adj* unschicklich

in•deed [ɪn'diːd] *adv* in der Tat, tatsächlich, wirklich; **thank you very much ~** vielen herzlichen Dank; **who is she, ~?** wer mag sie wohl sein?; **what ~!** was wohl!; **~?** ach so?; **if ~ …** falls … wirklich; **are you pleased? – yes, ~!** bist du zufrieden? – oh ja, natürlich sehr!

in•de•fati•gable [ˌɪndɪ'fætɪgəbl] *adj* unermüdlich

in•de•fens•ible [ˌɪndɪ'fensəbl] *adj* **1.** unhaltbar **2.** (*fig: Benehmen*) unentschuldbar

in•defin•able [ˌɪndɪ'faɪnəbl] *adj* unbestimmbar, undefinierbar

in•defi•nite [ɪn'defɪnət] *adj* **1.** (*Zeit*) unbegrenzt; unbestimmt **2.** (*fig*) unklar

in•del•ible [ɪn'deləbl] *adj* **1.** (*Schrift, Farbe*) nicht zu entfernen, dauerhaft **2.** (*fig*) unauslöschlich; ~ **ink** Wäschetinte *f;* ~ **pencil** Tintenstift *m*

in•dem•nify [ɪn'demnɪfaɪ] *vt* **1.** entschädigen, Schaden(s)ersatz leisten (*for* für); (*Kosten*) erstatten **2.** versichern (*against, from* gegen); **in•dem•nity** [ɪn'demnətɪ] *s* **1.** Schaden(s)ersatz *m,* Entschädigung *f;* Abfindung *f* **2.** Versicherung *f;* **pay full ~ to s.o.** jdm den Schaden in voller Höhe ersetzen

in•dent [ɪn'dent] *s* **1.** (ein)kerben, auszacken **2.** (*Zeile*) einrücken **3.** (COM) bestellen; **in•den•ta tion** [ˌɪnden'teɪʃn] *s* **1.** Einkerbung, Auszackung *f* **2.** Ausbuchtung *f* **3.** (TYP) Einrückung *f;* Absatz *m*

in•den•ture [ɪn'dentʃə(r)] *s* Ausbildungs-, Lehrvertrag *m*

in•de•pen•dence [ˌɪndɪ'pendəns] *s* Unabhängigkeit *f* (*from* von); **Independence Day** (*in den USA*) Unabhängigkeitstag *m* (*4. Juli 1776*)*;* **in•de•pen•dent** [ˌɪndɪ'pendənt] **I.** *adj* **1.** unabhängig (*of* von), selbständig; autonom **2.** (POL) parteilos; **Independent Television, ITV** *kommerzielle britische Fernsehanstalt;* ~ **suspension** (AUTO) Einzelradaufhängung *f* **II.** *s* (POL) Parteilose(r) *f m,* Autonome(r) *f m,* Unabhängige(r) *f m*

in-depth ['ɪndepθ] *adj* eingehend, gründlich

in•de•scrib•able [ˌɪndɪ'skraɪbəbl] *adj* unbeschreiblich

in•de•struct•ible [ˌɪndɪ'strʌktəbl] *adj* unzerstörbar

in•de•ter•min•able [ˌɪndɪ'tɜːmɪnəbl] *adj* unbestimmbar; **in•de•ter•mi•nate** [ˌɪndɪ'tɜːmɪnət] *adj* **1.** unbestimmt **2.** (*Konzept*) unklar, vage

in•dex ['ɪndeks] <*pl* indexes (indices)> **I.** *s* **1.** (*pl: indexes*) Register *nt,* Index *m;* Quellenverzeichnis *nt;* Katalog *m* **2.** (*pl: indices*) Hinweiszeichen *nt;* Anzeiger *m* **3.** Index *m,* Messzahl *f* **4.** (MATH: *pl: indices*) Exponent *m;* **be an ~ of s.th.** ein Gradmesser für etw sein; **cost-of-living ~** Lebenshaltungsindex *m* **II.** *vt* mit einem Register versehen; registrieren, katalogisieren; **in•dex•ation** [ˌindek'seɪʃn] *s* Indexbindung, Indexierung *f;* **index card** *s* Karteikarte *f;* **in•dex•er** ['indeksə(r)] *s* Indexverfasser *m;* **index finger** *s* Zeigefinger *m;* **index-linked** *adj* (*Rente*) dynamisch; der Inflationsrate angeglichen

In•dia ['ɪndɪə] *s* Indien *nt;* **In•dian** ['ɪndɪən] **I.** *adj* **1.** indisch **2.** indianisch **II.** *s* **1.** Inder(in) *m(f)* **2.** Indianer(in) *m(f);* **Indian club** *s* (SPORT) Keule *f;* **Indian corn** *s* (*Am*) Mais *m;* **Indian file** *s:* **in ~** im Gänsemarsch; **Indian ink** *s* Tusche *f;* **Indian Ocean** *s* Indischer Ozean; **Indian summer** *s* Altweiber-, Nachsommer *m;* **India paper** *s* Dünndruckpapier *nt;* **India rubber** *s* **1.** Kautschuk *m* **2.** Radiergummi *m*

in•di•cate ['ɪndɪkeɪt] *vt* **1.** hinweisen, zeigen, deuten auf **2.** (*Gefühle*) andeuten; zum Ausdruck bringen **3.** (TECH) anzeigen; (AUTO) blinken **4.** angezeigt, ratsam, nützlich erscheinen lassen **5.** (MED) indizieren; **in•di•ca•tion** [ˌɪndɪ'keɪʃn] *s* **1.** Hinweis *m,* Andeutung *f,* Anzeichen *nt* **2.** Anzeigen, Erkennenlassen *nt* **3.** Kennzeichen, Merkmal *nt* **4.** (MED) Indikation, Anzeige *f* (*of* für); **in•dica•tive** [ɪn'dɪkətɪv] *adj* hinweisend (*of* auf), bezeichnend (*of s.th.* für etw); **be ~ of** ein Hinweis sein für; **in•di•cator** ['ɪndɪkeɪtə(r)] *s* **1.** Anzeiger *m* **2.** (COM, CHEM) Indikator *m* **3.** (AUTO) Fahrtrichtungsanzeiger, Blinker *m* **4.** (*fig*) Anzeichen *nt*

in•di•ces ['ɪndɪsiːz] *s pl* **index**

in•dict [ɪn'daɪt] *vt* (JUR) anklagen (*for* wegen); **in•dict•able** [ɪn'daɪtəbl] *adj* (*Person*) strafrechtlich verfolgbar; (*Vergehen*) strafbar; **in•dict•ment** [-mənt] *s* (JUR) Anklageschrift *f*

in•dif•fer•ence [ɪn'dɪfrəns] *s* Gleichgültigkeit *f* (*to, towards* gegen), Interesselosigkeit *f;* **in•dif•fer•ent** [ɪn'dɪfrənt] *adj* **1.** gleichgültig (*to, towards* gegenüber) **2.** desinteressiert, interesselos **3.** mittelmäßig, durchschnittlich

in•digen•ous [ɪn'dɪdʒɪnəs] *adj* **1.** (BOT ZOO) eingeboren **2.** einheimisch (*to* in) **3.** Landes-

in•di•gest•ible [ˌɪndɪ'dʒəstəbl] *adj* (*a. fig*) unverdaulich; **in•di•ges•tion** [ˌɪndɪ'dʒəstʃən] *s* Magenverstimmung *f*

indig•nant [ɪn'dɪgnənt] *adj* aufgebracht, entrüstet, empört (*at, over, about* über etw); **in•dig•na•tion** [ˌɪndɪg'neɪʃn] *s* Entrüstung, Empörung *f* (*at/over/about* über); **in•dig•ni•ty** [ɪn'dɪgnɪtɪ] *s* Demütigung *f*

in•direct [ˌɪndɪ'rekt] *adj* **1.** indirekt, mittelbar **2.** (GRAM) indirekt; **by ~ means** auf Umwegen; **~ speech** (GRAM) indirekte Rede; **indirect taxes** *s pl* indirekte Steuern *fpl*

in•dis•cern•ible [ˌɪndɪ'sɜːnəbl] *adj* nicht wahrnehmbar, unmerklich

in•dis•ci•pline [ɪn'dɪsɪplɪn] *s* Mangel *m* an Disziplin

in•dis•creet [ˌɪndɪ'skriːt] *adj* indiskret; taktlos; **in•dis•cre•tion** [ˌɪndɪ'skreʃn] *s* Indiskretion *f;* Taktlosigkeit *f*

in•dis•crimi•nate [ˌɪndɪ'skrɪmɪnət] *adj* unterschiedslos; wahllos; kritiklos; willkürlich

in•dis•pens•able [ˌɪndɪ'spensəbl] *adj* unbedingt notwendig; unentbehrlich

in•dis•posed [ˌɪndɪ'spəʊzd] *adj* **1.** unpässlich, unwohl **2.** abgeneigt (*to dat*); **in•dis-**

po•sition [ˌɪndɪspəˈzɪʃn] *s* 1. Unpässlichkeit *f* 2. Abneigung *f* (*to, towards* gegen)
in•dis•put•able [ˌɪndɪˈspjuːtəbl] *adj* unbestreitbar, unstreitig
in•dis•tinct [ˌɪndɪˈstɪŋkt] *adj* 1. undeutlich, unscharf, verschwommen 2. (*Geräusch*) schwach
in•dis•tin•guish•able [ˌɪndɪˈstɪŋgwɪʃəbl] *adj* nicht zu unterscheiden; nicht erkennbar
in•di•vid•ual [ˌɪndɪˈvɪdʒʊəl] I. *adj* 1. einzeln, getrennt 2. persönlich, individuell, eigen; **give ~ help** jedem Einzeln helfen II. *s* Individuum *nt;* Einzelne(r) *f m,* Person *f;* **individual case** *s* Einzelfall *m*
in•di•vid•ual•ism [ˌɪndɪˈvɪdʒʊəlɪzəm] *s* Individualismus *m;* **in•di•vid•ual•ist** [ˌɪndɪˈvɪdʒʊəlɪst] *s* Individualist(in) *m(f);* **in•di•vid•ual•is•tic** [ˌɪndɪˌvɪdʒʊəˈlɪstɪk] *adj* individualistisch
in•di•vidu•al•ity [ˌɪndɪˌvɪdʒʊˈæləti] *s* Individualität *f;* **in•di•vid•ual•ize** [ˌɪndɪˈvɪdʒʊəlaɪz] *vt* 1. individualisieren 2. einzeln, gesondert betrachten 3. eine persönliche Note verleihen (*s.th.* einer S)
in•di•vis•ible [ˌɪndɪˈvɪzəbl] *adj* unteilbar
Indo- [ˈindəʊ-] *prefix* Indo-; **~-China** Indochina *nt*
in•doc•tri•nate [ɪnˈdɒktrɪneɪt] *vt* indoktrinieren; **in•doc•tri•nat•ion** [ɪnˌdɒktrɪˈneɪʃn] *s* Indoktrination *f*
in•do•lent [ˈɪndələnt] *adj* träge, arbeitsscheu, faul
in•domi•table [ɪnˈdɒmɪtəbl] *adj* unbezähmbar, unbezwingbar
Indo•nesia [ˌɪndəʊˈniːzɪə] *s* Indonesien *nt;* **Indo•nesian** [-n] I. *adj* indonesisch II. *s* 1. Indonesier(in) *m(f)* 2. (*Sprache*) (das) Indonesisch(e)
in•door [ˈɪndɔː(r)] *adj* Innen-, Haus-; **~ aerial** Zimmerantenne *f;* **~ games** (SPORT) Hallenspiele *ntpl;* **~ swimming-pool** Hallenbad *nt;* **in•doors** [ˌɪnˈdɔːz] *adv* im, zu Hause; drinnen; **stay ~** zu Hause bleiben
in•dubi•table [ɪnˈdjuːbɪtəbl] *adj* unzweifelhaft; **in•dubi•tab•ly** [ɪnˈdjuːbɪtəblɪ] *adv* zweifellos, zweifelsohne
in•duce [ɪnˈdjuːs] *vt* 1. veranlassen, überreden 2. (*Reaktion*) herbeiführen, bewirken, hervorrufen, verursachen 3. die Folgerung ziehen (*from* von, aus) 4. (PHYS ELEK) induzieren 5. (MED: *Geburt*) einleiten; **~ed sleep** künstlicher Schlaf; **in•duce•ment** [-mənt] *s* 1. Veranlassung *f;* Überredung *f* 2. (*Motiv*) Anreiz, Ansporn *m*
in•duc•tion [ɪnˈdʌkʃn] *s* 1. (Amts)Einsetzung *f* 2. (*Am:* MIL) Einberufung *f* 3. (PHILOS) Induktion *f* 4. Veranlassung, Herbeiführung *f;* **induction coil** *s* (ELEK) Induktionsspule *f;* **induction course** *s* Einführungskurs *m;* **in•duc•tive** [ɪnˈdʌktɪv] *adj* induktiv
in•dulge [ɪnˈdʌldʒ] I. *vt* 1. nachgeben (*a desire* einem Verlangen) 2. nachsichtig sein mit; verwöhnen 3. (FIN) Zahlungsaufschub gewähren II. *vi:* **~ in s.th.** sich etw gönnen; sich einer S hingeben; sich (den Luxus) erlauben (*in* zu); **in•dul•gence** [ɪnˈdʌldʒəns] *s* 1. Nachsicht *f;* Nachgiebigkeit *f* 2. Verwöhnung *f* 3. Genuss *m;* Luxus *m* 4. Einwilligung *f* 5. (REL) Ablass *m;* **in•dul•gent** [ɪnˈdʌldʒənt] *adj* 1. nachsichtig; nachgiebig (*to* gegen) 2. gutmütig
in•dus•trial [ɪnˈdʌstrɪəl] *adj* gewerblich, industriell; Industrie-; Arbeits-; Betriebs-; **~ action** Streikmaßnahmen *fpl;* **~ democracy** Demokratie *f* im Betrieb; **~ dispute** Arbeitskonflikt, -kampf *m;* **~ energy tax** Ökosteuer *f;* **~ estate** Industriegelände *nt,* -park *m;* **~ fair** Industriemesse *f;* **~ injury** Berufsschaden *m;* **~ insurance** Unfallversicherung *f;* **~ pollution** Umweltverschmutzung *f* durch die Industrie; **~ relations** Arbeitgeber-Arbeitnehmer-Beziehungen *fpl;* **Industrial Revolution** industrielle Revolution; **~ robot** Industrieroboter *m;* **~ technologies** industrielle Verfahren; **~ tribunal** Arbeitsgericht *nt;* **~ union** Industriegewerkschaft *f;* **~ waste** Industriemüll *m;* **indus•trial•ism** [ɪnˈdʌstrɪəlɪzəm] *s* Industrie *f;* **in•dus•trial•ist** [-ɪst] *s* Industrielle(r) *f m;* **in•dus•triali•zation** [ɪnˌdʌstrɪəlaɪˈzeɪʃn] *s* Industrialisierung *f;* **in•dus•trial•ize** [ɪnˈdʌstrɪəlaɪz] *vt* industrialisieren; **~d country** Industrieland *nt,* -nation *f*
in•dus•tri•ous [ɪnˈdʌstrɪəs] *adj* arbeitsam, betriebsam, fleißig
in•dus•try [ˈɪndəstrɪ] *s* 1. Industrie *f;* gewerbliche Wirtschaft 2. Industrie-, Wirtschaftszweig *m;* Branche *f* 3. Fleiß *m;* **automobile ~** Auto-, Kraftfahrzeugindustrie *f;* **heavy ~** Schwerindustrie *f;* **hotel ~** Hotelgewerbe *nt;* **light ~** Leichtindustrie *f;* **tourist ~** Tourismusbranche, Touristik *f*
in•ebri•ate [ɪˈniːbrɪeɪt] I. *vt* betrunken machen II. [ɪˈniːbrɪət] *adj* betrunken
in•ed•ible [ɪnˈedəbl] *adj* ungenießbar
in•ed•uc•able [ɪnˈedʒʊkəbl] *adj* bildungsunfähig
in•ef•fable [ɪnˈefəbl] *adj* unaussprechlich
in•ef•fec•tive [ˌɪnɪˈfektɪv] *adj* 1. unwirksam, wirkungslos 2. (*Person*) untauglich, unfähig
in•ef•fec•tual [ˌɪnɪˈfektʃʊəl] *adj* ineffektiv
in•ef•fi•cien•cy [ˌɪnɪˈfɪʃənsɪ] *s* Unfähigkeit, Ineffizienz *f;* **in•ef•fic•ient** [ˌɪnɪˈfɪʃnt] *adj* 1. (*Person*) unfähig; inkompetent 2. (*Maschine*) unrentabel, unwirtschaftlich 3. (*Betrieb*) unrationell

in•el•egant [ˌɪnˈelɪgənt] *adj* **1.** unelegant **2.** (*Stil*) schwerfällig, ungeschliffen

in•eli•gible [ɪnˈelɪdʒəbl] *adj* **1.** nicht wählbar **2.** (*für ein Amt*) ungeeignet; nicht qualifiziert **3.** (*für Leistungen*) nicht berechtigt

in•eluc•table [ˌɪnɪˈlʌktəbl] *adj* unentrinnbar, unausweichlich

in•ept [ɪˈnept] *adj* **1.** untauglich, unfähig (*at s.th.* für etw) **2.** (*Bemerkung*) unangebracht, unpassend

in•equal•ity [ˌɪnɪˈkwɒlətɪ] *s* (*a.* MATH) Ungleichheit *f,* Unterschied *m*

in•equi•table [ɪnˈekwɪtəbl] *adj* ungerecht; **in•equity** [ɪnˈekwətɪ] *s* Ungerechtigkeit *f*

in•eradi•cable [ˌɪnɪˈrædɪkəbl] *adj* unausrottbar

in•ert [ɪˈnɜːt] *adj* **1.** (*a.* PHYS) träge, unbeweglich **2.** (CHEM) inaktiv; ~ **gas** Edelgas *nt;* **in•er•tia** [ɪˈnɜːʃə] *s* Trägheit *f;* **inertia** (**reel**) **seat belt** *s* (AUTO) Automatikgurt *m*

in•es•cap•able [ˌɪnɪˈskeɪpəbl] *adj* unentrinnbar, unvermeidbar

in•es•sen•tial [ˌɪnɪˈsenʃl] *adj* unwesentlich, unwichtig

in•es•ti•mable [ɪnˈestɪməbl] *adj* unschätzbar

in•evi•table [ɪnˈevɪtəbl] *adj* unvermeidbar; zwangsläufig

in•ex•act [ˌɪnɪgˈzækt] *adj* ungenau

in•ex•cus•able [ˌɪnɪkˈskjuːzəbl] *adj* unentschuldbar, unverzeihlich

in•ex•haust•ible [ˌɪnɪgˈzɔːstəbl] *adj* unerschöpflich

in•exor•able [ˌɪnˈeksərəbl] *adj* unerbittlich

in•ex•pedi•ency [ˌɪnɪkˈspiːdɪənsɪ] *s* Unzweckmäßigkeit *f;* **in•ex•pedi•ent** [ˌɪnɪkˈspiːdɪənt] *adj* unzweckmäßig

in•ex•pen•sive [ˌɪnɪkˈspensɪv] *adj* billig, preiswert

in•ex•pe•ri•enced [ˌɪnɪkˈspɪərɪənst] *adj* unerfahren

in•ex•pert [ɪnˈekspɜːt] *adj* **1.** (*Behandlung*) unsachgemäß **2.** unfachmännisch, laienhaft

in•ex•plic•able [ˌɪnɪkˈsplɪkəbl] *adj* unerklärlich, unfasslich

in•ex•tri•cable [ˌɪnɪkˈstrɪkəbl] *adj* **1.** unentwirrbar **2.** (*Schwierigkeiten*) unlösbar

in•fal•lible [ɪnˈfæləbl] *adj* **1.** unfehlbar **2.** (*Methoden*) zuverlässig

in•fa•mous [ˈɪnfəməs] *adj* **1.** berüchtigt **2.** schändlich; niederträchtig; **in•famy** [ˈɪnfəmɪ] *s* **1.** Verrufenheit *f* **2.** Niedertracht *f*

in•fancy [ˈɪnfənsɪ] *s* **1.** frühe Kindheit **2.** (JUR) Minderjährigkeit *f* **3.** (*fig*) Anfänge *mpl;* **flying was still in its** ~ die Fliegerei steckte noch in den Kinderschuhen

in•fant [ˈɪnfənt] *s* **1.** Kleinkind *nt;* Säugling *m* **2.** (JUR) Minderjährige(r) *f m;* ~ **mortality** Säuglingssterblichkeit *f*

in•fan•ti•cide [ɪnˈfæntɪsaɪd] *s* **1.** Kindesmord *m* **2.** Kindesmörder(in) *m(f)*

in•fan•tile [ˈɪnfəntaɪl] *adj* **1.** kindisch, infantil **2.** (MED) Kinder-

in•fan•try [ˈɪnfəntrɪ] *s* Infanterie *f;* **infan•try•man** [-mən] *s* <*pl* -men> Infant(e)rist *m*

in•fatu•ated [ɪnˈfætʃʊeɪtɪd] *adj* verblendet, vernarrt, verknallt (*with* in); **become** ~ **with s.o.** sich in jdn unsterblich verlieben

in•fect [ɪnˈfekt] *vt* **1.** (MED) infizieren; anstecken (*with* mit) **2.** (*Wasser*) verseuchen, verunreinigen **3.** (*Essen*) verderben **4.** (*fig*) anstecken; **become** [*o* **get**] ~**ed** angesteckt werden (*by, with* von); **in•fec•tion** [ɪnˈfekʃn] *s* **1.** Ansteckung, Infektion *f* **2.** Verseuchung *f;* Verunreinigung *f;* **spread of** ~ Durchseuchung *f;* **in•fec•tious** [ɪnˈfekʃəs] *adj* ansteckend, infektiös; ~ **disease** Infektionskrankheit *f*

in•fe•lici•tous [ˌɪnfɪˈlɪsɪtəs] *adj* unglücklich, unpassend

in•fer [ɪnˈfɜː(r)] *vt* **1.** folgern, ableiten, entnehmen (*from* aus) **2.** darauf schließen lassen; andeuten; **in•fer•ence** [ˈɪnfərəns] *s* Folgerung *f,* Schluss *m*

in•ferior [ɪnˈfɪərɪə(r)] **I.** *adj* **1.** (rang)niedriger, untergeordnet (*to dat*) **2.** gering(wertig)er, weniger wert (*to* als) **3.** (*Qualität*) minderwertig; **be** ~ **to s.o.** jdm unterlegen sein; jdm untergeordnet sein **II.** *s* Untergebene(r) *f m;* **in•ferior•ity** [ɪnˌfɪərɪˈɒrətɪ] *s* Minderwertigkeit *f;* Unterlegenheit *f;* **inferiority complex** *s* Minderwertigkeitskomplex *m*

in•fer•nal [ɪnˈfɜːnl] *adj* **1.** höllisch; Höllen- **2.** (*fig*) infernalisch; **in•ferno** [ɪnˈfɜːnəʊ] *s* <*pl* -fernos> Hölle *f,* Inferno *nt*

in•fer•tile [ɪnˈfɜːtaɪl] *adj* unfruchtbar; **in•fer•til•ity** [ˌɪnfəˈtɪlətɪ] *s* Unfruchtbarkeit *f*

in•fest [ɪnˈfest] *vt* herfallen über; befallen; heimsuchen; (*fig*) überschwemmen; **be** ~**ed with rats** mit Ratten verseucht sein; **be** ~**ed** mit Ungeziefer verseucht sein; **in•fes•ta•tion** [ˌɪnfesˈteɪʃn] *s* Verseuchung *f*

in•fi•del [ˈɪnfɪdəl] *s* Ungläubige(r) *f m*

in•fi•del•ity [ˌɪnfɪˈdelətɪ] *s* Untreue *f*

in-fight•ing [ˈɪnfaɪtɪŋ] *s* interner Machtkampf

in•fil•trate [ˈɪnfɪltreɪt] *vt* **1.** einsickern in, durchdringen **2.** (POL) unterwandern; sich einschleusen (*into* in); **in•fil•tra•tion** [ˌɪnfɪlˈtreɪʃn] *s* **1.** Infiltration *f* **2.** Eindringen *nt;* **in•fil•tra•tor** [-ə(r)] *s* Eindringling *m,* Unterwanderer *m*

in•fi•nite [ˈɪnfɪnət] *adj* **1.** (*a.* MATH) unendlich, unbegrenzt **2.** (*Vergnügen*) grenzenlos

in•fini•tesi•mal [ˌɪnfɪnɪˈtesɪml] *adj* unendlich klein; ~ **calculus** Infinitesimalrechnung *f*

in•fini•tive [ɪnˈfɪnətɪv] *s* (GRAM) Infinitiv *m*
in•fin•ity [ɪnˈfɪnətɪ] *s* **1.** Unendlichkeit *f* **2.** (MATH) das Unendliche
in•firm [ɪnˈfɜːm] *adj* schwach, gebrechlich; **in•firm•ary** [ɪnˈfɜːmərɪ] *s* **1.** Krankenhaus *nt* **2.** (*in Schulen*) Krankenstube *f;* **in•firm•ity** [ɪnˈfɜːmətɪ] *s* **1.** Schwäche, Gebrechlichkeit *f* **2.** Gebrechen *nt*
in•flame [ɪnˈfleɪm] *vt* **1.** (MED) entzünden **2.** (*Person*) erzürnen, aufbringen **3.** (*Ärger*) erregen; **~d with passion** von glühender Leidenschaft erfasst
in•flam•mable [ɪnˈflæməbl] *adj* **1.** leicht entzündbar, feuergefährlich **2.** (*fig*) leicht erregbar, reizbar
in•flam•ma•tion [ˌɪnfləˈmeɪʃn] *s* (MED) Entzündung *f*
in•flam•ma•tory [ɪnˈflæmətrɪ] *adj* (*fig*) aufreizend, aufrührerisch
in•flat•able [ɪnˈfleitəbl] *adj* aufblasbar; (*Boot*) Schlauch-; **in•flate** [ɪnˈfleɪt] *vt* **1.** aufblasen, -blähen **2.** aufpumpen **3.** (*Geldumlauf*) steigern **4.** (*Preise*) überhöhen; **in•flated** [ɪnˈfleɪtɪd] *adj* **1.** aufgebläht **2.** inflationär **3.** (*fig*) geschwollen, bombastisch; **in•fla•tion** [ɪnˈfleɪʃn] *s* **1.** Aufblähung *f* **2.** (FIN) Inflation *f;* **~ rate** Inflationsrate *f;* **in•fla•tion•ary** [ɪnˈfleɪʃnrɪ] *adj* inflationär, inflationistisch
in•flect [ɪnˈflekt] *vt* **1.** (*Stimme*) modulieren **2.** (GRAM) flektieren, beugen; **in•flec•tion** [ɪnˈflekʃn] *s* (MUS) Tonfall *m*
in•flexi•bil•ity [ɪnˌfleksəˈbɪlətɪ] *s* **1.** Steifheit, Starre *f* **2.** (*fig*) Unbeugsamkeit *f;* **in•flex•ible** [ɪnˈfleksəbl] *adj* **1.** steif, starr **2.** (*fig*) halsstarrig, unnachgiebig, starr
in•flict [ɪnˈflɪkt] *vt* **1.** (*Schmerz*) zufügen **2.** (*Strafe*) auferlegen (*on, upon s.o.* jdm); **~ s.th. on s.o.** jdm etw aufdrängen; **in•flic•tion** [ɪnˈflɪkʃn] *s* **1.** Zufügen *nt* **2.** (*Strafe*) Auferlegung, Verhängung *f* **3.** Plage *f,* Kreuz *nt*
in•flu•ence [ˈɪnflʊəns] **I.** *s* Einfluss *m* (*over* auf); **be a good ~** einen guten Einfluss haben; **bring one's ~ to bear on s.o.** seinen Einfluss bei jdm geltend machen; **under the ~** (**of alcohol**) unter Alkoholeinfluss **II.** *vt* beeinflussen; **in•flu•ential** [ˌɪnflʊˈenʃl] *adj* einflussreich
in•flu•enza [ˌɪnflʊˈenzə] *s* Grippe *f*
in•flux [ˈɪnflʌks] *s* Einfluss, Zustrom *m;* Zufuhr *f;* **~ of visitors** Besucherstrom *m*
in•form [ɪnˈfɔːm] **I.** *vt* **1.** informieren, unterrichten (*about* über), in Kenntnis setzen (*of* von) **2.** Nachricht, Bescheid geben, Mitteilung machen (*s.o. of s.th.* jdm von einer S); **be better ~ed** einen Informationsvorsprung haben; **keep s.o. ~ed** jdn auf dem Laufenden halten **II.** *vi* anzeigen, denunzieren (*against s.o., s.th.* jdn, etw)
in•for•mal [ɪnˈfɔːml] *adj* **1.** informell; inoffiziell **2.** (*Party*) form-, zwanglos; **in•for•mal•ity** [ˌɪnfɔːˈmælətɪ] *s* Form-, Zwanglosigkeit, Ungezwungenheit *f;* inoffizieller Charakter
in•form•ant [ɪnˈfɔːmənt] *s* Gewährsmann *m;* Informant(in) *m(f)*
in•for•ma•tion [ˌɪnfəˈmeɪʃn] *s* Nachricht, Auskunft *f;* Information *f;* **a piece of ~** eine Auskunft; **for s.o.'s ~** zur Kenntnisnahme; **get ~ about s.o.** sich über jdn informieren; **lack of ~** Informationsdefizit *nt;* **so far as my ~ goes** soviel ich weiß; **~ content** Informationsgehalt *m;* **~ market sources** Informationsmarktquellen; **~ retrieval** (INFORM) Datenabruf *m;* **~ science(s)** Informatik *f;* **Information Society** Informationsgesellschaft *f;* **~ storage** Datenspeicherung *f;* **~ superhighway** Datenautobahn *f;* **~ technology** Informationstechnologie *f;* **in•forma•tive** [ɪnˈfɔːmətɪv] *adj* belehrend, informativ; aufschlussreich; **in•former** [ɪnˈfɔːmə(r)] *s* Denunziant(in) *m(f),* Spitzel *m*
infra dig [ˌɪnfrəˈdɪg] *adj* (*fam*) unter meiner/seiner/ihrer Würde
in•fra•red [ˈɪnfrəˈred] *adj* (PHYS) infrarot
in•fra•struc•ture [ˈɪnfrəˌstrʌktʃə(r)] *s* Infrastruktur *f*
in•fre•quent [ɪnˈfriːkwənt] *adj* gelegentlich
in•fringe [ɪnˈfrɪndʒ] **I.** *vt* (*Gesetz*) verstoßen gegen; verletzen, übertreten **II.** *vi* ein-, übergreifen (*upon s.o.'s rights* in jds Rechte); **in•fringe•ment** [-mənt] *s* Übertretung, Verletzung *f;* Verstoß *m* (*of* gegen); **~ of a contract** Vertragsbruch *m*
in•furi•ate [ɪnˈfjʊərɪeɪt] *vt* wütend, rasend machen
in•fuse [ɪnˈfjuːz] **I.** *vt* **1.** (*Tee*) aufgießen, -brühen **2.** (*fig*) einflößen (*into s.o.* jdm) **II.** *vi* (*Tee*) ziehen; **in•fu•sion** [ɪnˈfjuːʒn] *s* **1.** Aufguss *m* **2.** Einflößung *f* **3.** (MED) Infusion *f*
in•geni•ous [ɪnˈdʒiːnɪəs] *adj* **1.** scharfsinnig, genial **2.** erfinderisch **3.** (*Sache*) sinnreich, originell; **in•ge•nuity** [ˌɪndʒɪˈnjuːətɪ] *s* **1.** Scharfsinn *m,* Genialität *f* **2.** Erfindungsgabe *f*
in•genu•ous [ɪnˈdʒenjʊəs] *adj* **1.** aufrichtig, gerade **2.** naiv
ingle•nook [ˈɪŋglnʊk] *s* Kaminecke *f*
in•glori•ous [ɪnˈglɔːrɪəs] *adj* schimpflich, unehrenhaft
in•going [ˈɪngəʊɪŋ] *adj* (*Post*) eingehend, einlaufend
in•got [ˈɪŋgət] *s* Barren *m*
in•grained [ˌɪnˈgreɪnd] *adj* **1.** (*fig*) (fest) eingewurzelt; eingefleischt **2.** (*Schmutz*) tiefsitzend

in•grati•ate [ɪn'greɪʃieɪt] *vr* sich einschmeicheln (*with s.o.* bei jdm)
in•grati•tude [ɪn'grætɪtju:d] *s* Undank(barkeit *f*) *m*
in•gredi•ent [ɪn'gri:dɪənt] *s* **1.** Bestandteil *m;* Ingredienz *f* **2.** (*Küche*) Zutat *f*
in-group ['ɪngru:p] *s* maßgebliche Leute *pl,* Spitze *f*
in•grow•ing ['ɪngrəʊiŋ] *adj:* ~ **toenail** eingewachsener Zehennagel
in•habit [ɪn'hæbɪt] *vt* bewohnen; leben in; **in•hab•it•able** [-əbl] *adj* bewohnbar; **in•habit•ant** [ɪn'hæbɪtənt] *s* Be-, Einwohner(in) *m(f)*
in•hale [ɪn'heɪl] **I.** *vt* einatmen, inhalieren **II.** *vi* einen Lungenzug machen; **in•haler** [ɪn'heɪlə(r)] *s* (MED) Inhalator *m*
in•har•moni•ous [ˌɪnhɑ:'məʊnɪəs] *adj* unharmonisch
in•here [ɪn'hɪə(r)] *vi:* ~ **in s.th.** einer S innewohnen; **in•herent** [ɪn'hɪərənt] *adj* innewohnend, inhärent
in•herit [ɪn'herɪt] *vt, vi* erben (*s.th. from s.o.* etw von jdm); **in•her•it•able** [-əbl] *adj* (JUR BIOL) erblich, vererbbar; **in•herit•ance** [ɪn'herɪtəns] *s* Erbschaft *f,* Erbe *nt;* **come into an** ~ eine Erbschaft machen
in•hibit [ɪn'hɪbɪt] *vt* **1.** unterdrücken, verhindern **2.** (PSYCH) hemmen; ~ **s.o. from doing s.th.** jdn daran hindern, etw zu tun; **in•hi•bi•tion** [ˌɪnɪ'bɪʃn] *s* (PSYCH) Hemmung *f*
in•hos•pi•table [ˌɪnhɒ'spɪtəbl] *adj* **1.** ungastlich **2.** (*Gegend*) unwirtlich
in-house ['ɪnhaʊs] *adj* (betriebs)intern, innerbetrieblich
in•hu•man [ɪn'hju:mən] *adj* unmenschlich, gefühllos; menschenverachtend; **in•hu•mane** [ˌɪnhju:'meɪn] *adj* inhuman; menschenunwürdig; **in•hu•man•ity** [ˌɪnhju:'mænətɪ] *s* Unmenschlichkeit *f*
in•imi•cal [ɪ'nɪmɪkl] *adj* **1.** feindselig **2.** nachteilig (*to* für)
in•imi•table [ɪ'nɪmɪtəbl] *adj* unnachahmlich
in•iqui•tous [ɪ'nɪkwɪtəs] *adj* ungeheuerlich; **in•iquity** [ɪ'nɪkwətɪ] *s* Ungeheuerlichkeit *f*
in•itial [ɪ'nɪʃl] **I.** *adj* anfänglich; ~ **letter** Anfangsbuchstabe *m* **II.** *s* Initiale *f;* Anfangsbuchstabe *m* **III.** *vt* abzeichnen; (*Vertrag*) paraphieren; **ini•tial•ize** [ɪ'nɪʃəlaɪz] *vt* (INFORM) initialisieren; **in•itial•ly** [ɪ'nɪʃəlɪ] *adv* anfangs, am Anfang; **in•iti•ate** [ɪ'nɪʃɪeɪt] **I.** *vt* **1.** einweihen, -führen (*into* in) **2.** (feierlich) aufnehmen **3.** den Anstoß geben zu, initiieren **II.** *s* Eingeweihte(r) *f m,* Neuaufgenommene(r) *f m;* **in•iti•ation** [ɪˌnɪʃɪ'eɪʃn] *s* **1.** Einführung, Einweihung *f* (*into* in) **2.** Aufnahme *f* **3.** Einleitung *f;* **in•iti•at•ive** [ɪ'nɪʃətɪv] *s* Initiative *f;* **on one's own** ~ aus eigenem Antrieb; **take the** ~ die Initiative ergreifen
in•ject [ɪn'dʒekt] *vt* **1.** (MED) einspritzen (*into* in) **2.** (*Bemerkung*) ein-, dazwischenwerfen; ~ **s.o. with s.th.** jdm etw injizieren; **in•jec•tion** [ɪn'dʒekʃn] *s* Einspritzung, Injektion, Spritze *f;* **fuel** ~ (AUTO) (Benzin)Einspritzung *f;* **engine with fuel** ~ Einspritzmotor *m;* ~ **of money** Finanzspritze *f;* **injection moulding** *s* (TECH) Spritzguss *m*
in•ju•di•cious [ˌɪndʒu:'dɪʃəs] *adj* unklug
in•junc•tion [ɪn'dʒʌŋkʃn] *s* Anordnung *f;* gerichtliche Verfügung
in•jure ['ɪndʒə(r)] *vt* **1.** verletzen **2.** (*fig*) kränken, Unrecht tun (*s.o.* jdm); **the** ~**d party** (JUR) der, die Geschädigte; **injury** ['ɪndʒərɪ] *s* **1.** Verletzung *f* (*to* an) **2.** Kränkung *f,* Unrecht *nt;* **do s.o. an** ~ jdn verletzen
in•jus•tice [ɪn'dʒʌstɪs] *s* **1.** Ungerechtigkeit *f* **2.** Unrecht *nt;* **do s.o. an** ~ jdm Unrecht tun
ink [ɪŋk] *s* **1.** Tinte *f* **2.** Tusche *f* **3.** Stempelfarbe *f* **4.** (*printer's* ~) Druckerschwärze *f;* **in** ~ mit Tinte; **ink bottle** *s* Tintenfass *nt;* **ink-jet** ['ɪŋkdʒet] *s* Tintenstrahl *m;* **ink-jet printer** *s* Tintenstrahldrucker *m*
ink•ling ['ɪŋklɪŋ] *s* Wink *m,* dunkle Ahnung; **have no** ~ **of s.th.** von etw keine Ahnung haben
ink-pad ['ɪŋkpæd] *s* Stempelkissen *nt;* **ink-stain** ['ɪŋksteɪn] *s* Tintenfleck *m;* **inky** ['ɪŋkɪ] *adj* **1.** (tief)schwarz **2.** tintenbeschmiert
in•laid [ˌɪn'leɪd] **I.** *pt, pp of* **inlay** **II.** *adj* eingelegt; ~ **work** Einlegearbeit *f*
in•land ['ɪnlənd] **I.** *adj* **1.** Binnen- **2.** inländisch; einheimisch; Inland(s)- **II.** *adv* landeinwärts; **Inland Revenue** *s* (*Br*) Finanzamt *nt;* **inland trade** *s* Binnenhandel *m*
in-laws ['ɪnlɔ:z] *s pl* (*fam*) angeheiratete Verwandte *pl,* Schwiegereltern *pl*
in•lay [ˌɪn'leɪ] <*irr:* inlaid, inlaid> **I.** *vt* einlegen **II.** *s* **1.** Einlegearbeit *f* **2.** Plombe *f* (*im Zahn*)
in•let ['ɪnlet] *s* **1.** Meeres-, Flussarm *m* **2.** Öffnung *f* **3.** (TECH) Zuleitung *f*
in-line skat•ing *s* Inlineskating *nt*
in•mate ['ɪnmeɪt] *s* Insasse *m,* Insassin *f*
inn [ɪn] *s* Gast-, Wirtshaus *nt;* Herberge *f*
in•nards ['ɪnədz] *s pl* Innereien *pl,* Eingeweide *pl*
in•nate [ɪ'neɪt] *adj* angeboren
in•ner ['ɪnə(r)] *adj* **1.** innere(r, s); Innen- **2.** (*fig*) innere(r, s); verborgen; Seelen-; ~ **circle of friends** engster Freundeskreis; **the** ~ **man** das Innere; **in•ner•most** ['ɪnəməʊst] *adj* innerste(r, s) geheimste(r,

s); **inner tube** *s* (AUTO) Schlauch *m*

in•nings [ˈɪnɪŋz] *s sing od pl* (SPORT) Durchgang *m;* **have one's ~** (*fig*) an der Reihe sein; **have a good ~** (*fig*) ein langes, ausgefülltes Leben haben

in•no•cence [ˈɪnəsns] *s* Unschuld *f;* **innocent** [ˈɪnəsnt] **I.** *adj* **1.** unschuldig; unabsichtlich **2.** naiv, ahnungslos; **as ~ as a new-born babe** unschuldig wie ein Lamm **II.** *s* Unschuld *f*

in•nocu•ous [ɪˈnɒkjʊəs] *adj* harmlos

in•no•vate [ˈɪnəveɪt] *vi* Neuerungen einführen; **in•no•va•tion** [ˌɪnəˈveɪʃn] *s* Innovation *f;* Neuerung *f;* **in•no•va•tive** [ˈɪnəvətɪv] *adj* innovativ

in•nu•endo [ˌɪnjuːˈendəʊ] *s* <*pl* -endoes> versteckte Andeutung

in•numer•able [ɪˈnjuːmərəbl] *adj* unzählig; **in•numer•ate** [ɪˈnjuːmərət] *adj:* **be ~** nicht rechnen können

in•ocu•late [ɪˈnɒkjʊleɪt] *vt* (MED: *Menschen*) impfen (*against* gegen); **inocu•lation** [ɪˌnɒkjʊˈleɪʃn] *s* (MED) Impfung *f*

in•of•fen•sive [ˌɪnəˈfensɪv] *adj* harmlos

in•op•er•able [ˌɪnˈɒpərəbl] *adj* **1.** (MED) nicht operierbar **2.** (*Plan*) nicht durchführbar

in•op•er•at•ive [ˌɪnˈɒpərətɪv] *adj* **1.** außer Kraft, ungültig **2.** (*Maschine*) außer Betrieb

in•op•por•tune [ˌɪnˈɒpətjuːn] *adj* ungelegen; inopportun; unpassend

in•or•di•nate [ɪˈnɔːdɪnət] *adj* unmäßig, maßlos

in•or•ganic [ˌɪnɔːˈgænɪk] *adj* (CHEM) anorganisch

in-pa•tient [ˈɪnpeɪʃnt] *s* stationär behandelter Patient

in•put [ˈɪnpʊt] *s* **1.** (TECH) Energiezufuhr *f* **2.** (INFORM) Input *m* **3.** (COM) Investition *f* **4.** Arbeitsaufwand *m;* **input data** *s pl* (INFORM) Eingabedaten *pl;* **input device** *s* (INFORM) Eingabegerät *nt*

in•quest [ˈɪnkwest] *s* gerichtliche Untersuchung

in•quire, **en•quire** [ɪnˈkwaɪə(r)] **I.** *vi* sich erkundigen (*about, after* nach), fragen (*about* nach); **~ for** fragen nach; **~ into** untersuchen **II.** *vt* sich erkundigen nach, fragen nach; **~ s.th. of s.o.** sich bei jdm nach etw erkundigen; **in•quiry**, **enquiry** [ɪnˈkwaɪərɪ] *s* **1.** Anfrage *f* (*about* über) **2.** Erkundigung *f* (*about* über) **3.** Untersuchung *f;* **on ~** auf Anfrage; **make inquiries** Erkundigungen einziehen; Nachforschungen anstellen (*about s.o.* über jdn); **court of ~** Untersuchungskommission *f;* **hold an ~ into s.th.** eine Untersuchung über etw durchführen

in•qui•si•tion [ˌɪnkwɪˈzɪʃn] *s* (*a.* JUR) Untersuchung *f,* Inquisition *f*

in•quisi•tive [ɪnˈkwɪzətɪv] *adj* wissbegierig; neugierig

in•road [ˈɪnrəʊd] *s* **1.** Ein-, Überfall *m* (*into* in) **2.** (*fig*) Eingriff *m* (*on* in); **make ~s on the market** in den Markt eindringen; **make ~s upon s.o.'s savings** ein Loch in jds Ersparnisse reißen

in•rush [ˈɪnrʌʃ] *s* Zustrom *m*

in•sa•lubri•ous [ˌɪnsəˈluːbrɪəs] *adj* (*Klima*) unzuträglich

in•sane [ɪnˈseɪn] *adj* geisteskrank, wahnsinnig

in•sani•tary [ɪnˈsænɪtrɪ] *adj* unhygienisch

in•san•ity [ɪnˈsænətɪ] *s* **1.** Geisteskrankheit *f* **2.** (*fig*) Wahnsinn *m*

in•sa•tiable [ɪnˈseɪʃəbl] *adj* unersättlich

in•scrip•tion [ɪnˈskrɪpʃn] *s* **1.** Aufschrift *f;* Inschrift *f* **2.** Widmung *f*

in•scru•table [ɪnˈskruːtəbl] *adj* unergründlich, unerklärlich

in•sect [ˈɪnsekt] *s* Insekt *nt;* **~ bite** Insektenstich *m;* **~ repellent** Insektenschutzmittel *nt;* **in•sec•ticide** [ɪnˈsektɪsaɪd] *s* Insektenbekämpfungsmittel, Insektengift *nt*

in•se•cure [ˌɪnsɪˈkjʊə(r)] *adj* **1.** unsicher **2.** (*Gebäude*) nicht sicher; **in•se•cur•ity** [ˌɪnsɪˈkjʊərətɪ] *s* Unsicherheit *f*

in•semi•nate [ɪnˈsemɪneɪt] *vt* befruchten; besamen; **in•semi•na•tion** [ɪnˌsemɪˈneɪʃn] *s* Befruchtung *f;* Besamung *f*

in•sen•sible [ɪnˈsensəbl] *adj* **1.** bewusstlos; unempfindlich **2.** unempfänglich (*of, to* für) **3.** unmerklich

in•sen•si•tive [ɪnˈsensətɪv] *adj* **1.** unempfindlich, gefühllos (*to* gegen) **2.** unempfänglich

in•sep•ar•able [ɪnˈseprəbl] *adj* unzertrennlich; untrennbar

in•sert [ɪnˈsɜːt] **I.** *vt* **1.** einsetzen, -fügen, -schalten **2.** hineinstecken **3.** (*Münze*) einwerfen; **~ an advertisement in a paper** eine Anzeige in eine Zeitung setzen **II.** [ˈɪnsɜːt] *s* Beilage *f;* Inserat *nt;* Einlage *f;* **in•ser•tion** [ɪnˈsɜːʃn] *s* **1.** Einfügung, -schaltung *f* **2.** (*in einem Kleid*) Einsatz *m* **3.** Inserat *nt,* Anzeige *f* **4.** (*Münze*) Einwurf *m* **5.** Hineinstecken *nt*

in-service [ˈɪnsɜːvɪs] *adj attr:* **~ training** innerbetriebliche Fortbildung

in•shore [ˌɪnˈʃɔː(r)] **I.** *adj* Küsten- **II.** *adv* in Küstennähe

in•side [ɪnˈsaɪd] **I.** *s* **1.** (das) Innere; Innenseite *f* **2.** (*fam*) Eingeweide *pl;* **the wind blew her umbrella ~ out** der Wind hat ihren Schirm umgestülpt; **turn s.th. ~ out** (*fig*) etw auf den Kopf stellen; **know s.th. ~ out** etw in- und auswendig kennen **II.** [ˈɪnsaɪd] *adj* innere(r, s); Innen-; **an ~ job** (*fig*) ein Werk von Insidern; **~ lane** [*o* **track**] (SPORT) Innenbahn *f;* **~ left** (SPORT)

Halblinke(r) *m* **III.** *adv* innen, im Innern; drin(nen); **come ~!** kommen Sie herein!; **be ~** (*sl*) (im Gefängnis) sitzen **IV.** *prep* **1.** innen in; in **2.** (*zeitlich*) innerhalb *+gen;* **go ~ the house** ins Haus gehen; **in•sider** [ɪn'saɪdə(r)] *s* Insider *m,* Eingeweihte(r) *f m;* **~ dealing** [*o* **trading**] Insiderhandel *m*

in•sidi•ous [ɪn'sɪdɪəs] *adj* hinterhältig, heimtückisch

in•sight ['ɪnsaɪt] *s* **1.** Verständnis *nt* **2.** Einsicht *f,* Einblick *m* (*into* in)

in•sig•nia [ɪn'sɪgnɪə] *s pl* Insignien *pl*

in•sig•nifi•cance [ˌɪnsɪg'nɪfɪkəns] *s* Bedeutungslosigkeit *f;* **in•sig•nifi•cant** [ˌɪnsɪg'nɪfɪkənt] *adj* **1.** bedeutungslos **2.** (*Summe*) unerheblich, geringfügig

in•sin•cere [ˌɪnsɪn'sɪə(r)] *adj* unaufrichtig, falsch

in•sinu•ate [ɪn'sɪnjʊeɪt] *vt* andeuten, anspielen auf; **what is he insinuating?** was will er damit sagen?; **~ o.s. into s.o.'s favo(u)r** jds Gunst erschleichen; **in•sinu•ation** [ɪnˌsɪnjʊ'eɪʃn] *s* Anspielung *f*

in•sipid [ɪn'sɪpɪd] *adj* **1.** fade **2.** (*fig*) geistlos

in•sist [ɪn'sɪst] *vt, vi* bestehen, beharren, großen Wert legen (*on, upon* auf); **~ on one's innocence** auf seiner Unschuld bestehen; **if you ~** wenn Sie darauf bestehen; **~ on a point** auf einem Punkt beharren; **~ on doing s.th.** darauf bestehen etw zu tun; **in•sist•ence** [ɪn'sɪstəns] *s* Bestehen *nt* (*on* auf); **I did it at her ~** ich tat es auf ihr Drängen; **in•sist•ent** [ɪn'sɪstənt] *adj* **1.** beharrlich, hartnäckig **2.** eindringlich, eindrucksvoll; **be ~** darauf bestehen (*that* dass); **he was most ~** er hat nicht lockergelassen

in•so•far [ˌɪnsə'fɑː(r)] *adv:* **~ as** soweit

in•sole ['ɪnsəʊl] *s* Brand-, Einlegesohle *f*

in•so•lence ['ɪnsələns] *s* Unverschämtheit, Frechheit *f;* **in•so•lent** ['ɪnsələnt] *adj* unverschämt, frech

in•sol•uble [ɪn'sɒljʊbl] *adj* **1.** un(auf)löslich **2.** (*Problem*) unlösbar

in•sol•vency [ɪn'sɒlvənsɪ] *s* Zahlungsunfähigkeit, Insolvenz *f;* **in•sol•vent** [ɪn'sɒlvənt] *adj* zahlungsunfähig, insolvent

in•som•nia [ɪn'sɒmnɪə] *s* Schlaflosigkeit *f;* **in•som•niac** [ɪn'sɒmnɪæk] *s jemand, der an Schlaflosigkeit leidet*

in•so•much [ˌɪnsəʊ'mʌtʃ] *adv:* **~ as** (in)sofern, soweit

in•spect [ɪn'spekt] *vt* **1.** kontrollieren, prüfen **2.** (MIL) inspizieren; **in•spec•tion** [ɪn'spekʃn] *s* **1.** Prüfung, Kontrolle *f* **2.** (MIL) Inspektion *f;* **on ~** bei näherer Betrachtung; **for your ~** zur Einsicht; **customs ~** Zollkontrolle *f;* **~ copy** Ansichtsexemplar *nt;* **in•spec•tor** [ɪn'spektə(r)] *s* **1.** Kontrolleur(in) *m(f),* Prüfungs-, Aufsichtsbeamte(r) *m* **2.** Inspektor(in) *m(f);* **customs ~** Zollinspektor(in) *m(f);* **police ~** Polizeikommissar(in) *m(f);* **~ (of police)** Polizeikommissar(in) *m(f)*

in•spi•ra•tion [ˌɪnspə'reɪʃn] *s* (*a.* REL) Eingebung, Inspiration *f;* **have a sudden ~** eine plötzliche Erleuchtung haben; **in•spire** [ɪn'spaɪə(r)] *vt* **1.** (*a.* REL) inspirieren **2.** (*Gefühl*) wecken; hervorrufen; einflößen (*into s.o.* jdm); **~ s.o. with hope** jdn mit Hoffnung erfüllen

in•sta•bil•ity [ˌɪnstə'bɪlətɪ] *s* Instabilität *f;* Unbeständigkeit *f;* Labilität *f*

in•stall [ɪn'stɔːl] *vt* **1.** (*in ein Amt*) einsetzen **2.** (TECH) installieren, einbauen; anschließen; **~ o.s.** sich einrichten, sich niederlassen; **in•stal•la•tion** [ˌɪnstə'leɪʃn] *s* **1.** Amtseinsetzung *f* **2.** Einrichtung, Installation *f* **3.** Anlage *f* **4.** Auf-, Einbau *m*

in•stall•ment *s* (*Am*) *s.* **instalment**; **installment plan** *s* (*Am*) Teilzahlungsgeschäft *nt;* **in•stal•ment** [ɪn'stɔːlmənt] *s* **1.** Raten-, Teilzahlung *f* **2.** (*Veröffentlichung*) Fortsetzung *f;* Sendefolge *f;* **by** [*o* **in**] **~s** auf Raten; **appear in ~s** in Fortsetzungen erscheinen; **monthly ~** Monatsrate *f*

in•stance ['ɪnstəns] **I.** *s* **1.** Beispiel *nt;* Fall *m* **2.** Ersuchen *nt* **3.** (JUR) Instanz *f;* **at s.o.'s ~** auf jds Veranlassung; **for ~** zum Beispiel; **in the first ~** in erster Linie, vor allem, zunächst **II.** *vt* (als Beispiel) anführen

in•stant ['ɪnstənt] **I.** *adj* **1.** unmittelbar **2.** (*Essen*) Instant- **3.** (COM) dieses Monats; **~ coffee** Pulver-, Instantkaffee *m;* **~ food** Fertiggerichte *ntpl;* **an ~ success** ein sofortiger Erfolg **II.** *s* Augenblick, Moment *m;* **at this ~** in diesem Augenblick; **in an ~** im Augenblick; im Nu

in•stan•ta•neous [ˌɪnstən'teɪnɪəs] *adj* augenblicklich, sofortig, unmittelbar; **death was ~** der Tod trat sofort ein; **in•stan•ta•neous•ly** [-lɪ] *adv* unverzüglich, sofort

in•stant•ly ['ɪnstəntlɪ] *adv* sofort, augenblicklich

in•stead [ɪn'sted] **I.** *adv* stattdessen, dafür **II.** *prep:* **~ of** statt, anstelle von; **~ of doing ...** statt ... zu tun

in•step ['ɪnstep] *s* (ANAT) Spann, Rist *m*

in•sti•gate ['ɪnstɪgeɪt] *vt* **1.** anspornen, aufhetzen (*to* zu) **2.** anstiften (*to a crime* zu einem Verbrechen) **3.** veranlassen; **in•sti•ga•tion** [ˌɪnstɪ'geɪʃn] *s* Anstiftung *f;* **at his ~** auf sein Betreiben

in•stil [ɪn'stɪl], **in•still** *vt* (*fig*) nahe bringen, beibringen

in•stinct ['ɪnstɪŋkt] *s* Instinkt *m;* **by** [*o* **from**] **~** instinktiv; **have an ~ for** einen Instinkt haben für; **in•stinc•tive**

I

[ɪn'stɪŋktɪv] *adj* instinktiv

in·sti·tute ['ɪnstɪtju:t] **I.** *vt* **1.** aufstellen, einrichten, (be)gründen **2.** (JUR) einleiten, in die Wege leiten; ~ **divorce proceedings** die Scheidung einreichen **II.** *s* Einrichtung *f;* Institut *nt*

in·sti·tu·tion [ˌɪnstɪ'tju:ʃn] *s* **1.** Einrichtung, Institution *f* **2.** Errichtung, Gründung *f* **3.** Institut *nt,* Anstalt *f* **4.** (*fam*) altbekannte Person; **in·sti·tu·tional** [ˌɪnstɪ'tju:ʃənl] *adj* institutionell; ~ **advertising** (*Am*) Prestigewerbung *f;* **in·sti·tu·tional·ize** [ˌɪnstɪ'tju:ʃənəlaɪz] *vt* institutionalisieren

in·struct [ɪn'strʌkt] *vt* **1.** unterrichten, belehren **2.** anleiten, unterweisen **3.** die Anweisung geben (*s.o.* jdm) **4.** unterrichten, informieren (*of s.th.* von einer S); **in·struc·tion** [ɪn'strʌkʃn] *s* **1.** Unterricht *m,* Schulung *f* **2.** Belehrung, Instruktion *f* **3.** Anordnung, Anweisung, Vorschrift *f;* ~**s for use** Gebrauchsanweisung, -anleitung *f;* **according to** ~**s** auftrags-, weisungsgemäß; **instruction book** *s* Bedienungs-, Gebrauchsanweisung *f;* **instruction leaflet** *s* Beipackzettel *nt;* **in·struc·tive** [ɪn'strʌktɪv] *adj* instruktiv; **in·struc·tor** [ɪn'strʌktə(r)] *s* **1.** Lehrer(in) *m(f)* **2.** (*Am*) Dozent(in) *m(f);* **driving** ~ Fahrlehrer(in) *m(f);* **in·struc·tress** [ɪn'strʌktrɪs] *s* **1.** Lehrerin *f* **2.** (*Am*) Dozentin *f*

in·stru·ment ['ɪnstrʊmənt] *s* **1.** Werkzeug, Instrument *nt;* Gerät *nt* **2.** (Musik)Instrument *nt* **3.** (*fig*) Mittel, Werkzeug *nt* **4.** (JUR) Urkunde *f,* Dokument *nt*

in·stru·men·tal [ˌɪnstrʊ'mentl] *adj* **1.** brauchbar, förderlich; behilflich **2.** (MUS) instrumental; Instrumental-; **be** ~ **in s.th.** bei einer S behilflich sein; zu einer S beitragen; ~ **music** Instrumentalmusik *f*

in·stru·men·ta·tion [ˌɪnstrʊmen'teɪʃn] *s* (MUS) Instrumentation *f*

in·stru·ment board, **in·stru·ment pan·el** *s* Armaturenbrett *nt*

in·sub·or·di·nate [ˌɪnsə'bɔ:dɪnət] *adj* ungehorsam; widersetzlich

in·sub·stan·tial [ˌɪnsəb'stænʃl] *adj* **1.** unwirklich, imaginär; wenig substanziell **2.** (*Anklage*) gegenstandslos

in·suf·fer·able [ɪn'sʌfrəbl] *adj* unerträglich

in·suf·fi·ciency [ˌɪnsə'fɪʃnsɪ] *s* **1.** Mangel *m* (*of* an) **2.** Unzulänglichkeit *f;* **in·suf·fi·cient** [ˌɪnsə'fɪʃnt] *adj* **1.** ungenügend **2.** unzulänglich

in·su·lar ['ɪnsjʊlə(r)] *adj* **1.** insular; Insel- **2.** (*fig*) engstirnig; **in·su·lar·ity** [ˌɪnsjʊ'lærətɪ] *s* **1.** insulare Lage, Insellage *f* **2.** (*fig*) Engstirnigkeit *f*

in·su·late ['ɪnsjʊleɪt] *vt* **1.** isolieren, absondern (*from* von) **2.** (ELEK) isolieren (*from, against* gegen); **in·su·lat·ing** ['ɪnsjʊleɪtɪŋ] *adj* (ELEK) isolierend; nichtleitend; ~ **tape** Isolierband *nt;* **in·su·la·tion** [ˌɪnsjʊ'leɪʃn] *s* **1.** (ELEK) Isolation, Isolierung *f;* Isoliermaterial *nt* **2.** (*fig*) Geschütztheit *f* (*from* gegen)

in·su·lin ['ɪnsjʊlɪn] *s* Insulin *nt*

in·sult ['ɪnsʌlt] **I.** *s* **1.** Beleidigung *f* **2.** Verunglimpfung *f* (*to s.o.* jds) **II.** [ɪn'sʌlt] *vt* **1.** beleidigen **2.** verunglimpfen

in·sup·er·able [ɪn'sju:prəbl] *adj* unüberwindlich

in·sup·port·able [ˌɪnsə'pɔ:təbl] *adj* unerträglich

in·sur·ance [ɪn'ʃʊərəns] *s* **1.** Versicherung *f* **2.** Versicherungssumme *f;* **take out an** ~ eine Versicherung abschließen; **insurance agent** *s* Versicherungsvertreter(in) *m(f);* **insurance broker** *s* Versicherungsmakler(in) *m(f);* **insurance company** *s* Versicherungsgesellschaft *f;* **insurance cover** *s* Versicherungsschutz *m;* **insurance policy** *s* Versicherungspolice, -schein *m,* Police *f;* **insurance premium** *s* Versicherungsbeitrag *m,* -prämie *f;* **in·sure** [ɪn'ʃʊə(r)] *vt* versichern (*against fire* gegen Feuer); **in·sured** [ɪn'ʃʊəd] **I.** *adj* versichert **II.** *s* Versicherte(r) *f m,* Versicherungsnehmer(in) *m(f);* **in·surer** [ɪn'ʃʊərə(r)] *s* Versicherer *m*

in·sur·mount·able [ˌɪnsə'maʊntəbl] *adj* unüberwindlich

in·sur·rec·tion [ˌɪnsə'rekʃn] *s* Aufstand *m,* Revolte *f*

in·tact [ɪn'tækt] *adj* unbeschädigt; unversehrt, intakt

in·take ['ɪnteɪk] *s* **1.** (*von Wasser*) Aufnahme *f;* aufgenommene Menge **2.** Zuflussrohr *nt* **3.** (MIL) Rekrutierung *f;* Aufnahme *f;* **air** ~ Luftzufuhr *f;* **food** ~ Nahrungsaufnahme *f*

in·tan·gible [ɪn'tændʒəbl] *adj* **1.** nicht greifbar **2.** (*Gefühle*) unbestimmbar; ~ **assets** immaterielle Werte *mpl*

in·te·ger ['ɪntɪdʒə(r)] *s* (MATH) ganze Zahl

in·te·gral ['ɪntɪgrəl] *adj* wesentlich; vollständig, ganz; ~ **calculus** Integralrechnung *f*

in·te·grate ['ɪntɪgreɪt] **I.** *vt* integrieren, eingliedern **II.** *vi* (*in den USA*) auch für Schwarze zugänglich werden; **in·te·grated** ['ɪntɪgreɪtɪd] *adj* **1.** einheitlich; ein Ganzes bildend **2.** ohne Rassentrennung; ~ **circuit** integrierter Schaltkreis; ~ **system** Verbundsystem *nt;* **in·te·gra·tion** [ˌɪntɪ'greɪʃn] *s* **1.** Integration *f;* (MATH) Einbindung *f;* Eingliederung *f* **2.** (*in den USA*) Aufhebung *f* der Rassenschranken

in·teg·rity [ɪn'tegrətɪ] *s* **1.** Integrität *f*

2. Einheit *f*

in•tel•lect ['ɪntəlekt] *s* **1.** Verstand, Intellekt *m* **2.** (*Mensch*) großer Geist; **in•tel•lec•tual** [ˌɪntə'lektʃʊəl] **I.** *adj* intellektuell; ~ **property** geistiges Eigentum **II.** *s* Intellektuelle(r) *f m*

in•tel•li•gence [ɪn'telɪdʒəns] *s* **1.** Intelligenz, Auffassungsgabe *f* **2.** Nachricht, Information, Auskunft *f* **3.** Nachrichten-, Geheimdienst *m;* **intelligence quotient, IQ** *s* Intelligenzquotient *m;* **intelligence service** *s* Nachrichten-, Geheimdienst *m;* **intelligence test** *s* Intelligenztest *m;* **in•tel•li•gent** [ɪn'telɪdʒənt] *adj* intelligent, klug; **in•tel•li•gent•sia** [ɪnˌtelɪ'dʒentsɪə] *s* die Intellektuellen *pl,* Intelligenz *f*

in•tel•li•gible [ɪn'telɪdʒəbl] *adj* verständlich, klar (*to s.o.* jdm)

in•tend [ɪn'tend] *vt* **1.** beabsichtigen wollen **2.** fest vorhaben, beabsichtigen (*to do* zu tun); **we ~ him to go with us** wir haben vor ihn mitzunehmen; er soll mit uns mitkommen; **what do you ~ doing today?** was haben Sie heute vor?; **he is ~ed for the medical profession** er soll einmal den Arztberuf ergreifen; **this book is ~ed for you** dieses Buch ist für dich bestimmt; **he ~s to win** er hat fest vor zu gewinnen; **in•tended** [ɪn'tendɪd] *adj* **1.** beabsichtigt, geplant **2.** (*Ehemann, -frau*) zukünftig

in•tense [ɪn'tens] *adj* **1.** intensiv; (*Angst, Freude etc*) äußerst groß **2.** ernsthaft; **in•ten•sify** [ɪn'tensɪfaɪ] **I.** *vt* **1.** verstärken, intensivieren **2.** (*Beziehungen*) vertiefen **II.** *vi* sich steigern, zunehmen; **in•ten•sity** [ɪn'tensətɪ] *s* Intensität *f;* **in•ten•sive** [ɪn'tensɪv] *adj* intensiv; ~ **care** Intensivpflege *f;* ~ **care unit** Intensivstation *f;* ~ **course** Intensivkurs *m;* ~ **livestock farming** Massentierhaltung *f*

in•tent [ɪn'tent] **I.** *adj* **1.** (*Blick*) durchdringend **2.** fest entschlossen (*on* zu) **II.** *s* Absicht *f;* Vorsatz, Zweck *m;* **to this ~** in dieser Absicht; **to the ~ that** in der Absicht, dass; **to all ~s and purposes** in jeder Hinsicht; **with ~** absichtlich; mit der Absicht (*to* zu); **in•ten•tion** [ɪn'tenʃn] *s* Absicht *f,* Vorhaben *nt;* **with the best of ~s** in der besten Absicht; **in•ten•tional** [ɪn'tenʃənl] *adj* absichtlich, vorsätzlich

in•ter•act [ˌɪntər'ækt] *vi* aufeinander wirken; **in•ter•ac•tion** [ˌɪntər'ækʃn] *s* gegenseitige Beeinflussung, Wechselwirkung *f;* (PSYCH) Interaktion *f;* **in•ter•ac•tive TV** [ˌɪntəræktɪvti:'vi:] *s* interaktives Fernsehen

in•ter•agen•cy [ˌɪntə'eɪdʒənsɪ] *adj* zwischen den Organisationen

in•ter•breed [ˌɪntə'bri:d] **I.** *vt* kreuzen **II.** *vi* sich kreuzen

in•ter•cede [ˌɪntə'si:d] *vi* sich einsetzen (*with, for* für)

in•ter•cept [ˌɪntə'sept] *vt* abfangen; **in•ter•cep•tion** [ˌɪntə'sepʃn] *s* Abfangen *nt;* **in•ter•cep•tor** [ˌɪntə'septə(r)] *s* (AVIAT) Abfangjäger *m*

in•ter•ces•sion [ˌɪntə'seʃn] *s* Fürsprache *f*

in•ter•change [ˌɪntə'tʃeɪndʒ] **I.** *vt* austauschen; vertauschen **II.** ['ɪntətʃeɪndʒ] *s* **1.** Austausch *m* **2.** (*von Straßen*) Kreuzung *f;* **motorway ~** Autobahnkreuz *nt;* **in•ter•change•able** [ˌɪntə'tʃeɪndʒəbl] *adj* austauschbar, auswechselbar

inter•city [ˌɪntə'sɪtɪ] *adj:* ~ **train** Intercityzug, IC *m;* ~ **supplement** IC-Zuschlag *m*

in•ter•com ['ɪntəkɒm] *s* Gegensprechanlage *f;* **in•ter•com•mu•ni•cate** [ˌɪntəkə'mju:nɪkeɪt] *vi* miteinander in Verbindung stehen

in•ter•con•ti•nen•tal [ˌɪntəˌkɒntɪ'nentl] *adj* interkontinental; ~ **ballistic missile, ICBM** Interkontinentalrakete *f*

in•ter•course ['ɪntəkɔ:s] *s* Verkehr, Umgang *m* (*with* mit); **commercial ~** Handelsbeziehungen *fpl;* **sexual ~** Geschlechtsverkehr *m*

in•ter•cut [ˌɪntə'kʌt] *vt* einblenden

in•ter•de•nomi•na•tional [ˌɪntədɪˌnɒmɪ'neɪʃənl] *adj* interkonfessionell

in•ter•de•part•mental ['ɪntəˌdi:pɑ:t'mentl] *adj* mehrere Abteilungen betreffend

in•ter•de•pen•dence [ˌɪntədɪ'pendəns] *s* Interdependenz *f,* wechselseitige Abhängigkeit; **in•ter•de•pen•dent** [ˌɪntə dɪ'pendənt] *adj* gegenseitig, voneinander abhängig

in•ter•dict [ˌɪntə'dɪkt] **I.** *vt* **1.** verbieten, untersagen (*from doing* zu tun) **2.** (REL) suspendieren **II.** ['ɪntədɪkt] *s* **1.** Verbot *nt* **2.** (REL) Interdikt *nt*

in•ter•est ['ɪntrəst] **I.** *s* **1.** Interesse *nt* (*in* für) **2.** (COM) Anrecht *nt,* Anteil *m* **3.** Bedeutung, Wichtigkeit *f* **4.** (FIN) Zinsen *mpl;* **take an ~ in s.o.** sich für jdn interessieren; **in the ~ of** im Interesse *+gen;* **of public ~** von öffentlichem Interesse; **rate of ~** Zinssatz *m;* **bear** [*o* **bring**] [*o* **carry**] ~ Zinsen tragen; **have an ~ in** beteiligt sein, Anteil haben an; **pay ~ on s.th.** etw verzinsen; **this is of no ~ to me** das interessiert mich nicht; **sphere of ~** Interessengebiet *nt,* -sphäre *f;* **~-bearing** verzinslich, zinstragend; **~-free** zinslos **II.** *vt* interessieren (*in* für, an); **in•ter•ested** ['ɪntrəstɪd] *adj* **1.** interessiert (*in* an) **2.** beteiligt; **in•ter•esting** [-ɪŋ] *adj* interessant, fesselnd

inter•face ['ɪntəfeɪs] *s* (INFORM) Schnittstelle *f,* Interface *nt*

in•ter•fere [ˌɪntə'fɪə(r)] *vi* **1.** sich einmischen (*in* in), sich zu schaffen machen **2.** stören, beeinträchtigen (*with s.th.* etw);

in•ter•fer•ence [ˌɪntəˈfɪərəns] *s* **1.** Einmischung, Intervention *f* **2.** (*a.* RADIO) Störung; Beeinträchtigung *f* (*with +gen*)
in•terim [ˈɪntərɪm] **I.** *s* Zwischenzeit *f* **II.** *adj* vorläufig, einstweilig; Interims-; ~ **dividend** Abschlags-, Zwischendividende *f;* ~ **payment** Abschlags-, Interimszahlung *f;* ~ **report** Zwischenbericht *m*
in•terior [ɪnˈtɪərɪə(r)] **I.** *adj* Innen-; Binnen- **II.** *s* **1.** (das) Innere **2.** (*Kunst*) Interieur *nt* **3.** (PHOT) Innenaufnahme *f;* **the Department of the Interior** (*in den USA*) das Innenministerium; **Interior Minister** Innenminister(in) *m(f);* **interior decoration** *s* Raumausstattung *f;* **interior designer** *s* Innenarchitekt(in) *m(f)*
in•ter•ject [ˌɪntəˈdʒekt] *vt* (*Frage*) ein-, dazwischenwerfen; **in•ter•jec•tion** [ˌɪntəˈdʒekʃn] *s* (GRAM) Interjektion *f*
in•ter•lace [ˌɪntəˈleɪs] **I.** *vt* verflechten; verbinden **II.** *vi* sich miteinander verflechten
inter-li•brary loan [ɪntəˈlaɪbrərɪˌləʊn] *s* Fernleihe *f*
in•ter•locu•tor [ˌɪntəˈlɒkjʊtə(r)] *s* Gesprächspartner(in) *m(f)*
in•ter•lo•per [ˈɪntələʊpə(r)] *s* Eindringling *m*
in•ter•lude [ˈɪntəluːd] *s* **1.** (THEAT MUS) Zwischenspiel *nt;* Intermezzo *nt* **2.** Pause *f* **3.** Unterbrechung *f* (*of* durch)
in•ter•marry [ˌɪntəˈmærɪ] *vi* **1.** untereinander heiraten **2.** (*nahe Verwandte*) sich heiraten
in•ter•medi•ary [ˌɪntəˈmiːdɪərɪ] **I.** *adj* vermittelnd **II.** *s* Vermittler(in) *m(f),* Mittelsmann *m;* Makler(in) *m(f)*
in•ter•medi•ate [ˌɪntəˈmiːdɪət] *adj* dazwischenliegend; Zwischen-; **~-range missile** Mittelstreckenrakete *f;* ~ **stage** Zwischenstadium *nt;* ~ **waste** mittelradioaktiver Abfall
in•ter•mezzo [ˌɪntəˈmetsəʊ] *s* <*pl* -mezzos> (MUS) Intermezzo *nt*
in•ter•mi•nable [ɪnˈtɜːmɪnəbl] *adj* endlos
in•ter•mis•sion [ˌɪntəˈmɪʃn] *s* Unterbrechung, Pause *f;* **without** ~ pausenlos, ununterbrochen
in•ter•mit•tent [ˌɪntəˈmɪtnt] *adj* periodisch auftretend; ~ **fever** Wechselfieber *nt*
in•tern¹ [ɪnˈtɜːn] *vt* internieren
in•tern² [ˈɪntɜːn] *s* (*Am*) Medizinalassistent(in) *m(f)*
in•ter•nal [ɪnˈtɜːnl] *adj* **1.** innere(r, s); innerlich; intern **2.** (*Handel*) inländisch, (ein)heimisch; ~ **affairs** (POL) innere Angelegenheiten *fpl;* **~-combustion engine** Verbrennungsmotor *m;* ~ **flight** Inlandflug *m;* ~ **market** Binnenmarkt *m;* ~ **medicine** innere Medizin; **Internal Revenue Service, IRS** (*in den USA*) Finanzamt *nt;* ~ **telephone** Haustelefon *nt;* ~ **trade** Binnenhandel *m*
in•ter•na•tional [ˌɪntəˈnæʃnəl] **I.** *adj* international **II.** *s* (SPORT) Länderspiel *nt;* Nationalspieler(in) *m(f);* ~ **call** Auslandsgespräch *nt;* **International Court of Justice** Internationaler Gerichtshof; ~ **date line** Datumsgrenze *f;* ~ **dialling code** internationale Vorwahl; ~ **financial system** internationales Finanzsystem; ~ **law** Völkerrecht *nt;* **International Monetary Fund, IMF** Weltwährungsfonds *m;* ~ **monetary system** internationales Währungssystem; **International Olympic Committee, IOC** Internationales Olypmpisches Komitee; ~ **reply coupon** internationaler Postantwortschein
in•ter•na•tional•ize [ˌɪntəˈnæʃnəlaɪz] *vt* internationalisieren
in•ter•ne•cine war [ɪntəˈniːsaɪnˌwɔː(r)] *s* gegenseitiger Vernichtungskrieg
in•ternee [ˌɪntɜːˈniː] *s* Internierte(r) *f m*
in•ter•net [ˈɪntənet] *s* (INFORM) Internet *nt;* **internet-based learning** *s* Online-Lernen *nt*
in•tern•ist [ɪnˈtɜːnɪst] *s* (*Am*) Internist(in) *m(f)*
in•tern•ment [ɪnˈtɜːnmənt] *s* Internierung *f;* ~ **camp** Internierungslager *nt*
in•ter•pel•la•tion [ɪnˌtɜːpəˈleɪʃn] *s* (PARL) Interpellation *f*
in•ter•phone [ˈɪntəfəʊn] *s* (*Am*) Gegensprechanlage *f*
in•ter•plan•etary [ˌɪntəˈplænɪtrɪ] *adj* interplanetarisch
in•ter•play [ˈɪntəpleɪ] *s* Wechselspiel *nt*
In•ter•pol [ˈɪntəpɒl] *s* Interpol *f*
in•ter•po•late [ɪnˈtɜːpəleɪt] *vt* (*Text*) einschieben, -schalten; **in•ter•po•la•tion** [ɪnˌtɜːpəˈleɪʃn] *s* Einschaltung, -schiebung *f*
in•ter•pret [ɪnˈtɜːprɪt] *vt* **1.** erklären, darlegen, interpretieren **2.** dolmetschen; **in•ter•pre•ta•tion** [ɪnˌtɜːprɪˈteɪʃn] *s* **1.** Interpretation, Deutung, Auslegung *f* **2.** Dolmetschen *nt;* **consecutive/simultaneous** ~ Konsekutiv-/Simultandolmetschen *nt;* **in•ter•preter** [ɪnˈtɜːprɪtə(r)] *s* Dolmetscher(in) *m(f);* **in•ter•pret•ing** [ɪnˈtɜːprɪtɪŋ] *s* Dolmetschen *nt;* **consecutiv/simultaneous** ~ Konsekutiv-/Simultandolmetschen *nt*
inter-rail [ˈɪntəreɪl] *adj:* ~ **ticket** Interrailkarte *f*
in•ter•re•late [ˌɪntərɪˈleɪt] *vt* zueinander in Beziehung bringen, setzen; **~d facts** zusammenhängende Tatsachen *fpl*
in•ter•ro•gate [ɪnˈterəgeɪt] *vt* verhören, vernehmen; **in•ter•ro•ga•tion** [ɪnˌterəˈgeɪʃn] *s* Verhör *nt,* Vernehmung *f;* **interrogation mark** *s* Fragezeichen *nt;*

in•ter•roga•tive [ˌɪntəˈrɒgətɪv] I. *adj* fragend II. *s* (GRAM) Frage(für)wort *nt;* **in•ter•ro•ga•tor** [ɪnˈterəgeɪtə(r)] *s* Vernehmungsbeamte(r) *m;* **in•ter•roga•tory** [ˌɪntəˈrɒgətrɪ] *adj* fragend

in•ter•rupt [ˌɪntəˈrʌpt] *vt* 1. unterbrechen 2. ins Wort fallen (*s.o.* jdm) 3. (*Arbeit*) stören; hindern; **in•terrupter** [ˌɪntəˈrʌptə(r)] *s* (ELEK) Unterbrecher *m;* **in•ter•rup•tion** [ˌɪntəˈrʌpʃn] *s* 1. Unterbrechung *f* 2. (Betriebs)Störung *f;* **without ~** ununterbrochen

in•ter•sect [ˌɪntəˈsekt] I. *vt* 1. durchschneiden 2. (MATH) schneiden II. *vi* sich (über)schneiden, sich kreuzen; **in•tersec•tion** [ˌɪntəˈsekʃn] *s* 1. (MATH) Schnittpunkt *m* 2. (*Straße, Bahn*) Kreuzung *f;* (*Autobahn*) Kreuz *nt*

in•ter•sperse [ˌɪntəˈspɜːs] *vt* einstreuen (*between, among* unter); **~d with s.th.** mit etw dazwischen

in•ter•state [ˌɪntəˈsteɪt] *adj* (*in den USA*) zwischenstaatlich; **~ highway** *Autobahn, die mehrere Bundesstaaten verbindet*

in•ter•stel•lar [ˌɪntəˈstelə(r)] *adj* interstellar

in•ter•stice [ɪnˈtɜːstɪs] *s* 1. Zwischenraum *m* 2. Lücke *f,* Spalt(e *f*) *m*

in•ter•twine [ˌɪntəˈtwaɪn] *vt* verflechten; verknoten (*with* mit)

inter•ur•ban [ˌɪntəˈɜːbən] *adj* städteverbindend

in•ter•val [ˈɪntəvl] *s* 1. Zwischenraum, Abstand *m* 2. (*a.* THEAT) Pause *f* 3. (MUS) Intervall *nt;* **after a week's ~** eine Woche später; **at ~s** in Abständen; **sunny ~s** (METE) Aufheiterungen *pl;* **in•ter•val switch** *s* Intervallschalter *m,* -schaltung *f*

in•ter•vene [ˌɪntəˈviːn] *vi* 1. eingreifen, einschreiten, intervenieren 2. (*Ereignis*) eintreten, sich ereignen; **in•ter•ven•ing** [-ɪŋ] *adj* dazwischenliegend; **in•ter•ven•tion** [ˌɪntəˈvenʃn] *s* 1. Eingreifen *nt* 2. (PCL) Einmischung, Intervention *f;* **in•ter•ven•tion•ist** [-ɪst] I. *s* (POL) Interventionist(in) *m(f)* II. *adj* interventionistisch

in•ter•view [ˈɪntəvjuː] I. *s* 1. Unterredung *f;* Vorstellungsgespräch *nt* 2. Interview *nt,* Befragung *f;* **give an ~** ein Interview geben II. *vt* 1. ein Vorstellungsgespräch führen mit 2. interviewen; **in•ter•viewee** [ˌɪntəvjuːˈiː] *s* (*Bewerbung*) Kandidat(in) *m(f);* (TV RADIO) Interviewte(r) *f m;* **in•ter•viewer** [ˈɪntəvjuːə(r)] *s* Interviewer(in) *m(f)*

in•ter•weave [ˌɪntəˈwiːv] *irr vt* 1. verweben 2. ineinander schlingen

in•tes•tate [ɪnˈtesteɪt] *adj:* **die ~** ohne Testament sterben

in•tes•tine [ɪnˈtestɪn] *s meist pl* Darm *m;* **large/small ~** Dick-/Dünndarm *m*

in•ti•macy [ˈɪntɪməsɪ] *s* Vertraulichkeit *f;* Intimität *f*

in•ti•mate[1] [ˈɪntɪmət] I. *adj* 1. vertraut, intim, innig 2. persönlich, privat 3. (*Wissen*) gründlich II. *s* Vertraute(r) *f m*

in•ti•mate[2] [ˈɪntɪmeɪt] *vt* ankündigen, andeuten, zu verstehen geben, nahe legen; **in•ti•ma•tion** [ˌɪntɪˈmeɪʃn] *s* Andeutung *f,* Wink *m*

in•timi•date [ɪnˈtɪmɪdeɪt] *vt* einschüchtern (*into doing s.th.* etw zu tun); **in•timi•da•tion** [ɪnˌtɪmɪˈdeɪʃn] *s* Einschüchterung *f*

into [ˈɪntʊ] *prep* in; gegen; **he's ~ jazz** (*sl*) er steht auf Jazz; **three ~ six goes twice** sechs durch drei gibt zwei; **work late ~ the night** bis tief in die Nacht arbeiten

in•tol•er•able [ɪnˈtɒlərəbl] *adj* unerträglich; **in•tol•er•ance** [ɪnˈtɒlərəns] *s* (*a.* MED) Unduldsamkeit, Intoleranz *f* (*of* gegenüber); **in•tol•er•ant** [ɪnˈtɒlərənt] *adj* intolerant (*of* gegenüber)

in•ton•ation [ˌɪntəˈneɪʃn] *s* Intonation *f;* Tonfall *m;* Stimmlage *f;* **in•tone** [ɪnˈtəʊn] *vt* anstimmen

in•toxi•cant [ɪnˈtɒksɪkənt] *s* Rauschmittel *nt;* **in•toxi•cate** [ɪnˈtɒksɪkeɪt] *vt* berauschen; **in•toxi•cat•ing** [ɪnˈtɒksɪkeɪtɪŋ] *adj* berauschend; **in•toxi•ca•tion** [ɪnˌtɒksɪˈkeɪʃn] *s* Trunkenheit *f;* Rausch *m*

in•trac•table [ˌɪnˈtræktəbl] *adj* (*Mensch*) eigenwillig, halsstarrig; (*Problem*) hartnäckig

in•tracu•tan•eous [ɪntrækjuːˈteɪnəs] *adj* intrakutan

in•tra•mural [ˌɪntrəˈmjʊərəl] *adj* innerhalb der Universität

in•tra•net [ˌɪntrəˈnet] *s* Intranet *nt*

in•tran•si•gence [ɪnˈtrænsɪdʒəns] *s* Unnachgiebigkeit *f;* **in•tran•si•gent** [ɪnˈtrænsɪdʒənt] *adj* unnachgiebig

in•tran•si•tive [ɪnˈtrænsətɪv] *adj* (GRAM) intransitiv

intra•uter•ine [ˌɪntraˈjuːtəraɪn] *adj:* **~ device, IUD** Intrauterinpessar *nt*

in•tra•venous [ˌɪntrəˈviːnəs] *adj* (MED) intravenös

in-tray [ˈɪntreɪ] *s* Eingänge *mpl*

in•trepid [ɪnˈtrepɪd] *adj* unerschrocken

in•tri•cacy [ˈɪntrɪkəsɪ] *s* Kompliziertheit, Schwierigkeit *f;* **in•tri•cate** [ˈɪntrɪkət] *adj* kompliziert, schwierig

in•trigue [ɪnˈtriːg] I. *vi* intrigieren II. *vt* neugierig machen; fesseln III. [ˈɪntriːg] *s* Intrige *f;* **in•trigu•ing** [ɪnˈtriːgɪŋ] *adj* sehr spannend; höchst interessant

in•trin•sic [ɪnˈtrɪnsɪk] *adj* wesentlich, eigentlich, wirklich

in•tro•duce [ˌɪntrəˈdjuːs] *vt* 1. einführen

I

2. (*Menschen*) vorstellen (*to s.o.* jdm) 3. vertraut machen mit 4. zur Sprache bringen; (*Thema*) anschneiden 5. einleiten, beginnen, eröffnen 6. (PARL: *Vorlage*) einbringen (*into* in) 7. (TECH) einführen, hineinstecken; ~ **into the market** auf den Markt bringen; **in•tro•duc•tion** [ˌɪntrəˈdʌkʃn] *s* 1. Einführung, Einleitung *f* (*a. eines Buches*) 2. (MUS) Introduktion *f* 3. Vorstellung *f* (*eines Menschen*) 4. (PARL) Einbringung *f*; **in•tro•duc•tory** [ˌɪntrəˈdʌktərɪ] *adj* einführend, -leitend; ~ **offer** Einführungsangebot *nt*

in•tro•spec•tion [ˌɪntrəˈspekʃn] *s* Selbstbeobachtung *f*; **in•tro•spec•tive** [ˌɪntrəˈspektɪv] *adj* selbstbeobachtend

in•tro•vert [ˌɪntrəˈvɜːt] I. *vt* nach innen richten, einwärts kehren II. [ˈɪntrəvɜːt] *s* Introvertierte(r) *f m*; **in•tro•vert•ed** [-əd] *adj* introvertiert

in•trude [ɪnˈtruːd] I. *vi* sich eindrängen (*into* in) II. *vt* (*Bemerkung*) einwerfen; ~ **on s.o.** jdn stören; ~ **on a conversation** sich in eine Unterhaltung einmischen; ~ **s.th. upon s.o.** jdm etw aufdrängen; **intruder** [ɪnˈtruːdə(r)] *s* Eindringling *m*; **intru•sion** [ɪnˈtruːʒn] *s* 1. Aufdrängen *nt* 2. Störung *f*; Verletzung *f*; **in•tru•sive** [ɪnˈtruːsɪv] *adj* aufdringlich

in•tu•ition [ˌɪntjuːˈɪʃn] *s* 1. Intuition *f* 2. Ahnung *f*; **in•tu•itive** [ɪnˈtjuːɪtɪv] *adj* intuitiv

in•un•date [ˈɪnʌndeɪt] *vt* überschwemmen, -fluten; **in•un•da•tion** [ˌɪnʌnˈdeɪʃn] *s* Überschwemmung, -flutung *f*

in•ure [ɪˈnjʊə(r)] *vt* gewöhnen (*to* an)

in•vade [ɪnˈveɪd] *vt* 1. (MIL) einmarschieren in 2. (*fig*) überfallen, heimsuchen 3. eindringen in; **in•vader** [ɪnˈveɪdə(r)] *s* Eindringling *m*

in•valid[1] [ˈɪnvəlɪd] I. *s* Invalide *m*; Körperbehinderte(r) *f m* II. *adj* krank; invalide III. *vt*: ~ **out** dienstuntauglich erklären

in•valid[2] [ɪnˈvælɪd] *adj* (JUR) ungültig; nicht zulässig

in•vali•date [ɪnˈvælɪdeɪt] *vt* für ungültig, nichtig erklären, annullieren; **in•val•idity** [ˌɪnvəˈlɪdətɪ] *s* (JUR) Ungültigkeit, Nichtigkeit *f*

in•valu•able [ɪnˈvæljʊəbl] *adj* unschätzbar

in•vari•able [ɪnˈveərɪəbl] *adj* unveränderlich, ständig

in•vasion [ɪnˈveɪʒn] *s* 1. Invasion *f* (*of* in), Einmarsch *m* (*of* in) 2. (JUR) Eingriff *m* (*of* in)

in•vec•tive [ɪnˈvektɪv] *s* Schmähung, Beschimpfung *f*

in•veigle [ɪnˈveɪgl] *vt* verführen, -leiten, -locken (*into doing s.th.* etw zu tun)

in•vent [ɪnˈvent] *vt* 1. erfinden 2. erdichten; **in•ven•tion** [ɪnˈvenʃn] *s* Erfindung *f*; **in•ven•tive** [ɪnˈventɪv] *adj* erfinderisch, einfallsreich; **in•ven•tive•ness** [ɪnˈventɪvnɪs] *s* Erfindungsgabe *f*, -reichtum *nt*; **in•ven•tor** [ɪnˈventə(r)] *s* Erfinder(in) *m(f)*

in•ven•tory [ˈɪnvəntrɪ] I. *s* Inventar *nt*, Bestandsaufnahme *f*; **make an** ~ Inventar aufnehmen II. *vt* (COM) inventarisieren

in•verse [ɪnˈvɜːs] I. *adj* (*a.* MATH) umgekehrt, entgegengesetzt II. [ˈɪnvɜːs] *s* Gegenteil *nt*; **in•ver•sion** [ɪnˈvɜːʃn] *s* Umkehrung, Inversion *f*

in•vert [ɪnˈvɜːt] *vt* auf den Kopf stellen; umkehren; ~**ed commas** Anführungszeichen *ntpl*

in•vert•ebrate [ɪnˈvɜːtɪbrət] I. *adj* (ZOO) wirbellos II. *s* wirbelloses Tier, Invertebrat *m*

in•vest [ɪnˈvest] I. *vt* 1. (*feierlich*) in ein Amt einführen, einsetzen 2. (*Geld*) anlegen, investieren II. *vi* investieren, Geld anlegen; ~ **s.o. with s.th.** jdm etw verleihen

in•ves•ti•gate [ɪnˈvestɪgeɪt] I. *vt* 1. erforschen, untersuchen 2. (*Forderung*) überprüfen II. *vi* Ermittlungen anstellen; ermitteln; **in•ves•ti•ga•tion** [ɪnˌvestɪˈgeɪʃn] *s* 1. Erforschung, Untersuchung *f* 2. (JUR) Ermittlung *f* 3. Forschung *f*; **make ~s** Nachforschungen, Erhebungen anstellen; **preliminary** ~ Voruntersuchung *f*; **be under** ~ überprüft werden; **in•ves•ti•ga•tive** [ɪnˈvestɪgətɪv] *adj*: ~ **journalism** Enthüllungsjournalismus *m*; **in•ves•ti•ga•tor** [ɪnˈvestɪgeɪtə(r)] *s* Ermittlungsbeamte(r) *m*; Ermittler(in) *m(f)*

in•vest•ment [ɪnˈvestmənt] *s* 1. (Amts)Einführung *f* 2. (COM) Anlage, Investition *f*; **make an** ~ investieren; **investment fund** *s* Investmentfonds *m*; **investment trust** *s* Investmentgesellschaft *f*; **in•vest•or** [ɪnˈvestə(r)] *s* Investor(in) *m(f)*, Kapitalanleger(in) *m(f)*

in•vet•er•ate [ɪnˈvetərət] *adj* 1. eingewurzelt 2. (*Feind*) unversöhnlich 3. (*Raucher*) Gewohnheits-; unverbesserlich

in•vidi•ous [ɪnˈvɪdɪəs] *adj* 1. (*Bemerkung*) gehässig 2. (*Benehmen*) gemein; ungerecht

in•vigi•late [ɪnˈvɪdʒɪleɪt] I. *vt* Aufsicht führen (bei) II. *vi* Aufsicht führen

in•vigi•la•tor [ɪnˈvɪdʒɪleɪtə(r)] *s* Aufsicht(sperson) *f*

in•vig•or•ate [ɪnˈvɪgəreɪt] *vt* stärken, kräftigen; **in•vig•or•at•ing** [ɪnˈvɪgəreɪtɪŋ] *adj* erfrischend

in•vin•cible [ɪnˈvɪnsəbl] *adj* unbesiegbar, unüberwindlich

in•vis•ible [ɪnˈvɪzəbl] *adj* unsichtbar, nicht wahrnehmbar (*to* für); ~ **assets** unsichtbare Vermögenswerte *mpl*; ~ **earnings** unsichtbare Einkünfte *pl*; ~ **ink** Geheimtinte *f;* ~ **exports/imports** (COM) unsichtbare Aus-/Einfuhren *fpl*

in•vi•ta•tion [ˌɪnvɪ'teɪʃn] *s* Einladung *f;* **invite** [ɪn'vaɪt] *vt* **1.** einladen **2.** bitten, ersuchen um **3.** auffordern, ermuntern zu **4.** (*Kritik*) herausfordern; ~ **s.o. to do s.th** jdn auffordern etw zu tun; **in•vit•ing** [ɪn'vaɪtɪŋ] *adj* (ver)lockend; einladend

in vitro [ɪn'vi:trəʊ] *adj* (MED): ~ **fertilisation** In-vitro-Fertilisation *f*

in•vo•ca•tion [ˌɪnvə'keɪʃn] *s* Beschwörung *f*

in•voice ['ɪnvɔɪs] **I.** *s* (Waren)Rechnung, Faktura *f* **II.** *vt* fakturieren, in Rechnung stellen

in•vol•un•tary [ɪn'vɒləntrɪ] *adj* **1.** unbeabsichtigt, ungewollt **2.** (PHYSIOL) unwillkürlich

in•volve [ɪn'vɒlv] *vt* **1.** einbeziehen; verwickeln **2.** mit sich bringen, bedingen, zur Folge haben, nach sich ziehen **3.** bedeuten; ~ **s.o. in a quarrel** jdn in einen Streit verwickeln; ~ **much expense** große Kosten verursachen; **be ~d in s.th.** in etw verwickelt sein; **get ~d in s.th.** in etw verwickelt werden, sich in einer S engagieren; **in•volved** [ɪn'vɒlvd] *adj* **1.** verwickelt, engagiert **2.** kompliziert, schwierig

in•vul•ner•able [ɪn'vʌlnərəbl] *adj* **1.** unverwundbar **2.** (*fig*) unantastbar, unanfechtbar

in•ward ['ɪnwəd] *adj* **1.** innere(r, s), innerlich **2.** (*Kurve*) nach innen gehend; **in•ward•ly** [-lɪ] *adv* innerlich; im Herzen; **in•ward•ness** [-nɪs] *s* Innerlichkeit *f;* **in•wards** ['ɪnwədz] *adv* nach innen

in-word ['ɪnwɜ:d] *s* Modewort *nt*

iod•ine ['aɪədi:n] *s* Jod *nt*

ion ['aɪən] *s* (PHYS) Ion *nt*

Ionic [aɪ'ɒnɪk] *adj* ionisch

iota [aɪ'əʊtə] *s* Jota *nt;* **not an** ~ nicht das Geringste

IOU [ˌaɪəʊ'ju:] *abr de* **I owe you** Schuldschein *m*

IQ [ˌaɪ'kju:] *s abr de* **intelligence quotient** IQ *m*

IRA [ˌaɪər'eɪ] *s abr de* **Irish Republican Army** IRA *f*

Iran [ɪ'rɑ:n] *s* Iran *m;* **Ira•nian** [ɪ'reɪnjən] **I.** *adj* iranisch **II.** *s* **1.** Iraner(in) *m(f)* **2.** (das) Iranisch(e)

Iraq [ɪ'rɑ:k] *s* Irak *m;* **Ira•qi** [ɪ'rɑ:kɪ] **I.** *adj* irakisch **II.** *s* **1.** Iraker(in) *m(f)* **2.** (das) Irakisch(e)

iras•cible [ɪ'ræsəbl] *adj* jähzornig

irate [aɪ'reɪt] *adj* wütend, erzürnt, zornig

Ire•land ['aɪələnd] *s* Irland *nt;* **Northern** ~ Nordirland *nt;* **Republic of** ~ Republik *f* Irland

iri•des•cent [ˌɪrɪ'desnt] *adj* schillernd, irisierend

iris ['aɪərɪs] *s* **1.** (ANAT) Regenbogenhaut, Iris *f* **2.** Schwertlilie *f*

Irish ['aɪərɪʃ] **I.** *adj* irisch **II.** *s* (*Sprache*) (das) Irisch(e); **the** ~ die Iren *mpl;* **Irishman** ['aɪərɪʃmən] *s* <*pl* -men> Ire *m;* **Irish•woman** ['aɪərɪʃwʊmən, *pl* -wɪmɪn] <*pl* -women> *s* Irin *f*

irk [ɜ:k] *vt* ärgern, verdrießen; **irk•some** ['ɜ:ksəm] *adj* lästig

iron ['aɪən] **I.** *s* **1.** Eisen *nt* **2.** (*flat* ~) Bügeleisen *nt* **3.** **~s** Ketten, Fesseln *f* **4.** (*Golf*) Eisen *ntpl;* **have too many ~s in the fire** (*fig*) zu viele Eisen im Feuer haben; **rule with a rod of** ~ (*fig*) mit eiserner Faust regieren; **a man of** ~ ein stahlharter Mann; **strike while the ~ is hot** (*prov*) das Eisen schmieden, solange es heiß ist; **cast** ~ Gusseisen *nt;* **wrought** ~ Schmiedeeisen *nt* **II.** *adj* **1.** (CHEM) eisern **2.** (*fig*) eisern; unbarmherzig, streng **III.** *vt* bügeln, plätten; ~ **out** (*fig*) ausbügeln; ins Reine, in Ordnung bringen; **Iron Age** *s* (HIST) Eisenzeit *f;* **Iron Curtain** *s* (HIST) Eiserner Vorhang

ironic(al) [aɪ'rɒnɪk(el)] *adj* **1.** ironisch, spöttisch **2.** (*fig*) paradox, verrückt

iron•ing ['aɪənɪŋ] *s* Bügeln, Plätten *nt;* **ironing board** *s* Bügelbrett *nt*

iron lung [ˌaɪən'lʌŋ] *s* (MED) eiserne Lunge; **iron•monger** ['aɪənmʌŋgə(r)] *s* (*Br*) Eisenhändler(in) *m(f);* **iron•mongery** ['aɪənmʌŋgərɪ] *s* Eisenhandel *m,* -handlung *f,* -waren *fpl;* **iron ore** *s* Eisenerz *nt;* **iron rations** *s pl* eiserne Ration; **iron work** ['aɪənwɜ:k] *s* Eisen *nt;* Eisenbeschläge *mpl;* **iron•works** ['aɪənwɜ:ks] *s pl mit sing* Eisenhütte *f*

irony ['aɪərənɪ] *s* Ironie *f*

ir•ra•di•ate [ɪ'reɪdɪeɪt] *vt* **1.** ausstrahlen **2.** bestrahlen

ir•ra•tional [ɪ'ræʃənl] *adj* **1.** unvernünftig, irrational **2.** unsinnig, absurd; **irrational number** *s* (MATH) irrationale Zahl

ir•rec•on•cil•able [ɪˌrekən'saɪləbl] *adj* **1.** unversöhnlich **2.** (*Glaube*) unvereinbar (*to, with* mit)

ir•re•cover•able [ˌɪrɪ'kʌvərəbl] *adj* **1.** nicht wiederzuerlangen **2.** unwiderruflich verloren **3.** (JUR) uneinbringlich

ir•re•deem•able [ˌɪrɪ'di:məbl] *adj* **1.** (*Währung*) nicht einlösbar; (*Wertpapiere*) untilgbar **2.** (*Verlust*) uneinbringlich **3.** (*Fehler*) unverbesserlich

ir•re•fut•able [ˌɪrɪ'fju:təbl] *adj* unwiderlegbar

ir•regu•lar [ɪ'regjʊlə(r)] *adj* **1.** unregelmäßig; ungleichmäßig **2.** unvorschriftsmäßig **3.** (MIL) irregulär **4.** (GRAM) unregelmäßig; **irregu•lar•ity** [ɪˌregjʊ'lærətɪ] *s* **1.** Unregelmäßigkeit *f;* Ungleichmäßigkeit *f;* Uneinheitlichkeit *f* **2.** Unvorschriftsmäßigkeit *f*

ir•rel•evance, **ir•rel•evancy** [ɪ'reləvəns, ɪ'reləvənsɪ] *s* Belanglosigkeit *f;* Nebensächlichkeit *f;* Irrelevanz *f;* **irrelevant** [ɪ'reləvənt] *adj* unerheblich, belanglos; nebensächlich; irrelevant

ir•re•medi•able [ˌɪrɪ'mi:dɪəbl] *adj* (*Fehler*) nicht wieder gutzumachen(d)

ir•rep•ar•able [ɪ'repərəbl] *adj* nicht wieder gutzumachen(d); irreparabel

ir•re•place•able [ˌɪrɪ'pleɪsəbl] *adj* unersetzlich

ir•re•press•ible [ˌɪrɪ'presəbl] *adj* nicht zurückzuhalten(d); unbezähmbar; unerschütterlich

ir•re•proach•able [ˌɪrɪ'prəʊtʃəbl] *adj* untadelig, einwandfrei

ir•re•sist•ible [ˌɪrɪ'zɪstəbl] *adj* unwiderstehlich

ir•res•ol•ute [ɪ'rezəlu:t] *adj* unentschlossen, unschlüssig

ir•re•spec•tive [ˌɪrɪ'spektɪv] *adj:* ~ **of** ohne Rücksicht auf; unabhängig von; ungeachtet +*gen*

ir•re•spon•sible [ˌɪrɪ'spɒnsəbl] *adj* unverantwortlich; verantwortungslos

ir•re•triev•able [ˌɪrɪ'tri:vəbl] *adj* nicht wiederzuerlangen(d), unwiederbringlich; unersetzlich

ir•rev•er•ence [ɪ'revərəns] *s* Respektlosigkeit *f;* **ir•rev•er•ent** [ɪ'revərənt] *adj* respektlos

ir•re•vers•ible [ˌɪrɪ'vɜ:səbl] *adj* **1.** (*Entscheidung*) unumstößlich **2.** unabänderlich, unwiderruflich

ir•revo•cable [ɪ'revəkəbl] *adj* unwiderruflich

ir•ri•gate ['ɪrɪgeɪt] *vt* **1.** bewässern **2.** (MED) ausspülen; **ir•ri•ga•tion** [ˌɪrɪ'geɪʃn] *s* **1.** Bewässerung *f* **2.** (MED) Spülung *f;* **irrigation plant** *s* Bewässerungsanlage *f*

ir•ri•table ['ɪrɪtəbl] *adj* reizbar; gereizt; **ir•ri•tant** ['ɪrɪtənt] **I.** *adj* Reiz- **II.** *s* Reizstoff *m;* **ir•ri•tate** ['ɪrɪteɪt] *vt* **1.** reizen, ärgern **2.** irritieren, nervös machen **3.** (MED) reizen; **ir•ri•ta•tion** [ˌɪrɪ'teɪʃn] *s* **1.** Ärger *m;* Verärgerung *f* (*at, against* über) **2.** (MED) Reizung *f*

is [ɪz] *3. Person Singular Präsens* **be**

ISDN *s abr de* **Integrated Services Digital Network** (INTERNET) ISDN *f*

Is•lam [ɪz'lɑ:m] *s* Islam *m;* **Is•lamic** [ɪz'læmɪk] *adj* islamisch

is•land ['aɪlənd] *s* Insel *f;* **is•lander** ['aɪləndə(r)] *s* Inselbewohner(in) *m(f);* **isle** [aɪl] *s* (*poet*) Eiland *nt;* **is•let** ['aɪlɪt] *s* Inselchen *nt*

isn't ['ɪznt] = **is not**

iso•bar ['aɪsəbɑ:(r)] *s* (METE) Isobare *f*

iso•late ['aɪsəleɪt] *vt* **1.** aus-, absondern, trennen (*from* von) **2.** (*a.* TECH) isolieren **3.** (*Problem*) herauskristallisieren; **isolated** ['aɪsəleɪtɪd] *adj* **1.** isoliert; abgesondert; abgeschnitten **2.** einzeln; ~ **case** Einzelfall *m;* **iso•la•tion** [ˌaɪsə'leɪʃn] *s* **1.** Absonderung, Isolierung *f* **2.** Isoliertheit, Abgeschnittenheit *f;* **isolation hospital** *s* Isolierspital *nt;* **iso•la•tion•ism** [ˌaɪsə'leɪʃnɪzəm] *s* Isolationismus *m;* **isolation ward** *s* Isolierstation *f*

isos•ce•les tri•angle [aɪ'sɒsli:zˌtraɪæŋgl] *s* (MATH) gleichschenkliges Dreieck

iso•therm ['aɪsəθɜ:m] *s* (METE) Isotherme *f*

iso•tope ['aɪsətəʊp] *s* (CHEM) Isotop *nt*

Is•ra•el ['ɪzreɪl] *s* Israel *nt;* **Is•rae•li** [ɪz'reɪlɪ] **I.** *adj* israelisch **II.** *s* Israeli *m f;* **Is•rael•ite** ['ɪzrɪəlaɪt] *s* Israelit(in) *m(f)*

issue ['ɪʃu:] **I.** *s* **1.** Frage *f;* Problem *nt,* Angelegenheit *f* **2.** Ergebnis *nt* **3.** (*von Banknoten*) Ausgabe, Emission *f* **4.** Ausgabe *f;* Lieferung *f* **5.** (*Zeitschrift*) Ausgabe, Nummer, Auflage *f* **6.** (JUR) Nachkommenschaft *f;* **at** ~ zur Debatte stehend; strittig; **be the** ~ sich handeln um; **die without** ~ kinderlos sterben; **force an** ~ eine Entscheidung erzwingen; **bring s.th. to an** ~ eine Entscheidung in etw herbeiführen; **take** ~ **with s.o. over s.th.** jdm in etw widersprechen; **make an** ~ **of s.th.** etw aufbauschen; **date of** ~ Ausgabetag *m;* **place of** ~ Ausstellungsort *m* **II.** *vi* hervorkommen, -dringen, (her)ausfließen, -strömen (*from* aus) **III.** *vt* **1.** (COM) ausgeben **2.** (*Dokument*) ausfertigen; ausstellen **3.** (*Bücher*) herausgeben, in Umlauf setzen, veröffentlichen **4.** (*Anleihe*) auflegen, begeben; emittieren; **the issuing authorities** die ausstellende Behörde; ~ **s.o. with a visa** jdm ein Visum ausstellen; ~ **s.th. to s.o.** etw an jdn ausgeben

isth•mus ['ɪsməs] *s* Landenge *f,* Isthmus *m*

it [ɪt] **I.** *pron* **1.** er, sie, es *acc,* ihn, sie, es *dat,* ihm, ihr, ihm **2.** es *acc,* es *dat,* ihm; **of** ~ davon; **who is ~? – ~'s me** wer ist da? – ich bin's; **what is ~?** was ist das?; **~'s raining** es regnet; ~ **was him who asked her** er hat sie gefragt; **that's ~!** ja, genau! **II.** *s:* **you're ~!** du bist's!; **this is really ~!** das ist genau das Richtige; **the cat's an** ~ die Katze ist kastriert

IT [ˌaɪ'ti:] *s abr de* **information technology** IT *f*

Ital•ian [ɪ'tæljən] **I.** *adj* italienisch **II.** *s* **1.** Italiener(in) *m(f)* **2.** (das) Italienisch(e)

ital•ic [ɪ'tælɪk] **I.** *adj* kursiv **II.** *s pl* Kursivschrift *f;* **itali•cize** [ɪ'tælɪsaɪz] *vt* kursiv drucken

Italy ['ɪtəlɪ] *s* Italien *nt*

itch [ɪtʃ] **I.** *vi* **1.** jucken **2.** (*fig*) darauf brennen (*to do s.th.* etw zu tun); **my back ~es** mein Rücken juckt mich **II.** *s* **1.** Jucken *nt,* Juckreiz *m* **2.** Lust *f* (*for* auf); **I have an** ~

to do s.th. es reizt mich etw zu tun; **itchy** ['ɪtʃɪ] *adj* juckend; **have ~ feet** von der Reiselust gepackt sein

item ['aɪtəm] *s* **1.** Gegenstand, Artikel *m;* Punkt *m* **2.** (COM) Buchung *f,* Posten *m* **3.** (*einzelne*) Nachricht, Mitteilung, Information *f;* **a short news ~** eine Kurzmeldung; **are those two an ~?** (*fam*) haben die beiden etwas miteinander?; **item•ize** ['aɪtəmaɪz] *vt* einzeln aufführen, aufgliedern, spezifizieren

itin•er•ant [aɪ'tɪnərənt] *adj* wandernd, umherziehend; **itin•er•ary** [aɪ'tɪnərərɪ] *s* **1.** Reiseroute *f* **2.** Wanderweg *m* **3.** Straßenkarte *f*

it'll ['ɪtl] = **it will; it shall**

ITN ['aɪti:'en] *s abr de* **Independent Television News** *Nachrichtendienst der ITV*

its [ɪts] *pron* seine(r, s); ihre(r, s); seine(r, s); der, die, das Seine

it's [ɪts] = **it is**

it•self [ɪt'self] *pron* **1.** (*reflexiv*) sich *acc/dat* **2.** (*betont*) selbst; **by ~** allein; von selbst; selbsttätig

ITV ['aɪti:'vi:] *s abr de* **Independent Television** *kommerzielle britische Fernsehanstalt*

IUD [ˌaɪju:'di:] *s* (MED) *abr de* **intra-uterine device** Intrauterinpessar *nt*

I've [aɪv] = **I have**

IVF [ˌaɪvi:'ef] *s abr de* **in vitro fertilization** IVF, In-vitro-Fertilisation *f*

ivory ['aɪvərɪ] *s* **1.** Elfenbein *nt* **2. ivories** Würfel *mpl* **3.** (*Am*) Billardkugeln *fpl* **4.** (Klavier)Tasten *fpl;* **Ivory Coast** *s* Elfenbeinküste *f;* **ivory tower** *s* (*fig*) Elfenbeinturm *m*

ivy ['aɪvɪ] *s* Efeu *m*

J

J, j [dʒeɪ] <*pl* -'s> *s* J, j *nt*

jab [dʒæb] **I.** *vt* (hinein)stechen, stecken, stoßen (*into* in) **II.** *vi* stoßen (*with* mit) **III.** *s* **1.** Stich, (kurzer) Stoß *m* **2.** (*Boxen*) (kurze) Gerade **3.** (*fam*) Spritze *f*

jabber ['dʒæbə(r)] **I.** *vi, vt* **1.** daherreden, faseln **2.** schwätzen, quasseln **II.** *s* Gefasel *nt;* Geplapper *nt;* **jabber•ing** [-ɪŋ] *s* Gefasel *nt;* Geplapper *nt*

jack [dʒæk] *s* **1.** Hebevorrichtung *f;* (AUTO) Wagenheber *m* **2.** (*Kartenspiel*) Bube *m* **3.** (MAR) Gösch *f* **4.** (*Bowling*) Zielkugel *f;* **jack around** *vt* (*fam*) für dumm verkaufen; **jack in** *vt* (*sl*) aufgeben; Schluss machen mit; **jack up** *vt* (AUTO) aufbocken; (*fam: Preise, Löhne*) in die Höhe treiben

Jack [dʒæk] *s* (*fam*) Hans; **I'm all right** ~ (*fam*) das kann mich überhaupt nicht jucken; **the Union** ~ die britische Nationalflagge; ~ **Frost** der Winter; **every man** ~ jeder Einzelne; **before you could say** ~ **Robinson** im Handumdrehen; ~ **of all trades** Alleskönner *m;* Hansdampf *m* in allen Gassen

jackal ['dʒækɔːl] *s* Schakal *m*

jack•ass ['dʒækæs] *s* **1.** Eselhengst *m* **2.** (*fig*) blöder Kerl

jack•boot ['dʒækbuːt] *s* Schaftstiefel *m*

jack•daw ['dʒækdɔː] *s* Dohle *f*

jacket ['dʒækɪt] *s* **1.** Jacke *f;* Jackett *nt;* Schwimmweste *f* **2.** (*Kartoffel*) Pelle, Schale *f* **3.** (TECH) Mantel *m* **4.** (*Buch*) Schutzumschlag, Hülle *f;* **potatoes in their ~s** (in der Schale) gebackene Kartoffeln; **jacket potato** *s* (in der Schale) gebackene Kartoffel

jack-in-the-box ['dʒækɪnðəbɒks] *s* (*Spielzeug*) Springteufel *m;* **jack•knife** ['dʒæknaɪf] <*pl* -knives> **I.** *s* **1.** (großes) Taschenmesser *nt* **2.** (*obs:* ~ *dive*) Hechtsprung *m* **II.** *vi* (*Lastwagen*) sich quer über die Straße stellen; **jack-o'-lantern** ['dʒækəʊˌlæntən] *s* Kürbislaterne *f;* Irrlicht *nt*

jack plug ['dʒækplʌg] *s* Bananenstecker *m*

jack•pot ['dʒækpɒt] *s* (*Spiel*) (Haupt)Treffer *m;* **hit the** ~ den Hauptgewinn bekommen; (*fig*) das große Los ziehen

ja•cuz•zi [dʒə'kuːzɪ] *s* Whirlpool *m*

jade [dʒeɪd] *s* (MIN) Jade *m;* Nephrit *m*

jaded ['dʒeɪdɪd] *adj* abgehetzt; erschöpft; stumpfsinnig; übersättigt; verlebt

jag [dʒæg] *s* Zacke *f;* **jag•ged**, **jaggy** ['dʒægɪd, 'dʒægɪ] *adj* **1.** zackig, gezahnt, gekerbt **2.** eingerissen **3.** zerklüftet; schartig

jag•uar ['dʒægjʊə(r)] *s* (*Raubkatze*) Jaguar *m*

jail, **gaol** [dʒeɪl] *s* Gefängnis *nt;* **in** ~ im Gefängnis; **jail•bird** *s* (*fam obs*) Zuchthäusler *m;* **jail•break** *s* Ausbruch *m* aus dem Gefängnis; **jail•breaker** *s* Ausbrecher(in) *m(f);* **jailer**, **jailor**, **gaoler** ['dʒeɪlə(r)] *s* Gefangenenaufseher(in) *m(f),* -wärter(in) *m(f);* **jail•(house)** *s* (*Am*) Gefängnis *nt*

ja•lopy [dʒə'lɒpɪ] *s* (AUTO: *sl*) Kiste *f,* Klapperkasten *m;* (AVIAT) alte Mühle

jam¹ [dʒæm] **I.** *vt* **1.** ein-, festklemmen, einkeilen **2.** hinein-, durchzwängen **3.** quetschen, drücken, pressen (*against* gegen) **4.** stoßen, schieben, drängen **5.** (*Straße*) versperren, verstopfen **6.** (TECH: *Maschine*) blockieren **7.** (RADIO: *durch Störsender*) stören; **be ~med** gestopft voll sein; ~ **on the brakes** mit aller Kraft bremsen **II.** *vi* **1.** klemmen; sich festfressen **2.** nicht mehr funktionieren **3.** (*sl: Jazz*) improvisieren **III.** *s* **1.** Gewühl, Gedränge *nt* **2.** Verstopfung *f;* Verkehrsstockung *f* **3.** (TECH) Verklemmung *f* **4.** (*fam*) Klemme, Patsche, schwierige Lage *f*

jam² [dʒæm] *s* Marmelade, Konfitüre *f*

Ja•maica [dʒə'meɪkə] *s* Jamaika *nt;* **Jamaican** [-n] **I.** *adj* jamaikanisch, jamaikisch **II.** *s* Jamaik(an)er(in) *m(f)*

jamb [dʒæm] *s* (*Tür*) Pfosten *m*

jam•boree [ˌdʒæmbə'riː] *s* **1.** Pfadfindertreffen *nt* **2.** Fest *nt* (im Freien)

jam-jar ['dʒæmdʒɑː(r)] *s* Marmelade(n)glas *nt*

jam•mer ['dʒæmə(r)] *s* *Dieb, der aus im Stau steckenden Autos Wertgegenstände stiehlt*

jam•my ['dʒæmɪ] *adj* (*Br sl: Examen*) leicht; ~ **fellow** Glückspilz *m*

jam-packed [ˌdʒæm'pækt] *adj* (*fam*) gestopft voll; **jam session** *s* (*Jazzimprovisation*) Jamsession *f*

jangle ['dʒæŋgl] **I.** *vi* **1.** klimpern; klirren **2.** (*Glocken*) bimmeln **II.** *vt* **1.** klimpern mit; klirren mit **2.** bimmeln lassen

jani•tor ['dʒænɪtə(r)] *s* Hausmeister(in) *m(f),* Hauswart(in) *m(f)*

Jan•uary ['dʒænjʊərɪ] *s* Januar *m;* **in** ~ im Januar

Jap [dʒæp] *s* (*fam*) Japaner *m*
ja·pan [dʒəˈpæn] **I.** *s* Japanlack *m* **II.** *vt* lackieren
Ja·pan [dʒəˈpæn] *s* Japan *nt;* **Japa·nese** [ˌdʒæpəˈniːz] **I.** *adj* japanisch **II.** *s* **1.** (das) Japanisch(e) **2.** Japaner(in) *m(f);* **the** ~ die Japaner *mpl*
jar[1] [dʒɑː(r)] **I.** *vi* **1.** knarren, quietschen **2.** (*fig*) unangenehm berühren (*on s.o.* jdn), auf die Nerven gehen (*on s.o.* jdm) **3.** in Missklang stehen (*against, with* zu), nicht harmonieren **II.** *vt* **1.** rütteln an, erschüttern **2.** (*fig*) aufrütteln, einen Schock versetzen (*s.o.* jdm) **III.** *s* **1.** Erschütterung *f;* Ruck *m* **2.** (*fig*) Schock *m*
jar[2] [dʒɑː(r)] *s* **1.** Krug *m;* Steintopf *m* **2.** Einmachglas *nt* **3.** (*fam*) Glas *nt* Bier
jar·gon [ˈdʒɑːgən] *s* Jargon *m;* Fachsprache *f*
jas·mine [ˈdʒæsmɪn] *s* Jasmin *m*
jas·per [ˈdʒæspə(r)] *s* (MIN) Jaspis *m*
jaun·dice [ˈdʒɔːndɪs] *s* Gelbsucht *f;* **jaun·diced** [ˈdʒɔːndɪst] *adj* **1.** gelbsüchtig **2.** (*fig*) verbittert, gehässig; neidisch
jaunt [dʒɔːnt] *s* Wanderung *f,* Ausflug *m;* Spritztour *f*
jaunty [ˈdʒɔːntɪ] *adj* **1.** flott **2.** munter; übermütig; sorgenfrei
Ja·va *s* **1.** (*indonesische Insel*) Java *nt* **2.** (INTERNET: *Sprache*) Java *f;* **JavaScript** *s* (INTERNET) JavaScript *f*
javelin [ˈdʒævlɪn] *s* (SPORT) Speer *m;* (*Sportdisziplin*) Speerwerfen *nt;* **throwing the** ~ Speerwerfen *nt*
jaw [dʒɔː] **I.** *s* **1.** (ANAT) Kiefer *m* **2.** (*fig fam*) Geschwätz *nt;* Moralpredigt(en *pl*) *f* **3.** (TECH) (Klemm)Backe, Klaue *f;* ~**s** Kiefer *m;* Rachen *m,* Maul *nt;* (*fig*) Öffnung *f;* (*des Todes*) Klauen *fpl* **II.** *vi* (*sl*) tratschen, schwatzen; **jaw·bone** *s* Kieferknochen *m;* **jaw·breaker** *s* (*Wort*) Zungenbrecher *m*
jay [dʒeɪ] *s* Eichelhäher *m*
jay·walk [ˈdʒeɪwɔːk] *vi* verkehrswidrig, unachtsam die Straße überqueren; **jay·walker** [ˈdʒeɪwɔːkə(r)] *s* unachtsamer Fußgänger; **jay·walk·ing** [ˈdʒeɪ wɔːkɪŋ] *s* unachtsames Überqueren der Straße
jazz [dʒæz] **I.** *s* **1.** Jazz *m* **2.** (*fig fam*) Unsinn *m;* **all that** ~ (*fam*) und der ganze Kram **II.** *vi* Jazz spielen; **jazz up** *vt* modernisieren, in Schwung bringen; **jazzy** [ˈdʒæzɪ] *adj* **1.** jazzartig **2.** (*fig*) toll **3.** (*Kleid*) auffällig
JCB® [ˌdʒeɪsiːˈbiː] *s* Erdräummaschine *f*
jeal·ous [ˈdʒeləs] *adj* **1.** eifersüchtig (*of* auf) **2.** neidisch **3.** eifrig bedacht (*of* auf); **jeal·ousy** [ˈdʒeləsɪ] *s* **1.** Eifersucht *f* (*of* auf) **2.** Neid *m* (*of* auf)
jeans [dʒiːnz] *s pl* Jeans *pl*
jeep [dʒiːp] *s* Jeep *m*
jeer [dʒɪə(r)] **I.** *vt* verhöhnen **II.** *vi* sich lustig machen (*at* über) **III.** *s* **1.** Spott, Hohn *m* **2.** höhnische Bemerkung
Je·ho·vah [dʒɪˈhəʊvə] *s* Jehova *m;* ~**'s Witnesses** die Zeugen *m pl* Jehovas
jell [dʒel] *vi* **1.** (*Küche*) gelieren **2.** (*fig fam*) feste Form annehmen; sich herauskristallisieren; klappen; **jel·lied** [ˈdʒelɪd] *adj* (*Küche*) in Gelee; **jelly** [ˈdʒelɪ] **I.** *s* Gallerte, Sülze *f;* Gelee *nt* **II.** *vt* gelieren lassen **III.** *vi* gelieren; **jelly·baby** [ˈdʒelɪbeɪbɪ] *s* (*Br*) Gummibärchen *nt;* **jelly·bean** [ˈdʒelɪbiːn] *s* Geleebonbon *m od nt;* **jelly·fish** *s* Qualle *f*
jemmy [ˈdʒemɪ] *s* Brech-, Stemmeisen *nt*
jenny [ˈdʒenɪ] *s* **1.** (*spinning*~) Spinnmaschine *f* **2.** Eselin *f;* ~ **wren** Zaunkönigweibchen *nt*
jeop·ard·ize [ˈdʒepədaɪz] *vt* gefährden; aufs Spiel setzen; **jeop·ardy** [ˈdʒepədɪ] *s* Gefahr *f;* **put s.th. in** ~ etw gefährden
jerk [dʒɜːk] **I.** *vt* (heftig) ziehen (an), reißen, stoßen **II.** *vi* ruckweise fahren **III.** *s* **1.** Ruck *m* **2.** Zusammenfahren, -zucken *nt* **3.** (MED) Zuckung *f* **4.** (*sl*) Trottel *m;* **by** ~**s** ruck-, stoßweise; **with a** ~ mit einem Ruck; **physical** ~**s** (*fam*) Leibesübungen *fpl,* Sport *m;* **jerk off** *vi* (*vulg*) sich einen runterholen; **jerk out** *vt* (*Worte*) hervorstoßen, -sprudeln
jer·kin [ˈdʒɜːkɪn] *s* Wams *nt*
jerk·water town [ˈdʒɜːkˌwɔːtə ˈtaʊn] *s* (*Am*) Kaff, (Provinz)Nest *nt*
jerky [ˈdʒɜːkɪ] *adj* sprunghaft; ruckartig
jerry-built [ˈdʒerɪˌbɪlt] *adj* billig gebaut; **jerry can** [ˈdʒerɪkæn] *s* großer Kanister
jer·sey [ˈdʒɜːzɪ] *s* **1.** Pullover *m* **2.** (SPORT) Trikot *nt* **3.** (*Stoff*) Jersey *m*
jest [dʒest] **I.** *s* Witz, Spaß *m;* **in** ~ im, zum Spaß **II.** *vi* Witze, Spaß machen (*about* über); **don't** ~ **with me!** treiben Sie mit mir keinen Spaß!; **jest·er** [ˈdʒestə(r)] *s* Witzbold *m;* Hofnarr *m;* **jest·ing** [-ɪŋ] *adj* scherzhaft
Jesuit [ˈdʒezjʊɪt] *s* (REL) Jesuit *m;* **Jesuitical** [ˌdʒezjʊˈɪtɪkl] *adj* jesuitisch, Jesuiten-
Jesus [ˈdʒiːzəs] **I.** *s* Jesus *m;* **the Society of** ~ der Jesuitenorden **II.** *interj* Menschenskind!
jet[1] [dʒet] **I.** *vi* **1.** hervor-, heraussprudeln, aus-, entströmen (*from, out of* aus) **2.** (AVIAT: *fam*) jetten **II.** *s* **1.** (*Flüssigkeit*) Strahl *m* **2.** Öffnung *f;* Düse *f* **3.** (AVIAT) Düsenflugzeug *nt*
jet[2] [dʒet] **I.** *s* Gagat *m,* Pechkohle *f* **II.** *adj* glänzend schwarz
jet en·gine [ˈdʒetˌendʒɪn] *s* Düsenmotor *m,* Düsentriebwerk *nt;* **jet fighter** *s* Düsenjäger *m;* **jet·foil** [ˈdʒetfɔɪl] *s* Tragflügelboot *nt;* **jet lag** [ˈdʒetlæg] *s* Jetlag *nt* (*An-*

J

passungsschwierigkeiten bei weiten Flugreisen); **jet plane** *s* Düsenflugzeug *nt;* **jet-pro•pelled** [ˌdʒetprəˈpeld] *adj* mit Düsenantrieb; **jet propulsion** *s* Düsenantrieb *m*

jet•sam [ˈdʒetsəm] *s:* **flotsam and ~** Strandgut *nt*

jet set [ˈdʒetset] *s* Jetset *m*

jet•ti•son [ˈdʒetɪsn] *vt* (MAR AVIAT) über Bord werfen

jetty [ˈdʒetɪ] *s* **1.** Hafendamm *m,* Mole *f* **2.** Landungsbrücke *f,* Landesteg *m*

Jew [dʒuː] *s* Jude *m,* Jüdin *f*

jewel [ˈdʒuːəl] **I.** *s* Edelstein *m;* (*a. fig*) Juwel *nt,* Schmuckstück *nt;* (*in Uhr*) Stein *m* **II.** *vt* mit Edelsteinen besetzen; **jeweler** *s* (*Am*), **jewel•ler** [ˈdʒuːələ(r)] *s* Juwelier *m;* **jewel•lery** *s,* **jewelry** [ˈdʒuːəlrɪ] *s* (*Am*) Juwelen *ntpl,* Schmuck *m;* **jewelry case** *s* Schmuckkästchen *nt*

Jew•ess [ˈdʒuːes] *s* Jüdin *f*

Jew•ish [ˈdʒuːɪʃ] *adj* jüdisch; **Jew•ry** [ˈdʒuːrɪ] *s* die Juden *pl,* das jüdische Volk, Judentum *nt;* **Jew's harp** *s* (MUS) Brummeisen *nt,* Maultrommel *f*

jib[1] [dʒɪb] *s* **1.** Kranbalken, Ladebaum, Ausleger *m* **2.** (MAR) Klüver *m;* **the cut of s.o.'s ~** (*fam*) die äußere Erscheinung

jib[2] [dʒɪb] *vi* **1.** störrisch sein, bocken, scheuen (*at* vor) **2.** (*fig*) abgeneigt sein (*at dat*)

jibe [dʒaɪb] *s* Stichelei *f*

jiffy [ˈdʒɪfɪ] *s* (*fam*): **in a ~** im Nu; **just a ~** einen Augenblick bitte; **Jiffy bag®** *s* gepolsterte Versandtasche

jig [dʒɪg] **I.** *s* **1.** Gigue *f* (*Tanz*) **2.** (TECH) Montagegestell *nt;* Spannvorrichtung *f* **II.** *vi* **1.** Gigue tanzen **2.** hin u. her hüpfen

jig•ger [ˈdʒɪgə(r)] *s* **1.** (TECH) Schüttelsieb *nt* **2.** (*Am*) Messbecher *m* **3.** Sandfloh *m;* **jig•gered** [ˈdʒɪgəd] *adj* (*fam*) todmüde; **I'll be ~** mich laust der Affe; **jig•gery-po•kery** [ˌdʒɪgərɪˈpəʊkərɪ] *s* (*Br fam*) Tricks *mpl,* Schwindel *m*

jig•gle [ˈdʒɪgl] *vt* rütteln, schütteln; wackeln mit

jig•saw [ˈdʒɪgsɔː] *s* **1.** Tischlerbandsäge *f* **2.** (*~ puzzle*) Puzzle *nt*

jilt [dʒɪlt] *vt* (*den Liebhaber*) sitzen lassen

Jim Crow [ˌdʒɪmˈkrəʊ] *s* (*Am*) **1.** (*pej: Schwarze(r)*) Nigger *m pej* **2.** (*fam*) Rassendiskriminierung *f*

jim-jams [ˈdʒɪmdʒæmz] *s* (*sl*) **1.** Säuferwahn *m* **2.** Angstzustände *mpl*

jimmy [ˈdʒɪmɪ] *s* (*Am*) Brecheisen *nt*

jingle [ˈdʒɪŋgl] **I.** *vi* klingeln; klirren; klimpern; bimmeln **II.** *vt* klirren lassen; klimpern mit **III.** *s* **1.** Klirren, Geklirr *nt* **2.** Werbespruch *m;* Merkvers *m*

jingo•ism [ˈdʒɪŋgəʊɪzəm] *s* Chauvinismus *m;* **jingo•is•tic** [ˌdʒɪŋgəʊˈɪstɪk] *adj* chauvinistisch

jinks [dʒɪŋks] *s* (*fam*): **it's only high ~** sie sind bloß übermütig

jinx [dʒɪŋks] *s:* **put a ~ on s.th.** etw verhexen

JIT [ˌdʒeɪaɪˈtiː] *s abr de* **just-in-time: ~ production** JIT-Fertigung *f*

jit•ter•bug [ˈdʒɪtəbʌg] *s* **1.** (*Tanz*) Jitterbug *m* **2.** (*fig*) Nervenbündel *nt*

jit•ters [ˈdʒɪtəz] *s pl* (*sl*) Nervosität *f;* Angst *f;* **give s.o. the ~** jdn nervös machen; **have the ~** (*fam*) die Hosen voll haben; **jit•tery** [ˈdʒɪtərɪ] *adj* (*sl*) **1.** nervös, durchgedreht **2.** verdattert, ängstlich

jiu•jit•su [ˌdʒuːˈdʒɪtsuː] *s* Jiu-Jitsu *nt*

jive [dʒaɪv] **I.** *s* (*Tanz*) Swing *m* **II.** *vi* swingen, Swing tanzen

job [dʒɒb] **I.** *s* **1.** Arbeit *f;* Beschäftigung, Tätigkeit *f* **2.** Arbeitsaufgabe *f;* (INFORM) Job *m* **3.** Arbeitsplatz *m,* Stellung *f,* Posten *m* **4.** Arbeitsvorgang *m,* Operation *f* **5.** Aufgabe, Pflicht *f* **6.** (*fam*) schwierige Sache **7.** (*sl: Straftat*) Ding *nt;* **on the ~** (*fam*) bei der Arbeit; (*sl*) am Ball; **out of a ~** arbeitslos; **just the ~** genau das Richtige; **do a good/bad ~** seine Sache gut/schlecht machen; **do a ~ of work** gute Arbeit leisten; **do odd ~s** Gelegenheitsarbeiten verrichten; **it's quite a ~** das ist ganz schön viel Arbeit; **know one's ~** sein Handwerk verstehen; **that should do the ~** das müsste hinhauen; **I had a ~ doing it** es war nicht leicht; **make the best of a bad ~** das Beste aus einer schlechten Sache machen; **pull a ~** (*sl*) ein Ding drehen; **that's a good/bad ~** das ist gut/dumm; **put-up ~** abgekartete Sache **II.** *vi* **1.** Gelegenheitsarbeiten verrichten **2.** als Makler tätig sein **3.** schieben, spekulieren **III.** *vt* vermitteln; (*Arbeit*) vergeben; **job advertisement** *s* Stellenausschreibung *f;* **job analysis** *s* Arbeitsanalyse, Arbeitsplatzbewertung *f;* **job application** *s* Stellenbewerbung *f,* Stellengesuch *nt;* **job•ber** [ˈdʒɒbə(r)] *s* **1.** Gelegenheitsarbeiter(in) *m(f)* **2.** (*obs*) Börsenmakler(in) *m(f)* **3.** (*fam*) Schieber *m;* **job centre** *s* Arbeitsvermittlung(sstelle) *f;* **job•club** [ˈdʒɒbklʌb] *s* Arbeitsloseninitiative *f,* -verein *m;* **job counsellor** *s* (*Am*) Berufsberater(in) *m(f);* **job creation** *s* Arbeitsplatzbeschaffung *f;* **job creation scheme** *s* Arbeitsbeschaffungsmaßnahme *f,* Beschäftigungsprogramm *nt;* **job cuts** *s pl* Arbeitsplatzabbau *m;* **job description** *s* Arbeitsplatz-, Stellenbeschreibung *f;* **job evaluation** *s* Arbeitsplatzbewertung *f;* **job hunt** *s* Stellensuche *f;* **job interview** *s* Bewerbungs-, Vorstellungsgespräch *nt;* **job•less** [ˈdʒɒblɪs] **I.** *adj* arbeitslos **II.**

s pl Arbeitslose *pl;* **jobless figures** *s pl* Arbeitslosenzahlen *pl,* -ziffer *f;* **job lot** *s* (COM) **1.** Partieware *f* **2.** Warenposten *m;* **job market** *s* Arbeitsmarkt *m;* **job-orien•ted** ['dʒɒbˌɔːrɪəntɪd] *adj* projektorientiert; **job printer** *s* Akzidenzdrucker *m;* **job production** *s* Einzelfertigung *f;* **job rating** *s* Arbeitsplatzbewertung *f;* **job•seeker** ['dʒɒbˌsiːkə(r)] *s* Arbeitssuchende(r) *f m;* **job sharing** *s* Arbeitsplatzteilung *f,* Jobsharing *nt;* **job title** *s* Berufsbezeichnung *f*

Jock [dʒɒk] *s* (*fam*) Schotte *m,* Schottin *f*

jockey ['dʒɒkɪ] **I.** *s* Jockei, Jockey *m,* Rennreiter(in) *m(f)* **II.** *vt* **1.** zu Wege bringen, fertigbringen, dazu bringen (*into doing* zu tun) **2.** davon abhalten (*out of doing* zu tun) **III.** *vi:* ~ **for position** um eine gute Position rangeln

jo•cose [dʒəʊ'kəʊs] *adj* scherzhaft, spaßig

jocu•lar ['dʒɒkjʊlə(r)] *adj* scherzhaft, spaßig, witzig

joc•und ['dʒɒkənd] *adj* fröhlich, heiter

jodh•purs ['dʒɒdpəz] *s pl* Reithose *f*

Joe Bloggs [ˌdʒəʊ'blɒgz] *s* (*Br*) Otto Normalverbraucher *m*

jog [dʒɒg] **I.** *vt* **1.** anstoßen, antippen **2.** (*das Gedächtnis*) auffrischen **II.** *vi* dahinschlendern, -trotten; aufbrechen; (SPORT) Dauerlauf machen, joggen **III.** *s* **1.** leichtes Schütteln, Rütteln **2.** Stoß *m,* Antippen *nt* **3.** (*~-trot*) Trotten *nt;* (SPORT) Dauerlauf *m;* **jog along, jog on** *vi* sich fortschleppen; (*fig*) fort-, weiterwursteln; **jog•ger** ['dʒɒgə(r)] *s* Dauerläufer(in) *m(f),* Jogger(in) *m(f);* **jogging** ['dʒɒgɪŋ] *s* Dauerlauf *m,* Joggen, Jogging *nt*

joggle ['dʒɒgl] **I.** *vt, vi* **1.** leicht, etwas schütteln; rütteln **2.** verschränken, verzahnen **II.** *s* **1.** leichtes Schütteln, Rütteln **2.** Verschränkung, Verzahnung *f*

john [dʒɒn] *s* (*Am fam*) Klo *nt*

John [dʒɒn] *s:* ~ **the Baptist** Johannes der Täufer; ~ **Bull** England *nt;* Engländer *m;* ~ **Doe** (*Am*) Otto Normalverbraucher, der einfache Mann

john•ny, john•nie ['dʒɒnɪ] *s* **1.** Kerl, Bursche *m* **2.** (*sl: Kondom*) Pariser *m*

join [dʒɔɪn] **I.** *vt* **1.** (*a.* MATH) verbinden, vereinigen (*to, onto* mit) **2.** sich gesellen (*s.o.* zu jdm), sich anschließen (*s.o.* jdm), eintreten in (*einen Verein*) **3.** sich vereinigen, sich verbinden mit **4.** münden in; ~ **company with s.o.** sich an jdn anschließen; ~ **forces with s.o.** sich mit jdm zusammenschließen; mit jdm zusammenarbeiten; ~ **hands with s.o.** jdm die Hand geben; (*fig*) mit jdm gemeinsame Sache machen **II.** *vi* **1.** sich begegnen, sich treffen, zusammenkommen **2.** angrenzen (*to* an) **3.** (*Wege*) zusammenlaufen **4.** sich verbinden, sich vereinigen (*with, to* mit) **5.** sich beteiligen, teilnehmen (*in* an) **6.** einstimmen (*in* in); **everybody ~ in the chorus!** alle im Chor! **III.** *s* Verbindungsstelle, Fuge, Naht *f*

joiner ['dʒɔɪnə(r)] *s* (Bau)Tischler(in) *m(f),* Schreiner(in) *m(f);* ~**'s bench** Hobelbank *f;* **joinery** ['dʒɔɪnərɪ] *s* **1.** Tischlerei, Schreinerei *f* **2.** Tischler-, Schreinerarbeit *f*

joint [dʒɔɪnt] **I.** *s* **1.** Berührungspunkt *m,* Verbindungsstelle *f* **2.** Naht, Fuge *f* **3.** Scharnier *nt* **4.** (ANAT) Gelenk *nt* **5.** (*Küche*) Stück Fleisch *nt,* Keule *f* **6.** (BOT) Gelenkknoten *m* **7.** (*sl*) Kneipe *f,* Spielhölle *f* **8.** (*sl: Marihuana*) Joint *m;* **out of** ~ ausgerenkt; (*fig*) aus den Fugen; **put** [*o* **throw**] **out of** ~ ausrenken; **put s.o.'s nose out of** ~ (*fig*) jdn ausstechen **II.** *adj* gemeinschaftlich, gemeinsam; Gemeinschafts-; Mit-; **during their** ~ **lives** zu ihren Lebzeiten; **take** ~ **action** gemeinsam vorgehen **III.** *vt* **1.** durch ein Gelenk miteinander verbinden **2.** (TECH) (ver)fugen; **joint account** *s* gemeinschaftliches (Bank)Konto *nt;* **joint committee** *s* gemeinsamer Ausschuss; **joint debtor** *s* Mitschuldner(in) *m(f);* **joint•ed** ['dʒɔɪntəd] *adj* gegliedert; **joint effort** *s* Gemeinschaftsarbeit *f;* **joint•ly** ['dʒɔɪntlɪ] *adv* gemeinsam, zusammen; **joint owner** *s* Miteigentümer(in) *m(f);* **joint ownership** *s* Miteigentum *nt;* **joint property** *s* Miteigentum *nt;* gemeinsames Vermögen; **joint stock** *s* Aktienkapital *nt;* **joint stock company** *s* Aktiengesellschaft *f;* (*Am: etwa*) Kommanditgesellschaft *f* auf Aktien; **joint venture** *s* (COM) Jointventure *nt;* Gemeinschaftsunternehmen *nt*

joist [dʒɔɪst] *s* Träger, Querbalken *m*

jo•jo•ba oil [həʊ'həʊbəˌɔɪl] *s* Jojobaöl *nt*

joke [dʒəʊk] **I.** *s* Spaß, Scherz *m;* **in** ~ (nur) zum Spaß, im Scherz; **carry the** ~ **too far** den Scherz zu weit treiben; **make a** ~ **of s.th.** etw ins Lächerliche ziehen; **play a** ~ **on s.o.** jdm einen Streich spielen; **he cannot take a** ~ er versteht keinen Spaß; **I don't see the** ~ was soll daran lustig sein?; **the** ~**'s on s.o.** da lacht sich jemand ins Fäustchen; **it is no** ~ das ist kein Spaß; **a practical** ~ ein Streich **II.** *vi* Spaß, Witze machen; **you must be joking** das kann doch wohl nicht dein Ernst sein; **I was only joking** ich habe das nicht ernst gemeint; **joker** ['dʒəʊkə(r)] *s* **1.** Witzbold *m* **2.** (*sl*) Kerl, Bursche *m* **3.** (*Kartenspiel*) Joker *m;* **jok•ing** ['dʒəʊkɪŋ] **I.** *adj* scherzhaft; **he is not in a** ~ **mood** ihm ist nicht nach Scherzen zu Mute **II.** *s* Scherze, Witze *mpl;* ~ **apart!** Scherz beiseite!; **jok•ing•ly** [-lɪ] *adv* im Spaß

jol·li·fi·ca·tion [ˌdʒɒlɪfɪ'keɪʃn] *s* (*fam*) Festivität *f*
jol·lity ['dʒɒlətɪ] *s* Ausgelassenheit, fröhliche Stimmung *f;* **jolly** ['dʒɒlɪ] **I.** *adj* **1.** fröhlich, lustig, heiter **2.** angeheitert **3.** (*fam*) prächtig, prachtvoll **II.** *adv* (*fam*) mächtig, sehr; **it was a ~ good evening** es war ein prima Abend; **a ~ good fellow** ein Pfundskerl; **Jolly Roger** Piratenflagge *f;* **~ well** aber todsicher **III.** *vt* (*fam: ~ along*) gut zureden (*s.o.* jdm), aufmuntern, aufheitern; **~ s.o. into doing s.th.** jdn dazu bringen etw zu tun
jolt [dʒəʊlt] **I.** *vt* **1.** (auf-, durch)rütteln **2.** (*fig*) erschüttern **II.** *vi* holpern **III.** *s* plötzlicher Stoß; Schock *m*
Jor·dan ['dʒɔ:dn] *s* Jordanien *nt;* **Jor·dan·ian** [dʒɔ:'deɪnɪən] **I.** *adj* jordanisch **II.** *s* Jordanier(in) *m(f)*
josh [dʒɒʃ] *vt* (*Am sl*) verulken
joss stick ['dʒɒsstɪk] *s* Räucherstäbchen *nt*
jostle ['dʒɒsl] **I.** *vt* schubsen, anrempeln **II.** *vi* drängeln **III.** *s* Gedränge *nt*
jot [dʒɒt] **I.** *s:* **not a ~** nicht das Geringste, nicht im Geringsten; kein Fünkchen **II.** *vt* (*~ down*) (sich) (kurz) notieren; **jot·ter** ['dʒɒtə(r)] *s* Notizbuch *nt;* **jot·tings** ['dʒɒtɪŋz] *s pl* Notizen *fpl*
joule [dʒu:l] *s* Joule *nt*
jour·nal ['dʒɜ:nl] *s* **1.** Tagebuch *nt* **2.** (COM) Journal *nt* **3.** (MAR) Logbuch *nt* **4.** (Tages)Zeitung *f;* Zeitschrift *f,* Magazin *nt* **5.** (INFORM) Bericht *m* **6.** (INFORM) Protokoll *nt;* **jour·nal·ese** [ˌdʒɜ:nə'li:z] *s* Zeitungsstil, Pressejargon *m;* **jour·nal·ism** ['dʒɜ:nlɪzəm] *s* Journalismus *m;* **jour·nal·ist** ['dʒɜ:nlɪst] *s* Journalist(in) *m(f);* **jour·nal·is·tic** [ˌdʒɜ:nə'lɪstɪk] *adj* journalistisch
jour·ney ['dʒɜ:nɪ] **I.** *s* Reise *f;* **break one's ~** die Reise unterbrechen; **go on a ~** verreisen; **a day's ~** eine Tagesreise **II.** *vi* reisen
jour·ney·man ['dʒɜ:nɪmən] <*pl* -men> *s* Geselle *m;* **journeyman baker** *s* Bäckergeselle *m*
joust [dʒaʊst] *s* (HIST) Turnier *nt*
jov·ial ['dʒəʊvɪəl] *adj* heiter, fröhlich, jovial; **jov·ial·ity** [ˌdʒəʊvɪ'ælətɪ] *s* Heiterkeit *f;* Fröhlichkeit *f,* Frohsinn *m*
jowl [dʒaʊl] *s* Kinnbacken *m;* **cheek by ~** (ganz) dicht beieinander
joy [dʒɔɪ] *s* Freude *f* (*in, of* an, *at* über), Vergnügen *nt* (*at* an); **for** [*o* **with**] **~** vor Freude; **to the ~ of s.o.** zu jds Freude, Vergnügen; **with ~** mit Vergnügen, mit Freude; **I didn't have any ~** (*fam*) ich hatte keinen Erfolg; **joy·ful** ['dʒɔɪfl] *adj* **1.** voller Freude **2.** freudig, froh, glücklich; **joy·less** [-lɪs] *adj* freudlos, traurig, trüb; **joy·ous** ['dʒɔɪəs] *adj* freudig, froh, glücklich; **joy-ride** *s Fahrt in einem gestohlenen Auto;*
joy·stick *s* **1.** (AVIAT) Steuerknüppel *m* **2.** (INFORM) Steuerknüppel, Joystick *m*
JP [ˌdʒer'pi:] *s abr de* **Justice of the Peace** Friedensrichter(in) *m(f)*
ju·bi·lant ['dʒu:bɪlənt] *adj* frohlockend, triumphierend; überglücklich; **ju·bi·la·tion** [ˌdʒu:bɪ'leɪʃn] *s* Jubel *m;* **ju·bi·lee** ['dʒu:bɪli:] *s* Jubiläum *nt;* **silver/diamond ~** 25-/60-jähriges Jubiläum
Ju·da·ism ['dʒu:deɪɪzəm] *s* Judaismus *m*
jud·der ['dʒʌdə(r)] *vi* heftig schütteln; vibrieren; zucken
judge [dʒʌdʒ] **I.** *s* **1.** Richter(in) *m(f)* (*of* über) **2.** Schieds-, Preisrichter(in) *m(f)* **3.** Kenner(in) *m(f),* Sachverständige(r) *f m* (*of* in); **be a (no) ~ of s.th.** sich in etw (nicht) auskennen; **as God is my ~!** so wahr mir Gott helfe! **II.** *vt* **1.** die Verhandlung führen über; (*Fall*) verhandeln; (REL) richten **2.** (*Wettbewerb*) die Entscheidung treffen in **3.** beurteilen, urteilen über **4.** halten für, ansehen als; (ab)schätzen **III.** *vi* **1.** Recht sprechen, richten; das Urteil fällen **2.** entscheiden, urteilen (*of* über, *by, from* nach) **3.** vermuten, annehmen; **as far as I can ~** soweit ich das beurteilen kann
judg(e)·ment ['dʒʌdʒmənt] *s* **1.** Urteil *nt* (*on* über) **2.** Urteils-, Richterspruch *m* **3.** (*fig*) Meinung, Ansicht *f,* Urteil *nt* **4.** Urteilsvermögen *nt,* gesunder Menschenverstand; **according to my ~** meiner Meinung nach; **against one's better ~** gegen die eigene Überzeugung; **in my ~** meines Erachtens; meiner Ansicht nach; **to the best of my ~** soweit ich das beurteilen kann; **pass ~** ein Urteil fällen (*on* über); **sit in ~** zu Gericht sitzen (*on* über); **the Day of Judgement** das Jüngste Gericht
ju·di·ca·ture ['dʒu:dɪkətʃə(r)] *s* **1.** Rechtspflege *f* **2.** Rechtsprechung *f* **3.** Richter *mpl*
ju·di·cial [dʒu:'dɪʃl] *adj* rechtlich, richterlich; gerichtlich; **take ~ proceedings** gerichtliche Schritte unternehmen; **~ decision** Gerichtsentscheid *m;* **~ error** Justizirrtum *m;* **~ inquiry** gerichtliche Untersuchung; **~ power** richterliche Gewalt; **~ process** Rechtsweg *m;* **~ (sale)** (*Am*) Zwangsversteigerung *f;* **ju·dici·ary** [dʒu:'dɪʃərɪ] *s* **1.** Rechtswesen *nt* **2.** Richter *mpl*
ju·di·cious [dʒu:'dɪʃəs] *adj* urteilsfähig, verständig, einsichtig
judo ['dʒu:dəʊ] *s* Judo *nt*
jug [dʒʌg] **I.** *s* **1.** Krug *m;* Kanne *f* **2.** (*sl*) Knast *m* **II.** *vt* schmoren, dämpfen
jug·ger·naut ['dʒʌgənɔ:t] *s* **1.** Moloch *m* **2.** (*Br*) Schwerlaster *m*
juggle ['dʒʌgl] **I.** *vt* **1.** manipulieren; (*Bilanz*) frisieren; (*Tatsachen*) fälschen **2.** (*mit Bällen etc*) jonglieren **II.** *vi* jonglieren; **jug-**

gler ['dʒʌglə(r)] *s* **1.** Jongleur(in) *m(f)* **2.** (*fig*) Schwindler(in) *m(f)*

Ju•go•slav ['ju:gəʊˌslɑ:v] **I.** *adj* (HIST) jugoslawisch **II.** *s* (HIST) Jugoslawe *m,* Jugoslawin *f;* **Ju•go•sla•via** [ˌju:gəʊl'slɑ:vɪə] *s* Jugoslawien *nt*

jugu•lar ['dʒʌgjʊlə(r)] *adj:* ~ **vein** (ANAT) Hals-, Drosselvene *f*

juice [dʒu:s] *s* **1.** Saft *m* **2.** (*fig*) Gehalt *m,* Wesen *nt* **3.** (*sl*) Benzin *nt* **4.** (ELEK: *sl*) Strom *m;* **gastric** ~ (PHYSIOL) Magensaft *m;* ~ **extractor** Entsafter *m;* **juicy** ['dʒu:sɪ] *adj* **1.** saftig **2.** interessant, pikant **3.** Gewinn bringend

ju-jit•su [ˌdʒu:'dʒɪtsu:] *s* (SPORT) Jiu-Jitsu *nt*

juke•box ['dʒu:kbɒks] *s* Musikautomat *m*

ju•lep ['dʒu:lɪp] *s* (*mint* ~) Pfefferminzlikör *m*

July [dʒu:'laɪ] *s* Juli *m;* **in** ~ im Juli

jumble ['dʒʌmbl] **I.** *vt* **1.** (ver)mischen **2.** (*fig*) durcheinander bringen **II.** *s* Mischmasch *m;* Durcheinander *nt;* **jumble sale** *s* Flohmarkt *m;* Wohltätigkeitsbasar *m*

jumbo ['dʒʌmbəʊ] **I.** *adj* riesig **II.** *s* (AVIAT: ~ *jet*) Jumbo (Jet) *m*

jump [dʒʌmp] **I.** *vi* **1.** springen **2.** auf-, hochfahren; zusammenzucken **3.** (RAIL) entgleisen **4.** (*fig: Preise*) in die Höhe schnellen **5.** sich stürzen (*at* auf) **6.** eifrig ergreifen (*at s.th.* etw) **7.** anfahren, angreifen (*on, upon s.o.* jdn); ~ **to it** (*fam*) sich beeilen; ~ **to conclusions** voreilige Schlüsse ziehen **II.** *vt* **1.** (hinweg)springen über **2.** (*Buchseite*) überspringen **3.** (*fam*) sich stürzen auf; ~ **bail** seine Kaution verfallen lassen; ~ **ship** ohne Erlaubnis abheuern; ~ **the gun** (SPORT) Frühstart machen; (*fig*) vorher anfangen; ~ **the queue** sich vordrängeln; ~ **the rails** [*o* **track**] entgleisen **III.** *s* **1.** (*a.* SPORT) Sprung *m* **2.** Auffahren *nt,* Zuckung *f* **3.** (*Preise*) plötzliches Ansteigen **4.** (Gedanken)Sprung *m;* **the ~s** (*sl*) das große Flattern; **on the** ~ (*fam*) eifrig im Gange, sehr beschäftigt, zerfahren, nervös; **get** [*o* **have**] **the** ~ **on s.o.** (*sl*) jdm gegenüber im Vorteil sein; **long/high/triple** ~ (SPORT) Weit-/Hoch-/Dreisprung *m;* **jump about** *vi* herumhüpfen; **jump at** *vt* sich stürzen auf; (*Gelegenheit*) ergreifen; **jump down** *vi* hinab-, hinunter-, herunterspringen (*from* von); ~ **down s.o.'s throat** (*fam*) jdn anfahren, anschnauzen; **jump in** *vi* hineinspringen; **jump off** *vi* herabspringen; **jump on** *vi* **1.** aufspringen (*to* auf) **2.** anschnauzen; **jump out** *vi* hinausspringen; **jump up** *vi* auf-, hochspringen

jump cut *s* abrupter Szenenwechsel

jumped-up ['dʒʌmptʌp] *adj* (*fam*) eingebildet; hochnäsig

jumper ['dʒʌmpə(r)] *s* **1.** Springer *m* **2.** (*Br*) Pullover *m* **3.** (*Am*) Trägerkleid *nt;* **high** ~ Hochspringer(in) *m(f)*

jump•ing jack ['dʒʌmpɪŋ'dʒæk] *s* **1.** Hampelmann *m* **2.** Knallfrosch *m;* **jump•ing-off place** [ˌdʒʌmpɪŋ'ɒfpleɪs] *s* (*fig*) Ausgangspunkt *m;* (*Beruf*) Sprungbrett *nt;* (*Am*) abgelegener Ort

jump jet ['dʒʌmpdʒet] *s* (MIL) Senkrechtstarter *m;* **jump leads** ['dʒʌmpˌli:dz] *s pl* (AUTO) Starthilfekabel *nt;* **jump-off** [ˌdʒʌmp'ɒf] *s* (SPORT) Stechen *nt;* **jump seat** *s* Notsitz *m;* **jump-start** ['dʒʌmpstɑ:t] *vt* (*Auto*) kurzschließen; **jump suit** *s* Overall *m*

jumpy ['dʒʌmpɪ] *adj* (*fam*) nervös; schreckhaft

junc•tion ['dʒʌŋkʃn] *s* **1.** Verbindung, Vereinigung *f* **2.** Schnittpunkt *m* **3.** (*road* ~) (Straßen)Kreuzung *f,* (Verkehrs)Knotenpunkt *m;* Treffpunkt *m* **4.** (RAIL) Eisenbahnknoten(punkt) *m* **5.** (ELEK) Anschlussstelle *f;* **junction box** *s* (ELEK) Verteiler-, Kabelkasten *m*

junc•ture ['dʒʌŋktʃə(r)] *s:* **at this** ~ bei dieser Lage der Dinge; in diesem Augenblick

June [dʒu:n] *s* Juni *m;* **in** ~ im Juni

jungle ['dʒʌŋgl] *s* Dschungel, Urwald *m*

jun•ior ['dʒu:nɪə(r)] **I.** *adj* **1.** jünger **2.** von geringerem Dienstalter; von niedrigerem Rang (*to* als) **3.** (*nach einem Namen*) junior **4.** (COM: *Hypothek*) nachrangig **II.** *s* **1.** Jüngere(r) *f m* **2.** Rangniedrigere(r) *f m* **3.** (*in den USA*) *Schüler(in), Student(in) im 3. Schul- bzw Studienjahr;* **be s.o.'s** ~ jünger als jd sein (*by two years* zwei Jahre); **junior college** *s* (*in den USA*) *College für die beiden ersten Studienjahre;* **junior high school** *s* (*in den USA*) *Schule, die das 8. und 9. Schuljahr umfasst;* **junior school** *s* (*in GB*) Grundschule *f*

ju•ni•per ['dʒu:nɪpə(r)] *s* Wacholder *m*

junk¹ [dʒʌŋk] **I.** *s* **1.** Abfall *m,* Gerümpel *nt* **2.** Ramsch, Schund *m* **3.** (*sl*) Rauschgift *nt,* Stoff *m;* Heroin *nt;* ~ **mail** (unerwünschte) Reklamesendung *f* **II.** *vt* (*fam*) ausrangieren, wegwerfen

junk² [dʒʌŋk] *s* Dschunke *f*

junket ['dʒʌŋkɪt] *s* **1.** Sahnequark *m;* Dickmilch *f* **2.** (~*ing*) Bankett, Fest *nt* **3.** Exkursion *f* (*auf Staatskosten*)

junk fax [ˌdʒʌŋk'fæks] *s* Müllfax *nt;* **junk food** [ˌdʒʌŋk'fu:d] *s* minderwertige Kost

junkie ['dʒʌŋkɪ] *s* (*sl*) Rauschgiftsüchtige(r) *f m,* Junkie *m*

junk•pile, **junk•yard** ['dʒʌŋkpaɪl, 'dʒʌŋkjɑ:d] *s* **1.** Schrottplatz *m* **2.** Autofriedhof *m;* **junk room** *s* Rumpelkammer *f;* **junk shop** *s* Trödelladen *m*

junta ['dʒʌntə, *Am* 'hʊntə] *s* (POL) (Mili-

J

tär)Junta *f*

ju•ridi•cal [dʒʊə'rɪdɪkl] *adj* gerichtlich; juristisch

ju•ris•dic•tion [ˌdʒʊərɪs'dɪkʃn] *s* **1.** Gerichtsbarkeit *f*, -bezirk *m* **2.** Zuständigkeit *f;* Gerichtsstand *m;* **come under the** ~ unter die Zuständigkeit fallen (*of* von); **have** ~ **over** zuständig sein für

ju•ris•pru•dence [ˌdʒʊərɪs'pru:dns] *s* Rechtswissenschaft, Jurisprudenz *f;* **medical** ~ Gerichtsmedizin *f*

jur•ist ['dʒʊərɪst] *s* Jurist(in) *m(f),* Rechtswissenschaftler(in) *m(f)*

juror ['dʒʊərə(r)] *s* **1.** Geschworene(r) *f m,* Schöffe *m,* Schöffin *f* **2.** Preisrichter(in) *m(f),* Jurymitglied *nt*

jury ['dʒʊərɪ] *s* **1.** Schwurgericht *nt* **2.** (die) Geschworenen, (die) Schöffen *mpl* **3.** Jury *f;* **trial by** ~ Schwurgerichtsverhandlung *f;* **do** ~ **service** Schöffe *m*, Schöffin *f* sein; **jury•man** [-mən] <*pl* -men> *s* Geschworene(r) *m*

just[1] [dʒʌst] *adj* **1.** gerecht; redlich **2.** angemessen **3.** rechtmäßig; verdient **4.** berechtigt, begründet

just[2] [dʒʌst] *adv* **1.** genau, gerade **2.** gerade noch, mit knapper Not; gerade (so) eben **3.** nur (so), bloß **4.** mal **5.** (*fam*) ganz, recht, einfach, wirklich, eigentlich; **but** ~, ~ **now** eben erst, im Augenblick; gerade eben; **only** ~ gerade noch; ~ **about** beinahe; ungefähr; ~ **as** ebenso, geradeso; ~ **as well** auch gut; ~ **then** gerade in diesem Augenblick; **that's** ~ **it!** das ist ja das Problem; ganz recht (so)!; ~ **the same** (*fam*) macht nichts!; ~ **a moment!** einen Augenblick bitte!; ~ **in case** für alle Fälle; für den Fall, dass; ~ **let me see!** lass doch bitte mal sehen!; ~ **so** ganz richtig; genauso; ~ **shut the door!** mach doch bitte die Tür zu!; ~ **tell me!** sag doch mal!; ~ **for that** nun gerade

jus•tice ['dʒʌstɪs] *s* **1.** Gerechtigkeit *f* **2.** Recht(swesen *nt*, -pflege *f*) *nt,* Gerichtsbarkeit *f* **3.** Richter(in) *m(f);* **administer** [*o* **dispense**] ~ Recht sprechen; **do s.o.** ~ jdm Gerechtigkeit widerfahren lassen; **court of** ~ Gericht(shof *m*) *nt;* **Justice of the Peace** Friedensrichter(in) *m(f)*

jus•ti•fi•able [ˌdʒʌstɪ'faɪəbl] *adj* zu rechtfertigen(d); vertretbar; ~ **defence** Notwehr *f;* **jus•ti•fi•ca•tion** [ˌdʒʌstɪfɪ'keɪʃn] *s* Rechtfertigung *f;* **in** ~ zur Rechtfertigung (*of* von); **jus•tify** ['dʒʌstɪfaɪ] *vt* **1.** (*a.* REL) begründen; rechtfertigen (*to* vor) **2.** (TYP) justieren; **be justified** Recht haben (*in doing s.th.* etw zu tun)

just•ly ['dʒʌstlɪ] *adv* verdientermaßen; gerechterweise

jut [dʒʌt] *vi* (~ *out, forth*) vorspringen, hervorstehen, -ragen

jute [dʒu:t] *s* Jute *f*

ju•ven•ile ['dʒu:vənaɪl] **I.** *adj* **1.** jugendlich, jung **2.** unreif **II.** *s* **1.** Jugendliche(r) *f m* **2.** (~ *book*) Jugendbuch *nt;* **juvenile court** *s* Jugendgericht *nt;* **juvenile delinquency** *s* Jugendkriminalität *f*

jux•ta•pose [ˌdʒʌkstə'pəʊz] *vt* nebeneinander stellen; **jux•ta•po•si•tion** [ˌdʒʌkstəpə'zɪʃn] *s* **1.** Nebeneinanderstellung *f* **2.** (MUS) Gegenüberstellung *f*

K

K, k [keɪ] <*pl* 's> *s* K, k *nt*
ka•jal (**eye•liner**) **pen•cil** [kəˌjel('aɪlaɪnəˌpensl)] *s* Kajalstift *m*
kale, kail [keɪl] *s* Grün-, Krauskohl *m*
ka•leido•scope [kə'laɪdəskəʊp] *s* (*a. fig*) Kaleidoskop *nt*
ka•mi•ka•ze [ˌkæmɪ'kɑːzɪ] *s* (HIST) Kamikaze(flieger) *m;* **kamikaze attack** *s* Kamikazeangriff *m*
Kam•puchea [ˌkæmpʊ'tʃɪə] *s* Kambodscha, Kamputschea *nt;* **Kam•puchean I.** *adj* kambodschanisch **II.** *s* **1.** (das) Kambodschanisch(e) **2.** Kambodschaner(in) *m(f)*
kan•ga•roo [ˌkæŋgə'ruː] <*pl* -roos> *s* **1.** Känguru *nt* **2.** (PARL: ~ *closure*) Schluss *m* der Debatte (*durch Überspringen von Anträgen*); **kangaroo court** *s* Femegericht *nt*
kao•lin ['keɪəlɪn] *s* Porzellanerde *f,* Kaolin *nt od m*
Ka•posi's sar•coma [kæ'pəʊzɪz sɑː'kəʊmə] *s* (MED) Kaposisarkom *nt*
ka•rate [kə'rɑːtɪ] *s* Karate *nt;* **karate chop** *s* Karateschlag *m*
kayak ['kaɪæk] *s* Kajak *m od nt;* **kayaking** [-ɪŋ] *s* Kajak fahren *nt*
KB [ˌkeɪ'biː] *s abr de* **kilobyte** KB, kByte *nt*
ke•bab [kə'bæb] *s* Kebab, Schaschlik *m*
keel [kiːl] *s* (MAR) Kiel *m;* **on an even** ~ ohne zu schwanken; (*fig*) gleichmäßig, ruhig, *adv;* **keel over** *vi* kentern; (*fig*) umkippen; **keel•haul** ['kiːlˌhɔːl] *vt* (MAR) kielholen
keen [kiːn] *adj* **1.** (*Messer, Verstand*) scharf **2.** (*Wind*) schneidend **3.** (*Kälte*) durchdringend, streng **4.** (*Ton*) schrill **5.** (*Schmerz*) stechend, heftig **6.** (*Appetit*) stark, groß **7.** (*Interesse*) lebhaft, stark **8.** (*Wettstreit*) heftig **9.** (*Mensch*) stark interessiert (*on* an), erpicht (*on* auf) **10.** (*Preis*) günstig; **she is ~ on riding** sie ist eine leidenschaftliche Reiterin; **I am not very ~ on meeting him** ich bin nicht besonders scharf darauf, ihn kennenzulernen
keep [kiːp] <*irr:* kept, kept> **I.** *vt* **1.** (be)halten **2.** (*Gesetz, Regeln*) einhalten, befolgen **3.** aufbewahren; für sich behalten **4.** unterhalten, versorgen **5.** (be)hüten **6.** (*Vieh*) halten **7.** (*Personal*) beschäftigen **8.** (*Waren, Tagebuch*) führen **9.** (*Fest*) feiern **10.** (*Hotel*) betreiben **11.** (*Zeitung*) halten **12.** (~ *waiting*) warten lassen **13.** (COM) vorrätig haben **14.** auf-, zurück-, festhalten; hindern, abhalten (*from* von) **15.** (*Versammlung*) abhalten, veranstalten **16.** verheimlichen, verschweigen (*from s.o.* jdm); ~ **one's bed** das Bett hüten; ~ **a close check on s.th.** etw scharf überwachen; ~ **s.o. company** jdm Gesellschaft leisten; ~ **under control** in Schranken halten; ~ **cool** kühl aufbewahren; ~ (**your**) **cool!** reg' dich nicht auf!; ~ **goal** (SPORT) Torwart sein; ~ **going** (*fig*) nicht einschlafen lassen; ~ **one's head** die Ruhe bewahren; ~ **hold of s.th.** etw festhalten; ~ **early hours** früh (zu Bett) gehen; ~ **house** haushalten; ~ **in mind** im Auge behalten; sich merken; ~ **a promise** ein Versprechen halten; ~ **in** (**good**) **repair** in gutem Zustand (er)halten; ~ **one's seat** sitzen bleiben; ~ **a shop** einen Laden führen; ~ **silence** Stillschweigen bewahren; ~ **in suspense** in der Schwebe, im Ungewissen lassen; ~ **one's temper** ruhig bleiben; ~ **time** (*Uhr*) richtiggehen; Takt, Schritt halten; pünktlich sein; ~ **track of s.th.** sich etw merken; ~ **in view** (*fig*) im Auge behalten; ~ **watch** aufpassen; ~ **your hands off!** nehmen Sie Ihre Hände weg!; ~ **your seat** bleiben Sie doch sitzen **II.** *vi* **1.** bleiben; fortfahren, weitermachen **2.** (*Lebensmittel*) sich halten **3.** sich befinden; (*Am fam*) sich aufhalten, wohnen; ~ **doing s.th.** immer wieder etw tun; ~ **talking!** reden Sie weiter!; ~ (**to the**) **left** sich links halten; (AUTO) links fahren; ~ **calm** [*o* **cool**] [*o* **quiet**] ruhig bleiben, still sein; **how is he ~ing?** wie geht es ihm?; ~ **fit** fit bleiben; **that can ~** das kann warten; ~ **smiling!** Kopf hoch! **III.** *s* **1.** (Lebens)Unterhalt *m;* Unterhaltskosten *pl* **2.** (HIST) Bergfried *m;* Burgverlies *nt;* **earn one's ~** den Lebensunterhalt verdienen; **for ~s** (*fam*) für immer; **keep ahead** *vi* vorne bleiben; ~ **ahead of the others** in Führung, an der Spitze bleiben; **keep at** *vi* festhalten an; weitermachen mit; herumnörgeln an; ~ **at it!** nicht aufgeben!; **keep away I.** *vi* wegbleiben **II.** *vt* fernhalten; **he can't ~ away from it** er kann die Finger nicht davon lassen; **keep back I.** *vi* zurückbleiben **II.** *vt* **1.** zurückhalten **2.** (*Geld*) zurückbehalten **3.** verschweigen **4.** aufhalten; behindern; **keep down I.** *vt* **1.** unten lassen; (*Kopf*) einziehen **2.** (*Ausgaben*) ein-

K

schränken; (*Steuern, Preise*) niedrig halten **3.** (*fig*) unterdrücken; bezähmen **4.** (*Essen*) bei sich behalten **II.** *vi* sich nicht aufrichten; **keep from** **I.** *vt* **1.** abhalten von; bewahren vor **2.** verschweigen **II.** *vi* sich fernhalten von; ~ **from doing s.th.** etw unterlassen, etw vermeiden; **keep in** **I.** *vt* **1.** zurückhalten, am Ausgehen hindern **2.** (*Feuer*) nicht ausgehen lassen **3.** (*Schüler*) nachsitzen lassen **4.** (*Kunden*) pflegen **5.** (*Gefühle*) zügeln **6.** (*Bauch*) einziehen **II.** *vi* **1.** nicht aus-, weggehen **2.** (*Feuer*) nicht ausgehen **3.** (*fam*) auf gutem Fuß stehen (*with* mit); **keep off** **I.** *vi* weg-, fernbleiben **II.** *vt* **1.** ab-, fernhalten **2.** (*Jacke*) auslassen; (*Hut*) abbehalten; ~ **off** (**the grass**)! Betreten (des Rasens) verboten!; **keep on** **I.** *vt* **1.** (*Hut*) aufbehalten **2.** (*Personen*) weiterbeschäftigen **3.** behalten **II.** *vi* **1.** fortfahren (*doing* zu tun) **2.** weitergehen, -fahren; ~ **on at s.o.** jdn nicht in Ruhe lassen; ~ **on about s.th.** dauernd von etw reden; ~ **on talking** weiterreden (*about* über); **keep out** **I.** *vt* **1.** nicht hereinlassen; abhalten **2.** fernhalten (*of* von) **II.** *vi* draußen bleiben; nicht betreten, sich fernhalten (*of* von); ~ **out!** Eintritt verboten!; **keep to** **I.** *vi* **1.** verbleiben bei **2.** sich halten an **3.** bleiben in **II.** *vt* sorgen für; ~ **o.s. to o.s.** für sich bleiben; **keep together** **I.** *vt* zusammenhalten; zusammenlassen **II.** *vi* zusammenbleiben; zusammenhalten; **keep under** *vt* **1.** unter Kontrolle behalten **2.** unterdrücken **3.** (MED) unter Narkose halten; **keep up** **I.** *vt* **1.** aufrecht halten; über Wasser halten **2.** fortfahren mit, weitermachen **3.** aufrechterhalten **4.** (*Geschäft*) fortführen **5.** (*Haus*) unterhalten; (*Straße*) in Stand halten **6.** nicht schlafen lassen **7.** auf dem Laufenden halten **II.** *vi* **1.** stehen bleiben; aufbleiben **2.** andauern; (*Wetter*) schön bleiben **3.** (*Preise*) sich behaupten **4.** ausharren; ~ **up with** Schritt halten mit; ~ **up appearances** den Schein wahren; ~ **up with the Jones's** hinter den Nachbarn nicht zurückbleiben; ~ **it up** so weitermachen; ~ **it up!** nur so weiter! nicht nachgeben!

keeper ['ki:pə(r)] *s* (Park)Wächter(in) *m(f);* (Gefangenen-, Tier)Wärter(in) *m(f);* Pfleger(in) *m(f);* (*goal~*) Torwart *m;* (*shop~*) Ladeninhaber(in) *m(f)*

keep•ing ['ki:pɪŋ] *s* **1.** Einhalten, Befolgen *nt* **2.** Aufbewahrung *f;* Verwahrung *f* **3.** (COM: *Bücher*) Führung *f* **4.** (*~ of a motor vehicle*) Halten *nt* (eines Kraftfahrzeugs); **in ~ with** in Übereinstimmung, in Einklang mit; **for safe ~** zur sicheren Aufbewahrung; ~ **house** Haushaltsführung *f*

keep•sake ['ki:pseɪk] *s* Andenken *nt,* Erinnerung *f* (*an den Geber*)*;* **as** [*o* **for**] **a ~** als Andenken

keg [keg] *s* Fässchen *nt;* **keg beer** *s* (*Br*) Bier vom Fass, Fassbier *nt*

kelp [kelp] *s* (See)Tang *m*

ken [ken] *s:* **beyond** [*o* **outside**] **our ~** außerhalb unserer Kenntnis *f*

ken•nel ['kenl] **I.** *s* **1.** Hundehütte *f* **2. ~s** Hundezwinger *m;* Hundezucht *f;* Hundeheim *nt* **II.** *vt* in Pflege geben, in ein Hundeheim bringen

Ken•ya ['kenjə] *s* Kenia *nt;* **Ken•yan** ['kenjən] **I.** *adj* kenianisch **II.** *s* Kenianer(in) *m(f)*

kept [kept] **I.** *pt, pp of* **keep** **II.** *adj:* **~ woman** Mätresse *f;* **she's a ~ woman** (*fam*) sie lässt sich aushalten

kerb [kɜ:b] *s* Bordkante *f;* **kerb drill** *s* (*Br*) Verkehrserziehung *f;* **kerb•stone** ['kɜ:bstəʊn] *s* Bordstein *m*

ker•chief ['kɜ:tʃɪf] *s* Hals-, Kopftuch *nt*

ker•fuf•fle [kə'fʌfl] *s* (*Br fam*) Durcheinander *nt;* Aufruhr *f;* Unruhe *f*

ker•nel ['kɜ:nl] *s* Kern *m;* (*fig*) Kernpunkt *m,* Hauptsache *f*

kero•sene ['kerəsi:n] *s* Kerosin *nt*

kes•trel ['kestrəl] *s* Turmfalke *m*

ketch [ketʃ] *s* (MAR) Ketsch *f*

ketch•up ['ketʃəp] *s* Ketschup *m od nt*

kettle ['ketl] *s* Kessel *m;* **put the ~ on** Wasser aufstellen, -setzen; **a pretty ~ of fish!** eine schöne Bescherung!; **kettle•drum** ['ketldrʌm] *s* (MUS) Kesselpauke *f*

key [ki:] **I.** *s* **1.** Schlüssel *m* **2.** (*fig*) Lösung *f* (*of* für) **3.** (*von Klavier, Schreibmaschine*) Taste *f* **4.** (*Blasinstrument*) Klappe *f* **5.** (MUS) Tonart *f* **6.** Ausdrucksweise *f* **7.** Zeichenerklärung *f;* **the ~ to the mystery** des Rätsels Lösung; **sing off ~** falsch singen **II.** *adj attr* Schlüssel-, wichtigste(r, s); **~ man** Schlüsselfigur *f;* **~ industry** Schlüsselindustrie *f;* **~ point** springender Punkt; **~ position** Schlüsselposition, -stellung *f;* **~ role** Schlüsselrolle *f* **III.** *vt* **1.** (*fig*) abstimmen **2.** (TYP) eintasten; **key in** *vt* (*Text, Daten*) eingeben, eintasten; **key up** *vt* aufregen; **be ~ed up** aufgedreht sein; **~ s.o. up for s.th.** jdn auf etw einstimmen

key•board ['ki:bɔ:d] **I.** *s* Klaviatur *f;* Manual *nt;* Tastatur *f* **II.** *vt* (INFORM: *Information*) eingeben; (TYP) setzen; **key•board•ing** [-ɪŋ] *s* Texteingabe *f;* **keyboard instrument** *s* Tasteninstrument *nt;* **keyboard operator** *s* Texterfasser(in) *m(f),* Datentypist(in) *m(f);* **key factor** *s* Schlüsselfaktor *m;* **key•hole** ['ki:həʊl] *s* Schlüsselloch *nt;* **keyhole surgery** *s* (MED) Minimalinvasive Chirurgie (MIC) *f;* **key industry** *s* Schlüsselindustrie *f;* **keyless entry system** *s* *Türschloss, das man ohne einen*

Schlüssel öffnen kann; **key money** *s* Kaution *f;* **key•note** ['ki:nəʊt] **I.** *s* **1.** (MUS) Grundton *m* **2.** (*fig*) Grundgedanke *m* **II.** *vt* das Programm festlegen für; nachdrücklich betonen; in den Mittelpunkt stellen; **keynote address, keynote speech** *s* (POL) programmatische Rede; Grundsatzreferat *nt;* **key•noter** ['ki:nəʊtə(r)] *s* (POL) Programmatiker *m;* **key•pad** ['ki:pæd] *s* Tastenfeld *nt;* **key personnel, key staff** *s* leitende Angestellte *pl;* **key post** *s* Schlüsselstellung, -position *f;* **key punch** *s* Tastenlocher *m;* **key ring** *s* Schlüsselring, -bund *m;* **key signature** *s* (MUS) Tonartbezeichnung *f;* **key•stone** ['ki:stəʊn] *s* **1.** (ARCH) Schlussstein *m* **2.** (*fig*) Grundlage *f,* -gedanke *m;* **key stroke** *s* Anschlag *m;* **key word** *s* Schlüsselwort *nt*

khaki ['kɑ:kɪ] *adj* khakifarben

kib•butz [kɪ'bʊts, *pl* kɪbʊ'tsi:m] <*pl* -butzim> *s* Kibbuz *m*

kick [kɪk] **I.** *vt* **1.** treten, mit dem Fuß stoßen **2.** (*Fußball*) kicken; (*Tor*) schießen; **I could have ~ed myself** (*fam*) ich hätte mich selber in den Hintern treten können; **~ a habit** (*sl*) es aufgeben; **~ heroin** (*sl*) vom Heroin runterkommen **II.** *vi* **1.** (*mit den Füßen*) strampeln; treten **2.** (*Pferd*) ausschlagen **3.** (*Feuerwaffe*) zurückschlagen **4.** (*Ball*) hochfliegen **III.** *s* **1.** (Fuß)Tritt, Stoß *m* **2.** (*Fußball*) Schuss *m* **3.** (*Feuerwaffe*) Rückstoß *m* **4.** (*fam*) Schwung *m* **5.** (*fam*) Spaß, Jux *m;* **get a big ~ out of s.th.** viel Spaß an etw haben; **do s.th. for ~s** etw zum Spaß tun; **live for ~s** nur zu seinem Vergnügen leben; **kick about, kick around I.** *vt* (*fam*) **1.** schlecht behandeln **2.** (*Ball*) herumkicken **II.** *vi* herumbummeln; herumliegen; **kick against** *vi* treten gegen; sich wehren gegen; **kick at** *vi* treten gegen; **kick away** *vt* wegstoßen; **kick back I.** *vi* (*fam*) **1.** zurückschlagen **2.** zurückprallen **II.** *vt* wegstrampeln; zurückschießen; **kick downstairs** *vt* die Treppe hinunterwerfen; **kick in** *vt* einstoßen, -treten; **~ s.o.'s teeth in** jdm die Zähne einschlagen; **kick off I.** *vt* wegschleudern **II.** *vi* **1.** (*Fußball*) anspielen **2.** (*fam*) beginnen; **kick out I.** *vt* (*fam*) **1.** rauswerfen, -schmeißen **2.** (*Fußball*) ins Aus schießen **II.** *vi* ausschlagen; um sich treten; **kick over** *vi:* **~ over the traces** über die Stränge schlagen; **kick up** *vt* hochschleudern; **~ up a fuss** [*o* **row**] [*o* **shindy**] [*o* **stink**] (*fig*) Krach schlagen; **kick upstairs** *vt* (durch Beförderung) kaltstellen

kick•back ['kɪkbæk] *s* (*fam*) Schmiergelder *ntpl,* Nebeneinnahme *f;* Auswirkung *f;* **kick•down** ['kɪkdaʊn] *s* (AUTO) Kickdown *m;* **kick•er** ['kɪkə(r)] *s* **1.** Fußballspieler, Kicker *m* **2.** Schläger *m* (*Pferd*)*;* **kick-off** ['kɪkɒf] *s* **1.** (*Fußball*) Anstoß *m,* Anspiel *nt* **2.** (*fig*) Anlass *m* **3.** (*fam*) Anfang *m;* **for a ~** zunächst (einmal); **kick-starter** *s* (AUTO) Kickstarter *m;* **kick•turn** ['kɪktɜ:n] *s* (*Skilaufen*) Kehre *f*

kid [kɪd] **I.** *s* **1.** Zicklein, Kitz *nt;* (*~skin*) Ziegenleder *nt* **2.** (*fam*) Kind *nt;* **when you were a ~** als du klein warst; **that's ~'s stuff** das ist etwas für kleine Kinder; das ist kinderleicht; **listen ~** hör mal zu, Kleiner; **you are some ~** du bist toll **II.** *vi* (*fam*) Spaß machen **III.** *vt* (*fam:* ~ *on*) verulken; **don't ~ yourself** mach dir doch nichts vor **IV.** *adj attr* jünger, kleiner; **~ sister/brother** jüngere Schwester/jüngerer Bruder; **kiddy** ['kɪdɪ] *s* (*fam*) Kind *nt;* Kleine(r) *f m*

kid glove ['kɪdglʌv] *s* Glacéhandschuh *m;* **handle with ~s** (*fig*) mit Glacéhandschuhen anfassen

kid•nap ['kɪdnæp] *vt* entführen; **kid•nap•per** ['kɪdnæpə(r)] *s* Kidnapper(in) *m(f),* Entführer(in) *m(f);* **kid•nap•ping** [-ɪŋ] *s* Entführung *f*

kid•ney ['kɪdnɪ] *s* **1.** (ANAT) Niere *f* **2.** (*fig*) Veranlagung *f;* **of the right ~** vom rechten Schlag; **kidney bean** *s* Feuerbohne *f,* Kidneybohne *f;* **kidney dish** *s* Nierenschale *f;* **kidney donor** *s* Nierenspender(in) *m(f);* **kidney failure** *s* Nierenversagen *nt;* **kidney machine** *s* künstliche Niere; **kidney-shaped** ['kɪdnɪ,ʃeɪpt] *adj* nierenförmig; **kidney stone** *s* (MED) Nierenstein *m*

kid•ol•ogy [kɪ'dɒlədʒɪ] *s* (*fam*) Bluff *m,* Bluffen *nt*

kill [kɪl] **I.** *vt* **1.** töten; totschlagen, umbringen, erschlagen **2.** schlachten; erlegen **3.** vernichten, zerstören, ruinieren **4.** vereiteln **5.** widerrufen, für ungültig erklären; (*fam*) unter den Tisch fallen lassen **6.** (*Gesetzesvorlage*) zu Fall bringen **7.** (*Motor*) abwürgen; (*Maschine*) anhalten, zum Stehen bringen; (ELEK) ausschalten **8.** (*Fußball*) stoppen **9.** erdrücken; um seine Wirkung bringen; **be ~ed in action** (MIL) im Kampf fallen; **~ two birds with one stone** (*fig*) zwei Fliegen mit einer Klappe schlagen; **~ with kindness** vor Liebe umbringen (wollen); **~ time** die Zeit totschlagen; **my feet are ~ing me** meine Füße tun mir (wahnsinnig) weh **II.** *vi* **1.** töten; den Tod herbeiführen **2.** (*fam*) einen tollen Eindruck machen; **be dressed to ~** toll gekleidet sein; **thou shalt not ~** du sollst nicht töten **III.** *s* **1.** Tötung *f* **2.** (Jagd)Beute *f* **3.** (MIL: *Schiff*) Versenkung *f;* (*Flugzeug, Rakete*) Abschuss *m;* **be in at the ~** (*fig*) am Schluss dabei sein; **kill off** *vt* vernichten; ausrotten; abschlachten; **killer** ['kɪlə(r)] *s* **1.** Mörder(in)

K

m(f) **2. he's a lady** ~ (*sl*) er ist ein Frauenheld; **it's a real** ~ (*fam*) das ist der glatte Mord; **killer cell** *s* (PHYSIOL) Killerzelle *f;* **killer disease** *s* mörderische Krankheit *f;* **killer fog** *s* lebensgefährlicher Nebel; **killer instinct** *s* Tötungsinstinkt *m;* **killer whale** *s* Schwertwal *m;* **kill•ing** ['kɪlɪŋ] **I.** *adj* **1.** tödlich **2.** mörderisch; ermüdend **3.** (*fam*) wahnsinnig komisch **II.** *s* **1.** Töten *nt;* Mord *m* **2.** (*Tiere*) Abschlachten *nt;* Erlegen *nt;* **make a** ~ (*fam*) auf einmal viel verdienen; einen Reibach machen; **kill•joy** ['kɪldʒɔɪ] *s* Spielverderber(in) *m(f)*

kiln ['kɪln] *s* (TECH) (Brenn)Ofen *m;* Röstofen *m;* Trockenofen *m;* Darre *f*

kilo ['kiːləʊ] <*pl* **kilos**> *s* Kilo(gramm) *nt;* **kilo•byte** ['kɪləbaɪt] *s* Kilobyte *nt;* **kilo•cycle** ['kɪləsaɪkl] *s* Kilohertz *nt;* **kilo•gram** *s* (*Am*), **kilo•gramme** ['kɪləgræm] *s* Kilogramm *nt;* **kilo•joule** ['kɪlədʒuːl] *s* Kilojoule *nt;* **kilo•meter** *s* (*Am*), **kilo•metre** ['kɪləmiːtə(r)] *s* Kilometer *m;* **kilo•watt** ['kɪləwɒt] *s* Kilowatt *nt;* **kilowatt hour** *s* Kilowattstunde *f*

kilt [kɪlt] *s* Kilt, Schottenrock *m*

ki•mo•no [kɪ'məʊnəʊ] *s* Kimono *m*

kin [kɪn] *s* Verwandtschaft *f;* **the next of** ~ die nächsten Angehörigen *pl*

kind¹ [kaɪnd] *s* **1.** Art, Gattung *f* **2.** Sorte, Klasse *f;* **a** ~ **of** eine Art (von); ~ **of** (*fam*) irgendwie; gewissermaßen, sozusagen; **the same** ~ von derselben Sorte; **in** ~ in gleicher, auf gleiche Weise; (COM) in natura; **payment in** ~ Natural-, Sachleistung *f;* **what** ~ **of ...?** was für ein(e) ...?; **I am not that** ~ **of person** so bin ich nicht; **they are two of a** ~ sie sind vom gleichen Schlag; **this** ~ **of thing** so etwas; **something of the** ~ so etwas Ähnliches; **it was** ~ **of funny** es war irgendwie witzig

kind² [kaɪnd] *adj* freundlich, nett, entgegenkommend (*to s.o.* jdm gegenüber); **with** ~ **regards** mit freundlichen Grüßen; **would you be so** ~ **as to ...?** wären Sie so freundlich und würden ...?

kin•der•gar•ten ['kɪndəgɑːtn] *s* Kindergarten *m*

kind-hearted [ˌkaɪnd'hɑːtɪd] *adj* gutmütig, gütig

kindle ['kɪndl] **I.** *vt* **1.** anstecken, anzünden **2.** (*fig*) erwecken, erregen **II.** *vi* Feuer fangen, sich entzünden; aufleuchten (*with* vor); **kind•ling** ['kɪndlɪŋ] *s* Anmachholz *nt*

kind•ly ['kaɪndlɪ] **I.** *adj* **1.** gütig, freundlich **2.** gefällig, entgegenkommend, nett, liebenswürdig **II.** *adv* liebenswürdigerweise; gefälligst; ~ **put it back** bitte seien Sie so freundlich und stellen Sie es zurück; **take** ~ **to s.o.** jdn lieb gewinnen; **kind•ness** ['kaɪndnɪs] *s* **1.** Güte, Freundlichkeit, Liebenswürdigkeit *f* **2.** Gefälligkeit *f*

kin•dred ['kɪndrɪd] **I.** *s* (Bluts)Verwandtschaft *f;* Verwandte *pl* **II.** *adj* verwandt, ähnlich; ~ **spirit** Gleichgesinnte(r) *f m*

kin•etic [kɪ'netɪk] **I.** *adj* kinetisch **II.** *s pl mit sing* Kinetik *f*

kin•folk ['kɪnfəʊk] *s pl* Verwandte *pl*

king [kɪŋ] *s* **1.** König *m* **2.** (*Damespiel*) Dame *f;* **king•cup** ['kɪŋkʌp] *s* **1.** Hahnenfuß *m* **2.** (Sumpf)Dotterblume *f;* **king•dom** ['kɪŋdəm] *s* (König)Reich *nt;* **the animal/vegetable/mineral** ~ das Tier-/das Pflanzen-/das Mineralreich; ~ **of heaven** Himmelreich *nt;* **the United Kingdom** das Vereinigte Königreich; **king•fisher** ['kɪŋˌfɪʃə(r)] *s* Eisvogel *m;* **king•ly** ['kɪŋlɪ] *adj, adv* königlich; **king•pin** ['kɪŋpɪn] *s* **1.** (TECH) Drehzapfen *m;* (AUTO) Achsschenkelbolzen *m* **2.** (*fig*) Hauptperson, -sache *f;* **King's Bench** *s* (JUR) Erste Kammer *f* des High Court; **king-size** ['kɪŋsaɪz] *adj* (*fam*) besonders groß; (*Zigarette*) Kingsize-

kink [kɪŋk] *s* **1.** Knoten *m,* Schleife *f* **2.** Kräuselung *f;* (*Haar*) Welle *f* **3.** (*fig*) Schrulle *f,* Spleen *m;* **kinky** ['kɪŋkɪ] *adj* **1.** (*Haar*) wellig **2.** (*sl*) verrückt **3.** abartig, pervers

kins•folk ['kɪnzfəʊk] *s pl* Verwandte *pl;* **kin•ship** ['kɪnʃɪp] *s* Verwandtschaft *f;* **kins•man** ['kɪnzmən] <*pl* -men> *s* Verwandte(r) *m;* **kins•woman** ['kɪnzwʊmən, *pl* -wɪmɪn] <*pl* -women> *s* Verwandte *f*

kiosk ['kiːɒsk] *s* Kiosk *m,* Bude *f;* **telephone** ~ (*Br*) Telefonzelle *f*

kip [kɪp] **I.** *s* (*fam*) Schläfchen *nt;* **get some** ~ (*fam*) eine Runde pennen **II.** *vi* (~ *down*) schlafen

kip•per ['kɪpə(r)] *s* Räucherhering *m*

kirk [kɜːk] *s* (*schottisch*) Kirche *f*

kiss [kɪs] **I.** *vi* (sich) küssen **II.** *vt* **1.** küssen **2.** leicht berühren **III.** *s* Kuss *m;* ~ **of death** Todesstoß *m;* ~ **of life** Mund-zu-Mund-Beatmung *f;* **kisser** ['kɪsə(r)] *s* (*vulg*) Fresse *f;* **kiss-off** ['kɪsɒf] *s* (*Am sl*) Abfuhr *f;* **kiss-proof** *adj* kussecht

kit [kɪt] **I.** *s* **1.** Ausrüstung *f* **2.** Handwerkszeug *nt* **3.** (*fam*) Satz *m,* Kollektion *f* **4.** Gepäck *nt* **II.** *vt* (~ *up, out*) ausrüsten, ausstaffieren; **kit•bag** *s* (MIL MAR) (See)Sack *m*

kit•chen ['kɪtʃɪn] *s* Küche *f;* **kit•chen•ette** [ˌkɪtʃɪ'net] *s* Kochnische *f;* **kitchen foil** *s* Haushalts-, Alufolie *f;* **kitchen-garden** *s* Gemüsegarten *m;* **kitchen knife** *s* Küchenmesser *nt;* **kit•chen-maid** ['kɪtʃɪnmeɪd] *s* Küchenmädchen *nt;* **kitchen range** *s* Küchen-, Kochherd *m;* **kitchen scissors** *s pl* Küchenschere *f;* **kitchen**

sink *s* Spüle *f,* Ausguss *m;* **he arrived here with everything but the ~** er kam mit Sack und Pack an; **kitchen table** *s* Küchentisch *m;* **kitchen towel** *s* Küchentuch *nt;* **kitchen unit** *s* Küchenschrank

kite [kaɪt] *s* **1.** (*Vogel*) Milan *m* **2.** (Papier)Drachen *m* **3.** (FIN) Kellerwechsel *m;* **fly a ~** einen Drachen, *fig* einen Versuchsballon steigen lassen, einen Gefälligkeitswechsel ziehen; **kite mark** *s* (*Br*) (*dreieckiges*) *Gütezeichen*

kith [kɪθ] *s:* **~ and kin** Blutsverwandte *pl;* **with ~ and kin** mit Kind und Kegel

kitsch [kɪtʃ] *s* Kitsch *m;* **kitsch(y)** [-ɪ] *adj* kitschig

kit·ten ['kɪtn] *s* Kätzchen *nt;* **have ~s** (*fig fam*) Junge, Zustände kriegen; **kit·ten·ish** [-ɪʃ] *adj* verspielt

kitty ['kɪtɪ] *s* **1.** Kätzchen *nt* **2.** gemeinsame Kasse

kiwi ['ki:wi:] *s* **1.** (*Vogel*) Kiwi *m* **2.** (*Frucht*) Kiwi *f*

KKK [ˌkeɪkeɪ'keɪ] *s abr de* **Ku Klux Klan** Ku-Klux-Klan *m*

klaxon ['klæksn] *s* Hupe *f*

Kleen·ex® ['kli:neks] *s* Tempotaschentuch® *nt*

klep·to·mania [ˌkleptə'meɪnɪə] *s* Kleptomanie *f;* **klep·to·maniac** [ˌkleptə'meɪnɪæk] **I.** *s* Kleptomane *m,* Kleptomanin *f* **II.** *adj* kleptomanisch

knack [næk] *s* **1.** Kniff, Trick, Kunstgriff *m* **2.** Geschicklichkeit, Fertigkeit *f* (*at, of* in); **have the ~ of it** (*fam*) den Bogen raushaben; **there's a ~ in it** man muss den Dreh kennen

knacker ['nækə(r)] *s* (*Br*) **1.** Abdecker *m* **2.** Abbruchunternehmen *nt*

knackered ['nækəd] *adj* (*sl*) geschafft, todmüde

knap·sack ['næpsæk] *s* Rucksack *m;* (MIL) Tornister *m*

knead [ni:d] *vt* **1.** kneten **2.** massieren

knee [ni:] **I.** *s* **1.** Knie *nt* **2.** (TECH) Kniestück, -rohr *nt;* **bring s.o. to his ~s** jdn in die Knie zwingen; **go on one's ~s** kniefällig bitten; **on one's ~s** auf den Knien; (*fig*) kniefällig; **~ jerk** (**reflex**) (MED) Kniesehnenreflex *m;* **~-jerk reaction** (*fig pej*) spontane (Abwehr)Reaktion **II.** *vt* mit dem Knie stoßen; **knee breeches** *s pl* Kniehose *f;* **knee·cap** ['ni:ˌkæp] *s* **1.** (ANAT) Kniescheibe *f* **2.** Knieschützer *m;* **knee-capping** [-ɪŋ] *s* Knieschuss *m;* **knee-deep, knee-high** [ˌni:'di:p, ˌni:'haɪ] *adj* knietief; **knee-joint** *s* Kniegelenk *nt*

kneel [ni:l] <*irr:* knelt, knelt> *vi* (*~ down*) (nieder)knien (*to* vor)

knees-up ['ni:zʌp] *s* (*fam*) Tanzparty *f*

knell [nel] *s* Totenglocke *f*

knelt [nelt] *s.* **kneel**

knew [nju:] *s.* **know**

knicker·bock·ers ['nɪkəbɒkəz] *s pl* Knickerbocker *pl*

knickers ['nɪkəz] **I.** *s pl* (Damen)Schlüpfer *m;* **get one's ~ in a twist** verärgert, aufgeregt werden **II.** *interj* (*sl*) verflixt! Quatsch!

knick-knack ['nɪknæk] *s* **1.** Kleinigkeit *f* **2.** Nippsache *f*

knife [naɪf, *pl* naɪvz] <*pl* knives> **I.** *s* (*a.* TECH) Messer *nt;* **knives and forks** Besteck *nt;* **get one's ~ into s.o.** (*fig*) jdn nicht ausstehen können; **go under the ~** unters Messer kommen **II.** *vt* stechen; erdolchen; **knife edge** *s* (*a.* TECH) (Messer)Schneide *f;* **on a ~** (*fig*) auf Messers Schneide; **knife sharpener** *s* Messerschärfer *m;* **knif·ing** ['naɪfɪŋ] *s* Messerstecherei *f*

knight [naɪt] **I.** *s* **1.** Ritter *m* **2.** (*Schach*) Springer *m* **II.** *vt* zum Ritter schlagen; **knight-errant** [ˌnaɪt'erənt] <*pl* knights-errant> *s* fahrender Ritter; **knight·hood** ['naɪthʊd] *s* **1.** Ritterwürde *f,* -stand *m* **2.** Rittertum *nt;* **knight·ly** ['naɪtlɪ] *adj* ritterlich

K

knit [nɪt] <*irr:* knit (knitted), knit (knitted)> **I.** *vt* **1.** stricken **2.** (*fig*) (miteinander) verknüpfen, verbinden, zusammenfügen; **~ one, purl one** eins rechts, eins links; **~ one's brow** die Stirn runzeln **II.** *vi* **1.** stricken **2.** zusammenwachsen; **knit together** *vt* zusammenstricken; (miteinander) verbinden; **knit up I.** *vt* stricken; (*fig*) eng verbinden **II.** *vi* (*Knochen*) zusammenwachsen; **knit·ter** ['nɪtə(r)] *s* **1.** Stricker(in) *m(f)* **2.** Strickmaschine *f;* **knitting** [-ɪŋ] *s* Strickarbeit *f,* -zeug *nt;* Stricken *nt;* **knitting-needle** *s* Stricknadel *f;* **knitting yarn** *s* Strickgarn *nt;* **knitwear** ['nɪtweə(r)] *s* Strickwaren *fpl,* Strickkleidung *f*

knob [nɒb] *s* **1.** Schwellung, Beule *f* **2.** (Griff)Knopf *m;* Knauf *m* **3.** rundes Stück **4.** (*sl*) Kopf *m;* **with ~s on** (*sl*) allerdings!; **knob·bly** ['nɒblɪ] *adj* **1.** knorrig **2.** knopfartig, rund; **knob·by** ['nɒbɪ] *adj* knorrig

knock [nɒk] **I.** *vi* **1.** schlagen, stoßen, prallen (*on, against* gegen) **2.** klopfen, pochen (*at* an) **3.** (AUTO) klopfen **II.** *vt* **1.** schlagen, stoßen, treffen **2.** umstoßen **3.** überraschen; stark beeindrucken **4.** (*fam*) meckern über, heruntermachen; **that ~s you sideways** (*fam*) das haut dich um **III.** *s* **1.** Schlag, Stoß *m* **2.** (An)Klopfen, Pochen *nt* (*at the door* an der Tür) **3.** (AUTO) Klopfen *nt* **4.** (*fam*) Tiefschlag *m;* Kritik *f;* **take a ~** (*fam*) einen Tiefschlag erleben; erschüttert werden; einen schweren finanziellen Verlust erleiden; **knock about, knock**

around I. *vi* sich herumtreiben, -reisen (*with s.o.* mit jdm), herumliegen II. *vt* herumstoßen, misshandeln; verprügeln; ramponieren; **knock back** *vt* (*fam*) 1. (*Getränk*) hinunterstürzen 2. kosten 3. überraschen, erschüttern 4. zurückweisen; **knock down** *vt* 1. umstoßen, -werfen 2. zu Boden werfen; umfahren 3. (*Gebäude*) abbrechen 4. (*Auktion*) zuschlagen (*to s.o.* jdm) 5. (*im Preis*) herabsetzen; (*Person*) herunterhandeln 6. (*Möbel, Maschine*) zerlegen; **knock into** *vt* 1. einbläuen (*s.o.* jdm) 2. unerwartet treffen; ~ **into shape** in Form bringen; **knock off** I. *vi* (*fam*) Schluss, Feierabend machen (*with one's work* mit der Arbeit) II. *vt* 1. weg-, abschlagen 2. (*Arbeit*) einstellen 3. (*fam*) hinhauen, rasch erledigen 4. (*von einem Preis*) ablassen; herunterhandeln; abziehen 5. (*sl*) stehlen 6. (*sl: Menschen*) erledigen; **knock out** *vt* 1. (*Pfeife*) ausklopfen 2. (*Boxen*) k.o.-schlagen 3. (*fam*) fertig machen 4. (*fam*) verblüffen; schocken 5. eliminieren; **knock over** *vt* 1. umwerfen 2. umfahren; überfahren; **knock together** I. *vi* aneinander stoßen II. *vt* 1. aneinander schlagen 2. (*fam: Arbeit*) schnell hinhauen; ~ **people's heads together** die Leute zur Vernunft bringen; **knock up** I. *vi* 1. (*Br:* SPORT) sich einspielen 2. (*Am sl*) bumsen II. *vt* 1. hochschlagen 2. rasch bauen; zusammenzimmern 3. (*Essen*) rasch zubereiten 4. (*Br*) wecken 5. (*Br sl*) fertig machen 6. (*sl*) ein Kind anhängen (*a woman* einer Frau)

knock-about ['nɒkəbaʊt] *adj* 1. (*Kleidung*) strapazierfähig 2. lärmend; derb, rau; ~ **comedy** Klamaukstück *nt;* **knock-down** ['nɒkdaʊn] I. *adj* 1. (*fig*) niederschmetternd 2. (*Preis*) Schleuder-, äußerst niedrig II. *s* (*Boxen*) Niederschlag *m;* **knocker** ['nɒkə(r)] *s* 1. Türklopfer *m* 2. (*fam*) Meckerer, Nörgler, Miesmacher *m;* **knock•ing copy** [ˌnɒkɪŋ'kɒpɪ] *s herabsetzender Werbetext;* **knocking-off time** *s* Feierabend *m;* **knock-kneed** [ˌnɒk'niːd] *adj* x-beinig; **knock-on effect** *s* Folge-, Anstoßwirkung *f;* **knock-out** ['nɒkaʊt] I. *adj* (*Schlag*) K.o.- II. *s* 1. (~ *blow*) K.o.-Schlag *m* 2. (*fig*) vernichtende Niederlage 3. (*sl*) Pfundskerl *m,* -weib *nt* 4. Ausscheidung(srunde) *f;* **knock-up** ['nɒkʌp] *s* (*Br:* SPORT) Trainingsspiel *nt*

knoll [nəʊl] *s* Hügel *m*

knot [nɒt] I. *s* 1. Knoten *m;* Schleife *f* 2. Gruppe *f* 3. (*fig*) einigendes Band 4. Knorren, Ast *m* (*im Holz*) 5. (MAR) Knoten *m* (*1,853 km/h*)*;* **cut the** ~ (*fig*) den Knoten durchhauen; **stand about in ~s** in Gruppen herumstehen; **tie the** ~ den Bund der Ehe eingehen; **tie o.s. (up) in** [*o* **get into**] **~s** in Schwierigkeiten geraten II. *vt* 1. (einen) Knoten machen in; verknoten, verschnüren 2. miteinander verknüpfen; **get ~ted!** lass mich in Ruh(e)! III. *vi* sich verknoten; sich verwirren; **knotty** ['nɒtɪ] *adj* 1. knotig, knorrig 2. (*fig*) verwickelt, schwierig

know [nəʊ] <*irr:* knew, known> I. *vt* 1. wissen, kennen 2. sich auskennen in, vertraut sein mit; verstehen (*how to do* zu tun), können 3. erkennen; erfahren 4. kennen lernen; unterscheiden (*from* von); **be known** bekannt sein (*to s.o.* jdm, *as* als); **come to** ~ in Erfahrung bringen; **come to be known** bekannt werden; **let s.o.** ~ jdn wissen lassen, jdm Bescheid geben; **make o.s. known** sich bekannt machen; ~ **one's own business** [*o* **onions**] (*fam*) Bescheid wissen; ~ **how to do s.th.** etw können II. *vi* 1. wissen (*about, of s.th.* über, von etw) 2. verstehen (*about* von); ~ **better** es besser wissen; **not that I** ~ **of** nicht, dass ich wüßte; **he wouldn't** ~ er ist dafür nicht zuständig III. *s:* **be in the** ~ im Bilde sein

know-all ['nəʊɔːl] *s* Besserwisser(in) *m(f);* **know-how** ['nəʊhaʊ] *s* Erfahrung *f,* (Fach)Wissen, Können, Know-how *nt;* **know•ing** ['nəʊɪŋ] *adj* 1. informiert, unterrichtet 2. wissend; klug, einsichtig 3. schlau; verständnisvoll; **there's no** ~ man kann nie wissen; **know•ing•ly** [-lɪ] *adv* 1. mit Bewusstsein, bewusst; absichtlich; wissentlich 2. (*Lächeln*) wissend; **know-it-all** ['nəʊɪtɔːl] *s* (*Am*) Besserwisser(in) *m(f)*

knowl•edge ['nɒlɪdʒ] *s* 1. Kenntnis *f* (*of* von) 2. Wissen *nt;* Kenntnisse *fpl* 3. Bekanntschaft, Vertrautheit *f* (*of* mit) 4. Verständnis *nt;* **to (the best of) my** ~ soviel ich weiß; **to the best of my** ~ **and belief** nach bestem Wissen und Gewissen; **without my** ~ ohne mein Wissen; **working** ~ praktisch verwertbare Grundkenntnisse *fpl;* **knowl•edge•able** [-əbl] *adj* kenntnisreich, bewandert (*about* in), intelligent

known [nəʊn] I. *pp of* **know** II. *adj* bekannt; anerkannt

knuckle ['nʌkl] *s* 1. Knöchel *m* 2. (*Schlachtvieh*) Haxe *f;* **rap s.o.'s ~s, give s.o. a rap on** [*o* **over**] **the ~s** jdm auf die Finger klopfen; **near the** ~ an der Grenze des Anständigen; **knuckle down** *vi* sich dahinterklemmen; ~ **down to work** sich eifrig an die Arbeit machen; **knuckle under** *vi* sich fügen; **knuckle-duster** *s* Schlagring *m*

KO [ˌkeɪ'əʊ] I. *s* K.o.-Schlag *m* II. *vt* k.o.-schlagen

ko•ala [kəʊ'ɑːlə] *s* Koala(bär) *m*
kooky ['kuːkɪ] *adj* (*Am fam*) exzentrisch, verrückt
Ko•ran [kə'rɑːn] *s* Koran *m*
Ko•rea [kə'rɪə] *s* Korea *nt;* **Ko•rean** [kə'rɪən] **I.** *s* **1.** Koreaner(in) *m(f)* **2.** (das) Koreanisch(e) **II.** *adj* koreanisch
ko•sher ['kəʊʃə(r)] *adj* **1.** (REL) koscher **2.** (*sl*) in Ordnung; **there's something not quite ~ about it** da ist etwas faul dran
kow•tow [ˌkaʊ'taʊ] *vi* (*fig*) kriechen (*to s.o.* vor jdm)
Krem•lin ['kremlɪn] *s* Kreml *m*
ku•dos ['kjuːdɒs] *s* Ansehen *nt*
Ku Klux Klan ['kuː'klʌks'klæn] *s* (*in den USA*) Ku-Klux-Klan *m*
Kurd [kɜːd] *s* Kurde *m,* Kurdin *f;* **Kur•dish** [-ɪʃ] **I.** *adj* kurdisch **II.** *s* (das) Kurdisch(e)
Ku•wait [kʊ'wəɪt] *s* Kuwait *nt;* **Kuwaiti** [-ɪ] **I.** *adj* kuwaitisch **II.** *s* Kuwaiter(in) *m(f)*
kvetch [kvetʃ] *vi* (*Am: sl*) meckern

L

L, l [el] <*pl* -'s> *s* L, l *nt*

lab [læb] *s* (*fam*) Labor *nt*

label ['leɪbl] **I.** *s* **1.** Etikett(e *f*), Schildchen, Label *nt;* (Anhänge)Zettel *m* **2.** Beschriftung, Aufschrift *f;* Kennzeichnung *f* **3.** (*fig*) Bezeichnung, Klassifikation *f* **II.** *vt* **1.** etikettieren **2.** beschriften, kennzeichnen; markieren **3.** (*fig*) bezeichnen, benennen, klassifizieren; **label•ing** *s* (*Am*), **label•ling** ['leɪblɪŋ] *s* **1.** Etikettierung *f* **2.** Markierung *f* **3.** (Preis)Auszeichnung *f*

la•bor (*Am*) *s.* **labour**

lab•ora•tory [lə'bɒrətrɪ, *Am* 'læbrəˌtɔːrɪ] *s* Labor(atorium) *nt;* **laboratory assistant** *s* Laborant(in) *m(f);* **laboratory findings** *s pl* Laborbefund *m;* **laboratory results** *s pl* Laborwerte *pl;* **laboratory stage** *s* Versuchsstadium *nt;* **laboratory test** *s* Laborversuch *m*

la•bori•ous [lə'bɔːrɪəs] *adj* **1.** (*Arbeit*) anstrengend, mühsam **2.** (*Mensch*) arbeitsam, fleißig **3.** (*Stil*) schwerfällig

la•bour ['leɪbə(r)] **I.** *s* **1.** Arbeit *f* **2.** Anstrengung, Mühe, Mühsal *f* **3.** Aufgabe *f* **4.** Arbeiter(schaft *f*) *mpl,* Arbeitskräfte *fpl,* Arbeitnehmer *mpl* **5.** (MED) Wehen *fpl;* **Labour** (*in GB*) die Labour Party; **casual** ~ Gelegenheitsarbeit *f;* **hard** ~ Zwangsarbeit *f;* **manual** ~ Handarbeit *f;* **skilled** ~ Facharbeit *f;* Facharbeiter *mpl;* **unskilled** ~ ungelernte Arbeiter *mpl;* **be in** ~ (MED) Wehen haben **II.** *vi* **1.** arbeiten (*at* an) **2.** sich anstrengen, sich (ab)mühen (*for* um) **3.** (~ *along*) sich mühsam (vorwärts) bewegen **4.** (*Schiff*) stampfen, schlingern; ~ **up a hill** sich mühsam den Berg hinaufkämpfen **III.** *vt* ausführlich eingehen auf; breitwalzen; **labo(u)r camp** *s* Arbeitslager *nt;* **labo(u)r cost** *s* Arbeitskosten *pl;* **Labo(u)r Day** *s* Tag *m* der Arbeit (*GB: 1. Mai, USA: 1. Montag im September*); **labo(u)r disputes** *s pl* Arbeitskämpfe *mpl;* **labo(u)rer** ['leɪbərə(r)] *s* Arbeiter(in) *m(f);* **casual** ~ Gelegenheitsarbeiter(in) *m(f);* **farm** ~ Landarbeiter(in) *m(f);* **industrial** ~ Industriearbeiter(in) *m(f);* **(un)skilled** ~ (un)gelernte(r) Arbeiter(in) *m(f);* **Labour Exchange** *s* (*Br:* HIST) Arbeitsamt *nt;* **labo(u)r force** *s* **1.** Belegschaft *f* **2.** Beschäftigte *pl;* **labour-in•ten•sive** [ˌleɪbərɪn'tensɪv] *adj* arbeitsintensiv; **Labour•ite** ['leɪbəraɪt] *s* (*Br*) Anhänger *m* der Labour Party; **labo(u)r market** *s* Arbeitsmarkt *m;* **labo(u)r movement** *s* Arbeiterbewegung *f;* **labo(u)r pains** *s pl* (MED) Wehen *fpl;* **Labour Party** *s* (*Br*) Labour Party *f;* **labo(u)r relations** *s pl* Arbeitgeber-Arbeitnehmer-Beziehungen *fpl;* **la•bo(u)r-sav•ing** ['leɪbəˌseɪvɪŋ] *adj* arbeitssparend; **labo(u)r shortage** *s* Arbeitskräftemangel *m;* **labo(u)r troubles** *s pl* Arbeiterunruhen *fpl;* **labo(u)r ward** *s* (MED) Kreißsaal *m*

lab•ra•dor ['læbrədɔːr] *s* Labradorhund *m*

la•bur•num [lə'bɜːnəm] *s* (*Strauch*) Goldregen *m*

lab•y•rinth ['læbərɪnθ] *s* Labyrinth *nt*

lace [leɪs] **I.** *s* **1.** Schnur *f;* (Schnür-, Schuh)Senkel *m* **2.** Tresse, Litze, Borte *f* **3.** (*Textil*) Spitze *f* **II.** *vt* **1.** (~ *up*) (zu)schnüren **2.** (ver)flechten **3.** einen Schuss (Alkohol) zugeben (*einem Getränk*); **lace into s.o.** *vt* über jdn herfallen; jdm eine Standpauke halten; **lace up** *vt* schnüren

lac•er•ate ['læsəraɪt] *vt* **1.** zerreißen; zerfleischen **2.** (*fig: Gefühle*) verletzen; **lac•er•ation** [ˌlæsə'reɪʃn] *s* **1.** Riss *m* **2.** (MED) Fleischwunde *f*

lace-ups ['leɪsʌps] *s pl* Schnürschuhe *mpl*

lach•ry•mal ['lækrɪml] *adj:* ~ **duct** Tränengang *m;* ~ **gland** Tränendrüse *f;* ~ **sac** Tränensack *m;* **lach•ry•mose** ['lækrɪməʊs] *adj* weinerlich; tränenreich

lack [læk] **I.** *s* Mangel *m* (*of* an); ~ **of capital** Kapitalmangel *m;* **for** ~ **of** aus Mangel an **II.** *vi* **1.** fehlen **2.** Mangel haben (*of, in* an); **they** ~ **for nothing** es fehlt ihnen an nichts **III.** *vt* nicht genug haben; brauchen, benötigen; **he ~s talent** ihm fehlt es an Talent; **you** ~ **confidence** Ihnen fehlt das Selbstvertrauen

lacka•daisi•cal [ˌlækə'deɪzɪkl] *adj* interesselos, lustlos; nachlässig

lackey ['lækɪ] *s* (*a. fig*) Lakai *m*

lack•ing ['lækɪŋ] *adj* **1.** fehlend **2.** (*fam*) dumm; **be** ~ fehlen; **lack•lustre** ['lækˌlʌstə(r)] *adj* glanzlos, trübe

la•conic [lə'kɒnɪk] *adj* **1.** (*Worte*) lakonisch **2.** (*Mensch*) wortkarg **3.** (*Stil*) knapp

lac•quer ['lækə(r)] **I.** *s* **1.** (Farb)Lack, Firnis *m* **2.** Haarspray *m od nt* **3.** Nagellack *m* **II.** *vt* lackieren

la•crosse [lə'krɒs] *s* (SPORT) Lacrosse *nt*

la•cuna [lə'kjuːnə, *pl* lə'kjuːniː] <*pl* **lacunae**> *s* Lücke *f*, Zwischenraum *m*

lad [læd] *s* Junge *m;* Bursche *m;* **a bit of a ~** ein toller Kerl

lad•der ['lædə(r)] **I.** *s* **1.** Leiter *f* **2.** (*Br*) Laufmasche *f* **3.** (*fig*) Stufenleiter *f;* Weg *m* **II.** *vi* (*Br*) Laufmaschen bekommen

lad•ette ['lædet] *s* (*Br: fam*) freches, selbstbewusstes Mädchen

lad•die ['lædɪ] *s* (*schottisch*) Junge, Bub *m*

laden ['leɪdn] *adj* **1.** beladen (*with* mit) **2.** (*fig*) bedrückt (*with sorrows* von Sorgen)

la-di-da [ˌlɑːdɪ'dɑː] *adj* (*fam*) affektiert, geziert

lad•ing ['leɪdɪŋ] *s* Verladen *nt;* Fracht *f;* **bill of ~** Seefrachtbrief *m*, Konnossement *nt*

ladle ['leɪdl] **I.** *s* **1.** Schöpflöffel *m* **2.** Kelle *f* **3.** Baggerschaufel *f* **II.** *vt* (*fig: ~ out*) großzügig verteilen

lady ['leɪdɪ] *s* Dame *f;* Frau *f;* **Lady** Lady *f* (*Adelsprädikat*); **Ladies and Gentlemen** meine Damen und Herren; **Ladies (room)** Damentoilette *f;* **the ~ of the house** die Dame des Hauses

lady•bird ['leɪdɪbɜːd] *s* (*Br*) Marienkäfer *m;* **lady•bug** ['leɪdɪbʌg] *s* (*Am*) Marienkäfer *m;* **lady-in-waiting** [ˌleɪdɪɪn'weɪtɪŋ] *s* Hofdame *f;* **lady-killer** ['leɪdɪˌkɪlə(r)] *s* (*fam*) Schürzenjäger *m;* **lady-like** ['leɪdɪlaɪk] *adj* damenhaft; **lady•ship** ['leɪdɪʃɪp] *s* (*Br*): **your ~** Ihre Ladyschaft; **lady's man** *s* Frauenheld *m*

lag[1] [læg] **I.** *vi* **1.** bummeln **2.** (*Zeit*) langsam vergehen **3.** (*~ behind*) zurückbleiben **II.** *s* (*time ~*) Verzögerung *f;* Zeitabstand *m*

lag[2] [læg] *vt* (TECH) isolieren

la•ger ['lɑːgə(r)] *s* helles (Lager)Bier; **la•ger-lout** ['lɑːgə(r)ˌlaʊt] *s* betrunkener Rowdy

lag•ging ['lægɪŋ] *s* (TECH) (Wärme)Isolierung *f*

la•goon [lə'guːn] *s* Lagune *f*

laid [leɪd] *s.* **lay**[1]; **laid-off** [ˌleɪd'ɒf] *adj* (vorübergehend) arbeitslos

lain [leɪn] *s.* **lie**[1]

lair [leə(r)] *s* **1.** Lager *nt* (*eines wilden Tieres*) **2.** Höhle *f;* Bau *m*

laird [leəd] *s* (*schottisch*) Gutsbesitzer *m*

laissez-faire ['leɪseɪ'feə(r)] *s* Laisser-faire *nt*

laity ['leɪətɪ] *s* Laien *mpl*

lake [leɪk] *s* See *m;* **lake dwellings** *s pl* Pfahlbauten *mpl*

lam[1] [læm] **I.** *vt* (*sl*) verdreschen, verprügeln **II.** *vi* (*sl*): **~ into s.o.** jdn fertig machen

lam[2] [læm] *s* (*Am sl*) eilige Flucht; **take it on the ~** (*fam*) türmen, stiften gehen; **on the ~** auf der Flucht

lama ['lɑːmə] *s* (REL) Lama *m*

lamb [læm] **I.** *s* **1.** Lamm *nt* **2.** Lammfleisch *nt* **3.** (*fig*) Unschuldslamm *nt;* lieber Mensch **II.** *vi* (*Schaf*) lammen

lam•bast [læm'bæst] *vt,* **lam•baste** [læm'beɪst] *vt* **1.** vermöbeln, verdreschen, verprügeln **2.** den Kopf waschen (*s.o.* jdm), runterputzen

lamb chop *s* Lammkotelett *nt;* **lamb•like** ['læmlaɪk] *adj* **1.** (lamm)fromm **2.** unschuldig, sanft; **lamb•skin** ['læmskɪn] *s* Lammfell *nt;* **lamb's lettuce** *s* Feldsalat *m;* **lambs•wool** ['læmzwʊl] *s* Lammwolle *f*

lame [leɪm] **I.** *adj* **1.** lahm (*of, in* auf) **2.** (*fig*) schwach, nicht überzeugend **3.** (*Ausrede*) faul; **~ duck** Niete *f;* Versager *m;* (*Am*) nicht wiedergewählte(r) Politiker(in) **II.** *vt* lähmen; **lame•ness** [-nɪs] *s* **1.** Lahmheit *f* **2.** (*fig*) Schwäche *f*

la•ment [lə'ment] **I.** *vi* **1.** trauern, klagen (*for s.o.* um jdn) **2.** beklagen (*over s.o.'s death* jds Tod) **II.** *vt* betrauern, beklagen **III.** *s* **1.** Wehklage *f* **2.** Klagelied *nt;* **lam•en•table** ['læməntəbl] *adj* **1.** beklagens-, bejammerns-, bedauernswert **2.** erbärmlich; **lam•en•ta•tion** [ˌlæmen'teɪʃn] *s* Klagen *nt;* Wehklage *f*

lami•nate ['læmɪnət] *s* Schichtstoff *m;* **lami•nated** ['læmɪneɪtɪd] *adj* beschichtet; laminiert; **~ glass** Verbundglas *nt;* **~ plastic** Resopal® *nt;* **~ sheet** Schichtstoffplatte *f*

lamp [læmp] *s* **1.** Lampe *f;* Laterne *f* **2.** (*fig: Mensch*) Leuchte *f;* **rear ~** (AUTO) Rücklicht *nt;* **sun ~** Höhensonne *f*

lam•poon [læm'puːn] **I.** *s* Schmähschrift *f* **II.** *vt* verunglimpfen, verspotten

lamp•post ['læmppəʊst] *s* Laternenpfahl *m*

lam•prey ['læmprɪ] *s* (*im Meer lebendes Neunauge*) Lamprete *f*

lamp•shade ['læmpʃeɪd] *s* Lampenschirm *m*

LAN [læn] *s abr de* **local area network** (INFORM) LAN *nt*

lance [lɑːns, *Am* læns] **I.** *s* Lanze *f;* Speer *m* **II.** *vt* (MED) aufschneiden

lan•cet ['lɑːnsɪt, *Am* 'lænsɪt] *s* (MED) Lanzette *f;* **lancet arch** *s* (ARCH) Spitzbogen *m;* **lancet window** *s* Spitzbogenfenster *nt*

land [lænd] **I.** *s* **1.** (Fest)Land *nt* **2.** Land *nt,* Staat *m* **3.** Bereich *m,* Gebiet *nt* **4.** Landschaft *f;* Gelände *nt* **5.** (*Acker-, Wald-*) Land *nt;* Grund u. Boden *m* **6.** Ländereien *fpl,* Land-, Grundbesitz *m;* **by ~** zu Land(e); auf dem Landweg(e); **on the ~** auf dem Land; **over ~ and sea** über Land und Meer; **see how the ~ lies** sehen, wie die Dinge liegen; **pasture ~** Weideland *nt* **II.** *vt* **1.** an(s) Land bringen; ausladen, löschen **2.** (*Fische*)

L

fangen **3.** (*Flugzeug*) landen **4.** (*fig*) bringen (*in, at* nach, in, zu), absetzen (*in, on* in, auf) **5.** (*fam*) einheimsen, einstecken; (*Preis*) erringen; (*Stelle*) bekommen **6.** (*fam*) erreichen **7.** (*fam: Schlag*) verpassen, versetzen; ~ **o.s. in** hineingeraten in **III.** *vi* **1.** (*Schiff*) landen, anlegen; an Land gehen **2.** (AVIAT) landen **3.** ankommen, ans Ziel gelangen; **land-based** ['lændbeɪst] *adj* (MIL) landgestützt; **landed** ['lændɪd] *adj* grundbesitzend; ~ **gentry** Landadel *m;* ~ **property** Grundbesitz *m;* ~ **proprietor** Grundbesitzer(in) *m(f);* **land•fall** ['lændfɔːl] *s* Sichten *nt* von Land; **make** ~ Land sichten; **landfill site** *s* Mülldeponie *f;* **land forces** *s pl* Landstreitkräfte *pl;* **landholder** ['lændˌhəʊldə(r)] *s* Gutsbesitzer(in) *m(f),* Grundpächter(in) *m(f);* **land-hold•ing** ['lændˌhəʊldɪŋ] *s* Grundbesitz *m*

land•ing ['lændɪŋ] *s* **1.** (MAR, AVIAT) Landen *nt,* Landung *f* **2.** (*Fracht*) Löschen *nt* **3.** Treppenabsatz *m* **4.** Flur, Korridor *m;* **make a safe** ~ glücklich landen; **emergency** [*o* **forced**] ~ Notlandung *f;* **landing card** *s* Einreisekarte *f;* **landing craft** *s* Landungsboot *nt;* **landing field** *s* Landeplatz *m;* **landing gear** *s* (AVIAT) Fahrgestell *nt;* **landing net** *s* Ke(t)scher *m;* **landing stage** *s* (MAR) Landungssteg *m,* -brücke *f;* **landing strip** *s* Landebahn *f*

land•lady ['lænˌleɪdɪ] *s* (Haus-, Gast)Wirtin *f;* **land•less** ['lændlɪs] *adj* unbegütert; **land•locked** ['lændlɒkt] *adj* (*Land*) ohne Zugang zum Meer, landumschlossen; **landlord** ['lænlɔːd] *s* Grundbesitzer *m;* Hauseigentümer *m;* Gastwirt *m;* **land-lub•ber** ['lændˌlʌbə(r)] *s* (*pej*) Landratte *f;* **landmark** ['lændmɑːk] *s* **1.** Grenzstein *m* **2.** (MAR) Seezeichen *nt* **3.** (*fig*) Markstein *m,* Wahrzeichen *nt;* Wendepunkt *m;* **land office** *s* (*Am*) Grundbuchamt *nt;* **landowner** ['lændˌəʊnə(r)] *s* Grund-, Gutsbesitzer(in) *m(f);* **land reform** *s* Bodenreform *f*

land•scape ['lændskeɪp] **I.** *s* Landschaft *f* **II.** *vt* landschaftlich, gärtnerisch gestalten; **landscape architect** *s* Landschaftsarchitekt(in) *m(f);* **landscape architecture** *s* Landschaftsgestaltung *f;* **landscape format** *s* (TYP) Querformat *nt;* **landscape gardener** *s* Landschaftsgärtner(in) *m(f);* **landscape gardening** *s* Landschaftsgärtnerei *f;* **landscape painter** *s* Landschaftsmaler(in) *m(f)*

land•slide ['lændslaɪd] *s* **1.** Erdrutsch *m* **2.** (POL) überwältigender (Wahl)Sieg, Erdrutschsieg *m* **3.** Umschwung *m;* **land•slip** ['lændslɪp] *s* Erdrutsch *m;* **land tax** *s* Grundsteuer *f;* **land•ward** ['lændwəd] *adj* land(ein)wärts gerichtet; **landward(s)** ['lændwəd(z)] *adv* land(ein)wärts

lane [leɪn] *s* **1.** Gasse *f;* Pfad *m;* schmale Landstraße **2.** (SPORT) (Renn)Bahn *f* **3.** Schneise *f* **4.** (MAR) Fahrrinne *f* **5.** (AUTO) Spur *f;* **shipping ~s** Schifffahrtswege *mpl;* ~ **of approach** (AVIAT) Einflugschneise *f;* **get in ~!** (AUTO) bitte einordnen!

lan•guage ['læŋgwɪdʒ] *s* **1.** Sprache *f* **2.** Ausdrucks-, Redeweise *f;* **bad** ~ unanständige Ausdrücke *mpl;* **foreign** ~ Fremdsprache *f;* **language acquisition** *s* Spracherwerb *m;* **language laboratory** *s* Sprachlabor *nt;* **language learning** *s* Erlernen *nt* einer Sprache

lan•guid ['læŋgwɪd] *adj* **1.** kraftlos, matt, schwach **2.** (*fig*) lust-, interesselos

lan•guish ['læŋgwɪʃ] *vi* **1.** ermatten, schwach werden **2.** dahinsiechen **3.** sich sehnen (*for* nach); **lan•guish•ing** [-ɪŋ] *adj* sehnsüchtig

lan•guor ['læŋgə(r)] *s* **1.** Kraftlosigkeit, Mattigkeit *f* **2.** Interesselosigkeit, Gleichgültigkeit *f* **3.** Sehnsucht *f* **4.** Schwüle *f;* **languor•ous** ['læŋgərəs] *adj* **1.** kraftlos, matt **2.** gleichgültig, stumpf **3.** schwül, drückend

lank [læŋk] *adj* **1.** schlank, mager **2.** (*Haar*) glatt; **lanky** ['læŋkɪ] *adj* schlacksig

lano•lin ['lænəlɪn] *s* Lanolin *nt*

lan•tern ['læntən] *s* (*a.* ARCH) Laterne *f*

lan•yard ['lænjəd] *s* (MAR) **1.** Schnur *f* **2.** kurzes Tau, Taljereep *nt*

Laos [laʊs] *s* Laos *nt*

lap¹ [læp] *s* Schoß *m;* **in the** ~ **of luxury** im Luxus; ~ **and diagonal seat belt** Dreipunktgurt *m*

lap² [læp] **I.** *s* **1.** (TECH) Überlappung *f* **2.** (*Buchbinderei*) Falz *m* **II.** *vt* **1.** falten (*on* auf, *over* über) **2.** übereinander legen; überlappen **III.** *vi* sich überlappen

lap³ [læp] **I.** *s* (SPORT) Runde *f;* (*fig*) Etappe *f;* Abschnitt *m;* ~ **of honour** Ehrenrunde *f* **II.** *vt* überrunden **III.** *vi* seine Runden drehen

lap⁴ [læp] **I.** *vt, vi* **1.** (*Hund*) saufen; schlecken **2.** plätschern (*at, against* an, *on* gegen, auf) **II.** *s* **1.** Saufen *nt;* Lecken *nt* **2.** Plätschern *nt;* **lap up** *vt* auflecken, -schlecken; (*fig*) eifrig zuhören; gedankenlos akzeptieren

lap-dog ['læpˌdɒg] *s* Schoßhund *m*

la•pel [lə'pel] *s* (*Jackett*) Aufschlag *m*

lap•is la•zuli [ˌlæpɪs'læzjʊlɪ] *s* Lapislazuli *m*

Lap•land ['læplænd] *s* Lappland *nt;* **Laplander**, **Lapp** ['læplændə(r), læp] *s* Lappländer(in) *m(f),* Lappe *m,* Lappin *f*

lapse [læps] **I.** *s* **1.** Versehen *nt,* Irrtum, Fehler *m* **2.** Entgleisung *f;* Versäumnis *nt* **3.** (*Zeit*) Vergehen, Verstreichen *nt* **4.** (~ *of time*) Zeitspanne *f,* -raum *m* **5.** (JUR) Erlöschen *nt;* Verfall *m;* Heimfall *m* **II.** *vi* **1.** (*Zeit*) vergehen, verstreichen **2.** (JUR) verfallen, erlöschen, hinfällig werden **3.** einen Fehler machen **4.** verfallen; **lapsed** [læpst] *adj* **1.** (JUR) verfallen **2.** (REL) vom Glauben abgefallen

lap•top ['æptɒp] *s* Laptop *m*

lap•wing ['læpwɪŋ] *s* Kiebitz *m*

lar•ceny ['lɑːsənɪ] *s* Diebstahl *m;* **petty** ~ Bagatelldiebstahl *m*

larch [lɑːtʃ] *s* (*Nadelbaum*) Lärche *f*

lard [lɑːd] **I.** *s* (Schweine)Schmalz *nt* **II.** *vt* **1.** einfetten, schmieren **2.** (*fig*) ausschmücken (*with* mit)

lar•der ['lɑːdə(r)] *s* Speisekammer *f;* Vorratsschrank *m*

large [lɑːdʒ] *adj* **1.** groß **2.** weit, geräumig, umfangreich **3.** ausgedehnt, umfassend, weitreichend; **at** ~ auf freiem Fuß; in der Gesamtheit; planlos, ziellos; **as** ~ **as life** wie er leibt und lebt; in voller Größe; **by and** ~ im Großen und Ganzen; **talk** ~ großspurig reden; **large-hearted** [ˌlɑːdʒ'hɑːtɪd] *adj* (*Br*) großzügig, gutmütig; **large•ly** ['lɑːdʒlɪ] *adv* allgemein; größtenteils; **large-minded** [ˌlɑːdʒ'maɪndɪd] *adj* tolerant; **large•ness** [-nɪs] *s* **1.** Größe, Weite *f* **2.** Bedeutung *f;* Umfang *m* **3.** Großzügigkeit *f;* **large-scale** ['lɑːdʒskeɪl] *adj* in großem Maßstab; groß angelegt; Groß-; ~ **advertising** Massenwerbung *f;* ~ **order** Großauftrag *m;* ~ **production** Massenproduktion *f*

lar•gess *s* (*Am*), **lar•gesse** [lɑː'dʒes] *s* Freigebigkeit *f*

lar•iat ['lærɪət] *s* Strick *m;* Lasso *nt od m*

lark¹ [lɑːk] *s* (*Vogel*) Lerche *f*

lark² [lɑːk] **I.** *s* Spaß, Ulk, Scherz *m;* **for a** ~ zum Spaß; **what a ~!** zum Schießen! **II.** *vi* **1.** sich vergnügen, lustig sein **2.** (~ *about*) herumalbern

lark•spur ['lɑːkspɜː(r)] *s* (*Pflanze*) Rittersporn *m*

larva ['lɑːvə, *pl* 'lɑːviː] <*pl* larvae> *s* Larve *f*

lar•yn•gi•tis [ˌlærɪn'dʒaɪtɪs] *s* Kehlkopfentzündung *f;* **lar•ynx** ['lærɪŋks] *s* Kehlkopf *m*

las•civ•ious [lə'sɪvɪəs] *adj* wollüstig

laser ['leɪzə(r)] *s* Laser *m;* **laser beam** *s* Laserstrahl *m;* **laser printer** *s* (TYP) Laserdrucker *m;* **laser probe** *s* Lasersonde *f;* **laser show** *s* Lasershow *f;* **laser surgery** *s* Laserchirurgie *f;* **laser weapon** *s* Laserwaffe *f*

lash¹ [læʃ] *s* (Augen)Wimper *f*

lash² [læʃ] **I.** *s* **1.** Peitsche(nschnur) *f* **2.** Peitschenhieb *m* **3.** Peitschen *nt* (*of the waves* der Wellen) **II.** *vt* **1.** (aus)peitschen **2.** (heftig) schlagen (*the rocks* an die Felsen) **3.** (*fig*) heftig angreifen **4.** binden (*on, to* an); (MAR) (fest)zurren **III.** *vi* schlagen, peitschen, prasseln (*at* gegen); **lash about, lash around** *vi* um sich schlagen; **lash back** *vt* festbinden; **lash down I.** *vt* festbinden **II.** *vi* (*Regen*) niederprasseln; **lash into s.o.** *vi* jdn abkanzeln; auf jdn einschlagen; **lash out** *vi* **1.** (*Pferd*) ausschlagen **2.** (*fig*) ausfallend werden (*at* gegen) **3.** viel Geld ausgeben (*on a new car* für einen neuen Wagen); **lash•ing** ['læʃɪŋ] *s* **1.** Schlagen, Peitschen *nt;* Prügel *pl* **2.** (MAR) Laschung *f;* Verschnürung *f;* Fesseln *fpl* **3.** **~s** (*fam*) eine Menge

lass, **las•sie** [læs, 'læsɪ] *s* **1.** Mädchen *nt* **2.** Freundin *f*

lassi•tude ['læsɪtjuːd] *s* Abgespanntheit, Mattigkeit, Schlaffheit *f*

lasso [læ'suː] <*pl* lassos> **I.** *s* Lasso *nt od m* **II.** *vt* mit dem Lasso (ein)fangen

last¹ [lɑːst, *Am* læst] **I.** *adj* **1.** letzte(r, s) **2.** späteste(r, s); jüngste(r, s); neueste(r, s) **3.** vorig, vergangen **4.** äußerste(r, s), höchste(r, s) **5.** geringste(r, s), niedrigste(r, s); **for the** ~ **time** zum letzten Mal; ~ **night** gestern Abend; heute Nacht; ~ **week** in der letzten, vorigen Woche; ~ **but one** vorletzte(r, s); **the week before** ~ vorletzte Woche; **I've said my** ~ **word on the matter** ich habe dem nichts mehr hinzuzufügen; **that's the** ~ **thing I should do** das wäre das Letzte, was ich täte; **the Last Judg(e)ment** (REL) das Jüngste Gericht; ~ **quarter** (*Mond*) letztes Viertel; **the Last Supper** (REL) das Abendmahl; **the** ~ **word** (*fam*) der letzte Schrei; ~ **but not least** nicht zuletzt; last, not least **II.** *adv* zuletzt, zum Schluss, am Ende; zum letzten Mal; ~ **of all** zuallerletzt **III.** *s* **1.** (der, die, das) Letzte, Jüngste, Neueste, Modernste **2.** Schluss *m;* Ende *nt;* **at** ~ schließlich, endlich, zuletzt; **at long** ~ zu guter Letzt, schließlich; **to the** ~ bis zum Letzten [*o* äußersten]; **breathe one's** ~ den letzten Atemzug tun

last² [lɑːst, *Am* læst] **I.** *vi* **1.** andauern, (an)halten **2.** (~ *out*) ausdauern, aushalten **3.** sich (gut) halten **4.** (aus)reichen (*for* für) **II.** *vt* reichen (*s.o.* jdm); **the coat has ~ed me five years** ich habe den Mantel schon fünf Jahre

last³ [lɑːst, *Am* læst] *s* (Schuh)Leisten *m*

last-ditch [ˌlɑːst'dɪtʃ] *adj* allerletzte(r, s); ~ **effort** letzte Anstrengung

last•ing ['lɑːstɪŋ] *adj* dauernd, bleibend; beständig

last•ly ['lɑːstlɪ] *adv* zuletzt, schließlich

last-minute [ˌlɑːst'mɪnɪt] *adj* allerletzte(r,s); **we've had a** ~ **change of plan** wir haben unsere Pläne in letzter Minute geändert

last name *s* (*Am*) Nachname *m*
latch [lætʃ] I. *s* **1.** (Tür)Drücker *m;* Sperrklinke *f* **2.** Schnappschloss *nt* **3.** (Fenster)Riegel *m;* **on the ~** nur angelehnt II. *vt* verriegeln; **latch on** *vi* **1.** sich festhalten (*to s.th.* an einer S) **2.** sich anschließen (*to s.o.* jdm) **3.** (*fam*) kapieren (*to s.th.* etw); **latch•key** ['lætʃki:] *s* Hausschlüssel *m;* **latchkey child** *s* Schlüsselkind *nt*
late [leɪt] *adj, adv* **1.** spät **2.** verspätet, zu spät **3.** jüngste(r, s), bisherig **4.** (jüngst) verstorben; **as ~ as** erst, noch; **at a ~ hour** zu später Stunde; **of ~** (erst) kürzlich; **be ~ for s.th.** zu etw zu spät kommen; **make s.o. ~** jdn aufhalten; jdn zu spät kommen lassen; **~ potatoes** Spätkartoffeln *fpl;* **~ programme** Spätprogramm *nt;* **~ shift** Spätschicht *f;* **keep ~ hours** lange aufbleiben; **~ show** Spätvorstellung *f;* **~ starter** (*fig fam*) Spätzünder *m;* **late-break•ing** ['leɪtˌbreɪkɪŋ] *adj* brandaktuell; **late•comer** ['leɪtˌkʌmə(r)] *s* Spätkommende(r) *f m,* Nachzügler(in) *m(f);* **late•ly** ['leɪtlɪ] *adv* neulich, kürzlich; **late•ness** ['leɪtnɪs] *s* Zuspätkommen *nt;* Verspätung *f;* **the ~ of the hour** die späte Stunde
latent ['leɪtnt] *adj* latent; **~ defect** versteckter Mangel; **~ reserves** stille Reserven *fpl*
later ['leɪtə(r)] *adj, adv* später; **one day ~** einen Tag darauf; **~ on** später, *adv;* **sooner or ~** früher oder später; **see you ~** bis später! auf Wiedersehen!
lat•eral ['lætərəl] *adj* seitlich; **~ thinking** laterales Denken; **~ view** Seitenansicht *f;* **~ wind** Seitenwind *m*
lat•est ['leɪtɪst] <*Superlativ von* late> I. *adj* späteste(r, s); neueste(r, s), letzte(r, s) II. *adv* zuletzt III. *s:* **the ~** das Allerneueste; **at the ~** spätestens
lath [lɑ:θ] *s* **1.** Latte *f;* Leiste *f* **2. ~s** Lattenwerk *nt*
lathe [leɪð] *s* Drehbank *f;* **lathe operator** *s* Dreher(in) *m(f)*
lather ['lɑ:ðə(r)] I. *s* **1.** Schaum *m* **2.** (*Pferd*) Schweiß *m;* **in a ~** außer Atem; erregt (*about s.th.* über etw) II. *vt* einseifen III. *vi* schäumen
Lat•in ['lætɪn] I. *adj* **1.** lateinisch; römisch **2.** romanisch; südländisch II. *s* **1.** (das) Latein(ische) **2.** Südländer(in) *m(f);* **Latin America** *s* Lateinamerika *nt;* **Latin American** I. *adj* lateinamerikanisch II. *s* Lateinamerikaner(in) *m(f)*
lat•ish ['leɪtɪʃ] *adj, adv* etwas spät
lati•tude ['lætɪtju:d] *s* **1.** (*fig*) Spielraum *m* **2.** (GEOG) Breite *f* **3. ~s** Breiten, Gegenden, Regionen *fpl*
la•trine [lə'tri:n] *s* Latrine *f*
lat•ter ['lætə(r)] *adj* spätere(r, s), neuere(r, s); letztere(r, s); **in these ~ days** in der jüngsten Zeit; **lat•ter•ly** [-lɪ] *adv* in der letzten Zeit
lat•tice ['lætɪs] *s* Gitter(werk) *nt*
Latvia ['lætvɪə] *s* Lettland *nt;* **Latvian** [-n] I. *adj* lettisch II. *s* **1.** (das) Lettisch(e) **2.** Lette *m,* Lettin *f*
laud•able ['lɔ:dəbl] *adj* lobenswert
lauda•num ['lɔ:dənəm] *s* Opiumpräparat *nt*
lauda•tory ['lɔ:dətərɪ] *adj* lobend
laugh [lɑ:f, *Am* læf] I. *vi* **1.** lachen (*at* über, *over* bei) **2.** auslachen (*at s.o.* jdn); **~ in s.o.'s face** jdm ins Gesicht lachen; **~ on the wrong side of one's face** enttäuscht sein; **~ up one's sleeve** sich ins Fäustchen lachen II. *vt* lachend sagen III. *s* **1.** Lachen, Gelächter *nt* **2.** Spaß *m;* **have the last ~** schließlich doch gewinnen; **laugh away, laugh off** *vt* sich lachend hinwegsetzen über; **laugh•able** [-əbl] *adj* lächerlich, lachhaft; **laugh•ing** [-ɪŋ] I. *adj* lachend; **it's no ~ matter** das ist nicht zum Lachen; **make a ~ stock of s.o.** jdn lächerlich machen II. *s* Lachen *nt;* **laugh•ter** ['lɑ:ftə(r), *Am* 'læftə(r)] *s* Gelächter *nt;* **shake with ~** sich vor Lachen schütteln
launch [lɔ:ntʃ] I. *vt* **1.** schleudern, werfen (*at, against* gegen) **2.** (*Schiff*) vom Stapel lassen **3.** (*Boot*) aussetzen **4.** (*Rakete*) abschießen **5.** gründen; beginnen, starten; in die Wege leiten **6.** (*Menschen, Film*) lancieren; (*Buch*) herausbringen **7.** (*Produkt*) einführen, auf den Markt bringen **8.** (*Angriff*) unternehmen, starten; **~ an attack** zum Angriff übergehen II. *s* **1.** Stapellauf *m;* Abschuss *m* **2.** Gründung *f;* Einführung *f;* Start *m* **3.** Barkasse *f;* **launch into** *vt* sich stürzen auf; angreifen; anpacken; **launch out** *vi* **1.** sich aufmachen, starten **2.** sich verlegen (*in* auf) **3.** sich in Unkosten stürzen **4.** anfangen (*into* mit); **launch•ing** ['lɔ:ntʃɪŋ] *s* **1.** (*Anleihe*) Emission *f* **2.** (*Produkt*) Einführung *f* **3.** (MAR) Stapellauf *m* **4.** (*Rakete*) Abschuss *m;* **launching pad** *s* Start-, Abschussrampe *f;* (*fig*) Sprungbrett *nt;* **launching site** *s* Abschussbasis *f*
launder ['lɔ:ndə(r)] I. *vt* waschen (u. bügeln) II. *vi* sich waschen lassen; **~ money** Geld waschen; **laun•der•ette** [lɔ:n'dret] *s* Waschsalon *m;* **laun•dry** ['lɔ:ndrɪ] *s* **1.** Waschen *nt* **2.** Wäsche *f* **3.** Waschküche *f* **4.** Wäscherei *f;* **laundry basket** *s* Wäschekorb *m;* **laundry service** *s* Waschservice *m*
laur•eate ['lɒrɪət] *s* (*poet ~*) Hofdichter(in) *m(f)*
laurel ['lɒrəl, *Am* 'lɔ:rəl] *s* **1.** Lorbeer *m* **2.** Lorbeerkranz *m;* **rest on one's ~s** auf seinen Lorbeeren ausruhen
lava ['lɑ:və] *s* (GEOL) Lava *f*

lava•tory ['lævətrɪ] *s* Toilette *f;* Klosett *nt;* **lavatory seat** *s* Toilettensitz *m,* Brille *f*

lav•en•der ['lævəndə(r)] *s* Lavendel *m*

lav•ish ['lævɪʃ] **I.** *adj* **1.** verschwenderisch (*of* mit, *in doing s.th.* bei etw) **2.** reich, üppig; großzügig **II.** *vt* verschwenden (*on* für); ~ **s.th. on s.o.** jdn mit etw überschütten

law [lɔː] *s* **1.** Gesetz *nt;* Recht *nt* **2.** Jura, Rechtswissenschaft *f* **3.** Gericht *nt* **4.** Juristenberuf *m* **5.** (MATH GRAM) (Spiel)Regel *f* **6.** (*fam*) Polizei *f;* **according to** ~ nach dem Gesetz, gesetzmäßig; **at** ~ vor Gericht; **by** ~ von Rechts wegen; **contrary to** ~ rechtswidrig; **under the** ~ nach dem Gesetz; **become** ~ Gesetzeskraft erlangen; **go to** ~ den Rechtsweg beschreiten; **lay down the** ~ gebieterisch auftreten; **lay down the** ~ **to s.o.** jdm Vorschriften machen; **practise** ~ eine Rechtsanwaltspraxis haben **read** ~ Rechtswissenschaft studieren; **industrial** ~ Arbeitsrecht *nt;* **international** ~ Völkerrecht *nt;* **private** ~ Privatrecht *nt,* **public** ~ öffentliches Recht; **maintenance of** ~ **and order** Aufrechterhaltung *f* der öffentlichen Sicherheit; ~ **of inheritance** [*o* **descent**] [*o* **succession**] (*Am*) Erbrecht *nt;* ~ **of nations** Völkerrecht *nt;* ~ **of supply and demand** Gesetz *nt* von Angebot und Nachfrage

law-abid•ing ['lɔːəˌbaɪdɪŋ] *adj* gesetzestreu; ordnungsliebend; **law-breaker** *s* Rechtsbrecher(in) *m(f);* **law court** *s* Gerichtshof *m;* **law enforcement** *s* Gesetzesvollzug *m;* **law•ful** ['lɔːfl] *adj* **1.** gesetz-, rechtmäßig **2.** legitim; **law•ful•ness** [-nɪs] *s* Recht-, Gesetzmäßigkeit *f;* **law•giver** ['lɔːˌgɪvə(r)] *s* Gesetzgeber *m;* **law•less** ['lɔːlɪs] *adj* **1.** gesetzlos, -widrig **2.** zügellos; **Law Lord** *s* (*Br*) *Mitglied des obersten Berufungsgerichts*

lawn[1] [lɔːn] *s* Rasen *m*

lawn[2] [lɔːn] *s* Batist *m*

lawn•mower ['lɔːnˌməʊə(r)] *s* Rasenmäher *m;* **lawn tennis** *s* (Rasen)Tennis *nt*

law school ['lɔːˌskuːl] *s* (*Am*) juristische Fakultät; **law student** *s* Jurastudent(in) *m(f);* **law•suit** ['lɔːˌs(j)uːt] *s* **1.** Rechtsstreit, (Zivil)Prozess *m* **2.** Klage *f;* **be involved** [*o* **entangled**] **in a** ~ in einen Prozess verwickelt sein; **law•yer** ['lɔːjə(r)] *s* **1.** Jurist(in) *m(f)* **2.** Rechtsanwalt *m,* -anwältin *f*

lax [læks] *adj* **1.** lose, locker, schlaff **2.** (*fig*) (nach)lässig, lax, ungenau; ~ **bowels** Durchfall *m;* **laxa•tive** ['læksətɪv] *s* Abführmittel *nt;* **lax•ity**, **lax•ness** ['læksətɪ, 'læksnɪs] *s* **1.** Lockerheit, Schlaffheit *f* **2.** (Nach)Lässigkeit, Ungenauigkeit, Laxheit *f*

lay[1] [leɪ] <*irr:* laid, laid> **I.** *s* Lage, Situation *f;* **the** ~ **of the land** Beschaffenheit *f* des Geländes; (*fig*) Lage *f* **II.** *vi* (*Henne*) (Eier) legen **III.** *vt* **1.** (hin-, nieder-, um)legen (*on* auf, *in* in) **2.** setzen, stellen **3.** (*Linoleum, Eier*) legen **4.** (*fig: Wert, Nachdruck*) legen (*on* auf) **5.** (*Wette*) abschließen **6.** (*den Schauplatz*) (ver)legen (*in* nach) **7.** (*fig*) mäßigen, beruhigen, befriedigen **8.** (*Furcht*) beseitigen **9.** beilegen, -messen, zuschreiben (*s.th. to s.o.* jdm etw) **10.** belasten (*s.o. with s.th.* jdn mit einer S) **11.** festlegen, festsetzen (*at* auf) **12.** (*Feuer*) herrichten **13.** (*den Tisch*) decken **14.** (*sl*) aufs Kreuz legen; ~ **bare** bloßlegen, enthüllen, zeigen; ~ **the blame on s.o.** jdm die Schuld zuschieben; ~ **claim to** Anspruch erheben auf; ~ **s.th. at s.o.'s door** jdm etw zur Last legen, in die Schuhe schieben; ~ **eyes on** erblicken, sehen; ~ **hands on** in seinen Besitz bringen; (REL) die Hände auflegen (*s.o.* jdm); ~ **hold of** ergreifen; bekommen; ~ **great/little store upon** großen/wenig Wert legen auf; ~ **stress** [*o* **emphasis**] **on** betonen, herausstellen; ~ **the table** den Tisch decken; **lay about** *vi* um sich schlagen; **lay aside**, **lay away** *vt* **1.** auf die Seite legen; sparen **2.** ab-, weglegen; **lay back** *vt* **1.** zurücklegen **2.** (*Ohren*) anlegen; **lay before** *vt* **1.** (*Plan*) unterbreiten (*s.o.* jdm) **2.** (*Klage*) vorbringen (*s.o.* bei jdm); **lay by** *vt* beiseite legen; **lay down** *vt* **1.** hin-, niederlegen **2.** (ein)lagern, einkellern **3.** (*Bedingung*) festlegen **4.** (*Preise*) festsetzen **5.** (*Kaution*) hinterlegen; **lay in** *vt* einen Vorrat anlegen von, einkellern, stapeln; **lay into** *vt* (*fam*) verdreschen; fertig machen; **lay off I.** *vt* **1.** (vorübergehend) entlassen, abbauen **2.** (*Arbeit*) einstellen **II.** *vi* (*fam*) aufhören; **lay on** *vt* **1.** (*Farbe*) auftragen **2.** (*fig*) sorgen für; veranstalten; (*Busse*) einsetzen; (*Wasser, Elektrizität*) anschließen; ~ **it on thick** [*o* **with a trowel**] (*fam*) übertreiben, aufschneiden; **lay open** *vt* **1.** bloß-, freilegen **2.** (*fig*) aufdecken; ~ **o.s. open** sich bloßstellen; ~ **one's heart open to s.o.** jdm sein Herz ausschütten; ~ **one's head open** sich den Kopf aufschlagen; **lay out** *vt* **1.** zurechtlegen; auslegen, ausbreiten, zur Schau stellen **2.** aufbahren **3.** entwerfen, planen; (*Gärten*) anlegen, gestalten; (*Gebäude*) aufteilen; (*Buch*) gestalten **4.** (*Geld*) ausgeben **5.** (*sl: Menschen*) erledigen; ~ **o.s. out** sich Mühe geben, sich bemühen; **lay to** *vi* (*Schiff*) beidrehen; **lay up** *vt* **1.** aufheben, aufbewahren; lagern; ansammeln **2.** (*Schiff*) auflegen **3.** (*Auto*) einmotten; **be laid up** das Bett hüten (müssen) (*with* wegen)

lay[2] [leɪ] *adj* weltlich; Laien-; ~ **opinion** öffentliche Meinung; **a** ~ **opinion** Meinung *f* eines Laien

lay³ [leɪ] *s.* **lie**¹

lay·about [ˈleɪəˌbaʊt] *s* (*Br*) Faulenzer(in) *m(f)*

lay-by [ˈleɪbaɪ] *s* (*Br:* AUTO) Parkbucht *f*

layer [ˈleɪə(r)] *s* **1.** Schicht *f;* Lage *f* **2.** (BOT) Ableger *m;* (AGR) Setzling *m* **3.** Legehenne *f;* **arrange in ~s** schichtweise anordnen; **layered** [-d] *adj:* **~ cut** (*Haare*) Stufenschnitt *m*

lay·ette [leɪˈet] *s* Babyausstattung *f*

lay·man [ˈleɪmən] <*pl* -men> *s* Laie *m;* Laien(welt *f*) *mpl*

lay-off [ˈleɪɒf] *s* **1.** Arbeitsunterbrechung, -pause *f* **2.** Entlassung *f;* **~ notice** Entlassungsschreiben *nt;* **lay·out** [ˈleɪaʊt] *s* **1.** Anlage *f;* Plan *m;* Anordnung, Ausgestaltung *f* **2.** Grundriss *m* **3.** (TYP) Layout *nt;* **~ of rooms** Raumverteilung *f;* **lay·over** [ˈleɪəʊvə(r)] *s* (*Am*) Fahrtunterbrechung *f;* **lay·woman** [ˈleɪwʊmən] *s* Laie *m*

laze [leɪz] **I.** *vi* faulenzen, bummeln **II.** *vt* (*~ away*) verbummeln, vertrödeln **III.** *s* erholsame Pause; **have a ~** faulenzen; **laziness** [ˈleɪzɪnɪs] *s* Faulheit, Trägheit *f;* **lazy** [ˈleɪzɪ] *adj* **1.** faul, träge **2.** langsam, schwerfällig

L/C [ˌelˈsiː] *s abr de* **letter of credit** Akkreditiv *nt*

LCD [ˌelsiːˈdiː] *s abr de* **liquid crystal display** Flüssigkristallanzeige, LCD *f*

lead¹ [liːd] <*irr:* led, led> **I.** *vt* **1.** führen, leiten **2.** vorangehen (*s.o.* jdm); (*den Weg*) zeigen **3.** veranlassen (*to* zu) **4.** anführen; an der Spitze stehen (*s.th. +gen*) **5.** (MUS) dirigieren **6.** (*ein Leben*) führen **7.** (*Kartenspiel*) ausspielen; **~ the way** vorangehen; (*fig*) führend sein; **~ a party** Parteivorsitzende(r) sein; **~ s.o. to do s.th.** jdn dazu bringen etw zu tun; **~ s.o. astray** jdn auf Abwege bringen; **~ s.o. up the garden path** jdn an der Nase herumführen, jdn betrügen; **it ~s me to think** es lässt mich meinen **II.** *vi* **1.** vorangehen, (an)führen **2.** (hin)führen (*to* zu) **3.** herbeiführen (*to s.th.* etw) **4.** führend sein, an der Spitze stehen **5.** (SPORT) in Führung sein **6.** (*Kartenspiel*) ausspielen; **~ nowhere** zu nichts führen, keinen Sinn, Zweck haben; **~ to trouble** zu Schwierigkeiten führen; **what will it ~ to?** wohin soll das führen? **III.** *s* **1.** Führung, Leitung *f* **2.** Beispiel *nt* **3.** Hinweis, Fingerzeig *m* **4.** erste Stelle **5.** leitende Idee, Leitbild *nt* **6.** (THEAT) Hauptrolle *f;* Hauptdarsteller(in) *m(f)* **7.** (SPORT) Vorsprung *m* **8.** (Hunde)Leine *f* **9.** (ELEK) Leitung(sdraht *m*) *f;* Kabel *nt;* **be in the ~** führend sein; an der Spitze sein; einen Vorsprung haben (*by* von); **have the ~** die Führung haben; den Ton angeben; **the police have a ~** die Polizei hat eine Spur; **take the ~** die Führung übernehmen; **it's my ~** (*Kartenspiel*) ich spiele aus; **lead along** *vt* führen; **lead aside** *vt* beiseite nehmen; **lead away I.** *vt* wegführen; abführen **II.** *vi* wegführen; (vom Thema) abführen; **lead off I.** *vt* abführen **II.** *vi* **1.** den Anfang machen **2.** (SPORT) anspielen **3.** (*Straße*) abgehen; **lead on** *vt* **1.** weiterführen **2.** aufziehen, necken **3.** täuschen; **lead to** *vi* zur Folge haben; **lead up** *vi* **1.** hinführen, lenken (*to* auf) **2.** hinauswollen (*to* auf)

lead² [led] *s* **1.** Blei *nt* **2.** Lot *nt* **3.** (*Bleistift*) Blei(mine *f*) *nt* **4. ~s** Bleifassung *f;* **leaded** [ˈledəd] *s* (*Kraftstoff*) verbleit; **leaden** [ˈledn] *adj* **1.** bleiern; bleifarben **2.** drückend, schwül **3.** (*fig*) schwerfällig

leader [ˈliːdə(r)] *s* **1.** Führer(in) *m(f),* Leiter(in) *m(f),* Vorsitzende(r) *f m,* Anführer(in) *m(f)* **2.** (*Zeitung*) Leitartikel *m* **3.** (MUS) Konzertmeister(in) *m(f),* erste(r) Geiger(in) *m(f)* **4.** (COM) Schlager, Lockvogel *m* **5. ~s** (*Börse*) Spitzenwerte *mpl;* **industrial ~** Wirtschaftsführer(in) *m(f);* **labo(u)r ~** Arbeiterführer(in) *m(f);* **party ~** Parteivorsitzende(r) *f m;* **leader·ship** [-ʃɪp] *s* Führung, Leitung *f*

lead-free [ˈledfriː] *adj* (*Kraftstoff*) unverbleit, bleifrei

lead guitar [ˈliːdgɪˌtɑː(r)] *s* Leadgitarre *f*

lead·ing [ˈliːdɪŋ] *adj* **1.** führend, leitend **2.** erste(r, s), vorderste(r, s); **in a ~ position** in führender Position; **leading article** *s* Leitartikel *m;* **lead·ing-edge** [ˌliːdɪŋˈedʒ] *adj* Spitzen-, Hi-Tech-; **leading lady** *s* (THEAT) Hauptdarstellerin *f;* **leading light** *s* (*fig*) einflussreiche Persönlichkeit; **leading man** *s* (THEAT) Hauptdarsteller *m;* **leading question** *s* Suggestivfrage *f*

lead pencil [ˈledˌpensl] *s* Bleistift *m;* **lead poisoning** *s* Bleivergiftung *f*

lead singer [ˈliːdˌsɪŋə(r)] *s* Leadsänger(in) *m(f);* **lead story** [ˈliːdˌstɔːrɪ] *s* Hauptartikel *m;* **lead time** *s* **1.** Vorlauf-, Entwicklungszeit *f* **2.** Beschaffungszeit *f* **3.** Lieferzeit *f*

lead-up [ˈliːdʌp] *s* Vorbereitungsphase *f*

leaf [liːf, *pl* liːvz] <*pl* leaves> **I.** *s* **1.** (BOT) Blatt *nt* **2.** (*Buch*) Blatt *nt* **3.** (Metall)Blättchen *nt;* Metallfolie *f* **4.** Tischklappe *f;* Türflügel *m;* **come into ~** (BOT) grün werden, ausschlagen; **take a ~ out of s.o.'s book** jds Beispiel folgen; sich ein Beispiel an jdm nehmen; **turn over a new ~** einen neuen Anfang machen **II.** *vi* (*~ through*) durchblättern; **leaf·less** [-lɪs] *adj* blattlos

leaf·let [ˈliːflɪt] *s* **1.** Blättchen *nt* **2.** Prospekt *m;* Flug-, Merk-, Faltblatt *nt*

leafy [ˈliːfɪ] *adj* belaubt; grün

league¹ [liːg] *s* **1.** Bund *m,* Bündnis *nt*

2. Vereinigung, Union *f* 3. (SPORT) Liga, Tabelle *f;* **in** ~ verbündet (*with* mit); **they are not in the same** ~ sie sind nicht gleichwertig

league² [liːg] *s* (*obs*) Wegstunde *f* (= *4,8 km*)

leak [liːk] I. *vi* 1. leck, undicht sein 2. (*Wasserhahn*) tropfen 3. (~ *out*) durchsickern, auslaufen 4. (*fig:* ~ *out*) bekannt werden II. *vt* 1. durchlassen 2. (*fig: Informationen*) weitergeben (*to* an); ~ **to the press** an die Presse durchsickern lassen III. *s* Leck *nt;* undichte Stelle; **a** ~ **to the press** Indiskretion *f* der Presse gegenüber; **spring a** ~ ein Leck bekommen, undicht werden; **leak·age** ['liːkɪdʒ] *s* 1. Leck(-sein) *nt;* Auslaufen *nt* 2. durchsickernde Flüssigkeit 3. (COM) Leckage *f* 4. (*fig*) Durchsickern *nt;* **leaky** ['liːkɪ] *adj* leck, undicht

lean¹ [liːn] <*irr:* leant (leaned), leant (leaned)> I. *vi* 1. sich neigen 2. sich (an)lehnen (*against* gegen, an, *on* auf) 3. (*fig*) sich stützen (*on, upon* auf) 4. eine Vorliebe haben (*to* für); ~ **over backward(s)** (*fig fam*) sich mächtig anstrengen; ~ **towards s.th.** (*fig*) zu etw hinneigen II. *vt* 1. (~ *over*) schräg stellen 2. lehnen (*against* an) 3. (auf)stützen III. *s* Neigung *f* (*to* nach), Schrägstellung *f;* **lean back** *vi* sich zurücklehnen; **lean forward** *vi* sich vorbeugen; **lean on s.o.** *vi* 1. sich auf jdn verlassen 2. (*fam*) auf jdn Druck ausüben; **lean out** *vi* sich hinauslehnen; **lean over** *vi* 1. sich neigen 2. sich vorbeugen

lean² [liːn] I. *adj* 1. mager (*a. Fleisch*) 2. hager, dürr II. *s* mageres Fleisch

lean-burn en·gine ['liːnbɜːnˌendʒɪn] *s* Magermotor *m*

lean·ing ['liːnɪŋ] *s* Neigung *f;* (*fig*) Hang *m* (*towards* zu); **lean management** *s* Lean Management *nt;* **leant** [lent] *s.* **lean¹**; **lean-to** ['liːntuː] *s* (ARCH: ~ *roof*) Pultdach *nt;* Anbau *m*

leap [liːp] <*irr:* leapt (leaped), leapt (leaped)> I. *vi* 1. springen, hüpfen 2. (*fig*) sich stürzen (*at* auf); ~ **for joy** Freudensprünge machen II. *vt* springen über; überspringen III. *s* 1. Sprung(weite *f*) *m* 2. (*fig*) Sprung *m;* **a** ~ **in the dark** (*fig*) Sprung *m* ins Ungewisse; **by ~s and bounds** sprunghaft, *adv;* **leap at** *vt* sich stürzen auf; ~ **at an opportunity** eine Gelegenheit (beim Schopf) ergreifen; **leap out** *vi* 1. hinausspringen 2. (*fig*) ins Auge springen; **leap up** *vi* 1. hochspringen 2. (*Preise*) in die Höhe schnellen; **leap·frog** I. *s* Bockspringen *nt* II. *vi* bockspringen; ~ **one's way to success** eine Blitzkarriere machen; **leapt** [lept] *s.* **leap**; **leap·year** *s* Schaltjahr *nt*

learn [lɜːn] <*irr:* learnt (learned), learnt (learned)> I. *vt* 1. (er)lernen 2. erfahren, hören (*from* von) 3. entnehmen (*from* aus); ~ **by heart** auswendig lernen II. *vi* lernen, erfahren (*of* von); **learned** ['lɜːnɪd] *adj* gelehrt; wissenschaftlich; akademisch; **learner** ['lɜːnə(r)] *s* 1. Anfänger(in) *m(f),* Lernende(r) *f m,* Lerner(in) *m(f)* 2. (AUTO: ~ *driver*) Fahrschüler(in) *m(f);* **be a slow** ~ schwer lernen; **learn·ing** ['lɜːnɪŋ] *s* 1. Bildung *f* 2. Wissen *nt;* Gelehrsamkeit *f;* **learning disability** *s* Lernbehinderung *f;* **learning disabled** *adj* lernbehindert; **learnt** [lɜːnt] *s.* **learn**

lease [liːs] I. *s* 1. Pacht *f;* Miete *f* 2. Verpachtung *f;* Vermietung *f* (*to* an) 3. Pacht-, Mietvertrag *m;* **by way of** ~ pacht-, mietweise; **give** [*o* **let** (**out**)] **on** ~ verpachten, in Pacht geben; vermieten; **take on** ~, **take a** ~ **of** in Pacht nehmen, pachten; mieten; **a new** ~ **of life** neuer Auftrieb, Schwung II. *vt* 1. (~ *out*) verpachten; vermieten (*to* an) 2. pachten; mieten; **lease·hold** ['liːshəʊld] *s* 1. gemietete Sache 2. (~ *property*) Pachtgrundstück *nt;* **lease·holder** ['liːshəʊldə(r)] *s* Pächter(in) *m(f)*

leash [liːʃ] *s* (Hunde)Leine *f;* **keep on the** ~ an der Leine führen

leasing ['liːsɪŋ] *s* Leasing *nt;* **leasing company** *s* Leasinggesellschaft *f*

least [liːst] I. *adj* kleinste(r, s), geringste(r, s), wenigste(r, s) II. *adv* am wenigsten; ~ **of all** am allerwenigsten III. *s* 1. (der, die, das) Kleinste, Geringste 2. (das) wenigste, mindeste; **at** (**the**) ~ wenigstens, mindestens; **last but not** ~ last, not least; **not in the** ~ nicht im Geringsten; **to say the** ~ gelinde gesagt

leather ['leðə(r)] I. *s* Leder *nt* II. *adj* Leder-, ledern III. *vt* 1. mit Leder polieren 2. (*fam*) verdreschen; **leather·ing** [-ɪŋ] *s* Tracht *f* Prügel; **leather·neck** ['leðənek] *s* (*Am fam*) Marineinfanterist *m;* **leathery** ['leðərɪ] *adj* ledern; zäh

leave¹ [liːv] <*irr:* left, left> I. *vt* 1. verlassen; abreisen, abfahren, abfliegen von 2. lassen; hinterlassen 3. (*in einem Zustand*) lassen 4. liegenlassen, stehenlassen 5. (*Erbe*) hinterlassen 6. übrig lassen (*s.o.* jdm) 7. überlassen (*up to s.o.* jdm); ~ **home** von zu Hause weggehen; ~ **one's job** seine Stelle aufgeben; **left until called for** wird abgeholt; (*Brief*) postlagernd; ~ **open** offen lassen; ~ **s.o. alone** jdn in Ruhe lassen; ~ **it at that** es dabei bewenden lassen; ~ **s.o. in the lurch** jdn im Ungewissen lassen; **it ~s much to be desired** es lässt viel zu wünschen übrig; **how much is left?** wie viel ist übrig?; **all he has left** alles, was er noch hat; **nothing was left for him but to go** da konnte er nur noch gehen; **let's** ~ **this**

for now lassen wir das jetzt **II.** *vi* **1.** fort-, weggehen, -fahren **2.** abfahren, -reisen (*for* nach) **3.** kündigen, (die Stelle) aufgeben **4.** abgehen (*school* von der Schule); **leave behind** *vt* zurücklassen; hinter sich lassen; **leave off I.** *vi* aufhören; Schluss, ein Ende machen **II.** *vt* **1.** (*Tätigkeit*) aufgeben **2.** (*Kleidungsstück*) nicht anziehen; **leave on** *vt* **1.** (*Mantel*) anbehalten **2.** (*Radio, Licht*) anlassen; **leave out** *vt* **1.** auslassen; übersehen **2.** (dr)außen lassen; ~ **s.o. out of the picture** (*fig*) jdn ausschalten; **leave over** *vt* **1.** übriglassen **2.** verschieben

leave² [li:v] *s* **1.** Erlaubnis *f* **2.** (MIL) Urlaub *m* **3.** Abschied *m;* **on** ~ auf Urlaub; **beg** ~ um Erlaubnis bitten; **go on** ~ in Urlaub gehen; **take one's** ~ Abschied nehmen

leaven ['levn] **I.** *s* **1.** Treibmittel *nt;* Sauerteig *m* **2.** (*fig*) Auflockerung *f* **II.** *vt* **1.** treiben **2.** (*fig*) durchsetzen (*with* mit)

leave-tak·ing ['li:vteɪkɪŋ] *s* Abschied *m;* **leav·ing** ['li:vɪŋ] *s* Weggang *m;* **leaving certificate** *s* Abschlusszeugnis *nt;* **leaving party** *s* Abschiedsparty *f;* **leav·ings** ['li:vɪŋz] *s pl* (Über)Reste *pl*

Leba·nese [ˌlebə'ni:z] **I.** *adj* libanesisch **II.** *s* Libanese *m,* Libanesin *f;* **Leba·non** ['lebənən] *s* Libanon *nt*

lecher ['letʃə(r)] *s* Lüstling, Wüstling *m;* **lech·er·ous** ['letʃərəs] *adj* geil; wollüstig; **lech·ery** ['letʃərɪ] *s* Geilheit *f*

lec·tern ['lektən] *s* Lesepult *nt*

lec·ture ['lektʃə(r)] **I.** *s* **1.** Vorlesung *f;* Vortrag *m* (*on* über, *to* vor) **2.** Strafpredigt *f;* **give a** ~ einen Vortrag halten **II.** *vi* eine Vorlesung halten; einen Vortrag halten (*on* über, *to s.o.* vor jdm) **III.** *vt* **1.** einen Vortrag halten (*s.o.* jdm) **2.** abkanzeln; **lecture note** *s* Vorlesungsnotiz *f;* **lecture room, lecture theatre** *s* Vortrags-, Hörsaal *m;* **lecture tour** *s* Vortragsreise *f;* **lec·turer** ['lektʃərə(r)] *s* **1.** Vortragende(r) *f m,* Redner(in) *m(f)* **2.** (*Universität*) Lehrbeauftragte(r) *f m,* Dozent(in) *m(f)*

led [led] *s.* **lead¹**

LED [ˌeli:'di:] *s abr de* **light-emitting diode** Leuchtdiode *f;* **LED-display** *s* Leuchtdiodenanzeige *f*

ledge [ledʒ] *s* **1.** Leiste *f;* vorspringende Kante, Sims *m od nt* **2.** (Felsen)Riff *nt*

ledger ['ledʒə(r)] *s* (COM: *general* ~) Hauptbuch *nt;* **ledger line** *s* (MUS) Hilfslinie *f*

lee [li:] *s* **1.** (Wind)Schutz *m* **2.** (MAR) Lee(seite) *f*

leech [li:tʃ] *s* **1.** Blutegel *m* **2.** (*fig*) Schmarotzer(in) *m(f)*

leek [li:k] *s* Lauch, Porree *m*

leer [lɪə(r)] **I.** *s* anzüglicher Blick **II.** *vi* **1.** lüstern blicken (*at* auf) **2.** schielen (*at* nach)

lee·ward ['li:wəd] *s* Leeseite *f*

lee·way ['li:weɪ] *s* **1.** (MAR AVIAT) Abdrift *f* **2.** (*fig*) Zeitverlust, Rückstand *m* **3.** (*fig*) Spielraum *m;* **make up** ~ den Rückstand aufholen

left¹ [left] **I.** *adj* (*a.* POL) linke(r, s) **II.** *s* **1.** linke Seite **2.** (*Boxen*) Linke *f;* **the** ~ (POL) die Linke; **on the** ~ links; **to the** ~ nach links; links (*of* von); **keep to the** ~ links fahren, gehen **III.** *adv* (nach) links; **turn** ~ links abbiegen

left² [left] *s.* **leave¹**

left-hand ['lefthænd] *adj* linke(r, s); ~ **drive** Linkssteuerung *f;* **take the** ~ **turn** links abbiegen; **left-handed** [ˌleft'hændɪd] *adj* **1.** linkshändig **2.** für Linkshänder **3.** unaufrichtig, zweifelhaft; **be** ~ Linkshänder(in) sein; **left-hander** *s* Linkshänder(in) *m(f);* **left·ist** ['leftɪst] **I.** *s* (POL) Anhänger *m* der Linken **II.** *adj* (POL) linksgerichtet

left-lug·gage [ˌleft'lʌgɪdʒ] *adj:* ~ **office** (RAIL) Gepäckaufbewahrung *f;* ~ **locker** Gepäckschließfach *nt;* ~ **ticket** Gepäckschein *m;* **left·overs** ['leftˌəʊvəz] *s pl* Reste, Überbleibsel *pl*

left wing [ˌleft'wɪŋ] *s* (POL SPORT) linker Flügel; **left-wing** ['leftwɪŋ] *adj* links stehend; **left-winger** [-ə(r)] *s* Anhänger *m* der Linken

leg [leg] **I.** *s* **1.** Bein *nt* **2.** (*Küche*) Keule *f* **3.** Strumpf-, Hosenbein *nt* **4.** (Stiefel)Schaft *m* **5.** Tisch-, Stuhlbein *nt* **6.** Stütze *f* **7.** (*Zirkel, a.* MATH) Schenkel *m* **8.** (AVIAT) Strecke, Etappe *f;* **on one's** ~**s** auf den Beinen; stehend; **be all** ~**s** (*Mensch*) hoch aufgeschossen sein; **be on one's last** ~**s** (*fam*) aus dem letzten Loch pfeifen; **give s.o. a** ~ **up** (*fig*) jdm unter die Arme greifen; **not to have a** ~ **to stand on** etw nicht belegen können; keine Ausrede haben; **pull s.o.'s** ~ (*fam*) jdn auf den Arm nehmen; **shake a** ~ (*fam*) sich sputen; **stand on one's own** ~**s** auf eigenen Füßen stehen; **stretch one's** ~**s** sich die Beine vertreten **II.** *vt* (*fam*): ~ **it** laufen, zu Fuß gehen

leg·acy ['legəsɪ] *s* (*a. fig*) Erbe *nt*

legal ['li:gl] *adj* **1.** gesetz-, rechtmäßig **2.** rechtlich; juristisch; **take** ~ **action** den Rechtsweg beschreiten, prozessieren; **take** ~ **steps against s.o.** gerichtlich gegen jdn vorgehen; ~ **advice** Rechtsberatung *f;* ~ **adviser** Rechtsberater(in) *m(f),* -beistand *m;* ~ **aid** Rechtshilfe *f;* ~ **charges** Anwaltsgebühren *fpl,* Gerichtskosten *pl;* ~ **claim** Rechtsanspruch *m;* ~ **costs** Rechtskosten *pl;* ~ **currency** gesetzliches Zahlungsmittel; ~ **department** Rechtsabteilung *f;* ~ **entity** [*o* **person**] juristische Person; ~ **force** Rechts-, Gesetzeskraft *f;* ~ **expenses** Anwaltskosten *pl;* ~ **holiday** gesetzlicher Feiertag; ~ **proceedings** Gerichtsverfahren *nt,* Prozess *m;* ~ **protection** Rechtsschutz *m;* ~ **representative** gesetzlicher Vertreter; ~ **tender** gesetzliches Zahlungsmittel; ~ **validity** Rechtsgültigkeit *f;* **legal·ity** [li:'gæləti] *s* Gesetz-, Rechtmäßigkeit *f;* **legal·iz·ation** [ˌli:gəlaɪ'zeɪʃn] *s* Legalisierung *f;* **legal·ize** ['li:gəlaɪz] *vt* legalisieren; **legal·ly** ['li:gəlɪ] *adv* **1.** legal **2.** (*verheiratet*) rechtmäßig **3.** (*verankert*) gesetzlich **4.** (*beraten*) juristisch; ~ **speaking** vom rechtlichen Standpunkt aus; ~ **valid** rechtsgültig

leg·ate ['legɪt] *s* (REL) Legat *m*

leg·ation [lɪ'geɪʃn] *s* Gesandtschaft *f*

leg·end ['ledʒənd] *s* **1.** Legende *f* **2.** (*Münze*) Aufschrift *f* **3.** Bilderklärung *f,* Bildtext *m;* Legende *f;* **leg·end·ary** ['ledʒəndrɪ] *adj* legendär

leger·de·main [ˌledʒədə'meɪn] *s* (Taschenspieler)Kunststück *nt;* Trick *m*

leg·gings ['legɪŋz] *s pl* (lange) Gamaschen *fpl,* Leggings *pl;* **leggy** ['legɪ] *adj* langbeinig

leg·ible ['ledʒəbl] *adj* lesbar; leserlich

legion ['li:dʒən] *s* Legion *f;* **the Foreign Legion** die Fremdenlegion; **legion·ary** ['li:dʒənərɪ] *s* Legionär *m;* **leg·ion·naire's dis·ease** [li:dʒən'eəzˌdɪ'zi:z] *s* Legionärskrankheit *f*

legis·late ['ledʒɪsleɪt] *vi* Gesetze erlassen; ~ **for s.th.** etw berücksichtigen; **legis·la·tion** [ˌledʒɪs'leɪʃn] *s* Gesetzgebung *f;* **legis·lat·ive** ['ledʒɪslətɪv] *adj* gesetzgebend; ~ **reform** Gesetzesreform *f;* **legis·la·tor** ['ledʒɪsleɪtə(r)] *s* Gesetzgeber *m;* **legis·la·ture** ['ledʒɪsleɪtʃə(r)] *s* Legislative *f*

le·git·imacy [lɪ'dʒɪtɪməsɪ] *s* **1.** Gesetzmäßigkeit, Legitimität *f* **2.** Ehelichkeit *f;* **le·git·imate** [lɪ'dʒɪtɪmət] *adj* **1.** recht-, gesetzmäßig **2.** legitim **3.** ehelich; **le·git·imize** [lɪ'dʒɪtɪˌmaɪz] *vt* **1.** legitimieren **2.** für ehelich erklären

leg·less ['legləs] *adj* (*fam*) sternhagelvoll

leg·room ['legrʊm] *s* Beinfreiheit *f,* Platz *m* für die Beine

leg·ume ['legju:m] *s* **1.** Hülse(nfrucht) *f* **2.** ~**s** Gemüse *nt;* **leg·umin·ous** [lɪ'gju:mɪnəs] *adj* Hülsen-

lei·sure ['leʒə(r)] *s* Muße, Freizeit *f* (*for* zu); **at** ~ unbeschäftigt, frei; in (aller) Ruhe; **at one's** ~ wenn man Zeit hat; wenn es einem passt; **gentleman of** ~ Privatier *m;* **lady of** ~ nicht berufstätige Frau; **leisure activities** *s pl* Freizeitgestaltung *f;* **leisure centre** *s* Freizeitzentrum *nt;* **lei·sured** ['leʒəd] *adj:* **the** ~ **classes** die feinen Leute; **leisure hours** *s pl* Mußestunden *fpl;* **lei·sure·ly** ['leʒəlɪ] **I.** *adj* gemächlich, ruhig **II.** *adv* ohne Eile; in (aller) Ruhe; **leisure time** *s* Freizeit *f;* **leisure wear** *s* Freizeitkleidung *f*

lem·ming ['lemɪŋ] *s* Lemming *m*

lemon ['lemən] **I.** *s* **1.** Zitrone *f* **2.** (~ *tree*) Zitronenbaum *m* **3.** (*fig*) Niete *f* **II.** *adj* zitronengelb; **lemon·ade** [ˌlemə'neɪd] *s* Limonade *f;* **lemon cheese, lemon curd** *s* (*Br*) Zitronencreme *f;* **lemon juice** *s* Zitronensaft *m;* **lemon peel, lemon rind** *s* Zitronenschale *f;* **lemon squash** *s* (*Br*) Sodawasser *nt* mit Zitrone; Zitronensirup *m;* **lemon squeezer** *s* Zitronenpresse *f*

lend [lend] <*irr:* lent, lent> *vt* **1.** (aus-, ver)leihen (*at interest* auf Zinsen) **2.** zur Verfügung stellen **3.** (*Eigenschaft*) geben, verleihen; ~ **o.s. to s.th** sich zu etw hergeben, etw mitmachen; ~ **itself to** sich eignen zu, für; ~ **a** (**helping**) **hand** behilflich sein; **lender** ['lendə(r)] *s* Aus-, Verleiher *m;* **lend·ing** ['lendɪŋ] *s* **1.** (Aus-, Ver)Leihen *nt* **2.** Darlehens-, Kreditgewährung *f;* Darlehen *nt;* ~ **business** Kreditgeschäft *nt;* ~**-library** Leihbibliothek, -bücherei *f*

length [leŋθ] *s* **1.** Länge *f;* Strecke *f* **2.** Dauer *f* **3.** (*Stoff*) Stück *nt;* (*Tapete*) Bahn *f* **4.** (SPORT) (Pferde-, Boots)Länge *f;* **at** ~ schließlich, endlich; ausführlich; ungekürzt; **by a** ~ (SPORT) um eine Länge; **full** ~ der Länge nach; **three feet in** ~ drei Fuß lang; **go to any** ~ vor nichts zurückschrecken; **go to great** ~**s** (*fig*) sehr weit gehen; alles Erdenkliche tun; **keep s.o. at arm's** ~ Abstand zu jdm wahren, jdn auf Distanz halten; **lengthen** ['leŋθən] **I.** *vt* verlängern **II.** *vi* länger werden; **length·ways, length·wise** ['leŋθweɪz, 'leŋθwaɪz] *adv* der Länge nach; **lengthy** ['leŋθɪ] *adj* weitschweifig, langatmig, langweilig; ziemlich lang

leni·ence, leni·ency ['li:nɪəns(ɪ)] *s* Milde, Nachsicht *f;* **leni·ent** ['li:nɪənt] *adj* mild(e), nachsichtig (*towards* gegen)

lens [lenz] *s* **1.** Linse *f* **2.** (Brille) Glas *nt* **3.** (PHOT) Objektiv *nt*

lent [lent] *s.* **lend**

Lent [lent] *s* Fastenzeit *f*

len·til ['lentl] *s* (*Hülsenfrucht*) Linse *f*

Leo ['li:əʊ] *s* (ASTR) Löwe *m;* **leo·nine** ['lɪənaɪn] *adj* Löwen-

leop·ard ['lepəd] *s* Leopard *m*

leo·tard ['li:ətɑ:d] *s* Trikot *nt;* Gymnastikanzug *m*

leper ['lepə(r)] *s* Leprakranke(r), Aussätzige(r) *f m;* **lep·rosy** ['leprəsɪ] *s* Lepra *f,* Aussatz *m;* **lep·rous** ['leprəs] *adj* leprakrank, aussätzig

les·bian ['lezbɪən] **I.** *adj* lesbisch **II.** *s* Lesbierin *f*

L

lese-maj•esty [ˌleɪz'mædʒɪstɪ] *s* Majestätsbeleidigung *f;* (*treason*) Hochverrat *m*

lesion ['li:ʒn] *s* **1.** (MED) Verletzung *f* **2.** (JUR) Schädigung *f*

less [les] **I.** *adj* kleiner, geringer, weniger **II.** *adv* weniger, in geringerem Maße **III.** *s* (der, die das) Kleinere, Geringere, Wenigere; kleinerer Betrag **IV.** *prep* abzüglich *+gen,* weniger **V.** (*Wendungen*): **for ~** für weniger; **no** [*o* **nothing**] **~** nicht wenig (*than* als); **no ~ than** ebensogut wie; **none the ~** nichtsdestoweniger

les•sen ['lesn] **I.** *vt* **1.** vermindern **2.** herabsetzen, verkleinern **II.** *vi* **1.** weniger werden **2.** abnehmen, nachlassen

les•ser ['lesə(r)] *adj attr* kleiner, geringer; **to a ~ extent** in geringerem Maße; **the ~ crime** das weniger schlimme Verbrechen

les•son ['lesn] *s* **1.** (SCHULE) Übung, Aufgabe, Lektion *f* **2.** Schularbeit *f* **3.** Lehr-, Unterrichtsstunde *f* **4.** Lehre *f;* Denkzettel *m* **5. ~s** Kurs(us) *m;* Unterricht *m;* **give s.o. a ~** jdm eine Lehre erteilen; **give ~s** Unterricht geben; **let this be a ~ to you!** lass dir das eine Lehre sein!

lest [lest] *conj* **1.** aus Furcht, dass **2.** damit, dass nicht **3.** im Fall, dass; falls **4.** dass

let¹ [let] <*irr:* let, let> *vt* **1.** lassen **2.** zulassen, dass; erlauben, dass **3.** einweihen (*into a secret* in ein Geheimnis); **~ s.o. do s.th.** jdn etw tun lassen; **we cannot ~ that happen** wir dürfen nicht zulassen, dass das passiert; **~ me help you** kann ich Ihnen helfen?; **~ s.o. know** jdm Bescheid sagen; **~ s.o. alone** jdn in Ruhe lassen; **~ alone** geschweige denn, gar nicht zu reden von; **~ be** in Ruhe lassen; **~ blood** einen Aderlass machen; **~ drop** fallen lassen; **~ fly** werfen, feuern; schleudern; (*fig*) vom Stapel lassen; loswettern; **~ go** gehen lassen; loslassen; bleiben lassen; vernachlässigen; **~ o.s. go** sich gehen lassen; **~ it go at that** es dabei bewenden lassen; **~ pass** übersehen, nicht beachten; durchlassen; **~ slip** loslassen; (*Gelegenheit*) sich entgehen lassen, verpassen; (*Tatsache*) ausplaudern; **~'s go!** gehen wir!; **~'s talk it over** lass uns darüber reden; **~ us pray** lasset uns beten; **~ us suppose ...** nehmen wir an ...; **~ me know** lass es mich wissen!; **~ me think ...** warte mal ...; **let by** *vt* vorbeilassen; **let down** *vt* **1.** herunterlassen **2.** im Stich lassen; enttäuschen **3.** (*Reifen*) die Luft herauslassen (aus); **~ one's hair down** (*fig*) aus sich herausgehen; **let in** *vt* **1.** hinein-, hereinlassen **2.** (*Wasser*) durchlassen **3.** einweihen (*on* in) **4.** (*Nähen*) einsetzen; **~ o.s. into the house** die Haustür aufschließen; **~ o.s. in for s.th.** sich etw einbrocken; **~ s.o. in on s.th.** jdn in etw einweihen; **let off** *vt* **1.** (*Dampf*) ablassen **2.** (*Gewehr*) abfeuern; (*Pfeil*) abschießen; (*Bombe*) hochgehen lassen **3.** aus-, absteigen lassen, absetzen (*s.o.* jdn) **4.** entwischen lassen; **~ s.o. off s.th.** jdm etw erlassen; **let on** *vt* (*fam*) durchblicken lassen; **not to ~ on** sich nichts anmerken lassen; **let out** *vt* **1.** heraus-, hinauslassen **2.** (*Flüssigkeit*) auslaufen lassen **3.** (*Kleidungsstück, Saum*) auslassen **4.** aussteigen lassen; absetzen **5.** (*Gefangenen*) entlassen **6.** ausplaudern, verraten **7.** (*Schrei*) ausstoßen; **~ the cat out of the bag** die Katze aus dem Sack lassen; **that ~s him out of it** da kommt er schon mal nicht in Frage; **let up** *vi* nachlassen; aufhören; **~ up on s.o.** jdm etw nachsehen

let² [let] **I.** *s* Vermietung *f;* **look for a ~** eine Wohnung suchen; **have a house on a ~** ein Haus gemietet haben **II.** *vt* (**~** *out*) vermieten; **to ~!** zu vermieten!

let³ [let] *s* **1.** (*Tennis*) Netzball *m* **2. without ~ or hindrance** (JUR) ungehindert

let-down ['letdaʊn] *s* (*fam*) Enttäuschung *f*

lethal ['li:θl] *adj* tödlich

leth•argic [lɪ'θɑ:dʒɪk] *adj* träge; energielos; interesselos; lethargisch; **leth•argy** ['leθədʒɪ] *s* Energielosigkeit *f;* Interesselosigkeit *f;* Lethargie *f*

let•ter ['letə(r)] **I.** *s* **1.** Buchstabe *m* **2.** (TYP) Letter, Type *f* **3.** Brief *m;* Schreiben *nt* (*to* an) **4. ~s** Literatur *f;* Schrifttum *nt;* **by ~** brieflich; **to the ~** ganz genau; **capital ~** Großbuchstabe *m;* **man of ~s** Literat, Schriftsteller *m;* **~ of application** Bewerbungsschreiben *nt;* **~ of credit, L/C** Akkreditiv *nt;* **~ of thanks** Dankschreiben *nt;* **~ to the editor** Leserbrief *m* **II.** *vt* beschriften; **letter bomb** *s* Briefbombe *f;* **letter-box** *s* (*Br*) Briefkasten *m;* **letter-card** *s* Briefkarte *f;* **let•ter•head** ['letəhed] *s* Briefkopf *m;* **let•ter•ing** ['letərɪŋ] *s* Beschriftung *f;* **let•ter•press** ['letəpres] *s* Buch-, Hochdruck *m;* **letter quality** *s* (INFORM) Briefqualität *f;* **letter quality printer** *s* Schönschreibdrucker *m*

let•tuce ['letɪs] *s* Lattich *m;* Kopfsalat *m*

let-up ['letʌp] *s* **1.** Nachlassen *nt* **2.** Pause *f*

leu•co•cyte, leu•ko•cyte ['lu:kəsaɪt] *s* weißes Blutkörperchen, Leukozyt *m;* **leu•k(a)e•mia** [lu:'ki:mɪə] *s* (MED) Leukämie *f*

lev•el ['levl] **I.** *s* **1.** Ebene *f* **2.** gleiche Höhe **3.** Pegel *m;* (Meeres)Höhe *f* **4.** Niveau *nt,* Stand *m* **5.** (*Gebäude*) Geschoss *nt* **6.** Libelle, Wasserwaage *f* **7.** Anteil *m;* Alkoholspiegel *m* **8.** (*fig*) Platz, Stand *m;* Stufe *f;* (**on a**) **~ with** auf gleicher Höhe, *fig* Stufe mit; **on the ~** (*fam*) offen und ehrlich, gerade; **on a high/low ~** auf hohem/niedrigem Niveau; **peak ~** Höhepunkt *m;* Preisspitze *f;* **price**

~ Preisniveau *nt;* **salary** ~ Gehaltsstufe *f;* **sea** ~ Meeresspiegel *m;* **above/below sea** ~ über/unter dem Meeresspiegel; **subsistence** ~ Existenzminimum *nt;* **wage** ~ Lohnniveau *nt;* ~ **of activity** Beschäftigungsgrad *m;* ~ **of employment** Beschäftigungsgrad *m;* ~ **of performance** Leistungsniveau *nt;* ~ **of production** Produktionsniveau *nt* **II.** *adj* **1.** eben, flach; waagerecht **2.** gleich hoch **3.** (*fig*) von gleicher Bedeutung; gleich(wertig); gleich gut **4.** ruhig, vernünftig, ausgeglichen; **be** ~ **with s.th.** so hoch sein wie etw; **do one's** ~ **best** sein Möglichstes tun; **have a** ~ **head** ausgeglichen sein; **he keeps a** ~ **head** er behält einen klaren Kopf **III.** *adv* auf gleicher Ebene (*with* wie) **IV.** *vt* **1.** planieren, ebnen **2.** (~ *off*) einebnen, nivellieren **3.** (*Gebäude*) einreißen **4.** (*Stadt*) dem Erdboden gleichmachen **5.** (*Schlag*) versetzen (*at s.o.* jdm) **6.** (*Gewehr*) anlegen, in Anschlag bringen (*at* auf) **7.** (*fig: Anklage, Blick*) richten (*at, against* gegen); **level down** *vt* **1.** einebnen **2.** (*fig*) erniedrigen **3.** (*Preis*) senken; herabsetzen **4.** nach unten ausgleichen; **level off, level out I.** *vt* **1.** einebnen, planieren **2.** (*fig*) ausgleichen **II.** *vi* **1.** (*Gelände*) eben, flach werden **2.** (*fig*) sich einpendeln **3.** (AVIAT) das Flugzeug abfangen; (*Flugzeug*) sich fangen; horizontal fliegen; **level up** *vt* erhöhen; nach oben ausgleichen; **level with** *vt* (*sl*) offen reden mit

lev•el cross•ing [ˌlevl'krɒsɪŋ] *s* (*Br*) schienengleicher Bahnübergang; **level-headed** [ˌlevl'hedɪd] *adj* ausgeglichen; vernünftig, überlegt; **lev•el-head•ed•ness** [ˌlevl'hedɪdnɪs] *s* Besonnenheit *f;* **leveling** *s* (*Am*), **level•ling** ['levlɪŋ] *s* **1.** Planieren *nt* **2.** (~ *of incomes*) Einkommensnivellierung *f* **3.** Ausgleich *m;* **level pegging** [ˌlevl'pegɪŋ] *adj* **1.** (SPORT) punktgleich **2.** (*fig*) gleichgestellt

lev•er ['li:və(r), *Am* 'levə(r)] **I.** *s* **1.** Hebel *m* **2.** Brechstange *f* **3.** (*fig*) Druckmittel *nt* **II.** *vt* mit einer Brechstange, einem Hebel heben; **lever out** *vt* **1.** herausstemmen **2.** (*aus einer Stellung*) verdrängen; **leverage** [-ɪdʒ] *s* **1.** Hebelansatz *m,* -wirkung *f* **2.** (*fig*) Macht *f,* Einfluss *m*

lev•eret ['levərɪt] *s* Häschen *nt*

lev•ia•than [lɪ'vaɪəθən] *s* Monstrum *nt*

levi•tate ['levɪteɪt] **I.** *vi* (frei) schweben **II.** *vt* zum Schweben bringen

lev•ity ['levətɪ] *s* Leichtfertigkeit *f*

levy ['levɪ] **I.** *s* **1.** Abgabe, Steuer *f* **2.** Steuereintreibung *f* **3.** (~ *of execution*) Zwangsvollstreckung *f* **4.** (FIN COM) Abschöpfung *f* **5.** (MIL) Aushebung, Rekrutierung *f* **II.** *vt* **1.** (*Steuer*) erheben **2.** (*Geldstrafe*) auferlegen (*on s.o.* jdm) **3.** (*Pfändung*) betreiben, vornehmen **4.** (MIL) ausheben, rekrutieren **5.** (*Güter*) einziehen **6.** (*Krieg*) beginnen (*on* gegen)

lewd [lju:d] *adj* geil; anzüglich; unanständig; **lewd•ness** [-nɪs] *s* Lüsternheit *f;* Anzüglichkeit *f;* Unanständigkeit *f*

lexi•cal ['leksɪkl] *adj* lexikalisch; **lexi•cogra•pher** [ˌleksɪ'kɒgrəfə(r)] *s* Lexikograph(in) *m(f);* **lexi•cogra•phy** [ˌleksɪ'kɒgrəfɪ] *s* Lexikographie *f;* **lexi•col•ogy** [ˌleksɪ'kɒlədʒɪ] *s* Lexikologie *f;* **lexi•con** ['leksɪkən] *s* **1.** Lexikon *nt* **2.** Fachwörterbuch *nt* **3.** Morpheme *ntpl,* einer Sprache; **lexis** ['leksɪs] *s* Gesamtwortschatz *m*

lia•bil•ity [ˌlaɪə'bɪlətɪ] *s* **1.** Haftung *f* **2.** Belastung *f* **3.** Pflicht *f* **4.** Anfälligkeit *f* (*to* für) **5. liabilities** Verbindlichkeiten *fpl,* Passiva *ntpl;* **without** ~ unverbindlich; ~ **for tax** Steuerpflicht *f;* **assets and liabilities** Aktiva u. Passiva *pl;* ~ **for damages** (Schaden)Ersatzpflicht *f;* ~ **for defects** Mängelhaftung *f;* ~ **insurance** Haftpflichtversicherung *f*

li•able ['laɪəbl] *adj* **1.** verpflichtet (*for* zu), haftbar (*for* für) **2.** ausgesetzt, unterworfen (*to s.th.* einer S) **3.** neigend (*to* zu); **be** ~ **for s.th.** für etw haften; einer S unterliegen; ~ **for damages/tax** schadenersatzpflichtig/steuerpflichtig; **he is** ~ **to change his mind** es kann durchaus sein, dass er es sich anders überlegt; **the car is** ~ **to break down** man muss mit einer Autopanne rechnen; **it's** ~ **to happen** das ist durchaus möglich

li•aise [lɪ'eɪz] *vi* Verbindung aufnehmen (*with* mit), Verbindungsmann sein (*with* zu); **li•aison** [lɪ'eɪzn] *s* **1.** Verbindung *f* **2.** Verbindungsmann *m* **3.** (Liebes)Verhältnis *nt,* Liaison *f* **4.** (GRAM) Bindung *f;* **liaison officer** *s* Verbindungsperson *f*

li•ana, li•ane [lɪ'ɑ:nə] *s* Liane *f*

liar ['laɪə(r)] *s* Lügner(in) *m(f)*

lib [lɪb] *s:* **women's** ~ (*fam*) Frauenbewegung *f*

li•bel ['laɪbl] **I.** *s* (schriftliche) Verleumdung *f;* Beleidigung *f* (*upon +gen*); **be a** ~ **on s.o.** für jdn beleidigend sein; **action for** ~ Verleumdungsklage *f* **II.** *vt* (schriftlich) verleumden; **li•bel•lous** ['laɪbələs] *adj,* **li•bel•ous** *adj* (*Am*) verleumderisch, beleidigend

ib•eral ['lɪbərəl] **I.** *adj* **1.** freigebig, großzügig (*of* mit) **2.** aufgeschlossen, tolerant **3.** (*a.* POL) liberal **II.** *s* Liberale(r) *f m;* **liberal arts** *s pl* Geisteswissenschaften *fpl;* **liberal education** *s* Unterricht *m* in den allgemein bildenden Fächern; **lib•eral•ism** [-ɪzəm] *s* Liberalismus *m;* **lib•er•al•ity** [ˌlɪbə'rælətɪ] *s* **1.** Freigebigkeit, Großzügigkeit *f* **2.** Aufgeschlossenheit *f;* **lib•eral•iz-**

ation [ˌlɪbrəlaɪ'zeɪʃn] *s* Liberalisierung *f;* **lib•eral•ize** ['lɪbrəlaɪz] *vt* liberalisieren

lib•er•ate ['lɪbəreɪt] *vt* **1.** freilassen, befreien (*from* von) **2.** emanzipieren **3.** (CHEM) freimachen; **lib•er•ation** [ˌlɪbə'reɪʃn] *s* Befreiung, Freilassung *f;* **women's ~ movement** Frauenbewegung *f;* **liberation organization** *s* Befreiungsorganisation *f;* **lib•er•ator** ['lɪbəreɪtə(r)] *s* Befreier(in) *m(f)*

lib•er•tine ['lɪbəti:n] *s* Wüstling *m*

lib•er•ty ['lɪbətɪ] *s* **1.** Freiheit *f* **2.** *oft pl* (Vor)Recht(e *pl*) *nt;* Freiheiten *fpl;* **at ~** frei; unbenützt; **be at ~** frei sein; **be at ~ to do** freie Hand haben zu tun; **set at ~** freilassen; **take the ~ of doing** [*o* **to do**] **s.th.** sich die Freiheit herausnehmen etw zu tun; **take liberties** sich Freiheiten herausnehmen (*with s.o.* gegen jdn); **I take the ~** ich erlaube mir; **you are at ~ to leave** Sie können gehen; **civil liberties** bürgerliche (Ehren)Rechte *ntpl;* **~ of action** Handlungsfreiheit *f;* **~ of conscience** Gewissensfreiheit *f;* **~ of trade** Gewerbefreiheit *f*

li•bid•in•ous [lɪ'bɪdɪnəs] *adj* wollüstig; unzüchtig, obszön; **li•bido** [lɪ'bi:dəʊ] *s* Geschlechtstrieb *m,* Libido *f*

Libra ['li:brə] *s* (ASTR) Waage *f;* **Lib•ran** ['li:brən] *s* (ASTR) Waage(mensch *m*) *f*

li•brar•ian [laɪ'breərɪən] *s* Bibliothekar(in) *m(f);* **li•brary** ['laɪbrərɪ] *s* Bibliothek, Bücherei *f;* Sammlung *f;* **reference ~** Präsenzbibliothek *f*

li•bretto [lɪ'bretəʊ] <*pl* -brettos> *s* (MUS) Libretto *nt*

Lib•ya ['lɪbɪə] *s* Libyen *nt;* **Lib•yan** ['lɪbɪən] **I.** *adj* libysch **II.** *s* Libyer(in) *m(f)*

li•cence ['laɪsns] *s* **1.** Erlaubnis, Bewilligung, Genehmigung *f* **2.** Lizenz *f* **3.** Konzession *f;* Gewerbeschein *m* **4.** Führerschein *m;* Jagdschein *m;* Waffenschein *m* **5.** Rundfunk-, Fernsehgenehmigung *f* **6.** Hundemarke *f* **7.** Freiheit *f* **8.** Zügellosigkeit *f;* **under ~ from** mit Erlaubnis, Genehmigung *+gen;* **give** [*o* **grant**] **a ~** eine Lizenz, eine Konzession erteilen; **requiring** [*o* **subject to**] **a ~** genehmigungs-, konzessionspflichtig; **driver's ~** (*Am*) Führerschein *m;* **driving ~** (*Br*) Führerschein *m;* **licence number** *s* (AUTO) (Kraftfahrzeug)Kennzeichen *nt;* Zulassungsnummer *f;* **li•cense** ['laɪsəns] **I.** *s* (*Am*): **~ plate** Nummernschild *nt* **II.** *vt* **1.** erlauben, gestatten, genehmigen **2.** eine Lizenz, eine Konzession erteilen (*s.o.* jdm); **~ a car** Kraftfahrzeugsteuer bezahlen; **be ~d to do s.th** die Genehmigung haben etw zu tun; **li•censed** ['laɪsnst] *adj* konzessioniert; **fully ~** mit voller Schankerlaubnis; **~ victualler** Inhaber *m* einer Konzession zum Verkauf von Alkohol; **li•cen•see** [ˌlaɪsən'si:] *s* Lizenznehmer(in) *m(f),* Konzessionsinhaber(in) *m(f);* **license fee** *s* (TV) Fernsehgebühr *f;* **li•cens•er** ['laɪsnsə(r)] *s* Lizenz-, Konzessionsgeber(in) *m(f);* **li•cens•ing** ['laɪsənsɪŋ] *adj* Konzessions-; Lizenz-; **licensing hours** *s pl* Ausschankzeiten *fpl;* **licensing laws** *s pl* Schankgesetze *ntpl*

li•cen•tiate [laɪ'senʃɪət] *s* Lizentiat *m*

li•cen•tious [laɪ'senʃəs] *adj* ausschweifend

li•chen ['laɪkən] *s* (*Algen u. Pilzfäden*) Flechte *f*

lick [lɪk] **I.** *vt* **1.** (auf-, ab-, be)lecken **2.** (*fam*) verdreschen **3.** (*fam: Menschen*) fertig machen; besiegen; **~ one's lips** (*fig*) sich die Lippen lecken; **~ into shape** (*fam*) auf Hochglanz, in Form bringen; **~ s.o.'s boots** (*fig*) vor jdm kriechen **II.** *vi* (*Flamme*) züngeln; **~ at s.th.** an etw lecken **III.** *s* **1.** Lecken *nt* **2.** ein bisschen; Schuss, Spritzer *m* **3.** (*salt-~*) Salzlecke *f* **4.** (*fam*) tolles Tempo; **at full ~** (*sl*) mit Höchstgeschwindigkeit; **a ~ and a promise** Katzenwäsche *f;* **lick•ing** [-ɪŋ] *s* **1.** (Ab)Lecken *nt* **2.** (*fam*) Niederlage *f* **3.** (*fam*) Dresche *f*

licor•ice ['lɪkərɪs] *s* **1.** (*sweet*) Lakritze *f* **2.** (*plant*) Süßholz *nt*

lid [lɪd] *s* **1.** Deckel *m* **2.** (Augen)Lid *nt* **3.** (*sl*) Deckel, Hut *m;* **take the ~ off** (*fig*) enthüllen; **with the ~ off** unverhüllt, ohne Beschönigung; **put a ~ on it!** halt die Klappe!

lido ['li:dəʊ] <*pl* lidos> *s* Strand-, Freibad *nt*

lie[1] [laɪ] <*irr:* lay, lain> **I.** *vi* **1.** liegen **2.** (*Straße*) führen, verlaufen **3.** (begraben) liegen, ruhen **4.** obliegen (*on s.o.* jdm) **5.** (*fig*) beruhen (*in* auf) **6.** bestehen (*in* in); **~ in ambush** auf der Lauer liegen; **~ at anchor** vor Anker liegen; **~ in bed** im Bett liegen; **~ idle** müßig sein, nichts tun; stillliegen, nicht benützt werden; **~ low** am Boden liegen; (*sl*) nichts verlauten lassen; **~ open to s.th.** einer S ausgesetzt sein; **take s.th. lying down** (*Beleidigung*) etw wortlos schlucken; **everything that ~s in my power** alles, was in meiner Macht steht **II.** *s* Lage *f;* **the ~ of the land** Beschaffenheit *f* des Geländes; (*fig*) Lage *f;* **lie about** *vi* herumliegen; **lie back** *vi* **1.** sich zurücklegen; sich zurücklehnen **2.** (*fig*) nichts tun; sich ausruhen; **lie behind** *vi* (*fig*) dahinterliegen; **lie down** *vi* sich hinlegen; **~ down under s.th.** etw widerspruchslos hinnehmen; **~ down on the job** (*Am fam*) eine ruhige Kugel schieben; **lie in** *vi* bis spät in den Morgen hinein im Bett bleiben; **lie off** *vi* (MAR) in geringer Entfernung liegen; **lie over** *vi* (*Am*) aufgeschoben sein; **let ~ over** aufschieben, liegenlassen; **lie to**

vi (MAR) beiliegen; **lie under** *vi* unterstehen; ~ **under an obligation** eine Verpflichtung haben; **lie up** *vi* sich zurückziehen; verschwinden; das Zimmer hüten (müssen); unbenutzt sein

lie² [laɪ] **I.** *vi* **1.** lügen **2.** einen falschen Eindruck erwecken, täuschen; ~ **to s.o.** jdn anlügen; ~ **through one's teeth** lügen wie gedruckt **II.** *vt:* ~ **o.s.** [*o* **one's way**] **out of** sich herauslügen aus **III.** *s* Lüge, Unwahrheit *f;* **act a** ~ **to s.o.** falsche Vorstellungen in jdm erwecken; **give s.o. the** ~ jdn Lügen strafen; **give s.th. the** ~ etw widerlegen; **tell a** ~ lügen; **lie-detector** *s* Lügendetektor *m*

lie-down [ˌlaɪ'daʊn] *s* (*Br*) kurze (Bett)Ruhe *f;* **lie-in** [ˌlaɪ'ɪn] *s* Bettruhe *f* bis tief in den Morgen hinein; **have a** ~ ausschlafen

lieu [lu:] *s:* **in** ~ **of** anstatt, an Stelle *+gen*

lieu•ten•ant [lef'tenənt, *Am* lu:'tenənt] *s* **1.** Leutnant *m;* (*Br*) Oberleutnant; (*Br*) Kapitänleutnant *m* **2.** Statthalter *m;* **flight** ~ (*Br:* AVIAT) Hauptmann *m*

life [laɪf, *pl* laɪvz] <*pl* lives> *s* **1.** Leben *nt* **2.** Lebenszeit *f* **3.** Lebensgeschichte, Biografie *f* **4.** Lebensweise, -führung *f* **5.** (*a.* TECH) Lebensdauer *f* **6.** Schwung *m,* Lebenskraft *f* **7.** (JUR) Geltungsdauer *f;* Laufzeit *f;* **as large as** ~ in Lebensgröße; (*fam*) in Person; **for** ~ auf Lebenszeit; lebenslänglich; **for dear** ~ um sein Leben (*laufen*); **not on your** ~! todsicher nicht!; **late in** ~ in vorgerücktem Alter; **in the prime of one's** ~ im besten Alter, in den besten Jahren; **to the** ~ lebenswahr, -echt, *adv;* **bring to** ~ ins Leben rufen; beleben; (*fam*) in Schwung bringen; **bring back to** ~ wieder beleben; **come to** ~ in Schwung kommen; wieder zu sich kommen; **take s.o.'s/one's own** ~ jdm/sich das Leben nehmen; **he had the time of his** ~ er amüsierte sich bestens; **danger to** ~ Lebensgefahr *f;* (**mean**) **duration of** ~ (mittlere) Lebensdauer *f;* **economic** ~ Nutzungsdauer *f;* **expectation of** ~ Lebenserwartung *f;* **experience in** ~ Lebenserfahrung *f;* **family** ~ Familienleben *nt;* **this is a matter of** ~ **and death** hier geht es um Leben und Tod; **life annuity** *s* Leibrente *f;* **life•belt** ['laɪfbelt] *s* Rettungsring *m;* **life•blood** *s* Lebensnerv *m;* **life•boat** ['laɪfbəʊt] *s* Rettungsboot *nt;* **life•buoy** ['laɪfbɔɪ] *s* Rettungsboje *f;* **life expectancy** *s* **1.** Lebenserwartung *f* **2.** geschätzte Nutzungsdauer; **life form** *s* Lebewesen *nt;* **life•guard** ['laɪfgɑ:d] *s* **1.** Leibwache *f* **2.** Rettungsschwimmer *m* **3.** Bademeister *m;* **life history** *s* Lebensgeschichte *f;* **life imprisonment** *s* lebenslängliche Freiheitsstrafe; **life insurance**, **life assurance** *s* Lebensversicherung *f;* **life jacket** *s* Schwimmweste *f;* **life•less** ['laɪflɪs] *adj* **1.** leblos; unbelebt **2.** (*fig*) matt, flau, trüb; **life•like** ['laɪflaɪk] *adj* echt; naturgetreu; **life•line** ['laɪflaɪn] *s* (MAR) **1.** Rettungsleine *f* **2.** Lebenslinie *f* (*in der Hand*) **3.** lebenswichtige Versorgungs-, Verbindungslinie; **life•long** ['laɪflɒŋ] *adj* auf Lebenszeit; **life peer** *s* Peer *m* auf Lebenszeit; **life preserver** *s* **1.** (*Am*) Rettungsring, Schwimmgürtel *m,* -weste *f* **2.** (*Br*) Totschläger *m;* **lifer** ['laɪfə(r)] *s* (*sl*) Lebenslängliche(r) *f m;* **life raft** *s* Rettungsfloß *nt;* **life•saver** *s* Lebensretter(in) *m(f),* Rettungsschwimmer(in) *m(f);* (*fig*) rettender Engel; **life sentence** *s* lebenslängliche Freiheitsstrafe; **life-size(d)** ['laɪfsaɪz(d)] *adj* lebensgroß, in Lebensgröße; **life•span** *s* **1.** (COM) Lebensdauer *f* **2.** (*Mensch*) Lebenserwartung *f* **3.** Laufzeit *f;* **life support system** *s* (MED) Lebenserhaltungssystem *nt;* **life•time** ['laɪftaɪm] *s* Lebenszeit *f;* **the chance of a** ~ einmalige Chance; **in** [*o* **during**] **s.o.'s** ~ zu jds Lebzeiten; **once in a** ~ einmal im Leben; einmalig; **life•work** [ˌlaɪf'wɜ:k] *s* Lebenswerk *nt*

lift [lɪft] **I.** *vt* **1.** (auf-, in die Höhe) heben **2.** (*Augen*) aufschlagen; nach oben erheben **3.** hochhalten, in die Höhe halten **4.** (*Hut*) ziehen **5.** (*fig*) befördern, erhöhen (*a. Preis*) **6.** (*Stimme*) erheben **7.** (*Stimmung*) heben **8.** (*Gesicht, Busen*) liften **9.** (*Kartoffeln*) ernten, roden **10.** (*Sperre*) aufheben **11.** (*fam*) abschreiben, plagiieren; klauen **12.** (*sl*) verhaften; **not to** ~ **a finger** (*fig*) keinen Finger rühren, krümmen; ~ **one's hand** die Hand (zum Schwur) erheben; ~ **one's hand against s.o.** die Hand gegen jdn erheben **II.** *vi* **1.** sich erheben, steigen **2.** (*Rakete, Flugzeug*) abheben **3.** (*Nebel*) sich auflösen, sich heben **III.** *s* **1.** Hochheben *nt* **2.** (AVIAT) Auftrieb *m* **3.** (TECH) Hub *m* **4.** (*Br*) Aufzug, Fahrstuhl *m* **5.** Mitfahrgelegenheit *f;* **give s.o. a** ~ jdn mitnehmen, mitfahren lassen; **lift down** *vt* herunterheben; **lift off** *vi* abheben; **lift up** *vt* hochheben; **lift•off** ['lɪftɒf] *s* **1.** (*Rakete*) Start *m* **2.** (AVIAT) Abheben *nt;* **have** ~ abheben

liga•ment ['lɪgəmənt] *s* (ANAT) Band *nt*

liga•ture ['lɪgətʃə(r)] *s* **1.** Binden *nt;* Band *nt* **2.** (MED) Binde *f* **3.** (TYP MUS) Ligatur *f*

light¹ [laɪt] <*irr:* lit (lighted), lit (lighted)> **I.** *s* **1.** Licht *nt* **2.** Beleuchtung, Helligkeit *f* **3.** Lichtquelle *f,* -schein *m* **4.** (*für Zigarette*) Feuer *nt* **5.** Tag(eslicht *nt*) *m* **6.** (*fig*) Licht *nt,* Beleuchtung *f* **7.** Aspekt, Gesichtspunkt *m* **8.** ~**s** Geistesgaben, Fähigkeiten *fpl* **9.** ~**s** Erkenntnisse *fpl,* Einsicht *f;* **according to his** ~**s** seinen Fähigkeiten entsprechend; **in**

L

the ~ **of** im Licht *+gen,* angesichts *+gen,* im Hinblick auf; **in a favo(u)rable** ~ in günstigem Licht; **in a new** ~ mit anderen Augen; **bring to** ~ an den Tag, ans Licht bringen; **come to** ~ an den Tag kommen; **see the** ~ **(of day)** das Licht (der Welt) erblicken; bekanntwerden; verstehen, begreifen; **shed** [*o* **throw**] ~ **on s.th.** (*fig*) Licht in etw bringen; **may I trouble you for a ~?** darf ich Sie um Feuer bitten?; **that throws a different** ~ **on the matter** die Sache bekommt dadurch ein anderes Gesicht, erscheint dadurch in einem anderen Licht; **green** ~ (*a. fig*) grünes Licht, freie Fahrt; (*fig*) freie Hand; ~ **and shade** (*fig*) Licht u. Schatten **II.** *adj* **1.** licht, hell, leuchtend **2.** hell(häutig, -haarig), blond **III.** *vt* **1.** (*Feuer, Licht*) anzünden, anmachen **2.** (*mit Scheinwerfern*) anstrahlen; be-, erleuchten; (*Flugplatz*) befeuern **3.** leuchten (*s.o.* jdm); **light up I.** *vi* **1.** aufleuchten **2.** Pfeife, Zigarette anzünden **II.** *vt* **1.** beleuchten **2.** (*Lampe*) anmachen **3.** (*Zigarette*) anzünden; **light (up)on** *vi* entdecken

light² [laɪt] **I.** *adj* **1.** leicht **2.** zu leicht **3.** leichtfüßig, flink **4.** leicht(lebig, -sinnig) **5.** leicht(verdaulich) **6.** (*Erde*) locker **7.** (*Wein, Musik*) leicht; ~ **opera** Operette *f;* ~ **reading** Unterhaltungslektüre *f;* **make** ~ **of s.th.** etw nicht ernst nehmen; ~ **water reactor** (ELEK) Leichtwasserreaktor *m* **II.** *adv* leicht

light bulb ['laɪtbʌlb] *s* elektrische Birne

lighten¹ ['laɪtn] **I.** *vt* **1.** erleuchten, erhellen **2.** (*fig*) aufhellen **II.** *vi* **1.** sich erhellen, aufleuchten **2.** blitzen

lighten² ['laɪtn] **I.** *vt* **1.** entlasten, erleichtern **2.** (*fig*) erleichtern **3.** (MAR) löschen, leichtern **II.** *vi* leichter werden

lighter ['laɪtə(r)] *s* **1.** Anzünder *m* **2.** Feuerzeug *nt* **3.** (MAR) Leichter *m*

light-fin•gered [ˌlaɪt'fɪŋgəd] *adj* **1.** diebisch **2.** fingerfertig; **light-footed** [ˌlaɪt'fʊtɪd] *adj* leichtfüßig; **light-headed** [ˌlaɪt'hedɪd] *adj* **1.** schwindelig, benommen **2.** gedankenlos; **light•hearted** [ˌlaɪt'hɑːtɪd] *adj* sorglos, unbeschwert; **light heavyweight** *s* (*Boxen*) Halbschwergewicht(ler *m*) *nt*

light•house ['laɪthaʊs] *s* Leuchtturm *m;* **light•ing** ['laɪtɪŋ] *s* Beleuchtung *f;* **emergency** ~ Notbeleuchtung *f;* **~-equipment** Beleuchtungsanlage *f;* ~ **up** (AUTO) Einschalten *nt* der Beleuchtung

light•ly ['laɪtlɪ] *adv* **1.** leicht **2.** unbesonnen **3.** geringschätzig

light meter ['laɪtmiːtə(r)] *s* (PHOT) Belichtungsmesser *m*

light•ness¹ ['laɪtnɪs] *s* Helligkeit *f*

light•ness² ['laɪtnɪs] *s* **1.** Leichtigkeit *f* **2.** Heiterkeit *f,* Frohsinn *m* **3.** Leichtsinn *m,* Leichtfertigkeit *f*

light•ning ['laɪtnɪŋ] *s* Blitz *m;* **flash of** ~ Blitz, Blitzschlag *m;* **with** ~ **speed** wie der Blitz; **struck by** ~ vom Blitz getroffen; **lightning attack** *s* Überraschungs-, Blitzangriff *m;* **lightning conductor** *s* (*Am*), **lightning rod** *s* Blitzableiter *m;* **lightning strike** *s* spontaner Streik

light pen ['laɪtpen] *s* (INFORM) Lichtgriffel, Lichtstift *m*

lights [laɪts] *s pl* Tierlunge *f*

light•ship ['laɪtʃɪp] *s* Feuerschiff *nt*

light•weight ['laɪtweɪt] **I.** *s* **1.** (*Boxen*) Leichtgewicht(ler *m*) *nt* **2.** (*fig*) Leichtgewicht *nt* **II.** *adj* **1.** (SPORT) Leichtgewichts- **2.** leicht; (*fig*) schwach

light year ['laɪtjɜː(r), -jɪə(r)] *s* Lichtjahr *nt*

lig•neous ['lɪgnɪəs] *adj* holzig; **lig•nite** ['lɪgnaɪt] *s* Braunkohle *f;* Lignit *m*

lik•able ['laɪkəbl] *adj* liebenswert, gefällig; anziehend

like¹ [laɪk] **I.** *adj* ähnlich, gleich **II.** *prep* ähnlich *+dat,* wie **III.** *adv* dergleichen; wie **IV.** *conj* (*fam*) wie; als ob **V.** *s* Gleiche(r) *f m* **VI.** (*Wendungen*): **be** ~ **s.o.** wie jd sein, jdm ähnlich sein; **what is he ~?** was ist er für ein Mensch?; **what is it ~?** wie ist es? wie sieht es aus?; **it was** ~ **him to do that** das sieht ihm ähnlich; **that's not** ~ **her** das ist nicht ihre Art; **they are very** ~ **each other** sie sehen sich sehr ähnlich; **they are as** ~ **as two peas** sie gleichen sich wie ein Ei dem anderen; **something** ~ **that** so etwas Ähnliches; **there is nothing** ~ **...** es geht nichts über ...; **I don't feel** ~ **work(ing) today** ich bin heute nicht zum Arbeiten aufgelegt; **it looks** ~ **rain(ing)** es sieht nach Regen aus; **as** ~ **as not,** ~ **enough** (*fam*) wahrscheinlich; ~ **mad** wie verrückt; **the ~s of him** seinesgleichen; **the ~s of you** (*fam*) Leute wie Sie, Ihresgleichen

like² [laɪk] **I.** *vt* **1.** mögen, gern haben **2.** wollen, gerne mögen; **I** ~ **it** das gefällt mir, das mag ich; **he ~s classical music** er mag klassische Musik; **how do you** ~ **Stuttgart?** wie gefällt Ihnen Stuttgart?; **would you** ~ **a cup of tea?** hätten Sie gerne eine Tasse Tee?; **well how do you** ~ **that?** wie findest du denn das?; **I should** ~ **a little bit more time** ich hätte gerne etwas mehr Zeit; **I should** ~ **to know** ich wüsste gern **II.** *vi* wollen **III.** *s* Geschmack *m;* Vorliebe *f;* **she knows his ~s and dislikes** sie weiß, was er mag und was er nicht mag; **like•able** ['laɪkəbl] *adj* liebenswert; anziehend

like•li•hood ['laɪklɪhʊd] *s* Wahrscheinlichkeit *f;* **in all** ~ höchstwahrscheinlich

like•ly ['laɪklɪ] I. *adj* 1. wahrscheinlich 2. aussichtsreich, (viel) versprechend 3. passend, geeignet; **he is ~ to come** es ist wahrscheinlich, dass er kommt; **it's ~ to cause problems** das wird wahrscheinlich Probleme mit sich bringen; **a ~ story!** das soll mal einer glauben! II. *adv:* **as ~ as not** höchstwahrscheinlich; **not ~** schwerlich, kaum; **very** [*o* **most**] **~** höchstwahrscheinlich, sehr wahrscheinlich; **that's more ~** das ist eher möglich

like-minded [ˌlaɪk'maɪndɪd] *adj* gleichgesinnt

liken ['laɪkən] *vt* vergleichen (*to* mit)

like•ness ['laɪknɪs] *s* Ähnlichkeit *f;* Bild *nt;* **in the ~ of** in Gestalt *+gen*

like•wise ['laɪkwaɪz] *adv* ebenso; ebenfalls, auch

lik•ing ['laɪkɪŋ] *s* Zuneigung *f;* Vorliebe *f;* **have a ~ for** mögen; **to s.o.'s ~** nach jds Geschmack

li•lac ['laɪlək] *s* 1. Flieder *m* 2. Lila *nt*

Lil•li•pu•tian [ˌlɪlɪ'pjuːʃn] *adj* winzig; sehr klein

li•lo® ['laɪləʊ] <*pl* lilos> *s* (*Br*) Luftmatratze *f*

lilt [lɪlt] I. *vt, vi* trällern II. *s* beschwingte Melodie; singender Tonfall

lily ['lɪlɪ] *s* Lilie *f;* **water ~** Seerose *f;* **~ of the valley** Maiglöckchen *nt;* **lilylivered** ['lɪlɪˌlɪvəd] *adj* feige

limb [lɪm] *s* 1. (Körper)Glied *nt* 2. Ast *m* 3. **~s** Gliedmaßen *pl;* **out on a ~** isoliert; in einer prekären Lage

lim•ber ['lɪmbə(r)] *adj* geschmeidig; beweglich; **limber up** *vi* 1. (SPORT) Lockerungsübungen machen 2. (*fig*) sich vorbereiten

limbo ['lɪmbəʊ] <*pl* limbos> *s* Vorhölle *f;* (*fig*) Übergangsstadium *nt;* **be in ~** in der Schwebe sein

lime¹ [laɪm] I. *s* 1. (*burnt, caustic ~*) (gebrannter) Kalk *m* 2. (*bird~*) Vogelleim *m* II. *vt* mit Kalk düngen

lime² [laɪm] *s* (*Frucht*) Limone *f*

lime³ [laɪm] *s* (*Laubbaum*) Linde *f*

lime•light ['laɪmlaɪt] *s* Rampen-, Scheinwerferlicht *nt;* **in the ~** (*fig*) im Mittelpunkt des Interesses; **bring into the ~** (*fig*) ans Licht der Öffentlichkeit bringen

lim•er•ick ['lɪmərɪk] *s* Limerick *m*

lime•stone ['laɪmstəʊn] *s* Kalkstein *m*

limit ['lɪmɪt] I. *s* 1. Grenze, Beschränkung *f* 2. Endpunkt *m;* Höchstgrenze, -zahl *f* 3. (MATH) Grenzwert *m* 4. (COM) Limit *nt;* Preisgrenze *f* 5. Frist *f;* Termin *m;* **within ~s** in Grenzen; **without ~** unbegrenzt, unbeschränkt; **speed ~** Geschwindigkeitsbegrenzung *f;* **exceed the ~** (*fig*) die Grenze überschreiten; **that's the ~ !** (*fam*) das ist doch die Höhe!; **you're the ~!** das ist unerhört (von Ihnen)!; **off ~s!** Zutritt verboten! (*to* für) II. *vt* 1. begrenzen; be-, einschränken (*to* für) 2. (*Preis*) limitieren; **limi•ta•tion** [ˌlɪmɪ'teɪʃn] *s* 1. Begrenzung *f;* Beschränkung *f;* Einschränkung *f* 2. (JUR) Verjährung *f* 3. (COM) Kontingentierung *f;* **know one's ~s** seine Grenzen kennen; **~ of liability** Haftungsbeschränkung *f;* **~ period** Verjährungsfrist *f;* **limited** ['lɪmɪtɪd] *adj* 1. begrenzt 2. (COM) beschränkt (*to* auf), limitiert; mit beschränkter Haftung; **in a ~ sense** in gewissem Sinne; **~ (liability) company (Ltd)** Gesellschaft *f* mit beschränkter Haftung (GmbH); **~ partnership** Kommanditgesellschaft (KG) *f;* (*Am*) Gesellschaft *f* mit beschränkter Haftung; **limit•less** ['lɪmɪtlɪs] *adj* grenzenlos

limou•sine ['lɪməziːn] *s* (AUTO) Limousine *f*

limp¹ [lɪmp] I. *vi* hinken II. *s* Hinken *nt;* **walk with a ~** hinken, humpeln

limp² [lɪmp] *adj* 1. schlaff; weich 2. (*fig*) schwach; matt

lim•pet ['lɪmpɪt] *s* Napfschnecke *f;* **hold on** [*o* **cling**] **like a ~** (*fig*) wie eine Klette hängen (*to* an)

lim•pid ['lɪmpɪd] *adj* hell, klar, durchsichtig

limy ['laɪmɪ] *adj* kalkig

lin•ac ['lɪnæk] *s s.* **linear accelerator** Linearbeschleuniger *m*

linch•pin ['lɪntʃpɪn] *s* 1. Splint *m;* Achsnagel *m* 2. (*fig*) lebenswichtiger Teil, Angelpunkt *m*

lin•den ['lɪndən] *s* (*~-tree*) Linde *f*

line¹ [laɪn] I. *s* 1. Leine *f* 2. (Angel)Schnur *f* 3. Telefon-, Telegrafenleitung *f* 4. (*a.* SPORT) Linie *f,* Strich *m* 5. Handlinie *f;* Falte, Runzel *f* 6. Grenzlinie *f* 7. Verkehrslinie *f;* Bahn-, Flugstrecke *f* 8. Fahrbahn *f* 9. (*Am*) (Menschen)Schlange *f* 10. Reihe *f;* Häuserzeile *f* 11. Zeile *f;* Vers *m* 12. kurze Nachricht, Brief *m* 13. Ahnenreihe *f;* Familie *f,* Geschlecht *nt* 14. Richtung *f;* Verlauf *m;* (Gedanken)Gang *m* 15. Vorgehen *nt;* Handlungsweise *f* 16. Beschäftigung *f,* Beruf *m,* Fach *nt;* Geschäft(szweig *m*) *nt,* Branche *f* 17. (Fach-, Interessen)Gebiet *nt,* Fachrichtung *f* 18. (COM) Artikel *m,* Ware *f,* Posten *m;* Kollektion *f;* Marke *f* 19. (GEOG) Meridian, Breitenkreis *m* 20. (MIL) Linie *f;* Front *f* 21. **~s** Zeilen *fpl,* (kurzes) Schreiben *nt* 22. **~s** (THEAT) (Text *m* einer) Rolle *f* 23. **~s** Richtlinien *fpl,* Grundsätze *mpl;* **all along the ~** auf der ganzen Linie; **in ~** in Reih und Glied; in Linie; (*fig*) in Einklang (*with* mit); **a bad ~** (TELE) schlechte Verbindung; **be in ~ for a job** eine Stelle wahrscheinlich bekommen; **bring into ~** (*Menschen*) auf Linie bringen; zum Mitmachen bewegen; **come into** [*o* **fall in**] **~** sich an-

L

schließen, sich einfügen (*with* in); (*fam*) mitmachen (*with* mit); (*fam*) nicht aus der Reihe tanzen; **draw the** ~ (*fig*) eine Grenze ziehen (*at* bei); **drop s.o. a** ~ jdm ein paar Zeilen schreiben; **get a** ~ **on s.th.** (*fam*) etw herausfinden; **hold the** ~ (TELE) am Apparat bleiben; **keep in** ~ in Reih und Glied bleiben; **step out of** ~ aus der Reihe tanzen; **reach the end of the** ~ (*fig*) das bittere Ende erreicht haben; **read between the ~s** zwischen den Zeilen lesen; **shoot a** ~ angeben, sich wichtig tun; **stand in** ~ (*Am*) sich anstellen, Schlange stehen (*for* um); **take a strong** ~ entschlossen vorgehen; **toe the** ~ sich einfügen, sich nach den Anderen richten; **hard ~s!** Pech für Sie!; **that's not in my** ~ das schlägt nicht in mein Fach; ~ **engaged!** (*Am*): ~ **busy!** (TELE) besetzt!; **bus** ~ Buslinie *f;* **catch** ~ Schlagzeile *f;* **main** ~ Hauptverkehrslinie *f;* (TELE) Hauptanschluss *m;* **marriage ~s** Trauschein *m;* **party** ~ (POL) Programm *nt;* (TELE) gemeinsamer Anschluss; **shipping** ~ Schifffahrtslinie *f;* ~ **drawing** Zeichnung *f;* ~ **editor** (INFORM) Zeileneditor *m;* ~ **feed** Zeilenvorschub *m;* ~ **judge** Linienrichter(in) *m(f);* ~ **management** Linienmanagement *nt;* ~ **of action** Handlungsweise *f,* Vorgehen *nt;* ~ **of argument** Beweisführung *f;* ~ **of business** Geschäftszweig *m;* ~ **of production** Produktionszweig *m;* ~ **of vision** Blickrichtung *f;* **~-out** (*Rugby*) Gasse *f;* ~ **spacing** Zeilenabstand *m* **II.** *vt* **1.** liniieren, linieren **2.** entlang stehen an, säumen; **a face ~d from worries** ein Sorgen gezeichnetes Gesicht; **~d with trees** Baum bestanden; **line up I.** *vt* **1.** aufstellen **2.** planen; sorgen für; vorhaben **II.** *vi* **1.** sich aufstellen **2.** (*Am*) Schlange stehen **3.** Stellung beziehen (*against* gegen), sich zusammentun (*with* mit); **be ~d up** anstehen (*in front of* vor)

line² [laɪn] *vt* **1.** (*Kleidungsstück*) füttern **2.** das Futter bilden (*s.th.* einer S) **3.** (TECH) auskleiden; ~ **one's purse** [*o* **pocket**] (*fam*) Geld scheffeln

lin•eage ['lɪnɪɪdʒ] *s* Abstammung *f;* Geschlecht *nt;* **lin•eal** ['lɪnɪəl] *adj* (*Nachkomme*) in direkter Linie

lin•ea•ment ['lɪnɪəmənt] *s* Gesichtszug *m*

lin•ear ['lɪnɪə(r)] *adj* linear; ~ **accelerator** Linearbeschleuniger *m;* ~ **B** Linear B *f;* ~ **measure** Längenmaß *nt*

lin•en ['lɪnɪn] *s* **1.** Leinen *nt* **2.** Wäsche *f;* Bett-, Tischwäsche *f;* **wash one's dirty** ~ **in public** (*fig*) seine schmutzige Wäsche in der Öffentlichkeit waschen; **linen basket** *s* Wäschekorb *m*

liner ['laɪnə(r)] *s* **1.** (MAR) Personen-, Passagierdampfer *m* **2.** (*air~*) Verkehrsflugzeug *nt*

lines•man ['laɪnzmən] <*pl* -men> *s* **1.** Telefon-, Telegrafenarbeiter *m* **2.** (RAIL) Streckenwärter *m* **3.** (SPORT) Linienrichter *m;* **line-up** ['laɪnʌp] *s* **1.** (*a.* SPORT) Aufstellung *f* **2.** (THEAT) Besetzung *f* **3.** (*fig*) Gruppierung *f*

lin•ger ['lɪŋgə(r)] *vi* **1.** zögern **2.** sich nicht trennen können **3.** (~ *about*) bleiben; sich (noch) herumdrücken **4.** (~ *on*) sich lange halten; sich hinschleppen; verweilen (*on, upon, over* an, bei)

linge•rie ['lænʒəri:] *s* Damenunterwäsche *f*

lin•ger•ing ['lɪŋgərɪŋ] *adj* **1.** schleppend; langwierig **2.** (*Krankheit*) schleichend **3.** (*Ton*) nachklingend

lingo ['lɪŋgəʊ] <*pl* lingoes> *s* (*hum pej*) Sprache *f*

lin•guist ['lɪŋgwɪst] *s* Linguist(in) *m(f),* Sprachwissenschaftler(in) *m(f);* **be a good** ~ sprachbegabt sein; **lin•guis•tic** [lɪŋ'gwɪstɪk] **I.** *adj* linguistisch **II.** *s pl mit sing* Sprachwissenschaft, Linguistik *f*

lin•iment ['lɪnɪmənt] *s* Einreibemittel *nt*

lin•ing ['laɪnɪŋ] *s* **1.** Futter *nt;* Futterstoff *m* **2.** Auskleidung *f* **3.** (Brems)Belag *m*

link [lɪŋk] **I.** *s* **1.** (Ketten)Glied *nt;* Ring *m* **2.** Lasche *f;* Verbindungsstück *nt* **3.** (*fig*) (Binde)Glied *nt;* Verbindung *f* **II.** *vt* (~ *together*) verbinden; anschließen (*to* an); (INFORM) vernetzen; ~ **hands** einander die Hände geben **III.** *vi* **1.** (~ *up*) verbunden sein **2.** sich anschließen (*to, with* an)

link•man ['lɪŋkmæn] *s* **1.** Verbindungsmann *m* **2.** (RADIO TV) Moderator *m*

links [lɪŋks] *s pl* **1.** (*Ufer*) sandiges Gelände, Dünen *fpl* **2.** Golfplatz *m* an der Küste

link-up ['lɪŋkʌp] *s* Verbindung *f;* Zusammenschluss *m;* (*Raumschiff*) Koppelung(smanöver *nt*) *f*

link•woman ['lɪŋk,wʊmən] *s* **1.** Verbindungsfrau *f* **2.** (RADIO TV) Moderatorin *f*

lin•net ['lɪnɪt] *s* (*kleiner Singvogel*) Hänfling *m*

lin•oleum [lɪ'nəʊlɪəm] *s* Linoleum *nt*

lino•type® [laɪnəʊtaɪp] *s* Linotype *f*

lin•seed ['lɪnsi:d] *s* Leinsamen *m;* **linseed oil** *s* Leinöl *nt*

lint [lɪnt] *s* **1.** Scharpie *f,* Mull *m* **2.** (*Am*) Fluse *f*

lin•tel ['lɪntl] *s* (ARCH) **1.** Sturz *m* **2.** Oberschwelle *f*

lion ['laɪən] *s* **1.** Löwe *m* **2.** (*fig*) Held *m* des Tages; Prominenz *f;* **lion•ess** [laɪə'nes] *s* Löwin *f;* **lion-hearted** ['laɪən'hɑ:tɪd] *adj* heldenhaft; **lion•ize** ['laɪənaɪz] *vt* (als Helden des Tages) feiern; **lion's share** *s* Löwenanteil *m*

lip [lɪp] *s* **1.** (*a.* BOT) Lippe *f* **2.** Rand *m,* Schnauze *f* (*eines Gefäßes*) **3.** (*fam*) Un-

verschämtheit *f;* **hang on s.o.'s ~s** an jds Lippen hängen; **keep a stiff upper ~** die Ohren steifhalten; **none of your ~!** sei nicht unverschämt!; **lip gloss** *s* Lipgloss *nt,* Lippenglanzstift *m;* **lip•liner** ['lɪpˌlaɪnə(r)] *s* Lippenkonturenstift *m*
lipo•suc•tion ['laɪpəʊˌsʌkʃn] *s* Liposuktion, Fettabsaugung *f*
lip•pie, lip•py ['lɪpɪ] *s* (*Aus, Am fam: lipstick*) Lippenstift *m*
lip•read ['lɪpri:d] *vt, vi* vom Mund, von den Lippen ablesen; **lip salve** *s* Lippenpomade *f;* **lip service** *s* Lippenbekenntnis *nt;* **pay ~** ein Lippenbekenntnis ablegen (*to* zu); **lip•stick** ['lɪpstɪk] *s* Lippenstift *m*
liquefy ['lɪkwəfaɪ] *vt:* **liquefied petroleum gas, LPG** Autogas *nt*
li•queur [lɪ'kjʊə(r)] *s* Likör *m*
liquid ['lɪkwɪd] **I.** *adj* **1.** (*a.* FIN) flüssig **2.** (*Töne*) perlend **3.** (*Augen*) hell u. glänzend **4.** (FIN) liquid; **~ crystal display, LCD** Flüssigkristallanzeige *f* **II.** *s* Flüssigkeit *f*
liqui•date ['lɪkwɪdeɪt] *vt* **1.** (FIN) liquidieren **2.** (*Geschäft*) auflösen **3.** (*Schuld*) ablösen, tilgen, begleichen **4.** (*Wertpapiere*) flüssig machen **5.** (POL: *Menschen*) liquidieren, beseitigen; **liqui•da•tion** [ˌlɪkwɪ'deɪʃn] *s* **1.** Liquidation, Abwicklung *f* **2.** Abrechnung *f* **3.** Flüssigmachen n von Vermögenswerten *nt* **4.** (*Schulden*) Tilgung, Begleichung, Bezahlung *f* **5.** (POL) Liquidierung *f;* **go into ~** Konkurs machen, anmelden
liq•uid•ity [lɪ'kwɪdətɪ] *s* (FIN) Liquidität *f;* flüssige Mittel *ntpl*
liquid•ize ['lɪkwɪdaɪz] *vt* im Mixer pürieren; **liquid•izer** ['lɪkwɪdaɪzə(r)] *s* Mixer *m*
liquor ['lɪkə(r)] *s* **1.** Saft *m;* Flüssigkeit *f* **2.** Spirituosen *pl,* Alkohol *m*
liquor•ice, licor•ice ['lɪkərɪs, *Am* 'lɪkərɪʃ] *s* Lakritze *f*
lisp [lɪsp] *vi, vt* (*speak with a ~*) lispeln
lis•som(e) ['lɪsəm] *adj* geschmeidig, gelenk(ig); gewandt, flink
list[1] [lɪst] **I.** *s* **1.** Liste *f,* Verzeichnis *nt;* Aufstellung *f* **2.** (*Börse*) Kursblatt *nt* **3.** (*shopping ~*) Einkaufszettel *m;* **be on a ~** auf einer Liste stehen; **draw up** [*o* **make out**] **a ~** eine Liste aufstellen; **enter in a ~** in eine Liste eintragen; **put on a ~** auf eine Liste setzen; **strike off (from) a ~** von einer Liste streichen; **attendance ~** Anwesenheitsliste *f;* **price ~** Preisliste *f;* **wine ~** Weinkarte *f;* **~ of applicants** Bewerberliste *f;* **~ of members** Mitgliederverzeichnis *nt;* **~ price** Listenpreis *m* **II.** *vt* **1.** (*in eine Liste*) eintragen, -schreiben; verzeichnen **2.** registrieren; katalogisieren **3.** (*Posten*) aufführen **4.** (*Börse*) einführen **5.** aufführen; aufschreiben; aufzählen; **~ed building** (*Br*) Gebäude *nt* unter Denkmalschutz
list[2] [lɪst] **I.** *s* (MAR) Schlagseite *f* **II.** *vi* Schlagseite haben
lis•ten ['lɪsn] *vi* **1.** horchen, hören (*to* auf) **2.** aufpassen (*for* auf) **3.** zuhören (*to s.o.* jdm); **~ to s.o.** jdm zuhören; **don't ~ to him** hören Sie nicht auf ihn!; **~ to the radio** Radio hören; **~ for s.th.** auf etw horchen; **listen in** *vi* (TELE) mithören (*to a conversation* ein Gespräch), Radio hören; **~ in to a program(me)/to a speech/to London** ein Programm/eine Rede/London hören; **lis•tener** ['lɪsnə(r)] *s* **1.** Zuhörer(in) *m(f)* **2.** (RADIO) Hörer(in) *m(f);* **not to be a good ~** nicht zuhören können; **lis•ten•ing** [-ɪŋ] *s* Radiohören *nt;* **good ~!** gute Unterhaltung!; **~ post** Horchposten *m;* **~ skills** Fähigkeit *f* zum Zuhören
lis•te•ria [lɪ'stɪərɪə] *s* Listeria *f*
list•ing ['lɪstɪŋ] *s* **1.** Anfertigung *f* einer Liste, Aufstellung *f* eines Verzeichnisses **2.** Katalogisierung *f* **3.** (*Börse*) Zulassung, Notierung *f*
list•less ['lɪstlɪs] *adj* lustlos; teilnahmslos
lists [lɪsts] *s pl* Turnier-, *fig* Kampfplatz *m;* **enter the ~** in die Schranken treten (*against* gegen)
lit [lɪt] *s.* **light[1]**
lit•any ['lɪtənɪ] *s* Litanei *f*
li•tchi ['laɪtʃi:] *s* Litschi *f*
liter ['li:tə(r)] *s* (*Am*) Liter *m*
lit•er•acy ['lɪtərəsɪ] *s* Lese- und Schreibfertigkeit *f*
lit•eral ['lɪtərəl] **I.** *adj* **1.** wörtlich, wortgetreu **2.** (*Sinn*) eigentlich **II.** *s* Schreib-, Druck-, Tippfehler *m;* **lit•erally** ['lɪtərəlɪ] *adv* **1.** wörtlich, wortgetreu, Wort für Wort **2.** buchstäblich
lit•er•ary ['lɪtərərɪ] *adj* literarisch; **~ criticism** Literaturkritik *f;* **~ editor** Feuilletonredakteur(in) *m(f);* **~ supplement** Literaturbeilage *f*
lit•er•ate ['lɪtərət] *adj* **1.** des Lesens u. Schreibens kundig **2.** gebildet
lit•er•ature ['lɪtrətʃə(r)] *s* **1.** Literatur *f* **2.** Schrifttum *nt*
lithe [laɪð] *adj* geschmeidig, gelenkig
lith•ium ['lɪθɪəm] *s* Lithium *nt*
litho•graph ['lɪθəgrɑ:f] **I.** *s* Lithographie *f;* Steindruck *m,* -zeichnung *f* **II.** *vt* lithographieren; **lith•ogra•phy** [lɪ'θɒgrəfɪ] *s* (Kunst der) Lithographie *f*
Lithuania [ˌlɪθjʊ'eɪnɪə] *s* Litauen *nt;* **Lithuanian** [-n] **I.** *adj* litauisch **II.** *s* **1.** (das) Litauisch(e) **2.** Litauer(in) *m(f)*
liti•gant ['lɪtɪgənt] *s* prozessführende Partei; **liti•gate** ['lɪtɪgeɪt] *vi* prozessieren; **liti•ga•tion** [ˌlɪtɪ'geɪʃn] *s* Prozess, Rechtsstreit *m;* **lit•igious** [lɪ'tɪdʒəs] *adj* prozess-

L

süchtig

lit•mus ['lɪtməs] *s* (CHEM) Lackmus *m od nt;* **litmus paper** *s* Lackmuspapier *nt*

litre ['li:tə(r)] *s* (*Br*) Liter *m*

lit•ter¹ ['lɪtə(r)] *s* Sänfte *f;* Tragbahre, Trage *f*

lit•ter² ['lɪtə(r)] **I.** *s* **1.** Abfall *m* **2.** (*Hunde*) Wurf *m* **3.** Streu *f;* Stroh *nt* **II.** *vt* **1.** verstreuen, umherwerfen, in Unordnung bringen **2.** (*Junge*) werfen; **be ~ed** übersät sein (*with* von); **litter-bug** *s* (*Am*), **litter-lout** *s* Mensch *m*, der Papier auf der Straße wegwirft

little ['lɪtl] **I.** *adj* **1.** klein **2.** niedrig, gering **3.** kurz **4.** wenig **5.** gemein; **in a ~ while** in kurzer Zeit **II.** *adv, s* **1.** wenig, nicht viel; kaum **2.** schwerlich; **I go there very ~** ich gehe sehr selten dorthin **III.** *s:* **a ~** ein (klein) wenig, ein bisschen, eine Kleinigkeit; **after a ~** nach einer Weile; **~ by ~** nach u. nach, allmählich; **for a ~** für ein Weilchen; **not a ~** nicht wenig; **make ~ of** wenig halten von; **I think ~ of it** davon halte ich nicht viel; **little•ness** [-nɪs] *s* **1.** Kleinheit *f* **2.** Geringfügigkeit *f;* **~ of mind** Beschränktheit *f*

li•turgi•cal [lɪ'tɜ:dʒɪkl] *adj* (REL) liturgisch; **lit•urgy** ['lɪtədʒɪ] *s* Liturgie *f*

liv•able, live•able ['lɪvəbl] *adj* **1.** (*Leben*) lebenswert **2.** auszuhalten(d); zu ertragen(d) **3.** (*Raum*) wohnlich

live¹ [lɪv] **I.** *vi* **1.** leben **2.** am Leben bleiben, über-, weiterleben **3.** dauern, bestehen, aushalten **4.** sein Leben führen **5.** sein Auskommen haben, leben (*on* von) **6.** auskommen (*on* mit) **7.** wohnen (*with* bei, *at* in); **~ to see** erleben; **~ beyond one's means** über seine Verhältnisse leben; **have barely enough to ~ (on)** kaum genug zum Leben haben **II.** *vt* **1.** (*ein Leben*) leben, führen **2.** vorleben, in die Tat umsetzen; **live apart** *vi* getrennt leben; **live down** *vt* wieder gutmachen; vergessen lassen; **I'll never ~ that down** das werde ich noch lange zu hören kriegen; **live for s.th.** *vt* für etw leben; **~ for the day when ...** den Tag nicht erwarten können, wenn ...; **live in** *vi* im Hause schlafen; **live off** *vi* seinen Lebensunterhalt beziehen von; sich ernähren von; **live on** *vi* weiterleben; leben von; **live out I.** *vi* außerhalb des Hauses schlafen **II.** *vt* (das Ende *+gen*) erleben; **live through** *vt* überleben; **live together** *vi* zusammenleben; **live up to** *vt* in Einklang leben mit; gemäß einer S leben; (*Erwartungen*) erfüllen

live² [laɪv] **I.** *adj* **1.** lebend(ig) **2.** lebhaft, lebensprühend **3.** (*Thema*) aktuell **4.** (*Kohlen*) glühend **5.** (*Diskussion*) lebhaft **6.** (*Geschoss*) scharf **7.** (ELEK) stromführend **8.** (RADIO) live; direkt übertragen; **a real ~ dog** ein echter Hund; **~ broadcast** Originalübertragung, Live-Sendung *f* **II.** *adv* (RADIO) live, direkt

live•able ['lɪvəbl] *adj* **1.** (*Leben*) lebenswert **2.** auszuhalten(d); zu ertragen(d) **3.** (*Raum*) wohnlich

live•li•hood ['laɪvlɪhʊd] *s* Lebensunterhalt *m;* **earn** [*o* **gain**] [*o* **make**] **a ~** seinen Lebensunterhalt verdienen

live•li•ness ['laɪvlɪnɪs] *s* Lebendigkeit, Lebhaftigkeit *f;* **live•ly** ['laɪvlɪ] *adj* **1.** lebendig, lebhaft **2.** (*Beschreibung*) lebendig, lebensecht **3.** energisch, kraftvoll **4.** aufregend **5.** (*Interesse*) stark

liven up ['laɪvn 'ʌp] **I.** *vt* **1.** aufmuntern, beleben **2.** in Stimmung bringen **II.** *vi* **1.** lebhaft, munter werden **2.** in Stimmung kommen

liver¹ ['lɪvə(r)] *s:* **fast ~** Lebemann *m;* **loose ~** liederlicher Mensch; **plain ~** einfacher Mensch

liver² ['lɪvə(r)] *s* Leber *f;* **liver complaint** *s* Leberleiden *nt;* **liver•ish** ['lɪvərɪʃ] *adj* (*fam*) leberkrank; **liver sausage** *s* (*Am*), **liver•wurst** ['lɪvəwɜ:st] *s* Leberwurst *f*

liv•ery ['lɪvrɪ] *s* Livree *f*

live•stock ['laɪvstɒk] *s* Vieh *nt;* Viehbestand *m*

livid ['lɪvɪd] *adj* **1.** bleifarben **2.** aschgrau, leichenblass **3.** (*fam*) wütend

liv•ing ['lɪvɪŋ] **I.** *adj* **1.** lebend, lebendig **2.** leibhaftig **3.** (*Fels*) gewachsen; **within ~ memory** seit Menschengedenken; **knock the ~ daylights out of s.o.** jdn windelweich schlagen; **scare the ~ daylights out of s.o.** jdn zu Tode erschrecken **II.** *s* **1.** (Lebens)Unterhalt *m;* Auskommen *nt;* Existenz *f* **2.** Leben *nt;* **the ~** die Lebenden *pl;* **make a ~** sein Auskommen haben (*as* als, *out of* durch); **art of ~** Lebenskunst *f;* **standard of ~** Lebensstandard *m;* **loose ~** lockerer Lebenswandel; **living conditions** *s pl* Lebensbedingungen *fpl,* Wohnverhältnisse *ntpl;* **living creature** *s* Lebewesen *nt;* **living quarters** *s pl* Wohnbereich *m;* **living room** *s* Wohnzimmer *nt;* **living space** *s* **1.** Lebensraum *m* **2.** Wohnfläche *f;* **living wage** *s* Existenzminimum *nt*

liz•ard ['lɪzəd] *s* Eidechse *f;* Echse *f*

llama ['lɑ:mə] *s* Lama *nt*

load [ləʊd] **I.** *s* **1.** (Trag)Last, Ladung, Fuhre *f* **2.** Fracht *f* **3.** Belastung, Last *f* **4.** (ELEK) Leistung *f;* Spannung *f* **5.** (*fig*) Bürde *f;* **a ~ of nonsense** [*o* **rubbish**]**!** (*fam*) Quatsch! Blödsinn!; **get a ~ of s.th.** (*fam*) etw mitkriegen; etw kapieren; sich etw anhören; **that's a ~ off my mind** mir fällt ein Stein vom Herzen ...; **~s of** eine Menge ...; **peak ~** Spitzenbelastung *f;* **safe ~** zulässige

Belastung **II.** *vi* **1.** laden; Ladung übernehmen **2.** (*Gewehr*) laden **3.** (*Kamera*) einen Film einlegen **4.** (*Börse*) stark kaufen **III.** *vt* **1.** (*Transportmittel*) (be)laden; (*Ladung*) verladen **2.** überladen, überlasten **3.** (*fig*) überhäufen **4.** (*Feuerwaffe*) laden **5.** (*Fotoapparat*) einen Film einlegen in **6.** (*Würfel*) fälschen **7.** (*Ofen*) beschicken **8.** (INFORM) laden; **load down** *vt* **1.** schwer beladen **2.** (*fig*) überlasten; **load up I.** *vi* aufladen **II.** *vt* beladen; aufladen; **loaded** ['ləʊdɪd] *adj* **1.** beladen; belastet **2.** (*Gewehr*) geladen **3.** (*Würfel*) präpariert; **he's ~** er hat Geld wie Heu; er ist besoffen; **~ to capacity** voll beladen; **~ question** Fangfrage *f;* **load line** *s* (MAR) Ladekennlinie *f;* (TECH) Belastungskennlinie *f*

load•star ['ləʊdstɑ:] *s* **1.** Leit-, Polarstern *m* **2.** (*fig*) Leitstern *m,* Vorbild *nt;* **load•stone** ['ləʊdstəʊn] *s* (MIN) Magneteisenstein *m*

loaf¹ [ləʊf, *pl* 'ləʊvz] <*pl* loaves> *s* **1.** Laib *m;* Brot *nt* **2.** (*meat~*) Hackbraten *m* **3.** (*sugar-~*) (Zucker)Hut *m;* **use your ~!** (*sl*) streng deinen Grips an!

loaf² [ləʊf] *vi* herumbummeln, faulenzen; **~ about the house** im Haus herumgammeln; **loafer** ['ləʊfə(r)] *s* Faulenzer *m*

loam [ləʊm] *s* Lehm(boden) *m;* **loamy** ['ləʊmɪ] *adj* lehmig

loan [ləʊn] **I.** *s* **1.** Anleihe *f;* Darlehen *nt* **2.** Leihgabe *f;* **as a ~** als Leihgabe; **on ~** leihweise; ausgeliehen; **ask for the ~ of s.th** bitten etw ausleihen zu dürfen; **give s.o. the ~ of s.th** jdm etw (aus)leihen; **have s.th. on ~** etw geliehen haben; **contract a ~** eine Anleihe aufnehmen; **grant a ~** ein Darlehen gewähren (*to s.o.* jdm) **II.** *vt* (aus-, ver)leihen; als Darlehen geben (*to* an); **loan•word** ['ləʊnwɜ:d] *s* Lehnwort *nt*

loath, loth [ləʊθ] *adj* widerwillig; **be ~ to do s.th.** etw nur sehr ungern tun

loathe [ləʊð] *vt* verabscheuen, hassen; **loath•ing** [-ɪŋ] *s* Ekel *m* (*at* vor), Hass *m;* **loath•some** [-səm] *adj* ekelhaft, abscheulich

lob [lɒb] **I.** *vi, vt* (SPORT) lobben **II.** *s* (SPORT) Hochball, Lob *m*

lobby ['lɒbɪ] **I.** *s* **1.** (Vor)Halle *f;* Wandelhalle *f;* Foyer *nt* **2.** (POL) Lobby, Interessengruppe *f* **II.** *vt* (POL: *Abgeordnete*) beeinflussen; **~ through** (*Gesetzesantrag*) mit Hilfe einer Lobby durchzubringen versuchen; **lobby•ist** [-ɪst] *s* Lobbyist *m*

lobe [ləʊb] *s* (ANAT) Ohrläppchen *nt;* (*von Lunge, Gehirn*) Lappen *m*

lob•ster ['lɒbstə(r)] *s* Hummer *m*

lo•cal ['ləʊkl] **I.** *adj* **1.** örtlich **2.** ortsansässig; hiesig; **~ anaesthetic** örtliche Betäubung, Lokalanästhesie *f;* **~ people** Ortsansässige *pl;* **~ opinion** Meinung *f* vor Ort **II.** *s* **1.** Ortsansässige(r) *f m* **2.** (*fam*) Lokal *nt* in der Nachbarschaft; Stammlokal *nt;* **local authorities** *s pl* Ortsbehörden *fpl;* **local branch** *s* Zweigstelle, Filiale *f;* **local call** *s* (TELE) Ortsgespräch *nt;* **local charge** *s* (TELE) Ortstarif *m;* **local colo(u)r** *s* Lokalkolorit *nt*

lo•cale [ləʊ'kɑ:l] *s* Örtlichkeit *f;* Schauplatz *m*

lo•cal elec•tions [ˌləʊkl ɪ'lekʃnz] *s pl* Kommunalwahlen *fpl;* **local government** *s* Gemeinde-, Kommunalverwaltung *f*

lo•cal•ity [ləʊ'kælətɪ] *s* Örtlichkeit, Lokalität *f;* Lage *f*

lo•cal•iz•ation [ˌləʊkəlaɪ'zeɪʃn] *s* Lokalisierung *f;* **lo•cal•ize** ['ləʊkəlaɪz] *vt* lokalisieren (*to* auf)

lo•cal news [ˌləʊkl 'nju:z] *s pl mit sing* Lokalnachrichten *fpl;* **local paper** *s* Lokalzeitung *f;* **local time** *s* Ortszeit *f;* **local traffic** *s* Ortsverkehr *m;* **local train** *s* Zug *m* im Nahverkehr

lo•cate [ləʊ'keɪt, *Am* 'ləʊkeɪt] *vt* **1.** (örtlich) festlegen, abstecken, abgrenzen **2.** ausfindig machen, feststellen **3.** (*Firma, Gebäude*) errichten; einrichten; **be ~d** liegen, sich befinden; **lo•ca•tion** [ləʊ'keɪʃn] *s* **1.** Absteckung, Abgrenzung *f* **2.** Lage *f;* Standort *m* **3.** Orts-, Lagebestimmung *f;* Ortsangabe *f* **4.** Platz *m* (*for* für) **5.** Ansiedlung *f* **6.** (*Am:* JUR) Vermietung *f* **7.** (FILM) Drehort *m;* Außenaufnahmen *fpl*

loch [lɒx] *s* (*schottisch*) See *m;* Meeresarm *m*

lock¹ [lɒk] *s* (Haar)Locke *f*

lock² [lɒk] **I.** *s* **1.** (Tür)Schloss *nt* **2.** Verschluss *m* (*a. einer Feuerwaffe*), Sperre *f* **3.** (*Ringen*) Fesselung *f* **4.** (MAR) Schleuse *f;* Staustufe *f* **5.** (AUTO) Wendekreis *m;* **under ~ and key** hinter Schloss und Riegel; **~, stock, and barrel** alles zusammen **II.** *vt* **1.** (*~ up*) ver-, zuschließen, -sperren **2.** einschließen, ein-, absperren (*in, into* in) **3.** (*die Arme*) verschränken **4.** fest umschlingen, -fassen, -spannen **5.** bremsen; versperren, abriegeln, blockieren **III.** *vi* **1.** (*Schloss*) zuschnappen **2.** verschließbar sein; ineinander greifen; **lock away** *vt* wegschließen; einsperren; **lock in** *vt* einschließen, -sperren; **lock on** *vi* gekoppelt werden; sich einstellen (*to* auf); **the missile ~s on to its target** die Rakete richtet sich auf das Ziel; **lock out** *vt* aussperren (*a. bei Streik*); **lock up** *vt* **1.** zu-, verschließen, -sperren **2.** einschließen, -sperren **3.** (*Geld*) wegschließen **4.** (*Kapital*) fest anlegen

L

locker ['lɒkə(r)] *s* Schließfach *nt;* Spind *m;* **go to Davy Jones's** ~ im Meer ertrinken; ~ **room** Raum *m* mit Schließfächern; (SPORT) Umkleideraum *m*

locket ['lɒkɪt] *s* Medaillon *nt*

lock•jaw ['lɒkdʒɔː] *s* (MED) Wundstarrkrampf *m*

lock-keeper ['lɒk,kiːpə(r)] *s* Schleusenwärter(in) *m(f)*

lock•out ['lɒkaʊt] *s* Aussperrung *f* (*bei Streik*)*;* **lock•smith** ['lɒksmɪθ] *s* Schlosser(in) *m(f);* **lock•up** ['lɒkʌp] *s* **1.** Gefängnis *nt* **2.** (COM) Laden *m,* Geschäft *nt* **3.** (AUTO) Einzelgarage *f*

loco•mo•tion [,ləʊkə'məʊʃn] *s* Bewegung *f;* **loco•mo•tive** [,ləʊkə'məʊtɪv] **I.** *adj* Fortbewegungs- **II.** *s* Lokomotive *f*

locum tenens [,ləʊkəm'tiːnenz] *s* (Stell)Vertreter(in) *m(f)*

lo•cus ['ləʊkəs, *pl* 'ləʊsaɪ] <*pl* loci> *s* (MATH) geometrischer Ort

lo•cust ['ləʊkəst] *s* **1.** (Wander)Heuschrecke *f* **2.** (~*-tree*) Robinie *f*

loc•ution [lə'kjuːʃn] *s* **1.** Rede-, Sprechweise *f* **2.** Redensart *f,* Ausdruck *m*

lode [ləʊd] *s* (MIN) Erzader *f;* **lode•star** ['ləʊdstɑː(r)] *s* **1.** Leit-, Polarstern *m* **2.** (*fig*) Leitstern *m,* Vorbild *nt;* **lodestone** ['ləʊdstəʊn] *s s.* **loadstone**

lodge [lɒdʒ] **I.** *s* **1.** Häuschen *nt* **2.** (Pförtner-, Jagd)Haus *nt* **3.** Pförtner-, Portiersloge *f* **4.** (Freimaurer)Loge *f* **5.** Lager *nt* (*eines wilden Tieres*)*,* Biberbau *m* **6.** Wigwam *m* **II.** *vt* **1.** unterbringen, einquartieren; beherbergen **2.** (*Wertsachen*) hinterlegen, deponieren (*with s.o.* bei jdm) **3.** (JUR: *Forderung*) erheben, anmelden; (*Anspruch*) geltend machen **4.** (*Berufung, Beschwerde*) einlegen, einreichen **5.** (*Einwand, Klage*) erheben **6.** (*Kugel*) jagen (*in* in) **7.** (*Schlag*) versetzen **III.** *vi* **1.** wohnen (*with* bei) **2.** (*Kugel*) stecken bleiben (*in* in); **lodger** ['lɒdʒə(r)] *s* Untermieter(in) *m(f);* **lodging** ['lɒdʒɪŋ] *s* **1.** Unterbringung, Beherbergung *f* **2.** Wohnung, Unterkunft *f* **3.** (JUR: *Berufung*) Einlegen *nt* **4.** ~**s** möbliertes Zimmer, möblierte Wohnung; **board and** ~ Kost und Logis; **live in** ~**s** möbliert wohnen; **lodging house** *s* (*Br*) Pension *f*

lo•ess ['ləʊes] *s* (GEOL) Löß *m*

lo-fi ['ləʊ,faɪ] *adj* schlicht

loft [lɒft] **I.** *s* **1.** (Dach-, Heu)Boden, Speicher *m* **2.** (Orgel)Chor *m* **3.** (ARCH) Empore, Galerie *f* **II.** *vt* hochschlagen

lofty ['lɒftɪ] *adj* **1.** hoch(ragend) **2.** edel, vornehm **3.** eingebildet, arrogant

log¹ [lɒg] *s* (Holz)Klotz, Block *m;* Holzscheit *nt;* **sleep like a** ~ wie ein Murmeltier schlafen; **log fire** *s* Holzfeuer *nt*

log² [lɒg] **I.** *s* **1.** (MAR) Log *nt* **2.** (~*-book*) Log-, Schiffstagebuch *nt* **3.** (AUTO) Fahrtenbuch *nt* **4.** (AVIAT) Bordbuch *nt* **5.** (TECH: ~ *sheet*) (Zustands)Bericht *m;* Betriebsprotokoll *nt* **II.** *vt* **1.** Buch führen über **2.** (MAR) ins Logbuch eintragen **3.** (*Entfernung*) zurücklegen; **log in** *vi* (INTERNET) (sich) einloggen

log³ [lɒg] *s* (MATH) Logarithmus *m*

lo•gan•berry ['ləʊgənberɪ] *s* Loganbeere *f*

log•ar•ithm ['lɒgərɪðəm] *s* (MATH) Logarithmus *m;* **take** ~**s** logarithmieren; **loga•rith•mic** [,lɒgə'rɪðmɪk] *adj* logarithmisch

log book ['lɒgbʊk] *s s.* **log²**

log-cabin [,lɒg'kæbɪn] *s* Blockhaus *nt;* **log•ger** ['lɒgə(r)] *s* Holzfäller *m*

log•ger•heads ['lɒgəhedz] *s:* **I was at** ~**s with him** wir lagen uns in den Haaren; **be at** ~ **with s.th.** mit etw auf dem Kriegsfuß stehen

logic ['lɒdʒɪk] *s* Logik *f;* **logi•cal** ['lɒdʒɪkl] *adj* logisch; **lo•gis•tics** [lə'dʒɪstɪks] *s pl* Logistik *f*

log jam ['lɒgdʒæm] *s* (*Am*) unüberwindliche Schwierigkeit

logo ['lɒgəʊ] *s* (Firmen)Logo *nt*

log•rol•ling ['lɒgrəʊlɪŋ] *s* **1.** (PARL) gegenseitige Unterstützung (*der Parteien*) **2.** (*pej*) politischer Kuhhandel

loin [lɔɪn] *s* Lende *f;* **loin•cloth** ['lɔɪnklɒθ] *s* Lendenschurz *m*

loi•ter ['lɔɪtə(r)] **I.** *vi* (~ *about*) herumbummeln; herumlungern **II.** *vt* (*Zeit:* ~ *away*) vertrödeln; **loi•terer** ['lɔɪtərə(r)] *s* (*fam*) Herumlungerer *m;* Bummelant(in) *m(f)*

loll [lɒl] *vi* **1.** sich (bequem) ausstrecken, sich rekeln **2.** sich zurück-, sich anlehnen; ~ **out** (*Zunge*) heraushängen

lol•li•pop ['lɒlɪpɒp] *s* Lutscher *m;* Eis *nt* am Stiel; ~ **lady/man** (*Br*) *Lotse, der Schulkinder über die Straße führt*

lol•lop ['lɒləp] *vi* (*Br fam*) hin u. her schlenkern, watscheln, torkeln

lolly ['lɒlɪ] *s* **1.** (*fam*) Lutscher *m* **2.** (*sl*) Geld *nt;* **ice(d)** ~ Eis *nt* am Stiel

lone [ləʊn] *adj* einsam; **play a** ~ **hand** etw im Alleingang tun; ~ **wolf** Einzelgänger(in) *m(f);* **lone•li•ness** ['ləʊnlɪnɪs] *s* Einsamkeit *f;* **lone•ly** ['ləʊnlɪ] *adj* **1.** einsam; vereinsamt **2.** sich einsam fühlend; **lon•er** ['ləʊnə(r)] *s* Einzelgänger(in) *m(f);* **lonesome** ['ləʊnsəm] *adj* **1.** einsam **2.** verlassen, öde

long¹ [lɒŋ] **I.** *adj* **1.** lang **2.** (*Weg*) weit **3.** (FIN) langfristig; mit langer Laufzeit; **in the** ~ **run** auf die Dauer; **be** ~ **(in) doing s.th.** viel Zeit zu etw brauchen; **not to be** ~ **for ...** nicht lange dauern, bis ...; **take a** ~ **time** viel Zeit brauchen; **take the** ~ **view** auf lange Sicht planen; **don't be** ~**!** beeil dich! **II.** *adv* lange; **as** [*o* **so**] ~ **as** solange; vorausgesetzt, dass; wenn nur; **at** (**the**) **~est** höchstens; längstens; **before** ~ in kurzem; **no ~er** nicht mehr; ~ **after** lange nachher, viel später; ~ **before** lange vorher, viel früher; ~ **ago** vor langer Zeit; **so ~!** (*fam*) bis später! **III.** *s* **1.** lange Zeit **2.** (*Phonetik, Prosodie*) Länge *f;* **the ~ and the short of it** langer Rede kurzer Sinn; kurz (gesagt)

long² [lɒŋ] *vi* sich sehnen (*for* nach)

long•boat ['lɒŋbəʊt] *s* (MAR) großes Beiboot, Pinasse *f;* Wikingerboot *nt;* **long-distance** *adj:* ~ **call** Ferngespräch *nt;* ~ **express train** Fernexpress *m;* ~ **lorry driver** Fernfahrer(in) *m(f);* ~ **flight** Langstreckenflug *m;* ~ **traffic** Fernverkehr *m;* **long drink** *s* Longdrink *m,* verdünntes alkoholisches Getränk

lon•gev•ity [lɒn'dʒevətɪ] *s* Langlebigkeit *f*

long-haired [ˌlɒŋ'heəd] *adj* langhaarig; **long•hand** ['lɒŋhænd] *s* Langschrift *f;* **long haul** *s* (*Am*) **1.** (AVIAT) Langstrecken-, Nonstopflug *m* **2.** (*fig*) schwieriger Lebensabschnitt

long•ing ['lɒŋɪŋ] **I.** *adj* sehnsüchtig; sich sehnend (*for* nach) **II.** *s* Sehnsucht *f,* Verlangen *nt* (*for* nach)

long•ish ['lɒŋgɪʃ] *adj* ziemlich lang

longi•tude ['lɒŋgɪtju:d] *s* (geographische) Länge *f;* **longi•tudi•nal** [ˌlɒŋgɪ'tju:dɪnl] *adj* längslaufend, Längs-

long johns ['lɒŋdʒɒnz] *s pl* lange Unterhosen *fpl;* **long jump** *s* (SPORT) Weitsprung *m;* **long-life milk** ['lɒŋlaɪf] *s* H-Milch *f;* **long-lived** [ˌlɒŋ'lɪvd] *adj* langlebig; dauerhaft; **long-lost** ['lɒŋlɒst] *adj* längst verloren geglaubt; **long odds** *s pl* geringe Gewinnchancen *fpl;* **long-playing record** *s* Langspielplatte *f;* **long-range** *adj* **1.** weit reichend **2.** (*Rakete, Flugzeug*) Langstrecken- **3.** weit vorausschauend; ~ **forecast** Langzeitprognose *f;* ~ **planning** langfristige Planung; **long shot** *s* riskantes Unternehmen; **not by a ~** nicht im Traum; **long-sighted** [ˌlɒŋ'saɪtɪd] *adj* weitsichtig; **long-stand•ing** [ˌlɒŋ'stændɪŋ] *adj* langdauernd, anhaltend; **long-suffering** *adj* schwer geprüft; **long-term** *adj* langfristig; ~ **damage** Spätschaden *m;* ~ **effect** Langzeitwirkung *f;* ~ **planning** langfristige Planung *f;* ~ **test** Dauertest *m;* ~ **unemployed** (**person**) Langzeit-, Dauerarbeitslose(r) *f m;* **long vac** *s* (*fam*), **long vacation** *s* große Ferien *pl,* Sommersemesterferien *pl;* **long wave** *s* (RADIO) Langwelle *f;* **long-wave** *adj:* ~ **band** Langwellenbereich *m;* **long•ways, long•wise** ['lɒŋweɪz, -waɪz] *adv* der Länge nach; **long-winded** [ˌlɒŋ'wɪndɪd] *adj* langatmig

loo [lu:] *s* (*Br fam*) Klo *nt*

loo•fa(h) ['lu:fə] *s* Luffa *f*

look [lʊk] **I.** *vi* **1.** sehen, schauen, blicken (*at, on, upon* auf, nach) **2.** ansehen, -schauen (*at, on s.o., s.th.* jdn, etw) **3.** Acht geben, aufpassen (*to* auf) **4.** seinen Blick richten (*towards* auf) **5.** suchen, nachsehen **6.** (*Fenster*) gehen nach **7.** aussehen, scheinen; **it ~s like rain** es sieht nach Regen aus; ~ **sharp!** dalli, dalli!; ~ **here!** sieh her!; hör mal gut zu!; ~ **and see** nachsehen **II.** *vt* **1.** sehen (*s.o. in the face* jdm ins Gesicht) **2.** zum Ausdruck bringen, Ausdruck geben (*s.th.* einer S); **he ~s his age** man sieht ihm sein Alter an **III.** *s* **1.** Blick *m* (*at* auf, nach) **2. ~s** Aussehen *nt;* Anblick *m;* Erscheinung *f;* **the Look** (*fam*) ein strafender Blick; **cast** [*o* **throw**] **a ~** einen Blick werfen (*at* auf); **give s.o. a dirty ~** jdm einen vernichtenden Blick zuwerfen; **have a ~ at s.th.** etw angucken; **I don't like the ~ of it** es gefällt mir nicht; **look about** *vi* sich umsehen, sich umschauen (*for* nach); **look after** *vt* **1.** sich kümmern um; aufpassen auf **2.** überwachen, aufpassen auf; sehen nach **3.** nachsehen *dat;* **look ahead** *vi* **1.** nach vorne sehen **2.** die Zukunft planen, vorausschauen; **look around** *vi* sich umsehen (*for* nach); **look at** *vt* **1.** ansehen; sich ansehen, überprüfen; betrachten; überlegen **2.** (*fam*) rechnen mit; **look away** *vi* wegsehen; **look back** *vi* **1.** zurückschauen, -blicken (*on, upon* auf) **2.** unsicher werden; **look down** *vi* hochmütig herabsehen (*on* auf); **look for** *vt* **1.** suchen **2.** erwarten; **look forward** *vi* sich freuen (*to* auf); **look in** *vi* einen kurzen Besuch abstatten (*on s.o.* jdm); **look into** *vt* untersuchen, nachgehen (*s.th.* einer S); **look on, upon** *vi* **1.** ansehen, betrachten (*as* als) **2.** zusehen; **look onto** *vi* hinausschauen auf; **look out I.** *vi* **1.** aufpassen, Acht geben (*for* auf) **2.** hinaussehen, -gehen (*on* auf) **II.** *vt* sich aussuchen; ~ **out!** aufpassen! Achtung! Vorsicht!; **look over** *vt* mustern; prüfen; **look round** *vi* sich umsehen; **look through** *vt* **1.** durchsehen **2.** prüfen **3.** (*fig*) durchschauen; **look to** *vi* **1.** sich kümmern um **2.** sich verlassen auf, vertrauen auf; ~ **to it that** sehen Sie zu, dass; **look up I.** *vi* **1.** aufblicken, -schauen, -sehen (*at* auf) **2.** (*Lage*) sich bessern **3.** (*Preise*) steigen **II.** *vt* **1.** (*Wort*) nachschlagen **2.** (*fam*) besuchen; ~ **up to s.o.** zu jdm aufsehen; **things are ~ing up** es geht besser, bergauf; **look up and down** *vt* genau untersuchen

look•alike ['lʊkəˌlaɪk] *s* Doppelgänger(in) *m(f)*

looker ['lʊkə(r)] *s:* **she's a real ~** sie sieht

fantastisch aus; **looker-on** ['lʊkərɒn] <*pl* lookers-on> *s* Zuschauer(in) *m(f)* (*at* bei); **look-in** ['lʊkɪn] *s* **1.** flüchtiger Blick **2.** kurzer Besuch; **have a ~** (SPORT: *fam*) Aussichten, Chancen haben; **look·ing glass** ['lʊkɪŋ'glɑːs] *s* Spiegel *m;* **look·out** ['lʊk,aʊt] *s* **1.** Ausblick *m* **2.** Ausguck *m;* (MAR) Mastkorb *m;* **be on the ~** Ausschau halten (*for* nach); **that is his ~** (*fam*) das ist seine Sache; **that's not my ~** das geht mich nichts an; **look-over** ['lʊkəʊvə(r)] *s* Überprüfung *f;* **give s.th. a ~** sich etw ansehen

loom¹ [luːm] *s* Webstuhl *m*

loom² [luːm] *vi* **1.** (*~ up*) allmählich, undeutlich sichtbar werden **2.** drohend aufragen; **~ large** sehr wichtig sein

loony ['luːnɪ] *adj* (*sl*) verrückt

loop [luːp] **I.** *s* **1.** Schlinge, Schleife *f* **2.** Windung *f;* Öse *f* **3.** (MED) Spirale *f* **4.** (AVIAT) Looping *m* **5.** (RADIO) Rahmenantenne *f* **6.** (INFORM) Schleife *f* **II.** *vt* **1.** in Schleifen legen **2.** winden (*around* um); **~ the ~** (AVIAT) einen Looping machen **III.** *vi* **1.** Schleifen bilden **2.** sich schlingen

loop·hole ['luːphəʊl] *s* **1.** Schießscharte *f* **2.** (*fig*) Ausweg *m;* **a ~ in the law** eine Gesetzeslücke

loose [luːs] **I.** *adj* **1.** lose, frei, ungebunden **2.** (COM) lose, unverpackt **3.** lose, locker **4.** (*Kleidung*) weit **5.** locker, aufgelockert **6.** (*Bedeutung*) ungenau **7.** (*Übersetzung*) frei **8.** (*Lebenswandel*) locker; **at a ~ end** ohne Beschäftigung; **~ change** Kleingeld *nt;* **have a ~ tongue** ein loses Mundwerk haben **II.** *adv* **1.** frei, ungebunden, ungezwungen **2.** lose, locker; **break ~** ausbrechen; **come ~** (*Band, Knoten*) aufgehen; (*Knopf*) abgehen; **cut ~** (sich) losreißen; (*fig*) außer Rand u. Band geraten; **work ~** (*Schraube*) sich lockern **III.** *vt* **1.** los-, freilassen; lockern **2.** befreien **IV.** *s:* **on the ~** frei, ungebunden; übermütig; **be on the ~** sich amüsieren; **loose connection** *s* (ELEK) Wackelkontakt *m;* **loose-leaf book** *s* Ringbuch *nt;* **loosely** ['luːslɪ] *adv* locker, lose; **~ speaking** grob gesagt; **loosen** ['luːsn] **I.** *vt* **1.** befreien **2.** (*Zunge*) lösen **3.** losmachen **4.** lockern **II.** *vi* **1.** frei werden, sich lösen **2.** sich lockern; **~ up** (SPORT) Lockerungsübungen machen; (*fig*) lockerer werden

loot [luːt] **I.** *s* Beute *f* **II.** *vt* plündern; **looting** [-ɪŋ] *s* Plünderung *f*

lop [lɒp] *vt* **1.** (*Baum*) beschneiden, stutzen **2.** (*~ off*) abhacken

lope [ləʊp] **I.** *vi* **1.** galoppieren, traben **2.** (in leichten Sprüngen) rennen **II.** *s:* **at a ~** im Galopp

lop-sided [,lɒp'saɪdɪd] *adj* **1.** einseitig, unsymmetrisch; schief **2.** (MAR) mit Schlagseite

lo·qua·cious [lə'kweɪʃəs] *adj* redselig

lord [lɔːd] **I.** *s* **1.** Herr *m;* Herrscher *m* (*of* über) **2.** (*Br*) Lord *m;* **(Our) Lord** der Herr (Jesus); **the Lord's Prayer** das Vaterunser; **the Lord's Supper** das heilige Abendmahl; **Lord only knows where ...** weiß der Himmel wo ...; **the House of Lords** das (brit.) Oberhaus; **as drunk as a ~** (*fam*) volltrunken **II.** *vt:* **~ it** den Herrn spielen; **Lord Chancellor** *s* (*in GB*) Lordkanzler *m;* **lord·ly** ['lɔːdlɪ] *adj* **1.** würdig, hoheitsvoll **2.** hochmütig **3.** stolz, gebieterisch; **Lord Mayor** *s* Oberbürgermeister *m;* **lord·ship** ['lɔːdʃɪp] *s:* **Your/His Lordship** Eure/Seine Lordschaft; **Lords Spiritual** *s pl* geistliche Herren *pl* (*im brit. Oberhaus*)*;* **Lords Temporal** *s pl* weltliche Herren *pl* (*im brit. Oberhaus*)

lore [lɔː(r)] *s* Lehre, Kunde *f*

lorry ['lɒrɪ] *s* (*Br*) Last(kraft)wagen, Lkw, Laster *m;* **lorry driver** *s* Last(kraft)wagenfahrer(in) *m(f),* Lkw-Fahrer(in) *m(f)*

lose [luːz] <*irr:* lost, lost> **I.** *vt* **1.** verlieren; einbüßen **2.** sich entgehen lassen, nicht mitbekommen **3.** (*Gelegenheit*) versäumen **4.** (*Verfolger*) abschütteln **5.** (*Gelerntes*) vergessen **6.** (*Uhr*) nachgehen **7.** verschwenden, vergeuden **8.** bringen (*s.o. s.th.* jdn um etw), kosten (*s.o. s.th.* jdn etw); **be lost** verloren sein; verschwunden sein; **I'm lost** ich verstehe nichts mehr; **the child got lost** das Kind hatte sich verirrt; **get lost!** verschwinde! hau ab!; **~ o.s.** sich verirren; sich verlieren (*in* in); **~ ground** den Boden unter den Füßen, den Halt verlieren; **~ one's head** (*fig*) den Kopf verlieren; **~ one's life** ums Leben kommen; **~ one's temper** die Geduld verlieren; heftig werden; **~ track of ...** jede Spur *+gen* aus den Augen verlieren; **~ one's way** sich verirren, sich verlaufen **II.** *vi* **1.** verlieren **2.** (*~ out*) verlieren, unterliegen; (COM) große Verluste erleiden (*on a deal* bei einem Geschäft) **3.** (*Uhr*) nachgehen; **loser** ['luːzə(r)] *s* Verlierer(in) *m(f);* **come off a** [*o* **the**] **~** den Kürzeren ziehen; **los·ing** ['luːzɪŋ] *adj* **1.** (COM) unrentabel; Verlust bringend **2.** (*Mannschaft*) Verlierer- **3.** (*fig*) aussichtslos; **~ business** Verlustgeschäft *nt;* **~ game** aussichtsloses Spiel

loss [lɒs] *s* **1.** Verlust *m* **2.** Einbuße *f,* Nachteil, Schaden, Ausfall *m* (*in* an), Schadensfall *m;* **at a ~** in Verlegenheit (*for* um); (COM) mit Verlust; **be at a ~ how to do s.th.** nicht wissen, wie man etw anfangen soll; **be at a ~ for s.th.** um etw verlegen sein; **be a dead ~** nutzlos, unbrauchbar sein; **sell at a ~** mit Verlust verkaufen; **suffer heavy ~es** schwere Verluste erleiden; **he is no great ~** an ihm ist nicht viel verloren; ~

of appetite Appetitlosigkeit *f;* ~ **of blood** Blutverlust *m;* ~ **of confidence** Vertrauensschwund *m;* ~ **of earnings** Ertragsausfall *m;* ~ **on exchange** Wechselkursverlust *m;* ~ **by fire** Brandschaden *m;* ~ **of life** Verluste *m pl* an Menschenleben; ~ **of civil rights** Aberkennung *f* der bürgerlichen Ehrenrechte; ~ **of time** Zeitverlust *m;* ~ **of wages** Lohnausfall *m;* ~ **in weight** Gewichtsverlust *m;* **loss-leader** *s* Lockartikel *m;* **loss-making** ['lɒsmeɪkɪŋ] *adj* (*Transaktion*) Verlust bringend; (*Firma*) in den roten Zahlen stehend

lost [lɒst] **I.** *pt, pp of* **lose II.** *adj* **1.** verloren; (*Gewinn*) entgangen **2.** vergessen **3.** verirrt **4.** abhanden gekommen; in Verlust geraten; **be ~ upon s.o.** auf jdn keinen Eindruck machen; **be ~ in thought** in Gedanken versunken sein; **a ~ cause** eine aussichtslose Sache; **lost property** *s* Fundsachen *pl;* **lost-property office** *s* Fundbüro *nt*

lot [lɒt] *s* **1.** Los *nt,* Schicksal, Geschick *nt* **2.** (Gewinn)Anteil *m* **3.** Parzelle *f* **4.** Gruppe *f;* Leute *pl* **5.** (COM) Partie *f,* Posten *m;* **a ~ of, ~s of** viele, eine Menge; **the ~** alles; alle; **you ~** ihr (alle); **by ~** durch das Los; **cast** [*o* **throw**] **in one's ~ with s.o.** jds Schicksal teilen; **a bad ~** (*fam*) eine miese Person; **building ~** Bauplatz *m;* **parking ~** Parkplatz *m*

loth [ləʊθ] *adj* widerwillig; **be ~ to do s.th.** etw nur sehr ungern tun

lo•tion ['ləʊʃn] *s* Lotion *f;* **shaving ~** Rasierwasser *nt*

lot•tery ['lɒtərɪ] *s* **1.** Lotterie, Verlosung *f* **2.** (*fig*) Glücksspiel *nt;* **lottery number** *s* Losnummer *f*

lo•tus ['ləʊtəs] *s* Lotos(blume *f*) *m;* **lo•tus eater** ['ləʊtəs,iːtə(r)] *s* Lotosesser(in) *m(f);* (*fig*) Müßiggänger(in) *m(f);* **lotus position** *s* Lotossitz *m*

loud [laʊd] **I.** *adj* **1.** laut **2.** geräuschvoll **3.** (*fig*) auffallend; auffällig **II.** *adv* laut; **loud•hailer** [,laʊd'heɪlə(r)] *s* Megafon *nt;* **loud mouth** *s* (*fam*) Großmaul *nt;* **loud•ness** [-nɪs] *s* Lautstärke *f;* Auffälligkeit *f;* Aufdringlichkeit *f;* **loud•speaker** [,laʊd'spiːkə(r)] *s* Lautsprecher *m,* Box *f*

lounge [laʊndʒ] **I.** *vi* **1.** herumsitzen, -stehen **2.** faulenzen **II.** *s* (*Hotel*) Gesellschaftsraum *m;* (*Flughafen*) Warteraum *m;* (*Haus*) Wohnzimmer *nt;* vornehmer Teil einer Gaststätte; **lounge bar** *s* (vornehme) Bar *f;* **lounge chair** *s* Klubsessel *m;* **lounge lizard** *s* Salonlöwe *m;* **lounge suit** *s Br*) Straßenanzug *m*

lour, lower ['laʊə(r)] *vi* **1.** finster blicken (*on, upon, at* auf) **2.** (*Himmel*) drohend aussehen; sich verfinstern; (*Wolken*) sich türmen

louse [laʊs, *pl* laɪs] <*pl* lice> **I.** *s* **1.** Laus *f* **2.** (*sl*) gemeiner Kerl **II.** *vt:* ~ **up** (*sl*) versauen; ruinieren; **lousy** ['laʊzɪ] *adj* **1.** verlaust **2.** (*sl*) lausig, gemein, ekelhaft; miserabel; ~ **with** (*sl*) voll von, übersät mit; ~ **with money** (*fam*) stinkreich

lout [laʊt] *s* Lümmel, Flegel *m;* **lout•ish** ['laʊtɪʃ] *adj* flegelhaft

louvre, lou•ver ['luːvə(r)] *s* **1.** Jalousie *f* **2.** Belüftungsklappe *f;* ~ **door** Lamellen-, Louvretür *f*

lov•able ['lʌvəbl] *adj* liebenswert

lovage ['lʌvɪdʒ] *s* Liebstöckel *m*

love [lʌv] **I.** *s* **1.** Liebe, Zuneigung *f* (*of, for, to, towards s.o.* zu jdm) **2.** Vorliebe *f* (*of, for s.th.* für etw) **3.** Geliebte(r), Liebste(r) *f m* **4.** (*fam*) etw Reizendes **5.** (*Anrede*) meine Liebe, mein Lieber, mein Liebes; Schätzchen *nt* **6.** Grüße *mpl* **7.** (SPORT: *Tennis*) null; **for ~** zum Spaß, zum Vergnügen; **for the ~ of** aus Liebe zu, *dat* zuliebe; **not for ~ nor money** nicht für Geld und gute Worte; **be in ~ with s.o.** in jdn verliebt sein; **fall in ~** sich verlieben; **make ~** sich lieben; **make ~ to s.o.** mit jdm schlafen; **send one's ~ to s.o.** jdn grüßen lassen; **give him my ~** grüßen Sie ihn von mir; **there's no ~ lost between them** sie können sich nicht ausstehen **II.** *vt* **1.** lieben; lieb haben, gern haben **2.** (gern) mögen (*a. Speisen*); ~ **to do** gern tun; **I'd ~ to go** ich würde (liebend) gern gehen **III.** *vi* lieben; verliebt sein; **love affair** *s* Liebschaft *f,* Verhältnis *nt;* **love•bird** ['lʌvbɜːd] *s* Sperlingspapagei *m;* (*fig*) Turteltaube *f;* **love bunnies** *s pl* (*fam*) Turteltauben *pl;* **love game** *s* (*Tennis*) Zu-Null-Spiel *nt;* **love-hate relationship** *s* Hassliebe *f;* **love-less** [lʌvlɪs] *adj* ohne Liebe; lieblos; **love letter** *s* Liebesbrief *m;* **love life** *s* Liebesleben *nt*

love•li•ness ['lʌvlɪnɪs] *s* Liebreiz *m;* **love-ly** ['lʌvlɪ] *adj* **1.** lieblich; schön, hübsch **2.** (*fam*) herrlich, großartig

love-mak•ing ['lʌv,meɪkɪŋ] *s* **1.** Zärtlichkeiten *fpl* **2.** Geschlechtsverkehr *m*

lover ['lʌvə(r)] *s* Liebhaber *m,* Freund(in) *m(f),* Geliebte(r) *f m;* ~ **of horses** Pferdeliebhaber *m;* **a ~ of good music** Freund *m* guter Musik; **be a ~ of good wine** einen guten Tropfen lieben; **they are ~s** sie sind ein Liebespaar

love•sick ['lʌvsɪk] *adj* liebeskrank; **be ~** Liebeskummer haben; **love song** *s* Liebeslied *nt;* **love story** *s* Liebesgeschichte *f;* **lov•ey** [lʌvɪ] *s* (*sl*) Schätzchen *nt;* **lov-ing** ['lʌvɪŋ] *adj* liebend; liebevoll, zärtlich

low[1] [ləʊ] **I.** *vi* muhen **II.** *s* Muhen *nt*

low[2] [ləʊ] **I.** *adj* **1.** niedrig **2.** tief, tief(er)liegend **3.** (*Gewässer*) flach, seicht **4.** (*Kleid, Bluse:* ~*-necked*) tief ausgeschnitten **5.** (*Verbeugung*) tief **6.** (*fig*) schwach, kraft-, energielos **7.** (*Stimmung*) gedrückt; niedergedrückt, -geschlagen **8.** klein, gering(fügig, -wertig) **9.** einfach, niedrig, nieder (*a. Herkunft, Stand, Rang*) **10.** niedrig, niederträchtig, gemein **11.** (*Meinung*) gering, schlecht **12.** (*Preis, Kosten, Kurs, Lohn, Gehalt, Temperatur*) niedrig **13.** (*Puls*) schwach **14.** (*Vorrat*) erschöpft, zusammengeschmolzen **15.** (*fam*) knapp bei Kasse **16.** (*Verpflegung*) dürftig **17.** (*Kost*) schmal **18.** (*Gesundheit*) schwach, schlecht **19.** (*Kultur*) primitiv, unentwickelt **20.** (*Stimme, Laut*) schwach, leise; tief **21.** (AUTO: *Gang*) niedrig; **as** ~ **as** so niedrig, so tief wie; hinunter bis zu; **in** ~ **water** (*fam*) knapp bei Kasse; **be** ~ (*Preise etc*) niedrig stehen; **be** [*o* **feel**] ~ sich elend fühlen; **have a** ~ **opinion of s.o.** nicht viel von jdm halten; **lay** ~ umstoßen, -werfen; umlegen, -bringen; **be laid** ~ ans Bett gefesselt sein; **lie** ~ flach, lang ausgestreckt liegen; (*fig*) sich nicht sehen lassen; **run** ~ (*Vorrat*) zu Ende gehen **II.** *adv* **1.** niedrig, tief; nach unten **2.** leise (*sprechen*) **3.** tief (*singen*) **4.** billig (*kaufen, verkaufen*) **III.** *s* **1.** (das) Niedrige **2.** (AUTO) niedriger Gang **3.** (*fam*) Tiefstand *m* **4.** (METE) Tief(druckgebiet) *nt*

low•born [ˌləʊ'bɔːn] *adj* von niederer Herkunft; **low•bred** [ˌləʊ'bred] *adj* ungebildet, roh; **low•brow** ['ləʊbraʊ] *s* kulturell Unbedarfte(r) *f m;* **low-calorie** *adj* kalorienarm; **low comedy** *s* Schwank *m,* Posse *f;* **low-cut** [ləʊ'kʌt] *adj* (*Kleid*) tief ausgeschnitten; **low demand** *s* geringe Nachfrage; **low-down** ['ləʊdaʊn] *s* (*sl*) Information *f*

lower¹ ['ləʊə(r)] *adj* **1.** tiefer, niedriger **2.** tiefer gelegen

lower² ['ləʊə(r)] **I.** *vt* **1.** hinunter-, herunterlassen, senken **2.** (*die Augen*) niederschlagen **3.** (*die Stimme*) senken **4.** (*Preis*) herabsetzen, ermäßigen **5.** (*Stellung, Rang*) herabsetzen; erniedrigen, demütigen **6.** (AVIAT: *Fahrgestell*) ausfahren **II.** *vi* **1.** sich senken **2.** (*Preise*) sinken, fallen **3.** abnehmen, nachlassen; sich vermindern **III.** *vr* sich erniedrigen; sich herablassen

lower³ [laʊə(r)] *vi* **1.** finster blicken (*on, upon, at* auf) **2.** (*Himmel*) drohend aussehen; sich verfinstern; (*Wolken*) sich türmen; ~ **at s.o.** jdn finster ansehen

low-key [ˌləʊ'kiː] *adj* **1.** maßvoll; nicht übertrieben **2.** unwillig; schwach; **low-land** ['ləʊlənd] *s meist pl* Tief-, Unterland *nt;* **low level** *s* Tiefpunkt *m;* **on a** ~ auf niedriger Stufe; **low-level radiation** *s* Niedrigstrahlung *f*

low•ly ['ləʊlɪ] *adj, adv* schlicht; bescheiden

low-maintenance *adj* wartungsarm

low-minded [ˌləʊ'maɪndɪd] *adj* niedrig gesinnt, gemein; **low-necked** [ˌləʊ'nekt] *adj* (*Kleid*) (tief) ausgeschnitten

low•ness ['ləʊnɪs] *s* **1.** Niedrigkeit *f* **2.** Tiefe *f* (*a. Stimme*)*;* ~ **of spirits** Niedergeschlagenheit *f*

low-noise [ˌləʊ'nɔɪz] *adj* rauschfrei; (AUTO) laufruhig; **low-pitched** [ˌləʊ'pɪtʃt] *adj* **1.** (*Stimme*) tief **2.** (*Dach*) mit geringer Neigung; **low-pollution** [ˌləʊpəl'uːʃn] *adj* (AUTO) schadstoffarm; **low pressure** *s* (METE) Tiefdruck *m;* **low-pressure area** *s* Tiefdruckgebiet *nt;* **low profile** *s:* **keep a** ~ (*fig*) sich im Hintergrund halten; **low season** *s* Neben-, Zwischensaison *f;* **low-spirited** [ˌləʊ'spɪrɪtɪd] *adj* niedergeschlagen, (nieder)gedrückt; **Low Sunday** *s* der Weiße Sonntag; **low tide** *s* **1.** Ebbe *f* **2.** (*fig*) Tiefstand *m;* **low water** *s* Niedrigwasser *nt;* Ebbe *f*

loyal ['lɔɪəl] *adj* treu; loyal; zuverlässig; **loyal•ist** [-ɪst] *s* Regierungstreue(r) *f m;* **loyalty** ['lɔɪəltɪ] *s* **1.** Treue *f;* Loyalität *f* (*to* zu, gegen) **2.** Zuverlässigkeit *f*

loz•enge ['lɒzɪndʒ] *s* **1.** (MATH) Rhombus *m,* Raute *f* **2.** (*Arznei*) Pastille *f*

LP [el'piː] *s abr de* **long playing** (**record**) LP *f*

LSD [eles'diː] *s abr de* **lysergic acid diethylamide** LSD *nt*

lu•bri•cant ['luːbrɪkənt] *s* Schmiermittel *nt;* **lu•bri•cate** ['luːbrɪkeɪt] *vt* **1.** (ein-, ab)schmieren, (ein)ölen **2.** (*fig*) schmieren; **lu•bri•ca•tion** [ˌluːbrɪ'keɪʃn] *s* (Ab-, Ein)Schmieren *nt;* (Ein)Ölen *nt;* **lu•bri•ca•tor** ['luːbrɪˌkeɪtə] *s* Schmierbüchse *f,* -nippel *m*

lu•cerne [luː'sɜːn] *s* (*Futterpflanze*) Luzerne *f*

lu•cid ['luːsɪd] *adj* **1.** klar, verständlich **2.** (geistig) normal; ~ **moments** lichte Momente *mpl*

luck [lʌk] *s* **1.** Glück(sfall *m*) *nt* **2.** Zufall *m,* Schicksal *nt;* **for** ~ als Glücksbringer; **in** ~ glücklich; **out of** ~ unglücklich; **worse** ~ unglücklicherweise, leider; **be down on one's** ~ (*fam*) Pech haben; **try one's** ~ sein Glück versuchen; **just my** ~**! tough** ~**!** (*fam*) so ein Pech!; **good/bad** ~ Glück/Unglück *nt;* ~ **of the devil** (*fam*) wahnsinniges Glück; **luck•less** [-lɪs] *adj* glücklos; erfolglos; **lucky** ['lʌkɪ] *adj* **1.** glücklich **2.** Glück bringend, günstig; **be** ~ Glück haben; **that's** ~ das ist ein Glück; ~ **shot** Glückstreffer *m;* ~ **dip** Glückstopf *m;* **I should be so** ~ das möchte ich mal erleben; ~ **you!** du Glückliche(r)!

lu·cra·tive ['lu:krətɪv] *adj* einträglich, Gewinn bringend
lucre ['lu:kə(r)] *s* (*hum*) Mammon *m*
lu·di·crous ['lu:dɪkrəs] *adj* fürchterlich; grotesk; lächerlich; absurd
ludo ['lu:dəʊ] *s* (*Spiel*) Mensch ärgere dich nicht *nt*
lug [lʌg] *vt* schleppen, (hinter sich her)ziehen, zerren (*at* an)
lug·gage ['lʌgɪdʒ] *s* (*Br*) (Reise)Gepäck *nt;* **have one's ~ registered** sein Gepäck aufgeben; **hand ~** Handgepäck *nt;* **luggage rack** *s* (*Zug*) Gepäckablage *f;* (*Auto*) Dachgepäckträger *m;* **luggage van** *s* (*Br:* RAIL) Packwagen *m*
lug·ger ['lʌgə(r)] *s* (MAR) Logger, Lugger *m*
lug-hole ['lʌghəʊl] *s* (*Br sl*) Ohr *nt*
lu·gu·bri·ous [lə'gu:brɪəs] *adj* tieftraurig, schmerzlich
luke·warm [,lu:k'wɔ:m] *adj* **1.** (*Flüssigkeit*) lauwarm **2.** (*fig*) lau, gleichgültig
lull [lʌl] **I.** *vt* **1.** einlullen, beruhigen **2.** beschwichtigen, besänftigen; **~ to sleep** in den Schlaf wiegen **II.** *vi* **1.** sich beruhigen (*a. die See*) **2.** (*Sturm*) sich legen **III.** *s* **1.** Windstille *f* **2.** (kurze) Ruhe(pause) *f;* (kurze) Unterbrechung *f;* Stillstand *m* **3.** (COM) Flaute *f;* **lull·aby** ['lʌləbaɪ] *s* Wiegenlied *nt*
lum·bago [lʌm'beɪgəʊ] *s* (MED) Hexenschuss *m*
lum·bar punc·ture [,lʌmbə'pʌŋktʃə(r)] *s* Lumbalpunktion *f*
lum·ber[1] ['lʌmbə(r)] **I.** *s* **1.** Gerümpe *nt* **2.** Bau-, Nutzholz *nt* **II.** *vt* **1.** (*mit Gerümpel*) vollstopfen, -pfropfen **2.** (*Bäume*) fällen, schlagen, zu Nutzholz sägen; **~ s.o. with s.th.** jdm etw aufhängen; **~ o.s. with s.th.** sich etw aufhalsen
lum·ber[2] ['lʌmbə(r)] *vi* schwerfällig gehen; rumpeln; trampeln; **~ along** dahinrumpeln
lum·ber·jack ['lʌmbədʒæk] *s* **1.** Holzfäller *m* **2.** (*a. lumberjacket*) Lumberjack *m;* **lum·ber·man** ['lʌmbəmæn] <*pl* -men> *s* Holzfäller *m;* **lum·ber·room** ['lʌmbərʊm] *s* Rumpelkammer *f;* **lumber-trade** *s* Holzhandel *m;* **lum·ber·yard** ['lʌmbəja:d] *s* (*Am*) Holzlager *nt*
lu·min·ary ['lu:mɪnərɪ] *s* (*fig*) Leuchte *f;* **lu·min·os·ity** [,lu:mɪ'nɒsətɪ] *s* Helligkeit *f;* **lu·mi·nous** ['lu:mɪnəs] *adj* **1.** leuchtend, Leucht- **2.** (*fig*) verständlich; **~ paint** Leuchtfarbe *f*
lump [lʌmp] **I.** *s* **1.** Klumpen *m* **2.** Stück *nt* (*Zucker*) **3.** (*fig*) Haufen *m,* Masse, Menge *f* **4.** (MED) Beule *f;* Knoten *m* **5.** (*fam*) Klotz *m;* **have a ~ in one's throat** einen Kloß im Hals haben **II.** *vt* **1.** (*~ together*) fassen (*under a title* unter einer Überschrift) **2.** (*~ in*) in einen Topf werfen (*with* mit); **~ it** (*fam fig*) etw schlucken; sich damit abfinden; **~ together** zusammenfassen; **if he doesn't like it he can ~ it** wenn's ihm nicht passt, kann er's ja bleiben lassen **III.** *vi* klumpen; **lump payment** *s* Pauschalbezahlung *f;* **lump sugar** *s* Würfelzucker *m;* **lump sum** *s* **1.** Pauschalbetrag *m* **2.** Kapitalabfindung *f;* **lumpy** ['lʌmpɪ] *adj* **1.** klumpig **2.** (*Figur*) pummelig
lu·nacy ['lu:nəsɪ] *s* Wahnsinn *m*
lu·nar ['lu:nə(r)] *adj:* **~ vehicle** Mondfahrzeug *nt;* **~ module** Mondfähre *f*
lu·na·tic ['lu:nətɪk] **I.** *adj* blödsinnig, verrückt; **~ fringe** (POL) Extremisten *pl* **II.** *s* Wahnsinnige(r) *f m;* **lunatic asylum** *s* (*fam pej*) Irrenhaus *nt*
lunch [lʌntʃ] **I.** *s* Mittagessen *nt;* Mittagspause *f* **II.** *vi* (zu) Mittag essen; **~ out** auswärts zu Mittag essen; **lunch break** *s* Mittagspause *f;* **luncheon** ['lʌntʃən] *s* Mittagessen *nt;* **luncheon meat** *s* Dosenfleisch *nt;* **luncheon voucher** *s* Essensbon *m,* -marke *f;* **lunch hour** *s* Mittagspause *f;* **lunch·time** ['lʌntʃtaɪm] *s* Mittag(szeit *f*) *m*
lung [lʌŋ] *s a. pl* Lunge *f;* **his right ~** sein rechter Lungenflügel; **~ power** Stimmkraft *f;* **at the top of his ~s** aus vollem Halse; **iron ~** (MED) eiserne Lunge; **lung cancer** *s* Lungenkrebs *m*
lunge [lʌndʒ] **I.** *s* **1.** (*Fechten*) Ausfall *m* **2.** plötzlicher Satz (*nach vorn*) **II.** *vi* **1.** sich stürzen (*at* auf) **2.** (*Fechten*) einen Ausfall machen
lu·pin ['lu:pɪn] *s,* **lu·pine** *s* (*Am*) Lupine *f*
lurch [lɜ:tʃ] **I.** *s* **1.** Ruck *m* **2.** (MAR) Schlingern *nt;* **leave in the ~** im Stich lassen; **give a ~** rucken; schlingern; torkeln **II.** *vi* **1.** rucken; taumeln **2.** (MAR) schlingern
lure [lʊə(r)] **I.** *s* **1.** (*a. fig*) Köder *m* **2.** (*fig*) Zauber, Reiz *m* **II.** *vt* **1.** (*a. fig*) ködern **2.** (*fig*) anlocken, -ziehen **3.** verlocken (*into* zu)
lu·rid ['lʊərɪd] *adj* **1.** grell; schreiend **2.** reißerisch; grausig; sensationslüstern
lurk [lɜ:k] *vi* lauern; **lurker** *s* (INTERNET) Lurker *m*
luscious ['lʌʃəs] *adj* **1.** wohlschmeckend **2.** köstlich **3.** (*Obst*) saftig **4.** (*fig*) sinnlich anziehend
lush [lʌʃ] **I.** *adj* **1.** saftig; üppig **2.** luxuriös **II.** *s* (*Am sl*) Säufer(in) *m(f)*
lust [lʌst] **I.** *s* **1.** Verlangen *nt,* Drang *m,* Gier *f* **2.** (*geschlechtliche*) Begierde *f* (*for* nach) **3.** Wollust *f* **II.** *vi* verlangen, gierig sein (*after, for* nach)
lus·ter *s* (*Am*) *s.* **lustre**
lust·ful ['lʌstfl] *adj* begehrlich; lüstern
lustre ['lʌstə] *s* **1.** Glanz, Schimmer *m* **2.** Ruhm *m;* **add ~ to s.th.** (*fig*) einer Sache

L

Glanz verleihen; **lustre•less** [-lɪs] *adj* glanzlos, matt, stumpf

lusty ['lʌstɪ] *adj* **1.** kraftvoll, kräftig, stark **2.** jugendfrisch; vital

lute [lu:t] *s* Laute *f*

Lu•theran ['lu:θərən] **I.** *adj* lutherisch **II.** *s* Lutheraner(in) *m(f)*

Lux•em•bourg ['lʌksəmbɜ:g] *s* Luxemburg *nt;* **Lux•em•bourg(ish)** *adj* luxemburgisch

lux•ur•iant [lʌg'ʒʊərɪənt] *adj* **1.** üppig; wuchernd **2.** (*fig*) überschwänglich; **lux•ur•iate** [lʌg'ʒʊərɪeɪt] *vi* schwelgen (*in* in); **lux•ur•ious** [lʌg'ʒʊərɪəs] *adj* luxuriös; feudal; üppig; **lux•ury** ['lʌkʃərɪ] *s* **1.** Luxus *m* **2.** Luxus(gegenstand) *m* **3.** Extravaganz *f;* ~ **flat** Luxuswohnung *f;* ~ **goods** Luxusgüter *ntpl;* **lead a life of** ~ ein Luxusleben führen

ly•chee ['laɪtʃi:] *s* Litschi *f*

lye [laɪ] *s* (CHEM) Lauge *f*

ly•ing ['laɪɪŋ] **I.** *adj* lügnerisch, unaufrichtig **II.** *s* Lügen *nt;* **that would be** ~ das wäre gelogen

lymph [lɪmf] *s* (ANAT) Lymphe *f;* **lym•phatic** [lɪm'fætɪk] **I.** *adj* (ANAT) lymphatisch, Lymph- **II.** *s* (ANAT) Lymphgefäß *nt;* **lymph gland** *s* Lymphdrüse *f;* **lymph node** *s* Lymphknoten *m*

lynch [lɪntʃ] *vt* lynchen

lynx [lɪŋks] *s* Luchs *m;* **lynx-eyed** [ˌlɪŋks'aɪd] *adj:* **be** ~ Luchsaugen haben

lyre ['laɪə(r)] *s* Leier, Lyra *f*

lyric ['lɪrɪk] **I.** *adj* (*a.* MUS) lyrisch **II.** *s* **1.** lyrisches Gedicht **2.** **~s** Lyrik *f* **3.** Text *m* (*eines Liedes*); **lyri•cal** ['lɪrɪkl] *adj* **1.** lyrisch **2.** (*fam*) begeistert; **become** ~ **over s.th.** in Begeisterung für etw geraten; **lyri•cism** ['lɪrɪˌsɪzəm] *s* **1.** Lyrik *f* **2.** Gefühlsüberschwang *m;* **lyri•cist** ['lɪrɪsɪst] *s* (MUS) Texter(in) *m(f)*

M

M, m [em] <*pl* -'s> *s* M, m *nt*
ma [mɑː] *s* (*fam*) Mama, Mutti *f*
ma'am [mæm] *s* gnädige Frau
mac [mæk] *s* (*fam*) *s.* **mackintosh** Regenmantel *m*
ma•cabre [mə'kɑːbrə] *adj* makaber
ma•cadam [mə'kædəm] *s* Schotter, Makadam *m;* **macadam road** *s* Schotterstraße *f*
maca•roni [ˌmækə'rəʊnɪ] *s* Makkaroni *pl*
mace[1] [meɪs] *s* (Amts)Stab *m;* Keule *f*
mace[2] [meɪs] *s* Muskatblüte *f*
Mace® [meɪs] *s* Tränengas *nt*
Mach [mɑːk] *s* (PHYS) Mach *nt;* ~ **number** Machzahl *f*
machete [mə'ʃetɪ] *s* Machete *f*
ma•chine [mə'ʃiːn] **I.** *s* **1.** Maschine *f* **2.** (*vending* ~) Automat *m* **3.** Apparat, Automat *m* **4.** (POL) Parteiapparat *m;* **operate a** ~ eine Maschine bedienen; **calculating** ~ Rechenmaschine *f;* **duplicating** ~ Vervielfältigungsmaschine *f* **II.** *vt* maschinell herstellen [*o* bearbeiten]; **machine-gun** *s* Maschinengewehr, MG *nt;* **machine language** *s* (INFORM) Maschinensprache *f;* **machine-made** *adj* maschinell hergestellt; **machine-readable** [mə'ʃiːn-'riːdəbl] *adj* (INFORM) computerlesbar, maschinenlesbar; **ma•chin•ery** [mə'ʃiːnərɪ] *s* **1.** Maschinerie *f;* Maschinen *fpl* **2.** (*fig*) Apparat *m;* **machine tool** *s* Werkzeugmaschine *f;* **ma•chin•ist** [mə'ʃiːnɪst] *s* **1.** Maschinist(in) *m(f)* **2.** Maschinenschlosser(in) *m(f)*
macho ['mætʃəʊ] **I.** *adj* (*pej*) Macho- **II.** *s* (*pej*) Macho *m*
mack•erel ['mækrəl] *s* Makrele *f*
mack•in•tosh ['mækɪntɒʃ] *s* Regenmantel *m*
mac•ro- ['mækrəʊ] *prefix* Makro-, makro-; **mac•ro•bi•otic** [ˌmækrəʊbaɪ'ɒtɪk] *adj* makrobiotisch
mac•ro•cosm ['mækrəʊkɒzəm] *s* Makrokosmos *m;* **mac•ro•econ•omics** [ˌmækrəʊiːkə'nɒmɪks] *s* Makroökonomie *f*
mad [mæd] **I.** *adj* **1.** wahnsinnig, verrückt **2.** böse, sauer **3.** sinnlos, unvernünftig **4.** wahnsinnig **5.** tollwütig; **go** ~ verrückt werden; **drive s.o.** ~ jdn wahnsinnig machen; **as** ~ **as a March hare** [*o* **a hatter**] total meschugge; **be** ~ **about s.th.** über etw wütend sein; **be** ~ **on s.th.** auf etw versessen sein **II.** *adv:* **like** ~ wie verrückt
Mada•gas•car [ˌmædə'gæskə(r)] *s* Madagaskar *nt*
madam ['mædəm] *s* gnädige Frau
mad•den ['mædn] *vt* verrückt machen; ärgern; **mad•den•ing** [-ɪŋ] *adj* höchst ärgerlich; unerträglich; **it is** ~ es ist zum Verrücktwerden
made [meɪd] *s.* **make**; **made-to-measure** [meɪdtə'meʒə(r)] *adj* maßgeschneidert; ~ **suit** Maßanzug *m;* **made-up** ['meɪdʌp] *adj* **1.** (*Geschichte*) erfunden **2.** (*Gesicht*) geschminkt
mad•house ['mædhaʊs] *s* (*fam*) Irrenhaus *nt;* **mad•ly** ['mædlɪ] *adv* **1.** wie verrückt; wild **2.** (*fam*) wahnsinnig; **it's** ~ **exciting** es ist unglaublich aufregend; **mad•man** ['mædmən] <*pl* -men> *s* Irre(r), Verrückte(r) *m;* **mad•ness** ['mædnɪs] *s* Wahnsinn *m;* **mad•woman** ['mædˌwʊmən] <*pl* -women> *s* Irre, Verrückte *f*
mael•strom ['meɪlstrəm] *s* **1.** Strudel *m* **2.** (*fig*) Wirbel, Sog *m*
Mafia ['mæfiə] *s* Mafia *f*
mag [mæg] *s* Zeitschrift *f;* Magazin *nt;* **maga•zine** [ˌmægə'ziːn, *Am* 'mægəziːn] *s* **1.** (MIL) Magazin *nt* **2.** (*im Gewehr*) Magazin *nt* **3.** Zeitschrift *f,* Magazin *nt*
mag•got ['mægət] *s* Made *f;* **mag•goty** ['mægətɪ] *adj* madig
Magi ['meɪdʒaɪ] *s:* **the** ~ die Weisen aus dem Morgenland, die Heiligen Drei Könige *mpl*
magic ['mædʒɪk] **I.** *s* **1.** Magie, Zauberei, Zauberkunst *f* **2.** (*fig*) Zauber *m;* **as if by** ~ wie durch ein Wunder **II.** *adj* Zauber-; magisch; **the** ~ **word** das Stichwort; das Zauberwort; **magi•cal** ['mædʒɪkl] *adj* magisch; **magi•cal•ly** ['mædʒɪklɪ] *adv* wunderbar; **magic carpet** *s* fliegender Teppich; **magic eye** *s* magisches Auge; **magician** [mə'dʒɪʃn] *s* Magier(in) *m(f),* Zauberer *m,* Zauberin *f*
magis•terial [ˌmædʒɪ'stɪərɪəl] *adj* **1.** (*Macht*) eines Friedensrichters **2.** gebieterisch; **magis•trate** ['mædʒɪstreɪt] *s* Friedensrichter(in) *m(f)*
mag•lev ['mæglev] *s* Magnetschwebebahn *f*
mag•na•nim•ity [ˌmægnə'nɪmətɪ] *s* Großmut *f;* **mag•nani•mous** [mæg'nænɪməs] *adj* großmütig

mag•nate ['mægneɪt] *s* Magnat *m*

mag•nesia [mæg'ni:ʃə] *s* (CHEM) Magnesia *f;* **mag•nesium** [mæg'ni:zɪəm] *s* (CHEM) Magnesium *nt*

mag•net ['mægnɪt] *s* (*a. fig*) Magnet *m;* **mag•net•ic** [mæg'netɪk] *adj* **1.** magnetisch **2.** (*fig*) faszinierend; ~ **card** Magnetkarte *f;* ~ **disc** (INFORM) Magnetplatte *f;* ~ **field** Magnetfeld *nt;* ~ **memory** Magnetspeicher *m;* ~ **needle** Magnetnadel *f;* ~ **pole** Magnetpol *m;* ~ **railway** Magnetbahn *f;* ~ **strip** Magnetstreifen *m;* ~ **tape** Magnetband *nt;* **mag•net•ism** ['mægnɪtɪzəm] *s* **1.** Magnetismus *m* **2.** (*fig*) Faszination *f;* **mag•net•ize** ['mægnɪtaɪz] *vt* **1.** magnetisieren **2.** (*fig*) faszinieren; **magneto** [mæg'ni:təʊ] <*pl* -netos> *s* (AUTO) Magnetzünder *m*

mag•ni•fi•ca•tion [ˌmægnɪfɪ'keɪʃn] *s* (OPT PHOT) Vergrößerung *f*

mag•nifi•cence [mæg'nɪfɪsəns] *s* **1.** Pracht *f,* Glanz *m* **2.** Großartigkeit *f;* **mag•nifi•cent** [mæg'nɪfɪsnt] *adj* **1.** prächtig, prunkvoll **2.** großartig, glänzend

mag•nify ['mægnɪfaɪ] *vt* (OPT PHOT) vergrößern; **~ing glass** Vergrößerungsglas *nt*

mag•ni•tude ['mægnɪtju:d] *s* **1.** Ausmaß *nt,* Größe *f* **2.** Bedeutung, Wichtigkeit *f* **3.** (ASTR) Größenklasse *f*

mag•no•lia [mæg'nəʊlɪə] *s* Magnolie *f*

mag•num opus [ˌmægnəm'əʊpəs] *s* Hauptwerk *nt*

mag•pie ['mægpaɪ] *s* Elster *f*

Ma•ha•ra•ja(h) [ˌmɑ:hə'rɑ:dʒə] *s* Maharadscha *m;* **Ma•ha•ra•nee** [ˌmɑ:hə'rɑ:ni:] *s* Maharani *f*

ma•hog•any [mə'hɒgənɪ] *s* Mahagoni *nt*

maid [meɪd] *s* **1.** Dienstmädchen *nt,* Hausangestellte *f* **2.** (*obs*) Jungfer *f;* ~ **of hono(u)r** Brautjungfer *f*

maiden ['meɪdn] **I.** *s* (*lit*) Mädchen *nt* **II.** *adj* Jungfern-; **maiden•hair** ['meɪdnheə(r)] *s* (*Polster bildendes Moos*) Frauenhaar *nt;* **maiden name** *s* Mädchenname *m;* **maiden speech** *s* Jungfernrede *f*

mail¹ [meɪl] **I.** *s* Post *f;* **send by** [*o* **via**] **air** ~ mit Luftpost verschicken **II.** *vt* mit der Post (ver)senden; abschicken, aufgeben

mail² [meɪl] *s* (HIST) (Ketten)Panzer *m*

mail•bag ['meɪlbæg] *s* Postsack *m;* **mail•box** ['meɪlbɒks] *s* **1.** (*Am*) Briefkasten *m* **2.** (INFORM) Mailbox *f;* **mailer** ['meɪlə(r)] *s* Briefwerbematerial *nt;* **mailing list** *s* Anschriftenliste *f;* **mailing piece** *s* Postwurfsendung *f;* **mail(ing) shot** *s* Briefwerbeaktion *f;* **mailing tube** *s* Versandrolle *f;* **mail•man** ['meɪlmæn] <*pl* -men> *s* (*Am*) Briefträger *m;* **mail-order catalogue** *s* Versandhauskatalog *m;* **mail-order house** *s* Versandhaus *nt*

maim [meɪm] *vt* verstümmeln, zum Krüppel machen

main [meɪn] **I.** *adj attr* Haupt-; ~ **idea** Hauptgedanke *m;* ~ **thing** Hauptsache *f* **II.** *s* **1.** Hauptleitung *f;* Haupthahn *m;* Hauptschalter *m* **2.** ~**s** Versorgungsnetz *nt;* Stromnetz *nt;* **in the** ~ im Großen und Ganzen; ~**s operated** für Netzbetrieb; **main•frame** ['meɪnfreɪm] *s* (~ *computer*) Groß-, Zentralrechner *m;* **main•land** ['meɪnlænd] *s* Festland *nt;* **main•line** ['meɪnlaɪn] **I.** *s* Hauptstrecke *f* **II.** *vi* (*sl*) fixen; **main•lining** [-ɪŋ] *s* (*sl*) Fixen *nt;* **main•ly** ['meɪnlɪ] *adv* hauptsächlich, in erster Linie; **main office** *s* Hauptgeschäftsstelle, Zentrale *f;* **main road** *s* Haupt(verkehrs)straße *f;* **main•sail** ['meɪnseɪl] *s* Großsegel *nt;* **main•spring** *s* (*a. fig*) Triebfeder *f;* **main•stay** ['meɪnsteɪ] *s* (MAR) Großstag *nt;* (*fig*) Hauptstütze *f;* **main•stream** ['meɪnstri:m] *s* Hauptrichtung *f*

main•tain [meɪn'teɪn] *vt* **1.** aufrechterhalten; beibehalten; erhalten **2.** (*Maschine*) in gutem Zustand (er)halten, in Stand halten, pflegen, warten **3.** (*Straße, Familie, Beziehungen*) unterhalten **4.** (*Stellung*) halten, behaupten **5.** (*mit Worten*) behaupten, stützen, verteidigen

main•ten•ance ['meɪntənəns] *s* **1.** Aufrechterhaltung *f;* Beibehaltung *f;* Erhaltung *f* **2.** Instandhaltung, Wartung *f* **3.** Unterhalt *m;* ~ **contract** Wartungsvertrag *m;* ~ **costs** Unterhaltskosten *pl;* ~ **service** Wartungsdienst *m*

mai•son•nette [ˌmeɪzə'net] *s* Apartment *nt,* Maisonette(-Wohnung) *f*

maize [meɪz] *s* Mais *m*

ma•jes•tic [mə'dʒestɪk] *adj* **1.** majestätisch **2.** (*Proportionen*) stattlich; **maj•esty** ['mædʒəstɪ] *s* Majestät *f;* **His/Her M** ~ Seine/Ihre Majestät

ma•jor ['meɪdʒə(r)] **I.** *adj* **1.** größer; Haupt-; bedeutend(er) **2.** (MUS: *nachgestellt*) Dur; ~ **road** Hauptverkehrsstraße *f;* **a** ~ **operation** eine größere Operation; ~ **third** (MUS) große Terz; **A flat** ~ As-Dur; **Smith** ~ Smith der Ältere **II.** *s* **1.** (MIL) Major *m* **2.** (MUS) Dur *nt* **3.** (*Am*) Hauptfach *nt;* **become a** ~ volljährig werden **III.** *vi* (*Am*) im Hauptfach studieren (*in s.th.* etw); **ma•jor-gen•eral** [ˌmeɪdʒə 'dʒenərəl] *s* Generalmajor *m*

ma•jor•ity [mə'dʒɒrətɪ] *s* **1.** Mehrheit *f* **2.** (JUR) Volljährigkeit, Mündigkeit *f;* **attain one's** [*o* **reach the age of**] ~ volljährig, mündig werden; **the** ~ **of cases** die Mehrzahl der Fälle; **be in a** ~ in der Mehrzahl sein; **a two-thirds** ~ eine Zweidrittelmehrheit; (**by**) ~ **of votes** (mit) Stimmenmehrheit *f;* ~ **decision** Mehrheitsbeschluss *m;* ~ **interest** Mehrheitsbeteiligung *f;* ~ (**share**)**holding** Mehrheitsbeteiligung *f*

make <*irr:* made, made> **I.** *vt* **1.** machen (*from, of* aus, *into* zu), herstellen, anfertigen **2.** (zu)bereiten, fertig machen, ausführen **3.** hervorbringen, (er)schaffen, bilden **4.** konstruieren, zusammenstellen **5.** ausdenken, formulieren **6.** (*Urkunde*) ausfertigen **7.** herbeiführen, bewirken, veranlassen, bewerkstelligen, zu Stande bringen **8.** ernennen zu **9.** machen, erscheinen lassen **10.** berühmt machen **11.** sich belaufen auf **12.** (*Distanz*) schätzen auf **13.** erwerben, verdienen **14.** (*Gewinn*) einstreichen, einstecken **15.** (*Verlust*) erleiden **16.** (*Zug*) noch erreichen **17.** (*Arbeit*) erledigen **18.** (*Entfernung*) zurücklegen **19.** (*Geschwindigkeit*) fahren **20.** (*Spiel*) gewinnen; ~ **bread** Brot backen; **made in Germany** in Deutschland hergestellt; ~ **s.o. a present of s.th.** jdm etw schenken; ~ **s.o. happy** jdn glücklich machen; **it ~s no difference to me** es ist mir gleich; ~ **s.o. laugh** jdn zum Lachen bringen; ~ **s.o. do s.th.** jdn dazu bringen etw zu tun; ~ **s.o. understand** jdm etw verständlich machen; ~ **port** in den Hafen einlaufen; ~ **it with s.o.** (*fam*) mit jdm schlafen; **we've made it!** wir haben es geschafft!; **he's a made man** er ist ein gemachter Mann; **1 plus 1 ~s 2** 1 und 1 ist 2; **she made him a good wife** sie war ihm eine gute Frau; **what time do you ~ it?** wie spät hast du es? **II.** *vi:* ~ **towards a place** auf einen Ort zuhalten; ~ **as if to do s.th.** Anstalten machen etw zu tun; ~ **on a deal** bei einem Geschäft verdienen **III.** *vr:* ~ **o.s. useful** sich nützlich machen; ~ **o.s. comfortable** es sich bequem machen; ~ **o.s. do s.th.** sich dazu zwingen etw zu tun **IV.** *s* Marke *f,* Fabrikat *nt;* **on the** ~ (*sl*) profitgierig; mit Zukunft; **make away** *vi* sich davonmachen; **make for** *vi* **1.** zuhalten auf; zuströmen auf; losgehen auf **2.** führen zu; den Grund legen für; **make of** *vi* halten von; **make off** *vi* sich aus dem Staub machen (*with* mit); **make out I.** *vt* **1.** ausfindig machen, herausbekommen, entziffern **2.** (*Liste*) aufstellen **3.** (*Formular*) ausfüllen **4.** (*Rechnung, Scheck*) ausstellen **5.** behaupten **II.** *vi* **1.** weiter-, vorwärtskommen, Erfolg haben **2.** auskommen; zurechtkommen (*with* mit); ~ **out that …** es so hinstellen, als ob …; ~ **s.o. out to be clever** jdn als klug hinstellen; ~ **out a case for s.th.** für etw argumentieren; **make over** *vt* **1.** (*Haus*) umbauen **2.** um-, überarbeiten **3.** (*Eigentum*) übertragen, vermachen; **make up I.** *vt* **1.** zusammenstellen, -legen, -setzen, -nähen **2.** erfinden, ausdenken **3.** vollenden, vervollständigen **4.** schminken **5.** (*Streit*) beilegen **6.** (*Schaden*) ersetzen **7.** (*Schulden*) bezahlen **8.** (*Rechnung*) begleichen **9.** (*Liste*) zusammenstellen **II.** *vi* **1.** (*Stoff*) sich verarbeiten lassen **2.** sich wieder aus-, versöhnen (*with* mit) **3.** wieder gutmachen, ersetzen **4.** (*verlorene Zeit*) wieder aufholen; ~ **up one's mind** sich entschließen; **it was all made up** alles war nur erfunden; ~ **it up to s.o.** jdn entschädigen; ~ **up for lost time** verlorene Zeit aufholen; ~ **up for s.th.** etw ausgleichen; **make up to** *vi* sich heranmachen an; **make with** *vi* loslegen, anfangen mit

make-be•lieve ['meɪkbɪˌliːv] **I.** *s* Phantasie *f* **II.** *adj attr* imaginär; Schein- **III.** *vt* sich vorstellen

maker ['meɪkə(r)] *s* Hersteller(in) *m(f);* **our Maker** unser Schöpfer

make-or-break *adj* alles entscheidend

make-ready time *s* Rüstzeit *f*

make•shift ['meɪkʃɪft] **I.** *s* Notbehelf *m,* Übergangslösung *f* **II.** *adj* behelfsmäßig; improvisiert

make-up ['meɪkʌp] *s* **1.** Make-up *nt;* Schminke *f;* Maske *f* **2.** Zusammenstellung *f;* Veranlagung *f* **3.** (TYP) Umbruch *m;* **make-up artist** *s* Visagist(in) *m(f)*

mak•ing ['meɪkɪŋ] *s* **1.** Herstellung, Fertigung, Fabrikation, Produktion *f* **2.** *oft pl* Fähigkeiten *fpl,* Talent *nt,* Anlage(n *pl*) *f;* **be in the** ~ in der Entwicklung, in der Herstellung sein; **have the ~s of** das Zeug haben zu

mal•adjusted [ˌmælə'dʒʌstɪd] *adj* (PSYCH) milieugestört; verhaltensgestört

mal•ad•min•is•tra•tion ['mælədˌmɪnɪ'streɪʃn] *s* schlechte Verwaltung

mal•adroit ['mælədrɔɪt] *adj* ungeschickt, unbeholfen, linkisch

mal•aise [mæ'leɪz] *s* **1.** (*fig*) Unbehagen *nt* **2.** Unwohlsein *nt*

mala•prop•ism ['mæləprɒpɪzəm] *s* (komische) Wortverwechs(e)lung *f,* Malapropismus *m*

ma•laria [mə'leərɪə] *s* Malaria *f*

Ma•lay•sia [mə'leɪzɪə] *s* Malaysia *nt;* **Ma•lay•sian** [mə'leɪzɪən] **I.** *adj* malaysisisch **II.** *s* Malaysier(in) *m(f)*

mal•con•tent ['mælkəntənt] **I.** *adj* unzufrieden **II.** *s* Unzufriedene(r) *f m*

male [meɪl] **I.** *adj* **1.** männlich **2.** Mann-; ~ **chauvinism** Chauvinismus *m;* ~ **chauvinist pig** (*fam*) Chauvi, Chauvinist *m;* ~ **child** Junge *m;* ~**-dominated** von Männern dominiert; ~ **screw** Schraube *f;* ~ **plug** Stecker *m* **II.** *s* **1.** Mann *m* **2.** (*von Tieren*) Männchen *nt*

M

mal•edic•tion [ˌmælɪˈdɪkʃn] *s* Verwünschung *f*
ma•levo•lent [məˈlevəlnt] *adj* boshaft (*to* gegen)
mal•for•ma•tion [ˌmælfɔːˈmeɪʃn] *s* Missbildung *f;* **mal•func•tion** [ˌmælˈfʌŋkʃn] **I.** *s* Funktionsstörung *f;* Defekt *m;* Störfall *m* **II.** *vi* nicht richtig funktionieren
mal•ice [ˈmælɪs] *s* Bosheit *f;* Böswilligkeit *f;* **with ~ afore-thought** in böswilliger Absicht, vorsätzlich; **bear s.o. no ~** jdm nicht grollen; **ma•licious** [məˈlɪʃəs] *adj* böswillig; arglistig; gehässig
ma•lign [məˈlaɪn] **I.** *vt* verleumden; schlechtmachen **II.** *adj* **1.** (*Worte*) boshaft, böswillig **2.** (*Einfluss*) unheilvoll; **ma•lig•nancy** [məˈlɪgnənsɪ] *s* (*a.* MED) Bösartigkeit *f;* **ma•lig•nant** [məˈlɪgnənt] *adj* (*a.* MED) böswillig, bösartig
ma•linger [məˈlɪŋgə(r)] *vi* sich krank stellen, simulieren; **ma•lingerer** [məˈlɪŋgərə(r)] *s* Drückeberger(in) *m(f)*
mall [mɔːl] *s* Einkaufszentrum *nt*
mal•lard [ˈmælɑːd] *s* Stockente *f*
mal•leable [ˈmælɪəbl] *adj* **1.** (*Metall*) formbar **2.** (*fig*) nachgiebig, anpassungsfähig, geschmeidig
mal•let [ˈmælɪt] *s* **1.** Holzhammer *m* **2.** (Krocket-, Polo)Schläger *m*
mal•low [ˈmæləʊ] *s* Malve *f*
mal•nu•tri•tion [ˌmælnjuːˈtrɪʃn] *s* Fehl-, Unterernährung *f*
mal•odor•ous [ˌmælˈəʊdərəs] *adj* übelriechend
mal•practice [ˌmælˈpræktɪs] *s* (JUR) Berufsvergehen *nt;* Amtsvergehen *nt*
malt [mɔːlt] **I.** *s* Malz *nt* **II.** *vt* mälzen
Mal•ta [ˈmɔːltə] *s* Malta *nt;* **Mal•tese** [ˌmɔːlˈtiːz] **I.** *adj* maltesisch **II.** *s* Malteser(in) *m(f)*
mal•treat [ˌmælˈtriːt] *vt* misshandeln; **mal•treat•ment** [-mənt] *s* Misshandlung *f*
mam•mal [ˈmæml] *s* Säugetier *nt*
mam•mary gland [ˈmæmərɪˌglænd] *s* Brustdrüse *f*
mam•mog•raphy [mæˈmɒgrəfi] *s* (MED) Mammographie *f*
mam•mon [ˈmæmən] *s* Mammon *m*
mam•moth [ˈmæməθ] **I.** *s* Mammut *nt* **II.** *adj* (*fig*) gewaltig, kolossal
man [mæn, *pl* men] <*pl* men> **I.** *s* **1.** Mann *m* **2.** (*ohne Artikel*) der Mensch **3.** man **4.** (MIL) Mann *m* **5.** (*Schach*) Figur *f;* (*Damespiel*) Stein *m;* **a ~ of the world** ein Mann von Welt; **~ and boy** von Kindheit an; **make a ~ out of s.o.** einen Mann aus jdm machen; **no ~** niemand; **any ~** jeder; **to a ~** bis auf den letzten Mann; **he is not a ~ to ...** er ist nicht der Typ, der ...; **the ~ in the street** der Mann auf der Straße; **he's a ~ about town** er kennt sich aus; **hey wow, ~!** (*sl*) Mensch, das ist ja geil! **II.** *vt* (*Schiff*) bemannen; (*Festung*) besetzen; (*Telefon*) bedienen
man•acle [ˈmænəkl] *s* Handfesseln *fpl*
man•age [ˈmænɪdʒ] **I.** *vt* **1.** (*Betrieb*) leiten; verwalten; in Ordnung halten **2.** zurechtkommen mit **3.** (*Aufgabe*) bewältigen; schaffen; (*fam*) managen; **he ~d it very well** er hat das sehr gut gemacht; **~ to do s.th.** es schaffen, etw zu tun; **can you ~ another slice of cake?** kannst du noch ein Stück Kuchen vertragen? **II.** *vi* es schaffen, zurechtkommen; **~ without s.th.** ohne etw auskommen; **man•age•able** [-əbl] *adj* **1.** (*Kind*) folgsam **2.** (*Arbeit*) zu bewältigen **3.** (*Haar*) leicht frisierbar **4.** (*Auto*) leicht zu handhaben
man•age•ment [ˈmænɪdʒmənt] *s* **1.** Leitung *f;* Führung *f;* Verwaltung *f* **2.** Management *nt;* Unternehmensleitung *f;* Betriebsleitung *f;* **management buyout**, **MBO** *s* Management-Buy-out *nt;* **management by objectives** *s* Management *nt* nach Zielvorgaben; **crisis ~** Krisenmanagement *nt;* **management consultant** *s* Unternehmensberater(in) *m(f);* **management studies** *s* Betriebswirtschaft *f;* **management trainee** *s* Führungsnachwuchs *m;* **man•ager** [ˈmænɪdʒə(r)] *s* **1.** (COM) Geschäftsführer(in) *m(f),* Manager(in) *m(f)* **2.** Abteilungsleiter(in) *m(f)* **3.** (THEAT) Intendant(in) *m(f);* **business ~** Verwaltungsdirektor(in) *m(f);* **department ~** Abteilungsleiter(in) *m(f);* **sales ~** Verkaufsleiter(in) *m(f);* **man•ager•ess** [ˌmænɪdʒəˈres] *s* Geschäftsführerin, Managerin *f;* **man•agerial** [ˌmænɪˈdʒɪərɪəl] *adj* führend, leitend; (*Probleme etc*) Management-; **in a ~ capacity** in leitender Stellung; **man•aging di•rec•tor**, **MD** [ˈmænɪdʒɪŋdɪˈrektə(r)] *s* Geschäftsführer(in) *m(f)*
man-at-arms [ˌmænətˈɑːmz] <*pl* men-at-arms> *s* Soldat *m*
man•da•rin [ˈmændərɪn] *s* **1.** (*in China*) Mandarin *m* **2.** (*fig*) Bonze *m* **3.** (*Sprache*) (das) Hochchinesisch(e) **4.** Mandarine *f*
man•date [ˈmændeɪt] **I.** *s* **1.** Auftrag *m* **2.** (POL) Mandat *nt* **II.** *vt:* **~ a territory to s.o.** ein Gebiet als Mandat an jdn vergeben; **man•da•tory** [ˈmændətrɪ] *adj* zwingend, verbindlich, obligatorisch; (POL) mandatorisch
man•dible [ˈmændɪbl] *s* **1.** (ANAT) Unterkiefer *m* **2.** (*von Insekten*) Mundwerkzeuge *ntpl*
man•do•lin(e) [ˈmændəlɪn] *s* Mandoline *f*
mane [meɪn] *s* Mähne *f*
man-eater [ˈmæniːtə(r)] *s* Menschenfresser *m*

ma•neu•ver I. *s* 1. ~s (MIL) Manöver *nt*, Truppenübung *f* 2. (*fig*) Schachzug *m*, List *f* II. *vt* manövrieren; ~ **s.o. into doing s.th.** jdn dazu bringen etw zu tun III. *vi* 1. manövrieren; ein Manöver durchführen 2. (*fig*) es geschickt einfädeln

ma•neu•ver•able *adj* (*Am*) manövrierfähig

man•ga•nese ['mæŋgəni:z] *s* (CHEM) Mangan *nt*

mange [meɪndʒ] *s* Räude *f*

man•gel(-wur•zel) ['mæŋgl(wɜ:zl)] *s* Futterrübe *f*

manger ['meɪndʒə(r)] *s* Krippe *f*

mange•tout [mɑ̃:ʒ'tu:] *s* Zuckererbse *f*

mangle¹ ['mæŋgl] *vt* übel zurichten

mangle² ['mæŋgl] I. *vt* (*Wäsche*) mangeln II. *s* (Wäsche)Mangel *f*

mango ['mæŋgəʊ] <*pl* mango(e)s> *s* 1. Mangobaum *m* 2. (*Frucht*) Mango *f*

man•grove ['mæŋgrəʊv] *s* Mangrove(n)baum *m*

mangy ['meɪndʒɪ] *adj* 1. räudig 2. (*fig*) schmutzig, schäbig

man•handle ['mænhændl] *vt* rau, derb anpacken; **man•hole** ['mænhəʊl] *s* Einsteigloch *nt;* Kanalschacht *m;* **man•hood** ['mænhʊd] *s* 1. Mannesalter *nt* 2. Männlichkeit *f;* **man-hour** ['mænaʊə(r)] *s* Arbeitsstunde *f;* **man•hunt** ['mænhʌnt] *s* Fahndung *f*

mania ['meɪnɪə] *s* 1. (PSYCH) Manie *f* 2. (*fig*) Manie, Sucht, Besessenheit *f* (*for* nach); **have a ~ for** verrückt sein auf; **maniac** ['meɪnɪæk] I. *s* 1. Geisteskranke(r) *f m* 2. (*fig*) Verrückte(r) *f m* II. *adj* wahnsinnig; **ma•nia•cal** [mə'naɪəkl] *adj* wahnsinnig, verrückt; **manic-de•press•ive** [ˌmænɪkdɪ'presɪv] *adj* (PSYCH) manisch-depressiv

mani•cure ['mænɪkjʊə(r)] I. *s* Maniküre *f* II. *vt* maniküren; **mani•cur•ist** ['mænɪkjʊərɪst] *s* Maniküre *f*

mani•fest ['mænɪfest] I. *adj* (offen)sichtlich, offenbar, -kundig II. *vt* offenbaren, kundtun III. *vr* sich zeigen, sich manifestieren IV. *s* (MAR) Manifest *nt;* **mani•fes•ta•tion** [ˌmænɪfe'steɪʃn] *s* 1. Ausdruck *m*, Manifestierung *f* 2. Anzeichen *nt* 3. (*Geist*) Erscheinen *nt;* **mani•festly** ['mænɪfestlɪ] *adv* offenkundig

mani•festo [ˌmænɪ'festəʊ] <*pl* -festo(e)s> *s* Manifest *nt*

mani•fold ['mænɪfəʊld] I. *adj* mannigfaltig, verschiedenartig II. *s* 1. (AUTO) Auspuffrohr *nt* 2. (MATH) Mannigfaltigkeit *f* III. *vt* vervielfältigen

ma•nil•la en•vel•ope [ˌmænɪlə'envələʊp] *s* brauner Umschlag

ma•nipu•late [mə'nɪpjʊleɪt] *vt* 1. (*Maschine*) handhaben, bedienen 2. (*fig*) beeinflussen, manipulieren; (*Bücher*) schönen 3. (*Daten*) bearbeiten; **ma•nipu•la•tion** [məˌnɪpjʊ'leɪʃn] *s* Manipulation, Beeinflussung *f;* **ma•nipu•la•tor** [mə'nɪpjʊleɪtə(r)] *s* Manipulator *m*

man•kind [ˌmæn'kaɪnd] *s* die Menschheit; **man•ly** ['mænlɪ] *adj* männlich; **man-made** ['mænmeɪd] *adj* künstlich (hergestellt), Kunst-

manned [mænd] *adj* (*Satellit*) bemannt; (*Telefonzentrale*) besetzt

man•ne•quin ['mænɪkɪn] *s* 1. Mannequin *nt* 2. Glieder-, Schneiderpuppe *f*

man•ner ['mænə(r)] *s* 1. Art, Weise, Art und Weise *f* 2. Benehmen *nt* 3. ~s Manieren *fpl*, Umgangsformen *fpl*, Sitten *fpl;* **all ~ of** jede Art +*gen;* **after this ~** auf diese Art und Weise; **no ~ of** nicht der (die, das) Geringste …, gar kein …; **a teacher as to the ~ born** der geborene Lehrer; **by all ~ of means** selbstverständlich, auf jeden Fall; **not by any ~ of means** auf keinen Fall; **in a ~** gewissermaßen; **in a ~ of speaking** sozusagen; **he has no ~s** er weiß sich nicht zu benehmen; **it's bad ~s** es schickt sich nicht

man•ner•ism ['mænərɪzəm] *s* 1. Angewohnheit, Eigenheit *f* 2. (*Stil*) Manieriertheit *f*

ma•noeuvr•able [mə'nu:vrəbl] *adj* manövrierfähig; **ma•noeuvre** [mə'nu:və(r)] I. *s* 1. ~s (MIL) Manöver *nt*, Truppenübung *f* 2. (*fig*) Schachzug *m*, List *f* II. *vt* manövrieren; ~ **s.o. into doing s.th.** jdn dazu bringen etw zu tun III. *vi* 1. manövrieren; ein Manöver durchführen 2. (*fig*) es geschickt einfädeln

manor ['mænə(r)] *s* Landgut *nt;* **lord of the ~** Gutsherr *m;* **~house** Herrenhaus *nt*

man•power ['mænpaʊə(r)] *s* Leistungs-, Arbeitspotential *nt;* Arbeitskräfte *pl;* **man-power forecasting** *s* Personalbestandsprognose *f;* **manpower planning** *s* Personalplanung *f;* **manpower shortage** *s* Arbeitskräftemangel *m*

manse [mæns] *s* (*schottisch*) Pfarrhaus *nt*

man•ser•vant ['mænsɜ:vənt] <*pl* menservants> *s* Diener *m*

man•sion ['mænʃn] *s* Villa *f;* Herren-, Landhaus *nt*

man•slaughter ['mænslɔ:tə(r)] *s* Totschlag *m*

man•tel•piece ['mæntlpi:s] *s* Kaminsims *m*

man•ual ['mænjʊəl] I. *adj* manuell; körperlich; ~ **labourer** Schwerarbeiter(in) *m(f);* ~ **skill** Handwerk *nt;* ~ **transmission** (AUTO) Schaltgetriebe *nt;* ~ **work** manuelle Tätigkeit; ~ **worker** (Hand)Arbeiter(in) *m(f)* II. *s* Handbuch *nt*

manu•fac•ture [ˌmænjʊ'fæktʃə(r)] I. *s*

1. Herstellung, Fabrikation, Fertigung, Produktion *f* **2.** Erzeugnis, Produkt, Fabrikat *nt* **II.** *vt* **1.** herstellen, fabrizieren, produzieren **2.** (*fig*) erfinden; **manufactured goods** *s pl* Industriegüter, Fabrik-, Fertigwaren *pl;* **manu•fac•turer** [ˌmænjʊ'fækʃərə(r)] *s* Hersteller, Produzent, Fabrikant *m;* **manufacturer's recommended price, MRP** *s* unverbindliche Preisempfehlung; **manu•fac•tur•ing** [ˌmænjʊ'fæktʃərɪŋ] **I.** *adj* Herstellungs-; ~ **capacity** Produktionskapazität *f;* ~ **costs** Herstellungskosten *pl;* ~ **industry** verarbeitende Industrie **II.** *s* Fertigung, Fabrikation *f*

ma•nure [mə'njʊə(r)] **I.** *s* Dünger *m* **II.** *vt* düngen

manu•script ['mænjʊskrɪpt] *s* **1.** (*alte*) Handschrift *f* **2.** (TYP) Manuskript *nt;* **in** ~ handschriftlich

many ['menɪ] <more, most> **I.** *adj* viele; ~ **a** manche(r, s), manch ein(e, r); ~ **a man** manch einer; ~ **a time** manchesmal; **as** ~ ebenso viele; **as** ~ **again** noch mal so viele; **as** ~ **as 100** sage und schreibe 100; **a good** [*o* **great**] ~ sehr viele; **there's one too** ~ einer ist zu viel **II.** *s* eine ganze Menge; **the** ~ die große Masse; **many-sided** [ˌmenɪ'saɪdɪd] *adj* vielseitig

map [mæp] **I.** *s* **1.** (Land)Karte *f* **2.** Stadtplan *m;* **be off the** ~ (*fam*) hinter dem Mond liegen; **put on the** ~ Bedeutung verleihen, herausstreichen; **road** ~ Straßenkarte *f* **II.** *vt* **1.** vermessen; eine Karte anfertigen von **2.** (~ *out*) entwerfen, kartieren; (*fig*) ausarbeiten

maple ['meɪpl] *s* Ahorn *m;* **maple leaf** <*pl* -leaves> *s* Ahornblatt *nt;* **maple sugar** *s* Ahornzucker *m*

mar [mɑ:(r)] *vt* **1.** trüben; mindern **2.** verderben

mara•thon ['mærəθən] *s* **1.** (SPORT) Marathonlauf *m* **2.** (*fig*) Marathon *nt*

ma•raud [mə'rɔ:d] *vi, vt* marodieren, plündern; **ma•rauder** [-ə(r)] *s* Plünderer *m,* Plünderin *f*

marble ['mɑ:bl] **I.** *s* **1.** Marmor *m* **2.** Murmel *f* **II.** *adj* marmorartig

March [mɑ:tʃ] *s* März *m*

march [mɑ:tʃ] **I.** *vi* marschieren; ~ **in** einmarschieren; **time** ~**es on** die Zeit bleibt nicht stehen; ~ **out** abmarschieren; ~ **past s.o.** an jdm vorbeimarschieren **II.** *vt* marschieren lassen; ~ **s.o. off** jdn abführen **III.** *s* **1.** (MIL MUS) Marsch *m* **2.** Weg *m* **3.** (Ver)Lauf, Gang *m* (*der Ereignisse*)*;* **on the** ~ auf dem Marsch; **steal a** ~ **on s.o.** jdm zuvorkommen; **forced** ~ Gewaltmarsch *m;* **march•ing or•ders** ['mɑ:tʃɪŋˌɔ:dəz] *s pl* **1.** (MIL) Marschbefehl *m* **2.** Entlassung *f*

mare ['meə(r)] *s* Stute *f;* **mare's nest** *s* Schwindel *m;* (Zeitungs)Ente *f;* Reinfall *m*

mar•gar•ine *s,* **marge** [ˌmɑ:dʒə'ri:n, mɑ:dʒ] *s* (*fam*) Margarine *f*

mar•gin ['mɑ:dʒɪn] *s* **1.** Rand *m* **2.** (*fig*) Spielraum *m,* Spanne *f* **3.** (COM) Gewinnspanne, Marge *f;* Verdienstspanne *f;* **in the** ~ am Rande; **allow** [*o* **reserve**] **a** ~ Spielraum lassen; **by a narrow** ~ knapp; ~ **of error** Fehlerspielraum *m;* **it's within the safety** ~ das ist noch sicher; **mar•ginal** ['mɑ:dʒɪnl] *adj* (*fig*) **1.** Rand- **2.** geringfügig, unwesentlich; ~ **land** marginaler Boden; **mar•gin•al•ize** [-aɪz] *vt* **1.** (*fig*) an den Rand drängen **2.** (*Sachverhalt*) eine niedrigere Priorität verleihen

mar•guer•ite [ˌmɑ:gə'ri:t] *s* Margerite *f*

mari•gold ['mærɪgəʊld] *s* Tagetes *f*

mari•juana, mari•huana [ˌmærɪ'wɑ:nə] *s* Marihuana *nt*

ma•rina [mə'ri:nə] *s* Jachthafen *m*

mari•nade [ˌmærɪ'neɪd] *s* Marinade *f;* **mari•nate** ['mærɪneɪt] *vt* marinieren

mar•ine [mə'ri:n] **I.** *adj* See-, Meer(es)- **II.** *s* **1.** Marine *f* **2.** Marineinfanterist *m;* ~ **biologist** Meeresbiologe *m,* -biologin *f;* ~ **biology** Meeresbiologie *f;* ~ **ecosystem** marines Ökosystem; ~ **life** Meeresfauna und -flora *f;* ~ **pollution** Meeresverschmutzung *f;* **tell that to the** ~**s** das mach anderen weis!; **mari•ner** ['mærɪnə(r)] *s* Seemann, Matrose *m*

mari•on•ette [ˌmærɪə'net] *s* (*a. fig*) Marionette *f*

mari•tal ['mærɪtl] *adj* ehelich; **marital status** *s* Familienstand *m*

mari•time ['mærɪtaɪm] *adj* seemännisch; See-

mar•joram ['mɑ:dʒərəm] *s* Majoran *m*

mark¹ [mɑ:k] *s* (FIN) Mark *f*

mark² [mɑ:k] **I.** *s* **1.** Spur *f,* Mal *nt;* Fleck *m* **2.** (Kenn)Zeichen *nt* **3.** Stempel *m,* Siegel *nt;* Etikett *nt,* Auszeichnung *f* **4.** Schutz-, Handelsmarke *f* **5.** (*fig*) Merkmal *nt* **6.** Note, Zensur *f* **7.** Abzeichen *nt* **8.** Auszeichnung *f* **9.** Eindruck, Einfluss *m* **10.** Markierung *f;* **make a** ~ **on s.th.** einen Fleck auf etw machen; **good** ~**s** gute Noten *fpl;* **he gets full** ~**s for geography** in Geographie verdient er eine Eins; **be quick off the** ~ (SPORT) einen guten Start haben; (*fig*) blitzschnell handeln; **be up to the** ~ den Erwartungen entsprechen; **hit the** ~ ins Schwarze treffen; **leave one's** ~ einer Sache seinen Stempel aufdrücken; **make one's** ~ sich einen Namen machen; es zu etwas bringen; **be wide of the** ~ danebentreffen; sich verhauen; **punctuation** ~ Satzzeichen *nt* **II.** *vt* **1.** bezeichnen, kennzeichnen, markieren **2.** notieren, anstreichen

3. (auf)zeigen, herausstellen **4.** charakterisieren; heraus-, hervorheben, auszeichnen **5.** bewerten, zensieren **6.** (*Ware mit Preis*) auszeichnen **7.** auf-, verzeichnen **8.** beachten; achten, Acht geben, aufpassen auf; **his death ~ed the end of an era** mit seinem Tod ging eine Ära zu Ende; **~ed with grief** von Schmerz gezeichnet; **~ a candidate** einem Kandidaten eine Note geben; **~ my words** eins kann ich dir sagen; **~ time** auf der Stelle treten **III.** *vi* schmutzig werden; **mark down** *vt* **1.** notieren **2.** (*Preise*) herabsetzen; **mark off** *vt* kennzeichnen, markieren; abgrenzen; **mark out** *vt* **1.** abstecken **2.** (*Note*) bestimmen; vorsehen (*for* für); **mark up** *vt* (*Preise*) heraufsetzen

marked [mɑ:kt] *adj* (*Unterschied*) merklich, auffällig; spürbar; deutlich; **marked·ly** ['mɑ:kədlɪ] *adv* merklich

marker ['mɑ:kə(r)] *s* **1.** Marke *f;* Wendepunkt *m* **2.** Schild *nt,* Wegweiser *m* **3.** Lesezeichen *nt* **4.** (Prüfung) Korrektor(in) *m(f);* **marker pen** *s* Markierstift, Textmarker *m*

mar·ket ['mɑ:kɪt] **I.** *s* **1.** Markt *m* **2.** Marktplatz *m,* -halle *f* **3.** Absatzgebiet *nt;* Absatzmarkt *m* **4.** Börse *f;* **at the ~** auf dem Markt; **go to ~** zum Markt gehen; **be on the ~** auf dem Markt sein; **find a ready ~** guten Absatz finden; **play the ~** spekulieren; **put on the ~** auf den Markt bringen **II.** *vt* vertreiben **III.** *vi* sich verkaufen, Absatz finden; **mar·ket·able** ['mɑ:kɪtəbl] *adj* marktfähig, gängig, absatzfähig; **market economy** *s* Marktwirtschaft *f;* **market-focused** *adj* marktorientiert; **market garden** *s* Gärtnerei *f;* **mar·ket·ing** ['mɑ:kɪtɪŋ] *s* Marketing *nt;* Vertrieb, Absatz *m;* **~ agreement** Marktabsprache *f;* **market leader** *s* Markt-, Branchenführer *m;* **market niche** *s* Marktnische *f;* **market place** *s* Markt(platz) *m;* **market rate** *s* Marktpreis *m;* **market requirements** *s pl* Markterfordernisse *pl;* **market research** *s* Marktforschung *f;* **market share** *s* Marktanteil *m;* **market town** *s* Markt(flecken) *m;* **market value** *s* Marktwert *m*

mark·ing ['mɑ:kɪŋ] *s* **1.** Be-, Kennzeichnung, Markierung *f* **2.** (*von Fell*) Zeichnung, Färbung *f* **3.** Korrektur *f*

marks·man ['mɑ:ksmən] <*pl* -men> *s* Scharfschütze *m;* **marks·man·ship** ['mɑ:ksməʃɪp] *s* Treffsicherheit *f*

mark-up ['mɑ:kʌp] *s* Preiserhöhung *f;* **mark-up price** *s* Verkaufspreis *m*

mar·ma·lade ['mɑ:məleɪd] *s* Marmelade *f* aus Zitrusfrüchten

mar·mot ['mɑ:mət] *s* Murmeltier *nt*

ma·roon¹ [mə'ru:n] *vt* aussetzen

ma·roon² [mə'ru:n] **I.** *adj* kastanienbraun **II.** *s* **1.** Kastanienbraun *nt* **2.** Leuchtkugel *f*

mar·quee [mɑ:'ki:] *s* Festzelt *nt*

mar·riage ['mærɪdʒ] *s* **1.** Ehe *f* **2.** Heirat, Hochzeit, Eheschließung *f* (*to* mit); **give s.o. in ~ to s.o.** jdn jdm zur Frau geben; **civil ~** standesamtliche Trauung; **mar·riage·able** [-əbl] *adj* heiratsfähig; **of ~ age** im heiratsfähigen Alter; **marriage bureau** *s* Eheanbahnungsinstitut *nt;* **marriage ceremony** *s* Trauung *f;* **marriage certificate** *s* Heiratsurkunde *f;* **marriage guidance** *s* Eheberatung *f;* **marriage lines** *s pl* Heiratsurkunde *f*

mar·ried ['mærɪd] *adj* verheiratet (*to* mit); **get ~** (sich ver)heiraten; **~ couple** Ehepaar *nt*

mar·row ['mærəʊ] *s* **1.** (Knochen)Mark *nt* **2.** (*fig*) (das) Innerste, Kern *m* **3.** Gemeiner Kürbis; **chilled to the ~** völlig durchgefroren; **mar·row·bone** ['mærəʊbəʊn] *s* Markknochen *m*

marry ['mærɪ] **I.** *vt* **1.** trauen, vermählen (*to s.o.* mit jdm) **2.** heiraten (*s.o.* jdn) **3.** (*~ off*) verheiraten (*to* an, mit) **II.** *vi* heiraten, sich verheiraten; **~ into money** reich heiraten

marsh [mɑ:ʃ] *s* Marsch(land *nt*) *f,* Sumpf *m*

mar·shal ['mɑ:ʃl] **I.** *s* **1.** (MIL) Marschall *m* **2.** (*Am*) Bezirkspolizeichef *m* **II.** *vt* **1.** (*Feier*) leiten **2.** (*fig*) (an)ordnen, arrangieren, disponieren; **mar·shal·ling yard** ['mɑ:ʃlɪŋjɑ:d] *s* Verschiebebahnhof *m*

marsh·land ['mɑ:ʃlænd] *s* Feuchtgebiet, Marschland *nt;* **marshy** ['mɑ:ʃɪ] *adj* sumpfig, morastig

mar·su·pial [mɑ:'su:pɪəl] *s* Beuteltier *nt*

mar·ten ['mɑ:tɪn] *s* Marder(fell *nt*) *m*

mar·tial ['mɑ:ʃl] *adj* kriegerisch; tapfer; **~ arts** Kampfsportarten *pl;* **court ~** Kriegs-, Militärgericht *nt;* **martial law** *s* Kriegsrecht *nt;* **be under ~** unter dem Kriegsrecht stehen

Mar·tian ['mɑ:ʃn] *s* Marsbewohner(in) *m(f)*

mar·tin ['mɑ:tɪn] *s* Schwalbe *f*

mar·ti·net [ˌmɑ:tɪ'net] *s* Zuchtmeister *m*

mar·tyr ['mɑ:tə(r)] **I.** *s* Märtyrer(in) *m(f);* **make a ~ of o.s.** sich opfern **II.** *vt* martern; foltern; **mar·tyr·dom** [-dəm] *s* Martyrium *nt*

mar·vel ['mɑ:vl] **I.** *s* Wunder *nt;* **she's a ~ of patience** sie ist ein Wunder an Geduld **II.** *vi* staunen (*at* über); **mar·vel·lous** ['mɑ:vələs] *adj,* **mar·vel·ous** *adj* (*Am*) wunderbar; fantastisch

Marx·ism ['mɑ:ksizm] *s* Marxismus *m;* **Marx·ist** ['mɑ:ksɪst:] **I.** *adj* marxistisch **II.** *s* Marxist(in) *m(f)*

mar·zi·pan ['mɑ:zɪpæn] *s* Marzipan *nt*

mas·cara [mæ'skɑ:rə] *s* Wimperntusche *f*

mas·cot ['mæskət] *s* Maskottchen *nt,* Talis-

M

man *m*

mas•cu•line ['mæskjʊlɪn] **I.** *adj* (*a.* GRAM) männlich **II.** *s* (GRAM) Maskulinum *nt*

mash [mæʃ] **I.** *s* **1.** (*Brauerei*) Maische *f* **2.** (AGR) Futterbrei *m* **3.** Brei *m* **II.** *vt* zerstampfen; **~ed potatoes** Kartoffelpüree *nt*

mask [mɑːsk] **I.** *s* Maske *f;* **throw off one's ~** (*fig*) sein wahres Gesicht zeigen; **death-/gas-/oxygen ~** Toten-/Gas-/Sauerstoffmaske *f* **II.** *vt* **1.** maskieren; verdecken **2.** (*fig*) verhüllen, verschleiern

maso•chism ['mæsəkɪzəm] *s* Masochismus *m;* **maso•chist** ['mæsəkɪst] *s* Masochist(in) *m(f)*

ma•son ['meɪsn] *s* **1.** Steinmetz *m* **2.** (*free~*) Freimaurer *m;* **ma•sonic** [mə'sɒnɪk] *adj* freimaurerisch; **ma•sonry** ['meɪsnrɪ] *s* **1.** Mauerwerk *nt* **2.** Freimaurerei *f*

mas•quer•ade [ˌmɑːskə'reɪd] **I.** *s* Maskerade *f* **II.** *vi* sich ausgeben (*as* als)

mass[1] [mæs] *s* (REL) Messe *f;* **go to ~** zur Messe gehen; **hear ~** die Messe feiern; **say ~** die Messe lesen; **high ~** Hochamt *nt*

mass[2] [mæs] **I.** *s* **1.** (*a.* PHYS) Masse *f* **2.** (*von Menschen*) Menge *f;* **in the ~** im ganzen; **the ~es** die Masse; **we have ~es of time** (*fam*) wir haben jede Menge Zeit **II.** *vt* massieren, anhäufen, konzentrieren **III.** *vi* **1.** sich ansammeln, sich anhäufen **2.** (*Wolken*) sich zusammenballen

mass•acre ['mæsəkə(r)] **I.** *s* Blutbad *nt* **II.** *vt* niedermetzeln, massakrieren

mas•sage ['mæsɑːʒ] **I.** *s* Massage *f* **II.** *vt* massieren; **massage parlour** *s* Massagesalon *m;* (*euph*) Bordell *nt*

mass cir•cu•la•tion [ˌmæssɜːkjʊ'leɪʃn] *s* Massenauflage *f*

mas•seur [mæ'sɜː(r)] *s* Masseur *m;* **masseuse** [mæ'sɜːz] *s* **1.** Masseurin *f* **2.** (*euph: Prostituierte*) Masseuse *f*

mass•ive ['mæsɪv] *adj* **1.** massiv, massig, solide, fest **2.** (*Stirn*) wuchtig, breit **3.** (*Aufgabe*) gewichtig

mass mar•ket•ing [ˌmæs'mɑːkɪtɪŋ] *s* Massenabsatzstrategie *f*

mass me•dia [ˌmæs'miːdɪə] *s pl* Massenmedien *pl;* **mass meeting** *s* Massenversammlung *f;* **mass murderer** *s* Massenmörder(in) *m(f);* **mass-produce** ['mæsprəˌdjuːs] *vt* serienmäßig herstellen; **mass production** *s* Massenproduktion, -fertigung *f;* **mass psychology** *s* Massenpsychologie *f;* **mass unemployment** *s* Massenarbeitslosigkeit *f*

mast[1] [mɑːst] *s* **1.** (MAR) Mast *m* **2.** Sendeturm *m*

mast[2] [mɑːst] *s* (AGR) Mast *f*

mas•tec•to•my [ˌmæs'tekəmɪ] *s* Brustamputation *f*

mas•ter ['mɑːstə(r)] **I.** *s* **1.** Herr *m;* Meister *m* **2.** Hausherr *m* **3.** Kapitän *m* **4.** (Handwerks)Meister *m* **5.** Lehrer *m* **6.** Leiter, Rektor *m* **7.** Original *nt;* **be one's own ~** sein eigener Herr sein; **be ~ in one's own house** Herr im Hause sein; **~'s certificate** Kapitänspatent *nt;* **be ~ of s.th.** etw beherrschen; **be ~ of the situation** Herr der Lage sein, die Situation im Griff haben; **dancing ~** Tanzlehrer *m* **II.** *vt* **1.** unter Kontrolle bringen **2.** (*Aufgabe*) bewältigen **3.** (*Fähigkeit*) beherrschen; **mas•ter-at-arms** [ˌmɑːstəræt'ɑːmz] *s* (MAR) Bootsmann *m* mit Polizeibefugnis; **master bedroom** *s* großes Schlafzimmer; **master builder** *s* Baumeister *m;* **master copy** *s* Original *nt;* **master data** *s pl* Stammdaten *pl;* **master disk** *s* (INFORM) Hauptplatte *f;* **master file** *s* (INFORM) Stammdatei *f;* **mas•ter•ful** ['mɑːstəfl] *adj* meisterhaft; gebieterisch; **master key** *s* Hauptschlüssel *m;* **mas•ter•ly** ['mɑːstəlɪ] *adj* meisterhaft; ausgezeichnet; **master•mind** ['mɑːstəmaɪnd] **I.** *s* führender Kopf, Kapazität *f* **II.** *vt* geschickt lenken; **Master of Arts** *s* Magister *m* der philosophischen Fakultät; **master of ceremonies** *s* Zeremonienmeister *m;* Conférencier *m;* **Master of Science** *s* Magister *m* der naturwissenschaftlichen Fakultät; **masterpiece** ['mɑːstəpiːs] *s* Meisterstück, -werk *nt;* **mas•ter•stroke** ['mɑːstəstrəʊk] *s* Glanzstück *nt;* **master tape** *s* (INFORM) Originalband *nt*

mas•tery ['mɑːstərɪ] *s* **1.** (Vor)Herrschaft, Vormacht(stellung) *f* (*of, over* über) **2.** (*eines Instruments*) Beherrschung *f* (*of +gen*); **gain the ~** die Oberhand gewinnen

mas•ti•cate ['mæstɪkeɪt] *vt* (zer)kauen; **mas•ti•ca•tion** [ˌmæstɪ'keɪʃn] *s* Kauen *nt*

mas•tiff ['mæstɪf] *s* Dogge *f*

ma•sti•tis [mæ'staɪtɪs] *s* (MED) Brust(drüsen)entzündung *f*

mas•tur•bate ['mæstəbeɪt] *vi* masturbieren, onanieren; **mas•tur•ba•tion** [ˌmæstə'beɪʃn] *s* Masturbation, Onanie, Selbstbefriedigung *f*

mat[1] [mæt] **I.** *s* **1.** (*a.* SPORT) Matte *f* **2.** (*door ~*) Türvorleger *m* **3.** Untersetzer *m,* Unterlage *f* **4.** (*von Haaren*) Gewirr *nt* **II.** *vi* verfilzen

mat[2] [mæt] *adj* matt

match[1] [mætʃ] **I.** *s* **1.** dazu Passendes **2.** Gegenstück, Pendant *nt* **3.** Heirat *f* **4.** Wettkampf *m;* Match *nt;* **be a good ~** gut zusammenpassen; **be a ~ for s.o.** sich mit jdm messen können; jdm gewachsen sein; **meet one's ~** seinen Meister finden; **he's a good ~** er ist eine gute Partie; **a boxing ~** ein Boxkampf *m* **II.** *vt* **1.** gleichkommen, gleich(wertig), ebenbürtig sein (*s.th.* einer S) **2.** passen zu, entsprechen (*s.o.* jdm) **3.** vergleichen; (*im Wettstreit*) messen (*with, against* mit); **the two boxers were well ~ed** die beiden Boxer waren einander ebenbürtig; **no one can ~ him in geography** niemand kann ihm in Geographie das Wasser reichen; **be ~ed against s.o.** gegen jdn antreten; **~ one's strength against s.o.** seine Kräfte mit jdm messen; **the carpets should ~ the curtains** die Teppiche sollten zu den Vorhängen passen **III.** *vi* zusammenpassen (*with* zu); **it doesn't ~** das passt nicht zusammen

match² [mætʃ] *s* Streich-, Zündholz *nt;* **match•box** *s* Streich-, Zündholzschachtel *f*

match•ing ['mætʃɪŋ] *adj* passend; **match•less** ['mætʃlɪs] *adj* unerreicht, unübertroffen; **match•maker** ['mætʃmeɪkə(r)] *s* Ehestifter(in) *m(f);* (*pej*) Kuppler(in) *m(f);* **she tried to play the ~ between the two** sie versuchte die beiden zu verkuppeln; **match point** *s* Matchball *m;* **match•stick** ['mætʃˌstɪk] *s* Streichholz *nt;* **match•wood** ['mætʃwʊd] *s* (*fig*) Kleinholz *nt*

mate¹ [meɪt] **I.** *s* **1.** Arbeitskollege, Kumpel *m* **2.** Freund(in) *m(f),* Kamerad(in) *m(f)* **3.** (*Tiere*) Männchen, Weibchen *nt* **4.** (MAR) Maat *m* **II.** *vt* paaren **III.** *vi* sich paaren

mate² [meɪt] **I.** *s* (*Schach*) Matt *nt* **II** *vt* matt setzen

ma•terial [mə'tɪərɪəl] **I.** *adj* **1.** materiell **2.** wesentlich, grundlegend **3.** (JUR) erheblich **II.** *s* **1.** Material *nt,* Stoff *m* (*for* für) **2.** Baustoff *m* **3.** Stoff *m,* Gewebe *nt;* **raw ~s** Rohstoffe *mpl;* **building ~s** Baustoffe *mpl;* **writing ~s** Schreibzeug *nt;* **~ damage** Sachschaden *m*

ma•teri•al•ism [mə'tɪərɪəlɪzəm] *s* Materialismus *m;* **ma•teri•al•ist** [mə'tɪərɪəlɪst] *s* Materialist(in) *m(f);* **ma•ter•i•al•is•tic** [məˌtɪərɪə'lɪstɪk] *adj* materialistisch

ma•teri•al•ize [mə'tɪərɪəlaɪz] *vi* **1.** (*Idee*) sich verwirklichen; wahr werden **2.** (*Geist*) erscheinen; auftauchen

ma•ternal [mə'tɜ:nl] *adj* mütterlich; **~ grandfather** Großvater mütterlicherseits; **~ instincts** Mutterinstinkte *mpl;* **ma•tern•ity** [mə'tɜ:nətɪ] *s* Mutterschaft *f;* **maternity benefit** *s* Mutterschaftshilfe *f;* **maternity clinic** *s* Entbindungsklinik *f;* **maternity dress** *s* Umstandskleid *nt;* **maternity hospital**, **maternity home** *s* Entbindungsheim *nt;* **maternity leave** *s* Mutterschaftsurlaub *m;* **maternity ward** *s* Entbindungsstation *f*

matey ['meɪtɪ] *adj* freundlich; kameradschaftlich (*with* mit)

math [mæθ] *s* (*Am fam*) Mathe *f*

math•emat•ical [ˌmæθə'mætɪkl] *adj* mathematisch; **math•ema•tician** [ˌmæθəmə'tɪʃn] *s* Mathematiker(in) *m(f);* **mathe•mat•ics** [ˌmæθə'mætɪks] *s pl mit sing* Mathematik *f;* **maths** [mæθs] *s pl mit sing* (*Br fam*) Mathe *f*

mati•née ['mætɪneɪ] *s* Matinee; (*nachmittags a.*) Frühvorstellung *f*

mat•ing ['meɪtɪŋ] *s* (*von Tieren*) Paarung *f*

ma•tri•archy ['meɪtrɪɑ:kɪ] *s* Matriarchat *nt*

ma•tricu•late [mə'trɪkjʊleɪt] **I.** *vi* sich immatrikulieren **II.** *vt* immatrikulieren; **ma•tricu•la•tion** [məˌtrɪkjʊ'leɪʃn] *s* Immatrikulation *f*

mat•ri•mo•nial [ˌmætrɪ'məʊnɪəl] *adj* ehelich; **mat•ri•mony** ['mætrɪmənɪ] *s* Ehe *f,* Ehestand *m*

ma•trix ['meɪtrɪks, *pl* 'meɪtrɪsi:z] <*pl* -trices, -trixes> *s* **1.** Matrize *f;* Mater *f* **2.** (GEOL) Matrix *f*

ma•tron ['meɪtrən] *s* **1.** Matrone *f* **2.** (*im Krankenhaus*) Oberin *f;* **ma•tronly** ['meɪtrənlɪ] *adj* matronenhaft

matt [mæt] *adj* matt, mattiert

mat•ted ['mætɪd] *adj* (*Haar*) verfilzt

mat•ter ['mætə(r)] **I.** *s* **1.** (PHYS) Materie, Substanz *f,* Stoff *m* **2.** Stoff *m* **3.** (MED) Eiter *m* **4.** (TYP) Manuskript *nt* **5.** Inhalt *m* **6.** Sache, Angelegenheit *f;* Thema *nt,* Stoff *m* **7.** **~s** Angelegenheiten *fpl;* **for that ~** eigentlich; **in the ~ of ...** was ... anbelangt; **that's quite another ~** das ist etwas ganz anderes; **no ~ what he does** ganz gleich, einerlei, was er tut; **the ~ in hand** die vorliegende Angelegenheit; **as ~s stand** wie die Dinge liegen; **to make ~s worse** zu allem Unglück; **no ~!** macht nichts!; **what's the ~?** was ist (denn) los?; **it's no laughing ~** das ist nicht zum Lachen; **it's a ~ of life and death** es geht um Leben und Tod; **business ~s** geschäftliche Angelegenheiten *fpl;* **printed ~** Drucksache *f;* **s.th. is the ~ with s.o.** etw ist mit jdm los **II.** *vi* von Belang, von Bedeutung, von Wichtigkeit sein (*to* für); **it doesn't ~** es macht nichts; **it doesn't ~ to me what you do** es ist mir egal, was du machst; **what does it ~?** was macht das (schon)?; **matter-of-fact** [ˌmætərəv'fækt] *adj* sachlich, nüchtern

mat•ting ['mætɪŋ] *s* Mattenbelag *m;* Matten *fpl*

mat•tock ['mætək] *s* Hacke, Haue *f*

mat•tress ['mætrɪs] *s* Matratze *f*

ma•ture [mə'tjʊə(r)] **I.** *adj* **1.** reif **2.** (*fig*) ausgereift; durchdacht **3.** (FIN) fällig **II.** *vi* **1.** reifen; reif werden **2.** (FIN) fällig werden

III. *vt* reifen lassen; **mature economy** *s* entwickelte Volkswirtschaft; **ma•tur•ity** [mə'tjʊərətɪ] *s* **1.** Reife *f* **2.** (FIN) Fälligkeit(stermin *m*) *f;* **reach** ~ erwachsen werden

maud•lin ['mɔːdlɪn] *adj* rührselig, weinerlich

maul [mɔːl] **I.** *vt* übel zurichten **II.** *s* (*Rugby*) offenes Gedränge

mau•so•leum [ˌmɔːsə'liːəm] *s* Mausoleum *nt*

mauve [məʊv] *adj* malvenfarben

mav•er•ick ['mævərɪk] *s* **1.** (*fig*) Einzelgänger(in) *m(f)* **2.** Abtrünnige(r) *f m*

mawk•ish ['mɔːkɪʃ] *adj* **1.** kitschig, rührselig **2.** (*Geschmack*) süßlich

maxi- ['mæksɪ] *prefix* Maxi-

maxim ['mæksɪm] *s* Grundsatz *m,* Maxime *f*

maxim•al ['mæksɪml] *adj* maximal; **max•imize** ['mæksɪmaɪz] *vt* maximieren; **maxi•mum** ['mæksɪməm, *pl* 'mæksɪmə] <*pl* -mums, -ma> **I.** *s* Maximum *nt* **II.** *adj* Höchst-; maximal; ~ **load** Höchstbelastung *f;* ~ **sentence** Höchststrafe *f;* ~ **speed** Höchstgeschwindigkeit *f;* **maxi-racer** ['mæksɪˌreɪsə(r)] *s* Maxiracer *m*

may [meɪ] <*irr:* might> *vi* **1.** können **2.** dürfen; **it** ~ [*o* **might**] **rain** es könnte regnen; **it** ~ **be that ...** vielleicht ...; **you** ~ **be right** Sie könnten Recht haben; ~ **I go now?** darf ich jetzt gehen?; ~ **I have the pleasure of the next dance?** darf ich Sie zum nächsten Tanz auffordern?; **I hope he** ~ **succeed** ich hoffe, dass es ihm gelingt; **we** ~ [*o* **might**] **as well go** ich glaube, wir können gehen; ~ **you both be happy!** ich wünsche euch beiden viel Glück

May [meɪ] *s* Mai *m;* **in** ~ im Mai; ~ **Day** der 1. Mai, Maifeiertag *m*

may•be ['meɪbiː] *adv* vielleicht

may•day ['meɪdeɪ] *s* (MAR AVIAT) Maydaysignal *nt* (*internationaler Notruf*)

may•fly ['meɪflaɪ] *s* Eintagsfliege *f*

may•hem ['meɪhem] *s* **1.** (*Am:* JUR) schwere Körperverletzung **2.** Chaos *nt*

may•on•naise [ˌmeɪə'neɪz] *s* Mayonnaise *f*

mayor [meə(r)] *s* Bürgermeister(in) *m(f);* **mayor•ess** [meə'res] *s* **1.** Bürgermeistersfrau *f* **2.** Bürgermeisterin *f*

may•pole ['meɪpəʊl] *s* Maibaum *m*

maze [meɪz] *s* **1.** Irrgarten *m,* Labyrinth *nt* **2.** (*fig*) Wirrwarr *m,* Gewirr *nt;* **be in a** ~ bestürzt, ratlos, verlegen sein

MB [ˌem'biː] *s Abk. von* **megabyte** MB *nt*

MBA [ˌembiː'eɪ] *s Abk. von* **Master of Business Administration** Betriebswirt *m*

MCP [ˌemsiː'piː] *s Abk. von* **male chauvinist pig** (*pej*) Chauvi *m*

MD [ˌem'diː] *s Abk. von* **managing director** geschäftsführende(r) Direktor(in)

me [miː] *pron* **1.** mich *acc,* mir *dat* **2.** (*fam*) ich; **its** ~ ich bin's

meadow ['medəʊ] *s* Wiese *f*

mea•ger *adj* (*Am*), **meagre** ['miːgə(r)] *adj* **1.** mager, dünn, dürr **2.** (*fig*) spärlich, dürftig

meal[1] [miːl] *s* Mahl(zeit *f*) *nt;* Essen *nt;* **go for a** ~ essen gehen

meal[2] [miːl] *s* Schrot(mehl *nt*) *m*

meal•time ['miːltaɪm] *s* Essenszeit *f*

mealy ['miːlɪ] *adj* mehlig; **mealy-mouthed** ['miːlɪmaʊðd] *adj* **1.** unaufrichtig **2.** schönfärberisch; **be** ~ um den heißen Brei herumreden

mean[1] [miːn] <*irr:* meant, meant> *vt* **1.** meinen, denken **2.** vorhaben, beabsichtigen (*to do* zu tun) **3.** ernst meinen **4.** sagen wollen (*by* mit) **5.** (*Wort*) bedeuten; **what do you** ~ **by that?** was willst du damit sagen?; ~ **to do s.th.** etw tun wollen; **be meant for s.o.** für jdn bestimmt sein; **I meant it as a joke** das sollte ein Witz sein; **this picture is meant for me** dieses Bild ist für mich bestimmt; **he ~s no harm** er meint es nicht böse; ~ **well by s.o.** es gut mit jdm meinen

mean[2] [miːn] *adj* **1.** geizig, knauserig **2.** gemein **3.** (*Motive*) niedrig **4.** schäbig, armselig **5.** bösartig; gehässig; **feel** ~ (*fam*) sich genieren, sich schämen; (*Am*) sich nicht wohl fühlen

mean[3] [miːn] **I.** *adj* mittlere(r, s) **II.** *s* (*a.* MATH) Durchschnitt *m,* Mittelwert *m,* -maß *nt*

me•ander [mɪ'ændə(r)] *vi* **1.** (*Fluss*) sich dahinwinden **2.** (*fig*) wirr sein; vom Thema abschweifen; **me•ander•ings** [mɪ'ændərɪŋz] *s pl* Windungen *fpl,* Abschweifungen *fpl*

meanie [miːnɪ] *s* (*fam*) Geizhals *m*

mean•ing ['miːnɪŋ] **I.** *s* Sinn *m,* Bedeutung *f;* **what's the** ~ **of ... ?** was ... heißt?; **mistake s.o.'s** ~ jdn missverstehen; **do you get my ~?** haben Sie mich verstanden? **II.** *adj* vielsagend, bedeutsam; **mean•ing•ful** ['miːnɪŋfl] *adj* bedeutungs-, sinnvoll; **mean•ing•less** [-lɪs] *adj* bedeutungs-, sinnlos

mean•ness ['miːnnɪs] *s* **1.** Geiz *m* **2.** Gemeinheit *f* **3.** niedrige Gesinnung **4.** Bösartigkeit *f* **5.** Schäbigkeit *f*

means [miːnz] *s* **1.** (*im sing*) Möglichkeit *f;* Mittel *nt* **2.** (*im pl*) Mittel *ntpl,* Gelder *ntpl;* **there is no** ~ **of doing it** es ist unmöglich das zu tun; **by** ~ **of s.th** durch etw, mittels einer S; **by this** ~ dadurch; **by some** ~ **or other** auf irgendeine Art und Weise; **by no** ~ keineswegs; **a man of** ~ ein vermögender Mann; **live beyond one's** ~ über seine

Verhältnisse leben

meant [ment] *vt s.* **mean**[1]

mean·time ['mi:ntaɪm] I. *adv* inzwischen II. *s* Zwischenzeit *f;* **in the ~** in der Zwischenzeit

mean·while ['mi:nwaɪl] *adv* inzwischen, unterdessen

measles ['mi:zlz] *s pl mit sing* (MED) Masern *pl*

measly ['mi:zlɪ] *adj* (*fam*) lumpig, kümmerlich, schäbig

measur·able ['meʒərəbl] *adj* messbar; erkennbar

measure ['meʒə(r)] I. *s* 1. Maß *nt* 2. Maßeinheit *f,* -system *nt* 3. (*fig*) Maßstab *m* (*of* für) 4. Menge *f* 5. Ausmaß *nt,* Grad, Umfang *m* 6. Maßnahme, -regel *f,* Schritt(e *pl*) *m* 7. Versmaß *nt* 8. (MUS) Takt *m;* **a ~ of length** ein Längenmaß; **give s.o. full ~** richtig ausschenken; **in some ~** in gewisser Hinsicht; **to a large ~** in hohem Maße; **take ~s to do s.th.** Maßnahmen ergreifen, um etw zu tun II. *vt* 1. messen 2. (*~ off, ~ out*) ab-, aus-, vermessen 3. Maß nehmen (*s.o.* jdm) 4. (*fig*) abwägen, beurteilen; **~ one's length** der Länge nach hinfallen III. *vi* messen; **measured** ['meʒəd] *adj* (*fig*) gemessen, bedächtig, wohlüberlegt; **mea·sure·ment** ['meʒəmənt] *s* 1. (Ver)Messung *f* 2. Maß *nt* 3. (*fig*) Maßstab *m;* **take s.o.'s ~s** bei jdm Maß nehmen; **measur·ing tape** ['meʒərɪŋˌteɪp] *s* Maßband, Bandmaß *nt*

meat [mi:t] *s* 1. Fleisch *nt* 2. (*fig*) Inhalt *m;* Substanz *f;* **cold ~** kalter Braten; **meat·ball** ['mi:tbɔ:l] *s* Fleischklößchen *nt;* **meat·loaf** ['mi:tləʊf] *s* Hackbraten *m;* **meat products** *s pl* Fleisch- und Wurstwaren *fpl*

mech·anic [mɪ'kænɪk] *s* Mechaniker(in) *m(f);* **mech·an·ical** [mɪ'kænɪkl] *adj* 1. mechanisch 2. (*fig*) automatisch; **~ engineering** Maschinenbau *m*

mech·an·ism ['mekənɪzəm] *s* Mechanismus *m;* **mech·an·ize** ['mekənaɪz] *vt* mechanisieren

medal ['medl] *s* 1. Medaille *f* 2. Orden *m;* **me·dal·lion** [mɪ'dælɪən] *s* Medaillon *nt;* **medal·ist** ['medəlɪst] *s* Medaillengewinner(in) *m(f)*

meddle ['medl] *vi* sich einmischen (*with, in* in); **meddle·some** [-səm] *adj* aufdringlich; neugierig

me·dia ['mi:dɪə] *s pl* Medien *pl;* **media circus** *s* Medienrummel *m;* **media coverage** *s* Berichterstattung *f* durch die Medien

medi·aeval *adj* mittelalterlich

media event *s* Medienereignis *nt*

me·dia·gen·ic [ˌmi:dɪə'dʒenɪk] *adj* mediengen

media magnate *s* Medienmagnat *m*

me·dian ['mi:dɪən] *s* Zentralwert, Median *m*

me·diate ['mi:dɪeɪt] I. *vi* vermitteln (*between* zwischen) II. *vt* aushandeln; **me·di·ation** [ˌmi:dɪ'eɪʃn] *s* Vermittlung *f;* **me·di·ator** ['mi:dɪeɪtə(r)] *s* (Ver)Mittler(in) *m(f),* Schlichter(in) *m(f)*

medic ['medɪk] *s* (*fam*) Mediziner(in) *m(f);* **Medic·aid** ['medɪkeɪd] *s* (*in den USA*) *staatliche Gesundheitsfürsorge für Einkommensschwache*

medi·cal ['medɪkl] I. *adj* medizinisch; ärztlich; Medizin-; Gesundheits-; **~ card** Krankenversicherungskarte *f;* **~ certificate** ärztliches Attest; **~ examination** ärztliche Untersuchung; **~ history** Krankengeschichte *f;* **~ insurance** Krankenversicherung *f;* **~ ward** innere Abteilung (*einer Klinik*) II. *s* ärztliche Untersuchung; **medic·ament** [mɪ'dɪkəmənt] *s* Medikament *nt;* **Medi·care** ['medɪkeə(r)] *s* (*in den USA*) *staatliche Krankenversicherung für Rentner;* **medi·cate** ['medɪkeɪt] *vt* medizinisch behandeln; **medi·ca·tion** [ˌmedɪ'keɪʃn] *s* 1. medizinische Behandlung 2. Arznei *f;* **med·ici·nal** [mɪ'dɪsɪnl] *adj* heilkräftig, heilend; **for ~ purposes** zu Heilzwecken; **medi·cine** ['medsn, *Am* 'medɪsn] *s* 1. Medizin, Heilkunde *f* 2. Arznei *f;* **practice ~** den Arztberuf ausüben; **give s.o. a taste of his own ~** (*fig*) es jdm mit gleicher Münze heimzahlen; **medicine ball** ['medsnˌbɔ:l] *s* Medizinball *m;* **medicine chest** ['medsnˌtʃest] *s* Hausapotheke *f;* **medicine man** ['medsnˌmæn] *s* Medizinmann *m*

medi·eval [ˌmedɪ'i:vl] *adj* mittelalterlich

me·di·ocre [ˌmi:dɪ'əʊkə(r)] *adj* mittelmäßig, durchschnittlich; **me·di·oc·rity** [ˌmi:dɪ'ɒkrətɪ] *s* 1. Mittelmäßigkeit *f* 2. Durchschnittsmensch *m*

medi·tate ['medɪteɪt] I. *vi* nachdenken (*on, upon* über), meditieren II. *vt:* **~ revenge** auf Rache sinnen; **medi·ta·tion** [ˌmedɪ'teɪʃn] *s* Nachdenken *nt;* Meditation *f*

Medi·ter·ra·nean [ˌmedɪtə'reɪnɪən] I. *adj* mediterran; südländisch II. *s* Mittelmeer *nt*

me·dium ['mi:dɪəm, *pl* 'mi:dɪə] <*pl* -diums, -dia> I. *s* 1. Mittel, Werkzeug *nt* 2. Ausdrucksmittel *nt* 3. (*Spiritismus*) Medium *nt* 4. (PHYS) Träger *m;* Element *nt* 5. Mitte *f;* **the happy ~** der goldene Mittelweg; **advertising ~** Werbeträger *m* II. *adj* mittlere(r, s); durchschnittlich; mittel-; **of ~ height** mittelgroß; **me·dium-dry** [ˌmi:dɪəm'draɪ] *adj* halbtrocken; **me·dium-rare** [ˌmi:dɪəm'reə(r)] *adj* rosa, englisch; **me•dium-sized** [ˌmiːdɪəm ˈsaɪzd] *adj* mittelgroß; ~ **businesses** Mittelstand *m;* ~ **company** mittelständischer Betrieb; **medium term** *adj* mittelfristig; **medium wave** *s* (RADIO) Mittelwelle *f*

med•ley [ˈmedlɪ] *s* **1.** Gemisch, Durcheinander *nt* **2.** (MUS) Potpourri *nt*

meek [miːk] *adj* **1.** sanft(mütig), lammfromm **2.** duldsam, geduldig; **as ~ as a lamb** sanft wie ein Lamm

meet [miːt] <*irr:* met, met> **I.** *vt* **1.** treffen, begegnen; stoßen auf **2.** bekannt werden mit, kennen lernen; sich treffen mit **3.** abholen **4.** treffen auf; sich vereinigen mit **5.** (*Fluss*) münden in **6.** (*Erwartung*) erfüllen; entsprechen (*s.th.* einer S); (*einer Verpflichtung*) nachkommen; (*Schuld*) bezahlen; (*Defizit*) decken; (*Wunsch*) erfüllen; ~ **the deadline** den Termin einhalten; ~ **demands** Ansprüche befriedigen; ~ **expenses** Ausgaben bestreiten; ~ **s.o.'s eye** jdm zu Gesicht kommen; mit jdm einen Blick tauschen; **arrange to ~ s.o.** sich mit jdm verabreden; **pleased to ~ you!** sehr angenehm!; **I'll ~ your train** ich hole dich vom Zug ab **II.** *vi* **1.** sich begegnen, sich treffen **2.** sich kennen lernen; bekannt gemacht werden **3.** (*Gesellschaft*) sich versammeln; sich vereinigen **4.** (SPORT) aufeinander treffen **5.** (*fig*) sich vereinigen; aufeinander stoßen **6.** (*Blicke*) sich treffen; ~ **half-way** einen Kompromiss schließen; **our eyes met** unsere Blicke trafen sich **III.** *s* **1.** (*Am:* SPORT) Sportfest *nt* **2.** (*Br*) Jagdgesellschaft *f;* **meet with** *vt* **1.** stoßen auf; (*Unfall*) erleiden; (*Tod*) finden **2.** (*Mensch*) zusammenkommen mit

meet•ing [ˈmiːtɪŋ] *s* **1.** Zusammentreffen *nt;* Begegnung *f;* Besprechung *f* **2.** Versammlung, Sitzung, Tagung *f* **3.** (SPORT) Veranstaltung *f* **4.** (*Fluss*) Zusammenfluss *m;* **at a ~** auf einer Versammlung; ~ **place** Treffpunkt *m;* ~ **point** Schnittpunkt *m;* Zusammenfluss *m*

mega•byte [ˈmegəbaɪt] *s* (INFORM) Megabyte *nt;* **mega•hertz** *s* (ELEK) Megahertz *nt*

mega•lo•ma•nia [ˌmegələˈmeɪnɪə] *s* Größenwahn *m;* **mega•lo•ma•niac** [ˌmegələˈmeɪnɪæk] *adj* größenwahnsinnig

mega•lopo•lis [ˌmegəˈlɒpəlɪs] *s* Megalopolis *f* (*Riesenstadt*)

mega•phone [ˈmegəfəʊn] *s* Megafon *nt;* **mega•store** [ˈmegəstɔː(r)] *s* Megastore *m,* großes Geschäft

mel•an•cholia [ˌmelənˈkəʊlɪə] *s* Melancholie *f;* **mel•an•cholic** [ˌmelənˈkɒlɪk] *adj* melancholisch; **mel•an•choly** [ˈmelənkɒlɪ] **I.** *s* Melancholie, Schwermut *f,* Trübsinn *m* **II.** *adj* **1.** melancholisch, schwermütig **2.** düster, traurig

mel•low [ˈmeləʊ] **I.** *adj* **1.** (*Frucht*) reif, weich, saftig, süß **2.** (*Wein*) vollmundig, ausgereift **3.** (*Farbe*) warm **4.** (*Licht*) wohltuend **5.** (*Ton*) voll **6.** (*Mensch*) abgeklärt **7.** (*fig*) angeheitert **II.** *vt* **1.** zur Reife bringen **2.** weich, süß machen **3.** (*fig*) mildern **III.** *vi* **1.** reifen; reif, weich, süß werden **2.** (*fig*) sich abklären

mel•odi•ous [mɪˈləʊdɪəs] *adj* wohlklingend, melodiös

melo•drama [ˈmelədrɑːmə] *s* Melodrama *nt;* **melo•dram•atic** [ˌmelədrəˈmætɪk] *adj* melodramatisch

mel•ody [ˈmelədɪ] *s* Melodie *f*

melon [ˈmelən] *s* Melone *f*

melt [melt] **I.** *vt* **1.** schmelzen, auftauen; zerlassen **2.** (*Zucker*) auflösen **3.** (*fig*) erweichen; ~ **down** einschmelzen **II.** *vi* **1.** schmelzen, zergehen **2.** sich lösen **3.** (*fig*) dahinschmelzen; ~ **away** wegschmelzen; verfliegen; sich auflösen; **melt-down** [ˈmeltdaʊn] *s* (*Atomkraftwerk*) Kernschmelze *f;* **melting point** *s* Schmelzpunkt *m;* **melting pot** [ˈmeltiŋpɒt] *s* Schmelztiegel *m*

mem•ber [ˈmembə(r)] *s* **1.** Mitglied *nt;* Angehörige(r) *f m* **2.** (POL) Abgeordnete(r) *f m* **3.** (TECH) Glied *nt;* **Member of Parliament, M.P.** (*in GB*) Abgeordnete(r) *f m* des Unterhauses; ~ **of the family** Familienmitglied *nt;* **the ~ countries** die Mitgliedsstaaten; ~ **state** Mitgliedsstaat *m;* **mem•ber•ship** [-ʃɪp] *s* **1.** Mitgliedschaft *f* **2.** Mitgliederzahl *f;* **membership card** *s* Mitgliedskarte *f;* **membership qualification** *s* Beitrittsvoraussetzung *f*

mem•brane [ˈmembreɪn] *s* (PHYS ANAT ZOO) Membran(e) *f*

mem•ento [mɪˈmentəʊ] <*pl* -ento(e)s> *s* Andenken *nt* (*of* an)

memo [ˈmeməʊ] <*pl* memos> *s* Notiz, Mitteilung *f*

mem•oir [ˈmemwɑː(r)] *s* **1.** Kurzbiografie *f* **2.** ~**s** Memoiren *pl*

memo pad *s* Notizblock *m*

mem•or•able [ˈmemərəbl] *adj* **1.** denkwürdig **2.** unvergesslich

mem•or•an•dum [ˌmeməˈrændəm, *pl* -də] <*pl* -da> *s* **1.** Notiz *f,* Vermerk *m;* kurze Mitteilung **2.** (POL) Memorandum *nt*

mem•or•ial [mɪˈmɔːrɪəl] **I.** *s* **1.** Denkmal *nt,* Gedenkstätte *f* **2.** (POL) Denkschrift *f* **II.** *adj* Gedenk-; **Memorial Day** *s* (*in den USA*) Heldengedenktag *m* (*30. Mai*)

mem•or•ize [ˈmeməraɪz] *vt* sich einprägen

mem•ory [ˈmemərɪ] *s* **1.** Gedächtnis *nt;* Erinnerungsvermögen *nt* **2.** Andenken *nt,* Erinnerung *f* (*of* an) **3.** (INFORM) Speicher *m;* **from** [*o* **by**] ~ auswendig; **in ~ of** zur Erinnerung an; **to the best of my** ~ soweit ich mich erinnern kann; **within living** ~ seit Menschengedenken; **call to** ~ sich ins Gedächtnis zurückrufen; **commit to** ~ auswendig lernen; **memory bank** *s* Datenbank *f;* **memory capacity** *s* (INFORM) Speicherkapazität *f;* **memory chip** *s* (INFORM) Speicherchip *m;* **memory dump** *s* (INFORM) Speicherauszug *m;* **memory expansion card** *s* (INFORM) Speichererweiterungskarte *f;* **memory management** *s* (INFORM) Speicherverwaltung *f;* **memory protection** *s* (INFORM) Speicherschutz *m*

men [men] *s pl von* **man**

men•ace ['menəs] I. *s* (Be)Drohung *f* (*to* +*gen*), drohende Gefahr II. *vt* bedrohen; **men•acing** [-ɪŋ] *adj,* **men•acing•ly** [-ɪŋlɪ] *adv* bedrohlich; drohend

mend [mend] I. *vt* 1. ausbessern, reparieren, flicken 2. (*Strümpfe*) stopfen 3. verbessern, berichtigen; ~ **one's ways** sich bessern II. *vi* wieder gesund werden III. *s* ausgebesserte Stelle; Flickstelle *f;* **on the** ~ auf dem Wege der Besserung

men•da•cious [men'deɪʃəs] *adj* lügnerisch, verlogen; **men•dac•ity** [men'dæsətɪ] *s* Verlogenheit, Falschheit *f*

mend•ing ['mendɪŋ] *s* Flickarbeit *f*

me•nial ['mi:nɪəl] I. *adj* untergeordnet, niedrig II. *s* (*pej*) Dienstbote *m*

men•in•gi•tis [,menɪn'dʒaɪtɪs] *s* Hirnhautentzündung, Meningitis *f*

meno•pause ['menəpɔ:z] *s* (PHYSIOL) Wechseljahre *pl,* Menopause *f*

men's room ['menz,ru:m] *s* (*Am*) Herrentoilette *f*

men•strual ['menstrʊəl] *adj* Menstruations-; **men•stru•ate** ['menstrʊeɪt] *vi* seine Regel haben; **men•stru•ation** [,menstrʊ'eɪʃn] *s* Menstruation *f*

men•tal ['mentl] *adj* geistig; seelisch; ~ **age** geistiger Entwicklungsstand; ~ **arithmetic** Kopfrechnen *nt;* ~ **blackout** Bewusstseinsstörung *f;* ~ **breakdown** Nervenzusammenbruch *m;* ~ **deficiency** Schwachsinn *m;* ~ **health** Geisteszustand *m;* ~ **home** Nervenheilanstalt *f;* ~ **hospital** Nervenklinik *f;* ~ **illness** Geisteskrankheit *f*

men•tal•ity [men'tælətɪ] *s* Geistesverfassung, Mentalität *f*

men•tal•ly ['mentəlɪ] *adv* geistig; ~ **handicapped** geistig behindert

men•thol ['menθɒl] *s* Menthol *nt*

men•tion ['menʃn] I. *s* Erwähnung *f;* **get a** ~ erwähnt werden; **it's not worth a** ~ es ist nicht erwähnenswert II. *vt* erwähnen; **not to** ~, **without** ~**ing** abgesehen von, ganz zu schweigen von; **don't** ~ **it!** keine Ursache! gern geschehen!; **that's not worth** ~**ing** das ist nicht der Rede wert

menu ['menju:] *s* Speisekarte *f;* (INFORM) Menü *nt;* **menu-driven** ['menju:,drɪvn] *adj* (INFORM) menügesteuert

mer•cen•ary ['mɜ:sɪnərɪ] I. *adj* gewinnsüchtig; geldgierig II. *s* Söldner *m*

mer•chan•dise ['mɜ:tʃəndaɪz] *s* Ware(n *pl*) *f*

mer•chant ['mɜ:tʃənt] *s* 1. (Groß)Kaufmann *m* 2. (*sl*) auf etw versessener Kerl; **wine** ~ Weinhändler(in) *m(f);* **merchant bank** *s* Handelsbank *f;* **mer•chant•man** ['mɜ:tʃəntmən] <*pl* -men> *s* Handelsschiff *nt;* **merchant navy** *s* Handelsmarine *f;* **merchant ship** *s* Handelsschiff *nt*

mer•ci•ful ['mɜ:sɪfl] *adj* gnädig; **mer•ci•less** ['mɜ:sɪlɪs] *adj* unbarmherzig, erbarmungs-, mitleidlos (*to* gegen)

mer•cur•ial [mɜ:'kjʊərɪəl] *adj* 1. quecksilberhaltig 2. (*fig*) lebhaft, lebendig, sprunghaft; **mer•cury** ['mɜ:kjʊrɪ] *s* Quecksilber *nt*

Mer•cury ['mɜ:kjʊrɪ] *s* Merkur *m*

mercy ['mɜ:sɪ] *s* 1. Gnade *f,* Erbarmen *nt;* Barmherzigkeit *f* 2. Wohltat *f,* Segen *m,* Glück *nt;* **be at the** ~ **of s.o.** jdm ausgeliefert sein; **at the** ~ **of the elements** dem Spiel der Elemente preisgegeben; **beg for** ~ um Gnade bitten; **show s.o.** ~ Erbarmen mit jdm haben; **without** ~ erbarmungs-, mitleidlos

mere [mɪə(r)] *adj* bloß, nichts als; rein; **she's a** ~ **child** sie ist bloß ein Kind; **a** ~ **trifle** bloß eine Lappalie; **mere•ly** ['mɪəlɪ] *adv* bloß, nur, lediglich

merge [mɜ:dʒ] I. *vi* 1. ineinander übergehen; verschmelzen (*in* mit) 2. (*Straßen*) ineinander einmünden 3. (COM) fusionieren; ~ **into s.th.** in etw übergehen II. *vt* 1. miteinander verbinden; ineinander übergehen lassen (*into* mit) 2. (COM) zusammenschließen, fusionieren; **they were** ~**d with ...** sie haben mit ... fusioniert; **merger** ['mɜ:dʒə(r)] *s* (COM) Fusion *f*

mer•id•ian [mə'rɪdɪən] *s* 1. (GEOG ASTR) Meridian *m* 2. (*fig*) Höhepunkt *m*

me•ringue [mə'ræŋ] *s* Meringe *f,* Baiser *nt*

merit ['merɪt] I. *s* 1. Verdienst *nt,* Leistung *f* 2. Vorzug *m;* **judged on** ~ nach Leistung beurteilt; **on the** ~**s of the case** nach Lage der Dinge; **inquire into the** ~**s of s.th.** etw auf seine Vorzüge untersuchen II. *vt* verdienen, wert sein; **meri•toc•racy** [,merɪ'tɒkrəsɪ] *s* Leistungsgesellschaft *f*

mer•maid ['mɜ:meɪd] *s* Nixe, Meerjungfrau *f;* **mer•man** ['mɜ:mən] <*pl* -men> *s* Wassermann, Triton *m*

mer•ri•ment ['merɪmənt] *s* Fröhlichkeit, Ausgelassenheit *f;* **merry** ['merɪ] *adj* 1. ausgelassen, fröhlich 2. vergnügt, heiter 3. (*fam*) beschwipst; **make** ~ ausgelassen,

M

vergnügt sein; ~ **England** das gute alte England; **Merry Christmas!** Fröhliche Weihnachten!; **merry-go•round** ['merɪgəʊ-ˌraʊnd] *s* Karussell *nt*

mesh [meʃ] **I.** *s* **1.** Masche *f* **2.** ~**es** Netz(werk) *nt;* Maschendraht *m* **3.** ~**es** (*fig*) Schlingen *fpl,* Falle *f* **4.** (TECH) Ineinandergreifen *nt* der Zahnräder; **in** ~ (TECH) im Eingriff; **entangle s.o. in one's** ~**es** jdn umgarnen **II.** *vi* **1.** (TECH) eingreifen **2.** (*fig*) sich vereinen lassen

mes•meric [mez'merɪk] *adj* hypnotisch; **mes•mer•ism** ['mezmərɪzəm] *s* hypnotische Wirkung; **mes•mer•ize** ['mezmər-aɪz] *vt* hypnotisieren; faszinieren

me•son ['mi:sən] *s* (PHYS) Meson *nt*

mess[1] [mes] **I.** *s* **1.** Unordnung *f,* Durcheinander *nt* **2.** Schmutz, Dreck *m* **3.** schwierige Lage, Schlamassel *m;* **be in a** ~ unordentlich sein; ein Durcheinander sein; **make a** ~ **of** verpfuschen; durcheinander bringen; **that's a fine** ~ das ist eine schöne Bescherung! **II.** *vt* **1.** (~ *about*) herumpfuschen an; durcheinander bringen; an der Nase herumführen **2.** (~ *up*) durcheinander, in Unordnung bringen; kaputtmachen; verpfuschen **III.** *vi* (~ *about, around*) herumalbern, -gammeln, -pfuschen, -basteln, -hantieren

mess[2] [mes] **I.** *s* (MIL) Kasino *nt* **II.** *vi* das Essen einnehmen

mes•sage ['mesɪdʒ] *s* **1.** Mitteilung, Nachricht, Benachrichtigung *f;* Funkspruch *m* **2.** (*moralisch*) Botschaft *f;* **take a** ~ **to s.o.** jdm eine Nachricht überbringen; **send a** ~ **to s.o.** jdn benachrichtigen; **get the** ~ (*sl*) kapieren

mes•sen•ger ['mesɪndʒə(r)] *s* **1.** Bote *m,* Botin *f* **2.** (MIL) Kurier *m;* ~ **boy** Laufbursche *m*

Mes•siah [mɪ'saɪə] *s* (der) Messias

mess-up ['mesʌp] *s* Durcheinander *nt;* **messy** ['mesɪ] *adj* **1.** unordentlich **2.** schmutzig, dreckig

met [met] *s.* **meet**

meta•bolic [ˌmetə'bɒlɪk] *adj* (BIOL) Stoffwechsel-; metabolisch; **me•tab•olism** [mɪ'tæbəlɪzəm] *s* (BIOL) Stoffwechsel, Metabolismus *m*

me•tal ['metl] **I.** *s* **1.** Metall *nt* **2.** Asphalt *m* **3.** ~**s** Schienen *fpl* **II.** *vt* asphaltieren; **me•tal•lic** [mɪ'tælɪk] *adj* metallisch; **me•tal•lurgy** [mɪ'tælədʒɪ] *s* Metallurgie *f;* **metal•work** *s* Metall *nt;* **metal•worker** *s* Metallarbeiter(in) *m(f)*

meta•mor•pho•sis [ˌmetə'mɔ:fəsɪs, *pl* -si:z] <*pl* -ses> *s* Metamorphose *f*

meta•phor ['metəfə(r)] *s* Metapher *f;* **meta•phori•cal** [ˌmetə'fɒrɪkl] *adj* metaphorisch

meta•phys•ical [ˌmetə'fɪzɪkl] *adj* metaphysisch; **meta•phys•ics** [ˌmetə'fɪzɪks] *s pl mit sing* Metaphysik *f*

me•tas•ta•sis [mɪ'tæstəsɪs, *pl* mɪ'tæstəsi:z] <*pl* -ses> *s* Metastasenbildung *f*

mete [mi:t] *vt:* ~ **out** zuteil werden lassen (*to s.o.* jdm)

me•teor ['mi:tɪə(r)] *s* Meteor *m;* **meteoric** [ˌmi:tɪ'ɒrɪk] *adj* **1.** meteorisch **2.** (*fig*) kometenhaft; **me•teor•ite** ['mi:tɪəraɪt] *s* Meteorit *m*

me•teoro•logi•cal [ˌmi:tɪərə'lɒdʒɪkl] *adj* meteorologisch; ~ **office** Wetteramt *nt;* **me•teor•ol•ogist** [ˌmi:tɪə'rɒlədʒɪst] *s* Meteorologe *m,* Meteorologin *f;* **me•teor•ol•ogy** [ˌmi:tɪə'rɒlədʒɪ] *s* Meteorologie *f*

me•ter[1] ['mi:tə(r)] **I.** *s* Zähler *m;* **gas-**~ Gasuhr *f;* **parking-**~ Parkuhr *f;* **exposure-**~ Belichtungsmesser *m* **II.** *vt* messen

me•ter[2] ['mi:tə(r)] *s* (*Am*) Meter *m/nt*

metha•done ['meθədəʊn] *s* (*Arznei*) Methadon *nt*

meth•ane ['mi:θeɪn] *s* (CHEM) Methan *nt*

method ['meθəd] *s* **1.** Methode *f,* Verfahren(sweise *f*) *nt,* Prozess *m* **2.** (*Essen*) Zubereitung *f;* ~ **of calculation** Berechnungsart *f;* **there's** ~ **in his madness** sein Wahnsinn hat Methode

methodi•cal [mɪ'θɒdɪkl] *adj* methodisch; **method•ol•ogy** [ˌmeθə'dɒlədʒɪ] *s* Methodik *f*

Me•thuse•lah [mɪ'θju:zələ] *s* Methusalem *m;* **as old as** ~ so alt wie Methusalem

methyl al•co•hol ['meθɪl'ælkəhɒl] *s* (CHEM) Methylalkohol *m;* **methyl•ated spirits** ['meθɪleɪtɪdˌspɪrɪts] *s pl mit sing* Brennspiritus *m*

me•ticu•lous [mɪ'tɪkjʊləs] *adj* peinlich genau, (äußerst) gewissenhaft

metre ['mi:tə(r)] *s* **1.** Meter *m* **2.** (*poet*) Versmaß *nt*

met•ric ['metrɪk] *adj* metrisch; **the** ~ **system** das metrische Maßsystem; das Dezimalsystem; **metri•cal** ['metrɪkl] *adj* (*poet*) metrisch

met•ro•nome ['metrənəʊm] *s* Metronom *nt*

me•trop•olis [mə'trɒpəlɪs] *s* Metropole *f;* Hauptstadt *f;* **metro•poli•tan** [ˌmetrə'pɒlɪtən] **I.** *adj* **1.** weltstädtisch, weltoffen **2.** der Hauptstadt **3.** erzbischöflich **II.** *s* **1.** Weltbürger(in) *m(f),* Großstädter(in) *m(f)* **2.** (*orthodoxe Kirche*) Metropolit *m*

mettle ['metl] *s* **1.** Courage *f,* Stehvermögen *nt* **2.** (*Temperament*) Feuer *nt;* **put s.o. on his** ~ jdn fordern; **a man of** ~ ein Mann von echtem Schrot und Korn; **be on one's** ~ auf dem Posten sein; **mettle•some** [-səm] *adj* couragiert; feurig

mew [mju:] *vi* miauen

Mexi•can ['meksɪkən] **I.** *adj* mexikanisch **II.** *s* Mexikaner(in) *m(f);* **Mexi•co** ['meksɪkəʊ] *s* Mexiko *nt*

mi•aow [mi:'aʊ] *vi* miauen

mica ['maɪkə] *s* (MIN) Glimmer *m*

mice [maɪs] *s pl von* **mouse**

Michael•mas ['mɪklməs] *s* (~ *Day*) Michaelis(tag *m*) *nt* (*29. Sept.*)

mickey ['mɪkɪ] *s:* **take the ~ out of s.o.** (*sl*) jdn auf den Arm nehmen

microbe ['maɪkrəʊb] *s* Mikrobe *f*

micro•bi•ol•ogy [,maɪkrəʊbaɪ'ɒlədʒɪ] *s* Mikrobiologie *f;* **micro•chip** ['maikrəʊ,tʃɪp] *s* Mikrochip *m;* **micro climate** *s* (METE) Mikroklima *nt;* **micro•computer** ['maikrəʊkəm'pju:tə(r)] *s* Mikrocomputer; **micro•cosm** ['maɪkrəʊkɒzəm] *s* Mikrokosmos *m;* **mic•ro•elec•tron•ics** [,maɪkrəʊɪlek'trɒnɪks] *s pl mit sing* Mikroelektronik *f;* **micro•fiche** ['maɪkrəʊfi:ʃ] *s* Mikrofilmblatt *nt*, -fiche *m;* **micro•film** ['maɪkrəʊfɪlm] **I.** *s* Mikrofilm *m* **II.** *vt* auf Mikrofilm aufnehmen; **mi•crom•eter** [maɪ'krɒmɪtə(r)] *s* Mikrometer *nt*

mi•cron ['maɪkrɒn] *s* Mikron, My *nt*

micro•or•gan•ism [,maɪkrəʊ'ɔ:gənɪzəm] *s* Mikroorganismus *m*

micro•phone ['maɪkrəfəʊn] *s* Mikrofon *nt;* **micro•pro•cess•or** [,maɪkrə'prəʊsesə(r)] *s* Mikroprozessor *m*

micro•scope ['maɪkrəskəʊp] *s* Mikroskop *nt;* **micro•scopic** [,maɪkrə'skɒpɪk] *adj* mikroskopisch

micro•wave ['maɪkrəʊweɪv] *s* (ELEK) Mikrowelle *f;* **microwave oven** *s* Mikrowellenherd *m*

mid [mɪd] *adj* Mittel-; **in ~ morning** am Vormittag; **from ~ May to ~ June** von Mitte Mai bis Mitte Juni; **in ~ air** in der Luft; **in ~ course** mittendrin

mid•day [,mɪd'deɪ] **I.** *s* Mittag *m* **II.** *adj attr* mittäglich; ~ **meal** Mittagsmahlzeit *f*

middle I. *s* **1.** Mitte *f;* mittlerer Teil; (das) Innere **2.** Taille *f;* **in the ~ of the night** mitten in der Nacht; **in the ~ of reading** gerade beim Lesen; **down the ~** in der Mitte **II.** *adj* mittlere(r, s); Mittel-; **middle age** *s* mittleres Lebensalter; **middle-aged** [,mɪdl'eɪdʒd] *adj* in den mittleren Jahren, mittleren Alters

Middle Ages *s pl* Mittelalter *nt*

middle•brow ['mɪdlbraʊ] **I.** *adj* Durchschnitts- **II.** *s* (geistiger) Normalverbraucher; **middle-class** [,mɪdl'klɑ:s] *adj* bürgerlich, spießig; **middle class** *s pl* Mittelstand *m;* **middle ear** *s* Mittelohr *nt*

Middle East *s* Naher Osten

middle•man ['mɪdlmæn] <*pl* -men> *s* **1.** Mittelsmann *m* **2.** (COM) Zwischenhändler *m;* **middle name** *s* zweiter Vorname; **middle-of-the road** *adj* gemäßigt; **middle•weight** ['mɪdlweɪt] *s* (SPORT) Mittelgewicht *nt*

mid•dling ['mɪdlɪŋ] **I.** *adj* **1.** mittlere(r, s) **2.** (mittel)mäßig, leidlich **II.** *adv* (*fam*) einigermaßen, leidlich

midge [mɪdʒ] *s* Mücke *f*

midget ['mɪdʒɪt] **I.** *s* kleiner Mensch, Liliputaner *m* **II.** *adj* winzig

mid•night ['mɪdnaɪt] *s* Mitternacht *f;* **at ~** um Mitternacht; **burn the ~ oil** bis tief in die Nacht arbeiten; ~ **sun** Mitternachtssonne *f*

mid•point ['mɪdpɔɪnt] *s* (MATH) Mittelpunkt *m*

mid•riff ['mɪdrɪf] *s* (ANAT) Taille *f*

mid-sen•tence *s:* **in ~** (*fam*) mitten im Satz

mid•ship•man ['mɪdʃɪpmən] <*pl* -men> *s* Fähnrich *m* zur See; **mid•ships** ['mɪdʃɪps] *adv* mittschiffs

midst [mɪdst] *s* Mitte *f;* **in the ~ of** mitten in

mid•sum•mer [,mɪd'sʌmə(r)] *s* Hochsommer *m;* **Midsummer Day** Johannistag *m*, Sommersonnenwende *f;* ~ **madness** heller Wahnsinn

mid-term *adj* mitten im Trimester, mitten im Schulhalbjahr; ~ **elections** Zwischenwahlen *pl*

mid•way [,mɪd'weɪ] *adv* auf halbem Weg(e) (*between* zwischen)

mid•wife ['mɪdwaɪf, *pl* -waɪvz] <*pl* -wives> *s* Hebamme *f;* **mid•wifery** ['mɪdwɪfrɪ] *s* Geburtshilfe *f*

mid•winter [,mɪd'wɪntə(r)] *s* tiefster Winter

might[1] [maɪt]: **how old ~ she be?** wie alt sie wohl ist?; ~ **I open the window?** dürfte ich wohl das Fenster öffnen?

might[2] [maɪt] *s* Macht, Stärke, Kraft *f;* **with ~ and main** mit aller Macht; **with all one's ~** mit aller Kraft; **might•ily** ['mɑɪtɪlɪ] *adv* gewaltig, kräftig; mit aller Macht; **mighty** ['maɪtɪ] **I.** *adj* mächtig, gewaltig **II.** *adv* sehr, riesig, gewaltig

mi•graine ['mi:greɪn] *s* Migräne *f*

mi•grant ['maɪgrənt] *s* **1.** Zugvogel *m* **2.** Wanderarbeiter(in) *m(f)*, Gastarbeiter(in) *m(f)*, Saisonarbeiter(in) *m(f);* **mi•grate** [maɪ'greɪt] *vi* **1.** abwandern **2.** (*Vögel*) nach Süden ziehen; **mi•gra•tion** [maɪ'greɪʃn] *s* **1.** (Aus-, Ab)Wanderung *f* **2.** (Vogel)Zug *m;* **mi•gra•tory** ['maɪgrətrɪ] *adj* umherziehend, nomadisch; ~ **bird** Zugvogel *m;* ~ **worker** Wanderarbeiter(in) *m(f)*

mike [maɪk] *s* (*fam*) Mikrofon *nt;* **miked** [maɪkt] *adj* (*fam*) mit einem Mikro ausgestattet

mild [maɪld] *adj* **1.** (*Charakter*) mild, sanft **2.** (*Geschmack*) leicht, schwach **3.** (*Klima*) mild **4.** (*Tadel*) leicht; ~ (**ale**) leichtes dunkles Bier

mil•dew ['mɪldju:] **I.** *s* **1.** (BOT) Mehltau *m* **2.** Schimmel *m* **II.** *vi* verschimmeln

mild•ly ['maɪdlɪ] *adv* leicht; milde; **to put it** ~ gelinde gesagt; **mild•ness** ['maɪldnɪs] *s* Milde *f;* Sanftmut *f*

mile [maɪl] *s* Meile *f* (*1,61 km*)*;* **nautical** ~ Seemeile *f* (*1,852 km*)*;* ~**s and** ~**s** meilenweit; **a 30** ~ **journey** eine Fahrt von 30 Meilen; **feel** ~**s better** sich erheblich besser fühlen; **walk for** ~**s** meilenweit gehen; **mile•age** ['maɪlɪdʒ] *s* **1.** Entfernung *f,* zurückgelegte Strecke **2.** (~ *allowance*) Kilometergeld *nt;* **mile•om•eter** [maɪ'lɒmɪtə(r)] *s* Meilen-, Kilometerzähler *m;* **mile•post** ['maɪlpəʊst] *s* Wegweiser *m* mit Entfernungsangabe; **mile•stone** ['maɪlstəʊn] *s* (*a. fig*) Meilenstein *m*

mili•tant ['mɪlɪtənt] **I.** *adj* militant **II.** *s* militantes Mitglied

mili•tar•ism ['mɪlɪtərɪzəm] *s* Militarismus *m;* **mili•tar•ist** ['mɪlɪtərɪst] *s* Militarist(in) *m(f);* **mili•tar•istic** [ˌmɪlɪtə'rɪstɪk] *adj* militaristisch; **mili•tar•ize** ['mɪlɪtəraɪz] *vt* militarisieren; **mili•tary** ['mɪlɪtrɪ] **I.** *adj* militärisch; ~ **academy** Militärakademie *f;* ~ **police** Militärpolizei *f;* ~ **service** Militär-, Wehrdienst *m* **II.** *s:* **the** ~ das Militär

mil•itia [mɪ'lɪʃə] *s* Miliz, Bürgerwehr *f*

milk [mɪlk] **I.** *s* (*a.* BOT) Milch *f;* **no use crying over spilt** ~ man soll Verlorenem nicht nachtrauern **II.** *vt* melken **III.** *vi* Milch geben; **milk•bar** ['mɪlkbɑ:(r)] *s* Milchbar *f;* **milk chocolate** *s* Milchschokolade *f;* **milk float** *s* Milchwagen *m;* **milk•ing ma•chine** ['mɪlkɪŋməʃi:n] *s* Melkmaschine *f;* **milk•maid** ['mɪlkmeɪd] *s* Milchmädchen *nt;* **milk•man** ['mɪlkmən] <*pl* -men> *s* Milchmann *m;* **milk powder** *s* Milchpulver *nt;* **milk-shake** ['mɪlkʃeɪk] *s* Milchshake *m;* **milk•sop** ['mɪlksɒp] *s* Milchgesicht *nt;* Muttersöhnchen *nt;* **milk tooth** ['mɪlktu:θ] <*pl* -teeth> *s* Milchzahn *m;* **milky** ['mɪlkɪ] *adj* (*a.* BOT) milchig; **the Milky Way** (ASTR) die Milchstraße

mill [mɪl] **I.** *s* **1.** Mühle *f* **2.** (*Textil*) Fabrik *f* **3.** (*spinning* ~) Spinnerei *f;* Weberei *f* **4.** (*rolling* ~) Walzwerk *nt;* **go through the** ~ eine harte Schule durchmachen; **put s.o. through the** ~ jdn durch eine harte Schule schicken; **coffee-**~ Kaffeemühle *f;* **paper-**~ Papierfabrik *f;* **pepper-**~ Pfeffermühle *f;* **saw-**~ Sägemühle *f,* Sägewerk *nt;* **water-/wind-**~ Wasser-/Windmühle *f* **II.** *vt* **1.** (*Korn, Kaffee*) mahlen **2.** (TECH) walzen; fräsen **III.** *vi* (~ *about, around*) ziellos herumlaufen

mil•len•ni•um [mɪ'lenɪəm, *pl* mɪ'lenɪə] <*pl* -nia> *s* Jahrtausend *nt,* Millennium *nt*

mil•le•pede ['mɪlɪpi:d] *s* Tausendfüßler *m*

mil•ler ['mɪlə(r)] *s* Müller *m*

mil•let ['mɪlət] *s* Hirse *f*

mil•li•ard ['mɪlɪɑ:d] *s* (*Br obs*) Milliarde *f*

mil•li•bar ['mɪlɪbɑ:(r)] *s* (METE) Millibar *nt;* **mil•li•gram**(**me**) ['mɪlɪgræm] *s* Milligramm *nt*

mil•liner ['mɪlɪnə(r)] *s* Hut-, Putzmacherin, Modistin *f;* **mil•linery** [-ɪ] *s* Modewaren *pl*

mil•lion ['mɪlɪən] *s* Million *f;* **two** ~ **people** zwei Millionen Menschen; **mil•lion•aire** [ˌmɪlɪə'neə(r)] *s* Millionär(in) *m(f)*

mill•pond ['mɪlpɒnd] *s* Mühlteich *m;* **mill•race** *s* Mühlbach *m;* **mill•stone** ['mɪlstəʊn] *s* Mühlstein *m;* **be a** ~ **round s.o.'s neck** für jdn ein Klotz am Bein sein; **mill•wheel** ['mɪlwi:l] *s* Mühlrad *nt*

milt [mɪlt] *s* (*Fisch*) Milch *f*

mime [maɪm] **I.** *s* **1.** (THEAT) Pantomime *f* **2.** Pantomime *m* **II.** *vt* pantomimisch darstellen

mimic ['mɪmɪk] **I.** *s* Imitator *m* **II.** *vt* nachahmen, nachmachen; kopieren; **mimicry** ['mɪmɪkrɪ] *s* Nachahmung *f;* (BIOL) Mimikry *f*

mim•osa [mɪ'məʊzə] *s* Mimose *f*

min•aret [ˌmɪnə'ret] *s* Minarett *nt*

mince [mɪns] **I.** *vt* (*Fleisch*) (zer)hacken, zerkleinern; **not to** ~ **matters** [*o* **one's words**] kein Blatt vor den Mund nehmen **II.** *vi* (*fig*) affektiert sprechen **III.** *s* (*Br*) Hackfleisch *nt;* ~**meat** Pasteten-, Gebäckfüllung *f;* **make** ~**meat of s.o.** jdn zur Schnecke machen; **make** ~**meat of s.th.** keinen guten Faden an etw lassen; **mince pie** *s* gefüllte (süße) Pastete; **mincer** ['mɪnsə(r)] *s* Fleischwolf *m;* **minc•ing** ['mɪnsɪŋ] *adj* geziert, affektiert

mind [maɪnd] **I.** *s* **1.** Geist, Verstand *m* **2.** (*Mensch*) Geist, Kopf *m* **3.** Denkweise *f* **4.** Gedanken *mpl* **5.** Gedächtnis *nt* **6.** Absicht *f,* Wille, Wunsch *m,* Neigung *f* **7.** Meinung, Ansicht *f;* **in my** ~**'s eye** vor meinem geistigen Auge; **it's all in the** ~ das ist alles Einbildung; **have a good** ~ ein heller Kopf sein; **to my** ~ nach meiner Meinung; **be in two** ~**s** nicht wissen, was man will; **be of one** ~ ein Herz und eine Seele sein; **be of s.o.'s** ~ jds Ansicht sein; **be of the same** ~ derselben Meinung sein; **be out of one's** ~ den Verstand verloren haben; von Sinnen sein; **bear** [*o* **keep**] **in** ~ nicht, vergessen; **change one's** ~ seine Meinung ändern; **give s.o. a piece** [*o* **a bit**] **of one's** ~ jdm (gründlich) die Meinung sagen; **go** [*o* **pass**] **out of s.o.'s** ~ bei jdm in Vergessenheit geraten; **have in ~ to do s.th.** vorhaben etw zu tun; **have half a ~ to do s.th.** Lust haben etw zu tun; **keep one's ~ on** achten, aufpassen auf; **know one's own ~** wissen was man will; **make up one's ~** zu einem Entschluss kommen; **put s.o. in ~ of s.th.** jdn an etw erinnern; **set one's ~ on s.th.** sich etw in den Kopf setzen; **speak one's ~** offen seine Meinung sagen; **take one's ~ off** nicht mehr denken an, sich nicht mehr kümmern um; **that'll take your ~ off things** das wird Sie auf andere Gedanken bringen **II.** *vt* **1.** achten, aufpassen auf **2.** sich kümmern um; etw haben gegen; **~ what you're doing!** pass doch auf!; **~ your temper** nimm dich zusammen; **~ the step!** Vorsicht Stufe!; **~ the dog!** Warnung vor dem Hund!; **~ your own business!** kümmern Sie sich um Ihre (eigenen) Angelegenheiten!; **... if you don't ~ my asking** ... wenn ich fragen darf; **I don't ~ the cold** die Kälte macht mir nichts aus; **do you ~ my smoking?** macht es Ihnen etwas aus, wenn ich rauche?; **~ one's P's and Q's** (*fam*) sich anständig benehmen; **would you ~ opening the window?** würden Sie bitte das Fenster öffnen?; **I wouldn't ~ a glass of beer now** ich hätte jetzt Lust auf ein Glas Bier **III.** *vi* **1.** aufpassen, bei der Sache sein, sich Mühe geben **2.** sich kümmern um **3.** etwas dagegen haben; **~ you** allerdings; **do you ~?** macht es Ihnen etwas aus?; **never ~** macht nichts, ist doch egal, mach dir nichts draus; **never ~ about that now!** lass das doch jetzt

mind-bend•ing ['maɪndbendɪŋ] *adj* (*fam*) irre; **mind-blow•ing** ['maɪndbləʊɪŋ] *adj* (*fam*) irre; **mind-bogg•ing** ['maɪndbɒglɪŋ] *adj* (*fam*) irrsinnig

minded ['maɪndɪd] *adj* gesonnen, gewillt, geneigt (*to do* zu tun); **bloody-~** (*fam*) stur; **politically ~** politisch gesinnt

mind•ful ['maɪndfl] *adj:* **be ~ of s.th.** etw berücksichtigen, bedenken; **mind•less** ['maɪndlɪs] *adj* **1.** unverständig, hirnlos **2.** (*Verbrechen*) sinnlos **3.** geistlos, unbeseelt; **mind-reader** *s* Gedankenleser *m*

mine¹ [maɪn] *pron* meine(r, s); der, die, das Meine, Meinige; **~ is better** meine(r, s) ist besser; **this is ~** das gehört mir; **a friend of ~** einer meiner Freunde, ein Freund von mir

mine² [maɪn] **I.** *s* **1.** Bergwerk *nt,* Grube, Zeche *f* **2.** (*fig*) Quelle, Fundgrube *f* (*of* an) **3.** (MIL MAR) Mine *f;* **~ of information** Informationsquelle *f* **II.** *vi* Bergbau treiben; graben (*for* nach) **III.** *vt* **1.** (*Bodenschätze*) abbauen, schürfen; (*Kohle*) fördern **2.** (MIL) verminen; eine Mine befestigen an; **mine detector** *s* Minensuchgerät *nt;* **minefield** ['maɪnfi:ld] *s* (*a. fig*) Minenfeld *nt;* **mine•layer** *s* Minenleger *m;* **miner** ['maɪnə(r)] *s* Bergmann, Kumpel *m;* **~'s lamp** Grubenlampe *f*

min•eral ['mɪnərəl] **I.** *s* Mineral *nt* **II.** *adj* mineralisch; **~ ores** Erze *ntpl;* **min•er•alog•ical** [ˌmɪnərə'lɒdʒɪkl] *adj* mineralogisch; **min•er•al•ogist** [ˌmɪnə'rælədʒɪst] *s* Mineraloge *m,* Mineralogin *f;* **min•er•al•ogy** [ˌmɪnə'rælədʒɪ] *s* Mineralogie *f;* **mineral oil** *s* Mineralöl *nt;* **mineral water** *s* Mineralwasser *nt*

mine•sweeper ['maɪnˌswi:pə(r)] *s* Minensuchboot *nt*

mingle ['mɪŋgl] **I.** *vt* (ver)mischen, mengen **II.** *vi* **1.** sich (ver)mischen **2.** (*fig*) sich mischen (*among, with* unter)

mini- ['mɪnɪ] *prefix* Mini-

minia•ture ['mɪnɪtʃə(r)] *s* **1.** Miniatur(bild, -gemälde *nt*) *f* **2.** Miniaturausgabe *f;* **in ~** en miniature; im Kleinen, in kleinem Maßstab; **miniature camera** *s* Kleinbildkamera *f;* **miniature railway** *s* Modelleisenbahn *f*

mini•bus ['mɪnɪbʌs] *s* Klein-, Minibus *m;* **mini•cab** ['mɪnɪkæb] *s* Kleintaxi *nt*

minim ['mɪnɪm] *s* (MUS) halbe Note

mini•mal ['mɪnɪml] *adj* minimal, kleinste(r, s)

mini•mize ['mɪnɪmaɪz] *vt* **1.** auf ein Minimum herabsetzen, reduzieren **2.** (*fig*) schlecht machen, herabsetzen

mini•mum ['mɪnɪməm] **I.** *s* Minimum *nt;* **reduce to a ~** auf ein Minimum reduzieren **II.** *adj attr* Mindest-; **~ income** Mindesteinkommen *nt;* **~ lending rate** (FIN) Eckzins, Mindestzinssatz *m;* **~ temperature** Tiefsttemperatur *f;* **~ wage** Mindestlohn *m*

min•ing ['maɪnɪŋ] *s* Bergbau *m;* **open-cast ~** Tagebau *m;* **mining disaster** *s* Grubenunglück *nt;* **mining engineer** *s* Bergbauingenieur(in) *m(f);* **mining industry** *s* Bergbau *m*

min•ion ['mɪnɪən] *s* Speichellecker(in) *m(f)*

mini•skirt ['mɪnɪskɜ:t] *s* Minirock *m*

min•ister ['mɪnɪstə(r)] **I.** *s* **1.** (POL) Minister(in) *m(f)* **2.** (REL) Pfarrer, Pastor *m* **II.** *vi:* **~ to s.o.** sich um jdn kümmern; **~ to s.o.'s needs** jds Bedürfnisse befriedigen

min•is•ter•ial [ˌmɪnɪ'stɪərɪəl] *adj* ministeriell; **~ crisis** Regierungskrise *f;* **~ post** Ministerposten *m*

min•is•tra•tion [ˌmɪnɪ'streɪʃn] *s* Pflege, Fürsorge *f*

min•is•try ['mɪnɪstrɪ] *s* **1.** (POL) Ministerium *nt* **2.** Sendungsbewusstsein *nt* **3.** (REL) geistliches Amt; **enter the ~** Geistlicher werden; **Ministry of Commerce** Handelsministerium *nt;* **Ministry of the Environment** Umweltministerium *nt;* **Ministry of**

Finance Finanzministerium *nt;* **Ministry of Foreign** [*o* **of Home**] **Affairs** Außen-/Innenministerium *nt*

mink [mɪŋk] *s* (*Marderart u. Pelz*) Nerz *m*

mi•nor ['maɪnə(r)] **I.** *adj* **1.** kleiner, gering(fügig)er; unbedeutend, unwichtig **2.** (*Zahl, Betrag*) niedriger **3.** (*Verletzung*) leicht **4.** (*Planet*) klein **5.** (*hinter Familiennamen*) der Jüngere **6.** (MUS) Moll; **a ~ role** eine Nebenrolle; **~ third** kleine Terz **II.** *s* **1.** (JUR) Minderjährige(r) *f m* **2.** (*Am*) Nebenfach *nt* **3.** (MUS) Moll *nt* **III.** *vi* (*Am*) im Nebenfach studieren (*in s.th.* etw); **mi•nor•ity** [maɪ'nɒrətɪ] **I.** *s* **1.** Minderheit *f* **2.** (JUR) Minderjährigkeit, Unmündigkeit *f;* **be in a ~** in der Minderheit sein **II.** *adj attr* Minderheits-; **~ group** Minderheit *f*

min•strel ['mɪnstrəl] *s* (HIST) Spielmann, Minnesänger *m*

mint¹ [mɪnt] **I.** *s* Münzanstalt *f;* **in ~ condition** in tadellosem Zustand; **earn a ~ of money** (*fam*) ein Heidengeld verdienen **II.** *vt* (*Geld*) prägen, münzen

mint² [mɪnt] *s* **1.** Minze *f* **2.** (*fam*) Pfefferminzbonbon *nt od m*

minus ['maɪnəs] **I.** *prep* **1.** weniger, minus **2.** (*fam*) ohne **II.** *adj* negativ; Minus- **III.** *s* (*~ sign*) Minuszeichen *nt*

min•us•cule ['mɪnəskju:l] *adj* winzig

min•ute¹ ['mɪnɪt] **I.** *s* **1.** Minute *f* **2.** Augenblick *m* **3.** Note, Denkschrift *f* **4.** **~s** Protokoll *nt,* Niederschrift *f;* **at this very ~** gerade jetzt; **in a ~** sofort; **any ~** jeden Augenblick; **at the last ~** in letzter Minute; **to the ~** genau, pünktlich; **take the ~s** das Protokoll führen **II.** *vt* protokollieren

mi•nute² [maɪ'nju:t] *adj* **1.** winzig **2.** minuziös, ganz genau

min•ute hand ['mɪnɪthænd] *s* Minutenzeiger *m*

mi•nute•ly [maɪ'nju:tlɪ] *adv* **1.** ganz geringfügig **2.** genauestens

mi•nu•tiae [maɪ'nju:ʃɪi:] *s pl* genaue Einzelheiten *fpl*

minx [mɪŋks] *s* freches Ding

mir•acle ['mɪrəkl] *s* Wunder *nt;* **work ~s** Wunder wirken; **by a ~** wie durch ein Wunder; **miracle play** *s* Mirakelspiel *nt,* geistliches Drama; **mir•acu•lous** [mɪ'rækjʊləs] *adj* wunderbar, übernatürlich

mi•rage ['mɪrɑ:ʒ] *s* **1.** Luftspiegelung, Fata Morgana *f* **2.** (*fig*) Illusion *f*

mire ['maɪə(r)] *s* Schlamm, Morast *m;* **drag s.o. through the ~** (*fig fam*) jdn durch den Dreck ziehen

mir•ror ['mɪrə(r)] **I.** *s* **1.** Spiegel *m* **2.** (*fig*) Spiegelbild *nt* **II.** *vt* (wider)spiegeln; **mir•ror image** *s* Spiegelbild *nt*

mirth [mɜ:θ] *s* Freude *f;* Heiterkeit *f;* **mirth•ful** ['mɜ:θfl] *adj* fröhlich, heiter; **mirth•less** [-lɪs] *adj* freudlos

mis•ad•ven•ture [ˌmɪsəd'ventʃə(r)] *s* Missgeschick *nt,* Unfall *m;* **death by ~** Tod *m* durch Unfall

mis•al•liance [ˌmɪsə'laɪəns] *s* Missheirat *f*

mis•an•thrope ['mɪsnθrəʊp] *s* Misanthrop, Menschenfeind *m;* **mis•an•thropic** [ˌmɪsn'θrɒpɪk] *adj* menschenfeindlich; **mis•an•thropy** [mɪs'ænθrəpɪ] *s* Menschenfeindlichkeit *f*

mis•apply [ˌmɪsə'plaɪ] *vt* **1.** falsch anwenden **2.** (*Gelder*) missbrauchen

mis•ap•pre•hend [ˌmɪsæprɪ'hend] *vt* missverstehen; **mis•ap•pre•hen•sion** [ˌmɪsæprɪ'henʃn] *s* Missverständnis *nt;* **be under the ~ that ...** irrtümlich annehmen, dass ...

mis•ap•pro•pri•ate [ˌmɪsə'prəʊprɪeɪt] *vt* **1.** entwenden **2.** (*Geld*) veruntreuen, unterschlagen; **mis•ap•pro•pri•ation** [ˌmɪsəˌprəʊprɪ'eɪʃn] *s* **1.** Entwendung *f* **2.** (*Geld*) Veruntreuung, Unterschlagung *f*

mis•be•have [ˌmɪsbɪ'heɪv] *vi* sich schlecht, ungebührlich benehmen; **mis•be•hav•ior** *s* (*Am*), **mis•be•hav•iour** [ˌmɪsbɪ'heɪvɪə(r)] *s* schlechtes Benehmen

mis•cal•cu•late [ˌmɪs'kælkjʊleɪt] **I.** *vt* falsch (be)rechnen **II.** *vi* sich verrechnen; **mis•cal•cu•la•tion** [ˌmɪsˌkælkjʊ'leɪʃn] *s* Rechen-, Kalkulationsfehler *m*

mis•car•riage [ˌmɪs'kærɪdʒ] *s* **1.** Irrtum *m* **2.** (*Post*) Fehlleitung *f* **3.** (MED) Fehlgeburt *f;* **~ of justice** Justizirrtum *m;* **mis•carry** [ˌmɪs'kærɪ] *vi* **1.** fehlschlagen, misslingen **2.** (*Post*) fehlgeleitet werden **3.** (MED) eine Fehlgeburt haben

mis•cel•lan•eous [ˌmɪsə'leɪnɪəs] *adj* **1.** ge-, vermischt; verschiedenerlei **2.** (*Menge*) bunt; **~** Verschiedenes; **mis•cel•lany** [mɪ'selənɪ] *s* **1.** Gemisch *nt;* Vielfalt *f* **2.** *oft pl* vermischte Schriften *fpl*

mis•chance [ˌmɪs'tʃɑ:ns] *s* unglücklicher Zufall; **by ~** unglücklicherweise

mis•chief ['mɪstʃɪf] *s* **1.** Unheil *nt,* Schaden, Nachteil *m* **2.** Bosheit, Ungezogenheit *f,* Übermut *m* **3.** Schlawiner *m* **4.** Schalk *m,* Verschmitztheit *f;* **do s.o. a ~** jdm schaden; **make ~** Unfrieden stiften; **make ~ for s.o.** jdm Unannehmlichkeiten bereiten; **he's up to some ~** er führt etwas im Schilde; **~-maker** Unruhestifter(in) *m(f);* **~-making** Unruhestiftung *f;* **mis•chiev•ous** ['mɪstʃɪvəs] *adj* **1.** bösartig; boshaft; schädlich **2.** schelmisch, verschmitzt

mis•con•ceive [ˌmɪskən'si:v] *vt* falsch auffassen, missverstehen; **mis•con•cep•tion** [ˌmɪskən'sepʃn] *s* falsche Annahme, Missverständnis *nt*

mis•con•duct [ˌmɪskən'dʌkt] **I.** *vt* schlecht führen **II.** *vr* sich schlecht benehmen **III.** [ˌmɪsˈkɒndʌkt] *s* **1.** schlechtes Benehmen; Berufsvergehen *nt* **2.** Fehltritt *m* **3.** schlechte Verwaltung

mis·con·struc·tion [ˌmɪskənˈstrʌkʃn] *s* falsche Auslegung; Missdeutung *f;* **mis·con·strue** [ˌmɪskənˈstruː] *vt* falsch auslegen; missdeuten; missverstehen

mis·count [ˌmɪsˈkaʊnt] **I.** *vt* falsch zählen **II.** *vi* sich verrechnen, sich verzählen **III.** *s* Rechenfehler *m*

mis·deal [ˌmɪsˈdiːl] **I.** *vt* (*Karten*) falsch geben **II.** *vi* sich vergeben

mis·deed [ˌmɪsˈdiːd] *s* Missetat *f*

mis·de·meanor *s* (*Am*), **mis·de·mean·our** [ˌmɪsdɪˈmiːnə(r)] *s* Übertretung *f,* Vergehen *nt*

mis·di·rect [ˌmɪsdɪˈrekt] *vt* **1.** (*Brief*) falsch adressieren **2.** (*Energie*) falsch einsetzen, vergeuden **3.** (*Person*) irreleiten, -führen

mi·ser [ˈmaɪzə(r)] *s* Geizhals *m*

mis·er·able [ˈmɪzrəbl] *adj* **1.** trist; unglücklich **2.** (*Schmerzen*) fürchterlich **3.** (*Existenz*) erbärmlich, schauderhaft, miserabel **4.** jämmerlich; **make life ~ for s.o.** jdm das Leben sauer machen; **mis·er·ably** [ˈmɪzrəblɪ] *adv* **1.** unglücklich **2.** grässlich, fürchterlich; erbärmlich **3.** miserabel

miser·ly [ˈmaɪzəlɪ] *adj* geizig, knickerig, filzig

mis·ery [ˈmɪzərɪ] *s* **1.** Kummer *m,* Trauer *f* **2.** Qualen *fpl,* Elend *nt* **3.** (*fam*) Jammerlappen *m;* **put an animal out of its ~** ein Tier von seinen Qualen erlösen; **a life of ~** ein erbärmliches Leben

mis·fire [ˌmɪsˈfaɪə(r)] *vi* **1.** (*Feuerwaffe*) versagen **2.** (*fig*) fehlschlagen; danebengehen **3.** (AUTO) fehlzünden

mis·fit [ˈmɪsfɪt] *s* **1.** schlecht sitzendes Kleidungsstück **2.** Außenseiter(in) *m(f),* Nichtangepasste(r) *f m*

mis·for·tune [ˌmɪsˈfɔːtʃuːn] *s* **1.** schweres Schicksal; Missgeschick *nt* **2.** Unglück, Pech *nt;* **companion in ~** Leidensgenosse *m,* -genossin *f;* **financial ~s** finanzielle Fehlschläge *mpl*

mis·giv·ing [ˌmɪsˈgɪvɪŋ] *s* Befürchtung *f,* Bedenken *pl*

mis·gov·ern [ˌmɪsˈgʌvn] *vt* schlecht regieren [*o* verwalten]; **mis·gov·ern·ment** [-mənt] *s* Misswirtschaft *f*

mis·guided [ˌmɪsˈgaɪdɪd] *adj* **1.** töricht **2.** (*Meinung*) irrig **3.** (*Freude*) unangebracht

mis·handle [ˌmisˈhændl] *vt* falsch handhaben

mis·hap [ˈmɪshæp] *s* Missgeschick *nt;* **a slight ~** eine (kleine) Panne; **without ~** ohne Zwischenfälle

mis·hear [ˌmɪsˈhɪə(r)] **I.** *vt* falsch hören **II.** *vi* sich verhören

mis·hit [ˈmɪshɪt] *s* Fehlschlag *m*

mish·mash [ˈmɪʃmæʃ] *s* Mischmasch *m*

mis·in·form [ˌmɪsɪnˈfɔːm] *vt* falsch informieren; falsche Auskunft geben (*s.o.* jdm)

mis·in·ter·pret [ˌmɪsɪnˈtɜːprɪt] *vt* falsch auslegen; missdeuten; **mis·in·ter·pre·ta·tion** [ˌmɪsɪntɜːprɪˈteɪʃn] *s* falsche Auslegung, Missdeutung *f*

mis·judge [ˌmɪsˈdʒʌdʒ] *vt* falsch beurteilen, falsch einschätzen, sich verschätzen in

mis·lay [ˌmɪsˈleɪ] *irr vt s.* **lay** verlegen

mis·lead [ˌmɪsˈliːd] *irr vt* **1.** irreführen **2.** verleiten (*into doing s.th.* etw zu tun); **don't be misled by appearances** lassen Sie sich nicht durch Äußerlichkeiten täuschen; **mis·lead·ing** [-ɪŋ] *adj* irreführend

mis·man·age [ˌmɪsˈmænɪdʒ] *vt* schlecht verwalten; **mis·man·age·ment** [-mənt] *s* Misswirtschaft *f*

mis·name [ˌmɪsˈneɪm] *vt* falsch benennen; **mis·nomer** [ˌmɪsˈnəʊmə(r)] *s* unzutreffender Name, Fehlbezeichnung *f*

mis·ogyn·ist [mɪˈsɒdʒɪnɪst] *s* Frauenfeind *m*

mis·place [ˌmɪsˈpleɪs] *vt* an einen falschen Platz legen; verlegen; **be ~d** fehlplaziert, fehl am Platz(e) sein

mis·print [ˌmɪsˈprɪnt] **I.** *vt* verdrucken **II.** [ˈmɪsprɪnt] *s* Druckfehler *m*

mis·pro·nounce [ˌmɪsprəˈnaʊns] *vt* falsch aussprechen; **mis·pro·nun·ci·ation** [ˌmɪsprəˌnʌnsɪˈeɪʃn] *s* falsche Aussprache

mis·read [ˌmɪsˈriːd] *irr vt* **1.** falsch lesen **2.** missverstehen, -deuten

mis·rep·re·sent [ˌmɪsˌreprɪˈzent] *vt* **1.** falsch darstellen, ein falsches Bild geben von **2.** (*Tatsachen*) verdrehen; verfälschen; **mis·rep·re·sen·ta·tion** [ˌmɪsˌreprɪzenˈteɪʃn] *s* **1.** falsche Darstellung **2.** Verdrehung *f;* Verfälschung *f;* **~ of facts** Vorspiegelung falscher Tatsachen

miss¹ [mɪs] *s* (junges) Mädchen; **Miss** (*Anrede*) Fräulein *nt;* **Miss India** Miss Indien

miss² [mɪs] **I.** *vt* **1.** (*Ziel*) verfehlen **2.** (*Gelegenheit, Zug*) verpassen; versäumen **3.** übersehen, -hören **4.** nicht verstehen **5.** vermeiden; ausweichen, aus dem Wege gehen (*s.th.* einer S) **6.** vermissen, (sehr) entbehren **7.** (*Hindernis*) noch ausweichen können **8.** (*Preis*) nicht bekommen; **~ the boat** [*o* **bus**] (*fig*) den Anschluss verpassen; **I ~ed that** das ist mir entgangen; **I ~ you** du fehlst mir; **~ doing s.th.** fast etw tun; **we narrowly ~ed having an accident** wir hätten um ein Haar einen Unfall gehabt; **we ~ him** wir vermissen ihn **II.** *vi* **1.** das Ziel verfehlen; fehlgehen **2.** keinen Erfolg haben, erfolg-, ergebnislos sein, missglücken; **you can't ~** da kann nichts schief ge-

M

hen **III.** *s* **1.** Fehlschuss, -schlag *m;* Misserfolg *m,* Pleite *f,* Reinfall *m* **2.** Verlust *m;* **give s.th. a** ~ sich etw schenken; **miss out I.** *vt* auslassen; übersehen **II.** *vi* zu kurz kommen; ~ **out on s.th.** etw verpassen

mis·shapen [ˌmɪsˈʃeɪpən] *adj* missgebildet; (*Baum, Pflanze a.*) verwachsen; (*Kuchen etc*) missraten

mis·sile [ˈmɪsaɪl, *Am* ˈmɪsl] *s* **1.** (Wurf)Geschoss *nt* **2.** Rakete *f;* **guided** ~ ferngesteuerte Rakete; **intercontinental ballistic** ~ Interkontinentalrakete *f;* **missile defence system** *s* Raketenabwehrsystem *nt*

miss·ing [ˈmɪsɪŋ] *adj* **1.** fehlend, vermisst **2.** (*Gegenstand*) verschwunden; fehlend; **be** ~ fehlen; vermisst werden; ~ **person** Vermisste(r) *f m;* ~ **link** fehlendes Glied

mission [ˈmɪʃn] *s* **1.** Sendung, Mission *f;* Beruf *m,* Aufgabe *f* **2.** (REL) Mission *f* **3.** (POL) Mission *f;* Delegation *f;* **on a secret** ~ in geheimem Auftrag; **commercial** [*o* **trade**] ~ Handelsmission *f;* **mission·ary** [ˈmɪʃənrɪ] *s* Missionar(in) *m(f);* **mission control** *s* (*Raumfahrt*) Kontrollzentrum *nt*

mis·spell [ˌmɪsˈspel] *irr vt s.* **spell** falsch schreiben; **mis·spell·ing** [-ɪŋ] *s* falsche Schreibung

mis·spent [ˌmɪsˈspent] *adj* vergeudet, verschwendet

mis·state [ˌmɪsˈsteɪt] *vt* falsch angeben

mis·sus, **mis·sis** [ˈmɪsɪz] *s* (*fam*) bessere Hälfte; **how's the ~?** wie geht es Ihrer Frau?

mist [mɪst] **I.** *s* **1.** Nebel *m;* Dunst *m* **2.** (*fig*) Nebel, Schleier *m* **3.** (*Glas*) Beschlag *m;* **it is lost in the ~s of time** das liegt im Dunkel der Vergangenheit **II.** *vt* (~ *over*) beschlagen **III.** *vi* (~ *up, over*) sich trüben; sich beschlagen

mis·tak·able [mɪˈsteɪkəbl] *adj* leicht zu verwechseln; **mis·take** [mɪˈsteɪk] <*irr:* **mistook, mistaken**> **I.** *vt* **1.** missverstehen, verkennen; falsch auffassen **2.** verwechseln (*for* mit); ~ **s.o.'s meaning** jdn falsch verstehen; **there's no mistaking her writing** ihre Schrift ist unverkennbar; **be ~n** sich irren **II.** *s* **1.** Fehler *m;* Versehen *nt;* Missgriff *m* **2.** Irrtum *m,* Missverständnis *nt;* **by** ~ irrtümlich, versehentlich, aus Versehen; **make a** ~ einen Fehler machen; sich irren; **and no ~!** (*fam*) da kannst du Gift drauf nehmen!; **there's no ~ about it!** Irrtum ausgeschlossen!; **mis·taken** [mɪˈsteɪkən] **I.** *vt s.* **mistake II.** *adj* irrig, irrtümlich, versehentlich; falsch; **be ~ about** [*o* **in**] **s.th.** sich in einer S täuschen; ~ **idea** falsche Vorstellung; **a case of ~ identity** eine Verwechslung

mis·ter [ˈmɪstə(r)] *s* **1.** Herr *m* **2.** (*nicht übersetzt*): **listen to me,** ~ hören Sie mal zu

mis·time [ˌmɪsˈtaɪm] *vt* **1.** einen ungünstigen Zeitpunkt wählen für **2.** (*Rennen*) falsch stoppen; (*Ball*) schlecht timen

mistle·toe [ˈmɪsltəʊ] *s* Mistel *f;* Mistelzweig *m*

mis·took [mɪˈstʊk] *vt s.* **mistake**

mis·trans·late [ˌmɪstrænzˈleɪt] *vt* falsch übersetzen

mis·treat [ˌmɪsˈtriːt] *vt* schlecht behandeln

mis·tress [ˈmɪstrɪs] *s* **1.** Herrin *f,* Hausherrin *f* **2.** Lehrerin *f* **3.** Geliebte *f*

mis·trial [ˌmɪsˈtraɪəl] *s* (JUR) fehlerhaftes (Gerichts)Verfahren

mis·trust [ˌmɪsˈtrʌst] **I.** *vt* misstrauen (*s.o., s.th.* jdm, einer S) **II.** *s* Misstrauen *nt* (*of* gegen); **mis·trust·ful** [ˌmɪsˈtrʌstfl] *adj* misstrauisch (*of* gegen)

misty [ˈmɪstɪ] *adj* **1.** neblig; dunstig **2.** (*fig*) verschwommen; unklar **3.** (*Glas*) beschlagen; trübe

mis·un·der·stand [ˌmɪsˌʌndəˈstænd] *irr vt s.* **understand** missverstehen, falsch verstehen; **mis·un·der·stand·ing** [-ɪŋ] *s* **1.** Missverständnis *nt* **2.** Meinungsverschiedenheit *f*

mis·use [ˌmɪsˈjuːz] **I.** *vt* **1.** falsch anwenden; missbrauchen **2.** zweckentfremden **II.** [ˌmɪsˈjuːs] *s* **1.** Missbrauch *m;* missbräuchliche Verwendung **2.** Zweckentfremdung *f;* ~ **of authority** Amtsmissbrauch *m*

mite[1] [maɪt] *s* **1.** Scherflein *nt* **2.** (*fig*) bisschen *nt* **3.** Würmchen *nt;* **contribute one's ~ to s.th.** sein Scherflein zu etw beitragen

mite[2] [maɪt] *s* (*winziges Spinnentier*) Milbe *f*

miti·gate [ˈmɪtɪgeɪt] *vt* **1.** mildern **2.** (*Schmerzen*) lindern; **mitigating circumstances** mildernde Umstände *mpl;* **miti·ga·tion** [ˌmɪtɪˈgeɪʃn] *s* Milderung *f;* Linderung *f*

mit·ten [ˈmɪtn] *s* **1.** Fausthandschuh *m* **2.** Handschuh *m* ohne Finger **3. ~s** Boxhandschuhe *mpl*

mix [mɪks] **I.** *s* Mischung *f;* **cake** ~ Backmischung *f* **II.** *vt* **1.** (ver)mischen, (ver)mengen (*with* mit) **2.** (*Kuchen*) verrühren; (*Teig*) zubereiten **3.** durcheinander bringen **III.** *vi* **1.** sich mischen lassen; sich vermischen **2.** (*fig*) zusammenpassen **3.** miteinander auskommen; ~ **with s.o.** mit jdm auskommen; ~ **well** kontaktfreudig sein; **mix in** *vt* unterrühren; **mix up** *vt* **1.** vermischen; verrühren **2.** durcheinander bringen; verwechseln; ~ **s.o. up in s.th.** jdn in etw hineinziehen; ~ **s.o. up with s.o. (else)** jdn mit jdm verwechseln; **be ~ed up**

in s.th. in etw verwickelt sein

mixed [mɪkst] *adj* **1.** gemischt **2.** unterschiedlich; ~ **biscuits** Keksmischung *f;* **have ~ feelings about s.o.** jdm gegenüber gemischte Gefühle haben; ~ **blessing** (*fig*) ein zweischneidiges Schwert; ~ **doubles** (*Tennis*) gemischtes Doppel; ~ **fibres** Mischgewebe *nt;* ~ **marriage** Mischehe *f;* ~**-media** Multimedia-; ~ **pickles** Mixpickles *pl;* ~**-up** durcheinander; konfus

mixer ['mɪksə(r)] *s* **1.** Mixer *m* **2.** (Beton)Mischmaschine *f* **3.** (RADIO) Toningenieur *m;* Mischpult *nt;* **be a good ~** kontaktfreudig sein; **mix•ture** ['mɪkstʃə(r)] *s* Mischung *f,* Gemisch *nt;* Mixtur *f;* **mix-up** ['mɪksʌp] **I.** *s* Durcheinander *nt* **II.** *adj* durcheinander; konfus

mne•monic [nɪ'mɒnɪk] **I.** *adj* mnemotechnisch; ~ **rhyme** Merkvers *m* **II.** *s* Gedächtnisstütze *f*

mo [məʊ] *s* (*fam*) Moment *m*

moan [məʊn] **I.** *s* **1.** Stöhnen, Ächzen *nt;* Raunen *nt* **2.** Gestöhn *nt* **II.** *vi* **1.** stöhnen, ächzen; raunen **2.** (*fam*) meckern **III.** *vt:* **she ~ed a sigh of relief** sie stöhnte erleichtert auf

moat [məʊt] *s* Burg-, Wassergraben *m*

mob [mɒb] **I.** *s* **1.** Pöbel, Mob *m;* Horde *f* **2.** (*sl*) Bande *f;* Haufen *m;* **the ~** die Massen *pl* **II.** *vt* sich stürzen auf; anpöbeln

mo•bile ['məʊbaɪl] **I.** *s* **1.** Mobile *nt* **2.** (*fam*) Mobiltelefon, Handy *nt* **II.** *adj* **1.** beweglich, mobil **2.** (*Gesinnung*) wendig, beweglich **3.** (*Ausdruck*) lebhaft **4.** (TECH) fahrbar; ~ **communications system** Mobilfunksystem *nt;* ~ **library** Bücherbus *m,* Fahrbücherei *f;* ~ **home** Wohnwagen *m;* **mo•bil•ity** [məʊ'bɪlətɪ] *s* **1.** Beweglichkeit, Mobilität *f* **2.** Wendigkeit *f* **3.** Lebhaftigkeit *f*

mo•bi•liz•ation [,məʊbɪlaɪ'zeɪʃn] *s* Mobilmachung *f;* **mo•bi•lize** ['məʊbɪlaɪz] **I.** *vt* mobilisieren **II.** *vi* (MIL) mobil machen

moc•ca•sin ['mɒkəsɪn] *s* Mokassin *m*

mo•cha ['mɒkə] *s* Mokka *m*

mock [mɒk] **I.** *vt* **1.** verspotten, sich lustig machen über **2.** nachmachen, -äffen **3.** standhalten, trotzen (*s.o.* jdm) **II.** *vi:* ~ **at s.th.** sich über etw lustig machen **III.** *adj* nachgemacht, imitiert; falsch; gespielt **IV.** *s:* **make a ~ of s.th.** etw vereiteln, zunichte machen; **mock battle** *s* Scheingefecht *nt;* **mocker** ['mɒkə(r)] *s* Spötter(in) *m(f);* **mock•ery** ['mɒkərɪ] *s* **1.** Spott, Hohn *m* **2.** Gespött *nt* **3.** (*fig*) Farce *f;* **hold s.o./s.th. to ~** jdn lächerlich machen/etw ins Lächerliche ziehen; **make a ~ of s.th.** etw zunichte machen; etw als lächerlich erscheinen lassen; **mock•ing** ['mɒkɪŋ] **I.** *adj* spöttisch **II.** *s* Spott *m;* **mock•ing-bird** *s* Spottdrossel *f;* **mock-up** ['mɒkʌp] *s* Modell *nt;* Attrappe *f*

mo•dal ['məʊdl] *adj* (GRAM) modal; **mo-dal•ity** [məʊ'dælətɪ] *s* Modalität *f*

mod cons [,mɒd'kɒnz] *s Abk. von* **modern conveniences: with all ~** mit allem Komfort

mode ['məʊd] *s* **1.** Art, Methode *f,* Verfahren *nt* **2.** Mode *f* **3.** (GRAM) Modus *m* **4.** (MUS) Tonart *f;* ~ **of life** Lebensweise *f;* ~ **of transport** Transportmittel *nt;* **be the ~** Mode sein

model ['mɒdl] **I.** *s* **1.** Modell, Muster *nt* (*for* für) **2.** Model(l), Mannequin *nt,* Dressman *m* **3.** (AUTO) Typ *m,* Modell *nt* **4.** Vorlage *f,* Vorbild, Beispiel *nt* **II.** *adj* Modell-; Muster-, muster-, beispielhaft, vorbildlich **III.** *vt* **1.** als Vorlage nehmen **2.** modellieren, formen **3.** (*Kleid*) vorführen; ~ **o.s. on s.o.** sich jdn zum Vorbild nehmen **IV.** *vi* **1.** modellieren **2.** als Model(l), Mannequin, Dressman arbeiten; Modell stehen; **model husband** *s* (*fam*) Mustergatte *m*

mo•dem ['məʊdem] *s* (TELE) Modem *nt*

mod•er•ate ['mɒdərət] **I.** *adj* **1.** gemäßigt; mäßig **2.** (*Preis*) vernünftig, angemessen **3.** (*Trinken*) maßvoll **4.** (*Erfolg*) (mittel)mäßig, bescheiden **5.** (*Strafe*) mild; ~**-sized** mittelgroß **II.** *s* (POL) Gemäßigte(r) *f m* **III.** ['mɒdəreɪt] *vt* mäßigen, mildern, abschwächen **IV.** ['mɒdəreɪt] *vi* nachlassen, schwächer werden, sich legen; **mod•er•ation** [,mɒdə'reɪʃn] *s* Mäßigung *f;* Milderung *f;* Abschwächung *f;* **in ~** in Maßen

mod•ern ['mɒdn] **I.** *adj* modern; neuzeitlich; heutig; ~ **languages** moderne Fremdsprachen *fpl* **II.** *s* Anhänger(in) der Moderne; **mod•ern•ize** ['mɒdənaɪz] *vt* **1.** modernisieren **2.** (MIL: *Waffensysteme*) nachrüsten

mod•est ['mɒdɪst] *adj* **1.** bescheiden, anspruchslos **2.** (*Lebensweise*) genügsam **3.** (*Preis*) mäßig **4.** anständig, sittsam; **mod•esty** ['mɒdɪstɪ] *s* **1.** Bescheidenheit *f* **2.** Genügsamkeit *f* **3.** Mäßigkeit *f* **4.** Anstand *m,* Sittsamkeit *f;* **in all ~** bei aller Bescheidenheit

modi•cum ['mɒdɪkəm] *s* ein bisschen, ein wenig; **a ~ of hope** ein Funke Hoffnung

mod•ifi•able ['mɒdɪfaɪəbl] *adj* modifizierbar; **modi•fi•ca•tion** [,mɒdɪfɪ'keɪʃn] *s* Abänderung, Abwandlung *f;* Modifikation *f;* **modi•fier** ['mɒdɪfaɪə(r)] *s* (GRAM) Bestimmungswort *nt;* **mod•ify** ['mɒdɪfaɪ] *vt* **1.** abändern, modifizieren **2.** mäßigen **3.** (GRAM) näher bestimmen

mod•ish ['məʊdɪʃ] *adj* modisch, modern

modu•lar ['mɒdjʊlə(r)] *adj* **1.** (TECH) aus Elementen zusammengesetzt **2.** (INFORM) modular, nach dem Baukastenprinzip

M

modu•late [ˈmɒdjʊleɪt] *vt, vi* (RADIO) modulieren; **modu•la•tion** [ˌmɒdjʊˈleɪʃn] *s* Modulation *f*

mod•ule [ˈmɒdjuːl] *s* **1.** (ARCH) Bauelement *nt* **2.** (*Raumfahrt*) Raumkapsel *f* **3.** (INFORM) Modul *nt;* **lunar** ~ Mondlandefähre *f;* **command** ~ Kommandokapsel *f*

mo•hair [ˈməʊheə(r)] *s* Mohair *m*

Mo•ham•medan [məˈhæmɪdən] **I.** *adj* mohammedanisch **II.** *s* Mohammedaner(in) *m(f)*

moist [mɔɪst] *adj* feucht, nass (*from, with* vor); **moisten** [ˈmɔɪsn] **I.** *vt* anfeuchten **II.** *vi* feucht werden; **moist•ure** [ˈmɔɪstʃə(r)] *s* Feuchtigkeit *f;* **moist•urize** [ˈmɔɪstʃəraɪz] *vt* (*Haut*) mit einer Feuchtigkeitscreme behandeln; **moist•uriz•er** [-ə(r)] *s* Feuchtigkeitscreme *f*

mo•lar [ˈməʊlə(r)] *s* (~ *tooth*) Backenzahn *m*

mo•las•ses [məˈlæsɪz] *s pl mit sing* Melasse *f,* Sirup *m*

mold[1] [məʊld] **I.** *s* (*Am*) **1.** (Guss)Form *f* **2.** (TYP) Matrize, Mater *f* **3.** Pudding *m;* **be cast in the same** ~ vom gleichen Schlag sein, aus dem gleichen Holz geschnitzt sein **II.** *vt* **1.** formen (*into* zu), gießen **2.** (*fig*) formen; ~ **s.o. into s.th.** etw aus jdm machen; ~ **o.s. on s.o.** sich jdn zum Vorbild nehmen

mold[2] [məʊld] *s* (*Am*) Schimmel, Schimmelpilz *m*

molder [ˈməʊldə(r)] *vi* (*Am*) vermodern, verfallen; verwesen; verderben

mold•ing *s* (*Am*) **1.** Formen *nt* **2.** Abdruck *m*

moldy *adj* (*Am*) schimmelig, verschimmelt

mole[1] [məʊl] *s* Muttermal *nt,* Leberfleck *m*

mole[2] [məʊl] *s* Maulwurf *m;* **blind as a** ~ stockblind

mole[3] [məʊl] *s* (MAR) Mole *f,* Hafendamm *m*

mol•ecu•lar [məˈlekjʊlə(r)] *adj* (CHEM) molekular; ~ **biology** Molekularbiologie *f;* ~ **weight** Molekulargewicht *nt;* **mol•ecule** [ˈmɒlɪkjuːl] *s* Molekül *nt*

mole•hill [ˈməʊlhɪl] *s* Maulwurfshügel, -haufen *m;* **make a mountain out of a** ~ aus einer Mücke einen Elefanten machen; **mole•skin** *s* **1.** Maulwurfsfell *nt* **2.** (*Stoff*) Moleskin *m od nt*

mo•lest [məˈlest] *vt* belästigen; **mol•es•ta•tion** [ˌməʊləˈsteɪʃn] *s* Belästigung *f*

moll [mɒl] *s* (*sl*) Gangsterbraut *f*

mol•lify [ˈmɒlɪfaɪ] *vt* besänftigen, beschwichtigen

mol•lusc *s* (*Am*), **mol•lusk** [ˈmɒləsk] *s* Weichtier *nt,* Molluske *f*

molly•coddle [ˈmɒlɪkɒdl] **I.** *s* Weichling *m* **II.** *vt* verhätscheln, verzärteln, verwöhnen

molt [məʊlt] **I.** *vi* (*Am*) sich mausern; sich häuten; Haare verlieren **II.** *vt* **1.** (*Haare*) verlieren **2.** (*die Haut*) abwerfen **III.** *s* Mauser *f;* Häutung *f*

mol•ten [ˈməʊltən] *adj* geschmolzen

mom-and-pop [mɒməndˈpɒp] *adj* (*Am*): ~ **business** Familienbetrieb *m*

mo•ment [ˈməʊmənt] *s* **1.** Augenblick, Moment *m* **2.** (*fig*) Tragweite, Bedeutung, Wichtigkeit *f* (*to* für) **3.** (PHYS PHILOS) Moment *nt;* **at the** ~ im Augenblick, momentan; **at any** ~ jederzeit, jeden Augenblick; **at this** ~ in diesem Augenblick; **at the last** ~ im letzten Augenblick; **in a** ~ gleich, sofort, auf der Stelle; **in a few** ~**s** in wenigen Augenblicken, im Nu; **not for a** ~ keinen Augenblick; nie; **please wait a** ~ warten Sie bitte einen Augenblick!; (**just**) **a** ~, **please!** einen Augenblick, bitte!; **the man of the** ~ der rechte Mann zur rechten Zeit; ~ **of inertia/of resistance** (PHYS) Trägheits-/Widerstandsmoment *nt;* ~ **of truth** Augenblick *m* der Wahrheit; **of little** ~ bedeutungslos

mo•men•tar•ily [ˈməʊməntrəlɪ] *adv* **1.** einen Augenblick **2.** jeden Moment; **mo•men•tary** [ˈməʊməntrɪ] *adj* flüchtig, von kurzer Dauer

mo•men•tous [məˈmentəs] *adj* sehr wichtig, bedeutsam, folgenschwer; von großer Tragweite

mo•men•tum [məˈmentəm] *s* **1.** (PHYS) Impuls *m* **2.** (*fig*) Schwung *m,* Wucht *f;* **gain** ~ sich beschleunigen, in Fahrt kommen

mon•arch [ˈmɒnək] *s* Monarch(in) *m(f),* Herrscher(in) *m(f);* **mon•ar•chic**(**al**) [məˈnɑːkɪk(l)] *adj* monarchisch; **mon•ar•chism** [ˈmɒnəkɪzəm] *s* Monarchismus *m;* **mon•ar•chist** [ˈmɒnəkɪst] *s* Monarchist(in) *m(f);* **mon•archy** [ˈmɒnəkɪ] *s* Monarchie *f*

mon•as•tery [ˈmɒnəstrɪ] *s* (Männer)Kloster *nt;* **mon•as•tic** [məˈnæstɪk] *adj* klösterlich, mönchisch; Ordens-, Kloster-

Mon•day [ˈmʌndɪ] *s* Montag *m;* **on** ~ am Montag

mon•et•ary [ˈmʌnɪtrɪ] *adj* **1.** währungspolitisch, monetär **2.** Geld-, geldlich; ~ **crisis** Währungskrise *f;* ~ **policy** Währungspolitik *f;* ~ **reform** Währungsreform *f;* ~ **stability** Währungsstabilität *f;* ~ **system** Währungssystem *nt;* ~ **union** Währungsunion *f*

mon•ey [ˈmʌnɪ] *s* Geld *nt;* **make** ~ Geld verdienen; **lose** ~ Geld verlieren; Verluste machen; **there's** ~ **in it** das ist sehr lukrativ; **be in the** ~ (*sl*) Geld wie Heu haben; **get one's** ~**'s worth** etwas für sein Geld bekommen; **keep s.o. in** ~ jdn finanziell unterstützen; **put** ~ **into** Geld stecken in; **foreign** ~ ausländische Zahlungsmittel *ntpl;* **ready** ~ Bargeld *nt;* **mon•ey•bags** *s pl mit sing* (*fam*) Geldsack *m;* **mon•ey-box** *s* Sparbüchse *f;* **mon•ey•chang•er** ['mʌnɪˌtʃeɪndʒə(r)] *s* (Geld)Wechsler *m;* **mon•eyed** ['mʌnɪd] *adj* vermögend; **mon•ey-grub•ber** ['mʌnɪˌgrʌbə(r)] *s* geldgieriger Mensch; **mon•ey laun•der•ing** *s* Geldwäsche *f;* **mon•ey•mak•er** ['mʌnɪˌmeɪkə(r)] *s* einträgliche Sache; Verkaufserfolg *m;* **mon•ey-mak•ing** ['mʌnɪˌmeɪkɪŋ] **I.** *s* Gelderwerb *m,* -verdienen *nt* **II.** *adj* einträglich, Gewinn bringend; **mon•ey mar•ket** *s* Geld-, Kapitalmarkt *m;* **mon•ey or•der** *s* Postanweisung *f;* **money prize** *s* Geldpreis *m;* **money-spinner** ['mʌnɪˌspɪnə(r)] *s* (*fam*) Goldgrube *f*

mon•ger ['mʌŋgə(r)] *s:* **fish-/iron-~** Fisch-/Eisenhändler *m*

Mon•gol ['mɒŋgl] **I.** *adj* **1.** mongolisch **2.** (MED): **m~** mongoloid **II.** *s:* **he's a m~** er ist mongoloid; **Mon•golia** [mɒŋ'gəʊlɪə] *s* Mongolei *f;* **Mon•gol•ian** [mɒŋ'gəʊlɪən] **I.** *adj* mongolisch **II.** *s* **1.** Mongole *m,* Mongolin *f* **2.** (*Sprache*) (das) Mongolisch(e); **mon•gol•ism** ['mɒŋgəlɪzəm] *s* (MED) Mongolismus *m*

mon•grel ['mʌŋgrəl] *s* **1.** (ZOO) Bastard *m* **2.** (ZOO BOT) Kreuzung *f* **3.** (*fam*) Promenadenmischung *f*

moni•tor ['mɒnɪtə(r)] **I.** *s* **1.** (SCHULE) Klassensprecher(in) *m(f)* **2.** (*große Raubechse*) Waran *m* **3.** (RADIO TV) Kontrollempfänger, -lautsprecher *m;* Abhörgerät *nt;* Monitor *m* **II.** *vt* **1.** abhören **2.** überwachen, steuern, kontrollieren

monk [mʌŋk] *s* Mönch *m*

mon•key ['mʌŋkɪ] **I.** *s* **1.** Affe *m* **2.** (*Kind*) Strolch, Schlingel *m;* **make a ~ out of s.o.** jdn verulken **II.** *vi:* **~ about** herumalbern; **monkey business** *s:* **be up to ~** (*fam*) etw anstellen; **monkey nut** *s* Erdnuss *f;* **monkey tricks** *s pl* Unfug *m,* dummer Streich; **monkey wrench** *s* Engländer, Universalschraubenschlüssel *m*

mono- ['mɒnəʊ] **I.** *prefix* mono- **II.** *s* (~ *record*) Mono(schall)platte *f*

mono•chrome *adj* monochrom, einfarbig; (*Bildschirm a.*) schwarz-weiß

mon•ocle ['mɒnəkl] *s* Monokel *nt*

mono-cul•ti•va•tion *s* (AGR) Monokultur *f*

mon•og•amous [mə'nɒgəməs] *adj* monogam; **mon•og•amy** [mə'nɒgəmɪ] *s* Einehe, Monogamie *f*

mono•gram ['mɒnəgræm] *s* Monogramm *nt*

mono•lith ['mɒnəlɪθ] *s* Monolith *m;* **mono•lithic** [ˌmɒnə'lɪθɪk] *adj* **1.** monolithisch **2.** (*fig*) alles beherrschend

mono•logue ['mɒnəlɒg] *s* Selbstgespräch *nt,* Monolog *m*

mo•nopo•lize [mə'nɒpəlaɪz] *vt* **1.** monopolisieren, beherrschen **2.** (*fig*) an sich reißen, in Beschlag nehmen; **mo•nopo•ly** [mə'nɒpəlɪ] *s* Monopol *nt;* **have the ~ on s.th.** etw für sich gepachtet haben; **monopoly position** *s* Monopolstellung *f*

mono•rail ['mɒnəʊreɪl] *s* Einschienenbahn *f*

mono•syl•labic [ˌmɒnəsɪ'læbɪk] *adj* einsilbig

mono•tone ['mɒnətəʊn] *s* monotoner Klang; **mon•ot•onous** [mə'nɒtənəs] *adj* eintönig, -förmig, monoton; **mon•ot•ony** [mə'nɒtənɪ] *s* Eintönigkeit, Einförmigkeit, Monotonie *f*

mono•type® ['mɒnətaɪp] *s* Monotype® *f*

mon•ox•ide [mɒ'nɒksaɪd] *s* (CHEM) Monoxyd *nt*

mon•soon [mɒn'su:n] *s* Monsun *m*

mon•ster ['mɒnstə(r)] **I.** *s* Ungeheuer, Monstrum, Scheusal *nt* **II.** *adj attr* Riesen-; Monster-; **monster film** *s* Monsterfilm *m*

mon•stros•ity [mɒn'strɒsətɪ] *s* **1.** Gräueltat *f* **2.** Ungeheuerlichkeit, Monstrosität *f;* **mon•strous** ['mɒnstrəs] *adj* **1.** ungeheuer (groß), gewaltig, riesenhaft **2.** scheußlich; schrecklich, furchtbar, abscheulich

mon•tage [mɒnt'ɑ:ʒ] *s* Montage *f*

month [mʌnθ] *s* Monat *m;* **at the end of the ~** am Monatsende; **by the ~** monatlich; **every two ~s** alle zwei Monate; **every three ~s** jedes Vierteljahr; **once/twice a ~** einmal/zweimal im Monat; **one ~'s salary** ein Monatsgehalt; **month•ly** ['mʌnθlɪ] **I.** *adj* monatlich **II.** *adv* monatlich; einmal im Monat; jeden Monat; **twice ~** zweimal pro Monat **III.** *s* Monats(zeit)schrift *f*

monu•ment ['mɒnjʊmənt] *s* **1.** (Bau)Denkmal, Monument *nt* **2.** (*fig*) Denkmal *nt* (*to* für); **monu•men•tal** [ˌmɒnjʊ'mentl] *adj* (*fig*) riesig, gewaltig; enorm; **~ inscription** Grabinschrift *f;* **~ mason** Steinmetz *m*

moo [mu:] **I.** *s* **1.** Muh(en) *nt* **2.** (*pej: Frau*) Kuh *f* **II.** *vi* muhen

mood¹ [mu:d] *s* **1.** Stimmung *f;* Laune *f* **2.** (*bad ~*) schlechte Laune; **be in the ~** aufgelegt sein (*for* zu); **be in no ~** nicht aufgelegt sein; **be in a good ~** gut gelaunt sein; **he is a man of ~s** er ist sehr starken Gemütsschwankungen unterworfen

mood² [mu:d] *s* (GRAM) Modus *m*

moodi•ness ['mu:dɪnəs] *s* Launenhaftigkeit *f;* **moody** ['mu:dɪ] *adj* **1.** launisch, launenhaft **2.** schlecht gelaunt, mürrisch; niedergedrückt

moon [mu:n] **I.** *s* Mond *m;* **promise s.o. the ~** jdm das Blaue vom Himmel versprechen; **be over the** ~ überglücklich sein; **cry for the** ~ (*fig*) nach den Sternen greifen; **full /half-**~ Voll-/Halbmond *m;* **new** ~ Neumond *m* **II.** *vi* (~ *about, around*) herumtrödeln **III.** *vt* (*Zeit:* ~ *away*) vertrödeln; **moon•beam** ['mu:nbi:m] *s* Mondstrahl *m;* **moon•boots** ['mu:nbu:ts] *s pl* Moonboots *pl;* **moon•calf** <*pl* -calves> *s* Schwachsinnige(r) *f m;* **moon•light** ['mu:nlaɪt] **I.** *s* Mondschein *m,* -licht *nt* **II.** *vi* (*fam*) schwarzarbeiten; **moon•lit** ['mu:nlɪt] *adj* mondbeschienen, -hell; **moon•shine** ['mu:nʃaɪn] *s* **1.** Mondschein *m* **2.** (*fig*) Unsinn *m* **3.** (*Am sl*) schwarz gebrannter Alkohol; **moon•stone** ['mu:nstəʊn] *s* (MIN) Mondstein *m;* **moon•struck** ['mu:nstrʌk] *adj* mondsüchtig; **moony** ['mu:nɪ] *adj* träumerisch, verträumt

moor¹ [mʊə(r)] *s* (~*land*) Heide(land *nt*) *f,* Hochmoor *nt*

moor² [mʊə(r)] *vt* (*Schiff*) vertäuen, festmachen; **moor•ings** ['mʊərɪŋz] *s pl* **1.** (MAR) Verankerung *f* **2.** Ankerplatz *m*

moose [mu:s] *s* Elch *m*

moot [mu:t] **I.** *adj:* **a** ~ **point** ein strittiger Punkt **II.** *vt* erörtern, diskutieren

mop [mɒp] **I.** *s* **1.** Mopp *m* **2.** (*fig*) Wuschelkopf *m* **II.** *vt* **1.** (~ *up*) (feucht) aufwischen **2.** (MIL) säubern, durchkämmen; ~ **one's face** sich den Schweiß vom Gesicht wischen

mope [məʊp] *vi* **1.** Trübsal blasen **2.** (~ *about*) mit einer Jammermiene herumlaufen

mo•ped ['məʊped] *s* Moped *nt*

mo•raine [mɒ'reɪn] *s* (GEOL) Moräne *f*

moral ['mɒrəl] **I.** *adj* **1.** sittlich, moralisch **2.** integer, moralisch einwandfrei; tugendhaft **3.** geistig; ~ **values** sittliche Werte *mpl;* ~ **standards** Moral *f;* ~ **sense** moralisches Bewusstsein; ~ **courage** Charakter *m;* **have a** ~ **right to s.th.** jedes Recht auf etw haben **II.** *s* **1.** Moral *f* **2.** ~**s** Moral *f;* **draw a** ~ **from s.th.** eine Lehre aus etw ziehen

mo•rale [mə'rɑ:l] *s* Moral, Stimmung *f;* **destroy s.o.'s** ~ jdn entmutigen

mor•al•ist ['mɒrəlɪst] *s* Moralist *m;* **mor•al•ity** [mə'rælətɪ] *s* **1.** Moralität *f* **2.** Moral, Ethik *f;* **mor•al•ize** ['mɒrəlaɪz] *vi* moralisieren (*on* über); ~ **about s.o.** sich über jdn moralisch entrüsten

mo•rass [mə'ræs] *s* Morast, Sumpf *m*

mora•torium [ˌmɒrə'tɔ:rɪəm] *s* Moratorium *nt;* Zahlungsaufschub *m*

mor•bid ['mɔ:bɪd] *adj* **1.** krank(haft) **2.** (*Haltung*) unnatürlich **3.** (*Humor*) makaber **4.** (*Gedanken*) düster; trübsinnig **5.** (MED) morbid **6.** (*fig*) gräulich, grauenhaft; **mor•bid•ity** [mɔ:'bɪdətɪ] *s* **1.** Krankhaftigkeit *f* **2.** Unnatürlichkeit *f* **3.** Düsterkeit *f* **4.** (MED) Morbidität *f*

more [mɔ:(r)] <*Komparativ von* many> **I.** *adj* mehr; noch (mehr); **one day** ~ noch ein Tag; **a few** ~ **friends** noch ein paar Freunde; **no** ~ **money** kein Geld mehr **II.** *adv* mehr, in höherem Maße; ~ **and** ~ immer mehr; **like s.th.** ~ etw lieber mögen; ~ **than** mehr als; **no** ~ **than** nicht mehr als; **once** ~ noch einmal; **never** ~ nie mehr; **not any** ~ nicht mehr; ~ **beautiful** schöner; ~ **or less** mehr oder weniger **III.** *s* mehr; noch mehr; **a little** ~ etwas mehr; **no** ~ nichts mehr; **some** ~ noch etwas; **even** ~ noch mehr; **what** ~ **do you want?** was willst du denn noch?; **all the** ~ umso mehr; **all the** ~ **so because ...** umso mehr, weil ...

mo•rello [mə'reləʊ] <*pl* -rellos> *s* Sauerkirsche, Morelle *f*

more•over [mɔ:'rəʊvə(r)] *adv* überdies, zudem, außerdem

morgue [mɔ:g] *s* **1.** Leichenschauhaus *nt* **2.** (*einer Redaktion*) Archiv *nt*

mori•bund ['mɒrɪbʌnd] *adj* **1.** aussterbend, moribund **2.** (*fig*) zum Aussterben verurteilt

Mor•mon ['mɔ:mən] *s* (REL) Mormone *m,* Mormonin *f*

morn•ing ['mɔ:nɪŋ] **I.** *s* **1.** Morgen *m;* Vormittag *m* **2.** (*fig*) Anfang *m,* erste Zeit; **from** ~ **till night** von früh bis spät; **in the** ~ am Morgen, morgens; vormittags; **early in the** ~ in der Frühe; **at 8 in the** ~ um 8 Uhr morgens; **this** ~ heute Morgen; **Friday** ~ Freitag früh; **the** ~ **after** am nächsten Tag **II.** *adj attr* Morgen-; morgendlich; Früh-; **morning-after pill** [ˌmɔ:niŋ'ɑftə(r)] *s* die Pille danach; **morning coat** *s* Cut(away) *m;* **morning paper** *s* Morgenzeitung *f;* **Morning Prayer** *s* Morgenandacht *f;* **morning sickness** *s* (Schwangerschafts)Erbrechen *nt;* **morning star** *s* Morgenstern *m*

Mo•roccan [mə'rɒkən] **I.** *adj* marokkanisch **II.** *s* Marokkaner(in) *m(f)*

mo•rocco [mə'rɒkəʊ] *s* Maroquin *nt*

Mo•rocco [mə'rɒkəʊ] *s* Marokko *nt*

mo•ron ['mɔ:rɒn] *s* **1.** Schwachsinnige(r) *f m* **2.** (*fam*) Trottel *m;* **mo•ronic** [mə'rɒnɪk] *adj* **1.** (MED) schwachsinnig **2.** (*fig*) idiotisch

mo•rose [mə'rəʊs] *adj* mürrisch, verdrießlich, griesgrämig

mor•pheme ['mɔ:fi:m] *s* (LING) Morphem *nt*

mor•phia, mor•phine ['mɔ:fɪə, 'mɔ:fi:n] *s* Morphium *nt*

mor•phol•ogi•cal [ˌmɔ:fə'lɒdʒɪkl] *adj* morphologisch; **mor•phol•ogy** [mɔ:'fɒlədʒɪ] *s* Morphologie *f*

Morse [mɔːs] *s* (*~ code*) Morsezeichen *nt*

mor•sel ['mɔːsl] *s* **1.** Bissen, Happen *m,* Stückchen *nt* **2.** bisschen *nt*

mor•tal ['mɔːtl] **I.** *adj* **1.** sterblich **2.** (*Angst*) tödlich **3.** (*Langeweile*) endlos (lang); entsetzlich langweilig; **no ~ use** überhaupt kein Nutzen; **~ sin** Todsünde *f* **II.** *s* Sterbliche(r) *f m;* **mortal agony** *s* Todeskampf *m;* **mortal enemy** *s* Todfeind *m;* **mor•tal•ity** [mɔː'tæləti] *s* **1.** Sterblichkeit *f* **2.** Todesfälle *mpl,* Sterblichkeit(sziffer) *f;* **rate of ~** Sterbeziffer *f*

mor•tar¹ ['mɔːtə(r)] *s* **1.** Mörser *m* **2.** (MIL) Mörser, Granatwerfer *m*

mor•tar² ['mɔːtə(r)] **I.** *s* Mörtel *m* **II.** *vt* mörteln; **mortar•board** *s* **1.** Doktorhut *m* **2.** Mörtelbrett *nt*

mort•gage ['mɔːgɪdʒ] **I.** *s* Hypothek *f* (*on* auf); **raise a ~** eine Hypothek aufnehmen (*on* auf) **II.** *vt* (*mit einer Hypothek*) belasten

mor•tice ['mɔːtɪs] **I.** *s* Zapfenloch *nt* **II.** *vt* verzapfen (*into* mit); **mortice lock** *s* Steckschloss *nt*

mor•ti•cian [mɔː'tɪʃn] *s* (*Am*) Bestattungsunternehmer *m*

mor•ti•fi•ca•tion [ˌmɔːtɪfɪ'keɪʃn] *s* **1.** Beschämung *f;* äußerste Verlegenheit **2.** (REL) Kasteiung *f* **3.** (MED) Brand *m;* **mor•tify** ['mɔːtɪfaɪ] **I.** *vt* **1.** beschämen; äußerst peinlich sein (*s.o.* jdm) **2.** (REL) kasteien **3.** (MED) absterben lassen **II.** *vi* (MED) absterben

mor•tise *s* Zapfenloch *nt;* ~ **lock** Steckschloss *nt*

mor•tu•ary ['mɔːtʃərɪ] *s* Leichenhalle *f*

mo•saic [məʊ'zeɪɪk] *s* Mosaik(arbeit *f*) *nt*

Mos•lem ['mɒzləm] **I.** *s* Moslem *m* **II.** *adj* mohammedanisch, muslimisch

mosque [mɒsk] *s* Moschee *f*

mos•quito [mə'skiːtəʊ] <*pl* -quitoes> *s* Stechmücke *f,* Moskito *m;* **mos•quito net** *s* Moskitonetz *nt*

moss [mɒs] *s* Moos *nt;* **mossy** ['mɒsɪ] *adj* **1.** moosig **2.** moosbedeckt, bemoost

most [məʊst] <*Superlativ von* many> **I.** *adj* meiste(r, s); größte(r, s); höchste(r, s); **for the ~ part** größtenteils; **~ people** die meisten Leute **II.** *s* das meiste, die meisten; **~ of his friends** die meisten seiner Freunde; **~ of the time** die meiste Zeit; **make the ~ of s.th.** etw nach Kräften genießen; **make the ~ of o.s.** das Beste aus sich machen **III.** *adv* **1.** am meisten **2.** äußerst; **~ likely** höchstwahrscheinlich; **the ~ beautiful** der, die, das schönste; **~ of all** am allermeisten; **most•ly** ['məʊstlɪ] *adv* meist(ens); hauptsächlich; zum größten Teil

MOT [ˌeməʊ'tiː] *s Abk. von* **Ministry of Transport** Verkehrsministerium; **MOT (test)** TÜV *m*

mo•tel [məʊ'tel] *s* (*Am*) Motel *nt*

moth [mɒθ] *s* Motte *f;* **moth•ball** *s* Mottenkugel *f;* **put in ~s** einmotten; **moth-eaten** ['mɒθˌiːtn] *adj* **1.** mottenzerfressen **2.** (*fig*) abgenutzt, veraltet

moth•er ['mʌðə(r)] **I.** *s* **1.** Mutter *f* **2.** (REL: *~ superior*) Oberin, Äbtissin *f;* **Mother's Day** Muttertag *m* **II.** *vt* **1.** auf-, großziehen **2.** zur Welt bringen **3.** bemuttern; **mother country** *s* **1.** Vaterland *nt,* Heimat *f* **2.** Mutterland *nt;* **mother•hood** ['mʌðəhʊd] *s* Mutterschaft *f;* **mother-in-law** ['mʌðərɪnlɔː] <*pl* mothers-in-law> *s* Schwiegermutter *f;* **mother•ly** ['mʌðəlɪ] *adj* mütterlich; **mother-of-all** *s* (*fam*) Inbegriff *m;* **mother-of-pearl** [ˌmʌðərəv'pɜːl] *s* Perlmutter *f;* **mother tongue** *s* Muttersprache *f*

moth•proof ['mɒθˌpruːf] *adj* mottenfest

mo•tif [məʊ'tiːf] *s* **1.** (*Kunst*) Motiv *nt* **2.** (*fig*) Leitmotiv *nt,* -gedanke *m*

mo•tion ['məʊʃn] **I.** *s* **1.** Bewegung *f* **2.** Wink *m,* Zeichen *nt* **3.** (PSYCH) Antrieb *m* **4.** (PARL) Antrag *m* **5.** (PHYSIOL) Stuhlgang *m;* **be in ~** sich bewegen; laufen; **put** [*o* **set**] **s.th. in ~** etw in Gang bringen, setzen; **go through the ~s** den Anschein erwecken; etw mechanisch tun; **propose a ~** einen Antrag stellen; **have a ~** Stuhlgang haben **II.** *vi, vt:* **~ to s.o. to do s.th.** jdm bedeuten etw zu tun; **~ s.o. in** jdn hereinwinken; **mo•tion•less** [-lɪs] *adj* bewegungs-, reglos; **motion picture** *s* Film *m*

mo•ti•vate ['məʊtɪveɪt] *vt* motivieren; **mo•tiv•ation** [ˌməʊtɪ'veɪʃn] *s* Motivation *f*

mo•tive ['məʊtɪv] **I.** *s* Motiv *nt,* Beweggrund *m* (*for* zu) **II.** *adj* Antriebs-; Trieb-; **~ power** (*a. fig*) Triebkraft *f*

mot•ley ['mɒtlɪ] **I.** *adj* scheckig, bunt **II.** *s* Narrenkostüm *nt*

mo•tor ['məʊtə(r)] **I.** *s* (*a. fig*) Motor *m* **II.** *adj* **1.** Motor- **2.** (PHYSIOL) motorisch **III.** *vi* Auto fahren; (*fam*) schnell vorankommen; **motor•bike** *s* Motorrad *nt;* **motor•boat** *s* Motorboot *nt;* **motor•car** *s* Auto(mobil) *nt,* Kraftwagen *m;* **motor•cycle** *s* Motor-, Kraftrad *nt;* **motor•cycling** *s* Motorradfahren *nt;* **motor•cyclist** *s* Motorradfahrer(in) *m(f);* **motor-driven** *adj* mit Motorantrieb; **mo•tor•ing** ['məʊtərɪŋ] **I.** *adj attr* Verkehrs-; Auto-; **~ offence** Verkehrsverstoß *m* **II.** *s* Autofahren *nt;* **mo•tor•ist** ['məʊtərɪst] *s* Autofahrer(in) *m(f);* **mo•tor•iza•tion** [ˌməʊtəraɪ'zeɪʃn] *s* Motorisierung *f;* **mo•tor•ize** ['məʊtəraɪz] *vt* motorisieren; **motor racing** *s* Autorennen *nt;* **motor-road** *s* Auto-, Fahrstraße *f;*

M

motor scooter *s* Motorroller *m;* **motor vehicle** *s* Kraftfahrzeug, Kfz *nt;* **motor vehicle licensing centre** *s* Kraftfahrzeug-Zulassungsstelle *f;* **mo•tor•way** ['məʊtəweɪ] *s* (*Br*) Autobahn *f*

mottled ['mɒtld] *adj* gesprenkelt; fleckig

motto ['mɒtəʊ] <*pl* motto(e)s> *s* Motto *nt;* Wahlspruch *m*

mould¹ [məʊld] **I.** *s* **1.** (Guss)Form *f* **2.** (TYP) Matrize, Mater *f* **3.** Pudding *m;* **be cast in the same ~** vom gleichen Schlag sein, aus dem gleichen Holz geschnitzt sein **II.** *vt* **1.** formen (*into* zu), gießen **2.** (*fig*) formen; **~ s.o. into s.th.** etw aus jdm machen; **~ o.s. on s.o.** sich jdn zum Vorbild nehmen

mould² [məʊld] *s* Schimmel, Schimmelpilz *m*

moulder ['məʊldə(r)] *vi* vermodern, verfallen; verwesen; verderben

mould•ing ['məʊldɪŋ] *s* **1.** Formen, Gießen *nt* **2.** Abdruck *m;* Abguss *m* **3.** Deckenfries *m*

mouldy ['məʊldɪ] *adj* **1.** mod(e)rig, schimm(e)lig, verschimmelt **2.** miserabel **3.** (*Mensch*) schäbig **4.** (*fam: Summe*) lumpig

moult [məʊlt] **I.** *vi* sich mausern; sich häuten; Haare verlieren **II.** *vt* **1.** (*Haare*) verlieren **2.** (*die Haut*) abwerfen **III.** *s* Mauser *f;* Häutung *f*

mound [maʊnd] *s* **1.** Erdhügel, -wall *m* **2.** (*fig*) Haufen *m,* Masse *f*

mount¹ [maʊnt] *s* (*poet*) Berg *m;* **Mount Etna** der Ätna

mount² [maʊnt] **I.** *s* **1.** Reittier *nt* **2.** Sockel *m;* Rahmen *m,* Fassung *f,* Gestell *nt;* Unterlage *f* **II.** *vt* **1.** besteigen, steigen auf **2.** montieren; rahmen **3.** (*Stück*) inszenieren, organisieren **4.** (*Wache*) aufstellen **5.** (*Tiere*) bespringen **III.** *vi* **1.** aufsteigen; aufsitzen **2.** (~ *up*) sich häufen

moun•tain ['maʊntɪn] *s* **1.** Berg *m* **2.** (*fig*) (großer) Haufen, Berg *m* **3.** **~s** Gebirge *nt;* **make a ~ out of a molehill** aus einer Mücke einen Elefanten machen; **in the ~s** im Gebirge; **mountain ash** *s* Eberesche *f;* **mountain chain** *s* Bergkette *f;* **moun•tain•eer** [ˌmaʊntɪ'nɪə(r)] *s* Bergsteiger(in) *m(f);* **moun•tain•eer•ing** [-ɪŋ] *s* Bergsteigen *nt;* **moun•tain•ous** ['maʊntɪnəs] *adj* **1.** bergig, gebirgig **2.** (*fig*) riesenhaft, ungeheuer; **mountain range** *s* Gebirgszug *m*

mounted ['maʊntɪd] *adj* beritten

mourn [mɔːn] **I.** *vi* trauern; Trauer tragen; **~ for** [*o* **over**] **s.o.** um jdn trauern **II.** *vt* trauern um, betrauern; beklagen; nachtrauern; **mourner** ['mɔːnə(r)] *s* Trauernde(r) *f m;* **mourn•ful** ['mɔːnfl] *adj* **1.** traurig **2.** (*Stimme*) weinerlich; jammervoll **3.** (*Seufzer*) kläglich

mourn•ing ['mɔːnɪŋ] *s* Trauer(kleidung, -zeit) *f;* Trauern *nt;* Wehklage *f;* **be in ~ for s.o.** um jdn trauern

mouse [maʊs] <*pl* mice> **I.** *s* **1.** (*a. von Computer*) Maus *f* **2.** (*fig*) Angsthase *m* **II.** *vi* Mäuse fangen; **mouse•hole** *s* Mauseloch *nt;* **mouse po•ta•to** *s* (*fam: person who spends a lot of time operating a computer*) Mousepotato *f,* Vor-dem-Computer-Hocker(in) *m(f);* **mouse•trap** *s* Mausefalle

mousse [muːs] *s* **1.** Creme(speise) *f* **2.** (*Kosmetik*) Schaumfestiger *m*

mous•tache [mə'stɑːʃ] *s* Schnurrbart *m*

mousy ['maʊsɪ] *adj* **1.** schüchtern **2.** (*Farbe*) mausgrau **3.** (*fig*) unansehnlich; farblos

mouth [maʊθ] **I.** *s* **1.** Mund *m;* (*von Tier*) Maul *nt* **2.** Öffnung *f* **3.** (*Fluss*) Mündung *f* **4.** (*Hafen*) Einfahrt *f;* **by word of ~** mündlich; **down in the ~** niedergeschlagen, betrübt; **keep one's ~ shut** den Mund halten; **put s.th. into s.o.'s ~** (*fig*) jdm etw in den Mund legen; **take the words out of s.o.'s ~** (*fig*) jdm das Wort aus dem Mund nehmen; **shut your ~!** halten Sie den Mund! **II.** [maʊð] *vt* überdeutlich artikulieren; **mouth•ful** ['maʊθfʊl] *s* **1.** Mundvoll, Bissen, Happen *m* **2.** (*fam*) Zungenbrecher *m;* **mouth organ** *s* Mundharmonika *f;* **mouth•piece** ['maʊθpiːs] *s* **1.** (*Blasinstrument*) Mundstück *nt* **2.** (*fig*) Sprachrohr *nt;* **mouth-to-mouth resuscitation** *s* Mund-zu-Mund-Beatmung *f;* **mouth•wash** *s* Mundwasser *nt;* **mouth-watering** *adj* lecker, appetitlich; **mouthy** *adj* (*fam*) frech

mov•able ['muːvəbl] **I.** *adj* (*a.* JUR) beweglich, transportierbar **II.** *s pl* Mobiliar *nt,* bewegliche Habe

move [muːv] **I.** *s* **1.** Zug *m;* Schritt *m;* Maßnahme *f* **2.** Bewegung *f* **3.** Umzug *m;* Wechsel *m;* **it's my ~** ich bin am Zug, dran; **be on the ~** in Bewegung sein; auf Achse sein; **make a ~ to do s.th.** Anstalten machen etw zu tun; **get a ~ on** sich beeilen **II.** *vt* **1.** bewegen; antreiben; umstellen; rücken; wegschaffen; aus dem Weg räumen; von der Stelle bewegen **2.** (*Hand*) wegziehen **3.** (*Produktion*) verlegen **4.** transportieren; vertreiben **5.** rühren, bewegen; erschüttern **6.** (*Antrag*) stellen; **~ s.th. to a different place** etw an einen anderen Platz stellen; **~ house** umziehen; **~ s.o. from an opinion** jdn von einer Meinung abbringen; **~ s.o. to do s.th.** jdn veranlassen etw zu tun; **be ~d** gerührt sein; **~ s.o. to tears** jdn zu Tränen rühren **III.** *vi* **1.** sich bewegen **2.** (*Auto*) fahren; vorankommen **3.** umziehen (*to* nach) **4.** gehen; fahren **5.** (*fam*) ein Tempo draufhaben **6.** (*Brettspiel*) einen Zug machen **7.** (*fig*) Maßnahmen ergreifen; **keep moving** nicht stehen bleiben; **~ closer to s.th.** sich einer Sache nähern; **move about I.** *vt* umstellen, umräumen **II.** *vi* sich hin und her bewegen; **move along I.** *vt* vorfahren **II.** *vi* weitergehen; aufrücken; **move away I.** *vt* wegräumen; wegfahren **II.** *vi* **1.** aus dem Weg gehen **2.** wegziehen **3.** abkommen (*from* von); **move back I.** *vt* zurückstellen; zurückgehen **II.** *vi* zurückweichen; sich zurückziehen; **move down I.** *vt* nach unten stellen **II.** *vi* nach hinten aufrücken; **move forward I.** *vt* vorgehen lassen; vorziehen **II.** *vi* vorrücken; sich vorwärts bewegen; **move in I.** *vt* einsetzen; hineinstellen **II.** *vi* **1.** einziehen **2.** sich nähern; näher herangehen; anrücken; **move off I.** *vt* wegschicken **II.** *vi* sich in Bewegung setzen; abfahren; **move on I.** *vt* vorstellen **II.** *vi* weitergehen; **move out I.** *vt* herausfahren; abziehen **II.** *vi* ausziehen; **move over I.** *vt* herüberschieben **II.** *vi* zur Seite rücken; **move up I.** *vt* **1.** nach oben stellen; befördern **2.** (MIL) aufmarschieren lassen **II.** *vi* aufsteigen; steigen; befördert werden

move•ment ['mu:vmənt] *s* **1.** Bewegung *f* **2.** Trend *m;* Entwicklung *f* **3.** (MIL) Truppenbewegung *f* **4.** (POL REL) (Massen)Bewegung *f* **5.** Preis-, Kursbewegung *f* **6.** (TECH) Mechanismus *m,* (Uhr)Werk *nt* **7.** (MUS) Satz *m* **8.** Stuhlgang *m* **9.** (*Waren*) Beförderung *f;* **downward/upward ~** Aufwärts-/Abwärtsbewegung *f;* **underground ~** (POL) Untergrundbewegung *f*

movie ['mu:vɪ] *s* (*Am*) Film *m;* **the ~s** der Film; **go to the ~s** ins Kino gehen; **movie camera** *s* Filmkamera *f;* **movie•goer** ['mu:vɪgəʊə(r)] *s* (*Am fam*) Kinogänger(in) *m(f);* **movie star** *s* Filmstar *m*

mov•ing ['mu:vɪŋ] *adj* **1.** beweglich **2.** (TECH) Antriebs- **3.** (*fig*) rührend; bewegend

mow [məʊ] <*irr:* mowed, mown (mowed)> *vt, vi* mähen; **~ down** (*fig*) niedermähen; **mower** ['məʊə(r)] *s* **1.** Mäher *m* **2.** Mähmaschine *f;* Rasenmäher *m;* **mown** [məʊn] *vt, vi s.* **mow**

MP [ˌem'pi:] *s Abk. von* **Member of Parliament** (Parlaments)Abgeordnete(r) *f m*

mph [ˌempi:'eɪtʃ] *s Abk. von* **miles per hour** Meilen pro Stunde

Mr ['mɪstə(r)] *s Abk. von* **Mister** Herr

Mrs ['mɪsɪz] *s Abk. von* **Mistress** Frau

Ms [məz] *s* (*Anredeform für alle Frauen*) Frau

much [mʌtʃ] **I.** *adj, s* viel; **how ~** wie viel; **that ~** so viel; **too ~** zu viel; **be too ~ for s.o.** zu viel für jdn sein; jdm zu teuer sein; **as ~** ebensoviel; **three times as ~** dreimal so viel; **as ~ as you want** so viel du willst; **as ~ again** noch einmal so viel; **so ~** soviel; **make ~ of s.th.** viel Wind um etw machen **II.** *adv* **1.** sehr; viel; oft **2.** weitaus; bei weitem **3.** beinahe; **~ to my astonishment** zu meinem großen Erstaunen; **as ~ I should like to** so gern ich möchte; **I don't care ~** es ist mir ziemlich egal; **too ~** so viel; so sehr; **thank you very ~** vielen Dank; **much•ness** [-nɪs] *s* (*fam*): **much of a ~** so ziemlich dasselbe, ungefähr das Gleiche

muck [mʌk] *s* **1.** Dung *m,* Jauche *f* **2.** Dreck, Schmutz, Unrat, Kot *m* **3.** (*fig*) Schund *m;* **muck about I.** *vi* (*sl*) herumalbern, -blödeln **II.** *vt* (*jdn*) hinhalten; (*vulg*) verarschen; **muck out** *vt* ausmisten; **muck up** *vt* **1.** dreckig machen **2.** (*fig*) vermasseln; **muck•heap** *s* Misthaufen *m;* **muck•raker** ['mʌkreɪkə(r)] *s* Sensationshai *m;* **muck-up** ['mʌkʌp] *s* Durcheinander *nt;* Katastrophe *f;* **mucky** ['mʌkɪ] *adj* **1.** schmutzig, dreckig **2.** (*Boden*) matschig

mu•cous ['mju:kəs] *adj* (PHYSIOL) schleimig; **~ membrane** Schleimhaut *f;* **mu•cus** ['mju:kəs] *s* (PHYSIOL) Schleim *m;* **mu•cus-form•ing** *adj* schleimbildend

mud [mʌd] *s* **1.** Schlamm *m;* Matsch *m* **2.** (*fig*) üble Nachrede; **drag s.o.'s name through the ~** jds guten Namen in den Schmutz ziehen; **sling** [*o* **throw**] **~ at** (*fig*) mit Dreck bewerfen, verleumden; **here's ~ in your eye** zum Wohl!

muddle ['mʌdl] **I.** *vt* **1.** durcheinander bringen **2.** (*fig*) verwirrt, konfus machen; **~ along** vor sich hin wursteln; **~ through** sich durchwursteln **II.** *s* **1.** Durcheinander *nt* **2.** (*fig*) Verwirrung *f;* **be in a ~** ganz verwirrt sein; **make a ~ of s.th.** etw völlig durcheinander bringen; **muddle-headed** ['mʌdlˌhedɪd] *adj* zerstreut; konfus

muddy ['mʌdɪ] **I.** *adj* **1.** schmutzig, schlammig **2.** (*Flüssigkeit*) trübe; dunkel **3.** (*fig*) verworren **II.** *vt* schmutzig machen; **mud-guard** ['mʌdgɑ:d] *s* (*Auto*) Kotflügel *m;* (*Fahrrad*) Schutzblech *nt;* **mud•pack** *s* Schlammpackung *f;* **mud•slinger** ['mʌdslɪŋə(r)] *s* (*fam*) Verleumder(in) *m(f);* **mud•sling•ing** ['mʌdslɪŋɪŋ] *s* (*fam*) Schlechtmacherei *f*

muesli *s* Müsli *nt*

muff [mʌf] *s* Muff *m*

muf•fin ['mʌfɪn] *s* (*Br*) *meist warm gegessenes, weiches Milchbrötchen*

muffle ['mʌfl] *vt* **1.** (*~ up*) einmumme(l)n; verhüllen **2.** (*Schall*) dämpfen; abschwächen; **muf•fler** ['mʌflə(r)] *s* **1.** dicker

Schal **2.** (*Am*) Auspufftopf *m*
mufti ['mʌftɪ] *s* Zivilkleidung *f;* **in** ~ in Zivil
mug [mʌg] **I.** *s* **1.** Krug *m,* Kanne *f* **2.** Becher *m* **3.** (*sl*) Trottel *m* **4.** (*sl*) Visage *f;* **that's a ~'s game** das ist doch schwachsinnig **II.** *vt* überfallen; ~ **s.th. up** [*o* **up on s.th.**] (*fam*) etw pauken
mug•ger ['mʌgə(r)] *s* Straßenräuber(in) *m(f);* **mug•ging** ['mʌgɪŋ] *s* Raubüberfall *m;* **mug•gins** ['mʌgɪnz] *s pl mit sing* (*fam*) Tölpel *m;* **and ~ would have to do it** und ich bin dann der Blöde, der es machen muss
muggy ['mʌgɪ] *adj* schwül; drückend
mug•wump ['mʌgwʌmp] *s* (*Am:* POL) Unabhängige(r) *f m*
mul•atto [mju:'lætəʊ] *s* Mulatte *m,* Mulattin *f*
mul•berry ['mʌlbrɪ] *s* Maulbeere *f;* Maulbeerbaum *m*
mule¹ [mju:l] *s* **1.** Maulesel *m,* Maultier *nt* **2.** (*Spinnerei*) Selfaktor *m;* **as stubborn as a** ~ so störrisch wie ein Maulesel
mule² [mju:l] *s* Pantoffel *m*
mul•ish ['mju:lɪʃ] *adj* (*fig*) starrköpfig, bockig, eigensinnig
mull [mʌl] *vt* **1.** (~ *over*) sich durch den Kopf gehen lassen **2.** (*alkoholisches Getränk*) erhitzen, süßen u. würzen; **~ed wine** Glühwein *m*
mul•lion ['mʌlɪən] *s* Fensterpfosten *m*
multi•colo(u)red [ˌmʌlti'kʌləd] *adj* mehrfarbig; **multi•cul•tural** [ˌmʌltɪ'kʌltʃərəl] *adj* multikulturell; ~ **society** multikulturelle Gesellschaft; **mul•ti•far•ious** [ˌmʌltɪ'feərɪəs] *adj* vielfältig, mannigfaltig, -fach; **mul•ti•form** ['mʌltɪfɔ:m] *adj* vielgestaltig; **multi•func•tional** [ˌmʌltɪ'fʌnkʃənəl] *adj* multifunktional; **multi•grade oil** ['mʌltɪˌgreɪd'ɔɪl] *s* Mehrbereichsöl *nt;* **mul•ti•lat•eral** [ˌmʌltɪ'lætərəl] *adj* (POL) multilateral; **multi•lingual** [ˌmʌltɪ'lɪŋgwəl] *adj* mehrsprachig; **multi•mil•lion•aire** [ˌmʌltɪmɪljə'neə(r)] *s* Multimillionär(in) *m(f);* **multi•na•tion•al** [ˌmʌltɪ'næʃnəl] **I.** *adj* multinational **II.** *s* multinationaler Konzern; **multi-pack** *s* Multipack *m*
multiple ['mʌltɪpl] **I.** *adj* **1.** viel-, mehrfach **2.** mehrere; ~ **choice** Multiple-Choice-Verfahren *nt;* ~ **sclerosis** (MED) multiple Sklerose **II.** *s* (MATH) (das) Vielfache; **multi•pli•ca•tion** [ˌmʌltɪplɪ'keɪʃn] *s* **1.** Vervielfachung, Vermehrung *f* **2.** (MATH) Multiplikation *f;* **multi•plic•ity** [ˌmʌltɪ'plɪsətɪ] *s* Vielfalt, -fältigkeit, Vielzahl *f;* **multi•plier** ['mʌltiplaɪə(r)] *s* Multiplikator *m;* **multi•ply** ['mʌltɪplaɪ] **I.** *vt* **1.** vervielfältigen, vermehren **2.** (MATH) multiplizieren **II.** *vi* **1.** zunehmen; sich vermehren **2.** (MATH) multiplizieren
multi•pur•pose [ˌmʌltɪ'pɜ:pəs] *adj attr* Mehrzweck-; **multi•racial** [ˌmʌltɪ'reɪʃl] *adj* multikulturell; **multi•stage** *adj* mehrstufig; **multi•stor(e)y** *adj* mehrgeschossig; ~ **flats** Hochhäuser *ntpl;* ~ **car park** Parkhaus *nt*
multi-tasking *s* (INFORM) Multitasking *nt* (*mehrere Programme können gleichzeitig laufen*)
multi•tude ['mʌltɪtju:d] *s* Menge *f;* **a ~ of** eine Vielzahl von, eine Menge; **the** ~ die große Masse, der große Haufen; **multi•tud•in•ous** [ˌmu:ltɪ'tju:dɪnəs] *adj* zahlreich; **multi-user system** [ˌmʌltɪ'u:zə(r)] *s* (INFORM) Mehrplatzrechner *m*
mum¹ [mʌm] *adj, s:* **~'s the word!** nichts verraten!; **keep** ~ den Mund halten
mum² [mʌm] *s* (*fam*) Mutti *f*
mumble ['mʌmbl] **I.** *vt* murmeln **II.** *vi* vor sich hin murmeln
mumbo jumbo [ˌmʌmbəʊ'dʒʌmbəʊ] *s* Mumpitz *m;* Kauderwelsch *nt*
mum•mi•fi•ca•tion [ˌmʌmɪfɪ'keɪʃn] *s* Mumifizierung, Einbalsamierung *f;* **mum•mify** ['mʌmɪfaɪ] *vt* mumifizieren, einbalsamieren
mummy¹ ['mʌmɪ] *s* Mumie *f*
mummy² ['mʌmɪ] *s* (*fam*) Mutti *f*
mumps [mʌmps] *s pl mit sing* (MED) Ziegenpeter, Mumps *m*
munch [mʌntʃ] *vi, vt* mampfen
mun•dane [mʌn'deɪn] *adj* **1.** irdisch, weltlich **2.** schlicht und einfach
Munich ['mju:nik] *s* München *nt*
mu•nici•pal [mju:'nɪsɪpl] *adj* städtisch, kommunal; ~ **administration** Stadtverwaltung *f;* **mu•nici•pal•ity** [mju:ˌnɪsɪ'pæləti] *s* Stadt, Gemeinde *f*
mu•ni•tions [mju:'nɪʃənz] *s pl* Munition *f*
mural ['mjʊərəl] **I.** *adj* Wand- **II.** *s* Wandgemälde *nt,* -malerei *f*
mur•der ['mɜ:də(r)] **I.** *s* **1.** Mord *m* (*of* an) **2.** Ermordung *f;* **commit (a)** ~ einen Mord begehen; **be accused of** ~ unter Mordanklage stehen; **cry blue** ~ (*fam*) Zeter und Mordio schreien; **get away with** ~ sich alles erlauben können **II.** *vt* **1.** (er)morden, umbringen **2.** (*fig*) verhunzen, verderben; **mur•derer** ['mɜ:dərə(r)] *s* Mörder *m;* **mur•der•ess** ['mɜ:dərɪs] *s* Mörderin *f;* **mur•der•ous** ['mɜ:dərəs] *adj* **1.** mörderisch **2.** blutdürstig
murky ['mɜ:kɪ] *adj* **1.** trübe; dunkel **2.** (*Foto*) unscharf **3.** (*Charakter*) finster
mur•mur ['mɜ:mə(r)] **I.** *s* **1.** Murmeln *nt* **2.** Murren *nt* **3.** (*Wasser*) Rauschen *nt;* **without a** ~ ohne zu murren **II.** *vi* **1.** murmeln **2.** murren (*about, against* gegen) **III.** *vt* (vor sich hin) murmeln

muscle ['mʌsl] *s* Muskel *m;* **move a** ~ sich rühren; **muscle in** *vi* (*sl*) mitmischen (*on* bei); **muscle-bound** ['mʌslbaʊnd] *adj* (über)muskulös; **muscle•man** ['mʌslmæn] <*pl* -men> *s* Muskelprotz *m;* **mus•cu•lar** ['mʌskjʊlə(r)] *adj* muskulös, kräftig, stark

muse [mju:z] *vi, vt* (nach)denken, -sinnen, -grübeln (*on, over* über)

mu•seum [mju:'zɪəm] *s* Museum *nt;* **museum piece** *s* Museumsstück *nt*

mush [mʌʃ] *s* **1.** (*Am*) (Mais)Mehlbrei *m* **2.** Brei *m;* Mus *nt*

mush•room ['mʌʃrʊm] **I.** *s* **1.** (essbarer) Pilz *m;* Champignon *m* **2.** (*Atom*) Pilz *m* **II.** *adj* **1.** pilzartig, -förmig **2.** (*fig*) wie Pilze aus dem Boden geschossen; schlagartig **III.** *vi* **1.** Pilze sammeln **2.** (*fig*) wie Pilze aus dem Boden schießen; emporschießen **3.** (*Feuer*) sich ausbreiten

mushy ['mʌʃɪ] *adj* **1.** breiig; matschig **2.** (*fig*) rührselig, schmalzig

mu•sic ['mju:zɪk] *s* **1.** Musik *f* **2.** Musikstück *nt;* Noten *fpl* **3.** (*Stimme*) Musikalität *f;* **face the** ~ (*fam*) dafür geradestehen; **set to** ~ vertonen; **background** ~ musikalische Untermalung; **mu•si•cal** ['mju:zɪkl] **I.** *adj* **1.** musikalisch **2.** wohlklingend, melodisch; ~ **box** Spieluhr *f;* **play** ~ **chairs** die Reise nach Jerusalem spielen; ~ **instrument** Musikinstrument *nt* **II.** *s* Musical *nt;* **music box** *s* (*Am*) Spieldose *f;* **music cas•sette** *s* Musikkassette *f;* **music hall** *s* (*Br*) Varietee(theater) *nt*

mu•si•cian [mju:'zɪʃn] *s* Musiker(in) *m(f)*

mu•sic stand ['mju:zɪkˌstænd] *s* Notenständer *m*

musk [mʌsk] *s* Moschus *m*

mus•ket ['mʌskɪt] *s* (HIST MIL) Muskete *f*

mus•ket•eer [ˌmʌskɪ'tɪə(r)] *s* Musketier *m*

musk•rat ['mʌskræt] *s* Bisamratte *f*

mus•lin ['mʌzlɪn] *s* Musselin *m*

mus•quash ['mʌskwɒʃ] *s* Bisamratte *f*

muss [mʌs] **I.** *s* (*Am*) Durcheinander *nt,* Unordnung *f* **II.** *vt* (*Am:* ~ *up*) durcheinander bringen, in Unordnung bringen

mus•sel ['mʌsl] *s* (Mies)Muschel *f*

must [mʌst] **I.** *aux* **1.** müssen **2.** (*in verneinten Sätzen*) dürfen; **you** ~ **go** Sie müssen gehen; ~ **I?** ja, wirklich?; muss das sein?; **you ~n't do that** Sie dürfen das nicht tun; **I** ~ **have lost it** ich muss es wohl verloren haben; **you** ~ **be hungry** Sie haben doch bestimmt Hunger; **he** ~ **come just now** natürlich muss er gerade jetzt kommen **II.** *s* Notwendigkeit *f,* Muss *nt;* **this book is a** ~ dieses Buch muss man gelesen haben

mus•tache ['mʌstæʃ] *s* (*Am*) Schnurrbart *m;* **mus•tachio** [mə'stɑ:ʃɪəʊ] <*pl* -tachios> *s* Schnauzbart *m*

mus•tang ['mʌstæŋ] *s* Mustang *m*

mus•tard ['mʌstəd] **I.** *s* Senf *m;* Senfgelb *nt;* **be as keen as** ~ Feuer und Flamme sein **II.** *adj* senffarben

mus•ter ['mʌstə(r)] **I.** *vt* **1.** (MIL) antreten lassen; zusammentreiben **2.** (~ *up*) zusammenbekommen; aufbringen; aufbieten; ~ (**up**) **courage/strength** allen Mut/seine ganze Kraft zusammennehmen **II.** *vi* sich versammeln **III.** *s* (MIL) Antreten *nt,* Appell *m;* **pass** ~ (*fig*) den Anforderungen genügen

mustn't ['mʌsnt] = **must not**

musty ['mʌstɪ] *adj* **1.** dumpfig, muffig **2.** (*Bücher*) moderig

mu•table ['mju:təbl] *adj* **1.** veränderlich, variabel **2.** (BIOL) mutationsfähig; **mu•ta•tion** [mju:'teɪʃn] *s* **1.** (Ver)Änderung *f;* Wandel *m* **2.** (BIOL) Mutation *f*

mute [mju:t] **I.** *adj* **1.** (*a.* LING) stumm **2.** (*Wut*) sprachlos **II.** *s* **1.** Stumme(r) *f m* **2.** (GRAM) stummer Buchstabe **3.** (MUS) (Schall)Dämpfer *m* **III.** *vt* (MUS) dämpfen

mu•ti•late ['mju:tɪleɪt] *vt* verstümmeln; **mu•ti•la•tion** [ˌmju:tɪ'leɪʃn] *s* Verstümmelung *f*

mu•tin•eer [ˌmju:tɪ'nɪə(r)] *s* Meuterer *m;* **mu•ti•nous** ['mju:tɪnəs] *adj* **1.** meuternd **2.** meuterisch, aufrührerisch; **mu•tiny** ['mju:tɪnɪ] **I.** *s* Meuterei *f* **II.** *vi* meutern

mut•ter ['mʌtə(r)] **I.** *vi* **1.** murmeln **2.** murren **II.** *vt* murmeln, brummen **III.** *s* Gemurmel *nt*

mut•ton ['mʌtn] *s* Hammelfleisch *nt;* **be as dead as** ~ mausetot sein; **she's** ~ **dressed as lamb** sie macht auf jung; **mutton-chops** *s pl* (*Bart*) Koteletten *pl*

mu•tual ['mju:tʃʊəl] *adj* gegen-, wechselseitig; gemeinsam; beiderseitig; **by** ~ **consent** in gegenseitigem Einverständnis; **for** ~ **benefit** zu beiderseitigem Nutzen; **the feeling is** ~ das beruht auf Gegenseitigkeit; **mutual insurance** *s* Versicherung *f* auf Gegenseitigkeit; **mu•tual•ly** ['mju:tʃʊəlɪ] *adv* gegenseitig

muzak ['mju:zæk] *s* (*pej*) Berieselungsmusik *f*

muzzle ['mʌzl] **I.** *s* **1.** Maul *nt* **2.** Maulkorb *m* **3.** (*Gewehr*) Mündung *f;* **~-loader** Vorderlader *m* **II.** *vt* **1.** einen Maulkorb anlegen (*s.o.* jdm) **2.** (*fig: Presse*) mundtot machen; ersticken

muzzy ['mʌzɪ] *adj* **1.** benommen, benebelt **2.** (*Erinnerung*) verschwommen

my [maɪ] **I.** *pron* mein; **this car is** ~ **own** das ist mein Auto **II.** *interj* ach du Schreck!

my•opia [maɪ'əʊpɪə] *s* Kurzsichtigkeit *f;* **my•opic** [maɪ'ɒpɪk] *adj* kurzsichtig

myr•iad ['mɪrɪəd] **I.** *s* Myriade *f;* **a** ~ **of** Myriaden von **II.** *adj* unzählige

M

myrrh [mɜː(r)] *s* Myrrhe *f*
myrtle [ˈmɜːtl] *s* Myrte *f*
my•self [maɪˈself] *pron* **1.** mich *acc,* mir *dat* **2.** (*betont*) (ich) selbst; **I said to ~** ich sagte mir; **I hurt ~** ich habe mir weh getan; **I said so ~** das habe ich auch gesagt; **I'm not ~ today** ich bin heute nicht ganz auf der Höhe; (**all**) **by ~** (ganz) allein; ohne Hilfe; **I'll do it ~** das mache ich selbst
mys•teri•ous [mɪˈstɪərɪəs] *adj* geheimnisvoll; rätselhaft, mysteriös; **mys•tery** [ˈmɪstərɪ] *s* **1.** Geheimnis, Rätsel *nt* (*to* für) **2.** (*a.* REL) Mysterium *nt;* **~ play** Mysterienspiel *nt;* **~ story** Kriminalgeschichte *f*
mys•tic [ˈmɪstɪk] **I.** *adj* **1.** mystisch **2.** (*Worte*) rätselhaft, mysteriös **II.** *s* Mystiker(in) *m(f);* **mys•ti•cal** [ˈmɪstɪkl] *adj* mystisch; **mys•ti•cism** [ˈmɪstɪsɪzəm] *s* Mystizismus *m;* Mystik *f*
mys•ti•fi•ca•tion [ˌmɪstɪfɪˈkeɪʃn] *s* **1.** Verwirrung *f* **2.** Verwunderung, Verblüffung *f;* **mys•tify** [ˈmɪstɪfaɪ] *vt* vor ein Rätsel stellen; **mys•tique** [mɪsˈtiːk] *s* geheimnisvolle Ausstrahlung, Aura *f*
myth [mɪθ] *s* **1.** Mythos, Mythus *m* **2.** (*fig*) Fabel, Fiktion *f;* **mythi•cal** [ˈmɪθɪkl] *adj* **1.** mythisch **2.** (*fig*) fiktiv, erfunden
mytho•logi•cal [ˌmɪθəˈlɒdʒɪkl] *adj* mythologisch; **myth•ol•ogy** [mɪˈθɒlədʒɪ] *s* Mythologie *f*

N

N, n [en] <*pl* -'s> *s* N, n *nt*
nab [næb] *vt* (*fam*) **1.** schnappen; erwischen **2.** klauen
na•dir ['neɪdɪə(r)] *s* **1.** (ASTR) Nadir *m* **2.** (*fig*) Tiefpunkt *m;* **at the** ~ (*fig*) auf dem Nullpunkt
naff [næf] *adj* (*sl*) ätzend; ~ **off!** verschwinde!
nag¹ [næg] **I.** *vt* (dauernd) herumnörgeln an; ~ **s.o. to do s.th.** jdm die Hölle heiß machen, damit er etw tut **II.** *vi* schimpfen, meckern, keifen (*at* mit) **III.** *s* Nörgler(in) *m(f)*
nag² [næg] *s* Klepper *m,* Mähre *f*
nag•ger ['nægə(r)] *s* Nörgler(in) *m(f);* **nag•ging** ['nægɪŋ] *adj* **1.** nörgelnd **2.** (*Schmerz*) bohrend
nail [neɪl] **I.** *s* (ANAT TECH) Nagel *m;* **as hard as** ~**s** (*fig*) knallhart; zäh wie Leder; **on the** ~ (*fig*) auf der Stelle; **hit the** ~ **on the head** (*fig*) den Nagel auf den Kopf treffen **II.** *vt* **1.** nageln **2.** (*fig*) festnageln; ~ **s.th. to the wall** etw an die Wand nageln; **be** ~**ed to the ground** wie festgenagelt sein; ~ **s.o. down** jdn festnageln (*to* auf); ~ **up** an-, zunageln; **nail-bit•ing** ['neɪlbaɪtɪŋ] **I.** *s* Nägelkauen *nt* **II.** *adj* **1.** atemberaubend **2.** spannungsgeladen; **nail brush** ['neɪlbrʌʃ] *s* Nagelbürste *f;* **nail clippers** *s pl* Nagelknipser *m;* **nail enamel remover** *s* Nagellackentferner *m;* **nail file** *s* Nagelfeile *f;* **nail polish** *s* (*Am*) Nagellack *m;* **nail scissors** *s pl* Nagelschere *f;* **nail varnish** *s* (*Br*) Nagellack *m*
naïve, naive [naɪ'i:v] *adj* naiv; **naïveté, naïvety** [naɪ'i:vteɪ, naɪ'i:vəɪtɪ] *s* Naivität *f*
na•ked ['neɪkɪd] *adj* **1.** nackt, bloß, unverhüllt **2.** kahl, dürr; leer; **go** ~ nackt gehen; ~ **as the day he was born** splitterfasernackt; **with the** ~ **eye** mit bloßem Auge; **the** ~ **fact** nackte Tatsache; **the** ~ **truth** die reine Wahrheit; **naked•ness** [-nɪs] *s* Nacktheit *f;* (*fig*) Blöße *f*
namby-pamby [ˌnæmbɪ'pæmbɪ] **I.** *adj* (*pej*) **1.** verweichlicht **2.** unentschlossen **II.** *s* (*pej*) Mutterkind *nt;* (*Junge*) Muttersöhnchen *nt*
name [neɪm] **I.** *s* **1.** Name *m* **2.** Ruf *m;* **know s.o. by** ~ jdn dem Namen nach kennen; **what's your** ~**?** wie heißen Sie?; **in** ~ **only** nur dem Namen nach; **in the** ~ **of** im Namen +*gen;* **under the** ~ **of ...** unter dem Namen ...; **not to have a penny to one's** ~ keinen Pfennig besitzen; **call s.o.** ~**s** jdn beschimpfen; **have a good** ~ einen guten Ruf haben; **have a** ~ **for** bekannt sein für; **make a** ~ **for o.s.** sich einen Namen machen; **put one's** ~ **down for** kandidieren für; sich anmelden zu; **get a bad** ~ in Verruf kommen; **big** ~ bedeutende Persönlichkeit; **the** ~ **of the game** der Zweck, das Wesentliche der Sache **II.** *vt* **1.** (be)nennen, einen Namen geben (*s.o.* jdm), taufen **2.** bezeichnen **3.** nennen **4.** ernennen (*for, to* für, zu); **a person** ~**d X** jd mit Namen X; ~ **a child after s.o.** ein Kind nach jdm nennen; ~ **s.o. director** jdn zum Direktor ernennen; ~ **s.o. as s.th.** jdn als etw bezeichnen; ~ **your price** nennen Sie Ihren Preis; **name check** *s* Namensnennung *f;* **name-day** *s* Namenstag *m;* **name-drop** ['neɪmdrɒp] *vi Namen von Prominenten, die man angeblich kennt, erwähnen;* **name-drop•ping** ['neɪmdrɒpɪŋ] *s* Name-dropping *nt;* **name•less** ['neɪmlɪs] *adj* **1.** namenlos; unbekannt **2.** unbenannt, ungenannt **3.** (*Verbrechen*) unaussprechlich **4.** (*Gefühl*) unsagbar, unbeschreiblich; **in** ~ **fear** in namenloser Angst; **name•ly** ['neɪmlɪ] *adv* nämlich; **name•plate** ['neɪmpleɪt] *s* Namensschild *nt;* **namesake** ['neɪmseɪk] *s* Namensvetter *m*
Nami•bia [næ'mɪbɪə] *s* Namibia *nt;* **Nami•bian** [næ'mɪbɪən] **I.** *adj* namibisch **II.** *s* Namibier(in) *m(f)*
nan•ny ['nænɪ] *s* **1.** Kindermädchen *nt* **2.** (*Kindersprache*) Omi *f;* **nanny goat** ['nænɪgəʊt] *s* Ziege, Geiß *f;* **nan•ny•ish** *adj* überfürsorglich
na•no•me•tre ['nænəʊˌmi:tə] *s* Nanometer *m,* nm (*ein milliardstel Meter*)
na•no•sec•ond ['nɑ:nəʊ'sekənd] *s* Nanosekunde *f,* ns (*eine milliardstel Sekunde*)
nap¹ [næp] **I.** *vi:* **catch s.o.** ~**ping** jdn überrumpeln **II.** *s* Schläfchen, Nickerchen *nt;* **take a** ~ ein Nickerchen machen
nap² [næp] *s* (*Textil*) Flor *m*
na•palm ['neɪpɑ:m] **I.** *vt* (MIL) mit Napalm bombardieren **II.** *s* Napalm *nt;* **napalm bomb** *s* Napalmbombe *f*
nape [neɪp] *s* (~ *of the neck*) Nacken *m*
nap•kin ['næpkɪn] *s* **1.** Serviette *f* **2.** Windel *f*

nappy ['næpɪ] *s* (*Br*) Windel *f;* **nappy liner** *s* Windeleinlage *f*

nar•cissus [nɑː'sɪsəs, *pl* -'sɪsaɪ] <*pl* -cissi> *s* Narzisse *f*

nar•co•sis [nɑː'kəʊsɪs] *s* Narkose *f;* **narcotic** [nɑː'kɒtɪk] **I.** *adj* narkotisch, betäubend **II.** *s* Rauschgift *nt;* **~s squad** Rauschgiftdezernat *nt;* **traffic in ~s** Rauschgifthandel *m*

nark [nɑːk] **I.** *s* (*sl*) Spitzel *m* **II.** *vt* (*sl*) ärgern

nar•rate [nə'reɪt] *vt* erzählen; berichten; **nar•ra•tion** [nə'reɪʃn] *s* **1.** Erzählung *f;* Bericht *m* **2.** Schilderung *f;* **nar•ra•tive** ['nærətɪv] **I.** *adj* erzählend; mitteilsam **II.** *s* **1.** Erzählung *f;* Text *m* **2.** Erzählen *nt;* Schilderung *f;* **nar•rator** [nə'reɪtə(r)] *s* Erzähler(in) *m(f)*

nar•row ['nærəʊ] **I.** *adj* **1.** eng, schmal **2.** (*Ideen*) engstirnig, beschränkt **3.** (*Verhältnisse*) dürftig, eng **4.** (*Sieg*) knapp **5.** genau, gründlich, sorgfältig; **by a ~ margin** knapp; **have a ~ mind** engstirnig sein; **in the ~est sense** im engsten Sinne (des Wortes); **with a ~ majority** mit knapper Mehrheit; **have a ~ escape** mit knapper Not davonkommen; **that was a ~ squeak** (*fam*) das war knapp **II.** *vi* sich verengen; enger, schmäler werden; **~ down to** hinauslaufen auf **III.** *vt* (*~ down*) einengen; begrenzen; **~ one's eyes** die Augen zusammenkneifen **IV.** *s pl* enge Stelle; **narrow boat** *s* Kanalboot *nt;* **narrow-gauge** *adj* Schmalspur-, schmalspurig; **nar•row•ly** [-lɪ] *adv* **1.** beinahe, fast, mit knapper Not **2.** (*untersuchen*) sehr genau; **he ~ escaped drowning** er wäre fast ertrunken; **nar•row-minded** [ˌnærəʊ'maɪndɪd] *adj* engstirnig

na•sal ['neɪzl] **I.** *adj* **1.** (LING) nasal **2.** (*Stimme*) näselnd **II.** *s* (LING) Nasallaut *m*

nasti•ness ['nɑːstɪnəs] *s* Ekelhaftigkeit, Bösartigkeit, Abscheulichkeit *f*

nas•tur•tium [nə'stɜːʃəm] *s* Kapuzinerkresse *f*

nasty ['nɑːstɪ] *adj* **1.** scheußlich; ekelhaft **2.** (*Überraschung*) böse, unangenehm **3.** (*Wetter*) abscheulich **4.** (*Verbrechen*) abscheulich **5.** (*fig*) gemein, garstig **6.** (*Bemerkung*) gehässig, übel **7.** (*Krankheit*) schwer **8.** (*Film*) anstößig; ekelhaft; **he turned ~** er wurde unangenehm; **he has a ~ temper** mit ihm ist nicht gut Kirschen essen

na•tal ['neɪtl] *adj* Geburts-; **na•tal•ity** [nə'tælɪtɪ] *s* (*Am*) Geburtenziffer *f*

na•tion ['neɪʃn] *s* Volk *nt,* Nation *f;* **address the ~** zum Volk sprechen; **member ~** Mitgliedsstaat *m;* **na•tion•al** ['næʃnəl] **I.** *adj* national; staatlich; **~ anthem** Nationalhymne *f;* **~ assembly** Nationalversammlung *f;* **~ costume** Volkstracht *f;* **~ currency** Landeswährung *f;* **~ debt** Staatsschuld *f;* **~ defence** Landesverteidigung *f;* **National Front, NF** (*in GB*) *rechtsradikale Partei;* **National Guard** (*in den USA*) Nationalgarde *f;* **National Health Service, NHS** (*in GB*) Staatlicher Gesundheitsdienst; **~ income** Volkseinkommen *nt;* **~ insurance** Sozialversicherung *f;* **~ park** Nationalpark *m;* **~ product** Sozialprodukt *nt;* **~ security** Staatssicherheit *f;* **~ service** Wehr-, Militärdienst *m;* **~ status** Staatsangehörigkeit *f;* **~ wealth** Volksvermögen *nt* **II.** *s* **1.** Staatsangehörige(r) *f m* **2.** überregionale Zeitung; **na•tion•al•ism** ['næʃnəlɪzəm] *s* Nationalismus *m;* **na•tion•al•ist** ['næʃnəlɪst] **I.** *s* Nationalist(in) *m(f)* **II.** *adj* nationalistisch; **na•tion•al•istic** [ˌnæʃnə'lɪstɪk] *adj* nationalistisch; **na•tion•al•ity** [ˌnæʃə'nælətɪ] *s* Staatsangehörigkeit, Nationalität *f;* **na•tion•al•iz•ation** [ˌnæʃnəlaɪ'zeɪʃn] *s* Verstaatlichung, Nationalisierung *f;* **na•tion•al•ize** ['næʃnəlaɪz] *vt* verstaatlichen, nationalisieren; **na•tion•wide** [ˌneɪʃn'waɪd] *adv, adj* landesweit

na•tive ['neɪtɪv] **I.** *adj* **1.** Heimat-; Mutter- **2.** gebürtig (*of* aus) **3.** (*Produkt*) einheimisch, inländisch **4.** angeboren; **~ country** Vaterland *nt;* **~ language** Muttersprache *f;* **~ port** Heimathafen *m;* **the ~ inhabitants** die Einheimischen; **go ~** wie die Eingeborenen leben; **~ speaker** Muttersprachler(in) *m(f)* **II.** *s* Einheimische(r), Eingeborene(r) *f m,* Ureinwohner(in) *m(f);* **a ~ of Germany** ein gebürtiger Deutscher, eine gebürtige Deutsche; **be a ~ of ...** in ... beheimatet sein

na•tiv•ity [nə'tɪvətɪ] *s* Geburt *f;* **the Nativity** die Geburt Christi; **~ play** Krippenspiel *nt*

NATO ['neɪtəʊ] *s Abk. von* **North Atlantic Treaty Organization** NATO *f;* **NATO Alliance** *s* Nordatlanisches Verteidigungsbündnis

nat•ter ['nætə(r)] **I.** *vi* (*fam*) schwätzen **II.** *s* (*fam*) Schwatz *m*

natty ['nætɪ] *adj* **1.** schick, adrett **2.** handlich

natu•ral ['nætʃrəl] **I.** *adj* **1.** (*a.* MATH) natürlich **2.** (*Rechte*) naturgegeben **3.** (*Fähigkeit*) angeboren **4.** (*Art*) natürlich **5.** (*Abbildung*) naturgetreu **6.** (*Eltern*) leiblich **7.** (MUS) ohne Vorzeichen; **die a ~ death** eines natürlichen Todes sterben; **in it's ~ state** im Naturzustand; **he's a ~ orator** er ist ein geborener Redner **II.** *s* **1.** (*Mensch*) Naturtalent *nt* **2.** (MUS) ganze Note; Auflösungszeichen *nt;* **natural childbirth** *s* natürliche Geburt; **natural cosmetics** *s* Naturkosmetik *f;* **natural gas** *s* Erdgas *nt;*

natural history *s* Naturkunde *f;* **natu·ral·ism** ['nætʃrəlɪzəm] *s* Naturalismus *m;* **natu·ral·ist** ['nætʃrəlɪst] *s* **1.** Naturforscher(in) *m(f)* **2.** (*Kunst, Literatur*) Naturalist(in) *m(f);* **natu·ral·ize** ['nætʃrəlaɪz] *vt* **1.** einbürgern **2.** (*Tier, Pflanze*) akklimatisieren; heimisch machen; **become ~d** eingebürgert werden; heimisch werden; **natu·ral·ly** ['nætʃrəlɪ] *adv* **1.** von Natur aus **2.** natürlich, instinktiv **3.** natürlich; **s.th. comes ~ to s.o.** etw fällt jdm leicht; **natural resources** *s pl* Naturschätze *mpl;* **natural science** *s* Naturwissenschaft *f;* **natural selection** *s* natürliche Auslese; **natural sign** *s* (MUS) Auflösungszeichen *nt;* **natural wastage** *s* natürlicher Arbeitskräfteabgang

na·ture ['neɪtʃə(r)] *s* **1.** Natur *f* **2.** (*eines Menschen*) Wesen *nt,* Natur *f* **3.** (*Material*) Beschaffenheit *f;* **against ~** gegen die Natur; **by ~** von Natur aus; **from ~** nach der Natur; **it's not in my ~** es entspricht nicht meiner Art; **~ of the ground** Bodenbeschaffenheit *f;* **human ~** die menschliche Natur; **things of this ~** derartiges; **it's in the ~ of things** das liegt in der Natur der Sache; **nature conservancy** *s* Naturschutz *m;* **nature lover** *s* Naturfreund *m;* **nature reserve** *s* Naturschutzgebiet *nt;* **nature study** *s* Naturkunde *f;* **nature trail** *s* Naturlehrpfad *m;* **nature worship** *s* Naturreligion *f;* **na·tur·ist** ['neɪtʃərɪst] *s* Anhänger *m* der Freikörperkultur

naughty ['nɔ:tɪ] *adj* **1.** unartig, ungezogen, frech **2.** (*Wort*) unanständig

nausea ['nɔ:sɪə] *s* **1.** (MED) Übelkeit *f;* Brechreiz *m* **2.** (*fig*) Widerwille *m;* **a feeling of ~** ein Gefühl des Ekels; **naus·eate** ['nɔ:sɪeɪt] *vt* Übelkeit erregen (*s.o.* jdm); **naus·eat·ing** ['nɔ:sɪeɪtɪŋ] *adj* Ekel erregend; widerlich; **naus·eous** ['nɔ:sɪəs] *adj* **1.** (MED) Übelkeit erregend **2.** (*fig*) widerlich

nauti·cal ['nɔ:tɪkl] *adj* seemännisch; nautisch; See-; **a ~ nation** eine Seefahrernation; **nautical mile** *s* Seemeile *f* (*1,852 km*)

na·val ['neɪvl] *adj* Flotten-, Marine-; **naval academy** *s* Marineakademie *f;* **naval base** *s* Flottenstützpunkt *m;* **naval power** *s* Seemacht *f;* **naval warfare** *s* Seekrieg *m*

nave [neɪv] *s* (*in der Kirche*) Haupt-, Mittel-, Längsschiff *nt*

na·vel ['neɪvl] *s* **1.** (ANAT) Nabel *m* **2.** (*~ orange*) Navelorange *f;* **na·vel-gaz·ing** *s* Nabelschau *f*

navi·gable ['nævɪgəbl] *adj* **1.** schiffbar **2.** (*Ballon*) lenkbar; **navi·gate** ['nævɪgeɪt] **I.** *vi* navigieren **II.** *vt* **1.** (*Strecke*) befahren, befliegen **2.** (*Schiff, Flugzeug*) navigieren; **~ the internet** surfen; **navi·ga·tion** [ˌnævɪ'geɪʃn] *s* **1.** Schiffsverkehr *m* **2.** (AVIAT) Navigation *f;* **coastal/high-sea/inland/river ~** Küsten-/Hochsee-/Binnen-/Flussschiffahrt *f;* **~ chart** Navigationskarte *f;* **~ route** Schiffahrtsstraße *f;* **navi·gator** ['nævɪgeɪtə(r)] *s* **1.** (MAR) Navigationsoffizier *m* **2.** (AVIAT) Navigator(in) *m(f)* **3.** (AUTO) Beifahrer(in) *m(f)*

navvy ['nævɪ] *s* (*Br*) Bauarbeiter *m;* Straßenarbeiter *m*

navy ['neɪvɪ] *s* **1.** (Kriegs)Marine *f* **2.** (*~ blue*) Marineblau *nt*

nay [neɪ] *s* Neinstimme *f;* **nay·sayer** ['neɪˌseɪə(r)] *s* Schwarzmaler(in) *m(f)*

Nazi ['nɑ:tsɪ] **I.** *s* Nazi *m* **II.** *adj* Nazi-; **Naz·ism** ['nɑ:tsɪzəm] *s* Nazismus *m*

NB [en'bi:] *s Abk. von* **nota bene** NB

NCO [ˌensi:'əʊ] *s Abk. von* **non-commissioned officer** Uffz., Unteroffizier *m*

neap [ni:p] *adj:* **~ tide** Nippflut *f*

near [nɪə(r)] **I.** *adj* **1.** (*räumlich, zeitlich*) nahe **2.** (*verwandt*) nah; vertraut **3.** (*Ähnlichkeit*) groß; **a ~ and dear friend** ein lieber und teurer Freund; **a ~ accident** beinahe ein Unfall; **have a ~ escape** mit knapper Not davonkommen; **that was a ~ miss** [*o* **thing**] das war knapp **II.** *adv* **1.** (*räumlich, zeitlich*) nahe **2.** genau; exakt **3.** beinahe, fast; **be ~** in der Nähe sein; (*Ereignis*) bevorstehen; (*Ende, Hilfe*) nahe sein; **~ at hand** zur Hand; (*Ereignis*) kurz bevorstehend; **~ to tears** den Tränen nahe; **come ~er** näherkommen; **as ~ as I can guess** soweit ich es erraten kann; **they're the same height or as ~ as makes no difference** sie sind so gut wie gleich groß; **it's nowhere ~ enough** das ist bei weitem nicht genug **III.** *prep* **1.** nahe an; in der Nähe von **2.** (*zeitlich*) gegen **3.** ähnlich; **be ~ the house** in der Nähe des Hauses sein; **~ there** dort in der Nähe; **be ~est to s.th.** einer Sache am nächsten sein; **~ to death** dem Tode nahe; **be ~ doing s.th.** nahe daran sein etw zu tun **IV.** *vt* sich nähern, näherkommen (*s.th.* einer S); **it is ~ing completion** es ist beinahe fertig gestellt; **near·by** ['nɪəbaɪ] **I.** *adv* in der Nähe **II.** *adj* nahe gelegen; **Near East** *s* Naher Osten; **near·ly** ['nɪəlɪ] *adv* fast, beinahe; **not ~** (auch) nicht annähernd; **near miss** *s* Beinahezusammenstoß *m;* **near·side** ['nɪəsaɪd] *adj* auf der Beifahrerseite, linke(r, s); **near-sighted** [ˌnɪə'saɪtɪd] *adj* kurzsichtig; **near·sighted·ness** [ˌnɪə'saɪtɪdnɪs] *s* Kurzsichtigkeit *f*

neat [ni:t] *adj* **1.** ordentlich, sauber; gepflegt **2.** gefällig, angenehm, nett **3.** (*Mensch*) hübsch **4.** (*Äußerung*) kurz und bündig,

N

treffend **5.** (*Arbeit*) gelungen; (*Stil*) gewandt **6.** (*alkoholisches Getränk*) pur, unverdünnt **7.** (*Am*) prima; tadellos; **neatness** ['ni:tnəs] *s* **1.** Ordentlichkeit *f;* Sauberkeit *f* **2.** nettes Aussehen **3.** Gewandtheit, Eleganz *f*

nebu•lous ['nebjʊləs] *adj* **1.** (ASTR) neblig **2.** (*fig*) vag(e), unbestimmt, unklar

ne•ces•sari•ly ['nesəsərɪlɪ, ˌnesə'serɪlɪ] *adv* notwendigerweise, unbedingt; **ne•ces•sary** ['nesəsərɪ] **I.** *adj* **1.** notwendig, nötig, erforderlich, unerlässlich (*to, for* für) **2.** (*Ergebnis*) unausweichlich; **it's ~ to ...** man muss ...; **become ~ to s.o.** jdm unentbehrlich werden; **if ~** wenn nötig **II.** *s:* **the ~** das Notwendige; **ne•cessi•tate** [nɪ'sesɪteɪt] *vt* notwendig, erforderlich machen

necess•ity [nɪ'sesətɪ] *s* **1.** Notwendigkeit, Unerlässlich-, Unumgänglichkeit *f* **2.** dringendes Bedürfnis **3.** Not, Armut *f;* **in case of ~** im Notfall; **of** [*o* **by**] **~** notwendigerweise; **bow to ~** sich der Gewalt beugen; **make a virtue of ~** aus der Not eine Tugend machen; **the bare necessities of life** das Notwendigste zum Leben

neck [nek] **I.** *s* **1.** Hals *m;* Genick *nt* **2.** (*Kleidung*) Ausschnitt *m* **3.** (*einer Flasche*) Hals *m* **4.** Landenge *f;* **break one's ~** sich das Genick brechen; **risk one's ~** Kopf und Kragen riskieren; **save one's ~** seinen Hals aus der Schlinge ziehen; **win by a ~** um eine Kopflänge gewinnen; **be up to one's ~ in work** bis über die Ohren in Arbeit stecken; **get it in the ~** (*sl*) eins aufs Dach kriegen; **stick one's ~ out** Kopf und Kragen riskieren; **it's ~ or nothing** alles oder nichts; **~ and ~** Kopf an Kopf **II.** *vi* (*sl*) knutschen; **neck•lace** ['neklɪs] *s* Halskette *f;* **neck•let** ['neklɪt] *s* Halskettchen *nt;* **neck•line** ['neklaɪn] *s* (*Kleid*) Ausschnitt *m;* **with a low ~** tief ausgeschnitten; **neck•roll** ['nekrəʊl] *s* Nackenrolle *f;* **neck•tie** ['nektaɪ] *s* Krawatte *f,* Schlips *m*

nec•tar ['nektə(r)] *s* (*von Blüten*) Nektar *m*

nec•tar•ine ['nektərɪn] *s* Nektarine *f*

née [neɪ] *adj* (*vor dem Mädchennamen*) geborene

need [ni:d] **I.** *s* **1.** Notwendigkeit *f* **2.** Bedürfnis *nt* **3.** Not(lage), Bedürftigkeit, Armut *f* **4.** Mangel *m* (*of* an); **if ~ be** nötigenfalls; **in case of ~** notfalls; **there is no ~ for s.th.** etw ist nicht nötig; **there is no ~ to do s.th.** etw braucht nicht getan zu werden; **have no ~ of s.th.** etw nicht brauchen; **in times of ~** in Zeiten der Not; **be in great ~** große Not leiden; **my ~s are few** ich stelle nur geringe Ansprüche **II.** *vt* **1.** nötig haben, brauchen **2.** bedürfen, bedürftig sein (*s.th.* einer S) **3.** müssen (*do, to do* tun); **~ no introduction** keine spezielle Einführung benötigen; **s.th. ~s doing** [*o* **to be done**] etw muss gemacht werden; **not to ~ to do s.th.** etw nicht zu tun brauchen **III.** *aux* brauchen, müssen, nötig sein; **~ he go?** muss er gehen?; **you ~n't wait** du brauchst nicht zu warten; **it ~ not follow that ...** daraus folgt nicht unbedingt, dass ...

needle ['ni:dl] **I.** *s* Nadel *f;* **look for a ~ in a haystack** eine Stecknadel im Heuhaufen suchen; **give s.o. the ~** (*fam*) jdn reizen **II.** *vt* (*fam*) ärgern, sticheln

needle match ['ni:dlmætʃ] *s* spannendes Spiel

need•less ['ni:dlɪs] *adj* unnötig; überflüssig; **~ to say** natürlich

needle•work ['ni:dlwɜ:k] *s* Handarbeit *f*

needs [ni:dz] *adv:* **if you ~ must do it** wenn du es durchaus tun willst

need-to-know [ni:d'tu:'nəʊ] *s* Wissenswerte *nt*

needy ['ni:dɪ] *adj* bedürftig, notleidend

ne'er-do-well ['neədu:wel] *s* Tunichtgut *m*

nef•arious [nɪ'feərɪəs] *adj* ruchlos

ne•gate [nɪ'geɪt] *vt* **1.** verneinen, (ab-, ver)leugnen **2.** zunichte machen; **ne•ga•tion** [nɪ'geɪʃn] *s* **1.** Verneinung *f* **2.** Negation *f*

nega•tive ['negətɪv] **I.** *adj* **1.** negativ **2.** (*Antwort*) verneinend **3.** (GRAM) verneint; **~ sign** Minuszeichen *nt* **II.** *s* **1.** (*a.* GRAM) Verneinung *f* **2.** (MATH) negative Größe **3.** (PHOT) Negativ *nt* **4.** (GRAM) Negation *f;* **in the ~** negativ; **answer in the ~** eine verneinende Antwort geben; mit Nein antworten

ne•glect [nɪ'glekt] **I.** *vt* **1.** vernachlässigen **2.** (*Gelegenheit*) versäumen, unterlassen (*to do, doing* zu tun) **3.** (*Versprechen*) nicht einhalten **4.** (*Rat*) nicht befolgen **II.** *s* Vernachlässigung *f;* Nachlässigkeit *f;* Versäumnis *nt;* **~ of one's duties** Pflichtvergessenheit *f;* **ne•glect•ful** [nɪ'glektfl] *adj* nachlässig (*of* gegenüber)

neg•li•gence ['neglɪdʒəns] *s* **1.** Nachlässigkeit, Unachtsamkeit *f* **2.** (JUR) Fahrlässigkeit *f;* **gross ~** grobe Fahrlässigkeit; **neg•li•gent** ['neglɪdʒənt] *adj* **1.** nachlässig, unachtsam (*of* gegen) **2.** (JUR) fahrlässig; **be ~ of s.o.** jdn vernachlässigen; **neg•li•gible** ['neglɪdʒəbl] *adj* **1.** (*Summe*) geringfügig, unerheblich **2.** unwesentlich, nebensächlich

ne•go•ti•able [nɪ'gəʊʃɪəbl] *adj* **1.** (COM) übertragbar; verkäuflich **2.** (*Weg*) passierbar; befahrbar; **not ~** nicht übertragbar; **ne•go•ti•ate** [nɪ'gəʊʃɪeɪt] **I.** *vt* **1.** verhandeln (über), aus-, unterhandeln **2.** (COM) handeln mit; tätigen **3.** (*fam: Hindernis, Kurve*) nehmen, überwinden, bewältigen **II.** *vi* ver-, unterhandeln (*for, about* um, wegen); **ne·go·ti·at·ing com·mit·tee** [nəˌgəʊʃɪeɪtɪŋˌkəˈmɪtɪ] *s* Verhandlungsausschuss *m;* **ne·go·ti·ation** [nɪˌgəʊʃɪˈeɪʃn] *s* **1.** Verhandlung *f;* Aushandlung *f* **2.** (*fam*) Nehmen, Überwinden *nt;* **by way of ~s** auf dem Verhandlungswege; **it's a matter for ~** darüber muss verhandelt werden; **be in ~s with** in Verhandlungen stehen mit; **enter into ~s with** in Verhandlungen (ein)treten mit; **ne·go·ti·ator** [nɪˈgəʊʃɪeɪtə(r)] *s* Unterhändler(in) *m(f)*

Ne·gress [ˈniːgres] *s* Negerin *f;* **Ne·gro** [ˈniːgrəʊ] <*pl* -groes> *s* Neger *m*

neigh [neɪ] **I.** *vi* wiehern **II.** *s* Wiehern *nt*

neigh·bor (*Am*) *s.* **neighbour**; **neigh·bor·hood** (*Am*) *s.* **neighbourhood**; **neigh·bor·ing** (*Am*) *s.* **neighbouring**; **neigh·bor·ly** (*Am*) *s.* **neighbourly**

neigh·bour [ˈneɪbə(r)] **I.** *s* Nachbar(in) *m(f)* **II.** *vt, vi* (*~ on*) angrenzen an; **neigh·bour·hood** [-hʊd] *s* **1.** Nachbarschaft *f* **2.** Viertel *nt,* Gegend *f;* **in the ~ of** in der Nähe von; **neigh·bour·ing** [-ɪŋ] *adj* benachbart, angrenzend; umliegend; **~ community** Nachbargemeinde *f;* **neigh·bour·li·ness** [ˈneɪbəlɪnɪs] *s* gutnachbarliches Verhalten; **neigh·bour·ly** [-lɪ] *adj* (gut)nachbarlich, freundschaftlich

nei·ther [ˈnaɪðə(r), *Am* ˈniːðə(r)] **I.** *pron* keine(r, s); **~ of them** keiner von beiden **II.** *adv:* **~ ... nor** weder ... noch **III.** *conj* auch nicht **IV.** *adj* keine(r, s) der beiden; **in ~ case** in keinem Fall

nem·esis [ˈneməsɪs] *s* Nemesis *f*

neo- [ˈniːəʊ] *prefix* neo-, Neo-

neo·con, neo-con·serva·tive *adj* (*Am:* POL) neokonservativ

neo·lithic [ˌniːəˈlɪθɪk] *adj* jungsteinzeitlich, neolithisch

neol·ogism [niːˈɒlədʒɪzəm] *s* (LING) Neologismus *m*

neon [ˈniːɒn] *s* (CHEM) Neon *nt*

neo·na·tal [ˌniːəʊˈneɪtl] *adj* neugeboren

neo-Nazi [ˌnɪːəʊˈnɑːtsɪ] **I.** *adj* neonazistisch **II.** *s* Neonazi *m;* **neo-Nazi(i)sm** *s* Neonazismus *m*

neon lamp *s* Neonröhre *f;* **neon light** *s* Neonlicht *nt*

Ne·pal [nɪˈpɔːl] *s* Nepal *nt;* **Ne·pa·lese** [ˌnepəˈliːz] **I.** *adj* nepalesisch **II.** *s* Nepalese *m,* Nepalesin *f;* **Ne·pa·li** [nɪˈpɔːlɪ] **I.** *adj* nepalesisch **II.** *s* Nepalese *m,* Nepalesin *f*

nephew [ˈnevjuː] *s* Neffe *m*

neph·ri·tis [nɪˈfraɪtɪs] *s* Nierenentzündung *f*

nep·ot·ism [ˈnepətɪzəm] *s* Vetternwirtschaft *f,* Nepotismus *m*

nerd [nɜːd] *s* (*sl*) Schwachkopf *m*

nerve [nɜːv] **I.** *s* **1.** (ANAT) Nerv *m* **2.** Mut *m* **3.** Frechheit, Unverschämtheit *f* **4.** (BOT) Ader *f,* Nerv *m;* **get on s.o.'s ~s** (*fam*) jdm auf die Nerven gehen; **have the ~ to do s.th.** sich trauen etw zu tun; **lose one's ~** die Nerven, den Mut verlieren; **strain every ~** alle Kraft anspannen; **be all** [*o* **a bundle of**] **~s** ein Nervenbündel sein; **suffer from ~s** nervös sein; **fit of ~s** Nervenkrise *f;* **~ cell** Nervenzelle *f;* **~ centre** [*o* *Am* **center**] Nervenknoten *m;* **~ gas** Nervengas *nt* **II.** *vt* stärken, kräftigen; ermutigen; **~ o.s. for s.th.** sich darauf vorbereiten etw zu tun; **nerve·less** [ˈnɜːvlɪs] *adj* **1.** ohne Nerven **2.** (*Mensch*) seelenruhig; **nerve-rack·ing** [ˈnɜːvrækɪŋ] *adj* nervenaufreibend

nerv·ous [ˈnɜːvəs] *adj* **1.** (ANAT) Nerven-, nervös **2.** nervös, aufgeregt; **feel ~** nervös sein; **I am ~ about him** mir ist bange um ihn; **~ breakdown** Nervenzusammenbruch *m;* **~ energy** Vitalität *f;* **~ system** Nervensystem *nt;* **be** [*o* **feel**] **a ~ wreck** völlig mit den Nerven fertig sein; **nerv·ous·ness** [-nɪs] *s* Nervosität *f;* Aufgeregtheit *f*

nervy [ˈnɜːvɪ] *adj* (*fam*) nervös, aufgeregt

nest [nest] **I.** *s* **1.** (Vogel)Nest *nt* **2.** (*fig*) Schlupfwinkel *m* **3.** (*von Gegenständen*) Satz *m;* **feather one's ~** sein Schäfchen ins Trockene bringen; **~ of tables** Satztisch *m* **II.** *vi* nisten; **nest egg** [ˈnesteg] *s* (*fig*) Notpfennig, -groschen *m;* **nest·ing box** [ˈnestɪŋbɒks] *s* Nistkasten *m*

nestle [ˈnesl] *vi:* **~ down in bed** sich ins Bett kuscheln; **~ up to s.o.** sich an jdn schmiegen

nest·ling [ˈnestlɪŋ] *s* Nestling *m*

net [net] **I.** *s* **1.** Netz *nt* **2.** (*Textil*) Netzgewebe *nt* **3.** (SPORT) Netzball *m;* **fall into the ~** ins Garn gehen; **hair-~** Haarnetz *nt;* **mosquito-~** Moskitonetz *nt;* **the ~** (INFORM: *fam*) das Netz **II.** *vt* **1.** mit einem Netz bedecken **2.** mit dem Netz fangen **3.** (*Tennisball*) ins Netz schlagen

net(t) [net] **I.** *adj* netto, rein; **~ profit** Reingewinn, Nettoertrag *m;* **~ turnover** Nettoumsatzerlöse *pl* **II.** *vt* netto einnehmen; netto verdienen

net·ball [ˈnetbɔːl] *s* Korbball *m;* **net curtain** *s* Tüllgardine *f*

Nether·lands [ˈneðələndz] *s pl:* **the ~** die Niederlande *pl*

neti·quette [ˈnetɪket] *s* (INTERNET) Netikette *f;* **neti·zen** [ˈnetɪzn] *s* Netizen *m* (*Teilnehmer im Internet*)

net·ting [ˈnetɪŋ] *s* Netzwerk, Geflecht *nt;* **wire ~** Maschendraht *m*

nettle [ˈnetl] **I.** *s* Nessel *f;* **grasp the ~** (*fig*)

N

in den sauren Apfel beißen; **stinging** ~ Brennnessel *f* **II.** *vt* (*fig*) ärgern; **nettle rash** ['netlræʃ] *s* (MED) Nesselausschlag *m*

net•work ['netwɜːk] **I.** *s* **1.** (ELEK) Netzwerk *nt* **2.** Netz *nt* **3.** (TV) Sendenetz *nt* **II.** *vt* (INFORM) vernetzen; (TV) im ganzen Netzbereich senden; **net•worked sys•tem** [ˌnetwɜːkt'sɪstəm] *s* Mehrplatzsystem *nt*, Rechnerverbund *m;* **net•work•ing** [-ɪŋ] *s* **1.** (INFORM) Vernetzung *f* **2.** Netzwerkbetrieb *m*, -verlegung *f*

neu•ral ['njʊərəl] *adj* Nerven-; **neu•ral•gia** [njʊə'rældʒə] *s* Neuralgie *f;* **neu•ral•gic** [njuː'rældʒɪk] *adj* neuralgisch

neur•as•thenia [ˌnjʊərəs'θiːnɪə] *s* Neurasthenie, Nervenschwäche *f*

neur•itis [njʊə'raɪtɪs] *s* Neuritis, Nervenentzündung *f*

neur•ol•ogist [njʊə'rɒlədʒɪst] *s* Neurologe *m*, -login *f*, Nervenarzt *m*, -ärztin *f;* **neur•ol•ogy** [njʊə'rɒlədʒɪ] *s* Neurologie *f*

neu•ron ['njʊərɒn] *s* Neuron *nt*

neur•osis [njʊə'rəʊsɪs, *pl* njʊə'rəʊsiːz] <*pl* -oses> *s* Neurose *f;* **neu•ro•sur•geon** [ˌnjʊə'sɜːdʒən] *s* Neurochirurg(in) *m(f);* **neu•ro•sur•gery** [ˌnjʊə'sɜːdʒərɪ] *s* Neurochirurgie *f;* **neur•otic** [njʊə'rɒtɪk] **I.** *adj* neurotisch **II.** *s* Neurotiker(in) *m(f)*

neu•ter ['njuːtə(r)] **I.** *adj* **1.** (BIOL) geschlechtslos **2.** (GRAM) sächlich **II.** *s* **1.** (GRAM) Neutrum *nt* **2.** geschlechtsloses Wesen **III.** *vt* kastrieren

neu•tral ['njuːtrəl] **I.** *adj* neutral **II.** *s* **1.** Neutrale(r) *f m* **2.** (AUTO) Leerlauf *m;* **be in** ~ im Leerlauf sein; **neu•tral•ity** [njuː'trælətɪ] *s* Neutralität *f;* **neu•tral•iz•ation** [ˌnjuːtrəlaɪ'zeɪʃn] *s* Neutralisierung *f;* **neu•tral•ize** ['njuːtrəlaɪz] *vt* **1.** (*a.* CHEM) neutralisieren **2.** (*fig*) kompensieren, aufheben; unwirksam machen

neu•tron ['njuːtrɒn] *s* (PHYS) Neutron *nt;* **neutron bomb** *s* Neutronenbombe *f*

never ['nevə(r)] *adv* **1.** nie, niemals **2.** durchaus nicht, ganz und gar nicht; **I have** ~ **seen him before** ich habe ihn noch nie gesehen; ~ **before** noch nie; ~ **even** nicht einmal; **that will** ~ **do!** das geht ganz und gar nicht; **well I** ~ (**did**)! nein, so was!; ~ **mind!** macht nichts!; **on the** ~-~ (*Br fam*) auf Pump; **never-end•ing** [ˌnevər'endɪŋ] *adj* endlos, unaufhörlich; **never-fail•ing** [ˌnevə'feɪlɪŋ] *adj* unfehlbar; **never•more** [ˌnevə'mɔː(r)] *adv* nimmermehr

never•the•less [ˌnevəðə'les] *adv* nichtsdestoweniger, trotzdem

new [njuː] *adj* **1.** neu (*from* aus) **2.** (*Mode*) modern, neu **3.** ungewohnt, fremd(artig) **4.** (*Brot*) frisch; **that's nothing** ~ das ist nichts Neues; **as** ~ wie neu; ~ **potatoes** neue Kartoffeln *fpl;* **the** ~ **rich** die Neureichen *pl;* ~ **moon** Neumond *m;* **new•bie** *s* (INTERNET) Newbie *nt;* **new•born** *adj* neugeboren; **new•comer** ['njuːˌkʌmə(r)] *s* Neuankömmling *m;* Neuling *m*

newel ['njuːəl] *s* (Treppen)Spindel *f;* Treppen-, Geländerpfosten *m*

new•fangled [ˌnjuː'fæŋgld] *adj* neumodisch; **new-fashioned** [ˌnjuː'fæʃnd] *adj* modisch, modern; **new•ish** ['njuːɪʃ] *adj* ziemlich neu; **new-laid** *adj* frisch; **newly** ['njuːlɪ] *adv* frisch; ~ **made** ganz neu; ganz frisch; ~ **married** frisch verheiratet; **newly-wed** ['njuːlɪwed] *s* Neu-, Frischvermählte(r) *f mpl*, jungverheiratetes Paar; **New Man** *s* Neuer Mann

news [njuːz] *s pl mit sing* **1.** Nachricht *f;* Neuigkeit(en *pl*) *f* **2.** (TVRADIO) Nachrichten *fpl;* **break the** ~ **to s.o.** jdm die schlimme Nachricht überbringen; **what's the** ~**?** was gibt's Neues?; **that's** ~ **to me** das ist mir neu; **that's no** ~ **to me** das wusste ich schon; **I've had no** ~ **from him for a long time** ich habe lange nichts von ihm gehört; **a piece of** ~ eine Neuigkeit, Nachricht; ~ **in brief** Kurznachrichten *fpl;* **news agency** *s* Nachrichtenagentur *f;* **news-agent** ['njuːzˌeɪdʒənt] *s* (*Br*) Zeitungshändler(in) *m(f);* **news•cast** ['njuːzˌkɑːst] *s* (RADIO) Nachrichten(sendung *f*) *pl;* **news•caster** ['njuːzˌkɑːstə(r)] *s* (RADIO) Nachrichten sprecher(in) *m(f);* **news-dealer** ['njuːzdiːlə(r)] *s* (*Am*) Zeitungshändler(in) *m(f);* **news•flash** ['njuːzflæʃ] *s* Kurzmeldung *f;* **news•group** *s* (INTERNET) Newsgroup *f* (*Forum für den Informationsaustausch*); **news item** *s* Nachricht *f;* **news•let•ter** ['njuːzˌletə(r)] *s* Rundschreiben *nt;* **news magazine** *s* Nachrichtenmagazin *nt;* **news•monger** ['njuːzˌmʌŋgə(r)] *s* Klatschmaul *nt;* (*in Zeitung*) Klatschspaltenschreiber(in) *m(f)*

news•paper ['njuːspeɪpə(r)] *s* Zeitung *f;* **daily** ~ Tageszeitung *f;* ~ **cutting** Zeitungsausschnitt *m;* ~**man** Zeitungsmann *m;* Journalist *m;* ~ **reader** Zeitungsleser(in) *m(f);* ~ **report** Zeitungsbericht *m*

news•print ['njuːzprɪnt] *s* Zeitungspapier *nt;* **news•reader** ['njuːzriːdə(r)] *s* Nachrichtensprecher(in) *m(f);* **news•reel** ['njuːzriːl] *s* Wochenschau *f;* **news release** *s* Pressemitteilung *f;* **news•room** ['njuːzrʊm] *s* **1.** Zeitschriftenzimmer *nt* (*einer Bibliothek*) **2.** (*Zeitung, Sendeanstalt*) Nachrichtenredaktion *f;* **news-stand** *s* Zeitungsstand, -kiosk *m;* **news•worthy** ['njuːzˌwɜːðɪ] *adj* berichtenswert; **newsy** ['njuːzɪ] *adj* (*fam*) voller Neuigkeiten

newt [njuːt] *s* (*Schwanzlurch*) Molch *m;* **as pissed as a** ~ (*vulg*) sturzbesoffen

New Year [ˌnjuːˈjɜː(r), -ˈjɪə(r)] *s* neues Jahr; **~'s Day** Neujahr(stag *m*) *nt;* **a happy ~!** glückliches neues Jahr!; **~'s Eve** Silvesterabend *m*

New Zea·land [ˌnjuːˈziːlənd] **I.** *s* Neuseeland *nt* **II.** *adj* neuseeländisch; **New Zealander** [ˌnjuːˈziːləndə(r)] *s* Neuseeländer(in) *m(f)*

next [nekst] **I.** *adj* (*zeitlich, räumlich*) nächste(r, s); ~ **time I see him** wenn ich ihn das nächste Mal sehe; **this time ~ week** nächste Woche um diese Zeit; **the year after ~** übernächstes Jahr; **who's ~?** wer ist der Nächste?; ~ **please!** der Nächste bitte!; **the ~ best** der, die, das Nächstbeste **II.** *s* nächste(r) **III.** *adv* **1.** dann, darauf, nachher **2.** das nächste Mal; **what shall we do ~?** was sollen wir als nächstes machen?; ~ **to s.o.** neben jdm; ~ **to the skin** direkt auf der Haut; ~ **to impossible** nahezu unmöglich; **next door** [ˌneksˈdɔː(r)] *adv* nebenan; **they live ~ to us** sie wohnen direkt neben uns; **it's ~ to madness** das grenzt an Wahnsinn; **next-door** *adj:* **the ~ house** das Nebenhaus; **they are our ~ neighbours** sie wohnen direkt neben uns; **next of kin** *s* nächste Verwandte *pl*

nexus [ˈneksəs] *s* Verknüpfung, Verkettung *f*

NF [ˌenˈef] *s Abk. von* **National Front** (*Br*) *rechtsradikale Partei*

NHS [ˌenəɪtʃˈes] *s Abk. von* **National Health Service** (*Br*) *staatlicher Gesundheitsdienst*

nib [nɪb] *s* Feder(spitze) *f*

nibble [ˈnɪbl] **I.** *vt* knabbern; nur anessen, herumnagen an **II.** *vi* **1.** knabbern (*at* an), herumnagen **2.** (*fig*) sich interessiert zeigen **III.** *s pl* (*fam*) Knabbersachen *pl*

Ni·ca·ragua [ˌnɪkəˈrægjʊə] *s* Nicaragua *nt;* **Ni·ca·raguan** [-n] **I.** *adj* nicaraguanisch **II.** *s* Nicaraguaner(in) *m(f)*

nice [naɪs] *adj* **1.** nett; sympathisch; hübsch **2.** (*Essen*) gut, lecker **3.** (*Manieren*) fein (*to* gegen) **4.** (*iro*) nett, schön, sauber **5.** (*Unterschied*) fein, genau **6.** (*Mensch*) wählerisch, schwierig, schwer zu befriedigen(d); **it's ~ and warm** es ist angenehm warm; **take it ~ and easy** überanstrengen Sie sich nicht; **come ~ and early!** komm schön früh!; **did you have a ~ time?** haben Sie sich gut unterhalten?; **how ~ to see you!** reizend, schön Sie zu sehen!; **this is a ~ state of affairs!** das ist eine schöne Geschichte!; **~-looking** gut aussehend; **nicely** [ˈnaɪslɪ] *adv* **1.** angenehm, nett, liebenswürdig(erweise) **2.** (*unterscheiden*) genau, fein; **go ~** wie geschmiert laufen; **that will do ~** das reicht vollauf; **nicety** [ˈnaɪsətɪ] *s* **1.** Genauigkeit, Sorgfalt *f* **2.** Feinheit *f* **3. niceties** Feinheiten, Details *pl;* **to a ~** haargenau; **a point of some ~** ein feiner Punkt

niche [nɪtʃ, niːʃ] *s* **1.** (ARCH) Nische *f* **2.** (*fig*) Plätzchen *nt* (*for* für)

nick[1] [nɪk] **I.** *s* Kerbe *f;* **in the ~ of time** gerade noch rechtzeitig **II.** *vt* **1.** (ein)kerben **2.** (*Kugel*) streifen; ~ **one's chin** sich am Kinn schneiden

nick[2] [nɪk] **I.** *vt* (*sl*) **1.** einsperren, einlochen **2.** klauen, stehlen **II.** *s* (*sl*) Knast *m,* Kittchen *nt*

nickel [ˈnɪkl] *s* **1.** (CHEM) Nickel *nt* **2.** (*Amerika, Kanada*) Fünfcentstück *nt*

nick·name [ˈnɪkneɪm] **I.** *s* Spitzname *m* **II.** *vt* einen Spitznamen geben (*s.o.* jdm)

nic·otine [ˈnɪkətiːn] *s* Nikotin *nt*

niece [niːs] *s* Nichte *f*

nifty [ˈnɪftɪ] *adj* (*sl*) **1.** schick, fesch, smart **2.** (*Werkzeug*) geschickt gemacht; raffiniert

Ni·ger [ˈnaɪdʒə(r)] *s* Niger *m*

Ni·ger·ia [naɪˈdʒɪərɪə] *s* Nigeria *nt;* **Ni·ger·ian** [naɪˈdʒɪərɪən] **I.** *adj* nigerianisch **II.** *s* Nigerianer(in) *m(f)*

Ni·ger·ien [naɪˈdʒɪərɪɑn] **I.** *adj* nigrisch **II.** *s* Nigrer(in) *m(f)*

nig·gard·ly [ˈnɪgədlɪ] *adj* **1.** knauserig, geizig (*of* mit) **2.** (*Betrag*) armselig, schäbig

nig·ger [ˈnɪgə(r)] *s* (*pej*) Neger(in) *m(f);* **that's the ~ in the woodpile** das ist der Haken an der Sache

nig·gle [ˈnɪgl] **I.** *vi* herumkritisieren (*about* an) **II.** *vt* plagen, quälen; **nig·gling** [ˈnɪglɪŋ] *adj* **1.** überkritisch; pingelig **2.** (*Zweifel*) nagend, bohrend; **nig·gly** [ˈnɪglɪ] *adj* **1.** nörglerisch **2.** kleinlich

night [naɪt] *s* **1.** Nacht *f* **2.** (später) Abend *m* **3.** Dunkelheit, Finsternis *f* **4.** (THEAT) Vorstellung, Aufführung *f;* **all ~ (long)** die ganze Nacht (über); **at ~** abends; bei Nacht, nachts; **far into the ~** bis spät in die Nacht; **during the ~** während der Nacht; **late at ~** spät am Abend, spät abends; **by ~** bei Nacht, in der Nacht, nachts; **on the ~ of June 3rd** am Abend des 3.Juni; **last ~** gestern Abend; **the ~ before last** vorgestern Abend; **~ and day** Tag und Nacht; ununterbrochen; **~ after ~** Nacht für Nacht, jede Nacht; **be on ~s** Nachtschicht haben; **have a good/bad ~** gut/schlecht schlafen; **have a ~ out** ausgehen; einen freien Abend haben; **make a ~ of it** durchfeiern, -zechen; **stay the ~** die Nacht verbringen (*at* in, *with* bei); **~ is falling** die Nacht bricht herein; **first ~** Erstaufführung, Premiere, Eröffnungsvorstellung *f;* **the Arabian Nights** Tausendundeine Nacht; **night-bird** *s* **1.** Nachtvogel *m* **2.** (*fig*) Nachtschwärmer *m;* **night blindness** *s* Nachtblindheit *f;* **night·cap** [ˈnaɪtkæp] *s* **1.** Nachtmütze *f*

N

2. (*fam*) Schlummertrunk *m;* **night-clothes** *s pl* Nachtzeug *nt;* **night•club** ['naɪtklʌb] *s* Nachtlokal *nt,* Nachtklub *m;* **night•dress** ['naɪtdres] *s* Nachthemd *nt;* **night•fall** ['naɪtfɔːl] *s* Einbruch *m* der Dunkelheit; **at** ~ beim Dunkelwerden; **nightie** ['naɪtɪ] *s* (*fam*) Nachthemd *nt*

night•in•gale ['naɪtɪŋgeɪl] *s* Nachtigall *f*

night life ['naɪtlaɪf] *s* Nachtleben *nt;* **night•long** ['naɪtlɒŋ] *adj* die Nacht hindurch; nächtelang; **night•ly** ['naɪtlɪ] **I.** *adj* (all)nächtlich; abendlich **II.** *adv* jeden Abend, jede Nacht; **night•mare** ['naɪtmeə(r)] *s* Albtraum *m;* **night•marish** ['naɪtmeərɪʃ] *adj* beklemmend, albtraumhaft; **night-nurse** *s* Nachtschwester *f;* **night-porter** *s* Nachtportier *m;* **night safe** *s* Nachtsafe *m;* **night school** *s* Abendschule *f;* **night shift** *s* Nachtschicht *f;* **be on** ~ Nachtschicht haben; **night•shirt** ['naɪtʃɜːt] *s* (Herren)Nachthemd *nt;* **night•spot** ['naɪtspɒt] *s* Nachtlokal *nt;* **night stick** *s* (*Am*) Schlagstock *m;* **night storage heater** *s* Nachtspeicherofen *m;* **night-time** *s* Nachtzeit *f;* **in the** ~ bei Nacht, nachts; **at** ~ nachts; **night-watch** *s* Nachtwache *f;* **night-watchman** <*pl* -men> *s* Nachtwächter *m*

ni•hil•ism ['naɪɪlɪzəm] *s* Nihilismus *m;* **nihil•ist** ['naɪɪlɪst] *s* Nihilist *m;* **ni•hil•is•tic** [ˌnaɪɪ'lɪstɪk] *adj* nihilistisch

nil [nɪl] *s* Nichts *nt;* Null *f;* **two (goals to)** ~ (SPORT) zwei zu null

nimble ['nɪmbl] *adj* **1.** (geistig) gewandt **2.** wendig, behände, flink (*at, in* bei); ~ **-footed** leichtfüßig; ~**-witted** schlagfertig

NIMBY ['nɪmbɪ] *Abk. von* **not in my back yard** nicht vor meiner Tür (*St.-Florians-Prinzip*)

nin•com•poop ['nɪŋkəmpuːp] *s* Einfaltspinsel *m*

nine [naɪn] **I.** *adj* neun; ~ **days' wonder** Eintagsfliege *f;* ~ **months** Dreivierteljahr *nt* **II.** *s* Neun *f;* **dressed up to the ~s** (*fam*) geschniegelt und gebügelt

nine•pins ['naɪnpɪnz] *s pl mit sing* Kegelspiel, Kegeln *nt;* **play at** ~ kegeln

nine•teen [ˌnaɪn'tiːn] *adj* neunzehn; **talk** ~ **to the dozen** wie ein Wasserfall reden; **nine•teenth** [ˌnaɪn'tiːnθ] **I.** *adj* neunzehnte(r, s) **II.** *s* **1.** Neunzehntel *nt* **2.** Neunzehnte(r, s)

nine•ti•eth ['naɪntɪəθ] **I.** *adj* neunzigste(r, s) **II.** *s* **1.** Neunzigstel *nt* **2.** Neunzigste(r, s); **ninety** ['naɪntɪ] *adj* neunzig

ninny ['nɪnɪ] *s* Dummkopf *m*

ninth [naɪnθ] **I.** *adj* neunte(r, s) **II.** *s* **1.** Neuntel *nt* **2.** Neunte(r, s) **3.** (MUS) None *f*

nip¹ [nɪp] **I.** *vt* **1.** kneifen; zwicken; klemmen **2.** (*Frost, Kälte*) vernichten; angreifen; schneiden; ~ **o.s.** sich in den Finger klemmen; ~ **s.th. in the bud** (*fig*) etw im Keim ersticken **II.** *vi* (*fam*) rasch flitzen **III.** *s* **1.** Kniff *m,* Biss *m* **2.** schneidende Kälte; **it was ~ and tuck** (*Am*) das war eine knappe Sache; **nip along** *vi* (*fam*) dahinsausen; sich beeilen; **nip in** *vi* (*fam*) auf einen Sprung vorbeikommen; **nip off** *vt* abkneifen, abzwicken, abschneiden; **nip out** *vi* hinaussausen

nip² [nɪp] *s* Schlückchen *nt*

nipple ['nɪpl] *s* **1.** (ANAT) Brustwarze *f* **2.** Schnuller *m* **3.** (TECH) Nippel *m*

nippy ['nɪpɪ] *adj* **1.** (*Kälte*) schneidend **2.** (*fam*) fix, flink

Nis•sen hut ['nɪsnhʌt] *s* Wellblechbaracke *f*

nit [nɪt] *s* **1.** (*Ei einer Laus*) Nisse *f* **2.** (*fam*) Blödmann *m*

ni•ter *s* (*Am:* CHEM) Salpeter *m/nt*

nit-pick•ing ['nɪtpɪkɪŋ] *adj* kleinlich, pingelig

ni•trate ['naɪtreɪt] *s* (CHEM) Nitrat *nt*

nitre ['naɪtə(r)] *s* Salpeter *m od nt*

ni•tric ['naɪtrɪk] *adj* salpetersauer; ~ **acid** Salpetersäure *f;* ~ **oxide** Stickoxyd *nt;* **nitrite** ['naɪtraɪt] *s* Nitrit *nt*

ni•tro•gen ['naɪtrədʒən] *s* Stickstoff *m;* **nitrogen oxide** *s* Stick(stoff)oxid *nt*

ni•tro•glycer•in(e) [ˌnaɪtrəʊ'glɪsəriːn] *s* Nitroglyzerin *nt*

ni•trous ['naɪtrəs] *adj:* ~ **acid** salpet(e)rige Säure; ~ **oxide** Lachgas *nt*

nitty-gritty [ˌnɪtɪ'grɪtɪ] *s:* **get down to the** ~ zur Sache kommen

nit•wit ['nɪtwɪt] *s* (*fam*) Dummkopf *m*

no [nəʊ] **I.** *adv* **1.** nein **2.** nicht; **answer** ~ mit Nein antworten; **whether he comes or** ~ ob er kommt oder nicht; **I have ~ more money** ich habe kein Geld mehr; ~ **longer ago than last week** erst letzte Woche **II.** *adj* kein; **a person of ~ intelligence** ein Mensch ohne jede Intelligenz; **it's ~ use** das hat keinen Zweck; ~ **smoking** Rauchen verboten; **there's ~ saying** man kann nie wissen; **there's ~ denying it** es lässt sich nicht leugnen; **in ~ time** im Nu; **there is ~ such thing** so etwas gibt es nicht; **I'll do ~ such thing** ich werde mich hüten **III.** *s* Nein *nt;* Neinstimme *f;* **the ~es have it** die Mehrheit ist dagegen

no. *s Abk. von* **number** Nr. *f*

nobble ['nɒbl] *vt* (*fam*) **1.** lahmlegen **2.** sich schnappen **3.** (sich) kaufen, bestechen

Nobel prize [nəʊˌbel'praɪz] *s* Nobelpreis *m;* **Nobel prize winner** *s* Nobelpreisträger(in) *m(f)*

no•bil•ity [nəʊ'bɪlətɪ] *s* **1.** Hochadel *m* **2.** (*Eigenschaft*) Adel *m,* (das) Edle

no•ble ['nəʊbl] I. *adj* 1. adlig 2. (*fig*) edel, hochherzig 3. gütig 4. (*Erscheinung*) vornehm, würdig, würdevoll 5. (*Monument*) stattlich, prächtig, prachtvoll 6. (*Metall*) edel II. *s* Adlige(r) *f m;* **noble•man** ['nəʊblmən] <*pl* -men> *s* Adlige(r) *m;* **noble-minded** [ˌnəʊbl'maɪndɪd] *adj* edel, vornehm; **nobly** ['nəʊblɪ] *adv* 1. vornehm 2. nobel, edelmütig

no•body ['nəʊbədɪ] I. *pron* niemand, keiner; **we saw ~ we knew** wir sahen niemanden, den wir kannten; **~ else could have done it** es kann niemand anders gewesen sein II. *s* (*fam*) Niemand *m,* Null *f*

no-brain•er *s* (*fam*) Kinderspiel *nt*

no-claims bonus [ˌnəʊ'klaɪmz'bəʊnəs] *s* (AUTO) Schadenfreiheitsrabatt *m*

noc•tur•nal [nɒk'tɜːnl] *adj* nächtlich

nod [nɒd] I. *vi* 1. nicken; wippen 2. einnicken (*over* über); **~ in agreement** zustimmend nicken; **even Homer sometimes ~s** Irren ist menschlich II. *vt* nicken (*one's head* mit dem Kopf); **~ one's agreement** zustimmend nicken III. *s* Nicken, Zunicken *nt;* **the land of Nod** das Land der Träume; **give s.o. a ~** jdm zunicken; **nod•ding** ['nɒdɪŋ] *adj:* **have a ~ acquaintance with s.o.** jdn flüchtig kennen

node [nəʊd] *s* Knoten *m*

nod•ule ['nɒdjuːl] *s* 1. (MED BOT) Knötchen *nt* 2. (GEOL) Klümpchen *nt*

nog•gin ['nɒgɪn] *s* (*fam*) 1. Gläschen *nt* 2. (*fam: Kopf*) Birne

no-go area [nəʊgəʊ'eərɪə] *s* Sperrgebiet *nt*

no-hoper [ˌnəʊ'həʊpə(r)] *s* (*fam*) Niete *f*

no•how ['nəʊhaʊ] *adv* (*fam*) nicht im Geringsten

noise [nɔɪz] I. *s* 1. Geräusch *nt* 2. Lärm *m,* Geschrei *nt* 3. (TELE) Rauschen *nt;* (RADIO) Nebengeräusch *nt,* Störung *f;* **make a ~** Krach machen; **make a ~ in the world** Aufsehen erregen, von sich reden machen; **make a lot of ~ about s.th.** viel Geschrei um etw machen; **a big ~** (*sl*) ein großes Tier II. *vt* (*Gerücht: ~ abroad, about*) verbreiten; **noise barrier** *s* Lärmschutzwand *f;* **noise•less** ['nɔɪzlɪs] *adj* 1. geräuschlos 2. (*Schritt*) lautlos; **noise pollution** *s* Lärmbelästigung *f;* **noise prevention** *s* Lärmschutz *m*

noi•some ['nɔɪsəm] *adj* 1. widerlich, eklig 2. giftig, schädlich

noisy ['nɔɪzɪ] *adj* 1. geräuschvoll, laut, lärmend 2. (*Debatte*) lebhaft, turbulent

no-jump [ˌnəʊ'dʒʌmp] *s* (SPORT) Fehlsprung *m*

no•mad ['nəʊmæd] *s* Nomade *m;* **nomadic** [nəʊ'mædɪk] *adj* nomadisch; wandernd, unstet

no-man's-land ['nəʊmænzlænd] *s* Niemandsland *nt*

no•men•cla•ture [nə'menklətʃə(r)] *s* Nomenklatur *f;* Terminologie *f*

nom•inal ['nɒmɪnl] *adj* 1. nominell 2. (*Betrag*) nominell, symbolisch 3. (GRAM) nominal; **~ amount** Nennbetrag *m;* **~ income** Nominaleinkommen *nt;* **~ interest rate** (FIN) Nominalzins *m;* **~ ledger** Hauptbuch *nt;* **~ value** Nennwert *m;* **~ wages** Nominallohn *m;* **nom•inal•ly** ['nɒmɪnəlɪ] *adv* nominell

nomi•nate ['nɒmɪneɪt] *vt* 1. ernennen 2. nominieren, als Kandidaten aufstellen (*for* für); **nomi•na•tion** [ˌnɒmɪ'neɪʃn] *s* 1. Ernennung *f* (*to* zu) 2. Nominierung *f,* Kandidatenvorschlag *m*

nomi•na•tive ['nɒmɪnətɪv] I. *s* (GRAM) Nominativ *m* II. *adj:* **~ case** der Nominativ

nom•inee [ˌnɒmɪ'niː] *s* Kandidat(in) *m(f)*

non- [ˌnɒn] *prefix* nicht-; **non-ac•cept•ance** *s* (COM) Nichtannahme, Annahmeverweigerung *f*

nona•gen•ar•ian [ˌnɒnədʒɪ'neərɪən] *s* Neunzigjährige(r) *f m*

non-ag•gression [ˌnɒnə'greʃn] *s* (POL) Nichtangriff *m;* **~ pact** Nichtangriffspakt *m;* **non-al•co•hol•ic** *adj* alkoholfrei; **non-aligned** [ˌnɒnə'laɪnd] *adj* (POL) blockfrei; **non-align•ment** [ˌnɒnə'laɪnmənt] *s* (POL) Blockfreiheit *f;* **non•an•swer** [ˌnɒn'ɑːnsə(r)] *s* Antwort, die keine ist; **non-ap•pear•ance** *s* Nichterscheinen, Ausbleiben *nt;* **non-at•tend•ance** *s* Nichtteilnahme *f;* **non-bel•lig•er•ent** *adj* nicht kriegführend; **non-cash** *adj* bargeldlos; **~ means of payment** bargeldlose Zahlungsweise

nonce word ['nɒnswɜːd] *s* Ad-hoc-Bildung *f*

non•cha•lant ['nɒnʃələnt] *adj* lässig, nonchalant

non-com ['nɒnkɒm] *s* (MIL: *sl*) Uffz *m;* **non-com•bat•ant** I. *s* (MIL) Nichtkämpfer *m* II. *adj* nicht am Kampf beteiligt; **non-com•bus•tible** *adj* nicht brennbar; **non-com•mis•sioned of•fic•er** *s* Unteroffizier *m;* **non-com•mit•tal** [ˌnɒnkə'mɪtəl] *adj* zurückhaltend, unverbindlich; **non-com•pli•ance** *s* Nichtbefolgung, Nichteinhaltung *f* (*with s.th.* einer S); **non compos mentis** *adj* (JUR) unzurechnungsfähig

non•con•form•ist [ˌnɒnkən'fɔːmɪst] I. *s* Nonkonformist(in) *m(f)* II. *adj* non konformistisch; **non•con•form•ity** [ˌnɒnkən'fɔːmətɪ] *s* Nichteinhaltung *f,* Nichtkonformgehen *nt* (*with* mit); **non-con•tri•but•ory** [ˌnɒnkən'trɪbjʊtrɪ] *adj* beitragsfrei; **non•co•op•er•ation** [ˌnɒnkəʊɒpə-

N

'reɪʃn] *s* unkooperative Haltung

non-de•pos•it bot•tle [ˌnɒndɪ'pɒzɪtˌbɒtl] *s* Einwegflasche *f*

non•de•script ['nɒndɪskrɪpt] *adj* **1.** (*Geschmack*) unbestimmbar **2.** (*Erscheinung*) unauffällig; **non-dur•ables** [ˌnɒn'djʊərəblz] *s pl* kurzlebige Konsumgüter *pl*

none [nʌn] **I.** *pron* keine(r, s); keine; ~ **at all** kein Einziger; ~ **but** niemand, nichts außer; nur; **the new arrival was ~ other than …** der Neuankömmling war kein anderer als …; ~ **but the best** nur das Beste; ~ **of that!** lass das!, schluss damit!; ~ **other** kein anderer; **that's ~ of your business** das geht dich nichts an **II.** *adv:* **be ~ the wiser** auch nicht schlauer sein; ~ **the less** nichtsdestoweniger, trotzdem; ~ **too soon** gerade noch zur rechten Zeit; ~ **too sure** durchaus nicht sicher; **it's ~ too warm** es ist keineswegs zu warm

non•en•tity [nɒ'nentətɪ] *s* (*Mensch*) Nullität *f*, unbedeutende Figur

non-es•sen•tial [nɒnɪ'senʃl] **I.** *adj* unwesentlich; unnötig; nicht lebenswichtig **II.** *s pl* nicht lebensnotwendige Dinge *ntpl;* **non-event** *s* (*fam*) Reinfall *m*, Pleite *f;* **non-existence** *s* Nichtvorhandensein *nt;* **non-EU** *adj* Nicht-EU-; ~ **related bodies** Nicht-EU-Stellen; **non-existent** *adj* nicht existierend; **non•fic•tion** [ˌnɒn'fɪkʃn] **I.** *s* Sachbücher *ntpl* **II.** *adj* Sachbuch-; **non-flam•mable** *adj* nicht brennbar; nicht entflammbar; **non-infec•tious** *adj* nicht ansteckend; **non-iron** *adj* bügelfrei; **non-mem•ber coun•try** *s* (EU) Drittland *nt;* **non-ne•go•tiable** *adj* (COM) nicht übertragbar

non•pa•reil [ˌnɒnpə'reɪl] **I.** *adj* unerreicht **II.** *s* **1.** Nonplusultra *nt;* unerreichter Meister **2.** (TYP) Nonpareille *f*

non•plus [ˌnɒn'plʌs] *vt* verblüffen; **be ~sed** verdutzt sein

non-pol•lut•ing [ˌnɒnpə'lu:tɪŋ] *adj* umweltfreundlich; **non-productive** *adj* unproduktiv; ~ **industries** Dienstleistungssektor *m;* **non-profit-making** *adj* nicht auf Gewinn gerichtet; gemeinnützig; **non-proliferation** *s* Nichtweitergabe *f* von Atomwaffen; **non-proliferation treaty** *s* Atomsperrvertrag *m;* **non-re•fund•able** [ˌnɒnrɪ'fʌndəbl] *adj* nicht erstattungsfähig; **non-renewable resources** *s pl* nicht erneuerbare Ressourcen; **non-resident I.** *adj* nicht (orts)ansässig **II.** *s* **1.** Nichtortsansässige(r) *f m* **2.** (*im Hotel*) nicht im Haus wohnender Gast; **non-re•turn•able** [ˌnɒnrɪ'tɜ:nəbl] *adj* Einweg-; **non-scheduled** *adj* außerplanmäßig

non•sense ['nɒnsns] *s* Unsinn, Quatsch *m;* dummes Zeug; **make (a) ~ of s.th.** etw sinnlos machen; **stand no ~** keine Dummheiten dulden; **and no ~!** und keine Dummheiten!; **no more of your ~!** Schluss mit dem Unsinn!; **non•sen•si•cal** [nɒn'sensɪkl] *adj* un-, blödsinnig

non-shrink [ˌnɒn'ʃrɪŋk] *adj* nicht einlaufend; **non-skid** *adj* rutschsicher; **non-smoker** *s* Nichtraucher(in) *m(f);* **non-starter** *s* **1.** (*Rennen*) nicht startendes Pferd **2.** (*Mensch, Idee*) Blindgänger *m;* **non-stick** [ˌnɒn'stɪk] *adj* antihaftbeschichtet; **non-stop I.** *adj* durchgehend; ohne Unterbrechung; Nonstop-; ~ **flight** Nonstopflug *m;* ~ **train** durchgehender Zug **II.** *adv* (*Flug*) nonstop; ohne Unterbrechung; **non-swim•mer** [ˌnɒn'swɪmə(r)] *s* Nichtschwimmer(in) *m(f);* **non-tax•able** [ˌnɒn'tæksəble] *adj* steuerfrei, nicht steuerpflichtig; **non-toxic** [ˌnɒn'tɒksɪk] *adj* ungiftig; **non-verbal** [ˌnɒn'vɜ:bl] *adj* nonverbal; **non-vi•ol•ent** [ˌnɒn'vaɪələnt] *adj* gewaltlos; **non-vot•ing** [ˌnɒn'vəʊtɪŋ] *adj* stimmrechtslos

noodle ['nu:dl] **I.** *s* Nudel *f* **II.** *vt:* ~ **over s.th.** (*sl*) über etw nachdenken

nook [nʊk] *s* **1.** (Zimmer)Ecke *f* **2.** (*fig*) (Schlupf)Winkel *m;* **in every ~ and cranny** in jedem Winkel

noon [nu:n] *s* Mittag *m;* **at ~** um zwölf Uhr mittags

no-one ['nəʊwʌn] *pron s.* **nobody**

noose [nu:s] *s* Schlaufe, Schlinge *f;* **put one's head in the ~** (*fig*) den Kopf in die Schlinge stecken

nope [nəʊp] *adv* (*sl*) nein

nor [nɔ:(r)] *conj* **1.** noch **2.** und … auch nicht; **neither …** ~ weder … noch; ~ **I** ich auch nicht

Nor•dic ['nɔ:dɪk] *adj* nordisch; **the ~ Council** der Nordische Rat

norm [nɔ:m] *s* Richtschnur, Norm *f*

nor•mal ['nɔ:ml] **I.** *adj* **1.** normal; üblich **2.** (MATH) senkrecht **3.** (CHEM) Normal-; ~ **consumption** Normalverbrauch *m;* ~ **output** Normalleistung *f;* ~ **size** Normalgröße *f* **II.** *s* **1.** Normalwert, Durchschnitt *m* **2.** (MATH) Senkrechte *f;* **nor•mal•ity** [nɔ:'mælətɪ] *s* Normalität *f;* **return to ~** sich wieder normalisieren; **nor•mal•ize** ['nɔ:məlaɪz] *vt* normalisieren; wiederherstellen; **nor•mally** ['nɔ:məlɪ] *adv* normalerweise, gewöhnlich

north [nɔ:θ] **I.** *s* Norden *m;* **in the ~** im Norden; **to the ~ of** im Norden von; **face ~** nach Norden liegen **II.** *adj* nördlich **III.** *adv* in nördlicher Richtung, nach Norden; ~ **of** nördlich von

North Africa *s* Nordafrika *nt;* **North African I.** *adj* nordafrikanisch **II.** *s* Nordafrikaner(in) *m(f)*

North America *s* Nordamerika *nt;* **North American** I. *adj* nordamerikanisch II. *s* Nordamerikaner(in) *m(f)*

north-east [ˌnɔːθ'iːst] I. *s* Nordost(en) *m* II. *adj* nordöstlich; **north-eastern** [ˌnɔːθ'iːstən] *adj* nordöstlich

north·er·ly ['nɔːðəlɪ] I. *adj* nördlich II. *adv* nach, von Norden

north·ern ['nɔːðən] *adj* nördlich; **the N~ Lights** das Nordlicht; **north·erner** ['nɔːðənə(r)] *s* 1. Nordländer(in) *m(f)* 2. (*in den USA*) Nordstaatler(in) *m(f)*

Northern Ireland *s* Nordirland *nt*

northern·most ['nɔːðənməʊst] *adj* nördlichste(r, s)

North Pole ['nɔːθpəʊl] *s* Nordpol *m;* **North Sea** *s* Nordsee *f;* **North-South divide** *s* Nord-Süd-Gefälle *nt*

north·west [ˌnɔːθ'west] I. *s* Nordwest(en) *m* II. *adj* nordwestlich; **north·west·erly** [ˌnɔːθ'westəlɪ] *adj* nordwestlich

Nor·way ['nɔːweɪ] *s* Norwegen *nt;* **Norwegian** [nɔː'wiːdʒən] I. *adj* norwegisch II. *s* 1. Norweger(in) *m(f)* 2. (*Sprache*) (das) Norwegisch(e)

nose [nəʊz] I. *s* 1. Nase *f* 2. Geruch(ssinn) *m,* Nase *f* (*for* für) 3. (*Wein*) Blume *f* 4. (TECH) Vorderteil *nt* 5. (MAR) Bug *m* 6. (*Rohr*) Mündung *f;* **get up s.o.'s ~** (*sl*) jdm auf den Keks gehen; **hold one's ~** sich die Nase zuhalten; **the tip of one's ~** die Nasenspitze; **bleed at** [*o* **from**] **the ~** aus der Nase bluten; **follow your ~** immer der Nase nach; **do s.th. under s.o.'s very ~** etw vor jds Augen tun; **by a ~** (*Pferderennen*) um eine Nasenlänge; **pay on the ~** sofort bezahlen; **look down one's ~ at s.o.** auf jdn herabblicken; **with one's ~ in the air** hochnäsig; **blow one's ~** sich die Nase putzen; **cut off one's ~ to spite one's face** (*fig*) sich ins eigene Fleisch schneiden; **lead s.o. by the ~** (*fig*) jdn an der Nase herumführen; **stick one's ~ into s.th.** (*fig*) seine Nase in etw stecken; **pay through the ~** einen zu hohen Preis bezahlen; **put s.o.'s ~ out of joint** (*fig*) jdn ausstehen; **turn up one's ~ at** die Nase rümpfen über II. *vt, vi:* **the ship ~d its way through the ice** das Schiff pflügte sich durch das Eis; **~ into s.o.'s affairs** seine Nase in jds Angelegenheiten stecken; **nose about** *vi* herumschnüffeln; **nose out** I. *vt* aufspüren; ausschnüffeln II. *vi* (*Auto*) sich vorschieben; **nose·bag** ['nəʊzbæg] *s* Futtersack *m;* **nose·bleed** ['nəʊzbliːd] *s* Nasenbluten *nt;* **nose·cone** ['nəʊzkəʊn] *s* Raketenspitze *f;* **nose·dive** ['nəʊzdaɪv] I. *s* (AVIAT) Sturzflug *m* II. *vi* einen Sturzflug machen; **~ off s.th.** vornüber von etw stürzen

nose·gay ['nəʊzgeɪ] *s* Blumenstrauß *m*

nose job ['nəʊzdʒɒb] *s* (*sl*) Nasenkorrektur *f*

nose ring *s* Nasenring *m*

nose-wheel ['nəʊzwiːl] *s* (AVIAT) Bugrad *nt*

nosey ['nəʊzɪ] *adj* (*fam*) neugierig

nosh [nɒʃ] I. *vi* (*sl*) futtern II. *s* (*sl*) Futter *nt;* **let's have a quick ~** lass uns schnell einen Happen essen

no-show ['nəʊʃəʊ] *s* nicht erscheinender Gast

nosh-up ['nɒʃʌp] *s* (*sl*) Fressgelage *nt*

nos·tal·gia [nɒ'stældʒə] *s* Nostalgie *f;* **nos·tal·gic** [nɒ'stældʒɪk] *adj* nostalgisch

no-strike agree·ment [ˌnəʊstraɪkə'griːmənt] *s* Streikverbotsabkommen *nt*

nos·tril ['nɒstrəl] *s* Nasenloch *nt,* Nüster *f*

nosy ['nəʊzɪ] *adj* (*fam*) neugierig; **nosy parker** *s* (*fam*) Schnüffler(in) *m(f)*

not [nɒt] *adv* nicht; **he warned me ~ to be late** er warnte mich, nicht zu spät zu kommen; **you were wrong in ~ making a protest** es war falsch von dir nicht zu protestieren; **~ a bit** kein bisschen; **~ any more** nicht mehr; **~ yet** noch nicht; **~ at all** durchaus, überhaupt, gar nicht; keineswegs; **~ any more** nicht mehr; **~ a few** nicht wenige; **~ in the least** nicht im Geringsten; **~ to say** um nicht zu sagen; **~ so** nein; **~ to speak of** ganz zu schweigen von; **you are coming, are you ~?** Sie kommen doch, oder?; **are you tired? – ~ at all** sind Sie müde? – überhaupt nicht; **certainly ~** gewiss nicht; **as likely as ~** vielleicht; vielleicht auch nicht; **~ that I care, but ...** es ist mir zwar egal, aber ...; **it's ~ to be thought of** das kommt nicht in Frage

no·table ['nəʊtəbl] I. *adj* 1. (*Erfolg*) bemerkenswert 2. (*Mensch*) bedeutend 3. (*Unterschied*) beträchtlich, beachtlich II. *s* bekannte Persönlichkeit

notably ['nəʊtəblɪ] *adv* 1. auffallend; beträchtlich 2. insbesondere, hauptsächlich

no·tary ['nəʊtərɪ] *adj* (*~ public*) Notar(in) *m(f)*

no·ta·tion [nəʊ'teɪʃn] *s* 1. Zeichensystem *nt,* Zeichen *ntpl* 2. (MUS) Notenschrift *f* 3. Vermerk *m,* Aufzeichnung *f*

notch [nɒtʃ] I. *s* Kerbe *f,* Einschnitt *m;* Scharte *f* II. *vt* (ein)kerben, einschneiden; **~ up** (*Punkte*) erzielen; erringen; (*Erfolg*) verzeichnen können

note [nəʊt] I. *s* 1. Notiz, Anmerkung *f;* Fußnote *f;* Vermerk *m* 2. (MUS) Note *f;* Ton *m* 3. Brief *m,* kurze Mitteilung 4. (diplomatische) Note *f,* Memorandum *nt* 5. (FIN) Banknote *f,* Schein *m;* **make a ~ of s.th.** sich etw aufschreiben; **speak without ~s** frei sprechen; **send s.o. a ~** jdm ein paar

Zeilen schicken; **strike the right/wrong ~** (*fig*) den richtigen/falschen Ton treffen; **take ~ of s.th.** etw zur Kenntnis nehmen; **take ~s** sich Notizen machen (*of* über); **there was a ~ of self-satisfaction in his speech** in seiner Rede war ein selbstzufriedener Ton; **bank ~** Banknote *f* **II.** *vt* **1.** bemerken, beachten; zur Kenntnis nehmen **2.** (~ *down*) notieren, aufschreiben; **note·book** ['nəʊtbʊk] *s* **1.** Notizbuch *nt* **2.** (INFORM) Notebook *nt* **3.** (*Am*) Übungsheft *nt;* **noted** ['nəʊtɪd] *adj* berühmt (*for* wegen); **note·pad** ['nəʊtpæd] *s* Notizblock *m;* **note·paper** ['nəʊtˌpeɪpə(r)] *s* Schreib-, Briefpapier *nt;* **note·worthy** ['nəʊtˌwɜːðɪ] *adj* bemerkens-, beachtenswert

noth·ing ['nʌθɪŋ] **I.** *s* **1.** Nichts *nt* **2.** (MATH) Null *f* **II.** *pron, adv* nichts; **eat ~** nichts essen; **five feet ~** genau 5 Fuß; **for ~** umsonst; **say ~ of** ganz zu schweigen von; **~ but** nur; **~ else** sonst nichts; **~ more** sonst nichts; **~ much** nicht viel; **~ less than** nur; **~ if not** äußerst, im höchsten Grade; **~ new** nichts Neues; **come to ~** zunichte werden, sich zerschlagen; **have ~ to do with** nichts zu tun haben mit; **make ~ of** sich nichts machen aus; nichts anfangen können mit; **that's ~!** das ist gar nichts!; **think ~ of** nichts halten von; **there is ~ like that** da kommt nichts mit; **~ came of it!** daraus wurde nichts!; **~ doing!** nichts zu machen!; **there is ~ for it but** es gibt keine andere Möglichkeit als; **little or ~** wenig oder (gar) nichts; **next to ~** fast nichts; **noth·ing·ness** ['nʌθɪŋnɪs] *s* Nichts *nt*

no-throw [ˌnəʊ'θrəʊ] *s* Fehlwurf *m*

no·tice ['nəʊtɪs] **I.** *s* **1.** Bescheid *m,* Benachrichtigung *f;* Mitteilung *f* **2.** Bekanntmachung *f,* Anschlag *m* (*on the bulletin board* am schwarzen Brett), Plakat *nt;* Schild *nt* **3.** Kündigung *f* **4.** Frist *f* **5.** Kritik, Rezension *f;* **at a moment's ~** sofort, jederzeit; **at short ~** kurzfristig; **at a week's ~** innerhalb einer Woche; **until further ~** bis auf weiteres; **without ~** ohne Ankündigung; fristlos; **attract ~** Aufmerksamkeit erregen; **bring s.th. to s.o.'s ~** jdm etw zur Kenntnis bringen; **give s.o. ~** jdm kündigen; **give s.o. ~ of s.th.** jdn von etw benachrichtigen; **hand in one's ~** kündigen; **post a ~** einen Anschlag machen; **serve ~ on s.o.** (JUR) jdn vorladen; **take ~** be(ob)achten; aufpassen; **take ~ of s.th.** etw beachten, zur Kenntnis, von etw Notiz nehmen; **take no ~ of s.o.** jdn ignorieren; **make s.o. sit up and take ~** jdn aufhorchen lassen; **she gave us ~ to move** sie hat uns(ere Wohnung) gekündigt; **that's beneath my ~** das nehme ich nicht zur Kenntnis; **a month's ~** monatliche Kündigung; **official ~** amtliche Bekanntmachung; **public ~** öffentliche Bekanntmachung; **~ of receipt** Empfangsbestätigung *f;* **~ to pay** Zahlungsaufforderung *f;* **~ to quit** Kündigung *f* **II.** *vt* bemerken; wahrnehmen; zur Kenntnis nehmen; merken; **no·tice·able** ['nəʊtɪsəbl] *adj* **1.** erkennbar, wahrnehmbar; sichtbar; deutlich **2.** (*Vergnügen*) sichtlich, merklich; **notice-board** *s* Anschlagbrett *nt;* schwarzes Brett

no·ti·fi·able ['nəʊtɪfaɪəbl] *adj* melde-, anzeigepflichtig; **no·ti·fi·ca·tion** [ˌnəʊtɪfɪ'keɪʃn] *s* **1.** Benachrichtigung, Mitteilung *f* **2.** (*eines Verlustes*) Meldung, Anzeige *f;* **no·tify** ['nəʊtɪfaɪ] *vt* **1.** benachrichtigen, unterrichten **2.** (*Verlust*) melden; **~ s.o. of s.th.** jdn von etw benachrichtigen, jdm etw mitteilen; **be notified of s.th.** über etw informiert werden, von etw benachrichtigt werden

no·tion ['nəʊʃn] *s* **1.** Idee *f;* Vorstellung *f;* Ahnung *f* **2.** Ansicht, Meinung *f;* **have no ~ of s.th.** von etw keine Ahnung haben; **give s.o. ~s** jdn auf Ideen bringen; **I have a ~ that ...** ich habe den Verdacht, dass ...; **get a ~ to do s.th.** Lust bekommen etw zu tun; **no·tional** ['nəʊʃənl] *adj* **1.** fiktiv, angenommen; symbolisch **2.** (PHILOS) spekulativ

no·tor·iety [ˌnəʊtə'raɪətɪ] *s* traurige Berühmtheit

no·tori·ous [nəʊ'tɔːrɪəs] *adj* **1.** (*Tatsache*) berühmt-berüchtigt **2.** (*Platz*) verrufen, verschri(e)en **3.** (*Lügner*) notorisch; **be ~ for s.th.** für etw berüchtigt sein

not·with·stand·ing [ˌnɒtwɪθ'stændɪŋ] **I.** *prep* trotz, ungeachtet *+gen* **II.** *adv* trotzdem, dennoch **III.** *conj:* **~ that** obgleich, obwohl

nou·gat ['nuːgɑː] *s* Nugat *m od nt*

nought [nɔːt] *s* **1.** Null *f* **2.** (*lit*) Nichts *nt;* **come to ~** sich zerschlagen; **bring to ~** zunichte machen; **she thinks ~ of it** sie macht das bedenkenlos

noun [naʊn] *s* (GRAM) Hauptwort, Substantiv *nt*

nour·ish ['nʌrɪʃ] **I.** *vt* **1.** (er)nähren (*on, with* von) **2.** (*fig*) nähren, hegen **II.** *vi* nahrhaft sein; **nour·ish·ing** [-ɪŋ] *adj* nahrhaft; **~ cream** Nährcreme *f;* **nour·ish·ment** [-mənt] *s* Nahrung *f*

nous [naʊs] *s* (*fam*) Grips *m*

novel[1] ['nɒvl] *adj* neu(artig)

novel[2] ['nɒvl] *s* Roman *m;* **novel·ette** [ˌnɒvə'let] *s* Kitschroman *m;* **novel·ist** ['nɒvəlɪst] *s* Romanschriftsteller(in) *m(f)*

nov·elty ['nɒvltɪ] *s* **1.** Neuheit *f* **2.** Novum *nt* **3.** *meist pl* (COM) Neuheiten *fpl* **4.** Krimskrams *m*

No•vem•ber [nəʊ'vembə(r)] *s* November *m;* **in** ~ im November

nov•ice ['nɒvɪs] *s* **1.** (REL) Novize *m* **2.** (*fig*) Anfänger(in) *m(f)*, Neuling *m*

now [naʊ] **I.** *adv* **1.** jetzt, nun; gleich, sofort; (so)eben **2.** heute, heutzutage; **just** ~ gerade; gleich, sofort; **I'll do it just** ~ ich mache es jetzt gleich; **it's** ~ **or never** jetzt oder nie; **by** ~ inzwischen, mittlerweile; **before** ~ bis jetzt; schon früher; **for** ~ im Moment, vorläufig; **from** ~ **on** von nun an; **from** ~ **until then** bis dahin; **up to** [*o* **till**] [*o* **until**] ~ bis jetzt; ~ **...** ~ bald ... bald; ~ **and then** [*o* **again**] ab und zu, von Zeit zu Zeit, gelegentlich **II.** *conj* jetzt, wo; nun, da **III.** *interj* also; **well** ~ also; ~ **then** also jetzt

now•adays ['naʊədeɪz] *adv* heute, heutzutage

no•where ['nəʊweə(r)] *adv* nirgends, nirgendwo, -wohin; **get** ~ zu nichts, auf keinen grünen Zweig kommen; **come** ~ (SPORT) unter ferner liefen kommen; **come from** ~ **and win** (SPORT) überraschend siegen; **appear from** ~ ganz plötzlich auftauchen

no-win *adj* ausweglos

nowt [naʊt] *pron, adv* (*fam*) nix, nichts

noxious ['nɒkʃəs] *adj* **1.** schädlich **2.** (*Einfluss*) übel, verderblich

nozzle ['nɒzl] *s* (TECH) **1.** Düse *f* **2.** (*einer Spritze*) Kanüle *f*

nuance ['njuːɑːns] *s* Nuance, Schattierung *f*

nub [nʌb] *s* **1.** Stückchen, Klümpchen *nt* **2.** (*fam*) Pointe *f*, Kern(punkt) *m*

nu•bile ['njuːbaɪl] *adj* (*Mädchen*) heiratsfähig; gut entwickelt

nu•clear ['njuːklɪə(r)] *adj* (PHYS) Kern-; Atom-; kerntechnisch; nuklear, atomar; ~ **deterrence** nukleare Abschreckung; ~ **deterrent** nukleares Abschreckungsmittel; ~ **energy** Atom-, Kernenergie *f;* ~ **fission** Kernspaltung *f;* ~ **free zone** atomwaffenfreie Zone; ~ **fuel** Kernbrennstoff *m;* ~ **fusion** Kernverschmelzung *f;* ~ **industry** Atomindustrie *f;* ~ **medicine** Nuklearmedizin *f;* ~ **nonproliferation treaty** Atomsperrvertrag *m;* ~ **physicist** Kernphysiker(in) *m(f);* ~ **physics** *mit sing* Kernphysik *f;* ~ **pile** Atommeiler *m;* ~ **power** Kernkraft *f;* **a** ~ **power** (POL) eine Atommacht; ~ **power station** Kernkraftwerk *nt;* ~ **propulsion** Atomantrieb *m;* ~ **reaction** Kernreaktion *f;* ~ **reactor** Kernreaktor *m;* ~ **research** Kernforschung *f;* ~ **submarine** Atom-U-Boot *nt;* ~ **technology** Kerntechnik *f;* ~ **test** Atom(waffen)test *m;* ~ **test ban** Atomteststopp *m;* ~ **test ban treaty** Atomteststoppabkommen *nt;* ~ **warfare** Atom-, Nuklearkrieg *m;* ~ **warhead** Atomsprengkopf *m;* ~ **waste** Atommüll *m;* ~ **weapon** Atom-, Nuklearwaffe *f;* ~ **winter** nuklearer Winter

nu•cle•ic acid [njuː'kleɪɪd'æsɪd] *s* Nukleinsäure *f*

nu•cleus ['njuːklɪəs, *pl* 'njuːklɪaɪ] <*pl* nuclei> *s* **1.** (PHYS) Kern *m* **2.** (BIOL) Zellkern *m;* **atomic** ~ Atomkern *m*

nude [njuːd] **I.** *adj* nackt, unbekleidet **II.** *s* **1.** (*Kunst*) Aktmodell *nt;* Akt *m* **2.** (*Mensch*) Nackte(r) *f m;* **paint from the** ~ einen Akt malen; **in the** ~ nackt

nudge [nʌdʒ] **I.** *vt* anstoßen; ~ **s.o.'s memory** jds Gedächtnis nachhelfen **II.** *s* Stups *m*, kleiner Stoß

nu•dism ['njuːdɪzəm] *s* Nackt-, Freikörperkultur *f;* **nu•dist** ['njuːdɪst] *s* Anhänger(in) *m(f)*, der Nackt-, Freikörperkultur; **nudist beach** *s* FKK-Strand *m;* **nudist camp** *s* FKK-Platz *m;* **nu•dity** ['njuːdətɪ] *s* Nacktheit *f*

nu•ga•tory ['njuːgətərɪ] *adj* belanglos, nichtig

nug•get ['nʌgɪt] *s* (Gold)Klumpen *m*

nui•sance ['njuːsns] *s* **1.** Plage *f;* Nervensäge *f;* Quälgeist *m* **2.** Ärgernis *nt;* peinliche Situation; Missstand *m;* **make a** ~ **of o.s.** lästig werden; **what a** ~ wie ärgerlich; **public** ~ öffentliches Ärgernis

nuke [nuːk, njuːk] *vt* (*fam*) eine Atombombe (ab)werfen (auf)

null [nʌl] *adj* (JUR) ungültig, nichtig; ~ **and void** null und nichtig; **nul•li•fi•ca•tion** [ˌnʌlɪfɪ'keɪʃn] *s* Annullierung *f;* **nul•lify** ['nʌlɪfaɪ] *vt* ungültig machen, annullieren; **nul•lity** ['nʌlətɪ] *adj* Nichtigkeit, Ungültigkeit *f*

numb [nʌm] **I.** *adj* **1.** taub, empfindungslos, gefühllos **2.** (*fig*) betäubt; **fingers** ~ **with cold** Finger, die vor Kälte taub sind **II.** *vt* unempfindlich, gefühllos machen; betäuben

num•ber ['nʌmbə(r)] **I.** *s* **1.** (MATH) Zahl *f;* Ziffer *f* **2.** Anzahl *f* **3.** Nummer *f;* Seitenzahl *f;* Autonummer *f*, Autokennzeichen *nt* **4.** (GRAM) Numerus *m*, Zahl *f* **5.** (*Lied*) Nummer *f;* Ausgabe *f*, Heft *nt* **6.** ~**s** Rechnen *nt;* **a** ~ **of problems** eine Anzahl von Problemen; **on a** ~ **of occasions** des öfteren; **in equal** ~**s** ebenso viel; **in a small** ~ **of cases** in wenigen Fällen; **ten in** ~ zehn an der Zahl; **they were few in** ~ es waren nur wenige; **many in** ~ zahlreich; **a fair** ~ **of times** ziemlich oft; **win by force of** ~**s** auf Grund zahlenmäßiger Überlegenheit gewinnen; **dial a** ~ eine Nummer wählen; **get s.o.'s** ~ (*Am*) jdn durchschauen; **look after** [*o* **take care of**] ~ **one** (*fam*) an sich selbst denken; **my** ~**'s up** (*fam*) ich bin dran; **the May** ~ das Maiheft, die Maiausgabe; **one of our** ~ eine(r) aus unseren Reihen **II.** *vt* **1.** zählen (*among* zu) **2.** nummerieren; einordnen, klassifizieren **3.** zählen, rechnen; **a ~d account** (FIN) ein Nummernkonto *nt;* **his days are ~ed** seine Tage sind gezählt; **be ~ed** begrenzt sein **III.** *vi* (MIL: *~ off*) abzählen; **num•ber•ing** [-ɪŋ] *s* Nummerierung *f;* **num•ber•less** [-lɪs] *adj* zahllos; **number•plate** *s* (AUTO) Nummernschild *nt*

numb•ness ['nʌmnɪs] *s* Taubheit, Starre *f;* Benommenheit *f*

nu•mer•acy ['nju:mərəsɪ] *s* Rechnen *nt*

nu•meral ['nju:mərəl] *s* Ziffer *f;* **Arabic/Roman ~s** arabische/römische Ziffern *fpl*

nu•mer•ate ['nju:mərət] *adj* rechenkundig

nu•mer•ation [ˌnju:mə'reɪʃn] *s* Nummerierung *f*

nu•meri•cal [nju:'merɪkl] *adj* numerisch, zahlenmäßig; **~ order** Reihen-, Zahlenfolge *f;* **~ value** Zahlenwert *m*

nu•mer•ic key•pad [ˌnju:merɪk'ki:pæd] *s* Zehnertastatur *f,* numerische Tastatur

nu•mer•ous ['nju:mərəs] *adj* zahlreich

nu•mis•mat•ics [ˌnju:mɪz'mætɪks] *s pl mit sing* Numismatik *f*

num•skull ['nʌmskʌl] *s* Dummkopf *m*

nun [nʌn] *s* (REL) Nonne *f*

nun•cio ['nʌnsɪəʊ] <*pl* -cios> *s* Nuntius *m*

nun•nery ['nʌnərɪ] *s* Nonnenkloster *nt*

nup•tial ['nʌpʃl] **I.** *adj* ehelich; hochzeitlich **II.** *s:* **the ~s** die Hochzeit

nurse [nɜ:s] **I.** *s* **1.** Schwester *f;* Krankenschwester *f* **2.** Kindermädchen *nt,* Kinderfrau *f* **3.** (*wet~*) Amme *f;* **male ~** Krankenpfleger *m* **II.** *vt* **1.** säugen, stillen, die Brust geben (*s.o.* jdm) **2.** pflegen **3.** (*Krankheit*) behandeln, kurieren **4.** (*Gefühl*) hegen **5.** schonend umgehen mit; **~ s.o. back to health** jdn gesundpflegen; **~ a cold** an einer Erkältung herumlaborieren; **~ a business** ein Geschäft sorgsam verwalten; **nurs•ery** ['nɜ:sərɪ] *s* **1.** Kinderzimmer *nt;* Säuglingssaal *m* **2.** Kindergarten *m;* Hort *m* **3.** (AGR) Baumschule *f;* Gärtnerei *f* **4.** (*fig*) Zuchtstätte *f;* **nursery rhyme** *s* Kindervers *m;* **nursery school** *s* Kindergarten *m;* **~ teacher** Erzieher(in) *m(f);* **nursery slope** *s* (*fam: Ski*) Idiotenhügel *m;* **nursing** ['nɜ:sɪŋ] **I.** *s* **1.** Pflege *f;* Pflegen *nt* **2.** Krankenpflege *f* **3.** Stillen *nt* **II.** *adj* Pflege-; pflegerisch; **~ home** Privatklinik *f;* **~ mother** stillende Mutter; **~ staff** Pflegepersonal *nt*

nur•ture ['nɜ:tʃə(r)] **I.** *s* **1.** Nahrung, Ernährung *f* **2.** Erziehung; Aufzucht *f* **II.** *vt* **1.** aufziehen **2.** hegen, fördern; **~ s.o. on s.th.** jdn mit etw aufziehen

nut [nʌt] *s* **1.** Nuss *f* **2.** (*fig: hard ~*) harte Nuss, schweres Problem **3.** (TECH) (Schrauben)Mutter *f* **4.** (*sl*) Birne *f,* Kopf *m* **5.** (*sl*) Spinner(in) *m(f)* **6. ~s** (*sl*) Hoden *fpl;* **a hard** [*o* **tough**] **~ to crack** eine harte Nuss; **be off one's ~** (*sl*) nicht ganz bei Trost sein; **go off one's ~** (*sl*) durchdrehen; **nutcracker** *s* (*a. pl*) Nussknacker *m;* **nuthatch** ['nʌtˌhætʃ] *s* (*Spechtmeise*) Kleiber *m;* **nut•house** *s* (*sl*) Klapsmühle *f;* **nutmeg** ['nʌtmeg] *s* Muskatnuss *f*

nu•tri•ent ['nju:trɪənt] **I.** *adj* nahrhaft **II.** *s* Nährstoff *m;* **nu•tri•tion** [nju:'trɪʃn] *s* Ernährung *f;* **nu•tri•tion•ist** [nju:'trɪʃənɪst] *s* Ernährungswissenschaftler(in) *m(f);* **nu•tri•tious** [nju:'trɪʃəs] *adj* nahrhaft

nuts [nʌts] *adj* (*sl*): **be ~** spinnen; **go ~** durchdrehen; **be ~ about s.o.** von jdm ganz weg sein

nut•shell ['nʌtʃel] *s* Nussschale *f;* **in a ~** kurz, mit wenigen Worten; **to put it** [*o* **the matter**] **in a ~** um es kurz zu sagen

nut•ter ['nʌtə] *s* (*Br: sl*) Verrückte(r) *f m*

nut•ty ['nʌtɪ] *adj* **1.** mit Nüssen **2.** (*sl*) bekloppt, plemplem

nuzzle ['nʌzl] **I.** *vt* **1.** (*Hund*) beschnüffeln **2.** (*Schwein*) aufwühlen **II.** *vi:* **~ up against** [*o* **up to s.o.**] sich an jdn schmiegen

ny•lon ['naɪlɒn] *s* **1.** (*Textil*) Nylon *nt* **2. ~s** Nylonstrümpfe *mpl*

nymph [nɪmf] *s* (*Mythologie*) Nymphe *f*

nym•pho•mania [ˌnɪmfə'meɪnɪə] *s* Nymphomanie, Mannstollheit *f;* **nym•pho•maniac** [ˌnɪmfə'meɪnɪæk] *s* Nymphomanin *f*

O

O, o [əʊ] <*pl* -'s> *s* **1.** O, o *nt* **2.** (TELE) Null *f*
o [əʊ] *interj* oh! ach!; ~ **my God!** ach du lieber Gott!; ~ **dear!** o je!
oaf [əʊf, *pl* əʊvz] <*pl* oafs, oaves> *s* Flegel, Lümmel *m;* **oaf•ish** ['əʊfɪʃ] *adj* flegelhaft; tölpelhaft
oak [əʊk] *s* Eiche(nholz *nt*) *f*
OAP [ˌəʊeɪ'pi:] *s Abk. von* **old-age pensioner** Rentner(in) *m(f)*
oar [ɔ:(r)] *s* **1.** Ruder *nt,* Riemen *m* **2.** Ruderer *m,* Ruderin *f;* **put** [*o* **stick**] **one's ~ in** (*fig*) sich einmischen; **rest on one's ~s** (*fig*) langsamer treten; **oars•man** ['ɔ:zmən] <*pl* -men> *s* Ruderer *m;* **oars•woman** ['ɔ:zwʊmən, *pl* -wɪmɪn] <*pl* -women> *s* Ruderin *f*
oasis [əʊ'eɪsɪs, *pl* əʊ'eɪsi:z] <*pl* oases> *s* (*a. fig*) Oase *f*
oat [əʊt] *s meist pl* Hafer *m;* Haferflocken *fpl;* **sow one's wild ~s** sich die Hörner abstoßen; **he feels his ~s** (*Am fam*) ihn sticht der Hafer; **oat•cake** ['əʊtkeɪk] *s* salziger Haferkeks
oath [əʊθ] *s* **1.** Schwur, Eid *m* **2.** Fluch *m;* **make** [*o* **swear**] [*o* **take**] **an ~** (einen Eid) schwören; **be under ~** unter Eid stehen; **put s.o. on ~** jdn vereidigen
oat•meal ['əʊtmi:l] *s* Hafermehl *nt,* Haferschrot *m*
OAU [ˌəʊeɪ'ju:] *s Abk. von* **Organization of African Unity** OAU *f,* Organisation *f* für afrikanische Einheit
ob•du•racy ['ɒbdjʊərəsɪ] *s* Hartnäckigkeit *f;* Verstocktheit, Halsstarrigkeit *f;* **ob•du•rate** ['ɒbdjʊərət] *adj* hartnäckig; verstockt, halsstarrig
OBE [ˌəʊbi:'i:] *s Abk. von* **Officer of the Order of the British Empire** *britischer Verdienstorden*
obedi•ence [ə'bi:dɪəns] *s* Gehorsam *m;* **in ~ to the law** dem Gesetz entsprechend; **obedi•ent** [ə'bi:dɪənt] *adj* gehorsam, folgsam; **be ~** gehorchen; folgen
ob•elisk ['ɒbəlɪsk] *s* Obelisk *m*
obese [əʊ'bi:s] *adj* fettleibig; **obes•ity** [əʊ'bi:sətɪ] *s* Korpulenz, Fettleibigkeit *f*
obey [ə'beɪ] **I.** *vt* **1.** gehorchen (*s.o.* jdm), folgen **2.** (*Regeln*) sich halten an, befolgen **3.** (*Maschine*) reagieren auf **II.** *vi* gehorchen; folgen
obitu•ary [ə'bɪtʃʊərɪ] *s* Nachruf *m;* **obituary notice** *s* Todesanzeige *f*
ob•ject¹ ['ɒbdʒɪkt] *s* **1.** Gegenstand *m;* Ding *nt* **2.** Ziel *nt,* Zweck *m* **3.** (GRAM) Objekt *nt* **4.** Hinderungsgrund *m;* **with this ~ in view** mit diesem Ziel vor Augen; **what's the ~ of staying here?** wozu bleiben wir hier?; **succeed in one's ~** sein Ziel erreichen
ob•ject² [əb'dʒekt] **I.** *vi* **1.** dagegen sein; protestieren; Einwände haben **2.** Anstoß nehmen (*to* an); ~ **to s.th.** etw ablehnen; **do you ~ to my smoking?** stört es Sie, wenn ich rauche? **II.** *vt* einwenden; **ob•jec•tion** [əb'dʒekʃn] *s* **1.** Einwand *m* (*to* gegen) **2.** (JUR) Einspruch *m* **3.** Abneigung *f;* Einspruch *m;* **I have no ~ to his going away** ich habe nichts dagegen, dass er weggeht; **raise** [*o* **make**] **an ~** einen Einwand erheben; **if he has no ~** wenn er nichts dagegen hat; **there is no ~ to it** dagegen ist nichts einzuwenden; **are there any ~s?** erhebt jemand Einspruch?; **ob•jec•tion•able** [-əbl] *adj* **1.** störend **2.** (*Verhalten*) anstößig **3.** (*Geruch*) unangenehm, übel
ob•jec•tive [əb'dʒektɪv] **I.** *adj* **1.** objektiv, sachlich **2.** wirklich, real; ~ **fact** Tatsache *f* **II.** *s* **1.** Ziel *nt;* Zielsetzung, -vorstellung *f* **2.** (OPT PHOT) Objektiv *nt;* **ob•jec•tiv•ity** [ˌɒbdʒek'tɪvətɪ] *s* Objektivität *f*
ob•ject les•son ['ɒbdʒɪktˌlesn] *s* **1.** Anschauungsunterricht *m* **2.** Paradebeispiel *nt*
ob•jec•tor [əb'dʒektə(r)] *s* Gegner(in) *m(f);* **conscientious ~** Wehrdienstverweigerer *m*
ob•li•gate ['ɒblɪgeɪt] *vt* verpflichten (*s.o. to do s.th.* jdn, etw zu tun); **ob•li•ga•tion** [ˌɒblɪ'geɪʃn] *s* Verpflichtung, Pflicht *f;* **be under an ~ to do s.th.** verpflichtet sein etw zu tun; **without ~** (COM) unverbindlich; ~ **to buy** Kaufzwang *m;* **ob•li•ga•tory** [ə'blɪgətrɪ] *adj* verbindlich, verpflichtend, obligatorisch (*on, upon* für); **attendance is ~** Anwesenheit ist vorgeschrieben; es besteht Anwesenheitspflicht; **make it ~ to do s.th.** vorschreiben, dass etw getan wird
ob•lige [ə'blaɪdʒ] **I.** *vt* **1.** zwingen; verpflichten (*s.o. to do s.th.* jdn, etw zu tun) **2.** gefällig sein, entgegenkommen (*s.o.* jdm); **feel ~d to do s.th.** sich zu etw verpflichtet fühlen; **you are not ~d to do it** Sie sind nicht dazu verpflichtet; **please ~ me by closing the door** würden Sie mir

O

bitte den Gefallen tun und die Tür schließen?; **much ~d!** herzlichen Dank!; **I am much ~d to you for this!** ich bin Ihnen dafür sehr verbunden **II.** *vi:* **she is always ready to ~** sie ist immer sehr gefällig; **oblig•ing** [ə'blaɪdʒɪŋ] *adj* entgegenkommend, gefällig; zuvorkommend

ob•lique [ə'bli:k] **I.** *adj* **1.** schräg, schief; geneigt **2.** (*fig: Blick*) schräg; (*Methode*) indirekt **3.** (*Winkel*) schief **II.** *s* Schrägstrich *m*

ob•lit•er•ate [ə'blɪtəreɪt] *vt* **1.** auslöschen; tilgen **2.** (*Team*) vernichten **3.** (*Sonne*) verdecken; **ob•lit•er•ation** [əˌblɪtə'reɪʃn] *s* **1.** Auslöschung *f* **2.** Vernichtung *f* **3.** Verdeckung *f*

ob•liv•ion [ə'blɪvɪən] *s* Vergessenheit *f,* Vergessen *nt;* **fall** [*o* **sink**] **into ~** in Vergessenheit geraten; **ob•livi•ous** [ə'blɪvɪəs] *adj:* **be ~ of** [*o* **to**] **s.th.** sich einer S nicht bewusst sein; **~ of** [*o* **to**] **his surroundings** ohne Notiz von seiner Umgebung zu nehmen; **~ of** [*o* **to**] **the world** weltvergessen

ob•long ['ɒblɒŋ] **I.** *adj* rechteckig **II.** *s* Rechteck *nt*

ob•nox•ious [əb'nɒkʃəs] *adj* **1.** widerlich, widerwärtig **2.** (*Benehmen*) unausstehlich

oboe ['əʊbəʊ] *s* (MUS) Oboe *f;* **obo•ist** [-ɪst] *s* Oboist(in) *m(f)*

ob•scene [əb'si:n] *adj* unanständig, obszön, unzüchtig; **ob•scen•ity** [əb'senətɪ] *s* Unanständigkeit, Obszönität *f*

ob•scure [əb'skjʊə(r)] **I.** *adj* **1.** (*Gefühl*) trüb(e), unklar, undeutlich **2.** (*fig*) schwer verständlich, dunkel **3.** unbekannt, obskur; **is the meaning still ~ to you?** ist Ihnen die Bedeutung immer noch unklar? **II.** *vt* **1.** verdecken, verbergen **2.** (*Geist*) verwirren; **ob•scur•ity** [əb'skjʊərətɪ] *s* **1.** Dunkelheit, Finsternis *f* **2.** (*fig*) Unklarheit, Unverständlichkeit *f;* **live in ~** zurückgezogen leben

ob•sequi•ous [əb'si:kwɪəs] *adj* servil, unterwürfig (*to* gegen)

ob•serv•able [əb'zɜ:vəbl] *adj* sichtbar, wahrnehmbar; **ob•serv•ance** [əb'zɜ:vəns] *s* **1.** Befolgung, Einhaltung, Beachtung *f* **2.** (REL) Einhalten *nt;* Observanz *f;* **ob•serv•ant** [əb'zɜ:vənt] *adj* aufmerksam, wachsam; **~ of the rules** die Regeln einhaltend; **ob•ser•va•tion** [ˌɒbzə'veɪʃn] *s* **1.** Beobachtung *f;* Beobachten *nt* **2.** (*Regeln*) Einhalten *nt* **3.** Bemerkung, Äußerung *f;* **keep s.o. under ~** jdn unter Beobachtung halten; **powers of ~** Beobachtungsgabe *f;* **observation car** *s* (RAIL) Panoramawagen *m;* **observation post** *s* Beobachtungsposten *m;* **observation tower** *s* Aussichtsturm *m;* **observation ward** *s* Beobachtungsstation *f*

ob•serv•atory [əb'zɜ:vətrɪ] *s* Sternwarte *f,* Observatorium *nt;* **meteorological ~** Wetterwarte *f*

ob•serve [əb'zɜ:v] **I.** *vt* **1.** be(ob)achten, bemerken, wahrnehmen **2.** (*Feiertag*) halten; feiern **3.** feststellen, äußern **4.** (*Geburtstag*) begehen, feiern; **the thief was ~d to ...** der Dieb wurde dabei beobachtet, wie er ... **II.** *vi* **1.** zusehen; beobachten **2.** bemerken, feststellen; **ob•server** [əb'zɜ:və(r)] *s* **1.** Zuschauer(in) *m(f)* **2.** (MIL POL) Beobachter(in) *m(f)*

ob•sess [əb'ses] *vt:* **be ~ed by** [*o* **with**] **s.o.** von jdm besessen sein; **s.th. ~es s.o.** jd ist von etw besessen; **ob•sess•ion** [əb'seʃn] *s* **1.** fixe Idee, Manie *f* **2.** (MED) Zwangsvorstellung *f* **3.** Besessenheit *f* (*with* von); **ob•sess•ive** [əb'sesɪv] *adj* zwanghaft; **become ~** zum Zwang werden

ob•sol•escence [ˌɒbsə'lesns] *s* Verschleiß *m;* Veralten *nt;* **ob•sol•escent** [ˌɒbsə'lesnt] *adj* veraltend, außer Gebrauch kommend; **ob•sol•ete** ['ɒbsəli:t] *adj* veraltet, überholt

ob•stacle ['ɒbstəkl] *s* Hindernis *nt* (*to* für); **be an ~ to s.th.** einer S entgegenstehen; **put ~s in s.o.'s way** jdm Hindernisse in den Weg legen; **ob•stacle race** *s* (SPORT) Hindernisrennen *nt*

ob•ste•tri•cian [ˌɒbstɪ'trɪʃn] *s* (MED) Geburtshelfer(in) *m(f);* **ob•stet•rics** [ɒb'stetrɪks] *s pl mit sing* Geburtshilfe *f*

ob•sti•nacy ['ɒbstɪnəsɪ] *s* Hartnäckigkeit *f,* Starrsinn *m,* Widerspenstigkeit *f;* **ob•sti•nate** ['ɒbstɪnət] *adj* **1.** (*Person*) hartnäckig, starrsinnig **2.** (*Krankheit*) hartnäckig; **remain ~** stur bleiben

ob•strep•er•ous [əb'strepərəs] *adj* aufmüpfig; aufsässig

ob•struct [əb'strʌkt] **I.** *vt* **1.** (ver)sperren, blockieren; verstopfen **2.** (be)hindern, hemmen, sperren; **trees ~ed the road** Bäume versperrten die Straße **II.** *vi* obstruieren; **ob•struc•tion** [əb'strʌkʃn] *s* **1.** (*Straße*) Versperren *nt,* Blockierung *f;* Verstopfung *f* **2.** Behinderung *f;* Hemmung *f;* Hindernis *nt* (*to* für) **3.** (PARL) Obstruktion *f;* **ob•struc•tion•ism** [-ɪzəm] *s* (PARL) Obstruktionspolitik *f;* **ob•struc•tive** [əb'strʌktɪv] *adj* obstruktiv, behindernd

ob•tain [əb'teɪn] **I.** *vt* **1.** erhalten, erlangen, bekommen **2.** (*Preis*) erzielen **3.** (*Wissen*) erwerben; **~ s.th. for s.o.** jdm etw verschaffen **II.** *vi* (*Regeln*) in Kraft sein; **ob•tain•able** [-əbl] *adj* erhältlich

ob•trude [əb'tru:d] **I.** *vt* hervorstehen; **~ o.s. (up)on others** sich anderen aufdrängen; **~ one's opinion (up)on s.o.** jdm seine Meinung aufzwingen **II.** *vi* **1.** sich aufdrängen **2.** hervorstehen; **ob•trus•ive** [əb'tru:sɪv] *adj* aufdringlich; penetrant

ob•tuse [əb'tju:s] *adj* **1.** (*Winkel*) stumpf **2.** (*Mensch*) begriffsstutzig

ob•vi•ate ['ɒbvɪeɪt] *vt* **1.** vermeiden, umgehen **2.** (*Einwand*) vorbeugen

ob•vi•ous ['ɒbvɪəs] *adj* **1.** offenbar, -sichtlich; augenfällig **2.** (*Unterschied*) offenkundig **3.** (*Lösung*) einleuchtend, nahe liegend; **an ~ truth** eine offenkundige Tatsache; **it's ~** das liegt auf der Hand; **make s.th. more ~** etw deutlicher machen

oc•ca•sion [ə'keɪʒn] **I.** *s* **1.** Gelegenheit *f,* Anlass *m* **2.** Ereignis *nt* **3.** Gelegenheit, Möglichkeit *f* **4.** Grund *m,* Veranlassung *f;* **on ~** gelegentlich; wenn nötig; **on the ~ of** bei Gelegenheit, aus Anlass, anlässlich *+gen;* **on that ~** damals; **on several ~s** mehrmals; **give ~ to** Anlass geben zu; **have ~ to** Gelegenheit haben zu; **rise to the ~** sich der Lage gewachsen zeigen; **take this ~ to ...** diese Gelegenheit ergreifen, um ...; **should the ~ arise** nötigenfalls **II.** *vt* Anlass, Veranlassung sein zu; **oc•ca•sional** [ə'keɪʒənl] *adj* gelegentlich, hin und wieder; **~ purchase** Gelegenheitskauf *m;* **~ table** Beistelltisch *m;* **oc•ca•sional•ly** [ə'keɪʒənəlɪ] *adv* gelegentlich, ab und zu

Oc•ci•dent ['ɒksɪdənt] *s:* **the ~** der Westen, das Abendland; **oc•ci•den•tal** [ˌɒksɪ'dentl] *adj* westlich, abendländisch

oc•cult [ɒ'kʌlt] *adj* okkult; geheimnisvoll; **oc•cult•ism** ['ɒkʌltɪzəm] *s* Okkultismus *m*

oc•cu•pan•cy ['ɒkjʊpənsɪ] *s* **1.** Bewohnen *nt* **2.** Belegung *f;* **with immediate ~** sofort beziehbar; **occupancy rate** *s* Zimmerbelegung *f*

oc•cu•pant ['ɒkjʊpənt] *s* **1.** Bewohner(in) *m(f)* **2.** (*einer Stelle*) Inhaber(in) *m(f);* **oc•cu•pa•tion** [ˌɒkjʊ'peɪʃn] **I.** *s* **1.** Beruf *m,* Tätigkeit *f* **2.** Beschäftigung *f* **3.** (MIL) Besetzung *f;* Besatzung *f* **4.** (*eines Hauses*) Besetzung *f;* **by ~** von Beruf; **army of ~** Besatzungsheer *nt;* **be in ~ of a house** ein Haus bewohnen **II.** *adj attr* (MIL) Besatzungs-; **oc•cu•pa•tion•al** [ˌɒkjʊ'peɪʃənl] *adj* beruflich; **~ accident** Arbeitsunfall *m;* **~ disease** Berufskrankheit *f;* **~ hazard** Berufsrisiko *nt;* **~ pension scheme** betriebliche Altersversorgung; **~ therapy** Beschäftigungstherapie *f;* **oc•cu•pier** ['ɒkjʊpaɪə(r)] *s* **1.** Bewohner(in) *m(f)* **2.** (*einer Stelle*) Inhaber(in) *m(f)* **3.** Besetzer(in) *m(f);* **oc•cupy** ['ɒkjʊpaɪ] *vt* **1.** bewohnen; belegen **2.** besetzen **3.** (*Zeit*) in Anspruch nehmen **4.** (*Stellung*) innehaben **5.** (*Raum*) einnehmen **6.** beschäftigen; **be occupied with** beschäftigt sein mit; **~ o.s.** sich beschäftigen; **keep s.o. occupied** jdn beschäftigen

oc•cur [ə'kɜ:(r)] *vi* **1.** vorkommen; sich ereignen, geschehen; stattfinden **2.** einfallen, in den Sinn kommen (*to s.o.* jdm); **don't let it ~ again** lassen Sie das nicht wieder vorkommen; **it ~s to me that ...** ich habe den Eindruck, dass ...; **the idea just ~red to me** es ist mir gerade eingefallen; **did it ever ~ to you that ...?** hast du eigentlich je daran gedacht, dass ...?; **oc•cur•rence** [ə'kʌrəns] *s* **1.** Ereignis, Vorkommnis *nt,* Begebenheit *f* **2.** Auftreten *nt;* Vorkommen *nt;* **an everyday ~** ein alltägliches Ereignis; **be of frequent/rare ~** häufig/selten vorkommen

ocean ['əʊʃn] *s* Ozean *m,* Meer *nt;* **~s of** (*fam*) jede Menge, massenhaft; **ocean climate** *s* Meeresklima *nt;* **ocean-going** ['əʊʃngəʊɪŋ] *adj* hochseetauglich; **~ tug** Hochseeschlepper *m;* **Oce•an•ia** [ˌəʊʃi:'ænɪə] *s* (GEOG) Ozeanien *nt;* **ocean liner** *s* Ozeandampfer *m;* **ocean•og•raphy** [ˌəʊʃə'nɒgrəfɪ] *s* Meereskunde *f*

oce•lot ['əʊsɪlɒt] *s* Ozelot *m*

ocher (*Am*), **ochre** ['əʊkə(r)] **I.** *s* Ocker *m od nt* **II.** *adj* ockerfarben

o'clock [ə'klɒk] *adv:* **it's 2 ~** es ist 2 Uhr

OCR *s Abk. von* **optical character recognition, reader** (INFORM) optische Zeichenerkennung; (*~ reader*) OCR-Lesegerät *nt*

oc•ta•gon ['ɒktəgən] *s* Achteck *nt*

oc•tane ['ɒkteɪn] *s* (CHEM) Oktan *nt;* **octane number**, **octane rating** *s* Oktanzahl *f*

oc•tave ['ɒktɪv] *s* (MUS) Oktave *f;* **oc•tet** [ɒk'tet] *s* (MUS) Oktett *nt*

Oc•to•ber [ɒk'təʊbə(r)] *s* Oktober *m;* **in ~** im Oktober

oc•to•gen•arian [ˌɒktədʒɪ'neərɪən] **I.** *adj* achtzigjährig **II.** *s* Achtziger(in) *m(f)*

oc•to•pus ['ɒktəpəs] *s* Tintenfisch *m,* Krake *f*

ocu•list ['ɒkjʊlɪst] *s* Augenarzt *m,* -ärztin *f*

odd [ɒd] *adj* **1.** (*Zahl*) ung(e)rade **2.** (*Schuh*) einzeln **3.** überzählig, -schüssig, übrig **4.** gelegentlich, zeitweilig **5.** (*Mensch*) merkwürdig, eigenartig, absonderlich; **thirty-~ years** so um die dreißig (Jahre); **the ~ one left over** der, die, das Überzählige; **at ~ times** hin und wieder, dann und wann; **~ job man** Mädchen *nt* für alles; **~ man out** das fünfte Rad am Wagen; Außenseiter *m;* **odd•ball** ['ɒdbɔ:l] *s* Sonderling *m;* **odd•ity** ['ɒdətɪ] *s* **1.** Ungewöhnlichkeit, Absonderlichkeit, Eigenartigkeit *f* **2.** komischer Kauz; **odd•ly** ['ɒdlɪ] *adv* eigenartig, sonderbar, merkwürdig; **~ enough** seltsamerweise; **odd•ment** ['ɒdmənt] *s* **1.** Rest *m;* Restposten *m* **2.** **~s** Rest-, Einzelstücke *ntpl*

odds [ɒdz] *s pl* **1.** (*beim Wetten*) Gewinnquote *f;* Kurse *mpl* **2.** Gewinnchancen *fpl;* **the ~ are against us** alles spricht gegen

O

uns; **what are the ~ on ...?** wie stehen die Chancen, dass ...?; **pay over the ~** einiges mehr bezahlen; **what's the ~?** was macht das schon?; **it makes no ~** es spielt keine Rolle; **the ~ are 2 to 1** die Chancen stehen 2 zu 1; **be at ~ with s.o. over s.th.** mit jdm in etw nicht einig gehen; **the ~ are in his favour** der Vorteil ist auf seiner Seite; **~ and ends** Überbleibsel *ntpl,* Reste *mpl,* Krimskrams, Kram *m;* **odds-on** [ˌɒdzˈɒn] *adv:* **it's ~ that** es ist sehr wahrscheinlich, dass

ode [əʊd] *s* Ode *f*

odi•ous [ˈəʊdɪəs] *adj* **1.** (*Tat*) abscheulich **2.** (*Person*) abstoßend, ekelhaft

odom•eter [ɒˈdɒmɪtə(r)] *s* (*Am*) Kilometerzähler *m*

odor (*Am*) *s.* **odour; odor•less** *adj* (*Am*) *s.* **odourless; odour** [ˈəʊdə(r)] *s* Geruch *m,* Wohlgeruch *m;* **be in good/bad ~ with s.o.** gut/schlecht bei jdm angeschrieben sein; **odour•less** [-lɪs] *adj* geruchlos

od•ys•sey [ˈɒdɪsɪ] *s* Odyssee *f*

OECD [ˌəʊiːsiːˈdiː] *s Abk. von* **Organization for Economic Cooperation and Development** OECD *f,* Organisation *f* für wirtschaftliche Zusammenarbeit und Entwicklung

oecu•meni•cal [ˌiːkjuːˈmenɪkl] *adj* ökumenisch

oesoph•agus [iːˈsɒfəgəs] *s* (ANAT) Speiseröhre *f*

of [əv, *betont* ɒv] *prep* **1.** (*Besitzverhältnis*) von; **a friend ~ mine** ein Freund von mir; **the works ~ Shakespeare** Shakespeares Werke **2.** (*zeitlich, örtlich*): **north ~ London** nördlich von London; **a quarter ~ six** (*Am*) Viertel vor sechs **3.** (*Angabe des Grundes*): **die ~ hunger** verhungern; **be proud ~ s.th.** stolz auf etw sein **4.** (*Angabe einer Entbehrung*): **cure s.o. ~ a disease** jdn von einer Krankheit heilen; **trees bare ~ leaves** Bäume ohne Blätter **5.** (*Angabe des Materials*): **table ~ wood** Holztisch *m* **6.** (*Angabe der Qualität*): **man ~ courage** mutiger Mensch; **~ no importance** bedeutungslos **7.** (*Angabe des Genitivs*): **love ~ money** Liebe zum Geld; **many ~ them came** viele kamen; **one ~ the best** einer der Besten; **today ~ all days** ausgerechnet heute; **you ~ all people ought to know** gerade Sie sollten das wissen; **what has become ~ him?** was ist aus ihm geworden?; **doctor ~ medicine** Doktor *m* der Medizin; **what do you do ~ a Sunday?** was machst du sonntags?; **~ late** seit neuestem; **~ old** einst, ehemals

off [ɒf] **I.** *adv* **1.** (*Entfernung*): **the town is five miles ~** die Stadt ist fünf Meilen entfernt; **the holidays are not far ~** es ist nicht mehr lang bis zu den Ferien **2.** (*Weggang*): **go ~** gehen; **~ with him!** fort mit ihm!; **it's time I was ~** es ist Zeit, dass ich gehe; **they're ~** (SPORT) sie sind gestartet **3.** (*Wegnehmen*): **there are two buttons ~** es fehlen zwei Knöpfe; **the lid is ~** der Deckel ist nicht drauf **4.** (*Abzug*): **1 % ~** 1 % Nachlass **5. get a day ~** einen Tag freibekommen; **~ and on, on and ~** ab und zu; **it rained ~ and on** es regnete mit Unterbrechungen **II.** *prep* **1.** (*Angabe einer Bewegung*): **fall ~ a ladder** von einer Leiter fallen; **jump ~ the roof** vom Dach springen; **she borrowed money ~ her father** (*sl*) sie lieh sich von ihrem Vater Geld **2.** (*Entfernung*) abgelegen von; **the narrow lane was ~ the main road** die enge Straße lag von der Hauptstraße ab **3.** (*fam*): **he's ~ drugs now** er ist nicht mehr rauschgiftsüchtig **III.** *adj* **1.** (*Tag*) schlecht **2.** (*Speisen*) verdorben, schlecht; (*Milch*) sauer **3.** (*Spiel, Streik*) abgesagt **4.** (*Licht*) ausgeschaltet **5.** (*Vertrag*) nicht mehr geltend; **I'm afraid veal is ~ now** das Kalbfleisch ist leider ausgegangen; **they are badly ~** sie sind nicht gut gestellt; **you're ~ there** da irrst du gewaltig; **that's a bit ~!** das ist ein dicker Hund!; **how are we ~ for time?** wie viel Zeit haben wir noch?

of•fal [ˈɒfl] *s* **1.** Innereien *pl* **2.** (*fig*) Abfall *m*

off-beat [ˌɒfˈbiːt] *adj* (*fam*) ungewöhnlich, unkonventionell; **off-center** (*Am*), **off-centre** [ˌɒfˈsentə(r)] *adj* nicht in der Mitte; asymmetrisch; **off-chance** [ˈɒftʃɑːns] *s:* **do s.th. on the ~** etw auf den Verdacht hin tun; **I came on the ~ of seeing him** ich kam in der Hoffnung ihn (vielleicht) zu sehen; **off-color** (*Am*), **off-col•our** [ˌɒfˈkʌlə(r)] *adj* **1.** unwohl **2.** (*Witz*) zweideutig; **off-day** [ˈɒfdeɪ] *s* (*fam*) Tag *m,* an dem man sich wohlfühlt

of•fence [əˈfens] *s* **1.** (JUR) Straftat *f;* Vergehen *nt* (*against* gegen) **2.** Kränkung, Beleidigung *f;* Anstoß *m* **3.** (REL) Sünde *f* **4.** Angriff *m;* **commit an ~** sich strafbar machen; **first ~** erste Straftat; **it is an ~ to the eye** das beleidigt das Auge; **cause** [*o* **give**] **~ to s.o.** jdn kränken; **take ~ at s.th.** wegen etw gekränkt sein; an etw Anstoß nehmen; **~ is the best defence** (*prov*) Angriff ist die beste Verteidigung; **of•fend** [əˈfend] **I.** *vi* **1.** beleidigend sein **2.** Unrecht tun; **~ against** verstoßen gegen **II.** *vt* **1.** beleidigen, verletzen **2.** Anstoß erregen bei; **offender** [əˈfendə(r)] *s* Täter(in) *m(f),* Verkehrssünder(in) *m(f);* **first ~** Ersttäter(in), noch nicht Vorbestrafte(r) *f m;* **of•fense** *s* (*Am*) **1.** (JUR) Straftat *f;* Vergehen *nt* (*against* gegen) **2.** Kränkung, Beleidigung *f;* Anstoß *m* **3.** (REL) Sünde *f* **4.** Angriff *m;* **commit an**

~ sich strafbar machen; **first** ~ erste Straftat; **it is an** ~ **to the eye** das beleidigt das Auge; **cause** [*o* **give**] ~ **to s.o.** jdn kränken; **take** ~ **at s.th.** wegen etw gekränkt sein; an etw Anstoß nehmen; ~ **is the best defence** (*prov*) Angriff ist die beste Verteidigung; **of•fen•sive** [ə'fensɪv] **I.** *adj* **1.** angreifend, offensiv **2.** (*Geruch*) unangenehm, widerlich **3.** (*Film*) anstößig **4.** (*Benehmen*) beleidigend, kränkend **II.** *s* Angriff *m,* Offensive *f;* **take the** ~ in die Offensive gehen; **on the** ~ in der Offensive; ~ **weapon** Offensivwaffe *f*

of•fer ['ɒfə(r)] **I.** *vt* **1.** anbieten **2.** (*Preis*) aussetzen **3.** (*Rat*) (an)bieten **4.** (*Plan*) vorschlagen **5.** (*Trost*) spenden **6.** (*Opfer*) darbringen **7.** (*Widerstand*) bieten; ~ **to do s.th.** anbieten etw zu tun; ~ **an opinion** sich äußern; ~ **an explanation** eine Erklärung geben; ~ **a price** ein Preisangebot machen; ~ **resistance** Widerstand leisten; ~ **a reward** eine Belohnung aussetzen **II.** *vi:* **whenever the opportunity** ~**s** immer wenn sich die Gelegenheit bietet **III.** *s* **1.** Angebot *nt* **2.** (~ *of marriage*) (Heirats)Antrag *m;* **on** ~ (COM) (zum Verkauf) angeboten; verkäuflich; im Sonderangebot; **make an** ~ **of s.th. to s.o.** jdm etw anbieten; **open to** ~**s** Angebote werden entgegengenommen; **the house is under** ~ für das Haus liegt ein Kaufangebot vor; **of•fer•ing** ['ɒfərɪŋ] *s* **1.** Gabe *f* **2.** (REL) Opfer *nt;* Opfergabe *f*

off-hand [ˌɒf'hænd] **I.** *adv* so ohne weiteres, auf Anhieb **II.** *adj a. off-handed* **1.** lässig **2.** (*Benehmen*) gleichgültig

of•fice ['ɒfɪs] *s* **1.** Büro *nt;* Kanzlei *f;* Abteilung *f* **2.** Amt *nt* **3.** Aufgabe, Pflicht *f* **4.** ~**s** Dienste *mpl* **5.** (REL) Gottesdienst *m;* **at the** ~ im Büro; **take** ~ das Amt antreten; die Regierung übernehmen; **through the** ~**s of** durch Vermittlung von; **hold** ~ im Amt sein; an der Regierung sein; **be out of** ~ nicht im Amt sein; nicht mehr an der Regierung sein; **office automation** *s* (INFORM) Büroautomation *f;* **office block** *s* Bürohaus *nt;* Bürokomplex *m;* **office boy** *s* Laufbursche *m;* **office building** *s* Bürogebäude *nt;* **office equipment** *s* Büroausstattung *f;* **office hours** *s pl* Dienstzeit *f;* Geschäfts-, Öffnungszeiten *fpl;* **Office of Fair Trading**, **OFT** *s* Amt *nt* für Verbraucherschutz

of•fi•cer ['ɒfɪsə(r)] *s* **1.** (MIL AVIAT) Offizier *m* **2.** Beamte(r) *m,* Beamtin *f* **3.** (*Verein*) Vorstandsmitglied *nt;* **medical** ~ Amtsarzt *m,* -ärztin *f;* **police** ~ Polizeibeamte(r) *m,* -beamtin *f*

of•fice space ['ɒfɪsˌspeɪs] *s* Büroräume *mpl;* **office staff** *s* Büropersonal *nt;* **office supplies** *s pl* Bürobedarf *m;* **office worker** *s* Büroangestellte(r) *f m*

of•fi•cial [ə'fɪʃl] **I.** *adj* amtlich; dienstlich; offiziell; **through** ~ **channels** auf dem Dienstweg; **Official Secrets Act** *Gesetz über die Wahrung von Staatsgeheimnissen;* ~ **statement** amtliche Verlautbarung; ~ **style** förmlicher Stil **II.** *s* **1.** Beamte(r) *m,* Beamtin *f* **2.** (*Verein*) Funktionär(in) *m(f);* **of•fi•cial•dom** [-dəm] *s* Beamtentum *nt,* Bürokratie *f;* **of•fi•cialese** [əˌfɪʃə'li:z] *s* Beamten-, Amtsjargon *m;* **of•fi•cial•ly** [ə'fɪʃəlɪ] *adv* offiziell; **of•fi•ci•ate** [ə'fɪʃɪeɪt] *vi* amtieren, fungieren

of•fi•cious [ə'fɪʃəs] *adj* übereifrig, dienstbeflissen

off•ing ['ɒfɪŋ] *s:* **in the** ~ in Sicht

off-key [ˌɒf'ki:] *adj* (MUS) falsch; **off-licence** ['ɒflaɪsns] *s* (*Br*) **1.** Konzession *f* für den Verkauf von Alkohol **2.** Wein- und Spirituosenhandlung *f;* **offline** [ˌɒf'laɪn] **I.** *adj* (INFORM) Offline-; ~ **mode** (INFORM) Offlinebetrieb *m* **II.** *adv* offline; **off•load** [ˌɒf'ləʊd] *vt* **1.** ausladen, entladen **2.** abstoßen, abschieben; **off-peak** ['ɒfpi:k] *adj:* ~ **charges** verbilligter Tarif; **during** ~ **hours** außerhalb der Stoßzeiten; ~ **heating** Speicherheizung *f;* **off-put•ting** [ˌɒf'pʊtɪŋ] *adj* (*fam*) entmutigend; wenig einladend; unsympathisch; **off-sea•son** ['ɒfsi:zn] *s* Nebensaison *f*

off•set ['ɒfset] **I.** *s* **1.** (TYP) Offsetdruck *m* **2.** (BOT) Ableger *m* **3.** (*fig*) Ausgleich *m* **II.** *vt* **1.** ausgleichen; wettmachen, aufwiegen **2.** versetzen

off•shore [ˌɒf'ʃɔ:(r)] **I.** *adv* von der Küste weg; **anchor** ~ vor der Küste ankern **II.** *adj* küstennah; Küsten-; im Meer; ~ **wind** Landwind *m;* **off•side** [ˌɒf'saɪd] **I.** *adj* **1.** (SPORT) im Abseits **2.** (AUTO) auf der Fahrerseite **II.** *s* (AUTO) Fahrerseite *f;* **offside rule** *s* (*sport*) Abseitsregel *f*

off•spring ['ɒfsprɪŋ] *s* **1.** (*sing*) Sprößling, Abkömmling *m* **2.** (*pl*) Nachwuchs *m;* (die) Jungen *pl*

off•stage [ˌɒf'steɪdʒ] *adv* hinter den Kulissen; **off-street parking** *s Parkgelegenheiten abseits der Straße;* **off-the-cuff** [ˌɒfðə'kʌf] *adj, adv* aus dem Stegreif; **off-the-job training** *s* außerbetriebliche Ausbildung; **off-the-peg** [ˌɒfðə'peg] *adj* (*Br*) von der Stange, Konfektions-; **off-white** [ˌɒf'waɪt] *adj* gebrochen weiß

of•fy ['ɒfɪ] *s* (*Br: fam: off-licence*) Wein- und Spirituosenladen *m*

OFT [ˌəʊef'ti:] *s Abk. von* **Office of Fair Trading** Amt *nt* für Verbraucherschutz

of•ten ['ɒfn] *adv* oft, häufig; **we** ~ **go there** wir gehen häufig dahin; **as** ~ **as** sooft wie; **not as** ~ **as twice a month** weniger als

O

zweimal im Monat; **as ~ as not** meistens; **more ~ than not** meistens; **every so ~** öfters, von Zeit zu Zeit; **once too ~** einmal zu oft; **how ~?** wie oft?

ogle ['əʊgl] *vt* liebäugeln mit; kein Auge lassen von

ogre ['əʊgə(r)] *s* Menschenfresser *m* (*im Märchen*)*;* **ogress** ['əʊgres] *s* Menschenfresserin *f*

oh [əʊ] *interj* oh! ach!; **~ well** na ja!; **~ dear!** o je!; **~ yes?** ach ja?

oik [ɔɪk] *s* (*pej sl*) Prolet *m*

oil [ɔɪl] **I.** *s* **1.** Öl *nt* **2.** Erdöl, Petroleum *nt* **3.** Ölfarbe *f,* -gemälde *nt* **4.** (*sl*) Schmeichelei *f;* **burn the midnight ~** bis spät in die Nacht (hinein) arbeiten; **pour ~ on troubled waters** die Wogen glätten; **strike ~** (*fig*) einen guten Fund machen; **paint in ~s** in Öl malen **II.** *vt* (ein)ölen, schmieren; **~ s.o.'s palm** jdn bestechen; **~ the wheels** (*fig*) die Dinge erleichtern; **oil-based paint** *s* Ölfarbe *f;* **oil cake** *s* Ölkuchen *m;* **oil•can** *s* Ölkanne *f;* **oil change** *s* (AUTO) Ölwechsel *m;* **oil•cloth** ['ɔɪklɒθ] *s* Wachstuch *nt;* **oil com•pa•ny** *s* Ölkonzern *m;* **oil con•sump•tion** *s* Ölverbrauch *m;* **oil cri•sis** *s* Ölkrise *f;* **oil-export•ing** [ˌɔɪlɪk'spɔːtɪŋ] *adj* Erdöl exportierend; **~ country** Ölexportland *nt;* **oil•field** *s* Ölfeld *nt;* **oil-fired** ['ɔɪlˌfaɪrd] *adj* mit Öl befeuert; **oili•ness** ['ɔɪlɪnɪs] *s* **1.** ölige Beschaffenheit **2.** (*fig*) aalglatte Art; **oil lamp** *s* Öllampe *f;* **oil lev•el** *s* (TECH) Ölstand *m;* **oil paint•ing** *s* Ölgemälde *nt,* -malerei *f;* **oil pipe•line** *s* Erdölleitung *f;* **oil-pro•duc•ing** *adj* ölfördernd; **~ country** Ölförderland *nt;* **oil pro•duc•tion** *s* Ölförderung *f;* **oil rig** *s* Bohrturm *m;* -insel *f;* **oil sheik** *s* Ölscheich *m;* **oil•skin** *s* **1.** Öltuch *nt* **2. ~s** Ölzeug *nt;* **oil slick** *s* Ölteppich *m;* Öllache *f;* **oil spills** *s pl* Ölpest *f;* **oil tank•er** *s* Öltanker *m,* Tankschiff *nt;* **oil well** *s* Ölquelle *f;* **oily** ['ɔɪlɪ] *adj* **1.** ölig; ölhaltig **2.** (*Finger*) voller Öl **3.** (*fig*) aalglatt

oint•ment ['ɔɪntmənt] *s* Salbe *f*

OK, **okay** [ˌəʊ'keɪ] **I.** *interj* okay! einverstanden! in Ordnung! **II.** *adj* in Ordnung, okay; **that's ~ with me** das ist mir recht; **be ~ for money** genug Geld haben **III.** *adv* gut; einigermaßen **IV.** *vt* (*Plan*) gutheißen, billigen **V.** *s* Zustimmung *f*

ok•ra ['əʊkrə] *s* Okra *nt*

old [əʊld] **I.** *adj* **1.** alt **2.** bejahrt, betagt **3.** verbraucht, abgenutzt **4.** früher, ehemalig **5.** erfahren, erprobt **6.** altertümlich; weit zurückliegend, -reichend; **~ people** alte Leute; **he's forty years ~** er ist 40; **seven-year-~** Siebenjährige(r) *f m;* **any ~ thing** irgendwas; **his ~ school** seine ehemalige Schule; **we had a great ~ time** wir haben uns prächtig amüsiert; **the Old World** die alte Welt **II.** *s:* **in days of ~** in alten Zeiten; **the men of ~** die Menschen früherer Zeiten; **old age** *s* das Alter; **reach ~** ein hohes Alter erreichen; **old-age pension** Altersrente *f;* **~ pensioner, OAP** Rentner(in) *m(f);* **Old Bill** *s* (*Br sl*) die Polizei; **old boy** *s* (*Br*) ehemaliger Schüler; **~ network** *Seilschaft von Männern;* **old-es•tab•lished** [ˌəʊldɪ'stæblɪʃt] *adj* alteingesessen; **old-fashioned** [ˌəʊld'fæʃnd] *adj* altmodisch; **old girl** *s* (*Br*) ehemalige Schülerin; **old•ish** ['əʊldɪʃ] *adj* ältlich; **old lady** *s* (*fam*): **my ~** meine Alte; **old-maidish** [ˌəʊld'meɪdɪʃ] *adj* altjüngferlich; **old man** *s* (*fam*): **my ~** mein Alter; **old master** *s* alter Meister; **old people's home** *s* Altersheim *nt;* **old school** *s* (*fig*) alte Schule; **old stager** [ˌəʊld'steɪdʒə(r)] *s* alter Hase; **old-style** *adj* im alten Stil; **old-timer** ['əʊldtaɪmə(r)] *s* (*fam*) eine(r) von der alten Garde, Veteran(in) *m(f);* **old wives' tale** *s* Ammenmärchen *nt*

ole•an•der [ˌəʊlɪ'ændə(r)] *s* Oleander *m*

ol•fac•tory [ɒl'fæktərɪ] *adj* Geruchs-

ol•ive ['ɒlɪv] **I.** *s* **1.** Olive *f* **2.** (*~ tree*) Olivenbaum *m* **3.** (*Farbe*) Olivgrün *nt* **II.** *adj* olivgrün; **olive branch** *s* Ölzweig *m;* **olive grove** *s* Olivenhain *m;* **olive oil** ['ɒlɪvˌɔɪl] *s* Olivenöl *nt*

Olym•piad [ə'lɪmpɪæd] *s* Olympiade *f;* **Olym•pian** [ə'lɪmpɪən] **I.** *s* Olympier *m* **II.** *adj* olympisch; **Olym•pic** [ə'lɪmpɪk] **I.** *adj* olympisch **II.** *s:* **the ~ Games, the ~s** die Olympischen Spiele

Oman [əʊ'mɑːn] *s* Oman *m;* **Omani** [əʊ'mɑːnɪ] **I.** *adj* omanisch **II.** *s* Omaner(in) *m(f)*

om•buds•man ['ɒmbʊdzmən] *<pl -men>* *s* (POL) Ombudsmann *m*

om•elet (*Am*), **om•elette** ['ɒmlɪt] *s* Omelett(e) *nt,* Eierkuchen *m*

omen ['əʊmen] *s* Omen, Vorzeichen *nt* (*for* für); **om•in•ous** ['ɒmɪnəs] *adj* bedrohlich, drohend; unheilverkündend

omission [ə'mɪʃn] *s* **1.** Auslassung *f* **2.** Unterlassung, Nichtbeachtung *f;* **sin of ~** Unterlassungssünde *f*

omit [ə'mɪt] *vt* **1.** auslassen (*from* aus) **2.** unterlassen, versäumen (*doing, to do* zu tun)

om•ni•bus ['ɒmnɪbəs] **I.** *s* **1.** Omnibus, Autobus, Bus *m* **2.** (*Buch*) Sammelband *m* **II.** *adj* allgemein, umfassend; **~ agreement** Globalabkommen *nt*

om•nip•otence [ɒm'nɪpətəns] *s* Allmacht, Omnipotenz *f;* **om•nip•otent** [ɒm'nɪpətənt] *adj* allmächtig

om•ni•pres•ent [ˌɒmnɪ'preznt] *adj* allgegenwärtig

om•nis•cient [ɒmˈnɪʃnt] *adj* allwissend

om•ni•vo•rous [ɒmˈnɪvərəs] *adj* allesfressend

on [ɒn] **I.** *prep* **1.** (*Platz, Lage*) auf; an; ~ **the table** auf dem Tisch; **pictures** ~ **the wall** Bilder an der Wand; **flies** ~ **the ceiling** Fliegen an der Decke; ~ **the right** rechts; ~ **the radio** im Radio; **he has no money** ~ **him** er hat kein Geld bei sich; **a house** ~ **the coast** ein Haus am Meer **2.** (*Transportmittel*): **go** ~ **the train** mit dem Zug fahren; ~ **foot** zu Fuß; ~ **a bicycle** mit dem Fahrrad **3.** (*Mittel*): **live** ~ **one's income** von seinem Einkommen leben; **live** ~ **bread** sich von Brot ernähren **4.** über; **a lecture** ~ **Shakespeare** ein Vortrag über Shakespeare **5.** (*zeitlich*) an; ~ **Sunday** am Sonntag; ~ **the evening of May the first** am Abend des ersten Mai; ~ **the minute** auf die Minute genau **6.** bei; ~ **my arrival** bei meiner Ankunft; ~ **request** auf Wunsch; ~ **receiving his letter** auf seinen Brief hin **7.** (*Zugehörigkeit*) in; **he is** ~ **the committee** er gehört dem Ausschuss an **8.** (*beschäftigt mit*): **work** ~ **a project** an einem Projekt arbeiten **9.** im Vergleich zu **10.** (MUS): **play** ~ **the violin** auf der Geige spielen **11.** nach; ~ **his theory** seiner Theorie nach; **this is** ~ **me** das geht auf meine Kosten **II.** *adv* (*s. a. Verb mit on*): **have nothing** ~ nichts anhaben, nackt sein; **I put a hat** ~ ich setzte einen Hut auf; **from that day** ~ von diesem Tag an; **well** ~ **in the morning** später am Morgen; **keep** ~ **talking** immer weiterreden; ~ **and** ~ ununterbrochen, andauernd; **be** ~ **at s.o.** (*fam*) auf jdm dauernd herumhacken; **what's he** ~ **about?** wovon redet er nun schon wieder? **III.** *adj* (*Licht*) an; **be** ~ gegeben werden; gezeigt werden; **who's** ~ **tonight?** wer spielt heute Abend?; **I have nothing** ~ **tonight** ich habe heute Abend nichts vor; **it's just not** ~ das gibt es einfach nicht; **what's** ~ **in town?** was läuft in der Stadt?

once [wʌns] **I.** *adv* einmal; früher einmal; einst; ~ **a week** einmal in der Woche; ~ **more** noch einmal; ~ **and for all** ein für allemal; ~ **or twice** ein- oder zweimal; ~ **upon a time there was ...** es war einmal ...; **at** ~ sofort; auf einmal; **all at** ~ ganz plötzlich; ~ **in a blue moon** alle Jubeljahre einmal; ~ **bitten twice shy** (*prov*) ein gebranntes Kind scheut das Feuer **II.** *conj* wenn; als; **once-over** [ˈwʌnsˌəʊvə(r)] *s* kurze Untersuchung; **give s.o. the** ~ (*fam*) jdn kurz prüfend ansehen

on•com•ing [ˈɒnkʌmɪŋ] **I.** *adj* **1.** entgegenkommend **2.** (*Gefahr*) nahend, drohend; **the** ~ **traffic** der Gegenverkehr **II.** *s* Nahen, Kommen *nt*

on•costs [ˈɒnˌkɒsts] *s pl* Fixkosten *pl*

one [wʌn] **I.** *adj* **1.** ein, eine, ein; **the baby is** ~ (**year old**) das Kind ist ein Jahr (alt); **it is** ~ **o'clock** es ist ein Uhr; ~ **hundred pounds** hundert Pfund **2.** (*unbestimmt*): ~ **morning** eines Morgens; ~ **day next week** nächste Woche einmal; ~ **Mr Smith** ein gewisser Herr Smith **3.** (*einzig*): **my** ~ **hope** meine einzige Hoffnung; **my** ~ **thought was ...** mein einziger Gedanke war ... **4.** (*ohne Unterschied*): **they are** ~ **and the same person** das ist ein und dieselbe Person; **it is all** ~ das ist einerlei; **we are** ~ **on the subject** wir sind uns über das Thema einig **II.** *pron* **1.** eine(r, s); **the** ~ **who ...** derjenige, der ...; **a bigger** ~ ein größerer; **no** ~ **of these people** keiner dieser Leute; **any** ~ irgendeine(r, s); **every** ~ jede(r, s); **this** ~ diese(r, s); **the little** ~**s** die Kleinen *pl;* **I'm not** ~ **to go out often** ich bin nicht der Typ, der oft ausgeht; **I was never** ~ **to say no** ich sage eigentlich nie Nein; **I, for** ~**, think otherwise** ich, zum Beispiel, denke anders; **they came** ~ **and all** sie kamen alle; ~ **by** ~ einzeln; ~ **after the other** einer nach dem anderen; **she is** ~ **of us** sie ist eine von uns **2.** man; einen *acc,* einem *dat;* **wash** ~**'s face** sich das Gesicht waschen; ~ **can't always find time for reading** man hat nicht immer Zeit zum Lesen **III.** *s* Eins *f;* **in** ~**s and twos** in kleinen Gruppen; **they became** ~ sie wurden eins; **be at** ~ sich einig sein; **the goods are sold in** ~**s** die Waren werden einzeln verkauft; **be** ~ **up on s.o.** jdm etw voraushaben

one-armed [ˌwʌnˈɑːmd] *adj* einarmig; ~ **bandit** einarmiger Bandit (*Spielautomat*); **one-eyed** [ˌwʌnˈaɪd] *adj* einäugig; **one-handed** [ˌwʌnˈhændɪd] *adj* einhändig; **one-horse** [ˌwʌnˈhɔːs] *adj* einspännig; **a** ~ **town** (*fam*) ein Kuhdorf; **one-legged** [ˌwʌnˈlegd] *adj* einbeinig; **one-liner** [ˈwʌnˌlaɪnə(r)] *s* (*fam*) witzige Bemerkung; **one-man** [ˌwʌnˈmæn] *adj* Einmann-; ~ **band** Einmannband *f;* ~ **job** Arbeit für einen einzelnen; **one-night stand** *s* **1.** (THEAT) einmalige Aufführung **2. it was only a** ~ es war nur ein Abenteuer für eine Nacht; **one-off** [ˈwʌnɒf] **I.** *adj* (*Br*) einmalig **II.** *s* etwas Einmaliges; **one-piece** [ˌwʌnˈpiːs] *adj* einteilig; ~ **swimsuit** Einteiler *m*

on•er•ous [ˈɒnərəs] *adj* beschwerlich, drückend; schwer

one•self [wʌnˈself] *pron* **1.** sich **2.** (*betont*) (man) selbst; **wash** ~ sich waschen; **for** ~ ganz allein; ohne Hilfe; **if one doesn't do everything** ~ wenn man nicht alles selbst macht; **be** ~ sich so geben, wie man ist;

come to ~ wieder zu sich kommen; sich fassen

one-sided [ˌwʌn'saɪdɪd] *adj* **1.** einseitig **2.** (*fig*) parteiisch; **one-time** ['wʌntaɪm] *adj* ehemalig, früher; **one-track** ['wʌntræk] *adj:* **he's got a ~ mind** der hat immer nur das eine im Kopf; **one-up•man•ship** [ˌwʌn'ʌpmənʃɪp] *s:* **the art of ~** die Kunst, allen anderen um eine Nasenlänge voraus zu sein; **one-way** ['wʌnweɪ] *adj* Einbahn-; ~ **street** Einbahnstraße *f;* ~ **ticket** einfache Fahrkarte

on•go•ing ['ɒngəʊɪŋ] *adj* im Gang befindlich, laufend; andauernd

onion ['ʌnɪən] *s* Zwiebel *f;* **know one's ~s** (*sl*) sein Geschäft verstehen

online [ˌɒn'laɪn] **I.** *adj* (INFORM) Online-; ~ **mode** (INFORM) Onlinebetrieb *m;* ~ **service** Onlinedienst *m* **II.** *adv* online

on•looker ['ɒnlʊkə(r)] *s* Zuschauer(in) *m(f)*

only ['əʊnlɪ] **I.** *adj* einzige(r, s); **he's an ~ child** er ist ein Einzelkind; **the ~ thing** das einzige; **her ~ answer was a shrug** ihre Antwort bestand nur aus einem Achselzucken; **my one and ~ hope** meine einzige Hoffnung **II.** *adv* nur; ~ **last week** erst letzte Woche; **I ~ wanted ...** ich wollte weiter nichts, als ...; ~ **too true** nur zu wahr; **if ~** wenn doch nur; **not ~ ... but also** nicht nur ... sondern auch; **if ~ that hadn't happened** wenn das bloß nicht passiert wäre; ~ **just** eben erst **III.** *conj* bloß, nur

o.n.o. [ˌəʊen'əʊ] *Abk. von* **or near(est) offer** oder gegen Höchstgebot, Verhandlungsbasis, VB *f*

on•rush ['ɒnrʌʃ] *s* Ansturm *m;* **on•screen** ['ɒnˌskriːn] *adj* (INFORM) am Bildschirm; **on•set** ['ɒnset] *s* **1.** Anfang, Beginn *m* **2.** (MED) Ausbruch *m;* **at the first ~** bei Beginn; **on•shore** ['ɒnʃɔː(r)] **I.** *adj* Land- **II.** *adv* an Land; **on•side** *adv* (SPORT) nicht im Abseits; **on-site** [ˌɒn'sait] **I.** *adj* Vor-Ort-; ~ **supervision** Vor-Ort-Kontrolle *f* **II.** *adv* vor Ort; **on•slaught** ['ɒnslɔːt] *s* heftiger Angriff (*on* auf)

on-the-job training [ˌɒnðə'jɒbˌtreɪnɪŋ] *s* betriebliche Ausbildung

onto ['ɒntʊ, *vor Konsonanten* 'ɒntə] *prep* auf; **come ~ a subject** auf ein Thema zu sprechen kommen; **be ~ s.o.** jdm auf die Schliche kommen

on•ward ['ɒnwəd] **I.** *adv* (*a.* ~*s*) voran, vorwärts, weiter; **from today ~** von heute an **II.** *adj* nach vorn (gerichtet); **the ~ course of events** die fortschreitende Entwicklung der Dinge

onyx ['ɒnɪks] *s* (MIN) Onyx *m*

oodles ['uːdlz] *s pl* (*sl*) jede Menge; ~ **of money** Geld wie Heu

oomph [ʊmf] *s* (*sl*) Schwung *m*

ooze [uːz] **I.** *s* Schlick, Schlamm *m* **II.** *vi* triefen; sickern; herausquellen; ~ **away** versickern; versiegen; ~ **out** herausquellen **III.** *vt* **1.** ausschwitzen **2.** (*fig*) triefen von; strotzen von

opac•ity [əʊ'pæsətɪ] *s* Undurchsichtigkeit *f,* Lichtundurchlässigkeit *f*

opal ['əʊpl] *s* (MIN) Opal *m;* **opal•escent** [ˌəʊpə'lesnt] *adj* opalisierend, schillernd

opaque [əʊ'peɪk] *adj* **1.** undurchsichtig, milchig, trüb **2.** (*fig*) undurchsichtig

open ['əʊpən] **I.** *adj* **1.** offen; geöffnet; frei **2.** (*Geschäft*) geöffnet **3.** (*Blick*) frei; offen **4.** (*Gebäude*) eingeweiht; freigegeben; eröffnet; (*Treffen*) öffentlich **5.** (*Feindschaft*) unverhohlen **6.** (*Frage*) offen, ungeklärt **7.** (*Küste*) ungeschützt **8.** (*Muster*) durchbrochen **9.** (*Charakter*) offen, aufrichtig; **keep the door ~** die Tür offenlassen; **a shirt ~ at the neck** ein am Hals offenes Hemd; ~ **door policy** Politik *f* der offenen Tür; **in the ~ air** im Freien; ~ **note** (MUS) Grundton *m;* **road ~ to traffic** Durchfahrt frei; **declare s.th. ~** etw einweihen, eröffnen; **in ~ court** (JUR) in öffentlicher Verhandlung; **be ~ to s.o.** jdm offen stehen; jdm zur Verfügung stehen; ~ **to the public** der Öffentlichkeit zugänglich; **be ~ to advice** Ratschlägen zugänglich sein; **be ~ to attack** Angriffen ausgesetzt sein; **leave ~** (*fig*) offen lassen; **have an ~ mind on s.th.** einer S aufgeschlossen gegenüberstehen **II.** *vt* **1.** (*Mund*) öffnen, aufmachen; (*Zeitung*) aufschlagen **2.** (*Ausstellung*) eröffnen; einweihen **3.** (*Gebiet*) erschließen **4.** (*fig*) öffnen **5.** (*Diskussion*) eröffnen, beginnen; ~ **one's heart to s.o.** sich jdm eröffnen; ~ **fire** das Feuer eröffnen **III.** *vi* **1.** sich öffnen; aufgehen **2.** (*Laden*) öffnen, aufmachen **3.** (*Tür*) führen (*into* in) **4.** beginnen (*with* mit) **IV.** *s:* **in the ~** im Freien; **come out into the ~** (*fig*) Farbe bekennen; **force s.o. out into the ~** jdn zwingen, sich zu stellen; **force s.th. out into the ~** etw zur Sprache bringen; **open on to** *vi* (*Tür*) führen auf; **open out I.** *vi* **1.** sich verbreitern; sich weiten; sich ausfalten lassen **2.** (*fig*) aus sich herausgehen **II.** *vt* **1.** auseinander falten; vergrößern **2.** (*fig*) aus der Reserve locken; **open up I.** *vi* **1.** sich öffnen, aufgehen; sich erschließen **2.** (*fig*) gesprächiger werden **3.** (*Tür*) aufgehen **4.** (MIL) das Feuer eröffnen **II.** *vt* **1.** (*Gebiet*) erschließen; freimachen **2.** bauen; schaffen **3.** (*Tür*) aufschließen **4.** (*Geschäft*) eröffnen

open-air [ˌəʊpn'eə(r)] *adj* im Freien; ~ **swimming pool** Freibad *nt;* ~ **theatre** Freilichttheater *nt;* **open-cast mining** *s* (MIN) Tagebau *m;* **open cheque** *s* Barscheck *m;* **open court** *s* offene Verhandlung; **open credit** *s* Blankokredit *m;* **open-ended** [ˌəʊpnˈendɪd] *adj* (*fig*) offen, zeitlich nicht begrenzt; alles offen lassend; ~ **contract** unbefristeter Arbeitsvertrag; **opener** [ˈəʊpənə(r)] *s* (TECH) Öffner *m;* **bottle-~** Flaschenöffner *m;* **tin-~** [*o Am* **can-**] Büchsenöffner *m;* **for ~s** für den Anfang; **open-eyed** [ˌəʊpnˈaɪd] *adj* mit offenen Augen; **open-heart surgery** *s* Operation *f* am offenen Herzen

open•ing [ˈəʊpənɪŋ] **I.** *s* **1.** Öffnung *f;* Loch *nt;* Spalt *m* **2.** Lücke *f* **3.** Eröffnung *f;* Beginn, Anfang *m* **4.** Öffnen *nt;* Aufmachen *nt* **5.** Möglichkeit, Chance *f* **6.** freie Stelle; **Opening of Parliament** Parlamentseröffnung *f;* **hours of** ~ Öffnungszeiten *fpl* **II.** *adj* erste(r, s); Eröffnungs-; **opening balance** *s* Eröffnungsbilanz *f;* **opening bid** *s* Eröffnungsgebot *nt;* **opening hours** *s pl* Öffnungszeiten *fpl;* **opening night** *s* Eröffnungsvorstellung *f;* **opening time** *s* Öffnungszeit *f*

open•ly [ˈəʊpənlɪ] *adv* offen; freiheraus; öffentlich

open market [ˌəʊpənˈmɑːkɪt] *s* freier Markt

open-minded [ˌəʊpnˈmaɪndɪd] *adj* aufgeschlossen; **open-mouthed** [ˌəʊpnˈmaʊðd] *adj* mit offenem Mund

open-necked [ˌəʊpənˈnekt] *adj* mit offenem Kragen

open•ness [ˈəʊpənnɪs] *s* **1.** Offenheit, Aufrichtigkeit *f;* Öffentlichkeit *f* **2.** (*fig*) Aufgeschlossenheit *f* **3.** Lockerheit *f*

open-plan [ˌəʊpnˈplæn] *adj* Großraum-; offen angelegt; **open prison** *s* offene Strafvollzugsanstalt; **open sandwich** *s* belegtes Brot; **open ticket** *s* offenes Ticket; **Open University, OU** *s* (*Br*) Fernuniversität *f;* **open verdict** *s richterliche Feststellung auf unbekannte Todesursache*

op•era [ˈɒprə] *s* Oper *f;* **go to the** ~ in die Oper gehen

op•er•able [ˈɒpərəbl] *adj* **1.** (MED) operierbar **2.** durchführbar, praktikabel

op•era glasses [ˈɒprəglɑːsɪz] *s pl* Opernglas *nt;* **opera house** *s* Opernhaus *nt,* Oper *f*

op•er•ate [ˈɒpəreɪt] **I.** *vi* **1.** in Betrieb, in Gang sein; funktionieren; laufen **2.** (*Plan*) sich auswirken **3.** operieren; Geschäfte tätigen **4.** (MIL) operieren **5.** (MED) operieren (*on s.o.* jdn); ~ **against s.o.** gegen jdn wirken; **be ~d on** operiert werden **II.** *vt* **1.** (*Maschine*) bedienen; betätigen; auslösen; betreiben **2.** (*Geschäft*) betreiben, führen **3.** (*Gesetz*) anwenden **4.** (*Route*) bedienen; unterhalten; **op•er•at•ing** [ˈɒpəreɪtɪŋ] *adj* **1.** Betriebs- **2.** (MED) Operations-; ~ **loss** Betriebsverlust *m,* operativer Verlust; ~ **manual** Benutzerhandbuch *nt;* Bedienungsanleitung *f;* ~ **profit** Betriebsgewinn *m,* operativer Gewinn; ~ **system** (INFORM) Betriebssystem *nt;* ~ **table** (MED) Operationstisch *m;* ~ **theatre** (MED) Operationssaal *m*

op•er•ation [ˌɒpəˈreɪʃn] *s* **1.** (*Maschine*) Funktionieren *nt;* Gang, Lauf *m;* Arbeitsweise *f;* Funktionsweise *f* **2.** Bedienung, Handhabung *f;* Betätigung *f* **3.** (MED) Operation *f* **4.** Unternehmen *nt,* Unternehmung *f* **5.** (MIL) Operation *f;* **be in** ~ in Betrieb sein; (JUR) in Kraft sein; **be out of** ~ außer Betrieb sein; **come into** ~ in Gang kommen; (JUR) in Kraft treten; **have an** ~ operiert werden (*for* wegen); **business ~s** Geschäfte *ntpl;* **mental ~s** Denkvorgänge *mpl;* **~s review** Betriebsanalyse *f;* **~s room** Hauptquartier *nt;* **~s research** Unternehmensforschung *f;* **op•er•ation•al** [ˌɒpəˈreɪʃənl] *adj* **1.** betriebsbereit; einsatzfähig; in Betrieb **2.** (TECH) Betriebs- **3.** (MIL) Einsatz-; ~ **costs** Betriebskosten *pl*

op•er•at•ive [ˈɒpərətɪv] **I.** *adj* **1.** (*Gesetze*) wirksam; maßgeblich, entscheidend **2.** (MED) operativ; **become** ~ in Kraft treten **II.** *s* Maschinenarbeiter(in) *m(f)*

op•er•ator [ˈɒpəreɪtə(r)] *s* **1.** (TELE) Vermittlung *f* **2.** Maschinenarbeiter(in) *m(f),* Operator(in) *m(f);* **a call through the** ~ ein handvermitteltes Gespräch; **a clever** [*o* **slick**] ~ (*fam*) ein raffinierter Kerl *m;* **private** ~ Privatunternehmer(in) *m(f)*

op•er•etta [ˌɒpəˈretə] *s* Operette *f*

oph•thal•mic [ɒfˈθælmɪk] *adj* Augen-; **oph•thal•mic op•ti•cian** [ɒpˌθælmɪkɒpˈtɪʃn] *s* Augenoptiker(in) *m(f)*

ophthal•mo•lo•gist [ɒpθəˈmɒlədʒɪst] *s* Augenarzt *m,* -ärztin *f;* **oph•thal•mo•scope** [ɒfˈθælməskəʊp] *s* Augenspiegel *m*

opi•ate [ˈəʊpɪət] *s* **1.** Opiat *nt* **2.** (*fig*) Beruhigungsmittel *nt*

opin•ion [əˈpɪnɪən] *s* **1.** Meinung, Ansicht *f* (*about, on* zu), Anschauung *f* **2.** Stellungnahme *f;* Gutachten *nt;* Befund *m;* **in my** ~ meiner Ansicht nach; **in the** ~ **of most people** nach Ansicht der meisten Menschen; **be of the** ~ **that ...** der Meinung sein, dass ...; **it's a matter of** ~ das ist Ansichtssache; **have a good** ~ **of** eine gute Meinung haben von; **have a low** ~ **of** nichts halten von; **opin•ion•ated** [əˈpɪnɪəneɪtɪd] *adj* selbstherrlich, rechthaberisch; **opinion poll** *s* Meinungsumfrage *f*

opium [ˈəʊpɪəm] *s* Opium *nt;* **opium den** *s* Opiumhöhle *f*

opos•sum [əˈpɒsəm] *s* (*Beutelratte*) Opossum *nt*

op•po•nent [əˈpəʊnənt] *s* Gegner(in)

O

m(f), Gegenspieler(in) *m(f)*

op•por•tune ['ɒpətju:n] *adj* **1.** (*Zeit*) gelegen, günstig **2.** (*Ereignis*) rechtzeitig; **an ~ remark** eine Bemerkung an passender Stelle

op•por•tun•ism [ˌɒpə'tju:nɪzəm] *s* Opportunismus *m;* **op•por•tun•ist** [ˌɒpə'tju:nɪst] *s* Opportunist(in) *m(f)*

op•por•tun•ity [ˌɒpə'tju:nətɪ] *s* **1.** Gelegenheit *f* **2.** Chance, Möglichkeit *f;* **at the first ~** bei der erstbesten Gelegenheit; **take/seize the ~ to do** [*o* **of doing**] **s.th.** die Gelegenheit nutzen/ergreifen etw zu tun; **equality of ~** Chancengleichheit *f*

op•pose [ə'pəʊz] *vt* **1.** ablehnen; sich entgegenstellen (*s.th.* einer S), sich widersetzen (*s.th.* einer S) **2.** kandidieren gegen **3.** entgegensetzen; gegenüberstellen; **he ~es our coming** er ist absolut dagegen, dass wir kommen; **op•posed** [ə'pəʊzd] *adj* **1.** dagegen **2.** entgegengesetzt; **be ~ to s.th.** gegen etw sein; **I'm ~ to your going away** ich bin dagegen, dass Sie gehen; **as ~ to** im Gegensatz zu; **op•pos•ing** [-ɪŋ] *adj* gegnerisch; entgegengesetzt; **~ team** Gegenmannschaft *f*

op•po•site ['ɒpəzɪt] **I.** *adj* **1.** entgegengesetzt; gegenüberliegend **2.** gegenüber (*to* von); **be ~** gegenüberliegen, -stehen; **~ number** Pendant *nt;* **~ poles** entgegengesetzte Pole; **the ~ sex** das andere Geschlecht **II.** *s* Gegenteil *nt,* -satz *m;* **quite the ~!** ganz im Gegenteil! **III.** *adv* gegenüber; **they sat ~** sie saßen uns, sich gegenüber **IV.** *prep* gegenüber *+dat;* **~ one another** einander, sich gegenüber

op•po•si•tion [ˌɒpə'zɪʃn] *s* **1.** Gegensatz *m* (*to* zu) **2.** Widerstand *m,* Opposition *f* **3.** (POL ASTR) Opposition *f;* **offer ~ to s.o.** jdm Widerstand entgegensetzen; **without ~** widerstandslos; **be in ~ to s.o.** im Gegensatz zu jdm stehen; **Her Majesty's Opposition** (*in GB*) die Opposition

op•press [ə'pres] *vt* **1.** bedrücken; lasten auf **2.** unterdrücken; **I feel ~ed by the heat** die Hitze lastet schwer auf mir; **op•pres•sion** [ə'preʃn] *s* **1.** Bedrängnis, Bedrücktheit *f* **2.** Unterdrückung *f;* **feeling of ~** Gefühl *nt* der Beklemmung; **op•pres•sive** [ə'presɪv] *adj* **1.** tyrannisch; erdrückend **2.** (*fig*) bedrückend **3.** (*Hitze*) drückend; **op•pressor** [ə'presə(r)] *s* Unterdrücker(in) *m(f)*

opt [ɒpt] *vi:* **~ for s.th.** sich für etw entscheiden; **~ to do s.th.** sich entscheiden etw zu tun; **~ out** sich anders entscheiden; abspringen; ablehnen; aussteigen; **~-out clause** (EU) Ausstiegsklausel *f*

op•tic ['ɒptɪk] *adj* Seh-; **op•ti•cal** ['ɒptɪkl] *adj* optisch; **~ bar reader** Balkencodeleser *m;* **~ character reader, OCR** optischer Zeichenleser; **~ character recognition, OCR** optische Zeichenerkennung; **~ fibre** Glasfaser *f;* **~ illusion** optische Täuschung; **op•ti•cian** [ɒp'tɪʃn] *s* Optiker(in) *m(f);* **op•tics** ['ɒptɪks] *s pl mit sing* Optik *f*

op•ti•mal ['ɒptɪml] *adj* optimal

op•ti•mism ['ɒptɪmɪzəm] *s* Optimismus *m;* **op•ti•mist** ['ɒptɪmɪst] *s* Optimist(in) *m(f);* **op•ti•mis•tic** [ˌɒptɪ'mɪstɪk] *adj* optimistisch

op•ti•mize ['ɒptɪmaɪz] *vt* optimieren; **op•ti•mum** ['ɒptɪməm] **I.** *adj* optimal **II.** *s* Optimum *nt*

op•tion ['ɒpʃn] *s* **1.** Wahl *f;* Möglichkeit *f* **2.** (COM) Option *f,* Vorkaufsrecht *nt* **3.** (SCHULE) Wahlfach *nt;* **I have little/no ~** mir bleibt kaum eine/keine andere Wahl; **she had no ~ but to leave** ihr blieb nichts anderes übrig als zu gehen; **leave one's ~s open** sich alle Möglichkeiten offen lassen; **with an ~ to buy** mit einer Kaufoption; **op•tional** ['ɒpʃənl] *adj* freiwillig; wahlfrei, fakultativ; **~ extras** Extras *ntpl*

opu•lence ['ɒpjʊləns] *s* Reichtum *m;* Wohlhabenheit *f;* Überfluss *m;* **opu•lent** ['ɒpjʊlənt] *adj* **1.** reich; wohlhabend **2.** (*Kleider*) prunkvoll, stattlich **3.** (*Vegetation*) üppig **4.** (*Mahl*) opulent

or [ɔ:(r)] *conj* oder; **he could not read ~ write** er konnte weder lesen noch schreiben; **either ... ~** entweder ... oder; **whether ... ~** ob ... oder; **~ else** sonst, andernfalls; **~ even** oder sogar; **~ rather** oder vielmehr; **a minute ~ two** ein paar Minuten

or•acle ['ɒrəkl] *s* **1.** (HIST) Orakel *nt* **2.** Seher(in) *m(f);* **oracu•lar** [ə'rækjʊlə(r)] *adj* orakelhaft; seherisch

oral ['ɔ:rəl] **I.** *adj* **1.** mündlich **2.** (MED) oral **II.** *s* (*fam*) mündliche Prüfung

or•ange ['ɒrɪndʒ] **I.** *s* **1.** Apfelsine, Orange *f* **2.** (*Farbe*) Orange *nt* **II.** *adj* orange(farben); **or•ange•ade** [ˌɒrɪndʒ'eɪd] *s* Orangeade *f;* **orange juice** *s* Orangensaft *m;* **orange peel** *s* Orangenschale *f*

orang-outang, **orang-utan** [ɔ:'ræŋu:'tæŋ] *s* Orang-Utan *m*

ora•tion [ɔ:'reɪʃn] *s* Ansprache *f;* **funeral ~** Grabrede *f;* **ora•tor** ['ɒrətə(r)] *s* Redner(in) *m(f);* **ora•tori•cal** [ˌɒrə'tɒrɪkl] *adj* rednerisch

ora•torio [ˌɒrə'tɔ:rɪəʊ] <*pl* -torios> *s* (MUS) Oratorium *nt*

orb [ɔ:b] *s* **1.** Kugel *f;* Himmelskörper *m* **2.** (HIST) Reichsapfel *m*

or•bit ['ɔ:bɪt] **I.** *s* **1.** (PHYS ASTR) Kreis-, Umlauf-, Planetenbahn *f;* Orbit *m* **2.** (*fig*) Kreis *m;* Machtbereich *m,* Einflusssphäre *f;* **be in ~** in der Erdumlaufbahn sein; **put a satel-**

lite into ~ einen Satelliten in die Umlaufbahn schießen **II.** *vt* umkreisen **III.** *vi* kreisen; **or•bital** ['ɔ:bɪtl] *adj* orbital; ~ **velocity** Umlaufgeschwindigkeit *f;* **or•bit•er** ['ɔ:bɪtə(r)] *s* Orbiter *m*

or•chard ['ɔ:tʃəd] *s* Obstgarten *m;* Obstplantage *f*

or•ches•tra ['ɔ:kɪstrə] *s* Orchester *nt;* **orches•tral** [ɔ:'kestrəl] *adj* Orchester-; orchestral; **orchestra pit** *s* Orchestergraben *m;* **orchestra stalls** *s pl* Orchestersitze *mpl;* **or•ches•trate** ['ɔ:kɪstreɪt] *vt* (MUS) orchestrieren; **or•ches•tra•tion** [ˌɔ:kɪ'streɪʃn] *s* Orchestrierung *f*

or•chid ['ɔ:kɪd] *s* Orchidee *f*

or•dain [ɔ:'deɪn] *vt* **1.** (REL) zum Priester weihen; ordinieren **2.** (*Schicksal*) wollen, bestimmen **3.** (*Gesetz*) bestimmen

or•deal [ɔ:'di:l] *s* **1.** Tortur *f;* Qual *f* **2.** (HIST) Gottesurteil *nt*

or•der ['ɔ:də(r)] **I.** *s* **1.** (An)Ordnung, (Reihen)Folge *f* **2.** Ordnung *f* **3.** Disziplin *f* **4.** Zustand *m* **5.** (MIL) Kommando *nt,* Befehl *m* **6.** (*im Restaurant*) Bestellung *f* **7.** (COM) Auftrag *m,* Bestellung, Order *f* **8.** (JUR) Verfügung *f;* Verfahrensregel *f* **9.** (ARCH) (Säulen)Ordnung *f* **10.** (ZOO BOT) Ordnung *f* **11.** (REL) Orden *m;* **word** ~ Wortstellung *f;* **in** ~ **of preference** in der bevorzugten Reihenfolge; **put s.th. in** ~ etw ordnen; **be out of** ~ durcheinander sein; nicht funktionieren; außer Betrieb sein; **the** ~ **of the world** die Weltordnung; **her passport is in** ~ ihr Pass ist in Ordnung; **put one's affairs in** ~ Ordnung in seine Angelegenheiten bringen; **keep** ~ Ordnung wahren; ~, ~! Ruhe!; **be in good** ~ in gutem Zustand sein; ~**s are** ~**s** Befehl ist Befehl; **by** ~ **of the minister** auf Anordnung des Ministers; **be under** ~**s to do s.th.** Instruktionen haben etw zu tun; **until further** ~**s** bis auf weiteren Befehl; **made to** ~ auf Bestellung gemacht; **put s.th. on** ~ etw in Auftrag geben; **cheque to** ~ Namensscheck *m;* **in** ~ **to do s.th.** um etw zu tun; **in** ~ **that** damit; **a point of** ~ eine Verfahrensfrage; **call s.o. to** ~ jdn zur Ordnung rufen; **be the** ~ **of the day** auf der Tagesordnung stehen; **of the first** ~ erstklassig; **holy** ~**s** Weihe *f;* **take (holy)** ~**s** die Weihen empfangen **II.** *vt* **1.** befehlen, anordnen; verordnen (*for s.o.* jdm) **2.** (*Leben*) ordnen **3.** (COM) in Auftrag geben; bestellen; ordern; ~ **about** herumkommandieren; **the doctor** ~**ed me to stay in bed** der Arzt verordnete mir Bettruhe; **he was** ~**ed to be quiet** man befahl ihm still zu sein **III.** *vi* bestellen; **order book** *s* (COM) Auftragsbuch *nt;* **order form** *s* Bestellformular *nt*

or•der•ly ['ɔ:dəlɪ] **I.** *adj* **1.** ordentlich, geordnet, systematisch **2.** (*Leben*) geregelt **3.** (*Gruppe*) gesittet, friedlich **II.** *s:* **medical** ~ Pfleger(in) *m(f),* Sanitäter(in) *m(f)*

or•der pick•ing ['ɔ:dəpɪkɪŋ] *s* Zusammenstellung *f* einer Bestellung; **order processing** *s* Auftragsabwicklung *f*

or•di•nal ['ɔ:dɪnl] **I.** *adj* Ordnungs- **II.** *s* Ordnungszahl *f*

or•di•nance ['ɔ:dənəns] *s* Bestimmung, Verordnung, Verfügung *f*

or•di•nary ['ɔ:dɪnrɪ] **I.** *adj* **1.** gewöhnlich, normal **2.** durchschnittlich; alltäglich; **in the** ~ **way** unter gewöhnlichen Umständen; ~ **use** normaler Gebrauch; **a very** ~ **kind of person** ein ganz gewöhnlicher Mensch **II.** *s:* **out of the** ~ außergewöhnlich; **nothing out of the** ~ nichts Außergewöhnliches; **ordinary seaman, OS** <*pl* -men> *s* Leichtmatrose *m;* **ordinary share** *s* (COM) Stammaktie *f*

ord•nance ['ɔ:dnəns] *s* **1.** (MIL) Kriegsmaterial *nt;* Munition *f* **2.** Material *nt;* Nachschub *m;* ~ **factory** Munitionsfabrik *f;* **Ordnance Survey, OS** ≈Landesvermessungsamt *nt;* **Ordnance survey map** amtliche topographische Karte

or•dure ['ɔ:djʊə(r)] *s* Schmutz, Kot *m*

ore [ɔ:(r)] *s* (MIN) Erz *nt*

oreg•ano [ˌɒrɪ'gɑ:nəʊ] *s* Oregano *m*

or•gan ['ɔ:gən] *s* **1.** (BIOL) Organ *nt* **2.** (*fig*) Werkzeug, Mittel *nt;* Sprachrohr *nt* **3.** (MUS) Orgel *f;* ~ **of speech** Sprechorgan *nt;* **organ do•nor** *s* Organspender(in) *m(f);* **organ-grind•er** ['ɔ:gəngraɪndə(r)] *s* Leierkastenmann *m*

or•gan•ic [ɔ:'gænɪk] *adj* organisch; ~ **agriculture** biologischer Landbau; ~ **chemistry** organische Chemie; ~ **disease** organisches Leiden; ~ **farming** biologisch-dynamische Landwirtschaft; **an** ~ **unity** eine organische Einheit; ~ **waste** organischer Abfall, Biomüll *m;* **or•gan•ism** ['ɔ:gənɪzəm] *s* Organismus *m*

or•gan•ist ['ɔ:gənɪst] *s* (MUS) Organist(in) *m(f)*

or•gan•iz•ation [ˌɔ:gənaɪ'zeɪʃn] *s* **1.** Organisation *f;* Einteilung *f* **2.** (Auf)Bau *m,* Struktur *f;* Bildung, Gliederung *f;* Planung *f* **3.** Organisation *f;* Unternehmen *nt* **4.** (MUS) Strukturierung *f;* **or•gan•iz•ational** [-əl] *adj* organisatorisch; **organization chart** *s* Organisationsplan *m,* Organigramm *nt;* **Organization for Economic Cooperation and Development, OECD** *s* Organisation *f* für wirtschaftliche Zusammenarbeit und Entwicklung, OECD; **Organization of African Unity, OAU** *s* Organisation *f* für afrikanische Einheit, OAU; **Organization of Petroleum Exporting Countries, OPEC** *s* Organisation *f* der Erdöl exportierenden Länder, OPEC *f;* **or·gan·ize** ['ɔːgənaɪz] **I.** *vt* **1.** organisieren; einrichten; aufbauen; gestalten; einteilen; planen **2.** (*Treffen*) organisieren; sorgen für **3.** (POL) organisieren **II.** *vi* (POL) sich organisieren; **or·gan·ized** ['ɔːgənaɪzd] *adj* **1.** organisiert, geregelt **2.** (POL) organisiert; **he isn't very** ~ bei ihm geht alles drunter und drüber; **or·gan·izer** ['ɔːgənaɪzə(r)] *s* Organisator(in) *m(f),* Veranstalter(in) *m(f)*

or·gasm ['ɔːgæzəm] *s* (PHYSIOL) Höhepunkt, Orgasmus *m;* **or·gas·mic** [ɔː'gæsmɪk] *adj* orgasmisch

orgy ['ɔːdʒɪ] *s* Orgie *f;* **drunken** ~ (*sl*) Sauforgie *f*

oriel ['ɔːrɪəl] *s* (~ *window*) Erker(fenster *nt*) *m*

orient ['ɔːrɪənt] **I.** *s* (GEOG) Orient *m* **II.** *adj* (*Sonne*) aufgehend **III.** *vt* ausrichten (*towards* auf), einführen **IV.** *vr* sich orientieren (*by* an), sich zurechtfinden

orien·tal [ˌɔːrɪ'entl] **I.** *adj* orientalisch; östlich **II.** *s* Orientale *m,* Orientalin *f;* ~ **studies** Orientalistik *f*

orien·tate ['ɔːrɪənteɪt] **I.** *vt* ausrichten (*towards* auf), einführen **II.** *vr* sich orientieren (*by* an), sich zurechtfinden; **orien·ta·tion** [ˌɔːrɪən'teɪʃn] *s* Orientierung *f,* Kurs *m;* Ausrichtung *f*

orien·teer·ing [ˌɔːrɪən'tɪərɪŋ] *s* Orientierungslauf *m*

ori·fice ['ɒrɪfɪs] *s* Öffnung *f*

ori·gin ['ɒrɪdʒɪn] *s* **1.** Ursprung *m,* Herkunft *f* **2.** Herkunft, Abstammung *f* **3.** (*der Welt*) Entstehung *f;* **have its** ~ **in s.th.** auf etw zurückgehen; in etw entspringen; **country of** ~ Ursprungs-, Herkunftsland *nt;* **place of** ~ Ursprungsort *m;* **proof of** ~ Herkunftsnachweis *m*

orig·inal [ə'rɪdʒənl] **I.** *adj* **1.** ursprünglich, anfänglich **2.** (*Gemälde*) original **3.** (*Idee*) originell; ~ **sin** Erbsünde *f;* ~ **inhabitants** Ureinwohner *pl;* ~ **edition** Originalausgabe *f;* ~ **document** Originaldokument *nt;* ~ **soundtrack** (FILM) Originalton *m* **II.** *s* **1.** Original *nt;* Vorlage *f* **2.** (*Mensch*) Original *nt;* **orig·inal·ity** [əˌrɪdʒə'nælətɪ] *s* Originalität *f;* **orig·inal·ly** [ə'rɪdʒənəlɪ] *adv* **1.** ursprünglich, anfänglich **2.** originell

orig·inate [ə'rɪdʒɪneɪt] **I.** *vt* hervorbringen, erfinden; ins Leben rufen **II.** *vi* **1.** entstehen, entspringen **2.** (*Bus*) ausgehen (*in* von); ~ **from a country** aus einem Land stammen; ~ **from s.o.** von jdm stammen

Ork·ney Is·lands [ˌɔːknɪ'aɪləndz] *s pl,* **Ork·neys** ['ɔːknɪz] *s* Orkneyinseln *fpl*

or·na·ment ['ɔːnəmənt] **I.** *s* **1.** Schmuck *m,* Verzierung *f,* Dekor(ation *f*) *nt* **2.** (*fig*) Zierde *f;* **altar** ~**s** Altarschmuck *m;* **for** ~ zur Verzierung **II.** [ɔːnə'mənt] *vt* ausschmücken, verzieren, dekorieren; **or·na·men·tal** [ˌɔːnə'mentl] *adj* dekorativ; Zier-; schmückend; ~ **object** Ziergegenstand *m;* **or·na·men·ta·tion** [ˌɔːnəmen'teɪʃn] *s* Verzieren *nt,* Verzierung *f;* Ausschmückung *f;* Schmuck, Zierrat *m*

or·nate [ɔː'neɪt] *adj* **1.** kunstvoll; ornamentreich; prunkvoll; ausgeschmückt **2.** (*Stil*) gekünstelt; **or·nate·ness** [-nɪs] *s* Verzierungsreichtum *m;* Prunk *m,* Prachtentfaltung *f;* Reichtum *m*

or·ni·thol·ogist [ˌɔːnɪ'θɒlədʒɪst] *s* Ornithologe *m,* Ornithologin *f;* **or·ni·thol·ogy** [ˌɔːnɪ'θɒlədʒɪ] *s* Vogelkunde, Ornithologie *f*

or·phan ['ɔːfn] **I.** *s* Waise *f,* Waisenkind *nt* **II.** *adj* Waisen- **III.** *vt* zur Waise machen; **be** ~**ed** zur Waise werden; **or·phan·age** ['ɔːfnɪdʒ] *s* Waisenhaus *nt*

or·tho·don·tist [ˌɔːθəʊ'dɒntɪst] *s* Kieferorthopäde *m,* -orthopädin *f*

or·tho·dox ['ɔːθədɒks] *adj* **1.** (REL) orthodox **2.** (*fig*) konventionell; orthodox; **or·tho·doxy** ['ɔːθədɒksɪ] *s* **1.** Orthodoxie *f* **2.** (*fig*) Konventionalität *f*

or·thog·onal [ɔː'θɒgənl] *adj* (MATH) rechtwinklig

or·tho·graphic(al) [ˌɔːθə'græfɪk(l)] *adj* orthographisch

or·tho·gra·phy [ɔː'θɒgrəfɪ] *s* Rechtschreibung, Orthographie *f*

or·tho·paedic [ˌɔːθə'piːdɪk] *adj* orthopädisch; **or·tho·paed·ics** [ˌɔːθə'piːdɪks] *s pl mit sing* Orthopädie *f;* **or·tho·paed·ist** [ˌɔːθə'piːdɪst] *s* Orthopäde *m,* -pädin *f*

or·tho·pedic *adj* (*Am*) orthopädisch; **or·tho·ped·ics** *s pl mit sing* (*Am*) Orthopädie *f;* **or·tho·ped·ist** *s* (*Am*) Orthopäde *m,* -pädin *f*

OS[1] [ˌəʊ'es] *s Abk. von* **Ordnance Survey** ≈Landesvermessungsamt *nt*

OS[2] [ˌəʊ'es] *s Abk. von* **outsize** Übergröße *f*

os·cil·late ['ɒsɪleɪt] *vi* **1.** (PHYS) schwingen, oszillieren **2.** (*fig*) schwanken; **os·cil·la·tion** [ˌɒsɪ'leɪʃn] *s* **1.** (PHYS) Schwingung, Oszillation *f* **2.** (*fig*) Schwankung *f*

os·cil·lo·scope [ə'sɪləskəʊp] *s* Oszilloskop *nt*

osier ['əʊzɪə(r)] *s* Korbweide *f*

os·mo·sis [ɒz'məʊsɪs] *s* (BIOL) Osmose *f;* **os·mo·tic** [ɒz'mɒtɪk] *adj* osmotisch

os·prey ['ɒsprɪ] *s* Fischadler *m*

oss·ify ['ɒsɪfaɪ] **I.** *vt* **1.** verknöchern lassen **2.** (*fig*) erstarren lassen **II.** *vi* verknöchern; erstarren

os·ten·sible [ɒ'stensəbl] *adj* angeblich, scheinbar

os·ten·ta·tion [ˌɒsten'teɪʃn] *s* **1.** Pomp *m;* Großtuerei *f* **2.** aufdringliche Deutlichkeit;

with ~ demonstrativ; **os•ten•ta•tious** [ˌɒstenˈteɪʃəs] *adj* **1.** pompös; protzig **2.** ostentativ, betont auffällig

os•teo•ar•thri•tis [ˌɒstɪəʊɑːˈθraɪtɪs] *s* Osteoarthrose *f;* **os•teo•path** [ˈɒstɪəʊpɑːθ] *s* Osteopath(in) *m(f);* **os•teo•po•ro•sis** [ˌɒstɪəʊpəˈrəʊsɪs] *s* Osteoporose *f*

os•tra•cism [ˈɒstrəsɪzəm] *s* Ächtung *f;* **os•tra•cize** [ˈɒstrəsaɪz] *vt* (*fig*) ächten

os•trich [ˈɒstrɪtʃ] *s* (*großer Laufvogel*) Strauß *m*

other [ˈʌðə(r)] **I.** *adj* andere(r, s); ~ **people** andere Leute; **do you have any ~ questions?** haben Sie sonst noch Fragen?; **the ~ day** neulich; **the ~ world** das Jenseits; **some ~ time** ein andermal, ein anderes Mal; **every** ~ jede(r, s) zweite; ~ **than** außer; **some time or** ~ irgendwann einmal **II.** *pron* andere(r, s); **are there any ~s there?** sind sonst noch welche da?; **someone or** ~ irgendjemand; **each** ~ einander, sich **III.** *adv* anders; **somehow or** ~ irgendwie; **somewhere or** ~ irgendwo; **otherwise** [ˈʌðəwaɪz] **I.** *adv* **1.** anders **2.** sonst, ansonsten; **he was ~ engaged** er war anderweitig beschäftigt **II.** *conj* sonst, ansonsten, im Übrigen

OTT [ˌəʊtiːˈtiː] *adj Abk. von* **over the top** übertrieben

ot•ter [ˈɒtə(r)] *s* Otter *m*

OU [ˌəʊˈjuː] *s Abk. von* **Open University** (*Br*) Fernuniversität *f*

ouch [aʊtʃ] *interj* au! autsch!

ought [ɔːt] *aux:* **I ~ to do it** ich sollte es tun; **he ~ to have come** er hätte kommen sollen; ~ **I to go, too? – yes you ~ (to)** sollte ich auch hingehen? – ja doch; **I told him he ~ to have done it** ich sagte ihm, er hätte es tun sollen; **you ~ to see that film** den Film sollten Sie sehen; **he ~ to win the race** er müsste (eigentlich) das Rennen gewinnen; **one ~ to think** man sollte meinen; **he ~ to be here soon** er müsste bald hier sein

ounce [aʊns] *s* (*Gewicht*) Unze *f* (*=28,35 g*)*;* **there's not an ~ of truth in it** daran ist aber auch überhaupt nichts Wahres

our [ˈaʊə(r)] *pron* (*adjektivisch*) unser; **Our Father** Vaterunser; **ours** [ˈaʊəz] *pron* unsere(r, s); der, die, das Unsere; **this house is ~** das ist unser Haus; **that is ~** das gehört uns; **a friend of ~** ein Freund von uns, einer unserer Freunde; **our•selves** [aʊəˈselvz] *pron* **1.** uns *acc/dat* **2.** (*betont*) (wir) selbst; (**all**) **by ~** (ganz) allein; ohne Hilfe; **we did it ~** wir haben es selbst gemacht; **we ~ said so** wir haben es selbst gesagt

oust [aʊst] *vt* **1.** herausbekommen; freibekommen **2.** (*Regierung*) absetzen, ausbooten; ~ **s.o. from office** jdn aus seinem Amt entfernen; ~ **s.o. from the market** jdn vom Markt verdrängen

out [aʊt] **I.** *adv* **1.** außen; hinaus, heraus **2.** draußen; aus dem Hause, nicht zu Hause, nicht daheim **3.** (*Licht*) aus **4.** aus der Mode **5.** (*Ball*) aus **6.** (*Gerät*) abgestellt **7.** ausgeschlossen; **they are ~ playing** sie spielen draußen; **he is ~ in his car** er ist mit dem Auto unterwegs; ~**!** raus!; ~ **with him!** hinaus mit ihm!; **he likes to be ~ and about** er ist gern unterwegs; **the journey ~** die Hinreise; **the workers are ~** die Arbeiter streiken; **he lives ~ in the country** er lebt draußen auf dem Land; **be ~** (*Sonne*) scheinen; **the best car ~** das beste Auto überhaupt; **the secret is ~** das Geheimnis ist bekannt geworden; ~ **with it!** heraus mit der Sprache!; **before the day is ~** vor Ende des Tages; **have it ~ with s.o.** (*fam*) etw mit jdm ausdiskutieren; **I am ~ in my calculations** ich liege mit meinen Berechnungen daneben; **you're not far ~** Sie haben es fast getroffen; **my watch is five minutes ~** meine Uhr geht fünf Minuten falsch; **speak ~ loud!** sprechen Sie laut!; **be ~ for s.th.** auf etw aus sein; **be ~ for trouble** Streit suchen; ~ **and away** weitaus, mit Abstand; **run ~** hinauslaufen; **go ~** hinausgehen; **throw s.o. ~** jdn hinauswerfen **II.** *s:* **the ins and ~s** alle Einzelheiten **III.** *prep* **1.** aus; **go ~ the door** zur Tür hinausgehen **2.** ~ **of** nicht in; außerhalb *+gen,* aus; außer; **be ~ of town this week** die ganze Woche nicht in der Stadt sein; **go ~ of the country** außer Landes gehen; **he went ~ of the door** er ging zur Tür hinaus; **look ~ of the window** aus dem Fenster sehen; ~ **of sight** außer Sicht; **he feels ~ of it** er kommt sich ausgeschlossen vor; ~ **of curiosity** aus Neugier; **drink ~ of a glass** aus einem Glas trinken; **made ~ of wood** aus Holz gemacht; **in nine cases ~ of ten** in neun von zehn Fällen; ~ **of breath** außer Atem; **be ~ of money** kein Geld haben; ~ **of date** überholt, veraltet; altmodisch

out-and-out [ˌaʊtəndˈaʊt] *adj* **1.** vollkommen **2.** völlig **3.** durch und durch

out•back [ˈaʊtbæk] **I.** *s* (*in Australien*): **the ~** das Hinterland **II.** *adj* (*in Australien*): **an ~ farm** eine Farm im Hinterland; **out•bid** [ˌaʊtˈbɪd] *vt* überbieten; **out•board** [ˈaʊtbɔːd] *adj:* ~ **motor** Außenbordmotor *m;* **out•break** [ˈaʊtbreɪk] *s* Ausbruch *m;* **an ~ of anger** ein Zornesausbruch *m;* **out•build•ing** [ˈaʊtbɪldɪŋ] *s* Nebengebäude *nt;* **out•burst** [ˈaʊtbɜːst] *s* Ausbruch *m;* ~ **of temper** Wut-, Gefühlsausbruch *m;* **out•cast** [ˈaʊtkɑːst] **I.** *s* Ausgestoßene(r), Ge-

O

ächtete(r) *f m* **II.** *adj* ausgestoßen, verbannt; **out•class** [ˌaʊt'klɑ:s] *vt* überlegen sein (*s.o.* jdm), in den Schatten stellen; **out-come** ['aʊtkʌm] *s* Ergebnis, Resultat *nt;* **out•crop** ['aʊtkrɒp] *s* Felsnase *f;* **out•cry** ['aʊtkraɪ] *s* Aufschrei *m;* Protestwelle *f* (*against* gegen)

out•dated [aʊt'deɪtɪd] *adj* veraltet, überholt; **out•dis•tance** [aʊt'dɪstəns] *vt* (weit) hinter sich lassen, überholen; **out-do** [aʊt'du:] *vt* übertreffen, überragen, überbieten (*s.o. in s.th.* jdn an etw); **out-door** ['aʊtdɔ:(r)] *adj:* ~ **games** Spiele *nt pl* im Freien; ~ **clothes** wärmere Kleidung; **lead an** ~ **life** viel im Freien sein; ~ (**swimming**) **pool** Freibad *nt;* **out•doors** [ˌaʊt'dɔ:z] *adv* draußen, im Freien; **go** ~ nach draußen gehen

outer ['aʊtə(r)] *adj* äußere(r, s); Außen-; ~ **garments** Oberbekleidung *f;* ~ **man** äußere Erscheinung; ~ **space** der äußere Weltraum; **outer•most** ['aʊtəməʊst] *adj* äußerste(r, s)

out•fall ['aʊtfɔ:l] *s* **1.** Ausfluss *m* **2.** Abwasser *nt;* **out•field** ['aʊtfi:ld] *s* Außenfeld *nt;* **out•fit** ['aʊtfɪt] *s* **1.** Kleidung *f,* Kleider *ntpl,* Kostüm *nt* **2.** (TECH) Ausrüstung *f* **3.** (*fam*) Laden, Verein *m;* **camping** ~ Campingausrüstung *f;* **out•fitter** ['aʊtfɪtə(r)] *s* Ausrüster *m;* **gentleman's** ~**'s** Herrenausstatter *m,* Herrenbekleidungsgeschäft *nt*

out•flow ['aʊtfləʊ] *s* **1.** Ausfluss, Abfluss *m;* Abfließen *nt* **2.** (*Gas*) Ausströmen *nt* **3.** (*Geld*) Abfließen *nt*

out•go•ing ['aʊtgəʊɪŋ] **I.** *adj* **1.** ausziehend **2.** (*Boot*) hinausfahrend **3.** (*Beamter*) scheidend **4.** (RAIL) abfahrend **5.** (*fig*) gesellig, kontaktfreudig; ~ **tide** Ebbe *f;* ~ **mail** Postausgang *m* **II.** *s pl* Ausgaben *fpl*

out•grow [ˌaʊt'grəʊ] *vt* **1.** (*Kleider*) herauswachsen aus **2.** (*Gewohnheit*) entwachsen (*s.th.* einer S), hinauswachsen über **3.** (*fig*) über den Kopf wachsen (*s.o.* jdm); **out•growth** ['aʊtgrəʊθ] *s* **1.** Auswuchs *m* **2.** (*fig*) Folge *f*

out•house ['aʊthaʊs] *s* Nebengebäude *nt;* **out-house** *adj* extern

out•ing ['aʊtɪŋ] *s* Ausflug *m;* **go for an** ~ einen Ausflug machen

out•land•ish [aʊt'lændɪʃ] *adj* **1.** sonderbar **2.** (*Benehmen*) befremdend, befremdlich **3.** (*Name*) ausgefallen, extravagant; **out-last** [ˌaʊt'lɑ:st] *vt* überdauern, überleben; **out•law** ['aʊtlɔ:] **I.** *s* Vogelfreie(r) *f m* **II.** *vt* **1.** ächten; für vogelfrei erklären **2.** (*Zeitung*) für ungesetzlich erklären; **out•lay** ['aʊtleɪ] *s* (COM) Ausgaben, Aufwendungen *fpl,* Kosten *pl;* **out•let** ['aʊtlet] *s* **1.** Abfluss *m;* Abzug *m;* Ausfluss *m* **2.** (COM) Absatzmöglichkeit *f,* -markt *m;* Verkaufsstelle *f* **3.** (*fig*) Ventil *nt;* Betätigungsmöglichkeit *f*

out•line ['aʊtlaɪn] **I.** *s* **1.** Umriss *m;* Silhouette *f* **2.** (*fig*) Grundriss, Abriss *m;* **in** ~ in groben Zügen; **draw s.th. in** ~ etw im Umriss zeichnen **II.** *vt* **1.** umreißen **2.** (*fig*) skizzieren, umreißen; **outline planning permission** *s* vorläufige Baugenehmigung

out•live [ˌaʊt'lɪv] *vt* **1.** überleben, -dauern **2.** (*Sturm*) überstehen

out•look ['aʊtlʊk] *s* **1.** Ausblick *m,* -sicht *f* (*over, on to* auf) **2.** (*fig*) Ansicht, Auffassung *f,* Standpunkt *m* **3.** (*fig*) Aussicht, Erwartung *f;* **his** ~ (**up**)**on life** seine Einstellung zum Leben; **narrow** ~ beschränkter Horizont

out•lying ['aʊtˌlaɪɪŋ] *adj* abgelegen, Außen-

out•ma•neu•ver (*Am*), **out•ma•noeu-vre** [ˌaʊtmə'nu:və(r)] *vt* ausmanövrieren; **out•moded** [ˌaʊt'məʊdɪd] *adj* altmodisch, unmodern; überholt; **out•most** ['aʊtməʊst] *adj* äußerste(r, s); **out•num-ber** [ˌaʊt'nʌmbə(r)] *vt* zahlenmäßig überlegen sein (*s.o.* jdm), in der Mehrheit sein (*s.o.* jdm gegenüber)

out-of-court [ˌaʊtəv'kɔ:t] *adj* außergerichtlich; **out-of-date** [ˌaʊtəv'deɪt] *adj* veraltet; unmodern, altmodisch; **out-of-the-way** [ˌaʊtəvðə'weɪ] *adj* **1.** abgelegen, einsam **2.** (*Fakten*) ungewöhnlich; wenig bekannt; **out-of-work** [ˌaʊtəv'wɜ:k] *adj* arbeitslos

out•patient ['aʊtpeɪʃnt] *s* Kranke(r) *f m* in ambulanter Behandlung; ~**s'** (**department**) Ambulanz *f;* **out•play** [ˌaʊt'pleɪ] *vt* (SPORT) besser spielen als, überlegen sein (*s.o.* jdm); **out•post** ['aʊtpəʊst] *s* (MIL) Vorposten *m;* **out•pour•ing** ['aʊtpɔ:rɪŋ] *s* (*bes. fig*) Erguss *m*

out•put ['aʊtpʊt] **I.** *s* **1.** (*einer Maschine*) Ausstoß, Ertrag *m,* Leistung *f* **2.** (Jahres)Produktion *f* **3.** Produktionsmenge, -ziffer *f,* Output *m* **4.** (MIN) Förderung *f;* Fördermenge *f* **5.** (INFORM: *Daten*) Ausgabe *f,* Output *m* **6.** (RADIO) Sendeleistung *f;* **annual** ~ Jahresertrag *m,* -produktion *f;* **daily** ~ Tagesproduktion *f;* **effective** ~ Nutzleistung *f;* **maximum** ~ Produktionsoptimum *nt* **II.** *vt* (INFORM) ausgeben; **output data** *s pl* (INFORM) Ausgabedaten *pl;* **output device** *s* (INFORM) Ausgabegerät *nt*

out•rage ['aʊtreɪdʒ] **I.** *s* **1.** Gewalttat *f;* Ausschreitung *f* **2.** Skandal *m* **3.** Empörung, Entrüstung *f;* **bomb** ~ verbrecherischer Bombenanschlag; **an** ~ **against good taste** eine unerhörte Geschmacklosigkeit **II.** [ˌaʊt'reɪdʒ] *vt* beleidigen; empören, entrüsten; **public opinion was** ~**d by this cruelty** die öffentliche Meinung war über diese Grausamkeit empört; **out•rage•ous** [aʊt'reɪdʒəs] *adj* 1. abscheulich, verabscheuungswürdig 2. empörend, unerhört; unverschämt; ungeheuerlich 3. (*Kleider*) ausgefallen, unmöglich

out•range [ˌaʊt'reɪndʒ] *vt* eine größere Reichweite haben als

outré ['u:treɪ] *adj* überspannt, extravagant

out•rig•ger ['aʊtrɪgə(r)] *s* (MAR) Ausleger *m*

out•right ['aʊtraɪt] **I.** *adj* 1. ausgemacht 2. (*Unsinn*) total, absolut, glatt, vollkommen; **that's ~ arrogance** das ist die reine Arroganz **II.** *adv* 1. ganz, vollständig 2. sofort, auf der Stelle 3. (*fig*) geradeheraus, ohne Umschweife

out•run [ˌaʊt'rʌn] *vt* 1. schneller laufen als 2. (*fig*) übersteigen

out•set ['aʊtset] *s* Beginn, Anfang *m;* **at the ~** am Anfang; **from the ~** von Anfang an

out•shine [ˌaʊt'ʃaɪn] *vt* übertreffen, in den Schatten stellen

out•side [ˌaʊt'saɪd] **I.** *s* Außenseite *f;* **judging from the ~** (*fig*) wenn man es als Außenstehender beurteilt; **at the (very) ~** im äußersten Falle **II.** ['aʊtsaɪd] *adj* 1. Außen-, äußere(r, s) 2. (*Preis*) äußerste(r, s) 3. extern; **at an ~ estimate** allerhöchstens; **an ~ chance** eine kleine Chance; **~ world** Außenwelt *f* **III.** *adv* außen; draußen; außer Haus; **go ~** nach draußen gehen **IV.** *prep* 1. außerhalb 2. außer, abgesehen von; **the car ~ the house** das Auto vor dem Haus; **it is ~ our agreement** das geht über unsere Vereinbarung hinaus; **outside broadcast** *s* (RADIO) nicht im Studio produzierte Sendung; **outside influences** *s pl* äußere Einflüsse *mpl;* **outside left** *s* (*Fußball*) Linksaußen *m;* **outside line** *s* Amtsleitung *f;* **out•sider** [ˌaʊt'saɪdə(r)] *s* Außenseiter(in) *m(f);* **outside right** *s* (*Fußball*) Rechtsaußen *m*

out•size ['aʊtsaɪz] **I.** *adj* übergroß; riesig **II.** *s* Übergröße *f;* **out•skirts** ['aʊtskɜ:ts] *s pl* 1. Stadtrand *m;* Außengebiete *ntpl* 2. (Wald)Rand *m;* **on the ~** am Stadtrand; **out•sourc•ing** ['aʊtˌsɔ:sɪŋ] *s* Outsourcing *nt* (*Benutzung von externen Dienstleistungen aus Kostengründen*)*;* **out•spoken** [ˌaʊt'spəʊkən] *adj* 1. freimütig 2. (*Antwort*) unverblümt; direkt; **he is ~** er nimmt kein Blatt vor den Mund; **out•stand•ing** [ˌaʊt'stændɪŋ] *adj* 1. hervorragend; außerordentlich, überragend 2. (*Schulden*) (noch) ausstehend, rückständig 3. (*Merkmal*) hervorstechend, auffallend; **of ~ ability** außerordentlich begabt; **of ~ importance** von höchster Bedeutung; **a lot of work is still ~** viel Arbeit ist noch unerledigt; **~ debts** Außenstände *pl;* **out•sta•tion** ['aʊtˌsteɪʃn] *s* Vorposten *m;* **out•stay** [ˌaʊt'steɪ] *vt* länger bleiben als; **~ one's welcome** länger bleiben als erwünscht; **out•stretched** [ˌaʊt'stretʃt] *adj* ausgestreckt; **out•strip** [ˌaʊt'strɪp] *vt* 1. überholen 2. (*fig*) übertreffen (*in* an); **out tray** *s* Ausgänge *mpl;* **out•turn** ['aʊtɜ:n] *s* Produktionsleistung *f;* **out•vote** [ˌaʊt'vəʊt] *vt* überstimmen

out•ward ['aʊtwəd] **I.** *adj* 1. äußere(r, s); äußerlich 2. nach außen führend 3. (*Fracht*) ausgehend 4. (*Reise*) Hin- **II.** *adv* nach außen; **~ bound** (*Schiff*) auslaufend; **out•ward•ly** ['aʊtwədlɪ] *adv* nach außen hin; **out•wards** ['aʊtwədz] *adv* nach außen

out•weigh [ˌaʊt'weɪ] *vt* überwiegen; **out•wit** [ˌaʊt'wɪt] *vt* überlisten; **out•work** [ˌaʊt'wɜ:k] *s* Heimarbeit *f;* **out•worker** ['aʊtwɜ:kə(r)] *s* Heimarbeiter(in) *m(f)*

oval ['əʊvl] **I.** *adj* oval **II.** *s* Oval *nt*

ovary ['əʊvərɪ] *s* 1. (ANAT) Eierstock *m* 2. (BOT) Fruchtknoten *m*

ova•tion [əʊ'veɪʃn] *s* Ovation *f,* stürmischer Beifall

oven ['ʌvn] *s* 1. Backofen *m* 2. (TECH) Trocken-, Brennofen *m;* **put s.th. in the ~** etw in den Ofen tun; **in a slow ~** mit kleiner Flamme; **it's like an ~ in here** hier ist eine Hitze wie im Backofen; **oven•cloth** ['ʌvnklɒθ] *s* Topflappen *m;* **oven•proof** ['ʌvnpru:f] *adj* hitzebeständig, feuerfest; **oven-ready** ['ʌvnredɪ] *adj* bratfertig

over ['əʊvə(r)] **I.** *adv* 1. hin-, herüber; drüben 2. vorüber, vorbei, zu Ende 3. übermäßig, allzu 4. übrig; **they swam ~ to us** sie schwammen zu uns herüber; **come ~ tonight** kommen Sie heute Abend vorbei; **she is ~ here** sie ist hier; **he has gone ~ to France** er ist nach Frankreich gefahren; **he went ~ to the enemy** er lief zum Feind über; **famous the world ~** in der ganzen Welt berühmt; **I am aching all ~** mir tut alles weh; **that's Smith all ~** das ist typisch Smith; **it happens all ~** das gibt es überall; **turn ~ the page** die Seite umblättern; **the rain is ~** der Regen hat aufgehört; **it's all ~ with him** es ist Schluss mit ihm; **she counts them ~ again** sie zählt sie noch einmal; **~ and ~ again** immer und immer wieder; **he hasn't done it ~ well** er hat es nicht gerade übermäßig gut gemacht; **there is a lot of meat (left) ~** es ist viel Fleisch übrig; **7 into 30 goes 4 and 2 ~** 30 durch 7 ist 4 Rest 2; **children of 14 and ~** Kinder über 14 **II.** *prep* 1. über 2. in 3. (*zeitlich*) während, in; **spread a cloth ~ the table** ein Tischtuch auf den Tisch legen; **hit s.o. ~ the head** jdm auf den Kopf schlagen; **hang the picture ~ the desk** das Bild über dem Schreibtisch aufhängen; **look ~ the wall** über die Mauer schauen; **look ~ a house** sich ein Haus ansehen; **it's ~ the page** es ist auf der nächsten Seite; **the house ~ the way** das Haus gegenüber; **the bridge ~ the river** die Brücke über den Fluss; **he is famous all ~ the world** er ist in der ganzen Welt berühmt; **it was raining ~ in all England** es regnete in ganz England; **have command ~ s.o.** Befehlsgewalt über jdn haben; **~ and above that** darüber hinaus; **he spoke for ~ an hour** er sprach über eine Stunde; **stay ~ the weekend** über das Wochenende bleiben; **~ the summer** den Sommer über; **they talked ~ a cup of tea** sie unterhielten sich bei einer Tasse Tee; **they'll be a long time ~ it** sie werden dazu lange brauchen; **I heard it ~ the radio** ich habe es im Radio gehört

over•abun•dant [ˌəʊvərəˈbʌndənt] *adj* überreichlich, sehr reichlich

over•achieve *vi* besser abschneiden als erwartet

over•act [ˌəʊvərˈækt] *vt, vi* übertreiben

over•age [ˈəʊvərɪdʒ] *adj* zu alt

over•all[1] [ˌəʊvərˈɔːl] **I.** *adj* **1.** gesamt **2.** allgemein; **~ majority** absolute Mehrheit; **~ situation** Gesamtlage *f* **II.** *adv* **1.** insgesamt **2.** im Großen und Ganzen

over•all[2] [ˈəʊvərɔːl] *s* **1.** (*Br*) Kittel *m* **2. ~s** Overall, Arbeitsanzug *m*

over•anxious [ˌəʊvərˈæŋkʃəs] *adj* übertrieben besorgt; übermäßig aufgeregt; **over•awe** [ˌəʊvərˈɔː] *vt* einschüchtern; **over•bal•ance** [ˌəʊvəˈbæləns] **I.** *vi* aus dem Gleichgewicht kommen **II.** *vt* aus dem Gleichgewicht bringen; **over•bear•ing** [ˌəʊvəˈbeərɪŋ] *adj* anmaßend; herrisch; **over•bid** [ˌəʊvəˈbɪd] **I.** *vt* überbieten; überreizen **II.** *vi* mehr bieten; **over•board** [ˈəʊvəbɔːd] *adv* über Bord; **go ~ for s.o.** von jdm ganz hingerissen sein; **throw s.th. ~** (*fig*) etw über Bord werfen; **over•bold** [ˌəʊvəˈbəʊld] *adj* verwegen; **over•book** [ˌəʊvəˈbʊk] *vt* überbuchen, überbelegen; **over•bor•rowed** [ˌəʊvəˈbɒrəʊd] *adj* überschuldet; **over•bur•den** [ˌəʊvəˈbɜːdn] *vt* (*fig*) überlasten; überbeanspruchen; **over•ca•pac•ity** [ˌəʊvɜkɜˈpæsətɪ] *s* Überkapazität *f;* **over•cast** [ˌəʊvəˈkɑːst] *adj* bedeckt; bewölkt; **over•cau•tious** [ˌəʊvəˈkɔːʃəs] *adj* übervorsichtig; **over•charge** [ˌəʊvəˈtʃɑːdʒ] **I.** *vt* **1.** überladen, -lasten **2.** (*fig*) zu viel berechnen (*s.o.* jdm) **3.** (ELEK) überlasten **4.** (*fig*) überladen **II.** *vi* zu viel verlangen (*for* für) **III.** *s* zu viel berechneter Betrag

over•coat [ˈəʊvəkəʊt] *s* Überzieher, Mantel *m*

over•come [ˌəʊvəˈkʌm] **I.** *vt* **1.** (*Feind*) überwältigen, bezwingen **2.** (*Angewohnheit*) sich abgewöhnen; überwinden, meistern **3.** (*Enttäuschung*) hinwegkommen über; **he was ~ by grief** der Schmerz übermannte ihn **II.** *vi* siegen, siegreich sein

over•con•fi•dent [ˌəʊvəˈkɒnfɪdənt] *adj* **1.** übertrieben selbstsicher **2.** zu optimistisch **3.** blind vertrauend (*in* auf); **he was ~ of success** er war sich seines Erfolges zu sicher; **over•crowded** [ˌəʊvəˈkraʊdɪd] *adj* **1.** (*mit Menschen*) überfüllt; übervölkert **2.** (*mit Sachen*) überladen; **over•de•vel•oped** [ˌəʊvədɪˈveləpt] *adj* überentwickelt

over•do [ˌəʊvəˈduː] *vt* **1.** übertreiben **2.** (*Essen*) verbraten; verkochen; **don't ~ the sympathy** übertreibe es nicht mit dem Mitleid; **over•done** [ˌəʊvəˈdʌn] *adj* **1.** übertrieben **2.** (*Essen*) verbraten; verkocht

over•dose [ˈəʊvədəʊs] *s* Überdosis *f;* **over•draft** [ˈəʊvədrɑːft] *s* (FIN) Kontoüberziehung *f;* **~ facility** Überziehungskredit *m;* **have an ~ of £ 100** sein Konto um £ 100 überzogen haben; **arrange an ~** einen Kreditrahmen einrichten lassen; **over•draw** [ˌəʊvəˈdrɔː] *vt* (*Konto*) überziehen; **over•dress** [ˌəʊvəˈdres] **I.** *vt, vi* (sich) übertrieben kleiden **II.** [ˈəʊvədres] *s* Überkleid *nt;* **over•drive** [ˈəʊvədraɪv] *s* (AUTO) Schnell-, Schongang *m;* **go into ~** (*fig*) sich in fieberhafte Aktivität stürzen; **over•due** [ˌəʊvəˈdjuː] *adj* (*a.* COM) überfällig; **over easy** *s* (*Am*) *beidseitig gebratenes Spiegelei;* **over•eat** [ˌəʊvərˈiːt] *vi* sich überessen; **over•em•pha•size** [ˌəʊvərˈemfəsaɪz] *vt* überbewerten, überbetonen; **over•es•ti•mate** [ˌəʊvərˈestɪmeɪt] *vt* überschätzen; zu hoch bewerten; **over•ex•cit•ed** [ˌəʊvəɪkˈsaɪtɪd] *adj* **1.** überreizt **2.** aufgedreht; **over•exert** [ˌəʊvəɪgˈzɜːt] **I.** *vt* überanstrengen **II.** *vr* sich überanstrengen; **over•ex•pose** [ˌəʊvərɪkˈspəʊz] *vt* (PHOT) überbelichten; **over•ex•po•sure** [ˌəʊvərɪkˈspəʊʒə(r)] *s* (PHOT) Überbelichtung *f;* **over•extend** [ˌəʊvəɪkˈstend] *vi* (FIN) sich (finanziell) übernehmen

over•flow [ˌəʊvəˈfləʊ] **I.** *vt* überschwemmen; überlaufen lassen **II.** *vi* **1.** überlaufen, überfließen **2.** (*fig*) überfließen (*with* vor); **his heart was ~ing with love** sein Herz floss über vor Liebe; **full to ~ing** zum Überlaufen voll **III.** [ˈəʊvəfləʊ] *s* **1.** Überlaufen *nt* **2.** (TECH) Überlauf *m* **3.** (*fig*) Überschuss *m* (*of* an); **~ meeting** Parallelversammlung *f;* **over•fly** [ˌəʊvɜˈflaɪ] *vt* (AVIAT) überfliegen

over•grown [ˌəʊvəˈgrəʊn] *adj* **1.** überwachsen (*with* von) **2.** (*Kind*) aufgeschossen; **over•hang** [ˌəʊvəˈhæŋ] **I.** *vt* **1.** hängen über **2.** hinausragen über **II.** *s* Überhang *m;* **over•haul** [ˌəʊvəˈhɔːl] **I.** *vt* **1.** durchsehen, genau überprüfen **2.** (TECH) überholen; in Stand setzen **3.** (MAR) ein-, überholen **II.** ['əʊvəhɔ:l] *s* (TECH) Überholung *f*

over•head [ˌəʊvə'hed] **I.** *adv* oben; am Himmel, in der Luft **II.** ['əʊvəhed] *adj* Frei-; ~ **cable** Überlandleitung *f;* Hochspannungsleitung *f;* Oberleitung *f;* ~ **lighting** Deckenbeleuchtung *f;* ~ **projector** Overhead-, Tageslichtprojektor *m;* ~ **railway** Hochbahn *f;* ~ **volley** Hochball *m* **III.** ['əʊvəhed] *s* (COM) Gemeinkosten *pl,* allgemeine Unkosten *pl*

over•hear [ˌəʊvə'hɪə(r)] *vt* zufällig (mit)hören, zufällig mitbekommen; **over•heat** [ˌəʊvə'hi:t] **I.** *vt* überhitzen **II.** *vi* (TECH) heißlaufen; **over•in•dulge** [ˌəʊvərɪn'dʌldʒ] **I.** *vt* **1.** zu nachsichtig sein mit **2.** (*Fantasie*) allzu freien Lauf lassen (*s.th.* einer S) **II.** *vi* zu viel genießen; **over•in•dus•tri•ali•za•tion** *s* übertriebene Industrialisierung; **over•joyed** [ˌəʊvə'dʒɔɪd] *adj* überglücklich; **over•kill** ['əʊvəkɪl] *s* Overkill *m,* Übermaß *nt* an Atomwaffen

over•land ['əʊvəlænd] **I.** *adj* auf dem Landweg **II.** [ˌəʊvə'lænd] *adv* über Land

over•lap [ˌəʊvə'læp] **I.** *vt* **1.** hinüber-, hinausragen über; überlappen **2.** (*Ferien*) sich überschneiden mit **II.** *vi* **1.** einander überdecken, überlappen **2.** (*fig*) sich überschneiden **III.** ['əʊvəlæp] *s* Überschneidung, Überlappung *f*

over•leaf [ˌəʊvə'li:f] *adv* umseitig; **over•load** [ˌəʊvə'ləʊd] **I.** *vt* **1.** überladen, -belasten **2.** (ELEK) überlasten **II.** ['əʊvələʊd] *s* Übergewicht *nt;* Überbelastung *f;* **over•look** [ˌəʊvə'lʊk] *vt* **1.** überblicken **2.** (*Fehler*) übersehen; nicht beachten **3.** (*absichtlich*) hinwegsehen über, durchgehen lassen

over•ly ['əʊvəlɪ] *adv* übermäßig, allzu

over•man•ning [ˌəʊvə'mænɪŋ] *s* Überbesetzung *f*

over•much [ˌəʊvə'mʌtʃ] **I.** *adv* zu viel, übermäßig **II.** *adj* zu viel

over•night [ˌəʊvə'naɪt] **I.** *adv* **1.** über Nacht **2.** (*fig*) von heute auf morgen, über Nacht; **stay ~ with s.o.** bei jdm übernachten **II.** ['əʊvənaɪt] *adj* **1.** Nacht- **2.** (*fig*) ganz plötzlich; ~ **bag** Reisetasche *f*

over•pass ['əʊvəpɑ:s] *s* Überführung *f;* **over•pay** [ˌəʊvə'peɪ] *vt* zu viel bezahlen (*s.o.* jdm), überbezahlen; **over•popu•lated** [ˌəʊvəˌpɒpjʊleɪtɪd] *adj* übervölkert; **over•popu•la•tion** [ˌəʊvəˌpɒpjʊ'leɪʃn] *s* Überbevölkerung *f;* **over•power** [ˌəʊvə'paʊə(r)] *vt* überwältigen, übermannen; **over•power•ing** [ˌəʊvə'paʊərɪŋ] *adj* **1.** überwältigend **2.** (*Parfüm*) aufdringlich; **over•produce** [ˌəʊvəprə'dju:s] *vt* überproduzieren; **over•rate** [ˌəʊvə'reɪt] *vt* **1.** überschätzen; zu hoch einschätzen **2.** (*fig*) überbewerten; **over•reach** [ˌəʊvə'ri:tʃ] *vr* sich übernehmen; **over•re•act** [ˌəʊvərɪ'ækt] *vi* überreagieren; **over•re•ac•tion** [ˌəʊvərɪ'ækʃən] *s* Überreaktion *f;* **over•ride** [ˌəʊvə'raɪd] *vt* **1.** sich hinwegsetzen über; nicht berücksichtigen **2.** (*Beschluss*) außer Kraft setzen; **over•rid•ing** [ˌəʊvə'raɪdɪŋ] *adj* vorrangig; vordringlich; dringendste(r, s); ~ **importance** ausschlaggebende Bedeutung; **over•rule** [ˌəʊvə'ru:l] *vt* **1.** ablehnen **2.** (*Urteil*) verwerfen **3.** (*Anspruch*) nicht anerkennen **4.** (*Einwand*) zurückweisen; **over•run** [ˌəʊvə'rʌn] **I.** *vt* **1.** überwuchern, überwachsen **2.** (*Truppen*) herfallen über; einfallen in **3.** (RAIL: *Signal*) überfahren **4.** (*Zeit*) überziehen, überschreiten **5.** (*Ufer*) überfluten; **be ~ with** wimmeln von; überwuchert sein von **II.** *vi* (*Zeit*) überziehen

over•seas [ˌəʊvə'si:z] **I.** *adj* überseeisch, in Übersee; ~ **aid** Entwicklungshilfe *f;* ~ **call** Auslandsgespräch *nt;* ~ **trade** Überseehandel *m* **II.** *adv:* **be ~** in Übersee sein; **go ~** nach Übersee gehen

over•see [ˌəʊvə'si:] *vt* überwachen, beaufsichtigen; **over•seer** ['əʊvəsɪə(r)] *s* **1.** Aufseher(in) *m(f)* **2.** Vorarbeiter(in) *m(f)*

over•sell [ˌəʊvə'sel] *vt* über den Bestand verkaufen; **over•shadow** [ˌəʊvə'ʃædəʊ] *vt* überschatten; **over•shoe** ['əʊvəʃu:] *s* Überschuh *m;* **over•shoot** [ˌəʊvə'ʃu:t] **I.** *vt* hinausgehen über, überschreiten; ~ **the mark** übers Ziel (hinaus)schießen, zu weit gehen **II.** *vi* (AVIAT) durchstarten

over•sight ['əʊvəsaɪt] *s* **1.** Versehen *nt* **2.** Aufsicht, Beaufsichtigung *f;* **through an ~** aus Versehen

over•sim•plify [ˌəʊvə'sɪmplɪfaɪ] *vt* zu sehr vereinfachen; **over•sized** ['əʊvəsaɪzd] *adj* übergroß; **over•sleep** [ˌəʊvə'sli:p] *vi* verschlafen; **over•spend** [ˌəʊvə'spend] **I.** *vi* zu viel ausgeben **II.** *vt* überschreiten; **over•spill** ['əʊvəspɪl] *s* Bevölkerungsüberschuss *m;* **over•staffed** [ˌəʊvə'stɑ:ft] *adj* überbesetzt; **be ~** zu viel Personal haben; **over•state** [ˌəʊvə'steɪt] *vt* übertreiben, übertrieben darstellen; **over•stay** [ˌəʊvə'steɪ] *vt* überschreiten; ~ **one's welcome** zu lange auf Besuch bleiben; **over•step** [ˌəʊvə'step] *vt* überschreiten; **over•sub•scribe** [ˌəʊvəsəb'skraɪb] *vt* (*Aktienemission*) überzeichnen; **over•supply** [ˌəʊvəsə'plaɪ] **I.** *vt* überbeliefern **II.** ['əʊvəsəˌplaɪ] *s* Überangebot *nt*

overt ['əʊvɜ:t] *adj* offen, unverhohlen

over•take [ˌəʊvə'teɪk] **I.** *vt* **1.** einholen; überholen **2.** (*fig*) überraschen; **~n by fear**

von Furcht befallen **II.** *vi* (*Br*) überholen; **over·tax** [ˌəʊvəˈtæks] *vt* **1.** zu hoch besteuern **2.** (*fig*) zu sehr in Anspruch nehmen; ~ **one's strength** sich übernehmen; **over-the-counter** [ˌəʊvəðəˈkaʊntə(r)] *adj* **1.** (*Medikamente*) nicht rezeptpflichtig **2.** (FIN) im Freiverkehr erhältlich

over-the-top *adj* übertrieben

over·throw [ˌəʊvəˈθrəʊ] **I.** *vt* **1.** besiegen; stürzen, zu Fall bringen **2.** (*Pläne*) umstoßen **II.** [ˈəʊvəθrəʊ] *s* Niederlage *f;* Sturz *m;* Sieg *m;* **over·time** [ˈəʊvətaɪm] **I.** *s* **1.** Überstunden *fpl* **2.** (SPORT) Verlängerung *f;* **be on** [*o* **do**] ~ Überstunden machen; ~ **pay** Überstundenvergütung *f* **II.** *adv:* **work** ~ Überstunden machen; **over·tired** [ˌəʊvəˈtaɪəd] *adj* übermüdet

over·tone [ˈəʊvətəʊn] *s* **1.** (MUS) Oberton *m* **2.** (*fig*) Unterton *m*

over·ture [ˈəʊvətjʊə(r)] *s* **1.** (MUS) Ouvertüre *f* **2.** ~**s** Annäherungsversuch *m;* **make** ~**s to s.o.** Annäherungsversuche bei jdm machen; **peace** ~**s** Friedensannäherungen *fpl*

over·turn [ˌəʊvəˈtɜːn] **I.** *vt* **1.** umwerfen, -stoßen, -stürzen **2.** (*Regierung*) stürzen **II.** *vi* umkippen; kentern **III.** [ˈəʊvətɜːn] *s* Sturz, Umsturz *m;* **over·value** [ˌəʊvəˈvæljuː] *vt* zu hoch einschätzen, überbewerten; **over·view** [ˈəʊvəvjuː] *s* Überblick *m;* **over·ween·ing** [ˌəʊvəˈwiːnɪŋ] *adj* überheblich; **over·weight** [ˌəʊvəˈweɪt] **I.** *adj* zu schwer; übergewichtig; **you're** ~ Sie haben Übergewicht **II.** [ˈəʊvəweɪt] *s* Übergewicht *nt;* **over·whelm** [ˌəʊvəˈwelm] *vt* **1.** überschütten, überfluten **2.** (*Feind*) überwältigen; besiegen **3.** (*fig*) überschütten, überhäufen; **over·whelm·ing** [ˌəʊvəˈwelmɪŋ] *adj* erschütternd; überwältigend; **an** ~ **majority** eine erdrückende Mehrheit; **over·work** [ˌəʊvəˈwɜːk] **I.** *vt* **1.** überanstrengen **2.** (*Wort*) zu häufig verwenden; ~ **o.s.** sich überarbeiten **II.** *vi* sich überarbeiten **III.** *s* Überarbeitung *f;* **overwrought** [ˌəʊvəˈrɔːt] *adj* überreizt, nervös

ovi·duct [ˈəʊvɪdʌkt] *s* (ANAT) Eileiter *m;* **ovip·ar·ous** [əʊˈvɪpərəs] *adj* (ZOO) Eier legend; **ovu·la·tion** [ˌɒvjʊˈleɪʃn] *s* (PHYSIOL) Follikelsprung *m,* Ovulation *f*

ovum [ˈəʊvəm] <*pl* ova> *s* Ovum *nt,* Eizelle *f*

owe [əʊ] **I.** *vt* **1.** (*Geld*) schulden, schuldig sein (*s.o.* jdm) **2.** (*fig*) verpflichtet sein zu; verdanken (*s.o. s.th.* jdm etw); **how much do I** ~ **you?** was bin ich schuldig?; **I** ~ **my life to him** ich verdanke ihm mein Leben; **we** ~ **nothing to him** wir sind ihm nichts schuldig **II.** *vi:* ~ **s.o. for s.th.** jdm Geld für etw schulden; **ow·ing** [ˈəʊɪŋ] **I.** *adj* unbezahlt; **how much is still** ~**?** wie viel steht noch aus?; **pay what is** ~ den ausstehenden Betrag zahlen **II.** *prep:* ~ **to** wegen, infolge *+gen;* ~ **to the circumstances** umständehalber

owl [aʊl] *s* Eule *f;* **owl·ish** [ˈaʊlɪʃ] *adj* eulenartig

own¹ [əʊn] **I.** *vt* **1.** besitzen, haben **2.** zugeben, zugestehen; anerkennen; **who** ~**s that?** wem gehört das?; **he** ~**ed that the claim was justified** er erkannte die Forderung als gerechtfertigt an; **he** ~**ed himself defeated** er gab sich geschlagen **II.** *vi:* ~ **to s.th.** etw eingestehen; etw anerkennen; ~ **up** es zugeben; ~ **up to s.th.** etw zugeben

own² [əʊn] **I.** *adj attr* eigen; **his** ~ **car** sein eigenes Auto; **he's his** ~ **man** er geht seinen eigenen Weg; ~ **brand goods** Eigenmarkenwaren *fpl;* ~ **goal** Eigentor *nt* **II.** *pron:* **that's my** ~ das ist mein eigenes; **my time is my** ~ ich kann mit meiner Zeit machen, was ich will; **these ideas were his** ~ die Ideen stammten von ihm selbst; **I have money of my** ~ ich habe selbst Geld; **get one's** ~ **back on s.o.** es jdm heimzahlen; **all on one's** ~ ganz allein; selbst; **on its** ~ von selbst, von allein

owner [ˈəʊnə(r)] *s* **1.** Besitzer(in) *m(f),* Eigentümer(in) *m(f)* **2.** (*einer Firma, eines Kontos*) Inhaber(in) *m(f)* **3.** (*eines Hauses, Fahrzeugs a.*) Eigner(in) *m(f);* **at** ~**'s risk** auf eigene Gefahr; ~**-occupied** vom Besitzer bewohnt; ~**-occupier** Hauseigentümer *m,* der selbst im Haus wohnt; **owner·less** [-lɪs] *adj* herrenlos; **owner·ship** [-ʃɪp] *s* Besitz *m;* **under new** ~ unter neuer Leitung

own label goods *s pl* Eigenmarkenwaren *fpl*

ox [ɒks, *pl* ˈɒksn] <*pl* oxen> *s* Ochse *m*

Ox·bridge [ˈɒksbrɪdʒ] *s die Universitäten von Oxford und Cambridge*

ox cart *s* Ochsenkarren *m*

Ox·ford [ˈɒksfəd] *s:* ~ **English** Oxford-Englisch *nt*

ox·ida·tion [ˌɒksɪˈdeɪʃn] *s* (CHEM) Oxydation *f;* **ox·ide** [ˈɒksaɪd] *s* (CHEM) Oxyd *nt;* **oxi·dize** [ˈɒksɪdaɪz] *vt, vi* (CHEM) oxydieren

ox·tail [ˈɒksteɪl] *s* Ochsenschwanz *m;* **oxtail soup** *s* Ochsenschwanzsuppe *f*

oxy·acety·lene [ˌɒksɪəˈsetəliːn] *s* Azetylensauerstoff *m;* **oxyacetylene welding** *s* Autogenschweißen *nt*

oxy·gen [ˈɒksɪdʒən] *s* Sauerstoff *m;* **oxygen cylinder** *s* Sauerstoffflasche *f;* **oxygen mask** *s* Sauerstoffmaske *f;* **oxygen tent** *s* (MED) Sauerstoffzelt *nt*

oy·ster [ˈɔɪstə(r)] *s* Auster *f;* **the world's my** ~ die ganze Welt liegt mir zu Füßen;

oyster-bank, **oyster-bed** *s* Austernbank *f;* **oy·ster-catcher** ['ɔɪstəˌkætʃə(r)] *s* (*Watvogel*) Austernfischer *m*

ozone ['əʊzəʊn] *s* (CHEM) Ozon *nt;* ~ **depleting substances** ozonschädigende Substanzen; **ozone layer** *s* Ozonschicht *f;* **depletion of the** ~ Zerstörung *f* der Ozonschicht; **hole in the** ~ Ozonloch *nt*

P

P, p [piː] <*pl* -'s> *s* P, p *nt;* **mind one's P's and Q's** sich ordentlich benehmen

PA [ˌpiː'eɪ] *s* **1.** *Abk. von* **personal assistant** persönliche(r) Assistent(in) *m(f);* Chefsekretär(in) *m(f)* **2.** *Abk. von* **public address (system)** Lautsprecheranlage *f*

pa [pɑː] *s* (*fam*) Papa *m*

p.a. [ˌpiː'eɪ] *Abk. von* **per annum** pro Jahr

pace [peɪs] **I.** *s* **1.** Schritt *m* **2.** Gang(art *f*) *m* **3.** Tempo *nt* **4.** (*Pferd*) Passgang *m;* **at a quick ~** raschen Schrittes; **at a slow ~** langsam; **keep ~ with** Schritt halten mit; **put s.o. through his ~s** jdn auf Herz u. Nieren prüfen; **set the ~** das Tempo angeben; (*fig*) den Ton angeben **II.** *vt* **1.** durchschreiten **2.** (*~ out*) abschreiten, (ab)messen **3.** das Tempo angeben für **III.** *vi* im Schritt gehen; **~ up and down** auf- und abgehen; **pace•maker** ['peɪsˌmeɪkə(r)] *s* (SPORT MED) Schrittmacher *m;* **pace-setter** ['peɪsˌsetə(r)] *s* (SPORT) Schrittmacher *m*

pachy•derm ['pækɪdɜːm] *s* (ZOO) Dickhäuter *m*

pa•ci•fic [pə'sɪfɪk] *adj* friedlich, friedfertig, friedliebend; **Pa•ci•fic** [pə'sɪfɪk] *s* (der) Pazifik; **a ~ island** eine Insel im Pazifik; **paci•fi•ca•tion** [ˌpæsɪfɪ'keɪʃn] *s* Versöhnung *f;* Befriedung *f;* **paci•fier** ['pæsɪfaɪə(r)] *s* **1.** Friedensstifter(in) *m(f)* **2.** (*Am*) Schnuller *m;* **paci•fism** ['pæsɪfɪzəm] *s* Pazifismus *m;* **paci•fist** ['pæsɪfɪst] **I.** *adj* pazifistisch **II.** *s* Pazifist(in) *m(f);* **pac•ify** ['pæsɪfaɪ] *vt* **1.** beruhigen; besänftigen **2.** (*Völker*) miteinander aussöhnen; (*Gegend*) befrieden

pack [pæk] **I.** *s* **1.** Packen, Ballen *m,* Bündel *nt* **2.** Paket *nt;* (*Am: Zigaretten*) Schachtel *f* **3.** (*Tiere*) Rudel *nt;* Meute *f* **4.** (*pej*) Bande, Meute *f* **5.** (*Karten*) Spiel *nt* **6.** (MED: *Kosmetik*) Packung *f* **7.** (Eis)Scholle *f* **8.** (*Rugby*) Sturm *m* **9.** (*back~*) Rucksack *m;* **a ~ of lies** lauter Lügen **II.** *vt* **1.** be-, ver-, einpacken **2.** (*Koffer*) packen **3.** (*Menschen*) zusammendrängen, einpferchen **4.** (*Erde*) festdrücken **5.** (TECH) abdichten **6.** (*Am*) tragen, (bei sich) haben **7.** (JUR POL) parteiisch zusammensetzen **III.** *vi* **1.** (seine Sachen) packen **2.** (*~ easily*) sich (gut) (ver)packen lassen **3.** (*Menschen*) sich drängen; sich zwängen **4.** (*Erde, Schnee*) fest werden; **that won't ~ into one case** das passt nicht in einen Koffer; **send s.o. ~ing** jdn davonjagen; **be ~ed out** gerammelt voll sein; **pack away** *vt* wegpacken, wegräumen; **pack in** *vt* **1.** einpacken **2.** (*Menschen*) hineinpferchen **3.** (*fig*) in großen Mengen anlocken **4.** (*Br fam*) aufgeben; hinschmeißen; (*Motor*) stehen bleiben; **~ it in!** hör auf!; **pack off** *vt* (weg)schicken; **pack up I.** *vt* (*Sachen*) zusammenpacken **II.** *vi* **1.** packen **2.** (*fam*) aufhören; (*Motor*) stehen bleiben

pack•age ['pækɪdʒ] **I.** *s* **1.** Paket *nt;* Packung *f;* Päckchen *nt* **2.** Karton *m,* Schachtel *f;* **postal ~** (*Am*) Postpaket *nt* **II.** *vt* **1.** verpacken **2.** präsentieren; **package deal** *s* Pauschalangebot *nt;* **package holiday** *s* Pauschalreise *f;* **package store** *s* (*Am*) Spirituosenhandlung *f;* **package tour** *s* Pauschalreise *f;* **packag•ing** [-ɪŋ] *s* **1.** Verpackung *f* **2.** Präsentation, Aufmachung *f;* **~ waste** Verpackungsmüll *m*

packer ['pækə(r)] *s* Packer(in) *m(f)*

packet ['pækɪt] *s* **1.** (Post)Paket *nt;* Päckchen *nt* **2.** (*Zigaretten*) Packung *f* **3.** (*Briefe*) Stoß *m* **4.** (*~-boat*) Passagier-, Postdampfer *m;* **make a ~** (*Br fam*) eine Stange Geld verdienen; **cost a ~** (*fam*) ein Heidengeld kosten

pack•ing ['pækɪŋ] *s* **1.** (*~ and packaging*) Verpackung *f* **2.** Packmaterial *nt* **3.** (TECH) (Ab)Dichtung *f;* **do one's ~** (*fam*) packen; **packing case** *s* Kiste *f;* Umzugskarton *m;* **packing costs** *s pl* Verpackungskosten *pl;* **packing list** *s* Versandliste *f*

pact [pækt] *s* Vertrag *m,* Abkommen *nt,* Pakt *m;* **make a ~** einen Vertrag schließen

pad¹ [pæd] *vi* trotten; **~ about** herumtapsen

pad² [pæd] **I.** *s* **1.** Kissen, Polster *nt* **2.** Polsterung, Wattierung *f* **3.** Füllung, Einlage *f;* Unterlage *f* **4.** (ZOO) (Fuß)Ballen *m* **5.** (*writing~*) Schreibblock *m* **6.** (*stamp ~*) Stempelkissen *nt* **7.** (SPORT) Beinschützer *m* **8.** (*Rakete*) Abschussrampe *f* **9.** (*sl*) Wohnung, Bude *f* **II.** *vt* **1.** (aus)polstern, wattieren **2.** ausstopfen **3.** (*Rede*) aufblähen; **pad out** *vt* (*fig*) auffüllen; ausdehnen; **pad•ded** ['pædɪd] *adj* wattiert; gepolstert; **~ cell** Gummizelle *f;* **pad•ding** ['pædɪŋ] *s* **1.** Polsterung, Wattierung *f* **2.** Polstermaterial *nt* **3.** (*fig*) Füller *m*

paddle ['pædl] **I.** *s* **1.** Paddel *nt* **2.** Rührschaufel *f,* -holz *nt* **3.** Schaufel *f;* Schaufelrad *nt;* **go for a** ~ im Wasser planschen gehen **II.** *vi* **1.** paddeln **2.** waten; im Wasser planschen **III.** *vt* **1.** (*Boot*) paddeln **2.** (*Am*) schlagen, (ver)prügeln; **paddle boat** *s* Raddampfer *m;* Paddelboot *nt;* **paddle steamer** *s* Raddampfer *m;* **pad·dling pool** ['pædlɪŋˌpu:l] *s* Planschbecken *nt*

pad·dock ['pædək] *s* **1.** Pferdekoppel *f* **2.** (*Pferderennen*) Sattelplatz *m;* (*Motorsport*) Fahrerlager *nt*

Paddy ['pædɪ] *s* (*fam: Spitzname*) Ire *m*

paddy[1] ['pædɪ] *s* **1.** ungeschälter Reis **2.** (~-*field*) Reisfeld *nt*

paddy[2] ['pædɪ] *s* Wut *f;* **be in a** ~ einen Wutanfall haben; **paddy·wagon** *s* (*Am fam*) grüne Minna

pad·lock ['pædlɒk] **I.** *s* Vorhängeschloss *nt* **II.** *vt* mit einem Vorhängeschloss verschließen

paedia·tric [ˌpi:dɪ'ætrik] **I.** *adj* pädiatrisch **II.** *adj attr* Kinder-; **paedia·tric·ian** [ˌpi:dɪə'trɪʃn] *s* Kinderarzt *m,* -ärztin *f;* **paedi·at·rics** [ˌpi:dɪ'ætrɪks] *s pl mit sing* Kinderheilkunde, Pädiatrie *f*

pa·gan ['peɪgən] **I.** *s* Heide *m,* Heidin *f* **II.** *adj* heidnisch; **pa·gan·ism** [-ɪzəm] *s* Heidentum *nt*

page[1] [peɪdʒ] **I.** *s* (*Buch*) Seite *f,* Blatt *nt;* ~ **view** (INTERNET) Seitenaufruf *m,* Seitenimpression *f* **II.** *vt* paginieren

page[2] [peɪdʒ] **I.** *s* **1.** (Hotel)Page, Boy *m* **2.** (HIST) Edelknabe, Page *m* **II.** *vt* durch einen Pagen holen lassen; über den Lautsprecher rufen lassen

pag·eant ['pædʒənt] *s* **1.** historische Aufführung **2.** Festzug *m;* **pag·eantry** ['pædʒəntrɪ] *s* Prunk *m,* Pracht *f*

page·boy ['peɪdʒbɔɪ] *s* **1.** Page *m* **2.** (*Frisur*) Pagenkopf *m;* **page proof** *s* umbrochene Korrekturfahne

pa·ger ['peɪdʒə(r)] *s* (TELE) Personenrufgerät *nt,* Piepser *m*

pagi·na·tion [ˌpædʒɪ'neɪʃn] *s* (*Buch*) Paginierung *f*

pa·goda [pə'gəʊdə] *s* Pagode *f*

paid [peɪd] **I.** *pt, pp of* **pay II.** *adj* bezahlt; ~ **holidays** bezahlter Urlaub; **put** ~ **to s.th.** etw zunichte machen; einer S einen Riegel vorschieben; **paid-up** ['peɪd'ʌp] *adj* (*Aktie*) eingezahlt; (*Mitglieder*) zahlend; **fully** ~ **member** Mitglied, das alle Beiträge bezahlt hat

pail [peɪl] *s* Eimer, Kübel *m;* **pail·ful** [-fʊl] *s* Eimervoll *m*

pain [peɪn] **I.** *s* **1.** Schmerz(en *pl*) *m* **2.** Leid(en) *nt,* Qual *f* **3.** Kummer *m,* Angst, Sorge *f* **4.** ~**s** Mühe *f;* **under** [*o* (**up**)**on**] ~ **of** bei Strafe *+gen;* **be at** ~**s to do s.th.** sehr darauf bedacht sein etw zu tun; sich große Mühe geben etw zu tun; **be in** ~ Schmerzen haben; **feel** ~ Schmerzen empfinden; **take** ~**s over s.th.** sich mit etw (große) Mühe geben; **be a** ~ (**in the neck**) (*fam*) jdm auf den Geist, Wecker gehen, jdn aufregen **II.** *vt* (*fig*) schmerzen, weh tun (*s.o.* jdm); **pain barrier** *s* (*a. fig*) Schmerzgrenze *f;* **pained** [peɪnd] *adj* (*Stimme, Miene*) gequält; schmerzerfüllt; **pain·ful** ['peɪnfl] *adj* **1.** schmerzhaft, schmerzend **2.** (*fig*) peinlich; unangenehm **3.** mühsam; **be** ~ weh tun; **pain·killer** *s* schmerzstillendes Mittel; **pain·less** ['peɪnlɪs] *adj* **1.** schmerzlos **2.** mühelos; **pains·taking** ['peɪnzˌteɪkɪŋ] *adj* gewissenhaft, gründlich, sorgfältig

paint [peɪnt] **I.** *vt* **1.** (be)malen; anstreichen; lackieren **2.** schminken **3.** (*fig*) schildern, beschreiben; ~ **the town red** (*fig*) auf den Putz hauen; **he is not as black as he is** ~**ed** er ist besser als sein Ruf **II.** *vi* malen **III.** *s* **1.** Farbe *f;* Anstrich *m* **2.** (AUTO) Lack *m* **3.** Schminke *f;* **wet** ~**!** frisch gestrichen; **oil** ~**s** Ölfarben *fpl;* **paint·box** *s* Malkasten *m;* **paint·brush** ['peɪntbrʌʃ] *s* Pinsel *m;* **painted** ['peɪntɪd] *adj* **1.** ge-, bemalt **2.** (*Am: Tier*) bunt, scheckig; ~ **woman** Flittchen *nt;* **painter** ['peɪntə(r)] *s* **1.** Maler(in) *m(f)* **2.** (AUTO) Lackierer(in) *m(f)* **3.** (*house* ~) Anstreicher(in) *m(f)* **4.** (MAR) Vor-, Fangleine *f;* **paint·ing** ['peɪntɪŋ] *s* **1.** Malen *nt;* Anstreichen *nt* **2.** Spritzlackieren *nt* **3.** Malerei *f* **4.** Bild, Gemälde *nt;* **paint pot** *s* Farbtopf *m;* **paint roller** *s* Rolle *f;* **paint stripper** *s* Abbeizmittel *nt;* **paint·work** ['peɪnt wɜ:k] *s* Lack *m;* Anstrich *m,* Farbe *f*

pair [peə(r)] **I.** *s* **1.** Paar *nt* **2.** (*Tiere, Spielkarten*) Pärchen *nt;* **in** ~**s** paarweise; **a** ~ **of gloves/shoes** ein Paar *nt* Handschuhe/Schuhe; **a** ~ **of scissors/tongs/trousers** eine Schere/Zange/Hose; **that's another** ~ **of shoes** (*fig*) das ist eine andere Sache; **they're a fine** ~**!** sie sind ein sauberes Pärchen! **II.** *vt* paarweise anordnen; **pair off I.** *vt* **1.** in Zweiergruppen anordnen **2.** (*Menschen*) verkuppeln **II.** *vi* Paare bilden; **pair·ing** [-iŋ] *s* Paarung *f;* **pair-skating** *s* Paarlaufen *nt,* Paarlauf *m*

pa·ja·mas [pə'dʒɑ:məz] *s pl* (*Am*) Schlafanzug, Pyjama *m*

Pa·ki·stan [ˌpɑ:kɪ'stɑ:n] *s* Pakistan *nt;* **Pa·ki·stani** [ˌpɑ:kɪ'stɑ:nɪ] **I.** *adj* pakistanisch **II.** *s* Pakistani *m f,* Pakistaner(in) *m(f)*

pal [pæl] *s* (*sl*) Kumpel *m;* **be a** ~**!** sei so lieb!; **pal up** *vi* (*fam*) sich anfreunden (*with* mit)

pal·ace ['pælɪs] *s* Palast *m*

pal(a)eo·gra·phy [ˌpælɪ'ɒgrəfɪ] *s* Paläographie *f;* **pal(a)eo·lithic** [ˌpælɪəʊ'lɪəɪk] *adj* paläolithisch, altsteinzeitlich; **pal(a)e-**

P

on•tol•og•ist [ˌpælɪɒn'tɒlədʒɪst] *s* Paläontologe *m;* -login *f;* **pal(a)e•on•tol•ogy** [ˌpælɪɒn'tɒlədʒɪ] *s* Paläontologie *f*

pal•at•able ['pælətəbl] *adj* **1.** schmackhaft **2.** (*fig*) angenehm; **pala•tal** ['pælətl] *s* Gaumenlaut *m;* **pal•ate** ['pælət] *s* Gaumen *m;* **have no ~ for s.th.** keinen Sinn für etw haben

pa•la•tial [pə'leɪʃl] *adj* palastartig; stattlich, prächtig

pal•aver [pə'lɑːvə(r)] *s* (*fam*) (endloses) Gerede, Geschwätz *nt;* Theater *nt*

pale¹ [peɪl] **I.** *adj* **1.** bleich; blass **2.** (*Licht*) schwach **3.** (*fig*) schwach, matt, farblos; **turn ~** blass, bleich werden, erbleichen; **~ blue** blassblau; **~ face** Bleichgesicht *nt* **II.** *vi* **1.** erbleichen, erblassen, die Farbe verlieren **2.** (*fig*) verblassen (*before, beside* neben)

pale² [peɪl] *s* Pfahl *m;* **beyond the ~** indiskutabel; (*Verhalten*) unmöglich

pale•ness ['peɪlnɪs] *s* Blässe *f*

paleo- Paläo-, paläo-

Pal•est•ine ['pælɪstaɪn] *s* Palästina *nt;* **~ Liberation Organisation, PLO** Palästinensische Befreiungsorganisation; **Pal•es•tin•ian** [ˌpælə'stɪnɪən] **I.** *adj* palästinensisch *f* **II.** *s* Palästinenser(in) *m(f)*

pal•ette ['pælɪt] *s* **1.** Palette *f* **2.** (*fig*) Farbskala *f*

pali•mo•ny ['pælɪmənɪ] *s* (*Am*) Unterhaltszahlung *f* (*bei der Auflösung einer Ehe ohne Trauschein*)

pali•sade [ˌpælɪ'seɪd] **I.** *s* **1.** Palisade *f* **2.** **~s** (*Am*) Flussklippen *fpl* **II.** *vt* einzäunen

pall¹ [pɔːl] *vi* langweilig werden (*on, upon s.o.* jdm), überdrüssig werden (*with s.th.* einer S), reizlos sein (*on* für); **his charm is beginning to ~** seine Fassade bröckelt ab; **it never ~s on you** man bekommt es nie satt

pall² [pɔːl] *s* **1.** Leichentuch *nt* **2.** (*Rauch*) Schleier *m;* **pall•bearer** ['pɔːlˌbeərə(r)] *s* Sargträger(in) *m(f)*

pal•let ['pælɪt] *s* **1.** (TECH) Palette *f* **2.** Strohsack *m*

pal•li•ative ['pælɪətɪv] *adj* **1.** lindernd **2.** (*fig*) beschönigend

pal•lid ['pælɪd] *adj* blass, bleich; **pal•lor** ['pælə(r)] *s* Blässe *f*

pally ['pælɪ] *adj* (*fam*) eng befreundet

palm¹ [pɑːm] *s* Palme *f;* Palmzweig *m;* **carry off the ~** den Sieg davontragen

palm² [pɑːm] *s* (ANAT) Handteller *m,* Handfläche *f;* (*Handschuh*) Innenfläche *f;* **grease s.o.'s ~** jdn bestechen; **read s.o.'s ~** jdm aus der Hand lesen; **palm off** *vt* abspeisen; **~ s.th. off on(to) s.o.** jdm etw andrehen; **palm•ist** ['pɑːmɪst] *s* Handleser(in) *m(f),* Handliniendeuter(in) *m(f)*

palm leaf ['pɑːmˌliːf] <*pl* -leaves> *s* Palmwedel *m*

palm-size PC *s* Palmtop *m,* Taschencomputer *m*

palm•top ['pɑːmˌtɒp] *s* Palmtop *m,* Taschencomputer *m*

Palm Sunday *s* Palmsonntag *m*

palm•top ['pɑːmˌtɒp] *s* Palmtop *m,* Taschencomputer *m*

palm tree *s* Palme *f*

pal•pable ['pælpəbl] *adj* **1.** greifbar; (MED) tastbar **2.** (*fig: Lüge*) offensichtlich

pal•pi•tate ['pælpɪteɪt] *vi* zittern; (*Herz*) klopfen; **pal•pi•ta•tion** [ˌpælpɪ'teɪʃn] *s oft pl* Herzrhythmusstörung *f*

palsy ['pɔːlzɪ] *s* Lähmung *f;* **cerebral ~** zerebrale Lähmung

palsy-walsy ['pælzɪ'wælzɪ] *adj* (*sl*) scheißfreundlich

pal•try ['pɔːltrɪ] *adj* schäbig; (*Grund*) unbedeutend

pam•pas ['pæmpəs] *s pl* Pampas *pl*

pam•per ['pæmpə(r)] *vt* verwöhnen, verhätscheln

pamph•let ['pæmflɪt] *s* Broschüre *f;* Flugblatt *nt*

pan¹ [pæn] **I.** *s* **1.** Pfanne *f;* Kochtopf *m* **2.** Waagschale *f;* Goldpfanne *f* **3.** (*Toilette*) Becken *nt* **II.** *vt* **1.** (*Gold*) waschen **2.** (*fam: Aufführung*) verreißen; **pan out** *vi* sich entwickeln; **~ out well** klappen

pan² [pæn] **I.** *s* Kameraschwenk *m* **II.** *vt* schwenken

pana•cea [ˌpænə'sɪə] *s* Allheilmittel *nt*

pa•nache [pə'næʃ] *s* Schwung *m*

Pana•ma [ˌpænə'mɑː] *s* Panama *nt;* **~ Canal** Panamakanal *m;* **Pana•manian** [ˌpænə'meɪnɪən] **I.** *adj* panamaisch **II.** *s* Panamaer(in) *m(f),* Panamese *m,* Panamesin *f*

Pan-Ameri•can ['pænə'merɪkən] *adj* panamerikanisch

pana•tel•la [ˌpænə'telə] *s* dünne Zigarre

pan•cake ['pænkeɪk] **I.** *s* Pfannkuchen *m;* **Pancake Day** Fastnachtsdienstag *m* **II.** *vi* (*Flugzeug*) eine Bauchlandung machen

pan•creas ['pæŋkrɪəs] *s* (ANAT) Bauchspeicheldrüse *f;* **pan•cre•atic** [ˌpæŋkrɪ'ætɪk] *adj* Bauchspeicheldrüsen-, pankreatisch

panda ['pændə] *s* Panda *m;* **panda car** *s* (*Br*) Streifenwagen *m*

pan•de•mo•nium [ˌpændɪ'məʊnɪəm] *s* (*fig*) Chaos *nt;* Tumult, Höllenlärm *m*

pan•der ['pændə(r)] **I.** *s* (*obs*) Kuppler *m* **II.** *vi* nachgeben (*to s.o., s.th.* jdm, einer S); **~ to s.o.'s ego** jdm um den Bart gehen

p and p [ˌpiːən'piː] *s s.* **postage and packing** Porto und Verpackung

pane [peɪn] *s* Fensterscheibe *f*

panel ['pænl] I. *s* 1. (ARCH) (Holz)Platte, Tafel *f* 2. (*Wand, Tür*) Füllung *f* 3. (*Kleid*) Bahn *f* 4. (*Kunst*) Tafel *f;* Tafelbild *nt* 5. (*Flugzeug*) Verschalungsteil *nt;* (*Auto*) Karosserieteil *nt* 6. (*instrument* ~) Schalttafel *f;* (AUTO) Armaturenbrett *nt* 7. Ausschuss *m,* Kommission *f* 8. (JUR) Geschworenenliste *f;* Geschworene, Schöffen *mpl* 9. (HIST) Liste *f* der Kassenärzte 10. Diskussionsgruppe *f,* Forum *nt* 11. (*Meinungsforschung*) Befragtengruppe *f;* **advisory** ~ beratender Ausschuss; **consumer** ~ Verbraucherpanel *nt,* Verbrauchertestgruppe *f;* ~ **of experts** Sachverständigenausschuss *m* II. *vt* täfeln (*with* mit); **panel beater** *s* Autoschlosser(in) *m(f);* **panel discussion** *s* Podiumsdiskussion *f;* **panel game** *s* Ratespiel *nt;* **panel·ing** *s* (*Am*) *s.* **panelling;** **panel·ist** *s* (*Am*) *s.* **panellist;** **panel·ling** [-ɪŋ] *s* Täfeln *nt;* Täfelung *f;* Verschalung *f;* **panel·list** [-ɪst] *s* Diskussionsteilnehmer(in) *m(f)*

pang [pæŋ] *s* 1. stechender, heftiger Schmerz 2. (*fig*) plötzliche Angst, Beklemmung *f;* ~**s of conscience** Gewissensbisse *mpl*

pan·handle ['pænhændl] I. *s* 1. Pfannenstiel *m* 2. (*Am*) Landzipfel *m* II. *vi* (*Am fam*) schnorren; **pan·handler** ['pænhændlə(r)] *s* Schnorrer(in) *m(f)*

pan·ic ['pænɪk] <panicking, panicked> I. *s* Panik *f;* panischer Schreck(en); **get into a** ~ **about s.th.** wegen etw in panische Angst geraten II. *vt* 1. einen Schreck einjagen (*s.o.* jdm) 2. (*Am sl*) zum Lachen bringen III. *vi* in Panik geraten; **don't** ~! keine Panik!; **pan·icky** ['pænɪkɪ] *adj* (*fam*) äußerst ängstlich; (*Reaktion, Maßnahme*) Kurzschluss-; **get** ~ in Panik geraten; **panic-stricken** ['pænɪk,strɪkən] *adj* in panischem Schrecken

pan·nier ['pænɪə(r)] *s* großer Korb; (*an Fahrrad*) Satteltasche *f;* (*für Maultier*) Tragkorb *m*

pan·jan·drum [pæn'dʒændrəm] *s* aufgeblasene, höher gestellte Person

pan·or·ama [,pænə'rɑːmə] *s* 1. Panorama *nt,* Rundblick *m* 2. (*fig*) Panorama *nt,* (gute) Übersicht *f* (*of* über); **pan·or·amic** [,pænə'ræmɪk] *adj* panoramaartig; (AUTO) Rundsicht-; ~ **shot** (PHOT) Panoramaaufnahme *f*

pan·pipes ['pænpaɪps] *s pl* Panflöte *f*

pansy ['pænzɪ] *s* 1. (*Gartenblume*) Stiefmütterchen *nt* 2. (*sl pej*) Schwule(r), Süße(r) *m*

pant [pænt] I. *vi* 1. keuchen 2. (~ *for breath*) nach Luft schnappen; **be** ~**ing to do s.th.** darauf brennen etw zu tun II. *vt* (keuchend) hervorstoßen III. *s* Keuchen *nt*

pan·tech·ni·con [pæn'teknɪkən] *s* (großer) Möbelwagen *m*

pan·the·ism ['pænθɪɪzəm] *s* Pantheismus *m;* **pan·the·ist** ['pænθɪɪst] *s* Pantheist(in) *m(f);* **pan·the·istic** [,pənθɪ'ɪstɪk] *adj* pantheistisch

pan·ther ['pænθə(r)] *s* Panther *m*

pan·ties ['pæntɪz] *s pl* 1. (Damen)Schlüpfer *m* 2. Kinderhöschen *nt*

pan·to·mime ['pæntəmaɪm] *s* (*in Großbritannien*) Weihnachtsaufführung *f*

pan·try ['pæntrɪ] *s* Vorrats-, Speisekammer *f*

pants [pænts] *s pl* 1. (*Am*) Hose *f* 2. (*Br*) Unterhose *f;* **wear the** ~ (*Am*) die Hosen anhaben; **pant·suit** ['pæntsuːt] *s* (*Am*) Hosenanzug *m*

panty girdle ['pæntɪ,gɜːdl] *s* Miederhöschen *nt;* **panty·hose** *s* (*Am*) Strumpfhose *f;* **panty liner** *s* Slipeinlage *f;* **panty set** *s* Garnitur *f* Unterwäsche

pap [pæp] *s* Brei *m*

pa·pacy ['peɪpəsɪ] *s* Papsttum *nt;* **pa·pal** ['peɪpl] *adj* päpstlich

pa·pa·ya [pə'paɪə] *s* Papaya *f*

pa·per ['peɪpə(r)] I. *s* 1. Papier *nt* 2. Zeitung *f* 3. Aufsatz *m,* Abhandlung *f,* Vortrag *m* (*on* über) 4. (*examination* ~) Prüfungsarbeit *f* 5. (*wall* ~) Tapete *f* 6. ~**s** (Ausweis-, Legitimations)Papiere *ntpl* 7. ~**s** Akten *fpl,* Papiere *ntpl;* **on** ~ auf dem Papier; (*fig*) in der Theorie; **commit to** ~ zu Papier bringen, schriftlich niederlegen; **do a** ~ **round** Zeitungen austragen; **ballot** [*o* **voting**] ~ Stimm-, Wahlzettel *m;* **blotting** ~ Löschblatt *nt;* **brown** ~ Packpapier *nt;* **daily/evening/sports** ~ Tages-/Abend-/Sportzeitung *f;* **sheet of** ~ Blatt *nt* Papier; **Sunday** ~ Sonntagsblatt *nt;* **waste** ~ Altpapier *nt;* **weekly** ~ Wochenblatt *nt;* **white** ~ (POL) Weißbuch *nt;* **wrapping** ~ Packpapier *nt;* **writing** ~ Schreibpapier *nt* II. *vt* tapezieren; ~ **over** überkleben; ~ **over the cracks of s.th.** (*fig*) etw übertünchen; **pa·per·back** ['peɪpəbæk] *s* Taschenbuch *nt;* **paper bag** *s* Tüte *f;* **paper·boy** *s* Zeitungsjunge *m;* **paper chain** *s* Girlande *f;* **paper chase** *s* Schnitzeljagd *f;* **paper-clip** *s* Büroklammer *f;* **paper cup** *s* Pappbecher *m;* **paper feed** *s* (*Drucker*) Papiereinzug *m;* **paper jam** *s* (*Drucker*) Papierstau *m;* **paper·knife** <*pl* -knives> *s* Brieföffner *m;* **paper-mill** *s* Papierfabrik *f;* **paper millionaire** *s* Aktienmillionär(in) *m(f);* **paper money** *s* Papiergeld *nt;* **paper plate** *s* Pappteller *m;* **paper profit** *s* Buchgewinn *m,* rechnerischer Gewinn; **paper pusher** *s* (*pej*) Bürohengst *m pej;* **paper tape** *s* Lochstreifen *m;* **paper-thin** *adj* hauchdünn; **paper tiger** *s* Papiertiger *m;* **paper tissue** *s* Kosmetiktuch *nt;* **pa-**

per tray *s* (INFORM) Papierschacht *m;* **paper•weight** ['peɪpəweɪt] *s* Briefbeschwerer *m;* **paper•work** ['peɪpəwɜ:k] *s* Schreibarbeit *f*

papier-mâché [ˌpæpɪeɪ'mæʃeɪ, ˌpeɪpəmə'ʃeɪ] *s* Papier-, Pappmachee *nt*

pa•pist ['peɪpɪst] *s* (*pej*) Papist(in) *m(f)*

pa•poose [pə'pu:s] *s* **1.** Indianerkind *nt* **2.** Rückentrage *f* für ein Kleinkind

pap•rika ['pæprɪkə, pə'pri:kə] *s* Paprika *m*

pa•py•rus [pə'paɪərəs, *pl* -rəsɪz, -raɪ] <*pl* -ruses, -ri> *s* **1.** Papyrus *m* **2.** Papyrusstaude *f*

par [pɑ:(r)] *s* **1.** (FIN) Nennwert *m* **2.** (*Golf*) Par *m;* **above** ~ über pari; (*fig*) überdurchschnittlich, überragend; **at** ~ al pari; zum Nennwert; **below** ~ unter pari; (*fig*) unter Niveau; **on a** ~ **with** auf gleicher Stufe mit; ebenbürtig; **up to** ~ (*fig*) auf der Höhe; **I don't feel up to ~, I feel below** ~ ich fühle mich nicht wohl

par•able ['pærəbl] *s* Gleichnis *nt,* Parabel *f*

par•ab•ola [pə'ræbələ] *s* (MATH) Parabel *f*

para•bolic [ˌpærə'bɒlɪk] *adj* gleichnishaft, allegorisch; ~ **mirror** Parabolspiegel *m*

para•chute ['pærəʃu:t] **I.** *s* Fallschirm *m;* **golden** ~ großzügige Entlassungsabfindung **II.** *vt* (mit dem Fallschirm) abwerfen, absetzen **III.** *vi* abspringen; **parachute drop** *s* Fallschirmabwurf *m;* **parachute jump** *s* Fallschirmabsprung *m;* **parachute jumper** *s* Fallschirmspringer(in) *m(f);* **parachute regiment** *s* Fallschirmjägertruppe *f;* **para•chut•ist** ['pærəʃu:tɪst] *s* Fallschirmspringer(in) *m(f)*

par•ade [pə'reɪd] **I.** *s* **1.** (Truppen)Parade *f* **2.** (~*-ground*) Exerzier-, Paradeplatz *m* **3.** Auf-, Festzug *m;* Demonstration *f;* Prozession *f* **4.** (*fashion* ~) Modenschau *f* **5.** Promenade *f* (*am Meer*) **6.** (*fig*) Zurschaustellung *f* **II.** *vt* **1.** aufmarschieren lassen **2.** (*fig*) zur Schau stellen **III.** *vi* **1.** eine Demonstration veranstalten **2.** (MIL) aufmarschieren **3.** herumstolzieren

para•digm ['pærədaɪm] *s* (Muster)Beispiel *nt;* **para•dig•matic** [ˌpærədɪg'mætɪk] *adj* exemplarisch

para•dise ['pærədaɪs] *s* (das) Paradies; **live in a fool's** ~ sich etw vormachen; **paradisiac(al)** [ˌpærə'dɪsɪæk, ˌpærədɪ'zaɪəkl] *adj* paradiesisch

para•dox ['pærədɒks] *s* Paradox(on) *nt;* **para•doxi•cal** [ˌpærə'dɒksɪkl] *adj* paradox, widersinnig; **para•doxi•cal•ly** [-ɪ] *adv* paradoxerweise

par•af•fin ['pærəfɪn] *s* **1.** (*Am:* ~ *wax*) Paraffin *nt* **2.** (*Br:* ~ *oil*) Paraffinöl *nt*

para•glid•ing ['pærəˌglaɪdɪŋ] *s* Paragliding *nt*

para•gon ['pærəgən, *Am* 'pærəgɒn] *s* Vorbild, Muster *nt;* ~ **of virtue** Musterknabe *m*

para•graph ['pærəgrɑ:f, *Am* 'pærə græf] **I.** *s* **1.** Absatz, Abschnitt *m* **2.** (kurzer) Zeitungsartikel *m* **II.** *vt* in Absätze, Paragraphen einteilen

Pa•ra•guay ['pærəgwaɪ] *s* Paraguay *nt;* **Pa•ra•gua•yan** [ˌpærə'gwaɪən] **I.** *adj* paraguayisch **II.** *s* Paraguayer(in) *m(f)*

para•keet ['pærəki:t] *s* Sittich *m*

par•al•lel ['pærəlel] **I.** *adj* **1.** (MATH) parallel (*with, to* mit) **2.** (*fig*) gleichlaufend (*to, with* zu, mit), entsprechend (*to s.th.* einer S); ~ **connection** (ELEK) Parallelschaltung *f;* **a** ~ **case** ein Parallelfall *m* **II.** *s* **1.** (*a. fig*) Parallele *f* (*to* zu) **2.** (*fig*) Entsprechung *f* **3.** (GEOG: ~ *of latitude*) Breitenkreis *m;* **without** ~ unvergleichlich; **be without (a)** ~ einzig dastehen, keine Parallele haben; **draw a** ~ **between** eine Parallele ziehen zwischen **III.** *vt* gleichen (*s.th.* einer S); **parallel bars** *s pl* (SPORT) Barren *m;* **par•al•lel•ism** [-ɪzəm] *s* Parallelität *f;* (*fig*) Ähnlichkeit *f;* **par•al•lelo•gram** [ˌpærə'leləgræm] *s* Parallelogramm *nt*

Para•lym•pic Games, Para•lym•pics [ˌpærəlɪmpɪk'geɪmz, ˌpærə'lɪmpɪks] *s* Behinderten-Wettspiele *f*

para•lyse ['pærəlaɪz] *vt* **1.** lähmen **2.** (*Verkehr*) lahmlegen **3.** (*fig*) zum Erliegen bringen; unwirksam machen; **~d with fear** starr vor Schrecken; **par•al•ysis** [pə'ræləsɪs] *s* Lähmung *f;* **para•lyt•ic** [ˌpærə'lɪtɪk] **I.** *adj* **1.** paralytisch; gelähmt **2.** (*fam*) volltrunken **II.** *s* Gelähmte(r) *f m,* Paralytiker(in) *m(f);* **para•lyze** (*Am*) *s.* **paralyse**

para•med•ic [ˌpærə'medɪk] *s* Sanitäter(in) *m(f)*

par•ameter [pə'ræmɪtə(r)] *s* **1.** (MATH) Parameter *m* **2. ~s** (*fig*) Rahmen *m;* **parametric programming** *s* parametrische Programmierung

para•mili•tary [ˌpærə'mɪlɪtrɪ] *adj* paramilitärisch

para•mount ['pærəmaʊnt] *adj* wichtigste(r, s), höchste(r, s), größte(r, s); **of** ~ **importance** von größter Wichtigkeit

para•noia [ˌpærə'nɔɪə] *s* Verfolgungswahn *m;* **para•noiac** [ˌpærə'nɔɪæk] **I.** *adj* paranoisch **II.** *s* Paranoiker(in) *m(f);* **para•noid** ['pærənɔɪd] *adj* paranoid

para•pet ['pærəpɪt] *s* (Brücken-, Balkon)Geländer *nt*

para•pher•nalia [ˌpærəfə'neɪlɪə] *s pl* Kinkerlitzchen *ntpl,* Brimborium, Drum und Dran *nt*

para•phrase ['pærəfreɪz] **I.** *s* Umschreibung *f* **II.** *vt* umschreiben

para•plegia [ˌpærə'pli:dʒə] *s* Querschnittslähmung *f;* **para•plegic** [ˌpærə'pli:dʒɪk]

I. *adj* querschnittsgelähmt II. *s* Querschnittsgelähmte(r) *f m*

para·psy·chol·ogy [ˌpærəsaɪˈkɒlədʒɪ] *s* Parapsychologie *f*

paras [ˈpærəz] *s pl* (*fam*) Fallschirmtruppen *fpl*

para·site [ˈpærəsaɪt] *s* (BIOL) Schmarotzer *m;* (*a. fig*) Parasit *m;* **para·sitic(al)** [ˌpærəˈsɪtɪk(l)] *adj* 1. (BIOL) parasitisch 2. (MED TECH) parasitär

para·ski·ing [ˌpærəˈskiːɪŋ] *s* Paraskifahren *nt*

para·sol [ˈpærəsɒl] *s* Sonnenschirm *m*

para·trooper [ˈpærətruːpə(r)] *s* Fallschirmjäger *m;* **para·troops** [ˈpærətruːps] *s pl* Fallschirm-, Luftlandetruppen *fpl*

para·typhoid [ˌpærəˈtaɪfɔɪd] *s* (MED: ~ *fever*) Paratyphus *m*

par·boil [ˈpɑːbɔɪl] *vt* ankochen, halbgar kochen

par·cel [ˈpɑːsl] *s* 1. Paket, Päckchen *nt* 2. (*Land*) Parzelle *f;* **part and** ~ ein wesentlicher Bestandteil; ~ **of land** Landparzelle *f;* ~ **of shares** Aktienpaket *nt;* **parcel out** *vt* aufteilen; **parcel up** *vt* als Paket verpacken; **parcel delivery** *s* Paketzustellung *f;* **parcel office** *s* Paketschalter *m;* **parcel post** *s* Paketpost *f;* **send by** ~ als Postpaket schicken

parch [pɑːtʃ] *vt* austrocknen; **be ~ed (with thirst)** vor Durst verschmachten

parch·ment [ˈpɑːtʃmənt] *s* Pergament *nt*

pard [pɑː(r)d] *s* (*Am sl*) Partner, Kumpel *m*

par·don [ˈpɑːdn] I. *vt* 1. (JUR) begnadigen 2. vergeben, verzeihen (*s.o.* jdm); ~ **me!** Entschuldigung!; ~ **me?** wie bitte? II. *s* 1. Verzeihung, Vergebung *f* 2. (JUR) Begnadigung *f;* **I beg your ~!** Entschuldigung!; **I beg your ~?** wie bitte?; **par·don·able** [ˈpɑːdnəbl] *adj* verzeihlich, entschuldbar

pare [peə(r)] *vt* 1. (*Obst*) schälen 2. (*Nägel*) schneiden 3. (~ *down*) kürzen, reduzieren

par·ent [ˈpeərənt] *s* 1. Elternteil *m* 2. (*fig*) Vorläufer *m* 3. **~s** Eltern *pl;* **~s-in-law** Schwiegereltern *pl;* **par·ent·age** [ˈpeərəntɪdʒ] *s* Abstammung, Herkunft *f;* **par·en·tal** [pəˈrentl] I. *adj* elterlich II. *adj attr, adj* Eltern-; **parental leave** *s* Mutter-/Vaterschaftsurlaub *m;* **parent company** *s* Muttergesellschaft *f*

par·enth·esis [pəˈrenθəsɪs, *pl* -əsiːz] <*pl* -eses> *s* 1. Einschaltung (*im Text*), Parenthese *f;* Zwischenbemerkung *f* 2. **parentheses** (*Am*) Klammern *fpl*

par·ent·hood [ˈpeərənthʊd] *s* Elternschaft *f;* **par·ent·less** [ˈpeərəntlɪs] *adj* elternlos; **parent ship** *s* Mutterschiff *nt*

pa·riah [pəˈraɪə, ˈpærɪə] *s* 1. (REL) Paria *m* 2. (*fig*) Ausgestoßene(r) *f m*

par·ing [ˈpeərɪŋ] *s* 1. Schälen *nt* 2. **~s** Abfall *m,* Schnitzel *mpl*

par·ish [ˈpærɪʃ] *s* 1. (Pfarr-, Kirchen)Gemeinde *f* 2. (*civil* ~) (Land)Gemeinde *f;* **par·ishioner** [pəˈrɪʃənə(r)] *s* Gemeindemitglied *nt;* **parish(-pump) politics** *s pl* Kirchturmpolitik *f;* **parish register** *s* Kirchenbuch *nt*

par·ity [ˈpærətɪ] *s* 1. Gleichheit, Gleichberechtigung *f* 2. Gleichwertigkeit *f* 3. (FIN) (Währungs)Parität *f;* ~ **of treatment** Gleichstellung *f;* ~ **of pay** Lohngleichheit *f;* **parity change** *s* (FIN) Wechselkursänderung *f;* **parity re·alignment** *s* (FIN) Neuordnung *f* der Wechselkursparitäten

park [pɑːk] I. *s* 1. Park *m* 2. Naturpark *m,* -schutzgebiet *nt* 3. Sportplatz *m* 4. (MIL) Arsenal *nt;* **national** ~ Nationalpark *m* II. *vt* 1. parken; abstellen; (*Fahrrad*) abstellen 2. (*fig fam*) abstellen; ~ **o.s.** (*fam*) sich plazieren; **I'm ~ed over there** ich habe da drüben geparkt III. *vi* parken; ~ **and ride system** Park-and-ride-System *nt*

parka [ˈpɑːkə] *s* Parka *m*

park·ing [ˈpɑːkɪŋ] *s* 1. Parken *nt* 2. Parkraum *m;* **no** ~ Parken verboten; **parking area** *s* Parkplatz *m;* **parking bay** *s* Parkbucht *f;* **parking disc** *s* Parkscheibe *f;* **parking level** *s* Parkdeck *nt;* **parking lights** *s pl* (AUTO) Standlicht *nt;* **parking lot** *s* Parkplatz *m;* **parking meter** *s* Parkuhr *f;* **parking offender** *s* Falschparker *m;* **parking ticket** *s* Strafzettel *m* (*für falsches Parken*); **park·keeper** [ˈpɑːkkiːpə(r)] *s* Parkwächter(in) *m(f);* **park·way** [ˈpɑːkweɪ] *s* (*Am*) Allee *f*

parky [ˈpɑːkɪ] *adj* (*Br fam*) kühl

par·lance [ˈpɑːləns] *s* Rede-, Sprechweise *f;* **in legal** ~ in der Rechtssprache

par·ley [ˈpɑːlɪ] I. *vi* unter-, verhandeln II. *s* Verhandlung *f;* **peace ~s** Friedensverhandlungen *fpl*

par·lia·ment [ˈpɑːləmənt] *s* Parlament *nt;* **enter** [*o* **go into**] **Parliament** ins Parlament gewählt werden; **stand for Parliament** für das Unterhaus kandidieren; **Member of Parliament** Parlamentsmitglied *nt;* **par·lia·men·tarian** [ˌpɑːləmənˈteərɪən] *s* Parlamentarier(in) *m(f);* **par·lia·men·tary** [ˌpɑːləˈmentrɪ] *adj* parlamentarisch; ~ **elections** Parlamentswahl *f;* ~ **party** Fraktion *f*

par·lor (*Am*), **par·lour** [ˈpɑːlə(r)] *s* Salon *m,* Wohnzimmer *nt;* **beauty** ~ (*Am*) Schönheitssalon *m;* **ice-cream** ~ Eisdiele *f;* **parlo(u)r game** *s* Gesellschaftsspiel *nt;* **parlo(u)r-maid** *s* (*Br*) Dienstmädchen *nt*

par·ochial [pəˈrəʊkɪəl] *adj* 1. Gemeinde-, Pfarr- 2. (*fig*) beschränkt, engstirnig; **par-**

P

ochial•ism [-ɪzəm] *s* (*fig*) Engstirnigkeit *f*; **parochial school** *s* (*Am*) Konfessionsschule *f*

pa•rod•ic [pə'rɒdɪk] *adj* parodistisch; **paro•dist** ['pærədɪst] *s* Parodist(in) *m(f)*; **par•ody** ['pærədɪ] **I.** *s* **1.** Parodie *f* (*of* auf) **2.** schwache Nachahmung, Abklatsch *m* **II.** *vt* parodieren

pa•role [pə'rəʊl] **I.** *s* (JUR) bedingte Entlassung (*aus der Strafhaft*), Bewährung *f*; **on ~** auf Bewährung **II.** *vt* (JUR) bedingt entlassen; auf Bewährung entlassen

par•ox•ysm ['pærəksɪzəm] *s* Anfall *m*; **~s of laughter** ein Lachkrampf *m*

par•quet ['pɑːkeɪ, *Am* pɑːr'keɪ] *s* (*a.* THEAT) Parkett *nt*

par•ri•cide ['pærɪsaɪd] *s* **1.** Vater-, Muttermörder(in) *m(f)* **2.** Vater-, Muttermord *m*

par•rot ['pærət] **I.** *s* Papagei *m* **II.** *vt* nachplappern; **repeat s.th. ~ fashion** etw wie ein Papagei wiederholen; **parrot fever** *s* Papageienkrankheit *f*

parry ['pærɪ] **I.** *vt* **1.** abwehren, parieren **2.** (*Frage*) ausweichen (*s.th.* einer S) **II.** *s* **1.** Abwehr *f* **2.** Parade *f*

parse [pɑːz] *vt* (GRAM: *Satz*) zerlegen, analysieren, (zer)gliedern; (*Wort*) grammatisch definieren

par•si•moni•ous [ˌpɑːsɪ'məʊnɪəs] *adj* geizig, knauserig (*of* mit); **par•si•mony** ['pɑːsɪmənɪ, *Am* 'pɑːsɪməʊnɪ] *s* Geiz *m*, Knauserigkeit *f*

pars•ley ['pɑːslɪ] *s* Petersilie *f*

pars•nip ['pɑːsnɪp] *s* Pastinake *f*

par•son ['pɑːsn] *s* Pfarrer *m*; **par•son•age** ['pɑːsnɪdʒ] *s* Pfarrhaus *nt*; **parson's nose** *s* Bürzel *m*

part [pɑːt] **I.** *s* **1.** Teil *m* **2.** Stück *nt* (*eines Ganzen*) **3.** Anteil *m*; Abschnitt, Teil *m* **4.** (TECH) Teil, Bauteil *nt* **5.** (*Serie*) Folge, Fortsetzung *f* **6.** (*Buch*) Lieferung *f* **7.** (THEAT) Rolle *f* **8.** (MUS) Stimme, Partie *f* **9.** Seite, Partei *f* **10. ~s** Gegend *f*, Gebiet *nt*, Bezirk *m* **11.** (*Am*) Scheitel *m* **12. ~s** Geschlechtsteile *ntpl*; **the greater ~** der größte Teil, die Mehrheit; **the nice ~ of it is** das Nette daran ist; **I lost ~ of it** ich habe einen Teil davon verloren; **for the most ~** meist(ens), größten-, meistenteils; **for my ~** meinerseits, was mich betrifft; **in ~ s** teilweise, teils, zum Teil; teil-; **in equal ~s** zu gleichen Teilen; **in these ~s** in dieser Gegend; **on the ~ of** vonseiten, seitens; **be ~ and parcel of s.th.** von etw ein wesentlicher Bestandteil sein; **play** [*o* **take**] **a ~** eine Rolle spielen; **take ~** teilnehmen; sich beteiligen (*in* an); **take s.o.'s ~** für jdn, jds Partei ergreifen; **take s.th. in good ~** etw nicht übelnehmen; **take in ~ exchange** in Zahlung nehmen; **constituent ~s** Bestandteile *mpl*; **leading ~** Hauptrolle *f*; **a man of (many) ~s** ein begabter, vielseitiger Mensch; **spare ~** Ersatzteil *nt*; **~ of the body** Körperteil *m*; **~ of the country** Gegend *f*; **~ of speech** (GRAM) Wortart *f* **II.** *adv* teils, teilweise; **she's ~ English ~ German** sie ist teils Engländerin teils Deutsche; **~ eaten** halb aufgegessen; **offer (take) s.th. in ~ exchange** etw in Zahlung geben (nehmen) **III.** *vt* **1.** teilen; (*Haar*) scheiteln **2.** trennen (*from* von); **~ company** sich trennen (*with* von); **till death us do ~** bis dass der Tod uns scheidet **IV.** *vi* **1.** sich teilen; (*Lippen, Vorhang*) sich öffnen **2.** (*Menschen*) sich trennen; auseinandergehen; (*Dinge*) sich lösen; **~ from s.o.** sich von jdm trennen; **~ with s.th.** sich von etw trennen

par•the•no•gen•esis ['pɑːθɪnəʊ'dʒenɪsɪs] *s* Parthenogenese *f*

par•tial ['pɑːʃl] *adj* **1.** parteiisch, voreingenommen **2.** teilweise, partiell; **be ~ to s.th.** für etw eine Vorliebe haben; **~ payment** Teilzahlung *f*; **~ success** Teilerfolg *m*; **par•tial•ity** [ˌpɑːʃɪ'ælətɪ] *s* **1.** Voreingenommenheit, Parteilichkeit *f* **2.** Vorliebe *f* (*for, to* für); **par•tial•ly** ['pɑːʃəlɪ] *adv* teilweise

par•tici•pant [pɑː'tɪsɪpənt] *s* Teilnehmer(in) *m(f)*; **par•tici•pate** [pɑː'tɪsɪpeɪt] *vi* **1.** teilnehmen, -haben, sich beteiligen (*in* an) **2.** beteiligt sein (*in* an); **par•tici•pa•tion** [pɑːˌtɪsɪ'peɪʃn] *s* **1.** Mitwirkung, Teilnahme *f* (*in* an) **2.** (COM) Beteiligung *f*; **worker ~** Mitbestimmung *f*; **~ in profits** Gewinnbeteiligung *f*; **par•tici•pa•tor** [pɑː'tɪsɪpeɪtə(r)] *s* **1.** Teilnehmer(in) *m(f)*, -haber(in) *m(f)* **2.** Gesellschafter(in) *m(f)*, Aktionär(in) *m(f)*

par•ti•ciple ['pɑːtɪsɪpl] *s* (GRAM) Partizip *nt*

par•ticle ['pɑːtɪkl] *s* **1.** (*a.* PHYS) Teilchen *nt* **2.** (*fig*) Spur *f* **3.** (GRAM) Partikel *f*; **not a ~ of sense** kein Fünkchen Verstand; **particle accelerator** *s* (PHYS) Teilchenbeschleuniger *m*

par•ticu•lar [pə'tɪkjʊlə(r)] **I.** *adj* **1.** besondere(r, s); (*Grund*) bestimmt **2.** (*im Gegensatz zu anderen*) bestimmt **3.** (*Mensch*) eigen; wählerisch; (über)genau; **be ~ about s.th.** in Bezug auf etw sehr eigen sein; es mit etw sehr genau nehmen; **in ~** insbesondere; **nothing (in) ~** nichts Besonderes; **take ~ pains** sich besonders bemühen; **~ case** besonderer Fall; Sonder-, Einzelfall *m* **II.** *s* **1. ~s** nähere Angaben *fpl*, Näheres *nt*; Details *ntpl*, Einzelheiten *fpl* (*about, of* über) **2. ~s** Personalangaben *fpl*, Personalien *pl*; **with full ~s** mit allen Einzelheiten; **without giving ~s, without entering ~s, without going into ~s** ohne nähere Angaben (zu machen), ohne auf Einzelheiten einzugehen; **enter** [*o* **go into**] ~**s** auf Einzelheiten eingehen; ins Einzelne gehen; **furnish** ~**s** Einzelheiten angeben; Auskunft erteilen; **for** ~**s apply to …** (nähere) Auskünfte (erhalten Sie) bei …; **par•ticu•lar•ize** [pəˈtɪkjʊləraɪz] *vt* einzeln angeben, aufführen; spezifizieren; **par•ticu•lar•ly** [pəˈtɪkjʊləlɪ] *adv* im Besonderen; insbesondere

part•ing [ˈpɑːtɪŋ] **I.** *adj* scheidend **II.** *s* **1.** Abschied *m* **2.** (*Br*) Scheitel *m;* **at** ~ beim Abschied; ~ **of the ways** Weggabelung *f;* (*fig*) Scheideweg *m;* **parting shot** *s* **1.** letzter Blick **2.** letzte Bemerkung

par•ti•san [ˌpɑːtɪˈzæn, *Am* ˈpɑːtɪzn] **I.** *adj* **1.** parteiisch, parteilich **2.** Partisanen- **II.** *s* **1.** Parteigänger(in) *m(f),* Anhänger(in) *m(f)* **2.** (MIL) Partisan(in) *m(f),* Widerstandskämpfer(in) *m(f)*

par•ti•tion [pɑːˈtɪʃn] **I.** *s* **1.** Teilung *f* **2.** Aufteilung *f* **3.** (*Grundstück*) Parzellierung *f* **4.** Trenn-, Zwischen-, Scheide-, Stellwand *f* **II.** *vt* **1.** (auf)teilen, verteilen **2.** (*Land*) parzellieren; ~ **off** abteilen

part•ly [ˈpɑːtlɪ] *adv* teilweise, zum Teil, teils

part•ner [ˈpɑːtnə(r)] **I.** *s* **1.** (COM) Partner(in) *m(f),* Teilhaber(in) *m(f)* (*in* an), Gesellschafter(in) *m(f)* **2.** (Ehe-, Tanz-, Spiel)Partner(in) *m(f)* **II.** *vt:* ~ **s.o.** jds Partner sein; **part•ner•ship** [ˈpɑːtnəʃɪp] *s* **1.** Partnerschaft *f* **2.** (COM) Personengesellschaft *f* **3.** Mitbeteiligung *f* (*in* an); **enter** ~ **with s.o.** sich mit jdm geschäftlich verbinden; **general** ~ offene Handelsgesellschaft; **limited** ~ Kommanditgesellschaft *f;* **partnership agreement** *s* Gesellschaftsvertrag *m*

part owner [ˌpɑːtˈəʊnə(r)] *s* Miteigentümer(in) *m(f);* **part ownership** *s* Miteigentum *nt;* **part payment** *s* Teilzahlung *f*

par•tridge [ˈpɑːtrɪdʒ] *s* Rebhuhn *nt*

part-time [ˌpɑːtˈtaɪm] *adj* Teilzeit-; ~ **job** Teilzeitbeschäftigung *f;* ~ **work** Teilzeit-, Kurz-, Halbtagsarbeit *f;* **do** ~ **work** einer Halbtagsarbeit nachgehen; ~ **worker** Teilzeitkraft *f;* Kurzarbeiter(in) *m(f);* **he is only** ~ er arbeitet nur Teilzeit

party [ˈpɑːtɪ] *s* **1.** (politische) Partei *f* **2.** (Arbeits-, Interessen)Gruppe *f* **3.** Einladung, Gesellschaft, Party, Veranstaltung *f* **4.** Teilnehmer(in) *m(f);* Beteiligte(r) *f m* (*to* an) **5.** (JUR) Partei *f* **6.** (COM) (Vertrags)Partei *f,* Beteiligte(r) *f m* **7.** (*fam hum*) Person *f;* **be a** ~ **to s.th.** an einer S beteiligt sein; bei etw mitmachen; **become a member of a** ~ Parteimitglied werden; **become a** ~ **to s.th.** sich in eine S einlassen; **give a** ~ eine Einladung geben, Gäste haben; **go to a** ~ einer Einladung folgen, eingeladen sein; **adverse** ~ Prozessgegner *m;* **dinner** ~ Einladung *f* zum Essen; **parliamentary** ~ Fraktion *f;* **the surviving** ~ (JUR) der überlebende Teil; **third** ~ Dritte(r), Unbeteiligte(r), Unparteiische(r) *m;* **third** ~ **insurance** (AUTO) Haftpflichtversicherung *f;* **the** ~ **concerned** der Beteiligte, der Betroffene; **party-badge** *s* Parteiabzeichen *nt;* **party-conference**, **party-congress**, **party-meeting** *s* Parteiversammlung *f,* -kongress, -tag *m;* **party donation** *s* Parteispende *f;* **party•goer** [ˈpɑːtɪˌgəʊə(r)] *s* Partygänger(in) *m(f);* **party headquarters** *s pl* Parteizentrale *f;* **party insured** *s* Versicherte(r) *m;* **party leader** *s* Parteiführer(in) *m(f);* **party line** *s* **1.** (TELE) Gemeinschaftsanschluss *m* **2.** (POL) Parteilinie *f;* **follow the** ~ linientreu sein; **party-liner** *s* (POL) Linientreue(r) *f m;* **party list** *s* (POL) Parteiliste *f;* **party machinery** *s* Parteiapparat *m;* **party political broadcast** *s* parteipolitische Sendung; **party politics** *s pl* Parteipolitik *f;* **party pooper** [-ˈpuːpə(r)] *s* (*Am fam*) Partymuffel *m*

par•venu [ˈpɑːvənjuː] *s* Emporkömmling *m*

pass [pɑːs, *Am* pæs] **I.** *vi* **1.** vorbei-, vorüber-, weitergehen, -ziehen, -fahren, -fliegen (*by* an) **2.** übergehen, -wechseln (*from … to* von … zu) **3.** (*Worte*) gesprochen, gewechselt werden **4.** übergehen (*into* in, *to* auf) **5.** hinausgehen (*beyond* über) **6.** überschreiten (*beyond s.th.* etw) **7.** vorbei-, vorübergehen, aufhören, ein Ende haben **8.** (*Zeit*) vergehen, verfließen, verstreichen **9.** (PARL) angenommen werden **10.** (die Prüfung) bestehen **11.** gelten, gehalten werden (*for* für) **12.** (*Kartenspiel*) passen **13.** (SPORT) den Ball weitergeben; **let s.th.** ~ etw durchgehen lassen; ~ **for s.th.** als etw gelten; ~ **to s.o.** (SPORT) jdm zuspielen; ~ **unnoticed** nicht bemerkt werden; **don't worry, it'll** ~ keine Angst, das geht vorbei; **what has** ~**ed between them** was sich zwischen ihnen abgespielt hat **II.** *vt* **1.** vorbeigehen, -fahren an; hinausgehen über **2.** hindurchgehen durch, passieren **3.** (AUTO SPORT) überholen **4.** übergehen, -sehen; auslassen **5.** sich unterziehen (*s.th.* einer S); (*Lehrgang*) mitmachen, absolvieren **6.** (*Prüfung*) bestehen **7.** genehmigen **8.** (*bei einer Prüfung*) bestehen lassen **9.** (*Zeit*) vergehen lassen; verbringen **10.** reichen, herumreichen **11.** weiterleiten, befördern **12.** abwälzen (*on* auf) **13.** (JUR: *Urteil*) sprechen (*on* über) **14.** (PARL: *Entschließung, Antrag*) annehmen; (*Gesetz*) verabschieden; **could you** ~ **me the sugar, please** könnten Sie mir bitte den Zucker geben [*o* reichen]; **it** ~**es belief** es ist kaum zu glauben; ~ **one's**

hand over s.th. mit der Hand über etw fahren **III.** *s* **1.** Ausweis *m;* (MIL) Passierschein *m* **2.** Bestehen *nt* (*einer Prüfung*) **3.** (SPORT) Pass *m;* (*Fechten*) Ausfall *m* **4.** (GEOG) Pass *m* **5.** (*Taschenspieler, Hypnotiseur*) Bewegung *f* **6.** (*fam*) Annäherungsversuch *m* **7.** üble Lage, Situation, Umstände *mpl,* Verhältnisse *ntpl;* **things have come to a pretty** ~ es ist schon schlimm; **this is a fine** [*o* **pretty**] ~ das ist ja eine schöne Bescherung; **make a** ~ **at s.o.** bei jdm Annäherungsversuche machen, jdn anmachen; **pass away I.** *vi* **1.** zu Ende gehen **2.** (*euph*) entschlafen, hinscheiden **II.** *vt* (*Zeit*) verbringen; **pass by I.** *vi* **1.** vorbeigehen, -fahren, -fließen **2.** (*Zeit*) vergehen **II.** *vt* (stillschweigend) übergehen, unbeachtet lassen; übersehen, auslassen; **he ~ed by the shops** er ging an den Läden vorbei; **pass down I.** *vt* weitergeben **II.** *vi* gelten als; **pass off** *vi* **1.** (*Ereignis*) stattfinden, vonstatten gehen **2.** vorüber-, vorbeigehen; **she could** ~ **off as an English girl** man könnte sie gut für eine Engländerin halten; ~ **o.s. off as** sich ausgeben als; **pass on I.** *vi* **1.** weitergehen **2.** übergehen (*to* zu) **3.** (*euph*) entschlafen **II.** *vt* **1.** weitergeben, -reichen, -sagen (*to s.o.* jdm) **2.** (*Krankheit*) übertragen; **pass out I.** *vi* **1.** das Bewusstsein verlieren **2.** (*Offizier*) sein Patent bekommen **II.** *vt* aus-, verteilen; **pass over I.** *vt* übergehen **II.** *vi* sterben; **pass through I.** *vt* **1.** durchgehen, -ziehen, -reisen, -stecken **2.** (*fig*) erleben, durchmachen **II.** *vi* auf der Durchreise sein; ~ **through the regular channel** den Dienstweg gehen; **you'll** ~ **through London** Sie werden durch London fahren; **pass up** *vt* sich entgehen lassen

pass•able ['pɑːsəbl] *adj* **1.** passierbar, begehbar, befahrbar **2.** leidlich, passabel

pas•sage ['pæsɪdʒ] *s* **1.** Durchfahrt, Durchreise *f* **2.** (*mit Schiff*) Überfahrt, Seefahrt, Passage *f* **3.** Durchgangs-, Durchfahrtsrecht *nt* **4.** (Durch)Gang, Korridor *m;* Gasse *f,* Weg *m* **5.** (Text)Stelle *f;* (MUS) Passage *f,* Stück *nt* **6.** Verabschiedung, Annahme *f* (*eines Gesetzes*)*;* **book one's** ~ einen Schiffsplatz belegen (*for* nach); **secure the** ~ **of a bill** ein Gesetz durchbringen; **pas•sage•way** ['pæsɪdʒweɪ] *s* Durchgang *m;* Passage *f*

pass•book ['pɑːsbʊk] *s* Sparbuch *nt*

pas•sel ['pæsl] *s* (*Am: fam*): **a** ~ **of ...** ein Haufen ...

pas•sen•ger ['pæsɪndʒə(r)] *s* **1.** Reisende(r) *f m;* (*Bus, Taxi*) Fahrgast *m;* (*Schiff*) Passagier *m;* (*Flugzeug*) Fluggast, Passagier *m;* (*Auto*) Mitfahrer(in) *m(f),* Beifahrer(in) *m(f)* **2.** (*fam*) Drückeberger(in) *m(f);* **passenger accident insurance** *s* Insassenunfallversicherung *f;* **passenger aircraft** *s* Passagierflugzeug *nt;* **passenger cabin** *s* (AVIAT) Fluggastraum *m,* -kabine *f;* **passenger car** *s* (RAIL) Personenwagen *m;* **passenger coach** *s* (RAIL) Personenwagen *m;* **passenger flight** *s* Passagierflug *m;* **passenger list** *s* Passagierliste *f;* **passenger mile** *s* (AVIAT) Flugkilometer *m* je Fluggast; **passenger service** *s* Personenverkehr *m;* **passenger space** *s* Fahrgastraum *m;* **passenger train** *s* Personenzug *m*

passer-by [ˌpɑːsə'baɪ] <*pl* passers-by> *s* Passant(in) *m(f),* Vorübergehende(r) *f m*

pas•sing ['pɑːsɪŋ] **I.** *adj* **1.** vorübergehend; (*Fahrzeug*) vorbeifahrend; (*Wolken*) vorüberziehend **2.** (*fig*) flüchtig, kurz, beiläufig; (*Jahre*) vergehend; ~ **remark** flüchtige Bemerkung **II.** *s* **1.** Vorübergehen *nt* **2.** (AUTO) Überholen *nt* **3.** (*Prüfung*) Bestehen *nt* **4.** (*Gesetz*) Annahme, Verabschiedung *f* **5.** Hinscheiden, Ableben *nt;* **in** ~ beiläufig; nebenbei; **pass•ing-out** (**ceremony**) [ˌpɑːsɪŋ'aʊt] *s* (MIL) Abschlussfeier *f;* **passing place** *s* Ausweichstelle *f*

pas•sion ['pæʃn] *s* **1.** Leidenschaft *f;* Leidenschaftlichkeit *f* **2.** Erregung *f* **3.** Begeisterung, Vorliebe *f* (*for* für) **4.** heftige, starke Liebe, Zuneigung *f;* heftiges Verlangen (*for* nach) **5.** (REL: *Kunst*) Passion *f;* **conceive a** ~ **for** sich verlieben in; **be in a** ~ erregt sein; **fly into a** ~ aufbrausen; einen Wutanfall bekommen; **fit of** ~ Wutanfall *m;* **passion•ate** ['pæʃənət] *adj* leidenschaftlich; **passion flower** *s* Passionsblume *f;* **passion fruit** *s* Passionsfrucht, Maracuja *f;* **passion•less** ['pæʃnlɪs] *adj* leidenschaftslos; **passion play** *s* (THEAT) Passionsspiel *nt;* **Passion Week** *s* Karwoche *f*

pass•ive ['pæsɪv] **I.** *adj* passiv **II.** *s* (GRAM: ~ *voice*) Passiv *nt;* ~ **smoking** Passivrauchen *nt;* **pass•ive•ness**, **pass•iv•ity** ['pæsɪvnɪs, pæ'sɪvətɪ] *s* Passivität *f*

pass-key ['pɑːskiː] *s* Hauptschlüssel *m;* **pass-mark** *s* (*Prüfungsresultat*) Ausreichend *nt*

Pass•over ['pɑːsəʊvə(r)] *s* (REL) Passah(fest) *nt*

pass•port ['pɑːspɔːt, *Am* 'pæspɔːt] *s* **1.** (Reise)Pass *m* **2.** (*fig*) Weg, Schlüssel *m* (*to* zu); **passport control**, **passport inspection** *s* Passkontrolle *f;* **passport holder** *s* Passinhaber(in) *m(f)*

pass•word ['pɑːswɜːd] *s* **1.** (INTERNET) Passwort *nt* **2.** (MIL) Kennwort *nt,* Parole, Losung(swort *nt*) *f*

past [pɑːst] **I.** *adj* **1.** beendet, vorüber, vorbei **2.** vergangen **3.** einstig, ehemalig, früher; ~ **week** letzte, vergangene Woche; **in times ~, in ~ times** in früheren Zeiten; **that's ~ history** das ist längst vorbei; **what's ~ is ~** was vorbei ist, ist vorbei; **~ tense** Vergangenheit *f;* **~ participle** Partizip *nt* Perfekt; **~ perfect** Plusquamperfekt *nt* **II.** *s* (*a.* GRAM) Vergangenheit *f;* **in the ~** früher, in der Vergangenheit; **be a thing of the ~** der Vergangenheit angehören; **a woman with a ~** eine Frau mit Vergangenheit **III.** *prep* **1.** (*zeitlich*) nach, später als **2.** (*räumlich mit Bewegung*) an vorbei; (*ohne Bewegung*) hinter *+dat,* nach *+dat;* (*Steigerung, Vergleich*) über *+acc;* **~ bearing** [*o* **endurance**] unerträglich; **~ belief** unglaublich; **~ cure** unheilbar; **~ due** (FIN) überfällig; **~ hope** hoffnungslos; **I'm ~ caring** das ist mir jetzt egal; **~ forty** über vierzig; **be ~ s.th.** für etw zu alt sein; **I'm ~ that** ich bin darüber weg; **he is** (**getting**) **~ it** er bringt es nicht mehr; **this machine is getting ~ it** die Maschine taugt langsam nichts mehr; **I wouldn't put it ~ him** (*fam*) das würde ich ihm zutrauen; **half ~ three** halb vier **IV.** *adv* vorbei, vorüber; **go ~** vorübergehen; **run ~** vorbeilaufen

pas•ta ['pæstə] *s* Teigwaren, Nudeln *pl*

paste [peɪst] **I.** *s* **1.** (Kuchen)Teig *m* **2.** Paste *f,* Brei *m* **3.** Brotaufstrich *m;* (*tomato ~*) Mark *nt* **4.** Kleister *m* **5.** (TECH) (Ton-, Glas)Masse *f* **6.** (*Schmuck*) Strass *m;* **anchovy ~** Sardellenpaste *f;* **tooth~** Zahnpasta *f* **II.** *vt* **1.** zukleben, -kleistern (*with* mit) **2.** kleben (*on* auf) **3.** (*sl*) verdreschen; **~ down** aufkleben; **~ up** [*o* **over**] zu-, ver-, aufkleben; **paste•board** ['peɪstbɔːd] *s* Pappe *f,* Karton *m*

pas•tel ['pæstl, *Am* pæ'stel] **I.** *s* **1.** Pastellkreide *f* **2.** Pastell(zeichnung *f*) *nt* **3.** Pastellton *m* **II.** *adj* pastell(farben); **~ shades** Pastelltöne *mpl;* **~ drawing** Pastell(zeichnung *f*) *nt*

paste-up ['peɪstʌp] *s* (TYP) Klebeumbruch *m*

pas•teur•iz•ation [ˌpæstʃəraɪ'zeɪʃn] *s* Pasteurisierung *f;* **pas•teur•ize** ['pæstʃəraɪz] *vt* pasteurisieren, keimfrei machen

pas•time ['pɑːstaɪm] *s* Zeitvertreib *m;* **as a ~** zum Zeitvertreib

pas•tor ['pɑːstə(r)] *s* Pastor, Pfarrer *m;* **pas•toral** ['pɑːstərəl] **I.** *adj* **1.** (*Kunst, Literatur, Musik*) pastoral **2.** (REL) seelsorgerisch; **~ letter** Hirtenbrief *m* **II.** *s* **1.** Hirtengedicht *nt;* Schäferspiel *nt;* Schäferpoesie *f* **2.** (REL) Hirtenbrief *m*

pas•try ['peɪstrɪ] *s* **1.** Pasteten-, Kuchenteig *m* **2.** Backwerk, Gebäck *nt;* **pastry-cook** *s* Konditor(in) *m(f)*

pas•ture ['pɑːstʃə(r)] **I.** *s* **1.** Weide *f* **2.** Grünfutter *nt* **II.** *vt* weiden lassen **III.** *vi* grasen, weiden; **pasture land** *s* Weideland *nt*

pasty ['peɪstɪ] **I.** *adj* **1.** zähflüssig; klebrig **2.** (*fig*) bleich, blass, käsig **II.** ['pæstɪ] *s* Pastete *f*

pat¹ [pæt] **I.** *adj* (*Antwort, Erklärung*) glatt **II.** *adv:* **know** [*o* **have**] **s.th. off ~** etw in- und auswendig kennen; **have an answer ~** mit einer Antwort gleich bei der Hand sein; **stand ~** stur bleiben

pat² [pæt] **I.** *s* leichter Schlag, Klaps *m;* **a ~ of butter** eine Portion Butter **II.** *vt* tätscheln; (*Ball*) leicht schlagen; (*Erde*) festklopfen; (*Gesicht*) abtupfen; **~ s.o. on the back** jdm auf die Schulter klopfen; **she ~ted her hair down** sie drückte sich die Haare zurecht

patch [pætʃ] **I.** *s* **1.** Flicken *m;* Flecken *m* **2.** (Augen)Klappe *f* **3.** Fleck *m;* (*Land*) Stück *nt;* (*Garten*) Beet *nt* **4.** Stelle *f* **5.** (*zeitlich*) Phase *f* **6.** (*fam: von Polizist, Prostituierter*) Revier *nt;* **not to be a ~ on** (*fam*) nicht herankommen an; **hit** [*o* **strike**] **a bad ~** eine Pechsträhne haben **II.** *vt* flicken; **patch up** *vt* zusammenflicken; (*Streit*) beilegen; **~ up a relationship** eine Beziehung kitten; **I don't want to ~ things up again** ich möchte das nicht wieder so hinbiegen; **patchi•ness** ['pætʃɪnɪs] *s* unterschiedliche Qualität; (*Wissen*) Lückenhaftigkeit *f;* **patch•work** ['pætʃwɜːk] *s* **1.** Patchwork *nt* **2.** (*fig*) Stückwerk *nt;* **patchy** ['pætʃɪ] *adj* **1.** (*Qualität, Arbeit*) unregelmäßig, ungleichmäßig; (*Kenntnisse*) lückenhaft **2.** (*Stoff*) gefleckt

pâté ['pæteɪ] *s* Pastete *f*

pa•tel•la [pə'telə] *s* (ANAT) Kniescheibe *f*

pat•ent¹ ['peɪtənt] **I.** *s* Patent *nt;* **take out a ~ on s.th.** ein Patent auf etw erhalten; **~ infringement** Patentverletzung *f* **II.** *vt* patentieren lassen

pat•ent² ['peɪtənt] *adj* offenkundig, offensichtlich

pat•ented ['peɪtəntɪd] *adj* patentiert, durch Patent geschützt; **pat•entee** [ˌpeɪtn'tiː] *s* Patentinhaber(in) *m(f);* **patent leather** *s* Lackleder *nt;* **patent medicine** *s* patentrechtlich geschütztes Arzneimittel; (*fig*) Patentrezept *nt;* **Patent Office** *s* Patentamt *nt*

pa•ter•nal [pə'tɜːnl] *adj* väterlich; **on the ~ side** väterlicherseits; **my ~ aunt** meine Tante väterlicherseits; **pa•ter•nal•ism** [pə'tɜːnəlɪsm] *s* Bevormundung *f;* **pa•ter•na•li•stic** [pəˌtɜːnə'lɪstɪk] *adj* patriarchalisch; **pa•ter•nity** [pə'tɜːnətɪ] *s* Vaterschaft *f;* **paternity leave** *s* Vaterschaftsurlaub *m;* **paternity suit** *s* (JUR) Vaterschaftsklage *f*

path [pɑːθ] *s* **1.** Pfad *m;* (*foot~*) (Fuß)Weg

P

m **2.** (ASTR) Bahn *f* **3.** (*fig*) Weg *m;* **cross s.o.'s** ~ jdn zufällig treffen; **stand in s.o.'s** ~ (*fig*) jdm im Wege sein

pa•thetic [pə'θetɪk] *adj* **1.** Mitleid erweckend, ergreifend, erschütternd **2.** armselig, jämmerlich; unzureichend; **that's really** ~**!** das ist ja zum Heulen!

path•finder ['pɑːθfaɪndə(r)] *s* **1.** Führer *m* **2.** (*fig*) Pionier *m;* **path•less** ['pɑːθlɪs] *adj* unwegsam

patho•bi•og•ra•phy [ˌpæθəʊˌbaɪ'ɒgrəfɪ] *s* Autobiographie *f* einer/s Schwerkranken

patho•logi•cal [ˌpæθə'lɒdʒɪkl] *adj* pathologisch, krankhaft; **path•ol•ogist** [pə'θɒlədʒɪst] *s* Pathologe *m,* -login *f;* **pa•thol•ogy** [pə'θɒlədʒɪ] *s* Pathologie *f*

pa•thos ['peɪθɒs] *s* Pathos *nt*

path•way ['pɑːθweɪ] *s* Pfad, Weg *m*

pa•tience ['peɪʃns] *s* **1.** Geduld *f* **2.** Patience(spiel *nt*) *f;* **have no** ~ **with** nicht vertragen (können), nicht (länger) aushalten (*s.o.* jdn); **lose one's** ~ die Geduld verlieren; **play** ~ eine Patience legen; **pa•tient** ['peɪʃnt] **I.** *adj* **1.** geduldig **2.** beharrlich, ausdauernd **II.** *s* Patient(in) *m(f),* Kranke(r) *f m*

pat•ina ['pætɪnə] *s* Patina *f*

patio ['pætɪəʊ] <*pl* patios> *s* **1.** Innenhof *m* **2.** (*Haus*) Terrasse *f*

patri•arch ['peɪtrɪɑːk] *s* Patriarch *m;* **patri•archal** [ˌpeɪtrɪ'ɑːkl] *adj* patriarchalisch; **patri•archy** ['peɪtrɪɑːkɪ] *s* Patriarchat *nt*

pa•tri•cian [pə'trɪʃn] **I.** *adj* **1.** patrizisch **2.** vornehm, aristokratisch **II.** *s* **1.** (HIST) Patrizier(in) *m(f)* **2.** (*fig*) Aristokrat(in) *m(f)*

pat•ri•cide ['pætrɪsaɪd] *s* **1.** Vatermord *m* **2.** Vatermörder(in) *m(f)*

pa•triot ['pætrɪət, 'peɪtrɪət] *s* Patriot(in) *m(f);* **pa•triotic** [ˌpætrɪ'ɒtɪk, ˌpeɪtrɪ'ɒtɪk] *adj* patriotisch; **pa•triot•ism** ['pætrɪətɪzəm, 'peɪtrɪətɪzəm] *s* Patriotismus *m*

pa•trol [pə'trəʊl] **I.** *s* **1.** (Polizei)Streife *f;* Runde *f* **2.** (MIL) Patrouille *f;* **on** ~ (MIL) auf Patrouille; (*Polizei*) auf Streife **II.** *vt* (ab)patrouillieren; die Runde machen in; **patrol car** *s* Streifenwagen *m;* **patrol duty** *s* Streifendienst *m;* **pa•trol•man** [-mæn] <*pl* -men> *s* **1.** (*Am*) Streifenpolizist *m* **2.** (AUTO) Straßenwacht *f;* Pannenhilfe *f;* **patrol wagon** *s* (*Am*) Gefangenentransportwagen *m*

pa•tron ['peɪtrən] *s* **1.** Kunde *m;* Gast *m* **2.** Schirmherr *m;* Förderer *m,* Förderin *f* **3.** (~ *saint*) Schutzheilige(r) *f m;* **pa•tronage** ['pætrənɪdʒ] *s* **1.** Schirmherrschaft, Förderung, Unterstützung *f* **2.** Kundschaft *f* **3.** Ämterpatronage *f;* **pa•tron•ess** ['peɪtrənɪs] *s* Schirmherrin *f;* **pa•tron•ize** ['pætrənaɪz] *vt* **1.** unterstützen **2.** (*pej*) gönnerhaft behandeln **3.** Stammgast, Kunde sein (*a shop* eines Geschäftes); **pat•ron•izing** ['pætrənaɪzɪŋ] *adj* gönnerhaft, herablassend

pat•ter ['pætə(r)] **I.** *vi* **1.** klatschen, prasseln **2.** (*Füße*) trappeln, trippeln **II.** *s* **1.** Geprassel *nt* **2.** Getrappel *nt* **3.** (*Regen*) Plätschern *nt* **4.** Gerede *nt,* Sprüche *mpl;* **I know his** ~ ich kenne seine Sprüche; **patter-merchant** *s* (*fam*) Sprücheklopfer *m*

pat•tern ['pætn] **I.** *s* **1.** Muster *nt;* Modell *nt,* Schablone, Vorlage *f* **2.** (*paper* ~) Schnittmuster *nt* **3.** (*fig*) Vorbild, Muster *nt* **4.** Schema *nt* **5.** (GRAM) Struktur *f;* **behavio(u)r** ~ Verhaltensweise *f;* **on the** ~ **of America** nach amerikanischem Vorbild [*o* Muster]; ~ **of consumption** Verbrauchsstruktur *f;* ~ **of leadership** Führungsstil *m* **II.** *vt* **1.** bilden, formen, gestalten (*on, upon, after* nach) **2.** mustern, mit einem Muster versehen; ~ **o.s. on** sich richten nach; **pattern book** *s* Musterbuch *nt;* **pat•terned** ['pætənd] *adj* gemustert; **pattern matching** *s* Mustervergleich *m,* Patternmatching *nt*

paunch [pɔːntʃ] *s* Bauch, (Fett)Wanst *m;* **paunchy** ['pɔːntʃɪ] *adj* fettleibig

pau•per ['pɔːpə(r)] *s* Arme(r) *f m,* Unterstützungsempfänger(in) *m(f)*

pause [pɔːz] **I.** *s* **1.** Pause *f* **2.** Schweigen *nt* **3.** (MUS) Fermate *f;* **without a** ~ ununterbrochen **II.** *vi* **1.** stehen bleiben, anhalten; eine Pause machen **2.** innehalten, zögern, verweilen (*on, upon* bei); ~ **for breath** eine Atempause machen; ~ **for thought** eine Denkpause einlegen; **make s.o.** ~ jdn zur Überlegung veranlassen

pave [peɪv] *vt* pflastern; ~ **the way for s.o./s.th.** (*fig*) jdm/einer S den Weg ebnen; ~**d with good intentions** mit guten Vorsätzen gepflastert

pave•ment ['peɪvmənt] *s* **1.** (*Am*) Fahrbahn *f* **2.** (*Br*) Bürgersteig *m,* Gehweg *m,* Trottoir *nt;* **pavement artist** *s* Pflastermaler(in) *m(f)*

pa•vil•ion [pə'vɪlɪən] *s* **1.** (*Ausstellungs-, Park-*) Pavillon *m* **2.** (SPORT) Klubhaus *nt* **3.** großes Zelt

pav•ing ['peɪvɪŋ] *s* Belag *m;* (Straßen)Pflaster *nt;* **paving stone** *s* Platte *f*

paw [pɔː] **I.** *s* **1.** Pfote, Tatze *f* **2.** (*fam*) Pfote, Hand *f* **II.** *vt* **1.** berühren; tätscheln **2.** (*fam*) betatschen; ~ **the ground** scharren; (*fig*) ungeduldig werden

pawn¹ [pɔːn] *s* **1.** (*Schach*) Bauer *m* **2.** (*fig*) Schachfigur *f,* Werkzeug *nt*

pawn² [pɔːn] **I.** *s* Pfand(stück) *nt;* **in** ~ verpfändet; **put in** ~ verpfänden **II.** *vt* verpfänden, versetzen; **pawn•broker** ['pɔːnˌbrəʊkə(r)] *s* Pfandleiher(in) *m(f);*

pawnbroker's shop, **pawn•shop** ['pɔːnʃɒp] *s* Leihhaus *nt;* **pawn•broking** ['pɔːnbrəʊkɪŋ] *s* Pfandleihe *f;* **pawn-ticket** *s* Pfandschein *m*

pay [peɪ] <*irr:* paid, paid> **I.** *vt* **1.** (be)zahlen **2.** (*Rechnung, Schulden*) begleichen **3.** (*Kosten*) tragen, erstatten **4.** (*fig*) sich lohnen für; sich auszahlen für; ~ **s.o. a visit** [*o* **call**] jdn besuchen, jdm einen Besuch abstatten; ~ **attention** aufpassen; **it doesn't** ~ **him to work** es lohnt sich nicht für ihn zu arbeiten; ~ **one's way** alles bezahlen **II.** *vi* **1.** (be)zahlen **2.** Gewinn abwerfen; sich lohnen **3.** büßen (*for* für); ~ **on account** auf Rechnung bezahlen; ~ **as you go** immer gleich bezahlen; ~ **through the nose** Wucherpreise bezahlen; **that doesn't** ~ das lohnt sich nicht **III.** *s* **1.** (Be)Zahlung *f* **2.** Lohn *m,* Gehalt *nt;* **without** ~ unbezahlt; ehrenamtlich; **be in s.o.'s** ~ in jds Dienst sein; **get less** ~ sich (gehaltlich, im Lohn) verschlechtern; **basic** ~ Grundgehalt *nt;* **take-home** ~ Nettogehalt *nt;* **weekly** ~ Wochenlohn *m;* **pay back** *vt* **1.** zurückzahlen **2.** (*fig: Kompliment, Besuch*) erwidern; (*Beleidigung*) sich revanchieren für; ~ **s.o. back** (*fig*) es jdm heimzahlen; **pay down** *vt* anzahlen; **pay in** *vt* ein(be)zahlen; **pay off I.** *vt* **1.** (*Schulden*) abbezahlen, tilgen **2.** (*Darlehen*) zurückzahlen **3.** (*Gläubiger*) befriedigen **4.** (*Arbeiter*) auszahlen **II.** *vi* sich rentieren; Erfolg haben; **pay out** *vt* **1.** (*Geld*) ausgeben; aus(be)zahlen **2.** abfinden **3.** (MAR: *Tau*) abrollen (lassen); **pay over** *vt* (*Gewinn*) abführen; **pay up I.** *vt* voll bezahlen; (*Schulden*) zurückzahlen; (*Aktie*) vollständig einzahlen **II.** *vi* bezahlen

pay•able ['peɪəbl] *adj* zahlbar; fällig; ~ **at sight** [*o* **on demand**] zahlbar bei Sicht; ~ **in advance** im voraus zahlbar; ~ **to bearer** zahlbar an Überbringer; ~ **to order** zahlbar an Order; **make a cheque** ~ **to s.o.** einen Scheck auf jdn ausstellen; **pay-as-you-earn**, **PAYE** *s* (*Br*) Quellenbesteuerung *f;* **pay award** *s* Lohn-, Gehaltserhöhung *f;* **pay•back clause** [ˌpeɪbæk'klɔːz] *s* Rückzahlungsklausel *f;* **payback period** *s* Amortisationszeit, -dauer *f;* **pay check**, **pay cheque** *s* Gehalts-, Lohnscheck *m;* **pay claim** *s* Gehaltsforderung *f;* **pay-day** *s* Zahltag *m;* **pay deal** *s* Tarifabschluss *m;* **pay desk** *s* Kasse *f;* **pay differential** *s* Lohngefälle *nt;* **PAYE** [ˌpiːeɪwaɪ'iː] *s Abk. von* **pay-as-you-earn** Quellenbesteuerung *f;* **payee** [peɪ'iː] *s* Zahlungsempfänger(in) *m(f);* **payer** ['peɪə(r)] *s* **1.** (Be-, Ein)Zahler(in) *m(f)* **2.** Auftraggeber(in) *m(f);* **tax-~** Steuerzahler(in) *m(f);* **pay freeze** *s* Lohnstopp *m;* **pay hike** *s* (*Am*) Gehalts-, Lohnaufbesserung *f*

pay•ing ['peɪɪŋ] *adj* **1.** rentabel **2.** (*Gast*) zahlend **3.** (*Patient*) Privat-; ~**-back** Rückzahlung *f;* ~**-in** Einzahlung *f;* ~**-in slip** Einzahlungsbeleg *m*

pay•load ['peɪləʊd] *s* Nutzlast *f;* **payload capacity** *s* Ladefähigkeit *f;* **pay•master** ['peɪmɑːstə(r)] *s* Zahlmeister *m;* ~**'s office** Zahlmeisterei, Kasse *f*

pay•ment ['peɪmənt] *s* **1.** (Be)Zahlung *f* **2.** (*Wechsel*) Einlösung *f* **3.** (*Schulden*) Rückzahlung *f* **4.** Entlohnung *f,* Lohn *m,* Gehalt *nt* **5.** Belohnung *f;* **in** ~ **of** als Bezahlung für; **on** ~ **of** bei Bezahlung von; **demand** ~ Zahlung verlangen; **effect** [*o* **make**] **a** ~ eine Zahlung leisten; **keep up one's** ~**s** seine Zahlungsverpflichtungen einhalten; **stop** [*o* **suspend**] ~**s** die Zahlungen einstellen; ~ **received** Betrag erhalten; **advance** ~ Vorauszahlung *f;* **date** [*o* **day**] **of** ~ Zahlungstermin *m;* **dividend-~** Dividendenausschüttung *f;* **easy** ~ Zahlungserleichterungen *fpl;* ~ **by** [*o* **in**] **ins-tal(l)ments** Ratenzahlung *f;* ~ **in kind** Sach-, Naturalleistung *f;* ~ **terms** Zahlungsbedingungen *fpl*

pay ne•go•ti•ations ['peɪnɪgəʊʃɪˌeɪʃnz] *s pl* Tarifverhandlungen *fpl;* **pay-off** ['peɪɒf] *s* **1.** Bestechungsgeld *nt* **2.** (*fig*) Ergebnis *nt,* Erfolg, Misserfolg *m* **3.** (*fig*) Abrechnung, Quittung *f;* **pay-office** *s* **1.** Zahlstelle *f* **2.** Kasse(nschalter *m*) *f* **3.** Lohnbüro *nt,* -stelle *f;* **pay-out** ['peɪaʊt] *s* Dividendenzahlung *f;* Subvention *f;* **pay packet** *s* Lohntüte *f;* **pay•phone** *s* Münzfernsprecher *m;* **pay rise** *s* Gehalts-, Lohnerhöhung *f;* **pay•roll** *s* **1.** Lohn-, Gehaltsliste *f* **2.** Lohnsumme *f;* **be on the** ~ angestellt, beschäftigt sein; ~ **clerk** Lohnbuchhalter *m;* ~ **deductions** Lohn-, Gehaltsabzüge *mpl;* **pay round** *s* Lohn-, Tarifrunde *f;* **pay settlement** *s* Lohnabkommen *nt;* **pay•slip** *s* Gehalts-, Lohnstreifen *m;* **pay station** *s* (*Am*) öffentlicher Fernsprecher; **pay talks** *s pl* Tarifverhandlungen *fpl;* **pay TV** *s* **1.** Münzfernseher *m* **2.** Pay-TV *nt* (*kodierte Fernsehprogramme*)

PC [piː'siː] *s* **1.** *Abk. von* **personal computer** PC *m* **2.** *Abk. von* **police constable** Polizeibeamte(r) *m,* -beamtin *f*

PCB [ˌpiːsiː'biː] *s Abk. von* **polychlorinated biphenyl** PCB *nt,* polychloriertes Biphenyl

PE [ˌpiː'iː] *s Abk. von* **physical education** (SCHULE) Sport *m*

pea [piː] *s* Erbse *f;* **as like as two** ~**s** gleich wie ein Ei dem anderen

peace [piːs] *s* **1.** Friede(n) *m* **2.** (JUR) Ruhe (u. Ordnung) *f* **3.** (*fig*) Ruhe, Stille *f;* **be at** ~ in Frieden leben (*with* mit); **give s.o. no** ~ jdn nicht in Ruhe lassen; **hold** [*o* **keep**] **one's** ~

P

sich ruhig verhalten, still sein; **keep the ~** die öffentliche Sicherheit und Ordnung wahren; **leave s.o. in ~** jdn in Ruhe lassen; **make ~** Frieden schließen; **make one's ~ with** sich versöhnen, sich vertragen mit; **breach of the ~** Ruhestörung *f;* **~ and quiet** Ruhe und Frieden; **industrial ~** Arbeitsfrieden *m;* **peace•able** ['pi:səbl] *adj* friedlich; **peace activist** *s* Friedensbewegte(r) *f m;* **peace conference** *s* Friedenskonferenz *f;* **peace enforcement** *s* Durchführung *f* friedensstiftender Maßnahmen; **peace•ful** ['pi:sfəl] *adj* **1.** friedlich **2.** friedliebend **3.** (*fig: Zeit, Schlaf*) ruhig; (*Tod*) sanft; **peace initiative** *s* Friedensinitiative *f;* **peace•keeping** ['pi:ski:pɪŋ] **I.** *adj attr* Friedens-; **~ force** Friedenstruppe *f* **II.** *s* Friedenserhaltung *f;* **peace-lov•ing** ['pi:sˌlʌvɪŋ] *adj* friedliebend; **peace-maker** ['pi:sˌmeɪkə(r)] *s* Friedensstifter *m;* **peace•mak•ing** ['pi:sˌmeɪkɪŋ] *s* Friedensstiftung *f;* **peace march** *s* Friedensmarsch *m;* **peace movement** *s* Friedensbewegung *f;* **peace negotiations** *s pl* Friedensverhandlungen *fpl;* **peace offer** *s* Friedensangebot *nt;* **peace-offering** *s* (REL) Sühneopfer *nt;* (*fig*) Geschenk *nt* zur Versöhnung; **peace-pipe** *s* Friedenspfeife *f;* **peace settlement** *s* Friedensregelung *f;* **peace•time** *s* Friedenszeit *f;* **in ~** im Frieden, in Friedenszeiten; **peace treaty** *s* Friedensvertrag *m*

peach [pi:tʃ] *s* **1.** Pfirsich *m;* Pfirsichbaum *m* **2.** (*Farbe*) Pfirsichton *m* **3.** (*fam*) Pfundssache *f,* prima Sache; klasse Mensch; **a ~ of a hat** ein todschicker Hut

pea-chick ['pi:tʃɪk] *s* junger Pfau; **pea-cock** ['pi:kɒk] *s* Pfau *m;* **~-blue** pfauenblau; **pea•hen** *s* Pfauenhenne *f*

peak [pi:k] **I.** *s* **1.** Spitze *f;* (Berg)Gipfel *m;* (*Dach*) First *m* **2.** Mützenschirm *m* **3.** Scheitelpunkt *m* **4.** (*fig*) Gipfel *m;* (*a.* ELEK) Spitze *f,* höchster Stand; (konjunktureller) Höhepunkt; (*~ value*) Höchstwert *m;* **be at the ~ of one's power** den Gipfel seiner Macht erreicht haben; **reach the ~** den höchsten Stand erreichen; **~ of production** Produktionsspitze *f* **II.** *vi* einen Höchststand erreichen **III.** *adj* Spitzen-; Höchst-; **peak capacity** *s* Höchstleistungsgrenze *f;* **peak demand** *s* Spitzenbedarf *m;* **peaked** [pi:kt] *adj* **1.** spitz **2.** (*Mensch, Gesicht*) verhärmt; **peak hours** *s pl* Hauptbelastungszeit *f;* Hauptverkehrszeit *f;* **peak level** *s* Höhepunkt, Höchststand *m;* **peak load** *s* Spitzenbelastung *f;* **peak power** *s* (TECH) Leistungsspitze *f;* **peak season** *s* Hochsaison *f;* **peak-traffic hours** *s pl* Hauptverkehrszeit *f;* **peaky** ['pi:kɪ] *adj* (*Br*) blass; abgehärmt; kränklich

peal [pi:l] **I.** *s* **1.** (Glocken)Läuten, Geläute *nt* **2.** Glockenspiel *nt* **3.** Dröhnen *nt;* Getöse *nt;* **~s of laughter** schallendes Gelächter; **~ of thunder** Donnergrollen *nt* **II.** *vi* **1.** läuten **2.** (*Donner*) dröhnen

pea•nut ['pi:nʌt] *s* **1.** Erdnuss *f* **2.** **~s** (*fam*) lächerliche Kleinigkeit; **the pay is ~s** die Bezahlung ist miserabel; **peanut butter** *s* Erdnussbutter *f*

pear [peə(r)] *s* **1.** Birne *f* **2.** (*~-tree*) Birnbaum *m*

pearl [pɜ:l] **I.** *s* Perle *f;* **cast ~s before swine** Perlen vor die Säue werfen; **mother-of-~** Perlmutt *nt* **II.** *vi* (*go ~ing*) Perlen fischen; **pearl-barley** *s* Perlgraupen *fpl;* **pearl-button** *s* Perlmuttknopf *m;* **pearl-diver**, **pearl-fisher** *s* Perlenfischer(in) *m(f);* **pearl-fishing** *s* Perlenfischerei *f;* **pearly** ['pɜ:lɪ] *adj* perlmutterartig

peas•ant ['peznt] *s* **1.** Bauer *m* **2.** (*fig pej*) Banause *m;* Bauer *m;* Prolet *m;* **peas-antry** ['pezntrɪ] *s* Landvolk *nt*

pea-souper [pi:'su:pə(r)] *s* (*fam*) Waschküche *f* (*Nebel*)

peat [pi:t] *s* Torf *m;* **cut ~** Torf stechen; **peat-bog** *s* Torfmoor *nt*

pebble ['pebl] *s* **1.** Kiesel(stein) *m* **2.** Linse *f* aus Bergkristall; **you are not the only ~ on the beach** man kann auch ohne dich auskommen; **peb•bly** ['peblɪ] *adj* kiesig

pe•can [pɪ'kæn, *Am* pɪ'kɑ:n] *s* Pekannuss *f;* Pekanbaum *m*

pec•ca•dillo [ˌpekə'dɪləʊ] <*pl* -dillo(e)s> *s* kleine Sünde; Jugendsünde *f*

peck [pek] **I.** *vt* **1.** (*Loch*) picken, hacken **2.** (*Futter*) aufpicken **3.** (*fam*) flüchtig küssen **II.** *vi* **1.** picken (*at* nach) **2.** (*fam*) herumnaschen (*at* an) **III.** *s* **1.** (Schnabel)Hieb *m* **2.** flüchtiger Kuss; **pecker** ['pekə(r)] *s:* **keep one's ~ up** (*Br fam*) den Kopf oben behalten; **peck•ing** ['pekɪŋ] *adj:* **~ order** Hackordnung *f;* **peck•ish** ['pekɪʃ] *adj* (*Br fam*) hungrig

pec•tin ['pektɪn] *s* (CHEM) Pektin *nt*

pec•toral ['pektərəl] *adj* (*~ muscle*) Brustmuskel *m*

pe•cu•liar [pɪ'kju:lɪə(r)] *adj* **1.** sonderbar, eigenartig, seltsam **2.** eigen, eigentümlich (*to* für) **3.** einzigartig, charakteristisch (*to* für); **pe•cu•liar•ity** [pɪˌkju:lɪ'ærətɪ] *s* **1.** Eigenartigkeit, Seltsamkeit *f* **2.** Eigenart, Eigentümlichkeit, Besonderheit *f;* **special peculiarities** besondere Kennzeichen *ntpl;* **pe•cu•liar•ly** [pɪ'kju:lɪəlɪ] *adv* **1.** besonders **2.** seltsam

pe•cuni•ary [pɪ'kju:nɪərɪ] *adj* pekuniär, finanziell; **~ circumstances** Vermögensverhältnisse *ntpl;* **~ embarrassments** Geldverlegenheit *f;* Zahlungsschwierigkeiten *fpl;* **~ resources** Geldmittel *ntpl*

peda•gogic(al) [ˌpedəˈgɒdʒɪk(l)] *adj* pädagogisch; **peda•gogue** [ˈpedəgɒg] *s* Pädagoge *m,* Pädagogin *f;* **peda•gogy** [ˈpedəgɒdʒɪ] *s* Pädagogik *f*

pedal [ˈpedl] **I.** *s* **1.** Pedal *nt* **2.** (MUS) Pedalton *m;* **put the ~ to the metal** (*fam*) Vollgas geben **II.** *vi* **1.** das Pedal bedienen **2.** Rad fahren **III.** *vt:* **~ a bicycle** Rad fahren (*up the hill* den Berg hinauf); **pedal-bin** *s* Treteimer *m;* **pedal-boat, peda•lo** [ˈpedələʊ] <*pl* -lo(e)s> *s* Tretboot *nt*

ped•ant [ˈpednt] *s* Pedant(in) *m(f),* Kleinigkeitskrämer(in) *m(f);* **pe•dan•tic** [pɪˈdæntɪk] *adj* pedantisch; **ped•antry** [ˈpedntrɪ] *s* Pedanterie *f*

peddle [ˈpedl] *vt* hausieren mit; **~ drugs** mit Drogen handeln; **peddler** [ˈpedlə(r)] *s* Hausierer(in) *m(f)* (*of* mit); (*drug~*) Drogenhändler(in) *m(f)*

ped•er•ast [ˈpedəræst] *s* Päderast *m;* **ped•er•asty** [ˈpedəræstɪ] *s* Päderastie *f*

ped•estal [ˈpedɪstl] *s* Sockel *m;* **knock s.o. off his ~** (*fig*) jdn von seinem Podest stürzen; **put s.o. on a ~** (*fig*) jdn in den Himmel heben

pe•des•trian [pɪˈdestrɪən] **I.** *adj* **1.** Fußgänger- **2.** (*fig: Stil*) prosaisch, langweilig; **~ crossing** (Fußgänger)Überweg *m;* **~ lights** Fußgängerampel *f;* **~ precinct** Fußgängerzone *f* **II.** *s* Fußgänger(in) *m(f);* **pe•des•tria•nize** [pɪˈdestrɪənaɪz] *vt* in eine Fußgängerzone umwandeln

pedia•tric•ian [ˌpiːdɪəˈtrɪʃn] *s* (*Am*) Kinderarzt *m,* -ärztin *f;* **pedi•at•rics** [ˌpiːdɪˈætrɪks] *s pl mit sing* (*Am*) Kinderheilkunde, Pädiatrie *f*

pedi•cure [ˈpedɪkjʊə(r)] *s* Fußpflege, Pediküre *f;* **pedi•cur•ist** [ˈpedɪkjʊərɪst] *s* Fußpfleger(in) *m(f)*

pedi•gree [ˈpedɪgriː] *s* **1.** (*a.* ZOO) Stammbaum *m* **2.** Herkunft, Abstammung *f;* **pedigree dog** *s* Rassehund *m*

ped•lar [ˈpedlə(r)] *s* Hausierer(in) *m(f)* (*of* mit); (*drug~*) Drogenhändler(in) *m(f)*

ped•ometer [pɪˈdɒmɪtə(r)] *s* Schrittzähler *m*

pee [piː] *vi* (*fam: go for, have a ~*) pinkeln

peek [piːk] **I.** *vi* gucken (*at* nach), spähen **II.** *s* kurzer Blick

peel [piːl] **I.** *vt* **1.** schälen; die Haut abziehen (*s.th.* einer S) **2.** (*Kleider*) abstreifen; **keep one's eyes ~ed** (*fam*) ein wachsames Auge haben **II.** *vi* sich häuten; sich abschälen; abgehen, abblättern, abbröckeln **III.** *s* Schale *f;* **peel away I.** *vt* (*Tapete*) abziehen; (*Rinde*) abschälen; (*Einband*) abstreifen **II.** *vi* sich lösen; **peel back** *vt* abziehen; **peel off I.** *vt* abziehen; abschälen; abstreifen **II.** *vi* (*aus Kolonne*) ausscheren; (AVIAT) abdrehen; **peeler** [ˈpiːlə(r)] *s* Schäler *m;* **peel•ings** [ˈpiːlɪŋz] *s pl* Schalen *fpl*

peep[1] [piːp] **I.** *vi* **1.** (verstohlen) gucken (*at* nach) **2.** allmählich sichtbar werden; zum Vorschein kommen **II.** *s* flüchtiger, heimlicher Blick; **take a ~ at s.th.** verstohlen nach etw blicken

peep[2] [piːp] **I.** *vi* piepen; piepsen **II.** *s* **1.** Piepen *nt* **2.** (*sl*) Piepser, Ton *m,* Wort *nt*

peep•hole [ˈpiːphəʊl] *s* Guckloch *nt;* (*Haustür*) Spion *m;* **peep•ing Tom** [ˌpiːpɪŋˈtɒm] *s* Voyeur *m;* **peep show** *s* Peepshow *f*

peer[1] [pɪə(r)] *vi* starren; angestrengt schauen, blicken (*at* auf, *into* in, *for* nach); **~ through** durchschauen

peer[2] [pɪə(r)] *s* **1.** Peer *m* **2.** (*fig*) Gleichgestellte(r) *f m;* (*Kind*) Gleichaltrige(r) *f m;* **his ~s** seinesgleichen

peer•age [ˈpɪərɪdʒ] *s* Peerswürde *f,* -stand *m;* **peer•ess** [ˈpɪəres] *s* Frau *f* eines Peers; weiblicher Peer; **peer group** *s* (*Soziologie*) Peergroup *f;* **peer•less** [ˈpɪəlɪs] *adj* unvergleichlich

peeve [piːv] *vt* (*fam*) ärgern; **peeved** [piːvd] *adj* (*fam*) ärgerlich, verärgert, *fam* eingeschnappt (*about, at* über, wegen); **peev•ish** [ˈpiːvɪʃ] *adj* reizbar, launisch

pee•wit [ˈpiːwɪt] *s* Kiebitz *m*

peg [peg] **I.** *s* **1.** Pflock, Dübel, Bolzen *m;* Keil *m;* (*Zelt*) Hering *m;* (*Bergsteigen*) Haken *m;* (*Holz*) Stift *m* **2.** Wirbel *m* (*eines Saiteninstruments*) **3.** (*clothes~*) Wäscheklammer *f* **4.** (*fig*) Vorwand *m,* Gelegenheit *f;* Aufhänger *m* **5.** (*fam*) Stelze *f,* Bein *nt* **6.** (COM) Kurs-, Marktstützung *f;* **off the ~** (*Kleidung*) von der Stange; **be a square ~ in a round hole** am verkehrten Platz sein; **come down a ~ or two** (*fig*) gelindere Saiten aufziehen; **take s.o. down a ~ or two** jdn demütigen; **a good ~ on which to hang a sermon** ein Grund *m* zum Reden **II.** *vt* **1.** festpflocken, -stecken; anklammern **2.** abgrenzen, markieren **3.** (COM) festsetzen; **peg away** *vi* drauflos-, weiterarbeiten (*at* an), sich anstrengen; **peg down** *vt* festpflocken; **peg out I.** *vt* **1.** abgrenzen, abstecken **2.** (*Wäsche*) aufhängen **II.** *vi* **1.** (*fam*) abkratzen **2.** (*fam: Maschine*) den Geist aufgeben; **peg-leg** *s* Stelzfuß *m*

pe•jor•at•ive [pɪˈdʒɒrətɪv] *adj* (*Wort*) abschätzig, abwertend, pejorativ

peke, pe•kin(g)•ese [piːk, ˌpiːkɪˈniːz] *s* (*Hunderasse*) Pekinese *m*

peli•can [ˈpelɪkən] *s* Pelikan *m*

pel•let [ˈpelɪt] *s* **1.** Kügelchen *nt* **2.** Pille *f* **3.** Schrotkorn *nt*

pell-mell [ˌpelˈmel] *adv* **1.** durcheinander **2.** Hals über Kopf

pelt[1] [pelt] **I.** *vt* **1.** werfen (*s.o. with s.th.* etw nach jdm) **2.** verprügeln **II.** *vi* **1.** (nieder)prasseln, trommeln (*against the roof* auf das Dach) **2.** rennen, stürmen; ~ **down** nieder-, herunterprasseln; **it was ~ing with rain** es hat geschüttet; **~ing rain** Platzregen *m* **III.** *s* Schlag *m;* **at full** ~ in voller Geschwindigkeit

pelt[2] [pelt] *s* Fell *nt,* Pelz *m*

pel•vic ['pelvɪk] *adj* Becken-; **pelvic floor** *s* Beckenboden *m*

pel•vis ['pelvɪs] *s* (ANAT) Becken *nt*

pen[1] [pen] **I.** *s* (Schreib)Feder *f,* Füllfederhalter, Füller *m;* Kugelschreiber *m;* **ball(-point)** ~ Kugelschreiber *m;* **fountain-~** Füllfederhalter, Füller *m;* **stroke of the** ~ Federstrich *m* **II.** *vt* schreiben; ver-, abfassen

pen[2] [pen] **I.** *s* **1.** Pferch *m* **2.** (*play-~*) Laufstall *m* **3.** (U-Boot)Bunker *m* **II.** *vt* (~ *up, in*) einsperren

penal ['pi:nl] *adj* strafbar; strafrechtlich; ~ **act** strafbare Handlung; ~ **code** Strafgesetzbuch *nt;* ~ **establishment** Strafanstalt *f;* ~ **law** Strafgesetz *nt;* ~ **legislation** Strafgesetzgebung *f;* ~ **reform** Strafrechtsreform *m;* ~ **servitude** Zwangsarbeit *f;* ~ **system** Strafrecht *nt;* Strafvollzug *m;* **pe•nal•iz•ation** [ˌpi:nəlaɪ'zeɪʃn] *s* **1.** Bestrafung *f* **2.** Benachteiligung *f;* **pe•nal•ize** ['pi:nəlaɪz] *vt* **1.** mit Strafe belegen; bestrafen **2.** benachteiligen **3.** (SPORT) einen Strafstoß verhängen gegen

pen•alty ['penltɪ] *s* **1.** Strafe *f* **2.** Geldbuße, -strafe *f* **3.** (*fig*) Nachteil *m* **4.** (SPORT) Strafpunkt *m;* Strafstoß *m;* Elfmeter *m;* **on** [*o* **under**] ~ **of** bei Androhung einer Strafe von; **pay the** ~ die Folgen tragen (*of s.th.* einer S); **death** ~ Todesstrafe *f;* **mitigation of** ~ Strafmilderung *f;* **remission of the** ~ Straferlass *m;* **penalty area** *s* (*Fußball*) Strafraum *m;* **penalty box** *s* (*Eishockey*) Strafbank *f;* **penalty clause** *s* Strafklausel *f;* **penalty kick** *s* (*Fußball*) Strafstoß *m;* Elfmeter *m*

pen•ance ['penəns] *s* (REL) Buße *f* (*for* für); **do** ~ Buße tun

pence [pens] *s* **1.** (*in GB*) Pence *m* **2.** *pl von* **penny**

pen•chant ['pɑ:nʃɑ:n, *Am* 'pentʃənt] *s* Vorliebe, Neigung *f* (*for* zu), Geschmack *m* (*for* an)

pen•cil ['pensl] **I.** *s* **1.** Bleistift *m* **2.** (*eyebrow ~*) Augenbrauenstift *m* **3.** (~ *of rays*) Strahlenbündel *nt;* **write in** ~ mit Bleistift schreiben; **colo(u)red** ~ Buntstift *m* **II.** *vt* **1.** (~ *in*) mit einem (Blei)Stift markieren/schreiben/zeichnen **2.** (*Augenbrauen*) (nach)ziehen; **pencil box** *s* Federkasten *m;* **pencil case** *s* Federmäppchen *nt;* **pencil sharpener** *s* Bleistiftspitzer *m*

pen•dant ['pendənt] *s* Anhänger *m*

pen•dent ['pendənt] *adj* hängend, Hänge-

pend•ing ['pendɪŋ] **I.** *adj* **1.** (*fig*) schwebend, unentschieden, unerledigt **2.** (JUR) anhängig; **be** ~ anhängig sein; schweben; **still** ~ noch in der Schwebe **II.** *prep* bis zu; ~ **further instructions** [*o* **notice**] bis auf weiteres; **pending tray** *s* Ablage *f* für Unerledigtes

pen•du•lous ['pendjʊləs] **I.** *adj* herabhängend **II.** *adj attr* Hänge-

pen•du•lum ['pendjʊləm] *s* Pendel *nt;* **the swing of the** ~ (*fig*) das Schwanken der öffentlichen Meinung

pen•etrate ['penɪtreɪt] **I.** *vt* **1.** (~ *through, into*) dringen durch; vor-, eindringen in; (*fig*) durchdringen (*with* mit) **2.** durchstoßen **3.** (*fig*) (geistig) durchdringen, durchschauen, erkennen **II.** *vi* eindringen (*into* in), vordringen (*to* bis), durchdringen (*through* durch), durchstoßen; **pen•etrat•ing** [-ɪŋ] *adj* **1.** (*Kälte*) durchdringend **2.** (*Auge*) scharf **3.** (*fig*) scharfsinnig, verständig, einsichtig; **pen•etra•tion** [ˌpenɪ'treɪʃn] *s* **1.** Ein-, Durchbruch *m* **2.** (*fig*) Durchdringung *f* **3.** (*fig*) Scharfsinn, Verstand *m* **4.** (MED) Penetration *f*

pen•friend ['penfrend] *s* Brieffreund(in) *m(f)*

pen•guin ['peŋgwɪn] *s* Pinguin *m*

pen•holder ['penˌhəʊldə(r)] *s* Federhalter *m*

peni•cil•lin [ˌpenɪ'sɪlɪn] *s* Penizillin *nt*

pen•in•sula [pə'nɪnsjʊlə] *s* Halbinsel *f;* **pen•in•su•lar** [pə'nɪnsjʊlə(r)] *adj* halbinselförmig

pe•nis ['pi:nɪs] *s* (ANAT) Penis *m*

peni•tence ['penɪtəns] *s* Reue, Bußfertigkeit *f;* **peni•tent** ['penɪtənt] *adj* reu(müt)ig, bußfertig; **peni•ten•tial** [ˌpenɪ'tenʃl] *adj* bußfertig

pen•knife ['pennaɪf, *pl* -naɪvz] <*pl* -knives> *s* Taschenmesser *nt*

pen name ['penneɪm] *s* Schriftstellername *m*

pen•nant ['penənt] *s* Stander, Wimpel *m*

pen•ni•less ['penɪlɪs] *adj* völlig mittellos

pen•non ['penən] *s* Stander, Wimpel *m*

penny ['penɪ, *pl* 'peni:z, pens] <*pl* pennies, pence> *s* Penny *m;* **earn an honest** ~ sein Geld redlich verdienen; **the** ~ **dropped** der Groschen ist gefallen; **a pretty** ~ eine schöne Stange Geld; **in for a** ~ **in for a pound** wer A sagt, muss auch B sagen; mitgefangen mitgehangen; **a** ~ **for your thoughts** woran denkst du?; **spend a** ~ (*fam*) mal verschwinden; **penny-pinching** ['penɪˌpɪntʃɪŋ] *adj* geizig; **penny share** *s* Klein-, Billigaktie *f;* **penny-wise** *adj:* ~ **and pound foolish** sparsam im Kleinen und verschwenderisch im Großen

pen pal ['penpæl] *s (Am)* Brieffreund(in) *m(f);* **pen•pusher** ['pen,pʊʃə(r)] *s (fam)* Schreiberling *m*

pen•sion ['penʃn] *s* Altersrente *f,* Altersruhegeld *nt;* Pension *f;* **be entitled to a ~** rentenberechtigt, pensionsberechtigt sein; **draw a ~** eine Rente beziehen; **pension off** *vt* vorzeitig pensionieren; **pen•sion•able** [-əbl] *adj* ruhegehalts-, pensionsberechtigt; **~ age** Rentenalter *nt;* **pension contribution** *s* Rentenversicherungsbeitrag *m;* **pension entitlement** *s* Rentenanspruch *m;* **pen•sioner** ['penʃənə(r)] *s* Pensionär(in) *m(f),* Rentenempfänger(in) *m(f),* Rentner(in) *m(f);* **pension fund** *s* (FIN) Rentenfonds *m;* **pension reserves** *s pl* Pensionsrückstellungen *fpl;* **pension scheme** *s* Rentenversicherung *f*

pen•sive ['pensɪv] *adj* nachdenklich, gedankenvoll

pen•ta•cle ['pentəkl] *s* fünfeckiger Stern

pen•ta•gon ['pentəgən, *Am* 'pentəgɒn] *s* Fünfeck, Pentagon *nt;* **the Pentagon** *(in den USA)* das Pentagon; **pen•tam•eter** [pen'tæmɪtə(r)] *s* Pentameter *m;* **pen•tath•lete** [pen'tæθli:t] *s* (SPORT) Fünfkämpfer(in) *m(f);* **pen•tath•lon** [pen'tæθlən] *s* (SPORT) Fünfkampf *m*

Pen•te•cost ['pentəkɒst] *s* Pfingsten *nt*

pent•house ['penthaʊs] *s* Penthouse *nt,* Dachterrassenwohnung *f*

pent-up [,pent'ʌp] *adj* **1.** *(Mensch)* geladen; innerlich angespannt **2.** *(Gefühl)* unterdrückt, angestaut; *(Atmosphäre)* geladen

pen•ul•ti•mate [pen'ʌltɪmət] *adj* vorletzte(r, s)

pen•uri•ous [pɪ'njʊərɪəs] *adj* dürftig, ärmlich; **pen•ury** ['penjʊərɪ] *s* (völlige) Armut *f*

peony ['pi:ənɪ] *s* Pfingstrose *f*

peo•ple ['pi:pl] **I.** *s pl* **1.** Leute *pl* **2.** Be-, Einwohner *pl* **3.** *(the common ~)* gemeine Volk **4.** *(mit Possessivpronomen)* Familie *f,* Leute *pl* **5.** *(pl: ~s)* Volk *nt;* Nation *f;* **go to the ~** Neuwahlen abhalten; **English ~** Engländer *pl;* **~ say** man sagt; **many ~** viele Leute **II.** *vt* bevölkern *(with* mit); **people carrier** *s* Van, Kleinbus *m*

PEP [,pi:i:'pi:] *s Abk. von* **personal equity plan** *auf Aktien basierendes, steuerbegünstigtes Vermögensbildungsprogramm*

pep [pep] *s (fam)* Schwung *m,* Kraft, Energie *f;* **pep up** *vt* in Schwung bringen, aufmöbeln; **be ~ped up** mächtig in Fahrt sein

pep•per ['pepə(r)] **I.** *s* **1.** Pfeffer *m* **2.** Paprika *m* **II.** *vt* **1.** pfeffern **2.** *(fig)* vollstopfen, spicken *(with* mit); **pepper-and-salt** *adj attr* Pfeffer-u.-Salz- *(Muster);* **pep•per•corn** ['pepəkɔ:n] *s* Pfefferkorn *nt;* **~ rent** nominelle Miete; **pepper mill** *s* Pfeffermühle *f;* **pep•per•mint** ['pepəmɪnt] *s* **1.** Pfefferminze *f* **2.** *(Bonbon)* Pfefferminz *nt;* **pepper pot** *s* Pfefferstreuer *m;* **pep•pery** ['pepərɪ] *adj* **1.** gepfeffert **2.** *(fig)* hitzig

pep pill ['peppɪl] *s (fam)* Aufmunterungspille *f;* **pep talk** *s (fam)* aufmunternde Rede

pep•tic ['peptɪk] *adj:* **~ ulcer** Magengeschwür *nt*

per [pɜ:(r)] *prep* pro, je, für; **(as) ~ account** laut Rechnung; **~ annum** pro Jahr; **~ capita** pro Kopf; **~ capita income** Pro-Kopf-Einkommen *nt;* **~ hour** in der Stunde; **50 km ~ hour** 50 Stundenkilometer; **as ~ sample** gemäß dem Muster; **as ~ usual** *(fam)* wie gewöhnlich

per•am•bu•lator [pə'ræmbjʊleɪtə(r)] *s (Br)* Kinderwagen *m*

per•ceiv•able [pə'si:vəbl] *adj* wahrnehmbar; erkennbar; **per•ceive** [pə'si:v] *vt* **1.** wahrnehmen **2.** spüren, (be)merken, verstehen

per cent, per•cent [pə'sent] *s* Prozent *nt;* **(at) what ~?** (zu) wieviel Prozent?; **per•cen•tage** [pə'sentɪdʒ] *s* **1.** Prozentsatz *m* **2.** Anteil *m (of* an) **3.** *(~ of profits)* Tantieme *f* **4.** (COM) Provision *f;* **percentage discount** *s* prozentualer Rabatt; **percentage increase** *s* prozentualer Anstieg; **percentage point** *s* Prozentpunkt *m*

per•cep•tible [pə'septəbl] *adj* wahrnehmbar; spürbar, deutlich; **per•cep•tion** [pə'sepʃn] *s* **1.** Wahrnehmung *f* **2.** Einsicht *f* **3.** Auffassung *f;* **per•cep•tive** [pə'septɪv] *adj* **1.** wahrnehmend; Wahrnehmungs- **2.** scharfsichtig

perch[1] [pɜ:tʃ] **I.** *s* **1.** Vogel-, Hühnerstange *f;* *(Baum)* Ast *m* **2.** *(fam)* hochgelegener Sitzplatz **3.** Rute *f (Längenmaß 5,029 m)* **II.** *vi* **1.** sich niederlassen, sich setzen *(on* auf) **2.** (hoch) sitzen, stehen **III.** *vt* (hoch hinauf)stellen; **~ s.th. on s.th.** etw auf etw stellen; **be ~ed on** sitzen, hocken auf

perch[2] [pɜ:tʃ] *s (Fisch)* Flussbarsch *m*

per•co•late ['pɜ:kəleɪt] **I.** *vt* **1.** durchseihen, filtern **2.** *(Kaffee)* in einem Filter zubereiten **II.** *vi (~ through, a. fig)* durchsickern; **per•co•la•tor** ['pɜ:kə leɪtə(r)] *s* Kaffeemaschine *f*

per•cus•sion [pə'kʌʃn] *s* **1.** Stoß, Schlag *m* **2.** Erschütterung *f* **3.** (MUS: *~ instruments)* Schlaginstrumente *ntpl;* **per•cus•sion•ist** [-ɪst] *s* Schlagzeuger(in) *m(f)*

per•di•tion [pə'dɪʃn] *s* **1.** Ruin *m* **2.** (REL) Verdammnis *f*

per•egrine ['perɪgrɪn] *s* Wanderfalke *m*

per•emp•tori•ly [pə'remptrəlɪ] *adv* unweigerlich; ein für allemal; **per•emp•tory**

P

[pə'remptərɪ] *adj* 1. endgültig, definitiv 2. zwingend

per•en•nial [pə'renɪəl] I. *adj* 1. beständig, immerwährend 2. (BOT) mehrjährig II. *s* mehrjährige Pflanze

per•fect ['pɜːfɪkt] I. *adj* 1. vollendet, vollkommen 2. tadellos, fehlerlos 3. vollständig, völlig, gänzlich 4. genau, exakt; **he is a ~ stranger to me** er ist mir völlig unbekannt II. [pə'fekt] *vt* vervollkommnen; **per•fect•ible** [pə'fektəbl] *adj* vervollkommnungsfähig; **per•fec•tion** [pə'fekʃn] *s* 1. Vervollkommnung *f* 2. Vollkommenheit *f*; **bring to ~** vollenden; vervollkommnen; **per•fec•tion•ist** [-ɪst] *s* Perfektionist(in) *m(f)*; **per•fect•ly** ['pɜːfɪktlɪ] *adv* 1. vollkommen 2. völlig, durchaus, absolut 3. tadellos; **perfect pitch** *s* absolutes Gehör

per•fidi•ous [pə'fɪdɪəs] *adj* verräterisch, treulos

per•for•ate ['pɜːfəreɪt] I. *vt* 1. durchbohren, -löchern 2. perforieren, lochen II. *vi* (MED) durchbrechen; **per•for•ation** [ˌpɜːfə'reɪʃn] *s* 1. Durchbohrung, -löcherung *f* 2. Perforieren *nt*; Perforation, Lochung *f* 3. (MED) Perforation *f*

per•form [pə'fɔːm] I. *vt* 1. (*Aufgabe*) ausführen, verrichten 2. (*Operation*) durchführen 3. (*Zeremonie*) vollziehen 4. (*Stück, Konzert*) aufführen, spielen; (*Solo, Duett*) vortragen; (*Rolle*) spielen; (*Kunststück*) vorführen; (*Wunder*) vollbringen 5. (*Handlung*) vornehmen 6. (*Pflicht, Versprechen*) erfüllen 7. (*Verpflichtung*) nachkommen (*s.th.* einer S) 8. (*Aufgaben*) wahrnehmen II. *vi* 1. (*öffentlich*) auftreten, spielen 2. (TECH) funktionieren; **this car ~s well** dieses Auto leistet viel; **how did he ~?** wie war er?; **per•form•ance** [pə'fɔːməns] *s* 1. Aus-, Durchführung *f* 2. (*Pflicht*) Erfüllung *f* 3. (TECH) Funktionieren *nt* 4. (TECH) Leistung *f*; Effizienz *f* 5. (THEAT) Aufführung, Vorstellung *f*; (*Kino*) Vorstellung *f* 6. (*Rolle*) Darstellung *f* 7. (*fam*) Umstand *m*; Theater *nt*; schlechtes Benehmen; **afternoon/evening ~** Nachmittags-/Abendvorstellung *f*; **performance level** *s* Leistungsgrad *m*; **performance report**, **performance review** *s* Leistungsbericht *m*; **performer** [pə'fɔːmə(r)] *s* Künstler(in) *m(f)*, Ausführende(r) *f m*

per•fume ['pɜːfjuːm] I. *s* Duft *m*; Parfüm *nt* II. [pə'fjuːm] *vt* parfümieren

per•func•tory [pə'fʌŋktərɪ] *adj* 1. routinemäßig, teilnahmslos 2. oberflächlich, flüchtig 3. gleichgültig, (nach)lässig

per•gola ['pɜːgələ] *s* Pergola *f*

per•haps [pə'hæps] *adv* vielleicht, eventuell

peril ['perəl] *s* Gefahr *f*; **at s.o.'s ~** auf jds Gefahr, Risiko, Verantwortung; **in ~ of one's life** in Lebensgefahr; **peril•ous** ['perələs] *adj* gefährlich

peri•meter [pə'rɪmɪtə(r)] *s* 1. (MATH) Umfang *m* 2. (*eines Grundstücks*) Grenze *f*; **perimeter fence** *s* Umzäunung *f*

period ['pɪərɪəd] I. *s* 1. (*a.* GEOL CHEM) Periode *f*, Zeit(raum, -abschnitt *m*) *f*, Abschnitt *m*; Epoche *f* 2. Dauer *f*; Frist *f* 3. (*menstrual ~*) Periode *f* 4. (GRAM) (vollständiger) Satz *m*; Satzgefüge *nt* 5. (*Satzzeichen*) Punkt *m* 6. (*Am*) (Unterrichts-, Schul)Stunde *f*; **for a ~ of** für die Dauer von; **I've got my ~** ich habe meine Tage; **within a ~ of** innerhalb einer Frist von; **bright ~** Aufklärung *f*; **~ of office** Amtszeit *f*; **~ under review** Berichtszeitraum *m* II. *adj* (*Kunst*) zeitgenössisch III. *interj* (*sl*) Schluss! (und damit) basta!; **period furniture** *s* Stilmöbel *ntpl*; **peri•od•ic(al)** [ˌpɪərɪ'ɒdɪk(l)] I. *adj* periodisch, regelmäßig auftretend II. *s* Zeitschrift *f*, Magazin *nt*

pe•riph•eral [pə'rɪfərəl] I. *adj* (*a.* ANAT) peripher(isch), nebensächlich; **~ area** Randgebiet *nt* II. *s* (INFORM) Peripheriegerät *nt*; **pe•riph•ery** [pə'rɪfərɪ] *s* Peripherie *f*; Rand *m*; **~ of the town** Stadtrand *m*, Außenbezirke *mpl*

peri•scope ['perɪskəʊp] *s* (MAR) Periskop, Sehrohr *nt*

per•ish ['perɪʃ] I. *vi* 1. zu Grunde gehen, umkommen (*by* durch, *of, with* an) 2. (*Waren*) verderben; **~ with cold** (*fam*) erfrieren; **~ from starvation** verhungern II. *vt* zerstören; **~ the thought!** daran darf man gar nicht denken; **per•ish•able** [-əbl] I. *adj* (*Ware*) (leicht) verderblich, nicht haltbar II. *s pl* verderbliche Waren *fpl*; **per•isher** ['perɪʃə(r)] *s* (*Br fam*) Lümmel *m*; **per•ish•ing** ['perɪʃɪŋ] *adj* 1. sehr kalt 2. verflixt, verdammt; **~ cold** widerliche Kälte

peri•style ['perɪstaɪl] *s* (ARCH) Säulenumgang *m*, -reihe *f*

per•ito•ni•tis [ˌperɪtə'naɪtɪs] *s* (MED) Bauchfellentzündung *f*

per•jure ['pɜːdʒə(r)] *vr* einen Meineid leisten, meineidig werden; **per•jured** ['pɜːdʒəd] *adj* meineidig; **per•jurer** ['pɜːdʒərə(r)] *s* Meineidige(r) *f m*; **per•jury** ['pɜːdʒərɪ] *s* Meineid *m*; **commit ~** einen Meineid leisten

perk [pɜːk] *s* (*Br*) Vergünstigung *f*

perk up [pɜːk ʌp] I. *vt* 1. (*den Kopf*) heben 2. (*Ohren*) spitzen 3. (*Menschen*) aufmuntern; (*Zimmer*) verschönern; (*Fest*) in Schwung bringen II. *vi* 1. aufleben; lebhaft, munter werden 2. (*Börse*) fester tendieren

perky ['pɜːkɪ] *adj* 1. unternehmungslustig

2. keck, frech; übermütig; munter

perm¹ [pɜːm] **I.** *s* (*Toto*) Kombination *f* **II.** *vt, vi* kombinieren

perm² [pɜːm] **I.** *s* (*fam*) Dauerwelle *f* **II.** *vt:* **have one's hair ~ed** sich Dauerwellen machen lassen

per·ma·frost ['pɜːməfrɒst] *s* Dauerfrostboden *m*

per·ma·nence, per·ma·nency ['pɜːmənəns, 'pɜːmənənsɪ] *s* Dauerhaftigkeit *f;* Beständigkeit *f;* **per·ma·nent** ['pɜːmənənt] **I.** *adj* **1.** (fort)dauernd, bleibend **2.** ständig; beständig, dauerhaft **3.** auf Lebenszeit **4.** (TECH) ortsfest; ~ **abode** [*o* **residence**] fester Wohnsitz; ~ **appointment** feste Anstellung; ~ **committee** ständiger Ausschuss; ~ **disability** dauernde Erwerbsunfähigkeit; dauerhafte Behinderung; ~ **establishment** ständige Einrichtung; ~ **investment** (FIN) Daueranlage *fpl,* langfristige Anlagen *fpl;* ~ **layoff** Entlassung *f;* ~ **position,** ~ **post,** ~ **situation** Lebens-, Dauerstellung *f;* ~ **staff** Stammpersonal *m;* ~ **tenure** Anstellung *f* auf Lebenszeit; ~ **wave** Dauerwelle *f* **II.** *s* (*Am*) Dauerwelle *f*

per·manga·nate [pə'mæŋgəneɪt] *s* (CHEM) Permanganat *nt*

per·meable ['pɜːmɪəbl] *adj* durchlässig (*to* für); **per·meate** ['pɜːmɪeɪt] **I.** *vt* durchdringen **II.** *vi* **1.** dringen (*through* durch) **2.** (*fig*) sich verbreiten (*throughout* in)

per·mis·sible [pə'mɪsəbl] *adj* zulässig; erlaubt; ~ **load** Höchstbelastung *f;* **permission** [pə'mɪʃn] *s* Zustimmung, Genehmigung, Erlaubnis *f;* **by special** ~ mit besonderer Genehmigung; **without** ~ unbefugt; **ask s.o.'s** [*o* **s.o. for**] ~ jdn um Erlaubnis bitten; **give** ~ eine Erlaubnis erteilen; **grant s.o.** ~ **to speak** jdm das Wort erteilen; ~ **by the authorities** behördliche Genehmigung; **per·miss·ive** [pə'mɪsɪv] *adj* nachgiebig; sexuell freizügig; **the** ~ **society** die permissive Gesellschaft; **per·miss·ive·ness** [-nəs] *s* Permissivität *f;* sexuelle Freizügigkeit

per·mit [pə'mɪt] **I.** *vt* erlauben, gestatten; zulassen, dulden; ~ **s.o. to do s.th.** jdm erlauben etw zu tun; **am I ~ted to go?** darf ich gehen? **II.** *vi* erlauben; **if you** (**will**) ~ wenn Sie gestatten; **weather ~ting** wenn das Wetter mitmacht; **time doesn't** ~ es ist zeitlich nicht möglich; ~ **of s.th.** etw zulassen **III.** ['pɜːmɪt] *s* **1.** Erlaubnis *f* **2.** Genehmigung, Bewilligung, Konzession *f* (*to* für) **3.** Durchlass-, Passierschein, Ausweis *m* **4.** Freigabe-, Zollabfertigungsschein *m;* **building** ~ Baugenehmigung *f;* **entry** ~ Einreisebewilligung *f;* **exit** ~ Ausreisebewilligung *f;* **hunting/fishing** ~ Jagd-/Angelschein *m;* **labo(u)r** ~ Arbeitserlaubnis *f;* **special** ~ Sondergenehmigung *f;* ~ **of residence, residence** ~ Aufenthaltsgenehmigung, -erlaubnis *f;* **per·mit·ted** [pə'mɪtɪd] *adj* **1.** erlaubt, gestattet, genehmigt **2.** zulässig

per·mu·ta·tion [ˌpɜːmjuː'teɪʃn] *s* **1.** Vertauschung *f* **2.** Veränderung *f* **3.** (MATH) Permutation *f;* **per·mute** [pə'mjuːt] *vt* (ver)ändern; vertauschen

per·ni·cious [pə'nɪʃəs] *adj* **1.** schädlich, verderblich (*to* für) **2.** (MED) bösartig

per·nick·ety [pə'nɪkətɪ] *adj* (*fam*) kleinlich, genau

per·ox·ide [pə'rɒksaɪd] *s* (*hydrogen* ~) Peroxyd *nt;* **peroxide blonde** *s* Wasserstoffblondine *f*

per·pen·dicu·lar [ˌpɜːpən'dɪkjʊlə(r)] **I.** *adj* **1.** senk-, lotrecht (*to* zu); (*Klippe*) senkrecht abfallend **2.** (ARCH) perpendikular **II.** *s* (MATH) Senkrechte *f,* Lot *nt;* **out of the** ~ schief, schräg, aus dem Lot

per·pe·trate ['pɜːpɪtreɪt] *vt* **1.** (*Fehler*) machen, begehen **2.** (*Verbrechen*) verüben **3.** (*hum: Film, Roman*) verbrechen; **per·pe·tra·tion** [ˌpɜːpɪ'treɪʃn] *s* Begehung, Verübung *f;* **per·pe·tra·tor** ['pɜːpɪtreɪtə(r)] *s* Übeltäter(in) *m(f);* (JUR) Täter(in) *m(f)*

per·pet·ual [pə'petʃʊəl] *adj* **1.** dauernd, (be)ständig, ewig **2.** fortwährend, unaufhörlich; ~ **motion** (**machine**) Perpetuum mobile *nt;* ~ **snow** ewiger Schnee; **per·petu·ate** [pə'petʃʊeɪt] *vt* aufrechterhalten; (*Angedenken*) bewahren; **per·petu·ity** [ˌpɜːpɪ'tjuːətɪ] *s* Ewigkeit *f;* **in** ~ auf ewig; (JUR) lebenslänglich

per·plex [pə'pleks] *vt* (*Menschen*) verblüffen; **per·plexed** [pə'plekst] *adj* verdutzt, perplex; **per·plex·ity** [pə'pleksətɪ] *s* Verblüffung *f*

per·qui·sites ['pɜːkwɪzɪts] *s pl* Vergünstigungen *fpl*

per·se·cute ['pɜːsɪkjuːt] *vt* **1.** verfolgen **2.** belästigen, plagen, quälen (*with* mit); **be ~ed** Verfolgungen ausgesetzt sein; **per·se·cu·tion** [ˌpɜːsɪ'kjuːʃn] *s* Verfolgung *f;* Belästigung *f;* **persecution complex** *s* Verfolgungswahn *m;* **per·se·cu·tor** ['pɜːsɪkjuːtə(r)] *s* Verfolger(in) *m(f)*

per·se·ver·ance [ˌpɜːsɪ'vɪərəns] *s* Ausdauer, Beharrlichkeit *f;* **per·se·vere** [ˌpɜːsɪ'vɪə(r)] *vi* durchhalten, nicht aufgeben (*in, at, with s.th.* etw); **per·se·ver·ing** [-ɪŋ] *adj* beharrlich, ausdauernd

Per·sia ['pɜːʃə] *s* Persien *nt;* **Per·sian** ['pɜːʃn, *Am* 'pɜːrʒn] **I.** *adj* persisch; ~ **cat** Perser-, Angorakatze *f;* **the** ~ **Gulf** der Persische Golf; ~ **lamb** (*Pelz*) Persianer *m;* ~ **carpet** Perserteppich *m* **II.** *s* **1.** Perser(in) *m(f)* **2.** (das) Persisch(e)

per•sist [pə'sɪst] *vi* **1.** beharren (*in* auf, bei), bestehen (*in* auf) **2.** nicht nachgeben; nicht aufhören (*in doing* zu tun) **3.** fortdauern, sich hartnäckig halten; **per•sist•ence** [pə'sɪstəns] *s* **1.** (hartnäckiges) Beharren *nt* (*in* auf) **2.** Beharrlichkeit *f* **3.** Fortdauer *f;* **per•sist•ent** [pə'sɪstənt] *adj* **1.** beharrlich, unnachgiebig **2.** unentwegt, (an)dauernd, beständig

per•son ['pɜːsn] *s* **1.** (*pl: people, ~s*) Mensch *m;* Person *f* **2.** (GRAM JUR: *pl: ~s*) Person *f* **3.** (*pl: ~s*) (das) Äußere **4.** (THEAT) Rolle *f;* **in ~** in Person, persönlich; **no ~** kein Mensch, niemand; **there is no such ~** so jemanden gibt es nicht; **any ~** jeder; **on** [*o* **about**] **one's ~** bei sich; **per ~** pro Person; **unauthorized ~** Unbefugte(r) *f m;* **against ~ or ~s unknown** (JUR) gegen Unbekannt; **per•son•able** ['pɜːsənəbl] *adj* **1.** stattlich, gut aussehend **2.** sympathisch; **per•son•age** ['pɜːsənɪdʒ] *s* Persönlichkeit *f*

per•son•al ['pɜːs(ə)nl] *adj* persönlich; (*auf Brief*) privat; (*Daten*) personenbezogen; **~ affair** [*o* **business**] Privatangelegenheit *f;* **~ allowance** Grundfreibetrag *m;* **~ assets** bewegliches Privatvermögen; **~ assistant, PA** persönliche(r) Assistent(in) *m(f),* Chefsekretär(in) *m(f);* **~ background** [*o* **history**] Lebensgeschichte *f,* Lebenslauf *m;* **~ call** (TELE) Gespräch *nt* mit Voranmeldung; Privatgespräch *nt;* **~-care product** Körperpflegeprodukt *nt;* **~ column** (*Zeitung*) Familienanzeigen *fpl;* **~ computer, PC** Personalcomputer, PC *m;* **~ data** Personalien *pl,* personenbezogene Daten *pl;* **Personal Digital Assistant technology** PDA-Technik *f;* **~ exemption** (*Am: Steuer*) Freibetrag *m;* **~ files** Personalakten *fpl;* **~ hygiene** Körperpflege *f;* **~ identification number, PIN** persönliche Geheimzahl; **~ injury** (JUR) Personenschaden *m;* **~ organizer** Terminplaner *m;* **~ pronoun** Personalpronomen *nt,* persönliches Fürwort; **~ property** Privateigentum *nt;* **~ stereo** Walkman® *m;* **~ stationery** Briefpapier *nt* mit persönlichem Briefkopf; **~ status** Personen-, Familienstand *m;* **articles for ~ use** Gegenstände *m pl* des persönlichen Gebrauchs; **get** [*o* **become**] **~** persönlich werden

per•son•al•ity [ˌpɜːsə'nælətɪ] *s* **1.** Persönlichkeit *f* **2. personalities** persönliche Angelegenheiten *fpl;* **~ cult** Personenkult *m;* **per•son•al•ly** ['pɜːsənəlɪ] *adv* persönlich; **per•son•alty** ['pɜːsənltɪ] *s* (JUR) bewegliches Privatvermögen; **per•son•if•ic•ation** [pəˌsɒnɪfɪ'keɪʃn] *s* Verkörperung *f;* **per•son•ify** [pə'sɒnɪfaɪ] *vt* verkörpern, personifizieren

per•son•nel [ˌpɜːsə'nel] *s* Personal *nt;* Belegschaft *f;* (*Flugzeug, Schiff*) Besatzung *f;* **personnel department** *s* Personalabteilung *f;* **personnel director, personnel manager** *s* Personalchef(in) *m(f),* -leiter(in) *m(f);* **personnel management** *s* Personalführung *f;* **personnel turnover** *s* Fluktuation *f*

per•spec•tive [pə'spektɪv] *s* **1.** (*Kunst*) Perspektive *f* **2.** (*fig*) Standpunkt, Blick *m;* **get s.th. out of ~** etwas verzerrt sehen; **see** [*o* **look at**] **s.th. in its right ~** etw vom richtigen Gesichtswinkel aus betrachten; **view in ~** (*fig*) mit Abstand betrachten

per•spi•ca•cious [ˌpɜːspɪ'keɪʃəs] *adj* scharfsinnig, -blickend; **per•spi•cac•ity** [ˌpɜːspɪ'kæsətɪ] *s* Scharfsinn, -blick *m*

per•spi•cu•ity [ˌpɜːspɪ'kjuːətɪ] *s* Klarheit, Verständlichkeit *f;* **per•spicu•ous** [pə'spɪkjʊəs] *adj* klar, verständlich

per•spir•ation [ˌpɜːspə'reɪʃn] *s* **1.** Schwitzen *nt;* Transpiration *f* **2.** Schweiß *m;* **per•spire** [pə'spaɪə(r)] *vi* schwitzen

per•suade [pə'sweɪd] *vt* **1.** überreden (*of s.th.* zu etw) **2.** verleiten, dazu bringen (*to do, into doing* zu tun) **3.** überzeugen (*of s.th.* von einer S); **be ~d of** überzeugt sein von; **per•sua•sion** [pə'sweɪʒn] *s* **1.** Überredung *f* **2.** Überzeugung *f,* Glaube *m* **3.** Überzeugungskraft *f;* **I am not of that ~** (*Argument*) davon bin ich nicht überzeugt; (REL) ich gehöre nicht diesem Glauben an; **be of** [*o* **have**] **communist ~s** kommunistische Ansichten vertreten; **per•sua•sive** [pə'sweɪsɪv] *adj* überzeugend

pert [pɜːt] *adj* **1.** vorlaut, keck **2.** lebhaft, munter, lustig

per•tain [pə'teɪn] *vi* **1.** gehören (*to* zu) **2.** in Verbindung stehen (*to* mit) **3.** betreffen (*to* acc) **4.** sich beziehen (*to* auf)

per•ti•na•cious [ˌpɜːtɪ'neɪʃəs] *adj* **1.** beharrlich **2.** hartnäckig, zäh

per•ti•nent ['pɜːtɪnənt] *adj* sachdienlich, zur Sache (gehörig); einschlägig; relevant; **be ~ to s.th.** auf etw Bezug haben

pert•ness ['pɜːtnɪs] *s* Keckheit *f;* Kessheit *f*

per•turb [pə'tɜːb] *vt* **1.** verwirren **2.** beunruhigen; **per•tur•ba•tion** [ˌpɜːtə'beɪʃn] *s* **1.** Verwirrung, Aufregung, Unruhe *f* **2.** Störung *f*

Peru [pə'ruː] *s* Peru *nt*

pe•rusal [pə'ruːzl] *s* **1.** Durchlesen *nt* **2.** (genaue) Durchsicht, Prüfung *f;* **for ~** zur Einsichtnahme; **pe•ruse** [pə'ruːz] *vt* (sorgfältig) durchlesen

Peru•vian [pə'ruːvɪən] **I.** *adj* peruanisch **II.** *s* Peruaner(in) *m(f)*

per•vade [pə'veɪd] *vt* erfüllen; sich ausbreiten in; **per•va•sive** [pə'veɪsɪv] *adj* **1.** durchdringend **2.** (*fig: Einfluss*) beherrschend

per•verse [pə'vɜːs] *adj* **1.** pervers, widernatürlich **2.** eigensinnig; störrisch; verstockt; **per•verse•ness** [pə'vɜːsnɪs] *s* **1.** Perversität, Widernatürlichkeit *f* **2.** Verstocktheit *f;* **per•ver•sion** [pə'vɜːʃn] *s* **1.** Perversion *f* **2.** Abkehr *f* (*vom Glauben*) **3.** (*der Wahrheit*) Verzerrung, Verdrehung *f;* ~ **of justice** Rechtsbeugung *f;* **per•ver•sity** [pə'vɜːsətɪ] *s* **1.** Widersetzlichkeit *f,* Eigensinn *m* **2.** Perversität, Widernatürlichkeit *f;* **per•vert** [pə'vɜːt] **I.** *vt* **1.** (*Tatsachen*) verdrehen **2.** (*Menschen*) verderben, pervertieren **3.** (REL) irreführen **4.** (*Sinn*) entstellen; ~ **the course of justice** das Recht beugen **II.** ['pɜːvɜːt] *s* perverser Mensch

pes•sary ['pesərɪ] *s* (MED) Pessar *nt;* Zäpfchen *nt*

pessi•mism ['pesɪmɪzəm] *s* Pessimismus *m;* **pes•si•mist** ['pesɪmɪst] *s* Pessimist(in) *m(f);* **pessi•mis•tic** [ˌpesɪ'mɪstɪk] *adj* pessimistisch

pest [pest] *s* **1.** (*fam: Mensch*) Nervensäge *f;* Plage *f* **2.** Schädling *m;* **pest control** *s* Schädlingsbekämpfung *f*

pes•ter ['pestə(r)] *vt* belästigen, plagen (*with* mit)

pes•ti•cide ['pestɪsaɪd] *s* Schädlingsbekämpfungsmittel *nt;* **pes•tif•er•ous** [pe'stɪfərəs] *adj* (*fam*) ärgerlich; **pes•ti•lent, pes•ti•len•tial** ['pestɪlənt, ˌpestɪ'lenʃl] *adj* **1.** pestartig **2.** (*fig*) verderblich **3.** (*fam*) ärgerlich

pestle ['pesl] *s* Stößel *m*

pet[1] [pet] **I.** *s* **1.** Haustier *nt* **2.** Liebling *m;* **he's a real ~!** er ist ein Schatz!; **teacher's ~** Lehrers Liebling *m* **II.** *vt* streicheln, verwöhnen **III.** *vi* (*fam*) fummeln, Petting machen **IV.** *adj attr* Lieblings-; ~ **name** Kosename *m;* **that's my ~ hate** das ist mir ein Gräuel; ~ **shop** Tierhandlung *f;* ~ **subject** Lieblingsthema *nt*

pet[2] [pet] *s* schlechte Laune; **be in a ~** schlechte Laune haben

petal ['petl] *s* (BOT) Blütenblatt *nt*

petard [pe'tɑːd] *s:* **be hoist with one's own ~** sich in der eigenen Schlinge gefangen haben

peter ['piːtə(r)] *vi:* ~ **out** nachlassen, allmählich zu Ende gehen

Peter ['piːtə(r)] *s:* **rob ~ to pay Paul** ein Loch aufreißen, um ein anderes zu stopfen

petite [pə'tiːt] *adj* (*Frau*) zierlich

pe•ti•tion [pɪ'tɪʃn] **I.** *s* **1.** Bittschrift, Eingabe *f,* Gesuch *nt,* Petition *f* **2.** Unterschriftenliste *f* **3.** (JUR) Antrag *m* (*for* auf); **file a ~** einen Antrag einreichen; ~ **for divorce** Scheidung(sklage) *f;* ~ **for mercy** [*o* **pardon**] Gnadengesuch *nt* **II.** *vt* **1.** bitten, ersuchen (*s.o.* jdn) **2.** eine Bittschrift richten (*s.o.* an jdn) **III.** *vi* eine Unterschriftenliste einreichen (*for* um); ~ **for divorce** die Scheidung einreichen; **pe•ti•tioner** [pɪ'tɪʃənə(r)] *s* **1.** Bittsteller(in) *m(f)* **2.** (JUR) Antragsteller(in) *m(f)* **3.** (*in Scheidungssachen*) Kläger(in) *m(f)*

pet•rel ['petrəl] *s* (ZOO) Sturmvogel *m*

pet•ri•fac•tion [ˌpetrɪ'fækʃn] *s* **1.** Versteinerung *f* **2.** (*fig*) lähmender Schreck; **petrify** ['petrɪfaɪ] **I.** *vt* **1.** versteinern **2.** (*fig*) erstarren lassen; **he was petrified (with fear)** er war starr vor Schrecken; **I am petrified of the dark** ich habe panische Angst vor der Dunkelheit **II.** *vi* versteinern; erstarren

petro•chemi•cal [ˌpetrəʊ'kemɪkl] *adj* petrochemisch; **petro•cur•rency** [ˌpetrəʊ'kʌrənsɪ] *s* Petrowährung *f;* **petro•dollar** *s* Petrodollar *m;* **pet•rol** ['petrəl] *s* (*Br*) Benzin *nt;* **fill up with ~** auftanken; **petrol can** *s* Benzinkanister *m;* **petrol consumption** *s* Benzinverbrauch *m;* **petrol dump** *s* Benzinlager *nt;* **petrol engine** *s* Benzinmotor *m;* **pe•tro•leum** [pɪ'trəʊlɪəm] *s* Erd-, Mineralöl *nt;* ~**-exporting countries** erdölexportierende Länder; ~ **jelly** Vaseline *f;* **petrol ga(u)ge** *s* Benzinuhr, -anzeige *f;* **petrol lorry** *s* Tankwagen *m;* **petrol pipe** *s* Benzinleitung *f;* **petrol pump** *s* **1.** (*Auto*) Benzinpumpe *f* **2.** (*Tankstelle*) Tank-, Zapfsäule *f;* **petrol station** *s* Tankstelle *f;* **petrol tank** *s* Benzintank *m*

pet-sit•ter ['petˌsɪtə] *s* Haustiersitter *m*

pet•ti•coat ['petɪkəʊt] *s* Unterrock *m;* ~ **government** (*pej*) Weiberregiment *nt,* -herrschaft *f*

pet•ti•fog•ging ['petɪfɒgɪŋ] *adj* kleinlich; (*Einzelheit*) unwesentlich; (*Mensch*) pedantisch

pet•ti•ness ['petɪnəs] *s* Geringfügigkeit *f;* Kleinlichkeit *f*

pet•ting ['petɪŋ] *s* Petting *nt*

pet•tish ['petɪʃ] *adj* verdrießlich

petty ['petɪ] *adj* **1.** klein, geringfügig, unbedeutend, nebensächlich **2.** kleinlich, engstirnig **3.** zweitrangig; ~ **cash** (Porto)Kasse, Handkasse *f;* ~ **jury** Urteilsjury *f;* ~ **larceny** Bagatelldiebstahl *m;* ~ **officer** (MAR) Maat *m*

petu•lant ['petjʊlənt] *adj* empfindlich; launisch, verdrießlich

pe•tu•nia [pɪ'tjuːnɪə] *s* (*Pflanze mit trichterförmigen Blüten*) Petunie *f*

pew [pjuː] *s* **1.** Kirchenstuhl *m* **2.** (*fam*) Sitzgelegenheit *f,* Stuhl *m;* **take a ~!** (*fam*) pflanz' dich!

pe•wit ['piːwɪt] *s* Kiebitz *m*

pew•ter ['pjuːtə(r)] *s* Zinn(geschirr, -gerät) *nt*

phal•anx ['fælæŋks, *pl* fə'lændʒiːz] <*pl*

-anxes, -anges> *s* **1.** (HIST) Phalanx *f* **2.** (*fig*) geschlossene Front

phal•lic ['fælɪk] *adj* phallisch; **phal•lus** ['fæləs, *pl* 'fælaɪ] <*pl* -li> *s* Phallus *m*

phan•tas•ma•goria [ˌfæntæzmə'gɒrɪə, -'gɔːrɪə] *s* Blendwerk *nt;* **phan•tas•mal** [fæn'tæzməl] *adj* imaginär

phan•tom ['fæntəm] *s* **1.** Phantom, Gespenst *nt,* Geist *m* **2.** Hirngespinst, Trugbild *nt;* ~**s of the mind** Hirngespinste *ntpl;* ~ **limb pains** (MED) Phantomschmerzen *mpl;* ~ **pregnancy** Scheinschwangerschaft *f*

phari•saic(al) [ˌfærɪ'seɪɪk(l)] *adj* pharisäisch; scheinheilig; **Phari•see** ['færɪsiː] *s* Pharisäer *m;* Heuchler *m*

phar•ma•ceutic(al) [ˌfɑːmə'sjuːtɪk(l)] *adj* pharmazeutisch; **phar•ma•ceutics** [ˌfɑːmə'sjuːtɪks] *s pl mit sing* Arzneimittel *ntpl,* Arzneimittelkunde *f;* **pharmaceutics industry** *s* Pharmaindustrie *f;* **phar•ma•cist** ['fɑːməsɪst] *s* (*Am*) Apotheker(in) *m(f);* **phar•ma•col•ogy** [ˌfɑːmə'kɒlədʒɪ] *s* Pharmakologie *f;* **phar•ma•co•poeia** [ˌfɑːməkə'piːə] *s* amtliches Arzneibuch; **phar•macy** ['fɑːməsɪ] *s* **1.** Pharmazie *f* **2.** Apotheke *f*

phar•yn•gi•tis [ˌfærɪn'dʒaɪtɪs] *s* Rachenkatarrh *m;* **phar•ynx** ['færɪŋks] *s* (ANAT) Rachen *m*

phase [feɪz] **I.** *s* **1.** Phase *f;* Stadium *nt;* Abschnitt *m* **2.** (TECH ELEK) Phase *f;* **in** ~ phasengleich (*with* mit); **she's just going through a** ~ das geht wieder vorbei **II.** *vt* **1.** zeitlich staffeln **2.** stufenweise durchführen **3.** aufeinander abstimmen; ~**d traffic lights** grüne Welle; **phase in** *vt* stufenweise einführen; **phase out** *vt* allmählich abbauen; (*Produktion*) auslaufen lassen

PhD ['piːeɪtʃ'diː] *s Abk. von* **Doctor of Philosophy** **1.** (*Titel*) Dr. phil **2.** Doktorarbeit *f;* **do one's** ~ seinen Doktor machen, promovieren

pheas•ant ['feznt] *s* Fasan *m*

phe•nom•enal [fɪ'nɒmɪnl] *adj* außergewöhnlich, außerordentlich, phänomenal; **phe•nom•enon** [fɪ'nɒmɪnən, *pl* -ɪnə] <*pl* -ena> *s* Phänomen *nt*

phew [fjuː] *interj* puh! pfui! ach!

phial ['faɪəl] *s* Ampulle *f;* Fläschchen *nt*

phil•an•der [fɪ'lændə(r)] *vi* (*Mann*) (herum)poussieren, flirten; **phil•an•derer** [fɪ'lændərə(r)] *s* Schürzenjäger *m*

phil•an•thropic(al) [ˌfɪlən'θrɒpɪk(l)] *adj* philanthropisch; **phil•an•throp•ist** [fɪ'lænθrəpɪst] *s* Philanthrop, Menschenfreund *m;* **phil•an•thropy** [fɪ'lænθrəpɪ] *s* Philanthropie, Menschenliebe *f*

phil•at•elic [fɪlə'telɪk] *adj* philatelistisch; **phil•at•el•ist** [fɪ'lætəlɪst] *s* Philatelist(in) *m(f),* Briefmarkensammler(in) *m(f);* **phil•at•ely** [fɪ'lætəlɪ] *s* Philatelie *f,* Briefmarkensammeln *nt*

phil•har•monic [ˌfɪlɑː'mɒnɪk] *adj* philharmonisch; ~ **society** Philharmonie *f*

phi•lip•pic [fɪ'lɪpɪk] *s* Standpauke *f*

Phi•lip•pines ['fɪlɪpiːnz] *s pl* Philippinen *pl*

phi•lis•tine ['fɪlɪstaɪn, *Am* 'fɪlɪstiːn] **I.** *s* Philister *m;* (*fig*) Banause *m* **II.** *adj* (*fig*) kulturlos

philo•logi•cal [ˌfɪlə'lɒdʒɪkl] *adj* philologisch; **phil•ol•ogist** [fɪ'lɒlədʒɪst] *s* Philologe *m,* -login *f;* **phil•ol•ogy** [fɪ'lɒlədʒɪ] *s* Philologie *f*

phil•os•opher [fɪ'lɒsəfə(r)] *s* Philosoph(in) *m(f);* ~**'s stone** Stein *m* der Weisen; **philo•sophic(al)** [ˌfɪlə'sɒfɪk(l)] *adj* philosophisch; **phil•os•ophize** [fɪ'lɒsəfaɪz] *vi* philosophieren; **phil•os•ophy** [fɪ'lɒsəfɪ] *s* **1.** Philosophie *f* **2.** (~ *of life*) Lebens-, Weltanschauung *f;* **natural** ~ Naturwissenschaft *f;* ~ **of history** Geschichtsphilosophie *f*

phil•ter (*Am*), **philtre** ['fɪltə(r)] *s* Liebestrank *m*

phle•bi•tis [flɪ'baɪtɪs] *s* Venenentzündung *f*

phlegm [flem] *s* **1.** (MED) Schleim *m* **2.** Ruhe *f,* Gleichmut *m;* Phlegma *nt;* **phleg•matic** [fleg'mætɪk] *adj* phlegmatisch; gleichmütig, unerschütterlich

pho•bia ['fəʊbɪə] *s* Phobie *f*

phoe•nix ['fiːnɪks] *s* Phönix *m*

phon [fɒn] *s* Phon *nt*

phone [fəʊn] **I.** *s* Telefon *nt* **II.** *vi* telefonieren **III.** *vt* anrufen; **phone back** *vt* zurückrufen; **phone booth** *s* (*Am*) Telefonzelle *f;* **phone call** *s* **1.** Telefongespräch *nt* **2.** Anruf *m;* **phone•card** ['fɜʊnkɑːd] *s* Telefonkarte *f;* **phone-in** ['fəʊnɪn] *s* (RADIO) Hörersendung *f*

pho•neme ['fəʊniːm] *s* Phonem *nt;* **pho•netic** [fə'netɪk] **I.** *adj* phonetisch **II.** *s pl mit sing* Phonetik *f;* **pho•neti•cian** [ˌfəʊnɪ'tɪʃn] *s* Phonetiker(in) *m(f)*

phon•ey, phony ['fəʊnɪ] *adj* (*fam*) unecht; faul; falsch; gefälscht; ~ **company** Schwindelfirma *f*

pho•nic ['fɒnɪk] *adj* lautlich; **pho•nol•ogy** [fə'nɒlədʒɪ] *s* Phonologie *f,* Lautsystem *nt*

phooey ['fuːɪ] *interj* (*fam*) unmöglich!

phos•phate ['fɒsfeɪt] *s* (CHEM) Phosphat *nt;* ~**-free** phosphatfrei; **containing** ~**s** phosphathaltig; **phos•pho•res•cence** [ˌfɒsfə'resns] *s* Phosphoreszenz *f;* **phos•pho•res•cent** [ˌfɒsfə'resnt] *adj* phosphoreszierend; **phos•phoric** [fɒs'fɒrɪk] *adj:* ~ **acid** Phosphorsäure *f;* **phos•phorus** ['fɒsfərəs] *s* Phosphor *m*

photo ['fəʊtəʊ] <*pl* photos> *s* Foto *nt,* Fotografie *f;* **photo call** *s* Fototermin *m;* **photo•cell** ['fəʊtəʊsel] *s* Fotozelle *f;* **photo•copier** ['fəʊtəʊˌkɒpɪə(r)] *s* Fotokopierapparat, Fotokopierer *m;* **photocopy** ['fəʊtəʊˌkɒpɪ] I. *s* Fotokopie *f* II. *vt, vi* fotokopieren; **photocopying bureau** *s* Copyshop *m,* Kopierzentrum *nt;* **photoelec•tric** [ˌfəʊtəʊɪ'lektrɪk] *adj* fotoelektrisch; ~ **cell** Fotozelle *f;* **photo finish** *s* (SPORT) Fotofinish *nt;* **photo•flash** ['fəʊtəʊˌflæʃ] *s* Blitzlicht *nt;* **photo•genic** [ˌfəʊtəʊ'dʒenɪk] *adj* fotogen; **photograph** ['fəʊtəgrɑ:f, *Am* 'fəʊtəgræf] I. *s* Fotografie *f;* **take a** ~ eine Aufnahme machen II. *vt* fotografieren III. *vi* 1. fotografieren 2. sich fotografieren lassen; **photograph album** *s* Fotoalbum *nt;* **photographer** [fə'tɒgrəfə(r)] *s* Fotograf(in) *m(f);* **photo•graphic** [ˌfəʊtə'græfɪk] *adj* fotografisch; ~ **equipment** Fotoausrüstung *f;* **photo•gra•phy** [fə'tɒgrəfɪ] *s* Fotografie *f;* **photo•jour•nal•ism** [ˌfəʊtəʊ'dʒɜ:nlɪzəm] *s* Fotojournalismus *m;* **photometer** [fəʊ'tɒmɪtə(r)] *s* Belichtungsmesser *m;* **photo•mon•tage** ['fəʊtəʊmɒn'tɑ:ʒ] *s* Fotomontage *f*

photon ['fəʊtɒn] *s* Photon *nt*

photo op•por•tun•ity [ˌfəʊtəʊɒpə'tju:nətɪ] *s* Fototermin *m*

photo re•porter ['fəʊtəʊrɪˌpɔ:tə(r)] *s* Bildberichterstatter(in) *m(f);* **photo•sen•si•tive** [ˌfəʊtəʊ'sensɪtɪv] *adj* lichtempfindlich; **photo•sen•si•tize** [ˌfəʊtəʊ'sensɪtaɪz] *vt* lichtempfindlich machen; **photo•set•ting** ['fəʊtəʊˌsetɪŋ] *s* Filmsatz, Lichtsatz *m;* **photo•stat** ['fəʊtəstæt] I. *s* Fotokopie *f* II. *vt, vi* fotokopieren

photo•syn•thesis [ˌfəʊtəʊ'sɪnθɪsɪs] *s* Photosynthese *f*

phrasal verb [ˌfreɪzl'vɜ:b] *s* Phrasal Verb *nt, Verb mit Präposition*

phrase [freɪz] I. *s* 1. Ausdruck *m;* Redewendung *f* 2. (GRAM) Satzteil *m;* Wortgruppe *f* 3. (MUS) Phrase *f;* **coin a** ~ einen Ausdruck prägen; **turn a** ~ einen klugen Gedanken geschickt ausdrücken II. *vt* 1. in Worte kleiden; zum Ausdruck bringen 2. (MUS) phrasieren; **phrase•book** ['freɪzbʊk] *s* Sprachführer *m;* **phras•eol•ogy** [ˌfreɪzɪ'ɒlədʒɪ] *s* Ausdrucksweise *f*

phren•etic [frə'netɪk] *adj* wild, tobend, rasend; fanatisch

phut [fʌt] *interj* fft!; **go** ~ (*fam*) futsch-, draufgehen, dran glauben müssen

pH-value [pi:'eɪtʃ'vælju:] *s* pH-Wert *m*

physi•cal ['fɪzɪkl] I. *adj* 1. physisch 2. körperlich 3. (*Untersuchung*) ärztlich 4. physikalisch; ~ **appearance** äußere Erscheinung; ~ **condition** Gesundheitszustand *m;* ~ **education, PE** Sport(unterricht) *m;* ~ **fitness** Tauglichkeit *f;* ~ **resources** Sachmittel *ntpl;* ~ **science(s)** Naturwissenschaften *fpl;* ~ **training, PT** Leibesübungen *fpl* II. *s* ärztliche Untersuchung; **physi•cian** [fɪ'zɪʃn] *s* Arzt *m,* Ärztin *f;* **physi•cist** ['fɪzɪsɪst] *s* Physiker(in) *m(f);* **phys•ics** ['fɪzɪks] *s pl mit sing* Physik *f*

physi•og•nomy [ˌfɪzɪ'ɒnəmɪ, *Am* ˌfɪzɪ'ɒgnəʊmɪ] *s* Physiognomie *f;* Gesichtszüge *mpl,* -ausdruck *m;* **physi•ol•ogist** [ˌfɪzɪ'ɒlədʒɪst] *s* Physiologe *m,* -login *f;* **physi•ol•ogy** [ˌfɪzɪ'ɒlədʒɪ] *s* Physiologie *f;* **physio•ther•apist** [ˌfɪzɪəʊ'θerəpɪst] *s* Krankengymnast(in) *m(f),* Physiotherapeut(in) *m(f);* **physio•ther•apy** [ˌfɪzɪəʊ'θerəpɪ] *s* Krankengymnastik, Physiotherapie *f;* **phy•sique** [fɪ'zi:k] *s* Körperbau *m,* Konstitution *f*

pia•nist ['pɪənɪst] *s* Pianist(in) *m(f),* Klavierspieler(in) *m(f);* **pi•ano** ['pjɑ:nəʊ] <*pl* -anos> *s* Klavier *nt;* **play (on) the** ~ Klavier spielen; **grand** ~ Flügel *m;* ~ **lesson** Klavierstunde *f;* ~ **teacher** Klavierlehrer(in) *m(f)*

pi•azza [pɪ'ætsə] *s* (großer, viereckiger) Platz *m*

pic•ar•esque [ˌpɪkə'resk] *adj* (*lit*): ~ **novel** Schelmenroman *m*

pic•ca•lilli [ˌpɪkə'lɪlɪ] *s mit scharfen Gewürzen eingemachtes Mischgemüse*

pic•ca•ninny [ˌpɪkə'nɪnɪ] *s* (*pej*) (Neger)Kind *nt*

pic•colo ['pɪkələʊ] <*pl* -coloes> *s* Pikkoloflöte *f*

pick [pɪk] I. *vt* 1. auswählen; (*Mannschaft*) aufstellen 2. zupfen an; kratzen an; (*Loch*) bohren; (*mit Schnabel*) (auf)hacken 3. (*Naht*) auftrennen 4. (*Obst, Blumen*) pflücken 5. (*Vogel*) (auf)picken 6. (*Schloss*) knacken, mit einem Dietrich öffnen 7. (*Streit*) vom Zaun brechen; **have a bone to** ~ **with s.o.** mit jdm ein Hühnchen zu rupfen haben; ~ **s.o.'s brains** jdn um Ideen bitten; ~ **holes in s.th.** an etw herumkritteln; (*Theorie*) widerlegen; ~ **one's nose** sich in der Nase bohren; ~ **s.th. to pieces** an etw keinen guten Faden lassen; ~ **pockets** Taschendieb sein; ~ **s.o.'s pockets** jdn bestehlen; ~ **one's teeth** sich in den Zähnen stochern; ~ **one's way** [*o* **steps**] vorsichtig gehen, sich durchschlängeln; ~ **one's words** die Worte mit Bedacht wählen; **you do** ~ **them!** (*iro*) du gerätst auch immer an den Falschen! II. *vi* 1. wählen 2. (*Gitarre*) zupfen; ~ **and choose** wählerisch sein III. *s* 1. Picken, Hacken *nt* 2. Auswahl, Auslese *f* 3. **the** ~ **(of the bunch)** das Beste (von allem) 4. Spitzhacke, Haue *f* 5. Zahnstocher *m* 6. (MUS) Plektrum *nt;* **have** [*o* **take**] **one's** ~ seine Wahl treffen; **have first** ~ die erste Wahl haben; **he was our** ~ wir haben ihn gewählt; **pick at** *vi* herummeckern an; ~ **at one's**

P

food im Essen herumstochern; **pick off** *vt* **1.** abpflücken; wegzupfen **2.** wegnehmen **3.** abschießen; **pick on** *vt* **1.** aussuchen, auswählen **2.** herumhacken auf; **why ~ on me?** warum gerade ich?; **pick out** *vt* **1.** heraussuchen, (aus)wählen **2.** (*Schlechtes*) auslesen **3.** ausmachen; entdecken; ausfindig machen **4.** (*Farbe*) zur Geltung bringen, absetzen (*with* gegen) **5.** (*Ton*) angeben, -schlagen; **pick over** *vt* (genau) überprüfen; durchsehen; **pick up I.** *vt* **1.** aufpicken, -heben, -lesen; auf-, mitnehmen (*a. Fahrgäste*) **2.** finden, sammeln, zusammenbringen **3.** (*billig, teuer*) erstehen **4.** herausfinden, -bringen, in Erfahrung bringen; verstehen, erfassen **5.** (*Kenntnisse*) sich aneignen **6.** (*fam*) zufällig kennen lernen; (*s.o*) jds Bekanntschaft machen **7.** (*Rundfunksendung*) aufnehmen **8.** bergen, retten **II.** *vi* **1.** sich erholen, wieder zu Kräften kommen **2.** (*Börse*) anziehen; sich befestigen **3.** (~ *efficiency*) aufholen **4.** (AUTO) auf Touren kommen; **~ up with s.o.** (*fam*) mit jdm Freundschaft schließen; **~ up the bill** die Rechnung bezahlen; **~ up courage** Mut fassen; **~ up speed** an Geschwindigkeit gewinnen; **where on earth did you ~ her up?** wo hast du denn die aufgelesen?; **she ~ed me up for using the wrong word** sie korrigierte meinen Wortfehler; **~ up on s.th.** auf etw Bezug nehmen

picka•back ['pɪkəbæk] *adv* huckepack; **pick•ax(e)** *s* Spitzhacke *f;* **picker** ['pɪkə(r)] *s* Pflücker(in) *m(f)*

picket ['pɪkɪt] **I.** *s* **1.** Streikposten *m* **2.** Pflock, (Zaun)Pfahl, Pfosten *m* **3.** (MIL) (Wacht)Posten *m* **II.** *vt* durch Streikposten absperren **III.** *vi* Streikposten aufstellen; als Streikposten stehen; **picket•ing** [-ɪŋ] *s* Streikwache *f;* **picket line** *s* Streikpostenkette *f*

pick•ing ['pɪkɪŋ] *s* (TYP) Rupfen *m;* **picking list** *s* (COM) Entnahmeliste *f;* **picking resistance** *s* (TYP) Rupffestigkeit *f*

pick•ings ['pɪkɪŋz] *s pl* **1.** Abfälle, Reste *mpl,* Überbleibsel *ntpl* **2.** Diebesgut *nt* **3.** Profit, Gewinn *m*

pickle ['pɪkl] **I.** *s* **1.** Pökel *m,* (Salz)Lake *f;* Essigsoße *f* **2.** (*fam*) unangenehme, peinliche Lage, Verlegenheit *f;* schöne Bescherung **3. ~s** eingelegtes Gemüse, Pickles *pl;* **be in a nice ~** (*fam*) ganz schön in der Patsche sitzen; **mixed ~s** Mixed Pickles *pl* **II.** *vt* (ein)pökeln, einmachen; in Essig einlegen; **pickled** [pɪkld] *adj* **1.** gepökelt, eingemacht **2.** (*sl*) besoffen

pick•lock ['pɪklɒk] *s* **1.** Einbrecher *m* **2.** Dietrich *m;* **pick-me-up** ['pɪkmɪʌp] *s* (*fam*) **1.** Schnäpschen *nt* **2.** Stärkung *f;*

pick-off ['pɪkɒf] **I.** *adj* (*Am*) abmontierbar **II.** *s* (TECH) Abgriff *m;* Geber *m;* Fühler *m;* **pick•pocket** ['pɪkpɒkɪt] *s* Taschendieb(in) *m(f);* **beware of ~s!** vor Taschendieben wird gewarnt!; **pick-up** ['pɪkʌp] *s* **1.** (*Plattenspieler*) Tonabnehmer *m* **2.** offener Kleintransporter **3.** Beschleunigung(svermögen *nt*) *f* **4.** (*fam: Vorgang*) Anmache *f;* (*Person*) Gelegenheitsbekanntschaft *f* **5.** Verbesserung *f* **6.** (*Am sl*) Verhaftung *f* **7.** Abholen *nt;* Treffpunkt *m;* **~ point** Treffpunkt *m;* Haltestelle *f;* **picky** ['pɪkɪ] *adj* wählerisch

pic•nic ['pɪknɪk] <-nicking, -nicked> **I.** *s* Picknick *nt;* **it's no ~ to do that** (*fig*) es ist keine Kleinigkeit, das zu tun **II.** *vi* ein Picknick veranstalten; picknicken; **pic•nicker** ['pɪknɪkə(r)] *s* Teilnehmer(in) *m(f)* an einem Picknick

picto•gram ['pɪktəgræm] *s* Piktogramm *nt*

pic•tor•ial [pɪk'tɔ:rɪəl] **I.** *adj* **1.** bildlich, illustriert **2.** bildhaft **II.** *s* Illustrierte *f*

pic•ture ['pɪktʃə(r)] **I.** *s* **1.** Bild *nt;* Gemälde *nt* **2.** Abbildung *f* **3.** (PHOT) Aufnahme *f* **4.** Film *m* **5.** (*fig*) Ab-, Ebenbild *nt,* Verkörperung *f* **6.** Vorstellung *f;* Darstellung, Beschreibung, Schilderung *f;* Wiedergabe *f* **7.** (*fam: a ~*) etw Bildschönes **8. ~s** (*Br*) Kino *nt;* **as pretty as a ~** bildschön; **be in the ~** im Bilde sein; **be out of the ~** nicht mehr auf dem Laufenden sein; **not to come into the ~** außer Betracht bleiben; **go to the ~s** (*Br*) ins Kino gehen; **look the ~ of health** wie das blühende Leben aussehen; **put s.o. in the ~** jdn ins Bild setzen; **take a ~ of** fotografieren, aufnehmen; **get the ~?** (haben Sie) verstanden? **II.** *vt* **1.** abbilden, malen, zeichnen **2.** (*fig*) schildern, beschreiben **3.** sich vorstellen, sich einen Begriff machen von; **picture book** *s* Bilderbuch *nt;* Bildband *m;* **picture editor** *s* Bildredakteur(in) *m(f);* **picture frame** *s* Bilderrahmen *m;* **picture gallery** *s* Gemäldegalerie *f;* **pic•ture-goer** ['pɪktʃə‚gəʊə(r)] *s* Kinobesucher(in) *m(f);* **picture library** *s* Bildstelle *f,* -archiv *nt;* **picture-perfect** *adj* so perfekt wie auf einem Bild, wie gemalt; **picture postcard** *s* Ansichtskarte *f;* **picture puzzle** *s* Bilderrätsel *nt;* **picture researcher** *s* Bildredakteur(in) *m(f);* **picture show** *s* Film(vorführung *f*) *m;* Kino *nt*

pic•tur•esque [‚pɪktʃə'resk] *adj* malerisch

pic•ture tube ['pɪktʃə‚tju:b] *s* (TV) Bildröhre *f;* **picture window** *s* Panoramafenster *nt*

piddle ['pɪdl] *vi* (*fam*) pinkeln; **~ around** herumhängen, herummachen; **pid•dling** ['pɪdlɪŋ] *adj* (*fam*) unbedeutend

pidgin Eng•lish ['pɪdʒɪn 'ɪŋglɪʃ] *s* Pidginenglis(c)h *nt*

pie [paɪ] *s* **1.** Pastete *f* **2.** Obstkuchen *m* **3.** (*Am*) Protektion *f;* **as easy as ~** (*fam*) kinderleicht; **as sweet as ~** unheimlich freundlich; **eat humble ~** klein beigeben; **have a finger in the ~** (*fig*) die Hand im Spiel haben; **apple ~** Apfelkuchen *m;* **meat ~** Fleischpastete *f;* **~ in the sky** Luftschlösser *ntpl;* **~ chart** Kreisdiagramm *nt*

pie•bald ['paɪbɔːld] *adj* bunt, (bunt)scheckig, gescheckt

piece [piːs] *s* **1.** Stück *nt* **2.** Bruchstück *nt;* Abschnitt *m;* Stelle *f* (*in einem Buch*) **3.** Einzelteil, -stück *nt* (*eines Services, Satzes*) **4.** (*~ of money*) Geldstück *nt,* Münze *f* **5.** (*Brettspiel*) Stein *m;* (*Schach*) Figur *f* **6.** (Musik-, Theater)Stück *nt* **7.** (*~ in the paper*) Zeitungsartikel *m;* **a nasty ~ of work** (*fam*) eine üble Person; **a nice ~** (*sl*) ein tolles Weib; **by the ~** stückweise; im Akkord; **~ by ~** Stück für Stück; **in ~s** entzwei, *fam* kaputt; **in one ~** (*fam*) unbeschädigt; (*Person*) unverletzt; **of 20 ~s** (*Service*) 20-teilig; **of a** [*o* **one**] **~** aus einem Stück, einheitlich, übereinstimmend (*with* mit); **to ~s** in Stücke; kaputt; **be all of a ~** (*fam*) vom selben Kaliber sein; **fall to ~s** auseinander fallen; **give s.o. a ~ of one's mind** (*fam*) jdm gehörig die Meinung sagen; **go to ~s** zerbrechen; (*fig fam*) vor die Hunde gehen; durchdrehen; **pull to ~s** (*Argument*) zerpflücken; (*Person*) bekritteln; **say one's ~** seine Meinung sagen; **take to ~s** zerlegen, auseinander nehmen; (*Kleid*) auftrennen; **tear to ~s** zerreißen, zerpflücken; **a ~ of advice** ein Rat *m;* **a ~ of cake** (*fam*) ein Kinderspiel *nt;* **~ of evidence** Beweisstück *nt;* Beleg *m;* **a ~ of land** ein Grundstück *nt;* **a ~ of music** ein Musikstück *nt;* **a ~ of news** eine Neuigkeit; **a fine ~ of work** eine saubere Arbeit; **piece together** *vt* zusammenstückeln; (*fig*) sich zusammenreimen; (*Beweise*) zusammenfügen; **piece cost** *s* Stückkosten *pl;* **piece•meal** ['piːsmiːl] **I.** *adv* **1.** stückweise; Stück für Stück, nach u. nach **2.** kunterbunt durcheinander **II.** *adj* **1.** nach u. nach erfolgend **2.** stückweise **3.** planlos, ohne Methode; **piece number** *s* Stückzahl *f;* **piece price** *s* Stückpreis *m;* **piece rate** *s* Akkordsatz *m;* **piece•work** *s* Stück-, Akkordarbeit *f;* **do ~** im Akkord arbeiten; **piece•worker** *s* Akkordarbeiter(in) *m(f)*

pied [paɪd] *adj* gescheckt, fleckig; **the Pied Piper** (**of Hamelin**) der Rattenfänger von Hameln

pie-eyed ['paɪ'aɪd] *adj* (*sl*) besoffen

pier [pɪə(r)] *s* **1.** Brückenpfeiler *m* **2.** Landungsbrücke *f,* Landesteg *m;* Pier *m*

pierce [pɪəs] *vt* **1.** eindringen in **2.** durchbohren **3.** (*Schall, Licht*) durchdringen **4.** brechen durch, dringen durch **5.** (*fig*) durchdringen; **pierc•ing** [-ɪŋ] *adj* **1.** durchdringend, schneidend, scharf **2.** (*Schrei*) gellend

pietà [ˌpiːe'tɑː] *s* (*Kunst*) Pietà, Schmerzensmutter *f*

piety ['paɪətɪ] *s* **1.** Frömmigkeit *f* **2.** Ehrfurcht *f* (*to* vor)

piffle ['pɪfl] *s* (*fam*) Quatsch *m;* **pif•fling** ['pɪflɪŋ] *adj* (*fam*) lächerlich

pig [pɪg] *s* **1.** Schwein *nt* **2.** (*fam pej*) (Dreck)Schwein *nt* **3.** (TECH) Massel *f,* Roheisen(barren *m*) *nt* **4.** (*sl*) Polizist, Bulle *m;* **buy a ~ in a poke** (*fig*) die Katze im Sack kaufen; **make a ~ of o.s.** zu viel essen; **make a ~'s ear of s.th.** etw vermasseln; **~s might fly** es geschehen noch Wunder; **sucking ~** Spanferkel *nt;* **pig out** [ˌpɪg'aʊt] *vi* (*sl*) sich den Bauch vollschlagen

pigeon ['pɪdʒɪn] *s* (*Vogel*) Taube *f;* **that's your ~** (*fam*) das ist Ihre Angelegenheit; **set** [*o* **put**] **the cat among the ~s** (*fig*) Aufregung verursachen; **carrier** [*o* **homing**] **~** Brieftaube *f;* **pigeon fancier** *s* Taubenzüchter(in) *m(f);* **pigeon•hole** ['pɪdʒɪnhəʊl] **I.** *s* (Ablege)Fach *nt* **II.** *vt* **1.** (*Papiere*) ablegen, einordnen **2.** klassifizieren **3.** zurückstellen, auf Eis legen; **pigeon principle** *s* (MATH) Schubfachprinzip *nt;* **pigeon-toed** ['pɪdʒɪntəʊd] *adj* mit einwärtsgekehrten Zehen

pig•gery ['pɪgərɪ] *s* **1.** Schweinezüchterei *f* **2.** (*fam*) Völlerei *f;* **pig•gish** ['pɪgɪʃ] *adj* **1.** schweinisch, säuisch **2.** gierig; **piggy** ['pɪgɪ] **I.** *s* Schweinchen *nt* **II.** *adj* (*fam*) gierig; gefräßig; **piggy•back** ['pɪgɪ bæk] *adv* huckepack; **piggy bank** *s* Sparschweinchen *nt;* **pig-headed** [ˌpɪg'hedɪd] *adj* verbohrt, halsstarrig; **pig iron** *s* Roheisen *nt;* **pig•let** ['pɪglɪt] *s* Ferkel, Schweinchen *nt*

pig•ment ['pɪgmənt] *s* Pigment *nt;* **pig•men•ta•tion** [ˌpɪgmen'teɪʃn] *s* (BIOL MED) Pigmentierung *f*

pigmy ['pɪgmɪ] *s* **1. P~** Pygmäe *m* **2.** (*fig*) Zwerg *m*

pig•skin ['pɪgskɪn] *s* Schweinsleder *nt;* **pig•sty** ['pɪgstaɪ] *s* **1.** Schweinestall *m* **2.** (*fig pej*) Schweine-, Saustall *m;* **pig•swill** ['pɪgswɪl] *s* **1.** Schweinefutter *nt* **2.** (*Suppe, Kaffee*) Spülwasser *nt;* (*Essen*) Schweinefraß *m;* **pig•tail** ['pɪgteɪl] *s* Zopf *m*

pike[1] [paɪk] *s* Spieß *m*

pike[2] [paɪk] *s* Hecht *m*

pike[3] [paɪk] *s* (*turn~*) Zollschranke *f,* Schlagbaum *m;* Mautstraße *f*

pike•staff ['paɪkstɑːf] *s:* **as plain as a ~**

sonnenklar

pi•las•ter [pɪ'læstə(r)] *s* (ARCH) Pilaster *m*

pil•chard ['pɪltʃəd] *s* Pilchard *m,* Sardine *f*

pile¹ [paɪl] *s* Pfosten, Pfahl *m*

pile² [paɪl] **I.** *s* **1.** Haufen, Stoß, Stapel *m* **2.** (*funeral* ~) Scheiterhaufen *m* **3.** (*fam*) (großer) Haufen *m,* Menge, Masse *f* **4.** (*sl: ~ of money*) Haufen *m* Geld; Riesenvermögen *nt* **5.** (*atomic* ~) Kernreaktor *m;* **put in a** ~ stapeln; auf einen Haufen legen; **~s of food** eine Menge Essen; **make a** ~ ein Vermögen machen **II.** *vt* stapeln; **pile in** *vi* (*Menschen*) hereinströmen; hineindrängen; **pile off** *vi* hinausdrängen; **pile on** *vt* aufhäufen; ~ **it on** dick auftragen; **pile up I.** *vi* **1.** sich anhäufen; sich stapeln; (*Verkehr*) sich stauen; (*Schnee, Arbeit*) sich türmen; (*Wolken*) sich zusammenballen **2.** (*Autos*) aufeinander auffahren **II.** *vt* **1.** aufhäufen; stapeln; (*Geld*) horten; (*Schulden*) anhäufen; (*Beweise*) zusammensammeln **2.** (*fam: Auto*) kaputt fahren

pile³ [paɪl] *s* **1.** Noppe(nfläche) *f* **2.** Flor *m*

pile-driver ['paɪl,draɪvə(r)] *s* Pfahlramme *f*

piles [paɪlz] *s pl* (MED) Hämorrhoiden *fpl*

pile-up ['paɪlʌp] *s* Massensturz *m,* -karambolage *f*

pil•fer ['pɪlfə(r)] *vt, vi* stehlen; **pil•ferer** ['pɪlfərə(r)] *s* (kleiner) Dieb *m;* **pil•fer•ing** ['pɪlfərɪŋ] *s* Bagatelldiebstahl *m*

pil•grim ['pɪlgrɪm] *s* Pilger(in) *m(f);* **the Pilgrim Fathers** (HIST) die Pilgerväter *mpl;* **pil•grim•age** ['pɪlgrɪmɪdʒ] *s* Pilger-, Wallfahrt *f* (*to* nach); **go on a** ~ auf Pilgerfahrt gehen

pill [pɪl] *s* **1.** Pille, Tablette *f* **2.** (*sl*) Ball *m;* **be on the** ~ (*fam*) die Pille nehmen

pil•lage ['pɪlɪdʒ] **I.** *s* Plünderung *f* **II.** *vt, vi* plündern

pil•lar ['pɪlə(r)] *s* Säule *f;* **from ~ to post** (*fig*) von Pontius zu Pilatus; **pillar-box** *s* (*Br*) Briefkasten *m*

pill•box ['pɪlbɒks] *s* **1.** Pillenschachtel *f* **2.** Pagenkäppi *nt;* (*für Damen*) Pillbox *f*

pil•lion ['pɪlɪən] *s* (AUTO) Soziussitz *m;* **ride** ~ auf dem Sozius mitfahren; **pillion passenger** *s* (*Motorrad*) Beifahrer(in) *m(f)*

pil•lory ['pɪlərɪ] **I.** *s* Pranger *m* **II.** *vt* an den Pranger stellen; (*fig*) anprangern

pil•low ['pɪləʊ] **I.** *s* Kopfkissen *nt* **II.** *vt* betten; **pillow-case**, **pillow-slip** *s* Kopfkissenbezug, -überzug *m*

pi•lot ['paɪlət] **I.** *s* **1.** (MAR) Lotse *m* **2.** (AVIAT) Pilot(in) *m(f),* Flugzeugführer(in) *m(f)* **3.** (TECH) Steuergerät *nt;* (~ *light*) Zündflamme *f* **4.** (RADIO) Probesendung *f* **5.** (*Am*) Schienenräumer *m* **II.** *vt* **1.** (*Schiff*) lotsen **2.** (*Flugzeug*) fliegen **3.** (*fig*) führen, lenken; durchbringen; **pilot boat** *s* Lotsenboot *nt;* **pilot fish** *s* Lotsen-, Pilotfisch *m;* **pilot instructor** *s* Fluglehrer(in) *m(f);* **pilot lamp** *s* Kontroll-, Signal-, Warnlampe *f;* **pi•lot•less** [-lɪs] *adj* führerlos, unbemannt; **pilot light** *s* Zündflamme *f;* Sparflamme *f;* **pilot plant** *s* Versuchsanlage *f;* **pilot scheme** *s* Pilotprojekt *nt;* **pilot's licence** *s* Flugschein *m;* **pilot study** *s* Pilotstudie *f;* **pilot survey** *s* Probeerhebung *f*

pi•mento [pɪ'mentəʊ] <*pl* -mentos> *s* **1.** Piment *nt,* Nelkenpfeffer *m;* Pimentbaum *m* **2.** Paprikaschote *f*

pimp [pɪmp] **I.** *s* Zuhälter *m* **II.** *vi* Zuhälter sein

pimple ['pɪmpl] *s* Pickel *m,* Pustel *f;* **pimply** ['pɪmplɪ] *adj* (*Haut*) pick(e)lig, unrein

PIN [pɪn] *s Abk. von* **personal identification number** persönliche Geheimzahl

pin [pɪn] **I.** *s* **1.** (Steck)Nadel *f* **2.** Anstecknadel, Brosche *f* **3.** (TECH) Stift, Dorn, Bolzen *m;* (Reiß)Zwecke *f* **4.** (*Gitarre*) Wirbel *m* **5.** (ELEK) Pol *m* **6.** ~**s** (*fam*) Beine *ntpl* **7.** (*Golf*) Flaggenstock *m;* **for two ~s** beinahe; es hat wenig gefehlt (und); **I have (got) ~s and needles in my feet** mir sind die Füße eingeschlafen; **I don't care a** ~ das ist mir (ganz) egal; **neat as a new** ~ blitzsauber; **clothes-**~ (*Am*) Wäscheklammer *f;* **drawing** ~ Reißnagel *m;* **hair-**~ Haarnadel *f;* **hat-**~ Hutnadel *f;* **nine-~s** Kegelspiel *nt;* **safety** ~ Sicherheitsnadel *f;* **scarf-** [*o* **tie-**]~ Krawattennadel *f;* ~ **money** Taschengeld *nt* **II.** *vt* **1.** (*Kleid*) stecken **2.** festmachen, anstecken, (an)heften (*to* an) **3.** (*fig*) drücken; klemmen (*to, against* gegen) **4.** (*fam: Schuld, Mord*) anhängen (*on s.o.* jdm); **get ~ned** (*Am fam*) sich verloben; ~ **one's hopes on** seine Hoffnung setzen auf; ~ **back one's ears** die Ohren spitzen; **pin down** *vt* **1.** anheften, festheften **2.** beschweren **3.** einklemmen, festklemmen **4.** (*fig*) festnageln, festlegen (*s.o. to s.th.* jdn auf etw); **pin together** *vt* zusammenheften; **pin up** *vt* anheften; (*Haare*) hochstecken; (*Rock, Kleid*) stecken

pina•fore ['pɪnəfɔ:(r)] *s* Kinder-, Kittelschürze *f;* Schürzenkleid *nt*

pin•ball ma•chine ['pɪnbɔ:lmə'ʃi:n] *s* Flipper *m*

pin•cers ['pɪnsəz] *s pl* **1.** (Kneif-, Beiß)Zange *f* **2.** (Krebs)Schere *f*

pinch [pɪntʃ] **I.** *vt* **1.** kneifen, zwicken **2.** (*Schuh, Kleidung*) zu eng sein (*s.o.* jdm), drücken **3.** (*fig*) bedrücken, beklemmen **4.** darben lassen, kurz halten **5.** (*sl*) klauen, stibitzen **6.** (*sl*) einsperren **II.** *vi* **1.** drücken, kneifen **2.** sich einschränken **III.** *s* **1.** Kneifen *nt* **2.** Prise *f* **3.** (*fig*) Klemme, Schwierigkeit *f;* **at** [*o* **in**] **a** ~ (*Am*) zur Not; **feel the** ~

Not leiden; **if it comes to the** ~ notfalls; **a** ~ **of salt** eine Prise Salz

pinch•beck ['pɪntʃbek] **I.** *adj* unecht; billig, minderwertig **II.** *s* **1.** Tombak *m* **2.** (*fig*) Talmi *nt;* Plunder *m*

pinched ['pɪntʃt] *adj* **1.** verhärmt **2.** verfroren **3.** erschöpft; **be** ~ **for money** knapp bei Kasse sein; **we're rather** ~ **for space** wir haben wenig Platz

pin•cushion ['pɪnˌkʊʃn] *s* Nadelkissen *nt*

pine¹ [paɪn] *s* **1.** Kiefer, Föhre *f* **2.** (*stone* ~) Pinie *f*

pine² [paɪn] *vi* (~ *away*) umkommen (*with hunger* vor Hunger), vergehen (*with grief* vor Kummer), schmachten, vergehen vor Sehnsucht, sich sehnen (*for, after* nach)

pin•eal ['paɪnɪəl] *adj:* ~ **gland** (ANAT) Zirbeldrüse *f*

pine•apple ['paɪnæpl] *s* Ananas *f*

pine cone ['paɪnkəʊn] *s* Kiefern-, Fichtenzapfen *m;* **pine grove** *s* Pinien-, Fichtenwäldchen *nt;* **pine needle** *s* Kiefern-, Fichtennadel *f;* **pine wood** *s* Kiefernwald *m;* Kiefernholz *nt*

ping [pɪŋ] **I.** *s* **1.** Schwirren, Pfeifen *nt* (*einer Kugel*) **2.** (*Glocke*) Klingeln *nt* **II.** *vi* **1.** (*Kugel*) pfeifen; sausen, schwirren **2.** (*Glocke*) klingeln

ping•pong ['pɪŋpɒŋ] *s* (*fam*) Tischtennis *nt*

pin•head ['pɪnhed] *s* **1.** Stecknadelkopf *m* **2.** (*fam*) Dummkopf *m*

pin•ion¹ ['pɪnɪən] **I.** *s* **1.** (*von Vögeln*) Flügelspitze *f* **2.** (*poetisch*) Flügel *m,* Schwinge *f* **II.** *vt* fesseln, drücken (*to* an)

pin•ion² ['pɪnɪən] *s* (TECH AUTO) Ritzel *nt*

pink¹ [pɪŋk] **I.** *s* **1.** Nelke *f* **2.** (*Farbe*) Rosa *nt* **3.** (*fig*) (das) Beste, (die) Spitze, (der) Gipfel; **be in the** ~ (*fam*) in bester Verfassung, in Form sein **II.** *adj* **1.** rosa; rosig **2.** (POL) rot angehaucht

pink² [pɪŋk] *vt* **1.** mit der Zickzackschere schneiden **2.** streifen

pink³ *vi* (AUTO) klopfen

pinkie, **pinky** ['pɪŋkɪ] *s* (*schottisch*) kleiner Finger

pink•ing shears ['pɪŋkɪŋʃɪəz] *s pl* Zickzackschere *f*

pinko ['pɪŋkəʊ] <*pl* **pinkos**> *s* (*fam*) rosarot Angehauchte(r) *f m*

pin•nace ['pɪnɪs] *s* (MAR) Pinasse *f*

pin•nacle ['pɪnəkl] *s* **1.** (ARCH) Fiale *f* **2.** Bergspitze *f* **3.** (*fig*) Gipfel, Höhepunkt *m*

pin•point ['pɪnpɔɪnt] **I.** *s* Punkt *m;* **a** ~ **of light** ein Lichtpunkt *m* **II.** *vt* **1.** (*Ziel*) markieren; genau treffen **2.** (*fig*) genau festlegen; **pin•prick** *s* **1.** Nadelstich *m* **2.** (*fig*) Kleinigkeit *f;* **pin•stripe** *s* (*Textil*) Nadelstreifen *m;* Nadelstreifenanzug *m*

pint [paɪnt] *s* Pint *nt* (*Br 0,568 l, Am 0,473 l*); **pinta** ['paɪntə] *s* (*fam*) (ein) halber Liter Milch; **pint-sized** ['paɪntsaɪzd] *adj* klein, unbedeutend

pin-up ['pɪnʌp] *s* **1.** Pin-up-Foto *nt* **2.** Pin-up-Girl *nt;* **pin•wheel** *s* **1.** (*Am: Spielzeug*) Windrädchen *nt* **2.** Feuerrad *nt*

pion•eer [ˌpaɪə'nɪə(r)] **I.** *s* **1.** (MIL) Pionier *m* **2.** (*fig*) Vorkämpfer(in) *m(f),* Bahnbrecher(in) *m(f)* **II.** *vi* (*fig*) Pionierarbeit leisten; den Weg bahnen **III.** *vt* **1.** (*einen Weg*) vorbereiten **2.** (*fig*) Pionierarbeit leisten für; **pioneer work** *s* Pionierarbeit *f*

pious ['paɪəs] *adj* fromm, gottesfürchtig; ~ **hope** frommer Wunsch; ~ **words** fromme Sprüche

pip¹ [pɪp] *s* **1.** (Obst)Kern *m* **2.** (*Spielkarten, Würfel, Dominosteine*) Auge *nt* **3.** (MIL: *sl*) Stern *m* (*Rangabzeichen*)

pip² [pɪp] *s* (*Tierkrankheit*) Pips *m;* **that gives me the** ~ das macht mich verrückt

pip³ [pɪp] **I.** *s* **1.** Piepen *nt,* Piepton *m* **2.** (RADIO) Kurzton *m* **3.** (*Radar*) Echoanzeige *f;* **the** ~**s** das Zeitzeichen; (*Telefon*) das Tuten **II.** *vt* schlagen, besiegen; **be** ~**ped at the post** kurz vor Schluss besiegt werden

pipe [paɪp] **I.** *s* **1.** Pfeife *f* **2.** Flöte *f;* Orgel-, Signalpfeife *f* **3.** Rohr *nt;* Röhre *f;* Leitung *f;* ~**s** (MUS) Dudelsack *m;* ~**s of Pan** Panflöte *f;* **wind-**~ Luftröhre *f;* ~ **of peace** Friedenspfeife *f;* **put that in your** ~ **and smoke it** das kannst du dir hinter den Spiegel stecken **II.** *vi* **1.** flöten; pfeifen **2.** piepsen **III.** *vt* **1.** (*Lied*) flöten; pfeifen; piepsen **2.** (MAR) pfeifen **3.** mit Röhren versehen **4.** durch ein Rohr leiten; (RADIO) ausstrahlen **5.** (*Nähen*) paspelieren **6.** (*Torte*) spritzen; **pipe down I.** *vt* (MAR) das Schlusssignal geben für **II.** *vi* (*sl*) das Maul halten; kleinlaut werden; **pipe up** *vi* loslegen, anfangen zu sprechen; sich bemerkbar machen

pipe cleaner ['paɪpkliːnə(r)] *s* Pfeifenreiniger *m;* **pipe dream** *s* (*fam*) Wunschtraum *m;* Luftschloss *nt;* **pipe•fitter** ['paɪpfɪtə(r)] *s* Klempner(in) *m(f);* **pipe-line** ['paɪplaɪn] *s* Pipeline, Rohrleitung *f;* **in the** ~ in Vorbereitung; **piper** ['paɪpə(r)] *s* Flötenspieler(in) *m(f),* Pfeifer(in) *m(f),* Dudelsackbläser(in) *m(f);* **pay the** ~ (*fig*) bezahlen

pip•ing ['paɪpɪŋ] **I.** *adj* schrill, piepsend; ~ **hot** siedend heiß **II.** *s* **1.** Pfeifen *nt;* Flötenspiel *nt;* Dudelsackpfeifen *nt* **2.** Rohrnetz *nt,* -leitung *f* **3.** (*Konditorei*) Zuckerguss(verzierung *f*) *m* **4.** (*Schneiderei*) Biese, Paspelierung *f*

pip•squeak ['pɪpskwiːk] *s* eingebildeter Lackel; Knirps *m*

pi•quant ['piːkənt] *adj* pikant

pique [piːk] **I.** *s* (heimlicher) Groll *m;* **in a fit of** ~ in einem Anfall von Ärger **II.** *vt* kränken; **be ~d at s.o.** über jdn pikiert sein; ~ **o.s. on s.th.** sich viel auf etw einbilden

pi•racy ['paɪərəsɪ] *s* **1.** Piraterie, Seeräuberei *f* **2.** (*fig*) Raubdruck *m;* Raubpressung *f,* Plagiat *nt;* **pi•rate** ['paɪərət] **I.** *s* **1.** Seeräuber, Pirat *m* **2.** Piratenschiff *nt* **3.** (~ *cab*) nicht konzessioniertes Taxi **4.** (~ *radio*) Piratensender *m* **5.** (COM) Plagiator *m* **II.** *vt* **1.** (unberechtigt) nachdrucken **2.** (*Idee*) stehlen; **~d version of a record** Raubpressung *f;* ~ **radio** Piratensender *m*

pir•ou•ette [ˌpɪrʊ'et] *s* Pirouette *f*

Pis•ces ['paɪsi:z] *s pl* (ASTR) Fische *mpl*

piss [pɪs] **I.** *vi, vt* (*vulg*) **1.** pissen **2.** (*sl: rain*) in Strömen regnen; ~ **off!** hau ab!; **be ~ed off** die Schnauze voll haben **II.** *s* (*vulg*) Pisse *f,* Urin *m;* **take the ~ out of s.o.** jdn verarschen; ~ **artist** (*sl*) Säufer(in) *m(f);* **piss about** *vi,* **piss around** *vi* (*sl*) herummachen; **pissed** [pɪst] *adj* **1.** (*sl*) besoffen, blau, voll **2.** (*Am sl*) stinksauer; **piss-up** ['pɪsʌp] *s* (*sl*) Besäufnis *nt*

pis•ta•chio [pɪ'stɑ:ʃɪəʊ] <*pl* -chios> *s* Pistazie(nnuss) *f*

pis•til ['pɪstl] *s* (BOT) Stempel *m*

pis•tol ['pɪstl] *s* Pistole *f* (*Waffe*); **pistol shot** *s* Pistolenschuss *m*

pis•ton ['pɪstən] *s* (TECH) Kolben *m;* **piston engine** *s* Kolbenmotor *m;* **piston ring** *s* Kolbenring *m;* **piston stroke** *s* Kolbenhub *m*

pit¹ [pɪt] **I.** *s* **1.** Grube *f,* (Erd)Loch *nt,* Mulde *f* **2.** (Kohlen)Grube, Zeche *f;* Steinbruch *m* **3.** Fallgrube *f* **4.** (*working* ~) Arbeitsgrube *f* **5.** (*Autorennen*) Box *f* **6.** (*Leichtathletik*) Sprunggrube *f* **7.** (*fig*) Abgrund *m,* Tiefe *f* **8.** (Bären)Zwinger *m* **9.** (*Br: im Theater*) Parkett *nt;* Orchesterraum, -graben *m* **10.** (*Am*) Maklerstand *m* (*Börse*) **11.** (MED: ~ *of one's stomach*) (Magen)Grube *f* **12.** (Pocken)Narbe *f* **II.** *vt* **1.** (TECH) anfressen, angreifen **2.** ausspielen (*against* gegen) **3.** einander gegenüberstellen; ~ **o.s. against** sich messen mit; **be ~ted** mit Vertiefungen, Narben versehen sein

pit² [pɪt] **I.** *s* (*Am*) Stein *m* (*einer Steinfrucht*) **II.** *vt* (*Am: Frucht*) entsteinen

pit-a-pat [ˌpɪtə'pæt] **I.** *adv* (*Schritte*) klippklapp; (*Herz*) poch, poch; **go** ~ schnell schlagen; trappeln **II.** *s* Ticktack, Klippklapp *nt*

pitch¹ [pɪtʃ] **I.** *vt* **1.** (*Lager*) errichten, aufstellen; (*Zelt*) aufschlagen **2.** werfen, schleudern; (*Heu*) aufladen **3.** (MUS: *Ton*) angeben; (*Instrument*) stimmen; (*Lied*) anstimmen **4.** (*fig: Erwartungen*) hochschrauben **II.** *vi* **1.** der Länge nach hinfallen, hinschlagen **2.** (*Schiff*) stampfen **3.** (AVIAT) absacken; sich neigen **III.** *s* **1.** Wurf, Stoß *m* **2.** (MUS) Tonhöhe *f* **3.** (*fig*) Höhe *f,* Grad *m* **4.** Neigung(swinkel *m*) *f;* (Dach)Schräge *f* **5.** (TECH) Steigung, Ganghöhe *f* **6.** (*Schiff*) Stampfen *nt* **7.** Stand(platz) *m* (*eines Straßenhändlers*) **8.** (*Kricket*) (Mittel)Feld *nt* **9.** (*fam*) Gerede *nt;* Verkaufsmasche *f;* **be at a high ~ of excitement** sehr erregt sein; **have a clever sales** ~ die Ware gut anpreisen können; **queer s.o.'s** ~ jdm ins Gehege kommen; **perfect** ~ absolutes Gehör; **at its highest** ~ (*fig*) auf dem Höhepunkt; ~ **of excitement** Grad *m* der Erregung; **what's the ~?** (*Am sl*) was läuft?; **caravan** ~ Stellplatz *m* für einen Wohnwagen; **tent** ~ Zeltplatz *m;* **pitch in** **I.** *vt* hineinwerfen **II.** *vi* (*fam*) einspringen; ~ **in together** zusammenhelfen; **pitch into** *vt* herfallen über; **pitch on** *vt* auswählen; **pitch out** *vt* hinauswerfen; wegwerfen

pitch² [pɪtʃ] *s* Pech *nt;* **as black as** ~ pechschwarz; **pitch-black** *adj* pechschwarz; **pitch•blende** ['pɪtʃblend] *s* Pechblende *f;* **pitch-dark** *adj* stockfinster

pitched [pɪtʃt] *adj:* ~ **battle** offener Kampf

pitcher¹ ['pɪtʃə(r)] *s* Werfer *m*

pitcher² ['pɪtʃə(r)] *s* Kanne *f,* Krug *m*

pitch•fork ['pɪtʃfɔ:k] **I.** *s* Heu-, Mistgabel *f* **II.** *vt* **1.** mit der Heugabel wenden **2.** (*fig: Menschen*) plötzlich versetzen (*into a position* in eine Lage), hineinlancieren (*into a job* in eine Stellung)

pitch pine ['pɪtʃpaɪn] *s* Pitchpine, Pechkiefer *f*

pit•eous ['pɪtɪəs] *adj* kläglich, jämmerlich

pit•fall ['pɪtfɔ:l] *s* Falle *f*

pith [pɪθ] *s* **1.** (BOT ZOO) Mark *nt* **2.** (*Orange*) weiße Haut **3.** (*fig*) Kern *m,* Substanz, Quintessenz *f* **4.** Bedeutung *f*

pit•head ['pɪtˌhed] *s* (MIN) **1.** Schachteingang *m* **2.** Grubenhalde *f*

pith hel•met ['pɪθˌhelmɪt] *s* Tropenhelm *m*

pithy ['pɪθɪ] *adj* **1.** markig **2.** (*fig: Stil*) gedrängt; inhaltsreich, gehaltvoll

piti•able ['pɪtɪəbl] *adj* **1.** bemitleidenswert **2.** erbärmlich, jämmerlich; **piti•ful** ['pɪtɪfl] *adj* **1.** bemitleidens-, bejammernswert **2.** erbärmlich, jämmerlich; **piti•less** ['pɪtɪlɪs] *adj* **1.** mitleids-, erbarmungslos **2.** unbarmherzig

pi•ton ['pi:tɒn] *s* Felshaken *m*

pit•ta bread ['pɪtəˌbred] *s* Pitta-, Fladenbrot *nt*

pit•tance ['pɪtns] *s* kleiner Betrag, Hungerlohn *m*

pi•tu•itary [pɪ'tju:ɪtərɪ] *adj* (ANAT): ~ **gland** Hypophyse *f*

pity ['pɪtɪ] **I.** *s* Mitleid *nt;* **in ~ of, out of ~** aus Mitleid; **have** [*o* **take**] ~ **on** Mitleid haben mit; **what a ~!** wie schade!; **it's a ~**

that ... es ist schade, dass ...; **the ~ is that** es ist ein Jammer, dass; **for ~'s sake!** um Himmels willen!; **more's the ~** (*fam*) leider **II.** *vt* bemitleiden, bedauern; **I ~ you** Sie tun mir Leid; **pity·ing** [-ɪŋ] *adj* mitleidig; verächtlich

pivot ['pɪvət] **I.** *s* **1.** Drehpunkt *m* **2.** (TECH) Drehzapfen *m* **3.** (MIL) Flügelmann *m* **4.** (*fig*) Angelpunkt *m;* Schlüsselfigur *f* **II.** *vt* drehbar lagern; schwenken **III.** *vi* **1.** drehbar gelagert sein (*on* auf) **2.** (*a. fig*) sich drehen (*on, upon* um)

pix [pɪks] *s pl* (*fam*) Bilder *ntpl*

pixel [pɪksl] *s* (INFORM) Pixel *nt,* Bildpunkt *m*

pixie, pixy ['pɪksɪ] *s* Elf(e *f*) *m*

pixi·lated ['pɪksɪleɪtɪd] *adj* (*Am*) **1.** (*fam*) durchgedreht, durcheinander **2.** (*sl*) besoffen, blau

pizza ['pi:tsə] *s* Pizza *f*

plac·ard ['plækɑ:d] **I.** *s* Plakat *nt,* Anschlag(zettel) *m;* Transparent *nt* **II.** *vt* **1.** mit Plakaten bekleben **2.** anschlagen, plakatieren **3.** durch Anschlag Bekannt machen (*on* auf)

pla·cate [plə'keɪt, *Am* 'pleɪkeɪt] *vt* besänftigen, beruhigen, beschwichtigen; **pla·ca·tory** [plə'keɪtərɪ] *adj* besänftigend

place [pleɪs] **I.** *s* **1.** Platz, Ort *m,* Stelle *f* **2.** (GEOG) Ort *m* **3.** Stätte *f,* Ort *m* **4.** (Sitz-, Theater)Platz *m* **5.** (Buch)Stelle *f* **6.** (*fig*) Stelle *f,* Platz *m* (*in einer Ordnung, Reihenfolge*) **7.** Stelle, (An)Stellung *f* (*im Beruf*) **8.** Stand, Rang *m;* Amt *nt;* (*fig*) Aufgabe *f;* Pflicht *f* **9.** Gegend *f;* Land *nt;* Gebäude *nt;* Ort *m* **10.** Haus *nt;* Wohnung *f* **11.** (MATH) Stelle *f* **12.** (SPORT) Platz *m;* **all over the ~** überall, an allen Orten; **any ~** (*Am fam*) irgendwo; **at my ~** bei mir; **at this ~** hier; (COM) am hiesigen Platz; **every ~** (*Am fam*) überall; **from ~ to ~** von Ort zu Ort; **from this ~** ab hier; **go ~s** (*beruflich*) seinen/ihren Weg machen; **in ~** an Ort u. Stelle; in Ordnung, angebracht, angemessen; **in ~ of s.o.** an jds Stelle; (stellvertretend) für jdn; **in all ~s** überall; **in my ~** an meiner Stelle, in meiner Lage; **in the first ~** in erster Linie; **no ~** (*Am fam*) nirgendwo; **out of ~** nicht am (rechten) Platz, fehl am Platz; unangebracht; außer Dienst; stellenlos; **some ~** (*fam*) irgendwo; **be s.o.'s ~ to do s.th.** jds Sache, Aufgabe sein etw zu tun; **make ~** Platz machen (*to* für); **hold a ~** eine Stellung bekleiden; **keep one's ~** seine Stellung behaupten; die Stelle nicht verlieren; **know one's ~** (*fig*) wissen, was sich für einen ziemt; **lay** [*o* **set**] **a ~ for s.o.** für jdn decken; **put s.o. in his ~** jdn in seine Schranken verweisen; **take ~** stattfinden; **take s.o.'s ~** jds Stelle einnehmen; an jds Stelle treten; **she felt out of ~** sie fühlte sich fehl am Platz; **there is no ~ for doubt** es besteht kein Anlass zum Zweifeln; **put yourself in my ~** versetzen Sie sich in meine Lage; **meeting ~** Treffpunkt *m;* **permanent ~** Dauerstellung *f;* **~ of amusement** Vergnügungsstätte *f;* **~ of arrival** Ankunftsort *m;* **~ of origin** Ursprungs-, Herkunfts-, Heimatort *m;* **~ of work** Arbeitsplatz *m* **II.** *vt* **1.** setzen, stellen, legen; (*Wachen*) aufstellen; (*Ball*) plazieren; (*in Zeitung*) inserieren; aufgeben; (*Angelegenheit*) übergeben; (*Vertrauen*) setzen (*in* auf) **2.** (*Auftrag*) erteilen (*with s.o.* jdm); (*Vertrag*) abschließen **3.** (*Gespräch*) anmelden **4.** (*Geld*) deponieren; anlegen **5.** (COM: *Waren*) absetzen **6.** (*in Stelle*) unterbringen **7.** (*fig*) einordnen; **be ~d** liegen; **he was ~ second** er wurde Zweiter; **how are you ~d for money?** wie sieht es mit Geld aus?; **we were well ~d to see the match** wir hatten einen guten Platz, von dem wir das Spiel sehen konnten; **we are better ~d now** wir stehen jetzt besser da; **~ emphasis on s.th.** etw betonen; **~ a strain on s.o.** jdn belasten; **I can't ~ him** ich weiß nicht, woher ich ihn kenne; ich kann ihn nicht einordnen

pla·cebo [plə'si:bəʊ] <*pl* -cebos> *s* (MED) Placebo *nt*

place card ['pleɪs,kɑ:d] *s* Tischkarte *f;* **place kick** *s* (*Fußball*) Abschlag *m* (*vom Tor*); (*Rugby*) Platztritt *m;* **place mat** *s* Set *nt*

place·ment ['pleɪsmənt] *s* **1.** (*Arbeitskräfte*) Unterbringung *f* **2.** Stellenbesetzung *f* **3.** (*Anleihe*) Plazierung *f;* Anlage, Investition *f* **4.** Praktikantenstelle *f*

place name ['pleɪs,neɪm] *s* Ortsname *m*

pla·centa [plə'sentə] *s* Plazenta *f*

pla·cid ['plæsɪd] *adj* **1.** ruhig **2.** gelassen, gesetzt **3.** sanft

pla·giar·ism ['pleɪdʒərɪzəm] *s* Plagiat *nt;* **pla·giar·ist** ['pleɪdʒərɪst] *s* Plagiator *m;* **pla·giar·ize** ['pleɪdʒəraɪz] *vt* plagiieren

plague [pleɪg] **I.** *s* **1.** Seuche *f;* Pest *f* **2.** (*fig*) Quälgeist *m;* (*fam*) Plage *f* **II.** *vt* plagen

plaice [pleɪs] <*pl* -> *s* Scholle *f*

plaid [plæd] *s* Plaid *nt;* **~ skirt** karierter Rock

plain [pleɪn] **I.** *adj* **1.** klar; offensichtlich; deutlich **2.** einfach; (*Kleidung*) einfach, schlicht **3.** (*Wasser*) klar **4.** (*Schokolade*) bitter **5.** (*Farbe*) uni, einfarbig **6.** (*Frage, Antwort*) klar; (*Wahrheit*) rein **7.** (*Freude, Neid, Unsinn*) rein **8.** (*Aussehen*) nicht überwältigend, alltäglich; **in ~ clothes** in Zivil; **in ~ English** geradeheraus; **be ~, use ~ language with s.o.** jdm offen seine Meinung sagen; **make ~** deutlich, verständlich machen; zu verstehen geben; **tell the ~ truth** die volle Wahrheit sagen; **that's as ~ as a pikestaff, as ~ as the nose on your face** das ist sonnenklar **II.** *s* **1.** Ebene *f* **2.** rechte Masche; **the ~s** (*Am*) die Prärie

plain•clothes ['pleɪnˌkləʊðz] *adj:* ~ **policeman** Polizist *m* in Zivil, Zivilfahnder *m;* **plain country** *s* Flachland *nt;* **plain language** *s* Klartext *m;* **in ~** unmissverständlich; **plain•ly** ['pleɪnlɪ] *adv* **1.** einfach, klar **2.** offensichtlich; **to put it ~** um es klar auszudrücken; **plain•ness** ['pleɪnnɪs] *s* **1.** Offenheit *f* **2.** Einfachheit *f* **3.** Unansehnlichkeit *f;* **plain sailing I.** *s* eine einfache Sache **II.** *adj* (ganz) leicht, ganz einfach; **plain-spoken** [ˌpleɪn'spəʊkən] *adj* freimütig, offen

plain•tiff ['pleɪntɪf] *s* (JUR) Kläger(in) *m(f),* klagende Partei

plain•tive ['pleɪntɪv] *adj* traurig, schmerzlich, kläglich

plait [plæt] **I.** *s* Flechte *f,* Zopf *m* **II.** *vt* flechten

plan [plæn] **I.** *s* **1.** Plan, Entwurf *m* **2.** (~ *view*) Grundriss, (Lage)Plan *m;* Stadtplan *m* **3.** (*fig*) Vorhaben *nt;* Projekt *nt* **4.** (BES. POL COM) Programm *nt* **5.** Verfahren(sweise *f*) *nt,* Methode *f;* **in ~** im Grundriss; **go according to ~** planmäßig verlaufen; **five-year ~** Fünfjahresplan *m* **II.** *vi* planen; **~ for s.th.** etw einplanen; **~ on s.th.** mit etw rechnen; etw vorhaben **III.** *vt* **1.** entwerfen, skizzieren **2.** (~ *out*) ausarbeiten, vorplanen **3.** planen, vorhaben, beabsichtigen; **~ned economy** Planwirtschaft *f*

plane[1] [pleɪn] **I.** *adj* (*a.* MATH) flach, eben **II.** *s* **1.** Ebene *f* **2.** (*fig*) Niveau *nt,* Ebene, Stufe *f;* **on the same ~** auf der gleichen Ebene (*as* wie); **inclined ~** (PHYS) schiefe Ebene

plane[2] [pleɪn] **I.** *s* Hobel *m* **II.** *vt* hobeln, glätten; planieren; **~ off, ~ away, ~ down** ab-, weghobeln

plane[3] [pleɪn] (~-*tree*) Platane *f*

plane[4] [pleɪn] *s* Flugzeug *nt;* **go by ~** fliegen; **plane crash** *s* Flugzeugabsturz *m*

planet ['plænɪt] *s* (ASTR) Planet *m;* **plan•et•ar•ium** [ˌplænɪ'teərɪəm] *s* Planetarium *nt;* **plan•et•ary** ['plænɪtərɪ] *adj* planetarisch

plank [plæŋk] *s* **1.** Planke, Bohle *f;* Brett *nt* **2.** (POL) (Partei)Programmpunkt *m;* **plank•ing** [-ɪŋ] *s* **1.** Dielenlegen *nt* **2.** Verschalung *f* **3.** Planken *fpl*

plank•ton ['plæŋktən] *s* (BIOL) Plankton *nt*

plan•ner ['plænə(r)] *s* Planer(in) *m(f);* **plan•ning** ['plænɪŋ] *s* **1.** Planung *f* **2.** Ausarbeitung *f;* **family ~** Geburtenkontrolle *f;* **town** [*o* **city**] **~** Städteplanung *f;* **~ permission** Baugenehmigung *f*

plant [plɑːnt] **I.** *s* **1.** (BOT) Pflanze *f* **2.** (TECH) Fabrik *f,* Werk(sanlage *f*) *nt* **3.** Betrieb(seinrichtung *f*) *m* **4.** Apparatur, Anlage *f,* Maschinenpark *m* **5.** (Betriebs)Gebäude *ntpl* **6.** (*sl*) Betrug(smanöver *nt*), Schwindel *m;* Irreführung *f* **7.** (*sl*) Spitzel *m;* **power ~** Kraftwerk *nt* **II.** *vt* **1.** pflanzen **2.** (*Gelände*) bepflanzen **3.** (~ *out*) umpflanzen **4.** fest (auf)stellen; (*Fahne*) aufpflanzen; (*fig*) einprägen, -pflanzen, -impfen **5.** (*Anschauungen, Gewohnheiten*) einbürgern **6.** (*junge Fische, Austern*) setzen **7.** (*sl: Schlag*) verpassen, versetzen **8.** (*sl: Diebesgut*) verstecken **9.** unterschieben (*on s.o.* jdm) **10.** (*Bombe*) legen; **~ o.s. in a chair** sich in einen Stuhl fallen lassen

plan•tain ['plæntɪn] *s* **1.** Wegerich *m* **2.** (Mehl)Banane *f,* Pisang *m*

plan•ta•tion [plæn'teɪʃn] *s* **1.** (An)Pflanzung, Plantage *f* **2.** (Wald)Schonung *f*

planter ['plɑːntə(r)] *s* **1.** Pflanzer(in) *m(f),* Plantagenbesitzer(in) *m(f)* **2.** Pflanz-, Setzmaschine *f* **3.** Übertopf *m*

plaque [plɑːk, plæk] *s* **1.** (Gedenk)Tafel *f* **2.** (MED) Belag *m;* Zahnbelag *m*

plash [plæʃ] **I.** *s* Plätschern, Spritzen *nt* **II.** *vi* platschen; plätschern; planschen

plasm, plasma ['plæzm, 'plæzmə] *s* Plasma *nt*

plas•ter ['plɑːstə(r), *Am* 'plæstə(r)] **I.** *s* **1.** (ARCH) (Ver)Putz, Bewurf *m* **2.** (~ *of Paris*) Gips *m* **3.** (*Br*) Pflaster *nt* **II.** *vt* **1.** verputzen; gipsen **2.** bepflastern, bekleben; **plas•ter•board** ['plɑːstəbɔːd] *s* Gipsplatte *f;* **plaster cast** *s* **1.** (*Kunst*) Gipsabguss *m* **2.** (MED) Gipsverband *m;* **plas•tered** ['plɑːstəd] *adj* (*sl*) besoffen; **plas•terer** ['plɑːstərə(r)] *s* Gipser, Stukkateur *m*

plas•tic ['plæstɪk] **I.** *adj* **1.** Plastik-, aus Plastik **2.** formbar, knetbar, plastisch **3.** (MED) plastisch; **~ arts** gestaltende Künste *fpl* **II.** *s* Plastik *nt,* Kunststoff *m;* **plastic bag** *s* Plastikbeutel *m,* Plastiktüte *f;* **plastic bomb** *s* Plastikbombe *f;* **plastic bullet** *s* Plastikgeschoss *nt;* **plastic explosive** *s* Plastiksprengstoff *m;* **plas•ti•cine®** ['plæstɪsiːn] *s* Plastilin *nt,* Knetmasse *f;* **plas•tic•ity** [plæ'stɪsətɪ] *s* Formbarkeit *f;* **plastic money** *s* Plastikgeld *nt;* **plastics industry** *s* Kunststoffindustrie *f;* **plastic surgery** *s* plastische Chirurgie

plate [pleɪt] **I.** *s* **1.** Teller *m;* Platte *f* **2.** (TECH PHOT TYP) Platte *f* **3.** Bildseite, -tafel *f* **4.** Tafel-, Silbergeschirr *nt* **5.** vergoldetes, versilbertes Metall **6.** (SPORT) Pokal *m;* (Pokal)Rennen *nt* **7.** (MED: *dental ~*) Zahn-, Gaumenplatte *f;* **door** [*o* **name**] **~** Türschild *nt;* **hot ~** Heizplatte *f;* **number** [*o* **licence**] **~** (AUTO) Nummernschild *nt;* **soup** [*o* **dinner**] **~** Suppenteller *m* **II.** *vt* **1.** vergolden, versilbern **2.** (*Schiff*) beplanken; panzern

pla•teau ['plætəʊ, *Am* plæ'təʊ] *<pl*

-teaus, -teaux> *s* Hochebene *f,* Plateau *nt;* **reach a** ~ (*Preise*) sich einpendeln

plated ['pleɪtɪd] *adj* **1.** gepanzert **2.** plattiert; **chromium-**~ verchromt; **gold-**~ vergoldet; **plate·ful** ['pleɪtfʊl] *s* **1.** Tellervoll *m* **2.** (*fam*) viel Arbeit *f;* **plate glass** *s* Tafelglas *nt;* **plate·layer** ['pleɪtleɪə(r)] *s* (*Br*) Schienenleger, Streckenarbeiter *m;* **plate·let** ['pleɪlət] *s* (MED) Plättchen *nt;* **plate rack** *s* Geschirrständer *m;* **plate shears** *s pl* Blechschere *f;* **plate warmer** ['pleɪtwɔːmə(r)] *s* Tellerwärmer *m*

plat·form ['plætfɔːm] *s* **1.** Podium *nt,* (Redner)Tribüne *f;* Plattform *f* **2.** (RAIL) Bahnsteig *m;* Gleis *nt* **3.** (POL) Plattform *f* **4.** (*fig*) Ebene *f;* **arrival/departure** ~ Ankunfts-/Abgangsbahnsteig *m;* **lifting** ~ Hebebühne *f;* ~ **shoe** Plateauschuh *m*

plat·ing ['pleɪtɪŋ] *s* **1.** Panzerung *f* **2.** Plattierung *f*

plati·num ['plætɪnəm] *s* Platin *nt*

plati·tude ['plætɪtjuːd] *s* Gemeinplatz *m,* Platitüde *f;* **plati·tudi·nous** [ˌplætɪ'tjuːdɪnəs] *adj* banal, seicht

pla·tonic [plə'tɒnɪk] *adj* platonisch

pla·toon [plə'tuːn] *s* (MIL) Zug *m*

plat·ter ['plætə(r)] *s* **1.** Teller *m;* Brett *nt,* (Braten)Platte *f* **2.** (*sl*) (Schall)Platte *f*

platy·pus ['plætɪpəs] *s* Schnabeltier *nt*

plaus·ib·il·ity [ˌplɔːzə'bɪlɪtɪ] *s* Plausibilität *f;* **plaus·ible** ['plɔːzəbl] *adj* plausibel, überzeugend, glaubhaft

play [pleɪ] **I.** *vi* **1.** spielen (*at a game* ein Spiel) **2.** (THEAT) spielen; gespielt werden **3.** (*fig*) mitmachen, mitspielen **4.** (TECH) Spielraum haben; **what are you ~ing at?** was soll das?; ~ **for money** um Geld spielen; ~ **for time** Zeit rausschinden wollen; **the pitch ~s badly** das Spielfeld ist schlecht bespielbar; ~ **to s.o.** jdm vorspielen; ~ **with the idea** mit dem Gedanken spielen; **he won't** ~ er spielt nicht mit **II.** *vt* **1.** (*ein Spiel*) spielen; spielen gegen **2.** (*einen Spieler*) einsetzen, verwenden (*as* als) **3.** (THEAT MUS) spielen **4.** sich benehmen, auftreten als **5.** (*Karte*) ausspielen **6.** (*Licht-, Wasserstrahl*) spielen lassen (*on, over* über) **7.** (*Fisch an der Angel*) drillen **8.** leicht, gewandt umgehen mit, handhaben; **refuse to** ~ **ball** (*fig*) nicht mitspielen; ~ **a joke on s.o.** jdm einen Streich spielen; ~ **a (dirty) trick on s.o.** jdn hereinlegen; ~ **the fool** herumalbern; ~ **the piano** Klavier spielen **III.** *s* **1.** Spiel *nt* **2.** (Theater)Spiel, Stück *nt* **3.** Spielen *nt* (*des Lichtes*) **4.** Bewegungsfreiheit *f;* (*a.* TECH) Spielraum *m;* **abandon** ~ das Spiel abbrechen; **at** ~ beim Spiel; **in** ~ im Spaß, Scherz; (SPORT) im Spiel; **in full** ~ in vollem Gange; **out of** ~ (*Ball*) im Aus; **allow full** ~ **to s.th.** einer S freien Lauf lassen; **bring into** ~ ins Spiel bringen; **come into** ~ seine Tätigkeit entfalten; in Tätigkeit treten; **give free** ~ **to s.th.** einer S freien Spielraum lassen, einer S freien Lauf geben; **go to the** ~ ins Theater gehen; **make a** ~ **for** (*Am sl*) allen Charme aufbieten; **play about, play around** *vi* spielen (*with s.th.* mit etw); **play against** *vt* ausspielen gegen; **play along I.** *vi* mitspielen **II.** *vt* **1.** warten lassen **2.** hinters Licht führen; **play down** *vt* herunterspielen; **play in** *vt* mit Musik hereinbegleiten; ~ **o.s. in** sich warm spielen; **play off** *vt* (SPORT: *Spiel*) um die Entscheidung spielen; ~ **s.o. off against s.o. else** jdn gegen jdn anderen ausspielen; **play on** *vi* **1.** weiterspielen **2.** ausnutzen; hervorheben; **play out** *vt* **1.** (THEAT) darstellen; zu Ende spielen **2.** ausbeuten **3.** mit Musik hinausbegleiten; **~ed out** ausgespielt, erledigt; überholt, veraltet; **play through** *vi* durchspielen; **play up** *vi* **1.** lauter spielen **2.** loslegen **3.** (*fam*) Ärger machen; ~ **up to s.o.** jdm schöntun; ~ **s.th. up** etw hochspielen

play·able ['pleɪəbl] *adj* (*Platz*) zum Spielen geeignet, bespielbar; (*Ball*) spielbar; (*Stück*) bühnenreif; **play-act** *vi* schauspielern; **play·back** ['pleɪbæk] *s* **1.** Abspielen *nt* **2.** Wiedergabe *f,* Playback *nt;* **play·bill** *s* Theaterprogramm *nt;* **play·boy** *s* Playboy *m;* **player** ['pleɪə(r)] *s* Spieler(in) *m(f),* Schauspieler(in) *m(f);* **chess-/football-/piano-**~ Schach-/Fußball-/Klavierspieler(in) *m(f);* **record** ~ Plattenspieler *m;* **play·fellow, play·mate** ['pleɪfeləʊ, 'pleɪmeɪt] *s* Spielkamerad(in) *m(f);* **play·ful** ['pleɪfl] *adj* **1.** spielerisch **2.** verspielt **3.** spaßig, spaßhaft; **play·goer** ['pleɪgəʊə(r)] *s* Theaterbesucher(in) *m(f);* **play·ground** ['pleɪgraʊnd] *s* **1.** Spielplatz *m* **2.** Schulhof *m* **3.** (*fig*) Tummelplatz *m;* **play·group** ['pleɪgruːp] *s* Spielgruppe *f;* **play·house** ['pleɪhaʊs] *s* **1.** Theater *nt* **2.** Spielhaus für Kinder; (*Am*) Puppenstube *f;* **play·ing card** ['pleɪɪŋ'kɑːd] *s* Spielkarte *f;* **play·ing field** ['pleɪɪŋ'fiːld] *s* Sportplatz *m;* **play-off** ['pleɪɒf] *s* Entscheidungsspiel *nt;* Verlängerung *f;* **play·pen** *s* Laufstall *m;* **play·room** ['pleɪrʊm] *s* Spielzimmer *nt;* **play·school** ['pleɪskuːl] *s* Kindergarten *m;* **play·suit** ['pleɪsuːt] *s* Spielanzug *m;* **play·thing** ['pleɪθɪŋ] *s* **1.** (*a. fig*) Spielzeug *nt* **2.** **~s** Spielsachen *pl;* **play·time** ['pleɪtaɪm] *s* (SCHULE) Pause *f;* **play·wright** ['pleɪraɪt] *s* Bühnenschriftsteller(in) *m(f),* Dramatiker(in) *m(f)*

pla·za ['plɑːzə] *s* (*Am*) **1.** Einkaufszentrum *nt* **2.** Raststätte *f*

plc [ˌpiːel'sɪː] *s Abk. von* **public limited company** (*etwa*) AG *f*

plea [pliː] *s* **1.** Bitte *f;* Appell *m* **2.** Entschuldigung, Begründung *f* **3.** (JUR) Plädoyer *nt* **4.** dringende Bitte, Gesuch *nt* (*for* um); **make a ~ for s.th.** zu etw aufrufen; **make a ~ for mercy** um Gnade bitten; **make a ~ of self-defence** Notwehr geltend machen; **enter a ~ of not guilty** seine Unschuld erklären; **enter a ~ of guilty** ein Geständnis ablegen; **on the ~ of illness** aus gesundheitlichen Gründen

plead [pliːd] **I.** *vi* **1.** bitten (*for* um) **2.** (JUR) das Plädoyer halten; **~ with s.o. to do s.th.** jdn (inständig) bitten etw zu tun; **~ guilty** sich schuldig bekennen; **~ not guilty** seine Schuld bestreiten; **~ for s.th.** (*fig*) für etw plädieren **II.** *vt* **1.** vertreten **2.** (*Unwissenheit, Unzurechnungsfähigkeit*) sich berufen auf, geltend machen; **~ s.o.'s case** [*o* **the case for s.o.**] jdn vertreten; **~ the case for the defence** die Verteidigung vertreten; **~ the case for s.th.** (*fig*) sich für etw einsetzen; **plead·ing** [-ɪŋ] **I.** *s* **1.** Bitten *nt* **2.** (JUR) Plädoyer *nt* **II.** *adj* flehend

pleas·ant ['pleznt] *adj* **1.** angenehm; erfreulich **2.** (*Mensch*) umgänglich, liebenswürdig

pleas·ant·ry ['plezntrɪ] *s* **1.** Scherz, Spaß *m* **2.** Höflichkeit *f*

please [pliːz] **I.** *vt* **1.** gefallen, angenehm sein (*s.o.* jdm) **2.** zufrieden stellen **3.** eine Freude machen (*s.o.* jdm) **4.** (*iro*) belieben (*s.o.* jdm); **it ~s me** es gefällt mir; **to ~ you** dir zuliebe; **it ~s the senses** es ist angenehm; **you can't ~ everybody** man kann es nicht allen recht machen; **he is hard to ~** man kann es ihm schwer recht machen; **I'm ~d to help** ich helfe gern **II.** *vi* gefallen; **if you ~** bitte; **as you ~** wie du willst; **do as one ~s** tun, was man will; **we aim to ~** wir möchten, dass Sie zufrieden sind **III.** *vr* tun, was einem gefällt; **~ yourself!** wie du willst! **IV.** *interj* bitte!; **~ do!** bitte sehr! **V.** *s* Bitte *nt;* **pleased** ['pliːzd] *adj* **1.** erfreut **2.** zufrieden; **be ~ about s.th.** sich über etw freuen; **~ to meet you!** angenehm! freut mich!; **be ~ with s.th.** mit etw zufrieden sein; **be ~ with o.s.** (*pej*) selbstgefällig sein; **pleas·er** ['pliːzə] *s* jemand, der es anderen (immer) recht machen möchte; **pleas·ing** [-ɪŋ] *adj* angenehm

pleas·ur·able ['pleʒərəbl] *adj* angenehm, erfreulich; **pleas·ure** ['pleʒə(r)] *s* **1.** Vergnügen *nt,* Freude *f* **2.** Vergnügen *nt,* Vergnügung *f* **3.** Wunsch *m;* **at ~** nach Belieben; **for ~** zum Vergnügen; **with ~** mit Vergnügen; **give great ~** großes Vergnügen machen; **have the ~ of doing** das Vergnügen haben zu tun; **take ~ in** Gefallen finden an; **it gives me no ~** es ist für mich kein Vergnügen; **may I have the ~ of the next dance with you?** darf ich Sie um den nächsten Tanz bitten?; **pleasure boat** *s* Vergnügungsdampfer *m;* **pleasure ground** *s* Fest-, Spiel-, Sportplatz *m;* **pleasure principle** *s* Lustprinzip *nt;* **pleasure trip** *s* Vergnüngungsreise *f*

pleat [pliːt] **I.** *s* Falte *f* **II.** *vt* fälteln; **~ed skirt** Faltenrock *m*

pleb [pleb] *s* Prolet(in) *m(f);* **pleb·eian** [plɪ'biːən] **I.** *s* Plebejer(in) *m(f)* **II.** *adj* plebejisch

plebi·scite ['plebɪsɪt, *Am* 'plebɪsaɪt] *s* Volksentscheid *m,* -abstimmung *f*

pledge [pledʒ] **I.** *s* **1.** Pfand *nt* **2.** Versprechen *nt* **3.** Trinkspruch *m;* **under the ~ of secrecy** unter dem Siegel der Verschwiegenheit; **I give you my ~** ich gebe dir mein Wort; **as a ~ of** zum Zeichen *+gen;* **election ~** Wahlversprechen *nt;* **take the ~** dem Alkohol abschwören **II.** *vt* **1.** verpfänden, als Pfand geben, versetzen **2.** versprechen, geloben **3.** einen Trinkspruch ausbringen (*s.o.* auf jdn), zutrinken (*s.o.* jdm); **~ o.s.** sich verbürgen, sich verpflichten (*to do* zu tun); **~ one's word** sein (Ehren)Wort geben

ple·nary ['pliːnərɪ] *adj* Plenar-, Voll-; **~ assembly** [*o* **meeting**] Vollversammlung *f;* **~ powers** (unbeschränkte) Vollmacht *f;* **~ session** Plenarsitzung *f*

pleni·po·ten·tiary [ˌplenɪpə'tenʃərɪ] **I.** *adj* bevollmächtigt **II.** *s* Bevollmächtigte(r) *f m*

plen·ti·ful ['plentɪf(ʊ)l] *adj* reichlich, im Überfluss

plenty ['plentɪ] **I.** *s* Reichtum *m,* Fülle *f;* **~ of** eine Menge ...; reichlich ...; sehr viel ...; **~ more** viel mehr; **in ~** in Hülle u. Fülle, *fam* in rauhen Mengen; **horn of ~** Füllhorn *nt;* **land of ~** Schlaraffenland *nt* **II.** *adj* (*Am*) reichlich, im Überfluss **III.** *adv* (*fam*) reichlich; **it's ~ big enough** es ist wirklich groß genug

plenum ['pliːnəm] *s* Vollversammlung *f,* Plenum *nt*

pleo·nasm ['plɪənæzəm] *s* Pleonasmus *m;* **pleo·nastic** [plɪə'næstɪk] *adj* pleonastisch

pleur·isy ['plʊərəsɪ] *s* Brustfell-, Rippenfellentzündung *f*

plexus ['pleksəs] *s* (ANAT) (Gefäß-, Nerven)Geflecht *nt;* **solar ~** Solarplexus *m,* Magengrube *f*

pli·able ['plaɪəbl] *adj* **1.** biegsam **2.** (*fig*) leicht beeinflussbar; fügsam

pli·ers ['plaɪəz] *s pl* (Flach)Zange *f*

plight [plaɪt] *s* schwierige Lage, Not *f;* (*Währung*) Verfall *m*

plim·soll ['plɪmsəl] *s* Turnschuh *m;* **Plimsoll line** Freibordmarke *f,* Ladelinie *f*

PLO [ˌpiːelˈəʊ] *s Abk. von* **Palestine Liberation Organisation** PLO *f*

plod [plɒd] **I.** *s* Trott *m* **II.** *vi* **1.** sta(m)pfen; mühsam vorwärts schreiten **2.** (~ *away at the work*) sich (ab)placken, schuften; ~ **on** mühsam weitermachen; **plod·der** [ˈplɒdə(r)] *s* (*fam*) Arbeitstier *nt;* **plod·ding** [ˈplɒdɪŋ] *adj* schwerfällig

plonk¹ [plɒŋk] *s* (*Br: pej*) billiger Wein

plonk² [plɒŋk] **I.** *s* Plumps *m* **II.** *adv* plumps; ~ **in the middle** genau in der Mitte **III.** *vt* (~ *down*) hinwerfen; ~ **o.s.** (**down**) sich hinschmeißen; ~ **o.s. down in a chair** sich in einen Sessel fallen lassen

plonk·er [ˈplɒŋkə(r)] *s* (*sl*) Depp *m*

plop [plɒp] **I.** *vi* plumpsen; platschen; ~ **into a chair** sich in einen Sessel plumpsen lassen **II.** *vi* fallen lassen; hinwerfen **III.** *s* **1.** Plumps(en *nt*) *m;* Platschen *nt* **2.** (*Kork*) Knallen *nt* **IV.** *adv* mit einem Plumps

plot [plɒt] **I.** *s* **1.** Stück *nt* Land; Gartenbeet *nt;* (*building* ~) Grundstück *nt;* Parzelle *f* **2.** (*Am*) Grundriss, Plan *m* **3.** Verschwörung *f* **4.** (*lit*) Handlung *f* **II.** *vt* **1.** planen **2.** (*Position, Kurs*) feststellen **3.** (MATH MED: *Kurve*) aufzeichnen; (*in Karte*) einzeichnen **III.** *vi* sich verschwören (*against* gegen); **plot·ter** [ˈplɒtə(r)] *s* **1.** Verschwörer(in) *m(f)* **2.** (INFORM) Plotter *m*

plough [plaʊ] **I.** *s* Pflug *m;* **the Plough** (ASTR) der Wagen; **put one's hand to the** ~ sich anstrengen **II.** *vt* **1.** pflügen; (*Furche*) ziehen **2.** (*Weg*) bahnen **3.** (*Br sl*) durchfallen lassen **III.** *vi* **1.** pflügen **2.** (*Br*) durchfallen; **plough back** *vt* unterpflügen; (*Gewinne*) reinvestieren; **plough in** *vt* unterpflügen; **plough through** *vt, vi* (*Meer*) durchpflügen; (*Schnee*) sich kämpfen durch; ~ (**one's way**) **through a book** sich durch ein Buch durchkämpfen; **plough up** *vt* umpflügen; **plough·man's lunch** [ˌplaʊmənzˈlʌntʃ] *s Käse mit Pickle und Brot;* **plough·share** [ˈplaʊʃeə(r)] *s* Pflugschar *f*

plow (*Am*) *s.* **plough**

ploy [plɔɪ] *s* List *f,* Dreh *m*

pluck [plʌk] **I.** *vt* **1.** ab-, ausreißen **2.** (*Geflügel*) rupfen **3.** (*Augenbrauen*) zupfen **4.** (*Blume*) pflücken, abreißen; ~ **up courage** Mut fassen **II.** *vi* zerren, zupfen, ziehen (*at* an) **III.** *s* **1.** Mut *m,* Tapferkeit *f* **2.** (*Tier*) Innereien *pl;* **plucky** [ˈplʌkɪ] *adj* mutig, kühn

plug [plʌg] **I.** *s* **1.** Stöpsel *m;* Pfropfen *m;* (*Fass*) Spund *m* **2.** (~ *of cotton*) Wattebausch *m* **3.** (ELEK) Stecker *m;* (*fam*) Steckdose *f* **4.** (AUTO: *spark-*~) Zündkerze *f* **5.** (*Am: fire-*~) Hydrant *m* **6.** (*fam*) Reklame, Schleichwerbung *f;* **give s.th. a** ~ für etw Schleichwerbung machen; **pull the** ~ (das Klo) spülen; **pull the** ~ **on s.th.** (*fam*) etw stornieren **II.** *vt* **1.** (~ *up*) zustopfen; (*Zahn*) plombieren, füllen; (*Ohren*) zuhalten; zustopfen **2.** stecken (*into* in) **3.** (*sl*) eine verpassen (*s.o.* jdm), mit der Faust bearbeiten **4.** (*fam*) Reklame machen für (*on the radio* im Rundfunk) **5.** (*Idee*) allen anbieten; ~ **s.o. full of lead** (*fam*) jdn voll Blei pumpen; **plug away at** *vi* (*fam*) schuften an; **plug in** *vt* (ELEK) einstecken, anschließen; **plug·hole** [ˈplʌghəʊl] *s* Abfluss *m;* **plug-in** *s* (INTERNET) Plug-in *nt;* **plug·light** [ˈplʌglaɪt] *s* Nachtlicht *nt;* **plug-ugly I.** *s* (*fam*) Rowdy, Schläger *m* **II.** *adj* (*fam*) potthässlich

plum [plʌm] **I.** *s* **1.** Pflaume *f;* Zwetsch(g)e *f* **2.** Pflaumenblau *nt* **II.** *adj* (*fam*) toll, hervorragend; **he got a** ~ **job** er hat eine tolle Stelle

plum·age [ˈpluːmɪdʒ] *s* Gefieder *nt*

plumb [plʌm] **I.** *s* (~*-line, -bob*) Lot, Senkblei *nt;* **out of** ~**, off** ~ (*Am*) aus dem Lot, schief **II.** *adv* **1.** lotrecht, senkrecht **2.** (*fam*) vollkommen, total; ~ **in the middle** genau in der Mitte **III.** *vt* **1.** (aus)loten, sondieren **2.** (*fig*) erforschen, herausbekommen

plum·bago [plʌmˈbeɪgəʊ] *s* (MIN) Graphit *m*

plumber [ˈplʌmə(r)] *s* Klempner(in) *m(f),* Spengler(in) *m(f),* Installateur(in) *m(f);* ~**'s** (**workshop**) Installationsgeschäft *nt;* **plumb·ing** [ˈplʌmɪŋ] *s* **1.** Klempner-, Spenglerarbeit *f* **2.** Leitungen *fpl* **3.** sanitäre Anlagen *fpl*

plumb·line [ˈplʌmlaɪn] *s* Senkblei *nt*

plume [pluːm] **I.** *s* **1.** Feder *f* **2.** Federbusch *m* **3.** (~ *of smoke*) Rauchfahne *f* **II.** *vr* sich putzen; ~ **o.s. on s.th.** sich mit etw brüsten

plum·met [ˈplʌmɪt] **I.** *s* **1.** Senkblei *nt* **2.** (*Preis*) Sturz *m* **3.** (*Vogel, Flugzeug*) Sturzflug *m* **II.** *vi* senkrecht hinunterfallen, (ab)stürzen (*down to earth* auf die Erde); **prices have** ~**ed** die Preise sind stark gefallen

plummy [ˈplʌmɪ] *adj* **1.** (*Stimme*) vornehm, geziert **2.** (*fam*) prima, ausgezeichnet

plump [plʌmp] **I.** *adj* **1.** rundlich, mollig **2.** (*Tier*) gut gefüttert **3.** (*Antwort*) unverblümt **II.** *adv* **1.** mit einem Plumps **2.** offen, unverblümt **III.** *vi* (~ *down*) plumpsen **IV.** *vt* **1.** (~ *down*) plumpsen, fallen lassen **2.** schmeißen, knallen; ~ **o.s. down into a chair** sich auf einen Stuhl fallen lassen; **plump for** *vi* sich entscheiden für; **plump up** *vt* **1.** (*Kissen*) aufschütteln **2.** (*Hühner*) mästen; **plump·ness** [ˈplʌmpnəs] *s* Rundlichkeit *f*

plum pudding [ˈplʌmpʊdɪŋ] *s* Plumpud-

P

ding *m*

plun•der ['plʌndə(r)] **I.** *vt* (aus)plündern **II.** *vi* plündern **III.** *s* Plünderung *f;* Beute *f;* **plun•derer** ['plʌndərə(r)] *s* Plünderer *m*

plunge [plʌndʒ] **I.** *vt* **1.** tauchen, tunken **2.** stoßen **3.** stürzen (*in, into* in); **the room was ~d into darkness** das Zimmer lag plötzlich im Dunkeln **II.** *vi* **1.** tauchen **2.** sich werfen **3.** stürzen (*into* in) **4.** (*Hang*) steil abfallen; (*Straße*) steil hinabführen **5.** (*Preise*) fallen **6.** (*Ausschnitt am Kleid*) tiefer gehen **7.** leichtsinnig spielen **8.** wild spekulieren **III.** *s* **1.** Kopfsprung *m* **2.** Kurssturz *m;* **take a ~** einen Kopfsprung machen; **take the ~** sich zu einem Entschluss durchringen; **plunger** ['plʌndʒə(r)] *s* **1.** (*fam*) Spekulant(in) *m(f)* **2.** (TECH) Gummisauger *m;* Tauchkolben *m*

plunk [plʌŋk] *vt* **1.** (*Am: Banjo*) zupfen **2.** (*~ down*) hinwerfen; **~ o.s.** (**down**) sich hinschmeißen; **~ o.s. down in a chair** sich in einen Sessel fallen lassen

plu•per•fect ['plu:ˌpɜ:fɪkt] *s* (GRAM) Plusquamperfekt *nt*

plu•ral ['plʊərəl] **I.** *adj* (GRAM) pluralisch **II.** *s* Plural *m,* Mehrzahl *f;* **plu•ral•ism** ['plʊərəlɪzəm] *s* (PHILOS) Pluralismus *m;* **plu•ral•istic** [ˌplʊərə'lɪstɪk] *adj* (PHILOS) pluralistisch; **plu•ral•ity** [plʊə'rælətɪ] *s* **1.** Vielfalt *f;* (*Gesellschaft*) Pluralität *f* **2.** (*~ of votes*) Stimmenmehrheit *f*

plus [plʌs] **I.** *prep* plus; und; zuzüglich *+gen* **II.** *adj* extra; plus **III.** *s* **1.** Plus, Mehr *nt;* Pluspunkt *m* **2.** (*~-sign*) Pluszeichen *nt*

plus fours [ˌplʌs'fɔ:z] *s pl* Knickerbocker *pl*

plush [plʌʃ] **I.** *s* Plüsch *m* **II.** *adj* (*fam*) luxuriös, schick, elegant; plüschig

plu•toc•racy [plu:'tɒkrəsɪ] *s* Plutokratie, Geldherrschaft *f;* **plu•to•crat** ['plu:təkræt] *s* Plutokrat *m;* **plu•to•cratic** [ˌplu:tə'krætɪk] *adj* plutokratisch

plu•to•nium [plu:'təʊnɪəm] *s* (CHEM) Plutonium *nt*

ply¹ [plaɪ] *s* **1.** Schicht, Lage *f* **2.** (Garn)Strähne *f*

ply² [plaɪ] **I.** *vt* **1.** (*fig*) bestürmen (*with questions* mit Fragen) **2.** (regelmäßig) versorgen (*with* mit) **II.** *vi* regelmäßig verkehren (*between* zwischen)

ply•wood ['plaɪwʊd] *s* Sperrholz *nt*

pm [pi:'em] *Abk. von* **post meridiem** nachmittags

PM [pi:'em] *s Abk. von* **Prime Minister** Premierminister(in) *m(f),* Ministerpräsident(in) *m(f)*

pneu•matic [nju:'mætɪk] *adj* Luft-; **~ brake** Druckluftbremse *f;* **~ drill** Pressluftbohrer *m;* **~ hammer** Presslufthammer *m;* **~ tyre, ~ tire** (*Am*) Luftreifen *m*

pneu•monia [nju:'məʊnɪə] *s* Lungenentzündung *f*

poach¹ [pəʊtʃ] **I.** *vt* **1.** (*Wild*) unberechtigt jagen; wildern **2.** (COM) wegstehlen **II.** *vi* wildern; **~ on s.o.'s preserves** sich gegenüber jdm Übergriffe leisten

poach² [pəʊtʃ] *vt* (*Ei*) pochieren; **~ed eggs** verlorene Eier *ntpl*

poacher ['pəʊtʃə(r)] *s* Wilderer, Wilddieb *m;* **poach•ing** ['pəʊtʃɪŋ] *s* Wildern *nt,* Wilderei *f*

PO Box [ˌpi:'əʊbɒks] *s Abk. von* **Post Office Box** Postfach *nt*

pock [pɒk] *s* **1.** (Eiter)Pustel *f* **2.** (*~-mark*) Pocken-, Blatternarbe *f*

pocket ['pɒkɪt] **I.** *s* **1.** Tasche *f* **2.** (*Billard*) Loch *nt* **3.** (*air-~*) Luftloch *nt* **4.** (*fig*) Geld *nt* **5.** (*fig*) Nest *nt,* Gruppe *f;* kleiner Bereich; **have s.th. in one's ~** (*fig*) etw in der Tasche haben; **be in ~** reicher sein; **be out of ~** ärmer sein **II.** *vt* **1.** in die Tasche stecken; einstecken **2.** sich aneignen **3.** (*Beleidigung*) einstecken **4.** (*Am: Gesetz*) hinauszögern; **pocket•book** *s* **1.** Notizbuch *nt* **2.** Brieftasche *f* **3.** Handtäschchen *nt;* **pocket calculator** *s* Taschenrechner *m;* **pocket camera** *s* Pocketkamera *f;* **pocket•ful** ['pɒkɪtfʊl] *s* Taschevoll *f;* **pocket handkerchief** *s* Taschentuch *nt;* **pocket•knife** <*pl* -knives> *s* Taschenmesser *nt;* **pocket money** *s* Taschengeld *nt;* **pocket-size**(**d**) *adj* im Taschenformat

pod [pɒd] **I.** *s* **1.** (BOT) Schote, Hülse *f* **2.** (AVIAT) Gehäuse *nt* **3.** (*Raumfahrt*) Kapsel *f* **II.** *vt* enthülsen

podgy ['pɒdʒɪ] *adj* (*fam*) pummelig

po•dium ['pəʊdɪəm] *s* Podest *nt*

poem ['pəʊɪm] *s* Gedicht *nt;* **poet** ['pəʊɪt] *s* Dichter(in) *m(f),* Poet(in) *m(f);* **poetic**(**al**) [pəʊ'etɪk(l)] *adj* **1.** poetisch; dichterisch **2.** fantasie-, stimmungsvoll; **~ licence** dichterische Freiheit; **poet laureate** [ˌpəʊɪt 'lɒrɪət] <*pl* poets laureate> *s* Hofdichter(in) *m(f);* **po•etry** ['pəʊɪtrɪ] *s* **1.** Dichtung, Poesie *f* **2.** Gedichte *ntpl* **3.** (*fig*) Grazie, Schönheit *f,* Gefühl *nt*

po-faced ['pəʊfeɪst] *adj* (*fam*) grimmig

po•grom ['pɒgrəm, *Am* pə'grɒm] *s* Pogrom *nt*

poign•ant ['pɔɪn(j)ənt] *adj* schmerzlich, ergreifend; wehmütig

poin•settia [pɔɪn'setɪə] *s* Weihnachtsstern *m*

point [pɔɪnt] **I.** *s* **1.** Punkt *m* **2.** (genaue) Stelle *f;* Platz *m* **3.** (Zeit)Punkt, Moment, Augenblick *m* **4.** (einzelner) Punkt *m* (*eines Programms*), Einzelheit *f,* Detail *nt* **5.** **the ~** der Hauptpunkt, das Wesentliche, der springende Punkt **6.** (*Witz*) Pointe *f* **7.** Punkt *m* (*einer Einteilung*) **8.** (*Kompass*)

Strich, Grad *m* **9.** besondere Eigenschaft, Vorzug *m* **10.** (*fig*) Sinn *m,* Absicht *f,* Zweck *m* **11.** Spitze *f,* spitzes Ende **12.** Steckdose *f;* Anschluss *m* **13. ~s** (AUTO) Unterbrecherkontakte *mpl* **14. ~s** (RAIL) Weiche *f* **15. ~s** (*Tanz*) (Zehen)Spitzen *fpl;* **at this ~** an dieser Stelle; **beside the ~** nebensächlich, irrelevant, unerheblich, belanglos; **in ~ of** in Hinsicht, mit Hinblick auf; **in ~ of fact** tatsächlich, in Wirklichkeit; **on ~s** (SPORT) nach Punkten; **up to a certain ~** bis zu einem gewissen Grade; **to the ~** zur Sache gehörig, relevant; **~ by ~** Punkt für Punkt; **be on the ~ of doing s.th.** im Begriff sein, etw zu tun; **be on the ~ of death** am Rande des Todes stehen; **carry** [*o* **gain**] **one's ~** sein Ziel erreichen; **come** [*o* **get**] **to the ~** zur Sache kommen; **get the ~** (*fam*) verstehen; **get away from the ~** vom Thema abschweifen; **give ~ to s.th.** einer S Nachdruck verleihen; **he's got a ~** er hat nicht so unrecht; **keep to the ~** bei der Sache bleiben; **make one's ~** seine Auffassung überzeugend darlegen; **make a ~ of s.th.** auf etw bestehen, Wert legen; **make a ~ of doing s.th.** darauf achten etw zu tun; **make** [*o* **score**] **a ~** (*fig*) einen Punkt für sich buchen; **miss the ~** nicht verstehen, worum es wirklich geht; die Pointe nicht kapieren; **speak to the ~** zur Sache sprechen; **stretch** [*o* **strain**] **a ~** ein Zugeständnis machen, fünf gerade sein lassen; **I don't see your ~** ich weiß nicht, worauf Sie hinauswollen; **I see no ~ in** (**doing**) ich halte es für sinnlos zu (tun); **it has come to the ~ that ...** es ist soweit, dass ...; **there is no ~ in that** das hat keinen Sinn; **that's the ~!** genau!; **that's beside the ~** das gehört nicht zur Sache; **not to put too fine a ~ on it** rundheraus gesagt; **a case in ~** ein treffendes Beispiel; **saturation ~** Sättigungsgrad *m;* **sore ~** wunder Punkt; **starting ~** Ausgangspunkt *m;* **strong ~** starke Seite, Stärke *f;* **win on ~s** nach Punkten gewinnen; **~ of departure** Ausgangspunkt *m;* **~ of intersection** Schnittpunkt *m;* **~ of order** (PARL) Frage *f* zur Geschäftsordnung; **~ of sale, POS** Verkaufsstelle *f,* -ort *m;* **~ of time** Zeitpunkt *m;* **~ of view** Gesichtswinkel, Standpunkt *m* **II.** *vt* **1.** richten (*at* auf) **2.** zeigen **3.** (*Bleistift*) spitzen **4.** (TYP) interpunktieren; **~ the way** den Weg zeigen; (*fig*) den Weg weisen **III.** *vi* **1.** zeigen (*at* auf) **2.** hinweisen (*to* auf) **3.** (*Gebäude*) liegen; (*Waffe*) gerichtet sein; **point out** *vt* zeigen auf; (*fig*) hinweisen auf; **point up** *vt* betonen; verdeutlichen

point-blank [ˌpɔɪntˈblæŋk] **I.** *adj* **1.** direkt **2.** (*fig*) offen, direkt **II.** *adv* (*fig*) geradeheraus, unverblümt; **point duty** *s* (*Polizei*) Verkehrsdienst *m;* **constable on ~** Verkehrsschutzmann *m;* **pointed** [ˈpɔɪntɪd] *adj* **1.** spitz **2.** (*fig*) scharf, beißend, treffend **3.** (*Bemerkung*) anzüglich; **~ arch** Spitzbogen *m;* **pointer** [ˈpɔɪntə(r)] *s* **1.** Zeiger *m;* Zeigestock *m* **2.** Vorstehhund *m* **3.** (*fam*) Tip, Wink *m;* **point·less** [ˈpɔɪntlɪs] *adj* bedeutungs-, sinn-, witz-, zwecklos; **point man** *s* Kontaktperson *f;* **points·man** [ˈpɔɪntsmən] <*pl* -men> *s* (*Br*) Weichensteller *m;* **point system** *s* Punktsystem *nt;* **point-to-point** (**race**) *s* Geländejagdrennen *nt*

poise [pɔɪz] **I.** *s* **1.** Ausgeglichenheit, Gelassenheit *f* **2.** (Körper-, Kopf)Haltung *f* **3.** sicheres Auftreten **II.** *vt* balancieren; **be ~d** im Gleichgewicht sein; in der Schwebe sein; **poised** [-d] *adj* (*Mensch*) beherrscht, ausgeglichen

poi·son [ˈpɔɪzn] **I.** *s* (*a. fig*) Gift *nt* (*to* für); **what's your ~?** (*fam*) was trinken Sie gern? **II.** *vt* **1.** Gift geben (*s.o.* jdm), vergiften **2.** (MED) infizieren **3.** (*fig*) verderben; **~ the air** die Luft verschmutzen; **~ s.o.'s mind against** jdn aufhetzen gegen; **poison gas** *s* Giftgas *nt;* **poi·son·ing** [ˈpɔɪzənɪŋ] *s* Vergiftung *f;* **poi·son·ous** [ˈpɔɪzənəs] **I.** *adj* **1.** giftig **2.** (*fig*) zersetzend, verderblich **II.** *adj attr* Gift-

poke¹ [pəʊk] *s* (*Amerika, Schottland*) Beutel *m;* Tüte *f;* **a pig in a ~** (*fig*) die Katze im Sack

poke² [pəʊk] **I.** *vt* **1.** (an)stoßen, schubsen, knuffen **2.** (*ein Loch*) bohren **3.** stochern mit (*at* in) **4.** (*Feuer: ~ up*) schüren; **~ fun at s.o.** sich über jdn lustig machen; **~ one's nose into** seine Nase stecken in; **~ s.o. in the ribs** jdm einen Rippenstoß geben **II.** *vi* **1.** herausstehen **2.** (herum)bohren (*at* in) **3.** (*~ about, around*) herumstöbern **III.** *s* **1.** Stoß, Schubs, Knuff *m* **2.** (*Am*) Faustschlag *m;* **take a ~ at s.o.** jdm einen Schlag versetzen; **poker** [ˈpəʊkə(r)] *s* **1.** Feuerhaken *m* **2.** (*Spiel*) Poker *nt;* **~ face** unbewegliche Miene; **~work** Brandmalerei *f;* **pok(e)y** [ˈpəʊkɪ] *adj* eng

Po·land [ˈpəʊlənd] *s* Polen *nt*

po·lar [ˈpəʊlə(r)] *adj* **1.** (ASTR PHYS) polar **2.** (*fig*) einander entgegengesetzt, gegensätzlich; **polar air** *s* Polarluft *f;* **polar bear** *s* Eisbär *m;* **polar circle** *s* Polarkreis *m;* **polar front** *s* (METE) Polar-, Kaltluftfront *f;* **polar ice** *s* Polareis *nt*

po·lar·ity [pəˈlærətɪ] *s* **1.** (PHYS ELEK) Polarität *f* **2.** (*fig*) Gegensätzlichkeit *f;* **po·lar·iz·ation** [ˌpəʊləraɪˈzeɪʃn] *s* (PHYS ELEK) Polarisation *f;* **po·lar·ize** [ˈpəʊləraɪz] *vt* polarisieren

polar lights [ˌpəʊləˈlaɪts] *s pl* Nordlicht

P

nt; **polar star** *s* Polarstern *m;* **polar zone** *s* Polargebiet *nt*

Pole [pəʊl] *s* Pole *m,* Polin *f*

pole¹ [pəʊl] **I.** *s* **1.** Pfahl, Pfosten, Mast *m* **2.** Deichsel *f* **3.** (SPORT) Stab *m;* (Ski)Stock *m;* (Balancier)Stange *f* **II.** *vt* (*Boot, Floß*) staken

pole² [pəʊl] *s* (GEOG ELEK) Pol *m;* **they are ~s apart** zwischen ihnen liegen Welten

pole•axe ['pəʊlæks] *vt* (*fig*) umwerfen

pole•cat ['pəʊlkæt] *s* **1.** Iltis *m* **2.** (*Am*) Skunk *m,* Stinktier *nt*

pol•emic [pə'lemɪk] **I.** *adj* polemisch **II.** *s* Polemik *f*

pole po•si•tion [,pəʊlpə'zɪʃn] *s* (SPORT) Innenbahn *f*

pole star ['pəʊl,stɑː(r)] *s* Polarstern *nt*

pole-vault ['pəʊlvɔːlt] *s* Stabhochsprung *m;* **pole-vaulter** ['pəʊlvɔːltə(r)] *s* Stabhochspringer(in) *m(f)*

po•lice [pə'liːs] **I.** *s* Polizei *f* **II.** *vt* polizeilich überwachen; **police car** *s* Polizei-, Streifenwagen *m;* **police court** *s* Polizeigericht *nt;* **police dog** *s* Polizeihund *m;* **police escort** *s* Polizeibegleitung *f;* **police force** *s* Polizei *f;* **police intervention** *s* polizeiliches Einschreiten; **police magistrate** *s* (*Am*) Polizeirichter *m;* **po•lice•man** [-mən] <*pl* -men> *s* Polizist *m;* **police officer** *s* Polizeibeamte(r) *m,* -beamtin *f;* **police patrol** *s* Polizeistreife *f;* **police presence** *s* Polizeiaufgebot *nt;* **police raid** *s* Razzia *f;* **police record** *s* Vorstrafen *fpl;* **police state** *s* Polizeistaat *m;* **police station** *s* Polizeirevier *nt,* -wache *f;* **po•lice•woman** <*pl* -women> *s* Polizistin *f*

pol•icy¹ ['pɒləsɪ] *s* **1.** Politik *f;* politische Richtung, politischer Kurs **2.** umsichtiges Verhalten **3. policies** politische Maßnahmen *fpl* **4.** (*fig*) Grundsatz *m;* Ziel *nt,* Plan *m;* **he makes it a ~ to ...** er hat es sich zum Grundsatz gemacht, es ist sein Prinzip zu ...; **economic/financial ~** Wirtschafts-/Finanzpolitik *f;* **population ~** Bevölkerungspolitik *f;* **wage ~** Lohnpolitik *f*

pol•icy² ['pɒləsɪ] *s* (Versicherungs)Police *f;* **take out a ~** eine Versicherung abschließen; **fire (insurance) ~** Feuerversicherungspolice *f;* **life (insurance) ~** Lebensversicherungspolice *f;* **policy-holder, policy-owner** *s* Versicherungsnehmer(in) *m(f);* **policy maker** *s* politische(r) Vordenker(in) *m f,* Parteiideologe *m;* -login *f;* **policy number** *s* Policennummer *f;* **policy statement** *s* (POL) Grundsatzerklärung *f*

polio(•my•eli•tis) [,pəʊlɪəʊ (,maɪə'laɪtɪs)] *s* (spinale) Kinderlähmung *f*

Polish ['pəʊlɪʃ] **I.** *adj* polnisch **II.** *s* (das) Polnisch(e)

polish ['pɒlɪʃ] **I.** *vt* **1.** polieren; blank reiben **2.** verfeinern, *fam* aufpolieren **3.** glätten, (ab)schleifen **4.** bohnern, schmirgeln **5.** (*Schuhe*) putzen, wichsen **6.** vervollkommnen **II.** *s* **1.** Politur *f,* (Hoch)Glanz *m* **2.** Politur *f,* Putzmittel *nt;* Schuhcreme, -wichse *f;* Bohnerwachs *nt* **3.** Eleganz, Verfeinerung *f;* (*fam*) Schliff *m;* **polish off** *vt* (*fam*) schnell erledigen; (*Essen*) verputzen; (*Getränk*) hinunterschütten; **polish up** *vt* (*fam*) aufpolieren, aufmöbeln; (*Kenntnisse*) auffrischen; **polished** ['pɒlɪʃt] *adj* **1.** poliert; glatt, glänzend **2.** (*fig*) fein, elegant **3.** makel-, tadellos, fehlerfrei; **pol•isher** ['pɒlɪʃə(r)] *s* **1.** Polierer(in) *m(f),* Schleifer(in) *m(f)* **2.** Schleif-, Polier-, Bohnermaschine *f*

pol•ite [pə'laɪt] *adj* **1.** höflich **2.** (*Gesellschaft*) fein; **pol•ite•ness** [-nɪs] *s* Höflichkeit *f*

poli•tic ['pɒlɪtɪk] *adj* klug; diplomatisch; **body ~** Staat *m;* **pol•iti•cal** [pə'lɪtɪkl] *adj* politisch; **~ asylum** politisches Asyl; **~ economy** Volkswirtschaft *f;* **~ offence** politische Straftat; **party ~** parteipolitisch; **~ party** politische Partei; **~ prisoner** politischer Häftling; **~ science** Politologie *f;* **poli•ti•cian** [,pɒlɪ'tɪʃn] *s* Politiker(in) *m(f);* **poli•tics** ['pɒlɪtɪks] *s* **1.** *mit sing* Politik *f* **2.** *mit pl* politische Ansichten *pl,* Politik *f;* (*Am*) Taktik *f;* **talk ~** politisieren; **engaged in ~** politisch tätig; **party ~** Parteipolitik *f*

polka ['pɒlkə, *Am* 'pəʊlkə] *s* Polka *f* (*Tanz*)

poll [pəʊl] **I.** *s* **1.** (*politische*) Wahl, Abstimmung *f* **2.** Wahlbeteiligung *f* **3.** Stimmenzahl *f* **4.** Umfrage, Erhebung *f;* **be defeated at the ~s** eine Wahlniederlage erleiden; **conduct a public opinion ~** eine öffentliche Meinungsumfrage durchführen; **go to the ~s** zur Wahl gehen; **heavy/light ~** hohe/niedrige Wahlbeteiligung **II.** *vt* **1.** (*Stimmen*) erhalten, auf sich vereinigen **2.** (*bei Umfrage*) befragen **3.** kurz schneiden, stutzen **III.** *vi* bei der Wahl abschneiden

pol•lard ['pɒləd] **I.** *s* gekappter Baum **II.** *vt* (*Baum*) kappen

pol•len ['pɒlən] *s* Blütenstaub, Pollen *m;* **pollen count** *s* Pollenkonzentration, -zahl *f;* **pol•lin•ate** ['pɒlɪneɪt] *vt* (BOT) bestäuben

pol•ling ['pəʊlɪŋ] *s* Wahl, Stimmabgabe *f;* **polling booth** *s* Wahlzelle, -kabine *f;* **polling card** *s* Wahlausweis *m;* **polling day** *s* Wahltag *m;* **polling station** *s* Wahllokal *nt;* **poll•ster** ['pəʊlstə(r)] *s* Meinungsforscher(in) *m(f)*

pol•lut•ant [pəl'uːtənt] *s* Schadstoff *m;*

pol•lute [pə'luːt] *vt* **1.** verunreinigen, verschmutzen **2.** (*sittlich*) verderben; **pol·luter** [pə'lu:tə(r)] *s* Umweltverschmutzer *m;* ~ **pays principle** Verursacherprinzip *nt;* **pol·lu·tion** [pə'lu:ʃn] *s* Verschmutzung, Verunreinigung *f;* Schadstoffbelastung *f;* (*environmental* ~) Umweltverschmutzung *f;* ~ **prevention** Verhinderung *f* der Umweltverschmutzung

polo ['pəʊləʊ] *s* Polo(spiel) *nt;* **polo neck** *s* Rollkragenpullover *m;* **polo player** *s* Polospieler(in) *m(f)*

poly ['pɒlɪ] *s Abk. von* **polytechnic** Polytechnikum *nt;* Fachhochschule *f;* **poly·am·ide** ['pɒljə,maɪd] *s* Polyamid *nt;* **poly·an·dry** ['pɒlɪændrɪ] *s* Vielmännerei *f;* **poly·chlor·in·ated** [,pɒlɪ'klɔ:rɪneɪtəd] *adj* polychloriert; ~ **biphenyl, PCB** polychloriertes Biphenyl, PCB *nt;* **poly·chrome** [,pɒlɪ'krəʊm] *adj* bunt, farbig; (*Kunst*) polychrom; **poly·cli·nic** ['pɒlɪklɪnɪk] *s* Poliklinik *f;* **poly·ester** [,pɒlɪ'estə(r)] *s* (CHEM) Polyester *m;* **poly·ga·mist** [pə'lɪgəmɪst] *s* Polygamist *m;* **poly·ga·mous** [pə'lɪgəməs] *adj* polygam; **poly·gamy** [pə'lɪgəmɪ] *s* Polygamie, Viel-, Mehrehe *f;* **poly·glot** ['pɒlɪglɒt] *adj* mehrsprachig, polyglott; **poly·gon** ['pɒlɪgən] *s* (MATH) Vieleck, Polygon *nt;* **poly·gonal** [pə'lɪgənl] *adj* vieleckig; **poly·meric** [,pɒlɪ'merɪk] *adj* (CHEM) polymer; **poly·mor·phic** [,pɒlɪ'mɔ:fɪk] *adj* vielgestaltig, polymorph

Poly·nesia [,pɒlɪ'ni:zɪə] *s* Polynesien *nt*

polyp ['pɒlɪp] *s* Polyp *m*

poly·phonic [,pɒlɪ'fɒnɪk] *adj* (MUS) polyphon, mehr-, vielstimmig; **poly·ph·ony** [pə'lɪfənɪ] *s* Polyphonie *f*

poly·pus ['pɒlɪpəs, *pl* -pəsɪz, -paɪ] <*pl* -puses, -pi> *s* Polyp *m*

poly·styrene [,pɒlɪ'staɪri:n] *s* (CHEM) Styropor *nt;* **poly·syl·labic** [,pɒlɪsɪ'læbɪk] *adj* mehrsilbig; **poly·tech·nic** [,pɒlɪ'teknɪk] *s* Polytechnikum *nt,* Fachhochschule *f;* **poly·theism** ['pɒlɪθi:ɪzəm] *s* Polytheismus *m,* Vielgötterei *f;* **poly·theis·tic** [,pɒlɪθi:'ɪstɪk] *adj* polytheistisch; **poly·thene** ['pɒlɪθi:n] *s* (CHEM) Polyäthylen *nt;* **polythene bag** *s* Plastiktüte *f;* **poly·un·satur·ates** [,pɒlɪʌn'sætʃəreɪts] *s pl* mehrfach ungesättigte Fettsäuren; **poly·ure·thane** [,pɒlɪ'jʊərɪθeɪn] *s* (CHEM) Polyurethan *nt;* **poly·val·ent** [pə'lɪvələnt] *adj* (CHEM) mehrwertig

po·made [pə'mɑ:d, *Am* pəʊ'meɪd] *s* Pomade *f*

po·man·der [pə'mændə(r)] *s* Duftkugel *f*

pom·egran·ate ['pɒmɪgrænɪt] *s* Granatapfel *m*

Pom·era·nia [,pɒmə'reɪnɪə] *s* Pommern *nt;* **Pom·era·nian** [,pɒmə'reɪnɪən] **I.** *adj* pommer(i)sch **II.** *s* **1.** Pommer(in) *m(f)* **2.** (~ *dog*) Spitz *m*

pom·mel ['pɒml] **I.** *s* (Degen-, Sattel)Knopf *m* **II.** *vt* puffen, knuffen

pomp [pɒmp] *s* Pracht *f;* **pom·posity** [pɒm'pɒsətɪ] *s* **1.** Pomp, Prunk *m;* Schwulst *m* **2.** Prahlerei *f;* **pom·pous** ['pɒmpəs] *adj* wichtigtuerisch, aufgeblasen

ponce [pɒns] **I.** *s* (*sl*) **1.** Zuhälter *m* **2.** (*pej sl*) Schwule(r) *m* **II.** *vi* Zuhälter sein

pon·cho ['pɒntʃəʊ] <*pl* -chos> *s* Poncho *m*

poncy ['pɒnsɪ] *adj* (*sl*) schwul; tuntig

pond [pɒnd] *s* Teich, Weiher *m*

pon·der ['pɒndə(r)] **I.** *vt* erwägen, nachdenken über, sich überlegen **II.** *vi* nachsinnen (*on* über)

pon·der·ous ['pɒndərəs] *adj* **1.** schwer, massig; unhandlich **2.** (*fig*) schwerfällig; langweilig **3.** (*fig*) unbeholfen, umständlich

pone [pəʊn] *s* (*Am*) Maisbrot *nt*

pong [pɒŋ] **I.** *s* (*Br fam*) unangenehmer Geruch **II.** *vi* (*Br fam*) stinken

pon·tiff ['pɒntɪf] *s* (REL) Bischof *m;* Papst *m;* **pon·tifi·cal** [pɒn'tɪfɪkl] *adj* **1.** bischöflich; päpstlich **2.** überheblich, übermäßig von sich eingenommen; **pon·tifi·cate** [pɒn'tɪfɪkət] **I.** *s* Pontifikat *nt* **II.** [pɒn'tɪfɪkeɪt] *vi* hochtrabend reden

pon·toon [pɒn'tu:n] *s* Ponton *m;* **pon·toon-bridge** *s* Pontonbrücke *f*

pony ['pəʊnɪ] *s* **1.** Pony *nt* **2.** (*Br sl*) £ 25; **pony·tail** *s* (*Frisur*) Pferdeschwanz *m;* **pony·trek·king** ['pəʊnɪ,trekɪŋ] *s* Ponytrekking, Ponyreiten *nt;* **pony up** *vi* (*Am: sl*) blechen *sl*

poodle ['pu:dl] *s* Pudel *m*

poof(ter) [pu:f(tə)] *s* (*pej sl*) Homosexuelle(r) *m*

pooh [pu:] *interj* pah! bah!; **pooh-pooh** [,pu:'pu:] *vt* (mit einer Handbewegung) abtun; die Nase rümpfen (über)

pool¹ [pu:l] *s* **1.** kleiner Teich **2.** Pfütze, Lache *f* **3.** (*swimming*~) Schwimmbecken *nt* **4.** (*im Fluss*) Wasserloch *nt*

pool² [pu:l] **I.** *s* **1.** gemeinsame Kasse **2.** Poolbillard *nt* **3.** ~**s** Toto *nt od m* **4.** (COM) Kartell *nt,* Pool *m;* Interessengemeinschaft *f* **5.** (Wagen)Park *m;* Fahrgemeinschaft *f* **6.** Mitarbeiterstab *m;* Schreibzentrale *f* **II.** *vt* **1.** zusammenlegen; vereinen **2.** (*Gewinn*) teilen; ~ **expenses** sich an Unkosten anteil(s)mäßig beteiligen; **pool·room** *s* Billardzimmer *nt;* **pool selling** *s* Absatz *m* durch ein Kartell

poop [pu:p] *s* **1.** (MAR) Heck *nt* **2.** (~ *deck*) Achterdeck *nt*

poop·er-scoop·er [,pu:pə'sku:pə(r)] *s eine Schaufel um Hundekot von Gehwegen zu entfernen*

P

poor [pʊə(r)] I. *adj* 1. arm 2. schlecht 3. (*Ernte*) mager 4. (*Boden*) dürftig 5. (*Gestein*) taub 6. bedauernswert, arm; **be ~ in arithmetic** schwach im Rechnen sein; **have a ~ opinion of s.o.** nicht viel von jdm halten; **that is (a) ~ consolation** das ist ein schwacher Trost; ~ **me!** ich Ärmster! II. *s pl:* **the ~** die Armen *pl;* **poor•box** *s* Opferstock *m;* **poor law** *s* Armenrecht *nt,* -gesetzgebung *f;* **poor•ly** ['pʊəlɪ] I. *adv* 1. arm; ärmlich 2. schlecht, mangelhaft, dürftig; **think ~ of s.o.** nicht viel von jdm halten; **they did ~ in the examination** sie haben im Examen schlecht abgeschnitten; **be ~ off** übel dran sein II. *adj* (*fam*) kränklich; **feel ~** sich nicht wohl fühlen; **poorness** ['pʊənɪs] *s* 1. Armut *f* 2. Mangel *m,* Dürftigkeit *f;* (*Boden*) Unfruchtbarkeit *f;* **poor relation** *s* schlechter Ersatz; **poor-spirited** [ˌpʊər'spɪrɪtɪd] *adj* ängstlich

POP *s Abk. von* **point of presence** (INTERNET) Einwahlknoten *m*

pop[1] [pɒp] I. *s* 1. Knall(en *nt*) *m* 2. Schuss *m* 3. (*fam*) Brause *f,* Sprudel *m* II. *vi* 1. knallen 2. (zer)springen, platzen 3. (*Augen: ~ open, out*) groß werden 4. (mit einem Gewehr) knallen (*at* auf); **go ~** losgehen, platzen; **his eyes ~ped out of his head** er riss die Augen weit auf III. *vt* 1. zum Platzen bringen 2. (*fam*) stecken; ~ **one's head round the corner** den Kopf um die Ecke stecken; ~ **a hat on** einen Hut aufsetzen; ~ **the question** (*fam*) einen Heiratsantrag machen; **pop in** I. *vi* hereinplatzen II. *vt* (*Kopf*) hereinstrecken; **pop off** *vi* abhauen; (*sl*) abkratzen, sterben; **pop up** *vi* in die Höhe fahren, hoch-, auffahren; plötzlich auftauchen

pop[2] [pɒp] *s* (*Am sl*) Papa *m;* (*fam hum*) Alte *m*

pop[3] [pɒp] *s* Popmusik *f;* **pop art** ['pɒpɑːt] *s* Pop-art *f;* **pop concert** ['pɒpˌkɒnsət] *s* Popkonzert *nt*

popcorn ['pɒpkɔːn] *s* Popcorn *nt*

Pope [pəʊp] *s* Papst *m;* **pop•ery** ['pəʊpərɪ] *s* (*pej*) Pfaffentum *nt*

pop-eyed [ˌpɒp'aɪd] *adj* glotzäugig

pop group ['pɒpgruːp] *s* Popgruppe *f*

pop•gun *s* Spielzeugpistole *f*

pop•in•jay ['pɒpɪndʒeɪ] *s* Fatzke *m*

pop•lar ['pɒplə(r)] *s* Pappel *f*

pop•lin ['pɒplɪn] *s* Popelin(e *f*) *m* (*Stoff*)

pop music ['pɒp'mjuːzik] *s* Popmusik *f*

pop•per ['pɒpə(r)] *s* (*Br fam*) Druckknopf *m*

pop•pet ['pɒpɪt] *s* Schätzchen *nt*

poppy ['pɒpɪ] *s* Mohn(blume *f*) *m;* **poppy•cock** ['pɒpɪkɒk] *s* (*fam*) Quatsch *m;* **Poppy Day** *s* ≈Volkstrauertag *m;* **poppy seeds** *s pl* Mohn(samen) *m*

pop singer ['pɒpsɪŋə(r)] *s* Popsänger(in) *m(f);* **pop song** *s* Popsong, Schlager *m;* **pop•star** *s* Popstar *m*

popu•lace ['pɒpjʊləs] *s* 1. Volk *nt* 2. (große) Masse *f*

popu•lar ['pɒpjʊlə(r)] *adj* 1. beliebt; populär (*with* bei) 2. (*Preis*) niedrig, erschwinglich 3. (*Wissenschaft*) Populär-; populärwissenschaftlich 4. weit verbreitet 5. des Volkes; **be very ~** sehr gefragt sein; **make o.s. ~** sich beliebt machen (*with* bei); ~ **edition** (*Buch*) Volksausgabe *f;* ~ **front** Volksfront *f;* **by ~ consent** mit allgemeiner Zustimmung; **by ~ request** auf allgemeinen Wunsch; **popu•lar•ity** [ˌpɒpjʊ'lærətɪ] *s* Popularität, Beliebtheit *f* (*with* bei); **popu•lar•ize** ['pɒpjʊləraɪz] *vt* 1. populär machen 2. (*Wissenschaft*) popularisieren; **popu•lar•ly** ['pɒpjʊləlɪ] *adj* allgemein

popu•late ['pɒpjʊleɪt] *vt* bevölkern, besiedeln; **popu•la•tion** [ˌpɒpjʊ'leɪʃn] *s* 1. Bevölkerung *f* 2. Einwohnerschaft *f;* Einwohnerzahl *f* 3. (BIOL) Population *f;* Bestand *m,* Zahl *f;* **civil(ian) ~** Zivilbevölkerung *f;* **fall/increase in ~** Bevölkerungsabnahme/-zunahme *f;* **rural/urban ~** Land-/Stadtbevölkerung *f;* **surplus ~** Bevölkerungsüberschuss *m;* **population density** *s* Bevölkerungsdichte *f;* **population policy** *s* Bevölkerungspolitik *f;* **popu•lous** ['pɒpjʊləs] *adj* dichtbesiedelt

por•ce•lain ['pɔːsəlɪn] *s* Porzellan *nt*

porch [pɔːtʃ] *s* Vorbau *m;* Veranda *f;* Vorhalle *f*

por•cu•pine ['pɔːkjʊpaɪn] *s* Stachelschwein *nt*

pore [pɔː(r)] *s* Pore *f*

pore over ['pɔː(r)] *vt* 1. (nach)sinnen über, grübeln über 2. eifrig studieren (*a book* ein Buch)

pork [pɔːk] *s* Schweinefleisch *nt;* **pork chop** *s* Schweinskotelett *nt;* **porker** ['pɔːkə(r)] *s* Mastschwein *nt;* **pork pie** *s* (Schweine)Fleischpastete *f;* **porky** ['pɔːkɪ] I. *adj* (*fam*) dick, korpulent II. *s* (*sl*) Lüge *f*

por•no•graph•ic [pɔːnə'græfɪk] *adj* pornografisch; **por•n(ogra•phy)** [pɔːn, pɔː'nɒgrəfɪ] *s* Pornografie *f*

po•rous ['pɔːrəs] *adj* durchlässig, porös

por•poise ['pɔːpəs] *s* (*Meeressäugetier*) Tümmler *m*

por•ridge ['pɒrɪdʒ] *s* Hafer(flocken)brei *m;* **porridge oats** *s pl* Haferflocken *fpl;* **por•rin•ger** ['pɒrɪndʒə(r)] *s* Suppennapf *m*

port[1] [pɔːt] *s* Haltung *f;* **at the ~** (MIL: *Gewehr*) zum Appell vorgezeigt

port[2] [pɔːt] *s* (See)Hafen *m;* Hafenstadt *f,* -platz *m;* **any ~ in a storm** in der Not frisst der Teufel Fliegen; **come into** [*o* **reach**] **~** in den Hafen einlaufen; **leave ~** auslaufen

port³ [pɔːt] *s* **1.** (MAR: *~hole*) Bullauge *nt* **2.** Ladepforte, Pfortluke *f* **3.** (MAR) Backbord *nt* **4.** (TECH) Durchlass *m* **5.** (INFORM) Port, Anschluss, Steckplatz *m*

port⁴ [pɔːt] *s* Portwein *m*

port•able ['pɔːtəbl] **I.** *adj* tragbar; ~ **typewriter** Reiseschreibmaschine *f;* ~ **radio** Kofferradio *nt;* ~ **television** (**set**) tragbares Fernsehgerät **II.** *s* (INFORM) Portable *nt;* **porta•cab•in**, **Porta•kab•in**® ['pɔːtəˌkæbin] *s* Wohncontainer *m;* **port•age** ['pɔːtɪdʒ] *s* Transport *m;* Transportkosten *pl*

port authority *s* Hafenamt *nt*

port•cul•lis [ˌpɔːt'kʌlɪs] *s* Fallgitter *nt*

port dues *s pl* Hafengebühren *fpl*

por•ten•tous [pɔː'tentəs] *adj* **1.** verhängnis-, unheilvoll **2.** ungewöhnlich; unglaublich

por•ter ['pɔːtə(r)] *s* **1.** (Gepäck)Träger, Dienstmann *m* **2.** (*Am*) Schlafwagenschaffner *m* **3.** Pförtner, Portier *m* **4.** (MED) Pfleger *m* **5.** (*Am: ~-house steak*) (Rinder)Filet *nt;* **~'s lodge** Pförtnerloge *f*

port•folio [pɔːt'fəʊlɪəʊ] <*pl* -folios> *s* **1.** (Akten)Mappe *f* **2.** (Effekten)Portefeuille *nt,* Bestand *m* an Wertpapieren **3.** (POL) Geschäftsbereich *m* (*eines Ministers*)

port•ico ['pɔːtɪkəʊ] <*pl* -icos> *s* Säulenhalle *f,* -gang *m*

por•tion ['pɔːʃn] **I.** *s* **1.** Teil *m* (*of* an) **2.** (*Karte*) Abschnitt *m* **3.** (Essens)Portion *f* **4.** Schicksal, Los *nt* **II.** *vt* (~ *out*) ein-, zu-, austeilen

port•ly ['pɔːtlɪ] *adj* korpulent

por•trait ['pɔːtrɪt] *s* Porträt *nt;* **have one's ~ painted** sich malen lassen; **portrait format** *s* (TYP) Hochformat *nt;* **portraitist**, **portrait painter** ['pɔːtrɪtɪst] *s* Porträtmaler(in) *m(f);* **por•trait•ure** ['pɔːtrɪtʃə(r)] *s* Porträtmalerei *f;* **por•tray** [pɔː'treɪ] *vt* **1.** malen **2.** (*fig*) schildern, beschreiben **3.** (THEAT) darstellen; **por•trayal** [pɔː'treɪəl] *s* **1.** (*fig*) Schilderung, Beschreibung *f* **2.** (THEAT) Darstellung *f*

Por•tu•gal ['pɔːtjʊgəl] *s* Portugal *nt;* **Portu•guese** [ˌpɔːtjʊ'giːz] **I.** *adj* portugiesisch **II.** *s* **1.** Portugiese *m,* Portugiesin *f* **2.** (das) Portugiesisch(e)

POS [ˌpiːəʊ'es] *s Abk. von* **point of sale** Verkaufsstelle *f,* -ort *m*

pose [pəʊz] **I.** *s* **1.** Haltung *f* **2.** (*fig pej*) Pose *f* **II.** *vt* **1.** aufstellen **2.** (*Problem*) vortragen **3.** (*Schwierigkeiten*) machen **4.** (*Frage*) formulieren **5.** (*Bedrohung*) darstellen **III.** *vi* **1.** Modell stehen (*for a photo* einem Fotografen) **2.** sich in Positur werfen **3.** eine bestimmte Haltung einnehmen **4.** sich ausgeben (*as* als), angeben; **poser** ['pəʊzə(r)] *s* **1.** schwierige Frage; schwieriges Problem **2.** affektierter Mensch, Angeber(in) *m(f)*

posh [pɒʃ] *adj* (*fam*) piekfein, vornehmen; **what a ~ car!** (was für) ein toller Wagen!

posit ['pɒzɪt] *vt* voraussetzen; postulieren

po•si•tion [pə'zɪʃn] **I.** *s* **1.** Platz *m;* Stelle *f;* Standort *m;* Lage *f* **2.** Haltung *f;* Stellung *f;* Position *f* **3.** Standpunkt *m* **4.** (SPORT) Platz *m* **5.** gesellschaftliche Stellung **6.** (feste) Stelle, Stellung *f* (*with* bei) **7.** (MUS) Umkehrung *f;* **in/out of ~** am rechten/falschen Platz; **in my ~** in meiner Lage; **in a difficult/an awkward ~** in einer schwierigen/unbequemen Lage; **be in a ~ to do** in der Lage sein zu tun; **hold** [*o* **occupy**] **a ~** eine Stelle haben; **place in a difficult ~** in eine schwierige Lage bringen; **take up a ~** (*fig*) Stellung beziehen; **permanent ~** feste Stelle; **legal ~** Rechtslage *f;* **~ for life** Lebensstellung *f* **II.** *vt* aufstellen; **he ~ed himself where he could see** er stellte sich so, dass er gut sehen konnte

posi•tive ['pɒzətɪv] **I.** *adj* **1.** positiv **2.** (*Einstellung*) positiv, bejahend; (*Kritik*) konstruktiv **3.** (*Mensch, Auftreten, Ton*) bestimmt; streng; (*Antwort*) definitiv; **be ~** ganz sicher sein (*that* dass); **~ thinking** positive Einstellung; **it's a ~ miracle** es ist ein wahres Wunder **II.** *s* (PHOT) Positiv *nt;* **posi•tive•ly** [-lɪ] *adv* absolut; ohne jeden Zweifel; ganz sicher; **state ~ that …** eindeutig erklären, dass …

posse ['pɒsɪ] *s* (*Am*) Aufgebot *nt*

pos•sess [pə'zes] *vt* **1.** besitzen **2.** (*Sprache*) beherrschen **3.** (*einen Menschen*) beherrschen, Besitz ergriffen haben von; **~ o.s. of s.th.** von einer S Besitz ergreifen; **be ~ed by** ergriffen, (ganz) eingenommen sein von; besessen sein von; **what ~ed you to do that?** was ist in Sie gefahren, so etwas zu tun?; **pos•sessed** [pə'zest] *adj* **1.** besessen (*by* von), erfüllt (*with* von) **2.** begabt (*of* mit); **pos•session** [pə'zeʃn] *s* **1.** Besitz *m* **2.** Eigentum *nt* **3.** **~s** Besitz *m,* Habe *f;* **be in ~ of s.th.** im Besitz einer S sein; **have s.th. in one's ~** etw in Besitz haben; **come into ~ of s.th.** in den Besitz, Genuss einer S kommen; **take ~ of** Besitz ergreifen von, in Besitz nehmen; **pos•ses•sive** [pə'zesɪv] *adj:* **be ~** sein Besitzrecht stark betonen; **~ pronoun** Possessivpronomen *nt,* besitzanzeigendes Fürwort; **possessor** [pə'zesə(r)] *s* Besitzer(in) *m(f),* Inhaber(in) *m(f)*

pos•si•bil•ity [ˌpɒsə'bɪlətɪ] *s* **1.** Möglichkeit *f* (*of doing* zu tun, *of* zu, für) **2.** (*fam*) in Frage kommende Person; **pos•sible** ['pɒsəbl] **I.** *adj* **1.** möglich (*for* für, *with* bei) **2.** denkbar, geeignet **3.** (*fam*) annehmbar; **as early/as soon as ~** so früh/so bald wie möglich; **if** (**it is**) **~** wenn möglich **II.** *s*

1. (SPORT) höchste Punkt-, Ringzahl 2. in Frage kommende Person/Sache; **pos•sib•ly** ['pɒsəblɪ] *adv* 1. möglicherweise, eventuell 2. vielleicht; **if I ~ can** wenn ich irgend kann; **I cannot ~ come** ich kann unmöglich kommen

pos•sum ['pɒsəm] *s* Opossum *nt,* Beutelratte *f;* **play ~** (*fam*) sich schlafend stellen

post¹ [pəʊst] **I.** *s* Pfosten, Pfahl, Mast *m;* **first-past-the-~ system** (POL) Mehrheitswahlrecht *nt* **II.** *vt* (*~ up*) 1. ankleben, -schlagen 2. durch Anschlag bekannt machen; **~ no bills** Plakate ankleben verboten!

post² [pəʊst] **I.** *s* 1. (Arbeits)Stelle *f,* Posten *m* 2. (MIL) Posten *m* 3. (*trading ~*) Handelsplatz *m;* **first ~** Wecksignal *nt;* **last ~** Zapfenstreich *m* **II.** *vt* 1. (MIL) als Posten aufstellen; (ab)kommandieren 2. versetzen

post³ [pəʊst] **I.** *s* (*Br*) Post *f;* **by ~** mit der Post; **by return of ~** postwendend; **by the same ~** mit gleicher Post; **by today's ~** mit der heutigen Post; **by separate ~** mit getrennter Post; **is there any ~ for me?** ist Post für mich da?; **evening/letter/morning/parcel ~** Abend-/Brief-/Morgen-/Paketpost *f* **II.** *vt* 1. in den Briefkasten werfen; auf die Post geben 2. aufgeben, abschicken, -senden 3. (*~ up*) eintragen

post•age ['pəʊstɪdʒ] *s* Porto *nt,* (Post)Gebühr *f;* **what is the ~ to China?** wie viel kostet ein Brief nach China?; **~ and packing** Porto und Verpackung; **postage meter** *s* (*Am*) Frankiermaschine *f;* **postage paid I.** *adj* portofrei; **~ envelope** Freiumschlag *m* **II.** *adv* portofrei; **postage rate** *s* Postgebühr *f;* **postage stamp** *s* Briefmarke *f,* Postwertzeichen *nt*

postal ['pəʊstl] *adj* Post-, postalisch; **~ address** Postanschrift *f;* **~ charge** Postgebühr *f;* **~ code** Postleitzahl *f;* **~ district** Postbezirk *m;* **~ order** (*Br*) Postanweisung *f;* **~ rate** Postgebühr *f;* **~ vote** Briefwahl *f*

post•bag ['pəʊstbæg] *s* (*Br*) Postsack *m;* **post•box** *s* (*Br*) Briefkasten *m;* **post•card** ['pəʊstkɑːd] *s* Postkarte *f;* **picture ~** Ansichtskarte *f;* **post-code** *s* (*Br*) Postleitzahl *f*

post•date [ˌpəʊst'deɪt] *vt* (*Scheck*) vordatieren

posted ['pəʊstɪd] *adj:* **keep s.o. ~** jdn auf dem Laufenden halten; **well-~** gut informiert; **~ price** (COM) Listenpreis *m;* **~ rate** (*Bank*) Devisenankaufkurs *m*

poster ['pəʊstə(r)] *s* Plakat *nt;* Poster *nt*

poste restante ['pəʊst'restɑːnt] **I.** *adv* postlagernd **II.** *s* Abteilung *f* für postlagernde Sendungen

pos•terior [pɒ'stɪərɪə(r)] **I.** *adj* 1. später (*to* als) 2. hinter **II.** *s* (*fam*) Hintern *m*

pos•ter•ity [pɒ'sterətɪ] *s* 1. Nachkommen *mpl* 2. Nachwelt *f*

pos•tern ['pɒstən] *s* (*obs*) Hintertür *f*

post-free [ˌpəʊst'friː] *adj* portofrei; frankiert

post•gradu•ate [ˌpəʊst'grædʒʊət] **I.** *adj* (*Studium*) nach dem Examen **II.** *s* Doktorand *m;* Graduierte(r) *f m*

post haste [ˌpɜʊst'heɪst] *adv* schnellstens

post•hum•ous ['pɒstjʊməs] *adj* 1. nachgeboren 2. post(h)um; **~ fame** Nachruhm *m*

post•ing ['pəʊstɪŋ] *s* 1. (*Postsendung*) Aufgabe, Einlieferung *f* 2. (*Plakat*) Anschlagen *nt* 3. (*beruflich*) Versetzung *f*

post•lude ['pəʊstluːd] *s* (MUS) Nachspiel *nt*

post•man ['pəʊstmən] <*pl* -men> *s* Briefträger *m;* **post•mark** ['pəʊstmɑːk] **I.** *s* Poststempel *m;* **date as ~** Datum *nt* des Poststempels **II.** *vt* stempeln; **post•mas•ter** ['pəʊstˌmɑːstə(r)] *s* Postamtsvorsteher *m;* **Postmaster General** (*in GB*) Postminister *m*

post meri•diem, pm [ˌpəʊst mə'rɪdɪəm] *adv* nachmittags; **post•mod•ern** [ˌpəʊst'mɒdən] *adj* postmodern; **post-mod•ern•ism** [-ɪzm] *s* Postmoderne *f;* **post-mor•tem** [ˌpəʊst'mɔːtəm] 1. (*~ examination*) Autopsie, Leichenöffnung *f* 2. (*fig*) Überprüfung *f;* **post-natal** *adj* nach der Geburt (stattfindend); (MED) postnatal

post of•fice, PO ['pəʊstˌɒfɪs, ˌpiː'əʊ] *s* Postamt *nt;* **the Post Office** die Post; **~ box, PO Box** Postfach *nt;* **post-paid** [ˌpəʊst'peɪd] *adj* frankiert; **~ reply card** Werbeantwort(karte) *f*

post•pone [pə'spəʊn] *vt* 1. auf-, verschieben, zurückstellen 2. (*Termin*) verlegen, vertagen; **post•pone•ment** [-mənt] *s* Verschiebung *f;* Vertagung *f;* **post•room** ['pəʊstruːm] *s* Poststelle *f;* **post•script, PS** ['pəʊsskrɪp, ˌpiː'es] *s* Nachschrift *f*

pos•tu•late ['pɒstjʊleɪt] **I.** *vt* voraussetzen, postulieren **II.** ['pɒstjʊlət] *s* (Grund)Voraussetzung *f,* Postulat *nt*

pos•ture ['pɒstʃə(r)] **I.** *s* Haltung *f* **II.** *vi* eine bestimmte Stellung, *fig* Haltung einnehmen

post•war ['pəʊstwɔː] *adj attr* Nachkriegs-; **~ Germany** Nachkriegsdeutschland *nt;* **the ~ years** die Nachkriegsjahre

posy ['pəʊzɪ] *s* Blumenstrauß *m*

pot [pɒt] **I.** *s* 1. Topf *m;* Kanne *f;* Krug *m* 2. (*chimney ~*) Kaminaufsatz *m* 3. (SPORT: *sl*) Preis, (Silber)Pokal *m* 4. (*fam*) Menge *f,* Haufen *m* 5. (*fam: big ~*) hohes Tier 6. (*fam*) Dickbauch *m* 7. (*sl: marijuana*) Gras *nt* 8. (*~-shot*) Schuss *m;* **go to ~** (*sl*) in die Brüche gehen; auf den Hund kommen; **keep the ~ boiling** sein Auskommen haben; die Sache in Gang halten; **coffee-~** Kaffeekanne *f;* **flower-~** Blumentopf *m;* **tea-~** Teekanne *f* **II.** *vt* **1.** (*Fleisch*) einmachen **2.** (*Pflanzen*) eintopfen **3.** (*Wild*) (ab)schießen **4.** (*fam: Kind*) auf den Topf setzen **III.** *vi* **1.** (*~ away*) herumknallen **2.** (*Billard*) ins Loch spielen

pot•able ['pəʊtəbl] *adj* trinkbar

pot•ash ['pɒtæʃ] *s* (CHEM) Pottasche *f;* **caustic ~** Ätzkali *nt*

po•tass•ium [pə'tæsɪəm] *s* (CHEM) Kalium *nt;* **potassium chloride** *s* Kaliumchlorid *nt;* **potassium cyanide** *s* Zyankali *nt;* **potassium (per)manganate** *s* Kalium(per)manganat *nt*

po•tato [pə'teɪtəʊ] <*pl* -tatoes> *s* Kartoffel *f;* **boiled ~es** Salzkartoffeln *fpl;* **fried ~es** Brat-, Röstkartoffeln *fpl;* **mashed ~** Kartoffelbrei *m;* **sweet** [*o* **Spanish**] **~** Batate *f;* **~es in their jackets** (in der Schale) gebackene Kartoffeln *fpl;* **potato beetle, potato bug** *s* Kartoffelkäfer *m;* **potato chips** *s* (*Am*), **potato crisps** *s pl* (*Br*) Kartoffelchips *pl;* **potato masher** *s* Kartoffelstampfer *m;* **potato peeler** *s* Kartoffelschäler *m*

pot•bellied ['pɒtˌbelɪd] *adj* dickbäuchig; **pot•belly** *s* Dickbauch, Wanst *m;* **pot•boiler** ['pɒtˌbɔɪlə(r)] *s* (*pej*) Fließbandprodukt *nt*

po•teen [pɒ'tiːn, pɒ'tʃiːn] *s* (*Irland*) heimlich gebrannter Whiskey

po•tency ['pəʊtənsɪ] *s* **1.** Macht, Kraft, Stärke *f* **2.** (PHYSIOL) Potenz *f;* **po•tent** ['pəʊtnt] *adj* **1.** mächtig, einflussreich **2.** wirksam **3.** überzeugend, zwingend **4.** (PHYSIOL) potent

po•ten•tate ['pəʊtnteɪt] *s* Potentat *m*

po•ten•tial [pə'tenʃl] **I.** *adj* (*a.* PHYS) potenziell, möglich **II.** *s* (*a.* PHYS) Potenzial *nt;* **show ~** gute Anlagen haben (*as* zu); **po•ten•tial•ity** [pəˌtenʃɪ'ælətɪ] *s* Möglichkeit *f;* **po•ten•tially** [pə'tenʃəlɪ] *adv* möglicherweise; potenziell

pother ['pɒðə(r)] *s* Aufregung *f*

pot•herb ['pɒthɜːb] *s* Küchenkraut *nt;* **pot•holder** ['pɒtˌhəʊldə(r)] *s* (*Am*) Topflappen *m;* **pot•hole** *s* **1.** Schlagloch *nt* **2.** Höhle *f;* **pot•holer** ['pɒtˌhəʊlə(r)] *s* Höhlenforscher(in) *m(f);* **pot•hook** *s* **1.** Kesselhaken *m* **2.** (*fam*) Krakelfuß *m;* **pot•hunter** *s* Jäger *m* der jedes Wild abknallt

po•tion ['pəʊʃn] *s* Trank *m*

pot•luck [pɒt'lʌk]: **take ~** mit dem vorlieb nehmen, was es gerade gibt

pot•pourri [ˌpəʊ'pʊəriː] *s* (MUS) Potpourri *nt*

pot roast ['pɒtrəʊst] *s* Schmorbraten *m;* **pot•shot** *s* Schuss *m* aufs Geratewohl; **pot•ted** ['pɒtɪd] *adj* **1.** (*Küche*) eingemacht **2.** (*Pflanze*) Topf- **3.** (*fig*) zusammengefasst; **~ meat** Pökelfleisch *nt*

pot•ter¹ ['pɒtə(r)] *s* Töpfer(in) *m(f);* **~'s wheel** Töpferscheibe *f*

pot•ter² ['pɒtə(r)] *vi* **1.** (*~ about*) herumtrödeln, -bummeln **2.** herumpfuschen (*at* an)

pot•tery ['pɒtərɪ] *s* **1.** Töpferei *f* **2.** Töpferwaren *fpl*

potty¹ ['pɒtɪ] *adj* (*Br fam*) verrückt; **be ~ about s.th.** ganz verrückt sein auf etw; **you're driving me ~** Sie bringen mich um den Verstand

potty² ['pɒtɪ] *s* (*fam: chamber ~*) Töpfchen *nt*

pouch [paʊtʃ] *s* **1.** (*a.* ZOO) Beutel *m;* (*a.* BOT) Tasche *f* **2.** (*tobacco ~*) Tabaksbeutel *m* **3.** (MED) Tränensack *m*

pouf [puːf] *s* (*Br: sl*) Schwule(r) *m*

pouffe [puːf] *s* Sitzkissen *nt*

poul•terer ['pəʊltərə(r)] *s* Geflügelhändler(in) *m(f)*

poul•tice ['pəʊltɪs] *s* (MED) (feuchte) Packung *f*

poul•try ['pəʊltrɪ] *s* Geflügel *nt;* **poultry farm** *s* Geflügelfarm *f;* **poultry farming** *s* Hühnerzucht *f*

pounce [paʊns] **I.** *s* **1.** Herabstoßen *nt* (*eines Raubvogels*) **2.** Sprung *m* (*eines Raubtiers*) (*at* auf) **II.** *vi* **1.** herabstoßen, sich stürzen (*on, upon, at* auf) **2.** anspringen (*on, upon, at* acc) **3.** herfallen (*on, upon, at* über)

pound¹ [paʊnd] *s* **1.** Pfund *nt* (*16 Unzen = 453,592 g*) **2.** (*~ sterling*) Pfund *nt;* **by the ~** pfundweise

pound² [paʊnd] *s* **1.** Tierasyl *nt* **2.** (*für abgeschleppte Autos*) Abstellplatz *m*

pound³ [paʊnd] **I.** *vt* **1.** (zer)stoßen, (zer)stampfen **2.** schlagen, trommeln auf [*o* gegen] **II.** *vi* **1.** schlagen, stoßen, trommeln, hämmern (*at, on* auf, gegen) **2.** (*Maschine*) stampfen **3.** (*Herz*) heftig schlagen; **~ about** herumstapfen; **~ along** mühsam gehen; **~ out** darauf hämmern

pounder ['paʊndə(r)] *s* (*in Zusammensetzungen*) -pfünder *m*

pound•ing ['paʊndɪŋ] *s* Stoßen *nt;* Hämmern *nt;* Stampfen *nt;* Dröhnen *nt;* **the team took a real ~** (SPORT) die Mannschaft bezog eine schwere Niederlage (*from* von)

pound note ['paʊndnəʊt] *s* Pfundnote *f*

pour [pɔː(r)] **I.** *vt* **1.** gießen, schütten (*out of, from* aus, *into* in, *on* auf, *over* über) **2.** (*Getränk*) eingießen, -schenken; **~ oil on troubled waters** die erhitzten Gemüter beruhigen; **~ cold water on s.o.** (*fig*) jdn ernüchtern **II.** *vi* **1.** fließen, strömen, sich

P

ergießen; ~**ing rain** strömender Regen **2.** (*Menschen*) sich (in Massen) stürzen; **it's ~ing** es gießt in Strömen; **pour in I.** *vi* **1.** hereinströmen **2.** (*Aufträge*) zahlreich eingehen **II.** *vt* eingießen, -schenken; **pour out I.** *vi* herausströmen **II.** *vt* **1.** ausgießen **2.** (*sein Herz*) ausschütten; **he ~ed his troubles out to me** er hat mir sein Leid geklagt

pout [paʊt] **I.** *vi* schmollen **II.** *s* Schmollen *nt;* Schmollmund *m*

pov•er•ty ['pɒvətɪ] *s* **1.** Armut *f* **2.** Mangel *m* (*of, in* an), Mangelhaftigkeit *f;* **be reduced to ~** verarmt sein; **pov•er•ty line** *s* Armutsgrenze *f,* Existenzminimum *nt;* **pov•er•ty-strick•en** ['pɒvətɪˌstrɪkən] *adj* verarmt; **pov•er•ty trap** *s* dauerhaftes Abgleiten in die Armut

pow•der ['paʊdə(r)] **I.** *s* **1.** Puder *m* **2.** Pulver *nt* **II.** *vt* **1.** (ein)pudern **2.** bestreuen (*with* mit) **3.** pulverisieren; ~ **one's nose** sich die Nase pudern; (*fig*) zur Toilette gehen; **powder compact** *s* Puderdose *f;* **pow•dered** ['paʊdəd] *adj:* ~ **egg** Eipulver *nt;* ~ **milk** Milchpulver *nt;* ~ **sugar** (*Am*) Puder-, Staubzucker *m;* **powder keg** *s* (*fig*) Pulverfass *nt;* **powder magazine** *s* Pulvermagazin *nt;* **powder puff** *s* Puderquaste *f;* **powder room** *s* Damentoilette *f;* **powder snow** *s* Pulverschnee *m;* **pow•dery** ['paʊdərɪ] *adj* **1.** pulvrig **2.** bröckelig, morsch **3.** gepudert; ~ **snow** Pulverschnee *m*

pow•er ['paʊə(r)] **I.** *s* **1.** Kraft *f;* Stärke, Wucht *f;* (*fig*) Überzeugungskraft *f* **2.** Macht *f* **3.** Herrschaft *f* (*over* über) **4.** Einfluss *m* (*with* auf) **5.** Vollmacht, Berechtigung, Befugnis *f* **6.** (POL) Macht *f* **7.** (PHYS TECH ELEK) Kraft, Energie *f;* Leistung *f;* Strom *m* **8.** (MATH) Potenz *f* **9.** (*fam*) Menge, Masse *f* (*of money* Geld); **be in ~** an der Macht sein; **be in s.o.'s ~** in jds Gewalt sein; **be within (beyond) s.o.'s ~** (nicht) in jds Macht liegen; **come into ~** an die Macht gelangen; **do all in one's ~** alles in seiner Macht Stehende tun; **it did me a ~ of good** es hat mir sehr gut getan; **give s.o. full ~s** jdm Vollmacht erteilen; jdm freie Hand lassen; **have full ~s** Vollmacht haben; **he is losing his ~s** seine Kräfte lassen nach; **accession to ~, coming to ~, assumption of ~** Machtübernahme *f;* **atomic ~** Atomkraft *f;* **balance of ~** Gleichgewicht *nt* der Kräfte; **the ~ of love** die Macht der Liebe; **his ~s of hearing** sein Hörvermögen; **buying ~** Kaufkraft *f;* **display of ~** Machtentfaltung *f;* **earning ~** Ertrags-, Erwerbsfähigkeit *f;* **economic ~** Wirtschaftspotential *nt;* **electric ~** elektrische Energie; **nuclear ~** Kernkraft *f;* (POL) Atommacht *f;* **parental ~** elterliche Gewalt; **source of ~** Kraft-, Energiequelle *f;* **sphere of ~** Machtsphäre *f,* Einflussbereich *m;* **water ~** Wasserkraft *f;* **world ~** Weltmacht *f;* **the ~s above** die himmlischen Mächte *fpl,* die Obrigkeit; **~ of attorney** (Handlungs-, Prozess)Vollmacht *f;* **~ of life and death** Gewalt über Leben u. Tod; **the ~s that be** die Machthaber *mpl,* die Obrigkeit **II.** *vt* antreiben; **~ed by electricity** mit Elektroantrieb; **power-assisted steering** *s* (AUTO) Servolenkung *f;* **power•boat** *s* Rennboot *nt;* **power brakes** *s pl* Servobremsen *fpl;* **power cable** *s* Starkstromkabel *nt;* **power cut** *s* **1.** Stromsperre *f* **2.** Stromausfall *m;* **power-driven** ['paʊədrɪvn] *adj* mit Motorantrieb

power•ful ['paʊəfl] *adj* **1.** mächtig, stark, einflussreich **2.** leistungsfähig, -stark; **power•ful•ly** ['paʊəfəlɪ] *adv* (*fam*) mächtig, gewaltig; ~ **built** kräftig gebaut

power•house ['paʊəˌhaʊs] *s* **1.** Kraftwerk *nt* **2.** (*fig*) treibende Kraft; dynamischer Mensch; **power•less** ['paʊəlɪs] *adj* kraft-, machtlos; **power line** *s* Starkstrom-, Hochspannungsleitung *f;* **power mower** *s* Motorrasenmäher *m;* **power output** *s* Ausgangsleistung *f;* **power pack** *s* (ELEK) Netzteil *nt;* **power plant** *s* Kraftwerk *nt;* **power player** *s* Machtmensch *m;* **power-point** *s* (ELEK) Energiequelle *f;* Steckdose *f;* **power politics** *s pl* Machtpolitik *f;* **power saw** *s* Motorsäge *f;* **power set** *s* (MATH) Potenzmenge *f;* **power station** *s* Kraftwerk *nt;* **nuclear ~** Kernkraftwerk *nt;* **power steering** *s* (AUTO) Servolenkung *f;* **power tool** *s* Elektrowerkzeug *nt;* **power transmission** *s* (TECH) Kraftübertragung *f;* **power worker** *s* Elektrizitätsarbeiter(in) *m(f)*

pow•wow ['paʊwaʊ] *s* (*fam*) Konferenz *f*

pox [pɒks] *s* **1.** Syphilis *f* **2.** (*small~*) Pocken *pl;* **poxy** ['pɒksɪ] *adj* (*sl*) lausig

PR [piː'ɑː(r)] *s Abk. von* **public relations** PR *f*

prac•ti•cable ['præktɪkəbl] *adj* **1.** aus-, durchführbar **2.** befahr-, begehbar

prac•ti•cal ['præktɪkl] *adj* praktisch; (*Mensch*) praktisch (veranlagt); (*Lösung, Idee*) praxisnah, -orientiert; ~ **joke** Streich *m;* ~ **knowledge** Erfahrungswissen *nt;* **prac•ti•cal•ity** [ˌpræktɪ'kælətɪ] *s* **1.** brauchbare Lösung **2.** Brauchbarkeit, Sachlichkeit *f;* **prac•ti•cal•ly** ['præktɪk(ə)lɪ] *adv* **1.** in der Praxis **2.** praktisch, so gut wie, nahezu; **it's ~ the same** es ist fast dasselbe

prac•tice ['præktɪs] **I.** *s* **1.** Gewohnheit *f;* Brauch *m,* Sitte *f* **2.** (COM) Verfahrensweise, Praxis *f* **3.** (*Arzt, Anwalt*) Praxis *f* **4.** (*nicht*

Theorie) Praxis *f* **5.** Übung *f;* (SPORT) Training *nt* **6.** Probe *f;* **in** ~ in der Praxis; **out of** ~ aus der Übung; **be in** ~ (*Arzt, Anwalt*) praktizieren; **make it a** ~ **to do, make a** ~ **of doing** es sich zur Gewohnheit machen zu tun; **put in**(**to**) ~ in die Tat umsetzen; **business** ~**s** Geschäftspraktiken *fpl;* **it is** ~ es ist handelsüblich; ~ **makes perfect** Übung macht den Meister **II.** *vt, vi* (*Am*) *s.* **practise**; **prac•ticed** *adj* (*Am*) *s.* **practised**; **prac•tise** ['præktɪs] **I.** *vt* **1.** üben; (*Lied, Stück*) proben **2.** (*Beruf*) ausüben; ~ **law** als Anwalt tätig sein; ~ **medicine** eine ärztliche Praxis haben; ~ **what one preaches** das tun, was man immer predigt **II.** *vi* **1.** üben (*on* an, auf) **2.** praktisch tätig sein, praktizieren **3.** (SPORT) trainieren; **prac•tised** ['præktɪst] *adj* erfahren, routiniert; **prac•tis•ing** ['præktɪsɪŋ] *adj* (*Arzt*) praktizierend; (*Kommunist, Christ*) aktiv; **prac•ti•tioner** [præk'tɪʃənə(r)] *s* **1.** Praktiker(in) *m(f),* Mensch *m* der Praxis **2.** (*general* ~) praktischer Arzt, praktische Ärztin; **legal** ~ (praktizierende(r)), Rechtsanwalt *m,* -anwältin *f*

prag•matic [præg'mætɪk] *adj* pragmatisch

prairie ['preərɪ] *s* Prärie *f*

praise [preɪz] **I.** *vt* loben (*for* wegen); ~ **to the skies** (*fam*) in den Himmel heben **II.** *s* **1.** Lob *nt* **2.** Anerkennung *f;* **sing one's own** ~**s** sich selbst loben; ~ **be** Gott sei Dank!; **praise•worthy** ['preɪz,wɜːðɪ] *adj* lobenswert

pram [præm] *s* (*Br*) Kinderwagen *m;* **pram•suit** ['præmsuːt] *s* Ausfahrgarnitur *f*

prance [prɑːns] *vi* **1.** (*Pferd*) tänzeln **2.** (*fig*) einherstolzieren

prang [præŋ] **I.** *s* (*Br*) Unfall *m;* (*von Flugzeug*) Absturz *m* **II.** *vt* (*Br: Fahrzeug*) zu Bruch fahren; (*Flugzeug*) bruchlanden mit

prank [præŋk] *s* (übler) Streich *m;* **play a** ~ **on s.o.** jdm einen Streich spielen

prat [præt] *s* (*Br sl*) dummer Kerl

prate [preɪt] *vi* schwafeln

prattle ['prætl] **I.** *vi* (~ *on*) (daher)schwatzen; plappern **II.** *s* Geschwätz, Geplapper *nt*

prawn [prɔːn] *s* (Stein)Garnele *f;* **go** ~**ing** Garnelen fangen; **prawn cocktail** *s* Krabbencocktail *m*

pray [preɪ] **I.** *vt* bitten; (**I**) ~ (**you**) (ich) bitte (Sie) **II.** *vi* **1.** beten (*to* zu, *for* um) **2.** flehen(tlich bitten) (*for* um); **past** ~**ing for** in einem hoffnungslosen Zustand

prayer [preə(r)] *s* **1.** Gebet *nt* **2.** Andacht *f;* **say one's** ~**s** sein Gebet verrichten; **the Lord's Prayer** das Vaterunser; **morning-/evening-**~ Morgen-/Abendgebet *nt;* **prayer book** *s* Gebetbuch *nt;* **prayer meeting** *s* Betstunde *f;* **prayer rug** *s* Gebetsteppich *m;* **prayer wheel** *s* Gebetsmühle *f;* **praying man•tis** ['preɪɪŋ'mæntɪs] *s* Gottesanbeterin *f*

pre-ac•ces•sion *adj* (EU) Vor-Beitritts-; ~ **country** Beitrittskandidat *m;* **Pre-Accession Lending Facility** Vor-Beitritts-Fazilität *f*

preach [priːtʃ] **I.** *vi* predigen (*on, about* über); ~ **to s.o.** (*fig*) jdm eine Predigt halten **II.** *vt* **1.** predigen **2.** verfechten, sich einsetzen für **3.** (*Predigt*) halten; ~ **caution** zur Vorsicht raten; **preacher** ['priːtʃə(r)] *s* Prediger *m;* **preach•ify** ['priːtʃɪfaɪ] *vi* (*fam*) Moralpredigten halten

pre•amble [priː'æmbl] *s* (JUR POL) Präambel *f;* Einleitung, Vorrede *f*

pre•amp(**li•fier**) [priː'æmp(lɪ,faɪə(r))] *s* Vorverstärker *m*

pre•ar•range [,priːə'reɪndʒ] *vt* vorher festlegen, bestimmen

preb•end ['prebənd] *s* (REL) Pfründe *f;* **preb•en•dary** ['prebəndrɪ] *s* Inhaber *m* einer Pfründe

pre•cari•ous [prɪ'keərɪəs] *adj* **1.** unsicher, ungewiss **2.** prekär, gefährlich **3.** (*Theorie*) anfechtbar

pre•cast [,priː'kɑːst] *adj* vorgefertigt

pre•caution [prɪ'kɔːʃn] *s* Vorsicht(smaßnahme, -maßregel) *f;* **take the** ~ **of doing s.th** etw vorsichtshalber tun; **take** ~**s** Vorsichtsmaßnahmen treffen; empfängnisverhütende Mittel nehmen; **pre•caution•ary** [,prɪ'kɔːʃ(ə)nərɪ] *adj* Vorsichts-, vorbeugend

pre•cede [prɪ'siːd] *vt* **1.** voraus-, vorangehen (*s.o., s.th.* jdm, einer S) **2.** (*im Rang*) stehen über **3.** (*in Bedeutung*) den Vorrang haben vor; **pre•ced•ence** ['presɪdəns] *s* **1.** Vorrang, -tritt *m* **2.** höherer Rang, höheres Dienstalter; **give s.o.** ~, **yield** ~ **to s.o.** jdm den Vortritt lassen; **have** [*o* **take**] ~ **over** den Vorrang haben vor; rangieren vor; **in order of** ~ der Rangordnung nach; **pre•ced•ent** ['presɪdənt] *s* **1.** Präzedenzfall *m* **2.** ~**s** frühere Fälle *mpl;* **pre•ced•ing** [prɪ'sɪːdɪŋ] *adj* vorhergehend

pre•cept ['priːsept] *s* Grundsatz *m,* Maxime *f*

pre•cinct ['priːsɪŋkt] *s* **1.** (*shopping* ~) Einkaufsviertel *nt* **2.** (*pedestrian* ~) Fußgängerzone *f* **3.** Bezirk *m;* ~**s** Gelände *nt;* Umgebung *f*

pre•cious ['preʃəs] *adj* wertvoll (*to* für), kostbar, preziös; ~ **few** (*fam*) ganz wenige; ~ **metal** Edelmetall *nt;* ~ **stone** Edelstein *m*

preci•pice ['presɪpɪs] *s* Abgrund *m;* **stand on the edge of a** ~ (*fig*) vor einem Abgrund stehen

P

pre•cipi•tate [prɪˈsɪpɪteɪt] I. *vt* 1. hinabstürzen 2. stürzen (*into ruin* ins Verderben) 3. (*fig*) überstürzen; beschleunigen 4. (CHEM METE) niederschlagen, kondensieren, fällen II. *vi* 1. sich stürzen (*into* in) 2. (CHEM METE) sich niederschlagen III. [prəˈsɪpɪtɪt] *adj* (*fig*) überstürzt IV. *s* (CHEM METE) Niederschlag *m;* **pre•cipi•ta•tion** [prɪˌsɪpɪˈteɪʃn] *s* 1. Überstürzung *f* 2. (CHEM) Fällung *f* 3. (METE) Niederschlag *m,* Niederschlagsmenge *f;* **pre•cipi•tous** [prɪˈsɪpɪtəs] *adj* 1. abschüssig, steil (abfallend), jäh 2. überstürzt

pré•cis [ˈpreɪsiː, *Am* preɪˈsiː, *pl* ˈpreɪsiːz] <*pl* -cis> *s* Zusammenfassung *f;* Inhaltsangabe *f*

pre•cise [prɪˈsaɪs] *adj* 1. genau, exakt 2. gewissenhaft; pünktlich 3. pedantisch, umständlich; **at the ~ moment that ...** in dem Augenblick als ...; **pre•cise•ly** [-lɪ] *adv* genau; ~! stimmt! so ist es!; **pre•ci•sion** [prɪˈsɪʒn] *s* 1. Genauigkeit, Exaktheit *f* 2. (TECH) Präzision *f;* ~ **balance** Präzisionswaage *f;* ~ **bombing** gezielter Bombenabwurf; ~ **instrument** Präzisionsinstrument *nt;* ~ **tools** Präzisionswerkzeuge *ntpl*

pré•cis-writ•ing [ˈpreɪsiːˌraɪtɪŋ] *s* (SCHULE) Inhaltsangabe *f*

pre•clude [prɪˈkluːd] *vt* 1. ausschließen 2. hindern (*from doing* etw zu tun)

pre•co•cious [prɪˈkəʊʃəs] *adj* frühreif; **pre•coc•ious•ness**, **pre•coc•ity** [prɪˈkəʊʃəsnɪs, prɪˈkɒsətɪ] *s* Frühreife *f*

pre•con•ceived [ˈpriːkɒnsiːvd] *adj* vorgefasst; **pre•con•cep•tion** [ˌpriːkən ˈsepʃn] *s* Vorurteil *nt*

pre•con•di•tion [ˌpriːkənˈdɪʃn] *s* Bedingung, Voraussetzung *f*

pre•cook [ˈpriːkʊk] *vt* vorkochen

pre•cur•sor [ˌpriːˈkɜːsə(r)] *s* 1. Vorläufer *m* 2. Vorgänger(in) *m(f)*

pre•date [priːˈdeɪt] *vt* zeitlich vorangehen

preda•tor [ˈpredətə(r)] *s* Raubtier *nt*

preda•tory [ˈpredətrɪ] *adj* räuberisch, Raub-

pre•de•cessor [ˈpriːdɪsesə(r)] *s* Vorgänger(in) *m(f)*

pre•des•ti•nate [ˌpriːˈdestɪneɪt] *vt* vorherbestimmen (*to* für); **pre•des•ti•na•tion** [ˌpriːdestɪˈneɪʃn] *s* Vorherbestimmung, Prädestination *f;* **pre•des•tine** [ˌpriːˈdestɪn] *vt* prädestinieren

pre•de•ter•mine [ˌpriːdɪˈtɜːmɪn] *vt* vorher festlegen

pre•dica•ment [prɪˈdɪkəmənt] *s* missliche Lage; **be in a ~** in der Klemme sitzen

predi•cate [ˈpredɪkeɪt] I. *vt* 1. aussagen (*of* über) 2. (be)gründen (*on, upon* auf) 3. abhängig machen (*on a condition* von einer Bedingung) 4. stützen II. [ˈpredɪkət] *s* (GRAM) Prädikat *nt*

pre•dict [prɪˈdɪkt] *vt* vorhersagen, prophezeien; **pre•dict•able** [-əbl] *adj* vorhersehbar; **pre•dic•tion** [prɪˈdɪkʃn] *s* Vorhersage, Prognose, Prophezeiung *f*

pre•di•lec•tion [ˌpriːdɪˈlekʃn] *s* Vorliebe *f* (*for* für)

pre•dis•pose [ˌpriːdɪˈspəʊz] *vt* 1. geneigt, empfänglich machen (*to* zu, für) 2. günstig stimmen (*in s.o.'s favour* für jdn) 3. (MED) prädisponieren (*to* für); **pre•dis•posi•tion** [ˌpriːdɪspəˈzɪʃn] *s* 1. (*a.* MED) Empfänglichkeit *f* 2. (MED) Prädisposition *f* (*to* für)

pre•domi•nance [prɪˈdɒmɪnəns] *s* 1. Überlegenheit *f,* Übergewicht *nt* (*over* über) 2. Vorherrschaft *f* (*over* über, *in* in); **pre•domi•nant** [prɪˈdɒmɪnənt] *adj* vorherrschend, überwiegend; **pre•domi•nate** [prɪˈdɒmɪneɪt] *vi* überlegen sein, die Oberhand haben (*over* über), vorherrschen (*over* vor)

pre-emi•nence [ˌpriːˈemɪnəns] *s* Vorrang(stellung *f*) *m;* Überlegenheit *f* (*over* über); **pre-emi•nent** [ˌpriːˈemɪ nənt] *adj* hervor-, überragend

pre-empt [ˌpriːˈempt] *vt* zuvorkommen (*s.o.* jdm); **pre-emp•tion** [ˌpriːˈempʃn] *s* Zuvorkommen *nt;* **pre-emp•tive** [priːˈemptɪv] *adj* 1. präventiv 2. (COM) Vorkaufs-; Bezugs-

preen [priːn] *vt* (*Gefieder*) putzen, glätten; ~ **o.s.** sich fein machen; ~ **o.s. on s.th.** sich etwas auf etw einbilden

pre•fab [ˈpriːfæb] *s* Fertigbau *m;* **pre•fab•ri•cate** [ˌpriːˈfæbrɪkeɪt] *vt* vorfabrizieren; **~d** vorgefertigt; in Fertigbauweise erstellt; **~d house** Fertighaus *nt;* **~d section** Fertigteil *nt*

pref•ace [ˈprefɪs] I. *s* Vorwort *nt* II. *vt* 1. mit einer Einleitung versehen 2. einleiten (*with* mit); **prefa•tory** [ˈprefətrɪ] *adj* einleitend

pre•fect [ˈpriːfekt] *s* Präfekt *m;* (*Br*) Vertrauensschüler(in) *m(f)*

pre•fer [prɪˈfɜː(r)] *vt* 1. vorziehen, bevorzugen 2. lieber tun, lieber haben (*s.th. to s.th. else* etw als eine andere S, *rather than* als) 3. (*im Amt*) befördern (*to* zu) 4. (*Klage*) erheben (*against* gegen, *to* bei); **pre•fer•able** [ˈprefrəbl] *adj* vorzuziehen (*to dat*), wünschenswerter (*to* als); **pre•fer•ably** [ˈprefrəblɪ] *adv* am liebsten; **pref•er•ence** [ˈprefrəns] *s* 1. Vorzug *m;* Bevorzugung *f* (*over* vor) 2. Vorliebe *f* (*for* für) 3. Vorrecht *nt;* Präferenz *f* 4. Meistbegünstigung *f,* Vorzugstarif *m* 5. **~s** Präferenzen *fpl,* Vorzugsaktien *fpl;* **by ~, for ~, from ~** vorzugsweise; **in ~ to** lieber als; **of your ~** gewünscht; **give ~ to s.o.** jdm den Vorzug geben; **have**

a ~ **for** eine Vorliebe haben für; **what are your ~s?** worauf legen Sie Wert?; was ziehen Sie vor?; **I have no ~** das ist mir einerlei; ~ **share** Vorzugsaktie *f;* **pref•er•en•tial** [ˌprefəˈrenʃl] *adj* bevorzugt, bevorrechtigt; ~ **creditor** bevorrechtigter Konkursgläubiger; ~ **duty** Vorzugszoll *m;* ~ **terms** Vorzugsbedingungen *fpl;* ~ **treatment** bevorzugte Behandlung, Bevorzugung *f;* **pre•ferred** [prɪˈfɜːd] *adj* **1.** bevorzugt **2.** bevorrechtigt; ~ (**capital**) **stock** (*Am*) Vorzugsaktien *fpl*

pre•fig•ure [ˌpriːˈfɪgə(r)] *vt* **1.** andeuten **2.** sich vorher ausmalen

pre•fix [ˈpriːfɪks] **I.** *s* **1.** (GRAM) Vorsilbe *f;* Präfix *nt* **2.** (*Am*) (Telefon-)Vorwahl *f* **II.** [priːˈfɪks] *vt* **1.** als Vorsilbe setzen vor **2.** (*fig*) voranstellen, voransetzen

preg•nancy [ˈpregnənsɪ] *s* **1.** (*Frau*) Schwangerschaft *f* **2.** (*Tier*) Trächtigkeit *f* **3.** (*fig: Ereignis*) Tragweite, Bedeutung *f;* **termination of ~** Schwangerschaftsabbruch *m;* **pregnancy test** *s* Schwangerschaftstest *m;* **preg•nant** [ˈpregnənt] *adj* **1.** (*Frau*) schwanger **2.** (*Tier*) trächtig **3.** (*fig*) bedeutungsvoll, gewichtig

pre•hen•sile [prɪˈhensaɪl] *adj* Greif-

pre•his•toric [ˌpriːhɪˈstɒrɪk] *adj* prähistorisch; **pre•his•tory** [ˌpriːˈhɪstrɪ] *s* Vor-, Urgeschichte *f*

pre•judge [ˌpriːˈdʒʌdʒ] *vt* vorschnell verurteilen

preju•dice [ˈpredʒʊdɪs] **I.** *s* **1.** Vorurteil *nt*, vorgefasste Meinung (*against* gegen), Voreingenommenheit *f* (*in favo(u)r of* für) **2.** Beeinträchtigung *f,* Schaden, Nachteil *m* **II.** *vt* **1.** ungünstig beeinflussen, einnehmen (*s.o. against* jdn gegen) **2.** sich nachteilig auswirken auf, Abbruch tun (*s.th.* einer S); **preju•diced** [ˈpredʒʊdɪst] *adj* voreingenommen; **preju•di•cial** [ˌpredʒʊˈdɪʃl] *adj* nachteilig, schädlich (*to* für); **be ~ to** sich nachteilig auswirken auf

pre•limi•nary [prɪˈlɪmɪnərɪ] **I.** *adj* **1.** einleitend **2.** vorbereitend **3.** vorläufig, einstweilig; ~ **advice,** ~ **announcement,** ~ **notice** Voranzeige *f;* ~ **agreement** (*o* **contract**) Vorvertrag *m;* ~ **discussion** Vorbesprechung *f;* ~ **draft** Vorentwurf *m;* ~ **examination** Aufnahme-, Vorprüfung *f;* ~ **investigation** (JUR) Voruntersuchung *f;* ~ **round** (SPORT) Vorrunde(nspiel *nt*) *f;* ~ **talks** Vorbesprechungen *fpl;* ~ **works** Vorarbeiten *fpl* **II.** *s* **1.** Einleitung *f,* Vorbereitung *f* (*to* zu) **2.** (SPORT) Vorrunde *f* **3.** **preliminaries** (POL) Vorverhandlungen *fpl,* Präliminarien *pl;* **pre•lims** [ˈpriːlɪmz] *s* **1.** (SCHULE) Vorprüfung *f* **2.** (TYP) Vorspann *m*

prel•ude [ˈpreljuːd] **I.** *s* **1.** Vorspiel *nt;* Präludium *nt* **2.** (*fig*) Auftakt *m* **II.** *vi* einleiten, eröffnen

pre•mari•tal [ˌpriːˈmærɪtl] *adj* vorehelich

pre•ma•ture [preməˈtjʊə(r), *Am* ˌpriːməˈtʊər] *adj* **1.** vorzeitig, zu früh **2.** (*fig*) voreilig; ~ **baby** Frühgeburt *f*

pre•medi•ta•ted [ˌpriːˈmedɪteɪtɪd] *adj* vorsätzlich, vorbedacht; ~ **murder** vorsätzlicher Mord; **pre•medi•ta•tion** [ˌpriːmedɪˈteɪʃn] *s* Vorsatz *m*

pre•mier [ˈpremɪə(r), *Am* ˈpriːmɪə(r)] **I.** *adj* führend; (*Wichtigkeit*) äußerste(r, s) **II.** *s* Premierminister(in) *m(f)*

pre•mière [ˈpremɪeə(r), *Am* prɪˈmɪər] *s* (THEAT FILM) Premiere *f*

prem•ise [ˈpremɪs] *s* Prämisse, Voraussetzung *f;* **~s** Gelände *nt;* Gebäude *nt;* Anwesen *nt;* **on the ~s** vor Ort, an Ort und Stelle; **escort s.o. off the ~s** jdn hinausbegleiten; **bank/factory ~s** Bank-/Fabrikgebäude *nt;* **business ~s** Geschäftsräume *mpl*

pre•mium [ˈpriːmɪəm] *s* **1.** (COM) Prämie *f* **2.** Zuschlag *m;* Bonus *m* **3.** (FIN) Aufgeld, Agio *nt* **4.** (Versicherungs)Prämie *f* **5.** Preis *m,* Belohnung *f* (*on* auf); **be at a ~** (FIN) über pari stehen; (*fig*) sehr geschätzt, sehr gesucht sein; **put a ~ on** (*fig*) hoch bewerten; **sell at a ~** mit Gewinn verkaufen; ~ **on exports** Ausfuhr-, Exportprämie *f;* **premium bond** *s* Prämienanleihe *f;* **premium offer** *s* Werbegeschenk *nt;* **premium quality** *s* erstklassige Qualität

pre•mon•ition [ˌpriːməˈnɪʃn] *s* Vorahnung *f* (*about* von)

pre•natal [ˌpriːˈneɪtl] *adj* vor der Geburt; pränatal

pre•oc•cu•pa•tion [ˌpriːɒkjʊˈpeɪʃn] *s* **1.** Inanspruchnahme *f* **2.** Vertieftsein *nt* (*with* in); **her ~ with the children** ihre ständige Sorge um die Kinder; **pre•oc•cu•pied** [prɪːˈɒkjʊpaɪd] *adj* gedankenverloren, geistesabwesend; **be ~ with s.th.** nur an etw denken, mit etw ganz beschäftigt sein; **pre•oc•cupy** [priːˈɒkjʊpaɪ] *vt* ausschließlich beschäftigen, ganz beherrschen

pre•or•dain [ˌpriːɔːˈdeɪn] *vt* vorherbestimmen

prep [prep] *s* (*Br fam*) Hausaufgabe *f*

pre•pack(**age**) [priːˈpæk(ɪdʒ)] *vt* abpacken, fertig packen

pre•paid [ˌpriːˈpeɪd] *adj* (voraus)bezahlt; **postage ~** vorfrankiert, freigemacht; **prepaid reply** *s* bezahlte Rückantwort

prep•ara•tion [ˌprepəˈreɪʃn] *s* **1.** Vorbereitung *f* **2.** (*Br:* SCHULE) Schularbeit *f* **3.** (MED) Präparat *nt;* **make ~s** Anstalten, Vorbereitungen treffen (*for* für); **in ~ for** als Vorbereitung für; **pre•para•tory** [prɪˈpærətrɪ] *adj* vorbereitend; einführend; ~ **to** vor (zeitlich); ~ **course** Vorbereitungslehrgang *m;* ~ **period** Vorbereitungszeit *f;* (*Versicherung*)

Wartezeit *f;* ~ **work** Vorarbeit *f*

pre·pare [prɪˈpeə(r)] **I.** *vt* **1.** vorbereiten (*for s.th.* auf etw, *to do* zu tun) **2.** Vorbereitungen, Vorkehrungen treffen für **3.** (*Essen*) zubereiten **4.** abfassen, ausarbeiten **5.** (*Rechnung*) aufstellen **6.** (*Vertrag*) aufsetzen, entwerfen **7.** (*Daten*) aufbereiten; ~ **yourself for a shock** mach dich auf einen Schock gefasst **II.** *vi* sich vorbereiten (*for* auf); ~ **to do s.th.** Anstalten machen, etw zu tun; **pre·pared** [prɪˈpeəd] *adj* **1.** bereit, fertig (*for* für) **2.** vorbereitet, gefasst (*for* auf, *to do* zu tun); **be ~ to acknowledge/to admit/to supply** bereit sein anzuerkennen/zuzugeben/zu liefern; **be ~ for the worst** auf das Schlimmste gefasst sein; **I'm not ~ to lend him money** ich denke nicht daran ihm Geld zu leihen; **be~!** allzeit bereit!; **pre·pared·ness** [prɪˈpeərɪdnɪs] *s* Bereitschaft *f* (*for* zu)

pre·pay [ˌpriːˈpeɪ] *vt* **1.** im voraus bezahlen, vorauszahlen **2.** (*Postsendung*) freimachen, frankieren; **pre·pay·ment** [-mənt] *s* **1.** An-, Vorauszahlung *f* **2.** Zahlung *f* vor Fälligkeit **3.** (*Postsendung*) Freimachung *f,* Frankieren *nt*

pre·pon·der·ance [prɪˈpɒndərəns] *s* Überlegenheit *f* (*over* über); **pre·pon·der·ant** [prɪˈpɒndərənt] *adj* überwiegend; **be** ~ überwiegen

pre·pos·it·ion [prepəˈzɪʃn] *s* (GRAM) Präposition *f*

pre·pos·sess·ing [ˌpriːpəˈzesɪŋ] *adj* einnehmend, anziehend; sympathisch

pre·pos·ter·ous [prɪˈpɒstərəs] *adj* unsinnig; albern, lächerlich

prepped [prept] *adj* bereit, vorbereitet

preppie [ˈprepɪ] **I.** *adj* (*Am*) popperhaft **II.** *s* (*Am*) Popper *m*

pre·puce [ˈpriːpjuːs] *s* (ANAT) Vorhaut *f*

pre·requi·site [ˌpriːˈrekwɪzɪt] **I.** *adj* erforderlich, notwendig (*to* für) **II.** *s* Vorbedingung, Voraussetzung *f* (*to, for* für)

pre·roga·tive [prɪˈrɒgətɪv] *s* Vorrecht *nt*

pre·sage [ˈpresɪdʒ] **I.** *s* Vorzeichen *nt;* Vorahnung *f* **II.** *vt* **1.** ein Vorzeichen sein für **2.** vorhersagen, prophezeien

Pres·by·terian [ˌprezbɪˈtɪərɪən] **I.** *adj* presbyterianisch **II.** *s* Presbyterianer(in) *m(f);* **pres·by·tery** [ˈprezbɪtrɪ] *s* **1.** Kirchenrat *m* **2.** (*römisch-katholische Kirche*) Pfarrhaus *nt*

pre·school [ˈpriːskuːl] *adj* vorschulisch, Vorschul-

pre·scribe [prɪˈskraɪb] **I.** *vt* **1.** vorschreiben (*to s.o.* jdm) **2.** (MED) verschreiben, verordnen (*s.th. for s.o.* jdm etw) **II.** *vi* Vorschriften machen; **pre·scribed** [prɪˈskraɪbd] *adj* vorgeschrieben; **as ~, in the ~ form** vorschriftsmäßig; **in the ~ time** fristgerecht; **pre·scrip·tion** [prɪˈskrɪpʃn] *s* **1.** Vorschrift, Anordnung *f* **2.** (MED) Verordnung *f;* Rezept *nt;* **only available on ~** rezeptpflichtig; ~ **charge** Rezeptgebühr *f;* **pre·scrip·tive** [prɪˈskrɪptɪv] *adj* normativ

pres·ence [ˈprezns] *s* **1.** Gegenwart, Anwesenheit *f* **2.** Auftreten, Benehmen *nt;* **in the ~ of** in Anwesenheit *+gen;* **your ~ is requested** Sie werden gebeten sich einzufinden; ~ **of mind** Geistesgegenwart *f;* **a military ~** Militärpräsenz *f*

pres·ent¹ [ˈpreznt] **I.** *adj* **1.** (*räumlich*) anwesend, zugegen; vorhanden **2.** (*räumlich u. zeitlich*) gegenwärtig **3.** (*zeitlich*) augenblicklich, momentan **4.** vorliegend; laufend; **at the ~ time** gegenwärtig; **in the ~ case** im vorliegenden Fall; **up to the ~ time** bis zum heutigen Tage, bis heute; **all ~** alle Anwesenden *pl;* **be ~ at s.th.** bei etw (anwesend) sein; ~ **company excepted** Anwesende ausgenommen; **poisonous substances ~ in the atmosphere** in der Atmosphäre vorhandene Giftstoffe; **in the ~ circumstances** unter den gegenwärtigen [*o* gegebenen] Umständen; ~ **tense** Präsens *nt,* Gegenwart *f;* ~ **participle** Partizip *nt* Präsens; ~ **perfect (tense)** Perfekt *nt,* zweite Vergangenheit **II.** *s* **1.** Gegenwart *f* **2.** (GRAM) Gegenwart *f,* Präsens *nt;* **at ~** zurzeit, im Augenblick; **for the ~** vorerst, vorläufig

pre·sent² [prɪˈzent] **I.** *vt* **1.** übergeben, überreichen **2.** schenken (*s.o. with s.th.* jdm etw) **3.** vorlegen, (vor)zeigen; aufzeigen; (*Vorschlag*) unterbreiten **4.** (*Sicht, Möglichkeit, Angriffsziel*) bieten **5.** (*Menschen*) vorstellen **6.** (RADIO TV) präsentieren; moderieren; (THEAT) zeigen **7.** (*Gewehr*) zielen (*at* auf); ~ **one's apologies** sich entschuldigen; ~ **one's compliments to s.o.** jdm Grüße, ein Kompliment ausrichten lassen; **that ~s us with a problem** das stellt uns vor ein Problem; ~ **arms!** präsentiert das Gewehr! **II.** *vr* erscheinen; (*Gelegenheit, Problem*) sich ergeben; ~ **o.s. for an exam** zur Prüfung erscheinen **III.** [ˈpreznt] *s* Geschenk *nt;* **make s.o. a ~ of s.th.** jdm etw schenken; **birthday/Christmas ~** Geburtstags-/Weihnachtsgeschenk *nt*

pre·sent·able [prɪˈzentəbl] *adj* gesellschaftsfähig; ansehnlich, respektabel; **be ~** sich sehen lassen können

pres·en·ta·tion [ˌpreznˈteɪʃn, *Am* ˌpriːzenˈteɪʃn] *s* **1.** (THEAT) Aufführung *f;* Darstellung *f* **2.** Überreichung *f;* Schenkung *f* **3.** Eingabe, Einreichung, Präsentation, Vorlage *f* **4.** (COM) Aufmachung, Ausstattung, Präsentation *f;* **on ~** gegen Vorzeigung; ~ **of a claim** Anspruchserhebung *f;* ~

copy (*Buch*) Frei-, Widmungsexemplar *nt;* ~ **of proof** Beweisantritt *m*

pre•sent-day [ˌprezənt'deɪ] *adj* gegenwärtig, heutig, zeitgenössisch; zeitgemäß, modern

pres•en•tee•ism [ˌprezen'tiːɪzəm] *s länger am Arbeitsplatz bleiben als nötig, um positiv aufzufallen*

pre•sen•ti•ment [prɪ'zentɪmənt] *s* Vorgefühl *nt,* (böse) (Vor)Ahnung *f*

pres•ent•ly ['prezntlɪ] *adv* **1.** bald, in kurzem, in Kürze **2.** gegenwärtig

pres•er•va•tion [ˌprezə'veɪʃn] *s* **1.** Erhaltung *f* **2.** Konservierung *f;* Einmachen, Einkochen *nt* **3.** Beibehaltung, Aufbewahrung *f;* **in a good state of** ~ gut erhalten; ~ **of evidence** Beweissicherung *f;* **pre•serv•ative** [prɪ'zɜːvətɪv] **I.** *adj* konservierend **II.** *s* Konservierungsstoff *m* (*against, from* gegen); **pre•serve** [prɪ'zɜːv] **I.** *vt* **1.** bewahren, schützen (*from* vor) **2.** erhalten; in Stand halten **3.** (*Nahrungsmittel*) konservieren; einmachen, einkochen **4.** beibehalten, aufrechterhalten **5.** (*Wild*) schützen **II.** *s* **1.** Ressort *nt,* Zuständigkeitsbereich *m* **2.** (*Br: game* ~) Jagdrevier *nt* **3.** ~**s** (das) Eingemachte **4.** Konfitüre *f;* **pre•served** [prɪ'zɜːvd] *adj* konserviert; **well-**~ noch gut aussehend

pre•shrunk [ˌpriː'ʃrʌŋk] *adj* (*Textil*) nicht einlaufend, schrumpffest

pre•side [prɪ'zaɪd] *vi* vorsitzen (*over s.th.* einer S), den Vorsitz führen (*over, at* bei); **presi•dency** ['prezɪdənsɪ] *s* **1.** Vorsitz *m* **2.** Amt *nt* eines Präsidenten **3.** (*Am*) Präsidentschaft *f;* **under the** ~ **of** unter dem Vorsitz von; **presi•dent** ['prezɪdənt] *s* **1.** Vorsitzende(r) *f m* **2.** (POL) Präsident(in) *m(f)* **3.** (*Am*) Rektor(in) *m(f);* **presi•dential** [ˌprezɪ'denʃl] *adj:* ~ **address** Ansprache *f* des Präsidenten; ~ **candidate** Präsidentschaftskandidat(in) *m(f);* ~ **election** Präsidentenwahl *f;* ~ **year** (*Am*) Jahr *nt* der Präsidentenwahl

press [pres] **I.** *vt* **1.** drücken (*the button* auf den Knopf) **2.** pressen; (*Obst oder Saft*) auspressen **3.** zusammendrücken, -pressen **4.** plätten, bügeln **5.** fest drücken (*to* an) **6.** dringend ersuchen, bestürmen, bitten (*to do* zu tun) **7.** nachdrücklich vorbringen **8.** aufdrängen, -nötigen (*s.th. on s.o.* jdm etw) **9.** (*Auffassung*) durchsetzen; Nachdruck legen auf, hervorheben, betonen **10.** drängen auf; energisch durchführen **11.** (~ *hard*) bedrängen; **be** ~**ed for** nicht genug haben von; sehr knapp sein an; **be hard** ~**ed** in großer Verlegenheit sein; ~ **one's advantage** hinter seinem Vorteil her sein; ~ **home** mit Nachdruck vertreten; energisch durchführen; ~ **one's point** seine Auffassung durchsetzen; **I won't** ~ **the matter** ich möchte in dieser Sache nicht weiter drängen **II.** *vi* **1.** drücken (*on, upon* auf) **2.** drängen (*for s.th.* auf etw) **3.** bestehen (*for* auf); **time** ~**es** die Zeit drängt, es eilt **III.** *s* **1.** Druck *m* **2.** Andrang *m,* Gedränge *nt* **3.** (Frucht-, Öl)Presse *f;* (SPORT) Spanner *m* **4.** (*printing* ~) Druckpresse *f* **5.** Presse *f,* Zeitungen *fpl,* Zeitungs-, Pressewesen *nt* **6.** (*in Schottland*) (Einbau)schrank *m;* **in the** ~ im Druck; **have a good** (**bad**) ~ eine gute (schlechte) Presse haben, gut (schlecht) aufgenommen, beurteilt werden; **press back** *vt* zurückdrängen, -drücken; **press down** *vt* niederdrücken; **press in** *vt* eindrücken; **press on**, **press ahead**, **press forward** *vi* vorwärts-, weiterdrängen; sich beeilen; vorpreschen; **press upon** *vi* lasten auf; aufdrängen; **press agency** *s* Nachrichtenbüro *nt,* Presseagentur *f;* **press-button** *s* (ELEK) (Druck)Knopf *m;* ~ **control** Druckknopfsteuerung *f;* **press campaign** *s* Pressefeldzug *m,* -kampagne *f;* **press card** *s* Presseausweis *m;* **press clipping**, **press cutting** *s* (*Br*) Zeitungsausschnitt *m;* **press conference** *s* Pressekonferenz *f;* **press coverage** *s* Presseberichterstattung *f;* **press gallery** *s* Pressetribüne *f;* **press-gang** *vt* (*fam*) zwingen; drängen

press•ing ['presɪŋ] **I.** *adj* **1.** dringend, dringlich, eilig **2.** nachdrücklich **II.** *s* (*Schallplatte*) Auflage *f;* Pressung *f*

press•man ['presmən] <*pl* -men> *s* Journalist *m;* **press office** *s* Pressestelle *f;* **press officer** *s* Pressereferent(in) *m(f);* **press photographer** *s* Fotoreporter(in) *m(f),* Pressefotograf(in) *m(f);* **press release** *s* Pressemitteilung *f;* **press report** *s* Presse-, Zeitungsbericht *m;* **press stud** *s* (*Br*) Druckknopf *m*

press-up ['presˌʌp] *s* (SPORT) Liegestütz *m*

pres•sure ['preʃə(r)] *s* **1.** (*a.* PHYS TECH) Druck *m* **2.** (*fig*) Druck, Zwang *m* **3.** Bedrückung, drückende Lage, Bedrängnis, Not *f;* **under** ~ unter Druck; **under the** ~ **of necessity** notgedrungen; **under** ~ **of time** unter Zeitdruck; **put** ~ **on s.o.** jdn unter Druck setzen; ~ **to succeed** Erfolgsdruck *m;* **work at high** ~ mit Hochdruck arbeiten; **atmospheric** ~ Luftdruck *m;* **blood** ~ Blutdruck *m;* **high/low** ~ (METE) Hoch-/Tiefdruck *m;* **tyre** ~ Reifendruck *m;* **pressure cabin** *s* (AVIAT) Überdruckkabine *f;* **pressure cooker** *s* Schnellkochtopf *m;* **pressure ga(u)ge** *s* Druckmesser *m,* Manometer *nt;* **pressure group** *s* Interessengruppe, Pressure-group *f;* **pressure vessel** *s* (TECH) Druckbehälter *m;* **pressure wave** *s* Druckwelle *f;* **pres•sur•ize**

['preʃəraɪz] *vt* **1.** unter Druck setzen, zwingen (*s.o.* jdn) **2.** (AVIAT) mit Druckausgleich ausstatten; **~d cabin** (Über)Druckkabine *f;* **~d water reactor** Druckwasserreaktor *m*

pres•tige [pre'sti:ʒ] *s* Prestige *nt;* **pres•tig•ious** [pre'stɪdʒəs] *adj* vornehm; **be ~** einen großen Prestigewert haben

pre•stressed ['pri:strest] *adj:* **~ concrete** Spannbeton *m*

pre•sum•ably [prɪ'zju:məblɪ] *adv* vermutlich; **pre•sume** [prɪ'zju:m] **I.** *vt* **1.** annehmen, vermuten **2.** schließen (*from* aus) **3.** sich herausnehmen, sich anmaßen **II.** *vi* **1.** vermuten **2.** sich zu viel herausnehmen; **~ on s.th.** etw ausnutzen; **pre•sum•ing** [prɪ'zju:mɪŋ] *adj* anmaßend; **pre•sump•tion** [prɪ'zʌmpʃn] *s* **1.** (*a.* JUR) Vermutung *f* **2.** Anmaßung *f;* Unverschämtheit *f;* **on the ~ that ...** in der Annahme, dass ...; **pre•sump•tive** [prɪ'zʌmptɪv] *adj* mutmaßlich; **~ evidence** Indizienbeweis *m;* **pre•sump•tu•ous** [prɪ'zʌmptjʊəs] *adj* überheblich, anmaßend, unverschämt

pre•sup•pose [ˌpri:sə'pəʊz] *vt* voraussetzen; **pre•sup•po•si•tion** [ˌpri:sʌpə'zɪʃn] *s* Voraussetzung *f*

pre-tax [ˌpri:'tæks] *adj:* **~ income** [*o* **profit**] Gewinn *m* vor Steuern

pre•tence [prɪ'tens] *s* **1.** Anspruch *m* (*to* auf) **2.** Anschein *m,* Vorspiegelung *f,* Vorwand *m;* Ausrede, -flucht *f* **3.** Geziertheit *f;* **on** [*o* **under**] **the ~ of** unter dem Vorwand *+gen;* **under false ~s** unter Vorspiegelung falscher Tatsachen; **it's just a ~** es ist nur gespielt; **make a ~ of s.th.** etw vorschützen, -täuschen; **devoid of all ~** offen, aufrichtig

pre•tend [prɪ'tend] *vt* **1.** vorgeben, -schützen; vortäuschen **2.** sich ausgeben als **3.** sich verstellen **4.** (nur) so tun (*that* als ob); **he's just ~ing** er tut nur so; **pre•tended** [prɪ'tendɪd] *adj* gespielt, geheuchelt; **pre•tender** [prɪ'tendə(r)] *s* (*~ to the throne*) (Kron)Prätendent *m;* **pretense** *s* (*Am*) *s.* **pretence**

pre•ten•sion [prɪ'tenʃn] *s* **1.** Anspruch *m* (*to* auf) **2.** Prahlerei *f;* Anmaßung, Überheblichkeit *f;* **pre•ten•tious** [prɪ'tenʃəs] *adj* **1.** anmaßend, überheblich **2.** prahlerisch, prunkend **3.** bombastisch; **pre•ten•tious•ness** [-nɪs] *s* **1.** Anmaßung *f* **2.** Protzigkeit *f* **3.** Bombast *m*

pret•er•ite ['pretərɪt] (GRAM: *~ tense*) Präteritum *nt,* erste Vergangenheit

pre•ter•natu•ral [ˌpri:tə'nætʃrəl] *adj* **1.** ungewöhnlich, abnorm **2.** übernatürlich

pre•text ['pri:tekst] *s* Vorwand *m,* Ausrede *f;* **under** [*o* **on**] **the ~ of** unter dem Vorwand *+gen*

pret•ti•fy ['prɪtɪfaɪ] *vt* verschönern

pretty ['prɪtɪ] **I.** *adj* nett, hübsch; **be sitting ~** sein Schäfchen im Trockenen haben; **a ~ penny** eine schöne Stange Geld; ~-~ ganz entzückend, süß **II.** *adv* ziemlich, (ganz) ordentlich; ganz schön, beachtlich; **~ bad** recht mies; **~ good** (gar) nicht (so) übel; ganz gut; **~ much** so ziemlich; **~ near finished** beinah(e), fast fertig; **I'm ~ well** es geht mir ganz gut; **I've ~ well finished** ich bin beinahe fertig; **that's ~ much the same** (**thing**) das läuft auf eins hinaus

pret•zel ['pretsl] *s* Brezel *f*

pre•vail [prɪ'veɪl] *vi* **1.** die Oberhand gewinnen, siegen (*over, against* über) **2.** sich durchsetzen, sich behaupten (*against* gegen) **3.** Erfolg haben, erfolgreich sein **4.** maßgebend sein, vorherrschen, überwiegen (*in* bei) **5.** dazu bewegen, überreden (*on, upon, with s.o.* jdn); **pre•vail•ing** [-ɪŋ] *adj* **1.** (vor)herrschend, maßgebend, überwiegend **2.** (COM) geltend; **under the ~ circumstances** unter den obwaltenden Umständen; **~ wind** vorherrschender Wind

preva•lence ['prevələns] *s* weite Verbreitung; Geltung *f;* Beliebtheit *f;* **preva•lent** ['prevələnt] *adj* **1.** weit verbreitet **2.** vorherrschend **3.** (*Mode*) beliebt

pre•vari•cate [prɪ'værɪkeɪt] *vi* Ausflüchte machen; **pre•vari•ca•tion** [prɪˌværɪ'keɪʃn] *s* Ausflucht *f;* Ausflüchte *fpl*

pre•vent [prɪ'vent] *vt* **1.** verhindern **2.** verhüten, vermeiden **3.** ab-, zurückhalten (*from doing s.th.* etw zu tun); **pre•ven•tion** [prɪ'venʃn] *s* Verhinderung, Vermeidung *f;* Vorbeugung, Verhütung *f;* **in case of ~** im Fall der Verhinderung; **~ is better than cure** Vorbeugen ist besser als Heilen; **crime ~** Verbrechensverhütung, -bekämpfung *f;* **~ of accidents** Unfallverhütung *f;* (**society for the**) **~ of cruelty to animals** Tierschutz(verein) *m;* **pre•ven•tive** [prɪ'ventɪv] *adj* **1.** verhütend **2.** (MED) vorbeugend, prophylaktisch; **~ detention** Schutzhaft, Sicherungsverwahrung *f;* **~ measures** präventive Maßnahmen; **~ medicine** Gesundheitspflege *f;* vorbeugende Medizin, Präventivmedizin *f;* **~ treatment** Präventivbehandlung *f;* **~ war** Präventivkrieg *m*

pre•view ['pri:vju:] *s* (*Theaterstück*) Probeaufführung *f;* (*Ausstellung*) Vorbesichtigung *f;* (*Film*) Vorschau *f*

pre•vi•ous ['pri:vɪəs] *adj* **1.** (*zeitlich*) voraus-, vorhergehend, früher **2.** (*too ~*) voreilig, -schnell; **~ to** vor; **without ~ notice** ohne Vorankündigung; **previous conviction** *s* Vorstrafe *f;* **have** (**no**) **~s** (nicht) vorbestraft sein; **previous experience** *s* Vorkenntnisse *fpl,* Vorbildung *f;* **previous holder** *s* Vorbesitzer(in) *m(f);* **pre•vi-**

ous•ly [-lɪ] *adv* früher; vorher; **previous month** *s* Vormonat *m;* **previous notice** *s* Vorankündigung *f;* **previous speaker** *s* Vorredner(in) *m(f);* **previous year** *s* Vorjahr *nt*

pre-war ['pri:wɔ:] *adj* Vorkriegs-; ~ **England** Vorkriegsengland *nt;* **the** ~ **years** die Vorkriegsjahre

prey [preɪ] **I.** *s* Beute(tier *nt*) *f;* **fall an easy** ~ **to** eine leichte Beute sein für; **beast of** ~ Raubtier *nt;* **bird of** ~ Raubvogel *m* **II.** *vi* **1.** herfallen (*on* über) **2.** nachstellen (*on, upon other animals* anderen Tieren), fangen (*on, upon* acc) **3.** (*fig*) lasten (*on, upon* auf) **4.** beeinträchtigen (*on, upon s.th.* etw), nagen, zehren (*on* an); **it is** ~**ing on my mind** es lastet mir auf der Seele

price [praɪs] **I.** *s* **1.** Preis *m* **2.** (*Börse*) Kurs *m,* Notierung *f* **3.** Wert *m* **4.** (*Wetten*) Quote *f;* **at all** ~**s** in jeder Preislage; **at any** ~ (*fig*) um jeden Preis; **at half-**~ zum halben Preis; **at a low** ~ billig; **at the** ~ **of** zum Preis von; **beyond** [*o* **without**] ~ unbezahlbar; **under** ~ unter Preis; **fetch a** ~ einen Preis erzielen **II.** *vt* **1.** einen Preis festsetzen für; bewerten **2.** mit einem Preis versehen, auszeichnen **3.** nach dem Preis fragen, sich nach dem Preis erkundigen (*s.th.* einer S) **4.** (*fig*) schätzen; **price bracket** *s* Preisspanne, Preisklasse *f;* (*Börse*) Kursbildung *f;* **price calculation** *s* Preisgestaltung, Kalkulation *f;* **price ceiling** *s* Preisobergrenze *f;* Höchstpreis *m;* **price control** *s* Preiskontrolle *f;* **price-con•trolled** ['praɪskən'trəʊld] *adj* preisgebunden; **price cut(ting)** *s* Preissenkung *f;* **price decline** *s* Preis-, Kursrückgang *m;* **price differential** *s* Preisgefälle *nt;* **price fixing** *s* Preisabsprache *f;* **price fluctuations** *s pl* Preis-, Kursschwankungen *fpl;* **price freeze** *s* Preisstopp *m;* **price index** *s* Preisindex *m;* **price-index number** *s* Preisindexzahl *f;* **price label** *s* Preisschild *nt*

price•less ['praɪslɪs] *adj* **1.** unbezahlbar, unschätzbar, unvergleichlich **2.** (*Br fam*) amüsant

price level ['praɪslevl] *s* Kurs-, Preisniveau *nt;* **price limit** *s* Kurs-, Preisgrenze *f;* **price list** *s* **1.** Preisliste *f* **2.** (*Börse*) Kurszettel *m;* **price range** *s* Preisspanne, Preisklasse *f;* (*Börse*) Kursbildung *f;* **price ring** *s* Preiskartell *m;* **price rise** *s* Preiserhöhung *f;* **price tag, price ticket** *s* Preisschild *nt;* **price war** *s* Preiskrieg *m;* **pricey** ['praɪsɪ] *adj* (*fam*) teuer; **pric•ing** ['praɪsɪŋ] *s* Preisfestsetzung, -kalkulation *f;* ~ **policy** Preispolitik *f*

prick [prɪk] **I.** *s* **1.** (Nadel)Stich *m* **2.** stechender Schmerz **3.** (*vulg*) Penis, Schwanz *m* **4.** (*vulg: Mensch*) Arschloch *nt;* ~**s of conscience** Gewissensbisse *mpl* **II.** *vt* **1.** stechen **2.** (*Loch*) bohren **3.** sich stechen (*one's hand* in die Hand) **4.** (*Blase*) aufstechen **III.** *vi* **1.** stechen **2.** (*Augen*) brennen; **prick out** *vt* (*Pflanzen*) versetzen; (*Muster*) punktieren; ausrädeln; **prick up one's ears** die Ohren spitzen

prickle ['prɪkl] **I.** *s* **1.** Stachel, Dorn *m* **2.** Prickeln *nt* **II.** *vi* **1.** stechen **2.** prickeln; **prick•ly** ['prɪklɪ] *adj* stach(e)lig; prick(e)lig; ~ **heat** Hitzebläschen; ~ **pear** Feigenkaktus *m*

pride [praɪd] **I.** *s* **1.** Stolz *m* **2.** Hochmut *m,* Überheblichkeit *f* **3.** (*von Löwen*) Rudel *nt;* ~ **of place** der erste Platz **II.** *vr:* ~ **o.s.** (**up**)**on, take** (**a**) ~ **in** stolz sein auf, sich viel einbilden auf

priest [pri:st] *s* **1.** (*katholisch*) Priester *m* **2.** (*protestantisch*) Pfarrer(in) *m(f);* **priest•hood** ['pri:sthʊd] *s* **1.** Priesteramt *nt* **2.** Geistlichkeit *f;* **priest•ly** ['pri:stlɪ] *adj* priesterlich

prig [prɪg] *s* Tugendbold *m;* (*pej*) Schnösel *m;* **prig•gish** ['prɪgɪʃ] *adj* tugendhaft; dünkelhaft

prim [prɪm] *adj* **1.** steif, (über)korrekt, förmlich **2.** sittsam; prüde

pri•macy ['praɪməsɪ] *s* **1.** Vorrang(stellung *f*) *m* **2.** Primat *m od nt*

prima donna [prɪ:mə'dɒnə] *s* Primadonna *f*

pri•mae•val [praɪ'mi:vl] *adj* urzeitlich; ~ **forest** Urwald *m;* ~ **slime** [*o* **soup**] Urschlamm *m*

pri•mal ['praɪml] *adj* ursprünglich

pri•mar•ily ['praɪmərɪlɪ] *adv* hauptsächlich

pri•mary ['praɪmərɪ] **I.** *adj* **1.** Haupt-, hauptsächlich, wesentlich **2.** Primär-, primär **3.** (*Bedarf*) vordringlich; **of** ~ **importance** von größter Wichtigkeit; ~ **accent** (GRAM) Hauptton *m;* ~ **colour** Grundfarbe *f;* ~ **commodities** Grundstoffe *mpl;* ~ **concern** Hauptsorge *f;* ~ **education** Grundschulunterricht *m;* ~ **energy** Primärenergie *f;* ~ **industry** Grundstoffindustrie *f;* ~ **meaning** Grundbedeutung *f* (*eines Wortes*); ~ **products** Grundstoffe *mpl;* ~ **rock** Urgestein *nt;* ~ **school** Grund-, Elementarschule *f;* ~ **target** Hauptziel *nt* **II.** *s* **1.** Grundfarbe *f* **2.** (*Am: bei Wahlen*) Vorwahl *f*

pri•mate ['praɪmeɪt] *s* **1.** Primas, Erzbischof *m* **2.** ~**s** (ZOO) Primaten *mpl*

prime [praɪm] **I.** *adj* **1.** wesentlich, Haupt- **2.** erstklassig; erster, bester Qualität **3.** (MATH) Prim-; **the matter is of** ~ **importance** die Sache ist von höchster Wichtigkeit; ~ **costs** Selbstkosten *pl,* Fertigungseinzelkosten *pl;* ~ **mourner** Hauptleidtragende(r) *m;* ~ **mover** Antriebskraft *f;* (TECH)

P

Energie *f;* Motor *m;* Zugmaschine *f,* Schlepper *m;* (*fig*) treibende Kraft **II.** *s* **1.** Blüte(zeit) *f* **2.** (das) Beste, (die) Auslese, Spitze **3.** (MATH) Primzahl *f* **4.** (REL) Prim *f;* **in one's ~** in der Blüte des Lebens; **be in one's ~** in voller Blüte stehen **III.** *vt* **1.** vorbereiten; betriebsfertig machen; (*Malfläche*) grundieren **2.** (*Geschütz*) schussbereit machen; (*Bombe*) scharf machen; (*Pumpe*) vorpumpen; (*Vergaser*) Anlassmittel einspritzen in **3.** (vorher) informieren; **prime meridian** *s* Nullmeridian *m;* **prime minister** *s* Premierminister(in) *m(f),* Ministerpräsident(in) *m(f);* **prime number** *s* Primzahl *f;* **primer** ['praɪmə(r)] *s* **1.** Fibel *f;* Elementarbuch *nt* **2.** Zünddrahthütchen *nt;* Sprengkapsel *f* **3.** (TECH) Grundanstrich *m;* Grundierfarbe *f;* **prime time** *s* Hauptsendezeit *f*

pri•meval [praɪ'mi:vl] *adj* urzeitlich; **~ forest** Urwald *m;* **~ slime** [*o* **soup**] Urschlamm *m*

primi•tive ['prɪmɪtɪv] **I.** *adj* primitiv; (*Kunst*) naiv **II.** *s* (*Kunst*) Naive(r) *f m;* (*Werk*) naives Kunstwerk

pri•mo•geni•ture [ˌpraɪməʊ'dʒenɪtʃə(r)] *s* Erstgeburt(srecht *nt*) *f,* Primogenitur *f*

pri•mor•dial [praɪ'mɔ:dɪəl] *adj* ursprünglich; fundamental

primp [prɪmp] *vt* (*fam*) zurechtmachen *fam*

prim•rose ['prɪmrəʊz] **I.** *s* **1.** Primel, Schlüsselblume *f* **2.** Blassgelb *nt* **II.** *adj* blassgelb; **prim•ula** ['prɪmjʊlə] *s* Primel *f*

pri•mus® ['praɪməs] *s* Campingkocher *m* (*mit Paraffin betrieben*)

prince [prɪns] *s* **1.** Fürst *m* **2.** Monarch, Herrscher *m* **3.** Prinz *m;* **Prince of Wales** *Titel des britischen Thronfolgers;* **Prince Charming** (*fig*) Märchenprinz *m;* **prince consort** *s* Prinzgemahl *m;* **prince•ly** ['prɪnslɪ] *adj* fürstlich; **prin•cess** [prɪn'ses] *s* **1.** Fürstin *f* **2.** Prinzessin *f*

prin•ci•pal ['prɪnsəpl] **I.** *adj* **1.** erste(r, s), oberste(r, s) **2.** wichtigste(r, s), bedeutendste(r, s) **3.** hauptsächlich, größte(r, s) **II.** *s* **1.** Rektor(in) *m(f)* **2.** (THEAT) Hauptdarsteller(in) *m(f)* **3.** Kapital *nt;* Kreditsumme *f* **4.** (JUR) Klient(in) *m(f)* **5.** (*Orgel*) Prinzipal *nt*

prin•ci•pal•ity [ˌprɪnsɪ'pælətɪ] *s* Fürstentum *nt;* **prin•ci•pal•ly** ['prɪnsəplɪ] *adv* hauptsächlich, besonders, vor allem

prin•ciple ['prɪnsəpl] *s* **1.** Grundsatz *m,* Prinzip *nt,* (Grund-, Lebens)Regeln *fpl,* Prinzipien *ntpl* **2.** (CHEM) Element *nt;* **in ~** im Prinzip; grundsätzlich; **on ~** aus Prinzip, grundsätzlich; **make it a ~** es sich zum Grundsatz machen (*to* zu); **as a matter of ~** grundsätzlich, prinzipiell

print [prɪnt] **I.** *s* **1.** Druck *m* **2.** (TYP) Schrift *f;* (das) Gedruckte **3.** (*Foto*) Abzug *m* **4.** (*Textil*) bedruckter Stoff; Muster *nt;* Kattun *m* **5.** (*von Hand, Fuß*) Abdruck *m;* Fingerabdruck *m;* **out of ~** vergriffen; **in ~** gedruckt; **in big ~** groß gedruckt **II.** *vt* **1.** drucken; (*Stoff, Papier*) bedrucken **2.** (*Roman, Artikel*) veröffentlichen **3.** in Druckschrift schreiben **4.** (*Foto*) abziehen **III.** *vi* **1.** drucken **2.** in Druckschrift schreiben; **ready to ~** druckfertig; druckbereit; **print•able** [-əbl] *adj* druckfähig; **printed** ['prɪntɪd] *adj* gedruckt; **~ form** Vordruck *m,* Formular *nt;* **~ matter** Drucksache *f;* **printer** ['prɪntə(r)] *s* Drucker *m;* (*Werk*) Druckerei *f;* **~'s error** Druckfehler *m;* **~'s flower** Vignette *f;* **~'s ink** Druckerschwärze *f;* **~'s pie** (TYP) Zwiebelfische *mpl*

print•ing ['prɪntɪŋ] *s* **1.** Drucken *nt* **2.** Auflage *f* **3.** Druckschrift *f;* Schrift *f* **4.** (*Fotos*) Abziehen *nt;* **printing block** *s* Klischee *nt;* **printing ink** *s* Druckerschwärze *f;* **printing press** *s* Druckpresse *f;* **printing works** *s pl* Druckerei *f*

print-out ['prɪntˌaʊt] *s* (INFORM) Ausdruck *m;* **print run** *s* Auflage *f;* **print shop** *s* **1.** Graphikhandlung *f* **2.** Druckmaschinensaal *m*

prior[1] ['praɪə(r)] *s* (REL) Prior *m*

prior[2] ['praɪə(r)] **I.** *adj* voraus-, voraufgehend, früher, älter (*to* als); **~ claim** früherer Anspruch **II.** *prep:* **~ to** vor; **~ to my arrival** vor meiner Ankunft; **~ to my buying the car** ehe, bevor ich den Wagen kaufte

pri•or•ity [praɪ'ɒrətɪ] *s* Priorität *f,* Vorrang *m,* Vorrecht *nt* (*over, to* vor); **a top ~** eine äußerst wichtige [*o* dringliche] Angelegenheit; **that's my top ~** das ist mir am wichtigsten; **of first ~** von größter Dringlichkeit; **give ~ to s.th.** einer S den Vorrang geben; eine S dringlich behandeln; **have** [*o* **take**] **~** den Vorrang haben; **priority list** *s* Dringlichkeitsliste *f*

priory ['praɪərɪ] *s* Priorat *nt;* Münster *nt*

prise [praɪz] *vt* (**~** *open*) aufbrechen; **~ a secret out of s.o.** jdm ein Geheimnis entlocken

prism [prɪzəm] *s* (MATH PHYS OPT) Prisma *nt;* **pris•matic** [prɪz'mætɪk] *adj* **1.** prismatisch **2.** (*fig*) glänzend; **~ colo(u)rs** Regenbogenfarben *fpl*

prison ['prɪzn] *s* Gefängnis *nt;* **be in ~** eine Freiheitsstrafe verbüßen; **be sentenced to go to ~** zu Gefängnis verurteilt werden; **go** [*o* **be sent**] **to ~** mit Gefängnis bestraft werden; **prison camp** *s* Gefangenenlager *nt;* **prison cell** *s* Gefängniszelle *f;* **prisoner** ['prɪznə(r)] *s* **1.** Gefangene(r) *f m,* Häftling *m* **2.** (**~** *at the bar, awaiting, before trial, on remand, on suspicion*) Angeklagte(r) *f m,*

Untersuchungsgefangene(r) *f m;* **hold** [*o* **keep**] ~ gefangen halten; **take** ~ gefangen nehmen; ~ **of war, POW** Kriegsgefangene(r) *f m;* ~**-of-war camp** Kriegsgefangenenlager *nt;* **prison inmate** *s* Gefängnisinsasse *m;* **prison riot** *s* Gefangenenaufstand *m;* **prison yard** *s* Gefängnishof *m*

pris•tine ['prɪstiːn] *adj* ursprünglich; vormalig, früher; (*Schönheit*) makellos, unberührt

pri•va•cy ['prɪvəsɪ, *Am* 'praɪvəsɪ] *s* **1.** Individual-, Intimsphäre *f;* Privatleben *nt* **2.** Stille, Zurückgezogenheit *f;* **there is no ~ here** man kann hier nichts unbeobachtet tun; **invade s.o.'s ~** in jds Intimsphäre eindringen; **live in the ~ of one's own home** ein ungestörtes Privatleben führen; **infringement** [*o* **invasion**] **of ~** Eingriff *m* in die Intimsphäre; **in the strictest ~** unter äußerster Geheimhaltung; **tell s.o. in the strictest ~** jdm unter dem Siegel der Verschwiegenheit sagen; **~ on the Internet** Privatsphäre im Internet

pri•vate ['praɪvɪt] **I.** *adj* **1.** privat **2.** persönlich, individuell **3.** privat, nicht öffentlich; **~ and confidential** streng vertraulich; **for s.o.'s ~ ear** (ganz) im Vertrauen; vertraulich; **for ~ use** für den eigenen Gebrauch; **in one's ~ capacity** als Privatmann; **in ~ hands** in Privathand; **keep ~** geheim halten; **~ affair, ~ business, ~ concern, ~ matter** Privatsache, Privatangelegenheit *f;* **~ arrangement** [*o* **settlement**] private Vereinbarung; gütliche Einigung; Privatvergleich *m;* **~ capital** Privatvermögen *nt;* **~ citizen** Privatperson *f;* **~ company** offene Handelsgesellschaft (*OHG*), Gesellschaft *f* mit beschränkter Haftung (*GmbH*); **~ conversation** Privatgespräch *nt;* **~ detective** [*o* **eye**] Privatdetektiv(in) *m(f);* **~ enterprise** freie Marktwirtschaft, freies Unternehmertum; **~ house** Privathaus *nt;* **~ information** vertrauliche Mitteilung; **~ lessons** Privatstunden *fpl,* -unterricht *m;* **~ letter** Privatbrief *m;* **~ life** Privatleben *nt;* **~ means** eigene Mittel *ntpl;* **~ practice** Privatpraxis *f;* **~ property** Privateigentum *nt;* **~ road** Privatweg *m;* **~ school** Privatschule *f;* **~ secretary** Privatsekretär(in) *m(f);* **~ sector** Privatbereich *m,* privater Sektor; **~ transport** (AUTO) Individualverkehr *m;* **~ tuition** Privatunterricht *m;* **~ view** Vorabbesichtigung *f* **II.** *s* **1.** (einfacher) Soldat *m* **2.** **~s** (*~ parts*) Geschlechtsteile *ntpl;* **in ~** privat(im); unter vier Augen; **~ first class** (*Am*) Gefreite(r) *m*

pri•va•teer [ˌpraɪvə'tɪə(r)] *s* Freibeuter *m;* Kaperschiff *nt*

pri•vate•ly ['praɪvɪtlɪ] *adv* **1.** privat, vertraulich **2.** persönlich; **~ owned** in Privathand; **~, I think ...** meine persönliche Meinung ist ...; **speak to s.o. ~** mit jdm unter vier Augen sprechen

pri•va•tion [praɪ'veɪʃn] *s* **1.** Not *f,* Mangel *m* (*of* an) **2.** **~s** Entbehrungen *fpl*

pri•vat•iz•ation [ˌpraɪvɪtaɪ'zeɪʃn] *s* Privatisierung *f;* **pri•vat•ize** ['praɪvɪtaɪz] *vt* privatisieren

privet ['prɪvɪt] *s* Liguster *m*

pri•vi•lege ['prɪvəlɪdʒ] **I.** *s* **1.** Privileg, Vorrecht *nt,* Vorrang *m* **2.** (PARL) Immunität *f* **3.** Ehre *f* **II.** *vt* privilegieren, bevorzugen, bevorrechten; **pri•vi•leged** ['prɪvəlɪdʒd] *adj* privilegiert, bevorrechtet; **be ~** das Vorrecht genießen (*to do s.th.* etw zu tun)

privy ['prɪvɪ] **I.** *adj* **1.** (JUR) vertraut (*to* mit) **2.** beteiligt (*to* an); **be ~ to s.th.** in eine S eingeweiht sein; **~ council** Geheimer Staatsrat **II.** *s* **1.** (JUR) Beteiligte(r) *f m* (*to* an) **2.** Abort *m*

prize[1] [praɪz] **I.** *s* **1.** Preis *m* **2.** (Lotterie)Gewinn *m* **3.** (*fig*) Preis, Lohn *m;* **carry off** [*o* **take**] **the ~** den Preis davontragen; **consolation ~** Trostpreis *m;* **distribution of ~s** Preisverteilung *f* **II.** *adj* **1.** preisgekrönt **2.** (*fam*) ausgemacht **3.** (*fam*) hervorragend, erstklassig **III.** *vt* (hoch)schätzen

prize[2] [praɪz] **I.** *s* (MAR) Prise *f* **II.** *vt* (*Schiff*) aufbringen

prize[3] [praɪz] *vt* (*Am: ~ open*) aufbrechen; **~ a secret out of s.o.** jdm ein Geheimnis entlocken

prize-fight ['praɪzfaɪt] *s* (*Am*) (Berufs)Boxkampf *m;* **prize-fighter** *s* Berufsboxer *m;* **prize-fighting** *s* Berufsboxen *nt;* **prize-giving** ['praizˌgɪvɪŋ] *s* Preisverteilung *f;* **prize list** *s* (*Lotterie*) Gewinnliste *f;* **prize money** *s* Geldpreis *m;* (SPORT) Siegesprämie *f;* **prize ring** *s* (Box)Ring *m;* **prize•winner** *s* Preisträger(in) *m(f),* Gewinner(in) *m(f);* **prize•winning** *adj* preisgekrönt; **~ ticket** Gewinnlos *nt*

pro[1] [prəʊ] *s* <*pl* pros> **1.** (*fam*) Profi *m* **2.** (*sl*) Nutte *f*

pro[2] [prəʊ] **I.** *prep* für **II.** *s* Für *nt;* **the ~s and cons** das Für und Wider

pro•ac•tive [ˌprəʊ'æktɪv] *adj* eigenständig

prob•abil•ity [ˌprɒbə'bɪlətɪ] *s* Wahrscheinlichkeit *f;* **in all ~** aller Wahrscheinlichkeit nach; **what are the probabilities?** welche Aussichten bestehen da?; **the ~ is that he will come** er wird wahrscheinlich kommen; **theory of ~** Wahrscheinlichkeitsrechnung *f;* **prob•able** ['prɒbəbl] **I.** *adj* wahrscheinlich; mutmaßlich **II.** *s* aussichtsreichste(r) Kandidat(in)

pro•bate ['prəʊbeɪt] *s* **1.** (*gerichtliche*) Testamentseröffnung (u. -bestätigung) *f;* Erblegitimation *f* **2.** (*~ court, department, division*) Nachlassgericht *nt*

pro•ba•tion [prəˈbeɪʃn] *s* **1.** Probe(zeit) *f* **2.** (JUR) Bewährung *f;* **on ~** auf Probe; (JUR) mit Bewährung; **~ officer** Bewährungshelfer(in) *m(f);* **pro•ba•tion•ary** [prəˈbeɪʃnrɪ] *adj* **1.** Probe- **2.** (JUR) Bewährungs-; **~ period** Probezeit *f;* **pro•ba•tioner** [prəˈbeɪʃnə(r)] *s* **1.** (Probe)Kandidat(in), auf Probe Angestellte(r) *f m,* Lernschwester *f* **2.** (JUR) Strafentlassene(r) *f m* mit Bewährungsfrist

probe [prəʊb] **I.** *s* **1.** (TECH MED) Sonde *f* **2.** (JUR) Untersuchung *f* **II.** *vt* sondieren; (*All, Gewissen, Geheimnis*) erforschen **III.** *vi* **1.** suchen (*for* nach) **2.** (MED) untersuchen **3.** (*fig*) forschen (*for* nach)

prob•ity [ˈprəʊbətɪ] *s* Rechtschaffenheit, Redlichkeit *f*

prob•lem [ˈprɒbləm] *s* **1.** Problem *nt* **2.** Problematik *f* **3.** (MATH) Aufgabe *f;* **set s.o. a ~** jdn vor eine schwierige Aufgabe stellen; **what's the ~?** (*fam*) wo fehlt's denn?; **prob•lem•atic(al)** [ˌprɒbləˈmætɪk(l)] *adj* problematisch; **problem child** *s* schwieriges Kind

pro•bos•cis [prəˈbɒsɪs, *pl* -siːz] <*pl* -ces> *s* Rüssel *m*

pro•cedur•al [prəˈsiːdʒərəl] *adj* verfahrensmäßig; (JUR) verfahrensrechtlich; **procedure** [prəˈsiːdʒə(r)] *s* Verfahren, Verhalten, Vorgehen *nt;* (**code of**) **civil ~** Zivilprozess(ordnung *f*) *m;* (**code of**) **criminal ~** Strafprozess(ordnung *f*) *m;* **electoral ~** Wahlmodus *m;* **question of ~** Verfahrensfrage *f*

pro•ceed [prəˈsiːd] *vi* **1.** vorwärts gehen, vorschreiten, vorrücken **2.** fortsetzen (*on a journey* eine Reise) **3.** weitergehen, -fahren, -reisen **4.** weitergehen, seinen Fortgang nehmen **5.** weitermachen, fortfahren (*with, in* mit) **6.** schreiten (*to* zu) **7.** anfangen, beginnen (*to s.th.* mit etw) **8.** übergehen (*to* zu) **9.** vorgehen, verfahren, handeln (*on a principle* nach einem Grundsatz) **10.** hervorgehen (*from* aus) **11.** gerichtlich vorgehen, einen Prozess anstrengen (*against s.o.* gegen jdn) **12.** verklagen, gerichtlich belangen (*against s.o.* jdn); **~ to the order of the day** zur Tagesordnung übergehen; **~ with a case** einen Prozess anstrengen; **please ~** bitte reden, machen Sie weiter

pro•ceed•ing [prəˈsiːdɪŋ] *s* **1.** Vorgehen, Verfahren *nt,* Maßnahme *f* **2. ~s** Prozess *m* **3. ~s** Sitzungs-, Verhandlungsberichte *mpl,* Prozessakten *fpl* **4. ~s** Veranstaltung *f;* **take legal ~s** den Rechtsweg beschreiten, Klage erheben (*against s.o.* gegen jdn); **stop ~s** das Verfahren einstellen; **there were some peculiar ~s** es ereigneten sich merkwürdige Dinge

pro•ceeds [ˈprəʊsiːdz] *s pl* Ertrag, Erlös *m,* Einnahmen *fpl* (*from* aus); **annual ~** Jahresertrag *m;* **cash ~** Barerlös, -ertrag *m*

pro•cess [ˈprəʊses] **I.** *s* **1.** Prozess *m* **2.** (Arbeits)Verfahren *nt* **3.** (JUR) Verfahren *nt;* gerichtliche Verfügung; **in ~** im Gange; **in (the) ~ of** im Verlauf *+gen;* **in ~ of completion** in Arbeit; **in ~ of construction** im Bau; **in ~ of time** im Lauf der Zeit; **serve a ~ on s.o.** jdn gerichtlich vorladen; **finishing ~** Veredelungsverfahren *nt;* **manufacturing ~** Produktionsprozess *m* **II.** *vt* **1.** verarbeiten; (*Nahrungsmittel*) konservieren; (*Milch*) sterilisieren; (*Film*) entwickeln **2.** (*Akte, Antrag*) bearbeiten; (*Menschen*) abfertigen **III.** [prəˈses] *vi* ziehen, schreiten; **~ed cheese, ~ cheese** (*Am*) Schmelzkäse *m;* **process chart** *s* Arbeitsablaufdiagramm *nt;* **process computer** *s* Prozessrechner *m;* **process costing** *s* Kostenrechnung *f* für Massenfertigung; **process engineering** *s* Verfahrenstechnik *f;* **pro•ces•sing** [ˈprəʊsesɪŋ] *s* **1.** (AGR TECH) Vered(e)lung *f* **2.** Verarbeitung, Behandlung *f* **3.** (TECH) Aufbereitung *f* **4.** (*fig*) Bearbeitung *f;* **~ cost** Fertigungskosten *pl;* **~ industry** verarbeitende Industrie; **word ~** (INFORM) Textverarbeitung *f*

pro•cession [prəˈseʃn] *s* **1.** Prozession *f* **2.** (feierlicher) Umzug *m;* (Fest)Zug *m;* **funeral ~** Leichenzug *m*

pro•claim [prəˈkleɪm] *vt* **1.** erklären; ausrufen (*s.o. king* jdn zum König) **2.** zeigen, erweisen (*o.s. master* sich als Meister); **proc•la•ma•tion** [ˌprɒkləˈmeɪʃn] *s* **1.** Proklamation, Ausrufung *f* **2.** Bekanntmachung *f* (*to* an)

pro•cliv•ity [prəˈklɪvətɪ] *s* Neigung *f,* Hang, Trieb *m* (*to, towards* zu)

pro•cras•ti•nate [prəʊˈkræstɪneɪt] *vi* zögern, zaudern; **pro•cras•ti•na•tion** [prəʊˌkræstɪˈneɪʃn] *s* Aufschub *m;* Verzögerung *f*

pro•create [ˈprəʊkrɪeɪt] **I.** *vt* (er)zeugen; hervorbringen; ins Leben rufen **II.** *vi* sich fortpflanzen; **pro•cre•ation** [ˌprəʊkrɪˈeɪʃn] *s* Fortpflanzung, Zeugung *f*

proc•tor [ˈprɒktə(r)] *s* **1.** Prokurator *m* **2.** (*Universität*) Proktor *m;* (*Am*) (Prüfungs)Aufsicht *f*

pro•cur•able [prəˈkjʊərəbl] *adj* **1.** erhältlich **2.** beschaffbar

procu•ra•tor [ˈprɒkjʊreɪtə(r)] *s* (JUR) (in Vertretung) Bevollmächtigte(r) *m;* **procurator fiscal** *s* (*Schottland*) Oberstaatsanwalt *m*

pro•cure [prəˈkjʊə(r)] **I.** *vt* **1.** ver-, beschaffen, besorgen **2.** bewirken **3.** verkuppeln (*for s.o.* mit jdm) **II.** *vi* Kuppelei betreiben; **pro•cure•ment** [-mənt] *s* Beschaffung, Besorgung *f;* Vermittlung *f;* **~ cost** Beschaffungskosten *pl;* ~ **division** (*Am*) Beschaffungsamt *nt;* **pro•curer** [prə'kjʊərə(r)] *s* Kuppler *m;* **pro•cur•ess** [prə'kjʊərɪs] *s* Kupplerin *f*

prod [prɒd] **I.** *vt* **1.** stoßen, knuffen **2.** (*fig*) antreiben, anspornen (*s.o. into doing s.th* jdn zu etw); ~ **s.th. with s.th.** mit etw in etw stechen; ~ **s.o. into action** jdm einen Stoß geben, versetzen **II.** *vi* stoßen **III.** *s* **1.** Stoß *m* **2.** (*fig*) Anstoß *m;* Stoß *m*

prodi•gal ['prɒdɪgl] **I.** *adj* verschwenderisch (*of* mit); **be** ~ **of** [*o* **with**] verschwenden; nicht sparen mit; **the** ~ **son** der verlorene Sohn **II.** *s* Verschwender(in) *m(f)*

pro•di•gious [prə'dɪdʒəs] *adj* **1.** wunderbar, -voll **2.** gewaltig; ungeheuer; **prod•igy** ['prɒdɪdʒɪ] *s* Wunder(ding, -werk) *nt* (*of* an); **child** ~ Wunderkind *nt*

pro•duce [prə'dju:s] **I.** *vt* **1.** produzieren; herstellen; erzeugen; (*Kohle, Öl*) fördern; (*Buch, Artikel*) schreiben; (*Kunstwerk*) schaffen; (*Zinsen, Kapital, Ertrag*) abwerfen **2.** (*Papiere*) hervorholen, vorzeigen, -weisen, -legen; (*Zeugen*) beibringen; (*Nachweis*) erbringen, führen; (*Gründe*) anführen **3.** (AGR) tragen, liefern, hervorbringen **4.** (*fig*) bewirken, zur Folge haben; hervorrufen **5.** (THEAT) inszenieren; (FILM) drehen, produzieren; (*Aufnahme*) leiten **6.** (MATH: *Strecke*) verlängern (*to* bis); (*Fläche*) erweitern **II.** ['prɒdju:s] *s nur sing* Erzeugnis, Produkt *nt*

pro•ducer [prə'dju:sə(r)] *s* **1.** Erzeuger, Hersteller, Produzent, Fabrikant *m* **2.** (THEAT) Regisseur *m;* (FILM) Produzent *m;* (RADIO) Sendeleiter(in) *m(f);* ~ **goods** Produktionsgüter *ntpl;* ~ **price** Erzeugerpreis *m*

prod•uct ['prɒdʌkt] *s* **1.** Erzeugnis, Produkt *nt* **2.** (*fig*) Ergebnis, Resultat *nt* **3.** (COM) Fabrikat *nt,* Ware *f* **4.** (CHEM MATH) Produkt *nt;* **food** ~**s** Nahrungsmittel *pl;* **manufactured** ~**s** Industrieerzeugnisse *ntpl;* (**gross**) **national** ~ (Brutto)Sozialprodukt *nt;* ~ **costing** Stückkalkulation *f;* ~ **engineering** *ganzheitliches Produktmanagement, das Technik und Marketing umfasst;* ~ **liability** Produkthaftung *f;* ~ **line** Produktgruppe *f;* ~ **manager** Produktmanager(in) *m(f);* ~ **mix** Produktmix *m,* -palette *f;* ~ **range** Sortiment *nt*

pro•duc•tion [prə'dʌkʃn] *s* **1.** Erzeugung, Herstellung, Produktion, Fabrikation, Fertigung *f* **2.** (MIN) Förderung *f* **3.** (*geistige*) Produktion *f,* Werk *nt* **4.** (THEAT) Aufführung, Inszenierung *f* **5.** (FILM) Produktion *f* **6.** (*Dokument*) Vorlage, Beibringung *f;* **go into** ~ die Produktion aufnehmen; **annual** ~ Jahresproduktion *f;* **production capacity** *s* Produktionskapazität *f;* **production costs** *s pl* Fertigungs-, Herstellungskosten *pl;* **production director** *s* (RADIO) Sendeleiter(in) *m(f);* **production engineering** *s* technische Produktionsplanung und -steuerung; **production line** *s* Fließband *nt,* Fertigungsstraße *f;* **production manager** *s* Betriebs-, Produktionsleiter(in) *m(f);* **production model** *s* (AUTO) Serienmodell *nt;* **production platform** *s* Förderplattform *f;* **production target** *s* Produktionsziel *nt;* **production time** *s* Produktionszeit *f;* **production volume** *s* Produktionsvolumen *nt*

pro•duc•tive [prə'dʌktɪv] *adj* **1.** produktiv; (AGR MIN) ergiebig **2.** (*fig*) produktiv, schöpferisch **3.** (COM) gewinnbringend, rentabel; **be** ~ **of** hervorrufen, zur Folge haben, die Ursache sein *+gen,* erzeugen; ~ **capacity,** ~ **power** Produktionskapazität, Leistungsfähigkeit *f;* **it wouldn't be** ~ **to do that** es würde sich nicht lohnen das zu tun; **pro•duc•tiv•ity** [ˌprɒdʌk'tɪvətɪ] *s* **1.** Produktivität *f;* Ertragfähigkeit, Ergiebigkeit *f,* Rentabilität *f* **2.** (*fig*) Produktivität *f;* **productivity agreement** *s* Produktivitätsvereinbarung *f;* **productivity bonus** *s* Leistungszulage *f*

profa•na•tion [ˌprɒfə'neɪʃn] *s* Entweihung, Schändung, Profanation *f;* **pro•fane** [prə'feɪn] **I.** *adj* **1.** profan, weltlich **2.** ruchlos, gottlos **II.** *vt* (*Heiligtum*) entweihen, schänden, profanieren; **pro•fan•ity** [prə'fænətɪ] *s* **1.** Weltlichkeit *f* **2.** Lästerung *f* **3. profanities** Flüche *mpl*

pro•fess [prə'fes] *vt* **1.** gestehen, bekennen **2.** versichern, erklären; **pro•fessed** [prə'fest] *adj* **1.** erklärt, ausgesprochen, offen **2.** angeblich; **pro•fess•ed•ly** [prə'fesɪdlɪ] *adv* **1.** zugegebenermaßen **2.** angeblich

pro•fes•sion [prə'feʃn] *s* **1.** Beruf *m;* Berufsstand *m* **2.** Bekenntnis *nt;* (~ *of faith*) Glaubensbekenntnis *nt;* **by** ~ von Beruf; **carry on** [*o* **exercise**] **a** ~ einen Beruf ausüben; **take up a** ~ einen Beruf ergreifen; **the learned** ~**s** die akademischen Berufe *mpl;* **the oldest** ~ das älteste Gewerbe

pro•fes•sional [prə'feʃənəl] **I.** *adj* **1.** beruflich; berufsmäßig; (*Sportler, Soldat*) Berufs- **2.** fachlich; fachmännisch; professionell **3.** (*fam*) notorisch; **take** ~ **advice on s.th.** einen Fachmann um etw befragen; **the** ~ **classes** die gehobenen Berufe; **he does it on a** ~ **basis** er macht das (haupt)beruflich; **turn** ~ Profi werden; ~ **disease** Berufskrankheit *f;* ~ **experience** Berufserfahrung *f;* ~ **journal** [*o* **magazine**] Fachzeitschrift *f;* ~ **organization** Berufsorganisation *f;* ~ **player** Berufsspieler(in) *m(f);* ~ **secret** Berufsgeheimnis *nt;* ~ **training** Berufsausbildung *f* **II.** *s* **1.** Profi *m* **2.** Berufssportler(in)

P

m(f); **pro•fes•sional•ism** [prəˈfeʃnəlɪzəm] *s* **1.** fachliche Qualifikation; Professionalismus *m* **2.** (*von Arbeit*) Professionalität *f* **3.** (SPORT) Berufssportlertum, Profitum *nt*

pro•fes•sor [prəˈfesə(r)] *s* Professor(in) *m(f),* (Hochschul)Lehrer(in) *m(f);* **assistant** ~ Dozent(in) *m(f);* **full** ~ (*Am*) ordentlicher Professor, Ordinarius *m;* **prof•es•sorial** [ˌprɒfɪˈsɔːrɪəl] *adj:* ~ **chair** Lehrstuhl *m,* -kanzel *f;* **pro•fes•sor•ship** [prəˈfesəʃɪp] *s* Professur *f,* Lehrstuhl *m;* **be appointed to a** ~ eine Professur erhalten, einen Lehrstuhl bekommen

prof•fer [ˈprɒfə(r)] *vt* anbieten; (*Dank*) aussprechen; (*Bemerkung*) machen

pro•fi•ciency [prəˈfɪʃnsɪ] *s* Tüchtigkeit, Leistung *f;* **certificate of** ~ Befähigungsnachweis *m;* **pro•fi•cient** [prəˈfɪʃnt] *adj* **1.** geübt, erfahren, fähig, tüchtig **2.** (*fam*) bewandert (*in* in)

pro•file [ˈprəʊfaɪl] **I.** *s* **1.** Profil *nt;* Seitenansicht *f* **2.** Kurzbiografie *f* **3.** (TECH) Längsschnitt *m;* Querschnitt *m* **4.** (COM) Kurzbeschreibung *f,* Profil *nt;* **in** ~ im Profil; **keep a low** ~ sich zurückhalten **II.** *vt* im Profil darstellen; ~ **s.o.** jds Lebensbild entwerfen

prof•it [ˈprɒfɪt] **I.** *s* **1.** Gewinn, Ertrag, Profit *m* **2.** ~**s** Erträge *mpl,* Nutzung *f;* Einkünfte *pl* **3.** (*fig*) Nutzen, Gewinn *m;* **at a** ~ mit Gewinn; vorteilhaft; **bring a** ~, **show a** ~, **yield a** ~ einen Gewinn abwerfen; **realize large** ~**s** große Gewinne erzielen; **sell at a** ~ mit Gewinn verkaufen; **make a** ~ **on s.th.** bei etw einen Gewinn erzielen; **turn to one's** ~ sich zu Nutze machen; **calculation of** ~**s** Rentabilitätsberechnung *f;* **clear** [*o* **net**] ~ Reingewinn *m;* **margin of** ~ Gewinnspanne *f;* **participation in** ~**s** Gewinnbeteiligung *f;* **share in the** ~**s** Gewinnanteil *m;* ~ **and loss** Gewinne u. Verluste *pl* **II.** *vi* profitieren (*by, from* von), Nutzen ziehen (*from, by* aus); **prof•it•abil•ity** [ˌprɒfɪtəˈbɪlətɪ] *s* Rentabilität *f;* **prof•it•able** [ˈprɒfɪtəbl] *adj* **1.** gewinn-, nutzbringend, vorteilhaft **2.** günstig, einträglich, lohnend, rentabel (*to* für); **be** ~ sich rentieren; **profit carried forward** *s* Gewinnvortrag *m;* **profit-earn•ing** [ˈprɒfɪtˌɜːnɪŋ] *adj* rentabel; **profi•teer** [ˌprɒfɪˈtɪə(r)] *s* Profitmacher(in) *m(f);* **war** ~ Kriegsgewinnler *m;* **profi•teer•ing** [-ɪŋ] *s* Wucher *m,* Preistreiberei *f;* **profit margin** *s* Gewinnspanne *f;* **profit maximation** *s* Gewinnmaximierung *f;* **prof•it-re•lat•ed** [ˈprɒfɪtˌrɪˈleɪtəd] *adj* erfolgsabhängig; **profit-seek•ing**, **profit-mak•ing**, **profit-oriented** [ˈprɒfɪtˌsiːkɪŋ, -ˌmeɪkɪŋ, -ˈɔːrɪəntəd] *adj* auf Gewinn ausgerichtet; **profit-shar•ing** [ˈprɒfɪtˌʃeərɪŋ] *s* Gewinnbeteiligung *f* (*der Arbeitnehmer*); **prof•it-tak•ing** [ˈprɒfɪtˌteɪkɪŋ] *s* Gewinnmitnahme *f*

prof•li•gate [ˈprɒflɪgət] *adj* **1.** verkommen, lasterhaft **2.** verschwenderisch; ausschweifend, liederlich

pro•forma [ˌprəʊˈfɔːmə] *s* Pro-Forma-Rechnung *f*

pro•found [prəˈfaʊnd] *adj* **1.** (*Schmerz, Schlaf, Schweigen*) tief **2.** (*Bemerkung, Gedanken*) tiefgründig, -schürfend **3.** (*Veränderung*) tiefgreifend; **pro•fun•dity** [prəˈfʌndətɪ] *s* (*fig*) Tiefgründigkeit *f*

pro•fuse [prəˈfjuːs] *adj* **1.** überreichlich, verschwenderisch (*of* an) **2.** sehr großzügig (*in, of* mit); **pro•fu•sion** [prəˈfjuːʒn] *s* Überfluss *m,* -fülle *f,* verschwenderische Fülle (*of* an); **in** ~ im Überfluss

pro•geni•tor [prəʊˈdʒenɪtə(r)] *s* **1.** Vorfahr, Ahn(herr) *m* **2.** (*fig*) Vorläufer *m*

pro•geny [ˈprəʊdʒənɪ] *s* Nachkommen *pl*

prog•no•sis [prɒgˈnəʊsɪs, *pl* -siːz] <*pl* -ses> *s* Prognose *f;* **prog•nos•ti•cate** [prɒgˈnɒstɪkeɪt] *vt* **1.** voraus-, vorhersagen, prophezeien **2.** (MED) prognostizieren

pro•gram [ˈprəʊgræm] **I.** *s* **1.** (INFORM) Programm *nt* **2.** (*Am*) *s.* **programme II.** *vt* (INFORM) programmieren; **pro•gram•mable** [-əbl] *adj* (INFORM) programmierbar; **programme** [ˈprəʊgræm] **I.** *s* **1.** Programm *nt* **2.** (RADIO TV) Sendung *f;* **what's on your** ~**?** was haben Sie vor?; **change of** ~ Programmänderung *f;* **party** ~ Parteiprogramm *nt* **II.** *vt* **1.** programmieren **2.** (*fig*) vorprogrammieren; ~**d course** programmierter Unterricht; **what's** ~**d for today?** was steht für heute auf dem Programm?; **pro•grammer** [ˈprəʊgræmə(r)] *s* Programmierer(in) *m(f);* **pro•gram•ming** [ˈprəʊgræmɪŋ] *s* Programmierung *f;* **programming language** *s* Programmiersprache *f*

prog•ress [ˈprəʊgres, *Am* ˈprɒgres] **I.** *s nur sing* **1.** Fortschritt *m* **2.** (*eines Menschen, von Arbeit*) Fortschritte *mpl* **3.** Fortschreiten *nt;* (MIL) Vorrücken *nt;* **in** ~ im Gange; **make** ~ Fortschritte machen; vorankommen; ~ **chaser** Terminjäger *m;* ~ **control** Terminüberwachung *f;* ~ **payment** Abschlagszahlung *f;* ~ **report** Lagebericht *m* **II.** [prəˈgres] *vi* **1.** vorrücken (*towards* gegen) **2.** Fortschritte machen **3.** (*Zeit, Arbeit*) voranschreiten **III.** *vt:* ~ **a project** ein Projekt weiterverfolgen; **pro•gression** [prəˈgreʃn] *s* **1.** Folge *f* **2.** (MATH: *Steuern*) Progression *f* **3.** (MUS) Sequenz *f* **4.** Entwicklung *f* **5.** Steigerung, Progression *f* **6.** (MUS) Fortführung *f;* **pro•gres•sive** [prəˈgresɪv] *adj* **1.** fortschreitend, zunehmend **2.** fortschrittlich, progressiv **3.** (MED:

Steuer) progressiv; **by ~ stages** stufenweise; ~ **form** (GRAM) Verlaufsform *f*

pro•hibit [prəˈhɪbɪt] *vt* **1.** verbieten (*s.o. from doing s.th.* jdm etw zu tun) **2.** verhindern, unterbinden; **pro•hib•ition** [ˌprəʊɪˈbɪʃn] *s* **1.** Verbot *nt* **2.** (HIST) Prohibition *f*; **pro•hibi•tive** [prəˈhɪbətɪv] *adj* **1.** verhindernd, ausschließend **2.** (*fam: Preis*) unerschwinglich; ~ **duty** Prohibitivzoll *m*; ~ **laws** Verbotsgesetze *ntpl*; ~ **signs** Verbotsschilder *ntpl*

pro•ject [ˈprɒdʒekt] **I.** *s* **1.** Projekt, Vorhaben, Unternehmen *nt* **2.** (SCHULE) Projekt *nt*; **engage in a** ~ ein Vorhaben in Angriff nehmen; ~ **manager** Projektmanager(in) *m(f)*; ~ **scheduling** Projektplanung *f*; ~ **work** Referat *nt* **II.** [prəˈdʒekt] *vt* **1.** (*auf Leinwand*) projizieren **2.** (voraus)planen; (*Kosten*) überschlagen **3.** (MATH: *Linie*) verlängern; (*Körper*) projizieren **4.** (*Flugkörper*) abschießen **5.** (ARCH) vorspringen lassen; ~ **o.s.** seine Persönlichkeit herausstellen; ~ **one's problems onto s.o.** seine Probleme in jdn hineinprojizieren; ~ **one's voice** seine Stimme zum Tragen bringen **III.** *vi* **1.** vorstehen **2.** planen **3.** (PSYCH) von sich auf andere schließen **4.** vernehmlich sprechen

pro•jec•tile [prəˈdʒektaɪl] *s* Geschoss, Projektil *nt*

pro•jec•tion [prəˈdʒekʃn] *s* **1.** Vorsprung, vorspringender Teil *m* **2.** (ARCH) Auskragung *f* **3.** Entwurf, Plan *m* **4.** (OPT FILM) Projektion *f* **5.** (FILM) Vorführung *f* **6.** Vorhersage, Prognose *f*; ~ **room,** ~ **booth** (*Am*) Vorführraum *m*; **pro•jec•tion•ist** [prəˈdʒekʃnɪst] *s* (FILM) Vorführer(in) *m(f)*; **pro•jec•tor** [prəˈdʒektə(r)] *s* Projektor *m*, Vorführgerät *nt*

pro•lapse [ˈprəʊlæps] *s* (MED) Vorfall *m*

prole [prəʊl] *s* Prolet *m*; **pro•let•arian** [prəʊlɪˈteərɪən] **I.** *adj* proletarisch **II.** *s* Proletarier(in) *m(f)*; **pro•let•ariat** [ˌprəʊlɪˈteərɪət] *s* Proletariat *nt*

pro•lif•er•ate [prəˈlɪfəreɪt] *vi* **1.** (BIOL) sich vermehren **2.** (*Unkraut, Zellen*) wuchern **3.** sich zahlenmäßig stark erhöhen **4.** (*Ideen*) um sich greifen; **pro•lif•er•ation** [prəˌlɪfəˈreɪʃn] *s* **1.** starke Vermehrung **2.** Wucherung *f* **3.** starke Erhöhung **4.** (*von Ideen*) Ausbreitung *f* **5.** (*von Atomwaffen*) Weitergabe *f*; **pro•lific** [prəˈlɪfɪk] *adj* **1.** (BIOL) fruchtbar **2.** (*fig*) produktiv

pro•lix [ˈprəʊlɪks] *adj* weitschweifig, langatmig, wortreich

pro•log [ˈprəʊlɔːg] (*Am*), **pro•logue** [ˈprəʊlɒg] *s* **1.** Prolog *m* (*to* zu) **2.** (*fig*) Auftakt *m*; **be the** ~ **to s.th.** zu etw den Auftakt bilden

pro•long [prəˈlɒŋ] *vt* **1.** verlängern **2.** aufschieben, hinauszögern **3.** (*Wechsel*) prolongieren; **pro•lon•ga•tion** [ˌprəʊlɒŋˈgeɪʃn] *s* **1.** Verlängerung *f* **2.** Hinauszögern *nt* **3.** (*Wechsel*) Prolongierung *f*

prom [prɒm] *s* **1.** Konzert *nt* in lockerem Rahmen **2.** (*Br*) Promenade *f* **3.** (*Am*) Schüler-, Klassenball *m*

prom•en•ade [ˌprɒməˈnɑːd, *Am* ˌprɒməˈneɪd] **I.** *s* **1.** Spaziergang *m* **2.** (*Am*) Schülerball *m* **3.** (*Br*) (Ufer)Promenade *f* **II.** *vi* spazieren(gehen), promenieren; **promenade concert** *s* Konzert *nt* in lockerem Rahmen; **promenade deck** *s* (MAR) Promenadendeck *nt*

promi•nence [ˈprɒmɪnəns] *s* **1.** Vorsprung *m*; Anhöhe *f* **2.** (*fig*) Beliebtheit *f*; Bekanntheit *f*; Bedeutung *f*; **achieve** ~ Bedeutung erlangen (*as* als); **bring s.th. into** ~ etw herausstellen; **come into** ~ (*fig*) in den Vordergrund treten; **promi•nent** [ˈprɒmɪnənt] *adj* **1.** vorstehend, -springend **2.** (*fig*) hervorragend, bedeutend **3.** auffällig **4.** (wohl)bekannt, prominent

prom•is•cu•ity [ˌprɒmɪˈskjuːətɪ] *s* sexuelle Freizügigkeit, Promiskuität *f*, häufiger Partnerwechsel; **pro•mis•cu•ous** [prəˈmɪskjʊəs] *adj* sexuell freizügig; **be** ~ häufig den Partner wechseln

prom•ise [ˈprɒmɪs] **I.** *s* **1.** Versprechen *nt*; (feste) Zusage, Zusicherung *f* **2.** (feste) Aussicht, Hoffnung *f* (*of* auf); **break one's** ~ sein Wort brechen; **give** [*o* **make**] **a** ~ ein Versprechen geben; **keep one's** ~ sein Versprechen, sein Wort halten; **show great** ~ zu großen Hoffnungen berechtigen, viel versprechend sein; **breach of** ~ Wortbruch *m*; **empty ~s** leere Versprechungen *fpl*; **~s, ~s!** nichts als Versprechen! **II.** *vt* **1.** versprechen **2.** andeuten, hindeuten auf; ~ **s.o. s.th.,** ~ **s.th. to s.o** jdm etw versprechen; **the sky ~s rain** es sieht nach Regen aus; **the Promised Land** das Gelobte Land **III.** *vi* versprechen; ~ **well** viel versprechend sein **IV.** *vr:* ~ **o.s. s.th** sich etw versprechen; sich etw geloben; **prom•is•ing** [-ɪŋ] *adj* **1.** viel versprechend, verheißungs-, hoffnungsvoll **2.** Erfolg versprechend; **prom•is•sory** [ˈprɒmɪsərɪ] *adj:* ~ **note** Schuldschein *m*

prom•on•tory [ˈprɒməntrɪ] *s* Kap, Vorgebirge *nt*

pro•mote [prəˈməʊt] *vt* **1.** fördern, vorantreiben, unterstützen **2.** sich einsetzen für; befürworten **3.** (*Geschäft*) gründen **4.** (*Gesetzentwurf*) einbringen **5.** (*im Rang*) befördern **6.** (COM) werben für (*einen Artikel*) **7.** (*Verkauf*) steigern; **pro•mo•ter** [prəˈməʊtə(r)] *s* **1.** Förderer *m*, Förderin *f*, Befürworter(in) *m(f)* **2.** (Geschäfts)Gründer(in) *m(f)* (*einer AG*) **3.** (SPORT) Veranstal-

P

ter(in) *m(f);* **pro•mo•tion** [prəˈməʊʃn] *s* **1.** Förderung, Unterstützung, Befürwortung *f* **2.** (COM) Gründung *f* **3.** (*beruflich*) Beförderung *f* **4.** Verkaufsförderung *f* **5.** Werbung, Reklame *f;* **get one's** ~ befördert werden; **sales** ~ Verkaufsförderung, Absatzsteigerung *f;* ~ **budget** Werbeetat *m;* ~ **chances** [*o* **prospects**] *pl* Aufstiegschancen *fpl;* ~ **manager** Werbeleiter(in) *m(f);* **promotional material** *s* Werbematerial *nt*

prompt [prɒmpt] **I.** *adj* **1.** umgehend, sofortig, unverzüglich **2.** (*Mensch*) (sofort) bereit; pünktlich **II.** *s* **1.** (THEAT) Soufflieren *nt* **2.** (INFORM) Befehlszeile *f* **3.** (INFORM) Eingabeaufforderung *f;* **give s.o. a** ~ jdm soufflieren; (*fig*) jdn erinnern **III.** *vt* **1.** anspornen; auffordern **2.** veranlassen (*to* zu) **3.** auf die Sprünge helfen (*s.o.* jdm) **4.** (THEAT) soufflieren (*s.o.* jdm) **IV.** *adv* pünktlich; **prompt box** *s* Souffleurkasten *m;* **prompter** [ˈprɒmptə(r)] *s* Souffleur *m,* Souffleuse *f;* **promp•ti•tude, prompt•ness** [ˈprɒmptɪtjuːd, ˈprɒmptnɪs] *s* **1.** Bereitwilligkeit, Schnelligkeit *f* **2.** Promptheit *f;* Pünktlichkeit *f;* **prompt•ly** [ˈprɒmptlɪ] *adv* pünktlich; **attend to s.th.** ~ etw umgehend erledigen; **start** ~ **at eight** Punkt 8 Uhr anfangen; **prompt note** *s* Mahnschreiben *nt*

prom•ul•gate [ˈprɒmlgeɪt] *vt* verbreiten; (*Gesetz*) verkünden; **prom•ul•ga•tion** [ˌprɒmlˈgeɪʃn] *s* Verbreitung *f;* Verkündung *f*

prone [prəʊn] *adj* **1.** liegend **2.** (*fig*) geneigt (*to* zu); **be** ~ **to do s.th.** zu etw neigen; **prone•ness** [-nɪs] *s* Neigung *f* (*to* zu)

prong [prɒŋ] *s* **1.** (*Gabel*) Zinke *f* **2.** Spitze, Zacke *f* **3.** (*Geweih*) Sprosse *f*

pro•nomi•nal [prəʊˈnɒmɪnl] *adj* pronominal; **pro•noun** [ˈprəʊnaʊn] *s* (GRAM) Pronomen, Fürwort *nt*

pro•nounce [prəˈnaʊns] **I.** *vt* **1.** verkünden; (*feierlich*) erklären **2.** (*Urteil*) fällen **3.** erklären (für) **4.** (*Wort*) aussprechen; ~ **o.s. for s.th.** sich für etw aussprechen **II.** *vi* Stellung nehmen; sich aussprechen (*on* über, *for, in favo(u)r of* für, *against* gegen); **she ~s badly** sie hat eine schlechte Aussprache; **pro•nounce•able** [-əbl] *adj* aussprechbar; **pro•nounced** [prəˈnaʊnst] *adj* **1.** ausgesprochen **2.** (*Becken, Knochen*) ausgeprägt **3.** (*Verbesserung*) deutlich; **have a** ~ **limp** stark hinken; **pro•nounce•ment** [prəˈnaʊnsmənt] *s* Erklärung *f;* (JUR) Verkündigung *f*

pronto [ˈprɒntəʊ] *adv* (*fam*) fix, schnell, dalli

pro•nun•ci•ation [prəˌnʌnsɪˈeɪʃn] *s* Aussprache *f*

proof [pruːf] **I.** *s* **1.** (JUR) Beweis *m* (*of* für) **2.** Nachweis, Beleg *m* **3.** Probe, Erprobung *f* **4.** (*Getränk*) Alkoholgehalt *m* **5.** (*Grafik, Fotografie*) Probeabzug *m;* (Korrektur)Fahne *f;* **by way of** ~ als Beweis; **furnish** [*o* **produce**] ~ den Beweis erbringen; **give** ~ **of s.th.** etw unter Beweis stellen; **put to (the)** ~ auf die Probe stellen; **read (the) ~s** Korrektur lesen; **burden** [*o* **onus**] **of** ~ Beweislast *f* **II.** *adj* **1.** fest, sicher (*against* gegen) **2.** wasserdicht, undurchlässig (*to, against* für) **3.** (*fig*) unempfindlich (*against* für) **4.** (*Alkohol*) probehaltig; **burglar**~ einbruchsicher; **crisis**~ krisenfest; **fire**~ feuerfest; **fool**~ narrensicher; **water**~ wasserdicht; **weather**~ wetterfest; ~ **against corruption** unbestechlich **III.** *vt* imprägnieren, wasserdicht machen; **proof•read** [ˈpruːfˌriːd] *vi* Korrektur lesen; **proof-reader** [ˈpruːfˌriːdə(r)] *s* (TYP) Korrektor(in) *m(f);* **~'s marks** Korrekturzeichen *ntpl;* **proof•read•ing** [-ɪŋ] *s* Korrekturlesen *nt;* **at the** ~ **stage** im Korrekturstadium

prop[1] [prɒp] **I.** *s* **1.** Pfosten *m,* Stütze *f* **2.** (*fig*) Stütze, Säule *f* **3. ~s** (THEAT) Requisiten *ntpl* **II.** *vt* **1.** (~ *up*) (mit einem Pfosten) stützen; verstreben **2.** (an)lehnen (*against* an) **3.** (AUTO) aufbocken **4.** (*fig*) (unter)stützen; ~ **o.s. against** sich lehnen gegen

prop[2] [prɒp] *s* Propeller *m*

propa•ganda [ˌprɒpəˈgændə] *s* Propaganda *f;* **propa•gan•dist** [ˌprɒpəˈgændɪst] *s* Propagandist(in) *m(f),* Verfechter(in) *m(f)*

propa•gate [ˈprɒpəgeɪt] **I.** *vt* **1.** fortpflanzen **2.** (PHYS OPT) ausbreiten **3.** (*Sitten, Ideen*) verbreiten **II.** *vi* sich fortpflanzen, sich vermehren; (*Ideen*) sich verbreiten; **propa•ga•tion** [ˌprɒpəˈgeɪʃn] *s* Fortpflanzung *f;* Vermehrung *f;* Aus-, Verbreitung *f*

pro•pane [ˈprəʊpeɪn] *s* Propan(gas) *nt*

pro•pel [prəˈpel] *vt* antreiben; **pro•pel•lant** [prəˈpelənt] *s* Treibstoff *m,* -mittel *nt;* Treibgas *nt;* **pro•pel•ler** [prəˈpelə(r)] *s* Propeller *m;* **propeller shaft** *s* Antriebswelle *f;* (AUTO) Kardanwelle *f;* (MAR) Schraubenwelle *f;* **pro•pel•ling** [prəˈpelɪŋ] *adj* treibend; ~ **force** Triebkraft *f;* ~ **pencil** Drehbleistift *m*

pro•pen•sity [prəˈpensətɪ] *s* Neigung *f,* Hang *m* (*to, toward s.th.* zu etw, *for doing* zu tun); ~ **to invest** Investitionsneigung *f*

proper [ˈprɒpə(r)] *adj* **1.** passend, geeignet (*for* für) **2.** richtig, ordnungsgemäß **3.** ordentlich, bescheiden, höflich **4.** eigentümlich, charakteristisch (*to* für) **5.** (*oft nachgestellt*) eigentlich, im engeren Sinn **6.** (*fam*) recht, richtig, wahr, gehörig; **in** ~ **condition** in gutem Zustand; **at the** ~ **time** zur rechten Zeit; **through the** ~ **channels** auf dem Dienstweg; **in the ~ form** in ordnungsmäßiger Form; ~ **fraction** echter Bruch; **deem ~ to** es für richtig halten zu; **that's not ~** das gehört sich nicht; **everything at the ~ time** alles zu seiner Zeit; **proper•ly** [-lɪ] *adv* **1.** korrekt, richtig **2.** anständig, ordentlich **3.** durch u. durch; gründlich; ~ **speaking** genaugenommen, eigentlich, in Wirklichkeit; **proper meaning** *s* eigentliche Bedeutung; **proper name**, **proper noun** *s* Eigenname *m*

prop•er•tied ['prɒpətɪd] *adj:* **the ~ classes** das Besitzbürgertum; **prop•erty** ['prɒpətɪ] *s* **1.** Eigentum *nt;* Besitz *m* **2.** (*landed ~*) Landbesitz *m,* Ländereien *fpl,* Immobilien *pl,* Liegenschaften *fpl,* Haus, Gebäude *nt;* Grundstück *nt;* Landbesitz *m* **3.** Eigenschaft, Eigentümlichkeit, Besonderheit *f;* Merkmal *nt* **4. properties** (THEAT) Requisiten *ntpl;* **public ~** Eigentum *nt* der öffentlichen Hand; **property developer** *s* Bauträger *m;* **property development** *s* Grundstückserschließung *f;* **property increment tax** *s* Wertzuwachssteuer *f;* **property insurance** *s* Sachversicherung *f;* **property man**, **propman** *s* (THEAT) Requisiteur *m;* **property market** *s* Immobilienmarkt *m;* **property owner** *s* Grundstücks-, Hauseigentümer(in) *m(f);* **property room** *s* Requisitenkammer *f;* **property speculation** *s* Immobilienspekulation *f;* **property tax** *s* Grundsteuer *f*

proph•ecy ['prɒfəsɪ] *s* Prophezeiung *f;* **proph•esy** ['prɒfɪsaɪ] *vt* prophezeien (*s.th. for s.o.* jdm etw), vorhersagen; **prophet** ['prɒfɪt] *s* Prophet *m;* **prophetess** ['prɒfɪtes] *s* Prophetin *f;* **pro•phetic** [prə'fetɪk] *adj* prophetisch

pro•phy•lac•tic [ˌprɒfɪ'læktɪk] **I.** *adj* (MED) vorbeugend, prophylaktisch **II.** *s* vorbeugendes Mittel; **pro•phy•lax•is** [prɒfɪ'læksɪs] *s* (MED) Prophylaxe *f*

pro•pin•quity [prə'pɪŋkwətɪ] *s* **1.** Nähe *f* **2.** (nahe) Verwandtschaft *f*

pro•pi•tious [prə'pɪʃəs] *adj* günstig (*to, towards* für)

prop•jet ['prɒpdʒet] *s* Turboprop *m*

pro•pon•ent [prə'pəʊnənt] *s* Befürworter(in) *m(f)*

pro•por•tion [prə'pɔːʃn] **I.** *s* **1.** (An)Teil *m,* Quote *f* **2.** Verhältnis *nt;* (*a.* MATH) Proportion *f* **3.** Ausgeglichenheit, Ausgewogenheit *f* **4. ~s** Dimensionen, Proportionen *fpl;* **in ~** verhältnismäßig, anteilig, im Verhältnis (*to* zu), in dem Maße (*as* wie); **out of ~** unverhältnismäßig; **out of all ~** in gar keinem Verhältnis (*to* zu); ~ **of costs/profit** Kosten-/Gewinnanteil *m* **II.** *vt* **1.** in das richtige Verhältnis bringen (*to* zu), abstimmen (*to* auf), anpassen (*to* an) **2.** verhältnismäßig verteilen; **pro•por•tional** [prə'pɔːʃənl] *adj* (*a.* MATH) proportional, im (richtigen) Verhältnis (*to* zu), entsprechend; verhältnismäßig, relativ; ~ **representation** Verhältniswahlrecht *nt;* ~ **share** Quote *f;* ~ **voting** Verhältniswahl *f;* **pro•por•tion•al•ity** [prəˌpɔːʃənælɪtɪ] *s* (JUR) Verhältnismäßigkeit *f;* **pro•por•tion•ate** [prə'pɔːʃənət] *adj* proportional; **be ~ to s.th.** im Verhältnis zu etw stehen; **pro•por•tioned** [prə'pɔːʃnd] *adj:* **well-~** wohlproportioniert

pro•po•sal [prə'pəʊzl] *s* **1.** Vorschlag *m,* Anregung *f* **2.** Antrag *m;* **upon the ~ of** auf Vorschlag *+gen;* **place ~s before s.o.** jdm Vorschläge unterbreiten; **pro•pose** [prə'pəʊz] **I.** *vt* **1.** vorschlagen (*s.th. to s.o.* jdm etw, *doing s.th.* etw zu tun) **2.** anregen **3.** (*einen Antrag*) einbringen, stellen **4.** (*~ s.o.'s health*) einen Toast ausbringen auf; ~ **marriage to s.o.** jdm einen Heiratsantrag machen **II.** *vi* einen Heiratsantrag machen (*to s.o.* jdm); ~ **to do s.th.** etw vorhaben; **man ~s, God disposes** der Mensch denkt, Gott lenkt; **pro•poser** [prə'pəʊzə(r)] *s* Antragsteller(in) *m(f);* **prop•osi•tion** [ˌprɒpə'zɪʃn] *s* **1.** Vorschlag *m,* Anregung *f* **2.** Antrag *m* **3.** Unternehmen, Vorhaben *nt* **4.** Aussage *f;* (MATH) Lehrsatz *m;* (PHILOS) Satz *m* **5.** Aussicht *nt;* **that's an expensive ~** das ist ein teures Vergnügen; **a paying ~** ein lohnendes Geschäft

pro•pound [prə'paʊnd] *vt* darlegen

pro•pri•etary [prə'praɪətrɪ] *adj* (*Klasse*) besitzend; (*Rechte*) Besitz-; (*Gebaren*) besitzergreifend; (COM) gesetzlich geschützt, Marken-; ~ **article** Markenartikel *m;* ~ **capital** (*Am*) Eigenkapital *nt;* ~ **company** (*Am*) Dach-, Holdinggesellschaft *f;* ~ **drug** (*Am*) *patentrechtlich geschützes Arzneimittel;* ~ **goods** Markenartikel *mpl;* **pro•pri•etor** [prə'praɪətə(r)] *s* **1.** Eigentümer(in) *m(f),* Besitzer(in) *m(f),* (Geschäfts)Inhaber(in) *m(f)* **2.** Einzelunternehmer(in) *m(f);* **sole ~** Alleininhaber(in) *m(f);* **pro•pri•etor•ship** [-ʃɪp] *s* Eigentum *nt,* Besitz *m;* **during his ~** während er Inhaber, Besitzer war; **pro•pri•e•tress** [prə'praɪətrɪs] *s* Eigentümerin, Besitzerin, Inhaberin *f*

pro•pri•ety [prə'praɪətɪ] *s* **1.** Richtigkeit *f* **2.** Schicklichkeit *f,* Anstand *m;* **the proprieties** die Anstandsformen *fpl,* das gute Benehmen

props [prɒps] *s pl* (*sl: Theater*) Requisiten *ntpl*

pro•pul•sion [prə'pʌlʃn] *s* (TECH) Antrieb *m;* **jet ~** Strahl-, Düsenantrieb *m*

pro rata [ˌprəʊ'rɑːtə] *adj, adv* anteilmäßig; **pro•rate** [prəʊ'reɪt] *vt* (*Am*) anteilmäßig

P

auf-, verteilen
pro•ro•ga•tion [ˌprəʊrəˈgeɪʃn] *s* (PARL) Vertagung *f;* **pro•rogue** [prəʊˈrəʊg] *vt* vertagen
pro•saic [prəˈzeɪɪk] *adj* (*fig*) prosaisch, nüchtern, trocken
pro•scenium [prəˈsiːnɪəm] *s* (THEAT: ~ *arch*) Proszenium *nt*
pro•scribe [prəˈskraɪb] *vt* **1.** verbieten **2.** ächten; verbannen; **pro•scrip•tion** [prəˈskrɪpʃn] *s* Verbot *nt;* Ächtung *f;* Verbannung *f*
prose [prəʊz] *s* Prosa *f*
pros•ecut•able [ˌprɒsɪˈkjuːtəbl] *adj* (*Handlung, Delikt*) strafbar; **pros•ecute** [ˈprɒsɪkjuːt] **I.** *vt* **1.** (JUR) strafrechtlich verfolgen **2.** (*Untersuchung*) durchführen; **trespassers will be ~d** unbefugtes Betreten bei Strafe verboten **II.** *vi* Klage erheben; **pros•ecut•ing** [-ɪŋ] *adj:* **~ counsel, ~ attorney** (*Am*) Anklagevertreter(in) *m(f),* Staatsanwalt *m,* -anwältin *f;* **pros•ecu•tion** [ˌprɒsɪˈkjuːʃn] *s* **1.** Strafverfolgung *f* **2.** Durchführung *f;* **the ~** die Anklage(behörde); die Staatsanwaltschaft; **liable to ~** strafbar; **~ witness, witness for the ~** Belastungszeuge *m,* -zeugin *f;* **pros•ecu•tor** [ˈprɒsɪkjuːtə(r)] *s* **1.** (An)Kläger(in) *m(f)* **2.** (*public ~*) Anklagevertreter(in) *m(f),* Staatsanwalt *m,* -anwältin *f*
pros•elyte [ˈprɒsəlaɪt] *s* Neubekehrte(r) *f m,* Proselyt(in) *m(f);* **pros•elyt•ize** [ˈprɒsəlɪtaɪz] **I.** *vi* Proselyten machen **II.** *vt* bekehren
pros•ody [ˈprɒsədɪ] *s* Prosodie *f*
pros•pect [ˈprɒspekt] **I.** *s* **1.** Aussicht *f,* Ausblick *m* **2.** (*Am*) möglicher Käufer, Interessent, Kunde *m* **3.** Anwärter, Kandidat *m* **4.** (MIN) Schürfstelle *f* **5. ~s** Aussichten *fpl;* **in ~** in Aussicht; **have no ~s** keine Zukunft haben; **he is not much of a ~ for her** er hat ihr nicht viel zu bieten; **that would be a good ~** das wäre aussichtsreich; **hold out the ~ of s.th.** etw in Aussicht stellen; **what are your ~s?** welche Aussichten haben Sie? **II.** [prəˈspekt, *Am* ˈprɒspekt] *vi, vt* (*Am: nach Gold*) schürfen (*for* nach); (*Öl*) bohren; **pros•pec•tive** [prəˈspektɪv] *adj* voraussichtlich; in Aussicht stehend; zukünftig; **~ buyer** [*o* **customer**] Interessent(in) *m(f);* **pros•pec•tor** [prɒˈspektə(r)] *s* (MIN) Prospektor, Schürfer *m;* **pro•spec•tus** [prəˈspektəs] *s* Verzeichnis *nt;* Prospekt *m*
pros•per [ˈprɒspə(r)] *vi* **1.** gedeihen, blühen **2.** Erfolg, Glück haben **3.** (*Geschäft*) gut gehen; **he is ~ing** es geht ihm gut; **pros•per•ity** [prɒˈsperətɪ] *s* Wohlstand *m;* (*Geschäft*) Erfolg *m;* **pros•per•ous** [ˈprɒspərəs] *adj* **1.** erfolgreich; (*Geschäft, Wirtschaft*) florierend **2.** wohlhabend
pros•tate (**gland**) [ˈprɒsteɪt (ˌglænd)] *s* (ANAT) Vorsteherdrüse, Prostata *f*
pros•ti•tute [ˈprɒstɪtjuːt] **I.** *vt* prostituieren **II.** *vr* sich prostituieren **III.** *s* Prostituierte, Dirne *f;* **male ~** Strichjunge *m;* **pros•ti•tu•tion** [ˌprɒstɪˈtjuːʃn] *s* Prostitution *f*
pros•trate [ˈprɒstreɪt] **I.** *adj* **1.** hingestreckt **2.** (*fig*) machtlos **3.** (*fig*) kraftlos (*with* vor) **II.** [prɒˈstreɪt] *vt* **1.** niederwerfen **2.** (*fig*) entkräften, niederschmettern; **~ o.s.** sich niederwerfen (*at a shrine* an einem Altar, *before s.o.* vor jdm); **pros•tra•tion** [prɒˈstreɪʃn] *s* **1.** Fußfall *m* **2.** Entkräftung, (völlige) Erschöpfung *f*
prosy [ˈprəʊzɪ] *adj* prosaisch, trocken, langweilig
pro•tag•on•ist [prəˈtægənɪst] *s* **1.** (*in der Literatur*) Held(in) *m(f),* Protagonist(in) *m(f)* **2.** Hauptperson *f,* führender Kopf **3.** (*fig*) Vorkämpfer *m*
pro•tect [prəˈtekt] *vt* **1.** schützen, bewahren (*from* vor) **2.** beschützen, verteidigen (*against* gegen) **3.** (*Interessen, Rechte*) wahren; **~ o.s.** sich sichern (*against* gegen); **~ s.o.'s interests** jds Interessen wahren; **pro•tec•tion** [prəˈtekʃn] *s* **1.** Schutz *m* (*from* vor) **2.** (*von Interessen, Rechten*) Wahrung *f* **3.** Versicherungsschutz *m* **4.** (*~ money*) Schutzgeld *nt;* **~ of consumers** Verbraucherschutz *m;* **~ of the environment** Umweltschutz *m;* **~ of interests** Wahrung *f* der Interessen; **protection factor** *s* (*Sonnenöl*) Licht-, Sonnenschutzfaktor *m;* **pro•tec•tion•ism** [-ɪzəm] *s* Protektionismus *m;* **pro•tec•tion•ist** [-ɪst] **I.** *adj* protektionistisch **II.** *s* Protektionist(in) *m(f);* **protection racket** *s organisierte Erpressung von Geschäftsinhabern;* **pro•tec•tive** [prəˈtektɪv] *adj* schützend; Schutz-; (*Eltern*) fürsorglich, besorgt; **~ clause** Schutzklausel *f;* **~ clothing** Schutzkleidung *f;* **~ coating** Schutzanstrich *m;* **~ colo(u)ring** [*o* **coloration**] (BIOL) Tarnfarbe *f;* **~ custody** Schutzhaft *f;* **~ instinct** Beschützerinstinkt *m;* **~ measure** Schutzmaßnahme *f;* **~ tariff** Schutzzoll *m;* **over-~** übermäßig besorgt; **pro•tec•tor** [prəˈtektə(r)] *s* **1.** Beschützer(in) *m(f)* **2.** (*Gegenstand*) Schutz *m;* **pro•tec•tor•ate** [prəˈtektərət] *s* Protektorat *nt*
pro•tégé, **pro•tégée** [ˈprɒtɪʒeɪ, *Am* prəʊtɪˈʒeɪ] *s* Schützling *m*
pro•tein [ˈprəʊtiːn] *s* (CHEM) **1.** Protein *nt* **2. ~s** Eiweißstoffe *mpl*
pro•test [prəˈtest] **I.** *vt* **1.** beteuern **2.** protestieren gegen **3.** (FIN: *Wechsel*) protestieren, zu Protest gehen lassen **II.** *vi* protestieren, Einspruch, Protest erheben (*to s.o.* bei jdm), sich verwahren (*against* gegen) **III.**

['prəʊtest] *s* 1. Einspruch, Protest *m* (*against* gegen) 2. (COM) (Wechsel)Protest *m;* **as a ~, in ~ against** als Protest gegen; **under ~** unter Protest; **without ~** widerspruchs-, vorbehaltlos

Prot•es•tant ['prɒtɪstənt] I. *s* Protestant(in) *m(f)* II. *adj* protestantisch; **Prot•es•tant•ism** [-ɪzəm] *s* Protestantismus *m*

prot•esta•tion [ˌprɒte'steɪʃn] *s* 1. Beteuerung *f* 2. Einspruch, Protest *m;* **pro•tester** [prə'testə(r)] *s* Protestierende(r) *f m,* Demonstrant(in) *m(f)*

pro•test march *s* Protestmarsch *m;* **protest vote** *s* Proteststimme *f*

pro•to•col ['prəʊtəkɒl] *s* Protokoll *nt*

pro•ton ['prəʊtɒn] *s* (PHYS) Proton *nt*

pro•to•plasm ['prəʊtəplæzəm] *s* (BIOL) Protoplasma *nt*

pro•to•type ['prəʊtətaɪp] *s* Prototyp *m*

pro•to•zoan [ˌprəʊtə'zəʊən, *pl* -'zəʊə] <*pl* -zoa> *s* Protozoon, Urtierchen *nt*

pro•tract [prə'trækt] *vt* 1. (*zeitlich*) in die Länge ziehen, verlängern, ausdehnen 2. hinauszögern, aufschieben, verschleppen; **pro•tracted** [prə'træktɪd] *adj* langwierig, langatmig, weitschweifig; **pro•trac•tion** [prə'trækʃn] *s* (*a.* JUR) Ausdehnung, Verzögerung, Verschleppung *f;* **pro•trac•tor** [prə'træktə(r)] *s* Winkelmesser *m*

pro•trude [prə'tru:d] I. *vt* heraus-, hervorstoßen, -strecken II. *vi* vorstehen; herausragen, -treten; **pro•trud•ing, pro•trus•ive** [prə'tru:dɪŋ, prə'tru:sɪv] *adj* herausragend, vorspringend, vorstehend; **pro•trusion** [prə'tru:ʒn] *s* 1. Vorsprung *m* 2. Vorstehen *nt;* Herausragen *nt*

pro•tu•ber•ance [prə'tju:bərəns] *s* 1. Ausbauchung, (An)Schwellung *f;* Beule *f* 2. (ASTR) Protuberanz *f;* **pro•tu•ber•ant** [prə'tju:bərənt] *adj* vorstehend; **~ eyes** Glotzaugen *ntpl*

proud [praʊd] *adj* 1. stolz (*of* auf) 2. hochmütig, eingebildet 3. stolz, stattlich; prächtig; **do s.o. ~** jdn verwöhnen; **proud flesh** *s* wildes Fleisch

prov•able ['pru:vəbl] *adj* beweisbar, nachweisbar

prove [pru:v] <*irr:* proved, proved (proven)> I. *vt* 1. beweisen, nachweisen; unter Beweis stellen 2. bestätigen 3. beglaubigen, beurkunden 4. (*Flugzeug*) erproben 5. (*Teig*) gehen lassen; **~ one's identity** sich ausweisen; **~ (to be) false (true)** sich (nicht) bestätigen, sich als falsch (richtig) herausstellen II. *vi* 1. sich erweisen, sich herausstellen als; (*gut, schlecht*) ausfallen 2. (*Teig*) gehen III. *vr* sich erweisen (*innocent* als unschuldig)

proven ['pru:vn] *pp of* **prove**

prov•enance ['prɒvənəns] *s* Herkunft *f,* Ursprung *m*

prov•en•der ['prɒvɪndə(r)] *s* Futter *nt*

prov•erb ['prɒvɜ:b] *s* Sprichwort *nt;* **prov•erb•ial** [prə'vɜ:bɪəl] *adj* (*a. fig*) sprichwörtlich

pro•vide [prə'vaɪd] I. *vt* 1. beschaffen, besorgen; heranschaffen, liefern 2. zur Verfügung stellen, bereitstellen 3. versorgen, ausstatten, beliefern (*with* mit); **~ o.s.** sich versorgen II. *vi* 1. sorgen; Vorsorge, Vorbereitungen treffen (*for* für, *against* gegen) 2. (JUR) bestimmen, festsetzen, vorsehen; **~ for s.o.** jdn versorgen; **~ for s.th.** (JUR) etw vorsehen; **the Lord will ~** der Herr wird schon für uns sorgen; **pro•vided** [prə'vaɪdɪd] *conj:* **~ (that)** vorausgesetzt (, dass)

provi•dence ['prɒvɪdəns] *s* (REL) Vorsehung *f;* **provi•den•tial** [ˌprɒvɪ'denʃl] *adj* schicksalhaft; glücklich

pro•vider [prə'vaɪdə(r)] *s* 1. Lieferant(in) *m(f)* 2. (*Familie*) Ernährer(in) *m(f)* 3. (INTERNET) Provider *m;* **pro•vid•ing** [prə'vaɪdɪŋ] *adj:* **~ (that)** vorausgesetzt, (dass)

prov•ince ['prɒvɪns] *s* 1. Provinz *f* 2. (*fig*) Aufgabenkreis *m,* (Tätigkeits)Gebiet *nt;* Fach *nt;* **that question is outside my ~** dafür bin ich nicht zuständig; **prov•in•cial** [prə'vɪnʃl] I. *adj* 1. provinziell 2. engstirnig; **~ town** Provinzstadt *f* II. *s* Provinzbewohner(in) *m(f);* (*pej*) Provinzler(in) *m(f)*

prov•ing ['pru:vɪŋ] *s* Erprobung *f;* **be under the obligation of ~** beweispflichtig sein; **proving flight** *s* Testflug *m;* **proving ground** *s* Versuchsgelände *nt;* Versuchsfeld *nt;* (*fig*) Bewährungsprobe *f*

pro•vi•sion [prə'vɪʒn] I. *s* 1. Vorkehrung, Vorsorge *f* 2. Beschaffung, Bereitstellung *f* 3. Versorgung *f* (*of* mit) 4. Vorrat *m* 5. **~s** Lebensmittel *pl,* Verpflegung *f* 6. Vorschrift, Bestimmung *f* 7. (*Bilanz*) Rückstellung *f;* **make ~ for** Vorsorge treffen für; **~ of capital** Bereitstellung *f* von Kapital; **~ of electricity** Versorgung *f* mit Elektrizität; **~ for the future** Vorsorge *f* für die Zukunft; **~ for retirement** Altersversorgung *f;* **~ store** Lebensmittelgeschäft *nt* II. *vt* (*mit Lebensmitteln*) versorgen

pro•vi•sional [prə'vɪʒənl] *adj* 1. vorläufig, einstweilig 2. provisorisch; **~ cover** vorläufige Deckung(szusage); **~ driving licence** vorläufiger Führerschein für Fahrschüler; **~ government** provisorische Regierung; **the ~ IRA** die provisorische Irisch-Republikanische Armee

pro•viso [prə'vaɪzəʊ] <-visos, -visoes *Am*> *s* Klausel *f;* **with the ~ that …** unter der Bedingung, dass …; **with the usual ~** unter dem üblichen Vorbehalt; **make it a ~** zur Bedingung machen; sich vorbehalten

provo•ca•tion [ˌprɒvə'keɪʃn] *s* Herausforderung, Provokation *f;* **he did it under ~** man hat ihn dazu provoziert; **pro•voca•tive** [prəˈvɒkətɪv] *adj* herausfordernd; provokativ; **look ~** aufreizend aussehen

pro•voke [prəˈvəʊk] *vt* **1.** provozieren, reizen, herausfordern **2.** aufstacheln, aufreizen **3.** (*Ärger, Kritik, Lächeln*) hervorrufen **4.** (*Diskussion etc*) bewirken; **~ s.o. to do** [*o* **into doing**] **s.th.** jdn veranlassen etw zu tun; **pro•vok•ing** [-ɪŋ] *adj* provozierend; ärgerlich

pro•vost [ˈprɒvəst] *s* **1.** (*Oxford*) Leiter *m* eines College **2.** (*Schottland*) Bürgermeister *m*

prow [praʊ] *s* (MAR) Bug *m*

prow•ess [ˈpraʊɪs] *s* **1.** Tapferkeit, Kühnheit *f* **2.** große Geschicklichkeit, überragendes Können; **sexual ~** Potenz *f*

prowl [praʊl] **I.** *vi* herumschleichen, -streichen **II.** *vt* durchstreifen **III.** *s:* **be on the ~** herumstreichen; **~ car** (*Am*) Streifenwagen *m;* **prowler** [ˈpraʊlə(r)] *s* Herumstreicher *m;* **prowl•ing** [-ɪŋ] *s* Herumlungern *nt*

prox•im•ity [prɒkˈsɪmətɪ] *s* Nähe *f;* **in close ~** in unmittelbarer Nähe (*to, with s.o.* jds); **prox•imo** [ˈprɒksɪməʊ] *adv* nächsten Monats

proxy [ˈprɒksɪ] *s* **1.** (*schriftliche*) Vollmacht *f* **2.** Vertreter(in) *m(f),* Bevollmächtigte(r) *f m;* **by ~** in Vertretung; **stand ~ for s.o.** für jdn als Vertreter fungieren; **vote by ~** sich bei einer Wahl vertreten lassen; **voting by ~** Wahl *f* durch Stellvertreter

prude [pru:d] *s* prüde Frau, prüder Mann

pru•dence [ˈprudns] *s* **1.** Umsicht, Vorsicht *f* **2.** Klugheit *f;* **pru•dent** [ˈpru:dnt] *adj* **1.** umsichtig; vorsichtig **2.** vernünftig, einsichtig

prud•ery [ˈpru:dərɪ] *s* Prüderie *f;* **prud•ish** [ˈpru:dɪʃ] *adj* prüde, zimperlich

prune¹ [pru:n] *vt* **1.** (*Baum, Strauch*) beschneiden, ausputzen **2.** (*fig*) kürzen; reduzieren; (*Buch*) zusammenstreichen

prune² [pru:n] *s* **1.** Backpflaume *f* **2.** (*fig*) Muffel *m*

prun•ing [ˈpru:nɪŋ] *s* **1.** Beschneiden, Stutzen *nt* **2.** (*fig*) Kürzung *f;* Zusammenstreichen *nt;* **pruning hook** *s* Rebmesser *nt;* **pruning knife** <*pl* -knives> *s* Gartenmesser *nt;* **pruning saw** *s* Baumsäge *f;* **pruning shears** *s pl* Gartenschere, Rebschere *f*

pru•ri•ence [ˈprʊərɪəns] *s* Lüsternheit *f;* **pru•ri•ent** [ˈprʊərɪənt] *adj* lüstern

Prussia [ˈprʌʃə] *s* Preußen *nt;* **Prus•sian** [ˈprʌʃn] **I.** *s* Preuße *m,* Preußin *f* **II.** *adj* preußisch

prus•sic [ˈprʌsɪk] *adj:* **~ acid** Blausäure *f*

pry¹ [praɪ] *vi* **1.** (*~ about*) herumspionieren, -schnüffeln, -horchen **2.** neugierig sein

pry² [praɪ] *vt* (*Am*) **1.** (*~ open*) aufbrechen **2.** (*fig: Geheimnis*) herauspressen (*out of s.o.* aus jdm)

pry•ing [ˈpraɪɪŋ] *adj* neugierig

PS [ˌpi:ˈes] *s Abk. von* **post scriptum** PS *nt*

psalm [sɑ:m] *s* Psalm *m;* **psalm•ist** [ˈsɑ:mɪst] *s* Psalmist *m;* **psalm•ody** [ˈsɑ:mədɪ] *s* Psalmodie *f,* Psalmengesang *m*

pse•phol•ogy [seˈfɒlədʒɪ] *s* Wahlforschung *f*

pseud [sju:d] **I.** *s* (*fam*) Angeber(in) *m(f)* **II.** *adj* hochtrabend, hochgestochen; (*Buch, Film, Mensch*) pseudointellektuell; **pseu•do** [ˈsju:dəʊ] *adj* unecht; affektiert; **a ~-intellectual** ein(e) Pseudointellektuelle(r)

pseu•do•nym [ˈsju:dənɪm] *s* Pseudonym *nt;* **pseud•ony•mous** [sju:ˈdɒnɪməs] *adj* pseudonym

psit•ta•co•sis [ˌsɪtəˈkəʊsɪs] *s* Papageienkrankheit *f*

psych(e) [saɪk] **I.** *vt* (*sl*) **1.** analysieren **2.** (*~ out*) durchschauen; **~ o.s. up, get ~ed up** sich hochschaukeln **II.** *vi* (*sl*): **~ out** ausflippen

psyche [ˈsaɪkɪ] *s* Psyche *f*

psyche•delic [ˌsaɪkɪˈdelɪk] **I.** *adj* psychedelisch **II.** *s* psychedelische, bewusstseinserweiternde Droge

psy•chi•atric [ˌsaɪkɪˈætrɪk] *adj* psychiatrisch; **psy•chia•trist** [saɪˈkaɪətrɪst] *s* Psychiater(in) *m(f);* **psy•chia•try** [saɪˈkaɪətrɪ] *s* Psychiatrie *f;* **psy•chi•c(al)** [ˈsaɪkɪk(l)] **I.** *adj* **1.** psychisch, seelisch **2.** telepathisch **II.** *s* **1.** (*Spiritismus*) (gutes) Medium *nt* **2. ~s** *mit sing* Parapsychologie *f*

psy•cho•ana•lyse [ˌsaɪkəʊˈænəlaɪz] *vt* psychoanalytisch behandeln; **psy•cho•an•aly•sis** [ˌsaɪkəʊəˈnæləsɪs] *s* Psychoanalyse *f;* **psy•cho•ana•lyst** [ˌsaɪkəʊˈænəlɪst] *s* Psychoanalytiker(in) *m(f);* **psy•cho•ana•lytic(al)** [ˌsaɪkəʊˌænəˈlɪtɪk(l)] *adj* psychoanalytisch

psy•cho•logi•cal [ˌsaɪkəˈlɒdʒɪkl] *adj* psychologisch; **~ make-up** Psyche *f;* **~ moment** psychologisch günstiger Zeitpunkt; **~ terror** Psychoterror *m;* **~ warfare** psychologische Kriegsführung; **it's all ~** das ist alles Einbildung; **psy•chol•ogist** [saɪˈkɒlədʒɪst] *s* Psychologe *m,* Psychologin *f;* **psy•chol•ogy** [saɪˈkɒlədʒɪ] *s* Psychologie *f;* **child ~** Kinderpsychologie *f;* **experimental/individual/social ~** Experimental-/Individual-/Sozialpsychologie *f;* **~ of the adolescent** Jugendpsychologie *f*

psy•cho•path [ˈsaɪkəʊpæθ] *s* Psychopath(in) *m(f);* **psy•cho•pathic** [ˌsaɪkəʊˈpæθɪk] *adj* psychopathisch; **psy•cho•pathy** [ˌsaɪˈkɒpəθɪ] *s* Geisteskrankheit *f;* **psy•cho•sis** [saɪˈkəʊsɪs, *pl* -si:z] <*pl* -ses> *s* Psychose *f;* **psy•cho•so•matic**

[ˌsaɪkəʊsə'mætɪk] *adj* psychosomatisch; **psycho•thera•pist** [ˌsaɪkə'θerəpɪst] *s* Psychotherapeut(in) *m(f)*; **psy•cho•ther•apy** [ˌsaɪkəʊ'θerəpɪ] *s* Psychotherapie *f*; **psy•chotic** [saɪ'kɒtɪk] **I.** *adj* psychotisch **II.** *s* Geisteskranke(r) *f m*, Psychotiker(in) *m(f)*

PT [ˌpiː'tiː] *s Abk. von* **physical training** (SCHULE) Sport *m*

pt *s Abk. von* **pint** Pint *nt*

ptar•mi•gan ['tɑːmɪgən] *s* Schneehuhn *nt*

pto [ˌpiːtiː'əʊ] *Abk. von* **please turn over** bitte wenden

pto•maine poi•son•ing ['təʊmeɪn 'pɔɪznɪŋ] *s* (HIST) Lebensmittelvergiftung *f*

pub [pʌb] *s* (*fam*) Kneipe *f*, Wirtshaus *nt*; **pub-crawl** *s* Kneipenbummel *m*

pu•berty ['pjuːbətɪ] *s* Pubertät *f*; **pu•bic** ['pjuːbɪk] *adj*: ~ **hair** Schamhaare *ntpl*; **pu•bis** ['pjuːbɪs, *pl* -biːz] <*pl* -bes> *s* (ANAT) Schambein *nt*

pub•lic ['pʌblɪk] **I.** *adj* **1.** öffentlich **2.** staatlich; städtisch **3.** allgemein bekannt; **be in the ~ eye** im Brennpunkt des öffentlichen Lebens stehen; **become ~** bekannt werden **II.** *s mit sing od pl* Öffentlichkeit *f*; **in ~** öffentlich, *adv*, in der Öffentlichkeit; **the cinema-going/the theatre-going ~** das Film-/das Theaterpublikum; **the reading ~** die Leserschaft; **public accountant** *s* (*Am*) Wirtschaftsprüfer(in) *m(f)*; **public address system** *s* Lautsprecheranlage *f*; **public affairs** *s pl* öffentliche Angelegenheiten *fpl*

pub•li•can ['pʌblɪkən] *s* Gastwirt(in) *m(f)*

pub•lic ap•pear•ance [ˌpʌblɪk ə'pɪərəns] *s* Auftreten *nt* in der Öffentlichkeit; **public appointment** *s* Staatsstellung *f*; **public assistance** *s* (*Am*) Sozialhilfe *f*

pub•li•ca•tion [ˌpʌblɪ'keɪʃn] *s* Publikation, Veröffentlichung *f*; Druckschrift *f*; **in course of ~** im Erscheinen begriffen, im Druck; **list of ~s** Verlagskatalog *m*; **monthly/weekly ~** Monats-/Wochenschrift *f*; **new ~** Neuerscheinung *f*; (*Werbung*) soeben erschienen; **~ date** Erscheinungsdatum *nt*

pub•lic auth•or•ity [ˌpʌblɪk ɔː'θɒrətɪ] *s* **1.** Staatsgewalt *f* **2.** Behörde *f*; **public bar** *s* Stehausschank *m*; **public company** *s* Aktiengesellschaft *f*; **public convenience** *s* öffentliche Bedürfnisanstalt; **public conveyance** *s* öffentliches Verkehrsmittel; **public debt** *s* Staatsverschuldung *f*; **public domain** *s* (*Am*) Staatseigentum *nt*, staatlicher Grund u. Boden; **in the ~** (*geistiges Eigentum*) frei (geworden); **public enemy** *s* Staatsfeind *m*; **public expenditure**, **public expense** *s* Staatsausgaben *fpl*; **public funds** *s pl* Staatsgelder, öffentliche Gelder *ntpl*; **public health** *s* Volksgesundheit *f*; **public health service** *s* staatlicher Gesundheitsdienst; **public holiday** *s* gesetzlicher Feiertag; **public house** *s* (*Br*) Wirts-, Gasthaus *nt*, Gaststätte *f*; **public information officer** *s* Presseoffizier *m*; **public interest** *s* öffentliches Interesse, Staatsinteresse *nt*

pub•li•cist ['pʌblɪsɪst] *s* Publizist(in) *m(f)*

pub•lic•ity [pʌb'lɪsətɪ] *s* **1.** Publizität, Publicity *f* **2.** Werbung, Reklame *f*; **give ~ to s.th.** etw groß herausbringen; **give s.o. ~** für jdn Reklame machen; **broadcast ~** Rundfunkwerbung *f*; **publicity agent** *s* Werbeagent(in) *m(f)*; **publicity campaign** *s* Werbefeldzug *m*, -aktion *f*; **publicity department** *s* Werbeabteilung *f*; **publicity expenses**, **publicity costs** *s pl* Werbekosten *pl*; **publicity hound** *s* jemand, der auf Publicity aus ist; **publicity material** *s* Werbematerial *nt*

pub•lic•ize ['pʌblɪsaɪz] *vt* **1.** bekannt machen **2.** werben für, Reklame machen für

pub•lic law [ˌpʌblɪk 'lɔː] *s* öffentliches Recht; **under ~** öffentlich-rechtlich; **public library** *s* Volksbücherei *f*; **public limited company**, **plc** *s* (*etwa*) Aktiengesellschaft, AG *f*; **public loan** *s* Staatsanleihe *f*; **pub•lic•ly** ['pʌblɪklɪ] *adv* öffentlich; **~ owned** Gemeineigentum *nt*; **public nuisance** *s* öffentliches Ärgernis; **public opinion** *s* die öffentliche Meinung; **public opinion poll** *s* Meinungsumfrage *f*; **public property** *s* Staatseigentum *nt*; **public prosecution** *s* öffentliche Anklage; **public prosecutor** *s* Staatsanwalt *m*, -anwältin *f*; **public records** *s pl* Staatsarchiv *nt*; **public relations**, **PR** *s pl* Öffentlichkeitsarbeit *f*; Public Relations *pl*, PR *f*; **public-relations officer** *s* Pressesprecher(in) *m(f)*, PR-Referent(in) *m(f)*; **public school** *s* **1.** (*in GB*) höhere Privatschule **2.** (*in den USA*) öffentliche, staatliche Schule; **public sector** *s* öffentlicher Sektor; **public servant** *s* Angestellte(r) *f m* im öffentlichen Dienst; **public service** *s* öffentlicher Dienst; öffentlicher Dienstleistungsbetrieb; **pub•lic-spirited**, **pub•lic-minded** [ˌpʌblɪk'spɪrɪtɪd, ˌpʌblɪk'maɪndɪd] *adj* sozial gesinnt; **public telephone** *s* Münzfernsprecher *m*; **public transport** *s* öffentliche Verkehrsmittel *ntpl*; **public trial** *s* (JUR) öffentliche Verhandlung; **public utility** *s* (öffentlicher) Versorgungsbetrieb *m*, Stadtwerke *ntpl*, Wasser-, Gas-, Elektrizitätswerk *nt*; **public wants** *s pl* öffentliche Bedürfnisse *ntpl*; **public weal** *s* Allgemeinwohl *nt*; **public works** *s pl* öffentliche Bauvorhaben *ntpl*, öffentliche Einrichtungen *fpl*

P

pub•lish ['pʌblɪʃ] *vt* **1.** (öffentlich) bekannt geben, machen **2.** (*Buch*) veröffentlichen; publizieren; herausgeben, -bringen, erscheinen lassen, verlegen; **be ~ed in instal(l)ments** in Lieferungen herauskommen; **about to be ~ed** im Erscheinen begriffen, im Druck; **just ~ed** soeben erschienen; **to be ~ed shortly** erscheint in Kürze; **pub·lisher** ['pʌblɪʃə(r)] *s* **1.** Verleger(in) *m(f)* **2.** (*a. ~s*) Verlag *m;* **pub•lish•ing** ['pʌblɪʃɪŋ] *s* Verlagswesen *nt;* ~ **business** [*o* **trade**] Verlagsgeschäft *nt;* ~ **company** [*o* **house**] Verlag(shaus *nt*) *m*

puck [pʌk] *s* Eishockeyscheibe *f,* Puck *m*

pucker ['pʌkə(r)] **I.** *vt* **1.** (*Mund*) verziehen; (zum Küssen) spitzen; (*Stirn*) runzeln **2.** (*Stoff*) in Falten legen **II.** *vi* **1.** sich verziehen; sich spitzen; sich runzeln **2.** Falten werfen **III.** *s* Falte *f*

pud•ding ['pʊdɪŋ] *s* **1.** Süßspeise *f,* Pudding *m* **2.** Fleischpastete *f* **3.** (*fig fam*) Dummkopf *m;* Dickerchen *nt;* **black** ~ Blutwurst *f;* **pudding-head** *s* (*fam*) Dummkopf *m*

puddle ['pʌdl] *s* Pfütze *f*

pu•denda [pju:'dendə] *s pl* äußere Schamteile *pl*

pudgy [ɪ] *adj* untersetzt, plump

puer•ile ['pjʊəraɪl] *adj* kindisch; **puer•il·ity** [ˌpjʊə'rɪlətɪ] *s* **1.** kindisches Wesen **2.** Kinderei, Albernheit *f*

Puer•to Ri•can ['pwɜ:təʊ'ri:kən] **I.** *adj* puertorikanisch **II.** *s* Puertorikaner(in) *m(f);* **Puer•to Ri•co** ['pwɜ:təʊ'ri:kəʊ] *s* Puerto Rico *nt*

puff [pʌf] **I.** *s* **1.** Atem-, Windstoß *m* **2.** Zug *m* (*an einer Zigarette*) **3.** Atem *m* **4.** (*powder-~*) Puderquaste *f* **5.** Windbeutel *m* (*Gebäck*)*;* **be out of** ~ außer Puste sein **II.** *vi* **1.** (*Wind*) blasen **2.** (*Rauch, Dampf*) ausstoßen **3.** schnaufen, keuchen; (*Pferd*) schnauben **4.** (*Raucher*) paffen (*at* an) **III.** *vt* **1.** ausstoßen, -puffen; außer Atem bringen **2.** (*Zigarette*) paffen **3.** (über Gebühr) herausstreichen **4.** (*Haar, Kleid*) bauschen; **puff out** *vt* **1.** (*Flamme*) ausblasen **2.** (*Luft*) ausstoßen; (*Worte*) hervorstoßen **3.** außer Atem bringen; (*Backen*) aufblasen **4.** (*Brust*) herausstrecken; **puff up I.** *vi* (*Augen, Gesicht*) anschwellen **II.** *vt* (*Federn*) aufplustern; **~ed up** (*fig*) aufgeblasen, hochmütig; **puff adder** *s* Puffotter *f;* **puff•ball** *s* (*kugeliger Pilz*) Bofist, Bovist *m*

puffin ['pʌfɪn] *s* Papageientaucher *m*

puff pastry *s* Blätterteig *m;* **puffy** ['pʌfɪ] *adj* **1.** (*fig*) aufgeblasen, geschwollen **2.** (*Gesicht*) aufgedunsen **3.** (*Ärmel*) bauschig

pug [pʌg] (*~-dog*) Mops *m*

pu•gil•ism ['pju:dʒɪlɪzəm] *s* Boxen *nt;* **pu·gil•ist** ['pju:dʒɪlɪst] *s* Boxer *m*

pug•na•cious [pʌg'neɪʃəs] *adj* kampflustig; **pug•nac•ity** [pʌg'næsətɪ] *s* Kampf(es)lust *f*

pug nose ['pʌgnəʊz] *s* Stumpfnase *f*

puke [pju:k] *vi* (*sl*) kotzen

puk•ka ['pʌkə] *adj* **1.** vornehm **2.** zuverlässig **3.** wahr; echt; ursprünglich

pull [pʊl] **I.** *vt* **1.** ziehen, zerren, reißen (*by the hair* an den Haaren); (*Glocke, Seil*) ziehen an **2.** (*Zahn*) ziehen; (*Korken, Unkraut*) herausziehen **3.** (*Bier*) zapfen **4.** (*Geflügel*) ausnehmen **5.** (*Muskel*) zerren **6.** (*Ruder*) anziehen **7.** (*Boot*) rudern **8.** (*Menschen*) anziehen **9.** (*fam*) abhalten, durchführen, veranstalten **10.** (*sl: Ding*) drehen; ~ **a face** das Gesicht verziehen; ~ **a fast one on s.o.** (*sl*) jdn hereinlegen; ~ **s.o.'s leg** jdn auf den Arm nehmen; ~ **to pieces** in Stücke reißen, zerreißen; (*fig*) kein gutes Haar lassen an; ~ **a pistol on s.o.** jdn mit der Pistole bedrohen; ~ **one's punches** (*fig*) sich zurückhalten; ~ **rank on s.o.** jdm gegenüber den Vorgesetzten herauskehren; ~ **the strings** (*fig*) die Fäden in der Hand haben; ~ **strings** (*fig*) Beziehungen spielen lassen; ~ **a dirty trick on s.o.** jdm einen bösen Streich spielen; ~ **one's weight** sich ins Ruder legen; (*fig*) sich Mühe geben, sich anstrengen; ~ **the wool over s.o.'s eyes** (*fig*) jdn hereinlegen; **don't ~ any funny stuff!** machen Sie keine Geschichten! **II.** *vi* **1.** ziehen, zerren, reißen (*at* an) **2.** (*Trinken, Rauchen*) einen Zug machen **3.** sich bewegen, fahren; **the car is ~ing to the left** das Auto zieht nach links; ~ **for s.o.** (*Am*) jdn unterstützen; **the train ~ed into the station** der Zug fuhr in den Bahnhof ein **III.** *s* **1.** Zug, Ruck *m* **2.** (Zug)Kraft, Stärke, Gewalt *f* **3.** (*Trinken, Rauchen*) Zug *m* **4.** (*fig*) Anziehungskraft *f* **5.** (*Wasser, Luft*) Sog *m* **6.** (Klingel)Zug *m;* Handgriff *m* **7.** (TYP) (Probe)Abzug *m,* Fahne *f* **8.** Werbe-, Zugkraft *f* **9.** Einfluss *m* (*with* auf), Beziehungen *fpl* **10.** Anstieg *m;* **give a** ~ ziehen; rudern; **have the** ~ einen Vorteil haben (*of, on, over* vor); **pull about** *vt* hin u. her zerren, reißen, stoßen; **pull ahead of** *vt* überholen; **pull apart** *vt* auseinander ziehen; trennen; auseinander nehmen; (*fig*) kein gutes Haar lassen an; **pull away** *vi* sich losreißen; abfahren, hinter sich lassen; **pull back I.** *vt* zurückreißen, -stoßen **II.** *vi* einen Rückzieher machen; **pull down** *vt* **1.** nieder-, einreißen, demolieren **2.** (*Jalousie*) herunterlassen **3.** (*Person*) mitnehmen **4.** (*Gewinn*) drücken **5.** (*Am: Geld*) verdienen; ~ **menu** Pulldownmenü *nt;* **pull in I.** *vt* **1.** (*Pferd*) zügeln **2.** (*Krallen*) einziehen **3.** (*fig*) anziehen **4.** (*fam*) kassieren **5.** (*fam*) verhaften **II.** *vi* **1.** einfahren, ankommen **2.** (AUTO) anhalten; **pull off** *vt* **1.** wegziehen, -reißen, -zerren **2.** (*Hut*) abnehmen **3.** (*Handel*) abschließen **4.** (*fam*) Glück haben mit **5.** (*sl: Sache*) schmeißen; **pull out I.** *vt* **1.** (her)ausziehen, -reißen **2.** (*Tisch*) ausziehen **3.** (*fig*) zurückziehen **II.** *vi* **1.** (*Zug*) abfahren **2.** (*Mensch*) weggehen; **pull over** *vi* (*fam: Wagen*) heranfahren (*to the side* auf die Seite); **pull round I.** *vt* **1.** (*Kranken*) durchbringen **2.** herumdrehen **II.** *vi* durchkommen, die Krankheit überstehen; **pull through I.** *vt* **1.** (hin) durchziehen **2.** (*Sache*) durchbringen; durchhelfen (*s.o.* jdm) **II.** *vi* **1.** sich durchschlagen **2.** (*Kranker*) durchkommen; **pull together I.** *vi* (*fig*) am gleichen Strang ziehen, (gut) zusammenarbeiten **II.** *vt* (*fig*) zusammenbringen; ~ **o.s. together** sich zusammennehmen, sich zusammenreißen; **pull up I.** *vt* **1.** hochziehen; nach oben ziehen **2.** anhalten, zum Stehen bringen, stoppen **3.** (*fig*) zurechtweisen; korrigieren **4.** (*Pflanze*) herausreißen **5.** verbessern **II.** *vi* **1.** anhalten, stehenbleiben (*at* an, bei, vor) **2.** einholen (*with s.o.* jdn); (SPORT) aufholen **3.** (AUTO) vorfahren; ~ **up short** plötzlich bremsen; (*fig*) plötzlich unterbrechen; ~ **up stakes** (*Am*) alles hinter sich lassen

pul·let ['pʊlɪt] *s* Hühnchen *nt*

pul·ley ['pʊlɪ] *s* **1.** (TECH) Flaschenzug *m* **2.** (MAR) Talje *f* **3.** (MED) Streckapparat *m*

pull-in ['pʊlɪn] *s* (*Br*) Rastplatz *m*

Pull·man® ['pʊlmən] *s* Pullmannwagen *m*

pull-out ['pʊlaʊt] *s* **1.** (Zeitschriften)Beilage *f* **2.** Abzug *m*

pull·over ['pʊləʊvə(r)] *s* Pullover *m*

pull-up ['pʊlʌp] *s* Klimmzug *m*

pul·mon·ary ['pʌlmənərɪ] *adj:* ~ **disease** Lungenkrankheit *f*

pulp [pʌlp] **I.** *s* **1.** breiige Masse, Brei *m* **2.** (BOT) Fruchtfleisch, Mark *nt* **3.** (ANAT) Zahnmark *nt,* Pulpa *f* **4.** (*paper~*) Papierbrei *m,* Pulpe *f* **5.** (*fam: ~ magazine*) Groschenheft *nt;* **beat s.o. to a** ~ jdn windelweich prügeln; **reduce s.o. to a** ~ jdn bewegungsunfähig machen **II.** *vt* zu Brei machen

pul·pit ['pʊlpɪt] *s* Kanzel *f;* **in the** ~ auf der Kanzel

pul·sar ['pʌlsɑ:(r)] *s* Pulsar *m*

pul·sate [pʌl'seɪt] *vi* vibrieren, pulsieren (*with* von); **pul·sa·tion** [pʌl'seɪʃn] *s* Klopfen, Schlagen *nt;* Vibrieren *nt*

pulse *s* **1.** (*a. fig*) Puls *m* **2.** (*von Musik*) Rhythmus *m;* **feel** [*o* **take**] **s.o.'s** ~ jdm den Puls fühlen

pump¹ [pʌmp] **I.** *s* Pumpe *f;* ~ **priming** Initialzündung *f* **II.** *vt* **1.** pumpen **2.** (*~ out*) aus-, leer pumpen; (*fig*) erschöpfen **3.** ausfragen; ~ **up** aufpumpen; hochpumpen, heraufpumpen; ~ **dry** leer pumpen

pump² [pʌmp] *s* **1.** leichter Schuh **2.** ~**s** Pumps *mpl;* **a pair of dancing ~s** ein Paar Tanzschuhe

pum·per·nickel ['pʌmpənɪkl] *s* Pumpernickel *m*

pump·ing ['pʌmpɪŋ] *s* **1.** Pumpen *nt* **2.** (*fig*) Kunst *f* des Ausfragens; ~ **plant** [*o* **station**] Wasserwerk *nt,* Pumpstation *f*

pump·kin ['pʌmpkɪn] *s* Kürbis *m*

pump-room ['pʌmprʊm] *s* (*Kurort*) Trinkhalle *f*

pun [pʌn] **I.** *s* Wortspiel *nt* **II.** *vi* ein Wortspiel machen (*on, upon* auf)

punch¹ [pʌntʃ] **I.** *s* Locheisen *nt;* Locher *m;* Lochzange *f;* Prägestempel *m;* Punze *f* **II.** *vt* lochen; stempeln; stanzen; prägen

punch² [pʌntʃ] **I.** *vt* mit der Faust stoßen, schlagen, knuffen **II.** *s* **1.** Faustschlag, Stoß, Knuff, Puff *m* **2.** (*fig*) Durchschlagskraft *f* **3.** (*fam*) Schmiss, Schwung *m,* Energie, Tatkraft *f;* **pull one's ~es** (*fig*) sich zurückhalten

punch³ [pʌntʃ] *s* Punsch *m*

Punch [pʌntʃ] *s* Hanswurst, dummer August *m;* Kasperle *nt;* **pleased as** ~ hocherfreut

Punch-and-Judy show [ˌpʌntʃənd 'dʒu:dɪʃəʊ] *s* Kasperle-, Puppentheater *nt*

punch bag ['pʌntʃbæg] *s* Sandsack *m*

punch·bowl ['pʌntʃbəʊl] *s* Punschbowle *f* (*Gefäß*)

punch-card ['pʌntʃkɑ:d] *s* Lochkarte *f;* Stempelkarte *f;* **punch-clock** *s* Stechuhr *f*

punch-drunk ['pʌntʃdrʌŋk] *adj* (*Boxen*) angeschlagen, (wie) benommen (*von Schlägen*); (*fig*) durcheinander; **punch·ing bag** ['pʌntʃɪŋbæg] *s* (*Am: Boxen*) Punchingball, Sandsack *m;* **punch-line** *s* Pointe *f;* **punch-tape** *s* Lochstreifen *m;* **punch-up** ['pʌntʃʌp] *s* (*fam*) Schlägerei *f;*
punc·tili·ous [pʌŋk'tɪlɪəs] *adj* peinlich genau; pedantisch

punc·tual ['pʌŋktʃʊəl] *adj* pünktlich (*in* bei); **punc·tual·ity** [ˌpʌŋktʃʊ'ælətɪ] *s* Pünktlichkeit *f*

punc·tu·ate ['pʌŋktʃʊeɪt] *vt* **1.** mit Satzzeichen versehen **2.** (*fig*) zeitweise unterbrechen **3.** (*fig*) betonen; **punc·tu·ation** [ˌpʌŋktʃʊ'eɪʃn] *s* **1.** Interpunktion, Zeichensetzung *f* **2.** Satzzeichen *ntpl;* ~ **mark** Satzzeichen *nt*

punc·ture ['pʌŋktʃə(r)] **I.** *s* **1.** (Ein)Stich *m* **2.** Loch *nt* **3.** (AUTO) (Reifen)Panne *f* **II.** *vt* **1.** auf-, durchstechen **2.** perforieren, durchlöchern **3.** (*fig*) zum Platzen bringen; (*Hoffnungen*) vernichten

pun·dit ['pʌndɪt] *s* Pandit *m;* (*fig*) Experte *m,* Expertin *f*

pun·gent ['pʌndʒənt] *adj* **1.** (*Geruch*)

P

scharf, beißend **2.** stechend, schmerzhaft **3.** (*Sorgen*) quälend

pun•ish ['pʌnɪʃ] *vt* (be)strafen (*for* für, *with* mit); **pun•ish•able** [-əbl] *adj* strafbar; **make** ~ unter Strafe stellen; ~ **act** strafbare Handlung; **pun•ish•ing** [-ɪŋ] **I.** *adj* **1.** mühsam **2.** (SPORT) hart schlagend **II.** *s* Schaden *m;* (SPORT) schwere Niederlage; **give a team a** ~ einer Mannschaft eine schwere Niederlage zufügen; **take a** ~ schwer mitgenommen werden; (SPORT) eine Niederlage erleben; **pun•ish•ment** [-mənt] *s* **1.** Bestrafung, Strafe *f* **2.** (*fam*) schlechte Behandlung; **as a** ~ zur Strafe; **impose** [*o* **inflict**] **a** ~ (**up**)**on s.o.** gegen jdn eine Strafe verhängen; **take a lot of** ~ viel aushalten; stark beschädigt werden; **capital** ~ Todesstrafe *f;* **corporal** ~ körperliche Züchtigung; **disciplinary** ~ Disziplinarstrafe *f;* **exemption from** ~ Straffreiheit *f;* **maximum** ~ Höchststrafe *f*

pu•ni•tive ['pju:nɪtɪv] *adj* strafend; ~ **damages** Strafe *f* einschließlich Schadenersatz; ~ **measures** Strafmaßnahmen *fpl;* ~ **power** Strafgewalt *f*

punk [pʌŋk] **I.** *s* **1.** Punker(in) *m(f),* Punkrocker(in) *m(f);* (*Musik*) Punk(rock) *m* **2.** (*fam*) Quatsch *m* **II.** *adj* (MUS) Punk-

pun•net ['pʌnɪt] *s* (Früchte)Körbchen *nt*

pun•ster ['pʌnstə(r)] *s* Witzbold *m*

punt[1] [pʌnt] **I.** *s* (*Fußball*) Fallstoß *m* **II.** *vt* einen Fallstoß geben (*the ball* dem Ball), im Flug zurückschlagen **III.** *vi* einen Fallstoß machen

punt[2] [pʌnt] **I.** *s* Flachboot *nt,* Stechkahn *m* **II.** *vt* (*Boot*) staken **III.** *vi* stochern; Stechkahn fahren

punt[3] [pʌnt] **I.** *vi* (*auf ein Pferd*) wetten **II.** *s* Wette *f;* **punter** ['pʌntə(r)] *s* **1.** Wetter *m;* Spieler *m* **2.** (*sl*) Typ *m;* (*von Prostituierter*) Freier *m;* **average** ~ Otto Normalverbraucher

puny ['pju:nɪ] *adj* klein, schwach, kümmerlich

pup [pʌp] **I.** *s* junger Hund/Otter/Seehund; **in** ~ trächtig; **sell s.o. a** ~ (*fam*) jdm etw andrehen **II.** *vi* (*Hündin*) (Junge) werfen

pupa ['pju:pə, *pl* 'pju:pi:] <*pl* pupae> *s* (*Insektenlarve*) Puppe *f;* **pu•pate** ['pju:peɪt] *vi* sich verpuppen

pu•pil[1] ['pju:pl] *s* Schüler(in) *m(f)*

pu•pil[2] ['pju:pl] *s* (ANAT) Pupille *f*

pup•pet ['pʌpɪt] *s* Puppe *f;* Handpuppe *f;* (*a. fig*) Marionette *f;* **pup•pet•eer** [pʌpɪ'tɪə(r)] *s* Puppenspieler(in) *m(f);* **puppet government** *s* Marionettenregierung *f;* **puppet player** *s* Puppenspieler(in) *m(f);* **puppet-show** *s* Puppenspiel *nt*

puppy ['pʌpɪ] *s* junger Hund; ~ **fat** Babyspeck *m;* ~ **love** Jugendliebe *f;* **pup•py•ish** ['pʌpɪ,ɪʃ] *adj* niedlich, jung aussehend

pur•chas•able ['pɜ:tʃəsəbl] *adj* käuflich; **pur•chase** ['pɜ:tʃəs] **I.** *vt* **1.** (an-, auf-, ein)kaufen; (käuflich) erwerben **2.** (*fig*) erkaufen **II.** *s* **1.** Kauf *m;* Anschaffung *f* **2.** Halt *m;* **by** (**way of**) ~ durch Kauf, käuflich; **conclude a** ~**, effect a** ~**, make a** ~ einen Kauf tätigen; ~ **book** Wareneingangsbuch *nt;* ~ **edger** Einkaufsbuch *nt;* ~ **money** Kaufgeld *nt;* ~ **order** Bestellung *f;* ~ **order number** Auftragsnummer *f;* ~ **price** Kaufpreis *m;* ~ **tax** Verbrauchssteuer *f;* **pur•chaser** ['pɜ:tʃəsə(r)] *s* **1.** (Ein)Käufer(in) *m(f),* Abnehmer(in) *m(f)* **2.** (*Auktion*) Ersteigerer *m;* **pur•chas•ing** [-ɪŋ] *s* **1.** Kauf, Erwerb *m,* Anschaffung *f* **2.** Beschaffung *f;* **purchasing agent** *s* Leiter(in) *m(f)* der Einkaufsabteilung, Einkäufer(in) *m(f);* **purchasing department** *s* Einkaufsabteilung *f;* **purchasing manager** *s* Einkaufsleiter(in) *m(f);* **purchasing order** *s* Kaufauftrag *m;* Bestellschein *m;* **purchasing power** *s* Kaufkraft *f;* **purchasing value** *s* Anschaffungswert *m*

pure [pjʊə(r)] *adj* **1.** rein; (*Motiv*) ehrlich **2.** (*fig: Unsinn, Wahnsinn*) hell, reinste(r, s); **pure blood** *s* Vollblut *nt;* **pure•bred** ['pjʊəbred] **I.** *adj* reinrassig, rasserein **II.** *s* reinrassiges Tier

purée ['pjʊəreɪ] **I.** *s* Püree *nt;* **tomato** ~ Tomatenmark *nt* **II.** *vt* pürieren

pure•ly ['pjʊəlɪ] *adv* rein; ausschließlich

pur•ga•tion [pɜ:'geɪʃn] *s* **1.** (*fig*) Reinigung *f* **2.** (MED) Abführen *nt;* **pur•ga•tive** ['pɜ:gətɪv] **I.** *adj* (MED) abführend **II.** *s* Abführmittel *nt;* **pur•ga•tory** ['pɜ:gətrɪ] *s* Fegefeuer *nt;* **purge** [pɜ:dʒ] **I.** *vt* **1.** reinigen, säubern **2.** (*fig*) befreien, frei machen (*of, from* von) **3.** (POL) säubern **4.** (*Verbrechen*) sühnen **5.** (*Körper*) entschlacken **II.** *s* **1.** (POL) Säuberung(saktion) *f* **2.** (MED) Abführmittel *nt*

pu•ri•fi•ca•tion [,pjʊərɪfɪ'keɪʃn] *s* (REL) Reinigung *f* (*from* von); **pu•rify** ['pjʊərɪfaɪ] *vt* reinigen (*of, from* von)

pur•ism ['pjʊərɪzəm] *s* Purismus *m;* **pu•rist** ['pjʊərɪst] *s* Purist(in) *m(f)*

Puri•tan ['pjʊərɪtən] **I.** *s* Puritaner(in) *m(f)* **II.** *adj* puritanisch; **puri•tani•cal** [,pjʊərɪ'tænɪkl] *adj* (*fig*) puritanisch, sittenstreng; **Puri•tan•ism** ['pjʊərɪtənɪzəm] *s* Puritanismus *m*

pu•rity ['pjʊərətɪ] *s* Reinheit *f;* ~ **of motives** ehrliche, lautere Motive

purl [pɜ:l] **I.** *vt, vi* links stricken **II.** *s* linke Masche; ~ **two** zwei links

pur•loin [pɜ:'lɔɪn] *vt* stehlen, entwenden

purple ['pɜ:pl] **I.** *adj* violett, lila; (*Gesicht*)

hochrot; (*pej: Prosa*) hochgestochen; ~ **heart** (*Br*) Amphetamintablette *f;* **Purple Heart** (*Am*) Verwundetenabzeichen *nt* **II.** *s* Violett, Lila *nt;* **the** ~ der Adel; der Kardinalstand

pur•port ['pɜ:pət] **I.** *s* **1.** Bedeutung *f,* Sinn, Inhalt *m* **2.** Zweck *m,* Absicht *f* **II.** [pɜ:'pɔ:t] *vt* den Eindruck machen, den Anschein erwecken; vorgeben

pur•pose ['pɜ:pəs] *s* **1.** Absicht *f,* Ziel *nt;* Zweck *m* **2.** Entschlossenheit *f;* **for that** ~ zu diesem Zweck; deswegen, deshalb; **for the** ~ **of** zum Zweck *+gen;* (JUR) im Sinne *+gen;* **for what** ~**?** weshalb?; **on** ~ absichtlich, mit Absicht; (JUR) vorsätzlich; **for advertising** ~**s** zu Werbezwecken; **to** ~ nach Wunsch; **to all intents and** ~**s** in jeder Hinsicht [*o* Beziehung]; **to good** ~ mit guter Wirkung, wirkungsvoll; **to little** ~ mit geringer Wirkung; mit wenig Erfolg; **to no** ~ ohne Erfolg, wirkungslos; vergeblich; **to some** ~ mit einigem Erfolg; zweckentsprechend; **to the** ~ im beabsichtigten Sinne; zweckdienlich; zur Sache; **answer** [*o* **serve**] **the** ~ dem Zweck entsprechen; **serve no** ~ zwecklos sein; **turn to good** ~ gut ausnützen; **business** ~ Geschäftszweck *m;* **pur•pose-built** ['pɜ:pəs,bɪlt] *adj* speziell angefertigt, speziell gebaut; **pur•pose•ful** ['pɜ:pəsfl] *adj* entschlossen; **pur•pose•less** ['pɜ:pəslɪs] *adj* ziel-, zweck-, planlos; **pur•pose•ly** [-lɪ] *adv* absichtlich, (wohl)überlegt

purr [pɜ:(r)] **I.** *vi* **1.** (*Katze*) schnurren **2.** (TECH) surren **II.** *s* **1.** Schnurren *nt* **2.** Surren *nt*

purse [pɜ:s] **I.** *s* **1.** (*Br*) Geldbeutel *m,* Börse *f* **2.** Geldmittel *ntpl,* Finanzen *fpl* **3.** Betrag *m,* Summe *f* **4.** (*Am*) Handtasche *f;* **hold the** ~ **strings** die Finanzen in der Hand haben; **tighten the** ~ **strings** (*fam*) den Geldhahn zudrehen **II.** *vt* **1.** (~ *up*) in Falten legen **2.** (*Lippen*) schürzen; ~ **up one's mouth** den Mund verziehen; **purser** ['pɜ:sə(r)] *s* (MAR) Zahlmeister *m*

pur•su•ance [pə'sju:əns] *s:* **in** ~ **of** gemäß *+dat,* auf Grund *+gen;* **pur•su•ant** [pə'sju:ənt] *adj:* ~ **to** zufolge, entsprechend, gemäß *+dat,* in Übereinstimmung mit; **pur•sue** [pə'sju:] *vt* **1.** verfolgen, jagen **2.** (*Weg*) einschlagen **3.** (*Plan*) verfolgen **4.** (*Tätigkeit, Beruf*) ausüben, nachgehen **5.** betreiben (*one's studies* ein Studium) **6.** fortsetzen, -führen; ~ **the subject** beim Thema bleiben; **pur•suer** [pə'sju:ə(r)] *s* Verfolger(in) *m(f);* **pur•suit** [pə'sju:t] *s* **1.** Verfolgung, Jagd *f* (*of* auf) **2.** Streben *nt* (*of* nach) **3.** ~**s** Beschäftigung, Tätigkeit, Arbeit *f,* Geschäfte *ntpl,* Studien *fpl;* **in** ~ **of** auf der Jagd nach

puru•lent ['pjʊərələnt] *adj* eit(e)rig

pur•vey [pə'veɪ] *vt* verkaufen; ~ **s.th. to s.o.** jdm etw liefern; **pur•vey•ance** [-əns] *s* Lieferung *f;* Verkauf *m;* **pur•veyor** [pə'veɪə(r)] *s* Händler(in) *m(f),* Lieferant(in) *m(f)*

pus [pʌs] *s* Eiter *m*

push [pʊʃ] **I.** *vt* **1.** stoßen; drücken (auf); schieben **2.** drängen, (an)treiben **3.** eifrig, energisch betreiben **4.** sich verwenden für; sich einsetzen für **5.** intensiv werben für; propagieren; **be** ~**ed for time/money** in (Zeit)Schwierigkeiten/in (Geld)Verlegenheit sein; ~ **for s.th.** auf etw drängen; **don't** ~ **your luck!** treib's nicht zu weit!; **he's** ~**ing forty** er geht auf die vierzig zu; ~ **one's advantage** seinen Vorteil wahrnehmen; **they** ~**ed themselves to their limit** sie taten ihr Äußerstes **II.** *vi* **1.** drücken; schieben; stoßen (*at* an) **2.** sich (sehr) anstrengen; kämpfen **3.** sich vorwärtsschieben, sich vordrängen; **stop** ~**ing!** hören Sie auf zu drängeln! **III.** *s* **1.** Stoß, Druck, Schub *m* **2.** (*a.* MIL) Vorstoß *m* (*for* auf), Schubs *m* **3.** (TECH) Drücker *m* **4.** (*Werbung*) Aktion *f* **5.** Tatkraft *f;* Anstrengung *f* **6.** (*fam*) Unternehmungsgeist *m,* Angriffslust *f* **7.** Protektion *f;* **at a** ~ im Notfall; **at one** ~ mit einem Ruck; auf einmal; **get the** ~ (*sl*) entlassen werden; den Laufpass bekommen; **give s.o. the** ~ jdn auf die Straße setzen; jdm den Laufpass geben; **when it comes to the** ~ im entscheidenden Augenblick; **push along** *vi* **1.** weiter-, vorwärtskommen **2.** (*fam*) (nach Hause) gehen; **push around** *vt* herumkommandieren; schlecht behandeln; **push away** *vt* wegstoßen, -schieben; **push back** *vt* zurückstoßen, -schlagen, -drängen; **push down** *vt* hinab-, hinunter-, niederstoßen; herunterdrücken; **push forward** *vt* weiterschieben; vorantreiben, beschleunigen; ~ **o.s. forward** sich vordrängen; sich emporarbeiten; **push in I.** *vt* hineinstoßen, -drücken, -schieben; unterbrechen **II.** *vi* sich hineindrängeln; **push off I.** *vt* **1.** hinunterschieben, -stoßen **2.** (*Deckel*) wegdrücken **3.** (*Boot*) abstoßen **II.** *vi* (*fam*) abhauen; ~ **off!** hau ab!; **push on I.** *vt* **1.** darauf drücken **2.** (*fig*) antreiben; anstacheln **II.** *vi* weitergehen; weiterfahren; weitermachen; **push out** *vt* **1.** hinausschieben, -stoßen **2.** (*fig*) verdrängen **3.** (BOT) treiben; **let's** ~ **out the boat and order champagne!** lass uns richtig zuschlagen und Champagner bestellen!; **push over** *vt* umstoßen; **push through** *vt* **1.** durchschieben, -stoßen **2.** durchsetzen **3.** (*Gesetz*) durchbringen **4.** (*fig*) zu einem guten Ende bringen; **push up** *vt* **1.** hinaufschieben **2.** drücken

P

(*against* gegen) **3.** (*Preise*) hochtreiben, hinaufschrauben

push•bar ['pʊʃbɑ:(r)] *s* Riegel *m;* **push-bike** *s* (*Br*) Fahrrad *nt;* **push-button** *s* **1.** (ELEK) Drücker, Knopf *m* **2.** (Druck)Taste *f;* **push-button switch** *s* Druckknopfschalter *m;* **push-button telephone** *s* Tastentelefon *nt;* **push•cart** *s* Schubkarren *m;* **push•chair** ['pʊʃtʃeə(r)] *s* (Kinder)Sportwagen *m;* **pusher** ['pʊʃə(r)] *s* **1.** (*fig*) Streber(in) *m(f)* **2.** (*sl*) Drogenhändler(in) *m(f);* **push•ing** ['pʊʃɪŋ] *adj* unternehmend; **be ~ forty** (*fam*) um die vierzig sein; **push•over** ['pʊʃəʊvə(r)] *s* (*fam*) Kinderspiel *nt,* Kleinigkeit *f;* **be a ~** hereinfallen (*for s.o.* auf jdn); **push•pin** ['pʊʃpɪn] *s* (*Am*) Reißzwecke *f;* **push-start** *s* (AUTO) Start *m* durch Anschieben; **push-up** ['pʊʃʌp] *s* (SPORT) Liegestütz *m;* **pushy** ['pʊʃɪ] *adj* (*pej*) aufdringlich, penetrant

puss [pʊs] *s* (Mieze)Katze *f;* **Puss in Boots** der Gestiefelte Kater; **pussy** ['pʊsɪ] (*~-cat*) Mieze(katze) *f;* **pussy•foot** ['pʊsɪfʊt] *vi* (*fam*) **1.** sich (herum)drücken **2.** (POL) keine klare Stellung beziehen; **pussy willow** *s* Salweide *f*

pus•tule ['pʌstju:l] *s* Pustel *f,* Eiterbläschen *nt,* -pickel *m*

put [pʊt] <*irr:* put, put> **I.** *vt* **1.** setzen, stellen, legen **2.** stecken (*into* in, *at* an) **3.** anbringen (*to* an) **4.** (*fig*) (in eine Lage) bringen, versetzen **5.** einfügen, hineinlegen (*into* in) **6.** tun, geben **7.** ausdrücken, sagen; kleiden (*into words* in Worte) **8.** übersetzen (*into French* ins Französische) **9.** (*Frage*) stellen; vorlegen, unterbreiten **10.** (*Steuer*) legen (*on* auf), auferlegen (*on s.o.* jdm), festsetzen (*on* für) **11.** ansetzen, berechnen (*at* mit, zu) **12.** zur Last legen (*on s.o.* jdm) **13.** tun, hinzufügen (*to* zu) **14.** (*Unterschrift*) setzen (*to* unter, *on* auf) **15.** niederschreiben; (*Komma*) machen **16.** bestimmen (*to* für) **17.** schätzen (*at* auf); **~ out of action** außer Betrieb setzen; **~ on airs** sich aufs hohe Ross setzen; **~ to bed** zu Bett bringen; **~ the blame on s.o.** jdm die Schuld zuschieben; **~ money into a business** Geld in ein Geschäft stecken; **~ in two cents** (*Am fam*) seinen Senf dazu beisteuern; **~ the date on s.th.** etw datieren; **~ to death** umbringen; hinrichten; **~ an end to s.th.** einer S ein Ende machen; **~ an end to o.s.** [*o* **one's life**] sich das Leben nehmen; **~ s.o. to expense** jdm Unkosten verursachen; **~ to flight** in die Flucht schlagen; **~ one's foot down** (*fig*) energisch auftreten; **~ s.th. in(to) s.o's hands** jdm etw überlassen; **~ s.th. out of one's head** sich etw aus dem Kopf schlagen; **~ it differently** es anders formulieren; **~ it to s.o.** jdm vorschlagen; **~ s.o. to it** jdm schwer zusetzen; **~ s.th. on a list** etw auf eine Liste setzen; **~ on the market** auf den Markt bringen; **~ s.o. in mind of** jdn erinnern an; **~ in motion** in Bewegung setzen; **~ in order** in Ordnung bringen; **~ into practice** in die Praxis umsetzen; **~ pressure on s.o.** auf jdn Druck ausüben; **~ the question** die Frage stellen; **~ in writing** schriftlich machen; **~ right** verbessern; in Ordnung bringen; **~ a stop to** Schluss, ein Ende machen mit; **~ to trial** vor Gericht bringen; **~ to a good use** gut verwenden; **~ to the vote** zur Abstimmung stellen; **~ the weight** [*o* **shot**] (SPORT) die Kugel stoßen; **~ wise** enttäuschen; aufklären; informieren; **she ~ her head round the door** sie streckte den Kopf zur Tür herein; **~ time into s.th.** Zeit in etw stecken; **~ s.o. in a bad mood** jdm schlechte Laune verursachen; **to ~ it mildly** gelinde gesagt; **I wouldn't ~ it past him** ich traue es ihm zu **II.** *vi:* **~ to sea** in See stechen **III.** *adj:* **stay ~** sich nicht von der Stelle rühren; **be** (**hard**) **~ to it** in einer schwierigen Lage sein; **feel ~ upon** [*o* **out**] sich ausgenutzt fühlen; **put about** *vt* (*Nachricht*) verbreiten; **~ a ship about, ~ about** den Kurs ändern; **put across** *vt* verständlich machen (*to s.o.* jdm); (*Ware*) an den Mann bringen; **~ it** [*o* **one**] **across s.o.** jdm einen Streich spielen, jdn anführen; **put aside** *vt* **1.** zurücklegen, aufheben **2.** (*Geld*) auf die Seite legen; **put away** *vt* **1.** weglegen, an seinen Platz legen **2.** zurücklegen, sparen **3.** (*Auto*) einstellen **4.** (*fam*) einsperren **5.** (*fam: Essen*) verdrücken **6.** (*Tier*) einschläfern; **put back I.** *vt* **1.** (*an seinen Platz*) zurücklegen **2.** (*Uhr*) zurückstellen **3.** verzögern, verschieben **II.** *vi* (*Schiff*) zurückkehren; **put by** *vt* (*Geld*) zurücklegen; beiseitelegen; **put down** *vt* **1.** niedersetzen, -stellen, -legen **2.** (*Antenne*) einschieben **3.** (*Lider*) zumachen **4.** (*Aufstand*) niederschlagen; unterdrücken **5.** zum Schweigen bringen **6.** tadeln; demütigen **7.** (*Ungeziefer*) vernichten; (*Haustier*) einschläfern **8.** (*in writing*) aufschreiben, eintragen **9.** vormerken (*s.o. for s.th.* jdn für etw) **10.** in Rechnung stellen (*to s.o., to s.o.'s account* jdm) **11.** zuschreiben (*s.th. to s.o.* jdm etw) **12.** halten (*as, for* für), ansehen, betrachten (*as, for* als) **13.** (*Lager, Vorrat*) anlegen **14.** (*Fahrgäste*) absetzen **15.** (*Geld*) anzahlen; **put forward I.** *vt* **1.** vorschlagen; unterbreiten, vorlegen **2.** (*Bitte*) vorbringen **3.** (*Uhr*) vorstellen **II.** *vr:* **~ o.s. forward** sich bemerkbar machen; **put in I.** *vt* **1.** hineinbringen, einführen **2.** installieren **3.** (*Glasscheibe*) einsetzen **4.** (*Antrag*) vorlegen, unterbreiten, einreichen **5.** (*Zeit*) verwenden **6.** (*Extrastunde*) einlegen **7.** (*Bemerkung*) einwerfen **8.** (*Anzeige in die Zeitung; Geld*) setzen **9.** (*fam: Zeit*) verbringen **10.** (*Schlag*) anbringen, versetzen **II.** *vi* **1.** (MAR) anlaufen (*at* acc) **2.** sich bewerben (*for* um); ~ **in an appearance** in Erscheinung treten; ~ **in at** kurz anhalten in, bei; ~ **in a word** ein (gutes) Wort einlegen (*for* für); ~ **in a claim** Anspruch erheben; ~ **in for a job** sich um eine Stelle bewerben; **put into** *vt* **1.** (*Anstrengung*) hineinstecken **2.** (*Geld*) stecken (*into a business* in ein Geschäft) **3.** übersetzen; ~ **one's heart into s.th.** mit aller Kraft an etw arbeiten; ~ **words into s.o.'s mouth** jdm eine Äußerung in den Mund legen; ~ **money into a bank** Geld auf eine Bank legen; **put off I.** *vt* **1.** (*Licht*) abschalten **2.** auf-, hinaus-, verschieben; zurückstellen **3.** (*jdn*) vertrösten (*with fine words* mit schönen Worten) **4.** (*jdn*) abhalten, -bringen, davon zurückhalten **5.** ablegen, beiseite lassen **6.** (*Kleidungsstück*) ausziehen **II.** *vi* (MAR) auslaufen, abfahren; ~ **s.o. off** jdm den Appetit verderben; jdn abschrecken; jdm die Lust verderben; **put on** *vt* **1.** (*Licht*) anmachen **2.** (*Kleidung*) anziehen; (*Hut*) aufsetzen **3.** (*Summe*) aufschlagen (*to the price* auf den Preis) **4.** (*Zug*) zusätzlich fahren lassen **5.** (THEAT) heraus-, auf die Bühne bringen **6.** (*Darbietung*) bringen **7.** heucheln, vorgeben **8.** (*an Geschwindigkeit*) zunehmen; ~ **on weight** zunehmen; **put out I.** *vt* **1.** (*Hand*) ausstrecken **2.** (*Schulter*) ausrenken **3.** (*Licht, Feuer*) ausmachen, löschen **4.** (*Hilferuf*) aussenden **5.** herstellen, produzieren **6.** (*Geld*) verleihen **7.** verärgern, verstimmen; in Verlegenheit, in Verwirrung bringen **8.** (*Arbeit*) vergeben, außer Haus geben **II.** *vi* (MAR) auslaufen, in See stechen **III.** *vr:* ~ **o.s. out** sich Umstände machen; **put over** *vt s.* **put across**, **put through** *vt* **1.** (glücklich) durchführen, vollenden **2.** durchmachen lassen **3.** durchgeben, mitteilen **4.** (TELE) verbinden (*with* mit); **put together** *vt* **1.** zusammensetzen; zusammenlegen **2.** aufbauen, montieren; **better than all the others ~ together** besser als alle anderen zusammen; **put up I.** *vt* **1.** hochheben, -halten **2.** (*Flagge*) hissen **3.** (*Vorhang*) hochziehen **4.** errichten, (auf)bauen **5.** aufstellen, montieren, einrichten, installieren **6.** (*Preis*) erhöhen **7.** (*Waren*) anbieten (*for sale* zum Verkauf) **8.** (*Geld*) aufbringen **9.** (*Person*) unterbringen, beherbergen **10.** (*als Kandidaten*) vorschlagen; aufstellen **11.** (THEAT) zur Aufführung, auf die Bühne bringen **12.** vortäuschen **II.** *vi* **1.** einkehren, absteigen (*at* in), wohnen (*with* bei) **2.** sich bewerben (*for* um) **3.** sich abfinden (*with s.th.* mit einer S); ~ **s.o. up to s.th.** jdn zu etw anstiften; ~ **upon s.o.** jdn ausnützen

pu·ta·tive ['pju:tətɪv] *adj* mutmaßlich

put-off ['pʊtɒf] *s* Ausrede, -flucht *f*, Vorwand *m;* **put-on** ['pʊtɒn] **I.** *adj* angeblich, vorgetäuscht **II.** *s* **1.** Kniff *m*, Täuschungsmanöver *nt* **2.** (*Am*) Spaß *m;* **put option** *s* (COM) Verkaufsoption *f*

pu·tre·fac·tion [ˌpju:trɪ'fækʃn] *s* Verwesung *f;* **pu·tre·fy** ['pju:trɪfaɪ] *vi* verwesen; **pu·trid** ['pju:trɪd] *adj* **1.** faul(ig); verwest **2.** (*fig: sittlich*) verdorben, verkommen **3.** (*fam*) scheußlich, miserabel

putsch [pʊtʃ] *s* Putsch *m*

putt [pʌt] **I.** *vt, vi* (*Golfball*) putten **II.** *s* Putt *m*

put·tee ['pʌtɪ] *s* (Reit-, Leder-, Wickel)Gamasche *f*

put·ter¹ ['pʌtə(r)] *s* **1.** (*Golf*) Putter *m* **2.** Kugelstoßer(in) *m(f)*

put·ter² ['pʌtə(r)] *vi* (*Am*) **1.** (~ *around*) geschäftig tun **2.** (herum)trödeln (*over* mit)

put·ting ['pʊtɪŋ] *s* **1.** (*Golf*) Putten *nt* **2.** Stoß, Wurf *m;* ~ **the weight** [*o* **shot**] Kugelstoßen *nt*

putty ['pʌtɪ] **I.** *s* Kitt *m;* **be ~ in s.o.'s hands** (*fig*) Wachs in jds Händen sein **II.** *vt* (~ *up*) (ver)kitten; **putty knife** <*pl* -knives> *s* Spa(ch)tel *m*

put-up ['pʊtʌp] *adj* (*fam*) abgemacht, abgekartet; ~ **job** abgekartete Sache; **put-upon** ['pʊtəpɒn] *adj:* **feel ~** sich ausgenützt fühlen

puzzle ['pʌzl] **I.** *vt* **1.** verblüffen **2.** (~ *out*) austüfteln; **be ~d about** nicht verstehen **II.** *vi* sich den Kopf zerbrechen (*about, over* über), knobeln (*over* an) **III.** *s* Rätsel *nt;* Geduldspiel *nt;* Puzzle *nt;* **puzzled** ['pʌzld] *adj* verdutzt, verblüfft; **be ~** vor einem Rätsel stehen; **puzz·ler** ['pʌzlə(r)] *s* schwieriges Problem; **puzz·ling** ['pʌzlɪŋ] *adj* rätselhaft, verwirrend

PVC [ˌpi:vi:'si:] *s Abk. von* **polyvinyl chloride** PVC, Polyvinylchlorid *nt*

pygmy ['pɪgmɪ] *s* Pygmäe *m;* (*a. fig*) Zwerg *m*

py·ja·mas [pə'dʒɑ:məz] *s pl* Schlafanzug, Pyjama *m*

py·lon ['paɪlɒn] *s* **1.** (Licht-, Leitungs)Mast *m* **2.** (AVIAT) Turm *m*

py·or·rh(o)ea [ˌpaɪə'rɪə] *s* **1.** Eiterfluss *m* **2.** Parodontose *f*

pyra·mid ['pɪrəmɪd] *s* Pyramide *f;* **pyramid selling** *s* Vertrieb *m* nach dem Schneeballsystem

pyre ['paɪə(r)] *s* Scheiterhaufen *m*

Pyr·enees [pɪrə'ni:z] *s pl* Pyrenäen *pl*

P

Pyrex® ['paɪreks] *s* Jenaer Glas® *nt*
py•rites [,paɪə'raɪti:z] *s* (MIN) Pyrit, Schwefel-, Eisenkies *m*
pyro•mania [,paɪrəʊ'meɪnɪə] *s* Pyromanie *f;* **py•ro•tech•nic** [,paɪrəʊ'teknɪk] **I.** *adj* pyrotechnisch **II.** *s pl mit sing* **1.** Feuerwerkerei *f* **2.** (~ *display*) Feuerwerk *nt*
py•thon ['paɪθən] *s* Pythonschlange *f*

Q

Q, q [kjuː] <*pl* -'s> *s* Q, q *nt*

Qa·tar [kə'tɑː(r)] *s* Katar *nt;* **Qa·tari** [kə'tɑːrɪ] **I.** *adj* katarisch **II.** *s* Katarer(in) *m(f)*

QC [ˌkjuː'siː] *s abr de* **Queen's Counsel** Anwalt *m,* Anwältin *f* der Krone

qua [kwɑː] *adv* (JUR) als

quack¹ [kwæk] **I.** *vi* (*Ente*) schnattern, quaken **II.** *s* Gequake *nt*

quack² [kwæk] *s* Quacksalber, Kurpfuscher *m*

quad [kwɒd] *s* **1.** *s.* **quadrangle** Hof *m* **2.** *s.* **quadruplet** Vierling *m* **3.** *s.* **quadrat** Quadrat *nt*

quad·rangle ['kwɒdræŋgl] *s* **1.** (MATH) Viereck *nt* **2.** (ARCH) viereckiger Innenhof; **quad·ran·gu·lar** [kwɒ'dræŋgjʊlə(r)] *adj* viereckig

quad·rant ['kwɒdrənt] *s* Quadrant *m*

quad·ra·phonic [ˌkwɒdrə'fɒnɪk] **I.** *adj* quadrophon **II.** *s pl mit sing* Quadrophonie *f*

quad·ratic [kwɒ'drætɪk] *adj* (MATH) quadratisch

quad·ri·lat·eral [ˌkwɒdrɪ'lætərəl] **I.** *adj* (MATH) vierseitig **II.** *s* Viereck *nt*

quad·ri·par·tite ['kwɒdrɪ'pɑːtaɪt] *adj* (POL) Vierer-; ~ **agreement** (HIST) Viermächteabkommen *nt*

quad·ru·ped ['kwɒdrʊped] *s* (ZOO) Vierfüß(l)er *m*

quad·ru·ple ['kwɒdruːpl] **I.** *adj* vierfach **II.** *s* (das) Vierfache **III.** [kwɒ'druːpl] *vi, vt* (sich) vervierfachen

quad·ru·plet ['kwɒdruːplət] *s* Vierling *m*

quaff [kwɒf] **I.** *vt* (*obs*) trinken, schlürfen **II.** *vi* (*obs*) zechen

quag·mire ['kwægmaɪə(r)] *s* Sumpf, Morast *m*

quail¹ [kweɪl] *vi* (vor Angst) zittern (*before* vor)

quail² [kweɪl] *s* (*Vogel*) Wachtel *f*

quaint [kweɪnt] *adj* **1.** (*Dorf*) malerisch, idyllisch; reizend **2.** (*Idee*) kurios; originell; drollig; **how ~!** wie putzig!; **quaint·ness** ['kweɪntnɪs] *s* **1.** idyllischer Anblick **2.** Kuriosität *f;* Originalität *f;* Drolligkeit *f*

quake [kweɪk] **I.** *vi* **1.** (*Erde*) beben, schwanken **2.** zittern (*with* vor) **II.** *s* **1.** Zittern, Beben *nt* **2.** (*earth~*) Erdbeben *nt*

Quaker ['kweɪkə(r)] *s* (REL) Quäker(in) *m(f)*

quali·fi·ca·tion [ˌkwɒlɪfɪ'keɪʃn] *s* **1.** Qualifikation *f;* Zeugnis *nt;* Voraussetzung *f* **2.** Abschluss *m* **3.** (SPORT) Qualifikation *f* **4.** Voraussetzung *f* **5.** Einschränkung *f,* Vorbehalt *m;* **without** ~ vorbehaltlos; **prior to his** ~ vor Abschluss seines Studiums; **quali·fied** ['kwɒlɪfaɪd] *adj* **1.** ausgebildet; graduiert; qualifiziert; Diplom- **2.** berechtigt **3.** bedingt, nicht uneingeschränkt; **be ~ to do s.th.** qualifiziert sein etw zu tun; **~ to practice** (*Arzt*) zugelassen; **be ~ to vote** wahlberechtigt sein; **in a ~ sense** mit Einschränkungen; **a ~ success** kein voller Erfolg; **quali·fy** ['kwɒlɪfaɪ] **I.** *vt* **1.** qualifizieren; berechtigen **2.** (*Kritik*) modifizieren, be-, einschränken **3.** bezeichnen, klassifizieren **4.** (GRAM) näher bestimmen; **~ s.o. to do s.th.** jdn berechtigen etw zu tun **II.** *vi* **1.** seine Ausbildung abschließen; sich qualifizieren **2.** (SPORT) sich qualifizieren **3.** in Frage kommen (*for* für); **~ as a teacher** die Lehrbefähigung erhalten; **quali·fy·ing** ['kwɒlɪfaɪɪŋ] *adj* erläuternd; **~ examination** Auswahlprüfung *f;* **~ period** Karenzzeit *f;* **~ share** Pflichtaktie *f*

quali·ta·tive ['kwɒlɪtətɪv] *adj* qualitativ; **quali·ty** ['kwɒlətɪ] **I.** *s* **1.** Qualität *f;* Güteklasse *f* **2.** (*von Personen*) Charakter *m,* Wesen *nt,* Natur *f* **3.** Art *f* **4.** (*der Stimme*) Klangfarbe *f;* **of the best** ~ von bester Qualität; **of bad** ~ von schlechter Qualität; **they vary in** ~ sie sind qualitativ verschieden; **the ~ of patience** Geduld *f* **II.** *adj attr* Qualitäts-; **~ control** Qualitätskontrolle *f;* **~ label** Qualitätskennzeichen *nt;* **~ time** *Zeit, die benutzt wird, um die Beziehungen innerhalb der eigenen Familie zu intensivieren*

qualm [kwɑːm] *s* Skrupel *m,* Bedenken *nt;* **without the slightest** ~ ohne die geringsten Skrupel; **~s of conscience** Gewissensbisse *mpl*

quan·dary ['kwɒndərɪ] *s* Dilemma *nt,* Verlegenheit *f;* **I was in a ~ about what to do** ich wusste nicht, was ich tun sollte

quango ['kwæŋgəʊ] *s* (*Br*) *abr de* **quasi autonomous non-governmental organization** halböffentliches Gremium

quan·ti·fi·able ['kwɒntɪfaɪəbl] *adj* quantifizierbar

quan·ti·fi·ca·tion [ˌkwɒntɪfɪ'keɪʃn] *s* Quantifizierung *f;* **quan·ti·tat·ive**

Q

['kwɒntɪtətɪv] *adj* quantitativ; **quan•tity** ['kwɒntətɪ] *s* **1.** Quantität, Menge *f;* Anteil *m* **2.** (MATH) Größe *f* **3.** *meist pl* Unmenge *f;* **prefer ~ to quality** Quantität der Qualität vorziehen; **in ~, in large quantities** in großen Mengen; **quantities of books** Unmengen von Büchern; **quantity discount** *s* Mengenrabatt *m;* **quantity surveyor** *s* Baukostenkalkulator *m*

quan•tum ['kwɒntəm, *pl* 'kwɒntə] <*pl* -ta> *s* (PHYS) Quant(um) *nt;* **the ~ of satisfaction** das Ausmaß an Befriedigung; **a ~ leap** ein Quantensprung *m;* **~ mechanics** *mit sing* Quantenmechanik *f;* **~ number** Quantenzahl *f;* **~ theory** Quantentheorie *f*

quar•an•tine ['kwɒrənti:n] **I.** *s* (MED) Quarantäne *f;* **put s.o. in ~** jdn unter Quarantäne stellen **II.** *vt* unter Quarantäne stellen

quark [kwɑ:k] *s* (*Atom*) Quark *nt*

quar•rel ['kwɒrəl] **I.** *s* **1.** Streit *m;* Auseinandersetzung *f* **2.** Einwand *m* (*with* gegen); **they have had a ~** sie haben sich gestritten; **start** [*o* **pick**] **a ~** einen Streit anfangen; **I have no ~ with him** ich habe nichts gegen ihn **II.** *vi* **1.** sich streiten (*with* mit, *about, over* über) **2.** etwas auszusetzen haben (*with* an); **I wouldn't ~ with that** das würde ich nicht bestreiten; **quar•rel•some** ['kwɒrəlsəm] *adj* streitsüchtig

quarry¹ ['kwɒrɪ] **I.** *s* **1.** Steinbruch *m* **2.** (*fig*) Fundgrube *f* **II.** *vt* brechen, hauen **III.** *vi* Steine brechen; **~ for s.th.** (*fig*) nach etw suchen

quarry² ['kwɒrɪ] *s* **1.** Beute *f* **2.** (*fig*) Ziel *nt*

quart [kwɔ:t] *s* (*Maßeinheit*) Quart *nt* (*Br 1,14 l, Am 0,95 l*); (**try to**) **put a ~ into a pint pot** Unmögliches versuchen

quar•ter ['kwɔ:tə(r)] **I.** *s* **1.** Viertel *nt* **2.** Vierteljahr, Quartal *nt* **3.** (*Uhr*) Viertel *nt* **4.** (*~ dollar*) Vierteldollar *m,* 25-Centstück *nt* **5.** Himmelsrichtung *f* **6.** Seite *f;* Stelle *f* **7.** **~s** Quartier *nt,* Unterkunft *f* **8.** Gnade, Schonung *f* **9.** (*Mond*) Viertel *nt;* **divide s.th. into ~s** etw in vier Teile teilen; **a ~ of a mile** eine Viertelmeile; **a ~ of an hour** eine Viertelstunde; **a ~ to seven** (*Br*): **a ~ of seven** (*Am*) Viertel vor sieben; **a ~ past seven** (*Br*): **a ~ after seven** (*Am*) Viertel nach sieben; **paid by the ~** vierteljährlich bezahlt; **the Arab ~** das arabische Viertel; **they came from all ~s** sie kamen aus allen Richtungen; **in these ~s** in dieser Gegend; **in various ~s** an verschiedenen Stellen; **take up one's ~** (MIL) sein Quartier beziehen; **give no ~** keine Schonung gewähren; **ask for ~** um Schonung bitten **II.** *vt* **1.** vierteln; in vier Teile teilen **2.** unterbringen, einquartieren; **quarter day** *s* Quartalstag *m;* **quarter•deck** *s* (MAR) Quarter-, Achterdeck *nt;* **quarter•final** ['kwɔ:tə(r)-ˌfaɪnəl] *s* (SPORT) Viertelfinale *nt;* **quar•ter•ing** ['kwɔ:tərɪŋ] *s* **1.** Vierteln *nt;* Teilung *f* in vier Teile **2.** (MIL) Einquartierung *f;* **quar•ter•ly** ['kwɔ:təlɪ] **I.** *adj, adv* vierteljährlich **II.** *s* Vierteljahresschrift *f;* **quar•ter•mas•ter** ['kwɔ:təˌmɑ:stər] *s* **1.** (MIL) Quartiermeister *m* **2.** (MAR) Steuermannsmaat *m;* **quarter tone** *s* (MUS) Viertelnote *f*

quar•tet(te) [kwɔ:'tet] *s* (MUS) Quartett *nt*

quartz [kwɔ:ts] *s* (MIN) Quarz *m;* **quartz clock** *s* Quarzuhr *f;* **quartz** (**iodine**) **lamp** *s* Quarzlampe *f*

quasar ['kweɪzɑ:(r)] *s* (ASTR) Quasar *m*

quash [kwɒʃ] *vt* **1.** (JUR) aufheben, annullieren **2.** (*Aufstand*) niederwerfen

quasi- ['kwɑ:sɪ] *prefix* quasi-

quat•rain ['kwɒtreɪn] *s* Vierzeiler *m*

qua•ver ['kweɪvə(r)] **I.** *vi* **1.** (*Stimme*) zittern **2.** (MUS) trillern **II.** *vt* mit bebender Stimme sagen **III.** *s* **1.** (MUS) Achtelnote *f* **2.** (*Stimme*) Beben, Zittern *nt*

quay [ki:] *s* Kai *m*

queasy ['kwi:zɪ] *adj:* **I feel ~** mir ist übel; **a ~ feeling** ein Gefühl der Übelkeit

queen [kwi:n] **I.** *s* **1.** Königin *f* **2.** (*Bienen*) Königin *f* **3.** (*Schach, Kartenspiel*) Dame *f* **4.** (*sl*) Schwule(r) *m;* **~ of the May** Maikönigin *f;* **~ of spades** Pikdame *f;* **turn Queen's evidence** als Kron-, Belastungszeuge aussagen **II.** *vt:* **~ it** die große Dame spielen; **~ it over s.o.** jdn herumkommandieren; **queen bee** *s* Bienenkönigin *f;* **queen dowager** *s* Königinwitwe *f;* **queen•ly** ['kwi:nlɪ] *adj* königlich; **queen mother** *s* Königinmutter *f;* **Queen's Counsel, QC** *s* Anwalt *m,* Anwältin *f* der Krone; **Queen's English** *s* englische Hochsprache; **Queen's speech** *s* Thronrede *f*

queer [kwɪə(r)] **I.** *adj* **1.** ungewöhnlich, sonderbar, eigenartig **2.** verdächtig **3.** (*fam*) unwohl **4.** (*sl pej*) schwul; **a ~-sounding name** ein komischer Name; **I feel ~** mir ist nicht gut **II.** *s* (*sl pej*) Schwule(r) *m* **III.** *vt* (*sl*) versauen, vermasseln; vermiesen; **~ s.o.'s pitch** jdm einen Strich durch die Rechnung machen

quell [kwel] *vt* bezwingen; bändigen; unterdrücken

quench [kwentʃ] *vt* **1.** (*Feuer*) löschen **2.** (*Durst*) stillen **3.** (*Enthusiasmus*) dämpfen

queru•lous ['kwerʊləs] *adj* nörglerisch, missmutig

query ['kwɪərɪ] **I.** *s* **1.** Frage *f* **2.** Fragezeichen *nt;* **raise a ~** eine Frage aufwerfen **II.** *vt* **1.** in Frage stellen; bezweifeln **2.** mit einem Fragezeichen versehen; **I ~ whether …** ich bezweifle, ob …; **I'd ~ that** das würde ich bezweifeln; ~ **s.th. with s.o.** etw mit jdm abklären

quest [kwest] **I.** *s* Suche *f* (*for* nach), Streben *nt* **II.** *vi* suchen (*for* nach)

ques•tion ['kwestʃən] **I.** *s* **1.** Frage *f* **2.** Zweifel *m* **3.** (Streit)Frage *f,* Problem *nt,* Streitpunkt *m* **4.** (PARL) Anfrage *f;* **ask s.o. a** ~ jdm eine Frage stellen; **what a ~!** was für eine Frage!; **beyond (all)** [*o* **without**] ~ ohne Frage, ohne (jeden) Zweifel; **call s.th. into** ~ etw in Frage stellen; **that's another** ~ **altogether** das ist etw völlig anderes; **that's not the** ~ darum geht es nicht; **there's no** ~ **of a strike** von einem Streik kann keine Rede sein; **that's out of the** ~ das kommt nicht in Frage; **the matter in** ~ die fragliche Angelegenheit **II.** *vt* **1.** fragen (*about* nach) **2.** vernehmen, verhören; prüfen **3.** bezweifeln, zweifeln an; in Frage stellen; **I** ~ **whether it's worth it** ich bezweifle, dass es der Mühe wert ist; **I don't** ~ **your good intentions** ich zweifle nicht an Ihrer guten Absicht; **ques•tion•able** [-əbl] *adj* **1.** fragwürdig **2.** fraglich, zweifelhaft; **of** ~ **honesty** von zweifelhaftem Ruf; **in** ~ **taste** geschmacklos; **ques•tioner** ['kwestʃənə(r)] *s* Fragesteller(in) *m(f);* **ques•tion•ing** [-ɪŋ] **I.** *adj* fragend **II.** *s* Verhör *nt;* Vernehmung *f;* **question mark** *s* Fragezeichen *nt;* **question master** *s* Quizmaster *m;* **ques•tion•naire** [ˌk(w)estʃə'neə(r)] *s* Fragebogen *m;* **question time** *s* (PARL) Fragestunde *f*

queue [kju:] **I.** *s* (*von Menschen*) Schlange *f;* **form a** ~ eine Schlange bilden; **stand in a** ~ Schlange stehen, anstehen; **join the** ~ sich hinten anstellen; **jump the** ~ sich vordrängeln **II.** *vi* (~ *up*) sich anstellen; eine Schlange bilden; **we ~d for an hour** wir haben eine Stunde angestanden

quibble ['kwɪbl] **I.** *s* Spitzfindigkeit, Haarspalterei *f* **II.** *vi* kleinlich sein (*over, about* wegen); ~ **with s.o. about** [*o* **over**] **s.th.** mit jdm über etw herumstreiten; **quibbler** ['kwɪblə(r)] *s* Wortklauber, Haarspalter *m;* **quib•bling** ['kwɪblɪŋ] **I.** *adj* spitzfindig; kleinlich **II.** *s* Haarspalterei *f*

quiche [ki:ʃ] *s* Quiche *f*

quick [kwɪk] **I.** *adj* **1.** schnell, prompt **2.** (*Kuss*) flüchtig **3.** (*Rede*) kurz **4.** gewandt, geschickt **5.** (*Kind*) aufgeweckt, schlagfertig **6.** (*Verstand*) wach **7.** (*Auge*) scharf **8.** (*Ohr*) fein; **be ~!** schnell!; **be** ~ **about it** aber ein bisschen dalli; **be** ~ **to do s.th.** etw ganz schnell tun; **he is** ~ **to anger** er wird leicht zornig; **what's the ~est way to the station?** wie komme ich am schnellsten zum Bahnhof?; **we had a** ~ **meal** wir haben schnell etwas gegessen; **he is** ~ **at figures** er kann schnell rechnen; **she's very** ~ sie kapiert schnell **II.** *adv* schnell **III.** *s* **1.** empfindliches Fleisch **2.** ~**s** (*lit*): **the** ~ **and the dead** die Lebenden und die Toten; **be cut to the** ~ tief getroffen sein; **bite one's nails to the** ~ die Nägel bis zum Fleisch abkauen; **quick-acting** [ˌkwɪk'æktɪŋ] *adj* (*Medikament*) schnell wirkend; **quick-change artist** *s* Verwandlungskünstler(in) *m(f);* **quicken** ['kwɪkən] **I.** *vt* **1.** beschleunigen **2.** (*fig*) erhöhen; anregen **II.** *vi* **1.** (~ *up*) schneller werden, beschleunigen **2.** (*Interesse*) wachsen; **quick-freeze** ['kwɪkfri:z] *vt* **1.** einfrieren **2.** schockgefrieren; **quick-frozen** ['kwɪkfrəʊzn] *adj* tiefgekühlt; **quick•ie** ['kwɪkɪ] *s* (*fam*) eine(r, s) auf die Schnelle; **quick•ly** ['kwɪklɪ] *adv* schnell, rasch; **quick•ness** ['kwɪknɪs] *s* **1.** Schnelligkeit *f* **2.** (*fig*) schnelle Auffassungsgabe; **quick•sand** ['kwɪksænd] *s* Treibsand *m;* **quick•sil•ver** ['kwɪksɪlvə(r)] *s* Quecksilber *nt;* **quick•step** ['kwɪkstep] *s* Quickstep *m;* **quick-tem•pered** [ˌkwɪk'tempəd] *adj* leicht erregbar, reizbar; **quick-witted** [ˌkwɪk'wɪtɪd] *adj* geistesgegenwärtig; schlagfertig

quid[1] [kwɪd] *s* (*Tabak*) Priem *m*

quid[2] [kwɪd] *s* (*Br sl*) Pfund *nt*

quid pro quo ['kwɪdprəʊ'kwəʊ] *s* Gegenleistung *f*

qui•esc•ent [kwɪ'esnt] *adj* ruhig, still

quiet ['kwaɪət] **I.** *adj* **1.** ruhig, still; leise **2.** (*Abend*) geruhsam **3.** (*Charakter*) sanft **4.** (*Kleidung*) unauffällig; (*Mensch*) zurückhaltend **5.** (COM) lustlos, flau; **be** ~ Ruhe!; **keep** ~ still sein; leise sein; **keep** ~ **about s.th.** nichts über etw sagen; **go** ~ still werden; **business is** ~ das Geschäft ist ruhig; **have a** ~ **mind** beruhigt sein; **he kept the matter** ~ er behielt die Sache für sich **II.** *s* Ruhe, Stille *f;* **in the** ~ **of the night** in der Stille der Nacht; **on the** ~ heimlich; **quieten** ['kwaɪətn] *vt* **1.** zum Schweigen bringen; zur Ruhe bringen **2.** (*Gewissen*) beruhigen; (*Verdacht*) zerstreuen; **quieten down** *vi* leiser werden; sich beruhigen; **quiet•ly** ['kwaɪətlɪ] *adv* leise; ruhig; **quiet•ness** ['kwaɪətnɪs] *s* **1.** Stille *f;* Geräuschlosigkeit *f* **2.** Ruhe *f;* **quiet•ude** ['kwaɪɪtju:d] *s* (*lit*) Seelenruhe, Ausgeglichenheit *f*

quiff [kwɪf] *s* (*Br*) Stirnlocke *f*

quill [kwɪl] *s* **1.** Feder *f,* Federkiel *m* **2.** (*eines Stachelschweins*) Stachel *m*

quilt [kwɪlt] **I.** *s* Steppdecke *f;* Federbett *nt* **II.** *vt* wattieren; absteppen

quin [kwɪn] *s* Fünfling *m*

quince [kwɪns] *s* Quitte *f*

quin•ine [kwɪ'ni:n, *Am* 'kwaɪnaɪn] *s* Chinin *nt*

quint•es•sence [kwɪn'tesns] *s* Quintessenz *f,* Inbegriff *m;* **quint•es•sen•tial** [ˌkwɪntə'senʃəl] *adj* fundamental; **he is the ~ artist** er ist der Inbegriff eines Künstlers

quin•tet(te) [kwɪn'tet] *s* (MUS) Quintett *nt*

quin•tuple ['kwɪntjʊpl] **I.** *adj* fünffach **II.** *vt, vi* (sich) verfünffachen; **quin•tu•plet** ['kwɪntju:plet] *s* Fünfling *m*

quip [kwɪp] **I.** *s* geistreiche Bemerkung **II.** *vi* witzeln

quirk [kwɜ:k] *s* Schrulle, Marotte *f;* Laune *f;* **a ~ of fate** eine Laune des Schicksals; **quirki•ness** ['kwɜ:kɪnəs] *s* Schrulligkeit *f*

quit [kwɪt] <*irr:* quit/quitted, quit/quitted> **I.** *vt* **1.** (*Stadt, Menschen*) verlassen **2.** (*Stelle*) kündigen; aufgeben **3.** aufhören mit; **~ doing s.th.** aufhören etw zu tun **II.** *vi* **1.** aufhören **2.** (*bei Stelle*) kündigen **3.** fortgehen; **notice to ~** Kündigung *f;* **I've given her notice to ~** ich habe ihr gekündigt **III.** *adj:* **be ~ of s.th.** frei von etw sein; etw los sein

quite [kwaɪt] *adv* **1.** ganz, völlig, vollständig **2.** ziemlich **3.** wirklich; **~ wrong** völlig falsch; **you're being ~ impossible** du bist völlig unmöglich; **I ~ agree with you** ich stimme völlig mit Ihnen überein; **that's ~ another matter** das ist doch etwas ganz anderes; **not ~** nicht ganz; **~ so!** genau!; **~ the thing** ganz große Mode; **~ likely** sehr wahrscheinlich; **she's ~ a beauty** sie ist wirklich eine Schönheit; **it was ~ a shock** es war ein ziemlicher Schock; **~ a few people** ziemlich viele Leute

quits [kwɪts] *adj* quitt; **be ~ with s.o.** mit jdm quitt sein; **cry ~** aufgeben

quit•tance ['kwɪtns] *s* (COM) Schuldenerlass *m*

quiver[1] ['kwɪvə(r)] **I.** *vi* **1.** zittern, beben (*with* vor) **2.** (*Augenlider*) flattern **II.** *s* Zittern *nt;* Flattern *nt*

quiver[2] ['kwɪvə(r)] *s* Köcher *m*

quix•otic [kwɪk'sɒtɪk] *adj* edelmütig; schwärmerisch

quiz [kwɪz] <*pl* quizzes> **I.** *s* **1.** Quiz *nt* **2.** (*Am: in der Schule*) kleiner Test **II.** *vt* **1.** ausfragen (*about* über), prüfen **2.** (*Am: Schüler*) abfragen, prüfen; **quiz•mas•ter** ['kwɪzmɑ:stə(r)] *s* Quizmaster *m;* **quiz show** *s* Quiz *nt;* **quiz•zi•cal** ['kwɪzɪkl] *adj* **1.** (*Blick*) fragend; zweifelnd **2.** eigenartig

quoit [kɔɪt, *Am* kwɔɪt] *s* **1.** (SPORT) Wurfring *m* **2. ~s** *mit sing* Wurfringspiel *nt*

quo•rate ['kwɔ:rət] *adj* beschlussfähig; **quo•rum** ['kwɔ:rəm] *s* Quorum *nt*

quota ['kwəʊtə] *s* **1.** Pensum *nt* **2.** Quantum *nt;* Anteil *m;* Kontingent *nt;* **immigration ~** Einwanderungsquote *f;* **import ~** Einfuhrkontingent *nt*

quot•able ['kwəʊtəbl] *adj* zitierbar; **quo•ta•tion** [kwəʊ'teɪʃn] *s* **1.** Zitat *nt* **2.** (FIN) Kurs-, Preisnotierung *f* **3.** (COM) Kostenanschlag *m;* **a ~ from Shakespeare** ein Shakespeare-Zitat; **quotation marks** *s pl* Anführungszeichen *ntpl;* **quote** [kwəʊt] **I.** *vt* **1.** anführen, zitieren (*from* aus) **2.** (COM) notieren (*at* mit) **3.** (*Preis*) nennen, veranschlagen; **don't ~ me on that** bitte wiederholen Sie das nicht; **you can ~ me on that** Sie können das ruhig wörtlich wiedergeben; **he was ~d as saying that …** er soll gesagt haben, dass …; **~ s.o. as an example** jdn als Beispiel anführen; **the shares are ~d at …** die Aktien werden mit … notiert **II.** *vi* zitieren; **~ from an author** einen Schriftsteller zitieren **III.** *s* **1.** Zitat *nt* **2. ~s** (*fam*) Anführungszeichen *ntpl* **3.** (*fam*) (Preis)Angebot *nt*

quo•tid•ian [kwəʊ'tɪdɪən] *adj* täglich

quo•tient ['kwəʊʃnt] *s* (MATH) Quotient *m*

qwer•ty key•board [ˌkwɜ:tɪ'ki:bɔ:d] *s* *englische Tastatur*

R

R, r [ɑː(r)] <*pl* -'s> *s* R, r *nt;* **the three R's** Lesen, Schreiben und Rechnen

rabbi ['ræbaɪ] *s* Rabbi(ner) *m*

rab•bit ['ræbɪt] **I.** *s* Kaninchen *nt* **II.** *vi:* **go ~ing** Kaninchen jagen; **~ on** quasseln, schwätzen; **rabbit burrow, rabbit hole** *s* Kaninchenbau *m;* **rabbit hutch** *s* Kaninchenstall *m;* **rabbit punch** *s* Nackenschlag *m;* **rabbit skin** *s* Kaninchenfell *nt*

rab•ble ['ræbl] *s* lärmender Haufen; **the ~** der Mob; **rab•ble-rouser** *s* Aufwiegler, Agitator *m;* **rab•ble-rous•ing** *adj* aufhetzerisch; **~ speech** Hetzrede *f*

ra•bid ['ræbɪd] *adj* **1.** (*Hund*) tollwütig **2.** fanatisch **3.** (*Hass*) rasend, wild; **ra•bies** ['reɪbiːz] *s* Tollwut *f*

RAC [ˌɑːreɪ'siː] *s Abk. von* **Royal Automobile Club** *britischer Automobilklub*

rac•coon *s* Waschbär *m*

race[1] [reɪs] **I.** *s* **1.** (Wett)Rennen *nt,* Wettlauf *m* **2.** (*Wasser*) Strömung *f* **3.** (*lit*) Lauf *m;* **horse-~** Pferderennen *nt;* **run a ~ with s.o.** mit jdm um die Wette laufen; **a ~ against time** ein Wettlauf mit der Zeit; **his ~ is run** (*fig*) er ist erledigt **II.** *vt* **1.** um die Wette laufen mit **2.** (*Maschine*) hochjagen **3.** (*Auto*) ins Rennen schicken; **he ~d me off to the station** er raste mit mir zum Bahnhof **III.** *vi* **1.** laufen **2.** rasen, jagen, rennen **3.** (*Maschine*) durchdrehen; **~ with** [*o* **against**] **s.o.** gegen jdn laufen; **~ against time** gegen die Uhr laufen; **~ about** herumrasen; **~ after s.o.** hinter jdm herjagen

race[2] [reɪs] *s* **1.** Rasse *f* **2.** (*fig*) Kaste *f;* **the human ~** das Menschengeschlecht; **of mixed ~** gemischtrassig

race card *s* Rennprogramm *nt;* **race conflict** *s* Rassenkonflikt *m;* **race•course** *s* Rennbahn *f;* **race hatred** *s* Rassenhass *m;* **race•horse** *s* Rennpferd *nt;* **race meeting** *s* Rennveranstaltung *f*

racer ['reɪsə(r)] *s* Rennfahrer(in) *m(f),* Rennwagen *m;* Rennpferd *nt*

race relations ['reɪs rə'leɪʃns] *s pl* Beziehungen *pl* zwischen den Rassen; **race riot** *s* Rassenkrawall *m*

racial ['reɪʃl] *adj* rassisch; **~ conflict** Rassenkonflikt *m;* **~ discrimination** Rassendiskriminierung *f;* **~ disturbances** Rassenunruhen *pl;* **~ equality** *Gleichberechtigung verschiedener ethnischer Gruppen in einer Gesellschaft;* **~ segregation** Rassentrennung *f;* **~ slur** rassistische Bemerkung; **~ tension** *Spannungen zwischen den einzelnen ethnischen Gruppen einer Gesellschaft*

raci•ness ['reɪsɪnɪs] *s* **1.** Schwung *m,* Feuer *nt;* Gewagtheit *f* **2.** Rassigkeit, Feurigkeit *f*

rac•ing ['reɪsɪŋ] *s* (Pferde-, Motor)Rennen *nt;* **racing bicycle** *s* Rennrad *nt;* **racing car** *s* Rennwagen *m;* **racing driver** *s* Rennfahrer(in) *m(f);* **racing pigeon** *s* Brieftaube *f;* **racing stable** *s* Rennstall *m;* **racing yacht** *s* Rennyacht *f*

rac•ism ['reɪsɪzəm] *s* Rassismus *m;* **rac•ist** ['reɪsɪst] **I.** *s* Rassist(in) *m(f)* **II.** *adj* rassistisch

rack[1] [ræk] **I.** *s* **1.** Ständer *m;* Gestell *nt;* Regal *nt* **2.** (*luggage ~*) Gepäcknetz *nt* **3.** (*auf Fahrrädern*) Gepäckträger *m* **4.** (*für Futter*) Raufe *f* **5.** (TECH) Zahnstange *f* **6.** (HIST) Folterbank *f;* **put s.o. on the ~** (*fig*) jdn auf die Folter spannen; **be on the ~** auf der Folterbank sein; (*fig*) Folterqualen leiden **II.** *vt* **1.** quälen, plagen **2.** (HIST) auf die Folter spannen; **~ed with pain** von Schmerz gequält; **~ one's brains** sich den Kopf zerbrechen

rack[2] [ræk] *s:* **go to ~ and ruin** verkommen, vor die Hunde gehen; abwirtschaften; verfallen

rack[3] [ræk] *vt* (*Wein*) abfüllen

racket[1] ['rækɪt] *s* **1.** Lärm, Spektakel, Radau *m* **2.** (*fam*) Schiebung, Gaunerei *f;* Wucher *m* **3.** (*sl*) Geschäft *nt,* Job *m;* **be in on a ~** bei einer Gaunerei mitmischen; **make a ~** Krach schlagen; **what's his ~?** was macht er?

racket[2] ['rækɪt] *s* (SPORT) Schläger *m*

rack•et•eer [ˌrækɪ'tɪə(r)] *s* Betrüger(in) *m(f),* Gauner(in) *m(f)*

rack•ing ['rækɪŋ] *adj* (*Schmerz*) rasend, quälend

rack-rent ['rækˌrent] *s* Wuchermiete *f*

rac•oon, rac•coon [rə'kuːn] *s* Waschbär *m*

racy ['reɪsɪ] *adj* **1.** (*Rede*) lebhaft, lebendig; schwungvoll **2.** (*fig*) gewagt **3.** (*Wein*) feurig

ra•dar ['reɪdɑː(r)] *s* Radar *m od nt;* **radar scanner** *s* Rundsuchradargerät *nt;* **radar station** *s* Radarstation *f;* **radar trap** *s* Radarfalle *f*

ra•dial ['reɪdɪəl] **I.** *adj* radial; strahlenförmig; ~ **tyre** Gürtelreifen *m* **II.** *s* Gürtelreifen *m*

ra•di•ant ['reɪdɪənt] **I.** *adj* **1.** (*Sonne*) strahlend **2.** (*Farben*) (hell) scheinend, leuchtend, glühend **3.** (*Lachen*) strahlend (*with* vor) **4.** (PHYS) Strahlungs-; **be ~ with joy** vor Freude strahlen; ~ **heat** Strahlungswärme *f* **II.** *s* Heizfläche *f*

ra•di•ate ['reɪdɪeɪt] **I.** *vi* **1.** Strahlen aussenden; ausgestrahlt werden **2.** (*Linien*) strahlenförmig ausgehen **II.** *vt* (*Licht, Wärme*) ausstrahlen; **ra•di•ation** [ˌreɪdɪ'eɪʃn] *s* **1.** Ausstrahlung *f* **2.** radioaktive Strahlung **3.** Strahlenbelastung, Verstrahlung *f;* **dose of ~** Strahlendosis *f;* **expose to ~** verstrahlen; **contaminated with ~** strahlenverseucht; **radiation burn** *s* Strahlenverbrennung *f;* **radiation sickness** *s* Strahlenkrankheit *f;* **radiation therapy** *s* Strahlenbehandlung *f;* **ra•di•ator** ['reɪdɪeɪtə(r)] *s* **1.** Heizkörper *m* **2.** (AUTO) Kühler *m;* **radiator cap** *s* Kühlerverschluss *m;* **radiator grille** *s* Kühlergrill *m*

rad•ical ['rædɪkl] **I.** *adj* **1.** wesentlich, grundlegend; fundamental **2.** (POL) radikal **3.** (MATH) Wurzel-; **effect a ~ cure** eine Radikalkur machen; ~ **sign** (MATH) Wurzelzeichen *nt* **II.** *s* **1.** (POL) Radikale(r) *f m* **2.** (MATH) Wurzel *f* **3.** (CHEM) Radikal *nt;* **rad•ical•ism** ['rædɪkəlɪzəm] *s* (POL) Radikalismus *m*

rad•icle ['rædɪkl] *s* **1.** (BOT) Keimwurzel *f* **2.** (CHEM) Radikal *nt*

radio ['reɪdɪəʊ] <*pl* radios> **I.** *s* **1.** Rundfunk *m;* Radio(apparat *m*) *nt* **2.** Funkspruch *m;* **listen to the ~** Radio hören; **hear s.th. on the ~** etw im Radio hören; **over the** [*o* **by**] **~** über Funk; **talk over the ~** über Funk sprechen **II.** *vt* funken; über Funk verständigen **III.** *vi:* ~ **for help** per Funk einen Hilferuf durchgeben

radio•ac•tive [ˌreɪdɪəʊ'æktɪv] *adj* radioaktiv; ~ **contamination** radioaktive Verseuchung; ~ **material** Strahlenmaterial *nt;* ~ **waste** radioaktiver Müll; **make ~** verstrahlen; **radio•ac•tiv•ity** [ˌreɪdɪəʊək'tɪvətɪ] *s* Radioaktivität *f*

radio alarm ['reɪdɪəʊ ə'lɑ:m] *s* Radiowecker *m;* **radio announcer** ['reɪdɪəʊ ə'naʊnsə(r)] *s* Rundfunkansager(in) *m(f);* **radio beacon** *s* (AVIAT MAR) Funkbake *f,* -feuer *nt;* **radio broadcast** *s* Rundfunksendung *f;* **radio•car•bon dat•ing** [ˌreɪdɪəʊkɑ:bən'deɪtɪŋ] *s* Radiokohlenstoffdatierung *f;* **radio cassette recorder** *s* Radiorecorder *m;* **radio communication** *s* Funkverbindung *f;* **radio contact** *s* Funkkontakt *m;* **radio•gram** ['reɪdɪəʊgræm] *s* **1.** Funkspruch *m* **2.** Musiktruhe *f;* **radio•graph** ['reɪdɪəʊgrɑ:f] *s* Radiogramm *nt;* Röntgenaufnahme *f;* **radi•ogra•pher** [ˌreɪdɪ'ɒgrəfə(r)] *s* Röntgenassistent(in) *m(f);* **radi•ogra•phy** [ˌreɪdɪ'ɒgrəfɪ] *s* Radiographie, Röntgenaufnahme *f;* **radio ham** *s* (*fam*) Amateurfunker(in) *m(f);* **radi•olo•gist** [ˌreɪdɪ'ɒlədʒɪst] *s* Radiologe *m,* -login *f,* Röntgenologe *m,* -login *f;* **radi•olo•gy** [ˌreɪdɪ'ɒlədʒɪ] *s* Radiologie *f;* Röntgenologie *f;* **radio operator** *s* Funker(in) *m(f);* (AVIAT) Bordfunker(in) *m(f);* **radio•pager** ['reɪdɪəʊˌpeɪdʒə(r)] *s* Personenrufgerät *nt,* Piepser *m;* **radio play** *s* Hörspiel *nt;* **radio programme** *s* Radioprogramm *nt;* **radio•sco•py** [ˌreɪdɪ'ɒskəpɪ] *s* Radioskopie, Röntgenuntersuchung *f;* **radio set** *s* Rundfunkgerät *nt;* **radio station** *s* Rundfunkstation *f;* **radio•tele•phone** [ˌreɪdɪəʊ'telɪfəʊn] *s* Funksprechgerät *nt;* **radio•tel•eph•ony** [ˌreɪdɪəʊtɪ'lefənɪ] *s* Sprechfunk *m;* **radio telescope** *s* Radioteleskop *nt;* **radio•ther•apy** [ˌreɪdɪəʊ'θerəpɪ] *s* Röntgentherapie *f;* **radio wave** *s* Radiowelle *f*

rad•ish ['rædɪʃ] *s* Rettich *m*

ra•dium ['reɪdɪəm] *s* (CHEM) Radium *nt;* **radium treatment** *s* (MED) Radiumtherapie *f*

ra•dius ['reɪdɪəs, *pl* 'reɪdɪaɪ] <*pl* radii> *s* **1.** (MATH) Halbmesser, Radius *m* **2.** Aktionsradius, Wirkungsbereich *m* **3.** (ANAT) Speiche *f;* **within a … ~** in einem Umkreis von …

RAF[1] [ˈɑ:(r)eɪ'ef] *s Abk. von* **Royal Air Force** britische Luftwaffe

RAF[2] [ˌɑ:(r)eɪ'ef] *s Abk. von* **Red Army Faction** RAF *f*

raf•fia ['ræfɪə] *s* Raphiabast *m*

raff•ish ['ræfɪʃ] *adj* flott, verwegen

raffle ['ræfl] **I.** *s* Lotterie, Tombola *f* **II.** *vt* (~ *off*) verlosen

raft [rɑ:ft] *s* Floß *nt*

rafter ['rɑ:ftə(r)] *s* (ARCH) (Dach)Sparren *m*

raft•ing ['rɑ:ftɪŋ] *s* Rafting *nt*

rag[1] [ræg] *s* **1.** Lumpen, Lappen, Fetzen *m* **2.** (*Zeitung*) Schundblatt *nt;* **in ~s and tatters** zerlumpt und abgerissen; **put one's glad ~s on** sich in Schale werfen; **like a red ~ to a bull** (*fig*) wie ein rotes Tuch; **feel like a wet ~** (*fam*) total ausgelaugt sein

rag[2] [ræg] **I.** *vt* (*fam*) aufziehen, foppen; ~ **s.o.** jdm einen Streich spielen **II.** *s* Jux *m;* (Studenten)Ulk *m*

raga•muf•fin ['rægəmʌfɪn] *s* Lausejunge *m,* Göre *f*

rag•bag ['rægbæg] *s* **1.** Lumpensack *m* **2.** (*fig*) Sammelsurium *nt* **3.** (*pej: Frau*) Schlampe *f*

rage [reɪdʒ] **I.** *s* **1.** Wut *f,* Zorn *m* **2.** (*Sturm*) Toben, Rasen *nt;* **fly into a ~** einen Wutanfall bekommen; **be in a ~** wütend sein; **be (all) the ~** der letzte Schrei sein **II.** *vi* wüten, toben, rasen; **~ against s.o.** gegen jdn wettern

ragged ['rægɪd] *adj* **1.** abgerissen; zerlumpt **2.** (*Haare*) zottig, strähnig **3.** (*Ränder*) ausgefranst **4.** (*Felsen*) zerklüftet **5.** (*Arbeit*) stümperhaft

rag·ing ['reɪdʒɪŋ] *adj* **1.** wütend **2.** (*Fieber*) heftig **3.** (*Schmerzen*) rasend **4.** (*Sturm*) tobend

ra·gout ['rægu:] *s* (*Küche*) Ragout *nt*

rag rug ['rægrʌg] *s* Flickenteppich *m*

rag·tag ['rægtæg] *s:* **~ and bobtail** Hinz und Kunz; **rag·time** ['rægtaɪm] *s* (MUS) Ragtime *m;* **rag trade** *s* (*fam*) Kleiderbranche *f*

raid [reɪd] **I.** *s* **1.** Überfall *m* **2.** (MIL) Angriff *m;* (*air ~*) Luftangriff *m* **3.** Razzia *f* **4.** Einbruch *m;* **dawn ~** Überraschungsangriff *m;* (FIN) *plötzlicher Aufkauf von Aktien* **II.** *vt* **1.** überfallen **2.** eine Razzia durchführen in **3.** einbrechen in **4.** (*fig*) plündern

rail¹ [reɪl] **I.** *s* **1.** Geländer *nt* **2.** (MAR) Reling *f* **3.** Umzäunung *f* **4.** (RAIL) Gleis *nt,* Schiene *f* **5.** (*curtain ~*) Schiene *f* **6.** (*towel ~*) Handtuchhalter *m* **7.** Bahn *f;* **travel by ~** mit der Bahn fahren; **go off the ~s** entgleisen; (*fig*) auf die schiefe Bahn geraten; zu spinnen anfangen **II.** *vt* mit der Bahn verschicken; **rail in** *vt* einzäunen; **rail off** *vt* abzäunen

rail² [reɪl] *vi:* **~ at** [*o* **against**] **s.o.** jdn beschimpfen; **~ at fate** mit dem Schicksal hadern; **rail·head** ['reɪlhed] *s* Endbahnhof *m*

rail·ing ['reɪlɪŋ] *s meist pl* **1.** Geländer *nt* **2.** (MAR) Reling *f* **3.** Zaun *m*

rail·road ['reɪlrəʊd] **I.** *s* (*Am*) Eisenbahn *f* **II.** *vt* (*Am*): **~ a bill** eine Gesetzesvorlage durchpeitschen; **rail strike** *s* Bahnstreik *m;* **rail·way** ['reɪlweɪ] *s* **1.** (*Br*) Eisenbahn *f* **2.** Gleis *nt;* **railway bridge** *s* Eisenbahnbrücke *f;* **railway carriage** *s* Eisenbahnwagen *m;* **railway crossing** *s* Bahnübergang *m;* **railway engine** *s* Lokomotive *f;* **railway guide** *s* Kursbuch *nt;* **railway line** *s* **1.** Eisenbahnlinie *f* **2.** (Eisenbahn)Gleise *pl;* **rail·way·man** ['reɪlweɪmæn] <*pl* -men> *s* Eisenbahner *m;* **railway network** *s* Eisenbahnnetz *nt;* **railway station** *s* Bahnhof *m;* **railway timetable** *s* Zugfahrplan *m*

rain [reɪn] **I.** *s* **1.** Regen *m* **2.** (*Pfeile*) Hagel *m;* **it looks like ~** es sieht nach Regen aus; **~ or shine** ob es regnet oder schneit; **take a ~ check** (*Am*) die Sache verschieben; **the ~s** die Regenzeit; **she's as right as ~** sie ist kerngesund; **~ of ashes** Aschenregen *m* **II.** *vi, vt* regnen; **it is ~ing** es regnet; **it never ~s but it pours** (*prov*) ein Unglück kommt selten allein; **it's ~ing cats and dogs** es gießt wie aus Kübeln; **~ blows on s.o.** einen Hagel von Schlägen auf jdn niedergehen lassen; **rain off** *vi* **1.** wegen Regens nicht stattfinden **2.** wegen Regens abgebrochen werden; **rain·bow** ['reɪnbəʊ] *s* Regenbogen *m;* **rain cloud** *s* Regenwolke *f;* **rain·coat** ['reɪnkəʊt] *s* Regenmantel *m;* **rain·drop** ['reɪndrɒp] *s* Regentropfen *m;* **rain·fall** ['reɪnfɔ:l] *s* Niederschlag *m;* **rain forest** *s* Regenwald *m;* **rain gauge** *s* Regenmesser *m;* **raini·ness** ['reɪnɪnɪs] *s* Regenwetter *nt;* **rain·proof** ['reɪnpru:f] **I.** *adj* wasserdicht **II.** *vt* imprägnieren; **rain-water** ['reɪnwɔ:tə(r)] *s* Regenwasser *nt;* **rainy** ['reɪnɪ] *adj* regnerisch; verregnet; regenreich; **keep s.th. for a ~ day** etw für Notzeiten zurücklegen; **~ season** Regenzeit *f*

raise [reɪz] **I.** *vt* **1.** (auf-, hoch)heben; hochziehen **2.** (*Anker*) lichten **3.** (*Mauer*) errichten; erhöhen **4.** (*Gehalt*) erhöhen, anheben; heraufsetzen **5.** (*Gebäude*) errichten **6.** (*Problem*) schaffen, aufwerfen; erheben **7.** (*Kinder*) aufziehen, großziehen **8.** (*Steuern*) erheben **9.** (*Geld*) aufbringen, auftreiben **10.** (*Darlehen*) aufnehmen **11.** (*Embargo*) aufheben, beenden **12.** (*Karten*) erhöhen **13.** (TELE) Funkverbindung aufnehmen mit; **~ one's glass to s.o.** jdm zutrinken; **~ one's hand against s.o.** die Hand gegen jdn erheben; **~ s.o. from the dead** jdn von den Toten erwecken; **~ one's voice** lauter sprechen; **~ s.o.'s hopes** jdm Hoffnung(en) machen; **~ the roof** das Haus zum Beben bringen; **~ a laugh** ein Lächeln hervorrufen; **~ a protest** protestieren; **~ crops** Getreide anbauen **II.** *s* (*Am*) Gehaltserhöhung *f,* Lohnerhöhung *f*

raisin ['reɪzn] *s* Rosine *f*

rake¹ [reɪk] **I.** *s* Rechen *m,* Harke *f* **II.** *vt* harken, rechen **III.** *vi:* **~ about** [*o* **around**] herumwühlen, herumstöbern; **rake in** *vt* (*Geld*) kassieren; **rake out** *vt* auskundschaften, herausfinden; **rake up** *vt* **1.** zusammenharken **2.** (*fig*) auftreiben; zusammenkratzen **3.** (*Feuer*) schüren; **~ up the past** in der Vergangenheit wühlen

rake² [reɪk] *s* Lebemann *m*

rake-off ['reɪkɒf] *s* (*sl*) Gewinnanteil *m*

rak·ish¹ ['reɪkɪʃ] *adj* (*Erscheinung*) flott, verwegen

rak·ish² *adj* (*Schiff*) schnittig

rally ['rælɪ] **I.** *vt* (*Truppen*) versammeln, zusammenrufen; **~ one's strength** seine Kräfte sammeln **II.** *vi* **1.** sich wieder sammeln, sich versammeln **2.** (*Kranker*) Fortschritte machen **3.** (FIN) anziehen, sich erholen; **go**

R

~**ing** eine Rallye fahren; ~ **round** sich scharen um **III.** *s* **1.** Versammlung *f,* Treffen *nt* **2.** (*Gesundheit*) Erholung *f* **3.** (*Tennis*) Ballwechsel *m* **4.** (AUTO) Rallye *f* **5.** (FIN) Aufschwung *m,* Erholung *f;* **rally driver** *s* Rallyefahrer(in) *m(f)*

RAM [ræm] *s Abk. von* **random access memory** (INFORM) RAM *nt*

ram [ræm] **I.** *s* **1.** Widder *m* **2.** (TECH) Ramme *f;* Rammbock *m;* **the Ram** (ASTR) der Widder; ~ **raiding** *Ladendiebstahl, bei dem ein gestohlenes Auto als Rammbock dient* **II.** *vt* **1.** rammen; stoßen (*against* gegen) **2.** (*Auto*) rammen; ~ **a charge home** (MIL) laden; ~ **home an argument** ein Argument durchsetzen; ~ **s.th. down s.o.'s throat** jdm etw eintrichtern; **ram through** *vt* (*fam*) durchboxen

ramble ['ræmbl] **I.** *vi* **1.** umherschweifen, (umher)streifen **2.** (*fig:* ~ *on*) schwafeln; vom Hundertsten ins Tausendste kommen **3.** (*Pflanze*) ranken **II.** *s* Streifzug *m;* Wanderung *f;* **go for a** ~ einen Streifzug machen; **ram•bler** ['ræmblə(r)] *s* **1.** Wanderer(in) *m(f)* **2.** Kletterrose *f;* **ram•bling** ['ræmblɪŋ] **I.** *adj* **1.** (*Rede*) weitschweifig, umständlich; schwafelnd **2.** (*Pflanze*) rankend **3.** (*Gebäude*) weitläufig; ~ **club** Wanderverein *m* **II.** *s* (*fig*) Geschwafel *nt*

rame•kin ['reɪmkɪn] *s* Auflaufförmchen *nt*

rami•fi•ca•tion [ˌræmɪfɪ'keɪʃn] *s* Verzweigung, Verästelung *f;* **ram•ify** ['ræmɪfaɪ] *vi* sich verzweigen

ramp [ræmp] *s* **1.** Rampe *f* **2.** (AVIAT) Gangway *f*

ram•page [ræm'peɪdʒ] **I.** *vi* herumwüten **II.** *s:* **go on the** ~ einen Tobsuchtsanfall bekommen

ram•pant ['ræmpənt] *adj* **1.** (*Pflanze*) üppig, wuchernd **2.** (*Ungerechtigkeit*) wild wuchernd; **be** ~ wuchern

ram•part ['ræmpɑːt] *s* Wall *m*

ram•rod ['ræmrɒd] *s* Ladestock *m;* **as stiff as a** ~ steif wie ein Besenstiel

ram•shackle ['ræmʃækl] *adj* wack(e)lig, altersschwach, baufällig

ran [ræn] *vi s.* **run**

ranch [rɑːntʃ] **I.** *s* Ranch *f;* ~ **house** Farmhaus *nt* **II.** *vi* Viehwirtschaft betreiben; **rancher** ['rɑːntʃə(r)] *s* Rancher *m*

ran•cid ['rænsɪd] *adj* ranzig

ran•cor *s* (*Am*) *s.* **rancour**; **ran•cor•ous** ['ræŋkərəs] *adj* bitter; bösartig; **ran•cour** ['ræŋkə(r)] *s* Bitterkeit *f;* Boshaftigkeit *f*

ran•dom ['rændəm] **I.** *adj* willkürlich, Zufalls-; ~ **access memory, RAM** RAM *nt;* ~ **error** Zufallsfehler *m;* **make a** ~ **guess** auf gut Glück raten; ~ **sample** Stichprobe *f;* ~ **sampling** Stichproben *fpl* **II.** *s:* **at** ~ aufs Geratewohl; ziellos; planlos; **hit out at** ~ ziellos um sich schlagen; **talk at** ~ ins Blaue hineinreden

randy ['rændɪ] *adj* (*fam*) scharf, geil

rang [ræŋ] *s.* **ring**[1]

range [reɪndʒ] **I.** *vt* **1.** aufstellen; anordnen **2.** (*Person*) zählen (*among, with* zu) **3.** durchstreifen, durchziehen **4.** (*Gewehr*) ausrichten (*on* auf); ~ **o.s. with s.o.** sich auf jds Seite stellen; ~ **the seas** die Meere befahren **II.** *vi* **1.** gehen (*from … to* von … bis) **2.** streifen; **the conversation ~d over …** die Unterhaltung kreiste um …; **the search ~d over the whole area** die Suche erstreckte sich auf das ganze Gebiet; ~ **over the country** im Land umherstreifen; ~ **over** verbreitet sein in; (*Gewehr*) eine Reichweite haben von **III.** *s* **1.** Aktionsradius *m;* Reichweite *f* **2.** Reihe *f;* Skala *f;* Angebot *nt;* Spektrum *nt* **3.** (MUS) Ton-, Stimmumfang *m* **4.** (*fig*) Kompetenz *f;* Einflussbereich *m* **5.** (*rifle* ~) Schießstand *m* **6.** Koch-, Küchenherd *m* **7.** (*mountain* ~) Kette *f* **8.** (*Am*) Weideland *nt;* **at a** ~ **of** in einer Entfernung von; **at close/wide** ~ auf kurze/weite Entfernung; **out of** ~ außer Hör-, Reich-, Schussweite; **within shouting** ~ in Hörweite; ~ **of vision** Gesichtsfeld *nt;* **a wide** ~ eine große Auswahl; ein breites Spektrum; **in this price** ~ in dieser Preislage; **a** ~ **of temperatures** unterschiedliche Temperaturen *fpl;* **temperature** ~ Temperaturbereich *m;* **a whole** ~ **of sizes** eine ganze Reihe verschiedener Größen; **this is outside the** ~ **of …** das liegt außerhalb der Kompetenz von …; **short-/medium-/long-**~ Kurz-/Mittel-/Langstrecken-; **range-finder** ['reɪndʒˌfaɪndə(r)] *s* Entfernungsmesser *m*

ranger ['reɪndʒə(r)] *s* **1.** Förster(in) *m(f)* **2.** (*Am*) Ranger *m;* Überfallkommando *nt;* ~ **scout** (*Br*) Ranger *m*

rangy ['reɪndʒɪ] *adj* langgliedrig

rank[1] [ræŋk] **I.** *s* **1.** (MIL) Rang *m* **2.** Stand *m,* Schicht *f* **3.** Reihe *f* **4.** (MIL) Glied *nt* **5.** (MUS) Register *nt;* **officer of high** ~ hoher Offizier; **people of all ~s** Leute *pl* aller Stände; **a person of** ~ eine hochgestellte Persönlichkeit; **a second-~ painter** ein zweitklassiger Maler; **keep** ~ in Reih und Glied stehen; **the** ~ **and file** (MIL) die Mannschaft; (*Partei*) die Basis; **reduce s.o. to the ~s** jdn degradieren; **taxi** ~ Taxistand *m* **II.** *vt* einreihen, -ordnen, klassifizieren; ~ **s.o. among the great** jdn zu den Großen zählen **III.** *vi:* ~ **among** zählen zu; ~ **above s.o.** bedeutender als jd sein; rangmäßig über jdm liegen

rank[2] [ræŋk] *adj* **1.** (*Pflanzenwuchs*) wuchernd, üppig; (*Boden*) überwuchert (*with* von) **2.** (*Geruch*) übel **3.** (*Fett*) stinkend, übelriechend, ranzig **4.** (*Gift*) rein; ausgesprochen **5.** (*Verräter*) übel

rank·ing of·fi·cer ['ræŋkɪŋ ˌɒfɪsə(r)] *s* (MIL) ranghöchster Offizier

rankle ['ræŋkl] *vi* (*fig fam*): ~ **with s.o.** jdn wurmen

rank·ness ['ræŋknɪs] *s* **1.** Üppigkeit *f* **2.** (*fig*) Übelkeit *f;* Gestank *m;* Derbheit *f*

ran·sack ['rænsæk] *vt* **1.** durchsuchen, -wühlen (*for* nach) **2.** (*Haus*) plündern **3.** (*Stadt*) herfallen über

ran·som ['rænsəm] **I.** *s* **1.** Lösegeld *nt* **2.** Freilassung *f* **3.** (REL) Erlösung *f;* **hold s.o. to ~** jdn als Geisel (fest)halten; jdn erpressen **II.** *vt* **1.** auslösen, Lösegeld bezahlen für **2.** gegen ein Lösegeld freilassen **3.** (REL) erlösen

rant [rænt] *vi* Tiraden loslassen; irres Zeug reden; ~ **and rave at s.o.** mit jdm schimpfen

rap¹ [ræp] **I.** *vt* klopfen auf; klopfen an; ~ **s.o.'s knuckles** jdm auf die Finger klopfen; ~ **out** hervor-, ausstoßen **II.** *vi* klopfen; ~ **at the door** kurz an die Tür klopfen **III.** *s* Klopfen *nt;* **give s.o. a ~ on the knuckles** jdm auf die Finger klopfen; **take the ~** die Schuld zugeschoben kriegen; **there was a ~ at the door** es hat (an der Tür) geklopft; **I don't care a ~** das ist mir völlig egal

rap² [ræp] *s* (MUS) Rap *m*

ra·pa·cious [rə'peɪʃəs] *adj* habgierig; **ra·pac·ity** [rə'pæsətɪ] *s* Habgier *f*

rape¹ [reɪp] **I.** *s* Vergewaltigung, Notzucht *f* **II.** *vt* vergewaltigen

rape² [reɪp] *s* Raps *m*

rapid ['ræpɪd] **I.** *adj* **1.** rasch; rapide; flink **2.** (*Abstieg*) steil; ~ **eye movement (REM) sleep** REM-Schlaf *m;* ~ **fire of questions** Feuerwerk *nt,* von Fragen; ~ **fire weapon** Schnellfeuerwaffe *f;* **Rapid Reaction Force** (NATO) Schnelleingreiftruppe *f* **II.** *s pl* Stromschnellen *fpl;* **rap·id·ity** [rə'pɪdətɪ] *s* Schnelligkeit *f;* Raschheit *f;* Steilheit *f*

rapier ['reɪpɪə(r)] *s* Rapier *nt*

rap·ist ['reɪpɪst] *s* Vergewaltiger *m*

rap·port [ræ'pɔː(r)] *s* enge Beziehung, enges Verhältnis; **in ~ with** in Harmonie mit

rap·proche·ment [ræ'prɒʃmɒŋ] *s* (POL) Annäherung *f*

rapt [ræpt] *adj* **1.** gespannt; atemlos **2.** (*Lächeln*) verzückt; **rap·ture** ['ræptʃə(r)] *s* Entzücken *nt;* Verzückung *f;* **be in ~s** entzückt sein (*over* über); **go into ~s** in Entzücken geraten; **rap·tur·ous** ['ræptʃərəs] *adj* **1.** ver-, entzückt, hingerissen **2.** (*Beifall*) stürmisch

rare [reə(r)] *adj* **1.** selten, rar **2.** (*Luft*) dünn **3.** (*Fleisch*) blutig, nicht durchgebraten **4.** (*fig*) irrsinnig

rare·bit ['reəbɪt] *s:* **Welsh ~** überbackene Käseschnitte

rarefy ['reərɪfaɪ] **I.** *vt* **1.** (*Luft*) verdünnen **2.** (*fig*) exklusiv machen **II.** *vi* (*Luft*) dünn werden; **rare·ly** ['reəlɪ] *adv* selten; **rar·ity** ['reərətɪ] *s* Seltenheit, Rarität *f*

ras·cal ['rɑːskl] *s* (*fam hum*) Schelm, Schlingel *m*

rash¹ [ræʃ] *adj* unbesonnen; voreilig, überstürzt

rash² [ræʃ] *s* (MED) Ausschlag *m;* **rash cream** *s* Wundcreme *f*

rasher ['ræʃə(r)] *s:* ~ **of bacon** Speckstreifen *m*

rash·ness ['ræʃnɪs] *s* Unbesonnenheit *f;* Voreiligkeit, Überstürztheit *f*

rasp [rɑːsp] **I.** *vt* **1.** (TECH) raspeln **2.** (~ *out*) krächzen **II.** *vi* kratzen **III.** *s* **1.** (TECH) Raspel *f,* Reibeisen *nt* **2.** Kratzen *nt*

rasp·berry ['rɑːzbrɪ] **I.** *s* **1.** Himbeere *f* **2.** (~ *bush*) Himbeerstrauch *m;* **blow a ~** verächtlich schnauben; **get a ~** (*sl*) nur ein verächtliches Schnauben ernten **II.** *adj* himbeerrot

rasp·ing ['rɑːspɪŋ] *adj* **1.** kratzend, rau **2.** (*Atem*) keuchend, röchelnd

Ras·ta·fa·rian [ˌræstə'feərɪən] *s* Rastafari *m*

ras·ter ['ræstə(r)] *s* Raster *m od nt*

rat [ræt] **I.** *s* **1.** Ratte *f* **2.** (*fig*) Verräter *m;* **smell a ~** Lunte riechen **II.** *vi* Ratten fangen; ~ **on s.o.** (*fam*) jdn sitzen lassen; jdn verpfeifen

rat·able, **rate·able** ['reɪtəbl] *adj* steuerpflichtig; ~ **value** steuerbarer Wert

ratch·et ['rætʃɪt] (~ *wheel*) Sperrad *nt;* **ratchet up** *vt* (*fam*) hochkurbeln

rate [reɪt] **I.** *s* **1.** Rate *f;* Tempo *nt* **2.** (COM) Satz *m;* Kurs *m* **3.** **~s** (*Br* HIST) Gemeindesteuern *fpl;* **failure ~** Durchfallquote *f;* **at a ~ of ...** in einem Tempo von ...; ~ **of absenteeism** Abwesenheitsquote *f;* ~ **of consumption** Verbrauch *m;* **pulse ~** Puls *m;* ~ **of return** Rendite, Rentabilität *f;* ~ **of sales** Absatzrate *f;* **at this ~ of working** bei diesem Arbeitstempo; **at any ~** auf jeden Fall; ~ **of exchange** Wechselkurs *m;* ~ **of inflation** Inflationsrate *f;* ~ **of interest** Zinssatz *m;* **insurance ~s** Versicherungsgebühren *fpl;* **unemployment ~** Arbeitslosenquote *f* **II.** *vt* **1.** einschätzen **2.** (*Br: Steuer*) veranlagen **3.** verdienen; ~ **s.o. among ...** jdn zu ... zählen; ~ **s.o. as s.th.** jdn für etw halten; ~ **s.o. highly** jdn hoch einschätzen **III.** *vi:* ~ **as** gelten als; ~ **among** zählen zu

rather ['rɑːðə(r)] *adv* **1.** lieber; eher **2.** im Gegenteil, vielmehr **3.** ziemlich, nicht wenig; ~ **than wait, he went away** er ging lieber, als dass er wartete; **I'd ~ not** lieber nicht; **I would ~ you came yourself** mir wäre es lieber, Sie kämen selbst; **it's ~ too**

difficult for me es ist etwas zu schwierig für mich; **I ~ think he's wrong** ich glaube fast, er hat Unrecht

rati•fi•ca•tion [ˌrætɪfɪˈkeɪʃn] *s* **1.** (POL) Ratifizierung *f* **2.** (COM) Bestätigung *f;* **rat•ify** [ˈrætɪfaɪ] *vt* **1.** ratifizieren **2.** bestätigen

rat•ing [ˈreɪtɪŋ] *s* **1.** Einschätzung *f;* Veranlagung *f* **2.** Klasse *f* **3.** (FIN) Kreditfähigkeit *f* **4.** (ELEK) Leistung *f* **5.** (MAR) Rang *m* **6.** Matrose *m;* **octane ~** Oktanzahl *f;* **the popularity ~ of a TV programme** die Zuschauerzahlen eines Fernsehprogramms

ra•tio [ˈreɪʃɪəʊ] <*pl* -tios> *s* Verhältnis *nt;* **in the ~ of 2 to 3** im Verhältnis 2 zu 3; **in inverse ~** umgekehrt proportional; **inverse** [*o* **indirect**] **~** umgekehrtes Verhältnis

ra•tion [ˈræʃn] **I.** *s* **1.** Ration *f;* Quantum *nt* **2.** **~s** (MIL) Verpflegung *f;* **put s.o. on short ~s** jdn auf halbe Ration setzen; **~ card** Bezugschein *m* **II.** *vt* (*Lebensmittel*) rationieren; bewirtschaften; **~ out** zuteilen

ra•tional [ˈræʃnəl] *adj* **1.** (*Person*) vernunftbegabt, rational **2.** (*Denken*) vernünftig, rational **3.** (MATH) rational

ra•tion•ale [ˌræʃəˈnɑːl] *s* Gründe *mpl,* Gedankengänge *mpl*

ra•tion•al•ism [ˈræʃnəlɪzəm] *s* Rationalismus *m;* **ra•tion•al•ist** [ˈræʃnəlɪst] *s* Rationalist(in) *m(f);* **ra•tion•al•is•tic** [ˌræʃnəˈlɪstɪk] *adj* rationalistisch; **ra•tional•ity** [ˌræʃəˈnælətɪ] *s* **1.** Vernunft *f* **2.** (MED) klarer Verstand; **ra•tion•al•iz•ation** [ˌræʃnəlaɪˈzeɪʃn] *s* Rationalisierung *f;* **ra•tion•al•ize** [ˈræʃnəlaɪz] *vt* **1.** vernünftig betrachten **2.** (COM) rationalisieren; **ra•tion•ing** [ˈræʃnɪŋ] *s* Rationierung *f*

rat poi•son [ˈrætpɔɪzn] *s* Rattengift *nt;* **rat race** *s* ständiger Konkurrenzkampf

rattle [ˈrætl] **I.** *vi* **1.** klappern **2.** (*Ketten*) rasseln, klirren; **~ at the door** an der Tür rütteln; **~ along** entlangrattern; **~ down** herunterprasseln; **~ on** quasseln **II.** *vt* **1.** klappern, rasseln mit; schütteln **2.** (*Mensch*) durcheinander bringen; **the news ~d her** die Nachricht hat ihr einen Schock versetzt; **~ off** herunterrasseln **III.** *s* **1.** Geklapper, Gerassel, Gepolter *nt* **2.** (Kinder)Klapper *f;* **rattle•brain** [ˈrætlbreɪn] *s* (*sl*) Spatzenhirn *nt;* **rattle•snake** [ˈrætlsneɪk] *s* Klapperschlange *f;* **rattle•trap** [ˈrætltræp] *s* Klapperkiste *f;* **rat•tling** [ˈrætlɪŋ] **I.** *adj* **1.** klappernd, ratternd; klirrend **2.** (*fam: Tempo*) flott, rasend, toll **II.** *adv:* **~ good** (*sl*) verdammt gut

rat•ty [ˈrætɪ] *adj* (*fam*) gereizt

rau•cous [ˈrɔːkəs] *adj* rau, heiser

raunchy [ˈrɔːntʃɪ] *adj* (*sl*) geil

rav•age [ˈrævɪdʒ] **I.** *s* Verwüstung, Verheerung, Zerstörung *f;* **the ~s of time** die Spuren *f pl* der Zeit **II.** *vt* **1.** verwüsten, verheeren, zerstören **2.** plündern

rave [reɪv] **I.** *vi* **1.** (MED) im Fieberwahn reden, fantasieren **2.** (*fig*) schwärmen (*about, over* von) **3.** wüten, toben **4.** (*Meer*) tosen; **~ against s.o.** gegen jdn wettern **II.** *s* **1.** Rave *f* **2.** (*sl*) Fete *f* **3.** (*sl*) Schwärmerei *f;* **have a ~ about s.th.** von etw schwärmen; **~ review** fantastische Kritik

ravel [ˈrævl] **I.** *vt* (**~** *out*) ausfransen; (*Faden*) entwirren **II.** *vi* sich verwirren

raven [ˈreɪvn] *s* Rabe *m;* **~-black** rabenschwarz; **~-haired** schwarzhaarig

rav•en•ous [ˈrævənəs] *adj* **1.** ausgehungert **2.** heißhungrig

ra•vine [rəˈviːn] *s* Schlucht, Klamm *f*

rav•ing [ˈreɪvɪŋ] **I.** *adj* fantasierend; wahnsinnig; **a ~ lunatic** ein kompletter Idiot **II.** *adv:* **~ mad** vollkommen übergeschnappt **III.** *s oft pl* Gefasel *nt*

rav•ish [ˈrævɪʃ] *vt* **1.** (*fig*) hinreißen, entzücken **2.** (*obs*) vergewaltigen; rauben; **ravish•ing** [-ɪŋ] *adj* hinreißend, bezaubernd, entzückend

raw [rɔː] **I.** *adj* **1.** (*Nahrung*) roh **2.** (*Alkohol*) rein, unvermischt **3.** (*Material*) roh, unbearbeitet **4.** (*fig*) unausgebildet, unerfahren **5.** (*Haut*) wund, entzündet **6.** (*Wetter*) rau, unwirtlich, nasskalt; **it's a ~ deal** das ist eine Gemeinheit; **give s.o. a ~ deal** jdn benachteiligen; **~ material** Rohstoff *m;* **~ milk cheese** Rohmilchkäse *m* **II.** *s:* **touch s.o. on the ~** bei jdm einen wunden Punkt berühren; **in the ~** im Naturzustand; **raw-boned** [ˌrɔːˈbəʊnd] *adj* mager, knochig; **raw•hide** [ˈrɔːhaɪd] *s* ungegerbtes Leder; **Rawl•plug®** [ˈrɔːlplʌg] *s* Dübel *m;* **raw•ness** [ˈrɔːnɪs] *s* **1.** Rohheit *f* **2.** Unerfahrenheit *f* **3.** Wundheit *f* **4.** (*Wetter*) Rauheit *f*

ray¹ [reɪ] *s* **1.** (Licht)Strahl *m* **2.** (*fig*) Spur *f,* Schimmer *m;* **X-~s** Röntgenstrahlen *mpl;* **a ~ of hope** ein Hoffnungsschimmer *m*

ray² [reɪ] *s* (*großer, scheibenförmiger Fisch*) Rochen *m*

rayon [ˈreɪɒn] *s* Kunstseide *f*

raze [reɪz] *vt* völlig zerstören, dem Erdboden gleichmachen

razor [ˈreɪzə(r)] *s* Rasiermesser *nt,* Rasierapparat *m;* **razor•back** [ˈreɪzəbæk] *s* **1.** Finnwal *m* **2.** (*Am*) Wildschwein *nt;* **razor•bill** [ˈreɪzəbɪl] *s* (*Seevogel*) Tordalk *m;* **razor blade** *s* Rasierklinge *f;* **razor-edge** *s* (*Berg*) Grat *m;* **be on a ~** (*fig*) auf Messers Schneide stehen; **razor-sharp** *adj* (*a. fig*) messerscharf; **razor wire** *s* Bandstacheldraht *m*

razz [ræz] *vt* (*Am: sl*) aufziehen, ärgern

razzle [ˈræzl] *s:* **go on the ~** auf die Pauke hauen

RC [ˌɑː(r)'siː] *adj Abk. von* **Roman Catholic** r.-k., römisch-katholisch

RDF [ˌɑː(r)diː'ef] *s Abk. von* **refuse-derived fuel** BRAM *m,* Brennstoff aus Müll

RE [ˌɑːr'iː] *s Abk. von* **religious education** Religionsunterricht *m*

re- [ˌriː] *prefix* wieder-

re¹ [reɪ] (MUS) re *nt*

re² [riː] *prep* **1.** mit Bezug auf, betreffend **2.** (JUR) in Sachen gegen

reach [riːtʃ] **I.** *vt* **1.** erreichen; ankommen an **2.** (*Perfektion*) erlangen **3.** (*Einigung*) erzielen, gelangen zu **4.** herankommen an **5.** reichen, gehen bis zu; ~ **page 100** bis Seite 100 kommen; **be able to ~ s.th.** an etw heranreichen können; ~ **me** (**over**) **that book** reiche mir das Buch (herüber) **II.** *vi* (*Gebiet*) sich erstrecken, gehen, reichen; ~ **for s.th.** nach etw greifen **III.** *s* **1.** (*fig*) Reichweite *f* **2.** (*Fluss*) Strecke *f;* **make a ~ for s.th.** nach etw greifen; **within s.o.'s ~** in jds Reichweite; **within arm's ~** in greifbarer Nähe; **within easy ~ of the sea** in unmittelbarer Nähe des Meers; **beyond the ~ of the law** außerhalb des Gesetzes; **reach down** *vt* hinunterreichen; **reach out** *vi* die Hände ausstrecken; **reach over** *vi* hinübergreifen; **reach up** *vt* hinaufgreifen

re•act [rɪ'ækt] *vi* **1.** reagieren (*to* auf) **2.** wirken (*on, upon* auf); ~ **against** negativ reagieren auf; **re•ac•tion** [rɪ'ækʃn] *s* **1.** Reaktion *f* (*to* auf, *against* gegen) **2.** (POL) Reaktion *f* **3.** (MIL) Gegenschlag *m* **4.** (COM) Umschwung, Rückgang *m;* **action and ~** Wirkung und Gegenwirkung; **forces of ~** reaktionäre Kräfte; **re•ac•tion•ary** [rɪ'ækʃənrɪ] *adj* reaktionär

re•ac•ti•vate [riː'æktɪveɪt] *vt* reaktivieren; **re•ac•tive** [riː'æktɪv] *adj* reaktiv

re•ac•tor [rɪ'æktə(r)] *s* Reaktor *m;* **nuclear ~** Kernreaktor *m;* **reactor core** *s* Reaktorkern *m;* **reactor safety** *s* Reaktorsicherheit *f*

read [riːd, red, red] <*irr:* read, read> **I.** *vt* **1.** lesen **2.** vorlesen (*to s.o.* jdm) **3.** (*Buch*) aus-, durchlesen **4.** (*Traum*) deuten **5.** (*Universität*) studieren **6.** (*Thermometer*) ablesen **7.** (*Messgerät*) anzeigen; ~ **s.o. a lesson** jdm eine Strafpredigt halten; **take s.th. as ~** etw als selbstverständlich voraussetzen; ~ **s.o.'s thoughts** jds Gedanken lesen; ~ **s.o.'s hand** jdm aus der Hand lesen; ~ **s.th. into a text** etw in einen Text hineinlesen, hineininterpretieren **II.** *vi* **1.** lesen; vorlesen **2.** (*Buch*) sich lesen (lassen) **3.** (*Text*) lauten; **he ~s well** er liest gut; ~ **aloud** laut lesen; ~ **to o.s.** für sich lesen; **this book ~s well** das Buch liest sich gut; ~ **for an examination** sich auf eine Prüfung vorbereiten **III.** *s:* **have a quiet ~** ungestört lesen; **read off** *vt* ablesen; **read on** *vi* weiterlesen; **read out** *vt* vorlesen; **read over** *vt* durchlesen; **read through** *vt* durchlesen; **read up** *vi* sich informieren (*on* über)

read•abil•ity [ˌriːdə'bɪlɪtɪ] *s* Lesbarkeit *f;* **read•able** ['riːdəbl] *adj* lesbar; lesenswert; **reader** ['riːdə(r)] *s* **1.** Leser(in) *m(f)* **2.** (*Br*) Dozent(in) *m(f)* **3.** Lesebuch *nt;* Fibel *f;* Text *m,* Lektüre *f* **4.** (INFORM) Lesegerät *nt;* **publisher's ~** Lektor(in) *m(f);* **reader•ship** [-ʃɪp] *s* **1.** Leserkreis *m,* Leserschaft *f* **2.** (*Br*) Dozentur *f;* **read head** *s* (INFORM) Lesekopf *m*

read•ies ['redɪz] *s pl* (*fam*) das Bare

read•ily ['redɪlɪ] *adv* **1.** bereitwillig **2.** gleich, sofort; ~ **to hand** griffbereit; **readi•ness** ['redɪnɪs] *s* **1.** Bereitschaft *f* **2.** Leichtigkeit *f;* **be** (**kept**) **in ~** bereitgehalten werden; **her ~ to help** ihre Hilfsbereitschaft; ~ **of speech** Redegewandtheit *f*

read•ing ['riːdɪŋ] *s* **1.** Lesen *nt* **2.** Lektüre *f* **3.** Lesung *f* **4.** Interpretation *f,* Verständnis *nt* **5.** Version *f* **6.** (TECH) Ablesen *nt* **7.** (*Messgerät, Zähler*) Stand *m* **8.** (PARL) Lesung *f* **9.** Belesenheit *f;* **the ~ is ...** das Thermometer steht auf ...; **a man of wide ~** ein sehr belesener Mann; **reading book** *s* Lesebuch *nt;* **reading glasses** *s pl* Lesebrille *f;* **reading lamp** *s* Leselampe *f;* **reading list** *s* Leseliste *f;* **reading room** *s* Lesesaal *m*

re•ad•just [ˌriːə'dʒʌst] **I.** *vt* **1.** neu einstellen; nachstellen **2.** (*Preise*) anpassen, neu regeln **3.** (*Meinung*) korrigieren **II.** *vi* sich neu anpassen (*to* an); **I have to ~ to it** ich muss mich erst wieder daran gewöhnen; **re•ad•just•ment** [-mənt] *s* **1.** Neuordnung *f;* Neueinstellung *f* **2.** Anpassung *f* **3.** Korrektur *f*

read only memory *s* (INFORM) Festwertspeicher *m*

ready ['redɪ] **I.** *adj* **1.** bereit, fertig **2.** prompt; schlagfertig **3.** (*Geld*) verfügbar, flüssig **4.** bereit, willens, geneigt (*to* zu) **5.** (*Sprecher*) gewandt; ~ **to leave** abfahrtbereit; ~ **for anything** zu allem bereit; **are you ~ to go?** sind Sie soweit?; **be ~ with an excuse** eine Entschuldigung parat haben; **get ~ to do s.th.** sich bereitmachen etw zu tun; **get ~ for s.th.** sich auf etw vorbereiten; ~ **to do s.th.** bereit etw zu tun; **he was ~ to cry** er war den Tränen nahe; **she's ~ with an answer** sie ist mit einer Antwort schnell bei der Hand; **have a ~ tongue** schlagfertig sein; ~ **money** jederzeit verfügbares Geld; ~ **when you are!** sind Sie auch soweit?; **~, steady, go!** Achtung (auf die Plätze), fertig, los! **II.** *s:* **at the**

R

~ (MIL) mit dem Gewehr im Anschlag; (*fig*) marsch-, fahrbereit; **ready cash** *s* Bargeld *nt;* **ready-made** [ˌredɪ'meɪd] *adj* **1.** (*Kleider*) Konfektions- **2.** (*Antwort*) fertig **3.** (*Lösung*) Patent-; **ready sale** *s* schneller Absatz; **ready-to-wear** [ˌredɪtə 'weə(r)] *adj* Konfektions-, von der Stange

re•af•firm [ˌriːə'fɜːm] *vt* erneut bestätigen

re•af•forest [ˌriːə'fɒrɪst] *vt* wieder aufforsten

real [rɪəl] **I.** *adj* **1.** echt; wirklich; richtig; eigentlich **2.** echt, authentisch; **in ~ life** im wirklichen Leben; **her grief is very ~** ihr Schmerz ist echt; **it's not the ~ thing** das ist nicht das Wahre; **~ time** (INFORM) Echtzeit *f;* **it's a ~ miracle** das ist ein wahres Wunder; **~ estate** Immobilien *pl;* **~ income** Realeinkommen *nt;* **~ number** (MATH) reelle Zahl; **~ tennis** Ballhaustennis *nt;* **~ wages** Reallohn *m;* **~ property** Grundbesitz *m* **II.** *adv* (*Am*) echt, wirklich; **get ~!** (*fam*) machen wir uns doch nichts vor! **III.** *s:* **for ~** wirklich, echt

re•align•ment [ˌriːə'laɪnmənt] *s* (FIN) Neufestsetzung *f*

real•ism ['rɪəlɪzəm] *s* Realismus *m;* **real•ist** ['rɪəlɪst] *s* Realist *m;* **real•istic** [ˌrɪə'lɪstɪk] *adj* **1.** realistisch **2.** (*Gemälde*) naturgetreu

re•al•ity [rɪ'ælətɪ] *s* **1.** Wirklichkeit, Realität *f* **2.** Naturtreue *f;* **in ~** in Wirklichkeit; **bring s.o. back to ~** jdn auf den Boden der Tatsachen zurückbringen; **become ~** sich verwirklichen

real•iz•able ['rɪəlaɪzəbl] *adj* **1.** (*Pläne*) aus-, durchführbar, realisierbar **2.** (FIN) realisierbar, zu verflüssigen; **real•iz•ation** [ˌrɪəlaɪ'zeɪʃn] *s* **1.** Erkenntnis *f* **2.** (FIN) Realisierung, Verflüssigung *f* **3.** (*Pläne*) Realisierung *f;* **real•ize** ['rɪəlaɪz] **I.** *vt* **1.** erkennen, sich klar werden *+gen,* sich bewusst werden *+gen,* begreifen; bemerken **2.** (*Plan*) verwirklichen, realisieren **3.** (FIN) realisieren, flüssig machen, veräußern **4.** (*Gewinn*) erzielen; **I ~d what he meant** mir ist klar geworden, was er meinte; **I hadn't ~d how late it was** ich habe gar nicht gemerkt, wie spät es war **II.** *vi:* **I've just ~d** das ist mir eben klar geworden; **he'll never ~** das wird er nie merken

really ['rɪəlɪ] **I.** *adv* **1.** wirklich, tatsächlich **2.** richtig; **I ~ don't know what to think** ich weiß wirklich nicht, was ich davon halten soll; **I don't ~ think so** das glaube ich eigentlich nicht; **~ and truly** wirklich; **I ~ must say ...** ich muss schon sagen ... **II.** *interj* wirklich, tatsächlich; **not ~!** ach wirklich?; **~, Peter!** also wirklich, Peter!

realm [relm] *s* **1.** Königreich *nt* **2.** (*fig*) Bereich *m,* Gebiet *nt*

re•al•tor ['rɪəltə(r)] *s* (*Am*) Grundstücksmakler(in) *m(f);* **re•alty** ['rɪəltɪ] *s* (JUR) Immobilien *pl*

reamed [riːmd] *adj* (*Am: sl*) betrogen

re•ani•mate [riː'ænɪmeɪt] *vt* **1.** wieder beleben **2.** (*fig*) in Gang bringen

reap [riːp] **I.** *vt* **1.** (*Getreide*) schneiden, mähen; ernten **2.** (*fig*) ernten; bekommen; **~ what one has sown** ernten, was man gesät hat **II.** *vi* schneiden, mähen; **reaper** ['riːpə(r)] *s* **1.** Mähmaschine *f* **2.** Schnitter(in) *m(f);* **reap•ing hook** ['riːpɪŋˌhʊk] *s* Sichel *f*

re•ap•pear [ˌriːə'pɪə(r)] *vi* wieder erscheinen, wieder auftauchen

re•ap•ply [ˌriːə'plaɪ] *vi* erneut bewerben

re•ap•point [ˌriːə'pɔɪnt] *vt* wieder ernennen, -einstellen

re•ap•prais•al [ˌriːə'preɪzl] *s* Neueinschätzung, -beurteilung *f;* (*Lage*) Neubewertung *f*

rear[1] [rɪə(r)] **I.** *s* **1.** hinterer Teil **2.** (*fam*) Hinterteil *nt* **3.** (MIL) Ende *nt* der Truppe; **at** [*o* **in**] **the ~** hinten; **at** [*o* **to**] **the ~ of the house** hinter dem Haus; **from the ~** von hinten; **bring up the ~** die Nachhut bilden **II.** *adj* hintere(r, s); Heck-; **~ door** hintere Tür; **~ admiral** Konteradmiral *m;* **~ engine** (AUTO) Heckmotor *m;* **~ lights** Rücklichter *ntpl;* **~ spoiler** (AUTO) Heckspoiler *m;* **~ wheel** Hinterrad *nt;* **~ window** (AUTO) Heckscheibe *f*

rear[2] [rɪə(r)] **I.** *vt* (*Tier*) groß-, aufziehen; **~ its head** den Kopf zurückwerfen **II.** *vi* (*Pferd:* **~ up**) sich aufbäumen

rear-en•gined [ˌrɪər'endʒɪnd] *adj* (AUTO) mit Heckmotor, mit Heckantrieb; **rear-guard** ['rɪəgɑːd] *s* (MIL) Nachhut *f*

re•arm [ˌriː'ɑːm] **I.** *vt* wieder bewaffnen **II.** *vi* (wieder) aufrüsten; **re•arma•ment** [riː'ɑːməmənt] *s* **1.** Wiederbewaffnung *f* **2.** (Wieder)Aufrüstung *f;* **Moral Rearmament** Moralische Aufrüstung

rear•most ['rɪəməʊst] *adj* hinterste(r, s), letzte(r, s)

re•ar•range [ˌriːə'reɪndʒ] *vt* **1.** neu ordnen; umgruppieren **2.** (*Treffen*) erneut vereinbaren

rear-view mir•ror ['rɪəˌvjuː'mɪrə(r)] *s* (AUTO) Rückspiegel *m;* **rear•ward** ['rɪəwəd] **I.** *adj* hintere(r, s); rückwärtig **II.** *adv* (*a.* **~s**) rückwärts; **rear-wheel drive** *s* Heckantrieb *m*

rea•son ['riːzn] **I.** *s* **1.** Grund *m* (*for* für) **2.** Verstand *m* **3.** Vernunft *f;* **the ~ for my going** weshalb ich gehe; **the ~ why** weswegen; **there is ~ to believe that ...** es gibt Grund zu der Annahme, dass ...; **for that very ~** eben deswegen; **with good ~** mit gutem Grund; **without rhyme or ~**

ohne Sinn und Verstand; **without any** ~ grundlos; **for no** ~ **at all** ohne ersichtlichen Grund; **for no particular** ~ ohne einen bestimmten Grund; **by** ~ **of** wegen; **listen to** ~ Vernunft annehmen; **lose one's** ~ den Verstand verlieren; **that stands to** ~ das ist logisch; **for what** ~**?** aus welchem Grund? **II.** *vi* **1.** logisch denken **2.** vernünftig reden (*with s.o.* mit jdm) **III.** *vt* **1.** durchdenken, überlegen **2.** folgern, schließen; ~ **s.o. out of s.th.** jdm etw ausreden; ~ **why ...** sich klarmachen, warum ...

rea•son•able ['ri:znəbl] *adj* **1.** vernünftig **2.** (*Preis*) reell; angemessen **3.** (*Zweifel*) berechtigt **4.** ordentlich, ganz gut; **with a** ~ **amount of luck** mit einigem, einer Portion Glück; **rea•son•ably** ['ri:znəblɪ] *adv* **1.** vernünftig **2.** einigermaßen; ziemlich

rea•son•ing ['ri:znɪŋ] *s* **1.** Schlussfolgerungen *fpl* **2.** Argumentation, Beweisführung *f;* **this** ~ **is faulty** das Argument ist falsch

re•as•semble [ˌri:ə'sembl] **I.** *vt* **1.** wieder versammeln **2.** (TECH) wieder zusammensetzen **II.** *vi* sich wieder versammeln

re•as•sess [ˌri:ə'ses] *vt* neu überdenken; neu abwägen; neu veranlagen

re•as•sur•ance [ˌri:ə'ʃʊərəns] *s* **1.** Beruhigung *f* **2.** Bestätigung *f* **3.** Rückversicherung *f;* **re•as•sure** [ˌri:ə'ʃʊə(r)] *vt* **1.** beruhigen; das Gefühl der Sicherheit geben (*s.o.* jdm) **2.** versichern, beteuern **3.** rückversichern; ~ **s.o. of s.th.** jdm etw versichern; **re•as•sur•ing** [ˌri:ə'ʃʊərɪŋ] *adj* beruhigend

re•bate ['ri:beɪt] *s* **1.** (Preis)Nachlass, Rabatt *m* **2.** Rückerstattung, -vergütung, -zahlung *f*

rebel ['rebl] **I.** *s* Rebell(in) *m(f),* Aufrührer(in) *m(f)* **II.** *adj* aufrührerisch, aufständisch **III.** [rɪ'bel] *vi* rebellieren, sich erheben; **re•bel•lion** [rɪ'belɪən] *s* Rebellion *f,* Aufstand *m;* **rise in** ~ einen Aufstand machen; **re•bel•li•ous** [rɪ'belɪəs] *adj* **1.** aufrührerisch, rebellisch **2.** (*Kind*) rebellisch, widerspenstig

re•birth [ˌri:'bɜ:θ] *s* Wiedergeburt *f;* (*fig*) Wiederaufleben *nt*

re•boot [ˌri:'bu:t] *vt* (INFORM) erneut laden

re•bound [rɪ'baʊnd] **I.** *vi* **1.** (*Ball*) ab-, zurückprallen **2.** (*fig*) zurückfallen (*on, upon s.o.* auf jdn) **3.** (*Börse*) wieder ansteigen **II.** ['ri:baʊnd] *s* **1.** Rückprall *m* **2.** (*fig*) Rückschlag, Umschwung *m;* **be on the** ~ sich über eine Enttäuschung hinwegtrösten

re•buff [rɪ'bʌf] **I.** *s* Zurückweisung *f;* Abfuhr *f;* **meet with a** ~ eine Zurückweisung erfahren, zurückgewiesen werden (*from* von) **II.** *vt* abweisen, zurückweisen

re•build [ˌri:'bɪld] *vt* wieder aufbauen; wiederherstellen

re•buke [rɪ'bju:k] **I.** *vt* zurechtweisen, tadeln (*s.o. for s.th.* jdn wegen etw) **II.** *s* Zurechtweisung *f,* Tadel *m*

re•but [rɪ'bʌt] *vt* widerlegen; **re•but•tal** [rɪ'bʌtl] *s* Widerlegung *f*

rec [rek] *adj* Freizeit-

re•cal•ci•trant [rɪ'kælsɪtrənt] *adj* aufsässig

re•call [rɪ'kɔ:l] **I.** *vt* **1.** zurückrufen **2.** (*Buch*) zurückfordern **3.** sich erinnern an **4.** (COM) einziehen; ~ **s.o. to life** jdn ins Leben zurückrufen **II.** *s* **1.** Rückruf *m* **2.** Rückforderung *f* **3.** Erinnerung *f* **4.** (COM) Einzug *m;* **beyond** [*o* **past**] ~ für immer vorbei

re•cant [rɪ'kænt] *vi, vt* widerrufen

re•cap[1] ['ri:kæp] **I.** *s* kurze Zusammenfassung **II.** *vt, vi* kurz zusammenfassen

re•cap[2] [ˌri:'kæp] **I.** *s* (*Am*) laufflächenerneuerter Reifen **II.** *vt* die Laufflächen erneuern von

re•cap•itu•late [ˌri:kə'pɪtʃʊleɪt] *vt, vi* rekapitulieren, kurz zusammenfassen; **re•cap•itu•la•tion** [ˌri:kəˌpɪtʃʊ'leɪʃn] *s* **1.** Wiederholung *f,* kurze Zusammenfassung **2.** (MUS) Reprise *f*

re•cap•ture [ˌri:'kæptʃə(r)] **I.** *vt* **1.** wieder einfangen; wiedererobern **2.** (*fig*) wieder wach werden lassen **II.** *s* **1.** Wiedereinfangen *nt;* Wiedereroberung *f* **2.** (*fig*) Heraufbeschwörung *f*

re•cast [ˌri:'kɑ:st] *vt* **1.** umschmelzen, -gießen **2.** (*fig*) umformen, neu formulieren **3.** (THEAT) neu besetzen

re•cede [rɪ'si:d] *vi* **1.** zurückweichen, -treten **2.** (*fig*) sich entfernen **3.** (*Preis, Wasser*) zurückgehen **4.** (*Meinung*) abgehen; **re•ced•ing** [-ɪŋ] *adj* (*Stirn*) fliehend; ~ **hairline** Stirnglatze *f*

re•ceipt [rɪ'si:t] **I.** *s* **1.** Empfang *m;* Annahme *f,* Erhalt *m* **2.** Quittung, Empfangsbestätigung *f;* Beleg *m* **3.** ~**s** Einnahmen *fpl,* Eingänge *mpl;* **on** ~ **of the goods** nach Empfang der Waren **II.** *vt* quittieren, den Empfang bestätigen; **receipt book** *s* Quittungsbuch *nt;* **receipt stamp** *s* Empfangsstempel *m*

re•ceiv•able [rɪ'si:vəbl] **I.** *adj* (FIN) offen, ausstehend **II.** *s pl* (FIN) Außenstände *mpl,* Forderungen *fpl,* Debitoren *mpl*

re•ceive [rɪ'si:v] **I.** *vt* **1.** erhalten, bekommen; empfangen **2.** (*Besucher*) empfangen; aufnehmen **3.** (TELE) empfangen **4.** (*Ablehnung*) erfahren **5.** (*Eindruck*) gewinnen, bekommen **6.** (*Schock*) erleiden **7.** (JUR) hehlen **II.** *vi* **1.** Besuch empfangen **2.** (JUR) Hehlerei treiben **3.** (TELE) empfangen **4.** (SPORT) rückschlagen; **re•ceived** [rɪ'si:vd] *adj:* ~ **opinion** [*o* **wisdom**] die allgemeine Meinung; ~ **pronunciation, RP** hochsprachliche Aussprache (*nach Daniel Jones*); **re•ceiver** [rɪ'si:və(r)] *s* **1.** Empfänger(in) *m(f)* **2.** (JUR) Hehler(in) *m(f)* **3.** (TELE)

R

Hörer *m* **4.** (RADIO) Empfänger *m* **5.** (SPORT) Rückschläger(in) *m(f);* **official ~** (FIN) Konkursverwalter(in) *m(f);* **re•ceiv•ing** [rɪ'si:vɪŋ] *s* (JUR) Hehlerei *f;* **be on the ~ end** etw abkriegen; **receiving department**, **receiving office** *s* Warenannahme *f;* **receiving order** *s* Konkurseröffnungsbeschluss *m;* **receiving set** *s* Empfangsgerät *nt*

re•cent ['ri:snt] *adj* **1.** kürzlich **2.** (*Nachrichten*) neueste(r,s), letzte(r,s) **3.** (*Erfindung*) neu; **most ~** neueste(r, s); **ours is a ~ acquaintance** wir kennen uns erst seit kurzem; **in the ~ past** in jüngerer Zeit; **in ~ years** in den letzten Jahren; **of ~ date** neueren Datums; **re•cent•ly** [-lɪ] *adv* neulich, kürzlich, vor kurzem, unlängst; **until quite ~** bis vor kurzem; **as ~ as** erst

re•cep•tacle [rɪ'septəkl] *s* Behälter *m*

re•cep•tion [rɪ'sepʃn] *s* **1.** Aufnahme *f;* Empfang *m* **2.** (*offizieller*) Empfang *m* **3.** (RADIO) Empfang *m* **4.** (*Hotel*) Rezeption *f,* Empfang *m;* **give s.o. a warm ~** jdm einen warmen Empfang bereiten; **meet with a favourable ~** günstig aufgenommen werden; **reception area** *s* Empfangsbereich *m;* **reception camp** *s* Aufnahmelager *nt;* **reception centre** *s* Durchgangslager *nt;* **reception class** *s* (SCHULE) erste Grundschulklasse; **reception desk** *s* Empfang *m,* Rezeption *f;* **re•cep•tion•ist** [-ɪst] *s* **1.** Empfangschef *m,* -dame *f* **2.** (*Büro*) Empfangssekretär(in) *m(f)* **3.** (MED) Sprechstundenhilfe *f*

re•cep•tive [rɪ'septɪv] *adj* **1.** aufnahmefähig **2.** empfänglich (*to* für); **re•cep•tiv•ity** [ˌri:sep'tɪvətɪ] *s* **1.** Aufnahmefähigkeit *f* **2.** Empfänglichkeit *f*

re•cess [rɪ'ses] **I.** *s* **1.** (PARL) Sitzungspause *f;* Ferien *pl* **2.** (ARCH) Nische *f* **3.** (*fig*) Winkel *m;* **in the ~es of my heart** in den Tiefen meines Herzens **II.** *vt* **1.** in die Nische stellen **2.** (*Schrank*) einbauen; vertiefen

re•ces•sion [rɪ'seʃn] *s* **1.** Zurückweichen *nt,* Rückgang *m* **2.** (COM) Rezession *f,* Rückgang *m*

re•ces•sive [rɪ'sesɪv] *adj* (BIOL) rezessiv

re•charge [ˌri:'tʃɑ:dʒ] *vt* aufladen; **re•charge•able** [ˌri:'tʃɑ:dʒəbl] *adj* aufladbar

re•christen [ˌri:'krɪsən] *vt* umtaufen

re•cidi•vism [rɪ'sɪdɪvɪzəm] *s* (JUR) Rückfälligkeit *f;* **re•cidi•vist** [rɪ'sɪdɪvɪst] **I.** *s* Rückfällige(r) *f m* **II.** *adj* rückfällig

recipe ['resəpɪ] *s* **1.** Rezept *nt* **2.** (*fig*) Geheimnis *nt;* **~ for success** Erfolgsrezept *nt;* **that's a ~ for disaster** das Unglück ist vorprogrammiert

re•cipi•ent [rɪ'sɪpɪənt] *s* Empfänger(in) *m(f)*

re•cip•ro•cal [rɪ'sɪprəkl] **I.** *adj* **1.** gegenseitig **2.** (MATH) reziprok; **~ trade** Handel untereinander **II.** *s* (MATH) reziproker Wert, Kehrwert *m;* **re•cip•ro•cate** [rɪ'sɪprəkeɪt] **I.** *vt* **1.** erwidern; sich revanchieren für **2.** (TECH) hin- und herbewegen **II.** *vi* **1.** sich revanchieren **2.** (TECH) hin- und hergehen; **reci•proc•ity** [ˌresɪ'prɒsətɪ] *s* **1.** Gegenseitigkeit *f* **2.** Austausch *m*

re•cital [rɪ'saɪtl] *s* **1.** Vortrag *m;* Konzert *nt* **2.** Aufzählung, Schilderung *f;* **song ~** Liederabend *m;* **reci•ta•tion** [ˌresɪ'teɪʃn] *s* Deklamation *f,* Vortrag *m;* **reci•ta•tive** [ˌresɪtə'ti:v] *s* (MUS) Rezitativ *nt;* **re•cite** [rɪ'saɪt] **I.** *vt* **1.** vortragen, rezitieren **2.** (*fig*) hersagen; aufzählen **II.** *vi* vortragen

reck•less ['reklɪs] *adj* **1.** leichtsinnig **2.** (*Fahrer*) rücksichtslos, unverantwortlich **3.** (*Versuch*) gewagt; **~ of** ohne Rücksicht auf; **reck•less•ness** [-nɪs] *s* **1.** Leichtsinn *m* **2.** Leichtfertigkeit, Rücksichtslosigkeit *f* **3.** Gewagtheit *f*

reckon ['rekən] **I.** *vt* **1.** aus-, berechnen **2.** rechnen, zählen (*among* zu) **3.** glauben; schätzen; **be ~ed** gelten; **what do you ~?** was meinen Sie? **II.** *vi* rechnen; **~ing from tomorrow** ab morgen gerechnet; **reckon in** *vt* einbeziehen, mitrechnen; **reckon on** *vt* rechnen, zählen auf; **reckon up I.** *vt* zusammenrechnen **II.** *vi* abrechnen (*with* mit); **reckon with** *vt* rechnen mit; **reckon without** *vt* nicht rechnen mit; **reckoner** ['rekənə(r)] *s* Rechner *m;* **reckon•ing** ['rekənɪŋ] *s* (Be)Rechnung *f;* **by my ~** nach meiner Rechnung; **to the best of my ~** nach meiner Schätzung; **be out in one's ~** (*fig*) sich verrechnet haben; **the day of ~** der Tag der Abrechnung

re•claim [rɪ'kleɪm] *vt* **1.** (*Land*) kultivieren; gewinnen **2.** (*Mensch*) abbringen (*from* von) **3.** wiedergewinnen **4.** (*Rechte*) zurückfordern, zurückverlangen **5.** (*Gepäck*) abholen; **rec•la•ma•tion** [ˌreklə'meɪʃn] *s* **1.** (*Land*) Kultivierung *f;* Gewinnung *f* **2.** Abbringung *f* **3.** Wiedergewinnung *f* **4.** Rückgewinnung *f*

re•cline [rɪ'klaɪn] **I.** *vt* zurücklegen; zurücklehnen (*on* an) **II.** *vi* zurückliegen; sich zurücklegen, -lehnen; **~ on a sofa** auf einem Sofa ruhen; **re•clin•er** [-ə(r)] *s* Klappsportwagen *m;* **re•clin•er**, **re•clin•ing seat** *s* Ruhe-, Schlafsessel *m*

re•cluse [rɪ'klu:s] *s* Einsiedler(in) *m(f)*

rec•og•ni•tion [ˌrekəg'nɪʃn] *s* **1.** Anerkennung *f* **2.** Erkennen *nt;* **in ~ of** in Anerkennung *+gen;* **change beyond ~, out of all ~** nicht wieder zu erkennen sein

rec•og•niz•able ['rekəgnaɪzəbl] *adj* erkennbar

re•cog•ni•zance [rɪ'kɒgnɪzns] *s* **1.** (JUR) Verpflichtung *f;* Anerkenntnis *f* **2.** (*Summe*)

Sicherheitsleistung *f;* **enter into ~** Kaution stellen

rec•og•nize ['rekəgnaɪz] *vt* **1.** wieder erkennen; erkennen (*by* an) **2.** (POL) anerkennen (*as, to be* als), zugeben, eingestehen **3.** (*Am*) das Wort erteilen (*s.o.* jdm); **rec•og•nized** ['rekəgnaɪzd] *adj* anerkannt

re•coil [rɪ'kɔɪl] **I.** *vi* **1.** zurückweichen; zurückschrecken (*from* von) **2.** (*Gewehr*) zurückstoßen **3.** (*fig*) zurückfallen (*on, upon* auf) **II.** ['ri:kɔɪl] *s* **1.** (*Gewehr*) Rückstoß *m* **2.** (*fig*) Zurückschnellen *nt*

rec•ol•lect [ˌrekə'lekt] **I.** *vt* sich erinnern an **II.** *vi* sich erinnern; **rec•ol•lec•tion** [ˌrekə'lekʃn] *s* Erinnerung *f* (*of* an); **to the best of my ~** soweit ich mich erinnern kann

rec•om•mend [ˌrekə'mend] *vt* **1.** empfehlen (*as* als) **2.** sprechen für; **~ s.o. s.th.** jdm etw empfehlen; **it is not to be ~ed** es ist nicht zu empfehlen; **~ed price** empfohlener Richtpreis; **~ed retail price, RRP** empfohlener Abgabepreis; **he has much to ~ him** es spricht sehr viel für ihn; **re•com•mend•able** [-əbl] *adj* empfehlenswert; **rec•om•men•da•tion** [ˌrekəmen'deɪʃn] *s* Empfehlung *f;* **on the ~ of** auf Empfehlung von; **letter of ~** Empfehlungsschreiben *nt*

rec•om•pense ['rekəmpens] **I.** *vt* **1.** belohnen **2.** (JUR) entschädigen; wieder gutmachen **II.** *s* **1.** Belohnung *f* **2.** (JUR) Entschädigung, Wiedergutmachung *f;* **as a ~** als Belohnung; **in ~ for** als Belohnung für

rec•on•cile ['rekənsaɪl] *vt* **1.** versöhnen, aussöhnen (*to s.th., with s.o.* mit etw, mit jdm) **2.** (*Streit*) beilegen, schlichten **3.** (*Ideen*) in Einklang, in Übereinstimmung bringen **4.** (*Konten*) abstimmmen; **~ s.th. with s.th.** etw mit etw in Einklang bringen; **~ s.o. to s.th.** jdn mit etw versöhnen; **~ o.s. to s.th.** sich mit etw abfinden; **rec•on•cili•ation** [ˌrekənˌsɪlɪ'eɪʃn] *s* **1.** Ver-, Aussöhnung *f* (*between, with* mit) **2.** (*Streit*) Beilegung *f* **3.** (*fig*) Vereinbarung *f* **4.** (*Konten*) Abstimmung *f*

re•con•di•tion [ˌri:kən'dɪʃn] *vt* (*Motor*) generalüberholen; **~ed engine** Austauschmotor *m*

re•con•nais•sance [rɪ'kɒnɪsns] *s* (MIL MAR AVIAT) Aufklärung, Erkundung *f;* **reconnaissance flight** *s* Aufklärungsflug *m;* **reconnaissance patrol** *s* Spähtrupp *m;* **reconnaissance plane** *s* Aufklärungsflugzeug *nt*

re•con•noi•ter (*Am*), **re•con•noi•tre** [ˌrekə'nɔɪtə(r)] **I.** *vt* (MIL) erkunden, auskundschaften **II.** *vi* das Gelände erkunden

re•con•sider [ˌri:kən'sɪdə(r)] *vt* **1.** wieder in Betracht ziehen, nochmals erwägen; nachprüfen **2.** (*erledigte Sache*) wieder aufnehmen

re•con•struct [ˌri:kən'strʌkt] *vt* rekonstruieren; wieder aufbauen; **re•con•struc•tion** [ˌri:kən'strʌkʃn] *s* Rekonstruktion *f;* Wiederaufbau *m*

re•cord[1] [rɪ'kɔ:d] **I.** *vt* **1.** auf-, verzeichnen; dokumentieren; eintragen **2.** protokollieren; niederschreiben **3.** (*Protest*) zum Ausdruck bringen **4.** (*Thermometer*) verzeichnen, registrieren **5.** (*auf Tonband*) aufnehmen; aufzeichnen; **it's not ~ed anywhere** das ist nirgends dokumentiert; **a ~ed programme** eine Aufzeichnung **II.** *vi* Tonbandaufnahmen machen

rec•ord[2] ['rekɔ:d] *s* **1.** Aufzeichnung *f;* Liste *f;* Protokoll *nt;* Unterlage *f* **2.** (*police ~*) Vorstrafen *fpl* **3.** Vorgeschichte *f;* Leistungen *fpl* **4.** (MUS) Schallplatte *f;* Aufnahme *f;* Aufzeichnung *f* **5.** (INFORM) Datensatz *m* **6.** (SPORT) Rekord *m;* **photographic ~** Bilddokumentation *f;* **keep a ~ of s.th.** über etw Buch führen; **it is on ~ that …** es gibt Belege dafür, dass …; **he's on ~ as having said …** es ist belegt, dass er gesagt hat …; **put s.th. on ~** etw schriftlich festhalten; **for the ~** der Ordnung halber; **off the ~** ganz im Vertrauen; **he's got a ~** er ist vorbestraft; **have an excellent ~** ausgezeichnete Leistungen vorweisen; **have a good ~ at school** ein guter Schüler sein; **make a ~** eine Schallplatte machen; **beat** [*o* **break**] **the ~** den Rekord brechen; **hold the ~** den Rekord halten; **record breaker** ['rekɔ:dˌbreɪkə(r)] *s* (SPORT) Rekordbrecher(in) *m(f);* **record-break•ing** ['rekɔ:dˌbreɪkɪŋ] *adj* rekordbrechend; **record changer** *s* Plattenwechsler *m*

re•corded [rɪ'kɔ:dɪd] *adj* **1.** aufgezeichnet **2.** (*Geschehen*) schriftlich belegt; **~ delivery** Einschreiben *nt;* **by ~ delivery** per Einschreiben

re•corder [rɪ'kɔ:də(r)] *s* **1.** Registriergerät *nt* **2.** (JUR) Berichterstatter(in) *m(f)* **3.** (MUS) Blockflöte *f;* **cassette ~** Kassettenrecorder *m;* **tape ~** Tonbandgerät *nt*

rec•ord holder ['rekɔ:dˌhəʊldə(r)] *s* (SPORT) Rekordhalter(in *f*) *m*

re•cord•ing [rɪ'kɔ:dɪŋ] *s* **1.** (*Film*) Aufzeichnung *f* **2.** (Ton)Aufnahme *f;* **recording session** *s* Aufnahme *f;* **recording studio** *s* Aufnahme-, Tonstudio *nt*

rec•ord la•bel ['rekɔ:dˌleɪbl] *s* Plattenlabel *nt;* **record library** ['rekɔ:dˌlaɪbrərɪ] *s* Schallplattenarchiv *nt;* Plattenverleih *m;* **record losses** *s pl* Rekordverluste *mpl;* **record player** *s* Plattenspieler *m;* **record profits** *s pl* Höchstgewinne *mpl;* **record sales** *s pl* Spitzenumsätze *mpl;* **record token** *s* Plattengutschein *m*

R

re•count [rɪ'kaʊnt] *vt* erzählen, wiedergeben

re-count [ˌriː'kaʊnt] **I.** *vt* nachzählen **II.** ['riːkaʊnt] *s* Nachzählung *f*

re•coup [rɪ'kuːp] *vt* **1.** (*Verlust*) wieder einbringen, decken **2.** entschädigen; ~ **o.s.** sich entschädigen

re•course [rɪ'kɔːs] *s* Zuflucht *f;* **have ~ to s.o.** sich an jdn wenden; **without ~** (JUR) ohne Regress

re•cover [rɪ'kʌvə(r)] **I.** *vt* **1.** wieder finden; wiedergewinnen **2.** (*Gesundheit*) wiedererlangen **3.** (*das Bewusstsein*) wiedererlangen **4.** (*Vermögen*) wiederbekommen **5.** (*Verlust*) wieder gutmachen **6.** (*Wrack*) bergen **7.** (*Ausgaben*) decken, wieder einholen **8.** (*verlorene Zeit*) wieder aufholen; ~ **one's breath** wieder zu Atem kommen; ~ **consciousness** wieder zu Bewusstsein gelangen; ~ **one's sight** wieder sehen können; ~ **one's composure** sich wieder fassen; ~ **lost ground** (*fig*) aufholen **II.** *vi* **1.** sich erholen; wieder zu sich kommen **2.** (COM: *Markt*) sich wieder beleben **3.** (JUR) den Prozess gewinnen

re-cover [ˌriː'kʌvə(r)] *vt* (*Stuhl*) neu beziehen

re•cover•able [rɪ'kʌvərəbl] *adj* **1.** (*Schulden*) eintreibbar **2.** (*Verluste*) ersetzbar; **re•cov•ery** [rɪ'kʌvərɪ] *s* **1.** Wiederfinden *nt;* Wiedergewinnung *f* **2.** Wiedererlangung *f* **3.** Zurückbekommen *nt* **4.** Genesung, Erholung *f* **5.** (COM) konjunktureller Aufschwung; **past ~** nicht mehr zu retten; **be on the road to ~** auf dem Wege der Besserung sein; **make a good ~** sich gut erholen; **recovery service** *s* (AUTO) Abschleppdienst *m;* **recovery ship** *s* Bergungsschiff *nt;* **recovery vehicle** *s* Abschleppwagen *m*

rec•re•ation [ˌrekrɪ'eɪʃn] *s* **1.** Erholung, Entspannung *f;* Hobby *nt* **2.** (SCHULE) Pause *f;* **rec•re•ation•al** [ˌrekrɪ'eɪʃnl] *adj* Freizeit-; ~ **drug** Freizeitdroge *f;* ~ **value** Erholungswert *m;* **recreational vehicle, RV** *s* (*Am*) Wohnmobil *nt;* **recreation centre** *s* Freizeitzentrum *nt;* **recreation ground** *s* Freizeitgelände *nt;* **recreation room** *s* Freizeitraum *m;* **rec•re•ative** ['rekrɪˌeɪtɪv] *adj* erholsam, entspannend

re•crimi•nate [rɪ'krɪmɪneɪt] *vi* Gegenbeschuldigungen vorbringen; **re•crimi•na•tion** [rɪˌkrɪmɪ'neɪʃn] *s* Gegenbeschuldigung *f*

re•cruit [rɪ'kruːt] **I.** *vt* **1.** rekrutieren **2.** (*Mitglieder*) werben **3.** (*Arbeitskräfte*) einstellen **II.** *s* **1.** (MIL) Rekrut *m* **2.** (*fig*) neues Mitglied; **rec•ruit•ing** [-ɪŋ] *s* **1.** (MIL) Rekrutierung *f* **2.** Einstellung *f;* **re•cruit•ment** [-mənt] *s* **1.** (MIL) Rekrutierung *f* **2.** (*Arbeitskräfte*) Einstellung *f*

rec•tangle ['rektæŋgl] *s* Rechteck *nt;* **rec•tangu•lar** [rek'tæŋgjʊlə(r)] *adj* rechtwinklig

rec•tifi•ca•tion [ˌrektɪfɪ'keɪʃn] *s* Korrektur, Verbesserung *f;* Richtigstellung *f;* Berichtigung *f;* **rec•tify** ['rektɪfaɪ] *vt* **1.** berichtigen; richtig stellen; korrigieren, verbessern **2.** (ELEK) gleichrichten

rec•ti•lin•ear [ˌrektɪ'lɪnɪə(r)] *adj* geradlinig

rec•ti•tude ['rektɪtjuːd] *s* Rechtschaffenheit *f*

rec•tor ['rektə(r)] *s* **1.** (REL) Pfarrer, Pastor *m* **2.** (*Schule, College*) Direktor(in) *m(f)* **3.** (*Universität*) Rektor(in) *m(f);* **rec•tory** ['rektərɪ] *s* Pfarrhaus *nt*

rec•tum ['rektəm] *s* (ANAT) Mastdarm *m*

re•cum•bent [rɪ'kʌmbənt] *adj* liegend, ruhend

re•cu•per•ate [rɪ'kuːpəreɪt] **I.** *vt* (*Verluste*) wettmachen, wieder gutmachen **II.** *vi* sich (wieder) erholen, wieder zu Kräften kommen; **re•cu•per•ation** [rɪˌkuːpə'reɪʃn] *s* **1.** (MED) Erholung, Genesung *f* **2.** Wiedergutmachung *f*

re•cur [rɪ'kɜː(r)] *vi* **1.** wiederkehren; sich wiederholen (*to* zu) **2.** (*Problem*) wieder auftreten **3.** (*Frage*) sich wieder stellen **4.** (*Idee*) wieder auftauchen **5.** wieder einfallen (*to s.o.* jdm); **re•cur•rence** [rɪ'kʌrəns] *s* Wiederkehr *f;* Wiederholung *f;* Wiederauftauchen *nt;* **re•cur•rent** [rɪ'kʌrənt] *adj* periodisch wiederkehrend, sich wiederholend; **re•cur•ring** [rɪ'kɜːrɪŋ] *adj* regelmäßig wiederkehrend; ~ **decimal** periodische Dezimalzahl

re•cycle [rɪ'saɪkl] *vt* wieder verwerten, recyceln; ~**d paper** Umwelt-, Recyclingpapier *nt;* **re•cy•cling** [-ɪŋ] *s* Wiederverwertung *f,* Recycling *nt*

red [red] **I.** *adj* rot; ~ **with anger** rot vor Zorn; **see ~** rot sehen **II.** *s* **1.** Rot *nt* **2.** (POL) Rote(r) *f m;* **be in the ~** in den roten Zahlen sein; **get out of the ~** aus den roten Zahlen herauskommen; **Red Army Faction, RAF** *s* Rote Armee-Fraktion *f;* **red-blooded** [red'blʌdɪd] *adj* heißblütig; **red•cap** ['redkæp] *s* **1.** (*Br fam*) Militärpolizist *m* **2.** (*Am*) Gepäckträger *m;* **red carpet** *s* (*fig*) roter Teppich; **a ~ reception** ein großer Bahnhof; **roll out the ~** den roten Teppich ausrollen; **red cent** *s* (*Am fam*) roter Heller; **Red China** *s* Rotchina *nt;* **Red Crescent** *s* Roter Halbmond; **Red Cross** *s* Rotes Kreuz; **red currant** *s* (rote) Johannisbeere *f;* **red deer** *s* Rothirsch *mpl,* Rotwild *nt;* **red•den** ['redn] **I.** *vt* röten, rot färben **II.** *vi* rot werden, sich röten; **red•dish** ['redɪʃ] *adj* rötlich

re•dec•or•ate [ˌriː'dekəreɪt] *vt* neu tapezieren; neu streichen; **re•dec•or•ation** [ˌriːdekəˈreɪʃn] *s* **1.** Neutapezieren *nt;* Neustreichen *nt* **2.** neue Tapeten *pl,* neuer Anstrich

re•deem [rɪˈdiːm] *vt* **1.** (*Marken*) einlösen (*for* gegen) **2.** (*Versprechen*) einhalten, erfüllen **3.** (*Schulden*) tilgen, abtragen **4.** (*Aktien*) verkaufen **5.** (*Situation*) retten **6.** (REL) erlösen **7.** (*Fehler*) wettmachen; **re•deem•able** [-əbl] *adj* **1.** (*Schulden*) tilgbar, kündbar **2.** (*Rechnung*) einlösbar **3.** (REL) erlösbar; **Re•deemer** [rɪˈdiːmə(r)] *s* (REL) Erlöser, Heiland *m;* **redeem•ing** [rɪˈdiːmɪŋ] *adj* ausgleichend, aussöhnend; **re•demp•tion** [rɪˈdempʃn] *s* **1.** Einlösung *f* **2.** (*Versprechen*) Einhaltung *f* **3.** (*Schulden*) Tilgung *f* **4.** (*Aktien*) Verkauf *m* **5.** (*fig*) Rettung *f* **6.** (REL) Erlösung *f;* **beyond** [*o* **past**] ~ nicht mehr zu retten; rettungslos; ~ **date** Tilgungstermin *m;* ~ **value** Rückzahlungswert *m;* ~ **yield** Effektivverzinsung *f*

re•de•ploy [ˌriːdɪˈplɔɪ] *vt* (MIL) verlegen, umgruppieren; **re•de•ploy•ment** [-mənt] *s* (MIL) Umverlegung *f*

re•de•vel•op [ˌriːdɪˈveləp] *vt* sanieren; **re•de•vel•op•ment** [ˌriːdɪˈveləpmənt] *s* Sanierung *f*

re•dial [riːˈdaɪəl] *vt* nochmals wählen

red-haired [ˌredˈheə(r)d] *adj* rothaarig; **red-handed** [ˌredˈhændɪd] *adv:* **catch s.o.** ~ jdn auf frischer Tat ertappen; **red•head** [ˈredhed] *s* Rothaarige(r) *f m;* **red•headed** [ˈredhedɪd] *adj* rothaarig; **red herring** *s* **1.** Räucherhering *m* **2.** (*fig*) Ablenkungsmanöver *nt;* **that's a** ~ das führt vom Thema ab; **red-hot** [ˌredˈhɒt] *adj* **1.** rotglühend; glühend heiß **2.** (*fig*) Feuer und Flamme **3.** (*Nachrichten*) brandaktuell; **Red Indian** *s* Indianer(in) *m(f)*

re•di•rect [ˌriːdɪˈrekt] *vt* (*Brief etc.*) umadressieren, nachsenden; (*Verkehr*) umleiten

re•dis•trib•ute [ˌriːdɪˈstrɪbjuːt] *vt* neu verteilen; **re•dis•tribu•tion** [ˌriːdɪstrɪˈbjuːʃn] *s* Um-, Neuverteilung *f*

red-let•ter day [ˌredˈletədeɪ] *s* (*fig*) Glückstag *m,* besonderer Tag; **red light** *s* **1.** (*Verkehr*) Rotlicht *nt* **2.** (*fig*) rotes Licht; **see the** ~ (*fig*) die Gefahr erkennen; **red light district** *s* Bordell-, Rotlichtviertel *nt;* **red meat** *s* Rind-, Hammelfleisch *nt;* **red•neck** [ˈrednek] *s* (*in den USA*) *armer weißer Südstaatler vom Land;* **red•ness** [ˈrednɪs] *s* Röte *f*

re•do [ˌriːˈduː] *vt* neu machen

redo•lent [ˈredələnt] *adj* duftend (*of, with* nach); **be** ~ **of s.th.** (*fig*) an etw erinnern

re•double [rɪˈdʌbl] *vt, vi* (sich) verdoppeln

re•doubt•able [rɪˈdaʊtəbl] *adj* **1.** (*Aufgabe*) furchtbar, schrecklich **2.** (*Person*) Respekt gebietend

re•dound [rɪˈdaʊnd] *vi:* ~ **to s.o.'s honour** jdm zur Ehre gereichen; ~ **to s.o.'s credit** jdm hoch angerechnet werden

red pep•per [ˌredˈpepə(r)] *s* roter Paprika

re•draft [ˌriːˈdrɑːft] **I.** *s* Neuentwurf *m,* Neufassung *f* **II.** *vt* neu entwerfen, neu abfassen

red rag [ˌredˈræg] *s* rotes Tuch; **it's like a** ~ **to a bull** das ist wie ein rotes Tuch für ihn, sie

re•dress [rɪˈdres] **I.** *vt* **1.** wieder gutmachen, Abhilfe schaffen für **2.** (*Situation*) bereinigen **3.** (*Gleichgewicht*) wiederherstellen; ~ **gender disparities** Berücksichtigung der Geschlechterperspektive **II.** *s* Wiedergutmachung, Abhilfe *f;* **seek** ~ **for** Wiedergutmachung verlangen für; **gain** ~ zu seinem Recht kommen; **legal** ~ Rechtsschutz *m*

Red Sea [redˈsiː] *s* Rotes Meer

red•skin [ˈredskɪn] *s* Rothaut *f;* **red tape** *s* (*fam*) Papierkrieg *m;* Behördenkram *m*

re•duce [rɪˈdjuːs] **I.** *vt* **1.** verringern, vermindern, abbauen, herunter-, herabsetzen **2.** (*Geschwindigkeit*) verlangsamen **3.** (*Preis*) senken, ermäßigen **4.** (*Produktion*) drosseln, reduzieren **5.** (MIL) degradieren **6.** (*Lohn*) kürzen **7.** (CHEM) reduzieren **8.** (MATH) zerlegen **9.** (*Sauce*) einkochen lassen; ~ **one's weight** abnehmen; ~ **speed** langsamer fahren; ~ **an argument to its simplest form** ein Argument auf die einfachste Form bringen; ~ **s.o. to poverty** jdn an den Bettelstab bringen; ~ **to silence** zum Schweigen bringen; ~ **to tears** zum Weinen bringen **II.** *vi* abnehmen; **re•duced** [rɪˈdjuːst] *adj* ermäßigt; herabgesetzt; **re•ducer** [rɪˈdjuːsə(r)] *s* (PHOT) Abschwächer *m*

re•duc•tion [rɪˈdʌkʃn] *s* **1.** Verringerung, Verminderung, Kürzung *f;* Reduzierung *f* **2.** (*Personal*) Abbau *m* **3.** (*Preise*) Herabsetzung, (Preis)Ermäßigung, Senkung *f,* Nachlass, Abbau, Rabatt *m* **4.** (Lohn-, Gehalts)Kürzung *f* **5.** (*Produktion*) Drosselung *f* **6.** (CHEM) Reduktion *f* **7.** (MATH) Zerlegung *f* **8.** (*Geschwindigkeit*) Verlangsamung *f* **9.** (*Kopie*) Verkleinerung *f;* **make a** ~ eine Ermäßigung einräumen; ~ **of taxes** Steuersenkung *f;* ~ **in rank** Degradierung *f;* ~ **of fare** Fahrpreisermäßigung *f;* ~ **in** [*o* **of**] **numbers** zahlenmäßige Verringerung; ~ **in prices** Preisabbau *m;* ~ **of strength** Nachlassen *nt* der Kräfte

re•dun•dancy [rɪˈdʌndənsɪ] *s* **1.** Überflüssigkeit *f* **2.** (*des Stiles*) Weitschweifigkeit *f* **3.** Arbeitslosigkeit *f* **4. redundancies** Entlassungen *fpl;* **redundancy payment** *s* Abfindung *f;* **re•dun•dant** [rɪˈdʌndənt]

R

adj 1. überflüssig, unnötig 2. (*Stil*) weitschweifig 3. (COM) arbeitslos; **become ~** den Arbeitsplatz verlieren

re•dupli•cate [rɪ'dju:plɪkeɪt] *vt* wiederholen; **re•dupli•ca•tion** [rɪˌdju:plɪ'keɪʃn] *s* Wiederholung *f*

reed [ri:d] *s* 1. Schilf, Riedgras *nt* 2. (MUS) Zungenpfeife *f*; **a broken ~** (*fig*) ein schwankendes Rohr; **reed instrument** *s* Rohrblattinstrument *nt*

re-edu•cate [ˌri:'edʒʊkeɪt] *vt* umerziehen, umschulen

reedy ['ri:dɪ] *adj* 1. schilfig 2. (*Ton*) näselnd

reef [ri:f] *s* (Felsen)Riff *nt*

reefer ['ri:fə(r)] *s* 1. (*~-jacket*) Seemannsjacke *f* 2. (*sl*) Marihuanazigarette *f*, Reefer *m*; **reef knot** *s* Reff-, Kreuzknoten *m*

reek [ri:k] I. *s* Gestank *m* II. *vi* stinken (*of* nach)

reel [ri:l] I. *s* Rolle, Spule *f* II. *vt* (TECH) aufspulen; **~ in** einrollen; **~ off** (*fig*) herunterleiern III. *vi* (sch)wanken; taumeln; **my head is ~ing** mir dreht sich der Kopf; **my brain was ~ing with all the information** mein Kopf schwirrte von den vielen Informationen

re-elect [ˌri:ɪ'lekt] *vt* wieder wählen; **re-elec•tion** [ˌri:ɪ'lekʃn] *s* Wiederwahl *f*

re-em•ploy [ˌri:ɪm'plɔɪ] *vt* wieder einstellen; **re-en•gage** [ˌri:ɪn'geɪdʒ] *vt* wieder einstellen

re-en•ter [ˌri:'entə(r)] I. *vi* wieder hereinkommen; wieder eintreten; wieder einreisen II. *vt* wieder hereinkommen in, hineingehen in; wieder eintreten in; **re-en•try** [ˌri:'entrɪ] *s* Wiedereintritt *m*, Wiedereinreise *f*

ref[1] [ref] *s s.* **reference**: **your/our ~** Ihr/unser Zeichen *nt*

ref[2] [ref] *s s.* **referee** Schiri *m*

re•fec•tory [rɪ'fektərɪ] *s* Mensa *f*; Refektorium *nt*

re•fer [rɪ'fɜ:(r)] I. *vt* 1. weiterleiten (*to* an), übergeben (*to s.th.* einer S) 2. verweisen (*to s.o.* an jdn) 3. (*Scheck*) zurückschicken; **the reader is ~red to ...** der Leser wird auf ... verwiesen; **~ back to** zurückgehen zu; zurückgeben an II. *vi* 1. sich berufen, sich beziehen, Bezug nehmen (*to* auf) 2. (*Regeln*) gelten 3. (*Buch*) nachschauen, konsultieren; **the letter ~s to you all** der Brief gilt euch allen; **he ~ red to his notes** er hielt sich an seine Notizen; **~ back to** sich beziehen auf

ref•eree [ˌrefə'ri:] I. *s* 1. (JUR) Schiedsrichter(in) *m(f)* 2. (SPORT) Schieds-, Ringrichter(in) *m(f)* 3. (*Bewerbung*) Referenz *f* II. *vt, vi* Schiedsrichter sein (bei)

ref•er•ence ['refrəns] *s* 1. Erwähnung *f*; Bemerkung *f*; Anspielung *f* (*to* auf) 2. Weiterleitung *f*; Übergabe *f* 3. Referenz *f*, Zeugnis *nt* 4. (*im Buch*) Verweis *m* 5. Zuständigkeitsbereich *m* 6. Zeichen *nt*; **in** [*o* **with**] **~ to** in bezug auf, was ... anbetrifft; **without ~ to** ohne Bezug auf, unabhängig von; **give s.o. as a ~** jdn als Referenz angeben; **have ~ to** in Beziehung stehen mit; **make ~ to** erwähnen; anspielen auf; **cross-~** Querverweis *m*; **reference book** *s* Nachschlagewerk *nt*; **reference library** *s* Präsenzbibliothek *f*; **reference mark** *s* Verweiszeichen *nt*; **reference number** *s* Aktenzeichen *nt*

ref•er•en•dum [ˌrefə'rendəm] *s* Volksentscheid *m*, Referendum *nt*

re•fill [ˌri:'fɪl] I. *vt* wieder füllen, nachfüllen II. ['ri:fɪl] *s* Nachfüllpatrone *f*; **~ (pack)** Nachfüllpackung *f*

re•fine [rɪ'faɪn] I. *vt* 1. (*Zucker, Öl*) raffinieren 2. (*fig*) verfeinern, kultivieren II. *vi*: **~ upon** verfeinern, verbessern; **re•fined** [rɪ'faɪnd] *adj* 1. (TECH) raffiniert 2. (*fig*) kultiviert, fein; **~ sugar** Raffinade *f*; **re•fine•ment** [rɪ'faɪnmənt] *s* 1. (TECH) Raffinierung *f* 2. (*Stil*) Vornehmheit *f* 3. Verfeinerung, Verbesserung *f*; **re•finery** [rɪ'faɪnərɪ] *s* Raffinerie *f*

re•fit [ˌri:'fɪt] I. *vt* neu ausrüsten; neu ausstatten II. *vi* neu ausgerüstet werden III. ['ri:fɪt] *s* Neuausrüstung *f*

re•flate [ri:'fleɪt] *vt* (*Wirtschaft*) ankurbeln; **re•fla•tion** [ˌri:'fleɪʃn] *s* Reflation *f*

re•flect [rɪ'flekt] I. *vt* 1. zurückwerfen, -strahlen, widerspiegeln, reflektieren 2. (*fig*) zeigen, ausdrücken; **the moon was ~ed in the lake** der Mond spiegelte sich im See; **~ credit (up)on s.o.** ein gutes Licht auf jdn werfen; **do you ever ~ that ...?** denken Sie je darüber nach, dass ...? II. *vi* nachdenken (*on, upon* über); **~ (up)on** etw aussagen über; ein gutes Licht werfen auf; sich auswirken auf; schaden (*s.th.* einer S); **re•flect•ing** [-ɪŋ] *adj* reflektierend, widerspiegelnd; **re•flec•tion**, **re•fle•xion** [rɪ'flekʃn] *s* 1. Reflexion *f*; (Wider)Spiegelung *f* 2. (*fig*) Nachdenken *nt*; Betrachtung, Überlegung *f* (*on* über) 3. Spiegelbild *nt* 4. Vorwurf, Tadel *m*; **see one's ~ in a mirror** sich im Spiegel sehen; **on ~** wenn man sich das recht überlegt; **a ~ on her honour** ein Schatten auf ihrer Ehre; **cast ~s on s.o.** jdn in ein schlechtes Licht setzen

re•flec•tive [rɪ'flektɪv] *adj* 1. reflektierend 2. (*fig*) nachdenklich, gedankenvoll

re•flec•tor [rɪ'flektə(r)] *s* (AUTO) Rückstrahler *m*

re•flex ['ri:fleks] *s* (PHYSIOL) Reflex *m*; **reflex action** *s* Reflexhandlung *f*; **reflex camera** *s* Spiegelreflexkamera *f*

re•flex•ion [rɪ'flekʃn] *s* 1. Reflexion *f*; (Wider)Spiegelung *f* **2.** (*fig*) Nachdenken *nt;* Betrachtung, Überlegung *f* (*on* über) **3.** Spiegelbild *nt* **4.** Vorwurf, Tadel *m;* **see one's ~ in a mirror** sich im Spiegel sehen; **on ~** wenn man sich das recht überlegt; **a ~ on her honour** ein Schatten auf ihrer Ehre; **cast ~s on s.o.** jdn in ein schlechtes Licht setzen

re•flex•ive [rɪ'fleksɪv] *adj* (GRAM) rückbezüglich, reflexiv; **reflex zone therapy** *s* Reflexzonentherapie *f*

re•float [ˌriː'fləʊt] *vt* wieder flottmachen

re•flux [ˌriː'flʌks] *s* Rückfluss *m*

re•fo•cus [ˌriː'fəʊkəs] *vt* neu einstellen

re•forest [rː'fɒrɪst] *vt* wieder aufforsten

re-form [ˌriː'fɔːm] *vt, vi* (MIL) neu formieren

re•form [rɪ'fɔːm] **I.** *vt* **1.** reformieren; verbessern **2.** (*Menschen*) bessern **II.** *vi* sich bessern **III.** *s* Reform *f*

ref•or•ma•tion [ˌrefə'meɪʃn] *s* Reformierung, Besserung *f;* **the Reformation** (HIST) die Reformation

re•forma•tory [rɪ'fɔːmətrɪ] *s* Besserungsanstalt *f*

re•former [rɪ'fɔːmə(r)] *s* Reformer(in) *m(f)*

re•form meas•ures *s pl* Reformmaßnahmen *fpl;* **reform school** *s* Besserungsanstalt *f*

re•fract [rɪ'frækt] *vt* (*Strahlen*) brechen; **re•frac•tion** [rɪ'frækʃn] *s* Lichtbrechung *f*

re•frac•tory [rɪ'fræktərɪ] *adj* **1.** eigensinnig, störrisch **2.** (MED) hartnäckig **3.** (CHEM) hitzebeständig

re•frain¹ [rɪ'freɪn] *vi:* **she ~ed from comment** sie enthielt sich eines Kommentars; **please ~ from smoking** bitte unterlassen Sie das Rauchen

refrain² [rɪ'freɪn] *s* (MUS) Kehrreim, Refrain *m*

re•fresh [rɪ'freʃ] *vt* erfrischen, stärken; **~ o.s** eine Erfrischung zu sich nehmen; **~ one's memory** sein Gedächtnis auffrischen; **re•fresher** [rɪ'freʃə(r)] *s* **1.** (JUR) zusätzliches Anwaltshonorar **2.** (*~ course*) Auffrischungskurs *m* **3.** Erfrischung *f;* **re•fresh•ing** [rɪ'freʃɪŋ] *adj* erfrischend; **re•fresh•ment** [-mənt] *s* **1.** Erfrischung *f;* Stärkung *f* **2. ~s** Erfrischungen *fpl*

re•fri•ger•ant [rɪ'frɪdʒərənt] *s* Kälte-, Kühlmittel *nt*

re•frig•er•ate [rɪ'frɪdʒəreɪt] *vt* kühlen; tiefkühlen; **"~ after opening"** „nach dem Öffnen kühl aufbewahren"; **re•frig•er•ation** [rɪˌfrɪdʒə'reɪʃn] *s* Kühlung *f;* Tiefkühlung *f;* **re•frig•er•ator** [rɪ'frɪdʒəreɪtə(r)] *s* Kühlschrank *m;* Eisschrank *m*

re•fuel [ˌriː'fjuːəl] *vt, vi* auftanken

ref•uge ['refjuːdʒ] *s* **1.** Zuflucht *f* (*from* vor) **2.** Unterstand *m;* **seek ~** Zuflucht suchen; **take ~** Zuflucht nehmen (*in* in); **place of ~** Zufluchtsort *m;* **refu•gee** [ˌrefjʊ'dʒiː] *s* Flüchtling *m;* **refugee camp** *s* Flüchtlingslager *nt*

re•fund [rɪ'fʌnd] **I.** *vt* zurückzahlen, -erstatten; rückvergüten **II.** ['riːfʌnd] *s* Rückvergütung, (Rück)Erstattung *f*

re•fur•bish [ˌriː'fɜːbɪʃ] *vt* aufpolieren; (*Wohnung*) renovieren

re•fusal [rɪ'fjuːzl] *s* **1.** Ablehnung *f;* Zurückweisung *f* **2.** Verweigerung *f;* **give s.o. first ~ of s.th.** jdm etw als Erstem anbieten; **meet with ~** eine Absage erhalten; **give s.o. a flat ~** jdm eine glatte Absage erteilen

re•fuse¹ [re'fjuːz] **I.** *vt* **1.** ablehnen; abweisen; abschlagen **2.** (*Antrag*) verweigern **3.** (*Angebot*) ausschlagen; **be ~d s.th.** etw nicht bekommen; **~ food** die Nahrung verweigern; **~ to do s.th.** sich weigern etw zu tun **II.** *vi* ablehnen

ref•use² ['refjuːs] *s* Müll *m;* Abfall *m;* **garden ~** Gartenabfälle *mpl;* **household ~** Hausmüll *m;* **refuse bin** *s* Mülleimer *m;* **refuse collection** *s* Müllabfuhr *f;* **refuse collector** *s* Müllwerker *m;* (*fam*) Müllmann *m;* **refuse-derived fuel, RDF** *s* Brennstoff *m* aus Müll, BRAM *m;* **refuse disposal** *s* Müllbeseitigung *f;* **refuse dump** *s* Müllabladeplatz *m;* **refuse incineration** *s* Müllverbrennung *f;* **refuse incineration plant** *s* Müllverbrennungsanlage *f*

ref•use•nik [re'fjuːznɪk] *s* Verweigerer *m*

re•fut•able [rɪ'fjuːtəbl] *adj* widerlegbar; **refu•ta•tion** [ˌrefjuː'teɪʃn] *s* Widerlegung *f;* **re•fute** [rɪ'fjuːt] *vt* widerlegen

re•gain [rɪ'geɪn] *vt* **1.** zurück-, wiederbekommen, -erhalten, -erlangen **2.** (*Zeit*) aufholen **3.** (*Ort*) wieder gelangen zu; **~ one's health** wieder gesund werden; **~ one's footing** wieder auf die Beine kommen

re•gal ['riːgl] *adj* königlich

re•gale [rɪ'geɪl] *vt* **1.** verwöhnen (*with, on* mit) **2.** unterhalten, erfreuen (*with* mit)

re•galia [rɪ'geɪlɪə] *s pl* Insignien *pl*

re•gard [rɪ'gɑːd] **I.** *vt* **1.** betrachten **2.** angehen, betreffen **3.** berücksichtigen; **~ s.o. as s.th.** jdn für etw halten; **~ s.o. with favour** jdn wohlwollend betrachten; **be ~ed as …** als … angesehen werden; **~ s.o. highly** jdn hochschätzen **II.** *s* **1.** Rücksicht *f* (*for* auf) **2.** (Hoch)Achtung, Wertschätzung *f* **3.** Bezug *m,* Beziehung *f* (*to* auf) **4. ~s** Gruß *m;* **have some ~ for s.o.** auf jdn Rücksicht nehmen; **show little ~ for s.o.** wenig Rücksichtnahme für jdn zeigen; **in this ~** in diesem Zusammenhang; **in** [*o* **with**] **~ to** in Bezug auf; **hold s.o. in high ~** jdn achten; **send s.o. one's ~s** jdn grüßen lassen; **give him my ~s** grüßen Sie ihn von mir; **re-**

R

gard•ful [rɪ'gɑːdfl] *adj:* **be ~ of s.o.'s feelings** jds Gefühle achten
re•gard•ing [-ɪŋ] *prep* in Bezug auf, bezüglich *+gen*
re•gard•less [-lɪs] **I.** *adj:* ~ **of** ohne Rücksicht auf, ungeachtet **II.** *adv* trotzdem
re•gatta [rɪ'gætə] *s* Regatta *f*
re•gency ['riːdʒənsɪ] *s* Regentschaft *f*
re•gen•er•ate [rɪ'dʒenəreɪt] **I.** *vt* **1.** erneuern; neu bilden, regenerieren **2.** (ELEK) rückkoppeln **II.** *vi* sich regenerieren; sich neu bilden; **re•gen•era•tion** [rɪˌdʒenə'reɪʃn] *s* **1.** Erneuerung *f;* Neubildung *f* **2.** (BIOL) Regeneration *f;* **re•gen•era•tive cream** [riːˌdʒenərətɪv'kriːm] *s* Aufbaucreme *f*
re•gent ['riːdʒənt] *s* Regent *m;* **prince ~** Prinzregent *m*
reg•gae ['regeɪ] *s* Reggae *m*
regi•cide ['redʒɪsaɪd] *s* **1.** Königsmord *m* **2.** Königsmörder(in) *m(f)*
régime, **re•gime** [reɪ'ʒiːm] *s* (POL) Regime *nt*
regi•men ['redʒɪmen] *s* (MED) Kur *f*
regi•ment ['redʒɪmənt] **I.** *s* **1.** (MIL) Regiment *nt* **2.** (*fig*) Kompanie *f* **II.** *vt* reglementieren; **regi•men•ta•tion** [ˌredʒɪmen'teɪʃn] *s* Reglementierung *f*
re•gion ['riːdʒən] *s* **1.** Gebiet *nt,* Region *f* **2.** (*fig*) Bereich *m;* **the lower ~s** die Unterwelt; **in the ~ of** um, etwa; **re•gional** ['riːdʒənl] *adj* regional, Regional-; **Regional Com•mit•tee** *s* Ausschuss *m* der Regionen; **re•gion•al•ism** ['riːdʒənəˌlɪzəm] *s* **1.** (*Politik*) Regionalismus *m* **2.** (*Sprache*) regional verwendeter Ausdruck
reg•is•ter ['redʒɪstə(r)] **I.** *s* **1.** Register *nt;* Gästebuch *nt;* Mitgliedsbuch *nt* **2.** (TECH) Registriergerät *nt* **3.** (MUS) Register *nt* **4.** (LING) Sprachebene *f;* **take the ~** die Namen aufrufen; **electoral ~** Wählerverzeichnis *nt;* **~ of births, deaths and marriages** Personenstandsbuch *nt* **II.** *vt* **1.** eintragen; registrieren **2.** (*Heirat*) anmelden; eintragen lassen **3.** (*Menge*) registrieren **4.** (*Glück*) zum Ausdruck bringen **5.** (*Brief*) einschreiben **6.** (*fig*) registrieren **III.** *vi* **1.** sich eintragen; sich einschreiben; (*Hotel*) einchecken **2.** (TECH) passen (*with* zu); **~ with the police** sich polizeilich melden; **~ for a course** einen Kurs belegen
reg•is•tered ['redʒɪstəd] *adj* **1.** (*amtlich*) eingetragen; amtlich zugelassen **2.** (*Brief*) eingeschrieben; **~ trademark** eingetragenes Warenzeichen; **Registered General Nurse, RGN** (*in GB*) staatlich geprüfte Krankenschwester; **~ letter** Einschreibebrief *m*
reg•is•trar [ˌredʒɪ'strɑː(r)] *s* **1.** Standesbeamte(r) *m,* -beamtin *f* **2.** (*Universität*) Kanzler(in) *m(f)* **3.** (MED) Krankenhausarzt *m,* -ärztin *f;* **~'s office** (*Br*) Standesamt *nt*
reg•is•tra•tion [ˌredʒɪ'streɪʃn] *s* **1.** Einschreibung, Registrierung *f* **2.** Anmeldung *f;* Eintrag(ung *f*) *m* **3.** Registrierung *f* **4.** (*Gepäck*) Aufgeben *nt* **5.** (*Brief*) Einschreiben *nt;* **registration document** *s* (AUTO) Kraftfahrzeugbrief *m;* **registration fee** *s* Anmeldegebühr *f;* **registration number** *s* (AUTO) polizeiliches Kennzeichen
reg•is•try ['redʒɪstrɪ] *s* **1.** Sekretariat *nt* **2.** (REL) Sakristei *f* **3.** (*Br:* **~** *office*) Standesamt *nt;* **port of ~** Heimathafen *m*
re•gress [rɪ'gres] *vi* sich zurückentwickeln; **re•gres•sion** [rɪ'greʃn] *s* rückläufige Entwicklung; **re•gres•sive** [rɪ'gresɪv] *adj* (*a.* BIOL) regressiv
re•gret [rɪ'gret] **I.** *vt* bedauern; nachtrauern (*s.th.* einer S); **I ~ to say that ...** ich muss Ihnen leider mitteilen, dass ...; **it is to be ~ted that ...** es ist bedauerlich, dass ... **II.** *s* Bedauern *nt* (*at* über); **much to my ~** sehr zu meinem Bedauern; **have no ~s** nichts bereuen; **re•gret•ful** [rɪ'gretfl] *adj* bedauernd; **re•gret•ful•ly** [-fəlɪ] *adv* bedauerlicherweise; mit Bedauern; **re•gret•table** [-əbl] *adj* bedauerlich
re•group [ˌriː'gruːp] *vt* umgruppieren
regu•lar ['regjʊlə(r)] **I.** *adj* **1.** regelmäßig; gleichmäßig **2.** (*Anstellung*) fest, regulär; geregelt **3.** (*Preis*) normal **4.** (*Kunde*) Stamm- **5.** (RAIL) fahrplanmäßig **6.** (*Bewegung*) gleichförmig, -mäßig **7.** (MIL) Berufs- **8.** (GRAM) regelmäßig **9.** (*fam*) regelrecht **10.** (*Am fam*) pfundig, patent; **keep ~ hours** feste Zeiten haben; **~ procedure demands that ...** der Ordnung halber muss man ...; **~ customer** Stammkunde *m,* -kundin *f;* **~ income** festes Einkommen; **~ size** Standardgröße *f;* **~ staff** festangestelltes Personal **II.** *s* **1.** (MIL) Berufssoldat *m* **2.** Stammkunde *m,* -kundin *f;* **regu•lar•ity** [ˌregjʊ'lærətɪ] *s* **1.** Regelmäßigkeit *f;* Gleichmäßigkeit *f* **2.** Geregeltheit *f;* **regu•lar•ize** ['regjʊləraɪz] *vt* **1.** regulieren **2.** (*Situation*) normalisieren
regu•late ['regjʊleɪt] *vt* **1.** steuern, regeln; (*a.* TECH) regulieren **2.** (*Uhr*) nach-, einstellen; **regu•la•tion** [ˌregjʊ'leɪʃn] **I.** *s* **1.** Regelung, Regulierung *f* **2.** Vorschrift *f;* **according to ~s** laut Vorschrift; **be contrary to ~s** gegen die Vorschrift verstoßen; **safety ~s** Sicherheitsvorschriften *fpl* **II.** *adj attr* vorgeschrieben; **regu•la•tor** ['regjʊleɪtə(r)] *s* **1.** (TECH) Regler *m* **2.** aufsichtsführende Person; **regu•lat•ory** [ˌregjʊ'leɪtrɪ] *adv* regulatorisch; **~ power** Aufsichts- und Kontrollbefugnis *f*
re•gur•gi•tate [riː'gɜːdʒɪteɪt] *vt* **1.** wieder von sich geben **2.** (*fig*) wiederkäuen
re•ha•bili•tate [ˌriːə'bɪlɪteɪt] *vt* **1.** rehabili-

tieren **2.** (*Flüchtling*) eingliedern; **re•ha·bili•ta•tion** [ˌriːəˌbɪlɪˈteɪʃn] *s* **1.** Rehabilitation *f* **2.** Eingliederung *f* in die Gesellschaft; **rehabilitation centre** *s* Rehabilitationszentrum *nt*

re•hash [ˌriːˈhæʃ] **I.** *vt* (*fig*) aufbereiten **II.** [ˈriːhæʃ] *s* Aufbereitung *f*

re•hearsal [rɪˈhɜːsl] *s* **1.** (THEAT MUS) Probe *f* **2.** (*fig*) Aufzählung *f;* **re•hearse** [rɪˈhɜːs] *vt* **1.** (THEAT) proben **2.** (*fig*) aufzählen

reign [reɪn] **I.** *s* Regentschaft *f;* Herrschaft *f;* **in the ~ of** während der Regierungszeit *+gen* **II.** *vi* regieren, herrschen (*over* über)

re•im•burse [ˌriːɪmˈbɜːs] *vt* **1.** entschädigen **2.** (*Verlust*) ersetzen **3.** (*Kosten*) zurückerstatten, ersetzen; **~ s.o. for his expenses** jdm seine Auslagen zurückerstatten; **re•im•burse•ment** [-mənt] *s* **1.** Entschädigung *f* **2.** Ersatz *m* **3.** Rückerstattung *f*

rein [reɪn] **I.** *s* Zügel *m;* **hold the ~s** (*fig*) die Zügel in der Hand haben; **keep a tight ~ on s.o.** bei jdm die Zügel kurz halten; **give free ~ to s.o./s.th.** jdm/einer S freien Lauf lassen **II.** *vt* (*~ back, in, up*) zügeln; (*fig*) im Zaum halten

re•in•car•na•tion [ˌriːɪnkɑːˈneɪʃn] *s* (REL) Wiedergeburt, Reinkarnation *f*

rein•deer [ˈreɪndɪə(r)] *s* Ren(tier) *nt*

re•in•force [ˌriːɪnˈfɔːs] *vt* **1.** (*a.* PSYCH MIL) verstärken **2.** (*Beton*) armieren **3.** (*Aussage*) stützen, bestätigen; **~d concrete** Stahlbeton *m;* **re•in•force•ment** [-mənt] *s* (*a.* MIL) Verstärkung *f*

re•in•state [ˌriːɪnˈsteɪt] *vt* **1.** wieder einstellen (*in* in) **2.** (*Ordnung*) wiederherstellen

re•in•sure [ˌriːɪnˈʃʊə(r)] *vt* weiter versichern; (COM) rückversichern

re•in•te•grate [ˌriːˈɪntəgreɪt] *vt* wieder eingliedern; **re•in•te•gra•tion** [ˈriːˌɪntəˈgreɪʃn] *s* Wiedereingliederung, Reintegration *f*

re•in•tro•duce [ˌriːɪntrəˈdjuːs] *vt* wieder einführen

re•is•sue [ˌriːˈɪʃuː] **I.** *s* **1.** Neuausgabe, -auflage *f* **2.** (*Aktien*) Neuemission *f* **II.** *vt* neu (her)ausgeben

re•iter•ate [riːˈɪtəreɪt] *vt* wiederholen; **re•iter•ation** [riːˌɪtəˈreɪʃn] *s* Wiederholung *f*

re•ject [rɪˈdʒekt] **I.** *vt* **1.** ablehnen, zurückweisen **2.** (*Plan*) verwerfen; ausschlagen **3.** (*Kandidaten*) durchfallen lassen **4.** (MED) nicht vertragen; abstoßen **II.** [ˈriːdʒekt] *s* (COM) Ausschuss *m;* **~ shop** Laden *m* für Ausschussware; **re•jec•tion** [rɪˈdʒekʃn] *s* **1.** Ablehnung, Zurückweisung *f* **2.** Abweisung *f;* Verwerfen *nt* **3.** (MED) Abstoßung *f*

re•joice [rɪˈdʒɔɪs] **I.** *vt* erfreuen **II.** *vi* sich freuen (*at, over* über, an); **re•joic•ing** [-ɪŋ] *s* Jubel *m*

re•join[1] [ˌriːˈdʒɔɪn] *vt* sich wieder anschließen an

re•join[2] [rɪˈdʒɔɪn] *vt* erwidern; **re•join·der** [-də(r)] *s* Erwiderung *f*

re•ju•ven•ate [riːˈdʒuːvəneɪt] *vt* verjüngen

re•kindle [rɪːˈkɪndl] *vt* **1.** (*Feuer*) wieder anzünden **2.** (*fig*) wieder entzünden

re•lapse [rɪˈlæps] **I.** *vi* **1.** (MED) einen Rückfall haben **2.** (COM) einen Rückschlag erleiden; **~ into crime** rückfällig werden **II.** *s* **1.** (MED) Rückfall *m* **2.** (COM) Rückschlag *m* **3.** (JUR) Rückfall *m* (*into* in)

re•late [rɪˈleɪt] **I.** *vt* **1.** erzählen; aufzählen **2.** in Verbindung bringen (*to, with* mit); **strange to ~** so unglaublich es klingt **II.** *vi* **1.** zusammenhängen (*to* mit) **2.** eine Beziehung finden (*to* zu); **re•lated** [rɪˈleɪtɪd] *adj* **1.** verwandt (*to* mit) **2.** zusammenhängend; **be ~ to s.th.** mit etw zusammenhängen, verwandt sein; **re•lat•ing** [-ɪŋ] *adj:* **~ to** zusammenhängend mit, bezüglich

re•la•tion [rɪˈleɪʃn] *s* **1.** Beziehung *f;* Verhältnis *nt* **2.** Verwandte(r) *f m* **3. ~s** Beziehungen *fpl;* **in ~ to** in bezug auf; im Verhältnis zu; **bear no ~ to** keinerlei Beziehung haben zu; **have business ~s with** Geschäftsverbindungen unterhalten, pflegen mit; **she's a ~ of mine** sie ist mit mir verwandt; **re•la•tion•ship** [-ʃɪp] *s* **1.** Verbindung, Beziehung *f,* Verhältnis *nt* **2.** Verwandtschaft *f* (*to* zu); **have a ~ with** ein Verhältnis haben mit; **friendly ~** freundschaftliches Verhältnis

rela•tive [ˈrelətɪv] **I.** *adj* **1.** relativ; respektiv **2.** (GRAM) Relativ-; **~ to** sich beziehend auf; **live in ~ luxury** relativ luxuriös leben **II.** *s* **1.** Verwandte(r) *f m* **2.** (GRAM) Relativsatz *m;* **rela•tive•ly** [-lɪ] *adv* verhältnismäßig; **rela•tiv•ity** [ˌreləˈtɪvətɪ] *s* (PHYS) Relativität *f;* **theory of ~** Relativitätstheorie *f*

re-launch [ˈriːˌlɔːntʃ] *s* Wiedereinführung *f*

re•lax [rɪˈlæks] **I.** *vt* **1.** lockern **2.** (*Muskeln, Geist*) entspannen **3.** (*Aufmerksamkeit*) nachlassen in; **~ one's grip, ~ hold on s.th.** den Griff bei etw lockern **II.** *vi* **1.** sich lockern **2.** sich erholen, sich entspannen; **re•lax•ation** [ˌriːlækˈseɪʃn] *s* **1.** Lockerung *f;* Entspannung *f* **2.** Erholung *f*

re•lay [ˈriːleɪ] **I.** *s* **1.** Ablösung *f* **2.** (SPORT) Staffel(lauf *m*) *f* **3.** (RADIO) Relais *nt;* **work in ~** sich ablösen **II.** *vt* **1.** (RADIO) übertragen **2.** (*Nachricht*) ausrichten (*to s.o.* jdm)

re-lay [ˌriːˈleɪ] *vt* (*Teppich*) neu verlegen

re•lease [rɪˈliːs] **I.** *vt* **1.** frei-, entlassen; freigeben; befreien **2.** (*von Versprechen*) entbinden **3.** (*von Schmerz*) erlösen **4.** (*Bremse*) lösen **5.** (*Bombe*) abwerfen **6.** (*Film*) herausbringen **7.** (*Nachricht*) veröffentlichen **8.** (*Gas*) freisetzen; ausströmen **9.** (*Ti-*

R

tel) aufgeben; ~ **s.o. on bail** jdn gegen Kaution freilassen; ~ **one's hold on s.th.** etw loslassen **II.** *s* **1.** Entlassung, Freilassung *f;* Freigabe *f* **2.** Entlastung, Befreiung, Entbindung *f* (*from* von) **3.** (TECH) Lösen *nt;* Auslösen *nt* **4.** (*Film*) Herausbringen *nt* **5.** Veröffentlichung *f* **6.** (*Gas*) Freisetzung *f* **7.** (*fig*) Verzicht *m,* Aufgabe *f*

rel•egate ['relɪgeɪt] *vt* **1.** degradieren **2.** (SPORT) absteigen lassen **3.** (*Anliegen*) weiterleiten (*to* an)

re•lent [rɪ'lent] *vi* nachgeben; nachlassen; **re•lent•less** [-lɪs] *adj* erbarmungslos; unerbittlich

rel•evance ['reləvəns] *s* Relevanz *f;* **rel•evan•cy** ['reləvənsɪ] *s* Relevanz *f*

rel•evant ['reləvənt] *adj* **1.** relevant (*to* für) **2.** (*Behörde*) zuständig **3.** (*Untersuchung*) sachbezogen

re•lia•bil•ity [rɪˌlaɪə'bɪlətɪ] *s* **1.** Zuverlässigkeit *f;* Verlässlichkeit *f* **2.** (*Firma*) Seriosität *f;* **re•liable** [rɪ'laɪəbl] *adj* **1.** zuverlässig; verlässlich **2.** (*Firma*) seriös, vertrauenswürdig; **re•li•ance** [rɪ'laɪəns] *s* Vertrauen *nt* (*on* auf); **place ~ on s.th.** sich auf etw verlassen; **re•li•ant** [rɪ'laɪənt] *adj* angewiesen (*on, upon* auf)

relic ['relɪk] *s* **1.** Überbleibsel, Relikt *nt* **2.** (REL) Reliquie *f*

re•lief [rɪ'li:f] *s* **1.** Erleichterung *f* (*from* von) **2.** Abwechslung *f* **3.** Hilfe *f;* Entlastung *f* **4.** (MIL) Ablösung *f* **5.** (*Kunst*) Relief *nt* **6.** (JUR) Rechtshilfe *f* (*of* bei); **bring s.o. ~** jdm Erleichterung verschaffen; **go to s.o.'s ~** jdm zu Hilfe eilen; **~ of the poor** Armenfürsorge *f;* **stand out in ~ against s.th.** sich von etw abheben; **throw s.th. into ~** etw hervortreten lassen; **relief driver** *s* Ablösung *f;* **relief train** *s* Entlastungszug *m;* **relief worker** *s* Katastrophenhelfer(in) *m(f)*

re•lieve [rɪ'li:v] *vt* **1.** erleichtern; helfen (*s.o.* jdm) **2.** (*Last*) befreien; abnehmen **3.** (*Schmerz*) mildern, schwächen; lindern **4.** (*Spannung*) abbauen **5.** (*Armut*) erleichtern **6.** (MIL) ablösen **7.** (*Stadt*) befreien; **he was ~d to learn that** er war erleichtert, als er das hörte; **~ s.o.'s mind** jdn beruhigen; **~ one's feelings** seinen Gefühlen Luft machen; **~ o.s.** (*euph*) sich erleichtern

re•lig•ion [rɪ'lɪdʒən] *s* Religion *f;* Glaube(n) *m;* **freedom of ~** Religionsfreiheit *f;* **war of ~** Religionskrieg *m;* **re•lig•ious** [rɪ'lɪdʒəs] **I.** *adj* **1.** religiös **2.** gläubig, fromm **3.** gewissenhaft; **~ instruction** Religionsunterricht *m;* **~ leader** Religionsführer(in) *m(f);* **~ education, RE** (SCHULE) Religionsunterricht *m* **II.** *s* Ordensmann *m,* -frau *f*

re•lin•quish [rɪ'lɪŋkwɪʃ] *vt* aufgeben, verzichten auf; **~ one's hold on s.o.** jdn loslassen; **~ s.th. to s.o.** jdm etw abtreten

reli•quary ['relɪkwərɪ] *s* (REL) Reliquienschrein *m*

rel•ish ['relɪʃ] **I.** *s* **1.** Geschmack, Gefallen *m* (*for* an) **2.** Soße *f;* Würze *f* **3.** (*fig*) Charme *m;* **do s.th. with ~** etw mit Genuss tun; **it has lost all ~ (for me)** das hat für mich jeglichen Reiz verloren **II.** *vt* genießen; sich schmecken lassen; **I don't ~ doing that** das ist gar nicht nach meinem Geschmack

re•load [ˌri:'ləʊd] *vt* (*Gewehr*) nachladen

re•lo•cate [ˌri:ləʊ'keɪt] *vt* umsiedeln, verlegen; **re•lo•ca•tion** [ˌri:ləʊ'keɪʃn] *s* Umzug *m;* Umsiedlung *f*

re•luc•tance [rɪ'lʌktəns] *s* Abneigung *f,* Widerwillen *m;* **do s.th. with ~** etw widerwillig tun; **re•luc•tant** [rɪ'lʌktənt] *adj* unwillig, widerwillig; **he was ~ to leave** er ging ungern

rely [rɪ'laɪ] *vi* sich verlassen, angewiesen sein (*on, upon* auf); **he can be relied on** man kann sich auf ihn verlassen

REM [ˌɑ:ri:'em] *s Abk. von* **rapid eye movement** REM *nt*

re•main [rɪ'meɪn] *vi* **1.** bleiben; übrigbleiben **2.** fortdauern, bestehen bleiben; **much ~s to be done** es bleibt noch viel zu tun; **nothing ~s to be said** es bleibt nichts mehr zu sagen; **that ~s to be seen** das wird sich zeigen; **~ silent** weiterhin schweigen; **it ~s the same** das bleibt sich gleich; **re•main•der** [rɪ'meɪndə(r)] *s* **1.** (*a.* MATH) Rest *m,* Rückstand *m* **2. ~s** Restauflagen, Remittenden *fpl;* **~ merchant** Ramschhändler *m;* **re•main•ing** [rɪ'meɪnɪŋ] *adj* übrig, restlich; **re•mains** [rɪ'meɪnz] *s pl* Reste *mpl,* Überreste *mpl,* Ruinen *fpl*

re•make [ˌri:'meɪk] **I.** *vt* noch einmal, neu machen **II.** ['ri:meɪk] *s* Neuverfilmung *f*

re•mand [rɪ'mɑ:nd] **I.** *vt* (JUR) vertagen; **~ s.o. in custody** jdn in Untersuchungshaft behalten; **~ s.o. on bail** jdn gegen Kaution aus der Untersuchungshaft entlassen **II.** *s:* **be on ~** in Untersuchungshaft sein; **remand centre** *s* (*Br*) Untersuchungsgefängnis *nt* für Jugendliche

re•mark [rɪ'mɑ:k] **I.** *vt* bemerken; wahrnehmen **II.** *vi* eine Bemerkung machen (*on, upon* über); **nobody ~ed on it** niemand hat etwas dazu gesagt **III.** *s* Bemerkung *f;* **have a few ~s on that subject** einiges zum Thema zu sagen haben; **worthy of ~** bemerkenswert; **re•mark•able** [-əbl] *adj* bemerkenswert; beachtlich; außergewöhnlich

re•mar•riage [ˌri:'mærɪdʒ] *s* Wiederverheiratung *f;* **re•marry** [ˌri:'mærɪ] *vi* wieder heiraten

re•medi•able [rɪ'mi:dɪəbl] *adj* (*Fehler*) behebbar; **re•medial** [rɪ'mi:dɪəl] *adj* heilend; Hilfs-; ~ **class** Förderklasse *f;* ~ **exercises** Heilgymnastik *f;* ~ **measure** Hilfsmaßnahme *f;* ~ **teaching** Förderunterricht *m*

re•medi•al ac•tion [rɪ,mi:dɪəl'ækʃn] *s* Heilwirkung *f*

rem•edy ['remədɪ] **I.** *s* **1.** Heilmittel *nt* (*for* gegen) **2.** (*fig*) Mittel *nt* **3.** (JUR) Rechtsmittel *nt;* **the situation is beyond** ~ die Lage ist hoffnungslos; **unless we can find a** ~ wenn wir keinen Ausweg finden **II.** *vt* **1.** (MED) heilen **2.** (*fig*) beheben; bessern; abhelfen (*s.th.* einer S)

re•mem•ber [rɪ'membə(r)] **I.** *vt* **1.** sich erinnern an; denken an; merken **2.** grüßen; ~ **to do s.th.** daran denken etw zu tun; **I** ~ **doing it** ich erinnere mich daran, dass ich es getan habe; ~ **me to your father** grüßen Sie Ihren Vater von mir **II.** *vi* sich erinnern; **if I** ~ **right** wenn ich mich recht erinnere; **re•mem•brance** [rɪ'membrəns] *s* **1.** Erinnerung *f* (*of* an) **2.** Andenken *nt* (*of* an) **3.** ~**s** Grüße *mpl;* **in** ~ **of** zur Erinnerung an; **to the best of my** ~ soweit ich mich erinnern kann; **Remembrance Day** *s* ≈Volkstrauertag *m;* **remembrance service** *s* Gedenkgottesdienst *m*

re•mind [rɪ'maɪnd] *vt* erinnern (*of* an); ~ **s.o. to do s.th.** jdn daran erinnern etw zu tun; **that** ~**s me!** dabei fällt mir etwas ein!; **re•minder** [rɪ'maɪndə(r)] *s* **1.** Gedächtnisstütze *f* **2.** (COM) Mahnung *f;* Mahnbescheid *m*

remi•nisce [,remɪ'nɪs] *vi* in Erinnerungen schwelgen (*about* an); **remi•nis•cence** [,remɪ'nɪsns] *s* **1.** Erinnerung *f* (*of* an) **2.** ~**s** (Lebens)Erinnerungen *fpl;* **remi•nis•cent** [,remɪ'nɪsnt] *adj* sich erinnernd (*of* an); **be** ~ **of s.th.** an etw erinnern; **be feeling** ~ in nostalgischer Stimmung sein

re•miss [rɪ'mɪs] *adj* nachlässig (*in s.th.* bei etw)

re•mission [rɪ'mɪʃn] *s* **1.** (JUR) Straferlass *m* **2.** (REL) Nachlass *m* **3.** (COM) Überweisung *f* **4.** (MED) Nachlassen *nt*

re•mit [rɪ'mɪt] **I.** *vt* **1.** (*Sünde*) erlassen **2.** (*Geld*) überweisen **3.** verschieben, vertagen **4.** (JUR) verweisen (*to* an) **II.** *vi* nachlassen **III.** *s* Aufgabenbereich *m;* **re•mit•tance** [rɪ'mɪtns] *s* (*Geld*) Überweisung *f* (*to* an); **remittance slip** *s* Einzahlungsschein *m*

re•mit•tent [rɪ'mɪtnt] *adj* vorübergehend nachlassend

re•mix ['ri:mɪks] *s* Remix *m*

rem•nant ['remnənt] *s* Rest, Überrest *m;* **remnant sale** *s* Resteverkauf *m*

re•model [,ri:'mɒdl] *vt* umbilden, -gestalten, -formen

re•mon•strance [rɪ'mɒnstrəns] *s* Protest *m* (*with* bei, *against* gegen); **re•mon•strate** ['remənstreɪt] *vi* protestieren (*against* gegen); ~ **with s.o.** jdm Vorhaltungen machen

re•morse [rɪ'mɔ:s] *s* Reue *f* (*at, over* über); **without** ~ erbarmungslos; **re•morse•ful** [rɪ'mɔ:sfl] *adj* reumütig; **re•morse•less** [-lɪs] *adj* mitleids-, erbarmungslos

re•mote [rɪ'məʊt] *adj* **1.** entfernt, entlegen, abgelegen (*from* von) **2.** (*Vergangenheit, Zukunft*) fern **3.** (*fig*) entfernt **4.** unnahbar, unzulänglich **5.** (*Chance*) gering, winzig **6.** (*Ähnlichkeit, Aussichten*) schwach; **in a** ~ **spot** an einer abgelegenen Stelle; **I haven't the** ~**st idea** ich habe nicht die leiseste Ahnung; ~ **control** (TECH) Fernsteuerung *f;* (RADIO TV) Fernbedienung *f;* **remote-controlled** *adj* ferngelenkt, -gesteuert; **re•mote•ness** [-nɪs] *s* Abgelegenheit *f;* Entferntheit *f;* (*fig*) Unnahbarkeit *f*

re•mould ['ri:məʊld] **I.** *vt* (*Reifen*) runderneuern **II.** *s* runderneuerter Reifen

re•mount [,ri:'maʊnt] **I.** *vt* **1.** (*Pferd*) wieder besteigen **2.** (*Bild, Karte*) neu aufziehen **II.** *vi* wieder aufsitzen

re•mov•able [rɪ'mu:vəbl] *adj* **1.** heraus-, abnehmbar **2.** (*Knopf*) abtrennbar **3.** (*Flecken*) zu entfernen; **re•moval** [rɪ'mu:vl] *s* **1.** Entfernung *f;* Abnahme *f;* Beseitigung *f* **2.** Herausnehmen *nt* **3.** Aufhebung *f;* Zerstreuung *f* **4.** Umzug *m* **5.** (TECH) Ausbau *m* **6.** (*Zollschranken*) Abbau *m* **7.** Entlassung, Absetzung *f;* **removal expenses** *s pl* Umzugskosten *pl;* **removal firm** *s* Möbelspedition *f;* **removal van** *s* Möbelwagen *m;* **re•move** [rɪ'mu:v] **I.** *vt* **1.** entfernen, beseitigen, wegschaffen, -nehmen **2.** forträumen, woanders hinbringen, -schaffen **3.** (TECH) ausbauen **4.** (*Steuern*) aufheben **5.** (*Zweifel*) zerstreuen **6.** (*Kleidung*) ausziehen, ablegen **7.** (*Schwierigkeiten*) beseitigen **8.** (*Missbrauch*) abstellen, beheben **9.** (*Namen*) streichen **10.** (*Beamte*) entlassen, absetzen **11.** transportieren; ~ **s.th. from s.o.** jdm etw wegnehmen; ~ **s.o. to hospital** jdn ins Krankenhaus einliefern; **be far** ~**d from ...** weit entfernt sein von ...; **a cousin once** ~**d** ein Cousin ersten Grades **II.** *vi* umziehen (*to* nach) **III.** *s:* **be only a few** ~**s from ...** nicht weit entfernt sein von ...; **re•mover** [rɪ'mu:və(r)] *s* **1.** Möbelpacker *m* **2.** (*Flecken, Nagellack*) Entferner *m*

re•mun•er•ate [rɪ'mju:nəreɪt] *vt* belohnen; bezahlen, vergüten; **re•mun•er•ation** [rɪ,mju:nə'reɪʃn] *s* Belohnung *f;* Bezahlung, Vergütung *f;* **re•mun•er•ative** [rɪ'mju:nərətɪv] *adj* lohnend, einträglich

Re•nais•sance [rɪ'neɪsns, *Am* 'renəsɑ:ns]

s Renaissance *f*

re•nal ['ri:nl] *adj* Nieren-

re•name [ˌri:'neɪm] *vt* umbenennen, umtaufen

re•nas•cent [rɪ'næsnt] *adj* wieder erwachend

re•na•tion•al•iz•ation [ˌri:næʃnəlaɪ'zeɪʃn] *s* erneute Verstaatlichung

rend [rend] <*irr:* rent, rent> *vt* zerreißen; ~ **s.th. from s.o.** jdm etw entreißen

ren•der ['rendə(r)] *vt* **1.** (*Hilfe*) leisten **2.** (*Erklärung*) abgeben **3.** (*Rechenschaft*) ablegen (*of* über) **4.** wiedergeben; übertragen **5.** (*einen Dienst*) erweisen **6.** (*Hilfe*) leisten **7.** machen **8.** (*Gedicht*) vortragen **9.** (*Fett*) auslassen **10.** (*Gebäude*) verputzen; ~ **assistance** Hilfe leisten; ~ **account** Rechnung vorlegen; **his accident ~ed him helpless** der Unfall hat ihn hilflos gemacht; ~ **up** (*Gefangene*) übergeben; **ren•der•ing** ['rendərɪŋ] *s* **1.** Übertragung, Übersetzung *f* (*into* in) **2.** (MUS) Wiedergabe *f* **3.** (ARCH) Putz *m*

ren•dez•vous ['rɒndɪvu:, *pl* 'rɒndɪvu:z] <*pl* -> **I.** *s* **1.** Treffpunkt *m* **2.** Rendezvous *nt* **II.** *vi* sich treffen (*with* mit)

ren•di•tion [ren'dɪʃn] *s* (MUS) Wiedergabe *f;* Interpretation *f*

ren•egade ['renɪgeɪd] *s* Abtrünnige(r) *f m*

re•nege [rɪ'neɪg] *vi* brechen, nicht halten

re•new [rɪ'nju:] *vt* **1.** erneuern **2.** (*Verhandlung*) wieder aufnehmen **3.** (*Gesundheit*) wiederherstellen **4.** (*Vorräte*) erneuern, auffrischen **5.** (*Vertrag*) verlängern **6.** (*Wechsel*) prolongieren; ~ **a library book** ein Buch verlängern lassen; **with ~ed energy** mit frischer, neuer Energie; **re•new•able** [rɪ'nju:əbl] *adj* **1.** erneuerbar **2.** rückführbar **3.** verlängerbar; **~s** *pl* erneuerbare Energiequellen; **re•new•al** [rɪ'nju:əl] *s* **1.** Erneuerung *f* **2.** Wiederaufnahme *f* **3.** Wiederherstellung *f* **4.** Auffrischung *f* **5.** (*Vertrag*) Verlängerung *f* **6.** (*Wechsel*) Prolongation *f;* ~ **premium** Folgeprämie *f;* **re•newed** [rɪ'nju:d] *adj* neu; erneut

ren•net ['renɪt] *s* (Kälber)Lab *nt*

re•nounce [rɪ'naʊns] **I.** *vt* **1.** verzichten auf, aufgeben; entsagen (*s.th.* einer S) **2.** (*Erbschaft*) ausschlagen, ablehnen **3.** (*Meinung*) abschwören, leugnen **II.** *vi* (auf sein Recht) verzichten

reno•vate ['renəveɪt] *vt* renovieren; restaurieren; **reno•va•tion** [ˌrenə'veɪʃn] *s* Renovierung, Renovation *f;* Restaurierung *f*

re•nown [rɪ'naʊn] *s* guter Ruf; Ansehen *nt;* **re•nowned** [rɪ'naʊnd] *adj* berühmt (*for* für)

rent¹ [rent] **I.** *pt, pp of* **rend II.** *s* Riss *m;* Spalte *f*

rent² [rent] **I.** *s* Miete *f;* Pacht *f;* **for ~** (*Am*) zu vermieten; zu verpachten **II.** *vt* **1.** mieten; pachten (*from* von) **2.** (~ *out*) vermieten; verpachten; **rental** ['rentl] *s* **1.** Miete *f;* Leihgebühr *f;* Pacht *f* **2. ~s** Miet- und Pachteinnahmen *fpl;* **rent ar•rears** *s pl* Mietrückstände *pl;* **rent boy** *s* (*fam*) Strichjunge *m;* **rent control** *s* Mietpreisbindung *f;* **rent-free** *adj* miet-, pachtfrei; **rent rebate** *s* Mietrückzahlung *f;* **rent review** *s* Neufestsetzung *f* der Miete; **rent subsidy** *s* Mietzuschuss *m;* **rent tribunal** *s* Mieterschiedsgericht *nt*

re•nunci•ation [rɪˌnʌnsɪ'eɪʃn] *s* **1.** Verzicht *m* (*of* auf), Aufgabe *f;* Entsagung *f* **2.** Verleugnung *f*

re•open [ri:'əʊpən] *vt, vi* wieder (er)öffnen; wieder beginnen

re•order [ˌri:'ɔ:də(r)] **I.** *s* Nachbestellung *f* **II.** *vt* nachbestellen

re•or•gan•iza•tion [ˌri:ɔ:gənaɪ'zeɪʃn] *s* Neuorganisation *f,* Umstrukturierung *f,* Neueinteilung *f;* **re•or•gan•ize** [ri:'ɔ:gənaɪz] *vt* neu organisieren; umstrukturieren; neu einteilen

rep [rep] *s s.* **representative; repertory**

re•paint [ri:'peɪnt] *vt* neu streichen

re•pair¹ [ri:'peə(r)] **I.** *vt* **1.** ausbessern, reparieren, flicken **2.** (*Unrecht*) wieder gutmachen **II.** *s* **1.** Ausbesserung, Reparatur *f* **2.** (*fig*) Wiedergutmachung *f* **3. ~s** Instandsetzungsarbeiten *fpl;* **be under ~** in Reparatur sein; **put s.th. in for ~** etw zur Reparatur bringen; **beyond ~** nicht mehr zu reparieren; **be in good ~** in gutem Zustand sein; **closed for ~s** wegen Reparaturarbeiten geschlossen; **road ~s** Straßenbauarbeiten *fpl*

re•pair² [rɪ'peə(r)] *vi* sich begeben (*to* nach)

re•pair•able [rɪ'peərəbl] *adj* zu reparieren, reparabel; **repair kit** *s* Flickzeug *nt;* **repair•man** [-mən] <*pl* -men> *s* Handwerker *m;* **repair shop** *s* Reparaturwerkstatt *f*

re•pa•per [ri:'peɪpə(r)] *vt* neu tapezieren

rep•ar•able ['repərəbl] *adj* wieder gutzumachen, reparabel; ersetzbar; **rep•ar•ation** [ˌrepə'reɪʃn] *s* **1.** Wiedergutmachung *f;* Entschädigung *f* **2.** *meist pl* Reparationen *fpl*

rep•ar•tee [ˌrepɑ:'ti:] *s* schlagfertige Antwort; **be good at ~** schlagfertig sein

re•pat•ri•ate [ri:'pætrɪeɪt] *vt* repatriieren; **re•pat•ri•ation** [ˌri:pætrɪ'eɪʃn] *s* Repatriierung *f*

re•pay [rɪ'peɪ] *vt* **1.** zurückzahlen **2.** (*Ausgaben*) entschädigen (*for* für) **3.** (*Schuld*) abzahlen **4.** (*Gefälligkeit, Besuch*) erwidern **5.** (*Unrecht*) vergelten **6.** (*Mühe*) belohnen; **re•pay•able** [-əbl] *adj* rückzahlbar; **re•pay•ment** [-mənt] *s* **1.** Rückzahlung, Vergütung *f* **2.** (*fig*) Lohn *m;* **in** ~ als Rückzahlung

re•peal [rɪ'piːl] **I.** *vt* (*Gesetz*) aufheben **II.** *s* Aufhebung *f*

re•peat [rɪ'piːt] **I.** *vt* wiederholen; weitersagen **II.** *vi* **1.** (*a.* MUS) wiederholen **2.** (MATH) periodisch sein; ~ **after** nachsprechen **III.** *s* **1.** (TV) Wiederholung *f* **2.** (MUS) Wiederholungszeichen *nt;* **re•peat•ed** [rɪ'piːtɪd] *adj* wiederholt; **re•peater** [-ə(r)] *s* Repetiergewehr *nt,* Mehrlader *m;* **repeat mark** *s* (MUS) Wiederholungszeichen *nt;* **repeat order** *s* (COM) Nachbestellung *f;* **repeat performance** *s* Wiederholungsvorstellung *f*

re•pech•age [ˌræpɪ'ʃɑːʒ] *s* (SPORT) Hoffnungslauf *m*

re•pel [rɪ'pel] *vt* **1.** zurückschlagen, -stoßen, -treiben **2.** (*Insekt*) abwehren **3.** (*Flüssigkeit*) abstoßen **4.** (*fig*) anwidern; **re•pel•lent** [rɪ'pelənt] **I.** *adj* (*fig*) widerwärtig; ~ **to water** wasserabstoßend **II.** *s:* **insect** ~ Insektenschutzmittel *nt*

re•pent [rɪ'pent] **I.** *vt* bereuen **II.** *vi* Reue empfinden; **re•pent•ance** [-əns] *s* Reue *f;* **re•pent•ant** [-ənt] *adj* reuig, reuevoll

re•per•cussion [ˌriːpə'kʌʃn] *s* **1.** (*fig*) Auswirkung *f* (*on* auf) **2.** Erschütterung *f;* ~**s** Nachspiel *nt;* **have ~s on s.th.** sich auf etw auswirken

rep•er•toire ['repətwɑː(r)] *s* (THEAT) Repertoire *nt*

rep•er•tory ['repətrɪ] *s* **1.** (*fig*) Fundgrube, Schatzkammer *f* **2.** (THEAT) Repertoire *nt;* **repertory company** *s* Repertoire-Ensemble *nt;* **repertory theatre** *s* Repertoire-Theater *nt*

rep•eti•tion [ˌrepɪ'tɪʃn] *s* Wiederholung *f;* **re•peti•tive** [rɪ'petətɪv] *adj* sich wiederholend; ~ **strain injury, RSI** (MED) *Muskelzerrung verursacht durch andauernde Überanstrengung*

re•place [rɪ'pleɪs] *vt* **1.** zurückstellen, -legen, -setzen **2.** (*Sache*) ersetzen; die Stelle einnehmen von **3.** (*Teile*) austauschen; ~ **the receiver** den Hörer auflegen; **re•place•able** [-əbl] *adj* ersetzbar; auswechselbar; **re•place•ment** [-mənt] *s* **1.** Zurücksetzen, -stellen, -legen *nt* **2.** Ersatz *m;* Vertretung *f;* ~ **costs** Wiederbeschaffungskosten *pl;* ~ **engine** Austauschmotor *m;* ~ **part** Ersatzteil *nt;* ~ **value** Wiederbeschaffungswert *m*

re•play [ˌriː'pleɪ] **I.** *vt* (SPORT) wiederholen **II.** ['riːpleɪ] *s* **1.** (SPORT) Wiederholungsspiel *nt* **2.** (TV) Wiederholung *f*

re•plen•ish [rɪ'plenɪʃ] *vt* **1.** ergänzen **2.** (*Glas*) auffüllen

re•plen•ish•ing cream [rɪˌplenɪʃɪŋ-'kriːm] *s* Nährcreme *f*

re•plete [rɪ'pliːt] *adj* **1.** reichlich versehen (*with* mit) **2.** gesättigt; **re•ple•tion** [rɪ'pliːʃn] *s* Sättigung *f;* **eat to** ~ sich satt essen

rep•lica ['replɪkə] *s* Kopie *f;* Nachbildung *f*

re•ply [rɪ'plaɪ] **I.** *vi* antworten, entgegnen (*to* auf) **II.** *vt* beantworten, erwidern, entgegnen **III.** *s* Antwort *f;* Erwiderung *f;* **in** ~ **to your letter** in Beantwortung Ihres Briefes; **reply coupon** *s* Antwortschein *m;* **reply-paid envelope** *s* Freiumschlag *m*

re•point [riː'pɔɪnt] *vt* (ARCH) neu verfugen

re•port [rɪ'pɔːt] **I.** *vt* **1.** berichten über; melden **2.** (*Verbrechen*) melden; anzeigen; ~ **that …** berichten, dass …; **he is ~ed as having said …** er soll gesagt haben …; ~ **s.o. for s.th.** jdn wegen etw melden; ~ **s.o. sick** jdn krank melden **II.** *vi* **1.** sich melden **2.** berichten, Bericht erstatten (*on* über); ~ **for duty** sich zum Dienst melden; ~ **sick** sich krank melden; ~ **back** Bericht erstatten (*to s.o.* jdm); ~ **to s.o.** jdm unterstehen **III.** *s* **1.** Bericht *m;* Gutachten *nt* (*on* über) **2.** Reportage *f* **3.** Gerücht *nt* **4.** guter Ruf **5.** Knall *m;* **give a** ~ **on s.th.** Bericht über etw erstatten; **chairman's** ~ Bericht *m* des Vorsitzenden; **there is a** ~ **that …** es wird gesagt, dass …; **of good** ~ von gutem Ruf; **report card** *s* (Schul)Zeugnis *nt;* **re•ported** [rɪ'pɔːtɪd] *adj* gemeldet; ~ **speech** (GRAM) indirekte Rede; **re•porter** [rɪ'pɔːtə(r)] *s* Reporter(in) *m(f),* Berichterstatter(in) *m(f);* **~s' gallery** Pressetribüne *f*

re•pose [rɪ'pəʊz] **I.** *vt* (*Vertrauen*) setzen (*in* in) **II.** *vr* sich ausruhen **III.** *vi* **1.** ruhen **2.** (*fig*) beruhen (*upon* auf) **IV.** *s* Ruhe *f;* Gelassenheit *f*

re•posi•tory [rɪ'pɒzɪtrɪ] *s* **1.** Lager, Magazin *nt* **2.** (*fig*) Quelle *f;* Fundgrube *f* **3.** Endlager *nt* (*für radioaktive Abfälle*)

re•pos•sess [ˌriːpə'zes] *vt* wieder in Besitz nehmen; **re•pos•ses•sion** [ˌriːpə'zeʃn] *s* Wiederinbesitznahme *f*

rep•re•hen•sible [ˌreprɪ'hensəbl] *adj* tadelnswert

rep•re•sent [ˌreprɪ'zent] *vt* **1.** darstellen; stehen für; symbolisieren **2.** (JUR) vertreten **3.** (*Bild*) darstellen, wiedergeben **4.** (*Zeichen*) bedeuten **5.** (*Risiko*) darstellen **6.** vor Augen führen **7.** (THEAT) darstellen, spielen; ~ **a firm** eine Firma vertreten; **he ~ed me as a fool** er stellte mich als Narren hin; **rep•re•sen•ta•tion** [ˌreprɪzen'teɪʃn] *s* **1.** Darstellung, Symbolisierung *f;* Hinstellung *f* **2.** (THEAT) Darstellung *f* **3.** (JUR) Vertretung *f* **4.** ~**s** Vorstellungen, Vorhaltungen *fpl,* Proteste *mpl;* **rep•re•sen•ta•tive** [ˌreprɪ'zentətɪv] **I.** *adj* **1.** repräsentativ; typisch **2.** stellvertretend **3.** (PARL) repräsentativ **II.** *s* **1.** (COM) Vertreter(in) *m(f)* **2.** (JUR) Bevollmächtigte(r), Beauftragte(r) *f m* **3.** (POL) Abgeordnete(r) *f m*

re•press [rɪ'pres] *vt* **1.** unterdrücken; zügeln **2.** (PSYCH) verdrängen **3.** (*Lachen*) zurückhalten; **re•pressed** [rɪ'prest] *adj* verdrängt; **re•pres•sion** [rɪ'preʃn] *s* **1.** Unterdrückung *f* **2.** (PSYCH) Verdrängung *f;* **re•pres•sive** [rɪ'presɪv] *adj* repressiv

re•prieve [rɪ'pri:v] **I.** *vt* (JUR) begnadigen **II.** *s* **1.** Begnadigung *f;* Strafaufschub *m* **2.** (*fig*) Gnadenfrist *f*

re•pri•mand ['reprɪmɑ:nd] **I.** *s* Tadel *m;* Verweis *m* **II.** *vt* tadeln

re•print [ˌri:'prɪnt] **I.** *vt* nachdrucken; neu auflegen **II.** ['ri:prɪnt] *s* Neuauflage *f;* Nachdruck *m*

re•prisal [rɪ'praɪzl] *s* Repressalie *f;* Vergeltungsmaßnahme *f;* **as a ~ for** als Vergeltung für; **by way of ~** als Vergeltungsmaßnahme

re•proach [rɪ'prəʊtʃ] **I.** *vt* Vorwürfe machen (*s.o.* jdm); **~ s.o. for his mistake** jdm einen Fehler vorwerfen; **~ s.o. for being late** jdm Vorwürfe machen, weil er,sie zu spät gekommen ist **II.** *s* **1.** Vorwurf *m,* Vorhaltung *f* **2.** Schande *f;* **above** [*o* **beyond**] **~** über jeden Vorwurf erhaben; **be a ~ to s.o.** eine Schande für jdn sein; **re•proach•ful** [rɪ'prəʊtʃfl] *adj* vorwurfsvoll

rep•ro•bate ['reprəbeɪt] **I.** *adj* verkommen; ruchlos **II.** *s* verkommenes Subjekt **III.** *vt* verdammen

re•pro•cess [ˌri:'prəʊses] *vt* wieder verwerten; (*Atommüll*) wieder aufbereiten; **re•pro•cess•ing** [-ɪŋ] *s* Wiederaufbereitung *f;* **reprocessing plant** *s* Wiederaufbereitungsanlage *f*

re•pro•duce [ˌri:prə'dju:s] **I.** *vt* **1.** wiedergeben; reproduzieren **2.** (TYP) abdrucken **3.** (THEAT) neu inszenieren; **~ its kind** (BIOL) sich fortpflanzen **II.** *vi* (BIOL) sich fortpflanzen; **re•pro•duc•tion** [ˌri:prə'dʌkʃn] *s* **1.** Reproduktion, Vervielfältigung *f* **2.** (BIOL) Fortpflanzung *f* **3.** (PHOT) Kopie *f;* **re•pro•duc•tive** [ˌri:prə'dʌktɪv] *adj* Fortpflanzungs-

re•proof [rɪ'pru:f] *s* Tadel *m,* Rüge *f*

re-proof [ri:'pru:f] *vt* neu imprägnieren

re•prove [rɪ'pru:v] *vt* tadeln, rügen; **re•prov•ing** [rɪ'pru:vɪŋ] *adj* tadelnd

rep•tile ['reptaɪl] *s* Reptil *nt;* **rep•til•ian** [rep'tɪlɪən] *adj* **1.** reptilartig **2.** (*fig*) kriecherisch

re•pub•lic [rɪ'pʌblɪk] *s* Republik *f;* **re•pub•lican** [rɪ'pʌblɪkən] **I.** *adj* republikanisch **II.** *s* Republikaner(in) *m(f)*

re•pub•li•ca•tion [ˌri:ˌpʌblɪ'keɪʃn] *s* Wieder-, Neuveröffentlichung *f*

re•pudi•ate [rɪ'pju:dɪeɪt] *vt* **1.** (*Freund*) verstoßen **2.** (*Schuld*) nicht anerkennen **3.** (*Anklage*) zurückweisen

re•pug•nance [rɪ'pʌgnəns] *s* Widerwille *m,* Abneigung *f* (*towards, for* gegen); **re•pug•nant** [rɪ'pʌgnənt] *adj* widerlich, abstoßend

re•pulse [rɪ'pʌls] **I.** *vt* **1.** (*Angriff*) zurückschlagen **2.** (*fig*) zurück-, abweisen; ablehnen **II.** *s* **1.** (MIL) Abwehr *f* **2.** (*fig*) Abweisung *f;* **meet with a ~** abgewiesen werden; **re•pul•sion** [rɪ'pʌlʃn] *s* **1.** Widerwille *m* (*for* gegen) **2.** (PHYS) Abstoßung *f;* **re•pul•sive** [rɪ'pʌlsɪv] *adj* **1.** abstoßend, widerwärtig **2.** (PHYS) abstoßend

re•pur•chase [ˌri:'pɜ:tʃəs] **I.** *vt* zurückkaufen, wiedererwerben **II.** *s* Rückkauf, Wiedererwerb *m;* **repurchase price** *s* Rücknahmepreis *m*

repu•table ['repjʊtəbl] *adj* ordentlich, anständig; seriös; **repu•ta•tion** [ˌrepjʊ'teɪʃn] *s* Ruf, Name *m;* Ansehen *nt;* **of good** [*o* **high**] **~** von gutem Ruf; **have a ~ for beauty** wegen seiner Schönheit bekannt sein; **live up to one's ~** seinem Ruf alle Ehre machen; **re•pute** [rɪ'pju:t] **I.** *s* Ruf *m,* Ansehen *nt;* **be held in high ~** in hohem Ansehen stehen; **know s.o. by ~** von jdm viel gehört haben; **a house of ill ~** ein Haus von zweifelhaftem Ruf **II.** *vt:* **she is ~d to be ...** man sagt, dass sie ... sei; **be ~d (to be) rich** als reich gelten; **re•puted** [rɪ'pju:tɪd] *adj* vermeintlich; angeblich

re•quest [rɪ'kwest] **I.** *s* Bitte *f,* Wunsch *m,* Ersuchen *nt;* **at s.o.'s ~** auf jds Bitte(n); **on** [*o* **by**] **~** auf Wunsch; **make a ~ for s.th.** um etw bitten; **record ~s** Plattenwünsche *mpl* **II.** *vt* bitten, ersuchen; **~ silence** um Ruhe bitten; **~ s.th. from s.o.** etw von jdm erbitten; **you are ~ed not to smoke** bitte nicht rauchen; **request programme** *s* Wunschsendung *f;* **request stop** *s* Bedarfshaltestelle *f*

requiem ['rekwɪəm] *s* Requiem *nt*

re•quire [rɪ'kwaɪə(r)] *vt* **1.** brauchen, benötigen; nötig haben **2.** (*Arbeit*) erfordern **3.** wünschen, mögen **4.** verlangen; **the journey will ~ ...** man braucht ... für die Reise; **it ~s great care** das erfordert große Sorgfalt; **be ~d to do s.th.** etw tun müssen; **if ~d** falls notwendig; **~d reading** Pflichtlektüre *f;* **when ~d** auf Wunsch; **~ s.o. to do s.th.** von jdm verlangen, dass er etw tut; **as ~d** nach Bedarf; **as ~d by law** den gesetzlichen Bestimmungen gemäß; **re•quire•ment** [-mənt] *s* **1.** Bedürfnis *nt,* Bedarf *m* **2.** Wunsch, Anspruch *m* **3.** Erfordernis *nt;* **meet s.o.'s ~s** jds Bedürfnisse erfüllen; jds Wünschen entsprechen; **fit the ~s** den Erfordernissen entsprechen

requi•site ['rekwɪzɪt] **I.** *adj* erforderlich,

notwendig **II.** *s* **1.** Erfordernis *nt* (*for* für) **2.** (COM) Artikel *m;* **travel ~s** Reiseartikel *mpl*

requi•si•tion [ˌrekwɪˈzɪʃn] **I.** *s* Anforderung *f;* **make a ~ for s.th.** etw anfordern **II.** *vt* anfordern; (MIL) requirieren

re•route [ˌriːˈruːt] *vt* umleiten

re•run [ˌrɪːˈrʌn] **I.** *vt* (*Film*) wieder aufführen **II.** [ˈriːrʌn] *s* Wiederaufführung *f*

re•sale [ˈriːseɪl] *s* Weiterverkauf *m;* **not for ~** nicht zum Weiterverkauf bestimmt; **resale price maintenance, RPM** *s* Preisbindung *f* der zweiten Hand, vertikale Preisbindung; **resale value** *s* Wiederverkaufswert *m*

re•sched•ule [ˌriːˈʃedjuːl] *vt* **1.** umplanen, verlegen **2.** (FIN) umschulden, umfinanzieren

re•scind [rɪˈsɪnd] *vt* **1.** (*Urteil*) annullieren, aufheben **2.** (*Entscheidung*) rückgängig machen; **re•scis•sion** [rɪˈsɪʃn] *s* **1.** Annullierung, Aufhebung *f* **2.** Widerruf *m*

res•cue [ˈreskjuː] **I.** *vt* **1.** retten **2.** (*fig*) befreien; **~ s.o. from drowning** jdn vor dem Ertrinken retten **II.** *s* **1.** Rettung, Hilfe *f* **2.** (*fig*) Befreiung *f;* **come to the ~ of s.o.** jdm zu Hilfe kommen; **rescue attempt** *s* Rettungsversuch *m;* **rescue helicopter** *s* Rettungshubschrauber *m;* **rescue operation** *s* **1.** Rettungsaktion *f* **2.** (COM) Sanierung *f;* **rescue party** *s* Rettungsmannschaft *f;* **res•cuer** [ˈreskjʊə(r)] *s* Retter(in) *m(f)*

re•search [rɪˈsɜːtʃ] **I.** *s* Forschung *f* (*into, on* über); **do ~** forschen; **a piece of ~** eine Forschungsarbeit **II.** *vi* forschen, Forschung betreiben (*into* über) **III.** *vt* erforschen, untersuchen; **re•searcher** [rɪˈsɜːtʃə(r)] *s* Forscher(in) *m(f);* **research fellowship** *s* Forschungsstipendium *nt;* **research work** *s* Forschungsarbeit *f;* **research worker** *s* Forscher(in) *m(f)*

re•sem•blance [rɪˈzembləns] *s* Ähnlichkeit *f* (*between* zwischen); **bear a strong ~ to s.o.** starke Ähnlichkeit mit jdm haben; **re•semble** [rɪˈzembl] *vt* ähneln, ähnlich sehen, gleichen (*s.o.* jdm)

re•sent [rɪˈzent] *vt* übelnehmen, sich ärgern über; **he ~s my being here** er nimmt es mir übel, dass ich hier bin; **re•sent•ful** [rɪˈzentfl] *adj* ärgerlich (*of s.o.* auf jdn); **re•sent•ment** [-mənt] *s* Ärger, Groll *m* (*of* über); **bear no ~ against s.o.** jdm nicht böse sein

res•er•va•tion [ˌrezəˈveɪʃn] *s* **1.** Vorbehalt *m* **2.** Reservat *nt* **3.** Reservierung *f;* **central ~** (*Br: Autobahn*) Mittelstreifen *m;* **with ~s** unter Vorbehalt; **without ~** vorbehaltlos, ohne Vorbehalt; **make a ~ at the hotel** ein Zimmer im Hotel reservieren

re•serve [rɪˈzɜːv] **I.** *vt* **1.** aufsparen, aufheben **2.** (*Buch*) reservieren lassen; **~ one's strength** seine Kräfte sparen; **~ judgement** mit seinem Urteil zurückhalten; **~ o.s. for s.th.** sich für etw schonen **II.** *s* **1.** Rücklage, Reserve *f;* (*a.* COM) Vorrat *m* **2.** Vorbehalt *m* **3.** Reservat *nt* **4.** (*fig*) Reserve, Zurückhaltung *f* **5.** (MIL) Reserve *f* **6.** (SPORT) Ersatz-, Reservespieler(in) *m(f);* **have** [*o* **keep**] **in ~** in Reserve haben, halten; **~s of energy** Kraftreserven *pl;* **without ~** ohne Vorbehalt; **with certain ~s** mit gewissen Vorbehalten; **cash ~** Barbestand *m;* **gold ~** Goldreserve *f,* -bestand *m;* **reserve currency** *s* (FIN) Leitwährung *f;* **re•served** [rɪˈzɜːvd] *adj* **1.** zurückhaltend, reserviert **2.** (*Zimmer*) reserviert, belegt; **all rights ~** alle Rechte vorbehalten; **reserve price** *s* Mindestpreis *m;* **re•serv•ist** [rɪˈzɜːvɪst] *s* (MIL) Reservist(in) *m(f)*

res•er•voir [ˈrezəvwɑː(r)] *s* **1.** Reservoir *nt* **2.** (*Gas*) Speicher *m* **3.** (*fig*) Fundgrube *f*

re•set [ˌriːˈset] *vt* **1.** (*Knochen*) wieder einrenken **2.** (*Edelstein*) neu fassen **3.** (TYP) neu setzen **4.** (*Uhr*) neu stellen; **reset button** *s* (INFORM) Rückstelltaste *f*

re•settle [ˌriːˈsetl] *vt* umsiedeln, neu ansiedeln

re•shuffle [ˌriːˈʃʌfl] **I.** *vt* **1.** (*Spielkarten*) neu mischen **2.** (*Regierung*) umbilden **II.** *s* Umstellung, -gruppierung, -bildung *f;* **Cabinet ~** Kabinettsumbildung *f*

re•side [rɪˈzaɪd] *vi* **1.** seinen Wohnsitz haben, wohnen **2.** (*fig: Eigenschaft*) innewohnen; **~ in s.th.** in etw liegen

resi•dence [ˈrezɪdəns] *s* **1.** Wohnhaus *nt;* Wohnheim *nt* **2.** Aufenthaltsort *m;* **place of ~** Wohnort *m;* **be in ~** anwesend sein; **the students are now in ~** das Semester hat angefangen; **residence permit** *s* Aufenthaltsgenehmigung *f;* **resi•dent** [ˈrezɪdənt] **I.** *adj* wohnhaft; ansässig (*in* in); **the ~ population** die (orts)ansässige Bevölkerung **II.** *s* Bewohner(in) *m(f);* (*einer Stadt*) Einwohner(in) *m(f),* Hotelgast *m;* **~s only** Anlieger frei

resi•den•tial [ˌrezɪˈdenʃl] *adj* Wohn-; im Haus; **~ course** mehrtägiger Kurs (mit Unterkunft); **~ requirements for voting** Meldevoraussetzungen zur Ausübung des Wahlrechts; **~ area** Wohngegend *f*

re•sid•ual [rɪˈzɪdjʊəl] *adj* übrig bleibend; restlich; rückständig, Rest-; **~ risk** Restrisiko *nt*

re•sidu•ary [rɪˈzɪdjʊərɪ] *adj* übrig, restlich; **resi•due** [ˈrezɪdjuː] *s* Rest *m;* Rückstand *m*

re•sign [rɪˈzaɪn] **I.** *vt* **1.** zurücktreten von, abgeben **2.** (*Recht*) aufgeben, verzichten auf; **~ power** abtreten; **~ o.s. to s.th.** sich

R

mit etw abfinden **II.** *vi* **1.** zurücktreten (*from* von) **2.** sein Amt niederlegen **3.** kündigen; ~ **from office** sein Amt niederlegen; **res·ig·na·tion** [ˌrezɪgˈneɪʃn] *s* **1.** Rücktritt *m* **2.** Amtsniederlegung *f* **3.** Kündigung *f* **4.** (*fig*) Resignation *f;* **hand in one's** ~ seinen Rücktritt einreichen; **re·signed** [rɪˈzaɪnd] *adj* ergeben, resigniert; **become ~ to s.th.** sich mit etw abfinden

re·sil·ience [rɪˈzɪlɪəns] *s* **1.** Federn *nt* **2.** (*fig*) Unverwüstlichkeit *f* **3.** Spannkraft, Elastizität *f;* **re·sil·ient** [rɪˈzɪlɪənt] *adj* **1.** elastisch, federnd **2.** (*fig*) unverwüstlich

res·in [ˈrezɪn] *s* Harz *nt;* **res·in·ous** [ˈrezɪnəs] *adj* harzig

re·sist [rɪˈzɪst] *vt, vi* **1.** sich widersetzen; Widerstand leisten **2.** (*fig*) widerstehen **3.** (*Tür*) standhalten; ~ **temptation** der Versuchung widerstehen; **re·sis·tance** [rɪˈzɪstəns] *s* **1.** (*a.* ELEK PHYS) Widerstand *m* (*to* gegen) **2.** (MED) Widerstandsfähigkeit *f;* **offer no ~ to s.o.** jdm keinen Widerstand leisten; **meet with** ~ auf Widerstand stoßen; ~ **to heat** Hitzebeständigkeit *f;* **resistance fighter** *s* Widerstandskämpfer(in) *m(f);* **re·sis·tant** [rɪˈzɪstənt] *adj* resistent; widerstandsfähig (*to* gegen); **heat-/water-** ~ hitze-/wasserbeständig; **re·sis·tor** [rɪˈzɪstə(r)] *s* (ELEK) Widerstand *m*

re·sit [ˈriːsɪt] *vt* wiederholen

re·skill [riːˈskɪl] *vt* umschulen

res·ol·ute [ˈrezəluːt] *adj* entschlossen, energisch; **res·ol·ution** [ˌrezəˈluːʃn] *s* **1.** Beschluss *m* **2.** (*fig*) Entschlossenheit, Bestimmtheit *f* **3.** (POL) Resolution *f* **4.** (*einer Frage*) Lösung *f* **5.** (MUS) Auflösung *f* **6.** (CHEM) Auflösung *f* **7.** (TV) Bildauflösung *f;* **good ~s** gute Vorsätze *mpl;* **high-~** (TECH) hochauflösend

re·solv·able [rɪˈzɒlvəbl] *adj* (auf)lösbar (*into* in); **re·solve** [rɪˈzɒlv] **I.** *vt* **1.** beschließen (*on, upon s.th.* etw) **2.** (*Problem*) lösen **3.** (PHYS) zerlegen (*into* in) **4.** (MUS) auflösen; ~ **that ...** beschließen, dass ... **II.** *vi* sich auflösen (*into, to* in); ~ **on s.th.** etw beschließen **III.** *vr* sich zerlegen lassen **IV.** *s* **1.** Beschluss *m* **2.** Entschlossenheit *f;* **do s.th. with** ~ etw fest entschlossen tun; **re·solved** [rɪˈzɒlvd] *adj* entschlossen

res·on·ance [ˈrezənəns] *s* Resonanz *f;* **res·on·ant** [ˈrezənənt] *adj* **1.** (*Ton*) voll **2.** (*Stimme*) volltönend **3.** (*Raum*) voller Resonanz

re·sort [rɪˈzɔːt] **I.** *vi* **1.** (regelmäßig) gehen (*to* in, zu, nach) **2.** (*fig*) greifen, seine Zuflucht nehmen (*to* zu); ~ **to violence** Gewalt anwenden **II.** *s* **1.** Ausweg *m;* Rettung *f* **2.** Urlaubsort *m;* **in the last** ~ im schlimmsten Fall; **as a last** ~ als letztes; **health** ~ (Luft)Kurort *m;* **holiday** ~ Ferien-, Urlaubsort *m;* **mountain** ~ Höhenkurort *m;* **seaside** ~ Seebad *nt;* **summer** ~ Sommerurlaubsort *m;* **winter** ~ Winterkurort *m*

re·sound [rɪˈzaʊnd] *vi* widerhallen (*with* von); **re·sound·ing** [-ɪŋ] *adj* **1.** (*Lärm*) widerhallend **2.** (*Lachen*) schallend **3.** (*fig: Sieg*) gewaltig; durchschlagend

re·source [rɪˈsɔːs] *s* **1.** ~**s** Mittel, Ressourcen *pl* **2.** (*fig*) Ausweg *m,* Mittel *nt;* **financial ~s** Geldmittel *ntpl;* **mineral ~s** Bodenschätze *mpl;* **~s in men and materials** Reserven *f pl* an Menschen und Material; **left to his own ~s** sich selbst überlassen; **a man of ~s** ein Mensch, der sich (immer) zu helfen weiß; **as a last** ~ als letzter Ausweg; **re·source·ful** [rɪˈsɔːsfl] *adj* einfallsreich, findig

re·spect [rɪˈspekt] **I.** *vt* **1.** achten, respektieren **2.** (*Fähigkeit*) anerkennen; **as ~s ...** was ... anbelangt **II.** *s* **1.** Achtung *f,* Respekt *m* (*for* vor) **2.** Rücksicht *f* (*for* auf) **3.** Hinsicht, Beziehung *f* **4.** ~**s** Empfehlungen *fpl,* Grüße *mpl;* **command** ~ Respekt abnötigen; **show ~ for** Respekt zeigen vor; **hold s.o. in** ~ jdn achten; **treat with** ~ rücksichtsvoll behandeln; **out of ~ for** aus Rücksicht auf; **with ~ to ...** was ... anbetrifft; **in some ~s** in gewisser Hinsicht; **in many ~s** in vieler Hinsicht; **in this** ~ in dieser Hinsicht; **give my ~s to your wife** meine Empfehlung an Ihre Frau; **re·spect·able** [rɪˈspektəbl] *adj* **1.** ehrbar; anständig **2.** (*Mensch*) angesehen, geachtet **3.** (*Summe*) beachtlich, ansehnlich **4.** (*Vorteil*) beträchtlich; **in ~ society** in guter Gesellschaft; **that's not** ~ das schickt sich nicht; **re·spect·ed** [rɪˈspektəd] *adj* angesehen; **re·specter** [rɪˈspektə(r)] *s:* **death is no ~ of persons** (*prov*) der Tod nimmt auf niemanden Rücksicht

re·spect·ful [rɪˈspektfl] *adj* respektvoll (*towards* gegen); **re·spect·fully** [rɪˈspektfəlɪ] *adv:* **yours** ~ (*obs*) hochachtungsvoll

re·spect·ing [rɪˈspektɪŋ] *prep* bezüglich *+gen*

re·spect·ive [rɪˈspektɪv] *adj* jeweilig; **we took our ~ glasses** jeder nahm sein Glas; **re·spect·ive·ly** [-lɪ] *adv* beziehungsweise

res·pir·ation [ˌrespəˈreɪʃn] *s* Atmung *f;* **res·pir·ator** [ˈrespəreɪtə(r)] *s* Atemgerät *nt*

re·spir·atory [rɪˈspaɪərətrɪ] *adj* Atmungs-; ~ **disorder** (MED) respiratorische Erkrankung; ~ **system** Atmungssystem *nt;* ~ **tract** Atemwege *pl*

res·pite [ˈrespaɪt] *s* **1.** (JUR) Aufschub *m* **2.** Ruhepause *f* (*from* von) **3.** Nachlassen *nt;* **without (a)** ~ ohne Unterbrechung

re·splen·dent [rɪˈsplendənt] *adj* **1.** strahlend, glänzend **2.** (*fig*) prächtig

re•spond [rɪ'spɒnd] *vi* **1.** antworten (*to* auf) **2.** reagieren, ansprechen (*to* auf); ~ **to a call** einem Ruf folgen; **the illness ~ed to treatment** die Behandlung schlug an

re•spon•dent [rɪ'spɒndənt] *s* (JUR) Scheidungsbeklagte(r) *f m*

re•sponse [rɪ'spɒns] *s* **1.** Antwort, Erwiderung *f* **2.** Reaktion *f;* **in ~ to** als Antwort auf; **meet with a ~** beantwortet werden; **meet with little ~** wenig Anklang finden

re•spon•si•bil•ity [rɪˌspɒnsə'bɪlətɪ] *s* **1.** Verantwortung *f* (*for, of* für) **2.** Verpflichtung *f* (*to* für); **lay the ~ for s.th. on s.o.** jdm die Verantwortung für etw übertragen; **on one's own ~** auf eigene Verantwortung; **without ~** ohne Gewähr; **accept** [*o* **assume**] **the ~ for s.th.** die Verantwortung für etw übernehmen; (JUR) für etwas haften; **sense of ~** Verantwortungsgefühl *nt*

re•spon•sible [rɪ'spɒnsəbl] *adj* **1.** verantwortlich (*for* für) **2.** (*Haltung*) verantwortungsvoll, -bewusst **3.** (*Firma*) seriös, zuverlässig; **be ~ for s.th.** für etw verantwortlich sein; **be ~ to s.o. for s.th.** jdm gegenüber für etw verantwortlich sein; **hold s.o. ~ for s.th.** jdn für etw verantwortlich machen

re•spon•sive [rɪ'spɒnsɪv] *adj* **1.** (*Publikum*) interessiert, mitgehend **2.** (*Bremsen*) leicht reagierend; **be ~ to s.th.** auf etw reagieren

rest¹ [rest] **I.** *s* **1.** Ruhe *f;* Pause, Unterbrechung *f* **2.** Erholung *f* **3.** Rast *f,* Ausruhen *nt* **4.** (TECH) Auflage *f* **5.** (*Telefon*) Gabel *f* **6.** (*Brille*) Steg *m* **7.** (MUS) Pause *f* **8.** (*Vers*) Zäsur *f;* **need ~** Ruhe brauchen; **have** [*o* **take**] **a ~** sich ausruhen; **be at ~** ruhig sein; **set at ~** beschwichtigen; **put s.o.'s mind at ~** jdn beruhigen; **come to ~** zum Stillstand kommen; sich niederlassen **II.** *vi* **1.** ruhen, (sich) ausruhen, sich erholen; Pause machen **2.** (sich aus)schlafen **3.** (*Verantwortung*) liegen (*with* bei) **4.** (*Leiter*) lehnen (*on* an) **5.** (*Augen, Blick*) ruhen (*on* auf) **6.** (*Argument*) sich stützen (*on* auf) **7.** (*Ruf*) beruhen (*on* auf); **he never ~s** er arbeitet ununterbrochen; **be ~ing** ruhen; **let a matter ~** eine S auf sich beruhen lassen; **you may ~ assured that ...** Sie können versichert sein, dass ... **III.** *vt* **1.** (*Augen*) ausruhen **2.** (*Stimme*) schonen **3.** (*Leiter*) lehnen (*against* gegen) **4.** (*Ellbogen*) stützen (*on* auf); **~ o.s.** sich ausruhen; **be ~ed** ausgeruht sein; **~ one's head on the table** den Kopf auf den Tisch legen

rest² [rest] *s:* **the ~** der Rest; **the ~ of the money** der Rest des Geldes, das übrige Geld; **and all the ~ of it** und so weiter und so fort; **for the ~** im Übrigen

re•state [ˌri:'steɪt] *vt* neu formulieren

res•taur•ant ['restrɒnt] *s* Restaurant *nt,* Gaststätte *f;* **restaurant car** *s* (RAIL) Speisewagen *m;* **res•tau•ra•teur** [ˌrestərə'tɜ:(r)] *s* Gastwirt, Gastronom *m*

rest-cure ['restkjʊə(r)] *s* Liegekur *f;* **rest-day** *s* Ruhetag *m;* **rest•ful** ['restfl] *adj* **1.** (*Platz*) ruhig, friedlich **2.** (*Beschäftigung*) erholsam; **rest-home** *s* Altersheim *nt;* **rest•ing place** ['restɪŋˌpleɪs] *s* Rastplatz *m*

res•ti•tu•tion [ˌrestɪ'tju:ʃn] *s* **1.** Rückerstattung *f;* Rückgabe *f* **2.** Schadenersatz *m,* Entschädigung *f;* **make ~ of s.th.** etw zurückgeben

res•tive ['restɪv] *adj* **1.** (*Pferd*) störrisch, bockig **2.** unruhig, nervös **3.** (*Art*) rastlos

rest•less ['restlɪs] *adj* **1.** unruhig **2.** rastlos

re•stock [ˌri:'stɒk] *vt* (*Lager*) wieder auffüllen

res•to•ra•tion [ˌrestə'reɪʃn] *s* **1.** (Rück)Erstattung *f;* Rückgabe *f* (*to* an) **2.** Wiederherstellung, -einsetzung *f* (*to* in) **3.** (*Bauwerk*) Restaurierung *f*

re•stora•tive [rɪ'stɔ:rətɪv] **I.** *adj* heilend, stärkend, kräftigend **II.** *s* Stärkungsmittel *nt*

re•store [rɪ'stɔ:(r)] *vt* **1.** zurückgeben, -erstatten **2.** (*Vertrauen*) wiederherstellen **3.** wieder einsetzen (*to an office* in ein Amt) **4.** (*Gebäude*) restaurieren; **~ s.o.'s health** jds Gesundheit wiederherstellen; **~d to health** wiederhergestellt; **~ s.o. to life** jdn ins Leben zurückrufen; **~ s.th. to its former condition** den früheren Zustand einer S wiederherstellen; **~ to power** wieder an die Macht bringen; **re•storer** [rɪ'stɔ:rə(r)] *s* **1.** Restaurator(in) *m(f)* **2.** (*hair-~*) Haarwuchsmittel *nt*

re•strain [rɪ'streɪn] *vt* **1.** ab-, zurückhalten (*from doing s.th.* etw zu tun) **2.** (*Tier*) bändigen **3.** (*Gefühl*) unterdrücken **4.** (*fig*) in Schranken halten; **~ o.s.** sich beherrschen; **re•strained** [rɪ'streɪnd] *adj* **1.** (*Gefühle*) unterdrückt **2.** (*Worte*) beherrscht **3.** (*Ton*) verhalten **4.** (*Kritik*) maßvoll; **re•straint** [rɪ'streɪnt] *s* **1.** Be-, Einschränkung *f* **2.** Beherrschung *f;* **without ~** unbeschränkt; ungehemmt; **~ of trade** Wettbewerbsbeschränkung *f;* **place under ~** (JUR) in Haft nehmen

re•strict [rɪ'strɪkt] *vt* **1.** (*Freiheit*) be-, einschränken **2.** (*Zeit*) begrenzen (*to* auf); **re•strict•ed** [rɪ'strɪktɪd] *adj* **1.** eingeschränkt, begrenzt **2.** (*Dokument*) geheim; **locally ~** örtlich begrenzt; **~ area** (AUTO) Gebiet *nt* mit Geschwindigkeitsbegrenzung; (MIL) Sperrgebiet *nt;* **re•stric•tion** [rɪ'strɪkʃn] *s* Be-, Einschränkung *f;* Begrenzung *f;* **place ~s on s.th.** etw beschränken; **without ~s** uneingeschränkt; **price ~** Preisbeschränkung *f;* **speed ~** Geschwindigkeitsbegrenzung, -beschränkung *f;* **re-**

R

strict•ive [rɪ'strɪktɪv] *adj* restriktiv; einschränkend; ~ **practices** Wettbewerbsbeschränkungen *fpl*

re•string [ˌriː'strɪŋ] *vt* **1.** (MUS) neu besaiten **2.** (SPORT) neu bespannen

rest•room ['restruːm] *s* (*Am*) (öffentliche) Toilette *f*

re•struc•tur•ing [ˌriː'strʌktʃərɪŋ] *s* Umstrukturierung *f*

re•sult [rɪ'zʌlt] **I.** *vi* sich ergeben, resultieren (*from* aus); ~ **in** führen zu **II.** *s* **1.** Ergebnis *nt,* Ausgang *m;* (*a.* MATH) Resultat *nt* **2.** Wirkung, Folge *f;* **as a ~ of this** folglich; **be the ~ of** resultieren aus; **get ~s** Erfolge erzielen; **as a ~ of my inquiry** auf meine Anfrage hin; **without ~** ergebnislos; **re•sult•ant** [rɪ'zʌltənt] *adj* sich ergebend, resultierend (*from* aus)

re•sume [rɪ'zjuːm] **I.** *vt* **1.** wieder aufnehmen, weitermachen mit **2.** (*Erzählung*) fortfahren in **3.** (*Reise*) fortsetzen **4.** (*Name*) wieder annehmen **5.** (*Inhalt*) zusammenfassen; ~ **one's seat** seinen Platz wieder einnehmen **II.** *vi* wieder beginnen; **ré•su•mé** ['rezjuːmeɪ] *s* **1.** Resümee *nt;* Zusammenfassung *f* **2.** (*Am*) Lebenslauf *m;* **re•sump•tion** [rɪ'zʌmpʃn] *s* **1.** Wiederaufnahme *f,* -beginn *m* **2.** (*Reise*) Fortsetzung *f* **3.** (SCHULE) Wiederbeginn *m*

re•sur•face [ˌriː'sɜːfɪs] **I.** *vt:* ~ **a road** den Belag einer Straße erneuern **II.** *vi* wieder auftauchen

re•sur•gence [rɪ'sɜːdʒəns] *s* Wiederaufleben *nt;* **re•sur•gent** [rɪ'sɜːdʒənt] *adj* wieder auflebend

res•ur•rect [ˌrezə'rekt] *vt* (*fig*) zu neuem Leben erwecken; wieder aufleben lassen, wieder beleben; **res•ur•rec•tion** [ˌrezə'rekʃn] *s* **1.** Wiederbelebung *f;* (*a.* REL) Auferstehung *f* **2.** Wiederaufleben *nt*

re•sus•ci•tate [rɪ'sʌsɪteɪt] *vt* **1.** (MED) wieder beleben **2.** (*fig*) wieder beleben, wieder erwecken

re•tail ['riːteɪl] **I.** *s* Einzel-, Kleinhandel *m* **II.** *vi:* ~ **at …** im Einzelhandel … kosten **III.** *vt* im Einzelhandel verkaufen **IV.** *adv* im Einzelhandel; **retail business** *s* Einzelhandelsgeschäft *nt;* **retail dealer** *s* Einzelhändler(in) *m(f);* **re•tailer** ['riːteɪlə(r)] *s* Einzelhändler(in) *m(f);* **retail price** *s* Einzelhandelspreis *m;* ~ **index, RPI** Index *m* der Einzelhandelspreise

re•tain [rɪ'teɪn] *vt* **1.** (ein-, zurück)behalten **2.** (*Platz*) belegen **3.** (im Gedächtnis) behalten **4.** (*Gebräuche*) beibehalten **5.** (*Anwalt*) beauftragen; ~ **water** Wasser speichern; ~ **control of s.th.** etw weiterhin in der Gewalt, unter Kontrolle haben; **~ed income** Gewinnrücklagen *fpl;* **re•tainer** [rɪ'teɪnə(r)] *s* **1.** Faktotum *nt* **2.** Vorschuss *m* **3.** Honorarpauschale *f;* **retaining wall** *s* Stützmauer *f*

re•take [ˌriː'teɪk] **I.** *vt* **1.** (MIL) zurückerobern **2.** (PHOT) noch einmal aufnehmen **3.** (SPORT: *Freistoß*) wiederholen **4.** (*Prüfung*) wiederholen **II.** ['riːteɪk] *s* **1.** Neuaufnahme *f* **2.** Wiederholung(sprüfung) *f*

re•tali•ate [rɪ'tælɪeɪt] *vi* Vergeltung üben; sich revanchieren; sich rächen (*on* an); **he ~d by pointing out that …** er konterte, indem er darauf hinwies, dass …; **re•tali•ation** [rɪˌtælɪ'eɪʃn] *s* Vergeltung *f;* Vergeltungsschlag *m;* **in ~ for** als Vergeltung für; **re•talia•tory** [rɪ'tælɪətrɪ] *adj:* ~ **measures** Vergeltungsmaßnahmen *fpl*

re•tard [rɪ'tɑːd] *vt* **1.** verzögern, verlangsamen **2.** (BIOL PHYS) retardieren; **mentally ~ed** geistig zurückgeblieben; **re•tar•da•tion** [ˌriːtɑː'deɪʃn] *s* (MUS) Tempoverringerung *f;* **re•tard•er** [-ə(r)] *s* (AUTO) Retarder *m*

retch [retʃ] *vi* würgen

re•ten•tion [rɪ'tenʃn] *s* **1.** Einbehalten, Zurückhalten *nt* **2.** Beibehaltung *f* **3.** (*von Wasser*) Speicherung *f* **4.** (*Anwalt*) Beauftragung *f* **5.** Gedächtnis *nt;* **re•ten•tive** [rɪ'tentɪv] *adj* (*Gedächtnis*) aufnahmefähig

re•think [ˌriː'θɪŋk] **I.** *vt* überdenken **II.** *s:* **have a ~** etw noch einmal überdenken

reti•cent ['retɪsnt] *adj* zurückhaltend; **be ~ about s.th.** in Bezug auf etw nicht sehr gesprächig sein

ret•ina ['retɪnə, *pl* 'retɪniː] <*pl* -inas, -inae> *s* (ANAT) Netzhaut *f;* **detached ~** (MED) Netzhautablösung *f*

reti•nue ['retɪnjuː] *s* Gefolge *nt*

re•tire [rɪ'taɪə(r)] **I.** *vi* **1.** aufhören zu arbeiten; in Pension gehen **2.** (*von Truppen, a. fig*) sich zurückziehen (*from* von) **3.** zu Bett, schlafen gehen **4.** ausscheiden, zurücktreten; ~ **into o.s.** sich in sich selbst zurückziehen **II.** *vt* **1.** in den Ruhestand versetzen, pensionieren **2.** (*Aktien*) aus dem Verkehr ziehen; **re•tired** [rɪ'taɪəd] *adj* **1.** im Ruhestand, pensioniert **2.** (*Leben*) zurückgezogen; **a ~ teacher** ein pensionierter Lehrer; **re•tire•ment** [rɪ'taɪəmənt] *s* **1.** Ausscheiden *nt;* Pensionierung *f;* Verrentung *f* **2.** Ruhestand *m* **3.** Zurückgezogenheit, Einsamkeit *f* **4.** (MIL) Rückzug *m;* **come out of ~** wieder zurückkommen; **live in ~** zurückgezogen leben; **retirement age** *s* Pensions-, Rentenalter *nt;* Altersgrenze *f;* **retirement pay, retirement pension** *s* Altersrente *f;* **re•tir•ing** [rɪ'taɪərɪŋ] *adj* zurückhaltend, reserviert; ~ **age** Altersgrenze *f*

re•tort [rɪ'tɔːt] **I.** *vt* scharf erwidern, zurückgeben **II.** *vi* scharf erwidern **III.** *s* **1.** scharfe Erwiderung **2.** (CHEM) Retorte *f*

re•touch [ˌriːˈtʌtʃ] *vt* (PHOT) retuschieren

re•trace [riːˈtreɪs] *vt* **1.** zurückverfolgen; nachgehen (*s.th.* einer S) **2.** (*Entwicklung*) nachvollziehen; ~ **one's steps** den gleichen Weg zurückgehen

re•tract [rɪˈtrækt] **I.** *vt* **1.** zurückziehen **2.** (*Äußerung*) zurücknehmen **3.** (*Fahrgestell*) einziehen, einfahren **II.** *vi* **1.** einen Rückzieher machen **2.** eingezogen werden; **re•tract•able** [-əbl] *adj* **1.** zurück-, einziehbar **2.** (AVIAT) einfahrbar; **re•trac•tion** [rɪˈtrækʃn] *s* **1.** Zurücknahme *f;* Rückzug *m;* Rückzieher *m* **2.** Einziehen *nt*

re•train [riːˈtreɪn] *vt* umschulen

re•tread [ˌriːˈtred] **I.** *vt* (*Autoreifen*) runderneuern **II.** [ˈriːtred] *s* runderneuerter Reifen

re•treat [rɪˈtriːt] **I.** *s* **1.** (MIL) Rückzug *m* **2.** (*fig*) Zuflucht(sort *m*) *f;* **beat a** ~ den Rückzug antreten; **sound the** ~ zum Rückzug blasen **II.** *vi* **1.** (MIL) den Rückzug antreten **2.** (*fig*) zurückweichen

re•trench [rɪˈtrentʃ] *vt* **1.** (*Ausgaben*) einschränken, kürzen **2.** (*Personal*) abbauen; **re•trench•ment** [-mənt] *s* **1.** Einschränkung, Kürzung *f* **2.** (Personal)Abbau *m*

re•trial [ˌriːˈtraɪəl] *s* (JUR) Wiederaufnahmeverfahren *nt*

ret•ri•bu•tion [ˌretrɪˈbjuːʃn] *s* Vergeltung *f;* **re•tri•bu•tive** [rɪˈtrɪbjʊtɪv] *adj* vergeltend; ~ **action** Vergeltungsmaßnahme *f*

re•trieval [rɪˈtriːvl] *s* **1.** Wiedererlangung *f;* Zurückholen *nt* **2.** (INFORM) Abruf *m* **3.** Rettung *f* **4.** Bergung *f* **5.** Wiedergutmachung *f* **6.** Apportieren *nt;* **beyond** [*o* **past**] ~ hoffnungslos; **re•trieve** [rɪˈtriːv] **I.** *vt* **1.** wiedererlangen, zurückerhalten, -bekommen **2.** (INFORM) abfragen, abrufen, aufrufen **3.** retten (*from* aus) **4.** bergen **5.** (*Glück*) wieder finden **6.** (*Schaden*) wieder gutmachen **7.** (*Situation*) retten **8.** (*Hund*) apportieren **II.** *vi* (*Hund*) apportieren; **retriever** [rɪˈtriːvə(r)] *s* Apportierhund *m*

retro•ac•tive [ˌretrəʊˈæktɪv] *adj* rückwirkend (*on* auf); **a** ~ **effect** eine Rückwirkung

retro•grade [ˈretrəgreɪd] **I.** *adj* **1.** rückläufig; rückschrittlich; **a** ~ **step** ein Rückschritt *m* **2.** (BIOL) retrograd **II.** *vi* (BIOL) sich zurückentwickeln

retro•gress [ˌretrəˈgres] *vi* sich rückwärts bewegen; **retro•gres•sive** [ˌretrəˈgresɪv] *adj* rückläufig; rückschrittlich

retro•rocket [ˌretrəʊˈrɒkɪt] *s* Bremsrakete *f*

retro•spect [ˈretrəspekt]: **in** ~ rückblickend, im Nachhinein; **retro•spec•tive** [ˌretrəˈspektɪv] **I.** *adj* **1.** rückblickend **2.** (JUR) rückwirkend **II.** *s* (*Film*) Retrospektive *f*

re•turn [rɪˈtɜːn] **I.** *vi* **1.** zurückkehren, zurückkommen **2.** (*fig*) wiederkehren; wiederkommen **3.** (*Fahrzeug*) zurückfahren; ~ **to school** wieder in die Schule gehen; ~ **to the town** in die Stadt zurückkehren **II.** *vt* **1.** zurückgeben, -bringen, -schicken, -senden (*to s.o.* jdm) **2.** zurückerstatten, -zahlen; rückvergüten **3.** erwidern, zurückgeben **4.** (*Gruß, Besuch*) erwidern **5.** (*Licht*) zurückwerfen **6.** (*Gewinn*) einbringen, abwerfen **7.** (POL) wählen; ~ **a blow** zurückschlagen; ~**ed empties** Leergut *nt;* ~ **thanks to s.o.** jdm Dank sagen; **he was** ~**ed guilty** (JUR) er wurde schuldig gesprochen **III.** *s* **1.** Rückkehr, -fahrt *f* **2.** (*fig*) Wiederkehr *f* **3.** Rückgabe *f;* Zurückschicken, -senden *nt* **4.** (~ *ticket*) Rückfahrkarte *f* **5.** (COM) Einkommen *nt;* Ertrag, Gewinn *m* **6.** Verkündung *f;* Bericht *m* **7.** (POL) Wahl *f* **8.** (SPORT) Rückschlag *m* **9.** ~**s** Einkünfte *pl* **10.** ~**s** Rücksendungen, Remittenden *fpl;* **on my** ~ bei meiner Rückkehr; ~ **home** Heimkehr *f;* ~ **on investment, ROI** Kapitalrendite *f,* Ertrag *m* aus Kapitalanlage; ~ **to school** Schulbeginn *m;* **by** ~ (**of post**) postwendend; ~ **to health** Genesung *f;* ~ **on capital** Kapitalertrag *m;* **in** ~ dafür; **in** ~ **for** für; **many happy** ~**s** (**of the day**) herzlichen Glückwunsch zum Geburtstag; **the election** ~**s** das Wahlergebnis; **tax** ~ Steuererklärung *f;* **re•turn•able** [rɪˈtɜːnəbl] *adj* **1.** rückgabepflichtig **2.** mit Flaschenpfand; ~ **bottle** Mehrweg-, Pfandflasche *f;* **non-**~ **bottle** Einwegflasche *f;* **return address** *s* Absender *m;* **return fare** *s* Preis *m* für Hin- und Rückfahrt; **return flight** *s* Rückflug *m;* **re•turn•ing of•fi•cer** [rɪˈtɜːnɪŋˈɒfɪsə(r)] *s* (PARL) Wahlleiter(in) *m(f);* **return journey** *s* Rückreise *f;* **return match** *s* (SPORT) Rückspiel *nt;* **return ticket** *s* Rückfahr-, -flugkarte *f*

re•uni•fica•tion [riːˌjuːnɪfɪˈkeɪʃn] *s* (POL) Wiedervereinigung *f*

re•un•ion [ˌriːˈjuːnɪən] *s* Zusammenkunft *f,* Treffen *nt;* **re•unite** [ˌriːjuːˈnaɪt] **I.** *vt* wieder zusammenbringen; (POL) wiedervereinigen **II.** *vi* wieder zusammenkommen; (POL) sich wiedervereinigen

re•us•able [ˌriːˈjuːzəbl] *adj* wiederverwendbar; mehrfach verwendbar; Mehrweg-; **re•use** [ˌriːˈjuːz] *vt* wieder verwenden

rev [rev] **I.** *s* (TECH) Drehzahl, Umdrehung *f* **II.** *vt, vi* (*fam*): ~ **up** (AUTO) den Motor auf Touren bringen

re•valu•ation [riːˌvæljʊˈeɪʃn] *s* (FIN) Aufwertung *f;* **re•value** [riːˈvæljuː] *vt* aufwerten

re•vamp [ˌriːˈvæmp] *vt* aufpolieren; aufmöbeln

rev counter [ˈrevˌkaʊntə(r)] *s* (AUTO) Drehzahlmesser, Tourenzähler *m*

re•veal [rɪˈviːl] *vt* **1.** zum Vorschein bringen

2. (*Tatsachen*) enthüllen, aufdecken; zu erkennen geben **3.** (REL) offenbaren (*to s.o.* jdm)

re•veille [rɪ'vælɪ] *s* (MIL) Wecken *nt*

revel ['revl] *vi* feiern; ~ **in one's freedom** seine Freiheit von ganzem Herzen genießen

rev•el•ation [ˌrevə'leɪʃn] *s* **1.** Enthüllung *f* **2.** (REL) Offenbarung *f*

revel•ler ['revələ(r)] *s* Feiernde(r) *f m;* **rev•elry** ['revlrɪ] *s* Festlichkeit *f*

re•venge [rɪ'vendʒ] **I.** *vt* rächen; ~ **o.s., be ~d for s.th.** sich für etw rächen; ~ **o.s. on s.o.** sich an jdm rächen **II.** *s* **1.** Rache *f* **2.** (SPORT) Revanche *f;* **out of** ~ aus Rache; **in ~ for** als Rache für; **take ~ on s.o. for s.th.** sich an jdm wegen etw rächen; **get one's** ~ sich rächen; **re•venge•ful** [rɪ'vendʒfl] *adj* rachsüchtig

rev•enue ['revənju:] *s* **1.** Einkünfte *pl,* Einnahmen *fpl,* Ertrag *m* **2.** Staatseinkünfte, öffentliche Einnahmen *pl* **3.** Finanzbehörde *f,* Fiskus *m;* **Inland Revenue** (*in GB*) Finanzamt *nt;* **tax** ~ Steueraufkommen *nt;* **revenue officer** *s* Finanzbeamte(r) *m,* -beamtin *f;* **revenue stamp** *s* Steuer-, Stempelmarke, Banderole *f*

re•ver•ber•ate [rɪ'vɜ:bəreɪt] **I.** *vt* (*Schall*) zurückwerfen, reflektieren **II.** *vi* **1.** (*Schall*) widerhallen **2.** (*Licht*) zurückstrahlen, reflektieren; **re•ver•ber•ation** [rɪˌvɜ:bə'reɪʃn] *s* Widerhall *m;* Zurückstrahlen *nt*

re•vere [rɪ'vɪə(r)] *vt* verehren, achten, hochschätzen

rev•er•ence ['revərəns] **I.** *s* Verehrung *f* (*for* für), Ehrfurcht *f;* **hold s.o. in** ~ jdn hochachten; **treat s.th. with** ~ etw ehrfürchtig behandeln **II.** *vt* verehren

rev•er•end ['revərənd] **I.** *adj:* **the Most Reverend** der Erzbischof; **the Right Reverend** der Bischof **II.** *s* Pastor, Pfarrer *m*

rev•er•ent ['revərənt] *adj* ehrfürchtig

rev•er•en•tial [ˌrevə'renʃl] *adj* ehrerbietig, ehrfurchtsvoll

rev•erie ['revərɪ] *s* (*a.* MUS) Träumerei *f*

re•ver•sal [rɪ'vɜ:sl] *s* **1.** Umkehren *nt;* Umstellen *nt;* Umdrehen *nt* **2.** Zurückstellen *nt* **3.** (JUR) Aufhebung *f;* **suffer a** ~ einen Rückschlag erleiden; **the ~s of fortune** Schicksalsschläge *mpl*

re•verse [rɪ'vɜ:s] **I.** *adj* umgekehrt, entgegengesetzt (*to* zu); **in ~ order** in umgekehrter Reihenfolge; ~ **charge call** (TELE) R-Gespräch *nt;* ~ **gear** Rückwärtsgang *m;* ~ **takeover** (COM) gegenläufige Fusion **II.** *s* **1.** Gegenteil *nt* **2.** Rück-, Kehrseite *f* **3.** Rückschlag, Schicksalsschlag *m;* Niederlage *f* **4.** (AUTO) Rückwärtsgang *m;* **he is the ~ of polite** er ist alles andere als höflich; **go into** ~ in den Rückwärtsgang schalten **III.** *vt* **1.** umkehren, umdrehen **2.** umstellen **3.** (*Kleid*) wenden **4.** (AUTO) zurückstoßen, rückwärts fahren **5.** (JUR) aufheben, annullieren; ~ **the order of s.th.** etw herumdrehen; ~ **one's car into the garage** rückwärts in die Garage fahren; ~ **the charges** (TEL) ein R-Gespräch führen **IV.** *vi* **1.** sich umwenden, sich rückwärts bewegen **2.** (AUTO) rückwärts fahren; **re•vers•ible** [-əbl] *adj* **1.** (*Entscheidung*) umstoßbar **2.** (CHEM) umkehrbar **3.** (*Kleidung*) Wende-; **re•ver•sion** [rɪ'vɜ:ʃn] *s* **1.** Umkehrung *f* (*to* zu), Rückfall *m* **2.** (JUR) Zurückfallen *nt*

re•vert [rɪ'vɜ:t] *vi* **1.** zurückkehren (*to* zu) **2.** zurückkommen, -greifen (*to* auf) **3.** (JUR) zurückfallen (*to* an)

re•view [rɪ'vju:] **I.** *s* **1.** Rückblick *m* (*of* auf), Überblick *m* **2.** nochmalige (Über)Prüfung; (*Am: von Schulstoff*) Wiederholung *f* **3.** (MIL) Inspektion *f* **4.** (*Buch*) Kritik, Rezension *f* **5.** Zeitschrift *f;* **come under** ~ überprüft werden; **hold a** ~ eine Inspektion vornehmen; ~ **copy** Rezensionsexemplar *nt* **II.** *vt* **1.** zurückblicken auf, überdenken **2.** (*Fall*) erneut überprüfen **3.** (MIL) inspizieren, mustern **4.** (*Buch*) besprechen, rezensieren; **re•viewer** [rɪ'vju:ə(r)] *s* Rezensent(in) *m(f),* Kritiker(in) *m(f)*

re•vise [rɪ'vaɪz] *vt* **1.** (*Text*) überprüfen, revidieren **2.** (*Meinung*) überholen, revidieren **3.** (*Lernstoff*) wiederholen; **~d edition** überarbeitete Ausgabe; **re•vi•sion** [rɪ'vɪʒn] *s* **1.** Überarbeitung, Revision *f* **2.** (*Meinung*) Überholen *nt,* Revision *f* **3.** überarbeitete Ausgabe **4.** (*Lernstoff*) Wiederholung *f*

re•vital•ize [ri:'vaɪtəlaɪz] *vt* neu beleben

re•vival [rɪ'vaɪvl] *s* **1.** Wiedererwecken, Wiederauflebenlassen *nt* **2.** (*Idee*) Wiederaufleben, -blühen *nt;* Wiederbelebung *f* **3.** (REL) Erweckung *f* **4.** (JUR) Wiederinkrafttreten *nt* **5.** (COM) Aufschwung *m;* ~ **of trade** Konjunkturaufschwung *m,* Konjunkturbelebung *f;* **re•vive** [rɪ'vaɪv] **I.** *vi* **1.** wieder zu sich kommen **2.** (*fig*) wieder aufleben, wieder aufblühen **3.** (COM) wieder aufblühen **II.** *vt* **1.** wieder beleben; munter machen **2.** (*fig*) zu neuem Leben erwecken, wieder erwecken, -beleben **3.** (*Brauch*) wieder aufleben lassen; wieder in Erinnerung bringen **4.** (*Worte*) wieder aufgreifen **5.** (THEAT) wieder aufnehmen

revo•ca•tion [ˌrevə'keɪʃn] *s* **1.** Aufhebung *f;* Zurückziehen *nt* **2.** Widerruf *m;* Entzug *m;* **re•voke** [rɪ'vəʊk] **I.** *vt* **1.** (*Gesetz*) aufheben **2.** (*Entscheidung*) widerrufen, rückgängig machen **3.** (*Lizenz*) entziehen **II.** *vi* (*Karten*) nicht Farbe bekennen

re•volt [rɪ'vəʊlt] **I.** *s* Revolte *f,* Aufruhr, Aufstand *m* (*against* gegen); **rise in ~, break out in** ~ sich erheben, einen Aufstand machen; **be in ~ against** rebellieren gegen **II.** *vi* **1.** revoltieren, rebellieren (*against* gegen) **2.** (*Gefühle*) sich empören (*at, against* bei, gegen) **III.** *vt* (*fig*) anwidern, -ekeln, abstoßen; **re•volt•ing** [rɪ'vəʊltɪŋ] *adj* (*fig*) abstoßend, widerlich, ekelhaft

rev•ol•ution [ˌrevə'lu:ʃn] *s* **1.** (*a. fig*) Revolution *f;* Umwälzung *f* **2.** (PHYS) Umdrehung, Rotation *f;* **rev•ol•ution•ary** [ˌrevə'lu:ʃənrɪ] **I.** *s* Revolutionär(in) *m(f)* **II.** *adj* revolutionär, umstürzlerisch; **rev•ol•ution•ize** [ˌrevə'lu:ʃnaɪz] *vt* revolutionieren

re•volve [rɪ'vɒlv] **I.** *vt* drehen **II.** *vi* sich drehen; **~ on an axis/around the sun** sich um eine Achse/um die Sonne drehen

re•volver [rɪ'vɒlvə(r)] *s* Revolver *m*

re•volv•ing [rɪ'vɒlvɪŋ] *adj* Dreh-; **~ chair** Drehstuhl *m;* **~ credit** (FIN) Revolvingkredit *m;* **~ door** Drehtür *f;* **~ stage** Drehbühne *f*

re•vue [rɪ'vju:] *s* (THEAT) Revue *f;* Kabarett *nt*

re•vul•sion [rɪ'vʌlʃn] *s* **1.** Abscheu, Ekel *m* (*at* vor) **2.** (*fig*) Umschwung *m;* Empörung *f*

re•ward [rɪ'wɔ:d] **I.** *s* Belohnung *f;* Entgelt *nt;* **as a ~ for** als Belohnung für; **~ offered for the return of ...** Finderlohn für ...; **~ system** Anreizsystem *nt* **II.** *vt* belohnen; **re•ward•ing** [-ɪŋ] *adj* lohnend, einträglich

re•wind [ˌri:'waɪnd] *vt* wieder aufwickeln; (*Uhr*) wieder aufziehen; (*Film, Tonband*) zurückspulen; **re•wire** [ˌri:'waɪə(r)] **I.** *vt* neu verkabeln **II.** *s* Neuverkabelung *f*

re•word [ˌri:'wɜ:d] *vt* neu formulieren, anders ausdrücken

re•work [ˌri:'wɜ:k] *vt* wieder verarbeiten; neu fassen

re•write [ˌri:'raɪt] **I.** *vt* neu schreiben; umschreiben **II.** ['ri:raɪt] *s* (*fig*) Neuaufguss *m*

RGN [ˌɑ:(r)dʒi:'en] *s Abk. von* **Registered General Nurse** (*Br*) staatlich geprüfte Krankenschwester

rhap•sody ['ræpsədɪ] *s* (MUS) Rhapsodie *f*

Rhe•sus fac•tor ['ri:səsˌfæktə(r)] *s* (MED) Rh-Faktor, Rhesusfaktor *m*

rhet•oric ['retərɪk] *s* Rhetorik *f;* **rhe•tori•cal** [rɪ'tɒrɪkl] *adj* rhetorisch

rheu•matic [ru:'mætɪk] **I.** *adj* rheumatisch **II.** *s* Rheumatiker(in) *m(f);* **rheu•matics** [ru:'mætɪks] *s pl mit sing* Rheuma(tismus *m*) *nt;* **rheu•ma•tism** ['ru:mətɪzəm] *s* Rheuma(tismus *m*) *nt;* **rheu•ma•toid ar•thri•tis** [ˌru:mətɔɪdˌɑ:'θraɪtɪs] *s* (MED) rheumatoide Arthritis, chronische Polyarthritis

rhi•no•cer•os, rhi•no [raɪ'nɒsərəs, 'raɪnəʊ] *s* Nashorn, Rhinozeros *nt*

rhi•no•plas•ty ['raɪnəʊˌplæstɪ] *s* Rhinoplastik *f* (*chirurgische Korrektur der Nase*)

Rhodes [rəʊdz] *s* Rhodos *nt*

Rho•de•sia [rəʊ'di:ʒə] *s* (HIST) Rhodesien *nt;* **Rho•de•sian** [rəʊ'di:ʒən] **I.** *adj* rhodesisch **II.** *s* Rhodesier(in) *m(f)*

rho•do•den•dron [ˌrəʊdə'dendrən] *s* Rhododendron *m*

rhom•bus ['rɒmbəs] *s* Rhombus *m*

rhu•barb ['ru:bɑ:b] *s* Rhabarber *m*

rhyme [raɪm] **I.** *s* **1.** Reim *m* **2.** Gedicht *nt;* **without ~ or reason** ohne Sinn und Verstand; **nursery ~** Kinderreim *m;* **put into ~** in Reime bringen **II.** *vi* **1.** sich reimen **2.** reimen, dichten **III.** *vt* reimen; **rhym•ing coup•let** [ˌraɪmɪŋ'kʌplɪt] *s* Reimpaar *nt*

rhythm ['rɪðəm] *s* Rhythmus *m;* **~ and blues** Rhythm-and-Blues *m;* **rhyth•mic(al)** ['rɪðmɪk(l)] *adj* rhythmisch

rib [rɪb] **I.** *s* **1.** (ANAT) Rippe *f* **2.** (*Schirm*) Speiche *f* **3.** (ARCH) (Gewölbe)Rippe *f;* **dig** [*o* **poke**] **s.o. in the ~s** jdn in die Rippen stoßen; **~ cage** Brustkorb *m* **II.** *vt* (*fam*) necken, foppen

rib•ald ['rɪbld] *adj* zotig, obszön

rib•bon ['rɪbən] *s* **1.** Band *nt* **2.** (*Schreibmaschine*) Farbband *nt* **3. ~s** Fetzen *mpl;* **tear s.th. to ~s** etw zerfetzen; (*fig*) etw verreißen

ri•bo•nu•cleic acid, RNA [ˌraɪbəʊnju:kleɪɪk'æsɪd] *s* Ribonukleinsäure, RNS *f*

rice [raɪs] *s* Reis *m;* **rice•field** *s* Reisfeld *nt;* **rice grow•ing** *s* Reisanbau *m;* **rice pud•ding** *s* Milchreis *m*

rich [rɪtʃ] **I.** *adj* **1.** reich, wohlhabend **2.** (*Stil*) prächtig; großartig **3.** (*Essen, Wein*) schwer **4.** (*Erde*) fett; fruchtbar **5.** (*Farben*) satt **6.** (*Stimme*) voll, klangreich **7.** (*fig*) köstlich; **a ~ diet** eine reichhaltige Kost; **~ in minerals** reich an Bodenschätzen **II.** *s:* **the ~** die Reichen *pl;* **~es** Reichtümer *mpl;* **rich•ness** [-nɪs] *s* **1.** Reichtum *m* **2.** Pracht *f;* Üppigkeit *f;* Luxus *m* **3.** Kraft, Fülle, Sattheit *f* **4.** Fruchtbarkeit *f* **5.** Schwere *f* **6.** Fettheit *f*

rick [rɪk] **I.** *s* Schober *m* **II.** *vt* ausrenken

rick•ets ['rɪkɪts] *s pl* (MED) Rachitis *f*

rick•ety ['rɪkətɪ] *adj* (*Möbel*) wackelig

rick•shaw ['rɪkʃɔ:] *s* Rikscha *f*

ri•co•chet ['rɪkəʃeɪ] *s* Abprall *m*

rid [rɪd] <*irr:* rid, rid> *vt:* **~ of** befreien von; säubern von; **~ o.s. of s.o./s.th.** sich jdn/etw vom Halse schaffen; **be ~ of s.o./s.th.** jdn/etw los sein; **get ~ of s.o./s.th.** jdn/etw loswerden; **rid•dance** ['rɪdns] *s:* **good ~** ein Glück, dass wir das, ihn los sind

rid•den ['rɪdn] **I.** *pp of* **ride II.** *adj:* **~ by fears, fear-~** angsterfüllt; **disease-~** von Krankheiten befallen, geplagt; **doubt-~** von Zweifeln geplagt

riddle[1] ['rɪdl] *s* Rätsel *nt;* **speak in ~s** in Rätseln sprechen

riddle[2] ['rɪdl] **I.** *s* (Schüttel)Sieb *nt* **II.** *vt* **1.** sieben **2.** durchlöchern, -bohren (*with*

R

bullets mit Kugeln); **~d with mistakes** voller Fehler

ride [raɪd] <*irr:* rode, ridden> **I.** *vi* **1.** reiten (*on* auf) **2.** (*Fahrrad*) fahren **3.** sich bewegen (*on, upon* auf) **4.** (*Wolken*) schweben, dahinziehen; **~ on a bus/in a train** in einem Bus/Zug fahren; **~ away** weg-, davonfahren; **the moon was riding high in the sky** der Mond zog hoch am Himmel dahin; **~ at anchor** vor Anker liegen **II.** *vt* **1.** reiten **2.** (*Fahrrad*) fahren; fahren mit **3.** (*Am fig*) tyrannisieren, plagen; **he rode his horse away** er ritt mit seinem Pferd weg; **~ a race** bei einem Rennen reiten; **the ship rode the waves** das Schiff trieb auf den Wellen **III.** *s* **1.** Ritt *m* **2.** Fahrt *f;* Radfahrt *f* **3.** Reitweg *m;* **go for a ~** ausreiten; eine Fahrt machen; **go for a ~ in the car** mit dem Auto wegfahren; **have a rough ~** viel durchmachen müssen; **take s.o. for a ~** (*fig*) jdn anschmieren; **we had a ~ in a taxi** wir sind in einem Taxi gefahren; **ride down** *vt* niederreiten; einholen; **ride out I.** *vt* überstehen **II.** *vi* ausreiten; **~ out the storm** den Sturm überstehen; **ride up** *vi* (*Kleid*) hochrutschen

rider ['raɪdə(r)] *s* **1.** Reiter(in) *m(f),* Fahrer(in) *m(f)* **2.** (JUR) Zusatz, Nachtrag *m;* Zusatzklausel *f*

ridge [rɪdʒ] **I.** *s* **1.** (*Stoff*) Rippe *f;* (*Blech*) Welle *f* **2.** Bergrücken, Kamm *m;* Grat *m* **3.** (Dach)First *m* **4.** (*Nase*) Rücken *m* **5.** Ackerfurche *f* **II.** *vt* zerfurchen; **ridge-pole** ['rɪdʒpəʊl] *s* **1.** (*Dach*) Firstbalken *m* **2.** (*Zelt*) Firststange *f;* **ridge•way** ['rɪdʒweɪ] *s* Gratweg *m*

ridi•cule ['rɪdɪkju:l] **I.** *s* Spott *m;* **lay o.s. open to ~** sich lächerlich machen; **hold s.o. up to ~** jdn lächerlich machen **II.** *vt* verspotten; **rid•icu•lous** [rɪ'dɪkjʊləs] *adj* lächerlich

rid•ing ['raɪdɪŋ] *s* Reiten *nt;* **riding breeches** *s pl* Reithose *f;* **riding crop** *s* Reitgerte *f;* **riding habit** *s* Reitkostüm *nt;* **riding light** *s* (MAR) Ankerlicht *nt;* **riding school** *s* Reitschule *f*

rif [rɪf] *vt* (*Am: sl*): **~ on s.o.** sich über jdn lustig machen

rife [raɪf] *adj* weit verbreitet; **~ with** voll von, voller; **be ~** umgehen; grassieren

riffle ['rɪfl] *vt* **1.** (*~ through*) durchblättern **2.** (*Karten*) mischen

riff-raff ['rɪfræf] *s* Pöbel *m,* Gesindel *nt*

rifle[1] ['raɪfl] *s* Gewehr *nt*

rifle[2] ['raɪfl] *vt* plündern; durchwühlen

rifle butt ['raɪflbʌt] *s* Gewehrkolben *m;* **rifle•man** [-mən] <*pl* -men> *s* Schütze *m;* **rifle range** *s* Schießstand *m;* **within/out of ~** in/außer Schussweite; **rifle shot** *s* Gewehrschuss *m*

rift [rɪft] *s* **1.** Spalt *m* **2.** (*fig*) Spalt *m;* Riss *m;* **rift valley** *s* (GEOL) Grabenbruch *m*

rig [rɪg] **I.** *vt* **1.** (MAR) auftakeln **2.** (*fig: Wahlen*) manipulieren; **~ out** ausstaffieren; **~ up** improvisieren; arrangieren **II.** *s* **1.** (MAR) Takelage *f* **2.** (*oil-~*) Förderturm *m;* Ölbohrinsel *f* **3.** Auf-, Ausrüstung *f* **4.** (*Am fam*) Sattelschlepper *m;* **in full ~** in großer Aufmachung; **rig•ger** ['rɪgə(r)] *s* (MAR) Takler *m;* **rig•ging** ['rɪgɪŋ] *s* **1.** (MAR) Auftakeln *nt;* Tauwerk *nt* **2.** (*fig*) Manipulation *f;* Schiebung *f*

right [raɪt] **I.** *adj* **1.** recht, richtig **2.** (*Antwort, Zeit*) richtig **3.** (*Kleider*) richtig **4.** richtig, korrekt; in Ordnung **5.** rechte(r, s); **it's only ~** es ist nur recht und billig; **do the ~ thing by s.o.** sich jdm gegenüber anständig benehmen; **be ~** Recht haben; richtig sein, stimmen, zutreffen; **you're quite ~** Sie haben ganz recht; **on the ~ track** auf dem rechten, richtigen Weg; **put** [*o* **set**] **~** korrigieren; richtig stellen; **put s.o. ~** jdn berichtigen; **come at the ~ time** zur rechten Zeit kommen; **do s.th. the ~ way** etw richtig machen; **the ~ man for the job** der rechte Mann für die Stelle; **feel ~** sich wohl fühlen; **be as ~ as rain** kerngesund sein; **be in one's ~ mind** bei klarem Verstand sein; **~! ~-oh!** gut, schön, okay; **~ enough!** das stimmt!; **~ hand** rechte Hand **II.** *adv* **1.** direkt; genau **2.** ganz **3.** richtig **4.** rechts; **~ in front of you** direkt vor Ihnen; **~ away** [*o* **off**] sofort, schnurstracks; **~ off** auf Anhieb; **~ now** in diesem Augenblick; **~ here** genau hier; **rotten ~ through** durch und durch verfault; **answer ~** richtig antworten; **if I remember ~** wenn ich mich recht erinnere; **turn ~** biegen Sie rechts ab; **~, left and centre** überall; **if I get you ~** wenn ich Sie richtig verstehe **III.** *s* **1.** Recht *nt* **2.** Anrecht *nt,* Anspruch *m* **3.** rechte Seite; **be in the ~** im Recht sein; **have a ~ to s.th.** einen Anspruch auf etw haben; **~ to strike** Streikrecht *nt;* **by what ~?** mit welchem Recht?; **by ~s** rechtmäßig, von Rechts wegen; **in one's own ~** selber, selbst; **put s.th. to ~** etw in Ordnung bringen; **drive on the ~** rechts fahren; **keep to the ~** sich rechts halten; **the Right** (POL) die Rechte; **~s issue** (COM) Bezugsrechtsemission *f* **IV.** *vt* **1.** aufrichten **2.** wieder gutmachen; **the problem should ~ itself** das Problem müsste sich von selbst lösen; **right angle** *s* rechter Winkel; **at ~s** rechtwinklig (*to* zu); **right-angled** ['raɪtæŋgld] *adj* rechtwinklig

right•eous ['raɪtʃəs] *adj* **1.** rechtschaffen **2.** (*Wut*) gerecht, heilig

right•ful ['raɪtfl] *adj* **1.** rechtmäßig **2.** (*Bestrafung*) gerecht; **rightful claimant** *s* Anspruchsberechtigte(r) *f m*

right-hand [ˈraɪthænd] *adj* rechte(r, s); **he's my ~ man** er ist meine rechte Hand; **right-hand drive** *adj* rechtsgesteuert; **this car has ~** dieser Wagen hat das Steuer rechts; **right-handed** [ˌraɪtˈhændɪd] *adj* 1. rechtshändig 2. (*Schlag*) mit der rechten Hand; **right-hander** [ˌraɪtˈhændə(r)] *s* 1. Rechtshänder(in) *m(f)* 2. (*Schlag*) Rechte *f*; **right•ist** [ˈraɪtɪst] *s* (POL) Rechte(r) *f m*

right•ly [ˈraɪtlɪ] *adv* 1. richtig 2. mit Recht; **I don't ~ know** ich weiß nicht genau; **~ or wrongly** ob das nun richtig ist oder nicht; **and ~ so** und zwar mit Recht

right-minded [ˌraɪtˈmaɪndɪd] *adj* vernünftig; **right of way** *s* (AUTO) Vorfahrt *f*; Durchgangsrecht *nt*; **right wing** *s* (POL, SPORT) rechter Flügel; **right-wing** *adj* (POL) rechtsgerichtet; **~ extremism** Rechtsextremismus *m*

ri•gid [ˈrɪdʒɪd] *adj* 1. starr, steif 2. (*fig*) unbeugsam, unnachgiebig 3. (*Disziplin*) streng 4. (*System*) starr; **~ with fear** starr vor Angst; **ri•gid•ity** [rɪˈdʒɪdətɪ] *s* 1. Starrheit, Steifheit *f* 2. (*fig*) Härte, Strenge *f* 3. (*fig*) Unnachgiebigkeit *f*

rig•ma•role [ˈrɪgmərəʊl] *s* 1. Gerede, Geschwätz *nt* 2. (*fig*) umständliche Prozedur

rigor *s* (*Am*) *s.* **rigour**; **rig•or mor•tis** [ˈrɪgəˈmɔːtɪs] *s* Toten-, Leichenstarre *f*; **rig•or•ous** [ˈrɪgərəs] *adj* 1. (*Maßnahmen*) rigoros 2. (*Disziplin*) streng, strikt 3. (*Test*) gründlich 4. (*Klima*) streng; **rig•our** [ˈrɪgə(r)] *s* 1. Strenge, Striktheit *f* 2. **~s** Unbilden *pl*

rig•out [ˈrɪgaʊt] *s* (*fam*) Toilette *f*; Aufmachung *f*; Ausrüstung *f*

rile [raɪl] *vt* ärgern, reizen

rim [rɪm] *s* 1. Rand *m*, Kante *f* 2. Hutkrempe *f* 3. (*Brille*) Fassung *f*

rime[1] [raɪm] *s* (Rau)Reif *m*

rime[2] [raɪm] I. *s* (*Am*) 1. Reim *m* 2. Gedicht *nt*; **without ~ or reason** ohne Sinn und Verstand; **nursery ~** Kinderreim *m*; **put into ~** in Reime bringen II. *vi* (*Am*) 1. sich reimen 2. reimen, dichten III. *vt* reimen

rim•less [ˈrɪmlɪs] *adj* randlos; **rimmed** [rɪmd] *adj* mit Rand

rind [raɪnd] *s* 1. (Käse)Rinde *f* 2. (*Schinken*) Schwarte *f* 3. (*Frucht*) Schale *f*

ring[1] [rɪŋ] <*irr:* rang, rung> I. *vi* 1. (*Glocke*) läuten; klingen; schallen 2. (*Worte*) tönen, schallen; erklingen; **the doorbell rang** es hat geläutet; **~ for s.o.** nach jdm läuten; **~ at the door** an der Tür klingeln, läuten; **~ false/true** falsch/wahr klingen; **my ears are ~ing** mir klingen die Ohren II. *vt* 1. läuten 2. (*~ up*) anrufen; **~ the doorbell** an der Tür läuten; **that ~s a bell** das kommt mir bekannt vor; **~ the changes** (*fig*) etwas in allen Variationen durchspielen III. *s* 1. Klang *m*; Läuten *nt*; Klingeln *nt* 2. (TELE) Anruf *m* 3. (*fig*) Klang *m*; **there was a ~ at the door** es hat geläutet; **give s.o. a ~** jdn anrufen; **ring back** *vt, vi* (TELE) zurückrufen; **ring down** *vt* (*Vorhang*) herunterlassen; **~ down the curtain on s.th.** (*fig*) einen Schlussstrich unter etw ziehen; **ring in** *vt* einläuten; **ring off** *vi* (TELE) aufhängen, den Hörer auflegen; **ring out** I. *vi* ertönen; laut erklingen II. *vt* (*Jahr*) ausläuten; **ring up** *vt* (TELE) anrufen; **~ up the curtain** den Vorhang hochgehen lassen; (*fig*) anfangen

ring[2] [rɪŋ] I. *s* 1. Ring *m*; Schwimmring *m* 2. (*Baum*) Jahresring *m* 3. (POL) Ring *m* 4. (*Zirkus*) Manege *f*, Ring *m* 5. (*Mond*) Hof *m* 6. (Box)Ring *m*; **have ~s round one's eyes** Ringe unter den Augen haben; **stand in a ~** im Kreis stehen; **run ~s round s.o.** jdn in die Tasche stecken II. *vt* 1. umringen 2. (*Spiel*) einen Ring werfen über 3. einkreisen 4. (*Vogel*) beringen

ring binder [ˈrɪŋbaɪndə(r)] *s* Ringbuch *nt*; Ringordner *m*

ringer [ˈrɪŋə(r)] *s* Glöckner *m*; **be a dead ~ for s.o.** (*sl*) jdm aufs Haar gleichen

ring-fin•ger [ˈrɪŋfɪŋgə(r)] *s* Ringfinger *m*

ring•ing [ˈrɪŋɪŋ] *adj* schallend; läutend; **ringing tone** *s* (TELE) Frei-, Rufzeichen *nt*

ring•leader [ˈrɪŋliːdə(r)] *s* Rädelsführer(in) *m(f)*

ring•let [ˈrɪŋlɪt] *s* Ringellocke *f*

ring road [ˈrɪŋrəʊd] *s* Ringstraße *f*; **ring-side** [ˈrɪŋsaɪd] *s*: **at the ~** am Ring; **have a ~ seat** einen Logenplatz haben

rink [rɪŋk] *s* Eis-, Rollschuhbahn *f*

rinse [rɪns] I. *vt* 1. (ab-, aus)spülen 2. (*Haar*) tönen; **~ one's hands** sich die Hände abspülen; **~ down** abspülen; **~ out** ausspülen, auswaschen II. *s* 1. Spülung *f* 2. (*Haarfarbe*) Tönung *f*

riot [ˈraɪət] I. *s* 1. Aufstand, Aufruhr *m*; Krawall *m* 2. Orgie *f*; **run ~** randalieren; (*Pflanzen*) wuchern; **read s.o. the ~ act** jdm die Leviten lesen; **~ squad** Überfallkommando *nt*; **a ~ of flowers** ein wildes Blumenmeer; **be a ~** zum Schreien sein II. *vi* randalieren; **rioter** [ˈraɪətə(r)] *s* Aufrührer(in) *m(f)*, Unruhestifter(in) *m(f)*; **riot gear** *s* Schutzausrüstung *f*; **riot•ing** [ˈraɪətɪŋ] *s* Krawalle *mpl*; **~ in the streets** Straßenkrawalle *mpl*; **riot•ous** [ˈraɪətəs] *adj* 1. randalierend; wild 2. (*fig*) urkomisch; **a ~ success** ein Riesenerfolg

rip [rɪp] I. *vt* einen Riss machen in; zerreißen; **~ open** aufreißen II. *vi* reißen; **the car ~s along** der Wagen rast dahin; **let ~** loslegen III. *s* Riss, Schlitz *m*; **rip down** *vt*

R

herunterreißen; abreißen; **rip off** *vt* **1.** abreißen **2.** (*sl*) mitgehen lassen, klauen; **rip out** *vt* herausreißen; **rip up** *vt* zer-, aufreißen

ri•par•ian [raɪ'peərɪən] *adj* Ufer-

rip•cord ['rɪpkɔːd] *s* (AVIAT) Reißleine *f*

ripe [raɪp] *adj* **1.** (*Frucht, Käse*) reif **2.** (*Lippen*) voll **3.** (*fig*) reif; **live to a ~ old age** ein hohes Alter erreichen; **be ~ for s.th.** für etw reif sein; **ripen** ['raɪpən] **I.** *vi* reifen **II.** *vt* reifen lassen; **ripe•ness** ['raɪpnɪs] *s* Reife *f*

rip-off ['rɪpɒf] *s* Wucher, Nepp *m;* Schwindel *m*

ri•poste [rɪ'pɒst] **I.** *s* schlagfertige Antwort **II.** *vi* scharf erwidern

ripple ['rɪpl] **I.** *vi* **1.** sich (leicht) kräuseln **2.** (*Wasser*) plätschern **II.** *vt* kräuseln; wogen lassen **III.** *s* **1.** Kräuseln *nt;* kleine Welle **2.** Geplätscher, Gemurmel *nt;* **~ of laughter** kurzes Lachen; perlendes Gelächter; **ripple bed** *s* (MED) Dekubitusbett *nt*

rip-roar•ing ['rɪprɔːrɪŋ] *adj* (*fam*) sagenhaft

rip•tide ['rɪptaɪd] *s* Stromkabbelung *f*

rise [raɪz] <*irr:* rose, risen> **I.** *vi* **1.** aufstehen, sich erheben **2.** steigen **3.** (*Preis*) ansteigen **4.** (*Lift*) hochfahren, nach oben fahren **5.** (*Vorhang*) sich heben **6.** (*Mond*) aufgehen **7.** (*Sturm*) aufkommen **8.** (*Stimme*) höher werden **9.** (*Gebäude*) entstehen **10.** (*Hoffnung*) steigen; wachsen, zunehmen **11.** (*Berg*) sich erheben **12.** (*Tagung*) auseinander gehen, beendet sein **13.** (*Fluss*) entspringen **14.** (*~ up*) sich erheben; sich empören; **~ from the table** vom Tisch aufstehen; **~ on tiptoe** sich auf die Zehenspitzen stellen; **~ from the dead** von den Toten auferstehen; **~ to the surface** an die Oberfläche kommen; **~ in price** im Preis steigen; **~ in society** es zu etwas bringen; **~ up in revolt** rebellieren; **~ above** erhaben sein über; **~ up** aufstehen, sich erheben **II.** *s* **1.** Anstieg *m,* Steigen *nt;* Zunahme *f;* Steigerung *f* **2.** (COM) Aufschwung *m* **3.** (*Vorhang*) Hochgehen, Heben *nt* **4.** (MUS) Erhöhung *f* **5.** (*fig*) Aufstieg *m* **6.** (*Hügel*) Erhebung *f;* Steigung *f* **7.** (*Fluss*) Ursprung *m* **8.** Gehaltserhöhung *f;* **be on the ~** im Steigen begriffen sein; **a ~ in the population** ein Bevölkerungszuwachs *m;* **get a ~ out of s.o.** jdn zur Reaktion bringen; **the river has its ~ in** der Fluss entspringt in; **give ~ to s.th.** etw verursachen; Anlass zu etw geben; **risen** ['rɪzn] *s.* **rise**

riser ['raɪzə(r)] *s* **1.** (*Treppenstufe*) Setzstufe *f* **2.** (*Gas, Wasser*) Steigleitung *f;* **early/late ~** Früh-/Spätaufsteher(in) *m(f)*

ri•sible ['rɪzəbl] *adj* lächerlich

ris•ing ['raɪzɪŋ] **I.** *adj* **1.** (auf-, an)steigend **2.** (*Gestirn*) aufgehend **3.** (*Wind*) aufkommend **4.** (*Wut*) wachsend **5.** (*fig*) aufstrebend; **the ~ generation** die kommende Generation; **a ~ tide** Flut *f* **II.** *s* **1.** (Auf-, An)Steigen *nt* **2.** (*Sonne*) Aufgang *m* **3.** (REL) Auferstehung *f* **4.** (*Vorhang*) Hochgehen *nt* **5.** Erhebung *f,* Aufstand *m* **III.** *adv:* **she's ~ twelve** sie ist fast zwölf

risk [rɪsk] **I.** *s* **1.** Gefahr *f,* Wagnis, Risiko *nt* **2.** (*Versicherung*) Risiko *nt;* **take** [*o* **run**] **a ~** ein Risiko eingehen (*doing s.th.* etw zu tun); **at one's own ~** auf eigene Gefahr; **at the ~ of his life** unter Einsatz seines Lebens; **children at ~** gefährdete Kinder; **put s.o. at ~** jdn gefährden; **fire ~** Feuerrisiko *nt* **II.** *vt* **1.** riskieren, aufs Spiel setzen **2.** (*Streit*) riskieren, wagen; **risk capital** *s* Risikokapital *nt;* **risk factor** *s* Risikofaktor *m;* **risk-free** ['rɪskfriː] *adj* risikolos; **riskless** ['rɪsklɪs] *adj* (*Am*) risikolos; **risk liability** *s* (JUR) Gefährdungshaftung *f;* **risky** ['rɪskɪ] *adj* riskant, gewagt

ris•qué ['riːskeɪ] *adj* pikant, gewagt

ris•sole ['rɪsəʊl] *s* Frikadelle *f*

rite [raɪt] *s* Ritus *m;* **rit•ual** ['rɪtʃʊəl] **I.** *adj* rituell **II.** *s* Ritual, Zeremoniell *nt;* **he went through the same old ~** er durchlief dasselbe alte Ritual

ritzy ['rɪtsɪ] *adj* (*sl*) piekfein

ri•val ['raɪvl] **I.** *s* Rivale *m,* Rivalin *f;* Konkurrent(in) *m(f)* **II.** *adj* konkurrierend **III.** *vt* **1.** rivalisieren mit **2.** (COM) konkurrieren mit; **rival brand** *s* (COM) Konkurrenzmarke *f;* **ri•valry** ['raɪvlrɪ] *s* Rivalität *f;* Konkurrenz *f*

river ['rɪvə(r)] *s* Fluss *m;* Strom *m;* **down ~** flussabwärts; **up ~** flussaufwärts; **~s of blood** Blutströme *mpl;* **sell s.o. down the ~** (*sl*) jdn hereinlegen; **river basin** *s* Flussbecken *nt;* **river bed** *s* Flussbett *nt;* **river fish** *s* Flussfisch *m;* **river naviga•tion** *s* Flussschifffahrt *f;* **river police** *s* Wasserpolizei *f;* **river•side** ['rɪvəsaɪd] *s* Flussufer *nt;* **on the ~** am Fluss

riv•et ['rɪvɪt] **I.** *s* (TECH) Niete *f* **II.** *vt* **1.** (ver)nieten **2.** (*Aufmerksamkeit*) fesseln; **it ~ed our attention** das fesselte unsere Aufmerksamkeit; **riv•et•ing** ['rɪvətɪŋ] **I.** *s* Nieten **II.** *adj* (*fig*) fesselnd

rivu•let ['rɪvjʊlɪt] *s* Flüsschen *nt,* Bach *m*

RN [ˌɑːr'en] *s Abk. von* **Royal Navy** (*Br*) Königliche Marine

RNA [ˌɑːren'eɪ] *s Abk. von* **ribonucleic acid** RNS, Ribonukleinsäure *f*

RNLI [ˌɑːrenel'aɪ] *s Abk. von* **Royal National Lifeboat Institution** ≈DLRG *f*

roach [rəʊtʃ] *s* **1.** (*Fisch*) Plötze *f* **2.** (*cock~*) Schabe *f*

road [rəʊd] *s* **1.** (Land)Straße *f* **2.** (*fig*) Weg *m* **3.** **~s** (MAR) Reede *f;* **by ~** (*Güter*) per

Spedition; (*Menschen*) mit dem Auto/Bus; **just across the** ~ gerade gegenüber; **the car is off the** ~ das Auto wird nicht benutzt; **take a car off the** ~ ein Auto stillegen, (bei der Zulassungsstelle) abmelden; **take to the** ~ sich auf den Weg machen; **be on the** ~ unterwegs sein; auf Tournee sein; **be on the right** ~ auf dem richtigen Weg sein; **on the** ~ **to success** auf dem Weg zum Erfolg; **live across the** ~ über die, auf der anderen Seite der Straße wohnen; **is this the** ~ **to ...?** geht es hier nach ...?; **road accident** *s* Verkehrsunfall *m;* **road•block** *s* Straßensperre *f;* **road construction** *s* Straßenbau *m;* **road fund licence** *s* ≈Verkehrssteuer *f;* **road haulage** *s* Spedition *f;* **road•hog** *s* (*fam*) Verkehrsrowdy *m;* **road•house** *s* Rasthaus *nt;* **road•man** [-mæn] <*pl* -men> *s* Straßenarbeiter *m;* **road map** *s* Straßen-, Autokarte *f;* **road metal** *s* Straßenschotter *m;* **road rage** *s* aggressive Fahrweise; **road safety** *s* Verkehrssicherheit *f;* **road sense** *s* Verkehrssinn *m;* **road-side** [ˈrəʊdsaɪd] *s* Straßenrand *m;* **along the** ~ am Straßenrand; **road sign** *s* (Straßen)Verkehrszeichen, -schild *nt;* **road-stead** [ˈrəʊdsted] *s* (MAR) Reede *f;* **road surface** *s* Fahrbahn *f;* Fahrbahnbelag *m;* **road sweeper** *s* Straßenkehrer(in) *m(f);* **road-test** I. *vt* (*ein Fahrzeug*) testfahren II. *s* (AUTO) Testfahrt *f,* Straßentest *m;* **road traffic** *s* Straßenverkehr *m;* **road transport** *s* Straßengüterverkehr *m;* **road-up** [ˈrəʊdʌp] *s* **1.** Baustelle *f* **2.** Straßensperre *f;* **road user** *s* Verkehrsteilnehmer(in) *m(f);* **road•way** [ˈrəʊdweɪ] *s* Fahrbahn *f;* **road warrior** *s* Straßenrowdy *m;* **road•works** [ˈrəʊdwɜːks] *s pl* Straßenbauarbeiten *fpl*

roam [rəʊm] I. *vi* (~ *about*) umherschweifen; herumwandern II. *vt* wandern, ziehen durch; ~ **the streets** herumstreunen; **roamer** [ˈrəʊmə(r)] *s* Herumtreiber(in) *m(f)*

roan [rəʊn] I. *adj* (*Pferd, Kuh*) rötlich- grau II. *s* (*Pferd*) Rotschimmel *m*

roar [rɔː(r)] I. *vi* **1.** brüllen (*with* vor) **2.** (*Feuer*) prasseln **3.** (*Wind*) heulen **4.** (*Wasser*) tosen **5.** (*Donner*) toben **6.** (*Gewehr*) donnern; ~ **at s.o.** jdn anbrüllen II. *vt* **1.** (~ *out*) (hinaus)brüllen, schreien **2.** (*Auto*) aufheulen lassen III. *s* **1.** Gebrüll *nt* **2.** Prasseln *nt* **3.** Heulen *nt* **4.** Tosen *nt* **5.** (*Sturm*) Toben, Heulen *nt;* ~**s of laughter** brüllendes Gelächter

roar•ing [-ɪŋ] *adj* **1.** brüllend (*with* vor) **2.** donnernd, tosend **3.** prasselnd; tobend; **be in** ~ **health** vor Gesundheit strotzen; **a** ~ **success** ein durchschlagender Erfolg; **the** ~ **Twenties** die wilden Zwanzigerjahre; ~ **drunk** volltrunken; **a** ~ **trade** ein Riesengeschäft

roast [rəʊst] I. *vt* **1.** braten **2.** (*Kaffee*) rösten; ~ **o.s. by the fire** (*fam*) sich am Feuer braten lassen II. *vi* **1.** braten **2.** (*fig*) irrsinnig schwitzen; in der Sonne braten III. *s* Braten *m;* **pork** ~ Schweinebraten *m* IV. *adj* gebraten; **roast beef** *s* Roastbeef *nt;* **roast chicken** *s* Brathuhn *nt;* **roaster** [ˈrəʊstə(r)] *s* **1.** Bratofen *m* **2.** (*für Kaffee*) Röstapparat *m* **3.** Brathähnchen *nt;* Spanferkel *nt;* **roast•ing** [ˈrəʊstɪŋ] I. *s* **1.** Braten *nt* **2.** (*fig*) Verriss *m;* Standpauke *f;* **give s.o. a** ~ jdn verreißen II. *adj* glühend heiß

rob [rɒb] *vt* **1.** (*Sache*) rauben **2.** (*Person*) berauben; ausrauben; ~ **s.o. of s.th.** jdn einer S berauben; jdm etw ab-, wegnehmen; **rob•ber** [ˈrɒbə(r)] *s* Räuber(in) *m(f);* **rob•bery** [ˈrɒbərɪ] *s* Raub *m;* Einbruch *m;* ~ **with violence** Raubüberfall *m;* **the bank** ~ der Überfall auf die Bank

robe [rəʊb] I. *s* **1.** Robe *f,* Talar *m* **2.** (*Am*) Morgen-, Bademantel *m* II. *vt* ankleiden, die Amtsrobe anlegen (*s.o.* jdm)

robin [ˈrɒbɪn] *s* (*Singvogel*) Rotkehlchen *nt*

ro•bot [ˈrəʊbɒt] *s* Roboter *m;* **industrial** ~ Industrieroboter *m;* **ro•botics** [rəʊˈbɒtɪks] *s* (TECH) Robotik *f*

ro•bust [rəʊˈbʌst] *adj* **1.** stark, kräftig, robust **2.** (*Humor*) gesund, unverwüstlich **3.** (*Widerstand*) stark **4.** (*Struktur*) massiv, stabil; **ro•bust•ness** [-nɪs] *s* Kräftigkeit, Robustheit *f;* Unverwüstlichkeit *f;* Massivität, Stabilität *f*

rock¹ [rɒk] *s* **1.** Gestein *nt;* Fels(en) *m* **2.** Felsbrocken *m;* großer Stein **3.** Lutschstange *f,* Kandis *m;* **on the** ~**s** blank, ohne Geld; (*Getränk*) mit Eiswürfeln; (*Heirat*) kaputt; **built on** ~ auf Fels gebaut; **falling** ~**s** Steinschlag *m;* **the ship went on the** ~**s** das Schiff lief auf; **as solid as a** ~ massiv wie ein Fels; unerschütterlich

rock² [rɒk] I. *vt* **1.** schaukeln, wiegen **2.** (*fig*) einlullen **3.** rütteln, erschüttern, ins Wanken bringen; ~ **the boat** (*fig*) für Unruhe sorgen; ~ **s.o. to sleep** jdn in den Schlaf wiegen II. *vi* **1.** schaukeln **2.** schwanken; beben **3.** (MUS) rocken **4.** (*Schiff*) schlingern; ~ **with laughter** sich schütteln vor Lachen III. *s* (~ *music*) Rock *m,* Rock 'n' Roll *m;* **rock-and-roll, rock'n roll** [ˌrɒk ənˈrəʊl] *s* Rock 'n' Roll *m;* **rock band** *s* Rockband *f*

rock-bot•tom [ˌrɒkˈbɒtəm] I. *s* der Tiefpunkt, Nullpunkt II. *adj* (*Preise*) niedrigste(r, s); **rock cake** *s Hefeteilchen mit Rosinen;* **rock climber** *s* Kletterer *m,* Kletterin *f;* **rock climbing** *s* Klettern *nt,* Klettersport *m;* **rock crystal** *s* Bergkristall *m*

R

rocker ['rɒkə(r)] *s* **1.** Kufe *f* **2.** (*sl*) Rocker *m;* **be** [*o* **go**] **off one's** ~ (*sl*) übergeschnappt sein, überschnappen

rock·ery ['rɒkrɪ] *s* Steingarten *m*

rocket ['rɒkɪt] **I.** *s* Rakete *f;* **give s.o. a** ~ (*fig*) jdm einen Anschiss geben; **intercontinental** ~ Interkontinentalrakete *f* **II.** *vi* (*Preise*) rasch steigen, hochschnellen; ~ **to fame** über Nacht berühmt werden; **rocket launcher** *s* Raketenabschussrampe *f,* -gerät *nt;* **rocket-launching site** *s* Raketenabschussbasis *f;* **rocket propulsion** *s* Raketenantrieb *m*

rock face ['rɒkfeɪs] *s* Felsenwand *f*

rock fes·ti·val ['rɒk'festɪvl] *s* Rockfestival *nt*

rock gar·den ['rɒkgɑːdn] *s* Steingarten *m*

rock·ing ['rɒkɪŋ] *adj* schaukelnd; **rocking chair** *s* Schaukelstuhl *m;* **rocking horse** *s* Schaukelpferd *nt*

rock mu·sic ['rɒk'mjuːzɪk] *s* Rockmusik *f*

rock plant ['rɒkplɑːnt] *s* Steinpflanze *f*

rock salt *s* Steinsalz *nt*

rock star ['rɒkstaː(r)] *s* Rockstar *m*

rocky[1] ['rɒkɪ] *adj* felsig; steinig

rocky[2] ['rɒkɪ] *adj* (*fam*) schwankend, wackelig

ro·coco [rə'kəʊkəʊ] *s* Rokoko *nt*

rod [rɒd] *s* **1.** Rute, Gerte *f* **2.** Stab *m,* Stange *f* **3.** (*divining* ~) Wünschelrute *f* **4.** (*fishing* ~) Angelrute *f;* **make a** ~ **for one's own back** sich das Leben (unnötig) schwer machen; sich etw selbst einbrocken; **rod bacterium** *s* Stäbchenbakterie *f*

rode [rəʊd] *s.* **ride**

ro·dent ['rəʊdnt] *s* Nagetier *nt*

ro·deo ['rəʊdɪəʊ] <*pl* -deos> *s* Rodeo *nt*

roe[1] [rəʊ] *s* (Fisch)Rogen *m*

roe[2] [rəʊ] *s* (~ *deer*) Reh *nt;* **roe·buck** *s* Rehbock *m*

roger ['rɒdʒə(r)] *interj* verstanden

rogue [rəʊg] *s* **1.** Schuft, Schurke, Strolch *m;* Schlingel *m* **2.** (ZOO) Einzelgänger *m;* ~**s' gallery** Verbrecheralbum *nt;* **ro·guery** ['rəʊgərɪ] *s* Gaunerei, Schurkerei *f;* **rogue satellite** *s* defekter, unkontrollierbarer Satellit; **ro·guish** ['rəʊgɪʃ] *adj* schelmisch

ROI [ˌɑːrəʊ'aɪ] *s Abk. von* **return on investment** Kapitalrendite *f,* Ertrag *m* aus Kapitalanlage

role, **rôle** [rəʊl] *s* (*a. fig*) Rolle *f;* **play a** ~ eine Rolle spielen; **leading** ~ Hauptrolle *f;* **title** ~ Titelrolle *f;* **role model** *s* Rollenbild *nt;* **role play** *s* Rollenspiel *nt;* **role reversal** *s* Rollentausch *m*

rolf·ing [rɒlfɪŋ] *s* Rolfing *nt* (*eine Art schmerzhafter Massage*)

roll [rəʊl] **I.** *vi* **1.** (*a. Augen, Wogen, Donner*) rollen **2.** (*Trommel*) wirbeln **3.** (*Schiff*) schlingern **4.** (*Donner*) grollen; ~ **down the hill** den Berg hinunterkugeln, -rugeln; **keep the show** ~**ing** die Show in Gang halten; ~ **in money** in Geld schwimmen **II.** *vt* **1.** rollen, wälzen **2.** (*Metall*) walzen **3.** (*Zigarette*) drehen **4.** (*Teig*) ausrollen; ~**ed oats** Haferflocken *pl;* ~ **one's eyes** die Augen rollen; ~ **s.th. between one's fingers** etw zwischen den Fingern drehen; ~ **one's r's** das R rollen **III.** *s* **1.** (*Papier*) Rolle *f* **2.** (*Stoff*) Ballen *m* **3.** (*Banknoten*) Bündel *nt* **4.** (*Fett*) Wulst *m* **5.** (*bread* ~) Brötchen *nt* **6.** Rollen *nt;* Schlingern *nt;* Schaukeln *nt* **7.** (*Donner*) Rollen *nt;* Brausen *nt* **8.** (JUR) Liste *f,* Register *nt;* Anwaltsliste *f;* **a** ~ **of film** eine Rolle Film; **be on a** ~ eine Glückssträhne haben; **do a** ~ eine Rolle machen; **call the** ~ die Namensliste verlesen, die Namen aufrufen; ~ **of honour** Ehrenliste *f;* **strike s.o.'s name off the** ~**s** jds Namen von der Liste streichen; **roll back** *vt* (*Teppich*) zurückrollen; ~ **back the years** die Uhr zurückdrehen; **roll by** *vi* **1.** (*Auto*) vorbeirollen **2.** (*Wolken*) vorbeiziehen **3.** (*Jahre*) dahinziehen; **roll in** *vi* (*Briefe, Geld, Ideen*) hereinströmen; **roll on** *vi* **1.** weiterrollen **2.** (*Zeit*) verfliegen; **roll out** *vt* **1.** (*Teig*) ausrollen **2.** (*Verse*) in Mengen produzieren; ~ **out the red carpet for s.o.** (*fig*) jdn mit einem großen Bahnhof empfangen; **roll over I.** *vi* **1.** herumrollen **2.** (*Fahrzeug*) umkippen **3.** (*Person*) sich umdrehen **II.** *vt* umdrehen; ~ **a debt** umschulden; **roll up I.** *vt* **1.** auf-, zusammenrollen **2.** (*Ärmel*) hochkrempeln **II.** *vi* kommen, erscheinen **III.** *s* Selbstgedrehte *f*

roll bar *s* (AUTO) Überrollbügel *m;* **roll call** ['rəʊlkɔːl] *s* Namensaufruf *m;* **roll collar** *s* Rollkragen *m*

roller ['rəʊlə(r)] *s* **1.** Rolle *f* **2.** (*pastry* ~) Nudelholz *nt* **3.** (*hair* ~) Lockenwickler *m* **4.** (TECH) Rollklotz *m* **5.** (*Welle*) Brecher *m;* **put one's hair in** ~**s** sich die Haare aufdrehen; **roller bearing** *s* (TECH) Rollenlager *nt;* **roller blind** *s* Springrollo *nt;* **roller coaster** *s* Achterbahn, Berg-und-Tal-Bahn *f;* **roller-skate I.** *s* Rollschuh *m* **II.** *vi* Rollschuh laufen; **roller towel** *s* Rollhandtuch *nt*

rol·lick·ing ['rɒlɪkɪŋ] **I.** *adj* fröhlich, lustig, ausgelassen **II.** *s* (*fam*) kräftige Standpauke

roll·ing ['rəʊlɪŋ] *adj* **1.** (*a. Ton, Donner*) rollend **2.** (MAR) schlingernd **3.** (*Wellen*) wogend **4.** (*Gelände*) wellig **5.** (*See*) rollend; **he's a** ~ **stone** er ist ein unsteter Bursche; **rolling mill** *s* Walzwerk *nt;* **rolling pin** *s* Nudelholz *nt,* Teigrolle *f;* **rolling stock** *s* (RAIL) rollendes Material

roll·neck ['rəʊlnek] *s* Rollkragen *m;* **roll-on** ['rəʊlɒn] *s* **1.** Elastikschlüpfer *m*

2. (Deo)Roller *m;* **roll-on-roll-off** *adj* (*Fährschiff*) Roll-on-roll-off-

roly-poly [ˌrəʊlɪˈpəʊlɪ] I. *adj* kugelrund, pummelig II. *s* 1. Marmeladepudding *m* 2. (*fam*) Pummel *m*

ROM [rɒm] *s abr de* **read-only memory** (INFORM) ROM *nt*

Ro•man [ˈrəʊmən] I. *adj* 1. römisch 2. (~ *Catholic*) römisch-katholisch; ~ **numerals** römische Ziffern *fpl;* ~ **nose** Römernase *f* II. *s* (HIST) Römer(in) *m(f);* **Roman Catholic** I. *adj* römisch-katholisch II. *s* Katholik(in) *m(f);* **Roman Catholic Church** *s* römisch-katholische Kirche

ro•mance [rəʊˈmæns] I. *s* 1. Ritter-, Abenteuer-, Liebesroman *m;* Liebesgeschichte *f* 2. (*fig*) Romantik *f* 3. (*a.* MUS) Romanze *f* II. *adj:* **Romance languages** romanische Sprachen *pl*

Ro•man•esque [ˌrəʊməˈnesk] *adj* romanisch

Ro•ma•nia [rəˈmeɪnɪə] *s* Rumänien *nt;* **Ro•ma•nian** [rəˈmeɪnɪən] I. *adj* rumänisch II. *s* 1. Rumäne *m,* Rumänin *f* 2. (*Sprache*) (das) Rumänisch(e)

ro•man•tic [rəʊˈmæntɪk] I. *adj* 1. romantisch 2. (*fig*) romantisch veranlagt II. *s* Romantiker(in) *m(f);* **ro•man•ti•cism** [rəʊˈmæntɪsɪzəm] *s* (MUS) Romantik *f;* **ro•man•ti•cist** [rəʊˈmæntɪsɪst] *s* (MUS) Romantiker(in) *m(f)*

Rom•any [ˈrɒmənɪ] *s* 1. Zigeuner(in) *m(f)* 2. (*Sprache*) Zigeunersprache *f*

Rome [ˈrəʊm] *s* Rom *nt;* **when in ~ do as the Romans** (**do**) (*prov*) man muss sich den Gegebenheiten anpassen; ~ **wasn't built in a day** (*prov*) Rom ist auch nicht an einem Tag erbaut worden; **the Church of** ~ die römische Kirche

romp [rɒmp] I. *vi* herumtollen, sich austoben, ausgelassen sein; ~ **home** mühelos gewinnen; ~ **through s.th.** mit etw spielend fertig werden II. *s* Tollerei *f,* Klamauk *m;* **rompers** [ˈrɒmpə(r)z] *s* Strampelhöschen *nt,* Spielanzug *m*

Roneo® [ˈrəʊnɪəʊ] I. *s* Kopie *f* II. *vt* (mit Matrize) kopieren

roof [ru:f] I. *s* 1. Dach *nt* 2. (*Tunnel*) Gewölbe *nt* 3. (AUTO) Verdeck *nt;* **the ~ of the mouth** der Gaumen; **the ~ of the world** das Dach der Welt; **without a ~ over one's head** ohne Dach über dem Kopf; **raise the ~** das Haus zum Beben bringen II. *vt* mit einem Dach versehen; ~ **over** überdachen; **roof garden** *s* Dachgarten *m;* **roof•ing** [ˈru:fɪŋ] *s* Material *nt* zum Dachdecken; **roof rack** *s* (AUTO) Dachgepäckträger *m*

rook [rʊk] I. *s* 1. Saatkrähe *f* 2. (*Schach*) Turm *m* 3. Betrüger *m* II. *vt* betrügen; übers Ohr hauen; **rook•ery** [-ərɪ] *s* (Saatkrähen)Kolonie *f*

rookie [ˈrʊkɪ] *s* (*Am sl*) Neuling *m;* (MIL) Grünschnabel *m*

room [ru:m] *s* 1. Zimmer *nt,* Raum *m;* Saal *m* 2. Büro *nt* 3. Platz *m* 4. (*fig*) Spielraum *m;* **~s to let** Zimmer *nt pl* zu vermieten; ~ **and board** Unterkunft mit Verpflegung; **there is ~ for two** es ist genügend Platz für zwei; **make ~ for s.o.** jdm Platz machen; **there is no ~ for doubt** es kann keinen Zweifel geben; **there is ~ for improvement** es ließe sich noch manches verbessern; **room•ful** [-fʊl]: **a ~ of people** ein Zimmer voll(er) Leute; **room•ing house** [ˈru:mɪŋˌhaʊs] *s* (*Am*) Mietshaus *nt* mit möblierten Wohnungen; **room•mate** *s* Zimmergenosse *m,* -genossin *f;* **room service** *s* Zimmerservice *m;* **roomy** [ˈru:mɪ] *adj* geräumig

roost [ru:st] I. *s* (Hühner)Stange *f,* Hühnerstall *m;* **at ~** auf der Stange; **come home to ~** (*fig*) auf den Urheber zurückfallen; **rule the ~** das Regiment führen II. *vi* (*Vogel*) sich auf die Stange setzen

rooster [ˈru:stə(r)] *s* Hahn *m*

root [ru:t] I. *s* 1. (*Pflanze, Haar, Zahn*) Wurzel *f* 2. (*fig*) Grundlage *f;* Kern *m;* Ursache *f* 3. (MATH) Wurzel *f* 4. (LING) Wurzel *f,* Stamm *m* 5. (MUS) Grundton *m;* **~s** Wurzeln *fpl;* **by the ~s** mit der Wurzel; **take ~** Wurzeln schlagen; **have no ~s** nirgends zu Hause sein; **put down ~s in a country** in einem Land Fuß fassen; ~ **and branch** mit Stumpf und Stiel; **get to the ~ of the problem** dem Problem auf den Grund gehen, das Problem bei den Wurzeln packen; **the ~ of the matter** der Kern der Sache; **square/cube ~** (MATH) Quadrat-/Kubikwurzel *f* II. *vi* Wurzeln schlagen; ~ **for** anfeuern III. *vt* Wurzeln schlagen lassen bei; **deeply ~ed** (*fig*) tief verwurzelt; ~ **out** mit der Wurzel ausreißen; (*fig*) aufspüren; ~ **up** ausgraben; **root beer** *s* (*Am*) leichtes nichtalkoholisches Getränk; **root cause** *s* (*fig*) (eigentlicher) Grund; **root•less** [ˈru:tlɪs] *adj* wurzellos; **root position** *s* (MUS) Grundstellung *f;* **root sign** *s* (MATH) Wurzelzeichen *nt;* **root vegetable** *s* Wurzelgemüse *nt*

rope [rəʊp] I. *s* 1. Seil, Tau *nt* 2. Strick, Strang *m* 3. (*Glocke*) Glockenstrang *m;* **on the ~** angeseilt; **be on the ~s** (*Boxen*) in den Seilen hängen; **give s.o. plenty of ~** jdm viel Freiheit lassen; **a ~ of climbers** eine Seilschaft; **know the ~s** sich auskennen; **show s.o. the ~s** jdn in alles einweihen; ~ **of pearls** Perlenschnur *f* II. *vt* 1. verschnüren 2. mit dem Lasso fangen; ~ **in** einschließen; ~ **s.o. in** jdn (ein)fangen; ~

off mit einem Seil abgrenzen; **rope-dancer**, **rope•walker** *s* Seiltänzer(in) *m(f)*; **rope ladder** *s* Strickleiter *f*; **rope-way** ['rəʊpweɪ] *s* (Draht)Seilbahn *f*; **rop(e)y** ['rəʊpɪ] *adj* (*sl*) miserabel; mitgenommen; **I feel a bit** ~ mir geht's nicht so gut, nicht besonders

ro-ro ['rəʊrəʊ] *adj* (*Fährschiff*) Roll-on-roll-off-

ro•sary ['rəʊzərɪ] *s* (REL) Rosenkranz *m*

rose¹ [rəʊz] *s.* **rise**

rose² [rəʊz] **I.** *s* **1.** Rose *f* **2.** (*Farbe*) Rosa *nt* **3.** (*Gießkanne*) Brause *f* **4.** (ARCH) Rosette *f*; **under the** ~ unter dem Siegel der Verschwiegenheit; **my life isn't all** (**a bed of**) ~**s** ich bin auch nicht auf Rosen gebettet; **no** ~ **without a thorn** (*prov*) keine Rose ohne Dornen; **the Wars of the Roses** (HIST) die Rosenkriege *pl* **II.** *adj* rosa(rot); **rose•bud** *s* Rosenknospe *f*; **rose•bush** *s* Rosenstrauch *m*; **rose garden** *s* Rosengarten *m*; **rose•hip** *s* Hagebutte *f*

rose•mary ['rəʊzmərɪ] *s* Rosmarin *m*

ro•sette [rəʊ'zet] *s* (*a.* ARCH) Rosette *f*

rose-water ['rəʊzwɔ:tə(r)] *s* Rosenwasser *nt*; **rose window** *s* (Fenster)Rosette *f*

rosin ['rɒzɪn] **I.** *s* (*Geige*) Harz, Kolophonium *nt* **II.** *vt* mit Kolophonium einreiben

ros•ter ['rɒstə(r)] *s* Dienstplan *m*

ros•trum ['rɒstrəm, *pl* 'rɒstrə] <*pl* -trums, -tra> *s* Tribüne *f*; Dirigenten-, Rednerpult *nt*

rosy ['rəʊzɪ] *adj* **1.** rosarot, rosig **2.** (*fig*) rosig

rot [rɒt] **I.** *vi* **1.** (ver)faulen, verrotten **2.** (*fig*) verkommen, verderben; ~ **away** verfaulen, vermodern **II.** *vt* verfaulen lassen **III.** *s* **1.** Fäulnis *f*; Moder *m* **2.** (*sl*) Un-, Blödsinn, Quatsch *m*; **dry** ~ Trockenfäule *f*; **stop the** ~ den Fäulnisprozess aufhalten; **talk** ~ (*sl*) Unsinn, Kohl reden

rota ['rəʊtə] *s* (*Br*) Dienstplan *m*

ro•tary ['rəʊtərɪ] *adj* rotierend, sich drehend; Rotations-; ~ **engine** (AUTO) Drehkolben-, Wankelmotor *m*; ~ **motion** Kreis-, Drehbewegung *f*; ~ **press** (TYP) Rotationsdruckmaschine *f*

rota system *s* Rotationsprinzip *nt*

ro•tate [rəʊ'teɪt] **I.** *vi* **1.** rotieren, sich drehen **2.** (*fig*) (sich) turnusmäßig (ab)wechseln **II.** *vt* **1.** rotieren lassen **2.** (*fig*) turnusmäßig erledigen; ~ **crops** im Fruchtwechsel anbauen; **ro•ta•tion** [rəʊ'teɪʃn] *s* **1.** Umdrehung, Rotation *f* **2.** (*fig*) turnusmäßiger Wechsel; **by** [*o* **in**] ~ abwechselnd, im Turnus; ~ **of crops** (AGR) Fruchtwechsel *m*; **ro•ta•tory** ['rəʊtətərɪ] *adj* **1.** rotierend **2.** (*fig*) turnusmäßig wechselnd, abwechselnd

rote [rəʊt] *s*: **learn s.th. by** ~ etw auswendig lernen

ro•tor ['rəʊtə(r)] *s* (AUTO) Rotor *m*

rot•ten ['rɒtn] *adj* **1.** (*Zahn, Ei*) faul **2.** (*Holz*) morsch **3.** (*Früchte*) verdorben **4.** (*fig*) korrupt, verdorben **5.** (*Wetter, Zustand*) mies **6.** (*fig*) gemein, eklig; ~ **to the core** (*fig*) durch und durch verdorben; **what** ~ **luck!** so ein Pech!

ro•tund [rəʊ'tʌnd] *adj* **1.** rundlich **2.** (*Stimme*) voll, wohltönend **3.** (*Rede*) bombastisch

ro•tunda [rəʊ'tʌndə] *s* Rundbau *m*, Rotunde *f*

rouge [ru:ʒ] **I.** *s* Rouge *nt* **II.** *vt*: ~ **one's cheeks** Rouge auflegen

rough [rʌf] **I.** *adj* **1.** rau, uneben **2.** (*Straße*) holprig **3.** (*Ton*) hart **4.** (*Wein*) sauer **5.** (*Worte*) grob, hart **6.** (*Benehmen*) ungehobelt; roh **7.** (*Behandlung*) grob, hart **8.** (SPORT) hart **9.** (*See*) rau, stürmisch **10.** (*Rechnung*) grob, ungefähr; **have a** ~ **tongue** eine scharfe Zunge haben; **be** ~ **with s.o.** grob mit jdm umgehen; **he had a** ~ **time** (*fam*) es ging ihm ziemlich dreckig; **be** ~ **on s.o.** grob mit jdm umspringen; ~ **book** (SCHULE) Schmierheft *nt*; ~ **copy** Konzept *nt*; ~ **paper** Konzeptpapier *nt*; **feel** ~ sich mies fühlen **II.** *adv* wüst, wild; **sleep** ~ im Freien übernachten **III.** *s* **1.** unwegsames Gelände; (*Golf*) Rauh *nt* **2.** Rohentwurf *m* **3.** (*fig*) Grobian, Rowdy *m*; **in the** ~ im Rohzustand; **take the** ~ **with the smooth** die Dinge nehmen, wie sie kommen **IV.** *vt*: ~ **it** primitiv leben; ~ **out** grob entwerfen; ~ **up** (*Haar*) zerzausen; ~ **s.o. up** jdn zusammenschlagen

rough•age ['rʌfɪdʒ] *s* Ballaststoffe *mpl*

rough-and-ready [ˌrʌfənd'redɪ] *adj* **1.** (*Methode*) provisorisch **2.** (*Arbeit*) zusammengepfuscht **3.** (*Mensch*) raubeinig; **rough-and-tumble** *s* Balgerei, Schlägerei *f*; **rough-cast I.** *s* (ARCH) Rauputz *m* **II.** *vt* rauverputzen; **rough diamond** *s* Rohdiamant *m*; (*fig*) rauer Mensch mit gutem Kern

roughen ['rʌfn] **I.** *vt* uneben machen; rau machen **II.** *vi* **1.** (*Haut*) rau werden **2.** (*Ton*) hart werden

rough-hew ['rʌfhju:] *vt* (*Stein*) grob behauen; **rough-hewn** [-n] *adj* (*fig*) ungehobelt; **rough•house I.** *s* (*fam*) Schlägerei *f* **II.** *vt* (*fam*) herumstoßen

rough•ly ['rʌflɪ] *adv* **1.** rau, grob; barsch **2.** ungefähr **3.** (*Stich*) grob

rough•neck ['rʌfnek] *s* (*Am sl*) Rowdy *m*

rough•ness ['rʌfnɪs] *s* Rauheit, Unebenheit *f*; Grobheit *f*; Rohheit *f*; Härte *f*

rough•shod ['rʌfʃɒd] *adv*: **ride** ~ **over s.o.** rücksichtslos über jdn hinweggehen; **rough-spoken** [ˌrʌf'spəʊkən] *adj*: **be** ~

sich ungehobelt ausdrücken

rou•lette [ruː'let] *s* Roulett *nt*

round [raʊnd] **I.** *adj* **1.** rund **2.** (*Vokal*) gerundet **3.** (*Summe*) rund **4.** (*Gang*) flott; **~ figure** [*o* **number**] runde Zahl; **a ~ dozen** ein rundes Dutzend **II.** *s* **1.** (*Brot*) Scheibe *f* **2.** Kreis, Ring *m* **3.** (*Polizei*) Runde *f* **4.** (SPORT) Runde *f;* Durchgang *m* **5.** (MUS) Kanon *m;* **a ~ of toast** eine Scheibe Toast; **do** [*o* **make**] **one's ~s** seine Runden machen; **make the ~s** die Runde machen; **pay for a ~** (**of drinks**) eine Runde bezahlen; **the daily ~** die tägliche Arbeit; **go the ~s** reihum gehen; **~ of ammunition** Ladung *f;* **a ~ of applause** Applaus *m;* **in the ~** insgesamt; **theatre in the ~** Arenatheater *nt* **III.** *vt* **1.** runden, rund machen **2.** (*Kurve*) herumgehen, -fahren um **IV.** *adv* (rings)herum; rund(her)um; **all** [*o* **right**] **~** ganz herum; **the long way ~** der längere Weg; **~ and ~** rundherum; **be ~ at 2 o'clock** um 2 Uhr da sein; **for the second time ~** zum zweiten Mal; **all** (**the**) **year ~** das ganze Jahr über; **taking things all ~, taken all ~** insgesamt gesehen, wenn man alles zusammennimmt **V.** *prep* **1.** um ... herum **2.** ungefähr; **~ the table** um den Tisch; **all ~ the house** im ganzen Haus; **go ~ a corner** um eine Kurve, Ecke gehen; **look ~ a house** sich ein Haus ansehen; **show s.o. ~ a town** jdm eine Stadt zeigen; **~** (**about**) **2 o'clock** ungefähr um 2 Uhr; **round down** *vt* (*Preis*) abrunden; **round off** *vt* **1.** abrunden **2.** (*Serie*) voll machen; abschließen; **round on** *vt* (*fig*) anfahren; **round out** *vt* runden; **round up** *vt* **1.** zusammentrommeln **2.** (*Vieh*) zusammentreiben **3.** (*Verbrecher*) hochnehmen **4.** (*Preis*) aufrunden

round•about ['raʊndəbaʊt] **I.** *adj:* **~ route** Umweg *m;* **what a ~ way of doing things!** wie kann man nur so umständlich sein!; **by ~ means** auf Umwegen **II.** *s* **1.** Karussell *nt* **2.** (*Br*) Kreisverkehr, Kreisel *m*

roun•de•lay ['raʊndɪleɪ] *s* (MUS) Lied *nt* mit Refrain

roun•ders ['raʊndəz] *s pl mit sing* (*Br*) Schlagball *m*

round•ly ['raʊndlɪ] *adv* (*fig*) ohne Umschweife

round robin [ˌraʊnd'rɒbɪn] *s* **1.** (PARL) gemeinsamer Antrag **2.** (*Am*) *Wettkampf, in dem jeder gegen jeden spielt;* **round-shoul•dered** [ˌraʊnd'ʃəʊldəd] *adj* mit runden Schultern; **rounds•man** ['raʊndzmən] <*pl* -men> *s* Austräger *m;* **round-table discussion** *s* Diskussion *f* am runden Tisch; **round-the-clock** *adj* rund um die Uhr; **round trip** *s* Rundreise *f;* (*Am*) Hin-und-Rückfahrt *f;* **round-trip ticket** *s* (*Am*) Rückfahrkarte *f;* **round-up** ['raʊndʌp] *s* **1.** (*Vieh*) Zusammentreiben *nt;* Auftrieb *m* **2.** (*Menschen*) Zusammentrommeln *nt;* Versammlung *f* **3.** (*Verbrecher*) Hochnehmen *nt;* ausgehobene Bande; **a ~ of the news** eine Zusammenfassung der Nachrichten

rouse [raʊz] **I.** *vt* **1.** wecken **2.** (*Gefühl*) erwecken, wachrufen **3.** (*Hass*) erregen; **~ s.o.** jdn reizen; **~ s.o. to hatred** jds Hass anstacheln; **~ s.o. to action** jdn zum Handeln bewegen **II.** *vi* wach werden; **rous•ing** ['raʊzɪŋ] *adj* **1.** (*Applaus*) stürmisch **2.** (*Rede*) zündend, mitreißend **3.** (*Musik*) schwungvoll

roust•about ['raʊstəbaʊt] *s* (*Am*) Handlanger *m*

rout[1] [raʊt] **I.** *s* **1.** Schlappe *f* **2.** (JUR) Bande, Rotte *f;* **put to ~** in die Flucht schlagen **II.** *vt* in die Flucht schlagen

rout[2] [raʊt] *vt* (**~ out**) aufstöbern; herausjagen (*of* aus)

route [ruːt, *Am* raʊt] **I.** *s* **1.** Strecke, Linie, Route *f* **2.** (MIL) Marschbefehl *m;* **shipping ~, air ~** Schifffahrtsweg *m,* Flugweg *m;* **~ march** Geländemarsch *m;* **he has a paper ~** (*Am*) er trägt Zeitungen aus **II.** *vt* (*Bus, Zug*) legen; (*Gepäck*) schicken; **the train is ~d through ...** der Zug wird durch ... geführt

rou•tine [ruː'tiːn] **I.** *s* Routine *f;* **as a matter of ~** routinemäßig **II.** *adj* routine-, gewohnheitsmäßig; **be ~ procedure** Routine sein; **~ duties** tägliche Pflichten *fpl;* **~ search** Routinedurchsuchung *f*

roux [ruː] *s* Mehlschwitze *f*

rove [rəʊv] **I.** *vi* umherschweifen, -streifen **II.** *vt* durchwandern, -ziehen; **rover** ['rəʊvə(r)] *s* Vagabund *m;* **rov•ing** ['rəʊvɪŋ] *adj* wandernd; **~ commission** Reisetätigkeit *f;* **have a ~ eye** ein Auge riskieren; **~ reporter** rasender Reporter

row[1] [rəʊ] *s* Reihe *f;* **in ~s** reihenweise; **in a ~** hintereinander

row[2] [rəʊ] **I.** *vi, vt* rudern; **~ s.o. across** jdn hinüberrudern; **~ away** wegrudern **II.** *s* Ruderfahrt, -strecke *f;* **go for a ~** rudern gehen

row[3] [raʊ] **I.** *s* **1.** Lärm, Krach *m* **2.** Streit *m;* **have a ~ with s.o.** mit jdm Krach haben; **kick up a ~** Krach schlagen **II.** *vi* sich streiten

rowan ['rəʊən] *s* (*~-tree*) Eberesche *f,* Vogelbeerbaum *m;* **rowan•berry** *s* Vogelbeere *f*

row•boat ['rəʊbəʊt] *s* (*Am*) Ruderboot *nt*

rowdy ['raʊdɪ] **I.** *s* Rowdy, Krawallmacher *m* **II.** *adj* laut; randalierend; **rowdy•ism** [-ɪzəm] *s* Rowdytum *nt*

R

rower ['rəʊə(r)] *s* Ruderer *m,* Ruderin *f*
row•ing ['rəʊɪŋ] *s* Rudern *nt,* Rudersport *m;* **row•ing boat** ['rəʊɪŋbəʊt] *s* (*Br*) Ruderboot *nt;* **rowing club** *s* Ruderklub *m;* **row•lock** ['rɒlək] *s* (Ruder)Dolle *f*
royal ['rɔɪəl] **I.** *adj* **1.** königlich **2.** (*fig*) fürstlich, prächtig, prunkvoll **II.** *s* Mitglied *nt* der königlichen Familie; **Royal Highness** *s:* **Your/His** ~ Eure/Seine Königliche Hoheit; **royal•ist** ['rɔɪəlɪst] *s* Royalist(in) *m(f);* **royal jelly** *s* Gelee Royale *f;* **roy•alty** ['rɔɪəltɪ] *s* **1.** Königtum *nt;* Königshaus *nt* **2. royalties** Tantiemen *fpl,* Patent-, Lizenzgebühren *fpl;* **symbols of** ~ Wahrzeichen *pl* der Königswürde
RP [ˌɑː(r)'piː] *s abr de* **received pronunciation** hochsprachliche Aussprache
RPI [ˌɑː(r)piː'aɪ] *s abr de* **retail price index** Index *m* der Einzelhandelspreise
rpm¹ [ˌaː(r)piː'em] *s abr de* **revolutions per minute** Umdrehungen *f pl* pro Minute
rpm² [ˌɑː(r)piː'em] *s abr de* **resale price maintenance** Preisbindung *f* der zweiten Hand, vertikale Preisbindung
RRP [ˌɑːrɑː'piː] *s abr de* **recommended retail price** empfohlener Abgabepreis, unverbindliche Preisempfehlung
RSI [ˌɑːres'aɪ] *s abr de* **repetitive strain injury** (MED) *Muskelzerrung verursacht durch andauernde Überanstrengung*
RSPCA [ˌɑːrespiːsiː'eɪ] *s abr de* **Royal Society for the Prevention of Cruelty to Animals** ≈Tierschutzverein *m*
RSVP [ˌɑːresviː'piː] *s abr de* **répondez s'il vous plaît** u.A.w.g.
rub [rʌb] **I.** *vt* **1.** (ab-, ein)reiben **2.** frottieren **3.** polieren; ~ **one's hands** (**together**) sich die Hände reiben; ~ **shoulders with s.o.** mit jdm in Berührung kommen; ~ **o.s. with a lotion** sich mit einer Lotion einreiben; ~ **s.th. dry** etw trockenreiben **II.** *vi* **1.** reiben (*against* an) **2.** (*Schuhe*) scheuern **III.** *s* Reiben, Scheuern *nt;* **give s.th. a** ~ etw reiben; etw polieren; **there's the** ~ (*fam*) da liegt der Hase im Pfeffer; **rub along** *vi* (*fam*) sich durchschlagen; ~ **along together** recht und schlecht miteinander auskommen; **rub down** *vt* **1.** abreiben, frottieren **2.** (*Pferd*) striegeln **3.** abschmirgeln; **rub in** *vt* **1.** (*Salbe*) einreiben **2.** (*fig*) herumreiten auf; **rub off I.** *vt* **1.** wegreiben, ausradieren; ~ **off on someone** (*fig*) auf jdn abfärben **2.** (*Farbe*) abreiben **II.** *vi* **1.** sich abnutzen **2.** (*Schmutz*) abgehen; **rub out** *vt* **1.** ausradieren; herausreiben **2.** (*Am sl*) abmurksen, killen; **rub up** *vt* blank reiben; (auf)polieren; ~ **s.o. up the wrong way** bei jdm anecken; ~ **up against s.o.** (*fam*) mit jdm verkehren
rub•ber ['rʌbə(r)] *s* **1.** Gummi *m;* Kautschuk *m* **2.** (*Br*) Radiergummi *m* **3.** (*fam*) Präservativ *nt* **4.** ~**s** Gummi-, Überschuhe *mpl;* **rubber band** *s* Gummiband *nt;* **rubber boots** *s pl* Gummistiefel *mpl;* **rubber bullet** *s* Gummigeschoss *nt;* **rubber check** *s* ungedeckter Scheck; **rubber glove** *s* Gummihandschuh *m;* **rubber hose** *s* Gummischlauch *m;* **rub•ber•neck** ['rʌbənek] *vi* gaffen; **rub•ber•neck•er** ['rʌbəˌnekə] *s* Gaffer(in) *m(f);* **rubber plant** *s* Gummibaum *m;* **rubber stamp** *s* Stempel *m;* **rubber-stamp** *vt* **1.** stempeln **2.** (*fig*) (vorbehaltlos) genehmigen; **rubber tree** *s* Kautschukbaum *m;* **rubber truncheon** *s* Gummiknüppel *m;* **rub•bery** ['rʌbərɪ] *adj* gummiartig; zäh
rub•bing ['rʌbɪŋ] *s* **1.** Reiben, Frottieren, Scheuern *nt* **2.** Polieren *nt;* Schmirgeln *nt*
rub•bish ['rʌbɪʃ] **I.** *s* **1.** Abfall *m,* Abfälle *mpl,* Müll *m;* Schutt *m* **2.** (*fig*) Blödsinn, Quatsch *m;* **garden** ~ Gartenabfälle *pl;* **household** ~ Hausmüll *m;* **don't talk** ~ red keinen Quatsch! **II.** *vt* (*fam*) verreißen; **rubbish bin** *s* Abfall-, Mülleimer *m;* **rubbish chute** *s* Müllschlucker *m;* **rubbish collection** *s* Müllabfuhr *f;* **rubbish container** *s* (*Br*) Müllcontainer *m;* **rubbish dump**, **rubbish tip** *s* Müllkippe *f;* **rub•bishy** ['rʌbɪʃɪ] *adj* **1.** minderwertig; wertlos **2.** (*fam*) blödsinnig
rubble ['rʌbl] *s* Trümmer *pl,* Schutt *m*
rub•down ['rʌbdaʊn] *s* Abreiben, Frottieren *nt*
rube [ruːb] *s* (*Am: pej*) Tölpel *m*
ru•bel•la [ruː'belə] *s* Röteln *pl*
ru•bi•cund ['ruːbɪkənd] *adj* rötlich
rub•out *s* (*Am: sl*) Mord *m*
ru•bric ['ruːbrɪk] *s* **1.** Rubrik, Überschrift *f,* Titel *m* **2.** (REL) liturgische, gottesdienstliche Regel
ruby ['ruːbɪ] **I.** *s* Rubin *m* **II.** *adj* rubinrot
RUC [ˌɑː(r)juː'siː] *s abr de* **Royal Ulster Constabulary** nordirische Polizeibehörde
ruck¹ [rʌk] *s* (*Rennen*) Pulk *m;* (*Rugby*) offenes Gedränge; **the common** ~ die breite Masse; **get out of the** ~ sich von der breiten Masse absetzen
ruck² [rʌk] **I.** *s* Falte *f* **II.** *vt* (~ *up*) zusammenziehen; verschieben **III.** *vi* sich zusammenziehen; sich hochschieben
ruck•sack ['rʌksæk] *s* Rucksack *m*
ruckus ['rʌkəs] *s* (*fam*) Krawall, Tumult *m*
ruc•tion ['rʌkʃn] *s meist pl* (*fam*) Krawall *m;* Krach *m;* **there'll be** ~**s** es gibt Krach
rud•der ['rʌdə(r)] *s* (MAR AVIAT) Ruder *nt;* **rud•der•less** [-ləs] *adj* ohne Ruder; (*fig*) führungslos
ruddi•ness ['rʌdɪnɪs] *s* Röte *f;* gesunde Gesichtsfarbe; **ruddy** ['rʌdɪ] *adj* **1.** (*Gesichtsfarbe*) rot, gesund **2.** (*Himmel*) rötlich

3. (*sl*) verdammt, verflixt

rude [ru:d] *adj* **1.** unhöflich; unverschämt; grob **2.** unanständig, unflätig **3.** (*Wetter*) wüst, rau **4.** primitiv; einfach **5.** (*Kraft*) gewaltig; **it's ~ to stare** man starrt andere Leute nicht an; **a ~ awakening** ein böses Erwachen; **be in ~ health** vor Gesundheit strotzen

ru•di•ment ['ru:dɪmənt] *s meist pl* **1.** Anfangsgründe *mpl* **2.** (BIOL) Rudiment *nt;* **ru•di•men•tary** [ˌru:dɪ'mentrɪ] *adj* **1.** (BIOL) rudimentär **2.** (*fig*) elementar

rue ['ru:] *vt* (*lit*) bereuen; **rue•ful** ['ru:fl] *adj* reuig, reuevoll

ruff [rʌf] *s* **1.** (HIST) Halskrause *f* **2.** (ZOO) Halsgefieder *nt,* Kragen *m* **3.** (*Watvogel*) Kampfläufer *m*

ruf•fian ['rʌfɪən] *s* Rüpel, Grobian *m*

ruffle ['rʌfl] **I.** *vt* **1.** (*Wasser*) kräuseln **2.** (*Haare*) zerzausen **3.** (*fig*) aufregen, aufwühlen; aus der Ruhe bringen; **the bird ~d up its feathers** der Vogel plusterte sich auf **II.** *s* **1.** Kräuseln *nt* **2.** (*Kleid*) Rüsche *f*

rug [rʌg] *s* **1.** Läufer *m;* Teppich *m* **2.** Wolldecke *f* **3.** (*bedside ~*) Bettvorleger *m*

rugby ['rʌgbɪ] *s* Rugby *nt*

rug•ged ['rʌgɪd] *adj* **1.** uneben, rau **2.** (*Fels*) zerklüftet **3.** (*Grund*) felsig **4.** (*Gesicht*) markig **5.** (*Widerstand*) verbissen

ruin ['ru:ɪn] **I.** *s* **1.** Untergang *m;* Ende *nt;* Ruin *m* **2.** Ruine *f* **3.** (*fig*) Wrack *nt* **4. ~s** Ruinen *fpl,* Trümmer *pl;* **go to ~** verfallen **II.** *vt* **1.** verwüsten, zerstören **2.** (*Ruf*) ruinieren **3.** (*finanziell*) ruinieren, zu Grunde richten **4.** (*Kind*) verderben; **be ~d** eine Ruine sein; zerstört sein; **ruin•ation** [ˌru:ɪ'neɪʃn] *s* Zerstörung *f;* Ruinierung *f;* **ruin•ous** ['ru:ɪnəs] *adj* **1.** ruinös **2.** (*Preis*) extrem

rule [ru:l] **I.** *s* **1.** Regel *f;* Spielregel *f* **2.** (*Verwaltung*) Vorschrift, Bestimmung *f* **3.** Herrschaft *f;* Regierungszeit *f* **4.** Metermaß *nt,* Maßstab *m;* **play by the ~s** die Spielregeln einhalten; **against the ~s** regelwidrig; **it's a ~ that ...** es ist Vorschrift, dass ...; **~ of thumb** Faustregel *f;* **as a ~** in der Regel; **the ~ of law** die Rechtsstaatlichkeit; **make it a ~** es sich zur Regel machen (*to do s.th.* etw zu tun); **~ of the road** Verkehrsvorschrift *f* **II.** *vt* **1.** beherrschen, regieren; herrschen über **2.** (JUR) entscheiden **3.** (*Papier*) linieren; **be ~d by jealousy** von Eifersucht beherrscht werden **III.** *vi* **1.** herrschen, regieren (*over* über) **2.** (COM: *Preise*) notieren **3.** (JUR) entscheiden (*against* gegen); **rule off** *vt* einen Schlussstrich ziehen unter; **rule out** *vt* (durch)streichen; ausschließen

rule•book ['ru:lbʊk] *s* Regelheft *nt;* Vorschriftenbuch *nt;* **ruler** ['ru:lə(r)] *s* **1.** Herrscher *m* (*of* über) **2.** Lineal *nt;* **rul•ing** ['ru:lɪŋ] **I.** *adj* **1.** (vor)herrschend **2.** (*Faktor*) ausschlaggebend **3.** (*Preise*) notiert; **the ~ class** die herrschende Klasse; **the ~ party** die Regierungspartei **II.** *s* (JUR) Entscheidung *f*

rum¹ [rʌm] *s* Rum *m*

rum² [rʌm] *adj* (*fam*) komisch, kauzig

rumba ['rʌmbə] *s* Rumba *f od m*

rumble ['rʌmbl] **I.** *vi* **1.** (*Donner*) grollen; donnern **2.** (*Magen*) knurren **II.** *vt* (*fig*) durchschauen **III.** *s* **1.** Grollen *nt;* Donnern *nt;* Rumpeln *nt* **2.** (*sl*) Schlägerei *f;* **rumbling** [-ɪŋ] *s* Grollen *nt;* Donnern *nt;* Rumpeln *nt*

rum•bus•tious [rʌm'bʌstɪəs] *adj* derb

ru•mi•nant ['ru:mɪnənt] **I.** *s* Wiederkäuer *m* **II.** *adj* wiederkäuend; **ru•mi•nate** ['ru:mɪneɪt] *vi, vt* **1.** wiederkäuen **2.** (*fig*) grübeln (*about, upon, over* über); **ru•mi•na•tive** ['ru:mɪnətɪv] *adj* (*fig*) nachdenklich, grüblerisch

rum•mage ['rʌmɪdʒ] **I.** *s* **1.** Trödel(kram), Ausschuss, Ramsch *m* **2.** Durchstöbern, -suchen *nt;* **~ sale** Ramschverkauf *m* **II.** *vi* (*~ about, ~ around*) herumstöbern, herumwühlen (*among, in* in)

rummy ['rʌmɪ] *s* (*Kartenspiel*) Rommee *nt*

ru•mor (*Am*), **ru•mour** ['ru:mə(r)] **I.** *s* Gerücht *nt* (*of* über); **there is a ~ of war** es gehen Kriegsgerüchte um **II.** *vt:* **it is ~ed that ...** es geht das Gerücht, dass ...; man munkelt, dass ...; **rumour mill** *s* Gerüchteküche *f*

rump [rʌmp] *s* **1.** (*Vieh*) Hinterbacken *fpl* **2.** (*Vogel*) Bürzel *m* **3.** (*Mensch*) Hinterteil *nt;* **~ steak** Rumpsteak *nt*

rumple ['rʌmpl] *vt* **1.** zerknittern, zerknüllen **2.** (*Haar*) zerzausen

rum•pus ['rʌmpəs] *s* (*fam*) Krawall, Krach *m;* **kick up a ~** einen Spektakel machen

run [rʌn] <*irr:* ran, run> **I.** *vi* **1.** laufen, rennen, eilen **2.** davonlaufen, weglaufen, wegrennen **3.** (*Neuigkeit*) umgehen **4.** (*Worte*) lauten **5.** kandidieren, sich aufstellen lassen **6.** (*Fahrzeug*) rollen; gleiten **7.** (*Wasser*) laufen **8.** (*Strom*) fließen **9.** (*Augen*) tränen **10.** (*Farbe*) zerfließen, ineinander fließen **11.** (*Zinsen, Wechsel*) laufen **12.** (*Verkehrsmittel*) fahren, verkehren **13.** (*Fabrik*) arbeiten **14.** (*Geschäft, Maschine*) gehen, laufen, in Betrieb sein, arbeiten; funktionieren **15.** (*Straße*) führen, gehen **16.** (*Berge*) sich ziehen, sich erstrecken **17.** (*Strümpfe*) eine Laufmasche bekommen **18.** (*Gewässer*) fließen, strömen; **he came ~ning out** er kam herausgelaufen; **~ for the bus** zum Bus laufen; **she ran to help him** sie kam ihm schnell zur Hilfe; **~ for one's life** um sein Leben rennen; **~ (in) the 100 metres**

R

die 100 Meter laufen; ~ **to earth** sich verkriechen; **a rumour ran through the school** ein Gerücht ging in der Schule um; ~ **down the list** die Liste durchgehen; **a shiver ran down her spine** ein Schauder lief ihr über den Rücken; **the idea ran through my head** der Gedanke ging mir durch den Kopf; **so the story ~s** die Geschichte geht so; **the wording ran as follows** es lautete folgendermaßen; ~ **for President** für die Präsidentschaft kandidieren; ~ **dry** austrocknen; **I've ~ dry of ideas** mir sind die Ideen ausgegangen; ~ **short** knapp werden; **it ~s on wheels** es fährt auf Rädern; **my skirt has** ~ mein Rock hat gefärbt; **the river ~s into the sea** der Fluss mündet ins Meer; **inflation is ~ning at ...** die Inflationsrate beträgt ...; **the tide was ~ning strongly** die Gezeiten waren stark; **the floor was ~ning with water** der Fußboden schwamm vor Wasser; **his blood ran cold** das Blut gefror ihm in den Adern; **the book has** ~ **into two editions** das Buch hat schon zwei Auflagen erreicht; ~ **to a new car** sich ein neues Auto leisten; ~ **into** (**a**) **port** in den Hafen einlaufen; **the buses** ~ **once an hour** die Busse fahren stündlich; **the car is ~ning smoothly** der Wagen läuft ohne Schwierigkeiten; **the radio ~s off the mains** das Radio läuft auf Netz; **all planes are ~ning late** alle Flugzeuge haben Verspätung; **a wall ~s round the garden** um den Garten führt eine Mauer; ~ **in the family** in der Familie liegen; ~ **to seed** (*Blume*) schießen; (*Mensch*) herunterkommen; ~ **with sweat** schweißüberströmt sein **II.** *vt* **1.** laufen, rennen **2.** (*Fuchs*) treiben, jagen **3.** (*Kandidaten*) aufstellen **4.** (*Pferd*) laufen lassen **5.** (*Personen*) fahren, bringen **6.** (*Züge*) unterhalten; einsetzen **7.** (*Maschine*) betreiben; bedienen **8.** (*Test*) durchführen **9.** (*Hotel*) führen, leiten **10.** (*Wettbewerb*) veranstalten, durchführen **11.** schmuggeln **12.** (*Straße*) führen **13.** (*Kabel*) verlegen **14.** (*Film*) zeigen **15.** (COM) verkaufen **16.** (*Waffen*) schmuggeln; ~ **2 km** 2 km laufen; ~ **errands** Botengänge machen; ~ **the streets** sich auf der Straße herumtreiben; ~ **s.o. close** nur knapp von jdm geschlagen werden; ~ **its course** seinen Lauf nehmen; ~ **a fever** Fieber haben; ~ **s.o. off his feet** jdn ständig in Trab halten; ~ **o.s. out of breath** außer Atem kommen; ~ **s.o. into debt** jdn in Schulden stürzen; ~ (**water into**) **a bath** Wasser in die Badewanne einlaufen lassen; **he ran her home** er brachte sie nach Hause; **he ~s a car** er fährt, unterhält ein Auto; **a well-~ hotel** ein gutgeführtes Hotel; ~ **a house** einen Haushalt führen; ~ **one's own life** sein eigenes Leben führen; ~ **one's fingers through one's hair** sich mit den Fingern durch die Haare fahren; ~ **one's eye over a page** eine Seite überfliegen; ~ **a rope round a tree** ein Seil um einen Baum legen; ~ **a sword into s.o.'s side** ein Schwert in jds Seite stoßen **III.** *s* **1.** (SPORT) Lauf *m* **2.** Fahrt *f;* Ausflug *m* **3.** Flug *m;* Strecke *f* **4.** Dauer *f* **5.** Reihe, Serie *f* **6.** (THEAT) Spielzeit *f* **7.** (FILM) Laufzeit *f* **8.** (COM) Ansturm, Run *m* **9.** (*fig*) Tendenz *f* **10.** (*Ski*) Bahn *f* **11.** (*für Tiere*) Gehege *nt;* Hühnerhof *m* **12.** (*Strümpfe*) Laufmasche *f* **13.** (MUS) Lauf *m* **14.** (TYP) Auflage *f;* **he came in at a** ~ er kam hereingelaufen; **he took the fence at a** ~ er nahm die Hürde im Lauf; **break into a** ~ zu laufen anfangen; **make a** ~ **for it** weglaufen; **on the** ~ auf der Flucht; **I've been on the** ~ **ever since I got up** seit ich aufgestanden bin, war ich ganz schön auf Trab; **he has had a good** ~ **for his money** er hat was für sein Geld bekommen; er hat einen ordentlichen Kampf bekommen; **go for a** ~ **in the car** eine Fahrt im Auto machen; **take a** ~ **up to ...** eine Fahrt nach ... machen; **on the outward/inward** ~ auf der Hin-/Rückfahrt; **approach** ~ Anflug *m;* **give s.o. the** ~ **of one's house** jdm sein Haus überlassen; **in the short** ~ fürs Nächste; **a** ~ **of luck** eine Glückssträhne; ~ **on** Ansturm *m* auf; **the common** ~ **of mankind** der Durchschnittsmensch; **the ordinary** ~ **of things** der normale Gang der Dinge; **run about** *vi* herum-, umherlaufen; ~ **about with s.o.** sich mit jdm herumtreiben; **run across I.** *vi* hinüberlaufen **II.** *vt* zufällig treffen; **run after** *vt* hinterherlaufen; **run against** *vt* (POL) jds Gegenkandidat sein; **run along** *vi* (*fam*) laufen, rennen; **run away** *vi* **1.** weglaufen, wegrennen **2.** (*Wasser*) auslaufen; **run away with** *vt* **1.** (*Geld*) verschlucken, verbrauchen; durchgehen mit **2.** (SPORT) spielend gewinnen; ~ **away with the idea** auf den Gedanken kommen; **run back** *vi* zurücklaufen; ~ **back over the procedure** das Verfahren nochmals durchgehen; **run down I.** *vi* **1.** hinunterlaufen **2.** (*Uhr*) ablaufen **3.** (*Batterie*) leer werden **II.** *vt* **1.** überfahren **2.** (MAR) rammen; versenken **3.** (*Lager*) abbauen, auflösen **4.** (*fig*) schlecht machen **5.** (*Verbrecher*) zur Strecke bringen, fassen; **run in I.** *vi* hineinlaufen **II.** *vt* **1.** (*Auto*) einfahren **2.** (*fam*) sich schnappen; **run into** *vt* **1.** zufällig treffen **2.** (*Auto*) fahren gegen; ~ **into difficulties** Schwierigkeiten bekommen; ~ **into danger** in Gefahr geraten; **run off I.** *vi* weglaufen, -rennen **II.** *vt* **1.** (*Wasser*) ablassen **2.** (*Brief*) herunterschreiben **3.** (TYP) abziehen, Abzüge machen von **4.** (SPORT) entscheiden **5.** (*Kleid*) schnell machen; **run on** *vi* **1.** weiterlaufen, -rennen **2.** (*Gespräch*) sich hinziehen **3.** (*Worte*) laufend geschrieben sein; ohne Absatz gedruckt sein; **run out I.** *vi* **1.** hinausgehen, herauslaufen **2.** (*Ware*) ausgehen, zu Ende gehen **3.** (*Bescheinigung*) ablaufen **II.** *vt* (*Kette*) abwickeln; **run out of** *vi:* **I've ~ out of money** mir ist das Geld ausgegangen, ich habe kein Geld mehr; (*Vorräte*) ausgehen; **run over I.** *vi* **1.** kurz hinüberlaufen **2.** (*Flüssigkeit*) überlaufen **3.** (*Buch*) durchgehen; durchsehen **II.** *vt* überfahren; **run through I.** *vi* **1.** durchlaufen **2.** (*Geld*) durchbringen **3.** (*Stück*) durchgehen; durchspielen **II.** *vt* durchbohren; **run up I.** *vi* hinauflaufen, -eilen **II.** *vt* **1.** (*Flagge*) hissen **2.** machen **3.** schnell zusammennähen; ~ **up against difficulties** auf Schwierigkeiten stoßen; ~ **up a debt** Schulden machen

run•about ['rʌnəbaʊt] *s* kleiner Stadt-, Sportwagen; kleines Motorboot; kleines Flugzeug; **run-around** ['rʌnə'raʊnd] *s* (*sl*): **get the ~** an der Nase herumgeführt werden; **give s.o. the ~** jdn an der Nase herumführen; **run•away** ['rʌnəweɪ] **I.** *s* Ausreißer(in) *m(f)* **II.** *adj* **1.** durchgebrannt, entlaufen **2.** (*Inflation*) unkontrollierbar; **have a ~ victory** einen leichten Sieg haben; **run-down** [ˌrʌn'daʊn] **I.** *adj* **1.** (TECH) abgelaufen **2.** heruntergekommen, elend **3.** abgespannt **II.** ['rʌndaʊn] *s* **1.** Zusammenfassung *f,* Bericht *m* **2.** (*Lager*) Abbau *m;* Auflösung *f*

rune [ru:n] *s* Rune *f*

rung[1] [rʌŋ] *s.* **ring[1]**

rung[2] [rʌŋ] *s* Sprosse *f*

run-in ['rʌnˌɪn] *s* (*fam*) Streit *m*

run•ner ['rʌnə(r)] *s* **1.** Läufer(in) *m(f),* Rennpferd *nt* **2.** Bote, Laufbursche *m* **3.** Schmuggler *m* **4.** (Schlitten)Kufe *f* **5.** (Tisch)Läufer *m* **6.** (BOT) Ausläufer *m;* **do a ~** (*sl*) eine Fliege machen; **runner bean** *s* Stangenbohne *f;* **runner-up** [ˌrʌnər'ʌp] *s* (SPORT) Zweite(r) *f m*

run•ning ['rʌnɪŋ] **I.** *s* **1.** Laufen, Rennen *nt* **2.** (*a.* TECH) Leitung, Führung *f* **3.** (JUR) Schmuggel *m* **4.** (COM) Laufzeit, Gültigkeitsdauer *f;* ~ **style** Laufstil *m;* **make the ~** das Rennen machen; **be in the ~** im Rennen liegen; **be out of the ~** aus dem Rennen sein; **take up the ~** sich an die Spitze setzen; ~ **shoe** Laufschuh *m* **II.** *adj* **1.** (*Wasser*) fließend **2.** (COM) laufend; ~ **jump** Sprung *m* mit Anlauf; **go and take a ~ jump** (**at yourself**)! du kannst mich mal!; ~ **commentary** fortlaufender Kommentar; ~ **account** laufendes Konto; **4 days ~** 4 Tage hintereinander; **a ~ cold** ein schwerer Schnupfen; **a ~ tap** ein aufgedrehter Wasserhahn; **up and ~** in Betrieb; ~ **water** fließendes Wasser; **running costs** *s pl* Betriebskosten *pl;* **running joke** *s* Witz, der ständig wiederholt wird; **running order** *s:* **in ~** betriebsbereit

runny ['rʌnɪ] *adj* **1.** flüssig **2.** (*Nase*) laufend **3.** (*Augen*) wässrig

run-off ['rʌnɒf] *s* (SPORT) Entscheidungslauf *m,* -spiel *nt;* **run-of-the-mill** [ˌrʌnəvðə'mɪl] *adj* durchschnittlich, gewöhnlich

runt [rʌnt] *s* **1.** kleines Ferkel **2.** (*pej*) kleiner Teufel

run-through ['rʌnθru:] *s* Durchgehen *nt;* **run-up** ['rʌnʌp] *s* **1.** (SPORT) Anlauf *m* **2.** (*fig*) Vorbereitungszeit *f*

run•way ['rʌnweɪ] *s* Start- und Landebahn, Runway *f*

rup•ture ['rʌptʃə(r)] **I.** *s* **1.** Bruch *m* **2.** (POL) Abbruch *m* **II.** *vt, vi* brechen; ~ **o.s.** sich einen Bruch heben

ru•ral ['rʊərəl] *adj* ländlich; Land-; ~ **depopulation** Landflucht *f*

ruse [ru:z] *s* List *f*

rush[1] [rʌʃ] **I.** *vi* **1.** eilen, laufen, rennen; hetzen; stürmen **2.** (*Wasser*) schießen, stürzen; ~ **to help** zu Hilfe eilen; ~ **to the attack** auf etw losgehen; **the blood ~ed to his face** das Blut schoss ihm ins Gesicht **II.** *vt* **1.** (schnell, heftig) drängen, stoßen, jagen **2.** schnell befördern, transportieren, schaffen (*to the hospital* ins Krankenhaus) **3.** (*Arbeit*) hastig machen **4.** (*sl*) schröpfen; **be ~ed off one's feet** dauernd auf Trab sein; ~ **s.o. into a decision** jdn zu einer hastigen Entscheidung treiben; ~ **s.o. into doing s.th.** jdn dazu treiben, etw überstürzt zu tun; ~ **one's fences** die Sache überstürzen **III.** *s* **1.** Andrang *m,* Gedränge *nt* **2.** (MIL) Stoß *m;* Sturm *m* **3.** Eile, Hetze, Hast *f* **4.** **~es** (FILM) erste Kopie; **the Christmas ~** der Weihnachtsbetrieb; **a ~ job** ein eiliger Auftrag; **a ~ of orders** eine Flut von Aufträgen; **be in a ~** in Eile sein; **rush at** *vt* losstürzen auf; **rush out** *vi* hinauseilen, -stürzen; **rush through** *vt* (*Gesetz*) durchpeitschen; **rush up** *vi* hinaufeilen

rush[2] [rʌʃ] *s* Binse *f,* Rohr *nt;* **not worth a ~** keinen Pfifferling wert

rush hour ['rʌʃaʊə] *s* Hauptgeschäfts-, Hauptverkehrs-, Stoßzeit *f;* **rush order** *s* (COM) Eilauftrag *m*

rusk [rʌsk] *s* Zwieback *m*

rus•set ['rʌsɪt] **I.** *adj* gelblich rotbraun **II.** *s* Boskopapfel *m*

Rus•sia ['rʌʃə] *s* Russland *nt;* **Rus•sian** ['rʌʃn] **I.** *s* **1.** Russe *m,* Russin *f* **2.** (*Sprache*) (das) Russisch(e) **II.** *adj* russisch; ~ **roulette** russisches Roulett

rust [rʌst] **I.** *s* **1.** Rost *m* **2.** (BOT) Brand *m;* ~-

R

proof rostfrei; ~-**resistant** nicht rostend **II.** *vt* rosten lassen **III.** *vi* rosten; einrosten; ~ **over** verrosten; ~ **through** durchrosten; ~ **up** festrosten; **rust-coloured** *adj* rostfarben

rus•tic ['rʌstɪk] **I.** *adj* **1.** bäuerlich **2.** (*Stil*) rustikal **3.** (*Manieren*) bäurisch **II.** *s* Bauer *m*

rusti•ness ['rʌstɪnɪs] *s* Rostigkeit *f*

rustle ['rʌsl] **I.** *vi* **1.** rascheln **2.** (*Seide*) knistern **II.** *vt* **1.** rascheln mit **2.** (*Am fam: Vieh*) stehlen; ~ **up** improvisieren **III.** *s* Geraschel, Knistern *nt;* **rust•ler** ['rʌslə(r)] *s* (*Am fam*) Viehdieb *m*

rusty ['rʌstɪ] *adj* **1.** rostig; verrostet **2.** (*fig*) eingerostet, aus der Übung; **I'm a bit** ~ ich bin etwas aus der Übung

rut¹ [rʌt] *s* **1.** Spur, Furche *f* **2.** (*fig*) Trott *m;* **be in a** ~ im Trott sein; **get into a** ~ in einen Trott geraten

rut² [rʌt] **I.** *vi* (zoo) brunften, brunsten **II.** *s* (*von Tier*) Brunst, Brunft *f;* ~**ting season** Brunft-, Brunstzeit *f*

ruta•baga [ˌruːtə'beɪgə] *s* (*Am*) Steckrübe *f*

ruth•less ['ruːθlɪs] *adj* **1.** rücksichtslos **2.** (*iro*) schonungslos, unbarmherzig; **ruth-less•ness** [-nɪs] *s* **1.** Rücksichtslosigkeit *f* **2.** Unbarmherzigkeit, Schonungslosigkeit *f*

RV [ˌɑː(r)'viː] *s abr de* **recreational vehicle** (*Am*) Wohnmobil *nt*

Rwan•da [rʊ'ændə] *s* Ruanda *nt;* **Rwandan** [rʊ'ændən] **I.** *s* ruandisch **II.** *s* Ruander(in) *m(f)*

rye [raɪ] *s* **1.** Roggen *m* **2.** (*Am*) (Roggen)Whiskey *m* **3.** (~ *bread*) Roggenbrot *nt*

S

S, s [es] <*pl* -'s> *s* S, s *nt*
Sab•bath ['sæbəθ] *s* (REL) Sabbat *m;* **witches'** ~ Hexensabbat *m;* **sab•bati•cal** [sə'bætɪkl] *adj* **1.** Sabbat-; sonntäglich **2.** (*Universität*) Forschungs-; **he is on ~ leave** er hat akademischen Urlaub, Forschungsurlaub; ~ **year** Forschungsjahr *nt*
sa•ber ['seɪbə(r)] *s* (*Am*) Säbel *m*
sable ['seɪbl] *s* Zobel(pelz) *m*
sab•otage ['sæbətɑ:ʒ] **I.** *s* Sabotage *f* **II.** *vt* sabotieren; **sab•oteur** [ˌsæbə'tɜ:(r)] *s* Saboteur *m*
sa•bre ['seɪbə(r)] *s* Säbel *m;* **sa•bre-rat•tling** ['seibəˌrætlɪŋ] *s* Säbelrasseln *nt*
sac [sæk] *s* **1.** (ANAT) Sack *m* **2.** (BOT) Staubbeutel *m*
sac•char•in ['sækərɪn] *s* Süßstoff *m,* Saccharin *nt;* **sac•char•ine** ['sækəri:n] *adj* Saccharin-; (*fig*) zuckersüß
sachet ['sæʃeɪ] *s* **1.** Duftkissen *nt* **2.** Beutel *m* **3.** (*Puder*) Päckchen *nt* **4.** (*Shampoo*) Briefchen *nt*
sack¹ [sæk] **I.** *s* **1.** Sack *m* **2.** (*fam*) Entlassung *f;* **get the ~** entlassen werden; **give s.o. the ~** jdn an die Luft setzen, entlassen, hinauswerfen; **hit the ~** (*sl*) sich in die Falle hauen **II.** *vt* **1.** einsacken **2.** (*fam*) entlassen
sack² [sæk] **I.** *s* Plünderung *f* **II.** *vt* plündern
sack•cloth ['sækklɒ:θ] *s* Sackleinwand *f;* **in ~ and ashes** (*fig*) in Sack und Asche; **sack•ful** ['sækfʊl] *s* Sackvoll *m;* **sack•ing** ['sækɪŋ] *s* **1.** Sackleinen *nt* **2.** (*fam*) Entlassung *f;* **sack race** *s* Sackhüpfen *nt*
sac•ra•ment ['sækrəmənt] *s* (REL) Sakrament *nt;* **the Blessed** (**Holy**) **Sacrament** das heilige Sakrament; **sac•ra•men•tal** [ˌsækrə'mentl] *adj* sakramental
sacred ['seɪkrɪd] *adj* **1.** heilig **2.** (*Musik*) geistlich **3.** (*Gebäude*) sakral; **nothing is ~ to him** ihm ist nichts heilig; ~ **to the memory of ...** zum Gedenken an ...; ~ **cow** heilige Kuh
sac•ri•fice ['sækrɪfaɪs] **I.** *s* **1.** Opfer *nt* **2.** Opfergabe *f;* **make a ~ of s.o.** jdn opfern; **make ~s** Opfer bringen; **sell s.th. at a ~** etw mit Verlust verkaufen **II.** *vt* opfern (*s.th. to s.o.* jdm etw)
sac•ri•lege ['sækrɪlɪdʒ] *s* Sakrileg *nt;* Frevel *m;* **sac•ri•legious** [ˌsækrɪ'lɪdʒəs] *adj* frevlerisch; gotteslästerlich
sac•ri•sty ['sækrɪstɪ] *s* Sakristei *f*
sac•ro•sanct ['sækrəʊsæŋkt] *adj* sakrosankt
SAD [ˌeseɪ'di:] *s Abk. von* **seasonal affective disorder** SAD-Syndrom *nt*
sad [sæd] *adj* **1.** traurig, betrübt (*about* über) **2.** (*Verlust*) schmerzlich **3.** (*Fehler*) bedauerlich **4.** (*Farbe*) trist **5.** (*Ort*) düster; **feel ~** traurig sein; **the ~ death of ...** der schmerzliche Verlust von ...; **sad•den** ['sædn] *vt* betrüben
saddle ['sædl] **I.** *s* **1.** Sattel *m* **2.** (*Tier*) Rücken *m,* Kreuz *nt* **3.** Bergsattel *m;* **be in the ~** (*fig*) im Sattel sitzen **II.** *vt* **1.** (*Pferd*) satteln **2.** (*fig*) aufhalsen (*s.o. with s.th.* jdm etw); ~ **o.s. with s.o.** sich jdn aufhalsen; ~ **up** aufsatteln; **be ~d with s.th.** etw am Hals haben; **sad•dle•bag** ['sædlbæg] *s* Sattel-, Packtasche *f;* **sad•dler** ['sædlə(r)] *s* Sattler *m;* **sad•dle soap** ['sædlsəʊp] *s* Sattelseife *f;* **sad•dle-sore** ['sædlsɔ:(r)] *adj* wund geritten; wund gescheuert
sa•dism ['seɪdɪzəm] *s* Sadismus *m;* **sa•dist** ['seɪdɪst] *s* Sadist(in) *m(f);* **sa•dis•tic** [sə'dɪstɪk] *adj* sadistisch
sad•ness ['sædnəs] *s* Traurigkeit *f*
s.a.e. [ˌeseɪ'i:] *s Abk. von* **stamped addressed envelope** frankierter Rückumschlag
sa•fari [sə'fɑ:rɪ] *s* Safari, Großwildjagd *f;* **be on ~** eine Safari machen; **safari park** *s* Safaripark *m*
safe¹ [seɪf] *s* Safe, Tresor, Panzerschrank *m*
safe² [seɪf] **I.** *adj* **1.** sicher; in Sicherheit; unverletzt **2.** ungefährlich; sicher **3.** (*Fahrer, Methode*) sicher; zuverlässig **4.** (*Politik*) vorsichtig, risikolos, realistisch; **better ~ than sorry** (*prov*) Vorsicht ist besser als Nachsicht; **be ~ from s.o.** vor jdm sicher sein; **keep s.th. ~** etw sicher aufbewahren; ~ **and sound** gesund und wohlbehalten; **the secret is ~ with her** bei ihr ist das Geheimnis sicher; **the beach is ~ for bathing** an dem Strand kann man gefahrlos baden; **it is ~ to tell him** man kann es ihm ohne weiteres erzählen; **it is a ~ guess** es ist so gut wie sicher; **it is ~ to say** man kann ruhig sagen; **just to be ~** [*o* **on the ~ side**] um ganz sicher zu gehen **II.** *adv:* **play** (**it**) ~ auf Nummer sicher gehen
safe-blower, safe-breaker ['seɪf bləʊə(r), -breɪkə(r)] *s* Geldschrankknacker *m;* **safe-de•posit** [ˌseɪf dɪ'pɒzɪt] *s*

S

Tresorraum *m;* **safe-deposit box** *s* Banksafe *m,* Bankschließfach *nt;* **safeguard** ['seɪfgɑːd] **I.** *s* Schutz *m;* **as a ~ against** zum Schutz gegen **II.** *vt* schützen, sichern (*against* vor); **~ interests** Interessen wahrnehmen **III.** *vi:* **~ against s.th.** sich gegen etw absichern; **safe-keeping** [ˌseɪfˈkiːpɪŋ] *s* sichere Ver-, Aufbewahrung; **safe sex** [seɪfˈseks] *s* geschützter Geschlechtsverkehr

safety ['seɪftɪ] *s* Sicherheit *f;* **in a place of ~** an einem sicheren Ort; **for ~'s sake** aus Sicherheitsgründen; **leap to ~** sich in Sicherheit bringen; **play for ~** sichergehen, kein Risiko eingehen wollen; **~ first** Sicherheit ist das Wichtigste; **~ first campaign** Unfallverhütungskampagne *f;* **there's ~ in numbers** zu mehreren ist man sicherer; **safety belt** *s* Sicherheitsgurt *m;* **safety binding** *s* Sicherheitsbindung *f;* **safety catch** *s* Abzugssicherung *f;* **safety curtain** *s* (THEAT) eiserner Vorhang; **safety gate** *s* Sicherheitstürgitter *nt;* **safety glass** *s* Sicherheitsglas *nt;* **safety lamp** *s* Grubenlampe *f;* **safety lock** *s* Sicherheitsschloss *nt;* **safety margin** *s* Sicherheitsspielraum *m;* **safety measure** *s* Sicherheitsmaßnahme *f;* **safety net** *s* Sicherheitsnetz *nt;* **safety pin** *s* Sicherheitsnadel *f;* **safety razor** *s* Rasierapparat *m;* **safety regulation** *s* Sicherheitsvorschrift *f;* **safety socket cover** *s* Steckdosenschutz *m;* **safety valve** *s* Sicherheitsventil *nt*

saf•fron ['sæfrən] *s* Safran *m*

sag [sæg] **I.** *vi* **1.** durchhängen, -sacken **2.** (*Schultern*) herabhängen **3.** (*Preis*) nachgeben, sinken **4.** (*Produktion*) zurückgehen **5.** (*fig*) abflauen **II.** *s* Durchhang *m;* **the ~ of his shoulders** seine herabhängenden Schultern

saga ['sɑːgə] *s* **1.** Saga *f* **2.** (*~ novel*) Familiengeschichte *f* **3.** (*fam*) Geschichte, Story *f*

sa•gacious [səˈgeɪʃəs] *adj* weise, klug; **sa•gac•ity** [səˈgæsətɪ] *s* Weisheit, Klugheit *f*

sage¹ [seɪdʒ] **I.** *adj* weise, klug **II.** *s* Weise(r) *f m*

sage² [seɪdʒ] *s* Salbei *m*

Sag•it•ta•rius [ˌsædʒɪˈteərɪəs] *s* (ASTR) Schütze *m*

said [sed] **I.** *pt, pp of* **say II.** *adj* besagt

sail [seɪl] **I.** *s* **1.** Segel *nt* **2.** Segelschiff *nt* **3.** Schiff-, Seefahrt *f* **4.** Törn *m* **5.** (Windmühlen)Flügel *m;* **in full ~** mit vollen Segeln; **make** [*o* **set**] **~** abfahren, absegeln; **go for a ~** segeln gehen **II.** *vi* **1.** (MAR) segeln, fahren **2.** abfahren, auslaufen (*for* nach) **3.** (*Schwan*) gleiten **4.** (*Wolken*) ziehen; **go ~ing** segeln gehen; **~ round the world** um die Welt segeln; **~ into the room** ins Zimmer rauschen; **~ in** (*fig*) sich einschalten; **~ into** (*fig*) anfahren **III.** *vt* (*Schiff*) segeln mit; **~ the seas** die Meere befahren; **sail-board** ['seɪlbɔːd] *s* Windsurfbrett *nt;* **sail-board•ing** [-ɪŋ] *s* Windsurfen *nt;* **sail-boat** *s* (*Am*) Segelboot *nt;* **sail•ing** ['seɪlɪŋ] *s* **1.** Segeln *nt;* Segelsport *m* **2.** Abfahrt *f;* **sailing boat** *s* (*Br*) Segelboot *nt;* **sailing ship**, **sailing vessel** *s* Segelschiff *nt*

sailor ['seɪlə(r)] *s* Seemann, Matrose *m;* **be a good** (**bad**) **~** (nicht) seefest sein; **sailor suit** *s* Matrosenanzug *m*

sail•plane ['seɪlpleɪn] *s* Segelflugzeug *nt*

saint [seɪnt, *vor Namen* snt] *s* Heilige(r) *f m;* **Saint Anne** die heilige Anna; **Saint Luke's** (**Church**) Sankt Lukas, die Lukaskirche; **sainted** ['seɪntɪd] *adj* heilig gesprochen; **saint•li•ness** [-lɪnɪs] *s* Heiligkeit *f;* **saint•ly** ['seɪntlɪ] *adj* heilig

sake [seɪk] *s:* **for the ~ of s.th.** um einer S willen; **for the ~ of peace and quiet** um des lieben Friedens willen; **for my ~** meinetwegen; **and all for the ~ of ...** und alles wegen ...; **for goodness** [*o* **heaven's**] **~** um Himmels willen

sal•able ['seɪləbl] *adj* (*Am*) verkäuflich; absatzfähig

sa•lacious [səˈleɪʃəs] *adj* obszön; anzüglich

salad ['sæləd] *s* Salat *m;* **fruit-~** Obstsalat *m;* **salad bowl** *s* Salatschüssel *f;* **salad cream** *s* Salatmayonnaise *f;* **salad days** *s pl* unschuldige Jugendtage *mpl;* **salad dressing** *s* Salatsoße *f,* -dressing *nt*

sa•la•mi [səˈlɑːmɪ] *s* Salami *f*

sal am•mo•ni•ac [ˌsæləˈməʊnɪæk] *s* Salmiak *m*

sal•ar•ied ['sælərɪd] *adj* besoldet, bezahlt; fest angestellt; **~ post** Angestelltenposten *m;* **~ employee** Gehaltsempfänger(in) *m(f);* **sal•ary** ['sælərɪ] *s* Gehalt *nt;* **earn a good ~** ein gutes Gehalt haben; **salary cut** *s* Gehaltskürzung *f;* **salary deduction** *s* Gehaltsabzug *mpl;* **salary earner** *s* Gehaltsempfänger(in) *m(f);* **salary increase** *s* Gehaltserhöhung *f;* **salary review** *s* Gehaltsaufbesserung *f;* **salary scale** *s* Gehaltstabelle *f*

sale [seɪl] *s* **1.** Verkauf *m* **2.** Geschäft *nt;* Abschluss *m* **3.** Ausverkauf, Schlussverkauf *m* **4.** **~s** Verkaufsabteilung *f* **5.** **~s** Absatz *m* **6.** Auktion *f;* **for ~** zu verkaufen; **point of ~ system** (COM) POS-System *nt* (*bargeldloses Zahlen an elektronischen Kassen*)*;* **put s.th. up for ~** etw zum Verkauf anbieten; **not for ~** nicht verkäuflich; **be on ~** verkauft werden; **~ or return** Kauf mit Rückgaberecht; **buy in** [*o* **at**] **the ~s** im Ausverkauf kaufen; **~ of work** Basar *m;* **sale-able** ['seɪləbl] *adj* verkäuflich; absatzfähig;

sale price *s* (Aus)Verkaufspreis *m;* **sale·room** ['seɪlru:m] *s* Auktionsraum *m*

sales analysis [ˌseɪlzə'næləsɪs] *s* Umsatzanalyse *f;* **sales ap·peal** [ˌseɪlzə'pi:l] *s* Kaufanreiz *m;* **sales book** *s* Warenausgangsbuch *nt;* **sales campaign** *s* Verkaufskampagne *f;* **sales clerk** ['seɪlzklɜ:rk] *s* (*Am*) Verkäufer(in) *m(f);* **sales conference** *s* Verkaufskonferenz *f;* **sales department** *s* Verkaufsabteilung *f;* **sales director** *s* Verkaufsdirektor(in) *m(f);* **sales drive** *s* Verkaufsaktion *f;* **sales executive** *s* Verkaufsleiter(in) *m(f);* **sales figures** *s pl* Verkaufsziffern, Absatzzahlen *fpl;* **sales force** *s* Verkäuferstab *m;* **sales forecast** *s* Absatzprognose *f;* **sales·girl**, **sales·lady** ['seɪlzgɜ:l, 'seɪlzˌleɪdɪ] *s* Verkäuferin *f;* **sales invoice** *s* Verkaufsrechnung *f;* **sales ledger** *s* Warenausgangs-, Debitorenbuch *nt;* **sales literature** *s* Werbematerial *nt,* Verkaufsprospekte *mpl;* **sales·man** ['seɪlzmən, *pl* -men] <*pl* -men> *s* **1.** Verkäufer *m* **2.** (COM) Vertreter *m;* **sales manager** *s* Verkaufsleiter(in) *m(f);* **sales·man·ship** ['seɪlzmənʃɪp] *s* Verkaufstechnik *f;* **sales meeting** *s* Verkaufskonferenz *f;* **sales·person** *s* (*Am*) Verkäufer(in) *m(f);* **sales pitch** *s* **1.** Verkaufstechnik *f* **2.** Verkaufsgespräch *nt;* **sales receipt** *s* Kassenbeleg *m;* **sales representative** *s* Vertreter(in) *m(f);* **sales resistance** *s* Kaufunlust *f;* **sales revenue** *s* Verkaufserlös *m;* **sales·room** ['seɪlzrʊm] *s* Auktionsraum *m;* **sales talk** *s* Verkaufsgespräch *nt;* **sales tax** *s* Warenumsatzsteuer *f;* **sales·woman** ['seɪlzwʊmən, *pl* -wɪmɪn] <*pl* -women> *s* Verkäuferin *f*

sa·li·ent ['seɪlɪənt] *adj* (*fig*) in die Augen springend, hervorstechend, auffällig; ~ **points** Hauptpunkte *pl*

sa·line ['seɪlaɪn] *adj* salz(halt)ig

sal·iva [sə'laɪvə] *s* Speichel *m;* **sali·vary** ['sælɪvərɪ] *adj* Speichel-; ~ **gland** Speicheldrüse *f;* **sali·vate** ['sælɪveɪt] *vi* Speichel absondern

sal·low ['sæləʊ] *adj* fahl, gelb, blässlich

sally ['sælɪ] **I.** *s* **1.** (MIL) Ausfall *m* **2.** Ausbruch *m;* **make a** ~ (MIL) einen Ausfall machen; (*fig*) eine Tirade loslassen **II.** *vi:* ~ **forth** (MIL) einen Ausfall machen; (*fig*) sich aufmachen

salmon ['sæmən] <*pl* -> *s* **1.** Lachs *m* **2.** (*Farbe*) Lachs(rosa) *nt*

sal·mo·nel·la poi·son·ing [ˌsælmə nelə'pɔɪzənɪŋ] *s* Salmonellenvergiftung *f*

salmon farm(**ing**) *s* Lachszucht *f;* **salmon trout** *s* Lachsforelle *f*

salon ['sælɒn] *s* Salon *m*

sa·loon [sə'lu:n] *s* **1.** Saal *m* **2.** (*Am*) Wirtschaft *f,* Saloon *m* **3.** (*Br*) Limousine *f;* ~ **car** (*Br*) Limousine *f*

sal·sify ['sælsɪfaɪ] *s* Schwarzwurzel *f*

salt [sɔ:lt] **I.** *s* **1.** (*a.* CHEM) Salz **2.** (*fig*) Würze *f* **3.** ~**s** Riechsalz *nt;* **be worth one's** ~ etw taugen; **take s.th. with a pinch of** ~ etw nicht ganz wörtlich nehmen **II.** *adj* Salz-; gesalzen **III.** *vt* salzen; einsalzen; ~ **away** (*fam*) auf die hohe Kante legen; **salt·cellar** *s* Salzstreuer *m;* **salt lake** *s* Salzsee *m;* **salt mine** *s* Salzbergwerk *nt,* Salzstock *m;* **salt·pe·ter** *s* (*Am*), **saltpetre** [sɔ:lt'pi:tə(r)] *s* Salpeter *m;* **salt-shaker** *s* Salzstreuer *m;* **salt water** *s* Salzwasser *nt;* **salt-water** *adj* Meeres-; Salz-; **salty** ['sɔ:ltɪ] *adj* salzig

sa·lu·bri·ous [sə'lu:brɪəs] *adj* (*Klima*) gesund, zuträglich

salu·tary ['sæljʊtrɪ] *adj* **1.** gesund **2.** (*Erfahrung*) heilsam **3.** (*Rat*) nützlich

salu·ta·tion [ˌsælju:'teɪʃn] *s* **1.** Begrüßung *f* **2.** (*Brief*) Anrede *f;* **in** ~ zur Begrüßung; **sa·lute** [sə'lu:t] **I.** *vt* **1.** (be)grüßen **2.** (MIL) grüßen, salutieren (*s.o.* vor jdm) **3.** (*Mut*) bewundern; ~ **the arrival of s.o.** jdn begrüßen **II.** *vi* (MIL) salutieren, grüßen **III.** *s* **1.** Gruß *m,* Begrüßung *f* **2.** (MIL) Salut(schuss) *m;* **in** ~ zum Gruß; **stand at the** ~ salutieren; **take the** ~ die Parade abnehmen

Sal·va·do·ri·an [ˌsælvə'dɔ:rɪən] **I.** *adj* salvadorianisch **II.** *s* Salvadorianer(in) *m(f)*

sal·vage ['sælvɪdʒ] **I.** *s* **1.** (MAR) Bergung *f;* Bergungsgut *nt* **2.** (~ *money*) Bergelohn *m* **II.** *vt* **1.** (MAR) bergen (*from* aus) **2.** (*fig*) retten (*from* aus); ~ **s.th. from the fire** etw aus den Flammen retten; **salvage operation** *s* Bergungsaktion *f;* **salvage value** *s* Schrottwert *m;* **salvage vessel** *s* Bergungsschiff *nt*

sal·va·tion [sæl'veɪʃn] *s* **1.** Rettung *f* **2.** (REL) Heil *nt;* **work out one's own** ~ für sein eigenes Heil sorgen; **Salvation Army** *s* Heilsarmee *f*

salve [sælv, *Am* sæv] **I.** *s* **1.** Salbe *f* **2.** (*fig*) Balsam *m* **II.** *vt* **1.** einsalben **2.** (*fig*) beschwichtigen

sal·ver ['sælvə(r)] *s* Tablett *nt*

sal·vo ['sælvəʊ] *s* Salve *f*

sal vol·atile [ˌsælvə'lætəlɪ] *s* Riechsalz *nt*

same [seɪm] **I.** *adj:* **the** ~ der, die, das Gleiche; der-, die-, dasselbe; **they are all the** ~ sie sind alle gleich; **it's the** ~ **thing** das ist das Gleiche; **at the** ~ **time** zur selben Zeit; **this** ~ **person** eben dieser Mensch; **in the** ~ **way** genau gleich; ebenso **II.** *pron* **1.** (*substantivisch*): **the** ~ der, die, das Gleiche; der-, die-, dasselbe; **she's much the** ~ sie hat sich kaum verändert; **it's always**

S

the ~ es ist immer das Gleiche **2.** (*adverbial*): **the** ~ gleich; **it's not the** ~ **as before** es ist nicht wie früher; **it's all the** ~ **to me** es ist mir egal; **it comes to the** ~ das kommt aufs Gleiche heraus; **all** [*o* **just**] **the** ~ trotzdem; ~ **to you** eben-, gleichfalls; **same•ness** [-nɪs] *s* Eintönigkeit *f*

sample ['sɑːmpl] **I.** *s* **1.** Beispiel *nt;* Kostprobe *f* **2.** (*Statistik*) Stichprobe, Auswahl *f* **3.** (*fig*) Beispiel *nt,* Probe *f* **4.** (COM) Muster *nt;* **up to** ~ dem Muster entsprechend; **give us a** ~ **of your playing** spielen Sie uns etwas vor; **a representative** ~ **of the population** eine repräsentative Auswahl aus der Bevölkerung **II.** *vt* **1.** (*Wein*) probieren, kosten **2.** (*fig*) kosten; **sample book** *s* Mustermappe *f;* **sam•pler** ['sɑːmplə(r)] *s* **1.** Probierer(in) *m(f)* **2.** Stickmustertuch *nt* **3.** (*Schallplatte*) Auswahlplatte *f;* **sam•pling** ['sɑːmplɪŋ] *s* **1.** Kostprobe *f* **2.** Weinprobe *f* **3.** (*Statistik*) Stichprobenverfahren *nt*

sana•tor•ium [ˌsænə'tɔːrɪəm] *s* Sanatorium *nt*

sanc•tify ['sæŋktɪfaɪ] *vt* **1.** heiligen; weihen; sanktionieren **2.** (*Gelübde*) annehmen

sanc•ti•moni•ous [ˌsæŋktɪ'məʊnɪəs] *adj* scheinheilig, frömmlerisch

sanc•tion ['sæŋkʃn] **I.** *s* **1.** Zustimmung *f* **2.** Sanktion *f;* **economic ~s** wirtschaftliche Sanktionen; **give one's** ~ **to s.th.** etw sanktionieren **II.** *vt* sanktionieren; dulden

sanc•tity ['sæŋktətɪ] *s* Heiligkeit *f;* Unantastbarkeit *f*

sanc•tu•ary ['sæŋktʃʊərɪ] *s* **1.** Heiligtum *nt* **2.** (*fig*) Zuflucht *f* **3.** (*für Tiere*) Schutzgebiet *nt;* **seek** ~ **with** Zuflucht suchen bei

sand [sænd] **I.** *s* **1.** Sand *m* **2. ~s** Sandstrand *m;* **the ~s are running out** (*fig*) die Zeit läuft ab **II.** *vt* schmirgeln; ~ **down** abschmirgeln

san•dal ['sændl] *s* Sandale *f*

san•dal•wood ['sændlwʊd] *s* Sandelholz *nt*

sand•bag ['sændbæg] *s* Sandsack *m;* **sand•bank**, **sand•bar** ['sændbæŋk, 'sændbɑː(r)] *s* Sandbank *f;* **sand•blast** ['sændblɑːst] *vt* sandstrahlen; **sand•blast•ing** ['sændˌblɑːstɪŋ] *s* Sandstrahlen *nt;* **sand•boy** ['sændbɔɪ] *s:* **as happy as a** ~ quietschvergnügt; **sand castle** *s* Sandburg *f;* **sand dune** *s* Sanddüne *f;* **sand flea** *s* Sandfloh *m;* **sand•glass** *s* Sanduhr *f;* **sand•man** ['sændmən] <*pl* -men> *s* Sandmännchen *nt;* **sand martin** *s* Uferschwalbe *f;* **sand•paper** ['sændpeɪpə(r)] *s* Sand-, Schmirgelpapier *nt;* **sand•piper** ['sændˌpaɪpə(r)] *s* Strandläufer *m;* **sand•pit** *s* Sandkasten *m;* **sand•shoe** *s* Strandschuh *m;* **sand•stone** ['sændstəʊn] *s* Sandstein *m;* **sand•storm** ['sændstɔːm] *s* Sandsturm *m*

sand•wich ['sænwɪdʒ] **I.** *s* Sandwich *nt;* **be a** ~ **short of a picnic** (*fam*) nicht alle Tassen im Schrank haben **II.** *vt* einklemmen; einzwängen (*between* zwischen); **sandwich board** *s* Reklametafel *f;* **sandwich counter** *s* (*Am*) Imbisshalle *f;* **sandwich course** *s Ausbildungsgang, der Theorie und Praxis verbindet;* **sandwich man** ['sænwɪdʒmæn] <*pl* -men> *s* Plakatträger *m*

sandy ['sændɪ] *adj* **1.** sandig **2.** (*Farbe*) rötlich, rotblond

sand yacht ['sændjɒt] *s* Strandsegler *m*

sane [seɪn] *adj* **1.** geistig normal **2.** (JUR) zurechnungsfähig **3.** (*fig*) vernünftig, sinnvoll, gesund

sang [sæŋ] *s.* **sing**

san•guine ['sæŋgwɪn] *adj* **1.** optimistisch **2.** (*Gesichtsfarbe*) rot; ~ **that we shall succeed** zuversichtlich, dass wir Erfolg haben werden

sani•tarium [ˌsænɪ'teərɪəm] *s* (*Am*) Sanatorium *nt*

sani•tary ['sænɪtrɪ] *adj* **1.** hygienisch **2.** (*Installation*) sanitär **3.** (*Kommission*) Gesundheits- **4.** (*Fragen*) der Hygiene; ~ **towel** [*o* **napkin**] (*Am*) Damen-, Monatsbinde *f*

sani•ta•tion [ˌsænɪ'teɪʃn] *s* sanitäre Anlagen *fpl*

san•ity ['sænətɪ] *s* **1.** geistige Gesundheit; gesunder Menschenverstand **2.** (JUR) Zurechnungsfähigkeit *f* **3.** (*fig*) Vernünftigkeit *f;* ~ **of judgement** ein gesundes Urteilsvermögen

sank [sæŋk] *s.* **sink²**

Santa Claus [ˌsæntə'klɔːz] *s* Nikolaus, Weihnachtsmann *m*

sap¹ [sæp] *s* **1.** (*von Pflanzen*) Saft *m* **2.** (*fig*) Lebenskraft *f*

sap² [sæp] **I.** *s* (MIL) Sappe *f* **II.** *vt* **1.** (MIL) unterminieren, untergraben **2.** (*fig*) untergraben; schwächen; ~ **s.o.'s strength** jdn entkräften

sap•ling ['sæplɪŋ] *s* junger Baum

sap•per ['sæpə(r)] *s* (MIL) Pionier *m*

sap•phire ['sæfaɪə(r)] *s* (MIN) Saphir *m*

sar•casm ['sɑːkæzəm] *s* Sarkasmus *m;* **sar•cas•tic** [sɑː'kæstɪk] *adj* sarkastisch

sar•copha•gus [sɑː'kɒfəgəs, *pl* -gaɪ] <*pl* -gi> *s* Sarkophag *m*

sar•dine [sɑː'diːn] *s* Sardine *f;* **packed** (**in**) **like ~s** wie die Sardinen

sar•donic [sɑː'dɒnɪk] *adj* süffisant, sardonisch

sari ['sɑːrɪ] *s* Sari *m*

sar•tor•ial [sɑː'tɔːrɪəl] *adj:* ~ **elegance** Eleganz *f* der Kleidung

SAS [ˌeseɪ'es] *s Abk. von* **Special Air Service** *britisches Sonderkommando*
sash¹ [sæʃ] *s* Schärpe *f*
sash² [sæʃ] (*~ window*) Schiebefenster *nt*
sat [sæt] *s.* **sit**
Satan ['seɪtən] *s* Satan *m;* **sa•tan•ic** [sə'tænɪk] *adj* satanisch, teuflisch
satchel ['sætʃəl] *s* Schulranzen *m,* -tasche *f*
sate [seɪt] *vt* (*Appetit*) stillen, befriedigen
sat•el•lite ['sætəlaɪt] *s* **1.** (ASTR) Satellit *m* **2.** (*fig*) Trabant *m;* **satellite broadcasting** *s* Satellitenfernsehen *nt;* **satellite country, satellite state** *s* Satellitenstaat *m;* **satellite dish** *s* (TV) Parabolantenne *f,* -spiegel *m;* **satellite picture** *s* (TV) Satellitenbild *nt;* **satellite television** *s* Satellitenfernsehen *nt;* **satellite town** *s* Trabantenstadt *f*
sati•ate ['seɪʃɪeɪt] *vt* **1.** (*Appetit*) stillen **2.** (*Tier*) sättigen **3.** (*fig*) übersättigen; **be ~d with food** gesättigt, übersättigt sein; **sat•iety** [sə'taɪətɪ] *s* Sättigung *f;* **do s.th. to ~** etw bis zum Überdruss tun
satin ['sætɪn] **I.** *s* Satin *m* **II.** *adj* Satin-; samtig
sat•ire ['sætaɪə(r)] *s* Satire *f* (*on* auf); **sa•tiri•cal** [sə'tɪrɪkl] *adj* satirisch, spöttisch; **sat•ir•ist** ['sætərɪst] *s* Satiriker(in) *m(f);* **sat•ir•ize** ['sætəraɪz] *vt* satirisch darstellen
sat•is•fac•tion [ˌsætɪs'fækʃn] *s* **1.** Befriedigung *f* **2.** (*Schulden*) Begleichung *f* **3.** (*Kunde*) Zufriedenstellung *f* **4.** (*Ehrgeiz*) Verwirklichung *f* **5.** (*Vertrag*) Erfüllung *f* **6.** (*Zustand*) Zufriedenheit *f* (*at* mit) **7.** Genugtuung *f;* **feel a sense of ~ at s.th.** Genugtuung über etw empfinden; **get ~ out of s.th.** Befriedigung in etw finden; **he proved to my ~ that …** er hat überzeugend bewiesen, dass …; **it is no ~ to me to know that …** es ist kein Trost zu wissen, dass …; **demand/obtain ~ from s.o.** Genugtuung von jdm verlangen/erhalten; **sat•is•fac•tory** [ˌsætɪs'fæktərɪ] *adj* **1.** zufrieden stellend, befriedigend (*to* für) **2.** ausreichend, hinlänglich **3.** (*Grund*) triftig, einleuchtend **4.** (*Entschuldigung*) annehmbar **5.** (*Schulnote*) ausreichend; befriedigend; **your attitude is not ~** Ihre Einstellung lässt zu wünschen übrig
sat•isfy ['sætɪsfaɪ] **I.** *vt* **1.** zufrieden stellen, befriedigen **2.** (*Hunger*) stillen **3.** (*Mahl*) sättigen **4.** (*Bedingungen, Verpflichtungen*) erfüllen, nachkommen *dat* **5.** (*Regeln*) entsprechen *dat* **6.** (*Anforderungen*) genügen *dat* **7.** (*Ehrgeiz*) verwirklichen **8.** überzeugen **9.** (*Schuld*) begleichen; **be satisfied with s.th.** mit etw zufrieden sein; **nothing satisfies him** ihn kann nichts befriedigen; **if you can ~ him that …** wenn Sie ihn davon überzeugen können, dass … **II.** *vr:* **~ o.s. about s.th.** sich von etw überzeugen **III.** *vi* (*Mahl*) sättigen; **sat•is•fy•ing** [-ɪŋ] *adj* **1.** befriedigend **2.** sättigend
sat•su•ma [sæt'suːmə] *s* Satsuma *f*
satu•rate ['sætʃəreɪt] *vt* **1.** durchtränken; durchnässen **2.** (CHEM) sättigen **3.** (*fig*) sättigen; **satu•rat•ion** [ˌsætʃə'reɪʃn] *s* Sättigung *f;* **saturation point** *s* Sättigungspunkt *m;* Sättigungsgrad *m;* **have reached ~ point** seinen Sättigungsgrad erreicht haben
Sat•ur•day ['sætədɪ] *s* Sonnabend, Samstag *m;* **on ~** am Sonnabend
Sat•urn ['sætən] *s* (ASTR) Saturn *m*
satyr ['sætə(r)] *s* (REL HIST) Satyr *m*
sauce [sɔːs] *s* **1.** Soße, Sauce *f* **2.** (*fam*) Frechheit *f;* **none of your ~!** werd' bloß nicht frech!; **sauce-boat** *s* Sauciere *f*
sauce•pan ['sɔːspən] *s* Kochtopf *m*
sau•cer ['sɔːsə(r)] *s* Untertasse *f;* **flying ~** fliegende Untertasse
saucily ['sɔːsɪlɪ] *adv* frech; **sauci•ness** ['sɔːsɪnəs] *s* Frechheit *f;* **saucy** ['sɔːsɪ] *adj* **1.** frech **2.** (*fam*) schick, kess
Sau•di A•ra•bia [ˌsaʊdɪə'reɪbɪə] *s* Saudi-Arabien *nt;* **Sau•di** (**A•ra•bi•an**) [ˌsaʊdɪ (ə'reɪbɪən)] **I.** *s* Saudi(araber) *m,* Saudiarabeirin *f* **II.** *adj* saudisch, saudiarabisch
sauer•kraut ['saʊəkraʊt] *s* Sauerkraut *nt*
sauna ['sɔːnə] *s* Sauna *f*
saun•ter ['sɔːntə(r)] **I.** *vi* umherschlendern, -bummeln **II.** *s* Bummel *m;* **they had** [*o* **went for**] **a ~ in the park** sie gingen im Park spazieren
saus•age ['sɒsɪdʒ] *s* Wurst *f;* **not a ~** (*fam*) überhaupt nichts; **sausage dog** *s* (*fam*) Dackel *m;* **sausage meat** *s* (Wurst)Brät *nt;* **sausage roll** *s* Würstchen *nt* im Schlafrock
sav•age ['sævɪdʒ] **I.** *adj* **1.** wild **2.** (*Kampf*) brutal **3.** (*Tier*) gefährlich **4.** (*Sitte*) grausam **5.** (*Maßnahmen*) rigoros, drastisch, brutal; **make a ~ attack on s.o.** brutal über jdn herfallen; **~ criticism** schonungslose Kritik **II.** *s* Wilde(r) *f m* **III.** *vt* (*Tier*) anfallen; zerfleischen; **sav•age•ness** [-nɪs] *s* **1.** Wildheit *f* **2.** Brutalität *f;* Grausamkeit *f* **3.** Gefährlichkeit *f;* **sav•agery** ['sævɪdʒrɪ] *s* **1.** Wildheit *f* **2.** Brutalität, Grausamkeit *f*
sa•van•na(h) [sə'vænə] *s* (GEOG) Savanne *f*
save¹ [seɪv] **I.** *vt* **1.** retten **2.** aufheben, aufbewahren, aufsparen **3.** (*Geld*) sparen **4.** (*Briefmarken*) sammeln **5.** (*Kraft*) schonen; aufsparen **6.** (*Ärger*) ersparen **7.** (INFORM) sichern, abspeichern; **~ s.o. from s.th.** jdn vor etw retten; **~ the day** jds Rettung sein; **~ up** aufheben, aufbewahren; **~ s.o.'s bacon** (*fam*) jds Rettung sein; **~ the shot** (SPORT) den Ball abfangen; **~ s.o.'s life**

S

jdm das Leben retten; ~ **the situation** die Situation retten; ~ **one's skin** (*fig*) mit heiler Haut davonkommen; ~ **o.s. the trouble** sich die Mühe sparen; **it ~s me time** dabei spare ich Zeit **II.** *vi* **1.** (*Geld*) sparen **2.** (*Essen*) sich halten; ~ **for s.th.** auf etw sparen; ~ **up** sparen **III.** *s* (SPORT) Ballabwehr *f*

save² [seɪv] **I.** *prep* außer +*dat* **II.** *conj* es sei denn, dass; ~ **that** nur dass

save•loy ['sævəlɔɪ] *s* Zervelatwurst *f*

saver ['seɪvə(r)] *s* **1.** Retter(in) *m(f)* **2.** Sparer(in) *m(f);* **it is a money-~** es spart Geld

sav•ing ['seɪvɪŋ] **I.** *adj* **1.** sparsam **2.** rettend; **the book's ~ sense of humour** der Humor in dem Buch, der manches wettmacht; **his ~ grace** was einen mit ihm versöhnt **II.** *s* **1.** Rettung *f* **2.** Sparen *nt* **3.** Einsparung *f;* Ersparnis *f* **4. ~s** Ersparnisse *fpl,* Spareinlagen *fpl* **III.** *prep, conj* es sei denn, dass; ~ **that** nur dass

sav•ings ac•count ['seɪvɪŋzəˌkaʊnt] *s* Sparkonto *nt;* **savings bank** *s* Sparkasse *f;* **savings bonus** *s* Sparzulage *f;* **savings book** *s* Sparbuch *nt;* **savings certificate** *s* Sparbrief *m;* **savings deposits** *s pl* Spareinlagen *fpl*

sa•vior (*Am*), **sav•iour** ['seɪvɪə(r)] *s* **1.** Retter(in) *m(f)* **2.** (REL) Erlöser, Heiland *m*

sa•vor (*Am*) *s.* **savour**; **sa•vori•ness** (*Am*) *s.* **savouriness**; **sa•vory** (*Am*) *s.* **savoury**

sa•vour ['seɪvə(r)] **I.** *s* **1.** Geschmack *m* **2.** (*fig*) Spur *f* **3.** Reiz *m;* **a ~ of garlic** ein Knoblauchgeschmack **II.** *vt* **1.** kosten; riechen **2.** (*fig*) genießen, auskosten **III.** *vi:* ~ **of s.th.** etw ahnen lassen; **sa•vouri•ness** ['seɪvərɪnɪs] *s* Schmackhaftigkeit *f;* **savoury** ['seɪvərɪ] **I.** *adj* **1.** wohlschmeckend, schmackhaft **2.** (*fig*) angenehm, ersprießlich **3.** pikant; ~ **biscuits** Salzgebäck *nt* **II.** *s* Appetithappen *m*

sa•voy (**cabbage**) [sə'vɔɪ] *s* Wirsing *m*

savvy ['sævɪ] **I.** *vt* (*sl*) kapieren, begreifen; **no ~** keine Ahnung **II.** *s* Grips *m,* Köpfchen *nt;* **he hasn't got much ~** er hat keine Ahnung

saw¹ [sɔː] <*irr:* sawed, sawed (sawn)> **I.** *s* Säge *f* **II.** *vt* sägen; ~ **s.th. in two** etw entzweisägen; **~n timber** Schnittholz *nt;* **he ~ed the air** er schlug wild um sich; ~ **down** umsägen; ~ **off** absägen; ~ **up** zersägen (*into* in) **III.** *vi* sägen; ~ **at the violin** auf der Geige herumkratzen

saw² [sɔː] *s.* **see**

saw³ [sɔː] *s* Spruch *m*

saw•dust ['sɔːdʌst] *s* Sägemehl *nt;* **sawmill** *s* Sägemühle *f*

sawn [sɔːn] *s.* **saw¹**

Saxon [sæksn] **I.** *adj* sächsisch **II.** *s* **1.** (*Mensch*) Sachse *m,* Sächsin *f* **2.** (*Sprache*) (das) Sächsisch(e); **Saxony** ['sæksənɪ] *s* Sachsen *nt*

saxo•phone ['sæksəfəʊn] *s* (MUS) Saxophon *nt;* **sax•ophon•ist** [sæk'sɒfənɪst] *s* Saxophonist(in) *m(f)*

say [seɪ] <*irr:* said, said> **I.** *vt, vi* **1.** sagen **2.** (*Gedicht*) aufsagen **3.** (*Text*) sprechen; aussprechen **4.** (*Thermometer*) anzeigen; ~ **goodby(e) to** sich verabschieden von; ~ **mass** die Messe lesen; **it ~s in the papers that ...** in den Zeitungen steht, dass ...; **the weather forecast said that ...** es hieß im Wetterbericht, daß ...; laut Wetterbericht ...; **that ~s a lot for him** das spricht für ihn; **what would you ~ to a holiday?** wie wär's mit Urlaub?; **what do you ~?** was meinen Sie?; **well, I must ~!** na, ich muss schon sagen!; **I ~!** na so was!; **it's easier said than done** das ist leichter gesagt als getan; **no sooner said than done** gesagt, getan; **she is said to be clever** sie soll klug sein; **it goes without ~ing that ...** es ist selbstverständlich, dass ..., es versteht sich von selbst, dass ...; **I should ~** ich möchte annehmen; **he had nothing to ~ for himself** er hatte keine Entschuldigung; **there's much to be said for his suggestion** sein Vorschlag hat viel für sich; **that is to ~** das heißt, mit anderen Worten; **to ~ nothing of** ganz zu schweigen von; ~ **you need more time** angenommen, Sie brauchen mehr Zeit; ~ **the word** sagen Sie es nur; **you can ~ that again** Sie haben völlig recht! **II.** *s* Rede *f,* Wort *nt;* **let him have his ~** lass ihn mal reden; **have a ~ in s.th.** bei etw etwas zu sagen haben; **have the last ~** letztlich entscheiden; das letzte Wort haben; **say•ing** ['seɪɪŋ] *s* Redensart *f,* Sprichwort *nt;* **as the ~ goes** wie man zu sagen pflegt; **say-so** ['seɪsəʊ] *s* (*sl*) Wort *nt;* **on whose ~?** wer sagt das?

scab [skæb] *s* **1.** Schorf, Grind *m* **2.** Grätze *f* **3.** (*fig*) Streikbrecher(in) *m(f)*

scab•bard ['skæbəd] *s* (Schwert)Scheide *f*

scabby ['skæbɪ] *adj* (MED) schorfig; räudig

sca•bies ['skeɪbiːz] *s sing* Krätze *f*

sca•brous ['skeɪbrəs] *adj* **1.** rau, uneben **2.** (*fig*) geschmacklos; **sca•brous•ly** ['skeɪbrəslɪ] *adv* skandalös

sca•brous•ly ['skeɪbrəslɪ] *adv* skandalös

scaf•fold ['skæfə(ʊ)ld] *s* **1.** (Bau)Gerüst *nt* **2.** Schafott *nt;* **scaf•fold•ing** ['skæfəldɪŋ] *s* (Bau)Gerüst *nt*

scal•awag ['skæləwæg] *s* (*Am: fam*) Schlingel *m*

scald [skɔːld] **I.** *vt* **1.** verbrühen **2.** (*Gemüse, Milch*) abbrühen; abkochen **II.** *s* Verbrühung *f;* **scald•ing** ['skɔːldɪŋ] *adj* siedend; siedend heiß

scale¹ [skeɪl] *s* **1.** Skala, Gradeinteilung *f*

2. Tabelle *f* 3. (*fig: social* ~) Stufenleiter *f* 4. Messgerät *nt* 5. (MUS) Tonleiter *f* 6. Maßstab *m* 7. (*fig*) Umfang *m,* Ausmaß *nt;* **on the ~ of ... to ...** im Maßstab ... zu ...; **on a large/small** ~ in großem/kleinem Maßstab; **the ~ of F** die F-Dur-Tonleiter; **to** ~ maßstabgerecht; **on a national** ~ auf nationaler Ebene; ~ **of charges** Gebührentabelle *f;* ~ **drawing** maßstabgerechte Zeichnung; ~ **model** maßstabgetreues Modell; **scale down** *vt* verkleinern; verringern; **scale up** *vt* vergrößern; erhöhen

scale² [skeɪl] I. *s* 1. (ZOO MED) Schuppe *f* 2. Kessel-, Zahnstein *m;* **take the ~s from s.o.'s eyes** jdm die Augen öffnen II. *vt* abschuppen III. *vi* (~ *off*) sich schuppen

scale³ [skeɪl] *s pl* Waage *f;* **the Scales** (ASTR) Waage; **a pair of ~s** eine Waage; ~- **pan** Waagschale *f;* **turn** [*o* **tip**] **the ~s at 60 kilos** 60 Kilo auf die Waage bringen; **turn the ~s** den Ausschlag geben

scale⁴ [skeɪl] *vt* erklettern

scal·lop ['skɒləp] I. *s* 1. Kammuschel *f* 2. **~s** bogenförmige Verzierung II. *vt* mit Bögen versehen, langettieren

scally·wag ['skælɪwæg] *s* Lausbube, Schlingel *m*

scalp [skælp] I. *s* 1. Kopfhaut *f* 2. Skalp *m;* **be out for s.o.'s** ~ jdn fertig machen wollen II. *vt* 1. skalpieren 2. (*Haare*) kahlscheren

scal·pel ['skælpəl] *s* (MED) Skalpell *nt*

scaly ['skeɪlɪ] *adj* schuppig

scam [skæm] *s* (*sl*) Betrug *m*

scamp¹ [skæmp] *vt* pfuschen bei

scamp² [skæmp] *s* Frechdachs *m*

scam·per ['skæmpə(r)] I. *vi* 1. (*Kind*) trippeln, trappeln 2. (*Maus*) huschen II. *s:* **take the dog out for a** ~ dem Hund Auslauf verschaffen

scan [skæn] I. *vt* 1. schwenken über; seine Augen wandern lassen über 2. (*Buch*) überfliegen 3. (*Radar*) absuchen, abtasten 4. (TV) rastern 5. (*Vers*) in Versfüße zerlegen 6. (MED) scannen, abtasten II. *vi* (*Vers*) das richtige Versmaß haben, sich reimen III. *s* (MED) Scan *m,* Ultraschalluntersuchung *f;* Ultraschallaufnahme *f*

scan·dal ['skændl] *s* 1. Skandal *m* 2. Skandalgeschichten *fpl;* **create a** ~ einen Skandal verursachen; **the latest** ~ der neueste Klatsch; **scan·dal·ize** ['skændəlaɪz] *vt* schockieren; **be ~d** empört sein (*by* über); **scan·dal·monger** ['skændlmʌŋgə(r)] *s* Lästermaul, Klatschmaul *nt;* **scan·dal·ous** ['skændələs] *adj* skandalös, anstößig

Scan·di·na·via [ˌskændɪ'neɪvɪə] *s* Skandinavien *nt;* **Scan·di·na·vian** [ˌskændɪ'neɪvɪən] I. *adj* skandinavisch II. *s* Skandinavier(in) *m(f)*

scan·ner ['skænə(r)] *s* 1. (TECH) Scanner, Abtaster *m* 2. (*optical* ~) Lesegerät *nt*

scant [skænt] *adj* 1. wenig 2. (*Erfolg*) mager 3. (*Pflanzenwuchs*) dürftig 4. (*Chance*) gering; **do ~ justice to s.th.** einer S kaum gerecht werden; **scan·tily** ['skæntɪlɪ] *adv* knapp; spärlich; **scanty** ['skæntɪ] *adj* 1. knapp, dürftig, mager 2. (*Mahl*) kärglich 3. (*Haar*) schütter

scape·goat ['skeɪpgəʊt] *s* (*fig*) Sündenbock *m*

scap·ula ['skæpjʊlə] *s* (MED) Schulterblatt *nt*

scar [skɑ:(r)] I. *s* 1. Narbe *f* 2. (*fig*) Wunde *f;* Makel *m* II. *vt* Narben hinterlassen auf, verunstalten; **he was ~red for life** (*fig*) er war fürs Leben gezeichnet; **his ~red face** sein narbiges Gesicht III. *vi* eine Narbe hinterlassen

sca·rab ['skærəb] *s* Skarabäus *m*

scarce [skeəs] *adj* 1. selten, spärlich 2. knapp, nicht ausreichend vorhanden; **scarce·ly** ['skeəslɪ] *adv* 1. kaum 2. wohl kaum; ~ **anybody** kaum jemand; ~ **anything** fast nichts; ~ **ever** kaum jemals; **scarc·ity** ['skeəsətɪ] *s* 1. Verknappung, Knappheit *f,* Mangel *m* (*of* an) 2. Seltenheit *f;* ~ **of labour** Mangel *m* an Arbeitskräften; **in years of** ~ in schlechten Jahren; ~ **value** Seltenheitswert *m*

scare [skeə(r)] I. *vt* 1. einen Schrecken einjagen; Angst machen (*s.o.* jdm) 2. er-, aufschrecken; **be easily ~d** sehr schreckhaft sein; sehr scheu sein; **be ~d out of one's wits** Todesängste ausstehen; **I'm ~d at the thought** ich habe Angst davor; ~ **away** verscheuchen; verjagen II. *vi:* **I don't ~ easily** ich bekomme nicht so schnell Angst III. *s* Schreck(en) *m;* Panikstimmung *f;* **give s.o. a** ~ jdm einen Schrecken einjagen; **create a** ~ Panik auslösen; **scare·crow** ['skeəkrəʊ] *s* Vogelscheuche *f;* **scare-monger** ['skeəˌmʌŋgə(r)] *s* Panik-, Bangemacher(in) *m(f)*

scarf [skɑ:f, *pl* skɑ:vz] <*pl* scarves> *s* Hals-, Kopftuch *nt,* Schal *m*

scar·ify·ing ['skærɪfaɪɪŋ] *adj* beängstigend; gruselig

scar·let ['skɑ:lət] I. *s* Scharlach *m,* Scharlachrot *nt* II. *adj* scharlachfarben, -rot; **scarlet fever** *s* (MED) Scharlach *m*

scarp [skɑ:p] (~ *edge*) Steilhang *m*

scar·per ['skɑ:pə(r)] *vi* (*Br fam*) abhauen

scary ['skeərɪ] *adj* (*fam*) unheimlich; gruselig

scat [skæt] *interj* (*sl*) verschwinde!

scath·ing ['skeɪðɪŋ] *adj* 1. bissig 2. (*Bemerkung*) schneidend 3. (*Kritik*) beißend, scharf

sca·tol·ogy [skæ'tɒlədʒɪ] *s* Fäkalsprache *f*

S

scat·ter ['skætə(r)] I. *vt* 1. auseinander treiben; zerstreuen 2. (*Nachrichten*) verbreiten 3. (PHYS) streuen (*on* auf) 4. (*Geld*) verschleudern 5. (*Stimmen*) verteilen; ~ **s.th. around** etw überall umherstreuen II. *vi* sich zerstreuen, sich verteilen, sich auflösen; **scat·ter·brain** ['skætəbreɪn] *s* Schussel *m;* **scatter-brained** ['skætəbreɪnd] *adj* flatterhaft, fahrig; **scatter cushion** *s* (kleines) Kissen *nt;* **scattered** ['skætəd] *adj* 1. ver-, zerstreut 2. (*Wolken, Regenschauer*) vereinzelt; **scat·ter·ing** ['skætərɪŋ] *s* 1. vereinzeltes Häufchen 2. (PHYS) Streuung *f;* **a ~ of snow** ein bisschen Schnee

scav·enge ['skævɪndʒ] *vi* Nahrung suchen; ~ **in the bins** die Abfalleimer plündern; **scav·en·ger** ['skævɪndʒə(r)] *s* 1. (ZOO) Aasfresser *m* 2. (*fig*) Aasgeier *m*

scen·ario [sɪ'nɑːrɪəʊ] <*pl* -arios> *s* 1. Szenarium *nt* 2. (*fig*) Szenario *nt*

scene [siːn] *s* 1. Schauplatz *m* 2. (THEAT) Szene *f;* (Bühnen)Bild *nt;* Auftritt *m* 3. (*fig*) Szene *f* 4. Anblick *m;* Landschaft *f;* **behind the ~s** hinter den Kulissen; **the ~ of the crime** der Tatort; **set the ~** den richtigen Rahmen geben; **come on the ~** auftauchen, auf der Bildfläche erscheinen; **drug ~** Drogenszene *f;* **make a ~** eine Szene machen; **make the ~** groß herauskommen; **that's not my ~** (*sl*) das interessiert mich nicht; **scene change** *s* Szenenwechsel *m;* **scene painter** *s* Bühnen-, Kulissenmaler(in) *m(f);* **scen·ery** ['siːnərɪ] *s* 1. (THEAT) Bühnenbild *nt,* Dekoration *f* 2. Landschaft *f;* **scene shifter** *s* Kulissenschieber(in) *m(f);* **scenic** ['siːnɪk] *adj* 1. landschaftlich 2. malerisch 3. (THEAT) bühnentechnisch; ~ **effects** Bühneneffekte *mpl;* ~ **flight** Touristenrundflug *m;* ~ **highway** [*o* **route**] landschaftlich reizvolle Straße; ~ **railway** Berg-und-Tal-Bahn *f*

scent [sent] I. *vt* 1. wittern 2. (*Tee, Seife*) parfümieren; ~ **out** (*fig*) aufspüren II. *s* 1. Geruch, Duft *m* 2. Parfüm *nt* 3. (*Tier*) Witterung, Fährte, Spur *f* 4. (*fig*) Spürsinn *m,* gute Nase; **be on the ~** auf der Fährte sein; **put** [*o* **throw**] **s.o. off the ~** (*fig*) jdn von der richtigen Fährte ablenken; **scent bottle** *s* Riech-, Parfümflasche *f;* **scentless** [-lɪs] *adj* geruchlos

scep·ter ['septə(r)] *s* (*Am*) Zepter *nt*

scep·tic ['skeptɪk] *s* Skeptiker(in) *m(f);* **scep·ti·cal** ['skeptɪkl] *adj* skeptisch, zweifelnd; **scep·ti·cism** ['skeptɪsɪzəm] *s* Skepsis *f*

sceptre ['septə(r)] *s* Zepter *nt*

sched·ule ['ʃedjuːl, *Am* 'skedʒʊl] I. *s* 1. Programm *nt,* Zeitplan *m* 2. (*Am:* SCHULE) Stundenplan *m* 3. Fahr-, Flugplan *m* 4. (*Am*) Verzeichnis *nt* 5. (JUR) Urkunde *f;* **what's on the ~ for today?** was steht für heute auf dem Programm?; **according to ~** planmäßig; nach Plan; **the train is behind ~** der Zug hat Verspätung; **be on ~** pünktlich sein; **be up to ~** nach Zeitplan verlaufen II. *vt* 1. planen 2. (*Zeitplan*) ansetzen 3. (*Am: Liste*) aufführen; **this is not ~d for this year** das steht für dieses Jahr nicht auf dem Programm; **the plane is ~d for ...** planmäßige Ankunft, planmäßiger Abflug ist ...

sched·uled ['ʃedjuːld, *Am* 'skedʒʊld] *adj* 1. vorgesehen, geplant 2. (*Abflug*) planmäßig; ~ **flight** Linienflug *m*

sche·matic [skɪ'mætɪk] *adj* schematisch

scheme [skiːm] I. *s* 1. Plan *m,* Programm *nt;* Projekt *nt* 2. (*pension ~*) Pensionsprogramm *nt* 3. raffinierter Plan; Intrige *f;* Komplott *nt* 4. (*Stadt*) Anlage *f;* Einrichtung *f;* **a ~ of work** ein Arbeitsprogramm; **housing ~** Siedlung *f;* **rhyme ~** Reimschema *nt* II. *vi* Pläne schmieden; intrigieren; ~ **for s.th.** auf etw hinarbeiten; **schemer** ['skiːmə(r)] *s* Intrigant(in) *m(f);* **scheming** ['skiːmɪŋ] *adj* raffiniert, durchtrieben; intrigant

schism ['sɪzəm] *s* (REL) Schisma *nt;* **schismatic** [sɪz'mætɪk] *adj* schismatisch

schist [ʃɪst] *s* (GEOL) Schiefer *m*

schizo·phrenia [ˌskɪtsəʊ'friːnɪə] *s* Schizophrenie *f;* **schizo·phrenic** [ˌskɪtsəʊ'frenɪk] I. *adj* schizophren II. *s* Schizophrene(r) *f m*

schmooz·er ['ʃmuːzə] *s* (*Am: pej*) Radfahrer *m pej,* Speichellecker *m pej*

schnook [ʃnʊk] *s* (*Am: sl*) Blödmann *m,* Depp *m*

schnor·kel ['snɔːkl] I. *s* Schnorchel *m* II. *vi* schnorcheln

scholar ['skɒlə(r)] *s* 1. Gelehrte(r) *f m* 2. (*Universität*) Stipendiat(in) *m(f)* 3. Student(in) *m(f);* **schol·ar·ly** [-lɪ] *adj* gelehrt, wissenschaftlich; **schol·ar·ship** ['skɒləʃɪp] *s* 1. Gelehrsamkeit *f* 2. Stipendium *nt;* **win a ~ to ...** ein Stipendium für ... bekommen; **on a ~** mit einem Stipendium; **scholarship holder** *s* Stipendiat(in) *m(f)*

schol·as·tic [skə'læstɪk] *adj* 1. schulisch; Schul-; Studien- 2. (REL HIST) scholastisch; ~ **profession** Lehrberuf *m;* **schol·as·ti·cism** [skə'læstɪsɪzəm] *s* Scholastik *f*

school[1] [skuːl] I. *s* 1. Schule *f* 2. (*Am*) College *nt,* Universität *f* 3. (*Universität*) Fachbereich *m,* Fakultät *f* 4. (PHILOS) Schule *f;* **at ~** in der Schule; im College; an der Universität; **go to ~** in die Schule, ins College, zur Universität gehen; **there is no ~ tomorrow** morgen ist schulfrei; ~ **of art** Kunstschule *f;* ~ **of dancing** Tanzschule *f* II. *vt*

1. lehren **2.** (*Tier*) dressieren **3.** (*fig*) zügeln

school² [sku:l] *s* (*Fische*) Schwarm *m*

school age ['sku:leɪdʒ] *s* schulpflichtiges Alter; **of** ~ schulpflichtig; **school attendance** *s* Schulbesuch *m;* **school bag** *s* Schultasche *f;* **school board** *s* (*Am*) Schulbehörde, -aufsichtsbehörde *f;* **school•book** *s* Schulbuch *nt;* **school•boy** ['sku:lbɔɪ] *s* Schuljunge, Schüler *m;* **school•child** ['sku:ltʃaɪld, *pl* -tʃɪldrən] <*pl* -children> *s* Schulkind *nt;* **school•days** *s pl* Schulzeit *f;* **school fees** *s pl* Schulgeld *nt;* **school•girl** ['sku:lgɜ:l] *s* Schulmädchen *nt;* Schülerin *f;* **school hall** *s* Aula *f;* **school•house** ['sku:lhaʊs] *s* Schulhaus, -gebäude *nt*

school•ing ['sku:lɪŋ] *s* Ausbildung, Schulung *f;* **compulsory** ~ Schulpflicht *f*

school leaver ['sku:lli:və(r)] *s* Schulabgänger(in) *m(f);* **school-leav•ing cer•ti•fi•cate** [ˌsku:lli:vɪŋsə'tɪfɪkət] *s* Abgangszeugnis *nt;* **school magazine** *s* Schulzeitung, Schülerzeitung *f;* **school•mas•ter** ['sku:lˌmɑ:stə(r)] *s* Lehrer *m;* **school•mate** *s* Schulkamerad(in) *m(f);* **school•mis•tress** ['sku:lˌmɪstrɪs] *s* Lehrerin *f;* **school report** *s* Zeugnis *nt;* **school•room** ['sku:lrʊm] *s* Klassenzimmer *nt;* **school•teacher** *s* Lehrer(in) *m(f)*

schoo•ner ['sku:nə(r)] *s* **1.** (MAR) Schoner *m* **2.** Sherryglas *nt*

sci•atic [saɪ'ætɪk] *adj* (MED) Ischias-; **sci•atica** [saɪ'ætɪkə] *s* (MED) Ischias *m od nt*

science ['saɪəns] *s* **1.** (Natur)Wissenschaft *f* **2.** Technik *f;* **study** ~ Naturwissenschaften studieren; **the** ~ **of cooking** die Kochkunst; **social** ~ Soziologie *f;* Sozialwissenschaft *f;* **science fiction** *s* Science-fiction *f;* **scien•tific** [ˌsaɪən'tɪfɪk] *adj* **1.** (natur)wissenschaftlich **2.** (*Methode*) wissenschaftlich; **scien•tist** ['saɪəntɪst] *s* (Natur)Wissenschaftler(in) *m(f)*

scin•til•lat•ing ['sɪntɪleɪtɪŋ] *adj* **1.** (*fig*) glänzend, funkelnd **2.** (*Humor*) sprühend; **be** ~ funkeln

scion ['saɪən] *s* **1.** (BOT) Schössling *m* **2.** Nachkomme, Sprössling *m*

scis•sors ['sɪzəz] *s pl* Schere *f;* **a pair of** ~ eine Schere; ~ **kick** (SPORT) Scherenschlag *m*

scler•osis [sklə'rəʊsɪs] *s* Sklerose *f;* **multiple** ~ multiple Sklerose

scoff¹ [skɒf] **I.** *s* verächtliche Bemerkung **II.** *vi* spotten; ~ **at s.o.** jdn verachten

scoff² [skɒf] **I.** *s* (*sl*) Fressalien *fpl,* Fresserei *f* **II.** *vt* futtern

scold [skəʊld] **I.** *vt* ausschimpfen (*for* wegen) **II.** *vi* schelten, zanken, schimpfen; **scold•ing** ['skəʊldɪŋ] *s* Schelte *f;* Schimpferei *f;* **give s.o. a** ~ jdn ausschimpfen

scone [skɒn] *s brötchenartiges Gebäck*

scoop [sku:p] **I.** *s* **1.** Schaufel *f* **2.** (*Eis*) Kugel *f* **3.** (*fam*) Fang *m* **4.** (*Zeitung*) Knüller *m;* **at one** ~ auf einmal **II.** *vt* **1.** schaufeln, schöpfen **2.** (*fig*) mit einer Nachricht zuvorkommen (*s.o.* jdm), übertrumpfen; ~ **out** herausschaufeln, -schöpfen; aushöhlen; ~ **up** aufschaufeln; (*fig: Geld*) scheffeln

scoot [sku:t] *vi* (*fam*) abhauen; laufen, rennen

scooter ['sku:tə(r)] *s* **1.** (Tret)Roller *m* **2.** (*motor* ~) (Motor)Roller *m*

scope [skəʊp] *s* **1.** Ausmaß, Umfang *m;* Reichweite *f* **2.** Kompetenzbereich *m* **3.** Fassungsvermögen *nt* **4.** Entfaltungsmöglichkeit *f;* Spielraum *m;* **s.th. is within the** ~ **of s.th.** etw bleibt im Rahmen einer S; **s.th. is within the** ~ **of a department** etw fällt in den Kompetenzbereich einer Abteilung; **that is beyond my** ~ das übersteigt mein Fassungsvermögen; **there is** ~ **for improvement** es könnte noch verbessert werden; **give s.o.** ~ **to do s.th.** jdm den nötigen Spielraum geben etw zu tun

scorch [skɔ:tʃ] **I.** *vt* versengen; **~ed earth policy** (MIL) Politik *f* der verbrannten Erde; **the sun ~ed our faces** die Sonne brannte auf unsere Gesichter **II.** *vi* (*sl*) rasen; **the sun ~ed down** die Sonne brannte herunter **III.** *s* verbrannte Stelle; **scorcher** ['skɔ:tʃə(r)] *s* (*fam*): **yesterday was a** ~ gestern war eine Knallhitze; **scorch•ing** ['skɔ:tʃɪŋ] *adj* **1.** sengend; glühend heiß **2.** (*fig*) rasend; rasant

score [skɔ:(r)] **I.** *s* **1.** Punktestand *m;* Spielstand *m* **2.** (MUS) Noten *fpl,* Partitur *f* **3.** (*fig*) Zeche, Rechnung *f* **4.** Rille, Kerbe *f;* Kratzer *m* **5.** (*fig*) zwanzig **6.** Grund *m;* **there was no** ~ **at half-time** zur Halbzeit stand es 0 : 0; **keep** (**the**) ~ Punkte zählen; **know the** ~ (*fig*) wissen, was gespielt wird; **make a** ~ **off s.o.** jdm eins auswischen; **what's the ~?** was bin ich schuldig?; (SPORT) wie steht's?; (*fig*) wie sieht's aus?; **pay off old ~s** alte Schulden begleichen; **~s of …** Hunderte von …; **by the** ~ massenweise; **on that** ~ was das betrifft **II.** *vt* **1.** (*Punkte*) erzielen; bekommen; schießen **2.** (*Rillen*) einkerben; Kratzer machen in **3.** (MUS) schreiben; ~ **an advantage** im Vorteil sein; ~ **a point off s.o.** auf jds Kosten glänzen; ~ **a hit with s.o.** jdn stark beeindrucken; ~ **off** ausstreichen; ~ **out** durchstreichen; ~ **up** anschreiben **III.** *vi* **1.** einen Punkt erzielen; ein Tor schießen **2.** mitzählen **3.** (*sl*): ~ **with a woman** eine Frau aufs Kreuz legen **4.** (*fam*) sich Drogen beschaffen; ~ **well/badly** gut/schlecht abschneiden; ~ **off s.o.** jdn als dumm hinstellen; **score•board** *s* Anzeigetafel *f;* **score-**

card *s* Spielprotokoll *nt;* **scorer** ['skɔːrə(r)] *s* (SPORT) **1.** Torschütze *m* **2.** Punktrichter *m;* **scor•ing** ['skɔːrɪŋ] *s* Erzielen *nt* eines Punktes; Torschuss *m*

scorn [skɔːn] **I.** *s* Verachtung *f;* Hohn *m;* **laugh s.o. to** ~ jdn höhnisch verlachen; **pour** ~ **on s.th.** etw verächtlich abtun **II.** *vt* **1.** verachten, geringschätzen **2.** (*Geschenk*) verschmähen, als unwürdig ablehnen; ~ **to do s.th.** es für unwürdig halten etw zu tun; **scorn•ful** ['-fʊl] *adj* verächtlich, spöttisch

Scor•pio ['skɔːpɪəʊ] *s* (ASTR) Skorpion *m*

scor•pion ['skɔːpɪən] *s* Skorpion *m*

Scot [skɒt] *s* Schotte *m,* Schottin *f*

scotch [skɒtʃ] *vt* **1.** aus der Welt schaffen **2.** (*Idee*) unterbinden

Scotch [skɒtʃ] **I.** *adj* schottisch; ~ **Whisky** schottischer Whisky **II.** *s* schottischer Whisky; **Scotch broth** *s* Gemüsesuppe *f* mit Hammelfleisch

scot-free [ˌskɒt'friː] *adv* ungeschoren; **get off** ~ ungestraft, unverletzt davonkommen

Scot•land ['skɒtlənd] *s* Schottland *nt*

Scot•land Yard *s Londoner Polizeibehörde*

Scots [skɒts] *s:* **the** ~ die Schotten *pl;* **Scots•man** [-mən] <*pl* -men> *s* Schotte *m;* **Scots•woman** [-wʊmən, *pl* -wɪmɪn] <*pl* -women> *s* Schottin *f;* **Scot•tish** ['skɒtɪʃ] **I.** *adj* schottisch **II.** *s* (*Sprache*) (das) Schottisch(e); **the** ~ die Schotten *pl*

scoun•drel ['skaʊndrəl] *s* Schurke, Schuft *m*

scour¹ ['skaʊə(r)] **I.** *vt* scheuern; ~ **away** [*o* **off**] abscheuern **II.** *s* Scheuern, Schrubben *nt*

scour² ['skaʊə(r)] *vt* durchsuchen, durchstöbern (*for* nach)

scour•er ['skaʊrə(r)] *s* Topfkratzer *m*

scourge [skɜːdʒ] **I.** *s* (*a. fig*) Geißel *f* **II.** *vt* **1.** geißeln **2.** (*fig*) peinigen, bestrafen

scout [skaʊt] **I.** *s* **1.** Späher, Kundschafter *m* **2.** (AVIAT) Aufklärer *m* **3.** (*boy* ~) Pfadfinder *m* **4.** (AUTO) Pannenhelfer *m;* **on the** ~ auf Erkundung; **have a** ~ **about** [*o* **around**] **for s.th.** sich nach etw umsehen; **talent** ~ Talentsucher *m* **II.** *vi* erkunden, auskundschaften; ~ **for s.th.** nach etw Ausschau halten; ~ **about** [*o* **around**] sich umsehen (*for* nach) **III.** *vt:* ~ **out** auskundschaften; **scout•mas•ter** ['skaʊtmɑːstə(r)] *s* Pfadfinderführer *m*

scowl [skaʊl] **I.** *vi* finster blicken; ein böses Gesicht machen; ~ **at s.o.** jdn böse ansehen **II.** *s* finsterer Blick

scrabble ['skræbl] *vi* (~ *about*) herumsuchen, herumtasten

scrag [skræg] **I.** *s* Hals *m* **II.** *vt* (*sl*) den Hals umdrehen (*s.o.* jdm); **scraggy** ['skrægɪ] *adj* mager, hager, knochig

scram [skræm] *vi* abhauen; ~**!** hau ab!

scramble ['skræmbl] **I.** *vi* **1.** klettern, krabbeln **2.** sich balgen, sich reißen (*for* um); ~ **out** hinausklettern **II.** *vt* **1.** durcheinander werfen **2.** (*Eier*) verrühren **3.** (TELE) chiffrieren, verschlüsseln; ~**d eggs** Rührei(er *pl*) *nt* **III.** *s* **1.** Klettern *nt* **2.** Gedrängel *nt,* Balgerei *f* (*for* um) **3.** (AUTO) Moto-Cross *nt;* **scram•bler** ['skræmblə(r)] *s* (TELE) Verschlüsselungs-, Chiffriergerät *nt*

scrap¹ [skræp] **I.** *s* **1.** Stück(chen) *nt;* bisschen **2.** (~ *of paper*) (Papier)Fetzen *m* **3.** (*fig*) Fünkchen *nt,* Spur *f* **4.** ~**s** Reste *mpl* **5.** Altmaterial *nt;* Altpapier *nt;* Schrott *m;* **not a** ~ kein bisschen; **a few** ~**s of German** ein paar Brocken Deutsch; **not a** ~ **of evidence** nicht der geringste Beweis; **these bits are** ~ diese Sachen werden nicht mehr gebraucht **II.** *vt* **1.** verschrotten; ausrangieren **2.** (*fig: Plan*) fallen lassen

scrap² [skræp] **I.** *s* (*fam*) Rauferei *f* **II.** *vi* (*fam*) sich raufen, sich prügeln, sich streiten, sich balgen (*with* mit)

scrap•book ['skræpbʊk] *s* Sammelalbum *nt;* **scrap dealer** *s* Schrotthändler(in) *m(f)*

scrape [skreɪp] **I.** *vt* **1.** (ab)kratzen, -bürsten **2.** (*Auto*) schrammen; streifen **3.** (*Knie*) (wund) scheuern, aufschürfen **4.** (*Loch*) scharren; ~ **a living** gerade so sein Auskommen haben; ~ **the bottom of the barrel** (*fig*) den letzten Rest zusammenkratzen; ~ **together** zusammenharken; zusammenkratzen; ~ **up** zusammenkratzen **II.** *vi* **1.** kratzen, scheuern (*on, against* an) **2.** (*fam*) knausern; ~ **along** sich schlecht und recht durchschlagen; ~ **away** herumkratzen (*at* an); ~ **off** sich abkratzen lassen; ~ **through** gerade noch durchkommen **III.** *s* **1.** Kratzen, Scharren *nt* **2.** Kratzer *m;* Schramme *f* **3.** (*fig*) Klemme, Patsche *f;* **get into a** ~ (*fig*) sich in die Nesseln setzen; **scraper** ['skreɪpə(r)] *s* **1.** Spachtel *f* **2.** (*an der Tür*) Kratzeisen *nt*

scrap-heap ['skræphiːp] *s* Schrotthaufen *m*

scrap•ings ['skreɪpɪŋz] *s pl* **1.** Reste *mpl,* Schalen *fpl* **2.** (*Metall*) Späne *mpl*

scrap iron ['skræpaɪən] *s* Alteisen *nt;* **scrap merchant** *s* Schrotthändler *m*

scrappy ['skræpɪ] *adj* **1.** zusammengestückelt **2.** (*Wissen*) lückenhaft

scratch [skrætʃ] **I.** *vt* **1.** (zer)kratzen, ritzen, verschrammen **2.** (SPORT) streichen; ~ **s.th. away** etw abkratzen; ~ **s.th. in the wood** etw ins Holz ritzen; ~ **a living** sich einen kümmerlichen Lebensunterhalt verdienen; ~ **one's head** sich am Kopf kratzen; ~ **the surface of s.th.** etw oberflächlich berühren; ~ **s.th. through** etw durchstreichen **II.** *vi* **1.** kratzen **2.** (SPORT) nicht antreten **III.** *s* **1.** Kratzer *m* **2.** Kratzen, Scharren *nt;* ~ **file** (INFORM) Hilfsdatei *f;* **give s.o. a** ~ jdn kratzen; **have a** ~ sich kratzen; **start from** ~ ganz von vorne anfangen; **be** [*o* **come**] **up to** ~ die Erwartungen erfüllen; **bring s.th. up to** ~ etw auf Vordermann bringen **IV.** *adj* **1.** improvisiert **2.** (SPORT) ohne Vorgabe; **scratch about** *vi* herumscharren; sich umsehen; **scratch out** *vt* auskratzen; **scratch up** *vt* (*Geld*) zusammenkratzen

scratch card ['skrætʃkɑ:d] *s* Rubbelkarte *f;* **scratch paper** *s* Konzept-, Schmierpapier *nt*

scratchy ['skrætʃɪ] *adj* **1.** (*Stoff, Geräusch*) kratzend **2.** (*Platte*) zerkratzt **3.** (*Pullover*) kratzig

scrawl [skrɔ:l] **I.** *vt, vi* schmieren, kritzeln **II.** *s* Gekritzel *nt,* Kritzelei *f*

scrawny ['skrɔ:nɪ] *adj* dürr

scream [skri:m] **I.** *vi* **1.** schreien; kreischen **2.** (*Sirene*) heulen; ~ **at s.o.** jdn anschreien; ~ **with pain** vor Schmerzen schreien; ~ **with laughter** vor Lachen kreischen; ~ **out for s.th.** nach etw schreien **II.** *vt* **1.** schreien **2.** (*fig*) herausschreien; ~ **one's head off** sich die Lunge aus dem Leib schreien; ~ **o.s. hoarse** sich heiser brüllen **III.** *s* **1.** Schrei *m* **2.** Heulen *nt* **3.** (*Bremsen*) Kreischen *nt* **4.** (*fam*) ulkiger Kerl; **be a** ~ zum Schreien sein; **scream•ing** ['-ɪŋ] *adj* **1.** schreiend, kreischend **2.** (*Wind*) heulend **3.** (*fig*) himmelschreiend

scree [skri:] *s* (GEOL) Geröll *nt*

screech [skri:tʃ] **I.** *vt* schreien **II.** *vi* **1.** kreischen **2.** (*Fahrzeug*) quietschen; ~ **with laughter** vor Lachen kreischen **III.** *s* **1.** Schrei *m* **2.** (*Bremse*) Kreischen *nt;* **give a** ~ aufkreischen, -schreien; kreischen; **screech owl** *s* Schleiereule *f*

screed [skri:d] *s:* **write ~s** (**and ~s**) (*fam*) ganze Romane schreiben

screen [skri:n] **I.** *s* **1.** Licht-, Wand-, Bildschirm *m* **2.** Trennwand *f* **3.** (*fig*) Schutz *m* **4.** (*Bäume*) Wand *f* **5.** (MIL) Verdunklungsschutz *m* **6.** Fliegenfenster *nt* **7.** (*Kirche*) Lettner *m* **8.** (FILM) Leinwand *f* **9.** (Gitter)Sieb *nt;* **stars of the** ~ Filmstars *mpl;* **a** ~ **of indifference** eine Mauer der Gleichgültigkeit **II.** *vt* **1.** abschirmen, abdecken; verdecken, verhüllen, verschleiern; geheim halten (*from* vor) **2.** (TV) senden **3.** (*Film*) vorführen **4.** sieben **5.** (*Risiko*) überprüfen; ~ **the windows** die Fenster verhängen; Fliegenfenster an den Fenstern anbringen; ~ **s.th. from the enemy** etw vor dem Feind tarnen; **screen off** *vt* durch einen Schirm, eine Trennwand abtrennen; **screen•ing** ['-ɪŋ] *s* **1.** (*fig*) Überprüfung *f* **2.** (FILM) Vorführung *f;* **screen•play** *s* Drehbuch *nt;* **screen test** *s* Probeaufnahmen *fpl;* **screen•writer** ['skri:nˌraɪtə(r)] *s* Drehbuchautor(in) *m(f)*

screw [skru:] **I.** *s* **1.** (TECH) Schraube *f* **2.** (AVIAT) Propeller *m* **3.** Drehung *f* **4.** (*obs*) Tabaksbeutelchen *nt* **5.** (*sl*) Zaster *m* **6.** (*sl*) Gefängniswärter *m;* **he's got a** ~ **loose** (*fam*) bei dem ist eine Schraube locker; **put the ~s on s.o.** (*fam*) jdm die Daumenschrauben anlegen; **give s.th. a** ~ an etw drehen **II.** *vt* **1.** schrauben (*to* an, *onto* auf) **2.** (*fam*) in die Mangel nehmen **3.** (*sl*) bescheißen **4.** (*sl*) bumsen; ~ **one's head round** seinen Kopf herumdrehen **III.** *vi* **1.** sich schrauben lassen **2.** (*sl*) bumsen; **screw down** *vt* an-, festschrauben; **screw off** *vt* abschrauben; **screw on** *vt* anschrauben; **have one's head ~ed on the right way** ein vernünftiger Mensch sein; **screw out** *vt* herausschrauben; ~ **s.th. out of s.o.** etw aus jdm herausquetschen; **screw together** *vt* zusammenschrauben; **screw up** *vt* **1.** anziehen **2.** (*Papier*) zusammenknüllen **3.** (*Augen*) zusammenkneifen **4.** (*sl*) vermasseln **5.** (*sl*) neurotisch machen; ~ **up one's courage** seinen ganzen Mut zusammennehmen

screw•ball ['skru:bɔ:l] *s* (*sl*) komischer Kauz; **screw•driver** *s* Schraubenzieher, -dreher *m;* **Phillips** ~® Kreuzschlitzschraubenzieher *m;* **screwed** [skru:d] *adj* (*sl*) voll; ~ **up** neurotisch; **get** ~ **up about s.th.** sich in etw hineinsteigern; **screw top** *s* Schraubverschluss *m;* **screwy** ['skru:ɪ] *adj* (*sl*) verrückt, bekloppt; schrullig

scribble ['skrɪbl] **I.** *vt* hinkritzeln; ~ **s.th. on s.th.** etw auf etw kritzeln **II.** *vi* kritzeln; schreiben **III.** *s* Gekritzel *nt;* **scrib•bler** ['skrɪblə(r)] *s* (*pej*) Schreiberling *m;* **scribbling block, scrib•bling pad** *s* Schreib-, Notizblock *m*

scrim•mage ['skrɪmɪdʒ] *s* **1.** Handgemenge *nt* **2.** (*Am: Fußball*) Gedränge *nt*

scrimp [skrɪmp] *vi* sparen; knausern; ~ **and save** geizen und sparen

scrip issue [ˌskrɪp'ɪʃu:] *s* (FIN) *Ausgabe von Gratisaktien*

script [skrɪpt] *s* **1.** Schrift *f;* Schreibschrift *f* **2.** (SCHULE) schriftliche Arbeit **3.** (*Dokument*) Text *m* **4.** (THEAT FILM) Textbuch, Drehbuch *nt;* **script girl** *s* (FILM) Skriptgirl *nt*

scrip•tural ['skrɪptʃərəl] *adj* biblisch; **scrip•ture** ['skrɪptʃə(r)] *s:* **the Sriptures** die Heilige Schrift; ~ **lesson** Religionsstunde *f*

script•writer ['skrɪptraɪtə(r)] *s* (FILM)

S

Drehbuchautor(in) *m(f)*, Textautor(in) *m(f)*
scroll [skrəʊl] **I.** *vi* (INFORM) blättern **II.** *s* **1.** (HIST) Schriftrolle *f* **2.** (ARCH) Spirale, Schnecke, Volute *f*
Scrooge [skru:dʒ] *s* Geizhals *m*
scrote [skrəʊt] *s* (*Br: sl*) Scheißkerl *m sl*
scro•tum ['skrəʊtəm] *s* (ANAT) Hodensack *m*
scrounge [skraʊndʒ] *vt, vi* (*fam*) schnorren, abstauben; ~ **around for s.th.** nach etw herumsuchen; **scrounger** ['skrəʊndʒə(r)] *s* (*fam*) Schnorrer(in) *m(f)*
scrub[1] [skrʌb] *s* Buschwerk, Gestrüpp *nt*
scrub[2] [skrʌb] **I.** *vt* **1.** (ab)schrubben, scheuern **2.** (*Gemüse*) putzen **3.** (*fam*) annullieren, streichen **4.** (*Gase*) waschen **II.** *s* Schrubben *nt;* **give s.th. a good** ~ etw sorgfältig scheuern; **scrub•ber** ['skrʌbə(r)] *s* (*sl pej*) Flittchen *nt;* **scrub•bing-brush** ['skrʌbɪŋbrʌʃ] *s* Scheuerbürste *f*
scruff [skrʌf] *s:* **by the** ~ **of the neck** am Genick
scruffy ['skrʌfɪ] *adj* (*fam*) vergammelt; verlottert
scrum(•mage) ['skrʌm(ɪdʒ)] *s* (*Rugby*) Gedränge *nt*
scrump•tious ['skrʌmpʃəs] *adj* (*fam*) prima, klasse; lecker; **scrumpy** ['skrʌmpɪ] *s* ≈Most *m*
scrunch [skrʌntʃ] **I.** *s* Knirschen *nt* **II.** *vi* knirschen
scruple ['skru:pl] *s* Skrupel *m;* ~**s** Bedenken *pl;* **have no** ~**s** keine Skrupel haben; **scru•pu•lous** ['skru:pjʊləs] *adj* gewissenhaft; genau; **he is not** ~ **in his business dealings** er hat keine Skrupel bei seinen Geschäften
scru•ti•neer [ˌskru:tɪ'nɪə(r)] *s* (POL) Wahlprüfer(in) *m(f);* **scru•ti•nize** ['skru:tɪnaɪz] *vt* **1.** genau prüfen **2.** (*Wahlstimmen*) prüfen; **scru•tiny** ['skru:tɪnɪ] *s* **1.** genaue Prüfung; Untersuchung *f;* Musterung *f* **2.** (POL) Wahlprüfung *f;* **subject s.th./s.o. to (close)** ~ etw/jdn (genau) mustern
scuba ['sku:bə] *s* Schwimmtauchgerät *nt;* **scuba diving** *s* Sporttauchen *nt*
scud [skʌd] *vi* **1.** flitzen **2.** (*Wolken*) jagen
scuff [skʌf] **I.** *vt* abwetzen **II.** *vi* schlurfen **III.** *s* (~ *mark*) abgewetzte Stelle
scuffle ['skʌfl] **I.** *vi* sich raufen; poltern; ~ **with the police** ein Handgemenge mit der Polizei haben **II.** *s* Balgerei *f;* Handgemenge *nt*
scull [skʌl] **I.** *s* **1.** (MAR) Skull *nt* **2.** (*Boot*) Skullboot *nt* **II.** *vi, vt* rudern
scul•lery ['skʌlərɪ] *s* Spülküche *f*
sculpt [skʌlpt] *vt* bildhauern; **sculp•tor** ['skʌlptə(r)] *s* Bildhauer(in) *m(f);* **sculp•tress** ['skʌlptrɪs] *s* Bildhauerin *f;* **sculp•tural** ['skʌlptʃərəl] *adj* plastisch; bildhauerisch; **sculp•ture** ['skʌlptʃə(r)] **I.** *s* **1.** Bildhauerei *f* **2.** Skulptur *f* **II.** *vt* **1.** formen, arbeiten **2.** (*in Stein*) hauen, meißeln **3.** (*in Ton*) modellieren
scum [skʌm] *s* **1.** Schaum *m;* Rand *m* **2.** (*fig*) Abschaum *m;* **the** ~ **of the earth** der Abschaum der Menschheit; **scum•my** [skʌmeɪ] *adj* **1.** schmierig, schleimig **2.** unmoralisch
scup•per ['skʌpə(r)] *vt* **1.** (MAR) versenken **2.** (*fam*) zerschlagen
scurf [skɜ:f] *s* (Kopf)Schuppen *fpl*
scur•ri•lous ['skʌrɪləs] *adj* **1.** verleumderisch **2.** unflätig, zotig
scurry ['skʌrɪ] **I.** *vi* hasten; eilig trippeln; huschen; ~ **along** entlanghasten; ~ **through one's work** seine Arbeit hastig erledigen **II.** *s* Hasten *nt;* Trippeln *nt*
scurvy ['skɜ:vɪ] **I.** *s* (MED) Skorbut *m* **II.** *adj* (*sl*) niederträchtig
scut [skʌt] *s* Stummelschwanz *m*
scuttle[1] ['skʌtl] *s* Kohleneimer, -kasten *m*
scuttle[2] ['skʌtl] **I.** *s* (MAR) Luke *f* **II.** *vt* (*Schiff*) versenken
scuttle[3] ['skʌtl] *vi* **1.** schnell laufen, rennen **2.** (*Tier*) hoppeln; krabbeln; ~ **off in a hurry** (*fam*) davonflitzen
scythe [saɪð] **I.** *s* Sense *f* **II.** *vt* (mit der Sense) mähen
SDR [ˌesdi:'ɑ:(r)] *s Abk. von* **special drawing rights** (FIN) SZR *f,* Sonderziehungsrechte *ntpl*
sea [si:] *s* **1.** See *f,* Meer *nt* **2.** (*fig*) große Menge; **beyond the** ~**s** in Übersee; **at** ~ auf (hoher) See; **by** ~ auf dem Seeweg; **travel by** ~ mit dem Schiff fahren; **be all at** ~ (*fig*) nicht durchblicken; **go to** ~ zur See gehen; sich einschiffen; **put to** ~ in See stechen; **heavy** ~**s** schwere See; **a** ~ **of faces** ein Meer von Gesichtern
sea air *s* Seeluft *f;* **sea anemone** *s* Seeanemone *f;* **sea animal** *s* Meerestier *nt;* **sea-based** ['si:ˌbeɪst] *adj* (MIL) seegestützt; **sea bathing** *s* Baden *nt* im Meer; **sea•bed** ['si:bed] *s* Meeresgrund *m;* **sea bird** *s* Seevogel *m;* **sea•board** ['si:bɔ:d] *s* Küste *f;* **sea-borne** ['si:bɔ:n] *adj* auf dem Seeweg befördert; ~ **goods** Seefrachtgüter *ntpl;* **sea breeze** *s* Seewind *m;* **sea calf** ['si:kɑ:f, *pl* -kɑ:vz] <*pl* -calves> *s* Seehund *m;* **sea•coast** *s* (Meeres)Küste *f;* **sea cow** *s* Seekuh *f;* **sea dog** *s* (*fam: Matrose*) Seebär *m;* **sea•farer** ['si:ˌfeərə(r)] *s* Seefahrer *m;* **sea•faring** ['si:ˌfeərɪŋ] **I.** *adj* seefahrend **II.** *s* Seefahrt *f;* **sea•fish** *s* Seefisch *m;* **sea•food** ['si:fu:d] *s* Meeresfrüchte *fpl;* **sea•front** ['si:frʌnt] *s* Strandpromenade *f;* **sea•go•ing** ['si:ˌgəʊɪŋ] *adj* seefahrend; seetüchtig; **sea•gull** ['si:gʌl] *s* Seemöwe *f;* **sea-horse** *s* Seepferdchen *nt*

seal¹ [siːl] **I.** *s* **1.** Siegel *nt* **2.** Plombe *f,* Verschluss *m* **3.** Siegelring *m* **4.** (*fig*) Bekräftigung, Bestätigung *f* **5.** (TECH) Dichtung *f;* **under the ~ of secrecy** unter dem Siegel der Verschwiegenheit; **set one's ~ to s.th.** unter etw sein Siegel setzen; **give s.th. one's ~ of approval** seine Zustimmung zu etwas geben; **give s.o. one's ~ of approval** jdm seine Zustimmung geben; **~ of quality** Gütesiegel *nt* **II.** *vt* **1.** (be-, ver)siegeln **2.** plombieren **3.** (*Brief*) verschließen, zukleben **4.** (*fig*) bekräftigen, bestätigen **5.** (TECH) luftdicht verschließen; **~ed envelope** verschlossener Briefumschlag; **~ off** hermetisch abriegeln; **~ up** versiegeln; fest verschließen; abdichten; **~ s.o.'s fate** jds Schicksal besiegeln

seal² [siːl] *s* Seehund *m;* Seal *m*

sea legs ['siːlegs] *s pl:* **get** [*o* **find**] **one's ~** standfest werden; **sea level** *s* Meeresspiegel *m;* **above/below ~** über/unter dem Meeresspiegel

seal•ing ['siːlɪŋ] *s* Versiegeln, Plombieren *nt;* **sealing wax** *s* Siegelwachs *nt*

sea lion ['siːˌlaɪən] *s* Seelöwe *m*

seal ring ['siːlrɪŋ] *s* Siegelring *m*

seal•skin ['siːlskɪn] *s* Seehundfell *nt,* Seal *m*

seam [siːm] **I.** *s* **1.** Saum *m,* Naht *f* **2.** (MAR) Fuge *f* **3.** Narbe *f* **4.** (GEOL) Flöz *nt* **II.** *vt* **1.** säumen **2.** (*fig*) durchziehen; **~ed with ...** zerfurcht von ...

sea•man ['siːmən] <*pl* -men> *s* Seemann, Matrose *m;* **sea mile** *s* Seemeile *f* (*intern. = 1852 m*)

seam•less ['siːmlɪs] *s* nahtlos; **seam•stress** ['siːmstrɪs] *s* Näherin *f*

seamy ['siːmɪ] *adj* düster; **the ~ side of life** die Schattenseite des Lebens

sea•plane ['siːpleɪn] *s* Wasserflugzeug *nt;* **sea•port** ['siːpɔːt] *s* Seehafen *m;* **sea power** *s* Seemacht *f*

sear [sɪə(r)] *vt* **1.** versengen, verbrennen **2.** (*Schmerz*) durchzucken **3.** (*Fleisch*) rasch anbraten **4.** (*Sonne*) ausdörren

search [sɜːtʃ] **I.** *vt* **1.** durchsuchen, -forschen, -stöbern **2.** (*Gewissen*) erforschen; **~ me!** was weiß ich! **II.** *vi* suchen (*for* nach) **III.** *s* **1.** Suche *f* (*for* nach) **2.** Durchsuchung *f* **3.** Nachforschung *f;* **go in ~ of s.o.** auf die Suche nach jdm gehen; **make a ~ in a house** eine Hausdurchsuchung machen; **make a ~ for s.o.** nach jdm suchen; **search out** *vt* ausfindig machen, aufspüren; **search through** *vt* durchsuchen; **searcher** ['sɜːtʃə(r)] *s* Durchsuchungsbeamte(r) *m,* -beamtin *f;* **the ~s** die Suchmannschaft; **search function** *s* (INFORM) Suchfunktion *f;* **search•ing** ['-ɪŋ] *adj* **1.** prüfend, forschend **2.** (*Frage*) durchdringend; **search•light** ['sɜːtʃlaɪt] *s* Suchscheinwerfer *m;* **search operation** *s* **1.** Suchaktion *f* **2.** (INFORM) Suchlauf *m;* **search party** *s* Rettungs-, Bergungs-, Suchmannschaft *f;* **search tool** *s* Suchinstrument *nt;* **search warrant** *s* Durchsuchungsbefehl *m*

sear•ing ['sɪərɪŋ] *adj* **1.** glühend **2.** (*Schmerz*) scharf **3.** (*fig*) quälend

sea•scape ['siːskeɪp] *s* (*Malerei*) Seestück *nt;* **sea shanty** *s* Seemannslied *nt;* **sea•shell** *s* Muschel(schale) *f;* **sea•shore** ['siːʃɔː(r)] *s* Strand *m;* **on the ~** am Strand; **sea•sick** ['siːsɪk] *adj* seekrank; **sea•sick•ness** ['siːsɪknɪs] *s* Seekrankheit *f;* **sea•side** ['siːsaɪd] *s:* **at the ~** am Meer; **go to the ~** ans Meer fahren; **~ holidays** Ferien am Meer

sea•son ['siːzn] **I.** *s* **1.** Jahreszeit *f* **2.** (SPORT THEAT) Saison *f;* **at the height of the ~** in der Hochsaison; **for a ~** eine Spielzeit lang; **in ~** in der Saison; (ZOO) in der Brunstzeit; (*Hündin*) läufig; **in and out of ~** andauernd, jahrein jahraus; **in due ~** zu gegebener Zeit; **in good ~** rechtzeitig; **nesting/hunting ~** Brut-/Jagdzeit *f;* **holiday ~** Ferienzeit *f* **II.** *vt* **1.** (*fig*) durchsetzen **2.** (*Speise*) würzen **3.** (*Holz*) ablagern **4.** (*Truppen*) stählen; **sea•son•able** ['siːznəbl] *adj* **1.** der Jahreszeit angemessen; zeitgemäß **2.** (*Rat*) zur rechten Zeit; **sea•sonal** ['siːzənl] *adj* jahreszeitlich; saisonbedingt; **~ adjustment** Saisonbereinigung *f;* **~ trade** Saisongeschäft *nt;* **~ unemployment** saisonbedingte Arbeitslosigkeit; **sea•soned** ['siːznd] *adj* **1.** (*Essen*) gewürzt **2.** (*Holz*) abgelagert **3.** (*fig*) erfahren; **sea•son•ing** ['siːznɪŋ] *s* (*a. fig*) Würze *f;* **season ticket** *s* (*Br*) Zeit-, Dauerkarte *f;* **season ticket holder** *s* Inhaber(in) *m(f)* einer Zeit-, Dauerkarte

seat [siːt] **I.** *s* **1.** Sitz *m;* Sitzgelegenheit *f* **2.** (THEAT) (Theater)Platz *m* **3.** (PARL) Sitz *m* **4.** Sitzfläche *f;* Hinterteil, Gesäß *nt* **5.** (*fig*) Schauplatz *m* **6.** (REL) Sitz *m;* **have a front ~ at the opera** in der Oper in den vorderen Reihen sitzen; **driver's ~** Fahrersitz *m;* **keep one's ~** (*Reiten, Radfahren*) im Sattel bleiben; **lose one's ~** seinen Platz verlieren; (*Reiten, Radfahren*) aus dem Sattel fallen; (POL) sein Mandat verlieren; **a ~ in Parliament** ein Sitz im Parlament; **win a ~** ein Mandat gewinnen; **~ of learning** Stätte *f* der Gelehrsamkeit **II.** *vt* **1.** setzen **2.** (*Raum*) Sitzgelegenheit bieten für, Platz haben für, fassen **3.** (TECH) einpassen; **~ o.s.** sich (hin)setzen; **be ~ed** sitzen; **remain ~ed** sitzen bleiben; **~ 40 passengers** 40 Sitzplätze haben; **seat belt** *s* **1.** (AVIAT) Anschnallgurt *m* **2.** (AUTO) Sicherheitsgurt *m;*

S

fasten one's ~ sich anschnallen; **-seater** ['sɪ:tə(r)] (*in Zusammensetzungen*) -sitzer *m;* **four-~** Viersitzer *m;* **seat•ing** ['-ɪŋ] *s* Sitzplätze *mpl;* **seating arrangements** *s pl* Sitzordnung *f;* **seating plan** *s* Sitz-, Bestuhlungsplan *m;* **seating room** *s* Sitzplätze *mpl*

SEATO ['si:təʊ] *s Abk. von* **South-East Asia Treaty Organization** SEATO *f*

sea town ['si:taʊn] *s* Hafenstadt *f;* **sea urchin** *s* Seeigel *m;* **sea•ward** ['si:wəd] **I.** *adj* aufs Meer hinaus; ~ **wind** Seewind *m* **II.** *adv* (*a. seawards*) see-, meerwärts; **sea water** *s* Seewasser *nt;* **sea•way** ['si:weɪ] *s* Seestraße *f;* Wasserweg *m;* **sea•weed** ['si:wi:d] *s* Seetang *m;* **sea•worthy** ['si:ˌwɜ:ðɪ] *adj* seetüchtig

se•ba•ceous gland [sɪ'beɪʃəsˌglænd] *s* Talgdrüse *f*

sec [sek] *s* (*sl*) Sekunde *f*

seca•teurs [ˌsekə'tɜ:z] *s pl* Gartenschere *f*

se•cede [sɪ'si:d] *vi* sich abspalten; **secession** [sɪ'seʃn] *s* Abspaltung *f;* Sezession *f*

se•clude [sɪ'klu:d] *vt* absondern (*from* von); **se•clud•ed** [sɪ'klu:dɪd] *adj* **1.** (*Leben*) zurückgezogen **2.** (*Haus*) abgelegen; einsam; **se•clu•sion** [sɪ'klu:ʒn] *s* Absondern *nt;* Zurückgezogenheit *f;* Abgelegenheit *f;* **live in** ~ zurückgezogen, einsam leben

sec•ond¹ ['sekənd] **I.** *adj* zweite(r, s); **every** ~ **house** jedes zweite Haus; **be** ~ Zweite(r, s) sein; **in** ~ **place** an zweiter Stelle; **in the** ~ **place** zweitens; **be** ~ **to none** unübertroffen sein; **for the** ~ **time** zum zweiten Mal; **have** ~ **thoughts about s.th.** sich etw anders überlegen **II.** *adv* zweit-; an zweiter Stelle; **come/lie** ~ an zweiter Stelle kommen/liegen; **go** [*o* **travel**] ~ zweiter Klasse fahren **III.** *vt* (*Antrag*) unterstützen

sec•ond² ['sekənd] *s* **1.** Sekunde *f;* Augenblick *m* **2.** (AUTO) der zweite Gang **3.** (MUS) Sekunde *f* **4.** (SPORT) Sekundant *m* **5.** (COM) zweite Wahl **6.** **~s** (COM) Waren *f pl* zweiter Wahl **7.** (*Universität*) *mittlere Note bei der Abschlussprüfung;* **just a ~!** einen Augenblick!; **at that very** ~ genau in dem Augenblick; **come a good** ~ einen guten zweiten Platz belegen; **drive in** ~ im zweiten Gang fahren; **can I have ~s?** kann ich noch etwas nachbekommen?

se•cond³ [sɪ'kɒnd] *vt* abordnen, abstellen

sec•ond•ary ['sekəndrɪ] *adj* **1.** zweitrangig, untergeordnet, geringer; sekundär **2.** (*Schule*) höher, Sekundar-; **of ~ importance** von sekundärer Bedeutung; **secondary industry** *s* verarbeitende Industrie; **secondary picketing** *s Bestreikung eines nur indirekt beteiligten Betriebes;* **secondary school** *s* (*Br*) höhere Schule (*für Schüler vom 11. bis zum 15./18. Lebensjahr*)

sec•ond-best [ˌsekənd'best] **I.** *adj* zweitbeste(r, s) **II.** *adv:* **come off** ~ den Kürzeren ziehen **III.** *s* Zweitbeste(r, s); **second chamber** *s* (PARL) zweite Kammer; **second class** *s* (RAIL) zweite Klasse; **second-class** *adj, adv* zweiter Klasse; **second cousin** *s* Cousin *m,* Cousine *f* zweiten Grades; **second-degree burn** *s* Verbrennung *f* zweiten Grades; **seconder** ['sekəndə(r)] *s* Befürworter(in) *m(f);* **second floor** *s* zweiter, *Am* erster Stock; **on the** ~ im zweiten, *Am* ersten Stock; **second-hand** *adj* **1.** (*Information*) aus zweiter Hand **2.** gebraucht; Gebraucht- **3.** (*Kleider*) getragen **4.** (*Buch*) antiquarisch; **have ~ knowledge of s.th.** etw vom Hörensagen wissen; ~ **smoking** Passivrauchen *nt;* **second hand** *s* Sekundenzeiger *m;* **second language** *s* erste Fremdsprache; **second lieutenant** *s* Leutnant *m*

sec•ond•ly ['sekəndlɪ] *adv* zweitens; an zweiter Stelle

sec•ond•ment [sɪ'kɒndmənt] *s* Abordnung *f*

second mortage *s* Zweithypothek *f;* **second na•ture** [ˌsekənd 'neɪtʃə(r)] *s* zweite Natur; **become** ~ in Fleisch und Blut übergehen; **second-rate** *adj* zweitrangig, -klassig; **second sight** *s* zweites Gesicht

se•crecy ['si:krəsɪ] *s* Geheimhaltung *f;* Verschwiegenheit *f;* **in** ~ im Geheimen; **in strict** ~ ganz im Geheimen; **se•cret** ['si:krɪt] **I.** *adj* **1.** geheim, heimlich **2.** verborgen, versteckt, abgelegen; **keep** ~ geheim halten; ~ **agent** Geheimagent(in) *m(f);* ~ **service** Geheim-, Nachrichtendienst *m* **II.** *s* Geheimnis *nt;* **in** ~ im Geheimen; **keep s.o. a** ~ **from s.o.** jdn vor jdm geheim halten; **be in on the** ~ eingeweiht sein; **keep a** ~ ein Geheimnis bewahren; **make no** ~ **of s.th.** kein Geheimnis aus etw machen

sec•re•tar•ial [ˌsekrə'teərɪəl] *adj* Sekretärs-, Sekretärinnen-; ~ **staff** Schreibkräfte *pl;* ~ **work** Büroarbeit *f;* **sec•re•tariat** [ˌsekrə'teərɪət] *s* Sekretariat *nt*

sec•re•tary ['sekrətrɪ] *s* **1.** Sekretär(in) *m(f)* **2.** Schriftführer(in) *m(f)* **3.** (*Am*) Minister(in) *m(f);* **~-general** Generalsekretär *m;* **Secretary of State** (*in GB*) Minister(in) *m(f);* (*in den USA*) Außenminister(in) *m(f)*

se•crete [sɪ'kri:t] *vt* **1.** verbergen **2.** (MED) absondern, ausscheiden; **se•cre•tion** [sɪ'kri:ʃn] *s* **1.** Verbergen *nt* **2.** (MED) Absonderung *f;* Sekret *nt*

se•cret•ive ['si:krətɪv] *adj* **1.** zurückhaltend, verschwiegen **2.** (*Lächeln*) geheimnisvoll

sect [sekt] *s* (REL) Sekte *f;* **sec·tarian** [sek'teərɪən] **I.** *adj* **1.** (*Schule*) konfessionell **2.** (*Politik*) konfessionsgebunden; Konfessions- **II.** *s* Sektierer(in) *m(f)*

sec·tion ['sekʃn] **I.** *s* **1.** Teil *m* **2.** (*Gebäude*) Trakt *m* **3.** (*Buch*) Abschnitt *m* **4.** (*Gesetz*) Absatz, Paragraph *m* **5.** (RAIL) Streckenabschnitt *m* **6.** (MIL) Abteilung *f;* Sektion *f* **7.** (*Zeichnung*) Schnitt *m* **8.** (MED) Sektion *f* **9.** (MUS) Abschnitt *m,* Passage *f;* ~ **mark** Paragraphenzeichen *nt;* **passports** ~ Passabteilung *f;* **in** ~ im Schnitt; **vertical** ~ Querschnitt *m* **II.** *vt* **1.** einen Schnitt machen durch **2.** teilen; **sec·tional** ['sekʃənl] *adj* **1.** abschnittsweise **2.** zerlegbar, zusammensetzbar **3.** (*Unterschiede*) zwischen den Gruppen; **sec·tion·al·ism** ['sekʃənlɪzəm] *s* Partikularismus *m*

sec·tor ['sektə(r)] *s* Sektor *m*

secu·lar ['sekjʊlə(r)] *adj* weltlich, säkular; profan; **secu·lar·ize** ['sekjʊləraɪz] *vt* säkularisieren

se·cure [sɪ'kjʊə(r)] **I.** *adj* **1.** sicher (*from, against* vor) **2.** (*Existenz*) gesichert **3.** (*Knoten*) fest; **be** ~ **against** [*o* **from**] **s.th.** vor etw sicher sein; **feel** ~ sich sicher fühlen; **make a door** ~ eine Tür sichern **II.** *vt* **1.** festmachen; befestigen **2.** sichern (*from, against* gegen), schützen (*from, against* vor) **3.** (*Stimmen*) erhalten **4.** (*Preise*) erzielen **5.** sichern, garantieren; ~ **s.o.'s services** jdn verpflichten; **secured creditor** *s* Vorzugsgläubiger *m;* **secured cordon** *s* Sicherheitsabsperrung *f*

se·cur·ity [sɪ'kjʊərətɪ] *s* **1.** Sicherheit *f;* Schutz *m* (*against, from* vor) **2.** Geborgenheit *f* **3.** (COM) Sicherheit *f;* Bürge *m* **4. securities** Wertpapiere *ntpl,* Effekten *pl;* **for** ~ zur Sicherheit; **lend money on** ~ Geld gegen Sicherheit leihen; **stand** ~ **for s.o.** für jdn Bürge sein, bürgen; **Security Council** *s* Sicherheitsrat *m;* **Security Force** *s* Friedenstruppe *f;* **security forces** *s pl* Streitmächte *fpl;* **security guard** *s* Wache *f,* Wächter(in) *m(f),* Sicherheitsbeamte(r) *m,* -beamtin *f;* **security of employment** *s* Sicherheit *f* des Arbeitsplatzes; **security of tenure** *s* gesetzlicher Kündigungsschutz; **security risk** *s* Sicherheitsrisiko n

se·dan [sɪ'dæn] **1.** (~-*chair*) Sänfte *f* **2.** (*obs*) Limousine *f*

se·date [sɪ'deɪt] *adj* gesetzt, ruhig; geruhsam; gemächlich; **se·da·tion** [sɪ'deɪʃn] *s* Beruhigungsmittel *nt;* **put s.o. under** ~ jdm Beruhigungsmittel geben; **seda·tive** ['sedətɪv] **I.** *adj* beruhigend, schmerzstillend **II.** *s* Beruhigungsmittel *nt*

sed·en·tary ['sedntrɪ] *adj* **1.** (*Arbeit*) sitzend **2.** (*Stamm*) sesshaft, ortsgebunden; **lead a** ~ **life** sehr viel sitzen

sedge [sedʒ] *s* Schilf-, Riedgras *nt*

sedi·ment ['sedɪmənt] *s* **1.** Niederschlag, (Boden)Satz *m* **2.** (GEOL) Ablagerung *f,* Sediment *nt;* **sedi·men·tary** [ˌsedɪ'mentrɪ] *adj:* ~ **rock** Sedimentgestein *nt*

se·di·tion [sɪ'dɪʃn] *s* Aufwiegelung, Volksverhetzung *f*

se·duce [sɪ'dju:s] *vt* verführen; ~ **s.o. into doing s.th.** jdn zu etw verleiten; **seducer** [sɪ'dju:sə(r)] *s* Verführer(in) *m(f);* **se·duc·tion** [sɪ'dʌkʃn] *s* Verführung *f;* **se·duc·tive** [sɪ'dʌktɪv] *adj* verführerisch; verlockend

sedu·lous ['sedjʊləs] *adj* unermüdlich

see[1] [si:] <*irr:* saw, seen> **I.** *vt* **1.** sehen **2.** (*Zeitung*) lesen **3.** nachsehen **4.** besuchen **5.** sprechen; empfangen **6.** begleiten, bringen **7.** sich vorstellen **8.** erleben **9.** verstehen; erkennen; **worth ~ing** sehenswert; ~ **s.o. do s.th.** sehen, wie jd etw macht; **I saw it happen** ich habe gesehen, wie es passiert ist; ~ **page 10** siehe Seite 10; **be ~ing you!** ~ **you later!** bis später! bis nachher!; **I must be ~ing things** ich sehe wohl Gespenster!; **I can't** ~ **my way to doing that** ich sehe mich nicht in der Lage das zu tun; **go and** ~ **s.o.** jdn besuchen; ~ **the doctor** zum Arzt gehen; **she refused to** ~ **us** sie wollte uns nicht empfangen; ~ **s.o. to the door** jdn zur Tür bringen; **that remains to be ~n** das wird sich zeigen; **I can't** ~ **that working** ich kann mir kaum vorstellen, dass das klappt; **I can** ~ **it happening** ich sehe es kommen; **I don't** ~ **how it works** es ist mir nicht klar, wie das funktioniert; **I** ~ **what you mean** ich verstehe, was du meinst; **make s.o.** ~ **s.th.** jdm etw klar machen; **as I** ~ **it** so, wie ich es sehe **II.** *vi* **1.** sehen **2.** nachsehen **3.** verstehen; **let's** ~ lassen Sie mich mal sehen; **as far as the eye can** ~ so weit das Auge reicht; ~ **for yourself!** sieh doch selbst!; **as far as I can** ~ so wie ich das sehe; **it's too late,** (**you**) ~ weißt du, es ist zu spät; **see about** *vi* sich kümmern um; **he came to** ~ **about the rent** er ist wegen der Miete gekommen; **I'll** ~ **about it** ich will mal sehen; **see across** *vt* hinüberbegleiten; **see in I.** *vi* hineinsehen **II.** *vt* hineinbringen; ~ **the New Year in** das Neue Jahr begrüßen; **see into** *vi* **1.** hineinsehen in **2.** untersuchen, prüfen, nachgehen; **see off** *vt* **1.** verabschieden **2.** Beine machen (*s.o.* jdm); **are you coming to** ~ **me off?** kommt ihr mit mir?; **see out I.** *vt* **1.** hinausbegleiten; hinausbringen **2.** (*Winter*) überdauern; überleben **II.** *vi* hinaussehen;

S

see through *vt* **1.** beistehen (*s.o.* jdm) **2.** (*Arbeit*) zu Ende bringen; durchbringen **3.** (*Trick*) durchschauen; ~ **s.o. through a bad time** jdm über eine schwierige Zeit hinweghelfen; **see to** *vi* sich kümmern um; ~ **to it that ...** sieh zu, dass ...; **see up I.** *vi* hinaufsehen **II.** *vt* hinaufbegleiten

see[2] [siː] *s* Bistum *nt;* Diözese *f*

seed [siːd] **I.** *s* **1.** Same(n) *m;* Samenkorn *nt;* Saat *f,* Saatgut *nt* **2.** (*fig*) Keim *m* (*of* zu) **3.** (SPORT) gesetzte(r) Spieler(in); **go** [*o* **run**] **to** ~ schießen; (*fig*) herunterkommen; **sow the ~s of doubt** Zweifel säen **II.** *vt* **1.** säen **2.** (*Frucht*) entkernen **3.** (SPORT) setzen, plazieren **III.** *vi* Samen tragen; **seed bank** *s* Samenbank *f;* **seed bed** *s* Saatbeet *nt;* **seed bulb** *s* Samenzwiebel *f;* **seed corn** *s* **1.** Samenkorn *nt* **2.** (FIN) Startkapital *nt;* **seed•ling** ['siːdlɪŋ] *s* (BOT) Sämling *m;* **seed potato** *s* Saatkartoffel *f;* **seed-time** ['siːdtaɪm] *s* Saatzeit *f*

seedy ['siːdɪ] *adj* **1.** (*Charakter*) zweifelhaft, zwielichtig **2.** (*Kleider*) schäbig, abgerissen **3.** (*fam*) unwohl; **look** ~ schlecht aussehen

see•ing ['siːɪŋ] **I.** *conj:* ~ **that** da **II.** *s* Sehen *nt;* ~ **is believing** ich glaube, was ich sehe

seek [siːk] <*irr:* **sought, sought**> **I.** *vt* **1.** suchen; erlangen wollen, streben nach **2.** versuchen; ~ **s.o.'s advice** jdn um Rat fragen; **the reason is not far to** ~ der Grund liegt auf der Hand; **they sought to kill him** sie trachteten ihm nach dem Leben; ~ **out** ausfindig machen **II.** *vi:* ~ **after** suchen; ~ **for** suchen nach; **seeker** ['siːkə(r)] *s* Suchende(r) *f m;* ~ **of** [*o* **after**] **truth** Wahrheitssucher(in) *m(f)*

seem [siːm] *vi* (er)scheinen, vorkommen; **he ~s (to be) honest** er scheint ein ehrlicher Mann zu sein; **he ~s younger than he is** er wirkt jünger, als er ist; **things aren't always what they** ~ vieles ist anders, als es aussieht; **there ~s to be no need** das scheint nicht nötig zu sein; **so it ~s** es sieht ganz so aus; **if it ~s right to you** wenn Sie es für richtig halten; **it only ~s like it** das kommt einem nur so vor; **seem•ing** ['-ɪŋ] *adj* scheinbar; **seem-ing•ly** ['-ɪŋlɪ] *adv* allem Anschein nach; anscheinend

seem•ly ['siːmlɪ] *adj* schicklich, anständig; **it is not** ~ es gehört sich nicht

seen [siːn] *s.* **see**

seep [siːp] *vi* versickern; ~ **into s.th.** in etw hineinsickern; ~ **through s.th.** durch etw durchsickern; **seep•age** ['siːpɪdʒ] *s* Durchsickern *nt;* Hineinsickern *nt;* ~ **tank** Sickerwassertank *m*

seer [sɪə(r)] *s* Seher *m;* **seer•ess** ['sɪəres] *s* Seherin *f*

see-safe ['siːseɪf] *s* Kauf mit Rückgaberecht

see•saw ['siːsɔː] **I.** *s* **1.** Schaukelbrett *nt,* Wippe *f* **2.** (*fig*) Hin und Her, Auf und Ab *nt* **II.** *adj* schaukelnd **III.** *vi* **1.** wippen **2.** (*fig*) auf- und abgehen; schwanken

seethe [siːð] *vi* **1.** sieden; schäumen **2.** (*fig*) wimmeln (*with* von) **3.** (*fig*) kochen; ~ **with anger** vor Wut schäumen

see-through ['siːθruː] *adj* durchsichtig

seg•ment ['segmənt] **I.** *s* **1.** Teil *m;* Glied *nt;* Stück *nt* **2.** (MATH) Segment *nt* **II.** [seg'ment] *vt* zerlegen, segmentieren **III.** *vi* sich teilen; **seg•men•ta•tion** [ˌsegmən'teɪʃn] *s* Zerlegung, Segmentierung *f*

seg•re•gate ['segrɪgeɪt] *vt* isolieren, absondern; nach Rassen trennen; **~d** nur für Weiße, Schwarze; mit Rassentrennung; **seg•re•ga•tion** [ˌsegrɪ'geɪʃn] *s* Trennung *f;* **racial** ~ Rassentrennung *f*

seis•mic ['saɪzmɪk] *adj* seismisch; **seis-mo•graph** ['saɪzməgrɑːf] *s* Seismograph *m;* **seis•mol•ogist** [saɪz'mɒlədʒɪst] *s* Seismologe *m,* Seismologin *f;* **seis•mol-ogy** [saɪz'mɒlədʒɪ] *s* Seismologie, Seismik, Erdbebenkunde *f*

seize [siːz] *vt* **1.** packen, ergreifen **2.** beschlagnahmen **3.** (*Pass*) einziehen **4.** (*Stadt*) einnehmen **5.** (*Gebäude*) besetzen **6.** (*Verbrecher*) fassen **7.** (*fig*) an sich reißen; ergreifen; ~ **s.o.'s arm** jdn am Arm packen; **seize on** *vt* **1.** sich stürzen auf **2.** herausgreifen; **seize up** *vi* (*Bremsen*) sich festfressen; **seiz•ure** ['siːʒə(r)] *s* **1.** Beschlagnahme *f* **2.** Einzug *m* **3.** Einnahme *f* **4.** Besetzung *f* **5.** (MED) Anfall *m*

sel•dom ['seldəm] *adv* selten; **she** ~ **goes out** sie geht selten aus

se•lect [sɪ'lekt] **I.** *vt* aussuchen, auslesen, auswählen (*from* aus) **II.** *adj* **1.** exklusiv, ausgewählt, auserlesen **2.** (*Publikum*) geladen **3.** (*Tabak*) auserlesen; ~ **committee** Sonderausschuss *m;* **se•lec•tion** [sɪ'lekʃn] *s* **1.** Auswahl, -lese *f* (*from* aus) **2.** Wahl *f;* **make one's** ~ seine Wahl treffen; **natural** ~ natürliche Auslese; **selection committee** *s* Auswahlkomitee *nt*

se•lec•tive [sɪ'lektɪv] *adj* **1.** wählerisch; selektiv **2.** (*Leser*) kritisch, anspruchsvoll **3.** (*Schule*) Elite- **4.** (RADIO) trennscharf; **we have to be** ~ wir müssen eine Auswahl treffen; ~ **weedkiller** Selektivherbizid *nt;* **sel•ec•tiv•ity** [ˌsɪlek'tɪvətɪ] *s* **1.** (RADIO) Trennschärfe *f* **2.** Selektivität *f;* **show** ~ anspruchsvoll sein; **se•lec•tor** [sɪ'lektə(r)] *s* (TECH) Wählschalter *m;* Programmtaste *f;* (AUTO) Schalthebel *m*

self [self, *pl* selvz] <*pl* **selves**> **I.** *s* Ich *nt;* **show one's worst** ~ sich von der schlechtesten Seite zeigen; **one's other** ~ sein anderes Ich; **be one's old** ~ wieder der Alte sein; **with no thought of** ~ ohne an sich selbst zu denken **II.** *adj* aus dem gleichen Material; **self abasement** *s* Selbsterniedrigung *f;* **self-abuse** [ˌselfəˈbjuːs] *s* (*euph*) Selbstbefleckung *f;* **self-acting** *adj* selbsttätig; automatisch; **self-addressed** [ˌselfəˈdrest] *adj* (*Briefumschlag*) adressiert; **self-adhesive** [ˌselfədˈhiːsɪv] *adj* selbstklebend; **self-adhesive label** *s* Selbstklebeetikett *nt;* **self-appointed** [ˌselfəˈpɔɪntəd] *adj* selbst ernannt; **self-assertion** *s* Durchsetzungsvermögen *nt;* Überheblichkeit *f;* **self-assertive** *adj* selbstbewusst; anmaßend; **self-assurance** *s* Selbstsicherheit *f;* **self-assured** [ˌselfəˈʃʊəd] *adj* selbstsicher; **self-aware** *adj* sich seiner selbst bewusst; **self-awareness** *s* Selbsterfahrung *f;* **self-catering** *adj* für Selbstversorger; **self-centered** *adj* (*Am*), **self-centred** [ˌselfˈsentəd] *adj* egozentrisch, ichbezogen; **self-colored** *adj* (*Am*), **self-coloured** *adj* einfarbig; **self-complacent** *adj* selbstgefällig; **self-composed** *adj* ruhig, gelassen; **self-conceited** *adj* überheblich, eingebildet; **self-confessed** [selfkənˈfest] *adj* eingestanden, zugegeben; **self-confidence** *s* Selbstvertrauen *nt;* **self-conscious** *adj* **1.** befangen, gehemmt **2.** (*Stil*) bewusst **3.** (PHILOS) selbstbewusst; **self-contained** [ˌselfkənˈteɪnd] *adj* **1.** (*fig*) zurückhaltend, verschlossen **2.** (*Wohnung*) separat **3.** selbstgenügsam; **self-contradictory** [ˌself kəntrəˈdɪktərɪ] *adj* sich selbst widersprechend; widersprüchlich; **self control** *s* Selbstbeherrschung *f;* **self-critical** [ˌselfˈkrɪtɪkl] *adj* selbstkritisch; **self-criticism** [ˌselfˈkrɪtɪsɪsm] *s* Selbstkritik *f;* **self-deception** [ˌselfdɪsepʃn] *s* Selbsttäuschung *f;* **self-defeating** [ˌselfdəˈfiːtɪŋ] *adj* sinnlos, unsinnig; **self-defence** *s* Selbstverteidigung *f;* **in** ~ in Notwehr; **self-denial** *s* Selbstverleugnung *f;* **self-de•struct** [ˌselfdɪˈstrʌkt] *vr* sich selbst zerstören; **self-determination** *s* (*a.* POL) Selbstbestimmung *f;* **self-discipline** *s* Selbstdisziplin *f;* **self-drive** *adj* (*Auto*) für Selbstfahrer; **self-educated** *adj* autodidaktisch; **be** ~ Autodidakt sein; **self-ef•fac•ing** [ˌselfɪˈfeɪsɪŋ] *adj* zurückhaltend; **self-employed** *adj* selbständig; (*Künstler*) freischaffend; (*Journalist*) freiberuflich; **the** ~ die Selbständigen, Freischaffenden, Freiberufler *pl;* **self esteem** *s* Selbstachtung *f;* **self-evident** *adj* offensichtlich; selbstverständlich; **it is** ~ es versteht sich von selbst; **self-explanatory** *adj* unmittelbar verständlich; **self-expression** [ˌselfɪkˈspreʃn] *s* Selbstdarstellung *f;* **self-fulfilling** [ˌselffʊlˈfɪlɪŋ] *adj:* **a** ~ **prophecy** eine sich selbst bewahrheitende Voraussage; **self-governing** [ˌselfˈɡʌvənɪŋ] *adj* selbst verwaltet; **self-government** *s* Selbstverwaltung *f;* **self-help** *s* Selbsthilfe *f;* **self-help group** *s* Selbsthilfegruppe *f;* **self-importance** *s* Einbildung *f;* **self-important** *adj* eingebildet; dünkelhaft; **self-imposed** [ˌselfɪmˈpəʊzd] *adj* selbst auferlegt; **self-indulgence** *s* **1.** Nachgiebigkeit *f* gegen sich selbst **2.** Zügellosigkeit, Hemmungslosigkeit *f;* **self-indulgent** *adj* **1.** nachgiebig gegen sich selbst **2.** (*essen, trinken*) ungehemmt, zügellos; **self-inflict•ed** [ˌselfɪnˈflɪktɪd] *adj* **1.** (*Wunde*) selbst zugefügt **2.** (*Strafe*) selbst auferlegt; **self-interest** *s* Eigennutz *m;* eigenes Interesse

self•ish [ˈselfɪʃ] *adj* selbstsüchtig, egoistisch; **self•ish•ness** [-nɪs] *s* Selbstsucht *f,* Egoismus *m*

self-jus•ti•fi•ca•tion [ˌselfdʒʌstɪfɪˈkeɪʃn] *s* Rechtfertigung *f*

self•less [ˈselflɪs] *adj* selbstlos

self-made [ˌselfˈmeɪd] *adj* selbst gemacht; ~ **man** Selfmademan *m;* **self-opinionated** *adj* rechthaberisch; **self-pity** *s* Selbstmitleid *nt;* **self-portrait** *s* Selbstporträt *nt;* **self-possessed** *adj* selbstbeherrscht; **self-preservation** *s* Selbsterhaltung *f;* **instinct of** ~ Selbsterhaltungstrieb *m;* **self-rais•ing flour** [ˌselfraɪzɪŋˈflaʊə(r)] *s* Mehl *nt* mit bereits beigemischtem Backpulver; **self-real•iz•ation** [ˌselfrɪəlaɪˈzeɪʃn] *s* Selbstverwirklichung *f;* **self-reliance** *s* Selbstständigkeit *f;* **self-re•li•ant** [ˌselfrɪˈlaɪənt] *adj* selbstständig; **self-respect** *s* Selbstachtung *f;* **self-respecting** [ˌselfrɪˈspektɪŋ] *adj* anständig; **no** ~ **man** keiner, der etwas auf sich hält; **self-righteous** *adj* selbstgerecht; **self-sacrifice** *s* Selbstaufopferung *f;* **self-sacrificing** [ˌselfˈsækrɪfaɪsɪŋ] *adj* aufopfernd; **self-satisfaction** *s* Selbstzufriedenheit *f;* **self-satisfied** *adj* selbstzufrieden; **self-seeking** [ˌselfˈsiːkɪŋ] **I.** *adj* selbstsüchtig **II.** *s* Selbstsucht *f;* **self-service I.** *adj* Selbstbedienungs-, SB- **II.** *s* Selbstbedienung *f;* **self-sufficiency** *s* **1.** Selbstständigkeit *f* **2.** Selbstgenügsamkeit *f* **3.** (*Land*) Autarkie *f;* **self-sufficient** *adj* **1.** selbstständig **2.** selbstgenügsam **3.** (*Land*) autark; **be** ~ **in oil** den Ölbedarf selbst decken; ~ **economy** Autarkie *f;* ~ **enterprise** kostendeckender Betrieb; **self-supporting** [ˌselfsəˈpɔːtɪŋ] *adj* **1.** finanziell unabhängig **2.** (COM) sich selbst tragend **3.** (TECH) freistehend, -tragend; **self-tan•ner** [ˌselfˈtænə(r)] *s* Selbstbräunungsmittel *nt;* **self-tap•ping screw** [ˌselftæpɪŋˈskruː] *s*

S

selbstschneidende Schraube, Treibschraube *f;* **self-taught** ['selftɔ:t] *adj* autoditaktisch erlernt; **self-willed** [ˌself'wɪld] *adj* eigenwillig, -sinnig; **self-wind·ing** [ˌself'waɪndɪŋ] *adj* Automatik-

sell [sel] <*irr:* sold, sold> **I.** *vt* **1.** verkaufen (*s.o. s.th., s.th. to s.o.* jdm etw, etw an jdn) **2.** (*Waren*) absetzen **3.** handeln, Handel treiben mit, vertreiben **4.** einen guten Absatz verschaffen (*s.th.* einer S) **5.** (*fig*) schmackhaft machen, gewinnen für **6.** (*fam*) an den Mann bringen, loswerden **7.** verraten; ~ **one's life dearly** sein Leben teuer verkaufen; ~ **one's soul to s.o.** jdm seine Seele verschreiben; ~ **o.s.** sich profilieren, sich verkaufen (*to* an); ~ **s.o. on s.th.** jdn von etw überzeugen; **be sold on s.o.** von jdm begeistert sein; ~ **s.o. down the river** jdn ganz schön verschaukeln **II.** *vi* **1.** verkaufen (*to s.o.* an jdn) **2.** sich verkaufen; **the book is ~ing well** das Buch verkauft sich gut; **what are they ~ing at?** wie viel kosten sie? **III.** *s* **1.** (*fam*) Zugkraft *f* **2.** (COM) Verkaufstaktik *f;* **sell forward** *vt* auf Termin verkaufen; **sell off** *vt* **1.** (*Ware*) abstoßen **2.** (*Auktion*) versteigern; **sell out I.** *vt* **1.** ausverkaufen **2.** (*Aktie*) abgeben **3.** verraten (*to* an) **II.** *vi* **1.** alles verkaufen **2.** sein Geschäft verkaufen **3.** (*fam*) sich verkaufen (*to* an); **sell up** *vt* zu Geld machen; zwangsverkaufen; **sellable** ['seləbl] *adj* **1.** verkäuflich **2.** absetzbar

sell-by date ['selbaɪˌdeɪt] *s* Frischhalte-, Haltbarkeitsdatum *nt*

seller ['selə(r)] *s* **1.** Verkäufer(in) *m(f)* **2.** (*good* ~) (Verkaufs)Schlager *m;* **big** ~ Verkaufsschlager *m;* **bad** ~ Ladenhüter *m;* **sell·ing** ['selɪŋ] *s* Verkauf, Vertrieb, Absatz *m;* **selling point** *s* Verkaufsanreiz *m;* **selling price** *s* Verkaufspreis *m*

Sel·lo·tape® ['seləteɪp] *s* Tesafilm® *m*

sell·out ['selaʊt] *s* **1.** (SPORT) ausverkauftes Spiel **2.** (*fam*) fauler Kompromiss **3.** (COM) Verkaufsschlager *m*

selves [selvz] *s.* **self**

sem·an·tic [sɪ'mæntɪk] *adj* semantisch; **se·man·tics** [sɪ'mæntɪks] *s* Semantik *f*

sema·phore ['seməfɔ:(r)] **I.** *s* **1.** (RAIL) Semaphor *nt* **2.** (*System*) Signalsprache *f;* Winken *nt* **II.** *vi, vt* durch Winkzeichen signalisieren

sem·blance ['sembləns] *s* Anschein *m* (*of* von), Anflug *m* (*of* von); **put on a ~ of gaiety** eine fröhliche Miene zur Schau tragen

se·men ['si:mən] *s* (PHYSIOL) Samen *m,* Samenflüssigkeit *f*

sem·es·ter [sɪ'mestə(r)] *s* (*bes. Am*) Semester *nt*

semi- ['semɪ] *prefix* halb-; **semi** *s s.* **semi-detached** (**house**) Doppelhaushälfte *f;* **semi·breve** ['semɪbri:v] *s* (*Br*) ganze Note; **semi·circle** ['semɪˌsɜ:kl] *s* Halbkreis *m;* **semi·cir·cu·lar** [ˌsemɪ'sɜ:kjʊlə(r)] *adj* halbkreisförmig; **semi·co·lon** [ˌsemɪ'kəʊ lən] *s* Semikolon *nt,* Strichpunkt *m;* **semi·conductor** *s* (PHYS) Halbleiter *m;* **semi·conscious** *adj* halb bewusstlos; **semi·de·tached** [ˌsemɪdɪ'tætʃt] *adj:* ~ **house** Doppelhaushälfte *f;* **semi·final** *s* (SPORT) Halbfinale, Semifinalspiel *nt;* **semi·finalist** *s* Teilnehmer(in) *m (f)* am Halbfinale; **semifinished product** *s* Halbfabrikat, -erzeugnis *nt*

se·minal ['semɪnl] *adj* **1.** Samen- **2.** (*Idee*) ertragreich; **be present in a ~ state** im Keim vorhanden sein; ~ **fluid** (PHYSIOL) Samenflüssigkeit *f*

sem·inar ['semɪnɑ:(r)] *s* Seminar *nt*

sem·inary ['semɪnərɪ] *s* Priesterseminar *nt*

semi·of·fi·cial [ˌsemɪə'fɪʃl] *adj* halbamtlich, offiziös; **semi·precious** *adj:* ~ **stone** Halbedelstein *m;* **semi·qua·ver** ['semɪˌkweɪvə(r)] *s* (*Br*) Sechzehntelnote *f;* **semi·skilled** *adj* angelernt; ~ **labour** angelernte Arbeitskräfte *fpl*

Sem·ite ['si:maɪt] *s* Semit *m,* Semitin *f;* **Semitic** [sɪ'mɪtɪk] *adj* semitisch

semi·tone ['semɪtəʊn] *s* Halbton *m;* **semi** (**trailer**) ['semɪtreɪlə(r)] *s* (*Am*) Sattelschlepper *m;* **semi·tropical** *adj* subtropisch; **semi·vowel** *s* Halbvokal *m*

semo·lina [ˌsemə'li:nə] *s* Grieß *m*

semp·stress ['sempstrɪs] *s* Näherin *f*

sen·ate ['senɪt] *s* Senat *m;* **sena·tor** ['senətə(r)] *s* Senator *m;* **sena·torial** [ˌsenə'tɔ:rɪəl] *adj* senatorisch

send [send] <*irr:* sent, sent> **I.** *vt* **1.** senden, schicken **2.** (*Radio*) ausstrahlen **3.** übersenden, versenden **4.** in Bewegung setzen, stoßen, treiben, befördern; veranlassen **5.** (*sl*) hinreißen; ~ **s.o. to prison** jdn ins Gefängnis schicken; ~ **s.o. to university** jdn studieren lassen; ~ **s.o. for s.th.** jdn nach etw schicken; ~ **him best wishes** grüßen Sie ihn von mir; ~ **by post** mit der Post schicken; ~ **by fax** (tele)faxen; **the blow sent him sprawling** der Schlag schleuderte ihn zu Boden; **that tune ~s me** (*sl*) ich bin ganz weg von der Melodie **II.** *vi:* **she sent to say that ...** sie ließ ausrichten, dass ...; **send across** *vt* hinüberschicken; **send after** *vt:* ~ **s.o. after s.o.** jdn jdm nachschicken; **send along** *vt* hinschicken; **send away I.** *vt* wegschicken, fortschicken, abschicken **II.** *vi* schreiben; ~ **away for s.th.** etw anfordern; **send back** *vt* zurückschicken; **send down** *vt* **1.** (*Preise*) fallen lassen, senken **2.** (*Univer-

sität) relegieren **3.** (*Gefangene*) verurteilen (*for* zu); **send for** *vi* **1.** kommen lassen; rufen; herbeiordern; zu sich bestellen **2.** (*Katalog*) anfordern; **send forth** *vt* **1.** aussenden, ausstrahlen **2.** (*Duft*) verströmen; **send in** *vt* einschicken, einsenden, einreichen; ~ **one's name in** sich anmelden; **send off** *vt* **1.** abschicken **2.** (*Kinder*) wegschicken **3.** (SPORT) vom Platz verweisen **4.** verabschieden; ~ **off for s.th.** etw bestellen, anfordern; **send on** *vt* **1.** (*Brief*) nachschicken **2.** (*Gepäck*) vorausschicken **3.** aufs Feld schicken, einsetzen; **send out** *vt* **1.** hinausschicken **2.** (*Strahlen*) aussenden, abgeben; ausstoßen **3.** (*Prospekte*) verschicken; **send out for** *vi* holen lassen; ~ **s.o. out for s.th.** jdn nach etw schicken; **send up** *vt* **1.** hochschießen; steigen lassen; in die Luft schießen **2.** (*Preise*) hochtreiben **3.** in die Luft gehen lassen **4.** (*fam*) verulken

sender ['sendə(r)] *s* Absender(in) *m(f)*; **return to** ~ zurück an den Absender; **send-off** ['sendɒf] *s* Abschied *m*, Verabschiedung *f*; **give s.o. a good** ~ jdn ganz groß verabschieden; **send-up** ['sendʌp] *s* Verulkung *f*

Sene•gal [ˌsenɪ'gɔːl] *s* Senegal *m*; **Sene•gal•ese** [ˌsenɪgə'liːz] **I.** *adj* senegalisisch **II.** *s* Senegalese *m*, Senegalesin *f*

se•nes•cence [sɪ'nesns] *s* Altern *nt*, Alterungsprozess *m*; **se•nes•cent** [sɪ'nesnt] *adj* alternd

se•nile ['siːnaɪl] *adj* senil; altersschwach; ~ **dementia** (MED) Altersschwachsinn *m*; **sen•il•ity** [sɪ'nɪlətɪ] *s* **1.** Senilität *f* **2.** Altersschwäche *f*

sen•ior ['siːnɪə(r)] **I.** *adj* **1.** älter (*to* als) **2.** dienstälter; ranghöher; übergeordnet **3.** (*Position*) höher, leitend **4.** (*Schüler*) der obersten Klasse **5.** (*Student*) im letzten Studienjahr **6.** (*nach einem Namen*) der Ältere, senior; **he is** ~ **to me** er ist älter als ich; er ist mir übergeordnet; ~ **citizen** ältere(r) Mitbürger(in) *m f*; ~ **citizen rail pass** Seniorenpass *m*; ~ **debts** vorrangige Schulden *pl*; **the** ~ **management** die Geschäftsleitung; ~ **mortgage** Ersthypothek *f*; ~ **officer** höherer Beamter, Offizier; ~ **partner** Seniorpartner *m*; ~ **school,** ~ **high school** (*Am*) Oberstufe *f* **II.** *s* **1.** Senior(in) *m(f)* **2.** (*in den USA*) Student(in) *m(f)* des letzten Studienjahres **3.** (SCHULE) Oberstufenschüler(in) *m(f)*; **he is my** ~ er ist älter als ich; (*Beruf*) er ist mir übergeordnet; **sen•ior•ity** [ˌsiːnɪ'ɒrətɪ] *s* **1.** höheres (Dienst)Alter **2.** höherer Rang; höherer Dienstgrad; **promotion on the basis of** ~ Beförderung *f* nach Länge der Betriebszugehörigkeit

sen•sa•tion [sen'seɪʃn] *s* **1.** Gefühl *nt*; Empfindung *f*; Sinneseindruck *m* **2.** Sensation *f*, Aufsehen *nt*; **a** ~ **of falling** das Gefühl zu fallen; **a** ~ **of hunger** ein Hungergefühl; **cause** [*o* **create**] **a** ~ Aufsehen erregen; **sen•sa•tional** [sen'seɪʃnl] *adj* sensationell, Aufsehen erregend; reißerisch

sense [sens] **I.** *s* **1.** (PHYSIOL) Sinn *m* **2.** (*fig*) Sinn *m* (*of* für) **3.** ~**s** Verstand *m* **4.** Gefühl *nt* **5.** (*Wort*) Bedeutung *f*; ~ **of hearing** Gehörsinn *m*; ~ **of sight** Sehvermögen *nt*; ~ **of smell** Geruchssinn *m*; ~ **of taste** Geschmackssinn *m*; ~ **of touch** Tastsinn *m*; **be out of one's** ~**s** nicht ganz bei Trost sein; **frighten s.o. out of his** ~**s** jdn zu Tode erschrecken; **bring s.o. to his** ~**s** jdn zur Vernunft bringen; **come to one's** ~**s** zur Vernunft kommen; ~ **of duty** Pflichtbewusstsein *nt*; **have a** ~ **of one's own importance** sich selbst wichtig nehmen; **common** ~ gesunder Menschenverstand; **have the** ~ **to ...** so vernünftig sein und ...; **what's the** ~ **of doing this?** welchen Sinn hat es denn das zu tun?; **there is no** ~ **in doing that** es ist zwecklos das zu tun; **talk** ~ vernünftig sein; **make s.o. see** ~ jdn zur Vernunft bringen; **make** ~ Sinn ergeben; sinnvoll sein; **make** ~ **of s.th.** etw verstehen; **in the full** ~ **of the word** im wahrsten Sinn des Wortes; **in a** ~ in gewisser Hinsicht; **in every** ~ in jeder Hinsicht; **in what** ~**?** inwiefern?, in welchem Sinn?; **in every** ~ **of the word** in der vollen Bedeutung des Wortes **II.** *vt* spüren, empfinden, fühlen; **sense•less** ['senslɪs] *adj* **1.** besinnungs-, bewusstlos **2.** unvernünftig, unsinnig **3.** (*Diskussion*) sinnlos; **sense organ** *s* Sinnesorgan *nt*

sen•si•bil•ity [ˌsensə'bɪlətɪ] *s* **1.** Empfindsamkeit *f*; Sensibilität *f* **2.** Empfindlichkeit *f*; **sensibilities** Zartgefühl *nt*

sen•sible ['sensəbl] *adj* **1.** vernünftig **2.** begreiflich **3.** (*obs*) spürbar, merklich; **be** ~ **of s.th.** sich einer S bewusst sein; **be** ~ **about it** seien Sie vernünftig; **sen•sibly** ['sensəblɪ] *adv* vernünftig; vernünftigerweise

sen•si•tive ['sensətɪv] *adj* **1.** sensibel, empfindsam, empfindlich **2.** (*Verständnis*) einfühlsam **3.** (*Körperteil*) empfindlich **4.** (PHOT) lichtempfindlich **5.** (*fig*) heikel, prekär; **be** ~ **about s.th.** in Bezug auf etw empfindlich sein; ~ **to cold/heat** kälte-/wärmeempfindlich; **sen•si•tiv•ity** [ˌsensə'tɪvətɪ] *s* **1.** Sensibilität, Empfindsamkeit *f* **2.** Empfindlichkeit *f* **3.** Einfühlungsvermögen *nt* **4.** Lichtempfindlichkeit *f*

sen•si•tize ['sensɪtaɪz] *vt* sensibilisieren

sen•sor ['sensə(r)] *s* Sensor, Fühler *m*; **sen•sory** ['sensərɪ] *adj* (PHYSIOL) sensorisch; Sinnes-

sen•sual ['senʃʊəl] *adj* **1.** sinnlich **2.** (*Leben*) sinnesfreudig, lustbetont; **sen•sual•ist** ['senʃʊəlɪst] *s* Genussmensch *m,* sinnlicher Mensch; **sen•sual•ity** [ˌsenʃʊ'ælətɪ] *s* Sinnlichkeit *f;* Sinnesfreudigkeit *f;* **sen•su•ous** ['senʃʊəs] *adj* sinnlich, sinnenhaft

sent [sent] *s.* **send**

sen•tence ['sentəns] **I.** *s* **1.** (JUR) Strafe *f* **2.** (GRAM) Satz *m;* **under ~ of death** zum Tode verurteilt; **pass ~ on s.o.** über jdn das Urteil verkünden **II.** *vt* (JUR) verurteilen (*to* zu)

sen•ten•tious [sen'tenʃəs] *adj* salbungsvoll

sen•ti•ent ['senʃnt] *adj* empfindungsfähig

sen•ti•ment ['sentɪmənt] *s* **1.** Gefühl, Empfinden *nt* **2.** Meinung, Ansicht *f* (*on* über) **3.** Gedanke *m* **4.** Sentimentalität, Gefühlsduselei *f* **5.** (*Börse*) Stimmung *f,* Klima *nt*

sen•ti•men•tal [ˌsentɪ'mentl] *adj* empfindsam; sentimental; gefühlsselig; **for ~ reasons** aus Sentimentalität; **sen•ti•men•tal•ism, sen•ti•men•tal•ity** [ˌsentɪ'mentəlɪzm, ˌsentɪmen'tælətɪ] *s* Sentimentalität *f;* **sen•ti•men•tal•ize** [ˌsentɪ'mentəlaɪz] **I.** *vt* gefühlsmäßig auffassen **II.** *vi* sentimental sein

sen•try ['sentrɪ] *s* (Wach)Posten *m,* Wache *f;* **be on ~ duty** auf Wache sein; **sentry box** *s* Wachhäuschen *nt*

se•pal ['sepl] *s* (BOT) Kelchblatt *nt*

sep•ar•able ['sepərəbl] *adj* trennbar; **sep•ar•ate** ['sepəreɪt] **I.** *vt* **1.** (ab)trennen **2.** aufteilen (*into* in) **3.** (CHEM) scheiden; **~ the good from the bad** die Guten von den Schlechten trennen; **~ out from** trennen von, absondern von **II.** *vi* **1.** sich trennen **2.** (CHEM) sich scheiden; **~ out** getrennt werden **III.** ['seprət] *adj* **1.** (ab)getrennt, gesondert (*from* von) **2.** (*Teil*) extra; einzeln; voneinander getrennt; verschieden **3.** (*Zimmer*) separat, getrennt **4.** (*Rechnung*) gesondert **5.** (*Wohnung*) separat; **that is a ~ question** das ist eine andere Frage; **on a ~ occasion** bei einer anderen Gelegenheit; **keep two things ~** zwei Dinge nicht zusammentun; **keep ~** auseinander halten; **send s.th. under ~ cover** etw mit getrennter Post schicken; **~ taxation** Splitting *nt* **IV.** ['seprət] *s pl* Röcke, Blusen, Hosen; **sep•ar•ated** ['sepəreɪtɪd] *adj* getrennt; getrennt lebend; **sep•ar•ation** [ˌsepə'reɪʃn] *s* **1.** Trennung *f* **2.** (CHEM) Scheidung *f* **3.** Abtrennung *f* (*from* von); **~ allowance** Trennungsentschädigung *f;* **~ anxiety** Trennungsangst *f;* **sep•ar•at•ism** ['sepərətɪzm] *s* Separatismus *m;* **sep•ar•at•ist** ['sepərətɪst] **I.** *adj* separatistisch **II.** *s* Separatist(in) *m(f);* **sep•ar•ator** ['sepəreɪtə(r)] *s* (TECH) Separator *m*

se•pia ['si:pɪə] **I.** *s* Sepia *f* **II.** *adj* sepiabraun

sep•sis ['sepsɪs] *s* (MED) Vereiterung *f*

Sep•tem•ber [sep'tembə(r)] *s* September *m;* **in ~** im September

sep•tic ['septɪk] *adj* septisch; **~ tank** Klärbecken *nt,* Klärbehälter *m;* **turn ~** (*Wunde*) eitern

sep•ti•cae•mia [ˌseptɪ'si:mɪə] *s* (MED) Septikämie, Blutvergiftung *f*

sep•tua•gen•ar•ian [ˌseptjʊədʒɪ'neərɪən] **I.** *adj* siebzigjährig **II.** *s* Siebzigjährige(r) *f m*

sep•ul•chral [sɪ'pʌlkrəl] *adj* (*fig*) düster; Grabes-; **~ voice** Grabesstimme *f;* **sep•ul•cher** *s* (*Am*), **sep•ul•chre** ['seplkə(r)] *s* Grabstätte *f*

se•quel ['si:kwəl] *s* Folge *f* (*to* von)

se•quence ['si:kwəns] *s* **1.** Folge, Reihenfolge *f* **2.** (MATH) Reihe *f* **3.** (*Kartenspiel, mus, rel*) Sequenz *f* **4.** (FILM) Szene, Episode *f;* **in ~** der Reihe nach; **~ of tenses** Zeitenfolge *f;* **se•quen•tial** [sɪ'kwenʃl] *adj* **1.** folgend **2.** der Reihe nach; **be ~ to s.th.** auf etw folgen

se•ques•ter [sɪ'kwestə(r)] *vt* **1.** abkapseln **2.** (JUR) sequestrieren; **se•ques•tered** [sɪ'kwestəd] *adj* abgeschieden; abgelegen; zurückgezogen

se•ques•trate [sɪ'kwestreɪt] *vt* (JUR) sequestrieren; **se•ques•tra•tion** [ˌsi:kwe'streɪʃn] *s* (JUR) Sequestration *f*

se•quin ['si:kwɪn] *s* Paillette *f*

se•quoia [sɪ'kwɔɪə] *s* Mammutbaum *m*

se•ra•glio [se'rɑ:lɪəʊ] *s* Serail *nt*

Serb [sɜ:b] *s* Serbe *m,* Serbin *f;* **Ser•bia** ['sɜ:bɪə] *s* Serbien *nt;* **Ser•bi•an** ['sɜ:bɪən] *adj* serbisch

ser•en•ade [ˌserə'neɪd] **I.** *s* (MUS) Serenade *f* **II.** *vt:* **~ s.o.** jdm ein Ständchen bringen

ser•ene [sɪ'ri:n] *adj* **1.** gelassen **2.** (*Meer*) ruhig, still **3.** (*Himmel*) heiter, klar; **ser•en•ity** [sɪ'renətɪ] *s* Gelassenheit *f*

serf [sɜ:f] *s* Leibeigene(r) *f m;* **serf•dom** [-dəm] *s* Leibeigenschaft *f*

ser•geant ['sɑ:dʒənt] *s* **1.** (MIL) Feldwebel *m* **2.** (*Polizei*) Polizeimeister *m;* **~ major** Oberfeldwebel *m*

ser•ial ['sɪərɪəl] **I.** *adj* **1.** Serien-; Fortsetzungs- **2.** (*Programm*) in Fortsetzungen **3.** (INFORM) seriell **4.** (MUS) seriell; **published in ~ form** in Fortsetzungen veröffentlicht; **~ killer** Serienmörder(in) *m(f);* **~ number** fortlaufende Nummer; Fabrikationsnummer *f;* **~ rights** Rechte *pl* für die Veröffentlichung in Fortsetzungen **II.** *s* **1.** Fortsetzungsroman *m* **2.** (RADIO) Sendefolge *f* **3.** periodisch erscheinende Zeitschrift; **ser-**

ial•ize ['sɪərɪəlaɪz] *vt* **1.** in Fortsetzungen veröffentlichen **2.** (RADIO) in Fortsetzungen senden

series ['sɪəri:z] <*pl* -> *s* **1.** Serie *f* **2.** (MATH) Reihe *f* **3.** (RADIO) Sendereihe *f* **4.** (TV) Sendefolge *f;* **in** ~ der Reihe nach; (ELEK) in Reihe; (COM) serienmäßig; **a** ~ **of articles** eine Artikelserie; **series-wound** ['sɪəri:z-ˌwaʊnd] *adj* (ELEK) in Reihe geschaltet

serio•comic(al) [ˌsɪərɪəʊ'kɒmɪk(l)] *adj* halb ernst, halb heiter

seri•ous ['sɪərɪəs] *adj* **1.** ernst; ernsthaft **2.** (*Interesse*) seriös **3.** (*Zweifel*) ernstlich, ernsthaft **4.** (*Verlust*) schwer; schlimm **5.** (*Situation*) ernst, bedenklich; **be** ~ **about doing s.th.** etw im Ernst tun wollen; **I'm** ~ (**about it**) ich meine das ernst; **it's getting** ~ es wird ernst; **seri•ous•ly** [-lɪ] *adv* **1.** ernst; im Ernst **2.** (*verletzt*) schwer; ernstlich; bedenklich **3.** (*sl*) sehr; **take s.o.** ~ jdn ernst nehmen; ~ **now** jetzt mal ganz im Ernst

seri•ous•ness [-nɪs] *s* **1.** Ernst *m* **2.** Ernsthaftigkeit, Aufrichtigkeit *f* **3.** Schwere *f;* Bedenklichkeit *f*

ser•mon ['sɜ:mən] *s* Predigt *f;* Strafpredigt *f*

ser•pent ['sɜ:pənt] *s* Schlange *f*

ser•pen•tine ['sɜ:pəntaɪn] *adj* **1.** (*Fluss*) gewunden **2.** (*Straße*) kurvenreich

ser•rated [sɪ'reɪtɪd] *adj* gezackt, gezähnt; ~ **knife** Sägemesser *nt*

ser•ried ['serɪd] *adj:* ~ **ranks** eng geschlossene Reihen *fpl*

se•rum ['sɪərəm] *s* Serum *nt*

ser•vant ['sɜ:vənt] *s* Diener(in) *m(f),* Dienstmädchen *nt,* Bedienstete(r) *f m;* **civil** [*o* **public**] ~ Beamte(r) *m,* Beamtin *f*

serve [sɜ:v] **I.** *vt* **1.** dienen; dienlich sein, nützen (*s.o.* jdm) **2.** abdienen, ableisten **3.** (*Lehre*) durchmachen, -laufen **4.** (*Strafe*) verbüßen **5.** (*Material*) versorgen **6.** (*Kunden*) bedienen **7.** (*Restaurant*) servieren; auftragen **8.** (*Gast*) bedienen **9.** (*Wein*) einschenken **10.** (*Messe*) ministrieren bei **11.** (SPORT: *Ball*) aufschlagen **12.** (JUR) zustellen **13.** (*obs*) behandeln **14.** (*Tier*) decken; **if my memory** ~**s me right** wenn ich mich recht erinnere; ~ **its purpose** seinen Zweck erfüllen; **he** ~**d his country** er hat sich um sein Land verdient gemacht; ~ **s.o. as s.th.** jdm als etw dienen; ~ **s.o. with s.th.** jdm etw bringen; **dinner is** ~**d** das Essen ist aufgetragen; ~ **a summons on s.o.** jdn vor Gericht laden; ~ **s.o. ill** jdm einen schlechten Dienst erweisen; **it** ~**s him right** es geschieht ihm ganz recht **II.** *vi* **1.** (*a.* MIL) dienen **2.** brauchbar, dienlich sein, sich verwenden lassen **3.** (*Kellner*) bedienen **4.** (SPORT) aufschlagen; ~ **in an office** ein Amt bekleiden; ~ **as** [*o* **for**] dienen als; **it will** ~ das tut's; **it** ~**s to show ...** das zeigt ... **III.** *s* (SPORT) Aufschlag *m;* **serve out** *vt* **1.** (*Essen*) ausgeben; verteilen **2.** (MIL) ableisten; absitzen; **serve up** *vt* **1.** servieren; verteilen **2.** (*fam*) auftischen

server ['sɜ:və(r)] *s* **1.** Servierbrett *nt* **2.** Servierlöffel *m* **3.** (SPORT) Aufschläger(in) *m(f)* **4.** (REL) Ministrant(in) *m(f)* **5.** (*Am*) Bedienung *f* **6.** (INTERNET) Server *m;* **salad** ~**s** Salatbesteck *nt*

ser•vice ['sɜ:vɪs] **I.** *s* **1.** Dienst *m* **2.** Betrieb *m* **3.** (MIL) Militärdienst *m* **4.** (*Kunde*) Service *m;* Bedienung *f* **5.** (*Bus etc*) Busverbindung *f* **6.** Dienst *m;* Stellung *f* **7.** (REL) Gottesdienst *m* **8.** (*Maschinen*) Wartung *f;* Inspektion *f* **9.** (*Tee*) Service *nt* **10.** (SPORT) Aufschlag *m* **11.** (JUR) Zustellung *f* **12.** ~**s** Dienstleistungen *fpl,* Versorgungsnetz *nt;* ~**s to one's country** Dienst an seinem Vaterland; **do s.o. a** ~ jdm einen Dienst erweisen; **be of** ~ nützlich sein; **be of** ~ **to s.o.** jdm nützen; **be at s.o.'s** ~ jdm zur Verfügung stehen; **be out of** ~ außer Betrieb sein; **come into** ~ in Betrieb genommen werden; **see** ~ **as a soldier** beim Militär dienen; **telephone** ~ Telefondienst *m;* **medical** ~ ärztliche Versorgung; **be in** ~ **with s.o.** bei jdm in Stellung sein; **take s.o. into** ~ jdn in Stellung nehmen **II.** *vt* **1.** (*Auto, Maschine*) warten **2.** (*Gegend*) bedienen, versorgen **3.** (*Betrieb, Ausschuss*) zuarbeiten (*s.o.* jdm) **4.** (ZOO) decken **5.** (FIN) bedienen; **ser•vice•able** [-əbl] *adj* **1.** strapazierfähig **2.** brauchbar, dienlich, nützlich **3.** praktisch, zweckmäßig; **service area** *s* Tankstelle *f* und Raststätte *f;* **service bus** *s* Linienbus *m;* **service centre** *s* Reparaturwerkstatt *f;* **service charge** *s* Bedienungsgeld *nt;* Bearbeitungsgebühr *f;* **service contract** *s* Wartungsvertrag *m;* **service department** *s* Kundendienstabteilung *f;* **service elevator**, **service lift** *s* Lastenaufzug *m;* **service entrance** *s* Dienstboteneingang *m;* **service hatch** *s* Durchreiche *f;* **service industry** *s* Dienstleistungsindustrie *f,* -sektor *m;* **ser•vice•man** ['sɜ:vɪsmən] *s* Militärangehörige(r) *m;* **service manual** *s* Wartungshandbuch *nt;* **service road** *s* Zufahrtsstraße *f;* **service sector** *s* Dienstleistungssektor *m;* **service station** *s* Tankstelle *f* (mit Reparaturwerkstatt); **ser•vice•wo•man** ['sɜ:vɪsˌwʊmən] <*pl* -women> *s* Militärangehörige *f*

ser•vi•ette [ˌsɜ:vɪ'et] *s* Serviette *f*

ser•vile ['sɜ:vaɪl] *adj* sklavisch; unterwürfig; **ser•vil•ity** [sɜ:'vɪlətɪ] *s* Unterwürfigkeit *f*

serv•ing ['sɜ:vɪŋ] *s* Portion *f;* ~ **spoon** Vorlegelöffel *m*

ser•vi•tude ['sɜ:vɪtju:d] *s* Knechtschaft *f*

servo ['sɜːvəʊ] <*pl* servos> **I.** *s* Servomechanismus *m* **II.** *adj* Servo-; ~**-assisted brakes** Servobremsen *fpl*

ses•ame ['sesəmɪ] *s* Sesam *m;* **open** ~! Sesam, öffne dich!

ses•sion ['seʃn] *s* **1.** Sitzung, Besprechung *f* **2.** (JUR PARL) Sitzungsperiode *f;* Legislaturperiode *f* **3.** (*Zahnarzt*) Sitzung *f;* Behandlung *f* **4.** (*Schule, Universität*) Semester *nt;* Studienjahr *nt;* **go into secret** ~ eine Geheimsitzung abhalten; **recording** ~ Aufnahme *f;* **be in** ~ eine Sitzung haben, tagen; **a** ~ **of talks** Gespräche *ntpl*

set [set] <*irr:* set, set> **I.** *vt* **1.** setzen; stellen; legen **2.** einstellen (*at* auf), aufstellen **3.** (*Uhr*) stellen (*by* nach, *to* auf) **4.** (*Ziel*) festsetzen, festlegen **5.** (*Frage*) stellen (*s.o.* jdm) **6.** (*Platz*) bestimmen **7.** (*Edelstein*) fassen; besetzen **8.** (*Glasscheibe*) einsetzen **9.** (MED) einrenken **10.** (*Tisch*) decken **11.** (RADIO) einstellen **12.** (TECH) justieren **13.** (*Datum, Preis, Strafe*) festsetzen (*at* auf) **14.** (*die Mode*) bestimmen, einführen **15.** (*den Ton*) angeben **16.** (TYP) setzen; **be** ~ **fair** (METE) beständig sein; ~ **an example** ein Beispiel geben; **Macbeth is** ~ **this year** Macbeth steht dieses Jahr auf dem Lehrplan; ~ **a value on s.th.** einen Wert auf etw festsetzen; ~ **s.o. a problem** jdn vor ein Problem stellen; ~ **stones in concrete** Steine einzementieren; **be** ~ **in the valley** im Tal liegen; **the book is** ~ **in Paris** das Buch spielt in Paris; ~ **a guard on s.th.** etw bewachen lassen; ~ **a dog after s.o.** einen Hund auf jdn ansetzen; ~ **s.th. to music** etw vertonen; ~ **s.th. going** etw in Gang bringen; ~ **s.o. doing s.th.** jdn dazu veranlassen etw zu tun; ~ **s.o. to doing s.th.** jdn etw tun lassen; ~ **s.o. free** jdn freilassen; ~ **s.th. right** etw in Ordnung bringen; ~ **s.o. right** jdn berichtigen **II.** *vi* **1.** (*Sonne*) untergehen **2.** (*Zement*) hart werden **3.** (*Hund*) vorstehen **III.** *adj* **1.** fertig, bereit **2.** (*Gesicht*) unbeweglich **3.** (*Sitten*) fest; vorgegeben **4.** (*Zeit*) festgesetzt, bestimmt **5.** entschlossen; **be all** ~ **for s.th.** für etw gerüstet sein; **be all** ~ **to do s.th.** fest entschlossen sein etw zu tun; ~ **book** Pflichtlektüre *f;* ~ **menu** Tageskarte *f;* ~ **phrase** feststehender Ausdruck; ~ **price** Fixpreis *m,* festgesetzter Preis; **be** ~ **in one's ways** in seinen Gewohnheiten festgefahren sein; **be dead** ~ **on s.th./on doing s.th.** etw auf Biegen und Brechen haben/tun wollen **IV.** *s* **1.** Satz *m;* Paar *nt;* Garnitur *f;* Service *nt* **2.** (*Nadeln*) Spiel *nt* **3.** Malkasten *m;* Baukasten *m* **4.** (*Bücher*) Reihe, Serie *f,* gesammelte Ausgabe **5.** Reihe *f* **6.** (*Menschen*) Kreis *m* **7.** (SPORT) Satz *m;* Spiel *nt* **8.** (MATH) Reihe *f;* Menge *f* **9.** (*Lied*) Programmnummer *f* **10.** (RADIO TV) Gerät *nt,* Apparat *m* **11.** (*Kleidung*) Sitz *m;* Haltung *f* **12.** (*Haare*) Frisur, Form *f* **13.** (THEAT) Bühnenbild *nt;* **a** ~ **of teeth** Gebiss *nt;* **a** ~ **of tools** Werkzeug *nt;* **a whole** ~ **of questions** eine ganze Reihe Fragen; **that** ~ **of people** dieser Personenkreis; **make a dead** ~ **at s.o.** sich an jdn ranmachen; **set about** *vt* sich machen an, anfangen; anfassen, anpacken; herfallen über; ~ **about doing s.th.** sich dranmachen etw zu tun; **set against** *vt* **1.** einnehmen gegen **2.** gegenüberstellen **3.** (FIN) absetzen; ~ **o.s. against s.th.** sich einer S entgegenstellen; **set apart** *vt* **1.** abheben, unterscheiden **2.** (*Geld*) beiseite legen; **set aside** *vt* **1.** beiseite legen **2.** (*Zeit*) einplanen **3.** (*Pläne*) aufschieben; begraben **4.** (JUR) aufheben, annullieren, außer Kraft setzen; **set back** *vt* **1.** zurücksetzen **2.** verzögern, behindern; zurückwerfen **3.** kosten; **set down** *vt* **1.** absetzen **2.** (*Passagier*) aussteigen lassen **3.** schriftlich niederlegen **4.** zuschreiben; ~ **s.o. down as s.th.** jdn für etw halten; **set forth I.** *vt* (*Plan*) darlegen **II.** *vi* aufbrechen, abreisen; **set in I.** *vt* einsetzen; einarbeiten **II.** *vi* **1.** einsetzen **2.** (*Dunkelheit*) anbrechen; **set off I.** *vt* **1.** (*Feuerwerk*) losgehen lassen **2.** führen zu; auslösen **3.** hervorheben **II.** *vi* sich auf den Weg machen, aufbrechen; losfahren; **that** ~ **us all off laughing** das brachte uns alle zum Lachen; ~ **s.th. off from s.th.** etw von etw abheben; ~ **off on a journey** eine Reise antreten; **set on I.** *vt* hetzen, ansetzen auf **II.** *vi* überfallen; **set out I.** *vt* ausbreiten; aufstellen; anordnen; darlegen **II.** *vi* **1.** abfahren, aufbrechen, sich auf den Weg machen **2.** beabsichtigen; **set to** *vi* loslegen, reinhauen; ~ **to work** sich an die Arbeit machen; **set up I.** *vt* **1.** aufstellen; aufbauen; errichten **2.** (*fig*) arrangieren, vereinbaren **3.** (*Raub*) planen **4.** (*Schule*) einrichten **5.** (*Geschäft*) eröffnen, gründen **6.** (*Rekord*) aufstellen **7.** (*Gesundheit*) gut tun **8.** (*Protest*) anstimmen **9.** (*Infektion*) auslösen **II.** *vi* sich niederlassen; ~ **s.th. up for s.o.** etw für jdn vorbereiten; ~ **s.o. up** (*fam*) jdm etw anhängen; ~ **s.o. up as s.th.** jdm ermöglichen etw zu werden; ~ **o.s. up as s.th.** sich als etw aufspielen; **be** ~ **up for life** für sein ganzes Leben ausgesorgt haben; **be well** ~ **up** sich gut stehen; ~ **up as a doctor** sich als Arzt niederlassen; ~ **up for o.s.** sich selbstständig machen

set-aside [set'ɑsaɪd] *s* Flächenstilllegung *f;* **set•back** ['setbæk] *s* Rückschlag *m;* **set-in** [set'ɪn] *adj* (*Ärmel*) eingesetzt; eingearbeitet; **set square** *s* Zeichendreieck *nt*

set•tee [se'tiː] *s* Sofa *nt*

set·ter ['setə(r)] *s* (*Hunderasse*) Setter *m*
set the·ory ['set,θɪərɪ] *s* (MATH) Mengenlehre *f*
set·ting ['setɪŋ] *s* **1.** (*Sonne*) Untergang *m* **2.** (*fig*) Rahmen *m,* Umgebung *f;* Schauplatz *m* **3.** (*Juwel*) Fassung *f* **4.** (*place* ~) Gedeck *nt* **5.** (TECH) Einstellung *f* **6.** (MUS) Vertonung *f* **7.** (*Haare*) Legen *nt;* **setting lotion** *s* Haarfestiger *m*
settle ['setl] **I.** *vt* **1.** entscheiden; regeln **2.** (*Problem*) klären **3.** (*Streit*) beilegen, schlichten **4.** (*Platz*) vereinbaren, festlegen, ausmachen **5.** (*Vertrag*) abschließen **6.** (*Preis*) sich einigen auf, aushandeln **7.** (*Rechnung*) bezahlen, begleichen **8.** (*Flüssigkeit*) sich setzen lassen; sich klären lassen **9.** (*Kind*) versorgen; zurechtlegen **10.** (*im Haus*) unterbringen; etablieren **11.** (*Land*) besiedeln; ~ **one's affairs** seine Angelegenheiten in Ordnung bringen; **that ~s it** damit wäre der Fall erledigt; ~ **o.s. to doing s.th.** sich daran machen etw zu tun; ~ **s.o. into a house** jdm helfen sich häuslich einzurichten; ~ **money on s.o.** jdm Geld überschreiben; **I'll soon** ~ **him** dem werd' ich's geben **II.** *vi* **1.** sesshaft werden; sich niederlassen, sich ansiedeln; sich einrichten **2.** sich einleben; sich eingewöhnen (*into* in) **3.** (*Wetter*) beständig werden **4.** (*Kind*) sich beruhigen; zur Ruhe kommen, ruhiger werden **5.** (*Vogel*) sich niederlassen; sich setzen **6.** (*Gebäude*) sich senken **7.** (JUR) sich vergleichen **8.** bezahlen; ~ **into a habit** sich etw angewöhnen; ~ **comfortably in an armchair** es sich in einem Sessel bequem machen; **settle down I.** *vi* **1.** sesshaft werden **2.** sich legen **II.** *vt* **1.** beruhigen **2.** (*Baby*) hinlegen; versorgen; **marry and ~ down** heiraten und häuslich werden; ~ **down at school** sich an einer Schule eingewöhnen; ~ **down to watch TV** es sich vor dem Fernseher gemütlich machen; ~ (**o.s.**) **down to work** sich an die Arbeit machen; **settle for** *vt* sich zufriedengeben mit; **settle in** *vi* sich einleben, sich eingewöhnen; ~ **s.o. in** jdm helfen, sich einzuleben; **settle on**, **settle upon** *vt* sich entscheiden für; sich einigen auf; ~ **s.th. on s.o.** jdm etw vermachen; **settle up** *vt, vi* bezahlen; ~ **up with s.o.** mit jdm abrechnen; **settle with** *vt* abrechnen mit; ~ **one's account with s.o.** mit jdm abrechnen; ~ **s.th. with s.o.** sich mit jdm auf etw einigen
set·tled ['setld] *adj* **1.** (*Wetter*) beständig **2.** (*Leben*) geregelt **3.** (*Meinung*) fest; (*Vorgang*) feststehend; **be** ~ etabliert sein; festen Fuß gefasst haben; ruhiger sein; **feel** ~ sich wohl fühlen
set·tle·ment ['setlmənt] *s* **1.** Entscheidung *f;* Regelung *f;* Klärung *f* **2.** (*Streit*) Beilegung, Schlichtung *f* **3.** (*Rechnung*) Bezahlung *f* **4.** (*Vertrag*) Übereinkunft *f,* Übereinkommen *nt* **5.** (*Geld*) Übertragung, Überschreibung *f* (*on* auf) **6.** (*Gebäude*) Senkung *f;* Absetzen *nt* **7.** Siedlung, Niederlassung *f;* Ansiedlung *f* **8.** Wohlfahrtseinrichtung *f;* Gemeindezentrum *nt;* **reach a ~** sich einigen, einen Vergleich schließen; **a ~ out of court** ein außergerichtlicher Vergleich; **settlement date** *s* Abrechnungstermin *m*
set·tler ['setlə(r)] *s* Siedler(in) *m(f)*
set-to [,set'tu:] *s* (*fam*) Krach *m,* Streiterei *f;* **have a** ~ sich in die Haare geraten; **set-up** ['setʌp] *s* **1.** Zustände, Umstände *mpl* **2.** Organisation *f,* Arrangement *nt* **3.** Geräte *ntpl* **4.** (*sl*) Komplott *nt,* abgekartetes Spiel; **what's the ~ here?** wie läuft das hier?; ~ **costs** Anlaufkosten *pl*
seven ['sevn] *adj* sieben; **~-league boots** Siebenmeilenstiefel *mpl;* **get the ~-year itch** im verflixten siebenten Jahr sein; **seven·fold** ['sevnfəʊld] *adj* siebenfach; **seven·teen** [,sevn'ti:n] *adj* siebzehn; **seven·teenth** [,sevn'ti:nθ] **I.** *adj* siebzehnte(r, s) **II.** *s* Siebzehntel *nt;* Siebzehnte(r, s); **sev·enth** ['sevnθ] **I.** *adj* sieb(en)te(r, s) **II.** *s* Siebtel *nt;* Siebte(r, s); **sev·en·ty** ['sevntɪ] *adj* siebzig; **the seventies** die Siebzigerjahre; **he's in his seventies** er ist (so) um die siebzig; **seventy-eight** [,sevntɪ'eɪt] *s* (*Schallplatte*) Achtundsiebziger (Platte) *f*
sever ['sevə(r)] **I.** *vt* **1.** durchtrennen; durchschlagen; abtrennen (*from* von) **2.** (*Land*) teilen **3.** (*Vertrag*) auflösen **4.** (*Beziehungen*) abbrechen **5.** (*Verbindungen*) lösen **II.** *vi* durchreißen
sev·eral ['sevrəl] **I.** *adj* einige, mehrere; verschiedene; ~ **times** mehrere Male; **they went their ~ ways** jeder ging seinen Weg **II.** *pron* einige; ~ **of us** einige von uns; **sev·eral·ly** ['sevrəlɪ] *adv* einzeln, getrennt, für sich
sever·ance ['sevərəns] *s* **1.** Durchtrennen *nt;* Durchschlagen *nt;* Abtrennen *nt* **2.** Teilung *f* **3.** (*Beziehungen*) Abbruch *m;* **severance pay** *s* Entlassungsabfindung *f*
se·vere [sɪ'vɪə(r)] *adj* **1.** streng **2.** (*Kritik*) hart; scharf **3.** (*Test*) schwer **4.** (*Ausdruck*) ernst **5.** (*Krankheit*) schwer, schlimm **6.** (*Sturm*) stark, heftig **7.** (*Wetter*) rau; **be ~ with s.o.** streng mit jdm sein; **se·ver·ity** [sɪ'verətɪ] *s* **1.** Strenge, Härte *f* (*on* gegen) **2.** Ernst *m,* Schärfe *f* **3.** Härte *f;* Schwere *f* **4.** Heftigkeit *f;* **the ~ of the cold** die große Kälte
sew [səʊ] <*irr:* **sewed, sewed (sewn)**> *vt, vi* nähen; ~ **s.th. on** etw annähen; **sew up**

S

vt **1.** zunähen; nähen **2.** (*fam*) unter Dach und Fach bringen; ~ **s.th. up in s.th.** etw in etw einnähen; **it's all ~n up** es ist unter Dach und Fach

sew•age ['sju:ɪdʒ] *s* Abwasser *nt;* **sewage farm** ['sju:ɪdʒ,fa:m] *s* Rieselfeld *nt;* **sewage** (**treatment**) **plant** *s* Kläranlage *f*

sewer¹ ['səʊə(r)] *s* Näher(in) *m(f)*

sewer² ['sju:ə(r)] *s* **1.** Abwasserleitung *f;* Abwasserkanal *m* **2.** (*fig*) Kloake *f;* **sewerage** ['sju:ərɪdʒ] *s* Kanalisation *f;* Abwässer *ntpl;* **sewer gas** *s* Faulschlammgas *nt;* **sewer rat** *s* Wanderratte *f*

sew•ing ['səʊɪŋ] *s* **1.** Nähen *nt* **2.** Näharbeit *f;* **sewing basket** *s* Nähkorb *m;* **sewing machine** *s* Nähmaschine *f*

sewn [səʊn] *s.* **sew**

sex [seks] **I.** *s* **1.** Geschlecht *nt* **2.** Sexualität *f;* Sex *m;* **of both ~es** beiderlei Geschlechts; **have ~ with** (Geschlechts)Verkehr haben mit **II.** *adj* Geschlechts-; Sexual- **III.** *vt* das Geschlecht bestimmen von

sexa•gen•ar•ian [,seksədʒɪ'neərɪən] **I.** *adj* sechzigjährig **II.** *s* Sechzigjährige(r) *f m*

sex ap•peal ['seksə,pi:l] *s* Sexappeal *m;* **sex discrimination** *s* Diskriminierung *f* auf Grund des Geschlechts; **sex education** *s* Sexualerziehung *f;* Aufklärungsunterricht *m;* **sex•ism** ['seksɪsm] *s* Sexismus *m;* **sex•ist** ['seksɪst] **I.** *s* Sexist(in) *m(f)* **II.** *adj* sexistisch; **sex•less** ['sekslɪs] *adj* geschlechtslos; **sex life** *s* Geschlechtsleben *nt;* **sex symbol** *s* Sexsymbol *nt*

sex•tant ['sekstənt] *s* Sextant *m*

sex•tet(**te**) [seks'tet] *s* (MUS) Sextett *nt*

sex•ton ['sekstən] *s* Küster *m*

sex•ual ['sekʃʊəl] *adj* sexuell; geschlechtlich; ~ **characteristics** Geschlechtsmerkmale *ntpl;* ~ **crime** Sexualverbrechen *nt;* ~ **harrassment** sexuelle Belästigung; ~ **intercourse** Geschlechtsverkehr *m;* ~ **partner** Intimpartner(in) *m(f);* **sex•ual•ity** [,sekʃʊ'ælətɪ] *s* Sexualität *f;* **sex•ual•ly** ['sekʃʊəlɪ] *adv* sexuell; ~ **mature** geschlechtsreif; ~ **transmitted disease** durch Geschlechtsverkehr übertragene Krankheit; **sexy** ['seksɪ] *adj* (*fam*) sexy; aufreizend

shabby ['ʃæbɪ] *adj* schäbig

shack [ʃæk] **I.** *s* Hütte *f,* Schuppen *m* **II.** *vi:* ~ **up with s.o.** (*sl*) mit jdm zusammenziehen

shackle ['ʃækl] **I.** *s* **1.** (TECH) Bügel, Schäkel *m* **2.** *meist pl* Fessel *f* **II.** *vt* in Ketten legen; fesseln; **be ~d by s.th.** (*fig*) an etw gebunden sein

shade [ʃeɪd] **I.** *s* **1.** Schatten *m* **2.** (Lampen)Schirm *m;* Schild *nt* **3.** Jalousie *f;* Markise *f;* Springrollo *nt* **4.** Farbton *m;* Schattierung *f;* Nuance *f* **5.** (*fig*) Spur *f* **6.** (*lit*) Schatten *m;* **give ~** Schatten spenden; **put s.o. in the ~** (*fig*) jdn in den Schatten stellen; **~s** (*fam*) Sonnenbrille *f;* **of all ~s and hues** (*fig*) aller Schattierungen **II.** *vt* **1.** Schatten werfen auf **2.** abschirmen (*from* gegen), abdunkeln **3.** (*Kunst*) schattieren, abtönen **4.** (SPORT) äußerst knapp gewinnen; ~ **s.th. in** etw ausmalen **III.** *vi* (*fig*) übergehen; ~ **off** allmählich blasser werden; **shad•ing** ['ʃeɪdɪŋ] *s* (*Kunst*) Schattierung, Schraffierung *f*

shad•ow ['ʃædəʊ] **I.** *s* **1.** Schatten *m* **2.** (*fig*) Bedrohung *f* **3.** (*fig*) Andeutung, Spur *f* **4.** (*fig*) Schatten *m,* ständiger Begleiter; **in the ~** im Schatten; **in the ~s** im Dunkel; **be in s.o.'s ~** (*fig*) in jds Schatten stehen; **be afraid of one's own ~** sich vor seinem eigenen Schatten fürchten; **be just a ~ of one's former self** nur noch ein Schatten seiner selbst sein; **catch at ~s** einem Phantom nachjagen; **a ~ of hope** ein Hoffnungsschimmer *m;* **put a ~ on s.o.** jdn beschatten lassen **II.** *adj* (POL) Schatten- **III.** *vt* **1.** Schatten werfen auf; überschatten **2.** beschatten; **shadow-boxing** *s* Schattenboxen *nt;* **shadow cabinet** *s* (POL) Schattenkabinett *nt;* **Shadow Chancellor** *s* (*in GB*) Finanzminister(in) *m (f)* des Schattenkabinetts; **shad•owy** ['ʃædəʊɪ] *adj* **1.** schattig **2.** (*fig*) unbestimmt, vage; verschwommen

shady ['ʃeɪdɪ] *adj* **1.** schattig; Schatten spendend **2.** (*fig*) zweifelhaft, anrüchig

shaft [ʃɑ:ft] *s* **1.** Schaft *m;* Stiel *m;* Deichsel *f* **2.** (Licht)Strahl *m* **3.** (*lit*) Pfeil *m* **4.** (TECH) Spindel, Welle, Achse *f* **5.** (MIN) Schacht *m* **6.** (ARCH) Säulenschaft *m* **7.** (*fig*) Spitze *f*

shag [ʃæg] **I.** *s* **1.** (*Teppich*) Flor *m* **2.** (*Kormoran*) Krähenscharbe *f* **II.** *vi, vt* (*sl*) bumsen; **shagged** (**out**) [ʃægd'aʊt] *adj* (*sl*) ausgelaugt

shaggy ['ʃægɪ] *adj* **1.** zottig, struppig **2.** (*Haare*) zottelig; **~-dog story** *langatmiger Witz mit schwacher Pointe*

shake [ʃeɪk] <*irr:* shook, shaken> **I.** *vt* **1.** schütteln; erschüttern; durchschütteln **2.** (*Ruf*) erschüttern; ins Wanken bringen **3.** (*Schock*) erschüttern; ~ **one's fist at s.o.** jdm mit der Faust drohen; ~ **o.s. free** sich losmachen; ~ **hands** sich die Hand geben; ~ **hands with s.o.** jdm die Hand geben; ~ **a leg** (*fam*) Dampf machen; **they were badly ~n by the news** die Nachricht hatte sie sehr mitgenommen **II.** *vi* wackeln; zittern; beben; ~ **with cold** vor Kälte zittern; ~ **like a leaf** wie Espenlaub zittern; ~ **with laughter** sich vor Lachen schütteln **III.** *s* **1.** Schütteln, Zittern, Beben *nt* **2.** (*fam*) Moment, Augenblick *m* **3.** (*milk ~*) Shake *m;* **give a rug a** ~ einen Läufer ausschütteln; **give s.o. a good** ~ jdn kräftig schütteln; **in two ~s** (*fam*) in zwei Sekunden; **be no great ~s** (*sl*) nicht umwerfend sein; **shake down I.** *vt* **1.** herunterschütteln **2.** (*Am sl*) ausquetschen **II.** *vi* **1.** kampieren **2.** (*Maschine*) sich einlaufen; ~ **s.o. down for ...** (*Am sl*) jdn um ... erleichtern; **shake off** *vt* abschütteln; losbekommen; sich befreien von; ~ **the dust off one's feet** den Staub von den Füßen schütteln; **shake out** *vt* **1.** herausschütteln **2.** (*Staubtuch, Teppich*) ausschütteln **3.** (*fig*) aufrütteln; **shake up** *vt* **1.** schütteln; aufschütteln **2.** (*fig*) erschüttern **3.** (*Führung*) auf Zack bringen; **she was badly ~n up by the accident** der Unfall hat ihr einen schweren Schock versetzt

shake•down [ˈʃeɪkdaʊn] *s* Lager, Notbett *nt;* **shaken** [ˈʃeɪkn] *s.* shake; **shake-out** [ˈʃeɪkaʊt] *s* Personalabbau *m;* **shaker** [ˈʃeɪkə(r)] *s* **1.** (Salz)Streuer *m* **2.** (*cocktail* ~) Mixbecher *m;* **shake-up** [ˈʃeɪkʌp] *s* (*fam*) Umbesetzung *f,* Umstrukturierung *f;* **shak•ily** [ˈʃeɪkɪlɪ] *adv* wackelig; zitterig; **shak•ing** [ˈʃeɪkɪŋ] *s* Zittern *nt;* **shaky** [ˈʃeɪkɪ] *adj* **1.** (*Position*) wackelig **2.** (*Beweis*) fragwürdig, unsicher **3.** (*Hand*) zitterig; **in rather ~ English** in ziemlich holprigem Englisch

shale [ʃeɪl] *s* (GEOG) Schiefer *m*

shall [ʃæl] *s* <*irr:* should> **1.** (*Futur*) werden **2.** sollen; **I ~ arrive tomorrow** ich werde morgen ankommen; **you ~ pay for this!** dafür sollst du büßen!; **what ~ we do?** was sollen wir machen? was machen wir?

shal•lot [ʃəˈlɒt] *s* Schalotte *f*

shal•low [ˈʃæləʊ] **I.** *adj* **1.** flach; seicht **2.** (*fig*) oberflächlich **II.** *s pl* seichte Stelle, Untiefe *f;* **shal•low•ness** [-nɪs] *s* Flachheit, Seichtheit *f*

sham [ʃæm] **I.** *s* **1.** Heuchelei *f* **2.** Scharlatan *m;* **her life seemed a ~** ihr Leben erschien ihr als Lug und Trug **II.** *adj* **1.** (*Diamant*) falsch, unecht **2.** (*fig*) vorgetäuscht, geheuchelt **III.** *vt* vortäuschen, -geben; simulieren **IV.** *vi* simulieren; so tun; **he's only ~ming** er tut nur so

shamble [ˈʃæmbl] *vi* trotten

shambles [ˈʃæmblz] *s pl meist mit sing* heilloses Durcheinander; Schlachtfeld *nt;* Chaos *nt*

sham•bolic [ʃæmˈbɒlɪk] *adj* chaotisch

shame [ʃeɪm] **I.** *s* **1.** Schande *f* **2.** Scham *f* **3.** Schandfleck *m;* **feel ~ at s.th.** sich für etw schämen; **bring ~ upon s.o.** jdm Schande machen; **without ~** schamlos; **put s.o. to ~** jdm Schande machen; **to my ~** zu meiner Schande; **cry ~ on s.o.** sich über jdn entrüsten; **the ~ of it all** die Schande; **~ on you!** du solltest dich schämen!; **what a ~!** schade! **II.** *vt* **1.** Schande machen (*s.o.* jdm) **2.** (*fig*) in den Schatten stellen; **shame•faced** [ʃeɪmˈfeɪst] *adj* betreten; **shame•ful** [ˈʃeɪmfl] *adj* schändlich; schamlos; schimpflich; **shame•less** [ˈʃeɪmlɪs] *adj* schamlos; unverschämt

shammy [ˈʃæmɪ] (~-*leather*) Fenster-, Autoleder *nt*

sham•poo [ʃæmˈpuː] **I.** *vt* **1.** die Haare waschen (*s.o.* jdm) **2.** (*Haare*) waschen **3.** (*Teppich*) shampoonieren **II.** *s* Shampoo *nt;* Haarwaschmittel *nt;* **have a ~ and set** sich die Haare waschen und legen lassen

sham•rock [ˈʃæmrɒk] *s* Klee *m;* Kleeblatt *nt*

shandy [ˈʃændɪ] *s* (*Br*) Bier u. Limonade gemischt

shang•hai [ʃæŋˈhaɪ] *vt* (*fig*) zwingen (*into doing s.th.* etw zu tun)

shank [ʃæŋk] *s* **1.** (*Vogel*) Schenkel *m* **2.** (*Schlachttier*) Haxe *f* **3.** (TECH) Griff, Stiel, Schaft *m* **4.** (ARCH) (Säulen)Schaft *m;* **on ~'s pony** (*obs*) auf Schusters Rappen

shanty [ˈʃæntɪ] *s* Schuppen *m,* Hütte *f;* **shanty town** *s* Slum(vor)stadt *f*

shanty² [ˈʃæntɪ] *s* Seemannslied *nt*

shape [ʃeɪp] **I.** *s* **1.** Form *f;* Gestalt *f* **2.** (TECH) Form *f,* Modell, Muster *nt* **3.** (*fig*) Gestalt, äußere Erscheinung *f* **4.** Zustand *m,* (gesundheitliche) Verfassung *f;* **in the ~ of** in Form, Gestalt +*gen;* **in any ~ or form** irgendwie; **in great ~** glänzend in Form; **be in bad ~** in schlechter Verfassung sein; **be out of ~** aus der Form, aus der Fasson sein; **take ~** Gestalt annehmen **II.** *vt* **1.** bearbeiten; formen, bilden, gestalten **2.** (*fig: Charakter*) formen, prägen; (*Leben*) gestalten; (*Lauf der Dinge*) bestimmen; (*Gesellschaft*) formen **III.** *vi* (~ *up*) sich entwickeln; **be shaping up well** sich gut anlassen, viel versprechend sein; **shape•less** [-lɪs] *adj* form-, gestaltlos; **shape•ly** [-lɪ] *adj* wohlgestaltet, gut proportioniert

shard [ʃɑːd] *s* (Ton)Scherbe *f*

share¹ [ʃeə(r)] **I.** *s* **1.** Anteil, Teil *m;* Beitrag *m* **2.** Aktie *f;* Geschäftsanteil, Anteilschein *m;* Beteiligung *f* (*in* an); **in equal ~s** zu gleichen Teilen; **come in for a ~ of s.th.** seinen Anteil an etw bekommen; **give s.o. a ~ in s.th.** jdn an einer S beteiligen; **go ~s with s.o.** mit jdm teilen; **have a ~ in s.th.** an einer S teilhaben, beteiligt sein, an etw teilnehmen; **hold ~s** Aktionär sein (*in a company* einer Gesellschaft); **take a ~ in s.th.** sich an einer S beteiligen; **~ in a business** Geschäftsanteil *m* **II.** *vt* (sich) teilen (*s.th.* etw); **~ the same name** den gleichen Namen haben **III.** *vi* teilen; **~ in s.th.** sich an etw beteiligen; an etw teilhaben; ~ **out** verteilen; ~ **and** ~ **alike** brüderlich teilen

share[2] [ʃeə(r)] *s* (AGR: *plough~*) Pflugschar *f*

share capi·tal [ˌʃeəˈkæpɪtl] *s* Aktienkapital *nt;* **share cer·ti·fi·cate** [ˌʃeəsəˈtɪfɪkət] *s* Aktienzertifikat *nt;* **share·holder** [ˈʃeəˌhəʊldə(r)] *s* Aktionär(in) *m(f);* **share·hold·ing** [ˈʃeəˌhəʊldɪŋ] *s* Beteiligung *f;* **share index** *s* Aktienindex *m;* **share issue** *s* Aktienemission *f;* **share option** *s* Aktienoption *f;* **share-out** [ˈʃeəraʊt] *s* Verteilung *f;* (*Aktien*) Dividendenausschüttung *f;* **share price** *s* Aktienkurs *m;* **share price index** *s* Aktienkursindex *m;* **share·ware** [ˈʃeəweə(r)] *s* (INFORM) Shareware *f*

shark [ʃɑːk] *s* **1.** Hai(fisch) *m* **2.** (*fig*) Schurke, Schuft, Wucherer *m;* **loan** ~ Kredithai *m*

sharp [ʃɑːp] **I.** *adj* **1.** scharf **2.** spitz **3.** unvermittelt, abrupt **4.** (*Kurve*) scharf **5.** (*Abhang*) steil, jäh abfallend **6.** klar, scharf umrissen, deutlich **7.** hart, streng **8.** scharfsinnig, schlau, verschlagen; (*fam*) gerissen **9.** scharf, heftig, hitzig **10.** schneidend, scharf, beißend, stechend, heftig **11.** durchdringend, schrill; **keep a** ~ **eye on s.o.** jdn scharf im Auge behalten; **that was pretty** ~ **of him** das war ziemlich clever von ihm; **be** ~ **about it!** mach ein bisschen schnell! **II.** *s* (MUS) Kreuz *nt* **III.** *adv* **1.** plötzlich, unvermittelt **2.** (MUS) eine halbe Note höher; zu hoch **3.** pünktlich, genau; **look** ~ (*fam*) aufpassen; Acht geben; sich beeilen; **sharpen** [ˈʃɑːpən] **I.** *vt* **1.** schärfen, spitzen, schleifen, wetzen **2.** (*Appetit*) anregen **3.** (*fig: Geist*) schärfen; (*Spannung*) erhöhen **4.** (MUS) um eine halbe Note erhöhen; höher singen, spielen **II.** *vi* **1.** schärfer werden **2.** höher singen, spielen; **sharp·ener** [ˈʃɑːpnə(r)] *s* Schleifgerät *nt;* Wetzstahl *m;* (*pencil* ~) Bleistiftspitzer *m*

sharper [ˈʃɑːpə(r)] *s* Gauner(in) *m(f),* Schwindler(in) *m(f);* (*card* ~) Falschspieler(in) *m(f)*

sharp-eyed [ʃɑːpˈaɪd] *adj* scharfsichtig; **sharp-featured** [ʃɑːpˈfiːtʃəd] *adj* mit scharfen Gesichtszügen; **sharp·ness** [-nɪs] *s* Schärfe *f,* Spitzheit *f;* Gerissenheit *f;* **sharp practice** *s* **1.** unsaubere Geschäfte *ntpl* **2.** unlautere Geschäftspraktik *f;* **sharp·shooter** [ˈʃɑːpˌʃuːtə(r)] *s* Scharfschütze *m,* -schützin *f;* **sharp-sighted** [ʃɑːpˈsaɪtɪd] *adj* scharfsichtig; **sharp-tempered** [ʃɑːpˈtempəd] *adj* jähzornig; **sharp-tongued** [ʃɑːpˈtʌŋd] *adj* scharfzüngig; **sharp-witted** [ʃɑːpˈwɪtɪd] *adj* klug; gewitzt

shat [ʃæt] *s.* **shit**[1]

shat·ter [ˈʃætə(r)] **I.** *vt* **1.** zerschmettern, zerbrechen **2.** (*Knochen*) zersplittern **3.** (*fig*) zerstören, vernichten, zunichte machen; erschüttern **4.** ermüden **5.** (*Gesundheit*) untergraben **6.** (*Nerven*) zerrütten; **be absolutely** ~**ed** (*fam*) völlig erschöpft sein; am Boden zerstört sein; zutiefst erschüttert sein **II.** *vi* zerbrechen; **shat·ter·ing** [-ɪŋ] *adj* **1.** (*Schlag, Explosion*) gewaltig; (*Niederlage*) vernichtend **2.** erschöpfend; niederschmetternd; (*fig: Schlag*) schwer **3.** (*fam: Neuigkeit, Unkenntnis, Offenheit*) erschütternd; (*Erlebnis, Wirkung*) umwerfend; **have a** ~ **effect on s.th.** sich verheerend auf etw auswirken; **it must have been** ~ **for you** es muss entsetzlich für Sie gewesen sein; **shat·ter·proof** [ˈʃætəpruːf] *adj* splitterfrei

shave [ʃeɪv] <*irr:* shaved, shaved (shaven)> **I.** *vt* **1.** rasieren **2.** (*Holz*) hobeln **3.** (leicht) streifen, kaum berühren; ~ **s.th. off** etw wegrasieren; (TECH) etw glätten **II.** *vi* sich rasieren **III.** *s* **1.** Rasieren *nt,* Rasur *f* **2.** knappes Entkommen; **that was a close** ~ das wäre um ein Haar schief gegangen; **get a** ~ sich rasieren lassen; **give a clean** [*o* **close**] ~ gut [*o* sauber] rasieren; **shaven** [ˈʃeɪvn] *adj* (*clean* ~) glatt rasiert; **shaver** [ˈʃeɪvə(r)] *s* **1.** Rasierapparat *m* **2.** (*fam*) (junger) Bengel *m;* **shav·ing** [ˈʃeɪvɪŋ] *s* **1.** Rasur *f* **2.** ~**s** Späne *mpl;* **shaving brush** *s* Rasierpinsel *m;* **shav·ing cream** *s* Rasiercreme *f;* **shaving foam** *s* Rasierschaum *m;* **shaving mir·ror** *s* Rasierspiegel *m;* **shaving point** *s* Steckdose *f* für Rasierapparate; **shaving soap**, **shaving stick** *s* Rasierseife *f*

shawl [ʃɔːl] *s* Schultertuch *nt;* Umhang *m;* Kopftuch *nt*

she [ʃiː] **I.** *pron* sie (*Singular*) **II.** *s:* **a** ~ eine Sie, ein weibliches Wesen; **the baby is a** ~ das Baby ist ein Mädchen

sheaf [ʃiːf, *pl* ʃiːvz] <*pl* sheaves> *s* **1.** Garbe *f* **2.** Bündel *nt;* Bund *m*

shear [ʃɪə(r)] <*irr:* sheared, sheared (shorn)> **I.** *vt* scheren **II.** *vi* (*Messer*) schneiden; **the bird** ~**ed through the air** der Vogel segelte durch die Luft; **the boat** ~**ed through the water** das Boot durchpflügte das Wasser **III.** *s* (MATH) Scherung *f;* **shear off I.** *vi* abbrechen **II.** *vt* abscheren; (*fig*) abrasieren; **shearer** [ˈʃɪərə(r)] *s* Schafscherer *m;* **shear·ing** [ˈʃɪərɪŋ] *s* Schafschur *f;* ~**s** Scherwolle *f;* **shears** [ʃɪəz] *s pl* Schere *f;* Metallschere *f;* Heckenschere *f*

sheath [ʃiːθ] *s* **1.** (*a.* BOT ZOO ANAT) Scheide *f* **2.** (*Kabel*) Armierung *f* **3.** Futteral-, Schlauchkleid *nt* **4.** Kondom *nt;* **sheathe** [ʃiːð] *vt* **1.** in die Scheide stecken **2.** (*Krallen*) einziehen **3.** (TECH) umkleiden, umhüllen; (*Kabel*) armieren; **sheath·ing** [ˈʃiːðɪŋ] *s* **1.** Verkleidung, Ummantelung *f* **2.** (ARCH) Verschalung *f* **3.** (*Kabel*) Armierung *f;* **sheath knife** *s* Fahrtenmesser *nt*

she·bang [ʃɪˈbæŋ] *s:* **the whole ~** der ganze Kram

shed[1] [ʃed] <*irr:* shed, shed> *vt* **1.** aus-, vergießen **2.** (*fig*) ausströmen, -strahlen, verbreiten **3.** (*Licht*) werfen (*on* auf) **4.** (*Blätter, Haut*) abwerfen; (*Haare*) verlieren **5.** sich entledigen (*s.th.* einer S); **~ blood/tears** Blut/Tränen vergießen; **~ skin** sich häuten

shed[2] [ʃed] *s* Schuppen *m;* Halle *f;* Stall *m;* Unterstand *m*

sheen [ʃiːn] *s* Glanz, Schimmer *m*

sheep [ʃiːp] <*pl* -> *s* Schaf *nt;* **make ~'s eyes at s.o.** (*obs*) jdn anhimmeln; **separate the ~ from the goats** (*fig*) die Schafe von den Böcken trennen; **one may as well be hanged for a ~ as a lamb** wenn schon, denn schon; **a black/lost ~** (*fig*) ein schwarzes/verlorenes Schaf; **a wolf in ~'s clothing** (*fig*) ein Wolf im Schafspelz; **sheep-dip** *s* Desinfektionsbad *nt* für Schafe; **sheep·dog** [ˈʃiːpdɒg] *s* Schäferhund *m;* **sheep·fold** *s* Pferch *m;* **sheep·ish** [ˈʃiːpɪʃ] *adj* verlegen; **sheep·skin** [ˈʃiːpskɪn] *s* Schaffell *nt*

sheer[1] [ʃɪə(r)] **I.** *adj* **1.** unvermischt, rein **2.** (*fig*) bloß, rein **3.** (*Textil*) dünn, durchsichtig **4.** steil, senkrecht; **~ madness** heller Wahnsinn; **by ~ chance** rein zufällig **II.** *adv* steil; senkrecht

sheer[2] [ʃɪə(r)] *vi* **1.** (MAR: *~ off, away*) ausscheren **2.** (*fig: ~ away*) ausweichen (*from s.th.* einer S) **3.** (*fig: ~ off*) abhauen

sheet[1] [ʃiːt] *s* **1.** Betttuch *nt;* Tuch *nt;* Gummidecke *f* **2.** (*fam: Zeitung*) Blatt *nt;* (*Papier*) Bogen *m* **3.** (*Holz*) Platte *f;* (*Glas*) Scheibe *f;* (*~ of ice*) (Eis)Fläche *f* **4.** (*~ metal*) Blech *nt* **5.** **~s** (große) Massen *fpl;* **(as) white as a ~** leichenblass; **rain fell in ~s** es regnete in Strömen; **attendance ~** Anwesenheitsliste *f;* **~ of flame** Feuermeer *nt*

sheet[2] [ʃiːt] *s* (MAR) Schot *f*

sheet anchor [ˈʃiːtˌæŋkə(r)] *s* Notanker *m;* **sheet feed** *s* (INFORM) Einzelblatteinzug *m;* **sheet light·ning** [ˈʃiːtˌlaɪtnɪŋ] *s* Wetterleuchten *nt;* **sheet metal** *s* Walzblech *nt;* **sheet music** *s* Notenblätter *ntpl*

sheik(h) [ʃeɪk, *Am* ʃiːk] *s* Scheich *m;* **sheik(h)·dom** [ˈʃeɪkdəm, *Am* ˈʃiːkdəm] *s* Scheichtum *nt*

shelf [ʃelf, *pl* ʃelvz] <*pl* shelves> *s* **1.** (Wand)Brett, Regal *nt* **2.** Sims *m od nt* **3.** Sandbank *f,* Riff *nt;* **on the ~** (*fig*) ausrangiert, ausgedient; (*Mädchen*) eine alte Jungfer; **be left on the ~** (*Mädchen*) sitzen geblieben sein; **continental ~** Kontinentalsockel *m;* **shelf life** *s* Lagerfähigkeit *f;* **shelf space** *s* (COM) Regalfläche *f;* **shelf wobbler** *s* (COM) Regalschild *nt*

shell [ʃel] **I.** *s* **1.** Schale *f;* (*Erbsen*) Hülse *f;* (*Weichtier*) Muschel *f;* Schneckenhaus *nt;* Panzer *m* **2.** (*Küche*) Form *f* **3.** (*Gebäude*) Mauerwerk *nt;* Rohbau *m;* Gemäuer *nt,* Ruine *f* **4.** (*Auto*) Karosserie *f;* Wrack *nt;* (*Schiff*) Gerippe *nt,* Rumpf *m;* Wrack *nt* **5.** (MIL) Granate *f;* (*Am*) Patrone *f* **6.** (SPORT) Rennruderboot *nt;* **come out of one's ~** (*fig*) aus sich herausgehen; **retire into one's ~** (*fig*) sich in sein Schneckenhaus verkriechen **II.** *vt* **1.** schälen; (*Erbsen*) enthülsen **2.** (MIL) mit Granaten beschießen; **shell out** *vt* (*fam*) blechen, bezahlen

shel·lac [ʃəˈlæk] **I.** *s* Schellack *m* **II.** *vt* mit Schellack überziehen

shell company *s* (COM) Firmenmantel *m*

shell·fish [ˈʃelfɪʃ] *s* Schaltier *nt* (*Krebs, Muschel*); (*Küche*) Meeresfrüchte *fpl;* **shell hole** *s* Granattrichter *m;* **shel·ling** [ˈʃelɪŋ] *s* Granatbeschuss *m;* **shell·proof** *adj* bombensicher; **shell shock** *s* Kriegsneurose *f;* **shell-shocked** [ˈʃelʃɒkt] *adj* unter Kriegsneurose leidend; (*fig*) verstört

shel·ter [ˈʃeltə(r)] **I.** *s* **1.** Schuppen *m* **2.** Schutzdach *nt,* -hütte *f;* (*bus ~*) Wartehäuschen *nt* **3.** Schutz *m;* Unterschlupf *m,* Unterkunft *f,* Obdach *nt* **4.** (*air-raid ~*) (Luft)Schutzraum *m* **5.** Anlaufstelle *f;* **under ~** geschützt; **take ~** Schutz suchen (*from* vor); **give s.o. ~** jdn beherbergen; **night ~** Nachtasyl *nt* **II.** *vt* **1.** beherbergen, Unterschlupf, Obdach gewähren (*s.o.* jdm) **2.** (be)schützen, beschirmen, in Schutz nehmen (*from* vor) **III.** *vi* sich unterstellen, Schutz suchen (*under* unter); **shel·tered** [ˈʃeltəd] *adj* behütet, beschützt; (*Stelle*) geschützt; **~ housing** Wohnungen für Senioren bzw. Behinderte; **~ workshop** Behindertenwerkstatt *f*

shelve [ʃelv] **I.** *vt* **1.** auf ein Regal stellen **2.** mit Regalen versehen **3.** zu den Akten legen; zurückstellen; (*Problem*) aufschieben; auf Eis legen **II.** *vi* **1.** sich leicht neigen **2.** (*~ down*) leicht abfallen; **shelv·ing** [-ɪŋ] *s* **1.** Material *nt* für Regale **2.** Regale *ntpl* **3.** Aufschub *m,* Zurückstellung *f*

she·nani·gans [ʃɪˈnænɪgənz] *s pl* (*fam*) **1.** Blödsinn, Quatsch *m* **2.** Tricks *mpl*

shep·herd [ˈʃepəd] **I.** *s* Schäfer *m* **II.** *vt* leiten, führen; **shep·herd·ess** [ʃepəˈdes, *Am* ˈʃepədəs] *s* Schäferin *f;* **shepherd's pie** *s mit Kartoffelbrei überbackenes Hackfleisch*

sher·bet [ˈʃɜːbət] *s* **1.** Scherbett, Sorbett *m od nt* **2.** (Brause)Limonade *f*

sher·iff [ˈʃerɪf] *s* **1.** Sheriff *m* **2.** (*schottisch*)

Friedensrichter *m*
sherry [ˈʃerɪ] *s* Sherry *m*
Shet•land Is•lands, Shet•lands [ˈʃetlənd'aɪləndz, ˈʃetləndz] *s pl* Shetlandinseln, Shetlands *fpl*
shield [ʃi:ld] **I.** *s* **1.** (HIST) Schild *m* **2.** Wappenschild *m n* **3.** Schutzschild *m* **4.** (*fig*) Schutz *m* **II.** *vt* schützen (*from* vor), (ab)schirmen, decken; **shield-bearer** *s* (HIST) Schildknappe *m*
shift [ʃɪft] **I.** *vt* **1.** wegschieben; umstellen; wegräumen **2.** (von sich) abwälzen (*on* auf) **3.** (TECH) umschalten **4.** (*Nagel etc*) entfernen **5.** (*an anderen Ort*) verlegen; (*Anlagen*) umgruppieren **6.** (*fam*) loswerden **7.** (*fam: Essen*) verdrücken; ~ **gears** einen anderen Gang einlegen, schalten; ~ **one's ground** vom Thema abschweifen; seine Meinung ändern; ~ **the responsibility onto s.o.** jdm die Verantwortung zuschieben **II.** *vi* **1.** sich verschieben; sich verlagern; sich ändern **2.** (*Wind*) umspringen, sich drehen **3.** (*von Meinung*) abgehen **4.** (AUTO) schalten **5.** (*fam*) sausen **6.** fertig werden, sich durchschlagen (*for o.s.* selbst) **III.** *s* **1.** Verschiebung *f*, Wechsel *m*, Veränderung, Verlagerung *f* **2.** (POL) Kursänderung *f* **3.** (Arbeits)Schicht *f* **4.** Ausweg, Kniff *m;* Ausflucht *f* **5.** (AUTO: *gear~*) Schaltung *f* **6.** (*Schreibmaschine*) Umschalttaste *f;* **in ~s** umschichtig; **drop ~s** Feierschichten einlegen; **late** ~ Spätschicht *f;* **make** ~ sich behelfen; **night** ~ Nachtschicht *f;* ~ **in consumption** Konsumverlagerung *f;* ~ **in demand** Nachfrageänderung *f;* ~ **of production** Produktionsverlagerung *f;* **shifting** [ˈʃɪftɪŋ] *adj:* **be** (**really**) ~ (*fam*) rasen; ~ **cultivation** (AGR) Wanderfeldbau *m;* **shift key** *s* (INFORM) Umschalt-, Shifttaste *f;* **shift•less** [-lɪs] *adj* faul, träge; **shiftwork** [ˈʃɪftwɜ:k] *s* Schichtarbeit *f;* **shiftwork•er** [-ə(r)] *s* Schichtarbeiter(in) *m(f);* **shifty** [ˈʃɪftɪ] *adj* durchtrieben, hinterhältig, falsch
shil•ling [ˈʃɪlɪŋ] *s* Shilling *m;* (*Österreich*) Schilling *m*
shilly-shally [ˈʃɪlɪʃælɪ] *vi* (*fam*) seine Zeit verplempern; unentschlossen sein
shim•mer [ˈʃɪmə(r)] **I.** *vi* schimmern **II.** *s* Schimmer *m;* Lichtschein *m*
shin [ʃɪn] **I.** *s* (*~bone*) Schienbein *nt* **II.** *vi* (*~ up*) hinaufklettern
shin•dig [ˈʃɪndɪg] *s* (*fam*) **1.** Spektakel, Radau *m* **2.** Rauferei, Schlägerei *f* **3.** lautstarke Party; **kick up a** ~ Krach schlagen
shine [ʃaɪn] <*irr:* shone, shone> **I.** *vi* **1.** scheinen **2.** leuchten (*with joy* vor Freude) **3.** glänzen, funkeln **4.** (*fig*) glänzen, sich hervortun (*at* bei); ~ **on s.th.** etw anleuchten; **I didn't ~ at school** in der Schule war ich keine große Leuchte **II.** *vt* **1.** leuchten lassen; glänzend machen **2.** (*Schuhe*) putzen, wichsen; ~ **a torch on s.o.** jdn mit einer Taschenlampe anleuchten **III.** *s* **1.** heller Schein, Glanz *m* **2.** Glanz *m*, Politur *f* **3.** (*Am*) Schuhputzen *nt;* **take the ~ off s.th.** den Glanz von einer S nehmen; **take a ~ to s.o.** (*sl*) sich in jdn vergaffen; **I'll come, rain or ~** ich komme auf jeden Fall; **shine down** *vi* herunterscheinen; **shine out** *vi* **1.** hervorleuchten **2.** (*fig*) herausragen; **shiner** [ˈʃaɪnə(r)] *s* (*sl*) blaues Auge
shingle¹ [ˈʃɪŋgl] **I.** *s* **1.** (Dach)Schindel *f* **2.** (*Am fam*) Schild *nt* (*eines Arztes oder Rechtsanwalts*) **3.** (*Frisur*) Bubikopf *m;* **hang out one's ~** (*Am fam: Arzt, Rechtsanwalt*) eine Praxis eröffnen **II.** *vt* mit Schindeln decken
shingle² [ˈʃɪŋgl] *s* grober Kies; Kiesel *m*
shingles [ˈʃɪŋglz] *s pl mit sing* (MED) Gürtelrose *f*
shin•ing [ˈʃaɪnɪŋ] *adj* **1.** glänzend, leuchtend **2.** (*Beispiel*) glänzend; **he's no ~ light** er ist kein großes Kirchenlicht; **shiny** [ˈʃaɪnɪ] *adj* glänzend; (glatt)poliert; **be** ~ (*Stoff*) glänzen
ship [ʃɪp] **I.** *s* **1.** Schiff *nt* **2.** (*Am*) Raumschiff *nt;* Flugzeug *nt;* **by** ~ mit dem Schiff; **on board** ~ an Bord; **his ~ comes home** [*o* **in**] (*fig*) er hat sein Glück gemacht **II.** *vt* **1.** an Bord nehmen, einschiffen **2.** (*Waren*) verschiffen; (*Am*) (ver)senden; befördern, verladen; ~ **oars** die Ruder einlegen; die Ruder einziehen; ~ **water** Wasser übernehmen **III.** *vi* sich (an)heuern lassen; **ship off** *vt* wegschicken; verschiffen; verschicken, abtransportieren; **ship out** *vt* versenden
ship•board [ˈʃɪpbɔ:d] *s:* **on** ~ an Bord; **ship•builder** [ˈʃɪpˌbɪldə(r)] *s* Schiffsbauer *m;* **ship•build•ing** [ˈʃɪpˌbɪldɪŋ] *s* Schiffbau *m;* **ship chandler** *s* Schiffslieferant *m;* **ship•load** [ˈʃɪpləʊd] *s* Schiffsladung *f;* **ship•mate** [ˈʃɪpmeɪt] *s* Bordkamerad *m*
ship•ment [ˈʃɪpmənt] *s* **1.** Verschiffung *f* (*for* nach) **2.** Verladung *f*, Versand, Transport *m* **3.** Schiffsladung *f* **4.** Ladung, Sendung *f*
ship•owner [ˈʃɪpˌəʊnə(r)] *s* Schiffseigner *m;* Reeder *m*
ship•per [ˈʃɪpə(r)] *s* **1.** Spediteur *m* **2.** Absender *m* **3.** Ablader, Befrachter *m;* **shipping** [ˈʃɪpɪŋ] **I.** *s* **1.** Verschiffung *f;* Verfrachtung *f*, Verladung *f*, Versand, Transport *m* **2.** Schifffahrt *f;* Schiffe *ntpl* **II.** *adj* Schiffs-; Schifffahrts-; **shipping agency** *s* Schiffsagentur *f;* **shipping agent** *s* Schiffsmakler *m;* **shipping company** *s*

Reederei *f;* **shipping department** *s* Versandabteilung *f;* **shipping expenses** *s pl* Transport-, Frachtkosten *pl;* **shipping lane** *s* Schifffahrtsstraße *f;* **shipping line** *s* Schifffahrtslinie *f;* **shipping note** *s* Frachtbrief *m,* Konnossement *nt;* **shipping office** *s* Reederei *f;* Heuerbüro *nt;* **shipping routes** *s pl* Schifffahrtswege *mpl*

ship•shape [ˈʃɪpʃeɪp] *adj* aufgeräumt, sauber, ordentlich; **ship•way** *s* **1.** Helling *f,* Stapel *m* **2.** Schifffahrtsweg *m;* **ship•wreck** [ˈʃɪprek] **I.** *s* Schiffbruch *m* **II.** *vt* scheitern lassen; (*fig*) ruinieren; **ship•wright** [ˈʃɪpraɪt] *s* Schiffszimmermann *m;* Schiffbauer *m;* **ship•yard** [ˈʃɪpjɑːd] *s* (Schiffs)Werft *f*

shire horse [ˈʃaɪəˌhɔːs] *s* Zugpferd *nt*

shirk [ʃɜːk] **I.** *vt* sich drücken vor, aus dem Wege gehen (*s.th.* einer S) **II.** *vi* sich drücken (*from* vor); **shirker** [ˈʃɜːkə(r)] *s* Drückeberger(in) *m(f)*

shirt [ʃɜːt] *s* **1.** Hemd *nt* **2.** (*von Frau*) Hemdbluse *f;* **keep one's ~ on** (*sl*) sich nicht aus der Fassung bringen lassen; **put one's ~ on** (*sl*) Hab u. Gut setzen auf; **he has lost his ~ off his back** (*sl*) er hat alles verloren; **shirt collar** *s* Hemdkragen *m;* **shirt-front** *s* Hemdbrust *f;* **shirt•ing** [ˈʃɜːtɪŋ] *s* Hemdenstoff *m;* **shirt-sleeve** *s* Hemdsärmel *m;* **in one's ~s** in Hemdsärmeln; **shirty** [ˈʃɜːtɪ] *adj* (*sl*) (leicht) beleidigt, eingeschnappt; wütend

shit[1] [ʃɪt] <*irr:* **shit, shit (shat)**> **I.** *vi* (*vulg*) scheißen **II.** *vr* (*vulg*) sich vor Angst in die Hose machen **III.** *s* (*vulg*) **1.** Scheiße *f* **2.** Angst *f,* Schiss *m*

shit[2] [ʃɪt] *s* (*sl: Drogen*) Shit *m*

shite [ʃaɪt] (*vulg*) *s.* **shit[1]**

shitty [ˈʃɪtɪ] *adj* (*sl*) beschissen

shiver [ˈʃɪvə(r)] **I.** *vi* zittern (*with cold, fear* vor Kälte, Angst); **I ~** mich schaudert **II.** *s* **1.** Zittern *nt;* Schauder *m* **2. ~s** Schüttelfrost, Fieberschauer *m;* **I got** [*o* **had**] **the ~s** (*fam*) es lief mir eiskalt über den Rücken; **it gave me the ~s** (*fam*) das ließ mir das Blut in den Adern erstarren; **shiv•ery** [ˈʃɪvərɪ] *adj* fröstelnd; **feel ~** frösteln

shlep through [ˈʃlepˌθruː] *vt* (*Am: sl*) sich durchschleppen

shoal[1] [ʃəʊl] *s* Untiefe *f;* Sandbank *f*

shoal[2] [ʃəʊl] *s* **1.** große Masse, Menge *f* **2.** (Fisch)Schwarm *m;* **in ~s** in Unmengen, haufenweise; in Scharen

shock[1] [ʃɒk] **I.** *s* **1.** Schock *m* **2.** (ELEK) (elektrischer) Schlag *m* **3.** (MED) Elektroschock *m* **4.** heftiger Stoß; Wucht *f* **5.** (*Erdbeben*) Erdstoß *m;* **get a ~** einen Schock [*o* Schlag] bekommen; **be in (a state of) ~** unter Schock stehen; **it comes as a ~** das ist bestürzend; **be a great ~ for s.o.** für jdn ein schwerer Schlag sein; **it gave him a nasty ~** das hat ihm einen bösen Schrecken eingejagt; **he'll be in for a ~** der wird sein blaues Wunder erleben **II.** *vt* **1.** erschüttern, bestürzen **2.** schockieren; **be ~ed** erschüttert sein; schockiert sein; **~ s.o. into doing s.th.** jdm einen solchen Schrecken einjagen, dass er etw tut **III.** *vi* schockieren

shock[2] [ʃɒk] *s* Garbenbündel *nt*

shock[3] [ʃɒk] *s* Haarschopf *m*

shock ab•sorber [ˈʃɒkæbˌzɔːbə(r)] *s* (AUTO) Stoßdämpfer *m;* **shocker** [ˈʃɒkə(r)] *s* Horrorgeschichte *f;* Schocker *m;* **you are a ~!** du bist ja schlimm!; **I have a ~ of a hangover** ich habe einen entsetzlichen Kater

shock•headed [ˈʃɒkˌhedɪd] *adj* strubb(e)lig; **~ Peter** Struwwelpeter *m*

shock•ing [ˈʃɒkɪŋ] *adj* **1.** erschütternd; Anstoß erregend, schockierend **2.** (*fam*) schlimm, schrecklich, entsetzlich; **shock-proof** *adj* stoßfest; **shock therapy, shock treatment** *s* (MED) Schockbehandlung *f;* **shock troops** *s pl* Stoßtruppen *fpl;* **shock wave** *s* Druckwelle *f;* (*fig*) Erschütterung *f*

shod [ʃɒd] *s.* **shoe**

shoddy [ˈʃɒdɪ] **I.** *s* (*Stoff*) Shoddy *m od nt* **II.** *adj* schäbig, minderwertig; (*fig: Arbeit*) gepfuscht

shoe [ʃuː] <*irr:* **shod, shod**> **I.** *s* **1.** Schuh *m* **2.** (*horse ~*) Hufeisen *nt* **3.** Bremsbacke *f* **4.** (ELEK) Kontaktrolle *f,* Polschuh *m;* **be in s.o.'s ~s** in jds Haut stecken; **fill s.o.'s ~s** jds Platz, Stelle einnehmen; **know where the ~ pinches** wissen, wo der Schuh drückt; **put o.s. in s.o.'s ~s** sich in jds Lage versetzen **II.** *vt* (*Pferd*) beschlagen; **shoe-black** [ˈʃuːblæk] *s* Schuhputzer *m;* **shoe-horn** [ˈʃuːhɔːn] *s* Schuhlöffel *m;* **shoe-lace** [ˈʃuːleɪs] *s* Schnürsenkel, Schuhriemen *m;* **shoe•maker** [ˈʃuːmeɪkə(r)] *s* Schuhmacher(in) *m(f);* **shoe polish** *s* Schuhputzmittel *nt,* Schuhwichse *f;* **shoe-repair shop** *s* Schuhreparaturwerkstatt *f,* Schuster *m;* **shoe•shine** [ˈʃuːʃaɪn] *s* Schuhputzen *nt;* **shoe•shine boy** *s* Schuhputzer *m;* **shoe•shop** *s* Schuhgeschäft *nt;* **shoe size** *s* Schuhgröße *f;* **shoe•store** *s* (*Am*) Schuhgeschäft *nt;* **shoe•string** *s* Schnürsenkel *m;* **start a business on a ~** ein Geschäft mit praktisch nichts anfangen; **shoestring company** *s* finanzschwaches Unternehmen; **shoe-tree** *s* Schuhspanner *m*

shone [ʃɒn] *s.* **shine**

shoo [ʃuː] **I.** *interj* sch! fort! weg! **II.** *vt* (*~ away, off*) verscheuchen; **shoo-in** [ˈʃəʊˌɪn] *s* (*sl* POL) ein als sicher geltender Kandidat

S

shook [ʃʊk] *s.* **shake**

shoot [ʃu:t] *<irr:* shot, shot> **I.** *vt* **1.** schießen; (*Geschütz*) abfeuern **2.** (*Menschen*) anschießen; niederschießen; erschießen **3.** (*Gegenstände*) schleudern; (*Blick*) schleudern, werfen; (*Frage*) aufwerfen, richten (*at* an) **4.** (SPORT) schießen **5.** (FILM) drehen; (*Foto*) machen, schießen; (*Menschen, Gebäude etc*) aufnehmen **6.** (*sl: Drogen*) schießen, drücken; ~ **one's bolt** (*fig*) sein Pulver verschießen; ~ **s.o. dead** jdn erschießen; ~ **a glance at s.o.**, ~ **s.o. a glance** jdm einen Blick zuwerfen; ~ **a line** angeben, prahlen; ~ **the lights** bei Rot über die Ampel fahren; ~ **rapids** Stromschnellen durchfahren; **he shot himself** er hat sich erschossen; **he shot himself in the arm** er hat sich in den Arm geschossen; **he was shot in the arm** er wurde in den Arm getroffen; **you'll get me shot** (*fig fam*) du bringst mich in Schwierigkeiten **II.** *vi* **1.** schießen; (*Jäger*) jagen **2.** schießen, sausen **3.** (SPORT) schießen (*at goal* aufs Tor) **4.** (*Schmerz*) stechen **5.** (FILM) drehen **6.** (*Pflanzen*) treiben; ~**!** schieß los!; ~ **past** [*o* **by**] vorbeischießen, vorbeisausen **III.** *s* **1.** Jagd *f;* Jagdgesellschaft *f;* Jagdrevier *nt;* Wettschießen *nt* **2.** (BOT) Trieb *m;* Keim *m;* Schössling *m;* **shoot ahead** *vi* vorpreschen; sich an die Spitze setzen; **shoot at** *vt* schießen auf; **shoot away I.** *vt* wegschießen **II.** *vi* **1.** (anhaltend) schießen **2.** wegrasen, davonschießen; ~ **away at s.o.** jdn beschießen; ~ **away!** (*fig fam*) schieß los!; **shoot down** *vt* **1.** (*Flugzeug*) abschießen **2.** (*fig fam*) fertig machen; (*Argument*) entkräften; **shoot off I.** *vt* abschießen; abfeuern **II.** *vi* davonschießen; ~ (**one's mouth**) **off** groß reden; tratschen; ausplaudern; **shoot out I.** *vi* herausschießen (*of* aus) **II.** *vt* schnell herausstrecken; hinausschleudern; ~ **it out with s.o.** sich mit jdm schießen; **shoot past** *vi, vt* vorbeischießen (*s.o.* an jdm); **shoot up I.** *vi* **1.** in die Höhe schießen; schnell wachsen; (*Gebäude*) aus dem Boden schießen **2.** (*Flammen*) herausschlagen (*from* aus) **II.** *vt* **1.** (MIL) beschießen; (*Menschen*) zusammenschießen **2.** (*sl: Drogen*) drücken; ~ **up a town** in einer Stadt eine Schießerei veranstalten

shoot•ing [ˈʃu:tɪŋ] *s* **1.** Schießen *nt;* (MIL: *Artillerie*) Feuer *nt* **2.** Jagen *nt;* Jagdrecht *nt;* Jagdrevier *nt* **3.** Erschießung *f;* Schießerei *f* **4.** Filmen, Drehen *nt;* **indoor/outdoor** ~ Innen-/Außenaufnahmen *fpl;* **there was a** ~ es wurde geschossen; es wurde jd erschossen; **they are investigating the** ~ sie untersuchen den Mord; **shooting box**, **shooting lodge** *s* Jagdhütte *f;* **shooting gallery**, **shooting range** *s* Schießstand *m;* **shooting jacket** *s* Jagdrock *m;* **shooting script** *s* Drehbuch *nt;* **shooting season** *s* Jagdzeit *f;* **shooting star** *s* Sternschnuppe *f;* **shooting stick** *s* Jagdstuhl *m;* **shooting war** *s* heißer Krieg

shop [ʃɒp] **I.** *s* **1.** Laden *m,* Geschäft *nt;* Verkaufsstelle *f* **2.** Werkstatt, -stätte *f,* Betrieb *m;* Arbeiterschaft *f;* **all over the** ~ (*fam*) überall; wild durcheinander; **come** [*o* **go**] **to the wrong** ~ (*fig*) an den Unrechten kommen; **keep a** ~ ein Geschäft, einen Laden haben; **keep** ~ das Geschäft führen; **set up** ~ ein Geschäft eröffnen; **talk** ~ fachsimpeln; **baker's** ~ Bäckerladen *m,* Bäckerei *f;* **fruit** ~ Obstgeschäft *nt;* **machine** ~ mechanische Werkstatt; **repair** ~ Reparaturwerkstatt *f* **II.** *vi* (*go* ~*ping*) einkaufen (gehen); Einkäufe, Besorgungen machen; ~ **around** sich in den Läden umsehen; ~ (**around**) **for s.th.** nach etw suchen **III.** *vt* (*sl*) verpfeifen; **shopa•ho•lic** [ʃɒpəˈhɒlɪk] *s* Kaufsüchtige(r) *f m;* **shop as•sist•ant** *s* Verkäufer(in) *m(f);* **shop-bought** *adj* gekauft (*und nicht selbstgemacht*); **shop•break•ing** [ˈʃɒpˌbreɪkɪŋ] *s* Ladeneinbruch *m;* **shop•fit•ter** [ˈʃɒpˌfɪtə(r)] *s* Geschäftsausstatter(in) *m(f);* **shop•fit•tings** [ˈʃɒpˌfɪtɪŋz] *s pl* Ladeneinrichtung *f;* **shop floor** *s* **1.** Produktionsstätte *f;* Werkstatt *f* **2.** Arbeitskräfte *fpl;* **at** ~ **level** unter den Arbeitern in der Fabrik; **shop front** *s* Ladenfront *f;* **shop•girl** *s* (*Br*) Verkäuferin *f;* **shop•keeper** [ˈʃɒpki:pə(r)] *s* Ladenbesitzer(in) *m(f),* Geschäftsinhaber(in) *m(f),* Einzelhändler(in) *m(f);* **a nation of** ~**s** ein Volk von Krämern; **shop•keep•ing** [ˈʃɒpki:pɪŋ] *s* Ladenbetrieb *m;* Kleinhandel *m;* **shop•lifter** [ˈʃɒplɪftə(r)] *s* Ladendieb(in) *m(f);* **shop•lift•ing** [ˈʃɒplɪftɪŋ] *s* Ladendiebstahl *m;* **shop•per** [ˈʃɒpə(r)] *s* Käufer(in) *m(f)*

shop•ping [ˈʃɒpɪŋ] *s* Einkauf(en *nt*) *m;* Besorgungen *fpl;* **do one's** ~ Einkäufe, Besorgungen machen; **window-**~ Schaufensterbummel *m;* **shopping arcade** *s* Einkaufspassage *f;* **shopping bag** *s* Einkaufstasche *f;* **shopping cart** *s* (*Am*) Einkaufswagen *m;* **shopping centre** *s* Einkaufszentrum *nt;* Geschäftsviertel *nt;* **shopping list** *s* Einkaufszettel *m;* **shopping mall** *s* **1.** (*Am*) Einkaufspassage *f* **2.** (INTERNET) virtuelles Einkaufszentrum; **shopping street** *s* Einkaufs-, Geschäftsstraße *f;* **shopping trolley** *s* Einkaufswagen *m;* **shop-soiled**, **shop-worn** [ˈʃɒpsɔɪld, ˈʃɒpwɔ:n] *adj* (*Ware*) angestaubt; **shop steward** *s* gewerkschaftlicher Vertrauensmann *m;* **shop•talk** [ˈʃɒptɔ:k] *s* Fachsimpelei *f;* **shop•walker** *s* (*Warenhaus*) Ladenaufsicht *f;* **shop win•dow** [ʃɒp-'wɪndəʊ] *s* (*a. fig*) Schaufenster *nt*

shore¹ [ʃɔː(r)] *s* **1.** Küste(nstreifen *m*, -gebiet, -land *nt*) *f* **2.** Ufer *nt* (*eines Flusses*) **3.** Strand *m* **4.** (MAR) Land *nt;* **off** ~ auf See; **on** ~ an Land

shore² [ʃɔː(r)] **I.** *s* Strebe *f;* Schwertlatte *f* **II.** *vt* **1.** (~ *up*) (ab)stützen **2.** stärken

shore leave ['ʃɔːˌliːv] *s* Landurlaub *m;* **shore•line** *s* Küstenlinie *f*

shorn [ʃɔːn] *adj* geschoren; kahl geschoren; **be ~ of s.th.** einer Sache beraubt sein

short [ʃɔːt] **I.** *adj* **1.** kurz (*a. zeitlich*) **2.** kurzfristig **3.** knapp (*of* an), unzureichend, unzulänglich **4.** kurz angebunden; (*fig*) barsch (*with* gegen) **5.** (*Gebäck*) mürbe **6.** (*Getränk*) unverdünnt **7.** (COM) ungedeckt; **a ~ time ago** vor kurzem; **at ~ notice** kurzfristig; **for ~** kurz; **in a ~ time** in kurzer Zeit; **time is getting ~** es wird knapp; **in ~, the long and the ~ of it** kurz gesagt, in wenigen Worten; **in the ~ run** auf kurze Sicht; **in ~ order** schnell; **~ and sweet** schön kurz; **be ~** schlecht bei Kasse sein; **be five ~** fünf zu wenig haben; **be ~ of s.th.** von etw nicht genug, zu wenig haben; **be ~ with s.o.** mit jdm kurz angebunden sein; **be in ~ supply** (*Waren*) knapp sein; **be ~ on** zu wenig haben an; **have a ~ temper** unbeherrscht sein; **~ of breath** außer Atem; kurzatmig; **~ of money** [*o* **cash**] knapp bei Kasse **II.** *adv* **1.** (zu) kurz **2.** knapp **3.** plötzlich, unerwartet; **~ of** außer; beinahe; **little ~ of madness** fast Wahnsinn; **little** [*o* **nothing**] **~ of** nichts außer, nur noch, nichts weniger als; **come** [*o* **fall**] **~** nicht (aus)reichen, nicht genügen; (*die Erwartungen*) enttäuschen, zurückbleiben (*of s.th.* hinter etw); **come** [*o* **fall**] **~ of s.th.** etw nicht erreichen; **cut ~** unter-, (vorzeitig) abbrechen; (*fig*) das Wort abschneiden (*s.o.* jdm); **make it ~** sich kurz fassen; **run ~** knapp sein, nicht ausreichen; **run ~ of ...** nicht genug ... haben; **sell ~** ohne Deckung verkaufen; **stop ~** plötzlich stehen bleiben; **turn ~** plötzlich kehrtmachen; **she's a bit ~ on good looks** sie ist nicht gerade hübsch; **he mustn't go ~** (**of food**) es soll ihm an nichts fehlen **III.** *s* **1.** Kurzfilm *m* **2.** (ELEK) Kurzschluss *m* **3.** Schnaps *m* **IV.** *vt* (ELEK) kurzschließen **V.** *vi* (ELEK) einen Kurzschluss haben, bekommen

short•age ['ʃɔːtɪdʒ] *s* Mangel *m,* Knappheit, Verknappung *f* (*of* an); **housing ~** Wohnungsknappheit *f;* **~ of labour** Mangel *m* an Arbeitskräften; **~ of capital** Kapitalmangel *m;* **there is always some kind of ~** irgend etwas ist immer knapp; **there is no ~ of money** es fehlt nicht am Geld

short•bread ['ʃɔːtbred] *s* Buttergebäck *nt;* **short-change** [ʃɔːt'tʃeɪndʒ] *vt* zu wenig Wechselgeld herausgeben (*s.o.* jdm); (*fig*) betrügen; **short-circuit I.** *s* (ELEK) Kurzschluss *m* **II.** *vt* **1.** (ELEK) kurzschließen **2.** (*fig*) umgehen **III.** *vi* (ELEK) einen Kurzschluss haben, bekommen; **short•coming** ['ʃɔːtˌkʌmɪŋ] *s* **1.** Fehler, Mangel *m* **2. ~s** Unzulänglichkeit *f;* (*Person*) Schwächen *fpl;* **short•crust pastry** *s* Mürbeteig *m;* **short cut** *s* **1.** Abkürzung *f;* Schleichweg *m* **2.** (*fig*) abgekürztes Verfahren; Patentlösung *f;* **short-dated** [ʃɔːt-'deɪtɪd] *adj* (FIN) kurzfristig; **shorten** ['ʃɔːtn] **I.** *vt* **1.** (ab-, ver)kürzen **2.** vermindern, verringern **II.** *vi* kürzer werden; sich verringern

shorten•ing ['ʃɔːtnɪŋ] *s* Backfett *nt;* **short•fall** ['ʃɔːtfɔːl] *s* Defizit *nt,* Fehlbetrag *m;* **short•hand** ['ʃɔːthænd] *s* Kurzschrift, Stenografie *f;* **take down in ~** (mit)stenografieren; **write ~** stenografieren; **short-handed** [ʃɔːt'hændɪd] *adj:* **be ~** zuwenig Arbeitskräfte haben; **shorthand notebook** *s* Stenoblock *m;* **shorthand notes** *s pl* stenografierte Notizen *fpl;* **shorthand typist** *s* Stenotypist(in) *m(f);* **short haul** *s* Nahtransport *m;* **short-haul jet** *s* Kurzstreckenflugzeug *nt;* **short-list I.** *vt* in die engere (Aus)Wahl ziehen **II.** *s* Auswahlliste *f;* **short-lived** ['ʃɔːtlɪvd] *adj* kurzlebig; **short•ly** ['ʃɔːtlɪ] *adv* **1.** in kurzem, bald **2.** kurz, in Kürze, in wenigen Worten **3.** scharf; barsch; **~ after** bald danach; **short•ness** ['ʃɔːtnɪs] *s* Kürze *f;* Knappheit *f;* Schroffheit *f;* **~ of sight** Kurzsichtigkeit *f;* **short order** *s* (*Am: Restaurant*) Schnellgericht *nt;* **short-order cook** *s* Koch *m* in einem Schnellimbiss; **short-order dish** *s* Schnellgericht *nt;* **short pastry** *s* Mürbeteig *m,* -gebäck *nt;* **short-range** *adj* (MIL) Nahkampf-; Kurzstrecken-; (*fig*) kurzfristig; **~ missile** Kurzstreckenrakete *f;* **~ planning** Planung *f* auf kurze Sicht; **shorts** [ʃɔːts] *s pl* Shorts *pl,* kurze Hose; **short-sighted** [ʃɔːt'saɪtɪd] *adj* (*a. fig*) kurzsichtig; **short-sleeved** [ʃɔːt'sliːvd] *adj* kurzärmelig; **short-staffed** [ʃɔːt'stɑːft] *adj* unterbesetzt; **short-stay parking** *s* Kurzparken *nt;* **short story** *s* Kurzgeschichte *f;* **short-tem•pered** [ʃɔːt'tempəd] *adj* reizbar, leicht aufgebracht; **short-term** *adj* kurzfristig; **~ memory** Kurzzeitgedächtnis *nt;* (INFORM) Kurzzeitspeicher *m;* **short time** *s* Kurzarbeit *f;* **be on ~** kurzarbeiten; **short wave** *s* (RADIO) Kurzwelle *f;* **short-wind•ed** [ʃɔːt'wɪndɪd] *adj* außer Atem; kurzatmig

shot¹ [ʃɒt] *s.* **shoot**

shot² [ʃɒt] *s* **1.** (*a.* SPORT) Schuss *m;* (*mit Ball*) Wurf *m;* (*Tennis, Golf*) Schlag *m;* (*~-putting*) Kugelstoßen *nt;* Kugel *f* **2.** (*fig*) Versuch *m;* Vermutung *f* **3.** Geschoss *nt,* Kugel *f;* Schrot *m* **4.** Schütze *m* **5.** (*space~*) Raumflug *m;* Start *m* **6.** (PHOT FILM) Aufnahme *f* **7.** (*fam*) Spritze, Injektion *f;* Impfung *f* **8.** (*Alkohol*) Schuss *m;* **like a ~** sofort, wie der Blitz; **have a ~ at s.th.** etw probieren, versuchen; **make a bad ~** vorbeischießen; **need a ~ in the arm** (*fig*) eine Spritze nötig haben; **put the ~** (SPORT) die Kugel stoßen; **putting the ~** Kugelstoßen *nt;* **he's a good ~** er ist ein guter Schütze; **good ~!** gut getroffen!; **his question is a ~ in the dark** er fragt aufs Geratewohl; **a big ~** (*fam*) ein hohes Tier; **not by a long ~** (*fam*) nicht im Allergeringsten; **small ~** Schrot *m*

shot³ [ʃɒt] *adj* **1.** durchschossen, -setzt **2.** (*Seide*) changierend; **get ~ of s.o./s.th.** jdn/etw loswerden

shot·gun [ˈʃɒtɡʌn] *s* Schrotflinte *f;* **~ wedding** Muss-Heirat *f;* **shot-put** *s* Kugelstoßen *nt;* Wurf *m;* **shot-put·ter** [ˈʃɒt-ˌpʊtə(r)] *s* Kugelstoßer(in) *m(f)*

should [ʃʊd] *vi* **1.** (*Pflicht, Befehl*): **he/we ~ do that** er sollte/wir sollten das tun; **I ~ have** ich hätte sollen; **I ~ think so** das will ich meinen; **how ~ I know?** wie soll ich das wissen? **2.** (*Wahrscheinlichkeit, Vermutung*): **we ~ arrive soon** wir müssten bald da sein; **this ~ be enough for you** das müsste Ihnen eigentlich reichen **3.** (*Überraschung*): **who ~ be there but Manfred** und wer war da? Manfred!; **what ~ he do next but propose to me** und dann hat er mir doch tatsächlich einen Heiratsantrag gemacht **4.** (*Konjunktiv*): **if he ~ come** wenn er kommen sollte; **I ~ say yes** ich würde ja sagen; **we ~ have been happy** wir wären glücklich gewesen; **I don't know why it shouldn't work out** ich weiß nicht, warum das nicht klappen sollte; **I shouldn't be surprised if it did** es würde mich nicht überraschen, wenn das so käme; **I ~ do it if I were you** an Ihrer Stelle würde ich das tun; **I shouldn't worry about it** darüber würde ich mir keine Sorgen machen; **unless he ~ change his mind** falls er es sich nicht anders überlegt **5.** (*Einschränkung*): **I shouldn't like to say** dazu möchte ich mich nicht äußern; **I ~ think there were about 50 people there** ich würde sagen, es waren etwa 50 Leute da; **I ~ like to know** ich wüsste gern; **I ~ like to speak to Cindy** ich würde gern mit Cindy sprechen

shoul·der [ˈʃəʊldə(r)] **I.** *s* **1.** Schulter *f* **2.** (ZOO) Vorderviertel, Blatt *nt;* (*Schlachttier*) Schulterstück *nt* **3.** Vorsprung *m,* (kleine) Anhöhe *f* **4.** (*Straße: hard ~*) Seitenstreifen *m,* Bankett *nt;* Standspur *f* **5.** (*Vase, Flasche*) Ausbuchtung *f;* **straight from the ~** (*Worte*) offen, unverblümt; **~ to ~** Schulter an Schulter; **be head and ~s above s.o.** jdn beträchtlich überragen; viel tüchtiger sein als jd; **give s.o. the cold ~, cold-~ s.o.** (*fig*) jdm die kalte Schulter zeigen; **put one's ~ to the wheel** (*fig*) tüchtig zupacken, Hand anlegen; **rub ~s with** an einem Tisch sitzen, engen Umgang haben mit; **shrug one's ~s** mit den Schultern zucken; **weep** [*o* **cry**] **on s.o.'s ~** sich bei jdm ausweinen **II.** *vt* **1.** auf die Schulter nehmen; (*Gewehr*) schultern; (*fig*) auf sich nehmen **2.** mit der Schulter stoßen; **~ one's way through a crowd** seinen Weg durch eine Menge bahnen; **~ arms!** das Gewehr über!; **~ blame** die Schuld auf sich nehmen; **shoulder bag** *s* Umhängetasche *f;* **shoulder blade** *s* Schulterblatt *nt;* **shoulder pad** *s* Schulterpolster *nt;* **shoulder strap** *s* **1.** (*Kleid*) Träger *m* **2.** (*Tasche*) Riemen *m* **3.** (MIL) Schulterklappe *f*

shout [ʃaʊt] **I.** *s* **1.** Schrei *m* **2.** Geschrei *nt,* Lärm *m* **3.** Ruf *m* **4.** (*fam*) (zu zahlende) Runde *f;* **whose ~ is it?** wer zahlt die Runde? **II.** *vt* **1.** (hinaus)schreien; ausrufen; rufen; brüllen **2.** (*fam*) spendieren; **~ s.th. from the housetops** etw öffentlich verkündigen **III.** *vi* rufen; schreien; brüllen; **~ at s.o.** jdn anbrüllen; **~ for s.o.** nach jdm rufen; **~ for joy** vor Freude jauchzen; **~ for help** um Hilfe rufen; **~ to s.o.** jdm zurufen; **~ with laughter** vor Lachen brüllen; **nothing to ~ about** nichts Besonderes; **don't ~!** schrei nicht so! **IV.** *vr:* **~ o.s. hoarse** sich heiser brüllen; **shout down** *vt* niederbrüllen; **shout out I.** *vi* aufschreien; einen Schrei ausstoßen **II.** *vt* ausrufen; brüllen; **shout·ing** [ˈ-ɪŋ] *s* Geschrei *nt;* Rufen *nt;* **within ~ distance** in Rufweite; **it is all over bar the ~** (*fig*) die Schlacht ist so gut wie geschlagen

shove [ʃʌv] **I.** *s* Stoß, Schubs *m;* **give s.o. a ~** jdn schubsen, stoßen; **give s.th. a ~** etw rücken; etw anstoßen; etw anschieben **II.** *vt* **1.** schieben; stoßen; schubsen; drängen **2.** (*fam*) stecken (*into* in) **III.** *vi* stoßen; schieben; drängeln; **shove about, shove around** *vt* herumschubsen; **shove away** *vt* wegschieben, wegstoßen; **shove back** *vt* zurückschieben; zurückstoßen; zurückstecken (*into* in); **shove off I.** *vt* (*Boot*) vom Ufer abstoßen **II.** *vi* **1.** (*Boot*) ablegen **2.** (*fam*) abhauen; **shove on** *vt* (*Kleidung*) anziehen; (*Hut*) aufstülpen; (*Schallplatte*) auflegen; **shove over** I. *vt* (*fam*) rübergeben II. *vi* (*fam: a. ~ up*) aufrücken, rutschen

shovel ['ʃʌvl] I. *s* 1. Schaufel, Schippe *f* 2. (*~ful*) Schaufel(voll) *f* 3. (*Bagger*) Löffel *m;* Löffelbagger *m* II. *vt* schaufeln, schippen

show [ʃəʊ] <*irr:* showed, shown> I. *vt* 1. zeigen 2. zur Schau stellen, ausstellen 3. sehen, durchblicken, erkennen lassen 4. aufweisen; an den Tag legen; darlegen, klarstellen, erklären; demonstrieren 5. beweisen; den Nachweis erbringen (*that* dass) 6. anzeigen, registrieren; ~ **one's cards** [*o* **hand**] seine Karten aufdecken; ~ **o.s. in one's true colo(u)rs** sein wahres Gesicht zeigen; ~ **s.o. the door** jdm die Tür weisen, jdn hinauswerfen; ~ **one's face** sich blicken lassen; ~ **one's gratitude** sich dankbar zeigen; ~ **an improvement** einen Fortschritt aufzuweisen haben; ~ **interest** Interesse zeigen [*o* bekunden] (*in* an); ~ **promise** viel versprechend sein; ~ **promise of s.th.** etw erwarten lassen; ~ **one's teeth** die Zähne zeigen; ~ **s.o. the way** jdm den Weg zeigen; **we had nothing to ~ for it** wir hatten nichts vorzuweisen; **that ~ed him!** dem habe ich's aber gezeigt!; **it all goes to ~ that** das zeigt [*o* beweist] ganz klar, dass II. *vi* 1. sich zeigen, auftreten, erscheinen 2. sichtbar sein; (*Unterrock*) (her)vorsehen; (*Film*) gezeigt werden; **go to ~** beweisen; ~ **in the balance sheet** in der Bilanz ausweisen; ~ **willing** guten Willen zeigen III. *vr* sich (in der Öffentlichkeit) zeigen, öffentlich auftreten; sich blicken lassen; ~ **o.s. to be competent** sich als fähig erweisen IV. *s* 1. Schau, Darbietung *f* 2. Auslage *f* 3. Ausstellung, Messe *f* 4. Schau, Angabe *f,* falscher Schein 5. (THEAT) Aufführung *f;* Show *f* 6. (RADIO TV) Sendung *f;* (FILM) Vorführung *f* 7. (*Am*) Darlegung *f,* Nachweis *m* 8. (*fam*) Laden *m;* **by ~ of hands** (PARL) durch Handzeichen; **for ~** zum Schein; nur fürs Auge; **on ~** zur Besichtigung; ausgestellt; **be on ~** gezeigt werden, ausgestellt sein; **get this ~ on the road** die Arbeit in Angriff nehmen; **give s.o. a fair ~** jdm eine Chance geben; **give the (whole) ~ away** (*fig*) alles verraten; **make a ~ of doing s.th.** Miene machen etw zu tun; **make a ~ of s.th.** etw herausstellen; **make a fine ~** gut aussehen, Eindruck machen; **manage** [*o* **run**] **the ~** (*fam*) den Laden schmeißen; **put on a ~** so tun als ob; heucheln; **agricultural/dog ~** Landwirtschafts-/Hundeausstellung *f;* **flower ~** Blumenschau *f;* **motor ~** Autoausstellung *f;* **show around** *vt* herumführen (*s.o.* jdn); **show in** *vt* (her)einführen; **show off** I. *vi* angeben (*in front of, to* vor) II. *vt* 1. angeben mit; sich brüsten mit; protzen mit 2. zur Geltung bringen, hervorheben; ~ **s.th. off to advantage** etw vorteilhaft wirken lassen; **show out** *vt* hinausführen, -geleiten; **show up** I. *vt* 1. hinaufführen 2. erkennen lassen; zum Vorschein bringen; deutlich zeigen 3. (*Gauner*) entlarven; (*Gaunerei*) aufdecken; (*Menschen*) bloßstellen; blamieren II. *vi* 1. zu sehen sein; hervorstechen 2. erscheinen, sich blicken lassen

show•boat ['ʃəʊbəʊt] *s* Theaterschiff *nt;* **show business, show biz** *s* (*fam*) Showbusiness, Showgeschäft *nt,* Vergnügungs-, Unterhaltungsindustrie *f;* **show card** *s* Werbeschild *nt;* **show•case** *s* Schaukasten *m,* Vitrine *f;* **show•down** ['ʃəʊdaʊn] *s* Kraftprobe *f,* endgültige Auseinandersetzung

shower ['ʃaʊə(r)] I. *s* 1. (Regen-, Schnee)-Schauer *m* 2. (Funken)Regen *m* 3. (*Pfeile*) Hagel *m* 4. (*fig*) Schwall *m,* Flut, Fülle *f* 5. (*~ bath*) Dusche *f* 6. (*Am*) *Party, bei der jeder Gast der Gastgeberin ein Geschenk mitbringt* 7. (*fam*) Gruppe *f* blöder Typen; **take a ~** duschen II. *vt* 1. übergießen; nass spritzen 2. (*fig*) überschütten, überhäufen (*s.th. upon s.o., s.o. with s.th.* jdn mit etw) III. *vi* 1. niederprasseln; (*fig*) hageln; herabregnen 2. duschen; **shower bath** *s* Dusche *f;* **shower cabinet** *s* Duschkabine *f;* **shower cap** *s* Duschhaube *f;* **shower curtain** *s* Duschvorhang *m;* **shower gel** ['ʃaʊə(r),dʒel] *s* Duschgel *nt;* **showery** ['ʃaʊərɪ] *adj* mit einzelnen Regenschauern

show flat ['ʃəʊflæt] *s* Musterwohnung *f;* **show•girl** *s* Varieteetänzerin *f;* **show-ground** *s* Ausstellungsgelände *nt;* Zirkusgelände *nt;* **show house** *s* Musterhaus *nt*

showi•ness ['ʃəʊɪnɪs] *s* Protzigkeit, Auffälligkeit, (äußere) Pracht *f*

show•ing ['ʃəʊɪŋ] *s* 1. Ausstellung *f* 2. (THEAT) Aufführung *f;* (FILM) Vorführung *f* 3. Leistung *f;* **make a good ~** gute Leistungen aufweisen; **on his own ~** nach eigenen Angaben; **show•ing-off** [ʃəʊɪŋ'ɒf] *s* Angeberei *f*

show-jump•ing ['ʃəʊ,dʒʌmpɪŋ] *s* Springreiten *nt;* **show•man** ['ʃəʊmən] <*pl* -men> *s* Showman *m;* (*fig*) Schauspieler *m;* **show•man•ship** ['ʃəʊmənʃɪp] *s* 1. Kunst *f* sich in Szene zu setzen 2. effektvolle Attraktion; **shown** [ʃəʊn] *s.* **show**; **show-off** ['ʃəʊɒf] *s* (*fam*) Angeber(in) *m(f);* **show•piece** ['ʃəʊpiːs] *s* Schau-, Vorzeige-, Paradestück, Muster *nt;* **show•room** *s* Ausstellungsraum *m;* **show trial** *s* Schauprozess *m;* **showy** ['ʃəʊɪ] *adj* (*meist pej*) protzig; auffällig; (*Aufmachung, Zeremo-*

niell) bombastisch; (*Farbe*) grell, auffällig

shrank [ʃræŋk] *s.* **shrink**

shrap•nel ['ʃræpn(ə)l] *s* (MIL) Schrapnell *nt*

shred [ʃred] **I.** *s* **1.** Fetzen *m;* Lappen *m;* (Papier)Schnipsel *m* **2.** (*fig*) Spur *f,* Fünkchen *nt,* ein (klein) bisschen *nt;* **tear to ~s** (*fig*) keinen guten Faden lassen an **II.** *vt* **1.** zerfetzen **2.** zerteilen; zerschneiden; zerkleinern; **shred•der** ['ʃredə(r)] *s* Reißwolf *m;* (*Küche*) Reibe *f;* Gemüseschneider *m*

shrew [ʃru:] *s* **1.** (*pej*) zänkisches Weib **2.** Spitzmaus *f*

shrewd [ʃru:d] *adj* **1.** gewitzt, schlau **2.** klug, scharfsinnig; **make a ~ guess** der Wahrheit sehr nahe kommen

shrew•ish ['ʃru:ɪʃ] *adj* boshaft, zänkisch

shriek [ʃri:k] **I.** *vi* kreischen, schreien; **~ with laughter** schreien vor Lachen; **~ with pain** vor Schmerz aufschreien **II.** *vt* (*~ out*) (hinaus)schreien **III.** *s* (gellender, durchdringender) Schrei *m*

shrift [ʃrɪft] *s:* **give s.o. short ~** mit jdm kurzen Prozess machen

shrill [ʃrɪl] *adj* schrill, gellend; (*Stimme*) durchdringend

shrimp [ʃrɪmp] *s* **1.** Garnele, Krabbe *f* **2.** (*fam*) Knirps *m;* **shrimp cocktail** *s* Krabbencocktail *m*

shrine [ʃraɪn] *s* **1.** (REL) (Reliquien)Schrein *m* **2.** Weihestätte *f*

shrink [ʃrɪŋk] <*irr:* shrank, shrunk> **I.** *vi* **1.** schrumpfen, einlaufen, eingehen; (*Holz*) schwinden **2.** (*fig*) abnehmen, nachlassen **3.** zurückschrecken (*from* vor); **~ from doing s.th.** etw höchst ungern tun **II.** *vt* schrumpfen lassen **III.** *s* (*sl*) Psychiater *m;* **shrink•age** ['-ɪdʒ] *s* **1.** Schrumpfung *f,* Einlaufen *nt* **2.** Schwund *m,* Abnahme *f* **3.** Nachlassen *nt,* Rückgang *m,* Schrumpfung *f* **4.** (COM) Schwund *m,* Einbuße *f* **5.** (*fam*) Ladendiebstahl *m;* **~ of exports** Exportschrumpfung *f;* **~ in purchasing power** Kaufkraftschwund *m;* **~ in value** Wertminderung *f;* **shrink-wrap I.** *vt* (*Ware*) einschweißen **II.** *s* Einschweißfolie *f*

shrivel ['ʃrɪvl] **I.** *vi* **1.** schrumpfen; zusammenschrumpfen; (*Pflanze*) verwelken; austrocknen; (*Obst, Haut*) runzlig werden **2.** (*fig: Sorgen*) verfliegen **II.** *vt* welk werden lassen; (*Haut, Obst*) runzlig werden lassen; **shrivel away** *vi* zusammenschrumpfen; (*Pflanzen*) verwelken; vertrocknen; (*fig*) sich verflüchtigen; **shrivel up** *vi* **1.** zusammenschrumpfen; verwelken **2.** (*fig*) sich verkriechen; kleinlaut werden

shroud [ʃraʊd] **I.** *s* **1.** Leichentuch *nt* **2.** (*fig*) Schleier *m* **3.** (MAR) Want *f* **II.** *vt* **1.** (*Leiche*) einhüllen **2.** (*fig*) bedecken, verhüllen, verbergen

Shrove•tide ['ʃrəʊvtaɪd] *s* Fastnachtstage *mpl;* **Shrove Tuesday** *s* Fastnacht(sdienstag *m*) *f*

shrub [ʃrʌb] *s* (BOT) Strauch, Busch *m;* Staude *f;* **shrub•bery** ['ʃrʌbərɪ] *s* Gebüsch, Busch-, Strauchwerk *nt*

shrug [ʃrʌg] **I.** *s* Achselzucken *nt;* **give a ~** mit den Achseln zucken **II.** *vt* zucken mit; **~ o.s. out of one's coat** den Mantel abschütteln; **shrug off** *vt* **1.** mit einem Achselzucken abtun **2.** (*Mantel*) abschütteln

shrunk [ʃrʌŋk] *s.* **shrink;** **shrunken** ['ʃrʌŋkən] *adj* eingeschrumpft; (*fig*) zusammengeschrumpft; **~ head** Schrumpfkopf *m*

shuck [ʃʌk] **I.** *s* (*Am*) Schale, Hülse, Schote *f* **II.** *vt* **1.** schälen, enthülsen, entkernen **2.** abstreifen **3.** (*Auster*) öffnen **4.** (*Gewohnheit*) ablegen; **~ one's clothes** (*hum*) sich entblättern; **shucks** [ʃʌks] *interj* (*Am*) Mist!; **~ to you!** (b)ätsch!

shud•der ['ʃʌdə(r)] **I.** *vi* **1.** (er)schaudern (*at* bei) **2.** schlottern, zittern (*with cold, fear* vor Kälte, Angst); **I ~** mich schaudert (*at the thought* bei dem Gedanken) **II.** *s* Schauder *m*

shuffle ['ʃʌfl] **I.** *s* **1.** Schlurfen *nt* **2.** (*Tanz*) Shuffle *m* **3.** (*Karten*) Mischen *nt* **4.** (*fig*) Umstellung *f;* Umbesetzung *f;* Umbildung *f* **II.** *vt* **1.** (*Füße*) schlurfen mit; scharren mit **2.** (*Karten*) mischen **3.** (*fig: Kabinett*) umbilden; (*Stellen*) umbesetzen **III.** *vi* **1.** schlurfen **2.** (*Karten*) mischen; **~ out of s.th.** sich vor etw drücken; **shuffle off** *vt* (*Kleidung*) abstreifen; (*Ängste*) ablegen; (*Verantwortung*) abwälzen (*onto* auf)

shun [ʃʌn] *vt* meiden; scheuen

shunt [ʃʌnt] **I.** *vt* **1.** schieben; abschieben **2.** (RAIL) rangieren, auf ein Nebengleis schieben **II.** *vi* rangiert werden; rangieren **III.** *s* Stoß *m;* **have a ~** (*sl*) einen Autounfall haben; **shunter** ['ʃʌntə(r)] *s* Rangierer *m;* **shunt•ing** ['-ɪŋ] *s* Rangieren *nt;* **shunting engine** *s* Rangierlok(omotive) *f;* **shunting station, shunting yard** *s* Verschiebebahnhof *m;* **shunt-wound** ['ʃʌnt,waʊnd] *adj* (ELEK) parallel geschaltet

shush [ʃʊʃ] **I.** *interj* sch! pst! **II.** *vt:* **~ s.o. up** jdn zum Schweigen bringen **III.** *vi* still sein

shut [ʃʌt] <*irr:* shut, shut> **I.** *vt* **1.** schließen, zumachen **2.** ver-, zuriegeln; versperren; **~ the door in s.o.'s face** jdm die Türe vor der Nase zuschlagen; **~ the door on s.o.** (*fig*) jdn abweisen; **~ one's ears to the truth** die Ohren vor der Wahrheit verschließen; **~ one's eyes** die Augen zumachen; **~ one's mouth** den Mund halten **II.** *vi* (*Fenster, Tür*) zugehen; (*Geschäft, Fabrik*) schließen; geschlossen werden; **when do the shops ~?** wann schließen die Geschäfte? **III.** *adj* geschlossen, zu; **we are ~** wir haben geschlossen; **his mind is ~ to**

anything unfamiliar er verschließt sich allem Fremden; **shut away** *vt* wegschließen, einschließen; ~ **o.s. away** sich einschließen; ~ **s.o. away** jdn einsperren; jdn isolieren; **shut down** **I.** *vt* **1.** herunterlassen **2.** (*Fabrik*) (vorübergehend) schließen, stilllegen, den Betrieb einstellen **3.** (*Kraftwerk, Computer*) abschalten **II.** *vi* **1.** (*Fabrik*) schließen **2.** (RADIO TV) das Programm beenden; **shut in** *vt* **1.** einschließen, -sperren **2.** ans Zimmer fesseln **3.** umgeben; einschließen; ~ **one's finger in the door** sich den Finger in der Tür klemmen; **shut off** **I.** *vt* **1.** ausschließen (*from* von) **2.** absperren, -schließen **3.** (TECH) ausschalten, zu-, abdrehen; (*Motor*) abstellen **II.** *vi* abschalten; ~ **o.s. off** sich absondern; **shut out** *vt* **1.** ausschließen, -sperren **2.** (*fig*) ausschalten **3.** (SPORT) schlagen; nicht zum Zuge kommen lassen; **shut to** *vt* zumachen; anlehnen; **shut up** **I.** *vt* **1.** verschließen, zuschließen **2.** einsperren **3.** zum Schweigen bringen **II.** *vi* den Mund halten; ~ **up shop** (*fam*) den Laden dicht machen; **that'll ~ her up** da wird sie nichts mehr sagen; ~ **up!** halt die Klappe!

shut•down ['ʃʌtdaʊn] *s* Stilllegung (des Betriebes), Betriebseinstellung *f;* (RADIO TV) Sendeschluss *m;* (*Kraftwerk*) Abschaltung *f;* **shut•eye** *s* (*fam*) Schläfchen *nt;* **shut-in** ['ʃʌtɪn] *s* (*Am*) ans Haus gefesselte(r) Kranke(r); **shut-off** ['ʃʌtɒf] *s* Abstellen *nt;* **shut-off cock** ['ʃʌtɒfˌkɒk] *s* Absperrhahn *m;* **shut-off switch** *s* Hauptschalter *m;* **shut•out** ['ʃʌtˌaʊt] *s* (SPORT) Sieg, bei dem die Gegner punktlos, torlos bleiben

shut•ter ['ʃʌtə(r)] **I.** *s* **1.** Fensterladen *m* **2.** (PHOT) Verschluss *m;* **put up the ~s** die Fensterläden zumachen; (*fig*) den Laden zumachen **II.** *vt* mit Fensterläden verschließen

shut•tle ['ʃʌtl] **I.** *s* **1.** Weberschiffchen *nt* **2.** (~ *traffic*) Pendelverkehr *m;* Pendelflugzeug *nt;* Pendelzug *m* **3.** (*space ~*) Raumtransporter *m* **II.** *vi* pendeln; hin- und hertransportiert werden; herumgereicht werden; **shut•tle bus** *s* Autobus im Pendelverkehr, Zubringer(bus) *m;* **shut•tle•cock** ['ʃʌtlkɒk] *s* Federball *m;* **shut•tle flight** *s* (AVIAT) Pendelflug *m;* **shut•tle service** *s* Pendelverkehr *m;* **shut•tle train** *s* Pendelzug *m*

shy¹ [ʃaɪ] **I.** *adj* schüchtern; scheu; **be ~ of** [*o* **with**] **s.o.** jdm gegenüber gehemmt sein; **be ~ of doing s.th.** Hemmungen haben etw zu tun; **make s.o. ~** jdn verschüchtern; **don't be ~!** nur keine Hemmungen!; **be 5 people ~** (*Am fam*) 5 Leute zuwenig haben **II.** *vi* (*Pferd*) scheuen (*at* vor); **shy away** *vi* (*Pferd*) zurückscheuen; (*Mensch*) zurückweichen; ~ **away from s.th.** vor etw zurückschrecken

shy² [ʃaɪ] **I.** *s* Wurf *m;* **have a ~ at s.th.** nach etw werfen; (*fig*) sich an etw versuchen **II.** *vt* werfen

shy•ness ['ʃaɪnɪs] *s* Scheu, Schüchternheit *f*

Sia•mese [ˌsaɪə'miːz] **I.** *adj* siamesisch; ~ **cat** Siamkatze *f;* ~ **twins** siamesische Zwillinge *pl* **II.** *s* **1.** Siamese *m,* Siamesin *f* **2.** (das) Siamesisch(e) **3.** (*Katze*) siamesische Katze, Siamkatze *f*

sib•ling ['sɪblɪŋ] *s* Bruder *m*/Schwester *f;* **~s** Geschwister *pl*

sick [sɪk] **I.** *adj* **1.** krank (*of* an, *with* vor) **2.** (~ *and tired,* ~ *to death*) überdrüssig (*of +gen*) **3.** (*fam*) geschmacklos; (*Witz*) makaber; (*Mensch*) abartig; **be ~** sich erbrechen; krank sein; **be ~ of s.th.** etw satt, leid haben; **fall** [*o* **be taken**] ~ krank werden; **get ~ and tired of s.th.** etw gründlich satt, überhaben; **it makes me ~** (*fig*) das macht mich ganz krank; **I am** [*o* **feel**] ~ mir ist übel; **I'm worried ~ about it** ich bin darüber höchst beunruhigt; **I'm getting ~ and tired of it** es hängt mir zum Hals heraus **II.** *s* (das) Erbrochene; **the ~** die Kranken *mpl;* **sick bag** *s* Spucktüte *f;* **sick bay** *s* Krankenrevier *nt;* **sick•bed** ['sɪkbed] *s* Krankenbett *nt;* **sick building syndrome** *s* (MED) Sick-Building-Syndrom *nt;* **sicken** ['sɪkən] **I.** *vi* **1.** krank werden, erkranken (*for* an) **2.** sich ekeln (*at* vor); ~ **of s.th.** einer S überdrüssig werden **II.** *vt* **1.** anwidern, -ekeln **2.** erschüttern; **it ~s me to see that waste** es macht mich krank, wenn ich diese Verschwendung sehe; **sicken•ing** ['sɪkənɪŋ] *adj* **1.** Ekel erregend **2.** (*fig*) entsetzlich; widerlich, ekelhaft; **sick headache** *s* Kopfschmerzen *mpl* (*mit Übelkeit*)

sickle ['sɪkl] *s* Sichel *f;* ~ **cell anaemia** (MED) Sichelzellenanämie *f*

sick leave ['sɪkliːv] *s* Krankheitsurlaub *m;* **be on ~** krank geschrieben sein; **sick list** *s* Krankenliste *f;* Verletztenliste *f;* **put on the ~** krank schreiben; **sick•ly** ['sɪklɪ] *adj* **1.** kränklich, leidend, schwächlich **2.** (*Gesichtsfarbe, Klima*) ungesund **3.** (*fig*) widerlich; **sick•ness** ['sɪknɪs] *s* **1.** Krankheit *f* **2.** Übelkeit *f;* Erbrechen *nt* **3.** (*fig*) Geschmacklosigkeit *f;* **sickness benefit** *s* Krankengeld *nt;* **sick•pay** *s* Lohn *m* im Krankheitsfall; **sick-room** *s* Krankenzimmer *nt*

sicky ['sɪkɪ] *s* (*Aus: fam*): **throw a ~** blaumachen *fam*

side [saɪd] **I.** *s* **1.** Seite *f;* (Berg)Hang *m;* Wand *f* **2.** Rand *m* **3.** (*fig*) Seite *f,* Standpunkt *m,* Stellungnahme, Meinung *f* **4.** Seite, Partei *f;* (SPORT) Mannschaft *f* **5.** (väterliche, mütterliche) Seite *f* (*der Vorfahren*);

(*der Familie*) Zweig *m;* **at** [*o* **by**] **my** ~ an meiner Seite; ~ **by** ~ Seite an Seite; **from/on all** ~**s** von/auf allen Seiten; **on the** ~ (*fam*) nebenbei, nebenher; **on every** ~ auf, von allen Seiten; **on his** ~ seinerseits; **on the right/wrong** ~ **of 50** unter/über 50 Jahre alt; **have a bit on the** ~ (*fam*) einen Seitensprung machen; **to be on the safe** ~ um sicher zu gehen; **earn on the** ~ nebenbei verdienen; **put on** [*o* **to**] **one** ~ vorübergehend zurückstellen; **split one's** ~**s with laughter** vor Lachen (beinahe) platzen; **take** ~**s** parteiisch sein, Stellung nehmen, Partei ergreifen (*with* für), sich anschließen (*with s.o.* jdm); **this** ~ **up!** Vorsicht, nicht stürzen!; **I've got a pain in my** ~ ich habe Seitenstechen; **whose** ~ **are you on?** auf welcher Seite stehen Sie?; **at the** ~ **of the road** am Straßenrand; **on the** ~ **of one's plate** am Tellerrand; **this** ~ **of London** in diesem Teil Londons; **get on the wrong** ~ **of s.o.** es sich mit jdm verderben; **look on the bright** ~ die positive Seite sehen; **it's on the big** ~ es ist ziemlich groß **II.** *adj* Seiten-; Neben- **III.** *vi* Partei ergreifen (*with* für)

side•board ['saɪdbɔːd] *s* Büfett *nt,* Anrichte *f;* **side•boards**, **side•burns** ['saɪdbɔːdz, 'saɪdbɜːnz] *s pl* Koteletten *pl,* Backenbart *m;* **side•car** *s* (AUTO) Beiwagen *m;* **side dish** *s* Beilage *f;* **side effect** *s* Nebenwirkung *f;* **Side Impact Protection System**, **SIPS** *s* Seitenaufprallschutzsystem *nt;* **side issue** *s* Randproblem *nt;* **side•light** ['saɪdlaɪt] *s* (AUTO) Parkleuchte *f;* Standlicht *nt;* **throw a** ~ **on** (*fig*) ein Streiflicht werfen auf; **side•line** *s* **1.** Nebenerwerb *m,* Nebenbeschäftigung *f* **2.** (RAIL) Nebenlinie *f* **3.** ~**s** (SPORT) Seitenlinien *fpl,* Spielfeldrand *m;* **keep to the** ~**s** (*fig*) sich im Hintergrund halten; **be on the** ~**s** (*fig*) ein Außenseiter sein; **side•long** ['saɪdlɒŋ] *adj, adv* seitlich; seitwärts; auf der Seite; **give s.o. a** ~ **glance** jdn aus den Augenwinkeln heraus ansehen; **side protection barriers** *s* Seitenaufprallschutz *m;* **side•road** *s* Nebenstraße *f;* **side-saddle** *s* Damensattel *m;* **ride** ~ im Damensitz reiten; **side salad** *s* Salat *m* (als Beilage); **side•show** *s* Nebenvorstellung *f;* Sonderausstellung *f;* **side•slip** **I.** *vi* **1.** (AUTO) schleudern **2.** (*Ski*) seitlich abrutschen **II.** *s* **1.** (AUTO) Schleudern *nt* **2.** (AVIAT) Seitenrutsch *m;* **side•step** ['saɪdstep] **I.** *s* Schritt *m* zur Seite; (*Tanzen*) Seitenschritt *m;* (SPORT) Ausfallschritt *m;* (*fig*) Ausweichmanöver *nt* **II.** *vt* seitwärts ausweichen (*s.th.* einer S); (*fig*) ausweichen (*s.o., s.th.* jdm, einer S) **III.** *vi* ausweichen; **side street** *s* Nebenstraße *f;* **side table** *s* Beistelltisch *m;* **side•track** *vt* (*fig*) ablenken; **side view** *s* Seitenansicht *f;* **side•walk** ['saɪdwɔːk] *s* (*Am*) Gehweg *m;* **side-ward(s)** ['saɪdwəd(z)] **I.** *adj* seitlich **II.** *adv* seitwärts; **side•ways** ['saɪdweɪz] **I.** *adj* seitlich **II.** *adv* seitwärts; **side whiskers** *s pl* (*Br*) Koteletten *pl,* Backenbart *m;* **side wind** *s* Seitenwind *m;* **side-winder** ['saɪd,waɪndə(r)] *s* **1.** (*Am sl*) Schlag, Haken *m* **2.** Klapperschlange *f*

sid•ing ['saɪdɪŋ] *s* (RAIL) Nebengleis *nt;* Abstellgleis *nt*

sidle ['saɪdl] *vi* sich seitlich fortbewegen; ~ **away from s.o.** sich von jdm wegschleichen; ~ **up to s.o.** sich an jdn heranmachen

SIDS *s Abk. von* **sudden infant death syndrome** plötzlicher Kindstod

siege [siːdʒ] *s* Belagerung *f;* **lay** ~ **to** belagern

Si•er•ra Le•one [sɪ'erəlɪ'əʊn] *s* Sierra Leone *f;* **Si•er•ra Le•on•ean** [sɪ'erəlɪ'əʊnɪən] **I.** *adj* sierraleonisch **II.** *s* Sierraleoner(in) *m(f)*

sieve [sɪv] **I.** *s* Sieb *nt;* **have a memory like a** ~ ein Gedächtnis haben wie ein Sieb **II.** *vt, vi* sieben

sift [sɪft] **I.** *vt* **1.** (durch)sieben **2.** (*fig*) sichten, prüfen **II.** *vi* sieben; ~ **out** aussieben, -sortieren (*from* aus); (*fig*) heraussuchen; absondern; aussieben; ~ **through s.th.** etw durchgehen; **sifter** ['sɪftə(r)] *s* Streudose *f*

sigh [saɪ] **I.** *vi* **1.** seufzen (*with* vor) **2.** ächzen **3.** sich sehnen (*for* nach) **II.** *s* Seufzer *m;* **heave a** ~ **of relief** einen Seufzer der Erleichterung ausstoßen

sight [saɪt] **I.** *s* **1.** (An)Sicht *f,* (An)Blick *m* **2.** Schau(spiel *nt*) *f* **3.** Sehvermögen *nt,* Gesicht(ssinn *m*) *nt* **4.** (*fig*) Augen *ntpl,* Blickfeld *nt* **5.** (*Gewehr, Fernrohr*) Visier(einrichtung *f*) *nt* **6.** (*fam*) seltsamer Anblick **7.** ~**s** Sehenswürdigkeiten *fpl;* **at** [*o* **on**] ~ sofort, ohne weiteres; auf den ersten Blick; (MUS) vom Blatt; (COM) bei Sicht; **at the** ~ **of** beim Anblick *+gen;* **at first** ~ auf den ersten Blick; **by** ~ vom Ansehen; **not by a long** ~ (*fam*) nicht im Entferntesten, nicht im Geringsten; **within** ~ in Sicht; **in the** ~ **of** (*fig*) im Lichte *+gen;* **in his** ~ in seinen Augen; **in the** ~ **of God** vor Gott; **out of** ~ außer Sicht; weit weg; (*fam*) unerschwinglich; (*sl*) wunderbar, fantastisch; **it was my first** ~ **of the mountains** das war das Erste, was ich von den Bergen gesehen habe; das war das erste Mal, dass ich die Berge gesehen habe; ~ **unseen** (COM) unbesehen; **be a** ~ (*fam*) fürchterlich, verheerend aussehen; **be unable to bear the** ~ **of s.o.** jdn nicht ausstehen können; **catch** [*o* **get**] (**a**) ~ **of s.th.** etw zu Gesicht bekommen; **know**

by ~ vom Sehen (her) kennen; **lose ~ of s.th.** etw aus den Augen verlieren; **lower one's ~s** seine Ansprüche zurückschrauben; **see the ~s of a town** eine Stadt besichtigen; **set one's ~s too high** zu hohe Anforderungen stellen; **take ~ of s.th.** etw anvisieren; **the end is not yet in ~** das Ende ist noch nicht abzusehen; **what a ~ you are!** wie siehst denn du aus!; **you're a ~ for sore eyes!** es ist ein Vergnügen dich zu sehen!; **long/near ~** Weit-/Kurzsichtigkeit *f;* **he has very good ~** er sieht sehr gut; **second ~** das Zweite Gesicht; **a ~ better** (*fam*) einiges besser; **out of ~, out of mind** (*prov*) aus den Augen, aus dem Sinn **II.** *vt* **1.** sichten **2.** (*Gewehr*) mit einem Visier versehen; (das Visier) richten **3.** (COM: *Wechsel*) vorlegen; **sight bill** *s* (FIN) Sichtwechsel *m;* **sighted** ['saɪtɪd] *adj:* **clear-** [*o* **far-**]**~** weitblickend; **sight•less** ['saɪtlɪs] *adj* blind; **sightly** ['saɪtlɪ] *adj* ansehnlich, stattlich; **sight-read** *irr vt* vom Blatt spielen; **sight•see•ing** ['saɪtˌsiːɪŋ] *s* Besuch *m* von Sehenswürdigkeiten, Sightseeing *nt;* **he goes ~** er besichtigt Sehenswürdigkeiten; **sightseeing tour** *s* Stadtrundfahrt *f;* **sight•seer** ['saɪtsiːə(r)] *s* Tourist(in) *m(f)*

sign [saɪn] **I.** *s* **1.** Zeichen *nt* **2.** (An-, Vor)Zeichen, Symptom *nt* **3.** (Tür-, Aushänge-, Verkehrs)Schild *nt* **4.** (MATH MUS) Vorzeichen *nt* **5.** (ASTR) Sternzeichen *nt;* **at the ~ of the Red Lion** im Roten Löwen; **road ~** Wegweiser *m;* **traffic ~** Verkehrszeichen *nt;* **the ~ of the cross** das Kreuzeszeichen; **a ~ of life** ein Lebenszeichen *nt;* **~ of the zodiac** (ASTR) Tierkreiszeichen *nt;* **as a ~ of** zum Zeichen *+gen;* **show ~s of going** Anstalten machen zu gehen; **there was no ~ of it** es war keine Spur davon zu entdecken **II.** *vt* unterzeichnen, -schreiben; signieren; **~ one's name** unterschreiben; **~ the guest book** sich ins Gästebuch eintragen; **~ the register** sich eintragen **III.** *vi* **1.** ein Zeichen geben, winken **2.** unterschreiben **3.** Zeichensprache benutzen; **sign away** *vt* aufgeben; (schriftlich) abtreten; **sign for** *vi* den Empfang durch Unterschrift bestätigen; **sign in I.** *vi* sich einschreiben, sich eintragen **II.** *vt* eintragen; **sign off** *vi* **1.** (RADIO TV) das Programm beenden **2.** (*Brief*) Schluss machen **3.** (INFORM) sich abmelden; **sign on I.** *vi* **1.** sich verpflichten; sich melden; (*Arbeitnehmer*) den Arbeitsvertrag unterschreiben; (*Erwerbsloser*) sich arbeitslos melden; (*zu Kurs*) sich einschreiben **2.** (RADIO) sich melden **3.** (INFORM) sich anmelden **4.** (*bei Amt*) sich melden; beantragen (*for s.th.* etw) **II.** *vt* verpflichten; einstellen; anheuern; **sign out I.** *vi* **1.** sich abmelden **2.** sich austragen **II.** *vt* austragen; **sign over** *vt* überschreiben; **sign up I.** *vt* anstellen (*s.o.* jdn), verpflichten, anwerben; unter Vertrag nehmen **II.** *vi* **1.** sich verpflichten; sich melden; sich einschreiben **2.** sich zur Abnahme verpflichten (*for s.th.* von etw), bestellen (*for s.th.* etw)

sig•nal ['sɪgnəl] **I.** *s* **1.** Zeichen *nt* **2.** Wink *m* **3.** (AUTO TELE RADIO RAIL) Signal *nt* (*for* zu) **4.** Nachricht *f;* **give** [*o* **make**] **a ~** ein Zeichen geben; **engaged** [*o* **busy**] **~** (*Am*) Besetztzeichen *nt* **II.** *vt* **1.** (ein) Zeichen geben, winken (*s.o.* jdm) **2.** signalisieren; ankündigen; anzeigen **3.** (*fig*) ein Zeichen sein für **III.** *vi* (ein) Zeichen, ein Signal geben **IV.** *adj* beachtlich; bemerkenswert; **signal-box** *s* (RAIL) Stellwerk *nt;* **sig•nal•ize, sig•nal•ise** ['sɪgnəlaɪz] *vt* kennzeichnen; **signal lamp** *s* Warn-, Blinklampe *f;* **sig•nal•ler** ['sɪgnələ(r)] *s* (MIL) Fernmelder, Funker *m;* **sig•nal•ly** ['sɪgnəlɪ] *adj* eindeutig; **sig•nal•man** ['sɪgnəlmən] <*pl* -men> *s* **1.** (RAIL) Bahnwärter *m* **2.** (MAR) Signalgast *m* **3.** (MIL) Funker, Fernmelder *m;* **sig•nal•ment** [-mənt] *s* (*Am*) Steckbrief *m*

sig•na•tory ['sɪgnətrɪ, *Am* 'sɪgnətɔːrɪ] **I.** *s* Unterzeichner *m* **II.** *adj* Signatar-; **~ powers** [*o* **states**] *pl* Signatarmächte *fpl,* -staaten *mpl*

sig•na•ture ['sɪgnətʃə(r)] *s* **1.** Unterschrift *f* **2.** Unterzeichnung *f* **3.** (MUS) Vorzeichen *nt* **4.** (RADIO: *~ tune*) Erkennungsmelodie *f* **5.** (TYP) Signatur *f* **6.** (INTERNET) elektronische Unterschrift; **put one's ~ to s.th.** seine Unterschrift unter etw setzen

sign•board ['saɪnbɔːd] *s* Schild *nt,* Tafel *f*

sig•net ring ['sɪgnɪtˌrɪŋ] *s* Siegelring *m*

sig•nifi•cance [sɪg'nɪfɪkəns] *s* Bedeutung *f;* Wichtigkeit *f;* Tragweite *f;* **sig•nifi•cant** [sɪg'nɪfɪkənt] *adj* **1.** bezeichnend (*of* für) **2.** bedeutungsvoll, bedeutsam, wichtig (*for* für) **3.** (*Blick*) vielsagend; **sig•nifi•ca•tion** [ˌsɪgnɪfɪ'keɪʃn] *s* **1.** Sinn *m,* Bedeutung *f* **2.** Bezeichnung *f;* Andeutung *f;* **sig•nify** ['sɪgnɪfaɪ] **I.** *vt* **1.** andeuten, anzeigen **2.** bedeuten **II.** *vi* wichtig sein; **it doesn't ~ (anything)** es hat nichts zu bedeuten

sign lan•guage ['saɪnˌlæŋgwɪdʒ] *s* Zeichensprache *f;* **sign painter** *s* Plakatmaler(in) *m(f);* **sign•post I.** *s* Wegweiser *m* **II.** *vt* beschildern; ausschildern

si•lage ['saɪlɪdʒ] *s* Silofutter *nt*

si•lence ['saɪləns] **I.** *s* **1.** Schweigen *nt* **2.** Stille, Ruhe *f* **3.** (Ver)Schweigen (*on s.th.* einer S), Stillschweigen *nt;* **in ~** schweigend; **keep ~** Stillschweigen bewahren (*on* über); **pass over in ~** mit Stillschweigen übergehen; **reduce to ~** zum Schweigen bringen **II.** *vt* zum Schweigen bringen; **si•lencer** ['saɪlənsə(r)] *s* **1.** (*Auto, Gewehr*)

Schalldämpfer *m* **2.** (AUTO) Auspufftopf *m;* **si•lent** ['saɪlənt] *adj* **1.** schweigend **2.** (*a.* GRAM) stumm **3.** schweigsam **4.** still, ruhig, geräuschlos; **be** ~ schweigen (*on* über); **become** ~ still werden; verstummen; **keep** ~ Stillschweigen bewahren, nichts sagen; ~ **movie** Stummfilm *m;* ~ **partner** (*Am*) stiller Gesellschafter; **the** ~ **majority** die schweigende Mehrheit; **be** ~**!** sei still; **silent•ly** [-lɪ] *adv* lautlos; leise; schweigend

sil•hou•ette [ˌsɪluː'et] **I.** *s* **1.** Silhouette *f* **2.** Umriss *m* **3.** Scherenschnitt, Schattenriss *m* **II.** *vt:* **be** ~**d** sich abheben (*against, on, upon* gegen, von)

sil•ica ['sɪlɪkə] *s* (CHEM) Kieselerde *f;* Siliziumdioxyd *nt;* **sili•cate** ['sɪlɪkeɪt] *s* (CHEM) Silikat *nt;* **sili•con** ['sɪlɪkən] *s* (CHEM) Silizium *nt;* **silicon chip** *s* Siliziumscheibe *f;* **sili•cone** ['sɪlɪkəʊn] *s* Silikon *nt;* **sili•co•sis** [ˌsɪlɪ'kəʊsɪs] *s* (MED) Staublunge, Silikose *f*

silk [sɪlk] *s* **1.** Seide(nstoff *m*) *f;* Seidengewand *nt* **2.** (*Br*) Kronanwalt *m,* -anwältin *f* **3.** ~**s** (*Pferderennen*) (Renn)Farben *fpl;* **artificial** ~ Kunstseide *f;* **silk dress** *s* Seidenkleid *nt;* **silken** ['sɪlkən] *adj* **1.** (*lit*) seiden **2.** (*fig*) seidig; **silk hat** *s* Zylinder *m;* **silk moth** *s* Seidenspinner *m;* **silkworm** ['sɪlkwɜːm] *s* Seidenraupe *f;* **silky** ['sɪlkɪ] *adj* **1.** seiden **2.** (*Haar*) seidig; weich; glänzend; (*Stimme*) samtig; (*Benehmen*) glatt

sill [sɪl] *s* **1.** (Tür)Schwelle *f* **2.** Fensterbank *f;* Sims *m od nt* **3.** (AUTO) Türleiste *f* **4.** (GEOL) Lagergang *m*

silly ['sɪlɪ] **I.** *adj* **1.** dumm **2.** töricht, albern; ~ **moo** (*pej: Frau*) blöde Ziege; ~ **season** Sauregurkenzeit *f* **II.** *s* (*fam:* ~*-billy*) Dummerchen *nt*

silo ['saɪləʊ] <*pl* silos> *s* Silo *nt od m;* (*Raketen*) unterirdische Startrampe

silt [sɪlt] **I.** *s* Schwemmsand *m;* Schlick, Schlamm *m* **II.** *vt, vi* **1.** (~ *up*) verschlammen **2.** (sich) verstopfen

sil•ver ['sɪlvə(r)] **I.** *s* **1.** Silber *nt* **2.** Silbergeld *nt* **3.** (Tafel)Silber, Silbergeschirr *nt* **II.** *adj* **1.** silbern; silberhaltig; versilbert **2.** silb(e)rig, silberglänzend; **be born with a** ~ **spoon in one's mouth** Kind reicher Eltern, ein Glückskind sein **III.** *vt* versilbern; **silver birch** *s* Weißbirke *f;* **silver fir** *s* Weiß-, Edeltanne *f;* **sil•ver•fish** ['sɪlvəˌfɪʃ] <*pl* -, -fishes> *s* Silberfischchen *nt;* **silver foil** *s* Alufolie *f;* **silver jubilee** *s* 25-jähriges Jubiläum; **silver lining** *s* (*fig*) Silberstreifen *m* am Horizont, Lichtblick *m;* **silver mine** *s* Silbermine *f;* **silver paper** *s* Silberpapier *nt;* **silver plate** *s* Versilberung *f;* versilberte Sachen *fpl;* **silver-plate** *vt* versilbern; **silver screen** *s* Leinwand *f;* **sil•ver•side** ['sɪlvəsaɪd] *s* (*Rind*) Schwanzstück *nt;* **sil•ver•smith** ['sɪlvəsmɪθ] *s* Silberschmied *m;* **silver standard** *s* Silberstandard *m;* **sil•ver•ware** ['sɪlvəweə(r)] *s* Silber(geschirr) *nt;* **silver wedding** *s* silberne Hochzeit; **sil•very** ['sɪlvərɪ] *adj* **1.** silb(e)rig, silberglänzend **2.** (*Ton*) silberhell

sim•ian ['sɪmɪən] **I.** *adj* affenartig **II.** *s* (Menschen)Affe *m*

simi•lar ['sɪmɪlə(r)] *adj* (*a.* MATH) ähnlich; **in a** ~ **way** ähnlich; genauso; **simi•lar•ity** [ˌsɪmə'lærətɪ] *s* Ähnlichkeit, Gleichartigkeit *f* (*to* mit); **sim•ile** ['sɪmɪlɪ] *s* Gleichnis *nt;* **sim•ili•tude** [sɪ'mɪlɪtjuːd] *s* Ähnlichkeit *f*

sim•mer ['sɪmə(r)] **I.** *vi* simmern, sieden; (*fig: vor Zorn*) kochen (*with* vor); (*vor Aufregung*) fiebern **II.** *vt* sieden lassen **III.** *s:* **be on the** ~ sieden, simmern; (*vor Wut*) kochen; (*vor Aufregung*) fiebern; **keep on the** ~ sieden lassen; (*fig*) nicht zur Ruhe kommen lassen; **simmer down** *vi* sich beruhigen

sim•per ['sɪmpə(r)] **I.** *vi* einfältig, selbstgefällig lächeln **II.** *vt* säuseln **III.** *s* einfältiges, selbstgefälliges Lächeln; affektiertes Getue; **sim•per•ing** [-ɪŋ] *adj* albern, geziert, affektiert

sim•ple ['sɪmpl] *adj* **1.** einfach **2.** unkompliziert, leicht **3.** einfach, schlicht **4.** ungekünstelt, natürlich **5.** (*Wahrheit*) rein, nackt **6.** bescheiden, gewöhnlich, unbedeutend **7.** einfältig, dumm; **pure and** ~ ganz einfach; ~ **equation** Gleichung *f* ersten Grades; **the** ~ **fact** die bloße Tatsache; ~ **fraction** gemeiner Bruch; **sim•ple-hearted** [ˌsɪmpl'hɑːtɪd] *adj* offen(herzig), aufrichtig, grundehrlich; **sim•ple-minded** [ˌsɪmpl'maɪndɪd] *adj* einfältig; simpel; **sim•ple•ton** ['sɪmpltən] *s* Einfaltspinsel *m;* **sim•plic•ity** [sɪm'plɪsətɪ] *s* **1.** Einfachheit *f* **2.** Unkompliziertheit *f* **3.** Schlichtheit, Anspruchslosigkeit, Natürlichkeit *f* **4.** Einfalt *f;* **for the sake of** ~ der Einfachheit halber; **sim•pli•fi•ca•tion** [ˌsɪmplɪfɪ'keɪʃn] *s* Vereinfachung *f;* **sim•plify** ['sɪmplɪfaɪ] *vt* vereinfachen; erleichtern; **sim•plis•tic** [sɪm'plɪstɪk] *adj* simpel, simplistisch; **sim•ply** ['sɪmplɪ] *adv* **1.** (ganz) einfach **2.** bloß, nur, rundweg, glattweg **3.** geradezu **4.** (*fam*) völlig

simu•late ['sɪmjʊleɪt] *vt* **1.** vorgeben, -täuschen, -spiegeln; (*Krankheit*) simulieren **2.** (*Bedingungen*) simulieren; **simu•la•tion** [ˌsɪmjʊ'leɪʃn] *s* **1.** Verstellung, Heuchelei *f;* Vorspiegelung *f* **2.** Simulation *f;* **simu•la•tor** ['sɪmjʊleɪtə(r)] *s* Simulator *m*

sim•ul•ta•ne•ity, **sim•ul•ta•neous•ness** [ˌsɪmltə'niːətɪ, ˌsɪml'teɪnɪəsnɪs, *Am*

ˌsaɪm-] *s* Gleichzeitigkeit *f;* **sim•ul•ta•neous** [ˌsɪmlˈteɪnɪəs, *Am* ˌsaɪm-] *adj* gleichzeitig (*with* mit); (*Gleichung, Dolmetschen*) Simultan-

sin [sɪn] **I.** *s* **1.** (REL) Sünde *f* **2.** (*fig*) Vergehen *nt* (*against* gegen), Versündigung *f;* **deadly** [*o* **mortal**] ~ Todsünde *f;* **original** ~ Erbsünde *f;* **live in** ~ in wilder Ehe leben; **it's a** ~ es ist jammerschade; **isn't it a** ~**?** ist es nicht eine Schande?; **for my** ~**s** (*hum*) das geschieht mir recht **II.** *vi* **1.** sündigen, verstoßen (*against* gegen) **2.** sich versündigen (*against* an)

Si•nai [ˈsaɪn(ɪ)aɪ] *s* Sinai *m;* **Mount** ~ der Berg Sinai

since [sɪns] **I.** *adv* **1.** seitdem, seither **2.** vorher, zuvor, vordem; **ever** ~ seither; **long** ~ (seit) langem; **how long** ~ **?** wie lange schon?; ~ **when?** seit wann?; **have you seen him** ~**?** hast du ihn seither gesehen? **II.** *prep* seit **III.** *conj* **1.** seitdem **2.** da

sin•cere [sɪnˈsɪə(r)] *adj* offen, ehrlich, aufrichtig; **be** ~ **about s.th.** es mit etw ehrlich meinen; **sin•cere•ly** [-lɪ] *adv* aufrichtig, ehrlich; **Yours** ~ mit freundlichen Grüßen; **sin•cer•ity** [sɪnˈserətɪ] *s* Aufrichtigkeit *f*

sine [saɪn] *s* (MATH) Sinus *m*

sine die [ˈsiːneɪ ˈdiːeɪ] *adv* auf unbestimmte Zeit

sine qua non [ˌsɪneɪ kwɑː ˈnəʊn] *s* unerlässliche Bedingung, Voraussetzung *f*

sinew [ˈsɪnjuː] *s* **1.** Sehne *f* **2.** ~**s** (*fig*) Kräfte *fpl;* **sin•ewy** [ˈsɪnjuːɪ] *adj* **1.** sehnig **2.** (*Baum*) knorrig **3.** (*fig*) kraftvoll

sin•ful [ˈsɪnfl] *adj* sündig; sündhaft

sing [sɪŋ] <*irr:* sang, sung> **I.** *s* Singen *nt;* **have a** ~ singen **II.** *vi* singen; (*Ohren*) klingen, dröhnen; (*Wasser, Kessel*) summen **III.** *vt* singen; ~ **s.o. to sleep** jdn in den Schlaf singen; ~ **s.o.'s praises** ein Loblied auf jdn singen; **sing along** *vi* mitsingen; **sing away I.** *vi* dauernd singen; vor sich hin singen; (*Wasser, Kessel*) summen **II.** *vt* (*Sorgen*) fortsingen; **sing of** *vi* besingen; **sing out I.** *vi* **1.** laut(er) singen; erklingen; summen **2.** (*fam*) schreien **II.** *vt* singen; ausrufen; **sing up** *vi* lauter singen

Singa•pore [sɪŋəˈpɔː(r)] *s* Singapur *nt*

singe [sɪndʒ] *vt* ansengen; (ver)sengen

singer [ˈsɪŋə(r)] *s* Sänger(in) *m(f);* **singer-songwriter** *s* Liedermacher(in) *m(f);* **sing•ing** [ˈsɪŋɪŋ] *s* **1.** Singen *nt,* Gesang *m* **2.** (*Ohren*) Dröhnen *nt* **3.** (*Wasser, Kessel*) Summen *nt;* **singing bird** *s* Singvogel *m;* **singing book** *s* Liederbuch *nt;* **singing club**, **singing society** *s* Gesangsverein *m;* **singing lesson** *s* Sing-, Gesangstunde *f;* **singing teacher** *s* Gesangslehrer(in) *m(f);* **singing voice** *s* Singstimme *f*

sin•gle [ˈsɪŋgl] **I.** *adj* **1.** einzig, alleinig **2.** allein, für sich, einsam **3.** einzeln; unverheiratet, allein stehend **4.** einfach; **in** ~ **file** im Gänsemarsch; **not a** ~ **one** kein Einziger; **every** ~ **one** jeder (Einzelne); ~ **bed** Einzelbett *nt;* ~ **bedroom** Einzelzimmer *nt;* ~ **currency** (EU) Einheitswährung *f,* einheitliche Währung; ~ **mother** allein erziehende Mutter; ~ **parent** Alleinerziehende(r) *f m;* ~ **people** Ledige, Unverheiratete, Singles *pl;* **Single European Market** (europäische) Binnenmarkt *m;* **Single Programming Decisions, SPD** Einheitliche Programmplanungsdokumente, EPPD **II.** *s* **1.** (~ *ticket*) einfache Fahrkarte **2.** Einzelzimmer *nt* **3.** (SPORT) Einzelspiel *nt* **4.** (*fam*) eine Dollar-, Pfundnote *f* **5.** (*Schallplatte*) Single *f* **6.** (*Mensch*) Single *m;* **ladies'/men's** ~(**s**) (*Tennis*) Damen-/Herreneinzel *nt;* ~**s club** Klub *m* der Singles; **single out** *vt* aussondern, -lesen, -wählen, herausgreifen (*from* aus), herausheben, hervorheben; den Vorzug geben (*s.o.* jdm); **single breasted** [ˌsɪŋglˈbrestɪd] *adj* (*Jacke, Mantel*) einreihig; **single-decker** [ˌsɪŋlˈdekə(r)] *s* einstöckiger Bus; **single entry bookkeeping** *s* einfache Buchführung; **single-figure** *adj* (*Zahl*) einstellig; **single-handed** [ˌsɪŋgl ˈhændɪd] *adj* einhändig; ohne Hilfe; allein, selbstständig; ~ **sailor** Einhandsegler(in) *m(f);* **sin•gle-hander** [ˌsɪŋglˈhændə(r)] *s* Einhandsegler(in) *m(f);* **sin•gle•hood** [ˈsɪŋglˌhʊd] *s* das Leben als Single; **sing•le-lens reflex** (**camera**), **SLR** *s* Spiegelreflexkamera *f;* **sin•gle-minded** [ˌsɪŋglˈmaɪndɪd] *adj* zielstrebig; beharrlich; **sin•gle•ness** [-nɪs] *s* Alleinsein *nt;* ~ **of purpose** Zielstrebigkeit *f;* **sin•gle-par•ent fam•ily** *s* Einelternfamilie *f;* **sin•gle seater** [ˌsɪŋglˈsiːtə(r)] *s* Einsitzer *m;* **sin•gle-sex school** *s* reine Jungen-/Mädchenschule; **sin•gle-stage** *adj* (*Rakete*) einstufig

sin•glet [ˈsɪŋglɪt] *s* ärmelloses Unterhemd; (SPORT) ärmelloses Trikot

sin•gle ticket [ˈsɪŋglˌtɪkɪt] *s* Einzelfahrschein *m,* einfache Fahrkarte; **sin•gle-track** [ˈsɪŋgltræk] *adj* eingleisig; **sin•gle traveller** *s* Einzelreisende(r) *f m*

sing•ly [ˈsɪŋglɪ] *adv* **1.** einzeln **2.** einzig, nur

sing•song [ˈsɪŋsɒŋ] *s* **1.** Gemeinschaftssingen *nt* **2.** Singsang *m*

sin•gu•lar [ˈsɪŋgjʊlə(r)] **I.** *adj* **1.** einzig **2.** individuell, persönlich, privat **3.** ungewöhnlich, seltsam, sonderbar **4.** außergewöhnlich, außerordentlich, einzigartig **II.** *s* Singular *m,* Einzahl *f;* **sin•gu•lar•ity** [ˌsɪŋgjʊˈlærətɪ] *s* **1.** Eigenheit *f* **2.** Ungewöhnlichkeit, Seltenheit *f* **3.** Sonderbarkeit *f;* **sin•gu•lar•ly** [ˈsɪŋgjʊləlɪ] *adv* **1.** bemerkenswert **2.** seltsam, sonderbar

S

sin•is•ter ['sɪnɪstə(r)] *adj* unheimlich, finster; Unheil verkündend

sink¹ [sɪŋk] *s* Ausguss *m*, Spüle *f*

sink² [sɪŋk] <*irr:* sank, sunk> **I.** *vi* **1.** (ein-, ver)sinken **2.** sinken, (langsam) fallen **3.** (*Schiff*) sinken, untergehen **4.** (*fig*) niedriger, schwächer werden, nachlassen, zurückgehen (*a. Preise*) **5.** (*in einen Lehnstuhl*) sich fallen lassen (*into* in) **6.** (*in Schlaf, Verzweiflung*) fallen **7.** (*Sonne*) untergehen **8.** (*sittlich, sozial, an Wert*) sinken, abfallen **9.** (*Gebäude*) sich senken; (*Boden*) nachgeben; (*Abhang*) abfallen; **be left to ~ or swim** ganz auf sich selbst gestellt sein; **~ to one's knees** auf die Knie sinken; **~ to the ground** zu Boden sinken; (*Schiff*) versinken; **my heart sank** ich wurde mutlos; **with ~ing heart** verzagt; **he is ~ing fast** ihm geht es zunehmend schlechter **II.** *vt* **1.** versenken, (ver)sinken lassen **2.** stoßen, drücken (*in, into* in) **3.** (*fam: Getränk*) hinunterstürzen **4.** (*Loch*) graben, aushöhlen, bohren; (MIN: *Schacht*) abteufen **5.** eingraben, (ein)ritzen, gravieren, stechen **6.** (*Preise, Stimme, Kopf*) senken **7.** (*Geld*) anlegen, investieren (*into* in) **8.** (*Geld durch schlechte Geschäfte*) verlieren **9.** (*Plan, Hoffnung*) ruinieren, zunichte machen; **we are sunk** wir sind ruiniert; **~ one's teeth/claws into s.th.** die Zähne/Klauen in etw schlagen; **we have to ~ our differences** wir müssen unsere Meinungsverschiedenheiten beilegen; **sunk in thought** in Gedanken versunken; **sunk in a book** in ein Buch vertieft; **sink away** *vi* (*Boden*) abfallen; **sink back** *vi* sich zurücklehnen; **sink down** *vi* sich fallen lassen (*on* auf); **sink in I.** *vi* **1.** einsinken **2.** (*fig fam*) kapiert werden **II.** *vt* (*Pfähle*) einlassen; **I hope it has finally sunk in** ich hoffe, der Groschen ist endlich gefallen

sink•able ['sɪŋkəbl] *adj* versenkbar

sink estate *s* Asozialenviertel *m*

sinker ['sɪŋkə(r)] *s* (*Angel*) Senker *m;* (*Windsurfer*) Sinker *m;* **sink•ing** ['sɪŋkɪŋ] **I.** *s* **1.** (*Schiff*) Untergang *m;* Versenken *nt* **2.** (*Schacht*) Senken, Abteufen *nt;* (*Brunnen*) Bohren *nt* **II.** *adj* (*Gefühl*) flau, ungut; **~ fund** (Schulden)Tilgungsfonds *m*

sink unit ['siŋkˌju:nɪt] *s* Spültisch *nt*

sin•ner ['sɪnə(r)] *s* Sünder(in) *m(f)*

sinu•ous ['sɪnjʊəs] *adj* **1.** sich windend, sich schlängelnd **2.** (*fig*) gewunden **3.** (*Bewegung*) geschmeidig, schlangenartig

sinus ['saɪnəs] *s* Sinus *m;* Neben-, Stirnhöhle *f;* **sinus•itis** [ˌsaɪnə'saɪtɪs] *s* Stirnhöhlenkatarrh *m*, Sinusitis *f*

Sioux [su:] **I.** *adj* der Sioux(indianer) **II.** *s* Sioux(indianer) *m*, Sioux(indianerin) *f*

sip [sɪp] **I.** *vi, vt* schlürfen, nippen **II.** *s* Schlückchen *nt*

si•phon ['saɪfən] **I.** *s* **1.** Siphon *m* **2.** (TECH) Heber *m* **II.** *vt* (*a.* MED) ausheben, entleeren, umfüllen; **siphon off** *vt* **1.** absaugen; (*Benzin*) abzapfen; umfüllen **2.** (*fig*) abziehen; (*Gewinn*) abschöpfen

sir [sɜ:(r)] *s* Herr (*Anrede ohne Namen*)*;* **Sir** Sir (*Titel*)*;* **yes, ~** jawohl (mein Herr)!

sire ['saɪə(r)] **I.** *s* (*Säugetiere*) Vatertier *nt* **II.** *vt* (*Säugetier*) (er)zeugen

si•ren ['saɪərən] *s* Sirene *f*

sir•loin ['sɜ:lɔɪn] *s* (*Rind*) Lendenstück *nt*

sir•occo [sɪ'rɒkəʊ] <*pl* -occos> *s* (METE) Schirokko *m*

sis [sɪs] *s* (*fam*) Schwester(chen *nt*) *f*

si•sal ['saɪsl] *s* Sisal *m;* **sisal hemp** *s* Sisalhanf *m*

sissy ['sɪsɪ] **I.** *s* (*pej*) Weichling *m* **II.** *adj* (*pej: Mann*) weibisch, verweichlicht

sis•ter ['sɪstə(r)] *s* **1.** (*a.* REL) Schwester *f* **2.** (MED) (Ober)Schwester *f;* **brothers and ~s** Geschwister *pl;* **sister company** *s* Schwestergesellschaft *f;* **sis•ter•hood** [-hʊd] *s* Schwesternschaft *f;* **sis•ter-in-law** ['sɪstərɪnlɔ:] <*pl* sisters-in-law> *s* Schwägerin *f;* **sis•ter•ly** ['sɪstəlɪ] *adj* schwesterlich; **sister ship** *s* Schwesterschiff *nt*

sit [sɪt] <*irr:* sat, sat> **I.** *vi* **1.** sitzen; sich setzen **2.** (*Vogel*) brüten; (*Henne*) sitzen **3.** (*Versammlung*) tagen **4.** (*Mitglied*) einen Sitz haben, Mitglied sein; (POL) Abgeordnete(r) sein **5.** sich befinden, stehen; (*im Magen*) liegen (*on* in) **6.** (TECH) aufliegen **7.** (*Kleidungsstück*) sitzen (*on s.o.* bei jdm) **8.** (*fig*) liegen, ruhen, lasten (*on* auf) **9.** (*baby~*) auf ein Kind aufpassen; **~ on the bench** als Richter amtieren; **~ bolt upright** kerzengerade dasitzen; sich plötzlich aufrichten; **~ on a committee** einem Ausschuss angehören; **~ for a constituency** einen Wahlkreis vertreten; **~ an examination** eine Prüfung ablegen; **~ on the fence** (*fig fam*) unentschlossen sein; sich zurückhalten; neutral bleiben; **~ on one's hands** sich nicht rühren; nichts unternehmen; nicht applaudieren; **~ in judg(e)ment** (*fig*) zu Gericht sitzen (*on* über); **~ on a jury** Geschworene(r) sein; **~ for a painter** sich malen lassen; **~ pretty** (*fam*) gut dran sein; **~ tight** sich nicht (von der Stelle) rühren; **~ by s.o.** sich neben jdn setzen **II.** *vt* **1.** setzen; stellen **2.** (*Prüfung*) ablegen; **~ o.s. (down)** sich setzen, Platz nehmen (*on* auf); **sit about**, **sit around** *vi* herumsitzen u. nichts tun; **sit back** *vi* sich zurücklehnen; (*fig*) abwarten; ausruhen; **~ back and relax** sich ausruhen; **sit down** *vi* sich (hin)setzen; Platz nehmen; **take s.th. ~ting down** (*fig*) sich etw gefallen lassen; **sit in** *vi* **1.** ein Sit-in machen **2.** dabei sein (*on* bei) **3.** zu Hause sitzen; ~ **in for s.o.** jdn vertreten; **sit on** *vi* **1.** sitzen bleiben **2.** (*Versammlung, Ausschuss*) sitzen in, Mitglied sein bei **3.** (*Entscheidung*) hinauszögern, sitzen auf **4.** (*Nachricht, Erfindung*) unterdrücken **5.** (*Menschen*) den Kopf zurechtrücken (*s.o.* jdm); **sit out I.** *vi* im Freien sitzen **II.** *vt* **1.** bis zum Ende bleiben von; das Ende abwarten von; aussitzen **2.** (*Tanz*) auslassen; **we'd better** ~ **it out** wir warten besser, bis es zu Ende ist; **sit through** *vt* bis zum Ende anhören, durchhalten (*s.th.* etw); **sit up I.** *vi* **1.** aufrecht sitzen; sich aufsetzen **2.** aufbleiben **II.** *vt* aufrichten; hinsetzen; ~ **up for s.o.** auf jdn abends warten; ~ **up with s.o.** bei jdm wachen; ~ **up and take notice** hellhörig werden; **make s.o.** ~ **up** jdn aufschrecken; jdn aufhorchen lassen; ~ **up to table** sich an den Tisch setzen

sit·com [ˈsɪtkɒm] *s* (*fam*) Situationskomödie *f*

sit-down strike [ˌsɪtdaʊnˈstraɪk] *s* Sitzstreik *m*

site [saɪt] **I.** *s* **1.** Lage *f,* Platz *m;* Gelände *nt* **2.** Standort *m* (*einer Industrie*), Sitz *m* (*einer Firma*) **3.** (*building~*) Bauplatz *m,* -grundstück *nt* **4.** (*camping ~*) Campingplatz *m* **II.** *vt* legen; **be ~d** liegen; **badly ~d** ungünstig gelegen; **missile** ~ Raketenbasis *f;* **site development** *s* Baulanderschließung *f;* **site engineer** *s* Bauleiter(in) *m(f);* **site office** *s* (Büro *nt* der) Bauleitung *f;* **site owner** *s* Grundstückseigentümer *m;* **site plan** *s* Lageplan *m*

sit-in [ˈsɪtɪn] *s* Sit-in *nt,* Sitzblockade *f*

si·ting [ˈsaɪtɪŋ] *s* Legen *nt;* Errichtung *f*

sit·ter [ˈsɪtə(r)] *s* **1.** Modell *nt* (*eines Malers*) **2.** (*baby~*) Babysitter(in) *m(f)* **3.** brütender Vogel **4.** (SPORT) todsicherer Ball

sit·ting [ˈsɪtɪŋ] **I.** *s* **1.** Sitzung *f* **2.** (JUR) Sitzungsperiode *f* **3.** (*beim Essen*) Schicht *f;* **at one** ~ (*fig*) auf einmal **II.** *adj* sitzend; (*Vogel*) brütend; (*Konferenz*) tagend; **sitting duck** *s* (*fig*) leichte Beute; **sitting member** *s* Abgeordnete(r) *f m;* **sitting-room** *s* Wohnzimmer *nt;* Aufenthaltsraum *m;* **sitting target** *s* (*fig*) leichte Beute; **sitting tenant** *s durch Mieterschutz geschützte(r) Mieter(in)*

situ·ate [ˈsɪtʃʊeɪt] *vt* legen; **situ·ated** [ˈsɪtʃʊeɪtɪd] *adj* gelegen, befindlich; (*finanziell*) gestellt; **be** ~ liegen, gelegen sein; sich befinden

situ·ation [ˌsɪtʃʊˈeɪʃn] *s* **1.** Lage *f;* Stelle *f,* Platz, Ort *m* **2.** Situation *f,* Umstände *mpl,* Verhältnisse *ntpl* **3.** Stelle, Stellung *f;* **be equal to the** ~ der Situation gewachsen sein; **~s offered/wanted** Stellenangebote/-gesuche *ntpl;* ~ **comedy** Situationskomödie *f*

sit-up [ˈsɪtʌp] *s* (SPORT) Situp *nt*

six [sɪks] **I.** *adj* sechs; **be ~ foot under** (*fig*) tot und begraben sein; **it's ~ of one and half a dozen of the other** das ist Jacke wie Hose **II.** *s* Sechs *f;* (*Bus*) Linie *f* Sechs; (SPORT) Sechs(ermannschaft) *f;* **sold in ~es** zu je sechs verkauft werden; **at ~es and sevens** durcheinander; **knock s.o. for ~** jdn verblüffen; **six-footer** [ˌsɪksˈfʊtə(r)] *s* (*fam*) (langer) Lulatsch *m;* **six-pack** [ˈsɪkspæk] *s* Sechserpack *nt;* **six·teen** [sɪkˈstiːn] *adj* sechzehn; **six·teenth** [sɪkˈstiːnθ] **I.** *adj* sechzehnte(r, s) **II.** *s* Sechzehntel *nt;* Sechzehnte(r, s); **sixth** [sɪksθ] **I.** *adj* sechste(r, s); ~ **form** (SCHULE) Abschlussklasse *f;* ~ **sense** sechster Sinn **II.** *s* Sechstel *nt;* Sechste(r, s); **six·ti·eth** [ˈsɪkstɪəθ] **I.** *adj* sechzigste(r, s) **II.** *s* Sechzigstel *nt;* Sechzigste(r, s); **sixty** [ˈsɪkstɪ] **I.** *adj* sechzig **II.** *s* Sechzig *f;* **the sixties** die Sechzigerjahre; **be in one's sixties** über sechzig sein

size¹ [saɪz] **I.** *s* **1.** Größe *f,* Umfang *m* **2.** (*Kleidung*) Größe, Nummer *f* **3.** (*fig*) Ausmaß *nt,* Bedeutung *f* **4.** (*fam*) Format *nt;* **next in** ~ nächstgrößere Nummer; **of a** ~ gleich groß; **arrange according to** ~ der Größe nach ordnen; **be about the** ~ **of** ungefähr so groß sein wie; **take the** ~ **of** Maß nehmen von; **what** ~ **do you wear?** welche Größe tragen Sie?; **that's about the** ~ **of it** (*fam*) genau so war's; **cut s.o. down to** ~ jdn runterputzen **II.** *vt* nach Größe ordnen; **size up** *vt* abschätzen; **I can't** ~ **her up** ich werde aus ihr nicht ganz schlau

size² [saɪz] **I.** *s* (TECH) (Auftrag-, Schlicht)Leim *m* **II.** *vt* **1.** appretieren, schlichten, leimen **2.** (*Gemälde*) grundieren

siz(e)·able [ˈsaɪzəbl] *adj* umfangreich; beträchtlich; ansehnlich; **siz·ing** [ˈsaɪzɪŋ] *s* **1.** Klassierung, Sortierung *f* **2.** Größeneinteilung *f* **3.** (TECH) (Auftrag-, Schlicht)Leim *m*

sizzle [ˈsɪzl] *vi* zischen; brutzeln; **sizzler** [ˈsɪzlə(r)] *s* (*fam*) glühend heißer Tag

skate¹ [skeɪt] **I.** *s* **1.** (*ice~*) Schlittschuh *m* **2.** (*roller~*) Rollschuh *m* **3.** Kufe *f;* **get** [*o* **put**] **one's ~s on** (*fig*) sich beeilen **II.** *vi* Schlittschuh, Rollschuh laufen; (*fig*) gleiten; rutschen; ~ **on thin ice** sich aufs Glatteis begeben; ~ **over s.th.** (*fig*) über etw geschickt hinweggehen

skate² [skeɪt] *s* (*Fisch*) Rochen *m*

skate·board [ˈskeɪtbɔːd] *s* Skateboard *nt;* **skate·board·er** [-ə(r)] *s* Skateboardfahrer(in) *m(f);* **skater** [ˈskeɪtə(r)] *s* Schlittschuh-, Rollschuhläufer(in) *m(f);* **skat·ing rink** [ˈskeɪtɪŋrɪŋk] *s* Eisbahn *f;* Rollschuh-

S

bahn *f*

ske•daddle [skɪ'dædl] *vi* (*fam*) abhauen, ausreißen

skein [skeɪn] *s* **1.** Docke, Strähne *f* (*Garn*) **2.** (*Vögel*) Zug, Schwarm, Flug *m* **3.** (*fig*) Geflecht *nt*

skel•eton ['skelɪtn] **I.** *s* **1.** Skelett, Gerippe *nt* **2.** Gestell *nt,* Rahmen *m,* Gerüst *nt* **3.** Umriss, Entwurf *m;* ~ **in the cupboard,** ~ **in the closet** (*Am*) Familiengeheimnis *nt;* eine Leiche im Keller; **steel** ~ (ARCH) Stahlskelett *nt* **II.** *adj* provisorisch; (*Belegschaft, Dienst*) Not-; **skeleton key** *s* Dietrich, Haupt-, Nachschlüssel *m;* **skeleton staff** *s* Rumpfbelegschaft *f*

skep•tic [skeptɪk] *s* (*Am*) Skeptiker(in) *m(f);* **skeptical** *adj* (*Am*) skeptisch; **skepticism** *s* (*Am*) Skepsis *f*

sketch [sketʃ] **I.** *s* **1.** Skizze *f* **2.** (THEAT) Sketch *m* **3.** Entwurf *m* **II.** *vt* skizzieren, umreißen, entwerfen **III.** *vi* Skizzen machen; **sketch in** *vt* einzeichnen; (*fig*) umreißen; **sketch out** *vt* grob skizzieren; **sketch•book** *s* Skizzenblock *m;* **sketchy** ['sketʃɪ] *adj* skizzenhaft; flüchtig; bruchstückhaft

skew [skju:] **I.** *adj* schräg; schief **II.** *s:* **be on the** ~ schief sein **III.** *vt* umdrehen; krümmen; verzerren **IV.** *vi* (*Auto*) abkommen; (*Straße*) abbiegen

skew•bald ['skju:bɔ:ld] *adj* (*Pferd*) scheckig

skewer ['skjʊə(r)] **I.** *s* Fleischspieß *m* **II.** *vt* aufspießen

skew-whiff [ˌskju:'wɪf] *adj* (*fam*) krumm, schief

ski [ski:] **I.** *s* **1.** Ski, Schi *m* **2.** (AVIAT) Schneekufe *f* **II.** *vi* Ski fahren; **ski binding** *s* Skibindung *f;* **ski•bob** ['ski:bɒb] *s* (SPORT) Skibob *m;* **ski boot** *s* Skistiefel *m*

skid [skɪd] **I.** *s* **1.** Rolle *f;* Gleitkufe, -schiene *f;* (AVIAT) Schneekufe *f* **2.** Schleudern *nt;* **go into a** ~ zu schleudern anfangen; **put the** ~**s under s.o.** jdm etw vermasseln; **hit the** ~**s** (*Am fam*) runterkommen **II.** *vi* (AUTO) rutschen, schleudern; **skid•ding** ['skɪdɪŋ] *s* (AUTO) Schleudern *nt;* **skid•lid** ['skɪdlɪd] *s* (*sl*) Sturzhelm *m;* **skid mark** *s* Brems-, Reifenspur *f;* **skid row** *s* (*Am fam*) schlechte Gegend; **be on** ~ heruntergekommen sein

skier ['ski:ə(r)] *s* Skiläufer(in) *m(f),* -fahrer(in) *m(f)*

skiff [skɪf] *s* Skiff *nt;* Renneiner *m*

ski fly•ing ['ski:ˌflaɪɪŋ] *s* (SPORT) Skifliegen *nt;* **ski goggles** *s pl* Skibrille *f;* **ski•ing** ['ski:ɪŋ] *s* Skifahren *nt;* **skiing holiday** *s* Skiurlaub *m,* Skiferien *pl;* **ski instructor** ['ski:ɪnˌstrʌktə(r)] *s* Skilehrer(in) *m(f);* **ski jump** *s* **1.** (*Sportart*) Skispringen *nt* **2.** (*Bauwerk*) Sprungschanze *f*

skil•ful ['skɪlfl] *adj* geschickt, gewandt; tüchtig, erfahren (*at* in)

ski lift ['ski:lɪft] *s* Skilift *m*

skill [skɪl] *s* **1.** Geschick *nt,* Geschicklichkeit *f;* Kunstfertigkeit *f* **2.** Fähigkeit, Fertigkeit *f* (*in, at* in); **skilled** [skɪld] *adj* **1.** geschickt, gewandt (*in doing s.th.* bei etw) **2.** geübt, erfahren, erprobt **3.** ausgebildet; geschult; gelernt; Fach-; **be** ~ **in s.th.** in etw fachlich ausgebildet sein; ~ **labo(u)r** Fachkräfte, gelernte Arbeitskräfte *fpl;* ~ **work** Facharbeit *f;* ~ **worker** Facharbeiter(in) *m(f),* gelernte(r) Arbeiter(in) *m(f)*

skil•let ['skɪlɪt] *s* Bratpfanne *f*

skill•ful ['skɪlfl] *adj* (*Am*) geschickt, gewandt; tüchtig, erfahren (*at* in)

skim [skɪm] **I.** *vt* **1.** (*Flüssigkeit*) abschäumen **2.** (*Milch*) entrahmen **3.** (*Schaum, Rahm*) abschöpfen **4.** (*fig*) leicht (hin)streifen, hinfahren über **5.** flüchtig berühren, flüchtig lesen, überfliegen; ~ **the surface** (*fig*) an der Oberfläche bleiben (*of s.th.* einer S) **II.** *vi* **1.** gleiten, fliegen (*through* durch, *over* über, *along* an ... entlang) **2.** hinwegfliegen, -sausen (*over* über) **3.** flüchtig lesen, durchblättern (*through a book* ein Buch); **skim•med milk** ['skɪmd'mɪlk] *s* Magermilch *f;* **skim•mer** ['skɪmə(r)] *s* Schaumlöffel, Abstreifer *m;* **skim-milk** [ˌskɪm'mɪlk] *s* (*Am*) Magermilch *f*

skimp [skɪmp] **I.** *vi* knausern, geizen (*on* mit) **II.** *vt* **1.** sparen an **2.** (*Person*) knapp halten **3.** (*Arbeit*) nachlässig machen; **skimpy** ['skɪmpɪ] *adj* **1.** knapp **2.** knauserig, filzig, geizig **3.** (*Portion*) ungenügend; **be** ~ **with s.th.** mit etw geizig sein

skin [skɪn] **I.** *s* **1.** Haut *f* **2.** Fell *nt,* Balg *m* **3.** Schale *f;* Haut *f;* Rinde *f* **4.** Schlauch *m;* **by the** ~ **of one's teeth** mit knapper Not; **get under s.o.'s** ~ (*fam*) jdm auf den Wecker, auf die Nerven fallen; (*positiv*) jdm unter die Haut gehen, jdm gefallen; **have a thick** ~ (*fig*) ein dickes Fell haben; **have a thin** ~ feinfühlig sein; **jump out of one's** ~ erschrecken; **it's no** ~ **off my nose** (*fam*) das geht mich nichts an; **wet to the** ~ nass bis auf die Haut; **nothing but** ~ **and bones** nur noch Haut und Knochen **II.** *vt* **1.** häuten, abziehen **2.** schälen; enthäuten; entrinden; **keep one's eyes** ~**ned** (*fam*) ein wachsames Auge haben; ~ **s.o. alive** (*fig*) jdn fertig machen

skin cancer *s* Hautkrebs *m;* **skin-deep** *adj* oberflächlich; **skin disease** *s* Hautkrankheit *f;* **skin diving** *s* Sporttauchen *nt;* **skin eruption** *s* Hautausschlag *m;* **skin flick** *s* (*fam*) Sexfilm *m;* **skin•flint** ['skɪnflɪnt] *s* (*fam*) Geizhals *m;* **skin•ful**

['skɪnfl] *adj* (*fam*): **he must have had a ~** er muss schwer einen getrunken haben; **skin graft** *s* (MED) Hauttransplantation *f;* **skin•head** ['skɪnhed] *s* Skinhead *m;* **skinny** ['skɪnɪ] *adj* dünn, mager, knochig; **skinny-dip** *vi* (*fam*) nackt baden

skint [skɪnt] *adj* (*Br fam*) völlig abgebrannt

skin•tight [skɪn'taɪt] *adj* hauteng

skin up *vi* (*fam*) sich eine drehen *fam*

skip¹ [skɪp] **I.** *s* Sprung, Hüpfer *m;* Hüpfschritt *m* **II.** *vi* **1.** hüpfen; springen **2.** seilspringen, seilhüpfen **3.** (*fig: Thema*) springen **4.** (*fam*) abhauen **III.** *vt* **1.** (*Schule*) schwänzen **2.** (*Abschnitt, Frage*) auslassen, überspringen; (*Mahlzeit*) ausfallen lassen; (*Herzschlag*) aussetzen; **~ rope** (*Am*) seilspringen, seilhüpfen; **~ town** (*A fam*) aus der Stadt verschwinden; **~ it!** vergiss es!; **skip about** *vi* herumhüpfen; (*fig: Redner*) springen; **skip across** *vi* (*fam*) rübergehen; **skip off** *vi* (*fam*) abhauen; **skip over** *vi* rübergehen; **~ over s.th.** etw überspringen; **skip through** *vt* überfliegen, durchblättern

skip² [skɪp] *s* Container *m;* (MIN) Förderkorb *m*

skip³ [skɪp] *s Abk. von* **skipper** (SPORT) (Mannschafts)Kapitän, -führer *m*

ski pants ['skiː,pænts] *s pl* Skihose *f;* **ski pass** *s* Skipass *m;* **ski plane** *s* Flugzeug *nt* mit Gleitkufen; **ski pole** *s* Skistock *m*

skip•per ['skɪpə(r)] **I.** *s* **1.** (MAR, AVIAT) Kapitän *m* **2.** (SPORT) Mannschaftsführer(in) *m(f)* **II.** *vt* (*Team*) anführen

skipp•ies ['skɪpɪz] *s pl* (*schoolkids with purchasing power*) kaufkräftige Schüler

skip•ping-rope ['skɪpɪŋrəʊp] *s* Springseil *nt*

ski rack ['skiːræk] *s* (AUTO) Skiträger *m;* **ski resort** *s* Wintersportort *m*

skir•mish ['skɜːmɪʃ] **I.** *s* Gefecht *nt,* Plänkelei *f,* Zusammenstoß *m* **II.** *vi* kämpfen; zusammenstoßen

skirt [skɜːt] **I.** *s* **1.** Rock *m* **2.** (*Mantel, Jackett*) Schoß *m* **3.** (*sl: a bit of ~*) Weibsbild *nt* **II.** *vt* **1.** sich am Rande hinziehen (*s.th.* einer S), am Rand entlanggehen (*s.th.* einer S) **2.** (*fig*) herumgehen um, umgehen; **~ around** umfahren, umschiffen

skirt•ing board ['skɜːtɪŋbɔːd] *s* (*Br*) Scheuerleiste *f*

ski run ['skiːrʌn] *s* Piste *f;* **ski school** *s* Skischule *f;* **ski stick** *s* Skistock *m;* **ski suit** ['skiːsuːt] *s* Skianzug *m*

skit [skɪt] *s satirischer Sketch*

ski touring *s* (SPORT) Skitouren *nt;* **ski tow** *s* Schlepplift *m*

skit•ter ['skɪtə(r)] *vi* über das Wasser schlittern; rutschen

skit•tish ['skɪtɪʃ] *adj* **1.** lebhaft, lustig, ausgelassen **2.** ängstlich, scheu (*a. Pferd*)

skittle ['skɪtl] *s* **1.** (*Br*) Kegel *m* **2. ~s** *mit sing* (*game of ~s*) Kegeln *nt;* **play ~s** kegeln; **it is not all beer and ~s** das ist kein reines Vergnügen; **skittle alley** *s* Kegelbahn *f;* **skittle ball** *s* Kegelkugel *f*

skive [skaɪv] **I.** *vi* sich vor der Arbeit drücken; blaumachen; (*Schule*) schwänzen **II.** *s* Blaumachen *nt;* Schwänzen *nt;* **be on the ~** blaumachen; schwänzen; **skive off** *vi* (*sl*) sich verdrücken; **skiver** ['skaɪvə(r)] *s* Drückeberger(in) *m(f)*

skivvy ['skɪvɪ] *s* (*Br fam*) Dienstmädchen *nt*

skul(l)•dug•gery [skʌl'dʌgərɪ] *s* (*fam*) Gaunerei *f*

skulk [skʌlk] *vi* umherschleichen; lauern; (*fam*) sich (herum)drücken

skull [skʌl] *s* Schädel *m;* **the ~ and cross-bones** der Totenkopf (*Zeichen*)*;* **skull bone** *s* Schädelknochen *m;* **skull-cap** *s* (Seiden)Käppchen *nt*

skunk [skʌŋk] *s* Skunk *m,* Stinktier *nt;* (*fam*) gemeiner Kerl

sky [skaɪ] *s* Himmel *m;* **in the ~** am Himmel; **out of a clear (blue) ~** (*fig*) aus heiterem Himmel; **under the open ~** unter freiem Himmel, im Freien; **praise to the skies** (*fig*) in den Himmel heben; **the ~'s the limit** (*fam fig*) eine obere Grenze ist nicht gesetzt; **we expect sunny skies** wir erwarten sonniges Wetter; **sky blue** *adj* himmelblau; **sky•div•ing** ['skaɪ,daɪvɪŋ] *s* Fallschirmspringen *nt* (mit einer Strecke freien Falls); **sky-high** *adj* (*a. Preise*) himmelhoch; **blow s.th. ~** etw in die Luft jagen; (*fig: Theorie*) etw völlig zunichte machen; **sky•jack** ['skaɪdʒæk] **I.** *vt* entführen **II.** *s* Flugzeugentführung *f;* **sky-jacker** ['skaɪdʒækə(r)] *s* Luftpirat(in) *m(f),* Flugzeugentführer(in) *m(f);* **sky-lark** ['skaɪlɑːk] **I.** *s* Feldlerche *f* **II.** *vi* dumme Streiche machen; **sky•light** ['skaɪlaɪt] *s* Dachluke *f,* Oberlicht *nt;* **sky•line** ['skaɪlaɪn] *s* Horizont *m;* (Stadt)Silhouette *f;* **sky-rocket** *vi* (*Preise*) in die Höhe klettern, emporschnellen; **sky•scraper** ['skaɪskreɪpə(r)] *s* Wolkenkratzer *m;* **sky-writing** *s* Himmelsschrift *f*

slab [slæb] *s* **1.** Platte, Tafel, Scheibe *f* **2.** (*Brot*) Scheibe *f* **3.** Stück *nt* (Kuchen, Schokolade, Käse)

slack¹ [slæk] **I.** *adj* **1.** langsam, träge, lässig (*at* bei) **2.** (*Zeit*) flau, ruhig, still; (COM) flau, lustlos; (*Geschäft*) stagnierend; ruhig **3.** (*Seil*) schlaff, locker, lose **4.** nachlässig, sorglos, gleichgültig; **be ~ about s.th.** etw nachlässig handhaben, tun; **keep a ~ rein on s.th.** bei etw die Zügel schleifen lassen **II.** *s* **1.** (MAR) (das) Lose **2.** (*a.* COM) Stillstand *m,* Flaute *f;* **take up the ~ on s.th.** etw straffen **III.** *vi* bummeln, trödeln; **slack off** *vi* (*Eifer*) nachlassen; (*Geschäft*) zurückgehen

slack² [slæk] *s* Kohlengrus *m,* Staubkohle *f*

slacken ['slækən] **I.** *vi* **1.** schwächer werden, nachlassen, abflauen **2.** sich verlangsamen **3.** schlaffer, lockerer werden **4.** (*Widerstand*) erlahmen **5.** (COM) abflauen, stagnieren; (*Kurse*) abbröckeln **II.** *vt* **1.** abschwächen, mäßigen, verringern, vermindern **2.** lockern; **slacken off** *vi* **1.** nachlassen; abflauen; abnehmen **2.** (*Mensch*) nachlassen; sich schonen; **slacken•ing** ['slækənɪŋ] *s* Abnahme *f;* Abflauen *nt;* Verlangsamung *f;* ~ **in business/demand** Rückgang *m* der Umsätze/der Nachfrage; **slack•er** ['slækə(r)] *s* **1.** Faulenzer(in) *m(f)* **2.** (*fam*) junger, apathischer Zyniker; **slack•ness** ['slæknɪs] *s* **1.** Trägheit *f* **2.** Flaute *f* **3.** Schlaffheit *f;* ~ **in business** Konjunkturflaute *f*

slacks [slæks] *s pl* Hose *f*

slag [slæg] *s* **1.** Schlacke *f* **2.** (*sl*) Schlampe *f;* **slag heap** *s* Schlackenhalde *f*

sla•lom ['slɑːləm] *s* Slalom *m*

slam [slæm] **I.** *vt* **1.** (*Tür*) zuschlagen **2.** scharf kritisieren; ~ **on the brake** plötzlich heftig bremsen; ~ **down** auf die Erde schleudern; (*Telefonhörer*) aufknallen; ~ **the door in s.o.'s face** jdm die Tür vor der Nase zuschlagen; ~ **the door on s.th.** (*fig*) etw unterbinden, blockieren **II.** *vi* **1.** (*Tür*) zuschlagen **2.** (*Whist*) Schlemm werden **III.** *s* **1.** Schlag *m;* Knall *m* **2.** (*Whist, Bridge*) Schlemm *m;* **slammer** ['ʃlæmə(r)] *s* (*sl*) Knast *m*

slan•der ['slɑːndə(r)] **I.** *s* Verleumdung, üble Nachrede *f* **II.** *vt* verleumden; **slander action** *s* Verleumdungsklage *f;* **slanderer** ['slɑːndərə(r)] *s* Verleumder(in) *m(f);* **slan•der•ous** ['slɑːndərəs] *adj* verleumderisch

slang [slæŋ] **I.** *s* Slang *m;* Jargon *m* **II.** *vt* (*Br fam*) anschreien, beschimpfen, beleidigen; **slanging match** *s* gegenseitige Beschimpfung; **slangy** ['slæŋɪ] *adj* salopp

slant [slɑːnt] **I.** *vt* **1.** schräg stellen, kippen **2.** abschrägen; abböschen **3.** (*fam*) tendenziös färben **II.** *vi* schräg sein; sich neigen **III.** *s* **1.** Hang *m;* Schräge, Neigung *f* **2.** (*fam*) Blickwinkel *m;* Ansicht(ssache), Meinung, Einstellung *f;* **at** [*o* **on**] **a** ~ schräg, schief, geneigt; **slant•ing** ['-ɪŋ] *adj* schief, geneigt, schräg

slap [slæp] **I.** *s* Klaps, Schlag *m;* **a** ~ **on the back** anerkennendes Schulterklopfen; **a** ~ **in the face** eine Ohrfeige; (*fig*) ein Schlag *m* ins Gesicht; ~ **and tickle** (*fam*) Schmusen *nt* **II.** *vt* **1.** schlagen, einen Klaps geben (*s.o.* jdm, *in the face* ins Gesicht, *on the cheek* auf die Backe) **2.** klatschen, knallen; ~ **s.o. on the back** jdm auf den Rücken klopfen; ~ **s.o.'s face** jdn ohrfeigen **III.** *adv* direkt, genau; **slap down** *vt* **1.** hinknallen **2.** (*jdn*) zusammenstauchen; **slap on** *vt* (*fam*) draufklatschen; (*Steuern, Geld*) draufhauen

slap-bang [ˌslæp'bæŋ] *adv* spornstreichs; direkt, genau; **slap•dash** ['slæpdæʃ] *adj* flüchtig; (*Arbeit*) schlampig; **slap•head** ['slæphed] *s* (*sl*) Glatzkopf *m;* **slap•jack** ['slæpˌdʒæk] *s* (*Am*) Pfannkuchen *m;* **slapper** ['slæpə] *s* (*Br: sl pej*) Schlampe *f pej;* **slap•stick** ['slæpstɪk] *s* Klamauk, Slapstick *m;* **slapstick comedy** *s* Klamaukstück *nt;* **slap-up** ['slæpʌp] *adj* (*fam*) erstklassig, prima; **a** ~ **meal** (*fam*) ein Essen *nt* mit allem Drum und Dran

slash [slæʃ] **I.** *vt* **1.** (auf)schlitzen; zerschneiden **2.** (*Büsche, Unterholz*) abhauen **3.** einschlagen auf **4.** (*fam*) scharf kritisieren **5.** (*Preise*) heruntersetzen; (*fig*) (drastisch) kürzen, zusammenstreichen **II.** *vi* hauen (*at* nach), losschlagen (*at* auf) **III.** *s* **1.** Schnitt-, Hiebwunde *f* **2.** (*Kleid*) Schlitz *m* **3.** Schrägstrich *m;* **have a** ~ (*sl*) schiffen; **~and-burn** Brandrodung *f;* **slash•ing** [-ɪŋ] *adj* erbarmungslos; (*Kritik*) vernichtend

slat [slæt] *s* Latte, Leiste *f*

slate [sleɪt] **I.** *s* **1.** Schiefer *m* **2.** Schieferplatte, -tafel *f* **3.** (*Am*) Kandidatenliste *f;* **on the** ~ (*fam*) auf Kredit; **have a clean** ~ (*fig*) eine reine Weste haben; **wipe the** ~ **clean** (*fig*) reinen Tisch machen **II.** *adj* **1.** (*~-coloured*) schiefergrau **2.** aus Schiefer, Schiefer- **III.** *vt* **1.** mit Schiefer decken **2.** (*Am*) auf die Kandidatenliste setzen, vormerken, ausersehen (*for s.th.* für etw) **3.** (*fam*) scharf kritisieren, verreißen (*s.o.* jdn); ~ **s.th. for a time/for a place** (*Am*) etw für einen Zeitpunkt festsetzen/für einen Ort planen

slat•tern ['slætən] *s* Schlampe *f;* **slat•tern•ly** ['slætənlɪ] *adj* liederlich

slaty ['sleɪtɪ] *adj* schieferartig, -haltig; schieferfarben

slaugh•ter ['slɔːtə(r)] **I.** *s* **1.** Schlachten *nt* (*von Vieh*) **2.** bestialischer Mord; Gemetzel, Blutbad *nt* **II.** *vt* **1.** (*Vieh*) schlachten **2.** (*Menschen*) niedermetzeln **3.** (SPORT) haushoch schlagen; **slaughter•house** *s* Schlachthaus *nt*

Slav [slɑːv] **I.** *s* Slawe *m,* Slawin *f* **II.** *adj* slawisch

slave [sleɪv] **I.** *s* Sklave *m,* Sklavin *f;* **be a** ~ **to duty** nur seine Pflicht kennen; **white** ~ **trade** Mädchenhandel *m;* **~-driver** Sklavenaufseher *m;* (*fig*) Leuteschinder *m;* ~ **labo(u)r** Sklavenarbeit *f;* die Sklaven *mpl;* ~ **trade** Sklavenhandel *m* **II.** *vi* schuften, sich abplacken

slaver ['slævə(r)] **I.** *vi* sabbern **II.** *s* Geifer *m*

slav•ery ['sleɪvərɪ] *s* Sklaverei *f*

Slavic, **Slav•onic** ['slɑːvɪk, slə'vɒnɪk] **I.** *adj* slawisch **II.** *s* (das) Slawisch(e)

slav•ish ['sleɪvɪʃ] *adj* sklavisch

sleaze [sliːz] *s* Anstößiges; **sleaze campaign** *s Kampagne, bei der durch fragwürdige moralische Mittel offensiv gegen einen Gegner vorgegangen wird*

slea•zoid ['sliːzɔɪd] **I.** *s* (*fam*) schmierige Person **II.** *adj* schmierig

sleazy ['sliːzɪ] *adj* **1.** (*Gewebe*) dünn **2.** (*fam*) schäbig

sled, **sledge** [sled, sledʒ] **I.** *s* Schlitten *m* **II.** *vi* Schlitten fahren; **go sledging** Schlitten fahren

sledge•ham•mer ['sledʒˌhæmə(r)] *s* Schmiede-, Vorschlaghammer *m;* (*fig*) Holzhammer *m*

sleek [sliːk] **I.** *adj* **1.** (*Haar*) weich, glatt u. glänzend **2.** (*Tier*) gepflegt **3.** (*fig*) gut aussehend, elegant; (*pej*) aalglatt **II.** *vt* glätten; pflegen

sleep [sliːp] <*irr:* slept, slept> **I.** *s* Schlaf *m;* **go to** ~ einschlafen; **get some** ~ schlafen; **get** [*o* **have**] **a good night's** ~ richtig gut schlafen; **put s.o. to** ~ jdn zum Schlafen bringen; **put a dog to** ~ einen Hund einschläfern (lassen); **walk in one's** ~ schlafwandeln **II.** *vi* schlafen; ~ **like a log** [*o* **top**] wie ein Murmeltier [*o* **Stein**] schlafen; ~ **late** lange (aus)schlafen; ~ **rough** draußen schlafen **III.** *vt* **1.** schlafen **2.** Unterkunft bieten für, unterbringen; ~ **the clock round** rund um die Uhr schlafen; **he didn't** ~ **a wink** er hat kein Auge zugetan; ~ **the** ~ **of the just** den Schlaf des Gerechten schlafen; **sleep around** *vi* (*fam*) mit jedem ins Bett gehen; **sleep away** *vt* verschlafen; **sleep in** *vi* **1.** ausschlafen; verschlafen **2.** im Haus wohnen; **sleep off** *vt* ausschlafen; **sleep on** *vi* **1.** weiterschlafen **2.** be-, überschlafen (*s.th.* etw); **sleep out** *vi* **1.** draußen schlafen **2.** nicht im Hause wohnen; **sleep over** *vi* (*Kinder*) bei einer Freundin/einem Freund übernachten; **sleep through** *vi* durchschlafen; ~ **through s.th.** bei etw weiterschlafen; ~ **through the alarm** den Wecker nicht hören; **sleep debt** *s* Schlafdefizite *pl;* **sleep together** *vi* miteinander schlafen; **sleep with** *vi* schlafen mit

sleeper ['sliːpə(r)] *s* **1.** Schläfer(in) *m(f)* **2.** (*railway* ~) Schwelle *f* **3.** Schlafwagen *m;* Platz *m* im Schlafwagen **4.** (*fam*) Geheimtipp *m;* **be a good/bad** ~ gut/schlecht schlafen; **be a heavy/light/sound** ~ einen festen/leisen/gesunden Schlaf haben; **sleeper plane** *s* Flugzeug *nt* mit Schlafkojen

sleepi•ness ['sliːpɪnɪs] *s* Schläfrigkeit *f;* Verschlafenheit *f*

sleep•ing ['sliːpɪŋ] **I.** *adj* schlafend; **Sleeping Beauty** Dornröschen *nt;* **let** ~ **dogs lie** (*prov*) schlafende Hunde soll man nicht wecken **II.** *s* Schlafen *nt;* **sleeping accomodation** *s* Schlafgelegenheit *f;* **sleeping bag** *s* Schlafsack *m;* **sleeping car** *s* (RAIL) Schlafwagen *m;* **sleeping partner** *s* (*Br*) stiller Gesellschafter; **sleeping pill**, **sleeping tablet** *s* Schlaftablette *f;* **sleeping policeman** *s* Bodenschwelle *f;* **sleeping sickness** *s* Schlafkrankheit *f*

sleep•less ['sliːplɪs] *adj* schlaflos; **sleepwalk** *vi* schlafwandeln; **sleep•walker** *s* Schlafwandler(in) *m(f);* **sleepy** ['sliːpɪ] *adj* **1.** schläfrig, müde **2.** verschlafen **3.** (*fig*) still, ruhig, tot; **sleepy•head** *s* (*fam*) Schlafmütze *f*

sleet [sliːt] **I.** *s* (METE) Schneeregen *m* **II.** *vi:* **it was ~ing** es gab Schneeregen

sleeve [sliːv] *s* **1.** Ärmel *m* **2.** (TECH) Muffe, Buchse, Hülse, Tülle *f* **3.** (AVIAT) Windsack *m* **4.** Schallplattenhülle *f;* **have s.th.** [*o* **a card**] **up one's** ~ etw auf Lager [*o* in petto] haben; **laugh up one's** ~ sich ins Fäustchen lachen; **roll up one's ~s** die Ärmel aufkrempeln; sich ernstlich an die Arbeit machen; **wear one's heart on one's** ~ das Herz auf der Zunge haben; **sleeve•less** ['sliːvlɪs] *adj* ärmellos

sleigh [sleɪ] **I.** *s* (Pferde)Schlitten *m* **II.** *vi* Schlitten fahren; **sleigh•ing-party** ['sleɪɪŋpɑːtɪ] *s* Schlittenfahrt, -partie *f*

sleight of hand [ˌslaɪtəv'hænd] *s* (Zauber)Kunststück *nt;* Trick *m*

slen•der ['slendə(r)] *adj* **1.** schlank; schmal **2.** (*fig*) mager, dürftig; (*Mittel*) unzureichend; (*Einkommen*) gering; **his chances of winning are extremely** ~ seine Gewinnchancen sind minimal; **slen•der•ize** [-aɪz] **I.** *vt* schlank machen **II.** *vi* schlank(er) werden

slept [slept] *s.* **sleep**

slice [slaɪs] **I.** *s* **1.** Scheibe, Schnitte, Tranche *f* **2.** (*fig*) Stück *nt,* (An)Teil *m* **3.** (Torten)Schaufel *f* **4.** (SPORT) geschnittener Ball; **put a** ~ **on a ball** einen Ball anschneiden; **a** ~ **of luck** ziemliches Glück **II.** *vt* **1.** durchschneiden; aufschneiden, in Scheiben schneiden **2.** (*Ball*) anschneiden **III.** *vi* (*a.* SPORT) schneiden; ~ **through s.th.** etw durchschneiden; **slice off** *vt* abschneiden; **slice up** *vt* in Scheiben schneiden, aufschneiden; aufteilen; **sliced** [slaɪst] *adj* geschnitten; aufgeschnitten; **the best thing since** ~ **bread** (*fig fam*) eine Wucht, eine tolle Sache; **slicer** ['slaɪsə(r)] *s* (Brot-, Wurst)Schneidemaschine *f*

slick [slɪk] **I.** *adj* **1.** (*Am*) (spiegel)glatt; schlüpfrig **2.** (*Haare*) geschniegelt **3.** (*fam*) raffiniert **4.** (*sl*) großartig **II.** *s* **1.** (*oil* ~) Ölteppich *m* **2.** (*Am*) Zeitschrift *f* auf Kunstdruckpapier; **slick back** *vt* glätten; **slick up** *vt* (*Am*) aufpolieren; herausputzen; auf Hochglanz bringen

slicker ['slɪkə(r)] *s* (*Am*) Ölhaut *f* (*Regenmantel*)

slide [slaɪd] **I.** *s* **1.** Rutschbahn *f;* Rutsche *f* **2.** (PHOT) Dia(positiv) *nt;* (*Mikroskop*) Objektträger *m* **3.** (TECH) Schlitten, Schieber *m* **4.** (*Posaune*) Zug *m;* (*Noten*) Schleifer *m* **5.** (*Br*) Haarspange *f* **6.** (*fig*) Abfall *m* **7.** (*land*~) (Erd)Rutsch *m* **II.** *vt* schieben; gleiten lassen **III.** *vi* **1.** rutschen; schlittern **2.** sich schieben lassen **3.** (*fig: Mensch*) schleichen **4.** (FIN) absinken, nachgeben; **the day slid by** der Tag verging wie im Nu; ~ **into bad habits** schlechte Angewohnheiten annehmen; **let things** ~ alles schleifen lassen; **slide control** *s* Schieberegler *m;* **slide projector** *s* Diaprojektor *m;* **slide rule** *s* Rechenschieber *m;* **slid•ing** [-ɪŋ] *adj* gleitend; (*Tür, Dach*) Schiebe-; **a** ~ **scale** eine gleitende Skala

slight [slaɪt] **I.** *adj* **1.** schlank, dünn, schmächtig **2.** (*Person*) zart, schwach **3.** (*Erkältung*) leicht **4.** klein, geringfügig, unbedeutend, unwesentlich, belanglos **5.** (*Eindruck*) oberflächlich **6.** (*Unterschied*) klein; **not in the ~est** nicht im Geringsten **II.** *vt* kränken; geringschätzig behandeln **III.** *s* Kränkung *f;* Missachtung *f* (*on his work* seiner Arbeit); **slight•ly** ['-lɪ] *adv* ein wenig, etwas, leicht

slim [slɪm] **I.** *adj* **1.** schlank; schmächtig **2.** gering(fügig), schwach **II.** *vt* schlank machen **III.** *vi* abnehmen

slime [slaɪm] *s* Schleim *m*

slim•mer ['slɪmə(r)] *s* Kalorienzähler(in) *m(f);* **slim•ming** ['slɪmɪŋ] **I.** *s* Abnehmen *nt* **II.** *adj* schlank machend; **be** ~ schlank machen; **be on a** ~ **diet** eine Abmagerungskur machen; **black is a** ~ **colour** schwarz macht schlank

slimy ['slaɪmɪ] *adj* **1.** schleimig, glitschig; schmierig **2.** (*fig*) widerlich, ekelhaft

sling [slɪŋ] <*irr:* slung, slung> **I.** *s* **1.** (Stein)Schleuder *f* **2.** (MED) Schlinge *f* **3.** (*zum Tragen*) Schlinge *f;* (Gewehr-, Trag)Riemen *m* **4.** Babytragetasche *f* **II.** *vt* **1.** schleudern, werfen **2.** hochziehen **3.** (*Gewehr*) um-, überhängen; ~ **one's hook** (*fam*) abhauen; ~ **mud at s.o.** (*fam*) jdn mit Schmutz bewerfen; ~ **s.o. out** (*fam*) jdn rausschmeißen; ~ **s.th. out** (*fam*) etw wegschmeißen; **sling•shot** *s* Schleuder *f*

slink [slɪŋk] <*irr:* slunk, slunk> *vi* schleichen; ~ **about** umherschleichen; ~ **away** [*o* **off**] wegschleichen; sich davonstehlen

slinky ['slɪŋkɪ] *adj* (*fam*) aufreizend; katzenhaft

slip [slɪp] **I.** *vi* **1.** schlüpfen (*into a coat* in einen Mantel) **2.** schleichen **3.** gleiten (*through the water* durch das Wasser) **4.** ausgleiten, -rutschen (*on the ice* auf dem Eis) **5.** (*Geheimnis*) herausrutschen **6.** (*fig*) abgleiten, absinken, nachlassen; **let s.th.** ~ **through one's fingers** sich etw entgehen lassen; ~ **through s.o.'s fingers** jdm durch die Finger schlüpfen; jdm entgehen; **I let it** ~ das ist mir (so) entfahren; **don't let the chance** ~ lassen Sie sich die Gelegenheit nicht entgehen **II.** *vt* **1.** gleiten lassen; schieben **2.** hineinstecken (*into* in), schnell, unbemerkt stecken, drücken (*into* in) **3.** (*Geld*) zustecken (*s.o.* jdm) **4.** (*Maschen*) ungestrickt abheben **5.** (*Bemerkung*) nicht unterdrücken können **6.** übersehen, verpassen, sich entgehen lassen **7.** entschwinden, entfallen (*the mind, memory* dem Gedächtnis) **8.** sich losreißen von; losmachen; ~ **a disc** einen Bandscheibenschaden bekommen; ~ **the clutch** (AUTO) die Kupplung schleifen lassen; ~ **s.o.'s mind** jdm entfallen; ~ **s.o.'s notice** jdm entgehen **III.** *s* **1.** Ausgleiten, -rutschen *nt* **2.** Un(glücks)fall *m* **3.** Fehltritt *m;* Irrtum *m,* Versehen *nt,* Schnitzer, Fehler *m;* Versprechen *nt;* Verschreiben *nt* **4.** (AVIAT) Schlipp *m* **5.** geschlämmter Ton **6.** Unterkleid *nt,* -rock *m* **7.** (*pillow* ~) Kissenbezug *m* **8.** Spross, Trieb, Schössing *m,* Steckreis *nt* **9.** Zettel *m;* (COM) Beleg, Abschnitt *m;* (*Versicherung*) Deckungszusage *f* **10.** **~s** (THEAT) Bühnenloge *f;* **give s.o. the** ~ jdm entwischen; **it was a** ~ **of the tongue** ich habe mich versprochen; (*fam*) es ist mir herausgerutscht; **a** (**mere**) ~ **of a boy/girl** ein schmächtiges Kerlchen/zartes Ding; ~ (**of paper**) Zettel *m;* ~ **of the pen** Schreibfehler *m;* **slip away** *vi* **1.** sich davonstehlen **2.** (*Zeit*) vergehen; (*Chancen*) schwinden; **slip back** *vi* sich zurückschleichen; (*Produktion*) zurückgehen; (*Patient*) einen Rückfall haben; ~ **back into old habits** in alte Gewohnheiten zurückfallen; **slip by**, **slip away**, **slip past** *vi* **1.** (*Zeit*) im Fluge, unmerklich vergehen **2.** sich vorbeischleichen (*s.o.* an jdm); **slip down** *vi* **1.** hinunterrutschen (*s.th.* über etw) **2.** sich hinunterstehlen (*s.th.* über etw); **slip from** *vi* gleiten aus (*one's hand* der Hand); **slip in** **I.** *vt* (*Wort*) einfließen lassen **II.** *vi* sich einschleichen; **slip into** *vi* **1.** abgleiten (*s.th.* in etw) **2.** sich einschleichen (*s.th.* in etw) **3.** (*Kleidung*) eilig schlüpfen (*s.th.*

in etw) **4.** sich verwandeln (*s.th.* in etw) **5.** gleiten lassen (*s.th.* etw in etw); **slip off** **I.** *vt* **1.** hinausschlüpfen aus (*einem Kleidungsstück*), ausziehen **2.** herunterrutschen (*s.th.* von etw) **II.** *vi* sich davonmachen; **slip on** *vt* hineinschlüpfen in (*ein Kleidungsstück*), anziehen, überziehen; **slip out** *vi* **1.** kurz weggehen **2.** (*Geheimnis*) herausrutschen; **slip over** *vi* gleiten, rutschen (*s.th.* über etw); ~ **one over on s.o.** jdn hereinlegen, übers Ohr hauen; **slip up** *vi* einen Fehler machen

slip car·riage, **slip coach** ['slɪpˌkærɪdʒ, 'slɪpkəʊtʃ] *s* (RAIL) abhängbarer Wagen; **slip·case** *s* Schuber *m;* **slip·cover** *s* (*Am*) Überzug *m;* **slip·knot** *s* Laufknoten *m;* **slip-on**, **slip·over** ['slɪpɒn, 'slɪpˌəʊvə(r)] *s* Pullunder *m*

slip·per ['slɪpə(r)] *s* Hausschuh *m;* Pantoffel *m*

slip·pery ['slɪpərɪ] *adj* **1.** schlüpfrig, glatt, glitschig **2.** (*fig*) unsicher, unzuverlässig; **the ~ slope** (*fig*) die schiefe Bahn

slip road ['slɪprəʊd] *s* **1.** Zufahrt **2.** (*Autobahn*) Auffahrt, Ausfahrt *f;* **slip·shod** ['slɪpʃɒd] *adj* (*fig*) schlampig, nachlässig, gleichgültig; **slip·stream** **I.** *s* (AVIAT) Luftschraubenstrahl *m;* (AUTO) Windschatten *m* **II.** *vi* im Windschatten fahren; **slip-up** ['slɪpʌp] *s* (*fam*) Schnitzer *m;* Panne *f;* **slip·way** ['slɪpweɪ] *s* (MAR) Helling *f*

slit [slɪt] <*irr:* slit, slit> **I.** *vt* (auf)schlitzen, aufschneiden **II.** *s* Schlitz, Spalt *m;* Schießscharte *f;* **slit**(**ty**)**-eyed** ['slɪt(ɪ)aɪd] *adj* (*pej*) schlitzäugig

slither ['slɪðə(r)] *vi* **1.** rutschen **2.** (*Schlange*) kriechen; **slithery** ['slɪðərɪ] *adj* schlüpfrig, glatt

sliver ['slɪvə(r)] *s* Splitter, Span *m*

slob [slɒb] *s* (*fam*) Schmutzfink *m*

slob·ber ['slɒbə(r)] *vi* sabbeln; geifern; **slob·bery** ['slɒbərɪ] *adj* glitschig, nass

sloe [sləʊ] *s* Schlehe *f*

slog [slɒg] **I.** *vi* (*fam*) **1.** schuften **2.** schlagen (*at* auf) **3.** (~ *on*) schwerfällig gehen; ~ **through s.th.** durch etw stapfen; ~ **away** sich abrackern (*at* mit) **II.** *vt* hart schlagen **III.** *s* **1.** (heftiger) Schlag *m* **2.** (*fam*) Schufterei *f*

slo·gan ['sləʊgən] *s* **1.** Slogan *m;* Wahlspruch *m;* Schlagwort *nt* **2.** (COM) Werbespruch *m*

slo-mo ['sləʊˌməʊ] *s* (*Am*) Zeitlupe *f*

sloop [slu:p] *s* (MAR) Schaluppe *f;* Geleitboot *nt*

slop [slɒp] **I.** *s* **1.** (*fam*) Schmalz *m* **2.** **~s** Spülwasser, Spülicht *nt* **3.** (dünne) Brühe *f* **II.** *vi* **1.** (~ *over*) überlaufen, -fließen, -schwappen **2.** (~ *about*) herumschlurfen **III.** *vt* verschütten; vergießen; schütten; **slop basin** *s* Schale *f* für Kaffeesatz, Teeblätter

slope [sləʊp] **I.** *s* **1.** (Ab)Hang *m;* Böschung *f* **2.** Neigung *f;* Gefälle *nt;* Schräge *f;* **ski ~** Piste *f;* **on a ~** am Hang **II.** *vi* **1.** (~ *down*) schräg abfallen **2.** sich neigen **3.** (*fam*) schlendern **III.** *vt* neigen, schräg legen; **slope away** *vi* **1.** abfallen **2.** (*fam*) abhauen; **slope down** *vi* sich neigen, abfallen; **slope off** *vi* (*fam*) abhauen; **slope up** *vi* **1.** (*Straße*) ansteigen **2.** heranschlendern; ~ **up to s.o.** auf jdn zuschlendern; **slop·ing** [-ɪŋ] *adj* ansteigend; abfallend; (*Decke, Boden*) schräg; (*Schultern*) hängend; (*Garten*) am Hang (gelegen)

slop·pi·ness ['slɒpɪnəs] *s* Schlampigkeit *f;* Nachlässigkeit *f;* **sloppy** ['slɒpɪ] *adj* **1.** matschig, nass **2.** (*fam*) schlampig, liederlich; nachlässig **3.** (*fam*) schmalzig, sentimental; **do ~ work** pfuschen

slosh [slɒʃ] **I.** *vi* (*fam*) **1.** herumpatschen; herumspritzen **2.** überschwappen **II.** *vt* (*fam*) schlagen; **sloshed** [slɒʃt] *adj* (*Br sl*) besoffen

slot [slɒt] *s* **1.** Kerbe *f,* Einschnitt *m* **2.** Schlitz, (Münz)Einwurf *m* **3.** (RADIO TV) (Sende)Zeit *f*, in der ein bestimmtes Programm gesendet wird; **put money in the ~** Geld einwerfen; **have a ~ for s.th.** etw einfügen können; **slot in** **I.** *vt* hineinstecken; einfügen; unterbringen **II.** *vi* sich einfügen lassen; ~ **s.o. into a company** jdn bei einer Firma unterbringen; ~ **s.o. into an image** jdn in ein bestimmtes Image einordnen; ~ **commercials in** Werbespots einbauen; **slot together** **I.** *vi* zusammenpassen **II.** *vt* zusammenfügen

sloth [sləʊθ] *s* **1.** Faulheit, Trägheit *f* **2.** Faultier, Ai *nt;* **sloth·ful** ['sləʊθfl] *adj* faul, träge

slot ma·chine ['slɒtməʃi:n] *s* (Waren-, Spiel)Automat *m;* **slot meter** *s* Münzzähler *m*

slouch [slaʊtʃ] **I.** *vi* lässig, schlacksig herumsitzen, -stehen; sich hinflegeln; herumlungern **II.** *s* **1.** schlaffe, schlechte Haltung **2.** schwerfälliger Gang **3.** (~ *hat*) Schlapphut *m* **4.** (*fam*) Flasche, Niete *f;* **be no ~** (*fam*) was loshaben (*at* in)

slough[1] [slʌf] **I.** *s* (abgeworfene Schlangen)Haut *f* **II.** *vt* **1.** (~ *off*) abwerfen, -stoßen **2.** (*fig: Angewohnheit*) ablegen, loswerden **3.** (*fig*) aufgeben

slough[2] [slaʊ, *Am* slu:] *s* Sumpf, Morast *m;* **the Slough of Despond** Hoffnungs-, Mutlosigkeit *f*

Slo·vak ['sləʊvæk] **I.** *adj* slowakisch **II.** *s* **1.** Slowake *m,* Slowakin *f* **2.** (das) Slowakisch(e); **Slo·vak·ia** [sləʊ'vækɪə] *s* die Slowakei

sloven ['slʌvn] *s* Schlampe *f,* Schlamper *m*
Slo•ven•ia [sləʊ'vi:nɪə] *s* Slowenien *nt*
Slo•vene ['sləʊvi:n], **Slo•ven•ian** [sləʊ'vi:nɪən] I. *adj* slowenisch II. *s* 1. Slowene *m,* Slowenin *f* 2. (das) Slowenisch(e)
sloven•ly [-lɪ] *adj* schlampig
slow [sləʊ] I. *adj* 1. langsam 2. schleppend, träge 3. (*Markt*) flau 4. schwerfällig, schwer von Begriff 5. (*Uhr*) nachgehend 6. (*Fieber*) schleichend 7. (*Feuer*) schwach 8. (COM: *Zahler*) säumig, unpünktlich 9. (*Film*) unempfindlich 10. (MUS) breit, gedehnt; ~ **off the mark** [*o* **on the uptake**] schwer von Begriff; **be** ~ (*Uhr*) nachgehen; **cook on a** ~ **fire** auf kleiner Flamme kochen; **he's** ~ **in catching on** er hat eine lange Leitung; **it's** ~ **work** das geht langsam (voran); **he is a** ~ **worker/reader** er arbeitet/liest langsam; **be** ~ **to do s.th.** sich bei etw Zeit lassen; **not to be** ~ **to do s.th.** etw schnell tun II. *adv* langsam; **go** ~ langsam fahren; (*Arbeiter*) einen Bummelstreik machen III. *vi:* ~ **to a stop** langsam anhalten IV. *vt* verlangsamen; **slow down** I. *vi* langsamer werden, sich verlangsamen; (*Inflation*) abnehmen II. *vt* verlangsamen; (*Motor*) drosseln; (*fig*) verzögern; ~ **the car down** langsamer fahren
slow•coach ['sləʊkəʊtʃ] *s* Schlafmütze *f;* **slow•down** ['sləʊdaʊn] *s* 1. Verlangsamung *f* 2. Konjunkturrückgang *m;* ~ (**strike**) (*Am*) Bummelstreik, Dienst *m* nach Vorschrift; **slow•ly** ['sləʊlɪ] *adv* langsam; **slow-motion** I. *adj* in Zeitlupe II. *s* Zeitlupe *f;* **slow-mov•ing** [ˌsləʊ'mu:vɪŋ] *adj* langsam vorankommend; (*Verkehr*) kriechend; (*Handlung*) langatmig; **slow•ness** ['sləʊnɪs] *s* 1. Langsamkeit *f* 2. Trägheit *f;* Schwerfälligkeit *f* 3. Begriffsstutzigkeit *f;* **slow train** *s* (*Br*) Bummelzug *m;* **slow-witted** [ˌsləʊ'wɪtɪd] *adj* begriffsstutzig; **slow•worm** *s* Blindschleiche *f*
SLR [ˌesel'ɑ:(r)] *s Abk. von* **single-lens reflex** (**camera**) Spiegelreflexkamera *f*
sludge [slʌdʒ] *s* 1. (Schnee)Matsch *m;* Schlamm *m* 2. (TECH) (Klär)Schlamm *m;* **sludge digestion** *s* Schlammfaulung *f;* **sludge gas** *s* Faul-, Klärgas *nt;* **sludge gulper** *s* Klärschlammabfuhrwagen *m*
slue [slu:] I. *vi* sich drehen II. *vt* drehen
slug¹ [slʌg] *s* Nacktschnecke *f*
slug² [slʌg] *s* 1. (TYP) Zeilenguss *m,* Reglette *fpl,* Durchschuss *m* 2. (*fam*) Schluck *m* 3. Kugel *f*
slug³ [slʌg] I. *vt* (*fam*) hart schlagen II. *s* (*fam*) harter Schlag; **give s.o. a** ~ jdm eine knallen
slug•gard ['slʌgəd] *s* Faulpelz *m;* **slug•gard•ly** [-lɪ] *adj* faul
slug•gish ['slʌgɪʃ] *adj* 1. träge; langsam 2. (COM) schleppend; stagnierend 3. (TECH) zähflüssig
sluice [slu:s] I. *s* 1. Schleuse *f* 2. Rinne *f,* Graben *m* II. *vi* herausströmen III. *vt* 1. (~ *out, down*) waschen; abspritzen; ab-, auswaschen, ausspülen 2. (*Erz*) waschen; **sluice•gate** *s* Schleusentor *nt;* **sluice•way** *s* Schleusenkanal *m*
slum [slʌm] I. *s* 1. Elendsquartier *nt* 2. ~**s** Elendsviertel *nt* 3. (*fig*) Saustall *m* II. *vt, vi:* ~ **it** primitiv leben
slum•ber ['slʌmbə(r)] I. *vi* (*lit*) schlummern, schlafen II. *s oft pl* (*lit*) Schlummer *m*
slum child ['slʌmtʃaɪld] <*pl* -children> *s* Slumkind *nt;* **slum clearance** *s* Beseitigung *f* der Slums, Stadtsanierung *f;* **slum dweller** *s* Slumbewohner(in) *m(f)*
slump [slʌmp] I. *vi* 1. (~ *down*) zusammensinken, zusammensacken 2. (*fig: Preise*) (plötzlich) fallen, sinken, nachlassen 3. (*Absatz*) abnehmen, fallen 4. sich fallen lassen (*into a chair* auf einen Stuhl) II. *s* 1. (plötzliches) Nachlassen, Absinken *nt* 2. (Preis-, Kurs)Sturz, Konjunktureinbruch *m;* ~ **in prices** Preisverfall *m;* ~ **in production** Produktionsrückgang *m*
slung [slʌŋ] *s.* **sling**
slunk [slʌŋk] *s.* **slink**
slur [slɜ:(r)] I. *vt* 1. undeutlich, nachlässig aussprechen 2. (MUS) binden, halten 3. (~ *over*) oberflächlich behandeln, hinweggehen über (*s.th.* etw) II. *s* 1. undeutliche Aussprache 2. (*fig*) Makel *m;* Verunglimpfung *f* 3. (MUS) Bindung *f;* Bindebogen *m*
slurp [slɜ:p] *vi, vt* (*fam*) schlürfen
slurry ['slʌrɪ] *s* Jauche, Gülle *f*
slush [slʌʃ] *s* Schneematsch *m;* Matsch, Morast, Schlamm *m;* (*fig*) Kitsch *m;* **slush fund** *s* Bestechungs-, Schmiergelder *ntpl;* **slushy** ['slʌʃɪ] *adj* matschig; (*fig*) sentimental
slut [slʌt] *s* 1. Schlampe *f* 2. Flittchen *nt;* **slut•tish** ['-ɪʃ] *adj* liederlich
sly [slaɪ] *adj* 1. schlau, verschlagen 2. falsch, hinterhältig; **on the** ~ heimlich
smack¹ [smæk] I. *s* 1. (leichter) Geschmack *m;* (*a. fig*) Beigeschmack *m* 2. (*fig*) (schwache) Spur, Andeutung *f,* Anflug *m* II. *vi* 1. schmecken, *fig* riechen (*of* nach) 2. einen Anflug haben (*of* von)
smack² [smæk] I. *s* 1. (~ *on the lips*) Schmatz *m,* lauter Kuss 2. Schmatzen *nt* 3. (*Peitsche*) Knallen *nt* 4. Klaps, Schlag *m* 5. (*sl*) Heroin *nt;* **have a** ~ **at s.th.** (*fam*) etw probieren; **a** ~ **in the eye** (*fam*) ein Schlag ins Kontor, ein Misserfolg *m* II. *vt* (klatschend) schlagen; ~ **s.o.'s bottom** jdm den Hintern versohlen; ~ **one's lips** schmatzen III. *adv* direkt; **smacker**

['smækə(r)] *s* **1.** (*fam: Kuss*) Schmatzer *m* **2.** Klaps *m* **3.** (*sl*) Dollar *m;* Pfund (Sterling) *nt;* **smack·ing** ['smækɪŋ] *s* Tracht *f* Prügel

small [smɔ:l] **I.** *adj* **1.** klein **2.** gering **3.** (*Zahl*) niedrig **4.** (*Vermögen*) bescheiden **5.** (*Trost*) schwach, schlecht **6.** geringfügig, unbedeutend **7.** (*Mensch*) kleinlich **8.** (*Stimme*) schwach **9.** (*obs: Bier*) schwach, dünn; **in a ~ voice** kleinlaut; **in a ~ way** in bescheidenem Umfang; **on the ~ side** etwas zu klein; **feel ~** kleinlaut sein; **the ~est possible amount** so wenig wie möglich; **that was no ~ success** das war ein beachtlicher Erfolg; **~ and medium-sized enterprises, SMEs** Mittelstand *m* **II.** *s pl* (*Br*) Unterwäsche *f;* **the ~ of the back** das Kreuz; **small ads** *s pl* Kleinanzeigen *fpl;* **small arms** *s pl* Handfeuerwaffen *fpl;* **small beer** *s* (*obs*) Dünnbier *nt;* (*fig*) Kleinigkeit *f;* kleiner Wicht; **small business** *s* Kleinbetriebe *mpl;* **small businessman** *s* Kleinunternehmer *m;* **small change** *s* Klein-, Wechselgeld *nt;* **small claims court** *s* (*Br*) ≈Amtsgericht *nt;* **small fry** *s pl* (*a. fig*) kleine Fische *mpl;* **small·hold·er** ['smɔ:lˌhəʊldə(r)] *s* Kleinbauer *m;* **small·hold·ing** ['smɔ:lˌhəʊldɪŋ] *s* Kleinbesitz *m;* **small hours** *s pl* frühe Morgenstunden *fpl;* **small intestine** *s* Dünndarm *m;* **smal·lish** ['smɔ:lɪʃ] *adj* ziemlich klein; **small loan** *s* Kleinkredit *m;* **small-minded** [ˌsmɔ:l'maɪndɪd] *adj* kleinlich, engstirnig; **small·ness** ['smɔ:lnɪs] *s* Kleinheit *f;* (*fig*) Bescheidenheit *f;* (*pej*) Kleinlichkeit *f;* **small·pox** ['smɔ:lpɒks] *s* Pocken *pl;* **small print** *s* (das) Kleingedruckte; **small-scale** *adj* Klein-, in kleinem Maßstab; **small screen** *s* (*fam*) Bildschirm *m;* **small talk** *s* (höfliche), Konversation *f;* **small-time** *adj* (*fam*) klein; nebensächlich, belanglos, unbedeutend; **~ crooks** kleine Gauner *mpl*

smarmy ['smɑ:mɪ] *adj* (*fam*) glatt, kriecherisch

smart [smɑ:t] **I.** *adj* **1.** schick; flott; gepflegt **2.** klug, gewitzt; raffiniert; (*pej*) besonders gescheit **3.** schnell, flink, fix **4.** (*Am fam*) frech; **get ~** (*Am fam*) sich zusammenreißen; **get ~ with s.o.** (*fam*) jdm frech kommen; **he thinks it's ~ to do that** er kommt sich dabei toll vor; **look ~!** beeil dich! **II.** *vi* brennen; **~ under s.th.** (*fig*) unter etw leiden **III.** *s* Schmerz *m;* Brennen *nt;* **smart alec(k)** ['smɑ:t'ælɪk] *s* Besserwisser(in) *m(f);* **smart·arse** ['smɑ:tˌɑ:s] *s,* **smart-ass** ['smɑ:tˌæs] *s* (*Am*) Klugscheißer *m;* **smart card** *s* Chipkarte, Smart Card *f;* **smarten** ['smɑ:tn] **I.** *vt* (*~ up*) auffrischen, -polieren, herausputzen; **~ o.s. up** sich schön machen **II.** *vi* **1.** frisch, sauber, schöner werden **2.** aufleben, in Schwung kommen; **smart·ness** ['smɑ:tnɪs] *s* **1.** Schick *m;* Eleganz *f* **2.** Schlauheit, Gerissenheit *f* **3.** Gewandtheit, Tüchtigkeit *f;* **smart weapon** *s* computergesteuerte Waffe

smash [smæʃ] **I.** *vt* **1.** zerschmettern (*s.th. against the wall* etw an der Wand), zerschlagen **2.** (*Fenster*) einwerfen, -schlagen **3.** (vernichtend) schlagen, (schwer) treffen, ruinieren **4.** (*Tennis*) schmettern; **~ to bits** in tausend Stücke zerbrechen, zerschlagen **II.** *vi* **1.** zerbrechen; zerschellen **2.** (*~ into s.th.*) prallen (*into s.th.* gegen etw) **3.** (*fig fam*) Bankrott machen, Pleite gehen **III.** *s* **1.** heftiger Schlag **2.** (*Tennis*) Schmetterball *m* **3.** Zerbrechen, Zerkrachen *nt;* Knall *m* **4.** Zusammenstoß *m* **5.** Zusammenbruch, Bankrott *m;* **smash in** *vt* einschlagen; **smash up I.** *vt* zertrümmern; (*Gesicht*) übel zurichten; (*Auto*) zu Schrott fahren **II.** *vi* kaputt gehen; zerschellen; **smash-and-grab raid** [ˌsmæʃn'græbreɪd] *s* Schaufenstereinbruch *m;* **smashed** [smæʃt] *adj* (*sl: betrunken*) völlig zu; **smasher** ['smæʃə(r)] *s* **1.** Knüller *m,* Bomben-, Pfundssache *f* **2.** Pfundskerl *m,* Prachtmädel *nt;* **smash hit** *s* Bombenerfolg *m;* **smash·ing** ['smæʃɪŋ] *adj* (*fam*) toll, fantastisch; **smash-up** ['smæʃʌp] *s* Unfall *m;* **car ~** Autozusammenstoß *m*

smat·ter·ing ['smætərɪŋ] *s* oberflächliche Kenntnis (*in, of+gen*); **a ~ of German** ein paar Brocken Deutsch

smear [smɪə(r)] **I.** *vt* **1.** schmieren; verschmieren; beschmieren; einschmieren (*with* mit) **2.** verwischen **3.** (*fig*) verleumden **II.** *vi* verschmieren; (*Kugelschreiber*) schmieren; (*Tinte*) verlaufen **III.** *s* **1.** (Schmier-, Schmutz)Fleck *m* **2.** (MED) Abstrich *m* **3.** (*fig*) Verleumdung *f;* **~ of blood/paint** Blut-/Farbfleck *m;* **~ campaign** Schmutz-, Verleumdungskampagne *f;* **~ test** (MED) Abstrich *m;* **smeary** ['smɪərɪ] *adj* **1.** schmierig, schmutzig **2.** schmierend

smell [smel] <*irr:* smelt (smelled), smelt (smelled)> **I.** *vt* **1.** riechen **2.** wittern **3.** beriechen, beschnuppern; **~ a rat** (*fig*) Lunte riechen **II.** *vi* **1.** riechen (*at* an, *of* nach), duften; stinken **2.** (*fig*) hindeuten (*of* auf), erinnern (*of* an); **~ to high heaven** zum Himmel stinken **III.** *s* **1.** Geruch(ssinn) *m* **2.** Geruch, Duft *m* **3.** Gestank *m;* **smell out** *vt* **1.** aufstöbern, aufspüren; (*Verschwörung*) aufdecken **2.** verpesten; **smell·ing bottle** ['smelɪŋˌbɒtl] *s* Riechfläschchen *nt;* **smell·ing salts** ['smelɪŋ-

S

sɔːlts] *s* Riechsalz *nt;* **smelly** [ˈsmelɪ] *adj* (*fam*) stinkend

smelt¹ [smelt] *vt* schmelzen, verhütten; ~ **down** einschmelzen

smelt² [smelt] *s.* **smell**

smile [smaɪl] **I.** *vi, vt* lächeln; ~ **at s.o.** jdn anlächeln, anlachen; ~ **at s.th.** über etw lächeln; ~ **on s.o.** (*fig*) jdm lachen; ~ **with joy/happiness** vor Freude/Glück strahlen; **keep smiling!** lass dich nicht unterkriegen!; ~ **one's thanks** dankbar lächeln; ~ **a friendly** ~ freundlich lächeln **II.** *s* Lächeln *nt;* **give s.o. a** ~ jdm zulächeln; **come on, give me a** ~**!** lach doch mal; **be all** ~**s** übers ganze Gesicht strahlen; **smiley-face** [ˈsmaɪlɪˌfeɪs] *adj* lächelnd; **smiling** [ˈ-ɪŋ] *adj* lächelnd

smirch [smɜːtʃ] **I.** *vt* (*fig*) Schande machen (*s.o.* jdm) **II.** *s* (*fig*) Schandfleck *m*

smirk [smɜːk] **I.** *vi* grinsen, hämisch lächeln **II.** *s* Grinsen *nt*

smith [smɪθ] *s* Schmied *m*

smith•er•eens [ˌsmɪðəˈriːnz] *s:* **in** ~ in tausend Stücken; **smash to** ~ in Stücke schlagen

smithy [ˈsmɪðɪ] *s* Schmiede *f*

smit•ten [ˈsmɪtn] *adj* **1.** heimgesucht (*with* von) **2.** (*fam*) verknallt, verliebt (*with* in)

smock [smɒk] *s* **1.** (Arbeits)Kittel *m* **2.** Schürzenbluse *f;* **smock•ing** [ˈ-ɪŋ] *s* Smokarbeit *f*

smog [smɒg] *s* Smog *m;* **smog alert**, **smog warning** *s* Smogalarm *m*

smoke [sməʊk] **I.** *s* Rauch, Qualm *m;* **go up in** ~ (*fig*) in Rauch aufgehen; ergebnislos verlaufen; wütend werden; **have a** ~ (eine) rauchen; Haschisch rauchen; **have you got a** ~**?** hast du was zu rauchen? **II.** *vi* rauchen; qualmen; Haschisch rauchen **III.** *vt* **1.** rauchen **2.** (*Lebensmittel*) räuchern; **smoke out** *vt* **1.** ausräuchern **2.** (*fam*) verräuchern, einräuchern; **smoke bomb** *s* Rauchbombe *f;* **smoked** [sməʊkt] *adj* geräuchert; Räucher-; (*Glas*) Rauch-; ~ **salmon** Räucherlachs *m;* **smoke detector** *s* Rauchmelder *m;* **smoke-dried** [ˈsməʊkdraɪd] *adj* geräuchert; **smoke-free** *adj* rauchfrei; **smoke•less** [ˈsməʊklɪs] *adj* rauchlos; (*Gebiet*) rauchfrei; **smoker** [ˈsməʊkə(r)] *s* **1.** Raucher(in) *m(f)* **2.** Raucherabteil *nt;* **smoke room** *s* Rauchsalon *m;* **smoke screen** *s* (MIL) Rauch-, Nebelwand *f;* (*fig*) Vernebelung *f;* **smoke shell** *s* Nebelgranate *f;* **smoke signal** *s* Rauchsignal *nt;* **smokestack** *s* Schornstein *m;* Schlot *m;* ~ **industry** Schornsteinindustrie *f;* **smoke-stained** [ˈsməʊksteɪnd] *adj* rauchgeschwärzt

smok•ing [ˈsməʊkɪŋ] *s* Rauchen *nt;* **no** ~**!** Rauchen verboten!; **smoking car** *s* (*Am*), **smoking compartment** *s* (RAIL) Raucherabteil *nt;* **smoking jacket** *s* Hausjacke *f*

smoky [ˈsməʊkɪ] *adj* **1.** (*Feuer*) qualmend **2.** rauchig; verräuchert **3.** rauchgeschwärzt; **smol•der** (*Am*) *s.* **smoulder**

smooch [smuːtʃ] *vi* (*fam*) schmusen, knutschen

smooth [smuːð] **I.** *adj* **1.** glatt; (*Oberfläche*) eben; (*See*) ruhig **2.** (*Haare, Haut*) weich **3.** (*Paste, Teig*) sämig; (*Soße*) glatt **4.** (*Reise, Überfahrt, Flug*) ruhig; (*Start, Landung*) glatt, weich; (*Atmung*) gleichmäßig **5.** (*Ablauf*) reibungslos, glatt **6.** (*Getränk*) mild **7.** (*Stil*) flüssig, glatt; (*Ton*) sanft; (*Redeweise*) flüssig **8.** (*Benehmen, Verkäufer*) glatt, geschliffen, aalglatt **9.** (*fam*) gepflegt, fesch **10.** (*Tennis*) glatt, weich **11.** (*Motor, Getriebe*) leichtgängig; **have a** ~ **manner** [*o* **tongue**] aalglatt sein; ~ **operator** Schlawiner *m,* Schlitzohr *nt;* **make things** ~ **for s.o.** jdm die Schwierigkeiten aus dem Weg räumen **II.** *s:* **give s.th. a** ~ etw glatt streichen; **take the rough with the** ~ das Gute wie das Schlechte hinnehmen **III.** *vt* glätten; (*fig*) besänftigen; **smooth away** *vt* glätten; (*fig*) besänftigen; **smooth down I.** *vt* **1.** glatt streichen; zurechtmachen **2.** (*fig*) beruhigen, beschwichtigen **II.** *vi* sich glätten; sich beruhigen; **smooth over** *vt* gerade biegen

smoothie, **smoothy** [ˈsmuːðɪ] *s* (*fam pej*) Lackaffe *m;* **smooth•ness** [ˈsmuːðnɪs] *s* **1.** Glätte *f* **2.** Geschmeidigkeit *f* **3.** Sanftheit *f* **4.** (*fig*) Eleganz *f;* **smooth-shaven** *adj* glatt rasiert; **smooth-talk** [smuːðˈtɔːk] *vi* (*fam*): ~ **s.o.** sich bei jdm einschmeicheln; **smooth-tongued** [ˈsmuːðtʌŋd] *adj* katzenfreundlich; schmeichlerisch

smother [ˈsmʌðə(r)] **I.** *vt* **1.** ersticken **2.** überschütten, überhäufen (*in, with* mit) **II.** *vi* ersticken

smoul•der [ˈsməʊldə(r)] *vi* schwelen, glimmen; ~**ing look** glühender Blick

smudge [smʌdʒ] **I.** *s* **1.** Schmutzfleck *m;* Klecks *m* **2.** (*Am*) qualmendes Feuer **II.** *vt, vi* verschmieren; **smudge-proof** *adj* (*lipstick*) nicht schmierend; **smudgy** [ˈsmʌdʒɪ] *adj* schmutzig, schmierig; verwischt

smug [smʌg] *adj* **1.** selbstzufrieden, -gefällig **2.** eingebildet; blasiert

smuggle [ˈsmʌgl] *vt, vi* schmuggeln (*s.th. into England* etw nach England); **smuggler** [ˈsmʌglə(r)] *s* Schmuggler(in) *m(f);* **smug•gling** [ˈsmʌglɪŋ] *s* Schmuggel *m*

smut [smʌt] *s* **1.** Ruß(flocke *f*) *m* **2.** Schmutzfleck *m* **3.** (*fig*) Zoten *fpl;* **smutty** [ˈsmʌtɪ] *adj* schmutzig, unanständig

snack [snæk] *s* Imbiss, Snack *m,* Kleinigkeit *f* zu essen; **snack·able** ['snækəbl] *adj* als kleiner Snack geeignet; **snack bar, snack counter** *s* Imbissstube, Schnellgaststätte, Snackbar *f*

snaffle ['snæfl] *vt* (*Br fam*) stibitzen, klauen; ~ **s.th. up** etw wegschnappen

snag [snæg] **I.** *s* **1.** Baum-, Aststumpf *m* **2.** Riss *m* (*im Strumpf*) **3.** (*fig*) Schwierigkeit *f;* Haken *m;* **hit a** ~ in Schwierigkeiten kommen; **there's a** [*o* **one**] ~ die Sache hat einen Haken **II.** *vt* (*an einem hervorstehenden Gegenstand*) aufreißen; (*Faden*) herausziehen

snail [sneɪl] *s* Schnecke *f;* **at a** ~**'s pace** im Schneckentempo; **snail mail** *s* (INTERNET) Schneckenpost *f;* **snail-shell** *s* Schneckenhaus *nt*

snake [sneɪk] **I.** *s* Schlange *f;* **a** ~ **in the grass** (*fig*) ein hinterhältiger Mensch **II.** *vi* sich schlängeln, sich winden; **snake bite** *s* Schlangenbiss *m;* **snake charmer** *s* Schlangenbeschwörer(in) *m(f);* **snake poison, snake venom** *s* Schlangengift *nt;* **snake ranch** *s* Schlangenfarm *f;* **snake·skin** *s* Schlangenhaut *f;* Schlangenleder *nt;* **snaky** ['sneɪkɪ] *adj* sich schlängelnd

snap [snæp] **I.** *vi* **1.** schnappen (*at* nach) **2.** zuschnappen; rasch zupacken **3.** (zer)springen, (zer)reißen **4.** (*Tür, Schloss:* ~ *shut*) zuschlagen, zuschnappen; **his patience** ~**ped** er verlor die Geduld; ~ **at s.o.** jdn anfahren; ~ **to attention** Haltung annehmen; ~ **to it!** zack, zack!; **something** ~**ped in me** da habe ich durchgedreht **II.** *vt* **1.** zerbrechen **2.** zuklappen, zuknallen; knallen lassen **3.** (~ *out*) herausfahren mit; (*Worte*) hervorstoßen **4.** knipsen; ~ **one's fingers** mit den Fingern schnalzen; ~ **one's fingers at s.o./s.th.** (*fig*) auf jdn/etw pfeifen **III.** *s* **1.** Schnappen *nt;* Schnalzen *nt;* Knacken *nt;* Klicken *nt;* Knallen *nt* **2.** (PHOT) Foto *nt,* Schnappschuss *m* **3.** (~ *fastener*) Druckknopf *m* **4.** (*fig fam*) Schwung, Elan *m* **5.** Keks *m;* **cold** ~ Kälteeinbruch *m* **IV.** *adj* plötzlich, spontan; ~ **decision** plötzlicher Entschluss; ~ **vote** Blitzabstimmung *f;* **go** ~ klick, schnapp, knack machen **V.** *interj* ich auch!; **snap away** *vt* **1.** wegschnappen; entreißen **2.** viel knipsen; **snap from** *vt* entreißen aus; wegreißen von; wegnehmen, stehlen von; **snap off I.** *vt* abreißen; abbrechen; abbeißen **II.** *vi* abbrechen; ~ **s.o.'s head off** (*fig*) jdn anfahren; **snap out** *vt* hervorstoßen (*his orders* seine Befehle); ~ **out of s.th.** mit etwas Schluss machen; ~ **out of it!** genug damit! Kopf hoch!; **snap up** *vt* wegschnappen

snap·dragon ['snæpˌdrægən] *s* Löwenmäulchen *nt;* **snap fastener** *s* Druckknopf *m;* **snap link** *s* Karabinerhaken *m;* **snap lock** *s* Schnappverschluss *m;* **snappish** [snæpɪʃ] *adj* bissig; **snappy** ['ʃnæpɪ] *adj* **1.** (*fam*) schnell, zackig **2.** bissig **3.** kurz und treffend; **make it** ~**!** (*fam*) fix! los, los!; **snap shackle** *s* Schnappschäkel *m;* **snap·shot** ['snæpʃɒt] *s* Schnappschuss *m*

snare [sneə(r)] **I.** *s* **1.** Schlinge, Falle *f* **2.** (*fig*) Fallstrick *m* **3.** (~ *drum*) kleine Trommel **II.** *vt* **1.** in einer Schlinge fangen **2.** (*fig*) sich unter den Nagel reißen **3.** (*fig*) eine Falle stellen (*s.o.* jdm)

snarl¹ [snɑːl] **I.** *vi* knurren; (*Motor*) dröhnen; ~ **at s.o.** jdn anknurren **II.** *vt* (~ *out*) knurrend, brummend sagen **III.** *s* Knurren *nt*

snarl² [snɑːl] **I.** *vt* verwirren **II.** *s* Knoten *m;* **snarl up I.** *vt* durcheinander bringen **II.** *vi* völlig durcheinander geraten; **traffic gets** ~**ed up** der Verkehr ist chaotisch; **get** ~**ed up in a traffic jam** in einem Stau stecken bleiben; **snarl-up** ['snɑːlʌp] *s* Durcheinander *nt;* (*Verkehr*) Chaos *nt*

snatch [snætʃ] **I.** *vt* **1.** greifen **2.** entreißen (*from s.o.* jdm); aus der Hand reißen **3.** (*Kuss*) rauben **4.** wegnehmen (*from* von) **5.** (*Gelegenheit*) beim Schopf ergreifen, fassen **6.** (*fam*) stehlen; kidnappen; ~ **a meal** schnell etwas essen **II.** *vi* schnappen, haschen, rasch zugreifen (*up* nach) **III.** *s* **1.** schneller Griff **2.** Stück(chen) *nt,* Brocken *m;* (Gesprächs)Fetzen *m* **3.** (SPORT) Reißen *nt* **4.** (*fam*) Raub *m;* Entführung *f;* **in** ~**es** stoß-, ruckweise, mit Unterbrechungen; **make a** ~ **at s.th.** nach etw greifen, schnappen; **snatch away** *vt* wegreißen (*s.th. from s.o.* jdm etw); (*Tod*) entreißen (*from s.o.* jdm); **snatch up** *vt* schnappen; an sich reißen; **snatchy** ['snætʃɪ] *adj* unzusammenhängend, unregelmäßig, unterbrochen

snaz·zy ['snæzɪ] *adj* (*fam*) schick, fesch, flott

sneak [sniːk] **I.** *vi* **1.** schleichen **2.** (*a. fig*) kriechen **3.** (~ *away, off*) davonschleichen; sich davonmachen **4.** (*sl*) petzen; ~ **on s.o.** (*sl*) jdn verpetzen **II.** *vt* mausen, stibitzen **III.** *s* **1.** Schleicher *m* **2.** (*sl*) Petzer *m,* Petzliese *f;* **sneak in** *vi* sich einschleichen; **sneak off, sneak past, sneak round** *vi* weg-, vorbei-, herumschleichen; **sneak out** *vi* sich herausschleichen (*of* aus); (*fig*) sich drücken (*of* vor), sich herausschwindeln (*out of* aus); **sneak up** *vi:* ~ ~ **to s.o.** sich an jdn heranschleichen; **sneak·ers** ['sniːkəz] *s pl* Freizeitschuhe *mpl,* Turnschuhe *mpl;* **sneak·ing** ['-ɪŋ] *adj* geheim;

S

(*Verdacht*) heimlich, leise; **sneak preview** *s* Vorpremiere *f;* **sneak thief** <*pl* thieves> *s* Gelegenheitsdieb *m;* **sneaky** ['sni:kɪ] *adj* heimtückisch; feige; raffiniert

sneer [snɪə(r)] **I.** *vi* **1.** höhnisch lächeln **2.** höhnen, spotten (*at* über) **II.** *s* Hohn(lachen, -gelächter *nt*), Spott *m;* spöttisches Grinsen; spöttische Bemerkung; **sneering** ['snɪərɪŋ] *adj* höhnisch, spöttisch

sneeze [sni:z] **I.** *vi* niesen; **it is not to be ~d at** das ist nicht ohne, das ist nicht zu verachten **II.** *s* Niesen *nt*

snick [snɪk] **I.** *s* Kerbe *f,* Ritz *m* **II.** *vt* ritzen, einkerben; zupfen

snicker ['snɪkə(r)] *s.* **snigger**

snide [snaɪd] *adj* (*fam*) abfällig, höhnisch

sniff [snɪf] **I.** *vi* **1.** schniefen **2.** schnüffeln, schnuppern (*at* an) **3.** (*fig*) die Nase rümpfen (*at* über); **not to be ~ed at** (*fig fam*) nicht zu verachten **II.** *vt* riechen, schnuppern an; (*Tabak*) schnupfen; (*fig*) wittern; **~ glue** schnüffeln **III.** *s* Schnüffeln *nt;* Schniefen *nt;* (*fig*) Naserümpfen *nt;* **have a ~ at s.th.** an etw riechen; **sniff out** *vt* aufspüren; (*Komplott*) aufdecken; **sniffer dog** *s* Spürhund *m*

sniffle ['snɪfl] **I.** *vi* schniefen; schnüffeln **II.** *s* **1.** Schniefen *nt* **2. ~s** (*fam*) Schnupfen *m*

snif•ter ['snɪftə(r)] *s* (*fam*) Schnäpschen *nt*

snig•ger ['snɪgə(r)] *vi* kichern (*at, about* über)

snip [snɪp] **I.** *vt* schnippen, (ab)schnippeln; schneiden; **~ off** abschneiden; abzwicken **II.** *vi* schnippe(l)n **III.** *s* **1.** kleiner Schnitt, Einschnitt *m* **2.** Schnipsel, Schnippel *m od nt* **3.** (*fam*) Schnäppchen *nt;* **it's a ~ at only £100** für nur £ 100 ist es sehr günstig; **have the ~** (*fam*) sich einer Vasektomie unterziehen

snipe [snaɪp] **I.** *s* Schnepfe *f* **II.** *vi:* **~ at s.o.** aus dem Hinterhalt auf jdn schießen; (*fig*) gegenüber jdm eine spitze Bemerkung machen; **sniper** ['snaɪpə(r)] *s* Heckenschütze *m*

snip•pet ['snɪpɪt] *s* **1.** Schnipsel *m od nt;* Stückchen *nt* **2. ~s** Bruchstücke *ntpl*

snitch [snɪtʃ] **I.** *vt* (*sl*) stibitzen, mausen **II.** *vi* (*sl*) verpfeifen (*on s.o.* jdn)

snit fit ['snɪtˌfɪt] *s* (*Am: fam*) Wutanfall *m*

snivel ['snɪvl] *vi* heulen; **snivel•ling** ['-ɪŋ] *adj* weinerlich; wehleidig

snob [snɒb] *s* Snob *m;* **snob•bery** ['snɒbərɪ] *s* Snobismus *m;* **snob•bish** ['snɒbɪʃ] *adj* großtuerisch, snobistisch, versnobt; **snob value** *s* Imagewert *m*

snog [snɒg] **I.** *s* (*sl*) Knutscherei *f* **II.** *vi* (*sl*) (rum)knutschen

snook [snu:k] *s:* **cock a ~ at s.o.** jdm eine lange Nase machen

snooker ['snu:kə(r)] **I.** *s* Snooker *nt* (*eine Art Billard*) **II.** *vt* **1.** (*fam*) in eine schwierige Lage bringen **2.** (*Plan*) zum Scheitern bringen; **be ~ed** nicht mehr weiterkönnen

snoop [snu:p] **I.** *vi* (*fam:* ~ *around*) herumschnüffeln, -spionieren; **~ into** herumschnüffeln in; **~ on s.o.** jdn bespitzeln **II.** *s* **1.** Herumschnüffeln *nt* **2.** (*fam*) Schnüffler(in) *m(f);* **snooper** ['snu:pə(r)] *s* (*fam*) Schnüffler(in) *m(f)*

snooty ['snu:tɪ] *adj* (*fam*) hochnäsig

snooze [snu:z] **I.** *s* (*fam*) Nickerchen *nt* **II.** *vi* (*fam*) ein Nickerchen machen; **snooze button** *s* (*Radiowecker*) Schlummertaste *f*

snore [snɔ:(r)] **I.** *vi* schnarchen **II.** *s* Schnarchen, Geschnarche *nt*

snor•kel ['snɔ:kl] **I.** *vi* schnorcheln **II.** *s* Schnorchel *m*

snort [snɔ:t] **I.** *vi* schnauben (*with rage* vor Wut) **II.** *vt* (*sl: Kokain*) schnupfen **III.** *s* Schnauben, Schnaufen *nt*

snor•ter [snɔ:tə(r)] *s* (*fam*) Schnäpschen *nt*

snot [snɒt] *s* (*fam*) Rotz *m;* **snot-rag** ['snɒtræg] *s* (*sl*) Rotzfahne *f;* **snotty** ['snɒtɪ] *adj* (*fam*) **1.** rotzig **2.** frech; patzig

snout [snaʊt] *s* **1.** Schnauze *f,* Rüssel *m* **2.** (*sl*) Tabak *m* **3.** (*sl*) Spitzel *m*

snow [snəʊ] **I.** *s* **1.** Schnee *m,* Schneefall *m* **2. ~s** Schneemassen *fpl* **3.** (*sl: Kokain*) Koks, Schnee *m* **II.** *vi* schneien; **snow in** *vt* einschneien; **snow off** *vt:* **be ~ed off** wegen Schnee abgesagt werden; **snow under** *vt* (*fig*) überhäufen; eindecken; **snow•ball** ['snəʊbɔ:l] **I.** *s* Schneeball *m* **II.** *vi* (*fig*) lawinenartig anwachsen; **snowball effect** *s* Schneeballeffekt *m;* **snow bank** *s* Schneeverwehung *f;* **snow•blind** ['snəʊblaɪnd] *adj* schneeblind; **snow•blind•ness** ['snəʊblaɪndnɪs] *s* Schneeblindheit *f;* **snow•board** ['snəʊbɔ:d] *s* Snowboard *nt;* **snowbound** ['snəʊbaʊnd] *adj* eingeschneit; **snow cannon** *s* Schneekanone *f;* **snowcapped**, **snow-clad** ['snəʊkæpt, 'snəʊklæd] *adj* (*Berg*) schneebedeckt; **snow•cat** ['snəʊkæt] *s* Pistenraupe *f;* **snow-chains** *s pl* Schneeketten *pl;* **snow•drift** ['snəʊdrɪft] *s* Schneewehe *f;* **snow•drop** ['snəʊdrɒp] *s* Schneeglöckchen *nt;* **snow•fall** ['snəʊfɔ:l] *s* Schneefall *m,* -menge *f;* **there was a heavy ~** es schneite stark; **snow fence** *s* Schneezaun *m;* **snow•field** *s* Schneefläche *f,* -feld *nt;* **snow•flake** ['snəʊfleɪk] *s* Schneeflocke *f;* **snow goggles** *s pl* Schneebrille *f;* **snow line** *s* Schneegrenze *f;* **snow•man** ['snəʊmæn] <*pl* -men> *s* Schneemann *m;* **snow•mobile** ['snəʊməˌbi:l] *s* Schneemobil *nt;* **snow-plough** ['snəʊplaʊ] *s,* **snow•plow** (*Am*) Schneepflug *m;* **snow**

report *s* Schneebericht *m;* **snow·shoe** *s* Schneeschuh *m;* **snow·storm** ['snəʊ-stɔːm] *s* Schneesturm *m;* **snow suit** *s* Schneeanzug *m;* **snow tire** *s* (*Am*), **snow tyre** *s* Winterreifen *m;* **snow-white** *adj* schneeweiß; **Snow White** *s* Schneewittchen *nt;* **snowy** ['snəʊɪ] *adj* **1.** verschneit **2.** schneeweiß; **it was ~** es hat geschneit

snub [snʌb] **I.** *vt* **1.** anfahren, ausschimpfen **2.** von oben herab behandeln **3.** schneiden, ignorieren **II.** *s* Brüskierung *f;* **snub nose** *s* Stupsnase *f;* **snub-nosed** ['snʌbnəʊzd] *adj* stupsnasig

snuff [snʌf] **I.** *s* Schnupftabak *m;* **take ~** schnupfen **II.** *vt* (*~ out*) auslöschen; (*Docht*) putzen; (*fig*) zerschlagen; **~ it** (*Br sl*) abkratzen, sterben; **snuff·box** *s* Schnupftabak(s)dose, Tabatiere *f*

snuffle ['snʌfl] *vi* schnauben, schnaufen; schniefen

snug [snʌg] **I.** *adj* **1.** geborgen, geschützt **2.** behaglich, gemütlich **3.** (*Kleidung*) eng (anliegend) **4.** (*Einkommen*) auskömmlich, reichlich **5.** (*Hafen*) geschützt; **it's a ~ fit** es passt gut **II.** *s* (*Br: Kneipe*) kleines Nebenzimmer

snuggle ['snʌgl] **I.** *vi* sich kuscheln, sich anschmiegen (*against* an); **~ down** es sich gemütlich machen (*into s.th.* in etw); **~ up** sich zusammenkuscheln; sich anschmiegen **II.** *vt* an sich drücken

so [səʊ] **I.** *adv* **1.** so **2.** (*ever ~, fam*) dermaßen, -art, so (sehr); **~ late/long/many (that)** so spät/so lange/so viele (, dass); **not ~ … as** nicht so … wie; **~ did I** ich auch; **~ I did** ja, das habe ich getan; **~ it was** ja, so war es; **~ they say** so heißt es; man sagt so; **and ~ on (and ~ forth)** und so weiter (und so fort); **is that ~?** wirklich?; **be ~ kind as to …** sei so freundlich und …; **or ~** (*nachgestellt*) oder so, etwa; **~ far** bis jetzt, bisher; soweit; **~ far from being** weit davon entfernt zu; **~ far, ~ good** so weit ganz gut; **~ long as** solange; **~ long!** (*fam*) tschüss!; **~ much nonsense** [*o* **rubbish**]**!** alles Unsinn [*o* Quatsch]!; **I hope, I hope ~** das hoffe ich, ich hoffe es; **I see** ich seh's, das sehe ich; **~ to speak** sozusagen; **you don't say ~!** wirklich?; **I told you ~** ich sagte es doch! sagte ich es nicht?; **just ~! quite ~!** ganz richtig!; **thanks ever ~ much** vielen Dank!; **~ help me God!** so wahr mir Gott helfe! **II.** *conj* **1.** damit **2.** also; **~ that** so dass, damit; **~ as** so dass; vorausgesetzt, dass; **~ as to** um zu; **~ that's that** (*fam*) so, das wär's! damit Schluss!; **~ what?** (*fam*) na und?

soak [səʊk] **I.** *vt* **1.** einweichen; tränken **2.** durchnässen **3.** (*fig fam*) schröpfen; **be ~ed** durch und durch nass sein; durchgeregnet sein; **~ o.s. in sunshine** in der Sonne braten; **~ o.s. in s.th.** (*fig*) sich in etw vertiefen **II.** *vi* **1.** einweichen; eingeweicht werden **2.** einziehen, eindringen **III.** *s* **1.** Einweichen *nt* **2.** (*fam*) Säufer(in) *m(f);* **soak in** *vi* einziehen; (*fig*) begriffen werden; **soak off I.** *vt* ablösen **II.** *vi* sich ablösen; **soak up** *vt* aufsaugen; (*Sonne*) genießen; (*fig*) in sich aufnehmen; (*Geräusch*) schlucken; **soak·away** [ˌsəʊkə'weɪ] *s* Sickerschacht *m;* **soak·ing** ['-ɪŋ] *adj* (*~ wet*) klatschnass

so-and-so ['səʊənsəʊ] Herr/Frau Soundso; **this old ~!** dieser gemeine Kerl!

soap [səʊp] **I.** *s* Seife *f* **II.** *vt* einseifen; **soap·box** *s* **1.** Seifenkiste *f* **2.** Rednertribüne *f;* **~ race** Seifenkistenrennen *nt;* **soap bubble** *s* Seifenblase *f;* **soap dish** *s* Seifenschale *f;* **soap dispenser** *s* Seifenspender *m;* **soap·flakes** *s pl* Seifenflocken *fpl;* **soap opera** *s* (TV) Seifenoper *f;* **soap powder** *s* Seifenpulver *nt;* **soapy** ['səʊpɪ] *adj* seifig

soar [sɔː(r)] *vi* **1.** aufsteigen; sich in die Lüfte schwingen **2.** (*Gebäude*) hochragen **3.** (*Preise*) in die Höhe schnellen; (*Hoffnung, Ruf*) zunehmen; (*Stimmung*) sich heben; **soar·ing** [-ɪŋ] *adj* **1.** aufsteigend **2.** hochragend **3.** (*Fantasie*) blühend; (*Pläne*) hochfliegend; (*Bevölkerung*) ansteigend, schnell zunehmend **4.** (*Preise*) in die Höhe schnellend, sprunghaft steigend; (*Inflation*) unaufhaltsam

sob [sɒb] **I.** *vi* schluchzen **II.** *vt* (*~ out*) schluchzend erzählen; **~ one's heart out** herzergreifend schluchzen; **~ o.s. to sleep** sich in den Schlaf weinen **III.** *s* Schluchzen *nt*

so·ber ['səʊbə(r)] *adj* **1.** nüchtern **2.** gesetzt, ruhig, besonnen; ernst **3.** einfach, schlicht **4.** (*Farbe*) ruhig; **in ~ earnest** in vollem Ernst; **sober down** *vi* ruhiger werden; **sober up I.** *vt* nüchtern machen; (*fig*) zur Vernunft bringen **II.** *vi* nüchtern werden; (*fig*) vernünftig werden; sich beruhigen

so·ber·ness [-nɪs] *s,* **so·bri·ety** [səʊ'braɪətɪ] *s* Nüchternheit *f;* Besonnenheit *f*

so·bri·quet, **sou·bri·quet** ['səʊbrɪkeɪ, 'suːbrɪkeɪ] *s* Spitzname *m*

sob story ['sɒbˌstɔːrɪ] *s* (*fam*) rührselige, sentimentale Geschichte

so-called [ˌsəʊ'kɔːld] *adj* sogenannt

soc·cer ['sɒkə(r)] *s* Fußballspiel *nt;* **soccer player** *s* Fußballspieler(in) *m(f)*

so·cia·bil·ity [ˌsəʊʃə'bɪlətɪ] *s* Geselligkeit *f;* Umgänglichkeit *f;* **so·cia·ble** ['səʊʃəbl] *adj* **1.** gesellig **2.** umgänglich, freundlich,

S

nett

so•cial ['səʊʃl] I. *adj* 1. sozial; gesellschaftlich 2. gesellig, umgänglich; ~ **advancement** sozialer Aufstieg; ~ **climber** soziale(r) Aufsteiger(in); ~ **contract** (HIST) Gesellschaftsvertrag *m;* (POL) Tarifabkommen *nt;* ~ **costs** Sozialkosten *pl;* ~ **democrat** Sozialdemokrat(in) *m(f);* ~ **democratic** sozialdemokratisch; ~ **evening** geselliger Abend; ~ **gathering** geselliges Beisammensein; ~ **insurance** Sozialversicherung *f;* ~ **integration** soziale Integration; ~ **legislation** Sozialgesetzgebung *f;* ~ **order** [*o* **system**] Sozial-, Gesellschaftsordnung *f;* ~ **partners** *pl* Sozialpartner *pl;* ~ **policy** Sozialpolitik *f;* ~ **position,** ~ **rank,** ~ **standing,** ~ **status** soziale [*o* gesellschaftliche] Stellung; ~ **problem** soziale Frage; ~ **reformer** Sozialreformer(in) *m(f);* ~ **science** Sozialwissenschaften *fpl;* ~ **security** Sozialunterstützung *f;* Sozialamt *nt;* **be on** ~ **security** Sozialhilfe bekommen; ~ **services** soziale Einrichtungen *fpl;* ~ **studies** Gemeinschaftskunde *f;* ~ **unrest** Unruhen *fpl;* ~ **wealth** Volksvermögen *nt;* ~ **welfare** gesellschaftliche Wohlfahrt; ~ **work** Sozialarbeit *f;* ~ **worker** Sozialarbeiter(in) *m(f)* II. *s* geselliger Abend

so•cial•ism ['səʊʃəlɪzəm] *s* Sozialismus *m;* **so•cial•ist** ['səʊʃəlɪst] I. *s* Sozialist(in) *m(f)* II. *adj* sozialistisch; ~ **realism** (*Kunst*) sozialistischer Realismus; **so•cial•ite** ['səʊʃəlaɪt] *s* (*fam*) Angehörige(r) *f m* der oberen Gesellschaftsklasse; **so•ciali•za•tion** [ˌsəʊʃəlaɪ'zeɪʃn] *s* 1. (POL) Sozialisierung, Verstaatlichung *f* 2. (PSYCH) Sozialisation *f;* **so•cial•ize** ['səʊʃəlaɪz] I. *vt* sozialisieren II. *vi* verkehren (*with* mit), ein geselliges Leben führen; **so•cial•ly** *adv* sozial; **the** ~ **disadvantaged** die sozial Benachteiligten

so•ci•etal [sə'saɪətəl] *adj* gesellschaftlich

so•ciety [sə'saɪətɪ] *s* 1. die Gesellschaft 2. Gesellschaft *f,* Verein(igung *f*) *m* 3. (COM) Gesellschaft, Genossenschaft *f;* Verband *m;* **building** ~ Baugenossenschaft *f;* **co-operative** ~ Konsumverein *m;* ~ **column** (*Zeitung*) Klatschspalte *f;* **the Society of Friends** die Quäker *mpl;* **the Society of Jesus** die Gesellschaft Jesu, der Jesuitenorden; **enjoy s.o.'s** ~ gern in jds Gesellschaft sein; **go into** ~ in die Gesellschaft eingeführt werden; **he always wanted to get into** ~ er wollte schon immer in den besseren Kreisen verkehren

socio- [ˌsəʊsɪəʊ] *prefix* sozio-; ~**cultural** soziokulturell; ~**economic** sozioökonomisch; ~**political** sozialpolitisch; **so•cio•logi•cal** [ˌsəʊsɪə'lɒdʒɪkl] *adj* soziologisch; **so•ci•ol•ogist** [ˌsəʊsɪ'ɒlədʒɪst] *s* Soziologe *m,* Soziologin *f;* **so•ci•ol•ogy** [ˌsəʊsɪ'ɒlədʒɪ] *s* Soziologie *f*

sock¹ [sɒk] *s* 1. Socke *f;* Kniestrumpf *m* 2. Einlegesohle *f* 3. (*wind* ~) Windsack *m;* **pull one's ~s up** (*fam*) sich ins Zeug legen; **put a** ~ **in it** (*Br*) still sein; sich ruhig verhalten; **sock away** *vt* (*Am, Aus: fam: Geld*) verstecken

sock² [sɒk] I. *s* (*fam*) Schlag *m* II. *vt* (*fam*) schlagen, hauen; ~ **it to me!** (*sl*) leg los!

socket ['sɒkɪt] *s* 1. (ELEK) Steckdose *f;* (*für Birne*) Fassung *f* 2. (TECH) Sockel *m* 3. (ANAT) (Augen)Höhle *f;* (Gelenk)Pfanne *f;* Zahnhöhle *f;* **socket wrench** *s* Steckschlüssel *m*

sod¹ [sɒd] *s* Rasen(stück *nt*) *m*

sod² [sɒd] I. *s* (*vulg*) Saukerl *m;* **the poor** ~ das arme Schwein II. *vt* (*vulg*): ~ **it!** zum Teufel!; ~ **you!** leck mich am Arsch!; **sod off** *vi* (*sl*) abhauen

soda ['səʊdə] *s* 1. (CHEM) Soda *nt;* Natriumoxyd *nt;* Ätznatron *nt* 2. (~ *water*) Soda-, Selterswasser *nt;* **soda bread** *s mit Backpulver gebackenes Brot;* **soda fountain** *s* (*Am*) Erfrischungshalle *f;* **soda siphon** *s* Siphon *m;* **soda water** *s* Sodawasser *nt;* Sprudel *m*

sod•den ['sɒdn] *adj* durchweicht, durchnässt; ~ **with drink** völlig betrunken

sod•ding ['sɒdɪŋ] *adj* (*sl*) Scheiß-

so•dium ['səʊdɪəm] *s* (CHEM) Natrium *nt;* **sodium bicarbonate** *s* doppeltkohlensaures Natrium; **sodium carbonate** *s* Natriumkarbonat *nt*

so•do•mite ['sɒdəmaɪt] *s* Päderast *m;* **so•do•my** ['sɒdəmɪ] *s* Analverkehr *m*

sod's law [ˌsɒdz'lɔː] *s* (*sl*) *Prinzip, nach dem alles, was nur schief gehen kann, auch schief gehen wird*

sofa ['səʊfə] *s* Sofa *nt;* **sofa bed** *s* Bettcouch *f,* Schlafsofa *nt*

soft [sɒft] *adj* 1. weich, nachgebend, formbar 2. zart, mild, sanft 3. weichlich, schwächlich 4. (*Arbeit*) leicht, angenehm, bequem 5. (COM: *Markt*) nachgiebig 6. sanft, nachgiebig, gutmütig; weichlich 7. (~ *in the head*) einfältig, dumm 8. (*Farbe*) matt, sanft 9. (*Linie*) weich 10. (*Licht*) matt 11. (*Ton*) schwach, leise; (*Stimme*) weich 12. (*Getränk*) alkoholfrei; **be** ~ **on s.o.** in jdn verliebt sein; **get** ~ weich werden; verweichlichen; sich erweichen lassen; **pretty** ~ **for him!** (*Am fam*) er hat es gut!; ~ **cheese** Weichkäse *m;* ~ **currency** weiche Währung; ~ **drug** weiche Droge; ~ **furnishings** Vorhänge, Teppiche; ~ **landing** weiche Landung; ~ **loan** zinsloser Kredit, zinsloses Darlehen; ~ **option** Weg *m* des geringsten Widerstandes; ~ **palate** weicher Gaumen; ~ **porn** Softporno *m;* ~

sell Softsell *m;* ~ **toy** Plüschtier *nt;* **have a ~ spot for** eine Schwäche haben für; **soft·ball** ['sɒftbɔ:l] *s* (*Am*) Hallenbaseball(spiel *nt*), Softball *m;* **soft-boiled** [ˌsɒft'bɔɪld] *adj* (*Ei*) weichgekocht

sof·ten ['sɒfn, *Am* 'sɔ:fn] **I.** *vt* **1.** weich machen; (*Wasser*) enthärten **2.** lindern, mildern; (*Licht*) dämpfen **3.** verweichlichen; ~ **the blow** (*fig*) den Schock mildern **II.** *vi* **1.** weich werden **2.** (*Stimme*) sanft werden **3.** nachlassen; **soften up I.** *vi* weich werden; (*Mensch*) nachgiebig werden (*on s.o.* jdm gegenüber) **II.** *vt* **1.** weich machen **2.** (*fig*) milde stimmen; (*durch Drohung*) einschüchtern, gefügig machen; (*Widerstand*) schwächen

sof·tener ['sɒfnə(r)] *s* Wasserenthärtungsmittel *nt;* Weichmacher *m;* Weichspülmittel *nt;* **sof·ten·ing** ['sɒfnɪŋ] *s:* ~ **of the brain** Gehirnerweichung *f;* **soft-headed** [ˌsɒft'hedɪd] *adj* (*fam*) doof; **soft-hearted** [ˌsɒft'hɑ:tɪd] *adj* weichherzig, gutmütig; **softie** ['sɒftɪ] *s* weichlicher Typ, Softi *m*

soft·ly ['sɒftlɪ] *adv* **1.** sanft **2.** leise; leicht **3.** nachsichtig

soft·ness ['sɒftnɪs] *s* **1.** Weichheit *f;* Zartheit *f* **2.** Sanftheit *f;* (*Licht*) Gedämpftheit *f* **3.** Nachgiebigkeit *f* **4.** Verweichlichung *f* **5.** Bequemlichkeit *f*

soft-pedal [ˌsɒft'pedl] **I.** *vt* **1.** (MUS) abschwächen, dämpfen **2.** (*fig*) herunterspielen **II.** *vi* zurückstecken; **soft-soap** *vt* (*fam*) **1.** schmeicheln (*s.o.* jdm) **2.** herumkriegen (*s.o.* jdn); **soft-spoken** [ˌsɒft'spəʊkən] *adj* gewinnend, einschmeichelnd; **soft·ware** ['sɒftweə(r)] *s* (INFORM) Software *f;* **software package** *s* (INFORM) Softwarepaket *nt;* **software piracy** *s* (INFORM) Softwarepiraterie *f;* **soft·wood** ['sɒftwʊd] *s* Nadel-, Weichholz *nt;* **softy** ['sɒftɪ] *s* weichlicher Typ, Softi *m*

soggy ['sɒgɪ] *adj* durchweicht, durchnässt; sumpfig

soil¹ [sɔɪl] **I.** *vt* beschmieren, beschmutzen; ~ **one's hand with s.th.** sich die Hände bei einer S schmutzig machen **II.** *vi* fleckig, schmutzig werden

soil² [sɔɪl] *s* Boden *m,* Erde *f;* **native** ~ heimatlicher Boden; **on German** ~ auf deutschem (Grund und) Boden; ~ **conservation** Bodenerhaltung *f,* -schutz *m;* ~ **creep** Bodenkriechen *nt;* ~ **erosion** Bodenerosion *f;* ~ **exhaustion** Bodenerschöpfung, -ausschöpfung *f;* ~ **fertility** Bodenfruchtbarkeit *f;* **soilless gardening** *s* Hydrokultur *f*

soil pipe ['sɔɪlpaɪp] *s* Abflussrohr *nt*

soi·rée ['swɑ:reɪ] *s* Soirée *f*

sol·ace ['sɒlɪs] **I.** *s* Trost *m* **II.** *vt* trösten

so·lar ['səʊlə(r)] *adj* Sonnen-, Solar-; **solar battery** *s* Solar-, Sonnenbatterie *f;* **solar cell** *s* Solarzelle *f;* **solar eclipse** *s* Sonnenfinsternis *f;* **solar energy** *s* Sonnen-, Solarenergie *f;* **solar farm** *s* Solar-, Sonnenfarm *f;* **solar heat** *s* Sonnen-, Solarwärme *f;* **solar heating** *s* Solarheizung *f;* **so·lar·ium** [səʊ'leərɪəm, *pl* -ɪə] <*pl* -ia> *s* Solarium *nt;* **solar panel** *s* Sonnenkollektor *m;* **solar plexus** [ˌsəʊlə'pleksəs] *s* (ANAT) Sonnengeflecht *nt,* Magengrube *f;* **solar power** *s* Sonnen-, Solarkraft *f;* ~ **station** Sonnen-, Solarkraftwerk *nt;* **solar radiation** *s* Sonnenstrahlung *f;* **solar system** *s* Sonnensystem *nt;* **solar thermal water heating** *s* solare Warmwasserbereitungsanlage; **solar wind** *s* Solarwind *m*

sold [səʊld] *s.* **sell**

sol·der ['sɒldə(r)] **I.** *s* Lötmittel, -zinn *nt* **II.** *vt* löten; **sol·der·ing iron** ['sɒldərɪŋaɪən] *s* Lötkolben *m*

sol·dier ['səʊldʒə(r)] **I.** *s* **1.** Soldat *m* **2.** (*fig*) Kämpfer *m;* ~ **of fortune** Glücksritter *m* **II.** *vi* (als Soldat) dienen; ~ **on** verbissen weitermachen

sold out [ˌsəʊld'aʊt] *adj* ausverkauft

sole¹ [səʊl] **I.** *s* Sohle *f* **II.** *vt* (be)sohlen

sole² [səʊl] *s* Seezunge, Scholle *f*

sole³ [səʊl] *adj* **1.** einzig, alleinig **2.** ledig; **for the ~ purpose of ...** einzig u. allein um zu ...; ~ **agency** Alleinvertretung *f;* ~ **agent** Alleinvertreter(in) *m(f);* ~ **heir** Alleinerbe *m;* ~ **owner** Alleineigentümer(in) *m(f)*

sol·ecism ['sɒlɪsɪzəm] *s* **1.** Sprachschnitzer *m* **2.** Fauxpas *m*

sole·ly ['səʊlɪ] *adv* **1.** allein, nur, bloß **2.** einzig u. allein

sol·emn ['sɒləm] *adj* **1.** feierlich, festlich **2.** formell **3.** (*Ausdruck*) ernst **4.** (*Tatsache*) schwerwiegend; **sol·em·nity** [sə'lemnətɪ] *s* **1.** feierliche Handlung; Feierlichkeit *f* **2. solemnities** (JUR) Formalitäten *fpl;* **sol·em·nize** ['sɒləmnaɪz] *vt* feiern, festlich begehen

so·lenoid ['səʊlənɔɪd] *s* (ELEK) Magnetspule *f;* **solenoid switch** *s* Magnetschalter *m*

sol-fa [ˌsɒl'fɑ:] *s* Tonleiter *f*

sol·icit [sə'lɪsɪt] **I.** *vt* **1.** erbitten; (*jdn*) anflehen **2.** (*Stimmen, Kunden*) werben; (*Prostituierte*) ansprechen, anwerben; ~ **s.o. for s.th.** [*o* **s.th. of s.o.**] jdn um etw bitten **II.** *vi* Kunden werben; **sol·ic·it·ing** [-ɪŋ] *s* (JUR) Aufforderung *f* zur Unzucht

sol·ici·tor [sə'lɪsɪtə(r)] *s* **1.** (nicht plädierende(r) (Rechts)Anwalt *m,* Anwältin *f;* Rechtsbeistand *m* **2.** (*Am*) Antragsteller(in) *m(f),* Bewerber(in) *m(f)* **3.** (*Am*) Wer-

S

ber(in) *m(f),* Agent(in) *m(f),* Handelsvertreter(in) *m(f);* **Solicitor General** (*in GB*) Zweiter Kronanwalt; (*in den USA*) stellvertretender Justizminister

sol•ici•tous [sə'lɪsɪtəs] *adj* **1.** (eifrig) besorgt (*about, for, of* um) **2.** (eifrig) bestrebt (*to do* zu tun); **sol•ici•tude** [səˌlɪsɪ'tjuːd] *s* Dienstbeflissenheit *f*

solid ['sɒlɪd] **I.** *adj* **1.** (*Körper*) fest **2.** massiv **3.** (*Nebel*) dick, dicht **4.** haltbar, dauerhaft **5.** (*fig*) zuverlässig, verlässlich **6.** (*Grund*) triftig, stichhaltig **7.** ununterbrochen, durchgehend **8.** (*Edelmetall*) rein, gediegen **9.** (*Fels*) gewachsen **10.** einmütig, -hellig **11.** räumlich, körperlich; **be frozen** ~ fest zugefroren sein; **be on** ~ **ground** festen Boden unter den Füßen haben **II.** *s* **1.** fester Stoff; (PHYS) Festkörper *m* **2.** (*Geometrie*) Körper *m* **3.** ~**s** feste Nahrung

soli•dar•ity [ˌsɒlɪ'dærətɪ] *s* Solidarität *f*

solid fuel ['sɒlɪd'fjuːəl] *s* fester Brennstoff; (*Raketen*) Feststoff *m;* **solid geometry** *s* Stereometrie *f*

sol•id•ify [sə'lɪdɪfaɪ] **I.** *vi* fest werden; (*Lava, Planet*) erstarren; (*Blut*) gerinnen; (*fig*) sich festigen **II.** *vt* fest werden lassen; erstarren lassen; gerinnen lassen; festigen

sol•id•ity [sə'lɪdətɪ] *s* **1.** Festigkeit *f;* Massivität *f;* Haltbarkeit *f* **2.** Stabilität *f;* Zuverlässigkeit *f* **3.** (COM) Kreditfähigkeit *f* **4.** (*Grund*) Stichhaltigkeit *f* **5.** Einstimmigkeit *f*

solid•ly ['sɒlɪdlɪ] *adv* **1.** fest **2.** stichhaltig **3.** ununterbrochen **4.** (*wählen*) einstimmig; (*unterstützen*) geschlossen; ~ **built** solide gebaut; (*Mensch*) kräftig gebaut; **solid-state** *adj* (PHYS) Festkörper-; (ELEK) Halbleiter-

sol•il•oquize [sə'lɪləkwaɪz] *vi* monologisieren; Selbstgespräche führen; **sol•il•oquy** [sə'lɪləkwɪ] *s* **1.** Selbstgespräch *nt* **2.** (THEAT) Monolog *m*

soli•taire [ˌsɒlɪ'teə(r)] *s* **1.** Solitär *m* **2.** (*Spiel*) Solitär *nt*

soli•tary ['sɒlɪtrɪ] **I.** *adj* **1.** allein stehend **2.** einsam **3.** einzeln **4.** einzig; ~ **confinement** Einzel-, Isolationshaft *f;* **not a** ~ **one** kein Einziges **II.** *s* (*fam*) Einzel-, Isolationshaft *f*

soli•tude ['sɒlɪtjuːd] *s* Einsamkeit *f*

solo ['səʊləʊ] <*pl* solos> **I.** *s* **1.** (MUS) Solo *nt* **2.** (AVIAT) Alleinflug *m* **II.** *adj* Solo- **III.** *adv* allein; **solo•ist** [-ɪst] *s* (MUS) Solist(in) *m(f)*

sol•stice ['sɒlstɪs] *s:* **summer/winter** ~ Sommer-/Wintersonnenwende *f*

sol•uble ['sɒljʊbl] *adj* löslich; (*Problem*) lösbar

so•lus ['səʊləs] *s* (COM) Inselanzeige *f*

sol•ution [sə'luːʃn] *s* **1.** (*Rätsel*) (Auf)Lösung *f;* (*Problem, Aufgabe*) Lösung *f;* (*Frage*) Klärung *f* **2.** (CHEM) Lösung *f*

solve [sɒlv] *vt* **1.** (*Rätsel, Aufgabe*) lösen **2.** (*Mord*) aufklären **3.** (*Schwierigkeit*) beseitigen

sol•vency ['sɒlvənsɪ] *s* Zahlungsfähigkeit, Solvenz *f;* **sol•vent** ['sɒlvənt] **I.** *adj* zahlungsfähig, solvent, liquid **II.** *s* (CHEM) Lösungsmittel *nt;* **solvent abuse** *s* Schnüffeln *nt;* Lösungsmittelmissbrauch *m;* **solvent-free** ['sɒlvəntfriː] *adj* lösungsmittelfrei

So•ma•li [ˌsəʊ'maːlɪ] **I.** *adj* somali(sch) **II.** *s* Somali *m f,* Somalier(in) *m(f);* **So•ma•lia** [ˌsəʊ'maːlɪə] *s* Somalia *nt*

som•ber (*Am*), **sombre** ['sɒmbə(r)] *adj* **1.** düster, dunkel **2.** (*fig*) ernst **3.** traurig, melancholisch

some [sʌm] **I.** *adj* **1.** einige; ein paar **2.** (*mit Singular*) etwas **3.** manche(r, s) **4.** (*unbestimmt*) irgendein **5.** (*verstärkend*) ziemlich; (*in Ausrufen, iro*) vielleicht (ein); **would you like** ~ **nuts?** möchten Sie gern (ein paar) Nüsse?; ~ **more tea?** noch etwas Tee?; **do you have** ~ **money?** hast du Geld?; ~ **people say** manche Leute sagen; **to** ~ **extent** in gewisser Weise; ~ **woman phoned up** da hat irgendsoeine Frau angerufen; **in** ~ **way or another** irgendwie; (**at**) ~ **time before lunch** irgendwann vor dem Mittagessen; ~ **other time** ein andermal; ~ **time or other** irgendwann einmal; ~ **day** eines Tages; **quite** ~ **time** ganz schön lange; **that was** ~ **holiday!** das waren vielleicht Ferien!; ~ **teacher you are!** du bist vielleicht ein Lehrer! **II.** *pron* **1.** einige; manche; welche **2.** (*mit Bezug auf Singular*) etwas; manches; welche(r, s); ~ **... others** manche ..., andere; ~ **of them** einige; **try** ~ probieren Sie doch mal; **would you like** ~**?** möchten Sie welche? **III.** *adv* **1.** ungefähr, etwa **2.** (*Am fam*) etwas; viel; ~ **more** noch ein paar; noch etwas; ~ **place** irgendwo; (**at**) ~ **time** (**or other**) (irgendwann) einmal; ~ **twenty of them** etwa zwanzig von ihnen; **for** ~ **time** (für) einige Zeit, eine Zeitlang; ~ **time ago** vor einiger Zeit; **in** ~ **way or other** irgendwie

some•body ['sʌmbədɪ] *pron* (irgend)jemand, irgendwer; ~ **else** jemand anders; ~ **or other** irgendjemand; **be** (**a**) ~ jemand sein

some•how ['sʌmhaʊ] *adv* irgendwie; ~ **or other** irgendwie

some•one ['sʌmwʌn] *pron* (irgend)jemand

some•place ['sʌmpleɪs] *adv* (*Am*) irgendwo; irgendwohin

som•er•sault ['sʌməsɔːlt] **I.** *s* Purzelbaum *m;* Salto *m* **II.** *vi* (*turn a* ~) einen Purzelbaum schlagen; einen Salto machen; sich überschlagen

some·thing ['sʌmθɪŋ] **I.** *pron* etwas; **~ nice** etwas Nettes; **~ or other** irgendetwas; **he has ~ to do with books** er hat etwas mit Büchern zu tun; **it was quite ~, it was ~ else** (*Am*) das war toll; **it's ~ to be a director at his age** das will schon etwas heißen, in seinem Alter Direktor zu sein; **or ~** (*fam*) oder so (was); **there is ~ in that** da ist schon etwas dran **II.** *s:* **a little ~** eine Kleinigkeit; **the certain ~** das gewisse Etwas **III.** *adv* **1.** etwas; ungefähr **2.** irgendwie; **~ like that** etwas Ähnliches; **~ of a surprise** eine ziemliche Überraschung

some·time ['sʌmtaɪm] **I.** *adv* irgendwann; gelegentlich; **at ~ or other** irgendwann (ein)mal **II.** *adj* früher, ehemalig

some·times ['sʌmtaɪmz] *adv* machmal, ab und zu, gelegentlich

some·what ['sʌmwɒt] *adv* etwas, ein wenig; **~ of a nuisance** ziemlich lästig; **be ~ of a connoisseur** ein ziemlicher Kenner sein; **more than ~** mehr als das

some·where ['sʌmweə(r)] *adv* irgendwo; irgendwohin; **~ else** anderswo, irgendwo anders; **~ or other** irgendwo; **get ~** zu positiven Ergebnissen gelangen; **or ~** oder sonstwo; **~ around forty** so um (die) vierzig

som·nam·bu·lism [sɒm'næmbjʊlɪzəm] *s* Schlafwandeln *nt;* **som·nam·bu·list** [sɒm'næmbjʊlɪst] *s* Schlafwandler(in) *m(f);* **som·nol·ent** ['sɒmnələnt] *adj* **1.** schläfrig **2.** einschläfernd

son [sʌn] *s* Sohn *m;* **~ of a bitch** (*Am sl*) gemeiner Kerl; gemeines Ding

so·nar ['səʊnɑ:(r)] *s* Sonar(gerät) *nt*

so·nata [sə'nɑ:tə] *s* (MUS) Sonate *f*

song [sɒŋ] *s* **1.** Gesang *m* **2.** Lied *nt* **3.** (kurzes) Gedicht *nt;* **for a ~** für einen Spottpreis; spottbillig; **burst into ~** zu singen beginnen; **make a ~ and dance about s.th.** ein Theater wegen einer S machen; **song·bird** *s* Singvogel *m;* **song·book** *s* Liederbuch *nt;* **song·ster** ['sɒŋstə(r)] *s* **1.** Sänger *m* **2.** Singvogel *m;* **song·stress** ['sɒŋstrɪs] *s* Sängerin *f*

sonic ['sɒnɪk] *adj:* **~ bang** [*o* **boom**] Knall *m* beim Durchbrechen der Schallmauer; Überschallknall *m;* **sonic barrier** *s* Schallmauer *f;* **sonic speed** *s* Schallgeschwindigkeit *f*

son-in-law ['sʌnɪnlɔ:] <*pl* sons-in-law> *s* Schwiegersohn *m*

son·net ['sɒnɪt] *s* Sonett *nt*

son·ny ['sʌnɪ] *s* (*fam*) Kleine(r) *m*

son·or·ity [sə'nɒrətɪ] *s* Klang *m,* Klangfülle *f;* **son·or·ous** [sə'nɔ:rəs] *adj* **1.** klangvoll **2.** wohltönend **3.** (*Ton*) voll

soon [su:n] *adv* bald; früh, zeitig; rasch; gern; **as ~ as** sobald, sowie; **as ~ as possible** so bald wie möglich; **just as ~** genauso gern; **~ after his arrival** kurz nach seiner Ankunft; **~ afterwards** kurz danach; **how ~ can you be here?** wann kannst du da sein?; **too ~** zu früh; **I would as ~ not** lieber nicht; **sooner** ['su:nə(r)] *adv* (*Komparativ*) eher, früher, zeitiger; lieber; **~ or later** früher oder später, schließlich doch einmal; **the ~ the better** je eher, desto besser; **no ~ ... than** kaum ..., als; **no ~ said than done** gesagt, getan; **I would ~ leave** ich möchte lieber gehen; **soon-to-be** *adj* zukünftig

soot [sʊt] *s* Ruß *m*

soothe [su:ð] *vt* **1.** beruhigen, besänftigen **2.** (*Schmerz*) lindern; **sooth·ing** ['-ɪŋ] *adj* **1.** beruhigend **2.** lindernd

sooty ['sʊtɪ] *adj* **1.** rußig, verrußt **2.** schwarz

sop [sɒp] **I.** *s* **1.** eingetunktes Stück (*Brot*) **2.** (*fig*) Beruhigungspille *f* **II.** *vt* (*~ up*) auftunken; aufwischen; aufsaugen

soph·is·ti·cated [sə'fɪstɪkeɪtɪd] *adj* **1.** weltgewandt, kultiviert **2.** intellektuell **3.** gepflegt; elegant; edel **4.** (*Publikum*) anspruchsvoll **5.** (*Maschine*) kompliziert; hochentwickelt; technisch ausgereift **6.** (*System, Ansatz*) komplex; **soph·is·ti·ca·tion** [sə,fɪstɪ'keɪʃn] *s* **1.** Kultiviertheit; Eleganz *f;* hohes Niveau **2.** hoher Entwicklungsstand **3.** Komplexität, Differenziertheit *f*

sopho·more ['sɒfəmɔ:(r)] *s* (*in den USA*) Student(in) *m(f)* im zweiten Studienjahr

sop·or·ific [,sɒpə'rɪfɪk] *adj* einschläfernd

sop·ping (**wet**) ['sɒpɪŋ] *adj* (*fam*) klitschnass

soppy ['sɒpɪ] *adj* (*fam*) rührselig, kitschig

so·prano [sə'prɑ:nəʊ] <*pl* -pranos> *s* (MUS) Sopran *m;* Sopranistin *f*

sor·bet ['sɔ:beɪ] *s* Fruchteis *nt,* Sorbet *m od nt*

sor·cerer ['sɔ:sərə(r)] *s* Zauberer, Hexenmeister *m;* **sor·cer·ess** ['sɔ:sərɪs] *s* Zauberin, Hexe *f;* **sor·cery** ['sɔ:sərɪ] *s* Zauberei, Hexerei *f*

sor·did ['sɔ:dɪd] *adj* **1.** schmutzig **2.** elend, miserabel **3.** gemein, schmutzig

sore [sɔ:(r)] **I.** *adj* **1.** schmerzhaft, schmerzend **2.** wund, entzündet **3.** (*fig fam*) beleidigt, verärgert **4.** schmerzlich, betrüblich; **a ~ point** ein wunder Punkt; **have a ~ throat** Halsweh haben; **touch a ~ spot** einen wunden Punkt berühren; **be ~** weh tun; **my knee is ~** mir tut das Knie weh **II.** *s* wunde Stelle; Verletzung *f;* **open old ~s** alte Wunden aufreißen; **sore·ly** ['sɔ:lɪ] *adv* äußerst; sehr; **I was ~ tempted** ich kam stark in Versuchung

sor·or·ity [sə'rɒrətɪ] *s* (*in den USA*) Stu-

S

dentinnenverbindung *f,* -klub *m*

sor•rel ['sɒrəl] *s* großer Sauerampfer

sor•row ['sɒrəʊ] **I.** *s* Kummer *m,* Leid *nt,* Jammer, Schmerz *m* (*at* über, *for* um); **to my** ~ zu meinem Bedauern; **drown one's ~s** seine Sorgen ertränken **II.** *vi* Kummer haben, sich grämen (*at, for, over* um), klagen, trauern (*at, over, for, after* um, wegen); **sor•row•ful** ['sɒrəʊfl] *adj* bekümmert, betrübt

sorry ['sɒrɪ] *adj* **1.** betrübt, bekümmert **2.** traurig, kläglich; armselig **3.** erbärmlich, jämmerlich, elend; **I am ~ to ...** es tut mir leid zu ..., dass ...; leider muss ich ...; **I'm really** ~ es tut mir wirklich leid; **I am ~ for you** Sie tun mir leid; **I am ~ for it** es tut mir leid; **I am so** ~ es tut mir so leid; entschuldigen Sie vielmals; **~!** Verzeihung! leider nicht! schade!

sort [sɔːt] **I.** *s* **1.** Sorte, Art, Gattung, Klasse *f* **2.** Charakter *m,* Natur *f,* Typ *m* **3.** Güte, Qualität *f* **4.** (AUTO) Marke *f;* **after a** ~ bis zu einem gewissen Grade; **of ~s, of a** ~ so was wie ...; **of all ~s** aller Art; **out of ~s** (*fam: gesundheitlich*) nicht auf dem Posten; (*fam*) schlechter Laune; **all ~s of things** alles mögliche; **nothing of the** ~ nichts Derartiges, nichts dergleichen; **such ~ of thing** etwas Derartiges, so (et)was; **what ~ of ...?** was für ein ...?; **not a bad** ~ (gar) nicht so übel; **a decent** ~ ein anständiger Kerl **II.** *adv:* ~ **of** (*fam*) gewissermaßen, eigentlich, irgendwie; **I am ~ of glad** ich bin eigentlich, im Grunde froh; **I have ~ of a hunch** ich habe so eine Ahnung; **I ~ of knew that ...** ich habe es irgendwie gewusst, dass ...; **she is ~ of interesting** sie ist nicht uninteressant **III.** *vt* sortieren **IV.** *vi* (~ *ill, well*) (gut, schlecht) passen (*with* zu); ~ **through s.th.** etw durchsehen; **sort out** *vt* **1.** (aus)sortieren **2.** (*fig*) in Ordnung bringen; (*Problem*) lösen; (*Situation*) klären; **it'll ~ itself out** das wird sich schon geben; ~ **o.s. out** zur Ruhe kommen; ~ **s.o. out** (*fam*) jdm etwas erzählen; **sort code** *s* Bankleitzahl *f;* **sorter** ['sɔːtə(r)] *s* Sortierer(in) *m(f),* Sortiermaschine *f*

sor•tie ['sɔːtiː] *s* **1.** Ausflug *m* (*into town* in die Stadt) **2.** (MIL) Ausfall *m;* (AVIAT) Feindflug, Einsatz *m*

sorting office *s* Sortierstelle *f*

SOS [ˌesəʊ'es] *s* SOS *nt*

so-so [ˌsəʊ'səʊ] *adv* so lala; so einigermaßen

sot [sɒt] *s* Trunkenbold *m;* **sot•tish** ['sɒtɪʃ] *adj* dem Trunk ergeben; benebelt

sou•bri•quet ['suːbrɪkeɪ] *s* Spitzname *m*

sought [sɔːt] **I.** *pt, pp of* **seek II.** *adj* (~*-after,* ~*-for*) gesucht, gefragt, begehrt

soul [səʊl] *s* **1.** Seele *f* **2.** Herz; (*fig*) Gemüt *nt* **3.** (das) Innerste, Wesen *nt* **4.** (MUS) Soul *m* **5. ~s** (*mit Zahlwort*) Seelen *fpl,* Menschen *mpl;* **not a** ~ nicht eine lebende Seele; **with all my** ~ von ganzem Herzen; **be the life and ~ of s.th.** von etw die Triebfeder sein; **keep body and ~ together** Leib u. Seele zusammenhalten; **she's in it heart and** ~ sie ist mit Leib u. Seele dabei; **All Souls' Day** Allerseelen *nt;* **poor** ~ armer Teufel; **poor little** ~ armes Ding; **she's a nice** ~ sie ist ein netter Mensch; **soul brother, soul sister** *s* Bruder *m,* Schwester *f;* **soul-de•stroy•ing** ['səʊldɪˌstrɔɪɪŋ] *adj* geisttötend; nervtötend; **soul•ful** ['səʊlfl] *adj* seelenvoll; **soulless** ['səʊllɪs] *adj* seelenlos; **soul mate** *s* Seelenverwandte(r) *f m;* **soul music** *s* Soul *m;* **soul-scar•ring** ['səʊlˌskɑːrɪŋ] *adj* das Innerste verletzend; **soul-searching** *s* Gewissensprüfung *f;* **soul-stirring** ['səʊlstɜːrɪŋ] *adj* herzergreifend

sound¹ [saʊnd] *adj* **1.** gesund **2.** einwandfrei, fehlerfrei, -los **3.** unbeschädigt, unversehrt, in gutem Zustand, solide **4.** lebensfähig, kräftig, stark, widerstandsfähig **5.** (*Anspruch*) begründet; (*Grund*) stichhaltig, triftig **6.** zuverlässig, vernünftig, verständig **7.** (*Rat*) gut **8.** (*Schlaf*) tief, fest, gesund; **sleep ~ly** tief schlafen; ~ **asleep** fest eingeschlafen; ~ **energy management** rationeller Energieeinsatz

sound² [saʊnd] **I.** *s* Geräusch *nt;* (LING) Laut *m;* (PHYS) Schall *m;* (MUS) Klang *m;* (*fam*) Sound *m;* (TECH RADIO TV) Ton *m;* **not to make a** ~ still sein; **within ~ of** in Hörweite *+gen;* **not a ~ was heard** es war kein Ton zu hören; **~s of laughter** Gelächter *nt;* **I don't like the ~ of it** das hört sich gar nicht gut an; **that has a familiar** ~ das klingt vertraut **II.** *vi* **1.** ertönen, erschallen, erklingen **2.** sich anhören, klingen; **that ~s fishy to me** das klingt mir nicht ganz geheuer; **she ~s angry** sie hört sich verärgert an; **he ~s like a nice person** er scheint ein netter Mensch zu sein **III.** *vt* **1.** ertönen, erklingen lassen; (*Ton*) spielen; (*Buchstaben*) aussprechen **2.** (MED) abhorchen, abklopfen; ~ **the alarm** Alarm schlagen; ~ **the horn** hupen; ~ **the retreat** zum Rückzug blasen; ~ **a note of warning** warnen; **sound off** *vi* (*fam*) viel reden, sich wichtig machen

sound³ [saʊnd] *vt* (MAR) (aus)loten, sondieren; (METE) messen; **~ing line** Lot *nt;* **~ing balloon** Versuchsballon *m;* **sound out** *vt* (*jdn*) ausfragen; (*Absichten*) herausfinden

sound⁴ [saʊnd] *s* Meerenge *f,* Meeresarm *m*

sound ar•chives ['saʊnd, ɑː(r)kaɪvz] *s pl* Tonarchiv *nt;* **sound bar•rier** ['saʊndbærɪə(r)] *s* **1.** Schallmauer *f* **2.** Lärmschutzwall *m;* Lärmschutzwand *f;*

sound•board *s* Resonanzboden *m;* **use s.o. as a** ~ an jdm die Reaktion testen; **sound•box** *s* Schallkörper *m;* **sound effects** *s pl* Toneffekte *mpl;* **sound engineer** *s* Tontechniker(in) *m(f);* **sound film** *s* Tonfilm *m*

sound•ing ['saʊndɪŋ] *s* (MAR) Loten *nt,* Peilung *f;* **take ~s on s.th.** über etw Untersuchungen durchführen

sound•ing board ['saʊndɪŋˌbɔ:d] *s* Resonanzboden *m;* **use s.o. as a** ~ an jdm die Reaktion testen

sound•less ['saʊndlɪs] *adj* geräusch-, lautlos, still

sound•ness ['saʊndnɪs] *s* **1.** guter Zustand **2.** Solidität *f;* (*von Argument*) Stichhaltigkeit *f;* (*von Kenntnissen*) Gründlichkeit *f;* (*von Idee, Politik*) Vernünftigkeit *f* **3.** (COM FIN) Stabilität *f* **4.** (JUR) Rechtmäßigkeit *f* **5.** (*von Schlaf*) Tiefe *f*

sound•proof ['saʊndpru:f] **I.** *adj* schalldicht **II.** *vt* schalldicht machen, schalldämmen; **sound recording** *s* Tonaufnahme *f;* **sound reproduction** *s* Tonwiedergabe *f;* **sound shift** *s* (LING) Lautverschiebung *f;* **sound system** *s* (*einer Sprache*) Lautsystem *nt;* **soundtrack** ['saʊndtræk] *s* **1.** Tonspur *f* **2.** Soundtrack *m,* Musik *f* zu einem Film; **sound velocity** *s* Schallgeschwindigkeit *f;* **sound wave** *s* Schallwelle *f*

soup [su:p] *s* Suppe *f;* **be in the** ~ in der Tinte sitzen; **soup up** *vt* frisieren, hochzüchten

soup•çon ['su:psɒn, *Am* su:p'sɒn] *s* Spur *f;* Andeutung *f* (*of* von)

soup kit•chen ['su:pˌkɪtʃɪn] *s* **1.** Volksküche *f;* Feldküche *f* **2.** *Essensausgabe für Obdachlose;* **soup plate** *s* Suppenteller *m;* **soup spoon** *s* Suppenlöffel *m;* **soup tureen** *s* Suppenschüssel *f*

sour ['saʊə(r)] **I.** *adj* **1.** sauer; säuerlich **2.** (*Milch*) sauer **3.** (*fig*) verärgert; missmutig; **turn** ~ sauer werden; **turn** ~ **on s.o.** jdm nicht mehr gefallen; (*Plan*) schief gehen; **it's** ~ **grapes!** die Trauben sind sauer **II.** *vt* **1.** sauer werden lassen **2.** (*fig*) verärgern, verstimmen **3.** (*Beziehung*) trüben **III.** *vi* **1.** sauer werden **2.** (*fig*) ärgerlich, missmutig werden

source [sɔ:s] *s* **1.** (*a. fig*) Quelle *f* **2.** (ELEK) Strom-, Energiequelle *f* **3.** (*fig*) Ursprung *m,* Wurzel *f;* **from official ~s** aus amtlichen Quellen; **have its** ~ seinen Ursprung haben (*in* in); **take its** ~ entspringen (*from* aus); **taxation at** ~ direkte Besteuerung; ~ **code** Ausgangscode *m;* ~ **document** Originaldokument *nt;* ~ **file** (INFORM) Ursprungsdatei *f;* ~ **of energy** Energiequelle *f;* ~ **of errors** Fehlerquelle *f;* ~ **of income** Einkommensquelle *f;* ~ **of light** Lichtquelle *f;* **~s of manpower** Arbeitskräftereserven *fpl;* ~ **of supply** Bezugsquelle *f;* **sourc•ing** ['sɔ:sɪŋ] *s* (COM) Erwerb *m*

sour•puss ['saʊəpʊs] *s* (*fam*) Trauerkloß *m*

sou•sa•phone ['su:zəfəʊn] *s* (MUS) Sousaphon *nt*

souse [saʊs] *vt* **1.** (ein)pökeln; in Salzlake legen **2.** ein-, untertauchen; ins Wasser werfen **3.** (völlig) durchnässen; **get ~d** (*sl*) sich besaufen

south [saʊθ] **I.** *s* **1.** Süd(en) *m* **2.** südliche Richtung **II.** *adj* südlich, Süd- **III.** *adv* im Süden; in südlicher Richtung; nach Süden; ~ **of** südlich von; **the South of France** Südfrankreich; **South Africa** *s* Südafrika *nt;* **South African I.** *adj* südafrikanisch **II.** *s* Südafrikaner(in) *m(f);* **South America** *s* Südamerika *nt;* **South American I.** *adj* südamerikanisch **II.** *s* Südamerikaner(in) *m(f);* **south•bound** ['saʊθbaʊnd] *adj* nach Süden fahrend; **south-east** [ˌsaʊθ'i:st] **I.** *adj* südöstlich **II.** *s* Südosten *m;* **south•easter** [ˌsaʊθ'i:stə(r)] *s* (starker) Südostwind *m;* **south-easter•ly** [ˌsaʊθ'i:stəlɪ] **I.** *adj, adv* südöstlich; aus Südost **II.** *s* (starker) Südostwind *m;* **south•eastern** [ˌsaʊθ'i:stən] *adj* südöstlich; aus Südost; **south-east•wards** [ˌsaʊθ'i:stwədz] *adv* nach Südosten; südostwärts; **south•er•ly** ['sʌðəlɪ] **I.** *adj* südlich; nach Süden **II.** *adv* nach Süden **III.** *s* Südwind *m;* **south•ern** ['sʌðən] *adj* südlich; aus Süden; Süd-; südländisch; ~ **hemisphere** Südhalbkugel *f;* **Southern Cross** *s* Kreuz *nt* des Südens; **south•erner** ['sʌðənə(r)] *s* Bewohner(in) *m(f)* des Südens; Südländer(in) *m(f),* Südengländer(in) *m(f),* Südstaatler(in) *m(f),* Süddeutsche(r) *f m;* **southern lights** *s pl* Südlicht *nt;* **South Ko•rea** *s* Südkorea *nt;* **South Ko•re•an I.** *adj* südkoreanisch **II.** *s* Südkoreaner(in) *m(f);* **south•paw** ['saʊθpɔ:] *s* (SPORT) Linkshänder *m;* **South Pole** *s* Südpol *m;* **south•ward**(**s**) ['saʊθwəd(z)] **I.** *adj* südlich **II.** *adv* nach Süden, südwärts; **south•west** [ˌsaʊθ'west] **I.** *s* Südwesten *m* **II.** *adj* südwestlich **III.** *adv* nach Südwest; südwestwärts; ~ **of** südwestlich von; **south•wester** [ˌsaʊθ'westə(r)] *s* (starker) Südwestwind *m;* **south•wester•ly** [ˌsaʊθ'westəlɪ] **I.** *adj* südwestlich; aus Südwest **II.** *s* (starker) Südwestwind *m;* **south•western** [ˌsaʊθ'westən] *adj* südwestlich; aus Südwest; **south•westward**(**s**) [ˌsaʊθ'westwəd(z)] *adv* nach Südwesten

sou•venir [ˌsu:və'nɪə(r)] *s* (Reise)Andenken, Souvenir *nt* (*of* an)

sou'wester [ˌsaʊ'westə(r)] *s* Südwester *m*
sov•er•eign ['sɒvrɪn] **I.** *adj* **1.** höchste(r, s), oberste(r, s); (*Verachtung*) tiefste(r, s) **2.** unumschränkt; souverän; ~ **cure** Allheilmittel *nt* **II.** *s* **1.** Monarch(in) *m(f)*, Herrscher(in) *m(f)* **2.** (HIST: *Großbritannien*) Zwanzigshillingstück *nt;* (*Goldmünze*) Sovereign *m;* **sovereign rights** *s pl* Hoheitsrechte *ntpl;* **sovereign territory** *s* Hoheitsgebiet *nt;* **sov•er•eignty** ['sɒvrəntɪ] *s* Staatshoheit, Herrschaft *f;* Souveränität *f*
so•viet ['səʊvɪət] **I.** *s* (HIST) Sowjet *m* **II.** *adj* sowjetisch; **Soviet citizen** Sowjetbürger(in) *m(f);* **Soviet Union** *s* (HIST) Sowjetunion *f*
sow¹ [səʊ] <*irr:* **sowed, sowed (sown)**> *vt* **1.** (*Saat*) (aus)säen **2.** (MIL: *Minen*) legen **3.** (*fig: Nachricht*) verbreiten; ~ **one's wild oats** (*fig*) sich die Hörner abstoßen; sich ausleben; ~ **discontent/hatred** Unzufriedenheit/Hass säen
sow² [saʊ] *s* **1.** Sau *f;* Dächsin *f* **2.** (TECH) Massel *f;* Masselgraben *m*
sow•ing ma•chine ['səʊɪŋmə'ʃi:n] *s* Sämaschine *f;* **sown** [səʊn] *s.* **sow¹**
sox [sɔks] *s pl* (*Am: fam*) Socken *pl*
soy [sɔɪ] (*Am*), **soya** ['sɔɪə] *s* Soja *f;* **soya bean** *s* Sojabohne *f;* **soya flour** *s* Sojamehl *nt;* **soya sauce** *s* Sojasoße *f;* **soybean** ['sɔɪbi:n] *s* (*Am*) Sojabohne *f*
soz•zled ['sɒzld] *adj* (*Br fam*) beschwipst
spa [spɑ:] *s* **1.** Mineral-, Heilquelle *f* **2.** (Heil)Bad *nt;* Kurort *m;* **spa bath** *s* Heil-, Kurbad *nt*
space [speɪs] **I.** *s* **1.** Raum, Platz *m* **2.** (*a.* MUS) Zwischenraum, Abstand *m* **3.** Zeit(raum *m*), Frist *f* **4.** (*outer* ~) der Weltraum; **take up** ~ Platz einnehmen; **stare into** ~ Löcher in die Luft starren; **a short** ~ ein Weilchen, eine kurze Zeit; **for a** ~ eine Zeit lang; **wide open ~s** weites, offenes Land; **within the ~ of three hours** innerhalb drei Stunden; **advertising** ~ Reklamefläche *f;* **air** ~ Luftraum *m;* **blank** ~ freie Stelle; **office** ~ Bürofläche *f;* **parking** ~ Platz *m* zum Parken **II.** *vt* **1.** mit Abstand, in Abständen, in Zwischenräumen anordnen **2.** (*räumlich*) verteilen **3.** (*sl*) high machen; ~ **out** (TYP) sperren; ~ **out evenly** gleichmäßig verteilen; **~d out** (*sl*) high; **space age** *s* Weltraumzeitalter *nt;* **space agency** *s* Weltraumbehörde *f;* **space-bar** *s* (*Schreibmaschine*) Leertaste *f;* **space-based** ['speɪsbeɪst] *adj* weltraumgestützt; **space blanket** *s* Rettungsdecke, Alu-Isoliermatte *f;* **space capsule** *s* Raumkapsel *f;* **space centre** *s* Raumfahrtzentrum *nt;* **space•craft** ['speɪsˌkrɑ:ft] *s* Raumfahrzeug *nt;* Raumkörper *m;* **space defence** *s* Weltraumabwehr *f;* **space fiction** *s* Zukunftsromane *pl* über den Weltraum; **space-flight** *s* Raumfahrt *f;* **space heater** *s* Raumheizkörper *m;* **space lab(oratory)** *s* Weltraumlabor *nt;* **space•man** ['speɪsmən] <*pl* -men> *s* Raumfahrer *m;* **space medicine** *s* Raumfahrtmedizin *f;* **space probe** *s* Raumsonde *f;* **spacer** ['speɪsə(r)] *s* **1.** Leertaste *f* **2.** (TECH) Abstandsstück *nt;* **space research** *s* Raumforschung *f;* **space-saving** *adj* Platz sparend; **space•ship** ['speɪsʃɪp] *s* Raumschiff *nt;* **space shuttle** *s* Raumfähre *f,* Raumtransporter *m;* **space station** *s* Raumstation *f;* **space suit** *s* Raumanzug *m;* **space travel** *s* Raumfahrt *f;* **space traveller** *s* Raumfahrer(in) *m(f);* **space walk** *s* Spaziergang *m* im All; **space weapon** *s* Weltraumwaffe *f;* **space•woman** ['speɪsˌwʊmən] *s* Raumfahrerin *f;* **spacey** ['speɪsɪ] *adj* (*Am: sl*) weggetreten, wie in Trance; **spac•ing** ['speɪsɪŋ] *s* Zwischenraum, Abstand *m;* Intervall *nt;* **single-/double-~** (TYP) einzeiliger/zweizeiliger Abstand; **spa•cious** ['speɪʃəs] *adj* **1.** geräumig **2.** ausgedehnt, weit(läufig); **spa•cious•ness** [-nəs] *s* **1.** Geräumigkeit *f* **2.** Weitläufigkeit *f*
spade [speɪd] *s* **1.** Spaten *m* **2. ~s** (*Kartenspiel*) Pik *nt* **3.** (*pej sl*) Schwarze(r) *f m;* **call a ~ a ~** (*fig*) das Kind beim Namen nennen; **Queen of Spades** Pikdame *f;* **spade•work** *s* Vorarbeit(en *pl*) *f*
spa•ghetti [spə'getɪ] *s* Spaghetti *pl;* **spaghetti western** *s* (*fam*) Italowestern *m*
Spain [speɪn] *s* Spanien *nt*
Spam® [spæm] *s* Frühstücksfleisch *nt*
span [spæn] **I.** *s* **1.** Spanne *f;* Abstand *m* **2.** (*~-length*) Spannweite *f;* (ARCH) lichte Weite **3.** (*~ of time*) Zeitspanne *f;* ~ **of life** Lebensspanne *f* **II.** *vt* **1.** (über)spannen (*with* mit), überbrücken **2.** (*fig*) umfassen
spangle ['spæŋgl] **I.** *s* Flitter *m,* Paillette *f* **II.** *vt* **1.** mit Pailletten besetzen **2.** (*fig*) übersäen, schmücken (*with* mit); **spangled** ['spæŋgld] *adj:* **the star-~ banner** das Sternenbanner (*die Flagge der USA*)
Span•iard ['spænɪəd] *s* Spanier(in) *m(f)*
span•iel ['spænɪəl] *s* (*Hunderasse*) Spaniel *m*
Span•ish ['spænɪʃ] **I.** *adj* spanisch; ~ **America** spanischsprachiges Lateinamerika; **s~ chestnut** Edelkastanie *f* **II.** *s* (das) Spanisch(e); **the ~** die Spanier *mpl*
spank [spæŋk] **I.** *vt* (das Hinterteil) versohlen (*s.o.* jdm), verprügeln **II.** *vi* (~ *along*) dahinflitzen **III.** *s* Klaps *m;* **give s.o. a ~ on the bottom** jdm das Hinterteil versohlen; **spank•ing** ['-ɪŋ] **I.** *adj* schnell; **at a ~ pace** mit großer Geschwindigkeit **II.** *s:* **give s.o. a good ~** jdm das Hinterteil tüch-

tig versohlen

span•ner ['spænə(r)] *s* Schraubenschlüssel *m;* **a ~ in the works** Sand im Getriebe; **put a ~ in the works** jdm Knüppel zwischen die Beine werfen

spar¹ [spɑː(r)] *s* (MAR) Spiere *f,* Rundholz *nt*

spar² [spɑː(r)] *s* (MIN) Spat *m*

spar³ [spɑː(r)] *vi* (*Boxen*) ein Sparring machen; (*fig*) sich zanken

spare [speə(r)] **I.** *adj* **1.** übrig, überzählig **2.** (*Teil, Reifen*) Ersatz- **3.** (*Bett, Zimmer*) Gäste- **4.** mager; dürftig **5.** (*fam*) wahnsinnig, verrückt; **do you have a ~ pen?** hast du einen Schreiber für mich?; **if you have a ~ minute** wenn du mal eine Minute Zeit hast; **there are two ~ seats** es sind zwei Plätze frei; **drive s.o. ~** jdn wahnsinnig machen; **go ~** wahnsinnig werden; **~ battery** Reservebatterie *f;* **~ capacity** freie Kapazität; **~ parts** Ersatzteile *ntpl;* **~ parts catalogue** Ersatzteilkatalog *m;* **~ -part surgery** Ersatzteilchirurgie *f;* **~ rib** Rippchen *nt;* **~ room** Gästezimmer *nt;* **~ time** Freizeit *f;* **~ tyre** Ersatzreifen *m;* (*hum*) Rettungsring *m;* **~ wheel** Ersatzrad *nt* **II.** *s* Ersatzteil *nt;* Ersatzreifen *m* **III.** *vt* **1.** übrig haben **2.** verzichten auf **3.** sparsam umgehen mit; (*Mühe, Geld*) scheuen **4.** verschonen; (*Gefühle*) schonen; **~ o.s. s.th.** sich etw ersparen; **~ s.o. s.th** jdm etw übrig lassen; **have s.th. to ~** etw übrig haben; **enough and to ~** mehr als genug; **I can't ~ her/that** ich kann auf sie/das nicht verzichten; ich brauche sie/das unbedingt; **they ~d no expense** sie haben keine Kosten gescheut; **sparing** ['-ɪŋ] *adj* sparsam, haushälterisch (*of* mit); **be ~ of s.th.** mit etw sparen, mit etw geizen

spark [spɑːk] **I.** *s* **1.** (*a.* ELEK) Funke(n) *m* **2.** (*fig*) Fünkchen *nt,* Spur *f;* **a ~ of interest/life** ein Fünkchen *nt* Interesse/Leben; **the ~s fly** die Funken fliegen; **a bright ~** (*fam*) ein Intelligenzbolzen **II.** *vi* **1.** Funken sprühen **2.** (AUTO) zünden **III.** *vt* **1.** entzünden; (*Explosion*) auslösen, verursachen **2.** (*fig*) auslösen; (*Begeisterung*) wecken; **spark(ing) plug** ['spɑːkɪŋplʌg] *s* Zündkerze *f*

sparkle ['spɑːkl] **I.** *vi* **1.** funkeln, glitzern (*with* vor) **2.** (*Flüssigkeit*) sprudeln, perlen, schäumen **II.** *s* Funkeln, Glitzern *nt;* **spark•ler** ['spɑːklə(r)] *s* **1.** Wunderkerze *f* **2.** (*sl*) Diamant *m;* **spar•kling** ['spɑːklɪŋ] *adj* **1.** funkelnd, glitzernd **2.** sprudelnd; (*Wein*) perlend **3.** (*Geist*) sprühend

spark plug ['spɑːkplʌg] *s* Zündkerze *f*

spar•ring ['spɑːrɪŋ] *s* (Trainings)Boxen, Sparring *nt;* **sparring match** *s* (Freundschafts-, Trainings)Boxkampf *m;* **sparring partner** *s* Trainingspartner *m* (*beim Boxen*); (*fig*) Kontrahent(in) *m(f)*

spar•row ['spærəʊ] *s* Spatz, Sperling *m;* **spar•row•hawk** ['spærəʊhɔːk] *s* (*kleiner Greifvogel*) Sperber *m*

sparse [spɑːs] *adj* **1.** dünn **2.** (weit) verstreut **3.** spärlich

Spar•tan ['spɑːtn] **I.** *s* Spartaner(in) *m(f)* **II.** *adj* (*fig: s~*) spartanisch

spasm ['spæzəm] *s* (MED) Krampf *m;* Anfall *m;* **cardiac ~** Herzkrampf *m;* **spasmodic** [spæz'mɒdɪk] *adj* **1.** krampfartig **2.** (*fig*) sporadisch

spas•tic ['spæstɪk] **I.** *adj* **1.** (MED) spastisch **2.** (*sl*) schlecht **II.** *s* Spastiker(in) *m(f)*

spat¹ [spæt] *s.* **spit²**

spat² [spæt] **I.** *vi* zanken, streiten **II.** *s* Wortwechsel *m*

spat³ [spæt] *s* Gamasche *f*

spat⁴ [spæt] *s* Muschellaich *m*

spate [speɪt] *s:* **a river in (full) ~** ein Hochwasser führender Fluss; **a ~ of** eine Menge, ein Andrang *m +gen*

spa•tial ['speɪʃl] *adj* räumlich; **~ distribution** Raumverteilung *f*

spat•ter ['spætə(r)] **I.** *vt* (be)spritzen (*with* mit) **II.** *vi* **1.** spritzen **2.** (*Regen*) (nieder)prasseln **III.** *s* Spritzer *m;* **a ~ of rain** ein paar Tropfen Regen

spat•ula ['spætjʊlə] *s* Spa(ch)tel *m*

spavin ['spævɪn] *s* (VET) Spat *m* (*bei Pferden*)

spawn [spɔːn] **I.** *vi* laichen **II.** *vt* (*fig*) produzieren **III.** *s* Laich, Rogen *m*

spay [speɪ] *vt* (*weibliches Tier*) verschneiden, sterilisieren

speak [spiːk] <*irr:* spoke, spoken> **I.** *vi* **1.** sprechen (*of* von, *on, about* über, *to* mit, zu, *for* für) **2.** reden (*of* von, über), sich äußern (*of* über) **3.** eine Rede, einen Vortrag halten (*to s.o.* vor jdm) **4.** zeugen (*of* von) **5.** (MUS) ertönen; **~ing!** (TELE) am Apparat!; **~ down to s.o.** mit jdm herablassend sprechen; **not to ~ of** ganz zu schweigen von; **nothing to ~ of** nicht der Rede wert; **so to ~** sozusagen, gewissermaßen; **~ to the point** zur Sache sprechen; **~ well for s.o.** zu jds Gunsten sprechen; **~ well of s.o.** Gutes von jdm sagen **II.** *vt* **1.** (aus)sprechen, sagen, äußern, ausdrücken **2.** (*Sprache*) sprechen; **~ one's mind** seine Meinung sagen; **~ volumes** (*fig*) Bände sprechen (*for* für); **speak against** *vt* sprechen gegen; sich aussprechen gegen; kritisieren; **speak for** *vt* (*Vorschlag*) unterstützen; **~ for s.o.** in jds Namen sprechen; sich für jdn einsetzen; **~ for o.s.** für sich selbst sprechen; **~ing for myself** was mich betrifft; **~ for yourself!** du vielleicht!; **that ~s well for him** das spricht für ihn; **I can ~**

S

for his loyalty ich kann mich für seine Loyalität verbürgen; **that ~s for itself** das sagt alles; **be spoken for** vergeben sein; **speak out** *vi* **1.** laut reden **2.** (*fig*) seine Meinung sagen; ~ **out in favour of** sich einsetzen für; ~ **out against** sich äußern gegen; **speak up** *vi* **1.** laut(er) reden **2.** (*fig*) seine Meinung sagen; ~ **up for s.o./s.th.** für jdn/etw eintreten

speaker ['spiːkə(r)] *s* **1.** Sprecher(in) *m(f)*, Vorsitzende(r) *f m*, Redner(in) *m(f)* **2.** (*loud~*) Lautsprecher(box *f*) *m*; **Speaker** (*in GB*) Parlamentspräsident *m*; **Mr Speaker** Herr Vorsitzender; **speak·ing** ['spiːkɪŋ] **I.** *adj* **1.** sprechend **2.** sprechend ähnlich **3.** (*suffix*) -sprachig; **generally** ~ im Allgemeinen; im Großen u. Ganzen; **strictly** ~ genau genommen; **not to be on ~ terms with s.o.** mit jdm nicht (mehr) sprechen; jdn nicht näher kennen; ~ **clock** (*Br*) telefonische Zeitansage *f*; ~ **part** Sprechrolle *f*; ~ **tube** Sprachrohr *nt* **II.** *s* Sprechen *nt*; Reden *fpl*; ~ **voice** Sprechstimme *f*

spear [spɪə(r)] **I.** *s* **1.** Speer, Spieß *m*, Lanze *f* **2.** (BOT) Halm, Schaft *m*; (*von Spargel*) Stange *f*; (*von Brokkoli*) Spross *m* **II.** *vt* durchbohren; aufspießen; mit Speeren fangen; **spear·head I.** *s* **1.** Speer-, Lanzenspitze *f* **2.** (MIL) Angriffsspitze *f* **3.** (*fig*) führender Kopf **II.** *vt* an der Spitze stehen von; **spear·mint** ['spɪəmɪnt] *s* Grüne Minze

spec [spek] *s* **1. on** ~ auf Verdacht **2.** (*fam*) Patentbeschreibung *f* **3.** (ARCH) Baubeschreibung *f* **4. ~s** (TECH) technische Daten *pl*

special ['speʃl] **I.** *adj* **1.** besondere(r, s) **2.** un-, außergewöhnlich, außerordentlich **3.** speziell; **for ~ duty** zur besonderen Verwendung; ~ **agent** Agent(in) *m(f)*; **Special Air Service, SAS** *britisches Sonderkommando*; **Special Branch** (*in GB*) Sicherheitspolizei *f*; ~ **bonus** Sonderzulage, -dividende *f*; ~ **case** Sonder-, Spezialfall *m*; ~ **committee** Sonderausschuss *m*; ~ **constable** (*in GB*) Hilfspolizist(in) *m(f)*; ~ **correspondent** (*Presse*) Sonderberichterstatter(in) *m(f)*; ~ **delivery** Eilzustellung *f*; ~ **desire** Sonderwunsch *m*; ~ **discount** Sonderrabatt *m*; ~ **drawing rights, SDR** (FIN) Sonderziehungsrechte *ntpl*, SZR *f*; ~ **edition** Sonderausgabe *f*; ~ **effects** (*Film*) Tricks *pl*; ~ **issue stamp** Sondermarke *f*; ~ **leave** Sonderurlaub *m*; ~ **meeting** außerordentliche Versammlung; ~ **mission** Sonderauftrag *m*; ~ **offer** (COM) Sonderangebot *nt*; ~ **pleading** (JUR) Beibringung *f* neuen Beweismaterials; ~ **power** Sondervollmacht *f*; ~ **price** Sonder-, Vorzugspreis *m*; ~ **rates** Sonderkonditionen *fpl*; ~ **regulation** Sonderbestimmung *f*; ~ **right** Sonder-, Vorrecht *nt*; ~ **subject** (SCHULE) Leistungsfach *nt*; (*Universität*) Schwerpunktfach *nt*, Spezialisierung *f*; ~ (**train**) Sonderzug *m*; ~ **waste** Sondermüll *m* **II.** *s* **1.** Sonderdruck *m*, -ausgabe, -nummer *f* **2.** Extrablatt *nt* **3.** Sonderzug *m* **4.** (*television ~*) Extrasendung *f* **5.** (*Am*) Sonderangebot *nt* **6.** (*Restaurant*) Tagesspezialität *f* **7.** Hilfspolizist(in) *m (f)*; ~ **of the day** Tagesgericht *nt*

spe·cial·ism ['speʃəlɪzm] *s* Spezialisierung *f*; Spezialgebiet *nt*; **spe·cial·ist** ['speʃəlɪst] **I.** *adj* Fach-; ~ **supplier** (COM) Fachhändler *m*; ~ **term** Fachwort *nt*; ~ **text** Fachtext *m* **II.** *s* **1.** Spezialist(in) *m(f)*, Fachmann *m*, -frau *f* **2.** Facharzt *m*, -ärztin *f*; **heart** ~ Facharzt *m* für Herzkrankheiten; **spe·ci·al·ity** [ˌspeʃɪ'ælətɪ] *s*, **spe·ci·al·ty** ['speʃəltɪ] (*Am*) Spezialität *f*; **spe·cial·iz·ation** [ˌspeʃəlaɪ'zeɪʃn] *s* Spezialisierung *f*; **spe·cial·ize** ['speʃəlaɪz] **I.** *vt* spezialisieren; besonders einrichten (*for* für) **II.** *vi* sich spezialisieren (*in* in, auf); **spe·cial·ly** ['speʃəlɪ] *adv* besonders; insbesondere

spe·cies ['spiːʃiːz] <*pl* -> *s* (BES. ZOO BOT) Spezies, Art *f*

spe·ci·fic [spə'sɪfɪk] **I.** *adj* **1.** genau festgelegt, begrenzt, bestimmt **2.** genau **3.** besondere(r, s), charakteristisch, typisch **4.** spezifisch; **in each ~ case** in jedem Einzelfall; **be** ~ genau sein; ~ **gravity** (PHYS) spezifisches Gewicht **II.** *s* **1.** (MED) Spezifikum *nt* **2. ~s** Einzelheiten *fpl*; **spe·cifi·cal·ly** [spə'sɪfɪklɪ] *adv* **1.** besonders **2.** genau, klar **3.** insbesondere, nämlich

spec·ifi·ca·tion [ˌspesɪfɪ'keɪʃn] *s* **1.** Spezifizierung, genaue Angabe *f* **2.** Bedingung *f*; Bestimmung *f* **3.** Patentbeschreibung *f* **4.** (ARCH) Baubeschreibung *f* **5. ~s** (TECH) technische Daten *pl*; **spec·ify** ['spesɪfaɪ] *vt* **1.** einzeln, genau angeben **2.** an-, aufführen, spezifizieren **3.** vorschreiben; **for a specified purpose** für einen bestimmten Zweck

speci·men ['spesɪmɪn] *s* **1.** Exemplar *nt*; Muster *nt* **2.** (*Blut, Harn*) Probe *f* **3.** (*fam*) Typ, Kerl, Bursche *m*; **a beautiful** ~ ein Prachtexemplar; **a ~ of one's work** eine Probe seiner Arbeit; ~ **copy** Belegexemplar *nt*; ~ **page** Probeseite *f*; ~ **signature** Unterschriftsprobe *f*

spe·cious ['spiːʃəs] *adj* scheinbar; trügerisch, bestechend

speck [spek] *s* Fleck(chen *nt*) *m*; **a ~ (of)** ein bisschen (...), ein (klein) wenig (...)

speckle ['spekl] *s* (Farb)Fleck *m*, Tüpfel *m od nt*; **speckled** ['spekld] *adj* getüpfelt, gesprenkelt

specs [speks] *s pl* (*fam*) Brille *f*

spec·tacle ['spektəkl] *s* **1.** Schauspiel *nt* **2. ~s** (*pair of ~s*) Brille *f*; **a sad** ~ ein trauriger Anblick; **spectacle case** *s* Brillenetui *nt;* **spec•tacled** ['spektəkld] *adj* Brillen tragend

spec•tacu•lar [spek'tækjʊlə(r)] **I.** *adj* sensationell; spektakulär; atemberaubend **II.** *s* Show *f;* Fernsehschau *f*

spec•ta•tor [spek'teɪtə(r)] *s* Zuschauer(in) *m(f)*

spec•ter ['spektə(r)] *s* (*Am*) Gespenst *nt;* **spec•tral** ['spektrəl] *adj* gespenstisch, geisterhaft; ~ **analysis** Spektralanalyse *f;* **spectre** ['spektə(r)] *s* Gespenst *nt*

spec•tro•scope ['spektrəʊskəʊp] *s* Spektroskop *nt;* **spec•tro•sco•pic analy•sis** [ˌspektrəʊskəʊpɪk ə'næləsɪs] *s* Spektralanalyse *f*

spec•trum ['spektrəm, *pl* -trə] <*pl* -tra> *s* **1.** (OPT) Spektrum *nt* **2.** (*fig*) Skala *f*

specu•late ['spekjʊleɪt] *vi* **1.** nachdenken, (nach)sinnen, sich Gedanken machen (*on, upon, about* über) **2.** (COM) spekulieren (*in* mit, *on* an); **specu•la•tion** [ˌspekjʊ'leɪʃn] *s* **1.** Vermutung, Spekulation *f* **2.** (COM) Spekulation *f;* **specu•lat•ive** ['spekjʊlətɪv] *adj* **1.** (PHILOS) spekulativ; theoretisch **2.** (COM) Spekulations-; ~ **builder** Bauspekulant *m;* **specu•la•tor** ['spekjʊleɪtə(r)] *s* Spekulant(in) *m(f)*

sped [sped] *s.* **speed**

speech [spi:tʃ] *s* **1.** Sprache *f;* Sprechen *nt;* Sprechweise *f* **2.** Ansprache *f;* Rede *f;* **deliver** [*o* **make**] **a** ~ eine Rede halten (*on, about* über, *to* vor); **after-dinner** ~ Tischrede *f;* **freedom of** ~ Redefreiheit *f;* **power of** ~ Sprachvermögen *nt;* **speech act** *s* (LING) Sprechakt *m;* **speech community** *s* Sprachgemeinschaft *f;* **speech day** *s* (Schul)Schlussfeier *f;* **speech defect** *s* Sprachfehler *m;* **speech•ify** ['spi:tʃɪfaɪ] *vi* (*hum*) große Reden schwingen; **speechless** ['spi:tʃlɪs] *adj* sprachlos (*with* vor); **speech recognition** *s* (INFORM) Spracherkennung *f;* **speech therapist** *s* Sprachtherapeut(in) *m(f),* Logopäde *m,* Logopädin *f;* **speech therapy** *s* (MED) **1.** logopädische Behandlung, Sprachtherapie *f* **2.** Logopädie *f;* **speech•writer** ['spi:tʃraɪtə(r)] *s* Verfasser(in) *m(f)* von Reden; (POL) Redenschreiber(in) *m(f)*

speed [spi:d] <*irr:* speeded (sped), speeded (sped)> **I.** *s* **1.** Schnelligkeit *f* **2.** Geschwindigkeit *f;* Tempo *nt* **3.** (TECH) Drehzahl *f* **4.** (AUTO) Gang *m* **5.** (FILM) Empfindlichkeit *f* **6.** (*sl: Droge*) Speed *nt;* **at a** ~ **of** mit einer Geschwindigkeit von; **at full** [*o* **top**] ~ mit Höchstgeschwindigkeit; **cruising** ~ Reisegeschwindigkeit *f* **II.** *vi* **1.** (*nicht irr*) zu schnell fahren **2.** jagen, sausen; (*Zeit*) schnell vergehen; **speed along I.** *vi* entlangsausen; (*Arbeit*) gut vorangehen **II.** *vt* beschleunigen; **speed off** *vi* davonrasen; **speed up I.** *vi* (*nicht irr*) schneller werden; (AUTO) beschleunigen **II.** *vt* beschleunigen; (*jdn*) antreiben

speed•boat ['spi:dbəʊt] *s* Rennboot *nt;* **speed bump** *s* Bodenschwelle *f;* **speed check, speed control** *s* Geschwindigkeitskontrolle *f;* **speed cop** *s* (*sl*) Verkehrsstreife *f* (*Polizist*); **speed-dial button** *s* Kurzwahltaste *f;* **speed•ing** ['spi:dɪŋ] *s* (AUTO) Tempoüberschreitung *f,* Überschreiten *nt* der Geschwindigkeitsgrenze; **speed limit** *s* Geschwindigkeitsbegrenzung *f,* Tempolimit *nt;* **speedo** ['spi:dəʊ] *s* (*Br fam*) Tacho *m;* **speedometer** [spi:'dɒmɪtə(r)] *s* Geschwindigkeitsmesser *m,* Tachometer *m od nt;* **speed range** *s* Drehzahlbereich *m;* **speed skater** *s* Eisschnellläufer(in) *m(f);* **speed skating** *s* Eisschnelllauf *m;* **speed trap** *s* Radarfalle *f;* **speed-up** ['spi:dʌp] *s* **1.** Beschleunigung *f;* schnelleres Tempo **2.** Produktions-, Leistungssteigerung *f;* **speed•way** ['spi:dweɪ] *s* Speedwayrennen *nt;* **speedy** ['spi:dɪ] *adj* **1.** schnell **2.** prompt

spe•le•ol•ogist [ˌspi:lɪ'ɒlədʒɪst] *s* Höhlenforscher(in) *m(f);* **spe•le•ol•ogy** [ˌspi:lɪ'ɒlədʒɪ] *s* Höhlenforschung *f*

spell[1] [spel] *s* **1.** (*a. fig*) Zauber *m* **2.** Zauberwort *nt,* -formel *f,* -spruch *m;* **be under s.o.'s** ~ von jdm verzaubert, gebannt sein; in jds Bann stehen; **cast a** ~ **on** verzaubern; ganz für sich einnehmen

spell[2] [spel] <*irr:* spelled (spelt), spelled (spelt)> **I.** *vt* **1.** buchstabieren **2.** (richtig) schreiben (*with* mit) **3.** bedeuten, gleichkommen (*s.th.* einer S) **II.** *vi* richtig schreiben; buchstabieren; **he can't** ~ (*fam*) er kann keine Rechtschreibung; **spell out** *vt* buchstabieren; entziffern; (*fig*) klarmachen (*s.th. for s.o.* jdm etw)

spell[3] [spel] **I.** *s* (kurze) Zeit, (Zeit)Dauer, Periode *f;* **by ~s** dann u. wann; **for a** ~ eine Weile; **take ~s** sich ablösen; **cold/hot** ~ Kälte-/Hitzewelle *f* **II.** *vt* ablösen

spell•bind ['spelbaɪnd] <*irr:* -bound, -bound> *vt s.* **bind** ver-, bezaubern, faszinieren, fesseln; **spell•bound** ['spelbaʊnd] *adj* verzaubert, gebannt, fasziniert; mit-, hingerissen

speller ['spelə(r)] *s:* **be a bad** ~ viele Rechtschreibfehler machen; **spell•ing** ['spelɪŋ] *s* **1.** Buchstabieren *nt* **2.** Rechtschreibung *f;* **spelling check** *s* (INFORM) Rechtschreibprüfung *f*

spelt [spelt] *s.* **spell[2]**

spend [spend] <*irr:* spent, spent> **I.** *vt* **1.** verbrauchen, erschöpfen **2.** (*Geld*) ausgeben **3.** auf-, verwenden (*on, upon* für)

4. (*Zeit*) ver-, zubringen 5. verschwenden; (*Vermögen*) durchbringen; ~ **a lot of effort on s.th.** sich für etw sehr anstrengen II. *vi* 1. (sein) Geld ausgeben 2. (sich) verbrauchen, sich verzehren; **spend·ing** ['-ɪŋ] *s* Ausgaben *fpl;* **spending cut** *s* Ausgaben-, Etatkürzung *f;* **spending money** *s* Taschengeld *nt;* **spending power** *s* Kaufkraft *f;* **spending spree** *s* Großeinkauf *m;* **on a** ~ im Kaufrausch; **spend·thrift** ['spendərɪft] I. *adj* verschwenderisch II. *s* Verschwender(in) *m(f)*

spent [spent] I. *pt, pp of* **spend** II. *adj* 1. erschöpft, abgespannt, ermattet 2. (TECH) verbraucht

sperm [spɜːm] *s* Sperma *nt,* männlicher Samen

sper·ma·ceti [ˌspɜːmə'setɪ] *s* Walrat *m od nt*

sperm donor *s* Samenspender *m;* **sper·mi·cide** ['spɜːmɪsaɪd] *s* Spermizid *nt*

sperm whale ['spɜːmweɪl] *s* Pottwal *m*

spew [spjuː] I. *vi* 1. (~ *forth, out*) sich ergießen; hervorsprudeln, hervorquellen 2. (*sl*) brechen, kotzen II. *vt* 1. (~ *up, sl*) ausspucken 2. (~ *out*) speien; (*Wasser*) ablassen

sphere [sfɪə(r)] *s* 1. (MATH) Kugel *f* 2. (~ *of life*) Sphäre *f,* Lebensbereich *m;* Gebiet *nt,* Wirkungskreis *m;* Umwelt *f,* Milieu *nt;* ~ **of influence** (POL) Einflussbereich *m;* ~ **of interest** Interessensphäre *f;* ~ **of operation** Wirkungsbereich *m;* **spheri·cal** ['sferɪkl] *adj* kugelförmig

spice [spaɪs] I. *s* 1. Gewürz *nt* 2. (*fig*) Würze *f* II. *vt* würzen

spick and span [ˌspɪkən'spæn] *adj* (funkel)nagelneu; wie aus dem Ei gepellt

spicy ['spaɪsɪ] *adj* 1. (stark) gewürzt 2. (*fig*) pikant, anregend

spi·der ['spaɪdə(r)] *s* (*a.* TECH) Spinne *f;* **spider('s)-web** *s* Spinnwebe *f,* Spinnengewebe *nt;* **spi·dery** ['spaɪdərɪ] *adj* krakelig; spinnwebartig; spinnenhaft

spiel [ʃpiːl] *s* (*sl*) Gequassel *nt;* Geschichte *f*

spigot ['spɪgət] *s* Spund *m;* (*Am*) Hahn *m*

spike [spaɪk] I. *s* 1. (Metall)Spitze *f* 2. (~ *nail*) großer Nagel 3. ~**s** Rennschuhe, Spikes *mpl* II. *vt* 1. aufspießen; durchbohren 2. (*fig: Gerüchte*) verhindern 3. (*Am*) versetzen; einen Schuss Alkohol geben in 4. (Abdruck) verweigern; ~ **s.o.'s guns** jdm einen Strich durch die Rechnung machen; **spiky** ['spaɪkɪ] *adj* 1. (lang u.) spitz, spitzig; stachelig 2. (*fig*) empfindlich

spill[1] [spɪl] <*irr:* **spilled (spilt), spilled (spilt)**> I. *vt* 1. aus-, verschütten, vergießen 2. (~ *out*) ver-, ausstreuen 3. kleckern (*on* auf) 4. gießen (*on* über) 5. (*fam*) unter die Leute bringen, verbreiten; ~ **the beans** (*fam*) das Geheimnis verraten; ~ **blood** Blut vergießen; **there is no use crying over spilt milk** es hat keinen Sinn, Vergangenem nachzuweinen II. *vi* 1. (~ *out*) herausquellen 2. (~ *over*) überlaufen, -fließen III. *s* Sturz *m* (*vom Pferd, Rad*)*;* **take** [*o* **have**] **a** ~ herunter-, hinfallen

spill[2] [spɪl] *s* 1. (Holz)Span *m* 2. Fidibus *m*

spill·way ['spɪlweɪ] *s* Überlaufrinne *f*

spilt [spɪlt] *s.* **spill**[1]

spin [spɪn] <*irr:* **spun, spun**> I. *vt* 1. (*a.* ZOO) spinnen 2. (schnell) drehen; herumwirbeln 3. (*Wäsche*) schleudern II. *vi* 1. spinnen 2. (~ *round*) sich schnell drehen, im Kreis herumwirbeln 3. (*Wäsche*) schleudern; **my head is ~ning** mir dreht sich alles im Kopf III. *s* 1. Drehung *f* 2. Schleudern *nt* 3. (*Ball*) Drall *m* 4. (AVIAT) Trudeln *nt* 5. kurze Fahrt; **go for a** ~ (*fam*) mit dem Auto spazierenfahren; **go into a** ~ sich um die eigene Achse drehen; trudeln; **in a flat** ~ (*fam*) in Panik; **spin along** *vi* sausen, rasen; **spin off** *vt* 1. (SPORT) wegschleudern 2. (FIN) ausgliedern; **spin out** *vt* strecken; (*Zeit, Versammlung*) in die Länge ziehen; (*Geschichte*) ausspinnen; **spin round** I. *vi* sich drehen; herumwirbeln; sich schnell umdrehen II. *vt* schnell drehen

spi·na bi·fi·da [ˌspaɪnə'bɪfɪdə] *s* offene Wirbelsäule

spin·ach ['spɪnɪdʒ, *Am* 'spɪnɪtʃ] *s* Spinat *m*

spi·nal ['spaɪnl] *adj:* ~ **column** Wirbelsäule *f;* ~ **cord,** ~ **marrow,** ~ **medulla** Rückenmark *nt;* ~ **curvature** Rückgratkrümmung *f*

spindle ['spɪndl] *s* (TECH) Spindel *f;* Schaft *m;* **spin·dly** ['spɪndlɪ] *adj* spindeldürr

spin doc·tor ['spɪnˌdɒktə(r)] *s* (POL) Berater(in) *m(f)*

spin-drier [ˌspɪn'draɪə(r)] *s* Trockenschleuder *f* (*für Wäsche*)*;* **spin·drift** ['spɪndrɪft] *s* Gischt *f;* **spin-dry** *vt, vi* schleudern

spine [spaɪn] *s* 1. (BOT ZOO) Dorn *m* 2. Rückgrat *nt* 3. (Buch)Rücken *m;* **spine-chill·ing** ['spaɪntʃɪlɪŋ] *adj* gruselig; unheimlich; **spine·less** ['-lɪs] *adj* rückgratlos

spin·na·ker ['spɪnəkə(r)] *s* (MAR) Spinnaker *m*

spin·ner ['spɪnə(r)] *s* 1. Spinner(in) *m(f)* 2. Schleuder *f* 3. (*Angeln*) Spinnköder *m*

spin·ney ['spɪnɪ] *s* Gehölz, Dickicht *nt*

spin·ning ['spɪnɪŋ] *s* Spinnen *nt;* **spinning jenny** *s* Jennymaschine *f;* **spinning mill** *s* Spinnerei *f;* **spinning top** *s* Kreisel *m;* **spinning wheel** *s* Spinnrad *nt*

spin-off ['spɪnɒf] *s* Nebenprodukt *nt*

spin·ster ['spɪnstə(r)] *s* (JUR) unverheiratete Frau; **old** ~ (*pej*) alte Jungfer

spiny ['spaɪnɪ] *adj* stach(e)lig, dornig

spi·ral ['spaɪərəl] I. *adj* spiralig; gewunden;

in Spiralen; ~ **nebula** (ASTR) Spiralnebel *m;* ~ **staircase** Wendeltreppe *f* **II.** *s* Spirale *f;* **the ~ of rising prices and wages** die Lohn-Preis-Spirale **III.** *vi* sich in einer Spirale bewegen; ~ **up** sich in die Höhe schrauben

spire ['spaɪə(r)] *s* Turmspitze *f*

spirit ['spɪrɪt] **I.** *s* **1.** Geist *m* **2.** Mut *m;* Schwung *m;* Tatkraft *f* **3.** Geist *m;* Stimmung *f;* Einstellung *f* **4.** (CHEM) Spiritus *m* **5.** ~**s** Spirituosen *pl,* geistige Getränke *ntpl;* **in high** [*o* **great**] ~**s** in gehobener Stimmung; gut aufgelegt; **in poor** [*o* **low**] ~**s** niedergeschlagen; schlecht aufgelegt; **be with s.o. in** ~ in Gedanken bei jdm sein; **enter into the ~ of s.th.** sich an etw anpassen; **keep up one's ~s** sich nicht niederdrücken lassen; **community** ~ Gemeinschaftssinn *m;* **leading** ~ führender Kopf; **public** ~ Gemeinsinn *m;* ~ **of enterprise** Unternehmungsgeist *m;* **that's the ~!** so ist's recht! **II.** *vt* (~ *away, off*) wegzaubern; **spirited** ['spɪrɪtɪd] *adj* **1.** lebhaft **2.** energisch, kraftvoll; mutig; **spir•it•ism** ['spɪrɪtɪzəm] *s* Spiritismus *m;* **spirit•less** ['spɪrɪtlɪs] *adj* **1.** träge, schläfrig, schlaff **2.** niedergedrückt; **spirit level** *s* Wasserwaage *f*

spiri•tual ['spɪrɪtʃʊəl] **I.** *adj* **1.** geistig, seelisch, innerlich **2.** geistlich, kirchlich, religiös; ~ **heritage** geistiges Erbe **II.** *s* Spiritual *nt;* **spiri•tu•al•ism** ['spɪrɪtʃʊəlɪzəm] *s* Spiritismus *m;* **spiri•tu•al•is•tic** [,spɪrɪtʃʊə'lɪstɪk] *adj* spiritistisch

spit[1] [spɪt] **I.** *s* **1.** Bratspieß *m* **2.** Landzunge *f;* Sandbank *f* **II.** *vt* aufspießen

spit[2] [spɪt] <*irr:* spat, spat> **I.** *vt* **1.** (~ *out*) ausspeien, -spucken **2.** ausstoßen **3.** (*Worte*) heraussprudeln; ~ **s.o. in the eye** (*fig*) auf jdn pfeifen **II.** *vi* **1.** speien, spucken (*at, on, upon* auf) **2.** (*Katze*) fauchen; **be the ~ting image of s.o.** (*fam*) jdm wie aus dem Gesicht geschnitten sein **III.** *s* **1.** Speichel *m* **2.** (*Insekt*) Schaum *m* **3.** (*fam:* ~*ting image*) Ebenbild *nt;* ~ **and polish** sorgfältige Reinigung; **spit at** *vt* verächtlich abtun; **spit down** *vi* herabsprühen; **spit out** *vt* ausspucken; (*Worte*) hervorstoßen; ~ **it out!** nun sag's schon!; **spit upon** *vt* verächtlich zurückweisen

spite [spaɪt] **I.** *s* Bosheit *f,* böser Wille (*against* gegen); **from** [*o* **out of**] ~ aus Bosheit; **in ~ of** trotz *+gen;* **in ~ of the fact that ...** obgleich ..., obwohl ... **II.** *vt* ärgern; **cut one's nose off to ~ one's face** (*fig*) sich ins eigene Fleisch schneiden; **do s.th. to ~ s.o.** etw jdm zum Trotz tun; **spite•ful** ['spaɪtfl] *adj* boshaft; schadenfroh

spit•fire ['spɪt,faɪə(r)] *s* giftiger Mensch

spittle ['spɪtl] *s* Speichel *m*

spit•toon [spɪ'tu:n] *s* Spucknapf *m*

splash [splæʃ] **I.** *vt* **1.** (ver)spritzen; gießen **2.** bespritzen **3.** (*Presse*) groß rausbringen; ~ **s.th. over s.o.** jdn mit etw anspritzen **II.** *vi* **1.** spritzen (*in all directions* nach allen Richtungen) **2.** (*Regen*) klatschen **3.** (*Tränen*) tropfen **4.** (*Mensch*) platschen; planschen **III.** *s* **1.** Spritzen *nt;* Platsch(en *nt*) *m* **2.** (*Wellen*) Plätschern, Klatschen *nt* **3.** Spritzer *m;* Klecks *m;* Farbfleck *m* **4.** (*fam*) Schuss *m* Sodawasser; **make a ~** (*fig*) Furore machen, Aufsehen erregen; ~ **of mud** Dreckspritzer *m;* **with a ~** mit einem Plumps; **splash about I.** *vt* **1.** herumspritzen **2.** (*fam: Geld*) verschleudern **3.** (*Geschichte*) groß rausbringen **II.** *vi* herumspritzen; herumplatschen; herumplanschen; **splash down** *vi* **1.** (*Raumsonde*) wassern **2.** (*Regen*) herunterprasseln; **splash out** *vi* (*fam*) viel Geld ausgeben (*on* für); **splash•board** *s* Spritzblech *nt;* **splash•down** ['splæʃdaʊn] *s* Wasserung *f*

splat [splæt] *s* Platschen *nt;* **splat•ter** ['splætə(r)] **I.** *vi* spritzen **II.** *vt* bespritzen

splay [spleɪ] **I.** *s* (ARCH) Ausschrägung, Fensterlaibung *f* **II.** *vt* **1.** ausbreiten, -dehnen, erweitern; (ARCH) ausschrägen **2.** (*Finger*) spreizen **III.** *vi* (~ *out*) nach außen gehen; sich nach außen biegen; (ARCH) ausgeschrägt sein; **splay•foot** *s* nach außen gestellter Fuß

spleen [spli:n] *s* (ANAT) Milz *f;* **vent one's ~** seinem Ärger Luft machen (*on* gegen)

splen•did ['splendɪd] *adj* **1.** prachtvoll, prächtig **2.** großartig; glanzvoll **3.** (*fam*) herrlich, ausgezeichnet, blendend; **splen•dif•er•ous** [splen'dɪfərəs] *adj* (*hum fam*) glänzend; **splen•dor** *s* (*Am*), **splen•dour** ['splendə(r)] *s* Glanz *m,* Pracht, Herrlichkeit *f*

sple•net•ic [splɪ'netɪk] *adj* **1.** mürrisch, unwirsch **2.** (ANAT) Milz-

splice [splaɪs] **I.** *vt* **1.** (MAR) spleißen, splissen **2.** verzahnen, verbinden **3.** (FILM) zusammenkleben; **get ~d** (*fam*) heiraten **II.** *s* **1.** Verbindung *f;* Splissung *f* **2.** (FILM) Klebestelle *f;* **splicer** ['splaɪsə(r)] *s* (Film)Klebegerät *nt*

splint [splɪnt] **I.** *s* (MED) Schiene *f* **II.** *vt* (MED) schienen

splin•ter ['splɪntə(r)] **I.** *vt* zersplittern; zerhacken; (*fig*) spalten **II.** *vi* (zer)splittern; (*fig*) sich spalten **III.** *s* Splitter, Span *m;* **splinter group** *s* Splittergruppe *f;* **splinter party** *s* Splitterpartei *f;* **splinter-proof** *adj* (*Glas*) splittersicher

split [splɪt] <*irr:* split, split> **I.** *vt* **1.** spalten, aufsplittern **2.** (*fig*) trennen, (auf)spalten, entzweien **3.** (*Kosten*) aufteilen; vertei-

S

len **4.** (CHEM PHYS) spalten **5.** (*Aktien*) splitten; ~ **the difference** einen Kompromiss schließen, auf halbem Weg entgegenkommen; ~ **hairs** Haarspalterei (be)treiben; ~ **one's sides** (**laughing**) platzen vor Lachen **II.** *vi* **1.** sich spalten, (zer)splittern (*into* in) **2.** (zer)brechen, (zer)reißen, bersten **3.** (*fig*) uneins werden, sich entzweien **4.** (*fam*) den Gewinn teilen, Halbpart machen; ~ **into s.th.** sich in etw teilen, aufsplittern; ~ **open** aufplatzen; bersten; ~ **with s.o.** mit jdm brechen; mit jdm teilen; **my head is ~ting** ich habe furchtbare Kopfschmerzen; **let's ~!** (*fam*) hauen wir ab! **III.** *s* **1.** (Zer)Splittern *nt* **2.** Spalt, Riss, Sprung *m* **3.** (*fig*) Entzweiung, Spaltung *f* **4.** Aufteilung, Aufspaltung *f*, Split(ting *nt*) *m* **5. ~s** (SPORT) Spagat *m;* **banana** ~ Bananensplit *m* **IV.** *adj* gespalten; aufgeteilt; gesplittet; **in a ~ second** im Bruchteil einer Sekunde; **a ~ decision** (*Boxkampf*) eine nicht einstimmige Entscheidung; ~ **ends** gespaltene Haarspitzen; ~ **infinitive** getrennter Infinitiv; ~ **payment** Teilzahlung *f;* ~ **pin** Splint *m;* ~ **screen** geteilter Bildschirm; **split off I.** *vt* abtrennen; abspalten; abbrechen **II.** *vi* abbrechen; sich lösen; (*fig*) sich trennen (*from* von); **split up I.** *vt* aufteilen; (*Partei*) spalten; (*Versammlung*) beenden; (*Leute*) trennen; (*Menge*) zerstreuen **II.** *vi* zerbrechen; sich teilen; (*Versammlung*) sich spalten; (*Menschen*) sich voneinander trennen

split-level [ˌsplɪt'levl] *adj:* ~ **flat** Wohnung über mehrere Ebenen; **split peas** *s pl* gespaltene, halbe Erbsen; **split personality** *s* gespaltene Persönlichkeit; **split•ting** ['splɪtɪŋ] **I.** *adj* (*Kopfschmerzen*) stark, heftig, rasend; **a ~ sound** ein Geräusch, als ob etw zerrisse, zerbräche; **ear-~** ohrenbetäubend **II.** *s* **1.** (Auf)Spaltung, Teilung *f* **2.** (*Steuer*) Splitting *nt;* Aktiensplit *m;* **the ~ of the atom** die Kernspaltung; **split-up** ['splɪtʌp] *s* Bruch *m;* Trennung *f;* (*Partei*) Spaltung *f*

splodge, splotch [splɒdʒ, splɒtʃ] *s* Fleck, Klecks *m;* **splotchy** ['splɒtʃɪ] *adj* fleckig

splurge [splɜ:dʒ] **I.** *s* (*fam*) Großeinkauf *m* **II.** *vi* (*fam*) groß einkaufen gehen; ~ **out on s.th.** sich etw leisten

splut•ter ['splʌtə(r)] **I.** *vi* **1.** zischen; spritzen (*over* über) **2.** (*Mensch*) prusten; stottern **3.** (AUTO) stottern **II.** *vt* (~ *out*) heraussprudeln; (*Drohung*) ausstoßen **III.** *s* **1.** Zischen *nt;* Spritzen, Sprühen *nt* **2.** Prusten *nt;* Stottern *nt* **3.** (AUTO) Stottern *nt*

spoil [spɔɪl] <*irr:* **spoilt (spoiled), spoilt (spoiled)**> **I.** *vt* **1.** vernichten, zerstören; beschädigen **2.** vereiteln **3.** verderben, (stark) beeinträchtigen **4.** verwöhnen, verziehen; ~ **s.o.'s fun** jdm die Freude verderben; **be spoilt for choice** die Qual der Wahl haben **II.** *vi* verderben, verkommen, schlecht werden, (ver)faulen; **be ~ing for** (ganz) verrückt sein nach; abzielen auf **III.** *s* **1.** Beute *f* **2. ~s** Gewinn *m;* **spoiler** [-ə(r)] *s* (AUTO) Spoiler *m;* **spoil•sport** *s* Spiel-, Spaßverderber(in) *m(f);* **spoilt** [spɔɪlt] *s.* **spoil**

spoke¹ [spəʊk] *s* **1.** Speiche *f* **2.** (*Leiter*) Sprosse *f;* **put a ~ in s.o.'s wheel** (*fig*) jdm Steine in den Weg legen

spoke² [spəʊk] *vt s.* **speak**; **spoken** ['spəʊkən] *s.* **speak**; **spokes•man** ['spəʊksmən] <*pl* -men> *s* Sprecher; Meinungs-, Wortführer *m;* **spokes•per•son** ['spəʊkspɜ:sn] *s* Sprecher(in) *m(f);* Meinungs-, Wortführer(in) *m(f)*

spo•li•ation [ˌspəʊlɪ'eɪʃn] *s* Plünderung *f*

sponge [spʌndʒ] **I.** *s* **1.** Schwamm *m* **2.** (~ *cake*) Rührkuchen *m;* Biskuit *m;* **give s.th. a ~** etw aufwischen; etw abwaschen **II.** *vt* **1.** mit einem Schwamm abwischen; abtupfen **2.** (*fam*) schnorren; **sponge down** *vt* (ab)waschen; **sponge off** *vt* abwischen; **sponge on** *vi:* ~ **on s.o.** jdm auf der Tasche liegen; **sponge out** *vt* herausreiben; auswaschen; **sponge up** *vt* aufwischen; **sponge bag** *s* Wasch-, Kulturbeutel *m;* **sponge bath** *s* (MED) Ganzkörperwaschung *f;* **sponge cake** *s* Rührkuchen *m;* Biskuit *m;* **sponger** ['spʌndʒə(r)] *s* Schmarotzer *m;* **spongy** ['spʌndʒɪ] *adj* **1.** schwammig **2.** nachgiebig, weich **3.** (*Kuchen*) locker

spon•sor ['spɒnsə(r)] **I.** *s* **1.** Förderer *m,* Förderin *f;* Bürge *m,* Bürgin *f* **2.** (COM) Geldgeber(in) *m(f),* Sponsor(in) *m(f)* **3.** Pate *m,* Patin *f;* **stand ~ for s.o.** jdn fördern **II.** *vt* **1.** fördern, unterstützen **2.** garantieren; finanzieren; sponsern **3.** die Patenschaft übernehmen von; **spon•sor•ing group** ['spɒnsərɪŋˌgru:p] *s* Projektträger *m;* **spon•sor•ship** ['spɒnsəʃɪp] *s* **1.** Sponsern *nt* **2.** Förderung *f*

spon•ta•neity ['spɒntə'neɪətɪ] *s* Ungezwungenheit *f;* Spontaneität *f;* **spon•ta•neous** [spɒn'teɪnɪəs] *adj* spontan; impulsiv; von sich aus; ~ **combustion** Selbstentzündung *f*

spoof [spu:f] *s* (*fam*) **1.** Parodie *f* **2.** Scherz *m*

spook [spu:k] *s* (*hum*) Gespenst *nt;* **spooky** ['spu:kɪ] *adj* (*fam*) gespensterhaft

spool [spu:l] *s* Spule *f;* Rolle *f*

spoon [spu:n] **I.** *s* Löffel *m* **II.** *vt* löffeln; ~ **out** ausschöpfen; ~ **up** (aus)löffeln; **spoon•bill** ['spu:nbɪl] *s* (*hochbeiniger Vogel*) Löffler *m;* **spoon-feed** <*irr:* **-fed, -fed**> ['spu:nfi:d] *vt* **1.** (*Kind*) füttern

2. (*fig*) gängeln; **spoon•ful** ['spu:nfʊl *s* Löffel *m*

spor•adic [spə'rædɪk] *adj* sporadisch; gelegentlich

spore [spɔ:(r)] *s* (BOT) Spore *f*

spor•ran ['spɒrən] *s* Felltasche *f* (*über dem Schottenrock getragen*)

sport [spɔ:t] I. *s* 1. Sport *m* 2. ~**s** Sportveranstaltung *f* 3. Zeitvertreib *m*, Vergnügen *nt*, Spaß *m* 4. (ZOO BOT) Spielart *f* 5. (*fam*) prima Kerl; **do s.th. for** [*o* **in**] ~ etw zum Spaß tun; **say s.th. in** ~ etw im Spaß sagen; **be good at** ~(**s**) gut im Sport sein; **be a** (**good**) ~ alles mitmachen II. *vi* herumtollen; herumspielen III. *vt* 1. (*Kleid*) anhaben 2. (*fam*) protzen mit; **sport•ing** ['-ɪŋ] *adj* sportlich; Sports-; fair; ~ **events** Wettkämpfe *mpl;* **a** ~ **man** ein Sportsmann; **give s.o. a** ~ **chance** jdm eine faire Chance geben

sport•ive ['spɔ:tɪv] *adj* lustig; verspielt

sports car ['spɔ:tskɑ:(r)] *s* Sport-, Rennwagen *m;* **sports•cast** ['spɔ:tsˌkɑ:st] *s* Sportübertragung *f;* **sports•caster** [-ə(r)] *s* Sportreporter(in) *m(f)*, Kommentator(in) *m(f);* **sports day** *s* Schulsportfest *nt;* **sports field** *s* Sportplatz *m;* **sports jacket** *s* Sportjackett *nt*, Sakko *m;* **sports•man** ['spɔ:tsmən] <*pl* -men> *s* 1. Sportler *m* 2. anständiger Kerl; **sports•man•like** ['spɔ:tsmənlaɪk] *adj* 1. sportlich 2. fair; **sports•man•ship** ['spɔ:tsmənʃɪp] *s* Sportlichkeit *f*, sportliche Haltung; **sports page** *s* (*Zeitung*) Sportseite *f;* **sports•wear** ['spɔ:tsweə(r)] *s* Sportkleidung *f;* **sports•woman** ['spɔ:tswʊmən, *pl* -wɪmɪn] <*pl* -women> *s* Sportlerin *f*, **sport writer** ['spɔ:traɪtə(r)] *s* Sportjournalist(in) *m(f)*

sporty ['spɔ:tɪ] *adj* 1. sportbegeistert; sportlich 2. (*fig*) flott

spot [spɒt] I. *s* 1. Tupfen, Punkt *m* 2. (*fig*) Makel *m* 3. (MED) Fleck *m;* Pickel *m* 4. Punkt *m;* Stelle *f* 5. (*fig*) Klemme *f* 6. (TV) Spot, Werbekurzfilm *m* 7. (THEAT) Scheinwerfer *m;* ~**s of ink** Tintenkleckse *mpl;* **knock** ~**s off s.o.** jdn in den Schatten stellen; **break out in** ~**s** Pickel bekommen; **a pleasant** ~ ein schönes Fleckchen; **on the** ~ an Ort und Stelle; auf der Stelle; **an on-the-**~ **report** ein Bericht vom Ort des Geschehens; **a** ~ **of** ein bisschen; **be in a** (**tight**) ~ in der Klemme sein; **put s.o. in a** ~ jdn in Verlegenheit bringen II. *vt* 1. entdecken, sehen; erkennen; ausmachen 2. bespritzen; ~ **the winner** richtig tippen III. *vi* Flecken bekommen; **spot cash** *s* (COM) sofortige Bezahlung; **spot check** *s* Stichprobe *f;* **spot-check** *vt* Stichproben machen bei; **spot deal** *s* Kassageschäft *nt;* **spot goods** *s pl* Lokowaren *fpl;* **spot height** *s* Höhenangabe *f;* **spot•less** ['spɒtlɪs] *adj* 1. tadellos 2. (*Ruf*) makellos, untadelig; **spot•light** ['spɒtlaɪt] I. *s* Scheinwerfer(licht *nt*), Strahler *m;* **be in the** ~ im Rampenlicht stehen; **turn the** ~ **on s.o.** (*fig*) die Aufmerksamkeit auf jdn lenken II. *vt* (*fig*) aufmerksam machen auf; **spot market** *s* Spot-, Kassamarkt *m;* **spot-on** [spɒt'ɒn] *adj* (*fam*) exakt, haarscharf richtig; **spot price** *s* (FIN) Lokopreis *m;* Kassakurs *m;* **spot remover** *s* Fleckentferner *m;* **spot•ted** ['spɒtɪd] *adj* gesprenkelt, gefleckt, getüpfelt; **spot•ter** ['spɒtə(r)] *s* 1. (MIL) Aufklärer *m* 2. (*Am*) Detektiv *m;* **spotty** ['spɒtɪ] *adj* fleckig; pickelig

spouse [spaʊz] *s* Gatte *m*, Gattin *f*

spout [spaʊt] I. *s* 1. Ausguss *m*, Tülle *f;* Ausflussrohr *nt* 2. (*Kanne*) Schnauze *f* 3. Fontäne *f* 4. (*Wal*) Atemloch *nt;* **up the** ~ (*sl*) im Eimer; **water** ~ Wasserhose *f* II. *vt* 1. (~ *out*) herausspritzen; speien 2. (*fig*) vom Stapel lassen; hervorsprudeln; von sich geben III. *vi* 1. herausschießen, -spritzen, -sprudeln 2. (*fig*) palavern; ~ **out of s.th.** aus etw hervorspritzen

sprain [spreɪn] I. *vt* verrenken, verstauchen; ~ **one's ankle** sich den Fuß verstauchen II. *s* Verrenkung, Verstauchung *f*

sprang [spræŋ] *s.* **spring**

sprat [spræt] *s* (*kleiner Fisch*) Sprotte *f*

sprawl [sprɔ:l] I. *vi* 1. der Länge nach hinfallen; sich hinflegeln 2. (BOT) wuchern II. *vt:* **be** ~**ed over s.th.** ausgestreckt auf etw liegen III. *s* Lümmeln, Flegeln *nt;* **in the urban** ~ in der riesigen Stadtlandschaft; **spraw•ling** [-ɪŋ] *adj* (*Stadt*) wild wuchernd; (*Körper*) ausgestreckt; (*Handschrift*) riesig

spray[1] [spreɪ] I. *s* 1. Sprüh-, Staubregen *m;* Gischt, Sprühnebel *m* 2. (~ *can*) Sprühdose *f;* (~ *bottle*) Zerstäuber *m* 3. Spray *nt od m* 4. Besprühen *nt* II. *vt* 1. zerstäuben, spritzen 2. (*Pflanzen*) besprühen 3. (*Wasser*) sprühen 4. spritzlackieren III. *vi* sprühen; spritzen

spray[2] [spreɪ] *s* 1. Strauß *m;* Zweig *m* 2. Brosche *f*

spread [spred] <*irr:* spread, spread> I. *s* 1. Spannweite, Flügelspanne *f* 2. (*Punkte*) Verteilung, Streuung *f* 3. (*Ideen*) Spektrum *nt* 4. (*Größe*) Ausbreitung *f;* Ausdehnung *f* 5. (*fam*) Festessen *nt* 6. Decke *f* 7. Brotaufstrich *m* 8. (TYP) Doppelseite *f* 9. (*Börse*) Spanne, Differenz *f;* **middle-age** ~ Altersspeck *m;* **cheese** ~ Streichkäse *m* II. *vt* 1. ausbreiten; ausstrecken; auslegen 2. (*Brot*) bestreichen 3. (*Tisch*) decken 4. (*Sand, Zahlungen, Risiko*) verteilen; streuen 5. (*Wissen*) verbreiten; ~ **a cloth**

S

on s.th. ein Tuch über etw breiten; ~ **about** [*o* **around**] verbreiten **III.** *vi* **1.** sich erstrecken, sich ausdehnen (*over, across* über), sich aus-, verbreiten **2.** (*Butter*) sich streichen lassen; ~ **to s.th.** etw erreichen; auf etw übergreifen; ~ **into s.th.** sich in etw erstrecken **IV.** *vr* sich ausstrecken; sich verbreiten

spread-eagle [ˌspred'iːgl] *vt:* **be ~d** mit ausgestreckten Armen daliegen; alle viere von sich strecken; **spreader** ['spredə(r)] *s* **1.** Spachtel *f* **2.** (AGR) Streugerät *nt,* Miststreuer *m* **3.** (MAR) Saling *f;* **spread•sheet** ['spredʃiːt] *s* Tabellenkalkulation *f*

spree [spriː] *s:* **buying** [*o* **shopping**] ~ Großeinkauf *m;* **be** [*o* **go out**] **on a** ~ eine Zechtour machen

sprig [sprɪg] *s* (dünner) Zweig *m*

spright•ly ['spraɪtlɪ] *adj* munter, lebendig, lebhaft

spring [sprɪŋ] <*irr:* sprang, sprung> **I.** *s* **1.** Quelle *f* **2.** Frühling *m* **3.** Sprung, Satz *m* **4.** (MECH) Feder *f* **5.** Federung *f;* Elastizität *f;* **~s** (*fig*) Ursprung *m;* **in** ~ im Frühjahr; **in the ~ of his life** im Frühling seines Lebens; **in one** ~ mit einem Satz; **make a ~ at s.o.** sich auf jdn stürzen; **walk with a ~ in one's step** mit federnden Schritten gehen **II.** *adj* **1.** Frühlings- **2.** gefedert **III.** *vt* **1.** überspringen **2.** federn **3.** (*Schock*) auslösen **4.** (*Mine*) explodieren lassen **5.** (*Schloss*) zuschnappen lassen **6.** (*sl*) rausholen; ~ **s.th. on s.o.** jdn mit etw konfrontieren; ~ **a leak** undicht werden; ein Leck bekommen; ~ **a surprise on s.o.** jdn völlig überraschen **IV.** *vi* **1.** springen; ausgelöst werden; zuschnappen **2.** (~ *forth*) hervorquellen; sprühen; hervorsprießen (*from* aus) **3.** (*Familie*) abstammen (*from* von) **4.** (*Idee*) enstehen (*from* aus) **5.** (*Interesse*) herrühren (*from* von); ~ **back** zurückspringen; zurückschnellen; ~ **up** hervorsprießen; aufspringen; erwachen, entstehen; auftauchen; ~ **at s.o.** jdn anspringen; ~ **out at s.o.** auf jdn losspringen; ~ **open** aufspringen; ~ **to one's feet** aufspringen; ~ **into action** aktiv werden; ~ **to arms** zu den Waffen eilen; ~ **to mind** einem einfallen; ~ **into existence** plötzlich entstehen; ~ **out of bed** aus dem Bett hüpfen; **spring balance** *s* Federwaage *f;* **spring binder** *s* Klemmhefter *m;* **spring•board** *s* (SPORT) Sprungbrett *nt;* **spring-clean I.** *vt* gründlich putzen **II.** *vi* Frühjahrsputz machen; **spring-cleaning** *s* Frühjahrsputz *m;* **spring onion** *s* Lauch-, Frühlingszwiebel *f;* **spring roll** *s* Frühlingsrolle *f;* **spring tide** *s* Springflut *f;* **spring•time** ['sprɪŋtaɪm] *s* Frühlingszeit *f,* Frühjahr *nt;* **spring water** *s* Quellwasser *nt;* **spring wheat** *s* Sommerweizen *m*

springy ['sprɪŋɪ] *adj* elastisch; federnd

sprinkle ['sprɪŋkl] **I.** *vt* **1.** sprenkeln **2.** (*Rasen*) besprengen, bespritzen **3.** (*Kuchen*) bestreuen **4.** (*Salz*) streuen **II.** *s* ein paar Spritzer; Prise *f;* **a ~ of rain** ein paar Regentropfen; **sprink•ler** ['sprɪŋklə(r)] *s* **1.** Berieselungsapparat, Sprinkler *m* **2.** (*Garten*) Rasensprenger *m* **3.** Gießkannenkopf *m;* Brause *f* **4.** (REL) Weihwasserwedel *m;* **sprink•ling** ['sprɪŋklɪŋ] *s* **1.** ein paar Tropfen; Prise *f* **2.** (*fig*) Anflug *m,* Spur *f;* **a ~ of freckles** ein paar Sommersprossen

sprint [sprɪnt] **I.** *vi* sprinten; rennen **II.** *s* Lauf, Sprint *m;* **put on a** ~ einen Sprint vorlegen; **sprinter** ['sprɪntə(r)] *s* Sprinter(in) *m(f),* Kurzstreckenläufer(in) *m(f)*

sprite [spraɪt] *s* Kobold *m*

sprocket ['sprɒkɪt] *s* (TECH) Kettenrad *nt;* Kettenzahnrad *nt*

sprog [sprɒg] **I.** *s* (*Br: sl*) Kind *nt;* Baby *nt* **II.** *vi* (*Br*) entbinden

sprout [spraʊt] **I.** *vi* **1.** sprießen; keimen; Triebe bekommen **2.** (~ *up*) emporschießen, sprießen **II.** *vt* sprießen, wachsen, keimen lassen **III.** *s* **1.** (BOT) Trieb, Spross *m;* Keim *m* **2. ~s** (*Brussels ~s*) Rosenkohl *m*

spruce[1] [spruːs] **I.** *adj* sauber; gepflegt; adrett, schmuck; flott **II.** *vt:* ~ **up** herausputzen; auf Vordermann bringen; ~ **o.s. up** sich in Schale werfen; sich schön machen; **all ~d up** geschniegelt und gebügelt; zurechtgemacht

spruce[2] [spruːs] *s* Fichte, Rottanne *f*

sprung [sprʌŋ] *s.* **spring**

spry [spraɪ] *adj* rüstig

spud [spʌd] *s* (*fam*) Kartoffel *f*

spume [spjuːm] *s* Schaum, Gischt *m*

spun [spʌn] **I.** *pt, pp of* **spin II.** *adj* gesponnen

spunk [spʌŋk] *s* (*fam*) Mumm *m*

spur [spɜː(r)] **I.** *s* **1.** (*a.* ZOO) Sporn *m* **2.** (*fig*) Ansporn, Antrieb *m* (*to* für) **3.** (*Gebirge*) Vorsprung *m* **4.** (RAIL) Nebengleis, Rangiergleis *nt;* **on the ~ of the moment** ganz spontan; **win one's ~s** sich die Sporen verdienen **II.** *vt* **1.** die Sporen geben (*a horse* einem Pferd) **2.** (*fig*) anspornen; **~red (on) by ambition** vom Ehrgeiz getrieben **III.** *vi* galoppieren

spu•ri•ous ['spjʊərɪəs] *adj* **1.** (*Dokument*) falsch, unecht **2.** (*Forderung*) unberechtigt

spurn [spɜːn] *vt* verschmähen

spurt [spɜːt] **I.** *vt:* **the wound ~ed blood** aus der Wunde spritzte Blut **II.** *vi* **1.** hervorsprudeln (*from* aus) **2.** (SPORT) spurten **III.** *s* **1.** Strahl *m* **2.** (SPORT) Spurt *m;* **final** ~ Endspurt *m;* **~s of flame** Stichflammen *fpl*

sput•ter ['spʌtə(r)] **I.** *vi* **1.** zischen; spritzen (*over* über) **2.** (*Mensch*) prusten; stottern **3.** (AUTO) stottern **II.** *vt* (~ *out*) herausprudeln; (*Drohung*) ausstoßen **III.** *s* **1.** Zischen *nt;* Spritzen, Sprühen *nt* **2.** Prusten *nt* **3.** (AUTO) Stottern *nt*

spu·tum ['spju:təm] *s* (MED) Auswurf *m*

spy [spaɪ] **I.** *vt* sehen, erspähen; ~ **out** ausfindig machen; ~ **out the land** (*fig*) die Lage peilen **II.** *vi* spionieren, Spionage treiben; ~ **into s.th.** in etw herumspionieren; ~ **on s.o.** jdn bespitzeln **III.** *s* Spion(in) *m(f),* Spitzel *m;* **spy·glass** *s* Fernglas *nt;* **spy·hole** *s* Guckloch *nt,* Spion *m;* **spy satellite** *s* Aufklärungs-, Spionagesatellit *m*

squabble ['skwɒbl] **I.** *vi* sich zanken, sich streiten **II.** *s* Zank, Streit *m*

squad [skwɒd] *s* **1.** (MIL) Korporalschaft *f* **2.** (*Polizei*) Kommando *nt;* Dezernat *nt* **3.** (SPORT) Mannschaft *f* **4.** (*Arbeiter*) Trupp *m;* **squad car** *s* (*Am*) Streifenwagen *m;* **squad·die** ['skwɔdɪ] *s* (*pej*) Gefreite(r) *m*

squad·ron ['skwɒdrən] *s* **1.** (MAR) Geschwader *nt* **2.** (*Kavallerie*) Schwadron *f* **3.** (AVIAT) Staffel *f*

squalid ['skwɒlɪd] *adj* **1.** schmutzig und verwahrlost **2.** (*Dasein*) elend, erbärmlich **3.** (*Motiv*) gemein, niederträchtig

squall [skwɔ:l] **I.** *s* **1.** Bö *f;* Gewitter *nt,* Sturm *m* **2.** Schrei *m* **II.** *vi* schreien; **squally** ['skwɔ:lɪ] *adj* böig; stürmisch

squalor ['skwɒlə(r)] *s* Schmutz *m;* Verkommenheit *f;* Verwahrlosung *f*

squan·der ['skwɒndə(r)] *vt* **1.** verschwenden, vergeuden **2.** (*Geld, fam*) durchbringen

square [skweə(r)] **I.** *s* **1.** (MATH) Quadrat *nt* **2.** Quadratzahl *f* **3.** Viereck, Rechteck *nt;* Kästchen, Karo *nt* **4.** Platz *m* **5.** (*Am*) Block *m* **6.** Winkelmaß *nt;* Zeichendreieck *nt* **7.** (*Schachbrett*) Feld *nt* **8.** (*sl*) Spießer *m;* **a 2 metre** ~ 2 Meter im Quadrat; **cut in ~s** in Quadrate zuschneiden; **go back to ~ one** noch einmal von vorne anfangen; **be out of** ~ nicht rechtwinklig sein; **be on the** ~ (*fig*) in Ordnung sein; **be a** ~ (*sl*) von gestern sein **II.** *adj* **1.** quadratisch; viereckig; vierkantig **2.** (*Winkel*) recht; rechtwinklig **3.** (*Klammer*) eckig **4.** (MATH) Quadrat- **5.** (*Essen*) anständig, ordentlich **6.** (*Spiel*) fair; ehrlich **7.** (*sl*) spießig; überholt; **2 ~ metres** 2 Quadratmeter; **be a ~ peg in a round hole** am falschen Platz sein; **give s.o. a ~ deal** jdn gerecht behandeln; **be ~** in Ordnung sein; **get ~ with s.o.** mit jdm abrechnen; **we are (all) ~** (SPORT) wir stehen alle gleich **III.** *adv* **1.** rechtwinklig **2.** direkt, genau **3.** ehrlich, fair; **fair and ~** offen und ehrlich **IV.** *vt* **1.** quadratisch, rechtwinklig machen **2.** (MATH) quadrieren **3.** (*Schulden*) begleichen; abrechnen mit **4.** (*fam*) schmieren; ~ **one's shoulders** sich aufrichten; **try to ~ the circle** die Quadratur des Kreises versuchen; **3 ~d is 9** 3 hoch 2 ist 9; ~ **one's accounts** abrechnen (*with* mit); ~ **off** in Quadrate einteilen **V.** *vi* übereinstimmen; ~ **up** abrechnen; ~ **up to s.o.** jdm die Stirn bieten; ~ **up to s.th.** sich einer S stellen; **square brackets** *s pl* eckige Klammern *fpl;* **square-built** [ˌskweə'bɪlt] *adj* breit gebaut, vierschrötig; stämmig; **square dance** *s* Squaredance *m;* **squared paper** *s* Millimeterpapier *nt;* **square measure** *s* Flächenmaß *nt;* **square mile** *s* Quadratmeile *f;* **square number** *s* Quadratzahl *f;* **square-rig·ger** ['skweəˌrɪgə(r)] *s* Rahsegler *m;* **square root** *s* (MATH) Quadratwurzel *f*

squash[1] [skwɒʃ] **I.** *vt* **1.** zerdrücken, zermalmen; aus-, zerquetschen **2.** (*fig*) zum Schweigen bringen **3.** quetschen; **be ~ed to a pulp** zu Brei zerquetscht werden; ~ **s.o. in** jdn einquetschen; **be ~ed together** eng zusammengepresst sein **II.** *vi* **1.** zerdrückt werden **2.** sich quetschen; ~ **in** sich einquetschen **III.** *s* **1.** Fruchtsaftgetränk *nt;* Fruchtsaftkonzentrat *nt* **2.** Menschenmenge *f,* Gedränge *nt*

squash[2] [skwɒʃ] *s* Kürbis *m*

squash[3] [skwɒʃ] *s* (SPORT) Squash *nt;* **squash court** *s* Squashhalle *f;* **squash racket** *s* Squashschläger *m*

squashy ['skwɒʃɪ] *adj* weich; saftig; matschig

squat [skwɒt] **I.** *vi* **1.** hocken, kauern **2.** (~ *down*) sich hinhocken **3.** sich illegal ansiedeln; ~ **in a house** ein Haus besetzt halten **II.** *adj* **1.** gedrungen, kompakt **2.** (*Stuhl*) niedrig **III.** *s* **1.** Unterschlupf *m* **2.** Hausbesetzung *f* **3.** besetztes Haus; **squat·ter** ['skwɒtə(r)] *s* Hausbesetzer(in) *m(f)*

squaw [skwɔ:] *s* Squaw *f*

squawk [skwɔ:k] **I.** *vi* **1.** schreien; kreischen **2.** (*fam*) protestieren **II.** *s* **1.** heiserer Schrei **2.** (*fam*) Protest *m*

squeak [skwi:k] **I.** *vi* **1.** quietschen, knarren **2.** (*Tier*) quieken **II.** *vt* quieksen **III.** *s* **1.** Quietschen, Kreischen *nt* **2.** (*Maus*) Piepsen *nt;* **have a narrow ~** mit knapper Not davonkommen; **squeaky** ['skwi:kɪ] *adj* quietschend, knarrend; ~ **clean** blitzsauber

squeal [skwi:l] **I.** *vi* **1.** schreien, quieken; kreischen **2.** (*fam*) jammern **3.** (*fam*) verpfeifen, verraten (*on s.o.* jdn); ~ **with pain** vor Schmerz aufheulen; ~ **for s.o.** nach jdm schreien **II.** *vt* **1.** schreien, kreischen **2.** (*fam*) singen; petzen **III.** *s* Schrei *m;* Kreischen *nt;* Quieken *nt;* **squeal·er** ['skwi:lə] *s* (*sl*) **1.** (SCH) Petzer(in) *m(f)* **2.** Informant(in) *m(f)*

S

squeam•ish ['skwi:mɪʃ] *adj* **1.** (*Magen*) empfindlich; heikel **2.** (*fig*) überempfindlich, feinfühlig; **I felt a bit** ~ mir war leicht übel; **I'm not** ~ mir wird nicht so schnell übel; ich bin nicht so zimperlich

squee•gee [ˌskwi:'dʒi:] *s* Gummiwischer *m;* (PHOT) Rollenquetscher *m*

squeeze [skwi:z] **I.** *vt* **1.** drücken; ausdrücken **2.** (*Orange*) auspressen, ausquetschen **3.** (*Hand*) einquetschen; ~ **out water** Wasser herauspressen; ~ **s.th. dry** etw auswringen; ~ **money out of s.o.** Geld aus jdm herausquetschen; **be ~d to death** erdrückt werden **II.** *vi:* ~ **in/out** sich hinein-/hinausdrängen; ~ **past s.o.** sich an jdm vorbeidrücken; ~ **through a hole** sich durch ein Loch zwängen **III.** *s* **1.** Drücken, Pressen *nt* **2.** Händedruck *m* **3.** Gedränge *nt* **4.** (*fig*) Spritzer *m* **5.** (FIN: *credit* ~) Kreditbeschränkung *f;* **give s.th. a** ~ etw drücken; **it was a tight** ~ es war fürchterlich eng; **be in a tight** ~ in der Klemme sein; **put the** ~ **on s.o.** (*fig*) jdm die Daumenschrauben anlegen; **squeezer** ['skwi:zə(r)] *s* Presse *f*

squelch [skweltʃ] **I.** *vt:* ~ **one's way through s.th.** durch etw platschen **II.** *vi* platschen, quatschen **III.** *s* Platschen, Glucksen *nt*

squib [skwɪb] *s* Knallfrosch *m;* **a damp** ~ (*fig*) ein Reinfall

squid [skwɪd] *s* Tintenfisch *m*

squiggle ['skwɪgl] *s* Schnörkel *m*

squint [skwɪnt] **I.** *vi* **1.** schielen (*at* nach) **2.** blinzeln **II.** *s* **1.** Schielen *nt* **2.** Seitenblick *m;* **have a** ~ **at s.th.** einen Blick auf etw werfen **III.** *adj* schief; **squint- eyed** [ˌskwɪnt'aɪd] *adj* schielend

squire ['skwaɪə(r)] *s* **1.** (HIST) Knappe *m* **2.** (*früher*) Gutsbesitzer *m*

squirm [skwɜ:m] *vi* sich winden, sich krümmen; schaudern

squir•rel ['skwɪrəl] *s* Eichhörnchen *nt*

squirt [skwɜ:t] **I.** *vi* spritzen **II.** *vt* an-, bespritzen; ~ **water at s.o.** jdn mit Wasser bespritzen **III.** *s* **1.** Spritzer *m* **2.** Spritze *f* **3.** (*fam*) Pimpf *m*

Sri Lan•ka [ˌsri:'læŋkə] *s* Sri Lanka *nt;* **Sri Lan•kan** [ˌsri:'læŋkən] **I.** *adj* srilankisch **II.** *s* Srilanker(in) *m(f)*

St *s Abk. von* **Saint** St., Sankt

St.[1] *s Abk. von* **Street** Str., Straße *f*

St.[2] *s s.* **Strait** Straße, Meerenge *f*

stab [stæb] **I.** *vt* **1.** einen Stich versetzen (*s.o.* jdm), einstechen auf **2.** niederstechen; ~ **s.o. to death** jdn erstechen; ~ **s.o. with a knife** jdn mit einem Messerstich verletzen; ~ **s.o. in the back** (*fig*) jdm in den Rücken fallen **II.** *vi:* ~ **at s.o.** nach jdm stechen; auf jdn zeigen **III.** *s* Stich *m;* ~ **wound** Stichwunde *f;* **feel a** ~ **of conscience** ein schlechtes Gewissen haben; **a** ~ **in the back** (*fig*) ein Dolchstoß; **stabbing** ['-ɪŋ] *adj* (*Schmerz*) stechend

sta•bil•ity [stə'bɪlətɪ] *s* **1.** Stabilität *f* **2.** (*fig*) Beständigkeit, Dauerhaftigkeit *f;* **sta•bil•iz•ation** [ˌsteɪbəlaɪ'zeɪʃn] *s* Stabilisierung *f;* **sta•bil•ize** ['steɪbəlaɪz] **I.** *vt* stabilisieren **II.** *vi* sich stabilisieren; **sta•bilizer** ['steɪbəlaɪzə(r)] *s* Stabilisator *m;* **sta•bil•iz•ing fin** [ˌsteɪbɪlaɪzɪŋ 'fɪn] *s* (MAR, AVIAT) Stabilisierungsflosse *f*

stable[1] ['steɪbl] *adj* **1.** fest, stabil; sicher **2.** (*fig*) beständig, dauerhaft **3.** (*Charakter*) gefestigt; **his condition is** ~ sein Zustand ist stabil

stable[2] ['steɪbl] **I.** *s* Stall *m;* **be out of the same** ~ (*fig*) aus dem gleichen Stall stammen **II.** *vt* in den Stall bringen; **stableboy**, **stable-lad** *s* Stallknecht *m*

stack [stæk] **I.** *s* **1.** Stapel, Stoß, Haufen *m* **2.** (Heu)Schober *m* **3.** Gewehrpyramide *f* **4.** (*fam*) Haufen *m* **5.** **~s** (*Bibliothek*) Magazin *nt* **6.** (GEOL) Felssäule *f;* **be in the** ~ (AVIAT) Warteschleifen ziehen; **have ~s of time** jede Menge Zeit haben **II.** *vt* **1.** stapeln **2.** (*Am: Karten*) packen; ~ **up** aufstapeln; **the cards are ~ed against us** wir haben keine großen Chancen **III.** *vi* sich stapeln lassen

sta•dium ['steɪdɪəm] *s* Stadion *nt*

staff [stɑ:f] **I.** *s* **1.** Personal *nt;* Lehrkörper *m;* Mitarbeiterstab *m* **2.** Stab *m;* Stock *m* **3.** (*fig*) Stütze *f* **4.** (MIL) Stab *m* **5.** (*pl: staves*) Notensystem *nt;* **be on the** ~ zum Personal gehören; **administrative** ~ Verwaltungsstab *m;* **editorial** ~ Redaktion *f;* **a large** ~ viel Personal; ~ **of office** Amtsstab *m;* **the** ~ **of life** das wichtigste Nahrungsmittel **II.** *vt* Personal einstellen für; **be well ~ed** gut besetzt sein; **staff agency** *s* Personalvermittlung *f;* **staff association** *s* Personalvertretung *f;* **staff costs** *s pl* Personalkosten *pl;* **staf•fing** ['stɑ:fɪŋ] *s* Stellenbesetzung *f;* ~ **levels** Personalbestand *m;* **staff nurse** *s* (*Br*) vollausgebildete Krankenschwester; **staff officer** *s* (MIL) Stabsoffizier *m;* (*Universität*) Personalbeauftragte(r) *f m;* **staff room** *s* Lehrerzimmer *nt*

stag [stæg] **I.** *s* **1.** Hirsch *m* **2.** (COM) Neuemissionsspekulant(in) *m (f)* **II.** *vt* (*mit einer Neuemission*) spekulieren; **stag beetle** *s* Hirschkäfer *m*

stage [steɪdʒ] **I.** *s* **1.** (THEAT) Bühne *f* **2.** Podium *nt* **3.** Stadium *nt;* Phase *f* **4.** (*Rennen*) Abschnitt *m,* Etappe *f* **5.** Teilstrecke, Zahlgrenze *f* **6.** (*~coach*) Postkutsche *f* **7.** (*Rakete*) Stufe *f;* **the** ~ das Theater, die Bühne; **be on the** ~ beim Theater sein; **go on** ~ die

Bühne betreten; **come off** ~ von der Bühne abtreten; **hold the** ~ die Szene beherrschen; **at this** ~ **in the game** zu diesem Zeitpunkt; **in the early** ~**s** im Anfangsstadium; **experimental** ~ Versuchsstadium *nt;* **in** [*o* **by**] ~**s** etappenweise **II.** *vt* **1.** (*Stück*) auf die Bühne bringen, aufführen **2.** (*fig*) inszenieren; arrangieren, veranstalten; ~ **a comeback** sein Comeback machen; **stage•coach** *s* Postkutsche *f;* **stage direction** *s* Bühnenanweisung *f;* **stage door** *s* Künstlereingang *m;* **stage effect** *s* Bühnenwirkung *f;* **stage fright** *s* Lampenfieber *nt;* **suffer from** ~ Lampenfieber haben; **stage•hand** *s* Bühnenarbeiter(in) *m(f);* **stage-manage** *vt* inszenieren, Inspizient sein bei; **stage manager** *s* Inspizient *m;* **stage name** *s* Künstlername *m;* **stager** ['steɪdʒə(r)] *s:* **be an old** ~ ein alter Hase sein; **stage-struck** ['steɪdʒstrʌk] *adj* theaterbegeistert; **stage whisper** *s* Bühnengeflüster *nt*

stag•fla•tion [ˌstæg'fleɪʃn] *s* (FIN) Stagflation *f*

stag•ger ['stægə(r)] **I.** *vi* (sch)wanken, taumeln; torkeln **II.** *vt* **1.** (*Nachrichten*) den Atem verschlagen (*s.o.* jdm) **2.** (*Ferien*) staffeln, stufen **III.** *s* Wanken, Schwanken, Taumeln *nt;* **give a** ~ taumeln, schwanken; **stag•gered** ['stægəd] *adj* **1.** gestaffelt **2.** (*fig*) überrascht, verblüfft; **stag•gering** ['stægərɪŋ] *adj* **1.** (sch)wankend, torkelnd **2.** (*fig*) atemberaubend, umwerfend **give s.o. a** ~ **blow** jdm einen Schlag versetzen

stag•ing ['steɪdʒɪŋ] *s* **1.** Inszenierung *f* **2.** Bühne *f*

stagn•ant ['stægnənt] *adj* **1.** (*Wasser*) stehend, abgestanden **2.** (*Luft*) verbraucht **3.** (*fig*) träge, untätig **4.** (COM) stagnierend; **stag•nate** [stæg'neɪt] *vi* **1.** stagnieren **2.** (*Wasser*) abstehen **3.** (*Luft*) verbraucht werden **4.** (*Handel*) stocken, stagnieren **5.** (*Geist*) einrosten; **stag•na•tion** [stæg'neɪʃn] *s* **1.** Stagnation, Stockung *f* **2.** (COM) Flaute, Lustlosigkeit *f* **3.** (*Geist*) Verlangsamung *f*

stag night, **stag party** ['stægnɑɪt, -pɑːtɪ] *s* (*fam*) Herrengesellschaft *f*, -abend *m* (*besonders vor einer Hochzeit*)

stagy ['steɪdʒɪ] *adj* theatralisch

staid [steɪd] *adj* gesetzt, ruhig, gelassen

stain [steɪn] **I.** *vt* **1.** beflecken **2.** beizen; färben **II.** *vi* **1.** Flecken hinterlassen **2.** fleckig werden **III.** *s* **1.** Fleck *m* **2.** (*fig*) Schandfleck *m* **3.** Farbe *f*, Farbstoff *m;* Beize *f;* ~ **remover** Fleckenentferner *m;* **without a** ~ **on his character** ohne Makel; **stained** [steɪnd] *adj* **1.** (*Glas*) bunt **2.** (*Kleid*) fleckig, befleckt; ~- **glass window** Buntglasfenster *nt;* **stain•less** ['-lɪs] *adj* **1.** flecken-, makellos **2.** (*Stahl*) rostfrei; ~ **steel** rostfreier (Edel)Stahl; **"~ steel"** „rostfrei"

stair [steə(r)] *s* **1.** (Treppen)Stufe *f* **2.** ~**s** Treppe *f;* **at the top of the** ~**s** oben an der Treppe; **stair carpet** *s* Treppenläufer *m;* **stair•case** *s* Treppe *f;* Treppenhaus *nt;* **stair rail** *s* Treppengeländer *nt;* **stair•way** ['steəweɪ] *s* Treppenhaus *nt;* **stair•well** ['steəwel] *s* Teppenhaus *nt*

stake [steɪk] **I.** *s* **1.** Pfahl, Pfosten, Pflock *m* **2.** Scheiterhaufen *m* **3.** (*Spiel*) Einsatz *m* **4.** (COM) Anteil *m* **5.** ~**s** Gewinn *m;* **die at** [*o* **go to**] **the** ~ auf dem Scheiterhaufen sterben; **be at** ~ auf dem Spiel stehen; **have a** ~ **in s.th.** einen Anteil an etw haben **II.** *vt* **1.** (*Tier*) anpflocken **2.** (~ *up*) hochbinden **3.** (*Wette*) setzen (*on* auf); ~ **one's life on s.th.** seine Hand für etw ins Feuer legen; ~ **a claim to s.th.** ein Anrecht auf etw sichern; ~ **out** abstecken; (*sl*) überwachen; **stake•hold•er** *s* Teilhaber(in) *m(f);* **stake-out** ['steɪkaʊt] *s* (*Am sl*) Überwachung *f*

stal•ac•tite ['stæləktaɪt] *s* (GEOL) Stalaktit *m;* **stal•ag•mite** ['stæləgmaɪt] *s* (GEOL) Stalagmit *m*

stale [steɪl] *adj* **1.** (*Bier*) schal, abgestanden **2.** (*Brot*) altbacken **3.** (*Fleisch, Ei*) nicht mehr ganz frisch **4.** (*Wasser, Luft*) verbraucht **5.** (*fig*) abgegriffen, abgedroschen

stale•mate ['steɪlmeɪt] **I.** *s* **1.** (*Schach*) Patt *nt* **2.** (*fig*) Sackgasse *f*, Patt *nt*, Pattsituation *f* **II.** *vt* **1.** (*Schach*) patt setzen **2.** (*fig*) matt setzen

stalk[1] [stɔːk] **I.** *vi* **1.** stolzieren **2.** (*Jagd*) pirschen **II.** *vt* **1.** (*Jagd*) sich heranpirschen an **2.** (*fig*) sich anschleichen an

stalk[2] [stɔːk] *s* (BOT) Stengel, Halm *m;* Strunk *m*

stalking-horse ['stɔːkɪŋˌhɔːs] *s* (POL) Strohmann *m*

stall [stɔːl] **I.** *s* **1.** Box, Bucht *f* **2.** (Markt)Bude *f*, (Verkaufs)Stand *m* **3.** (REL) Kirchenstuhl *m* **4.** ~**s** (*Br*) Theater-Parkett *nt* **5.** (AVIAT) überzogener Flug **II.** *vt* **1.** (*Kuh*) einstellen **2.** (*Flugzeug*) überziehen **3.** (AUTO) abwürgen **4.** (*fig*) aufschieben, hinhalten, vertrösten **III.** *vi* **1.** (AUTO) absterben **2.** (AVIAT) überziehen **3.** (*fig*) Zeit schinden; ~ **on a decision** eine Entscheidung hinauszögern; ~ **for time** versuchen, Zeit zu gewinnen; **stall•holder** ['stɔːlˌhəʊldə(r)] *s* Marktstandbesitzer(in) *m(f)*

stal•lion ['stælɪən] *s* (Zucht)Hengst *m*

stal•wart ['stɔːlwət] **I.** *adj* **1.** kräftig, robust **2.** (*Glaube*) unentwegt, unerschütterlich **II.** *s* treuer Anhänger

sta•men ['steɪmen] *s* (BOT) Staubfaden *m*

stam•ina ['stæmɪnə] *s* Stehvermögen,

S

Durchhaltevermögen *nt*

stam•mer ['stæmə(r)] **I.** *vt* stammeln **II.** *vi* stottern **III.** *s* Stottern *nt;* **stam•merer** ['stæmərə(r)] *s* Stotterer *m,* Stotterin *f*

stamp [stæmp] **I.** *vt* **1.** (zer)stampfen **2.** (*Brief*) frankieren **3.** (*Papier*) stempeln; prägen; aufprägen **4.** (*fig*) ausweisen (*as* als); ~ **one's foot** mit dem Fuß aufstampfen; ~ **the ground** auf den Boden stampfen; ~ **on** aufprägen; **be ~ed on s.o.'s memory** sich jdm eingeprägt haben; ~ **out** austreten; ausrotten; unterdrücken; (TECH) ausstanzen; **~ed addressed envelope, s.a.e.** frankierter Rückumschlag **II.** *vi* stampfen, trampeln; (TECH) stanzen; ~ **in** hineinstapfen **III.** *s* **1.** Briefmarke *f* **2.** (Stempel)Marke *f* **3.** (Rabatt)Marke *f* **4.** Aufkleber *m* **5.** Stempel *m;* **collect ~s** Briefmarken sammeln; **a man of his** ~ ein Mann seines Schlags; **bear the ~ of the expert** den Stempel des Experten tragen; **stamp album** *s* Briefmarkenalbum *nt;* **stamp collector** *s* Briefmarkensammler(in) *m(f);* **stamp dealer** *s* Briefmarkenhändler(in) *m(f);* **stamp duty** *s* Stempelgebühr *f*

stam•pede [stæm'piːd] **I.** *s* wilde Flucht; Massenansturm *m* (*on* auf) **II.** *vt* in Panik versetzen; ~ **s.o. into doing s.th.** jdn dazu drängen etw zu tun **III.** *vi* durchgehen; losstürmen (*for* auf)

stamp•ing ground ['stæmpɪŋ,graʊnd] *s* (*fam*) Lieblingsaufenthalt *m*

stamp pad *s* Stempelkissen *nt*

stance [stɑːns] *s* **1.** Haltung *f,* Stand *m* **2.** Einstellung *f*

stand [stænd] <*irr:* stood, stood> **I.** *s* **1.** Platz, Standort *m* **2.** (*fig*) Standpunkt *m,* Einstellung *f* (*on* zu) **3.** (MIL) Widerstand *m* **4.** (*Taxi*) Stand *m* **5.** (THEAT) Gastspiel *nt* **6.** Ständer *m* **7.** (*Markt*) Stand *m* **8.** Podium *nt* **9.** (SPORT) Tribüne *f* **10.** (*Am: bei Gericht*) Zeugenstand *m;* **take a** ~ eine Einstellung vertreten **II.** *vt* **1.** stellen **2.** (*Druck*) standhalten; gewachsen sein (*s.th.* einer S) **3.** (*Klima*) vertragen **4.** (*Lärm*) ertragen, aushalten **5.** (*Verlust*) verkraften; **I can't ~ him** ich kann ihn nicht ausstehen; ~ **s.o. a drink** jdm einen Drink spendieren; ~ **a round** (*fam*) eine Runde schmeißen **III.** *vi* **1.** stehen; aufstehen **2.** (*Baum*) hoch, groß sein **3.** (*fig*) bestehen bleiben **4.** (*Versprechen*) gelten; gültig bleiben **5.** (*Rekord*) stehen **6.** (*Thermometer*) stehen (*at* auf); ~ **still** still stehen; ~ **as a candidate** kandidieren; ~ **to lose a lot** Gefahr laufen eine Menge zu verlieren; **how do we ~?** wie stehen wir?; **as things** ~ nach Lage der Dinge; **as it ~s** so wie die Sache aussieht; ~ **alone** unerreicht sein; **~-alone terminal** (INFORM) autonome Datenstation; ~ **in the way of s.th./s.o.** (*fig*) etw verhindern/jdm im Wege stehen; **stand about** *vi* herumstehen; **stand apart** *vi* abseits stehen; sich fernhalten; **stand aside** *vi* auf die Seite treten, beiseite treten; abseits stehen; zurücktreten; **stand back** *vi* **1.** zurücktreten; zurückstehen **2.** (*fig*) Abstand nehmen; **stand by** *vi* **1.** danebenstehen; herumstehen **2.** sich bereithalten; ~ **by and do nothing** tatenlos zusehen; ~ **by for further news** auf weitere Nachrichten warten; ~ **by a promise** ein Versprechen halten; **stand down** *vi* **1.** verzichten, zurücktreten **2.** (JUR) den Zeugenstand verlassen **3.** (MIL) aufgelöst werden; **stand for** *vi* **1.** kandidieren für, sich zur Wahl stellen für **2.** stehen für **3.** hinnehmen, sich gefallen lassen; ~ **for election** kandidieren; **stand in** *vi* einspringen; **stand off** *vi* (MAR) seewärts anliegen; **stand out** *vi* **1.** (her)vorstehen, vorragen **2.** (*Kontrast*) hervorstechen, auffallen; ~ **out against s.th.** sich von etw abheben; weiterhin gegen etw Widerstand leisten; ~ **out for s.th.** auf etw bestehen; **stand over** *vi* **1.** liegen bleiben **2.** (*fig*) auf die Finger sehen (*s.o.* jdm); **stand up I.** *vi* **1.** aufstehen; stehen **2.** (*Argument*) überzeugen **II.** *vt* **1.** hinstellen **2.** (*fam*) versetzen; ~ **up for s.o.** für jdn eintreten; ~ **up to s.th.** einer S standhalten; einer S gewachsen sein; ~ **up to s.o.** sich jdm gegenüber behaupten

stand-alone I. *s* (*Computer*) eigenständiges Gerät **II.** *adj:* ~ **company** unabhängiges Unternehmen

stan•dard ['stændəd] **I.** *s* **1.** Norm *f;* Maßstab *m* **2.** ~**s** sittliche Maßstäbe *mpl* **3.** Niveau *nt* **4.** (COM) Maßeinheit *f,* Standard *m;* Münzfuß *m* **5.** Mast *m* **6.** Flagge, Fahne *f;* Stander *m;* **set a good** ~ Maßstäbe setzen; **above/below** ~ über/unter der Norm; **be up to** ~ den Anforderungen genügen; **conform to society's ~s** den Wertvorstellungen der Gesellschaft entsprechen; ~ **of living** Lebensstandard *m;* **of high/low** ~ von hohem/niedrigem Niveau; **industry** ~ Industrienorm *f;* **monetary** ~ Währungsstandard *m* **II.** *adj* **1.** üblich; Standard-; Normal- **2.** (*Arbeit*) durchschnittlich **3.** (LING) gebräuchlich; ~ **English** korrektes Englisch; ~ **German** Hochdeutsch *nt;* ~ **agreement** [*o* **contract**] Mustervertrag *m;* ~ **letter** Standard-, Formbrief *m;* (INFORM) Serienbrief *m;* ~ **time** Normalzeit *f;* **standard-bearer** ['stændəd,beərə(r)] *s* Fahnenträger(in) *m(f);* **standard gauge** *s* (RAIL) Normalspur(weite) *f*

stan•dard•iz•ation [,stændədaɪ'zeɪʃn] *s* **1.** Normung, Standardisierung *f* **2.** Vereinheitlichung *f;* **stan•dard•ize** ['stændəd-

aɪz] *vt* **1.** normen **2.** vereinheitlichen
stan•dard lamp ['stændədlæmp] *s* Stehlampe *f;* **standard quality** *s* (COM) Standard *m;* **standard size** *s* Normalgröße *f*
stand•by ['stændbaɪ] **I.** *s* **1.** Ersatzmann, Ersatz *m* **2.** (SPORT) Ersatzspieler(in) *m(f)* **3.** (AVIAT) Entlastungsflugzeug *nt* **4.** Standby-Ticket *nt;* **on** ~ in Bereitschaft; **be on 24-hour** ~ 24 Stunden Bereitschaftsdienst haben **II.** *adj* Reserve-, Ersatz-; Standby-; **stand-in** ['stændɪn] *s* (FILM) Double *nt;* Ersatzmann *m;* Ersatz *m,* Stellvertreter(in) *m(f)*
stand•ing ['stændɪŋ] **I.** *adj* **1.** ständig; bestehend **2.** (MIL) stehend **3.** aus dem Stand **4.** (*Ticket*) Stehplatz- **5.** (*Stein*) stehend; **it's a** ~ **joke** es ist schon ein Witz geworden; ~ **order** (COM) Dauerauftrag *m;* ~ **orders** (MIL) Vorschrift *f;* ~ **room only** nur Stehplätze; **receive a** ~ **ovation** stürmischen Beifall ernten **II.** *s* **1.** Rang, Stand *m,* Stellung *f;* Position *f* **2.** Ruf *m,* Ansehen *nt* **3.** Dauer *f;* **of high** ~ von hohem Rang; von hohem Ansehen; **be in good** ~ **with s.o.** gute Beziehungen zu jdm haben; **of long** ~ alt, langjährig; von langer Dauer
stand-of•fish [ˌstænd'ɒfɪʃ] *adj* hochnäsig; reserviert; **stand•pipe** ['stændpaɪp] *s* Steigrohr *nt;* **stand•point** ['stændpɔɪnt] *s* Standpunkt *m;* **stand•still** ['stændstɪl] *s* Stillstand *m;* **be at a** ~ stocken; ruhen, stillstehen; **come to a** ~ stehen bleiben; ins Stocken geraten, zum Stillstand kommen; **stand trial** *vi* unter Anklage stehen; **stand-up** ['stændˌʌp] *adj* **1.** Steh- **2.** (*Essen*) im Stehen; ~ **comedian** Alleinunterhalter(in) *m(f);* ~ **fight** Schlägerei *f*
stank [stæŋk] *s.* **stink**
stan•za ['stænzə] *s* Stanze, Strophe *f*
staple¹ ['steɪpl] **I.** *s* **1.** Klammer *f* **2.** Heftklammer *f* **II.** *vt* heften
staple² ['steɪpl] **I.** *s* **1.** Haupterzeugnis *nt;* Ausgangsmaterial *nt* **2.** Hauptnahrungsmittel *nt* **3.** Rohbaumwolle *f;* Rohwolle *f* **II.** *adj* Grund-; Haupt-; ~ **diet** Grundnahrung *f*
sta•pler ['steɪplə(r)] *s* Heftmaschine *f,* Hefter *m*
star [stɑː(r)] **I.** *s* **1.** Stern *m* **2.** (TYP) Sternchen *nt* **3.** (*Person*) Star *m;* **the Stars and Stripes** das Sternenbanner; **be born under a lucky** ~ unter einem glücklichen Stern geboren sein; **thank one's lucky ~s** von Glück sagen; **it's all in the ~s** es steht alles in den Sternen; **see ~s** Sterne sehen; **Star Wars** Krieg *m* der Sterne **II.** *adj* Haupt-; Star- **III.** *vt* **1.** mit Sternen versehen **2.** (*fig*) übersäen; ~ **s.o.** jdn in der Hauptrolle zeigen; **~ring ...** in der Hauptrolle ... **IV.** *vi* die Hauptrolle spielen; **star bil•ling** [ˌstɑː'bɪlɪŋ]: **get** ~ auf Plakaten groß herausgestellt werden
star•board ['stɑːbəd] **I.** *s* (MAR) Steuerbord *nt* **II.** *adv* (nach) Steuerbord
starch [stɑːtʃ] **I.** *s* Stärke *f* **II.** *vt* (*Wäsche*) stärken; **starchy** ['stɑːtʃɪ] *adj* **1.** stärkehaltig **2.** (*fig*) steif, förmlich, formell
star•dom ['stɑːdəm] *s* (FILM) Berühmtheit *f*
stare [steə(r)] **I.** *vi* starren; große Augen machen, die Augen weit aufreißen; ~ **at s.o.** jdn anstarren; ~ **at s.o. in horror** jdn entsetzt anstarren **II.** *vt:* **the answer was staring us in the face** die Antwort lag klar auf der Hand; ~ **down** [*o* **out**] durch Anstarren aus der Fassung bringen **III.** *s* starrer Blick; **give s.o. a** ~ jdn anstarren
star•fish ['stɑːfɪʃ] <*pl* -> *s* Seestern *m;* **star•gazer** ['stɑːˌgeɪzə(r)] *s* (*hum*) Sterngucker(in) *m(f)*
star•ing ['steərɪŋ] *adj* starrend; ~ **eyes** starrer Blick
stark [stɑːk] **I.** *adj* **1.** (*Kontrast*) krass **2.** (*Armut, Wahrheit*) nackt **3.** (*Kleidung*) schlicht **4.** (*Verrücktheit*) schier, rein **5.** (*Klippen*) nackt, kahl **6.** (*Licht*) grell **7.** (*Farbe*) eintönig **II.** *adv* völlig, gänzlich; ~- **naked** splitter(faser)nackt; ~ **raving mad** (*fam*) total verrückt; **star•kers** ['stɑːkə(r)s] *adj* (*fam*) splitternackt
star•less ['stɑːlɪs] *adj* sternenlos; **star•let** ['stɑːlɪt] *s* (THEAT FILM) Filmsternchen, Starlet *nt;* **star•light** ['stɑːlaɪt] *s* Sternenlicht *nt*
star•ling ['stɑːlɪŋ] *s* (*Vogel*) Star *m*
star•lit ['stɑːˌlɪt] *adj* sternhell, -klar; **starry** ['stɑːrɪ] *adj* **1.** sternenklar **2.** (*Augen*) strahlend, leuchtend; **starry-eyed** [ˌstɑːrɪ'aɪd] *adj* romantisch; arglos; **star-spangled** ['stɑːˌspæŋgld] *adj* mit Sternen besät; **Star-Spangled Banner** (*in den USA*) Sternenbanner *m;* **star-stud•ded** [ˌstɑː'stʌdɪd] *adj* (FILM) mit zahlreichen Stars in den Hauptrollen
start¹ [stɑːt] **I.** *s* Zusammenfahren *nt;* Aufschrecken *nt;* **give s.o. a** ~ jdn erschrecken; **wake with a** ~ aus dem Schlaf hochschrecken **II.** *vi* auf-, hochschrecken; zusammenfahren; ~ **from one's chair** aus dem Stuhl hochfahren; **tears ~ed to her eyes** Tränen traten ihr in die Augen; ~ **up** auf-, hochschrecken **III.** *vt* aufscheuchen (*from* aus)
start² [stɑːt] **I.** *vi* **1.** beginnen, anfangen **2.** (*Maschine*) anspringen, starten **3.** anfahren **4.** (*Bus*) abfahren **5.** (*Boot*) ablegen **6.** (*Gerücht*) in Umlauf kommen; **~ing from ...** ab ...; ~ **for home** sich auf den Heimweg machen, aufbrechen; ~ **for work** zur Arbeit gehen; **to** ~ **off with** erstens; zunächst; ~ **after s.o.** jdn verfolgen; **get ~ed**

S

anfangen; ~ **on a journey** sich auf eine Reise machen; ~ **talking** zu sprechen beginnen **II.** *vt* **1.** anfangen mit; beginnen; antreten **2.** (SPORT) starten **3.** (*Zug*) abfahren lassen **4.** (*Gerücht*) in Umlauf setzen **5.** (*Reaktion*) auslösen **6.** (*Feuer*) anzünden **7.** (*Firma*) gründen **8.** (*Motor*) anlassen; ~ **work** anfangen zu arbeiten; ~ **smoking** mit dem Rauchen anfangen; ~ **s.o. thinking** jdn nachdenklich machen; ~ **s.o. on a career** jdm zu einer Karriere verhelfen **III.** *s* **1.** Beginn, Anfang *m* **2.** (SPORT) Start *m* **3.** (*Reise*) Aufbruch *m* **4.** (*Gerücht*) Ausgangspunkt *m* **5.** (SPORT) Vorsprung *m* (*over* vor); **at the** ~ am Anfang; **for a** ~ fürs Erste; zunächst einmal; **from the** ~ von Anfang an; **from** ~ **to finish** von Anfang bis Ende; **give s.o. a good** ~ **in life** jdm eine gute Starthilfe geben; **a head** ~ ein Vorsprung, Vorteil *m;* **make a** ~ **on s.th.** mit etw anfangen; **make an early** ~ frühzeitig aufbrechen; **start back** *vi* sich auf den Rückweg machen; **start in** *vi* (*fam*) loslegen, anfangen; ~ **in on s.th.** sich an etw machen; **start off I.** *vi* **1.** anfangen; losgehen **2.** (*Reise*) aufbrechen **3.** (SPORT) starten **II.** *vt* anfangen; ~ **s.o. off talking** jdm das Stichwort geben; ~ **s.o. off on s.th.** jdn auf etw bringen; **start out** *vi* **1.** (*fam*) aufbrechen **2.** anfangen, beginnen; ~ **out on a journey** sich auf eine Reise machen, begeben; **start up I.** *vi* **1.** anspringen; in Gang kommen **2.** anfangen **II.** *vt* (AUTO) anlassen; in Gang bringen, in Bewegung setzen, ankurbeln

starter ['stɑːtə(r)] *s* **1.** (*Rennen*) Teilnehmer(in) *m(f)* **2.** (SPORT) Starter(in) *m(f)* **3.** (AUTO) Starter, Anlasser *m* **4.** (*Essen*) Vorspeise *f;* **be under** ~**'s orders** auf das Startkommando warten; **be a slow** ~ langsam in Schwung kommen; **for** ~**s** (*sl*) für den Anfang

start•ing ['stɑːtɪŋ] *adj* Start-, Anfangs-; ~ **block** Startblock *m;* ~ **gate** (*Pferderennen*) Startmaschine *f;* ~ **grid** (*Autorennen*) Start(platz) *m;* ~ **gun** Startpistole *f;* ~ **point** Ausgangspunkt *m;* ~ **post** Startpflock *m;* ~ **salary** Anfangsgehalt *nt*

startle ['stɑːtl] **I.** *vt* erschrecken; aufschrecken **II.** *vi:* **he** ~**s easily** er ist sehr schreckhaft; **start•ling** ['stɑːtlɪŋ] *adj* erschreckend, überraschend; alarmierend; aufregend; **start•up** ['stɑːtʌp] *s* **1.** Neugründung *f* **2.** Inbetriebnahme *f;* ~ **capital** Startkapital *nt;* ~ **costs** Anlaufkosten *pl*

star•va•tion [stɑː'veɪʃn] *s* Aushungern *nt;* Hunger *m;* **die of** ~ verhungern; **live on a** ~ **diet** Hunger leiden; **starvation diet** *s* Hungerkur, Nulldiät *f;* **starvation wages** *s pl* Hungerlohn *m;* **starve** [stɑːv] **I.** *vi* verhungern; hungern; ~ **to death** verhungern; **I'm starving!** (*fam*) ich sterbe vor Hunger!; ~ **for s.th.** nach etw hungern **II.** *vt* hungern lassen; aushungern; verhungern lassen; ~ **o.s.** hungern; ~ **s.o. of s.th.** jdm etw vorenthalten; **be** ~**d of affection** zu wenig Zuneigung erfahren; ~ **out** aushungern

stash [stæʃ] *vt* (~ *away, sl*) verschwinden lassen; beiseite schaffen

state [steɪt] **I.** *s* **1.** Zustand *m* **2.** Stand, Rang *m* **3.** Pomp, Aufwand *m* **4.** (POL) Staat *m;* ~ **of health** Gesundheitszustand *m;* **single** ~ Ledigenstand *m;* **the** ~ **of the nation** die Lage der Nation; **in a liquid** ~ im flüssigen Zustand; **in a good** ~ in gutem Zustand; **what a** ~ **of affairs!** was sind das für Zustände!; **get into a** ~ (**about s.th.**) (wegen etw) durchdrehen; **travel in** ~ pompös reisen; **lie in** ~ aufgebahrt sein; **the States** die Vereinigten Staaten *mpl;* **affairs of** ~ Staatsangelegenheiten *fpl* **II.** *vt* darlegen, vortragen; nennen; angeben; ~ **that ...** feststellen, dass ...; ~ **one's case** seine Sache vortragen; **unless otherwise** ~**d** wenn nicht ausdrücklich anders festgestellt **III.** *adj* staatlich, Staats-; bundesstaatlich; ~**-aided** staatlich gefördert; ~ **bank** Staatsbank *f;* **state-con•trolled** ['steɪtkənˌtrəʊld] *adj* unter staatlicher Aufsicht, staatlich gelenkt; **state•craft** ['steɪtkrɑːft] *s* die Staatskunst; **stated** ['steɪtɪd] *adj* **1.** (*Summe*) angegeben, genannt **2.** (*Betrag*) festgesetzt; **at the** ~ **intervals** in den festgelegten Abständen; **on the date** ~ zum festgesetzten Termin; **State Department** *s* (*in den USA*) Außenministerium *nt;* **state education** *s* staatliche Erziehung; (*System*) staatliches Erziehungswesen; **state•less** ['steɪtlɪs] *adj* staatenlos

state•li•ness ['steɪtlɪnɪs] *s* Stattlichkeit, Würde *f;* **state•ly** ['steɪtlɪ] *adj* **1.** stattlich, würdig, würdevoll **2.** (*Schritte*) gemessen **3.** (*Schloss*) prächtig

state•ment ['steɪtmənt] *s* **1.** Darstellung *f* **2.** Feststellung *f;* Behauptung *f;* Erklärung, Stellungnahme *f;* Aussage *f* **3.** (PHILOS) Behauptung, These *f* **4.** (FIN) Rechnung *f;* Auszug *m;* **a clear** ~ **of the facts** eine klare Feststellung der Tatsachen; **make a** ~ **to the press** eine Presseerklärung abgeben; ~ **of account** Abrechnung *f;* ~ **of expenses** Spesenaufstellung *f*

state-of-the-art ['steɪtəvðiːˌɑːt] *adj:* ~ **technology** neueste Technik, Spitzentechnologie *f*

state-owned ['steɪtˌəʊnd] *adj* staatseigen; **state prison** *s* Staatsgefängnis *nt;* **state•room** ['steɪtrʊm] *s* **1.** (MAR) Kabine *f* **2.** (*Am: in Zug*) Privatabteil *nt;* **state school** *s* staatliche Schule; **State's evi-**

dence *s* (*Am: vor Gericht*) Aussage *f* eines Kronzeugen; **turn** ~ als Kronzeuge auftreten; **state•side** ['steɪtsaɪd] *adj* (*Am*) in den Staaten; aus den Staaten; **states•man** ['steɪtsmən] <*pl* -men> *s* Staatsmann *nt*; **states•man•ship** [-ʃɪp] *s* Staatskunst *f*; **state visit** *s* Staatsbesuch *m*

static ['stætɪk] *adj* **1.** (PHYS) statisch **2.** (*fig*) konstant; feststehend; **stat•ics** ['stætɪks] *s pl* **1.** (RADIO) atmosphärische Störungen *fpl* **2.** *mit sing* Statik *f*

sta•tion ['steɪʃn] **I.** *s* **1.** Station *f* **2.** (*Polizei*) Wache *f* **3.** (*space* ~) Raumstation *f* **4.** (RAIL) Bahnhof *m*, Station *f* **5.** (MIL) Stellung *f*, Posten *m* **6.** (*Australien*) Farm *f* **7.** (TV) Sender *m*, Sendestation *f* **8.** Platz *m* **9.** Stand, Rang *m*; **at the** ~ auf dem Bahnhof; **work** ~ Arbeitsplatz *m*; **frontier** ~ Grenzstellung *f*; **take up one's** ~ sich aufstellen, seinen Platz einnehmen; ~ **in life** Stellung *f*, Rang *m* **II.** *vt* aufstellen; stationieren

sta•tion•ary ['steɪʃənrɪ] *adj* parkend; haltend; feststehend; **be** ~ stehen; **remain** ~ sich nicht bewegen; stillstehen

sta•tioner ['steɪʃnə(r)] *s* Schreibwarenhändler(in) *m(f)*; ~**'s** (**shop**) (*Br*) Schreibwarenhandlung *f*; **sta•tion•ery** ['steɪʃənrɪ] *s* **1.** Briefpapier *nt* **2.** Schreibwaren *pl*

sta•tion house ['steɪʃnˌhaʊs] *s* (*Am*) Polizeiwache, -dienststelle *f*; **station-master** *s* (RAIL) Bahnhofsvorsteher *m*; **station police** *s* Bahnpolizei *f*; **station selector** *s* (*Radio*) Sendereinstellung *f*; **station wagon** *s* (*Am*) Kombi(wagen) *m*

stat•is•ti•cal [stə'tɪstɪkl] *adj* statistisch; **stat•is•ti•cian** [ˌstætɪ'stɪʃn] *s* Statistiker(in) *m(f)*; **stat•is•tics** [stə'tɪstɪks] *s pl* **1.** Statistiken *fpl* **2.** *mit sing* Statistik *f*

statu•ary ['stætʃʊərɪ] **I.** *adj* statuarisch **II.** *s* Bildhauerei *f*

statue ['stætʃu:] *s* Standbild *nt*, Statue *f*; **statu•esque** [ˌstætʃʊ'esk] *adj* standbildhaft

stat•ure ['stætʃə(r)] *s* **1.** Statur *f*; Wuchs *m* **2.** (*fig*) Format *nt*

sta•tus ['steɪtəs] *s* Stellung *f*; Status *m*; **equal** ~ Gleichstellung *f*; **marital** ~ Familienstand *m*; **desire** ~ nach Prestige streben; **status inquiry** *s* Kreditauskunft *f*; **status line** *s* (INFORM) Statuszeile *f*; **status poll** *s* (INFORM) Statusabfrage *f*; **status quo** [ˌsteɪtəs'kwəʊ] *s* Status quo *m*; **status report** *s* Zwischenbericht *m*; **status symbol** *s* Statussymbol *nt*

stat•ute ['stætʃu:t] *s* Gesetz *nt*; Satzung *f*, Statut *nt*; **by** ~ gesetzlich; satzungsgemäß; **statute book** *s* Gesetzbuch *nt*; **statute law** *s* Gesetzesrecht *nt*; **statute of limitations** *s* Verjährungsfrist *f*

statu•tory ['stætʃʊtrɪ] *adj* **1.** gesetzlich; gesetzlich vorgeschrieben **2.** satzungs-, bestimmungsgemäß **3.** (*Recht*) verbrieft; ~ **rape** Notzucht *f*; ~ **holiday** gesetzlicher Feiertag; ~ **sick pay** Lohnfortzahlung *f* bei Krankheit

staunch[1] [stɔ:ntʃ] *vt* (*Blut*) stillen

staunch[2] [stɔ:ntʃ] *adj* überzeugt; loyal; ergeben; zuverlässig

stave [steɪv] **I.** *s* **1.** (Fass)Daube *f* **2.** (*Leiter*) Sprosse *f* **3.** (MUS) (Noten)Linie *f* **4.** Strophe *f* **II.** *vt:* ~ **in** eindrücken; einschlagen; ~ **off** zurückschlagen; abwehren; hinhalten

staves [steɪvz] *s pl* (MUS) *s.* **staff**

stay[1] [steɪ] **I.** *vi* **1.** bleiben **2.** wohnen; übernachten **3.** stehen bleiben; ~ **for supper** zum Abendessen bleiben; **if it** ~**s fine** wenn es schön bleibt; ~ **at a hotel** im Hotel wohnen; **he came to** ~ er ist zu Besuch gekommen; ~ **put** an Ort und Stelle bleiben **II.** *vt* **1.** Einhalt gebieten (*s.th.* einer S) **2.** (*Hunger*) stillen **3.** (JUR) aussetzen; ~ **one's hand** sich zurückhalten; ~ **the course** durchhalten **III.** *s* **1.** Aufenthalt *m* **2.** (JUR) Aussetzung *f*; **a short** ~ **in hospital** ein kurzer Krankenhausaufenthalt; ~ **of execution** Vollstreckungsaufschub *m*; (*fig*) Galgenfrist *f*; **stay away** *vi* wegbleiben; sich fernhalten (*from* von); **stay behind** *vi* zurückbleiben; **stay down** *vi* **1.** (SCHULE) eine Klasse wiederholen **2.** (*Preise*) stabil bleiben; **stay in** *vi* **1.** zu Hause, daheim bleiben **2.** (SCHULE) nachsitzen; **stay on** *vi* **1.** (*Licht*) anbleiben **2.** (*Besuch*) noch bleiben, noch nicht fortgehen **3.** (*Deckel*) haften, kleben bleiben; **stay out** *vi* **1.** draußen bleiben **2.** (*Streik*) weiterstreiken **3.** wegbleiben; ~ **out of s.th.** sich aus etw heraushalten; **stay up** *vi* **1.** aufbleiben, nicht zu Bett gehen **2.** (*Zelt*) stehen bleiben **3.** (*Bild*) hängen bleiben **4.** an der Uni bleiben

stay[2] [steɪ] *s* **1.** Stütztau, Halteseil *nt* **2.** (MAR) Stag *nt*; **the** ~ **of one's old age** (*fig*) die Stütze seines Alters

stay-at-home ['steɪəthəʊm] *s* Stubenhocker(in) *m(f)*; **stayer** ['steɪə(r)] *s* (SPORT) Steher *m*; **stay•ing-power** ['steɪɪŋˌpaʊə(r)] *s* Ausdauer *f*; Stehvermögen *nt*

STD[1] [ˌesti:'di:] *s Abk. von* **subscriber trunk dialling** (TELE) Selbstwählfernverkehr, Selbstwählferndienst *m*; ~ **code** Vorwahl *f*

STD[2] [ˌesti:'di:] *s Abk. von* **sexually transmitted disease** (MED) Geschlechtskrankheit *f*

stead [sted] *s:* **in s.o.'s** ~ an jds Stelle; **stand s.o. in good** ~ jdm zustatten kommen

stead•fast ['stedfɑ:st] *adj* **1.** fest **2.** (*Blick*) unverwandt **3.** (*Ablehnung*) standhaft **4.** (*Glaube*) unerschütterlich

steady ['stedɪ] **I.** *adj* **1.** ruhig; fest, unverwandt **2.** (*Wind*) ständig; ununterbrochen; beständig **3.** (*Personal*) verlässlich, zuverlässig **4.** (*Job*) fest; ~ **on one's legs** sicher auf den Beinen; **hold s.th.** ~ etw ruhig halten **II.** *adv:* ~**!** vorsichtig! **III.** *s* (*sl*) fester Freund, feste Freundin **IV.** *vt* beruhigen; ausgleichen; ~ **o.s.** festen Halt finden **V.** *vi* sich beruhigen; ruhiger werden; sich festigen, sich behaupten

steak [steɪk] *s* **1.** Steak *nt* **2.** (Fisch)Filet *nt*

steal [sti:l] <*irr:* **stole, stolen**> **I.** *vt* stehlen; ~ **s.th. from s.o.** jdm etw stehlen; ~ **a march on s.o.** jdm zuvorkommen; ~ **a glance at s.o.** verstohlen zu jdm hinschauen; ~ **the show** die Schau stehlen **II.** *vi* **1.** stehlen **2.** sich stehlen, sich schleichen; ~ **away** sich wegstehlen; ~ **about** herumschleichen; ~ **up on s.o.** sich an jdn heranschleichen

stealth [stelθ] *s* List *f;* **by** ~ durch List; **stealthy** ['stelθɪ] *adj* heimlich, verstohlen

steam [sti:m] **I.** *s* **1.** Dampf *m* **2.** Dunst *m;* ~**-covered windows** beschlagene Fenster; **driven by** ~ dampfgetrieben; **full** ~ **ahead!** volle Kraft voraus!; **get up** ~ (*fig*) in Schwung kommen; **let off** ~ Dampf ablassen; **run out of** ~ (*fig*) den Schwung verlieren; **under one's own** ~ (*fig*) allein, ohne Hilfe **II.** *vt* **1.** dämpfen **2.** (*Essen*) dünsten; **be all ~ed (up)** ganz beschlagen sein; (*fig*) sich aufregen **III.** *vi* **1.** dampfen **2.** (*Schiff*) fahren; **the ship ~ed into the harbour** das Schiff lief in den Hafen ein; **steam off** *vi* abfahren; **steam over** *vi* beschlagen; **steam up I.** *vi* beschlagen **II.** *vt* (*fam*) auf Touren bringen; **get ~ed up** (*fam*) sich aufregen

steam•boat ['sti:mbəʊt] *s* Dampfschiff *nt,* Dampfer *m;* **steam engine** *s* Dampfmaschine *f;* **steamer** ['sti:mə(r)] *s* **1.** Dampfer *m* **2.** Dampfkochtopf *m;* **steam iron** *s* Dampfbügeleisen *nt;* **steam-roller I.** *s* Dampfwalze *f* **II.** *vt* glatt walzen; ~ **a bill through parliament** ein Gesetz im Parlament durchpeitschen; **steam room** *s* Saunaraum *m;* **steam•ship** ['sti:mʃɪp] *s* Dampfschiff *nt,* Dampfer *m;* **steam turbine** *s* Dampfturbine *f;* **steamy** ['sti:mɪ] *adj* **1.** dampfig, dunstig **2.** (*Glas*) beschlagen

steed [sti:d] *s* (*lit*) Ross *nt*

steel [sti:l] **I.** *s* Stahl *m;* **a man of** ~ ein stahlharter Mann **II.** *adj* Stahl- **III.** *vr* sich wappnen (*for* gegen); ~ **o.s. to do s.th.** allen Mut zusammennehmen um etw zu tun; **steel band** *s* Steelband *f;* **steel-clad** ['sti:lklæd] *adj* stahlgepanzert; **steel grey** *s* Stahlgrau *nt;* **steel guitar** *s* Hawaiigitarre *f;* **steel mill** *s* Stahlwalzwerk *nt;* **steel wool** *s* Stahlwolle *f;* **steel worker** *s* Stahlarbeiter(in) *m(f);* **steel works** *s pl mit sing* Stahlwerk *nt;* **steely** ['sti:lɪ] *adj* stählern

steep¹ [sti:p] *adj* **1.** steil; hoch; stark **2.** (*fam: Preis*) gesalzen, unverschämt; **it's a bit** ~ **that ...** es ist ein starkes Stück, dass ...

steep² [sti:p] *vt* **1.** eintauchen; ziehen lassen; einweichen **2.** sich vollsaugen lassen; **be ~ed in s.th.** von etw durchdrungen sein; **~ed in ignorance** durch und durch unwissend

steepen ['sti:pən] **I.** *vt* steiler machen **II.** *vi* steiler werden

steeple ['sti:pl] *s* Kirchturm *m;* **steeple-chase** [-tʃeɪs] *s* **1.** (*Pferde*) Hindernisrennen *nt,* Steeplechase *f* **2.** (*Leichtathletik*) Hindernislauf *m;* **steeple•chaser** [-ə(r)] *s* **1.** (*Pferd*) Steepler *m;* (*Jockey*) Reiter(in) *m(f)* in einem Hindernisrennen **2.** (*Leichtathletik*) Hindernisläufer(in) *m(f);* **steeple•jack** ['sti:pldʒæk] *s* Turmarbeiter *m*

steer¹ [stɪə(r)] **I.** *vt* **1.** steuern **2.** (*fig*) lenken, leiten, führen; ~ **a course for s.th.** (*fig*) auf etw zusteuern **II.** *vi* lenken; steuern; ~ **due south** Kurs nach Süden halten; ~ **for s.th.** etw ansteuern; auf etw zusteuern; ~ **clear of s.o.** jdm aus dem Weg gehen; ~ **clear of s.th.** etw meiden

steer² [stɪə(r)] *s* junger Ochse

steer•age ['stɪərɪdʒ] *s* (MAR) **1.** Zwischendeck *nt* **2.** Ruderwirkung *f*

steer•ing ['stɪərɪŋ] *s* Steuerung *f;* **steering committee** *s* Lenkungsausschuss *m;* **steering gear** *s* (*Flugzeug*) Leitwerk *nt;* (AUTO) Lenkung *f;* (MAR) Ruderanlage *f;* **steering lock** *s* Lenkradschloss *nt;* **steering wheel** *s* Lenk-, Steuerrad *m;* **steers•man** ['stɪəzmən] <*pl* -men> *s* Steuermann *m*

stein [staɪn] *s* Maßkrug *m*

stel•lar ['stelə(r)] *adj* stellar

stem [stem] **I.** *s* **1.** (BOT) Stiel *m;* Stamm *m;* Halm *m* **2.** (*Glas*) Stiel *m* **3.** (*Pfeife*) Hals *m* **4.** (*Wort*) Stamm *m,* Wurzel *f* **5.** (MAR) Vordersteven *m* **6.** (*fig*) Hauptlinie *f,* Hauptzweig *m* **7.** (*Thermometer*) Röhre *f;* **from** ~ **to stern** von vorne bis achtern **II.** *vt* **1.** aufhalten **2.** (*Flut*) eindämmen **3.** (*Blut*) stillen **4.** (*fig*) Einhalt gebieten (*s.th.* einer S) **III.** *vi:* ~ **from s.th.** von etw kommen, von etw herrühren; auf etw zurückgehen; **stem turn** *s* (*Skifahren*) Stemmbogen *m*

stench [stentʃ] *s* Gestank *m*

sten•cil ['stensl] **I.** *s* **1.** Schablone *f* **2.** (TYP) Matrize *f* **II.** *vt* mit Schablone zeichnen; auf Matrize schreiben

sten•ogra•pher [stə'nɒgrəfə(r)] *s* Stenograf(in) *m(f);* **sten•ogra•phy** [stə'nɒgrəfɪ] *s* Stenografie, Kurzschrift *f*

step [step] **I.** *s* **1.** Schritt *m;* Tritt *m* **2.** kurze Strecke **3.** Takt *m* **4.** Tanzschritt *m* **5.** Stufe *f* **6.** (*fig*) Stufe *f,* Abschnitt *m* **7.** (*fig*) Maßnahme *f;* **take a ~** einen Schritt machen; **~ by ~** Schritt für Schritt; **follow in s.o.'s ~s** in jds Fußstapfen treten; **watch one's ~** Acht geben; sich vorsehen; **be in ~** im Gleichschritt sein; im Takt sein (*with* mit); **be out of ~** nicht im Tritt sein; nicht im Gleichklang sein (*with* mit); **get out of ~** aus dem Takt kommen; **break ~** aus dem Schritt kommen; **fall into ~** in den gleichen Takt kommen (*with* mit); **it's only a few ~s** es sind nur ein paar Schritte; **it's a great ~ forward** es ist ein großer Schritt nach vorn; **that would be a ~ back** das wäre ein Rückschritt; **take ~s to do s.th.** Maßnahmen ergreifen um etw zu tun; **take legal ~s** gerichtlich vorgehen; **mind the ~!** Vorsicht Stufe! **II.** *vi* gehen; **~ into/out of s.th.** in etw/aus etw treten; **~ on s.th.** in etw steigen; auf etw treten; **~ on s.o.'s foot** jdm auf den Fuß treten; **~ over s.o.** über jdn steigen; **~ this way, please** hier entlang, bitte!; **~ on board** an Bord gehen; **~ inside** hineintreten; **~ outside** hinaustreten; **~ on it!** mach mal ein bisschen schneller; gib Gas! **III.** *vt* abstufen; **step aside** *vi* Platz machen; zur Seite treten; **step back** *vi* zurücktreten, zurückweichen; **~ back from s.th.** von etw Abstand gewinnen; **step down** *vi* **1.** hinabsteigen **2.** (POL) zurücktreten; **~ down in favour of s.o.** jdm Platz machen; **step in** *vi* **1.** eintreten **2.** (*fam*) eingreifen, einschreiten; **step off** *vi* **1.** aussteigen **2.** losmarschieren; **step out I.** *vi* **1.** hinausgehen **2.** schnell, zügig gehen **II.** *vt* abschreiten; **step up I.** *vi* **1.** vortreten **2.** (*fig*) ansteigen, zunehmen **II.** *vt* steigern; erhöhen; **~ up to s.o.** auf jdn zugehen

step- [step] *prefix* Stief-; **step•brother** *s* Stiefbruder *m;* **step•daughter** *s* Stieftochter *f;* **step•father** *s* Stiefvater *m*

step•lad•der ['step,lædə(r)] *s* Stufen-, Trittleiter *f*

step•mother *s* Stiefmutter *f*

steppe [step] *s* Steppe *f*

step•ping stone ['stepɪŋstəʊn] *s* **1.** Trittstein *m* **2.** (*fig*) Sprungbrett *nt*

step•son *s* Stiefsohn *m*

stereo ['sterɪəʊ] *s* **1.** Stereo *nt* **2.** Stereoanlage *f*

stereo•phonic [,sterɪəʊ'fɒnɪk] *adj* stereophon; **stereo•phony** [,sterɪ'ɒfənɪ] *s* Stereophonie *f*

stereo•scope ['sterɪəskəʊp] *s* Stereoskop *nt;* **stereo•scopic** [,sterɪə'skɒpɪk] *adj* stereoskopisch

stereo•type ['sterɪətaɪp] **I.** *s* **1.** (TYP) Druckplatte *f* **2.** (*fig*) Klischee, Stereotyp *nt* **II.** *vt* **1.** (TYP) stereotypieren **2.** (*fig*) klischeehaft zeichnen, darstellen

ster•ile ['steraɪl] *adj* **1.** unfruchtbar **2.** (*Keim*) steril, keimfrei **3.** (*fig*) steril; ergebnislos, nutzlos; **ster•il•is•ing unit** [,sterəlaɪzɪŋ'ju:nɪt] *s* Sterilisierbox *f;* **ste•ril•ity** [stə'rɪlətɪ] *s* **1.** Unfruchtbarkeit *f* **2.** Sterilität, Keimfreiheit *f* **3.** (*fig*) Ergebnislosigkeit *f;* **ster•il•iz•ation** [,sterəlaɪ'zeɪʃn] *s* Sterilisation, Sterilisierung *f;* **ster•il•ize** ['sterəlaɪz] *vt* sterilisieren

ster•ling ['stɜ:lɪŋ] **I.** *adj* **1.** (COM) Sterling- **2.** (*fig*) gediegen **II.** *adj* aus Sterlingsilber; **~ area** Sterlingblock *m,* Sterlingländer *ntpl;* **in (pounds) ~** in Pfund Sterling **III.** *s* das Pfund Sterling, das englische Pfund

stern[1] [stɜ:n] *adj* ernst, streng, hart; **with a ~ face** mit strenger Miene

stern[2] [stɜ:n] *s* (MAR) Heck *nt*

stern•ness ['stɜ:nnɪs] *s* Ernst *m,* Strenge *f*

ster•num ['stɜ:nəm] *s* (ANAT) Brustbein *nt*

ste•roid ['stɪərɔɪd] *s* Steroid *m*

stetho•scope ['steθəskəʊp] *s* (MED) Stethoskop *nt*

steve•dore ['sti:vədɔ:(r)] *s* (MAR) Stauer *m*

stew [stju:] **I.** *vt* schmoren; dünsten; **~ed apples** Apfelkompott *nt* **II.** *vi* schmoren; (*Tee*) bitter werden; **let s.o. ~ in his own juice** (*fig fam*) jdn im eigenen Saft schmoren lassen **III.** *s* Eintopf *m;* **be in a ~** ganz aufgeregt sein

stew•ard ['stjʊəd] *s* **1.** (MAR AVIAT) Steward *m* **2.** (*bei Veranstaltungen*) Ordner(in) *m (f)* **3.** (*Anwesen*) Verwalter(in) *m (f);* **shop ~** gewerkschaftlicher Vertrauensmann; **stew•ard•ess** [,stjʊə'des] *s* (AVIAT) Stewardess *f*

stick[1] [stɪk] **I.** *s* **1.** Stock *m;* Zweig *m* **2.** (MUS) Taktstock *m* **3.** (SPORT) Schläger *m* **4.** (*Schlagzeug*) Schlegel *m* **5.** Stange *f* **6.** (AVIAT) Steuerknüppel *m* **7.** (*Kreide*) Stück *nt* **8.** (*Deo*) Stift *m* **9.** (*fam*) Kerl *m;* **give s.o. the ~, take the ~ to s.o.** jdm eine Tracht Prügel geben; **give s.o. ~** jdn herunterputzen; **get hold of the wrong end of the ~** etw falsch verstehen; **in the ~s** in der hintersten Provinz; **take a lot of ~** viel einstecken müssen; **~ insect** Stabheuschrecke *f* **II.** *vt* (*Pflanzen*) stützen

stick[2] [stɪk] <*irr:* stuck, stuck> **I.** *vt* **1.** kleben **2.** stecken **3.** (*Dolch*) stoßen **4.** (*Schwein*) abstechen **5.** (*fam*) tun; stecken **6.** (*Perlen*) besetzen **7.** (*fam*) aushalten; durchhalten; **~ a stamp on s.th.** eine Briefmarke auf etw kleben; **~ the blame on s.o.** jdm die Schuld zuschieben; **~ one's hat on** (sich) den Hut aufsetzen; **I can't ~ it any longer!** ich halte das nicht mehr aus!; **~ s.o. with s.th.** jdm etw aufladen;

S

jdm etw andrehen **II.** *vi* **1.** kleben (*to* an) **2.** stecken bleiben; klemmen **3.** stecken (*in* in) **4.** (*Karten*) halten **5.** bleiben; haften bleiben; **make a charge** ~ genügend Beweismaterial haben; **it stuck in my foot** das ist mir im Fuß stecken geblieben; ~ **in s.o.'s mind** jdm im Gedächtnis bleiben; **make s.th.** ~ **in one's mind** sich etw einprägen; **stick around** *vi* (*sl*) in der Nähe bleiben; **stick at** *vi* **1.** bleiben an **2.** zurückschrecken vor; **stick by** *vi* (*fam*) halten zu; stehen zu; **stick down** *vt* **1.** ankleben; zukleben **2.** aufschreiben; **stick in I.** *vt* **1.** einkleben **2.** hineinstecken **II.** *vi* stecken bleiben; ~ **s.th. in s.th.** etw in etw stecken; **stick on I.** *vi* **1.** kleben, haften **2.** (*Pferd*) oben bleiben **II.** *vt* **1.** aufkleben **2.** (*Geld*) aufschlagen auf; **stick out I.** *vi* **1.** (*Nagel*) herausstehen **2.** (*Ohren*) abstehen **3.** (*fig*) auffallen **II.** *vt* hinausstrecken; **stick out for** *vi* **1.** sich stark machen für **2.** beharren auf; **stick to** *vi* **1.** bleiben bei; treu bleiben **2.** (*Aufgabe*) bleiben an; **stick together** *vi* zusammenkleben; zusammenhalten; **stick up I.** *vi* **1.** (*Kragen*) hochstehen **2.** (*Nagel*) herausstehen **II.** *vt* **1.** zukleben **2.** (*fam*) überfallen; ~ **'em up!** Hände hoch!; **stick up for** *vi* eintreten für; ~ **up for o.s.** sich behaupten; **stick with** *vi* bleiben bei; halten zu

sticker ['stɪkə(r)] **I.** *s* **1.** Aufkleber *m;* Klebeschildchen *nt* **2.** (*fig*) zäher Kerl **II.** *vt* (COM) auszeichnen; **stick•ing plas•ter** ['stɪkɪŋˌplɑːstə(r)] *s* Heftpflaster *nt;* **stick-in-the-mud** ['stɪkɪnðəmʌd] **I.** *s* Muffel *m* **II.** *adj* rückständig

stick•ler ['stɪklə(r)] *s:* **be a** ~ **for s.th.** es mit etw peinlich genau nehmen

stick-on ['stɪkɒn] *adj* Aufklebe-; **stick•pin** ['stɪkˌpɪn] *s* (*Am*) Krawattennadel *f;* **stick-up** ['stɪkʌp] *s* Überfall *m*

sticky ['stɪkɪ] *adj* **1.** klebrig **2.** (*Wetter*) schwül, drückend **3.** (*Farbe*) feucht **4.** (*Hände*) verschwitzt **5.** (*Problem*) schwierig **6.** (*Situation*) heikel; **come to a** ~ **end** ein böses Ende nehmen; **be on a** ~ **wicket** in der Klemme sein

stiff [stɪf] **I.** *adj* **1.** steif, starr **2.** (*Bürste*) hart **3.** (*Teig*) fest **4.** (*Kampf*) zäh, hart **5.** (*Grog*) steif **6.** (*Brise*) steif **7.** (*Examen*) schwer, schwierig **8.** (*Preis*) hoch; **that's a bit** ~ (*fam*) das ist ganz schön happig; **the lock is** ~ das Schloss klemmt **II.** *adv* steif **III.** *s* (*sl*) Leiche *f;* **stiffen** ['stɪfn] **I.** *vt* **1.** steif machen **2.** (*Hemd*) stärken **3.** (*fig*) verstärken **II.** *vi* **1.** steif, hart werden **2.** (*fig*) sich verhärten; **stiff•en•ing** ['stɪfnɪŋ] *s* Einlage *f;* **stiff-necked** [ˌstɪf'nekt] *adj* (*fig*) halsstarrig; **stiff-upper-lipped** *adj* beherrscht

stifle ['staɪfl] **I.** *vt* **1.** ersticken **2.** (*fig*) unterdrücken **II.** *vi* ersticken; **stifl•ing** ['staɪflɪŋ] *adj* **1.** (*Hitze*) erstickend; drückend **2.** (*fig*) beengend

stigma¹ ['stɪgmə] <*pl* -s> *s* **1.** Brandmal, Stigma *nt* **2.** (BOT) Narbe *f*

stigma² ['stɪgmə, *pl* stɪg'mɑːtə] <*pl* -ta> *s* **1.** Wundmal *nt* **2.** Stigmatisierung *f;* **stig•ma•tize** ['stɪgmətaɪz] *vt* brandmarken; stigmatisieren

stile [staɪl] *s* Zaunübertritt *m*

sti•letto [stɪ'letəʊ] <*pl* -letto(e)s> *s* Stilett *nt;* **stiletto heel** *s* Pfennigabsatz *m*

still¹ [stɪl] **I.** *adj* **1.** still, ruhig **2.** bewegungs-, reglos; **keep** ~ still halten; **hold s.th.** ~ etw ruhig halten; **be** ~ still stehen; **stand** ~ still stehen; **a** ~ **small voice** ein leises Stimmchen **II.** *adj* ohne Kohlensäure **III.** *s* **1.** Stille *f* **2.** (FILM) Standfoto *nt* **IV.** *vt* beruhigen; besänftigen; abklingen lassen

still² [stɪl] *adv* **1.** noch; immer noch; noch immer; nach wie vor **2.** trotzdem **3.** (*mit Komparativ*) noch; **he is** ~ **busy** er ist noch beschäftigt; **it** ~ **hasn't come** es ist immer noch nicht gekommen; **I will** ~ **be here** ich werde noch da sein; ~, **she ist my mother** sie ist trotz allem meine Mutter; ~ **better** noch besser; ~ **more because …** und umso mehr, als …

still³ [stɪl] *s* Destillierapparat *m*

still•birth ['stɪlbɜːθ] *s* Totgeburt *f;* **still-born** ['stɪlˌbɔːn] *adj* tot geboren; **still life** <*pl* -lifes> *s* (*Kunst*) Stillleben *nt;* **still-ness** ['stɪlnɪs] *s* **1.** Reglosigkeit *f* **2.** Stille, Ruhe *f*

stilt [stɪlt] *s* **1.** Stelze *f* **2.** (ARCH) Pfahl *m;* **walk on ~s** auf Stelzen laufen

stilted ['stɪltɪd] *adj* (*fig*) gespreizt, gestelzt

stimu•lant ['stɪmjʊlənt] **I.** *adj* anregend, stimulierend **II.** *s* **1.** Anregungsmittel *nt* **2.** (*fig*) Ansporn *m;* **stimu•late** ['stɪmjʊleɪt] *vt* **1.** anregen; beleben **2.** (MED) stimulieren **3.** (*Nerven*) reizen **4.** (*fig*) animieren, anspornen **5.** (COM) ankurbeln; **stimu-lation** [ˌstɪmjʊ'leɪʃn] *s* **1.** Anregung *f* **2.** (MED) Stimulation *f* **3.** (*sexuell*) Erregung *f* **4.** (*fig*) Anreiz, Ansporn *m* **5.** (COM) Ankurbelung *f;* **stimu•lus** ['stɪmjʊləs, *pl* -laɪ] <*pl* -li> *s* **1.** Ansporn *m;* Aufmunterung *f* **2.** (PSYCH) Stimulus *m;* Reiz *m;* **under the** ~ **of …** angespornt durch …

sting [stɪŋ] <*irr:* stung, stung> **I.** *vt* **1.** stechen; verbrennen **2.** (*fig*) treffen, schmerzen; ~ **s.o. into doing s.th.** jdn antreiben etw zu tun; ~ **s.o. into action** jdn aktiv werden lassen; ~ **s.o. for s.th.** (*fam*) jdn bei etw ausnehmen **II.** *vi* **1.** stechen; brennen **2.** wie mit Nadeln stechen **3.** (*fig*) schmerzen; **make a ~ing remark** eine bissige Bemerkung machen **III.** *s* **1.** Stachel *m*

2. Stich *m;* Brennen *nt* 3. stechender Schmerz 4. (*fig*) Stachel *m;* **a ~ of remorse** Gewissensbisse *mpl;* **take the ~ out of s.th.** etw entschärfen

stin·gi·ness ['stɪndʒɪnɪs] *s* Knauserigkeit *f,* Geiz *m*

sting·ing nettle [ˌstɪŋɪŋ'netl] *s* Brennnessel *f;* **sting·ray** ['stɪŋreɪ] *s* Stachelrochen *m*

stingy ['stɪndʒɪ] *adj* 1. geizig, knauserig, knickerig 2. (*Portion*) schäbig

stink [stɪŋk] <*irr:* **stank, stunk**> I. *vi* 1. stinken 2. (*fam*) miserabel sein; **the idea ~s** das ist eine miserable Idee II. *vt:* **~ out** verstänkern; ausräuchern; **~ up** verpesten III. *s* 1. Gestank *m* (*of* nach) 2. (*fam*) Stunk *m;* **kick up a ~** Stunk machen

stinker ['stɪŋkə(r)] *s* 1. (*fam*) Ekel *nt* 2. (*sl*) gesalzener Brief 3. (*fam*) harter Brocken

stint [stɪnt] I. *vt* sparen, knausern mit; **~ o.s.** sich einschränken; **~ s.o. of s.th.** jdm gegenüber mit etw knausern II. *vi:* **~ on s.th.** mit etw sparen III. *s* Arbeit, Aufgabe *f;* **do one's ~** seine Arbeit tun; **without ~** ohne Einschränkung

stipu·late ['stɪpjʊleɪt] *vt* 1. zur Auflage machen, verlangen 2. (*Preis*) festsetzen; vorschreiben 3. (*Bedingungen*) stellen; **stipu·la·tion** [ˌstɪpjʊ'leɪʃn] *s* 1. Auflage *f* 2. Festsetzung *f;* Stellen, Fordern *nt*

stir [stɜ:(r)] I. *vt* 1. umrühren; rühren 2. (*Glieder*) bewegen; rühren 3. (*fig*) aufwühlen; anstacheln, erregen; **~ one's tea** den Tee umrühren; **~ s.o. to do s.th.** jdn bewegen etw zu tun; **~ s.o. to pity** jds Mitleid erregen; **~ one's stumps** (*fam*) die Beine unter den Arm nehmen; **~ up** umrühren; (*fig*) anregen; wachrufen; schüren; **~ up trouble** Unruhe stiften; **~ s.o. up to do s.th.** jdn zu etw anstacheln II. *vi* sich regen; sich rühren; sich bewegen III. *s* 1. Rühren *nt* 2. (*fig*) Aufruhr *m;* **give s.th. a ~** etw umrühren; **cause a ~, create a ~, make a ~** Aufsehen erregen; **stir-fry** ['stɜ:fraɪ] *vt* unter Rühren kurz anbraten; **stir·ring** ['-ɪŋ] *adj* aufregend, bewegend, aufwühlend; bewegt

stir·rup ['stɪrəp] *s* Steigbügel *m*

stitch [stɪtʃ] I. *s* 1. Stich *m;* Masche *f* 2. (MED) Seitenstiche *mpl* 3. (*Stricken*) Muster *nt;* **put a few ~es in s.th.** etw mit ein paar Stichen nähen; **put ~es in a wound** eine Wunde nähen; **have not a ~ on** (*fam*) splitternackt sein; **be in ~es** (*fam*) sich schieflachen II. *vt* 1. (*a.* MED) nähen 2. (*Buch*) zusammenheften 3. sticken; **~ on** annähen; **~ up** nähen, zunähen; hochnähen; (*fam*) reinlegen III. *vi* nähen (*at* an)

stoat [stəʊt] *s* (großes) Wiesel *nt*

stock [stɒk] I. *s* 1. Vorrat *m;* Bestand *m* (*of* an) 2. Viehbestand *m* 3. (*Essen*) Brühe *f* 4. (COM) Anleihe-, Grundkapital *nt;* Anteil *m;* Staatsanleihe *f* 5. (BOT) Stamm *m;* Stock *m;* Wildling *m* 6. Stamm *m;* Abstammung *f* 7. (LING) Sprachfamilie *f* 8. Griff *m* 9. Halsbinde *f* 10. (RAIL) rollendes Material 11. (THEAT: *Am*) Repertoire *nt;* **~ of knowledge** Wissensschatz *m;* **have s.th. in ~** etw vorrätig haben; **be in/out of ~** vorrätig/nicht vorrätig sein; **keep s.th. in ~** etw auf Vorrat haben; **take ~** Inventur machen; **take ~ of s.o.** jdn abschätzen; **take ~ of s.th.** sich über etw klar werden; **surplus ~** Überschuss *m;* **~s and shares** Wertpapiere *ntpl;* **be of good ~** guter Herkunft sein; **be on the ~s** (MAR) im Bau sein II. *adj* Standard-; Serien-; stereotyp III. *vt* 1. (*Waren*) führen 2. ausstatten; füllen 3. (*Farm*) mit einem Viehbestand versehen IV. *vi:* **~ up** sich eindecken (*on* mit), einen Vorrat, Reserven anlegen (von)

stock·ade [stɒ'keɪd] *s* Palisade *f;* Einfriedung *f*

stock·broker ['stɒkˌbrəʊkə(r)] *s* Börsenmakler(in) *m(f);* **stock·broking** ['stɒkˌbrəʊkɪŋ] *s* Börsen-, Effektenhandel *m;* **stock car** ['stɒkkɑ:(r)] *s* 1. (*Am: bei Eisenbahn*) Viehwagen *m* 2. (AUTO) Serienwagen *m;* **~ racing** Stock-Car-Rennen *nt;* **stock code** *s* Warencode *m;* **stock company** *s* 1. (COM) Aktiengesellschaft *f* 2. (THEAT: *Am*) Repertoiretheater *nt;* **stock control** *s* Lagersteuerung *f;* **stock cube** *s* Suppenwürfel *m;* **stock exchange** *s* Börse *f;* Börsenplatz *m;* **~ listing** Börsenzulassung *f;* **stock farmer** *s* Viehhalter *m;* **stock·fish** ['stɒkfɪʃ] <*pl* -> *s* Stockfisch *m;* **stock·holder** ['stɒkˌhəʊldə(r)] *s* Aktionär(in) *m(f)*

stock·ing ['stɒkɪŋ] *s* Strumpf *m;* **in one's ~(ed) feet** in Strümpfen

stock-in-trade [ˌstɒkɪn'treɪd] *s* Handwerkszeug *nt;* **stock·ist** ['stɒkɪst] *s* 1. Fachhändler *m* 2. Fachgeschäft *nt;* **stock level** *s* Lagerbestand *m;* **stock-list** *s* 1. (COM) Warenliste *f* 2. (FIN) Börsenzettel *m;* **stock-market** *s* Börse *f;* **stock·pile** ['stɒkpaɪl] I. *s* Vorrat *m* (*of* an), Lager *nt;* **the nuclear ~** das Kernwaffenarsenal II. *vt* Vorräte an … anlegen; **stock price** *s* Aktienkurs *m;* **stock-room** *s* Lagerraum *m;* **stock size** *s* Standardgröße *f;* **stock-still** [ˌstɒk'stɪl] *adj, adv:* **stand ~** stockstill stehen; **stock-taking** ['stɒkteɪkɪŋ] *s* Bestandsaufnahme, Inventur *f*

stocky ['stɒkɪ] *adj* stämmig, untersetzt

stock·yard ['stɒkjɑ:d] *s* Viehhof *m*

stodge [stɒdʒ] *s* (*sl*) Pampe *f;* **stodgy** ['stɒdʒɪ] *adj* **1.** (*Essen*) schwer, pampig **2.** (*Buch*) schwer verdaulich **3.** (*Stil*) schwerfällig **4.** (*Mensch*) langweilig, fad

stoic ['stəʊɪk] *s* Stoiker *m;* **sto•ic(al)** ['stəʊɪk(l)] *adj* stoisch; **sto•icism** ['stəʊɪsɪzəm] *s* (PHILOS) Stoizismus *m*

stoke [stəʊk] **I.** *vt* (*Feuer:* ~ *up*) beheizen; schüren **II.** *vi:* ~ **up** sich vollschlagen; **stoker** ['stəʊkə(r)] *s* Heizer *m*

stole¹ [stəʊl] *s* Stola *f*

stole² [stəʊl] *s.* **steal**; **stolen** ['stəʊlən] **I.** *pp of* **steal II.** *adj* gestohlen

stolid ['stɒlɪd] *adj* blöd(e), stupide, stumpf(sinnig), schwerfällig

stom•ach ['stʌmək] **I.** *s* **1.** Magen *m;* Bauch *m* **2.** (*fig*) Lust *f* (*for* auf), Interesse *nt* (*for* an); **lie on one's** ~ auf dem Bauch liegen; **on an empty** ~ auf leeren, nüchternen Magen; **on a full** ~ mit vollem Magen; **I have no** ~ **for that** ich habe keine Lust dazu **II.** *vt* vertragen; ausstehen; **stomach•ache** *s* Magenschmerzen *mpl;* **stomach upset** *s* Magenverstimmung *f*

stomp [stɒmp] *vi* (*fam*) stapfen

stone [stəʊn] **I.** *s* **1.** Stein *m* **2.** (*Br*) *Gewichtseinheit = 6,35 kg;* **a heart of** ~ ein Herz aus Stein; **a ~'s throw from ...** nur einen Katzensprung von ... entfernt; **within a ~'s throw of success** den Erfolg in greifbarer Nähe; **leave no** ~ **unturned** nichts unversucht lassen **II.** *adj* aus Stein **III.** *vt* **1.** mit Steinen bewerfen; steinigen **2.** (*Frucht*) entsteinen; **Stone Age** *s* Steinzeit *f;* **stone-blind** *adj* stockblind; **stone-broke** *adj* (*Am fam*) völlig abgebrannt; **stone-cold** *adj* eiskalt; ~ **sober** (*fam*) stocknüchtern; **stone-dead** *adj* mausetot; **stone-deaf** *adj* stocktaub; **stone fruit** *s* Steinobst *nt;* **stone•mason** ['stəʊnˌmeɪsən] *s* Steinmetz *m;* **stone pit** *s* Steinbruch *m;* **stone•wall** [ˌstəʊn'wɔːl] *vi* **1.** (PARL) obstruieren **2.** (*Frage*) ausweichen **3.** (SPORT) mauern; **stone•ware** ['stəʊnweə(r)] *s* Steingut *nt;* **stonework** ['stəʊnwɜːk] *s* Mauerwerk *nt;* **stony** ['stəʊnɪ] *adj* **1.** steinig **2.** (*Substanz*) steinartig **3.** (*fig*) steinern; kalt; **~-broke** (*Br fam*) völlig abgebrannt

stood [stʊd] *s.* **stand**

stooge [stuːdʒ] *s* **1.** (THEAT) Stichwortgeber *m* **2.** (*fam*) Handlanger *m*

stool [stuːl] *s* **1.** Hocker, Schemel *m* **2.** (MED) Stuhl(gang) *m;* **fall between two ~s** (*fig*) sich zwischen zwei Stühle setzen; **stool pigeon** *s* (*fam*) Spitzel *m*

stoop [stuːp] **I.** *vi* sich bücken, sich beugen, sich neigen; **~ing shoulders** krumme Schultern *fpl;* ~ **to s.th.** sich zu etw herablassen **II.** *vt* beugen; einziehen **III.** *s* gebeugte Haltung, krummer Rücken; **have a** ~ einen Buckel haben

stop [stɒp] **I.** *vt* **1.** anhalten; stoppen **2.** (*Maschine*) abstellen **3.** (*Verbrecher*) aufhalten; zum Stehen bringen **4.** (*Verbrechen*) ein Ende machen (*s.th.* einer S) **5.** (*Arbeit*) beenden **6.** (*Blutung*) stillen, unterbinden **7.** (*Inflation*) aufhalten, hemmen **8.** (*Produktion*) zum Stillstand bringen **9.** aufhören mit; unterlassen **10.** (*Zahlung*) einstellen **11.** (*Scheck*) sperren **12.** (*Vertrag*) kündigen **13.** (*Zeitung*) abbestellen **14.** verhindern; unterbinden; abhalten **15.** verstopfen; zustopfen **16.** (*Zahn*) füllen **17.** (MUS: *Saite*) greifen; ~ **thief!** haltet den Dieb!; ~ **s.o. dead** jdn urplötzlich anhalten lassen; ~ **doing s.th.** aufhören etw zu tun; etw nicht mehr tun; ~ **smoking** mit dem Rauchen aufhören; ~ **o.s.** sich beherrschen, sich zurückhalten; ~ **s.o.** (**from**) **doing s.th.** jdn davon abhalten etw zu tun; ~ **o.s. from doing s.th.** sich zurückhalten und etw nicht tun; ~ **s.o.'s mouth** (*fam*) jdm den Mund stopfen; ~ **one's ears with one's fingers** sich die Finger in die Ohren stecken; **don't let me** ~ **you** ich will Sie nicht davon abhalten **II.** *vi* **1.** anhalten; stoppen; Halt machen **2.** (*Uhr*) stehen bleiben **3.** (*Maschine*) nicht mehr laufen **4.** aufhören **5.** (*Schmerzen*) vergehen **6.** (*Herz*) aufhören zu schlagen **7.** (*Lieferung*) eingestellt werden **8.** (*Film*) zu Ende sein **9.** (*fam*) bleiben (*at* in); ~ **at nothing** vor nichts Halt machen; ~ **dead** plötzlich stehen bleiben; ~ **doing s.th.** aufhören etw zu tun; ~ **for supper** zum Abendessen bleiben **III.** *s* **1.** Halt *m,* Stoppen *nt* **2.** Aufenthalt *m* **3.** Pause *f* **4.** (AVIAT) Zwischenlandung *f* **5.** (RAIL) Station *f;* Haltestelle *f* **6.** (MAR) Anlegestelle *f* **7.** (GRAM) Punkt *m* **8.** (MUS) Griffloch *nt;* Register *nt* **9.** (TYP) Feststelltaste *f* **10.** (PHOT) Blende *f* **11.** (*Phonetik*) Verschlusslaut *m;* **be at a** ~ still stehen; **bring s.th. to a** ~ etw zum Stehen bringen; (*fig*) einer S ein Ende machen; **come to a** ~ anhalten; eingestellt werden; **come to a dead** ~ abrupt anhalten; **glottal** ~ (*Phonetik*) Knacklaut *nt;* **put a** ~ **to s.th.** einer S einen Riegel vorschieben; **pull out all the ~s** (*fig*) alle Register ziehen; **stop away** *vi* (*fam*) wegbleiben; **stop behind** *vi* (*fam*) dableiben, länger bleiben; **stop by** *vi* kurz vorbeikommen; hereinschauen; **stop down** *vi* (PHOT) abblenden; **stop in** *vi* (*fam*) drinbleiben; **stop off** *vi* einen kurzen Halt machen, (unterwegs) kurz anhalten; **stop out** *vi* (*fam*) wegbleiben; **stop over** *vi* kurz Halt machen; Zwischenstation machen (*in* in); (*Am a.*) übernachten; **stop up I.** *vt* zu-, verstopfen **II.** *vi* aufbleiben

stop•cock ['stɒpkɒk] *s* Absperr-, Abstellhahn *m;* **stop•gap** ['stɒpgæp] *s* Lückenbüßer *m;* (Not)Behelf, Ersatz *m;* **a ~ measure** eine Überbrückungsmaßnahme, Verlegenheitslösung; **~ aid** Soforthilfe *f;* **stop-go** [ˌstɒp'gəʊ] *adj:* **~ policies** Politik *f* des ewigen Hin und Her; **stop light** *s* **1.** Bremslicht *nt* **2.** (*Am*) rotes Licht; **stop-over** ['stɒpəʊvə(r)] *s* Zwischenstation *f;* Zwischenlandung *f*

stop•page ['stɒpɪdʒ] *s* **1.** Unterbrechung *f;* Stockung *f* **2.** Stopp *m;* Streik *m* **3.** (*Scheck*) Sperrung *f* **4.** Abzug *m* **5.** Verstopfung *f,* Stau *m*

stop•per ['stɒpə(r)] **I.** *s* Stöpsel *m;* Pfropfen *m* **II.** *vt* verstöpseln

stop•ping ['stɒpɪŋ] *s* Füllung, Plombe *f;* **~ and starting** Stop-and-Go-Verkehr *m;* **~ place** Haltestelle *f;* **~ train** Personenzug *m*

stop press ['stɒppres] *s* (*Zeitung*) letzte Meldungen *fpl;* **stop sign** *s* Stoppschild *nt;* **stop•watch** ['stɒpwɒtʃ] *s* Stoppuhr *f*

stor•age ['stɔːrɪdʒ] *s* **1.** Lagerung *f;* Aufbewahrung *f* **2.** (*Wasser*) Speicherung *f,* Speichern *nt* **3.** Lagergeld *nt,* Lagerkosten *pl* **4.** (INFORM) Speicher *m;* **put s.th. into ~** etw einlagern; **storage battery** *s* Akku(mulator) *m;* **storage capacity** *s* (INFORM) Speicherkapazität *f;* **storage charge** *s* Lagergeld *nt;* **storage heater** *s* Nachtspeicherofen *m;* **storage space** *s* Lagerraum *m;* Stauraum *m;* (INFORM) Speicherplatz *m;* **storage tank** *s* Vorratstank *m*

store [stɔː(r)] **I.** *s* **1.** Vorrat *m* (*of* an) **2.** (*fig*) Fülle *f,* Reichtum *m* (*of* an) **3.** Lager *nt;* Lagerhaus *nt;* Lagerraum *m* **4.** Kaufhaus, Warenhaus *nt* **5.** (*Am*) Laden *m* **6.** (INFORM) Speicher *m;* **~s** Vorräte *mpl;* **lay in a ~ of food** einen Lebensmittelvorrat anlegen; **have** [*o* **keep**] **s.th. in ~** etw lagern; **be in ~ for s.o.** jdm bevorstehen; **that's a treat in ~ for you** da habt ihr noch was Schönes vor euch; **set great ~ by s.th.** viel von etw halten; **a fine ~ of knowledge** ein großer Wissensschatz **II.** *adj* (*Am*) von der Stange **III.** *vt* **1.** lagern; aufbewahren **2.** (*Wärme*) speichern **3.** (INFORM) abspeichern; **~ s.th. away** etw verwahren; **~ s.th. up** einen Vorrat von etw anlegen; etw anstauen **IV.** *vi* sich lagern lassen; **store card** *s* Kundenkarte *f;* **store detective** *s* Kaufhausdetektiv(in) *m(f);* **store•house** ['stɒ(r)haʊs] *s* Lagerhaus *nt;* (*fig*) Fundgrube *f;* **store•keeper** *s* Lagerverwalter(in) *m(f);* (*Am*) Ladenbesitzer(in) *m(f);* **store•room** *s* Lagerraum *m;* Vorratskammer *f*

sto•rey ['stɔːrɪ] *s* Stockwerk *nt,* Etage *f;* **on the second ~** im zweiten Stock; (*Am*) im ersten Stock; **-storeyed** ['stɔːrɪd] *adj,* **-stor•ied** (*Am*) -stöckig; **three-~** dreistöckig; **multi-~** mehrstöckig

stork [stɔːk] *s* Storch *m*

storm [stɔːm] **I.** *s* **1.** Sturm *m;* Unwetter *nt;* Gewitter *nt* **2.** (*fig*) Flut *f* (*of* von), Sturm *m;* Hagel *m;* **there is a ~ brewing** da braut sich ein Sturm zusammen; **a ~ in a teacup** ein Sturm im Wasserglas; **~ of protest** Proteststurm *m;* **a ~ of cheering** stürmischer Jubel **II.** *vi* **1.** toben, wüten (*at* gegen) **2.** stürmen **3.** (MIL) stürmen (*at* gegen) **III.** *vt* stürmen; **storm-beaten** ['stɔːmbiːtn] *adj* sturmgepeitscht; **storm-bound** ['stɔːmbaʊnd] *adj* durch Stürme festgehalten; **storm-center** *s* (*Am*), **storm-centre** *s* **1.** (METE) Sturmzentrum *nt* **2.** (*fig*) Unruheherd, -stifter *m;* **storm cloud** *s* Sturm-, Wetterwolke *f;* **storm force** *s* Sturmstärke *f;* **storm-tossed** ['stɔːmtɒst] *adj* vom Sturm umhergeworfen, -getrieben

stormy ['stɔːmɪ] *adj* **1.** stürmisch **2.** (*Protest*) leidenschaftlich, heftig

story¹ ['stɔːrɪ] *s* **1.** Geschichte *f;* Erzählung *f* **2.** Witz *m* **3.** (*Presse*) Artikel *m* **4.** Handlung *f* **5.** (*fam*) Märchen *nt;* **the ~ goes that ...** man erzählt sich, dass ...; **according to your ~** dir zufolge; **to cut a long ~ short** um es kurz zu machen; **tell stories** Märchen erzählen

story² ['stɔːrɪ] *s* (*Am*) Stockwerk *nt,* Etage *f;* **on the second ~** (*Am*) im ersten Stock

story•book ['stɔːrɪbʊk] **I.** *adj* märchenhaft; Märchen- **II.** *s* Geschichten-, Märchenbuch *nt;* **story line** *s* Handlung *f;* **story•teller** *s* **1.** Geschichtenerzähler(in) *m(f)* **2.** (*fig*) Lügenbold *m*

stout [staʊt] **I.** *adj* **1.** korpulent; füllig; untersetzt **2.** (*Pferd*) kräftig **3.** (*Mauer*) fest; stark **4.** mutig, tapfer; beherzt **5.** (*Ablehnung*) entschieden; **with ~ heart** tapferen Herzens **II.** *s* (dunkles) Starkbier *nt;* **stout-hearted** [ˌstaʊt'hɑːtɪd] *adj* beherzt, tapfer; **stout•ly** ['staʊtlɪ] *adv:* **~ built** (*Mensch*) kräftig; (*Haus*) solide gebaut; **~-made** solide gebaut; **~ believe** etw fest glauben; **defend s.th. ~** etw tapfer verteidigen

stove [stəʊv] *s* Ofen *m;* Herd *m;* **stove-pipe** *s* Ofenrohr *nt*

stow [stəʊ] *vt* **1.** (*Fracht*) verstauen, -packen, verladen **2.** verstauen (*in* in); **~ away** verstauen; verstecken; sich als blinder Passagier verstecken; **stow•age** ['stəʊɪdʒ] *s* **1.** (MAR) Lade-, Stauraum *m* **2.** (MAR) Verstauen *nt;* **stow•away** ['stəʊəweɪ] *s* blinder Passagier

straddle ['strædl] **I.** *vt* **1.** rittlings sitzen auf **2.** breitbeinig, mit gespreizten Beinen stehen, sitzen auf **3.** (*fig*) überbrücken; ~ **the border** sich über beide Seiten der Grenze erstrecken **II.** *s* (*Turnen*) Grätsche *f;* (*Hochsprung*) Straddle(sprung) *m*

straggle ['strægl] *vi* **1.** (*Häuser*) verstreut liegen **2.** (*Haare*) unordentlich hängen **3.** (*Pflanze*) wuchern; ~ **behind** zurückbleiben; ~ **in** vereinzelt kommen; **straggler** ['stræglə(r)] *s* Nachzügler(in) *m(f);* **stragg•ling** ['stræglɪŋ] *adj* **1.** weit verteilt; zurückgeblieben **2.** (*Häuser*) zerstreut liegend **3.** (*Haar*) unordentlich **4.** (*Pflanze*) hochgeschossen

straight [streɪt] **I.** *adj* **1.** gerade; direkt **2.** (*Haar*) glatt **3.** (*Hosen*) gerade geschnitten **4.** (*Denken*) klar **5.** (*Antwort*) offen, direkt, ehrlich **6.** (*Ablehnung*) ohne Umschweife **7.** (*Drink*) pur, unverdünnt **8.** (POL) direkt **9.** ununterbrochen **10.** (THEAT) konventionell; ernsthaft **11.** (*fam: Mensch*) etabliert **12.** (*fam: Mensch*) normal, hetero; **pull s.th.** ~ etw geradeziehen; **as** ~ **as a die** kerzengerade; **keep a** ~ **face** ernst bleiben, das Gesicht nicht verziehen; **be** ~ **with s.o.** offen und ehrlich zu jdm sein; **keep s.o.** ~ dafür sorgen, dass jd ehrlich bleibt; ~ **A's** (SCHULE) glatte Einsen; **a** ~ **play** ein reines Drama; **be all** ~ in Ordnung sein; **put s.o.** ~ **about s.th.** jdm etw klarmachen **II.** *adv* **1.** gerade; aufrecht **2.** (*Ziel*) direkt **3.** sofort **4.** (*Denken*) klar **5.** (*fig*) offen, rundheraus **6.** (THEAT) konventionell **7.** (*Drink*) pur; ~ **through s.th.** glatt durch etw; **look** ~ **ahead** geradeaus sehen; **drive** ~ **on** geradeaus weiterfahren; **go** ~ keine krummen Sachen machen; **look s.o.** ~ **in the eye** jdm direkt in die Augen sehen; ~ **after this** sofort danach; ~ **away** sofort; **come** ~ **to the point** sofort zur Sache kommen; **give s.o. s.th.** ~ **from the shoulder** jdm etw unverblümt sagen **III.** *s* **1.** (SPORT) Gerade *f* **2.** (*Linie*) Gerade *f;* **the final** ~ die Zielgerade; **the** ~ **and narrow** der Pfad der Tugend; **keep s.o. on the** ~ **and narrow** dafür sorgen, dass jd ehrlich bleibt

straight•away [ˌstreɪtə'weɪ] **I.** *adv* geradewegs; sofort **II.** *s* (*Am: im Sport*) Gerade *f*

straighten ['streɪtn] **I.** *vt* **1.** gerade machen, begradigen **2.** (*Tuch*) glatt ziehen **3.** (TECH) gerade biegen **4.** (*fig*) in Ordnung bringen **5.** (*Schultern*) straffen **II.** *vi* gerade werden; glatt werden **III.** *vr* sich aufrichten; **straighten out** *vt* **1.** gerade machen; gerade biegen **2.** (*fig*) klären; in Ordnung bringen; **straighten up** **I.** *vi* sich aufrichten **II.** *vt* gerade machen; begradigen

straight•for•ward [ˌstreɪt'fɔːwəd] *adj* **1.** aufrichtig **2.** (*Blick*) offen, freimütig **3.** (*Problem*) einfach **4.** offen, frei, ehrlich; **straight-line depreciation** *s* lineare Abschreibung; **straight-out** [ˌstreɪt'aʊt] *adj* (*fam*) unverblümt, offen, glatt; **straight ticket** *s* (*Am*): **vote the** ~ seine Stimme einer einzigen Partei geben; **vote a** ~ Kandidaten nur einer Partei wählen

strain¹ [streɪn] **I.** *vt* **1.** spannen **2.** (*Freundschaft*) belasten; strapazieren **3.** (*Wort*) dehnen **4.** (MED) zerren; verrenken **5.** überanstrengen; belasten **6.** durchsieben; ~ **one's ears to ...** angestrengt lauschen um zu ...; ~ **every nerve** jeden Nerv anspannen; ~ **o.s.** sich anstrengen; ~ **off water** Wasser abgießen **II.** *vi* **1.** sich anstrengen, sich abmühen **2.** (*fig*) sich bemühen, streben; ~ **to do s.th.** sich anstrengen etw zu tun; ~ **at s.th.** sich mit etw abmühen; ~ **after s.th.** nach etw streben; ~ **for effect** auf Wirkung aussein; ~ **against s.o.** sich an jdn drücken **III.** *s* **1.** (TECH) Belastung, Beanspruchung *f;* Spannung *f;* Druck *m* **2.** (*fig*) Belastung *f;* Anstrengung *f;* Last *f* **3.** (MED) Zerrung *f;* **the** ~ **on a rope** die Seilspannung; **put a** ~ **on s.th.** etw belasten; **take the** ~ **off s.th.** etw entlasten; **suffer from** ~ überlastet sein, im Stress sein; **show signs of** ~ Zeichen von Überlastung zeigen; **to the** ~**s of** zu den Klängen von

strain² [streɪn] *s* **1.** Hang, Zug *m,* Veranlagung *f* **2.** (*Stil*) Anflug *m* **3.** Rasse *f;* Sorte *f;* Geschlecht *nt;* **a** ~ **of weakness** ein Hang zur Schwäche

strained [streɪnd] *adj* **1.** durchgesiebt; abgegossen **2.** (*Muskel*) gezerrt; überanstrengt **3.** (*Stil*) unnatürlich, gekünstelt **4.** (*Lächeln*) gezwungen **5.** (*Beziehungen*) angespannt; **strainer** ['streɪnə(r)] *s* Filter *m;* Sieb *nt*

strait [streɪt] *s* **1.** (GEOG) Meerenge, Straße *f* **2.** ~**s** (*fig*) Nöte, Schwierigkeiten *fpl;* **the Straits of Dover** die Straße von Dover; **be in dire** ~**s** in großen Nöten sein; **straitened** ['streɪtnd] *adj* **1.** (*Mittel*) beschränkt **2.** (*Verhältnisse*) bescheiden, dürftig; **strait•jacket** *s* Zwangsjacke *f;* **strait-laced** [ˌstreɪt'leɪst] *adj* prüde, puritanisch

strand¹ [strænd] **I.** *s* Strand *m* **II.** *vt* **1.** (*Schiff*) stranden lassen **2.** (*ohne Geld*) seinem Schicksal überlassen; **be (left)** ~**ed** auf dem Trockenen sitzen

strand² [strænd] *s* **1.** (Haar)Strähne *f* **2.** Strang *m* **3.** (*Wolle*) Faden *m* **4.** (*Draht*) Litze *f* **5.** (*Wein*) Ranke *f* **6.** (*fig*) Handlungsfaden *m* **7.** (*Perlen*) Schnur *f*

strange [streɪndʒ] *adj* **1.** seltsam, sonderbar, merkwürdig **2.** (*Umgebung*) fremd; ungewohnt; **by a** ~ **chance** komischerweise; ~ **to say** so seltsam es klingen mag; **I am** ~ **to the work** die Arbeit ist mir fremd; **strange•ly** [-lɪ] *adv* seltsam, sonderbar, merkwürdig; **stran•ger** ['streɪndʒə(r)] *s* Fremde(r) *f m;* **I'm a ~ here** ich bin hier fremd; **hallo ~!** (*fam*) hallo, lange nicht gesehen!; **she's a perfect ~ to me** ich kenne sie überhaupt nicht; **you're quite a ~ here** (*fam*) man kennt dich ja gar nicht mehr; **he is no ~ to misfortune** Leid ist ihm nicht fremd

strangle ['stræŋgl] *vt* **1.** erwürgen, erdrosseln **2.** (*fig*) abwürgen, ersticken; **the collar is strangling me** der Kragen schnürt mir den Hals zu; **strangle•hold** ['strænglhəʊld] *s* Würgegriff *m;* absolute Machtposition

stran•gu•la•tion [ˌstræŋgjʊ'leɪʃn] *s* Ersticken *nt;* Erwürgen *nt*

strap [stræp] **I.** *s* **1.** Riemen, Gurt *m* **2.** (*Schuh*) Riemchen *nt* **3.** (*Bus*) Lasche *f* **4.** (*Kleid*) Träger *m* **II.** *vt* **1.** festschnallen (*to* an) **2.** (*Mensch*) verprügeln **3.** (*Bein*) bandagieren; **~ s.th. onto s.th.** etw auf etw schnallen; **~ s.o. down** jdn festschnallen; **~ on one's watch** sich die Uhr umbinden; **~ up a suitcase** einen Koffer zuschnallen; **strap-hanger** *s* Pendler(in) *m(f);* **strap-less** ['stræplɪs] *adj* trägerlos; **strap•ping** ['stræpɪŋ] *adj* (*fam*) stramm, kräftig

strat•agem ['strætədʒəm] *s* (*a. fig*) Kriegslist *f*

stra•tegic [strə'ti:dʒɪk] *adj* strategisch; (*fig*) taktisch; **stra•teg•ist** ['strætədʒɪst] *s* Stratege *m,* Taktiker(in) *m(f);* **strat•egy** ['strætədʒɪ] *s* **1.** (MIL) Strategie *f* **2.** (*fig*) Taktik *f*

strat•ify ['strætɪfaɪ] **I.** *vt* schichten; **a highly stratified society** eine vielschichtige Gesellschaft **II.** *vi* Schichten bilden; in Schichten zerfallen

strato•sphere ['strætəsfɪə(r)] *s* Stratosphäre *f*

stra•tum ['strɑ:təm, *pl* -tə] <*pl* -ta> *s* (GEOL) Schicht *f*

straw [strɔ:] **I.** *s* **1.** Stroh *nt* **2.** Strohhalm *m* **3.** Trinkhalm *m;* **it's the last ~!** das ist der Gipfel!; **it's a ~ in the wind** das ist ein Vorzeichen; **clutch at ~s** sich an einen Strohhalm klammern; **man of ~** Strohmann *m;* **not worth a ~** keinen Pfifferling wert **II.** *adj* Stroh-; aus Stroh

straw•berry ['strɔ:brɪ] *s* Erdbeere *f*

straw-col•oured ['strɔ:kʌləd] *adj* strohfarben; strohblond; **straw man** *s* Strohmann *m;* Scheingegner *m;* **straw poll, straw vote** *s* Probeabstimmung *f*

stray [streɪ] **I.** *vi* **1.** umherschweifen, -irren; sich verirren **2.** (*fig*) abschweifen; **~ (away) from s.th.** von etw abkommen; **~ from [*o* off] a path** von einem Weg abkommen **II.** *s* streunendes Tier; herrenloses Tier **III.** *adj* **1.** verirrt, verlaufen, verloren **2.** (*Tier*) herrenlos, streunend **3.** (*Bemerkung*) einzeln **4.** gelegentlich, vereinzelt

streak [stri:k] **I.** *s* **1.** Streifen *m* **2.** (*Licht*) Strahl *m* **3.** (*Haar*) Strähne *f* **4.** (*Fett*) Schicht *f* **5.** (*fig*) Spur *f;* Zug *m;* Anflug *m;* **~ of lightning** Blitzstrahl *m;* **a winning ~** eine Glückssträhne **II.** *vt* streifen; **be ~ed** gestreift sein; **~ed with dirt** schmutzverschmiert **III.** *vi* **1.** (*Blitz*) zucken **2.** blitzen, flitzen; **~ along** entlangflitzen; **streaker** [-ə(r)] *s* Blitzer(in) *m(f);* **streaky** ['stri:kɪ] *adj* **1.** (*Fenster*) streifig, verschmiert **2.** (*Fleisch, Speck*) durchwachsen

stream [stri:m] **I.** *s* **1.** Bach, Fluss *m* **2.** Strom *m,* Strömung *f* **3.** (*Licht*) Flut *f* **4.** (*Worte*) Schwall *m* **5.** (SCHULE) Leistungsgruppe *f;* **go with/against the ~** mit dem/gegen den Strom schwimmen; **~ of consciousness** Bewusstseinsstrom *m;* **be on ~** in Betrieb sein; **come on ~** in Betrieb genommen werden **II.** *vi* **1.** strömen, fließen, rinnen **2.** (*Augen*) tränen **3.** (*Licht*) fluten **4.** (*Fahne*) wehen; **his face was ~ing with sweat** sein Gesicht war in Schweiß gebadet; **~ down** herunterströmen; **~ in** hineinströmen; **streamer** ['stri:mə(r)] *s* **1.** Wimpel *m,* Banner *nt* **2.** Band *nt* **3.** (INFORM) Magnetbandgerät *nt,* Streamer *m;* **~ headline** (*Am*) Balkenüberschrift *f;* **stream•let** ['strɪ:mlɪt] *s* Bächlein *nt*

stream•line ['stri:mlaɪn] *vt* (*fig*) rationalisieren; **stream•lined** ['stri:mlaɪnd] *adj* **1.** (*Auto*) stromlinienförmig **2.** (*fig*) rationell, modern, zeitgemäß

street [stri:t] *s* Straße *f;* **in the ~, on the ~** (*Am*) auf der Straße; **it's right up my ~** (*fam*) das ist genau mein Fall; **he's not in the same ~ as her** zwischen ihm und ihr ist ein himmelweiter Unterschied; **be ~s ahead of [*o* better than] s.o.** (*fam*) jdm haushoch überlegen sein; **go on the ~s** (*fam*) auf den Strich gehen; **street battle** *s* Straßenschlacht *f;* **street•car** ['stri:tkɑ:(r)] *s* (*Am*) Straßenbahn *m;* **street cred(ibility)** *s* (*fam*) Milieunähe *f;* Glaubwürdigkeit *f* (innerhalb einer Gruppe); **street directory** *s* **1.** Straßenadressbuch *nt* **2.** Stadtplan *m;* **street door** *s* Haustür *f;* **street fighter** *s* Straßenkämpfer(in) *m(f);* **street lamp** *s* Straßenlaterne *f;* **street-level dealer** *s jemand, der auf der Straße mit Drogen handelt;* **street lighting** *s* Straßenbeleuchtung *f;* **street party** *s* Straßenfest *nt;* **street-smart** *adj:* **be ~** Köpfchen haben; **street value** *s* Marktwert *m* einer Droge; **street-walker** ['stri:twɔ:kə(r)] *s* Prostituierte *f;* **street•wear** ['stri:tˌweə] *s* Streetwear, Alltagskleidung *f;* **street•wise** ['stri:twaɪz] *adj* clever

S

strength [streŋθ] *s* **1.** Kraft, Stärke *f* **2.** (*Tisch etc*) Stabilität *f* **3.** (*Schuhe*) Festigkeit *f* **4.** (*Meinung*) Überzeugtheit *f* **5.** (*fig*) Überzeugungskraft *f* **6.** (*Maßnahme*) Drastik *f* **7.** (*Gesundheit*) Robustheit *f;* Stärke *f* **8.** (*Farbe*) Intensität *f* **9.** (MIL) Stärke *f* **10.** (*Währung*) Stärke *f;* Stabilität *f;* ~ **of will** Willensstärke *f;* **on the** ~ **of s.th.** auf Grund einer S; **be beyond s.o.'s** ~ über jds Kräfte gehen; **save one's** ~ mit seinen Kräften haushalten; **be up to** ~ die volle Stärke haben; **be at full** ~ vollzählig sein; **strengthen** ['streŋθən] **I.** *vt* **1.** kräftigen, stärken **2.** (*fig*) bestärken **3.** (*Markt*) festigen; ~ **s.o.'s hand** jdn bestärken **II.** *vi* stärker werden; sich verstärken

strenu•ous ['strenjʊəs] *adj* **1.** mühsam, anstrengend **2.** (*Versuch*) unermüdlich, energisch **3.** (*Ablehnung*) hartnäckig **4.** (*Protest*) heftig

strep•to•coc•cus [ˌstreptə'kɒkəs, *pl* -'kɒkaɪ] <*pl* -ci> *s* (MED) Streptokokkus *m*

stress [stres] **I.** *s* **1.** Stress *m;* Belastung *f* **2.** (MED) Überlastung *f* **3.** Betonung *f;* Akzent *m,* Hauptgewicht *nt* **4.** (TECH) Belastung, Beanspruchung *f;* **times of** ~ Krisenzeiten *fpl;* **put** [*o* **lay**] ~ **on s.th.** großen Wert auf etw legen; **put s.o. under great** ~ jdn großen Belastungen aussetzen **II.** *vt* **1.** betonen; großen Wert legen auf **2.** (TECH) belasten; **stressed out** *adj* (*fam*) total gestresst; **stress fracture** *s* (MED) Belastungsfraktur *f,* Überlastungsbruch *m;* **stress-free** ['stresfri:] *adj* stressfrei; **stress•ful** ['stresfʊl] *adj* anstrengend, stressig; **stress management** *s* Stressbewältigung *f*

stretch [stretʃ] **I.** *vt* **1.** strecken; dehnen; ausbreiten **2.** (*Seil*) spannen **3.** (*Reserven*) voll ausnutzen **4.** (*Arbeit*) fordern **5.** (*Bedeutung*) äußerst weit fassen **6.** (*Gesetz*) großzügig auslegen; **become ~ed** ausleiern; ~ **s.th. tight** etw straffen; ~ **o.s. out** sich auf den Boden legen; ~ **one's legs** sich die Beine vertreten; ~ **one's neck** den Hals recken; **be fully ~ed** (*fig*) voll ausgelastet sein; ~ **a point** ein Auge zudrücken **II.** *vi* **1.** sich strecken, sich dehnen **2.** (*Zeit*) sich erstrecken (*to* bis) **3.** (*Geld*) reichen; ~ **to reach s.th.** sich recken, um etw zu erreichen; ~ **back to** zurückreichen bis; ~ **out** sich hinlegen; sich ausbreiten; sich erstrecken **III.** *s* **1.** Strecken, Dehnen *nt* **2.** Elastizität, Dehnbarkeit *f* **3.** Strecke *f,* Stück *nt;* Abschnitt *m* **4.** (*zeitlich*) Zeitraum *m;* **give s.th. a** ~ etw dehnen; **be at full** ~ bis zum Äußersten gedehnt sein; mit aller Kraft arbeiten; **by no** ~ **of the imagination** beim besten Willen nicht; **for hours at a** ~ stundenlang; **do a** ~ (*sl*) im Knast sitzen

stretcher ['stretʃə(r)] *s* (MED) Tragbahre *f;* **stretcher-bearer** *s* Krankenträger *m*

stretch limo *s* (*fam*) Pullmanlimousine *f;* **stretch mark** *s* Schwangerschaftsstreifen *m*

strew [stru:] <*irr:* **strewed, strewed (strewn)**> *vt* verstreuen; streuen; bestreuen; **the floor was ~n with flowers** Blumen lagen überall auf dem Boden verstreut

stri•ated [straɪ'eɪtɪd] *adj* gestreift; gefurcht

stricken ['strɪkən] **I.** *pp of* **strike II.** *adj* verwundet; leidgeprüft; schmerzerfüllt, leidend; ~ **with guilt** voller Schuldgefühle; **panic-**~ von Panik ergriffen

strict [strɪkt] *adj* **1.** streng; strikt **2.** (REL) strenggläubig **3.** (*Neutralität*) absolut **4.** (*Übersetzung*) genau; **in** ~ **confidence** streng vertraulich; **strict•ly** ['strɪktlɪ] *adv* streng; genau; ~ **speaking** genau genommen

stride [straɪd] <*irr:* **strode, stridden**> **I.** *vi* schreiten; ~ **along** ausschreiten; ~ **away** sich mit schnellen Schritten entfernen **II.** *s* Schritt *m;* Fortschritt *m;* **take s.th. in one's** ~ mit etw spielend fertig werden; **put s.o. off his** ~ jdn aus dem Konzept bringen

stri•dent ['straɪdnt] *adj* schrill, kreischend

strife [straɪf] *s* Unmut *m;* Zwietracht *f*

strike [straɪk] <*irr:* **struck, struck (stricken)**> **I.** *vt* **1.** schlagen; schlagen an **2.** (*Kugel*) treffen **3.** (*Metall*) hämmern **4.** (*Schmerz*) durchzucken **5.** (*Unglück*) treffen **6.** stoßen gegen, fahren gegen **7.** (*Auge*) treffen **8.** (*Blitz*) einschlagen in **9.** (*Instrument*) anschlagen **10.** (*Wurzeln*) schlagen **11.** (*fig*) in den Sinn kommen (*s.o.* jdm) **12.** beeindrucken **13.** (*Münze*) prägen **14.** (*Übereinkommen*) sich einigen auf, aushandeln **15.** (*Öl*) stoßen auf **16.** (*Zelt*) abbrechen **17.** (*Segel*) einholen, streichen; ~ **one's fist on the table** mit der Faust auf den Tisch schlagen; ~ **s.o. a blow** jdm einen Schlag versetzen; ~ **a blow for s.th.** (*fig*) eine Lanze für etw brechen; **be struck by lightning** vom Blitz getroffen werden; ~ **one's head against s.th.** mit dem Kopf gegen etw stoßen; ~ **difficulties** in Schwierigkeiten geraten; ~ **the hour** die volle Stunde schlagen; ~ **s.o. as cold** jdm kalt vorkommen; **that ~s me as a good idea** das kommt mir sehr vernünftig vor; **it ~s me that ...** ich habe den Eindruck, dass ...; **a thought struck me** mir kam plötzlich ein Gedanke; **be struck by s.th.** von etw beeindruckt sein; **be struck with s.o.** von jdm begeistert sein; **be struck on s.o.** auf jdn versessen sein; **how does it** ~ **you?** wie finden Sie das?; ~ **a light** Feuer machen; **be struck blind** blind werden; ~ **fear into s.o.'s heart** jdn mit Angst erfüllen; ~ **it rich** das große Geld machen; **be struck from a list** von einer Liste gestrichen werden **II.** *vi* **1.** treffen **2.** (*Blitz*) einschlagen **3.** (MIL) zuschlagen, angreifen **4.** (*Panik*) ausbrechen **5.** (*Uhr*) schlagen **6.** (*Arbeiter*) streiken **7.** (*Streichholz*) zünden **8.** (MAR) auflaufen (*on* auf) **9.** (*Fisch*) anbeißen **10.** Wurzeln schlagen; ~ **against s.th.** gegen etw stoßen; ~ **at s.o.** nach jdm schlagen; ~ **at the roots of s.th.** etw an der Wurzel treffen; ~ **on a new idea** eine neue Idee haben; ~ **across country** querfeldein gehen; ~ **right** sich nach rechts wenden **III.** *s* **1.** Streik, Ausstand *m* **2.** (*Gold*) Fund *m* **3.** (MIL) Angriff *m* **4.** Schlag *m;* **be on** ~ streiken, im Ausstand sein; **go on** ~ in den Streik treten; **make a** ~ fündig werden; **a lucky** ~ ein Glücksfall, Treffer *m;* **strike back** *vi* **1.** zurückschlagen **2.** (*fig*) sich wehren; ~ **back at s.o.** sich gegen jdn zur Wehr setzen; **strike down** *vt* **1.** niederschlagen; vernichten **2.** (*fig*) zu Fall bringen; **be struck down** niedergeschlagen werden; getroffen werden; **strike in** *vi* sich einmischen, dazwischenplatzen; **strike off I.** *vt* **1.** abschlagen **2.** (*Geschriebenes*) (aus-, durch)streichen **3.** (*Doktor*) die Zulassung entziehen (*s.o.* jdm) **4.** (*Preis*) abziehen **5.** (TYP) drucken **II.** *vi* (*Straße*) abbiegen; **strike out I.** *vi* **1.** schlagen **2.** (*Richtung*) zuhalten (*for* auf), sich aufmachen, losziehen **II.** *vt* ausstreichen; ~ **out wildly** wild um sich schlagen; ~ **out for home** sich auf den Heimweg machen; ~ **out in a new direction** neue Wege gehen; **strike through** *vt* durchstreichen; **strike up I.** *vt* **1.** (*Melodie*) anstimmen **2.** (*Bekanntschaft*) machen, anknüpfen **3.** (*Konversation*) anfangen **II.** *vi* (*Musik*) einsetzen

strike ac•tion ['straɪkækʃn] *s* Streikaktion *f;* **strike ballot** *s* Urabstimmung *f;* **strike•bound** ['straɪkbaʊnd] *adj* bestreikt; **strike•breaker** ['straɪkˌbreɪkə(r)] *s* Streikbrecher(in) *m(f);* **strike call** *s* Streikaufruf *m;* **strike committee** *s* Streikleitung *f;* **strike fund** *s* Streikkasse *f;* **strike leader** *s* Streikführer(in) *m(f);* **strike pay** *s* Streikgeld *nt*

striker ['straɪkə(r)] *s* **1.** Streikende(r) *f m* **2.** (SPORT) Stürmer(in) *m (f)*

strik•ing ['straɪkɪŋ] *adj* **1.** (*Ähnlichkeit*) auffallend **2.** (*Unterschied*) verblüffend **3.** (*Schönheit*) eindrucksvoll **4.** (*Arbeiter*) streikend **5.** (*Uhr*) mit Schlagwerk

string [strɪŋ] <*irr:* strung, strung> **I.** *s* **1.** Schnur, Kordel *f,* Bindfaden *m* **2.** Faden *m;* Draht *m* **3.** (*Perlen*) Schnur *f* **4.** (*Menschen*) Schlange *f* **5.** (*fig*) Serie, Reihe *f* **6.** (MUS SPORT) Saite *f* **7.** (BOT) Faden *m;* **have s.o. on a** ~ jdn am Gängelband haben; **pull ~s** (*fig*) Fäden ziehen; **without ~s** (*fig*) ohne Bedingungen; **the ~s** (MUS) die Streichinstrumente *pl,* die Streicher *pl;* **have two ~s to one's bow** zwei Eisen im Feuer haben **II.** *vt* **1.** (*Instrument, Schläger*) besaiten, bespannen **2.** (*Perlen*) aufziehen, aufreihen **3.** (*Bohnen*) Fäden abziehen von **4.** aufreihen; ~ **objects together** Gegenstände zusammenbinden; **string along** *vi* sich anschließen; ~ **s.o. along** jdn hinhalten; **string out I.** *vi* sich verteilen **II.** *vt* aufhängen; **string up** *vt* aufhängen; *fam* aufknüpfen; **be strung up** aufgeregt sein; ~ **o.s. up to do s.th.** sich seelisch und moralisch darauf vorbereiten etw zu tun

string bag ['strɪŋbæg] *s* Einkaufsnetz *nt;* **string band** *s* Streichorchester *nt;* **string bean** *s* grüne Bohne; (*Person, fam*) Bohnenstange *f;* **stringed** [strɪŋd] *adj* (MUS) Saiten-; ~ **instrument** Saiteninstrument *nt*

strin•gency ['strɪndʒənsɪ] *s* **1.** Strenge, Härte *f* **2.** (COM) Knappheit, Verknappung *f;* **strin•gent** ['strɪndʒənt] *adj* **1.** streng **2.** (*Training*) hart **3.** (*Maßnahmen*) streng, energisch **4.** (COM: *Markt*) angespannt; ~ **economies** schärfste Sparmaßnahmen *fpl*

stringer ['strɪŋə(r)] *s* Lokalreporter(in) *m(f)*

string player *s* (MUS) Streicher *m;* **string-puller** ['strɪŋpʊlə(r)] *s* Drahtzieher *m;* **string quartet** *s* Streichquartett *nt;* **stringy** ['strɪŋɪ] *adj* **1.** (*Fleisch*) sehnig, zäh, faserig **2.** (*Wurzel*) lang und dünn

strip [strɪp] **I.** *vt* **1.** ausziehen **2.** (*Bett*) abziehen **3.** (*Wand*) abkratzen; die Tapeten abziehen von; (*Holzoberfläche*) abbeizen **4.** (*Schrank*) ausräumen **5.** (*fig*) berauben (*of+gen*) **6.** (TECH) demontieren; auseinander nehmen **7.** (*Schraube*) überdrehen; ~ **s.o. naked/to the skin** jdn nackt/bis auf die Haut ausziehen; ~ **s.th. off s.th.** etw von etw entfernen; ~ **the bark from the trees** die Bäume schälen, entrinden; ~ **s.th. away** etw wegnehmen; **~ped of s.th.** ohne etw; ~ **down** zerlegen; ~ **off** ausziehen; abmachen; entfernen **II.** *vi* sich ausziehen; sich freimachen; ~ **to the waist** den Oberkörper freimachen; ~ **off** sich ausziehen; sich abschälen lassen **III.** *s* **1.** Streifen *m;* schmales Stück **2.** (SPORT) Trikot *nt,* Dress *m* **3.** (AVIAT) Start- und Landebahn *f;* **do a** ~ (*fam*) strippen; **tear a** ~ **off s.o.** jdn zur Schnecke machen; **strip cartoon** *s* Comic(strip) *m,* Bildgeschichte *f*

stripe [straɪp] *s* **1.** Streifen *m* **2.** (MIL) Streifen *m;* Tresse *f;* **striped** [straɪpt] *adj* gestreift; **be** ~ **(with) blue** blaue Streifen ha-

S

ben

strip light ['strɪplaɪt] *s* Neonröhre *f;* **strip light·ing** ['strɪplaɪtɪŋ] *s* Neonbeleuchtung *f;* **strip mill** *s* Walzwerk *nt;* **strip mining** *s* (*Am*) Tagebau *m*

strip·per ['strɪpə(r)] *s* **1.** Stripper(in) *m(f),* Stripteasetänzer(in) *m(f)* **2.** (*paint* ~) Farbentferner *m;* **strip-search** ['strɪpsɜːtʃ] *s* Leibesvisitation *f;* **strip show** *s* Stripteaseshow *f;* **strip·tease** ['strɪptiːz] *s* Striptease *m*

strive [straɪv] <*irr:* strove, striven> *vi* **1.** sich bemühen **2.** kämpfen; ~ **to do s.th.** bestrebt sein etw zu tun; ~ **for s.th.** etw anstreben; ~ **against s.th.** gegen etw kämpfen; ~ **with s.o.** mit jdm ringen

strobe [strəʊb] **I.** *adj* stroboskopisch **II.** *s* (~ *light*) Stroboskoplampe *f;* **strobo·scope** ['strəʊbəskəʊp] *s* Stroboskop *nt;* **strobo·scop·ic** [ˌstrəʊbəʊ'skɒpɪk] *adj* stroboskopisch

strode [strəʊd] *s.* **stride**

stroke [strəʊk] **I.** *s* **1.** Schlag, Hieb, Stoß *m* **2.** (SPORT) Schlag *m;* Stoß *m;* Zug *m* **3.** (*Rudern*) Schlagmann *m* **4.** (*Bürste*) Strich *m* **5.** (*fig*) Schlag *m;* Schachzug *m* **6.** (*Uhr*) Schlag *m* **7.** (TECH) Hub *m* **8.** (MED) Schlaganfall *m* **9.** Schrägstrich *m;* **put s.o. off his** ~ jdn aus dem Takt bringen; **he doesn't do a** ~ er rührt keinen Finger; **a** ~ **of luck** ein Glücksfall *m;* **at a** [*o* **one**] ~ mit einem Schlag; **give s.o. a** ~ jdn streicheln; **have a** ~ einen Schlaganfall bekommen; **two-**~ **engine** Zweitaktmotor *m* **II.** *vt* streichen; ~ **one's hair down** sich das Haar glattstreichen; ~ **a boat** als Schlagmann rudern

stroll [strəʊl] **I.** *vi* spazieren, bummeln; ~ **along the road** die Straße entlangbummeln **II.** *s* Spaziergang, Bummel *m;* **take a** ~ einen Bummel machen; **stroller** ['strəʊlə(r)] *s* **1.** Spaziergänger(in) *m(f)* **2.** (*Am: Kinder-*) Sportwagen *m*

strong [strɒŋ] **I.** *adj* **1.** stark, kräftig, kraftvoll **2.** (*Wand*) stabil, solide **3.** (*Gesichtszüge*) ausgeprägt **4.** (*Konstitution*) robust **5.** (*Augen*) gut **6.** (*Charakter*) fest **7.** (*Land*) mächtig **8.** (*Einfluss*) groß, stark **9.** (*Argument*) überzeugend **10.** (*Protest*) energisch **11.** (*Maßnahme*) drastisch **12.** (*Brief*) geharnischt **13.** (*zahlenmäßig*) stark **14.** (*Anhänger*) begeistert; überzeugt; unerschütterlich **15.** (*Parfüm*) stark **16.** (*Geruch*) streng **17.** (*Butter*) ranzig **18.** (*Farbe*) kräftig **19.** (*Akzent*) stark **20.** (*Lösung*) konzentriert **21.** (*Preise*) stabil; (*Währung*) stark; **she's getting** ~**er every day** sie wird mit jedem Tag kräftiger; **have** ~ **feelings about s.th.** in bezug auf etw stark engagiert sein; **have** ~ **feelings for s.th.** eine starke Bindung an etw haben; **his** ~ **point** seine Stärke; **he is** ~ **in s.th.** etw ist seine Stärke; ~ **breath** Mundgeruch *m;* **a** ~ **drink** ein steifer Drink; **protest in the** ~**est terms** energisch protestieren **II.** *adv:* **be going** ~ gut in Form sein; in Schwung sein; **strong-arm** ['strɒŋɑːm] *adj* gewalttätig, brutal; **strong·box** *s* Stahl-, Geldkassette *f;* **strong·hold** ['strɒŋhəʊld] *s* **1.** Festung *f* **2.** (*fig*) Bollwerk *nt,* Hochburg *f;* **strong·ly** ['strɒŋlɪ] *adv* **1.** stark; kräftig; energisch **2.** (*Interesse*) brennend **3.** (*Glaube*) fest **4.** (*Bitte*) inständig; kräftig; **I** ~ **advise you ...** ich möchte Ihnen dringendst raten ...; **strong-minded** [ˌstrɒŋ'maɪndɪd] *adj* willensstark; **strong·room** *s* Stahlkammer *f,* Tresor *m*

stron·tium ['strɒntɪəm] *s* (CHEM) Strontium *nt*

strop [strɒp] **I.** *s* Streichriemen *m* **II.** *vt* (*Rasiermesser*) abziehen

stroppy ['strɒpɪ] *adj* (*fam*) pampig

strove [strəʊv] *s.* **strive**

struck [strʌk] *s.* **strike**

struc·tural ['strʌktʃərəl] *adj* **1.** strukturell **2.** (ARCH) baulich **3.** (*Fehler*) Konstruktions- **4.** (*fig*) Struktur- **5.** (*Balken*) tragend **6.** (*fig*) essenziell, notwendig; ~ **change** Strukturwandel *m;* ~ **engineering** Bautechnik *f;* ~ **unemployment** strukturelle Arbeitslosigkeit; **struc·ture** ['strʌktʃə(r)] **I.** *s* **1.** Struktur *f,* Gefüge *nt,* Aufbau *m* **2.** (*Auto*) Konstruktion *f* **3.** Bau *m,* Gebilde, Gerüst *nt* **4.** (BIOL) Organismus *m;* **bone** ~ Knochenbau *m* **II.** *vt* strukturieren; aufbauen; gestalten; gliedern

struggle ['strʌgl] **I.** *vi* **1.** kämpfen; sich wehren **2.** (*finanziell*) in Schwierigkeiten sein **3.** (*fig*) sich abmühen; sich quälen; ~ **to do s.th.** sich sehr anstrengen etw zu tun; ~ **for s.th.** um etw kämpfen; ~ **against s.o.** gegen jdn kämpfen; ~ **with s.o.** mit jdm kämpfen; ~ **with s.th.** sich mit etw herumschlagen; mit etw ringen; ~ **to get up** sich hochquälen; ~ **along** sich durchschlagen **II.** *s* **1.** Kampf *m* (*for* um) **2.** (*fig*) Anstrengung *f;* **without a** ~ kampflos; ~ **for survival/existence** Überlebens-/Daseinskampf *m*

strum [strʌm] **I.** *vt* klimpern auf **II.** *vi* klimpern (*on* auf)

strung [strʌŋ] *s.* **string**

strut[1] [strʌt] **I.** *vi* (herum)stolzieren **II.** *s* Stolzieren *nt*

strut[2] [strʌt] *s* (ARCH) Strebe, Stütze *f*

strych·nine ['strɪkniːn] *s* Strychnin *nt*

stub [stʌb] **I.** *s* **1.** Stummel *m* **2.** (*Zigarette*) Kippe *f* **3.** (*Scheck*) Abschnitt *m* **II.** *vt:* ~ **one's toe** mit dem Zeh an etw stoßen; ~ **out a cigarette** eine Zigarette ausdrücken

stubble ['stʌbl] *s* Stoppeln *fpl;* **designer**~

Dreitagebart *m;* **stub•bly** ['stʌblɪ] *adj* stoppelig

stub•born ['stʌbən] *adj* **1.** stur; störrisch **2.** (*Ablehnung*) hartnäckig **3.** (*Material*) widerspenstig

stubby ['stʌbɪ] *adj* untersetzt, stämmig, kräftig

stucco ['stʌkəʊ] <*pl* stucco(e)s> **I.** *s* **1.** Stuck *m* **2.** (~ *work*) Stuckarbeit, Stukkatur *f* **II.** *vt* mit Stuck verzieren

stuck [stʌk] **I.** *pt, pp of* **stick²** **II.** *adj:* **be ~** nicht zurechtkommen; **he is ~ for s.th.** es fehlt ihm an etw; **I was ~ for an answer** ich wusste nicht, was ich sagen sollte; **get ~ into s.o.** jdn richtig in die Mangel nehmen; **get ~ into s.th.** etwas in Angriff nehmen; **be ~ on s.o.** (*fam*) in jdn verknallt sein; **be ~ with s.th.** etw am Hals haben

stuck-up [ˌstʌk'ʌp] *adj* (*fam*) hochnäsig, arrogant

stud¹ [stʌd] **I.** *s* **1.** Ziernagel *m* **2.** Kragen-, Hemdknopf *m* **3.** (Ohr-, Nasen)Stecker *m;* **reflector ~** Katzenauge *nt;* **~ earring** Ohrstecker *m* **II.** *vt* übersäen (*with* mit)

stud² [stʌd] *s* **1.** Stall *m,* Gestüt *nt* **2.** (*sl*) Sexprotz *m;* **put to ~** zur Züchtung verwenden

stu•dent ['stju:dnt] *s* **1.** Student(in) *m(f)* **2.** (*Am*) Schüler(in) *m(f);* **fellow ~** Kommilitone *m,* Kommilitonin *f;* **medical ~** Medizinstudent(in) *m(f);* **be a ~ of ...** ... studieren; **student teacher** *s* (Studien)Referendar(in) *m(f);* **student union** *s* Studentenvereinigung *f*

stud farm ['stʌdfɑ:m] *s* Gestüt *nt;* **stud horse** *s* Zuchthengst *m*

studied ['stʌdɪd] *adj* **1.** gut durchdacht, wohl überlegt **2.** (*Stil*) kunstvoll **3.** (*Beleidigung*) gewollt, beabsichtigt; berechnet **4.** (*Pose*) einstudiert

stu•dio ['stju:dɪəʊ] <*pl* -dios> *s* **1.** Studio *nt* **2.** (*Maler*) Atelier *nt* **3.** (RADIO) Senderaum *m;* **studio audience** *s* Publikum *nt* im Studio; **studio couch** *s* Schlafcouch *f*

stu•di•ous ['stju:dɪəs] *adj* **1.** fleißig; eifrig **2.** (*Kind*) lernbegierig **3.** (*Aufmerksamkeit*) gewissenhaft, sorgfältig **4.** (*Höflichkeit*) bewusst; gewollt **5.** (*Bemühung*) beflissen

study ['stʌdɪ] **I.** *s* **1.** Studium *nt;* Lernen *nt* **2.** (*Natur*) Beobachtung *f* **3.** Studie *f* (*of* über), Untersuchung *f* **4.** Arbeits-, Studierzimmer *nt;* **the ~ of cancer** die Krebsforschung; **make a ~ of s.th.** etw untersuchen; **during my studies** während meines Studiums; **spend one's time in ~** seine Zeit mit Studieren verbringen **II.** *vt* **1.** studieren; lernen **2.** (*Natur*) beobachten **3.** (*Text*) sich befassen mit **4.** erforschen **III.** *vi* studieren (*for s.th.* etw); **~ under s.o.** bei jdm studieren; **study group** *s* Arbeitsgruppe *f;* **study visit** *s* Studienreise *f*

stuff [stʌf] **I.** *s* **1.** Zeug *nt* **2.** (*sl: Drogen*) Stoff *m* **3.** (*fam*) Kram *m,* Sachen *fpl;* **green ~** Grünzeug *nt;* **the ~ that heroes are made of** der Stoff, aus dem Helden gemacht sind; **it's poor ~** das ist schlecht; **books and ~** Bücher und so; **and ~ like that** und so was; **do one's ~** (*fam*) seine Nummer abziehen; **know one's ~** wissen, wovon man redet **II.** *vt* **1.** voll-, zustopfen **2.** (*Umschlag*) stecken (*into* in) **3.** (*Gans*) füllen **4.** (*Kissen*) füllen; ausstopfen; **~ s.o. with food** jdn mästen; **~ s.th. away** etw wegstecken; **~ one's head with nonsense** sich den Kopf mit Unsinn vollstopfen; **be ~ed up** verschnupft sein; **~ it!** (*sl*) Scheiß drauf; **get ~ed!** (*sl*) du kannst mich mal!; **stuffed shirt** *s* (*fam*) aufgeblasener Kerl; **stuf•fer** ['stʌfə(r)] *s* (*Am*) Reklamebeilage *f;* **stuff•ing** ['stʌfɪŋ] *s* **1.** (*Essen*) Füllung *f* **2.** Polstermaterial *nt;* **knock the ~ out of s.o.** (*fam*) jdn kleinkriegen, jdn fertig machen

stuffy ['stʌfɪ] *adj* **1.** stickig, dumpf **2.** (*fig*) spießig; prüde **3.** (*Atmosphäre*) steif, gezwungen; langweilig

stul•tify ['stʌltɪfaɪ] *vt* lähmen; verkümmern lassen

stumble ['stʌmbl] **I.** *vi* **1.** stolpern **2.** (*Rede*) stottern; **~ against s.th.** gegen etw stoßen; **~ on s.th.** auf etw stoßen; **she ~d through her speech** stockend hielt sie ihre Rede **II.** *s* **1.** Stolpern *nt* **2.** Stocken *nt;* **stum•bling block** ['stʌmblɪŋblɒk] *s* (*fig*) Hürde *f,* Hindernis *nt*

stump [stʌmp] **I.** *s* **1.** (Baum-, Zahn)Stumpf *m* **2.** (*Zigarette*) Stummel *m* **3.** (*Am*) Rednertribüne *f* **4.** (*Kricket*) Stab *m;* **stir one's ~s** sich rühren, sich regen **II.** *vt* **1.** (*Am*) als Wahlredner bereisen **2.** (*Kricket*) ausschalten; **you've got me ~ed** (*fam*) da bin ich überfragt; **~ up money** (*sl*) Geld lockermachen **III.** *vi* stapfen; **~ along** entlangstapfen; **~ up** (*sl*) blechen; **stumpy** ['stʌmpɪ] *adj* stämmig, untersetzt; klein und gedrungen

stun [stʌn] *vt* **1.** betäuben; benommen machen **2.** (*fig*) aus der Fassung bringen

stung [stʌŋ] *s.* **sting**

stun gre•nade ['stʌŋgrɪˌneɪd] *s* Blendgranate *f*

stunk [stʌŋk] *s.* **stink**

stunned [stʌnd] *adj* **1.** betäubt; benommen **2.** (*fig*) fassungslos; **stun•ner** ['stʌnə(r)] *s* (*fam*) Pfundskerl *m;* tolle Frau; **stun•ning** ['stʌnɪŋ] *adj* **1.** wuchtig **2.** betäubend **3.** (*fam*) prächtig, toll, blendend

stunt¹ [stʌnt] *vt* **1.** (*Entwicklung*) hemmen **2.** (*Verstand*) verkümmern lassen

stunt² [stʌnt] *s* (*fam*) Stunt *m,* Kunststück

nt; Nummer *f;* Gag *m*

stunted ['stʌntɪd] *adj* verkümmert, zurückgeblieben

stunt flying *s* Kunstflug *m*

stunt•man ['stʌntmən] <*pl* -men> *s* (FILM) Stuntman *m,* Double *nt*

stu•pe•fac•tion [ˌstju:prˈfækʃn] *s* Verblüffung *f;* **stu•pefy** ['stju:pɪfaɪ] *vt* **1.** benommen machen **2.** (*fig*) verblüffen

stu•pen•dous [stju:'pendəs] *adj* **1.** überwältigend **2.** (*Anstrengung*) gewaltig, ungeheuer

stu•pid ['stju:pɪd] **I.** *adj* **1.** dumm; blöd(e) **2.** benommen, benebelt; **don't be** ~ sei nicht so blöd; **drink o.s.** ~ sich sinnlos betrinken **II.** *s* Blödmann, Dummkopf *m;* **stu•pid•ity** [stju:'pɪdətɪ] *s* Dummheit, Blödheit *f*

stu•por ['stju:pə(r)] *s* Benommenheit *f;* **in a drunken** ~ im Vollrausch

sturdy ['stɜ:dɪ] *adj* **1.** kräftig, stämmig **2.** (*Material*) kräftig, robust **3.** (*Auto*) stabil **4.** (*fig*) entschlossen, unnachgiebig

stur•geon ['stɜ:dʒən] *s* Stör *m*

stut•ter ['stʌtə(r)] **I.** *vt, vi* stottern; stammeln **II.** *s* Stottern *nt;* **stut•terer** ['stʌtərə(r)] *s* Stotterer *m,* Stotterin *f*

sty [staɪ] *s* Schweinestall *m*

sty(e) [staɪ] <*pl* **sties, styes**> *s* (MED) Gerstenkorn *nt*

style [staɪl] **I.** *s* **1.** Stil *m;* Ausdrucksweise *f* **2.** (*Kunst, fig*) Stil *m* **3.** Art *f* **4.** (*Mode*) Stil *m;* Schnitt *m* **5.** Titel *m,* Anrede *f* **6.** (BOT) Griffel *m;* ~ **of painting** Malstil *m;* ~ **of life** Lebensstil *m;* **that's the** ~ (*fam*) so ist's richtig; **in** ~ stilvoll; **do things in** ~ alles im großen Stil tun; **a new** ~ **of car** ein neuer Autotyp; **all the latest ~s** die neueste Mode; ~ **sheet** Merkblatt *nt* zur Manuskriptgestaltung **II.** *vt* **1.** nennen **2.** entwerfen; gestalten **3.** (*Frisur*) stylen; **styl•ing** ['staɪlɪŋ] *s* Stylen, Styling *nt;* Design *nt;* Schnitt *m;* **styl•ish** ['staɪlɪʃ] *adj* **1.** modisch, elegant **2.** (*Haus*) vornehm **3.** (*Möbel*) stilvoll **4.** (*Lebensweise*) großartig, im großen Stil; **sty•list** ['staɪlɪst] *s* **1.** Modeschöpfer(in) *m(f)* **2.** (*hair* ~) Friseur(in) *m(f),* Friseuse *f* **3.** (*lit*) Stilist(in) *m(f);* **sty•lis•tic** [staɪ'lɪstɪk] *adj* stilistisch; **sty•lize** ['staɪəlaɪz] *vt* stilisieren

sty•lus ['staɪləs] *s* **1.** (*Plattenspieler*) Nadel *f* **2.** (HIST) Griffel *m*

sty•mie ['staɪmɪ] *vt* (*fig*) matt setzen; **be ~d** aufgeschmissen sein

styp•tic ['stɪptɪk] **I.** *s* blutstillendes Mittel **II.** *adj* blutstillend, Blutstill-

suave [swɑ:v] *adj* liebenswürdig; aalglatt

sub¹ [sʌb] *s s.* **subeditor** Redakteur(in) *m(f)*

sub² [sʌb] *s s.* **submarine** U-Boot *nt*

sub³ [sʌb] *s s.* **subscription** Subskription *f*

sub⁴ [sʌb] *s s.* **subscription allowance** Vorschuss *m*

sub⁵ [sʌb] *s s.* **substitute** Ersatzspieler(in) *m(f)*

sub- [sʌb] *prefix* Unter-, sub-; **sub•agency** [ˌsʌb'eɪdʒənsɪ] *s* Untervertretung *f;* **sub-agent** [ˌsʌb'eɪdʒənt] *s* Untervertreter(in) *m(f);* **sub•al•tern** ['sʌbltən] *s* (MIL) Subalternoffizier *m;* **sub•atomic** [ˌsʌbə'tɒmɪk] *adj* subatomar; **sub•class** ['sʌbklɑ:s] *s* Unterabteilung *f;* **sub•com•mit•tee** ['sʌbkəˌmɪtɪ] *s* Unterausschuss *m;* **sub-con•scious** [ˌsʌb'kɒnʃəs] **I.** *adj* unterbewusst **II.** *s:* **the** ~ das Unterbewusstsein; **sub•con•ti•nent** [ˌsʌb'kɒntɪnənt] *s* (GEOG) Subkontinent *m;* **sub•con•tract** [ˌsʌb'kɒntrækt] **I.** *s* Unter-, Nebenvertrag *m* **II.** [ˌsʌbkən'trækt] *vt* vertraglich weitervergeben (*to* an); **sub•con•tractor** [ˌsʌbkən'træktə(r)] *s* Subunternehmer(in) *m(f);* **sub•cul•ture** [ˌsʌb'kʌltʃə(r)] *s* Subkultur *f;* **sub•cu•taneous** [ˌsʌbkju:'teɪnɪəs] *adj* (MED) subkutan; **sub•di•vide** [ˌsʌbdɪ'vaɪd] **I.** *vt* unterteilen **II.** *vi* sich aufteilen; **sub•di•vi•sion** [ˌsʌbdɪ'vɪʒn] *s* **1.** Unterteilung *f* **2.** Unterabteilung *f;* (*Am*) Bauplatz *m*

sub•due [səb'dju:] *vt* **1.** besiegen, unterwerfen **2.** (*Gefühl*) unterdrücken **3.** (*Licht, Ton*) dämpfen **4.** (*Tier*) zähmen **5.** (*Schmerz*) lindern; **talk in a ~d voice** mit gedämpfter Stimme reden

sub•edit [ˌsʌb'edɪt] *vt* redigieren; **sub-edi•tor** [ˌsʌb'edɪtə(r)] *s* Redakteur(in) *m(f);* **sub•frame** [ˌsʌb'freɪm] *s* Zwischen-, Nebenrahmen *m;* **sub•group** ['sʌbgru:p] *s* Unterabteilung *f;* **sub•head-ing** [ˌsʌb'hedɪŋ] *s* Untertitel *m*

sub•ject ['sʌbdʒɪkt] **I.** *adj* **1.** unterworfen **2.** anfällig (*to* für) **3.** abhängig (*to* von); **be** ~ **to s.th.** einer S unterworfen sein; für etw anfällig sein; **prices are** ~ **to change without notice** Preisänderungen vorbehalten; **be** ~ **to taxation** besteuert werden; ~ **to correction** vorbehaltlich Änderungen **II.** *s* **1.** (POL) Staatsbürger(in) *m(f);* (*Monarchie*) Untertan(in) *m(f)* **2.** (GRAM) Subjekt *nt* **3.** (MUS) Thema *nt* **4.** (SCHULE) Fach *nt;* Spezialgebiet *nt* **5.** Grund, Anlass *m* (*for* zu) **6.** Gegenstand *m;* Versuchsperson *f;* **change the** ~ das Thema wechseln; **on the** ~ **of ...** zum Thema ...; **that's off the** ~ das gehört nicht zum Thema **III.** [səb'dʒekt] *vt* unterwerfen, -jochen; ~ **s.o. to s.th.** jdn einer S aussetzen; ~ **s.o. to insults** jdn beschimpfen; ~ **o.s. to s.th.** etw hinnehmen; sich einer S unterziehen; **subject catalogue** *s* Schlagwortkatalog *m;* **subject index** *s* Sachregister *nt*

sub•jec•tion [səb'dʒekʃn] *s* **1.** Unterwerfung *f* **2.** (POL) Abhängigkeit *f* (*of* von)
sub•jec•tive [səb'dʒektɪv] *adj* subjektiv
sub•ject mat•ter ['sʌbdzɪkt,mætə(r)] *s* Stoff *m;* Inhalt *m*
sub ju•dice [,sʌb'dʒu:dɪsɪ] *adj* (JUR) rechtshängig
sub•ju•gate ['sʌbdʒʊgeɪt] *vt* unterjochen, -werfen
sub•junc•tive [səb'dʒʌŋktɪv] **I.** *adj* konjunktivisch; ~ **mood** Konjunktiv *m* **II.** *s* Konjunktiv *m*
sub•lease [,sʌb'li:s] **I.** *s* Untervermietung *f;* Unterverpachtung *f* **II.** *vt* weiterverpachten; untervermieten
sub•let <*irr:* -let, -let> *vt* untervermieten
sub•lieu•ten•ant [,sʌblə'tenənt] *s* (*in GB*) Leutnant *m* zur See
sub•li•mate ['sʌblɪmeɪt] **I.** *vt* (CHEM PSYCH) sublimieren **II.** *s* (CHEM) Sublimat *nt*
sub•lime [sə'blaɪm] *adj* **1.** erhaben; überragend, unvergleichlich **2.** (*fam: Frechheit*) unglaublich
sub•lim•inal [,sʌb'lɪmɪnl] *adj* (PSYCH) unterschwellig
sub•machine gun [,sʌbmə'ʃi:n,gʌn] *s* Machinenpistole *f*
sub•mar•ine [,sʌbmə'ri:n, 'sʌbmə,ri:n] **I.** *adj* unterseeisch, submarin **II.** *s* Unterseeboot, U-Boot *nt*
sub•menu [,sʌb'menju:] *s* (INFORM) Untermenü *nt*
sub•merge [səb'mɜ:dʒ] **I.** *vt* **1.** untertauchen **2.** überschwemmen, -fluten; ~ **s.th. in water** etw in Wasser tauchen **II.** *vi* tauchen; **sub•merged** [səb'mɜ:dʒd] *adj* **1.** unter Wasser **2.** (*Wrack*) gesunken
sub•mer•si•ble [səb'mɜ:sɪbl] **I.** *adj* tauchfähig **II.** *s* Tauchboot *nt;* **sub•mer•sion** [səb'mɜ:ʒn] *s* **1.** (Unter)Tauchen *nt* **2.** Überschwemmung *f*
sub•mis•sion [səb'mɪʃn] *s* **1.** Unterwerfung *f* (*to* unter), Gehorsam *m* **2.** (JUR) Unterbreitung, Vorlage *f* **3.** Einwurf *m;* **force s.o. into** ~ jdn zwingen sich zu ergeben; **starve s.o. into** ~ jdn aushungern; **make a** ~ **to s.o.** jdm eine Vorlage machen; **sub•mis•sive** [səb'mɪsɪv] *adj* demütig, gehorsam; ~ **to authority** autoritätsgläubig
sub•mit [səb'mɪt] **I.** *vt* **1.** vorlegen, unterbreiten, einreichen (*to* bei) **2.** verweisen an; ~ **s.th. to tests** etw Tests unterziehen; ~ **s.th. to heat** etw der Hitze aussetzen **II.** *vi* **1.** sich fügen, nachgeben **2.** (MIL) sich ergeben **3.** (SPORT) aufgeben; ~ **to s.th.** sich einer S beugen; sich etw gefallen lassen **III.** *vr:* ~ **o.s. to s.th.** sich einer S unterziehen
sub•nor•mal [,sʌb'nɔ:ml] *adj* **1.** (*Intelligenz*) unterdurchschnittlich **2.** (PSYCH) minderbegabt
sub•or•di•nate [sə'bɔ:dɪnət] **I.** *adj* rangniedriger; untergeordnet; ~ **clause** Nebensatz *m;* **be** ~ **to s.o.** jdm untergeordnet sein **II.** *s* Untergebene(r) *f m* **III.** [sə'bɔ:dɪneɪt] *vt* unterordnen; **sub•or•di•na•tion** [sə,bɔ:dɪ'neɪʃn] *s* Unterordnung *f* (*to* unter)
sub•orn [sə'bɔ:n] *vt* (JUR: *Zeugen*) beeinflussen
sub•plot ['sʌbplɒt] *s* Nebenhandlung *f*
sub•poena [sə'pi:nə] **I.** *s* (JUR) Vorladung *f* **II.** *vt* (JUR) vorladen
sub-post of•fice [,sʌbpəʊst'ɒfɪs] *s* Poststelle *f*
sub•scribe [səb'skraɪb] **I.** *vt* **1.** (*Geld*) zeichnen **2.** spenden (*to* für); ~ **one's name to a document** ein Dokument unterzeichnen **II.** *vi* spenden, geben; ~ **to an appeal** sich an einer Spendenaktion beteiligen; ~ **to a magazine** eine Zeitschrift abonnieren; ~ **to s.th.** etw gutheißen, etw billigen; **~d captial** gezeichnetes Kapital; **subscriber** [səb'skraɪbə(r)] *s* **1.** Abonnent(in) *m(f)* **2.** Spender(in) *m(f)* **3.** (TELE) Teilnehmer(in) *m(f)* **4.** (*Anleihe*) Zeichner *m;* **subscriber trunk dialling, STD** *s* (*Br*) Selbstwählferndienst, -verkehr *m;* **sub•script** [səb'skrɪpt] *adj* tief gestellt; **sub•scrip•tion** [səb'skrɪpʃn] *s* **1.** Subskription, Zeichnung *f* **2.** Beitrag *m* **3.** Abonnement *nt;* **take out a** ~ **to s.th.** etw abonnieren; **by public** ~ mit Hilfe von Spenden; **subscription rate** *s* Abonnements-, Bezugspreis *m*
sub•sec•tion ['sʌb,sekʃn] *s* Unterabschnitt *m,* -abteilung *f*
sub•se•quent ['sʌbsɪkwənt] *adj* **1.** folgend **2.** (*zeitlich*) später, anschließend; ~ **to** im Anschluss an; **sub•se•quent•ly** [-lɪ] *adv* später; anschließend
sub•ser•vi•ent [səb'sɜ:vɪənt] *adj* **1.** unterwürfig (*to* gegenüber) **2.** unterworfen
sub•set ['sʌbset] *s* (MATH) Teilmenge *f*
sub•side [səb'saɪd] *vi* **1.** (*Flüssigkeit*) sich setzen **2.** (*Flut*) sinken **3.** (*Boden*) sich senken **4.** (*Wind*) abflauen, nachlassen, sich legen **5.** (*Ärger*) abklingen; **sub•sid•ence** [səb'saɪdns] *s* (Boden)Senkung *f*
sub•sidi•ary [səb'sɪdɪərɪ] **I.** *adj* **1.** (*Rolle*) Neben- **2.** (*Firma*) Tochter-; **be** ~ **to s.th.** einer S untergeordnet sein **II.** *s* (~ *company*) Tochtergesellschaft *f;* **indirect** ~ Enkelgesellschaft *f*
sub•si•dize ['sʌbsɪdaɪz] *vt* finanziell unterstützen; subventionieren; **~d accommodation** bezuschusste Wohnung; **sub•sidy** ['sʌbsədɪ] *s* Zuschuss *m;* Subvention *f*
sub•sist [səb'sɪst] *vi* leben, sich ernähren (*on* von); **sub•sis•tence** [səb'sɪstəns] *s* **1.** Existenz *f* **2.** (Lebens)Unterhalt *m,* Aus-

kommen *nt;* **enough for** ~ genug zum Leben; **subsistence allowance** *s* **1.** Tagegeld *nt* **2.** Vorschuss *m;* **subsistence level** *s* Existenzminimum *nt;* **subsistence wage** *s* Mindestlohn *m*

sub•sonic [ˌsʌb'sɒnɪk] *adj* unter Schallgeschwindigkeit (fliegend)

sub•stance ['sʌbstəns] *s* **1.** Substanz, Materie *f,* Stoff *m* **2.** Substanz *f,* Gehalt *m;* Kern *m* **3.** Gewicht *nt;* **in** ~ im Wesentlichen; **the argument lacks** ~ das Argument hat keine Durchschlagskraft; **a man of** ~ ein vermögender Mann

sub•stan•dard [ˌsʌb'stændəd] *adj* **1.** (*Qualität*) minderwertig; unzulänglich **2.** (GRAM) nicht korrekt

sub•stan•tial [səb'stænʃl] *adj* **1.** kräftig **2.** (*Gebäude*) solide, fest **3.** (*Beweis*) schlüssig **4.** (*Grund*) stichhaltig **5.** (*Einkommen*) beträchtlich, bedeutend, umfangreich **6.** körperlich; **be in** ~ **agreement** im Wesentlichen übereinstimmen; **sub•stan•tially** [səb'stænʃəlɪ] *adv* **1.** erheblich, beträchtlich, wesentlich **2.** im Wesentlichen

sub•stan•ti•ate [səb'stænʃɪeɪt] *vt* erhärten, untermauern

sub•stan•tive ['sʌbstəntɪv] **I.** *s* (GRAM) Substantiv, Hauptwort *nt* **II.** *adj* **1.** (*Argument*) überzeugend, stichhaltig **2.** (*Fortschritt*) beträchtlich, wesentlich, bedeutend

sub•sta•tion ['sʌbsteɪʃn] *s* (ELEK) Umspannstation *f*

sub•sti•tute ['sʌbstɪtju:t] **I.** *s* **1.** Ersatz *m;* Vertretung *f* **2.** (SPORT) Ersatzspieler(in) *m(f);* **find a** ~ **for s.o.** für jdn Ersatz finden **II.** *vt* ersetzen (*s.th. for s.th.* etw durch etw); ~ **margarine for butter** Butter durch Margarine ersetzen **III.** *vi:* ~ **for s.o.** jdn vertreten; ~ **for s.th.** etw ersetzen **IV.** *adj* stellvertretend; Ersatz-; **sub•sti•tu•tion** [ˌsʌbstɪ'tju:ʃn] *s* **1.** Ersatz *m* **2.** (SPORT) Austausch *m*

sub•stra•tum [ˌsʌb'strɑ:təm, *pl* -tə] <*pl* -ta> *s* **1.** Substrat *nt* **2.** (GEOL) Untergrund *m*

sub•sume [səb'sju:m] *vt:* ~ **s.th. under s.th.** etw unter etw zusammenfassen

sub•ten•ant [ˌsʌb'tenənt] *s* Unterpächter(in) *m(f),* -mieter(in) *m(f)*

sub•ter•fuge ['sʌbtəfju:dʒ] *s* Vorwand *m,* Ausflucht *f;* Trick *m*

sub•ter•ranean [ˌsʌbtə'reɪnɪən] *adj* unterirdisch

sub•title ['sʌbtaɪtl] **I.** *vt* (*Film*) mit Untertiteln versehen **II.** *s* Untertitel *m;* **subtitling** [-ɪŋ] *s* Untertitelung *f*

subtle ['sʌtl] *adj* **1.** (*Parfüm, Charme*) fein, zart; unaufdringlich **2.** (*Bemerkung*) scharfsinnig; raffiniert **3.** (*Beobachter*) aufmerksam; fein; **sub•tlety** ['sʌtltɪ] *s* **1.** Feinheit, Zartheit *f;* Unaufdringlichkeit *f* **2.** Scharfsinn *m;* Raffiniertheit *f* **3.** Aufmerksamkeit *f*

sub•total ['sʌbˌtəʊtl] *s* Zwischensumme *f*

sub•tract [səb'trækt] *vt, vi* abziehen, subtrahieren (*from* von); **sub•trac•tion** [səb'trækʃn] *s* Subtraktion *f*

sub•tropi•cal [ˌsʌb'trɒpɪkl] *adj* subtropisch

sub•urb ['sʌbɜ:b] *s* Vorort *m;* **in the ~s** am Stadtrand; **sub•ur•ban** [sə'bɜ:bən] *adj* **1.** vorstädtisch **2.** (*pej*) kleinbürgerlich, spießig; ~ **line** Vorortstrecke *f;* **sub•ur•bia** [sə'bɜ:bɪə] *s* Vororte *mpl*

sub•ven•tion [səb'venʃn] *s* Subvention *f*

sub•ver•sion [səb'vɜ:ʃn] *s* **1.** Umsturz *m* **2.** (*von Rechten*) Unterwanderung *f;* **subvers•ive** [səb'vɜ:sɪv] **I.** *adj* umstürzlerisch, subversiv **II.** *s* Umstürzler(in) *m(f),* Subversive(r) *f m;* **sub•vert** [sʌb'vɜ:t] *vt* **1.** (*Regierung*) zu stürzen versuchen **2.** (*Glaube*) untergraben

sub•way ['sʌbweɪ] *s* **1.** (Fußgänger)Unterführung *f* **2.** (*Am*) Untergrundbahn, U-Bahn *f*

sub•zero [ˌsʌb'zɪərəʊ] *adj* unter Null, unter dem Gefrierpunkt

suc•ceed [sək'si:d] **I.** *vi* **1.** erfolgreich sein, Erfolg haben **2.** (*Plan*) gelingen **3.** nachfolgen; ~ **in business** geschäftlich erfolgreich sein; **I ~ed in doing it** es gelang mir es zu tun; ~ **to an office** in einem Amt nachfolgen; ~ **to an estate** einen Besitz erben **II.** *vt* **1.** folgen auf **2.** Nachfolger(in) *m(f)* werden (*s.o.* jds); ~ **s.o. in a post** jds Nachfolger(in) werden; **suc•ceed•ing** [-ɪŋ] *adj* aufeinander folgend, nachfolgend

suc•cess [sək'ses] *s* Erfolg *m;* **meet with** ~ Erfolg haben, erfolgreich sein; **make a** ~ **of s.th.** mit etw Erfolg haben; **be a** ~ **with s.o.** bei jdm ankommen; **without** ~ ohne Erfolg, erfolglos; ~ **story** Erfolgsstory *f;* **suc•cess•ful** [sək'sesfl] *adj* erfolgreich (*in everything* bei allem); **be entirely** ~ ein voller Erfolg sein

suc•ces•sion [sək'seʃn] *s* **1.** Folge, Serie *f;* Aufeinanderfolge *f* **2.** (JUR) Erbfolge *f;* Nachfolge *f;* **in** ~ nach-, hintereinander; **in quick** ~ in rascher Folge; **in** ~ **to s.o.** in jds Nachfolge; ~ **to the throne** Thronfolge *f;* **success•ive** [sək'sesɪv] *adj* aufeinanderfolgend; **suc•cessor** [sək'sesə(r)] *s* Nachfolger(in) *m(f)* (*to* für); (*Produkt, Auto*) Nachfolgemodell *nt*

suc•cinct [sək'sɪŋkt] *adj* kurz (u. bündig), knapp; prägnant

suc•cor (*Am*), **suc•cour** ['sʌkə(r)] *s* Beistand *m*

suc•cu•lent ['sʌkjʊlənt] *adj* **1.** (*Pfirsich*) saftig **2.** (BOT) fleischig

suc•cumb [sə'kʌm] *vi* **1.** erliegen (*to dat*)

2. (*Drohungen*) sich beugen

such [sʌtʃ] I. *adj* solche(r, s); ~ **a book** so ein Buch; **all ~ people** all solche Leute; ~ **a thing** so etwas; **no ~ thing** nichts dergleichen; **in ~ a case** in einem solchen Fall; **men ~ as these** Männer wie diese; **she's ~ a beauty** sie ist solch eine Schönheit; **his behaviour was ~ that ..., ~ was his behaviour that ...** sein Verhalten war so, dass ... II. *adv* so, solch; **it's ~ a long time ago** es ist so lange her III. *pron:* ~ **being the case ...** in diesem Fall ...; ~ **was not my intention** das war nicht meine Absicht; ~ **is life!** so ist das Leben!; **as ~** an sich; ~ **as it is** so, wie es nun mal ist; **such-and-such** *adj:* ~ **a time** die und die Zeit; **such•like** ['sʌtʃlaɪk] *adj* dergleichen

suck [sʌk] I. *vt* 1. saugen an 2. (*Bonbon, Eis*) lutschen an; ~ **the juice out of** [*o* **from**] **s.th.** den Saft aus etw heraussaugen; ~ **s.o. dry** jdn bis aufs Blut aussaugen II. *vi* 1. saugen; nuckeln 2. (*Pfeife*) ziehen (*at* an) III. *s* Saugen, Lutschen *nt;* **suck down** *vt* hinunterziehen; **suck in** *vt* 1. auf-, ansaugen; einziehen 2. (*Wissen*) aufsaugen; **suck under** *vt* hinunterziehen; verschlingen; **suck up** *vt* aufsaugen; ~ **up to s.o.** (*sl*) jdm schöntun; **suck•er** ['sʌkə(r)] *s* 1. (ZOO) Saugnapf *m* 2. (BOT) unterirdischer Ausläufer 3. (*Am*) Lutscher *m* 4. (*sl*) Idiot(in) *m(f);* **be a ~ for s.th.** auf etw hereinfallen; **suck•ing pig** ['sʌkɪŋpɪg] *s* Spanferkel *nt*

suckle ['sʌkl] I. *vt* stillen; säugen II. *vi* saugen; trinken

su•crose ['su:krəʊs] *s* Saccharose *f,* pflanzlicher Zucker

suc•tion ['sʌkʃn] *s* Saugwirkung *f;* Sog *m;* Sogwirkung *f;* **suction pump** *s* Saugpumpe *f*

Sudan [su:'dæn] *s* der Sudan; **Sudan•ese** [ˌsu:də'ni:z] I. *adj* sudan(es)isch II. *s* Sudanese *m,* Sudanesin *f;* Sudaner(in) *m(f)*

sud•den ['sʌdn] I. *adj* 1. plötzlich, jäh 2. (*fig*) unerwartet, unvorhergesehen II. *s:* **all of a ~** (ganz) plötzlich; **sudden death** (**play-off**) *s* Stichkampf *m;* **sud•den•ly** [-lɪ] *adv* plötzlich

Su•de•ten•land [su:'deɪtənˌlænd] *s* (HIST) Sudetenland *nt*

suds [sʌdz] *s pl* Seifenwasser *nt,* -lauge *f,* -schaum *m*

sue [sju:] I. *vt* 1. (JUR) verklagen, belangen 2. (*lit*) bitten (*for* um); ~ **s.o. for s.th.** jdn wegen etw verklagen; ~ **s.o. for damages** jdn auf Schadensersatz verklagen II. *vi* 1. (JUR) klagen, einen Prozess anstrengen 2. bitten (*to s.o. for* jdn um); ~ **for divorce** die Scheidung einreichen; ~ **for peace** um Frieden bitten

suede [sweɪd] I. *adj* aus Wildleder, Wildleder- II. *s* Wildleder *nt*

suet ['su:ɪt] *s* Nierentalg *m,* -fett *nt*

suf•fer ['sʌfə(r)] I. *vt* 1. erleiden 2. (*Hunger*) leiden 3. (*Krankheit*) leiden unter 4. dulden, ertragen 5. zulassen; ~ **defeat** eine Niederlage erleiden; ~ **s.th. to be done** zulassen, dass etw geschieht II. *vi* 1. leiden (*from* an) 2. büßen (*for* für); **she's still ~ing from the effects** sie leidet immer noch an den Folgen; ~ **for one's sins** für seine Sünden büßen; **he doesn't ~ fools gladly** er hat keine Geduld mit dummen Leuten; **suf•fer•ance** ['sʌfərəns] *s* Duldung *f;* **on ~** (nur) geduldet; **suf•ferer** ['sʌfərə(r)] *s* Leidende(r) *f m* (*from* an); **suf•fer•ing** ['sʌfərɪŋ] *s* Leiden *nt*

suf•fice [sə'faɪs] I. *vi* genügen, ausreichen II. *vt* genügen; zufrieden stellen; ~ **it to say ...** es reicht wohl, wenn ich sage ...; **suf•fi•ciency** [sə'fɪʃnsɪ] *s* Hinlänglichkeit *f;* **have a ~** genügend haben; **suf•fi•cient** [sə'fɪʃnt] *adj* genügend, aus-, hinreichend, genug; **be ~** genügen, ausreichen, genug sein

suf•fix ['sʌfɪks] *s* (GRAM) Nachsilbe *f,* Suffix *nt*

suf•fo•cate ['sʌfəkeɪt] *vt, vi* ersticken; **suf•fo•cat•ing** [-ɪŋ] *adj* erstickend; erdrückend

suf•frage ['sʌfrɪdʒ] *s* Wahlrecht *nt;* Stimme *f;* **universal ~** das allgemeine Wahlrecht; **female ~** Frauenwahlrecht *nt;* **suf•fra•gette** [ˌsʌfrə'dʒet] *s* (HIST) Frauenrechtlerin, Suffragette *f*

sugar ['ʃʊgə(r)] I. *s* 1. Zucker *m* 2. (*fam*) Liebling *m,* Schätzchen *nt* II. *vt* 1. zuckern, süßen 2. (*fig*) versüßen, mildern; ~ **the pill** die Pille versüßen; **sugar basin, sugar bowl** *s* Zuckerdose *f;* **sugar beet** *s* Zuckerrübe *f;* **sugar cane** *s* Zuckerrohr *nt;* **sugar-coated** [ˌʃʊgə'kəʊtɪd] *adj* mit Zucker überzogen; **sugar daddy** *s* (*sl*) älterer, großzügiger Liebhaber; **sugar loaf** <*pl* loaves> *s* Zuckerhut *m;* **sugar lump** *s* Stück *nt* Würfelzucker; **sugar tongs** *s pl* Zuckerzange *f;* **sug•ary** ['ʃʊgərɪ] *adj* 1. süß 2. (*fig*) zuckersüß, süßlich

sug•gest [sə'dʒest] I. *vt* 1. vorschlagen; anregen 2. (*Theorie*) vorbringen, nahelegen 3. andeuten; unterstellen 4. (*Gedicht*) denken lassen an; andeuten; **I ~ going** ich schlage vor zu gehen; **I ~ (to you) that ...** ich möchte (Ihnen) nahelegen, dass ...; **what are you trying to ~?** worauf wollen Sie hinaus?; ~ **s.th. to s.o.** jdm etw suggerieren II. *vr* (*Plan*) sich aufdrängen, sich anbieten, nahe liegen; **sug•gest•ible** [-əbl] *adj* beeinflussbar; **sug•ges•tion** [sə'dʒestʃən] *s* 1. Vorschlag *m;* Anregung *f*

S

2. Vermutung *f* **3.** Andeutung, Anspielung *f;* Unterstellung *f* **4.** Spur *f* **5.** Eindruck *m,* Vorstellung *f* **6.** (PSYCH) Suggestion *f;* **following his** ~ auf seinen Vorschlag hin; **make the** ~ **that ...** die Vermutung äußern, dass ...; **with a** ~ **of irony** mit einer Spur von Ironie; ~ **box** Kummerkasten *m;* **sug•gestive** [sə'dʒestɪv] *adj* **1.** anregend, zu denken gebend **2.** zweideutig, pikant **3.** (PSYCH) suggestiv; **be** ~ **of s.th.** den Eindruck von etw erwecken; auf etw hindeuten

sui•cidal [ˌsjuːɪ'saɪdl] *adj* selbstmörderisch; selbstmordgefährdet; **have** ~ **tendencies** zum Selbstmord neigen; **sui•cide** ['sjuːɪsaɪd] *s* **1.** Selbstmord, Suizid *m* **2.** Selbstmörder(in) *m(f);* **commit** ~ Selbstmord begehen; ~ **pact** *Entschluss, gemeinsamen Selbstmord zu begehen*

suit [suːt] **I.** *s* **1.** Anzug *m;* Kostüm *nt* **2.** (JUR) Prozess *m,* Verfahren *nt* **3.** (*Kartenspiel*) Farbe *f* **4.** (*lit*) Werbung *f* **5.** Anliegen *nt;* **the** ~**s** (*sl*) Geschäftsleute *pl;* ~ **of clothes** Garnitur *f;* ~ **of armour** Rüstung *f;* **bring a** ~ **against s.o. for s.th.** gegen jdn wegen etw Klage erheben; **follow** ~ (*fig*) jds Beispiel folgen; **press one's** ~ seinem Anliegen Nachdruck verleihen **II.** *vt* **1.** passen; bekommen; gefallen (*s.o.* jdm) **2.** geeignet sein für **3.** (*Kleider*) gut stehen (*s.o.* jdm) **4.** anpassen **5.** gefallen (*s.o.* jdm), zufrieden stellen; **that** ~**s me fine!** das ist mir recht; **they are well** ~**ed** (**to each other**) sie passen gut zusammen; ~ **one's style to the audience** sich nach dem Publikum richten; **you can't** ~ **everybody** man kann es nicht jedem recht machen **III.** *vr:* **he** ~**s himself** er tut, was er will; ~ **yourself!** wie du willst! **IV.** *vi* passen

suit•able ['suːtəbl] *adj* passend, geeignet, angemessen; **be** ~ **for s.o.** jdm passen; für jdn geeignet sein; **be** ~ **for s.th.** für etw geeignet sein; **she's not** ~ **for him** sie passt nicht zu ihm

suit•case ['suːtkeɪs] *s* Koffer *m*

suite [swiːt] *s* **1.** Gefolge *nt* **2.** (*Möbel*) Garnitur *f* **3.** (*Zimmer*) Suite, Zimmerflucht *f* **4.** (MUS) Suite *f*

suitor ['suːtə(r)] *s* **1.** (JUR) Kläger(in) *m(f)* **2.** (*obs*) Freier *m*

sul•fate *s* (*Am:* CHEM) Sulfat *nt;* **sul•fide** *s* (*Am:* CHEM) Sulfid *nt;* **sul•fona•mide** *s* (*Am:* MED) Sulfonamid *nt;* **sul•fur** *s* (*Am:* CHEM) Schwefel *m;* **sul•fur•ic** *adj* (*Am*) Schwefel-; ~ **acid** Schwefelsäure *f;* **sul•fur•ous** *adj* (*Am*) schwefel(halt)ig

sulk [sʌlk] **I.** *vi* schmollen, eingeschnappt sein **II.** *s* Schmollen *nt;* **have a** ~ schmollen; **sulky** ['sʌlkɪ] *adj* eingeschnappt, beleidigt

sul•len ['sʌlən] *adj* **1.** verdrießlich, mürrisch **2.** (*Himmel*) düster, finster

sully ['sʌlɪ] *vt* (*Ruf*) beflecken

sul•phate ['sʌlfeɪt] *s* (CHEM) Sulfat *nt;* **sul•phide** ['sʌlfaɪd] *s* (CHEM) Sulfid *nt;* **sul•phona•mide** [sʌl'fɒnəmaɪd] *s* (MED) Sulfonamid *nt;* **sul•phur** ['sʌlfə(r)] *s* (CHEM) Schwefel *m;* **sulphur dioxide** ['sʌlfə(r)daɪ'ɒksaɪd] *s* (CHEM) Schwefeldioxid *nt;* **sul•phu•ric** [sʌl'fjʊərɪk] *adj* Schwefel-; ~ **acid** Schwefelsäure *f;* **sul•phur•ous** ['sʌlfərəs] *adj* schwefel(halt)ig

sul•tan ['sʌltən] *s* Sultan *m;* **sul•tana** [sʌl'tɑːnə] *s* **1.** (*Person*) Sultanin *f* **2.** (*Rosinenart*) Sultanine *f*

sul•try ['sʌltrɪ] *adj* **1.** schwül **2.** (*fig*) feurig, leidenschaftlich

sum [sʌm] **I.** *s* **1.** (Geld)Summe *f,* Betrag *m* **2.** Ergebnis, Resultat *nt* **3.** (MATH) Rechenaufgabe *f;* **the** ~ **total of my ambitions** das Ziel meiner Wünsche; **do** ~**s** (**in one's head**) (im Kopf) rechnen; **in** ~ mit einem Wort **II.** *vt:* ~ **up** zusammenfassen; einschätzen; **she** ~**med me up at a glance** sie taxierte mich mit einem Blick **III.** *vi:* ~ **up** zusammenfassen; **to** ~ **up we can say ...** zusammenfassend können wir feststellen ...

sum•mar•ize ['sʌməraɪz] *vt* zusammenfassen; **sum•mary** ['sʌmərɪ] **I.** *adj* **1.** knapp, kurzgefasst **2.** (JUR) summarisch **II.** *s* Zusammenfassung *f;* Abriss *m;* ~ **of contents** Inhaltsangabe *f*

sum•ma•tion [sʌ'meɪʃn] *s* **1.** (MATH) Addition *f* **2.** Zusammenfassung *f* **3.** (JUR: *Am*) Schlussplädoyer *nt*

sum•mer ['sʌmə(r)] **I.** *s* Sommer *m;* **in** (**the**) ~ im Sommer; **two** ~**s ago** im Sommer vor zwei Jahren; **a** ~**'s day** ein Sommertag **II.** *adj* Sommer- **III.** *vi* den Sommer verbringen; **summer holidays** *s pl* Sommerferien *pl;* **summer-house** *s* Gartenhaus *nt;* **sum•mer•time** ['sʌmətaɪm] *s* Sommer *m;* Sommerzeit *f;* **sum•mery** ['sʌmərɪ] *adj* sommerlich

sum•ming-up [ˌsʌmɪŋ'ʌp] *s* Resümee *nt*

sum•mit ['sʌmɪt] *s* **1.** Gipfel *m* **2.** (*fig*) Höhepunkt *m* **3.** (POL: ~ *conference*) Gipfelkonferenz *f*

sum•mon ['sʌmən] *vt* **1.** (JUR) vor Gericht laden, vorladen **2.** (*Tagung*) einberufen, anberaumen **3.** herbeirufen, kommen lassen; ~ **s.o. to do s.th.** jdn auffordern etw zu tun; ~ **up one's strength** seine Kraft aufbieten; ~ **up one's courage** seinen Mut zusammennehmen; ~ **up arguments** Argumente einholen

sum•mons ['sʌmənz] <*pl* -monses> **I.** *s* **1.** (JUR) Vorladung *f* **2.** Aufruf *m,* Aufforderung *f;* **take out a** ~ **against s.o.** jdn vorladen lassen **II.** *vt* (JUR) vorladen

sump [sʌmp] *s* 1. (MIN) Sumpf *m* 2. (AUTO) Ölwanne *f*

sump·tu·ous ['sʌmptʃʊəs] *adj* 1. kostspielig, aufwendig 2. (*Essen*) üppig, verschwenderisch

sun [sʌn] I. *s* Sonne *f;* **be up with the ~** in aller Frühe aufstehen; **there is no reason under the ~ why ...** es gibt keinen Grund auf Erden, warum ...; **a place in the ~** (*fig*) ein Platz an der Sonne II. *vt* der Sonne aussetzen III. *vr* sich sonnen

sun·baked ['sʌnbeɪkt] *adj* ausgedörrt; **sun bath** ['sʌnbɑːθ] *s* Sonnenbad *nt;* **sunbathe** ['sʌnbeɪð] *vi* sonnenbaden; **sunbeam** ['sʌnbiːm] *s* Sonnenstrahl *m;* **sunbed** ['sʌnbed] *s* Sonnenbank *f;* **sun blind** ['sʌnblaɪnd] *s* Jalousie *f;* Markise *f;* **sun block(er)** *s* Sonnenblocker *m;* **sun·burn** ['sʌnbɜːn] *s* Sonnenbrand *m;* **sun·burnt** ['sʌnbɜːnt] *adj* sonnenverbrannt; sonnengebräunt; **sun·cream** *s* Sonnenschutzcreme *f*

sun·dae ['sʌndeɪ] *s* Eisbecher *m* mit Früchten

Sun·day ['sʌndɪ] *s* Sonntag *m;* **on ~** am Sonntag; **on ~s** sonntags; **on ~ afternoon** am Sonntagnachmittag; **a month of ~s** eine Ewigkeit; **Sunday best**, **Sunday clothes** *s pl* (*fam*) Sonntagsstaat *m;* **Sunday school** *s* Sonntagsschule *f,* Kindergottesdienst *m*

sun deck ['sʌndek] *s* (MAR) Sonnendeck *nt;* **sun·dew** ['sʌndjuː] *s* Sonnentau *m;* **sundial** ['sʌndaɪəl] *s* Sonnenuhr *f;* **sundown** ['sʌndaʊn] *s* Sonnenuntergang *m;* **sun·downer** ['sʌndaʊnə(r)] *s* (*fam*) Dämmerschoppen *m*

sun·dry ['sʌndrɪ] I. *adj* verschiedene II. *pron:* **all and ~** jedermann III. *s:* **sundries** Verschiedenes

sun·fast ['sʌnfæst] *adj* (*Am*) lichtecht; **sun·flower** ['sʌnˌflaʊə(r)] *s* Sonnenblume *f*

sung [sʌŋ] *s.* **sing**

sun·glasses ['sʌnˌglɑːsɪz] *s pl* Sonnenbrille *f;* **sun hat** *s* Sonnenhut *m;* **sun helmet** *s* Tropenhelm *m*

sunk [sʌŋk] *s.* **sink**[2]; **sunk·en** ['sʌŋkən] *adj* 1. (*Schiff*) versunken, untergegangen 2. (*Garten*) tiefliegend 3. (*Wangen*) eingefallen 4. (*Augen*) tiefliegend

sun lamp ['sʌnlæmp] *s* Höhensonne *f;* **sun·less** ['sʌnlɪs] *adj* ohne Sonne; **sunlight** ['sʌnlaɪt] *s* Sonnenlicht *nt;* **in the ~** in der Sonne; **sun·lit** ['sʌnlɪt] *adj* von der Sonne beschienen

sunny ['sʌnɪ] *adj* 1. sonnig 2. (*fig*) heiter, freundlich; **~-side up** nur auf einer Seite gebraten; **on the ~ side of 50** noch keine, noch unter 50; **sun protection factor** *s* Lichtschutzfaktor *m;* **sun·ray** *s* Sonnenstrahl *m;* **sun·ray lamp** *s* Höhensonne *f;* **sun·ray treatment** *s* Ultraviolett-/Infrarotbestrahlung *f;* **sun·rise** ['sʌnraɪz] *s* Sonnenaufgang *m;* **at ~** bei Sonnenaufgang; **~ industry** *aufstrebender, innovativer Industriezweig;* **sun·roof** *s* 1. Sonnenterrasse *f* 2. (AUTO) Schiebedach *nt*

sunroom *s* (*Am*) Wintergarten *m;* **sunscreen(ing agent)** ['sʌnˌskriːn] *s* Sonnenschutzmittel *nt;* **sun·set** ['sʌnset] *s* Sonnenuntergang *m;* **at ~** bei Sonnenuntergang; **~ industry** *veralteter, überholter Industriezweig;* **sun·shade** ['sʌnʃeɪd] *s* 1. Sonnenschirm *m* 2. Sonnendach *nt,* Markise *f;* **sun·shine** ['sʌnʃaɪn] *s* Sonnenschein *m;* **hours of ~** Sonnenstunden *fpl;* **sunshine roof** *s* (AUTO) Schiebedach *nt;* **sun·spot** ['sʌnspɒt] *s* (ASTR) Sonnenfleck *m;* **sun·stroke** ['sʌnstrəʊk] *s* Sonnenstich *m;* **sun·tan** ['sʌntæn] *s* Sonnenbräune *f;* **suntan lotion** *s* Sonnenmilch *f;* **sun·tanned** ['sʌntænd] *adj* braungebrannt; **suntan oil** *s* Sonnenöl *nt;* **suntrap** *s* sehr sonniges Plätzchen; **sun·up** ['sʌnʌp] *s* Sonnenaufgang *m;* **sun visor** *s* Sonnenschild *nt;* **sun-worshipper** *s* Sonnenanbeter(in) *m(f)*

sup (up) [sʌp] *vt* (aus)trinken

super ['suːpə(r)] I. *s* 1. (THEAT) Statist(in) *m(f)* 2. (*fam*) Aufseher(in) *m(f)* II. *adj* (*fam*) super, erstklassig, prima

super·abun·dant [ˌsuːpərə'bʌndənt] *adj* (über)reichlich

super·an·nu·ate [ˌsuːpər'ænjʊeɪt] *vt* in den Ruhestand versetzen; **super·an·nu·ated** [ˌsuːpər'ænjʊeɪtɪd] *adj* 1. pensioniert 2. (*fig*) veraltet, altmodisch; **super·an·nu·ation** ['suːpərˌænjʊ'eɪʃn] *s* 1. Pensionierung *f* 2. Pension, Ruhestand 3. Altersruhegeld, Rente *f*

su·perb [suː'pɜːb] *adj* 1. großartig, prächtig 2. (*Qualität*) ausgezeichnet, hervorragend

super·charged ['suːpətʃɑːdʒd] *adj* 1. aufgeladen 2. (*fig*) gereizt; **super·charger** ['suːpəˌtʃɑːdʒə(r)] *s* Lader *m*

super·cili·ous ['suːpə'sɪlɪəs] *adj* hochnäsig, herablassend

super·ego ['suːpəregəʊ] *s* (PSYCH) Überich *nt*

super·fi·cial [ˌsuːpə'fɪʃl] *adj* 1. oberflächlich 2. (*Ähnlichkeit*) äußerlich, scheinbar; **super·fi·cial·ity** [ˌsuːpəˌfɪʃɪ'ælətɪ] *s* Oberflächlichkeit *f*

super·flu·ous [suː'pɜːflʊəs] *adj* überflüssig

super·glue ['suːpəgluː] *s* Sekundenkleber *m*

super·grass ['suːpəgrɑːs] *s* Superspitzel *m;* **super·hero** ['suːpəˌhɪərəʊ] *s* Super-

S

held *m*
super•high•way [ˌsuːpəˈhaɪweɪ] *s* (*Am*) Autobahn *f*
super•hu•man [ˌsuːpəˈhjuːmən] *adj* übermenschlich
super•im•pose [ˌsuːpərɪmˈpəʊz] *vt:* ~ **s.th. on s.th.** etw auf etw legen; etw mit etw überlagern
super•in•tend [ˌsuːpərɪnˈtend] *vt* beaufsichtigen, überwachen; **super•in•tend•ence** [-əns] *s* Oberaufsicht *f;* **super•in•tend•ent** [-ənt] *s* **1.** Aufsicht *f* **2.** Bademeister(in) *m(f)* **3.** Parkwächter(in) *m(f)* **4.** Leiter(in) *m(f);* (*Polizei*) Polizeirat *m,* -rätin *f*
su•perior [suːˈpɪərɪə(r)] **I.** *adj* **1.** besser (*to* als) **2.** (*Fähigkeit*) überlegen (*to s.o.* jdm) **3.** großartig, hervorragend **4.** (*Verstand*) überragend **5.** (*im Rang*) höher **6.** (*Kraft*) überlegen; stärker **7.** (*Art*) überheblich **8.** (TYP) hochgestellt; **goods of ~ quality** Waren *f pl* bester Qualität; ~ **officer** Vorgesetzte(r) *f m;* **be ~ to s.o.** jdm übergeordnet sein; ~ **in number**(**s**) zahlenmäßig überlegen; ~ **number** Hochzahl *f* **II.** *s* **1.** Vorgesetzte(r) *f m* **2.** Überlegene(r) *f m* **3.** (TYP) Hochzahl *f;* **be s.o.'s ~** jdm überlegen sein; **Father ~** (REL) Vater Superior; **Mother ~** Oberin *f;* **su•perior•ity** [suːˌpɪərɪˈɒrətɪ] *s* **1.** bessere Qualität; Überlegenheit *f* **2.** überragende Eigenschaft **3.** (*Rang*) höhere Stellung **4.** (*zahlenmäßig*) Überlegenheit *f* **5.** Überheblichkeit *f;* **superiority complex** *s* Superioritätskomplex *m*
su•per•la•tive [suːˈpɜːlətɪv] **I.** *s* (GRAM) Superlativ *m* **II.** *adj* überragend, unübertrefflich
super•man [ˈsuːpəmæn] <*pl* -men> *s* Übermensch *m*
super•mar•ket [ˈsuːpəmɑːkɪt] *s* Supermarkt *m;* **supermarket trolley** *s* Einkaufswagen *m*
super max(**i•mum se•cur•ity prison**) [ˌsuːpəˈmæks] *s* Hochsicherheitsgefängnis *nt*
super•natu•ral [ˌsuːpəˈnætʃrəl] *adj* übernatürlich
super•nu•mer•ary [ˌsuːpəˈnjuːmərərɪ] **I.** *adj* **1.** zusätzlich **2.** überzählig **II.** *s* **1.** (THEAT) Statist(in) *m(f)* **2.** Zusatzperson *f*
super•power [ˌsuːpəˈpaʊə(r)] *s* (POL) Welt-, Groß-, Supermacht *f*
super•script [ˈsuːpəskrɪpt] *adj* hochgestellt
super•sede [ˌsuːpəˈsiːd] *vt* **1.** ablösen **2.** (*Glauben*) an die Stelle treten von
super•sonic [ˌsuːpəˈsɒnɪk] *adj* Überschall-; ~ **travel** Reisen *nt* mit Überschallgeschwindigkeit
super•sti•tion [ˌsuːpəˈstɪʃn] *s* Aberglaube *m;* **super•sti•tious** [ˌsuːpəˈstɪʃəs] *adj* abergläubisch
super•store [ˈsuːpəstɔː(r)] *s* Verbrauchermarkt *m*
super•struc•ture [ˈsuːpəstrʌktʃə(r)] *s* Überbau *m*
super•tanker [ˈsuːpəˌtæŋkə(r)] *s* Supertanker *m*
super•vene [ˌsuːpəˈviːn] *vi* hinzukommen, dazwischentreten
super•vise [ˈsuːpəvaɪz] **I.** *vt* beaufsichtigen; überwachen **II.** *vi* Aufsicht führen; **super•vi•sion** [ˌsuːpəˈvɪʒn] *s* **1.** Aufsicht *f;* Beaufsichtigung *f* **2.** Überwachung *f;* **under the ~ of** unter der Aufsicht von; **super•vi•sor** [ˌsuːpəˈvaɪzə(r)] *s* **1.** Aufseher(in) *m(f),* Aufsicht(sperson) *f* **2.** Leiter(in) *m(f);* **super•vis•ory** [ˌsuːpəˈvaɪzərɪ] *adj* beaufsichtigend, überwachend; **in a ~ post** in einer Aufsichtsposition; ~ **board** Aufsichtsrat *m*
su•pine [ˈsuːpaɪn] *adj* **1.** auf dem Rücken liegend **2.** (*fig*) passiv, lethargisch; **in a ~ position** auf dem Rücken liegend, in Rückenlage
sup•per [ˈsʌpə(r)] *s* Abendessen *nt;* **have ~** zu Abend essen; **the Lord's Supper** das Abendmahl; ~**-time** Zeit *f* des Abendessens
sup•plant [səˈplɑːnt] *vt* ablösen, ersetzen; ausstechen; verdrängen
supple [ˈsʌpl] *adj* **1.** biegsam, geschmeidig, elastisch **2.** (*Geist*) beweglich, flexibel
supple•ment [ˈsʌplɪmənt] **I.** *s* **1.** Ergänzung *f,* Zusatz *m* (*to* zu) **2.** (*Buch*) Nachtrag, Anhang *m* **3.** Ergänzungsband *m* **4.** (*Zeitung*) Beilage *f* **5.** Zu-, Aufschlag *m* **II.** [ˈsʌplɪment] *vt* ergänzen; ~ **one's income** sein Einkommen aufbessern; **sup•ple•men•tary** [ˌsʌplɪˈmentərɪ] *adj* ergänzend, zusätzlich; Zusatz-; Nachtrags-; ~ **angle** Ergänzungswinkel *m;* ~ **benefit** (HIST) Sozialhilfe *f*
supple•ness [ˈsʌplnɪs] *s* Geschmeidigkeit, Elastizität *f,* Flexibilität *f*
sup•pli•ant, **sup•pli•cant** [ˈsʌplɪənt, ˈsʌplɪkənt] **I.** *s* Bittsteller(in) *m(f)* **II.** *adj* flehend; **sup•pli•ca•tion** [ˌsʌplɪˈkeɪʃn] *s* Flehen *nt*
sup•plier [səˈplaɪə(r)] *s* (COM) Lieferant(in) *m(f),* Anbieter(in) *m(f)*
sup•ply [səˈplaɪ] **I.** *vt* **1.** sorgen für; liefern; stellen **2.** (COM) beliefern **3.** (*Stadt*) versorgen (*with* mit) **4.** (*Bedarf*) befriedigen, decken **5.** (*Mangel*) ausgleichen, kompensieren **II.** *s* **1.** Versorgung *f* **2.** (COM) Lieferung *f;* Angebot *nt* **3.** Vorrat *m;* Proviant *m* **4.** (~ *teacher*) Aushilfslehrer(in) *m(f)* **5.** (PARL) Etat *m;* **electricity ~** Stromversorgung *f;* ~ **and demand** Angebot und Nachfrage; **cut off the ~** das Gas, Wasser abstellen; **lay in**

supplies einen Vorrat anlegen; **be in short** ~ knapp sein; **medical supplies** Arzneimittel *pl;* **be on** ~ aushilfsweise unterrichten; **supply base** *s* Vorratslager *nt;* **supply depot** *s* Versorgungslager *nt;* **supply industry** *s* Zulieferungsindustrie *f;* **supply lines** *s pl* Versorgungslinien *fpl;* **supply-side economics** *s* angebotsorientierte Wirtschaftspolitik; **supply teacher** *s* Aushilfslehrer(in) *m(f)*

sup•port [sə'pɔ:t] **I.** *vt* **1.** (ARCH) (ab)stützen; tragen **2.** (*fig*) unterstützen; fördern, begünstigen; billigen **3.** (*Grund*) eintreten für **4.** (*Theorie*) erhärten, untermauern **5.** (*Benehmen*) dulden, ertragen; **without his family to** ~ **him** ohne die Unterstützung seiner Familie **II.** *vr* sich stützen (*on* auf), sich unterstützen **III.** *s* **1.** Stütze *f* **2.** (*fig*) Unterstützung *f;* **give** ~ **to s.o.** jdn stützen; **lean on s.o. for** ~ sich auf jdn stützen; **in** ~ **of** zur Unterstützung; **depend on s.o. for financial** ~ von jdm finanziell abhängig sein; ~ **price** Stützungspreis *m;* **sup•port•able** [-əbl] *adj* erträglich; **sup•porter** [sə'pɔ:tə(r)] *s* **1.** Anhänger(in) *m(f)* **2.** Befürworter(in) *m(f)* **3.** (SPORT) Fan *m;* ~ **of disarmament** Rüstungsgegner(in) *m(f);* **sup•port•ing** [-ɪŋ] *adj* tragend; ~ **programme** (FILM) Beiprogramm *nt;* ~ **role** (THEAT) Nebenrolle *f;* ~ **tissue** Stützgewebe *nt;* **sup•port•ive** [sə'pɔ:tɪv] *adj* stützend

sup•pose [sə'pəʊz] *vt* **1.** annehmen; sich vorstellen **2.** annehmen, denken, meinen **3.** (*in Passivkonstruktion*) sollen **4.** voraussetzen; **let's** ~ **that ...** angenommen, dass ..., nehmen wir einmal an, dass ...; **I** ~ **he'll do it** er wird es wohl [*o* vermutlich] tun; **I don't** ~ **he'll do it** ich glaube kaum, dass er es tut; **I** ~ **so** ich glaube schon; **I don't** ~ **so** ich glaube kaum; **I** ~ **not** wohl kaum; **she is** ~**d to be intelligent** sie soll intelligent sein; **be** ~**d to do s.th.** etw tun sollen; **you are not** ~**d to know that** das solltest du eigentlich nicht wissen; ~ **we go now?** wie wär's, wenn wir jetzt gingen?; **sup•posed** [sə'pəʊzd] *adj* vermutet; mutmaßlich; **let it be** ~ **that** gesetzt den Fall, dass; nehmen wir den Fall an, dass; **sup•pos•ed•ly** [-ɪdlɪ] *adv* angeblich; **sup•pos•ing** [-ɪŋ] *conj* angenommen (*that* dass); **sup•po•si•tion** [ˌsʌpə'zɪʃn] *s* Vermutung, Annahme *f;* **on the** ~ **that ...** unter der Annahme, dass ...

sup•posi•tory [sə'pɒzɪtrɪ] *s* (MED) Zäpfchen *nt*

sup•press [sə'pres] *vt* **1.** unterdrücken **2.** (ELEK) entstören; **sup•pression** [sə'preʃn] *s* **1.** Unterdrückung *f* **2.** (ELEK) Entstörung *f*

sup•pu•rate ['sʌpjʊreɪt] *vi* eitern

su•prem•acy [sʊ'preməsɪ] *s* Vormachtstellung *f;* **air/naval** ~ Luft-/Seeherrschaft *f*

su•preme [su:'pri:m] *adj* **1.** höchste(r, s), oberste(r, s) **2.** größte(r, s), äußerste(r, s); **the** ~ **authority** die Regierungsgewalt; ~ **commander** Oberbefehlshaber *m;* **Supreme Court** oberstes Gericht

sur•charge ['sɜ:tʃɑ:dʒ] **I.** *vt* mit Zuschlag, mit einer Strafgebühr belegen **II.** *s* Auf-, Zuschlag, Aufpreis *m;* Strafgebühr *f;* Nachporto *nt*

sure [ʃʊə(r)] **I.** *adj* sicher; (*Beweis, Tatsache*) sicher, eindeutig; (*Methode, Mittel, Freund*) zuverlässig; **be** ~ **of s.th.** etw sicher wissen; **be** ~ **of winning** sicher gewinnen; **be** ~ **of o.s.** sich seiner Sache sicher sein; selbstsicher sein; **make** ~ nachsehen, kontrollieren, sich vergewissern; **make** ~ **you ...** achten Sie darauf, dass Sie ...; **make** ~ **of one's facts** sich der Fakten versichern; **for** ~ sicher, gewiss; **to be** ~ tatsächlich; ~ **thing** (*Am fam*) klar, sicher; **he is** ~ **to come** er kommt sicher; **be** ~ **not to forget your book** vergessen Sie ja ihr Buch nicht; **are you** ~ **you won't come?** wollen Sie wirklich nicht kommen?; **I'm** ~ **I don't know** ich weiß es sicher nicht; **I'm not** ~ **why/how** ich weiß nicht genau, warum/wie **II.** *adv* sicher, klar, gewiss; ~ **enough** tatsächlich; bestimmt; **as** ~ **as can be** todsicher; **sure-footed** [ʃʊə'fʊtɪd] *adj:* **be** ~ einen sicheren, festen Tritt haben; **sure•ly** ['ʃʊəlɪ] *adv* sicher(lich), gewiss; **he** ~ **ought to know that** das müsste er doch wissen; **surety** ['ʃʊərətɪ] *s* (JUR) **1.** Garantie, Bürgschaft *f* **2.** Bürge *m,* Bürgin *f,* Garant *m;* **go** [*o* **stand**] ~ Bürgschaft leisten (*for* für)

surf [sɜ:f] **I.** *s* Brandung *f* **II.** *vi* surfen, wellenreiten; **go** ~**ing** surfen, zum Wellenreiten gehen **III.** *vt:* ~ **the net** (*fam*) durch das Netz surfen

sur•face ['sɜ:fɪs] **I.** *s* **1.** Oberfläche *f* **2.** (Straßen)Belag *m* **3.** (MATH) Fläche *f;* Flächeninhalt *m* **4.** (AVIAT) Tragfläche *f;* **on the** ~ oberflächlich betrachtet; nach außen hin; **at the** ~**, on the** ~**, up to the** ~ (MIN) über Tage **II.** *adj* **1.** oberflächlich **2.** (MIN) über Tage **3.** (*Transport*) auf dem See-/Landweg **III.** *vt* **1.** (*Straße*) mit einem Belag versehen **2.** (*U-Boot*) auftauchen lassen **IV.** *vi* auftauchen; **surface area** *s* (MATH) Flächeninhalt *m;* **surface mail** *s* auf dem See-/Landweg beförderte Post; **surface noise** *s* (*Schallplatte*) Reibungsgeräusch *nt;* **surface tension** *s* Oberflächenspannung *f;* **surface-to-air** [ˌsɜ:fɪstʊ'eə(r)] *adj:* ~ **missile** Boden-Luft-Rakete *f;* **surface water** *s* Oberflächenwasser *nt*

surf•board ['sɜ:fbɔ:d] *s* (*Brett zum Wellen-*

S

reiten) Surfbrett *nt;* **surf·boarder** [-ə(r)] *s* Wellenreiter(in) *m(f)*, Surfer(in) *m(f)*

sur·feit ['sɜːfɪt] **I.** *s* Übermaß *nt* (*of* an) **II.** *vt* übersättigen, überfüttern

surfer ['sɜːfə(r)] *s* Wellenreiter(in) *m(f);* (*a.* INTERNET) Surfer(in) *m(f);* **surf·ing, surf·rid·ing** ['sɜːfɪŋ, 'sɜːfˌraɪdɪŋ] *s* Wellenreiten, Surfen *nt*

surge [sɜːdʒ] **I.** *s* **1.** Welle, Woge *f* **2.** (*fig*) Flut *f;* (*Gefühle*) Aufwallung *f;* ~ **in demand** Nachfrageschub *m;* ~ **of adrenalin** Adrenalinstoß *m* **II.** *vi* **1.** wogen, branden **2.** (*Menschen*) drängen, strömen **3.** (*Gefühl:* ~ *up*) (auf)wallen **4.** (ELEK: *Fluss*) anschwellen; **blood** ~**d to his face** das Blut schoss ihm ins Gesicht

sur·geon ['sɜːdʒən] *s* **1.** Chirurg(in) *m(f)* **2.** (MIL) Stabsarzt *m*, -ärztin *f;* Marinearzt *m*, -ärztin *f;* **dental** ~ Zahnarzt *m*, -ärztin *f;* **sur·gery** ['sɜːdʒərɪ] *s* **1.** Chirurgie *f* **2.** Sprechzimmer *nt;* Sprechstunde *f;* **have** ~ operiert werden; **surgery hours** *s pl* Sprechstunde(n *pl*) *f;* **sur·gi·cal** ['sɜːdʒɪkl] *adj* operativ; chirurgisch; ~ **boot** orthopädischer Schuh; ~ **spirit** Wundalkohol *m;* ~ **stocking** Stützstrumpf *m;* ~ **ward** chirurgische Station, Chirurgie *f*

Su·ri·nam ['sʊəˌnæm] *s* Surinam *nt;* **Su·ri·nam·ese** [ˌsʊənæ'miːz] **I.** *adj* surinamisch **II.** *s* Surinamer(in) *m(f)*

sur·ly ['sɜːlɪ] *adj* schlecht gelaunt, mürrisch

sur·mise ['sɜːmaɪz] **I.** *s* Vermutung *f* **II.** [sə'maɪz] *vt* vermuten, annehmen

sur·mount [sə'maʊnt] *vt* überwinden; **be** ~**ed by s.th.** von etw gekrönt sein

sur·name ['sɜːneɪm] *s* Familien-, Nachname *m*

sur·pass [sə'pɑːs] *vt* **1.** übertreffen, -ragen (*in s.th.* in etw) **2.** hinausgehen über

sur·plus ['sɜːpləs] **I.** *s* **1.** Überschuss *m* (*of* an) **2.** Mehrbetrag *m;* Rest(betrag) *m* **3.** (~ *profit*) Mehrertrag *m*, -einnahme *f*, Gewinnüberschuss *m* **4.** nicht ausgeschütteter Gewinn **5.** (*Versicherung*) Exzedent *m* **II.** *adj* überschüssig, -zählig; **Army** ~ **goods** Stegwaren *fpl;* ~ **demand** Nachfrageüberhang *m;* ~ **goods** Überschussgüter *ntpl;* ~ **load** Mehrbelastung *f;* ~ **production** Überproduktion *f;* ~ **purchasing power** Kaufkraftüberhang *m;* ~ **revenue** Mehreinkommen *nt;* ~ **stock** Mehrbestand *m;* **sale of** ~ **stock** Verkauf *m* von Lagerbeständen; ~ **supply** Überangebot *nt;* ~ **value** Mehrwert *m;* ~ **weight** Über-, Mehrgewicht *nt*

sur·prise [sə'praɪz] **I.** *vt* **1.** überraschen **2.** (plötzlich) überfallen, überrumpeln **3.** in Erstaunen versetzen, verwundern, befremden; **be** ~**d** überrascht sein; **be** ~**d at s.th.** sich über etw wundern, über etw staunen; ~ **s.o. into doing s.th.** jdn so verblüffen, dass er etw tut; ~ **in the act** auf frischer Tat ertappen; **I should not be** ~**d** es würde mich nicht überraschen; **I'm** ~**d to see you here** ich bin erstaunt Sie hier zu sehen; **nothing** ~**s me any more** ich wundere mich über nichts mehr; **I'm** ~**d at you!** Sie überraschen mich! **II.** *s* **1.** Überraschung *f* **2.** plötzlicher Angriff, Überfall **3.** Erstaunen *nt*, Verwunderung *f* (*at* über); (**much**) **to my** ~ zu meiner (großen) Überraschung; **catch** [*o* **take**] **by** ~ überraschen; plötzlich überfallen; **give s.o. a** ~ jdm eine Überraschung bereiten; **you'll get the** ~ **of your life** Sie werden Ihr blaues Wunder erleben; ~ **attack** Überrumpelungs-, Überraschungsangriff *m;* ~, ~**!** (*iro*) was du nicht sagst!; **sur·pris·ing** [-ɪŋ] *adj* erstaunlich, überraschend; **sur·pris·ing·ly** [-ɪŋlɪ] *adv* überraschenderweise

sur·real·ism [sə'rɪəlɪzəm] *s* Surrealismus *m;* **sur·real·ist** [sə'rɪəlɪst] **I.** *adj* surrealistisch **II.** *s* Surrealist(in) *m(f);* **sur·real·is·tic** [sərɪə'lɪstɪk] *adj* surrealistisch

sur·ren·der [sə'rendə(r)] **I.** *vt* **1.** übergeben; (*Waffen*) ausliefern, aushändigen **2.** (*Hoffnung, Anspruch, Recht*) aufgeben **3.** (*Versicherungspolice*) frühzeitig einlösen **4.** (*Mietvertrag*) kündigen **II.** *vi* **1.** sich ergeben **2.** (JUR) sich stellen **3.** (MIL) kapitulieren; die Waffen strecken **III.** *vr:* ~ **o.s. to s.th.** sich einer S hingeben **IV.** *s* **1.** Übergabe *f;* Aushändigung, Auslieferung *f;* Aufgabe, Preisgabe *f;* (frühzeitiges) Einlösen *nt;* Kündigung *f* **2.** (*a. fig*) Kapitulation *f;* ~ **value** Rückkaufswert *m;* **no** ~**!** wir kapitulieren nicht!

sur·rep·ti·tious [ˌsʌrəp'tɪʃəs] *adj* heimlich; (*Blick*) verstohlen

sur·ro·ga·cy ['sʌrəgəsɪ] *s* Leihmutterschaft *f;* **sur·ro·gate** ['sʌrəgɪt] **I.** *s* **1.** Ersatz *m* **2.** (*Br*) Weihbischof *m* **II.** *adj* **1.** Ersatz- **2.** (REL) Weih-; ~ **mother** Leihmutter *f*

sur·round [sə'raʊnd] **I.** *vt* **1.** umgeben **2.** (*a.* MIL) einschließen, umzingeln **3.** herumstehen um; **be** ~**ed with** [*o* **by**] umringt sein von **II.** *s* Einfassung *f*, Rand *m;* **sur·round·ing** [-ɪŋ] **I.** *adj* umliegend **II.** *s meist pl* Umgebung *f*

sur·tax ['sɜːtæks] *s* Zusatz-, Sondersteuer *f*

sur·veil·lance [sɜː'veɪləns] *s* Überwachung *f;* **be under** ~ überwacht werden

sur·vey [sə'veɪ] **I.** *vt* **1.** betrachten, sich ansehen; begutachten; mustern **2.** untersuchen; einer Prüfung unterziehen **3.** einen Überblick geben über **4.** (*Land*) vermessen; (*Gebäude*) begutachten **II.** ['sɜːveɪ] *s* **1.** Überblick *m* (*of* über), Musterung *f* **2.** Untersuchung *f;* (*Statistik*) Umfrage *f* **3.** (*Land*) Vermessung *f;* Vermessungsgutachten *nt;* (*Haus*) Begutachtung *f;* Gutachten *nt;* **sur•veyor** [sə'veɪə(r)] *s* **1.** Landvermesser(in) *m(f)* **2.** Bauinspektor(in) *m(f),* -gutachter(in) *m(f);* **quantity** ~ Baukostenkalkulator(in) *m(f)*

sur•vival [sə'vaɪvl] *s* **1.** Überleben *nt* **2.** Überrest *m,* -bleibsel *nt;* **on** ~ im Erlebensfalle; ~ **of the fittest** (BIOL) natürliche Auslese; ~ **kit** Überlebensausrüstung *f;* **sur•vive** [sə'vaɪv] **I.** *vt* **1.** überleben **2.** überstehen **3.** (*fam*) aushalten **II.** *vi* **1.** überleben, am Leben bleiben **2.** weiter bestehen **3.** übrig bleiben; **sur•viv•ing** [-ɪŋ] *adj* überlebend; **sur•vivor** [sə'vaɪvə(r)] *s* Überlebende(r) *f m,* Hinterbliebene(r) *f m*

sus•cep•tible [sə'septəbl] *adj* **1.** leicht beeinflussbar **2.** (MED) anfällig (*to* für); ~ **of proof** beweisbar; ~ **of change** veränderbar; **be** ~ **to s.th.** für etw empfänglich, zugänglich sein; **be** ~ **to attack** Angriffen ausgesetzt sein; **she is very** ~ **to remarks about her figure** wenn jd etwas über ihre Figur sagt, reagiert sie empfindlich; **he was not** ~ **to her tears** er ließ sich von ihren Tränen nicht erweichen

sus•pect ['sʌspekt] **I.** *s* Verdächtigte(r) *f m* **II.** *adj* verdächtig **III.** [sə'spekt] *vt* **1.** (*jdn*) verdächtigen (*of s.th.* einer S); (*Betrug, Verschwörung*) vermuten **2.** (*Wahrheit*) anzweifeln **3.** vermuten; ~ **s.o. of having done s.th.** jdn verdächtigen etw getan zu haben; **he is a ~ed member** er steht im Verdacht Mitglied zu sein; **I ~ed as much** das habe ich mir doch gedacht; **a ~ed case of cholera** ein Fall, bei dem Choleraverdacht besteht

sus•pend [sə'spend] *vt* **1.** (frei) (auf)hängen (*from* an) **2.** (zeitweilig) einstellen, unterbrechen **3.** (*Verhandlung, Urteil*) aussetzen **4.** (*Genehmigung*) einziehen; (*Rechte*) aussetzen **5.** (*Beamte*) suspendieren; (SPORT) (zeitweilig) ausschließen; sperren; ~ **payment** die Zahlungen einstellen; ~ **from duty** suspendieren; **be ~ed** hängen; (*Rechte*) ruhen; **be given a ~ed sentence** seine Strafe zur Bewährung ausgesetzt bekommen; **~ed animation** vorübergehende Leblosigkeit

sus•pender [sə'spendə(r)] *s* **1.** (*Br*) Strumpfhalter *m;* Sockenhalter *m* **2. ~s** (*Am*) Hosenträger *mpl;* **suspender belt** *s* Hüftgürtel *m*

sus•pense [sə'spens] *s* Spannung *f;* **in** ~ in der Schwebe, unentschieden; **don't keep me in** ~ **any longer** spanne mich nicht länger auf die Folter!; **wait in** ~ gespannt warten; **the** ~ **is killing me** ich bin wahnsinnig gespannt

sus•pen•sion [sə'spenʃn] *s* **1.** (AUTO) Federung *f;* (Rad)Aufhängung *f* **2.** (CHEM) Suspension *f* **3.** (MUS) Vorhalt *m,* Halten *nt* (*eines Tones*) **4.** (zeitweilige) Einstellung *f* **5.** (*von Verein*) (zeitweiliger) Ausschluss *m;* (SPORT) Sperren *nt* **6.** (JUR) Aussetzung *f* **7.** (*von Beamten*) (vorläufige) Suspendierung *f;* ~ **of payment** Zahlungseinstellung *f;* ~ **of work** Arbeitseinstellung *f;* **suspension bridge** *s* Hängebrücke *f;* **suspension points** *s pl* Auslassungspunkte *mpl;* **suspension railway** *s* Schwebebahn *f*

sus•pi•cion [sə'spɪʃn] *s* **1.** Verdacht, Argwohn *m* (*of, about* gegen) **2.** (*fig*) Andeutung, Spur *f,* Hauch *m* (*of* von); **above** ~ über jeden Verdacht erhaben; **on (the)** ~ unter dem Verdacht (*of having done s.th.* etw getan zu haben); **be under** ~ unter Verdacht stehen; **sus•pi•cious** [sə'spɪʃəs] *adj* **1.** verdächtig (*to dat*) **2.** argwöhnisch, misstrauisch (*of s.o.* gegen jdn, *about, of s.th.* gegen etw)

suss [sʌs] *vt* (*Br fam*) dahinter kommen; **I can't** ~ **him out** bei ihm blicke ich nicht durch

sus•tain [sə'steɪn] *vt* **1.** (*Gewicht*) aushalten, tragen **2.** (*Familie*) sorgen für, ernähren **3.** (*Körper*) bei Kräften halten; (*Leben*) erhalten; (*Wohlfahrtsverein*) unterstützen **4.** ermutigen, trösten **5.** aufrecht erhalten **6.** (*Verlust*) erleiden **7.** (JUR: *Einspruch*) stattgeben (*s.th.* einer S) **8.** (THEAT: *Rolle*) durchhalten **9.** (MUS: *Note*) aushalten; **sus•tain•abil•ity** [səˌsteɪnə'bɪlɪtɪ] *s* Verträglichkeit *f;* **sustainable** [sə'steɪnəbl] *adj:* ~ **development** nachhaltige Entwicklung; **sus•tained** [sə'steɪnd] *adj* **1.** ausdauernd **2.** anhaltend **3.** (MUS) gehalten; **sus•tain•ing** [-ɪŋ] *adj* (*Mahlzeit*) stärkend; ~ **program** (*Am*) Fernsehprogramm *nt* ohne Reklameeinschaltungen; ~ **wall** Stützmauer *f*

sus•ten•ance ['sʌstɪnəns] *s* **1.** Nahrung *f* **2.** Nährwert *m*

su•ture ['suːtʃə(r)] **I.** *s* (MED) Naht *f* **II.** *vt* (MED) nähen

svelte [svelt] *adj* **1.** schlank; anmutig **2.** vornehm

swab [swɒb] **I.** *s* **1.** (MAR) Mop *m* **2.** (MED) Tupfer *m;* Abstrich *m* **II.** *vt* **1.** scheuern **2.** (MED) abtupfen

swaddle ['swɒdl] *vt* (*Säugling*) wickeln; **swad•dling clothes** ['swɒdlɪŋkləʊðz] *s pl* Windeln *fpl*

swag•ger ['swægə(r)] *vi* **1.** (~ *about*) (einher)stolzieren **2.** angeben, prahlen

swal•low¹ ['swɒləʊ] *s* Schwalbe *f*

swal•low² ['swɒləʊ] **I.** *vt* **1.** (hinunter-, ver)schlucken **2.** (*fig*) schlucken; (*Beleidigung*) (hinunter)schlucken, einstecken; **that's hard to** ~ das kann man kaum glauben; ~ **one's words** nuscheln; nichts sagen; seine Worte zurücknehmen **II.** *vi*

S

schlucken **III.** *s* Schluck *m;* **swallow down** *vt* hinunterschlucken; **swallow up** *vt* verschlingen; (*Nebel*) verschlucken, verschwinden lassen; **I wish the ground would open and ~ me up** ich könnte in den Boden versinken

swal•low dive ['swɒləʊdaɪv] *s* (*Br*) Schwalbensprung *m*

swam [swæm] *s.* **swim**

swamp [swɒmp] **I.** *s* Sumpf *m* **II.** *vt* **1.** überschwemmen, -fluten, unter Wasser setzen **2.** (MAR) volllaufen lassen **3.** (*fig*) überschwemmen; **swamp fever** *s* Sumpffieber *nt;* **swamp•land** ['swɒmp-ˌlænd] *s* Sumpfland *nt*

swampy ['swɒmpɪ] *adj* sumpfig, morastig

swan [swɒn] **I.** *s* Schwan *m* **II.** *vi* **1.** (~ *around*) sich herumtreiben **2.** (~ *off*) abhauen, abzwitschern; **a ~ning job** eine gemütliche Arbeit; **swan dive** *s* (*Am*) Schwalbensprung *m*

swank [swæŋk] **I.** *s* (*fam*) **1.** Angeberei *f* **2.** Angeber(in) *m (f)* **II.** *vi* (*fam*) protzen, angeben (*about* mit); **swanky** ['swæŋkɪ] *adj* (*fam*) großspurig; protzig

swann•ery ['swɒnərɪ] *s* Schwanenzucht *f;* **swan song** ['swɒnsɒŋ] *s* (*fig*) Schwanengesang *m*

swap, swop [swɒp] **I.** *vt* tauschen (*for* für); (*Geschichten, Erinnerungen*) austauschen; ~ **s.th. for s.th.** etw für etw eintauschen; ~ **places with s.o.** mit jdm (die Plätze) tauschen **II.** *vi* tauschen **III.** *s* Tausch(handel) *m;* **do a ~ with s.o.** mit jdm tauschen

swarm [swɔːm] **I.** *s* (Bienen-, Menschen)Schwarm *m* **II.** *vi* schwärmen; **the place was ~ing with** es wimmelte von; ~ **up** hinaufklettern

swarthy ['swɔːðɪ] *adj* dunkel; dunkelhäutig

swash•buck•ling ['swɒʃˌbʌklɪŋ] *adj* draufgängerisch, verwegen

swas•tika ['swɒstɪkə] *s* Hakenkreuz *nt*

swat [swɒt] **I.** *vt* (*Fliege*) totschlagen; (*Wand*) schlagen auf; ~ **at** schlagen nach **II.** *s* **1.** Schlag *m* **2.** Fliegenklatsche *f*

swatch [swɒtʃ] *s* **1.** (Textil)Muster *nt* **2.** Musterbuch *nt;* **colour ~** Farbmuster *nt*

swathe [sweɪð] *vt* wickeln

sway [sweɪ] **I.** *vi* **1.** schwanken **2.** schwingen **3.** (*fig*) (hin)neigen, tendieren (*towards* zu) **II.** *vt* **1.** schwingen, schwenken **2.** (*fig*) geneigt machen (*towards* für), beeinflussen; ~ **s.o. from s.th.** jdn von etw abbringen; **be easily ~ed** leicht beeinflussbar sein **III.** *s* **1.** Schwanken *nt* **2.** (*Korn*) Wogen *nt* **3.** Macht *f;* **hold ~ over s.o.** jdn in der Gewalt haben; **under his ~** seinem Willen unterworfen

swear [sweə(r)] <*irr:* swore, sworn> **I.** *vi* **1.** schwören **2.** (JUR) unter Eid aussagen; beschwören (*to s.th.* etw, *to having done s.th.* etw getan zu haben) **3.** fluchen (*at s.th.* auf etw); **I wouldn't like to ~ to it** ich könnte es nicht beschwören **II.** *vt* **1.** schwören; (*Eid*) leisten **2.** vereidigen; **swear by** *vi* schwören auf; **swear in** *vt* vereidigen; **swear off** *vi* abschwören (*s.th.* einer S); **swear-word** *s* Fluch *m*

sweat [swet] **I.** *vi* **1.** schwitzen (*with* vor) **2.** (*Gefäß, Scheibe*) sich beschlagen **3.** (*fam*) schwer arbeiten **4.** zittern, Angst haben; ~ **blood** (*fig*) Blut u. Wasser schwitzen **II.** *s* **1.** Schweiß *m* **2.** (TECH) Schwitzwasser *nt* **3.** (*fig*) Plackerei *f* **4.** Aufregung *f;* **by the ~ of his brow** im Schweiße seines Angesichts; **be in a ~** schwitzen; **in a cold ~** mit Angstschweiß auf der Stirn; **no ~!** (*fam*) kein Problem; **sweat out** *vt* **1.** herausschwitzen **2.** (*fam*) durchhalten, durchstehen; **sweat•band** ['swetbænd] *s* Schweißband *nt;* **sweated** ['swetɪd] *adj* **1.** für Hungerlöhne hergestellt **2.** (*Arbeit*) schlecht bezahlt **3.** (*Personal*) ausgebeutet; **sweater** ['swetə(r)] *s* Pullover *m;* **sweat•shirt** *s* Sweatshirt *nt;* **sweat-shop** *s* Ausbeuterbetrieb *m;* **sweaty** ['swetɪ] *adj* **1.** schwitzend; schweißbedeckt; verschwitzt **2.** (*Arbeit*) anstrengend

swede [swiːd] *s* (*Br*) Kohl-, Steckrübe *f*

Swede [swiːd] *s* Schwede *m,* Schwedin *f;* **Swe•den** ['swiːdn] *s* Schweden *nt;* **Swedish** ['swiːdɪʃ] **I.** *adj* schwedisch **II.** *s* (das) Schwedisch(e)

sweep [swiːp] <*irr:* swept, swept> **I.** *vt* **1.** kehren, fegen; ausfegen; wegfegen **2.** absuchen (*for* nach); (*vermintes Gebiet*) durchkämmen; (*Minen*) räumen **3.** (*Wind, Rock*) fegen über; (*Wellen*) überspülen; (*Blick*) gleiten über; (*fig*) überrollen; (*Krankheit*) sich verbreiten **4.** wegfegen; fortschwemmen; fortreißen **5.** großen Erfolg haben bei, im Sturm erobern; (*Wahl*) haushoch gewinnen; ~ **all before one** (*fig*) überall Erfolg haben; ~ **the board** (*fig*) einen vollen Erfolg verbuchen; ~ **under the carpet** (*fig*) unter den Teppich kehren **II.** *vi* **1.** kehren, fegen **2.** vorbei-, hinausrauschen; (*Fahrzeug*) fegen **3.** (*Straße*) sich in weitem Bogen winden (*round* um); **the disease swept through the country** die Krankheit griff im Land um sich **III.** *s* **1.** Kehren, Fegen *nt* **2.** (*chimney ~*) Kaminkehrer(in) *m(f),* Schornsteinfeger(in) *m(f)* **3.** Schwenken *nt,* Schwung *m;* (*Schwert*) Streich *m* **4.** (*Kleidung, Stoff*) Rauschen *nt* **5.** (*Radar, Licht*) Strahl *m* **6.** Bereich *m;* Schussbereich *m* **7.** (*Straße, Fluss*) Bogen *m;* (*Umriss*) Schwung *m* **8.** Ausdehnung, Fläche *f;*

give s.th. a ~ etw kehren, fegen; **make a clean** ~ (*fig*) Ordnung schaffen; sehr erfolgreich sein; **at** [*o* **in**] **one** ~ auf einmal; **sweep along** I. *vi* dahinrauschen; dahingleiten; dahinbrausen II. *vt* mitreißen; **sweep aside** *vt* wegfegen; (*fig*) vom Tisch fegen; **sweep away** I. *vi* davonrauschen; davonsausen; davongleiten II. *vt* wegfegen; wegreißen; wegschwemmen; (*fig*) zunichte machen; (*alte Gesetze*) abschaffen; **sweep down** I. *vi* hinunterrauschen; hinunterschießen; hinuntergleiten; (*Hang, Straße*) sanft abfallen II. *vt* abfegen; ~ **down on s.o.** sich auf jdn stürzen; **sweep off** I. *vi* davonrauschen; davonsausen; davongleiten II. *vt* hinunterfegen, -werfen; ~ **s.o. off to Gretna Green** jdn nach Gretna Green entführen; **he was swept off to bed/into hospital** er wurde schnell ins Bett/Krankenhaus gebracht; ~ **s.o. off his feet** jdn mitreißen; **she swept him off his feet** sie hat ihm völlig den Kopf verdreht; **sweep out** I. *vi* hinausfegen; hinausrauschen; hinausgleiten II. *vt* ausfegen, auskehren; **sweep up** I. *vi* 1. (zusammen)fegen, -kehren 2. heransausen; herangleiten 3. (*Straße*) im Bogen hinaufführen II. *vt* 1. zusammenfegen, -kehren 2. (*Gegenstände*) zusammenraffen 3. (*jdn*) hochreißen; (*Haare*) hochstecken

sweeper ['swi:pə(r)] *s* 1. Straßenkehrer(in) *m(f)* 2. Kehrmaschine *f* 3. (SPORT) Ausputzer *m;* (*Fußball*) Libero *m;* **carpet-~** Teppichkehrmaschine *f;* **sweep hand** *s* Sekundenzeiger *m;* **sweep·ing** ['-ɪŋ] I. *adj* 1. (*Geste*) weitausholend; schwungvoll; (*Blick*) schweifend 2. (*fig*) gründlich, durchgreifend, radikal; (*Urteil*) pauschal; (*Erfolg*) glänzend II. *s pl* Kehricht *m;* (*fig*) Abschaum *m;* **sweep·stake** ['swi:psteɪk] *s Art Lotterie* (*bei der der Gesamteinsatz an die Spieler ausgezahlt wird*)

sweet [swi:t] I. *adj* 1. süß 2. (*fig*) angenehm, lieblich, duftig 3. anmutig, hübsch 4. lieb, freundlich (*to* gegenüber, zu) 5. frisch, unverbraucht 6. (*fam*) reizend, goldig; **be** ~ **on s.o.** in jdn verliebt sein II. *s* 1. Süßigkeit *f* 2. Süßspeise *f,* Nachtisch *m* 3. (*fig*) Liebling *m* 4. **~s** Süßigkeiten *fpl,* Bonbons *m od ntpl;* **sweet-and-sour** *adj* (*Küche*) süßsauer; **sweet·bread** ['swi:tbred] *s* Bries *nt;* **sweet·briar, sweet·brier** [ˌswi:t'braɪə(r)] *s* Hecken-, Hundsrose *f;* **sweet chestnut** *s* Esskastanie *f;* **sweet corn** *s* Zuckermais *m;* **sweeten** ['swi:tn] *vt* 1. süßen, zuckern 2. (*fig*) versüßen 3. (*sl*) bestechen 4. mildern, abschwächen 5. besänftigen; **sweetener** ['swi:tnə(r)] *s* 1. Süßstoff *m* 2. (*sl*) Bestechungsgeld *nt;* **sweet·heart** ['swi:thɑ:t] *s* Liebchen *nt;* **sweet·ness** ['swi:tnɪs] *s* Süßigkeit, Süße *f;* **all is** ~ **and light** es herrscht eitel Freude und Sonnenschein; **sweet pea** *s* Gartenwicke *f;* **sweet potato** *s* Süßkartoffel, Batate *f;* **sweet-talk** ['swi:tˌtɔ:k] *s* schöne Worte, Schmeicheleien *fpl;* **sweet tooth** *s:* **have a** ~ (*fam*) gerne Süßes essen; **sweet william** *s* Bartnelke *f*

swell [swel] <*irr:* swelled, swollen (swelled)> I. *vi* 1. (~ *up, out*) (an)schwellen (*into* zu, *with* von) 2. sich (auf)blähen (*with* vor), sich bauschen 3. sich ausdehnen; zunehmen, anwachsen (*to* zu); ~ **with pride** vor Stolz schwellen II. *vt* 1. anschwellen lassen 2. aufblasen, -blähen (*with* vor) 3. erweitern, vergrößern, ausweiten; **swollen with pride** stolzgeschwellt; **swollen with rage** wutentbrannt; ~ **s.o.'s head** jdm zu Kopfe steigen III. *s* 1. (*Meer*) Wogen *nt;* Woge *f* 2. feine Dame, feiner Herr 3. (MUS) Anschwellen, Crescendo *nt;* (*Knopf*) Schweller *m* IV. *adj* (*fam*) prima, großartig; **swell box** *s* (MUS) Schwellwerk *nt;* **swell·head** ['swelhed] *s* (*Am*) Fatzke *m;* **swell·ing** ['-ɪŋ] *s* Schwellung, Geschwulst, Beule *f*

swel·ter ['sweltə(r)] *vi* vor Hitze umkommen; **swel·ter·ing** ['sweltrɪŋ] *adj* glühend; heiß; schwül

swept [swept] I. *pt, pp of* **sweep** II. *s:* **~-back wing** (AVIAT) Pfeilflügel *m*

swerve [swɜ:v] I. *vi* 1. abweichen, -schweifen, -gehen (*from* von) 2. (AUTO) rasch ausbiegen II. *s* (AUTO) Ausbiegen *nt*

swift [swɪft] *adj* schnell, rasch, flink; **swift·ly** [-lɪ] *adv* geschwind, schnell; **swift·ness** [-nɪs] *s* Schnelligkeit *f*

swig [swɪg] I. *vt, vi* (*fam*) trinken II. *s* (*fam*) tüchtiger Schluck (*at a bottle* aus einer Flasche)

swill [swɪl] I. *vt* 1. spülen, abwaschen 2. hinunterspülen 3. (*fam*) trinken II. *s* 1. Schweinefutter *nt* 2. Getränk *nt*

swim [swɪm] <*irr:* swam, swum> I. *vi* schwimmen (*on* auf); **my head is ~ming** es schwimmt mir alles vor den Augen II. *vt* 1. schwimmen 2. durchschwimmen III. *s* Schwimmen *nt;* **be in** (**out of**) **the** ~ (nicht) auf dem Laufenden sein; **have a ~, take a ~, go for a** ~ schwimmen (gehen); **swim·mer** ['swɪmə(r)] *s* Schwimmer(in) *m(f);* **swim·ming** ['-ɪŋ] I. *s* Schwimmen *nt* II. *adj* 1. Schwimm-; schwimmend 2. schwind(e)lig; **swimming bath, swimming pool** *s* Schwimmbad, -becken *nt;* **swimming cap** *s* Bademütze *f;* **swimming costume** *s* Badeanzug *m;* **swim·ming·ly** ['-ɪŋlɪ] *adv* spielend, wie am Schnürchen; **everything went** ~ alles ging glatt (vonstatten); **swimming match** *s* Wettschwimmen *nt;* **swimming trunks** *s pl* Badehose *f;* **swimsuit** *s* Badeanzug *m*

swindle ['swɪndl] **I.** *vt* **1.** beschwindeln, betrügen (*s.o. out of s.th., s.th. out of s.o.* jdn um etw) **2.** erschwindeln (*s.th. out of s.o.* etw von jdm) **II.** *s* Schwindel, Betrug *m;* **swin•dler** ['swɪndlə(r)] *s* Schwindler(in) *m(f),* Betrüger(in) *m(f)*

swine [swaɪn] <*pl* swine, *fig pej* swines> *s* Schwein *nt*

swing [swɪŋ] <*irr:* swung, swung> **I.** *vi* **1.** schwingen **2.** schlenkern, baumeln, schaukeln **3.** hängen (*for* wegen) **4.** sich drehen **5.** (*aufs Pferd*) sich schwingen **6.** (*fig*) Schwung haben, auf Zack sein; ~ **at anchor** schaukelnd vor Anker liegen; ~ **at s.o. with s.th.** etw gegen jdn schwingen; ~ **from tree to tree** sich von Baum zu Baum schwingen; ~ **into action** aktiv werden; ~ **to and fro** hin- und herschwingen, pendeln; ~ **open** sich öffnen; ~ **shut** zuschlagen; **a ~ing party** eine Party, bei der was los ist **II.** *vt* **1.** schwingen **2.** schaukeln **3.** (*Propeller*) anwerfen **4.** (*fig*) beeinflussen; (*Meinung*) umschwenken lassen; (*jdn*) umstimmen **5.** (MUS) schwungvoll machen; schwungvoll spielen **6.** (~ *round*) herumschwenken **7.** (*fam: Sache*) schaukeln, drehen; ~ **one's hips** mit den Hüften wackeln, sich in den Hüften wiegen; ~ **the lead** (*Br fam*) sich drücken; ~ **an axe at s.o.** eine Axt gegen jdn schwingen; ~ **o.s. into the saddle** sich in den Sattel schwingen; **that swung it for me** das hat für mich den Ausschlag gegeben; **there isn't room to ~ a cat** (*fam*) es ist so eng, dass man sich nicht einmal umdrehen kann; ~ **a deal** ein Geschäft machen **III.** *s* **1.** Schwung *m;* Schwingen *nt;* (*Zeiger*) Ausschlag *m* **2.** (*Boxen*) Schwinger *m;* (*Golf, Skilaufen*) Schwung *m* **3.** (*fig*) (Meinungs)Umschwung *m* **4.** (*Musik*) Schwung *m;* (*Tanz*) Swing *m* **5.** (*für Kinder*) Schaukel *f* **6.** (*Am: full ~*) freier Lauf; freie Hand; **get into the ~ of things** in Fahrt kommen; **go with a ~** ein voller Erfolg sein; **be in full ~** voll im Gang sein; **give one's imagination full ~** (*Am*) seiner Fantasie freien Lauf lassen; **give s.o. full ~ to make the decisions** (*fam*) jdm bei allen Entscheidungen freie Hand lassen; **swing across** *vi* hinüberschwingen; sich hinüberhangeln; **swing back I.** *vi* zurückschwingen; (*Meinung*) umschlagen **II.** *vt* zurückschwingen; (*Meinung*) umschlagen lassen; **swing round I.** *vi* sich umdrehen; herumschwenken; (*Zeiger*) ausschlagen; (*fig*) umschwenken **II.** *vt* herumschwenken; (*fig*) umstimmen; (*Meinung*) umschlagen lassen; **swing to** *vi* (*Tür*) zuschlagen

swing bridge ['swɪŋbrɪdʒ] *s* Drehbrücke *f;* **swing door** *s* Pendeltür *f*

swinge•ing ['swɪndʒɪŋ] *adj* (*fam*) gewaltig, mächtig; extrem; (*Angriff*) scharf

swing•ing ['swɪŋɪŋ] *adj* (*fig*) beschwingt, schwungvoll; (*fam: Mensch*) flott; ~ **door** Pendeltür *f;* **swing-wing** *s* (AVIAT) Schwenkflügel *m*

swin•ish ['swaɪnɪʃ] *adj* (*pej*) schweinisch; gemein

swipe [swaɪp] **I.** *s* harter Schlag, Hieb *m* **II.** *vt* **1.** einen Hieb versetzen (*s.o.* jdm) **2.** (*fam*) mopsen, klauen **3.** durch ein elektronisches Lesegerät ziehen **III.** *vi* schlagen (*at* nach)

swirl [swɜːl] **I.** *vi, vt* herumwirbeln (*about the street* auf der Straße) **II.** *s* Wirbel, Strudel *m*

swish [swɪʃ] **I.** *vi* **1.** schwirren, zischen **2.** rascheln, rauschen **II.** *vt* wedeln (*its tail* mit dem Schwanz) **III.** *s* Surren, Rascheln, Zischen *nt*

Swiss [swɪs] **I.** *adj* Schweizer, schweizerisch; ~ **franc** Schweizer Franken; ~ **German** Schweizerdeutsch *nt;* ~ **roll** Biskuitrolle *f* **II.** *s* Schweizer(in) *m(f);* **the ~** die Schweizer *pl*

switch [swɪtʃ] **I.** *s* **1.** Gerte, Rute *f* **2.** (Licht)Schalter *m* **3.** (RAIL) Weiche *f* **4.** (*fig*) Wechsel *m* **5.** (COM) Tauschgeschäft *nt;* **do** [*o* **make**] **a ~** tauschen **II.** *vt* **1.** wechseln; ändern **2.** (*Aufmerksamkeit*) lenken (*to* auf) **3.** (*Produktion*) verlegen; (*Gegenstand*) umstellen **4.** (*fam*) tauschen; vertauschen **5.** (ELEK) umschalten **6.** (*Schwanz, Rute*) schlagen mit **7.** (*Am: Zug*) rangieren; ~ **schools** die Schule wechseln; **I ~ed trousers with him** wir haben die Hosen getauscht **III.** *vi* **1.** (~ *over*) überwechseln (*to* zu) **2.** (ELEK RADIO) umschalten (*to* auf) **3.** (~ *round, over*) tauschen **4.** (*Wind*) drehen (*to* nach) **5.** (RAIL) rangieren; **switch back I.** *vi* **1.** zu Gehabtem zurückkehren **2.** (ELEK RADIO TV) zurückschalten (*to* zu) **II.** *vt* zurückschalten (*to* auf); **switch off I.** *vt* ausschalten; abschalten; abstellen **II.** *vi* **1.** ausschalten **2.** (*fig*) abschalten; **switch on I.** *vt* **1.** anschalten; anstellen **2.** (*sl*) munter machen; high machen **II.** *vi* anschalten; sich einschalten; **be ~ed on to s.th.** (*sl*) auf etw stehen; **switch over I.** *vi* umschalten; (*fig*) überwechseln (*to* zu) **II.** *vt* verlegen; umstellen (*to* auf); ~ **the programme over** auf ein anderes Programm umschalten; **switch round I.** *vt* vertauschen; umstellen **II.** *vi* tauschen; **switch through** *vt* (TELE) durchstellen (*to* zu)

switch•back ['swɪtʃbæk] *s* **1.** Berg-, Gebirgsbahn *f* **2.** Berg-und-Tal-Bahn *f;* Achterbahn *f;* **switch•blade (knife)** ['swɪtʃbleɪd] *s* (*Am*) Schnappmesser *nt;* **switch•board** *s* **1.** (ELEK) Schalttafel *f* **2.** (TELE) Vermittlung *f;* Zentrale *f;* **switchboard operator** *s* Telefonist(in) *m(f);* **switch•man** <*pl* -men> *s* (*Am*) Weichenwärter *m;* **switch tower** *s* (*Am*) Stellwerk *nt;* **switch-yard** *s* (*Am*) Rangierbahnhof *m*

Swit•zer•land ['swɪtsələnd] *s* die Schweiz

swivel ['swɪvl] **I.** *s* (TECH) Drehring *m,* -lager *nt* **II.** *vt* schwenken, herumdrehen **III.** *vi* sich drehen; **swivel chair** *s* Drehstuhl *m;* **swivel joint** *s* Universalgelenk *nt*

swizzle stick ['swɪzl,stɪk] *s* Sektquirl *m*

swol•len ['swəʊlən] *s.* **swell**

swoon [swu:n] **I.** *vi* ohnmächtig werden (*with* vor) **II.** *s* Ohnmacht *f*

swoop [swu:p] **I.** *vi* **1.** (*Raubvogel: ~ down*) herabschießen (*on* auf) **2.** herfallen (*on* über) **II.** *vt* (~ *up*) (weg)schnappen; emporreißen **III.** *s* **1.** Herabschießen *nt* **2.** (*fig*) plötzlicher Angriff; Razzia *f;* **at one (fell)** ~ mit einem Schlag

swop [swɒp] *s.* **swap**

sword [sɔ:d] *s* Schwert *nt;* **cross ~s** die Klingen kreuzen (*with* mit); **sword-dance** *s* Schwerttanz *m;* **sword•fish** ['sɔ:dfɪʃ] *s* Schwertfisch *m;* **sword-play** *s* Fechten *nt;* **sword-point** *s* Schwertspitze *f;* **at** ~ mit vorgehaltener Klinge; **swords•man** ['sɔ:dzmən] <*pl* -men> *s* Schwertkämpfer *m;* Fechter *m;* **swords•man•ship** ['sɔ:dzmənʃɪp] *s* Fechtkunst *f*

swore, sworn [swɔ:, swɔ:n] *s.* **swear**

swot [swɒt] **I.** *vi* (*Br fam*) ochsen, büffeln, pauken (*for an exam* auf eine Prüfung); ~ **up on s.th.** sich über etw informieren **II.** *s* (*Br: pej*) Streber(in) *m(f)*

swum [swʌm] *s.* **swim**

swung [swʌŋ] *s.* **swing**

syca•more ['sɪkəmɔ:(r)] *s* **1.** (*Br*) Bergahorn *m* **2.** (*Am*) amerikanische Platane **3.** (*Holz*) Ahorn *m*

syco•phant ['sɪkəfænt] *s* Speichellecker *m*

syl•labic [sɪ'læbɪk] *adj* silbisch; **syl•lab•ifi•ca•tion** [,sɪləbɪfɪ'keɪʃn] *s* Silbentrennung *f;* **syl•lable** ['sɪləbl] *s* Silbe *f;* **don't breathe a ~ of this!** kein(en) Ton davon!

syl•la•bus ['sɪləbəs] *s* **1.** Lehrplan *m* **2.** Programm *nt*

sylph [sɪlf] *s* **1.** Sylphe, Luftgeist *m* **2.** (*fig*) schlankes Mädchen

sym•bio•sis [,sɪmbɪ'əʊsɪs] *s* Symbiose *f;* **sym•bio•tic** [,sɪmbɪ'ɒtɪk] *adj* symbiotisch

sym•bol ['sɪmbl] *s* Sinnbild, Symbol, Zeichen *nt;* **sym•bolic(al)** [sɪm'bɒlɪk(l)] *adj* symbolisch (*of* für); **sym•bol•ism** ['sɪmbəlɪzəm] *s* **1.** (*lit*) Symbolismus *m* **2.** Symbolik *f;* **sym•bol•ize** ['sɪmbəlaɪz] *vt* symbolisieren

sym•met•ri•cal [sɪ'metrɪkl] *adj* symmetrisch; **sym•me•try** ['sɪmətrɪ] *s* Symmetrie *f*

sym•path•etic [,sɪmpə'θetɪk] *adj* **1.** mitfühlend; teilnehmend **2.** empfänglich (*to* für) **3.** (*fam*) einverstanden (*to* mit), geneigt (*towards dat*); ~ **strike** Solidaritäts-, Sympathiestreik *m;* **sym•path•ize** ['sɪmpəθaɪz] *vi* **1.** sympathisieren (*with* mit) **2.** mitfühlen, Mitleid haben (*with* mit) **3.** Verständnis haben (*with* für); ~ **with s.o.'s views** jds Meinung teilen; **sym•path•iz•er** [-ə(r)] *s* (POL) Sympathisant(in) *m(f);* **sym•pathy** ['sɪmpəθɪ] *s* **1.** Mitleid, Mitgefühl *nt* (*for* mit); (*Tod*) Beileid *nt* **2.** Verständnis *nt;* Sympathie *f;* **feel** [*o* **have**] ~ **for s.o.** mit jdm Mitleid haben; **you have my** ~ (*hum*) herzliches Beileid; **be in (out of)** ~ **with** (nicht) einhergehen mit; **our sympathies are with you** wir sind auf Ihrer Seite; **there isn't much ~ between them** sie verstehen sich nicht; **come out** [*o* **strike**] **in** ~ in Sympathiestreik treten

sym•phonic [sɪm'fɒnɪk] *adj* (MUS) sinfonisch; **sym•phony** ['sɪmfənɪ] *s* Sinfonie *f;* **symphony concert** *s* Sinfoniekonzert *nt;* **symphony orchestra** *s* Sinfonieorchester *nt*

sym•po•sium [sɪm'pəʊzɪəm, -zɪə] <*pl* -sia> *s* Symposium *nt,* Konferenz *f*

symp•tom ['sɪmptəm] *s* Symptom, Anzeichen, Merkmal *nt* (*of* für); **symp•to•matic** [,sɪmptə'mætɪk] *adj* symptomatisch, charakteristisch (*of* für)

syna•gogue ['sɪnəgɒg] *s* (REL) Synagoge *f*

syn•chro•mesh ['sɪŋkrəʊ,meʃ] *s* Synchrongetriebe *nt*

syn•chron•ize ['sɪŋkrənaɪz] **I.** *vt* **1.** (*Geräte, Uhren*) aufeinander abstimmen **2.** (FILM) synchronisieren **II.** *vi* **1.** gleichzeitig sein **2.** (*Uhren*) übereinstimmen **3.** (FILM) synchronisiert sein; **syn•chron•ous** ['sɪŋkrənəs] *adj* gleichzeitig

syn•co•pate ['sɪŋkəpeɪt] *vt* (MUS) synkopieren; **syn•cope** ['sɪŋkəpɪ] *s* Synkope *f*

syn•di•cate ['sɪndɪkət] **I.** *s* Interessengemeinschaft *f;* (COM) Syndikat *nt,* Verband *m;* (*Presse*) (Presse)Zentrale *f;* (*crime* ~) Syndikat *nt,* Ring *m* **II.** ['sɪndɪkeɪt] *vt* **1.** (*Artikel, Beitrag*) an mehrere Zeitungen verkaufen **2.** (COM) syndizieren; **syn•di•ca•tion** [,sɪndɪ'keɪʃn] *s* (COM) Syndizierung *f*

syn•drome ['sɪndrəʊm] *s* Syndrom *nt;* Phänomen *nt*

syn•er•gist•ic ['sɪnə,dʒɪstɪk] *adj* synergistisch; **syn•ergy** ['sɪnədʒɪ] *s* Synergie *f*

synod ['sɪnəd] *s* Synode *f*

syn•onym ['sɪnənɪm] *s* Synonym *nt;* **syn-**

S

ony•mous [sɪˈnɒnɪməs] *adj* synonym, sinnverwandt; gleichbedeutend
syn•op•sis [sɪˈnɒpsɪs, *pl* -siːz] <*pl* -ses> *s* Übersicht, Zusammenfassung *f*, Abriss *m*
syn•tac•tic(al) [sɪnˈtæktɪk(l)] *adj* syntaktisch; **syn•tax** [ˈsɪntæks] *s* Syntax *f*
syn•thesis [ˈsɪnθɪsɪs, *pl* -θɪsiːz] <*pl* -theses> *s* (*a.* CHEM) Synthese *f*; **synthesize** [ˈsɪnθəsaɪz] *vt* **1.** (*Stoff*) synthetisch herstellen (*from* aus) **2.** (*Stoff, Theorien*) zusammenfassen; **syn•thesizer** [-ər] *s* (ELEK) Synthesizer *m*; **syn•thetic** [sɪnˈθetɪk] **I.** *s* Kunststoff *m* **II.** *adj* synthetisch; Kunst-; (*fig*) künstlich; ~ **fibre** Kunstfaser *f*; ~ **material** Kunststoff *m*
syph•ilis [ˈsɪfɪlɪs] *s* (MED) Syphilis *f*; **syphilitic** [ˌsɪfɪˈlɪtɪk] *adj* syphilitisch
syphon [ˈsaɪfn] **I.** *s* **1.** Syphon *m* **2.** (TECH) Heber *m* **II.** *vt* ausheben, umfüllen; **syphon off** *vt* **1.** absaugen **2.** (*Gewinn*) abschöpfen
Syria [ˈsɪrɪə] *s* Syrien *nt*; **Syr•ian** [ˈsɪrɪən] **I.** *adj* syrisch **II.** *s* Syrer(in) *m(f)*, Syrier(in) *m(f)*
syr•inge [sɪˈrɪndʒ] **I.** *s* (MED TECH) Spritze *f* **II.** *vt* einspritzen, injizieren; (MED) (aus)spülen
syrup [ˈsɪrəp] *s* **1.** Sirup *m* **2.** (*fruit-*~) Frucht-, Obstsaft *m*; **syrupy** [ˈsɪrəpɪ] *adj* **1.** klebrig **2.** (*fam fig*) süßlich; sentimental
sys•tem [ˈsɪstəm] *s* **1.** System *nt* **2.** Methode *f*; **circulatory** ~ Kreislaufsystem *nt*; **digestive/respiratory** ~ Verdauungs-/Atmungsapparat *m*; **railway** ~ Eisenbahnnetz *nt*; **if you can't beat the ~ join it** wenn du nicht gegen das System ankommst, arrangiere dich mit ihm; **I have to get it out of my** ~ ich muss irgendwie darüber wegkommen; **it's bad for the** ~ das ist ungesund; **all ~s go!** jetzt aber voll ran!; **sys•tematic** [ˌsɪstəˈmætɪk] *adj* systematisch; **systematize** [ˈsɪstəmətaɪz] *vt* in ein System bringen, nach einem System (an)ordnen; **system check** *s* (INFORM) Systemprüfung *f*; **system crash** *s* (INFORM) Systemabsturz *m*; **system disk** *s* (INFORM) Systemdiskette *f*; **system error** *s* Systemfehler *m*; **systems analysis** *s* Systemanalyse *f*; **systems analyst** *s* Systemanalytiker(in) *m(f)*; **system software** *s* (INFORM) Systemsoftware *f*

T

T, t [ti:] <*pl* -'s> *s* T, t *nt;* **to a** ~ ganz genau, aufs Haar

ta [tɑ:] *interj* (*fam*) danke

tab [tæb] *s* **1.** Aufhänger *m;* Öse *f;* Lasche *f* **2.** Etikett *nt;* Namensschild *nt* **3.** (Karten)Reiter *m* **4.** (AVIAT) Klappe *f* **5.** (*Am fam*) Rechnung *f* **6.** (*fam: Schreibmaschine*) Tabulator *m;* **keep ~s on** (*fam*) genau kontrollieren

tab·by ['tæbɪ] **I.** *adj* (*fam: Katze*) getigert **II.** *s* (weibliche) Katze

tab·er·nacle ['tæbənækl] *s* **1.** (REL) Stiftshütte *f* **2.** Gotteshaus *nt* **3.** Tabernakel *nt od m*

tab key ['tæbki:] *s* Tabulatortaste *f*

table ['teɪbl] **I.** *s* **1.** Tisch *m* **2.** Tischgesellschaft *f* **3.** Tabelle, Liste *f,* Verzeichnis *nt;* **lay** (**clear**) **the** ~ den Tisch decken (abräumen); **at the** ~ am Tisch; **at** ~ bei Tisch; **lay on the** ~ zur Diskussion vorschlagen; (*Am*) auf die lange Bank schieben; **put on the** ~ zur Sprache bringen, zur Diskussion stellen; anschneiden; **turn the ~s** (*fig*) den Spieß umkehren (*on s.o.* gegenüber jdm); **the ~s have turned** das Blatt hat sich gewendet; ~ **of contents** (*Buch*) Inhaltsverzeichnis *nt;* **multiplication ~s** Einmaleins *nt* **II.** *vt* **1.** in Tabellenform zusammenstellen **2.** (*Br: Anfrage im Parlament*) einbringen; **table·cloth** *s* Tischtuch *nt;* **table land** *s* (GEOG) Tafelland, Plateau *nt;* **table-lift·ing** ['teɪbl,lɪftɪŋ] *s* Tischrücken *nt* (*der Spiritisten*)*;* **table linen** *s* Tischwäsche *f;* **table manners** *s pl* Tischmanieren *fpl;* **table mat** *s* Set *nt od m;* **table·spoon** ['teɪblspu:n] *s* Esslöffel *m*

tab·let ['tæblɪt] *s* **1.** Gedenktafel *f* **2.** (MED) Tablette *f* **3.** (*Seife*) Stück *nt;* (*Schokolade, Wachs*) Täfelchen *nt*

table talk ['teɪbltɔ:k] *s* Tischgespräch *nt;* **table tennis** *s* Tischtennis *nt;* **tableware** ['teɪblweə(r)] *s* Tafelgeschirr *nt;* **table wine** *s* Tafelwein *m*

tab·loid ['tæblɔɪd] *s* (*kleinformatige*) Boulevardzeitung *f*

ta·boo, ta·bu [tə'bu:] **I.** *s* Tabu *nt* **II.** *adj* tabu, verboten **III.** *vt* für tabu erklären

tabu·lar ['tæbjʊlə(r)] *adj:* **in** ~ **form** in Tabellenform; **tabu·late** ['tæbjʊleɪt] *vt* in Tabellenform bringen; **tabu·la·tion** [,tæbjʊ'leɪʃn] *s* tabellarische Anordnung; **tabu·la·tor** ['tæbjʊleɪtə(r)] *s* (*Tastatur*) Tabulator *m*

tacho ['tækəʊ] *s* (*fam*) Tacho *m;* **tacho·graph** ['tækəgrɑ:f] *s* Fahrtenschreiber, Tachograph *m*

tacit ['tæsɪt] *adj* stillschweigend; **taci·turn** ['tæsɪtɜ:n] *adj* schweigsam, wortkarg; **taci·tur·nity** [,tæsɪ'tɜ:nətɪ] *s* Schweigsamkeit *f*

tack [tæk] **I.** *s* **1.** Reißbrettstift *m,* Heftzwecke *f;* kleiner Nagel, Stift *m* **2.** Heftstich *m;* Heften *nt* **3.** (MAR) (Kreuz)Schlag *m* **4.** (*fig*) Kurs *m;* **on the wrong** ~ (*fig*) auf dem Holzweg; **take** [*o* **try**] **a different** ~ es anders versuchen **II.** *vt* **1.** mit Stiften befestigen **2.** heften **3.** (*fig*) hinzufügen (*on to s.th.* an etw); ~ **together** zusammenfügen **III.** *vi* **1.** (MAR) aufkreuzen; wenden **2.** heften

tackle ['tækl] **I.** *s* **1.** Ausrüstung *f* **2.** (MAR) Tauwerk *nt* **3.** Flaschenzug *m* **4.** (*Fußball etc*) Angreifen, Tackling *nt;* **fishing** ~ Angelsportgerät *nt;* (*fam*) Angelzeug *nt* **II.** *vt* **1.** ergreifen, packen; (SPORT) angreifen **2.** (*Problem, Arbeit*) anpacken, in Angriff nehmen **3.** angehen (*s.o. about/over s.th.* jdn wegen etw)

tacky ['tækɪ] *adj* **1.** klebrig **2.** (*fam*) schäbig, billig

tact [tækt] *s* Takt *m,* Fein-, Fingerspitzengefühl *nt;* **tact·ful** ['tæktfl] *adj* taktvoll

tac·ti·cal ['tæktɪkl] *adj* taktisch; **tac·ti·cian** [tæk'tɪʃn] *s* Taktiker(in) *m(f);* **tac·tics** ['tæktɪks] *s pl* Taktik *f*

tac·tile ['tæktaɪl] *adj:* ~ **sense** Tastsinn *m*

tact·less ['tæktlɪs] *adj* taktlos; **tact·less·ness** [-nɪs] *s* Taktlosigkeit *f*

tad·pole ['tædpəʊl] *s* Kaulquappe *f*

taf·feta ['tæfɪtə] *s* Taft *m*

tag [tæg] **I.** *s* **1.** Etikett *nt,* Preiszettel *m;* Schildchen *nt* **2.** Aufhänger *m* **3.** stehende Redensart, Floskel *f,* Spruch *m* **4.** (GRAM) Bestätigungsfrage *f* **5.** (*Spiel*) Fangen *nt;* **price** ~ Preisschild *nt* **II.** *vt* **1.** hinzufügen (*to* an) **2.** mit einem Anhänger, Schildchen, Etikett versehen **3.** (COM) auszeichnen **4.** (*Am fam*) einen Strafzettel verpassen *dat* **III.** *vi* hinterher-, nachlaufen (*after s.o.* jdm); **tag along** *vi* mitgehen, -kommen; **tag around with s.o.** *vi* mit jdm immer zusammen sein; **tag on I.** *vt* anhängen **II.** *vi* sich anhängen (*to* an); **tag together** *vt* zusammenheften

tai·ga ['taɪgə] *s* (GEOG) Taiga *f*

T

tail [teɪl] **I.** *s* **1.** Schwanz, Schweif *m* **2.** (*fig*) Ende *nt* **3.** Rockschoß *m;* Hemdzipfel *m* **4.** (AVIAT) Heck *nt* **5.** **~s** (*Münze*) Zahlseite *f* **6.** **~s** Frack *m* **7.** (*fig*) Schatten *m* **8.** (*sl pej*) Weibsbild; **wag its ~** mit dem Schwanz wedeln; **put a ~ on s.o.** jdn beschatten lassen; **put one's ~ between one's legs** (*fig*) den Schwanz einziehen; **turn ~** Reißaus nehmen; **I can't make head nor ~ of it** daraus werde ich nicht schlau; **heads or ~s?** Kopf oder Zahl? **II.** *vt* beschatten; folgen (*s.o.* jdm); **tail after s.o.** *vi* jdm hinterherlaufen; **tail back** *vi* (*Verkehr*) sich stauen; **tail off, tail away** *vi* **1.** abnehmen; schwächer werden **2.** schlechter werden, nachlassen

tail•back ['teɪlbæk] *s* (Auto)Schlange *f,* Stau *m;* **tail•board** *s* (Lade)Klappe *f;* **tail end** *s* hinteres Ende; Schluss *m;* **at the ~** ganz am Schluss; **tail•gate** ['teɪlgeɪt] **I.** *s* Hecktür *f;* Ladeklappe *f* **II.** *vi* dicht auffahren; **tail•less** ['teɪllɪs] *adj* schwanzlos; **tail•light** *s* (AUTO) Rücklicht *nt*

tailor ['teɪlə(r)] **I.** *s* Schneider(in) *m(f)* **II.** *vt* **1.** schneidern **2.** (*fig*) zuschneiden (*to* auf); **tailor-made** ['teɪləmeɪd] *adj* **1.** nach Maß angefertigt; maßgeschneidert **2.** (*fig*) zugeschnitten (*for* auf)

tail•piece ['teɪlpi:s] *s* **1.** Anhang *m,* Anhängsel *nt* **2.** (AVIAT) Heck *nt* **3.** (TYP) (Schluss)Vignette *f;* **tail•pipe** ['teɪlpaɪp] *s* (*Am*) Auspuffrohr *nt;* **tail•spin** *s* (AVIAT) Trudeln *nt;* **tail wind** *s* Rückenwind *m*

taint [teɪnt] **I.** *vt* **1.** verderben (*with* durch) **2.** (*fig: Ruf*) beflecken **II.** *s* **1.** Makel *m;* (Schand)Fleck *m* **2.** (krankhafte) Anlage *f* (*of* zu); **be free from ~** (*Fleisch*) (noch) nicht verdorben sein; **taint•less** [-lɪs] *adj* makel-, fleckenlos

take [teɪk] <*irr:* took, taken> **I.** *vt* **1.** nehmen **2.** an sich nehmen **3.** mitnehmen (*to* zu, nach) **4.** begleiten (*to* zu, nach) **5.** (*Verantwortung*) auf sich nehmen **6.** (*Preis*) gewinnen **7.** (*Examen*) machen **8.** (*Lehrer*) unterrichten; (*Schüler*) nehmen **9.** (*Reise, Spaziergang*) machen **10.** (*Tier*) fangen **11.** ergreifen, packen; gefangen nehmen **12.** (*Arznei*) einnehmen **13.** (*Temperatur*) messen **14.** (*Behandlung*) sich unterziehen **15.** nehmen, (aus)wählen, sich entschließen zu; (*Stelle*) annehmen **16.** auffassen, ansehen (*for* als), halten (*for* für) **17.** verstehen, begreifen **18.** (*unpersönliche Konstruktion*) brauchen **19.** (*Hindernis*) nehmen, sich hinwegsetzen über; (*fig*) überwinden **20.** (*Film, Foto*) machen **21.** sich gefallen lassen; (*Alkohol, Essen*) vertragen; (*Enttäuschung*) fertig werden mit **22.** (*Nachricht*) reagieren auf **23.** annehmen; halten (*s.o. for s.th.* jdn für etw) **24.** (MATH) abziehen **25.** (GRAM) stehen mit; **~ into account** in Betracht ziehen; **~ legal advice** zum Rechtsanwalt, zur Rechtsberatung gehen; **~ one's bearings** sich orientieren; **~ the blame** die Schuld auf sich nehmen; **~ a deep breath** tief Atem holen; **~ a chair** [*o* **seat**] sich setzen, Platz nehmen; **~ the chair** den Vorsitz übernehmen; **~ a chance** etwas wagen, riskieren; **~ charge of** sich kümmern um, Acht geben auf; die Leitung *+gen* in die Hand nehmen; **~ into confidence** ins Vertrauen ziehen; **~ into consideration** in Erwägung ziehen; **~ cover** Schutz suchen, in Deckung gehen; **~ a short cut** den Weg abkürzen; **~ a degree** ein Examen ablegen; **~ effect** wirksam werden; **~ fire** Feuer fangen; **~ for granted** für selbstverständlich halten; **~ a hint** einen Wink verstehen; **~ hold of s.th.** sich einer S bemächtigen; **~ interest in** Interesse haben an; **~ one's leave** sich verabschieden (*of* von); **~ a liking to s.o.** sich zu jdm hingezogen fühlen; **~ a look** einen Blick werfen (*at* auf); **~ measures** Maßnahmen ergreifen; **~ the mickey out of s.o.** (*fam*) jdn veräppeln; **~ a nap** ein Nickerchen machen; **~ a note of s.th.** etw notieren, *fig* bemerken; **~ notes** sich Notizen machen; **~ notice of** beachten, Notiz nehmen von; **~ an oath** einen Eid leisten; schwören; **~ offence at** sich beleidigt fühlen durch; **~ orders** gehorchen; **~ part in** teilnehmen an; **~ s.o.'s picture** jdn aufnehmen, fotografieren; **~ to pieces** auseinander nehmen; **~ pity on** Mitleid haben mit; **~ place** stattfinden; **~ s.o.'s place** an jds Stelle treten; **~ pleasure in** Vergnügen haben, finden an; **~ possession of** Besitz ergreifen von; **~ a resolution** einen Entschluss fassen; **~ a rest** sich ausruhen; **~ time** Zeit brauchen; **~ one's time** sich Zeit lassen (*to* zu); **~ the trouble** sich die Mühe machen, sich bemühen (*to* zu); **~ turns** (sich) abwechseln; **~ a turn for the better/worse** eine Wendung zum Besseren/Schlechteren nehmen; **it ~s 5 hours** man braucht 5 Stunden; **he ~s a size nine shoe** er hat (Schuh)Größe 9; **that doesn't ~ much brains** dazu gehört nicht viel Verstand; **how does that ~ you?** wie findest du das?; **~ it from me!** glaube mir!; **~ it or leave it** wie du willst; **I can't ~ it any more** ich kann nicht mehr; **I find that hard to ~** es fällt mir schwer, das hinzunehmen, zu verkraften, zu ertragen; **be ~n ill** krank werden; **be ~n with s.o.** von jdm angetan sein **II.** *vi* **1.** (*Pflanze*) anwachsen, Wurzeln schlagen; (*Feuer*) angehen; (*Farbe*) angenommen werden; (*Impfung*) anschlagen **2.** (*Fisch*) anbeißen **3.** Anklang, Beifall finden **4.** Abbruch tun, abträglich sein (*from dat*); ~ **ill** krank werden; ~ **long** lange dauern **III.** *s* **1.** (*Am*) Einnahmen *fpl* **2.** Beute *f;* Fang *m* **3.** (FILM) Aufnahme *f;* **be on the** ~ Bestechungsgeld nehmen; **take aback** *vt* überraschen; **take after** *vi* **1.** nachschlagen (*s.o.* jdm) **2.** ähnlich sein (*s.o.* jdm); **take along** *vt* mitnehmen; **take apart** *vt* auseinander nehmen; **take away** *vt* **1.** wegnehmen **2.** (MATH) abziehen **3.** (*Essen*) mitnehmen; ~ **away from s.th.** etw schmälern, mindern; **take back** *vt* **1.** zurücknehmen **2.** (*Ware*) zurückbringen **3.** erinnern (*to* an); **take down** *vt* **1.** herunternehmen; abnehmen **2.** ab-, einreißen; abbauen **3.** demütigen **4.** aufschreiben; notieren; **I took him down a peg or two** (*fig*) ich habe ihm einen Dämpfer aufgesetzt; **take for** *vt* halten für; **take home** *vt* **1.** nach Hause bringen **2.** (*Geld*) netto verdienen; **take in** *vt* **1.** annehmen **2.** (*Kleid*) enger machen **3.** einschließen **4.** wahrnehmen; verstehen, begreifen **5.** täuschen, hereinlegen **6.** zu sich nehmen, aufnehmen; (COM) in Kost nehmen **7.** (*Ernte*) einbringen **8.** (*Geld*) einnehmen; **take off I.** *vt* **1.** wegnehmen **2.** (*Telefonhörer, Deckel*) abnehmen **3.** (*Kleidung*) ausziehen; (*Hut*) abnehmen **4.** abziehen, subtrahieren; (*vom Preis*) nachlassen **5.** (*Zug*) ausfallen lassen **6.** nachmachen, -äffen **7.** (*Tag*) freinehmen **8.** (*Person*) mitnehmen; abführen **II.** *vi* **1.** sich entfernen **2.** (AVIAT) starten; ~ **o.s. off** weggehen; ~ **s.o.'s mind off s.th.** jdn von etw ablenken; ~ **s.th. off s.o.'s hands** jdm etw abnehmen; **take on I.** *vt* **1.** beschäftigen, einstellen **2.** auf sich nehmen; (*Arbeit*) annehmen **3.** spielen gegen; kämpfen gegen; sich auseinander setzen mit **4.** (*Farbe, Ausdruck*) bekommen, annehmen **II.** *vi* **1.** (*fam*) sich furchtbar ärgern **2.** (*fam*) ankommen, in Mode kommen (*among* bei); **take out** *vt* **1.** herausnehmen, entfernen **2.** hinausbringen; hinausfahren **3.** (*Geld*) abheben **4.** (*Patent*) nehmen, erwirken; (*Versicherung*) abschließen **5.** (*Am: Essen*) mitnehmen **6.** ausführen, begleiten **7.** (*euph*) zerstören; töten; ~ **it out of s.o.** jdn mitnehmen, jdn schlauchen; ~ **it out on s.o.** seinen Ärger an jdm auslassen; ~ **s.o. out of himself** jdn seine Sorgen vergessen lassen; ~ **out an annual subscription to s.th.** etw im Jahresabonnement beziehen; **take over I.** *vt* **1.** (*Geschäft, Amt*) übernehmen **2.** (*Person*) hinüberbringen; mitnehmen **II.** *vi* an die Macht, Regierung kommen; (*fam*) das Heft an sich reißen; ~ **over from s.o.** jdn ablösen; **take to** *vi* **1.** Gefallen finden an; (*Person*) sympathisch finden **2.** Zuflucht nehmen zu; ~ **to doing s.th.** anfangen, etw zu tun; **take up I.** *vt* **1.** aufnehmen; hochheben **2.** hinaufbringen **3.** aufsaugen, absorbieren **4.** (*Zeit*) in Anspruch nehmen; (*Platz*) einnehmen **5.** übernehmen **6.** (*Beschäftigung*) aufnehmen **7.** (*Kredit, Einladung*) annehmen **8.** (*Hobby*) sich zulegen **9.** (*Rock*) kürzer machen **10.** (*Angelegenheit*) besprechen; eingehen auf **11.** (*Thema*) wieder aufnehmen **12.** (*Redner*) berichtigen **13.** (*Wohnung*) beziehen **14.** (*Gedanken*) aufgreifen **15.** fördern, sich einsetzen für **16.** (FIN: *Option*) ausüben; (*Aktien*) zeichnen **II.** *vi* weitermachen; **I'll** ~ **you up on that** ich nehme Sie beim Wort; **be ~n up with** beschäftigt sein mit; **take up with** *vi* sich anfreunden mit

take•away ['teɪkəweɪ] *s* **1.** Essen *nt* zum Mitnehmen **2.** Imbissstube *f;* Restaurant *nt* für Außer-Haus-Verkauf; **take-home pay** ['teɪkhəʊm'peɪ] *s* Nettolohn *m;* **take-in** ['teɪkɪn] *s* (*fam*) Schwindel *m,* Gaunerei *f,* Betrug *m;* **taken** ['teɪkn] *s.* **take**; **take-off** ['teɪkɒf] *s* **1.** (AVIAT) Abflug, Start *m* **2.** (*fam*) Nachmachen *nt,* Karikieren *nt;* Nachahmung *f;* ~ **clearance** Startfreigabe *f;* **do a** ~ **of s.o.** jdn nachmachen; **take-out** ['teɪkaʊt] *s* (*Am sl*) Fertiggericht *nt* zum Mitnehmen; **take•over** ['teɪkˌəʊvə(r)] *s* Übernahme *f;* **takeover bid** *s* Übernahmeangebot *nt;* **takeover target** *s* (COM) Übernahmeobjekt *nt*

taker ['teɪkə(r)] *s* **1.** Käufer(in) *m(f),* Interessent(in) *m(f)* **2.** Wettende(r) *f m;* **any ~s?** wer wettet?; (*bei Auktion*) wer bietet?, wer ist (daran) interessiert?

take-up ['teɪkʌp] *s* **1.** Inanspruchnahme *f* **2.** (*Tonband*) Aufwickeln, Aufspulen *nt;* **take-up spool** *s* (*Tonband*) Aufwickelspule *f*

tak•ing ['teɪkɪŋ] **I.** *adj* sympathisch **II.** *s* **1.** Entnahme *f* **2. ~s** Einnahmen *fpl* **3.** (MIL) Einnahme *f;* **on** ~ bei Entnahme; ~ **an inventory** Inventur *f;* ~ **out a policy** Abschluss *m* einer Versicherung; **tak•ing-over** [ˌteɪkɪŋ'əʊvə(r)] *s* Übernahme *f;* **tak•ing-up** [ˌteɪkɪŋ'ʌp] *s* (COM) Aufnahme *f;* ~ **of a loan** Kreditaufnahme *f*

talc [tælk] *s* (MIN) Talk *m;* **tal•cum** ['tælkəm] *s* (~ *powder*) Talkum-, Körperpuder *m*

tale [teɪl] *s* **1.** Erzählung, Geschichte *f* **2.** Lüge, Erfindung *f* **3.** Bericht *m;* Gerede *nt;* **tell ~s** klatschen, (aus)plaudern

tal•ent ['tælənt] *s* **1.** Talent *nt,* Begabung, Fähigkeit *f* **2.** (*fam*) anziehende Frau; **to have a** ~ **for** begabt sein für; **talented** [-ɪd] *adj* begabt, befähigt

tal•is•man ['tælɪzmən] <*pl* -mans> *s* Talisman, Glücksbringer *m*

talk [tɔːk] **I.** *vi* **1.** sprechen, reden (*about, of,*

T

on von, über, *to, with s.o.* mit jdm) **2.** plaudern, schwatzen; klatschen; ~ **big** (*sl*) angeben, prahlen; ~ **through one's hat** (*sl*) Unsinn reden; **now you are ~ing** das lässt sich hören!; **you can ~!** du hast gut reden!; ~ **to me!** sag' doch was!; ~ **to o.s.** Selbstgespräche führen; **~ing of holidays** da wir gerade vom Urlaub sprechen **II.** *vt* **1.** (*Sprache*) sprechen; (*Unsinn*) reden **2.** reden, sprechen über **3.** überreden (*into doing s.th.* etw zu tun); ~ **s.o. into s.th.** jdm etw einreden; ~ **s.o. out of s.th.** jdm etw ausreden; **be ~ed about** [*o* **of**] ins Gerede kommen; **let's ~ business** kommen wir zur Sache; ~ **scandal** klatschen; ~ **sense** vernünftig reden; ~ **shop** fachsimpeln **III.** *s* **1.** Gespräch *nt,* Unterhaltung *f* **2.** Diskussion, Aussprache, Besprechung *f* **3.** Gerede, Geschwätz *nt* **4.** Vortrag *m;* **be all** ~ immer nur reden; **be the ~ of the town** in aller Munde sein; **there is ~ of** man spricht von, man sagt; **small** ~ Smalltalk *m;* **talk back** *vi* (scharf) erwidern, antworten; frech sein; **talk down** *vt* **1.** zum Schweigen bringen **2.** (AVIAT) heruntersprechen; ~ **down to s.o.** mit jdm herablassend reden; **talk on** *vi* weiterreden; **talk out** *vt* **1.** (*Thema*) erschöpfen(d behandeln) **2.** (PARL) durch lange Debatten hinauszögern; ~ **s.o. out of s.th.** jdn von etw abbringen; ~ **one's way out of s.th.** sich aus etw herausreden; **talk over** *vt* bereden, besprechen; **talk round** *vt* umstimmen; ~ **round s.th.** um etw herumreden; **talk through** *vt:* ~ **s.th. through** etw diskutieren; ~ **s.o. through s.th.** etw mit jdm durchsprechen

talka•tive ['tɔ:kətɪv] *adj* redselig, gesprächig; **talker** ['tɔ:kə(r)] *s* **1.** Sprecher(in) *m(f),* Redner(in) *m(f)* **2.** Schwätzer(in) *m(f);* **talk•ing** ['tɔ:kɪŋ] **I.** *adj* sprechend; ~ **picture** Tonfilm *m* **II.** *s* Reden *nt;* **talking point** *s* Gesprächsgegenstand *m;* **talking shop** *s* (*pej*) Laberrunde *f;* **talking-to** ['tɔ:kɪŋtu:] *s* (*fam*) Schimpfe, Schelte *f;* **talk show** *s* (TV) Talkshow *f*

tall [tɔ:l] *adj* groß; hoch; lang; **a ~ order** eine Zumutung; **a ~ story** eine unglaubliche Geschichte; **tall•boy** ['tɔ:lbɔɪ] *s* Aufbaukommode *f;* **tall•ness** ['tɔ:lnɪs] *s* Größe *f*

tal•low ['tæləʊ] *s* Talg *m*

tally ['tælɪ] **I.** *s* **1.** Anschreibbuch *nt* **2.** (Ab)Rechnung *f;* **keep a ~ of** Buch führen über **II.** *vt* (~ *up*) zusammenrechnen, -zählen **III.** *vi* übereinstimmen, sich decken (*with* mit)

tally-ho [ˌtælɪ'həʊ] *interj* (*Jagd*) hallo

tally•man ['tælɪmən] <*pl* -men> *s* Ladungs-, Staugüterkontrolleur *m;* **tally sheet** *s* Strichliste *f*

talon ['tælən] *s* (*a. fig*) Kralle *f*

tam•able ['teɪməbl] *adj* zähmbar

tam•ar•ind ['tæmərɪnd] *s* (*tropischer Baum; Frucht*) Tamarinde *f*

tam•ar•isk ['tæmərɪsk] *s* (*Strauch*) Tamariske *f*

tam•bour ['tæmbʊə(r)] *s* **1.** (MUS) Trommel *f* **2.** (ARCH) Säulentrommel *f* **3.** Stickrahmen *m* **4.** (*Schreibtisch*) Rollo *nt;* **tam•bour•ine** [ˌtæmbə'ri:n] *s* Tamburin *nt*

tame [teɪm] **I.** *adj* **1.** zahm; gezähmt **2.** matt, fade, schal **3.** langweilig, uninteressant **II.** *vt* **1.** (be)zähmen **2.** (*fig*) gefügig machen; **tamer** ['teɪmə(r)] *s* (Tier)Bändiger(in) *m(f),* Dompteur(in) *m(f)*

tam-o'-shan•ter [ˌtæmə'ʃæntə(r)] *s* (runde) Schottenmütze *f*

tamp [tæmp] *vt* **1.** ab-, verdämmen **2.** feststampfen; **tam•per** ['tæmpə(r)] *s* **1.** Ramme *f* **2.** (Pfeifen)Stopfer *m*

tam•per with ['tæmpə(r) 'wɪð] *vt* sich zu schaffen machen an; herumpfuschen an; (*Abrechnungen*) frisieren; (*Dokument*) fälschen; **tamper-proof** ['tæmpə(r) pru:f] *adj* gegen Missbrauch geschützt

tam•pon ['tæmpən] *s* (MED) Tampon *m*

tan [tæn] **I.** *s* **1.** Hellbraun *nt* **2.** Sonnenbräune *f* **II.** *adj* hellbraun **III.** *vt* **1.** gerben **2.** (*in der Sonne*) bräunen; ~ **s.o.'s hide** jdn verdreschen **IV.** *vi* (*in der Sonne*) braun werden

tan•dem ['tændəm] **I.** *s* Tandem *nt* **II.** *adv* hintereinander

tang [tæŋ] *s* penetranter Geruch; scharfer Geschmack

tan•gent ['tændʒənt] *s* Tangente *f;* **fly** [*o* **go**] **off at a ~** (*fig*) vom Thema abkommen; plötzlich eine andere Richtung einschlagen; **tan•gen•tial** [tæn'dʒenʃl] *adj* (MATH) tangential; **this is only ~ to the question** das berührt die Frage nur am Rande

tan•ger•ine [ˌtændʒə'ri:n, *Am* 'tændʒəri:n] *s* Mandarine *f*

tan•gible ['tændʒəbl] *adj* **1.** fühl-, greifbar **2.** (*fig: Beweis, Resultat*) greifbar; **tangible assets** *s pl* (COM) Sachanlagen *fpl*

tangle ['tæŋgl] **I.** *vt* verwirren; **get ~d** (**up**) sich verwickeln, sich verwirren; (*fig*) verwickelt werden (*in* in) **II.** *s* **1.** Gewirr *nt* **2.** (*fig*) Wirrwarr *m,* Durcheinander *nt* **3.** Streit *m,* Auseinandersetzung *f*

tango ['tæŋgəʊ] <*pl* tangos> **I.** *s* Tango *m* **II.** *vi* Tango tanzen

tangy ['tæŋɪ] *adj* stark riechend; scharf (schmeckend)

tank [tæŋk] *s* **1.** Tank, Behälter *m;* Kessel *m* **2.** Tank, Panzer *m;* **tank up** *vt* **1.** auftanken; volltanken **2.** (*sl*) sich besaufen; **be ~ed up** besoffen sein

tank•ard ['tæŋkəd] *s* Maßkrug *m*

tanker ['tæŋkə(r)] *s* **1.** Tanker *m,* Tankschiff *nt* **2.** (*flying* ~) Tankerflugzeug *nt* **3.** (AUTO) Tankwagen, -lastzug *m*

tanned [tænd] *adj* **1.** (*Person*) braun **2.** (*Tierhäute*) gegerbt

tan•ner ['tænə(r)] *s* Gerber(in) *m(f)*; **tan•nery** ['tænərɪ] *s* Gerberei *f*; **tan•nic** ['tænɪk] *adj:* ~ **acid** Gerbsäure *f*; **tan•nin** ['tænɪn] *s* Tannin *nt*; **tan•ning** ['tænɪŋ] *s* **1.** (*Prozess*) Gerben *nt*; (*Fertigkeit*) Gerberei *f* **2.** (*fam*) Dresche *f*; ~ **lotion** Bräunungslotion *f*

tan•noy® ['tænɔɪ] *s* Lautsprecheranlage *f*

tan•ta•lize ['tæntəlaɪz] *vt* **1.** auf die Folter spannen **2.** foppen; quälen; **tan•ta•liz•ing** [-ɪŋ] *adj* verlockend; verführerisch

tan•ta•mount ['tæntəmaʊnt] *adj* gleichbedeutend (*to* mit); **be** ~ **to s.th.** einer S gleichkommen

tan•trum ['tæntrəm] *s* Wutanfall *m*

Tan•za•nia [ˌtænzə'nɪə] *s* Tansania *nt*; **Tan•za•ni•an** [ˌtænzə'nɪən] **I.** *adj* tansanisch **II.** *s* Tansanier(in) *m(f)*

tap¹ [tæp] **I.** *s* Hahn *m*; **on** ~ (*Bier*) vom Fass; (*fig*) verfügbar; **turn a** ~ **on/off** einen Hahn auf-/zudrehen **II.** *vt* **1.** (*a.* ELEK) anzapfen **2.** (*Telefon*) abhorchen, -hören **3.** (*Markt*) erschließen; ~ **the reserves** die Vorräte angreifen

tap² [tæp] **I.** *vt* klopfen (*s.o. on the shoulder* jdm auf die Schulter); ~ **s.th. against s.th.** mit einer S an etw klopfen **II.** *s* **1.** Klopfen *nt* (*on the window* an das Fenster, *at the door* an die Tür) **2.** Klaps *m* **3.** ~**s** (*Am*) Zapfenstreich *m*; **tap-dance** ['tæpdɑːns] **I.** *vi* steppen **II.** *s* Stepptanz *m*

tape [teɪp] **I.** *s* **1.** Band *nt* **2.** (Papier)Streifen *m*; Klebestreifen *m* **3.** (TELE) Lochstreifen *m* **4.** Ton-, Videoband *nt* **5.** (SPORT) Zielband *nt*; **adhesive** ~ Klebestreifen *m*; **red** ~ Bürokratie *f*; Amtsschimmel *m* **II.** *vt* **1.** mit einem Band befestigen; mit einem Klebestreifen verkleben **2.** auf Band aufnehmen; **have s.th./s.o.** ~**d** (*fam*) etw/jdn gründlich kennen; **tape cassette** *s* Tonbandkassette *f*; **tape deck** *s* Tapedeck *nt*; **tape measure** *s* Bandmaß *nt*

taper ['teɪpə(r)] **I.** *s* (Wachs)Kerze *f* **II.** *vt* spitz zulaufen lassen **III.** *vi* spitz zulaufen, sich verjüngen; abnehmen; ~ **off** abklingen; auslaufen, zu Ende gehen

tape reader ['teɪpˌriːdə(r)] *s* Lochstreifenleser *m*; **tape-re•cord** ['teɪprɪ'kɔːd] *vt* auf Band aufnehmen; **tape re•corder** ['teɪprɪ'kɔːdə(r)] *s* Tonbandgerät *nt*; **tape re•cord•ing** ['teɪprɪ'kɔːdɪŋ] *s* Bandaufnahme *f*

tapered wing [ˌteɪpəd'wɪŋ] *s* (AVIAT) Trapezflügel *m*

tap•es•try ['tæpɪstrɪ] *s* Wandbehang, -teppich, Gobelin *m*

tape•worm ['teɪpwɜːm] *s* Bandwurm *m*

tapi•oca [ˌtæpɪ'əʊkə] *s* Tapioka *f*, Tapiokamehl *nt*

ta•pir ['teɪpə(r)] *s* Tapir *m*

tap•pet ['tæpət] *s* (TECH) Stößel, Mitnehmer *m*

tap•room ['tæprʊm] *s* Schankraum *m*; **tap root** *s* (BOT) Pfahlwurzel *f*; **tap stock** *s* (FIN) Staatsanleihe *f*; **tap water** *s* Leitungswasser *nt*

tar [tɑː(r)] **I.** *s* Teer *m* **II.** *vt* teeren; **they are** ~**red with the same brush** von ihnen ist einer nicht mehr wert als der andere

ta•ran•tula [tə'ræntjʊlə] *s* (*große, giftige Spinne*) Tarantel *f*

tardy ['tɑːdɪ] *adj* **1.** spät **2.** säumig, verspätet; **be** ~ **for s.th.** zu etw zu spät kommen

tare [teə(r)] *s* (COM) Tara *f*

tar•get ['tɑːgɪt] **I.** *vt* zielen auf; richten auf **II.** *s* **1.** Schieß-, Zielscheibe *f* **2.** (POL COM) Ziel *nt* **3.** (*Produktion*) Soll *nt*, Planziffer *f*; **sales** ~ Verkaufsziel *nt*; **target date** *s* **1.** (COM) Fälligkeitsdatum *nt* **2.** Liefertermin *m*; **target figures** *s pl* Sollzahlen *fpl*; **target language** *s* Zielsprache *f*; **target practice** *s* (MIL) Zielschießen *nt*; **target price** *s* **1.** Richtpreis *m* **2.** angestrebter Preis; **tar•get•ted** ['tɑːgɪtəd] *adj* zielgerichtet

tar•iff ['tærɪf] *s* **1.** (Zoll-, Versicherungs)Tarif *m*; Zoll(satz) *m* **2.** Gebührensatz *m* **3.** Preisliste *f*; **tariff barrier** *s* (COM) Zollschranke *f*

tar•mac ['tɑːmæk] **I.** *vt* asphaltieren **II.** *s* **1.** Asphalt, Teermakadam *m* **2.** (AVIAT) (asphaltiertes) Rollfeld

tarn [tɑːn] *s* (kleiner) Bergsee *m*

tar•nish ['tɑːnɪʃ] **I.** *vt* **1.** (*fig*) beflecken **2.** (*Metall*) stumpf werden lassen; mattieren **II.** *vi* seinen Glanz verlieren; trübe, matt werden; anlaufen **III.** *s* **1.** Anlaufen *nt*; Beschlag *m* **2.** (*fig*) Makel *m*

tar•pau•lin [tɑː'pɔːlɪn] *s* Zeltplane *f*

tar•ra•gon ['tærəgən] *s* Estragon *m*

tarry ['tɑːrɪ] *adj* teerig

tar•sus ['tɑːsəs, *pl* 'tɑːsaɪ] <*pl* -si> *s* (ANAT) Fußwurzel *f*, Tarsus *m*

tart¹ [tɑːt] *adj* **1.** scharf, herb, sauer **2.** (*fig*) beißend, spitz

tart² [tɑːt] *s* **1.** Obsttorte *f* **2.** (*Am*) Törtchen *nt*; **apple-/cherry-**~ Apfel-/Kirschtorte *f*

tart³ [tɑːt] *s* (*pej*) Nutte *f*; **tart up** *vt* aufmachen, auftakeln, herausputzen

tar•tan ['tɑːtn] *s* Schottenmuster *nt*

tar•tar¹ ['tɑːtə(r)] *s* (*fig*) Tyrann *m*; Xanthippe *f*; **catch a** ~ an den Unrechten kommen

tar•tar² ['tɑːtə(r)] *s* Wein-, Zahnstein *m*; **tar•taric** [tɑː'tærɪk] *adj:* ~ **acid** Weinsteinsäure *f;* **tartar(e) sauce** *s* Remouladensoße *f*

task [tɑ:sk] *s* Aufgabe *f;* Pflicht *f;* **take to ~** zur Rede stellen (*for, about* wegen); **task force** *s* Sondereinheit *f;* Arbeitsgruppe *f;* **task•master** *s* Zuchtmeister *m;* **a hard ~** ein strenger Meister

tas•sel ['tæsl] *s* Troddel, Quaste *f*

taste [teɪst] **I.** *vt* **1.** (*Speise*) kosten, versuchen **2.** (ab)schmecken **3.** essen **4.** (*fig*) erfahren, erleben **II.** *vi* schmecken (*of* nach) **III.** *s* **1.** Geschmackssinn *m;* Geschmack *m* (*einer Speise*) **2.** Kostprobe *f* **3.** (*fig*) Vorgeschmack *m* **4.** (guter) Geschmack *m* **5.** Vorliebe *f* (*for* für), Neigung *f* (*for* zu), Sinn *m* (*for* für); **in (good) ~** geschmack-, taktvoll; **in bad** [*o* **poor**] **~** geschmacklos; **to ~** (*Küche*) nach Geschmack; **to s.o.'s ~** nach jds Geschmack; **leave a bad ~ in one's mouth** einen schlechten Nachgeschmack haben; **taste•bud** ['teɪstbʌd] *s* Geschmacksknospe *f;* **taste•ful** ['teɪstfl] *adj* geschmackvoll; **taste•less** [-lɪs] *adj* **1.** fade, nach nichts schmeckend **2.** (*fig*) geschmacklos; **taster** ['teɪstə(r)] *s* (Wein-, Tee)Schmecker, Probierer *m;* **tasty** ['teɪstɪ] *adj* **1.** wohlschmeckend **2.** (*sl*) interessant

tat [tæt] **I.** *s:* **give tit for ~** etw mit gleicher Münze heimzahlen **II.** *vt, vi* (in) Schiffchenarbeit herstellen

tat•ter ['tætə(r)] *s* **1.** Fetzen, Lumpen *m* **2. ~s** abgerissene Kleidung; **tear to ~s** (*fig*) zerfetzen, zerreißen; **tat•tered** ['tætəd] *adj* zerlumpt, abgerissen

tattle ['tætl] **I.** *vi* plaudern; klatschen **II.** *s* Gerede *nt;* **tat•tler** ['tætlə(r)] *s* Klatschbase *f*

tat•too¹ [tə'tu:] **I.** *vt* tätowieren **II.** *s* Tätowierung *f*

tat•too² [tə'tu:] *s* **1.** (MIL) Zapfenstreich *m* **2.** Trommeln *nt* **3.** Musikparade *f;* **beat** [*o* **sound**] **the ~** den Zapfenstreich blasen

tatty ['tætɪ] *adj* (*fam*) schäbig

taught [tɔ:t] *s.* **teach**

taunt [tɔ:nt] **I.** *vt* verspotten (*with cowardice* wegen Feigheit) **II.** *s* **1.** Spott *m* **2.** spöttische Bemerkung

Taurean [tɔ:'rɪən] **I.** *adj* Stier- **II.** *s* Stier *m;* **Taurus** ['tɔ:rəs] *s* (ASTR) Stier *m*

taut [tɔ:t] *adj* **1.** gespannt, straff **2.** (*Gesicht*) angespannt **3.** (*Stil*) knapp

tauto•logi•cal [ˌtɔ:tə'lɒdʒɪkəl], **taut•ol•ogous** [tɔ:'tɒləgəs] *adj* tautologisch; **taut•ol•ogy** [tɔ:'tɒlədʒɪ] *s* Tautologie *f*

tav•ern ['tævən] *s* Schenke *f*

taw•dry ['tɔ:drɪ] *adj* billig, geschmacklos; kitschig

tawny ['tɔ:nɪ] *adj* gelbbraun; **~ owl** Waldkauz *m*

tax [tæks] **I.** *vt* **1.** besteuern **2.** stark in Anspruch nehmen, anstrengen **3.** schätzen (*at* auf) **4.** beschuldigen (*with +gen*) **II.** *s* **1.** Steuer *f;* Abgabe *f* (*on* auf) **2.** Beanspruchung, Inanspruchnahme *f* (*on +gen*); **after ~** netto, nach Steuern; **before ~** brutto, vor Steuern; **exempt from** [*o* **free of**] **~** steuerfrei; **collect ~es** Steuern erheben; **impose/lay/levy/put a ~ on** mit einer Steuer belegen/besteuern; **pay £100 in ~es** £ 100 Steuern zahlen; **for ~ purposes** aus steuerlichen Gründen; **~ incentive schemes** *pl* steuerliche Anreize *pl;* **tax•able** [-əbl] *adj* steuerpflichtig; **~ entity** Steuersubjekt *nt;* **~ income** zu versteuerndes Einkommen; **~ period** Veranlagungszeitraum *m;* **tax allowance** *s* Steuerfreibetrag *m;* Steuervergünstigung *f;* **tax arrears** *s pl* Steuerrückstände *mpl;* **tax assessment** *s* (*Tat*) Steuerveranlagung *f;* (*Ergebnis*) Steuerbescheid *m;* **tax•ation** [tæk'seɪʃn] *s* Besteuerung, Steuerveranlagung *f;* Steuern *fpl;* **subject to ~** steuerpflichtig; **tax avoidance** *s* Steuerumgehung *f;* **tax bracket** *s* Steuerklasse *f;* **tax collector** *s* Steuereinnehmer *m;* (*Bibel*) Zöllner *m;* **tax consultant** *s* Steuerberater(in) *m(f);* **tax-deductible** *adj* steuerlich abzugsfähig; **tax disc** *s* (*Br*) Kraftfahrzeugsteuerplakette *f;* **tax dodging, tax evasion** *s* Steuerhinterziehung *f;* Steuerflucht *f;* **tax evader** *s* Steuersünder *m;* **tax exemption** *s* Steuerbefreiung *f;* **tax-free** *adj* steuerfrei; **tax haven** *s* Steueroase *f;* **tax holiday** *s steuerfreie Jahre*

taxi ['tæksɪ] **I.** *s* Taxe *f,* Taxi *nt* **II.** *vi* **1.** (*take a ~*) mit einer Taxe fahren **2.** (AVIAT) rollen; **~ to a standstill** (AVIAT) ausrollen

taxi•der•mist ['tæksɪˌdɜ:mɪst] *s* (Tier)Präparator(in) *m(f),* Taxidermist *m;* **taxi•dermy** ['tæksɪˌdɜ:mɪ] *s* Taxidermie *f*

taxi-driver *s* Taxifahrer(in) *m(f);* **taxi•meter** ['tæksɪmi:tə(r)] *s* Fahrpreisanzeiger, Taxameter *m;* **taxi plane** *s* (*Am*) Flugtaxe *f;* **taxi rank, taxi stand** *s* Taxistand *m*

tax•man ['tæksmən] <*pl* -men> *s* Steuerbeamte(r) *m;* **the ~ keeps ...** das Finanzamt behält ...

tax•ono•my [tæk'sɒnəmɪ] *s* Taxonomie *f*

tax•payer ['tæksˌpeɪə(r)] *s* Steuerzahler(in) *m(f);* **tax point** *s* Besteuerungsdatum *nt;* **tax rebate** *s* Steuerrückzahlung *f;* **tax relief** *s* Steuererleichterung, -vergünstigung *f;* **tax return** *s* Steuererklärung *f;* **tax year** *s* Steuerjahr *nt*

T-bar ['ti:bɑ:(r)] *s* Bügel *m;* Schlepplift *m*

tea [ti:] *s* Tee *m;* **have ~** Tee trinken; **make (the) ~** Tee zubereiten; **not my cup of ~** (*fig fam*) nicht mein Fall; **beef ~** Fleisch-, Kraftbrühe *f;* **camomile/peppermint ~**

Kamillen-/Pfefferminztee *m;* **five-o'-clock ~** Fünfuhrtee *m;* **three ~s please, waiter** (Herr) Ober, dreimal Tee, bitte; **tea bag** *s* Teebeutel *m;* **tea break** *s* Teepause *f;* **tea caddy** *s* Teebüchse *f;* Teespender *m;* **tea-cake** *s* Rosinenbrötchen *nt*

teach [tiːtʃ] <*irr:* taught, taught> **I.** *vt* lehren, unterrichten; **~ s.o. to do s.th.** jdm etw beibringen; **this has taught him a lot** er hat viel daraus gelernt; **that'll ~ you!** das wird dir eine Lehre sein; **~ s.o. a lesson** jdm eine Lektion erteilen **II.** *vi* unterrichten; **teacher** [ˈtiːtʃə(r)] *s* Lehrer(in) *m(f);* **teacher training** *s* Lehrerausbildung *f;* **teacher training college** *s* Lehrerseminar *nt;* pädagogische Hochschule

tea chest [ˈtiːtʃest] *s* Teekiste *f*

teach-in [ˈtiːtʃɪn] *s* Teach-in *nt;* **teach•ing** [ˈtiːtʃɪŋ] *s* **1.** Unterricht *m* **2.** Lehrberuf *m* **3.** ~s Lehre(n *pl*) *f;* **teaching staff** *s* Lehrkörper *m;* Lehrerschaft *f*

tea cloth [ˈtiːklɒθ] *s* Geschirrtuch *nt;* **tea cosy** [ˈtiːkəʊzɪ] *s* Teewärmer *m;* **tea•cup** [ˈtiːkʌp] *s* Teetasse *f;* **a storm in a ~** ein Sturm im Wasserglas; **tea garden** *s* **1.** Gartenrestaurant *nt* **2.** Teepflanzung *f;* **tea•house** [ˈtiːhaʊs] *s* Teehaus *nt*

teak [tiːk] *s* Teakbaum *m,* -holz *nt*

tea•leaves [ˈtiːliːvz] *s pl* Teesatz *m,* Teeblätter *pl;* **tell** [*o* **read**] **s.o.'s fortune from the ~** das Glück aus dem Kaffeesatz lesen

team [tiːm] *s* **1.** (SPORT) Mannschaft *f* **2.** Team *nt,* Arbeitsgruppe *f* **3.** (*Ochsen*) Gespann *nt;* **football ~** Fußballmannschaft *f;* **team up with** *vi* zusammenarbeiten mit; sich zusammentun mit; **team captain** *s* Mannschaftsführer(in) *m(f),* -kapitän *m;* **team effort** *s* Teamarbeit *f;* **team-mate** *s* Mannschaftskamerad(in) *m(f);* **team play** *s* Zusammenspiel *nt;* **team spirit** *s* Mannschafts-, Teamgeist *m;* **team-work** *s* Gemeinschafts-, Gruppenarbeit *f,* Teamwork *nt*

tea•pot [ˈtiːpɒt] *s* Teekanne *f*

tear¹ [teə(r)] <*irr:* tore, torn> **I.** *vt* **1.** zerreißen (*on a nail* an einem Nagel) **2.** (*Loch*) reißen; ein-, aufreißen **3.** (heraus)reißen (*from* aus) **4.** (*Haare*) sich raufen **5.** (*fig*) (auf)spalten; zersplittern **6.** (*innerlich*) hin- u. herreißen; **be torn between two things** zwischen zwei Dingen hin- und hergerissen sein; **be in a ~ing hurry** es sehr eilig haben; **~ to pieces** [*o* **bits**] in Stücke reißen; **that's torn it!** (*fam fig*) das hat alles verdorben! **II.** *vi* **1.** (zer)reißen **2.** zerren, reißen (*at* an) **3.** rasen, sausen **III.** *s* Riss *m;* **tear along** *vi* entlangrasen; **tear apart** *vt* **1.** zerreißen **2.** durcheinander bringen; **tear at** *vt* reißen, ziehen an; **tear away** **I.** *vt* los-, wegreißen **II.** *vi* davonrasen; **he couldn't ~ himself away from** er konnte sich nicht trennen von; **tear down** **I.** *vt* **1.** abreißen, abbrechen **2.** herunterreißen (*from* von) **II.** *vi* hinunterrasen; **tear into** *vt* ein Loch reißen in; (*Tier*) zerfleischen; **~ into the food** übers Essen herfallen; **~ into s.o.** auf jdn losgehen; **tear off** **I.** *vt* abreißen **II.** *vi* davonrasen; **~ s.o. off a strip** mit jdm schimpfen; **the button tore off** der Knopf ist ab(gerissen); **tear open** *vt* aufreißen; **tear out** *vt* (her)ausreißen; **tear up** *vt* **1.** zerreißen **2.** (*Straße*) aufreißen

tear² [tɪə(r)] *s* Träne *f;* **in ~s** in Tränen (aufgelöst), weinend; **burst into ~s** in Tränen ausbrechen; **shed ~s** Tränen vergießen

tear•away [ˈteərəweɪ] *s* Schlingel *m*

tear•drop [ˈtɪədrɒp] *s* Träne *f;* **tear•ful** [ˈtɪəfl] *adj* **1.** weinend **2.** traurig **3.** (*Gesicht*) tränenüberströmt; **tear-gas** *s* Tränengas *nt;* **tear-jer•ker** [ˈtɪə ˌdʒɜːkə(r)] *s* (*fam*) sentimentaler Film; Schnulze *f;* **tear•less** [ˈtɪəlɪs] *adj* tränenlos

tea•room [ˈtiːrʊm] *s* Teestube *f*

tease [tiːz] **I.** *vt* **1.** hänseln, necken (*about* wegen) **2.** (*Tier*) quälen **3.** (*fig*) auf den Arm nehmen **4.** (TECH: *Flachs*) hecheln; (*Wolle*) krempeln; (*Tuch*) kardieren **II.** *vi* sticheln, frotzeln; Spaß machen **III.** *s* Schäker(in) *m(f);* **tease apart** *vt* entwirren; **teaser** [ˈtiːzə(r)] *s* **1.** Schelm *m,* Schäker(in) *m(f)* **2.** (*fam*) harte Nuss

tea ser•vice, tea set [ˈtiːˌsɜːvɪs, ˈtiːset] *s* Teeservice *nt;* **tea•spoon** [ˈtiːspuːn] *s* Teelöffel *m;* **tea•spoon•ful** [-fʊl] *s* Teelöffelvoll *m;* **tea strainer** *s* Teesieb *nt*

teat [tiːt] *s* **1.** (*von Säugetieren*) Zitze *f* **2.** Sauger *m*

tea•time [ˈtiːtaɪm] *s* Teestunde *f;* Abendessenszeit *f;* **tea towel** *s* Geschirrtuch *nt;* **tea tray** *s* Tablett *nt;* **tea trolley** *s* (*Am*), **tea urn** *s* Teemaschine *f;* **tea wagon** *s* Teewagen *m*

tech [tek] *s s.* **technical college** technische Fachschule

techie [ˈtekɪ] *s* (*sl*) Technologiefan *m*

tech•ni•cal [ˈteknɪkl] *adj* **1.** (*a.* SPORT) technisch **2.** fachlich; **~ college** technische Fachschule; **~ knowledge** Fachkenntnisse *pl,* Fachwissen *nt;* **~ question** Verfahrensfrage *f;* **~ school** Gewerbeschule *f;* **~ term** Fachausdruck *m;* **that's too ~ for me** dazu fehlt mir die nötige Fachkenntnis; **tech•ni•cal•ity** [ˌteknɪˈkælətɪ] *s* **1.** technische Einzelheit **2.** (JUR) Formsache *f;* **tech•ni•cian** [tekˈnɪʃn] *s* **1.** Techniker(in) *m(f)* **2.** Facharbeiter(in) *m(f);* **tech•nique** [tekˈniːk] *s* Technik *f,* Verfahren *nt;* Methode *f;* **tech•noc•racy** [tekˈnɒkrəsɪ] *s* Technokratie *f;* **tech•no•logi•cal** [ˌteknəˈlɒdʒɪkl] *adj* technologisch; technisch; **~ infrastructure**

T

technische Infrastruktur

tech•nol•ogy [tek'nɒlədʒɪ] *s* Technologie, Technik *f;* **college of** ~ technische Fachschule

techno•phil•ia [ˌteknəʊ'faɪlɪə] *s* Technophilie *f;* **techno•phob•ia** [ˌteknəʊ'fəʊbɪə] *s* Technophobie *f*

techy ['tetʃɪ] *adj* (*Br: fam*) empfindlich, reizbar

ted•dy bear ['tedɪbeə(r)] *s* Teddybär *m;* **teddy-bearish** *adj* (*Aussehen*) wie ein Teddybär

tedi•ous ['ti:dɪəs] *adj* langweilig; uninteressant; **tedi•ous•ness** [-nɪs] *s* Langweiligkeit *f;* **te•dium** ['ti:dɪəm] *s* Lang(e)weile *f*

tee [ti:] *s* (*Golf*) Tee *nt;* **tee off** I. *vt* (*Golfball*) abschlagen II. *vi* (*fig*) anfangen

teem [ti:m] *vi* wimmeln (*with* von); **it's ~ing with rain** es gießt in Strömen; **teeming** [-ɪŋ] *adj* wimmelnd (*with* von)

teen•age ['ti:neɪdʒ] *adj* jugendlich; **teenager** ['ti:neɪdʒə(r)] *s* Teenager *m,* Jugendliche(r) *f m* (*zwischen 13 und 19 Jahren*); **teens** [ti:nz] *s pl:* **she is still in her** ~ sie ist noch im Teenageralter

teeny ['ti:nɪ] *adj* winzig, klein; **tee•ny-bop•per** ['ti:nɪbɒpə(r)] *s* Teeny, Teenie *m,* Teenager und Popfan *m;* **tee•ny-wee•ny** [ˌti:nɪ'wi:nɪ] *adj* winzig

tee-shirt ['ti:ʃɜ:t] *s* T-Shirt *nt*

tee•ter ['ti:tə(r)] *vi* schwanken

teeth [ti:θ] *s s.* **tooth; teethe** [ti:ð] *vi* zahnen; **teether** ['ti:ðə(r)] *s* Beißring *m;* **teeth•ing troubles** ['ti:ðɪŋ 'trʌblz] *s pl* (*fig*) Kinderkrankheiten *fpl*

tee•total [ti:'təʊtl, *Am* 'ti:təʊtl] *adj* abstinent; **tee•totaler** ['ti:təʊtlə(r)] *s* (*Am*), **tee•total•ler** [ti:'təʊtlə(r)] *s* Abstinenzler(in) *m(f),* Alkoholgegner(in) *m(f)*

tef•lon ['teflɒn] *s* (*fig*) Person, an der nichts kleben bleibt

tele•cast ['telɪkɑ:st] I. *s* Fernsehsendung, -übertragung *f* II. *vt* im Fernsehen übertragen, senden; **tele•com•muni•ca•tions** ['telɪkəˌmju:nɪ'keɪʃnz] *s pl* Telekommunikation *f;* Fernmeldewesen *nt;* Fernmeldetechnik *f;* **tele•con•fer•ence** ['telɪˌkɒnfərəns] *s* Telekonferenz *f;* **tele•copier** ['telɪkɒpɪə] *s* Tele-, Fernkopierer *m;* **tele•copy** ['telɪkɒpɪ] *s* Tele-, Fernkopie *f,* Telefax *nt;* **tele•fax** ['telɪfæks] *s* Telefax *nt;* **tele•genic** [ˌtelɪ'dʒenɪk] *adj* telegen

tele•gram ['telɪgræm] I. *s* Telegramm *nt;* **by** ~ telegrafisch II. *vi* telegrafieren; **telegram form** *s* Telegrammformular *nt*

tele•graph ['telɪgrɑ:f] I. *s* Telegraf *m* II. *vt, vi* telegrafieren; **tele•gra•phese** [ˌtelɪgrə'fi:z] *s* Telegrammstil *m;* **tele•graphic** [ˌtelɪ'græfɪk] *adj* telegrafisch; ~ **address** Telegrammadresse *f;* ~ **answer** Drahtantwort *f;* **telegraph pole, telegraph post** *s* Telegrafenmast *m;* **telegra•phy** [tɪ'legrəfɪ] *s* Telegrafie *f*

tele•mar•ket•er ['telɪˌmɑ:kɪtə] *s* Telemarketing-Berater(in) *m(f);* **tele•mar•ket•ing** *s* Telemarketing *nt* (*Verkauf über das Fernsehen*)

tele•mess•age ['telɪˌmesɪdʒ] *s* (*Br*) Telegramm *nt;* **tele•or•der•ing** [ˌtelɪ'ɔ:dərɪŋ] *s* Teleordern *nt*

tele•pathic [ˌtelɪ'pæθɪk] *adj* telepathisch; **tel•epa•thy** [tɪ'lepəθɪ] *s* Telepathie, Gedankenübertragung *f*

tele•phone ['telɪfəʊn] I. *s* Fernsprecher *m,* Telefon *nt;* **by** ~ telefonisch, fernmündlich; **on the** ~ am Telefon; **are you on the ~?** haben Sie Telefon?; **answer the** ~ ans Telefon gehen; **be on the** ~ am Apparat sein; **he is wanted on the** ~ er wird am Telefon verlangt II. *vi* telefonieren; anrufen, -läuten III. *vt* 1. (*Nachricht*) telefonisch durchgeben, -sagen 2. (*Person*) anrufen (*s.o.* jdn); **telephone booth, telephone box** *s* Telefon-, Fernsprechzelle *f;* **telephone call** *s* (Telefon)Anruf *m,* -gespräch *nt;* **telephone connection** *s* Fernsprechverbindung *f;* **telephone conversation** *s* Telefongespräch *nt;* **telephone directory, telephone book** *s* Telefonbuch, -verzeichnis *nt;* **telephone exchange** *s* Telefonvermittlung, -zentrale *f;* **telephone information service** *s* Telefonansage *f;* **telephone message** *s* telefonische Nachricht, Durchsage *f;* **telephone number** *s* Telefonnummer, Rufnummer *f;* **telephone operator** *s* Telefonist(in) *m(f);* **telephone rates** *s pl* Fernsprechgebühren *fpl;* **tel•ephon•ist** [tɪ'lefənɪst] *s* Telefonist(in) *m(f);* **tel•eph•ony** [tɪ'lefənɪ] *s* Fernsprechwesen *nt*

tele•photo lens [ˌtelɪ'fəʊtəʊ 'lens] *s* Teleobjektiv *nt*

tele•prin•ter ['telɪprɪntə(r)] *s* Fernschreiber *m*

tele•promp•ter® ['telɪprɒmptə(r)] *s* Teleprompter *m*

tele•re•cord•ing [ˌtelɪrɪ'kɔ:dɪŋ] *s* (Fernseh)Aufzeichnung *f*

tele•sales ['telɪseɪls] *s pl* Telefonverkauf *m*

tele•scope ['telɪskəʊp] I. *s* Fernrohr, Teleskop *nt;* **reflecting** ~ Spiegelreflektor *m* II. *vi* sich ineinander schieben III. *vt* 1. ineinander schieben 2. (*fig*) verkürzen; **telescopic** [ˌtelɪ'skɒpɪk] *adj* 1. teleskopisch 2. ausziehbar, ineinander schiebbar; **tele•shopp•ing** *s* (INTERNET) Online-Shopping *nt*

tele•tex ['telɪteks] *s* Teletex *nt*

tele•type® ['telɪtaɪp] I. *s* (*Am*) Fernschreiber *m* **II.** *vt* als Fernschreiben übermitteln; **tele•type•writer** [ˌtelɪ'taɪpraɪtə(r)] *s* (*Am*) Fernschreiber *m*

tel•evan•gel•ist [ˌtelɪ'vændʒəlɪst] *s* (*Am*) Fernsehprediger(in) *m(f)*

tele•view•er ['telɪˌvju:ə(r)] *s* Fernsehteilnehmer(in) *m(f)*; **tele•vise** ['telɪvaɪz] *vt* im Fernsehen übertragen; **~d debate** Fernsehdebatte *f;* **tele•vi•sion** ['telɪˌvɪʒn] *s* **1.** Fernsehen *nt* **2.** (*fam:* ~ *set*) Fernseher *m;* **watch** ~ fernsehen; **be on** ~ im Fernsehen kommen; **see s.th. on** ~ etw im Fernsehen sehen; **television advertising** *s* Fernsehwerbung *f;* **television announcer** *s* Fernsehansager(in) *m(f);* **television camera** *s* Fernsehkamera *f;* **television program**(**me**) *s* Fernsehprogramm *nt;* **television receiver** *s* Fernsehempfänger *m;* **television set** *s* Fernsehapparat *m;* **television studio** *s* Fernsehstudio *nt;* **television transmitter** *s* Fernsehsender *m;* **television viewer** *s* (Fernseh)Zuschauer(in) *m(f);* **tele•working** ['telɪˌwɜ:kɪŋ] *s* Teleheimarbeit *f*

telex ['teleks] **I.** *vt* telexen **II.** *s* Telex *nt*

tell [tel] <*irr:* told, told> **I.** *vt* **1.** erzählen, berichten **2.** sagen **3.** mitteilen **4.** ankündigen **5.** enthüllen, bloßlegen **6.** erkennen, feststellen **7.** unterscheiden, auseinander halten (*from* von) **8.** anweisen, beauftragen, befehlen (*s.o.* jdm) **9.** versichern (*s.o.* jdm); **all told** alles in allem, summa summarum; ~ **all** auspacken; ~ **in advance** voraussagen; ~ **fortunes from cards** aus den Karten wahrsagen; ~ **lies** lügen; ~ **s.o. the time** jdm sagen, wie spät es ist; ~ **the truth** die Wahrheit sagen; **to** ~ **the truth** ehrlich gesagt; **I told you** ich habe es Ihnen doch gesagt; **you are ~ing me!** wem sagen Sie das! **II.** *vi* **1.** erzählen, berichten (*of* von, *about* über) **2.** es sagen **3.** hinweisen, -deuten (*of* auf) **4.** Bedeutung, Gewicht haben; sich auswirken (*on* auf); **I can't** ~ das weiß ich nicht; **you never can** ~ man kann nie wissen; **who can ~?** wer weiß?; **tell against** *vt* nachteilig sein für; **tell apart** *vt* auseinander halten; **tell off** *vt* ausschimpfen, anschnauzen; **tell on s.o.** *vi* jdn verraten; sich schlecht auf jdn auswirken

tel•ler ['telə(r)] *s* **1.** Erzähler(in) *m(f)* **2.** (Aus-, Stimm)Zähler(in) *m(f)* **3.** Kassenbeamte(r) *m,* -beamtin *f;* **fortune-~** Wahrsager(in) *m(f);* **tell•ing** ['telɪŋ] **I.** *adj* **1.** wirkungsvoll **2.** aufschlussreich **II.** *s:* **there is no ~ what may happen** man weiß nie, was (alles) passieren kann; **tell•ing-off** ['telɪŋ'ɒf] *s* Schimpfe *f;* **tell•tale** ['telteɪl] **I.** *s* Petze *f;* (*mar*) Windbändsel *nt* **II.** *adj* verräterisch

telly ['telɪ] *s* (*fam*) Fernsehen *nt*

te•mer•ity [tɪ'merətɪ] *s* (Toll)Kühnheit *f*

temp [temp] *s* (*fam: Büro*) Ersatzkraft, Zeitarbeitskraft *f;* **work as a** ~ als Aushilfskraft arbeiten

tem•per ['tempə(r)] **I.** *vt* **1.** mäßigen, mildern, abschwächen (*with* durch) **2.** (TECH) tempern; (*Stahl*) härten **II.** *s* **1.** Wesen *nt,* Wesensart *f* **2.** Laune, Stimmung *f;* (*bad* ~) Wut *f* **3.** (TECH) Härtegrad *m;* **be in a** ~ wütend sein; **be out of** ~ **with s.o.** jdm böse sein; **get** [*o* **fly**] **into a** ~ **about** ärgerlich werden über; **keep** [*o* **control**] **one's** ~ sich beherrschen; **lose one's** ~ die Geduld verlieren

tem•pera ['tempərə] *s* Temperamalerei *f,* -farben *fpl*

tem•pera•ment ['temprəmənt] *s* Temperament *nt;* Charakter *m;* **tem•pera•mental** [ˌtemprə'mentl] *adj* **1.** temperamentvoll **2.** launisch **3.** anlagemäßig; angeboren; **be** ~ Mucken haben

tem•per•ance ['tempərəns] *s* **1.** Mäßigkeit *f* **2.** Abstinenz *f;* **tem•per•ate** ['tempərət] *adj* **1.** mäßig, gemäßigt, maßvoll **2.** (*Klima*) gemäßigt

tem•pera•ture ['temprətʃə(r)] *s* Temperatur *f;* **have** [*o* **run**] **a** ~ Fieber haben; **take s.o.'s** ~ die Temperatur messen; ~ **chart** Fieberkurve *f*

tem•pest ['tempɪst] *s* (*a. fig*) Sturm *m;* **tem•pes•tu•ous** [tem'pestjʊəs] *adj* stürmisch; (*fig*) ungestüm

tem•plate, **tem•plet** ['templɪt] *s* Schablone *f*

temple[1] ['templ] *s* (REL) Tempel *m*

temple[2] ['templ] *s* (ANAT) Schläfe *f;* **go grey at the ~s** an den Schläfen grau werden

tempo ['tempəʊ, 'tempi:] <*pl* tempos, tempi> *s* Tempo *nt*

tem•poral ['tempərəl] *adj* **1.** (ANAT) Schläfen- **2.** zeitlich; vergänglich **3.** weltlich **4.** (GRAM) temporal; **tem•por•ar•ily** ['temprərəlɪ, *Am* ˌtempə'rerəlɪ] *adv* vorübergehend; **tem•por•ary** ['temprərɪ, *Am* 'tempərerɪ] **I.** *adj* zeitlich begrenzt, vorübergehend, zeitweilig; provisorisch; ~ **credit** Zwischenkredit *m;* ~ **exit** (*Autobahn*) Behelfsausfahrt *f;* ~ **injunction** (JUR) einstweilige Verfügung; ~ **storage** Zwischenlagerung *f;* ~ **store** Zwischenlager *nt* **II.** *s* Aushilfskraft *f;* **tem•por•ize** ['tempəraɪz] *vi* **1.** Zeit (zu) gewinnen (suchen) **2.** hinhalten (*with s.o.* jdn)

tempt [tempt] *vt* **1.** versuchen, verlocken **2.** in Versuchung führen; reizen, locken; **be ~ed to do s.th.** versucht sein etw zu tun; ~ **the appetite** den Appetit anregen; ~ **fate** das Schicksal herausfordern; **temp•ta•tion** [temp'teɪʃn] *s* Versuchung *f;* **lead**

into ~ in Versuchung führen; **temp•ter** ['temptə(r)] *s* Verführer *m;* **temp•ting** ['temptɪŋ] *adj* verführerisch; (*Angebot*) verlockend; **temp•tress** ['temptrɪs] *s* Verführerin *f*

temp-work ['tempwɜːk] *s* Zeitarbeit *f*

ten [ten] **I.** *adj* zehn; ~ **to one** höchstwahrscheinlich, *adv* **II.** *s* Zehn *f;* **count in ~s** in Zehnern zählen; **buy in ~s** in Zehnerpackungen kaufen

ten•able ['tenəbl] *adj* **1.** zu halten(d) **2.** haltbar **3.** (*Amt*) verliehen (*for* für, auf)

ten•acious [tɪ'neɪʃəs] *adj* **1.** (*Griff*) fest, eisern **2.** zäh **3.** festsitzend, haftend (*of* an) **4.** (*fig*) unbeugsam, unermüdlich **5.** (*Gedächtnis*) gut; **ten•ac•ity** [tɪ'næsətɪ] *s* **1.** Festigkeit *f;* Zähigkeit *f;* Beharrlichkeit *f* **2.** (*Gedächtnis*) Zuverlässigkeit *f*

ten•ancy ['tenənsɪ] *s* Pacht-, Mietverhältnis *nt,* -dauer *f,* -besitz *m;* **during my** ~ als ich Mieter, Pächter war; **ten•ant** ['tenənt] **I.** *s* Pächter(in) *m(f),* Mieter(in) *m(f)* **II.** *vt* in Pacht, Miete haben; **tenant farmer** *s* Pächter(in) *m(f)*

tench [ten(t)ʃ] *s* (*Fisch*) Schleie *f*

tend¹ [tend] *vt* sich kümmern um; (*Schafe*) hüten; (*Kranken*) pflegen; (*Land*) bestellen; (*Maschine*) bedienen

tend² [tend] *vi* **1.** gehen, führen, gerichtet sein (*towards* nach) **2.** (*fig*) tendieren; geneigt sein (*to, towards* zu); **it ~s to go wrong** das geht oft schief; **he ~s to come early** er kommt meist früh; **ten•dency** ['tendənsɪ] *s* (*fig*) Hang *m,* Neigung *f;* Tendenz *f* (*to, towards* zu); **ten•den•tious** [ten'denʃəs] *adj* tendenziös

ten•der¹ ['tendə(r)] **I.** *vt* **1.** anbieten **2.** (*Beweis*) erbringen **3.** (*Gesuch*) einreichen **4.** (*Dank*) aussprechen; ~ **exact fare!** Fahrgeld abgezählt bereithalten! **II.** *vi* ein Angebot machen; ~ **for a contract** sich an einer Ausschreibung beteiligen **III.** *s* Angebot *nt;* **by** ~ in Submission; **legal** ~ gesetzliches Zahlungsmittel; **invite ~s for s.th.** etw ausschreiben

ten•der² ['tendə(r)] *s* **1.** (Auf)Wärter(in) *m(f)* **2.** (MAR) Lichter *m,* Leichterschiff *nt* **3.** (RAIL) Tender *m;* **bar** ~ Barmixer *m*

ten•der³ ['tendə(r)] *adj* **1.** weich, zart **2.** empfindlich; anfällig **3.** schmerzempfindlich **4.** (*Alter, Farbton*) zart **5.** (*fig*) zärtlich, liebevoll **6.** feinfühlig; empfindlich; (*Herz*) weich **7.** (*Thema*) heikel; **ten•der•foot** ['tendəfʊt] <*pl* -foots> *s* Neuling, Anfänger *m;* **ten•der-hearted** [ˌtendə'hɑːtɪd] *adj* weichherzig, gutmütig; **ten•der•ize** ['tendəraɪz] *vt* (*Fleisch*) zart machen; **ten•der•iz•er** [-ə(r)] *s* Mürbesalz *nt;* **ten•der•loin** ['tendəlɔɪn] *s* (*Küche*) Filet *nt;* **ten•der•ness** ['tendənɪs] *s* **1.** Zartheit *f* **2.** Empfindlichkeit *f* **3.** Zärtlichkeit *f* (*to* gegen, zu) **4.** Mit-, Feingefühl *nt*

ten•don ['tendən] *s* (ANAT) Sehne *f*

ten•dril ['tendrəl] *s* (BOT) Ranke *f*

ten•ement ['tenəmənt] *s* **1.** (JUR) Mietbesitz *m* **2.** Miet-, Wohnhaus *nt;* **tenement house** *s* Mietshaus *nt*

Ten•erife [ˌtenə'riːf] *s* Teneriffa *nt*

ten•fold ['tenfəʊld] *adj, adv* zehnfach

ten•nis ['tenɪs] *s* (*lawn~*) Tennis *nt;* **tennis court** *s* Tennisplatz *m;* **tennis elbow** *s* Tennisarm *m;* **tennis player** *s* Tennisspieler(in) *m(f);* **tennis racket** *s* Tennisschläger *m*

tenon ['tenən] *s* (TECH) Zapfen *m*

tenor ['tenə(r)] *s* **1.** Grundhaltung, -tendenz *f* **2.** Verlauf, Gang *m* **3.** wesentlicher Inhalt; Wortlaut *m* **4.** (MUS) Tenor *m*

ten•pin ['tenpɪn] *s* Kegel *m;* **tenpin bowling** *s* Bowling, Kegeln *nt*

tense¹ [tens] **I.** *adj* **1.** gespannt **2.** (*fig*) spannungsgeladen **3.** (*Lage*) gespannt **II.** *vt* straffen; anspannen; **be ~d up** nervös sein **III.** *vi* sich anspannen

tense² [tens] *s* (GRAM) Tempus *nt,* Zeit(form) *f;* **present** ~ Gegenwart *f;* **past** ~ Vergangenheit *f;* **future** ~ Zukunft *f*

ten•sion ['tenʃn] *s* **1.** Spannung *f* **2.** (*fig*) Anspannung *f* **3.** (POL) Gespanntheit, gespannte Lage *f* **4.** (PHYS) Zug *m* **5.** (ELEK) Spannung *f* **6.** (*Dampf*) Druck *m* **7.** (*Stricken*) Festigkeit *f;* **high** ~ (ELEK) Hochspannung *f;* **check the** ~ (*Stricken*) eine Maschenprobe machen

tent [tent] *s* Zelt *nt*

ten•tacle ['tentəkl] *s* (ZOO) Fühler *m,* Fangarm *m*

ten•ta•tive ['tentətɪv] *adj* **1.** vorläufig, provisorisch **2.** vorsichtig; ~ **agreement** Vorvertrag *m;* Probevereinbarung *f;* **ten•ta•tive•ly** [-lɪ] *adv* versuchsweise; vorsichtig, zögernd

ten•ter•hooks ['tentəhʊks] *s pl:* **be on** ~ wie auf glühenden Kohlen sitzen; **keep s.o. on** ~ jdn auf die Folter spannen

tenth [tenθ] **I.** *adj* zehnte(r, s) **II.** *s* Zehntel *nt;* Zehnte(r, s); (MUS) Dezime *f;* **tenth•ly** [-lɪ] *adv* zehntens

tent peg ['tentpeg] *s* Zeltpflock, Hering *m;* **tent pole** *s* Zeltstange *f*

tenu•ous ['tenjʊəs] *adj* **1.** dünn, fein; (*Gas*) flüchtig **2.** (*fig*) unbedeutend, schwach

ten•ure ['tenjʊə(r)] *s* **1.** Besitz *m* **2.** Bestallung, Anstellung *f* **3.** (~ *of office*) (Amts)Dauer *f*

tepee ['tiːpiː] *s* Tipi, Indianerzelt *nt*

tepid ['tepɪd] *adj* lau(warm); **tepid•ity, tepid•ness** [te'pɪdətɪ, 'tepɪdnɪs] *s* Lauheit *f*

ter•cen•ten•ary [ˌtɜːsen'tiːnərɪ] *s* Dreihundertjahrfeier *f*

term [tɜːm] **I.** *s* **1.** Dauer *f,* Zeitraum *m;* (*Vertrag*) Laufzeit *f* **2.** Frist *f* **3.** (*Schule, Universität*) Trimester, Semester *nt* **4.** (*sprachlich*) Ausdruck, Terminus, Fachbegriff *m;* Benennung *f,* Begriff *m* **5.** (MATH) Term *m,* Glied *nt;* (~ *in parentheses*) Klammerausdruck *m* **6.** **~s** Verhältnis, Beziehung *f* **7.** **~s** (Vertrags-, Geschäfts-, Zahlungs)Bedingungen *fpl;* **in ~s of** was ... betrifft; **in the long ~** auf lange Sicht, langfristig; **in the short ~** auf kurze Sicht, kurzfristig; **on easy ~s** zu günstigen Bedingungen; **be on good/bad ~s with s.o.** zu jdm ein gutes/schlechtes Verhältnis haben; **come to ~s** sich einigen (*with s.o.* mit jdm); **come to ~s with a situation** sich mit einer Situation abfinden; **meet s.o. on equal ~s** mit jdm auf gleichem Fuß verkehren; **we are not on speaking ~s** wir sprechen nicht miteinander; **technical ~** Fachausdruck *m;* **~ deposit** (FIN) Termineinlage *f;* **~ of delivery** Lieferzeit, -frist *f;* **~ of government** Regierungszeit *f;* **~ of office** Amtszeit *f;* **~ of imprisonment** Gefängnisstrafe *f;* **~ of notice** Kündigungsfrist *f;* **~ of notification** Anmeldefrist *f;* **~s of payment** Zahlungsbedingungen *fpl;* **~ of service** (MIL) Militärdienst *m,* Militärdienstzeit *f* **II.** *vt* (be)nennen; **ter•mi•na•ble** [ˈtɜːmənəbl] *adj* kündbar, auflösbar

ter•minal [ˈtɜːmɪnl] **I.** *adj* **1.** letzte(r, s); End-, Abschluss- **2.** (MED) unheilbar; **~ bonus** (FIN) Schlussdividende *f;* **~ ward** Sterbestation *f;* **be a ~ case** unheilbar krank sein **II.** *s* **1.** (ELEK) Pol *m* **2.** (*von Buslinie etc*) Endstation *f* **3.** (TECH) Endgerät *nt* **4.** (AVIAT) Terminal *m od nt* **5.** (INFORM) Terminal *nt;* **ter•min•ate** [ˈtɜːmɪneɪt] **I.** *vt* aufhören mit, beend(ig)en; (*Vertrag*) lösen; (*Schwangerschaft*) unterbrechen **II.** *vi* aufhören (*in* mit), enden (*in* auf); (*Vertrag*) ablaufen; **ter•mi•na•tion** [ˌtɜːmɪˈneɪʃn] *s* Beendigung *f;* Ende *nt;* Schluss *m;* **bring s.th. to a ~** etw zum Abschluss bringen; **~ of pregnancy** Schwangerschaftsabbruch *m*

ter•mi•no•logi•cal [ˌtɜːmɪnəˈlɒdʒɪkl] *adj* terminologisch; **ter•mi•nol•ogy** [ˌtɜːmɪˈnɒlədʒɪ] *s* Terminologie *f*

ter•mi•nus [ˈtɜːmɪnəs] *s* Endstation *f*

ter•mite [ˈtɜːmaɪt] *s* Termite *f*

tern [tɜːn] *s* Seeschwalbe *f*

ter•race [ˈterəs] **I.** *s* **1.** Terrasse *f* **2.** **~s** (SPORT) Ränge *mpl* **3.** Häuserreihe *f* **II.** *vt* terrassenförmig anlegen; **ter•raced house** [ˈterəstˈhaʊs] *s* Reihenhaus *nt*

ter•rain [teˈreɪn] *s* Gelände, Gebiet *nt*

ter•ra•pin [ˈterəpɪn] *s* Sumpfschildkröte *f*

ter•res•trial [tɪˈrestrɪəl] *adj* **1.** irdisch, weltlich **2.** (*Tier*) Land-, auf dem Land lebend; **~ globe** Erdkugel *f;* **~ magnetism** Erdmagnetismus *m*

ter•rible [ˈterəbl] *adj* schrecklich, furchtbar, fürchterlich; **ter•ribly** [ˈterəblɪ] *adv* furchtbar, fürchterlich, schrecklich

ter•rier [ˈterɪə(r)] *s* Terrier *m*

ter•rific [təˈrɪfɪk] *adj* unheimlich; sagenhaft, toll; (*Kraft, Geschwindigkeit*) enorm, Mords-

ter•rify [ˈterɪfaɪ] *vt* erschrecken, in Angst und Schrecken versetzen; **be terrified** fürchterliche Angst haben; **a terrified look** ein angsterfüllter Blick; **ter•rify•ing** [-ɪŋ] *adj* erschreckend, grauenvoll

ter•ri•torial [ˌterɪˈtɔːrɪəl] *adj* territorial, Gebiets-; (ZOO) Revier-; **~ changes, ~ claims** *pl,* **~ violation** Gebietsveränderungen *fpl,* -ansprüche *mpl,* -verletzung *f;* **~ waters** Hoheitsgewässer *ntpl;* **ter•ri•tory** [ˈterɪtrɪ, *Am* ˈterɪtɔːrɪ] *s* **1.** (Hoheits)Gebiet, Revier, Territorium *nt* **2.** (COM) Vertretergebiet *nt* **3.** (*fig*) Gebiet, Revier *nt*

ter•ror [ˈterə(r)] *s* **1.** Entsetzen *nt,* Schreck(en) *m* **2.** Terror *m* **3.** (*fam: Mensch*) Alptraum *m;* Scheusal *nt;* **in ~** in panischer Angst; **ter•ror•ism** [ˈterərɪzəm] *s* Terrorismus *m;* **act of ~** Terrorakt *m;* **ter•ror•ist** [ˈterərɪst] *adj* Terrorist(in) *m(f);* **ter•ror•istic** [ˈterərɪstɪk] *adj* terroristisch; **ter•rori•za•tion** [ˌterəraɪˈzeɪʃn] *s* Terrorisierung *f;* **ter•ror•ize** [ˈterəraɪz] *vt* terrorisieren; **ter•ror-stricken, ter•ror-struck** [ˈterəstrɪkən, ˈterəstrʌk] *adj* angsterfüllt, zu Tode erschrocken

terry [ˈterɪ] *s* (*Textil*) Frottee *nt od m*

terse [tɜːs] *adj* (*Stil*) gedrängt, knapp, kurz angebunden

ter•ti•ary [ˈtɜːʃərɪ] **I.** *adj* tertiär; **~ burns** Verbrennungen dritten Grades; **~ education** Hochschulausbildung *f;* **~ industry** Dienstleistungsgewerbe *nt* **II.** *s:* **Tertiary** (GEOL) Tertiär *nt*

tes•sel•lated [ˈtesəleɪtɪd] *adj* mosaikartig ausgelegt

test [test] **I.** *s* **1.** (*a.* PSYCH) Prüfung, Probe, Untersuchung *f,* Versuch, Test *m* **2.** Prüfungsarbeit *f;* (SCHULE) Klassenarbeit *f* **3.** (*fig*) Prüfstein *m,* Probe *f;* Kriterium *nt;* **put to the ~** auf die Probe stellen; **stand** [*o* **pass**] **a ~** eine Prüfung, Probe bestehen; **take a ~** eine Prüfung ablegen, sich einer Prüfung unterziehen; **aptitude ~** Eignungsprüfung *f;* **blood ~** Blutprobe *f;* **driving ~** Fahrprüfung *f;* **intelligence ~** Intelligenztest *m;* **~ ban treaty** Teststoppabkommen *nt;* **~ case** Präzedensfall *m* **II.** *vt* prüfen; erproben; untersuchen, testen (*for* auf ... hin)

tes•ta•ment [ˈtestəmənt] *s* (*last will and ~*) Testament *nt,* letztwillige Verfügung; **Testament** (REL) Testament *nt;* **tes•ta-**

men•tary [ˌtestəˈmentrɪ] *adj* testamentarisch; **tes•ta•tor** [teˈsteɪtə(r)] *s* Erblasser *m;* **tes•ta•trix** [teˈsteɪtrɪks] *s* Erblasserin *f*

test ban [ˈtestˌbæn] *s* Versuchsverbot *nt;* **test card** *s* (TV) Testbild *nt;* **test case** *s* (JUR) Muster-, Präzedenzfall *m;* **test drive** *s* Probefahrt *f;* **tester** [ˈtestə(r)] *s* Prüf(end)er *m;* **test flight** *s* Probe-, Testflug *m*

tes•ticle [ˈtestɪkl] *s* Hode(n *m*) *m od f*

tes•tify [ˈtestɪfaɪ] **I.** *vt* bezeugen **II.** *vi* aussagen (*in s.o.'s favour, on s.o.'s behalf* zu jds Gunsten, *against s.o.* gegen jdn); ~ **to s.th.** etw bezeugen; etw bestätigen; **refuse to ~** die Aussage verweigern

tes•ti•mo•nial [ˌtestɪˈməʊnɪəl] *s* **1.** Zeugnis, Empfehlungsschreiben *nt,* Referenz *f* **2.** Geschenk *nt* als Zeichen der Wertschätzung; **tes•ti•mony** [ˈtestɪmənɪ] *s* **1.** Zeugenaussage *f* **2.** Zeichen *nt,* Beweis *m* (*of* für); **in ~ whereof** urkundlich dessen; **be called in ~** als Zeuge benannt werden; **bear ~** Zeugnis ablegen (*to* für)

test•ing [ˈtestɪŋ] **I.** *s* (Über)Prüfung, Erprobung *f;* ~ **of goods** Warentest *m* **II.** *adj* hart, schwierig; **testing ground** *s* Versuchsgelände *nt;* **testing plant** *s* Versuchseinrichtung, -anlage *f;* **testing stand, testing bench** *s* Prüfstand *m;* **test match** *s* Kricket-Testmatch *nt;* **test piece** *s* Probestück *nt;* **test pilot** *s* (AVIAT) Testpilot(in) *m(f);* **test stage** *s* Versuchsstadium *nt;* **test tube** *s* Reagenzglas *nt;* **test-tube baby** *s* Retortenbaby *nt*

testy [ˈtestɪ] *adj* reizbar, empfindlich; ungeduldig; launisch

teta•nus [ˈtetənəs] *s* (Wund)Starrkrampf, Tetanus *m;* **anti-~ vaccination** Tetanusimpfung *f*

tetchy [ˈtetʃɪ] *adj* (*Br: fam*) empfindlich, reizbar

tether [ˈteðə(r)] **I.** *s* Strick *m;* Kette *f;* **be at the end of one's ~** (*fig*) am Ende seiner Kräfte sein **II.** *vt* (*Tier*) anbinden (*to* an), an die Kette legen

Teu•tonic [tjuːˈtɒnɪk] *adj* (HIST) teutonisch; **the ~ Order** (HIST) der Deutsche Ritterorden

Tex•an [ˈteksən] **I.** *adj* texanisch **II.** *s* Texaner(in) *m(f);* **Tex•as** [ˈteksəs] *s* Texas *nt*

text [tekst] *s* **1.** Text *m* **2.** Bibelstelle *f;* **text•book** [ˈtekstbʊk] *s* Lehrbuch *nt;* **text•book case** *s* Paradefall *m;* **text editor** *s* (INFORM) Texteditor *m*

tex•tile [ˈtekstaɪl] **I.** *adj* Textil-, textil; ~ **factory** Textilfabrik *f;* ~ **industry** Textilindustrie *f* **II.** *s* **1.** Stoff *m* **2.** ~**s** (~ *fabrics, materials*) Textilien, Textilwaren *pl*

text pro•ces•sing [ˌtekstˈprəʊsesɪŋ] *s* (INFORM) Textverarbeitung *f*

tex•tual [ˈtekstʃʊəl] *adj* Text-

tex•ture [ˈtekstʃə(r)] *s* **1.** Gewebe *nt* **2.** Struktur *f,* Gefüge *nt* **3.** Beschaffenheit *f* **4.** (MUS) Gestalt *f,* Aufbau *m;* **textured vegetable protein, TVP** *s* strukturiertes Pflanzeneiweiß

Thai [taɪ] **I.** *adj* thailändisch **II.** *s* **1.** Thailänder(in) *m(f),* Thai *m f* **2.** (*Sprache*) Thai *nt;* **Thai•land** [ˈtaɪlənd] *s* Thailand *nt*

tha•lido•mide [θəˈlɪdəʊmaɪd] *s* Contergan® *nt;* **tha•lido•mide baby** *s* Contergankind *nt*

Thames [temz] *s* Themse *f;* **she won't set the ~ on fire** (*fig*) sie hat das Pulver nicht erfunden

than [ðən, ðæn] *conj* als; **you are taller ~ he (is),** *fam* ~ **him** du bist größer als er; **nothing else ~** nichts anderes als; völlig; **no other ~** kein anderer als

thank [θæŋk] **I.** *vt* **1.** danken (*s.o.* jdm) **2.** sich bedanken (*s.o.* bei jdm, *for s.th.* für etw); **have o.s. to ~ for s.th.** sich etw selbst zuzuschreiben haben; ~ **you** danke; ~ **you very much!** besten Dank!; **no, ~ you,** *fam* **no ~s!** danke, nein! **II.** *s pl* Dank *m;* ~**s very much** danke (schön)! vielen Dank!; ~**s to** dank +*dat;* **in ~s for** zum Dank für; **thank•ful** [ˈθæŋkfl] *adj* dankbar (*for* für); **thank•less** [-lɪs] *adj* undankbar; **thanks•giv•ing** [ˌθæŋksˈgɪvɪŋ] *s* Danksagung *f;* **Thanksgiving Day** (*in den USA*) Thanksgiving Day *m* (*letzter Donnerstag im November*); **thank-you** [ˈθæŋkjuː] *s* Dankeschön *nt;* **without even a ~** ohne ein Wort des Dankes

that¹ [ðæt, ðət] <*pl* those> **I.** *pron* **1.** das **2.** (*hinweisend*) das da, jenes; **what is ~?** was ist das?; **as stupid as ~** so dumm; **and all ~** und so; **like ~** so; **~'s it!** das ist es! richtig! das wär's!; **after/before/over ~** danach/davor/darüber **II.** *adj* der, die, das; jene(r, s); ~ **poor dog** der arme Hund; **what about ~ car of yours?** was ist mit deinem Auto? **III.** *adv* (*fam*) so; **I was ~ pleased** ich habe mich so gefreut

that² [ðæt, ðət] *pron* der, die, das; **everything/nothing ~** alles/nichts was; **the man ~ told me** der Mann, der mir erzählte; **the minute ~ he arrived** in dem Augenblick, als er ankam; **the day ~ …** an dem Tag, als …

that³ [ðæt, ðət] *conj* dass; **I told you ~ I couldn't come** ich habe dir gesagt, dass ich nicht kommen kann; ~ **I should live to see this!** dass ich das erleben muss!

thatch [θætʃ] **I.** *s* **1.** Stroh-, Binsendach *nt;* Dachstroh *nt* **2.** (*hum*) (Haar)Schopf *m* **II.** *vt* mit Stroh decken; **~ed roof** Strohdach *nt*

thaw [θɔː] **I.** *vi* **1.** (auf)tauen **2.** (*fig*) auftauen, warm werden; **it is ~ing** es taut **II.** *vt*

(~ *out*) auftauen **III.** *s* (*a. fig*) Tauwetter *nt*

the [ðə, *vor Vokal, betont* ði:] *art* der, die, das; ~ **…** ~ **…** je … desto …; **all** ~ **better/worse** umso besser/schlimmer; ~ **sooner** ~ **better** je eher, je lieber; **play** ~ **piano** Klavier spielen

the•ater *s* (*Am*), **the•atre** ['θɪətə(r)] *s* **1.** Theater *nt;* Schauspielhaus *nt* **2.** Hörsaal *m* **3.** (*fig*) Schauplatz *m;* **go to the** ~ ins Theater gehen; **it's good** ~ es eignet sich für die Bühne; **open-air** ~ Freilichtbühne *f;* **operating** ~ Operationssaal *m;* **picture** ~ Filmtheater *nt;* ~ **of war** Kriegsschauplatz *m;* **theatre company** *s* Theaterensemble *nt;* Theater-, Schauspieltruppe *f;* **theatre critic** *s* Theaterkritiker(in) *m(f);* **theatre•goer** ['θɪətə(r)gəʊə(r)] *s* Theaterbesucher(in) *m(f);* **the•atri•cal** [θɪ'ætrɪkl] **I.** *adj* **1.** bühnenmäßig; dramatisch; Theater- **2.** (*fig*) theatralisch **II.** *s pl* **1.** Theateraufführungen *fpl* **2.** Laienspiele *ntpl*

thee [ði:] *pron* (*obs poet*) dich; dir

theft [θeft] *s* Diebstahl *m*

their [ðeə(r)] *adj possessives* ihr; **everyone knows** ~ **duty** jeder kennt seine Pflicht; **theirs** [ðeəz] *pron* ihre(r, s); der, die, das Ihre, Ihrige; **a friend of** ~ einer ihrer Freunde, ein Freund von ihnen; **it's** ~ es gehört ihnen

the•ism ['θi:ɪzəm] *s* Theismus *m*

them [ðem, ðəm] *pron* **1.** sie *acc,* ihnen *dat* **2.** (*inkorrekt*) diese; **of** ~ ihrer; **that's** ~ das sind sie; **with their children around** ~ mit ihren Kindern um sich

the•mat•ic [ˌθi:m'ætɪk] *adj* thematisch

theme [θi:m] *s* Thema *nt;* (*Musik*) Thema, Leitmotiv *nt;* (*Film*) Melodie *f;* **themed** [θi:md] *adj* (*Restaurant*) thematisch gestaltet; **theme music** *s* Titelmusik *f;* **theme park** *s* Vergnügungspark *m;* **theme song** *s* Erkennungsmelodie *f*

them•selves [ðəm'selvz] *pron* **1.** sich *acc/dat* **2.** (*betont*) (sie) selbst; (**all**) **by** ~ (ganz) allein; ohne Hilfe; **they'll do it** ~ sie machen es selbst; **they …** ~ sie … selbst; **to** ~ zu sich (selbst)

then [ðen] **I.** *adv* **1.** dann **2.** damals; da **3.** außerdem, ferner **4.** in d(ies)em Fall; folglich; **before** ~ zuvor; **but** ~ aber dann; **by** ~ bis dahin; (**every**) **now and** ~ dann u. wann; **from** ~ **onwards** von da an; **until** ~ bis dahin; ~ **and there, there and** ~ auf der Stelle; **what** ~**?** was dann? **II.** *adj* damalig

thence [ðens] *adv* (*obs*) **1.** von dort; von da an; von dannen **2.** deshalb; **thence•forth, thence•for•ward** [ˌðens'fɔ:θ, ˌðens'fɔ:wəd] *adv* (*obs*) von da an, seitdem

the•oc•racy [θɪ'ɒkrəsɪ] *s* Theokratie *f*

the•odo•lite [θɪ'ɒdəlaɪt] *s* Theodolit *m*

theo•lo•gian [ˌθɪə'ləʊdʒən] *s* Theologe *m,* Theologin *f;* **theo•logi•cal** [ˌθɪə'lɒdʒɪkl] *adj* theologisch; **the•ol•ogy** [θɪ'ɒlədʒɪ] *s* Theologie *f*

the•orem ['θɪərəm] *s* Lehrsatz *m,* Theorem *nt*

the•or•eti•cal [θɪə'retɪkl] *adj* theoretisch; **the•or•ist** ['θɪərɪst] *s* Theoretiker(in) *m(f);* **the•or•ize** ['θɪəraɪz] *vi* theoretisieren (*about* über); **the•ory** ['θɪərɪ] *s* Theorie *f;* **in** ~ in der Theorie; ~ **of relativity** Relativitätstheorie *f;* ~ **of sets** Mengenlehre *f*

thera•peutic(**al**) [ˌθerə'pju:tɪk(l)] *adj* therapeutisch; **thera•peutics** [ˌθerə'pju:tɪk(s)] *s pl mit sing* Therapeutik *f;* **thera•pist** ['θerəpɪst] *s* Therapeut(in) *m(f);* **ther•apy** ['θerəpɪ] *s* Therapie, Behandlung *f;* **occupational** ~ Beschäftigungstherapie *f*

there [ðeə(r)] **I.** *adv* dort, da; dort-, dahin; **here and** ~ hier u. da; gelegentlich; **over** ~ dort drüben; **then and** ~ auf der Stelle; ~ **is/are** es ist/sind; es gibt; ~ **you are!** da hast du's (haben Sie's)! da sind Sie (bist du) ja!; ~ **is no one** ~ es ist niemand da **II.** *interj* nanu! na also! da haben wir es!; ~**, that's enough** so, nun ist's aber genug!; **there•about**(**s**) ['ðeərəbaʊt(s)] *adv* in der Gegend; so etwa; **at 3 or** ~ so um 3 Uhr herum; **there•after** [ðeər'ɑ:ftə(r)] *adv* danach; seither; **there•by** [ðeə'baɪ] *adv* dadurch; dabei; daran; ~ **hangs a tale** da gibt es eine Geschichte dazu; **there•fore** ['ðeəfɔ:(r)] *adv* **1.** deshalb, -wegen, darum **2.** folglich; **there•in** [ðeər'ɪn] *adv* darin; in dieser Sache; **there•of** [ðeər'ɒv] *adv* davon; dessen; **there•under** [ðeər'ʌndə(r)] *adv* darunter; **there•upon** [ˌðeərə'pɒn] *adv* darauf, danach; daraufhin

therm [θɜ:m] *s* (*Gas*) 100 000 Wärmeeinheiten *fpl;* **ther•mal** ['θɜ:ml] **I.** *adj* **1.** thermisch; (PHYS) Wärme- **2.** warm, heiß; ~ **baths** Thermalbäder *ntpl;* ~ **imaging** Thermobildgebung *f;* ~ **springs** Thermalquellen *fpl;* ~ **underwear** Thermowäsche *f;* ~ **unit** (PHYS) Wärmeeinheit *f* **II.** *s meist pl* Thermik *f;* **thermo•dynam•ic** [ˌθɜ:məʊdaɪ'næmɪk] **I.** *adj* thermodynamisch **II.** *s pl mit sing* Thermodynamik *f;* **thermo-elec•tric** [ˌθɜ:məʊɪ'lektrɪk] *adj* thermoelektrisch; **ther•mom•eter** [θə'mɒmɪtə(r)] *s* Thermometer *nt;* **thermometer scale** *s* Thermometerskala *f;* **ther•mo•nu•clear** [ˌθɜ:məʊ'nju:klɪə(r)] *adj:* ~ **weapons** thermonukleare Waffen *fpl;* **ther•mos bottle, ther•mos flask**® ['θɜ:məs'bɒtl, flɑ:sk] *s* Thermosflasche, -kanne *f;* **thermo•stat** ['θɜ:məʊstæt] *s*

Thermostat *m;* **thermo•stat•ic** [ˌθɜːməʊ'stætɪk] *adj* thermostatisch; ~ **switch** Temperaturschalter *m*

the•sau•rus [θɪ'sɔːrəs] *s* Thesaurus *m*

these [ðiːz] *pron s.* **this**

the•sis ['θiːsɪs, *pl* 'θiːsiːz] <*pl* -ses> *s* **1.** These, Behauptung *f* **2.** Dissertation *f,* Doktorarbeit *f* **3.** Diplomarbeit *f* **4.** (MUS) *betonter Taktteil*

they [ðeɪ] *pron* sie *pl,* man; es; ~ **who** diejenigen, welche

they'll [ðeɪl] = **they shall; they will**

they're [ðeɪr] = **they are**

they've [ðeɪv] = **they have**

thick [θɪk] **I.** *adj* **1.** dick **2.** dicht **3.** dickflüssig **4.** (*Luft*) schlecht **5.** (*Akzent*) stark, breit **6.** (*fig*) dumm, stupide **7.** (*fam*) dick, eng befreundet (*with* mit); ~ **with** voller, voll von; **be as ~ as thieves** (*fam*) dicke Freunde sein; **it's a bit ~** (*fam*) das ist ein starkes Stück; ~ **on the ground** (*fam*) wie Sand am Meer **II.** *adv* **1.** dick **2.** dicht; **lay it on ~** (*fam fig*) dick auftragen, übertreiben **III.** *s* dickster, dichtester Teil; **in the ~ of** mitten in; **through ~ and thin** durch dick und dünn; **thicken** ['θɪkən] **I.** *vi* **1.** sich verdicken **2.** sich verdichten; dichter werden **3.** sich verwickeln, sich verwirren; **the plot ~s** der Knoten schürzt sich **II.** *vt* (*Sauce*) eindicken; **thick•en•ing** ['θɪkənɪŋ] *s* (*Küche*) Bindemittel *nt*

thicket ['θɪkɪt] *s* Dickicht *nt*

thick•headed [ˌθɪk'hedɪd] *adj* blöd(e), dumm; **thick•ness** ['θɪknɪs] *s* **1.** Dicke, Stärke *f* **2.** Dichte *f;* Dickflüssigkeit *f* **3.** (*fig*) Dummheit *f* **4.** Lage, Schicht *f;* **thick•set** [ˌθɪk'set] *adj* **1.** dicht gepflanzt **2.** untersetzt; **thick-skinned** [ˌθɪk'skɪnd] *adj* (*fig*) dickfellig

thief [θiːf, *pl* 'θiːvz] <*pl* thieves> *s* Dieb *m;* **stop ~!** haltet den Dieb!; **thieve** [θiːv] *vt, vi* stehlen; **thiev•ing** ['θiːvɪŋ] **I.** *s* Stehlen *nt* **II.** *adj* diebisch

thigh [θaɪ] *s* (Ober)Schenkel *m;* **thigh-bone** *s* Oberschenkelknochen *m*

thimble ['θɪmbl] *s* Fingerhut *m*

thin [θɪn] **I.** *adj* **1.** dünn **2.** mager, hager; (*Gesicht*) schmal **3.** fein(verteilt) **4.** spärlich, dürftig **5.** dünn, wässerig **6.** (*Gewebe*) (hauch)dünn, fein, zart **7.** (*fig: Ausrede*) schwach; fadenscheinig **8.** (COM) flau; gering; unzureichend; ~ **on the ground** (*fig*) dünn gesät; **have a ~ time of it** (*fam*) eine üble Zeit durchmachen **II.** *adv* dünn; schwach **III.** *vt* **1.** dünn(er) machen; verdünnen **2.** (*Wald*) lichten **3.** (*Bevölkerung*) verringern **IV.** *vi* (*Haare*) schütter werden; (*Nebel*) sich lichten; (*Menge*) sich verlaufen; **thin down I.** *vi* dünner werden; abnehmen **II.** *vt* verdünnen; **thin out I.** *vi* schwächer werden; (*Menge*) kleiner werden; (*Haare*) sich lichten **II.** *vt* (*Haare*) ausdünnen; (*Wald*) lichten; (*Pflanzen*) verziehen; (*Bevölkerung*) verkleinern

thine [ðaɪn] *pron* (*obs*) dein

thing [θɪŋ] *s* **1.** (*a.* JUR) Ding *nt,* Sache *f,* Gegenstand *m* **2.** (*fam*) Ding, Dingsda, Dingsbums *nt* **3. ~s** Sachen *fpl,* Kleider *ntpl;* **among other ~s** unter anderem; **do one's own ~** (*fam*) tun, was man will; **first ~** zuerst, zunächst (einmal); **first ~ in the morning** morgens früh als Erstes; **first ~s first!** immer schön der Reihe nach!; **for one ~** einmal, vor allem; **in all ~s** in jeder Hinsicht; **just the ~** genau das Richtige; **no such ~** nichts dergleichen; **no small ~** keine Kleinigkeit; **quite the ~** die Sache; **the real ~** das Richtige; **the very ~** genau das; **a ~ like that** so etwas; **have a ~ about** eine Schwäche, eine Vorliebe haben für; **he's got a ~ about snakes** er kann Schlangen nicht ausstehen; (*fasziniert von*) er ist verrückt auf Schlangen; **know a ~ or two** (*fam*) einiges loshaben; etwas können; **not to feel quite the ~** nicht auf der Höhe sein; **it's a funny ~, but ...** es ist seltsam, aber ...; **make a good ~ of s.th.** aus etw Nutzen ziehen; **make a ~ of s.th.** etw wichtig nehmen; **that was a near ~!** das ist noch mal gut gegangen; **how are ~s?** wie geht's?; **I'm going to tell him a ~ or two** dem werde ich was erzählen!; **there is no such ~** so was gibt es nicht; **it's a good ~ to ...** es ist vernünftig zu ...; **a ~ of beauty** etwas Schönes; **it's a peculiar ~** es ist eigenartig; **the ~ is ...** die Sache ist die, ...; **the nice ~ about it** das Schöne daran; **another ~** noch etwas; etwas anderes; **~s are going well** es geht gut; **think ~s over** (sich) die Sache überlegen; **you poor ~!** du Arme(r)!; **you must be seeing ~s!** du siehst wohl nicht richtig!; **thing•uma•bob, thing•uma•jig** ['θɪŋ(ə)məbɒb, 'θɪŋ(ə)mədʒɪg] *s* Dingsda *nt*

think [θɪŋk] <*irr:* thought, thought> **I.** *vt* **1.** denken **2.** glauben, meinen **3.** sich vorstellen; sich einbilden **4.** halten für, ansehen als; **I ~ you had better do that** ich meine, du solltest das lieber tun; **I should ~ not!** das will ich auch nicht hoffen!; **do you ~ he'll manage?** glauben Sie, er schafft es?; **you must ~ me rude** Sie müssen mich für unhöflich halten; **that's what you ~!** das meinst du wohl!; **what do you ~?** was meinen Sie (dazu)?; **who would have thought it!** wer hätte das gedacht!; ~ **nothing of it!** das ist nicht der Rede wert!; ~ **nothing of** nichts halten von **II.** *vi* **1.** denken (*of* an, *about* über) **2.** glauben, meinen, der Meinung sein (*that* dass) **3.** planen, beabsichtigen (*to do* zu tun) **4.** nachdenken, -sinnen (*about, on, upon* über) **5.** (sich) überlegen, sich durch den Kopf gehen lassen (*about s.th.* etw) **6.** meinen (*about* zu) **7.** halten (*of* von) **8.** sich mit dem Gedanken tragen (*of doing* zu tun) **9.** sich erinnern (*of* an), sich besinnen (*of* auf); ~ **aloud** laut denken; ~ **better of s.th.** sich etw noch mal überlegen; ~ **fit** [*o* **good**] **to do** es für gut halten zu tun; ~ **highly** [*o* **much**] **of** viel halten von; ~ **twice** (es) sich noch mal überlegen; **act without ~ing** unüberlegt handeln; **he wasn't ~ing** (*fig*) er hat geschlafen; **I ~ so** ich denke schon; **it makes you ~** das stimmt einen nachdenklich; **let me ~** lass mich überlegen; **just ~** stell dir mal vor **III.** *s:* **have a ~ about s.th.** sich etw überlegen; über etw nachdenken; **think about** *vi* nachdenken über; sich überlegen; vorhaben (*doing s.th.* etw zu tun); **think ahead** *vi* vorausdenken; **think back** *vi* sich zurückversetzen (*to* in); **think of, think about** *vi* denken an; sich vorstellen; sich ausdenken; **what do you ~ of him/it?** was halten Sie von ihm/davon?; **think on** *vi* nachdenken über; planen, vorhaben; **think out** *vt* ausdenken; sich gut überlegen; **think over** *vt* überdenken, -legen; nachdenken (über); **think through** *vt* durchdenken; **think up** *vt* (sich) ausdenken

think•able ['θɪŋkəbl] *adj* denk-, vorstellbar; **thinker** ['θɪŋkə(r)] *s* Denker(in) *m(f)*; **think•ing** ['θɪŋkɪŋ] **I.** *adj* vernünftig; denkend; **put one's ~ cap on** (*fam*) seinen Grips anstrengen, scharf nachdenken **II.** *s* Denken *nt;* Nachdenken *nt;* Meinung *f;* **to my ~** meiner Meinung nach; **that's wishful ~** das ist ein frommer Wunsch; **think tank** *s* Denkfabrik *f*

thin•ner ['θɪnə(r)] *s* (TECH) Verdünner *m,* Verdünnungsmittel *nt;* **thin•ness** ['θɪnnɪs] *s* **1.** Dünnheit *f;* Dünnflüssigkeit *f* **2.** Feinheit *f* **3.** (*Mensch*) Magerkeit *f* **4.** (*Stimme*) Schwäche *f;* (*Entschuldigung*) Dürftigkeit, Fadenscheinigkeit *f;* **the ~ of his hair** sein spärlicher Haarwuchs; **the ~ of the population** die geringe Bevölkerungsdichte; **thin-skinned** ['θɪnskɪnd] *adj* (*fig*) empfindlich, leicht beleidigt

third [θɜːd] **I.** *adj* dritte(r, s); **the Third Way** (POL: *in Großbritannien*) die neue Mitte **II.** *s* **1.** Dritte(r, s) **2.** Drittel *nt* **3.** (AUTO) dritter Gang; **third-class mail** *s* (*Am*) Drucksache *f;* **third-country** *adj* Drittländer-; ~ **nationals** Staatsangehörige aus Drittländern; **third degree** *s* **1.** dritter Grad **2.** strenges Verhör *nt;* **third-degree burns** *s* Verbrennungen *f pl* dritten Grades; **third•ly** [-lɪ] *adv* drittens; **third party** *s* (JUR) Dritte(r) *m,* dritte Person; **third-party liability, third-party insurance** *s* Haftpflichtversicherung *f;* **third-rate** [ˌθɜːd'reɪt] *adj* drittrangig, minderwertig; **Third World** *s* Dritte Welt

thirst [θɜːst] **I.** *s* **1.** Durst *m* **2.** (*fig*) Verlangen *nt,* Sehnsucht *f* (*for* nach); ~ **for knowledge** Wissensdrang, -durst *m* **II.** *vi* nach Wissen dürsten; (*fig*) verlangen, sich sehnen (*for* nach); **thirsty** ['θɜːstɪ] *adj* **1.** durstig **2.** (*fig*) begierig (*for, after* nach)

thir•teen [ˌθɜː'tiːn] *adj* dreizehn; **thirteenth** [ˌθɜː'tiːnθ] **I.** *adj* dreizehnte(r, s) **II.** *s* Dreizehntel *nt;* Dreizehnte(r, s); **thirti•eth** ['θɜːtɪəθ] **I.** *adj* dreißigste(r, s) **II.** *s* Dreißigstel *nt;* Dreißigste(r, s); **thirty** ['θɜːtɪ] *num* dreißig

this [ðɪs] <*pl* **these**> **I.** *pron, adj* diese(r, s); ~ **one** (*substantivisch*) diese(r, s); **by ~ time** jetzt; schon lange; bis dahin; ~ **day** heute; ~ **day week** heute in acht Tagen; ~ **minute** augenblicklich; ~ **morning/evening/night** heute Morgen/Abend/Nacht; ~ **time** diesmal; ~ **time last month** letzten Monat um diese Zeit; **these days** heutzutage; **what are you doing these days?** was machen Sie (so) in letzter Zeit? **II.** *pron substantivisch* dies, das; **what is ~?** was ist das?; **who is ~?** wer ist das?; **these are my friends** das sind meine Freunde; ~ **is to prove ...** hiermit wird bewiesen ...; ~ **and that** dieses und jenes; **it's like ~** es ist so; ~ **is Anna (speaking)** (hier ist) Anna **III.** *adv* so; ~ **late** so spät; ~ **much** so viel

thistle ['θɪsl] *s* Distel *f*

tho' [ðəʊ] **I.** *conj* obgleich; wenn auch; **as ~** als ob; **even ~** obwohl **II.** *adv* doch; **she did do it ~** sie hat es aber doch getan

thong [θɒŋ] *s* Lederriemen *m*

tho•rax ['θɔːræks] *s* (ANAT) Brust *f,* Brustkorb *m,* Brustkasten *m*

thorn [θɔːn] *s* **1.** Dorn *m* **2.** Dornbusch, -strauch *m;* **that's a ~ in my flesh** (*fig*) das ist mir ein Dorn im Auge; **thorny** ['θɔːnɪ] *adj* **1.** dornig **2.** (*fig*) schwierig; heikel

thor•ough ['θʌrə, 'θʌrəʊ] *adj* **1.** sorgfältig, gründlich, genau **2.** vollendet **3.** vollständig, völlig; **thor•ough•bred** ['θʌrəbred] **I.** *s* Vollblut(pferd) *nt,* Vollblüter *m* **II.** *adj* reinrassig; Vollblut-; **thor•ough•fare** ['θʌrəfeə(r)] *s* Durchfahrtsstraße *f;* **no ~!** keine Durchfahrt!; **thor•ough•go•ing** ['θʌrəˌgəʊɪŋ] *adj* gründlich; (*Reform, Änderung*) grundlegend; **thor•ough•ly** [-lɪ] *adv* gründlich; völlig; **thor•ough•ness** [-nɪs] *s* Sorgfalt, Gründlichkeit *f*

those [ðəʊz] *pron* diese; *s.* **that**[1]

thou [ðaʊ] *pron* (*obs poet*) du

though [ðəʊ] **I.** *conj* obgleich; wenn auch; **as ~** als ob; **even ~** obwohl **II.** *adv* doch;

she did do it ~ sie hat es aber doch getan

thought [θɔːt] I. *pt, pp of* **think** II. *s* 1. (Nach)Denken *nt;* Überlegung *f* 2. Denkfähigkeit *f,* Verstand *m* 3. Gedanke, Einfall *m* 4. Denkweise *f* 5. Aufmerksamkeit, Rücksicht *f;* **a** ~ (*fig*) ein bisschen, etwas, eine Idee; **after serious ~, on second ~s** nach reiflicher Überlegung; (**lost**) **in** ~ in Gedanken (versunken); **without** ~ gedankenlos; **have no ~ of doing s.th.** nicht daran denken etw zu tun; **have second ~s about s.th.** sich etwas noch einmal überlegen; **give ~ to** nachdenken über; **don't give it another** ~ denken Sie gar nicht daran; **thought•ful** ['θɔːtfl] *adj* 1. nachdenklich; wohl überlegt 2. aufmerksam, rücksichtsvoll; **thought•less** [-lɪs] *adj* 1. gedankenlos, unbesonnen 2. rücksichtslos (*of* gegen), unachtsam 3. unbekümmert (*of* um); **thought-out** [ˌθɔːt'aʊt] *adj:* **a well ~ plan** ein wohl durchdachter Plan; **thought-pro•vok•ing** [ˌθɔːtprə'vəʊkɪŋ] *adj* geistige Anstöße vermittelnd; anregend; **thought read•ing** ['θɔːtˌriːdɪŋ] *s* Gedankenlesen *nt*

thou•sand ['θaʊznd] I. *adj* (*a* ~) tausend; **a ~ thanks** tausend Dank; **a ~ times** tausendmal II. *s* Tausend *nt;* **one** ~ eintausend; **thou•sandth** ['θaʊznθ] I. *adj* tausendste(r, s) II. *s* Tausendstel *nt;* Tausendste(r, s)

thrash [θræʃ] I. *vt* 1. verprügeln; verdreschen; einschlagen auf 2. (*fam*) (vernichtend) besiegen, schlagen; ~ **one's arms about** (mit den Armen) um sich schlagen II. *vi* (~ *about*) um sich schlagen; **thrash out** *vt* (*Thema*) gründlich erörtern; (*Plan*) ausdiskutieren; **thrash•ing** [-ɪŋ] *s* 1. Tracht *f* Prügel 2. (*fig*) völlige Niederlage; **give s.o. a good** ~ jdm eine tüchtige Tracht Prügel verabreichen

thread [θred] I. *s* 1. (*Textil*) Faden *m,* (Näh)Garn *nt* 2. (*Licht*) Strahl *m* 3. (TECH) Gewinde *nt* (*on a screw* an einer Schraube); **hang by a** ~ (*fig*) an einem seidenen Faden hängen; **lose the** ~ (*fig*) den Faden verlieren; **pick up the ~s** (*fig*) den Faden wieder aufnehmen II. *vt* 1. einfädeln 2. aufreihen 3. (*fig*) sich durchwinden durch 4. (TECH) mit einem Gewinde versehen; ~ **one's way through** sich durchschlängeln III. *vi* 1. sich (hin)durchwinden 2. sich durchziehen (*through* durch); **thread•bare** ['θredbeə(r)] *adj* abgewetzt; abgetragen; (*Teppich*) abgelaufen; (*fig: Argument*) fadenscheinig

threat [θret] *s* 1. Drohung *f* (*of* mit) 2. Bedrohung *f* (*to +gen*), Gefahr *f* (*to* für); **utter a ~ against s.o.** jdm drohen; **there's a ~ of rain** es sieht nach Regen aus; **threaten** ['θretn] *vt* 1. (*jdn*) bedrohen (*with* mit) 2. androhen (*s.o. with s.th.* jdm etw) 3. drohend ankündigen 4. drohen (*s.th.* mit etw, *to do* zu tun); **threaten•ing** [-ɪŋ] *adj* drohend; ~ **letter** Drohbrief *m*

three [θriː] I. *adj* drei II. *s* Drei *f;* **three-cor•nered** [ˌθriː'kɔːnəd] *adj* 1. dreieckig 2. zu dreien; ~ **hat** Dreispitz *m;* **three-dimensional** [ˌθrɪdaɪ'menʃənl] *adj,* **three-D** [ˌθriː'diː] *adj* dreidimensional; **three•fold** ['θriːfəʊld] *adj, adv* dreifach; **three-part** ['θriːpɑːt] *adj* dreiteilig; **three•penny bit** ['θrepənɪbɪt] *s* Dreipennystück *nt;* **three- piece** [ˌθriː'piːs] *adj* dreiteilig; ~ **suite** dreiteilige Polstergarnitur; **three-ply** [ˌθriː'plaɪ] I. *adj* dreifach; dreischichtig II. *s* 1. Sperrholz *nt* 2. Dreifachwolle *f;* **three-quarter** [ˌθriː'kwɔːtə(r)] I. *adj* dreiviertel II. *s* (*Rugby*) Dreiviertelspieler *m;* **three•some** ['θriːsəm] *s* Dreiergruppe *f;* Dreier *m;* **in a** ~ zu dritt; **three-wheeler** [θrɪ'wiːlə(r)] *s* Dreiradwagen *m*

thresh [θreʃ] *vt, vi* dreschen; **thresh•ing machine** ['θreʃɪŋ mə'ʃiːn] *s* Dreschmaschine *f*

thresh•old ['θreʃhəʊld] *s* 1. Schwelle *f* 2. (*fig*) Anfang, Beginn *m;* **at the ~ of an era** an der Schwelle eines Zeitalters; **be on the ~ of one's career** am Anfang seiner Laufbahn stehen; ~ **of consciousness** Bewusstseinsschwelle *f;* **threshold agreement** *s* Lohnindexierung *f;* **threshold countries** *s* (COM) Schwellenländer *ntpl;* **threshold price** *s* Schwellenpreis *m*

threw [θruː] *s.* **throw**

thrice [θraɪs] *adv* dreimal, -fach

thrift [θrɪft] *s* Sparsamkeit *f;* **thrifty** ['θrɪftɪ] *adj* sparsam (*of, with* mit)

thrill [θrɪl] I. *vt* 1. mitreißen; in Spannung versetzen; erregen 2. erschauern lassen; **be ~ed to bits** sich fürchterlich freuen II. *vi* 1. erregt, aufgewühlt sein 2. zittern, beben (*with* vor) III. *s* Schauer, Nervenkitzel *m;* Sensation *f;* Erregung *f;* Reiz *m;* **a ~ of joy** eine freudige Erregung; **give us a ~!** (*fam*) lass uns mal was sehen!; **thriller** ['θrɪlə(r)] *s* Reißer, Krimi *m;* **thrill•ing** ['θrɪlɪŋ] *adj* aufregend; reißerisch; spannend, sensationell

thrive [θraɪv] <*irr:* thrived (throve), thrived (thriven)> *vi* 1. (gut) gedeihen 2. Erfolg haben; **thriv•ing** [-ɪŋ] *adj* (*fig*) (gut) gedeihend; blühend

throat [θrəʊt] *s* 1. Kehle, Gurgel *f* 2. Rachen, Schlund *m;* Hals *m;* **cancer of the** ~ Kehlkopfkrebs *m;* **clear one's** ~ sich räuspern; **grip s.o. by the** ~ jdn an der Kehle packen; **jump down s.o.'s** ~ (*fig fam*) jdm ins Gesicht springen; **thrust s.th. down**

s.o.'s ~ jdm etw aufzwingen; **stick in s.o.'s** ~ (*fig*) für jdn nicht akzeptabel sein; (*Worte*) jdm im Halse stecken bleiben; **sore** ~ Halsweh *nt;* **throaty** ['θrəʊtɪ] *adj* **1.** (*Stimme*) belegt, rau **2.** (*Mensch*) heiser

throb [θrɒb] **I.** *vi* (*Herz*) (heftig) schlagen, klopfen (*with* vor); (*Maschine*) klopfen; (*Trommeln*) dröhnen; (*fig*) pulsieren **II.** *s* (Herz-, Puls)Schlag *m;* (*fig*) Klopfen, Zittern, Dröhnen *nt*

throes [θrəʊz] *s:* **be in the ~ of s.th.** mitten in etw sein

throm•bo•sis [θrɒm'bəʊsɪs] *s* (MED) Thrombose *f*

throne [θrəʊn] *s* Thron *m;* **come to the ~** den Thron besteigen

throng [θrɒŋ] **I.** *s* Gedränge, Gewühl *nt,* Andrang *m;* (Menschen)Menge *f* **II.** *vi* (sich) drängen; strömen **III.** *vt* sich drängen in, um

throttle ['θrɒtl] **I.** *s* (*~-valve*) Drosselventil *nt;* **at full ~** mit Vollgas **II.** *vt* **1.** erdrosseln **2.** (*fig*) unterdrücken; **throttle back, throttle down I.** *vt* drosseln **II.** *vi* Gas wegnehmen

through [θru:] **I.** *prep* **1.** (*räumlich*) durch **2.** (*zeitlich*) über **3.** (*kausal*) durch, infolge *+gen,* mit Hilfe *+gen;* **~ the night** die Nacht über; **all ~ her life** ihr ganzes Leben lang; **Monday ~ Friday** von Montag bis (einschließlich) Freitag; **~ the post** mit der Post **II.** *adv* durch; **~ and ~** durch u. durch, völlig; **all day ~** den ganzen Tag über; **he knew it all ~** er wusste es die ganze Zeit; **wet ~** patschnass; **carry ~** zu Ende bringen; **get ~** durchkommen; **get ~ with** (*fam*) zu Ende kommen mit; **put ~** (TELE) verbinden (*to s.o.* mit jdm); **I didn't get ~** (TELE) ich bin nicht durchgekommen **III.** *adj* **1.** fertig **2.** (TELE) verbunden; **I'm ~ with him** der ist für mich gestorben; **I'm ~ with that job** ich habe diese Arbeit satt; **through car, through coach** *s* (RAIL) Kurswagen *m;* **through flight** *s* Direktflug *m;* **through•out** [θru:'aʊt] **I.** *prep* **1.** überall in **2.** während; **~ his stay** seinen ganzen Aufenthalt über; **~ his life** sein ganzes Leben lang **II.** *adv* **1.** überall **2.** die ganze Zeit (über); **through•put** ['θru:pʊt] *s* Durchsatz *m;* **through ticket** *s* (RAIL) durchgehende Fahrkarte; **through traffic** *s* Durchgangsverkehr *m;* **through train** *s* durchgehender Zug; **through•way** ['θru:weɪ] *s* (*Am*) Schnellstraße *f*

throve [θrəʊv] *s.* **thrive**

throw [θrəʊ] <*irr:* threw, thrown> **I.** *vt* **1.** werfen (*to the ground* auf den Boden), schleudern (*at* nach) **2.** (*vom Pferd*) abwerfen **3.** (*Blick*) zuwerfen (*s.o.* jdm) **4.** (*Hebel*) ein-, ausschalten **5.** (*Brücke*) schlagen (*over, across* über) **6.** (*Junge*) werfen **7.** (*auf der Drehscheibe*) töpfern, drehen **8.** (*fam*) drausbringen, verwirren **9.** (*fam: Anfall*) bekommen **10.** (*fam: Party*) geben, schmeißen; **~ into confusion** [*o* **disorder**] in Unordnung bringen; **~ dice** würfeln; **~ a fit** (*fam*) einen Wutanfall bekommen; **~ s.th. open** etw weit öffnen; **~ overboard** (*fig*) über Bord werfen; **~ into prison** ins Gefängnis werfen; **~ shadow(s)** Schatten werfen; **~ that light this way, please** bitte, leuchten Sie hierher; **~ o.s. at s.o.** (*fig*) sich jdm an den Hals werfen; **~ o.s. into s.th.** (*fig*) sich auf etw stürzen; **be ~n upon o.s.** auf sich selbst angewiesen sein **II.** *vi* werfen **III.** *s* **1.** Wurf *m* **2.** (GEOL) Sprunghöhe *f,* Verwurf *m;* **throw away** *vt* **1.** fort-, wegwerfen; verschwenden **2.** (*Gelegenheit*) verpassen; **throw back I.** *vt* zurückwerfen **II.** *vi* (BIOL) zurückgehen; **be ~n back upon** angewiesen sein auf; **throw down** *vt* **1.** hinunterwerfen **2.** (*fig: Waffen*) wegwerfen; **throw in** *vt* **1.** (SPORT) einwerfen **2.** (COM) zugeben; hinzufügen **3.** (*eine Bemerkung*) einwerfen; **~ in (one's lot) with s.o.** mit jdm gemeinsame Sache machen; **~ in the sponge** [*o* **towel**] (*fig*) das Handtuch werfen; **throw off** *vt* **1.** abwerfen **2.** (*Funken, Geruch*) von sich geben **3.** (*Erkältung*) losbekommen **4.** (*von einer Spur*) ablenken; (*Verfolger*) abschütteln; **throw on** *vt* (*Kleidungsstück*) (schnell) überwerfen, -ziehen; **throw open** *vt* **1.** (*Tür*) aufstoßen **2.** (*Gebäude*) der Öffentlichkeit freigeben; **throw out** *vt* **1.** hinauswerfen; wegwerfen **2.** (*Gesetzesvorlage*) ablehnen, verwerfen **3.** (*Bemerkung, Gedanken*) äußern **4.** (*Schößlinge*) treiben **5.** (*Hitze*) abgeben **6.** (*Berechnungen, Pläne*) durcheinander bringen; **~ out of work** entlassen; arbeitslos machen; **throw over** *vt* **1.** über den Haufen werfen **2.** (*Theorie*) verwerfen **3.** (*Liebhaber*) sitzen lassen; **throw together** *vt* **1.** zusammenstoppeln **2.** (*Personen*) zusammenbringen; **throw up I.** *vt* **1.** hervorbringen; an den Tag bringen **2.** hochwerfen, in die Höhe werfen **3.** (*Arbeit*) aufgeben; (*Gelegenheit*) sich entgehen lassen **4.** (*Essen*) erbrechen **5.** vorwerfen (*s.th. to s.o.* jdm etw) **6.** (*Frage*) aufwerfen **II.** *vi* sich übergeben

throw•away ['θrəʊə,weɪ] *adj* **1.** Wegwerf-; (*Flasche*) Einweg- **2.** (*Bemerkung*) beiläufig; (*Stil*) lässig; **~ paper cup** Papierbecher *m* zum Wegwerfen; **~ society** Wegwerfgesellschaft *f;* **~ prices** Schleuderpreise *mpl;* **throw•back** ['θrəʊbæk] *s* Rückfall, Atavismus *m;* (*fig*) Rückgriff *m* (*to* auf); **thrower** ['θrəʊə(r)] *s* Werfer(in) *m(f);*

throw-in ['θrəʊɪn] *s* (SPORT) Einwurf *m;* **throw•ing** ['θrəʊɪŋ] *s* Werfen *nt;* ~ **the hammer/the javelin** (SPORT) Hammer-/ Speerwerfen *nt;* **thrown** [θrəʊn] *s.* **throw**

thru [θru:] **I.** *prep* (*Am*) **1.** (*räumlich*) durch **2.** (*zeitlich*) über **3.** (*kausal*) durch, infolge *+gen,* mit Hilfe *+gen;* ~ **the night** die Nacht über; **all** ~ **her life** ihr ganzes Leben lang; **Monday** ~ **Friday** von Montag bis (einschließlich) Freitag; ~ **the post** mit der Post **II.** *adv* durch; ~ **and** ~ durch u. durch, völlig; **all day** ~ den ganzen Tag über; **he knew it all** ~ er wusste es die ganze Zeit; **wet** ~ patschnass; **carry** ~ zu Ende bringen; **get** ~ durchkommen; **get** ~ **with** (*fam*) zu Ende kommen mit; **put** ~ (TELE) verbinden (*to s.o.* mit jdm); **I didn't get** ~ (TELE) ich bin nicht durchgekommen **III.** *adj* **1.** fertig **2.** (TELE) verbunden; **I'm** ~ **with him** der ist für mich gestorben; **I'm** ~ **with that job** ich habe diese Arbeit satt

thrum [θrʌm] **I.** *vt* klimpern; (*Gitarre*) spielen; (*fig*) trommeln auf **II.** *vi* klimpern

thrush¹ [θrʌʃ] *s* (*großer Singvogel*) Drossel *f*

thrush² [θrʌʃ] *s* (MED) Soor *m,* Mundfäule *f,* Schwämmchen *nt;* Pilzinfektion *f* der Scheide; (*Pferde*) Strahlfäule *f*

thrust [θrʌst] <*irr:* thrust, thrust> **I.** *vt* **1.** (heftig, fest) stoßen; drängen **2.** durchbohren **3.** (*Nadel*) stecken (*into* in); ~ **o.s. (up)on s.o.** sich jdm aufdrängen; ~ **o.s. forward** sich in den Vordergrund drängen; ~ **one's hands into one's pockets** die Hände in die Tasche stecken; ~ **one's way through** sich einen Weg bahnen durch **II.** *vi* **1.** stoßen, stechen (*at* nach) **2.** sich drängen (*into* in, *through* durch) **III.** *s* **1.** Stoß, Stich, Hieb *m* **2.** (TECH) Schub *m;* **thrust•ful** ['θrʌstfl] *adj* resolut, energisch; **thrust•ing** ['θrʌstɪŋ] *adj* (*Mensch*) aufdringlich, unverfroren

thru•way ['θru:weɪ] *s* (*Am*) Schnellstraße *f*

thud [θʌd] **I.** *s* (dumpfer) Schlag *m,* (dumpfes) Geräusch *nt;* (*fam*) Bums *m* **II.** *vi* dumpf aufschlagen (*to* auf)

thug [θʌg] *s* Schläger(typ) *m*

thumb [θʌm] **I.** *s* Daumen *m;* **twiddle one's** ~**s** Däumchen drehen; **under s.o.'s** ~ unter jds Fuchtel; **he is all** ~**s** er hat zwei linke Hände; ~**s down!** pfui!; ~**s up!** bravo!; **give s.th./s.o. the** ~**s up** einer Sache/ jdm grünes Licht geben **II.** *vt* (*Buch*) durchblättern; ~ **a lift** [*o* **ride**] (*fam*) per Anhalter fahren; **a well** ~**ed book** ein zerlesenes Buch; **thumb index** *s* (*Buch*) Daumenregister *nt;* **thumb•nail** ['θʌmneɪl] *s* Daumennagel *m;* **thumbnail sketch** *s* kleine Skizze; kurze Skizze; **thumb•print** *s* Daumenabdruck *m;* **thumb•screw** ['θʌmskru:] *s* **1.** (TECH) Flügelschraube *f* **2.** (*Folter*) Daumenschraube *f;* **thumb-tack** *s* (*Am*) Heftzwecke *f,* Reißnagel *m*

thump [θʌmp] **I.** *s* dumpfer Schlag **II.** *vt* schlagen; schlagen auf, an **III.** *vi* **1.** dumpf aufschlagen; stampfen **2.** heftig schlagen (*on, at* an, auf) **3.** (*Herz*) pochen (*with* vor) **IV.** *adv* bums; **thump•ing** [-ɪŋ] *adj* (*fam*) riesig

thun•der ['θʌndə(r)] **I.** *s* **1.** Donner(schlag) *m* **2.** (*fig*) Getöse *nt;* (*Applaus*) Sturm *m;* **steal s.o.'s** ~ (*fig*) jdm den Wind aus den Segeln nehmen **II.** *vi* **1.** donnern **2.** anbrüllen (*at s.o.* jdn) **III.** *vt* brüllen; **thun•der•bolt** ['θʌndəbəʊlt] *s* **1.** Blitz (u. Donnerschlag) *m* **2.** (*fig*) Blitz *m* aus heiterem Himmel; **thun•der•clap** ['θʌndəklæp] *s* Donnerschlag *m;* **thunder•cloud** *s* Gewitterwolke *f;* **thun•der•ing** ['θʌndərɪŋ] *adj* (*fam*) verflixt; **thun•der•ous** ['θʌndərəs] *adj* stürmisch; (*fig*) donnernd; **thun•der•storm** ['θʌndəstɔ:m] *s* Gewitter *nt;* **thun•der•struck** ['θʌndəstrʌk] *adj* (*fig*) wie vom Schlag getroffen; **thun•dery** ['θʌndərɪ] *adj* gewitt(e)rig

Thurs•day ['θɜ:zdɪ] *s* Donnerstag *m;* **on** ~ am Donnerstag; **on** ~**s** donnerstags

thus [ðʌs] *adv* **1.** so, auf diese Weise **2.** folglich; ~ **far** so weit

thwart¹ [θwɔ:t] *vt* **1.** (*Plan*) durchkreuzen **2.** (*Absicht*) vereiteln **3.** einen Strich durch die Rechnung machen (*s.o.* jdm)

thwart² [θwɔ:t] *s* (MAR) Ruderbank, Ducht *f*

thy [ðaɪ] *pron* (*obs poet*) dein

thyme [taɪm] *s* Thymian *m*

thy•roid ['θaɪrɔɪd] **I.** *adj* Schilddrüsen- **II.** *s* (~ *gland*) Schilddrüse *f*

thy•rox•ine [θaɪ'rɒksi:n] *s* (MED) Thyroxin, Tetrajodthyronin *nt*

ti•ara [tɪ'ɑ:rə] *s* **1.** Tiara *f* **2.** Diadem *nt*

tibia ['tɪbɪə, *pl* 'tɪbɪi:] <*pl* tibiae> *s* Schienbein *nt*

tic [tɪk] *s* (MED) Gesichts-, Muskelzucken *nt*

tick¹ [tɪk] **I.** *s* **1.** Ticken *nt* **2.** Häkchen *nt* **3.** (*fam*) Augenblick *m;* **in a** ~ gleich, sofort **II.** *vi* ticken; **I don't know what makes her** ~ ich weiß nicht, was in ihr vorgeht **III.** *vt* abhaken, anstreichen; **tick off** *vt* **1.** abhaken **2.** abkanzeln; **tick over** *vi* **1.** (AUTO) leer laufen **2.** (*fig*) ordentlich gehen

tick² [tɪk] *s* (*große, Blut saugende Milbe*) Zecke *f*

tick³ [tɪk] *s* Matratzenbezug *m;* Inlett *nt*

tick⁴ [tɪk] *s* (*fam*) Kredit *m;* **buy on** ~ auf Pump kaufen

ticker ['tɪkə(r)] *s* **1.** (TELE) Ticker, Börsenfernschreiber *m* **2.** (*fam*) Uhr *f* **3.** (*sl*) Herz *nt;* **ticker tape** *s* Lochstreifen *m;* **ticker-tape parade** *s* Konfettiparade *f*

ticket ['tɪkɪt] *s* **1.** (Eintritts-, Theater-, Fahr-,

Flug)Karte *f;* Fahrschein *m,* Ticket *nt* **2.** (Gepäck)Schein *m;* Abschnitt, Zettel *m;* Park(Schein) *m* **3.** Etikett, Schildchen *nt;* Preiszettel *m* **4.** (*Am*) Kandidatenliste *f;* Wahlprogramm *nt* **5.** (JUR) gebührenpflichtige Verwarnung; Strafzettel *m;* **vote the straight** ~ die Parteiliste wählen; **that's the ~!** (*fam*) das ist die Sache!; **admission** ~ Eintrittskarte *f;* **airline** ~ Flugticket *nt,* Flugschein *m;* **cloakroom** ~ Garderobenmarke *f;* **lottery** ~ Lotterielos *nt;* **luggage ~, baggage** ~ (*Am*) Gepäckschein *m;* **monthly** ~ Monatskarte *f;* **return ~, round-trip** ~ (*Am*) Rückfahrkarte *f* (*to* nach); **season** ~ Dauer-, Zeitkarte *f;* **single** ~ einfache Fahrkarte; **theatre** ~ Theaterkarte *f;* **ticket agency** *s* Verkaufsstelle *f;* (THEAT) Vorverkaufsstelle *f;* **ticket collector** *s* Fahrkartenkontrolleur(in) *m(f),* Schaffner(in) *m(f);* **ticket counter** *s* Fahrkartenschalter *m;* **ticket holder** *s* Karteninhaber(in) *m(f);* **ticket machine** *s* Fahrscheinautomat *m;* **ticket number** *s* (*Lotterie*) Losnummer *f;* **ticket office** *s* Fahrkartenschalter *m;* (THEAT) Kasse *f*

tick•ing-off ['tɪkɪŋ'ɒf] *s* (*fam*) Anpfiff, Anschnauzer *m;* **give s.o. a** ~ jdn ausschimpfen

tickle ['tɪkl] **I.** *vt* **1.** kitzeln **2.** schmeicheln, gefallen, angenehm sein (*s.o.* jdm), erheitern; **be ~d pink** [*o* **to death**] sich fürchterlich freuen; ~ **s.o.'s fancy** jdm gefallen **II.** *vi* kitzeln; jucken **III.** *s* Kitzeln *nt;* **give s.o. a** ~ jdn kitzeln; **tick•lish** ['tɪklɪʃ] *adj* **1.** (*Mensch*) kitz(e)lig **2.** (*fig: Sache*) heikel

ti•dal ['taɪdl] *adj:* ~ **current** Gezeitenstrom *m;* ~ **energy,** ~ **power** Gezeitenenergie *f;* ~ **river** Tidefluss *m;* ~ **wave** Flutwelle *f*

tid•bit ['tɪdbɪt] *s* (*Am*) Leckerbissen *m*

tid•dly ['tɪdlɪ] *adj* (*fam*) **1.** angeheitert **2.** winzig

tid•dly•winks ['tɪdlɪwɪŋks] *s* Flohhüpfen *nt* (*Spiel*)

tide [taɪd] *s* **1.** Ebbe u. Flut *f,* Gezeiten *pl* **2.** (*fig*) Auf u. Ab *nt* **3.** (*fig*) Strom *m,* Strömung *f;* **the** ~ **is in/out** es ist Flut/Ebbe; **the** ~ **turns** (*fig*) das Blatt wendet sich; **ebb** [*o* **low**] ~ Ebbe *f,* Niedrigwasser *nt;* **flood** [*o* **high**] ~ Flut *f,* Hochwasser *nt;* **at high** ~ bei Flut; **go** [*o* **swim**] **against the** ~ gegen den Strom schwimmen; **tide over** *vt* über Wasser halten; **will that** ~ **you over?** wird dir das ausreichen?; **tide•land** ['taɪdlænd] *s* (*Am*) Watt *nt;* **tide•mark** *s* Flutmarke *f;* Pegelstand *m;* **tide•water** *s* Flut *f;* (*Am*) Watt *nt;* **tide-way** *s* Priel *m*

ti•di•ness ['taɪdɪnɪs] *s* Ordentlichkeit *f;* Sauberkeit *f;* **tidy** ['taɪdɪ] **I.** *adj* **1.** ordentlich; sauber **2.** (*fam: Geldsumme*) ganz nett, hübsch **II.** *vt* **1.** in Ordnung bringen; hübsch machen **2.** (~ *up*) aufräumen

tie [taɪ] **I.** *vt* **1.** binden (*to* an) **2.** zusammenknoten; (*Paket*) zusammenschnüren **3.** (*Knoten*) machen; (*Band, Schnürsenkel*) binden **4.** verbinden, verknüpfen; **the match was ~d** das Spiel war unentschieden; **my hands are ~d** mir sind die Hände gebunden **II.** *vi* gleich stehen (*with* mit); (SPORT) punktgleich sein; unentschieden spielen **III.** *s* **1.** Band *nt* **2.** (*fig*) Bindung, Verpflichtung *f;* Belastung *f* **3. ~s** Verbindungen *fpl* **4.** (*neck~*) Krawatte *f,* Schlips *m* **5.** (SPORT) Unentschieden *nt;* unentschiedenes Spiel **6.** (MUS) Ligatur *f;* **the game ended in a** ~ das Spiel endete unentschieden; **business** ~ Geschäftsverbindung *f;* **family ~s** familiäre Bindungen *fpl;* **~s of blood/of friendship** Bande *nt pl* des Blutes/der Freundschaft; **tie back** *vt* zurückbinden; **tie down** *vt* **1.** festbinden **2.** (*fig*) binden (*to* an) **3.** (*Bedeutung, Gesprächspartner*) festlegen, festnageln; **he doesn't want to** ~ **himself down** er möchte sich nicht binden, festlegen; **a pet really ~s you down** mit einem Haustier ist man angebunden; **tie in I.** *vi* zusammenpassen **II.** *vt* in Einklang bringen; ~ **in with s.th.** zu etw passen; **tie on** *vt* anbinden; **tie up I.** *vi* **1.** zusammenpassen; zusammenhängen (*with* mit) **2.** (MAR) festmachen **II.** *vt* **1.** (*Paket*) verschnüren; (*Schnürsenkel*) binden **2.** (*Tier*) anbinden; (*Gefangene*) fesseln; (*Boot*) festmachen **3.** (*Geschäft, Pläne*) festmachen **4.** (*Kapital*) anlegen **5.** (*Menschen*) beschäftigen; (*Maschinen*) auslasten **6.** (*Produktion*) stilllegen; **I am ~d up tomorrow** morgen bin ich belegt, beschäftigt; **be ~d up with s.th.** mit etw zusammenhängen; **be ~d up with s.o.** zu jdm Verbindung haben

tie-break ['taɪbreɪk] *s* (*Tennis*) Tie Break *m od nt;* **tie clip** *s* Krawattennadel *f;* **tie-in** [ˌtaɪ'ɪn] *s* **1.** Verbindung, Beziehung *f* **2.** (*Am:* ~ *sale*) Koppelungsgeschäft *nt;* **tie-on label** [ˌtaɪ'ɒn'leɪbl] *s* Anhängeadresse *f;* **tie•pin** *s* Krawattennadel *f*

tier [tɪə(r)] **I.** *s* **1.** (Sitz)Reihe *f;* (THEAT) Rang *m* **2.** (*fig*) Stufe *f* **3.** (*Kuchen*) Etage *f* **II.** *adj:* **in ~s** stufenförmig; **three-~ed** dreigestuft; dreistöckig **III.** *adv:* **in ~s** stufenweise

tie-up ['taɪʌp] *s* **1.** (*Am*) Stockung *f,* Stillstand *m* **2.** Verbindung *f;* Zusammenschluss *m*

tiff [tɪf] *s* kleiner Streit, Krach *m*

ti•ger ['taɪgə(r)] *s* Tiger *m*

tight [taɪt] **I.** *adj* **1.** (luft-, wasser)dicht **2.** fest(sitzend); (*Umarmung*) fest **3.** eng(anliegend), zu eng, knapp **4.** (*fig: Kontrolle*) streng **5.** (*Seil, Haut*) straff **6.** (*Platz*) eng **7.** (*Zeit, Geld*) knapp **8.** (*Lage*) schwierig

T

9. (SPORT) knapp **10.** (*fam: Mensch*) geizig **11.** (*sl*) blau, besoffen; **the cork is too** ~ der Korken sitzt zu fest; **air-/water-**~ luft-/wasserdicht **II.** *adv* **1.** fest **2.** eng **3.** straff; **hold** ~ fest halten; **shut** ~ fest zumachen; **sit** ~ sich nicht rühren; **sleep** ~! schlafe gut!; **tighten** ['taɪtn] **I.** *vt* **1.** anziehen, straffen **2.** enger machen; (*Gürtel*) enger schnallen **3.** (*Bestimmungen*) verschärfen **II.** *vi* **1.** enger werden **2.** sich straffen **3.** (*Bestimmungen, Kontrollen*) strenger werden **4.** (*Markt*) sich versteifen; **tight-fisted** [ˌtaɪt'fɪstɪd] *adj* filzig, knauserig; **tight-fitting** [ˌtaɪt'fɪtɪŋ] *adj* **1.** eng anliegend **2.** (TECH) genau eingepasst; **tight- lipped** [ˌtaɪt'lɪpt] *adj* **1.** mit zusammengepressten Lippen **2.** (*fig*) verschwiegen; **tight•ness** ['taɪtnɪs] *s* **1.** Dichte *f;* Enge *f* **2.** Knappheit, Verknappung *f* **3.** Knauserigkeit *f;* **tight-rope** *s* (Draht)Seil *nt;* **walk a** ~ (*fig*) einen Balanceakt vollführen, eine Gratwanderung machen; **tightrope walker** *s* Seiltänzer(in) *m(f)*

tights [taɪts] *s pl* (*Br*) Strumpfhose *f;* **tight-wad** ['taɪtwɒd] *s* (*Am: pej*) Knicker, Knauser *m*

ti•gress ['taɪgrɪs] *s* Tigerin *f*

tile [taɪl] **I.** *s* **1.** (Dach)Ziegel *m* **2.** Kachel, Fliese *f* **3.** (*Kork, Isolierung*) Platte *f;* (*Teppich*) Fliese *f;* **have a night on the** ~**s** (*fam*) herumsumpfen **II.** *vt* (*Fußboden*) mit Fliesen belegen; (*Dach*) mit Ziegeln decken; kacheln; **tiler** ['taɪlə(r)] *s* Dachdecker(in) *m(f)*

till¹ [tɪl] **I.** *prep* (*zeitlich*) bis (zu); **not** ~ nicht vor; erst; ~ **now** bis jetzt; ~ **then** bis dahin **II.** *conj* bis; ~ **such time as** bis

till² [tɪl] *vt* beackern; (*den Boden*) bearbeiten

till³ [tɪl] *s* (Laden)Kasse *f;* **have one's fingers in the** ~ Geld aus der Ladenkasse entwenden

tiller ['tɪlə(r)] *s* (MAR) (Ruder)Pinne *f*

tilt [tɪlt] **I.** *vt* **1.** kippen **2.** schräg stellen; schief halten **II.** *vi* **1.** geneigt, schräg sein **2.** sich neigen **3.** (*a. fig*) anrennen (*at* gegen) **4.** losziehen (*at* gegen); ~ **at windmills** gegen Windmühlen kämpfen **III.** *s* **1.** Neigung *f,* schiefe Lage **2.** (HIST) Turnier *nt;* Stoß *m;* (**at**) **full** ~ mit aller Gewalt; **have a** ~ sich neigen; **have a** ~ **at s.o.** (*fig*) jdn angreifen; **tilt back I.** *vi* sich nach hinten neigen **II.** *vt* nach hinten neigen, kippen; **tilt over I.** *vi* sich neigen; umkippen **II.** *vt* neigen; kippen; **tilt up I.** *vi* (nach oben) kippen **II.** *vt* kippen; schräg nach oben halten

tilth [tɪlθ] *s* (AGR) **1.** Gare *f* **2.** bestelltes Land

tim•ber ['tɪmbə(r)] *s* **1.** Bau-, Schnitt-, Nutzholz *nt;* Balken *m* **2.** (MAR) Spant *nt* **3.** Baumbestand, Wald *m;* ~**!** Baum fällt!; **a man of his** ~ (*Am*) ein Mann von seinem Schlag(e); **standing** ~ Nutzwald *m;* **timbered** ['tɪmbəd] *adj* baumbestanden, bewaldet; **half-**~ (*Haus*) Fachwerk-; **timber•line** ['tɪmbəlaɪn] *s* Baumgrenze *f;* **timber•work** *s* Gebälk *nt;* Fachwerk *nt*

time [taɪm] **I.** *s* **1.** Zeit *f,* Zeitraum *m,* Zeitspanne *f* **2.** (Zeit)Dauer *f* **3.** Arbeitszeit *f,* -lohn *m* **4.** Zeitmaß, Tempo *nt,* Geschwindigkeit *f* **5.** (MUS) Takt, Rhythmus *m* **6.** Zeitpunkt *m,* genaue Zeit, richtiger Augenblick **7.** Frist *f,* Termin *m* **8.** Mal *nt,* Gelegenheit *f* **9.** *meist pl* Zeiten *fpl;* **against the** ~ in größter Eile; **ahead of one's** ~ seiner Zeit voraus; **ahead of** ~ zu früh; **all the** ~ die ganze Zeit (über); **another** ~ ein andermal; **any number of** ~**s** x-mal; **at** ~**s** manchmal; hin u. wieder; **at all** ~**s** immer; **at the same** ~ zur gleichen Zeit, gleichzeitig; **at that** ~ damals, zu der Zeit; **by that** ~ bis dahin, unterdessen; **every** ~ jedesmal; **for the** ~ **being** im Augenblick; zurzeit; **from** ~ **to** ~ von Zeit zu Zeit; **in half the** ~ in der halben Zeit; **in** ~ rechtzeitig; **in due** ~ termingemäß; **in no** ~ im Nu; **many** ~**s, many a** ~ oft(mals); **next** ~ das nächste Mal; **on** ~ pünktlich, *adv;* **this** ~ diesmal; **up to this** [*o* **the present**] ~ bis heute, bis zum heutigen Tage; **once upon a** ~ (**there was**) **...** es war einmal ... (*Märchenbeginn*)*;* **ask s.o. the** ~ **of day** jdn nach der Uhrzeit fragen; **be behind** ~ sich verspätet haben; **be behind the** ~**s** hinter seiner Zeit zurück sein; **beat** ~ den Takt schlagen; **bide one's** ~ auf einen günstigen Augenblick warten; **do** ~ (*fam*) (im Gefängnis) sitzen; **have no** ~ **to lose** keine Zeit zu verlieren haben; **have a good** ~ sich gut unterhalten, sich amüsieren; **keep** ~ (MUS) den Takt halten; **make good** ~ aufholen; ein hohes Tempo haben; **take** ~ Zeit erfordern; **work against the** ~ unter Zeitdruck arbeiten; **what** ~ **do we eat?** um wie viel Uhr essen wir?; ~ **is up** die Zeit ist (her)um, vorbei; **take your** ~ **over it** lassen Sie sich Zeit dazu; ~ **will tell** die Zeit wird es lehren; **local** ~ Ortszeit *f;* **loss of** ~ Zeitverlust *m;* **a matter of** ~ eine Frage der Zeit; **spare** ~ Freizeit *f;* **waste of** ~ Zeitverschwendung *f;* ~ **of arrival/of departure** Ankunftszeit/Abflug-, Abfahrtszeit *f;* **the** ~ **of day** die Tageszeit **II.** *vt* **1.** den richtigen Zeitpunkt aussuchen für **2.** (*Bombe*) einstellen **3.** (*mit Uhr*) stoppen; (*Geschwindigkeit*) messen; timen; **you** ~**d that beautifully** sie haben genau den richtigen Augenblick gewählt; ~ **yourself to see how long it takes you** sehen Sie auf die Uhr, um herauszufinden, wie lange Sie brauchen

time-and-mo•tion study ['taɪmən ˌməʊʃnstʌdɪ] *s* Zeitstudie, Bewegungsstudie *f;* **time bomb** *s* Zeitbombe *f;* **time card** *s* (*am Arbeitsplatz*) Stechkarte *f;* **time clock** *s* Stechuhr *f;* **time-consum•ing** ['taɪmkənˌsju:mɪŋ] *adj* zeitraubend; **time deposits** *s pl* Termineinlagen *fpl;* **time difference** *s* Zeitunterschied *m;* **time fuse** *s* Zeitzünder *m;* **time•keeper** ['taɪmˌki:pə(r)] *s* (SPORT) Zeitnehmer(in) *m (f);* **time-lag** *s* Verzögerung *f;* zeitliche Verschiebung; Zeitunterschied *m;* **time-lapse** ['taɪmlæps] *adj* Zeitraffer-; im Zeitraffer; **time•less** ['taɪmlɪs] *adj* zeitlos; immerwährend; **time limit** *s* Zeitbeschränkung *f;* Frist *f;* **put a ~ on s.th.** etw befristen; **time lock** *s* Zeitschloss *nt;* **time•ly** ['taɪmlɪ] *adj* rechtzeitig, im rechten Augenblick, zur rechten Zeit (stattfindend); **time-out** [ˌtaɪm'aʊt] *s* (*Am*) **1.** (SPORT) Auszeit *f* **2.** Pause *f;* **timer** ['taɪmə(r)] *s* **1.** Zeitmesser *m;* Schaltuhr *f* **2.** (SPORT) Zeitnehmer(in) *m (f);* **time-sav•ing** ['taɪmˌseɪvɪŋ] *adj* zeitsparend; **time scale** *s* zeitlicher Rahmen; Zeitmaßstab *m;* **time-share** ['taɪmʃeə(r)] *s* Anteil *m* an einer Ferienwohnung; **time sharing** *s* (INFORM) Timesharing *nt;* Anteile *m pl* an einer Ferienwohnung; **time sheet** *s* Arbeitsnachweisbogen, Stundenzettel *m;* **time switch** *s* Zeitschalter *m;* **time-table** ['taɪmˌteɪbl] *s* **1.** (RAIL) Fahrplan *m* **2.** (AVIAT) Flugplan *m* **3.** (SCHULE) Stundenplan *m* **4.** (*Kongress*) Programm *nt* **5.** Terminkalender *m;* **time•worn** ['taɪmwɔ:n] *adj* abgenutzt, verbraucht; (*Stein*) verwittert; **time zone** *s* Zeitzone *f*

timid ['tɪmɪd] *adj* **1.** furchtsam, ängstlich (*of* vor) **2.** schüchtern; **timid•ity** [tɪ'mɪdətɪ] *s* **1.** Furchtsamkeit, Ängstlichkeit *f* **2.** Schüchternheit *f*

tim•ing ['taɪmɪŋ] *s* **1.** Terminplanung *f* **2.** Wahl *f* des richtigen Zeitpunkts; Timing *nt* **3.** (AUTO) Steuerung *f;* Einstellung *f* **4.** Zeitmessung *f;* Stoppen *nt;* **that was perfect ~** das war gerade der richtige Zeitpunkt

tim•or•ous ['tɪmərəs] *adj* ängstlich, furchtsam

tim•pani ['tɪmpənɪ] *s pl* (MUS) Kesselpauke *f*

tin [tɪn] **I.** *s* **1.** Zinn *nt* **2.** Weißblech *nt* **3.** (*Br*) (Konserven)Büchse, -Dose *f* **II.** *adj* zinnern; aus Blech, Blech- **III.** *vt* **1.** (*Br*) eindosen; konservieren **2.** verzinnen; **tin can** *s* Blechdose *f*

tinc•ture ['tɪŋktʃə(r)] *s* Tinktur *f*

tin•der ['tɪndə(r)] *s* Zunder *m*

tin•foil ['tɪnfɔɪl] *s* Stanniol, Silberpapier *nt;* (Aluminium)Folie *f*

ting [tɪŋ] **I.** *s* heller Klang **II.** *vt* hell klingen lassen **III.** *vi* klingen

tinge [tɪndʒ] **I.** *vt* **1.** (leicht) färben, tönen (*with* mit) **2.** (*fig*) einen Anstrich, Beigeschmack geben (*s.th.* einer S, *with* von) **II.** *s* **1.** Tönung *f* **2.** (*fig*) Anflug *m* (*of* von)

tingle ['tɪŋgl] *vi* **1.** prickeln, stechen **2.** zittern (*with excitement* vor Aufregung)

tin god ['tɪngɒd] *s* (*fig*) Götze *m;* Bonze *m;* **tin hat** *s* (MIL: *fam*) Stahlhelm *m;* **tin-horn** ['tɪnhɔ:n] *s* Angeber *m*

tin•ker ['tɪŋkə(r)] **I.** *s* Kesselflicker *m;* **not to be worth a ~'s cuss** keinen Pfifferling wert sein **II.** *vi* herumbasteln, -pfuschen (*with* an)

tinkle ['tɪŋkl] **I.** *vi, vt* klingeln, läuten **II.** *s* Geklingel *nt;* **give s.o. a ~** (*Br fam*) jdn anrufen

tinned [tɪnd] *adj:* **~ fruit** Obstkonserven *fpl;* **~ meat** Büchsenfleisch *nt;* **tinny** ['tɪnɪ] *adj* (*Ton*) blechern; (*Geschmack*) nach Blech; (*Ware*) billig; **tin-opener** ['tɪnəʊpənə(r)] *s* Dosen-, Büchsenöffner *m;* **Tin Pan Alley** [ˌtɪnpæn'ælɪ] *s* Schlagerindustrie *f;* **tin plate** *s* Weißblech *nt;* **tin•pot** ['tɪnpɒt] *adj* (*Br fam*) minderwertig

tin•sel ['tɪnsl] *s* **1.** Flitter *m,* Flittergold *nt;* Rauschgoldgirlande *f;* Lametta *nt* **2.** (*fig*) falscher Glanz, Kitsch *m*

tint [tɪnt] **I.** *s* **1.** Färbung, Tönung *f* **2.** Farbton *m* **II.** *vt* tönen

tiny ['taɪnɪ] *adj* winzig

tip¹ [tɪp] **I.** *s* **1.** Spitze *f* **2.** (*Zigarette*) Mundstück *nt* **3.** (*Berg*) Spitze *f;* Gipfel *m;* **from ~ to toe** vom Scheitel bis zur Sohle; **I have it on the ~ of my tongue** (*fig*) es liegt mir auf der Zunge **II.** *vt* mit einer Spitze versehen; **~ped cigarette** Filterzigarette *f*

tip² [tɪp] **I.** *s* **1.** Trinkgeld *nt* **2.** Tip *m;* Hinweis *m;* **give s.th. a ~** etw antippen, etw leicht berühren **II.** *vt* **1.** ein Trinkgeld geben (*s.o.* jdm) **2.** (*Rennen*) tippen auf, wetten auf, setzen auf **3.** leicht berühren; antippen **III.** *vi* Trinkgeld geben; **tip off** *vt* einen Tip geben (*s.o.* jdm)

tip³ [tɪp] **I.** *vt* kippen, umkippen; (*Flüssigkeit, Sand*) schütten; **~ the scales at 60 kg** 60 kg auf die Waage bringen; **~ the scales in s.o.'s favour** sich zu jds Gunsten auswirken **II.** *vi* **1.** kippen **2.** Schutt abladen **III.** *s* (*Br*) **1.** Schuttabladeplatz *m;* Müllhalde *f;* Kohlenhalde *f* **2.** (*fig*) Schweinestall *m;* **tip back** *vi, vt* nach hinten kippen; **tip out I.** *vt* auskippen; ausschütten **II.** *vi* herauskippen, -laufen, -rutschen, -fallen; **tip over** *vi, vt* umkippen; **tip up** *vi, vt* (um)kippen; hochklappen

tip-off ['tɪpɒf] *s* (*fam*) Wink, Tip *m*

tipple ['tɪpl] **I.** *vi* (gewohnheitsmäßig) trin-

T

ken **II.** *s* Gläschen *nt;* **she enjoys the occasional ~** ab und zu trinkt sie ganz gern mal einen; **tip•pler** ['tɪplə(r)] *s* (*fam*) *jemand, der gern ein Gläschen zu sich nimmt*

tip sheet ['tɪpʃi:t] *s* Börsenratgeber *m*

tip•ster ['tɪpstə(r)] *s* Tipgeber *m* (*bei Pferderennen*)

tipsy ['tɪpsɪ] *adj* angeheitert, beschwipst

tip•toe ['tɪptəʊ] **I.** *vi* auf Zehenspitzen gehen **II.** *s:* **on ~** auf Zehenspitzen; **tip•top** [ˌtɪp'tɒp] *adj* (*fam*) tipptopp, erstklassig, prima; **tip-up seat** ['tɪpʌp'si:t] *s* Klappsitz *m*

ti•rade [taɪ'reɪd] *s* Schimpferei *f*

tire¹ ['taɪə(r)] **I.** *vi* müde werden (*of doing s.th.* etw zu tun) **II.** *vt* ermüden; **~ out** völlig erschöpfen; **be ~d out** erschöpft sein (*from* von)

tire² ['taɪə(r)] *s* (*Am*) Reifen *m*

tired ['taɪəd] *adj* **1.** müde (*with* von) **2.** (*~ out*) erschöpft **3.** überdrüssig (*of s.th.* einer S); **I'm ~ of it** ich habe es satt; **tired•ness** ['taɪədnɪs] *s* Müdigkeit *f;* **tire•less** ['taɪəlɪs] *adj* unermüdlich; **tire•some** ['taɪəsəm] *adj* langweilig; lästig, ärgerlich; **tir•ing** ['taɪrɪŋ] *adj* anstrengend; ermüdend

'tis [tɪz] (*poet*) = **it is**

tis•sue ['tɪʃu:] *s* **1.** Gewebe *nt* **2.** (*~ paper*) Seidenpapier *nt* **3.** Papiertaschentuch *nt;* **~ cell** Gewebezelle *f;* **a ~ of lies** ein Lügengespinst *nt*

tit¹ [tɪt] *s:* **give ~ for tat** etw mit gleicher Münze heimzahlen

tit² [tɪt] *s* (*kleiner Singvogel*) Meise *f*

tit³ [tɪt] *s* (*sl: Brust*) Titte *f*

ti•tanic [taɪ'tænɪk] *adj* titanenhaft

ti•ta•nium [taɪ'teɪnɪəm] *s* (CHEM) Titan *nt*

tit•bit ['tɪtbɪt] *s* Leckerbissen *m*

tit•il•late ['tɪtɪleɪt] *vt* erregen; anregen; (*Gaumen*) kitzeln; **tit•il•la•tion** [ˌtɪtɪ'leɪʃn] *s* Anregung *f;* Erregung *f;* (*fig*) Kitzel *m*

titi•vate ['tɪtɪveɪt] *vi* sich hübsch machen

title ['taɪtl] *s* **1.** (*Buch, Person*) Titel *m;* (*Kapitel*) Überschrift *f;* (*Film*) Untertitel *m* **2.** Recht *nt,* Rechtsanspruch *m* (*to* auf), Eigentumsurkunde *f;* **under the same ~** in der gleichen Rubrik; **title deed** *s* Eigentumsurkunde *f;* **title-holder** *s* Titelinhaber(in) *m(f);* (SPORT) Titelverteidiger(in) *m(f);* **title page** *s* (*Buch*) Titelseite *f;* **title role** *s* (THEAT) Haupt-, Titelrolle *f;* **title-track** *s* (MUS) Titelstück *nt*

tit•ter ['tɪtə(r)] **I.** *vi* kichern **II.** *s* Gekicher *nt*

tittle-tattle ['tɪtltætl] **I.** *s* Geschwätz *nt,* Tratsch *m* **II.** *vi* schwatzen, klatschen

tizzy ['tɪzɪ] *s* (*fam*) tolle Aufregung; **be in a ~** sich fürchterlich aufregen

to [tu:] **I.** *prep* **1.** (*Richtung*) zu; (*Länder, Städte*) nach; **go ~ school** zur Schule gehen; **go ~ the lawyer** zum Anwalt gehen; **go ~ the theatre/cinema** ins Theater/Kino gehen; **go ~ America/New York** nach Amerika/New York fahren; **~ Switzerland** in die Schweiz; **go ~ bed** ins [*o* zu] Bett gehen; **come ~ me!** komm zu mir! **2.** (*Erstreckung*) bis; (**up**) **~ the age of 10** bis 10 Jahre; (**from**) **30 ~ 40** 30 bis 40; **10 kms ~ Stuttgart** 10 km nach Stuttgart; **~ this day** bis auf den heutigen Tag **3.** (*als Dativobjekt*) *mit Dativ;* **give s.th. ~ s.o.** jdm etw geben; **I said ~ myself** ich habe mir gesagt; **sing ~ o.s.** vor sich hin singen; **addressed ~ me** an mich adressiert **4.** (*Widmung*) an; (*Trinkspruch*) auf **5.** (*Nähe, Berührung*) an; **close ~ s.th.** dicht an etw; **nail s.th. ~ the wall** etw an die Wand nageln **6.** (*Uhrzeit*) vor; **20** (**minutes**) **~ 3** 20 (Minuten) vor 3 **7.** (*Vergleich*) als; **superior ~** besser als **8.** (*Beziehung*) zu; **3 goals ~ 1** 3 zu 1 Toren (3 : 1); **a majority of 5 ~ 1** eine Mehrheit von 5 zu 1 **9.** pro; **one litre ~ one person** ein Liter pro Person **10.** (*Wendungen*): **~ my knowledge** meines Wissens; **~ my surprise** zu meiner Überraschung; **~ his taste** nach seinem Geschmack **II.** (*beim Infinitiv*) zu; **~ hope ~ succeed** hoffen, Erfolg zu haben; **I want you ~ do that** ich möchte, dass Sie das tun; **do you want ~ do that?** möchten Sie das tun?; **~ hear you talk one could think** wenn man dich so reden hört, könnte man meinen; **~ tell the truth** um ehrlich zu sein; **he is not the type ~ do that** er ist nicht der Typ, der so etwas tun würde; **you'll be the first ~ hear it** Sie werden der Erste sein, der das erfährt; **it's hard ~ go** es ist schwer zu gehen; **does he want ~?** will er denn?; **I would like ~ but I can't** ich würde ja gerne, aber ich kann nicht **III.** *adv:* **~ and fro** hin und her; auf und ab **IV.** *adj* (*Tür*) zu; angelehnt

toad [təʊd] *s* Kröte *f;* **toad-in-the-hole** [ˌtəʊdɪnðə'həʊl] *s* Würstchen *nt* in Pfannkuchenteig; **toad•stool** ['təʊdstu:l] *s* (Gift)Pilz *m;* **toady** ['təʊdɪ] **I.** *s* Speichellecker *m* **II.** *vi* niedrig schmeicheln; sich anbiedern (*to s.o.* jdm)

to-and-fro [ˌtu:ən'frəʊ] *s* Hin und Her *nt*

toast¹ [təʊst] **I.** *vt* toasten, rösten; **~ o.s.** sich auf-, durchwärmen **II.** *vi* braun u. knusprig werden **III.** *s* Toast *m*

toast² [təʊst] **I.** *s* Trinkspruch, Toast *m;* **propose** [*o* **give**] **a ~** einen Toast ausbringen (*to s.o.* auf jdn) **II.** *vt* **1.** zutrinken (*s.o.* jdm) **2.** hochleben lassen

toaster ['təʊstə(r)] *s* Brotröster, Toaster *m*

toast•master ['təʊstmɑːstə(r)] *s* Zeremonienmeister *m*

toast•rack ['təʊstræk] *s* Toastständer *m*

to•bacco [tə'bækəʊ] *s* Tabak *m;* **to•bacco•nist** [tə'bækənɪst] *s* Tabakhändler(in) *m(f);* ~**'s** (**shop**) Tabakladen *m*

to-be [tə'biː]: **my wife** ~ meine zukünftige Frau

to•bog•gan [tə'bɒgən] **I.** *s* Rodel(schlitten) *m* **II.** *vi* rodeln; Schlitten fahren; **toboggan run** *s* Rodelbahn *f*

toby ['təʊbɪ] *s* (~ *jug*) Bierkrug *m* (*als Figur*)

tod [tɒd] *s* (*sl*): **on one's** ~ allein

to•day [tə'deɪ] **I.** *adv* heute; heutzutage **II.** *s* heutiger Tag; Gegenwart *f;* ~**'s** heutig; **of** ~ von heute; ~**'s rate** (COM) Tageskurs *m*

toddle ['tɒdl] *vi* **1.** tappen, watscheln **2.** (*fam*) gehen **3.** (*fam:* ~ *off*) abhauen; **tod•dler** ['tɒdlə(r)] *s* Kleinkind *nt*

toddy ['tɒdɪ] *s* (Whisky)Grog *m*

to-do [tə'duː] *s* Theater *nt;* **make a** ~ **about s.th.** viel Aufhebens von einer S machen

toe [təʊ] **I.** *s* **1.** Zehe *f* **2.** (*Schuh*) Kappe *f* **3.** (*Socken*) Spitze *f;* **from top to** ~ von Kopf bis Fuß; **be on one's** ~**s** (*fig*) auf Draht sein; **step** [*o* **tread**] **on s.o.'s** ~**s** (*fig*) jdm zu nahe treten; **big/little** ~ große/kleine Zehe **II.** *vt:* ~ **the line** (*fig*) nicht aus der Reihe tanzen, spuren; ~ **the party line** sich nach der Parteilinie richten; **toe•cap** *s* (*Schuh*) Kappe *f;* **toe•hold** *s* (*fig*) Halt *m;* **get a** ~ (*fig*) festen Fuß fassen; **toe•nail** *s* Zehen-, Fußnagel *m*

toff [tɒf] *s* (*sl*) feiner Pinkel

tof•fee, **tof•fy** ['tɒfɪ, *Am* 'tɔːfɪ] *s* Karamelbonbon *m od nt;* **tof•fee apple** *s* kandierter Apfel; **tof•fee-nosed** ['tɒfɪnəʊzd] *adj* (*Br: pej*) eingebildet

to•gether [tə'geðə(r)] *adv* **1.** zusammen (*with* mit) **2.** miteinander, gemeinsam **3.** zugleich, zu gleicher Zeit **4.** ununterbrochen; **close** ~ nahe beieinander; **to•getherness** [-nɪs] *s* **1.** Beisammensein *nt* **2.** Zusammengehörigkeit *f*

toggle ['tɒgl] *s* Knebelknopf *m;* (TECH) Knebel *m;* **toggle switch** *s* Kippschalter *m*

Togo ['təʊgəʊ] *s* Togo *nt;* **To•go•lese** [ˌtəʊgəʊ'liːz] **I.** *adj* togo(les)isch **II.** *s* Togoer(in) *m(f)*

toil [tɔɪl] **I.** *vi* sich abmühen, sich plagen; **he's** ~**ing** (*fam*) er tut sich schwer **II.** *s* Mühe, Plage *f*

toi•let ['tɔɪlɪt] *s* **1.** Toilette *f,* Klosett *nt* **2.** (Morgen)Toilette *f;* **toilet paper** *s* Toilettenpapier *nt;* **toi•let•ries** ['tɔɪlɪtrɪz] *s pl* Toilettenartikel *mpl;* **toi•let•ries bag** *s* (*Am*) Kulturbeutel *m;* **toilet roll** *s* Rolle *f* Klosettpapier; **toilet soap** *s* Toilettenseife *f;* **toilet water** *s* Toilettenwasser *nt*

to-ing and fro-ing [ˌtuːɪŋən'frəʊɪŋ] *s* Hin und Her *nt*

to•ken ['təʊkən] **I.** *adj* Schein-, Pro-forma-; ~ **charge** nominelle Gebühr; ~ **payment** symbolische Zahlung, Pro-forma-Bezahlung *f;* ~ **strike** Warnstreik *m;* ~ **woman** Vorzeige-, Alibifrau *f* **II.** *s* **1.** Zeichen *nt* **2.** Andenken *nt,* Erinnerung(sstück *nt*) *f* **3.** (Wert)Marke *f;* Gutschein, Bon *m;* **by the same** ~ aus dem gleichen Grund; **as a** ~ **of** zum Zeichen +*gen*

told [təʊld] *s.* **tell**

tol•er•able ['tɒlərəbl] *adj* erträglich; (*fig*) annehmbar; **tol•er•ably** ['tɒlərəblɪ] *adv* leidlich, ziemlich; **tol•er•ance** ['tɒlərəns] *s* **1.** Duldung *f* **2.** (*a.* FIN TECH MED) Toleranz *f;* ~ **limit** Toleranzgrenze *f;* **tol•er•ant** ['tɒlərənt] *adj* tolerant (*of* gegen); **tol•erate** ['tɒləreɪt] *vt* **1.** dulden, zulassen **2.** ertragen, aushalten; **tol•er•ation** [ˌtɒlə'reɪʃn] *s* Duldung *f*

toll¹ [təʊl] *s* **1.** Brücken-, Wegegeld *nt,* -zoll *m;* Maut *f;* Autobahngebühr *f* **2.** (*Am*) Fernsprechgebühr *f* **3.** (*fig*) Zoll, Tribut *m;* **it took a heavy** ~ **of life** es hat viele Menschenleben gekostet; **the** ~ **on the roads** die Straßenverkehrsopfer *ntpl*

toll² [təʊl] **I.** *vt* (*Glocke*) läuten **II.** *vi* läuten, schallen; **for whom the bell** ~**s** wem die Stunde schlägt **III.** *s* Glockengeläut *nt;* Glockenschlag *m*

toll•bar, **toll•gate** ['təʊlbɑː(r), 'təʊlgeɪt] *s* Schlagbaum *m,* Mautschranke *f;* **toll bridge** *s* gebührenpflichtige Brücke, Mautbrücke *f;* **toll call** *s* (*Am*) Ferngespräch *nt;* **toll-free** *adj* (*Am*) gebührenfrei; **tollhouse** *s* Maut-, Zollhaus *nt;* **toll road** *s* gebührenpflichtige Straße, Mautstraße *f*

tom [tɒm] *s* Männchen *nt* (*einiger Tiere*); (~*cat*) Kater *m;* **any Tom, Dick or Harry** Hinz und Kunz

toma•hawk ['tɒməhɔːk] *s* Tomahawk *m*

tom•ato [tə'mɑːtəʊ, *Am* tə'meɪtəʊ] <*pl* -atoes> *s* Tomate *f;* **tomato juice** *s* Tomatensaft *m;* **tomato ketchup** *s* (Tomaten)Ketchup *m od nt;* **tomato soup** *s* Tomatensuppe *f*

tomb [tuːm] *s* Grab(gewölbe) *nt*

tom•bola [tɒm'bəʊlə] *s* Tombola *f*

tom•boy ['tɒmbɔɪ] *s* Wildfang *m;* **be a** ~ (*Mädchen*) ein richtiger Junge sein

tomb•stone ['tuːmstəʊn] *s* **1.** Grabstein *m* **2.** (*fam*) Finanzanzeige *f*

tom•cat ['tɒmkæt] *s* Kater *m*

tome [təʊm] *s* Band *m*

tom•fool•ery [tɒm'fuːlərɪ] *s* Dummheit *f*

Tommy gun ['tɒmɪgʌn] *s* (*fam obs*) Maschinenpistole *f;* **tommy•rot** [ˌtɒmɪ'rɒt] *s* (*fam obs*) Unsinn *m*

to•mo•graph ['tɒməgrɑːf] *s* (MED) Tomograph *nt;* **to•mo•graphy** [tə'mɒgrəfɪ] *s* (MED) Tomographie *f;* **computerized ~, CT** Computertomographie, CT *f*

to•mor•row [tə'mɒrəʊ] **I.** *adv* morgen; **~ morning/afternoon/night** morgen früh/ Nachmittag/Abend; **~ week** morgen in acht Tagen; **the day after ~** übermorgen **II.** *s* der morgige Tag

tom•tom ['tɒmtɒm] *s* Trommel *f*

ton [tʌn] *s* **1.** Tonne *f* (*Gewichtseinheit*); (*Br: long ~*) *2240 lb. = 1016,05 kg;* (*Am: short ~*) *2000 lb. = 907,18 kg;* (*metric ~*) 1000 kg (*2204,6 lb.*) **2.** (MAR) Registertonne *f* (*100 Kubikfuß = 2,83 m³*) **3.** (*sl*) Geschwindigkeit *f* von 100 Meilen pro Stunde; **~s of** eine Menge, Masse; **that/he weighs a ~** (*fig*) das/er ist wahnsinnig schwer; **do a** [*o* **the**] **~** (AUTO: *sl*) hundert Sachen fahren

tone [təʊn] **I.** *s* **1.** Ton *m;* (MUS) Klang *m* **2.** (*Malerei*) Farbton *m* **3.** (PHYSIOL) Tonus *m;* Spannkraft, Elastizität *f;* **in an angry ~** mit zorniger Stimme; **don't speak to me in that ~ (of voice)** ich verbiete mir einen solchen Ton; **lower the ~ of the conversation** sich unfein ausdrücken; **~ quality** Klangcharakter *m* **II.** *vt* **1.** (ab)tönen **2.** (PHOT) tonen **III.** *vi* farblich harmonieren; **tone down I.** *vt* dämpfen; abschwächen; mäßigen **II.** *vi* schwächer werden; abnehmen; **tone in** *vi* harmonieren (*with* mit); **tone up** *vt* stärken; **tone arm** *s* (*Am*) Tonarm *m;* **tone control** *s* Klangregler *m;* **tone deaf** *adj* ohne musikalisches Gehör; **tone•less** [-lɪs] *adj* tonlos; (*Musik*) eintönig; (*Farbe*) stumpf; **tone poem** *s* Tongedicht *nt*

to•ner ['təʊnə(r)] *s* (*für Drucker, Kopiergerät*) Toner *m;* **toner cartridge** *s* Tonerpatrone *f*

tone row ['təʊnrəʊ] *s* (MUS) Reihe *f*

tongs [tɒŋz] *s pl* Zange *f;* Lockenstab *m;* Brennschere *f;* **a pair of ~** eine Zange; **sugar ~** Zuckerzange *f*

tongue [tʌŋ] *s* **1.** Zunge *f* **2.** (*fig*) Sprache *f* **3.** (*Schuh*) Lasche, Zunge *f* **4.** (*Glocke*) Klöppel *m* **5.** (*Waage*) Zeiger *m* **6.** züngelnde Flamme; **find one's ~** die Sprache wiederfinden; **get one's ~ around** korrekt aussprechen; **have lost one's ~** kein Wort herausbringen; **~ in cheek** nicht ernst (gemeint); **hold one's ~** den Mund halten; **keep a civil ~ in one's head** höflich bleiben; **a slip of the ~** ein Lapsus, Versprecher *m;* **native ~** Muttersprache *f;* **put** [*o* **stick**] **out one's ~ at s.o.** jdm die Zunge herausstrecken; **tongue-tied** ['tʌŋtaɪd] *adj:* **be ~** gehemmt sein; **tongue-twister** ['tʌŋˌtwɪstə(r)] *s* Zungenbrecher *m*

tonic ['tɒnɪk] **I.** *adj* **1.** (MED) stärkend, anregend **2.** (MUS) Grundton- **3.** (*Phonetik*) betont **II.** *s* **1.** (MED) Tonikum *nt;* (*kosmetisch*) Lotion *f;* (*Haar*) Haarwasser *nt* **2.** (*~ water*) Tonic(water) *nt* **3.** (MUS) Tonika *f;* **it was a real ~** es hat mir richtig gut getan

to•night [tə'naɪt] **I.** *adv* heute Abend; heute Nacht **II.** *s* der heutige Abend; diese Nacht

ton•nage ['tʌnɪdʒ] *s* Tonnage *f*

ton•sil ['tɒnsl] *s* (ANAT) Mandel *f;* **ton•sil•litis** [ˌtɒnsɪ'laɪtɪs] *s* Mandelentzündung *f*

tony ['təʊnɪ] *adj* (*Am: fam*) nobel, exklusiv

too [tu:] *adv* **1.** zu, allzu, gar zu **2.** auch, gleichfalls **3.** auch noch; **~ bad** zu schade; bedauerlich; **it's ~ much for him** es geht über seine Kräfte; **~ much** zu viel; (*fam*) toll

took [tʊk] *s.* **take**

tool [tu:l] **I.** *s* **1.** Werkzeug, Gerät *nt* **2.** Instrument *nt* **3.** (*fig*) Werkzeug *nt* (*Mensch*); **machine ~** Werkzeugmaschine *f;* **down ~s** die Arbeit niederlegen **II.** *vt* **1.** bearbeiten **2.** (*Leder, Buch*) punzen; **tool•bag** *s* Werkzeugtasche *f;* **tool•box, tool-chest** *s* Werkzeugkasten *m;* **tool-kit** *s* Werkzeug *nt,* Werkzeugausrüstung *f;* **tool-maker** ['tu:lmeɪkə(r)] *s* Werkzeugmacher(in) *m(f);* **tool•shed** ['tu:lʃed] *s* Geräteschuppen *m*

toot [tu:t] *vi, vt* tuten, hupen

tooth [tu:θ, *pl* ti:θ] <*pl* teeth> *s* (*a.* TECH) Zahn *m;* **long in the ~** alt; **~ and nail** (*fig*) mit aller Gewalt; erbittert; **cast** [*o* **throw**] **s.th. in s.o.'s teeth** (*fig*) jdm etw ins Gesicht schleudern; **cut one's teeth** zahnen; **escape by** [*o* **with**] **the skin of one's teeth** mit knapper Not davonkommen; **have a sweet ~** gern naschen; **have a ~ out, have a ~ pulled** (*Am*) sich einen Zahn ziehen lassen; **get one's teeth into s.th.** (*fig*) sich in etw hineinknien; **(set of) false teeth** Gebiss *nt;* **tooth•ache** ['tu:θeɪk] *s* Zahnschmerzen *mpl,* -weh *nt;* **tooth•brush** ['tu:θbrʌʃ] *s* Zahnbürste *f;* **tooth•comb** ['tu:θkəʊm] *s:* **go through with a fine ~** kritisch prüfen; **toothed whale** *s* Zahnwal *m;* **tooth•paste** ['tu:θpeɪst] *s* Zahnpasta *f;* **tooth•pick** ['tu:θpɪk] *s* Zahnstocher *m;* **tooth•some** ['tu:θsəm] *adj* wohlschmeckend, schmackhaft; **toothy** [tu:θɪ] *adj* mit vorstehenden Zähnen

tootle ['tu:tl] **I.** *vi* **1.** tuten; dudeln **2.** (*~ along*) dahinschlendern; dahinzockeln; weggehen **II.** *s* Tuten *nt*

toots ['tʊts] *s* (*fam*) Schätzchen *nt*

top¹ [tɒp] **I.** *s* **1.** oberer Teil; Spitze *f;* (*Baum*) Gipfel, Wipfel *m;* (*Berg*) Gipfel *m;* (*Welle*) Kamm *m* **2.** (*Pflanzen*) Kraut *nt* **3.** (*Tisch, Bett*) Kopfende *nt;* oberes Ende **4.** (*Kleid, Bikini*) Oberteil *nt* **5.** Oberfläche *f,* obere Seite **6.** Deckel *m;* Kappe *f;* (Flaschen)Kapsel *f* **7.** (*fig*) Gipfel, Höhepunkt *m;* höchste Stellung **8.** Oberkörper *m* **9.** (*working* ~) Arbeitsfläche *f* **10.** (AUTO) höchster Gang; **at the ~ of the tree** (*fig*) auf der höchsten Sprosse; **at the ~ of one's voice** [*o* **lungs**] aus vollem Halse; **from ~ to bottom** von oben bis unten; von vorn bis hinten; **from ~ to toe** von Kopf bis Fuß; **in ~** (**gear**) mit dem höchsten Gang; **on ~** oben; (*fig*) obenauf; **on ~ of** auf, über; (*fig*) über ... hinaus; **its getting on ~ of me** es wächst mir über den Kopf; **over the ~** übertrieben; **come to the ~** (*fig*) an die Spitze kommen; **you are ~s with me** bei mir bist du ganz groß angeschrieben; **~ of the pops** Spitzenreiter *m* (in der Hitparade) **II.** *adj* oberste(r, s); höchste(r, s); beste(r, s) **III.** *vt* **1.** (*Pflanze*) kappen **2.** bedecken **3.** die Spitze bilden (*s.th.* einer S) **4.** maximal erreichen **5.** an der Spitze stehen (*s.th.* einer S) **6.** übersteigen; **to ~ it all** zur Krönung des Ganzen; **~ o.s.** (*sl*) sich umbringen; **top off** *vt* abrunden; **top up** *vt* auffüllen

top² [tɒp] *s* Kreisel *m*

to•paz ['təʊpæz] *s* (MIN) Topas *m*

top•coat ['tɒpkəʊt] *s* **1.** Mantel *m* **2.** oberste Farbschicht **3.** Über(nagel)lack *m;* **top copy** *s* Original *nt;* **top dog** *s* der Boss vom Ganzen; **top drawer** *adj* erstklassig; vornehm; **top executive** *s* Spitzenkraft *f;* **top-flight** *adj* (*fam*) erstklassig; **top hat** *s* Zylinder *m;* **~ pension** Sonderpension *f* für leitende Angestellte; **top-heavy** *adj* kopflastig

topi, **topee** ['təʊpɪ] *s* Tropenhelm *m*

topic ['tɒpɪk] *s* Thema *nt;* **provide a ~ for discussion** ein Diskussionsthema abgeben; **topi•cal** ['tɒpɪkl] *adj* aktuell; **~ index** Sachregister *nt;* **topi•cal•ity** [ˌtɒpɪ'kælətɪ] *s* **1.** Aktualität *f* **2. topicalities** Gegenwartsprobleme *ntpl*

top•less ['tɒplɪs] *adj* oben ohne, Obenohne-, topless; **top-level** *adj, s* Spitzen-; **on ~** auf höchster Ebene; **top loader** ['tɒpləʊdə(r)] *s* Toplader *m;* **top man•age•ment** *s* Unternehmens-, Führungsspitze *f,* Topmanagement *nt;* **top•most** ['tɒpməʊst] *adj* oberste(r, s); **top•notch** [ˌtɒp'nɒtʃ] *adj* (*fam*) großartig, fantastisch, prima

topo•gra•pher [tə'pɒgrəfə(r)] *s* Topograph(in) *m(f);* **topo•graphi•cal** [ˌtɒpə'græfɪkl] *adj* topographisch; **top•ogra•phy** [tə'pɒgrəfɪ] *s* Topographie *f*

top•per ['tɒpə(r)] *s* (*fam*) Zylinder *m*

top•ping ['tɒpɪŋ] **I.** *adj* (*fam*) prächtig, großartig **II.** *s:* **with a ~ of cream** mit einer Sahnehaube, mit Sahne

topple ['tɒpl] **I.** *vi* **1.** wackeln **2.** fallen **3.** (*fig*) gestürzt werden **II.** *vt* **1.** umwerfen; hinunterwerfen **2.** (*fig*) stürzen; **topple down** *vi* umfallen; umkippen; herunterfallen; **topple over** *vi* fallen

top price ['tɒp'praɪs] *s* Höchstpreis *m;* **top priority** *s* höchste Priorität; **top quality** *s* Spitzenqualität *f;* **top-ranking** *adj* hochrangig, Spitzen-; **top•sail** ['tɒpsl] *s* Marssegel *nt;* **top salary** *s* Spitzengehalt *nt;* **top secret** *adj* streng geheim; **top-selling** *adj* meistverkauft; **top•soil** ['tɒpsɔɪl] *s* Mutterboden, Humusboden *m,* -schicht *f;* **top speed** *s:* **at ~** mit Höchstgeschwindigkeit; **top•spin** ['tɒpspɪn] *s* (*Tennis*) Topspin *m*

topsy-turvy [ˌtɒpsɪ'tɜ:vɪ] *adv, adj* kopfüber, drunter u. drüber, durcheinander; **turn ~** das Oberste zuunterst kehren

torch [tɔ:tʃ] *s* **1.** (*Br*) Taschenlampe *f* **2.** Fackel *f* **3.** (*fig*) Licht *nt,* Flamme *f* **4.** (~-*lamp*) Lötlampe *f;* Schweißbrenner *m;* **carry a ~ for s.o.** in jdn verknallt sein; **torch•light** ['tɔ:tʃlaɪt] *s* Fackelschein *m;* Licht *nt* der Taschenlampe; **torchlight procession** *s* Fackelzug *m*

tore [tɔ:(r)] *s.* **tear¹**

tor•ment ['tɔ:ment] **I.** *s* **1.** Qual, Folter, Pein *f* **2.** (*Kind*) Quälgeist *m* **II.** [tɔ:'ment] *vt* quälen, martern, peinigen (*with* mit); **tor•men•tor** [tɔ:'mentə(r)] *s* Peiniger(in) *m(f)*

torn [tɔ:n] *s.* **tear¹**

tor•nado [tɔ:'neɪdəʊ] <*pl* -nadoes> *s* Wirbelsturm, Tornado *m*

tor•pedo [tɔ:'pi:dəʊ] <*pl* -pedoes> **I.** *s* (MAR) Torpedo *m* **II.** *vt* torpedieren; (*fig*) unterminieren, hintertreiben

tor•pid ['tɔ:pɪd] *adj* träge; apathisch, stumpf; **tor•por** ['tɔ:pə(r)] *s* **1.** Stumpfheit, Trägheit *f* **2.** (*a.* ZOO) Erstarrung, Betäubung *f*

torque [tɔ:k] *s* (PHYS) Drehmoment *nt*

tor•rent ['tɒrənt] *s* **1.** Sturz-, Gießbach *m* **2.** (*fig*) Strom *m,* Flut *f;* **it rained in ~s** es goss in Strömen; **tor•ren•tial** [tə'renʃl] *adj* (*Regen*) wolkenbruchartig

tor•sion ['tɔ:ʃn] *s* Torsion *f*

torso ['tɔ:səʊ] <*pl* torsos> *s* Körper, Rumpf *m;* (*Kunst*) Torso *m*

tor•toise ['tɔ:təs] *s* (Land)Schildkröte *f;* **tor•toise•shell** ['tɔ:təsʃel] *s* Schildpatt *nt*

tor•tu•ous ['tɔ:tjʊəs] *adj* **1.** gewunden, kurvenreich **2.** (*fig*) verwickelt; umständlich

tor•ture ['tɔ:tʃə(r)] **I.** *s* **1.** Folter *f* **2.** (*fig*) Qual *f* **II.** *vt* foltern; quälen, peinigen; **tor•turer** ['tɔ:tʃərə(r)] *s* **1.** Folterknecht *m,* Folterer *m* **2.** (*fig*) Peiniger(in) *m(f)*

Tory ['tɔ:rɪ] **I.** *adj* (*in GB*) konservativ; Tory-

II. *s* (*in GB*) Konservative(r) *f m;* **Tory•ism** [-ɪzm] *s* (*in GB*) Konservatismus *m*

tosh [tɒʃ] *s* (*fam*) Quatsch, Blödsinn *m*

toss [tɒs] I. *vt* 1. werfen; (*Reiter*) abwerfen 2. in die Höhe werfen 3. (*Salat*) anmachen 4. (*Kopf*) hoch-, zurückwerfen 5. (*mit einer Münze*) auslosen (*for s.th.* etw); ~ **s.o. for s.th.** mit jdm um etw losen II. *vi* 1. (~ *o.s. about*) sich (unruhig) hin- und herwerfen, wälzen 2. (*Schiff*) schlingern; (*Korn*) wogen 3. (~ *up*) losen (*for* um) III. *s* 1. Wurf *m* 2. (Aus)Losen *nt* 3. (*Schiff*) Schlingern *nt;* **win/lose the** ~ beim Losen gewinnen/verlieren; **toss about** I. *vi* sich hin- und herwerfen II. *vt* hin- und herschütteln; (*Schiff*) schaukeln lassen; (*fig*) diskutieren; **toss away** *vt* wegwerfen; **toss off** I. *vt* hinunterstürzen, -spülen; (*fig*) aus dem Ärmel schütteln II. *vi, vr* (*sl*) sich einen runterholen; **toss out** *vt* 1. wegwerfen 2. hinauswerfen; **toss up** I. *vi* losen (*for* um) II. *vt* werfen

toss-up ['tɒsʌp] *s* Losen *nt;* **it's a** ~ das hängt ganz vom Zufall ab (*whether* ob)

tot [tɒt] *s* 1. (*Br fam*) Schluck *m* (*Schnaps*) 2. (*fam: tiny* ~) Knirps *m;* **tot up** *vt* zusammenzählen, -rechnen

to•tal ['təʊtl] I. *adj* ganz, völlig, vollständig; gesamt; ~ **amount** Gesamtbetrag *m;* ~ **cost** Gesamtkosten *pl;* ~ **eclipse** totale Finsternis; ~ **loss** Totalverlust *m;* ~ **spend** Gesamtausgaben *fpl* II. *s* Gesamtbetrag *m,* Summe *f;* Gesamtmenge *f;* **in** ~ insgesamt; **what does the** ~ **come to?** wie hoch ist der Gesamtbetrag?; **sum** ~ Gesamtsumme *f,* -betrag *m* III. *vt* 1. (~ *up*) zusammenzählen, -rechnen 2. sich belaufen auf

to•tali•tar•ian [ˌtəʊtælɪ'teərɪən] *adj* (POL) totalitär; **to•tali•tar•ian•ism** [-ɪzəm] *s* Totalitarismus *m*

to•tal•ity [təʊ'tælətɪ] *s* 1. Gesamtheit *f* 2. (ASTR) totale Verfinsterung; **in** ~ im Ganzen, insgesamt

to•tal•iz•ator, to•tal•izer ['təʊtəlaɪˌzeɪtə(r), 'təʊtəlaɪzə(r)] *s* (*Pferderennen*) Totalisator *m*

to•tal•ly ['təʊtəlɪ] *adv* völlig, vollständig, ganz, gänzlich

tote[1] [təʊt] *s* (*fam: Pferderennen*) Totalisator *m*

tote[2] [təʊt] *vt* (*fam*) schleppen; bei sich tragen; **tote bag** *s* (*Am*) Einkaufstasche *f*

to•tem ['təʊtəm] *s* Totem *nt;* **totem pole** *s* Totempfahl *m*

tot•ter ['tɒtə(r)] *vi* 1. schaukeln 2. torkeln, (sch)wanken 3. wackeln 4. (*fig*) schwanken; **tot•tery** ['tɒtərɪ] *adj* (sch)wankend; wack(e)lig; tatterig, zitterig

tot•ty ['tɒtɪ] *s* <no pl> (*Br: sl: Frauen*) Miezen *pl*

tou•can ['tu:kæn] *s* (*Vogel*) Tukan *m*

touch [tʌtʃ] I. *vt* 1. be-, anrühren, anfassen 2. rühren, stoßen an 3. grenzen an; streifen 4. (*fig*) erreichen, heranreichen an 5. benutzen, gebrauchen 6. (*Thema*) berühren; betreffen, angehen 7. (*seelisch*) rühren 8. treffen (*to the quick* ins Mark) 9. (*sl*) anhauen, -pumpen (*for* um); **don't** ~ **it!** fass das nicht an!; **they can't** ~ **me** (*fig*) sie können mir nichts anhaben; **I haven't ~ed a tennis racket for years** ich habe schon seit Jahren nicht mehr Tennis gespielt; ~ **bottom** (*fig: der Sache*) auf (den Grund) kommen; auf einem Tiefpunkt ankommen II. *vi* sich berühren; (*Grundstücke*) aneinander stoßen III. *s* 1. (leichte) Berührung *f* 2. Pinselstrich *m* 3. Tastsinn *m* 4. Gefühl *nt;* Empfindung *f* 5. Verbindung, Fühlung *f* 6. Anflug, Hauch *m;* Idee, Spur *f* 7. (MED) leichter Anfall 8. (MUS) Anschlag *m;* **at a** ~ bei bloßer Berührung; **be/keep in** ~ **with** in Verbindung stehen/bleiben mit; **be out of** ~ **with** nicht mehr in Verbindung stehen mit; **touch at** *vi* (MAR) anlaufen; **touch down** I. *vi* 1. (AVIAT) aufsetzen, landen 2. (SPORT) einen Versuch erzielen II. *vt* (*Ball*) hinlegen; **touch in** *vt* einfügen; **touch on** *vt* (*Thema*) berühren, anschneiden, erwähnen; **touch off** *vt* hervorrufen, auslösen; **touch up** *vt* 1. (*Farbe*) auffrischen; (*Foto*) retuschieren; (*Aufsatz*) überarbeiten 2. (*fam: Person*) befummeln; **touch upon** *vt* (*Thema*) kurz berühren, streifen

touch-and-go [ˌtʌtʃən'gəʊ] *adj* riskant, gewagt; **touch-down** ['tʌtʃdaʊn] *s* 1. (AVIAT) Landung *f* 2. (SPORT) Versuch *m;* **touched** [tʌtʃt] *adj* gerührt, ergriffen; ~ **in the head** nicht ganz klar im Kopf; **touchi•ness** ['tʌtʃɪnəs] *s* Empfindlichkeit *f;* **touch•ing** ['tʌtʃɪŋ] *adj* rührend, ergreifend; **touch-screen** ['tʌtʃˌskri:n] *adj* Touchscreen-; **touch-sensitive** ['tʌtʃ'sensɪtɪv] *adj:* ~ **screen** Kontaktbildschirm *m;* **touch-stone** ['tʌtʃstəʊn] *s* (*fig*) Prüfstein *m;* **touch-type** *vt, vi* blind schreiben

touchy ['tʌtʃɪ] *adj* 1. empfindlich 2. heikel, riskant; **touchy-feely** *adj* (*fam pej*): ~ **stuff** Gefühlsduselei *f pej*

tough [tʌf] I. *adj* 1. zäh; robust 2. widerstandsfähig 3. hartnäckig 4. mitleidslos, hart 5. schwierig, schwer 6. rauflustig, streitsüchtig; **it is really** ~ **that ...** es ist wirklich hart, dass ...; **that's a** ~ **nut to crack** (*fig*) das ist eine harte Nuss; **have a** ~ **time** eine schwere Zeit durchmachen; ~ **(luck)!** Pech!; ~ **customer** schwieriger Patron II. *s* Raufbold *m;* **toughen** ['tʌfn] I. *vi* hart werden; zäh werden; sich verhärten II. *vt* 1. (*Material*) härten 2. (*Menschen*) stählen; hart machen **3.** (*Gesetze, Disziplin*) verschärfen; **toughness** [-nɪs] *s* Zähheit *f;* Zähigkeit *f;* Härte *f;* Schwierigkeit *f*

toupée ['tu:peɪ] *s* Toupet *nt*

tour [tʊə(r)] **I.** *s* **1.** Tour *f;* Reise, Fahrt *f;* (*im Gebäude*) Rundgang *m* **2.** Führung *f;* Rundfahrt *f* **3.** (~ *of inspection*) Runde *f,* Rundgang *m* **4.** (THEAT SPORT) Tournee *f;* **go on a ~ of France** eine Reise durch Frankreich machen; **make a ~ of the building** einen Rundgang durchs Gebäude machen; **on ~** auf Tournee; **guided ~** Führung *f;* **coach ~** Busreise *f;* **~ of inspection** Inspektionsreise *f* **II.** *vi* **1.** eine Reise machen **2.** (THEAT SPORT) eine Tournee machen; auf Tournee sein **III.** *vt* **1.** bereisen, reisen durch **2.** einen Rundgang machen durch; besichtigen **3.** (THEAT SPORT) eine Tournee machen durch; **tour•ing com•pany** [ˌtʊərɪŋ-'kʌmpənɪ] *s* Tourneetheater *nt*

tour•ism ['tʊərɪzəm] *s* Fremdenverkehr, Tourismus *m;* **tour•ist** ['tʊərɪst] *s* Tourist(in) *m(f);* **travel ~** in der Touristenklasse reisen; **tourist agency** *s* (*Am*), **tourist bureau** *s* Reisebüro *nt;* **tourist class** *s* Touristenklasse *f;* **tourist guide** *s* **1.** (*Buch*) Reiseführer *m* **2.** (*Person*) Fremdenführer(in) *m(f);* **tourist industry** *s* Fremdenverkehr *m,* Fremdenverkehrsindustrie *f;* **tourist office** *s* Fremdenverkehrsbüro *nt;* **tourist season** *s* Reisezeit *f;* **tourist ticket** *s* Rundreise(fahr)karte *f;* **tourist visa** *s* Touristenvisum *nt*

tour•na•ment ['tɔ:nəmənt, *Am* 'tɜ:nəmənt] *s* (*a.* SPORT) Turnier *nt*

tour op•er•ator ['tʊə(r)'ɒpərəɪtə(r)] *s* Reiseveranstalter *m*

tousle ['taʊzl] *vt* zerzausen

tout [taʊt] **I.** *vi* **1.** (*fam*) auf Kunden-, Stimmenfang gehen (*for* für) **2.** (~ *round*) auf Pferderennen Tips verkaufen **II.** *vt* **1.** (*Pferd*) als Favoriten angeben **2.** (*Lage, Ställe*) auskundschaften **3.** (*Information*) anbieten; (*Karten*) schwarz verkaufen **4.** (*fig*) anpreisen, aufschwatzen (*s.o. s.th.* jdm etw) **III.** *s* **1.** (*Person*) Schlepper *m* **2.** Tipgeber *m* **3.** Kartenschwarzhändler *m*

tow¹ [təʊ] **I.** *vt* (AUTO MAR) (ab)schleppen **II.** *s* Schleppen *nt;* (MAR) Treideln *nt;* **have** [*o* **take**] **in ~** im Schlepptau haben; ins Schlepptau nehmen; **can we give you a ~?** können wir Sie abschleppen?

tow² [təʊ] *s* Werg *nt*

to•ward(s) [tə'wɔ:d(z), *Am* tɔ:rd(z)] *prep* **1.** auf ... zu, nach ... zu, in Richtung auf **2.** gegenüber *+dat* **3.** (*zeitlich*) gegen

tow•bar ['təʊbɑ:(r)] *s* (AUTO) Anhängerkupplung *f;* **tow•boat** *s* Schlepper *m*

towel ['taʊəl] **I.** *s* Hand-, Badetuch *nt;* **throw in the ~** (*Boxen*) aufgeben, das Handtuch werfen; **kitchen ~** Geschirrtuch *nt;* **sanitary ~** Damenbinde *f* **II.** *vt* abtrocknen, trockenreiben; **towel•ette** [ˌtaʊə'let] *s* Erfrischungstuch *nt;* **towel•ing** *s* (*Am*), **towel•ling** [-ɪŋ] *s* Frottee *nt od m;* **towel-rail** *s* Handtuchhalter *m*

tower ['taʊə(r)] **I.** *s* **1.** Turm *m;* (AVIAT: *control ~*) Kontrollturm *m* **2.** (*fig: ~ of strength*) (sicherer) Hort *m;* Stütze *f* **II.** *vi* ragen; **tower above, tower over** *vi* emporragen über; überragen; **tower up** *vi* emporragen; **tower block** *s* Hochhaus *nt;* **tower•ing** [-ɪŋ] *adj* **1.** (*Gebäude*) alles überragend; (*Berge*) hochragend; (*Baum, Mensch*) hoch aufragend **2.** (*fig*) gewaltig, heftig

town [taʊn] *s* **1.** Stadt *f* **2.** London *nt* **3.** Stadtbevölkerung *f;* **in ~** in der Stadt; **be out of ~** verreist sein; **go to ~** in die Stadt gehen; (*fig fam*) es übertreiben (*on* mit); **paint the ~ red** die Stadt auf den Kopf stellen; **town centre** *s* Stadtzentrum *nt,* -mitte *f;* **town clerk** *s* (*Br*) Stadtdirektor *m;* **town council** *s* Stadtrat *m;* **town councillor** *s* Stadtrat *m,* Stadträtin *f,* Stadtratsmitglied *nt;* **town gas** *s* Stadtgas *nt;* **town hall** *s* Rathaus *nt;* **town house** *s* **1.** Stadthaus *nt,* -wohnung *f* **2.** Reihenhaus *nt;* **town planning** *s* Stadtplanung, Städteplanung *f;* **town•scape** ['taʊn-skeɪp] *s* Stadtbild *nt,* Stadtlandschaft *f;* **towns•folk** ['taʊnzfəʊk] *s pl* Städter *mpl;* **town•ship** ['taʊnʃɪp] *s* (*Am*) (Amts)Bezirk *m;* Ortschaft *f;* (*Südafrika*) Township *f;* **towns•people** ['taʊnzˌpi:pl] *s* Städter, Bürger *mpl;* **town twinning** *s* Städtepartnerschaft *f*

tow truck *s* (*Am*) Abschleppwagen *m*

tox•aemia [tɒk'si:mɪə] *s,* **tox•emia** *s* (*Am*) Blutvergiftung *f*

toxic ['tɒksɪk] *adj* giftig; **~ agent** Gift(stoff) *nt (m);* **~ waste** Giftmüll *m;* **toxi•col•ogy** [ˌtɒksɪ'kɒlədʒɪ] *s* Toxikologie *f;* **toxin** ['tɒksɪn] *s* Gift, Toxin *nt*

toy [tɔɪ] **I.** *s* Spielzeug *nt;* **~s** *pl* Spielwaren *fpl* **II.** *adj* **1.** klein **2.** (*Hund*) Zwerg- **III.** *vi* spielen (*with* mit); **toy car** *s* Spielzeugauto *nt;* **toy•shop** *s* Spielwarenhandlung *f*

trace¹ [treɪs] **I.** *s* **1.** Spur *f* **2.** *meist pl* (*a.* CHEM) Spur, geringe Menge *f;* **without a ~** spurlos; **lose ~ of** aus den Augen verlieren; **~ element** Spurenelement *nt* **II.** *vt* **1.** folgen (*a path* einem Pfad) **2.** nachgehen, -spüren (*s.o.* jdm) **3.** (*Ereignisse: ~ back*) zurückverfolgen, zurückführen (*to* auf) **4.** aufspüren, ausfindig machen **5.** zeichnen; nachzeichnen; durchpausen **6.** (mühsam) schreiben

trace² [treɪs] *s:* **kick over the ~s** (*fig*) über die Stränge schlagen

T

trace•able ['treɪsəbl] *adj* **1.** zurückzuverfolgen(d) **2.** nachweisbar **3.** zurückführbar (*to* auf) **4.** auffindbar; **tracer** ['treɪsə(r)] *s* **1.** (~ *bullet*) Leuchtspurgeschoss *nt* **2.** (*radioactive* ~) Isotopenindikator *m* **3.** Suchzettel *m;* ~ **ammunition** Leuchtspurmunition *f*

tracery ['treɪsərɪ] *s* (ARCH) Maßwerk *nt*

tra•chea [trə'kɪə, *pl* -kɪiː] <*pl* -cheae> *s* (ANAT) Luftröhre *f*

trac•ing ['treɪsɪŋ] *s* **1.** Aufspüren *nt* **2.** (Durch)Pausen *nt;* **tracing paper** *s* Pauspapier *nt*

track [træk] **I.** *s* **1.** Spur, Fährte *f* **2.** Pfad, Weg *m* **3.** (*fig*) Bahn *f,* Gang *m* **4.** (Renn-, Aschen)Bahn *f* **5.** (*fig*) (Gedanken)Gang *m* **6.** (RAIL) Gleis *nt,* Schienenstrang *m* **7.** (*Raupenfahrzeug*) Gleiskette *f;* (AUTO) Spur(weite) *f* **8.** Musikstück *nt* (*auf Band, Schallplatte*)*;* (*Band*) Spur *f;* **off the** ~ auf falscher Fährte; (*fig*) auf dem Holzweg; **be born on the wrong side of the ~s** (*Am*) aus einfachen Verhältnissen stammen; **be on the ~ of s.o.** jdm auf der Spur sein; **go off the ~** entgleisen; **keep ~ of s.o.** jdn im Auge behalten; **keep ~ of s.th.** sich etw genau merken; etw verfolgen; **leave the ~s** entgleisen; **lose ~ of s.o.** jdn aus den Augen verlieren; **make ~s** (*fam*) sich auf die Socken machen **II.** *vt* **1.** (*jdn, eine Spur*) verfolgen **2.** folgen (*s.o.* jdm) **3.** aufspüren **4.** Spuren hinterlassen in, auf **III.** *vi* **1.** (AUTO) Spur halten **2.** (FILM) sich bewegen **3.** Fährten lesen; **track down** *vt* aufspüren, ausfindig machen; **track-and-field events** *s pl* Leichtathletikkämpfe *mpl;* **tracker dog** ['trækəˌdɒg] *s* Spürhund *m;* **track events** *s pl* (SPORT) Laufdisziplinen *fpl;* **track•ing sta•tion** ['trækɪŋ'steɪʃn] *s* Beobachtungsstation *f* (*Raumflug*)*;* **track•less** ['træklɪs] *adj* **1.** spur-, pfadlos **2.** (*Fahrzeug*) ohne Ketten; **track record** *s* Leistungsnachweis *m;* **what's his ~?** was hat er vorzuweisen?; **track shoe** *s* Lauf-, Turnschuh *m;* **track•suit** *s* Trainings-, Jogginganzug *m*

tract¹ [trækt] *s* **1.** (ANAT) Verdauungstrakt *m;* (Atem)Wege *mpl* **2.** (*Land*) Gebiet *nt;* **a narrow ~ of land** ein schmaler Streifen Land

tract² [trækt] *s* (BES. REL) Traktat *nt*

tract•able ['træktəbl] *adj* folgsam, lenkbar

trac•tion ['trækʃn] *s* **1.** Zug *m,* Zugkraft *f* **2.** (*Fahrzeug*) Bodenhaftung *f* **3.** (MED) Streckverband *m;* **traction engine** *s* Zugmaschine *f;* **trac•tor** ['træktə(r)] *s* Traktor *m,* Zugmaschine *f*

trad [træd] *s* (~ *jazz*) Originaljazz *m*

trade [treɪd] **I.** *s* **1.** Gewerbe *nt;* Handwerk *nt* **2.** (COM) Handel *m* **3.** Beruf *m* **4.** (COM) Fachwelt *f* **5.** Wirtschafts-, Erwerbszweig *m;* Branche *f* **6.** Tauschgeschäft *nt,* -handel *m;* **the Trades** der Passat, die Passatwinde *mpl;* **by ~** von Beruf **II.** *vi* handeln, Handel treiben (*in s.th.* mit einer S, *with s.o.* mit jdm), Geschäfte machen (*with s.o.* mit jdm) **III.** *vt* eintauschen (*s.th. for s.th.* etw für etw); **trade in** *vt* in Zahlung geben (*for* für); **trade on** *vt* ausnutzen (*s.o.* jdn); **trade agreement** *s* Handelsabkommen *nt;* **trade association** *s* Fachverband *m;* **trade balance** *s* Handelsbilanz *f;* **trade barrier** *s* Handelsschranke *f;* **trade cycle** *s* Konjunkturzyklus *m;* **trade directory** *s* Branchen-, Firmenverzeichnis *nt;* **trade discount** *s* Händler-, Großhandelsrabatt *m;* **traded option** *s* handelbare Option; **trade fair** *s* (Fach)Messe *f;* **trade gap** *s* Außenhandelsdefizit *nt;* **trade-in** ['treɪdɪn] *s* in Zahlung gegebener Gegenstand; **trade-in value** *s* Gebrauchtwert *m*

trade journal *s* Fachzeitschrift *f*

trade•mark *s* Warenzeichen *nt*

trade mission *s* Handelsdelegation *f*

trade name *s* Handelsname *m*

trade-off ['treɪdɒf] *s* Austausch *m*

trade policy *s* Handelspolitik *f;* **trade press** *s* Fachpresse *f;* **trade price** *s* Großhandelspreis *m;* **trad•er** ['treɪdə(r)] *s* **1.** Händler(in) *m(f)* **2.** (*Börse*) freie(r) Makler(in) *m (f)* **3.** (MAR) Handelsschiff *nt;* **trade reference** *s* Handels-, Kreditauskunft *f;* **trade register** *s* Handelsregister *nt;* **trade route** *s* Handelsweg *m;* **trade secret** *s* Betriebsgeheimnis *nt;* **trades•man** ['treɪdzmən] <*pl* -men> *s* Ladeninhaber, -besitzer *m;* Handwerker *m;* **tradesmen's entrance** Eingang *m* für Lieferanten; **trades•people** ['treɪdzˌpiːpl] *s pl* Geschäftsleute *pl;* **trade surplus** *s* Handelsüberschuss *m*

trade union [ˌtreɪd'juːnjən] *s* Gewerkschaft *f;* **form a ~** sich gewerkschaftlich organisieren, zusammenschließen; **trade unionism** *s* Gewerkschaftsbewegung *f;* **trade unionist** *s* Gewerkschaftler(in) *m(f)*

trade war *s* Handelskrieg *m*

trade wind *s* Passatwind *m*

trad•ing ['treɪdɪŋ] **I.** *adj* handeltreibend **II.** *s* Handel *m;* ~ **area** Absatzgebiet *nt;* ~ **estate** Gewerbegebiet *nt;* ~ **licence** Gewerbeschein *m;* ~ **relations** Handelsbeziehungen; ~ **stamp** Rabattmarke *f;* ~ **volume** Handelsvolumen *nt*

tra•di•tion [trə'dɪʃn] *s* Tradition *f,* Brauch *m;* **tra•di•tional** [trə'dɪʃənl] *adj* traditionell, herkömmlich; üblich; **tra•di•tion•al•ism** [trə'dɪʃənəlɪzəm] *s* Traditionalismus *m;* **tra•di•tion•al•ist** [trə'dɪʃənəlɪst] *s*

Traditionalist(in) *m(f)*

traf•fic ['træfɪk] <*ppr:* -ficking, *pp:* -ficked> **I.** *s* **1.** Verkehr *m;* Flugverkehr *m* **2.** Handel *m* (*in* in, mit) **3.** (Waren)Umschlag *m* **4.** (INTERNET) Traffic *m;* **air** ~ Luftverkehr *m;* **freight ~, goods ~, merchandise** ~ Fracht-, Güter-, Warenverkehr *m;* **one-way** ~ Einbahnverkehr *m,* -straße *f* **II.** *vi* (Schwarz-, Schleich)Handel treiben, handeln (*in s.th.* mit etw); ~ **accident** Verkehrsunfall *m;* ~ **calming** *Maßnahmen zur Verkehrsberuhigung;* ~ **circle** (*Am*) Kreisverkehr *m;* ~ **emissions** verkehrsbedingte Emissionen; ~ **in human beings** Menschenhandel *m;* ~ **island** Verkehrsinsel *f;* ~ **jam** Verkehrsstockung *f,* -stau(ung *f*) *m;* **traf•ficker** ['træfɪkə(r)] *s* Schwarzhändler, Schieber *m;* **traffic lights** *s pl* Verkehrsampel *f;* **traffic patrol** *s* Verkehrsstreife *f;* **traffic regulation** *s* Verkehrsregelung *fpl,* Verkehrsvorschriften *fpl;* **traffic sign** *s* Verkehrszeichen, -schild *nt;* **traffic signals** *s pl* Verkehrsampel *f;* **traffic warden** *s* Verkehrspolizist(in) *m(f),* Politesse *f*

tra•gedy ['trædʒədɪ] *s* Trauerspiel *nt,* Tragödie *f;* **tra•gic** ['trædʒɪk] *adj* tragisch; **tragi-com•edy** [ˌtrædʒɪ'kɒmədɪ] *s* Tragikomödie *f*

trail [treɪl] **I.** *vt* **1.** nach-, hinter sich herschleifen **2.** nachziehen, -schleppen **3.** verfolgen **II.** *vi* **1.** schleifen **2.** (BOT) ranken, kriechen **3.** sich dahinschleppen **4.** (*fig*) weit abgeschlagen sein **III.** *s* **1.** (*Rauch*) Fahne *f;* (*Meteor*) Schweif *m* **2.** Spur, Fährte *f* **3.** Pfad *m;* (**hot**) **on s.o.'s** ~ (dicht) auf jds Spur; **blaze the** ~ (*fig*) den Weg bahnen; ~ **of blood** Blutspur *f;* ~ **of dust** Staubwolke *f;* **trail along I.** *vi* entlangtrotten **II.** *vt* entlangschleppen; **trail away, trail off** *vi* (*Stimme*) sich verlieren; verstummen; **trail behind I.** *vi* **1.** hinterhertrotten **2.** (*fig*) zurückgefallen sein **II.** *vt* hinter sich herschleppen

trail•blazer ['treɪl'bleɪzə(r)] *s* (*fig*) Wegbereiter, Bahnbrecher, Pionier *m*

trailer ['treɪlə(r)] *s* **1.** (BOT) Kletterpflanze *f* **2.** (~ *car*) Anhänger *m* (eines Fahrzeuges) **3.** Wohnwagen *m* **4.** (Film)Vorschau *f;* **trailer camp, trailer park** *s* (*Am*) Campingplatz *m* für Wohnwagen; Wohnwagenkolonie *f*

train¹ [treɪn] *s* **1.** (Eisenbahn)Zug *m* **2.** langer Zug; Karawane *f;* Wagenkolonne *f;* (~ *of barges*) Schleppzug *m;* (*Menschen*) Schlange *f;* Gefolge *nt* **3.** (*fig*) Reihe, Serie, Kette, Folge *f* **4.** (TECH) Walzenstrecke, -straße *f* **5.** (*Kleid*) Schleppe *f;* **by** ~ mit dem Zug, mit der Bahn; **in** ~ im Gange; **get into a ~, get on a ~, board a** ~ in einen Zug einsteigen; **put in** ~ in Gang setzen; **change ~s** umsteigen; **on the** ~ im Zug; ~ **of thought** Gedankengang *m;* **it brought a drought in its** ~ es brachte eine Dürre mit sich

train² [treɪn] **I.** *vt* **1.** ausbilden, schulen; (*Tier*) abrichten, dressieren; (*Kind*) erziehen; (*Auszubildende, Anfänger*) einweisen, unterweisen **2.** (SPORT) trainieren; (*Gehirn*) schulen **3.** (*Gewehr, Fernglas*) richten (*on* auf) **4.** (*Pflanze*) wachsen lassen; am Spalier ziehen; ~ **o.s. to do s.th.** sich dazu erziehen etw zu tun; ~ **s.o. as s.th.** jdn zu etw ausbilden **II.** *vi* **1.** (BES. SPORT) trainieren **2.** ausgebildet werden; ~ **as a teacher** eine Lehrerausbildung machen, für das Lehramt studieren

train ac•ci•dent ['treɪnˌæksɪdənt] *s* Eisenbahnunglück *nt;* **train collision** *s* Zugzusammenstoß *m;* **train connection** *s* Zugverbindung *f;* **train driver** *s* Zug-, Lokführer(in) *m(f)*

trained ['treɪnd] *adj* gelernt; ausgebildet; (*Tier*) dressiert; (*Auge, Ohr*) geschult; ~ **workers** Fachkräfte *fpl;* **well-~ child** wohlerzogenes Kind

trainee [treɪ'ni:] *s* Auszubildende(r) *f m,* Azubi *f m,* Praktikant(in) *m(f);* **he is a** ~ er befindet sich noch in der Ausbildung; **trainee•ship** [ˌtreɪ'ni:ʃɪp] *s* Ausbildungsplatz *m;* **trainee teacher** *s* Referendar(in) *m(f);* **trainer** ['treɪnə(r)] *s* **1.** Trainer *m* **2.** Ausbilder(in) *m(f)* **3.** (*Tier*) Dresseur(in) *m(f),* Dompteur(in) *m(f)* **4.** (AVIAT: ~ *plane*) Schulflugzeug *nt;* Simulator *m*

train ferry ['treɪnˌferɪ] *s* Eisenbahnfähre *f*

train•ing ['treɪnɪŋ] *s* **1.** Schulung, Ausbildung *f* **2.** Dressur *f* **3.** Training *nt;* **in/out of** ~ (SPORT) in/aus der Übung; **go into** ~ sich vorbereiten (*for* auf); **training camp** *s* Trainingslager *nt;* **training college** *s* Hochschule *f* für die Lehrerausbildung; **training course** *s* Ausbildungs-, Schulungskurs *m;* **training objective** *s* Ausbildungsziel *nt;* **training personnel** *s* Lehrpersonal *nt;* **training plane** *s* Schulflugzeug *nt;* **training programme** *s* Schulungsmaßnahme *f,* Ausbildungsprogramm *nt;* **training ship** *s* Schulschiff *nt*

train•man ['treɪnmən] <*pl* -men> *s* (*Am*) Eisenbahner *m;* Bremser *m;* **train schedule** *s* Fahrplan *m;* **train service** *s* Zugverkehr *m;* Zugverbindung *f*

traipse [treɪps] *vi* (*fam*) latschen; ~ **round the town for s.th.** sich in der Stadt die Beine nach etw ablaufen

trait [treɪt] *s* Eigenschaft *f;* (Charakter-, Wesens-, Gesichts)Zug *m*

trai•tor ['treɪtə(r)] *s* Verräter(in) *m(f)* (*to* an); **trai•tor•ous** ['treɪtərəs] *adj* verräterisch; **trai·tress** ['treɪtrɪs] *s* Verräterin *f*

tra·jec·tory [trə'dʒektərɪ] *s* Flugbahn *f*

tram [træm] *s* Straßenbahn *f;* **go by** ~ mit der Straßenbahn fahren; **tram·line** ['træmlaɪn] *s* **1.** Straßenbahnlinie *f* **2.** ~**s** (SPORT) Linien *pl* des Doppelspielfelds

tram·mel ['træml] **I.** *s pl* (*fig*) Fesseln *fpl* **II.** *vt* behindern, einengen, hemmen

tramp [træmp] **I.** *vi* **1.** fest auftreten, stapfen **2.** wandern, marschieren; umherziehen **II.** *vt* **1.** durchwandern, -streifen **2.** (*Schmutz*) herumtreten **III.** *s* **1.** (schwerer) Tritt *m* **2.** Fußmarsch *m,* Wanderung *f* **3.** Wohnsitzlose(r) *f m,* Landstreicher(in) *m(f)* **4.** (*pej*) Flittchen *nt* **5.** (MAR: ~ *steamer*) Trampschiff *nt;* **tramp down** *vt* (*Erde*) festtreten; (*Blumen, Gras*) niedertrampeln; **tramp in** *vt* in den Boden treten

trample ['træmpl] **I.** *vt* zertrampeln; ~ **s.o. underfoot** (*fig*) jdn überfahren; ~ **s.th. into the ground** etw in den Boden trampeln **II.** *vi* stampfen, trampeln; ~ **on s.o.** auf jdm herumtrampeln

tram·po·line ['træmpəli:n] *s* Trampolin *nt*

tram·way ['træmweɪ] *s* Straßenbahn(strecke) *f*

trance [trɑ:ns] *s* Trance *f,* Trancezustand *m;* **send s.o. into a** ~ jdn in Trance versetzen

tranche [trɒnʃ] *s* Tranche *f*

tranny ['trænɪ] *s* (*fam*) Transistor *m,* Kofferradio *nt*

tran·quil ['træŋkwɪl] *adj* **1.** ruhig, friedlich **2.** (*Mensch*) ruhig, gelassen; **tran·quil·ity** *s* (*Am*) *s.* **tranquillity**; **tran·quil·ize** *vt* (*Am*) *s.* **tranquillize**; **tran·quil·izer** *s* (*Am*) *s.* **tranquillizer**; **tran·quil·lity** [træŋ'kwɪlətɪ] *s* Ruhe *f;* **tran·quil·lize** ['træŋkwɪlaɪz] *vt* beruhigen; **tran·quil·li·zer** ['træŋkwɪlaɪzə(r)] *s* Beruhigungsmittel *nt*

trans·act [træn'zækt] *vt* abwickeln; (*Geschäfte*) aus-, durchführen, abschließen, tätigen; **trans·ac·tion** [træn'zækʃn] *s* **1.** Aus-, Durchführung *f* **2.** Abschluss *m,* Tätigung *f* **3.** (*legal* ~) Rechtsgeschäft *nt* **4.** (FIN) Transaktion *f* **5.** ~**s** Sitzungsbericht *m;* Verhandlungsprotokoll *nt;* **cash** ~ Barverkauf *m;* **exchange** ~ Börsengeschäft *nt*

trans·al·pine [trænz'ælpaɪn] *adj* transalpin

trans·at·lan·tic [ˌtrænzət'læntɪk] *adj* transatlantisch; ~ **liner** Überseedampfer *m*

trans·ceiver [træn'si:və(r)] *s* (RADIO) Sende- u. Empfangsgerät *nt*

trans·cend [træn'send] *vt* (*fig*) überschreiten, -steigen, hinausgehen über; **trans·cend·ent** [træn'sendənt] *adj* (REL PHILOS) transzendent; (*fig*) überragend; **trans·cen·den·tal** [ˌtrænsen'dentl] *adj* überirdisch; (PHILOS) transzendental; (*Zahl*) transzendent

trans·con·ti·nen·tal ['trænzkɒntɪ'nentl] *adj* transkontinental

tran·scribe [træn'skraɪb] *vt* **1.** kopieren **2.** übertragen, transkribieren **3.** (MUS) umsetzen **4.** (RADIO) auf Band aufnehmen; **tran·script** ['trænskrɪpt] *s* **1.** Kopie *f;* Protokoll *nt;* Niederschrift *f* **2.** (*Am*) (Zeugnis)Abschrift *f*

tran·scrip·tion [træn'skrɪpʃn] *s* **1.** Abschrift *f* **2.** Transkription, Umschrift *f* **3.** (MUS) Umsetzung *f* **4.** (RADIO) Ton-, Bandaufnahme *f;* **phonetic** ~ Lautschrift, phonetische Schrift *f*

trans·duc·er [ˌtræns'dju:sə(r)] *s* (TECH) Umformer *m*

trans·ge·net·ics [trænz'dʒɪnetɪks] *s pl* Transgenetik *f*

tran·sept ['trænsept] *s* (ARCH) Querschiff *nt*

trans·Euro·pean *adj* transeuropäisch; ~ **transport infrastructure network, TEN** transeuropäisches Verkehrsnetz

trans·fer [træns'fɜ:] **I.** *vt* **1.** verlegen (*from* … *to* von … nach) **2.** versetzen (*to* nach) **3.** (*Eigentum, Recht BED….: Eigentum, Recht*) übertragen (*to* auf) **4.** (*Geld*) überweisen (*to* auf) **5.** (COM) übertragen, vortragen, umbuchen **II.** *vi* **1.** überwechseln (*to* zu), umstellen (*to* auf) **2.** (RAIL) umsteigen **III.** ['trænsfɜ:(r)] *s* **1.** Verlegung *f* **2.** Versetzung *f* (*to* nach) **3.** (JUR) Übertragung *f* (*to* auf) **4.** (*Geschäft*) Umzug *m* **5.** (COM) Überweisung *f;* Transfer *m;* Umbuchung *f* **6.** Umsteigen *nt;* Umsteigefahrkarte *f* **7.** Abziehbild *nt* **8.** (SPORT) Transfer *m;* Transferspieler(in) *m(f);* **he is a** ~ **from another department** er ist von einer anderen Abteilung versetzt worden; **technology** ~ Technologietransfer *m;* **trans·fer·able** [træns'fɜ:rəbl] *adj* übertragbar; **trans·fer·ence** ['trænsfərəns] *s* **1.** (*a.* PSYCH) Übertragung *f* **2.** (*Geld*) Überweisung *f,* Transfer *m;* **transferred charge call** *s* R-Gespräch *nt*

trans·fig·ure [træns'fɪgə(r)] *vt* **1.** umgestalten (*into* in) **2.** (REL) verklären

trans·fix [træns'fɪks] *vt* **1.** durchbohren **2.** (*fig*) lähmen; **be** ~**ed to the spot** wie gelähmt, wie angewurzelt dastehen

trans·form [træns'fɔ:m] *vt* **1.** verwandeln **2.** (*a.* MATH PHYS ELEK) umformen, umwandeln (*to* in); **trans·form·ation** [ˌtrænsfə'meɪʃn] *s* Verwandlung *f;* Umgestaltung *f;* Umformung, Umwandlung *f;* **trans·former** [træns'fɔ:mə(r)] *s* (ELEK) Transformator, Umformer *m*

trans·fuse [træns'fju:z] *vt* (*Blut*) übertragen; (*fig*) erfüllen; **trans·fusion** [træns'fju:ʒn] *s* (*blood* ~) Bluttransfusion,

-übertragung *f;* (**blood**) ~ **service** Blutspendedienst *m*

trans•gress [trænz'gres] **I.** *vt* (*Gesetz*) übertreten, verstoßen gegen **II.** *vi* sündigen; **trans•gress•ion** [trænz'greʃn] *s* **1.** Übertretung *f,* Verstoß *m* **2.** (REL) Sünde *f;* **trans•gressor** [træns'gresə(r)] *s* **1.** Rechtsbrecher(in) *m(f),* Übel-, Missetäter(in) *m(f)* **2.** (REL) Sünder(in) *m(f)*

tran•si•ent ['trænzɪənt, *Am* 'trænʃnt] *adj* **1.** vorübergehend; kurz(lebig); flüchtig **2.** (*Am*) nichtansässig

tran•sis•tor [træn'zɪstə(r)] *s* **1.** (ELEK) Transistor *m* **2.** (~ *radio*) Kofferradio *nt;* **tran•sis•tor•ize** [træn'zɪstəraɪz] *vt* mit Transistoren bestücken

tran•sit ['trænsɪt] *s* **1.** (*a.* ASTR) Durchgang *m* **2.** Transit-, Durchgangsverkehr *m* **3.** (*Waren*) Transport *m;* **in** ~ auf dem Transport, unterwegs; **transit business** *s* Transithandel *m;* **transit camp** *s* Durchgangslager *nt;* **transit desk** *s* (AVIAT) Transitschalter *nt;* **transit duty** *s* Durchgangszoll *m;* **transit goods** *s pl* Transitwaren *fpl*

tran•si•tion [træn'zɪʃn] *s* Übergang *m;* (*period of* ~) Übergangszeit *f;* ~ **period** Übergangsphase *f;* **tran•si•tional** [træn'zɪʃənl] *adj* Übergangs-

tran•si•tive ['trænsətɪv] *adj* (GRAM) transitiv

transit lounge ['trænsɪt,laʊndʒ] *s* Transitraum *m*

tran•si•tory ['trænsɪtrɪ] *adj* vorübergehend; kurz(lebig)

tran•sit pas•sen•ger ['trænsɪt 'pæsɪndʒə(r)] *s* Transitreisende(r) *f m;* **transit trade** *s* Transithandel *m;* **transit traffic** *s* Transitverkehr *m;* **transit visa** *s* Durchreise-, Transitvisum *nt*

trans•lat•able [trænz'leɪtəbl] *adj* übersetzbar; **trans•late** [trænz'leɪt] **I.** *vt* **1.** übersetzen, -tragen (*into German* ins Deutsche, *from* (*the*) *Italian* aus dem Italienischen) **2.** ~ **words into actions** Worte in die Tat umsetzen **II.** *vi* sich übersetzen lassen, übersetzbar sein; übersetzen; **trans•la•tion** [trænz'leɪʃn] *s* Übersetzung, -tragung *f;* **trans•la•tor** [trænz'leɪtə(r)] *s* Übersetzer(in) *m(f)*

trans•li•ter•ate [trænz'lɪtəreɪt] *vt* transliterieren; **trans•li•ter•at•ion** [,trænzlɪtə'reɪʃn] *s* Transliteration *f*

trans•lu•cent, **trans•lu•cid** [trænz'lu:snt, trænz'lu:sɪd] *adj* lichtdurchlässig

trans•mi•gra•tion [,trænzmaɪ'greɪʃn] *s* (~ *of the soul*) Seelenwanderung *f*

trans•mis•sible [trænz'mɪsəbl] *adj* übertragbar

trans•mis•sion [trænz' mɪʃn] *s* **1.** Übersendung, -mittlung *f* **2.** (*a.* BIOL PHYS) Übertragung *f* **3.** (TECH) Transmission *f;* (AUTO) Getriebe *nt* **4.** (RADIO) Sendung *f* **5.** (INFORM) Datenübertragung *f;* ~ **network** Übertragungsnetz *nt;* ~ **speed** Datenübertragungsrate *f*

trans•mit [trænz'mɪt] *vt* **1.** übersenden, -mitteln **2.** übertragen **3.** (PHYS) übertragen; leiten **4.** (RADIO) senden; **trans•mit•ter** [trænz'mɪtə(r)] *s* **1.** Übermittler *m* **2.** (RADIO) Sender *m* **3.** (*Telefon*) Mikrofon *nt;* **trans•mit•ting** [-ɪŋ] *adj:* ~ **station** Sendestelle *f;* ~ **set** Sender *m*

trans•mog•rify [trænz'mɒgrɪfaɪ] *vt* (*hum fig*) ummodeln

trans•mu•ta•tion [,trænsmju:'teɪʃn] *s* **1.** (CHEM) Umwandlung *f* **2.** (BIOL) Transmutation *f;* **trans•mute** [trænz'mju:t] *vt* umwandeln (*into* in)

trans•oceanic ['trænz,əʊʃɪ'ænɪk] *adj* überseeisch

tran•som ['trænsəm] *s* Querbalken, -träger *m;* (~ *window*) Oberlicht *nt;* (MAR) Spiegel *m*

trans•par•ency [træns'pærənsɪ] *s* **1.** Durchsichtigkeit, Transparenz *f* **2.** Diapositiv *nt* **3.** Overheadfolie *f;* **trans•par•ent** [træns'pærənt] *adj* **1.** durchsichtig **2.** (*fig*) durchschaubar; offenkundig, offensichtlich; **it became** ~ es wurde offensichtlich

tran•spi•ra•tion [,trænspɪ'reɪʃn] *s* Ausdünstung, Transpiration *f;* **tran•spire** [træn'spaɪə(r)] **I.** *vt* **1.** ausdünsten, -schwitzen **2.** (BOT) verdunsten **II.** *vi* **1.** schwitzen, transpirieren **2.** (*fig*) bekannt werden; durchsickern **3.** geschehen

trans•plant [træns'plɑ:nt] **I.** *vt* **1.** umpflanzen **2.** (*Menschen*) verpflanzen (*to* nach) **3.** (MED: *Gewebe*) transplantieren, verpflanzen **II.** ['trɑ:nsplɑ:nt] *s* **1.** Transplantation *f* **2.** Transplantat *nt;* **trans•plan•ta•tion** [,trænsplɑ:n'teɪʃn] *s* **1.** (BOT) Umpflanzen *nt* **2.** (MED) Transplantation *f;* (*Organ*) Transplantat *nt*

trans•port [træn'spɔ:t] **I.** *vt* befördern, transportieren; (HIST) deportieren **II.** ['trænspɔ:t] *s* **1.** Beförderung *f,* Transport *m* **2.** (MIL) Transportschiff *nt;* Transportflugzeug *nt* **3.** Beförderungsmittel *nt* **4.** (*Am*) Fracht, Ladung *f;* **in a** ~**, in** ~**s of,** ~**ed with** hingerissen vor; **means of** ~ Beförderungs-, Transportmittel *nt;* **passenger** ~ Personenverkehr *m;* **public** ~ öffentliche Verkehrsmittel *ntpl;* **road** ~ Güterkraftverkehr *m;* ~ **by rail** (Eisenbahn)Güterverkehr *m;* **trans•port•able** [træns'pɔ:təbl] *adj* transportierbar, versandfähig; **trans•por•ta•tion** [,trænspɔ:'teɪʃn] *s* **1.** Beförderung *f* **2.** Beförderungs-, Transportmittel *nt;* Verkehrsmittel *nt* **3.** Versand-, Transportkosten

T

pl; **transport café** *s* Fernfahrerlokal *nt;*

trans•porter [træn'spɔ:tə(r)] *s* **1.** Autotransporter *m* **2.** Laufkran *m* **3.** (~ *line*) Transportband *nt*

trans•pose [træn'spəʊz] *vt* **1.** vertauschen **2.** (MATH MUS) transponieren

trans•sex•ual [træns'seksjʊəl] *s* Transsexuelle(r) *f m*

trans•verse ['trænzvɜ:s] *adj* diagonal, quer verlaufend (*to* zu); (*Lage*) horizontal; (*Motor*) querstehend

trans•ves•tite [træns'vestaɪt] *s* Transvestit *m*

trap [træp] **I.** *s* **1.** Falle *f* **2.** (*Hunderennen*) Box *f* **3.** (*Schießen*) Wurfmaschine *f* **4.** (~*door*) Falltür *f;* (THEAT) Versenkung *f* **5.** (TECH) Siphon *m* **6.** zweirädriger Einspänner **7.** (*sl*) Schnauze *f;* **set a ~ for s.o.** jdm eine Falle stellen; **fall** [*o* **walk**] **into a ~** in eine Falle gehen **II.** *vt* **1.** fangen **2.** (*Menschen*) in die Falle locken **3.** in die Enge treiben; einschließen; absperren **4.** (*Ball*) stoppen **5.** (*Gas, Wasser*) stauen; **~ s.o. into doing s.th.** jdn dazu bringen, dass er etw tut; **the miners were ~ped** die Bergleute waren von der Außenwelt abgeschlossen; **I feel ~ped** ich fühle mich wie im Gefängnis; **~ one's finger in a drawer** sich den Finger in einer Schublade einklemmen; **trap door** *s* Falltür *f*

tra•peze [trə'pi:z] *s* (SPORT) Trapez *nt;* **trapezium** [trə'pi:zɪəm] *s* (*Br*) Trapez *nt;* (*Am*) Trapezoid *nt;* **trap•ezoid** ['træpɪzɔɪd] *s* (MATH: *Br*) Trapezoid *nt;* (*Am*) Trapez *nt*

trap•per ['træpə(r)] *s* Trapper(in) *m(f)*

trap•pings ['træpɪŋz] *s pl* **1.** (*fig*) Aufmachung *f* **2.** Abzeichen *ntpl*

Trap•pist ['træpɪst] *s* Trappist *m*

trap-shoot•ing ['træp,ʃu:tɪŋ] *s* Wurftaubenschießen *nt*

trash [træʃ] *s* **1.** (*Am*) Abfall *m* **2.** (*fig*) Schund, Plunder *m* **3.** Unsinn *m* **4.** Gesindel *nt;* **white ~** (*in den USA*) arme Weiße *pl;* **trash can** *s* (*Am*) Abfalleimer *m;* **trash-talk•ing** *s* blödes Geschwätz; **trashy** ['træʃɪ] *adj* wertlos; minderwertig

trauma ['trɔ:mə, *Am* 'traʊmə] *s* Trauma *nt;* **trau•matic** [trɔ:'mætɪk, *Am* traʊ'mætik] *adj* traumatisch; **trau•matize** ['trɔ:mətaɪz, *Am* 'traʊmətaɪz] *vt* traumatisieren

trav•el ['trævl] **I.** *vi* **1.** (*a.* COM) reisen (*in* in), fahren; eine Reise machen **2.** (TECH) sich bewegen **3.** sich ausbreiten, sich fortpflanzen **II.** *vt* **1.** bereisen **2.** (*Strecke*) zurücklegen; fahren **III.** *s* **1.** Reisen *nt,* Reise *f* **2.** **~s** Reisen *fpl* **3.** (TECH) Kolbenweg, Hub *m;* (*Instrumente*) Ausschlag *m;* **travel agency, travel bureau** *s* Reisebüro *nt;* **travelcard** ['trævlkɑ:d] *s* Netz-, Zeitkarte *f;* **daily ~** Tageskarte *f;* **weekly ~** Wochenkarte *f;* **monthly ~** Monatskarte *f;* **travel cot** *s* Kinderreisebett *nt;* **travel expenses** *s pl* Reisekosten *pl;* **travel insurance** ['trævlɪn'ʃʊərens] *s* Reiseversicherung *f;* **traveled** *adj* (*Am*), **travel•led** ['trævld] *adj* **1.** (*Mensch*) weitgereist **2.** (*Straße*) (viel) befahren; **trave•ler** *s* (*Am*), **travel•ler** ['trævlə(r)] *s* (*a.* COM) Reisende(r) *f m;* **commercial ~** Vertreter(in) *m(f);* **~'s cheque, ~'s check** (*Am*) Reisescheck *m*

travel•ing *s* (*Am*), **travel•ling** ['trævlɪŋ] *s* Reisen *nt;* **travelling allowance** *s* Reisespesen *pl;* **travelling bag** *s* Reisetasche *f;* **travelling circus** *s* Wanderzirkus *m;* **travelling clock** *s* Reisewecker *m;* **travelling crane** *s* Laufkran *m;* **travelling salesman** <*pl* -men> *s* Handelsreisende(r) *m*

trav•elog *s* (*Am*), **trav•elogue** ['trævəlɒg] *s* Reisebericht *m;* Lichtbildervortrag *m* über Reiseerlebnisse

travel-sick ['trævlsɪk] *adj* reisekrank; **travel-sickness** ['trævlsɪknəs] *s* Reisekrankheit *f*

tra•verse ['trævɜ:s] **I.** *vt* **1.** durch-, überqueren **2.** (*Zeit*) überdauern **3.** (*Bergsteigen*) queren **II.** *s* Querlinie *f,* -balken *m,* -gang *m*

trav•esty ['trævəstɪ] **I.** *s* **1.** Travestie *f* **2.** (*fig*) Zerrbild *nt;* **the hearing was a ~ of justice** der Prozess war eine reine Farce **II.** *vt* (*fig*) verzerren, entstellen

tra•vo•la•tor [,trævə'leɪtə(r)] *s* Rollsteg *m*

trawl [trɔ:l] **I.** *s* (~*-net*) Schleppnetz *nt* **II.** *vi, vt* mit dem Schleppnetz fischen; **trawler** ['trɔ:lə(r)] *s* Fischdampfer, Trawler *m*

tray [treɪ] *s* **1.** Tablett *nt* **2.** (flache) Schale *f;* Backblech *nt* **3.** (*Büro*) Ablage *f,* Ablagekorb *m* **4.** Koffereinsatz *m;* **ash-~** Aschenbecher *m;* **in-/out-~** (Ablage *f*) eingehende/ausgehende Post

treach•er•ous ['tretʃərəs] *adj* **1.** verräterisch, treulos (*to s.o.* jdm) **2.** heimtückisch; gefährlich **3.** (*Gedächtnis*) trügerisch; **treach•ery** ['tretʃərɪ] *s* Treulosigkeit *f* (*to* gegen), Verrat *m* (*to* an)

treacle ['tri:kl] *s* Sirup *m;* **treac•ly** ['tri:klɪ] *adj* **1.** sirupartig **2.** (*fig*) süßlich

tread [tred] <*irr:* trod, trodden> **I.** *vt* **1.** gehen, schreiten auf **2.** (*Weg*) machen; **~ a risky path** einen gefährlichen Weg beschreiten; **~ grapes** Trauben stampfen; **~ water** Wasser treten; **~ dirt into the carpet** Schmutz in den Teppich treten **II.** *vi* **1.** schreiten, gehen **2.** treten, trampeln (*on, upon* auf); **~ on air** (*fig*) im Glück schwimmen; **~ in s.o.'s (foot)steps** (*fig*) in jds Fußstapfen treten; **~ on s.o.'s heels** (*fig*) jdm nicht von den Fersen gehen; **~ on**

s.o.'s toes (*fig*) jdm zu nahe treten; ~ **carefully** vorsichtig gehen; (*fig*) vorsichtig vorgehen **III.** *s* **1.** Tritt, Schritt *m* **2.** Tritt *m,* Trittbrett *nt;* (Treppen)Stufe *f;* (Leiter)Sprosse *f* **3.** (*Rad*) Lauffläche *f;* (*Gummireifen*) Profil *nt;* **tread down**, **tread in** *vt* festtreten; **tread out** *vt* austreten

treadle ['tredl] *s* (TECH) Pedal *nt*

tread•mill ['tredmɪl] *s* (*a. fig*) Tretmühle *f*

trea•son ['tri:zn] *s* Verrat *m* (*to* an); **trea•son•able** ['tri:zənəbl] *adj* verräterisch

treas•ure ['treʒə(r)] **I.** *s* (*a. fig*) Schatz *m* **II.** *vt* **1.** (~ *up*) horten, sammeln **2.** (*fig*) sehr schätzen; **treasure house** *s* Schatzkammer *f;* (*fig*) Fundgrube *f;* **treasure hunt** *s* Schatzsuche *f;* **treas•urer** ['treʒərə(r)] *s* Schatzmeister *m;* Stadtkämmerer *m;* Leiter(in) *m(f)* der Finanzabteilung; Kassenverwalter(in) *m(f),* -wart(in) *m(f);* **treas•ure trove** ['treʒə,trəʊv] *s* **1.** Schatz *m* **2.** Schatzgrube *f;* **treas•ury** ['treʒərɪ] *s* **1.** Schatzamt *nt,* Fiskus *m;* Finanzministerium *nt* **2.** Kasse *f* **3.** (*fig*) Schatz *m,* Sammlung *f;* Fundgrube *f;* **treasury bill** *s* kurzfristiger Schatzwechsel; **treasury bond**, **treasury note** *s* Schatzanweisung *f;* **Treasury Secretary** *s* (*in den USA*) Finanzminister(in) *m(f)*

treat ['tri:t] **I.** *vt* **1.** behandeln (*for* wegen, *with* mit), umgehen mit **2.** ansehen, betrachten (*as* als) **3.** (*Thema*) behandeln, sich befassen mit **4.** (*Material*) behandeln; (*Abwasser*) klären; (*Altpapier*) verarbeiten, recyceln **5.** bewirten, freihalten (*to s.th.* mit etw); ~ **o.s. to s.th.** sich etw gönnen; **I am going to ~ you** ich lade dich ein; ~ **lightly** auf die leichte Schulter nehmen **II.** *vi* **1.** handeln (*of* von) **2.** ver-, unterhandeln (*with* mit, *for* wegen) **III.** *s* **1.** Bewirtung *f;* Fest(essen) *nt* **2.** (Hoch)Genuss *m,* Freude *f,* Vergnügen *nt;* **it's my ~** das geht auf meine Rechnung; **give s.o. a ~** jdm eine besondere Freude machen; **it's a real ~** das ist ein wahrer Genuss; **it's coming along a ~** (*fam*) das macht sich prächtig

treat•ise ['tri:tɪz] *s* Abhandlung *f* (*upon, on* über)

treat•ment ['tri:tmənt] *s* Behandlung *f* (*for* wegen); (*Abwasser*) Klärung *f*

treaty ['tri:tɪ] *s* Vertrag *m,* Abkommen *nt,* Übereinkunft *f;* **commercial ~** Handelsabkommen *nt;* **peace ~** Friedensvertrag *m*

treble[1] ['trebl] **I.** *adj* dreifach **II.** *adv* dreimal **III.** *vt* verdreifachen **IV.** *vi* sich verdreifachen **V.** *s* (das) Dreifache

treble[2] ['trebl] *s* (MUS) Diskant, Sopran *m;* **treble clef** *s* Violinschlüssel *m;* **treble recorder** *s* Altflöte *f*

tree [tri:] **I.** *s* **1.** (*a.* TECH) Baum *m* **2.** (*shoe ~*) Leisten *m* **3.** (*family ~*) Stammbaum *m* **4.** (*clothes ~*) Kleiderständer *m;* **up a ~** (*fam*) in der Klemme; **at the top of the ~** (*fig*) ganz oben; **they don't grow on ~s** (*fig*) die fallen nicht vom Himmel **II.** *vt* auf einen Baum jagen; **tree frog** *s* Laubfrosch *m;* **tree•less** [-lɪs] *adj* baumlos; **tree•line** ['tri:laɪn] *s* Baumgrenze *f;* **tree-lined** ['tri:laɪnd] *adj* baumbestanden; **tree surgeon** *s* Baumchirgurg(in) *m(f);* **tree•top** ['tri:tɒp] *s* (Baum)Wipfel *m;* **tree trunk** *s* Baumstamm *m*

tre•foil ['trefɔɪl] *s* **1.** Klee *m* **2.** (*Symbol*) Kleeblatt *nt* **3.** (ARCH) Dreipass *m*

trek [trek] **I.** *vi* ziehen; mühsam gehen **II.** *s* Treck, Zug *m;* mühsamer Weg; **trek•king** ['trekɪŋ] *s* Trekking *nt*

trel•lis ['trelɪs] *s* Spalier *nt*

tremble ['trembl] **I.** *vi* **1.** zittern (*with* vor) **2.** vibrieren, zittern **3.** sehr besorgt sein, zittern (*for* um) **II.** *s:* **be all of a ~** (*fam*) am ganzen Leibe zittern

tre•men•dous [trɪ'mendəs] *adj* **1.** gewaltig, riesig **2.** (*fig*) toll; hervorragend

trem•olo ['tremələʊ] <*pl* -olos> *s* (MUS) Tremolo *nt*

tremor ['tremə(r)] *s* Zittern, Beben *nt;* (*earth~*) Erdstoß *m,* Beben *nt;* **without a ~** gelassen, ruhig; **tremu•lous** ['tremjʊləs] *adj* **1.** zitternd, bebend **2.** ängstlich, nervös

trench [trentʃ] **I.** *vt* einen Graben ziehen in; Schützengräben ausheben in **II.** *s* Graben *m;* Schützengraben *m*

trench•ant ['trentʃənt] *adj* (*Satire*) scharf, schneidend; (*Kritik, Geist*) scharf; (*Sprache, Ausdruck*) treffend, treffsicher

trench coat ['trentʃkəʊt] *s* Regen-, Wettermantel *m*

trencher•man ['trentʃəmən] <*pl* -men> *s* guter Esser

trend [trend] **I.** *vi* (*fig*) gerichtet sein, tendieren (*towards* nach) **II.** *s* **1.** Richtung, Tendenz *f,* Trend *m* **2.** (*fig*) Verlauf *m,* Entwicklung *f* **3.** Mode *f,* Trend *m;* **trend up** *vt* (*Zahlen*) ansteigen; (*Partei*) sich verbessern; **trend-conscious** ['trend,kɒnʃəs] *adj* modebewusst; **trend•set•ter** ['trend,setə(r)] *s* Trendsetter *m;* **trendy** ['trendɪ] **I.** *adj* modisch; (*fam*) schickimicki **II.** *s* Modefan *m;* (*fam*) Schickimicki *m;* **the trendies** die Schickeria

trepi•da•tion [,trepɪ'deɪʃn] *s* **1.** Aufgeregtheit *f,* Bangen *nt* **2.** Verzagtheit *f;* **in fear and ~** mit Zittern und Bangen

tres•pass ['trespəs] **I.** *vi* **1.** widerrechtlich betreten (*on, upon s.th.* etw) **2.** zu sehr in Anspruch nehmen (*on, upon s.o.'s time* jds Zeit); (*Rechte, Bereich*) eingreifen (*on, upon* in) **3.** (*Bibel*) sündigen (*against* gegen, wider); **no ~ing!** Betreten verboten! **II.** *s* **1.** unerlaubtes Betreten **2.** (*Bibel*) Sünde *f;*

tres•passer ['trespəsə(r)] *s:* **~s will be prosecuted!** Betreten (bei Strafe) verboten!

trestle ['tresl] *s* Bock *m,* Gestell *nt;* **trestle table** *s* Tisch *m* auf Böcken; Tapeziertisch *m*

triad ['traɪæd] *s* (MUS) Dreiklang *m*

trial ['traɪəl] *s* **1.** Versuch *m;* Probe *f* **2.** Untersuchung, Prüfung *f* **3.** (JUR) Gerichtsverfahren *nt;* (Gerichts)Verhandlung *f* **4. ~s** (*horse ~s*) Querfeldeinrennen *nt* **5.** (*fig*) Unannehmlichkeit *f;* schwere Belastung, Last *f* (*to s.o.* für jdn); **~s and tribulations** Aufregungen, Schwierigkeiten *pl;* **by** (**way of**) **~ and error** durch Ausprobieren; **on ~** auf, zur Probe; **bring to ~** vor Gericht bringen; **be on ~** angeklagt sein; **give s.th. a ~** etw ausprobieren; **put s.th. to the ~** etw testen; **year of ~** Probejahr *nt;* **~ by jury** Schwurgerichtsverfahren *nt;* **~ of strength** Kraftprobe *f;* **trial flight** *s* Testflug *m;* **trial marriage** *s* Ehe *f* auf Probe; **trial period** *s* Probezeit *f;* **trial run** *s* Generalprobe *f;* Probelauf *m;* Versuchs-, Probefahrt *f*

tri•angle ['traɪæŋgl] *s* **1.** Dreieck *nt* **2.** (MUS) Triangel *m* **3.** (*fig*) Dreiecksbeziehung *f;* **tri•angu•lar** [traɪ'æŋgjʊlə(r)] *adj* dreieckig

tribal ['traɪbl] *adj* Stammes-; **~ chief** Stammeshäuptling *m;* **tribal•ism** ['traɪblɪzəm] *s* Stammesstruktur *f;* **tribe** [traɪb] *s* **1.** (Volks)Stamm *m* **2.** (BOT) Gattung *f* **3.** (*pej*) Sippschaft *f;* **tribes•man** ['traɪbzmən] <*pl* -men> *s* Stammesangehörige(r) *m*

tribu•la•tion [ˌtrɪbjʊ'leɪʃn] *s* (großer) Kummer *m;* (*fig*) schwere Prüfung

tri•bu•nal [traɪ'bju:nl] *s* Gericht *nt,* Gerichtshof *m,* Untersuchungsausschuss *m;* Tribunal *nt*

tri•bune[1] ['trɪbju:n] *s* Tribüne *f*

tri•bune[2] ['trɪbju:n] *s* (HIST) Tribun *m*

tribu•tary ['trɪbjʊt(ə)rɪ] **I.** *adj* tributpflichtig (*to dat*) **II.** *s* (*~ river*) Nebenfluss *m;* **trib•ute** ['trɪbju:t] *s* Tribut *m,* Zeichen *nt* der Hochachtung; **pay** (**a**) **~ to s.o.** jdm Anerkennung zollen

trice [traɪs] *s:* **in a ~** im Nu

tri•chi•na [trɪ'kaɪnə, *pl* -ni:] <*pl* -nae> *s* Trichine *f;* **trichi•no•sis** [ˌtrɪkɪ'nəʊsɪs] *s* (MED) Trichinose *f*

trick [trɪk] **I.** *s* **1.** List *f,* Trick *m* **2.** Kunststück *nt* **3.** Streich *m* **4.** (schlechte) Angewohnheit, Eigenheit *f* **5.** (*Kartenspiel*) Stich *m;* **that should do the ~** so müsste es gehen; **know a ~ or two** sich auskennen, gewitzt sein; **I know a ~ worth two of that** das kann ich besser; **she never misses a ~** ihr entgeht nichts; **play a ~ on s.o.** jdm einen Streich spielen; **I'm on to his ~s** ich kenne seine Schliche; **how's ~s?** (*fam*) wie geht's?; **card ~** Kartenkunststück *nt,* -trick *m;* **a ~ of the light** eine Täuschung **II.** *vt* beschwindeln, betrügen; überlisten; an der Nase herumführen; **~ s.o. into doing s.th.** jdn dazu verleiten etw zu tun; **~ out** herausputzen, ausstaffieren; **trick•ery** ['trɪkərɪ] *s* Schwindel, Betrug *m,* Gaunerei *f*

trickle ['trɪkl] **I.** *vi* tröpfeln **II.** *vt* träufeln **III.** *s* Rinnsal *nt;* **a ~ of people** tröpfchenweise ankommende Leute; **trickle away** *vi* (*Menge*) sich verlaufen; **trickle out** *vi* durchsickern; (*fig*) herausströmen (*of* aus)

trick•ster ['trɪkstə(r)] *s* Schwindler(in) *m(f),* Betrüger(in) *m(f);* **tricksy** ['trɪksɪ] *adj* heimtückisch; schlau; **tricky** ['trɪkɪ] *adj* **1.** gerissen, durchtrieben **2.** kompliziert; (*Problem*) schwierig; (*Situation*) kitzlig

tri•cycle ['traɪsɪkl] *s* Dreirad *nt*

tri•dent ['traɪdnt] *s* Dreizack *m*

tried [traɪd] *adj* erprobt

tri•en•nial [traɪ'enɪəl] *adj* alle drei Jahre stattfindend; drei Jahre dauernd

trier ['traɪə(r)] *s* (*fam*) jemand, der sich Mühe gibt

trifle ['traɪfl] *s* **1.** Kleinigkeit, Bagatelle *f;* Belanglosigkeit *f* (*to* für) **2.** (*Nachspeise*) Trifle *nt;* **a ~** ein bisschen; **trifle away** *vt* vergeuden; **trifle with** *vi* spielen mit, nachlässig umgehen mit; **he is not a person to be ~d with** mit ihm ist nicht zu spaßen; **trif•ling** ['traɪflɪŋ] *adj* nichtig, unbedeutend

trig•ger ['trɪgə(r)] **I.** *s* (*Gewehr*) Abzug *m;* (*Kamera*) Auslöser *m;* **be quick on the ~** schnell abdrücken; **pull the ~** abdrücken **II.** *vt* (*~ off*) auslösen; **trigger-happy** *adj* schießwütig

trig•on•om•etry [ˌtrɪgə'nɒmətrɪ] *s* Trigonometrie *f*

trike [traɪk] *s* Dreirad *nt*

tri•lat•eral [ˌtraɪ'lætərəl] *adj* dreiseitig

trilby ['trɪlbɪ] *s* weicher Filzhut *m*

tri•lin•gual [ˌtraɪ'lɪŋgwəl] *adj* dreisprachig

trill [trɪl] **I.** *s* Triller *m* **II.** *vt, vi* trillern; trällern

tril•lion ['trɪlɪən] *s* Billion *f*

tril•ogy ['trɪlədʒɪ] *s* Trilogie *f*

trim [trɪm] **I.** *vt* **1.** (*Hecke, Bart*) beschneiden, stutzen; (*Haare*) nachschneiden; (*Holzstück*) zurechtschneiden **2.** (*Budget, Aufsatz*) kürzen **3.** besetzen; schmücken **4.** (MAR: *Schiff*) trimmen; (*Segel*) brassen **5.** (AVIAT) (aus)trimmen; anpassen **6.** (*Am*) völlig besiegen **II.** *s* **1.** guter Zustand, gute Verfassung **2.** Ausstattung, Einrichtung *f;* Ausrüstung *f* **3.** (AUTO) Innenausstattung *f* **4.** (MAR) Trimm *m* **5.** (AVIAT) Trimmlage, Fluglage *f;* **in good** [*o* **proper**] **~** in gutem

Zustand; (*fam*) in Form; **give s.th. a ~** etw zurechtschneiden; etw stutzen **III.** *adj* sauber; gepflegt; hübsch, fesch; gut proportioniert; **trim away** *vt* wegschneiden; **trim down** *vt* kürzen; stutzen; schneiden; **trim off** *vt* abschneiden; **trim up** *vt* stutzen; **trim•ming** [-ɪŋ] *s* **1.** Besatz *m,* Verzierung *f* **2. ~s** Zutaten *fpl,* Zubehör *m* **3. ~s** Abfälle *mpl,* Papierschnitzel *pl;* **with all the ~s** (*fig*) mit allem Drum und Dran

Tri•ni•dad ['trɪnɪdæd] *s* Trinidad *nt*

Trin•ity ['trɪnətɪ] *s* **1.** (REL) Dreifaltigkeit *f* **2.** (*t~*) Sommertrimester *nt;* ~ (**Sunday**) Dreifaltigkeitssonntag *m*

trin•ket ['trɪŋkɪt] *s* kleines Schmuckstück

trio ['tri:əʊ] <*pl* trios> *s* (MUS) Trio *nt*

trip [trɪp] **I.** *s* **1.** Reise *f;* Ausflug *m* **2.** (*sl: Drogen*) Trip *m* **3.** Stolpern *nt* **4.** (SPORT) Beinstellen *nt* **5.** Fehler, Lapsus *m* **6.** (TECH) Auslösung *f* **II.** *vi* **1.** trippeln **2.** stolpern (*over* über) **3.** (*fig*) einen Irrtum begehen, einen Schnitzer machen **4.** (*Drogen*) auf einen Trip gehen **III.** *vt* **1.** (*~ up*) stolpern lassen; ein Bein stellen (*s.o.* jdm) **2.** (*fig*) scheitern lassen, zu Fall bringen **3.** (TECH) in Gang setzen; auslösen; betätigen; **trip over** *vi* stolpern (über); **trip up I.** *vi* **1.** stolpern **2.** (*fig*) einen Fehler machen **II.** *vt* **1.** stolpern lassen; zu Fall bringen **2.** (*fig*) eine Falle stellen (*s.o.* jdm)

tri•par•tite [ˌtraɪ'pɑ:taɪt] *adj* dreiseitig

tripe [traɪp] *s* **1.** (*Küche*) Kaldaunen, Kutteln *fpl* **2.** (*fam fig*) Schund, Kitsch *m*

tri•ple ['trɪpl] **I.** *adj* dreifach; ~ **jump** Dreisprung *m* **II.** *vt* verdreifachen **III.** *vi* sich verdreifachen; **triple sec** *s* süßer, farbloser Orangenlikör; **trip•let** ['trɪplɪt] *s* **1.** (MUS) Triole *f* **2.** *meist pl* Drilling *m;* **trip•li•cate** ['trɪplɪkət] **I.** *adj* **1.** dreifach **2.** in dreifacher Ausfertigung; **in ~** in dreifacher Ausfertigung **II.** ['trɪplɪkeɪt] *vt* dreifach ausfertigen

tri•pod ['traɪpɒd] *s* **1.** Dreifuß *m* **2.** (PHOT) Stativ *nt*

trip•per ['trɪpə(r)] *s* Ausflügler(in) *m(f)*

trip•ping ['trɪpɪŋ] *adj* trippelnd; ~ **device** Auslösemechanismus *m*

trip•tych ['trɪptɪk] *s* Triptychon *nt*

tri•sect [traɪ'sekt] *vt* in drei gleiche Teile teilen

trite [traɪt] *adj* abgedroschen; banal

tri•umph ['traɪʌmf] **I.** *s* Triumph, Sieg *m* (*over* über) **II.** *vi* **1.** triumphieren (*over* über) **2.** einen Triumph feiern; **tri•um•phal** [traɪ'ʌmfl] *adj* triumphal; Sieges-; ~ **arch** Triumphbogen *m;* **tri•um•phant** [traɪ'ʌmfnt] *adj* **1.** triumphierend; siegreich **2.** jubelnd

trivia ['trɪvɪə] *s pl* Trivialitäten *fpl;* **triv•ial** ['trɪvɪəl] *adj* **1.** trivial **2.** belanglos, unwichtig **3.** (*Mensch*) oberflächlich; **triv•ial•ity** [ˌtrɪvɪ'ælətɪ] *s* **1.** Trivialität, Nebensächlichkeit *f* **2.** Belanglosigkeit *f;* **triv•ial•ize** ['trɪvɪəlaɪz] *vt* trivialisieren

tro•chaic [trəʊ'keɪɪk] *adj* trochäisch; **tro•chee** ['trəʊki:] *s* (*Versfuß*) Trochäus *m*

trod, **trodden** [trɒd, 'trɒdn] *s.* **tread**

trog•lo•dyte ['trɒglədaɪt] *s* (HIST) Höhlenmensch *m*

Tro•jan ['trəʊdʒən] **I.** *s* Trojaner(in) *m(f),* Troer(in) *m(f);* **work like a ~** arbeiten wie ein Pferd **II.** *adj* **1.** trojanisch **2.** (*fig*) übermenschlich; ~ **Horse** Trojanisches Pferd; ~ **War** Trojanischer Krieg

trol•ley ['trɒlɪ] *s* **1.** Handkarren *m* **2.** (RAIL) Draisine *f* **3.** (ELEK) Kontaktrolle *f* **4.** (*shopping, supermarket ~*) Einkaufswagen *m;* **~-bus** Obus *m;* **tea ~** Teewagen *m;* **he's off his ~** (*fam*) er hat einen Dachschaden

trol•lop ['trɒləp] *s* Schlampe *f;* Dirne *f*

trom•bone [trɒm'bəʊn] *s* Posaune *f;* **trom•bon•ist** [trɒm'bəʊnɪst] *s* Posaunist(in) *m(f)*

troop [tru:p] **I.** *s* **1.** Gruppe *f* **2.** Haufe(n), Trupp *m* **3.** Schar, Herde *f* **4.** (*Pfadfinder*) Stamm *m* **5. ~s** (MIL) Truppen *pl* **II.** *vi* strömen; ~ **out of** scharenweise herauskommen aus; ~ **into** hineinströmen in; ~ **past s.th.** an etw vorbeiziehen **III.** *vt:* ~ **the colours** eine Fahnenparade abhalten; **troop carrier** *s* (AVIAT MAR) Truppentransporter *m;* **trooper** ['tru:pə(r)] *s* **1.** Kavallerist *m* **2.** (*in den USA*) Polizist *m;* **swear like a ~** fluchen wie ein Kutscher

trophy ['trəʊfɪ] *s* Trophäe *f*

tropic ['trɒpɪk] *s* **1.** (GEOG) Wendekreis *m* **2. ~s** Tropen *pl;* **Tropic of Cancer/Capricorn** Wendekreis *m* des Krebses/des Steinbocks; **tropi•cal** ['trɒpɪkl] *adj* tropisch; ~ **clothing** Tropenkleidung *f;* ~ **disease** Tropenkrankheit *f;* ~ **rainforest** tropischer Regenwald

tro•po•sphere ['trəʊpəsfɪə(r)] *s* (METE) Troposphäre *f*

trot [trɒt] **I.** *vi* trotten; traben; (*fam*) gehen **II.** *vt* traben lassen **III.** *s* **1.** Trab *m* **2. ~s** (*fam*) Durchfall *m;* **go for a ~** (*fam*) sich die Füße vertreten; **keep s.o. on the ~** (*fig*) jdn auf Trab halten; **three weeks on the ~** drei Wochen lang; **trot along**, **trot off** *vi* (*fam*) losziehen; **trot out I.** *vi* hinausgehen **II.** *vt* (*fig*) produzieren; **trot•ter** ['trɒtə(r)] *s* (*Rennpferd*) Traber *m;* **pig's ~s** Schweinsfüße *mpl*

trouble ['trʌbl] **I.** *vt* **1.** beunruhigen, bedrücken, aufregen **2.** belästigen; bemühen (*for* um) **3.** Kummer, Sorgen machen (*s.o.* jdm); **be ~d about s.th.** sich wegen etw Sorgen machen; **I am sorry to ~ you** es tut mir leid, dass ich Sie stören muss; **~ to do s.th.** sich bemühen etw zu tun; **may I ~ you?**

T

darf ich Sie bitten (*for* um, *to do* zu tun) **II.** *vi* sich bemühen (*to do* zu tun); **I shan't ~ with that** das werde ich mir ersparen **III.** *s* **1.** Schwierigkeiten *fpl,* Ärger *m,* Unannehmlichkeiten *fpl* **2.** Mühe *f,* Umstände *mpl* **3.** (MED) Krankheit *f,* Leiden *nt* **4.** Unruhe *f,* Durcheinander *nt;* (POL) Wirren *pl* **5.** (TECH) Störung *f,* Defekt *m;* **ask** [*o* **look**] **for ~** sich Ärger einhandeln; **be in ~** in Schwierigkeiten sein; **be a ~ to s.o.** jdm Ärger machen; **get into ~** sich Unannehmlichkeiten einhandeln; **get a girl into ~** (*euph*) ein Mädchen ins Unglück bringen; **get s.o. into ~** jdn in Schwierigkeiten bringen; **have ~ with** Ärger, Scherereien haben mit; **make ~** Ärger machen; (**it will be**) **no ~** (**at all**) das ist nicht der Rede wert; **what's the ~?** was ist los?; **the ~ is that ...** das Problem ist, dass ...; **liver/heart ~** Leber-/Herzleiden *nt;* **labour ~** Arbeiterunruhen *fpl;* **troubled** ['trʌbld] *adj* beunruhigt; bekümmert; (*Zeiten*) unruhig; (*See*) aufgewühlt; **fish in ~ waters** (*fig*) im Trüben fischen; **trouble•free** ['trʌblfrɪ:] *adj* sorglos; **trouble•maker** ['trʌbl,meɪkə(r)] *s* Unruhestifter(in) *m(f);* **trouble•shooter** ['trʌbl,ʃu:tə(r)] *s* **1.** Störungssucher(in) *m(f)* **2.** Schlichter(in) *m(f),* Vermittler(in) *m(f);* **trouble•some** ['trʌblsəm] *adj* **1.** störend, lästig, unangenehm **2.** beschwerlich, mühevoll; **trouble spot** *s* Krisenherd *m*

trough [trɒf, *Am* trɔ:f] *s* **1.** Trog *m* **2.** Furche, Rille *f* **3.** Wellental *nt* **4.** (METE) Tief *nt* **5.** (FIN) Konjunkturtief *nt,* Talsohle *f;* **~ of barometric depression** Tiefdruckrinne *f*

troupe [tru:p] *s* (Schauspiel)Truppe *f;* **trouper** ['tru:pə(r)] *s* Mitglied *nt* einer Truppe *f;* **old ~** (*fig*) alter Hase

trouser clip ['traʊzə,klɪp] *s* Hosenklammer *f;* **trouser leg** *s* Hosenbein *nt;* **trousers** ['traʊzəz] *s pl* (*pair of ~*) (lange) Hose *f;* **wear the ~** (*fig*) die Hosen anhaben; **trouser suit** *s* Hosenanzug *m*

trous•seau ['tru:səʊ] *s* Aussteuer *f*

trout [traʊt] *s* Forelle *f;* **trout farm**(**ing**) *s* Forellenzucht *f;* **trout fishing** *s* Forellenfang *m*

trowel ['traʊəl] *s* Kelle *f;* **lay it on with a ~** (*fig*) dick auftragen

troy [trɔɪ] *s* (*~ weight*) Troy-, Juwelengewicht *nt;* **troy ounce** *s* Feinunze *f*

Troy [trɔɪ] *s* Troja *nt;* **Helen of ~** die schöne Helena

tru•ancy ['tru:ənsɪ] *s* Schulschwänzen *nt;* **tru•ant** ['tru:ənt] *s* Schulschwänzer(in) *m(f);* **play ~** (die Schule) schwänzen

truce [tru:s] *s* Waffenstillstand *m*

truck[1] [trʌk] **I.** *s* **1.** Schub-, Handkarren *m* **2.** (*Am*) Lastwagen *m,* -auto *nt* **3.** offener Güterwagen **II.** *vt* (*Am*) transportieren **III.** *vi* (*Am*) Lastwagen fahren

truck[2] [trʌk] *s* **1.** (*Am: garden ~*) Gemüse *nt* für den Markt **2.** (HIST) Tauschsystem *nt;* **have no ~ with s.o.** mit jdm nichts zu tun haben

truck driver ['trʌk,draɪvə(r)] *s* LKW-Fahrer(in) *m(f),* Last(kraft)wagenfahrer(in) *m(f);* **trucker** ['trʌkə(r)] *s* (*Am*) **1.** Lastwagenfahrer(in) *m(f),* Spediteur *m* **2.** Gemüsegärtner(in) *m(f);* **truck farming** *s* Gemüseanbau *m* für den Markt; **trucking** ['trʌkɪŋ] *s* (*Am*) Spedition *f;* **truck stop** *s* (*Am*) Fernfahrerlokal *nt;* **truck trailer** *s* LKW-Anhänger *m*

trucu•lence ['trʌkjʊləns] *s* Aufsässigkeit *f;* **trucu•lent** ['trʌkjʊlənt] *adj* aufsässig

trudge [trʌdʒ] **I.** *vi* sich schleppen, sta(m)pfen (*through* durch) **II.** *s* langer mühsamer Marsch

true [tru:] **I.** *adj* **1.** wahr **2.** (*Bericht, Beschreibung*) wahrheitsgemäß; (*Kopie*) getreu **3.** (*Gefühle*) wahr, echt; (*Grund*) wirklich **4.** (*Leder etc*) echt **5.** (*Eigentümer, Erbe*) rechtmäßig **6.** (*Mann, Freund*) treu **7.** (*Wand, Fläche*) gerade; (*Kreis*) rund; (MUS) rein **8.** (PHYS) tatsächlich; (**it is**) **~** allerdings, zwar **II.** *adv* wahrhaftig, wirklich; genau; **come ~** Wirklichkeit werden; **prove ~** sich bewahrheiten; **tell me ~!** sag mir die Wahrheit! **III.** *s:* **out of ~** schief, nicht gerade; **true up** *vt* genau einstellen; genau ausrichten; **true-blue I.** *adj* waschecht, echt **II.** *s* (*in GB*) echter Tory; **true-born** *adj* gebürtig; echt; rechtmäßig; **true-hearted** [,tru:'hɑ:tɪd] *adj* aufrichtig, ehrlich; (ge)treu; **true-life** *adj* lebensecht; **true-love** *s* Liebchen *nt,* Geliebte(r) *f m*

truffle ['trʌfl] *s* Trüffel *f*

tru•ism ['tru:ɪzəm] *s* Binsenwahrheit *f*

truly ['tru:lɪ] *adv* **1.** aufrichtig; wahrhaftig **2.** wirklich, tatsächlich; **yours ~** hochachtungsvoll

trump[1] [trʌmp] **I.** *s* Trumpf *m,* Trumpfkarte *f;* **play one's ~ card** (*fig*) seine Trümpfe ausspielen; **turn up ~s** (*fig fam*) alle Erwartungen übertreffen; Glück haben **II.** *vt* übertrumpfen; **trump up** *vt* erfinden

trump[2] [trʌmp] *s* Trompete *f;* **the last ~** die Posaune des Jüngsten Gerichts

trump•ery ['trʌmpərɪ] **I.** *adj* kitschig; wertlos **II.** *s* Plunder *m;* Unsinn *m*

trum•pet ['trʌmpɪt] **I.** *s* Trompete *f;* **blow one's own ~** (*fig*) sein eigenes Lob singen **II.** *vt, vi* **1.** trompeten **2.** (*~ forth*) ausposaunen; **trum•peter** ['trʌmpɪtə(r)] *s* Trompeter(in) *m(f)*

trun•cate [trʌŋ'keɪt] **I.** *vt* **1.** stutzen, verkürzen **2.** abschneiden **3.** verstümmeln **II.** ['trʌŋkeɪt] *adj* stumpf; abgestumpft

trun•cheon ['trʌntʃən] *s* (Gummi)Knüppel *m*

trundle ['trʌndl] **I.** *vi* (dahin)rollen **II.** *vt* rollen, ziehen, schieben

trunk [trʌŋk] *s* **1.** (Baum)Stamm *m* **2.** (*Mensch*) Rumpf *m* **3.** (*Elefant*) Rüssel *m* **4.** (großer) Koffer **5.** (*Am*) Kofferraum *m* **6.** ~**s** Turn-, Badehose *f;* **trunk call** *s* (*Br*) Ferngespräch *nt;* **trunk line** *s* **1.** (RAIL) Hauptlinie *f* **2.** (TELE) Fernleitung *f;* **trunk road** *s* (*Br*) Fernstraße *f*

truss [trʌs] **I.** *vt* **1.** abstützen **2.** (*Küche*) wickeln, dressieren **3.** (*Heu*) bündeln **II.** *s* **1.** Bündel *nt* **2.** (Eisen)Band *nt,* Klammer *f* **3.** (ARCH) Fachwerk *nt;* Dachsparren *mpl,* Tragbalken *m* **4.** (MED) Bruchband *nt*

trust [trʌst] **I.** *s* **1.** Vertrauen *nt* (*in* zu, auf), Zutrauen *nt* (*in* zu) **2.** Verantwortung *f* **3.** (FIN COM) Treuhandverhältnis *nt,* Treuhandvermögen *nt* **4.** Stiftung *f* **5.** (~ *company*) Kartell *nt,* Trust *m;* **in** ~ zu treuen Händen; treuhänderisch; **on** ~ auf Treu u. Glauben; **put one's** ~ **in s.o.** auf jdn sein Vertrauen setzen **II.** *vi* **1.** Vertrauen haben, vertrauen, bauen (*to* auf) **2.** sich verlassen (*to* auf) **III.** *vt* **1.** vertrauen (*s.o.* jdm) **2.** trauen (*s.th.* einer S) **3.** sich verlassen (*s.o. to do s.th.* darauf, dass jd etw tut, *to* auf) **4.** erwarten; hoffen; ~ **s.o. to do s.th.** jdm vertrauen, dass er,sie etw tut; jdm zutrauen, dass er/sie etw tut; ~ **s.o. with s.th.** jdm etw anvertrauen; ~ **you!** typisch!; **I** ~ **not!** ich hoffe es nicht; **you are coming, I** ~ Sie kommen doch hoffentlich; **trust•bust•ing** ['trʌst,bʌstɪŋ] *s* (*Am*) Monopolzerschlagung *f;* **trusted** ['trʌstɪd] *adj* **1.** (*Methode*) bewährt **2.** (*Diener, Freund*) (ge)treu; **trustee** [trʌs'tiː] *s* **1.** Treuhänder(in) *m(f),* Vermögensverwalter(in) *m(f)* **2.** (*Institution*) Kurator, Verwalter *m;* **trust•ful** ['trʌstfl] *adj* vertrauensvoll; gutgläubig; **trust fund** *s* Treuhandvermögen *nt;* **trust•ing** ['trʌstɪŋ] *adj* vertrauensvoll; **trust•worthi•ness** ['trʌst,wɜːðɪnɪs] *s* Vertrauenswürdigkeit *f;* Glaubhaftigkeit *f;* **trust•worthy** ['trʌst,wɜːðɪ] *adj* vertrauenswürdig; (*Geschichte*) glaubwürdig; **trusty** ['trʌstɪ] *adj* treu, zuverlässig

truth [truːθ, *pl* truːðz] <*pl* truths> *s* Wahrheit *f;* **in** ~ in Wirklichkeit; **to tell the** ~ ehrlich gesagt; **I told him the plain** ~ ich habe ihm reinen Wein eingeschenkt; **there is no** ~ **in it** es ist nichts Wahres daran; **home** ~**s** bittere Wahrheiten *fpl;* **truth•ful** ['truːθfl] *adj* ehrlich; **truth•ful•ness** [-nəs] *s* Ehrlichkeit *f;* (*einer Aussage*) Wahrheit *f*

try [traɪ] **I.** *vt* **1.** versuchen (*doing s.th.* etw zu tun) **2.** probieren **3.** auf die Probe stellen **4.** (JUR: *Menschen*) vor Gericht stellen; (*Fall*) verhandeln; ~ **one's hand at s.th.** etw probieren; ~ **one's luck** sein Glück versuchen; **be tried for murder** wegen Mordes vor Gericht stehen; **just you** ~ **it!** versuch's bloß (nicht)!; **why don't you** ~ **him** warum versuchst du es nicht mal mit ihm; **tried and tested** erprobt; **these things are sent to** ~ **us!** man ist schon gestraft! **II.** *vi* versuchen; **I'll** ~ ich werde es versuchen; ~ **and come** versuche zu kommen **III.** *s* Versuch *m;* **give s.th. a** ~ etw versuchen; **have a** ~**!** versuchen Sie es mal!; **it was a good** ~ das war gar nicht schlecht; **try for** *vi* sich bemühen um; **try on** *vt* **1.** anprobieren; (*Hut*) aufprobieren **2.** (*fig*): **she's** ~**ing it on** sie probiert, wie weit sie gehen kann; sie will nur provozieren; ~ **it on with s.o.** jdn provozieren; **don't** ~ **it on with me** komm mir bloß nicht so; **try out** *vt* ausprobieren; (*Angestellten*) einen Versuch machen mit; **try over** *vt* (MUS) proben; **try•ing** [-ɪŋ] *adj* anstrengend, mühsam (*to* für); **how** ~**!** wie ärgerlich!; **try-on** ['traɪɒn] *s:* **it's just a** ~ er/sie tut nur so; **try-out** ['traɪaʊt] *s* Probe *f;* Probefahrt *f;* Probespiel *nt;* Probezeit *f;* **give s.th. a** ~ etw ausprobieren

tsar [zɑː(r)] *s* Zar *m;* **tsa•rina** [zɑː'riːnə] *s* Zarin *f;* **tsar•ist** ['zɑːrɪst] **I.** *s* Zarist *m* **II.** *adj* zaristisch

tsetse (fly) ['tsetsɪ] *s* Tsetsefliege *f*

T-Shirt ['tiːʃɜːt] *s* T-Shirt *nt;* **T-square** ['tiːskweə(r)] *s* Reißschiene *f*

tub [tʌb] *s* **1.** Tonne *f,* Fass *nt;* Kübel *m;* Zuber *m* **2.** Becher *m* **3.** (*fam*) (Bade)Wanne *f* **4.** (*pej fam*) Kahn *m;* **tubby** ['tʌbɪ] *adj* (*fam*) klein u. dick; mollig; pummelig; rundlich

tube [tjuːb] *s* **1.** Rohr *nt;* Schlauch *m;* Sprachrohr *nt* **2.** (*Zahnpasta etc.*) Tube *f* **3.** (ELEK TV) Röhre *f* **4.** (ANAT) Eileiter *m* **5.** (*in London*) U-Bahn *f;* **bronchial** ~**s** Bronchien *pl;* **tubeless** [-lɪs] *adj* (AUTO) schlauchlos

tu•ber ['tjuːbə(r)] *s* (BOT) Knolle *f*

tu•ber•cu•lar [tjuː'bɜːkjʊlə(r)] *adj* tuberkulös; **tu•ber•cu•lo•sis** [tjuː,bɜːkjʊ'ləʊsɪs] *s* Tuberkulose, Tb(c) *f;* **tu•ber•cu•lous** [tjuː'bɜːkjʊləs] *adj* tuberkulös

tube station ['tjuːbsteɪʃn] *s* (*in London*) U-Bahn-Station *f*

tub-thumper ['tʌbθʌmpə(r)] *s* Volksredner *m*

tuck [tʌk] **I.** *vt* **1.** stecken **2.** (*Nähen*) mit Biesen versehen **II.** *s* **1.** Saum *m;* Biese *f* **2.** Süßigkeiten *fpl;* **tuck away** *vt* wegstecken; (*fam: Essen*) wegputzen; **tuck in I.** *vt* **1.** hineinstecken **2.** (*Kind*) zudecken **II.**

T

vi (*fam*) (beim Essen) zulangen; **tuck up** *vt* hochstecken; (*Ärmel*) hochkrempeln; (*Beine*) unterschlagen; ~ **up in bed** ins Bett stecken; **tucker** ['tʌkə(r)] *s*: **in one's best bib and** ~ im Sonntagsstaat; **tuck-in** [ˌtʌk'ɪn] *s* (*fam*) solide Mahlzeit; **tuck shop** *s* (*fam*) Süßwarengeschäft *nt*

Tues•day ['tju:zdɪ] *s* Dienstag *m*; **on** ~ am Dienstag; **on** ~**s** dienstags

tuft [tʌft] *s* Büschel *nt*

tug [tʌg] **I.** *vi* fest ziehen, zerren, reißen (*at* an) **II.** *vt* **1.** zerren, heftig ziehen (an) **2.** (MAR) schleppen **III.** *s* **1.** Zerren *nt* **2.** (MAR: ~*boat*) Schlepper *m*; ~ **of war** (SPORT) Tauziehen *nt*; **give s.th. a** ~ an etw ziehen

tu•ition [tju:'ɪʃn] *s* Unterricht *m*

tu•lip ['tju:lɪp] *s* Tulpe *f*

tumble ['tʌmbl] **I.** *s* **1.** Sturz *m* **2.** Durcheinander *nt*; **have** [*o* **take**] **a** ~ stürzen; (*fig*) fallen; **in a** ~ durcheinander **II.** *vi* **1.** straucheln, stolpern (*over* über) **2.** stürzen, fallen (*off a bicycle* vom Fahrrad, *out of a window* aus einem Fenster) **3.** (COM: *Preise*) fallen **4.** (*fam*) plötzlich kapieren (*to s.th.* etw) **III.** *vt* **1.** stoßen **2.** (*Haar*) zerzausen; **tumble about** *vi* durcheinander purzeln; **tumble down** *vi* **1.** hinfallen; herunterfallen; (*Gebäude*) einfallen **2.** herunter-, hinunterrennen; **tumble in** *vi* hereinpurzeln; **tumble over** *vi* umfallen; **tumble-down** ['tʌmblˌdaʊn] *adj* baufällig; **tumble-drier** *s* (ELEK) Wäschetrockner *m*; **tum•bler** ['tʌmblə(r)] *s* **1.** Akrobat(in) *m(f)* **2.** (*Spielzeug*) Stehaufmännchen *nt* **3.** Becherglas *nt* **4.** (ELEK) Wäschetrockner *m*

tu•mes•cence [tu:'mesns] *s* Schwellung *f*; **tu•mes•cent** [tu:'mesnt] *adj* anschwellend

tummy ['tʌmɪ] *s* (*fam*) Bauch *m*; **tummy-ache** *s* Bauchweh *nt*

tu•mor *s* (*Am*), **tu•mour** ['tju:mə(r)] *s* (MED) Geschwulst *f*, Tumor *m*

tu•mult ['tju:mʌlt] *s* **1.** Lärm, Tumult *m* **2.** Durcheinander *nt*; **tu•mul•tu•ous** [tju:'mʌltʃʊəs] *adj* **1.** lärmend **2.** turbulent, stürmisch

tu•mu•lus ['tju:mjʊləs, *pl* -laɪ] <*pl* -li> *s* Tumulus *m*, Hügelgrab *nt*

tun [tʌn] *s* Fass *nt*

tuna ['tju:nə] *s* Thunfisch *m*

tun•dra ['tʌndrə] *s* (GEOG) Tundra *f*

tune [tju:n] **I.** *s* Melodie *f*; **in** ~ (MUS) (gut) gestimmt, in Harmonie (*with* mit); (*fig*) auf der gleichen Wellenlänge (*with* wie); **out of** ~ (MUS) verstimmt; (AUTO) falsch eingestellt; (*fig*) im Widerspruch (*with* zu); **to the** ~ **of** (*fam*) zum Preis, in Höhe von; **change one's** ~ (*fig*) andere Töne anschlagen **II.** *vt* **1.** (*Musikinstrument*) stimmen **2.** (TECH RADIO) einstellen **3.** (AUTO) tunen; **tune in** *vt* (RADIO) einschalten; ~ **in to s.th.** etw einschalten; **tune up I.** *vi* (MUS) die Instrumente stimmen **II.** *vt* (AUTO: *Motor*) tunen; richtig einstellen; **tuned-in** *adj* auf der richtigen Wellenlänge; **tune•ful** ['tju:nfl] *adj* klangvoll, melodisch; **tune•less** [-lɪs] *adj* misstönend; **tuner** ['tju:nə(r)] *s* **1.** (*piano* ~) Klavierstimmer(in) *m(f)* **2.** (RADIO) Tuner *m*; **tune-up** ['tju:nʌp] *s* (TECH AUTO) Justierung *f*

tung•sten ['tʌŋstən] *s* (CHEM) Wolfram *nt*

tu•nic ['tju:nɪk] *s* **1.** lange (Damen)Bluse *f*; Kittel *m* **2.** (MIL) Waffenrock *m*

tun•ing ['tju:nɪŋ] *s* **1.** (MUS) Stimmen *nt* **2.** (RADIO) Einstellen *nt* **3.** (AUTO) Tunen, Tuning *nt*; **tuning fork** *s* Stimmgabel *f*; **tuning knob** *s* Abstimmknopf *m*; **tuning range** *s* Abstimmbereich *m*

Tu•ni•sia [tju:'nɪzɪə] *s* Tunesien *nt*; **Tu•ni•sian** [tju:'nɪzɪən] **I.** *s* Tunesier(in) *m(f)* **II.** *adj* tunesisch

tun•nel ['tʌnl] **I.** *s* **1.** Tunnel *m*; Unterführung *f* **2.** (MIN) Stollen *m* **3.** (*von Tieren*) Bau *m*; **Channel Tunnel** Kanaltunnel *m* **II.** *vt* untertunneln **III.** *vi* einen Tunnel anlegen (*through* durch, *into* in)

tunny ['tʌnɪ] *s* T(h)unfisch *m*

tup•pence ['tʌpəns] *s* zwei Pence *mpl*; **I don't care** ~ das ist mir egal; **tup•penny** ['tʌpənɪ] *adj* für zwei Pence; Zweipence-; **tup•penny-ha'penny** ['tʌpnɪ'heɪpnɪ] *adj* (*Br fam*) lächerlich

tur•ban ['tɜ:bən] *s* Turban *m*

tur•bid ['tɜ:bɪd] *adj* **1.** (*Flüssigkeit*) trüb(e), schmutzig **2.** (*fig*) wirr, konfus

tur•bine ['tɜ:baɪn] *s* Turbine *f*; **turbo•car** [ˌtɜ:bəʊ'kɑ:(r)] *s* Turbinenauto *nt*; **turbo-charged** ['tɜ:bəʊˌtʃɑ:dʒəd] *adj* (AUTO) mit Turbolader *m*; **turbo•charger** ['tɜ:bəʊˌtʃɑ:dʒə(r)] *s* (AUTO) Turbolader *m*; **turbo-diesel** ['tɜ:bəʊˌdi:sl] *s* (AUTO) Turbodiesel *m*; **turbo engine** ['tɜ:bəʊ ˌendʒɪn] *s* Turbomotor *m*; **tur•bo•jet** [ˌtɜ:bəʊ'dʒet] *s* Düsenflugzeug *nt*; Turbotriebwerk *nt*; **turbo•prop** ['tɜ:bəʊ'prɒp] *s* Turboprop *f*; Turbo- Prop-Flugzeug *nt*

tur•bot ['tɜ:bət] *s* (Stein)Butt *m*

tur•bu•lence ['tɜ:bjʊləns] *s* **1.** Unruhe *f* **2.** (*a.* PHYS) Turbulenz *f*, Böigkeit *f*; **tur•bu•lent** ['tɜ:bjʊlənt] *adj* **1.** unruhig, ungestüm **2.** wirr, stürmisch, aufgeregt **3.** (PHYS) turbulent **4.** (*Wetter*) böig

turd [tɜ:d] *s* (*vulg*) **1.** Kacke *f*, Kot *m* **2.** Scheißkerl *m*

tu•reen [tjʊ'ri:n] *s* Suppenschüssel *f*

turf [tɜ:f, tɜ:vz] <*pl* **turfs, turves**> **I.** *s* Grasnarbe *f*, Rasen *m*; **the Turf** die (Pferde)Rennbahn; das Pferderennen **II.** *vt* mit

Rasen(stücken) bedecken; ~ **out** (*sl*) rausschmeißen; **turf accountant** *s* Buchmacher(in) *m(f)*

tur·gid ['tɜːdʒɪd] *adj* **1.** (MED) geschwollen **2.** (*fig*) schwülstig

Turk [tɜːk] *s* Türke *m,* Türkin *f*

tur·key ['tɜːkɪ] *s* Truthahn *m;* **talk** ~ kein Blatt vor den Mund nehmen

Turkey ['tɜːkɪ] *s* die Türkei; **Tur·kish** ['tɜːkɪʃ] **I.** *adj* türkisch; ~ **bath** türkisches Bad, Schwitzbad *nt;* ~ **delight** Lokum *nt* (*mit Puderzucker bestreutes Geleekonfekt*); ~ **towel** Frottiertuch *nt* **II.** *s* (das) Türkisch(e)

tur·moil ['tɜːmɔɪl] *s* Aufruhr *m;* Durcheinander *nt;* **her mind was in a** ~ sie war völlig durcheinander

turn [tɜːn] **I.** *s* **1.** Drehung *f;* Umdrehung *f* **2.** (*Straße*) Kurve *f;* (SPORT) Wende *f* **3.** Reihenfolge *f* **4.** (guter) Dienst *m* **5.** (MED) Anfall *m* **6.** Tendenz *f,* Hang *m;* Neigung *f* **7.** (BES. THEAT) Nummer *f* **8.** Zweck *m* **9.** Spaziergang *m;* Spazierfahrt *f* **10.** (~ *of phrase*) Ausdruck *m* **11.** (FIN) Handelsgewinn *m;* **do s.o. a good** ~ jdm einen guten Dienst erweisen; **give s.th. a** ~ etw drehen; **give s.o. a** ~ jdm einen Schrecken einjagen; **have an analytical** ~ **of mind** analytisch begabt sein, analytisch denken; **make a** ~ **to the right** eine Rechtskurve machen; rechts ein-, abbiegen; **miss a** ~ einmal aussetzen; **serve s.o.'s** ~ jds Zwecken dienen; **take a** ~ **for the better** besser werden; **take ~s at doing s.th.** sich bei etw abwechseln, etw abwechselnd tun; **take a** ~ **in the park** einen Spaziergang im Park machen; **at every** ~ auf Schritt und Tritt; **by ~s, in** ~ abwechselnd; **in** ~ der Reihe nach; ~ **and** ~ **about** abwechselnd; **out of** ~ außer der Reihe; (*fig*) unberechtigt; **be on the** ~ (*Nahrungsmittel*) nicht mehr ganz gut sein; **the** ~ **of the century** die Jahrhundertwende; **the** ~ **of events** der Verlauf der Dinge; ~ **of the tide** Gezeitenwechsel *m;* (*fig*) Umschwung *m,* (Trend)Wende *f;* **it gave me quite a** ~ es hat mir einen schönen Schrecken eingejagt; **it's your** ~ du bist an der Reihe, du bist dran; **it has served its** ~ es hat seinen Zweck erfüllt; **whose** ~ **is it?** wer ist an der Reihe? wer ist dran? **II.** *vt* **1.** drehen; (*Rad etc*) antreiben; (*Purzelbaum*) schlagen **2.** (*Kopf*) drehen, wenden; (*Rücken*) zudrehen, zuwenden (*to s.o.* jdm); (*Magen*) umdrehen **3.** (*Heu, Kragen, Auto*) wenden; (*Seite*) umblättern; (*Schallplatte, Bild, Stuhl*) umdrehen **4.** (*Gedanken, Blicke, Aufmerksamkeit, Gewehr*) richten (*to* auf); (*Schritte*) lenken **5.** (*bestimmtes Alter*) überschreiten **6.** verwandeln (*into* in); (*Milch*) sauer werden lassen **7.** (*Holz, Gegenstand*) drechseln; (*Metall*) drehen; ~ **s.o.'s head** (*fig*) jdm den Kopf verdrehen; jdm zu Kopf steigen; ~ **s.o.'s brain** jdn verwirren; jdn verstören; ~ **one's hand to s.th.** etw versuchen; **it has ~ed two o'clock** es ist zwei Uhr vorbei; **the lorry ~ed the corner** der Lastwagen bog um die Ecke; ~ **s.o.'s hair grey** jds Haar grau werden lassen; ~ **s.th. black** etw schwarz werden lassen; **nothing will** ~ **him from his goal** nichts wird ihn von seinem Ziel abbringen; **a well-~ed phrase** ein gut formulierter Satz; ~ **s.o. loose** jdn freilassen **III.** *vi* **1.** sich drehen; sich drehen lassen; (*Magen*) sich umdrehen **2.** (*Fahrer, Auto*) abbiegen; wenden; (*Flugzeug, Schiff*) abdrehen; wenden; (*Mensch*) sich umdrehen; (*Wind*) drehen **3.** sich wenden (*to* an) **4.** (*Blätter*) sich färben; (*Nahrungsmittel*) schlecht werden; sauer werden; (*Wetter*) umschlagen **5.** (*Alter, Beruf*) werden; ~ **traitor** zum Verräter werden; **his hair ~ed grey** sein Haar wurde grau; ~ **into s.th.** zu etw werden; sich in etw verwandeln; ~ **red** rot werden; **our luck ~ed** das Blatt hat sich gewendet; **he didn't know which way to** ~ er wusste nicht mehr aus noch ein; **turn about I.** *vi* umdrehen; kehrtmachen **II.** *vt* (*Auto*) wenden; **turn against I.** *vi* sich wenden gegen **II.** *vt* aufbringen gegen; (*Argument*) verwenden gegen; **turn away I.** *vt* **1.** fort-, wegschicken **2.** (*Gesicht*) abwenden **II.** *vi* sich abwenden; ~ **away business** Aufträge ablehnen; **turn back I.** *vi* umkehren; sich umdrehen; (*im Buch*) zurückblättern **II.** *vt* **1.** (*Menschen*) zurückschicken; zurückweisen **2.** (*Uhr*) zurückstellen; zurückdrehen **3.** (*Bettdecke*) zurückschlagen; (*Buchseite*) umdrehen; **turn down I.** *vt* **1.** herunterklappen **2.** (*Flamme*) herunterdrehen, klein stellen **3.** (*Sache*) abschlagen, -lehnen **4.** (*Radio*) leiser stellen **5.** (*Person*) ab-, zurückweisen; einen Korb geben (*s.o.* jdm) **II.** *vi* einbiegen in (*eine Straße*); **turn in I.** *vi* **1.** (*Auto*) einbiegen **2.** (*fam*) zu Bett gehen **II.** *vt* **1.** (*fam*) zurückgeben; abgeben **2.** eintauschen (*for* gegen) **3.** (*bei Polizei*) anzeigen; **her toes** ~ **in** ihre Zehen gehen nach innen; ~ **in on o.s.** sich in sich selbst zurückziehen; ~ **it in!** (*Br sl*) hör auf!; **turn into I.** *vi* sich verwandeln in **II.** *vt* verwandeln in; **turn off I.** *vt* **1.** (*Wasser, Gas*) abstellen **2.** (*Strom*) abschalten; (*Licht*) ausschalten **II.** *vi* **1.** vom Wege abbiegen **2.** (*Straße*) abzweigen, -biegen; ~ **s.o. off** jdn abschrecken; **turn on** *vt* **1.** (*Wasser*) aufdrehen **2.** (*elektrisches Gerät*) einschalten **3.** (*Licht*) anmachen; ~ **on s.o.** sich gegen jdn wenden; ~ **on s.th.** von etw abhän-

T

gen; ~ **s.o. on** (*sl*) jdn scharf machen; jdm gefallen; **turn out I.** *vt* **1.** nach außen kehren; (*Tasche*) umkehren **2.** hinauswerfen, wegjagen, entlassen **3.** (*Licht*) ausmachen **4.** produzieren, herstellen **5.** (*Saldo*) aufweisen **II.** *vi* **1.** (heraus)kommen (*for* zu) **2.** sich erweisen, sich herausstellen (*to be good* als gut) **3.** ausgehen, ausfallen; werden (*wet* regnerisch) **4.** (*well*) gut gelingen; **it ~ed out to be right** es stellte sich heraus, dass es richtig war; **how did it ~ out?** wie ist es geworden?; **turn over I.** *vt* **1.** umdrehen **2.** aus-, abliefern **3.** (COM) umsetzen, verkaufen **4.** nachdenken über **5.** (AUTO) laufen lassen **II.** *vi* sich umdrehen, sich auf die andere Seite legen; umkippen; **turn round I.** *vi* **1.** sich umdrehen; umkehren **2.** (*fig*) einfach gehen **II.** *vt* **1.** umdrehen; drehen **2.** (*Schiff*) abfertigen; (*Waren*) fertig stellen **3.** (COM) sanieren, in die Gewinnzone bringen; ~ **round the corner** um die Ecke biegen; **the earth ~s round the sun** die Erde dreht sich um die Sonne; **you can't just ~ round and deny it** du kannst das nicht einfach abstreiten; **turn to** *vi* sich an die Arbeit machen; ~ **to s.o.** sich an jdn wenden; ~ **to one's work** sich an die Arbeit machen; **turn up I.** *vi* **1.** auftauchen **2.** geschehen; sich ergeben **3.** (*Nase, Seite*) nach oben gebogen sein **II.** *vt* **1.** (*Kragen*) hochschlagen; (*Ärmel*) hochkrempeln **2.** (*Gas, Heizung*) höher stellen; (*Radio*) lauter stellen; (*Lautstärke*) aufdrehen; (*Licht*) heller machen **3.** finden, entdecken; ausfindig machen **4.** (*Boden*) umpflügen; ~ **up one's nose at s.th.** die Nase über etw rümpfen; **a ~ed up nose** eine Himmelfahrtsnase; ~ **it up!** (*Br sl*) hör auf!

turn•about, turn•around ['tɜːnəˌbaʊt, 'tɜːnəˌraʊnd] *s* Kehrtwendung *f;* (COM) Tendenzwende *f;* (*fig*) Umschwung *m*

turn•coat ['tɜːnkəʊt] *s* Abtrünnige(r) *m*

turner ['tɜːnə(r)] *s* Drechsler *m;* Dreher *m*

turn•ing ['tɜːnɪŋ] *s* **1.** Biegung, Kurve *f;* Straßenecke *f;* Abzweigung *f* **2.** Drechslerei *f;* Drehen *nt;* **turning area** *s* (AUTO) Wendefläche *f;* **turning lathe** *s* Drehbank *f;* **turning point** *s* Wendepunkt *m*

tur•nip ['tɜːnɪp] *s* Rübe *f*

turn•key op•er•ation [ˌtɜːnkiːɒpə'reɪʃn] *s* schlüsselfertiges Projekt

turn-off ['tɜːnɒf] *s* (Straßen)Gabelung, Abzweigung *f;* **it's a real ~** (*fam*) da vergeht einem doch alles; **turn-out** ['tɜːnaʊt] *s* **1.** Teilnahme, Beteiligung *f;* Besucherzahl *f* **2.** Reinigung *f* **3.** Produktion *f* **4.** Aufmachung, Kleidung *f;* **give s.th. a ~** etw sauber machen; **turn•over** ['tɜːnˌəʊvə(r)] *s* (COM) Umsatz *m;* (*Kapital*) Umlauf *m;* (*Waren, Lager*) Umschlag *m;* (*Personal*) Fluktuation *f;* **turn•pike** ['tɜːnpaɪk] *s* **1.** Schlagbaum *m,* Mautschranke *f* **2.** (*Am*) (gebührenpflichtige) Autobahn *f;* **turn-round** ['tɜːnraʊnd] *s* **1.** (*Schiff, Flugzeug*) Abfertigung *f* **2.** (*Firma*) Sanierung *f* **3.** (*Firma*) Tendenzwende *f* **4.** (*Ware*) mittlerer Lagerumschlag; **turn•stile** ['tɜːnstaɪl] *s* Drehkreuz *nt;* **turn•table** *s* **1.** (RAIL) Drehscheibe *f* **2.** Plattenteller *m;* **turntable ladder** *s* Drehleiter *f;* **turn-up** ['tɜːnʌp] *s* **1.** (*Br: Hose*) Aufschlag *m* **2.** (*fam*) Überraschung *f;* **a ~ for the book** eine tolle Überraschung

tur•pen•tine ['tɜːpəntaɪn] *s* Terpentin *nt*

tur•pi•tude ['tɜːpɪtjuːd] *s* Schändlichkeit, Verderbtheit *f*

turps [tɜːps] *s* (*fam*) Terpentin *nt*

tur•quoise ['tɜːkwɔɪz] *s* **1.** (MIN) Türkis *m* **2.** (*Farbe*) Türkis *nt*

tur•ret ['tʌrɪt] *s* **1.** Türmchen *nt* **2.** (MIL) Geschütz-, Panzerturm *m* **3.** (AVIAT MIL) Kanzel *f*

turtle ['tɜːtl] *s* (Wasser)Schildkröte *f;* **turn ~** (MAR) (voll durch)kentern; **turtle•dove** *s* Turteltaube *f;* **turtle•neck** *s* (Pullover *m* mit) Stehbündchen *nt*

tusk [tʌsk] *s* Stoßzahn *m;* Eckzahn *m;* Hauer *m*

tussle ['tʌsl] **I.** *vi* **1.** sich raufen **2.** (*fig*) streiten (*with* mit) **II.** *s* Balgerei *f*

tus•sock ['tʌsək] *s* (Gras)Büschel *nt*

tut [tʌt] *interj* pfui!; **~-~!** Unsinn!

tu•te•lage ['tjuːtɪlɪdʒ] *s* **1.** Vormundschaft *f* **2.** Anleitung, Führung *f*

tu•tor ['tjuːtə(r)] **I.** *s* (*Universität*) Tutor(in) *m(f);* (*Am*) Assistent(in) *m(f),* Hauslehrer(in) *m(f)* **II.** *vt* **1.** unterrichten; Nachhilfeunterricht geben (*s.o.* jdm) **2.** (*fig: Gefühle*) beherrschen; **tu•torial** [tjuː'tɔːrɪəl] *s* Kolloquium *nt;* Seminarübung *f*

tux•edo [tʌk'siːdəʊ] <*pl* -edos> *s* (*Am*) Smoking *m*

TV [tiː'viː] *s* Fernsehen *nt;* Fernseher *m;* **on ~** im Fernsehen; **TV guide** *s* Fernsehzeitschrift *f;* **TV satellite** *s* Fernsehsatellit *m;* **TV star** *s* Fernsehstar *m*

TVP [ˌtiːviː'piː] *s Abk. von* **textured vegetable protein** strukturiertes Pfanzeneiweiß

twaddle ['twɒdl] *s* Geschwätz *nt*

twang [twæŋ] **I.** *s* **1.** Näseln *nt* **2.** (*Geräusch*) Ping *nt;* Doing *nt* **II.** *vt* (*Gitarre*) zupfen **III.** *vi* ping, doing machen; ~ **on a guitar** auf einer Gitarre klimpern

tweak [twiːk] *vt* zwicken, kneifen

twee [twiː] *adj* (*fam*) niedlich; geziert; verniedlichend

tweed [twiːd] *s* **1.** (*Textil*) Tweed *m* **2.** **~s** Kleidungsstücke *nt pl* aus Tweed; **tweedy** ['twiːdɪ] *adj* **1.** in Tweed gekleidet **2.** burschikos; formlos

tweeter ['twi:tə(r)] *s* Hochtonlautsprecher, Hochtöner *m*

tweez•ers ['twi:zəz] *s pl* (*a pair of* ~) Pinzette *f*

twelfth [twelfθ] **I.** *adj* zwölfte(r, s) **II.** *s* Zwölftel *nt;* Zwölfte(r, s); **twelve** [twelv] **I.** *adj* zwölf **II.** *s* Zwölf *f*

twen•ti•eth ['twentɪəθ] **I.** *adj* zwanzigste(r, s) **II.** *s* Zwanzigstel *nt;* Zwanzigste(r, s); **twenty** ['twentɪ] **I.** *adj* zwanzig **II.** *s* **1.** Zwangzig *f* **2.** (*Geld*) Zwanziger *m*

twerp [twɜ:p] *s* (*sl*) blöder Kerl

twice [twaɪs] *adv* zweimal; doppelt, zweifach; ~ **the amount** der doppelte Betrag; ~ **as much/many** doppelt, noch einmal so viel/so viele; **twice-told** [ˌtwaɪs'təʊld] *adj* oft erzählt; abgedroschen

twiddle ['twɪdl] **I.** *vt* (herum)spielen mit; ~ **one's thumbs** Däumchen drehen **II.** *vi* herumdrehen (*with* an)

twig [twɪg] **I.** *s* Zweig *m,* Zweiglein *nt* **II.** *vt, vi* (*fam*) kapieren, begreifen

twi•light ['twaɪlaɪt] *s* (Abend)Dämmerung *f;* **at** ~ in der Dämmerung

twin [twɪn] **I.** *adj* paarig, doppelt; Zwillings-; Doppel- **II.** *s* **1.** Zwilling *m* **2.** (*Ding*) Gegenstück, Pendant *nt;* **fraternal/identical ~s** zwei-/eineiige Zwillinge *mpl* **III.** *vt* (*Städte*) durch Partnerschaft verbinden; **twin beds** *s pl* zwei Einzelbetten *ntpl;* **twin brother** *s* Zwillingsbruder *m;* **twin carburettors** *s pl* Doppelvergaser *m;* **twin-cylinder engine** *s* Zweizylindermotor *m*

twine [twaɪn] **I.** *s* Bindfaden *m,* Schnur *f* **II.** *vt* **1.** verflechten **2.** winden (*s.th. round s.th.* etw um etw) **3.** umfassen, umschlingen

twin-en•gined [ˌtwɪn'endʒɪnd] *adj* zweimotorig

twinge [twɪndʒ] *s* leichter Schmerz; **~s, of conscience** Gewissensbisse *mpl;* **a ~ of regret** (ein) leichtes Bedauern

twin•kle ['twɪŋkl] **I.** *vi* **1.** flimmern, funkeln, glitzern **2.** (*Augen*) blitzen **3.** (*fig*) schnell hin- u. hertanzen, huschen **II.** *s* Flimmern, Flackern, Funkeln *nt;* **there was a ~ in his eyes** seine Augen blitzten; **when you were still a ~ in your father's eye** als du noch nicht auf der Welt warst; **in a** ~ im Nu; **twin•kling** ['twɪŋklɪŋ] *s* Funkeln *nt;* Aufblitzen *nt;* **in the ~ of an eye** im Nu

twin•ning ['twɪnɪŋ] *s* (*town* ~) Städtepartnerschaft *f;* **twin prime** *s* (MATH) Primzahlzwilling *m;* **twin•set** ['twɪnset] *s* Twinset *nt;* **twin sister** *s* Zwillingsschwester *f;* **twin town** *s* Partnerstadt *f;* **twin-tub washing machine** *s* Waschmaschine *f* mit getrennter Schleuder

twirl [twɜ:l] **I.** *vt* **1.** im Kreise drehen **2.** (*Haar*) zwirbeln, winden (*round* um) **II.** *vi* wirbeln **III.** *s* Wirbel *m,* Wirbeln *nt,* schnelle Umdrehung; **give a** ~ sich drehen; **give s.th. a** ~ etw herumdrehen

twist [twɪst] **I.** *vt* **1.** drehen; wickeln (*around* um) **2.** verbiegen; verdrehen; verrenken **3.** (*fig*) verdrehen, entstellen; ~ **s.th. out of shape** etw verbiegen; ~ **one's ankle** sich den Fuß vertreten; **his face was ~ed** sein Gesicht war verzerrt; ~ **s.o.'s arm** jdm den Arm verdrehen; (*fig*) jdn überreden; **she can ~ him round her little finger** sie kann ihn um den (kleinen) Finger wickeln **II.** *vi* **1.** sich drehen, sich winden **2.** (*Rauch*) sich ringeln **3.** (*Tanz*) twisten **III.** *s* **1.** (Bind)Faden *m* **2.** Twist *m* (*Tanz*) **3.** Tabakrolle *f* **4.** (Hefe)Zopf *m* **5.** (TECH SPORT) Drall *m;* Schraube *f* **6.** Drehung *f* **7.** Kurve, Biegung *f* **8.** (*fig: Geschichte*) Wendung *f;* **round the** ~ (*sl*) bekloppt; **twist off** *vt* (*Kappe*) abschrauben; **twist out of** *vt* herauswinden aus; **twisted** ['twɪstɪd] *adj* **1.** verdreht; verbogen **2.** (*Fuß*) verrenkt **3.** (*fig: Gedanken, Logik*) verdreht **4.** (*fam fig*) unredlich; **twister** ['twɪstə(r)] *s* **1.** (SPORT) geschnittener Ball **2.** (*Am*) Wirbelsturm *m* **3.** (*Br*) schwieriges Problem **4.** (*fam*) Schwindler *m* **5.** Twisttänzer(in) *m(f);* **twisty** ['twɪstɪ] *adj* (*Straße*) gewunden

twit [twɪt] **I.** *vt* verspotten, aufziehen (*s.o. with, about s.th.* jdn mit etw) **II.** *s* (*fam*) Depp *m*

twitch [twɪtʃ] **I.** *vt* **1.** zupfen, zerren **2.** zucken mit **II.** *vi* zucken **III.** *s* **1.** Zucken *nt;* Zuckung *f* **2.** Ruck *m*

twit•ter ['twɪtə(r)] **I.** *vi* **1.** zwitschern **2.** (*fig*) schnattern **II.** *s* **1.** Gezwitscher *nt* **2.** (*fig*) Geschnatter *nt;* **in a** ~ aufgeregt

two [tu:] *adj* zwei; **the** ~ die beiden; **by ~s, in ~s,** ~ **and** ~ zu zweit, zu zweien, paarweise; **in** ~ entzwei; **break in** ~ in zwei Teile brechen; **in a day or** ~ in ein paar Tagen; **one or** ~ ein paar; **the ~ of us** wir beide; **be in ~ minds about doing s.th.** unentschlossen sein, ob man etw tun soll; **cut in** ~ halbieren; **put ~ and ~ together** sich die Sache zusammenreimen; **that makes ~ of us** das betrifft auch mich; **two-bit** *adj* (*Am fam*) mies; **two-dimensional** ['tu:daɪ'menʃənl] *adj* zweidimensional; **two-door** *adj* zweitürig; **two-edged** [ˌtu:'edʒd] *adj* zweischneidig; **two-faced** [ˌtu:'feɪst] *adj* (*fig*) falsch, heuchlerisch; **two•fold** ['tu:fəʊld] *adj* zweifach, doppelt; **two-part** ['tu:pɑ:t] *adj* zweiteilig; **two-party system** *s* Zweiparteiensystem *nt;* **two•pence** ['tʌpəns, *Am* 'tu:pens] *s* zwei Pence; **two•penny** ['tʌp(ə)nɪ, *Am* 'tu:penɪ] *adj* **1.** Zweipence-; für zwei Pence **2.** (*fig*) billig, wertlos; **two-phase** *adj* (ELEK) Zweiphasen-; **two-piece** *adj* zweiteilig; ~ **bathing-suit** zweiteiliger Badeanzug; **two-seater** ['tu:si:tə(r)] *s* Zweisitzer *m;* **two•some** ['tu:səm] *s* Pärchen *nt;* **go out in a** ~ zu zweit ausgehen; **two-stroke** *s* (*Motor*) Zweitakter *m;* (*Kraftstoff*) Zweitaktgemisch *nt;* **two-thirds majority** *s* (PARL) Zweidrittelmehrheit *f;* **two-tiered** ['tu:tɪəd] *adj* **1.** zweistöckig **2.** zweigestuft; **two-time** ['tu:taɪm] *vt* (*fam: in der Liebe*) betrügen; **two-tim•ing** ['tu:taɪmɪŋ] *adj* falsch; **two-way** [ˌtu:'weɪ] *adj* (*Sprechverkehr*) in beide Richtungen; (*Stoff*) auf beiden Seiten tragbar; (*Straße*) mit Verkehr in beiden Richtungen; ~ **radio** Funksprechgerät *nt;* ~ **switch** Wechselschalter *m;* ~ **adaptor** Doppelstecker *m;* ~ **trade** wechselseitiger Handel

ty•coon [taɪ'ku:n] *s* Tycoon, Magnat, Großindustrielle(r) *m;* **oil** ~ Ölmagnat *m*

tyke, tike [taɪk] *s* **1.** Köter *m* **2.** Lümmel *m* **3.** (*Am*) kleines Kind

tym•pa•num ['tɪmpənəm] *s* **1.** Mittelohr *nt* **2.** Trommelfell *nt*

type[1] [taɪp] **I.** *s* **1.** Art *f;* Sorte *f;* (*Mensch, Charakter*) Typ *m* **2.** (*fam*) Typ *m;* Type *f;* **this** ~ **of car** dieser Autotyp; **a person of this** ~ ein Mensch der Art; **that** ~ **of behaviour** solches Benehmen; **she is not my** ~ sie ist nicht mein Typ; **he is not the** ~ **to do that** er ist nicht der Typ, der so etwas tut **II.** *vt* bestimmen, klassifizieren

type[2] [taɪp] **I.** *s* (TYP) Type *f;* **small** ~ kleine Buchstaben *mpl;* **bold** ~ Fettdruck *m;* **italic** ~ Kursive *f;* **Roman** ~ Antiqua *f;* **in** ~ gedruckt; maschinegeschrieben; **set s.th. up in** ~ etw setzen **II.** *vt* mit der Maschine schreiben, tippen **III.** *vi* Maschine schreiben, tippen; **type out** *vt* schreiben, tippen; (*Fehler*) ausixen; **type up** *vt* auf der Maschine schreiben

type•cast ['taɪpkɑ:st] <*irr:* -cast, -cast> *vt* für eine Rolle auswählen; (*fig*) auf eine bestimmte Rolle festlegen; **type•face** ['taɪpfeɪs] *s* Schrift *f;* **type•script** ['taɪpˌskrɪpt] *s* Schreibmaschinenmanuskript *nt;* **type•set•ter** ['taɪpsetə(r)] *s* **1.** (*Beruf*) Schriftsetzer(in) *m(f)* **2.** (*Maschine*) Setzmaschine *f;* **type•set•ting** ['taɪpˌsetɪŋ] *s* (Schrift)Setzen *nt;* **type•write** ['taɪpraɪt] <*irr:* -wrote, -written> **I.** *vi* maschineschreiben **II.** *vt* auf der Maschine schreiben; **type•writer** ['taɪpˌraɪtə(r)] *s* Schreibmaschine *f;* **typewriter ribbon** *s* Farbband *nt;* **type•writing paper** ['taɪpraɪtɪŋ'peɪpə(r)] *s* Schreibmaschinenpapier *nt;* **type•written** ['taɪpˌrɪtn] *adj* Maschinen geschrieben, getippt

ty•phoid ['taɪfɔɪd] *s* (~ *fever*) Typhus *m*

ty•phoon [taɪ'fu:n] *s* (METE) Taifun *m*

ty•phus ['taɪfəs] *s* Flecktyphus *m*

typi•cal ['tɪpɪkl] *adj* typisch, charakteristisch, kennzeichnend (*of* für); **typ•ify** ['tɪpɪfaɪ] *vt* kennzeichnend sein für

typ•ing ['taɪpɪŋ] **I.** *s* Maschineschreiben, Tippen *nt* **II.** *adj* Schreibmaschinen-; ~ **error** Tippfehler *m;* ~ **pool** Schreibzentrale *f;* ~ **speed** (Schreib)Geschwindigkeit *f,* Anschläge *m pl* pro Minute; **typ•ist** ['taɪpɪst] *s* Maschinenschreiber(in) *m(f),* Schreibkraft *f*

ty•pogra•pher [taɪ'pɒgrəfə(r)] *s* Buchdrucker(in) *m(f);* **ty•po•graphic(al)** [ˌtaɪpə'græfɪk(l)] *adj* typographisch, drucktechnisch; Druck-; ~ **error** Druckfehler *m;* **ty•pogra•phy** [taɪ'pɒgrəfɪ] *s* Buchdruck *m,* Buchdruckerkunst *f;* Typographie *f*

ty•ran•ni•cal [tɪ'rænɪkl] *adj* tyrannisch; **tyr•an•nize** ['tɪrənaɪz] **I.** *vi* eine Gewaltherrschaft ausüben (*over* über) **II.** *vt* tyrannisieren; **tyr•anny** ['tɪrənɪ] *s* Gewaltherrschaft *f;* Tyrannei *f;* **ty•rant** ['taɪərənt] *s* Tyrann(in) *m(f)*

tyre ['taɪə(r)] *s* (AUTO) Reifen *m;* **put air in the** ~ den Reifen aufpumpen; **a flat** ~ ein platter Reifen; **tyre gauge** *s* Reifendruckmesser *m;* **tyre pressure** *s* Reifendruck *m*

tzar [zɑ:(r)] *s* Zar *m*

tzetze ['tsetsɪ] *s* Tsetsefliege *f*

U

U, u [juː] <*pl* -'s> **I.** *s* U, u *nt* **II.** *adj* **1.** vornehm **2.** (FILM) jugendfrei

UAE [ˌjuːeɪ'iː] *s Abk. von* **United Arab Emirates** Vereinigte Arabische Emirate *pl*

ubi·qui·tous [juː'bɪkwɪtəs] *adj* allgegenwärtig; **ubi·quity** [juː'bɪkwətɪ] *s* Allgegenwart *f*

U-boat *s* U-Boot *nt*

ud·der ['ʌdə(r)] *s* Euter *nt*

UFO ['juːfəʊ] *s Abk. von* **unidentified flying object** Ufo, UFO *nt*

Ugan·da [juːgændə] *s* Uganda *nt;* **Ugandan I.** *adj* ugandisch **II.** *s* Ugander(in) *m(f)*

ugh [ɜːh] *interj* äh! pfui!

ug·li·ness ['ʌglɪnɪs] *s* Hässlichkeit *f;* **ugly** ['ʌglɪ] *adj* **1.** hässlich **2.** widerlich, scheußlich, grässlich **3.** (*fig*) gemein, abstoßend; ~ **customer** (*fam*) übler Patron; ~ **duckling** hässliches Entlein

UK [ˌjuː'keɪ] *s Abk. von* **United Kingdom** Vereinigtes Königreich

uke·lele [ˌjuːkə'leɪlɪ] *s* (MUS) Ukulele *f*

Ukraine [juː'kreɪn] *s:* **the** ~ die Ukraine; **Ukrain·ian** [-ɪən] **I.** *adj* ukrainisch **II.** *s* **1.** Ukrainer(in) *m(f)* **2.** (*Sprache*) Ukrainisch *nt*

ul·cer ['ʌlsə(r)] *s* (MED) Geschwür *nt;* **stomach** ~ Magengeschwür *nt;* **ul·cer·ate** ['ʌlsəreɪt] **I.** *vt* (MED) ein Geschwür verursachen; eitern lassen **II.** *vi* ein Geschwür bilden; eitern; **ul·cer·ous** ['ʌlsərəs] *adj* (MED) geschwürartig; eiternd

ul·lage ['ʌlɪdʒ] *s* Leckage *f,* Schwund *m*

ulna ['ʌlnə, *pl* 'ʌlniː] <*pl* ulnae> *s* (ANAT) Elle *f*

Ulster ['ʌlstə(r)] *s* Ulster *nt*

ul·terior [ʌl'tɪərɪə(r)] *adj* (*selten*) jenseitig; ~ **motive** Hintergedanke(n *pl*) *m*

ul·ti·mate ['ʌltɪmət] **I.** *adj* **1.** entfernteste(r, s), weiteste(r, s), äußerste(r, s) **2.** letzte(r, s); endlich, schließlich; endgültig **3.** fundamental, grundlegend, primär **4.** maximal, größte(r, s), größtmöglich **5.** vollendet, perfekt; **the** ~ **cause** die eigentliche Ursache; ~ **consumer** Endverbraucher *m* **II.** *s* (das) Beste; (das) Nonplusultra; **ul·ti·mate·ly** ['ʌltɪmətlɪ] *adv* schließlich, letzten Endes; im Grunde

ul·ti·ma·tum [ˌʌltɪ'meɪtəm, *pl* -tə] <*pl* -tums, -ta> *s* (POL) Ultimatum *nt* (*to* an); **deliver an** ~ ein Ultimatum stellen

ul·timo ['ʌltɪməʊ] *adv* letzten Monats

ultra- [ˌʌltrə] *prefix* ultra-; **ultrahigh frequency, UHF** *s* Ultrakurzwellenbereich *m;* **ultra·mar·ine** [ˌʌltrəmə'riːn] *adj* ultramarin; **ultra·mod·ern** [ˌʌltrə'mɒdən] *adj* supermodern; **ultra-short wave** *s* (RADIO) Ultrakurzwelle *f,* UKW; **ultrasonic** [ˌʌltrə'sɒnɪk] *adj* Überschall-, Ultraschall-; ~ **cleaning** Ultraschallreinigung *f;* **ultra·sound** ['ʌltrəsaʊnd] *s* Ultraschall *m;* **ultrasound picture** *s* (MED) Ultraschallaufnahme *f;* **ultra·vio·let** [ˌʌltrə'vaɪələt] *adj* (PHYS) ultraviolett; ~ **treatment** Ultraviolettbestrahlung *f*

umbel ['ʌmbəl] *s* (BOT) Dolde *f*

um·ber ['ʌmbə(r)] **I.** *s* Umber *m,* Umbra *f* **II.** *adj* dunkelbraun

um·bili·cal [ʌm'bɪlɪkl] *adj:* ~ **cord** (ANAT) Nabelschnur *f;* (*Raumfahrt*) Kabelschlauch *m*

um·brage ['ʌmbrɪdʒ] *s:* **take** ~ Anstoß nehmen (*at* an)

um·brella [ʌm'brelə] *s* **1.** (Regen)Schirm *m;* Sonnenschirm *m* **2.** (MIL) Abschirmung *f;* Jagdschutz *m* **3.** (*fig*) Kontrolle *f;* **under the** ~ **of** unter der Kontrolle von; **umbrella case, umbrella cover** *s* Schirmhülle *f;* **umbrella organization** *s* Dachorganisation *f,* -verband *m;* **umbrella stand** *s* Schirmständer *m*

um·pire ['ʌmpaɪə(r)] **I.** *s* Schiedsrichter(in) *m(f)* **II.** *vt* (SPORT) als Schiedsrichter leiten **III.** *vi* Schiedsrichter sein (*in a dispute* bei einem Streit)

ump·teen ['ʌmptiːn] *adj* (*fam*) zig; eine Menge, Masse ...; ~ **times** x-mal; **umpteenth** ['ʌmptiːnθ] *adj* (*fam*) zigste(r, s), soundsovielte(r, s)

UN [juː'en] *s Abk. von* **United Nations** UNO, UN *f*

un·abashed [ˌʌnə'bæʃt] *adj* nicht bange, beherzt, mutig; unverfroren; unerschrocken

un·abated [ˌʌnə'beɪtɪd] *adj* unvermindert

un·able [ʌn'eɪbl] *adj* untauglich, unfähig; **be** ~ **to do s.th.** etw nicht tun können, außer Stande sein etw zu tun; ~ **to pay** zahlungsunfähig

un·abridged [ˌʌnə'brɪdʒd] *adj* (*Text*) ungekürzt

un·ac·cept·able [ˌʌnək'septəbl] *adj* unannehmbar (*to* für)

un·ac·com·panied [ˌʌnə'kʌmpənɪd] *adj*

U

(*a.* MUS) ohne Begleitung
un•ac•count•able [ˌʌnəˈkaʊntəbl] *adj* unerklärlich; **un•ac•counted for** [ˌʌnəˈkaʊntɪdˈfɔː(r)] *adj* ungeklärt; (*Person*) vermisst
un•ac•cus•tomed [ˌʌnəˈkʌstəmd] *adj* ungewohnt; **be ~ to s.th.** etw nicht gewohnt sein
un•acknow•ledged [ˌʌnəkˈnɔlɪdʒd] *adj* **1.** (*Brief*) unbeantwortet **2.** (*Fehler*) uneingestanden
un•ad•dressed [ˌʌnəˈdrest] *adj* ohne Anschrift
un•adorned [ˌʌnəˈdɔːnd] *adj* schlicht; ungeschminkt
un•adul•terated [ˌʌnəˈdʌltəreɪtɪd] *adj* unverfälscht, rein
un•ad•vent•ur•ous [ˌʌnədˈventʃərəs] *adj* wenig abenteuerlich, ereignislos; (*Mensch*) wenig unternehmungslustig
un•ad•vis•able [ˌʌnədˈvaɪzəbl] *adj* nicht ratsam
un•af•fec•ted [ˌʌnəˈfektɪd] *adj* **1.** unbeeinflusst (*by* von) **2.** ungekünstelt, natürlich
un•afraid [ˌʌnəˈfreɪd] *adj* unerschrocken, furchtlos
un•aid•ed [ʌnˈəɪdɪd] *adv* ohne (fremde) Hilfe; selbstständig
un•alike [ˌʌnəˈlaɪk] *adj* unähnlich
un•al•loyed [ˌʌnəˈlɔɪd] *adj* (*fig*) ungetrübt
un•al•tered [ˌʌnˈɔːltəd] *adj* unverändert
un•am•big•u•ous [ˌʌnæmˈbɪgjʊəs] *adj* eindeutig, unzweideutig
un-Ameri•can [ˌʌnəˈmerɪkən] *adj* unamerikanisch
una•nim•ity [ˌjuːnəˈnɪmətɪ] *s* Einstimmigkeit *f;* **unani•mous** [juːˈnænɪməs] *adj* einstimmig, einmütig
un•an•nounced [ˌʌnəˈnaʊnst] *adj* ohne Ankündigung
un•an•swer•able [ˌʌnˈɑːnsərəbl] *adj* **1.** unbestreitbar, unwiderleglich **2.** nicht beantwortbar; **un•an•swered** [ˌʌnˈɑːnsəd] *adj* unbeantwortet
un•ap•pet•iz•ing [ˌʌnˈæpɪtaɪzɪŋ] *adj* unappetitlich; (fig) wenig verlockend
un•ap•proach•able [ˌʌnəˈprəʊtʃəbl] *adj* unzugänglich
un•armed [ˌʌnˈɑːmd] *adj* unbewaffnet; **~ combat** Nahkampf *m* ohne Waffe
un•ashamed [ˌʌnəˈʃeɪmd] *adj* schamlos; **be ~ about s.th.** sich einer S nicht schämen
un•asked [ˌʌnˈɑːskt] *adj* **1.** ungefragt **2.** ungebeten; **~-for** unerwünscht
un•as•sign•able [ˌʌnəˈsaɪnəbl] *adj* (JUR) nicht übertragbar
un•as•sum•ing [ˌʌnəˈsjuːmɪŋ] *adj* zurückhaltend, bescheiden
un•at•tached [ˌʌnəˈtætʃt] *adj* **1.** unbefestigt **2.** (MIL) nicht zugeteilt **3.** (SPORT) keinem Verein angehörend **4.** unabhängig, frei **5.** ohne Anhang **6.** parteilos
un•at•tain•able [ˌʌnəˈteɪnəbl] *adj* unerreichbar
un•at•tended [ˌʌnəˈtendɪd] *adj* **1.** ohne Pflege **2.** unbeaufsichtigt
un•at•trac•tive [ˌʌnəˈtræktɪv] *adj* unschön; unattraktiv; unsympathisch
un•au•dit•ed [ˌʌnˈɔːdɪtɪd] *adj* ungeprüft
un•auth•or•ized [ˌʌnˈɔːθəraɪzd] *adj* unbefugt, nicht ermächtigt; **no entry for ~ persons!** Zutritt für Unbefugte verboten!
un•avail•able [ˌʌnəˈveɪləbl] *adj* nicht verfügbar; unerhältlich
un•avail•ing [ˌʌnəˈveɪlɪŋ] *adj* nutzlos, unnütz, vergeblich
un•avoid•able [ˌʌnəˈvɔɪdəbl] *adj* unvermeidlich; (*Folgerung*) unausweichlich
un•aware [ˌʌnəˈweə(r)] *adj* nicht bewusst; **be ~ of s.th.** sich einer S nicht bewusst sein; etw nicht bemerken; etw nicht wissen; **un•awares** [ˌʌnəˈweəz] *adv* unabsichtlich; versehentlich; unerwartet; **catch** [*o* **take**] **s.o. ~** jdn überraschen
un•bal•anced [ˌʌnˈbælənst] *adj* **1.** unausgewogen; einseitig **2.** (*mentally ~*) verrückt, nicht normal **3.** (COM) nicht saldiert, nicht ausgeglichen
un•bar [ˌʌnˈbɑː(r)] *vt* **1.** aufschließen **2.** (*fig: Weg*) eröffnen
un•bear•able [ˌʌnˈbeərəbl] *adj* unerträglich; unausstehlich
un•beat•able [ˌʌnˈbiːtəbl] *adj* unschlagbar, unbesiegbar; unübertrefflich; **un•bea•ten** [ˌʌnˈbiːtn] *adj* ungeschlagen; (*Rekord*) ungebrochen
un•be•com•ing [ˌʌnbɪˈkʌmɪŋ] *adj* **1.** (*fig*) unschicklich, ungehörig (*to, for* für) **2.** (*Kleidung*) unvorteilhaft
un•be•known(st) [ˌʌnbɪˈnəʊn] *adv:* **~ to us** ohne dass wir etw gewusst hätten
un•be•lief [ˌʌnbɪˈliːf] *s* (REL) Unglaube(n) *m;* **un•be•liev•able** [ˌʌnbɪˈliːvəbl] *adj* unglaublich; **un•be•liev•er** [ˌʌnbɪˈliːvə(r)] *s* Ungläubige(r) *f m;* **un•be•liev•ing** [ˌʌnbɪˈliːvɪŋ] *adj* ungläubig
un•bend [ˌʌnˈbend] <*irr:* -bent, -bent> **I.** *vt* geradebiegen; (*Arm*) strecken **II.** *vi* **1.** sich aufrichten **2.** aus sich herausgehen; **un•bend•ing** [-ɪŋ] *adj* (*fig*) fest entschlossen
un•bias(•s)ed [ˌʌnˈbaɪəst] *adj* unvoreingenommen; wertfrei
un•bid•den [ˌʌnˈbɪdn] *adj* ungebeten
un•bind [ˌʌnˈbaɪnd] <*irr:* -bound, -bound> *vt* **1.** losbinden, losmachen **2.** befreien
un•bleached [ˌʌnˈbliːtʃt] *adj* ungebleicht
un•blink•ing [ˌʌnˈblɪnkɪŋ] *adj* unver-

wandt; starr
un•blush•ing [ˌʌnˈblʌʃɪŋ] *adj* (*fig*) schamlos
un•bolt [ˌʌnˈbəʊlt] *vt* aufriegeln, -schließen, öffnen
un•born [ˌʌnˈbɔːn] *adj* **1.** ungeboren **2.** (*fig*) (zu)künftig; **generations yet** ~ kommende Generationen
un•bosom [ˌʌnˈbʊzəm] *vt* freien Lauf lassen (*one's feelings* seinen Gefühlen)
un•bounded [ˌʌnˈbaʊndɪd] *adj* **1.** unbegrenzt **2.** (*fig*) grenzen-, schrankenlos
un•bowed [ˌʌnˈbaʊd] *adj* (*fig*) ungebeugt
un•break•able [ˌʌnˈbreɪkəbl] *adj* unzerbrechlich; (*Versprechen*) unverbrüchlich; (*Regel*) unumstößlich
un•bri•bable [ˌʌnˈbraɪbəbl] *adj* unbestechlich
un•bridled [ˌʌnˈbraɪdld] *adj* (*fig*) hemmungs-, zügellos, unbeherrscht; ~ **tongue** loses Mundwerk
un-Brit•ish [ˌʌnˈbrɪtɪʃ] *adj* unbritisch
un•bro•ken [ˌʌnˈbrəʊkən] *adj* **1.** unzerbrochen, heil, ganz **2.** (*fig*) ungebrochen; gleich bleibend; ununterbrochen
un•buckle [ˌʌnˈbʌkl] *vt* auf-, los-, abschnallen
un•bur•den [ˌʌnˈbɜːdn] *vt* **1.** entlasten **2.** (*fig*) sich befreien von, sich erleichtern um; ~ **o.s.** sein Herz ausschütten
un•busi•ness•like [ˌʌnˈbɪznɪslaɪk] *adj* **1.** im Geschäftsleben nicht üblich **2.** (*unsystematisch*) ineffizient
un•but•ton [ˌʌnˈbʌtn] *vt* aufknöpfen
un•called-for [ˌʌnˈkɔːldfɔː(r)] *adj* **1.** unangebracht, ungerechtfertigt **2.** überflüssig
un•canny [ˌʌnˈkænɪ] *adj* unheimlich
un•cared-for [ˌʌnˈkeədfɔː(r)] *adj* vernachlässigt
un•car•pet•ed [ˌʌnˈkɑːpɪtɪd] *adj* ohne Teppich
un•ceas•ing [ˌʌnˈsiːsɪŋ] *adj* unaufhörlich
un•cer•emo•ni•ous [ˌʌnˌserɪˈməʊnɪəs] *adj* **1.** zwanglos **2.** unfreundlich
un•cer•tain [ʌnˈsɜːtn] *adj* **1.** unbestimmt (*a. Wetter*) **2.** unsicher, problematisch **3.** vage, ungenau; **in no** ~ **terms** klipp u. klar; **un•cer•tainty** [ʌnˈsɜːtntɪ] *s* **1.** Ungewissheit, Unbestimmtheit *f* **2.** Unsicherheit, Fragwürdigkeit *f* **3.** Unbeständigkeit *f*
un•chal•lenged [ˌʌnˈtʃælɪndʒd] *adj* unbestritten, unangefochten
un•changed [ˌʌnˈtʃeɪndʒd] *adj* unverändert
un•char•ac•ter•is•tic [ˌʌnkærəktəˈrɪs tɪk] *adj* uncharakteristisch, untypisch
un•chari•table [ˌʌnˈtʃærɪtəbl] *adj* lieblos, kalt
un•checked [ˌʌnˈtʃekt] *adj* **1.** unbe-, ungehindert **2.** unkontrolliert, ungeprüft
un•chris•tian [ˌʌnˈkrɪstʃən] *adj* unchristlich
un•civil [ˌʌnˈsɪvl] *adj* unhöflich
un•clad [ˌʌnˈklæd] *adj* unbekleidet, nackt
un•claimed [ˌʌnˈkleɪmd] *adj* **1.** nicht bestellt, unverlangt **2.** (*Brief*) nicht abgeholt, unzustellbar **3.** (*Eigentum*) besitzerlos
un•clas•si•fied [ˌʌnˈklæsɪfaɪd] *adj* **1.** nicht geordnet **2.** nicht geheim; ~ **road** Landstraße *f*
uncle [ˈʌŋkl] *s* Onkel *m*
un•clean [ˌʌnˈkliːn] *adj* (REL) unrein; unsauber; schmutzig
un•clear [ˌʌnˈklɪə(r)] *adj* unklar; **be** ~ **about s.th.** sich über etw nicht im Klaren sein
un•clut•tered [ˌʌnˈklʌtəd] *adj* schlicht, einfach; (*Raum*) nicht überfüllt, nicht überladen
un•col•lected [ˌʌnkəˈlektɪd] *adj* **1.** (*Waren*) nicht abgeholt **2.** (*Gebühren*) nicht erhoben, nicht eingezogen
un•col•ored *adj* (*Am*), **un•col•oured** [ˌʌnˈkʌləd] *adj* (*fig*) ungeschminkt
un•com•fort•able [ʌnˈkʌmftəbl] *adj* **1.** unbehaglich **2.** verlegen; **feel** ~ sich nicht wohl fühlen
un•com•mit•ted [ˌʌnkəˈmɪtɪd] *adj* **1.** nicht gebunden (*to* an), ungebunden **2.** (POL) bündnis-, blockfrei; **remain** ~ sich nicht festlegen
un•com•mon [ˌʌnˈkɒmən] *adj* ungewöhnlich; außergewöhnlich; **un•com•mon•ly** [ʌnˈkɒmənlɪ] *adv* bemerkenswert; ungewöhnlich
un•com•muni•cat•ive [ˌʌnkəˈmjuːnɪkətɪv] *adj* schweigsam
un•com•pro•mis•ing [ʌnˈkɒmprə maɪzɪŋ] *adj* unnachgiebig, unbeugsam; entschieden; kompromisslos
un•con•cerned [ˌʌnkənˈsɜːnd] *adj* **1.** interesselos, uninteressiert (*with* an) **2.** unbekümmert, gleichgültig, teilnahmslos (*about* an) **3.** unbeteiligt (*in* an)
un•con•di•tional [ˌʌnkənˈdɪʃənl] *adj* bedingungs-, vorbehaltlos
un•con•firmed [ˌʌnkənˈfɜːmd] *adj* unbestätigt
un•con•ge•nial [ˌʌnkənˈdʒiːnɪəl] *adj* unangenehm
un•con•nec•ted [ˌʌnkəˈnektɪd] *adj* **1.** nicht miteinander in Beziehung stehend **2.** unzusammenhängend
un•con•scion•able [ʌnˈkɒnʃ(ə)nəbl] *adj* unerhört
un•con•scious [ʌnˈkɒnʃəs] **I.** *adj* **1.** (*a.* PSYCH) unbewusst (*of s.th.* einer S), unabsichtlich **2.** bewusstlos, ohnmächtig; **be** ~ **of s.th.** sich einer S nicht bewusst sein **II.** *s* (PSYCH) (das) Unbewusste; **un•con-**

U

scious•ly [-lɪ] *adv* unbewusst; **un•con•scious•ness** [-nɪs] *s* **1.** (MED) Bewusstlosigkeit *f* **2.** Unkenntnis *f*

un•con•sid•ered [ˌʌnkənˈsɪdəd] *adj* **1.** unbedacht, unüberlegt **2.** (*Tatsache*) unbeachtet, unberücksichtigt

un•con•sti•tu•tional [ˈʌnˌkɒnstɪˈtjuːʃənl] *adj* **1.** (POL) verfassungswidrig **2.** (COM) satzungswidrig

un•con•sum•mated [ˌʌnˈkɒnsjʊmeɪtɪd] *adj* unvollzogen

un•con•tested [ˌʌnkənˈtestɪd] *adj* **1.** unbestritten **2.** (*Wahl*) ohne Gegenkandidaten

un•con•trol•lable [ˌʌnkənˈtrəʊləbl] *adj* unkontrollierbar; unbezwingbar; **un•con•trolled** [ˌʌnkənˈtrəʊld] *adj* **1.** unbeaufsichtigt **2.** ungehindert; (*Lachen*) unkontrolliert; (*Weinen*) hemmungslos

un•con•tro•versial [ˌʌnkɒntrəˈvɜːʃl] *adj* unverfänglich

un•con•vinced [ˌʌnkənˈvɪnst] *adj* nicht überzeugt; **un•con•vinc•ing** [ˌʌnkənˈvɪnsɪŋ] *adj* nicht überzeugend

un•cooked [ˌʌnˈkʊkt] *adj* ungekocht, roh

un•co•op•er•ative [ˌʌnkəʊˈɒpərətɪv] *adj* nicht entgegenkommend; wenig hilfsbereit; **be ~** nicht zur Kooperation, Mithilfe bereit sein; nicht mittun

un•cork [ˌʌnˈkɔːk] *vt* entkorken

un•cor•rob•or•ated [ˌʌnkəˈrɒbəreɪtɪd] *adj* unbestätigt; (*Beweis*) nicht bekräftigt

un•couple [ˌʌnˈkʌpl] *vt* (TECH) abkuppeln

un•couth [ʌnˈkuːθ] *adj* ungehobelt, ordinär

un•cover [ʌnˈkʌvə(r)] *vt* **1.** auf-, abdecken **2.** (*fig*) enthüllen, aufdecken

un•criti•cal [ˌʌnˈkrɪtɪkl] *adj* unkritisch

un•crowned [ˌʌnˈkraʊnd] *adj* ungekrönt

un•crush•able [ʌnˈkrʌʃəbl] *adj* **1.** knitterfrei **2.** (*fig: Wille*) unbeugsam

unc•tion [ˈʌŋkʃn] *s* (REL) Salbung *f;* **the extreme ~** (REL) die letzte Ölung; **unc•tu•ous** [ˈʌŋktʃʊəs] *adj* salbungsvoll

un•cut [ˌʌnˈkʌt] *adj* **1.** (*Haare*) ungeschnitten **2.** (*Buch*) unbeschnitten **3.** (*Stein*) ungeschliffen **4.** (*fig*) ungekürzt

un•dated [ˌʌnˈdeɪtɪd] *adj* undatiert

un•daunted [ˌʌnˈdɔːntɪd] *adj* unerschrocken, furchtlos; nicht entmutigt

un•de•ceive [ˌʌndɪˈsiːv] *vt:* **~ s.o.** jdm reinen Wein einschenken

un•de•cided [ˌʌndɪˈsaɪdɪd] *adj* **1.** unentschieden **2.** unentschlossen, unschlüssig

un•de•clared [ˌʌndɪˈkleəd] *adj* **1.** (*Zoll*) nicht deklariert **2.** (*Liebe*) heimlich **3.** (*Krieg*) nicht erklärt

un•de•fined [ˌʌndɪˈfaɪnd] *adj* undefiniert; undefinierbar

un•de•liv•erable [ˌʌndɪˈlɪvrəbl] *adj* (*Post*) unzustellbar; **un•de•liv•ered** [ˌʌndɪˈlɪvəd] *adj* (*Post*) nicht zugestellt

un•de•mand•ing [ˌʌndɪˈmɑːndɪŋ] *adj* anspruchslos

un•demo•cratic [ˌʌndeməˈkrætɪk] *adj* undemokratisch

un•de•mon•stra•tive [ˌʌndɪˈmɒnstrətɪv] *adj* reserviert, zurückhaltend

un•de•ni•able [ˌʌndɪˈnaɪəbl] *adj* unleugbar, unbestreitbar; **un•de•ni•ably** [-ɪ] *adv* zweifelsohne, zweifellos; unbestreitbar

under [ˈʌndə(r)] **I.** *prep* **1.** unter **2.** (*zeitlich*) unter, während **3.** unter, weniger als; geringer als **4.** (JUR) gemäß, laut, nach; **from ~** unter … hervor; **~ an act** auf Grund eines Gesetzes; **~ anaesthetic** in der Narkose; **~ these circumstances/conditions** unter diesen Umständen/Bedingungen; **~ construction** im Bau (befindlich); **~ discussion** zur Debatte; **~ s.o.'s (very) eyes** vor jds Augen; **~ the impression** unter dem Eindruck; **~ a misapprehension** irrtümlich; **~ s.o.'s name** unter jds Namen; **~ oath** unter Eid; **~ repair** in Reparatur; **~ treatment** in Behandlung; **be ~ control** in Ordnung sein; **be ~ the impression** den Eindruck haben (*that* dass); **come ~ s.th.** unter etw fallen **II.** *adv* **1.** unten; nach unten; (dar)unter **2.** bewusstlos **3.** (*zahlenmäßig*) darunter; **get out from ~** langsam wieder klarkommen

under•achieve [ˌʌndərəˈtʃiːv] *vi* hinter den Erwartungen zurückbleiben; **under•act** [ˌʌndərˈækt] *vt, vi* (THEAT) verhalten spielen; **under-age** [ˌʌndərˈeɪdʒ] *adj* minderjährig; von Minderjährigen; **under•bid** [ˌʌndəˈbɪd] <*irr:* -bid, -bid> *vt* (COM) unterbieten; **under•capi•tal•ized** [ˌʌndəˈkæpɪtəlaɪzd] *adj* unterkapitalisiert; **under•car•riage** [ˈʌndəkærɪdʒ] *s* (AVIAT) Fahrgestell, -werk *nt;* **under•charge** [ˌʌndəˈtʃɑːdʒ] **I.** *vt* **1.** zu wenig berechnen (*s.o.* jdm) **2.** ungenügend belasten **II.** *s* **1.** ungenügende Ladung **2.** zu geringe Berechnung **3.** zu geringe Belastung; **under•clothes, under•cloth•ing** [ˈʌndəkləʊðz, ˈʌndəkləʊðɪŋ] *s* Unter-, Leibwäsche *f;* **under•coat** [ˈʌndəkəʊt] *s* **1.** (TECH) Grundanstrich *m* **2.** (AUTO) Unterbodenschutz *m;* **under•cover** [ˌʌndəˈkʌvə(r)] *adj* geheim; **~ agent** Spitzel *m,* Geheimagent(in) *m (f);* **under•cur•rent** [ˈʌndəkʌrənt] *s* Unterströmung *f;* **under•cut** [ˌʌndəˈkʌt] <*irr:* -cut, -cut> *vt* (COM) unterbieten; **under•de•vel•oped** [ˌʌndədɪˈveləpt] *adj* unterentwickelt; **under•dog** [ˈʌndədɒg] *s* (*fig*) Benachteiligte(r), Unterprivilegierte(r) *f m;* **under•done** [ˌʌndəˈdʌn] *adj* nicht gar; nicht durchgebraten; blutig; **under•em•ployed** [ˌʌndərɪmˈplɔɪd] *adj* unterbeschäftigt; **under•equipped** [ˌʌndərɪˈkwɪpt] *adj* unzulänglich ausgerüstet; **under·esti·mate** [ˌʌndər'estɪmeɪt] **I.** *vt* unterschätzen **II.** [ˌʌndər'estɪmət] *s* Unterbewertung, Unterschätzung *f;* **under·ex·pose** [ˌʌndərɪk'spəʊz] *vt* (PHOT) unterbelichten; **under·expo·sure** [ˌʌndərɪk'spəʊʒə(r)] *s* (PHOT) Unterbelichtung *f;* **under·eye circles** *s pl* Ringe unter den Augen; **under·fed** [ˌʌndə'fed] *adj* unterernährt; **under·felt** ['ʌndəfelt] *s* Filzunterlage *f;* **under·floor heat·ing** [ˌʌndə'flɔːhiːtɪŋ] *s* Fußbodenheizung *f;* **under·foot** [ˌʌndə'fʊt] *adv* **1.** am Boden **2.** im Wege; **under·fund** [ˌʌndə'fʌnd] *vt* unterfinanzieren; **under·fund·ing** [ˌʌndə'fʌndɪŋ] *s* Unterfinanzierung *f;* **under·gar·ment** ['ʌndəgɑːmənt] *s* Leibwäsche *f;* **under·go** [ˌʌndə'gəʊ] <*irr:* -went, -gone> *vt* **1.** erfahren **2.** durchmachen **3.** sich unterziehen (müssen) (*s.th.* einer S); **under·grad·uate** [ˌʌndə'grædʒʊət] *s* Student(in) *m(f)*

under·ground ['ʌndəgraʊnd] **I.** *s* **1.** (*fig*) Untergrund-, Widerstandsbewegung *f* **2.** (*Br*) Untergrundbahn, U-Bahn *f;* **go** [*o* **travel**] **by** ~ mit der U-Bahn fahren **II.** *adj* **1.** unterirdisch **2.** (*fig*) geheim; Untergrund-; ~ **car park** Tiefgarage *f;* ~ **dump** Untertagedeponie *f* **III.** *adv* **1.** unter der Erdoberfläche **2.** (MIN) unter Tage; **go** ~ untertauchen; (POL) in den Untergrund gehen

under·growth ['ʌndəgrəʊθ] *s* Gestrüpp, Unterholz *nt*

under·hand ['ʌndəhænd] **I.** *adj* **1.** heimlich, geheim **2.** hinterhältig **3.** (SPORT) unter der Schulterhöhe ausgeführt **II.** *adv* im Geheimen; hinterhältig; **under·in·sure** [ˌʌndərɪn'ʃʊə(r)] *vt* unterversichern; **under·lay** [ˌʌndə'leɪ] <*irr:* -laid, -laid> *vt* unterlegen (*with* mit); **under·lie** [ˌʌndə'laɪ] <*irr:* -lay, -lain> *vt* **1.** liegen unter **2.** zu Grunde liegen (*s.th.* einer S), die Grundlage bilden (*s.th.* für etw); **under·line** [ˌʌndə'laɪn] *vt* **1.** unterstreichen **2.** (*fig*) betonen, hervorheben

under·ling ['ʌndəlɪŋ] *s* Untergebene(r) *f m*

under·ly·ing [ˌʌndə'laɪɪŋ] *adj* **1.** tiefer liegend **2.** (*Grund*) eigentlich; tiefer; (*Problem*) zu Grunde liegend; (*Ehrlichkeit*) grundlegend; **under·man·ned** [ˌʌndə'mænd] *adj* **1.** (MAR) ungenügend bemannt **2.** unterbesetzt; **under·man·ning** [ˌʌndə'mænɪŋ] *s* Personalmangel *m;* (*absichtlich*) Unterbesetzung *f;* **under·men·tioned** [ˌʌndə'menʃnd] *adj* untenerwähnt; **under·mine** [ˌʌndə'maɪn] *vt* **1.** unterminieren; auswaschen **2.** (*fig*) untergraben, (unmerklich) schwächen; **under·most** ['ʌndəməʊst] *adj* unterste(r, s)

under·neath [ˌʌndə'niːθ] **I.** *adv* darunter **II.** *prep* unter **III.** *s* Unterseite *f*

under·nour·ished [ˌʌndə'nʌrɪʃt] *adj* unterernährt; **under·paid** [ˌʌndə'peɪd] *adj* unterbezahlt; **under·pants** ['ʌndəpænts] *s pl* Unterhose *f;* **under·pass** ['ʌndəpɑːs] *s* Unterführung *f;* **under·pay** [ˌʌndə'peɪ] <*irr:* -paid, -paid> *vt* unterbezahlen; **under·per·form** [ˌʌndəpə'fɔːm] *vi* unterdurchschnittlich abschneiden; **under·play** ['ʌndəpleɪ] *vt* **1.** (*Karten*) nicht voll ausspielen **2.** (*fig*) sich zurückhalten; **under·popu·lated** [ˌʌndə'pɒpjʊleɪtɪd] *adj* unterbevölkert; **under·privi·leged** [ˌʌndə'prɪvəlɪdʒd] *adj* unterprivilegiert, benachteiligt; **the** ~ die Unterprivilegierten *pl;* **under·rate** [ˌʌndə'reɪt] *vt* unterbewerten, unterschätzen; **under·rep·re·sent·ed** [ˌʌndəreprɪ'zentɪd] *adj* unterrepräsentiert; **under·score** [ˌʌndə'skɔː(r)] **I.** *vt* **1.** unterstreichen **2.** (*fig*) hervorheben, betonen **II.** *s* Unterstreichung *f;* **under·seal** ['ʌndəsiːl] **I.** *s* (*Br: von Auto*) Unterbodenschutz *m* **II.** *vt* mit Unterbodenschutz versehen; **under·sell** [ˌʌndə'sel] <*irr:* -sold, -sold> *vt* verschleudern; unter (dem) Preis verkaufen; unterbieten; **under·shirt** ['ʌndəʃɜːt] *s* (*Am*) Unterhemd *nt;* **under·side** ['ʌndəsaɪd] *s* Unterseite *f;* **under·signed** ['ʌndəsaɪnd] **I.** *adj* unterzeichnet **II.** *s* Unterzeichnete(r) *f m;* **under·sized** [ˌʌndə'saɪzd] *adj* unter Normalgröße; **under·skirt** ['ʌndəskɜːt] *s* Unterrock *m;* **under·staffed** [ˌʌndə'stɑːft] *adj* unterbesetzt; **be** ~ an Personalmangel leiden

under·stand [ˌʌndə'stænd] <*irr:* understood, understood> **I.** *vt* **1.** verstehen (*by* unter) **2.** begreifen, einsehen **3.** annehmen, voraussetzen **4.** entnehmen, schließen (*from* aus); **I ~ that...** ich habe gehört, dass ...; **am I to ~ that ...?** soll das heißen, dass ...?; ~ **one another** sich, einander (gut) verstehen; **give s.o. to ~** jdm zu verstehen geben; **make o.s. understood** sich verständlich machen; **it's understood** es ist selbstverständlich, es versteht sich von selbst (*that* dass); **is that understood?** ist das klar? **II.** *vi* **1.** Verständnis, Einsicht haben **2.** Bescheid wissen; (**so**) **I** ~ wie ich höre

under·stand·able [-əbl] *adj* verständlich

under·stand·ing [-ɪŋ] **I.** *s* **1.** Verständnis *nt* (*of* für), Einsicht *f* (*of* in) **2.** Absprache *f,* Übereinkommen *nt,* Verständigung *f,* Einvernehmen *nt* (*between* zwischen) **3.** Voraussetzung *f;* **on this** ~ unter dieser Voraussetzung; **on the ~ that ...** unter der Voraussetzung, dass ...; **come to** [*o* **reach**] **an** ~ zu einer Verständigung kommen (*with* mit), sich einigen **II.** *adj* verständnisvoll

under•state [ˌʌndəˈsteɪt] *vt* untertreiben; zu niedrig ausweisen; **under•state•ment** [ˈʌndəsteɪt mənt] *s* Untertreibung *f,* Understatement *nt;* **under•stocked** [ˌʌndəˈstɒkt] *adj:* **be** ~ zu wenig Vorrat haben (*with* an)

under•stood [ˌʌndəˈstʊd] *s.* **understand**

under•sto•rey [ˌʌndəˈstɔːrɪ] *s* (BOT) Unter(be)stand *m*

under•study [ˈʌndəstʌdɪ] **I.** *s* (THEAT) Ersatzdarsteller(in) *m(f)* **II.** *vt* einspringen für

under•take [ˌʌndəˈteɪk] <*irr:* -took, -taken> *vt* **1.** (*Aufgabe*) übernehmen **2.** (*Pflicht*) auf sich nehmen **3.** (*Risiko*) eingehen **4.** sich verpflichten (*to do* zu tun) **5.** sich verbürgern, garantieren **6.** (*Arbeit, Reise*) unternehmen; **under•taker** [ˈʌndəteɪkə(r)] *s* Beerdigungsunternehmer(in) *m(f),* Leichenbestatter(in) *m(f);* **under•tak•ing** [ˌʌndəˈteɪkɪŋ] *s* **1.** Unternehmen *nt;* Projekt *nt* **2.** Zusicherung *f* **3.** Beerdigungsgewerbe *nt*

under-the-counter [ˌʌndəðəˈkaʊntə(r)] *adj:* ~ **sale** Verkauf *m* unter dem Ladentisch; **under•tone** [ˈʌndətəʊn] *s* **1.** gedämpfter Ton **2.** (*fig*) Unterton *m;* **under•uti•lized** [ˌʌndəˈjuːtɪlaɪzd] *adj* nicht voll genutzt; **under•value** [ˌʌndəˈvæljuː] *vt* zu niedrig schätzen; unterbewerten; **under•water** [ˈʌndəwɔːtə(r)] *adj:* ~ **camera** Unterwasserkamera *f;* ~ **swimming** Unterwasserschwimmen *nt;* **under•wear** [ˈʌndəweə(r)] *s* Unterwäsche *f;* **under•weight** [ˌʌndəˈweɪt] *adj* untergewichtig; **he is several pounds** ~ er hat mehrere Pfund Untergewicht; **under•worked** [ˌʌndəˈwɜːkt] *adj* nicht ausgelastet; **under•world** [ˈʌndəwɜːld] *s* Unterwelt *f;* **under•write** [ˌʌndəˈraɪt] <*irr:* -wrote, -written> *vt* **1.** (FIN) garantieren **2.** (*Versicherung*) übernehmen **3.** (*ein Risiko*) versichern **4.** (*Anleihe*) die Platzierung übernehmen für

under•writer [ˈʌndəˌraɪtə(r)] *s* **1.** Emissionsbank *f,* Konsorte *m* **2.** Versicherer *m* **3.** ~**s** Konsortium *nt*

un•de•sir•able [ˌʌndɪˈzaɪərəbl] *adj* unerwünscht

un•de•tected [ˌʌndɪˈtektɪd] *adj* unentdeckt

un•de•vel•oped [ˌʌndɪˈveləpt] *adj* **1.** unentwickelt **2.** (COM) unerschlossen

un•did [ʌnˈdɪd] *s.* **undo**

un•dies [ˈʌndɪz] *s pl* (*fam*) (Unter)Wäsche *f*

un•dis•charged bank•rupt [ˌʌndɪstʃɑːdʒdˈbæŋkrʌpt] *s* nicht entlastete(r) Konkursschuldner(in) *m(f)*

un•dis•closed [ˌʌndɪsˈkləʊzd] *adj* **1.** nicht enthüllt, unbekannt **2.** verheimlicht

un•dis•covered [ˌʌndɪsˈkʌvəd] *adj* unentdeckt

un•dis•pu•ted [ˌʌndɪˈspjuːtɪd] *adj* unbestritten

un•dis•tin•guished [ˌʌndɪˈstɪŋgwɪʃt] *adj* mittelmäßig, durchschnittlich

un•di•vided [ˌʌndɪˈvaɪdɪd] *adj* **1.** ungeteilt **2.** (COM) nicht verteilt

undo [ʌnˈduː] <*irr:* undid, undone> *vt* **1.** aufmachen; (*Knoten*) lösen; (*Paket*) öffnen **2.** zerstören, vernichten; ruinieren **3.** (*Tat*) ungeschehen machen; **un•do•ing** [-ɪŋ] *s* Ruin *m,* Verderben, Unglück *nt;* **undone** [ˌʌnˈdʌn] **I.** *pp of* **undo II.** *adj* **1.** (*Arbeit*) unerledigt **2.** (*Kleid, Paket*) offen; **leave nothing** ~ nichts unversucht lassen; **come** ~ aufgehen

un•doubted [ʌnˈdaʊtɪd] *adj* unbestritten; **un•doubted•ly** [-lɪ] *adv* zweifellos, gewiss, sicher

un•dreamed-of, undreamt-of [ʌnˈdriːmdɒv, ʌnˈdremtɒv] *adj* ungeahnt, unerwartet

un•dress [ʌnˈdres] **I.** *vt* entkleiden, ausziehen **II.** *vi* sich ausziehen, seine Kleider ablegen **III.** *s:* **in a state of** ~ halb bekleidet; **un•dressed** [ˌʌnˈdrest] *adj* **1.** unbekleidet **2.** (*Wunde*) unverbunden **3.** (*Häute*) ungegerbt **4.** (*Salat*) nicht angerichtet; **get** ~ sich ausziehen

un•due [ˌʌnˈdjuː] *adj* übertrieben; ungebührlich

un•du•late [ˈʌndjʊleɪt] *vi* wellig sein; wogen; **un•du•la•ting** [-ɪŋ] *adj* wellenförmig; (*Landschaft*) hügelig

un•duly [ˌʌnˈdjuːlɪ] *adv* (zu) sehr; übermäßig

un•dy•ing [ˌʌnˈdaɪɪŋ] *adj* unsterblich; unvergänglich, ewig

un•earned [ˌʌnˈɜːnd] *adj* **1.** (*Geld*) nicht verdient **2.** (*fig: Lob*) unverdient; ~ **income** Kapitaleinkommen *nt;* ~ **increment** Wertzuwachs *m*

un•earth [ʌnˈɜːθ] *vt* **1.** ausgraben **2.** (*fig*) ausfindig machen, entdecken; **un•earth•ly** [ʌnˈɜːθlɪ] *adj* **1.** unheimlich **2.** (*Schönheit*) überirdisch; **at this** ~ **hour** zu dieser unchristlichen Stunde

un•ease [ʌnˈiːz] *s* Unbehagen *nt;* Unruhe *f;* **un•easy** [-ɪ] *adj* **1.** unruhig (*about* wegen), besorgt (*about* um) **2.** unbehaglich **3.** ungeschickt; **be** ~ sich in seiner Haut nicht wohl fühlen; **I feel** ~ mir ist unbehaglich (zu Mute) (*about s.th.* wegen etw)

un•econ•omic(al) [ˈʌnˌiːkəˈnɒmɪk(l)] *adj* unwirtschaftlich; unrentabel, verschwenderisch

un•edu•cated [ʌnˈedʒʊkeɪtɪd] *adj* ungebildet

un•emo•tional [ˌʌnɪˈməʊʃənl] *adj* nüchtern, sachlich; kühl; unbewegt

un•em•ploy•able [ˌʌnɪmˈplɔɪəbl] *adj*

(*Mensch*) arbeitsunfähig; **un•em•ployed** [ˌʌnɪm'plɔɪd] *adj* **1.** arbeitslos; erwerbslos **2.** unbe-, ungenutzt **3.** (*Kapital*) tot; **the ~** die Arbeitslosen *pl;* **un•em•ploy•ment** [ˌʌnɪm'plɔɪmənt] *s* Erwerbs-, Arbeitslosigkeit *f;* **~ among young people** Jugendarbeitslosigkeit *f;* **~ benefit** Arbeitslosengeld *nt,* -hilfe *f;* **~ insurance** Arbeitslosenversicherung *f;* **~ rate** Arbeitslosenquote *f*

un•en•force•able [ˌʌnɪn'fɔːsəbl] *adj* nicht erzwingbar; nicht klagbar

un•en•light•ened [ˌʌnɪn'laɪtnd] *adj* **1.** (*fig*) unaufgeklärt, uneingeweiht **2.** rückständig **3.** intolerant

un•en•vi•able [ˌʌn'envɪəbl] *adj* wenig beneidenswert

un•equal [ˌʌn'iːkwəl] *adj* **1.** ungleich; unausgeglichen **2.** nicht gewachsen (*to a task* einer Aufgabe)

un•equaled *adj* (*Am*), **un•equal•led** [ˌʌn'iːkwld] *adj* einzig(artig); beispiellos; unübertroffen; **be ~** seinesgleichen suchen

un•equivo•cal [ˌʌnɪ'kwɪvəkl] *adj* unzweideutig

un•err•ing [ʌn'ɜːrɪŋ] *adj* **1.** unfehlbar **2.** untrüglich

UNESCO [juː'neskəʊ] *s Abk. von* **United Nations Educational, Scientific and Cultural Organisation** UNESCO *f*

un•even [ˌʌn'iːvn] *adj* **1.** uneben; ungleich **2.** unregelmäßig **3.** (*fig: Qualität*) ungleichmäßig **4.** (*fig*) uneinheitlich, unausgeglichen **5.** (*Zahl*) ungerade

un•event•ful [ˌʌnɪ'ventfʊl] *adj* ereignislos

un•ex•ampled [ˌʌnɪg'zɑːmpld] *adj* beispiellos, einmalig

un•ex•cep•tion•able [ˌʌnɪk'sepʃənəbl] *adj* untadelig, einwandfrei; **un•ex•cep•tional** [ˌʌnɪk'sepʃnəl] *adj* **1.** gewöhnlich **2.** ausnahmslos

un•ex•cit•ing [ˌʌnɪk'saɪtɪŋ] *adj* nicht besonders aufregend

un•ex•pected [ˌʌnɪk'spektɪd] *adj* unerwartet, unvorhergesehen

un•ex•peri•enced [ˌʌnɪk'spɪərɪənst] *adj* unerfahren; unerprobt

un•ex•plod•ed [ˌʌnɪk'spləʊdɪd] *adj* nicht explodiert

un•ex•ploit•ed [ˌʌnɪk'splɔɪtɪd] *adj* ungenutzt; brachliegend

un•ex•pressed [ˌʌnɪk'sprest] *adj* unausgesprochen; ungeäußert

un•ex•pres•sive [ˌʌnɪk'spresɪv] *adj* ausdruckslos

un•ex•pur•ga•ted [ˌʌn'ekspɜːgeɪtɪd] *adj* (*Buch*) ungekürzt

un•fail•ing [ʌn'feɪlɪŋ] *adj* unerschöpflich; zuverlässig

un•fair [ˌʌn'feə(r)] *adj* **1.** unfair, ungerecht(fertigt) **2.** unsportlich, unfair **3.** (*Wettbewerb*) unlauter (*to* gegenüber)

un•faith•ful [ˌʌn'feɪθfʊl] *adj* **1.** untreu (*to* gegenüber) **2.** ungenau

un•fal•ter•ing [ʌn'fɔːltərɪŋ] *adj* **1.** nicht wankend **2.** (*fig*) unerschütterlich

un•fam•il•iar [ˌʌnfə'mɪlɪə(r)] *adj* **1.** ungewohnt **2.** nicht vertraut (*with* mit); **be ~ with s.th.** etw nicht kennen

un•fas•ten [ˌʌn'fɑːsn] **I.** *vt* los-, aufmachen **II.** *vi* aufgehen

un•fath•om•able [ʌn'fæðəməbl] *adj* unergründlich, unerforschlich; **un•fath•omed** [ʌn'fæðəmd] *adj* unerforscht

un•fa•vor•able *adj* (*Am*), **un•fa•vour•able** [ˌʌn'feɪvrəbl] *adj* ungünstig, unvorteilhaft (*for, to* für); **~ balance of trade** passive Handelsbilanz *f*

un•feel•ing [ʌn'fiːlɪŋ] *adj* empfindungslos, grausam

un•feigned [ʌn'feɪnd] *adj* aufrichtig; unverhohlen

un•filled [ʌn'fɪld] *adj* leer; (*Stelle*) frei, offen, unbesetzt

un•fin•ished [ˌʌn'fɪnɪʃt] *adj* unvollendet; (TECH) unbearbeitet

un•fit [ˌʌn'fɪt] *adj* **1.** unfähig, untüchtig **2.** untauglich (*for* für) **3.** (SPORT) nicht in Form; **~ for work** arbeitsunfähig

un•flag•ging [ˌʌn'flægɪŋ] *adj* unermüdlich

un•flap•pable [ˌʌn'flæpəbl] *adj* unerschütterlich

un•flinch•ing [ʌn'flɪntʃɪŋ] *adj* unnachgiebig, entschlossen; unerschütterlich, unerschrocken

un•fold [ʌn'fəʊld] **I.** *vt* **1.** entfalten **2.** (*fig*) offen darlegen, enthüllen **II.** *vi* **1.** sich entfalten **2.** bekannt werden **3.** (*Knospe*) sich öffnen

un•fore•see•able [ˌʌnfɔː'siːəbl] *adj* unvorhersehbar

un•fore•seen [ˌʌnfɔː'siːn] *adj* unvorhergesehen

un•for•get•table [ˌʌnfə'getəbl] *adj* unvergesslich

un•for•giv•able [ˌʌnfə'gɪvəbl] *adj* unverzeihlich

un•for•tu•nate [ʌn'fɔːtʃʊnət] **I.** *adj* **1.** unglücklich **2.** bedauerlich **3.** erfolg-, aussichtslos **4.** (*Bemerkungen*) unpassend **II.** *s* Pechvogel *m;* **un•for•tu•nate•ly** [-lɪ] *adv* unglücklicherweise, leider

un•founded [ˌʌn'faʊndɪd] *adj* unbegründet, grundlos

un•freeze [ˌʌn'friːz] *vt, vi* **1.** auf-, abtauen **2.** (*fig: Preisstopp*) aufheben **3.** (*Guthaben*) freigeben

un•fre•quented [ˌʌnfrɪ'kwentɪd] *adj* wenig besucht; einsam

un•friend•ly [ˌʌn'frendlɪ] *adj* **1.** unfreundlich (*to* gegen) **2.** ungünstig (*for, to* für)

un•ful•filled [ˌʌnfʊl'fɪld] *adj* **1.** unerfüllt **2.** unausgefüllt; **unfulfilled order** *s* nicht ausgeführter Auftrag

un•furl [ʌn'fɜːl] **I.** *vt* aufrollen; entfalten **II.** *vi* sich entfalten; sich aufrollen

un•fur•nished [ˌʌn'fɜːnɪʃt] *adj* unmöbliert, leer

un•gain•ly [ʌn'geɪnlɪ] *adj* unbeholfen, plump; ungraziös

un•geared [ˌʌn'gɪəd] *adj* (FIN) ohne Fremdmittel

un•gen•er•ous [ʌn'dʒenərəs] *adj* kleinlich

un•gentle•man•ly [ʌn'dʒentlmənlɪ] *adj* unfein, ungebildet; **that is ~** so etwas tut ein Gentleman nicht

un-get-at-able [ˌʌnget'ætəbl] *adj* (*fam*) schwer erreichbar, unerreichbar

un•god•ly [ʌn'gɒdlɪ] *adj* **1.** gottlos **2.** (*fam*) verdammt; abscheulich **3.** (*fam*) gotteslästerlich; unmöglich; **at an ~ hour** zu nachtschlafender Zeit

un•gov•ern•able [ʌn'gʌvənəbl] *adj* unbezähmbar; zügellos; (*Volk*) nicht zu regieren(d)

un•grace•ful [ˌʌn'greɪsfl] *adj* ohne Anmut, plump

un•gra•cious [ˌʌn'greɪʃəs] *adj* unhöflich

un•grate•ful [ʌn'greɪtfl] *adj* undankbar (*to* gegen)

un•grudg•ing [ˌʌn'grʌdʒɪŋ] *adj* entgegenkommend; großzügig; **un•grudg ing•ly** [-lɪ] *adv* gern

un•guarded [ˌʌn'gɑːdɪd] *adj* **1.** unbewacht **2.** (SPORT) ungedeckt **3.** sorglos, nachlässig; **in an ~ moment** in einem unbedachten Augenblick

un•guent ['ʌŋgwənt] *s* Salbe *f*

un•hal•lowed [ʌn'hæləʊd] *adj* ungeweiht

un•happy [ʌn'hæpɪ] *adj* **1.** unglücklich; traurig **2.** nicht zufrieden; **feel ~ about s.th.** nicht glücklich über etw sein; ein ungutes Gefühl bei etw haben

un•harmed [ʌn'hɑːmd] *adj* wohlbehalten, unversehrt

UNHCR [ˌjuːeneɪtʃsiː'ɑː] *s Abk. von* **United Nations High Commission for Refugees** Flüchtlingshilfswerk *nt* der UN

un•healthy [ʌn'helθɪ] *adj* **1.** kränklich **2.** ungesund

un•heard [ʌn'hɜːd] *adj* ungehört; **un•heard-of** [ʌn'hɜːdɒv] *adj* unerhört

un•hinge [ʌn'hɪndʒ] *vt* verwirren, verstören

un•hip [ʌn'hɪp] *adj* (*sl*) nicht cool

un•holy [ʌn'həʊlɪ] *adj* **1.** ungeweiht; (*Geister*) böse **2.** (*fam*) entsetzlich, schrecklich

un•hook [ʌn'hʊk] *vt* los-, aufhaken; losmachen

un•hoped-for [ʌn'həʊptfɔː(r)] *adj* unerwartet, unverhofft

un•horse [ˌʌn'hɔːs] *vt* aus dem Sattel werfen

un•hurt [ʌn'hɜːt] *adj* unverletzt

UNICEF ['juːnɪsef] *s Abk. von* **United Nations International Children's Emergency Fund** UNICEF *f*, Weltkinderhilfswerk *nt* der UNO

uni•corn ['juːnɪkɔːn] *s* Einhorn *nt*

un•iden•ti•fied [ˌʌnaɪ'dentɪfaɪd] *adj* nicht identifiziert; unbekannt; **~ flying object, UFO** unbekanntes Flugobjekt, UFO *nt*

uni•fi•ca•tion [ˌjuːnɪfɪ'keɪʃn] *s* Vereinheitlichung *f;* Einigung *f;* **unification treaty** *s* (POL) Einigungsvertrag *m*

uni•form ['juːnɪfɔːm] **I.** *adj* **1.** gleich(bleibend), gleichförmig, -mäßig **2.** einförmig; einheitlich **3.** übereinstimmend **II.** *s* Uniform *f;* **uni•form•ity** [ˌjuːnɪ'fɔːmətɪ] *s* **1.** Gleichmäßigkeit *f* **2.** Einheitlichkeit *f* **3.** (*pej*) Eintönigkeit *f*

unify ['juːnɪfaɪ] *vt* vereinheitlichen; einigen; vereinigen

uni•lat•eral [ˌjuːnɪ'lætrəl] *adj* einseitig, unilateral

un•im•ag•in•able [ˌʌnɪ'mædʒnəbl] *adj* unvorstellbar

un•im•peach•able [ˌʌnɪm'piːtʃəbl] *adj* unanfechtbar; einwandfrei, untadelig

un•in•formed [ˌʌnɪn'fɔːmd] *adj* nicht unterrichtet, nicht informiert (*about, on* über)

un•in•hab•it•able [ˌʌnɪn'hæbɪtəbl] *adj* unbewohnbar; **un•in•hab•ited** *adj* unbewohnt

un•in•hib•ited [ˌʌnɪn'hɪbɪtɪd] *adj* ungehemmt

un•in•jured [ˌʌn'ɪndʒəd] *adj* unverletzt

un•in•sur•able [ˌʌnɪn'ʃʊərəbl] *adj* nicht versicherungsfähig; **un•in•sured** [ˌʌnɪn'ʃʊəd] *adj* nicht versichert

un•in•tel•li•gent [ˌʌnɪn'telɪdʒənt] *adj* unintelligent; **un•in•tel•li•gible** [ˌʌnɪn'telɪdʒəbl] *adj* unverständlich

un•in•ten•tional [ˌʌnɪn'tenʃənl] *adj* unabsichtlich; **un•in•ten•tional•ly** [ˌʌnɪn'tenʃnəlɪ] *adv* unbeabsichtigt

un•in•ter•ested [ʌn'ɪntrɪstɪd] *adj* uninteressiert (*in* an); **un•in•ter•est•ing** [ʌn'ɪntrɪstɪŋ] *adj* uninteressant

un•in•ter•rupted [ˌʌnɪntə'rʌptɪd] *adj* ununterbrochen

union ['juːnɪən] *s* **1.** Vereinigung *f*, Zusammenschluss *m;* Verbindung *f* **2.** (Staaten)Bund *m*, Union *f* **3.** (*trade ~*) Gewerkschaft *f* **4.** (TECH: *pipe ~*) Rohrverbindung *f* **5.** (*Textil*) gemischtes Gewebe **6.** (MATH) Vereinigungsmenge *f* **7.** (*fig*) Eintracht *f;* **in perfect ~** in voller Eintracht; **union agreement, union contract** *s* Tarifvertrag *m;* **union dues, union subscrip-**

tion(s) *s pl* Gewerkschaftsbeiträge *mpl;* **union•ist** [-ɪst] *s* **1.** Gewerkschaft(l)er(in) *m(f)* **2.** (POL) Unionist(in) *m(f),* Unionsanhänger(in) *m(f);* **union•ize** ['ju:nɪənaɪz] *vt* gewerkschaftlich organisieren; **Union Jack** ['ju:nɪən'dʒæk] *s* britische Nationalflagge; **union member** *s* Gewerkschaftsmitglied *nt;* **union official** *s* Gewerkschaftsfunktionär(in) *m(f);* **union representative** *s* (gewerkschaftliche) Vertrauensperson *f*

unique [ju:'ni:k] *adj* **1.** einzig; einmalig **2.** einzigartig, ungewöhnlich **3.** (MATH) eindeutig; **unique•ness** [ju:'ni:knɪs] *s* Einmaligkeit, Einzigartigkeit *f;* **uniqueness theorem** *s* (MATH) Eindeutigkeitssatz *m*

uni•sex ['ju:nɪseks] *adj* einheitlich für beide Geschlechter; Unisex-

uni•son ['ju:nɪsn] *s* **1.** Einklang *m* **2.** (*fig*) Übereinstimmung *f* **3.** (MUS) Gleichklang *m;* **in** ~ einstimmig; **in** ~ **with** in Einklang mit

unit ['ju:nɪt] *s* **1.** (*a.* MATH MIL) Einheit *f,* Stück *nt* **2.** Einzelteil, Anbauteil, Element *nt* **3.** (TECH) Anlage *f* **4.** (MATH) Einer *m* **5.** (*Organisation*) Abteilung *f* **6.** (FIN) Fondsanteil *m;* ~ **of account** Rechnungseinheit *f;* ~ **of charge** Gebühreneinheit *f;* ~ **of currency** Währungseinheit *f;* ~ **of sampling** Stichprobeneinheit *f;* ~ **of value** Wertmaßstab *m;* ~ **costs** Stückkosten *pl;* ~ **price** Stückpreis *m;* **generative** ~ Aggregat *nt;* **compressor** ~ Kompressor *m;* **kitchen** ~ Teil *nt* einer Einbauküche

unite [ju:'naɪt] **I.** *vt* vereinigen, verbinden; (*fig*) vereinen **II.** *vi* sich vereinigen, sich zusammenschließen; ~ **in doing s.th.** etw gemeinsam tun; **united** [ju:'naɪtɪd] *adj* **1.** vereinigt; verbunden **2.** (*Gruppe*) geschlossen **3.** (*Kräfte*) vereint; ~ **trust** offener Investmentfonds; **United Arab Emirates, UAE** *s pl* Vereinigte Arabische Emirate *ntpl;* **United Kingdom, UK** *s* Vereinigtes Königreich *nt* (*Großbritannien und Nordirland*); **United Nations (Organization), UN(O)** *s sing* Vereinte Nationen *pl;* **United States (of America), US(A)** *s sing od pl* Vereinigte Staaten *pl* (von Amerika)

unity ['ju:nətɪ] *s* **1.** (*a.* MATH) Einheit *f* **2.** Einigkeit, Eintracht, Solidarität, Harmonie *f* (*among* unter) **3.** Einheitlichkeit, Geschlossenheit *f;* **in** ~ **with** in Übereinstimmung mit; **economic** ~ Wirtschaftseinheit *f*

uni•ver•sal [ju:nɪ'vɜ:sl] *adj* allgemein, allumfassend, universal; universell; ~ **agent** Generalvertreter(in) *m (f),* -bevollmächtigte(r) *f m;* ~ **education** Allgemeinbildung *f;* **he is a** ~ **favourite** er ist allgemein beliebt; ~ **heir** Alleinerbe *m;* ~ **joint** [*o* **coupling**] (TECH) Universalgelenk *nt;* **Universal Postal Union** Weltpostverein *m;* ~ **suffrage** allgemeines Wahlrecht

uni•verse ['ju:nɪvɜ:s] *s* Weltall, Universum *nt*

uni•ver•sity [ju:nɪ'vɜ:sətɪ] *s* Universität *f;* **be at** ~ die Universität besuchen, studieren; **university education** *s* akademische Bildung; **university lecture** *s* Vorlesung *f;* **university lecturer** *s* Dozent(in) *m(f);* **university library** *s* Universitätsbibliothek *f;* **university town** *s* Universitätsstadt *f*

un•just [ˌʌn'dʒʌst] *adj* ungerecht (*to* gegen); **un•jus•ti•fi•able** [ʌn'dʒʌstɪ faɪəbl] *adj* **1.** nicht zu rechtfertigen, ungerechtfertigt **2.** unentschuldbar; **un•jus•ti•fied** [ʌn'dʒʌstɪfaɪd] *adj* **1.** ungerechtfertigt **2.** (TYP) nicht ausgerichtet, im Flattersatz; **un•just•ly** [ˌʌn'dʒʌstlɪ] *adv* zu Unrecht; ungerecht

un•kempt [ˌʌn'kempt] *adj* **1.** ungekämmt, zerzaust, verwahrlost **2.** unordentlich

un•kind [ʌn'kaɪnd] *adj* unfreundlich; **un•kind•ly** [-lɪ] *adv* herzlos; unfreundlich

un•know•ing [ˌʌn'nəʊɪŋ] *adj* nichts wissend (*of* von); **un•known** [ˌʌn'nəʊn] **I.** *adj* unbekannt; fremd (*to s.o.* jdm); ~ **quantity** unbekannte Größe; (MATH) Unbekannte *f;* ~ **territory** (*a. fig*) Neuland *nt;* **it's** ~ **for him to do that** das tut er sonst eigentlich nicht **II.** *s* Unbekannte(r) *f m;* (MATH) Unbekannte *f;* (*Gegend*) unerforschtes Gebiet; **the** ~ das Unbekannte; das Ungewisse

un•law•ful [ˌʌn'lɔ:fʊl] *adj* widerrechtlich, ungesetzlich, illegal

un•lead•ed [ˌʌn'ledɪd] *adj* (*Benzin*) bleifrei, unverbleit

un•learn [ˌʌn'lɜ:n] *vt* verlernen, vergessen; sich abgewöhnen

un•leash [ʌn'li:ʃ] *vt* **1.** von der Leine lassen **2.** (*fig*) entfesseln

un•leav•ened [ˌʌn'levnd] *adj* (*Brot*) ungesäuert

un•less [ən'les] *conj* **1.** wenn nicht; außer wenn; es sei denn, dass **2.** vorausgesetzt, dass nicht

un•li•censed [ˌʌn'laɪsənst] *adj* unkonzessioniert

un•like [ˌʌn'laɪk] **I.** *adj* ungleich; verschieden **II.** *prep* **1.** unähnlich (*s.o.* jdm) **2.** im Gegensatz zu; **un•like•ly** [ʌn'laɪklɪ] *adj* unwahrscheinlich

un•limited [ʌn'lɪmɪtɪd] *adj* unbegrenzt; unbeschränkt; grenzenlos; ~ **liability** unbeschränkte Haftung

un•listed [ʌn'lɪstɪd] *adj* nicht verzeichnet

un•load [ʌn'ləʊd] *vt, vi* **1.** (*Ladung*) ab-, ausladen **2.** (MAR) löschen **3.** (*Fahrzeug*) entladen **4.** (*fig fam*) abladen; abwälzen

5. (FIN) abstoßen

un•lock [ˌʌnˈlɒk] *vt* aufschließen, -sperren; **un•locked** [ˌʌnˈlɒkt] *adj* unverschlossen

un•looked-for [ʌnˈlʊktfɔː(r)] *adj* unerwartet, überraschend

un•lucky [ʌnˈlʌkɪ] *adj* **1.** unglücklich **2.** unheilvoll; **be ~** Pech haben

un•man [ˌʌnˈmæn] *vt* mutlos machen, entmutigen; **un•manned** [ˌʌnˈmænd] *adj* unbemannt; nicht besetzt

un•man•ner•ly [ʌnˈmænəlɪ] *adj* ungesittet, unmanierlich

un•mar•ried [ˌʌnˈmærɪd] *adj* unverheiratet, ledig

un•mask [ʌnˈmɑːsk] **I.** *vt* **1.** demaskieren **2.** (*fig*) entlarven, bloßstellen **II.** *vi* **1.** sich demaskieren **2.** (*fig*) die Maske fallen lassen

un•matched [ʌnˈmætʃt] *adj* unübertroffen, unvergleichlich

un•men•tion•able [ʌnˈmenʃənəbl] *adj* unaussprechlich; **un•men•tioned** [ˌʌnˈmenʃnd] *adj* unerwähnt

un•mind•ful [ʌnˈmaɪndfl] *adj* unachtsam, unaufmerksam; **be ~ of s.th.** etw nicht beachten

un•mis•tak•able [ˌʌnmɪˈsteɪkəbl] *adj* unverkennbar

un•miti•gated [ʌnˈmɪtɪgeɪtɪd] *adj* **1.** ungemildert, unvermindert **2.** vollkommen, völlig; vollendet

un•moved [ʌnˈmuːvd] *adj* **1.** unbewegt **2.** (*fig*) ungerührt

un•natu•ral [ʌnˈnætʃrəl] *adj* **1.** unnatürlich **2.** widernatürlich, unnormal, abnorm; **it is ~ for her to do that** das tut sie normalerweise nicht

un•nec•es•sar•ily [ˌʌnˈnesəsərəlɪ] *adv* unnötigerweise; übermäßig; **un•nec•es•sary** [ʌnˈnesəsrɪ] *adj* unnötig, überflüssig

un•nerve [ˌʌnˈnɜːv] *vt* **1.** zermürben **2.** den Mut nehmen (*s.o.* jdm)

un•no•ticed [ˌʌnˈnəʊtɪst] *adj* unbemerkt

un•num•bered [ˌʌnˈnʌmbəd] *adj* **1.** ungezählt, zahllos **2.** unnummeriert

un•ob•tain•able [ˌʌnəbˈteɪnəbl] *adj* nicht erhältlich; **this number is ~** kein Anschluss unter dieser Nummer

un•ob•trus•ive [ˌʌnəbˈtruːsɪv] *adj* **1.** (*Sache*) unaufdringlich **2.** (*Mensch*) zurückhaltend, bescheiden

un•oc•cupied [ˌʌnˈɒkjʊpaɪd] *adj* **1.** unbewohnt **2.** unbeschäftigt, müßig **3.** (MIL) unbesetzt

un•of•fi•cial [ˌʌnəˈfɪʃl] *adj* inoffiziell, nicht amtlich

un•or•gan•ized [ˌʌnˈɔːgənaɪzd] *adj* **1.** chaotisch; unmethodisch; ungeordnet **2.** (*Arbeiter*) nicht gewerkschaftlich organisiert

un•or•tho•dox [ˌʌnˈɔːθədɒks] *adj* unorthodox, unkonventionell

un•pack [ˌʌnˈpæk] *vt, vi* auspacken

un•paid [ˌʌnˈpeɪd] *adj* **1.** unbezahlt **2.** unfrankiert **3.** (*Stellung*) ehrenamtlich

un•pal•at•able [ˌʌnˈpælətəbl] *adj* ungenießbar; (*Wahrheit*) bitter

un•par•al•leled [ʌnˈpærəleld] *adj* unvergleichlich; einmalig

un•par•lia•men•tary [ˌʌnˌpɑːləˈmentrɪ] *adj* unparlamentarisch

un•per•turbed [ˌʌnpəˈtɜːbd] *adj* gelassen, nicht aus der Ruhe zu bringen

un•pick [ˌʌnˈpɪk] *vt* (*Naht*) auftrennen

un•placed [ˌʌnˈpleɪst] *adj* (SPORT) unplatziert

un•pleas•ant [ʌnˈpleznt] *adj* **1.** unangenehm **2.** ungefällig, unfreundlich; **un•pleas•ant•ness** [-nɪs] *s* **1.** Unstimmigkeit *f* **2.** Unannehmlichkeit *f*

un•plug [ˌʌnˈplʊg] *vt* den Stecker herausziehen

un•plumbed [ˌʌnˈplʌmd] *adj* unerforscht

un•polished [ˌʌnˈpɒlɪʃt] *adj* **1.** unpoliert, rau **2.** (*fig*) grob; unausgeglichen

un•pol•luted [ˌʌnpəˈluːtɪd] *adj* unverschmutzt

un•popu•lar [ˌʌnˈpɒpjʊlə(r)] *adj* unbeliebt, unpopulär; **un•popu•lar•ity** [ʌnˌpɒpjʊˈlærətɪ] *s* Unbeliebtheit *f*

un•prac•ti•cal [ˌʌnˈpræktɪkl] *adj* unpraktisch

un•prac•ticed [ʌnˈpræktɪst] *adj,* **un•prac•tised** *adj* (*Am*) ungeübt, unerfahren (*in* in)

un•prece•dented [ʌnˈpresɪdentɪd] *adj* **1.** einmalig, beispiellos; noch nie dagewesen **2.** (JUR) ohne Präzedenzfall

un•pre•dict•able [ˌʌnprɪˈdɪktəbl] *adj* **1.** unvorhersehbar **2.** (*Person*) unberechenbar

un•preju•diced [ʌnˈpredʒʊdɪst] *adj* vorurteilsfrei, unvoreingenommen

un•pre•medi•tated [ˌʌnprɪˈmedɪteɪtɪd] *adj* unüberlegt; nicht vorsätzlich

un•pre•ten•tious [ˌʌnprɪˈtenʃəs] *adj* zurückhaltend, bescheiden; schlicht

un•prin•cipled [ʌnˈprɪnsəpld] *adj* ohne Grundsätze; gewissenlos

un•pro•duc•tive [ˌʌnprəˈdʌktɪv] *adj* unproduktiv, unergiebig (*of* an); **~ capital** totes Kapital

un•pro•fes•sional [ˌʌnprəˈfeʃənl] *adj* (*Verhalten*) berufswidrig; (*Arbeit*) unfachmännisch, laienhaft

un•prof•it•able [ˌʌnˈprɒfɪtəbl] *adj* unrentabel

un•prompted [ˌʌnˈprɒmptɪd] *adj* aus eigenem Antrieb, spontan

un•pro•vided [ˌʌnprəˈvaɪdɪd] *adj:* **~ for** unversorgt

un·pub·lished [ˌʌnˈpʌblɪʃt] *adj* unveröffentlicht

un·punc·tual [ˌʌnˈpʌŋktʃʊəl] *adj* unpünktlich

un·quali·fied [ʌnˈkwɒlɪfaɪd] *adj* **1.** unqualifiziert, ungeeignet, nicht befähigt **2.** uneingeschränkt, vorbehaltlos

un·ques·tion·able [ʌnˈkwestʃənəbl] *adj* unbestritten; fraglos; **un·ques·tion·ing** [ʌnˈkwestʃnɪŋ] *adj* (*Glaube*) bedingungslos, blind

un·quote [ʌnˈkwəʊt] *interj* Zitatende *nt;* **un·quoted** [ʌnˈkwəʊtɪd] *adj* (*Börse*) nicht notiert

un·ravel [ʌnˈrævl] *vt* **1.** auftrennen, -ziehen **2.** (*Fäden*) entwirren **3.** (*fig*) klären, lösen

un·read·able [ˌʌnˈriːdəbl] *adj* **1.** unleserlich **2.** unlesbar

un·real [ʌnˈrɪəl] *adj* unwirklich; (*sl*) unglaublich

un·real·is·tic [ˌʌnˌrɪəˈlɪstɪk] *adj* unrealistisch, realitätsfern

un·real·ized [ʌnˈrɪəlaɪzd] *adj* **1.** (COM) nicht realisiert **2.** unverwirklicht

un·reas·on·able [ʌnˈriːznəbl] *adj* **1.** unvernünftig; unsinnig **2.** unmäßig **3.** unangemessen **4.** übertrieben, exorbitant; **un·reas·on·ing** [ʌnˈriːsənɪŋ] *adj* unvernünftig

un·re·deemed [ˌʌnrɪˈdiːmd] *adj* **1.** (REL) unerlöst **2.** (*Pfand*) nicht eingelöst; (*Schuld*) ungetilgt; ~ **by** nicht aufgehoben durch

un·re·fined [ˌʌnrɪˈfaɪnd] *adj* **1.** nicht raffiniert **2.** (*Mensch*) unkultiviert

un·re·flect·ing [ˌʌnrɪˈflektɪŋ] *adj* gedankenlos; (*Handlung*) unüberlegt; (*Gefühl*) unreflektiert

un·reg·is·tered [ˌʌnˈredʒɪstəd] *adj* **1.** nicht eingetragen, nicht registriert; nicht gemeldet **2.** (*Brief*) nicht eingeschrieben **3.** (*Warenzeichen*) nicht eingetragen

un·re·lent·ing [ˌʌnrɪˈlentɪŋ] *adj* unablässig; hartnäckig, unnachgiebig; unbarmherzig

un·re·lia·bil·ity [ˈʌnrɪˌlaɪəˈbɪlətɪ] *s* Unzuverlässigkeit *f;* **un·re·li·able** [ˌʌnrɪˈlaɪəbl] *adj* unzuverlässig

un·re·lieved [ˌʌnrɪˈliːvd] *adj* **1.** ununterbrochen **2.** ungemildert

un·re·mit·ting [ˌʌnrɪˈmɪtɪŋ] *adj* unablässig, unaufhörlich, ununterbrochen

un·re·peat·able [ˌʌnrɪˈpiːtəbl] *adj* nicht zu wiederholen

un·re·quit·ed [ˌʌnrɪˈkwaɪtɪd] *adj* (*Liebe*) unerwidert

un·re·served [ˌʌnrɪˈzɜːvd] *adj* nicht reserviert; **un·re·serv·ed·ly** [ˌʌnrɪˈzɜːvɪdlɪ] *adv* rückhaltlos; frei, offen

un·rest [ʌnˈrest] *s* Unruhen *fpl,* Unzufriedenheit *f;* **focus of** ~ Unruheherd *m;* **student** ~ Studentenunruhen *fpl*

un·re·strained [ˌʌnrɪˈstreɪnd] *adj* uneingeschränkt; (*Gefühle*) ungehemmt; (*Freude, Atmosphäre*) ungezügelt; (*pej*) unbeherrscht

un·re·stricted [ˌʌnrɪˈstrɪktɪd] *adj* **1.** unbeschränkt **2.** (*Geschwindigkeit*) unbegrenzt

un·ripe [ˌʌnˈraɪp] *adj* unreif

un·ri·valed *adj* (*Am*), **un·ri·valled** [ʌnˈraɪvld] *adj* konkurrenzlos; unvergleichlich, einzigartig

un·roll [ʌnˈrəʊl] **I.** *vt* aufrollen **II.** *vi* sich entfalten

un·ruffled [ʌnˈrʌfld] *adj* unbewegt, ruhig

un·ruly [ʌnˈruːlɪ] *adj* **1.** widersetzlich, undiszipliniert **2.** ungehorsam, aufsässig **3.** (*Haar*) widerspenstig

un·saddle [ˌʌnˈsædl] *vt* **1.** (*Pferd*) absatteln **2.** aus dem Sattel werfen

un·safe [ˌʌnˈseɪf] *adj* nicht sicher, unsicher; gefährlich

un·said [ˌʌnˈsed] *adj* unausgesprochen; **leave s.th.** ~ etw ungesagt sein lassen

un·sal·aried [ˌʌnˈsælərɪd] *adj* (*Arbeit*) unbezahlt; ehrenamtlich

un·sal(e)·able [ˌʌnˈseɪləbl] *adj* unverkäuflich

un·sat·is·fac·tory [ˈʌnˌsætɪsˈfæktrɪ] *adj* unbefriedigend; **un·sat·is·fied** [ˌʌnˈsætɪsfaɪd] *adj* unbefriedigt

un·sa·vory *s* (*Am*), **un·sa·voury** [ˌʌnˈseɪvərɪ] *s* unerfreulich; widerwärtig

un·say [ʌnˈseɪ] *vt* ungesagt machen

un·scathed [ʌnˈskeɪðd] *adj* unbeschädigt, unverletzt

un·sched·uled [ˌʌnˈʃedjuːld] *adj* außerplanmäßig

un·schooled [ˌʌnˈskuːld] *adj* ungebildet; unausgebildet

un·screened [ˌʌnˈskriːnd] *adj* **1.** (*Film*) nicht gezeigt **2.** nicht abgeschirmt **3.** nicht überprüft; nicht untersucht

un·scripted [ʌnˈskrɪptɪd] *adj* improvisiert

un·scru·pu·lous [ʌnˈskruːpjʊləs] *adj* skrupel-, gewissenlos

un·seal [ˌʌnˈsiːl] *vt* öffnen; entsiegeln; **un·sealed** [ˌʌnˈsiːld] *adj* offen; unversiegelt

un·seat [ˌʌnˈsiːt] *vt* **1.** des Amtes entheben; (PARL) seinen Sitz nehmen (*s.o.* jdm) **2.** (*Reiter*) abwerfen

un·se·cured [ˌʌnsɪˈkjʊəd] *adj* **1.** ungesichert **2.** (COM) ungedeckt

un·see·ing [ˌʌnˈsiːɪŋ] *adj* **1.** nicht sehend **2.** (*fig*) blind; (*Blick*) leer

un·seem·ly [ʌnˈsiːmlɪ] *adj* unpassend, unschicklich

un·seen [ʌnˈsiːn] **I.** *adj* ungesehen; unbemerkt **II.** *s* (SCHULE) Herübersetzung *f*

un·self·ish [ˌʌnˈselfɪʃ] *adj* selbstlos, unei-

U

gennützig

un•ser•vice•able [ˌʌn'sɜːvɪsəbl] *adj* unbrauchbar (*to* für)

un•settle [ˌʌn'setl] *vt* **1.** durcheinander bringen; aufregen; verstören **2.** beunruhigen; aufregen; verunsichern **3.** (*Fundament*) erschüttern; **un•settled** [ˌʌn'setld] *adj* **1.** (*Gebiet*) unbesiedelt **2.** (*Rechnung*) unbezahlt **3.** (*Frage*) ungeklärt; (*Zukunft*) ungewiss **4.** (*Wetter, Markt, Verhältnisse*) unbeständig; (*Leben*) unstet; **be ~** (*Mensch*) aus dem Gleichgewicht geworfen sein; **un•sett•ling** [-ɪŋ] *adj* **1.** aufreibend **2.** (*Wissen, Nachricht*) beunruhigend; **have an ~ influence on** durcheinander bringen, aus dem Gleichgewicht bringen; **have an ~ effect on** aus dem Gleis werfen; verunsichern; verstören

un•shak•able [ʌn'ʃeɪkəbl] *adj* unerschütterlich

un•sha•ven [ˌʌn'ʃeɪvn] *adj* unrasiert

un•shod [ˌʌn'ʃɒd] *adj* **1.** barfuß **2.** (*Pferd*) unbeschlagen

un•shrink•able [ˌʌn'ʃrɪŋkəbl] *adj* **1.** nicht schrumpfend **2.** (*Gewebe*) nicht einlaufend; **un•shrink•ing** [ˌʌn'ʃrɪŋkɪŋ] *adj* furchtlos

un•sight•ly [ʌn'saɪtlɪ] *adj* unansehnlich, hässlich

un•signed [ˌʌn'saɪnd] *adj* nicht unterzeichnet

un•skilled [ˌʌn'skɪld] *adj* ungelernt; ungeübt; **~ labo(u)r** [*o* **workers**] ungelernte Arbeitskräfte *fpl,* Hilfsarbeiter *mpl*

un•soci•able [ʌn'səʊʃəbl] *adj* ungesellig

un•social [ˌʌn'səʊʃl] *adj* unsozial; **work ~ hours** außerhalb der normalen Arbeitszeiten arbeiten

un•sold [ˌʌn'səʊld] *adj* unverkauft

un•sol•ici•ted [ˌʌnsə'lɪsɪtɪd] *adj* unverlangt; unaufgefordert

un•soph•is•ti•cated [ˌʌnsə'fɪstɪkeɪtɪd] *adj* **1.** einfach **2.** natürlich, ungekünstelt **3.** naiv; unkritisch

un•sound [ˌʌn'saʊnd] *adj* **1.** krank; (*Gesundheit*) schlecht **2.** (*Gebäude*) baufällig; (*Finanzen*) unsicher **3.** (*Grund*) nicht stichhaltig; (*Rat*) töricht; (*Urteil*) unzuverlässig; (*Politik*) unvernünftig **4.** (COM) finanzschwach; unsicher; **of ~ mind** (JUR) unzurechnungsfähig; **be ~ on a subject** auf einem Gebiet unsicher, schlecht bewandert sein

un•spar•ing [ʌn'speərɪŋ] *adj* **1.** verschwenderisch, freigebig (*of* mit) **2.** reichlich, großzügig (*of* mit) **3.** schonungslos (*of* gegen); **be ~ in one's efforts** keine Mühe scheuen

un•speak•able [ʌn'spiːkəbl] *adj* unaussprechlich, unsagbar; scheußlich

un•spec•ified [ˌʌn'spesɪfaɪd] *adj* nicht spezifiziert, nicht einzeln angegeben

un•stable [ˌʌn'steɪbl] *adj* **1.** labil; unsicher, schwankend **2.** (*a. fig*) unbeständig, instabil

un•stressed [ˌʌn'strest] *adj* (*Silbe*) unbetont

un•stuck [ˌʌn'stʌk] *adj* nicht fest; lose; **come ~** sich lösen; (*Plan*) schief gehen; (*Redner*) stecken bleiben; **we came ~** wir sind gescheitert

un•stud•ied [ˌʌn'stʌdɪd] *adj* ungekünstelt, natürlich

un•sub•stan•tial [ˌʌnsəb'stænʃl] *adj* **1.** dürftig, nicht solide **2.** (*Geist*) körperlos **3.** (*Essen*) leicht **4.** (*Beweis*) haltlos; (*Anspruch*) unberechtigt

un•suc•cess•ful [ˌʌnsək'sesfl] *adj* erfolglos; (*Versuch*) vergeblich; (*Ergebnis*) nicht erfolgreich; **be ~ in doing s.th.** mit etw keinen Erfolg haben

un•suit•able [ˌʌn'suːtəbl] *adj* unpassend, unangebracht; ungeeignet (*to, for* für)

un•sullied [ˌʌn'sʌlɪd] *adj* unbefleckt

un•sure [ˌʌn'ʃʊə(r)] *adj* unsicher; (*Methode*) unzuverlässig

un•sus•pect•ing [ˌʌnsə'spektɪŋ] *adj* nichtsahnend

un•swerv•ing [ˌʌn'swɜːvɪŋ] *adj* unerschütterlich, standhaft

un•tapped [ˌʌn'tæpt] *adj* ungenutzt

un•taxed [ˌʌn'tækst] *adj* unbesteuert, steuerfrei

un•ten•able [ˌʌn'tenəbl] *adj* unhaltbar

un•ten•anted [ˌʌn'tenəntɪd] *adj* unbewohnt

un•think•able [ʌn'θɪŋkəbl] *adj* undenkbar; **un•think•ing** [ʌn'θɪŋkɪŋ] *adj* gedankenlos; unbedacht; **un•thought-of** [ʌn'θɔːtɒv] *adj* ungeahnt

un•ti•di•ness [ʌn'taɪdɪnɪs] *s* Unordentlichkeit *f;* **un•tidy** [ʌn'taɪdɪ] *adj* unordentlich

un•tie [ˌʌn'taɪ] *vt* aufbinden, -knoten; losbinden

un•til [ən'tɪl] **I.** *prep* (*zeitlich*) bis, bis zu; **not ~** nicht vor; erst; **~ further notice** bis auf Widerruf, bis auf weiteres **II.** *conj* bis (dass); **not ~** nicht bevor; erst als, erst wenn

un•time•ly [ʌn'taɪmlɪ] *adj* **1.** ungelegen, unangebracht **2.** vorzeitig

un•told [ˌʌn'təʊld] *adj* **1.** nicht erzählt **2.** ungezählt, unzählig **3.** (*Reichtum*) unermesslich

un•touched [ˌʌn'tʌtʃt] *adj* **1.** unberührt **2.** nicht erwähnt **3.** unverletzt, intakt **4.** ungerührt; unbeeinflusst **5.** (*fig*) unerreicht

un•to•ward [ˌʌntə'wɔːd] *adj* **1.** ungünstig, unglücklich **2.** unschicklich, unziemlich; **I hope nothing ~ has happened** ich hoffe, dass nichts Schlimmes passiert ist

un•trans•fer•able [ˌʌntræns'fɜːrəbl] *adj*

(COM) nicht übertragbar

un•trans•lat(e•)able [ˌʌntræns'leɪtəbl] *adj* unübersetzbar

un•treat•ed [ʌn'tri:tɪd] *adj* unbehandelt

un•true [ˌʌn'tru:] *adj* **1.** unwahr, falsch **2.** unrichtig

un•trust•worthy [ˌʌn'trʌstˌwɜ:ðɪ] *adj* unzuverlässig

un•truth [ʌn'tru:θ] *s* Unwahrheit *f;* **un•truth•ful** [ʌn'tru:θfl] *adj* **1.** unwahr, falsch **2.** unwahrhaft, unaufrichtig, lügnerisch

un•turned [ˌʌn'tɜ:nd] *adj:* **leave no stone ~** (*fig*) nichts unversucht lassen

un•tu•tored [ˌʌn'tju:təd] *adj* ungeschult

un•used [ʌn'ju:zd] *adj* **1.** ungebraucht, unbenutzt **2.** (*Kredit*) nicht beansprucht **3.** nicht gewöhnt (*to* an), nicht gewohnt (*to doing* zu tun)

un•usual [ʌn'ju:ʒl] *adj* **1.** ungewöhnlich **2.** selten; **un•usually** [ʌn'ju:ʒəlɪ] *adv* ungewöhnlich; sehr; in höchstem Maße

un•ut•ter•able [ʌn'ʌtərəbl] *adj* **1.** unaussprechlich **2.** unbeschreiblich

un•var•nished [ʌn'vɑ:nɪʃt] *adj* (*Wahrheit*) ungeschminkt

un•veil [ˌʌn'veɪl] **I.** *vt* **1.** entschleiern **2.** enthüllen, aufdecken **3.** (*fig*) ans Licht, an den Tag bringen; den Schleier lüften von **II.** *vi* den Schleier fallen lassen

un•versed [ˌʌn'vɜ:st] *adj* unerfahren (*in* in)

unwaged *s:* **the ~** die Erwerbslosen *pl*

un•war•ranted [ˌʌn'wɒrəntɪd] *adj* ungerechtfertigt

un•wa•ver•ing [ʌn'weɪvərɪŋ] *adj* standhaft, unerschütterlich

un•well [ʌn'wel] *adj* unwohl, unpässlich; **feel ~** sich nicht wohl fühlen

un•wieldy [ʌn'wi:ldɪ] *adj* **1.** unhandlich, sperrig **2.** ungeschickt, schwerfällig

un•will•ing [ˌʌn'wɪlɪŋ] *adj* widerwillig; **be ~** keine Lust haben (*to do* zu tun); **un•will•ing•ly** [-lɪ] *adv* ungern

un•wind [ˌʌn'waɪnd] <*irr:* -wound, -wound> **I.** *vt* abwickeln **II.** *vi* **1.** (*fam*) abschalten, sich entspannen **2.** (*Rolle*) sich abwickeln; (*Handlung*) sich entwickeln, abrollen

un•wise [ʌn'waɪz] *adj* unklug

un•wit•ting [ʌn'wɪtɪŋ] *adj* unbewusst; unabsichtlich; unwissentlich; **un•wit•ting•ly** [-lɪ] *adv* unwissentlich; ohne Absicht; ahnungslos

un•wonted [ʌn'wəʊntɪd] *adj* **1.** ungewohnt (*to do* zu tun) **2.** ungewöhnlich, selten

un•work•able [ˌʌn'wɜ:kəbl] *adj* nicht durchführbar; (*Plan*) unausführbar; (*Material*) nicht bearbeitbar; (MIN) nicht abbauwürdig

un•world•ly [ˌʌn'wɜ:ldlɪ] *adj* weltabgewandt; weltfremd

un•worthy [ʌn'wɜ:ðɪ] *adj* unwürdig; **be ~ of s.th.** einer S nicht wert, würdig sein; **that's ~ of you** das ist unter deiner Würde

un•wrap [ˌʌn'ræp] *vt* auswickeln, -packen

un•writ•ten [ˌʌn'rɪtn] *adj* ungeschrieben; **~ agreement** mündliche Vereinbarung, stillschweigende Übereinkunft; **~ law** ungeschriebenes Gesetz

un•yield•ing [ʌn'ji:ldɪŋ] *adj* **1.** nicht nachgebend, starr **2.** (*fig*) unnachgiebig

un•zip [ˌʌn'zɪp] *vt* den Reißverschluss öffnen (*s.th.* einer S)

up [ʌp] **I.** *adv* **1.** oben; nach oben; **~ here** hier oben; **~ there** da oben; **on the way ~** auf dem Weg hinauf; (*fig*) auf dem Weg nach oben; **go ~** hinauf-, hochgehen; **jump ~** aufspringen; hinaufspringen; **look ~** hochsehen; **things are looking ~** es geht bergauf; **throw ~** hochwerfen; (*fam*) kotzen; (**stand**) **~!** steh auf!; **~ in Hamburg** oben in Hamburg **2.** (INFORM) laufend **3.** (*nicht im Bett*) auf; **get ~** aufstehen **4.** (*Preise*) gestiegen **5.** (*Gebäude*) gebaut; **be ~** stehen; (*Gerüst*) aufgestellt sein; (*Bild, Mitteilung, Tapete, Vorhänge*) hängen **6.** (*Zahlen*) aufwärts; **from £3 ~** von £3 aufwärts, ab £3; **from the age of 18 ~** ab 18 Jahren; **~ to 100 DM** bis zu 100 DM **7.** (*Begrenzung*) bis; **~ to here/now** bis hier/jetzt **8.** (SPORT) in Führung; **be one ~ on s.o.** (*fig*) jdm um einen Schritt voraus sein **9.** (*in Kenntnissen*) beschlagen (*in, on* in); **be well ~ in s.th.** sich in etw auskennen **10.** zu Ende, vorüber, um; **time's ~** die Zeit ist um; **it's all ~ with her** es ist aus mit ihr **11.** (*~ to*) gewachsen; abhängig; **be** [*o* **feel**] **~ to s.th.** einer S gewachsen sein; **it's ~ to him to do that** es hängt von ihm ab, das zu tun, es liegt bei ihm, das zu tun; **it's ~ to my boss** das ist Aufgabe meines Chefs; **it's not ~ to much** das taugt nicht viel **12.** (*mit anderen Präpositionen*): **~ against** gegen; **be ~ against problems** Schwierigkeiten haben; **be ~ against a difficult opponent** einem schwierigen Gegner gegenüberstehen; **I know what we're ~ against** ich weiß, wie schwer das ist; **~ and down** auf und ab; hin und her; **~ and ~** immer höher **13.** (*Wendungen*): **what are you ~ to?** was machst du?; was hast du vor?; **he is ~ to no good** er führt irgendetwas im Schilde; **what's ~?** (*fam*) was ist los?; **what's ~ with you?** was ist mit dir los?; **there is something ~ with him/it** irgend etwas stimmt mit ihm/damit nicht; **be ~ for sale** zu verkaufen sein, zum Verkauf stehen; **be ~ for discussion** zur Diskussion stehen; **be ~ for election** aufgestellt sein; **be ~ for trial** vor Gericht stehen

II. *prep* hinauf; oben auf; **go ~ the hill** den Berg hinaufgehen **III.** *s* Höhepunkt *m;* **~s and downs** Höhen und Tiefen; **be on the ~ and ~** immer besser werden; (*sl*) sauber sein **IV.** *vt* (*fam*) erhöhen; (*Produktion*) ankurbeln **V.** *vi* (*fam*) aufstehen; **she ~ped and kissed him** sie gab ihm plötzlich einen Kuss

up-and-com•ing [ˈʌpənˈkʌmɪŋ] *adj* aufstrebend; im Aufstieg

up•beat [ˈʌpbiːt] **I.** *s* (MUS) Auftakt *m* **II.** *adj* (*fam*) fröhlich; optimistisch

up•braid [ˌʌpˈbreɪd] *vt* tadeln (*for, with* wegen)

up•bring•ing [ˈʌpbrɪŋɪŋ] *s* Erziehung *f*

up•com•ing [ˈʌpˌkʌmɪŋ] *adj* (*Am*) bevorstehend

up-coun•try [ˌʌpˈkʌntrɪ] *adj* landeinwärts, im Landesinneren

up•date [ˌʌpˈdeɪt] **I.** *vt* auf den neuesten Stand bringen, aktualisieren **II.** *s* Aktualisierung *f;* **up•dat•ing** [-ɪŋ] *s* Aktualisierung *f*

up•draught [ˈʌpdrɑːft] *s* Aufwind *m*

up•end [ʌpˈend] *vt* **1.** umstülpen **2.** auf den Kopf, hochkant stellen

up•front [ˈʌpfrʌnt] *adj* im voraus

up•grade [ˈʌpˌgreɪd] **I.** *s* **1.** (INFORM) Erweiterung *f* **2.** (*Am*) Steigung *f* (*im Gelände*); **be on the ~** (*fig*) auf dem Weg nach oben sein **II.** *adj* (*Am*) ansteigend **III.** *adv* (*Am*) bergauf **IV.** [ˌʌpˈgreɪd] *vt* höher einstufen; befördern; (*Image, Verdienst*) aufbessern, -werten, anheben; (INFORM) erweitern; **up•grade•able** [ˌʌpˈgreɪdəbl] *adj* (INFORM) erweiterbar; **up•grad•ing** [ˌʌpˈgreɪdɪŋ] *s* **1.** Höhergruppierung *f* **2.** Beförderung *f* **3.** (INFORM) Erweiterung *f*

up•heaval [ˌʌpˈhiːvl] *s* (*fig*) Umwälzung *f,* Umsturz *m*

up•hill [ˌʌpˈhɪl] **I.** *adv* bergan, bergauf **II.** *adj* **1.** (an)steigend **2.** (*fig*) mühselig, anstrengend

up•hold [ˌʌpˈhəʊld] <*irr:* -held, -held> *vt* wahren; (*Gesetz*) hüten; (*Entscheidung, jdn*) unterstützen; (JUR) bestätigen

up•hol•ster [ʌpˈhəʊlstə(r)] *vt* polstern; **well ~ed** (*Mensch*) gut gepolstert; **up•hol•sterer** [ʌpˈhəʊlstərə(r)] *s* Polsterer *m,* Polsterin *f;* **up•hol•stery** [ˌʌpˈhəʊlstərɪ] *s* Polsterung *f;* Polstern *nt;* Polsterei *f*

up•keep [ˈʌpkiːp] *s* **1.** Instandhaltung *f* **2.** Instandhaltungs-, Unterhaltungskosten *pl*

up•land [ˈʌplənd] *s* Hochland *nt*

up•lift [ˈʌplɪft] **I.** *s* **1.** (*fig*) Erbauung *f;* Erhebung *f* **2.** (FIN) Anhebung *f* **II.** [ʌpˈlɪft] *vt* **1.** (*fig*) erheben **2.** (*schottisch*) abholen; **feel ~ed** sich erbaut fühlen

up•market [ˈʌpˈmɑːkɪt] *adj* (*Produkt*) für den anspruchsvollen Kunden; (*Haus, Hotel etc.*) luxuriös; Luxus-; (*Zeitschrift, Kunde*) anspruchsvoll

upon [əˈpɒn] *prep* auf; **once ~ a time** es war einmal; **~ inquiry** auf Erkundigungen hin; **~ this** hierauf, danach, dann; **~ my word** auf mein Wort

up•per [ˈʌpə(r)] **I.** *adj* höhe(r, s), obere(r, s); **~ arm** Oberarm *m;* **~ jaw** Oberkiefer *m;* **~ lip** Oberlippe *f;* **Upper Egypt** Oberägypten *nt;* **~ income bracket** obere Einkommensgruppe; **get/have the ~ hand of** die Oberhand gewinnen/haben über; **the ~ circle** (THEAT) der erste Rang; **the Upper House** (PARL) das Oberhaus; **the ~ storey** oberes Stockwerk; (*fam*) das Oberstübchen; **the ~ crust** (*fam*) die oberen Zehntausend **II.** *s* **1.** **~s** Oberleder, -material *nt* **2.** (*sl*) Peppille *f;* **be on one's ~s** auf den Hund gekommen sein; **upper-body** *adj* Oberkörper-; **upper case** *s* (TYP) Großbuchstabe *m;* **upper class** *s* Oberschicht *f;* **upper-class** *adj* der Oberschicht; vornehm, fein; **uppercut** *s* (*Boxen*) Kinnhaken *m;* **upper deck** *s* (MAR) Oberdeck *nt;* **up•per•most** [ˈ-məʊst] **I.** *adj* oberste(r, s), höchste(r, s) **II.** *adv* ganz oben; **say what is ~ in one's mind** sagen, was einem am wichtigsten ist

up•pish, up•pity [ˈʌpɪʃ, ˈʌpətɪ] *adj* dünkelhaft, überheblich

up•right [ˈʌpraɪt] **I.** *adj* **1.** aufrecht, senkrecht **2.** aufrecht, ehrlich **II.** *adv* aufrecht, gerade; senkrecht **III.** *s* **1.** Ständer, Pfosten *m* **2.** (MUS) Klavier *nt*

up•ris•ing [ˈʌpraɪzɪŋ] *s* Aufstand *m*

up•roar [ˈʌprɔː(r)] *s* Lärm, Spektakel *m;* **up•roari•ous** [ʌpˈrɔːrɪəs] *adj* tobend, lärmend, laut; fürchterlich komisch

up•root [ˌʌpˈruːt] *vt* **1.** entwurzeln **2.** (*fig: Übel*) ausmerzen

up•set [ˌʌpˈset] <*irr:* upset, upset> **I.** *vt* **1.** umstoßen, umwerfen, umkippen **2.** (*jdn*) bestürzen, mitnehmen; aus der Fassung bringen; aus dem Gleichgewicht bringen; aufregen; verletzen **3.** (*Pläne, Berechnungen*) durcheinander bringen; (*Theorie*) umstoßen **4.** (*Magen*) verderben; **don't ~ yourself** regen Sie sich nicht auf; **now you've ~ him** jetzt ist er beleidigt; jetzt regt er sich auf; **what's ~ you?** was hast du denn?; **fatty food ~s my stomach** fettes Essen vertrage ich nicht **II.** *vi* umkippen **III.** *adj* **1.** mitgenommen, geknickt; bestürzt; ärgerlich; gekränkt **2.** (*Magen*) verstimmt, verdorben; **don't be ~!** nimm's nicht so schwer!; **I'd be ~ if she did that** ich würde mich aufregen, wenn sie das täte **IV.** [ˈʌpset] *s* **1.** Störung *f;* böse Überraschung **2.** Aufregung *f;* Ärger *m* **3.** verdorbener Magen, Magenverstimmung *f;* **that was an ~ to our plans** das hat unsere Pläne durchei-

nander geworfen; **upset price** *s* Mindestpreis *m*
up•shot ['ʌpʃɒt] *s* Ergebnis, Resultat *nt*
up•side down [ˌʌpsaɪd 'daʊn] *adv* verkehrt herum; **turn s.th.** ~ etw auf den Kopf stellen; **the world is** ~ die Welt steht kopf
up•stage [ˌʌp'steɪdʒ] **I.** *adv* im Hintergrund der Bühne **II.** *adj* (*fam*) eingebildet, hochmütig **III.** *vt* (*fig*) an die Wand spielen, in den Hintergrund drängen
up•stairs [ˌʌp'steəz] **I.** *adv* **1.** oben, im oberen Stock **2.** (die Treppe) hinauf, in den oberen Stock; **go** ~ nach oben, hinaufgehen **II.** *adj* im oberen Stockwerk **III.** *s* obere Stockwerke *ntpl*
up•stand•ing [ˌʌp'stændɪŋ] *adj* (*fig*) rechtschaffen; **be** ~ (JUR) stehen; aufstehen
up•start ['ʌpstɑːt] *s* Emporkömmling *m*
up•state ['ʌpsteɪt] *adj* (*in den USA*) im Norden (des Bundesstaates); in den Norden
up•stream [ˌʌp'striːm] *adv* fluss-, stromaufwärts
up•surge ['ʌpsɜːdʒ] *s* **1.** Aufwallung *f* **2.** (*fig*) steiler Aufstieg, Anstieg
up•swing ['ʌpswɪŋ] *s* (*fig*) Anstieg, Aufschwung *m;* (COM) Konjunkturaufschwung *m*
up•take ['ʌpteɪk] *s:* **be quick on the** ~ schnell begreifen; **be slow on the** ~ schwer von Begriff sein
up•tick [ʌp'tɪk] *s* (*Am*) kleiner Zuwachs
up•tight [ʌp'taɪt] *adj* (*sl*) verklemmt; verärgert; nervös; **be** ~ **about s.th.** etw eng sehen; **get** ~ **about s.th.** (*fam*) wegen etw ausflippen
up-to-date [ˌʌptə'deɪt] *adj* **1.** auf dem neuesten Stand; hochaktuell **2.** modern; **keep** ~ auf dem Laufenden bleiben; **bring** ~ auf den neuesten Stand bringen; aktualisieren; **up-to-the-min•ute** ['ʌptəðə'mɪnɪt] *adj* modernste(r, s); (*Information*) auf dem neuesten Stand
up•town [ˌʌp'taʊn] **I.** *adv* (*in den USA*) im, in den Norden (der Stadt); im, ins Villenviertel **II.** *s* (*Am*) Villenviertel *nt*
up•trend ['ʌptrend] *s* Aufwärtstrend *m*
up•turn ['ʌptɜːn] *s* (*fig*) Besserung *f,* Aufschwung *m;* **economic** ~ Konjunkturbelebung *f;* **up•turned** [ˌʌp'tɜːnd] *adj* umgedreht, -gestülpt; ~ **nose** Stupsnase *f*
up•ward ['ʌpwəd] **I.** *adj* Aufwärts-, nach oben; ~ **movement** Aufwärtsbewegung *f;* ~ **mobility** Aufstiegsmöglichkeiten *fpl;* ~ **slope** Steigung *f* **II.** *adv* (*a.* ~*s*) aufwärts; **and ~s** u. mehr, u. darüber; **go ~s** in die Höhe gehen; **up•ward•ly** [-lɪ] *adv:* ~ **mobile** beruflich erfolgreich, auf der Karriereleiter; **upward trend** *s* steigende Tendenz; ~ **of prices/of wages** Preis-/Lohnauftrieb *m*
ur(a)e•mia [jʊə'riːmjə] *s* (MED) Urämie, Harnvergiftung *f*
ura•nium [jʊ'reɪnɪəm] *s* (CHEM) Uran *nt;* ~ **deposit** Uranvorkommen *nt;* ~ **fission** Uranspaltung *f;* ~ **ore** Uranserz *nt*
Ura•nus [jʊ'reɪnəs] *s* (ASTR) Uranus *m*
ur•ban ['ɜːbən] *adj* städtisch; ~ **and regional policy** Raumordnungspolitik *f;* ~ **fringe** Umland *nt;* ~ **renewal** Stadtsanierung *f;* ~ **warfare** Stadtguerilla *f;* ~ **wastewater** kommunales Abwasser; ~ **sprawl** Ballungsgebiet *nt;* unkontrollierte Ausdehnung einer Stadt
ur•bane [ɜː'beɪn] *adj* höflich; weltmännisch; **ur•ban•ity** [ɜː'bænətɪ] *s* Kultiviertheit *f;* Höflichkeit *fpl,* gute Umgangsformen *fpl*
ur•ban•iz•ation [ˌɜːbənaɪ'zeɪʃn] *s* Verstädterung *f;* **ur•ban•ize** ['ɜːbənaɪz] *vt* verstädtern; **highly ~d region** Ballungsgebiet *nt,* -raum *m*
ur•chin ['ɜːtʃɪn] *s* **1.** Seeigel *m* **2.** Lausbub *m*
urethra [ˌjʊə'riːərə] *s* Harnröhre *f*
urge [ɜːdʒ] **I.** *vt* **1.** inständig bitten **2.** drängen auf **3.** (*Anspruch*) betonen; (*Argument*) anführen **4.** (~ *on*) weiter-, vorantreiben; ~ **s.o. to do s.th.** jdn drängen etw zu tun; jdm zureden etw zu tun; ~ **s.th. on s.o.** jdm etw aufdrängen **II.** *s* Verlangen, Bedürfnis *nt;* Drang *m;* (*körperlich*) Trieb *m;* **urge on** *vt* vorantreiben, antreiben; anfeuern
ur•gency ['ɜːdʒənsɪ] *s* Dringlichkeit *f;* **a matter of** ~ dringend; **there is no** ~ es eilt nicht; ~ **measure** Dringlichkeitsmaßnahme *f;* **ur•gent** ['ɜːdʒənt] *adj* **1.** dringend, (vor)dringlich, eilig **2.** (*Ton, Bitte*) dringlich; **be** ~ eilen; **be in** ~ **need of s.th.** etw dringend brauchen; **be** ~ **about s.th.** etw eindringlich betonen; **give** ~ **attention to s.th.** etw vordringlich behandeln; **very** ~ eilt sehr; **ur•gent•ly** [-lɪ] *adv* dringend
uri•nal ['jʊərɪnl] *s* **1.** (MED) Harnglas *nt,* Urinflasche *f* **2.** Pissoir *nt;* **uri•nary** ['jʊərɪnrɪ] *adj* Harn-; **uri•nate** ['jʊərɪneɪt] *vi* Wasser lassen, urinieren; **urine** ['jʊərɪn] *s* Urin, Harn *m*
URL *s Abk. von* **Uniform Resource Locator** (INTERNET) URL *f*
urn [ɜːn] *s* **1.** (*funeral* ~) (Toten)Urne *f* **2.** Tee-, Kaffeemaschine *f*
Uru•guay ['jʊərəgwaɪ] *s* Uruguay *nt;* **Uru•guay•an** [ˌjʊərə'gwaɪən] **I.** *adj* uruguayisch **II.** *s* Uruguayer(in) *m(f)*
us [əs, *betont* ʌs] *pron* uns; **all of** ~ wir alle; **both of** ~ wir beide; **it's** ~ wir sind es
USA [juːes'eɪ] *s Abk. von* **United States of America** USA *pl,* Vereinigte Staaten *pl* von Amerika
usage ['juːzɪdʒ] *s* **1.** Brauch *m,* Sitte, Ge-

U

wohnheit *f;* Handelsbrauch *m* **2.** (Sprach)Gebrauch *m,* Anwendung *f* **3.** Behandlung *f;* **come into** ~ üblich werden; **that's local** ~ das ist ortsüblich; das ist (so) Brauch

use [ju:z] **I.** *vt* **1.** benützen, benutzen; verwenden; gebrauchen; (*Methode, Behandlung, Gewalt, Fähigkeiten*) anwenden; (*Medikamente*) nehmen **2.** (aus)nutzen, (aus)nützen; (*Vorteil*) nutzen; (*Abfallprodukte*) verwerten, nutzen **3.** (~ *for*) (ge)brauchen **4.** (~ *up*) verbrauchen **5.** (*pej*) ausnutzen; ~ **s.th. for s.th.** etw für etw verwenden; ~ **s.th. as s.th.** etw als etw verwenden; ~ **s.o.'s name** jds Namen verwenden; (*als Referenz*) jds Namen nennen, angeben; **I could ~ a whisky** ich könnte einen Whisky vertragen; **I could ~ a few pounds** ich könnte ein paar Pfund (gut) gebrauchen; **I feel ~d** ich komme mir ausgenutzt vor **II.** [ju:s] *s* **1.** Verwendung *f;* Benutzung *f;* Gebrauch *m* **2.** (*Gewalt, Methode*) Anwendung *f* **3.** Nutzung *f;* (*Abfallprodukte*) Verwertung *f* **4.** Nutzen *m* **5.** Gebrauch *m,* Benutzung *f* **6.** (JUR) Nutznießung *f* **7.** Brauch *m;* **be in** ~ benutzt werden; in Betrieb sein; **be out of** ~ nicht in Gebrauch sein; nicht in Betrieb sein; **be of** ~ nützlich sein (*for s.o.* jdm); **come into** ~ in Gebrauch kommen; **fall** [*o* **go**] **out of** ~ außer Gebrauch kommen; **have the ~ of s.th.** etw benutzen können; **have no ~ for s.th.** etw nicht gebrauchen können; für etw keine Verwendung haben; **make ~ of s.th.** etw benutzen; etw ausnutzen; **put to** ~ Gebrauch machen von; **for the ~ of** für; **direction(s) for** ~ Gebrauchsanweisung *f;* **ready for** ~ gebrauchsfertig; einsatzbereit; **he/it is no** ~ er/das nützt nichts, ist nicht zu gebrauchen; **it's no ~ telling him** es hat keinen Zweck es ihm zu sagen; **can I be of any ~?** kann ich irgendwie helfen?; **it's no ~!** es hat keinen Zweck!; **what's the** ~ was nützt das schon; **use up** *vt* verbrauchen; aufbrauchen; verwerten; **it's ~d up** es ist alle; **feel ~d up** sich ausgelaugt fühlen

used¹ [ju:zd] *adj* (*Waren, Auto*) gebraucht; Gebraucht-; (*Briefmarke*) gestempelt; (*Handtuch, Taschentuch etc*) benutzt

used² [ju:st] *adj* gewohnt; **be ~ to s.th.** an etw gewöhnt sein, etw gewohnt sein; **get ~ to s.th.** sich an etw gewöhnen

used³ [ju:st] *aux* (*nur in der Vergangenheit*) üblicherweise getan haben; **I ~ to like it** früher mochte ich das; **things aren't what they ~ to be** es ist alles nicht mehr so wie früher; **he didn't use to smoke, he ~ not to smoke** er hat früher nicht geraucht

use•ful ['ju:sfl] *adj* **1.** nützlich; brauchbar; praktisch **2.** (*fam*) fähig, tüchtig; **prove** (**to be**) ~ sich als nützlich erweisen; **make o.s. ~** sich nützlich machen; **come in ~** sich als nützlich erweisen; ~ **life** (TECH) Lebensdauer *f;* **use•ful•ness** ['ju:sflnɪs] *s* Nützlichkeit, Brauchbarkeit *f;* **use•less** ['ju:slɪs] *adj* **1.** nutzlos, unnütz, zwecklos **2.** unbrauchbar

user ['ju:zə(r)] *s* **1.** Benutzer(in) *m(f)* **2.** (COM) Verbraucher(in) *m(f)* **3.** (INFORM) Anwender(in) *m(f),* Bediener(in) *m(f);* **~'s guide** [*o* **handbook**] Benutzerhandbuch *nt;* **road** ~ Verkehrsteilnehmer(in) *m(f);* **ultimate** ~ Letzt-, Endverbraucher *m;* **user-friendly** ['juzə'frendlɪ] *adj* benutzerfreundlich, anwenderfreundlich; **user interface** *s* (INFORM) Benutzeroberfläche *f;* **user name** *s* (INTERNET) Benutzername *m;* **user program** *s* (INFORM) Anwenderprogramm *nt;* **user software** *s* Anwendersoftware *f*

usher ['ʌʃə(r)] **I.** *s* **1.** Platzanweiser *m* **2.** (JUR) Gerichtsdiener *m* **II.** *vt* begleiten, bringen; ~ **into a room** in ein Zimmer bringen; ~ **out of a room** hinausbringen; ~ **s.o. in** jdn hineinführen; ~ **in a new era** ein neues Zeitalter einleiten; **usher•ette** [ˌʌʃə'ret] *s* Platzanweiserin *f*

USP [ˌju:es'pi:] *s Abk. von* **unique selling proposition** USP *m*

usual ['ju:ʒl] *adj* gewöhnlich, üblich; **as** ~ wie gewöhnlich; **the** ~ das Übliche; wie üblich; **usu•ally** ['ju:ʒəlɪ] *adv* gewöhnlich, im Allgemeinen

usu•fruct ['ju:sju:frʌkt] *s* (JUR) Nießbrauch *m*

us•urer ['ju:ʒərə(r)] *s* Wucherer *m,* Wucherin *f;* **usuri•ous** [ju:'zjʊərɪəs] *adj* Wucher-

usurp [ju:'zɜ:p] *vt* widerrechtlich Besitz ergreifen von; usurpieren; an sich reißen; **usurper** [ju:'zɜ:pə(r)] *s* unrechtmäßiger Machthaber, Usurpator *m;* (*fig*) Eindringling *m*

us•ury ['ju:ʒərɪ] *s* Wucher *m*

uten•sil [ju:'tensl] *s* Gerät, Utensil *nt*

uterine ['ju:tərɑɪn] *adj* der Gebärmutter; ~ **brother** Halbbruder *m;* ~ **sister** Halbschwester *f* mütterlicherseits; **uterus** ['ju:tərəs] *s* Gebärmutter *f,* Uterus *m*

utili•tar•ian [ju:ˌtɪlɪ'teərɪən] **I.** *adj* auf Nützlichkeit ausgerichtet; utilitaristisch **II.** *s* Utilitarist *m*

util•ity [ju:'tɪlətɪ] **I.** *s* **1.** Nützlichkeit *f,* Nutzen *m* **2.** (*public* ~) (öffentlicher) Versorgungsbetrieb *m* **II.** *adj attr* Gebrauchs-; ~ **program** (INFORM) Dienstprogramm *nt;* ~ **room** Abstellraum *m*

util•iz•ation [ˌju:tɪlaɪ'zeɪʃn] *s* Verwendung, Nutzung *f;* Auswertung *f;* **util•ize** ['ju:tɪlaɪz] *vt* verwenden; nutzen; verwerten

ut·most ['ʌtməʊst] **I.** *adj* **1.** größte(r, s), höchste(r, s) **2.** äußerste(r, s), weiteste(r, s); **of the ~ importance** äußerst wichtig; **with the ~ speed** so schnell wie möglich **II.** *s* (das) Beste; (das) Äußerste; **do one's ~** sein Möglichstes tun; **that is the ~ I can help** mehr kann ich nicht helfen; **to the ~** aufs Äußerste; **at the ~** höchstens

ut·ter¹ ['ʌtə(r)] *vt* **1.** äußern, von sich geben; (*Schrei*) ausstoßen; (*Verleumdung*) verbreiten **2.** (JUR: *Geld*) in Umlauf bringen; (*Scheck*) ausstellen

ut·ter² ['ʌtə(r)] *adj* **1.** völlig, total **2.** unverbesserlich; **what ~ nonsense!** was für ein Unsinn!

ut·ter·ance ['ʌtərəns] *s* **1.** Äußerung *f* **2.** Sprechen *nt;* Ausdruck *m;* **give ~ to s.th.** einer S Ausdruck geben, etw zum Ausdruck bringen

ut·ter·ly ['ʌtəlɪ] *adv* völlig, total; **despise s.o. ~** jdn zutiefst verachten; **~ beautiful** unsagbar schön

ut·ter·most ['ʌtəməʊst] **I.** *adj* **1.** größte(r, s), höchste(r, s) **2.** äußerste(r, s), weiteste(r, s); **of the ~ importance** äußerst wichtig; **with the ~ speed** so schnell wie möglich **II.** *s* (das) Beste; (das) Äußerste; **do one's ~** sein Möglichstes tun; **that is the ~ I can help** mehr kann ich nicht helfen; **to the ~** aufs Äußerste; **at the ~** höchstens

U-turn ['juːtɜːn] *s* (*a. fig*) Kehrtwendung *f;* **no ~s!** Wenden verboten!

uvula ['juːvjʊlə] *s* (ANAT) Zäpfchen *nt*

ux·ori·ous [ˌʌk'sɔːrɪəs] *adj* (*Mann*) äußerst liebevoll, anhänglich

Uz·bek ['ʌzˌbək] **I.** *adj* usbekisch **II.** *s* Usbeke *m,* Usbekin *f;* **Uz·be·kis·tan** [ʌz'bekɪstən] *s* Usbekistan *nt*

V

V, v [viː] <*pl* -'s> *s* V, v *nt*

vac [væk] *s* (*fam*) Ferien *pl*

va•cancy ['veɪkənsɪ] *s* **1.** Leere *f* **2.** (*Hotel*) freies Zimmer **3.** (*Firma*) offene Stelle **4.** (*fig*) geistige Leere; **advertise a ~** eine freie Stelle ausschreiben; **fill a ~** eine Stelle besetzen; **Vacancies** (*Zeitungsrubrik*) Stellenangebote *ntpl*, Stellenmarkt *m;* (*Hotel*) Zimmer frei; **va•cant** ['veɪkənt] *adj* **1.** leer **2.** (*Raum, Wohnung, Haus*) leer stehend, unbewohnt **3.** (*Toilette, Zimmer, Platz*) frei **4.** (*Stelle*) unbesetzt, frei, vakant **5.** (*fig*) geistesabwesend; **be ~** leer stehen; **~ possession** sofort beziehbar; **va•cate** [və'keɪt, *Am* 'veɪkeɪt] *vt* **1.** (*Wohnung*) räumen **2.** (*Stelle*) aufgeben **3.** (*Amt*) niederlegen, zur Verfügung stellen **4.** (*Platz*) freimachen; **va•ca•tion** [və'keɪʃn, *Am* veɪ'keɪʃn] **I.** *s* **1.** Räumung *f* **2.** (Amts)Niederlegung *f* **3.** (Schul-, Semester-, Gerichts)Ferien *pl*, Urlaub *m;* **on ~** in Urlaub; **take a ~** (*Am*) Ferien machen; Urlaub nehmen; **summer ~** Sommerferien *pl* **II.** *vi* (*Am*) Urlaub, Ferien machen (*in, at* in); **va•ca•tioner** [veɪ'keɪʃənə(r), veɪ'keɪʃənɪst] *s* (*Am*) Urlauber(in) *m(f)*

vac•ci•nate ['væksɪneɪt] *vt* impfen (*against* gegen); **vac•ci•na•tion** [ˌvæksɪ'neɪʃn] *s* Impfung *f;* **vac•cine** ['væksiːn] *s* Impfstoff *m*

vac•il•late ['væsɪleɪt] *vi* wanken, schwanken (*between* zwischen); **vac•il•la•tion** [ˌvæsɪ'leɪʃn] *s* (*fig*) Schwanken *nt*, Unschlüssigkeit *f*

vacu•ity [və'kjuːətɪ] *s* **1.** Leere *f* **2.** (*fig*) Gedanken-, Geistlosigkeit *f;* **vacu•ous** ['vækjʊəs] *adj* **1.** leer; ausdruckslos **2.** gedanken-, geistlos; **vac•uum** ['vækjʊəm, -jʊə] <*pl* -uums, -uua> **I.** *s* (luft)leerer Raum, Vakuum *nt* **II.** *vt* mit einem Staubsauger reinigen; **vacuum bottle, vacuum flask** *s* Thermosflasche®, Isolierkanne *f;* **vacuum cleaner** *s* Staubsauger *m;* **vac•uum-packed** [ˌvækjʊəm'pækt] *adj* vakuumverpackt; **vacuum suction** *s* Vakuumsuktion *f*

vaga•bond ['vægəbɒnd] *s* Landstreicher(in) *m(f)*

va•gary ['veɪgərɪ] *s* Laune, Grille *f;* verrückte Idee; **the vagaries of life** die Wechselfälle des Lebens

va•gina [və'dʒaɪnə] *s* Scheide, Vagina *f*

va•grancy ['veɪgrənsɪ] *s* Landstreicherei *f;* **va•grant** ['veɪgrənt] **I.** *s* Landstreicher(in) *m(f)* **II.** *adj* **1.** vagabundierend **2.** (*fig*) unstet

vague [veɪg] *adj* **1.** vage, unbestimmt **2.** ungenau, unklar, verschwommen **3.** zerstreut; **not the ~st idea** nicht die leiseste Ahnung; **vague•ness** ['-nɪs] *s* Unbestimmtheit, Unklarheit, Verschwommenheit *f;* Zerstreutheit *f*

vain [veɪn] *adj* **1.** eitel; eingebildet **2.** zweck-, nutzlos, vergeblich; **in ~** umsonst, vergeblich; **take s.o.'s name in ~** respektlos, leichtfertig von jdm sprechen; **vain•glori•ous** [ˌveɪn'glɔːrɪəs] *adj* prahlerisch; (*Person*) dünkelhaft

val•ance ['væləns] *s* Volant *m*

vale [veɪl] *s* (*poet*) Tal *nt;* **this ~ of tears** dieses Jammertal

val•edic•tion [ˌvælɪ'dɪkʃn] *s* **1.** Abschied *m*, Lebewohl *nt* **2.** Abschiedsworte *ntpl;* (*Am*) Abschiedsrede *f;* **val•edic•tory** [ˌvælɪ'dɪktərɪ] *s* (*Am*) Abschiedsrede *f*

val•ence, val•ency ['væləns, 'veɪlənsɪ] *s* **1.** (CHEM) Wertigkeit *f* **2.** (LING) Valenz *f*

val•en•tine ['væləntaɪn] *s* am Valentinstag; (*14. Februar*) erwählter Schatz; **~ (card)** Karte *f* zum Valentinstag

val•erian [və'lɪərɪən] *s* Baldrian *m*

valet ['vælɪt] *s* **1.** (Kammer)Diener *m* **2.** Hoteldiener *m;* **valet service** *s* (*Hotel*) Reinigungsdienst *m*

val•etu•di•nar•ian [ˌvælɪtjuːdɪ'neərɪən] **I.** *adj* **1.** kränklich **2.** hypochondrisch **II.** *s* **1.** kränklicher Mensch **2.** Hypochonder *m*

val•iant ['vælɪənt] *adj* tapfer, mutig

valid ['vælɪd] *adj* **1.** gültig; (*Vertrag*) bindend, rechtskräftig; (*Anspruch*) berechtigt **2.** (*Grund*) stichhaltig, triftig; (*Einwand*) berechtigt; **~ for three months** drei Monate gültig; **~ until recalled** gültig bis auf Widerruf; **become ~** rechtswirksam werden; **remain ~** Geltung behalten; **vali•date** ['vælɪdeɪt] *vt* für gültig erklären, bestätigen; **valid•ity** [və'lɪdətɪ] *s* **1.** Gültigkeit *f;* Rechtswirksamkeit *f* **2.** Stichhaltigkeit *f*

val•ley ['vælɪ] *s* Tal *nt*

valor *s* (*Am*), **val•our** ['vælə(r)] *s* (*lit*) Tapferkeit *f*, Mut *m*

valu•able ['væljʊəbl] **I.** *adj* **1.** wertvoll, kostbar **2.** geschätzt **II.** *s pl* Wertgegenstände *mpl*, -sachen *fpl;* **valu•ation**

[ˌvæljʊ'eɪʃn] *s* **1.** (Ab)Schätzung, Wertermittlung *f* **2.** Veranschlagung, Bewertung, Wertfestsetzung *f* **3.** Schätz-, Taxwert *m* **4.** (*fig*) Beurteilung *f;* **valu•ator** ['væljʊeɪtə(r)] *s* Taxator, Schätzer *m;* **value** ['vælju:] **I.** *s* **1.** Wert *m* **2.** Nutzen *m* **3.** **~s** sittliche Werte *mpl* **4.** (MATH) Wert *m* **5.** (MUS) Quantität *f;* **at ~** zum Tageskurs; **of lasting ~** von bleibendem Wert; **of no/little ~** nichts/wenig wert; **be of ~ to s.o.** jdm nützen; **of great ~** sehr wertvoll; **to the ~ of** im Wert von; **attach ~ to s.th., put a ~ on s.th.** einer S Wert, Bedeutung beimessen; **what's the ~ of it?** was ist es wert?; **go down in ~** an Wert verlieren; **it's good ~** das ist preiswert; **get ~ for money** reell bedient werden; **increase in ~** Wertsteigerung *f;* **loss in ~** Wertverlust *m;* **nominal ~** Nennwert *m* **II.** *vt* **1.** (ab)schätzen, bewerten, taxieren (*at* auf) **2.** (*fig*) (wert)schätzen; **value-added tax, VAT** *s* Mehrwertsteuer, MwSt *f;* **valued** ['vælju:d] *adj* geschätzt; **value•less** ['vælju:lɪs] *adj* **1.** wertlos **2.** (*Beurteilung*) wertfrei; **valuer** ['vælju:ə(r)] *s* Schätzer, Taxator *m*

valve [vælv] *s* **1.** Ventil *nt* **2.** (RADIO TV) Röhre *f* **3.** (ANAT) Klappe *f*

vamp¹ [væmp] **I.** *s* **1.** Oberleder *nt* **2.** improvisierte Begleitmusik **II.** *vt* **1.** flicken **2.** (MUS) improvisieren; **~ up** (*sl*) aufmotzen **III.** *vi* (MUS) improvisieren

vamp² [væmp] **I.** *s* (*Frau*) Vamp *m* **II.** *vi* verführerisch sein

vam•pire ['væmpaɪə(r)] *s* Vampir *m*

van¹ [væn] *s* **1.** (*Br*) Lieferwagen, Kleintransporter *m;* Möbelwagen *m* **2.** (RAIL) Güterwagen *m* **3.** (*fam*) Wohnwagen *m;* **gipsy's ~** Zigeunerwagen *m;* **removal ~** Möbelwagen *m;* **luggage ~** (RAIL) Gepäckwagen *m*

van² [væn] *s Abk. von* **advantage** (*Tennis*) Vorteil *m*

van³ [væn] *s Abk. von* **vanguard** Vorhut *f*

van•dal ['vændl] *s* (*fig*) Rowdy *m;* **van•dal•ism** ['vændəlɪzəm] *s* mutwillige Sachbeschädigung, Vandalismus *m;* **van•dal•ize** ['vændəlaɪz] *vt* mutwillig zerstören

vane [veɪn] *s* **1.** Wetterfahne *f* **2.** (*Propeller*) Flügel *m* **3.** (TECH) Schaufel *f*

van•guard ['vænga:d] *s* **1.** (MIL) Vorhut *f* **2.** (*fig*) Avantgarde *f;* **be in the ~ of s.th.** an der Spitze von etw stehen

va•nilla [və'nɪlə] *s* Vanille *f*

van•ish ['vænɪʃ] *vi* verschwinden; (*Angst, Sorgen*) sich legen; (*Hoffnung*) schwinden; (*Rasse, Kultur*) untergehen; **~ing cream** Tagescreme *f;* **~ing point** Fluchtpunkt *m;* (*fig*) Nullpunkt *m*

van•ity ['vænətɪ] *s* **1.** Eitelkeit, Selbstgefälligkeit *f;* Einbildung *f* **2.** Nichtigkeit *f;* Vergeblichkeit *f* **3.** (*Am*) Frisiertisch *m;* **vanity bag, vanity case** *s* Kosmetikkoffer *m*

van•quish ['væŋkwɪʃ] *vt* besiegen

van•tage ['va:ntɪdʒ] *s* Vorteil *m* (*a. Tennis*); **vantage point** *s* günstiger Aussichtspunkt; **from a modern ~** aus moderner Sicht

vapid ['væpɪd] *adj* (*fig*) nichts sagend; fade

va•por•iz•ation [ˌveɪpəraɪ'zeɪʃn, *Am* ˌveɪpərɪ'zeɪʃn] *s* Verdampfung *f;* Verdunstung *f;* **va•por•ize** ['veɪpəraɪz] *vt, vi* verdampfen; verdunsten; **va•por•izer** ['veɪpəraɪzə(r)] *s* Verdampfer *m;* Zerstäuber *m;* **va•por** *s* (*Am*), **va•pour** ['veɪpə(r)] *s* Dampf *m;* Dunst *m;* **water ~** Wasserdampf *m;* **vapo(u)r pressure** *s* Dampfdruck *m;* **vapo(u)r trail** *s* (AVIAT) Kondensstreifen *m*

varia•bil•ity [ˌveərɪə'bɪlətɪ] *s* Veränderlichkeit *f;* **vari•able** ['veərɪəbl] **I.** *adj* **1.** veränderlich; variabel; (*Winde*) wechselnd **2.** (TECH) regulierbar; einstellbar **3.** (*fig: Wetter, Stimmung*) unbeständig **II.** *s* (MATH) Variable *f,* veränderliche Größe; **variable geometry wing** *s* (AVIAT) Schwenkflügel *m*

vari•ance ['veərɪəns] *s* **1.** Unterschied *m;* Abweichung *f* **2.** (*Statistik*) Streuung *f* **3.** (MATH) Varianzvial *nt,* Phiole *f;* **at ~** (*Sachen*) im Widerspruch (*with* zu); **be at ~ with s.o.** anderer Meinung sein als jd

vari•ant ['veərɪənt] **I.** *adj* andere(r, s), verschiedenartig **II.** *s* Variante *f;* **vari•ation** [ˌveərɪ'eɪʃn] *s* **1.** Veränderung *f;* Variation *f;* (METE FIN) Schwankung *f* **2.** (MUS) Variation *f* (*on* zu) **3.** (*a.* BIOL) Variante *f;* **~ in quality** unterschiedliche Qualität

vari•cose ['værɪkəʊs] *adj:* **~ veins** Krampfadern *fpl*

var•ied ['veərɪd] *adj* **1.** mannigfach, verschiedenartig; unterschiedlich **2.** abwechslungsreich

varie•gated ['veərɪgeɪtɪd] *adj* bunt, farbenprächtig; (*Blatt*) panaschiert

var•iety [və'raɪətɪ] *s* **1.** Mannigfaltigkeit, Vielfalt *f* **2.** Abwechslung *f* **3.** Auswahl *f;* Art, Sorte *f* **4.** Spielart, Variante *f* **5.** (THEAT) Varietee *nt;* **add** [*o* **give**] **~ to s.th.** Abwechslung in etw bringen; **there is not much ~** es ist nicht sehr abwechslungsreich; **a ~ of colours** die verschiedensten Farben; **for a ~ of reasons** aus verschiedenen Gründen; **~ is the spice of life** (*prov*) Abwechslung muss sein; **variety act** *s* Varieteenummer *f;* **variety show** *s* Varietee *nt;* (RADIO TV) Unterhaltungssendung *f;* **variety theatre** *s* Varieteetheater *nt*

vari•ous ['veərɪəs] *adj* **1.** verschiedene

V

2. (*fam*) mehrere; **at ~ times** zu verschiedenen Zeiten; **for ~ reasons** aus verschiedenen Gründen

var•mint ['vɑːmɪnt] *s* **1.** (*Am*) Halunke *m* **2.** (*Tier*) Schädling *m*

var•nish ['vɑːnɪʃ] **I.** *s* **1.** Firnis *m;* Politur *f;* Lack *m;* (*Töpferei*) Glasur *f* **2.** (*fig*) (äußerer) Schein *m* **II.** *vt* **1.** firnissen; polieren; lackieren **2.** (*fig*) beschönigen

vars•ity ['vɑːsətɪ] *s* (*fam*) Uni(versität) *f*

vary ['veərɪ] **I.** *vt* abändern; variieren **II.** *vi* **1.** sich wandeln, sich (ver)ändern, veränderlich sein; variieren **2.** sich unterscheiden (*from* von); **vary•ing** [-ɪŋ] *adj* **1.** veränderlich **2.** unterschiedlich

vas•cu•lar ['væskjʊlə(r)] *adj* (ANAT ZOO BOT): **~ system** Gefäßsystem *nt*

vase [vɑːz, *Am* veɪs] *s* (Blumen)Vase *f*

vas•sal ['væsl] *s* (HIST) Vasall, Lehensmann *m;* **vas•sal•age** ['væsəlɪdʒ] *s* (HIST) Lehenspflicht *f* (*to* gegenüber); (*fig*) Unterworfenheit *f* (*to* unter)

vas•sal state *s* Vasallenstaat *m*

vast [vɑːst] *adj* **1.** riesig **2.** enorm; beträchtlich, umfangreich; **~ majority** überwiegende Mehrheit; **vast•ly** ['-lɪ] *adv* in hohem Maße; **vast•ness** ['-nɪs] *s* **1.** Weite, Ausgedehntheit *f* **2.** gewaltige Größe

vat [væt] *s* (großes) Fass *nt,* Bottich *m*

VAT [ˌviːeɪ'tiː] *s Abk. von* **value-added tax** (FIN) Mehrwertsteuer, MwSt *f*

Vati•can ['vætɪkən] *s* Vatikan *m*

vaude•ville ['vɔːdəvɪl] *s* Varietee(vorstellung *f*) *nt*

vault¹ [vɔːlt] *s* **1.** (*a.* BIOL) Gewölbe *nt,* Wölbung *f* **2.** Keller *m* **3.** Gruft *f* **4.** Stahlkammer *f,* Tresor(raum) *m*

vault² [vɔːlt] **I.** *s* (SPORT) Sprung *m* **II.** *vt* überspringen, springen über **III.** *vi* springen

vaulted ['vɔːltɪd] *adj* gewölbt; **vault•ing** ['vɔːltɪŋ] *s* (ARCH) Wölbung *f;* Gewölbe *nt*

vault•ing horse ['vɔːltɪŋhɔːs] *s* (*Turnen*) Pferd *nt;* **vaulting pole** *s* Sprungstab *m*

vaunt [vɔːnt] **I.** *s* Loblied *nt* **II.** *vt* rühmen

VCR [ˌviːsiː'ɑː(r)] *s Abk. von* **video cassette recorder** Videorecorder *m*

VD [viː'diː] *s Abk. von* **venereal disease(s)** Geschlechtskrankheit(en *pl*) *f*

VDU [ˌviːdiː'juː] *s Abk. von* **visual display unit** Datensicht-, Bildschirmgerät *nt*

veal [viːl] *s* Kalbfleisch *nt;* **veal cutlet** *s* Kalbsschnitzel *nt*

vec•tor ['vektə(r)] *s* **1.** (MATH) Vektor *m* **2.** (MED) Träger *m*

vee-jay ['viːdʒeɪ] *s* (*fam*) Musikvideojockey *m*

veer [vɪə(r)] **I.** *vi* **1.** sich drehen, sich wenden **2.** (AUTO) ausscheren **3.** (*fig*) seine Meinung ändern, umschwenken (*to* zu) **II.** *s* **1.** (*Wind*) Drehung *f* **2.** (*Schiff, fig*) Kurswechsel *m* **3.** (AUTO) Ausscheren *nt* **4.** (*Straße*) Knick *m,* scharfe Kurve; **veer (a)round** *vt* (*Auto*) herumreißen; wenden

veg [vedʒ] *s* (*fam*) (gekochtes) Gemüse *nt;*

ve•gan ['viːgən] *s* Veganer(in) *m(f);* **veg•etable** ['vedʒtəbl] **I.** *adj* pflanzlich **II.** *s* Gemüse *nt;* **become a mere ~** nur noch dahinvegetieren; **vegetable fat** *s* Pflanzenfett *nt;* **vegetable food** *s* Pflanzenkost *f,* pflanzliche Nahrung; **vegetable garden** *s* Gemüsegarten *m;* **vegetable kingdom** *s* Pflanzenreich *nt;* **vegetable oil** *s* Pflanzenöl *nt*

veg•etar•ian [ˌvedʒɪ'teərɪən] **I.** *s* Vegetarier(in) *m(f)* **II.** *adj* vegetarisch; **veg•etate** ['vedʒɪteɪt] *vi* (*fig*) (dahin)vegetieren; **veg•eta•tion** [ˌvedʒɪ'teɪʃn] *s* **1.** Vegetation *f* **2.** (*fig*) Dahinvegetieren *nt*

ve•he•mence ['viːəməns] *s* Heftigkeit *f;* Leidenschaftlichkeit *f;* **ve•he•ment** ['viːəmənt] *adj* **1.** heftig, stark, gewaltig **2.** (*fig*) leidenschaftlich

ve•hicle ['viːɪkl] *s* **1.** Fahrzeug *nt* **2.** (*fig*) Träger *m* **3.** Medium, Mittel *nt;* **commercial ~** Nutzfahrzeug *nt;* **motor ~** Kraftfahrzeug *nt;* **~ of** [*o* **for**] **propaganda** Propagandamittel *nt;* **vehicle currency** *s* Leitwährung *f;* **vehicle registration centre** *s* Kraftfahrzeugzulassungsstelle *f;* **vehicle registration number** *s* Kraftfahrzeugkennzeichen *nt;* **ve•hicu•lar** [vɪ'hɪkjʊlə(r)] *adj:* **~ traffic** Fahrzeugverkehr *m*

veil [veɪl] **I.** *s* **1.** Schleier **2.** (*fig*) Deckmantel *m;* **under the ~ of** (*fig*) unter dem Schleier, unter dem Deckmantel *+gen;* **draw a ~ over** (*fig*) einen Schleier ziehen über; **raise the ~** den Schleier lüften **II.** *vt* verschleiern; verhüllen, verbergen; **veiled** [veɪld] *adj* (*a.* COM) verschleiert, versteckt

vein [veɪn] *s* **1.** (ANAT) Ader *f;* Vene *f* **2.** (BOT MIN) Ader *f* **3.** (*Holz*) Faser *f* **4.** (*fig*) Ader, Anlage, Veranlagung, Neigung *f* (*of* zu) **5.** (*fig*) Stimmung *f;* **a ~ of truth** eine Spur von Wahrheit; **veined** [veɪnd] *adj* geädert

ve•lar ['viːlə(r)] **I.** *adj* velar **II.** *s* Velar(laut) *m*

Vel•cro® ['velkrəʊ] *s:* **~ fastener** Klett(en)verschluss *m*

veld(t) [velt] *s* Grasland *nt* (*in Südafrika*)

vel•oc•ity [vɪ'lɒsətɪ] *s* Geschwindigkeit *f;* **at the ~ of** mit der Geschwindigkeit von; **initial/final ~** Anfangs-/Endgeschwindigkeit *f;* **~ of light** Lichtgeschwindigkeit *f;* **~ of sound** Schallgeschwindigkeit *f*

vel•vet ['velvɪt] *s* Samt *m;* **vel•vet•een** [ˌvelvɪ'tiːn] *s* Veloursamt *m;* **vel•vety** ['velvɪtɪ] *adj* samtweich

ve•nal ['viːnl] *adj* käuflich; korrupt; **ve•nal•ity** [vɪ'nælətɪ] *s* Käuflichkeit *f;* Korruption *f*

vend [vend] *vt* verkaufen

ven•det•ta [ven'detə] *s* Fehde *f;* Blutrache *f*

vend•ing ma•chine ['vendɪŋməʃi:n] *s* Verkaufs-, Warenautomat *m;* **vendor** ['vendə(r)] *s* Verkäufer(in) *m(f);* **ven•due** ['vendju:] *s* (*Am*) Auktion *f*

ve•neer [və'nɪə(r)] **I.** *vt* furnieren **II.** *s* **1.** Furnier *nt* **2.** (*fig*) Tünche *f*

ven•er•able ['venərəbl] *adj* ehrwürdig; **ven•er•ate** ['venəreɪt] *vt* verehren; (*Andenken*) ehren; **ven•er•ation** [ˌvenə'reɪʃn] *s* Verehrung *f* (*for* für); **hold s.o. in ~** jdn verehren; **hold s.o.'s memory in ~** jds Andenken ehren

ve•ner•eal [və'nɪərɪəl] *adj* Geschlechts-; **~ disease, VD** Geschlechtskrankheit *f*

ve•ne•tian blind [vəˌni:ʃn'blaɪnd] *s* Jalousie *f*

Vene•zue•la [ˌvene'zweɪlə] *s* Venezuela *nt;* **Vene•zue•lan** [ˌvene'zweɪlən] **I.** *adj* venezolanisch, venezuelisch **II.** *s* Venezolaner(in) *m(f)*

ven•geance ['vendʒəns] *s* Rache *f;* **with a ~** (*fam*) wie toll, wie verrückt; **take ~ (up)on s.o.** sich an jdm rächen

ve•nial ['vi:nɪəl] *adj* verzeihlich; **~ sin** lässliche Sünde

ven•ison ['venɪzn] *s* Reh(fleisch) *nt*

venom ['venəm] *s* **1.** Gift *nt* **2.** (*fig*) Bosheit *f;* **venom•ous** ['venəməs] *adj* **1.** giftig **2.** (*fig*) boshaft, bösartig; **~ snake** Giftschlange *f*

ve•nous ['vi:nəs] *adj* **1.** (PHYSIOL) venös **2.** (BOT) geädert

vent [vent] **I.** *s* **1.** Öffnung *f;* (*Kamin*) Abzug *m;* (*Fass*) Spundloch *nt* **2.** (*Kleidung*) Schlitz *m* **3.** (*fig*) Ventil *nt;* **give ~ to s.th.** etw ausdrücken; **give ~ to one's feelings** seinen Gefühlen freien Lauf lassen; **give ~ to one's anger** sich Luft machen **II.** *vt* (*Gefühle*) abreagieren (*on* an)

ven•ti•late ['ventɪleɪt] *vt* **1.** (ent-, be)lüften **2.** (PHYSIOL) Sauerstoff zuführen (*s.th.* einer S) **3.** (*fig: Frage*) ventilieren, erörtern; (*Beschwerde*) vorbringen; **ven•ti•la•tion** [ˌventɪ'leɪʃn] *s* **1.** Be-, Entlüftung, Ventilation *f* **2.** (PHYSIOL) Sauerstoffzufuhr *f* **3.** (*fig*) (freie) Aussprache *f;* **ventilation duct** *s* Lüftungsleitung *f;* **ven•ti•la•tor** ['ventɪleɪtə(r), *Am* 'ventəleɪtə(r)] *s* Ventilator *m*

ven•tricle ['ventrɪkl] *s* (ANAT) Herzkammer *f,* Ventrikel *m*

ven•tril•oquist [ven'trɪləkwɪst] *s* Bauchredner(in) *m(f)*

ven•ture ['ventʃə(r)] **I.** *s* Unternehmen, Unterfangen *nt;* Projekt *nt;* **that's his latest ~** darauf hat er sich neuerdings verlegt; **his first ~ at doing this** sein erster Versuch das zu tun; **business ~** Unternehmen, Projekt *nt* **II.** *vt* wagen; aufs Spiel setzen, riskieren; **may I ~ an opinion?** darf ich sagen, was ich darüber denke? **III.** *vi* sich wagen (*on, upon s.th.* an etw); **venture on s.th.** *vi* sich an etw wagen; **he ~d on a statement** er hatte den Mut, eine Erklärung abzugeben; **venture out** *vi* sich hinauswagen; **venture capital** *s* (FIN) Risikoanlagekapital *nt;* **ven•ture•some** [-səm] *adj* abenteuerlich

venue ['venju:] *s* Treffpunkt *m,* Begegnungsstätte *f;* (SPORT) Austragungsort *m;* (JUR) Verhandlungsort *m*

Venus ['vi:nəs] *s* (ASTR) Venus *f*

ver•acious [və'reɪʃəs] *adj* **1.** ehrlich **2.** wahr, richtig; **ver•ac•ity** [və'ræsətɪ] *s* **1.** Ehrlichkeit *f* **2.** Wahrheit *f*

ve•ran•da(h) [və'rændə] *s* Veranda *f*

verb [vɜ:b] *s* (GRAM) Verb, Zeitwort *nt;* **ver•bal** ['vɜ:bl] *adj* **1.** mündlich **2.** (*Übersetzung*) wörtlich; wortgetreu **3.** (*Fehler, Fähigkeit*) sprachlich **4.** (GRAM) verbal; **~ memory** Wortgedächnis *nt;* **~ note** (POL) Verbalnote *f;* **~ noun** Verbalsubstantiv *nt;* **ver•bal•ize** ['vɜ:bəlaɪz] *vt* **1.** in Worten ausdrücken **2.** (GRAM) verbal formulieren; **ver•bal•ly** ['vɜ:bəlɪ] *adv* **1.** mündlich **2.** (GRAM) verbal; **ver•ba•tim** [vɜ:'beɪtɪm] *adv, adj* wörtlich; Wort für Wort; **ver•bi•age** ['vɜ:bɪɪdʒ] *s* Wortreichtum, -schwall *m;* **ver•bose** [vɜ:'bəʊs] *adj* wortreich, langatmig; **ver•bos•ity** [vɜ:'bɒsətɪ] *s* Langatmigkeit *f*

ver•dant ['vɜ:dnt] *adj* grün, frisch

ver•dict ['vɜ:dɪkt] *s* Urteil *nt;* (*Wähler*) Entscheidung *f;* **arrive at a ~** zu einem (Urteils)Spruch kommen; **~ of guilty** Schuldspruch *m;* **~ of not guilty** Freispruch *m;* **what is the ~?** wie lautet das Urteil?; **what is your ~ on this book?** wie beurteilen Sie dieses Buch?; **give one's ~ on** [*o* **about**] **s.th.** sein Urteil über etw abgeben

ver•di•gris ['vɜ:dɪgrɪs] *s* Grünspan *m*

verge [vɜ:dʒ] *s* Rand *m;* (*Straße*) Bankett *nt,* Seitenstreifen *m;* **on the ~ of** (*fig*) am Rande *+gen,* nahe an; **be on the ~ of doing s.th.** im Begriff, nahe daran sein etw zu tun; **verge on** *vi* grenzen an; **he is verging on sixty** er ist fast sechzig

verger ['vɜ:dʒə(r)] *s* Kirchendiener, Küster *m*

veri•fi•able ['verɪfaɪəbl] *adj* nachprüfbar; **veri•fi•ca•tion** [ˌverɪfɪ'keɪʃn] *s* **1.** Nach-, Überprüfung, Kontrolle *f* **2.** Bestätigung *f;* Nachweis *m;* Beurkundung *f;* **on ~ of this** urkundlich dessen; **ver•ify** ['verɪfaɪ] *vt* **1.** (*auf Echtheit, Richtigkeit*) (über)prüfen, kontrollieren **2.** bestätigen, (urkundlich) belegen; beglaubigen; beweisen **3.** (*Verdacht, Furcht*) bestätigen

veri•si•mili•tude [ˌverɪsɪ'mɪlɪtju:d] *s*

Wahrscheinlichkeit *f*

veri•table ['verɪtəbl] *adj* wahr(haft), wirklich

ver•mi•celli [ˌvɜːmɪ'selɪ] *s pl* Fadennudeln *fpl*

ver•mi•cide ['vɜːmɪsaɪd] *s* Wurmmittel *nt*

ver•mi•form ['vɜːmɪfɔːm] *adj* wurmförmig; ~ **appendix** (ANAT) Wurmfortsatz *m*

ver•mil•ion [və'mɪlɪən] *adj* zinnoberrot

ver•min ['vɜːmɪn] *s* **1.** Ungeziefer *nt;* Schädling *m* **2.** (*fig*) Gesindel *nt;* **ver•min•ous** ['vɜːmɪnəs] *adj* voller Ungeziefer

ver•mouth ['vɜːməθ, *Am* vər'muːθ] *s* Wermut *m*

ver•nacu•lar [və'nækjʊlə(r)] **I.** *adj* (*Sprache*) mundartlich; (ein)heimisch **II.** *s* Mundart *f;* Landessprache *f*

ver•nal equi•nox ['vɜːnl'iːkwɪnɒks] *s* Frühjahrs-Tagundnachtgleiche *f* (*21. März*)

ve•ron•ica [və'rɒnɪkə] *s* Ehrenpreis *m/nt*

ver•ruca [və'ruːkə] *s* Warze *f*

ver•sa•tile ['vɜːsətaɪl, *Am* 'vɜːsətl] *adj* vielseitig; **ver•sa•til•ity** [ˌvɜːsə'tɪlətɪ] *s* Vielseitigkeit *f*

verse [vɜːs] *s* **1.** Strophe *f* **2.** Dichtung *f* **3.** (REL) Vers *m;* **in** ~ in Versform; **give** [*o* **quote**] **chapter and** ~ **for s.th.** etw genau belegen

versed [vɜːst] *adj* erfahren, bewandert, versiert (*in* in)

ver•sify ['vɜːsɪfaɪ] **I.** *vi* Verse machen, dichten **II.** *vt* in Versform bringen

ver•sion ['vɜːʃn] *s* **1.** Version *f* **2.** Darstellung *f* **3.** (*Auto etc*) Modell *nt,* Ausführung *f* **4.** Übersetzung *f*

verso ['vɜːsəʊ] <*pl* versos> *s* Rückseite *f*

ver•sus ['vɜːsəs] *prep* (JUR SPORT) gegen

ver•te•bra ['vɜːtɪbrə, *pl* -briː] <*pl* -brae> *s* Rückenwirbel *m;* **ver•te•bral** ['vɜːtɪbrl] *adj:* ~ **column** Wirbelsäule *f,* Rückgrat *nt;* **ver•te•brate** ['vɜːtɪbrət] *s* Wirbeltier *nt*

ver•tex ['vɜːteks, *pl* -tɪsiːz] <*pl* -tices> *s* **1.** Spitze *f,* Gipfel *m* **2.** (MATH) Scheitel(punkt) *m* **3.** (ASTR) Zenit *m*

ver•ti•cal ['vɜːtɪkl] **I.** *adj* senkrecht, lotrecht, vertikal; ~ **clearance** lichte Höhe; ~ **integration** vertikale Integration, Unternehmenskonzentration; ~ **take-off aircraft** Senkrechtstarter *m* **II.** *s* Senkrechte, Vertikale *f;* **out of the** ~ aus der Senkrechten

ver•ti•gin•ous [vɜː'tɪdʒɪnəs] *adj* schwindelerregend; **ver•tigo** ['vɜːtɪgəʊ] *s* **1.** Schwindel(gefühl *nt*) *m* **2.** (MED) Gleichgewichtsstörung *f*

verve [vɜːv] *s* **1.** Schwung *m,* Begeisterung *f,* Feuer *nt* **2.** Ausdruckskraft, -gewalt *f*

very ['verɪ] **I.** *adv* **1.** sehr **2.** äußerst **3.** gerade, (ganz) genau; ~ **much** sehr; **thank you** ~ **much** vielen Dank; ~ **possible** gut möglich; **how** ~ **peculiar!** wie eigenartig!; **the** ~ **best** der, die, das Allerbeste; **at the** ~ **latest** allerspätestens; **the** ~ **same** genau derselbe; **the** ~ **next day** gleich am nächsten Tag; **the** ~ **same day** noch am selben Tag; **my** ~ **own** mein eigenes; ~ **well** na, nun gut; sehr wohl; **Very Important Person, VIP** bedeutende Persönlichkeit, VIP *f* **II.** *adj* **1.** genau **2.** äußerste(r, s) **3.** bloß, allein, schon; sogar; **in the** ~ **act** auf frischer Tat; **to the** ~ **heart** tief ins Herz; **the** ~ **thought** der bloße Gedanke; **the** ~ **thing** genau das Richtige; **at the** ~ **end** am äußersten Ende

Very light® ['verɪˌlaɪt] *s* (MIL) Leuchtpatrone *f;* **Very pistol®** *s* Leuchtpistole *f*

ves•icle ['vesɪkl] *s* Bläschen *nt*

ves•pers ['vespəz] *s pl* Vesper *f*

vessel ['vesl] *s* **1.** (*a.* ANAT BOT) Gefäß *nt,* Behälter *m* **2.** (MAR) Schiff *nt;* **blood** ~ Blutgefäß *nt*

vest¹ [vest] *s* **1.** (*Br*) Unterhemd *nt* **2.** (*Am*) Weste *f*

vest² [vest] *vt* verleihen (*s.o. with s.th., s.th. in s.o.* jdm etw); **be** ~**ed with the power to do s.th.** das Recht haben etw zu tun; **the authority** ~**ed in him** die ihm verliehene Macht; **have a** ~**ed interest in s.th.** finanziell an etw beteiligt sein; (*fig*) persönliches Interesse an etw haben

ves•tal ['vestl] *adj:* ~ **virgin** Vestalin *f*

ves•ti•bule ['vestɪbjuːl] *s* **1.** Eingang(shalle *f*) *m,* Vorraum *m* **2.** (ANAT) Vorhof *m*

ves•tige ['vestɪdʒ] *s* Spur *f;* Überrest *m;* **not a** ~ **of** keine Spur von

vest•ment ['vestmənt] *s* **1.** (Amts)Tracht, Robe *f* **2.** (REL) Messgewand *nt*

vest-pocket ['vestˌpɒkɪt] *adj* (*Am*): ~ **edition** (*Buch*) Miniaturausgabe *f;* ~ **size** Westentaschenformat *nt*

ves•try ['vestrɪ] *s* Sakristei *f*

vet [vet] **I.** *s s.* **veterinary surgeon** Tierarzt *m,* -ärztin *f* **II.** *vt* überprüfen

vet [vet] *s* (*Am fam*) *s.* **veteran** Veteran(in) *m(f)*

vetch [vetʃ] *s* Wicke *f*

vet•eran ['vetərən] *s* **1.** Veteran(in) *m(f)* **2.** (*fig*) alter Praktikus; **veteran car** *s* Oldtimer *m*

vet•eri•nar•ian [ˌvetərɪ'neərɪən] *s* (*Am*) Tierarzt *m,* -ärztin *f;* **vet•erin•ary** ['vetrɪnrɪ] *adj* tierärztlich; veterinär-; ~ **medicine** Veterinärmedizin *f;* ~ **surgeon** Tierarzt *m,* -ärztin *f*

veto ['viːtəʊ] <*pl* vetoes> **I.** *s* **1.** Veto *nt,* Einspruch *m* **2.** (*power, right of* ~) Veto-, Einspruchsrecht *nt* **II.** *vt* **1.** sein Veto einlegen gegen **2.** verbieten, untersagen

vex [veks] *vt* **1.** ärgern, aufregen, rasend machen **2.** plagen, quälen; **be** ~**ed about** verärgert sein über; **be** ~**ed with s.o.** auf jdn böse sein; **a ~ed question** eine schwierige, vieldiskutierte, umstrittene Frage; **vex·ation** [vek'seɪʃn] *s* **1.** Ärger *m;* Plage, Qual *f* **2. ~s** Ärgernisse *ntpl,* Unannehmlichkeiten *fpl;* **vex·atious** [vek'seɪʃəs] *adj* **1.** lästig, ärgerlich, verdrießlich **2.** (JUR) schikanös

VHF [ˌviːeɪtʃ'ef] *s Abk. von* **very high frequency** UKW *f*

via ['vaɪə] *prep* über; per; via

vi·abil·ity [ˌvaɪə'bɪlətɪ] *s* **1.** Lebensfähigkeit *f* **2.** Machbarkeit *f* **3.** (COM) Rentabilität *f;* **vi·able** ['vaɪəbl] *adj* **1.** lebensfähig **2.** (*Plan*) machbar **3.** (COM) rentabel; lebensfähig

vi·aduct ['vaɪədʌkt] *s* Viadukt *m od nt*

vibes [vaɪbz] *s pl* **1.** (*fam*) Vibraphon *nt* **2.** (*sl*) Atmosphäre *f;* Reaktion *f;* Ausstrahlung *f;* **vi·brant** ['vaɪbrənt] *adj* **1.** vibrierend, schwingend **2.** (*fig*) pulsierend, lebhaft; **vi·bra·phone** ['vaɪbrəfəʊn] *s* (MUS) Vibraphon *nt;* **vi·brate** [vaɪ'breɪt] **I.** *vi* **1.** vibrieren **2.** zittern (*with* vor); ~ **with life** vor Leben sprühen; ~ **with activity** von regem Treiben erfüllt sein **II.** *vt* in Schwingungen versetzen; vibrieren lassen; **vi·bra·tion** [vaɪ'breɪʃn] *s* **1.** Schwingung, Vibration *f* **2.** *oft pl* (*sl*) Ausstrahlung *f;* Atmosphäre *f;* Feeling *nt;* **he got ~s from her** er spürte ihre Ausstrahlung; **vi·brator** [vaɪ'breɪtə(r)] *s* Vibrator *m*

vicar ['vɪkə(r)] *s* (REL) Pfarrer(in), Pastor(in) *m (f);* **vicar·age** ['vɪkərɪdʒ] *s* Pfarrhaus *nt*

vi·cari·ous [vɪ'keərɪəs, *Am* vaɪ'keərɪəs] *adj* **1.** stellvertretend **2.** (*fig*) nachempfunden; Ersatz-

vice¹ [vaɪs] *s* **1.** Laster *nt* **2.** (*a.* COM) Fehler *m;* ~ **squad** Sittenpolizei *f*

vice² [vaɪs] *s* Schraubstock *m;* **~-like grip** eiserner Griff

vice³ [vaɪs] **I.** *s* (*fam*) Vize(präsident(in)) *m (f)* **II.** *prefix* Vize-; **vice-chairman** *s* stellvertretender Vorsitzender; **vice-chancellor** *s* Vizekanzler(in) *m(f);* (*Universität*) Rektor(in) *m(f);* **vice-president** *s* Vizepräsident(in) *m(f)*

vice versa [ˌvaɪsɪ'vɜːsə] *adv* umgekehrt

vi·cin·ity [vɪ'sɪnətɪ] *s* Nachbarschaft, Nähe *f;* **in close ~ to** ganz nahe bei; **in the immediate ~** in unmittelbarer Umgebung; **in the ~ of 1,000 DM** um die 1.000 DM (herum), ca. 1.000 DM

vi·cious ['vɪʃəs] *adj* **1.** tückisch, bösartig, gefährlich **2.** (*Hund*) bissig **3.** boshaft **4.** gemein, grausam **5.** lasterhaft; **vicious circle** *s* Teufelskreis *m*

vi·ciss·itude [vɪ'sɪsɪtjuːd] *s* **1.** Wechsel *m;* Unbeständigkeit *f* **2. ~s** Wechselfälle *mpl,* Auf und Ab *nt*

vic·tim ['vɪktɪm] *s* **1.** Opfer *nt* **2.** Geschädigte(r) *f m;* **fall ~ to** das Opfer werden von; ~ **of circumstances** Opfer *nt* der Verhältnisse; **vic·tim·ize** [-aɪz] *vt* unfair behandeln; schikanieren

vic·tor ['vɪktə(r)] *s* Sieger(in), Gewinner(in) *m (f)*

Vic·tor·ian [vɪk'tɔːrɪən] *adj* **1.** (HIST) viktorianisch **2.** (*fig*) spießbürgerlich, prüde

vic·tori·ous [vɪk'tɔːrɪəs] *adj* siegreich (*over* über); **vic·tory** ['vɪktərɪ] *s* Sieg *m;* **gain** [*o* **win**] **a narrow ~ over** einen knappen Sieg erringen über; ~ **at the elections** Wahlsieg *m*

vict·ual ['vɪtl] **I.** *s meist pl* Lebensmittel *ntpl* **II.** *vt* verpflegen, verproviantieren **III.** *vi* sich verpflegen, sich verproviantieren; **vict·ual·ler** ['vɪtlə(r)] *s* Lebensmittelhändler(in) *m(f);* **licensed ~** *für den Verkauf von Alkohol konzessionierter Lebensmittelhändler*

vide·licet, viz [vɪ'diːlɪsət, *Am* vɪ'delɪsət, vɪz] *adv* nämlich; und zwar

video ['vɪdɪəʊ] <*pl* videos> **I.** *vt* auf Band aufnehmen **II.** *s* (*Am*) Fernsehen *nt;* Videogerät *nt,* -recorder *m;* **video camera** *s* Videokamera *f;* **video cassette** *s* Videokassette *f;* **video conference** *s* Videokonferenz *f;* **video·fit** ['vɪdɪəʊfɪt] *s* ein am Bildschirm erstelltes Phantombild; **video game** *s* Video-, Telespiel *nt;* **video·phone** *s* Bildtelefon *nt;* **video recorder** *s* Videorecorder *m,* -gerät *nt;* **video set** *s* Video(-Fernseh)gerät *nt;* **video show** *s* Fernsehprogramm *nt;* **video surveillance** *s* Videoüberwachung *f;* **video tape** *s* Videoband *nt;* **video·text** ['vɪdɪəʊtekst] *s* Videotext *m;* **video transmission** *s* Fernsehübertragung *f;* **video transmitter** *s* Fernsehsender *m*

vie [vaɪ] *vi* wetteifern (*with s.o.* mit jdm, *for* um)

Vi·en·na [vɪ'enə] *s* Wien *nt;* **Vi·en·nese** [ˌvɪə'niːz] **I.** *s* Wiener(in) *m(f)* **II.** *adj* wienerisch, Wiener-

Vi·et·cong [ˌvjet'kɒŋ] *s* Vietcong *m;* **Vi·et·nam** [ˌvjet'næm] *s* Vietnam *nt;* **Vi·et·nam·ese** [ˌvjetnə'miːz] **I.** *s* **1.** Vietnamese *m,* Vietnamesin *f* **2.** (das) Vietnamesisch(e) **II.** *adj* vietnamesisch

view [vjuː] **I.** *s* **1.** Sicht *f* **2.** Aussicht *f* **3.** Meinung, Ansicht *f* **4.** Absicht *f;* **at first ~** auf den ersten Blick; **in ~** zu sehen; (*fig*) in Aussicht; **in ~ of** im Hinblick auf; **in my ~** meines Erachtens, meiner Ansicht nach; **on ~** ausgestellt; (COM) zur Ansicht; **out of ~** nicht zu sehen; **with a ~ to, with the ~ of** mit der Absicht zu; **in full ~ of all these people** vor den Augen all dieser Leute; **come into ~** in Sicht kommen; **keep s.th. in ~** etw im Auge behalten; **go out of ~** außer Sicht kommen, verschwinden; **hidden**

V

from ~ nicht zu sehen; **a nice** ~ **of the mountains** ein schöner Blick auf die Berge; **see the** ~**s** die Sehenswürdigkeiten ansehen; **take the** ~ **that ...** die Ansicht vertreten, dass ...; **a general** ~ **of a problem** ein Überblick über ein Problem; **have s.th. in** ~ etw beabsichtigen; **lose** ~ **of s.th.** etw aus den Augen verlieren; **take a dim** [*o* **poor**] ~ **of s.th.** etw nicht gut finden **II.** *vt* **1.** ansehen, betrachten **2.** besichtigen **3.** (*fig: Problem*) sehen, beurteilen **III.** *vi* fernsehen; **viewer** ['vju:ə(r)] *s* **1.** (Fernseh)Zuschauer(in) *m(f)* **2.** Diabetrachter *m;* **view•finder** *s* (OPT PHOT) Sucher *m;* **view•ing** ['vju:ɪŋ] *s* **1.** Besichtigung *f* **2.** Fernsehen *nt;* ~ **figures** Einschaltquote *f;* **peak** ~ **time** Haupteinschaltzeit *f;* **view•point** ['vju:pɔɪnt] *s* Gesichts-, Standpunkt *m*

vigil ['vɪdʒɪl] *s* Nachtwache *f;* **keep** ~ Nachtwache halten (*over* bei)

vigi•lance ['vɪdʒɪləns] *s* Wachsamkeit *f;* **vigi•lant** ['vɪdʒɪlənt] *adj* wachsam

vi•gnette [vi:'njet] *s* **1.** Vignette *f* **2.** Charakterskizze *f*

vigor *s* (*Am*), **vig•our** ['vɪgə(r)] *s* **1.** Stärke, Kraft, Robustheit *f* **2.** Energie, Vitalität *f;* **vig•or•ous** ['vɪgərəs] *adj* **1.** stark, kräftig, kraftvoll, robust **2.** energisch, nachdrücklich

vile [vaɪl] *adj* **1.** (*sittlich*) schlecht, gemein **2.** widerlich, ekelhaft **3.** (*fam*) schlecht, abscheulich

vil•ify ['vɪlɪfaɪ] *vt* verleumden, herabwürdigen

vil•lage ['vɪlɪdʒ] *s* Dorf *nt;* **village community** *s* Dorfgemeinschaft *f;* **village green** *s* Dorfwiese *f;* **village inn** *s* Dorfgasthaus *nt;* **vil•lager** ['vɪlɪdʒə(r)] *s* Dorfbewohner(in) *m(f)*

vil•lain ['vɪlən] *s* **1.** Schuft, Schurke *m;* Bösewicht *m* **2.** (*hum*) Schelm, Schlingel *m* **3.** (*fam*) Verbrecher *m;* **vil•lain•ous** [vɪlənəs] *adj* **1.** schurkisch **2.** (*fam*) miserabel, schlecht; **vil•lainy** ['vɪlənɪ] *s* Gemeinheit *f*

vim [vɪm] *s* (*fam*) Schwung *m*

vin•ai•grette [ˌvɪnɪ'gret] *s* Vinaigrette *f;* Salatsoße *f*

vin•di•cate ['vɪndɪkeɪt] *vt* **1.** rechtfertigen **2.** rehabilitieren; **vin•di•ca•tion** [ˌvɪndɪ'keɪʃn] *s* **1.** Rechtfertigung, Verteidigung *f* **2.** Rehabilitation *f;* **in** ~ **of** zur Rechtfertigung *+gen*

vin•dic•tive [vɪn'dɪktɪv] *adj* nachtragend; rachsüchtig

vine [vaɪn] *s* **1.** Weinstock *m,* Rebe *f* **2.** Kletterpflanze *f*

vin•egar ['vɪnɪgə(r)] *s* Essig *m;* **vin•egary** ['vɪnɪgərɪ] *adj* säuerlich, sauer

vine•yard ['vɪnjəd] *s* Weinberg *m*

vin•tage ['vɪntɪdʒ] **I.** *s* **1.** (Wein)Lese *f* **2.** Jahrgang *m* **II.** *adj* hervorragend; alt; ~ **car** (AUTO) Autoveteran *m;* ~ **wine** Qualitätswein *m;* ~ **year** guter Jahrgang; **vintner** ['vɪntnə(r)] *s* Weinhändler *m*

vinyl ['vaɪnɪl] *s* Vinyl, PVC *nt*

viol ['vaɪəl] *s* (HIST) Viola *f;* **bass** ~ Gambe *f*

vi•ola¹ [vɪ'əʊlə] *s* Bratsche *f;* ~ **da gamba** Gambe *f*

vi•ola² ['vaɪəʊlə] *s* Veilchen *nt*

vi•ol•ate ['vaɪəleɪt] *vt* **1.** (*Recht*) verletzen; (*Gesetz*) übertreten, verstoßen gegen; (*Vertrag, Versprechen*) brechen **2.** (*geweihten Ort*) entehren; (*Gefühl, Empfinden*) verletzen, beleidigen; (*Stille*) stören **3.** (*Frau*) vergewaltigen; **vi•ol•ation** [ˌvaɪə'leɪʃn] *s* **1.** Verletzung *f,* Verstoß *m* **2.** Entehrung *f;* Verletzung *f;* Störung *f* **3.** Vergewaltigung *f;* ~ **of a treaty** Vertragsbruch *m;* ~ **of human rights** Menschenrechtsverletzung *f;* **vi•ol•ence** ['vaɪələns] *s* **1.** Gewalt *f;* Gewalttätigkeit *f* **2.** Heftigkeit *f;* Stärke *f;* **do** ~ **to s.o.** jdm Gewalt antun; **crimes of** ~ Gewaltverbrechen *ntpl;* **robbery with** ~ Raubüberfall *m;* **an outbreak of** ~ ein Ausbruch von Gewalttätigkeiten; **vi•ol•ent** ['vaɪələnt] *adj* **1.** gewaltsam; gewalttätig **2.** heftig, stark **3.** leidenschaftlich; **meet with a** ~ **death** eines gewaltsamen Todes sterben; **have a** ~ **temper** jähzornig sein; **by** ~ **means** unter Gewaltanwendung

vi•olet ['vaɪələt] **I.** *s* Veilchen *nt* **II.** *adj* violett

vi•olin [ˌvaɪə'lɪn] *s* Geige, Violine *f;* **play the** ~ Geige spielen; ~ **bow/case** Geigenbogen/-kasten *m;* ~ **string** Geigensaite *f;* **vi•olin•ist** ['vaɪəlɪnɪst] *s* Geiger(in) *m(f);* **vi•olon•cel•list** [ˌvaɪələn'tʃelɪst] *s* Cellist(in) *m(f);* **vi•olon•cello** [ˌvaɪələn'tʃeləʊ] <*pl* -cellos> *s* Cello *nt*

V.I.P., VIP [ˌvi:aɪ'pi:] *s Abk. von* **very important person** bedeutende Persönlichkeit, VIP *f;* **give s.o. the** ~ **treatment** jdn wie einen Ehrengast behandeln

vi•per ['vaɪpə(r)] *s* **1.** Viper *f* **2.** (*fig*) Schlange *f*

vir•ago [vɪ'rɑ:gəʊ] <*pl* -ago(e)s> *s* Xanthippe *f,* Zankteufel *m*

vir•gin ['vɜ:dʒɪn] **I.** *s* Jungfrau *f* **II.** *adj* **1.** jungfräulich, *a. Schnee* **2.** (*fig: Land*) unberührt; ~ **birth** (REL) jungfräuliche Geburt; (BIOL) Jungfernzeugung *f;* **vir•ginal** ['vɜ:dʒɪnl] *adj* jungfräulich; **vir•gin forest** *s* Urwald *m;* **vir•gin•ity** [və'dʒɪnətɪ] *s* Unschuld, Jungfräulichkeit *f*

Virgo ['vɜ:gəʊ] <*pl* Virgos> *s* (ASTR) Jungfrau *f;* **v~ intacta** unberührte Jungfrau

vir•ile ['vɪraɪl, *Am* 'vɪrəl] *adj* **1.** männlich **2.** (*fig*) kraftvoll; **vir•il•ity** [vɪ'rɪlətɪ] *s*

1. Männlichkeit *f;* Potenz, Manneskraft *f* 2. Ausdruckskraft *f*

vi•rol•ogy [vaɪə'rɒlədʒɪ] *s* Virologie *f*

vir•tual ['vɜːtʃʊəl] *adj* 1. wirklich, tatsächlich, eigentlich 2. (PHYS) virtuell; ~ **reality** virtuelle Realität; ~ **value** Effektivwert *m;* **vir•tual•ly** [-lɪ] *adv* fast, praktisch, so gut wie

vir•tue ['vɜːtʃuː] *s* 1. Tugend *f* 2. Tugendhaftigkeit *f* 3. Vorteil *m,* Qualität *f* 4. Wirkung *f;* Heilkraft *f;* **by ~ of** kraft, auf Grund *+gen;* **make a ~ of necessity** (*prov*) aus der Not eine Tugend machen; **a woman of easy ~** ein Flittchen *nt;* **vir•tue•crat** ['vɜːtʃuːˌkræt] *s* Programmzensor(in) *m(f)*

vir•tu•os•ity [ˌvɜːtjʊ'ɒsətɪ] *s* Virtuosität *f;* **vir•tu•oso** [ˌvɜːtjʊ'əʊzəʊ, *pl* -əʊziː] <*pl* -osos, -osi> *s* (MUS) Virtuose *m*

vir•tu•ous ['vɜːtʃʊəs] *adj* tugendhaft

viru•lence ['vɪrʊləns] *s* 1. (MED) Heftigkeit, Bösartigkeit *f* 2. (*fig*) Boshaftigkeit *f;* **viru•lent** ['vɪrʊlənt] *adj* 1. (MED) bösartig; (*Gift*) stark, tödlich 2. (*fig*) boshaft, gehässig

vi•rus ['vaɪərəs] *s* (MED) Virus *m*

visa ['viːzə] I. *s* Visum *nt;* Sichtvermerk *m;* **entrance ~** Einreisevisum *nt;* **transit ~** Durchreisevisum *nt* II. *vt* mit einem Visum versehen

vis-à-vis ['viːzəviː] *prep* gegenüber

vis•cera ['vɪsərə] *s pl* (ANAT) Eingeweide *ntpl*

vis•cose ['vɪskəʊz] *s* Viskose *f*

vis•cos•ity [vɪs'kɒsətɪ] *s* Zähflüssigkeit, Viskosität *f*

vis•count ['vaɪkaʊnt] *s* Vicomte *m;* **vis•count•ess** ['vaɪkaʊntɪs] *s* Vicomtesse *f*

vis•cous ['vɪskəs] *adj* zähflüssig, viskos

vise [vaɪs] *s* (*Am*) Schraubstock *m*

visé ['viːzeɪ] I. *s* (*Am*) Visum *nt;* **entrance ~** Einreisevisum *nt;* **transit ~** Durchreisevisum *nt* II. *vt* mit einem Visum versehen

vis•ibil•ity [ˌvɪzə'bɪlətɪ] *s* 1. Sichtbarkeit *f* 2. Sicht(weite) *f;* Sichtverhältnisse *ntpl;* **~ was poor** die Sicht war schlecht; **vis•ible** ['vɪzəbl] *adj* 1. sichtbar, wahrnehmbar 2. (*fig*) offensichtlich, deutlich

vi•sion ['vɪʒn] *s* 1. Sehen *nt;* Sehkraft *f,* -vermögen *nt* 2. Vision *f* 3. Vorstellung *f* 4. Voraussicht *f,* Weitblick *m;* **~ of the future** Zukunftsvision *f;* Vorstellung *f* von der Zukunft; **field of ~** Gesichts-, Blickfeld *nt;* **have ~s of fame** von Ruhm träumen; **I had ~s of having to do it all again** ich sah mich das schon alles noch einmal machen; **vi•sion•ary** ['vɪʒənrɪ] I. *adj* 1. visionär, unwirklich, fantastisch 2. unpraktisch, undurchführbar 3. hellseherisch II. *s* 1. Hellseher(in) *m(f)* 2. Fantast(in) *m(f)*

visit ['vɪzɪt] I. *vt* 1. auf-, besuchen; auf Besuch sein bei 2. besichtigen 3. (REL) heimsuchen II. *vi* einen Besuch machen III. *s* 1. Besuch *m* (*to* bei) 2. Kontrolle *f* 3. (INTERNET) Visit *m;* **pay s.o./s.th. a ~** jdn/etw besuchen; **courtesy ~** Höflichkeitsbesuch *m;* **visi•ta•tion** [ˌvɪzɪ'teɪʃn] *s* 1. Besichtigung *f;* Visitation, Inspektion *f* 2. (*Geist*) Erscheinung *f* 3. (REL) Heimsuchung *f;* **visit•ing** ['vɪzɪtɪŋ] *adj:* **be on ~ terms** sich (gegenseitig) besuchen; **~ card** Visitenkarte *f;* **~ hours** Besuchszeit *f;* **~ professor** Gastprofessor(in) *m (f);* **the ~ team** die Gäste *pl;* **visi•tor** ['vɪzɪtə(r)] *s* 1. Besucher(in) *m(f)* (*to a castle* eines Schlosses) 2. Gast *m* 3. Inspekteur(in) *m(f);* **~s' book** Gästebuch *nt*

vi•sor ['vaɪzə(r)] *s* 1. (HIST: *Helm*) Visier *nt* 2. Mützenschirm *m* 3. (AUTO: *sun~*) Sonnenblende *f*

vista ['vɪstə] *s* 1. Ausblick *m,* -sicht *f* 2. (*fig*) Aussicht *f* (*of* auf); (*von Vergangenheit*) Bild *nt;* **open new ~s** (*fig*) neue Möglichkeiten eröffnen

vis•ual ['vɪʒʊəl] *adj* 1. visuell 2. Seh-; **~ aids** Anschauungsmaterial *nt;* **~ display unit, VDU** Datensicht-, Bildschirmgerät *nt,* Bildschirm *m;* **~ instruction** Anschauungsunterricht *m;* **~ memory** visuelles Gedächtnis; **~ nerve** Sehnerv *m;* **vis•ual•ize** ['vɪʒʊəlaɪz] *vt* 1. sich vorstellen 2. erwarten, rechnen mit; **vis•ual•ly** *adv* visuell; **the ~ impaired** die Sehgeschädigten

vi•tal ['vaɪtl] I. *adj* 1. lebenswichtig, -notwendig; Lebens- 2. (*fig*) wesentlich, unerlässlich (*to* für) 3. (*Fehler*) schwerwiegend; **~ force** Lebenskraft *f;* **~ organs** lebenswichtige Organe *ntpl;* **~ parts** wichtige Teile *mpl;* **~ problem** Kernproblem *nt;* **~ statistics** Bevölkerungsstatistik *f;* (*fam*) Körpermaße *ntpl;* **at the ~ moment** im entscheidenden, kritischen Augenblick; **of ~ importance** äußerst wichtig; **it is ~ that ...** es ist unbedingt notwendig, dass ...; **how ~ is it?** wie wichtig ist es? II. *s pl* lebenswichtige Organe *ntpl;* (*hum*) Genitalien *pl;* **vi•tal•ity** [vaɪ'tælətɪ] *s* 1. Lebendigkeit *f* 2. Vitalität, Energie *f* 3. Beständigkeit *f;* **vi•tal•ize** ['vaɪtəlaɪz] *vt* beleben

vit•amin ['vɪtəmɪn, *Am* 'vaɪtəmɪn] *s* Vitamin *nt;* **vitamin deficiency** *s* Vitaminmangel *m;* **vitamin tablets** *s pl* Vitamintabletten *fpl*

vit•reous ['vɪtrɪəs] *adj* 1. gläsern; glas(art)ig 2. (GEOL) glasig; **vit•rify** ['vɪtrɪfaɪ] I. *vt* zu Glas schmelzen, verglasen II. *vi* zu Glas werden

vit•riol ['vɪtrɪəl] *s* 1. (CHEM) Vitriol *nt* 2. Schwefelsäure *f* 3. (*fig*) beißender Spott; **blue ~** Kupfervitriol *nt;* **vit•riolic** [ˌvɪtrɪ'ɒlɪk] *adj* (*fig*) bissig, sarkastisch

vit•uper•ate [vɪ'tjuːpəreɪt] *vt* schmähen, heruntermachen, beschimpfen; **vit•uper-**

V

ation [vɪˌtjuːpə'reɪʃn] *s* Beschimpfung *f*
viva ['vaɪvə] *s* (*Br*) mündliche Prüfung
vi•va•cious [vɪ'veɪʃəs] *adj* lebhaft; (quick)lebendig, munter; **vi•vac•ity** [vɪ'væsətɪ] *s* Lebhaftigkeit *f;* Lebendigkeit, Munterkeit *f*
vi•var•ium [vaɪ'veərɪəm] *s* Vivarium, Aquarium *nt* (mit Terrarium)
viva voce [ˌvaɪvə'vəʊsɪ] **I.** *adj* mündlich **II.** *s* mündliche Prüfung
vivid ['vɪvɪd] *adj* **1.** lebhaft, lebendig **2.** (*Farbe*) kräftig, leuchtend; (*Licht*) hell **3.** (*Erinnerung*) frisch, lebhaft
vi•vipar•ous [vɪ'vɪpərəs, *Am* vaɪ'vɪpərəs] *adj* (ZOO) lebend gebärend
vivi•sect [ˌvɪvɪ'sekt] *vt* vivisezieren; **vivi•sec•tion** [ˌvɪvɪ'sekʃn] *s* Vivisektion *f*
vixen ['vɪksn] *s* **1.** Füchsin *f* **2.** (*fig*) Xanthippe *f,* Zankteufel *m*
viz [vɪz] *adv* nämlich; und zwar
vo•cabu•lary [və'kæbjʊlərɪ] *s* **1.** Wörterverzeichnis, Vokabular *nt* **2.** Wortschatz *m*
vo•cal ['vəʊkl] *adj* **1.** Stimm- **2.** mündlich **3.** (*fig*) lautstark; **become** ~ sich hören lassen, seine Meinung lautstark kundtun; ~ **cords** Stimmbänder *ntpl;* ~ **music** Vokalmusik *f,* Gesang *m;* ~ **part** Gesangspartie *f;* **vo•cal•ist** ['vəʊkəlɪst] *s* Sänger(in) *m(f);* **vo•cal•ize** ['vəʊkəlaɪz] *vt* **1.** aussprechen **2.** (*Konsonanten*) vokalisieren
vo•ca•tion [vəʊ'keɪʃn] *s* **1.** Berufung *f* **2.** Eignung *f* (*for* für) **3.** Beruf *m;* **vo•ca•tional** [vəʊ'keɪʃənl] *adj* beruflich; Berufs-; ~ **adviser** [*o* **counsellor**] Berufsberater(in) *m(f);* ~ **education** Berufsausbildung *f;* ~ **guidance** Berufsberatung *f;* ~ **retraining** Umschulung *f;* ~ **school** (*Am*) Berufsschule *f;* ~ **training** Berufsausbildung *f*
vo•cif•er•ate [və'sɪfəreɪt] *vt, vi* schreien, brüllen; **vo•cif•er•ation** [vəˌsɪfə'reɪʃn] *s* Geschrei, Gebrüll *nt;* **vo•cif•er•ous** [və'sɪfərəs] *adj* laut; lautstark
vogue [vəʊg] *s* Mode *f;* **all the** ~ der letzte Schrei; **be in** ~ Mode sein; **come into/go out of** ~ in Mode/aus der Mode kommen; **have a great** ~ sehr beliebt sein; in großer Mode sein
voice [vɔɪs] **I.** *s* **1.** Stimme *f* **2.** Mitspracherecht *nt* **3.** (GRAM) Aktionsart *f* **4.** (*Phonetik*) Stimmhaftigkeit *f;* **by a majority of ~s** mit Stimmenmehrheit; **in a loud** ~ mit lauter Stimme; **with one** ~ einstimmig; **give** ~ **to s.th.** etw zum Ausdruck bringen; **have a** ~ **in s.th.** bei einer S (ein Wörtchen) mitzureden haben; **raise one's** ~ seine Stimme erheben (*against* gegen), lauter sprechen, anschreien (*to s.o.* jdn); **I have no** ~ **in the matter** ich habe in der Angelegenheit wenig zu sagen; **active/passive** ~ (GRAM) Aktiv/Passiv *nt;* **chest/head** ~ Brust-/Kopfstimme *f* **II.** *vt* **1.** äußern, zum Ausdruck bringen, ausdrücken **2.** (*Phonetik*) stimmhaft aussprechen; **voice box** *s* Kehlkopf *m;* **voiced** [vɔɪst] *adj* (*Phonetik*) stimmhaft; **voice•less** ['vɔɪslɪs] *adj* **1.** stumm **2.** (PARL) nicht stimmberechtigt **3.** (*Phonetik*) stimmlos; **voice•mail** ['vɔɪsˌmeɪl] *s* Voicemail *f* (*digitaler Anrufbeantworter für Handys*)*;* **voice-over** ['vɔɪsəʊvə(r)] *s* Begleitkommentar *m*
void [vɔɪd] **I.** *adj* **1.** leer **2.** nichtig, sinnlos **3.** (JUR) ungültig, nichtig; ~ **of** ohne; **null and** ~ null und nichtig **II.** *s* Leere *f* **III.** *vt* **1.** (aus)leeren **2.** (JUR) ungültig machen, für ungültig, nichtig erklären
voile [vɔɪl] *s* Voile(stoff) *m*
vol•atile ['vɒlətaɪl, *Am* 'vɒlətl] *adj* **1.** (CHEM) flüchtig **2.** (*fig*) impulsiv; sprunghaft **3.** (POL) gespannt, brisant **4.** (FIN) unbeständig
vol•canic [vɒl'kænɪk] *adj* **1.** (GEOL) vulkanisch **2.** (*fig*) explosiv; ~ **eruption** Vulkanausbruch *m;* ~ **rock** Eruptivgestein *nt;* **vol•cano** [vɒl'keɪnəʊ] <*pl* -cano(e)s> *s* Vulkan *m*
vole [vəʊl] *s* (*field*~) Feldmaus *f;* **water-**~ Wasserratte *f*
vo•li•tion [və'lɪʃn, *Am* vəʊ'lɪʃn] *s* Wille *m;* **power of** ~ Willenskraft *f;* **do s.th. of one's own** ~ etw aus eigenem Antrieb tun
vol•ley ['vɒlɪ] **I.** *s* **1.** (MIL) Salve *f* **2.** (*fig*) Hagel *m;* Flut *f* **3.** (SPORT) Flugball, Volley *m* **II.** *vi* **1.** eine Salve abfeuern **2.** (SPORT) einen Volley spielen **III.** *vt:* ~ **the ball** einen Volley spielen; **vol•ley•ball** ['vɒlɪbɔːl] *s* Volleyball *m*
volt [vəʊlt] *s* (ELEK) Volt *nt;* **volt•age** ['vəʊltɪdʒ] *s* Spannung *f;* **what** ~ **is it?** wie viel Volt hat es?; **voltage detector** *s* (ELEK) Spannungsprüfer *m;* **voltage drop** *s* (ELEK) Spannungsabfall *m*
volte-face [ˌvɒlt'fɑːs] *s* (Meinungs-, Stimmungs)Umschwung *m,* Kehrtwendung *f*
vol•uble ['vɒljʊbl] *adj* **1.** gesprächig, redselig, geschwätzig **2.** wortreich **3.** (*Rede*) flüssig
vol•ume ['vɒljuːm] *s* **1.** Band *m,* Buch *nt* **2.** Rauminhalt *m,* Volumen *nt;* (großer) Umfang *m* **3.** Lautstärke *f;* (MUS) Klangfülle *f;* **~s of** ein Schwall *+gen;* **speak ~s** (*fig*) Bände sprechen (*for* für); **odd** ~ Einzelband *m;* ~ **of business** Geschäftsvolumen *nt;* ~ **of goods sold** Absatzvolumen *nt;* ~ **of sales** Umsatz *m;* ~ **of trade** Handelsvolumen *nt;* **volume control**, **volume regulator** *s* Lautstärkeregler *m;* **volume discount** *s* Mengenrabatt *m;* **vol•umi•nous** [və'ljuːmɪnəs] *adj* **1.** voluminös; üppig **2.** (*Schriften*) umfangreich **3.** (*Rock*) bauschig

vol·un·tary ['vɒləntrɪ] **I.** *adj* **1.** freiwillig **2.** (PHYSIOL) willkürlich **3.** (PSYCH) spontan **4.** (*Verbrechen*) vorsätzlich **II.** *s* (Orgel)Solo *nt;* ~ **organization** Wohltätigkeitsorganisation *f;* ~ **redundancy** freiwilliges Ausscheiden aus einem Betrieb; ~ **repatriation** freiwillige Rückführung; **vol·un·teer** [ˌvɒlən'tɪə(r)] **I.** *s* Freiwillige(r) *f m* **II.** *vt* **1.** (*Hilfe*) anbieten **2.** (*Vorschlag*) machen; (*Auskunft*) geben **III.** *vi* sich freiwillig melden; etw freiwillig tun; ~ **for s.th.** sich für etw zur Verfügung stellen; ~ **to do s.th.** anbieten etw zu tun

vo·lup·tu·ous [və'lʌptʃʊəs] *adj* **1.** sinnlich **2.** (*Leben*) ausschweifend **3.** (*Körper*) üppig

vo·lute [və'ljuːt] *s* (ARCH) Volute, Schnecke *f*

vomit ['vɒmɪt] **I.** *s* (MED) **1.** (Er)Brechen *nt* **2.** (das) Erbrochene **II.** *vi* sich erbrechen **III.** *vt* **1.** erbrechen, wieder von sich geben **2.** ausstoßen **3.** (*Feuer*) speien

voo·doo ['vuːduː] *s* Voodoo, Wodu *m*

vo·racious [və'reɪʃəs] *adj* **1.** gefräßig **2.** unersättlich; **vo·racity** [və'ræsətɪ] *s* **1.** Gefräßigkeit *f* **2.** (*fig*) Gier *f*

vor·tex ['vɔːteks, *pl* -teksəz, -tɪsiːz] <*pl* -texes, -tices> *s* (*a. fig*) Strudel *m*

vote [vəʊt] **I.** *s* **1.** Wahl, Abstimmung *f* **2.** Stimmabgabe *f* **3.** (Wahl)Stimme *f* **4.** Wahl-, Stimmrecht *f* **5.** Wahl-, Abstimmungsergebnis *nt* **6.** Bewilligung *f,* bewilligte Summe; **by 5 ~s to 3** mit 5 gegen 3 Stimmen; **by a majority of 2 ~s** mit einer Mehrheit von 2 Stimmen; **by a majority ~** mit Stimmenmehrheit; **bring** [*o* **put**] **to the ~** zur Abstimmung bringen; **cast one's ~** seine Stimme abgeben; **have a ~** Stimmrecht haben (*in* bei); **take a ~ on** abstimmen über; **casting ~** ausschlaggebende Stimme *f;* **casting of ~s** Stimmabgabe *f;* **counting of ~s** Stimmenzählung *f;* **final ~** Schlussabstimmung *f;* **number of ~s** Stimmenzahl *f;* ~ **of confidence** Vertrauensvotum *nt;* **ask for a ~ of confidence** die Vertrauensfrage stellen; **pass a ~ of confidence in s.o.** jdm das Vertrauen aussprechen; ~ **of censure** Missbilligungsvotum *nt;* ~ **of no confidence** Misstrauensvotum *nt* **II.** *vi* wählen; seine Stimme abgeben (*for* für) **III.** *vt* **1.** wählen; wählen zu **2.** bewilligen, genehmigen; **vote down** *vt* überstimmen; ablehnen; **vote in** *vt* wählen (*s.o.* jdn); (*Gesetz*) beschließen; **vote on** *vi* abstimmen über; **vote out** *vt* ablehnen; abwählen; **voter** ['vəʊtə(r)] *s* Wähler(in) *m(f);* **vot·ing** ['-ɪŋ] *s* **1.** Wahl *f* **2.** Wahlbeteiligung *f;* **return a blank ~ paper** einen leeren Stimmzettel abgeben; **system of ~** Wahlsystem *nt;* ~ **right** Stimmrecht *nt;* **voting booth** *s* Wahlzelle, -kabine *f;* **voting box** *s* Wahlurne *f;* **voting machine** *s* Stimmenzählmaschine *f*

vouch [vaʊtʃ] *vi* sich verbürgen, garantieren (*for* für); **voucher** ['vaʊtʃə(r)] *s* **1.** Gutschein *m* **2.** Beleg *m,* Bescheinigung *f* **3.** (JUR) Schuldschein *m;* **luncheon ~** Essen(s)marke *f,* Essensbon *m;* **credit ~** Gutschrift *f;* **gift ~** Geschenkgutschein *m;* **vouch·safe** [vaʊtʃ'seɪf] *vt* gewähren (*s.o.* jdm); **he ~d** (**me**) **no reply** er würdigte mich keiner Antwort

vow [vaʊ] **I.** *s* **1.** (REL) Gelübde *nt* **2.** Versprechen, Gelöbnis *nt;* **lover's ~** Treueschwur *m;* **make a ~ to do s.th.** geloben etw zu tun; **take one's ~s** sein Gelübde ablegen; **be under a ~ to do s.th.** verpflichtet sein etw zu tun **II.** *vt* geloben; feierlich erklären

vowel ['vaʊəl] *s* Vokal, Selbstlaut *m*

voy·age ['vɔɪɪdʒ] **I.** *s* **1.** Reise *f* **2.** (*Raumfahrt*) Flug *m;* **on the ~ out/home** auf der Hin-/Rückreise **II.** *vi* **1.** eine (See)Reise machen **2.** fliegen; **voy·ager** ['vɔɪədʒə(r)] *s* **1.** Passagier *m* **2.** Raumfahrer(in) *m(f)*

voyeur [vwaː'jɜː(r)] *s* Voyeur *m*

vto(l) [ˌviːtiː'əʊ, ˌviːtiːəʊ'el] *s Abk. von* **vertical take-off** (**and landing**): ~ **aircraft** Senkrechtstarter *m*

vul·can·ite ['vʌlkənaɪt] *s* Hartgummi *m od nt,* Ebonit *nt;* **vul·can·iz·ation** [ˌvʌlkənaɪ'zeɪʃn] *s* Vulkanisierung *f;* **vul·can·ize** ['vʌlkənaɪz] *vt* vulkanisieren

vul·gar ['vʌlgə(r)] *adj* **1.** vulgär; ordinär; geschmacklos **2.** (MATH: *Bruch*) gemein; ~ **beliefs** volkstümliche Auffassungen *fpl;* **in the ~ tongue** in der Sprache des Volkes; ~ **Latin** Vulgärlatein *nt;* **vul·gar·ity** [vʌl'gærətɪ] *s* Vulgarität *f;* Anstößigkeit *f;* Geschmacklosigkeit *f;* **vul·gar·ize** ['vʌlgəraɪz] *vt* **1.** popularisieren, verbreiten **2.** vulgär werden lassen

Vul·gate ['vʌlgeɪt] *s* (REL) Vulgata *f*

vul·ner·able ['vʌlnərəbl] *adj* **1.** verwundbar **2.** ungeschützt; ~ **to the cold** kälteempfindlich; ~ **to temptation** für Versuchungen anfällig; **be ~ to criticism** der Kritik ausgesetzt sein; keine Kritik vertragen; **a ~ point** [*o* **spot**] eine schwache Stelle

vul·ture ['vʌltʃə(r)] *s* Geier *m*

vulva ['vʌlvə] *s* (äußere) weibliche Scham, Vulva *f*

vy·ing ['vaɪɪŋ] **I.** *adj* wetteifernd **II.** *s* Konkurrenzkampf *m* (*for* um)

W

W, w ['dʌblju:] <*pl* -'s> *s* W, w *nt*

wack [wæk] *s* (*Br: sl*) Kumpel *m;* **wacky** ['wækɪ] *adj* (*fam*) verrückt, blöd

wad [wɒd] **I.** *s* **1.** Knäuel *nt;* (*in Geschoss*) Pfropfen *m;* (*Watte*) Bausch *m* **2.** (*Geld*) Bündel *nt;* **~s of money** ein Haufen Geld **II.** *vt* **1.** stopfen; zusammenknüllen **2.** (*Nähen*) wattieren; **wad•ding** ['wɒdɪŋ] *s* Füllsel *nt;* Wattierung, Watte *f;* (MED) Wattetupfer *m*

waddle ['wɒdl] **I.** *vi* watscheln **II.** *s* Watscheln *nt*

wade [weɪd] *vi* **1.** waten (*through* durch) **2.** (*fig*) sich (mühsam) (hin)durcharbeiten (*through* durch) **3.** (*fam fig*) sich hineinstürzen (*in, into* in); **~ into s.o.** (*fam*) auf jdn losgehen; **wader** ['weɪdə(r)] *s* **1.** Watvogel *m* **2.** **~s** (hohe) Gummistiefel *mpl*

wa•fer ['weɪfə(r)] *s* **1.** Waffel *f* **2.** Oblate *f* **3.** (REL) Hostie *f* **4.** (*silicone ~,* INFORM) Chip *m,* Siliziumplättchen *nt;* **~-thin** hauchdünn

waffle[1] ['wɒfl] *s* Waffel *f*

waffle[2] ['wɒfl] **I.** *vi* (*Br: fam*) quasseln, schwafeln **II.** *s* (*Br: pej*) Gequassel, Geschwafel *nt*

waffle iron *s* Waffeleisen *nt*

waft [wɒft] **I.** *vt* (weg-, fort)wehen, -blasen **II.** *vi* wehen; schweben **III.** *s* Hauch, Luftzug *m;* Duft *m*

wag[1] [wæg] **I.** *vt* wippen mit; wedeln mit; **~ one's finger at s.o.** jdm mit dem Finger drohen **II.** *vi* wippen; wedeln; **his tongue never stops ~ging** sein Mund steht nie still; **set tongues ~ging** Anlass zum Gerede geben **III.** *s* Wackeln, Wedeln *nt*

wag[2] [wæg] *s* Witzbold *m;* **he's a bit of a ~** er ist ein alter Witzbold

wage[1] [weɪdʒ] *s oft pl* (Arbeits)Lohn *m;* **at a ~ of** bei einem Lohn von; **basic ~** Grundlohn *m;* **weekly ~** Wochenlohn *m;* **the ~s of sin** die gerechte Strafe

wage[2] [weɪdʒ] *vt:* **~ war** Krieg führen

wage ad•just•ment [ˌweɪdʒə'dʒʌstmənt] *s* Lohnausgleich *m,* -anpassung *f;* **wage bill** *s* Lohnsumme *f;* **wage claim, wage de•mand** *s* Lohnforderung *f;* **wage costs** ['weɪdʒ kɒsts] *s pl* Lohnkosten *pl;* **wage differentials** *s pl* Lohngefälle *nt;* **wage dispute** *s* Lohnauseinandersetzung *f;* **wage earner** *s* Lohnempfänger(in) *m(f);* **wage freeze** *s* Lohnstopp *m;* **wage increase** *s* Lohnerhöhung *f;* **wage level** *s* Lohnniveau *nt;* **wage negotiation** *s* Lohn-, Tarifverhandlung *f;* **wage packet** *s* Lohntüte *f*

wa•ger ['weɪdʒə(r)] **I.** *s* Wette *f;* **lay** [*o* **make**] **a ~** eine Wette abschließen **II.** *vt, vi* wetten

wage scale ['weɪdʒskeɪl] *s* Lohnskala *f;* **wages clerk** *s* Lohnbuchhalter(in) *m(f);* **wage settlement** *s* Tarifabschluss *m;* **wage slip** *s* Lohnstreifen *m;* **wages policy** *s* Lohnpolitik *f;* **wage worker** *s* (*Am*) Lohnarbeiter(in) *m(f)*

wag•gish ['wægɪʃ] *adj* spaßig, scherzhaft

waggle ['wægl] **I.** *vt* wackeln mit; wedeln mit; wippen mit **II.** *vi* wackeln; wedeln; wippen **III.** *s* Wackeln *nt;* Wedeln *nt;* **with a ~ of its tail** mit einem Schwanzwedeln; **wagg•ly** ['wæglɪ] *adj* wackelnd; wackelig; (*Schwanz*) wedelnd

wag(•g)on ['wægən] *s* **1.** Wagen *m* **2.** (RAIL) Waggon *m;* **be on the ~** (*fam*) keinen Alkohol trinken; **wag(•g)oner** ['wægənə(r)] *s* Fuhrmann *m;* **wag(g)on•load** ['wægənləʊd] *s* Waggon-, Wagenladung *f;* **wagon train** *s* (HIST) Zug *m* von Planwagen

waif [weɪf] *s* **1.** herrenloses Tier **2.** Obdachlose(r) *f m* **3.** verwahrlostes Kind; **~s and strays** heimatlose Kinder

wail [weɪl] **I.** *vi* **1.** wimmern, schreien **2.** wehklagen, jammern (*for* um, *over* über) **3.** (*Wind*) heulen **II.** *s* Wimmern *nt;* Jammern, Klagen *nt;* Heulen *nt;* **wail•ing** ['weɪlɪŋ] *s* Wehklagen *nt;* **Wailing Wall** (*in Jerusalem*) Klagemauer *f*

wain•scot ['weɪnskət] *s* Wandverkleidung *f*

waist [weɪst] *s* **1.** Taille *f* **2.** (MAR) Mitteldeck *nt;* **strip to the ~** den Oberkörper freimachen; **waist•band** ['weɪstbænd] *s* (Rock-, Hosen)Bund *m;* **waist•coat** ['weɪstkəʊt] *s* (*Br*) Weste *f;* **waist deep** *adj* hüfthoch; bis zur Hüfte; **waisted** ['weɪstɪd] *adj* tailliert; **waist•line** *s* Taille *f;* **watch one's ~** auf die schlanke Linie achten

wait [weɪt] **I.** *vi* **1.** warten (*for* auf, *until* bis) **2.** unerledigt bleiben **3.** aufwarten (*on s.o.* jdm, *at table* bei Tisch), bedienen (*on s.o.* jdn) **4.** (AUTO) halten; **~ a minute!** Augenblick!; **~ and see** abwarten; **~ at table** (*Am*) bei Tisch bedienen; **~** (*Verkehrsam-*

pel) warten; **I can't** ~ ich kann's kaum erwarten; ich bin gespannt; **keep ~ing** warten lassen; **~-and-see-policy** Politik *f* des Abwartens; abwartende Haltung; **what are you ~ing for?** worauf wartest du? **II.** *vt* **1.** warten auf, ab-, erwarten **2.** (*fam*) verschieben; ~ **dinner** mit dem Essen warten (*for* auf); ~ **one's turn** abwarten, bis man an der Reihe ist; ~ **at table** bei Tisch servieren **III.** *s* Warten *nt,* Wartezeit *f;* **have a long** ~ lange warten müssen; **lie in** ~ **for s.o.** jdm auflauern; **wait about, wait around** *vi* warten (*for* auf); **wait behind** *vi* zurückbleiben (und warten); **wait in** *vi* zu Hause warten; **wait on** *vi* noch länger warten; ~ **on s.o.** jdn bedienen; auf jdn warten; **wait out** *vt* das Ende abwarten von; **wait up** *vi* aufbleiben (*for* wegen); **wait-and-see** *adj* vorsichtig

waiter ['weɪtə(r)] *s* Kellner *m;* (*head* ~) Ober(kellner) *m;* ~ **the bill/check, please!** (*Br/Am*) Ober, bitte zahlen!

wait•ing ['weɪtɪŋ] *s* **1.** Warten *nt* **2.** Dienen *nt* bei Hof **3.** Servieren, Bedienen *nt;* **lady-in-~** Hofdame *f;* **no** ~ (*Schild*) Halteverbot *nt;* **waiting game** *s* Wartespiel, Warten *nt;* Geduldsprobe *f;* **waiting list** *s* Warteliste *f;* **waiting room** *s* Wartezimmer *nt* (*beim Arzt*); (RAIL) Wartesaal *m*

wait•ress ['weɪtrɪs] *s* Kellnerin *f;* (*Anrede*) Fräulein!

waive [weɪv] *vt* **1.** (JUR) verzichten auf, aufgeben, zurücktreten von **2.** (*Einwurf, Frage*) abtun; ~ **one's right to speak** (PARL) auf das Wort verzichten; **waiver** ['weɪvə(r)] *s* Verzicht(erklärung *f*) *m* (*of* auf), Außerkraftsetzung *f*

wake¹ [weɪk] <*irr:* **woke (waked), woken (waked)**> **I.** *vi* **1.** (~ *up*) auf-, erwachen, munter werden **2.** wachen, wach, munter sein **3.** (~ *up*) aufmerksam werden (*to* auf), sich klar werden (*to* über) **II.** *vt* **1.** (auf)wecken **2.** (*Gefühl*) erwecken **3.** (*Erinnerungen*) wachrufen **4.** (*Echo*) hervorrufen **III.** *s* **1.** Totenwache *f;* (*Irland*) Leichenschmaus *m* **2.** **~s** (*Nordengland*) jährlicher Urlaub; **wake up I.** *vi* aufwachen **II.** *vt* aufwecken; (*fig*) wachrütteln; ~ **up to s.th.** sich einer S bewusst werden; ~ **s.o. up to s.th.** jdm etw klarmachen

wake² [weɪk] *s* Kielwasser *nt;* **in the** ~ **of** (*fig*) im Gefolge *+gen,* unmittelbar nach

wake•ful ['weɪkfl] *adj* wach(sam); schlaflos; **waken** ['weɪkən] **I.** *vi* **1.** auf-, erwachen; munter werden **2.** (*fig*) sich bewusst werden (*to s.th. +gen*) **II.** *vt* **1.** (auf)wecken (*from, out of* von, aus) **2.** (*fig*) auf-, ermuntern, antreiben; **wake-up call** *s* Weckruf *m;* **wakey** ['weɪkɪ] *interj* (*fam*) aufwachen!

Wales ['weɪlz] *s* Wales *nt*

walk [wɔːk] **I.** *vi* **1.** gehen **2.** zu Fuß gehen; wandern; spazieren gehen **3.** (*Gespenst*) umgehen, spuken **4.** (*fam*) einfach verschwinden; ~ **in one's sleep** schlafwandeln; **it takes 5 minutes to** ~ **there** zu Fuß sind es 5 Minuten; **I like to go ~ing** ich gehe gerne spazieren, wandern **II.** *vt* **1.** spazieren gehen mit, spazieren führen; ausführen **2.** (*Strecke*) gehen, laufen **3.** (*Baseball*) einen Walk geben (*s.o.* jdm); ~ **s.o. home** jdn (zu Fuß) nach Hause bringen, begleiten; ~ **s.o. off his feet** jdn müde machen; **he ~ed his bicycle** er hat sein Rad geschoben; **you can** ~ **it from here** von hier aus kannst du zu Fuß gehen; ~ **the boards** beim Theater sein; ~ **the streets** durch die Straßen streifen, irren; (*Prostituierte*) auf den Strich gehen **III.** *s* **1.** Spaziergang *m;* Wanderung *f* **2.** (SPORT) Gehen *nt;* Geherwettkampf *m;* Marsch *m* **3.** Gang(art *f*) *m* **4.** Weg *m* **5.** (*Baseball*) Walk *m;* **at a** ~ im Schritt; **go for** [*o* **take**] **a** ~ einen Spaziergang machen; **it's a long** ~ es ist ein weiter Weg; **from all ~s of life** aus allen Schichten und Berufen; **it's a 5 minute** ~ es sind 5 Minuten zu Fuß; **take s.o. for a** ~ einen Spaziergang mit jdm machen; **walk about, walk around I.** *vi* herumgehen, -laufen **II.** *vt* auf- und abführen; herumführen; **walk away** *vi* weggehen; **he ~ed away unhurt** er ist unverletzt davongekommen; ~ **away with s.th.** etw mitnehmen; etw leicht gewinnen; **walk back** *vi* zurückgehen; **walk in** *vt* hineingehen; **please** ~ **in!** bitte eintreten!; **walk into** *vt* **1.** hineingehen in **2.** anrempeln; laufen gegen **3.** zufällig treffen **4.** ohne Mühe bekommen; ~ **into a trap** in eine Falle gehen; **walk off I.** *vt* ab-, herunterlaufen; (*Rausch*) an der frischen Luft loswerden **II.** *vi* weggehen; ~ **off with** einfach mitnehmen; (*Preis*) gewinnen; **walk on** *vi* **1.** weitergehen **2.** betreten **3.** (THEAT) auftreten; auf der Bühne erscheinen; **walk out** *vi* **1.** gehen **2.** verlassen (*of s.th.* etw, *on s.o.* jdn), im Stich lassen (*on s.o.* jdn) **3.** in Streik treten, die Arbeit niederlegen; **walk over** *vi* **1.** leicht besiegen **2.** auf der Nase rumtanzen (*all over s.o.* jdm), herumschikanieren (*all over s.o.* jdn); **walk through** *vt* **1.** (*fam: Examen*) spielend schaffen, mit links machen **2.** (THEAT: *Rolle*) durchgehen; **walk up** *vi* **1.** hinaufgehen; zu Fuß hinaufgehen **2.** zugehen (*to* auf); ~ **up,** ~ **up!** treten Sie näher!

walk•about ['wɔːkəbaʊt] *s* persönliche Fühlungnahme mit dem Volk; **walk•away** ['wɔːkəweɪ] *s* (*Am*) leichter Sieg; **walker** ['wɔːkə(r)] *s* **1.** Fuß-, Spaziergänger(in) *m(f)* **2.** (SPORT) Geher(in) *m(f)* **3.** Laufstuhl *m;* **walker-on** ['wɔ:kər'ɒn] *s* (THEAT) Statist(in) *m(f);* **walkie-talkie** [ˌwɔ:kɪ'tɔ:kɪ] *s* Hand-, Sprechfunkgerät, Walkie Talkie *nt;* **walk-in** ['wɔ:kɪn] **I.** *s* (*Am*) leichter Sieg **II.** *adj:* ~ **cupboard** begehbarer Schrank

walk•ing ['wɔ:kɪŋ] **I.** *s* Gehen *nt;* Spazierengehen *nt;* Wandern *nt* **II.** *adj attr* **1.** (*hum*) wandelnd **2.** (*Puppe*) laufend, Lauf-; **at a ~ pace** im Schritt; **good ~** gute Wandermöglichkeiten; **the ~ wounded** die Leichtverletzten *pl;* **within ~ distance** zu Fuß erreichbar, zu erreichen; **walking frame** *s* Laufgestell *nt;* **walking shoes** *s pl* Wanderschuhe *mpl;* **walking stick** *s* Spazierstock *m;* **walking tour** *s* (Fuß)Wanderung *f*

walk•man® ['wɔ:kmən] *s* Walkman *m*

walk-on ['wɔ:kɒn] *s* (*~-on part,* THEAT) Statistenrolle *f;* **walk•out** ['wɔ:kaʊt] *s* (*fam*) Ausstand, Streik *m;* demonstratives Verlassen des Saales; **walk•over** ['wɔ:kəʊvə(r)] *s* (*~ victory*) leichter Sieg; (*fig*) Kinderspiel *nt;* **walk-through** ['wɔ:kˌθru:] *s* (INFORM) Spielhinweis *m*

walk•way ['wɔ:kweɪ] *s* Fußweg *m*

wall [wɔ:l] **I.** *s* **1.** Wand *f;* (*a.* ANAT) Mauer *f* **2.** (Trenn-, Scheide)Wand *f;* **the Great Wall of China** die Chinesische Mauer; **the north ~ of the Eiger** die Eigernordwand; **with one's back to the ~** (*fig*) in die Enge getrieben; **drive** [*o* **push**] **s.o. to the ~** (*fig*) jdn an die Wand drücken; **drive s.o. up the ~** jdn auf die Palme bringen; **the ~s have ears** die Wände haben Ohren; **go to the ~** (*fig*) an die Wand gedrückt werden; den Kürzeren ziehen; (*Firma*) kaputt gehen; **go up the ~** wahnsinnig werden; **bang one's head against a brick ~** (*fig*) mit dem Kopf gegen die Wand rennen **II.** *vt* ummauern, mit einer Mauer umgeben; **wall in** *vt* mit Mauern umgeben; (*fig*) umgeben, einschließen; **wall off** *vt* durch eine Mauer abtrennen; unterteilen; **~ o.s. off** (*fig*) sich abriegeln; **wall up** *vt* zumauern; **wall bars** *s pl* (SPORT) Sprossenwand *f;* **wall chart** *s* Wandkarte *f;* Diagramm *nt;* **wall clock** *s* Wanduhr *f*

wal•let ['wɒlɪt] *s* **1.** (*Br*) Brieftasche *f* **2.** (*Am*) Geldbeutel *m*

wall•flower ['wɔ:lˌflaʊə(r)] *s* **1.** Goldlack *m* **2.** (*fig*) Mauerblümchen *nt;* **wall hanging** *s* Wandbehang *m;* **wall map** *s* Wandkarte *f*

Walloon [wɒ'lu:n] **I.** *s* **1.** Wallone *m,* Wallonin *f* **2.** (das) Wallonisch(e) **II.** *adj* wallonisch

wal•lop ['wɒləp] **I.** *vt* (*sl*) **1.** verprügeln **2.** erledigen, fertig machen **II.** *s* (*sl*) **1.** Schlag *m* **2.** Tempo *nt;* **wal•lop•ing** [-ɪŋ] *adj* (*fam*) gewaltig, enorm, riesig; (*Preise*) saftig

wal•low ['wɒləʊ] **I.** *vi* **1.** sich wälzen; sich suhlen **2.** (MAR) rollen, schlingern **3.** (*fig*) schwelgen (*in* in); **~ in money** (*fam*) im Geld schwimmen; **~ in self-pity** in Selbstmitleid schwelgen **II.** *s* Suhle *f;* Bad *nt*

wall•pa•per ['wɔ:lpeɪpə(r)] **I.** *s* Tapete *f* **II.** *vt* tapezieren; **wall socket** *s* (ELEK) Steckdose *f;* **wall-to-wall** ['wɔltə'wɔ:l] *adj:* **~ carpeting** Teppichboden *m*

wal•nut ['wɔ:lnʌt] *s* **1.** Walnuss *f* **2.** (Wal)Nussbaum *m* **3.** Nussbaum(holz *nt*) *m*

wal•rus ['wɔ:lrəs] *s* Walross *nt;* **walrus moustache** *s* Hängeschnurrbart *m*

waltz [wɔ:ls] **I.** *s* Walzer *m* **II.** *vi* Walzer tanzen; herumwirbeln **III.** *vt* Walzer tanzen mit; **waltz about, waltz around** *vi* herumtanzen; **waltz in** *vi* hereintanzen; **waltz off** *vi* abtanzen; **~ off with** abziehen mit; **waltz up to** *vi* zuschlendern auf

wan [wɒn] *adj* blass, bleich; müde, schwach

wand [wɒnd] *s* Zauberstab *m*

wan•der ['wɒndə(r)] *vi* **1.** umherwandern, -streifen, -schweifen **2.** abbiegen (*from* von) **3.** (*~ away*) sich verlaufen, sich verirren **4.** (*~ off*)) abschweifen (*from* von) **5.** (*Blick*) umherschweifen, gleiten **6.** (*Fluss*) sich schlängeln, sich winden; **his mind is ~ing** er ist geistig abwesend; **wan•derer** ['wɒndərə(r)] *s* Wanderer *m,* Wanderin *f;* Herumtreiber(in) *m(f);* **wan•der•ing** ['wɒndərɪŋ] *adj* **1.** wandernd, umherstreifend; unstet; (*Sänger*) fahrend **2.** nomadisch **3.** (*fig: Gedanken*) abschweifend **4.** (*Weg*) sich schlängelnd; **wan•der•ings** ['wɒndərɪŋz] *s* Fahrten *fpl,* Wanderleben *nt;* (*fig*) wirre Gedanken *mpl;* wirres Gerede *nt*

wane [weɪn] **I.** *vi* **1.** (*Mond*) abnehmen **2.** schwächer werden, nachlassen **3.** (*fig*) vergehen, (dahin)schwinden, verfallen **II.** *s:* **be on the ~** im Abnehmen sein

wangle ['wæŋgl] **I.** *vt* (*sl*) **1.** hinkriegen, drehen, deichseln **2.** rausschlagen (*s.th. out of s.o.* etw aus jdm), ergattern **II.** *s* (*sl*) Schiebung *f*

want [wɒnt] **I.** *vt* **1.** wollen; mögen **2.** nötig haben, brauchen **3.** sollen, müssen **4.** nicht haben; **~ to do s.th.** etw tun wollen; **I ~ you to do it** ich möchte, dass du das machst; **I was ~ing to leave sooner** ich wäre gerne früher gegangen; **you ~ to get professional advice** Sie sollten einen Fachmann befragen; **that's all I ~ed!** das hat mir gerade noch gefehlt!; **your hair ~s cutting** du solltest zum Friseur gehen; **~ed by the police** polizeilich gesucht; **feel ~ed** das Gefühl haben, dass man gebraucht wird; **you are ~ed on the telephone** Sie werden am Telefon verlangt; **we ~ time** uns fehlt die Zeit; **all it ~s is a little paint** es braucht nur etwas Farbe **II.** *vi* **1.** wollen; mögen **2.** nicht haben (*for s.th.* etw) **3.** (*lit*) Mangel haben; in Armut leben; **if you ~ (to)** wenn Sie möchten; **as you ~** wie du willst; **they ~ for nothing** es fehlt ihnen an nichts **III.** *s* **1.** Mangel *m* (*of* an) **2.** Not, Armut *f* **3.** Bedürfnis *nt;* Wunsch *m;* **for ~ of** aus Mangel an, mangels *+gen;* **for ~ of something to do** weil ich nichts zu tun hatte; **feel the ~ of s.th.** etw vermissen; **be in ~ of s.th.** etw brauchen; **a long- felt ~** ein langgehegter Wunsch; **all s.o.'s ~s** alles, was jd braucht; **it wasn't for ~ of trying** nicht, dass er sich nicht bemüht hätte; **want in** *vi* (*fam*) hereinwollen; **want out** *vi* (*fam*) rauswollen

want ad ['wɒnt 'æd] *s* (*fam*) Kaufgesuch *nt;* Kleinanzeige *f;* **want•age** ['wɒntɪdʒ] *s* (*Am*) Fehlbetrag *m;* **want•ing** ['wɒntɪŋ] *adj* fehlend, nicht vorhanden; **be ~** fehlen, nicht enthalten sein (*in* in), es fehlen lassen (*in* an), nicht haben (*in s.th.* etw); **be found ~** (*Mensch*) für zu leicht befunden werden; sich als mangelhaft erweisen; **he's a bit ~** er ist etwas minderbemittelt

wan•ton ['wɒntən] *adj* **1.** unbeherrscht, zügellos **2.** ausschweifend, lüstern **3.** ausgelassen, mutwillig, übermütig **4.** (*Vernachlässigung, Verschwendung*) sträflich

wapi•ti ['wɒpɪtɪ] *s* Wapiti, Elk *m*

war [wɔ:(r)] **I.** *s* **1.** Krieg *m* **2.** (*fig*) Kampf, Streit, Konflikt *m;* **at ~** im Krieg(szustand) (*with* mit); **in case of ~, in the event of ~** im Kriegsfall; **in time(s) of ~** in Kriegszeiten; **carry the ~ into the enemy's camp** (*fig*) zum Gegenangriff übergehen; **declare ~ (on a country)** (einem Land) den Krieg erklären; **declare ~ on s.o.** (*fig*) jdm den Kampf ansagen; **have been in the ~s** (*fig fam*) übel aussehen; **he looks as though he's been in the ~s** er sieht ziemlich mitgenommen aus; **make** [*o* **wage**] **~ (up)on** Krieg führen gegen; **civil ~** Bürgerkrieg *m;* **declaration of ~** Kriegserklärung *f;* **outbreak of ~** Kriegsausbruch *m;* **prisoner of ~** Kriegsgefangene(r) *f m;* **world ~** Weltkrieg *m;* **~ of aggression** Angriffskrieg *m;* **~ of attrition** Zermürbungskrieg *m;* **~ of independence** Unabhängigkeitskrieg *m;* **~ of nerves** Nervenkrieg *m* **II.** *vi* **1.** Krieg führen (*for* um) **2.** kämpfen, streiten (*against* gegen, *with* mit); **war atrocities** *s pl* Kriegsgreuel *mpl;* **war baby** *s* Kriegskind *nt*

warble ['wɔ:bl] **I.** *vi* **1.** (*Lerche*) trillern **2.** (*Mensch*) trällern **II.** *vt* trällern; **warbler** ['wɔ:blə(r)] *s* Grasmücke *f;* Waldsänger *m*

war bond ['wɔ:bɒnd] *s* Kriegsanleihe *f;* **war bulletin** *s* Kriegsbericht *m;* **war correspondent** *s* Kriegsberichterstatter(in) *m(f);* **war crime** *s* Kriegsverbrechen *nt;* **war criminal** *s* Kriegsverbrecher(in) *m(f);* **war cry** *s* Kriegsruf *m;* (*fig*) Schlachtruf *m*

ward [wɔ:d] *s* **1.** Mündel *nt* **2.** (Gefängnis-, Krankenhaus)Abteilung *f;* (MED) Station *f* **3.** (Stadt-, Verwaltungs)Bezirk *m;* **in ~** unter Vormundschaft; **ward off** *vt* abwehren, fern halten

war•den ['wɔ:dn] *s* **1.** Herbergsvater *m,* -mutter *f;* Jagdaufseher(in) *m(f);* Feuerwart(in) *m(f);* Aufseher(in) *m(f)* **2.** Rektor(in) *m(f),* Direktor(in) *m(f)* **3.** (*Am*) Gefängnisdirektor(in) *m(f)* **4.** Heimleiter(in) *m(f);* **air-raid ~** Luftschutzwart *m;* **traffic ~** Verkehrspolizist(in) *m(f);* (*fam*) Politesse *f*

war•der ['wɔ:də(r)] *s* Gefängniswärter(in) *m(f)*

ward•robe ['wɔ:drəʊb] *s* **1.** Garderobe *f* **2.** Kleiderschrank *m;* **~ trunk** Schrankkoffer *m*

ward•ship ['wɔ:dʃɪp] *s* Vormundschaft *f* (*of, over* über)

war effort ['wɔ:(r)'efət] *s* Kriegsanstrengungen *pl*

ware•house ['weəhaʊs] **I.** *s* (Waren)Lager *nt;* Lagerhaus *nt,* Speicher *m;* **~-keeper** [*o* **man**] Lagerhalter *m* **II.** *vt* einlagern

wares [weəz] *s pl* Waren *fpl*

war•fare ['wɔ:feə(r)] *s* Krieg(führung *f*) *m;* **guerilla ~** Guerillakrieg *m;* **psychological ~** Nervenkrieg *m;* **war game** *s* Kriegsspiel *nt;* **war grave** ['wɔ:greɪv] *s* Kriegs-, Soldatengrab *nt,* Kriegsgräber *ntpl;* **war•head** ['wɔ:hed] *s* Sprengkopf *m*

wari•ly ['weərɪlɪ] *adv* vorsichtig; misstrauisch; **tread ~** sich vorsehen, vorsichtig sein

war•like ['wɔ:laɪk] *adj* kriegerisch; **war-lord** ['wɔ:lɔ:d] *s* Kriegsherr *m*

warm [wɔ:m] **I.** *adj* **1.** warm **2.** wärmend **3.** erhitzt **4.** (*fig*) hitzig, erregt, aufgeregt; **I feel** [*o* **am**] **~** mir ist warm; **make things ~ for s.o.** (*fig*) jdm einheizen **II.** *vt* **1.** (er)wärmen **2.** (*Speise: ~ up*) aufwärmen, warm machen **3.** (*fig*) erwärmen, begeistern (*to* für) **III.** *vi* **1.** (*~ up*) warm werden; (*fig*) sich erwärmen (*to* für) **2.** (*fig*) sich erhitzen, sich begeistern, entflammen (*to, towards* für) **IV.** *s* (*fam*) **1.** Warmwerden *nt,* Erwärmung *f* **2.** warmer Platz; **warm up I.** *vt* (er)wärmen; (*Essen*) an-, aufwärmen; (*fig*) in Schwung bringen, anfeuern, begeistern; (AUTO) warm laufen lassen **II.** *vi* warm, wärmer werden; in Schwung kommen, sich begeistern, sich er-

W

regen; (SPORT) sich in Form bringen, sich warm laufen; **warm-blooded** [ˌwɔːmˈblʌdɪd] *adj* (*Tiere*) warmblütig; (*fig*) heißblütig; **warm front** *s* (METE) Warmluftfront *f;* **warm-hearted** [ˌwɔːmˈhɑːtɪd] *adj* warmherzig, freundlich, mitfühlend, herzlich; **warm start** *s* (INFORM) Warmstart *m;* **warmth** [wɔːmθ] *s* **1.** Wärme *f* **2.** (*fig*) Herzlichkeit *f* **3.** Eifer *m,* Heftigkeit *f;* **warm-up** [ˈwɔːmʌp] *s* (SPORT) Sichwarmlaufen *nt*

warn [wɔːn] **I.** *vt* warnen (*of, about, against* vor); (JUR) verwarnen; ~ **s.o. not to do s.th.** jdn davor warnen etw zu tun; ~ **s.o. that ...** jdn darauf hinweisen, dass ...; **you might have ~ed us** du hättest (auch) vorher Bescheid sagen können **II.** *vi* warnen (*of* vor); **warn off** *vt* warnen; ~ **s.o. off doing s.th.** jdn davor warnen etw zu tun; ~ **s.o. off a certain subject/product** jdm von einem bestimmten Thema/Produkt abraten; **warn•ing** [-ɪŋ] **I.** *s* **1.** Warnung *f;* (JUR) Verwarnung *f* **2.** (Voraus)Benachrichtigung, Mitteilung *f,* Wink *m;* **at a minute's ~** fristlos; **without any ~** überraschend, unerwartet; **give s.o. a ~, give a ~ to s.o.** jdn verwarnen; **give me some days' ~** sagen Sie mir einige Tage vorher Bescheid; **let that be a ~ to you!** lassen Sie sich das eine Warnung sein!; **take ~ from s.th.** sich etw als Warnung dienen lassen; **gale ~** Sturmwarnung *f* **II.** *adj* warnend; Warn-; ~ **light** Warnlicht *nt;* ~ **shot** Warnschuss *m;* ~ **sign** Warnzeichen *nt;* (*fig*) erstes Anzeichen; ~ **triangle** (AUTO) Warndreieck *nt*

warp [wɔːp] **I.** *s* **1.** Verwerfung *f* **2.** Biegung, Verkrümmung *f* **3.** (*fig*) Verdrehung, Entstellung *f* **4.** (*Weberei*) Kette *f* **5.** Schleppleine *f* **II.** *vt* **1.** verziehen, verbiegen **2.** (*fig*) verdrehen, entstellen **III.** *vi* sich werfen, sich verziehen

war•paint [ˈwɔːpeɪnt] *s* Kriegsbemalung *f;* **war•path** *s* Kriegspfad *m;* **be on the ~** (*fig*) auf dem Kriegspfad sein

warped [wɔːpt] *adj* **1.** verzogen **2.** (*fig*) verschroben, pervers; (*Urteil*) verzerrt

war•rant [ˈwɒrənt] **I.** *s* **1.** (COM) Garantie *f* **2.** (JUR) Haftbefehl *m;* Durchsuchungsbefehl *m;* Beschlagnahmeverfügung *f* **3.** (*death ~*) Hinrichtungsbefehl *m* **4.** (MIL) Patent *nt,* Beförderungsurkunde *f* **5.** Berechtigung *f;* Befugnis *f* **6.** (FIN) Optionsschein *m;* **take out a ~ against s.o.** einen Haftbefehl gegen jdn erwirken; **a ~ is out against him** er wird steckbrieflich gesucht; **search ~** Durchsuchungsbefehl *m;* ~ **of arrest** Haftbefehl *m;* ~ **of attorney** Prozessvollmacht *f;* ~ **for payment** gerichtlicher Zahlungsbefehl **II.** *vt* **1.** rechtfertigen **2.** verdienen **3.** garantieren, gewährleisten; **war•ran•tee** [ˌwɒrənˈtiː] *s* Garantienehmer *m;* **warrant officer** *s* **1.** (MIL) Stabsfeldwebel *m* **2.** (MAR) (Ober)Stabsbootsmann *m;* **war•ran•tor** [ˈwɒrəntɔː(r)] *s* Garant(iegeber) *m;* **warranty** [ˈwɒrəntɪ] *s* Garantie *f;* **it's under ~** darauf ist Garantie

war•ren [ˈwɒrən] *s* **1.** Kaninchenbau *m* **2.** (*fig*) Gewirr *nt*

war•ring [ˈwɔːrɪŋ] *adj* kriegführend; (*fig*) gegensätzlich; (*Parteien*) sich bekämpfend; **war•rior** [ˈwɒrɪə(r)] *s* Krieger(in) *m(f),* Kämpfer(in) *m(f)*

Warsaw Pact, Treaty [ˈwɔːsɔːˈpækt,-ˈtriːtɪ] *s* (HIST) Warschauer Pakt, Vertrag

war•ship [ˈwɔːʃɪp] *s* Kriegsschiff *nt*

wart [wɔːt] *s* (BOT ZOO MED) Warze *f;* **warthog** [ˈwɔːthɒg] *s* Warzenschwein *nt*

war•time [ˈwɔːtaɪm] *s* Kriegszeit *f;* **in ~** in Kriegszeiten; **war•torn** [ˈwɔːtɔːn] *adj* vom Krieg erschüttert; **war-weary** *adj* kriegsmüde

wary [ˈweərɪ] *adj* vorsichtig; umsichtig; (*Blick*) misstrauisch; **be ~ of s.th.** sich vor etw vorsehen; **be ~ about doing s.th.** seine Zweifel haben, ob man etw tun soll; **keep a ~ eye on** ein wachsames Auge haben auf

war zone [ˈwɔːzəʊn] *s* Kriegsgebiet *nt*

was [wɒz] *1., 3. Person Singular Präteritum* **be**

wash [wɒʃ] **I.** *vt* **1.** waschen; (*Geschirr*) abwaschen, spülen; (*Boden*) aufwischen; (*Körperteile*) sich *dat* waschen **2.** (*Wellen*) be-, umspülen; schlagen gegen **3.** (*Gestein, Rinne*) auswaschen, ausspülen **4.** (*Fluss, See*) (weg)spülen **5.** (*Wände*) tünchen; (*Papier*) kolorieren; ~ **the dishes** abwaschen, das Geschirr spülen; ~ **one's dirty linen in public** seine schmutzige Wäsche in der Öffentlichkeit waschen; ~ **one's hands** sich die Hände waschen; ~ **one's hands of s.th.** (*fig*) mit etw nichts zu tun haben wollen; **the body was ~ed ashore** die Leiche wurde an Land gespült **II.** *vi* **1.** sich waschen **2.** (die Wäsche) waschen **3.** (*Stoff*) sich waschen lassen **4.** (*Meer*) branden, schlagen (*against* gegen) **5.** (*fig*) einer Prüfung standhalten; (*Entschuldigung*) gelten; **that won't ~** das lässt sich nicht waschen; (*fig fam*) das kauft dir keiner ab **III.** *s* **1.** Waschen *nt* **2.** Wäsche *f* **3.** (MAR) Kielwasser *nt;* (AVIAT) Luftstrudel *m* **4.** (*Wellen*) Wellenschlag *m;* Geplätscher *nt* **5.** Mundwasser *nt* **6.** (*a. fig pej*) Spülwasser *nt* **7.** Tünche *f,* Anstrich *m* **8.** (*Kunst*) Kolorierung, Tönung *f;* **be in the ~** in der Wäsche sein; **it'll all come out in the ~** es wird sich noch alles zeigen; **have a ~** sich waschen; **give s.th. a ~** etw waschen; **need a ~** gewaschen werden müssen; **wash away** *vt* wegspülen; ~

s.o.'s sins away jdn von Sünden reinwaschen; **wash down** *vt* 1. (ab)spülen 2. (*Wagen*) waschen 3. (*Bissen*) hinunterspülen; **wash off** *vt* weg-, abwaschen; **wash out** I. *vi* sich wegwaschen lassen II. *vt* 1. auswaschen; ausspülen 2. (*fig*) ins Wasser fallen lassen; **our party was ~ed out** unsere Party ist ins Wasser gefallen; **wash over** *vt* überstreichen, -pinseln; **it all just ~ed over him** das alles schien spurlos an ihm vorbeizugehen; **wash up** I. *vt* 1. (*Geschirr*) ab-, aufwaschen, spülen 2. (*Meer*) anspülen II. *vi* Geschirr spülen, abwaschen; **be ~ed up** (*fig*) fertig, erledigt sein

wash•able ['wɒʃəbl] *adj* waschbar; **wash-and-wear** ['wɒʃn'weə(r)] *adj* bügelfrei; **wash•basin** ['wɒʃˌbeɪsn] *s* Waschbecken *nt;* **wash•board** ['wɒʃbɔːd] *s* Waschbrett *nt;* ~ **stomach** Waschbrettbauch *m;* **wash•bowl** ['wɒʃbəʊl] *s* Waschschüssel *f;* Waschbecken *nt;* **wash•cloth** *s* (*Am*) Waschlappen *m;* **wash•day** ['wɒʃdeɪ] *s* Waschtag *m;* **wash•down** ['wɒʃdaʊn] *s* (AUTO) (Wagen)Waschen *nt;* **washed-out** [ˌwɒʃt'aʊt] *adj* 1. (*Farbe*) verwaschen, verblasst 2. (*fam*) ausgelaugt; **washer** ['wɒʃə(r)] *s* 1. (*Am*) Waschmaschine *f* 2. (TECH) Dichtungsring *m;* **dish-~** Geschirrspülmaschine *f;* **wash-hand-basin** ['wɒʃhændˌbeɪsn] *s* Handwaschbecken *nt;* **wash-house** ['wɒʃhaʊs] *s* Waschküche *f;* -haus *nt*

wash•ing ['wɒʃɪŋ] *s* Wäsche *f;* Waschen *nt;* **do the ~** Wäsche waschen; **he dislikes ~** er wäscht sich nicht gern; **washing machine** *s* Waschmaschine *f;* **washing powder** *s* Waschpulver *nt;* **washing soda** *s* Bleichsoda *f;* **wash•ing-up** [ˌwɒʃɪŋ'ʌp] *s* Abwaschen, Geschirrspülen *nt;* **washing-up bowl**, **washing-up basin** *s* Spülschüssel *f;* **washing-up liquid** *s* (Geschirr)Spülmittel *nt*

wash-leather ['wɒʃleðə(r)] *s* Waschleder *nt;* **wash•out** ['wɒʃaʊt] *s* 1. Reinfall *m,* Fiasko *nt* 2. (*Mensch*) Niete *f;* **wash-rag** *s* (*Am*) Waschlappen *m;* **wash•room** ['wɒʃrʊm] *s* Waschraum *m;* **wash•stand** *s* Waschtisch *m*

wasn't [wɒznt] = **was not**

wasp [wɒsp] *s* Wespe *f*

Wasp [wɒsp] *s Abk. von* **White Anglo-Saxon Protestant** (*in den USA*) weiße(r), angelsächsische(r) Protestant(in)

wasp•ish [-ɪʃ] *adj* (*fig*) gemein, giftig; **wasp's nest** *s* Wespennest *nt;* **wasp-waisted** [ˌwɒsp'weɪstɪd] *adj* mit einer Wespentaille

wast•age ['weɪstɪdʒ] *s* 1. Abnutzung *f,* Schwund *m,* Verschleiß *m* 2. (Material)Verlust *m* 3. (TECH) Abfall, Ausschuss *m;* **natural ~** natürlicher Arbeitskräfteabgang *m*

waste [weɪst] I. *vt* 1. verschwenden, vergeuden 2. schwächen; (*Kraft*) aufzehren 3. verwüsten; **you're wasting your time** das ist reine Zeitverschwendung; **you didn't ~ much time!** das ging ja schnell; **all our efforts were ~d** alle Mühe war umsonst, vergeblich; **you are ~d on that man** für den Mann bist du viel zu schade; **art is ~d on him** er hat keinen Sinn für Kunst; ~ **o.s. on s.o.** sich an jdn verschwenden; **you're wasting your breath** du redest vergeblich, spar dir deine Worte; **he didn't ~ any words** er hat nicht viele Worte gemacht II. *vi* (*Nahrung*) umkommen; (*Fähigkeiten*) verkümmern; (*Körper, Patient*) verfallen; (*Kraft, Vermögen*) schwinden III. *adj* 1. überschüssig; ungenutzt 2. Abfall-; **lay ~** verwüsten; **lie ~** brachliegen IV. *s* 1. Verschwendung *f* 2. Abfall *m;* Abfallstoffe *mpl* 3. Ödland *nt,* Wildnis *f;* **go** [*o* **run to**] ~ umkommen, verkommen; (*Fähigkeiten, Geld, Land*) ungenutzt bleiben; (*Talent*) verkümmern; ~ **of energy, money, time** Kraft-, Geld-, Zeitverschwendung *f;* **what a ~!** so eine Verschwendung!; **nuclear ~** Atommüll *m;* **toxic ~** Giftmüll *m;* **waste away** *vi* dahinsiechen; immer weniger werden; **waste•basket**, **waste•bin** *s* Papierkorb *m;* **waste dis•pos•al** *s* Müllbeseitigung *f;* **waste-disposal unit** *s* Müllschlucker *m;* **waste•ful** ['weɪstfl] *adj* verschwenderisch (*of* mit), unrentabel; **waste heat** *s* Abwärme *f;* **waste incineration** *s* Müllverbrennung *f;* **waste•land** ['weɪstlænd] *s* Ödland *nt;* **waste management** *s* (Abfall)Entsorgung *f;* **waste•paper** ['weɪst-'peɪpə(r)] *s* Papierabfälle *mpl,* Makulatur *f;* (*zum Wiederverwerten*) Altpapier *nt;* **wastepaper basket** *s* Papierkorb *m;* **waste pipe** *s* Ablussrohr *nt;* **waste product** *s* Abfallprodukt *nt;* (BIOL) Ausscheidungsstoff *m;* **waster** ['weɪstə(r)] *s* Verschwender(in) *m(f);* Taugenichts *m;* **waste reprocessing** *s* Müllverwertung *f;* **waste separation** *s* Mülltrennung *f;* **waste steam** *s* Abdampf *m;* **waste water** *s* Abwasser *nt;* **wast•ing** ['weɪstɪŋ] *adj* (*Krankheit*) zehrend; **wast•rel** ['weɪstrəl] *s* Verschwender(in) *m (f)*

watch¹ [wɒtʃ] *s* (Armband)Uhr *f*

watch² [wɒtʃ] I. *s* 1. (*a.* MAR) Wache *f* 2. Be-, Überwachung *f* 3. (gespannte) Aufmerksamkeit, Wachsamkeit *f* 4. Wache, Wachmannschaft *f* 5. Wachmann *m,* Wächter(in) *m (f);* **on ~** auf Wache; **be on the ~** auf der Hut sein; Ausschau halten (*for* nach); **keep ~** Wache halten; aufpassen (*on*

W

auf) **II.** *vi* **1.** aufpassen, Acht geben (*over* auf) **2.** zusehen, beobachten **3.** abpassen, -warten (*for s.th.* etw) **4.** wachen; Wache halten; ~ **for s.o./s.th.** nach jdm/etw Ausschau halten; ~ **for certain symptoms** auf gewisse Symptome achten **III.** *vt* **1.** bewachen, aufpassen auf, Acht geben auf; nicht aus den Augen lassen **2.** achten auf **3.** abwarten; ~ **one's step** vorsichtig zu Werke gehen; ~ **your step!** Achtung, Stufe!; Seien Sie vorsichtig!; **she ~ed her chance** sie wartete auf eine günstige Gelegenheit; ~ **your health** achte auf deine Gesundheit; ~ **your language!** drück dich bitte etwas gepflegter aus!; ~ **it** [*o* **yourself**]**!** sei vorsichtig!; **he needs close ~ing** man muss ihm auf die Finger sehen; **a ~ed pot never boils** (*prov*) wenn man daneben steht, kocht das Wasser nie; **watch out** *vi* aufpassen, Acht geben, ausschauen (*for s.o.* nach jdm), sich hüten (*for s.o.* vor jdm); ~ **out!** Vorsicht!

watch•band ['wɒtʃbænd] *s* Uhrarmband *nt*

watch-dog ['wɒtʃdɒg] *s* Wachhund *m;* **watcher** ['wɒtʃə(r)] *s* Beobachter(in) *m(f);* **watch•ful** ['wɒtʃfl] *adj* wachsam, aufmerksam (*for* auf)

watch•maker ['wɒtʃˌmeɪkə(r)] *s* Uhrmacher(in) *m(f)*

watch•man ['wɒtʃmən] <*pl* -men> *s* **1.** Wachmann *m* **2.** (*night* ~) (Nacht)Wächter *m;* **watch•strap** *s* Uhrarmband *nt;* **watch•tower** *s* Wachtturm *m;* **watch-word** ['wɒtʃwɜːd] *s* Kennwort *nt,* Parole *f*

water ['wɔːtə(r)] **I.** *s* **1.** (*a.* MED) Wasser *nt* **2.** Flüssigkeit *f* **3.** Urin *m,* Wasser *nt* **4. ~s** Gewässer *nt;* **above** ~ über Wasser; **by** ~ auf dem Wasserweg; **of the first** [*o* **purest**] ~ reinsten Wassers; **be in deep** ~ (*fig*) in Schwierigkeiten stecken; **get into hot** ~ (*fig*) in Teufels Küche kommen; **have ~ on the brain** einen Wasserkopf haben; (*fig*) den Verstand verloren haben; **hold** ~ wasserdicht, *fig* stichhaltig sein; **keep one's head above** ~ (*fig*) sich über Wasser halten; **make** ~ (MAR) lecken; **make** [*o* **pass**] ~ (MED) Wasser lassen; **stay above** ~ sich über Wasser halten; **spend money like** ~ mit Geld um sich werfen; **take** [*o* **drink**] **the ~s** eine (Trink)Kur machen; **throw cold ~ on s.th.** (*fig*) die Begeisterung für etw dämpfen; **the boat draws ten feet of** ~ das Schiff hat zehn Fuß Tiefgang; **drinking** ~ Trinkwasser *nt;* **high** ~ Hochwasser *nt;* Flut *f;* **holy** ~ Weihwasser *nt;* **low** ~ Niedrigwasser *nt;* Ebbe *f* **II.** *vt* **1.** (*Vieh*) tränken **2.** bewässern, begießen, sprengen **3.** (~ *down*) (mit Wasser) verdünnen **4.** (*fig*) verwässern; ~ **down** (*fig*) verwässern, abschwächen, mildern **III.** *vi* **1.** (*Tier*) saufen **2.** Wasser einnehmen, tanken **3.** (*Augen*) tränen; **my mouth is watering** mir läuft das Wasser im Munde zusammen

water bird ['wɔːtəbɜːd] *s* Wasservogel *m;* **water biscuit** *s* Wasserzwieback *m;* **water boatman** *s* Wasserläufer *m;* **water-borne** ['wɔːtəbɔːn] *adj* auf dem Wasserweg befördert; (*Seuche*) durch Wasser übertragen; **water bottle** *s* Wasserflasche *f;* Feldflasche *f;* **water butt** *s* Regenwassertonne *f;* **water can•non** ['wɔːtəˌkænən] *s* Wasserwerfer *m;* **water carrier** *s* Wasserträger *m;* **the Water-carrier** (ASTR) der Wassermann; **water cart** *s* Wasser-, Sprengwagen *m;* **water closet** *s* (Spül-, Wasser)Klosett *nt;* **water•color** *s* (*Am*), **water•colour** *s* **1.** Wasserfarbe, Aquarellfarbe *f* **2.** Aquarell *nt* **3. ~s** Aquarellmalerei *f;* **water content** *s* Wassergehalt *m;* **water-cooled** ['wɔːtəkuːld] *adj* (TECH) wassergekühlt; **water-cool•ing** ['wɔːtəkuːlɪŋ] *s* (TECH) Wasserkühlung *f;* **water•course** ['wɔːtəkɔːs] *s* **1.** Wasserlauf *m* **2.** Fluss-, Kanalbett *nt;* **water-craft** ['wɔːtəkrɑːft] *s* Wasserfahrzeug(e *pl*) *nt;* **water•cress** ['wɔːtəkres] *s* Brunnenkresse *f;* **water cure** *s* Wasser-, Kneippkur *f;* **water-driven** ['wɔːtəˌdrɪvn] *adj* durch Wasser angetrieben; **water•fall** ['wɔːtəfɔːl] *s* Wasserfall *m;* **water•fowl** ['wɔːtəfaʊl] *s* Wasservögel *m(pl);* **water•front** ['wɔːtəfrʌnt] *s* **1.** Uferbezirk *m* (*einer Stadt*) **2.** Hafenviertel *nt;* **water gauge** *s* Pegel *m;* Wasserstandsmesser *m;* **water heater** *s* Warmwasserbereiter *m,* Heißwassergerät *nt;* **water hole** *s* Wasserloch *nt;* **water hose** *s* Wasserschlauch *m;* **water ice** *s* Wassereis *nt* (*Speiseeis aus Wasser, Zucker und Fruchtsaft*)

water•ing ['wɔːtərɪŋ] *s* **1.** Sprengen, Begießen, (Be)Wässern *nt* **2.** (*Vieh*) Tränken *nt;* **watering can** *s* Gießkanne *f;* **watering cart** *s* Sprengwagen *m;* **watering place** *s* **1.** Kurort *m;* Badeort *m* **2.** (*Tiere*) Tränke *f*

water•less ['wɔːtəlɪs] *adj* wasserlos, trocken; **water level** *s* **1.** Wasserspiegel *m* **2.** Wasserstand *m;* Pegelstand *m;* **water lily** *s* Seerose *f;* **water•line** *s* (MAR) Wasserlinie *f;* **water•logged** ['wɔːtəlɒgd] *adj* **1.** voll(er) Wasser **2.** vollgesogen; **water main** *s* **1.** Hauptwasserrohr *nt* **2. ~s** Wasserleitungsnetz *nt;* **water•man** ['wɔːtəmən] <*pl* -men> *s* Fähr-, Bootsmann *m;* **water•mark** ['wɔːtəmɑːk] **I.** *s* **1.** Hochwasserstandsmarke *f* **2.** (*Papier*) Wasserzeichen *nt* **3. ~s** (MAR) Tiefgangsmarken *fpl* **II.** *vt* (*Papier*) mit einem Wasserzeichen versehen; **water•melon** ['wɔːtəmelən] *s* Wassermelone *f;* **water meter** *s* Wassermesser *m,* -uhr *f;* **water pipe** *s* **1.** Wasserrohr *nt* **2.** Wasserpfeife *f;* **water pistol** *s* Wasserpistole *f;* **water pollution** *s* Wasserverschmutzung, -verunreinigung *f;* **water polo** *s* Wasserball(spiel *nt*) *m;* **water power** *s* Wasserkraft *f;* **water pressure** *s* Wasserdruck *m;* **water·proof** ['wɔːtəpruːf] **I.** *adj* wasserdicht; wasserundurchlässig; wasserfest **II.** *s* Regenmantel *m* **III.** *vt* imprägnieren; **water-repellent** *adj* Wasser abstoßend; **water·shed** ['wɔːtəʃed] *s* **1.** Wasserscheide *f* **2.** (*fig*) Wendepunkt *m;* **water shortage** *s* Wassermangel *m;* **water·side** ['wɔːtəsaɪd] *s* Ufer *nt,* Strand *m;* **water-ski I.** *s* Wasserski *m* **II.** *vi* Wasserski fahren; **water-skiing** ['wɔːtə,skiːɪŋ] *s* Wasserskilaufen *nt;* **water softener** *s* Enthärter *m;* **water-soluble** *adj* wasserlöslich; **water·spout** *s* **1.** Regenrinne *f* **2.** (METE) Wasserhose *f;* **water supply** *s* Wasserversorgung *f;* **water supply pipe** *s* Wasserleitungsrohr *nt;* **water supply point** *s* Wasserstelle *f;* **water table** ['wɔːtəteɪbl] *s* **1.** Grundwasserspiegel *m* **2.** (ARCH) Wasserabflussleiste *f;* **water tank** *s* Wasserbehälter, -tank *m;* **water·tight** ['wɔːtətaɪt] *adj* **1.** wasserdicht **2.** (*fig*) stichhaltig; **water tower** *s* Wasserturm *m;* **water vapor** *s* (*Am*), **water vapour** *s* Wasserdampf *m;* **water vole** *s* Wasserratte *f;* **water wave** *s* (*Frisur*) Wasserwelle *f;* **water·way** ['wɔːtəweɪ] *s* Wasserweg *m;* Schleppkanal *m;* Fahrrinne *f;* **water·wings** ['wɔːtəwɪŋz] *s pl* Schwimmflügel *mpl*

water·works ['wɔːtəwɜːks] *s pl oft mit sing* Wasserwerk *nt;* **turn on the ~** (*fam*) auf die Tränendrüsen drücken; **have trouble with one's ~** (*fam*) eine schwache Blase haben

wat·ery ['wɔːtərɪ] *adj* **1.** wässerig **2.** (*Augen*) tränend, feucht **3.** (*Himmel, Sonne*) blass; **a ~ grave** ein feuchtes Grab

watt [wɒt] *s* (ELEK) Watt *nt;* **wat·tage** ['wɒtɪdʒ] *s* Wattleistung *f;* **what ~?** wie viel Watt?

wave ['weɪv] **I.** *s* **1.** Welle *f* **2.** (*fig*) Woge *f* **3.** Wink(zeichen *nt*) *m;* **give s.o. a ~** jdm (zu)winken; **in ~s** in (aufeinander folgenden) Wellen; **~ of enthusiasm** Welle *f* der Begeisterung; **~ of one's hand** Handbewegung *f;* **~ of strikes** Streikwelle *f* **II.** *vi* **1.** winken (*to s.o.* jdm) **2.** (*Fahne*) wehen; (*Korn*) wogen; (*Äste*) sich bewegen **3.** (*Haare*) sich wellen **III.** *vt* **1.** winken mit; schwenken **2.** durch Winkzeichen zu verstehen geben (*s.o.* jdm) **3.** (*Haare*) wellen; **~ one's hand at s.o.** jdm winken; **~ s.o. goodbye** jdm zum Abschied winken; **he ~d us over to his table** er winkte uns zu sich an den Tisch herüber; **wave aside** *vt* **1.** zur Seite winken **2.** (*fig*) einfach abtun; **wave down** *vt* anhalten; **wave on** *vt* weiter winken; **wave power** *s* Wellenenergie *f;* **wave through** *vt* durchwinken; (*fig: Antrag*) ohne Einwände annehmen; **wave-band** *s* Frequenzband *nt;* **wave·length** *s* (*a. fig*) Wellenlänge *f*

wa·ver ['weɪvə(r)] *vi* **1.** (hin- u. her)schwanken, flattern **2.** (*fig*) schwanken; zaudern; (*Mut*) wanken; (*Unterstützung*) nachlassen **3.** (*Licht*) flackern

wave·range ['weɪvreɪndʒ] *s* Wellenbereich *m*

wa·verer ['weɪvərə(r)] *s* Zauderer *m;* **wa·ver·ing** ['weɪvərɪŋ] *adj* (*fig*) unentschlossen; (*Mut, Unterstützung*) wankend; nachlassend

wavy ['weɪvɪ] *adj* wellenförmig; wellig; **~ line** Schlangenlinie *f*

wax¹ [wæks] **I.** *s* **1.** (*bees~*) (Bienen)Wachs *nt* **2.** (*ear~*) Ohrenschmalz *nt* **3.** (*sealing ~*) Siegellack *m* **II.** *vt* (ein)wachsen; bohnern

wax² [wæks] *vi* zunehmen; **~ing moon** zunehmender Mond

wax paper ['wækspeɪpə(r)] *s* Wachspapier *nt;* **wax removal strip** *s* Wachsenthaarungsstreifen *m;* **wax·works** ['wæksw3ːks] *s pl* Wachsfigurenkabinett *nt;* **waxy** ['wæksɪ] *adj* wachsartig; wächsern, Wachs-

way [weɪ] **I.** *s* **1.** Weg *m* **2.** Entfernung, (Weg)Strecke *f* **3.** Richtung *f;* (MAR) Kurs *m* **4.** (*fig*) Art, Weise, Art u. Weise *f* **5.** Verhaltensweise, Art *f* **6.** Möglichkeit, Gelegenheit *f* **7.** Hinsicht, Beziehung *f* **8.** Verfassung *f,* Zustand *m* **9. ~s** (MAR) Helling *f;* **ask the ~** nach dem Weg fragen; **be out of the ~** abgelegen sein; **be on the ~ in** im Kommen sein; **be on the ~ out** (*fig*) im Begriff sein unmodern zu werden; **do s.th. the hard ~** sich etw schwer machen; **get** [*o* **have**] **one's (own) ~** seinen Willen durchsetzen; **get into the ~ of doing s.th.** sich angewöhnen etw zu tun; **give ~** nachgeben, Platz machen (*to s.o.* jdm); (AUTO) die Vorfahrt beachten; **go out of one's ~** sich große Mühe geben (*for* wegen); **go one's own ~** (*fig*) seinen eigenen Weg gehen; **have a ~ with s.o.** mit jdm umzugehen verstehen; **have it both ~s** das eine tun und das andere nicht lassen; **have it your own ~!** wie du willst!; **have right of ~** Vorfahrt haben; **lead the ~** vorangehen; (*fig*) ein Beispiel geben; **lose one's ~** sich verlaufen; sich verfahren; **lose ~** (MAR) Fahrt verlieren; **make ~** Platz machen (*for* für); **make one's ~** vorwärts-, weiter-, vorankommen; **pave the ~ for s.o.** (*fig*) jdm den

Weg ebnen; **that's the ~ he wants it** so will er es haben; **no ~!** (*sl*) ich denke nicht daran!; **a long ~ from** weit entfernt von; **a long ~ off** weit weg; **he'll go a long ~** er wird es weit bringen; **he worked his ~ up** er hat sich nach oben gearbeitet; **things are in a bad ~** es steht schlecht; **~ home** Heimweg *m;* **~ in, ~ out** Ein-/Ausgang *m;* **~-out!** irre!; **~s and means** Mittel u. Wege; **across the ~** gegenüber; **any ~** auf jeden Fall; **by ~ of** über, durch; mittels, mit Hilfe *+gen;* **by the ~** übrigens; **in a ~** in gewisser Weise; gewissermaßen; **in the ~** im Wege, hinderlich, lästig; **in the ~ of** hinsichtlich *+gen;* **in no ~** durchaus nicht, keineswegs; **in the family ~** (*fam*) in anderen Umständen; **on the ~** auf dem Weg, unterwegs (*to* nach); **one ~ or another** irgendwie; **there are no two ~s about it** da gibt es gar nichts; **this/that ~** so; auf diese Weise; **this ~** hierher; hier entlang, hindurch; **this ~ or that ~** so oder so; **"this ~ up"** „hier oben"; **under ~** unterwegs, auf dem Wege; (*fig*) in Gang; **be under ~** (*fig*) vorankommen, Fortschritte machen; **get under ~** in Gang kommen; (MAR) Fahrt aufnehmen **II.** *adv* (*fam*) weit, ein tüchtiges Stück, ganz; **~ back** weit zurück; (*zeitlich*) vor langer Zeit; **~ behind/down/up** ganz hinten/unten/oben; **he was ~ out** er hat weit gefehlt; **~ out/over** weit draußen/drüben; **~ to go!** (*fam*) gut gemacht!, bravo!

way•bill ['weɪbɪl] *s* Frachtbrief *m;* **way•lay** [ˌweɪ'leɪ] *irr vt* auflauern (*s.o.* jdm); **way of thinking** *s* Denkweise *f;* **way out** [ˌweɪ'aʊt] *s* Ausgang *m;* (*Straße, Parkplatz*) Ausfahrt *f;* **way-out** [ˌweɪ'aʊt] *adj* (*sl*) irre; **way•side** ['weɪsaɪd] *s* Straßenrand *m;* **by the ~** am Weges-, Straßenrand; **fall by the ~** auf der Strecke bleiben; **wayside inn** *s* Rasthaus *nt*

way•ward ['weɪwəd] *adj* **1.** (*Mensch*) widerspenstig, eigensinnig, -willig **2.** (*Bitte, Vorstellung*) abwegig **3.** (*lit*) launisch

we [wiː] *pron* wir

weak [wiːk] *adj* **1.** (*a.* GRAM) schwach **2.** (*Spieler*) schlecht **3.** (*Flüssigkeit*) dünn **4.** (*Charakter*) labil, willenlos **5.** (*Argument*) nicht überzeugend; **weaken** ['wiːkən] **I.** *vt* **1.** schwächen **2.** verringern **II.** *vi* **1.** schwächer werden **2.** (*Mensch*) schwach werden, nachgeben; **weak•ling** ['wiːklɪŋ] *s* Schwächling *m;* **weak•ly** ['wiːklɪ] *adj, adv* schwächlich; **weak-minded** [ˌwiːk'maɪndɪd] *adj* **1.** willensschwach **2.** schwachsinnig; **weak•ness** ['wiːknɪs] *s* **1.** Schwäche *f* **2.** (*fig*) schwache Seite, Schwäche *f* (*for* für)

weal[1] [wiːl] *s* (LIT) Wohl *nt;* **the common ~, the public ~, the general ~** das Wohl der Allgemeinheit

weal[2] [wiːl] *s* Striemen *m*

wealth [welθ] *s* **1.** Reichtum *m;* Vermögen *nt* **2.** (*fig*) Fülle *f* (*of* von); **wealth creation** *s* Vermögensbildung *f;* **wealth tax** *s* Vermögenssteuer *f;* **wealthy** ['welθɪ] *adj* vermögend, wohlhabend; **the ~** die Reichen *pl*

wean [wiːn] *vt* (*Kind*) entwöhnen; **~ s.o. from s.th.** jdm etw abgewöhnen

weapon ['wepən] *s* Waffe *f;* **weap•on•ry** ['wepənrɪ] *s* Waffen *fpl;* **atomic ~s** Atomwaffen *fpl;* **~s of mass destruction** Massenvernichtungswaffen *pl*

wear [weə(r)] <*irr:* wore, worn> **I.** *vt* **1.** (*Kleidung, Schmuck, Brille*) tragen **2.** abnutzen; (*Kleidung*) abtragen; (*Ärmel*) durchwetzen; (*Stufen*) austreten; (*Reifen*) abfahren **3.** (*fig fam*) annehmen; **~ smooth** abgreifen; austreten; glatt machen; verwittern lassen; **what did she ~?** was hatte sie an?; **what shall I ~?** was soll ich anziehen?; **he has nothing to ~** er hat nichts anzuziehen **II.** *vi* **1.** (*Stoff, Material*) halten **2.** sich abnutzen; kaputt gehen; abgefahren werden; **~ to its end** [*o* **close**] langsam zu Ende gehen; **~ smooth** verwittern; abgegriffen werden, sein; glatt, stumpf werden; **my patience is ~ing thin** meine Geduld geht langsam zu Ende, ich bin mit meiner Geduld am Ende; **the excuse is ~ing thin** die Ausrede zieht langsam nicht mehr; **he has worn well** (*fig fam*) er hat sich gut gehalten **III.** *s* **1.** (*Kleidung*) Tragen *nt* **2.** Kleidung *f* **3.** Abnutzung *f,* Verschleiß *m* **4.** (*Material*) Haltbarkeit *f;* **have had a lot of ~ out of s.th.** etw oft getragen haben; **there is a lot of ~ left in this material** dieses Material hält noch lange; **for hard ~** strapazierfähig; **for long ~** haltbar; **be the worse for ~** abgetragen, abgenutzt, in schlechtem Zustand sein; **I was none the worse for ~** ich war völlig auf der Höhe; **menswear, women's ~, children's ~** Herren-, Damen-, Kinder(be)kleidung *f;* **a dress for evening ~** ein Kleid für den Abend; **suit for everyday ~** Alltagsanzug *m;* **summer ~, winter ~** Sommer-, Winterkleidung *f;* **~ and tear** Abnutzung *f,* Verschleiß *m;* **wear away I.** *vt* **1.** (*Stein, Fels*) abtragen; aushöhlen; auswaschen; (*Stufen*) austreten; (*Inschrift*) verwischen; verwittern lassen **2.** (*fig*) schwächen; (*Geduld*) zehren an **II.** *vi* **1.** abgetragen werden; sich abschleifen; (*Inschrift*) verwittern; verwischen **2.** (*fig*) schwinden; **wear down** *vt* **1.** abnutzen **2.** ermüden **3.** (*Widerstand*) zermürben **4.** (*Geduld*) erschöpfen; **wear off** *vi* **1.** sich abnutzen **2.** vergehen; (*Aufregung*) sich legen; (*Eindruck*) sich verlieren; **wear on** *vi* (*Zeit*) (dahin)schleichen, langsam vergehen; **wear out** *vt* **1.** abtragen, abnutzen **2.** erschöpfen; ermüden

wear•able ['weərəbl] *adj* tragbar

wear•ing ['weərɪŋ] *adj* ermüdend

wear•i•some ['wɪərɪsəm] *adj* **1.** ermüdend, mühselig **2.** langweilig **3.** unangenehm, lästig

weary ['wɪərɪ] **I.** *adj* **1.** abgespannt, erschöpft (*with* von) **2.** ermüdend; lästig, unangenehm **II.** *vt* ermüden; langweilen **III.** *vi* überdrüssig werden (*of s.th.* einer S); **he never wearied of it** er wurde es nie leid

wea•sel ['wi:zl] **I.** *s* (kleines) Wiesel *nt* **II.** *vi* (*Am*) sich herausreden; **wea•sel•ing** ['wi:zlɪŋ] *s* **1.** Ausweichen *nt* **2.** zweideutige Formulierung; **weasel out** *vi* sich drücken (*of* vor)

weather ['weðə(r)] **I.** *s* Wetter *nt*, Witterung *f;* **in wet ~** bei nassem Wetter; **in all ~s** bei jeder Witterung; **under the ~** (*fam*) nicht auf dem Posten; nicht glücklich; in der Patsche; **keep one's ~ eye open** (*fig fam*) aufpassen; **make heavy ~ of s.th.** etw schwierig finden **II.** *vt* **1.** verwittern lassen; (*Haut*) gerben **2.** (*Holz*) (aus)trocknen, ablagern lassen **3.** (MAR) luvwärts umschiffen; vorbeifahren an **4.** (*fig: ~ out*) gut überstehen; **weather-beaten** ['weðə,bi:tn] *adj* **1.** durch Witterungseinflüsse beschädigt **2.** (*Haut*) wettergegerbt; **weather•board**, **weather boarding** *s* Holzverschalung *f;* **weather-bound** ['weðəbaʊnd] *adj* durch schlechtes Wetter gehindert; **weather bureau** *s* Wetterwarte *f;* **weather chart** *s* Wetterkarte *f;* **weather•cock** ['weðəkɒk] *s* Wetterhahn *m;* **weather conditions** *s pl* Wetterlage *f*, -verhältnisse *ntpl;* **weather forecast** *s* Wettervorhersage *f*, -bericht *m;* **weather•ing** ['weðərɪŋ] *s* (GEOL) Verwitterung *f;* **weather•man** ['weðəmæn] <*pl* -men> *s* Meteorologe *m;* **weather•proof** ['weðəpru:f] **I.** *adj* wetterfest **II.** *vt* wetterfest machen

weave [wi:v] <*irr:* wove, woven> **I.** *vt* **1.** weben, wirken **2.** (ein)flechten (*into* in) **3.** (*fig*) ausdenken, ersinnen **4.** verflechten (*with* mit, *into* in, zu) **5.** (AUTO) ständig Spur wechseln; **~ one's way** sich durchlavieren (*through* durch) **II.** *vi* **1.** weben **2.** sich hin- u. herbewegen; (*Weg*) sich schlängeln; **get weaving** (*fam*) sich ins Zeug legen **III.** *s* Webart *f;* Gewebe *nt;* **weaver** ['wi:və(r)] *s* Weber(in) *m (f);* **weaver bird** *s* Webervogel *m*

Web [web] *s* (INTERNET) WWW (World Wide Web) *nt*

web [web] *s* **1.** Gewebe *nt* **2.** (*cob~*) Spinnennetz *nt* **3.** Schwimmhaut *f;* **~ of lies** Lügengewebe, -gespinst *nt*

web browser [web'braʊzə] *s* (INTERNET) Websurfprogramm *nt*

web-footed [,web'fʊtɪd] *adj* schwimmfüßig

web-offset *s* Rollenrotations-Offsetdruck *m*

web page *s* (INTERNET) Web-Seite *f;* **web-page designer** [web,peɪdʒ'dɪzaɪnə] *s* Webpagedesigner(in) *m(f);* **web site** *s* Web-Site *f;* **web•zine** ['webzi:n] *s* elektronische Zeitschrift im Internet

wed [wed] **I.** *vt* **1.** heiraten; (*Pfarrer*) trauen **2.** (*fig*) eng verbinden, vereinigen (*with, to* mit) **II.** *vi* sich verheiraten

we'd [wi:d] = **we had; we would**

wedded ['wedɪd] *adj* **1.** verheiratet **2.** (*fig*) (eng) verbunden (*to* mit); **~ bliss** Eheglück *nt;* **wed•ding** ['wedɪŋ] *s* Hochzeit *f;* (*fig*) Verbindung *f;* **wedding anniversary** *s* Hochzeitstag *m;* **wedding breakfast** *s* Hochzeitsessen *nt;* **wedding cake** *s* Hochzeitskuchen *m;* **wedding day** *s* Hochzeitstag *m*, Tag *m* der Trauung; **wedding dress** *s* Hochzeitskleid *nt;* **wedding guest** *s* Hochzeitsgast *m;* **wedding night** *s* Hochzeitsnacht *f;* **wedding present** *s* Hochzeitsgeschenk *nt;* **wedding ring** *s* Trauring, Ehering *m*

wedge [wedʒ] **I.** *s* **1.** Keil *m* **2.** (*keilförmiges*) Stück *nt* (*Torte, Kuchen*) **3.** (*Schuh*) Keilabsatz *m* **4.** (*Golf*) Wedge *m* **5.** (*sl*) Bündel *nt* Scheine; **the thin end of the ~** (*fig*) der Anfang, das Vorspiel **II.** *vt* **1.** verkeilen **2.** (*~ in*) (hinein)drücken, zusammenpferchen; **~ o.s. in** sich hineinzwängen, -drängen; **be ~d between** eingekeilt, eingezwängt sein zwischen

wed•lock ['wedlɒk] *s* Ehe *f;* **born out of ~** unehelich geboren

Wed•nes•day ['wenzdɪ] *s* Mittwoch *m;* **on ~** am Mittwoch; **on ~s** mittwochs; **Ash ~** Aschermittwoch *m*

wee [wi:] **I.** *adj* winzig (klein); **a ~ bit** ein bisschen, ein wenig **II.** *s* (*fam*) Pipi *nt* **III.** *vi* (*fam*) Pipi machen

weed [wi:d] **I.** *s* **1.** Unkraut *nt* **2.** (*fig*) Schwächling *m* **3.** (*fam: Tabak*) Kraut *nt* **4.** (*sl: Marihuana*) Gras *nt* **II.** *vt* **1.** (*Garten*) jäten **2.** (*~ out, fig*) aussondern; **weed•killer** ['wi:dkɪlə(r)] *s* Unkrautvertilgungsmittel *nt;* **weedy** ['wi:dɪ] *adj* **1.** voller Unkraut **2.** (*fig*) schwächlich

week [wi:k] *s* Woche *f;* **by the ~** wochenweise; wöchentlich; **for ~s** wochenlang; **this day/yesterday/Sunday ~** heute/gestern/Sonntag in 8 Tagen; **a ~ from tomorrow** morgen in 8 Tagen; **once a ~** (einmal) wöchentlich; ~ **in,** ~ **out** Woche für Woche; **a** ~ **or two** ein paar Wochen; **a 40-hour** ~ eine 40-Stunden-Woche; **what day of the ~?** an welchem Tag?; **week·day** ['wi:kdeɪ] *s* Wochen-, Arbeitstag *m;* **work (on) ~s** werktags arbeiten; **week·end** [ˌwi:k'end] **I.** *s* Wochenende *nt;* **long** ~ verlängertes Wochenende; ~ **ticket** Sonntagsrückfahrkarte *f* **II.** *vi* das Wochenende verbringen; **week·ender** [ˌwi:k'endə(r)] *s* Wochenendausflügler *m;* **week·ly** ['wi:klɪ] **I.** *adj, adv* wöchentlich; ~ **report** Wochenbericht *m;* ~ **travelcard** Wochenkarte *f* **II.** *s* Wochenblatt *nt*

wee·nie ['wi:neɪ] *s* (*Am: pej*) Waschlappen *m pej*

wee·ny ['wi:nɪ] *adj* (*fam*) winzig

weep [wi:p] <*irr:* wept, wept> **I.** *vi* **1.** weinen (*for* um, *at, over* über) **2.** (*Wunde*) nässen; ~ **for joy** vor Freude weinen **II.** *vt* beweinen, beklagen; ~ **bitter tears** bittere Tränen weinen; ~ **o.s. to sleep** sich in den Schlaf weinen; **weep·ing** [-ɪŋ] **I.** *s* Weinen *nt* **II.** *adj* weinend; ~ **willow** Trauerweide *f*

weigh [weɪ] **I.** *vt* **1.** wiegen **2.** (*fig*) abwägen; (*in one's mind*) erwägen; ~ **anchor** den Anker lichten **II.** *vi* **1.** wiegen **2.** (*fig*) lasten (*on* auf) **3.** (*Wort, Meinung*) gelten, Gewicht haben; **weigh down** *vt* **1.** beugen, niederdrücken **2.** (*fig*) belasten, niederdrücken; **weigh in** *vi* **1.** (SPORT) sich wiegen lassen **2.** das Gepäck wiegen lassen **3.** (*fig fam*) beispringen, sich einmischen; ~ **in at 80 kilos** 80 Kilo wiegen; **weigh out** *vt* abwiegen; **weigh up** *vt* abwägen; (*Menschen*) einschätzen; **weigh·bridge** ['weɪbrɪdʒ] *s* Brückenwaage *f;* **weigh-in** ['weɪɪn] *s* (SPORT) Wiegen *nt*

weight [weɪt] **I.** *s* **1.** Gewicht *nt* **2.** (*fig*) (schwere) Last, Bürde *f* **3.** Wichtigkeit, Bedeutung *f,* Einfluss *m* **4.** (*Statistik*) Wertigkeit *f;* **by** ~ nach Gewicht; **of** ~ gewichtig; **over ~, under** ~ zu schwer, zu leicht; **attach** ~ **to s.th.** (*fig*) einer S Gewicht beimessen; **carry** ~ (*fig*) Gewicht, Macht, Einfluss haben (*with* auf); **lose** ~ abnehmen; **put on** ~ (*Mensch*) zunehmen; **throw one's** ~ **about** (*fam*) sich wichtig machen; **atomic** ~ (CHEM) Atomgewicht *nt;* **dead** ~ Leer-, Eigengewicht *nt;* **excess** [*o* **surplus**] ~ Übergewicht *nt* **II.** *vt* **1.** beschweren **2.** (*Statistik*) gewichten; verfälschen; ~ **in s.o.'s favour** zu jds Gunsten beeinflussen; **be ~ed against s.o.** jdn benachteiligen; **~ed average** gewogener Mittelwert; **~ed index** gewogener Index; **weight down** *vt* **1.** überladen **2.** beschweren **3.** (*fig*) belasten; **weight·ing** ['weɪtɪŋ] *s* Zulage *f;* **weight·less** [-lɪs] *adj* schwerelos; **weight·less·ness** ['weɪtlɪsnɪs] *s* Schwerelosigkeit *f;* **weight·lifter** ['weɪtlɪftə(r)] *s* (SPORT) Gewichtheber(in) *m(f);* **weight·lift·ing** ['weɪtlɪftɪŋ] *s* (SPORT) Gewichtheben *nt;* **weighty** ['weɪtɪ] *adj* **1.** schwer **2.** (*fig*) (ge)wichtig, schwierig **3.** (*Grund*) triftig

weir [wɪə(r)] *s* **1.** Wehr *nt,* Damm *m* **2.** (Fisch)Reuse *f*

weird [wɪəd] *adj* **1.** unheimlich; übernatürlich **2.** (*fam*) seltsam; **weirdie, weirdo** ['wɪədɪ, 'wɪədəʊ] *s* (*sl*) komischer Kauz

wel·come ['welkəm] **I.** *adj* **1.** willkommen, gern gesehen **2.** erfreulich, angenehm; **you are** ~ **to use my car** mein Wagen steht zu Ihrer Verfügung; **(you are) ~!** bitte sehr, nichts zu danken! gern geschehen! **II.** *s* Willkomm(en *nt*) *m;* Willkommensgruß *m;* **give s.o. a warm** ~ jdm einen herzlichen Empfang bereiten **III.** *interj* herzlich willkommen! **IV.** *vt* **1.** willkommen heißen **2.** (*fig*) begrüßen, gern sehen; **I should** ~ **it if ...** ich würde es begrüßen, wenn ...; **wel·com·ing** [-ɪŋ] *adj* Begrüßungs-; (*Atmosphäre*) freundlich

weld [weld] **I.** *vt* **1.** (TECH) schweißen **2.** (*fig*) zusammenschweißen **II.** *s* Schweißstelle *f;* **welder** ['weldə(r)] *s* **1.** Schweißer(in) *m(f)* **2.** Schweißgerät *nt;* **weld·ing** [-ɪŋ] *s* Schweißen *nt;* **welding torch** *s* Schweißbrenner *m*

wel·fare ['welfeə(r)] *s* **1.** Wohlergehen *nt* **2.** Wohlfahrt, Fürsorge *f* **3.** Sozialhilfe *f;* **welfare payment** *s* Sozialhilfeleistung *f;* **welfare services** *s pl* Sozialdienste *mpl;* **welfare state** *s* Wohlfahrtsstaat *m;* **welfare work** *s* Sozialarbeit *f;* **welfare worker** *s* Sozialarbeiter(in) *m(f)*

we'll [wi:l] = **we shall; we will**

well[1] [wel] **I.** *s* **1.** Brunnen(schacht) *m* **2.** (MIN) Bohrloch *nt;* Ölquelle *f* **3.** (*a. fig*) Quelle *f* **4.** (ARCH) Treppenhaus *nt;* Fahrstuhlschacht *m* **5.** (*Br:* JUR) eingefriedeter Platz der Anwälte **6.** (THEAT) Parkett *nt* **7.** (*ink~*) Tintenfass *nt;* **drive** [*o* **sink**] **a** ~ einen Brunnen bohren **II.** *vi* quellen, sprudeln, fließen (*from* aus); **well up** *vi* **1.** emporquellen **2.** (*fig*) aufsteigen; (*Geräusch*) anschwellen; **tears ~ed up in her eyes** ihr traten Tränen in die Augen

well[2] [wel] <better, best> **I.** *adv* **1.** gut **2.** durchaus, mit Recht, mit gutem Grund **3.** weit, sehr **4.** (ganz) genau; **do** ~ seine Sache gut machen, gut vorankommen; **the patient is doing** ~ der Patient ist wohlauf; **business is doing** ~ die Geschäfte gehen gut; **do as** ~ **as one can** es so gut man kann machen; (*Patient*) wohlauf sein; **do** ~ **in an exam** in einer Prüfung gut abschneiden; **do** ~ **out of s.th.** bei etw profitieren; **you would do** ~ **to come early** es wäre gut, wenn Sie früh kämen; **you did ~ to go** es war richtig [*o* gut], dass Sie gegangen sind; **~ done!** bravo!; **do ~ by s.o.** jdm gegenüber großzügig sein; **go ~** gut gehen; **go as ~** mitgehen; **let ~ alone** die Finger davon lassen; **speak ~ of s.o.** gut von jdm sprechen; **stand ~ with s.o.** bei jdm gut angeschrieben sein; **~ past, ~ over, ~ under** weit nach, weit über, weit unter; **~ played!** gut gespielt!; **as ~** auch; **as ~ as** ebenso wie; **all** [*o* **only**] **too ~** nur zu gut; **~ and truly** wirklich; richtig; **pretty ~ enough** ziemlich genug; **you might as ~ come** du könntest eigentlich kommen; **I might as ~** warum eigentlich nicht; **I might as ~ not be there** ich könnte ebensogut nicht da sein; **he may ~ have said that** es kann gut sein, dass er das gesagt hat; **I can't very ~ not go** ich kann nicht gut nicht hingehen; **you may ~ ask!** das kann man wohl fragen!; **I am ~ content** ich bin sehr zufrieden; **he can ~ afford it** er kann es sich sehr gut leisten; **it was ~ worth it** es hat sich sehr gelohnt **II.** *adj* **1.** gesund **2.** (*Lage, Zustand*) gut; **get ~ soon!** gute Besserung!; **she is not ~** es geht ihr nicht gut; **I don't feel ~** ich fühle mich nicht wohl; **all is not ~** es steht gar nicht gut; **that's all very ~ but …** das ist ja gut und schön, aber …; **it's all very ~ for you to talk** Sie haben gut reden; **it would be just as ~ to tell him** es wäre wohl gut, wenn man es ihm sagen würde; **just as ~ you asked** nur gut, dass Sie gefragt haben; **you're ~ out of it** sei froh, dass du damit nichts zu tun hast; **all's ~ that ends ~** (*prov*) Ende gut, alles gut **III.** *interj* also; na; na ja; **~, ~!** na so etwas!; **~ now** also; **very ~ (then)** na schön **IV.** *s* (das) Gute; **wish s.o. ~** jdm alles Gute wünschen

well-ad•vised [ˌweləd'vaɪzd] *adj* wohl überlegt; **be ~** gut beraten sein; **well-appointed** [ˌwelə'pɔɪntɪd] *adj* gut ausgerüstet, gut ausgestattet; **well-bal•anced** [ˌwel'bælənst] *adj* **1.** wohl ausgewogen **2.** gut ausgeglichen, im Gleichgewicht; **well-behaved** [ˌwelbɪ'heɪvd] *adj* wohlerzogen, artig; **well•be•ing** [ˌwel'bi:ɪŋ] *s* Wohl *nt;* **well-bred** [ˌwel'bred] *adj* wohlerzogen; **well-chosen** [ˌwel'tʃəʊzn] *adj* gut (aus)gewählt, passend; **well-con•nec•ted** [ˌwelkə'nektɪd] *adj* mit guten Beziehungen; **well-de•served** [ˌweldɪ'sɜ:vd] *adj* wohlverdient; **well-developed** [ˌweldɪ'veləpt] *adj* (*Mensch*) gut entwickelt; (*Wirtschaft*) hochentwickelt; **well-dis•posed** [ˌweldɪ'spəʊzd] *adj* freundlich gesonnen (*towards dat*); **well-done** [ˌwel'dʌn] *adj* (*Fleisch*) gar, gut durch; **well-dressed** [ˌwel'drest] *adj* gut angezogen, gut gekleidet; **well-earned** [ˌwel'ɜ:nd] *adj* wohlverdient; **well-educated** *adj* gebildet; **well-fed** [ˌwel'fed] *adj* wohlgenährt; **well-founded** [ˌwel'faʊndɪd] *adj* (wohl)begründet; **well-groomed** [ˌwel'gru:md] *adj* (*Pferd, Mensch*) gepflegt; **well-heeled** [ˌwel'hi:ld] *adj* (*fam*) betucht; **well-informed** [ˌwelɪn'fɔ:md] *adj* gut informiert, unterrichtet

wel•ling•ton (**boot**) ['welɪŋtən (bu:t)] *s* (*Br*) Gummistiefel *m*

well-intentioned [ˌwelɪn'tenʃənd] *adj* wohlmeinend; **well-knit** [ˌwel'nɪt] *adj* gut gebaut; (*fig*) gut durchdacht; **well-known** [ˌwel'nəʊn] *adj* (wohl) bekannt; **well-man•nered** [ˌwel'mænəd] *adj* höflich; **well-mean•ing** [ˌwel'mi:nɪŋ] *adj* wohlmeinend; **well-meant** [ˌwel'ment] *adj* gut gemeint

well•ness cen•tre ['welˌnɪsˌsentə(r)] *s* Wellness-Center *nt*

well-nigh ['welnaɪ] *adv* beinahe, fast; **well-off** [ˌwel'ɒf] *adj* **1.** reich, wohlhabend **2.** gut daran; **be ~** es gut haben; **well-oiled** [ˌwel'ɔɪld] *adj* (*fam*) beschwipst; **well-pro•por•tioned** [ˌwelprə'pɔ:ʃnd] *adj* wohlproportioniert; **well-read** [ˌwel'red] *adj* belesen; **well-spoken** [ˌwel'spəʊkən] *adj* gepflegt sprechend; **be ~** sich gepflegt ausdrücken; **well-thought-of** [ˌwel'θɔ:tɒv] *adj* angesehen, von gutem Ruf; **well-timed** [ˌwel'taɪmd] *adj* im rechten Augenblick; **well-to-do** [ˌweltə'du:] *adj* wohlhabend; **well-turned** [ˌwel'tɜ:nd] *adj* (*fig*) gut ausgedrückt; **well-wisher** ['welwɪʃə(r)] *s* Gönner(in) *m(f),* Freund(in) *m(f);* **well-worn** [ˌwel'wɔ:n] *adj* (*Kleidung*) abgetragen; (*Teppich*) abgelaufen; (*Weg*) ausgetreten; (*fig*) abgedroschen

welly ['welɪ] *s* (*Br: fam*) Gummistiefel *m*

Welsh [welʃ] **I.** *adj* walisisch; **~ dresser** Anrichte *f;* **~ rabbit** [*o* **rarebit**] Toast *m* mit zerlassenem Käse **II.** *s* (das) Walisisch(e); **Welsh•man** ['welʃmən, *pl* -men] <*pl* -men> *s* Waliser *m;* **Welsh•woman** ['welʃwʊmən, *pl* -wɪmɪn] <*pl* -women> *s* Waliserin *f*

welt [welt] *s* **1.** Stoßkante *f* **2.** (*Schuh*) Rahmen *m* **3.** Strieme(n *m*) *f*

wel•ter•weight ['weltəweɪt] *s* Weltergewicht(sboxer *m*) *nt*

wend [wend] *vt:* **~ one's way to** seinen Weg machen nach

went [went] *s.* **go**

wept [wept] *s.* **weep**

were [wɜ:(r)] *2. Person Singular, 1., 2., 3. Person Plural Präteritum* **be**

we're [wɪə(r)] = **we are**

weren't [wɜːnt] = **were not**

west [west] **I.** *s* Westen *m;* **the West** der Westen; (*in den USA*) die Weststaaten *mpl;* **in the ~** im Westen; **to the ~** nach Westen; **to the ~ of** westlich von **II.** *adj* westlich **III.** *adv* nach Westen; **~ of** westlich von; **go ~** (*fig fam*) draufgehen; **west•bound** [ˈwestbaʊnd] *adj* nach Westen gehend; **West End** *s* Westend *nt;* **west•er•ly** [ˈwestəlɪ] *adj* westlich; **west•ern** [ˈwestən] **I.** *adj* westlich; **~ Germany** der westliche Teil Deutschlands; die alten Bundesländer *ntpl* **II.** *s* Wildwestgeschichte *f,* -roman, -film *m,* Western *m;* **west•erner** [ˈwestənə(r)] *s* **1.** Abendländer(in) *m(f)* **2.** (*amerik.*) Weststaatler(in) *m(f);* **west•ern•ize** [ˈwestənaɪz] *vt* verwestlichen; **West Germany** *s* (HIST) Westdeutschland *nt,* die (alte) Bundesrepublik (Deutschland); **west•ward(s)** [ˈwestwəd(z)] *adj, adv* westwärts, nach Westen

wet [wet] <*irr:* wet (wetted), wet (wetted)> **I.** *adj* **1.** nass, feucht (*with* von) **2.** regennass, feucht, regnerisch **3.** (*Farbe*) frisch **4.** (*Br: fam*) weichlich; **~ to the skin** nass bis auf die Haut; **be ~ through** (**and through**) durch u. durch nass sein; **~ blanket** (*fam*) Miesmacher(in) *m(f);* **~ cell** Nasszelle *f;* **~ dock** Dock, Flutbecken *nt;* **~ paint!** frisch gestrichen! **II.** *s* **1.** Nässe, Feuchtigkeit *f* **2.** Regenzeit *f* **3.** (*Br: pej*) Waschlappen *m* **III.** *vt* nass machen; **~ one's whistle** (*fam*) sich einen hinter die Binde kippen; **~ the bed** ins Bett machen, bettnässen

weth•er [ˈweðə(r)] *s* Hammel, Schöps *m*

wet-nurse [ˈwetnɜːs] *s* Amme *f;* **wet season** *s* Regenzeit *f;* **wet shave** *s* Nassrasur *f;* **wet•ting** [ˈwetɪŋ]: **get a ~** durchnässt, nass werden

we've [wiːv] = **we have**

whack [wæk] **I.** *vt, vi* schlagen **II.** *s* **1.** heftiger Schlag, Knall *m* **2.** (*fam*) Versuch *m* **3.** (*fam*) Anteil *m;* **have a ~ at s.th.** (*fam*) etw probieren; **whack around** *vt* (*sl*) schlecht machen; **whacked** [wækt] *adj* (*fam*) hundemüde; **whack•ing** [ˈwækɪŋ] **I.** *adj* (*fam*) gewaltig, kolossal **II.** *s* (*fam*) Tracht *f* Prügel; **get a ~** verprügelt werden; (SPORT) haushoch geschlagen werden

whacko [ˈwækəʊ] *adj* (*Br: sl*) ballaballa *sl*

whad•dya [ˈwɒdʒɑː] *s* (*sl: what do you …?*): **~ think?** was meinst du?, was hältst du davon?

whale [weɪl] *s* Wal(fisch) *m;* **a ~ of** (*fam*) eine wahnsinnige Menge, ein Riesen- +*gen;* **we had a ~ of time** es war fantastisch; **whal•ing** [-ɪŋ] *s* Walfang *m;* **go ~** auf Walfang gehen

wham [wæm] *s,* **whang** [wæŋ] *s* Knall, Bums *m*

wharf [wɔːf, *pl* wɔːvz] <*pl* wharfs, wharves> *s* Kai *m;* **wharf•age** [ˈwɔːfɪdʒ] *s* Kaigebühr *f*

what [wɒt] **I.** *pron* **1.** (*fragend u. ausrufend*) was; wie **2.** (*relativ*) was; das, was; **and ~ not** und was nicht noch alles; **~ about, of …?** wie steht es mit …?; **~ for?** warum? weshalb? wozu?; **~ if …** (und) was ist, wenn …; **~ is more** außerdem; dazu kommt noch …; **~ is it called?** wie heißt es?; **~'s your name?** wie heißen Sie?; **~ does it matter?** was macht das schon?; **~ is he like?** wie ist er?; **and ~'s more** und außerdem; **~ next?** was nun?; **~'s up?** was ist (denn) los?; **that's just ~** gerade das; **give s.o. ~ for** es jdm tüchtig geben; **she knows ~'s ~** sie kennt sich aus; **I don't know ~'s ~ any more** ich kenne mich nicht mehr aus; **~'s that to you?** was geht Sie das an?; **so ~?** na und?; **~ with overwork and undernourishment she fell ill** wegen Überarbeitung und Unterernährung wurde sie krank; **Mr ~-d'you-call-him, Mr ~'s-his-name** Herr Soundso **II.** *adj* **1.** (*fragend*) welche(r, s) **2.** (*relativ*) der, die, das **3.** (*ausrufend*) was für ein(e); **~ age?** wie alt?; **~ good would that be?** wozu sollte das gut sein?; **~ time is it?** wie viel Uhr ist es?; **~ sort of** was für ein(e); **~ else** was noch; **~ a lucky man** so ein Glückspilz; **~ an idiot I have been!** was war ich doch für ein Idiot! **III.** *interj* was!

what•ever [wɒtˈevə(r)] **I.** *pron* was (auch immer); egal was; **~ does he want?** was will er wohl?; (*ungeduldig*) was will er denn?; **~ does he mean?** was meint er bloß? **II.** *adj* **1.** egal welche(r, s) **2.** (*verneint*) überhaupt **3.** (*fragend*) was denn, was wohl; **~ reason** welcher Grund auch immer; **nothing ~** überhaupt nichts; **~ good can that be?** was kann das schon helfen?; **what•not** [ˈwɒtnɒt] *s* Dingsbums *nt;* **whats•it** [ˈwɒtsɪt] *s* Dings(da) *nt;* **what•so•ever** [ˌwɒtsəʊˈevə(r)] **I.** *pron* was (auch immer); egal was **II.** *adj* **1.** egal welche(r, s) **2.** (*verneint*) überhaupt **3.** (*fragend*) was denn, was wohl

wheat [wiːt] *s* Weizen *m;* **shredded ~** Weizenflocken *fpl;* **wheat belt** *s* (*in den USA*) Weizengürtel *m;* **wheat•germ** [ˈwiːtˌdʒɜːm] *s* Weizenkeim *m*

wheel [wiːl] **I.** *s* **1.** Rad *nt* **2.** (AUTO: *steering ~*) Steuer(rad), Lenkrad *nt* **3.** (*spinning ~*) Spinnrad *nt* **4.** (*potter's ~*) Töpferscheibe *f* **5.** (MIL) Schwenkung *f* **6.** **~s** (*fig*) Mühlen *fpl;* **at the ~** am Steuer; **on ~s** auf Rädern; **put one's shoulder to the ~** (*fig*) Hand ans Werk legen; **~s within ~s** Beziehungen *fpl* **II.** *vt* **1.** schieben; ziehen; (*Rollstuhl*) fahren **2.** drehen **III.** *vi* drehen; (*Vogel, Flugzeug*) kreisen; (MIL) schwenken; **wheel in** *vt* **1.** hereinfahren **2.** (*fig fam*) vorstellen, anschleppen; **wheel round** *vi* sich schnell umdrehen; (MIL) schwenken; **wheel•bar•row** ['wi:l,bærəʊ] *s* Schubkarren *m;* **wheel brace** *s* Kreuzschlüssel *m;* **wheel•chair** *s* Rollstuhl *m;* **wheel clamp** *s* Parkkralle *f;* **wheeler-dealer** [,wi:lə'di:lə(r)] *s* (*fam*) Schlitzohr *nt;* **wheel•house** ['wi:lhaʊs] *s* (MAR) Ruderhaus *nt*

wheelie ['wi:lɪ] *s* (*sl*) Wheelie *nt* (*Fahren auf dem Hinterrad*)

wheel•ing ['wi:lɪŋ] *s:* ~ **and dealing** Machenschaften *fpl*

wheeze [wi:z] **I.** *vi* keuchen **II.** *vt* (*Worte:* ~ *out*) pfeifend herausbringen **III.** *s* **1.** pfeifendes Geräusch, Keuchen *nt* **2.** (*Br: obs*) Scherz *m;* **wheezy** ['wi:zɪ] *adj* pfeifend; keuchend

whelp [welp] **I.** *s* junger Hund, Welpe *m* **II.** *vi* (Junge) werfen

when [wen] **I.** *adv* **1.** (*fragend*) wann **2.** (*relativ*) als, wo, da; **since ~, until ~** seit wann, bis wann? **II.** *conj* **1.** wenn; als **2.** (*mit Verlaufsform*) beim; wobei **3.** wo … doch; ~ **singing that song** beim Singen dieses Lieds **III.** *s:* **the ~ and where of s.th.** die zeitlichen u. örtlichen Umstände einer S

whence [wens] *adv* **1.** (*obs*) woher, von wo **2.** (*fig*) woraus, wodurch

when•ever [wen'evə(r)] *adv* **1.** wann auch immer; sobald **2.** jedesmal wenn

where [weə(r)] **I.** *adv* wo; ~ **(to)** wohin; ~ **(from)** woher **II.** *conj* wo; da, wo; wohin; **this is ~ we were** da waren wir; ~ **this is concerned** was das betrifft; **where•abouts** [,weərə'baʊts] **I.** *adv* wo; wohin **II.** ['weərəbaʊts] *s pl mit sing* Aufenthalt(sort) *m;* **where•as** [weər'æz] *conj* **1.** während, wohingegen **2.** (JUR) da nun; mit Rücksicht darauf, dass; **where•by** [weə'baɪ] *adv* wodurch, woran; **where•in** [weər'ɪn] *adv* worin; **where•upon** [,weərə'pɒn] *adv* worauf; **wher•ever** [,weər'evə(r)] **I.** *conj* **1.** egal wo, wo auch immer **2.** wohin (auch immer) **3.** überall wo **II.** *adv* wo nur; **where•withal** ['weəwɪðɔ:l] *s:* **the** ~ die (erforderlichen) Mittel *ntpl*

whet [wet] *vt* **1.** wetzen, schleifen **2.** (*den Appetit*) anregen

whether ['weðə(r)] *conj* ob; ~ **… or** (~) ob … oder (ob); ~ **… or not** ob … oder (ob) nicht; ~ **or not** auf jeden Fall

whet•stone ['wetstəʊn] *s* Wetz-, Schleifstein *m*

whew [fju:] *interj* puh!

whey [weɪ] *s* Molke *f*

which [wɪtʃ] **I.** *pron* **1.** (*relativ*) der, die, das; welche(r, s); was **2.** (*fragend*) welche(r, s); wer **II.** *adj* welche(r, s); **which•ever** [wɪtʃ'evə(r)] *pron, adj* welche(r, s) auch immer

whiff [wɪf] *s* **1.** leichter Windstoß, (Luft)Zug *m* **2.** vorüberstreichender Geruch **3.** (*fam*) Zigarillo *m od nt* **4.** Atemzug *m* **5.** (*fig*) Hauch *m;* Spur *f;* **whiffy** ['wɪfɪ] *adj* übel riechend

Whig [wɪg] *s* (HIST: *in England*) Whig *m,* Liberale(r) *f m*

while [waɪl] **I.** *s* Weile *f;* **a long ~ ago** vor langer Zeit; **all this ~** die ganze Zeit; **for a ~** eine Zeitlang; **in a little ~** bald, in Kürze; **once in a ~** gelegentlich; **a short ~** eine kleine Weile; **be worth ~** der Mühe wert sein, sich lohnen **II.** *conj* **1.** während; solange **2.** zwar, obwohl **3.** (*gegenüberstellend*) während; **while away** *vt* (*Zeit*) sich vertreiben

whim [wɪm] *s* Einfall *m,* Laune *f*

whim•per ['wɪmpə(r)] **I.** *vi, vt* **1.** wimmern **2.** (*Hund*) winseln **II.** *s* **1.** Gewimmer *nt* **2.** Gewinsel *nt*

whim•si•cal ['wɪmzɪkl] *adj* launisch; schrullig, wunderlich; **whim•si•cal•ity** [,wɪmzɪ'kælətɪ] *s* **1.** Wunderlichkeit *f* **2.** Laune, Grille *f;* **whimsy** ['wɪmzɪ] *s* **1.** Laune, Grille *f* **2.** schrulliger Humor

whin [wɪn] *s* (Stech)Ginster *m*

whine [waɪn] **I.** *vi* wimmern; winseln; jammern **II.** *vt* weinerlich sagen **III.** *s* Gewimmer, Gejammer *nt*

whinge [wɪndʒ] *vi* (*fam*) meckern

whinny ['wɪnɪ] **I.** *vi* wiehern **II.** *s* Wiehern *nt*

whip [wɪp] **I.** *vt* **1.** peitschen, schlagen **2.** (*Sahne, Eiweiß*) (zu Schaum, Schnee) schlagen **3.** (um)säumen, überwendlich nähen **4.** (*fam fig*) abhängen, schlagen **5.** (*fam*) schnell nehmen; schnell bringen; ~ **s.o. into shape** jdn auf Vordermann bringen **II.** *vi* rennen, rasen, flitzen **III.** *s* **1.** Peitsche *f* **2.** Peitschenschlag *m* **3.** (*Küche*) Creme *f* **4.** (PARL) Einpeitscher *m* **5.** (PARL) Appell *m,* Aufforderung *f* (*zur Abstimmung zu kommen*)*;* **whip away** *vt* wegreißen; **whip back** *vi* **1.** (*Zweig*) zurückschnellen **2.** (*fam*) schnell zurückgehen; **whip off** *vt* (*Kleidung*) herunterreißen; (*Tuch*) wegziehen; (*jdn*) schnell bringen; **whip on** *vt* **1.** antreiben **2.** (*Kleidung*) schnell anziehen; **whip out** *vt* herausholen; **whip up** *vt* **1.** an sich reißen **2.** (*Pferde*) antreiben **3.** (*Küche*) schlagen; verrühren; (*fam: Essen*) schnell zubereiten **4.** (*fig: Unterstützung*) auf die Beine stellen; (*Interesse*) entfachen; (*Publikum*) mitreißen

whip•cord ['wɪpkɔ:d] *s* **1.** Peitschenschnur *f* **2.** Whipcord *m* (*Gewebe*)*;* **whip hand** *s:* **have the ~** (*fig*) das Heft in der Hand haben; **have the ~ over s.o.** die Oberhand über jdn haben; **whip•lash** *s* Peitschenschnur *f;* (~ *injury,* MED) Schleudertrauma *nt;* **whipped cream** *s* Schlagsahne *f,* -rahm *m;* **whipper-in** *s* (*Jagd*) Pikör *m*

whip•per•snap•per [wɪpəsnæpə(r)] *s* (*obs*) kleiner Angeber

whip•pet ['wɪpɪt] *s* (*Rennhund*) Whippet *m*

whip•ping ['wɪpɪŋ] *s* **1.** Tracht *f* Prügel; Prügelstrafe *f* **2.** Niederlage *f;* **whipping boy** *s* Prügelknabe *m;* **whipping cream** *s* Schlagsahne *f;* **whipping top** *s* Kreisel *m;* **whip-round** ['wɪpraʊnd] *s* (*fam*) (spontane) (Geld)Sammlung *f*

whirl [wɜ:l] **I.** *vi* **1.** wirbeln, sich schnell drehen, rotieren **2.** (*fig: Gedanken*) durcheinander wirbeln **3.** schwindlig werden **4.** rasen, sausen; ~ **about** herumwirbeln **II.** *vt* **1.** wirbeln **2.** schnell bringen **III.** *s* **1.** Wirbeln *nt* **2.** Wirbel *m* **3.** Schwindel(gefühl *nt*) *m* **4.** (*fig*) Trubel *m;* Durcheinander, geschäftiges Hin u. Her *nt;* **my head is in a ~** mir schwirrt der Kopf; **give s.th. a ~** (*fig fam*) etw versuchen; **whirli•gig** ['wɜ:lɪgɪg] *s* **1.** Kreisel *m* **2.** Karussell *nt;* **whirlpool** *s* (*a. fig*) Strudel *m;* **whirl•wind** ['wɜ:lwɪnd] *s* **1.** Wirbelwind *m* **2.** (*fig*) Wirbel, Sturm *m;* **a ~ romance** eine stürmische Romanze; **reap the ~** Sturm ernten; **whirly•bird** ['wɜ:lɪˌbɜ:d] *s* (*fam*) Hubschrauber *m*

whirr [wɜ:(r)] *vi* surren

whisk [wɪsk] **I.** *vt* **1.** (~ *away*) (weg)wischen, fegen, kehren **2.** (~ *away*) rasch (weg)nehmen **3.** (*Sahne, Eiweiß*) schlagen; **the horse was ~ing its tail** das Pferd wedelte mit dem Schweif **II.** *vi* sausen, huschen **III.** *s* **1.** schnelle Bewegung **2.** (Staub)Wedel *m* **3.** (*egg* ~) Schneebesen *m*

whiskers ['wɪskəz] *s pl* **1.** Backenbart *m* **2.** (*von Katzen*) Schnurrhaare *ntpl;* **by a whisker** fast, um ein Haar; **he thinks he's the cat's ~s** er hält sich für wer weiß was

whis•k(e)y ['wɪskɪ] *s* Whisky *m*

whis•per ['wɪspə(r)] **I.** *vi, vt* **1.** flüstern **2.** (*Wind*) rauschen **3.** ausplaudern, weitererzählen **4.** zuflüstern (*to s.o.* jdm) **II.** *s* **1.** Geflüster *nt* **2.** Tuscheln *nt;* Gerücht *nt;* **talk in a ~** im Flüsterton reden; **whis•per•ing** ['wɪspərɪŋ] *adj:* ~ **campaign** (POL) Verleumdungskampagne *f;* ~ **propaganda** Flüsterpropaganda *f*

whist [wɪst] *s* (*Kartenspiel*) Whist *nt*

whistle ['wɪsl] **I.** *vi* pfeifen (*to s.o.* jdm); **he'll have to ~ for it** er wird darauf warten müssen **II.** *vt* (*Ton, Lied*) pfeifen **III.** *s* Pfeife *f;* Pfiff *m*

whit [wɪt] *s:* **not a ~ of ...** nicht ein bisschen, kein Jota, keine Spur von ...

white [waɪt] **I.** *adj* **1.** weiß **2.** hell **3.** blass (*with terror* vor Schrecken); **black or ~?** (*Kaffee*) mit oder ohne Milch? **II.** *s* **1.** Weiß *nt* **2.** das Weiße (*of the eye* im Auge) **3.** (~ *of egg*) Eiweiß *nt* **4.** weiße Kleidung **5.** Weiße(r) *f m;* **white ant** *s* Termite *f;* **whitebait** <*pl* -> *s* Weißfisch *m;* **white-col•lar** [ˌwaɪt'kɒlə(r)] *adj:* ~ **crime** Wirtschaftsverbrechen *nt;* ~ **job** Bürotätigkeit *f;* ~ **union** Angestelltengewerkschaft *f;* ~ **worker** Angestellte(r) *f m;* **white corpuscle** *s* weißes Blutkörperchen; **white elephant** *s* nutzloser Gegenstand; **white ensign** *s* (MAR) Fahne *f* der britischen Marine; **white feather** *s:* **show the ~** sich feige benehmen; **white flag** *s:* **hoist the ~** die weiße Fahne zeigen, sich ergeben; **white goods** *s* **1.** elektrische Haushaltsgeräte *pl* **2.** Bett- und Tischwäsche *f*

White•hall [waɪt'hɔ:l] *s* (*fig*) die britische Regierung

white•head ['waɪthed] *s* entzündeter Mitesser

white heat [ˌwaɪt'hi:t] *s* Weißglut *f;* (*fig*) Feuereifer *m;* **white horse** *s* Schaumkrone *f;* **White House, the** *s* das Weiße Haus (*Regierungssitz des Präsidenten der USA*)*;* **white lead** *s* Bleiweiß *nt;* **white lie** *s* Notlüge *f;* **white man, the** *s* der weiße Mann, die Weißen *mpl;* **white meat** *s* Geflügel, Kalb- u. Schweinefleisch *nt*

whiten ['waɪtn] **I.** *vt* weiß machen, bleichen **II.** *vi* weiß, heller werden; **whitening** ['waɪtnɪŋ] *s* **1.** Weißen, Tünchen *nt* **2.** Schlämmkreide *f*

white-out ['waɪtaʊt] *s* starkes Schneegestöber; **white paper** *s* (POL) Weißbuch *nt;* **white sale** *s* (COM) Weiße Woche *f;* **white slave** *adj:* ~ **trade** Mädchenhandel *m;* **white spirit** *s* Terpentinersatz *m;* **white•thorn** ['waɪtθɔ:n] *s* Weißdorn *m;* **white tie** *s* weiße Fliege *f;* **a ~ -tie occasion** eine Veranstaltung mit Frackzwang; **white•wash** ['waɪtwɒʃ] **I.** *s* **1.** Tünche *f;* Kalk(anstrich) *m* **2.** (*fig*) Schönfärberei *f* **II.** *vt* **1.** tünchen, weißen **2.** (*fig*) rein waschen **3.** (*Sache*) bemänteln, beschönigen; **white•water raft•ing** [ˌwaɪtwɔ:tə'rɑ:ftɪŋ] *s* Wildwasserrafting *nt;* **white wine** *s* Weißwein *m*

whither ['wɪðə(r)] *adv* (*poet lit*) wohin

whit•ing[1] ['waɪtɪŋ] *s* Schlämmkreide *f*

whit•ing[2] ['waɪtɪŋ] *s* (*Fisch*) Merlan, Wittling *m*

Whit Mon•day [ˌwɪt'mʌndɪ] *s* Pfingstmontag *m;* **Whit•sun** ['wɪtsn] I. *adj* Pfingst- II. *s* Pfingsten *nt;* **Whit Sun•day** [ˌwɪt'sʌndɪ] *s* Pfingstsonntag *m;* **Whit-sun•tide** ['wɪtsntaɪd] *s* Pfingsten *nt*

whittle ['wɪtl] I. *vt* schnitzen II. *vi:* ~ (**away**) **at s.th.** an etw herumschnitzen **whittle away** *vt* 1. wegschneiden -schnitzen 2. (*fig*) verringern, reduzieren **whittle down** *vt* 1. zurechtschneiden 2. (*fig*) verringern, vermindern

whiz(z) [wɪz] I. *vi* 1. zischen, surren, pfeifen 2. sausen, rasen II. *s* (*Am*) Kanone *f*, Könner *m;* **gee ~!** Donnerwetter!; **whiz(z) kid** ['wɪzkɪd] *s* (*fig*) Senkrechtstarter *m;* Genie *nt*

WHO ['dʌbljuːeɪtʃˌəʊ] *s Abk. von* **World Health Organisation** Weltgesundheitsorganisation *f*

who [huː] *pron* 1. (*fragend*) wer, wem *dat,* wen *acc* 2. (*relativ*) der, die, das; welche(r, s); **know ~'s ~** die Personen kennen; **~ would have thought it?** wer hätte das gedacht?

whoa [wəʊ] *interj* halt! brr!

who•dun•it [ˌhuː'dʌnɪt] *s* (*fam*) Krimi *m,* **who•ever** [huː'evə(r)] *pron* 1. wer auch (immer) *dat,* wem auch immer *acc,* wen auch immer 2. (*fragend*) wer ... denn? 3. (*ärgerlich*) wer zum Kuckuck? 4. egal wer

whole [həʊl] I. *adj* 1. ganz 2. intakt, vollständig; **go the ~ hog** (*sl*) aufs Ganze gehen; **with one's ~ heart** von ganzem Herzen II. *s* das Ganze, Gesamtheit *f;* **the ~ of** der, die, das Ganze, alle(s); (**taken**) **as a ~** als Ganzes, im Ganzen; **on the ~** im Ganzen gesehen, alles in allem; **whole•food** ['həʊlfuːd] *s* Vollwert-, Natur-, Biokost *f;* **wholefood shop** *s* Naturkost-, Bioladen *m;* **whole•grain** ['həʊlgreɪn] *s* Vollkorn *nt;* **whole•hearted** [ˌhəʊl'hɑːtɪd] *adj* 1. rückhaltlos 2. aufrichtig; **whole•meal bread** ['həʊlmiːl'bred] *s* Vollkornbrot *nt*

whole•sale ['həʊlseɪl] I. *s* Großhandel *m* II. *adj* 1. *attr* Großhandels- 2. (*fig*) umfassend; (*Vernichtung, Entlassungen*) Massen-; (*pej*) pauschal; **~ arrests, destruction** Massenverhaftungen *fpl,* -vernichtung *f;* **~ dealer, ~ merchant, ~ trader** Großhändler, Grossist *m;* **~ insurance** Gruppenversicherung *f;* **~ price** Großhandels-, Grossistenpreis *m;* (*Börse*) Kurs *m* im Freiverkehr; **~ trade** Großhandel *m* III. *adv* 1. im Großhandel 2. (*fig*) massenweise; (*pej*) pauschal IV. *vt* im Großhandel vertreiben V. *vi* im Großhandel kosten; **whole•saler** ['həʊlseɪlə(r)] *s* Großhändler(in) *m(f)*

whole•some ['həʊlsəm] *adj* gesund

whole-tone scale [ˌhəʊltəʊn'skeɪl] *s* (MUS) Ganztonleiter *f*

who'll [huːl] = **who will; who shall**

wholly ['həʊlɪ] *adv* ganz, gänzlich, vollständig, völlig; **~-owned subsidiary** (COM) hundertprozentige Tochtergesellschaft

whom [huːm] *pron* 1. (*fragend*) wen; (*to ~*) wem 2. (*relativ*) den; dem

whoop [huːp] I. *s* 1. (Freuden)Geschrei *nt* 2. (MED) Keuchen *nt* II. *vi* schreien, brüllen III. *vt:* **~ it up** ein großes Fest veranstalten; sich toll amüsieren

whoopee ['wʊpɪ] *s:* **make ~** (*sl*) die Sau rauslassen

whoop•ing cough ['huːpɪŋkɒf] *s* Keuchhusten *m*

whoops [wuːps] *interj* hoppla!

whop [wɒp] *vt* (*sl*) 1. verdreschen, versohlen 2. besiegen; **whop•per** ['wɒpə(r)] *s* (*fam*) 1. Riesenbiest, Mordsding *nt* 2. faustdicke Lüge; **whop•ping** ['wɒpɪŋ] *adj* (*fam*) 1. gewaltig, riesig 2. (*Lüge*) faustdick

whore [hɔː(r)] *s* Hure *f*

whorl [wɜːl] *s* 1. (*a.* BOT) (Spinn)Wirtel *m* 2. (ANAT ZOO) Windung *f,* Ring *m*

whortle•berry ['wɜːtlˌberɪ] *s* Heidelbeere *f;* **red ~** Preiselbeere *f*

who's [huːz] = **who is; who has**

whose [huːz] *pron* wessen; dessen, deren

why [waɪ] I. *adv* 1. warum, weshalb, wofür 2. wieso; aus welchem Grunde 3. zu welchem Zweck II. *interj* sieh da! nun!; **~, yes!** natürlich! III. *s:* **the ~s and wherefores** das Warum u. Wieso

wick [wɪk] *s* Docht *m;* **get on s.o.'s ~** (*fam*) jdm auf den Wecker gehen

wicked ['wɪkɪd] *adj* 1. böse, schlecht 2. (*Sache*) böse, übel 3. (*Schlag*) schlimm 4. (*sl*) geil

wicker ['wɪkə(r)] *s* Flechtwerk, Geflecht *nt;* **wicker basket** *s* Weidenkorb *m;* **wicker bottle** *s* Korbflasche *f;* **wicker chair** *s* Korbstuhl *m;* **wicker furniture** *s* Korbmöbel *pl;* **wicker•work** ['wɪkəwɜːk] *s* Flechtwerk *nt;* Korbwaren *fpl*

wicket ['wɪkɪt] *s* 1. (*~-door, -gate*) Pförtchen *nt* 2. Drehkreuz *nt* 3. Schalterfenster *nt* 4. (*Kricket*) Dreistab *m;* Tor *nt;* **wicket-keeper** ['wɪkɪtˌkiːpə(r)] *s* (*Kricket*) Torhüter *m*

wide [waɪd] I. *adj* 1. weit 2. breit; groß 3. (*fig*) umfangreich, umfassend 4. (*Kleidung*) weit, lose, locker fallend 5. (*Auswahl*) reich 6. (*Interessen*) vielseitig II. *adv* 1. (*~ of*) weit (weg), fern; weitab 2. daneben; **far and ~** weit u. breit; **~ of the mark** danebengeschossen, verfehlt; **wide-angle** *adj* (PHOT FILM) Weitwinkel-; **wide-awake** [ˌwaɪdə'weɪk] *adj* 1. ganz, völlig wach 2. wachsam, aufmerksam (*to* auf) 3. (*fig*) hellwach; **wide boy** *s* (*Br: fam*) Fuchs,

Gauner *m;* **wide-eyed** ['waɪdaɪd] *adj:* **look at s.o.** ~ jdn groß anschauen; **wide·ly** ['waɪdlɪ] *adv* **1.** weit; weit u. breit **2.** in hohem Maße, sehr; **differ** ~ sehr verschieden sein; sehr verschiedener Meinung sein; **widen** ['waɪdn] **I.** *vt* **1.** verbreitern **2.** (*Kluft*) vertiefen **3.** (*Interesse*) erweitern **II.** *vi* **1.** breiter werden **2.** (*Interessen*) sich ausbreiten; **wide-open** *adj* **1.** ganz offen **2.** völlig unentschieden; **wide-range filter** *s* Breitbandfilter *m;* **wide·spread** ['waɪdspred] *adj* weit verbreitet

widow ['wɪdəʊ] *s* Witwe *f;* **grass** ~ Strohwitwe *f;* **wid·owed** ['wɪdəʊd] *adj* verwitwet; **wid·ower** ['wɪdəʊə(r)] *s* Witwer *m;* **widow·hood** ['wɪdəʊhʊd] *s* Witwenschaft *f,* -stand *m;* **widow's allowance** *s* Witwengeld *nt;* **widow's peak** *s* spitzer Haaransatz; **widow's pension** *s* Witwenrente *f*

width [wɪdθ] *s* **1.** Weite *f;* Breite *f* **2.** (*fig*) Vielfalt *f* **3.** (Stoff)Breite, Bahn *f;* **be 10 feet in** ~ 10 Fuß breit sein

wield [wi:ld] *vt* **1.** (*Schwert, Feder*) führen; (*Schlaginstrument*) schwingen **2.** (*Macht*) ausüben (*over* über)

wife [waɪf, *pl* waɪvz] <*pl* wives> *s* (Ehe)Frau, Gattin *f;* **wife·ly** [-lɪ] *adj* ehelich, der Ehefrau

wig [wɪg] *s* Perücke *f*

wiggle ['wɪgl] **I.** *vt* wackeln mit **II.** *vi* (hin- u. her)wackeln

wig·gy ['wɪgɪ] *adj* (*Am: sl*) verrückt

wig·wam ['wɪgwæm] *s* Wigwam *m*

wild [waɪld] **I.** *adj* **1.** wild **2.** unbewohnt, unbebaut, öde **3.** wild, primitiv, unzivilisiert **4.** unbändig, zügellos **5.** (*Schmerz, Wut*) rasend **6.** ausgelassen, toll; stürmisch **7.** (leidenschaftlich) begeistert **8.** wahnsinnig (*with* vor) **9.** (*fam*) wütend (*about* über) **10.** plan-, ziellos **11.** (*fam*) fetzig; **be ~ about s.th.** auf etw erpicht sein; **drive s.o. ~** jdn zur Raserei bringen; **go** ~ kein Maß mehr kennen; **sow one's ~ oats** sich die Hörner abstoßen **II.** *s* Wildnis, (freie) Natur *f;* **in the** ~ in der Wildnis; **in the ~s of Scotland** im tiefsten Schottland; **observe an animal in the** ~ ein Tier in freier Wildbahn beobachten **III.** *adv* **1.** wild; frei **2.** aufs Geratewohl; daneben; **run** ~ (*Tier*) frei herumlaufen; (*Kind*) herumtoben; (*Garten*) verwildern; **let one's imagination run** ~ seiner Fantasie freien Lauf lassen; **wild beast** *s* wildes Tier; Raubtier *nt;* **~ show** Raubtierschau *f;* **wild boar** *s* Wildschwein *nt;* **wild·cat** ['waɪldkæt] **I.** *s* **1.** Wildkatze *f* **2.** (*Am: fam*) riskante Sache; (*Ölindustrie*) Probebohrung *f* **II.** *adj* **1.** unreell, schwindelhaft **2.** Probe-, Versuchs- **3.** riskant; **~ strike** wilder Streik; **wil·derness** ['wɪldənɪs] *s* (*a. fig*) Wildnis *f;* **wildfire** ['waɪld,faɪə(r)] *s:* **spread like** ~ (*fig*) sich wie ein Lauffeuer verbreiten; **wildfowl** ['waɪldfaʊl] *s* Wildvögel *mpl;* **wild goose** <*pl* -geese> *s* Wildgans *f;* **wild-goose chase** *s* (*fig*) vergebliches Bemühen; **wild·life** ['waɪldlaɪf] *s* Tierwelt *f;* **wild·ly** ['waɪldlɪ] *adv* **1.** wild, wütend, stürmisch **2.** bei weitem; erheblich; **wildness** ['waɪldnɪs] *s* Wildheit *f*

wile [waɪl] *s* List *f,* Trick *m*

wil·ful ['wɪlfl] *adj* **1.** absichtlich, vorsätzlich **2.** eigensinnig; **~ homicide** vorsätzliche Tötung

wili·ness ['waɪlɪnɪs] *s* Verschlagenheit *f*

will[1] [wɪl] <*Präteritum:* would> **I.** *aux* werden; wollen; **I won't be a minute** ich bin gleich wieder da; **this window won't open** dieses Fenster lässt sich nicht öffnen; **he ~ keep interrupting me** er muss mich dauernd unterbrechen; **~ you be quiet!** sei gefälligst ruhig!; **boys ~ be boys** Jungs sind halt so **II.** *vi* wollen

will[2] [wɪl] **I.** *s* **1.** Wille *m* **2.** Wunsch *m,* Verlangen *nt* **3.** Befehl *m,* Anordnung, Anweisung *f* **4.** (*last ~ and testament*) Letzter Wille, Testament *nt;* **against s.o.'s** ~ gegen jds Willen; **at** ~ nach Wunsch, nach Belieben; (JUR) auf Widerruf; **by** ~ letztwillig; **of one's free** ~ aus freiem Willen; **do s.o.'s** ~ jdm seinen Willen tun; **have a ~ of one's own** einen eigenen Willen haben; **read a** ~ ein Testament eröffnen; **where there's a ~ there's a way** (*prov*) wo ein Wille ist, ist auch ein Weg **II.** *vt* **1.** (*obs*) wollen, bestimmen **2.** stark wollen; erzwingen **3.** testamentarisch vermachen **III.** *vi* wollen

will·ful *adj* (*Am*) **1.** absichtlich, vorsätzlich **2.** eigensinnig; **~ homicide** vorsätzliche Tötung

wil·lies ['wɪlɪz] *s pl* (*sl*): **give s.o. the** ~ jdn nervös machen

will·ing ['wɪlɪŋ] *adj* **1.** willig, geneigt **2.** bereitwillig; **God** ~ so Gott will; **will·ingness** [-nɪs] *s* Bereitwilligkeit *f;* Bereitschaft *f*

will-o'-the-wisp [ˌwɪləðə'wɪsp] *s* **1.** Irrlicht *nt* **2.** (*fig*) Täuschung *f*

wil·low ['wɪləʊ] *s* (*~-tree*) Weide *f;* **willowy** ['wɪləʊɪ] *adj* (*fig*) schlank, graziös

will·power ['wɪlˌpaʊə(r)] *s* Willenskraft *f*

willy-nilly [ˌwɪlɪ'nɪlɪ] *adv* wohl oder übel, notgedrungen

wilt [wɪlt] *vi* **1.** (ver)welken **2.** (*fig*) erschlaffen; müde werden

wily ['waɪlɪ] *adj* listig, verschlagen, schlau

win [wɪn] <*irr:* won, won> **I.** *vi* gewinnen, siegen; **~ hands down** (*fam*) leichtes Spiel haben; **you can't** ~ (*fig*) man macht's doch immer falsch **II.** *vt* **1.** gewinnen; (*Sieg*) erringen **2.** (*Ruf*) erlangen; (*Vertrag, Stipendium*) bekommen **3.** (*Rohstoffe*) gewinnen; ~ **a competition** ein Preisausschreiben gewinnen; ~ **the day** den Sieg davontragen **III.** *s* Sieg *m;* **win back** *vt* zurückgewinnen; **win over, win round** *vt* für sich gewinnen; bekehren; **win through** *vi* (*Patient*) durchkommen; **we'll ~ through** wir werden es schaffen

wince [wɪns] **I.** *vi* zusammenzucken (*under a blow* unter einem Hieb, *at an insult* bei einer Beleidigung) **II.** *s:* **without a ~** ohne eine Miene zu verziehen

winch [wɪntʃ] **I.** *s* Winde *f* **II.** *vt:* ~ **up** hochwinden

wind¹ [wɪnd] **I.** *s* **1.** Wind *m* **2.** Atem *m* **3.** (MED) Blähungen *pl* **4.** (*fig*) dummes Gerede, Unsinn *m;* Aufschneiderei *f* **5. ~s** (MUS) Blasinstrumente *ntpl;* **break ~** einen Wind streichen lassen; **get/have ~ of s.th.** von einer S Wind kriegen/haben; **get one's second ~** wieder zu Atem kommen; **know how the ~ blows** (*fig*) wissen, woher der Wind weht; **put the ~ up s.o.** (*fig sl*) jdm bange machen; **sail close to the ~** (*fig*) mit einem Fuß im Gefängnis stehen; **see which way the ~ blows** sehen, woher der Wind weht; **take the ~ out of s.o.'s sails** (*fig*) jdm den Wind aus den Segeln nehmen; **I got the ~ up** (*sl*) das Herz fiel mir in die Hose; **sound in ~ and limb** kerngesund **II.** *vt* **1.** den Atem nehmen *dat* **2.** (*Baby*) ein Bäuerchen machen lassen

wind² [waɪnd] <*irr:* wound, wound> **I.** *vt* **1.** drehen, kurbeln **2.** winden, (auf)wickeln, spulen **3.** umwinden, -wickeln **4.** (~ *up*) hochwinden **5.** (*Uhr*) aufziehen; ~ **s.o. round one's (little) finger** (*fig*) jdn um den (kleinen) Finger wickeln; ~ **one's way into s.o.'s affections** sich bei jdm einschmeicheln **II.** *vi* sich winden (*about, around* um), sich schlängeln **III.** *s* **1.** Drehung *f* **2.** Biegung, Windung, Kurve *f;* **wind back** *vt* (*Film*) zurückspulen; **wind down I.** *vt* **1.** (*Scheibe*) herunterkurbeln **2.** reduzieren **II.** *vi* **1.** (*Uhr*) ablaufen **2.** (*fig*) sich beruhigen **3.** (COM) sich mehr und mehr zurückziehen; **wind on** *vt* (*Film*) weiterspulen; **wind up I.** *vt* **1.** aufwickeln; hochwinden **2.** (*Uhr*) aufziehen **3.** (*fig*) beschließen **4.** (*Geschäft*) abwickeln; liquidieren, auflösen **II.** *vi* **1.** (*Rede*) abschließen **2.** (*fam*) enden, landen; **he got wound up about it** er regte sich darüber auf

wind·bag ['wɪndbæg] *s* (*fam fig*) Schwätzer(in) *m(f);* **wind·break** ['wɪndbreɪk] *s* Windschutz *m;* **wind cone** *s* Windsack *m;* **wind energy** *s* Windenergie *f*

winder ['waɪndə(r)] *s* **1.** Winde, Kurbel *f* **2.** Aufziehschraube *f* **3.** (BOT) Schlingpflanze *f*

wind·fall ['wɪndfɔːl] *s* **1.** Fallobst *nt* **2.** (*fig*) unverhoffter Glücksfall, Gewinn; ~ **profit** (COM) unerwarteter Gewinn; ~ **tax** (FIN) Sondergewinnsteuer *f;* **wind farm** *s* Windfarm *f*

wind generator ['wɪnd'dʒenəreɪtə(r)] *s* Windgenerator *m*

wind·ing ['waɪndɪŋ] **I.** *s* **1.** Drehung *f* **2.** Winden, (Auf)Wickeln *nt* **3.** (ELEK) Wickelung *f* **II.** *adj* sich windend, sich schlängelnd, gewunden; **winding rope** *s* Förderseil *nt;* **winding sheet** *s* Leichentuch *nt;* **winding staircase** *s* Wendeltreppe *f;* **wind·ing-up** [ˌwaɪndɪŋ'ʌp] *s* Aufziehen *nt;* (*fig*) Beendigung *f,* Abschluss *m,* Abwick(e)lung *f;* Liquidation *f;* **winding-up sale** *s* Verkauf *m* wegen Geschäftsaufgabe, Räumungsverkauf *m*

wind in·stru·ment ['wɪnd 'ɪnstrʊmənt] *s* (MUS) Blasinstrument *nt;* **wind·jam·mer** ['wɪndˌdʒæmə(r)] *s* Windjammer *m*

wind·lass ['wɪndləs] *s* **1.** Winde, Haspel *f* **2.** (MAR) Anker-, Gangspill *nt*

wind·mill ['wɪndmɪl] *s* Windmühle *f*

win·dow ['wɪndəʊ] *s* **1.** Fenster *nt* **2.** Schalter *m* **3.** (*shop-~*) Schaufenster *nt,* Auslage *f;* **dress a ~** ein Schaufenster dekorieren; **ticket ~** Fahrkartenschalter *m;* **window box** *s* Blumenkasten *m;* **window cleaner** *s* Fensterputzer(in) *m(f);* **window display** *s* (Schaufenster)Auslage *f;* **window display competition** *s* Schaufensterwettbewerb *m;* **window-dressing** *s* **1.** Schaufensterdekoration *f* **2.** (*fig*) Aufmachung, Reklame *f;* Mache *f,* Bilanzschönung *f;* **window envelope** *s* Fenster(brief)umschlag *m;* **window frame** *s* Fensterrahmen *m;* **window pane** *s* Fensterscheibe *f;* **window shopping** *s* Schaufensterbummel *m;* **go ~** einen Schaufensterbummel machen; **window sill** *s* Fensterbank *f;* Fenstersims *m*

wind·pipe ['wɪndpaɪp] *s* (ANAT) Luftröhre *f;* **wind power** *s* Windkraft *f;* **windscreen** ['wɪndskriːn] *s* Windschutzscheibe *f;* **windscreen wiper** *s* Scheibenwischer *m;* **wind·shield** *s* (*Am*) Windschutzscheibe *f;* **wind·sock** *s* (AVIAT) Windsack *m;* **wind·surf·er** ['wɪndsɜːfə(r)] *s* Windsurfer(in) *m(f);* **wind·surf·ing** ['wɪndsɜːfɪŋ] *s* Windsurfen *nt;* **go ~** windsurfen; **wind-swept** ['wɪndswept] *adj* **1.** sturmgepeitscht **2.** zerzaust; **wind tunnel** *s* (AVIAT) Windkanal *m;* **wind turbine** *s* (TECH) Windrad *nt;* **wind·ward** ['wɪndwəd] **I.** *adj* gegen den, am Wind **II.** *s* Windseite *f;* **windy** ['wɪndɪ] *adj* **1.** windig **2.** (*fig*) langatmig

3. (*fam*) ängstlich, nervös

wine [waɪn] **I.** *s* Wein *m* **II.** *vt* mit Wein bewirten; **wine bottle** *s* Weinflasche *f;* **wine cooler** *s* Wein-, Sektkühler *m;* **wine-glass** ['waɪnglɑːs] *s* Weinglas *nt;* **wine grower** ['waɪngrəʊə(r)] *s* Winzer(in) *m(f);* **wine grow•ing** ['waɪngrəʊɪŋ] *s* Weinbau *m;* **wine list** *s* Weinkarte *f;* **wine merchant** *s* Weinhändler(in) *m (f);* **wine•press** ['waɪnpres] *s* Kelter *f;* **win•ery** ['waɪnərɪ] *s* (*Am*) Weinkellerei *f;* **wine tasting** *s* Weinprobe *f;* **wine waiter** *s* Weinkellner *m*

wing [wɪŋ] **I.** *s* **1.** Flügel *m* **2.** (AVIAT) Tragfläche *f* **3.** (AUTO) Kotflügel *m* **4.** (Tür-, Fenster)Flügel *m* **5.** (ARCH) (Seiten)Flügel *m* **6.** ~**s** (THEAT) Kulisse *f* **7.** (*fig*) Flügel *m* (*einer Partei*) **8.** (AVIAT) Gruppe *f;* (*Am*) Geschwader *nt;* **in the ~s** hinter den Kulissen; **on the ~** im Fluge; (SPORT) auf dem Flügel; **under s.o.'s ~** (*fig*) unter jds Fittichen; **clip s.o.'s ~s** (*fig*) jdm die Flügel stutzen; **give** [*o* **lend**] **~s** (*fig*) Flügel verleihen; **take ~** davonfliegen; (*fig*) rasch verschwinden **II.** *vt* **1.** durch-, überfliegen **2.** in den Flügel treffen **3.** (*fam*) in den Arm schießen; **wing assembly** *s* (AVIAT) Tragwerk *nt;* **wing chair** *s* Ohrensessel *m;* **wing commander** *s* (AVIAT) **1.** Oberstleutnant *m* der Luftwaffe **2.** (*Am*) Geschwaderkommodore *m;* **winged** ['wɪŋd] *adj* **1.** (*a.* BOT) geflügelt **2.** (*fig*) beflügelt, beschwingt; **winger** ['wɪŋə(r)] *s* (SPORT) Außen-, Flügelstürmer(in) *m(f);* **wing nut** *s* Flügelmutter *f;* **wing•span**, **wing•spread** *s* Spannweite *f*

wink [wɪŋk] **I.** *vi* **1.** blinzeln **2.** mit den Augen zwinkern **3.** (*Stern*) flimmern **4.** (*Auto*) blinken; **~ at s.o.** jdm zuzwinkern, zublinzeln; **~ at s.th.** etw geflissentlich übersehen **II.** *vt* blinzeln, zuzwinkern (*s.o.* jdm) **III.** *s* **1.** Blinzeln, Zwinkern *nt* **2.** Augenblick *m* **3.** (AUTO) Blinken *nt;* **give s.o. a ~** jdm einen Blick zuwerfen; **tip s.o. the ~** (*sl*) jdm einen Wink geben; **I did not sleep a ~, I could not get a ~ of sleep** (**all night**) ich habe (die ganze Nacht) kein Auge zugetan; **winker** ['wɪŋkə(r)] *s* (*Br:* AUTO) Blinker *m*

win•ner ['wɪnə(r)] *s* **1.** Gewinner(in) *m(f),* Sieger(in) *m(f)* **2.** (*fam*) todsichere Sache; **win•ning** ['wɪnɪŋ] **I.** *adj* (*fig*) gewinnend, einnehmend, anziehend; **~ party** siegreiche Partei; (JUR) obsiegende Partei; **~ post** (SPORT) Ziel *nt;* **~ ticket** Gewinnlos *nt* **II.** *s* **1.** (MIN) Gewinnung, Förderung *f,* Abbau *m* **2.** **~s** (Geld)Gewinn *m;* **~ of iron** Eisengewinnung *f*

win•now ['wɪnəʊ] *vt* **1.** (*Getreide*) schwingen, worfeln **2.** (*fig*) aussortieren, -scheiden; trennen (*from* von)

win•some ['wɪnsəm] *adj* gewinnend, anziehend, reizend

win•ter ['wɪntə(r)] **I.** *s* Winter *m;* **nuclear ~** nuklearer Winter **II.** *vi, vt* überwintern (*in, at* in); **winter coat** *s* (*Menschen*) Wintermantel *m;* (*Tiere*) Winterfell *nt;* **winter season** *s* Wintersaison *f;* **winter solstice** *s* Wintersonnenwende *f;* **winter sports** *s pl* Wintersport *m;* **win•tery**, **win•try** ['wɪntrɪ] *adj* winterlich

WIP [ˌdʌbljuːaɪ'piː] *s Abk. von* **work in progress** Halbfabrikate *ntpl*

wipe [waɪp] **I.** *vt* **1.** (ab)wischen, abreiben, abtrocknen (*on a towel* an einem Handtuch) **2.** säubern, reinigen **3.** putzen (*one's nose* die Nase) **4.** (*sl*) schlagen; **~ dry** trockenwischen; **~ the floor with s.o.** (*sl*) jdn völlig fertig machen **II.** *s* **1.** (Ab)Wischen *nt* **2.** (*sl*) Schlag, Hieb *m;* **give s.th. a ~** etw abwischen; etw putzen; **wipe down** *vt* (nass) abwischen; **wipe off** *vt* weg-, abwischen; (COM: *Schulden*) abtragen; **wipe out** *vt* **1.** völlig vernichten, auslöschen **2.** reinigen; auswischen; **wipe up** *vt* **1.** aufwischen **2.** (*Geschirr*) abtrocknen

wiper ['waɪpə(r)] *s* (AUTO: *windscreen ~*) Scheibenwischer *m*

wire ['waɪə(r)] **I.** *s* **1.** Draht *m* **2.** (*fam*) Telegramm *nt;* **by ~** telegrafisch; **get one's ~s crossed** missverstanden, verwirrt werden; **pull** (**the**) **~s** (*fig*) die Fäden in der Hand haben; **live ~** (*fig: Mensch*) Energiebündel *nt* **II.** *vt* **1.** mit Draht befestigen **2.** (ELEK) eine Leitung legen in **3.** telegrafieren, drahten; **wire cutters** *s pl* Drahtschere *f;* **wire fence** *s* Drahtzaun *m;* **wire-haired terrier** ['waɪəheəd 'terɪə(r)] *s* Drahthaarterrier *m*

wire•less ['waɪəlɪs] **I.** *s* (*obs*) (Rund)Funk *m;* Radio(apparat *m*) *nt;* **by ~** durch Funkspruch, funktelegrafisch; **on** [*o* **over**] **the ~** im Rundfunk **II.** *vt, vi* funken; **wireless operator** *s* Funker(in) *m(f);* (AVIAT) Bordfunker(in) *m(f);* **wireless set** *s* Radioapparat *m*

wire•photo ['waɪəˌfəʊtəʊ] *s* Bildtelegramm *nt;* Bildtelegrafie *f;* **wire•puller** ['waɪəˌpʊlə(r)] *s* (*Am*) Drahtzieher *m;* **wire-pul•ling** ['waɪəˌpʊlɪŋ] *s* (*fig*) Machenschaften *fpl;* **wire-tap•ping** ['waɪəˌtæpɪŋ] *s* (TELE) Abhören *nt;* **wire transfer** *s* (*Am*) telegrafische Geldüberweisung

wir•ing ['waɪərɪŋ] *s* Leitungsnetz *nt,* Verkabelung *f;* **wiring diagram** *s* Schaltplan *m*

wiry ['waɪərɪ] *adj* (*fig*) sehnig

wis•dom ['wɪzdəm] *s* Weisheit *f;* Klugheit *f;* **wisdom tooth** <*pl* -teeth> *s* Weisheitszahn *m*

wise [waɪz] *adj* **1.** weise **2.** klug, vernünftig **3.** klug, intelligent; **be none the ~r for s.th.** durch etw nicht schlauer geworden sein; **be ~ to s.th.** (*fam*) über etw im Bilde sein; **get ~ to s.th.** (*fam*) von etw eine Ahnung bekommen; **put s.o. ~ to s.th.** jdm in einer S ein Licht aufstecken; **wise up I.** *vt* (*Am: sl*) aufklären, informieren **II.** *vi* dahinter kommen; **wise•acre** ['waɪzˌeɪkə(r)] *s* Neunmalkluge(r) *f m,* Angeber(in) *m(f);* **wise•crack** ['waɪzkræk] **I.** *s* (*fam*) witzige Bemerkung **II.** *vi* (*fam*) witzig reden; **wise guy** *s* (*fam*) Neunmalkluge(r), Angeber *m*

wish [wɪʃ] **I.** *vt* **1.** (sich) wünschen; wollen **2.** (*Glück*) wünschen **3.** aufhalsen (*on s.o.* jdm); **~ s.o.** (**good**) **luck** jdm Glück wünschen; **~ s.o. well/ill** jdm wohl/übel wollen; **I ~** ich möchte **II.** *vi* sich etwas wünschen **III.** *s* **1.** Wunsch *m* **2.** Wille *m* **3.** Bitte *f* (*for* um), Verlangen *nt* (*for* nach) **4. ~s** (*good ~es*) Glückwünsche *mpl;* **with best ~es** mit herzlichen Glückwünschen; **wish•bone** *s* (*Vogel*) Gabelbein *nt;* **wish•ful** ['wɪʃfl] *adj:* **~ thinking** Wunschdenken *nt*

wishy-washy ['wɪʃɪwɒʃɪ] *adj* **1.** wässerig, dünn **2.** (*fig*) wischiwaschi

wisp [wɪsp] *s* **1.** (kleines) Büschel, Bündel *nt* **2.** (Wolken)Fetzen *m;* (Rauch)wölkchen *nt* **3.** (*fig*) Hauch *m;* **a ~ of a girl** ein schmächtiges Ding; **~ of hair** Haarsträhne *f;* **wispy** ['wɪspɪ] *adj* klein, dünn

wis•teria [wɪ'stɪərɪə] *s* Glyzin(i)e *f,* Blauregen *m*

wist•ful ['wɪstfl] *adj* sehnsuchtsvoll, sehnsüchtig

wit [wɪt] *s* **1.** Verstand *m,* geistige Fähigkeiten *fpl,* Intelligenz *f* **2.** Geist, Witz *m* **3.** witziger Kopf; **be at one's ~s' end** mit seiner Kunst am Ende sein; **have** [*o* **keep**] **one's ~s about one** einen klaren Kopf behalten; **live by one's ~s** sich (geschickt) durchs Leben schlagen; **scared out of one's ~s** verrückt vor Angst

witch [wɪtʃ] *s* Hexe *f;* **witch•craft** ['wɪtʃkrɑ:ft] *s* Hexerei, Zauberei *f;* **witch doctor** *s* Medizinmann *m;* **witch•ery** ['wɪtʃərɪ] *s* **1.** Hexerei *f* **2.** Zauber, Reiz *m;* **witch-hunt** *s* Hexenverfolgung *f;* **witch•ing** ['wɪtʃɪŋ] *adj:* **the ~ hour** die Geisterstunde

with [wɪð, wɪθ] *prep* **1.** mit **2.** (*instrumental*) durch **3.** (*kausal*) durch, an, vor; nebst; bei; auf; trotz; vor; **~ the window open** bei offenem Fenster; **~ all his faults** bei all seinen Fehlern, trotz all seiner Fehler; **be ~ it** (*fam*) auf Draht sein; **be in ~** eng verbunden sein mit; **have s.th. ~ one** etw bei sich haben; **part ~** sich trennen von; **are you still ~ me?** sind Sie mitgekommen?; **~ anger, ~ love, ~ hunger** vor Ärger, Liebe, Hunger

with•draw [wɪð'drɔ:] **I.** *vt* **1.** zurückziehen, -nehmen (*from* von, aus) **2.** entziehen (*s.o. s.th.* jdm etw) **3.** (*Geld*) abheben; entnehmen **4.** widerrufen; abberufen; **~ from circulation** (*Geld*) aus dem Verkehr ziehen; **~ from school** von der Schule nehmen **II.** *vi* **1.** sich zurückziehen **2.** zurücktreten; austreten **3.** ausscheiden (*from* von) **4.** (PARL) seinen Antrag zurücknehmen; **with•drawal** [wɪð'drɔ:əl] *s* **1.** Zurücknahme, -ziehung *f* (*from* von) **2.** Entnahme *f;* Abhebung *f* (*vom Konto*) **3.** Ausscheiden *nt,* Rücktritt *m* (*from* von) **4.** Widerruf *m* **5.** (MIL) Rückzug *m* **6.** (*aus der Gesellschaft*) Ausstieg *m;* **withdrawal symptoms** *s pl* Entzugserscheinungen *fpl*

wither ['wɪðə(r)] **I.** *vi* **1.** (*~ up*) (ver)welken, verdorren, vertrocknen **2.** (*fig*) welken; schwinden **II.** *vt* **1.** vertrocknen, verdorren lassen **2.** (*fig*) einschüchtern (*with a look* mit einem Blick); **wither•ing** ['wɪðərɪŋ] *adj* (*Blick*) vernichtend

with•hold [wɪð'həʊld] *vt* **1.** zurückhalten **2.** verweigern, vorenthalten (*s.th. from s.o.* jdm etw) **3.** verhindern; versagen **4.** (*Steuern*) einbehalten

with•in [wɪð'ɪn] **I.** *adv* innen (drin), im Innern, innerlich; **from ~** von innen (her) **II.** *prep* **1.** in; innerhalb *+gen* **2.** im Bereich *+gen,* in den Grenzen, im Rahmen *+gen* **3.** (*zeitlich*) binnen; **~ one's income** im Rahmen seines Einkommens; **be ~ walking distance** zu Fuß erreichbar sein; **~ hearing, ~ reach, ~ sight** in Hör-, Reich-, Sichtweite

with•out [wɪð'aʊt] **I.** *prep* ohne; **~ saying a word** ohne ein Wort zu sagen; **~ number** (*fig*) unzählig; **~ doubt** zweifellos **II.** *adv* (*obs lit*) außen; **from ~** von draußen; von außen **III.** *adj* ohne; **be ~ s.th.** etw nicht haben

with•stand [wɪð'stænd] *vt* **1.** sich widersetzen, widerstehen (*s.o., s.th.* jdm, einer S) **2.** aus-, standhalten (*hard wear* starker Beanspruchung)

wit•ness ['wɪtnɪs] **I.** *s* **1.** Zeugnis *nt* **2.** Zeuge *m,* Zeugin *f* (*to* für) **3.** Urkundsperson *f;* Beweis(stück, -mittel *nt*) *m* (*to* für); **in ~ thereof** [*o* **whereof**] zu Urkund, zum Zeugnis dessen; **bear ~** Zeugnis ablegen (*of, to s.th.* von einer S, *against, for s.o.* gegen, für jdn); **call as** [*o* **to**] **~** als Zeugen benennen [*o* vorladen]; **hear a ~** einen Zeugen vernehmen; **hearing of ~es** Zeugenvernehmung, Beweisaufnahme *f;* **marriage ~** Trauzeuge *m,* -zeugin *f;* **principal ~** Haupt-, Kronzeuge *m,* -zeugin *f;* **~ of an ac-**

cident Unfallzeuge *m,* -zeugin *f;* ~ **for the defence/the prosecution** Ent-/Belastungszeuge *m,* -zeugin *f;* ~ **on oath** vereidigter Zeuge **II.** *vt* **1.** bezeugen **2.** erkennen lassen **3.** beurkunden, bestätigen, beglaubigen **4.** Augenzeuge sein *+gen* **III.** *vi* bezeugen (*to s.th.* etw); **witness box** *s* (*Am*), **witness stand** *s* Zeugenstand *m*

witty ['wɪtɪ] *adj* geistreich, witzig

wiz•ard ['wɪzəd] **I.** *s* **1.** Zauberer, Hexenmeister *m* **2.** Genie *nt* **II.** *adj* (*Br: fam*) prächtig, prima; **wiz•ardry** ['wɪzədrɪ] *s* Zauberei *f*

wiz•ened ['wɪznd] *adj* vertrocknet, verhutzelt

wobble ['wɒbl] **I.** *vi* **1.** wackeln; (sch)wanken **2.** (*Knie*) schlottern **3.** (*Stimme*) zittern **II.** *vt* zum Wackeln bringen **III.** *s* Wackeln *nt;* Zittern *nt;* **wob•bly** ['wɒblɪ] *adj* (sch)wankend, wack(e)lig

woe [wəʊ] *s* Weh, Leid *nt,* Schmerz *m,* Übel *ntpl,* Nöte *fpl;* **woe•be•gone** ['wəʊbɪgɒn] *adj* jämmerlich, erbärmlich; **woe•ful** ['wəʊfl] *adj* **1.** traurig, betrüblich **2.** jämmerlich

wog [wɒg] *s* (*Br: pej*) dunkelhäutige(r) Ausländer(in) *m (f);* Kanake *m pej*

woke ['wəʊk] *pt of* **wake¹**

woken ['wəʊkn] *pp of* **wake¹**

wolf [wʊlf, *pl* wʊlvz] <*pl* wolves> **I.** *s* **1.** Wolf *m* **2.** (*sl*) Schürzenjäger *m;* **cry** ~ (*fig*) blinden Alarm schlagen; **keep the ~ from the door** (*fig*) sich über Wasser halten **II.** *vt* (~ *down*) hinunterschlingen; **wolf cub** *s* **1.** junger Wolf **2.** Jungpfadfinder, Wölfling *m;* **wolf•hound** *s* Schäfer-, Wolfshund *m;* **wolf whistle** *s* Pfiff *m* für eine Schöne

wom•an ['wʊmən, *pl* 'wɪmɪn] <*pl* women> *s* Frau *f;* **single** ~ Alleinstehende *f;* **women's book** Frauenbuch *nt;* **women's group** Frauengruppe *f;* **women's magazine** Frauenzeitschrift *f;* **women's refuge** Frauenhaus *nt;* **women's representative** Frauenbeauftragte *f;* **women's rights** Frauenrechte *ntpl;* **women's liberation movement** Frauenrechtsbewegung *f;* **women's libber** (*fam*) Frauenrechtlerin *f;* **woman doctor** *s* Ärztin *f;* **woman driver** *s* (Auto)Fahrerin *f;* **woman•hood** ['wʊmənhʊd] *s* Weiblichkeit, Fraulichkeit *f;* **reach** ~ (*Mädchen*) heranwachsen; **woman•ish** ['wʊmənɪʃ] *adj* weiblich; weibisch; **woman•ize** ['wʊmənaɪz] *vi* (*fam*) es mit den Frauen haben; **woman•kind** ['wʊməkaɪnd] *s* die Frauen *fpl,* das weibliche Geschlecht; **woman•ly** [-lɪ] *adj* weiblich, fraulich

womb [wu:m] *s* (ANAT) Gebärmutter *f;* **in the** ~ im Mutterleib

women•folk ['wɪmɪnfəʊk] *s* Frauen *fpl*

women's centre ['wɪmɪnz,sentə(r)] *s* Frauenzentrum *nt;* **women's lib** *s* (*fam*) Frauenrechtsbewegung *f;* **women's shelter** *s* Frauenhaus *nt*

won [wʌn] *s.* **win**

wonder ['wʌndə(r)] **I.** *s* **1.** Verwunderung *f,* Erstaunen *nt* **2.** Wunder *nt;* **in** ~ voller Staunen; **the ~ of architecture** das Wunder der Architektur; **do** [*o* **work**] **~s** Wunder wirken; **(it's) no ~ that ...** (es ist) kein Wunder, dass ...; **the ~ of it is ...** das Erstaunliche daran ist ...; **~s will never cease!** (*prov*) es geschehen noch Zeichen und Wunder!; ~ **of the world** Weltwunder *nt* **II.** *vt* sich fragen; ~ **why** sich fragen, warum; ~ **what/how** gespannt sein, was/wie **III.** *vi* **1.** gespannt sein; sich fragen **2.** sich wundern; **it set him ~ing** das gab ihm zu denken; **I was just ~ing** das war nur so ein Gedanke; **I ~!** na ja, mal sehen!; ~ **about s.th.** sich über etw Gedanken machen; ~ **about doing s.th.** es sich überlegen, ob man etw tut; **I was ~ing if you would like one** möchten Sie vielleicht eines?; **I ~ that he didn't say anything** es wundert mich, dass er nichts gesagt hat; ~ **at s.th.** sich über etw wundern; **I shouldn't** ~ es würde mich nicht überraschen; **wonder drug** *s* Wundermittel *nt*

won•der•ful ['wʌndəfl] *adj* wundervoll, -bar

won•der•land ['wʌndəlænd] *s* **1.** Wunder-, Zauber-, Märchenland *nt* **2.** (*fig*) Paradies *nt;* **won•der•ment** ['wʌndəmənt] *s* Verwunderung *f,* Erstaunen *nt*

wonky ['wɒŋkɪ] *adj* (*fam*) wack(e)lig, kipp(e)lig, unsicher; schief; verschwommen

wont [wəʊnt, *Am* wɔ:nt] **I.** *s* (*obs*) Gewohnheit *f* **II.** *adj:* **be** ~ gewöhnt sein, pflegen (*to do* zu tun); **as is his** ~ wie er zu tun pflegt

won't [wəʊnt] = **will not**

woo [wu:] *vt* **1.** umwerben; (*Wähler*) zu gewinnen suchen **2.** (*fig*) streben nach, trachten nach; ~ **s.o. away** jdn abwerben

wood [wʊd] **I.** *s* **1.** Holz *nt* **2.** Wald *m* **3.** Holzfass *nt* **4.** **~s** (MUS) Holzblasinstrumente *ntpl* **5.** (SPORT: *Golf*) Holz *nt;* (*Bowling*) Kugel *f;* **from the** ~ vom Fass; **out of the ~(s)** (*fig*) über den Berg; **be unable to see the ~ for the trees** (*fig*) den Wald vor (lauter) Bäumen nicht sehen; **touch ~!** unberufen! **II.** *adj* hölzern, Holz-; **wood alcohol** *s* Holzgeist *m;* **wood•bine** ['wʊdbaɪn] *s* **1.** Geißblatt *nt* **2.** (*Am*) wilder Wein; **wood•carver** *s* Holzschnitzer(in) *m(f);* **wood•craft** ['wʊdkrɑ:ft] *s* **1.** Weidmannskunst *f* **2.** Holzarbeiten *fpl;* **wood•cut** ['wʊdkʌt] *s* Holzschnitt *m;* **wood-**

cut•ter ['wʊd,kʌtə(r)] *s* 1. Holzfäller(in) *m(f)* 2. Holzschnitzer(in) *m (f)*; **wooded** ['wʊdɪd] *adj* bewaldet; **wooden** ['wʊdn] *adj* 1. hölzern 2. (*fig*) steif, langweilig; ~ **construction** Holzkonstruktion *f*; ~ **floor** Holzfußboden *m*; ~**-headed** dumm, doof; **wood•land** ['wʊdlænd] *s* Waldland *nt*; **wood panelling** *s* Holzvertäfelung *f*; **wood•pecker** ['wʊd,pekə(r)] *s* Specht *m*; **wood•pile** ['wʊdpaɪl] *s* Holzstoß *m*; **wood preservative** *s* Holzschutzmittel *nt*; **wood•shed** ['wʊdʃed] *s* Holzschuppen *m*; **wood•pulp** *s* Holzschliff *m*; **wood•wind** ['wʊdwɪnd] *s* (*pl*) (Holz)Blasinstrument(e *pl*) *nt*; **wood•work** ['wʊdwɜːk] *s* 1. Holzarbeiten *fpl* 2. hölzerne Bauteile *mpl*, Balkenwerk *nt*; **wood•worm** ['wʊdwɜːm] *s* Holzwurm *m*; **woody** ['wʊdɪ] *adj* 1. bewaldet, waldig 2. holzig

woof [wuːf] *s* (Hunde)Gebell *nt*; **woofer** ['wuːfə(r)] *s* Tieftonlautsprecher, Tieftöner *m*

wool [wʊl] *s* (*a.* TECH) Wolle *f*; **pull the ~ over s.o.'s eyes** (*fig*) jdm das Fell über die Ohren ziehen

woolen *s* (*Am*), **wool•len** ['wʊlən] I. *adj* wollen II. *s pl* (~ *goods*) Wollwaren, -sachen *fpl*

wool•ly ['wʊlɪ] I. *adj* 1. wollen 2. wollig, flauschig, weich 3. (*fig*) nebelhaft; verworren II. *s* wollenes Kleidungsstück

wool•sack ['wʊlsæk] *s* Wollsack *m* (*Sitz des britischen Lordkanzlers im Oberhaus*)

wool trade *s* Wollhandel *m*

wooly I. *adj* (*Am*) 1. wollen 2. wollig, flauschig, weich 3. (*fig*) verworren II. *s* wollenes Kleidungsstück

woopie ['wʊpɪ] *s pl Abk. von* **well-off older people** wohlhabende Senioren

woozy ['wuːzɪ] *adj* (*fam*) schwindelig

wop [wɒp] *s* (*sl pej*) Itaker *m*

word [wɜːd] I. *s* 1. Wort *nt* 2. (MIL) Befehl *m*; Kennwort *nt* 3. (*fig*) kurze Äußerung, Bemerkung *f* (*about* über) 4. Rede *f*, Spruch *m* 5. Zusage *f*; (Ehren)Wort *nt* 6. Bescheid *m*, Nachricht *f* 7. ~**s** Wortwechsel, Streit *m*; **at a** ~ auf einen Wink, sofort; **by** ~ **of mouth** mündlich; **in a** [*o* **one**] ~ mit einem Wort; **in other ~s** mit anderen Worten; **in so many ~s** ausdrücklich; **of many ~s** redselig, gesprächig; **not to be the** ~ **for s.th.** etw nicht richtig wiedergeben; **break/keep one's** ~ sein Wort brechen/halten; **give one's** ~ **upon s.th.** sein Wort auf etw geben; **have a** ~ **with s.o.** kurz mit jdm sprechen; **have** ~ **from** Nachricht haben von; **have ~s with s.o.** sich mit jdm streiten; **have no ~s for s.th.** für etw keine Worte finden; **have the last** ~ das letzte Wort haben; **leave** ~ eine Nachricht, Bescheid hinter-, zurücklassen (*with* bei, *at the office* im Büro); **put into ~s** in Worte kleiden; **put in** [*o* **say**] **a** (**good**) ~ **for s.o.** für jdn ein gutes Wort einlegen; **send** ~ eine Nachricht zukommen lassen (*to s.o.* jdm); **take s.o. at his** ~ jdn beim Wort nehmen; **he is as good as his** ~ man kann sich auf ihn verlassen; **he didn't say a** ~ **about it** er hat kein Wort, keinen Ton davon gesagt II. *vt* in Worte kleiden, formulieren; **word break** *s* (TYP) Trennung *f*; **word division** *s* (TYP) Silbentrennung *f*; **word•ing** [-ɪŋ] *s* Formulierung, Wortwahl *f*; Wortlaut *m*; ~ **of the law** Gesetzestext *m*; ~ **of the oath** Eidesformel *f*; **word•less** [-lɪs] *adj* wort-, sprachlos; **word order** *s* (GRAM) Wortstellung *f*; **word-per•fect** [,wɜːd-'pɜːfɪkt] *adj*: **be** ~ seine Rolle auswendig können, rollensicher sein; **word•play** *s* Wortspiel *nt*; **word processing** *s* Textverarbeitung *f*; **word processor** *s* 1. Textverarbeitungsanlage *f* 2. Textverarbeitungsprogramm *nt*; **word•wrap** *s* 1. (TYP) Fließsatz *m* 2. (INFORM) automatischer Zeilenumbruch; **wordy** ['wɜːdɪ] *adj* wortreich; weitschweifig

wore [wɔː(r)] *s.* **wear**

work [wɜːk] I. *s* 1. Arbeit *f* 2. Tätigkeit, Beschäftigung *f* 3. Unternehmen *nt* 4. Werk *nt*, (Arbeits)Leistung *f*; (Kunst)Werk *nt* 5. ~**s** Werke *ntpl*, Taten *fpl*, Werke *ntpl* (*eines Dichters*) 6. ~**s** *mit sing* (Werk-, Industrie)Anlage *f*; Werk(e *pl*) *nt*, Fabrik, Anstalt *f* 7. ~**s** (ARCH) Baustelle *f* 8. ~**s** (TECH) Getriebe *nt*; Uhrwerk *nt*; **brain** ~ geistige Arbeit; **casual** ~ Gelegenheitsarbeit *f*; **clerical** [*o* **office**] ~ Schreib-, Büroarbeit *f*; **gas ~s** *mit sing* Gaswerk *nt*; **iron ~s** *mit sing* Eisenhütte *f*, -werk *nt*; **public ~s** Stadt-, Versorgungswerke *ntpl*; **water ~s** Wasserwerk *nt*; ~ **of art** Kunstwerk *nt*; **at** ~ bei der Arbeit, beschäftigt (*upon* mit), in Betrieb, im Gange, tätig; **fit for** ~ arbeitsfähig; **in** ~ in Arbeit stehend; **out of** ~ arbeitslos; **the ~s** (*sl*) alles Drum und Dran; **give s.o. the ~s** (*sl*) jdn fertigmachen; jdn verwöhnen; **have one's** ~ **cut out** schwer arbeiten müssen; **make light** ~ **of s.th.** mit etw leicht fertig werden; **make short** [*o* **quick**] ~ **of** kurzen Prozess machen mit II. *vi* 1. arbeiten (*at* an) 2. beschäftigt, tätig sein (*at* mit) 3. funktionieren; wirksam sein 4. Einfluss ausüben (*on, upon* auf), zu überreden suchen (*on, upon s.o.* jdn) 5. sich abmühen, sich plagen 6. in Bewegung, in Erregung sein 7. (*Pläne*) glücken, gelingen; ~ **loose** lose werden, los-, abgehen; ~ **towards s.th.** auf etw hinarbeiten; **it won't** ~ das klappt nicht; **her face ~ed** in ihrem Gesicht arbeitete es III.

W

vt 1. be-, ver-, erarbeiten, ausarbeiten 2. (*Aufgabe*) lösen, ausrechnen 3. zu Stande bringen, bewerkstelligen; hervorbringen, -rufen, auslösen, (be)wirken 4. arbeiten mit, betätigen, in Betrieb setzen, in Gang bringen 5. (*Maschine*) bedienen; beanspruchen 6. (*Betrieb*) leiten 7. (*Gut*) bewirtschaften 8. (*Gebiet*) bereisen, bearbeiten 9. (*fam*) spielen lassen, ausnutzen, Gebrauch machen von; ~ **o.s. hard** hart arbeiten; ~ **one's way through s.th.** sich durch etw durcharbeiten; ~ **it** (*sl*) es fertig bringen, es schaffen; **work away** *vi* vor sich hinarbeiten; **work in** I. *vt* einfügen, -flechten; einarbeiten II. *vi* sich einfügen (*with* in); **work off** I. *vi* sich losmachen II. *vt* abarbeiten; (*Energie*) loswerden; (*Gefühl*) abreagieren; **work on** I. *vi* weiterarbeiten II. *vt* 1. arbeiten an 2. ausgehen von 3. bearbeiten (*s.o.* jdn); **work out** I. *vt* 1. ausarbeiten, entwickeln 2. aus-, zusammenrechnen 3. lösen 4. (*fam*) verstehen 5. herausfinden 6. (MIN) abbauen II. *vi* 1. funktionieren, klappen 2. (*Aufgabe, Rätsel*) aufgehen 3. ergeben (*at* acc) 4. (SPORT) trainieren; **things didn't ~ out for me** es ist mir schiefgegangen; **how is it ~ing out?** wie geht's damit?; **work over** *vt* überarbeiten; ~ **s.o. over** jdn zusammenschlagen; **work round** *vi* 1. sich mühsam durcharbeiten (*to* nach) 2. (*Wind*) sich drehen; **work up** I. *vt* 1. ausarbeiten 2. aufstacheln 3. (*Begeisterung*) aufbringen; (*Appetit*) sich machen; (*Geschäft*) zum Erfolg bringen II. *vi* (*Rock*) sich hochschieben; ~ **one's way up** sich hocharbeiten; **get ~ed up about s.th.** sich über etw aufregen; ~ **o.s. up** sich aufregen; ~ **up to s.th.** auf etw hinauswollen; etw im Sinn haben; ~ **up to a climax** sich zu einem Höhepunkt steigern

work•able ['wɜːkəbl] *adj* 1. bearbeitbar; zu gebrauchen(d), brauchbar, praktizierbar, durchführbar 2. (MIN) abbaufähig, -würdig; **work•a•day** ['wɜːkədeɪ] *adj* 1. werktäglich 2. alltäglich, gewöhnlich, abgedroschen; **work•bag** *s* Nähbeutel *m;* **work-bench** ['wɜːkbentʃ] *s* Werkbank *f;* **work-book** ['wɜːkbʊk] *s* Arbeitsheft *nt;* **work camp** *s* Arbeitslager *nt;* **work•day** ['wɜːkdeɪ] I. *s* Arbeits-, Werk-, Wochentag *m;* **on ~s** an Wochen-, Werktagen II. *adj* werktäglich

worker ['wɜːkə(r)] *s* 1. Arbeiter(in) *m(f),* Arbeitnehmer(in) *m(f)* 2. (~ *bee*) Arbeiterin *f;* **factory** [*o* **industrial**] ~ Fabrikarbeiter(in) *m(f);* **manual** ~ Handarbeiter(in) *m(f);* **real** ~ richtiges Arbeitstier; **~s' participation** Mitbestimmung *f;* **work ethic** *s* Arbeitsethos *nt*

work•force ['wɜːkfɔːs] *s* 1. Belegschaft *f;* Arbeitskräfte *pl* 2. Arbeitskräftepotential *nt;* **work•horse** *s* Arbeitspferd *nt;* **work-in** ['wɜːkɪn] *s* Betriebsbesetzung *f* durch die Arbeitnehmer

work•ing ['wɜːkɪŋ] I. *adj* 1. arbeitend; werktätig, berufstätig; (*Partner*) aktiv 2. betriebs-, arbeitsfähig 3. (*Hypothese, Modell*) Arbeits-; (*Mehrheit*) arbeitsfähig 4. (*Tag, Bedingungen, Kleidung*) Arbeits-; ~ **capital** Betriebskapital *nt;* ~ **committee** Arbeitsausschuss *m;* ~ **condition** Arbeitsbedingung *f;* ~ **day** Arbeits-, Werktag *m;* ~ **dinner** Arbeitsessen *nt;* ~ **girl** Berufstätige *f;* (*Am: euph*) Gunstgewerblerin *f;* ~ **hours** Arbeitszeit *f;* ~ **knowledge** ausreichende praktische Kenntnisse; ~ **lunch** Arbeitsessen *nt;* ~ **man** Arbeiter *m;* **I am a ~ man** ich arbeite den ganzen Tag; ~ **model** funktionsfähiges Modell; **in ~ order** gebrauchs-, betriebsfähig; ~ **paper** Arbeitsunterlage *f;* Arbeitspapier *nt;* ~ **party** Arbeitsgruppe *f,* -ausschuss *m;* ~ **place** Arbeitsplatz *m;* ~ **population** erwerbstätige Bevölkerung; ~ **process** Arbeitsprozess, -vorgang *m;* ~ **week** Arbeitswoche *f;* **35-hour ~ week** 35-Stunden-Woche *f;* ~ **wife** berufstätige Ehefrau; ~ **woman** berufstätige Frau II. *s* 1. Arbeit *f* 2. **~s** Funktion, Arbeitsweise *f* 3. **~s** (MIN) Schächte *mpl,* Grube *f;* **~s of the mind** Gedankengänge *mpl;* **working-class** *adj* der Arbeiterklasse, Arbeiter-; (*pej*) proletenhaft; **working class(es)** *s* (*pl*) Arbeiterklasse *f;* **work•ing-out** ['wɜːkɪŋ'aʊt] *s* Ausarbeitung *f;* Berechnung *f;* (SPORT) Training *nt;* **work•ing-over** ['wɜːkɪŋ'əʊvə(r)] *s* (*fam*) Tracht *f* Prügel

work•load ['wɜːkləʊd] *s* Arbeit(slast), Arbeitsbelastung *f;* **work•man** ['wɜːkmən] <*pl* -men> *s* Handwerker *m;* **work•man-like** ['wɜːkmənlaɪk] *adj* fachmännisch; **work•man•ship** ['wɜːkmənʃɪp] *s* Arbeitsausführung *f;* Qualität *f;* **work of art** *s* Kunstwerk *nt;* **work-out** ['wɜːkaʊt] *s* (SPORT) Training *nt;* **work permit** *s* Arbeitserlaubnis *f;* **work•place** ['wɜːkpleɪs] *s* Arbeitsplatz *m;* **works committee, works council** *s* Betriebsrat *m;* **work-shar•ing** ['wɜːkʃeərɪŋ] *s* Arbeitsplatzteilung *f,* Jobsharing *nt;* **work•shop** ['wɜːkʃɒp] *s* 1. Werkstatt, -stätte *f* 2. Arbeitsgruppe *f,* -kreis, Kurs *m;* Workshop *m;* **work-shy** ['wɜːkʃaɪ] *adj* arbeitsscheu; **works manager** *s* Betriebsleiter(in) *m(f);* **works outing** *s* Betriebsausflug *m;* **work•space** ['wɜːkspeɪs] *s* (INFORM) Arbeitsspeicher *m;* **work station** *s* Arbeitsplatz *m;* Fertigungsstation *f;* (INFORM) Werkstation *f,* Bildschirmarbeitsplatz *m;* **work-study** *s* Arbeitsstudie *f;* **work•table** ['wɜːkˌteɪbl] *s* Arbeitstisch *m;* **work•top** *s*

Arbeitsplatte *f;* **work-to-rule** [ˌwɜːktəˈruːl] *s* Dienst *m* nach Vorschrift; **work-week** [ˈwɜːkwiːk] *s* (*Am*) Arbeitswoche *f*

world [wɜːld] *s* Welt *f;* **all the ~ knows** alle wissen; **all the ~ and his wife** Gott und die Welt; **not for all the ~** um nichts in der Welt; **be all the ~ to s.o.** jds ein und alles sein; **a ~ of** eine Menge; sehr; **be ~s apart** völlig verschieden sein; **in the ~** auf der Welt; **all over the ~** in der ganzen Welt; **all the ~ over** überall; **out of this ~** (*fig sl*) sagenhaft; **round the ~** (rund) um die Welt; **bring s.o. into the ~** jdn auf die, zur Welt bringen; **bring s.th. into the ~** etw in die Welt setzen; **come into the ~** auf die, zur Welt kommen; **come** [*o* **go**] **down in the ~** herunterkommen; **go up in the ~** es zu etwas bringen; **feel on top of the ~** sich nicht besser fühlen können; **have the best of both ~s** auf nichts verzichten müssen, können; **think the ~ of s.o.** große Stücke auf jdn halten; **it's not the end of the ~** deshalb geht die Welt nicht unter; **how goes the ~ with you?** wie geht's, wie steht's?; **what in the ~?** was in aller Welt?; **the New/Old/Third World** die Neue/Alte/Dritte Welt; **a man of the ~** ein Mann von Welt

World Bank [ˌwɜːldˈbæŋk] *s* Weltbank *f*

world-beater [ˈwɜːldˌbiːtə(r)] *s* alles überragende Person, Sache; **world clock** *s* Weltzeituhr *f;* **world congress** *s* Weltkongress *m;* **World Cup** *s* Fußballweltmeisterschaft *f,* Worldcup *m;* **World Fair** *s* Weltausstellung *f;* **world-famous** *adj* weltberühmt; von Weltrang; **world language** *s* Weltsprache *f*

world•ly [ˈwɜːldlɪ] *adj* **1.** weltlich, irdisch; diesseitig; weltzugewandt **2.** (*~ wise*) weltklug

world opinion [ˈwɜːldəˈpɪnjən] *s* Weltöffentlichkeit *f;* **world population** *s* Weltbevölkerung *f;* **world power** [ˈwɜːldˌpaʊə(r)] *s* Weltmacht *f;* **world record** *s* Weltrekord *m;* **world-shattering** *adj* welterschütternd; **world view** *s* Weltbild *nt;* **world war** *s* Weltkrieg *m;* **world-weary** [ˌwɜːldˈwɪərɪ] *adj* lebensmüde; **world•wide** [ˌwɜːldˈwaɪd] *adj, adv* weltweit; **~ reputation** Weltruf *m;* **~ sales** Weltumsatz *m*

worm [wɜːm] **I.** *s* **1.** Wurm *m* **2.** (Schrauben)Gewinde *nt* **II.** *vt* **1.** mit einem Wurmmittel behandeln **2.** (*fig*) herausziehen, -locken (*s.th., a secret out of s.o.* etw, ein Geheimnis aus jdm) **3.** zwängen (*into* in); **~ o.s.** [*o* **one's way**] **in(to)** sich einschleichen; **~ o.s.** [*o* **one's way**] **through** sich hindurchwinden

worm-eaten [ˈwɜːmˌiːtn] *adj* **1.** wurmstichig **2.** (*sl*) alt; **worm•hole** *s* Wurmloch *nt* (*in einem Möbelstück*); **wormy** [ˈwɜːmɪ] *adj* **1.** wurmig **2.** wurmstichig

worn [wɔːn] *pp of* **wear**; **worn-out** [ˌwɔːnˈaʊt] *adj* **1.** verbraucht, abgenutzt **2.** abgetragen **3.** erschöpft; abgespannt **4.** (*fig*) abgedroschen

wor•ried [ˈwʌrɪd] *adj* **1.** besorgt, beunruhigt (*about* über) **2.** gequält; **worri•some** [ˈwʌrɪsəm] *adj* **1.** Besorgnis erregend **2.** lästig; **worry** [ˈwʌrɪ] **I.** *vt* **1.** beunruhigen, Sorgen machen (*s.o.* jdm) **2.** belästigen, stören **3.** (*Hund*) beißen, packen; **~ s.o. with s.th.** jdn wegen etw stören; **~ s.o. for s.th.** jdn um etw plagen; **I won't let that ~ me** darüber lasse ich mir keine grauen Haare wachsen **II.** *vi* besorgt, beunruhigt sein, sich Sorgen machen, in Ängsten sein (*about* um); **don't ~!** machen Sie sich keine Sorgen! seien Sie unbesorgt! **III.** *s* Sorge(n *pl*) *f;* **it's a great ~ to me** ich mache mir deswegen große Sorgen; **worry•ing** [-ɪŋ] **I.** *adj* beunruhigend; **it's ~ for me** es macht mir Sorgen **II.** *s* Sorgen *fpl;* **~ won't help** es hilft nichts, wenn man sich Sorgen macht

worse [wɜːs] <*Komparativ von* **bad, badly**> **I.** *adj* **1.** schlechter, übler, schlimmer, ärger **2.** (*~ off*) schlechter, übler dran; kränker **II.** *adv* schlimmer, ärger **III.** *s* (das) Schlimmmere, Ärgere **IV.** (*Wendungen*): **all** [*o* **so much**] **the ~** umso schlimmer; **from bad to ~** immer schlimmer; **~ and ~** immer schlimmer; **I'm ~ (off)** es geht mir schlechter; **he's none the ~ for it** es hat ihm nichts geschadet; **~ was to follow** es sollte noch schlimmer kommen; **my shoes are the ~ for wear** meine Schuhe sind ganz abgetragen; **~ luck!** leider! unglücklicherweise!; **a change for the ~** eine Wendung zum Schlechteren; **worsen** [ˈwɜːsn] **I.** *vi* sich verschlimmern, sich verschlechtern **II.** *vt* verschlechtern

wor•ship [ˈwɜːʃɪp] **I.** *s* **1.** (REL) Verehrung, Anbetung *f* **2.** Gottesdienst *m* **3.** tiefe Hingabe; **Your Worship** Euer Ehren; Frau/Herr Bürgermeister **II.** *vt* **1.** verehren, anbeten **2.** vergöttern **III.** *vi* den Gottesdienst abhalten; **wor•ship•per** [-ə(r)] *s* (*in einer Kirche*) Gottesdienstbesucher(in) *m(f);* (*einer Gottheit*) Anbeter(in) *m(f);* (*einer Person*) Verehrer(in) *m(f)*

worst [wɜːst] <*Superlativ von* **bad, badly**> **I.** *adj* schlechteste(r, s), übelste(r, s), schlimmste(r, s) **II.** *adv* am schlimmsten, am ärgsten **III.** *s* (das) Schlechteste, Schlimmste **IV.** (*Wendungen*): **at (the) ~** schlimmstenfalls; **at his ~, her ~, its ~** im ungünstigsten Moment; **if the ~ comes to the ~** im allerschlimmsten Fall; **be ~ off** am schlimmsten dran sein; **be prepared for the ~** auf das Schlimmste gefasst sein; **get the ~ of it** den Kürzeren ziehen; am meisten zu leiden haben; **the ~ of it is that ...** das Schlimmste daran ist, dass ...; **do your ~!** mach, was du willst!; **let him do his ~!** lass ihn machen, was er will!; **the ~ is yet to come** das dicke Ende kommt noch (nach)

wor•sted ['wʊstɪd] *s* Kammgarn(stoff *m*) *nt*

worth [wɜːθ] **I.** *s* Wert *m;* Gegenwert *m;* **a pound's ~ of apples** für ein Pfund Äpfel; **did you get your money's ~?** sind Sie auf Ihre Kosten gekommen? **II.** *adj* wert; **be ~** wert sein; sich lohnen; **it's ~ a lot to me** es ist mir viel wert; (*fig*) es bedeutet mir sehr viel; **be ~ a million** Millionär sein; **is it ~ it?** lohnt es sich?; **he isn't ~ it** er ist es nicht wert; **~ reading/seeing/mentioning** lesens-/sehens-/der Rede wert; **for all one is ~** mit ganzer Kraft, so gut man kann; **it's ~ the trouble** die Mühe lohnt sich; **worthless** [-lɪs] *adj* **1.** wertlos **2.** (*fig*) unwürdig; **worth•while** [ˌwɜːθ'waɪl] *adj* lohnend; **be ~** sich lohnen; der Mühe wert sein; **worthy** ['wɜːðɪ] *adj* **1.** würdig, wert (*of s.th.* einer S) **2.** ehrenwert; würdig; löblich; **~ of credit** glaubwürdig; (COM) kreditwürdig

would [wʊd] *pt of* **will**[1] würde; **he ~ do it** er würde es tun; **he ~ have done it** er hätte es getan; **he said he ~ do it** er sagte, er würde es tun; **but he ~ do it** (*betont*) aber er muss es unbedingt machen; **~ he do it?** würde er es vielleicht tun?; **~ he have done it?** hätte er es getan?; **who ~ have thought it?** wer hätte das gedacht; **you ~ think ...** man sollte meinen ...; **you ~ be the one who ...** typisch, dass ausgerechnet du ...; **I ~n't know** was weiß ich (das); **he ~ go there every year** er ging jedes Jahr dahin; **it ~ seem** es scheint so; **would-be** ['wʊdbiː] *adj attr* **1.** angeblich; Möchtegern- **2.** gut gemeint

wouldn't [wʊdnt] = **would not**

wound[1] [wuːnd] **I.** *s* **1.** Wunde *f* (*in the arm* am Arm), Verletzung *f* **2.** (*fig*) Kränkung, Beleidigung *f* (*to* für) **II.** *vt* verwunden, verletzen; **~ fatally** tödlich verwunden

wound[2] [waʊnd] *s.* **wind**[2]

wounded ['wuːndɪd] *adj* **1.** verwundet, verletzt **2.** (*Eitelkeit*) gekränkt

wove(n) ['wəʊv(n)] *s.* **weave**

wow [waʊ] **I.** *interj* Mensch! **II.** *s* (*sl*) **1.** Mordsspaß *m* **2.** toller Kerl, tolle Frau **3.** (THEAT) Bombenerfolg *m* **III.** *vt* (*sl*) begeistern

wrack [ræk] *s* Seetang *m;* **go to ~ and ruin** in die Brüche gehen

wraith [reɪθ] *s* Geist *m* (*bes. eines Sterbenden*)

wrangle ['ræŋgl] **I.** *vi* (sich) zanken, (sich) streiten, disputieren (*with s.o. about, over s.th.* mit jdm über etw) **II.** *s* Gerangel *nt*

wrap [ræp] **I.** *vt* **1.** (*~ up*) einwickeln, -schlagen; ein-, verpacken (*in* in) **2.** wickeln (*round* um); **be ~ped in** (*fig*) gehüllt sein in **II.** *s* Umschlagtuch *nt;* Stola *f;* Cape *nt;* Mantel *m;* **take the ~s off s.th.** etw der Öffentlichkeit vorstellen; **under ~s** versteckt, geheim; **wrap•around** ['ræpəˌraʊnd] *s* (INFORM) (automatischer) Zeilenumbruch *m;* **wrap-over vest** *s* Wickelhemdchen *nt;* **wrap up I.** *vt* **1.** einpacken **2.** (*fam*) unter Dach und Fach bringen **II.** *vi* **1.** sich warm anziehen **2.** (*sl*) den Mund halten; **be ~ped up in s.th.** ganz in etw aufgehen; von etw völlig in Anspruch genommen sein; **wrap•per** ['ræpə(r)] *s* **1.** Streif-, Kreuzband *nt* **2.** (*Buch*) Schutzumschlag *m;* (*Zigarre*) Deckblatt *nt* **3.** Verpackung(smaterial *nt*) *f;* (Bonbon)Papier *nt;* **wrapping paper** *s* Packpapier *nt;* Geschenkpapier *nt*

wrath [rɒθ] *s* Zorn *m;* **wrath•ful** ['rɒθfl] *adj* zornig

wreak [riːk] *vt* (*Schaden, Chaos*) anrichten; (*Rache*) üben (*on, upon* an); (*Ärger*) auslassen (*on* an); **~ havoc** verheerenden Schaden anrichten; sich verheerend auswirken (*on* auf)

wreath [riːθ] *s* Girlande *f;* Kranz *m;* **~ of smoke** Rauchfahne *f;* **wreathe** [riːð] **I.** *vt* **1.** winden **2.** flechten (*into a wreath* zu einem Kranz) **3.** bekränzen **4.** einhüllen **II.** *vi* **1.** sich winden, sich kräuseln **2.** sich ringeln (*round* um)

wreck [rek] **I.** *s* **1.** Wrack *nt* **2.** (MAR) Schiffbruch *m* **3.** (JUR) Strandgut *nt* **4.** (*fig*) (elendes) Wrack *nt* **5.** Verderben *nt,* Untergang, Ruin *m,* Zerstörung *f* **6.** (COM) Konkursunternehmen *nt;* **be a mere ~ of one's former self** nur noch ein Schatten seiner selbst sein **II.** *vt* **1.** zerstören, zertrümmern, zerschlagen **2.** (*fig*) ruinieren, zu Grunde richten **3.** (*Pläne*) vernichten; **wreck•age** ['rekɪdʒ] *s* Trümmer *pl;* **wrecker** ['rekə(r)] *s* **1.** (*Am*) Abbrucharbeiter, -unternehmer *m;* Schrotthändler *m* **2.** (*Am*) Bergungsdampfer *m;* Bergungsarbeiter *mpl,* Bergungsmannschaft *f,* -trupp *m* **3.** (*Am:* AUTO) Abschleppwagen *m* **4.** (*ship~*) *jd der durch falsche Signale ein Schiff zum Stranden bringt* **5.** (*fig*) Umstürzler(in) *m(f);* **~ service** (*Am:* AUTO) Abschleppdienst *m*

wren [ren] *s* (*Vogel*) Zaunkönig *m*

Wren [ren] *s Angehörige des weiblichen Marinedienstes* (*Womens Royal Naval Ser-*

vice)

wrench [rentʃ] **I.** *s* **1.** (plötzlicher) Ruck *m* **2.** (MED) Zerrung, Verrenkung, Verstauchung *f* **3.** (*fig*) Stich (*ins Herz*), Abschiedsschmerz *m* **4.** (TECH) Schraubenschlüssel *m;* **monkey** ~ Universalschraubenschlüssel *m* **II.** *vt* **1.** heftig reißen, ziehen (*from* von), zerren **2.** (MED) verrenken, -stauchen; ~ **away** entreißen (*from s.o.* jdm)

wrestle ['resl] **I.** *vi* **1.** ringen **2.** kämpfen (*for* um, *with* mit) **3.** sich herumschlagen, sich abquälen (*with* mit) **II.** *vt* **1.** ringen mit **2.** (*Ringkampf*) austragen **III.** *s* Ringkampf *m;* **wres·tler** ['reslə(r)] *s* Ring(kämpf)er(in) *m(f);* **wres·tling** ['reslɪŋ] *s* Ringen *nt;* **wrestling bout, wrestling match** *s* Ringkampf *m*

wretch [retʃ] *s* **1.** unglücklicher Mensch **2.** (*pej*) Wicht *m;* **wretched** ['retʃɪd] *adj* **1.** unglücklich **2.** elend; erbärmlich **3.** scheußlich

wriggle ['rɪgl] **I.** *vi* **1.** sich winden **2.** sich unruhig hin- u. herbewegen **3.** (*fig*) sich (drehen u.) winden **4.** sich unbehaglich fühlen **II.** *vt* wackeln mit; ~ (**o.s.**) [*o* **one's way**] **out** sich herauswinden (*of s.th.* aus etw) **III.** *s* Winden *nt;* Krümmung *f*

wring [rɪŋ] <*irr:* wrung, wrung> *vt* **1.** (~ *out*) auswringen, -drücken, -pressen, -quetschen **2.** (~ *out*) herausdrücken, -pressen **3.** (*Bekenntnis*) erpressen (*from, out of* von) **4.** (*Hals*) umdrehen; ~ **one's hands** die Hände ringen; ~ **s.o.'s heart** jdm (großen) Kummer machen; jdm ans Herz greifen; **wringer** ['rɪŋə(r)] *s* Mangel *f*

wrinkle ['rɪŋkl] **I.** *s* **1.** Falte, Runzel *f* **2.** (*Papier*) Kniff *m* **II.** *vt* **1.** zerknittern **2.** runzlig machen **3.** (*Stirn*) runzeln; (*Nase*) rümpfen **III.** *vi* **1.** knittern **2.** Falten schlagen **3.** runzlig werden; **wrinkled, wrinkly** ['rɪŋkld, 'rɪŋklɪ] *adj* **1.** runz(e)lig, faltig **2.** (*Stoff*) leicht knitternd

wrist [rɪst] *s* Handgelenk *nt;* **wrist·band** *s* **1.** Armband *nt;* Schweißband *nt* **2.** Armbündchen *nt;* **wrist·let** ['rɪstlɪt] *s* Armband *nt;* **wrist·watch** ['rɪstwɒtʃ] *s* Armbanduhr *f*

writ [rɪt] *s* (JUR) Verfügung, Anweisung *f;* (~ *of summons*) Vorladung *f;* **issue a ~ against s.o., serve a ~ (up)on s.o.** jdm eine Vorladung zustellen; **Holy Writ** Heilige Schrift

write [raɪt] <*irr:* wrote, written> **I.** *vt* **1.** schreiben; auf-, niederschreiben, zu Papier bringen **2.** aufzeichnen, ab-, verfassen **3.** (JUR) aufsetzen **4.** (*Bescheinigung, Scheck*) ausstellen **5.** (*Scheck*) ausschreiben **6.** (*Formular*) ausfüllen **7.** (*Papier*) beschreiben **8.** (*Vertrag*) aufsetzen **9.** (schriftlich, brieflich) mitteilen (*s.th. to s.o., s.o. s.th.* jdm etw); ~ **in full** ausschreiben; ~ **shorthand** stenografieren; ~ **s.o. a letter** jdm einen Brief schreiben **II.** *vi* **1.** schreiben **2.** bestellen, kommen lassen (*for s.th.* etw); **write away** *vi* auswärts bestellen (*for s.th.* etw); **write back** *vi* zurückschreiben; **write down** *vt* nieder-, aufschreiben; (COM) (teil)abschreiben; **write in I.** *vt* **1.** einfügen, eintragen **2.** (*Am: Wahlschein*) ausfüllen; seine Stimme abgeben für **II.** *vi* sich schriftlich bewerben (*for* um); **write off** *vt* **1.** (COM) abschreiben **2.** (*Auto*) zu Schrott fahren; als Totalschaden abschreiben **3.** schnell hinschreiben; **write out** *vt* **1.** (voll) ausschreiben **2.** (*Scheck*) ausfüllen, -stellen; **write up** *vt* **1.** einen schriftlichen Bericht machen über, eingehend berichten; (*Aufzeichnungen*) ausarbeiten **2.** (*schriftlich*) aufs Laufende bringen **3.** eine Kritik schreiben über **4.** (*Wert*) zu hoch ansetzen

write·down ['raɪtˌdaʊn] *s* Teilabschreibung *f*

write-in ['raɪtɪn] *s* (*in den USA*) Stimmabgabe *f* für einen nicht aufgeführten Kandidaten; **write-off** ['raɪtɒf] *s* (COM) Abschreibung *f;* (AUTO) Totalschaden *m;* **write-pro·tec·ted** ['raɪtprə'tektəd] *adj* (INFORM) schreibgeschützt

writer ['raɪtə(r)] *s* **1.** Schreiber(in) *m(f),* Schriftsteller(in) *m(f),* Verfasser(in) *m(f)* **2.** (*Am*) Versicherer *m;* ~ **of a cheque** Scheckaussteller *m;* ~**'s cramp** Schreibkrampf *m;* **I am a poor** ~ ich schreibe nicht gerne Briefe; ich schreibe schlecht

write-up ['raɪtʌp] *s* **1.** (COM) Heraufsetzung *f* des Buchwertes **2.** Pressebericht *m;* Kritik *f*

writhe [raɪð] *vi* sich krümmen, winden (*with* vor)

writ·ing ['raɪtɪŋ] *s* **1.** Schreiben *nt;* Schriftstück *nt* **2.** (Hand)Schrift *f* **3.** Buch, Werk *nt* **4.** Schriftstellerei *f;* **in** ~ schriftlich; **put in** ~ niederschreiben, schriftlich abfassen; **writing case** *s* Schreibmappe *f;* **writing desk** *s* Schreibtisch *m;* **writing pad** *s* Schreibunterlage *f;* Notiz-, Briefblock *m;* **writing paper** *s* Schreibpapier *nt*

writ·ten ['rɪtn] **I.** *pp of* **write II.** *adj* schriftlich; (*Wort*) geschrieben; ~ **language** Schriftsprache *f*

wrong [rɒŋ, *Am* rɔːŋ] **I.** *adj* **1.** unrichtig, falsch **2.** unrecht **3.** unangebracht, unpassend; ~ **side out** mit der Innenseite nach außen; **be** ~ unrecht haben; sich irren, nicht in Ordnung sein, nicht stimmen; **get on the ~ side of s.o.** sich jdn zum Gegner machen; **there is s.th.** ~ da stimmt etw nicht (*with* mit); **what's ~?** stimmt etw nicht?; **sorry, ~ number!** (TELE) Sie haben sich verwählt; ~**-foot s.o.** jdn auf dem fal-

W

schen Fuß erwischen; **I was ~-footed by the question** die Frage traf mich unvorbereitet **II.** *adv* falsch, nicht richtig, nicht recht; **do s.th.** ~ etw falsch, verkehrt machen; **go** ~ schief gehen, scheitern; nicht richtig funktionieren; **get it** ~ sich verrechnen; es falsch verstehen; **take s.th.** ~ etw übel nehmen **III.** *s* **1.** Unrecht *nt;* Ungerechtigkeit *f* **2.** (JUR) Rechtswidrigkeit *f;* **be in the** ~ im Unrecht sein; **do** ~ Unrecht tun (*to s.o.* jdm), sich etw zuschulden kommen lassen; **put in the** ~ ins Unrecht setzen **IV.** *vt* **1.** ein Unrecht zufügen (*s.o.* jdm) **2.** ungerecht behandeln, benachteiligen, beeinträchtigen **3.** unrecht tun (*s.o.* jdm); **wrong•doer** ['rɒŋˌdʊə(r)] *s* Übel-, Missetäter(in) *m(f);* **wrong•doing** [ˌrɒŋ'duːɪŋ] *s* Übeltat *f;* Missetaten *fpl;* **wrong•ful** ['rɒŋfl] *adj* ungerechtfertigt, zu Unrecht; ~ **dismissal** unrechtmäßige Entlassung; **wrong-headed** [ˌrɒŋ'hedɪd] *adj* starrsinnig, querköpfig, halsstarrig; **wrong•ly** ['rɒŋlɪ] *adv* falsch, unrichtig; zu Unrecht; fälschlicherweise

wrote [rəʊt] *s.* **write**

wrought [rɔːt] **I.** *vt Präteritum, pp von* **work** (*obs*): **great changes have been** ~ es wurden große Veränderungen herbeigeführt; **the storm** ~ **destruction** der Sturm richtete Zerstörung an **II.** *adj* (*Eisen*) Schmiede-; (*Silber*) getrieben; ~ **iron** Schmiedeeisen *nt;* **wrought-up** [rɔːt'ʌp] *adj* erregt; aufgeregt, -gewühlt

wrung [rʌŋ] *s.* **wring**

wry [raɪ] *adj* ironisch; (*Lächeln*) gezwungen; **make a** ~ **face** das Gesicht verziehen; **a** ~ **sense of humour** ein trockener Humor

wussy ['wʊsɪ] *s* (*Am: sl: wimp*) Waschlappen *m fam*

WWW *s Abk. von* **World Wide Web** (INFORM) WWW *nt*

X

X, x [eks] <*pl* -'s> *s* **1.** X, x *nt* **2.** (MATH) x, unbekannte Größe **3.** (*in Briefen nach Namen*) Küsschen *nt;* **x number of people** x Leute; **Mrs. X** Frau X; **x marks the spot where ...** die Stelle, an der ..., ist mit einem Kreuzchen bezeichnet; **x-axis** x-Achse *f;* **X-cer•ti•fi•cate** ['ekssəˌtɪfɪkət] *adj* (*Film*) nicht jugendfrei, ab 18 Jahren; **X-chromosome** ['eksˌkrəʊməsəʊm] *s* (BIOL) X-, Geschlechtschromosom *nt*

xeno•phobia [ˌzenə'fəʊbɪə] *s* Fremdenhass *m,* Xenophobie *f;* **xeno•pho•bic** [ˌzenə'fəʊbɪk] *adj* fremdenfeindlich, xenophob

Xerox® ['zɪərɒks] **I.** *s* Xerokopie *f;* Xeroxverfahren *nt* **II.** *vt* xerokopieren

Xmas ['eksməs, 'krɪsməs] *s* (*fam*) Weihnachten *nt; s.* **Christmas**

X-ray ['eksreɪ] **I.** *s* **1.** Röntgenaufnahme *f* **2.** ~**s** Röntgenstrahlen *mpl;* **take an ~ of s.o.** jdn röntgen; **have an ~** geröntgt werden; **~ apparatus** Röntgenapparat *m;* **~ diagnosis, ~ examination, ~ test** Röntgenuntersuchung *f* **II.** *vt* röntgen, durchleuchten

xylo•phone ['zaɪləfəʊn] *s* (MUS) Xylophon *nt*

Y

Y, y [waɪ] *s* <*pl* -'s> **1.** Y, y *nt* **2.** (MATH) y, zweite Unbekannte; **y-axis** y-Achse *f*

yacht [jɒt] **I.** *s* (MAR) (Segel-, Motor)Jacht, Yacht *f* **II.** *vi* auf einer Jacht fahren, segeln; **yacht•ing** [-ɪŋ] *s* Segeln *nt;* **they go ~** sie gehen zum Segeln; **yachts•man** ['jɒtsmən] <*pl* -men> *s* Jachtfahrer, Segler *m*

yak [jæk] **I.** *s* (*wild lebendes Rind*) Jak, Yak *m* **II.** *vi* (*fam*) quasseln

yam [jæm] *s* **1.** Jamswurzel *f* **2.** (*in den USA*) Süßkartoffel *f*

yank [jæŋk] **I.** *s* Ruck *m* **II.** *vt* mit einem Ruck ziehen; **yank off** *vt* abreißen; **yank out** *vt* ausreißen; (*Zahn*) ziehen

Yank [jæŋk] *s* (*fam*) Ami *m;* **Yan•kee** ['jæŋkɪ] *s* Amerikaner, Yankee *m*

yap [jæp] **I.** *vi* **1.** kläffen **2.** (*fam*) schwätzen; (*dumm*) quatschen **II.** *s* **1.** Gekläff *nt* **2.** (*fam*) Gequatsche *nt*

yard[1] [jɑːd] *s* **1.** Yard *nt* (= *0,914 m*) **2.** (MAR) Rah(e) *f;* **square ~** Quadratyard *nt;* **by the ~** meterweise; (*fig*) unendlich viel, lang

yard[2] [jɑːd] *s* **1.** Hof *m* **2.** (Arbeits-, Bau-, Lager)Platz *m* **3.** (*Am*) Garten *m* (*ohne Gemüse*); **in the ~** auf dem Hof; **the Yard, Scotland Yard** Londoner Polizeibehörde; **shipbuilding ~** Werft *f*

yard•stick ['jɑːdstɪk] *s* **1.** Elle *f,* Yardstock *m* **2.** (*fig*) Maßstab *m;* **~ of performance** Erfolgsmaßstab *m*

yarn [jɑːn] **I.** *s* **1.** Garn *nt,* Faden *m* **2.** (*fig*) Seemannsgarn *nt* **II.** *vi* (*spin a ~*) ein Seemannsgarn spinnen (*about* über)

yaw [jɔː] **I.** *vi* (MAR, AVIAT) gieren, vom Kurs abweichen **II.** *s* (Kurs)Abweichung *f*

yawl [jɔːl] *s* (MAR) Jolle *f;* Beiboot *nt*

yawn [jɔːn] **I.** *vi* **1.** gähnen **2.** (*fig*) klaffen, sich öffnen **II.** *s* Gähnen *nt;* **it was a ~** (*fam*) es war langweilig; **yawn•ing** [-ɪŋ] *adj* gähnend

yea [jeɪ] **I.** *adv* ja (doch) **II.** *s* **1.** Ja *nt* **2.** Jastimme *f;* **yeah** [jeə] *adv* (*fam*) ja

year [jɜː(r), jɪə(r)] *s* Jahr *nt;* Jahrgang *m;* **all the ~ round** das ganze Jahr über; **for ~s** seit Jahren, jahrelang; **for his ~s** für sein Alter; **in the ~ 1837** im Jahre 1837; **last/this/next ~** letztes/dieses/nächstes Jahr; **~s ago** vor Jahren; **~ in, ~ out** jahraus, jahrein; **difference in ~s** Altersunterschied *m;* **~ of assessment** Steuerjahr *nt;* **~ of birth** Geburtsjahr *nt;* **~ of manufacture** Baujahr *nt;* **~ under report** [*o* **review**] Berichtsjahr *nt;* **~s of service** Dienstjahre *ntpl;* **year•book** *s* Jahrbuch *nt;* **year•ling** ['jɜːlɪŋ, 'jɪəlɪŋ] *s* (ZOO) Jährling *m;* **year•long** [ˌjɜː'lɒŋ, 'jɪə'lɒŋ] *adj* ein volles Jahr dauernd; **year•ly** ['jɜːlɪ, 'jɪəlɪ] *adj, adv* jährlich; **~ income/output/subscription** Jahreseinkommen *nt,* -produktion *f,* -beitrag *m*

yearn [jɜːn] *vi* sich sehnen, verlangen (*for, after* nach, *to do* zu tun); **yearn•ing** [-ɪŋ] *s* Sehnsucht *f,* Verlangen *nt*

yeast [jiːst] *s* Hefe *f;* **yeasty** [ˈjiːstɪ] *adj* hefig, nach Hefe

yell [jel] **I.** *s* Schrei *m;* **give me a ~ when you're ready** sag Bescheid, wenn du fertig bist; **college ~** (*Am*) anfeuernder Zuruf eines Colleges **II.** *vi* (*~ out*) schreien; **~ at s.o.** jdn anbrüllen **III.** *vt* (*~ out*) schreien, brüllen; rufen

yel•low [ˈjeləʊ] **I.** *adj* **1.** gelb **2.** (*fam*) feige; **the ~ peril** die gelbe Gefahr; **he has a ~ streak in him** er ist feige; **parking on the ~ lines** Parken im Parkverbot **II.** *s* **1.** Gelb *nt* **2.** Eigelb *nt* **III.** *vt* gelb färben **IV.** *vi* **1.** gelb werden **2.** vergilben; **yellow-belly** *s* (*sl*) Feigling *m;* **yellow-dog** *adj* (*Am*) gewerkschaftsfeindlich; **yellow fever** *s* (MED) Gelbfieber *nt;* **yellow jack** *s* (gelbe) Quarantäneflagge *f;* **yellow pages** *s pl* Gelbe Seiten *pl,* Branchenverzeichnis *nt*

yelp [jelp] **I.** *vi* **1.** kläffen, jaulen **2.** aufschreien **II.** *s* **1.** kurzes Bellen, Jaulen *nt* **2.** Aufschrei *m*

Yem•en [ˈjemən] *s:* **the ~** der Jemen; **Yem•eni** [ˈjemənɪ] **I.** *adj* jemenitisch **II.** *s* Jemenit(in) *m(f)*

yen [jen] *s* **1.** (FIN) Yen *m* **2.** Sehnsucht *f;* Lust *f* (*for* auf); **he has a ~ to be alone** er möchte gar zu gerne allein sein

yeo•man [ˈjəʊmən] <*pl* -men> *s* (HIST) Freisasse *m;* kleiner Grundbesitzer; **Yeoman of the Guard** königlicher Leibgardist; **yeo•manry** [-rɪ] *s* bäuerlicher Mittelstand; **yeoman('s) service** *s* treue Dienste *mpl*

yep [jep] *adv* (*sl*) ja

yes [jes] **I.** *adv* ja, jawohl; doch **II.** *s* Ja *nt;* **yes man** <*pl* men> *s* Jasager *m*

yes•ter•day [ˈjestədɪ, ˈjestədeɪ] **I.** *adv* gestern; **the day before ~** vorgestern; **~ morning/afternoon/night** gestern Morgen/Nachmittag/Nacht; **~ week** vor acht Tagen **II.** *s* der gestrige Tag

yet [jet] **I.** *adv* **1.** (*zeitlich*) noch; jetzt; schon; schon noch **2.** (*vor Komparativ*) noch, sogar; außerdem; trotzdem; **as ~** bis jetzt; **not ~** noch nicht; **I have ~ to see it myself** ich muss es selbst noch sehen **II.** *conj* (je)doch, dennoch, trotzdem

yew [juː] *s* (*a. ~-tree*) Eibe *f*

Yid•dish [ˈjɪdɪʃ] *s* Jiddisch *nt*

yield [jiːld] **I.** *vt* **1.** hervorbringen, liefern **2.** einbringen, abwerfen, (her)geben **3.** (*Zinsen*) gewähren **4.** (*fig*) aufgeben; abtreten (*to s.o.* an jdn) **II.** *vi* **1.** (AGR) tragen **2.** (COM) Zinsen tragen **3.** sich fügen; es aufgeben **4.** nachgeben **5.** (AUTO) die Vorfahrt lassen, beachten **6.** (*Am*) das Wort überlassen (*to s.o.* jdm); **~ to conditions** auf Bedingungen eingehen; **~ to force** der Gewalt weichen; **~ to no-one** niemandem nach-, hinter niemandem zurückstehen **III.** *s* **1.** Ertrag, (erzielter) Gewinn *m* **2.** Ernte *f* **3.** Ausbeute *f;* effektive Verzinsung; (COM) Rendite *f;* **yield up** *vt* abtreten (*to* an); (*Leben*) aufgeben; **~ up to one's fate** sich in sein Schicksal ergeben, fügen; **yield•ing** [-ɪŋ] *adj* **1.** nachgebend **2.** (*fig*) nachgiebig

yip•pee [ˈjɪpɪ] *interj* juhe! hurra!

yob, yob•bo [jɒb, ˈjɒbəʊ] *s* Rüpel *m;* **yob-bish•ness** [ˈjɒbɪʃˌnəs] *s* (*Br: sl*) Rüpelhaftigkeit *f*

yodel, yodle [ˈjəʊdl] **I.** *vi* jodeln **II.** *s* Jodler *m*

yoga [ˈjəʊgə] *s* Yoga, Joga *nt od m*

yog•h(o)urt [ˈjɒgət] *s* Jogurt *m od nt*

yogi [ˈjəʊgɪ] *s* Yogi *m*

yoke [jəʊk] **I.** *s* **1.** (*a. fig*) Joch *nt* **2.** (*Kleid*) Passe *f;* **throw off the ~** (*fig*) das Joch abschütteln **II.** *vt* **1.** (*Zugtiere*) anjochen, anspannen (*to* an) **2.** (*fig*) koppeln, verbinden (*to* mit)

yokel [ˈjəʊkl] *s* (*pej*) Tölpel *m*

yolk [jəʊk] *s* Dotter *m od nt,* Eigelb *nt*

yon•der [ˈjɒndə(r)] *adv* dort (drüben)

yore [jɔː(r)] (LIT): **in days of ~** in alten Zeiten

you [juː] *pron* **1.** du; dich *acc,* dir *dat* **2.** (*pl*) ihr; euch *acc/dat* **3.** (*Höflichkeitsform*) Sie *a. acc,* Ihnen *dat* **4.** (*unbestimmt*) man; einen *acc,* einem *dat;* **all of ~** ihr alle; Sie alle; **if I were ~** ich an deiner, Ihrer Stelle; **it's ~** du bist es; ihr seid's; Sie sind es; **~ teachers** ihr Lehrer; **there's a nice job for ~** das ist eine nette Arbeit; **that hairstyle just isn't ~** die Frisur passt einfach nicht zu dir; **you'll** [juːl] = **you will; you shall**

young [jʌŋ] **I.** *adj* **1.** (*a.* GEOL) jung **2.** jugendlich **3.** frisch, kräftig **4.** unerfahren; **the night is still ~** der Abend hat erst angefangen **II.** *s* (ZOO) (das) Junge; **the ~** die Jungen, die jungen Leute *pl;* **with ~** (*Tier*) trächtig; **young people** *s pl* junge Leute *pl;* **young persons** *s pl* Jugendliche *pl;* **young•ster** [ˈjʌŋstə(r)] *s* Junge, Bursche *m*

your [jɔː(r), jʊə(r)] *pron* **1.** dein; euer *pl* **2.** (*Höflichkeitsform*) Ihr **3.** (*unbestimmt*) sein **4.** (*typisch*) der, die, das; **~ average German** der durchschnittliche Deutsche; **you register and then you get ~ form** man meldet sich an, und dann bekommt man sein Formular; **one of ~ friends** einer deiner, Ihrer Freunde

you're [jʊə(r)] = **you are**

yours [jɔːz, jʊəz] *pron* **1.** deine(r, s); der, die, das Deine **2.** (*pl*) eure(r, s); der, die, das Eure **3.** (*Höflichkeitsform*) Ihre(r, s); der, die, das Ihre; **a friend of ~s** einer deiner, eurer, Ihrer Freunde; **this book is ~s** dies Buch gehört dir, euch, Ihnen; **~s sincerely** mit freundlichen Grüßen; **~s truly/faithfully** hochachtungsvoll

your·self [jɔːˈself, jəˈself, *Am* jʊərˈself] *<pl* -selves*>* *pron* **1.** dich *acc,* dir *dat* **2.** (*pl*) euch *acc/dat* **3.** (*Höflichkeitsform*) sich **4.** (*betont*) (du, ihr, Sie) selbst; (**all**) **by** ~ (ganz) allein; ohne Hilfe; **be ~!** (*fam*) reiß dich zusammen!; **you don't seem to be ~ today** Sie sind heute wohl nicht ganz auf der Höhe; **will you do it ~?** machst du das selbst? machen Sie das selbst?; **you ~ said it** das hast du, das habt ihr, das haben Sie selbst gesagt

youth [juːθ, *pl* juːðz] *<pl* youths*>* *s* **1.** Jugend *f* **2.** Jugendlichkeit, -frische *f* **3.** *mit sing od pl* Jugend *f,* junge Leute *pl* **4.** junger Mann, Jugendliche(r) *m;* **the friends of his ~** seine Jugendfreunde *mpl;* **vigour of ~** Jugendkraft *f;* **youth centre, youth club** *s* Haus *nt* der Jugend, Jugendzentrum *nt;* **youth·ful** [ˈjuːθfl] *adj* **1.** jung **2.** jugendlich; **youth hostel** *s* Jugendherberge *f;* **youth training scheme** *s* Ausbildungsförderungsprogramm *nt;* **youth unemployment** *s* Jugendarbeitslosigkeit *f*

you've [juːv] = **you have**

yowl [jaʊl] *vi* jaulen

yo-yo [ˈjəʊjəʊ] *s* (*Kinderspielzeug*) Jo-Jo *nt;* **up and down like a ~** immer auf und ab; **yo-yo diet·ing** *s* (*fam*) Abnehmen und gleich wieder Zunehmen (Jo-Jo-Effekt)

Yu·go·slav [ˈjuːgəʊˈslɑːv] **I.** *adj* jugoslawisch **II.** *s* Jugoslawe *m,* Jugoslawin *f;* **Yu·go·sla·via** [ˈjuːgəʊˈslɑːvɪə] *s* (HIST) Jugoslawien *nt;* **Yu·go·sla·vian** [ˈjuːgəʊˈslɑːvɪən] *adj* jugoslawisch

yuk [ˈjʌk] *vi* (*sl*): **~ it up with s.o.** mit jdm quatschen *sl*

yuk·ky [ˈjʌkɪ] *adj* (*fam*) ekelhaft

yule [juːl] *s* Weihnachten *nt,* Weihnacht *f;* **yule log** *s* Weihnachtsscheit *nt;* **yuletide** *s* Weihnachtszeit *f*

yuppie [ˈjʌpɪ] *s s.* **young urban professional** Yuppie *m*

Z

Z, z [zed, *Am* ziː] *<pl* -'s*>* *s* Z, z *nt*

Zaire [zɑːˈiːə] *s* Zaire *nt;* **Za·ir·ean** [zɑːˈiːərən] **I.** *adj* zairisch **II.** *s* Zairer(in) *m(f)*

Zam·bia [ˈzæmbɪə] *s* Sambia *nt;* **Zam·bi·an** [ˈzæmbɪən] **I.** *adj* sambisch **II.** *s* Sambier(in) *m(f)*

zany [ˈzeɪnɪ] *adj* komisch, spaßig

zap [zæp] *vt* **1.** (*fam*) löschen **2.** (TV: *fam*) ständig hin- und herschalten; **zap·ping** [zæpɪŋ] *s* (*fam*) TV-Hoppen *nt,* ständiges Umschalten

zeal [ziːl] *s* Eifer *m;* **zealot** [ˈzelət] *s* **1.** Fanatiker(in) *m(f)* **2.** (REL) Zelot *m;* **zeal·ous** [ˈzeləs] *adj* eifrig; begeistert, enthusiastisch

zebra [ˈziːbrə] *s* Zebra *nt;* **zebra crossing** *s* Zebrastreifen *m*

zen·ith [ˈzenɪθ, *Am* ˈziːnɪθ] *s* (*a. fig*) Zenit *m*

zero [ˈzɪərəʊ] *<pl* zero(e)s*>* **I.** *s* **1.** Null *f* **2.** Nullpunkt *m* (*einer Skala*) **3.** Gefrierpunkt *m* **4.** (*fig*) Null-, Tiefpunkt, -stand *m* **5.** Nichts *nt;* **be at ~** auf Null stehen; **fall to ~** auf null Grad fallen **II.** *adj* null, Null-; **~ altitude flying** Tiefflug *m;* **~ degrees** null Grad; **~ emission vehicle, ZEV** abgasfreies Fahrzeug; **~ gravity** Schwerelosigkeit *f;* **~ growth** Nullwachstum *nt;* **~ hour** die Stunde X; **~ option** (POL) Nulllösung *f;* **~-rated** von der Mehrwertsteuer befreit; **I have ~ interest in that** (*fam*) ich habe null Interesse daran; **zero in** *vi* (MIL) sich einschießen (*on* auf); **~ in on s.o.** jdn einkreisen; **~ in on s.th.** sich etw herausgreifen; sich auf etw stützen; **zero out** *vt* eliminieren, ausradieren

zest [zest] *s* **1.** Begeisterung *f* **2.** (*fig*) Pfiff, Schwung *m* **3.** Zitronen-, Orangenschale *f;* **~ for life** Lebensfreude *f;* **with ~** mit Eifer, Begeisterung; **add** [*o* **give**] **~ to s.th.** einer S Würze verleihen, eine S interessant machen

Zeus [zjuːs] *s* Zeus *m*

ZEV [ˌzediːˈviː] *s Abk. von* **zero emission vehicle** abgasfreies Fahrzeug

zig·zag [ˈzɪgzæg] **I.** *s* Zickzack *m,* Zickzacklinie *f,* Zickzackweg *m* **II.** *adv* im Zickzack **III.** *adj* Zickzack-; zickzackförmig; **~ path** Zickzackweg *m* **IV.** *vi* im Zickzack (ver)laufen

zilch [zɪltʃ] *pron* (*fam*) nichts, null

Zim·ba·bwe [zɪmˈbɑːbwɪ] *s* (GEOG) Simbabwe, Zimbabwe *nt;* **Zim·bab·we·an** [zɪmˈbɑːbwɪən] **I.** *adj* simbabwisch **II.** *s* Simbabwer(in) *m(f)*

zinc [zɪŋk] *s* Zink *nt*

zine [ziːn] *s* (*sl*) Zeitschrift *f*

zip [zɪp] **I.** *s* **1.** Pfeifen, Zischen, Surren *nt*

2. (*fig fam*) Dynamik *f,* Schwung *m* **3.** (~ *fastener*) Reißverschluss *m* **II.** *vi* pfeifen, schwirren, surren **III.** *vt* **1.** (~ *shut*) mit einem Reißverschluss schließen **2.** (~ *open*) den Reißverschluss aufmachen (*s.th.* einer S); **will you ~ me up?** würdest du meinen Reißverschluss zumachen?; **zip code, ZIP code** *s* (*Am*) Postleitzahl *f;* **zip fas·tener** ['zɪp,fɑːsnə(r)] *s* Reißverschluss *m;* **zip·per** ['zɪpə(r)] *s* (*Am*) Reißverschluss *m;* **~ clause** (*Am*) Schweigepflichtklausel *f;* **zip·py** ['zɪpɪ] *adj* (*fam*) schwungvoll; schnell

zither ['zɪðə(r)] *s* (MUS) Zither *f*

zo·diac ['zəʊdɪæk] *s* (ASTR) Tierkreis *m;* **sign of the ~** Tierkreiszeichen *nt*

zom·bie ['zɒmbɪ] *s* **1.** (*Westindien*) Zombie *m* **2.** (*fam*) Trottel *m;* **like a ~** total im Tran

zonal ['zəʊnl] *adj* Zonen-, zonal

zone [zəʊn] **I.** *s* **1.** Zone *f* **2.** Gebiet *nt,* Bereich *m* **3.** (Post)Bezirk *m;* (*Am*) Gebührenzone *f;* **danger ~** Gefahrenzone *f,* -bereich *m;* **frigid/temperate/torrid ~** kalte/gemäßigte/heiße Zone; **occupation ~** Besatzungszone *f* **II.** *vt* **1.** in Zonen [*o* Bezirke] einteilen **2.** (*Gelände*) für einen bestimmten Zweck vorsehen; **zone out** *vt* (*fig*) abdriften, in Gedanken woanders sein; **zon·ing** [-ɪŋ] *s* Gebiets-, Flächenaufteilung *f;* **zoning ordinance** *s* Bebauungsplan *m,* baurechtliche Vorschriften *fpl*

zoo [zuː] *s* Zoo *m;* **zo·ol·ogi·cal** [,zəʊə'lɒdʒɪkl] *adj* zoologisch; **~ gardens** zoologischer Garten, Tierpark *m;* **zo·ol·ogist** [zəʊ'ɒlədʒɪst] *s* Zoologe *m,* Zoologin *f;* **zo·ol·ogy** [zəʊ'ɒlədʒɪ] *s* Zoologie *f*

zoom [zuːm] **I.** *s* **1.** (PHOT: ~ *lens*) Zoom(objektiv) *nt* **2.** (AVIAT) Steilflug *m,* steiler Aufstieg **3.** (*Geräusch*) Surren *nt* **II.** *vt* **1.** (AVIAT) steil hochziehen **2.** (AUTO) auf Hochtouren bringen **III.** *vi* **1.** (AVIAT) steil aufsteigen **2.** (*Preise*) in die Höhe schnellen **3.** sausen, rasen; schnell arbeiten **4.** surren; **he just ~ed through it** er hatte das im Nu fertig; **zoom in** *vi* **1.** (PHOT) nah herangehen **2.** (*fam*) hereinsausen; **~ in on s.th.** (*fig fam*) etw sofort herausgreifen; **zoom out** *vi* **1.** (PHOT) aufziehen **2.** (*fam*) hinaussausen

zuc·chi·ni [zu'kiːnɪ] *s* (*Am*) Zucchini *pl*

PONS

Kompaktwörterbuch
für alle Fälle

Englisch – Deutsch
Deutsch – Englisch

herausgegeben von Prof. Dr. Erich Weis †

Teil 2: Deutsch – Englisch

neu bearbeitet und ergänzt
von Christian Nekvedavičius

Ernst Klett Verlag
Stuttgart · Düsseldorf · Leipzig

PONS Kompaktwörterbuch für alle Fälle Deutsch-Englisch
herausgegeben von Prof. Dr. Erich Weis †

Deutsch-Englisch neu bearbeitet und ergänzt
von Christian Nekvedavičius

Neubearbeitung 1991: Louise Aidulis, Dr. Andreas Cyffka,
Elisabeth Meyer-Koch

Neubearbeitung 1997: Hugh Keith, Gudrun Küper, Annette Haas
unter Mitwirkung und Leitung der Redaktion PONS Wörterbücher

Neubearbeitung 2000: Redaktion PONS Wörterbücher

Zur Darstellung der reformierten Schreibung deutscher Wörter

1. Ebene der Stichwörter und Unterstichwörter

1.1 Verweiseinträge

Liegt zwischen Altschreibung und Reformschreibung eine größere Lemmastrecke vor wie im Beispiel **belemmert/belämmert**, so erfolgt ein Verweis in der Form, dass die Reformschreibung **belämmert** als Haupteintrag (mit Übersetzung usw.) gilt, die Altschreibung **belemmert** nur „erwähnend" als Basis eines Verweises mitgeführt wird. Bei der Altschreibung finden sich dann keine Übersetzungen usw.
Von der alten Schreibung wird auf die Reformschreibung verwiesen, also von **belemmert** auf **belämmert.**
Die alte Schreibung erhält eine „Alt"-Markierung in Form einer grauen Hinterlegung.

Beim Eintrag für die Reformschreibung erfolgt entsprechend eine „Neu"-Markierung mit Hilfe des Zeichens **RR**.
Von der neuen Schreibung erfolgt kein Verweis auf die alte Schreibung, also nicht von **Stängel** zurück auf **Stengel.**

1.2 Stichwörter mit Doppel-s nach Kurzvokal

Stichwörter mit S-Laut nach Kurzvokal werden reformiert mit Doppel-s geschrieben: **dass, Schloss, Missverständnis, Schuss.**
Dieser Ersatz des ehemaligen scharfen s durch Doppel-s wird ebenfalls durch eine „Neu"-Markierung angezeigt.

1.3 Nebeneinanderstehen alter und neuer Schreibungen

Lässt die Rechtschreibreform es zu, dass die Reformschreibung und die alte Schreibung nebeneinander stehen können, die Reform aber eine Variante als sogenannte Hauptvariante bezeichnet, dann wird der Eintrag unter der Hauptvariante abgehandelt, die Nebenvariante ist nur ein Verweiseintrag.
Beispiel: Das Wort **Delphin** kann reformiert geschrieben werden (a) **Delphin** oder (b) **Delfin.**
Die Schreibung **Delphin** gilt als Hauptvariante.
Demzufolge ist der Eintrag unter **Delphin** abgehandelt (Hauptvariante → Haupteintrag), die Nebenvariante **Delfin** ist nur ein Verweiseintrag.

1.4 Aufspaltung von „Einwort-Verben"/„Einwort-Adjektiven" in Syntagmen

Einwortverben bzw. Einwortadjektive (Typ: **auseinandersetzen/alleinerziehend**) werden durch die Rechtschreibreform bisweilen zu Syntagmen: **auseinander setzen/allein erziehend.**

Es erfolgt von der Altschreibung ein Verweis auf die Reformschreibung.

1.5 Gleichberechtigte Schreibvarianten

Durch die Rechtschreibreform entstehen auch Paare von Schreibvarianten, die – im Gegensatz zum Typ **Delphin** (Hauptvariante)/**Delfin** (Nebenvariante) völlig gleichberechtigt sind, z. B. **Alptraum/Albtraum.** In solchen Fällen erfolgt kein Verweis; die neue Schreibweise wird durch **RR** gekennzeichnet.

1.6 Worttrennungen

Bei der Trennung von Stichwörtern ist zu berücksichtigen, dass nun
- **st** getrennt werden kann (**Wes-te**)
- **ck** nicht mehr durch k-k ersetzt wird (**Zu-cker**)
- und dass ein einzelner Vokal am Wortanfang abgetrennt werden darf (**U-fer**).

2. Wendungen und Beispielsätze

Wendungen und Beispielsätze werden nach den neuen Rechtschreibregeln geschrieben. Ebenso werden im Teil Englisch-Deutsch die deutschen Wörter ausschließlich in reformierter Schreibung geschrieben.

Erläuterungen

I. Schriftarten

Fettdruck für die Stichwörter;

Halbfettdruck für die deutschen Anwendungsbeispiele und Redewendungen und für die römischen und arabischen Ziffern;

Grundschrift für die englischen Übersetzungen der deutschen Stichwörter, Anwendungsbeispiele und Redewendungen;

Grundschrift für grammatische Angaben in < >;

Kursivschrift für Angaben von Wortart und Genus etc., für Erklärungen in ( ), für Bezeichnungen der Sprachebene;

Beispiel: **aber** ['abːɑ] *conj* **1.** *(Gegensatz)* but; **oder ~** or else; **~ trotzdem** but still; **schönes Wetter! – ~ ziemlich kalt** nice day! – rather cold, though **2.** *(Verstärkung)*: **~, ~!** *(interj)* come, come! **~ ja!** oh, yes! **bist du ~ braun!** aren't you tanned!, **nun ist ~ Schluss!** now that's enough!

KAPITÄLCHEN für Sachgebietsangaben, z. B. (SCHULE)

II. Stichwortanordnung und Gliederung der Einträge

Alle fett gedruckten Stichwörter sind alphabetisch geordnet. Die Umlaute ä, ö, ü sind den Buchstaben a, o, u gleichgestellt.

Römische Ziffern kennzeichnen die verschiedenen Wortarten, denen ein Stichwort angehört.

Beispiel: **also** ['alzo] **I.** *adv* so; *(als Fürwort)* well; **~ doch!** so … after all!, **~ gut!** well all right then! **II.** *conj (daher)* therefore

Verschiedene Bedeutungen eines Stichwortes sind durch **arabische Ziffern** gekennzeichnet.

Beispiel: **Raum** [raʊm, *pl:* 'rɔɪmə] <-(e)s, ¨-e> *m* **1.** (ASTR) space; **2.** *(Zimmer)* room **3.** *(Gebiet)* area; **4.** *(fig: Spiel~)* scope; **~ schaffen** make some space; **der ~ Frankfurt** the Frankfurt area; **~sparend**[RR] space-saving

Arabische Ziffern (hochgestellt) unterteilen Homographe.

Beispiel: **Pack**[1] [pak] <-(e)s> *m* **1.** *(Haufen)* stack **2.** *(Bündel)* bundle; **mit Sack u. ~** *(fam)* with bag and baggage
Pack[2] *nt (Gesindel)* rabble, riffraff

III. Tilde ~

Die Tilde ~ ersetzt in den Redewendungen und Anwendungsbeispielen sowie in den Erklärungen das (fett gedruckte) Stichwort.

Beispiel: **Wehrdienst** <-(e)s> *m* military service; **jdn zum ~ einberufen** call s. o. up *Br*, draft s. o. *Am;*
Ziegel ['tsiːgl] <-s, -> *m* **1.** *(~stein)* brick **2.** *(Dach~)* tile,

IV. Grammatische Angaben

Die grammatischen Angaben beschreiben in knapper Form die grammatischen Eigenschaften eines Wortes und sein grammatisch bedingtes Verhalten bei der Verwendung im Satzzusammenhang. Sie sollen dazu dienen, das Wort grammatisch richtig zu gebrauchen bzw. in seinem Gebrauch zu erkennen und der grammatisch richtigen englischen Entsprechung zuzuordnen.

Die grammatischen Angaben bestehen im Wesentlichen aus der Bezeichnung der Wortart, Angaben zur Flexion und Hinweisen zur Verbindung mit anderen Satzteilen (Kasusgebrauch, Verwendung bestimmter Präpositionen). Sie ordnen das jeweilige Stichwort grundsätzlich einer Klasse von Wörtern zu, deren Mitglieder sich grammatisch gleich verhalten, d. h. einer Wortklasse. Individuelle Besonderheiten eines Wortes sind dann vermerkt, wenn sie sich aus dem allgemeinen Verhalten der gesamten Wortklasse nicht ableiten lassen; hierzu dienen vor allem auch die zahlreich aufgenommenen Anwendungsbeispiele.

1. Substantive

Die Bezeichnung des grammatischen Geschlechts als *m* (Maskulinum, best. Art. „der"), *f* (Femininum, best. Art. „die") oder *nt* (Neutrum, best. Art. „das") schließt ein, dass es sich um ein Substantiv handelt.
Substantive, die wie Adjektive dekliniert werden und sowohl eine männliche als auch eine weibliche Form haben, sind folgendermaßen gekennzeichnet:

Angestellte(r) *f m* = der Angestellte, ein Angestellter
= die Angestellte, eine Angestellte

Männliche Substantive, die wie Adjektive dekliniert werden, sind folgendermaßen gekennzeichnet:

Beamte(r) *m* = der Beamte, ein Beamter

Substantive, die die weibliche Form mit -in bilden, sind folgendermaßen gekennzeichnet:

Ingenieur(in) *m (f)*
Chirurg(in) *m (f)*
Agent(in) *m (f)*

Auf die Angabe des grammatischen Geschlechts folgt in spitzen Klammern < > die Flexionsendung, die dem Wort im Genitiv Singular bzw. (durch Komma getrennt) im Nominativ Plural angehängt wird (runde Klammern bezeichnen weglassbare oder wenig gebräuchliche Elemente):

z. B.: **Hase** *m* <-n, -n> *für* <*Gen. Sing.* Hasen, *Nom. Pl.* Hasen>
Haar *nt* <-(e)s, -e> *für* <Haars (Haares), Haare>

Erscheint nur ein „-" ohne Endung, so heißt das, dass die betreffende Form mit der (im Nominativ gegebenen) Grundform gleich lautend ist:

Katze *f* <-, n> *für* <Katze, Katzen>
Hamster *m* <-s, -> *für* <Hamsters, Hamster>

Wird der Stammvokal der Grundform bei der Pluralbildung umgelautet (a, o, u, au → ä, ö, ü, äu), so steht das Zeichen -̈ vor der Pluralendung:

Zahn *m* <(e)s, -̈e> *für* <Zahn(e)s, Zähne>
Haus *nt* <-es, -̈er> *für* <Hauses, Häuser>

Bei Wörtern, die gewöhnlich keinen Plural bilden, erscheint nur die Endung des Genitiv Singular:

Eifer *m* <-s> *für* <Eifers, *kein Plural*>
Liebe *f* <-> *für* <Liebe, *kein Plural*>

Bei einigen Fremdwörtern (z. B. auf -mus, -ium, -(u)um) wird die gegebene Pluralendung nicht an die Grundform angehängt, sondern ersetzt im Plural den entsprechenden Teil der Grundform:

Organismus *m* <-, -men> *für* <Organismus, Organismen>
Oratorium *nt* <-s, -ien> *für* <Oratoriums, Oratorien>
Kontinuum *nt* <-s, -ua> *für* <Kontinuums, Kontinua>

Bei zusammengesetzten Substantiven sind die Flexionsangaben unter dem Eintrag des letzten Teilworts zu finden.
Eine große Zahl von Wörtern im Deutschen ist durch Anhängen bestimmter, unselbstständiger Nachsilben (Suffixen) von anderen Wörtern abgeleitet. Bei solchen Bildungen ist die Flexion (überwiegend auch das grammatische Geschlecht) regelmäßig durch die jeweilige Endung bestimmt und braucht daher in der Regel nicht in jedem Einzelfall angegeben zu werden. Da diese Ableitungsendungen keine selbstständigen Stichworteinträge bilden, sind sie mit den jeweiligen Flexionsmustern in folgender Liste zusammengestellt:

-chen	*nt* <-s, ->	**(das) Kerlchen**	<Kerlchens, Kerlchen>
-e	*m f* <-n, -n>	**(der/die) Gefangene**	<Gefangenen, Gefangenen>
-ei	*f* <-, (-en)>	**(die) Sauerei**	<Sauerei, (Sauereien)>
-er	*m* <-s, ->	**(der) Lehrer**	<Lehrers, Lehrer>
	(gilt nur für Ableitungen auf -er, siehe unten Anm. 1)		
-heit	*f* <-, -en>	**(die) Freiheit**	<Freiheit, Freiheiten>
-in	*f* <-, -nen>	**(die) Lehrerin**	<Lehrerin, Lehrerinnen>
-keit	*f* <-, -en>	**(die) Kleinigkeit**	<Kleinigkeit, Kleinigkeiten>
-lein	*nt* <-s, ->	**(das) Männlein**	<Männleins, Männlein>
-ling	*m* <-s, -e>	**(der) Mischling**	<Mischlings, Mischlinge>
-nis	*nt* <-ses, -se>	**(das) Verhältnis**	<Verhältnisses, Verhältnisse>
	f <-, (-se)>	**(die) Bedrängnis**	<Bedrängnis, (Bedrängnisse)>
-schaft	*f* <-, -en>	**(die) Eigenschaft**	<Eigenschaft, Eigenschaften>
-tum	*nt* <-s, ¨-er>	**(das) Heiligtum**	<Heiligtums, Heiligtümer>
	(*Ausnahme:* **Irrtum** *m*)		
-ung	*f* <-, -en>	**(die) Bedeutung**	<Bedeutung, Bedeutungen>

Anm. 1. Bei einer Reihe von Wörtern ist die Endung -er nicht Ableitungssilbe, sondern ein eigentlicher Teil des Wortes (z. B. Eimer *m*, Feier *f*, Feuer *nt*). In diesen Fällen werden die jeweiligen grammatischen Angaben stets gemacht.

Anm. 2. Ob ein Wort im Einzelfall tatsächlich im Plural gebraucht wird, hängt davon ab, ob das betreffende Substantiv „zählbar" ist.

Bei vielen Fremdwörtern im Deutschen ist die Flexion (oft auch das grammatische Geschlecht) ebenfalls regelmäßig an ihrer jeweiligen Endung zu erkennen, sodass die Angaben zur Flexion häufig entfallen können. Die wichtigsten und verlässlichsten dieser Endungen sind mit den jeweiligen Flexionsmustern in folgender Liste zusammengestellt:

-anz	*f* <-, -en>	**(die) Toleranz**	<Toleranz, Toleranzen>
-ar	*m* <-s, -e>	**(der) Archivar**	<Archivars, Archivare>
	nt <-s, -e>	**(das) Inventar**	<Inventars, Inventare>
-är	*m* <-s, -e>	**(der) Pensionär**	<Pensionärs, Pensionäre>
-enz	*f* <-, -en>	**(die) Potenz**	<Potenz, Potenzen>
-graph	*m* <-en, -en>	**(der) Geograph**	<Geographen, Geographen>
-graf	*m* <-en, -en>	**(der) Fotograf**	<Fotografen, Fotografen>
-ie	*f* <-, -n>	**(die) Harmonie**	<Harmonie, Harmonien>
	(*Ausnahme:* **Genie** *nt* <-s, -s>)		
-ien	*nt* <-s, (-)>	**(das) Spanien**	<Spaniens, (Spanien)>

-ier	*m* <-s, ->	**(der) Spanier**	<Spaniers, Spanier>
-ik	*f* <-, -en>	**(die) Kritik**	<Kritik, Kritiken>
-iker	*m* <-s, ->	**(der) Kritiker**	<Kritikers, Kritiker>
-ion	*f* <-, -en>	**(die) Nation**	<Nation, Nationen>
-ium	*nt* <-s, -ien>	**(das) Podium**	<Podiums, Podien>
-oge	*m* <-n, -n>	**(der) Astrologe**	<Astrologen, Astrologen>
-or	*m* <-s, -en>	**(der) Motor**	<Motors, Motoren>
-smus	*m* <-, -smen>	**(der) Organismus**	<Organismus, Organismen>
-st	*m* <-en, -en>	**(der) Kommunist**	<Kommunisten, Kommunisten>
-tät	*f* <-, -en>	**(die) Priorität**	<Priorität, Prioritäten>
-tiv	*nt* <-s, -e>	**(das) Adjektiv**	<Adjektivs, Adjektive>
	m <-s, -e>	**(der) Genitiv**	<Genitivs, Genitive>
-ur	*f* <-, -en>	**(die) Agentur**	<Agentur, Agenturen>

Substantive, die ohne Anfügen einer Endung von einem Verb abgeleitet sind und mit diesem gleich lauten, flektieren als Neutra und bilden nur dann einen Plural, wenn sie „zählbar" sind:

Wandern	*nt* <-s>	für <Wanderns, kein Plural>
Marschieren	*nt* <-s>	für <Marschierens, kein Plural>
Leben	*nt* <-s, (-)>	für <Lebens, (Leben)>
Verbrechen	*nt* <-s, ->	für <Verbrechens, Verbrechen>

2. Adjektive und Adverbien

Die Bezeichnung eines Wortes als *adj* schließt ein, dass das Wort in gleicher Form im Deutschen auch als Adverb (*adv*) gebraucht wird. Als Flexionsangaben erscheinen bei Adjektiven in spitzen Klammern die unregelmäßigen Steigerungsformen und diejenigen Steigerungsformen, bei denen der Stammvokal der Grundform umgelautet wird. Dabei bezeichnet die erste der gegebenen Formen den Komparativ, die zweite den Superlativ (bzw. die Bildung der jeweiligen Form).

z. B.:	**gut**	*adj* <besser, best>	
	alt	*adj* <-er, -est>	*für* <älter, ältest>
	nah	*adj* <-er, nächst>	*für* <näher, nächst>
	hoch	*adj* <höher, höchst>	

3. Verben

1. Die Bezeichnung eines Wortes als *vt, vi* oder *vr* schließt ein, dass es sich um ein Verb handelt. Kommt ein Verb in mehreren dieser Verwendungsarten vor, dann ist der Eintrag entsprechend unterteilt. Die Bezeichnungen stehen für folgende Verwendung:
   - **I.** *vt* Das Verb tritt mit direktem (Akkusativ-)Objekt auf, das im Passiv als Subjekt erscheint.
   - **II.** *vi* Das Verb tritt ohne Objekt, mit indirektem Objekt und/oder mit präpositionalem Objekt auf. Im Zweifelsfalle ist nach englischer Entsprechung in runden Klammern die jeweilige Präposition angegeben, die das Verb im Englischen und Deutschen vorzugsweise regiert.
   - **III.** *vr* Das Verb wird mit dem Reflexivpronomen „sich" konstruiert, das in den flektierten Verbformen entsprechend der Person flektiert wird.
2. Die sog. „starken" und sonstigen unregelmäßigen Verben des Deutschen sind als *irr* bezeichnet und mit der Angabe ihrer Stammformen in einer besonderen Liste zusammengefasst.

3. Die Bildung der „zusammengesetzten" Zeiten (Perfekt, Plusquamperfekt, Futur II) erfolgt mit den Hilfszeitwörtern **haben** oder **sein**. Wenn keine Angabe gemacht ist, so erfolgt die Bildung mit **haben**. Verben, die diese Zeiten mit **sein** bilden, erhalten den Zusatz *sein;* bei unregelmäßigen, als *irr* gekennzeichneten Verben ist diese Angabe in der Liste der Stammformen zu finden.
   Verben, die die zusammengesetzten Zeiten unterschiedslos mit **haben** oder **sein** bilden können, erhalten die Angabe *haben oder sein.*
   Gelegentlich ist die Bildung mit **haben** oder **sein** beim gleichen Verb mit einem Unterschied in der Konstruktionsweise des Verbs verbunden. In solchen Fällen ist bei der entsprechenden Unterteilung des Eintrags jeweils der Hinweis *haben* bzw. *sein* gegeben.

4. Die Bildung des Partizip Perfekt: mit oder ohne ge-:

Bei einfachen deutschen Verben erfordert die Bildung des Partizip Perfekt in der Regel die Verwendung der (unbetonten) Vorsilbe **ge-:**

z. B.:	**bauen**	– **ge**baut
	hören	– **ge**hört
	lesen	– **ge**lesen

Bei zusammengesetzten deutschen Verben, die mit einem sog. „trennbaren" (und dann stets betonten), adverbialen Präfix gebildet sind (bezeichnet durch einen senkrechten Trennstrich zwischen Präfix und Verb, siehe unten), wird die Silbe **-ge-** zwischen Präfix und Grundform des Verbs eingeschoben:

auf|bauen	– auf**ge**baut
zu|hören	– zu**ge**hört
vor|lesen	– vor**ge**lesen

Wichtig: Eine große Zahl von Verben bildet das Partizip Perfekt regelmäßig ohne die Vorsilbe **ge-.** Es ist möglich und vielfach üblich, in jedem einzelnen Falle die Angabe <ohne ge-> oder ähnlich zu machen. Diese Angabe kann jedoch unterbleiben, wenn man bedenkt, dass diese Verben (mit sehr wenigen Ausnahmen) zu zwei großen Gruppen gehören:

1. <ohne ge-> Alle Verben auf **-ieren**:

marschieren	– marschierte	– (ist) marschiert
probieren	– probierte	– (hat) probiert

N. B. Diese Verben bilden das Part. Perf. auch dann <ohne ge->, wenn sie mit einem „trennbaren" (betonten) Präfix zusammengesetzt sind:

ab|marschieren	– marschierte ab	– (ist) abmarschiert
aus|probieren	– probierte aus	– (hat) ausprobiert

2. <ohne ge-> Alle Verben, bei denen eine der folgenden, stets unbetonten (und daher „untrennbaren") Vorsilben bereits vorhanden ist:

be-, emp-, ent-, er-, ge-, ver-, zer-,

bebauen	– bebaute	– (hat) bebaut
erhören	– erhörte	– (hat) erhört
gestalten	– gestaltete	– (hat) gestaltet
verlangen	– verlangte	– (hat) verlangt

Zu dieser Gruppe gehören grundsätzlich auch solche Verben, die mit einem „untrennbaren" (dann ebenfalls unbetonten) Präfix zusammengesetzt sind (gekennzeichnet durch das Fehlen des senkrechten Trennstriches, siehe unten):

umgehen	– umging	– (hat) umgangen
untersuchen	– untersuchte	– (hat) untersucht
übersetzen	– übersetzte	– (hat) übersetzt

N. B. Diese Verben bilden das Part. Perf. auch dann <ohne ge->, wenn sie ihrerseits wieder mit einem „trennbaren“ (betonten) Präfix zusammengesetzt sind:

um|gestalten	– gestaltete um	– (hat) umgestaltet
ab|verlangen	– verlangte ab	– (hat) abverlangt
zurück|übersetzen	– übersetzte zurück	– (hat) zurückübersetzt

Einige – sehr wenige – Verben, die nicht zu einer dieser beiden Gruppen gehören (z. B. miauen, trompeten, stibitzen – man beachte die Betonung!), bilden das Part. Perf. ebenfalls <ohne ge-> und erhalten die entsprechende Angabe im Stichworteintrag.

V. Aussprache

Die Angabe der Aussprache steht in eckigen Klammern [ ]. Verwendet werden die Zeichen des Internationalen Phonetischen Alphabets; maßgeblich für das Deutsche ist das *DUDEN-Aussprachewörterbuch*, 3. Auflage. Die verwendeten Zeichen sind mit Beispielen in einer besonderen Liste zusammengestellt (siehe Liste der Aussprachezeichen).
Die Aussprache deutscher Wörter ist im Allgemeinen aus dem Schriftbild gut zu erschließen; dabei wird vorausgesetzt, dass gewisse Grundkenntnisse der Wiedergabe deutscher Lautwerte in der Schrift vorhanden sind. Oft ist es nur nötig zu wissen, welche Silbe eines Wortes betont ist (ob ein betonter Vokal kurz oder lang ist, geht meist aus dem Schriftbild hervor). Wo die Aussprache nicht eigens angegeben ist, gelten folgende Regeln:

1. Zusammengesetzte Wörter

Bei zusammengesetzten Wörtern entfällt die Angabe, wenn sie sich regulär aus der Aussprache der einzelnen Teilwörter ableiten lässt. Die Aussprache der Teilwörter ist bei dem jeweiligen Einzelstichwort zu finden, oder – wenn es sich um eine flektierte Form oder eine reguläre Ableitung (siehe unten) handelt – bei dem entsprechenden Grundwort.

2. Zusammengesetzte Substantive

Zusammengesetzte Substantive betonen überwiegend auf dem ersten Teilwort. Bei Abweichungen und in Zweifelsfällen, wo es allein auf die Kennzeichnung der betonten Silbe ankommt, ist die Angabe nach folgendem Muster gemacht (die waagerechten Striche stehen für je eine Sprechsilbe):

Altweibersommer [-ˈ----] **Inanspruchnahme** [-ˈ---]

Wichtige alternative Betonungsmöglichkeiten sind (durch Schrägstrich getrennt) in folgender Form angegeben:

Attentat [atənˈtaːt/ˈ---]

3. Zusammengesetzte Adjektive/Adverbien

Zusammengesetzte Adjektive/Adverbien, die auf dem ersten Teilwort betont werden, erhalten keine besondere Angabe; doch gibt es zahlreiche, jeweils nach obigem Muster bezeichnete Abweichungen. Das gilt insbesondere für die recht eigenwilligen Bildungen mit negativen Vorsilben (z. B. un-), die zwar oft, aber durchaus nicht immer auf der ersten Silbe betont werden. Auch die häufig möglichen, alternativen Betonungsweisen sind in wichtigen Fällen angegeben; wo solche Alternativen gleichberechtigt verwendet werden, kann die Angabe entfallen.
Bei einer Reihe von Adjektiven/Adverbien schwankt die Betonung regelmäßig je nach der Stellung im Satz (attributiv oder prädikativ). Dabei gilt allgemein, dass die Betonung auf dem ersten Teil der Zusammensetzung liegt, wenn das Wort attributiv verwendet wird; in prädikativer Stellung am Satzende, und auch bei besonders nachdrücklicher oder „emotionaler“ Aussprache rückt die Betonung oft auf den zweiten (letzten) Teil der Zusammensetzung.

Gelegentlich sind bei zusammengesetzten Adjektiven/Adverbien beide Teilwörter (selten mehr) als gleich stark betont angegeben, wie dies für die „Nennform“ nötig ist:

blutrot ['-'-]	**butterweich** ['--'-]
eiskalt ['-'-]	**brandeilig** ['-'--]

Auch hier gilt, dass in attributiver Stellung – wo sie möglich ist – die Betonung auf dem ersten Teil überwiegt.

4. Adjektivische/adverbiale Elemente.

Einige – meist recht produktive – adjektivische/adverbiale Elemente kommen nur in Zusammensetzungen vor. Insoweit, als sie sich für ihre Aussprache nicht ohne weiteres aus verwandten oder phonetisch gleich lautenden Einträgen ableiten lassen, sind sie in folgender Liste zusammengestellt:

-förmig	[-fœrmiç]	**-jährig**	[-jɛːriç]
-halber	[-halbɐ]	**-stöckig**	[-ʃtœkiç]
-haltig	[-haltiç]	**-stündig**	[-ʃtʏndiç]
-maßen	[-maːsən]	**-tägig**	[-tɛːgiç]
-mütig	[-myːtiç]	**-wärts**	[-vɛrts]

Dazu kommen als **substantivische Bildungen** diejenigen auf:

-gänger *m*	[-gɛngɐ]	(von gehen)
-länder *m*	[-lɛndɐ]	(von -land)
-nahme *f*	[-naːmɐ]	(von nehmen)

5. Bildungen mit unselbstständigen Suffixen.

Bei den überaus zahlreichen Wortbildungen des Deutschen, die mit Hilfe bestimmter Suffixe (Nachsilben) aus anderen Wörtern abgeleitet sind, kann in der Regel ebenfalls auf die Angabe der Aussprache verzichtet werden. Da diese Ableitungssilben keine selbstständigen Stichworteinträge bilden, sind sie hier mit ihrer Aussprache und Hinweisen zur Betonung zusammengestellt.

Die folgenden Suffixe selbst sind immer unbetont. Wörter, die mit diesen Suffixen gebildet sind, betonen regelmäßig wie das Wort, von dem sie abgeleitet sind (mit ganz wenigen, dann jeweils bezeichneten Ausnahmen):

-bar	[-baːɐ]	Wunder – wunderbar
		vertreten – vertretbar
-haft	[-haft]	Gewissen – gewissenhaft
-heit	[-haɪt]	sicher – Sicherheit
-ig	[-ɪç]	Vorsicht – vorsichtig
		sofort – sofortig
		ABER: lebend – lebendig
-keit	[-kaɪt]	regelmäßig – Regelmäßigkeit
-lich	[-liç]	Vorbild – vorbildlich
		vertrauen – vertraulich
		ABER: Abscheu – abscheulich
-ling	[lɪŋ]	Finger – Fingerling
-los	[-loːs]	Gewissen – gewissenlos
		Hemmung – hemmungslos
-nis	[-nɪs]	finster – Finsternis
		geheim – Geheimnis
-sam	[-zaːm/-zam]	Arbeit – arbeitsam
		unterhalten – unterhaltsam
-schaft	[-ʃaft]	eigen – Eigenschaft
-tum	[-tuːm]	Verbrecher – Verbrechertum
-ung	[-ʊŋ]	ausarbeiten – Ausarbeitung
		betonen – Betonung

Verben, die durch Anhängen von **-(e)n** [(ə)n] aus Substantiven abgeleitet sind, werden wie das jeweilige Grundwort betont.

6. Einige besondere Fälle

-ei	[-aɪ]	Feminine Substantive auf **-ei** (meist in der Form **-(e)lei** [-(ə)'lai], **-(e)rei** [-(ə)'rai]) werden immer auf dieser (Ableitungs-)Silbe betont: trödeln – Tröde**lei** Liebe – Liebe**lei** fragen – Frage**rei** Schwein – Schweine**rei**
-er	[-ɐ]	Maskuline Ableitungen mit dieser Endung (meist Herkunftsbezeichnungen o. Ä., auch in der Form **-ler, -ner)** betonen wie das jeweilige Grundwort: vertreten – Vertreter Hamburg – Hamburger Abweichungen (z. B. **-aner** [-'a:nɐ]) sind jeweils verzeichnet. Zur Betonung in Verbindung mit „Fremdwörtern" (besonders **-ier, -iker**) vergleiche unten.
-in	[-ɪn]	Feminine Bildungen mit dieser „weiblichen" Endung (häufig in der Form **-erin** [-ərin] betonen wie das „männliche" Grundwort: Vertreter – Vertreterin Arbeiter – Arbeiterin Dies gilt allgemein auch für entsprechende Ableitungen von Fremdwörtern (**-graf/-grafin; -graph/-graphin; -ist/-istin; -loge/-login** etc.). Zur Betonung der Bildungen vom Typ **-or/-orin** vergleiche unten.
-isch	[-ɪʃ]	Adjektive, die mit dieser Endung betonen in der Regel wie das Grundwort: Heim – heimisch Verbrecher – verbrecherisch Für Fremdwörter auf **-isch** lässt sich die entsprechende Regel günstiger etwas anders formulieren, vergleiche unten.

7. Fremdwörter

Bei Wörtern, die im Deutschen als Fremdwörter gelten, ist die Betonung mit großer Regelmäßigkeit an ihrer jeweiligen Endung erkennbar. Damit ist auch die Aussprache meist ohne weiteres erschließbar und braucht – besonders, wo Fremdwörter in sinnverwandten Gruppen auftreten – nicht in jedem Einzelfall angegeben zu werden.
Die wichtigsten Endungen sind in der folgenden Liste aufgeführt; Wörter mit diesen Endungen werden wie die jeweils gegebenen Beispiele betont:

-al	[-a:l]	normal, rational, horizontal ideal, Material, prozentual
-ant	[-ant]	vakant, relevant, Ignorant
-anz	[-an(t)s]	Vakanz, Relevanz, Arroganz
-ar	[-a:ɐ]	Exemplar, elementar, nuklear
-är	[–ɛ:ɐ]	regulär, Sekretär, humanitär
-at	[-a:t]	Demokrat, Sekretariat
-ell	[–ɛl]	formell, strukturell, sensationell ideell, industriell
-ent	[–ɛnt]	konsequent, kongruent
-enz	[–ɛn(t)s]	Konsequenz, Kongruenz
-eur	[-ø:ɐ]	Friseur, Amateur, Ingenieur
-ien	[-iən]	In Ländernamen: Spanien, Argentinien
-ier	[-iɐ]	Nur bei Volks- oder Gruppenzugehörigkeit: Spanier, Argentinier **ABER:** Kavalier
-iker	[-ikɐ]	Ableitungen von Wörtern auf **-ik**, vgl. unten: Musiker, Komiker, Mathematiker, Informatiker

-ion	[-jo:n]	Region, Kommunion, Rebellion

Häufige Verbindungen mit vorausgehenden Konsonanten:

-sion	[-zjo:n]	Illusion, Explosion
-ssion	[-sjo:n]	Passion, Kommission
-tion	[-tsjo:n]	auch als **-ation**, **-ition**: Redaktion, Konstitution Information, Organisation Position, Intuition
-isch	[-ɪʃ]	Bei nicht einheimisch-germanischen Adjektiven liegt die Betonung auf der vorausgehenden Silbe: melodisch, phonetisch, medizinisch Häufig sind Bildungen auf **-alisch, -atisch** etc: musikalisch, problematisch
-ismus	[-ɪsmʊs]	Kommunismus, Materialismus
-ist	[-ɪst]	Kommunist, Materialist
-istik	[-ɪstɪk]	Statistik, Linguistik
-istisch	[-ɪstɪʃ]	kommunistisch, materialistisch
-ium	[-iʊm]	Planetarium, Laboratorium
-or	[-ɔr/-ˈo:ɐ]	Faktor, Professor, Kommentator Schwankende Betonung (jeweils bezeichnet): Autor/Autor, Motor/Motor Ausnahmen (Humor, Labor etc.) sind bezeichnet.
-oren	[-o:rən]	Plural von Bildungen auf **-or**, regelmäßig: Faktoren, Professoren, Kommentatoren, Autoren
-orin	[-o:rɪn]	Weibliche Entsprechungen zu Wörtern auf **-or**: Autorin, Professorin, Kommentatorin
-ös	[-ø:s]	nervös, religiös
-tät	[-tɛ:t]	Meist in Bildungen der Form **-ität** [-iˈtɛ:t]: Qualität, Aktivität, Regularität
-ur	[-u:ɐ]	Klausur, Tortur, Korrektur

Verben auf **-ieren** [-i:rən] betonen regelmäßig wie folgt:
probieren, informieren, variieren, funktionieren

Häufig sind Bildungen auf:
-isieren [-iˈziˈrən]: normalisieren, rationalisieren
-izieren [-iˈtsi:rən]: praktizieren, identifizieren

In einigen Fällen ist die Angabe erforderlich, da verschiedene Betonungsmuster zu Grunde liegen können. Dazu zählen Wörter auf:

-ie	1. [-i:]	Betonung auf der Endsilbe, z. B.: Batterie, Hysterie, Harmonie und alle auf **-grafie, -graphie, -logie, -nomie;**
	2. [-iə]	auf der vorhergehenden Silbe: Linie, Materie, Familie, Begonie
-ik	1. [-i:k]	Betonung auf der Endsilbe: Musik, Politik, Mathematik
	2. [-ɪk]	auf der vorhergehenden Silbe: Komik, Phonetik, Informatik (so auch die Bildungen auf **-istik**, vgl. oben);
-iv	1. [-i:f]	Betonung auf der Endsilbe: Motiv, intensiv, Objektiv
	2. [-i:f]	Dativ, Konjunktiv, negativ Bei anderen, mehrsilbigen Wörtern schwankt die Betonung zwischen den beiden Möglichkeiten.

N. B. Die angegebenen Betonungsmuster gelten für „einfache“, d.h. nicht weiter zusammengesetzte Wörter (also z. B. nicht für Bildungen mit negativen Vorsilben oder Verben mit „trennbaren" Präfixen, vgl. unten).

8. Zusammengesetzte Verben mit Vorsilbe oder Präfix

1. Die folgenden, „nicht-trennbaren" Vorsilben sind immer unbetont (auch in abgeleiteten Adjektiven und Substantiven):

be-	[bə-]	**emp-**	[ɛmp-]	**ent-**	[ɛnt-]	**er-**	[ɛr-]
ge-	[gə-]	**ver-**	[fɛr-]	**zer-**	[tsɛr-]		

   z. B.: betonen, erleben, gedenken, verantworten
2. Verben mit einem Präfix, das als „trennbar" gekennzeichnet ist (durch senkrechten Strich zwischen Präfix und Grundverb), haben die Betonung auf dem Präfix:
   z. B.: ab|trennen, weiter|sagen, zusammen|setzen
   aus|probieren, an|montieren, ein|studieren
3. Bei Präfixen, die sowohl „trennbar" als auch „untrennbar" vorkommen, entscheidet der Trennstrich über die Betonung:
   durch|lesen **aber:** durchbluten
   unter|bringen **aber:** untersuchen
   wider|spiegeln **aber:** widersprechen

   Wichtig: In einer Reihe solcher Fälle ist die unterschiedliche Betonung mit einem Unterschied in der Bedeutung verbunden:

durch|fahren	'pass through without stopping'
durchfahren	'pass through'
um|gehen	'be about, know how to handle'
umgehen	'circumvent'
über|setzen	'cross by boat'
übersetzen	'translate'
wieder|holen	'get back, retrieve'
wiederholen	'repeat'

9. Wichtige Besonderheiten

Zwei Erscheinungen der deutschen Aussprache verdienen besondere Erwähnung, da es nur mit sehr großem Aufwand möglich wäre, sie in jedem Einzelfalle anzugeben. Sie können für den Zweck dieses Wörterbuchs durch folgende Regeln beschrieben werden.

9.1. Die Auslautverhärtung

Hierbei handelt es sich um den regelmäßigen Wechsel bestimmter Konsonanten zwischen einer „harten" und einer „weichen" Aussprache; betroffen sind **b d g v** und **s**, die im Auslaut (d. h. am Silbenende, besonders Wortende) „hart" ausgesprochen werden, als [p t k f s].

Wenn aber an solche Wörter eine Flexionssilbe oder Ableitungssilbe angehängt wird, die mit einem Vokal beginnt, dann werden diese Laute „weich" ausgesprochen, so wie im Schriftbild (außer bei s) wiedergegeben, als [b d g v z]:

Dieb	[diːp]	aber: Diebes	[ˈdiːbəs]	diebisch	[ˈdiːbɪʃ]
Raub	[raʊp]	aber: Raubes	[ˈraʊbəs]	rauben	[ˈraʊbən]
Leid	[laɪt]	aber: leiden	[ˈlaɪdən]	leider	[ˈlaɪdɐ]
Held	[hɛlt]	aber: Helden	[ˈhɛldən]	Heldin	[ˈhɛldɪn]
Sieg	[ziːk]	aber: siegen	[ˈziːgən]	Sieger	[ˈziːgɐ]
Berg	[bɛrk]	aber: Berge	[ˈbɛrgə]	bergig	[ˈbɛrgɪç]
Motiv	[moˈtiːf]	aber: Motive	[moˈtiːvə]		
	[moˈtiːf]	aber: motivieren	[motiˈviːrən]		
Preis	[praɪs]	aber: Preise	[ˈpraɪzə]	preisen	[ˈpraɪzən]
Puls	[pʊls]	aber: Pulse	[ˈpʊlzə]	pulsieren	[pʊlˈziːrən]

Man beachte auch folgende Fälle:

Leben	['le:bən]	aber: lebhaft	['le:phaft]
Ende	['ɛndə]	aber: endlos	['ɛntl:os]
folgen	['fɔlgən]	aber: folglich	['fɔlklɪç]
weise	['vaɪzə]	aber: Weisheit	['vaɪshaɪt]

Am Wortende wir **ig** mit dem Reibelaut als [-ɪç-] ausgesprochen:

König ['kø:nɪç]
einig ['aɪnɪç]

In einer mit Vokal anlautenden Endung wird **ig** als [-Ig-] ausgesprochen:

Königin ['kø:nɪgɪn]
einigen ['aɪnɪgən]

9.2. Das so genannte „vokalische /r/"

Dem *DUDEN-Aussprachewörterbuch* folgend ist das im Schriftbild erscheinende **-r** in einigen Fällen mit der Aussprache als Vokal [ɐ] wiedergegeben, wie sie in der Umgangssprache vorherrscht:

- **unsilbisch:** nach langem Vokal im Auslaut;
- **silbisch:** für -er in den Endsilben **-er, -ern**.

Dabei ist zu beachten, dass wiederum [r] bzw. [tr] gesprochen wird, wenn eine mit Vokal beginnende Endung angeschlossen wird, z. B.

Jahr [ja:ɐ] – Jah**re** ['ja:rə]
Uhr [ʊ:ɐ] – Uh**ren** ['u:rən]
Tier [ti:ɐ] – tie**risch** ['ti:rɪʃ]
Kultur [kʊl'tu:ɐ] – kultu**rell** [kʊltu'rɛl]
Feder ['fe:dɐ] – Fede**rung** ['fe:dərʊŋ]
fordern ['fɔrdɐn] – Forde**rung** ['fɔrdərʊŋ]

N. B. Diese Regelung gilt insbesondere für die häufigen Einträge der Form **-er(in)** (sowie **-ar(in)** etc):

Lehrer(in) ['le:rɐ] – (Lehre**rin** ['le:rərɪn])
Engländer(in) ['ɛŋlɛndɐ] – (Englände**rin** ['ɛŋlɛndərɪn])

Liste der Lautschriftzeichen

[ː]	Der vorausgehende Vokal ist lang
[ˈ]	Die folgende Silbe ist betont
[ˌ]	Die folgende Silbe hat eine Nebenbetonung (selten verwendet)
[ʔ]	Der sog. „Knacklaut“ vor Vokal (selten verwendet)
[-]	Vertretend für je eine Sprechsilbe/den Rest des Wortes

Vokale	
[i]	bieten ['bi:tən]
	zivil [tsi'vi:l]
[ɪ]	bitten ['bɪtən]
[e]	beten ['be:tən]
	wehren ['ve:rən]
[ɛ]	betten ['bɛtən]
	währen ['vɛ:rən]
[a]	Saat [za:t]
	wahren ['va:rən]
	banal [ba'na:l]
[o]	Ofen ['o:fən]
	Ozon [o'tso:n]
[ɔ]	offen ['ɔfən]
[ø]	Öfen pl ['ø:fən]
	Höhle ['hølə]
[œ]	öffnen ['œfnən]
	Hölle ['hœlə]
[u]	Pute ['pu:tə]
	zu Mute [tsu'mu:tə]
[ʊ]	Putte ['pʊtə]
	Mutter ['mʊtɐ]
[y]	Tüte ['ty:tə]
[ʏ]	Hütte ['hʏtə]
[ɐ]	aber ['a:bɐ]
	Ruhr [ru:ɐ]
[ə]	beleben [bə'le:bən]
[aɪ]	mein [maɪn]
[aʊ]	Maus [maʊs]
[ɔɪ]	neu [nɔɪ]
	Mäuse *pl* ['mɔɪzə]
[ã]	Balance [ba'lã:s]
[õ]	Bonbon [bõ:'bõ]
[œ̃]	Parfum [par'fœ̃]
[ɛ̃]	Bassin [ba'sɛ̃:]

Konsonanten	
[b]	Bibel ['bi:bəl]
[ç]	nicht [nɪçt]
	ächten ['ɛçtən]
[x]	Nacht [naxt]
	achten ['axtən]
[d]	doch [dɔx]
[f]	Frevel ['fre:fəl]
	Vielfalt ['fi:lfalt]
[g]	gegen [ge:gən]
[ʒ]	Genie [ʒe'ni:]
	Garage [ga'ra:ʒe]
[h]	Hahn [ha:n]
[j]	jagen ['ja:gən]
[k]	Krieg [kri:k]
	Knick [knɪk]
[l]	lallen ['lalən]
	labil [la'bi:l]
[m]	Mumm [mʊm]
[n]	nennen ['nɛnɛn]
[ŋ]	fangen ['faŋən]
	denken ['dɛŋkən]
[p]	Pappe ['papə]
[r]	Rohre *pl* ['ro:rə]
[s]	Mars [mars]
	küssen ['kʏsən]
	fließen ['fli:sən]
[z]	Sense ['zɛnzə]
	sausen ['zauzən]
[ʃ]	Schau [ʃaʊ]
	stehlen ['ʃte:lən]
	spielen ['ʃpi:lən]
[t]	Tat [ta:t]
[ts]	Zoo [tso:]
[v]	Wein [vaɪn]

A

A, a [a:] <-, -> *nt* A, a; **das A und O** the be-all and end-all; **wer A sagt, muss auch B sagen** in for a penny, in for a pound; **von A bis Z** from beginning to end

Aal [a:l] <-(e)s, -e> *m* eel; **sich winden wie ein ~** wriggle like an eel

aalen *vr* (*faulenzen*) stretch out

aalglatt *adj* slick, slippery as an eel

Aas [a:s] <-es, -e/Äser> *nt* (*Tierkadaver*) carrion; **Aasgeier** *m* (*a. fig*) vulture

ab [ap] **I.** *adv* away, off; **~ und zu** now and again; **~ durch die Mitte!** (*fam*) beat it!; **London ~ 8.35 Uhr** (RAIL) leaving London 8:35; **von heute ~** from this day; **auf und ~ gehen** walk up and down **II.** *präp:* **~ Werk** (COM) ex works *pl;* **von nun ~, von jetzt ~** from now on; **~ heute** from today; **~ sofort** as of now

ab|ändern *vt* alter (*in* to); (*revidieren*) revise; **ein Gesetz ~** amend a bill

Abänderung *f* **1.** alteration **2.** (PARL) amendment; **in ~ des ...** in amendment of ...; **Abänderungsantrag** *m* (PARL) proposed amendment

ab|arbeiten I. *vt* work; (*Schuld*) work off **II.** *vr* **1.** (*Material*) wear off **2.** (*Person*) slave away

Abart *f* variety; (*Variation*) variation

abartig *adj* **1.** (*abnorm*) abnormal **2.** (*sl*) kinky

ab|ballern *vt* (*sl*) shoot down *fam*

Abbau <-(e)s> *m* **1.** (MIN) mining; (*über Tage*) quarrying **2.** (COM: *Preis~*) cut (*von* in) **3.** (CHEM: *Auflösung, Trennung*) decomposition **4.** (*von Fabrikeinrichtung*) dismantling; **~ von Arbeitskräften** reduction in labour *sing*

ab|bauen I. *vt* **1.** (MIN) mine; (*über Tage*) quarry **2.** (COM: *Preis*) reduce **3.** (*demontieren*) dismantle **4.** (CHEM) decompose **II.** *vi* (*erlahmen*) flag, wilt

ab|beißen *irr vt* bite off

ab|beizen *vt* strip; **Abbeizmittel** *nt* paint stripper

ab|bekommen *irr vt:* **etw ~** (*erhalten*) get some of it; (*beschädigt werden*) get damaged; (*verletzt werden*) get injured

ab|bestellen *vt* cancel; **jdn ~** tell s.o. not to come; **eine Zeitung ~** cancel a newspaper subscription; **Abbestellung** *f* cancellation

ab|bezahlen *vt* pay off

ab|biegen I. *irr vt haben* **1.** (*Gegenstand*) bend off **2.** (*fam: verhindern*) head off; (*sich einer Aufgabe entziehen*) manage to get out of **II.** *vi sein* **1.** (*Fahrzeug*) turn off (*in* into) **2.** (*Straße*) bend; **nach links ~** turn to the left

Abbiegespur *f* (AUTO) filter lane

Abbild *nt* **1.** (*Kopie*) copy **2.** (*~ eines Menschen*) image; **ab|bilden** *vt* **1.** portray **2.** (INFORM) map; **auf Seite 15 ist ein Schloss abgebildet** there's a castle shown on page 15

Abbildung *f* **1.** (*Wiedergabe*) reproduction **2.** (*Illustration*) illustration **3.** (INFORM) mapping; **mit ~en versehen** illustrate

ab|binden *irr vt* **1.** (*losbinden*) untie **2.** (MED) ligature

Abbitte *f* apology; **~ leisten** apologize (*bei jdm wegen etw* to s.o. for s.th.)

ab|bitten *irr vt:* **jdm etw ~** beg someone's pardon for s.th.

ab|blasen *irr vt* **1.** (*fam*) call off **2.** (*Staub*) blow off (*von etw* s.th.)

ab|blättern *vi* (*sich abschälen*) flake off

ab|blenden *vt* **1.** (*Lampe*) screen **2.** (AUTO) dip *Br,* dim *Am* **3.** (PHOT) stop down **4.** (FILM) fade out

Abblendlicht *nt* dipped headlights *Br,* dimmed headlights *Am*

ab|blitzen *sein vi* (*fam*) be sent packing; **jdn ~ lassen** (*fam*) send s.o. packing

ab|blocken *vt* (*a. fig*) block

ab|brausen I. *vt haben* (*Körperteil*) wash under a shower **II.** *vi sein* (*fam: wegfahren*) roar off **III.** *vr haben* take a shower

ab|brechen I. *irr vt haben* **1.** break off; (*abreißen*) tear down **2.** (*aufhören*) break off **3.** (INFORM) abort; **brich dir (mal) keinen ab!** (*fam*) don't make such a dance!; **sich einen ~** (*sl: Umstände machen*) make heavy weather of it **II.** *vi* **1.** *sein* break off **2.** *haben* (*aufhören*) stop

ab|brennen I. *irr vt haben* (*Bewuchs*) burn off; (*Gebäude*) burn down; (*Feuerwerk*) let off **II.** *vi sein* burn down

ab|bringen *irr vt* (*Gegenstand*) get off; **jdn von etw ~** make s.o. change his [*o* her] mind about s.th.; **ich lass' mich davon nicht ~!** nothing will make me change my mind about it!; **jdn vom Rauchen ~** get s.o. to stop smoking

ab|bröckeln *sein vi* crumble away; (*fig*)

drop off

Abbruch <-(e)s> *m* **1.** (*von Gebäude*) demolition **2.** (*von Beziehungen*) breaking off **3.** (*Schaden*) harm; **einer Sache ~ tun** do harm to s.th.

abbruchreif *adj* only fit for demolition

ab|brühen *vt* scald

ab|buchen *vt* (COM) debit (*von* to); **etw ~ lassen** pay s.th. by direct debiting order (*von* from)

Abbuchung *f* (COM) direct debiting

ab|bürsten *vt* brush (down)

ab|büßen *vt* (*Strafe*) serve

Abc [abe'tse:] <-, -s> *nt:* **nach dem ~ ordnen** arrange alphabetically; **Abc-Schütze** *m* (*fam*) school beginner; **ABC-Waffen** *fpl* (MIL) NBC-weapons

ab|danken *vi* (POL) resign; (*von Herrschern*) abdicate

ab|decken *vt* **1.** (*Dach*) untile **2.** (*Haus*) tear the roof off **3.** (*Tisch*) clear **4.** (*ver-, zudecken*) cover **5.** (*Bett*) turn down

Abdeckstift *m* concealer stick

ab|dichten *vt* seal up; **gegen Lärm ~** make soundproof; **gegen Wasser ~** make watertight

Abdichtung *f* (*Verschluss*) seal

ab|drängen *vt* push away (*von* from)

ab|drehen I. *vt* (*Gas, Wasser*) turn off; (ELEK) switch off **II.** *vi* (AVIAT) veer off

ab|driften *vi sein* drift off

ab|drosseln *vt* (AUTO) throttle down

Abdruck[1] <-(e)s, ¨-e> *m* imprint; (*von Finger, Fuß*) print; **man sieht jeden ~ auf dieser Lederjacke** you can see every mark on this leather jacket

Abdruck[2] *m* (TYP: *Nachdruck*) reprint

ab|drucken *vt* print; (*wieder ~*) reprint

ab|drücken I. *vt:* **jdn ~** (*fam*) squeeze s.o.; **jdm die Luft ~** squeeze all the breath out of s.o. **II.** *vi* (*Schusswaffe*) pull [*o* squeeze] the trigger

ab|dunkeln *vt* dim

ab|ebben *sein vi* **1.** (*Meer*) go out **2.** (*sich beruhigen*) fade [*o* die] away

Abend ['a:bənt] <-s, -e> *m* evening; **am ~** in the evening; **am nächsten ~** the next evening; **gegen ~** towards evening; **heute ~**[RR] this evening; (*später*) tonight; **gestern ~**[RR] last night; **morgen ~**[RR] tomorrow evening; **es ist noch nicht aller Tage ~** it's early days still; **zu ~ essen** have supper [*o* dinner]; **Abendanzug** *m* dinner suit; **Abendbrot** *nt,* **Abendessen** *nt* supper; **Abenddämmerung** *f* dusk; **abendfüllend** *adj* taking up the whole evening; **Abendkasse** *f* (THEAT) box office; **Abendkleid** *nt* evening dress; **Abendkurs** *m* evening classes *pl;* **Abendland** *nt* western world; **abendländisch** *adj* western; **Abendmahl** *nt* (ECCL) Holy Communion; **das ~ empfangen** take communion; **Abendrot** *nt* sunset; **abends** ['a:bənts] *adv* in the evening; **Abendschule** *f* night school; **Abendsonne** *f* setting sun; **Abendstern** *m* evening star

Abenteuer ['a:bəntɔɪɐ] <-s, -> *nt* adventure; **ein ~ mit jdm haben** (*kurzes Verhältnis*) have an affair with s.o.; **Abenteuerferien** *pl* adventure holidays; **abenteuerlich** *adj* adventurous; **Abenteuerspielplatz** *m* adventure playground; **Abenteurer(in)** ['a:bəntɔɪrɐ] *m(f)* adventurer, adventuress

aber ['a:bɐ] *konj* **1.** (*Gegensatz*) but; **oder ~** or else; **~ trotzdem** but still; **schönes Wetter! – ~ ziemlich kalt** nice day! – rather cold, though **2.** (*Verstärkung*): **~, ~!** (*interj*) come, come!; **~ ja!** oh, yes!; **bist du ~ braun!** aren't you brown!; **nun ist ~ Schluss!** now that's enough!

Aber <-s, -> *nt* but; **ohne Wenn und ~** without any ifs and buts *pl*

Aberglaube *m* superstition

abergläubisch *adj* superstitious

aberhundert *num:* **hundert und A~** hundreds upon hundreds

ab|erkennen *irr vt:* **jdm etw ~** deprive s.o. of s.th.; (JUR SPORT) disallow s.o. s.th.

abermals ['a:bɐma:ls] *adv* once again

ab|ernten *vt* harvest

abertausend *num:* **tausend und A~** thousands upon thousands

ab|fackeln *vt* (*Erdgas*) burn off

abfahrbereit *adj* ready to leave

ab|fahren I. *irr vi sein* **1.** leave (*nach* for); (MAR) sail (*nach* for) **2.** (*Ski*) ski down **II.** *vt haben* (*fortschaffen*) cart off

Abfahrt *f* **1.** departure **2.** (*beim Skifahren*) descent; **Abfahrtslauf** *m* (*Ski*) downhill; **Abfahrt(s)tag** *m* day of departure; **Abfahrt(s)zeit** *f* time of departure

Abfall *m* **1.** (*Müll*) rubbish *Br,* garbage *Am* **2.** (*a.* POL) break (*von* with); **in den ~ kommen** go into the dustbin *Br,* go into the trashcan *Am;* **Abfallberg** *m* rubbish tip; **Abfallbeseitigung** *f* waste disposal; **Abfalleimer** *m* wastebin *Br,* garbage can *Am*

ab|fallen *sein irr vi* **1.** drop off **2.** (*übrig bleiben*) be left **3.** (*rebellieren*) revolt **4.** (*von Gelände*) slope away; **wie viel fällt für mich ab?** (*fam*) how much do I get?; **vom Glauben ~** break with the faith

abfällig *adj* disparaging, deprecatory; **von jdm ~ sprechen** speak disparagingly of s.o.; **~e Bemerkungen über jdn machen** make derogatory [*o* disparaging] remarks about s.o.

Abfallprodukt *nt* (*a. fig*) by-product; **Abfallstoffe** *mpl* waste products; **Abfallverbrennung** *f* refuse incineration; **Abfallverbrennungsanlage** *f* refuse incineration plant; **Abfallverwertung** *f* recycling

ab|fangen *irr vt* **1.** (*erwischen*) catch **2.** (*Briefe, Meldungen*) intercept **3.** (AVIAT) pull out; **Abfangjäger** *m* (MIL AERO) interceptor

ab|färben *vi* (*Wäschestück*) run; **auf jdn ~** (*fig*) rub off on s.o.

ab|fassen *vt* (*verfassen*) write, draft

ab|fertigen *vt* **1.** (*versandfertig machen*) get ready for dispatch **2.** (*Gepäck*) check (in) **3.** (*an Grenze*) clear **4.** (*Kundschaft*) deal with, attend to; **jdn kurz ~** snub s.o.

Abfertigung *f* (COM) **1.** (*Gebäude*) dispatch office **2.** (*Tätigkeit*) clearance; **Abfertigungsschalter** *m* check-in desk

ab|feuern *vt* fire

ab|finden **I.** *irr vt* pay off **II.** *vr:* **sich mit jdm ~** come to terms with s.o.; **sich mit etw schwer ~** find it hard to accept s.th.; **Abfindung** *f* paying off; (*Entschädigung*) compensation, indemnification

ab|flauen ['apflaʊən] *sein vi* **1.** (*Wind*) die down, subside **2.** (*fig*) fade **3.** (COM: *Nachfrage, Geschäft*) fall [*o* drop] off

ab|fliegen *irr vi sein* (AVIAT) take off (*nach* for)

Abflug *m* (AVIAT) **1.** (*von Flugzeug*) take-off **2.** (*für Fluggäste*) departure (*nach* for); **Abflughalle** *f* departure lounge; **Abflugzeit** *f* departure time

Abfluss[RR] <-es, ⸚e> *m* **1.** (*Rohr*) wastepipe **2.** (*von Gewässern*) outlet

ab|fordern *vt:* **jdm etw ~** demand s.th. from s.o.

Abfrage <-, -n> *f* (INFORM) inquiry, query; **Abfragemedium** *nt* (INFORM) inquiry medium

ab|fragen *vt* **1.** question (*über etw* on s.th.) **2.** (SCHULE) test orally **3.** (INFORM) query

Abfuhr ['apfu:ɐ] <-, -en> *f* (*Rüge*) rebuff, snub; **jdm eine ~ erteilen** snub s.o.; **sich eine ~ holen** be snubbed

ab|führen **I.** *vt* **1.** (*wegführen*) lead away **2.** (*Geld*) pay (*an* to) **II.** *vi* (MED) have a laxative effect

Abführmittel *nt* (MED) laxative

ab|füllen *vt* **1.** (*in Flaschen*) bottle **2.** (*aus Gefäß*) ladle off **3.** (*sl: betrunken machen*) get sloshed

Abgabe *f* **1.** (*das Abgeben*) delivery **2.** (FIN) contribution; (*Steuer*) duty, tax; **abgabepflichtig** *adj* (FIN) liable to taxation

Abgang *m* **1.** (*Aufbruch*) departure **2.** (THEAT) exit **3.** (SPORT) dismount **4.** (MED: *von Blasenstein*) passing; **Abgangsprüfung** *f* leaving examination; **Abgangszeugnis** *nt* leaving certificate

abgängig *adj* (*österr: vermisst*) missing

Abgas *nt* (AUTO) exhaust fumes *pl;* **abgasarm** *adj* with low exhaust emission; (*Fahrzeug a.*) low-pollution; **Abgasgrenzwerte** *pl* exhaust emission limits *pl;* **Abgasreinigung** *f* purification of exhaust gases; **Abgasrückführung** *f* (AUTO) exhaust gas recirculation; **Abgassonderuntersuchung** *f* (AUTO COM) *pulsory annual test of a car's emission levels*

ab|geben *irr vt* **1.** hand in; (*fortgeben*) give away **2.** (COM) sell **3.** (SPORT: *Punkte*) concede; (*Ball*) pass **4.** (*Erklärung, Urteil*) give; **jdm etw ~** give s.th. to s.o.; **sich mit etw ~** bother o.s. with s.th.; **sich mit jdm ~** associate with s.o.; **seine Meinung ~ über …** express one's opinion about …; **eine Nachricht bei jdm ~** leave a message with s.o.

abgebrannt *adj* (*fam*) (stony) broke

abgebrüht *adj* (*fam*) hardened

abgedreht *adj* (*sl*) tuned in

abgedroschen *adj* well-worn, hackneyed

abgefeimt ['apgəfaɪmt] *adj* crafty, cunning

abgehackt *adj* (*fig*) clipped; **~ sprechen** speak in a clipped manner

abgehangen *adj* hung

abgehärtet *adj* hardy (*gegen* to)

ab|gehen *sein irr vi* **1.** (*von Schule*) leave **2.** (*Knopf*) come off; **es ist alles gut abgegangen** everything went [*o* passed] off well; **von einer Meinung ~** change one's opinion; **davon kann ich nicht ~** I must insist on that

abgekartet *adj:* **ein ~es Spiel** a put-up job

abgeklärt *adj* (*Alter*) serene; **Abgeklärtheit** *f* serenity

abgelagert *adj* (*Wein*) matured; (*Holz*) seasoned

abgelaufen *adj* **1.** (COM: *Wechsel*) due, payable **2.** (*Zeit*) expired

abgelegen *adj* remote

abgemacht *interj* OK!; **das ist eine ~e Sache** that's a fix

abgeneigt *adj:* **~ sein** be adverse [*o* reluctant] to …; **jdm ~ sein** dislike s.o.; **ich wäre nicht ~** I wouldn't mind

abgenutzt *adj* worn; (*Reifen*) worn-down

Abgeordnete(r) <-n, -n> *f m* representative; (*im Parlament*) member of parliament; **~ des Europäischen Parlaments** Member of the European Parliament, MEP; **Abgeordnetenhaus** *nt* parliament

abgereichert *adj* (*Uran*) depleted

abgerissen *adj* **1.** (*fam: Person*) ragged **2.** (*Kleider*) shabby

abgerundet *adj* rounded

Abgesandte(r) <-n -n> *f m* delegate; (POL) envoy
abgeschabt *adj* threadbare
abgeschieden *adj* (*abgelegen*) remote, solitary; **Abgeschiedenheit** *f* seclusion
abgeschlafft *adj* (*fam*) whacked
abgeschlagen *adj* (*müde*) worn-out
abgeschlossen *adj* **1.** (*verschlossen*) locked **2.** (*isoliert*) isolated; (*Wohnung*) self-contained
abgeschmackt ['apgəʃmakt] *adj* fatuous
abgesehen *adj:* ~ **von ...** apart from ...; **es auf jdn ~ haben** have it in for s.o.; **es auf etw ~ haben** have one's eye on s.th.
abgespannt *adj* (*müde*) weary, tired out
abgestanden *adj* stale; (*Bier*) flat
abgestorben *adj* (*Pflanze, Gewebe*) dead; (*Glieder*) numb
abgestumpft *adj* **1.** (*von Gefühl*) dull **2.** (*geistig*) insensitive (*gegenüber* to)
ab|gewinnen *irr vt:* **einer Sache Geschmack ~** get a taste for s.th.; **ich kann seinem Vorschlag keinen Reiz ~** I am unable to see anything attractive in his proposal
ab|gewöhnen *vt:* **sich etw ~** give up doing s.th.; **jdm etw ~** cure s.o. of s.th.
Abglanz *m* reflection
Abgleich <-s> *m* comparison; **abgleichen** *irr vt* **1.** (*Bau*) level out **2.** (ELEK) tune **3.** (*fig*) coordinate
ab|gleiten *irr vi* slip, slide
Abgott *m* idol; **jds ~ sein** be idolized by s.o.; **abgöttisch** ['apgœtɪʃ] *adj* idolatrous; **jdn ~ lieben** idolize s.o.
ab|graben *vt:* **jdm das Wasser ~** cut off sb's lifeline, take away sb's livelihood
ab|grasen *vt* graze; (*fig*) comb
ab|grenzen I. *vt* **1.** (*mit Einzäunung*) fence off **2.** (*fig*) delimit (*gegen* from) **II.** *vr* (*fig*): **sich ~ gegen** dis(as)sociate o.s. from
Abgrenzung *f* **1.** (*Zaun*) fencing **2.** (*fig*) delimitation
Abgrund *m* precipice; (*fig*) abyss
abgründig *adj* (*fig*) cryptic
abgrundtief *adj* (*a. fig*) profound
ab|gucken *vi* copy (*bei* from)
Abguss[RR] <-es, ¨-e> *m* **1.** (*Gießen*) founding **2.** (*abgegossenes Bild*) cast
ab|hacken *vt* chop off
ab|haken *vt* (*von Liste*) tick off *Br,* check off *Am*
ab|halten *irr vt* **1.** keep off **2.** (*Sitzung*) hold **3.** (*Fest*) celebrate **4.** (*verhindern*) stop; **jdn davon ~, etw zu tun** keep s.o. from doing s.th.; **lass dich nicht ~!** don't let me stop you!; **ein Kind ~** allow a child to pee
ab|handeln *vt* **1.** (*vom Preis*) get s.o. to knock a bit off **2.** (*erörtern*) deal with, treat
abhanden [ap'handən-] *adv:* **~ kommen** get lost
Abhandlung *f* treatise, discourse (*über* on)
Abhang *m* slope
ab|hängen I. *vt* **1.** take down; (RAIL AUTO: *Zug*) uncouple **2.** (*Auto, a. fig: nach d. Überholen*) shake off **II.** *irr vi* (*fig*): **~ von** depend on; **das hängt davon ab!** that depends!
abhängig *adj* (*Person*) dependent (*von* on)
Abhängigkeit *f* **1.** (*von Personen*) dependence **2.** (*Bedingtheit*) dependency **3.** (GRAM) subordination
ab|härten I. *vt* toughen up **II.** *vr* (*fig*) harden o.s. (*gegen* to)
Abhärtung *f* **1.** toughening up **2.** (*fig*) hardening
ab|hauen I. *irr vt* (*Gegenstand*) cut off **II.** *vi sein* (*sl: weggehen*) push off; **hau ab!** get lost!
ab|heben I. *irr vt* **1.** (*Gegenstand*) take off **2.** (*anheben*) lift **3.** (*Geld*) withdraw; **eine Karte ~** take a card **II.** *vi* (AVIAT) take off; (*Rakete*) lift off **III.** *vr:* **sich ~ von** stand out against
ab|helfen *irr vi:* **einer Sache ~** remedy s.th.
ab|hetzen I. *vt* tire out **II.** *vr* wear o.s. out
Abhilfe *f* remedy; **~ schaffen** take remedial action
ab|hobeln *vt* plane down
ab|holen *vt* **1.** (*Person*) call for **2.** (*Gegenstand*) collect, fetch; **etw ~ lassen** send for s.th.; **jdn am Bahnhof ~** meet s.o. at the station
Abholmarkt *m* cash and carry
ab|holzen *vt* (*Wald*) chop down; (*ganze Gebiete*) clear; **Abholzung** *f* deforestation
Abhöraffäre *f* bugging affair; **Abhöraktion** *f* bugging operation
ab|horchen *vt* (MED) auscultate
Abhöreinrichtung *f* bugging system
ab|hören *vt* **1.** (SCHULE) hear a pupil's lesson **2.** (*Gespräch*) bug; **abhörsicher** *adj* bugproof
Abitur <-s, -e> *nt* Abitur, *German school-leaving examination and university entrance qualification*
Abiturient(in) *m(f) person who has done the Abitur*
ab|jagen *vt:* **jdm etw ~** get s.th. off s.o.
ab|kapseln *vr* cut o.s. off
ab|kauen *vt* (*Fingernägel*) bite; (*Bleistift*) chew
ab|kaufen *vt:* **jdm etw ~** buy s.th. from s.o.
ab|kehren *vr:* **sich ~ von** turn away from
ab|klappern *vt* (*fam*) scour (*nach* for)
ab|klären *vt* clarify
Abklatsch <-es, -e> *m* (*fig pej*) poor imi-

tation

ab|klingen *sein irr vi* **1.** (*Krankheit*) ease off **2.** (*Effekt, Wirkung*) wear off

ab|klopfen *vt* (MED) sound; **jdn auf etw ~** (*fam*) sound s.o. out about s.th.; **etw auf etw ~** go into s.th. to find out whether ...

ab|knallen *vt* (*sl*): **jdn ~** shoot s.o. down

ab|knapsen *vt:* **sich etw ~** scrape s.th. together; **jdm etw ~** get s.th. off s.o.

ab|knöpfen *vt* unbutton; **jdm etw ~** (*fam*) get s.th. off s.o.

ab|knutschen I. *vt* (*fam*): **jdn ~** canoodle s.o. **II.** *vr* canoodle

ab|kochen *vt* boil; (*sterilisieren*) sterilize; (*Milch*) scald

ab|kommandieren *vt* detail (*zu* for)

Abkommen <-s, -> *nt* agreement; **ein ~ treffen mit ...** come to an agreement with ...

ab|kommen *sein irr vi* get away; **vom Weg ~** lose one's way; **von etw ~** give up s.th.; **von einem Thema ~** get off a subject

abkömmlich *adj* available, free; **nicht ~ sein** be unavailable

Abkömmling ['apkœmlɪŋ] *m* (*Nachkomme*) descendant

ab|koppeln *vt* (TECH) uncouple

ab|kratzen I. *vt haben* scrape [*o* scratch] off **II.** *vi sein* (*vulg: sterben*) kick the bucket, pop off

ab|kriegen *vt* **1.** (*bekommen*) get **2.** (*verletzt werden*) get hurt

ab|kühlen I. *vt* (*a. fig*) cool **II.** *vr* cool down; **Abkühlung** *f* cooling

ab|kupfern *vt* (*fam*) crib, copy

ab|kürzen *vt* **1.** (*ein Wort*) abbreviate **2.** (*verkürzen*) cut short; **den Weg ~** take a short cut

Abkürzung *f* **1.** (GRAM) abbreviation **2.** (*von Weg*) short cut; **Abkürzungsverzeichnis** *nt* list of abbreviations

ab|laden *irr vt* (*Last*) unload; (*Müll*) dump

Ablage *f* storage place; (*im Büro*) filing

ab|lagern I. *vt* (*deponieren*) store; (*anhäufen*) deposit **II.** *vi* (*Wein*) mature; (*Holz*) season

Ablagerung *f* (*a.* GEOL) deposit

ablagerungsfähig *adj* capable of landfill disposal

ab|lassen[1] *irr vi* (*aufhören*) desist; **von etw ~** abandon s.th.

ab|lassen[2] *irr vt* (*Flüssigkeit*) drain; (*Dampf*) let off; (AUTO: *Motoröl*) drain off; **jdm etw vom Preis ~** knock s.th. off the price for s.o.

Ablauf *m* **1.** (*das Ablaufen*) drain **2.** (*von Ereignissen*) course **3.** (*einer Frist*) expiry; **nach ~ von ...** at the end of ...; **Ablaufbrett** *nt* (*an Spüle*) draining board

ab|laufen I. *irr vi sein* **1.** (*Flüssigkeit*) run off **2.** (*Frist*) run out **3.** (*Uhr*) run down; **wie ist es abgelaufen?** how did it go? **II.** *vt haben* (*Schuhe*) wear out; **jdm den Rang ~** steal a march on s.o.

Ableben *nt* (*Tod*) decease

ab|lecken *vt* lick off

ab|legen I. *vt* **1.** (*ausziehen*) take off **2.** (*Gewohnheiten*) give up **3.** (*Last*) lay down **4.** (*Akten*) file; **einen Eid ~** take an oath; **eine Probe von etw ~** give a proof of s.th.; **eine Prüfung ~** pass [*o* take] an examination **II.** *vi* (*Schiff*) cast off

ab|lehnen *vt* decline; (*Angebot, Stelle*) reject

Ablehnung *f* refusal; (*von Angebot, Stelle*) rejection; **auf ~ stoßen** meet with disapproval

ab|leisten *vt:* **seinen Wehrdienst ~** serve one's time

ab|leiten I. *vt* **1.** (*Gewässer*) divert **2.** (LING: *Wort*) derive (*aus, von* from) **II.** *vr* (LING): **sich ~ aus** be derived from

Ableitung *f* **1.** (*eines Flusses*) diversion **2.** (LING) derivative

ab|lenken I. *vt* (*zerstreuen*) distract **II.** *vi:* **vom Thema ~** change the subject

Ablenkung *f* (*Zerstreuung*) diversion; **~ vom Thema** changing of the subject; **~ brauchen** need s.th. to take one's mind off things; **Ablenkungsmanöver** *nt:* **~ betreiben** bring in a red herring, lay a false scent

ab|lesen *irr vi, vt* (*von einem Blatt, Zählerstand*) read

ab|leugnen *vt* deny

ab|lichten *vt* (*fotokopieren*) photocopy; (*fotografieren*) photograph

Ablichtung *f* (PHOT) photocopy

ab|liefern *vt* (*übergeben*) hand over (*bei* to); (COM) deliver

Ablieferung *f* handing-in; (*von Waren*) delivery; **bei ~** on delivery

ablösbar *adj* (*trennbar*) detachable

ab|lösen I. *vt* **1.** (*entfernen*) take off **2.** (FIN: *Schulden*) pay off; **jdn ~** take the place of s.o. **II.** *vr:* **sich ~** (*abgehen*) come off; (*Haut*) peel off; (*Kollegen, Wache*) take turns

Ablösung *f* **1.** (MIL) relief **2.** (FIN: *von Schulden*) redemption

Abluft *f* (TECH) waste air

ABM *f Abk. von* **Arbeitsbeschaffungsmaßnahme** job creation scheme

ab|machen[1] *vt* take off

ab|machen[2] *vt* (*vereinbaren*) agree (*etw* on s.th.)

Abmachung *f* agreement

ab|magern *sein vi* get thinner; **Abmagerungskur** *f* diet; **eine ~ machen** be on a diet

ab|mahnen *vt* caution; **Abmahnung** *f* caution

ab|malen *vt* copy

Abmarsch *m* departure; **abmarschbereit** *adj* ready to move off

ab|marschieren *sein vi* march off

ab|mehren *vi* (*CH: abstimmen*) take a vote

ab|melden I. *vt* (*Abonnement*) cancel; **sein Telefon ~** have one's telephone disconnected II. *vr:* **sich bei jdm ~** tell s.o. that one is leaving

ab|messen *irr vt* (*a. fig*) measure; **Abmessung** *f* measurement

ab|montieren *vt* (*Gegenstand*) take off (*von etw* s.th.)

ABM-Stelle *f* temporary post (*through job creation scheme*)

ab|mühen *vr:* **sich ~** struggle

ab|nabeln *vr* (*fam*): **sich ~** cut oneself loose

ab|nagen *vt:* **einen Knochen ~** gnaw off meat from a bone

Abnahme[1] *f* (*das Abnehmen*) taking down

Abnahme[2] *f* **1.** (*Verringerung*) decrease **2.** (COM) decline **3.** (*TÜV*) inspection

ab|nehmen I. *irr vt* **1.** (*Gegenstand*) take off **2.** (MED: *Körperteil*) amputate; **den Hörer ~** lift the receiver; **jdm etw ~** take s.th. from s.o.; **das nehme ich dir nicht ab!** (*fam*) I don't buy that tale! II. *vi* **1.** (*an Zahl*) decrease; (*an Gewicht*) lose weight **2.** (*Mond*) wane; **sein Erfolg nimmt ab** his success is on the wane

Abnehmer(in) *m(f)* (COM) buyer, customer, purchaser

Abneigung *f* dislike (*gegen* of), aversion (*gegen* to)

abnorm [ap'nɔrm] *adj* abnormal

ab|nutzen *vt, vr* wear out; **Abnutzung** *f* wear and tear

Abonnement [abɔn(ə)'mɑ̃:] <-s, -s> *nt* subscription; **Abonnementfernsehen** *nt* pay TV

Abonnent(in) [abɔ'nɛnt] <-en, -en> *m(f)* (*von Zeitung*) subscriber; **Abonnentenwerbung** *f* (MARKT) circulation promotion

abonnieren *vt* subscribe to

ab|ordnen *vt* delegate; **Abordnung** *f* delegation

Abort [a'bɔrt] <-s, -e> *m* **1.** lavatory, toilet **2.** (MED) abortion

ab|packen *vt* (COM) pack

ab|pflücken *vt* pick

ab|plagen *vr:* **sich mit etw ~** slave away at s.th.

ab|prallen *sein vi* (*a. fig*) bounce off

ab|putzen *vt* (*Schmutz*) clean (off); **sich die Hände ~** wipe one's hands

ab|rahmen *vt* skim

ab|raten *irr vi* warn (*von* against)

Abraum <-(e)s> *m* (MIN) mining debris

ab|räumen *vt* clear away; **den Tisch ~** clear the table

ab|reagieren *vr* let off steam, work it off

ab|rechnen I. *vt* (*abziehen*) deduct II. *vi* (COM) cash up; **mit jdm ~** (*a. fig*) settle up with s.o.

Abrechnung *f* **1.** (COM: *an der Kasse*) cashing up **2.** (*Aufstellung*) statement (*über* for) **3.** (*Rechnung*) bill; (COM) invoice **4.** (*fig*) revenge; **Abrechnungszeitraum** *m* (COM) accounting period

abregen *vr:* **sich ~** (*fam*) calm [*o* cool] down

ab|reiben *irr vt* **1.** (*Schmutz*) rub off **2.** (*Schuhe*) wipe

Abreibung *f:* **eine ~ kriegen** (*fam*) get a good hiding

Abreise *f* departure (*nach* for); **bei meiner ~ von hier ...** on leaving this place ...

ab|reisen *sein vi* depart, leave (*nach* for)

ab|reißen I. *irr vt haben* tear off; (*Haus*) pull down; **ich habe mir einen Knopf abgerissen** I've torn a button off II. *vi sein* (*abgehen*) come off; **mein Schnürsenkel ist abgerissen** my shoestring has broken

Abreißkalender *m* tear-off calendar

ab|richten *vt* (*Tiere*) train

ab|riegeln *vt* **1.** (*Straße*) block off **2.** (*Türe*) bolt

Abriss[RR] <-es, -e> *m* **1.** (*von Gebäude*) demolition **2.** (*Übersicht*) summary

ab|rollen I. *vt haben* (*von Rolle*) unroll; (*von Spule*) unreel; (*Kabel*) uncoil II. *vi sein* **1.** (RAIL) roll off **2.** (*sich ereignen*) unfold

ab|rücken I. *vi sein* **1.** (*fortziehen*) move out **2.** (*fig*) disassociate o.s. (*von* from) II. *vt haben* (*Gegenstand*) move away

Abruf *m:* **sich auf ~ bereithalten** be ready to be called for; **ab|rufen** *irr vt* **1.** (*Geld vom Konto*) withdraw **2.** (*Daten*) retrieve

ab|runden *vt* **1.** (*rund machen, a. fig*) round off **2.** (FIN: *eine Summe*) round down

ab|rüsten *vt, vi* (MIL POL) disarm; **Abrüstung** *f* (MIL POL) disarmament; **Abrüstungskonferenz** *f* (MIL POL) disarmament conference

ab|rutschen *sein vi* **1.** slip **2.** (*Leistung*) drop down (*auf* to)

ABS *nt Abk. von* **Antiblockiersystem** (AUTO) anti-lock braking system

ab|sacken *sein vi* **1.** sink **2.** (*Flugzeug*) drop **3.** (SCHULE: *in der Leistung*) drop off

Absage ['apza:gə] <-, -n> *f* refusal; **jdm eine ~ erteilen** reject s.o.

ab|sagen I. *vt* cancel; (*Einladung*) decline II. *vi:* **jdm ~** tell s.o. that one cannot come

ab|sägen *vt* **1.** (*Ast*) saw off **2.** (*fam*) sling out

Absatz *m* **1.** (*Abschnitt*) paragraph **2.** (*Schuh~*) heel **3.** (COM: *Waren~*) sales *pl* **4.** (*von Treppe*) landing; **Absatzgebiet** *nt* market; **Absatzrenner** *m* (COM) big seller; **Absatzvolumen** *nt* (COM) sales volume

ab|schaben *vt* scrape off

ab|schaffen *vt* abolish, do away with

Abschaffung *f* abolition

ab|schalten I. *vt* (ELEK) switch off **II.** *vi* (*fam*) switch off

ab|schätzen *vt* assess; **ein ~der Blick** an appraising look

abschätzig ['apʃɛtsɪç] *adj* disparaging; **eine ~e Bemerkung** a derogatory remark

ab|schauen *vi* (*österr*) copy (*bei* from)

Abschaum <-(e)s> *m:* **der ~ der Menschheit** the scum of the earth

Abscheu <-(e)s> *m* abhorrence (*vor* at); **vor etw ~ haben** loathe s.th.

abscheulich [ap'ʃɔɪlɪç] *adj* (*widerlich*) abominable; (*heimtückisch*) heinous; **~!** (*interj*) terrible!

ab|schicken *vt* send (off); (*mit Post*) post *Br,* mail *Am*

ab|schieben I. *irr vt* **1.** (*deportieren*) deport **2.** (*loswerden*) get rid of **II.** *vi sein* (*fam*) push off

Abschied ['apʃi:t] <-(e)s, (-e)> *m* farewell, parting; **von jdm ~ nehmen** say goodbye to s.o.; **Abschiedsbrief** *m* farewell letter; **Abschiedsfeier** *f* farewell party; **Abschiedsrede** *f* farewell speech

ab|schießen *irr vt* **1.** (*Pfeil*) shoot; (*Gewehr*) fire **2.** (MIL: *Flugzeug*) shoot down

Abschirmdienst *m* (MIL) counter-espionage service

ab|schirmen *vt* shield; **Abschirmung** *f* shielding

ab|schlachten *vt* (*fig*) butcher

ab|schlaffen *sein vi* (*fam*) wilt

Abschlag *m* **1.** (SPORT: *von Fußball*) goal kick **2.** (COM: *bei Handel*) reduction **3.** (*~szahlung*) part payment (*auf* of)

ab|schlagen *irr vt* **1.** (*Gegenstand*) cut off **2.** (MIL: *Angriff*) beat off **3.** (*verweigern*) turn down

abschlägig ['apʃlɛ:gɪç] *adj* negative; **meine Bewerbung wurde ~ beschieden** my application was rejected

Abschlagszahlung *f* part payment (*auf* of)

ab|schleifen *irr vt* (*Gegenstand*) grind down; **Rost ~** polish off rust

ab|schleppen *vt* **1.** (AUTO MAR) tow **2.** (*fam: Person*) pick up

Abschleppseil *nt* towrope; **Abschleppstange** *f* tow bar; **Abschleppwagen** *m* recovery vehicle

ab|schließen I. *irr vt* **1.** (*Tür*) lock up **2.** (*beenden*) complete; **eine Versicherung ~** take out an insurance; **einen Vertrag ~** conclude a treaty **II.** *vr:* **sich ~ von** cut o.s. off from; **abschließend** *adj* (*Bemerkung*) final

Abschluss[RR] *m* **1.** (*Ende*) end **2.** (COM) business deal; **kurz vor dem ~ stehen** be in the final stages *pl;* **Abschlussarbeit** *f* degree dissertation; **Abschlussprüfung**[RR] *f* (SCHULE) final examination; **Abschlusszeugnis**[RR] *nt* (SCHULE) leaving certificate, diploma *Am*

ab|schmecken *vt* **1.** (*probieren*) taste **2.** (*würzen*) season

ab|schmieren *vt* (AUTO) grease

ab|schminken *vr* **1.** take off one's make up **2.** (*fam*): **sich etw ~** get s.th. out of one's head

ab|schnallen I. *vt* undo **II.** *vi:* **da schnallst du ab!** (*fam*) it blows your mind!

ab|schneiden I. *irr vt* cut off; (*Haar*) cut; **jdm das Wort ~** cut s.o. short **II.** *vi* (*fig*): **bei etw gut** (**schlecht**) **~** come off well (badly) in s.th.

Abschnitt *m* **1.** (*Sektion*) section **2.** (MATH) segment **3.** (*in Buch*) passage **4.** (*Zeit~*) period

ab|schöpfen *vt* skim off; **Gewinn ~** (COM) siphon off the profits *pl*

ab|schrauben *vt* unscrew

ab|schrecken *vt* **1.** deter **2.** (*Speisen*) rinse with cold water; **abschreckend** *adj* deterrent; **ein ~es Beispiel** a warning

Abschreckung *f* (MIL) deterrence; **Abschreckungsmittel** *nt* (MIL) deterrent

ab|schreiben I. *irr vt* **1.** copy out **2.** (COM) deduct; **jdn ~** (*fig*) write s.o. off **II.** *vi* (*in der Schule*) crib; **jdm ~** tell s.o. that one cannot come to a meeting

Abschreibung *f* (COM) deduction; (*Wertminderung*) depreciation

Abschrift *f* copy

ab|schürfen *vt* graze

Abschürfung *f* (*Wunde*) graze

Abschuss[RR] *m* **1.** (MIL: *einer Waffe*) firing **2.** (MIL: *von Raketengeschoss, Torpedo*) launching **3.** (MIL: *eines Flugzeuges*) shooting down; (*eines Panzers*) knocking out

abschüssig ['apʃʏsɪç] *adj* sloping

Abschussrampe[RR] *f* (*a.* MIL) launching pad

ab|schütteln *vt* (*a. fig*) shake off

ab|schwächen *vt* **1.** weaken **2.** (*beschönigen*) tone down

ab|schweifen ['apʃvaɪfən] *sein vi* digress; **vom Thema ~** deviate from the subject

absehbar *adj* (*Zeit*) before long, imaginable; **nicht ~** not to be foreseen; **in ~er Zeit** in the foreseeable future

ab|sehen I. *irr vt:* **es ist abzusehen, dass**

... it's easy to see that ...; **ein Ende ist noch nicht abzusehen** the end is not yet in sight **II.** *vi:* **ich will (mal) davon** ~ I'm going to dispense with it

Abseits <-> *nt* (SPORT) offside

abseits ['apzaɪts] **I.** *adv* (SPORT) offside **II.** *präp:* ~ **der Straße** away from the road

Abseitsfalle *f* (SPORT: *Fußball*) off-side trap; **Abseitstor** *nt* (SPORT) goal scored from an off-side position

ab|senden *irr vt* send; (*Briefe*) post *Br,* mail *Am;* (COM) dispatch

Absender(in) *m(f)* sender

absetzbar *adj* **1.** (*Person*) dismissible **2.** (COM) sal(e)able **3.** (FIN: *Betrag*) deductible

ab|setzen I. *vt* **1.** (*Gegenstand*) take off **2.** (COM: *verkaufen*) sell **3.** (*entlassen*) dismiss; (*Herrscher*) depose **4.** (TYP) compose **5.** (*Fahrgast*) drop **6.** (THEAT: *Stück*) take off **7.** (FIN: *Betrag*) deduct **II.** *vi* (*unterbrechen*) stop

Absicht <-, -en> *f* intention; **die ~ haben, etw zu tun** intend to do s.th.

absichtlich *adj* intentional; **etw ~ tun** do s.th. on purpose

ab|sitzen I. *irr vi sein* dismount **II.** *vt:* **seine Strafe** ~ serve one's time

absolut [apzo'lu:t] *adj* absolute

absonderlich [ap'zɔndɐlɪç] *adj* odd, quaint

ab|sondern I. *vt* **1.** (*Personen*) separate; (*isolieren*) isolate **2.** (MED) secrete **II.** *vr:* **sich** ~ cut o.s. off

Absonderung *f* (MED) secretion

absorbieren [apzɔr'bi:rən] *vt* absorb

ab|spalten *vt, vr* split off

ab|sparen *vt:* **sich etw vom Munde** ~ scrimp and save for s.th.

ab|speichern *vt* (INFORM) save, file

abspenstig ['apʃpɛnstɪç] *adj:* **jdm jdn ~ machen** lure s.o. away from s.o.

ab|sperren *vt* **1.** (*Straße*) block **2.** (TECH) turn off; (*Tür*) lock

ab|spielen I. *vt* (*Tonmedien*) play **II.** *vr:* **sich** ~ happen

Absprache *f* arrangement

ab|sprechen I. *irr vt* (*Termin*) arrange; **jdm etw** ~ (*verweigern*) dispute s.o. s.th. **II.** *vr:* **sich mit jdm** ~ arrange things with s.o.

ab|springen *sein irr vi* jump down (*von* from); (*mit Fallschirm*) jump

ab|spritzen I. *vt* spray **II.** *vr* (*mit Wasserstrahl*) spray o.s. down

Absprung *m* jump; **den ~ schaffen** (*fam*) make the break

ab|spülen I. *vt* rinse **II.** *vi* (*Geschirr*) do the dishes

ab|stammen *vi* **1.** (*Mensch*) be descended (*von* from) **2.** (LING) be derived (*von* from);

Abstammung *f* **1.** (*gesellschaftlich*) descent **2.** (GEOG) origin

Abstand *m* **1.** (*räumlich*) distance **2.** (*zeitlich*) interval **3.** (*Ablösungssumme*) indemnity; **mit** ~ by far; **kurzer** ~ short gap; ~ **halten** keep one's distance

ab|statten *vt:* **jdm einen Besuch** ~ pay s.o. a visit

ab|stauben *vt* **1.** (*Gegenstände*) dust **2.** (*fam*) cadge (*bei jdm* from s.o.); **etw** ~ (*fam*) nick s.th.

ab|stechen I. *irr vt* **1.** (*töten*) stick **2.** (*Boden*) dig up **II.** *vi* (*sich abheben*): **von etw** ~ stand out against s.th.

Abstecher *m* **1.** excursion **2.** (*fig*) digression

ab|stecken *vt* mark out; (*Kleid*) pin

ab|stehen *irr vi* stick out

ab|steigen *sein irr vi* **1.** get off (*von* s.th.) **2.** (*im Hotel*) put up (*in* at); **sich auf dem ~den Ast befinden** (*fam*) be on the decline

ab|stellen *vt* **1.** (*Gegenstand*) put down **2.** (TECH: *Maschine*) stop; (*abdrehen*) turn off **3.** (*Fahrzeug*) park **4.** (*Missstände*) bring to an end

Abstellgleis *nt* (RAIL) siding

ab|stempeln *vt* **1.** stamp **2.** (*fig*) brand (*zu* as)

ab|sterben *sein irr vi* (*a. fig*) die

Abstieg ['apʃti:k] <-(e)s, (-e)> *m* **1.** descent **2.** (*fig*) decline

ab|stimmen I. *vt* **1.** (RADIO) tune (*auf* to) **2.** (*in Einklang bringen*) match (*auf* with) **3.** (*Termine*) coordinate (*auf* with) **II.** *vi* (POL) take a vote (*über* on); **über etw ~ lassen** put s.th. to the vote **III.** *vr:* **sich mit jdm** ~ come to an agreement with s.o.

Abstimmung *f* vote; **eine ~ vornehmen** take a vote (*über* on)

abstinent [apsti'nɛnt] *adj* teetotal; ~ **leben** live a life of abstinence

Abstinenzler(in) *m(f)* teetotal(l)er

Abstoß *m* (SPORT: *beim Fußball*) goal-kick; **ab|stoßen I.** *irr vt* **1.** (*fortstoßen*) push off; (SPORT: *beim Fußball*) make a goal kick **2.** (*Möbel*) batter **3.** (COM) get rid of **4.** (*fig*) repel **II.** *vi* (*fig*) be repulsive; **abstoßend** *adj* repulsive

ab|stottern *vt* (*fam*) pay off

ab|strahlen *vt* **1.** (*Wärme*) emit **2.** (*Fassade*) sandblast

abstrakt [ap'strakt] *adj* abstract

ab|streifen *vt haben* **1.** (*Gegenstand*) slip off **2.** (*Schmutz*) wipe off

ab|streiten *irr vt* (*leugnen*) deny

ab|stufen I. *vt* **1.** (*Farben*) shade **2.** (*Haare*) layer **3.** (COM FIN) grade **II.** *vr* (*von Gelände*): **sich** ~ be terraced

ab|stumpfen *sein vi* **1.** (*stumpf werden*) blunt **2.** (*fig*) dull
Absturz *m* **1.** fall **2.** (AVIAT) crash
ab|stürzen *sein vi* **1.** (*Mensch*) fall **2.** (AVIAT: *Flugzeug*) crash
ab|suchen *vt* **1.** (*Gelände*) search **2.** (MIL: *mit Scheinwerfern*) sweep
absurd [ap'zʊrt] *adj* absurd
Abszess[RR] [aps'tsɛs] <-es, -e> *m* (MED) abscess
Abt [apt, *pl:* 'ɛptə] <-(e)s, ¨-e> *m* (ECCL) abbot
ab|tasten *vt* **1.** feel; (MED) palpate; (~ *auf Waffen*) frisk (*auf* for) **2.** (ELEK) scan
ab|tauen I. *vt* defrost II. *vi sein* thaw
Abtauvorrichtung *f* (TECH) defroster *Br*, demister *Am*
Abtei [ap'taɪ] *f* (ECCL) abbey
Abteil [ap'taɪl] *nt* (RAIL) compartment
ab|teilen *vt* (*durch Wand*) partition off; **Abteilung** [-'--] *f* **1.** department **2.** (MIL) unit; **Abteilungsleiter(in)** *m(f)* head of department
Äbtissin [ɛp'tɪsɪn] *f* (ECCL) abbess
ab|töten *vt* (*Zahnnerv*) deaden
ab|tragen *irr vt* **1.** (*Gebäude*) take down **2.** (*Geschirr*) clear away **3.** (*Schuld*) pay off **4.** (*Kleidung*) wear out
abträglich ['aptrɛːklɪç] *adj* harmful, injurious
Abtransport *m* transportation; (*Evakuierung*) evacuation
ab|treiben *irr vi* **1.** *sein* (AVIAT MAR) be driven off course **2.** *haben* (MED) have an abortion
Abtreibung *f* (MED) abortion; **eine ~ vornehmen (lassen)** have an abortion; **Abtreibungspille** *f* abortion pill
ab|trennen *vt* **1.** take off; (*Abschnitt*) detach; (*mit Messer, Schere*) cut off **2.** (*räumlich*) divide off
ab|treten I. *irr vt haben* **1.** (*abnutzen*) wear out **2.** (JUR: *Ansprüche, Gebiet*) cede II. *vi sein* (*vom Amt*) resign; (THEAT) go off
ab|trocknen I. *vt haben* dry II. *vi sein* dry up
abtrünnig ['aptrʏnɪç] *adj* (POL) rebel; (ECCL) apostate; **jdm ~ werden** (POL) desert s.o.; **Abtrünnige(r)** *f m* (POL) rebel; (ECCL) apostate, recusant
ab|tun *irr vt* (*von sich schieben*) dismiss
ab|urteilen *vt:* **jdn ~** pass sentence upon s.o.
Abverkauf *m* (*österr: Ausverkauf*) sale
ab|wägen *irr vt* (*fig: gegeneinander ~*) weigh up; (*Worte*) weigh
ab|wählen *vt* vote out (of office)
ab|wälzen *vt* (*fig*) shift (*auf* onto)
ab|wandeln *vt* **1.** (*variieren*) modify **2.** (MUS) adapt
ab|wandern *sein vi* migrate (*aus* from)
Abwärme *f* (TECH) waste heat
Abwart(in) <-s, -e> *m(f)* (*CH: Hausmeister*) janitor
ab|warten I. *vt:* **etw ~** wait s.th. out II. *vi* wait; **warte nur ab!** just you wait!; **~ und Tee trinken** wait and see
abwärts ['apvɛrts] *adv* down; **es geht mit ihm ~** he is on the decline
Abwasch <-, -en> *f* (*österr: Spülstein*) sink
ab|waschen I. *irr vt* (*Schmutz*) wash off; (*Geschirr*) wash up; (*Gesicht*) wash II. *vi* do the washing up
Abwaschmaschine *f* (*CH*) dishwasher
Abwaschwasser *nt* dish-water
Abwasser *nt* sewage; **Abwasserkanal** *m* sewer
ab|wechseln *vr* alternate, change, vary; **sich miteinander ~** (*Personen*) take turns; **abwechselnd** *adv* alternately
Abwechslung *f* change; **zur ~** for a change; **hier gibt es wenig ~** there's not much variety in life here
Abweg *m:* **auf ~e geraten** go astray
abwegig ['apveːgɪç] *adj* (*fam*) off-beat; (*Verdacht*) groundless
Abwehr *f* defence; (MIL) counter-intelligence; **auf ~ stoßen** be repulsed; **Abwehrkräfte** *fpl* (MED) the body's defences; **Abwehrmaßnahme** *f* defence reaction; **Abwehrmechanismus** *m* defence mechanism
ab|wehren I. *vt* **1.** ward off; (*Angriff*) repulse **2.** (*fig*) dismiss II. *vi* **1.** (SPORT) clear **2.** (*fig*) refuse
ab|weichen *sein irr vi* **1.** (*von Kurs*) deviate; (*Weg*) swerve; (PHYS) decline; (*von Wahrheit*) depart **2.** (*Meinungen*) differ
Abweichung *f* deviation
ab|weisen *irr vt* **1.** (*Person*) turn away **2.** (*Antrag*) reject, turn down
abweisend *adj* (*Haltung*) cold
ab|wenden I. *irr vt* (*Unglück*) avert II. *vr:* **sich ~** (*a. fig*) turn away
ab|werben *irr vt* (COM) headhunt
ab|werfen *irr vt* **1.** throw [*o* cast] off; (*aus der Luft*) drop; (*Blätter*) shed; (*Spielkarte*) discard **2.** (COM: *einbringen*) yield
ab|werten *vt* **1.** (FIN) devaluate **2.** (*fig*) cheapen
Abwertung *f* (FIN) devaluation
abwesend ['apveːzənt] *adj* **1.** absent **2.** (*fig*) far-away; **Abwesende(r)** *f m* absentee
Abwesenheit *f* **1.** absence **2.** (*fig: Geistes~*) abstraction; **durch ~ glänzen** (*iro*) be conspicuous by one's absence
ab|wickeln *vt* **1.** unwind **2.** (*Angelegenheit*) deal with **3.** (COM: *Geschäft*) con-

clude; **Abwicklung** *f* **1.** (COM: *von Geschäft*) completion **2.** (*von Kontrolle, Prüfung*) carrying out; **für eine reibungslose ~ von etw sorgen** make sure that s.th. goes off smoothly
ab|wimmeln *vt* (*fam*): **jdn ~** get rid of s.o.
ab|winken *vi:* **jdm ~** put s.o. off
ab|wischen *vt* (*Schmutz*) wipe off; (*Gesicht*) wipe; (*Tränen*) dry
Abwurf *m* throwing off; (*aus Flugzeug*) dropping
ab|würgen *vt* **1.** (*fam*) scotch **2.** (*Motor*) stall
ab|zahlen *vt* pay off
ab|zählen *vt* (*Geld*) count
Abzahlung *f* (*Rückzahlung*) paying off; **auf ~ kaufen** buy on hire purchase *Br,* buy on the instalment plan *Am;* **Abzahlungsgeschäft** *nt* (COM) hire purchase; **Abzahlungskredit** *m* consumer credit
ab|zapfen *vt* draw off; **jdm Blut ~** (*fam*) take blood from s.o.
Abzeichen *nt* **1.** (*an Anzug, Kleid*) badge **2.** (MIL) insignia *pl*
ab|zeichnen I. *vt* **1.** (*jdn/etw*) draw **2.** (*mit Sichtvermerk*) initial **II.** *vr* **1.** stand out (*gegen* against) **2.** (*fig*) become apparent
ab|ziehen I. *irr vt haben* **1.** (*Schlüssel*) take out **2.** (*Bett*) strip **3.** (*Haut*) skin **4.** (*in Flaschen*) bottle **5.** (*Zahl*) take away, substract; (*vom Preis*) take off **6.** (PHOT: *Bild*) print **II.** *vi sein* **1.** (*Gase*) escape **2.** (MIL: *Truppen*) withdraw
ab|zielen *vi* (*fig*): **~ auf** be aimed at
ab|zocken ['aptsɔkən] *vt* (*sl*) fleece; **Abzocker(in)** <-s, -> *m(f)* fleecer
Abzug *m* **1.** (MIL) withdrawal **2.** (COM) discount; (*vom Lohn*) deduction **3.** (TYP) copy **4.** (PHOT) print **5.** (*Gewehr~*) trigger; **nach ~ der Kosten** expenses deducted
abzüglich ['aptsy:klɪç] *präp* less
Abzugshaube *f* (*Dunst~*) extractor hood
ab|zweigen I. *vi sein* (*Weg*) branch off **II.** *vt haben* (*Geld*) spare
Abzweigung *f* junction; (RAIL) branchline
Ach *nt:* **mit ~ und Krach** by the skin of one's teeth
ach [ax] *interj* oh!; **~ nee!** really!; **~ so!** I see!
Achillessehne [a'xɪlɛs-] *f* Achilles tendon
Achse ['aksə] <-, -n> *f* **1.** (AUTO) axle **2.** (MATH) axis; **auf ~ sein** (*fam: mit Kfz unterwegs*) be on the road
Achsel ['aksəl] <-, -n> *f* armpit; **die ~n zucken** shrug one's shoulders; **Achselhöhle** *f* (ANAT) armpit
Acht [axt] <-> *f:* **außer ~**[RR] **lassen** disregard; **sich in ~**[RR] **nehmen** watch out
acht *num* eight; **alle ~ Tage** every week; **vor ~ Tagen** a week ago; **heute in ~ Tagen** a week today
achtbar *adj* respectable
achte *adj* eighth
Achteck *nt* octagon; **achteckig** *adj* octagonal
Achtel ['axtəl] <-s, -> *nt* eighth
achten ['axtən] **I.** *vt* (*schätzen*) respect **II.** *vi:* **auf etw ~** pay attention to s.th.; **auf jdn ~** look after s.o.
ächten ['ɛçtən] *vt* outlaw, proscribe
achtens ['axtəns] *adv* in the eighth place
Achter <-s, -> *m* **1.** (SPORT: *Boot*) eight **2.** (SPORT: *Figur*) figure eight; **Achterbahn** *f* big dipper *Br,* roller coaster; **Achterdeck** *nt* (MAR) quarterdeck
achtern *adv* (MAR) astern
achtfach *adj* eightfold; **in ~er Ausfertigung** with seven copies; **achtjährig** *adj* eight-year-old
achtlos *adj* careless; **Achtlosigkeit** *f* carelessness
achtmal *adv* eight times
Achtspurtechnik *f* eight-track technology
Achtstundentag *m* eight hour day
achttägig *adj* lasting a week
Achtung ['axtʊŋ] *f* **1.** respect (*vor* for) **2. ~!** attention!; **sich ~ verschaffen** gain respect for o.s.; **alle ~!** good for you!
Ächtung ['ɛçtʊŋ] *f* proscription, outlawing
achtzehn *num* eighteen; **achtzehnte** *adj* eighteenth
achtzig ['axtsɪç] *num* eighty; **achtzigjährig** *adj* eighty-year-old; **achtzigste** *adj* eightieth
ächzen ['ɛçtsən] *vi* groan (*vor* with)
Acker ['akɐ] <-s, => *m* field; **den ~ bestellen** till the soil; **Ackerbau** *m* agriculture, farming; **Ackerland** *nt* arable land
ackern *vi* (*fam*) slog away
Acryl [a'kry:l] <-s> *nt* (CHEM: *in Zusammensetzungen*) acrylic; **Acrylfarbe** *f* acrylic paint; **Acrylglas** *nt* acrylic glass
Adapter [a'daptɐ] <-s, -> *m* adapter, adaptor; **adaptieren** *vt* (*österr: herrichten*) fix up
Ad Click ['ɛtklɪk] <-s> *m* (*Anklicken von Werbehinweisen im Internet*) ad click; **Ad-Click-Rate** *f* ad-click rate
addieren [a'di:rən] *vt* add
Addition *f* addition
Adel ['a:dəl] <-s> *m* nobility; (*niederer ~*) gentry; **von ~** of noble birth
ad(e)lig *adj* noble; **~ sein** be of noble birth
Ad(e)lige(r) ['a:d(ə)lɪgə] <-n, -n> *f m* nobleman (noblewoman); **Ad(e)lige** *pl* the aristocracy
adeln ['a:dəln] *vt* **1.** knight **2.** (*fig*) ennoble
Ader ['a:dɐ] <-, -n> *f* **1.** (ANAT) blood vessel

2. (BOT MIN) vein; (ELEK) core 3. (*Holz~*) grain, streak; **er hat eine musikalische ~** he has a feeling for music

Adieu [a'djøː] <-, (-s)> *nt* farewell

Adjektiv ['atjɛktiːf] <-s, -e> *nt* (GRAM) adjective

Adjunkt(in) <-en, -en> *m(f)* (*österr: Assistent*) junior civil servant

Adjutant [atju'tant] <-en, -en> *m* (MIL) adjutant

Adler ['aːdlɐ] <-s, -> *m* eagle; **Adlernase** *f* aquiline nose

Admiral [atmi'raːl] <-s, -e/(¨-e)> *m* (MIL) admiral; **Admiralität** *f* (MIL) 1. (*Gesamtheit der Admirale*) the admirals *pl* 2. (*Ministerium*) the Admiralty *Br*

adoptieren [adɔp'tiːrən] *vt* adopt

Adoption *f* adoption

Adoptiveltern *pl* adoptive parents; **Adoptivkind** *nt* adopted child

Adrenalin [adrena'liːn] <-s> *nt* adrenalin; **Adrenalinspiegel** *m* adrenalin level

Adressat <-en, -en> *m* addressee

Adressatengruppe *f*, **Adressatenkreis** *m* (*fig*) target group

Adressbuch[RR] *nt* directory

Adresse [a'drɛsə] <-, -n> *f* (*a.* INFORM) address; **per ~ ...** care of ..., c/o; **an die falsche ~ kommen** pick the wrong person

adressieren *vt* address (*an* to)

Adressiermaschine *f* (TECH) addressograph

Adria ['aːdria] *f* Adriatic Sea

ADSL *f Abk. von* **Asynchronus Digital Subscriber Line** (*asynchrone digitale Übermittlungsleitung*) ADSL

Advent [at'vɛnt] *m* (ECCL) Advent; **Adventskranz** *m* Advent wreath

Adverb [at'vɛrp] *nt* (GRAM) adverb

Advokat [atvo'kaːt] <-en, -en> *m* 1. advocate 2. (*österr: Rechtsanwalt*) lawyer; **Advokatur** <-, -en> *f* (*CH*) 1. (*Büro*) lawyer's office 2. (*Amt*) legal profession

Aerobic [ɛə'rɔbɪk] <-s> *nt* aerobics *sing*

Aerodynamik [aerody'naːmɪk] <-> *f* aerodynamics *pl;* **aerodynamisch** *adj* aerodynamic

Aerofelge [a'ero-] *f* aero rim

Affe ['afə] <-n, -n> *m* monkey; (*Menschen~*) ape; **ein eingebildeter ~** a conceited ass

Affekt [a'fɛkt] <-(e)s, -e> *m:* **im ~ handeln** act in the heat of the moment; **Affektfernsehen** *nt* TV talk shows (*like Oprah Winfrey*)

affektiert [afɛk'tiːɐt] *adj* affected

Affenhitze *f* (*fam*) incredible heat

affig *adj* affected

Afghane, -nin [af'gaːnə] <-n, -n> *m, f* Afghan

Afrika ['a(ː)frika] <-s> *nt* Africa; **Afrikaner(in)** *m(f)* African; **afrikanisch** *adj* African

Afroamerikaner(in) *m(f)* Afro-American; **afroamerikanisch** *adj* Afro-American

After ['aftɐ] <-s, -> *m* (ANAT) anus

Agent(in) [a'gɛnt] <-en, -en> *m(f)* agent; **Agentur** <-, -en> *f* agency

Agglomeration <-, -en> *f* (*CH: Ballungsraum*) conurbation

Aggregat [agre'gaːt] <-(e)s, -e> *nt* (TECH) unit

agieren [a'giːrən] *vi* act

Agitator *m* (POL) agitator; **agitatorisch** *adj* (POL) agitative; **eine ~e Rede** an inflammatory speech

agitieren *vi* agitate

Agrarfläche [a'graːɐ-] *f* agricultural land; **Agrarstaat** *m* agrarian state

Ägypten [ɛ'gʏptən] <-s> *nt* Egypt; **Ägypter(in)** *m(f)* Egyptian; **ägyptisch** *adj* Egyptian

aha [a'ha(ː)] *interj* I see!; **Aha-Erlebnis** *nt* sudden insight

Ahle ['aːlə] <-, -n> *f* awl

Ahn [aːn] <-s/-en, -en> *m* forefather; (*geh*) ancestor

ahnden ['aːndən] *vt* punish

ähneln ['ɛːnəln] *vi* be like, resemble

ahnen ['aːnən] *vt* foresee, know; **ich ahne nichts Gutes** I have a premonition that all is not well; **das konnte ich doch nicht ~!** I couldn't be expected to know that!

Ahnentafel *f* genealogical table

ähnlich ['ɛːnlɪç] *adj* similar; **ziemlich ~ wie ...** pretty much as ...; **jdm ~ sehen** resemble s.o.; **das sieht ihm ~** (*fam*) that is just like him

Ähnlichkeit *f* similarity; **mit etw ~ haben** resemble s.th.

Ahnung *f* 1. (*Vorgefühl*) presentiment 2. (*Wissen*) idea; **hast du eine ~!** that's what you know!; **keine ~!** no idea!

ahnungslos *adj* unsuspecting

Ahorn ['aːhɔrn] <-s, -e> *m* (*Laubbaum*) maple (tree)

Ähre ['ɛːrə] <-, -n> *f* ear; **~n lesen** glean

AIDA-Formel *f* (COM) AIDA formula

Aids, AIDS [eɪts] <-> *nt Akr. von* **Acquired Immune Deficiency Syndrome** (MED) aids, AIDS; **Aids-Erreger** *m* aids virus; **Aids-Hilfe** *f* (*Institution*) aids-centre; **aidsinfiziert** *adj* aids-infected, infected with aids; **Aids-Infizierte(r)** *f m* person infected with aids; **aids-positiv** *adj* tested positive for aids; **Aids-Test** *m* aids test

Airbag ['ɛəbæg] <-s, -s> *m* (AUTO) airbag

Airbus ['ɛəbʊs] *m* (AVIAT) airbus

Airdesign ['ɛədɪzaɪn] <-s, -s> *nt* (*Aromen zur Verkaufsförderung*) air design

Airline ['ɛəlaɪn] <-, -s> *f* airline
Ajatollah [aja'tɔla] <-(s), -s> *m* (REL) ayatollah
Akademie [akade'mi:] *f* academy
Akademiker(in) *m(f)* (*Hochschulabsolvent*) university graduate
akademisch *adj* academic
Akazie [a'ka:tsiə] *f* (*Baum oder Strauch*) acacia
akklimatisieren [aklimati'zi:rən] **I.** *vt* acclimatize **II.** *vr* become acclimatized
Akkord [a'kɔrt] <-(e)s, -e> *m* **1.** (MUS) chord **2.** (*Stücklohn*) piece rate; **im ~ arbeiten** do piecework; **Akkordarbeit** *f* piece work; **Akkordarbeiter(in)** *m(f)* piece-worker
Akkordeon [a'kɔrdeɔn] <-s, -s> *nt* (MUS) accordion
akkreditieren [akredi'ti:rən] *vt* (POL: ~ *bei*) accredit to
Akkreditiv [---'-] *nt* **1.** (POL) credentials *pl* **2.** (FIN) letter of credit
Akku(mulator) [akumu'la:tɔr] <-s, -s> *m* (ELEK) accumulator
akkurat [aku'ra:t] *adj* precise
Akkusativ ['akuzati:f] <-s, -e> *m* (GRAM) accusative
Akne ['aknə] <-> *f* acne
Akontozahlung [a'kɔnto-] *f* payment on account
Akrobat(in) [akro'ba:t] <-en, -en> *m(f)* acrobat; **akrobatisch** *adj* acrobatic
Akt [akt] <-(e)s, -e> *m* **1.** (*Tat*) act, action **2.** (THEAT) act **3.** (JUR: *Vorgang*) file **4.** (*Malerei: Nacktbild*) nude **5.** (*Geschlechtsakt*) coitus **6.** (*österr: Akte*) file
Akten *fpl* files, records; **zu den ~ legen** file away; **aktenkundig** *adj* on record; **Aktennotiz** *f* memo; **Aktenordner** *m* file; **Aktenschrank** *m* filing cabinet; **Aktentasche** *f* brief-case, portfolio; **Aktenvernichtung** *f* shredding of files; **Aktenzeichen** *nt* reference
Akteur(in) *m(f)* (FILM THEAT) protagonist
Aktfoto *nt* nude (photograph)
Aktie ['aktsiə] *f* share; **in ~n anlegen** invest in shares; **na, wie stehen die ~n?** (*fig hum*) how are things?; **Aktiengesellschaft** *f* joint-stock company; **Aktienkapital** *nt* share capital; **Aktienkurs** *m* (COM) share price; **Aktienmehrheit** *f*: **die ~ besitzen** hold the controlling interest; **Aktienoption** *f* share option
Aktion [ak'tsjo:n] *f* action; (*Einsatz*) operation; (COM: *Sonderangebot*) special offer; **in ~ treten** go into action
Aktionär(in) <-s, -e> *m(f)* shareholder *Br*, stockholder *Am*
Aktionspreis *m* (COM) special-offer price; **Aktionsradius** *m* (AVIAT MAR) radius, range
aktiv [ak'ti:f] *adj* active; **sich ~ an etw beteiligen** take an active part in s.th.
Aktiva *pl* (FIN) assets
Aktivgeschäft *nt* (COM) lending business
aktivieren *vt* **1.** (CHEM) activate **2.** (*in Bewegung setzen*) get moving
Aktivist(in) *m(f)* (POL) activist
Aktivität *f* activity
aktualisieren *vt* update; **Aktualisierung** *f* update
Aktualität [aktuali'tɛ:t] *f* topicality
Aktuar(in) <-s, -e> *m(f)* (*CH: Schriftführer*) secretary
aktuell [aktu'ɛl] *adj* topical; **~e Mode** latest fashion; **das ist nicht mehr ~** that's no longer relevant; **eine ~e Sendung** (RADIO TV) a current-affairs programme
Akupressur *f* (MED) acupressure
Akupunktur [akupuŋk'tu:ɐ] <-> *f* acupuncture
Akustik [a'kʊstɪk] *f* acoustics *pl*; **Akustikkoppler** <-s, -> *m* (INFORM) acoustic coupler
akustisch *adj* acoustic; **ich habe Sie ~ nicht verstanden** I simply didn't catch what you said
akut [a'ku:t] *adj* **1.** (MED) acute **2.** (*vordringlich*) urgent
AKW <-s, -s> *nt Abk. von* **Atomkraftwerk** nuclear power station
Akzent [ak'tsɛnt] <-(e)s, -e> *m* **1.** (LING) accent **2.** (*fig*) stress (*auf* on)
Akzeptanz *f* acceptance, approval
akzeptieren *vt* accept
Alabaster [ala'bastɐ] <-s, (-)> *m* alabaster
Alarm [a'larm] <-(e)s, -e> *m* alarm; **~ schlagen** sound the alarm; **Alarmanlage** *f* alarm system; **alarmieren** *vt* alert; **Alarmzustand** *m*: **in den ~ versetzen** put on the alert
Albaner(in) *m(f)* Albanian; **Albanien** [al'ba:niən] <-s> *nt* Albania; **albanisch** *adj* Albanian
albern ['albɐn] *adj* (*kindisch*) silly
albern *vi* behave foolishly
Albernheit *f* **1.** (*alberne Art*) silliness **2.** (*alberner Streich*) silly prank
Albtraum[RR] *m* nightmare
Album ['albʊm, *pl:* albən] <-s, -ben> *nt* album
Alge ['algə] <-, -n> *f* alga *pl*, algae *pl*
Algebra ['algebra] <-> *f* (MATH) algebra
Algenentwicklung *f* algae development [*o* growth]
algorithmisch [algo'ritmɪʃ] *adj* algorithmic; **Algorithmus** <-, -men> *m* algorithm
Alibi ['a:libi] <-s, -s> *nt* alibi; **Alibifrau** *f* token woman; **Alibifunktion** *f*: **~ haben**

be used as an alibi

Alimente [ali'mɛntə] *pl* maintenance *sing*

alkalisch *adj* alkaline

Alkohol ['alkoho:l] <-s, -e> *m* alcohol; **alkoholarm** *adj* low in alcohol; **Alkoholeinfluss**RR *m:* **unter** ~ under the influence of alcohol; **alkoholfrei** *adj* nonalcoholic; **~e Getränke** soft drinks; **Alkoholgehalt** *m* alcohol content; **alkoholhaltig** *adj* alcoholic

Alkoholiker(in) [alko'ho:likɐ] *m(f)* alcoholic; **Alkoholismus** <-> *m* alcoholism; **Alkoholmissbrauch**RR *m* alcohol abuse; **Alkoholtest** *m* breath test; **Alkoholverbot** *nt* ban on alcohol

All [al] <-s> *nt* space; (PHILOS) universe

alle ['alə] *adj pred:* ~ **sein** be all gone; ~ **werden** run out

all(e, s) *pron* all; **~es in ~em** on the whole; **~es, was ...** all that ...; **~e beide** both of us [*o* you, them ...]; **~e 2 Tage** every other day; **~e 8 Tage** once a week; **auf ~e Fälle** at all events; **ein für ~emal** once and for all; **dies ~es** all this; **~es, was Sie wollen** anything you like; **vor ~em** above all; **wer war ~es da?** who was there?; **was soll das ~es?** what's all this supposed to mean?

Allee [a'le:, *pl:* a'le:ən] <-, -n> *f* avenue

allein [a'laɪn] *adj, adv* alone; (*einsam*) lonely; **eine ~ erziehende**RR **Mutter** a single mother; ~ **stehend**RR single; **von ~** by o.s.; **das weiß ich von ~!** you don't have to tell me that!; **alleinerziehend** *adj s.* **allein**; **Alleinerziehende(r)** *f m* single parent; **Alleingang** *m* (*a.* SPORT) solo run; **Alleinherrschaft** *f* (POL) autocratic rule

alleinig *adj* sole

Alleinlebende(r) <-n, -n> *f m* person living alone; **Alleinsein** *nt* loneliness; **alleinstehend** *adj s.* **allein**; **Alleinvertretung** *f* **1.** (COM) sole agency **2.** (POL) sole representation

allemal ['alə'ma:l] *adv:* **~!** no problem!; **ein für ~** once and for all

allenfalls ['alən'fals] *adv* if need be; (*höchstens*) at most

allenthalben *adv* everywhere

allerbeste ['alɐ'bɛst] *adj* best of all, very best; **es ist am ~n, wenn ...** the best thing would be if ...

allerdings ['alɐ'dɪŋs] **I.** *adv* (*aber*) but **II.** *interj:* **~!** certainly!

allererste *adj* very first; **zu allererst** first and foremost

Allergie [alɛr'gi:] *f* (MED) allergy; **Allergiker(in)** *m(f)* person suffering from an allergy; **er ist ~** he suffers from an allergy; **allergisch** *adj* allergic (*gegen* to)

Allergologe, -gin *m, f* (MED) allergist

Allerheiligen [--'---] *nt* (ECCL) All Saints' Day

allerlei ['alɐ'laɪ] *adj* all sorts of things; **allerletzte** *adj* very last; **das ist das A~!** (*fam*) that is the absolute limit!; **allermeiste** *adj* by far the most; **am ~n** most of all; **die Allermeisten** the vast majority; **allernächste** *adj* the very next; **in ~r Zukunft** in the very near future; **allerneueste** *adj* very latest

Allerseelen [--'--] *nt* (ECCL) All Souls' Day

allerseits ['alɐ'zaɪts] *adv:* **guten Morgen ~!** good morning (to) everybody!

allerwenigst *adj* least of all; **das wissen die Allerwenigsten** very few people know that; **allerwenigstens** *adv* at the very least

allesamt *adv* all

allfällig *adv* (*CH: eventuell*) possibly

allgemein ['algə'maɪn] *adj* general; **im Allgemeinen**RR generally, in general; ~ **bildend**RR providing general education; ~ **verständlich**RR generally intelligible; **Allgemeinbildung** *f* general education; **Allgemeinheit** *f* general public; **allgemeinverständlich** *adj s.* **allgemein**; **Allgemeinwohl** *nt* public good

Allheilmittel [al'haɪl-] *nt* panacaea, cure-all

Allianz [ali'an(t)s] <-, -en> *f* alliance; **strategische ~** (COM) strategic alliance

Alliierte [ali'i:ɐtə] *m* ally; **die ~n** the Allies

All-Inclusive ['ɔ:lɪnklu:zɪf] <-> *nt* (*Pauschalreise*) all inclusive

alljährlich [-'--] *adj* annual, yearly

allmächtig [-'--] *adj* omnipotent; **~er Gott!** heavens above!

allmählich [al'mɛ:lɪç] **I.** *adj* gradual **II.** *adv* gradually, step by step; **wir sollten ~ gehen** we should think about going

Allonge [a'lõ:ʒə] <-, -n> *f* (COM) allonge

Allradantrieb ['----] *m* (AUTO) all-wheel drive

allseitig ['alzaɪtɪç] *adj:* **~ interessiert sein** have all-round interests *pl*

Alltag ['alta:k] *m* **1.** weekday **2.** (*fig*) everyday life

alltäglich [-'--] *adj* **1.** daily **2.** (*gewöhnlich*) everyday

allwissend *adj* omniscient

allzu ['--] *adv:* ~ **oft**RR much too often; ~ **sehr**RR too much; **nicht ~ sehr**RR not all that much; ~ **viel**RR too much; ~ **viel**RR **ist ungesund** you can have too much of a good thing

allzuoft *adv s.* **allzu**

allzusehr *adv s.* **allzu**

allzuviel *adv s.* **allzu**

Allzweck- ['--] (*in Zusammensetzungen*) all-purpose ...

Alm [alm] <-, -en> *f* alpine pasture

Alpen ['alpən] *pl* (GEOG): **die ~** the Alps; **Alpentransitverkehr** *m* transalpine traffic; **Alpenveilchen** *nt* cyclamen

Alphabet [alfa'be:t] <-(e)s, -e> *nt* alphabet; **alphabetisch** *adj* alphabetical; **~ ordnen** arrange alphabetically

alphanumerisch *adj* alphanumeric

Alpinist *m* Alpinist

Alptraum *m*, **Albtraum**RR *m* nightmare

Alraune [al'raʊnə] *f* (*Alraunwurzel*) mandrake

als [als] *konj* **1.** (*nach Komparativen*) than **2.** (*bei Vergleich*) as … as **3.** (*temporal*) when; **meine Schwester ist größer ~ ich** my sister is taller than I; **wir machen das anders ~ ihr** we do it differently to you; **alles andere ~ …** anything but …; **es sieht so aus, ~ würde es regnen** it looks like rain; **~ ich nach Hause kam, …** when I came home …; **gerade, ~ …** just as …; **gleich, ~** as soon as; **~ Kind** as a child; **~ ob das so einfach wäre** as if it were as easy as that

alsdann [-'-] *adv:* **~!** (*interj*) well then!

also ['alzo] **I.** *adv* so; (*als Füllwort*) well; **~ doch!** so … after all!; **~ gut!** well all right then! **II.** *konj* (*daher*) therefore

alt [alt] <=er, =est> *adj* **1.** (*Person*) old **2.** (*historisch*) ancient; **mein Alter** (*Mann, Vater*) my old man; **meine Alte** (*Frau, Mutter*) my old lady; **~e Sprachen** classical languages; **wie ~ bist du?** how old are you?; **er ist nicht mehr der Alte** he is not the man he used to be; **alles beim Alten**RR **lassen** leave everything as it was; **~ aussehen** look a right fool; **etw ~ kaufen** buy s.th. second-hand

Alt1 *nt* (*Bierart*) *top-fermented German dark beer*

Alt2 *m* (MUS) alto

Altar [al'ta:ɐ, *pl:* al'tɛ:rə] <-(e)s, =e> *m* (ECCL) altar

Altauto *nt* scrap car

altbacken ['---] *adj* **1.** (*Brot*) stale **2.** (*Aussehen*) old-fashioned

Altbau *m* **1.** (*altes Haus*) old building **2.** (*Hausteil*) old part of a house

Altbausanierung *f* redevelopment of old buildings

altbewährt *adj* of long standing

alteingesessen *adj* old-established

Alteisen *nt* scrap iron

Altenheim *nt* old people's home; **Altenhilfe** *f* old people's welfare; **Altenpflegeheim** *nt* geriatric care centre

Alter ['altɐ] <-s> *nt* age; **hohes ~** old age; **im ~ von …** at the age of …; **das ist doch kein ~!** that's no age at all!

altern *sein vi* **1.** (*von Mensch*) get older **2.** (*von Wein, Spirituosen*) mature

alternativ *adj* (*Weg, Methode, Lebensweise, Energiegewinnung*) alternative; (POL) unconventional; (*umweltbewusst*) ecologically minded

Alternativ- (*in Zusammensetzungen*) alternative; (*Bäckerei, Landwirtschaft*) organic

Alternative <-, -n> *f* alternative

Alternative(r) <-n, -n> *f m* (POL) member of the alternative movement

Altersasyl *nt* (*CH: Altersheim*) old people's home; **alterbedingt** *adj* (*Krankheit*) age-related; **Altersfleck** *m* age spot; **Altersgenosse**, **-genossin** *m, f* contemporary; **Altersgrenze** *f* age limit; **die ~ erreichen** reach retirement age; **Altersgruppe** *f* age group; **Altersheim** *nt* old people's home; **Alterspyramide** *f* age pyramid; **Altersruhegeld** *nt* old-age pension; **Altersschwäche** *f* **1.** (*von Mensch*) infirmity **2.** (*von Material*) decrepitude; **Altersteilzeit** *f part-time work for employees over 55;* **Altersversorgung** *f* provision for old age

Altertum ['altɐtu:m] *nt* antiquity

altertümlich ['altɐty:mlɪç] *adj* **1.** (*altmodisch*) old-fashioned **2.** (*veraltet*) antiquated

Alterung *f:* **~ der Bevölkerung** ageing population

Alterungsbeständigkeit *f* aging resistance [*o* stability]

altgedient ['altgədi:nt] *adj* long-serving

Altglascontainer *m* bottle bank

althergebracht [-'---] *adj* traditional

Altjahresabend *m* (*CH: Silvester*) New Year's Eve

altklug *adj* precocious

Altlasten *fpl* dangerous waste residues

ältlich ['ɛltlɪç] *adj* oldish

Altmaterial *nt* scrap; **Altmeister** *m* (SPORT) ex-champion; **altmodisch** *adj* old-fashioned; **Altöl** *nt* waste oil; **Altöltank** *m* slop-tank; **Altpapier** *nt* wastepaper; **Altpapiersammlung** *f* wastepaper collection; **Altstadt** *f* old part of town; **Altwagen** *m* used car; **Altwarenhändler(in)** *m(f)* second-hand dealer; **Altweibersommer** [-'----] *m* Indian summer

Alufolie ['alufo:ljə] *f* tin foil, aluminium foil *Br,* aluminum foil *Am*

Aluminium [alu'mi:niʊm] <-s> *nt* aluminium *Br,* aluminum *Am*

am [am] *präp:* **~ 1. November** on November 1st; **Frankfurt ~ Main** F. on the Main; **~ Abend** in the evening; **~ Anfang** at the beginning; **~ Ende** after all, at last, in short; **~ Himmel** in the sky; **ich war gerade ~ Weggehen** I was just leaving; **~ Tag** by day; **~ Tag darauf** on the following day; ~

Lager (COM) in stock; ~ **besten** best; ~ **meisten** most; ~ **Leben** alive

Amateur(in) [ama'tø:ɐ] <-s, -e> *m(f)* amateur; **Amateurfunker(in)** *m(f)* radio amateur; (*fam*) radio ham

Amboss[RR] ['ambɔs] <-es, -e> *m* anvil

Ambulanz *f* (MED) **1.** (*im Krankenhaus*) outpatients *sing* **2.** (*Krankenwagen*) ambulance

Ameise ['a:maɪzə] <-, -n> *f* ant; **Ameisenbär** *m* ant-eater; **Ameisenhaufen** *m* anthill; **Ameisensäure** *f* (CHEM) formic acid

amen ['a:mɛn] *interj* (ECCL) amen!; **ja und ~ zu etw sagen** give one's blessing to s.th.

Amerika [a'me:rika] <-s, (-)> *nt* America; **die Vereinigten Staaten von ~** the United States of America, the USA; **Amerikaner(in)** [ameri'ka:nɐ] *m(f)* American; **amerikanisch** *adj* American; **amerikanisieren** *vt* Americanize

Amethyst [ame'tyst] <-en, -en> *m* amethyst

Ammann *m* <-s, -männer> (*CH*) mayor

Ammoniak ['amonjak] <-s> *nt* (CHEM) ammonia

Amnestie [amnɛs'ti:] *f* (POL) amnesty; **amnestieren** *vt* grant an amnesty to

Amöbe [a'mø:bə] <-, -n> *f* am(o)eba

Amok ['a:mɔk] <-s> *m* amok *Br,* amuck *Am;* ~ **laufen** run amok; **Amokschütze** *m* crazed gunman

amortisieren [amɔrti'zi:rən] *vr:* **sich ~** pay for itself

Ampel ['ampəl] <-, -n> *f* **1.** (*Verkehrs~*) traffic lights *pl* **2.** (*Hängelampe*) hanging lamp

Ampere [am'pɛ:ɐ] <-(s), -> *nt* (ELEK) ampere; **Amperemeter** *nt* (ELEK) ammeter

Amphibie [am'fi:biə] <-, -n> *f* amphibian

amphibisch *adj* amphibious

Ampulle [am'pʊlə] <-, -n> *f* (MED) ampoule

amputieren [ampu'ti:rən] *vt* amputate

Amsel ['amzəl] <-, -n> *f* blackbird

Amt [amt, *pl:* 'ɛmtɐ] <-(e)s, ⸚er> *nt* **1.** (*öffentliches*) office **2.** (*Aufgabe*) duty, task **3.** (*Behörde*) department **4.** (TELE) exchange; **zum zuständigen ~ gehen** go to the relevant authority; **von ~s wegen** officially; **sich um ein ~ bewerben** apply for a post

Ämterhäufung *f* holding of multiple posts

amtieren *vi* hold office, be in office; ~ **als** (*fungieren*) act as

amtlich *adj* official; **~es Kennzeichen** registration number *Br,* license number *Am*

Amtsanmaßung *f* unauthorized assumption of authority; **Amtsantritt** *m* assumption of office; **Amtsarzt** *m* medical officer; **Amtseid** *m* oath of office; **Amtsentsetzung** <-, -en> *f* (*österr*) dismissal from office; **Amtsgericht** *nt* county court *Br,* district court *Am;* **Amtshandlung** *f* official duty; **Amtsrichter** *m* county court judge *Br,* district court judge *Am*

Amtsübernahme *f* taking office, assumption of office; **Amtszeichen** *nt* (TELE) dialling tone *Br,* dial tone *Am;* **Amtszeit** *f* period of office; **Amtszimmer** *nt* office

Amulett [amu'lɛt] <-(e)s, -e> *nt* amulet, charm

amüsant [amy'zant] *adj* amusing

amüsieren **I.** *vt* amuse **II.** *vr* enjoy o.s., have a good time; **sich über etw ~** find s.th. funny

Amüsierviertel *nt* nightclub district

an [an] **I.** *präp* **1.** (*räumlich*): ~ **der Wand stehen** stand by the wall; ~ **etw vorbeigehen** pass s.th.; **sie ging ~s Fenster** she went to the window; **~s Telefon gehen** answer the phone **2.** (*zeitlich*): ~ **diesem Abend** that evening; **es ist ~ der Zeit** the time has come **3.** (*fig*): **jdn ~ etw erkennen** recognize s.o. by s.th.; **was haben Sie ~ Weinen da?** what wines do you have?; ~ **etw schuld sein** be to blame for s.th.; **ich habe eine Bitte ~ Sie** I have a request to make of you **II.** *adv* **1.** (*etwa*): ~ **die 500 Schüler** about five hundred pupils; **von nun ~** from today onwards **2.** (RAIL: *Ankunft*): **Stuttgart ~ 16.25** arriving Stuttgart 16:25

Anabolikum [ana'bo:likʊm] <-s, -ka> *nt* anabolic steroid

Anachronismus *m* anachronism

analog [ana'lo:k] *adj* **1.** analogous **2.** (INFORM) analog

Analogie [analo'gi:] *f* analogy

Analogrechner *m* (INFORM) analog computer

Analphabet(in) ['analfabe:t, ---'-] <-en, -en> *m(f)* illiterate; **Analphabetentum** *nt* illiteracy

Analyse [ana'ly:zə] <-, -n> *f* analysis

analysieren *vt* analyze

Ananas ['ananas] <-, -/(-se)> *f* pineapple

anaphylaktisch [anafy'laktɪʃ] *adj* (MED) anaphylactic; **~er Schock** anaphylactic shock

Anarchie [anar'çi:] *f* anarchy

Anarchist(in) *m(f)* anarchist

Anatomie [anato'mi:] *f* **1.** anatomy **2.** (*Institut*) anatomical institute

anatomisch [ana'to:mɪʃ] *adj* anatomical

an|bahnen **I.** *vt* initiate **II.** *vr* (*bevorstehen*) be in the offing

an|bändeln ['anbɛndəln] *vi* (*fam: flirten*) flirt (*mit* with)

Anbau[1] <-(e)s, -ten> *m* (*Gebäude*) exten-

sion
Anbau² <-(e)s> *m* (*landwirtschaftlich*) cultivation
an|bauen *vt* **1.** (*Gebäude*) add, build on **2.** (*landwirtschaftlich*) cultivate, grow
Anbaufläche *f* cultivable land; (*bebaute Fläche*) area under cultivation
anbei [-'-] *adv* (COM) enclosed please find
an|beißen **I.** *irr vi* **1.** bite **2.** (*fig*) swallow the bait **II.** *vt* bite into
an|belangen *vi* concern; **was mich anbelangt ...** as far as I am concerned ...
an|bellen *vt* bark at
an|beraumen *vt* arrange, fix
an|beten *vt* **1.** (REL) worship **2.** (*fig*) adore
Anbetracht *m*: **in ~** in view of; **in ~ dessen, dass ...** considering the fact that ...
an|biedern *vr*: **sich bei jdm ~** curry favour with s.o.
an|bieten **I.** *irr vt* offer (*jdm etw* s.o. s.th.) **II.** *vr* **1.** (*Mensch*) offer one's services **2.** (*Gelegenheit*) present itself
an|binden *irr vt* tie (up); **kurz angebunden** (*fig*) curt
Anblick *m* sight; **beim ersten ~** at first sight
an|blicken *vt* glance at, look at
an|bohren *vt* bore into; (*eine Quelle*) open up
Anbot <-(e)s, -e> *nt* (*österr*) offer
an|brechen **I.** *irr vt haben* **1.** (*Packung*) open **2.** (*Geld*) break into **II.** *vi sein* (*Tag*) break, dawn; (*Nacht*) fall
an|brennen *sein irr vi* catch fire; (*Essen*) get burnt; **~ lassen** burn; **nichts ~ lassen** not miss one's chances
an|bringen *irr vt* **1.** (*festmachen*) fix (*an* to) **2.** (*installieren*) install **3.** (*Bitte, Beschwerde*) make (*bei* to); **seine Kritik ~** get one's criticism in
Anbruch <-(e)s> *m* beginning; **bei ~ des Tages** at day-break; **bei ~ der Nacht** at nightfall
Andacht ['andaxt] <-, -en> *f* devotion; (*Gottesdienst*) prayers *pl*
andächtig ['andɛçtɪç] *adj* devout; (*im Gebet*) in prayer
an|dauern *vi* continue; **andauernd** *adj* (*ständig*) continuous; (*anhaltend*) continual; **jdn ~ unterbrechen** keep on interrupting s.o.
Andenken <-s, -> *nt* **1.** memory **2.** (*Gegenstand*) keepsake (*an* from); (*Reise~*) souvenir; **zum ~ an ...** in memory [*o* remembrance] of ...
an|denken *vt* start thinking
andererseits *adv* on the other hand
andere *adj* **1.** (*verschieden*) different **2.** (*noch ein*) other; **am ~n Morgen** the next morning; **kein ~r** no one else; **etw ~s** s.th. else; **das ist etw Anderes** that is different; **nichts ~s als** nothing but; **alles ~ als** anything but; **~ Kleider anziehen** change one's clothes; **es blieb mir nichts ~s übrig, als selbst hinzugehen** I had no alternative but to go myself; **ein ~s Mal** another time; **es kam eins zum ~n** one thing led to another; **unter ~m** among other things *pl;* **einer nach dem ~n** one at a time; **nichts ~s** nothing else; **~ Saiten aufziehen** change one's tune; **sich eines ~n besinnen** change one's mind; **und vieles ~ mehr** and much more besides
ändern ['ɛndɐn] **I.** *vt* alter; (*wechseln*) change; **ich kann es nicht ~** I can't do anything about it **II.** *vr* alter, change
andernfalls *adv* otherwise
anders ['andɐs] *adv* differently; **jemand ~** someone else; **es sich ~ überlegen** change one's mind; **es geht nicht ~** there's no other way; **das klingt schon ganz ~** now that's more like it; **es war nicht ~ möglich** there was no other way; **~ (als jd) gesinnt^RR sein** hold different views (from s.o.)
Andersdenkende(r) *f m* dissenter
andersgesinnt *adj s.* **anders**
andersherum *adv* the other way round
anderswo ['---] *adv* elsewhere; **anderswoher** *adv* from elsewhere; **anderswohin** *adv* elsewhere
anderthalb ['andɐ'talp] *num* one and a half; **anderthalbfach** *adj* one and a half times
Änderung ['ɛndərʊŋ] *f* alteration, change
anderweitig ['----] **I.** *adj* other **II.** *adv* (*woanders*) elsewhere; **~ vergeben werden** be given to s.o. else
an|deuten *vt* (*erkennen lassen*) indicate; (*zu verstehen geben*) hint (*jdm etw* s.th. to s.o.)
Andeutung *f*: **eine ~ über etw machen** hint at s.th.; **versteckte ~en machen** drop veiled hints
Andrang <-(e)s> *m* (*von Menschen*) crowd, rush; (*von Blut*) rush
an|drehen *vt* **1.** (*Licht*) switch on; (*Gas*) turn on **2.** (*befestigen*) tighten; (*Schraube*) screw in; **jdm etw ~** palm s.th. off on s.o.
an|drohen *vt*: **jdm etw ~** threaten s.o. with s.th.
an|ecken *sein vi* (*fam*): **bei jdm ~** rub s.o. up the wrong way
an|eignen *vr*: **sich etw ~** acquire s.th.; (*widerrechtlich*) appropriate s.th., learn s.th.
aneinander *adv* each other; **sich ~ gewöhnen** get used to each other; **~ fügen^RR** put together; **mit jdm ~ geraten^RR** come to blows with s.o.; (*streiten*) have words with s.o.; **~ grenzen^RR** border on each

other; ~ **reihen**[RR] string together; ~ **stoßen**[RR] (*Gegenstände*) bang together; (*Leute*) bump into each other

Anekdote [anɛk'do:tə] <-, -n> *f* anecdote

an|ekeln *vt* disgust; **es ekelt mich an** it's making me sick

Anemone [ane'mo:nə] <-, -n> *f* (*Buschwindröschen*) anemone

Anerbieten *nt* offer

an|erkennen *irr vt* **1.** recognize, acknowledge; (COM) accept **2.** (*lobend*) appreciate; **ein ~der Blick** an appreciative look; **Anerkennung** *f* **1.** recognition, acknowledgement **2.** (*lobende* ~) appreciation

an|fachen *vt* **1.** (*Feuer*) fan **2.** (*fig*) arouse

an|fahren *sein* **I.** *irr vi* (AUTO) start; (RAIL) pull up **II.** *vt* **1.** (MAR) put in at **2.** *haben* (*zusammenstoßen*) run into **3.** *haben* (*liefern*) deliver; **jdn** ~ shout at s.o.

Anfahrt *f* **1.** (*Reise*) journey **2.** (*Zufahrt*) approach

Anfall *m* **1.** (MED) attack; (*Schlag~*) fit (of apoplexy) **2.** (FIN: *von Kosten*) amount (*an* of); **in einem ~ von ...** in a fit of ...

an|fallen **I.** *irr vt haben* attack **II.** *vi sein* arise; **die ~de Arbeit** the work which comes up

anfällig ['anfɛlɪç] *adj* (*von schwacher Gesundheit*) delicate; **für etw ~ sein** be susceptible to s.th.

Anfang ['anfaŋ] <-(e)s, ¨-e> *m* beginning; ~ **Mai** at the beginning of May; **für den** ~ for the present; **von ~ an** right from the beginning; **den ~ machen** begin, start

an|fangen *irr vt, vi* begin, start; **von vorn** ~ begin [*o* start] again; **fang nicht wieder damit an!** don't start all that again!; **bei einer Firma** ~ start with a firm; **Streit** ~ start an argument; **ich weiß nicht, was ich damit ~ soll** I don't know what to do with it

Anfänger(in) *m(f)* beginner

anfänglich ['anfɛŋlɪç] **I.** *adj* initial **II.** *adv* at first

anfangs ['anfaŋs] *adv* at first

Anfangsbuchstabe *m* first letter; **großer** ~ capital initial; **kleiner** ~ small initial; **Anfangsgehalt** *nt* starting salary; **Anfangsgeschwindigkeit** *f* (PHYS) initial velocity; **Anfangsstadium** *nt* initial stage

an|fassen *vt* touch; **eine Sache falsch** ~ tackle a problem the wrong way; **jdn** ~ (*behandeln*) treat s.o.; **zum Anfassen** (*Mensch, Sache*) accessible; (*Mensch a.*) approchable

anfechtbar *adj* contestable

an|fechten *irr vt* contest; (JUR) appeal against; (*Vertrag*) dispute

an|feinden *vt* treat with hostility

an|fertigen *vt* make; **etw ~ lassen** have s.th. made

an|feuchten *vt* moisten, wet

an|feuern *vt* **1.** (*Ofen*) light **2.** (*fig*) spur on

an|flehen *vt* implore (*um* for)

Anflug *m* **1.** (AVIAT: *das Anfliegen*) approach **2.** (*Spur*) trace **3.** (*Hauch*) hint; **mit einem ~ von Spott** with a hint of derision

an|fordern *vt* request

Anforderung *f* **1.** (*Belastung*) demand **2.** (*Bedürfnis*) requirement **3.** (*das Anfordern*) request (*von* for); **hohe ~en an jdn stellen** demand a lot of s.o.; **den ~en genügen** be able to meet the demands

Anfrage *f* **1.** inquiry **2.** (PARL) question **3.** (INFORM) query

an|fragen *vi* inquire (*bei jdm* of s.o.)

an|freunden *vr:* **sich mit jdm** ~ make friends with s.o.; **sich mit etw** ~ get to like s.th.

an|fügen *vt* add

an|fühlen *vt, vr* feel

an|führen *vt* **1.** (*als Führer*) lead **2.** (*zitieren*) cite, quote; **ein Beispiel** ~ give an example

Anführer *m* leader; (*Anstifter*) ringleader

Anführungszeichen *ntpl* inverted commas, quotation marks

an|füllen *vt* fill up

Angabe[1] *f* **1.** (*Aussage*) statement **2.** (*nähere*) detail; **~n über etw machen** give details about s.th.

Angabe[2] *f* (*Prahlerei*) showing off

an|geben[1] *irr vt* **1.** (*nennen*) give **2.** (*behaupten*) maintain; **seinen Namen** ~ give one's name; **Gründe** ~ state reasons; **sein Vermögen** ~ state one's fortune

an|geben[2] *irr vi* (*fam: prahlen*) boast, show off

Angeber(in) *m(f)* (*fam: Prahler*) show-off

angeblich ['ange:plɪç/ -'--] **I.** *adj* so-called **II.** *adv* allegedly; **er fährt ~ einen Rolls-Royce** he is said to drive a Rolls-Royce

angeboren *adj* innate; **~e Kurzsichtigkeit** congenital short-sightedness

Angebot *nt* offer; (*Waren~*) supply; ~ **und Nachfrage** supply and demand

angebracht *adj* (*sinnvoll*) reasonable

angebrannt *adj* burnt

angegossen *adj:* **wie ~ sitzen** fit like a glove

angegriffen *adj:* **~e Gesundheit** weak health; **sie sieht ~ aus** she looks strained

angeheitert ['angəhaɪtɐt] *adj* tipsy

an|gehen **I.** *irr vi sein* (*Feuer*) start burning; **gegen etw** ~ fight s.th. **II.** *vt haben* (*betreffen*) concern; **das geht Sie nichts an!** that's none of your business!; **was geht das mich an?** what's that got to do with me?; **was mich angeht ...** for my part ...; **angehend** *adj:* **ein ~er Ehemann** a pro-

spective husband
an|gehören *vi* (*Familie*) be a member of
Angehörige(r) *f m:* **meine Angehörigen** my relatives
Angeklagte(r) <-n, -n> *f m* accused, defendant
Angel[1] ['aŋəl] <-, -n> *f* (*Fenster~, Tür~*) hinge; **etw aus den ~n heben** revolutionize s.th. completely; **eine Tür aus den ~n heben** unhinge a door
Angel[2] *f* (*Fisch~*) rod and line *Br,* fishing pole *Am*
Angelegenheit *f* matter; **das ist nicht meine ~** that's not my business; **kümmere dich um deine eigenen ~en!** mind your own business!
angelernt *adj:* **~er Arbeiter** semi-skilled worker
angeln ['aŋəln] *vi, vt:* **~ gehen** go fishing; **nach etw ~** fish for s.th.; **den werde ich mir ~!** (*fam*) I'll give him a piece of my mind!
angeloben *vt* (*österr*) swear in
Angelobung <-> *f* (*österr*) swearing in
Angelrute *f* fishing rod
angemessen *adj* appropriate; (*Preis*) reasonable
angenehm ['angəne:m] *adj* agreeable, pleasant; **ist es Ihnen so ~?** is that all right for you?; **~e Reise!** have a pleasant journey!
angenommen I. *adj:* **~er Name** adopted name II. *konj:* **~, dass ...** assuming that ...
angesehen *adj* respected
angesichts *präp* in view of, considering
Angestellte(r) *f m* employee; **~ sein bei ...** be on the staff of ...; **Angestelltenversicherung** *f* employees' insurance
angestrengt I. *adj:* **ein ~es Gesicht** a strained face II. *adv:* **~ arbeiten** work hard
angetan *adv:* **von jdm (etw) ~ sein** be impressed by s.o (s.th.); **es jdm ~ haben** appeal to s.o.
angetrunken *adj* inebriated
angewandt *adj:* **~e Mathematik** applied mathematics *pl*
angewiesen *adj:* **~ sein auf** be dependent on; **darauf bin ich nicht ~** I can get along without it
an|gewöhnen I. *vt:* **jdm etw ~** accustom s.o. to s.th. II. *vr:* **sich etw ~** get accustomed to s.th.
Angewohnheit *f* habit; **die ~ haben, etw zu tun** be in the habit of doing s.th.
Angina [aŋ'gi:na] <-> *f* (MED) angina
an|gleichen I. *irr vt* bring into line (*an* with) II. *vr:* **sich ~** grow closer together
Angler(in) ['aŋlɐ] *m(f)* angler
an|gliedern *vt* affiliate (*an* to); (POL) annex (*an* to)
Anglist(in) [aŋ'glɪst] <-en, -en> *m(f)* anglicist; (*Student*) student of English philology; (*Dozent*) English lecturer; **Anglistik** *f* study of English philology
an|grabschen, an|grapschen *vt* (*sl*) grope
angreifbar *adj* (*fig*) open to attack
an|greifen *irr vt* 1. (*feindlich*) attack 2. (*in Anspruch nehmen: Vorräte, Geld*) draw on 3. (*etw anfassen*) tackle 4. (*schwächen*) weaken; (*beeinträchtigen*) affect
Angreifer(in) *m(f)* aggressor, attacker
an|grenzen *vi:* **~ an** border on; **angrenzend** *adj* 1. (*Gebiet*) adjacent (*an* to) 2. (INFORM) contiguous
Angriff *m* attack (*auf* to); **etw in ~ nehmen** tackle s.th.; **zum ~ übergehen** take the offensive; **Angriffsfläche** *f:* **jdm eine ~ bieten** lay o.s. open to an attack
angriffslustig *adj* aggressive
Angriffspunkt *m* 1. (*Ziel, a. fig*) target 2. (TECH: *Schwachstelle*) weakspot; **der Plan bietet der Opposition zu viele ~e** the plan is too vulnerable to attack by the opposition
an|grinsen *vt* grin at
Angst [aŋst, *pl:* 'ɛŋstə] <-, ⸚e> *f* anxiety (*um* about); (*Furcht*) fear (*vor* of); **vor etw ~ haben** be afraid of s.th.; **um jdn ~ haben** be anxious about s.o.; **keine ~!** don't worry!
ängstigen ['ɛŋstɪgən] I. *vr:* **sich vor etw ~** be afraid of s.th.; **sich wegen etw ~** worry about s.th. II. *vt:* **jdn ~** frighten s.o.
ängstlich ['ɛŋstlɪç] *adj* (*angstvoll*) anxious; (*schüchtern*) timid
Angstzustände *pl* state of anxiety; **~ bekommen** get in a state of panic
an|gucken *vt* look at
an|gurten *vr:* **sich ~** fasten one's seat belt
an|haben *irr vt* 1. (*Kleidungsstücke*) have on, wear 2. (*beeinträchtigen*): **das kann mir nichts ~** that can't do me any harm; **sie können mir nichts ~** they can't touch me
an|haften *vi* stick (*an* to)
Anhalt <-(e)s, (-e)> *m* (*~spunkt*) clue; **jdm einen ~ gewähren** give a clue to s.o.; **ich habe keinen ~ dafür, dass ...** I have no grounds to suppose that ...
an|halten I. *irr vt* stop; **die Luft ~** hold one's breath; **jdn zu etw ~** encourage s.o. to do s.th. II. *vi* 1. (*stehen bleiben*) stop 2. (*andauern*) last; **um jds Hand ~** propose to s.o.; **anhaltend** *adj* incessant
Anhalter(in) *m(f)* hitch-hiker; **per ~ fahren** hitch-hike
Anhaltspunkt *m* clue
Anhang *m* 1. appendix 2. (*von Partei*) followers *pl* 3. (*fam: Familie*) family
an|hängen *vt* 1. (AUTO: *Anhänger*) hitch up

(*an* to) **2.** (*hinzufügen*) add **3.** (INFORM: *an Datei*) append; **jdm etw ~** blame s.th. on s.o.

Anhänger *m* **1.** (*Person*) follower, supporter **2.** (*Gepäck~*) tag; (*Schmuckstück*) pendant **3.** (AUTO) trailer

Anhängerschaft *f* supporters *pl*

anhänglich *adj* clinging

Anhänglichkeit *f* devotion

an|hauen *irr vt* (*fam*): **jdn ~** make a pass at s.o., touch s.o. for s.th.

an|häufen I. *vt* amass; (*sammeln, hamstern*) hoard up **II.** *vr* pile up

Anhäufung *f* amassing; (*von Waren*) hoarding

an|heben *irr vt* raise; (*hochheben*) lift up

an|heften *vt* fasten (*an* to); (*mit Reißnagel*) tack on; (*mit Stecknadel*) pin to

anheim[RR] [an'haɪm]: **der Vergessenheit ~ fallen**[RR] sink into oblivion; **jdm etw ~ stellen**[RR] leave s.th. to someone's discretion

anheimelnd ['anhaɪməlnt] *adj* homely

anheim|fallen *irr vi s.* **anheim**; **anheimstellen** *vt s.* **anheim**

an|heizen *vt* **1.** (*Kamin*) light **2.** (*positiv*) stimulate; (*negativ*) aggravate

an|heuern *vi, vt* (MAR) sign up

Anhieb *m:* **auf ~** straight off

an|himmeln *vt:* **jdn ~** make sheep's eyes at s.o.

Anhöhe *f* hill

an|hören I. *vt:* **jdn ~** hear s.o.; **etw ~** listen to s.th. **II.** *vr:* **das hört sich ja gut an!** that sounds good!

Anhörung *f* (PARL) hearing

animalisch *adj* animal

Animateur(in) [anima'tøːɐ] <-s, -e> *m(f)* host (hostess)

animieren [ani'miːrən] *vt* encourage

Anis ['aːnɪs/a'niːs] <-es, -e> *m* anise

Ankauf *m* purchase

an|kaufen *vt* buy, purchase

Anker ['aŋkɐ] <-s, -> *m* **1.** (MAR) anchor **2.** (ELEK) armature; **vor ~ gehen** drop anchor; **den ~ lichten** weigh anchor

ankern ['aŋkɐn] *vi* (*vor Anker liegen*) be anchored

Ankerkette *f* (MAR) anchor cable; **Ankerplatz** *m* anchorage

an|ketten *vt* chain up (*an* to)

Anklage *f* **1.** (JUR) charge **2.** (*Staatsanwalt als ~vertreter*) prosecution; **jdn unter ~ stellen** charge s.o. (*wegen* with); **gegen jdn ~ erheben** bring charges against s.o.; **Anklagebank** *f* (JUR) dock; **auf der ~** in the dock

an|klagen *vt* charge (*wegen* with); **jdn ~, etw getan zu haben** accuse s.o. of having done s.th.

Ankläger(in) *m(f)* (JUR) prosecutor

an|klammern I. *vt* (*mit Klammer*) clip (*an* to) **II.** *vr* cling (*an* to)

Anklang *m* (*Beifall*): **~ bei jdm finden** be well received by s.o.

an|kleben I. *vt haben* stick up (*an* on) **II.** *vi sein* stick

an|kleiden *vt, vr* dress

Ankleidezimmer *nt* dressing-room

an|klicken *vt* (INFORM) click on

an|klopfen *vi* knock (*an* at); **bei jdm ~ wegen etw** come knocking at someone's door for s.th.

an|knipsen *vt* (*Licht*) switch on

an|knüpfen I. *vt* **1.** tie on (*an* to) **2.** (*fig*) start up; **Beziehungen ~** establish relations **II.** *vi:* **an etw ~** take s.th. up

an|kommen[1] *sein irr vi* **1.** arrive **2.** (*bei Bewerbungen*) be taken on (*bei* by) **3.** (*Anklang finden*) go down (*bei* with); **bist du gut angekommen?** did you get there all right?; **jdm mit etw ~** come to s.o. with s.th.; **bei jdm ~** (*fam*) have success with s.o.; **komm bloß damit nicht wieder an!** (*fam*) don't start up again with this!

an|kommen[2] *sein irr vi* (*wichtig sein*): **es kommt darauf an** it depends; **es kommt darauf an, dass ...** what matters is that ...; **es darauf ~ lassen** chance it; **lass es nicht darauf ~!** don't push your luck!; **es auf einen Prozess ~ lassen** let it get as far as the courts; **darauf soll es mir nicht ~** that's not the problem

an|kotzen *vt* (*sl*): **das kotzt mich an!** that's enough to make me sick!

an|kreuzen *vt* mark with a cross

an|kündigen I. *vt* announce **II.** *vr* (*fig*) be heralded (*durch* by)

Ankündigung *f* announcement

Ankunft ['ankʊnft] <-> *f* arrival; **bei ~** on arrival; **Ankunftszeit** *f* time of arrival

an|kurbeln *vt* (*fig*) boost

an|lächeln *vt:* **jdn ~** give s.o. a smile

an|lachen *vt* smile at; **sich jdn ~** (*fam*) pick s.o. up

Anlage *f* **1.** (*Fabrik~*) plant **2.** (*Park*) public park, gardens *pl* **3.** (*Garten~*) grounds *pl* **4.** (*Beilage*) enclosure; (INTERNET) attachment **5.** (*Entwurf*) layout **6.** (ELEK) installation **7.** (INFORM RADIO) system **8.** (FIN) investment; **als ~ erhalten Sie ...** enclosed please find ...; **Anlagepapier** *nt* (FIN) long-term investment bond

Anlass[RR] ['anlas, *pl:* 'anlɛsə] <-es, -̈e> *m* **1.** (*Ursache*) cause (*zu* for) **2.** (*Gelegenheit*) occasion; **es besteht kein ~** there is no reason; **etw zum ~ nehmen zu ...** use s.th. as an opportunity to ...; **festlicher ~** festive occasion; **beim geringsten ~** for the slightest reason

an|lassen *irr vt* **1.** (AUTO: *in Gang setzen*) start **2.** (*nicht ausziehen z.B. Jacke*) keep on **3.** (*Geräte*) leave on

Anlasser <-s, -> *m* (AUTO) starter

anlässlichRR ['anlɛslɪç] *präp* on the occasion of

Anlauf *m:* **einen ~ nehmen** take a run-up; **erst beim zweiten ~** only at the second go

an|laufen I. *irr vi sein* **1.** (*anfangen*) begin, start; (FILM) open **2.** (MED) swell up **3.** (*beschlagen*) steam up; (*von Metall*) tarnish **II.** *vt haben* (MAR: *einen Hafen*) call at

Anlaufprobleme *pl* teething troubles *pl*

Anlaufstelle *f* shelter, refuge; **~ für Drogensüchtige** Drug Crisis Centre *Br,* Drug Crisis Center *Am*

Anlaufzeit *f* (*fig*): **das braucht ein paar Wochen ~** it needs a few weeks to get going

Anlaut *m* (LING) initial sound

an|legen I. *vt* **1.** (*daranlegen*) lay (*an* next to) **2.** (*anziehen*) don **3.** (FIN) invest **4.** (*Kartei*) start **5.** (*Vorräte*) lay in **6.** (INFORM) create; **eine Leiter ~ an** put up a ladder to; **sein Lineal ~** set one's ruler; **es darauf ~, dass ...** be determined that ...; **sich mit jdm ~** pick a quarrel with s.o. **II.** *vi* (MAR) berth

Anleger(in) *m(f)* (FIN) investor

Anleger *m* (MAR) landing-stage; (*für Ozeandampfer*) berth

an|lehnen I. *vt* lean (*an* against); (*Tür*) leave ajar **II.** *vr* lean (*an* against); **sich an etw ~** follow s.th.

an|leiern *vt* (*fam: in die Wege leiten*) launch, get on the road

Anleihe ['anlaɪə] <-, -n> *f* **1.** (*Darlehen*) loan **2.** (*Wertpapier*) bond; **eine ~ aufnehmen** take a loan; **bei jdm eine ~ machen** (*a. fig*) borrow from s.o.

an|leimen *vt* stick on (*an* to)

an|leiten *vt* instruct; **jdn zu etw ~** teach s.o. s.th.

Anleitung *f* (*a.* TECH) instructions *pl;* **unter ~ von ...** under the guidance of ...

Anliegen ['anli:gən] <-s, -> *nt* **1.** (*Bitte*) request **2.** (*Angelegenheit*) matter

an|liegen *irr vi* (*Kleider*) fit closely (*an* s.th.); (*Haare*) lie flat (*an* against)

anliegend *adj* **1.** (*benachbart*) adjacent **2.** (*Kleider*) tight-fitting **3.** (*beiliegend*) enclosed

Anlieger(in) <-s, -> *m(f)* (*Anwohner*) local resident; **~ frei** residents only

an|locken *vt* attract; (*Tiere*) lure

an|löten *vt* solder on (*an* to)

an|lügen *irr vt:* **jdn ~** lie to s.o.

an|machen *vt* **1.** (*befestigen*) put up (*an* on) **2.** (*Salat*) dress **3.** (*Feuer*) light **4.** (*fam: ansprechen*) chat up **5.** (*fam: erregen*) turn on **6.** (*beschimpfen*) slam; **(das) Licht ~** turn on the light

Anmarsch *m* walk; **im ~ sein auf** (MIL) be advancing on; (*fig*) be on one's way

an|maßen ['anma:sən] *vr:* **sich ~, etw zu tun** have the presumption to do s.th.; **sich etw ~** claim s.th.; **anmaßend** ['anma:sənt] *adj* presumptuous

Anmaßung *f* **1.** presumption **2.** (*Unverschämtheit*) insolence

Anmeldeformular *nt* registration form; **Anmeldegebühr** *f* registration fee

an|melden I. *vt* **1.** announce **2.** (*für Abgaben, Zoll*) declare **3.** (TELE: *Gespräch*) book; **jdn bei einer Schule ~** enrol s.o. at a school; **jdn zu einem Kurs ~** enrol s.o. for a course; **seinen Fernseher ~** get a licence for one's TV set **II.** *vr* **1.** announce one's arrival **2.** (*für einen Kurs*) enrol o.s.; **sich polizeilich ~** register with the police

Anmeldung *f* **1.** (*Ankündigung*) announcement **2.** (*zu einem Kurs*) enrolment; (*bei Polizei*) registration **3.** (*Reception*) reception

an|merken *vt* **1.** (*anstreichen*) mark **2.** (*bemerken*) say **3.** (*schriftlich*) note; **sich etw ~ lassen** let s.th. show

Anmerkung *f* **1.** (*schriftlich*) note **2.** (*Bemerkung*) remark

Anmut ['anmu:t] <-> *f* grace

anmutig *adj* graceful

an|nähen *vt* sew on (*an* to)

an|nähern I. *vt* bring more into line (*an* with) **II.** *vr* approach (*einer S* s.th.); **annähernd** ['annɛ:ɐnt] **I.** *adj* approximate **II.** *adv* (*etwa*) about, approximately

Annäherung *f* approach (*an* towards); **Annäherungsversuch** *m* advances *pl*

Annahme ['anna:mə] <-, -n> *f* acceptance; (*Vermutung*) assumption; **der ~ sein, dass ...** assume that ...; **in der ~, dass ...** on the assumption that ...

AnnahmeschlussRR *m* deadline

annehmbar *adj* acceptable, admissible; **ein ~er Preis** a reasonable price

an|nehmen *irr vt* **1.** (*Angebotenes ~*) accept **2.** (*aufnehmen*) take **3.** (*vermuten*) presume **4.** (*voraussetzen*) assume; **von jdm etw ~** expect s.th. of s.o.; **einen Auftrag ~** take on an order; **sich einer Sache ~** see to a matter

Annehmlichkeit *f* convenience; **die ~en des Lebens** the comforts of life

annektieren [anɛk'ti:rən] *vt* (POL) annex

Anno *adv* (*österr: im Jahre*) in (the year)

Annonce *f* advertisement

annullieren [anʊ'li:rən] *vt* (JUR) annul

an|öden ['anø:dən] *vt* (*fam*) bore stiff

anonym [ano'ny:m] *adj* anonymous; **Anonyme Alkoholiker** Alcoholics Anonymous *pl*

anonymisieren *vt* (*Daten, Fragebögen*) make anonymous

Anorak ['anorak] <-s, -s> *m* anorak

an|ordnen *vt* **1.** (*aufstellen*) arrange **2.** (*befehlen*) order

Anordnung *f* **1.** (*Aufstellung*) arrangement **2.** (*Befehl*) order; **auf ~ meines Arztes** on my doctor's orders *pl*

an|packen *vt* **1.** (*anfassen*) grab **2.** (*fig*) tackle; **kannst du mal mit ~?** can you lend me a hand?

an|passen I. *vt* (*Kleidung*) fit (- on); (TECH) fit (- to); **etw einer Sache ~** suit s.th. to s.th. **II.** *vr:* **sich ~ an etw** adapt o.s. to s.th.

Anpassung *f* adjustment; (*Angepasstheit*) conformity; **anpassungsfähig** *adj* adaptable; **Anpassungsfähigkeit** *f* adaptability

an|peilen *vt* (RADIO): **etw ~** take a bearing on s.th.; (*im Auge haben*) have one's sights on s.th.

an|pflanzen *vt* grow

Anpflanzung *f* (*bepflanzte Fläche*) cultivated area

an|prangern ['anpraŋɐn] *vt* denounce

an|preisen *irr vt* extol; **sich ~ als** sell o.s. as

Anprobe *f* fitting

an|probieren *vt* try on

an|pumpen *vt* (*fam*): **jdn um £ 2 ~** touch s.o. for £ 2

Anrainer(in) <-s, -> *m(f)* (*österr: Anlieger*) neighbour

an|rechnen *vt* **1.** (*berechnen*) charge **2.** (*gutschreiben*) take into account; **wie viel rechnen Sie mir für mein altes Auto noch an?** how much will you allow me for my old car?

Anrecht *nt:* **ein ~ auf etw haben** be entitled to s.th.

an|reden *vt* address; **gegen den Lärm ~** make o.s. heard against the noise

an|regen *vt* **1.** (*stimulieren*) stimulate **2.** (*ermuntern*) prompt (*zu* to); **jds Appetit ~** whet someone's appetite; **anregend** *adj* stimulating

Anregung *f* **1.** (*Stimulierung*) stimulation **2.** (*Vorschlag*) idea; **auf ~ von** on the suggestion of

an|reichern ['ənraɪçɐrn] **I.** *vt* **1.** (*a. fig*) enrich **2.** (*vergrößern*) enlarge; **angereichert werden** (CHEM) be accumulated **II.** *vr* (CHEM) accumulate

Anreicherung *f* **1.** (CHEM) accumulation **2.** (*fig*) enrichment

Anreise *f* journey

Anreiz *m* incentive

an|reizen *vt* encourage

Anreizsystem *nt* reward system

an|rempeln *vt:* **jdn ~** bump into s.o.; (*böswillig*) jostle s.o.

an|rennen *sein irr vi:* **gegen etw ~** run against s.th.; (*fig*) fight against s.th.

Anrichte ['anrɪçtə] <-, -n> *f* **1.** sideboard **2.** (*Raum*) pantry

an|richten *vt* **1.** (*Mahlzeit*) prepare **2.** (*verursachen*) bring about; **da hat er was Schönes angerichtet!** he's really made a fine mess there!

anrüchig ['anrʏçɪç] *adj* notorious

Anruf *m* (TELE) call; **Anrufbeantworter** *m* (telephone) answering machine

an|rufen *irr vt* **1.** (*jdn ~*) shout to (s.o.) **2.** (TELE) call, ring; **darf ich mal bei Ihnen ~?** can I make a call from here?

an|rühren *vt* **1.** (*berühren*) touch **2.** (*Farbe ~*) mix; (*Sauce*) blend

anrührend *adj* touching

Ansage ['anza:gə] <-, -n> *f* announcement

an|sagen I. *vt* announce; **Sie sagen an!** (*beim Kartenspiel*) it is your turn to bid! **II.** *vr* say that one is coming; **angesagt sein** be recommended, be suggested; (*modisch*) be the in thing; **Spannung ist angesagt** we are in for a bit of excitement

Ansager(in) *m(f)* (RADIO) announcer

an|sammeln *vt* accumulate; **Vorräte ~** build up provisions

Ansammlung *f* **1.** (*von Gegenständen*) collection **2.** (*von Menschen*) crowd

ansässig ['anzɛsɪç] *adj* resident

Ansatz *m* **1.** (*Haar~*) hair-line **2.** (TECH) attachment; (*zur Verlängerung*) extension **3.** (*Ablagerung*) layer **4.** (PHILOS) approach; **die ersten Ansätze zeigen** be in the initial stages

an|saugen *vt* draw [*o* suck] in

Ansaugfilter *m* (AUTO) suction filter

an|schaffen I. *vt* (*kaufen*) buy, purchase **II.** *vi* (*sl: Prostituierte*) be on the game

Anschaffung *f* acquisition; **~en machen** make purchases; **Anschaffungswert** *m* cost-value

an|schalten *vt* (ELEK RADIO) switch on

an|schauen *vt* look at

anschaulich *adj* (*klar*) clear, graphic; (*lebendig*) vivid; **ein ~es Beispiel** a concrete example

Anschauung *f* opinion, view; **etw aus eigener ~ kennen** know s.th. from one's own experience; **Anschauungsmaterial** *nt* visual aids *pl*

Anschein <-(e)s> *m* appearance; **allem ~ nach** to all appearances *pl;* **es hat den ~, als ob ...** it seems as if ...; **sich den ~ geben** pretend to be

anscheinend I. *adj* apparent **II.** *adv* apparently

an|schieben *irr vt* push

an|schießen I. *irr vt haben* shoot II. *vi sein* (*fam*): **angeschossen kommen** come shooting along

Anschlag *m* 1. (*Mord~*) murderous attempt 2. (*Bekanntmachung*) notice; (*Poster*) poster 3. (*auf Schreibmaschine*) touch 4. (TECH: *bei Hebel*) stop; **einem ~ zum Opfer fallen** be assassinated; **dreh den Knopf bis zum ~!** push the knob right down!; **Anschlagbrett** *nt* noticeboard *Br,* bulletin board *Am*

an|schlagen I. *irr vt* 1. (*annageln*) nail on (*an* to) 2. (*Bekanntmachung aushängen*) post (*an* on) 3. (*Vase, Teller*) chip II. *vi* 1. (*Brecher*) beat (*an* against) 2. (MED: *wirken*) take effect

an|schließen I. *irr vt* (ELEK TECH) connect II. *vr:* **sich jdm ~** join s.o.; **ich schließe mich (Ihrer Meinung) an** I'll second you

AnschlussRR *m* 1. (RAIL) connection 2. (*freiwilliger ~*) joining (*an* of) 3. (TELE) telephone; **im ~ an** following; **den ~ verpassen** (RAIL) miss one's connection; (*fig*) miss the bus; **~ haben nach ...** (RAIL) have a connection to ...; **einen ~ beantragen** (TELE) apply for a telephone to be connected; **Anschlussflug**RR *m* connecting flight; **Anschlusszug**RR *m* connection

an|schmiegen *vr* 1. (*Mensch*) snuggle up (*an* to), nestle (*an* against) 2. (*Kleidung: passen, eng anliegen*) cling to

anschmiegsam *adj* (*Material, Stoff*) smooth

an|schnallen I. *vt* strap on; **seine Skier ~** clip on one's skis II. *vr* (AVIAT AUTO) fasten one's seat belt

Anschnallpflicht *f* (AVIAT AUTO) obligatory wearing of seat belts

an|schnauzen *vt:* **jdn ~** yell at s.o.

an|schneiden *irr vt* 1. cut 2. (*Frage*) touch on

an|schrauben *vt* screw on (*an* to)

an|schreiben *irr vt* 1. (*an Wand*) write up (*an* on); (*an Tafel*) chalk s.th. up 2. (*auf Kredit ~*) chalk up; **~ lassen** (*fam*) buy on tick; **jdn ~** (*durch Brief*) write s.o. a letter

an|schreien *irr vt* shout at

Anschrift *f* address

an|schuldigen *vt* accuse (*wegen* of)

Anschuldigung *f* accusation

an|schweißen *vt* (TECH) weld on (*an* to)

an|schwellen *sein irr vi* swell

Anschwellung *f* (*a.* MED) swelling

an|schwemmen I. *vt haben* wash up II. *vi sein* be washed up

Ansehen ['anze:ən] <-s> *nt* 1. (*Aussehen*) appearance 2. (*Achtung*) reputation; **zu ~ gelangen** acquire standing; **an ~ verlieren** lose credit

an|sehen *irr vt* 1. look at 2. (*besichtigen*) have a look at (*etw* s.th.) 3. (TV) watch (*etw* s.th.); **sieh mal (einer) an!** well, I never!; **etw ~ als** regard s.th. as; **sich etw genau ~** take a close look at s.th.; **das sieht man ihr nicht an** she doesn't look it; **das kann ich nicht länger mit ~!** I can't stand it any more!

ansehnlich *adj* 1. (*Person*) handsome 2. (*beträchtlich*) considerable; **ein ~es Sümmchen** (*fam*) a tidy little sum

an|seilen I. *vt:* **jdn ~** rope s.o. up II. *vr* rope o.s. up

an|setzen I. *vt* 1. (*anfügen*) put on (*an* to) 2. (*fig: bestimmen*) fix; (*veranschlagen*) estimate; **Fett ~** put on weight; **eine Leiter an die Wand ~** put a ladder onto the wall II. *vr* (*Ablagerungen*) form

Ansicht <-, -en> *f* 1. view 2. (*fig*) opinion 3. (TECH: *Zeichnung*) drawing; **meiner ~ nach** in my opinion; **der ~ sein, dass ...** be of the opinion that ...; **ich bin ganz Ihrer ~** I entirely agree with you; **zur ~** on approval; **Ansichtskarte** *f* picture (post)card; **Ansichtssache** *f* matter of opinion

an|siedeln *vt* (*Menschen*) settle; (*Industrie*) establish

Ansiedlung *f* settlement

an|spannen *vt* 1. (*Seil*) tighten 2. (*anstrengen*) strain; **das spannt mich zu sehr an!** that's too much of a strain for me!

Anspannung *f* strain

an|spielen I. *vi* (SPORT: *Fußball*) kick off; **auf etw ~** allude to s.th.; **worauf spielen Sie an?** what are you driving at? II. *vt* (SPORT: *Fußball*) pass to

Anspielung *f* allusion (*auf* to)

an|spitzen *vt* (*Gegenstand*) sharpen

Ansporn ['anʃpɔrn] <-(e)s> *m* incentive

an|spornen *vt* (*fig*): **jdn zu etw ~** encourage s.o. to do s.th.

Ansprache *f* address; **eine ~ halten** make a speech

an|sprechen I. *irr vt* 1. speak to 2. (*gefallen*) appeal to II. *vi* (*reagieren*) respond (*auf* to); **die Bremsen sprechen gut an** the brakes are very responsive

ansprechend *adj* attractive

Ansprechpartner(in) *m(f)* person to talk to, contact

an|springen I. *irr vi sein* (AUTO) start; **auf etw ~** jump at s.th. II. *vt* jump

Anspruch *m* claim (*auf* to); **auf etw ~ haben** have a right to s.th.; **jdn völlig in ~ nehmen** take up all of someone's time

anspruchslos *adj* 1. (*Mensch*) modest 2. (*Lektüre*) light

anspruchsvoll *adj* (*viel verlangend*) demanding; (*hohe Anforderungen stellend*)

ambitious
an|stacheln *vt* spur on
Anstalt ['anʃtalt] <-, -en> *f* **1.** (*Institut*) institute **2.** (JUR: *Institution*) institution; **für etw ~en treffen** take measures for s.th.
Anstand *m* decency, propriety; **keinen ~ haben** have no manners *pl*
anständig ['anʃtɛndɪç] *adj* (*a. fig*) decent; **ein ~es Essen bekommen** get a square meal
anstandslos *adv* without difficulty
an|starren *vt* stare at
anstatt [an'ʃtat] *präp, konj* instead of
an|stechen *irr vt* pierce; **ein Fass Bier ~** tap a keg (of beer)
an|stecken[1] *vt* **1.** (*mit Nadel*) pin on **2.** (*Ring*) slip on
an|stecken[2] *vt* (*anzünden*) light; **ein Haus ~** set fire to a house
an|stecken[3] **I.** *vt* (MED: *infizieren*) infect **II.** *vr:* **sich mit etw ~** catch s.th. (*bei* from); **ansteckend** *adj* contagious, infectious; **~e Krankheit** infectious disease
Anstecknadel *f* pin
Ansteckung *f* infection; **Ansteckungsgefahr** *f* risk of infection
an|stehen *irr vi* **1.** (*Schlange stehen*) queue (up); (*nach Waren ~*) stand in line (*nach* for) **2.** (*noch folgen*) be due to be dealt with
an|steigen *sein irr vi* rise
anstelle *präp* in place (*von* of), instead (*von* of)
an|stellen I. *vt* **1.** (*anlehnen*) lean (*an* against) **2.** (TECH AUTO) start; (ELEK RADIO) turn on **3.** (*einstellen*) employ; **ich weiß nicht, wie ich es ~ soll** I don't know how to manage it; **stell bloß keinen Unsinn an!** don't get up to mischief! **II.** *vr* **1.** (*in Schlange*) queue up **2.** (*sich verhalten*) act up; **stell dich nicht so an!** don't make such a fuss!
Anstellung *f* employment; **eine feste ~** a permanent position
an|stiften *vt:* **jdn zu etw ~** incite s.o. to do s.th.
Anstifter *m* instigator
an|stimmen *vt:* **ein Lied ~** begin singing a song
Anstoß *m* **1.** (SPORT) kick-off **2.** (*Ärgernis*) annoyance; **jdm den ~ geben, etw zu tun** induce s.o. to do s.th.; **~ erregen** cause offence (*bei* to); **den ~ zu etw geben** get s.th. going
an|stoßen *irr vi* **1.** *sein* knock, bump **2.** *haben* (*mit Gläsern*) touch glasses **3.** *haben* (SPORT: *Fußball*) kick off; **auf etw ~** drink to s.th.
anstößig ['anʃtøːsɪç] *adj* offensive
an|streichen *irr vt* **1.** (*anmalen*) paint **2.** (*markieren*) mark
Anstreicher *m* painter
an|strengen I. *vt* strain; **sein Gedächtnis ~** rack one's brains *pl* **II.** *vr* make an effort; **anstrengend** *adj* strenuous; **das ist ~ für die Augen** it's a strain on the eyes
Anstrengung *f* effort; (*große ~*) strain; **große ~en machen** make every effort *sing*
Anstrich *m* **1.** (*das Anstreichen*) painting **2.** (*Farbschicht*) coat of paint **3.** (*Hauch*) touch
Ansturm <-(e)s> *m* rush
an|stürmen *sein vi* (*gegen etw ~, a. fig*) attack s.th.
ansuchen *vi* (*österr: förmlich bitten*) ask for
an|surfen ['anzœːɐfən] *vt* (*im Internet*) log in
Antarktis [ant'arktɪs] <-> *f* (GEOG): **die ~** the Antarctic; **antarktisch** *adj* antarctic
an|tasten *vt* **1.** (*berühren*) touch **2.** (*Frage*) touch on **3.** (*Rechte*) question; **Vorräte ~** break into supplies
Anteil *m* share; (**tiefen**) **~ nehmen an etw** (*mitfühlend*) be (deeply) sympathetic over s.th.; **an etw** (**regen**) **~ nehmen** show a (lively) interest in s.th.
anteilig ['antaɪlɪç] *adj* proportionate
Anteilnahme ['antaɪlnaːmə] <-> *f* sympathy (*an* with)
Antenne [an'tɛnə] <-, -n> *f* **1.** (RADIO) aerial **2.** (*bei Schnecken*) antenna
Anthrazit [antra'tsiːt] <-s, (-e)> *m* anthracite
Antialkoholiker(in) *m(f)* teetotaller
antiautoritär *adj* antiauthoritarian
Antibabypille [anti'beːbi-] *f* contraceptive pill
Antibiotikum [antibi'oːtikʊm] <-s, -ka> *nt* (MED) antibiotic
Antiblockiersystem *nt* (AUTO) anti-lock braking system
Antifaltencreme *f* anti-wrinkle cream
Antihistamin [antihɪsta'miːn] <-s, -e> *nt* (MED) antihistamine
antik [an'tiːk] *adj* **1.** (COM) antique **2.** (*aus der Antike*) ancient; **Antike** [an'tiːkə] <-, -n> *f:* **die ~** antiquity
Antikörper ['----] *m* (MED) antibody
Antilope [anti'loːpə] <-, -n> *f* antelope
antimilitaristisch ['antimilitarɪstɪʃ] *adj* anti-militaristic
Antipathie [antipa'tiː] *f* antipathy (*gegen* to)
Antiqua [an'tiːkva] <-> *f* (TYP) Roman type
Antiquariat [antikvari'aːt] <-s, -e> *nt* **1.** (*Geschäft*) second-hand bookshop **2.** (*Abteilung*) second-hand department
antiquarisch *adj* second-hand
Antiquitäten [antikvi'tɛːtn] *pl* antiques *pl;* **Antiquitätenschmuggel** *m* smug-

gling of antiques

Antischäummittel *nt* (CHEM: *in Motoröl*) foam inhibitor

antisemitisch *adj* anti-Semitic

antistatisch *adj* antistatic

Antiterror- antiterrorist

Antlitz ['antlɪts] <-es, (-e)> *nt* countenance

antönen *vt* (*österr: andeuten*) hint

Antrag ['antra:k, *pl:* 'antrɛ:gə] <-(e)s, ⸚e> *m* application (*auf* for); (JUR) petition; (PARL) motion; **einen ~ auf etw stellen** make an application for s.th.; (JUR) file a petition for s.th.; (PARL) propose a motion for s.th.; **auf ~ von** at the request of; **Antragsformular** *nt* application form; **Antragsteller(in)** *m(f)* applicant

an|treffen *irr vt* find; (*zufällig*) come across

an|treiben I. *irr vt* **1.** (*a.* AUTO) drive **2.** (*drängen*) urge **II.** *vi sein* wash ashore

an|treten I. *irr vt haben* (*Reise*) begin; **eine neue Stellung ~** take up a new job **II.** *vi sein* **1.** (SPORT) compete **2.** (*neue Stellung*) start

Antrieb *m* **1.** (*fig*) drive; (*plötzlicher*) impetus **2.** (AUTO TECH) drive; **aus eigenem ~** on one's own initiative; **Antriebswelle** *f* (AUTO) halfshaft

Antritt *m* (SPORT) acceleration; **bei ~ der Reise …** when beginning one's journey …

Antrittsrede *f* inaugural speech

an|tun *irr vt:* **jdm etw ~** do s.th. to s.o.; **sich etw ~** do away with o.s.; **tun Sie sich keinen Zwang an!** don't stand on ceremony!

an|turnen ['antœrnən] *vt* (*sl*) turn on

Antwort ['antvɔrt] <-, -en> *f* answer, reply; **jdm eine ~ geben** reply to s.o.; **keine ~ ist auch eine ~!** your silence is answer enough!; **als ~ auf etw** in response to s.th.

antworten ['antvɔrtən] *vi, vt* answer, reply; **auf etw ~** answer s.th.

Antwortcoupon *m* reply coupon

an|vertrauen I. *vt:* **jdm etw ~** entrust s.o. with s.th.; (*fig*) confide s.th. to s.o. **II.** *vr:* **sich jdm ~** entrust o.s. to s.o.; (*fig*) confide in s.o.

an|wachsen *sein irr vi* **1.** (*Pflanze*) take root **2.** (*zunehmen*) increase

Anwalt ['anvalt, *pl:* 'anvɛltə] <-(e)s, ⸚e> *m*, **Anwältin** [anvɛltɪn] *f* lawyer; (*fig*) advocate; **Anwaltskosten** *pl* legal expenses

Anwandlung *f:* **aus einer ~ heraus** on an impulse

Anwärter(in) *m(f)* candidate (*auf* for); (SPORT) contender

an|weisen *irr vt* **1.** (FIN) transfer **2.** (*anleiten*) instruct **3.** (*befehlen*) order; **jdm einen Platz ~** show s.o. a seat

Anweisung *f* **1.** (FIN) transfer **2.** (FIN: *~sformblatt*) payment slip **3.** (*Anleitung*) instructions *pl* **4.** (*Anordnung*) instruction; **auf ~ von …** on the instructions of …

anwendbar *adj* applicable (*auf* to)

an|wenden *irr vt* use (*auf* on); **sich auf etw ~ lassen** be applicable to s.th.

Anwender(in) <-s, -> *m(f)* user; **anwenderfreundlich** *adj* user-friendly; **Anwenderprogramm** *nt* user program; **Anwendersoftware** *f* user software

Anwendung *f* **1.** use **2.** (*Übertragung, a.* INFORM) application **3.** (*Kur~*) treatment; **Anwendungsvorschrift** *f* instructions *pl* for use

an|werben *irr vt* recruit (*für* to)

Anwerbestopp *m* recruitment freeze

Anwesen <-s, -> *nt* (*Gut*) estate

anwesend *adj* present; **sehr verehrte Anwesende!** Ladies and Gentlemen!

Anwesenheit *f* presence; **in ~ von …** in the presence of …; **Anwesenheitsliste** *f* attendance register

an|widern ['anvi:dɐn] *vt* disgust; **es widert mich an** it makes me feel sick

an|wurzeln *sein vi:* **ich war wie angewurzelt** I stood rooted to the spot

Anzahl <-> *f* number

an|zahlen *vt:* **können Sie 20 £ auf den Mantel ~?** can you pay £20 as a deposit on this coat?

Anzahlung *f* deposit; **eine ~ machen auf …** pay a deposit on …

an|zapfen *vt* **1.** (*Fass*) tap **2.** (ELEK) tap

Anzeige ['antsaɪgə] <-, -n> *f* **1.** (*bei der Polizei*) report (*wegen* of) **2.** (MARKT) advertisement **3.** (INFORM: *Bildschirm~*) display; **wegen etw ~ bei der Polizei erstatten** report s.th. to the police

an|zeigen *vt* **1. jdn ~** report s.o. **2.** (TECH: *auf Skala*) indicate **3.** (*bekannt geben*) announce **4.** (MARKT) advertise

Anzeigenannahme *f* advertising office; **Anzeigenblatt** *nt* advertising journal; **Anzeigenkampagne** *f* (COM) advertising campaign; **Anzeigenleiter** *m* (COM) head of advertising

an|zetteln *vt* instigate

an|ziehen I. *irr vt* **1.** (*Kleidung*) put on **2.** (TECH: *Schraube*) tighten **3.** (AUTO: *Handbremse*) apply **4.** (*an sich her~*) draw up **5.** (*a. Staub, Späne*) attract **II.** *vi* **1.** (COM: *Preise*) rise **2.** (*beschleunigen*) accelerate **III.** *vr* (*sich ankleiden*) get dressed; **anziehend** *adj* attractive

Anziehung *f* attraction

Anziehungskraft *f* **1.** (PHYS) force of attraction **2.** (*fig*) appeal

Anzug *m* **1.** (*Kleidung*) suit **2.** (*Anrücken*) approach; **im ~ sein** be in the offing; **An-**

zughose *f* suit trousers *pl*
anzüglich ['antsy:klɪç] *adj:* ~ **werden** make lewd remarks
an|zünden *vt* (*Feuer, Streichholz*) light; (*Gebäude*) set on fire
apart [a'part] *adj* distinctive
apathisch [a'pa:tɪʃ] *adj* apathetic
aper *adj* (*CH: schneefrei*) snowless
Aperitif [aperi'ti:f] <-s, -s> *m* aperitif
Apfel ['apfəl, *pl:* 'ɛpfəl] <-s, ¨-> *m* apple; **in den sauren ~ beißen** (have to) swallow the bitter pill; **Apfelbaum** *m* apple tree; **Apfelkuchen** *m* apple cake; **Apfelmus** *nt* apple sauce; **Apfelsaft** *m* apple juice
Apfelsine [apfəl'zi:nə] <-, -n> *f* orange
Apfelwein *m* cider
Apostel [a'pɔstəl] <-s, -> *m* (ECCL) apostle; **Apostelgeschichte** *f* Acts of the Apostles *pl*
Apostroph [apos'tro:f] <-s, -e> *m* (GRAM) apostrophe
Apotheke [apo'te:kə] <-, -n> *f* chemist's shop, pharmacy *Am*
Apotheker(in) [--'--] <-s, -> *m(f)* chemist, pharmacist, druggist *a. Am*
Apparat [apa'ra:t] <-(e)s, -e> *m* **1.** (*a. fig*) apparatus; (*Vorrichtung*) appliance, contraption **2.** (*Gerät*) set; (*Foto~*) camera **3.** (*Telefon*) (tele)phone; **am ~!** (TELE) speaking!; **bleiben Sie am ~!** (TELE) hold the line, please!; **Apparatemedizin** *f* high-tech medicine
Apparatur *f* equipment
Appartement [apartə'mɑ̃:] <-s, -s> *nt* flat *Br,* apartment *Am*
Appartementhaus *nt* block of flats *Br,* condominium, apartment house *Am*
Appell [a'pɛl] <-s, -e> *m* appeal; **einen ~ an jdn richten** make an appeal to s.o.
Appellation <-, -en> *f* (*CH*) appeal
appellieren *vi* appeal (*an* to)
Appetit [apə'ti:t] <-(e)s, (-e)> *m* appetite (*auf etw* for s.th.); **~ bekommen** get an appetite; **jdm den ~ verderben** spoil someone's appetite; **~ auf etw haben** feel like s.th.
appetitlich *adj* appetizing; (*fig*) attractive; **das sieht ~ aus!** that looks tempting!
Appetitlosigkeit *f* lack of appetite; **Appetitzügler** *m* appetite suppressant
applaudieren [aplaʊ'di:rən] *vi* applaud; **Applaus** [a'plaʊs] <-es> *m* applause
Aprikose [apri'ko:zə] <-, -n> *f* apricot
April [a'prɪl] <-(s), (-e)> *m* April; **der 1. ~** April Fools' Day; **~, ~!** April fool!; **Aprilscherz** *m* April fool's trick
apropos [apro'po:] *adv:* **~** by the way, that reminds me; **~ Gesundheit ...** talking about health ...
Aqua-Fitness ['akva,fɪtnɛs] *f fitness training in water*
Aquamarin [akvama'ri:n] <-(e)s, -e> *m* aquamarine
Aquaplaning [akva'pla:nɪŋ] <-s> *nt* aquaplaning
Aquarell [akva'rɛl] <-(e)s, -e> *nt* watercolour (painting)
Äquator [ɛ'kva:to:ɐ] <-s> *m* (GEOG) equator; **Äquatortaufe** *f* crossing the line ceremony
Ära ['ɛ:ra] <-, (Ären)> *f* era
Araber(in) ['arabɐ] *m(f)* Arab (Arabian woman); **Arabien** [a'ra:biən] *nt* Arabia; **arabisch** *adj* Arabic
Arbeit ['arbaɪt] <-, -en> *f* **1.** work **2.** (*Lohn~*) labour **3.** (*Stellung, Job*) job **4.** (*Klassen~*) test; **jdm viel ~ machen** be a lot of work for s.o.; **an die ~ gehen** get down to work; **mein Fernseher ist gerade in ~** my TV-set is in for a repair at the moment; **jdm ~ machen** put s.o. to trouble; **machen Sie sich keine ~!** don't bother!; **eine ~ suchen als ...** look for a job as ...; **ohne ~ sein** be out of work; **eine ~ schreiben** (*Klassen~*) do a test
arbeiten ['arbaɪtən] *vi, vt* **1.** work (*an* on) **2.** (TECH AUTO) operate; (*laufen*) run **3.** (*Teig*) work; (*Holz*) warp; **die ganze Anlage arbeitet automatisch** the plant is automatic; **sich krank ~** work one's fingers to the bone; **sich nach oben ~** work one's way up
Arbeiter(in) ['arbaɪtɐ] <-s, -> *m(f)* worker; (*ungelernter*) labourer; **Arbeiterschaft** *f* work force; **Arbeiterviertel** *nt* working-class district
Arbeitgeber(in) *m(f)* employer; **Arbeitgeberanteil** *m* (*für Sozialbeiträge*) employer's contribution; **Arbeitgeberverband** *m* employer's association; **Arbeitnehmer(in)** *m(f)* employee; **Arbeitnehmerseite** [--'----] *f* employees' side; **arbeitsam** *adj* industrious
Arbeitsamt *nt* employment exchange; **Arbeitsbedingungen** *pl* working conditions; **Arbeitsbelastung** *f* (COM) workload; **Arbeitsbeschaffungsmaßnahme** *f* job-creation scheme, job scheme; **Arbeitseinstellung** *f* walkout; **Arbeitserlaubnis** *f* work permit; **Arbeitserleichterung** *f:* **das ist eine große ~ für mich** that makes work much easier for me; **Arbeitsessen** *nt* working lunch
arbeitsfähig *adj* able to work
Arbeitsfeld *nt* sphere of activity
Arbeitsfrieden *m* peaceful labour relations *pl*
Arbeitsgebiet *nt* field of work; **Arbeitsgemeinschaft** *f* team; (SCHULE) study-group; **Arbeitsgericht** *nt* industrial tri-

bunal; **arbeitsintensiv** *adj* labour-intensive; **Arbeitskampf** *m* industrial dispute; **Arbeitskleidung** *f* working clothes *pl;* **Arbeitskraft** *f* **1.** (*körperlich*) capacity to work **2.** (*Arbeiter*) worker; **Arbeitskräfte** *fpl* labour *sing;* **Arbeitskräftemangel** *m* labour shortage; **Arbeitskreis** *m* study group; **Arbeitslager** *nt* labour camp; **Arbeitsleistung** *f* performance; **Arbeitslohn** *m* wages *pl*

arbeitslos *adj* out of work, unemployed

Arbeitslose(r) *f m* unemployed person; **Arbeitslosengeld** *f* earnings-related benefit; **Arbeitslosenhilfe** *f* unemployment benefit; **Arbeitsloseninitiative** *f* self-help group of the unemployed; **Arbeitslosenquote** *f* rate of unemployment; **Arbeitslosenunterstützung** *f:* ~ **bekommen** draw unemployment benefit; **Arbeitslosenversicherung** *f* National Insurance *Br,* social insurance *Am;* **Arbeitslosigkeit** *f* unemployment; **Arbeitsmarkt** *m* labour market; **Arbeitsmaterial** *nt* work material; **Arbeitsniederlegung** *f* walk-out; **Arbeitspapier** *nt* working paper; **Arbeitsplatz** *m* **1.** (*im Betrieb*) workplace **2.** (*Stelle*) job; **Arbeitsplatzbeschreibung** *f* job description; **Arbeitsplatzteilung** *f* job sharing; **Arbeitsplatzwechsel** *m* change of jobs; **Arbeitsschutz** *m* maintenance of industrial health and safety standards; **Arbeitsschutzvorschriften** *fpl* health and safety regulations; **Arbeitsspeicher** *m* (INFORM) working storage; **Arbeitssprache** *f* working language; **Arbeitsstunde** *f* man hour; **Arbeitstag** *m* working day, workday; **Arbeitstagung** *f* conference; **Arbeitsteilung** *f* division of labour

arbeitsunfähig *adj* **1.** (*krank*) unfit for work **2.** (*dauernd*) unable to work

Arbeitsunfall *m* occupational accident

Arbeitsverdienst *m* earned income; **Arbeitsverhältnis** *nt* **1.** (*im Betrieb*) employee-employer relationship **2.** (*Stellung*) employment; **Arbeitsvermittlung** *f* **1.** (*Agentur*) employment agency **2.** (*im Arbeitsamt*) employment exchange; **Arbeitsvertrag** *m* (COM) contract of employment; **Arbeitsvorgang** *m* work process; **Arbeitsweise** *f* **1.** (*menschliche ~*) working method **2.** (*einer Maschine*) mode of operation; **Arbeitswoche** *f* (COM) working week

Arbeitszeit *f* working hours *pl;* **gleitende** ~ flexible working hours *pl;* (*fam*) flexitime; **Arbeitszeitkonto** *nt* flexitime account; **Arbeitszeitverkürzung** *f* reduction in working hours; **Arbeitszeugnis** *nt* reference from one's employer; **Arbeitszimmer** *nt* study

Archäologe [arçɛo'lo:gə] *m* archaeologist; **Archäologie** [arçɛolo'gi:] *f* archaeology; **archäologisch** *adj* archaeological

Architekt(in) [arçi'tɛkt] <-en, -en> *m(f)* architect; **architektonisch** *adj* architectural; **Architektur** *f* architecture

Archiv [ar'çi:f] <-s, -e> *nt* archives *pl*

Areal [are'a:l] <-s, -e> *nt* area

Arena [a're:na, *pl:* a're:nən] <-, -nen> *f* (*a. fig*) arena; (*Zirkus~*) ring

arg [ark] <ärger, ärgst> **I.** *adj* **1.** (*böse*) wicked **2.** (*stark, schlimm*) terrible; **mein ärgster Feind** my worst enemy; **etw noch ärger machen** make s.th. worse **II.** *adv* (*sehr*) awfully, very

Argentinien [argɛn'ti:niən] <-s> *nt* Argentina; **Argentinier(in)** *m(f)* Argentine; **argentinisch** *adj* Argentinian

Ärger ['ɛrgɐ] <-s> *m* (*Wut*) anger; (*Unannehmlichkeit*) trouble; **aus** ~ out of anger; **jdm** ~ **machen** cause s.o. a lot of trouble; ~ **kriegen** get into trouble; **mach keinen ~!** (*fam*) cool it!; **so ein ~!** what a nuisance!

ärgerlich *adj* **1.** (*verärgert*) annoyed, cross **2.** (*Ärger erregend*) annoying; **das ist** ~ that is a nuisance; ~ **über etw sein** be cross about s.th.

ärgern ['ɛrgɐn] **I.** *vt* annoy, irritate; (*belästigen*) pester **II.** *vr:* **sich über jdn** ~ get angry with s.o.

Ärgernis *nt* offence; ~ **erregen** cause offence

arglos *adj* **1.** (*harmlos*) innocent **2.** (*ohne Argwohn*) unsuspecting

Argument [argu'mɛnt] <-(e)s, -e> *nt* argument

argumentieren *vi* argue

Argwohn ['arkvo:n] <-(e)s> *m* suspicion; ~ **gegen jdn schöpfen** become suspicious of s.o.; **voller** ~ suspiciously

argwöhnen ['arkvø:nən] *vt* suspect

argwöhnisch *adj* suspicious (*gegen* of)

Arie ['a:riə] <-, -n> *f* (MUS) aria

Aristokrat(in) [arɪsto'kra:t] <-en, -en> *m(f)* aristocrat; **Aristokratie** *f* aristocracy; **aristokratisch** *adj* aristocratic

Arithmetik [arɪt'me:tɪk] *f* arithmetic

arithmetisch *adj* arithmetical

Arktis ['arktɪs] <-> *f* (GEOG): **die** ~ the Arctic

arktisch *adj* arctic; **~e Kaltluft** polar air

Arm [arm] <-(e)s, -e> *m* **1.** (ANAT) arm **2.** (*von Leuchter*) branch **3.** (*von Waage*) beam; ~ **in** ~ arm in arm; **jdn in den** ~ **nehmen** take s.o. in one's arms *pl;* **jdn auf den** ~ **nehmen** (*fam*) pull someone's leg, take s.o. for a ride; **jdm in die ~e laufen** bump into s.o.; **einen langen** ~ **haben**

have a lot of pull; **einen längeren ~ haben** have more pull

arm [arm] <ärmer, ärmst> *adj* poor; **~ an etw sein** be somewhat lacking in s.th.; **das Land ist ~ an Bodenschätzen** the country is poor in mineral resources; **die Armen** the poor; **~ dran sein** (*fam*) have a hard time of it; **~es Schwein** (*fam*) poor so-and-so

Armatur [arma'tu:ɐ] <-, -en> *f* (TECH) fitting; **Armaturenbrett** *nt* (AUTO) dashboard; (RAIL MAR) instrument panel

Armband *nt* **1.** (*von Uhr*) strap **2.** (*Schmuckstück*) bracelet; **Armbanduhr** *f* wrist watch

Armbinde *f* armband

Armbrust *f* crossbow

Armee [ar'me:, *pl:* ar'me:ən] <-, -n> *f* army; **bei der ~ sein** be in the army

Ärmel ['ɛrməl] <-s, -> *m* sleeve; **etw aus dem ~ schütteln** produce s.th. just like that; **Ärmelaufschlag** *m* cuff

Ärmelkanal *m:* **der ~** the (English) Channel

Armlehne *f* armrest

Armleuchter *m* (*sl: Idiot*) twit

ärmlich ['ɛrmlɪç] *adj* **1.** poor **2.** (*Kleidung*) shabby **3.** (*Verhältnisse*) humble

armselig ['armse:lɪç] *adj* **1.** (*elend*) miserable **2.** (*pej*) pathetic

Armut ['armu:t] <-> *f* poverty

Armutsgrenze *f* poverty line; **Armutszeugnis** *nt:* **sich ein ~ ausstellen** show one's own shortcomings *pl*

Aroma [a'ro:ma, *pl:* a'ro:mən/ a'ro:mas/ a'ro:mata] <-s, -men/-mas/ -mata> *nt* **1.** (*Duft*) aroma **2.** (*Geschmack*) flavour; **Aromatherapie** *f* aromatherapy

aromatisch *adj* **1.** (*duftend*) aromatic **2.** (*würzig*) spicy

Arrest [a'rɛst] <-(e)s, -e> *m* **1.** (*a.* JUR: *Haft*) detention **2.** (JUR: *Beschlagnahme*) distress; **Arrestzelle** *f* detention cell

arrogant *adj* arrogant; **Arroganz** *f* arrogance

Arsch [arʃ, *pl:* 'ɛrʃə] <-(e)s, ¨-e> *m* (*fam*) arse; **leck mich am ~!** (*vulg*) fuck off!; **Arschkriecher** *m* (*vulg pej*) ass-kisser; **Arschloch** *nt* (*vulg a. fig*) arsehole; **du ~!** (*vulg*) you bastard! you asshole!

Arsen [ar'ze:n] <-s> *m* (CHEM) arsenic

Arsenal <-(e)s, -e> *nt* (MIL) arsenal

Art [art] <-, -en> *f* **1.** (*Sorte*) kind, sort; (*Typ*) type **2.** (BIOL) species **3.** (*Benehmen*) behaviour **4.** (*Methode*) way **5.** (*Wesen*) nature; **auf diese ~** in this way; **alle ~en von Menschen** all sorts of people; **die einfachste ~ etw zu tun** the simplest way of doing s.th.; **was ist denn das für eine ~!** what sort of a way to behave is that!

Artenreichtum *m ohne pl* biodiversity

Artenrückgang *m ohne pl* decline of species

Artenschutz *m* protection of species

Artenvielfalt *f ohne pl* biodiversity

Arterie [ar'te:riə] <-, -n> *f* artery; **Arterienverkalkung** *f* (MED) arteriosclerosis

Artgenosse *m* s.o. of the same type; **seine ~n** (*fam*) the likes of him

Arthroskopie [artrosko'pi:] <-> *f* arthroscopy

artig ['artɪç] *adj* (*Kinder*) good, well-behaved; **sei schön ~!** be a good child!

Artikel [ar'ti:kəl] <-s, -> *m* **1.** (GRAM) article **2.** (COM: *Ware*) article; (*einzelner Posten*) item **3.** (*Zeitungs~*) article, feature

artikulieren I. *vt* articulate **II.** *vr* express o.s.

Artillerie [artɪlə'ri:] *f* (MIL) artillery

Artischocke [arti'ʃɔkə] <-, -n> *f* artichoke

Artist [ar'tɪst] <-en, -en> *m* artiste

Arznei [arts'naɪ] <-, -en> *f* medicine; **Arzneimittel** *nt* drug; **Arzneimittelabhängigkeit** *f* (MED) drug dependence; **Arzneimittelentsorgung** *f* disposal of drugs; **Arzneimittelmissbrauch**[RR] *m* drug abuse

Arzt [artst, *pl:* 'ɛrtstə] <-es, ¨-e> *m* doctor, physician; **praktischer ~** general practitioner; **Arztbesuch** *m* GP visit

Ärztekammer *f* General Medical Council *Br*, State Medical Board of Registration *Am*

Arzthelferin *f* (doctor's) receptionist

Ärztin ['ɛrtstɪn] *f* female doctor

ärztlich *adj* medical; **in ~er Behandlung sein** be under medical care; **sich ~ behandeln lassen** get medical treatment

Arztwahl *f* choice of doctor

As[1] [as] <-, -> *nt* (MUS) A flat; **As-Dur/As-Moll** A flat major/minor

As[2] *nt s.* **Ass**

Asbest [as'bɛst] <-[e]s, -e> *m* asbestos; **asbesthaltig** [as'bɛsthaltɪç] *adj* containing asbestos

Asche ['aʃə] <-, (-n)> *f* ash, ashes *pl;* **zu ~ werden** turn to dust; **Aschenbahn** *f* (SPORT) cinder track; **Aschenbecher** *m* ashtray; **Aschenbrödel** *nt* Cinderella; **Aschermittwoch** [--'--] *m* (ECCL) Ash Wednesday

aschfahl *adj* ashen

aschgrau *adj* ash-grey

ASCII-Code ['askɪko:d] <-s, -s> *m* (INFORM) ASCII code

Ascorbinsäure *f* (CHEM) ascorbic acid

ASEAN *m Abk. von* **Association of South-East Asian Nations** ASEAN, Verband Südasiatischer Nationen

äsen ['ɛ:zən] *vi* graze, browse

Asiat(in) *m(f)* Asian; **asiatisch** *adj* Asian;

Asien ['a:ziən] *nt* Asia
Asket [as'ke:t] <-en, -en> *m* ascetic
asketisch *adj* ascetic
asozial ['azotsja:l] *adj* antisocial; **Asozialenviertel** *nt* (*pej*) sink estate *pej*
Asphalt [as'falt] <-(e)s, -e> *m* asphalt
asphaltieren *vt* asphalt
AssRR <-es, -e> *nt* (*Spielkarte, a. fig*) ace
Assembler [ə'sɛmblə] <-s, -> *m* (INFORM) assembler
Assessment [ə'sɛsmɛnt] <-s, -s> *nt* (*Beurteilung von Bewerbern*) assessment
Assimilation [asimila'tsjo:n] <-, -en> *f* **1.** (LING CHEM) assimilation **2.** (*fig*) adjustment (*an* to)
assimilieren *vt* (CHEM) assimilate; **sich an etw ~** adjust to s.th.
Assistent(in) [asɪs'tɛnt] <-en, -en> *m(f)* assistant
Assistenz [asɪs'tɛnts] *f*: **unter (der) ~ von ...** with the assistance of ...; **Assistenzarzt** *m* houseman *Br*, intern *Am*
assistieren *vi*: **jdm ~** assist s.o. (*bei etw* in doing s.th.)
Ast [ast, *pl:* 'ɛstə] <-(e)s, ¨-e> *m* **1.** bough, branch **2.** (*im Holz*) knot **3.** (ANAT: *Nerven, Arterien*) branch **4.** (MATH: *Geometrie*) branch; **sich einen ~ lachen** (*fam*) double up with laughter; **den ~ absägen, auf dem man sitzt** dig one's own grave
Aster ['astɐ] <-, -n> *f* (*Sternblume*) aster
Ästhet [ɛs'te:t] <-en, -en> *m* (a)esthetic
Ästhetik *f* (a)esthetics *pl*
ästhetisch *adj* (a)esthetic(al)
Asthma ['astma] <-s> *nt* (MED) asthma
asthmatisch *adj* asthmatic
Astloch *nt* knothole
astrein *adj* (*fam*) above board; **nicht ganz ~** (*fam*) somewhat fishy
Astrologe [astro'lo:gə] <-n, -n> *m* astrologer; **Astrologie** *f* astrology; **astrologisch** *adj* astrologic(al)
Astronom [astro'no:m] <-en, -en> *m* astronomer; **Astronomie** *f* astronomy; **astronomisch** *adj* (*a. fig*) astronomic(al)
Astrophysik *f* (PHYS) astrophysics; **Astrophysiker(in)** *m(f)* astrophyicist
ASU ['a:zu] <-> *f Abk. von* **Abgassonderuntersuchung** (AUTO) *anti-pollution test of exhaust fumes*
Asyl [a'zy:l] <-(e)s, -e> *nt* (POL) asylum; (*fig: Schutzort*) sanctuary; **~ suchen** (POL) seek asylum; **Asylant(in)** *m(f)* asylum seeker; **Asylantenwohnheim** *nt home for asylum seekers;* **Asylbewerber(in)** *m(f)* applicant for political asylum; **Asylrecht** *nt* (POL) right of (political) asylum
Atelier [atə'lje:] <-s, -s> *nt* studio
Atem ['a:təm] <-s> *m* breath; **~ holen** take breath; **wieder zu ~ kommen** regain breath; **den ~ anhalten** hold one's breath; **außer ~ kommen** get out of breath, lose one's breath; **außer ~ sein** be out of breath, be panting; **atemberaubend** *adj* **1.** breath-taking **2.** (*fig*) exciting; **Atembeschwerden** *pl* respiratory trouble *sing*, trouble *sing* in breathing; **Atemgerät** *nt* oxygen apparatus; **atemlos** *adj* breathless, out of breath; **Atemluft** *f* inhaled air; **Atemnot** *f* difficulty in breathing; (MED) dyspn(o)ea; **Atempause** *f* **1.** (*Entspannung*) breather **2.** (*Pause*) respite; **Atemschutzgerät** *nt* breathing apparatus; **Atemstillstand** *m* respiratory arrest; **Atemwege** *pl* respiratory tract *sing;* **Atemzug** *m* breath; **in einem ~** with the same breath; **den letzten ~ tun** (*sterben*) breathe one's last; **bis zum letzten ~** to the last breath
Atheismus [ate'ɪsmʊs] <-> *m* atheism; **Atheist(in)** <-en, -en> *m(f)* atheist; **atheistisch** *adj* atheistical
Äther ['ɛ:tɐ] <-s> *m* **1.** (CHEM) ether **2.** (RADIO): **über den ~** on the air; **ätherisch** [ɛ'te:rɪʃ] *adj* (*a. fig*) ethereal; **~es Öl** volatile [*o* essential] oil
Äthiopien [ɛti'o:piən] *nt* Ethiopia; **Äthiopier(in)** *m(f)* Ethiopian; **äthiopisch** *adj* Ethiopian
Athlet(in) [at'le:t] <-en, -en> *m(f)* athlete; **athletisch** *adj* athletic
Atlantik [at'lantɪk] <-s> *m:* **der ~** the Atlantic; **atlantisch** *adj* atlantic; **der Atlantische Ozean** the Atlantic Ocean
Atlas ['atlas, *pl:* at'lantən] <-, -lanten> *m* **1.** (GEOG) Atlas **2.** (*Kartenwerk*) atlas
Atmen *nt* breathing
atmen ['a:tmən] *vi* breathe, respire; **tief ~** draw [*o* fetch] a deep breath; **wieder ~ können** recover one's breath
Atmosphäre [atmo'sfɛ:rə] <-, -n> *f* atmosphere; **atmosphärisch** *adj* atmospheric
Atmung ['a:tmʊŋ] *f* breathing, respiration; **Atmungsorgane** *pl* respiratory organs
Atom [a'to:m] <-s, -e> *nt* atom; **atomar** [ato'ma:ɐ] *adj* atomic, nuclear; **Atomausstieg** *m* withdrawal from nuclear power; **Atombombe** *f* atomic bomb, A-bomb; **Atombombenexplosion** *f* atomic explosion; **Atomenergie** *f* atomic [*o* nuclear] energy; **Atomforschungszentrum** *nt* atomic [*o* nuclear] research centre; **Atomgewicht** *nt* atomic weight; **Atomindustrie** *f* nuclear industry; **Atomkern** *m* atomic nucleus; **Atomkraft** *f* nuclear [*o* atomic] energy; **Atomkraftwerk** *nt* nuclear power station; **Atomkrieg** *m* nuclear war; **Atommacht** *f* nuclear [*o* atomic] power; **Atommüll** *m* radioactive waste; **Atom-**

mülldeponie *f* radioactive waste dump; **Atommülllagerung**[RR] *f* radioactive waste storage; **Atomphysik** *f* nuclear physics *pl;* **Atompilz** *m* mushroom cloud; **Atomreaktor** *m* atomic [*o* nuclear] reactor; **Atomspaltung** *f* atomic fission; **Atomtest** *m* nuclear test; **Atomteststopp**[RR] *m* nuclear test ban; **Atomwaffe** *f* (MIL) nuclear weapon; **atomwaffenfrei** *adj* nuclear-free; **Atomwaffenversuch** *m* nuclear test; **Atomzeitalter** *nt* nuclear age

ätsch [ɛːtʃ] *interj* (*Schadenfreude*) serves you right!

Attentat [atɛnˈtaːt/ ˈ---] <-(e)s, -e> *nt* attempt on someone's life; **es wurde ein ~ auf ihn verübt** an attempt was made on his life; **Attentäter(in)** [atɛnˈtɛːtɐ/ ˈ----] *m(f)* assassin, assailant

Attest [aˈtɛst] <-(e)s, -e> *nt* attest(ation), certificate; **ärztliches ~** medical certificate *Br,* doctor's certificate *Am;* **ein ~ ausstellen** grant a certificate

Attrappe [aˈtrapə] <-, -n> *f* dummy; (*Schaustück, leere Packung*) show piece

Attribut [atriˈbuːt] <-(e)s, -e> *nt* **1.** (*Abzeichen, Sinnbild*) emblem, symbol; (*äußeres Zeichen*) attribute; (*Merkmal*) characteristic, property **2.** (GRAM) attribute; **attributiv** [atribuˈtiːf/ ˈ----] *adj* (GRAM) attributive

ätzen [ˈɛtsən] *vt* corrode; (MED) cauterize; (*beim Kupferstich*) etch; **ätzend** *adj* **1.** corrosive, caustic *a. fig* **2.** (*beißend*) biting, mordant **3.** (*fam: abscheulich, fürchterlich*) revolting, sickening, nauseating

Au [aʊ] <-, -en> *f* (*poet*) green, meadow

au(a) *interj* ouch!

Aubergine [obɛrˈʒiːnə] <-, -n> *f* aubergine, egg-plant *Am*

auch [aʊx] *adv* **1.** also, too **2.** (*steigernd*) even **3.** (*gleichermaßen*) likewise **4.** (*wirklich*) certainly, indeed; **ich ~** me too; **ich ~ nicht** neither do I, me neither; **nicht nur ... sondern ~** not only ... but also; **er ist ~ so einer** he ist another one of those; **wie dem ~ sei** be that as it may; **und mag er ~ noch so reich sein** let him be ever so rich; **was ~ ...** whatever ...; **wenn ~ ...** (even) though ..., although ...; **wer ~ ...** whoever ...; **wo ~ immer** wheresoever; **wozu ~?** what is the good of it?

Audienz [aʊdiˈɛn(t)s] <-, -en> *f* audience (*bei* with); **um eine ~ bitten bei ...** request an audience with ...; **jdm eine ~ gewähren** grant an audience to s.o.

Audiotex [ˈaʊdioˌtɛks] <-> *m* (*elektronische Telefonansagedienste*) Audiotex

Auditorium [aʊdiˈtoːriʊm] <-s, -rien> *nt* **1.** (*Räumlichkeit*) auditorium, lecture-hall **2.** (*Zuhörer*) audience

Auerochse *m* bison

auf [aʊf] **I.** *präp* **1.** (*örtlich*) at; **~ der Post** at the post office; **~ der Schule** at school **2.** (*örtlich*) in; **~ dem Land** in the country; **~ der Straße** in the street *Br,* on the street *Am;* **~ der Welt** in the world; **~ dem Markt** in the market-place; (COM) on the market; **~ der Karte** on the map **3.** (*räumlich*) on; **etw ~ etw legen (stellen)** put s.th. on [*o* on top of] s.th.; **sich ~ den Boden setzen** sit down on the floor; **~ der Insel Wight** on the Isle of Wight; **etw ~ einen Zettel schreiben** write s.th. on a piece of paper **4.** (*sonstiger Gebrauch*): **~ Anfrage** on inquiry; **~ Befehl von** by order of; **~ Besuch sein bei** stay with; **~ Deutsch**[RR] in German; **~ einmal** all at once; **~ jeden Fall** in any case; **~ keinen Fall** on no account; **~ der Geige spielen** play the violin; **~ Kredit kaufen** (*fam*) buy on tick; **~ diese Weise** in this manner; **Einfluss**[RR] **~ jdn haben** have influence over s.o. **II.** *adv* **1.** (*offen*) open **2.** (*hinauf*): **~ haben**[RR] (*Augen, Mund*) have open; (*Laden*) be open; (*Hut*) have on, wear; **~ und ab** up and down **3.** (*sonstiger Gebrauch*): **~ und davon** up and away; **noch ~ sein** be still up; **von klein ~** from childhood; **~ dass ...** that ... **III.** *interj:* **~! (los!)** come along!

auf|arbeiten *vt* **1.** (*auffrischen*) refurbish **2.** (*Polstersachen*) upholster; **Rückstände ~** clear the backlog

auf|atmen *vi* breathe a sigh of relief

auf|bahren *vt* lay out (*feierlich* in state)

Aufbau <-(e)s> *m* **1.** (*Tätigkeit*) building **2.** (*einer Organisation*) set-up **3.** (AUTO) body **4.** (*Struktur*) structure; (*eines Kunstwerkes*) composition

Aufbaucreme *f* regenerative cream

auf|bauen *vt* **1.** (*errichten*) put up; (ELEK AUTO) assemble **2.** (*fig*) build up; **jdn ~** (*beruflich*) promote s.o.; **sich ~ auf** be based on; **sich vor jdm ~** (*fam*) plant o.s. before s.o.

auf|bäumen [ˈaʊfbɔɪmən] *vr* **1.** (*von Tieren*) rear **2.** (*fig*) rebel

auf|bauschen **I.** *vt* **1.** blow out **2.** (*fig*) blow up, exaggerate **II.** *vr* **1.** blow out **2.** (*fig*) blow up (*zu* into)

Aufbauten *pl* **1.** (MAR) superstructure *sing* **2.** (FILM) set *sing*

auf|behalten *irr vt* **1.** (*Hut*) keep on **2.** (*Augen*) keep open

auf|bekommen *irr vt* (*fam*) **1.** (*öffnen*) get open **2.** (*Übung*) get as homework

auf|bereiten *vt* process; (*Kohle*) prepare; (*Wasser*) condition, treat; (*Erz*) dress; (*Daten*) edit

Aufbereitung *f* processing; (*von Kohle*) preparation; (*von Wasser*) conditioning;

(*von Erz*) dressing; ~ **radioaktiver Abfälle** processing of radio-active waste; **Aufbereitungsanlage** *f* (*für Kernbrennstoff*) nuclear fuel reprocessing plant

auf|bessern *vt:* **jds Gehalt** ~ increase [*o* raise] someone's salary

auf|bewahren *vt* keep; (*Wertsachen* ~) look after; **sein Gepäck** ~ **lassen** leave one's luggage; **jds Dokumente** ~ have someone's documents in one's keeping

Aufbewahrung *f* keeping, storage; (*Gepäck~*) left-luggage office; **sein Gepäck zur** ~ **geben** deposit one's luggage

auf|bieten *irr vt* muster; (MIL: *a. Polizei*) call in; **alle Kräfte** ~ strain every nerve

auf|binden *irr vt* (*öffnen*) undo, untie; **jdm eine Lüge** ~ take s.o. in

auf|blähen I. *vt* blow out; (MED) swell; (*fig*) inflate **II.** *vr* blow out; (*fig*) puff o.s.

aufblasbar *adj* inflatable

auf|blasen I. *irr vt* **1.** (*mit Luft füllen*) blow up; (AUTO) inflate **2.** (*hochblasen*) blow up **II.** *vr* (*fig*) puff o.s. up

auf|bleiben *sein irr vi* **1.** (*offen bleiben*) stay open **2.** (*nicht schlafen gehen*) stay up

auf|blenden *vi, vt* **1.** (AUTO) turn the headlights on full **2.** (PHOT) increase the aperture

auf|blicken *vi:* **zu jdm** ~ look up to s.o.

auf|blitzen I. *vi sein* (*Licht*) flash **II.** *vi sein* (*fig: Idee*) flare up

auf|blühen *sein vi* **1.** blossom **2.** (*gedeihen*) flourish

auf|bocken *vt* (AUTO) jack up

auf|brauchen *vt* use up

auf|brausen *sein vi* **1.** fizz up **2.** (*fig*) flare up

auf|brechen I. *irr vt haben* break [*o* force] open; **ein Schloss** ~ pick a lock **II.** *vi sein* **1.** (*Wunden*) burst; (*Knospen*) open **2.** (*fortgehen*) set out (*nach* for)

auf|brennen *irr vt:* **einem Tier ein Zeichen** ~ brand an animal

auf|bringen *irr vt* **1.** (*fam: Tür*) get open **2.** (*Mut*) summon up **3.** (*Geld*) raise **4.** (*jdn reizen*) irritate; **jdn gegen jdn** ~ set s.o. against s.o.

Aufbruch *m* **1.** (*das Losgehen*) departure **2.** (*Riss*) crack

auf|brühen *vt* brew up

auf|brummen *vt* (*fam*): **jdm etw** ~ land s.o. with s.th.

auf|bürden *vt:* **jdm etw** ~ load s.th. onto s.o., encumber s.o. with s.th.

auf|decken *vt* **1.** (*abdecken*) uncover; (*Bett*) turn down **2.** (*fig*) uncover; **ein Geheimnis** ~ disclose [*o* reveal] a secret; **seine Karten** ~ show one's hand

auf|drängen I. *vt:* **jdm etw** ~ force s.th. on s.o. **II.** *vr:* **sich jdm** ~ impose o.s. on s.o.

auf|drehen I. *vt* (*Hahn*) turn on; (*Schraube*) unscrew **II.** *vi* **1.** (*loslegen*) get going **2.** (*beschleunigen, fam*) open up

aufdringlich *adj* (*a. Benehmen*) obtrusive; (*Person*) pushing

Aufdringlichkeit *f* obtrusiveness; (*von Person*) pushiness

Aufdruck *m* imprint; (*Stempel*) overprint

auf|drucken *vt:* **etw auf etw** ~ print s.th. on s.th.

auf|drücken *vt* **1.** (*stempelnd*): **etw auf etw** ~ press s.th. on s.th.; (TYP) stamp s.th. on s.th. **2.** (*öffnen*) press [*o* break] open

aufeinander [ˈaʊfaɪˈnandɐ] *adv* **1.** (*folgend*) one after another **2.** (*körperlich*) one on top of the other; ~ **folgen**RR follow each other; ~ **folgend**RR successive; ~ **häufen**RR put on top of each other; ~ **stoßen**RR bump into each other; (*Meinungen*) clash

Aufenthalt [ˈaʊfəntalt] <-(e)s, -e> *m* stay; (RAIL) stop; **Sie haben 5 Minuten ~ in München** you have a five-minute stop in Munich; **wie lange haben wir hier ~?** how long do we stop here?; **Aufenthaltsgenehmigung** *f* residence permit; **Aufenthaltsort** *m* whereabouts *pl;* **Aufenthaltsraum** *m* common-room, recreation room

auf|erlegen I. *vt* impose; (*Strafe*) inflict **II.** *vr:* **sich Zwang** ~ force o.s.

auf|erstehen *sein irr vi* (REL) rise (*von den Toten* from the dead)

Auferstehung *f* (REL) resurrection

auf|essen *irr vt* eat up

auf|fahren I. *irr vi sein* **1.** (*hochschrecken*) start **2.** (*auf ein Auto*) drive into **II.** *vt haben* (MIL: *Artillerie* ~) place

Auffahrt *f* **1.** (*Haus~*) drive **2.** (*Autobahn~*) slip road

Auffahrunfall *m* front-end collision

auf|fallen *sein irr vi* (*~d sein*) be remarkable (*durch* for); **was fällt dir an diesem Haus auf?** what strikes you about this house?; **auffallend I.** *adj* conspicuous, striking **II.** *adv:* ~ **gekleidet** showily dressed

auffällig [ˈaʊffɛlɪç] *adj* striking; (*Verhalten*) marked; **~e Farben** loud colours

auf|fangen *irr vt* **1.** catch (up) **2.** (*Stöße* ~) cushion **3.** (*Regenwasser* ~) collect

Auffanglager *nt* refugee camp

auf|fassen *vt* (*ansehen*) understand (*als* as); (*begreifen*) grasp

Auffassung *f* (*Meinung*) opinion, view; **nach meiner** ~ in my opinion, to my mind

auf|finden *irr vt* locate

auf|fliegen *sein irr vi* **1.** (*Vögel*) fly up **2.** (*Türen*) fly open **3.** (*Schmugglerring*) be busted

auf|fordern *vt* ask; (*gerichtlich*) summon; **jdn zum Tanzen** ~ ask s.o. to dance; **Aufforderung** *f* request; (*Bitte*) invitation;

(JUR) incitement

auf|forsten ['aʊffɔrstən] *vt* afforest; **eine Rodung ~** retimber a clearing

Aufforstung *f* reafforestation, reforestation

auf|fressen *irr vt* eat up

auf|frischen *vt* **1.** freshen up **2.** (*Vorräte*) replenish; (*Kenntnisse*) brush up; (*Erinnerungen*) refresh; **Auffrischungskurs** *m* (SCHULE) refresher course

auf|führen **I.** *vt* **1.** (THEAT) perform **2.** (*auflisten*) list **II.** *vr* behave

Aufführung *f* (THEAT) performance; **eine gelungene ~** a successful performance

auf|füllen *vt* **1.** (*ganz füllen*) fill up **2.** (*nachfüllen*) top up **3.** (*ergänzen*) replenish

Aufgabe ['aʊfga:bə] *f* **1.** task **2.** (SCHULE) exercise; (*Haus~*) homework **3.** (*Verzicht*) surrender; (SPORT) retirement **4.** (*das Aufgeben*) giving up; **das ist nicht deine ~** that's not your job; **sich etw zur ~ machen** make s.th. one's business

auf|gabeln *vt* **1.** (*mit der Gabel*) fork up **2.** (*fam*) pick up; **wo hast du denn das Buch aufgegabelt?** where did you get hold of this book?

Aufgabenbereich *m* area of responsibility

Aufgang *m* **1.** (*der Gestirne*) rising **2.** (*Treppen~*) staircase, stairs *pl*, steps *pl*, stairway *Am*

auf|geben **I.** *irr vt* **1.** (*verzichten*) give up **2.** (*Hausaufgaben*) give **3.** (*Gepäck*) register; **einen Koffer ~** register a suitcase; **eine Anzeige ~** place an advertisement; **einen Brief ~** post a letter *Br*, mail a letter *Am* **II.** *vi* give up

aufgeblasen *adj* (*fig*) puffed-up

Aufgebot *nt* **1.** (*von Menschen*) contingent **2.** (*standesamtlich*) notice of (one's) intended marriage, banns *pl*

aufgebracht *adj* outraged

aufgedonnert *adj* (*fam*) dressed to kill

aufgedunsen ['aʊfgədʊnzən] *adj* bloated

auf|gehen *sein irr vi* **1.** (ASTR: *Gestirne*) rise **2.** (*Knopf, Schnürsenkel*) come undone **3.** (*Teig*) rise **4.** (*Saat*) come up **5.** (MATH) work out; **in Flammen ~** go up in flames; **jetzt geht mir ein Licht auf!** now I get it!, now it dawns on me!; **in einer Sache ganz ~** be taken up with s.th.

aufgeklärt *adj* (*a.* HIST) enlightened; **~ sein** (*sexuell*) know the facts of life

aufgelegt *adj:* **~ sein, etw zu tun** feel like doing s.th.; **gut (schlecht) ~ sein** be in a good (bad) mood

aufgeregt *adj* excited; (*nervös*) nervous

aufgeschmissen *adj* (*fam*): **~ sein** be all at sea

aufgesprungen *adj:* **~e Lippen** chapped lips

aufgetakelt *adj* (*fam*) all dolled up

aufgeweckt *adj* (*fig*) bright, quick-witted

auf|gießen *irr vt* (*Tee*) brew; (*Kaffee*) make

auf|gliedern **I.** *vt* split up (*in* into) **II.** *vr* divide (*in* into)

auf|greifen *irr vt* (*fig*) take up (again)

aufgrund *präp* on the basis of; (*wegen*) because of

Aufguss[RR] *m* infusion; (*fig*) rehash; **Aufgussbeutel**[RR] *m* tea [*o* coffee] bag [*o* herb]

auf|haben **I.** *vt* **1.** (*Hut*) have on, wear **2.** (*Augen, Mund*) have open **3.** (*Schularbeiten*) have to do **II.** *vi* (*Laden*) be open

auf|halten **I.** *irr vt* **1.** (*offen halten*) keep open **2.** (*hemmen*) stop; (*hinhalten*) delay; **ich will Sie nicht länger ~** don't let me keep you **II.** *vr* stay; **sich mit etw ~** spend time dealing with s.th.

auf|hängen **I.** *vt* **1.** (*Gegenstand*) hang up **2.** (*erhängen*) hang **II.** *vr* hang o.s. (*an* from); **Aufhänger** *m* (*für Kleider*) loop; **ein ~ für etw** a peg to hang s.th. on

Aufhängung *f* (AUTO: *für Batterie, Stoßdämpfer*) mounting; **~ der Vorderräder** front-wheel suspension

Aufheben <-s> *nt* fuss; **viel ~(s) um etw machen** make a lot of fuss about s.th.

auf|heben *irr vt* **1.** (*hochheben*) pick up **2.** (*aufbewahren*) keep **3.** (PARL) abolish; (*Vertrag*) cancel **4.** (*Sitzung*) break up; **kannst du das für mich ~?** (*aufbewahren*) can you put this aside for me?; **Aufhebung** *f* (PARL: *Abschaffung*) abolition

auf|heitern **I.** *vt* brighten, cheer up **II.** *vr* (*Wetter*) clear up; **Aufheiterung** *f* (*von Wetter*) brighter period

auf|hellen **I.** *vt* brighten **II.** *vr* (*Wetter, a. Miene*) brighten up

auf|hetzen *vt* (*fig*) stir up; **jdn gegen jdn ~** stir up someone's animosity against s.o.

auf|holen **I.** *vt* **1.** (*Zeitverlust*) make up **2.** (MAR: *den Anker*) haul up; **ich muss noch in Latein ~** (SCHULE) I must catch up on Latin **II.** *vi* (SPORT) make up ground; (RAIL) make up time

auf|horchen *vi* prick up one's ears

auf|hören *vi* stop; (*enden*) come to an end; **sie hörte nicht auf zu singen** she kept on singing; **hör doch endlich auf!** will you stop it!; **also, da hört bei mir der Spaß auf!** I'm not amused by that!

auf|kaufen *vt* buy up

auf|klappen *vt* open up; (*Buch*) open; (*Klappe*) let down

auf|klaren ['aʊfkla:rən] *vi* (METE: *a. fig*) brighten [*o* clear] up

auf|klären **I.** *vt* clear up; (*Verbrechen*)

solve; **jdn** (**sexuell**) ~ tell s.o. the facts of life **II.** *vr* (*fig*) be resolved; **Aufklärer** *m* (AVIAT MIL) reconaissance plane

Aufklärung *f* **1.** clearing up **2.** (HIST) enlightenment **3.** (*Information*) informing; **sexuelle** ~ sex education

Aufklärungssatellit *m* reconnaissance satellite

aufklebbar *adj* adhesive

auf|kleben *vt* stick on (*auf* to); (*mit Klebstoff*) glue on

Aufkleber *m* sticker

auf|knöpfen *vt* unbutton

auf|knüpfen *vt* **1.** (*Knoten*) untie **2.** (*erhängen*) hang (*an* from)

auf|kochen *vi sein* come to the boil

auf|kommen *sein irr vi* **1.** (*für Schäden*) pay for **2.** (*entstehen*) arise; **ein schwacher Wind ist aufgekommen** a gentle breeze has sprung up; **für die Kosten** ~ bear the costs; **Zweifel** ~ **lassen** give rise to doubts

auf|krempeln *vt:* **sich die Ärmel** ~ roll up one's sleeves

auf|kriegen *vt* (*fam*) get open

auf|lachen *vi* give a laugh

auf|laden I. *irr vt* **1.** (*Last*) load **2.** (ELEK) charge; **jdm etw** ~ burden s.o. with s.th. **II.** *vr* (ELEK) become charged

Auflage *f* **1.** (TYP: *von Buch*) edition; (*von Zeitung*) circulation **2.** (*~nhöhe*) number of copies **3.** (*Bedingung*) condition; **jdm etw zur** ~ **machen** impose s.th. on s.o. as a condition; **Auflagenhöhe** *f* number of copies published

auf|lassen *irr vt* **1.** (*offen lassen*) leave open **2.** (*Hut*) leave on

auf|lauern *vi:* **jdm** ~ lie in wait for s.o.

Auflauf *m* **1.** (*Menschen~*) crowd **2.** (*Speise*) baked pudding

auf|laufen I. *irr vi sein* **1.** (*Zinsen*) accumulate **2.** (MAR) run aground (*auf* on) **II.** *vt haben:* **sich die Füße** ~ get sore feet

Auflaufform *f* ovenproof dish

auf|leben *sein vi* liven up; **etw** (**wieder**) ~ **lassen** revive s.th.

auf|legen *vt* (*Geschirr*) lay; (*Hörer*) replace; (*Aktien*) issue; (*ein Buch* ~) publish a book

auf|lehnen *vr:* **sich** ~ **gegen** revolt against

auf|lesen *irr vt* pick up

auf|leuchten *haben o sein vi* (*a. fig*) light up

auf|lockern *vt* **1.** (*Erde*) break up **2.** (SCHULE: *Unterricht*) give relief to (*durch* with); **aufgelockerte Atmosphäre** relaxed mood

auflösbar *adj* (*in Flüssigkeit*) soluble; (*Vertrag*) revocable

auf|lösen I. *vt* **1.** (*in Flüssigkeiten*) dissolve **2.** (*zerlegen*) resolve (*in* into) **3.** (*Versammlung*) break up **4.** (*Geschäft*) wind up; **sein Konto** ~ close one's account **II.** *vr* dissolve; (*fig*) be dissolved

Auflösung *f* **1.** (*einer Versammlung*) dispersal **2.** (*von Aufgabe, Rätsel*) solution

auf|machen I. *vt* open **II.** *vr* (*aufbrechen*) set out (*nach* for)

Aufmachung *f* **1.** (*einer Person*) rig-out **2.** (*eines Buches*) presentation **3.** (TYP: *einer Druckseite*) lay-out

auf|marschieren *sein vi* march up; ~ **lassen** (*a.* MIL) deploy

aufmerksam ['aʊfmɛrkzam] *adj* attentive; **jdn auf etw** ~ **machen** draw someone's attention to s.th.

Aufmerksamkeit *f* attention, attentiveness; **das ist nur eine kleine ~!** that's just a little something!

auf|möbeln *vt* (*fig*): **jdn** ~ buck s.o. up

auf|mucken *vi* (*fam*) balk, jib

auf|muntern ['aʊfmʊntɐn] *vt:* **jdn** ~ cheer s.o. up

aufmüpfig ['aʊfmʏpfɪç] *adj* (*fam*) rebellious

Aufnahme ['aʊfnaːmə] <-, -n> *f* **1.** (*Empfang*) reception **2.** (*Zulassung*) admission (*in* to) **3.** (PHOT: *Vorgang*) taking **4.** (*Foto*) photo **5.** (RADIO: *auf Tonband*) recording **6.** (FIN: *von Geldern*) raising; **eine** ~ **machen** (PHOT) take a photo; ~ (**diplomatischer**) **Beziehungen** establishment of (diplomatic) relations; **Aufnahmebedingungen** *fpl* conditions of admission; **aufnahmefähig** *adj* (MARKT) active; **ich bin nicht mehr** ~ I can't take anything else in; **Aufnahmegebühr** *f* admission fee; **Aufnahmelager** *nt* reception camp; **Aufnahmeland** *nt* host country; **Aufnahmeprüfung** *f* entrance examination

auf|nehmen *irr vt* **1.** (*Gegenstand*) pick up **2.** (*zulassen*) admit (*in* to) **3.** (*empfangen*) receive **4.** (*auf Band*) record **5.** (*etw beginnen*) begin; **Kontakt mit jdm** ~ contact s.o.; **es mit jdm** ~ **können** be a match for s.o.; **er kann alles sehr schnell** ~ he's very quick on the uptake; **Verhandlungen** ~ enter into negotiations

auf|nötigen *vt:* **jdm etw** ~ force s.th. on s.o.

auf|opfern I. *vr* sacrifice o.s. **II.** *vt* give up

auf|passen *vi:* **pass auf!**[RR] watch out!; **auf jdn** ~ keep an eye on s.o.

Aufpasser(in) *m(f)* (*Aufseher, Wächter*) guard; (*Beobachter*) supervisor

auf|peitschen *vt* **1.** (*fig*) inflame **2.** (*Sturm: das Meer*) whip up

auf|peppen *vt* (*fam*) jazz up

auf|pflanzen I. *vt:* **das Bajonett** ~ fix the bajonet **II.** *vr* (*fam*): **sich vor jdm** ~ plant o.s. in front of s.o.

auf|platzen *sein vi* burst open
Aufprall <-s, -e> *m* impact
auf|prallen *sein vi:* **auf den Boden** ~ hit the ground; **auf einen anderen Wagen** ~ collide with another car
Aufpreis *m* surcharge; **gegen ~ von ...** for an extra charge of ...
auf|pumpen *vt* (*Reifen*) inflate, pump up
auf|putschen *vt* (*aufhetzen*) inflame; (*erregen*) stimulate
Aufputschmittel *nt* stimulant
auf|putzen *vt* (*österr*) decorate
auf|raffen *vr:* **sich** ~ pull o.s. up; (*fig*) pluck up courage
auf|ragen *sein vi* rise; (*höher*) tower
auf|räumen I. *vt* tidy II. *vi* (*fig*): **mit etw** ~ do away with s.th.
Aufräum(ungs)arbeiten *pl* clearing-up operation *sing*
aufrecht ['aʊfrɛçt] *adj* erect, upright; ~ **sitzen** sit up; ~ **stehen** stand erect; **aufrecht|erhalten** *irr vt* maintain; (*Verbindung, Kontakt*) keep up; (*Gebräuche, Urteil, Lehre*) uphold
auf|regen I. *vt* (*ärgern*) annoy; **reg mich nicht auf!** don't drive me mad! II. *vr* get (over)excited (*über* about)
Aufregung *f* excitement; **nur keine ~!** don't get in a state!
auf|reiben I. *irr vt* 1. (*erschöpfen*) wear down [*o* out] 2. (MIL: *vernichten*) annihilate, wipe out 3. (*wundreiben*) chafe II. *vr* (*fig*) wear o.s. out
auf|reißen *irr vt* 1. tear up 2. (*öffnen*) fling open; **sich die Hand** ~ gash one's hand
auf|reizen *vt* 1. (*ärgern*) provoke 2. (*erregen*) excite
auf|richten I. *vt* 1. set upright 2. (*seelisch*) lift II. *vr* straighten up; (*aufsitzen*) sit up
aufrichtig *adj* sincere (*zu* towards); **mein ~es Beileid** my sincere condolences *pl;* **Aufrichtigkeit** *f* sincerity
Aufriss(zeichnung)[RR] *m* (TECH) elevation; **etw (von vorne/von der Seite) im ~ zeichnen** draw (the front/the side) elevation of s.th.
auf|rollen I. *vt* 1. (*zusammenrollen*) roll up; (*Kabel*) coil up 2. (*entfalten*) unroll; **eine Frage** ~ go into a problem II. *vr* unroll
Aufruf *m* 1. appeal (*an* to) 2. (AVIAT INFORM) call
auf|rufen *irr vt* (*a.* INFORM) call; **einen Schüler** ~ ask a pupil a question; **zum Widerstand** ~ call for resistance
Aufruhr ['aʊfruːɐ] <-(e)s, -e> *m* 1. (*Aufstand*) rebellion, uprising 2. (*Aufgewühltheit*) turmoil
auf|rühren *vt* (*Skandal, alte Geschichte*) rake up
Aufrührer *m* rabble-rouser; **aufrührerisch** *adj* 1. (*aufständisch*) rebellious 2. (*Rede*) inflammatory
auf|runden *vt* (*Betrag*) round up
auf|rüsten *vt* (re)arm
Aufrüstung *f* rearmament
auf|rütteln *vt* 1. (*aus dem Schlaf*) rouse (*aus* from) 2. (*fig: jdn*) stir
auf|sagen *vt* (*rezitieren*) recite
auf|sammeln *vt* pick up
aufsässig ['aʊfzɛsɪç] *adj* rebellious
Aufsatz *m* 1. (*Abhandlung*) essay; (SCHULE) composition 2. (*oberer Teil*) top, upper part
auf|saugen *vt* soak up; (*fig*) absorb
auf|schauen *vi* look up
auf|scheuchen *vt* startle
auf|schichten *vt* pile up, stack
auf|schieben *irr vt* 1. (*fig*) put off, postpone 2. (*Fenster, Türe*) slide open
Aufschlag *m* 1. (*Aufprall*) impact 2. (*Hosen~*) turn-up 3. (*beim Tennis*) service 4. (COM: *Preis~*) surcharge; **wer hat ~?** (*beim Tennis*) whose serve?
auf|schlagen I. *irr vi* 1. (COM: *Preise*) rise, go up 2. (*beim Tennis*) serve 3. (*aufprallen*) hit II. *vt* 1. (*Nuss*) crack 2. (*öffnen*) open 3. (*verwunden*) cut; **ein Zelt** ~ pitch a tent
auf|schließen I. *irr vt* unlock; **jdm** ~ unlock the door for s.o. II. *vi* (SPORT) catch up (*zu* with)
auf|schlitzen *vt* rip (open); (*mit Messer a.*) slit (open)
Aufschluss[RR] *m:* **können Sie mir darüber ~ geben?** can you give me any information about it?
aufschlussreich[RR] *adj* informative, instructive
auf|schnallen *vt* 1. (*auflösen*) unbuckle 2. (*Rucksack aufbinden*) buckle on
auf|schnappen *vt* (*ein Wort*) pick up
auf|schneiden I. *irr vt* cut open; (MED) lance II. *vi* (*übertreiben*) boast, brag
Aufschnitt <-(e)s> *m* sliced cold meat
auf|schnüren *vt* undo
auf|schrauben *vt* 1. (*losschrauben*) unscrew 2. (*daraufschrauben*) screw on (*auf* to)
auf|schrecken I. *vt haben* startle II. *vi sein* give a start; **aus dem Schlaf** ~ wake up with a start
Aufschrei *m* yell; (*fig*) outcry
auf|schreiben *irr vt* put [*o* write] down
auf|schreien *irr vi* yell out
Aufschrift *f* inscription; (*auf Poster*) caption; (*auf Etikett*) label
Aufschub *m* delay, postponement
auf|schütten *vt* 1. (*Flüssigkeit*) pour on; (*Erde*) deposit 2. (*Damm*) throw up
auf|schwatzen *vt* (*fam*): **jdm etw** ~ talk s.o. into taking s.th.
auf|schwingen *irr vr* (*fig*): **sich zu etw** ~

(*sich aufraffen*) bring o.s. to do s.th.

Aufschwung *m* **1.** (*fig*) upswing **2.** (SPORT: *beim Turnen*) swing-up **3.** (COM) boom, upturn, upswing; **das gibt mir (wieder) neuen** ~ this is giving me a lift

Aufsehen <-s> *nt:* ~ **erregen** cause [*o* create] a sensation; **ohne großes** ~ without any fuss

auf|sehen *irr vi* look up; **zu jdm** ~ (*auch fig*) look up to s.o.

Aufseher(in) *m(f)* (*Gefängnis~*) warden; (*im Museum*) attendant; (*im Betrieb*) supervisor

auf|setzen I. *vt* **1.** (*Gegenstand auf etw* ~) put on **2.** (*Kaffee* ~) make **3.** (*schriftlich entwerfen*) draft **II.** *vi* (AVIAT) touch down

Aufsicht *f* **1.** (*Überwachung*) supervision **2.** (*mit der ~ Beauftragter*) person in charge; **über etw ~ führen** be in charge of s.th.; **Aufsichtsbehörde** *f* supervisory body; **Aufsichtsrat** *m* board of directors; **Aufsichtsratsvorsitzende(r)** *f m* chairman of the board, chairwoman of the board

auf|sitzen *sein irr vi* mount

auf|spalten *vt* **1.** split **2.** (*fig*) split up

Aufspaltung *f* **1.** (BIOL) fission **2.** (CHEM) disintegration

auf|spannen *vt* **1.** spread out **2.** (*Stoff*) stretch (*auf* onto); **seinen Schirm** ~ open one's umbrella

auf|sparen *vt* save up

auf|speichern *vt* store up

auf|sperren *vt* (*aufschließen*) unlock; **sperr deine Ohren auf!** prick up your ears!

auf|spielen *vr* give o.s. airs; **sich ~ als etw** set o.s. up as s.th.

auf|spießen *vt* spear; (*mit der Gabel*) prong; (*mit den Hörnern*) gore

auf|springen *sein irr vi* **1.** (*Person*) jump to one's feet **2.** (*Risse bekommen*) crack; (*Haut*) chap **3.** (*Tür*) fly open

auf|spüren *vt* track down

auf|stacheln *vt:* **jdn ~, etw zu tun** urge s.o. into doing s.th.

Aufstand *m* rebellion, insurrection

Aufständische(r) <-n, -n> *f m* insurgent, rebel

auf|stapeln *vt* pile [*o* stack] up

auf|stechen *irr vt* puncture; (MED) lance

auf|stecken *vt* **1.** (*Gegenstand*) put on (*auf* to); (*mit Nadeln*) pin up **2.** (*Haar*) put up **3.** (*fam: aufgeben*) pack it in

auf|stehen *irr vi* **1.** *haben* (*offen stehen*) be open **2.** *sein* (*sich erheben*) get up

auf|steigen *sein irr vi* **1.** (*auf Berg, Leiter*) climb (up) **2.** (*Nebel*) rise; (*Vogel, Drachen*) soar (up) **3.** (*Gefühl*) rise **4.** (*beruflich* ~) be promoted

Aufsteiger(in) *m(f)* climber

auf|stellen I. *vt* **1.** (*hinstellen*) put up; (*Maschine*) install **2.** (SPORT: *Mannschaft*) draw up **3.** (*Kandidaten*) nominate; **eine Behauptung** ~ put forward an assertion; **einen Rekord** ~ set up a record; **eine Liste** ~ make a list **II.** *vr* stand; **sich hintereinander** ~ line up

Aufstellung *f* **1.** putting-up **2.** (SPORT: *die Mannschaft*) line-up **3.** (*Liste*) list

Aufstieg ['aʊfʃtiːk] *m* <-(e)s, -e> **1.** ascent **2.** (*beruflich*) advancement, promotion

Aufstiegschancen *pl* prospects of promotion

auf|stöbern *vt* (*aufspüren*) ferret out

auf|stocken *vt* **1.** (*Haus*) build another storey onto **2.** (COM: *Kredit*) increase; **sein Kapital** ~ raise additional funds *pl*

auf|stoßen I. *irr vt* push open **II.** *vi* burp **III.** *vr:* **sich den Knöchel** ~ graze one's ankle

auf|streichen *irr vt* spread (*auf* on)

Aufstrich *m* (*Brotbelag*) spread; **was willst du als ~?** what would you like on your bread?

auf|stülpen *vt* (*Hut*) pull on

auf|stützen I. *vt* (*Körperteil*) rest (*auf* on) **II.** *vr* support o.s.

auf|suchen *vt:* **jdn** ~ call on s.o.; **etw** ~ pick up s.th.; **eine Stadt auf der Karte** ~ find a town on the map

auf|takeln *vr:* **sich** ~ (*fam*) deck oneself out

Auftakt *m* **1.** (MUS) up-beat **2.** (*Eröffnung, Beginn*) prelude; **den ~ zu etw bilden** mark the start of s.th.

auf|tanken *vt* (AUTO) fill up; (AVIAT) refuel

auf|tauchen *sein vi* **1.** (*plötzlich erscheinen*) appear **2.** (MAR) surface **3.** (*fig*) arise

auf|tauen *vt haben, vi sein* (*a. fig*) thaw

auf|teilen *vt* **1.** (*an Personen*) share out (*an* between) **2.** (*unterteilen*) split up (*in* into); **Aufteilung** *f* **1.** (*Verteilung*) sharing out **2.** (*Unterteilung*) division

auf|tischen ['aʊftɪʃən] *vt* (*Speisen*) serve up; **jdm etw** ~ come up with s.th.

Auftrag ['aʊftraːk, *pl:* 'aʊftrɛːgə] <-(e)s, -¨e> *m* **1.** (*Anweisung*) instructions *pl* **2.** (COM) order; **in jds ~ handeln** act on someone's behalf; **jdm den ~ geben, etw zu tun** instruct s.o. to do s.th.; **etw bei … in ~ geben** order s.th. from …

auf|tragen *irr vt* **1.** (*Speisen*) serve **2.** (*Farbe*) put on; **jdm etw** ~ instruct s.o. to do s.th.; **dick** ~ lay it on thick

Auftraggeber(in) *m(f)* (COM) client; (*von Firma*) customer

Auftragnehmer(in) *m(f)* contractor

Auftragsbestätigung *f* (COM) confirmation of order; **Auftragsbuch** *nt* (COM) orderbook; **Auftragseingang** *m* incoming orders *pl*

auftragsgemäß *adv* as instructed; (COM) as per order

auf|treiben I. *irr vt haben* (*ausfindig machen*) get hold of II. *vi sein* (MED) become bloated

auf|trennen *vt* undo

Auftreten *nt* 1. (*Vorkommen*) appearance 2. (*Benehmen*) behaviour; **ein sicheres ~ haben** have self-assured manners *pl;* **bei ~ von Schwierigkeiten** in case difficulties should arise

auf|treten *irr vi sein* 1. (*auf Fuß*) tread 2. (*erscheinen*) appear 3. (*sich zeigen*) arise 4. (*sich verhalten*) behave

Auftrieb *m* 1. (*fig*) impetus 2. (AVIAT) lift; **das gibt mir wieder ~** that gives me a lift

Auftritt *m* 1. (*Erscheinen*) appearance 2. (THEAT: *Szene, a. fig*) scene

auf|trumpfen *vi* show how good one is

auf|tun I. *irr vr* 1. (*Abgrund*) yawn 2. (*sich bieten*) open up II. *vt* (*fam: finden*) find

auf|türmen I. *vt* pile up II. *vr* tower up; (*fig*) mount up

auf|wachen *sein vi* wake up

auf|wachsen *sein irr vi* grow up

auf|wallen *vi sein* 1. boil up 2. (*fig*) surge up

Aufwand ['aʊfvant] <-(e)s> *m* 1. (FIN) expenditure (*an* of); (*Kosten a.*) expense 2. (*Prunk*) extravagance; **Aufwandsentschädigung** *f* expense allowance

aufwändig[RR] *adj* 1. (*teuer*) costly 2. (*prunkvoll*) lavish

auf|wärmen I. *vt* 1. (*Speisen*) heat up 2. (*fig*) bring up II. *vr* warm o.s. up

aufwärts ['aʊfvɛrts] *adv* up, upward(s)

Aufwärtsentwicklung *f* upward trend

auf|waschen *irr vt* (*Schmutz*) wash off

auf|wecken *vt* wake up

auf|weichen I. *vt haben* make sodden II. *vi sein* get sodden

auf|weisen *irr vt* show; **etw aufzuweisen haben** have s.th. to show for o.s.

auf|wenden *irr vt* use; (FIN) spend; **aufwendig** *adj* 1. (*teuer*) costly 2. (*prunkvoll*) lavish

auf|werfen *irr vt* 1. (*Graben*) dig 2. (*Frage*) raise

auf|werten *vt* 1. (FIN) revalue, revaluate *Am a.* 2. (*fig*) increase the value of

Aufwertung *f* (FIN) revaluation

auf|wickeln *vt* 1. (*aufrollen*) roll up 2. (*loswickeln*) untie

auf|wiegeln *vt* stir up

auf|wirbeln *vt* (*Blätter*) whirl up; **das wird viel Staub ~** (*fig*) that is going to cause a big stir

auf|wischen I. *vt* mop up II. *vi* wipe the floor

auf|wühlen *vt* (*fig*) stir up

auf|zählen *vt* enumerate, list

Aufzählung *f* enumeration

auf|zehren *vt* 1. (*verzehren*) eat up 2. (*erschöpfen*) exhaust

auf|zeichnen *vt* 1. (*mit Stift*) draw 2. (RADIO TV) record

Aufzeichnung *f* 1. (*Niederschrift*) note 2. (RADIO TV) recording

auf|zeigen *vt* show, demonstrate

auf|ziehen I. *irr vt haben* 1. (*fig*): **jdn ~** make fun of s.o. (*mit* about) 2. (*Uhr*) wind up 3. (*Vorhang*) draw back 4. (*Gegenstände*) pull up 5. (*ein Kind*) raise 6. (*Foto*) mount II. *vi sein* 1. (*erscheinen*) come up 2. (MIL) march up

Aufzucht <-> *f* (*von Vieh*) rearing

Aufzug *m* 1. (*Fahrstuhl*) lift *Br,* elevator *Am* 2. (*Parade*) parade 3. (THEAT) act 4. (*Kleidung*) get-up

auf|zwingen *irr vt:* **jdm etw ~** force s.th. upon s.o.

Augapfel *m* eyeball

Auge ['aʊgə] <-s, -n> *nt* 1. eye 2. (*Punkt beim Spiel*) point; **mit den ~n zwinkern** wink; **ich habe es mit eigenen ~n gesehen** I have seen it with my own eyes; **etw im ~ haben** (*Staubkorn*) have s.th. in one's eye; (*fig*) have one's eye on s.th.; **ich konnte kaum aus den ~n gucken** I could hardly see straight; **vor aller ~n** in front of everybody; **ein ~ zudrücken** (*fam*) turn a blind eye (to); **jdm etw aufs ~ drücken** (*fam*) impose s.th. on s.o.; **ich werde es im ~ behalten** I'll bear it in mind; **er lässt sie nicht aus den ~n** he won't let her out of his sight; **jdn aus den ~n verlieren** lose sight of s.o.; **das kann leicht ins ~ gehen!** (*fam*) it might easily go wrong!; **in meinen ~n ...** in my opinion ...; **das fällt ins ~** that leaps to the eye; **unter vier ~n** in private

Augenarzt, -ärztin *m, f* eye specialist

Augenblick *m* moment; **einen ~ bitte!** one moment please!; **~ mal!** just a second!; **im letzten ~** at the last moment

augenblicklich I. *adj* 1. (*umgehend*) immediate 2. (*gegenwärtig*) current II. *adv* 1. (*umgehend*) at once 2. (*zurzeit*) at present, presently *bes. Am*

Augenbraue *f* eyebrow; **Augenentzündung** *f* ophtalmia; **Augenfarbe** *f* colour of eyes; **Augenhöhe** *f:* **in ~** at eye-level; **Augenhöhle** *f* eye socket; **Augenlicht** *nt* eyesight; **Augenlid** *nt* eyelid; **Augenmaß** *nt:* **nach ~** by eye; **Augenmerk** <-(e)s> *nt:* **sein ~ richten auf** direct one's attention to; **Augenschein** <-(e)s> *m:* **dem ~ nach** by all appearances *pl;* **etw in**

~ **nehmen** have a close look at s.th.; **Augentropfen** *mpl* eyedrops; **Augenweide** *f* feast [*o* treat] for the eyes; **das ist nicht gerade eine ~!** (*ironisch*) that's a bit of an eyesore!; **Augenwimpern** *fpl* eyelashes; **Augenzeuge**, **-gin** *m, f* eyewitness (*bei* to)

August¹ [aʊ'gʊst] *m* August

August² ['aʊgʊst] *m* Augustus; **der dumme** ~ the clown

Auktion [aʊk'tsjoːn] <-, -en> *f* auction; **Auktionator** *m* auctioneer; **Auktionshaus** *nt* auction house, auctioneers *pl*

Aula ['aʊla] <-, -len/-s> *f* hall

Aurikel [aʊ'riːkəl] <-, -n> *f* (*Alpenprimel*) auricula

Aus <-> *nt* **1.** (SPORT) touch, offside **2.** (*fig*) end, finish; **ins ~ gehen** go out

aus [aʊs] **I.** *präp* **1.** (*örtlich, räumlich, zeitlich*) from; (*von innen*) out of; ~ **dem Fenster fallen** fall out of the window; **ich komme ~ Deutschland** I'm from Germany; **trink bitte nicht ~ der Flasche!** please don't drink from [*o* out of] the bottle!; **dieser Stuhl stammt ~ dem 18. Jahrhundert** this chair's from the 18th century **2.** (*begründend*): ~ **Versehen** by mistake; ~ **Erfahrung** from experience; ~ **Mitleid** out of sympathy **3.** (*sonstige*): ~ **der Sache ist nichts geworden** nothing came of it; **was ist ~ ihr geworden?** what has become of her?; **das ist doch ~ der Mode!** that's out of fashion! **II.** *adv:* **von mir ~!** I don't care!; **vom Turm ~ konnte man den Fluss sehen** one could see the river from the tower

aus|arbeiten *vt* work out; (*vorbereiten*) prepare

aus|arten *sein vi* **1.** (*außer Kontrolle geraten*) get out of control **2.** (*über die Stränge schlagen*) get out of hand

aus|atmen *vi, vt* breathe out

aus|baden *vt:* **etw ~ müssen** (*fam*) carry the can for s.th.

aus|baggern *vt* (*Baugrube*) excavate

aus|baldowern ['aʊsbal͵doːvɐn] <ohne ge-> *vt* (*fam*): **etw ~** nose [*o* scout] s.th. out; **~, ob ...** nose [*o* scout] around to find out whether ...

Ausbau <-(e)s, -ten> *m* **1.** (TECH: *von Motor, Gerät*) removal **2.** (*Erweiterung*) extension; **aus|bauen** *vt* **1.** (TECH: *Motor, Gerät*) remove (*aus* from) **2.** (*Dachboden*) fit out **3.** (*erweitern, a. fig*) extend; **ausbaufähig** *adj* that can be extended

aus|bedingen <ausbedungen> *irr vt:* **ich muss mir ~, dass ...** I must make it a condition that ...

aus|beißen *irr vt:* **sich einen Zahn ~** break a tooth; **an dem wirst du dir noch die Zähne ~!** you'll have a tough time of it with him!

aus|bessern *vt* mend, repair; (*Fehler*) correct

Ausbesserung *f* mending, repair

aus|beulen *vt* (AUTO) beat out

Ausbeute *f* gain; (*Ertrag*) yield (*an* in)

aus|beuten *vt* exploit; **Ausbeuter(in)** *m(f)* exploiter

Ausbeutung *f* exploitation

aus|bezahlen *vt* (*Betrag*) pay out; (*Miteigentümer*) buy out

aus|bilden I. *vt* **1.** train; (*geistig*) educate **2.** (*ausgestalten*) shape **II.** *vr* (*fig*) develop, form

Ausbilder(in) *m(f)* instructor

Ausbildung *f* training, instruction; (*geistige* ~) education; **Ausbildungsbeihilfe** *f* educational grant; **Ausbildungsförderung** *f* promotion of training; **Ausbildungsplatz** *m* training place; **Ausbildungsstand** *m* level of training

aus|bitten *irr vt:* **sich etw von jdm ~** request s.th. from s.o.; **das bitte ich mir auch aus!** I should think so too!

Ausbleiben *nt* **1.** (*Fernbleiben*) non-appearance **2.** (~ *der Zahlung*) non-payment

aus|bleiben *sein irr vi* (*Person*) stay out; **unsere Gäste sind ausgeblieben** our guests have failed to appear; **es konnte nicht ~, dass ...** it was inevitable that ...

aus|blenden *vt* (FILM RADIO) fade out

Ausblick *m* view (*auf* of); (*fig*) prospect (*auf* for)

aus|borgen *vt:* **sich etw von jdm ~** borrow s.th. from s.o.

aus|brechen *sein irr vi* **1.** (*aus Gefängnis*) escape (*aus* from) **2.** (*entstehen*) break out **3.** (*von Vulkan*) erupt; **in Tränen ~** burst into tears; **in Gelächter ~** burst out laughing

aus|breiten I. *vt* spread out; (*entfalten*) display **II.** *vr* spread; **sich über etw ~** spread on s.th.; **Ausbreitung** *f* (*das Ausbreiten*) spreading

aus|brennen I. *irr vt haben* (*Wunden*) cauterize **II.** *vi sein* (*Feuer*) burn out

Ausbruch *m* **1.** (*aus Gefängnis*) escape **2.** (*Beginn*) outbreak **3.** (*Vulkan~*) eruption; **zum ~ kommen** break out; (*fig*) erupt

aus|brüten *vt* **1.** (*Eier*) hatch **2.** (*Pläne*) hatch up

aus|büchsen *vi* (*fam: ausreißen*) break out, run away

aus|buddeln *vt* dig out

aus|bürgern ['aʊsbʏrgɐn] *vt* expatriate

aus|bürsten *vt* (*Kleid*) brush; (*Staub*) brush out

Ausdauer *f* endurance; (*Beharrlichkeit*) perseverance; (*Hartnäckigkeit*) persistence

aus|dehnen I. *vt* 1. (*räumlich, durch Wärme*) expand; (*Stoffe*) stretch 2. (*Macht*) extend (*auf* to) II. *vr* 1. (*Stoffe*) stretch 2. (*sich erstrecken*) extend

Ausdehnung *f* 1. (*Größe*) extension 2. (*Umfang*) expanse

aus|denken *irr vt:* **sich etw ~** think s.th. up; (*in der Fantasie*) imagine s.th.

aus|drehen *vt* (*Gas*) turn off; (*Lampe*) switch off

Ausdruck <-(e)s, ¨-e> *m* 1. (*Terminus*) term 2. (*Computer~*) print-out; **etw zum ~ bringen** express s.th.; **das ist gar kein ~!** that's not the word for it!

aus|drucken *vt* (INFORM) print (out)

aus|drücken *vt* 1. (*Zigarette*) stub out 2. express; **sich ~** express o.s.

ausdrücklich *adv:* **ich möchte ~ betonen, dass ...** I should like to emphasize particularly that ...

Ausdruckskraft *f* expressiveness

ausdruckslos *adj* inexpressive

Ausdrucksvermögen *nt* expressiveness; (*Gewandtheit*) articulateness; **ausdrucksvoll** *adj* expressive; **Ausdrucksweise** *f* mode of expression; **was ist denn das für 'ne ~!** what sort of language is that to use!

aus|dünnen *vt* (*Haare*) thin out

Ausdünstung *f* vaporization; (*von Körper*) transpiration

auseinander [aʊsaɪ'nandɐ] *adv* apart; **weit ~ liegen** lie wide apart; **etw ~ schreiben** write s.th. as two words; **~ bringen**[RR] bea able to get (s.o., s.th.) apart; **~ fallen**[RR] fall apart; **~ falten**[RR] unfold; **~ gehen**[RR] (*Menschen*) separate; (*Meinungen*) differ; (*Gegenstand*) fall apart; (*fam: dick werden*) put on weight; **~ halten**[RR] keep apart; (*Zwillinge*) tell apart; **~ nehmen**[RR] take apart; **~ setzen**[RR] (*erklären*) explain; **sich mit etw ~ setzen**[RR] have a good look at s.th.

Auseinandersetzung *f* (*Streit*) argument

auserlesen *adj* select

aus|erwählen *vt* choose

aus|fahren I. *irr vi sein* 1. (*spazieren fahren*) go for a ride 2. (AVIAT: *Fahrgestell*) come out II. *vt haben* 1. **jdn ~** take s.o. for a ride 2. (*Waren*) deliver 3. (AVIAT: *Fahrgestell*) lower

Ausfahrt *f* 1. (*für Kraftfahrzeuge*) exit 2. (*Spazierfahrt*) ride

Ausfall *m* 1. (AUTO TECH) failure 2. (*Verlust*) loss

aus|fallen *sein irr vi* 1. (*nicht stattfinden*) be cancelled 2. (AUTO TECH) fail; **der Aufsatz ist schlecht ausgefallen** the composition has turned out badly; **die Schule fällt morgen aus** there's no school tomorrow

ausfallend *adj,* **ausfällig** *adj* (*Verhalten*) impertinent; (*Sprache*) abusive; **~ werden** become personal

Ausfallstraße *f* main road (leading out of a city)

Ausfallzeit *f* (COM) downtime

aus|fertigen *vt* (*Auftrag*) make out; (*Pass*) issue

Ausfertigung *f* 1. (*das Ausfertigen*) drawing up; (*von Pass*) issuing 2. (*Kopie*) copy; **in doppelter** (**dreifacher**) **~** in duplicate (triplicate)

ausfindig ['aʊsfɪndɪç] *adv:* **~ machen** find; (*aufspüren*) trace

aus|fließen *sein irr vi* 1. flow out (*aus* of) 2. (*auslaufen*) leak (*aus* out of)

aus|flippen *vi* (*sl*) freak out

Ausflucht ['aʊsflʊxt, *pl:* 'aʊsflʏçtə] <-, ¨-e> *f* excuse; **Ausflüchte machen** make excuses

Ausflug *m* trip; **einen ~ machen** go on a trip

Ausflügler(in) ['aʊsfly:klɐ] *m(f)* tripper

Ausfluss[RR] *m* 1. (*das Ausfließen*) flowing out 2. (MED) vaginal discharge

aus|fragen *vt* question (*nach* about)

aus|fressen *irr vt* (*fig*): **etw ~** do s.th. wrong

Ausfuhr ['aʊsfu:ɐ] <-, -en> *f* export, exportation

ausführbar *adj* feasible, practicable

Ausfuhrbestimmungen *fpl* export regulations

aus|führen *vt* 1. (*exportieren*) export 2. (*Bestellungen, Aufträge, Pläne*) carry out 3. (*genauer darstellen*) explain

ausführlich ['aʊsfy:ɐlɪç] I. *adj* detailed II. *adv* in detail; **~er** in greater detail

Ausfuhrpapiere *ntpl* (COM) export documents [*o* papers]; **Ausfuhrzoll** *m* export duty

Ausführung *f* 1. (*von Aufträgen, Plänen*) execution 2. (*Bauplan*) design; (*Typ*) model; (COM) quality 3. (*Darstellung*) statement; **~en** report

Ausführungsbestimmungen *fpl* regulations

aus|füllen *vt* 1. (*Graben*) fill up 2. (*Formular*) fill in; **das füllt mich nicht ganz aus** that doesn't satisfy me completely

Ausgabe *f* 1. (*Geld*) expense 2. (*Buch*) edition 3. (*Austeilung*) distribution 4. (INFORM: *Daten~*) output; **~n** (*Auslagen*) costs

Ausgabedaten *pl* (INFORM) output data; **Ausgabegerät** *nt* (INFORM) output device

Ausgang *m* 1. (*nach außen*) exit 2. (*Ergebnis*) outcome; **~ haben** have a day off; **Ausgangspunkt** *m* starting point; **Ausgangssperre** *f* 1. (*für Zivilisten*) curfew 2. (MIL: *Disziplinarstrafe*) confinement to barracks; **Ausgangsstellung** *f* starting position

aus|geben *irr vt* **1.** (*Geld*) spend **2.** (*Befehle, Banknoten, Fahrkarten*) issue **3.** (*verteilen*) give out, distribute; (*Karten*) deal; **sich für etw ~** pass o.s. off as s.o.; **einen ~** (*fam*) stand a round

ausgebucht *adj* booked up, fully booked

ausgebufft ['aʊsgəbʊft] *adj* (*fam: trickreich*) shrewd, fly

ausgedehnt *adj* **1.** (*umfassend*) extensive **2.** (*Gummiband*) stretched; **ein ~er Spaziergang** a long walk

ausgefallen *adj* extravagant; (*ungewöhnlich*) exceptional

ausgeflippt *adj* (*sl*) flipped, freaked out

ausgefuchst *adj* (*fam*) crafty, wily

ausgeglichen *adj* balanced; **~es Klima** even climate

Ausgeglichenheit *f* balance

aus|gehen *sein irr vi* **1.** (*abends*) go out **2.** (*Vorräte*) run out **3.** (*Feuer*) go out **4.** (*Haare*) fall out; **schlecht ~** turn out badly; **mir ging das Geld aus** I ran out of money; **leer ~** come away empty-handed; **wir können davon ~, dass ...** we can proceed from the assumption that ...; **ihm ging die Puste aus** he ran out of breath

ausgelassen *adj* **1.** (*lärmend*) boisterous **2.** (*Stimmung*) mad

ausgemacht *adj* **1.** (*abgemacht*) agreed **2.** (*vollkommen*) utter

ausgenommen *konj* except

ausgepowert [aʊsgə'paʊət] *adj* (*fam: erledigt, erschöpft*) washed out, tired

ausgeprägt *adj* distinct; **ein ~es Interesse** a marked interest

ausgerechnet *adv* (*fig*): **~ ich musste den Ausweis vergessen** of all people, I had to forget my passport; **~ in Paris musste ich meinen Fotoapparat verlieren** I would have to lose my camera in Paris; **~ im Juni war das Schwimmbad geschlossen** in June, of all times, the swimming pool was shut

ausgereift *adj* (TECH) fully developed

ausgeschlossen *adj* impossible

ausgeschnitten *adj* (*Kleid*) low-cut

ausgesprochen **I.** *adj* (*fig*) definite **II.** *adv* really

ausgestorben *adj* extinct; **die Straßen waren wie ~** the streets were deserted

ausgesucht **I.** *adj* choice, select **II.** *adv* (*besonders*) exceptionally

ausgewählt *adj* select

ausgewogen *adj* balanced

ausgezeichnet *adj* excellent; **es geht mir ~!** I'm feeling marvellous!

ausgiebig *adj* substantial; **~en Gebrauch machen von ...** make full use of ...; **~ frühstücken** have a substantial breakfast

aus|gießen *irr vt* **1.** (*Flüssigkeit*) pour out **2.** (*Fugen*) fill in

Ausgleich ['aʊsglaɪç] <-(e)s, -e> *m* (*Konto~*) balancing; (*von Schulden*) settling; **zum ~ für etw** in order to compensate for s.th.

aus|gleichen **I.** *irr vt* **1.** (*gleich machen*) level out **2.** (COM: *Konto*) balance **3.** (FIN: *Schulden*) settle **II.** *vi* (SPORT) equalize

Ausgleichssport *m* remedial exercise

aus|gleiten *sein irr vi* slip (*auf* on)

aus|graben *irr vt* **1.** (*Gegenstand, a. fig*) dig up **2.** (*Loch*) dig out

Ausgrabungen *fpl* excavations

aus|grenzen *vt* exclude; (*Person a.*) ostracize

Ausguck ['aʊsgʊk] <-(e)s, -e> *m* (MAR) lookout

Ausguss[RR] *m* (*in der Küche*) sink

aus|halten **I.** *irr vt* (*ertragen*) bear, stand; **es ist nicht zum Aushalten!** it's unbearable!; **er hält viel aus** he can take a lot **II.** *vi* hold out

aus|händigen ['aʊshɛndɪgən] *vt* hand over; (*ausliefern*) deliver

Aushang <-(e)s, ¨-e> *m* (*Bekanntmachung*) notice

aus|hängen **I.** *vt* **1.** (*aushaken*) unhook **2.** (*eine Tür*) unhinge **3.** (*bekannt machen*) put up **II.** *irr vi* have been put up

Aushängeschild *nt* sign

aus|harren *vi* wait

aus|heben *irr vt* **1.** (*Graben*) dig **2.** (*Bande*) make a raid on

Aushebung <-, -en> *f* (*CH: Einberufung*) conscription

aus|hecken *vt* (*Pläne*) cook up

aus|heilen *sein vi* be cured; (*Wunde*) heal

aus|helfen *irr vi:* **jdm ~** help s.o. out

Aushilfe *f* (*Person*) temporary worker; (*im Büro*) temp; **jdn zur ~ haben** have s.o. to help out; **als ~ arbeiten** (*im Büro*) temp

aushilfsweise *adv* temporarily

aus|höhlen *vt* hollow out; (*fig*) undermine

aus|holen *vi* **1.** (*zum Schlag*) raise one's hand; (*zum Wurf*) reach back **2.** (*fig*) go far afield

aus|horchen *vt:* **jdn ~** sound s.o. out

aus|kennen *irr vr* (*an einem Ort*) know one's way around; (*fig*) know a lot (*in* about)

Ausklang *m* end

aus|klappen *vt* open out

aus|kleiden **I.** *vt* **1.** (*entkleiden*) undress **2.** (*mit Bezugsstoff beziehen*) line **II.** *vr* get undressed

aus|klingen *sein irr vi* finish

aus|klopfen *vt* (*Kleidung*) beat the dust out of; (*Teppich*) beat

aus|knipsen *vt* (*Licht*) switch out
aus|kochen *vt* boil
Auskommen *nt* livelihood; **sein ~ haben** get by
aus|kommen *sein irr vi* manage (*mit* on); **ohne etw ~** do without s.th.; **mit jdm gut ~** get along well with s.o.
aus|kosten *vt* (*fig*) make the most of
aus|kramen *vt* turn out; (*fig*) bring up
aus|kratzen *vt* scrape out
aus|kundschaften *vt* find out, spy out; (MIL) reconnoitre
Auskunft ['aʊskʊnft, *pl:* '-kʏnftə] *f* information; (*Telefon~*) directory inquiries *pl;* (*~sschalter*) information desk
Auskunftei *f* credit inquiry agency
aus|lachen *vt* laugh at; **lass dich nicht ~!** don't make a fool of yourself!
aus|laden I. *irr vt* **1.** unload **2.** (*Gast*) uninvite **II.** *vi* (ARCH) jut out
Auslage *f* **1.** (*Kosten*) expense; (*ausgelegtes Geld*) outlay **2.** (*Waren*) display **3.** (*Schaufenster*) shop window
aus|lagern *vt* (INFORM: *Daten*) export
Ausland <-(e)s> *nt* foreign countries *pl;* **ins ~, im ~** abroad; **aus dem ~** from abroad
Ausländer(in) *m(f)* foreigner; (*bes. juristisch*) alien; **Ausländerbeauftragte(r)** *mf officer with special responsibility for foreigners;* **ausländerfeindlich** *adj* hostile to foreigners, xenophobic; **Ausländerfeindlichkeit** *f* hostility to foreigners, xenophobia
ausländisch *adj* foreign; (*Pflanzen, Tiere*) exotic
Auslandsaufenthalt *m* stay abroad; **Auslandsgespräch** *nt* (TELE) international call; **Auslandskorrespondent(in)** *m(f)* foreign correspondent; **Auslandsreise** *f* trip abroad
aus|lassen *irr vt* **1.** (*Fett*) melt **2.** (*weglassen*) leave out **3.** (RADIO: *a. Kleidung*) leave off; **sich über etw ~** go on about s.th.; **sich an jdm ~** vent on s.o.
Auslauf <-(e)s, (¨-e)> *m* **1.** (*Gelände*) run **2.** (*Ausfluss*) outlet
Auslaufen *nt* **1.** (*von Schiffen*) sailing **2.** (*von Programm oder Serie*) phasedown
aus|laufen *sein irr vi* **1.** (*Flüssigkeit*) run out; (*lecken*) leak **2.** (MAR) sail **3.** (*Serie*) be discontinued **4.** (*Vertrag*) run out
Ausläufer *m* **1.** (*von Pflanzen*) runner **2.** (*Berg~*) foothill
Auslaut *m* (LING) final position
aus|lauten *vi* (LING) end (*auf* in)
aus|leben *vr* live it up
aus|lecken *vt* lick out
aus|leeren *vt* empty
aus|legen *vt* **1.** (*Waren*) display, lay out **2.** (*auskleiden*) line **3.** (*erklären*) explain **4.** (*Geld*) lend **5.** (*technisch ausstatten*) design (*für* for); **mit Teppich ~** carpet; **etw falsch ~** misinterpret s.th.
Ausleger *m* **1.** (TECH: *von Kran*) boom **2.** (MAR: *von Boot*) outrigger
Auslegeware *f* carpets and rugs *pl*
Auslegung *f* interpretation
aus|leihen *irr vt* (*verleihen*) lend; **etw von jdm ~** borrow s.th. from s.o.
aus|lernen *vt:* **man lernt nie aus** you live and learn
Auslese ['aʊsle:zə] <-, -n> *f* selection; **aus|lesen** *irr vt* **1.** (*auswählen*) select **2.** (*fam: ein Buch*) finish reading
aus|liefern *vt* **1.** (*übergeben*) hand over **2.** (*Waren ~*) deliver **3.** (POL: *jdn ~*) extradite; **jdm ausgeliefert sein** be at someone's mercy
Auslieferung *f* **1.** (COM) delivery **2.** (POL) extradition; **Auslieferungslager** *nt* distribution depot
aus|liegen *irr vi* be displayed; (*Zeitungen*) be available
aus|löschen *vt* **1.** (*meist fig*) extinguish; (*Licht*) put out **2.** (*Schrift*) erase
aus|losen *vt* draw lots for; (*Preis*) draw
aus|lösen *vt* **1.** (*a.* TECH) trigger; (*Kameraverschluss*) release **2.** (*fig*) arouse **3.** (*Gefangene*) release; **eine Wirkung ~** produce an effect
Auslöser *m* (TECH) trigger; (PHOT) shutter release
Auslosung *f* draw
aus|machen *vt* **1.** (*Feuer*) put out **2.** (ELEK RADIO) turn off **3.** (*vereinbaren*) agree **4.** (*betragen*) come to **5.** (*ermitteln*) make out; **einen Termin ~** agree on a time; **ein Treffen ~** arrange a meeting; **das macht nichts aus** that doesn't matter; **macht es Ihnen etw aus, wenn ...?** do you mind if ...?
aus|malen *vr:* **sich etw ~** imagine s.th.
Ausmaß *nt* size; (*fig*) extent; **in größerem ~** on a bigger scale
aus|merzen ['aʊsmɛrtsən] *vt* eradicate; (*fig*) weed out
aus|messen *irr vt* measure out
aus|misten *vt* **1.** (*Stall*) muck out **2.** (*säubern*) tidy out
Ausnahme *f* exception; **mit ~ von** with the exception of; **ohne ~** without exception; **~n bestätigen die Regel** the exception proves the rule; **Ausnahmefall** *m* exceptional case; **Ausnahmezustand** *m* state of emergency; **den ~ verhängen** declare a state of emergency
ausnahmslos I. *adv* without exception **II.** *adj* unanimous
ausnahmsweise *adv* as an exception, once

aus|nehmen *irr vt* **1.**(*ausweiden*) draw **2.**(*ausschließen*) make an exception of **3.**(*Bande*) raid **4.**(*fam*) fleece
ausnehmend *adv* exceptionally
aus|nutzen *vt* make use of; **jdn ~** take advantage of s.o.
aus|packen I. *vt* (*aus Verpackung*) unwrap; **seinen Koffer ~** unpack one's suitcase II. *vi* (*sl: Neuigkeiten*) talk
aus|peitschen *vt* whip
aus|pfeifen *irr vt* (THEAT) hiss off the stage
aus|plaudern *vt* let out
aus|plündern *vt* pillage, plunder; **jdn ~** (*fam*) clean s.o. out
aus|posaunen <ohne ge-> *vt* (*fam*) broadcast
aus|pressen *vt* (*Früchte*) squeeze out; **jdn ~** bleed s.o. white
aus|probieren *vt* try out
Auspuff ['aʊspʊf] <-(e)s, -e> *m* exhaust; **Auspuffgase** *ntpl* exhaust fumes; **Auspuffrohr** *nt* exhaust pipe; **Auspufftopf** *m* silencer *Br,* muffler *Am*
aus|pumpen *vt* pump out; (*erschöpfen*) drain
aus|quartieren ['aʊskvarti:rən] *vt* move out
aus|quetschen *vt* squeeze out; **jdn ~** (*sl: ausfragen*) grill s.o.
aus|radieren *vt* erase; (*dem Erdboden gleichmachen*) wipe out
aus|rangieren *vt* throw out; (*Auto*) scrap
aus|rauben *vt* rob
aus|räuchern *vt* fumigate; (*fig*) smoke out
aus|räumen *vt* **1.**(*Schrank*) clear out **2.**(*Möbel*) move out **3.**(*Bedenken*) put aside
aus|rechnen *vt* work out; (*berechnen*) calculate
Ausrede *f* excuse
aus|reden *vi* finish speaking; **jdn ~ lassen** let s.o. speak out
aus|reichen *vi* be sufficient
aus|reifen *sein vi* ripen
Ausreise *f*: **bei der ~** on departure
Ausreiseantrag *m* application for an exit visa; **Ausreisegenehmigung** *f* exit permit
ausreisen *sein vi* leave the country
Ausreisevisum *nt* exit visa
aus|reißern I. *irr vt haben* pull out; (*Haare*) tear out II. *vi sein* **1.**(*einreißen*) tear **2.**(*fam: weglaufen*) run away
Ausreißer(in) *m(f)* runaway
aus|reiten *sein irr vi* go for a ride (on horseback)
aus|renken ['aʊsrɛŋkən] *vt* dislocate
aus|richten *vt* **1.**(*erreichen*) achieve **2.**(*Nachricht ~*) tell **3.**(TECH) align; **jdm etw ~** give s.o. a message
Ausrichtung *f* **1.**(TECH) alignment **2.**(POL) orientation (*auf* towards)
Ausritt *m* ride (on horseback)
aus|rollen I. *vt haben* (*Teig, Teppich*) roll out II. *vi sein* (AVIAT) taxi to a standstill; (AUTO) coast to a stop
aus|rotten ['aʊsrɔtən] *vt* wipe out, exterminate; (*fig*) stamp out
aus|rücken I. *vi sein* **1.** turn out; (*Feuerwehr, Polizei*) be called out; (MIL) move off **2.**(*fam: ausreißen*) make off; (*heimlich*) run away II. *vt haben* (TYP) move out
Ausruf *m* cry, exclamation
aus|rufen *irr vt, vi* exclaim; (*verkünden*) call out; **jdn ~ lassen** put out a call for s.o., have s.o. paged
Ausrufezeichen *nt* exclamation mark
aus|ruhen *vi* rest; **sich ein wenig ~** have a rest
aus|rüsten *vt* equip
Ausrüstung *f* equipment
aus|rutschen *sein vi* slip
Ausrutscher *m* (*fam*) gaffe, slip
Aussaat *f* **1.**(*das Säen*) sowing **2.**(*die Saat*) seed
Aussage ['aʊsza:gə] <-, -n> *f* statement; (*Zeugen~*) evidence; **nach ~ von** according to; **es steht ~ gegen ~** it's one person's word against another's
Aussagekraft *f* expressiveness
aus|sagen *vt* say; (JUR) state; **gegen jdn ~** testify against s.o.
aus|schachten ['aʊsʃaxtən] *vt* dig, excavate
aus|schalten *vt* **1.**(ELEK) turn off **2.**(*eliminieren*) eliminate
Ausschank ['aʊsʃaŋk] <-(e)s> *m* **1.**(*Lokal*) bar **2.**(*Tätigkeit*) serving of drinks
Ausschau <-> *f*: **~ halten nach** be on the lookout for
aus|schauen *vi* **1.**(*aussehen*) look like **2. nach jdm ~** look out for s.o.
aus|scheiden I. *irr vi sein* **1.**(*weggehen*) leave (*aus etw* s.th.); (*aus einem Amt*) retire (*aus* from); (SPORT) be disqualified, drop out **2.**(*nicht in Betracht kommen*) be ruled out II. *vt haben* **1.**(*fallen lassen*) drop **2.**(MED) excrete
Ausscheidung *f* **1.**(SPORT) elimination **2.**(MED): **~en** secretions; **Ausscheidungskampf** *m* (SPORT) qualifying contest
aus|schenken *vt* serve
aus|schicken *vt* send out
aus|schildern *vt* signpost
aus|schimpfen *vt* tell off, scold
aus|schlachten *vt* **1.**(*Fahrzeug*) cannibalize **2.**(*fig*) exploit
aus|schlafen I. *irr vt* (*Rausch*) sleep off II. *vi* have a good sleep
Ausschlag <-(e)s, (¨e)> *m* **1.**(MED:

Haut~) rash **2.** (*eines Zeigers*) swing; **den ~ geben** be the decisive factor

aus|schlagen I. *irr vt* **1.** (*herausschlagen*) knock out **2.** (*mit Bezugsstoff*) line **3.** (*ablehnen*) turn down **II.** *vi* **1.** (*Bäume*) come out **2.** (*Tiere*) kick **3.** (*Zeiger*) swing

ausschlaggebend *adj* decisive; **von ~er Bedeutung sein** be of prime importance

aus|schließen *irr vt* **1.** (*Tür verschließen*) lock out **2.** (SPORT) disqualify **3.** (*fig*) exclude; (*ausstoßen*) expel

ausschließlich **I.** *adj* exclusive **II.** *adv* exclusively

aus|schlüpfen *sein vi* (*Küken*) hatch

Ausschluss[RR] *m* exclusion; (SPORT) disqualification; **unter ~ der Öffentlichkeit stattfinden** be closed to the public

aus|schmücken *vt* **1.** decorate **2.** (*Erzählung*) embroider

aus|schneiden *irr vt* cut out; (*Bäume*) prune

Ausschnitt *m* **1.** (*Teil*) part, section; (*Detail*) detail **2.** (*bei Kleid*) neckline; **einen tiefen ~ haben** have a low neckline; **ein ~ aus einem Buch** an extract from a book

aus|schöpfen *vt* ladle out; (*Wasser aus einem Boot*) bale out; (*Thema*) exhaust

aus|schreiben *irr vt* **1.** (*veröffentlichen*) advertise; (*Bauvorhaben*) invite tenders for **2.** (*Rechnung*) make out **3.** (*in Worten*) write out

Ausschreibung *f* (*einer offenen Stelle*) advertising; (*eines Bauvorhabens*) invitation of tenders

Ausschreitung *f* riot

Ausschuss[RR] *m* **1.** (*Komitee*) committee **2.** (COM) rejects *pl* **3.** (*Geschossaustrittsöffnung*) exit wound; **Ausschuss der Regionen** *m* (EU) Regional Committee; **Ausschusssitzung**[RR] *f* committee meeting

aus|schütteln *vt* shake out

aus|schütten *vt* **1.** tip out; (*Flüssigkeit aus Behältnis*) empty **2.** (COM: *Dividenden*) distribute; **jdm sein Herz ~** pour out one's heart to s.o.

Ausschüttung *f* (COM) distribution

ausschweifend *adj* (*Leben*) dissipated

Ausschweifung *f* dissipation

aus|schwenken *vi* (*Kran*) swing out

Aussehen <-s> *nt* appearance

aus|sehen *irr vi* look; **du siehst gut aus** you look good; **~ wie jd** look like s.o.; **wie sieht's aus?** (*fam*) how's things?; **so siehst du aus!** (*fam*) that's what you think!; **es sieht nicht gut aus** things don't look too good

außen ['aʊsən] *adv* on the outside; **~ vor sein** be out of it

Außenanstrich *m* outside coating

Außenbezirk *m* fringe area, outskirts

aus|senden *irr vt* send out

Außendienst *m* external duty; **im ~ tätig sein** work as a sales representative; **Außendienstmitarbeiter(in)** *m(f)* sales representative

Außenhandel *m* foreign trade; **Außenhandelsbilanz** *f* foreign trade balance

Außenminister(in) *m(f)* foreign minister; (*in GB*) Foreign Secretary *Br;* (*in den USA*) Secretary of State *Am;* **Außenministerium** *nt* foreign ministry, Foreign Office *Br,* State Department *Am;* **Außenpolitik** *f* foreign policy; **außenpolitisch** *adj* foreign policy; **Außenseite** *f* outside; **Außenseiter(in)** *m(f)* outsider; **Außenspiegel** *m* (AUTO) outside mirror; **Außenstände** *mpl* (FIN) outstanding debts; **Außenstürmer** *m* (SPORT) wing; **Außentemperatur** *f* outside temperature; **Außenverteidiger** *m* (SPORT) outside defender

außer ['aʊsɐ] *präp* **1.** (*räumlich*) out of **2.** (*ausgenommen*) except; (*abgesehen von*) apart from; **~ sich sein vor ...** be beside o.s. with ...; **~ Haus sein** be out; **~ wenn ...** except when ...

außerdem [aʊsɐ'de:m] *adv* besides

Äußere ['ɔɪsərə] <-n> *nt* exterior; (*von Personen*) outward appearance

äußere *adj* outer; (*fig*) outward; **der ~ Durchmesser** the external diameter

außerehelich *adj* extramarital; (*Kind*) illegitimate

außergewöhnlich **I.** *adj* unusual **II.** *adv* (*sehr*) extremely

außerhalb **I.** *präp* outside; **~ der Geschäftszeiten** out of office hours; **~ der Legalität** outside the law **II.** *adv* outside; **~ wohnen** live out of town

äußerlich ['ɔɪsɐlɪç] *adj* **1.** (*Sache*) external **2.** (*oberflächlich*) superficial; **rein ~ betrachtet** on the face of it

Äußerlichkeit *f* (*Formalität*) formality; (*Oberflächlichkeit*) superficiality

äußern ['ɔɪsɐn] **I.** *vt* say; **seine Wünsche ~** express one's wishes **II.** *vr* speak; **ich will mich dazu nicht ~** I don't want to say anything about that

außerordentlich **I.** *adj* extraordinary; **Außerordentliches leisten** achieve some remarkable things **II.** *adv* exceptionally, extraordinarily

außerparlamentarisch *adj* extraparliamentary

außerplanmäßig *adj* unscheduled; (*zusätzlich*) additional

außerschulisch *adj* extracurricular

äußerst ['ɔɪsɐst] *adv* exceedingly, extremely

außerstande [aʊsɐ'ʃtandə] *adj:* **~ sein**

etw zu tun be incapable of doing s.th.

äußerste *adj* **1.** (*räumlich*) furthest; (*Schicht*) outermost **2.** (*zeitlich*) latest possible **3.** (*fig*) extreme, utmost; **im ~n Falle** if the worst comes to the worst; **mit ~r Kraft** with all one's strength; **Äußerste** *nt:* **bis zum ~n gehen** go to extremes *pl*

äußerstenfalls *adv* at most

außertariflich *adj:* ~ **bezahlt werden** be paid non-union rates

Äußerung *f* comment, remark; (*Ausdruck*) expression

aus|setzen I. *vt* **1.** (*Kind, Tier*) abandon **2.** (*eine Belohnung*) offer **3.** (JUR) suspend **4.** (*unterbrechen*) interrupt; **ein Boot** ~ lower a boat; **eine Strafe zur Bewährung** ~ give a suspended sentence; **an jdm etw auszusetzen haben** find fault with s.o.; **was hast du daran auszusetzen?** what don't you like about it?; **daran gibt es nichts** ~ there's nothing wrong with it **II.** *vi* (*aufhören*) stop; (AUTO: *Motor*) fail; **ohne auszusetzen** without a break

Aussetzer <-s, -> *m* (AUTO) misfiring; **einen ~ haben** (*fig*) not being able to remember anything

Aussetzung *f* **1.** (*von Kind, Tier*) abandonment **2.** (*Unterbrechung*) interruption; **durch ~ einer Belohnung** by the offer of a reward

Aussicht *f* **1.** (*Blick*) view (*auf* of) **2.** (*fig*) prospect (*auf* of); **die ~, dass etw geschieht** the chances of s.th. happening; **jdm die ~ nehmen** block someone's view; **jdm etw in ~ stellen** promise s.o. s.th.; **etw in ~ haben** have good prospects of s.th.; **das sind ja (feine) ~en!** (*ironisch*) what a prospect!

aussichtslos *adj* (*zwecklos*) pointless; (*hoffnungslos*) hopeless; **Aussichtslosigkeit** *f* (*Zwecklosigkeit*) pointlessness; (*Hoffnungslosigkeit*) hopelessness; **aussichtsreich** *adj* promising; **Aussichtsturm** *m* lookout [*o* observation] tower

aus|sieben *vt* (*a. fig*) sift out

aus|siedeln *vt* evacuate

Aussiedlung *f* evacuation

aus|sitzen *irr vt* (*Problem*) sit out

aus|söhnen ['auszø:nən] **I.** *vt:* **jdm mit jdm (etw)** ~ reconcile s.o. with s.o. (to s.th.) **II.** *vr:* **sich mit jdm** ~ become reconciled with s.o.

Aussöhnung *f* reconciliation (*mit jdm* with s.o., *mit etw* to s.th.)

aus|sondern *vt* pick out

aus|sortieren *vt* sort out

aus|spannen I. *vi* (*sich erholen*) have a break, relax **II.** *vt* **1.** (*Wäscheleine*) put up; (*Tuch*) spread out **2.** (*Tiere aus Wagengeschirr*) unhitch; **jdm die Freundin** ~ (*fam*) pinch someone's girlfriend

aus|sparen *vt* **1.** (*freilassen*) leave blank **2.** (*vorläufig auslassen*) omit

Aussparung *f* (*Lücke*) gap

aus|sperren *vt* lock out

Aussperrung *f* lockout

aus|spielen *vt* **1.** (*Karten*) play **2.** (*fig*) display; **jdn gegen jdn** ~ play s.o. off against s.o.

aus|spionieren *vt* spy out

Aussprache *f* **1.** (LING) pronunciation **2.** (*Gespräch*) discussion; **mit jdm eine ~ haben** talk the matter fully out with s.o.

aus|sprechen I. *irr vt* **1.** (*a.* JUR) pronounce **2.** (*einen Satz*) finish **3.** (*äußern*) express; **eine Warnung** ~ deliver a warning **II.** *vi* finish speaking **III.** *vr* talk things out; **sich für etw** ~ declare o.s. in favour of s.th.; **sich mit jdm über etw** ~ have a talk with s.o. about s.th.

Ausspruch *m* (*Bemerkung*) remark; (*Sprichwort*) saying

aus|spucken *vt* spit out; (*fam: Geld*) cough up

aus|spülen *vt* rinse out

aus|staffieren ['aʊsʃtafi:rən] *vt* (*etw* ~) fit out; (*jdn* ~) kit out

Ausstand *m:* **im ~ sein** be on strike; **in den ~ treten** go on strike

aus|stanzen *vt* (*Loch*) punch out

aus|statten ['aʊsʃtatən] *vt* equip

Ausstattung *f* equipment

aus|stechen *irr vt* **1.** (*Auge*) put out; (*Rasen*) dig up **2.** (*fig*): **jdn** ~ outdo s.o.

aus|stehen I. *irr vt* bear, endure; **ich kann ihn nicht** ~ I can't stand him **II.** *vi* be due, be outstanding; **die Antwort steht noch aus** the answer is still due; **Geld ~ haben** have money owing

aus|steigen *sein irr vi* **1.** (*aus dem Auto*) get out (*aus* of); (*aus dem Bus, Zug*) get off (*aus* s.th.) **2.** (*aus der Gesellschaft*) drop out

Aussteiger(in) *m(f)* (*fam*) dropout

aus|stellen *vt* **1.** (*auf Ausstellung*) exhibit, show; (*in Schaufenster*) display **2.** (*Pässe, Zeugnisse*) issue; (*Rezept*) write; (*Rechnung, Quittung*) make out

Aussteller *m* **1.** (*auf Ausstellung*) exhibitor **2.** (COM: *eines Schecks*) drawer

Ausstellung *f* **1.** exhibition **2.** (*von Schriftstück*) making out; (*von Dokument*) issuing; **Ausstellungshalle** *f* exhibition hall

aus|sterben *sein irr vi* die out; (*Tiere*) become extinct

Aussteuer <-, -n> *f* dowry

Ausstieg ['aʊsʃti:k] <-(e)s, -e> *m* exit; (*aus Gesellschaft, aus Kernenergie*) withdrawal

aus|stopfen *vt* stuff
Ausstoß <-es, -̈e> *m* **1.** (TECH) ejection **2.** (COM) output **3.** (*Ausschluss*) expulsion
aus|stoßen *irr vt* eject; (*ausschließen*) expel (*aus* from); (*Gase, Dampf*) emit
aus|strahlen *vt* radiate; (*Sendung*) broadcast
Ausstrahlung *f* **1.** radiation **2.** (*fig*) charisma **3.** (RADIO TV) broadcasting
aus|strecken **I.** *vt* extend (*nach* towards) **II.** *vr* stretch o.s. out
aus|streichen *irr vt* **1.** (*Geschriebenes*) cross out **2.** (*Teig*) spread out
aus|streuen *vt* **1.** scatter, spread **2.** (*Gerüchte*) spread
aus|strömen **I.** *vt haben* give off; (*fig*) radiate **II.** *vi sein* pour out (*aus* of); (*Gase*) escape
aus|suchen *vt* choose; **darf ich mir was ~?** can I pick what I want?
Austausch <-(e)s> *m* exchange; (*von Ideen*) interchange
austauschbar *adj* interchangeable
aus|tauschen *vt* exchange (*gegen* for); (*ersetzen*) replace (*durch* with)
Austauschmaterial *nt* replacement (material)
aus|teilen *vt* distribute (*an* among); (*Spielkarten*) deal out; (*Essen*) serve
Austeilung *f* (*Verteilung*) distribution; (*von Verpflegung*) serving
Auster ['aʊstɐ] <-, -n> *f* oyster; **Austernbank** *f* oysterbed
Austernpilz *m* chinese mushroom
aus|toben *vr:* **sich ~** let off steam; (*Kinder*) romp about
aus|tragen **I.** *irr vt* **1.** (*Briefe, Waren*) deliver **2.** (*ein Kind*) carry to the full term **3.** (SPORT: *Kampf*) hold **II.** *vr* (*aus einer Liste*) sign out
Austragung *f* (SPORT) holding; **Austragungsort** *m* (SPORT) venue
aus|treiben **I.** *irr vi* (*Pflanzen*) sprout **II.** *vt* (REL: *Teufel*) exorcize; **das werde ich ihm noch ~!** I'll cure him of that!
aus|treten **I.** *irr vi sein* **1.** (*aus einer Kirche*) leave (*aus* s.th.) **2.** (*von Flüssigkeit*) come out (*aus* of); (*von Gas*) escape (*aus* from) **3.** (*fam: zur Toilette gehen*) go to the loo **II.** *vt haben* (*Treppe*) tread out; (*Schuhe*) wear out
aus|tricksen *vt* (*fam*) outwit
Austritt *m* **1.** (*aus Kirche*) leaving (*aus* s.th.) **2.** (*von Flüssigkeit*) outflow; (*von Gas*) escape; **Austrittserklärung** *f* resignation
aus|trocknen **I.** *vi sein* dry out; (*Fluss*) dry up; (*Gaumen*) become parched **II.** *vt haben* (*Gefäß*) wipe dry
aus|üben *vt* **1.** (*Beruf*) practise; (*Amt*) perform **2.** (*Druck*) exert (*auf* on)
aus|ufern *sein vi* escalate, get out of hand
Ausverkauf *m* **1.** (COM) (clearance) sale; (*wegen Geschäftsaufgabe*) closing-down sale **2.** (*fig*) sell-out; **im ~** at the sales *pl*
aus|verkaufen *vt* clear, sell off; **ausverkauft** *adj* sold out; **vor ~em Hause spielen** (THEAT) play to a full house
aus|wachsen **I.** *irr vr* (*fig*): **sich zu etw ~** turn into s.th. **II.** *vi sein:* **aus den Kleidern ~** grow out of one's clothes; **das ist ja zum Auswachsen!** (*fam*) it's enough to drive you round the bend!
Auswahl <-> *f* **1.** selection (*an* of) **2.** (SPORT) representative team **3.** (*Vielfalt*) variety; **eine reiche ~ an ...** a wide range of ...; **seine ~ treffen** make one's choice; **hier gibt es keine ~** there is no choice; **drei Bücher stehen zur ~** there are three books to choose from
aus|wählen *vt* choose, select (*unter* from among)
Auswahlverfahren *nt* selection procedure
aus|walzen *vt* **1.** (*Blech*) roll out **2.** (*Thema*) drag out
Auswanderer, **-rin** *m, f* emigrant
aus|wandern *sein vi* emigrate (*nach* to); (*Volk*) migrate
Auswanderung *f* emigration; (*von Volk*) migration
auswärtig ['aʊsvɛrtɪç] *adj* non-local; **die ~en Schüler** the pupils from out of town; **der ~e Dienst** the foreign service; **das Auswärtige Amt** the Foreign Office *Br*, the State Department *Am*
auswärts ['aʊsvɛrts] *adv* **1.** (*nach außen*) outwards **2.** (*außerhalb des Wohnsitzes*) away from home; **sie kommt von ~** she comes from out of town; **~ essen** dine [*o* eat] out
Auswärtsspiel *nt* (SPORT) away game
aus|waschen *irr vt* **1.** wash out (*aus* of); (*säubern*) rinse **2.** (GEOL) erode
Auswaschung *f* soil erosion, washout
auswechselbar *adj* exchangeable; (*untereinander*) interchangeable; (*ersetzbar*) replaceable
aus|wechseln *vt* change (*gegen* for); (*austauschen*) exchange (*gegen* for); (*ersetzen*) replace (*gegen* by); (SPORT) substitute (*gegen* for); **Auswechselspieler** *m* (SPORT) substitute
Auswechslung *f* exchange; (*Ersatz*) replacement
Ausweg *m* (*fig*) way out; **der letzte ~** the last resort; **ich weiß keinen ~ mehr** I don't know any way out (*aus* of)
ausweglos *adj* hopeless
aus|weichen *sein irr vi* make way for; **ei-**

ner Sache ~ evade s.th.; (*Schlag, Geschoss*) dodge s.th.; **jdm** ~ avoid s.o.; **ausweichend** *adv:* ~ **antworten** make an evasive answer; **Ausweichgleis** *nt* (RAIL) siding; **Ausweichmanöver** *nt* evasive action; **Ausweichmöglichkeit** *f* (*fig*) alternative

aus|weinen *vr* have a good cry; **sich die Augen** ~ cry one's eyes out

Ausweis ['aʊsvaɪs] <-es, -e> *m* (*Personal~/Mitglieds~*) (identity/membership) card; **Ihren** ~ **bitte!** your papers *pl* please!

aus|weisen I. *irr vt* 1. (*verweisen*) expel 2. (*identifizieren*) identify II. *vr* identify o.s.

Ausweiskontrolle *f* identity check; **Ausweispapiere** *ntpl* identity papers

Ausweisung *f* expulsion

aus|weiten I. *vt* widen; (*Gummiband*) stretch II. *vr* 1. (*Gummiband*) stretch 2. (*fig*) expand (*zu* into)

auswendig ['aʊsvɛndɪç] *adj:* ~ **lernen** learn by heart; **das kenne ich schon** ~! (*ironisch*) I know that inside out!

aus|werfen *irr vt* 1. (*Leine*) cast 2. (TECH) eject 3. (*Lava*) throw out

aus|werten *vt* utilize; (*analysieren*) analyse

Auswertung *f* 1. (*von Lage*) utilization 2. (*Messwerte*) analysis

aus|wickeln *vt* unwrap

aus|wirken *vr* have an effect (*auf* on); **sich günstig** ~ have a favourable effect; **sich zu jds Vorteil** ~ turn out to someone's advantage

Auswirkung *f* 1. (*Wirkung*) effect 2. (*Folge*) consequence

aus|wischen *vt* wipe out; **jdm eins** ~ (*fam*) get one over on s.o.

aus|wringen ['aʊsvrɪŋən] *irr vt* wring out

Auswuchs *m* 1. (*Produkt*) product 2. (*Übersteigerung*) excess

auswuchten *vt* (AUTO: *Räder*) balance

Auswurf *m* (MED) sputum

aus|zahlen *vt* (*Lohn*) pay out; **sich** ~ pay; **er bekommt 3000 Mark ausgezahlt** his net pay is 3000 marks

aus|zählen *vt* 1. (SPORT: *im Boxkampf*) count out 2. (PARL: *Stimmen*) count

Auszahlung *f* 1. (*Summe*) payment 2. (*von Gehalt*) paying off; (*durch Bank*) paying out 3. (*von Partner*) buying out; **zur** ~ **kommen** be paid out

aus|zeichnen I. *vt* 1. (COM: *Waren*) label 2. (*ehren*) honour; **jdn mit einem Preis** ~ award a prize to s.o. II. *vr* distinguish o.s.

Auszeichnung *f* 1. (COM: *von Ware*) labelling 2. (*Ehrung*) distinction 3. (*Orden*) decoration; **eine Prüfung mit** ~ **bestehen** pass an examination with distinction

ausziehbar *adj* extensible; ~**e Antenne** telescopic aerial

aus|ziehen I. *irr vt haben* 1. (*Schublade*) pull out; (*verlängern*) extend 2. (*Kleider*) take off 3. (*extrahieren*) extract; **jdn** ~ undress s.o.; **jdm die Jacke** ~ take off someone's jacket II. *vr haben* undress; (*in Bar*) strip III. *vi sein* set out; (*aus einem Haus* ~) move (*aus* out of)

Ausziehtisch *m* extending table

Auszubildende(r) *f m* trainee

Auszug *m* 1. (*Fortgehen*) departure; (*aus der Wohnung*) move 2. (CHEM: *Extrakt*) extract 3. (*eines Werkes*) excerpt; (*Inhalt*) summary 4. (FIN: *Konto~*) statement

auszugsweise *adv* in extracts

autark [aʊ'tark] *adj* self-sufficient

authentisch [aʊ'tɛntɪʃ] *adj* authentic

Authentizität *f* authenticity

Autismus [aʊ'tɪsmʊs] <-> *m* (MED) autism; **autistisch** *adj* autistic

Auto ['aʊto] <-s, -s> *nt* car; ~ **fahren** drive; **mit dem** ~ **fahren** go by car; **Autoabgase** *ntpl* motor vehicle exhaust fumes; **Autoapotheke** *f* first-aid kit; **Autoatlas** *m* road atlas; **Autobahn** *f* motorway; **Autobahnausfahrt** *f* motorway exit; **Autobahnbenutzungsgebühr** *f* toll; **Autobahndreieck** *nt* motorway merging point; **Autobahneinfahrt** *f* motorway entrance; **Autobahngebühr** *f* motorway toll; **Autobahnkreuz** *nt* motorway intersection; **Autobahnpolizei** *f* motorway police; **Autobahnraststätte** *f* motorway service area; **Autobahnzubringer** *m* approach road

AutobiografieRR [aʊtobiogra'fi:] *f*, **Autobiographie** *f* autobiography; ~ **einer/eines Schwerkranken** pathobiography

Autobombe *f* car bomb

Autobus ['aʊtobʊs] *m* bus

Autodidakt [autodi'dakt] <-en, -en> *m* self-educated person

Autodieb(in) *m(f)* car thief; **Autofähre** *f* (MAR) car ferry; **Autofahrer(in)** *m(f)* driver; **Autofahrt** *f* drive; **Autofriedhof** *m* breaker's yard; **Autogas** *nt* liquified petroleum gas

autogen [aʊto'ge:n] *adj* autogenous; ~**es Training** relaxation through selfhypnosis

autogerecht *adj* car-oriented

Autogramm *nt* autograph; **Autogrammjäger(in)** *m(f)* autograph hunter

Autoimmunkrankheiten *fpl* autoimmune diseases

Autokarte *f* road map; **Autokino** *nt* (FILM) drive-in cinema

Automat [aʊto'ma:t] <-en, -en> *m* 1. (COM) vending machine; (*Spiel~*) slot-machine 2. (ELEK: *Sicherung*) cut-out; **Automatenverkauf** *m* automatic vending

Automatik *f* **1.** (AUTO) automatic transmission **2.** (*System*) automatic system; **Automatikgurt** *m* (AUTO) automatic safety belt, inertia-reel seat belt; **Automatikschaltung** *f* (AUTO) automatic gear change *Br,* automatic gear shift *Am;* **Automatikwagen** *m* automatic

Automation *f* automation

automatisch *adj* automatic

automatisieren <ohne ge-> *vt* automate; **Automatisierung** *f* automation

Automobil [aʊtomo'bi:l] <-s, -e> *nt* car; **Automobilausstellung** *f* motor-show; **Automobilbau** *m* car manufacture *Br,* automobile manufacture *Am;* **Automobilbranche** *f* automotive sector

autonom [aʊto'no:m] *adj* autonomous; **Autonome(r)** *f m* (POL) independent; **Autonomie** *f* autonomy

Autopsie [autɔ'psi:] <-, -n> *f* (MED) post-mortem, autopsy

Autor ['aʊto:ɐ] *m* author

Autoradio *nt* car radio; **Autoreifen** *m* car tyre *Br,* car tire *Am;* **Autoreisezug** *m* motorail train

Autorenlesung [aʊ'to:rən,le:zʊŋ] *f* reading by the author

Autorennen *nt* car race; **Autoreparaturwerkstatt** *f* garage

Autorin [aʊ'to:rɪn] *f* authoress

autorisieren *vt* authorize

autoritär *adj* authoritarian

Autorität *f* authority

Autoschalter *m* (*in Bank*) drive-in counter; **Autoschlange** *f* stream of cars; **Autoschlosser** *m* panel beater; **Autoshop** *m* (*in Tankstelle*) accessory shop

Autosuggestion *f* (PSYCH) auto-suggestion

Autoverkehr *m* motor traffic; **Autovermietung** *f* car hire [*o* rental] firm; **Autowrack** *nt* derelict car; **Autozubehör** *nt* car accessories *pl*

auweh *interj* oh dear!

avisieren [avi'zi:rən] *vt* advise of

Axt [akst, *pl:* 'ɛkstə] <-, ¨-e> *f* axe *Br,* ax *Am*

Ayatollah *m* ayatollah

Ayurveda [ajʊr've:da] <-> *m* (*alte indische Heilkunst*) Ayurveda

Azalee [atsa'le:ə] <-, -n> *f* (*Strauch mit großen Blüten*) azalea

Azetylen [atzety'le:n] <-s> *nt* acetylene

Azoren [a'tso:rən] *pl* (GEOG): **die ~** the Azores

Azubi [a'tsu:bi, 'a:tsubi] <-s, -s> *m Akr. von* **Auszubildende(r)** trainee

Azubine [atsu'bi:nə] <-, -n> *f* (*fam*) (female) trainee

B

B, b [be:] <-, -> *nt* B, b

Baby ['be:bi/'beɪbɪ] <-s, -s> *nt* baby; **Babyausstattung** *f* layette; **Babyhöschen** *nt* baby pants *pl;* **Babynahrung** *f* baby food; **Babyschuhe** *mpl* bootees; **Babysitter** *m* baby-sitter; **Babytragetasche** *f* carrycot

Bach [bax, *pl:* 'bɛçə] <-(e)s, ¨-e> *m* brook

Bache ['baxə] <-, -n> *f* (*weibliches Wildschwein*) wild sow

Bachstelze *f* (*Singvogel mit langem Schwanz*) wagtail

Backblech *nt* baking tray

Backbord ['bakbɔrt] <(-s)> *nt* (MAR) port

Backe ['bakə] <-, -n> *f* **1.** (*Wange*) cheek **2.** (TECH: *Einspann~*) jaw **3.** (AUTO: *Brems~*) shoe

backen ['bakən] *irr vt* bake; (*in der Pfanne*) fry

Backenbart *m* sideburns *pl;* **Backenknochen** *m* cheek bone; **Backenzahn** *m* molar

Bäcker(in) ['bɛkɐ] *m(f)* baker; **Bäckerei** *f* bakery; **Bäckermeister(in)** *m(f)* master baker

Backfisch *m* fried fish; (*obs: junges Mädchen*) young thing; **Backform** *f* baking tin; **Backobst** *nt* dried fruit; **Backofen** *m* oven; **Backpflaume** *f* prune; **Backpulver** *nt* baking powder

Backstagebereich [bæk'steɪdʒ-] *m* backstage (area)

Backstube *f* bakery; **Backwaren** *pl* bread, cakes and pastries

Bad [ba:t, *pl:* 'bɛ:dɐ] <-(e)s, ¨-er> *nt* **1.** (*in der Wanne*) bath **2.** (*Badezimmer*) bathroom **3.** (*Badeort*) spa; **ein ~ einlaufen lassen** run a bath; **ein ~ nehmen** have a bath

Badeanstalt *f* (*obs*) swimming baths *pl;* **Badeanzug** *m* swimsuit; **Badehose** *f* trunks *pl;* **Badekappe** *f* bathing cap; **Bademantel** *m* beach robe; (*Morgenmantel*) bathrobe; **Bademeister(in)** *m(f)* swimming-pool attendant

baden ['ba:dən] **I.** *vi* have a bath; (*im Meer*) have a swim; **~ gehen** go swimming; (*fig*) come a cropper **II.** *vt* bathe

Badeofen *m* boiler; **Badeort** *m* **1.** (*Heilbad*) spa **2.** (*Seebad*) resort; **Badeschuhe** *mpl* bathing shoes; **Badestrand** *m* bathing beach; **Badetuch** *nt* bath towel; **Badewanne** *f* bath; **Badezeug** *nt* swimming things *pl;* **Badezimmer** *nt* bathroom; **Badezusatz** *m* bath salts *pl*

baff [baf] *adj:* **~ sein** (*fam*) be flabbergasted

BAföG ['ba:fœk] <-, -> *nt Abk. von* **Bundesausbildungsförderungsgesetz** grant; **er kriegt ~** (*fam*) he gets a grant

Bagatelle [baga'tɛlə] <-, -n> *f* trifle

bagatellisieren *vt* trivialize

Bagger ['bagɐ] <-s, -> *m* excavator

baggern *vi* excavate; (*fam: arbeiten*) slog; **~ wie blöde** (*sl*) slog one's guts out

Bahamas *fpl* Bahamas

Bahn [ba:n] <-, -en> *f* **1.** (*Weg, Kurs*) path, track **2.** (ASTR) orbit **3.** (*Tapeten~*) length **4.** (RAIL) railway *Br,* railroad *Am;* **etw in die richtigen ~en lenken** channel s.th. properly; **jdn aus der ~ werfen** throw s.o. out of gear; **~ frei!** make way!; **Bahnbeamte(r), -beamtin** *m, f* railway official *Br,* railroad official *Am*

bahnbrechend *adj* pioneering; **Bahnbrecher** *m* pioneer

BahnCard <-, -s> *f card entitling holder to purchase rail tickets at half price*

Bahndamm *m* railway embankment

bahnen ['ba:nən] *vt:* **sich einen Weg ~** force one's way; **einer Sache den Weg ~** pave the way for s.th.

Bahnfahrt *f* railway journey; **Bahnhof** *m* railway station *Br,* railroad station *Am;* **auf dem ~** at the station; **ich verstehe nur ~** (*fam*) it's as clear as mud; **Bahnhofsgaststätte** *f* station buffet; **Bahnhofshalle** *f* concourse; **Bahnhofsvorsteher(in)** *m(f)* stationmaster

bahnlagernd *adj* (COM) to be collected from the station; **Bahnpolizei** *f* transport police; **Bahnschranke** *f* level crossing barrier *Br,* grade crossing gate *Am;* **Bahnsteig** *m* platform; **Bahntransport** *m* **1.** (*Beförderungsart*) rail transport **2.** (COM: *Stückgutsendung*) consignment sent by rail; **Bahnübergang** *m* level crossing *Br,* grade crossing *Am;* **Bahnverbindung** *f* train connection; **Bahnwärter(in)** *m(f)* attendant *Br,* gatekeeper *Am*

Bahre ['ba:rə] <-, -n> *f* stretcher; (*Toten~*) bier

Bai [baɪ] <-, -en> *f* bay

Baisse ['bɛ:s(ə)] <-, -n> *f* (COM) slump

Baissier [bɛ'sje:] <-s, -s> *m* (COM) bear

Bajonett [bajo'nɛt] <-(e)s, -e> *nt* bayonet

Bake ['ba:kə] <-, -n> *f* **1.** (*Verkehrs~*) distant warning signal **2.** (MAR) marker buoy

Bakterie [bak'te:riə] *f* bacterium, bacteria *pl;* **bakteriell** *adj* bacterial

Bakteriologe, -gin [bakterio'lo:gə] *m, f* bacteriologist; **Bakteriologie** *f* bacteriology; **bakteriologisch** *adj* bacteriological

bakterizid [bakteri'tsi:t] *adj* bactericidical

Balance [ba'lã:s(ə)] <-, -n> *f* balance; **die ~ behalten** keep one's balance

balancieren *sein vi* balance; **über etw ~** balance one's way across s.th.

bald [balt] *adv* **1.** soon **2.** (*fast*) almost, nearly; **möglichst ~** as soon as possible; **kommst du ~?** will you be coming soon?; **wird's bald?!** get a move on!; **bis ~!** see you soon!; **~ ... ~ ...** sometimes ... sometimes ...

Baldachin ['baldaxi:n] <-(e)s, -e> *m* canopy

baldigst *adv* as soon as possible; (COM) at your earliest convenience

Baldrian ['baldria:n] <-s> *m* (*Pflanze*) valerian

Balearen [bale'a:rən] *pl:* **die ~** the Balearic Islands

Balg¹ [balk, *pl:* 'bɛlgə] <-(e)s, ⸚e> *m* (*Blase~, a.* PHOT) bellows *pl*

Balg² [balk, *pl:* 'bɛlgɐ] <-(e)s, ⸚er> *nt* (*pej: Kind*) brat

Balkan <-s> *m* Balkans *pl;* **Balkanländer** *ntpl* (GEOG) Balkan States

Balken ['balkən] <-s, -> *m* **1.** (*Holz~*) beam; (*Stütz~*) prop **2.** (*auf Uniform*) stripe; **lügen, dass sich die ~ biegen** (*fam*) lie in one's teeth; **Balkendecke** *f* ceiling with wooden beams; **Balkendiagramm** *nt* bar chart; **Balkenkode** *m* bar code; **Balkenkonstruktion** *f* timber-frame construction

Balkon [bal'kɔŋ/bal'ko:n] <-s, -s/-e> *m* **1.** (ARCH) balcony **2.** (THEAT) dress circle; **Balkontür** *f* French window

Ball¹ [bal, *pl:* 'bɛlə] <-(e)s, ⸚e> *m* ball; **~ spielen** play ball; **am ~ bleiben** (SPORT) keep the ball; **am ~ sein** (SPORT) have the ball; **bei jdm am ~ bleiben** keep in with s.o.

Ball² *m* (*Tanz*) ball

Ballade [ba'la:də] <-, -n> *f* ballad

Ballast ['balast/ -'-] <-(e)s, (-e)> *m* **1.** (AVIAT MAR) ballast **2.** (*fig*) burden; **Ballaststoffe** *pl* roughage *sing*

Ballen ['balən] <-s, -> *m* **1.** (*Stoff~*) bale **2.** (ANAT) ball

ballen ['balən] **I.** *vt* (*die Faust*) clench **II.** *vr* **1.** (*Wolken*) build up **2.** (*Menschen*) crowd

Ballett [ba'lɛt] <-(e)s, -e> *nt* ballet; **Balletttänzer(in)**^RR^ *m(f)* ballet dancer

ballistisch *adj* ballistic

Balljunge *m* (*Tennis*) ball boy

Ballkleid *nt* ball [*o* evening] dress

Ballon [ba'lɔŋ/ba'lo:n] <-s, -s/-e> *m* **1.** (*Gummi~*) balloon **2.** (*Glasgefäß, Glas~*) carboy

Ballspiel *nt* ball game

Ballung ['balʊŋ] *f* concentration

Ballungsgebiet *nt* conurbation

Balsam ['balza:m] <-s, -e> *m* **1.** (*Ölmischung*) balsam **2.** (*Linderung*) balm

balsamieren *vt* embalm

Balte ['baltə] <-n, -n> *m* Balt; **Baltikum** ['baltikʊm] *nt* the Baltic; **Baltin** ['baltɪn] *f* Balt; **baltisch** *adj* Baltic; **das ~e Meer** the Baltic

Bambus ['bambʊs] <-/-ses, -se> *m* bamboo; **Bambusrohr** *nt* bamboo (cane); **Bambussprossen** *fpl* bamboo shoots

Bammel ['baməl] <-s> *m* (*fam*): **~ vor etw haben** be scared of s.th.

banal [ba'na:l] *adj* trite

Banalität *f* banality

Banane [ba'na:nə] <-, -n> *f* banana; **Bananenrepublik** *f* (*pej*) banana republic; **Bananenstecker** *m* (ELEK) jack plug

Banause [ba'naʊzə] <-n, -n> *m* (*pej*) philistine

Band¹ [bant, *pl:* 'bɛndɐ] <-(e)s, ⸚er> *nt* **1.** (*Stoffband*) ribbon; (*Maß~*) tape **2.** (RADIO: *Ton~*) tape **3.** (*Fließ~*) conveyor belt; **etw auf ~ aufnehmen** tape s.th.; **etw auf ~ sprechen** record s.th. on tape; **am laufenden ~** (*fam*) continuously, in endless succession

Band² [bant, *pl:* 'bɛndə] <-(e)s, ⸚e> *m* (*Buch*) volume; **das spricht Bände** that speaks volumes

Bandage [ban'da:ʒə] <-, -n> *f* bandage; **bandagieren** *vt* bandage

Bandarchiv *nt* (INFORM) tape library; **Bandaufnahme** *f* (RADIO) tape-recording

Bandbreite *f* **1.** (RADIO) wave band, frequency range **2.** (*fig*) range

Bande¹ ['bandə] <-, -n> *f* (SPORT: *am Billardtisch*) cushion

Bande² *f* (*Verbrecher~*) gang

Banderole [bandə'ro:lə] <-, -n> *f* tax seal

Bänderriss^RR^ *m* (MED) torn ligament

bändigen ['bɛndɪgən] *vt* **1.** tame **2.** (*unter Kontrolle halten*) control **3.** (*Leidenschaft*) master

Bandit [ban'di:t] <-en, -en> *m* bandit

Bandlaufwerk *nt* (INFORM) tape streamer

Bandmaß *nt* tape measure

Bandsäge *f* band-saw

Bandscheibe *f* (ANAT) intervertebral disc; **Bandscheibenschaden** *m* damaged disc; **Bandscheibenvorfall** *m* slipped disc

Bandwurm *m* tape-worm

bang(e) [baŋ(ə)] *adj:* **sei nicht ~!** don't be afraid!; **jdn ~ machen** scare s.o.; **eine ~ Ahnung** a sense of foreboding

bangen ['baŋən] **I.** *vi:* **mir bangt davor** I am afraid of it **II.** *vr* be anxious (*um* about)

Bank[1] [baŋk, *pl:* 'bɛŋkə] <-, ¨-e> *f* **1.** (*Sitz~*) bench **2.** (*Untiefe*) sandbank; **etw auf die lange ~ schieben** put s.th. off

Bank[2] [baŋk, *pl:* 'baŋkən] <-, -en> *f* (COM) bank; **ein Konto bei einer ~ eröffnen** open an account with a bank

bankabel [baŋ'ka:bəl] *adj* (*kreditwürdig*) bankable

Bankangestellte(r) *f m* bank employee; **Bankanweisung** *f* banker's order; **Bankautomat** *m* cash dispenser

Bankenkonsortium <-s, -konsortien> *nt* (COM) consortium of banks

Banker ['bɛŋkɐ] <-s, -> *m* (COM) banker

Bankett[1] [baŋ'kɛt] <-s, -s/-e> *nt* banquet

Bankett[2] *nt* (*Straßen~*) verge *Br,* shoulder *Am*

Bankgeheimnis *nt* (COM) banking secrecy; **Bankguthaben** *nt* bank balance

Bankier [baŋ'kje:] <-s, -s> *m* banker

Bankkauffrau *f (m)* bank clerk; **Bankkonto** *nt* bank account; **Bankkredit** *m* bank loan, bank credit; **Bankleitzahl** *f* bank sorting code; **Banknote** *f* banknote *Br,* bill *Am;* **Bankraub** *m* bank robbery; **Bankräuber(in)** *m(f)* bank robber

Bankrott [baŋ'krɔt] <-(e)s, -e> *m* bankruptcy; **~ machen** go bankrupt; **bankrott** *adj* bankrupt; (*Politik*) discredited

Banküberweisung *f* bank transfer; **Bankverbindung** *f* banking arrangements *pl;* (*Kontonummer*) banking details *pl;* **Bankwesen** *nt* (COM) banking (system)

Bann [ban] <-(e)s> *m* spell; **er ist ganz in ihrem ~** he is completely under her spell; **jdn in seinen ~ schlagen** captivate s.o.

bannen ['banən] *vt* (REL: *böse Geister*) exorcize; **eine Gefahr ~** avert a danger

Banner[1] ['banɐ] <-s, -> *nt* banner

Banner[2] ['bɛnɐ] <-s, -> *nt* (*Werbetafel im Internet*) banner

Bannwald *m* (*österr*) forest for protection against avalanches

Bar [ba:ɐ] <-, -s> *f* bar

bar *adj* **1.** (FIN) cash **2.** (*bloß*) bare **3.** (*völlig*) pure **4.** (*ohne*) devoid of; **~ zahlen** pay cash (down); **~ auf die Hand** cash on the nail; **etw für ~e Münze nehmen** take s.th. at face value; **~er Unsinn** utter nonsense

Bär [bɛ:ɐ] <-en, -en> *m* bear; **der Große ~** (ASTR) the Great Bear; **jdm einen ~en aufbinden** have s.o. on

Baracke [ba'rakə] <-, -n> *f* shack

Barbar(in) [bar'ba:ɐ] <-s/-en, -en> *m(f)* barbarian; **Barbarei** [barba'raɪ] *f* barbarism; **barbarisch** *adj* barbarous

Barbiturat <-s, -e> *nt* (PHARM) barbiturate

Bardame *f* barmaid; (*Animierdame*) hostess

Bärendreck *m* (*CH: Lakritze*) liquorice

Barett [ba'rɛt] <-(e)s, -e/-s> *nt* **1.** (*Baskenmütze*) beret **2.** (*Richter~*) biretta

barfuß *adj* barefoot(ed)

Bargeld *nt* cash; **bargeldlos** *adj* non-cash; **~e Zahlungsweise** non-cash means of payment; **~er Zahlungsverkehr** transfer of money not involving cash

Bärin ['bɛ:rɪn] *f* she-bear

Barkasse [bar'kasə] <-, -n> *f* (MAR) launch

Barkauf *m* cash purchase

Barke ['barkə] <-, -n> *f* (MAR) skiff

Barkeeper *m* barkeeper

barmherzig [barm'hɛrtsɪç] *adj* compassionate; **der ~e Samariter** the good Samaritan; **Barmherzigkeit** *f* compassion

Barmixer *m* cocktail waiter

Barock [ba'rɔk] <-s> *nt* baroque; **barock** *adj* **1.** (ARCH) baroque **2.** (*Figur*) buxom

Barometer [baro'me:tɐ] *nt* barometer

Baron [ba'ro:n] <-s, -e> *m* baron

Baronin *f* baroness

Barren ['barən] <-s, -> *m* **1.** (*Edelmetall~*) ingot **2.** (SPORT: *zum Turnen*) parallel bars *pl*

Barriere [ba'rje:rə] <-, -n> *f* **1.** (*Hindernis*) barrier **2.** (*CH: Bahnschranke*) level crossing barrier

Barrikade [bari'ka:də] <-, -n> *f* barricade; **~n bauen** raise barricades; **auf die ~n gehen** protest

Barsch [barʃ] <-(e)s, -e> *m* (*Raubfisch*) perch

barsch *adj* brusque; **jdn ~ anfahren** snap at s.o.

Barscheck *m* open [*o* uncrossed] cheque

Barsortiment *nt* (COM) book wholesaler's

Bart[1] [ba:ɐt, *pl:* 'bɛrtə] <-(e)s, ¨-e> *m* beard; **sich einen ~ wachsen lassen** grow a beard; **der ~ ist ab!** (*fam*) you've had it!; **der Witz hat einen Bart!** that's a real oldie!

Bart[2] *m* (*Schlüssel~*) bit

Bartflechte *f* **1.** (MED) barber's itch, sycosis **2.** (*Pflanze*) beard moss; **Bartschneider** *m* beard trimmer

Barzahlung *f* cash payment, payment in cash; **bei ~ 2% Skonto** 2% discount for cash

Basalt [ba'zalt] <-(e)s, -e> *m* basalt

Basaltemperatur *f* basal body temperature

Basar [ba'za:ɐ] <-s, -e> *m* bazaar

Base[1] ['ba:zə] <-, -n> *f* (*obs: Cousine*) cousin

Base[2] ['ba:zə] <-, -n> *f* (CHEM) base

basieren [ba'zi:rən] **I.** *vt* (~ *auf*) base on **II.** *vi* (~ *auf*) rest upon

Basilikum [ba'zi:likʊm] <-s> *nt* (*Gewürzkraut*) basil

Basis ['ba:zɪs] <-, Basen> *f* (*a.* MIL) base; (*fig*) basis; **die ~** (POL) the grass roots *pl;* **auf breiter ~ ruhen** be firmly established; **Basisdemokratie** *f* grass-roots democracy; **Basisgruppe** *f* action group; **Basiswissen** *nt* basic knowledge

Baske, -kin ['baskə] <-n, -n> *m, f* Basque; **Baskenland** *nt* Basque region; **Baskenmütze** *f* beret

Bass[RR] [bas, *pl:* 'bɛsə] <-es, ¨-e> *m* bass

Bassgitarre[RR] *f* bass guitar

Bassin [ba'sɛ̃:] <-s, -s> *nt* pool

Bassist [ba'sɪst] <-en, -en> *m* **1.** (*Sänger*) bass singer **2.** (*Orchester~*) bass player

Bast [bast] <-(e)s, -e> *m* **1.** (*Faserstoff*) raffia **2.** (*am Hirschgeweih*) velvet

basta ['basta] *interj:* **und damit ~!** and that's that!

Bastard ['bastart] <-(e)s, -e> *m* bastard

Bastei [bas'taɪ] *f* (HIST) bastion

basteln ['bastəln] *vi:* **ich bastle gern** I like to do handicrafts; **an etw ~** (*arbeiten*) work on s.th.; **an etw (herum)~** mess around with s.th.

Bataillon [batal'jo:n] <-s, -e> *nt* (MIL) battalion

Batist [ba'tɪst] <-(e)s, -e> *m* cambric

Batterie [batə'ri:] *f* **1.** (ELEK) battery **2.** (MIL) battery **3.** (*Anzahl*) row; **Batteriebetrieb** *m* battery operation; **batteriebetrieben** *adj* battery operated; **Batterieladegerät** *nt* battery charger

Bau [baʊ] <-(e)s, -ten> *m* **1.** (*das Bauen*) construction **2.** (*Bauart*) structure **3.** (*Gebäude*) building **4.** (*Baustelle*) building site **5.** (*Kaninchen~*) burrow; **im ~** under construction; **auf dem ~ arbeiten** be a building worker *Br,* be a construction worker *Am;* **Bauamt** *nt* planning department and building control office; **Bauarbeiten** *pl* construction work *sing;* **Bauarbeiter** *m* construction worker; **Bauart** *f* **1.** (ARCH) style **2.** (TECH) construction, design; (*Type*) model, type; **Baubeginn** *m* start of building

Bauch [baʊx, *pl:* 'bɔɪçə] <-(e)s, ¨-e> *m* **1.** (ANAT) stomach **2.** (*fam*) tummy **3.** (*Fett~*) paunch; **mir tut der ~ weh** I have (a) stomach ache; **mit etw auf den ~ fallen** come a cropper with s.th.; **sich den ~ vollschlagen** (*fam*) gorge [*o* stuff] o.s; **Bauchdecke** *f* (ANAT) abdominal wall; **Bauchfellentzündung** *f* peritonitis; **bauchfrei** *adj* showing one's bellybutton; **Bauchhöhlenschwangerschaft** *f* ectopic pregnancy

bauchig ['baʊxɪç] *adj* bulbous; **Bauchlandung** *f* (AVIAT) belly landing; **Bauchnabel** *m* navel; **Bauchredner(in)** *m(f)* ventriloquist; **Bauchschmerzen** *pl:* **ich habe ~** I have (a) stomach ache *sing;* **Bauchspeicheldrüse** *f* pancreas; **Bauchtanz** *m* belly dance; (*das Tanzen*) belly dancing

Bauelement *nt* **1.** (ARCH) building component **2.** (TECH) construction element

bauen ['baʊən] **I.** *vt* build, construct; **einen Unfall ~** (*fam*) cause an accident **II.** *vi* build; **hier wird viel gebaut** there's a lot of building going on here

Bauer <-n/(-s), -n> *m* **1.** farmer **2.** (*Schachfigur*) pawn **3.** (*Kartenfigur*) knave

Bäuerchen *nt* (*Luftaufstoßen*) burp; **ein ~ machen** do a burp

Bäuerin ['bɔɪərɪn] *f* farmer's wife

bäuerlich *adj* rural

Bauernaufstand *m* peasants' revolt; **Bauernbub** *m* (*österr*) country boy; **Bauernhaus** *nt* farmhouse; **Bauernhof** *m* farm; **Bauernregel** *f* country saying; **bauernschlau** *adj* (*pej*) cunning, shrewd

baufällig *adj* dilapidated

Baufirma *f* building contractor; **Baugelände** *nt* building site; **Baugenehmigung** *f* planning and building permission; **Baugerüst** *nt* scaffolding; **Baugrube** *f* excavation; **Bauherr(in)** *m(f)* client; **Bauholz** *nt* timber *Br,* lumber *Am;* **Bauingenieur(in)** *m(f)* civil engineer; **Baujahr** *nt* year of construction; (*vom Auto*) model; **Baukasten** *m* building kit; **Baukonjunktur** *f* building boom; **Baukosten** *pl* building costs; **Bauland** *nt* building land; **Bauleitung** *f* **1.** (*Büro*) site office **2.** (*Bauaufsicht*) site supervision

baulich *adj* structural; **in gutem ~en Zustand** structurally sound

Baum [baʊm, *pl:* 'bɔɪmə] <-(e)s, ¨-e> *m* tree; **auf dem ~** in the tree; **auf einen ~ steigen** climb a tree

Baumarkt *m* (COM) DIY superstore; **Baumaßnahmen** *fpl* building measures; **Baumaterialien** *ntpl* building materials

Baumblüte *f* blossom

baumeln ['baʊməln] *vi* dangle (*an* from)

Baumgrenze *f* tree line; **baumlos** *adj* treeless; **Baumnuss** *f* (*CH: Walnuss*) walnut; **Baumrinde** *f* bark; **Baumschule** *f* nursery; **Baumstamm** *m* tree trunk; **Baumsterben** *nt* (*Umwelt*) dying (off) of trees; **Baumstumpf** *m* tree stump

Baumwolle *f* cotton; **baumwollen** *adj* cotton

Bauordnung *f* building by-law, building

regulations *pl;* **Bauplan** *m* building plan; **Bauplanung** *f* project planning; **Bauplatz** *m* site; **Baupolizei** *f* building control department

Bausch [baʊʃ] <-(e)s, -e/¨-e> *m* ball; **in ~ und Bogen** (*fam*) lock, stock and barrel

Bauschäden *mpl* structural damages

bauschen ['baʊʃən] **I.** *vi* become bunched **II.** *vr* billow out **III.** *vt:* **der Wind bauscht die Segel** the wind is filling the sails

Bauschlosser(in) *m(f)* locksmith

Bauschutt *m* rubble

bausparen *vi* save with a building society; **Bausparkasse** *f* building society *Br,* building and loan association *Am;* **Bausparvertrag** *m* building society savings agreement *Br,* savings contract with a building and loan association *Am;* **Bauspekulant** *m* (COM) building speculator

Baustein *m* stone; (*fig*) constituent; **elektronischer ~** chip; **Baustelle** *f* (*Haus~*) building site; (*Straßen~*) roadworks *Br,* construction work *Am;* **Baustoff** *m* building material; **Bauteil** *nt* prefabricated part (of building)

Bauten *pl* buildings

Bautrupp *m* construction team; **Bauunternehmer(in)** *m(f)* building contractor; **Bauvorhaben** *nt* building scheme; **Bauweise** *f* type of construction; **Bauwerk** *nt* building; **Bauwirtschaft** *f* construction industry

Bauxit [baʊ'ksi:t] <-s, -e> *m* bauxite

Bauzaun *m* (building site) fencing

Bayer(in) <-n, -n> *m(f)* Bavarian; **Bayern** ['baɪɐn] *nt* Bavaria; **bay(e)risch** *adj* Bavarian

Bazillus [ba'tsɪlʊs] <-, -llen> *m* bacillus, germ

beabsichtigen *vt* intend; **das war beabsichtigt!** that was intentional!

beachten *vt* **1.** (*aufmerksam ~*) pay attention to **2.** (*Vorschrift*) observe; **jds Ratschlag ~** follow someone's advice

beachtlich *adj* considerable

Beachtung *f:* **die ~ der Verkehrsregeln** observance of traffic regulations; **~ finden** receive attention; **jdm keine ~ schenken** take no notice of s.o.

Beamte(r), -tin [bə'amtə] *m, f* civil servant; **Beamtenanwärter(in)** *m(f)* civil service trainee; **Beamtendeutsch** *nt* officialese; **Beamtenlaufbahn** *f:* **die ~ einschlagen** join the civil service; **Beamtentum** *nt* civil service; **beamtet** *adj* permanently appointed as a civil servant

beängstigend *adj* alarming

beanspruchen *vt* **1.** (*Recht*) claim **2.** (*Aufmerksamkeit*) demand; (*erfordern*) take **3.** (TECH) use; **jds Hilfe ~** ask for someone's help; **etw ~ können** be entitled to s.th.

Beanspruchung *f* **1.** (*Inanspruchnahme*) demand (*von* on) **2.** (*Belastung*) use

beanstanden *vt* complain about

Beanstandung *f* complaint

beantragen *vt* **1.** (*Erlaubnis*) apply for (*bei* to) **2.** (*bei Diskussion*) propose

beantworten *vt* answer; **leicht zu ~** easily answered

bearbeiten *vt* **1.** work on **2.** (*Buch*) edit **3.** (*Land*) cultivate **4.** (INFORM) process; **Bestellungen ~** deal with orders; **etw mit dem Hammer ~** hammer s.th.

Bearbeitung *f* **1.** (*Neu~*) revision **2.** (*von Vorgang*) handling

Bearbeitungsgebühr *f* processing fees *pl*

beargwöhnen *vt* regard with suspicion

Beat ['bi:t] <-s, -s> *m* beat

beatmen *vt:* **jdn künstlich ~** give s.o. artificial respiration

Beatmusik ['bi:t] *f* beat (music); **Beatnik** [bi:tnɪk] <-s, -s> *m* beatnik

beaufsichtigen *vt* supervise

Beaufsichtigung *f* supervision

beauftragen *vt* **1.** (*mit Auftrag versehen*) engage **2.** (*anweisen*) instruct; **jdn mit etw ~** employ s.o. to do s.th.

Beauftragte(r) *f m* representative

bebauen *vt* **1.** build on **2.** (*Land*) cultivate

Bebauungsdichte *f* density of development; **Bebauungsplan** *m* development scheme

Bébé <-s, -s> *nt* (*CH: Baby*) baby

Beben ['be:bən] <-s, -> *nt* earthquake; **beben** *vi* tremble

bebildern *vt* illustrate

Becher ['bɛçɐ] <-s, -> *m* cup; (*Glas~*) tumbler; (*Ton~*) mug

bechern ['bɛçɐn] *vi* (*fam*) have a few

Becken ['bɛkən] <-s, -> *nt* **1.** basin; (*Küchen~*) sink; (*Schwimm~*) pool **2.** (ANAT) pelvis **3.** (MUS) cymbal

Becquerel [bɛkə'rɛl] <-, -> *nt* Becquerel

Bedacht *m:* **etw mit ~ tun** do s.th. deliberately

bedacht [bə'daxt] *adj* careful, cautious; **auf etw ~ sein** be concerned about s.th.; **wohl ~**[RR] well considered

bedächtig [bə'dɛçtɪç] *adj* deliberate

Bedächtigkeit *f* deliberateness

bedanken *vr:* **ich möchte mich bei Ihnen für … ~** I should like to thank you for …; **dafür können Sie sich bei … bedanken** (*iro*) you've got … to thank; **ich bedanke mich** thank you very much

Bedarf [bə'darf] <-(e)s> *m* **1.** (*Bedürfnis*) need (*an* for) **2.** (*Waren~*) requirements *pl;* **bei ~** when required; **an etw ~ haben** be in need of s.th.; **je nach ~** according to demand; **Bedarfsanalyse** *f* demand analysis; **Bedarfsartikel** *m* necessaries *pl;* **Bedarfsbestimmung** *f* determination of demand; **Bedarfsdeckung** *f* filling of demand, filling of needs; **Bedarfsgüter** *ntpl* basic commodities, consumer goods; **Bedarfshaltestelle** *f* request stop; **Bedarfsrechnung** *f* assessment of demand

bedauerlich [bəˈdaʊɐlɪç] *adj* regrettable, unfortunate; **wie ~!** how unfortunate!; **bedauerlicherweise** *adv* unfortunately, regrettably

Bedauern <-s> *nt* regret; **zu meinem größten ~** much to my regret

bedauern [bəˈdaʊɐn] *vt* 1. (*etw*) regret 2. (*jdn*) be sorry for; **bedaure!** I'm sorry!; **er ist zu ~** one must feel sorry for him; **bedauernswert** *adj* (*Mensch*) pitiful; (*Zustand*) deplorable

bedecken I. *vt* cover; **mit etw bedeckt sein** be covered in [*o* with] s.th. II. *vr* cover o.s.; **der Himmel bedeckt sich** the sky is becoming overcast; **bedeckt** *adj* (*Himmel*) clouded, overcast; **sich bedeckt halten** keep a low profile

Bedeckung *f* 1. (MIL) escort 2. (*Leibwache*) guard

Bedenken <-s, -> *nt* doubt; **mir kommen ~** I'm having second thoughts; **ohne ~** without thinking

bedenken *irr vt* 1. consider 2. **jdn ~** remember s.o.; **wenn man es recht bedenkt** if you think about it properly; **man muss bedenken, dass ...** one must take into consideration the fact that ...; **bedenkenlos** *adj* (*ohne zu zögern*) unhesitating; **~ zustimmen** agree without hesitation

bedenklich *adj* 1. (*Lage*) alarming, serious 2. (*zweifelhaft*) dubious 3. (*besorgt*) anxious; **sein Zustand ist ~** his condition is giving cause for concern

Bedenkzeit *f:* **können Sie mir einen Tag ~ geben?** can you give me one day to think about it?

bedeuten *vt, vi* mean; **was soll das ~?** what does that mean?; **was soll denn das ~?** what's the meaning of that?; **das hat nichts zu ~** it doesn't mean anything; **bedeutend** I. *adj* 1. (*gewichtig*) important 2. (*groß*) considerable II. *adv* (*erheblich*) considerably; **bedeutsam** *adj* 1. (*bedeutungsvoll*) meaningful 2. (*wichtig*) important

Bedeutung *f* 1. meaning 2. (*Wichtigkeit*) importance; **von ~ sein** be important; **von großer ~ sein** be of great importance; **nichts von ~** nothing of any importance; **bedeutungslos** *adj* (*unwichtig*) insignificant; **Bedeutungslosigkeit** *f* insignificance

bedienen I. *vi, vt* 1. attend to, serve 2. (*beim Kartenspiel*) follow suit 3. (TECH: *Apparate, Maschinen*) operate; **hier wird man gut bedient** the service is good here; **na, ich bin bedient!** (*iro*) I've had all I can take! II. *vr* help o.s. (*mit* to); **Bediener(in)** *m(f)* (INFORM) operator, user; **Bedienerführung** *f* (INFORM) context-sensitive help

Bedienerin *f* (*österr: Putzfrau*) cleaner

bedienstet *adj* (*österr: angestellt*): **~ sein** be an employee; **Bedienstete(r)** *f m* (*im öffentlichen Dienst*) public employee; **seine ~n** his servants

Bedienung *f* 1. (*im Laden*) service 2. (*von Geräten*) operation; **~!** waiter (waitress)!; **Bedienungsanleitung** *f* operating instructions *pl;* **Bedienungskomfort** *m* user-friendliness

bedingen [bəˈdɪŋən] *irr vt* 1. (*voraussetzen*) demand 2. (*bewirken*) cause

bedingt *adj:* **nur ~ richtig** only partially right; **~ tauglich** (MIL) fit for limited duties

Bedingung *f* condition; **unter der ~, dass ...** on condition that ...; **unter keiner ~** under no circumstances *pl;* **nur unter einer ~** only on one condition; **zu günstigen ~en** on favourable terms; **bedingungslos** *adj* unconditional

bedrängen *vt* 1. (*belästigen*) plague 2. (SPORT) pressurize

Bedrängnis *f:* **in ~ bringen** get into trouble; **in ~ geraten** get into difficulties *pl*

bedrohen *vt* threaten; **bedrohlich** *adj* threatening; **sich ~ verschlechtern** deteriorate alarmingly; **Bedrohung** *f* threat

bedrücken *vt* (*fig*) depress

bedrückt *adj* depressed

Beduine [beduˈiːnə] <-n, -n> *m* Bedouin

bedürfen *irr vt:* **es bedarf einiger Mühe** some effort is required; **das bedarf keiner weiteren Erklärung** there's no need for any further explanation

Bedürfnis *nt* need; **ich hatte das dringende ~ ...** I felt an urgent need to ...

bedürftig *adj* needy

Beefsteak [ˈbiːfsteːk] <-s, -s> *nt* steak

beeid(ig)en *vt* swear to

beeidigt *adj* (JUR): **~e Aussage** sworn evidence

beeilen *vr* hurry up; **beeil dich!** hurry up! get a move on!; **Beeilung** *f:* **~!** hurry up!

beeindrucken *vt* impress; **davon lasse ich mich nicht ~** I won't be impressed by that

beeinflussen *vt* influence; **kannst du sie nicht ~?** can't you persuade her?

beeinträchtigen *vt:* **den Wert von etw ~** reduce the value of s.th.

beelenden *vt* (*CH: traurig stimmen*) distress

beenden *vt* 1. finish 2. (INFORM: *erfolgreich*)

exit, quit; (*nicht erfolgreich*) abort
Beendigung *f* (*Abschluss*) completion
beengen [bəˈɛŋən] *vt* cramp; (*fig*) inhibit; **~de Kleidung** tight clothing
beerben *vt:* **jdn ~** be heir to s.o.
beerdigen [bəˈeːɐdɪgən] *vt* bury
Beerdigung *f* **1.** (*Bestattung*) burial **2.** (*Feier*) funeral
Beere [ˈbeːrə] <-, -n> *f* berry; **Beerenauslese** *f* (*Weinart*) *vintage wine of selected grapes*
Beet [beːt] <-(e)s, -e> *nt* bed
befähigen [bəˈfɛːɪgən] *vt* enable; **befähigt** *adj* capable; **zu etw ~ sein** be capable of doing s.th.
Befähigung *f* ability, capability
befahrbar *adj:* **nicht ~ sein** be closed to traffic
befahren *irr vt* drive on; **diese Straße ist stark ~** this road is used a lot
befallen *irr vt* (*Krankheit*) strike; **von Schädlingen ~ sein** be infested with parasites
befangen *adj* **1.** (*scheu*) bashful **2.** (*voreingenommen*) prejudiced; **in einem Irrtum ~ sein** labour under a misapprehension
Befangenheit *f:* **jdn wegen ~ ablehnen** (JUR) object to s.o. on grounds of interest
befassen *vr:* **sich mit etw ~** deal with s.th.; **mit etw befasst**[RR] **sein** be dealing with s.th.
Befehl [bəˈfeːl] <-(e)s, -e> *m* command, order; (INFORM) instruction, command; **den ~ haben über ...** have command of ...; **~ ist ~** orders are orders; **auf ~ handeln** act under orders
befehlen *irr vt* order; **du hast mir gar nichts zu ~!** I won't take orders from you!; **er befiehlt gern** he likes giving orders; **Befehlsfolge** *f* (INFORM) command sequence; **befehlsgemäß** *adj* as ordered; **Befehlsgewalt** *f:* **~ haben über ...** have command over ...; **Befehlshaber** *m* (MIL) commander
Befehlskode *m* (INFORM) command code; **Befehlssprache** *f* (INFORM) command language
Befehlsverweigerung *f* (MIL) insubordination
befestigen *vt* **1.** (*Gegenstand*) fasten (*an* to) **2.** (*Straße*) make up **3.** (*fig*) consolidate
Befestigung *f* **1.** (*Vorrichtung*) fastening **2.** (MIL) fortification
befeuchten *vt* moisten
Befinden <-s> *nt:* **wie ist Ihr ~?** how are you feeling?
befinden *irr* **I.** *vr* (*sein*) be; **die Abbildung befindet sich auf der nächsten Seite** the illustration can be found on the next page **II.** *vi* (*entscheiden*) decide (*über* about)

beflecken *vt* stain; (*fig*) sully
befliegen *irr vt* (AVIAT: *Strecke*) fly
beflissen [bəˈflɪsən] *adj* keen; **~ sein etw zu tun** be concerned to do s.th.
Beflissenheit *f* zeal
beflügeln *vt* (*fig*) inspire; **Freude beflügelte seine Schritte** (*lit*) joy winged his steps
befolgen *vt* **1.** (*Beispiel, Rat, Regel*) follow **2.** (*Vorschrift*) comply with; **befolge meinen Rat!** take my advice!
befördern *vt* **1.** carry; (*Waren*) transport **2.** (*dienstlich*) promote
Beförderung *f* **1.** (*von Waren*) transport **2.** (*dienstlich*) promotion
befrachten *vt* **1.** (*Fahrzeug*) load **2.** (*fig*) burden
befragen *vt* **1.** (*ausfragen*) question **2.** (*um Rat, a. Bücher*) consult; **jdn um Rat ~** ask someone's advice
Befragung *f* (*Verhör*) questioning; (*Erhebung*) survey
befreien *vt* free; (FIN MIL: *freistellen*) exempt (*von* from); **jdn vom Militärdienst ~** exempt s.o. from military service; **Befreier(in)** *m(f)* liberator; **Befreiung** *f* liberation; (*Erleichterung*) relief; **Befreiungsorganisation** *f* liberation organisation; **Befreiungsversuch** *m* escape attempt
befremden [bəˈfrɛmdən] *vt:* **das befremdet mich** I find it displeasing
Befremden <-s> *nt (f):* **zu meinem ~** to my displeasure; **befremdend** *adj* displeasing
befreunden [bəˈfrɔɪndən] *vr* make friends (*mit* with); **befreundet** *adj:* **miteinander ~ sein** be friends; **gut ~ sein** be close friends
befriedigen [bəˈfriːdɪgən] **I.** *vt* satisfy; **jds Ansprüche ~** meet someone's demands **II.** *vr* (*sexuell*) masturbate; **befriedigend** *adj* **1.** satisfactory **2.** (SCHULE: *Schulzensur*) fair
Befriedigung *f* satisfaction
befristen *vt* restrict (*auf* to); **etw ~** put a time limit on s.th.; **befristet** *adj* restricted; **~ sein** be valid for a limited time; **~er Arbeitsvertrag** fixed term contract
befruchten *vt* **1.** (BIOL) fertilize **2.** (*Blüten*) pollinate **3.** (*fig*) stimulate; **künstlich ~** inseminate artificially
Befruchtung *f* insemination
Befugnis [bəˈfuːknɪs] *f* authorization
befugt *adj:* **~ sein etw zu tun** be authorized to do s.th.
befühlen *vt* feel, finger
Befund <-(e)s, -e> *m* findings *pl;* (MED) diagnosis; **ohne ~** (MED) (results) negative; **Ihr Magen ist ohne ~** the results of the

tests on your stomach are negative

befürchten *vt* fear; **es ist zu ~, dass ...** it is to be feared that ...; **das ist nicht zu ~** there is no fear of that

Befürchtung *f*: **die schlimmsten ~en haben** fear the worst

befürworten [bəˈfyːɐvɔrtən] *vt* approve

Befürworter(in) *m(f)* supporter, advocate

begabt [bəˈgaːpt] *adj* talented; (*geistig, musisch*) gifted; **für etw ~ sein** be talented at s.th.

Begabung [bəˈgaːbʊŋ] *f* **1.** (*Fähigkeit*) talent **2.** (*begabte Person*) talented person; **mangelnde ~** insufficient talent

begeben *irr vr* **1.** (*aufbrechen nach*) go (to), set out (for) **2.** (*sich ereignen*) come to pass; **sich zur Ruhe ~** retire; **sich in Gefahr ~** put o.s. in danger; **sich in ärztliche Behandlung ~** undergo medical treatment

Begebenheit *f* event, occurrence

begegnen [bəˈgeːgnən] *sein vi* meet; **sich ~** meet; **jdm ist etw begegnet** s.th. has happened to s.o.; **Schwierigkeiten ~** face difficulties

Begegnung *f* meeting; (SPORT) encounter; **Begegnungsstätte** *f* venue for meetings

begehen *irr vt* **1.** (*Weg*) use **2.** (*tun, machen*) commit **3.** (*feiern*) celebrate; **eine Dummheit ~** do s.th. stupid; **einen Fehler ~** make a mistake

begehren [bəˈgeːrən] *vt* desire

Begehren *nt* desire (*nach* for); **auf mein ~** at my request; **begehrenswert** *adj* desirable; **begehrt** *adj* in demand; (*Ort*) coveted, desirable; **ein ~er Junggeselle** an eligible bachelor

begeistern [bəˈgaɪstɐn] **I.** *vt* fill with enthusiasm; (*inspirieren*) inspire **II.** *vr:* **sich für etw ~** be enthusiastic about s.th.; **begeistert** *adj* enthusiastic (*von* about)

Begeisterung *f* enthusiasm; **etw mit ~ tun** do s.th. with enthusiasm

Begier(de) <-, -den> *f* desire (*nach* for)

begierig *adj* eager; (*gierig*) greedy; **auf etw ~ sein** be eager for s.th.

begießen *irr vt:* **das müssen wir ~!** (*fam*) that calls for a drink!

Beginn [bəˈgɪn] <-(e)s> *m* beginning; **bei ~** at the beginning; **gleich zu ~** at the very beginning

beginnen *irr vi, vt* begin, start

beglaubigen [bəˈglaʊbɪgən] *vt* **1.** (*Schriftstück*) witness; (*Kopie*) authenticate; (*durch Gutachten*) attest **2.** (POL) accredit (*bei* to); **etw ~ lassen** have s.th. witnessed

Beglaubigung *f* **1.** witnessing, authentication, attestation **2.** accrediting; **Beglaubigungsschreiben** *nt* credentials *pl*

begleichen *irr vt* (*bezahlen*) settle; **mit jdm eine Rechnung zu ~ haben** have a score to settle with s.o.

begleiten *vt* (*a. fig*) accompany; **meine besten Wünsche ~ Sie** my best wishes go with you

Begleiter(in) *m(f)* companion; (MUS) accompanist

Begleiterscheinung *f* concomitant; **Begleitinstrument** *nt* (MUS) accompanying instrument; **Begleitmusik** *f* accompaniment; **Begleitschreiben** *nt* (COM) covering letter *Br*, cover letter *Am*

Begleitung *f* **1.** company **2.** (*Begleiter*) companion **3.** (MUS) accompaniment; **in ~ von** accompanied by

beglücken *vt* make happy; **ein ~des Gefühl** a cheering feeling; **beglückt über etw sein** be delighted about s.th.

beglückwünschen *vt* congratulate (*zu* on)

begnadet [bəˈgnaːdət] *adj:* **ein ~er Künstler** a gifted artist

begnadigen *vt* (JUR) reprieve

Begnadigung *f* (JUR) reprieve; **Begnadigungsgesuch** *nt* plea for reprieve; **ein ~ einreichen** file a plea for reprieve

begnügen [bəˈgnyːgən] *vr:* **sich mit etw ~** be content with s.th.; **damit begnüge ich mich nicht** that doesn't satisfy me

begraben *irr vt* bury; (*fig*) abandon; **das ist längst ~** that was over long ago

Begräbnis [bəˈgrɛːpnɪs] *nt* **1.** burial **2.** (*Feier*) funeral

begradigen [bəˈgraːdɪgən] *vt* straighten

begreifen *irr vt* understand; **~, dass ...** realize that ...; **es ist kaum zu ~** it's almost incomprehensible; **begreiflich** *adj* understandable; **jdm etw ~ machen** make s.th. clear to s.o.; **begreiflicherweise** *adv* understandably (enough)

begrenzen *vt* mark the boundary of ...; (*fig*) restrict (*auf* to); **begrenzt haltbare Waren** non-durable goods; **Begrenzung** *f* demarcation; (*fig*) restriction

Begriff <-(e)s, -e> *m* **1.** (*Vorstellung*) idea **2.** (*Ausdruck*) term; **sein Name ist mir kein ~** his name doesn't mean anything to me; **sich einen ~ von etw machen** imagine s.th.; **du machst dir keinen ~ davon** you've no idea about it; **für meine ~e** in my opinion; **im ~ sein etw zu tun** be about to do s.th.; **schwer von ~ sein** (*pej*) be slow on the uptake

begriffsstutzig *adj* dense, slow

begründen *vt* **1.** (*Gründe geben für*) give reasons for ... **2.** (*gründen*) establish, found; **können Sie Ihr Verhalten ~?** can you account for your behaviour?; **begründet** *adj* well-founded; (*berechtigt*) justified; **nicht ~ sein** be unfounded; **wohl ~**[RR] well-founded

Begründung *f* reason, grounds *pl;* **etw als ~ anführen** say s.th. in explanation

begrünen *vt* (*beim Straßenbau*) put turf down; **Begrünung** *f* planting with trees and grass

begrüßen *vt* greet; (*fig*) welcome; **es ist zu ~, dass …** it's a good thing that …

Begrüßung *f* greeting; (*das Willkommen*) welcome

begünstigen [bəˈgʏnstɪgən] *vt* **1.** (*günstig sein für*) encourage **2.** (*fördern*) favour **3.** (JUR) aid and abet

Begünstigung *f* **1.** (*Bevorzugung*) preferential treatment **2.** (JUR) aiding and abetting

begutachten *vt* give expert advice about; (SCHULE) judge; **etw ~ lassen** get expert advice about s.th.; **Begutachtung** *f* assessment

begütert [bəˈgyːtɐt] *adj* wealthy

behaart [bəˈhaːɐt] *adj* hairy; (*Tiere*) hirsute

behäbig [bəˈhɛːbɪç] *adj* **1.** (*von Mensch*) portly **2.** (*fig*) comfortable **3.** (*CH: stattlich*) well-to-do

behaftet [bəˈhaftət] *adj:* **mit etw ~ sein** be full of s.th.

Behagen <-s> *nt* contentment; **er aß mit sichtlichem ~** he ate with obvious pleasure; **behagen** [bəˈhaːgən] *vi* please; **behaglich** *adj* cosy; **~ warm** comfortably warm; **Behaglichkeit** *f* cosiness

behalten *irr vt* **1.** keep **2.** (*im Gedächtnis*) remember **3.** (*zurückbehalten*) be left with; **die Nerven ~** keep one's nerve; **etw für sich ~** keep s.th. to o.s.; **jdn in guter Erinnerung ~** have happy memories of s.o.

Behälter [bəˈhɛltɐ] *m* container

behände[RR] [bəˈhɛndə] *adj* agile, nimble

behandeln *vt* treat; (*Problem*) deal with; **der ~de Arzt** the doctor in attendance; **seine Zähne ~ lassen** have one's teeth attended to

Behandlung *f* treatment; **ich war früher in ~ bei Dr. X wegen …** Dr. X used to treat me for …

behängen *vt* decorate; **sich ~ mit …** deck o.s. out with …

beharren *vi:* **auf seiner Meinung ~** insist on one's opinion; **auf seinen Grundsätzen ~** stick to one's principles

beharrlich *adj* insistent; (*unerschütterlich*) steadfast; **Beharrlichkeit** *f* persistence

behauen *irr vt* (*Steine*) cut

behaupten [bəˈhaʊptən] **I.** *vt* **1.** (*aussagen*) claim **2.** (*fig*) maintain; **von jdm ~, dass …** say of s.o. that … **II.** *vr* assert o.s.

Behauptung *f* claim; (*unbewiesene*) assertion; **eine ~ aufstellen** make an assertion

Behausung [bəˈhaʊzʊŋ] *f* dwelling

beheben *irr vt* **1.** (*Schwierigkeiten*) remove; (*Schaden*) repair **2.** (*österr: vom Konto abheben*) withdraw

beheimatet [bəˈhaɪmaːtət] *adj* resident

Behelf [bəˈhɛlf] <-(e)s, -e> *m* makeshift

behelfen *irr vr* get by

behelfsmäßig *adj* makeshift, provisional; (*vorläufig*) temporary

behelligen [bəˈhɛlɪgən] *vt* bother

behende *adj s.* **behände**

beherbergen [bəˈhɛrbɛrgən] *vt* house; **Gäste ~** accommodate guests

beherrschen **I.** *vt* **1.** govern, rule **2.** (*fig*) dominate; (*können*) master **II.** *vr* control o.s.; **ich kann mich ~!** (*fam*) not likely!; **Beherrschung** *f* **1.** (*Selbst~*) self-control **2.** (*Können*) mastery

beherzigen [bəˈhɛrtsɪgən] *vt* heed

Beherzigung *f* heeding

beherzt [bəˈhɛrtst] *adj* courageous

Beherztheit *f* courage

behilflich *adj:* **jdm bei etw ~ sein** help s.o. with s.th.

behindern *vt* hinder; **jdn bei etw ~** hinder s.o. in s.th.; **jds Sicht ~** impede someone's view

behindert *adj* handicapped; **Behinderte(r)** *f m* handicapped person; **die ~n** the handicapped; **schwer ~**[RR] seriously handicapped person; **Behindertenwerkstatt** *f* sheltered workshop; **Behinderung** *f* **1.** hindrance **2.** (*Verkehrs~*) obstruction **3.** (*Körper~*) handicap

Behörde [bəˈhøːɐdə] <-, -n> *f* authority; **die zuständige ~** the proper authorities *pl;* **behördenübergreifend** *adj* concerning more than one authority

behördlich *adj* official

behüten *vt:* **jdn vor etw ~** protect s.o. from s.th.; **behütet** *adj:* **~ aufwachsen** have a sheltered upbringing

behutsam [bəˈhuːtzaːm] *adj* careful, cautious; **mit etw ~ umgehen** handle s.th. with care

bei [baɪ] *präp* **1.** (*räumlich*) at, near, with; **ich war ~ meinem Onkel** I was at my uncle's; **~ jdm zu Hause sein** stay with s.o.; **~ mir zu Hause** at home; **ein Konto ~ der Bank haben** have an account at the bank; **hast du etwas Geld ~ dir?** have you any money on you? **2.** (*zeitlich*) at, during, on; **~ den schweren Regenfällen** during the heavy rains; **~ Tag** by day; **~ Nacht** at night; **~ Beginn der Vorstellung** at the beginning of the performance **3.** (*sonstiger Gebrauch*): **~ guter Gesundheit sein** be in good health; **~m Arbeiten sah er …** when he was working, he saw …; **~ reiflicher Überlegung** upon mature reflection; **~ zwanzig Grad unter Null** when it's twenty degrees below zero; ~ **offenem Fenster schlafen** sleep with the window open; ~ **aller Vorsicht** despite all one's caution; **es geht ~m besten Willen nicht!** with the best will in the world it's not possible!

bei|behalten *irr vt* keep; **seine Gewohnheit** ~ keep up one's habit

bei|bringen *irr vt* 1. (*lehren*): **jdm etw** ~ teach s.o. s.th. 2. (*mitteilen*) break s.th. to s.o.; **Dokumente** ~ furnish documents

Beichte ['baɪçtə] <-, -n> *f* confession; **zur ~ gehen** go to confession; **beichten** *vt* confess (*jdm etw* s.th. to s.o.); **Beichtvater** *m* father confessor

beide ['baɪdə] *pron* both, the two; **ihr ~n** you two; **alle** ~ both of them; **keiner von ~n** neither of them; **~s** both; **beidemal** *adv* both times; **beiderlei** ['baɪdɐlaɪ/--'-] *adj* both; **beiderseitig** *adj* 1. (*auf beiden Seiten*) on both sides 2. (*gegenseitig*) bilateral; **in ~em Einvernehmen** by mutual agreement; **beieinander** *adv* together; **du hast sie wohl nicht alle ~!** (*fam*) you can't be all there!

Beifahrer(in) *m(f)* (AUTO) 1. (*in Kfz*) (front-seat) passenger 2. (*bei Motorrad*) pillion rider; **Beifahrerairbag** *m* (AUTO) passenger airbag; **Beifahrersitz** *m* passenger seat

Beifall <-s> *m* 1. (*Applaus*) applause 2. (*Billigung*) approval; ~ **finden** meet with approval

beifällig *adj:* ~ **aufnehmen** receive favourably

bei|fügen *vt* enclose

Beifügung *f* 1. **unter ~ eines Verrechnungsschecks** enclosing a crossed cheque 2. (GRAM) attributive

Beigabe *f* (COM: *Zugabe*) free gift; **unter ~ von** (*beim Kochen*) adding

beige [be:ʃ] *adj* beige

Beige <-, -n> *f* (*österr: Stapel*) pile

bei|geben *irr* I. *vt* add II. *vi:* **klein** ~ give in

Beigeschmack *m* aftertaste, residual flavour; **einen unangenehmen ~ haben** have an unpleasant taste to it; **das hat einen ~ von …** (*fig*) that smacks of …

Beiheft *nt* supplement

Beihilfe *f* 1. (*Unterstützung*) financial assistance 2. (*staatliche*) allowance 3. (JUR) abetment

bei|kommen *irr vi sein:* **jdm** ~ get hold of s.o.

Beil [baɪl] <-(e)s, -e> *nt* axe; (*kleines ~*) hatchet

Beilage *f* 1. (*in Zeitung*) insert; (*in Buch*) insertion 2. (*Essens~*) side-dish

beiläufig ['baɪlɔɪfɪç] *adj* casual; ~ **gesagt** by the way

bei|legen *vt* 1. (*einer Sendung*) insert; (*einem Briefe*) enclose (in) 2. (*beimessen*) ascribe, attribute 3. (*schlichten*) settle; **einer Sache Gewicht** ~ attach importance to s.th.; **Beilegung** *f* (*von Streit*) settlement

beileibe [baɪ'laɪbə] *adv:* ~ **nicht!** certainly not!; ~ **kein Held** by no means a hero

Beileid <-(e)s> *nt:* **mein aufrichtiges ~!** my heartfelt condolences! *pl*

bei|liegen *irr vi* (*in Brief*) be enclosed; (*einer Zeitung*) be inserted (in); **beiliegend** *adj* enclosed; ~ **sende ich …** enclosed please find …

bei|messen *irr vt:* **einer Sache Bedeutung** ~ attach importance to s.th.

bei|mischen *vt* add

Beimischung *f* addition, admixture

Be-in [bi:'ɪn] <-[s], -s> *nt* (*Riesen-Szenetreff*) be-in

Bein [baɪn] <-(e)s, -e> *nt* (ANAT) leg; **jdm ein ~ stellen** (*a. fig*) trip s.o. up; **jdm ~e machen** (*fam*) make s.o. get a move on; **etw auf die ~e stellen** get s.th. off the ground

beinahe [baɪ'na:ə] *adv* almost, nearly; **ich hätte ~ gesagt …** I nearly said …

Beiname *m* epithet

Beinbruch *m* fracture of the leg; **das ist kein ~!** it could be worse!

Beinfreiheit *f* leg-room

beinhalten [bə'ɪnhaltən] *vt* 1. (*enthalten*) contain 2. (*besagen*) express, say 3. (*bedeuten*) imply

Beinprothese *f* artificial leg

Beipackzettel *m* instruction leaflet

bei|pflichten ['baɪpflɪçtən] *vi:* **jdm in etw** ~ agree with s.o. on s.th.

Beirat *m* advisory council

beirren [bə'ɪrən] *vt:* **sich durch nichts ~ lassen** not to let o.s. be put off by s.th.

Beiried ['bairi:t] <-(e)s> *nt* (*österr*) roast beef

beisammen [baɪ'zamən] *adv* together; **gut ~ sein** (*fig*) be in good shape; **nicht alle ~haben** (*fam*) be not (quite) all there; **Beisammensein** *nt* get-together

Beischlaf *m* (JUR) intercourse

Beisein *nt:* **in meinem** ~ in my presence

beiseite [baɪ'zaɪtə] *adv* aside; **jdn ~ schaffen** get rid of s.o.; **etw ~ schaffen** misappropriate s.th.; **Spaß ~!** joking apart!

Beisel ['baizl] <-s, -(n)> *f* (*österr*) pub

bei|setzen *vt* 1. (*beerdigen*) bury 2. (MAR: *Segel*) spread

Beisetzung *f* funeral; (*Urnen~*) installing in its resting place

Beisitzer(in) *m(f)* committee member; (JUR) assessor

Beispiel *nt* example; **zum** ~ for instance; **wie zum** ~ such as; **jdm ein ~ geben** set s.o. an example; **sich ein ~ an jdm neh-**

men take s.o. as an example; **beispiellos** *adj* **1.** (*ohne Beispiel*) unprecedented **2.** (*unverschämt*) outrageous; **beispielsweise** *adv* for example [*o* instance]

beißen ['baɪsən] *irr vt, vi* **1.** bite **2.** (*Gewürz, Geschmack*) sting; **in den Augen** ~ make one's eyes sting; **beißend** *adj* **1.** (*Kälte*) biting; (*Rauch*) stinging; (*Geschmack*) pungent, sharp **2.** (*Bemerkung*) cutting

Beißzange *f* pincers *pl;* **eine** ~ a pair of pincers

Beistand *m:* **jdm** ~ **leisten** give s.o. assistance; **Beistandspakt** *m* (POL) mutual assistance treaty

bei|stehen *irr vi:* **jdm** ~ stand by s.o.

beistellen *vt* (*österr: zur Verfügung stellen*) provide

Beistelltisch *m* occasional table

Beitrag ['baɪtraːk] <-(e)s, ¨-e> *m* **1.** (*Geldsumme*) contribution; (*Mitglieds~*) (member's) fee; (*Versicherungs~*) premium **2.** (*Anteil*) contribution; **einen** ~ **zu etw leisten** make a contribution to s.th.

beitragspflichtig *adj* contributory; ~ **sein** have to pay contributions *pl*

Beitragssatz *m* rate of subscription

bei|treten *irr vi sein* **1.** (*einer Partei*) join **2.** (*einem Vertrag*) accede to

Beitritt *m* joining; (*zu einem Vertrag*) accession to; **seinen** ~ **erklären** become a member; **Beitrittskandidat** *m* (EU) pre-accession country

Beiwagen *m* (*von Motorrad*) sidecar

bei|wohnen *vi:* **einer Sache** ~ be present at s.th.; **einem Treffen** ~ attend a meeting

Beize ['baɪtsə] <-, -n> *f* **1.** (*für Holz*) stain **2.** (*für Speisen*) marinade

beizeiten [baɪ'tsaɪtən] *adv* in good time

beizen ['baɪtsən] *vt* **1.** (*Holz*) stain **2.** (*Speisen*) marinate

bejahen [bə'jaːən] *vt, vi* **1.** (*ja sagen zu*) answer in the affirmative **2.** (*gutheißen*) approve of; **bejahend** *adj* affirmative; **eine ~e Lebenseinstellung** a positive attitude towards life

bejahrt [bə'jaːɐt] *adj* advanced in years; **ein ~er Mann** an elderly man

bejammern *vt* (*etw*) lament; (*jdn*) lament for

bekämpfen *vt* fight; **sich** ~ fight one another; **Schädlinge** ~ control pests

Bekämpfung *f* fight; (*Schädlings~*) controlling; **bei** ~ **von ...** in fighting ...

bekannt [bə'kant] *adj* well-known (*wegen* for); **wie ist das** ~ **geworden?** how did that come to be so well-known?; **das ist mir** ~ I know about that; **wir sind miteinander** ~ we have already met; ~ **geben**[RR] announce; **jdn mit jdm** ~ **machen**[RR] introduce s.o. to s.o.; **etw** ~ **machen**[RR] announce s.th.; **Bekannte(r)** *f m* acquaintance; **ein ~r von mir** a friend of mine; **Bekanntenkreis** *m* circle of friends

bekannt|geben *vt s.* **bekannt**

bekanntlich *adv* as is (well) known

bekannt|machen *vt s.* **bekannt**

Bekanntmachung *f* announcement; (*Publikation*) publication; **Bekanntschaft** *f:* **jds** ~ **machen** make someone's acquaintance; **mit etw** ~ **machen** come into closer contact with s.th.

bekehren I. *vt* (REL) convert **II.** *vr* become converted; **Bekehrung** *f* conversion

bekennen *irr vt* confess; **sich zu etw** ~ declare one's belief for s.th.; **sich schuldig** ~ admit one's guilt; **sich zur Demokratie** ~ declare one's belief in democracy; **Bekennerbrief** *m* letter claiming responsibility

Bekenntnis *nt* confession; (*Glaubens~*) denomination

beklagen I. *vt* lament; **jds Tod** ~ mourn someone's death **II.** *vr* complain (*über* about); **sich bei jdm über etw** ~ complain to s.o. about s.th.; **ich kann mich nicht** ~ I can't complain; **Sie können sich nicht ~!** you have no reason to complain!

beklagenswert *adj* pitiable; **ein ~er Unfall** a terrible accident

Beklagte(r) *f m* (JUR: *im Zivilprozess*) defendant

bekleben *vt* **1.** (*mit Klebstoff*) paste over **2.** (*mit Gegenständen*): **etw mit etw** ~ stick s.th. onto s.th.

bekleckern I. *vt* stain **II.** *vr:* **sich mit etw** ~ spill s.th. over o.s.

bekleiden *vt* **1.** (*anziehen*) dress (*mit* in) **2.** (*obs: Stellung*) hold; **bekleidet sein mit ...** be wearing ...; **Bekleidung** *f* clothes *pl*

beklemmen *vt* (*fig*) oppress

Beklemmung *f* apprehensiveness

beklommen [bə'klɔmən] *adj* apprehensive

bekloppt [bə'klɔpt] *adj* (*fam*) loony

Bekloppte(r) *f m* (*fam*) nit

bekommen *irr* **I.** *vt haben* (*erhalten*) get, receive; **wir** ~ **bald Regen** we're going to have rain; **was** ~ **Sie dafür?** (*im Laden*) how much is that?; **jdn dazu** ~ **etw zu tun** get s.o. to do s.th.; **Flecken** ~ get spotty; **eine Glatze** ~ go bald; **etw zu essen** ~ get s.th. to eat; **es mit jdm zu tun** ~ get into trouble with s.o. **II.** *vi sein* (*bekömmlich sein*): **jdm gut** ~ do s.o. good; **wohl bekomm's!** your health!

bekömmlich [bə'kœmlɪç] *adj* (*Speisen*) digestible

beköstigen [bə'kœstɪgən] *vt* (*geh*) cater for

Beköstigung *f* (*geh*) catering
bekräftigen *vt* confirm; **jdn in etw ~** strengthen s.o. in s.th.
Bekräftigung *f* confirmation
bekränzen [bə'krɛntsən] *vt* garland
bekreuzigen *vr* (REL) cross o.s.
bekriegen *vt* **1.** (MIL) wage war on **2.** (*fig*) fight
bekritteln *vt* (*fam pej*) criticize
bekritzeln *vt* scribble over
bekümmern *vt* worry; **bekümmert** *adj* worried
bekunden *vt* (*aussagen*) state
belächeln *vt* smile at
beladen I. *vt* load; (*fig: belasten*) burden **II.** *adj* loaded; (*Mensch*) laden
Belag [bə'la:k, *pl:* bə'lɛ:gə] <-(e)s, -̈e> *m* coating; (*Straßen~*) surface; (*der Zunge*) fur; (*Zahn~*) film; (*Brot~*) topping
belagern *vt* besiege, lay siege to
Belagerung *f* siege; **Belagerungszustand** *m* state of siege
belämmertRR [bə'lɛmɐt] *adj* (*sl: betreten*) sheepish
Belang [bə'laŋ] <-(e)s, -e> *m* importance; **nicht von ~** of no importance; **meine ~e** my interests
belangen *vt* **1.** (JUR: *heranziehen*) sue (*wegen* for) **2.** (*angehen*) concern
belanglos *adj* irrelevant, trivial
belassen *irr vt:* **wollen wir es dabei ~!** let's leave it at that!; **alles beim Alten ~** leave things as they are; **etw an seinem Ort ~** leave s.th. in its place
belasten I. *vt* **1.** (*mit Gewicht*) put weight on; (*Fahrzeug*) load **2.** (*fig*) burden **3.** (JUR) incriminate **4.** (FIN: *Bankkonto*) charge; **das belastet mich sehr** that weighs heavily upon my mind; **die Atmosphäre ~** pollute the atmosphere **II.** *vr* (JUR) incriminate o.s.
belästigen [bə'lɛstɪgən] *vt* **1.** (*lästig sein*) bother **2.** (*zudringlich werden*) pester
Belästigung *f* annoyance; **etw als ~ empfinden** find s.th. a nuisance
Belastung [bə'lastʊŋ] *f* **1.** (*fig*) burdening; (*Anstrengung*) strain **2.** (*von Fahrzeug*) load **3.** (FIN: *von Bankkonto*) charge (on); **höchstzulässige ~** maximum load; **Belastungsfähigkeit** *f* (*durch Stress*) ability to take stress; **Belastungsgrenze** *f* **1.** (*fig*) limit **2.** (*durch Gewicht*) weight limit; **Belastungszeuge**, **-zeugin** *m, f* witness for the prosecution
belauern *vt* keep under observation
belaufen *irr vr:* **sich ~ auf …** amount [*o* come] to …
belauschen *vt* eavesdrop on
beleben I. *vt* liven up; **jds Hoffnungen ~** stimulate someone's hopes **II.** *vr* (*fig*) **1.** (*zum Leben erwachen*) come to life **2.** (FIN: *Konjunktur*) be stimulated; **belebend** *adj* invigorating
belebt *adj* (*Straße*) crowded; (*fig*) busy
Belebung *f* **1.** (FIN: *von Konjunktur*) stimulation **2.** (*Wiederaufleben*) revival
Beleg [bə'le:k] <-(e)s, -e> *m* **1.** (FIN) receipt **2.** (*~stelle*) reference
belegen *vt* **1.** (*nachweisen*) verify **2.** (*Platz*) reserve **3.** (*bedecken*) cover; **eine Vorlesung ~** enrol for a lecture
Belegexemplar *nt* (TYP) specimen copy; **Belegleser** *m* (INFORM) optical reader
Belegschaft *f* staff
belegt *adj* **1.** (*Stimme*) hoarse **2.** (*Zunge*) furred **3.** (*Platz*) occupied; **~e Brote** open sandwiches
belehren *vt* instruct, teach; **jdn eines Besseren ~** teach s.o. otherwise; **sich eines anderen ~ lassen** learn otherwise
Belehrung *f* (*Instruktion*) instruction; (JUR) caution; **ich verbitte mir deine ~en!** there's no need to lecture me!
beleibt [bə'laɪpt] *adj* corpulent, stout
beleidigen [bə'laɪdɪgən] *vt* insult; (*fig: beleidigend sein*) offend; **ich wollte Sie nicht ~** no offence!; **bist du jetzt beleidigt?** have I offended you?
Beleidigung *f* insult; **etw als ~ auffassen** take s.th. as an insult
beleihen *irr vt* (*Gegenstände*) lend money on …; (*Immobilien*) mortgage
belemmert *adj s.* **belämmert**
belesen *adj* well-read
Belesenheit *f* wide reading
beleuchten *vt* **1.** light; (*festlich*) illuminate **2.** (*fig: untersuchen*) examine
Beleuchtung *f* **1.** (*Lichtanlage*) lights *pl* **2.** (*fig*) examination; **die ~ einschalten** turn on the lights; **Beleuchtungsanlage** *f* lighting equipment; **Beleuchtungskörper** *m* lighting appliance
beleumundet [bə'lɔɪmʊndət] *adj:* **gut ~** of good reputation
Belgien ['bɛlgiən] *nt* Belgium; **Belgier(in)** *m(f)* Belgian; **belgisch** *adj* Belgian
belichten *vt* (PHOT) expose
Belichtung *f* (PHOT) exposure; **Belichtungsautomatik** *f* (PHOT) automatic exposure; **Belichtungsmesser** *m* (PHOT) exposure meter; **Belichtungszeit** *f* exposure time
Belieben <-s> *nt:* **ganz nach Ihrem ~** at your discretion
belieben *vi:* **wie es Ihnen beliebt** as you wish
beliebig *adj* optional, any; **zu jeder ~en Zeit** at any time; **von ~er Größe** of any size; **in ~er Reihenfolge** in any order whatever

beliebt *adj* popular; **sich bei jdm ~ machen** make o.s. popular with s.o.
Beliebtheit *f* popularity
beliefern *vt:* **jdn mit etw ~** supply s.o. with s.th.
bellen ['bɛlən] *vi* bark
Belletristik [bɛle'trɪstɪk] *f* fiction and poetry; **belletristisch** *adj:* **~e Literatur** fiction and poetry; **~e Zeitschrift** literary magazine
belohnen *vt* reward
Belohnung *f* recompense, reward; **zur ~ für ...** as a reward for ...
belüften *vt* ventilate
Belüftung *f* **1.** ventilating **2.** (*Anlage*) ventilation; **Belüftungsschacht** *m* (AUTO) intake air shaft
belügen *irr vt:* **jdn ~** tell lies to s.o.
belustigen *vt* amuse; **sich mit etw ~** amuse o.s. by (doing) s.th.
belustigt *adj:* **~ über etw** amused with s.th.
Belustigung *f* amusement; **zu meiner ~** to my amusement
bemächtigen [bə'mɛçtɪgən] *vr:* **sich einer Sache ~** seize hold of s.th.; **sich jds ~** (*fig*) come over s.o.
bemalen I. *vt* paint **II.** *vr* paint o.s.
bemängeln [bə'mɛŋəln] *vt* find fault with ...
bemannt [bə'mant] *adj* (*Rakete, Raumfahrzeug*) manned
bemerkbar *adj* noticeable, perceptible; **sich ~ machen** draw attention to o.s.; (*fig*) make itself felt
bemerken *vt* **1.** (*merken*) notice **2.** (*sagen*) remark; **nebenbei bemerkt** by the way
bemerkenswert *adj* remarkable
Bemerkung *f* comment, remark
bemessen *irr vt* (*zumessen*) allocate; **meine Zeit ist knapp ~** my time is limited
bemitleiden [bə'mɪtlaɪdən] *vt* pity; **sich selbst ~** feel sorry for o.s.; **bemitleidenswert** *adj* pitiable, pitiful
bemoost [bə'mo:st] *adj* mossy
bemühen [bə'my:ən] **I.** *vt* trouble; **jdn zu sich ~** call in s.o. **II.** *vr* try hard; **sich um jdn ~** look after s.o.; **bitte ~ Sie sich nicht!** please don't trouble yourself!; **sich um eine Stelle ~** try to get a job; **Bemühung** *f* effort, endeavour; **vielen Dank für Ihre ~en** thank you for your trouble
bemuttern [bə'mʊtɐn] *vt* mother
benachbart [bə'naxba:ɐt] *adj* neighbouring; **das ~e Haus** the house next door
benachrichtigen [bə'na:xrɪçtɪgən] *vt* inform (*von* of)
Benachrichtigung *f* notification; **eine ~ erhalten** be notified
benachteiligen [bə'na:xtaɪlɪgən] *vt* discriminate against; **Benachteiligung** *f* **1.** (*Zustand*) discrimination **2.** (*das Benachteiligen*) disadvantaging
Benchmarking ['bɛntʃma:kɪŋ] <-s> *nt* (*Orientierungsmaßstäbe*) bench marking
Benefizkonzert <-(e)s, -e> *nt* benefit concert; **Benefizveranstaltung** [bene'fi:ts-] *f* charity event, benefit gig
Benehmen <-s> *nt* behaviour
benehmen *irr vr* behave; **benimm dich!** behave yourself!
beneiden *vt:* **jdn um etw ~** envy s.o. s.th.; **er ist nicht zu ~** I don't envy him; **beneidenswert** *adj* enviable
Beneluxstaaten *mpl* Benelux Economic Union *sing*
benennen *irr vt* name
Benennung *f* (*Bezeichnung*) name
Bengel ['bɛŋəl] <-s, -/-s> *m* (*fam*) rascal
benommen [bə'nɔmən] *adj* dazed
benötigen [bə'nø:tɪgən] *vt* need, require; **dringend ~** be in urgent need of
benutzen *vt* use; **etw als Vorwand ~** use s.th. as an excuse; **Benutzer(in)** *m(f)* user; **benutzerfreundlich** *adj* user-friendly; **Benutzerhandbuch** *nt* (TECH) user's guide, user handbook; **Benutzerkonto** *nt* (INTERNET) account; **Benutzername** *m* (INTERNET) user name; **Benutzeroberfläche** *f* (INFORM) user [*o* system] interface
Benutzung *f* use; **etw in ~ haben** be using s.th.
Benzin [bɛn'tsi:n] <-s, -e> *nt* petrol *Br,* gasoline *Am;* **Benzinkanister** *m* petrol can *Br,* gasoline can *Am;* **Benzinpumpe** *f* fuel pump; **Benzintank** *m* fuel tank *Br,* gasoline tank *Am*
Benzinuhr *f* fuel gauge [*o* meter]; **Benzinverbrauch** *m* fuel consumption
beobachten [bə'o:baxtən] *vt* observe, watch; **etw an jdm ~** notice s.th. in s.o.
Beobachter(in) *m(f)* observer
Beobachtung *f* observation; **Beobachtungsgabe** *f* power of observation; **Beobachtungssatellit** *m* (MIL METE) observation satellite
beordern *vt:* **jdn an einen Ort ~** instruct s.o. to go somewhere
bequem [bə'kve:m] *adj* **1.** (*komfortabel*) comfortable **2.** (*fig: leicht*) easy; **es sich ~ machen** make o.s. comfortable; **es ~ haben** have an easy time of it
bequemen *vr:* **sich zu etw ~** deign to do s.th.
Bequemlichkeit *f* **1.** (*Komfort*) comfort **2.** (*Faulheit*) idleness
beraten *irr* **I.** *vt* **1.** (*Rat geben*) advise **2.** (*beratschlagen*) discuss; **sich von jdm ~ lassen** ask someone's advice; **sich von ei-**

nem Anwalt ~ lassen consult a lawyer II. *vr* discuss; **sich mit jdm ~ über etw** consult with s.o. about s.th.; **beratend** *adj* advisory

Berater(in) *m(f)* adviser

beratschlagen *vi* confer

Beratung *f* 1.(*Konsultation*) consultation 2.(*Besprechung*) discussion; **Beratungspraxis** *f* consultancy (office); **Beratungsstelle** *f* advice centre

berauben *vt* rob; **jdn einer Sache ~** rob s.o. of s.th.

berauschen I. *vt* 1.intoxicate 2.(*fig*) enrapture II. *vr* 1.become intoxicated (*an etw* with s.th.) 2.(*fig*) be enraptured (*an* by); **berauschend** *adj* intoxicating; **das war nicht sehr ~!** (*fam*) that wasn't very exciting!

Berber ['bɛrbɐ] <-s, -> *m* 1.(*Teppich*) Berber carpet [*o* rug] 2.(*Volkszugehöriger*) Berber 3.(*fam: Obdachloser*) tramp

berechenbar [bə'rɛçənba:ɐ] *adj* 1.(FIN) calculable 2.(*fig*) predictable

berechnen *vt* 1.(*a. fig*) calculate 2.(*in Rechnung stellen*) charge; **Sie haben mir das zu teuer berechnet** you've charged me too much for this; **berechnend** *adj* calculating

Berechnung *f* calculation; **nach meiner ~** according to my calculations *pl*

berechtigen [bə'rɛçtɪgən] *vt* entitle; **das berechtigt zu der Annahme, dass ...** this justifies the assumption that ...

berechtigt *adj* legitimate; **~ sein etw zu tun** be entitled to do s.th.

Berechtigung *f* 1.(*Recht*) right 2.(*Rechtmäßigkeit*) legitimacy

bereden *vt* talk over; **sich mit jdm über etw ~** talk s.th. over with s.o.

Beredsamkeit *f* eloquence

beredt [bə're:t] *adj* eloquent

Bereich [bə'raɪç] <-(e)s, -e> *m* 1.area 2.(*fig*) sphere; **im ~ des Möglichen** within the bounds of possibility

bereichern I. *vt* enrich II. *vr* make a lot of money (*an* out of)

Bereicherung *f* money-making; (*fig*) enrichment

bereifen *vt* (AUTO) put tyres on; **Bereifung** *f* set of tyres

bereinigen *vt* (*ins Reine bringen*) clear up; **sich ~** resolve itself

bereisen *vt* (COM) travel; **England ~** travel around England

bereit [bə'raɪt] *adj* ready; (*bereitwillig*) prepared, willing; **~ sein etw zu tun** be willing to do s.th.

bereiten *vt* 1.(*zubereiten*) prepare 2.(*verursachen*) cause; **jdm Kummer ~** cause s.o. grief; **Vergnügen ~** give pleasure

bereit|halten *irr vt* have ready; (*fig*) have in store

bereits [bə'raɪts] *adv* already; **~ am nächsten Tag** on the very next day

Bereitschaft *f* 1.readiness 2.(*~sdienst*) emergency service; **welcher Arzt hat heute ~?** which doctor is on call today?; **welche Apotheke hat heute ~?** which chemist is open after-hours today?; **etw in ~ haben** have s.th. ready; **Bereitschaftsdienst** *m* emergency service; **Bereitschaftspolizei** *f* crowd control police, riot police *Br*

bereit|stellen *vt* get ready; (*zur Lieferung*) provide, supply

Bereitstellungskosten *pl* material overheads

bereitwillig *adj* eager; **~ Auskunft erteilen** give information willingly

bereuen [bə'rɔɪən] *vt* regret; **das wirst du (noch) ~!** you'll be sorry for that!

Berg [bɛrk] <-(e)s, -e> *m* 1.mountain; (*Hügel*) hill 2.(*fig*) heap, pile; **in die ~e fahren** go to the mountains; **über den ~ sein** (*fig*) be out of the wood; **über alle ~e sein** (*fig*) be long gone; **ihr standen die Haare zu ~e** her hair stood on end; **bergab** [bɛrk'ap] *adv* downhill; **bergan** *adv* uphill

Bergarbeiter *m* miner; **Bergarbeiterstreik** *m* miner's strike

bergauf [bɛrk'aʊf] *adv* uphill; **es geht mit ihm ~** things are looking up for him

Bergbahn *f* mountain railway

Bergbau *m* mining

bergen ['bɛrgən] *irr vt* 1.(*retten*) rescue, save 2.(MAR) salvage 3.(*enthalten*) hold; **das birgt natürlich die Gefahr, dass ...** this of course involves the danger that ...

Bergführer(in) *m(f)* mountain guide; **Berggipfel** *m* mountain top; **Bergkette** *f* mountain range; **Bergkristall** *m* rock crystal; **Bergkuppe** *f* (round) mountain top; **Bergland** *nt* hilly region; **Bergmann** <-(e)s, -leute> *m* miner; **Bergrücken** *m* mountain ridge; **Bergrutsch** *m* landslide; **Bergschuh** *m* climbing boot; **Bergsteigen** *nt* mountaineering; **Bergsteiger(in)** *m(f)* mountain climber, mountaineer; **Berg-und-Talbahn** *f* big dipper *Br*, roller-coaster

Bergung ['bɛrgʊŋ] *f* 1.(*Rettung*) rescue, saving 2.(MAR) salvage; **Bergungsarbeit** *f* 1.(*Rettungsarbeit*) rescue work 2.(MAR) salvage work; **Bergungstrupp** *m* rescue team

Bergwacht *f* mountain rescue service; **Bergwand** *f* mountain face; **Bergwanderung** *f* hike in the mountains; **Bergwerk** *nt* mine

Bericht [bə'rɪçt] <-(e)s, -e> *m* report; **ei-**

B

nen ~ über etw abfassen give a report on s.th.; **jdm über etw ~ erstatten** give s.o. a report on s.th.

berichten *vt, vi* report; **er berichtete, dass ...** he said that ...; **gibt es Neues zu ~?** has anything new happened?; **nun berichte mal von dir!** now tell me about yourself!

Berichterstatter(in) *m(f)* (*Presse*) reporter; (*Korrespondent*) correspondent

Berichterstattung *f* reporting

berichtigen [bə'rɪçtɪgən] *vt* correct

Berichtigung *f* correction

berieseln *vt* (*Rasen*) sprinkle

Berieselung *f* (*mit Wasser*) watering; **die ~ durch etw** (*fig*) the constant stream of s.th.; **Berieselungsanlage** *f* sprinkler system

beritten [bə'rɪtən] *adj* (MIL: *a. Polizei*) mounted

Berliner[1] [bɛr'li:nɐ] <-s, -> *m* (*Gebäck*) doughnut

Berliner(in)[2] *m(f)* Berliner

berlinern *vt* speak with a Berlin accent

Bernstein *m* amber

bersten ['bɛrstən] *irr vi sein* (*auf~*) crack; (*platzen*) burst; **vor Ungeduld ~** be bursting with impatience

berüchtigt [bə'rʏçtɪçt] *adj* infamous, notorious

berücksichtigen [bə'rʏkzɪçtɪgən] *vt* **1.** (*in Betracht ziehen*) consider **2.** (*bedenken*) take into consideration; **etw nicht ~** disregard s.th.

Berücksichtigung *f* consideration; **unter ~ der Tatsache, dass ...** in view of the fact that ...

Beruf [bə'ru:f] <-(e)s, -e> *m* occupation; (*Handwerk*) trade; **einen ~ ausüben** have an occupation; **was sind Sie von ~?** what's your job?

berufen *irr* **I.** *vt* (*ernennen*) appoint **II.** *vr* refer (*auf etw* to s.th.)

berufen *adj* (*zuständig*) competent; **sich zu etw ~ fühlen** feel one has a mission to do s.th.

beruflich *adj* professional; **~e Probleme** problems at work; **sich ~ weiterbilden** undertake further job training; **~ unterwegs sein** be away on business

Berufsausbildung *f* training; **Berufsberater(in)** *m(f)* careers adviser; **Berufsberatung** *f* careers guidance; **Berufsbezeichnung** *f* job title; **Berufsbild** *nt* job description; **berufserfahren** *adj* professionally experienced; **Berufsfachschule** *f* technical college; **Berufsgenossenschaft** *f* professional association; (*für Handwerk*) trade association; **Berufskrankheit** *f* occupational disease; **Berufsleben** *nt* professional life; **Berufsrisiko** *nt* occupational hazard; **Berufsschule** *f* vocational college; (*technische ~*) technical college; **Berufsschullehrer(in)** *m(f)* vocational school teacher; **Berufssoldat** *m* professional soldier; **Berufssportler(in)** *m(f)* professional sportsman (sportswoman); **berufstätig** *adj* working; **Berufstätige(r)** *f m* working person; **Berufsunfall** *m* professional accident; **Berufsverband** *m* professional organization; **Berufsverkehr** *m* commuter traffic; **Berufswahl** *f* choice of occupation

Berufung *f* **1.** (*fig*) vocation; (REL) calling **2.** (JUR) appeal; **in die ~ gehen** (JUR) appeal; **unter ~ auf ...** with reference to ...

beruhen *vi* be founded [*o* based] on; **etw auf sich ~ lassen** let s.th. rest

beruhigen [bə'ru:igən] **I.** *vt* calm (down); **ich kann Sie (da) ~!** I can reassure you!; **na, dann bin ich ja beruhigt!** well I must say I'm quite relieved! **II.** *vr* calm down; (*Verkehr*) subside; **hat sich dein Magen jetzt beruhigt?** has your stomach settled down now?

Beruhigung *f*: **zu Ihrer ~ kann ich sagen, dass ...** you'll be reassured to know that ...; **Beruhigungsmittel** *nt* (MED) sedative, tranquillizer

berühmt [bə'ry:mt] *adj* famous; **~ für etw sein** be famous for s.th.; **Berühmtheit** *f* **1.** (*großer Ruf*) fame **2.** (*bekannte Person*) celebrity

berühren *vt* **1.** touch **2.** (*nahe angehen*) move; **das berührt mich nicht** that's nothing to do with me

Berührung *f* touch; **in ~ kommen mit ...** come in(to) contact with ...

Berührungsangst *f* fear of contact

besagen *vt* say; **das besagt nicht viel** that doesn't mean a lot; **das besagt nicht, dass ...** that doesn't say that ...

besagt [bə'za:kt] *adj* said; (*geh*) aforementioned

besaitet [bə'zaɪtət] *adj*: **zart ~ sein** be highly sensitive

besänftigen [bə'zɛnftɪgən] *vt* calm down, soothe

Besänftigung *f* calming, soothing

besät [bə'zɛ:t] *adj* covered; **mit Blättern ~** strewn with leaves

Besatz *m* edging, trimming

Besatzung *f* **1.** (MIL: *einer Stadt, Garnison*) garrison **2.** (*Schiffs-*) crew; **Besatzungsarmee** *f* army of occupation; **Besatzungsmacht** *f* occupying power; **Besatzungsstreitkräfte** *fpl* occupying forces

besaufen *irr vr* (*sl*) get plastered

beschädigen *vt* damage

Beschädigung *f* damage (*von* to)
beschaffen *vt* get hold of, obtain
beschaffen *adj:* **so ~ sein, wie ...** be the same as ...
Beschaffenheit *f* composition; (*seelische* ~) disposition, nature
Beschaffung *f* obtaining, procuring; **Beschaffungsgüter** *ntpl* supply goods; **Beschaffungskredit** *m* buyer credit; **Beschaffungskriminalität** *f* (*Drogenszene*) drug-related crime; **Beschaffungsplan** *m* buying programme, procurement budget; **Beschaffungspreis** *m* cost [*o* purchase] price; **Beschaffungswert** *m* acquisition value
beschäftigen [bəˈʃɛftɪgən] **I.** *vr:* **sich mit etw ~** occupy o.s. with s.th.; **sich mit jdm ~** devote one's attention to s.o.; **ich beschäftige mich gerade mit meiner Arbeit** I'm busy with my work just now **II.** *vt* **1.** occupy **2.** (*Arbeit geben*) employ; **beschäftigt** *adj* busy, occupied; **er ist ~** he is busy; **~ bei ...** employed by ..., working for ...; **viel ~**RR very busy
Beschäftigte(r) *f m* employee
Beschäftigung *f* **1.** (*Tätigkeit*) occupation **2.** (*fig: mit Problem*) preoccupation **3.** (*Beruf*) job, employment; **Beschäftigungslage** *f* employment situation; **Beschäftigungsprogramm** *nt* (*Schaffung von Arbeitsplätzen*) job creation scheme; **Beschäftigungstherapie** *f* occupational therapy
beschämen *vt* **1.** (*jdn ~*) shame **2.** (*~d sein für*) embarrass
beschämt *adj* embarrassed
Beschämung *f* embarrassment; (*Scham*) shame
beschatten *vt* (*a. fig*) shadow; **jdn ~ lassen** (*fig*) have s.o. shadowed
Beschattung *f* shading
beschauen *vt* behold, look at
beschaulich *adj* **1.** (*geruhsam*) tranquil **2.** (*in sich gekehrt*) contemplative
Beschaulichkeit *f* **1.** (*Geruhsamkeit*) tranquillity **2.** (REL) contemplativeness
Bescheid [bəˈʃaɪt] <-(e)s, -e> *m* **1.** (*Antwort*) answer, reply; (*Auskunft*) information **2.** (*Entscheidung*) decision; **ich warte noch auf ~** I'm still waiting to hear; **jdm ~ stoßen** (*fam*) tell s.o. where to get off; **jdm über etw ~ geben** let s.o. know about s.th.; **weißt du darüber ~?** do you know about this?
bescheiden *irr* **I.** *vt:* **jdn abschlägig ~** turn s.o. down **II.** *vr:* **sich mit etw ~** content o.s. with s.th.
bescheiden *adj* **1.** (*genügsam*) modest **2.** (*mittelmäßig*) mediocre; **~es Auftreten** unassuming manners *pl*
Bescheidenheit *f* (*Genügsamkeit*) modesty; (*Anspruchslosigkeit*) unassumingness; **bei aller ~** with all due modesty; **nur keine falsche ~!** no false modesty now!
bescheinigen [bəˈʃaɪnɪgən] *vt* certify; **den Empfang von ... ~** acknowledge receipt of ...; **hiermit wird bescheinigt, dass ...** this is to certify that ...; **können Sie mir ~, dass ...?** can you confirm in writing that ...?
Bescheinigung *f* certificate; (*Quittung*) receipt
bescheißen *irr vt* (*sl*): **jdn ~** do s.o. (*um* out of); **wir sind ganz schön beschissen worden!** (*sl*) we've really been had!
beschenken *vt:* **jdn mit etw ~** give s.o. s.th.; **sich gegenseitig ~** give each other presents
bescheren [bəˈʃeːrən] *vt:* **die Kinder ~** give the children their Christmas presents
Bescherung *f* (*zu Weihnachten*) distribution of Christmas presents; **eine schöne ~!** this is a nice mess!; **da haben wir die ~!** what did I tell you!
bescheuert [bəˈʃɔɪɐt] *adj* (*sl*) dumb
beschichtet *adj* coated
beschicken *vt* (TECH) charge, feed, load
beschießen *irr vt* **1.** fire on; (*durch Geschütze*) shell **2.** (*fig*) bombard
Beschießung *f* **1.** (*mit Geschossen*) firing (*von* on); (*durch Geschütze*) shelling **2.** (PHYS) bombarding
Beschilderung *f* signposting
beschimpfen *vt* abuse, swear at
Beschimpfung *f* insult
beschirmen *vt* protect, shield
beschissen *adj* (*sl*) shitty; **es geht mir ~** I feel pissed off
Beschlag *m* **1.** (*an Tür*) mounting; (*Koffer~*) fitting **2.** (*Niederschlag auf Metall*) tarnish; **etw mit ~ belegen** monopolize s.th.
beschlagen[1] *irr vt* (*Pferd*) shoe
beschlagen[2] *irr vi sein* (*Scheiben*) get steamed; (*von Metall*) tarnish
beschlagen *adj:* **gut ~ sein in ...** be well versed in ...; **der Spiegel ist ~** the mirror is misted over
beschlagnahmen *vt* **1.** (JUR) confiscate **2.** (*fig*) monopolize; **Beschlagnahmung** *f* confiscation
beschleunigen [bəˈʃlɔɪnɪgən] *vt* accelerate, hasten, speed (up); (*Lieferung, Verkauf*) expedite; **die Fahrt ~** pick up speed; **seine Schritte ~** quicken one's steps
Beschleunigung *f* acceleration, speeding up; **Beschleunigungsvermögen** *nt* (AUTO) acceleration
beschließen *irr vt* **1.** (*Resolution*) decide on; (PARL: *Gesetz*) pass **2.** (*beenden*) con-

clude; **über etw ~** decide on s.th.

Beschluss[RR] *m* decision, resolution; **beschlussfähig**[RR] *adj* (*a.* PARL): **~ sein** have a quorum; **beschlussunfähig**[RR] *adj* (*a.* PARL): **~ sein** be inquorate

beschmieren I. *vt* smear; **die Wände mit … ~** smear … on the walls; **die Tafel ~** scribble all over the blackboard **II.** *vr* get dirty

beschmutzen I. *vt* (*a. fig*) dirty, soil **II.** *vr* get o.s. dirty

beschneiden *irr vt* **1.** trim; (*Bäume*) prune **2.** (*Vorhaut*) circumcise **3.** (*fig*) curtail

Beschneidung *f* **1.** (REL MED: *der Vorhaut*) circumcision **2.** (*fig*) curtailment

beschnüffeln *vt* sniff at; **jdn ~** (*fig*) spy s.o. out

beschönigen [bəˈʃøːnɪgən] *vt* gloss over

beschränken [bəˈʃrɛŋkən] **I.** *vt* limit, restrict (*auf* to) **II.** *vr:* **sich ~ auf …** confine o.s. to …; **sich auf das Wesentliche ~** confine o.s. to the essentials *pl*

beschränkt *adj* **1.** limited **2.** (*geistig*) limited, narrow; **Gesellschaft mit ~er Haftung** private limited company *Br,* corporation *Am*

Beschränktheit *f* (*a. fig*) limitedness

Beschränkung *f* limitation, restriction; **jdm ~en auferlegen** impose restrictions on s.o.

beschreiben *irr vt* **1.** (*schildern*) describe **2.** (*Papier*) write on **3.** (MATH: *Kreis*) describe; **nicht zu ~ sein** be beyond description

Beschreibung *f* description; (*Funktionsdarstellung*) instructions *pl*

beschreiten *irr vt:* **neue Wege ~** (*fig*) follow new paths

beschriften [bəˈʃrɪftən] *vt* **1.** (*mit Schrift versehen*) write on; (*mit Lettern versehen*) inscribe **2.** (*etikettieren*) label

Beschriftung *f* (*Aufschrift*) inscription

beschuldigen [bəˈʃʊldɪgən] *vt* (*einer Sache*) accuse (s.o.) of, charge (s.o.) with

Beschuldigung *f* accusation, charge

Beschuss[RR] *m* **1.** (MIL) fire **2.** (PHYS) bombarding; **unter ~ nehmen** fire on; (*fig*) launch an attack on

beschützen *vt* protect, shelter (*vor* from)

Beschützer(in) *m(f)* protector

beschwatzen *vt* (*fam*) **1.** talk over **2.** (*schwatzen über*) have a chat about; **jdn zu etw ~** talk s.o. into s.th.

Beschwerde [bəˈʃveːɐdə] <-, -n> *f* **1.** (*Klage*) complaint **2.** (*Schmerzen*) trouble; **mit etw ~n haben** have trouble with s.th.; **eine ~ einlegen** lodge a complaint

beschweren I. *vr* complain **II.** *vt* (*mit Gewicht*) weigh down

beschwerlich *adj* arduous; **jdm ~ fallen** be a burden to s.o.

beschwichtigen [bəˈʃvɪçtɪgən] *vt* appease, calm

beschwindeln *vt* **1.** (*betrügen*) swindle **2.** (*belügen*) tell a fib; **jdn um etw ~** cheat s.o. out of s.th.

beschwingt [bəˈʃvɪŋt] *adj* **1.** (*lebhaft, munter*) lively, sprightly **2.** (*rasch, schnell*) swift; **~e Laune** cheerful mood

beschwipst [bəˈʃvɪpst] *adj* (*fam*) tipsy

beschwören *irr vt* **1.** (*durch Schwur bekräftigen*) swear to **2.** (*anflehen*) beseech, implore **3.** (*heraufbeschwören, a. fig*) conjure up

Beschwörung *f* **1.** (*durch Zauberer*) conjuration **2.** (*inständiges Bitten*) entreaty

beseelen *vt* fill, inspire

besehen *irr vt* look at; **sich etw aus der Nähe ~** look at s.th. closely

beseitigen [bəˈzaɪtɪgən] *vt* (*entfernen*) get rid of, remove

Beseitigung *f* removal; (*Liquidierung*) elimination

Besen [ˈbeːzən] <-s, -> *m* broom; (*Reisig~*) besom; **ich fresse einen ~, wenn …** (*fam*) I'll eat my hat if …; **Besenstiel** *m* broom-stick; **Besenwirtschaft** *f* inn run by a wine-grower, serving simple meals and wine, during the new-wine season

besessen [bəˈzɛsən] *adj* **1.** (REL: *von bösen Geistern*) possessed (*von* by) **2.** (*fig*) obsessed (*von* with); **wie ~ arbeiten** work like one possessed

besetzen *vt* **1.** (*a.* MIL) occupy **2.** (*mit Verzierungen*) trim **3.** (*Stelle, Posten*) fill **4.** (*Rolle*) cast; **ist dieser Platz besetzt?** is this seat taken?; **ein Haus instand ~**[RR] squat in a house (and do it up)

besetzt *adj* **1.** (*Platz*) taken; (*Toilette*) occupied **2.** (TELE) engaged *Br,* busy *Am* **3.** (*ausgebucht*) booked; **Besetztzeichen** *nt* (TELE) engaged tone *Br,* busy tone *Am*

Besetzung *f* **1.** (MIL) occupation **2.** (MUS) instrumentation; (THEAT) cast; (SPORT) team

besichtigen [bəˈzɪçtɪgən] *vt* have a look at; (*Stadt*) visit

Besichtigung *f* **1.** (*einer Stadt*) visit (to); (*von Sehenswürdigkeiten*) sight-seeing tour **2.** (*Inspektion*) inspection

besiedelt *adj:* **dicht** (**dünn**) **besiedelt** densely (sparsely) populated

Besied(**e**)**lung** *f* settlement; (*Kolonisierung*) colonization; **dünne ~** sparse population

besiegeln *vt* seal

besiegen *vt* **1.** (*Feind*) defeat; (*Land*) conquer **2.** (*fig*) overcome

Besiegte(**r**) *f m* **1.** (*besiegter Feind*) defeated foe **2.** (SPORT) loser

besinnen *irr vr* **1.** (*es sich anders überlegen*) have second thoughts **2.** (*sich erinnern an*) remember **3.** (*nachdenken*) think, reflect; **sich anders** ~ change one's mind; **ohne sich lange zu** ~ without thinking twice; **sich eines Besseren** ~ think better of …; **wenn ich mich recht besinne** if I remember correctly

besinnlich *adj* contemplative

Besinnung *f* **1.** (*Bewusstsein*) consciousness **2.** (*Sich-Besinnen*) reflection, contemplation; **die** ~ **verlieren** lose consciousness; **wieder zur** ~ **kommen** regain consciousness; (*fig*) come to one's senses *pl;* **jdn zur** ~ **bringen** bring s.o. round; (*fig*) bring s.o. to his [*o* her] senses *pl;* **nicht bei** ~ **sein** be unconscious; **besinnungslos** *adj* insensible, unconscious; ~ **vor Wut** blind with rage

Besitz <-es> *m* possession; (*Grundvermögen*) property, (real) estate; **von etw** ~ **ergreifen** seize possession of s.th.; **etw in** ~ **nehmen** take possession of s.th.; **wir sind im** ~ **von Dokumenten** we have documents in our possession; **besitzanzeigend** *adj* (GRAM) possessive

besitzen *irr vt* (*haben*) have; (*geh*) own, possess; **jds Vertrauen** ~ have someone's confidence; **Besitzer(in)** *m(f)* owner, proprietor; **den** ~ **wechseln** change hands

besitzergreifend *adj* possessive

besitzlos *adj* without possessions

Besitzstandsdenken *nt* (*Festhalten am Status Quo*) property-oriented thinking

Besitztum *nt* **1.** (*Eigentum*) possession, property **2.** (*Landgut*) estate; **Besitzung** *f* possession; (*Land~*) estates *pl*

besoffen [bəˈzɔfən] *adj* (*sl*) canned, pissed

besohlen [bəˈzoːlən] *vt* sole

besolden [bəˈzɔldən] *vt* pay; **Besoldung** *f* pay

besondere [bəˈzɔndərə] *adj* special; (*außergewöhnlich*) exceptional; **ohne** ~ **Begeisterung** without any particular enthusiasm; **wir legen ~n Wert auf …** we place special emphasis on …

Besonderheit *f* peculiarity

besonders *adv* **1.** (*hauptsächlich*) chiefly, particularly **2.** (*speziell*) specially; **das ist nicht** ~ **lustig!** that's not particularly funny!; **das Essen ist nicht** ~ the food is nothing to write home about; **wie geht's? – nicht** ~ how are you? – not too hot

besonnen [bəˈzɔnən] *adj* considered

Besonnenheit *f* level-headedness

besorgen *vt* **1.** (*beschaffen*) get **2.** (*erledigen*) see to

Besorgnis *f* anxiety, worry; **es besteht kein Grund zur** ~ there's no reason for concern; **besorgt** [bəˈzɔrkt] *adj* anxious, worried (*wegen* about); **um seine Sicherheit** ~ **sein** be concerned for one's safety; **Besorgtheit** *f s.* **Besorgnis**

Besorgung *f:* **~en machen** do some shopping; **für jdn eine** ~ **machen** get s.th. for s.o.

bespannen *vt* (*mit Bezugsmaterial*) cover; **Bespannung** *f* (*Bespannmaterial*) covering

bespielen *vt* record

besprechen *irr vt* **1.** discuss, talk over **2.** (*Film, Theaterstück*) criticize; (*Buch*) review; **sich mit jdm über etw** ~ confer with s.o. about s.th.

Besprechung *f* **1.** (*Unterredung*) discussion **2.** (*Sitzung*) conference **3.** (*Buch~*) review; **Besprechungszimmer** *m* meeting room

bespritzen *vt* (*mit Wasser*) spray; (*mit Schmutz*) splash; (*mit Blut*) stain

besser [ˈbɛsɐ] *adj* better; ~ **werden** get better, improve; **umso ~!** so much the better!; **das ist auch** ~ **so** it's better that way; **ich habe Besseres zu tun** I have better things to do; **jdn eines Besseren belehren** teach s.o. otherwise; **das solltest du** ~ **nicht tun** you had better not do that

bessern I. *vt* better, improve **II.** *vr* **1.** (*Zustand*) get better, improve **2.** (*sittlich*) mend one's ways *pl*

Besserung *f* improvement; **gute ~!** I hope you get well soon!; **auf dem Wege der** ~ **sein** be on the way to recovery

Besserwisser(in) *m(f)* (*pej*) know-all *Br,* know-it-all *Am*

Bestand [bəˈʃtant] *m* **1.** (*Fortdauer*) continued existence **2.** (COM: *Lager~*) stock (*an* of); **von** ~ **sein** be permanent; ~ **aufnehmen** (COM) take stock

beständig *adj* **1.** (*ständig*) constant, continual **2.** (*gleichbleibend*) constant; (*Wetter*) settled **3.** (*dauerhaft*) resistant (*gegen* to); (*Farbe*) fast

Beständigkeit *f* **1.** (*Standhaftigkeit*) constancy **2.** (TECH: *Dauerhaftigkeit*) resistance

Bestandsaufnahme *f* (*a.* COM) stocktaking; **Bestandskontrolle** *f* stock control; **Bestandsmaterial** *nt* stock-in-trade

Bestandteil *m* component, part; (*fig*) integral part; **in seine ~e zerlegen** take apart; **sich in seine ~e auflösen** fall to pieces

bestärken *vt* confirm; **jdn in seinem Vorhaben** ~ confirm s.o. in his intention; **das hat mich nur (darin) bestärkt** that made me all the more determined

bestätigen [bəˈʃtɛːtɪgən] **I.** *vt* confirm; **den Empfang** ~ acknowledge (receipt of); **hiermit wird bestätigt, dass …** this is to certify that …; **sich in etw bestätigt fin-**

den be confirmed in s.th. **II.** *vr* prove [*o* be proved] true; **bestätigend** *adj* confirmative

Bestätigung *f* confirmation; (*Empfangs~*) acknowledg(e)ment of receipt

bestatten [bəˈʃtatən] *vt* bury

Bestattung *f* burial; (*Feier*) funeral; **Bestattungsinstitut** *nt* undertaker's *Br,* mortician's *Am*

bestäuben [bəˈʃtɔɪbən] *vt* (*von Blüten*) pollinate

beste [ˈbɛstə] *adj* best; **~n Dank!** many thanks!; **der erste Beste**[RR] the first that comes along; **mit den ~n Grüßen** with best wishes; **ich hielte es für das Beste**[RR]**, wenn ...** I thought it best if ...; **das Beste**[RR] **wäre, wir ...** it would be the best for us to ...; **wir wollen das Beste hoffen** let's hope for the best; **es ist zu deinem Besten** it is for your own good

bestechen *irr vt* **1.** bribe, corrupt **2.** (*fig: faszinieren*) captivate, fascinate; **sich ~ lassen** take bribes; **bestechlich** [bəˈʃtɛçlɪç] *adj* bribable, corruptible; **Bestechlichkeit** *f* corruptibility

Bestechung *f* bribery, corruption

Besteck [bəˈʃtɛk] <-(e)s, -e/(-s)> *nt* cutlery *Br,* flatware *Am*

Bestehen *nt* **1.** (*Existenz*) existence **2.** (*einer Prüfung*) passing; **bei ~ der Prüfung** on passing the exam(ination)

bestehen *irr* **I.** *vi* **1.** (*existieren*) exist **2.** (*zusammengesetzt sein aus*) consist (*aus* of); **~ bleiben**[RR] remain; **es besteht die Aussicht, dass ...** there is a prospect that ...; **das Problem besteht darin, dass ...** the problem is that ... **II.** *vt* **1.** (*Prüfung*) pass **2.** (*Kampf*) win; **eine Prüfung mit 'befriedigend' ~** pass an exam with 'fair'

besteigen *irr vt* **1.** (*Berg*) climb **2.** (*Schiff*) go aboard **3.** (*Thron*) ascend; **Besteigung** *f* climbing

bestellen *vt* **1.** (*Waren*) order **2.** (*ausrichten*) leave a message **3.** (*Land*) till; **soll ich etw ~?** can I take a message?; **er hat hier nichts zu ~!** (*fam*) he doesn't have any say here!; **ich bin für zehn Uhr bestellt** I have an appointment for ten o'clock; **wir sitzen hier wie bestellt und nicht abgeholt** (*fam*) we're sitting here all dressed up and nowhere to go

Bestell-Hotline *f* (*von Versandhäusern*) order hotline; **Bestellnummer** *f* order number; **Bestellschein** *m* order form

Bestellung *f* (*Auftrag*) order

bestenfalls *adv* at best

bestens *adv* very well; **er lässt Sie ~ grüßen** he sends his best regards

besteuern *vt* tax

Besteuerung *f* taxation

bestialisch [bɛstiˈa:lɪʃ] *adj* bestial; (*ekelhaft*) beastly

Bestie [ˈbɛstiə] *f* **1.** (*Tier*) beast **2.** (*Mensch*) animal, brute

bestimmen **I.** *vt* **1.** (*festlegen*) determine; (*Zeit, Ort*) fix, set **2.** (*berechnen*) ascertain **3.** (*vorsehen*) mean **II.** *vi* decide (*über* on); **er hat hier nicht zu ~!** he doesn't make the decisions here!; **bestimmend** *adj* determining; **für etw ~ sein** be characteristic of s.th.

bestimmt **I.** *adj* **1.** (*festgelegt*) fixed, set **2.** (*fig: fest*) firm; **ich suche eine ~e Ausgabe** I want a particular edition **II.** *adv* certainly, definitely; **~ wissen, dass ...** know for certain that ...; **das ist für dich ~** that's meant for you; **das ist ~ für dich!** (*Post*) it's bound to be for you!; **Bestimmtheit** *f* certainty; **mit ~** for certain, positively

Bestimmung *f* **1.** (*Vorschrift*) regulation **2.** (*Schicksal*) destiny **3.** (*das Bestimmen*) determining; **gesetzliche ~en** legal regulations [*o* requirements]; **Bestimmungsland** *nt* (country of) destination; **Bestimmungsort** *m* destination

Bestleistung *f* best performance

bestmöglich *adj* best possible; **sein Bestmögliches tun** do one's best

Bestnoten *fpl* top marks

bestrafen *vt* punish

Bestrafung *f* punishment

bestrahlen *vt* **1.** (*anstrahlen*) illuminate **2.** (MED) give ray treatment to ...

Bestrahlung *f* (MED) radiotherapy, ray treatment

Bestreben <-s> *nt* effort, endeavour

bestrebt *adj:* **~ sein etw zu tun** endeavour to do s.th.

Bestrebung *f* attempt, endeavour; **~en sind im Gange** efforts are being made

bestreichen *irr vt:* **etw mit etw ~** spread s.th. on s.th.

bestreiken *vt* black; **dieser Betrieb wird bestreikt** this factory is on strike

bestreiten *irr vt* **1.** contest, dispute **2.** (*leugnen*) deny **3.** (*aufkommen für*) defray; **das will ich nicht ~** I'm not disputing it; **es lässt sich nicht ~, dass ...** there's no denying the fact that ...

bestreuen *vt* **1.** cover (*mit* with) **2.** (*Speisen*) sprinkle

bestsituiert *adj* (*österr: gut situiert*) well-off

bestücken *vt* **1.** (*ausstatten*) equip, fit **2.** (MIL) arm

Bestückung *f* **1.** (*Ausstattung*) equipment **2.** (MIL) armaments *pl*

bestürmen *vt* **1.** (MIL) assail, storm **2.** (*fig: angehen*) bombard, inundate

bestürzt [bəˈʃtʏrtst] *adj* dismayed

Bestürzung *f* consternation, dismay; **zu unserer** ~ to our dismay

Besuch [bəˈzuːx] <-(e)s, -e> *m* **1.** visit **2.** (*Teilnahme*) attendance **3.** (*Besucher*) visitor; **bei jdm zu** ~ **sein** be visiting s.o.; **von jdm** ~ **erhalten** get a visit from s.o.; **bekommst du viel** ~**?** do you have a lot of visitors?

besuchen *vt* **1.** visit **2.** (*gehen zu*) go to **3.** (*teilnehmen*) attend

Besucher(in) *m(f)* visitor; **Besucherzahl** *f* attendance

Besuchszeit *f* visiting time; **Besuchszimmer** *nt* visitor's room

besucht *adj* **1.** (*Ort, Lokal*) frequented **2.** (FILM THEAT) attended, patronized; **gut (schwach)** ~ well (poorly) attended

besudeln [bəˈzuːdəln] *vt* soil; (*fig*) sully

Betablocker <-s, -> *m* (MED) beta blocker

betagt [bəˈtaːkt] *adj* aged

betasten *vt* feel

betätigen [bəˈtɛːtɪgən] **I.** *vt* operate; **die Bremsen** ~ apply the brakes **II.** *vr* busy o.s.; **sich literarisch** ~ do some writing; **sich politisch** ~ be active in politics

Betätigung *f* **1.** (*Tätigkeit*) activity **2.** (*Bedienung*) operation **3.** (*Aktivierung*) activation

betäuben [bəˈtɔɪbən] *vt* **1.** (MED: *narkotisieren*) anaesthetize **2.** (*benommen machen*) stun; ~**der Lärm** deafening noise

Betäubung *f* **1.** (*Narkotisierung*) anaesthetization **2.** (*Narkose*) anaesthetic

Betäubungsmittel *nt* anaesthetic

Bete [ˈbeːtə] <-, -n> *f*: **Rote**[RR] ~ beetroot

beteilen *vt* (*österr*) give presents to

beteiligen [bəˈtaɪlɪgən] **I.** *vr* participate, take part (*an* in); **sich an den Kosten** ~ contribute to the expenses **II.** *vt*: **jdn an etw** ~ let s.o. take part in s.th.

beteiligt *adj*: **an etw** ~ **sein** be involved in s.th.; (FIN) have a share in s.th.; **Beteiligte(r)** *f m* person involved; (JUR) party

Beteiligung *f* **1.** participation **2.** (*Teilhaberschaft*) partnership **3.** (*Anteil*) share, interest **4.** (*Zuhörerschaft*) attendance

beten [ˈbeːtən] *vi* pray

beteuern [bəˈtɔɪɐn] *vt* declare; **seine Unschuld** ~ protest one's innocence

Beteuerung *f* declaration

betiteln *vt* **1.** (*mit Titel versehen*) entitle **2.** (*beschimpfen*) call

Beton [beˈtɔŋ] <-s, -s> *m* concrete

betonen [bəˈtoːnən] *vt* (*a. fig*) emphasize, stress

betonieren [betoˈniːrən] *vt* concrete; (*fig: festigen*) firm up

Betonmischmaschine *f* concrete mixer; **Betonsilo** *m* (*pej: Hochhaus*) concrete block

betont [bəˈtoːnt] *adj*: ~ **einfach** markedly simple

Betonung *f* **1.** (*von Wort*) stress **2.** (*Nachdruck*) emphasis

betören [bəˈtøːrən] *vt* beguile, bewitch

Betracht [bəˈtraxt] <-(e)s> *m*: **in** ~ **kommen** be considered; **in** ~ **ziehen** take into consideration; **etw außer** ~ **lassen** disregard s.th.; **nicht in** ~ **kommen** be out of the question

betrachten *vt* look at; (*fig: ansehen als*) consider, regard; **sich etw** ~ have a look at s.th.

Betrachter(in) *m(f)* observer

beträchtlich [bəˈtrɛçtlɪç] *adj* considerable

Betrag [bəˈtraːk, *pl:* bəˈtrɛːgə] <-(e)s, ¨-e> *m* amount, sum; ~ **dankend erhalten** payment received with thanks; **ein Scheck über den** ~ **von DM 300,-** a cheque for 300 marks

Betragen *nt* behaviour *Br,* behavior *Am;* (*Führung*) conduct

betragen *irr* **I.** *vi* be **II.** *vr* behave

betrauen *vt*: **jdn mit etw** ~ entrust s.o. with s.th.

betrauern *vt* mourn

Betreff [bəˈtrɛf] <-(e)s> *m*: ~**: ...** re: ...

betreffen *irr vt* (*angehen*) concern, relate to; **was das betrifft** as far as that goes; **betreffend** *adj* concerned, in question; **der** ~**e Brief** the letter referred to; **Betreffzeile** *f* with-reference-to line

betreiben *irr vt* **1.** (*Studien*) pursue; (*Geschäft*) carry on **2.** (*eine Angelegenheit*) push ahead; **auf Betreiben von** at the instigation of

Betreiber(in) <-s, -> *m(f)* runner

betreten *irr vt* **1.** (*Raum*) enter, go into **2.** (*Boden*) walk on (to); **Betreten verboten!** keep off!

betreuen [bəˈtrɔɪən] *vt* look after

Betrieb *m* **1.** (*Geschäft*) business, concern **2.** (*einer Fabrik*) operation **3.** (*Betriebsamkeit*) bustle; (*Verkehr*) traffic; **außer** ~ out of order; **in der Stadt war viel** ~ the town was very busy

Betriebsanleitung *f* operating instructions *pl;* **Betriebsarzt** *m* company doctor; **Betriebsausflug** *m* firm's outing; **betriebsblind** *adj* (*pej*) blind to the shortcomings in one's company; **Betriebsferien** *pl* annual holiday *sing;* **Betriebsfest** *nt* office party; **Betriebskapital** *nt* working capital; **Betriebsklima** *nt* working conditions *pl;* **Betriebskosten** *pl* **1.** (TECH) running costs **2.** (COM) overheads; **Betriebsleiter(in)** *m(f)* (works) manager; **Betriebsleitung** *f* management; **Betriebsrat** *m* **1.** (*Kollegium*) works committee **2.** (*Angehöriger des* ~*es*) works committee member; **Betriebsratsvorsitzende(r)** <-s, -> *f m* chair of works [*o* factory] committee; **Betriebsstilllegung**RR *f* closing down, shutdown; **Betriebssystem** *nt* (INFORM) operating system; **Betriebstemperatur** *f* (TECH) operating temperature; **Betriebsunfall** *m* industrial accident; **Betriebsverfassungsgesetz** *nt* Industrial Constitution Law; **Betriebswirt(in)** *m(f)* business economist; **Betriebswirtschaft** *f* business management

betrinken *irr vr* get drunk

betroffen [bə'trɔfən] *adj* **1.** (*bestürzt*) full of consternation **2.** (*erfasst*) affected (*von* by); ~ **sind verschiedene Mitarbeiter** several staff members are concerned

betrüben *vt* distress, sadden; **betrüblich** [bə'try:plɪç] *adj* deplorable

betrübt *adj* distressed; **tief** ~RR deeply distressed

Betrug [bə'tru:k] <-(e)s> *m* deceit, deception; (JUR) fraud; **das ist ~!** it's all a fraud!

betrügen [bə'try:gən] *irr vt* cheat, deceive; **jdn um etw** ~ cheat s.o. out of s.th.; **seinen Mann** ~ be unfaithful to one's husband

Betrüger(in) *m(f)* (*beim Spiel*) cheat; (*geschäftlich*) swindler; (*Hochstapler*) conman; **Betrügerei** *f* cheating, swindling

betrügerisch *adj* deceitful; **in ~er Absicht** with intent to defraud

betrunken [bə'trʊŋkən] *adj* drunk; **ein Betrunkener** a drunk

Bett [bɛt] <-(e)s, -en> *nt* **1.** (*Liege~*) bed **2.** (*Ober~*) quilt; **das ~ machen** make the bed; **im** ~ in bed; **Frühstück im** ~ breakfast in bed; **zu ~ gehen** go to bed; **mit jdm ins ~ gehen** go to bed with s.o.; **Bettanzug** *m* (*CH: Bettbezug*) quilt-cover; **Bettbezug** *m* quilt-cover; **Bettdecke** *f* **1.** (*flache* ~) blanket **2.** (*Steppdecke*) quilt

bettelarm [--'-] *adj* destitute

betteln *vi* beg; **bei jdm um etw** ~ beg s.o. for s.th.

Bettflasche *f* (*CH: Wärmflasche*) hot-water bottle

bettlägerig ['bɛtlɛ:gərɪç] *adj* bed-ridden

Bettlaken *nt* sheet

Bettler(in) *m(f)* beggar

Bettnässer(in) *m(f)* bedwetter

Bettruhe *f*: **jdm ~ verordnen** order s.o. to stay in bed

BetttuchRR *nt* sheet; **Bettvorleger** *m* bedside rug; **Bettwäsche** *f* bed linen; **Bettzeug** *nt* bedding

beugen ['bɔɪgən] **I.** *vt* **1.** bend; (*Kopf*) bow **2.** (*fig*) break **3.** (GRAM) inflect; (*Verb*) conjugate; (*Substantiv, Adjektiv*) decline **II.** *vr* bend; (*fig*) submit (to); **sich nach vorne** ~ lean forward

Beule ['bɔɪlə] <-, -n> *f* **1.** (*Schwellung*) bump, swelling; (*Eiter~*) boil **2.** (*im Blech*) dent

beunruhigen [bə'ʊnru:igən] *vt* worry; **~d sein** give cause for concern

Beunruhigung *f* concern; **es besteht kein Grund zur** ~ there is no cause for alarm

beurkunden *vt* certify

Beurkundung *f* certification

beurlauben *vt* give leave; **beurlaubt sein** be on leave; **sich ~ lassen** take leave

beurteilen *vt* judge (*nach* by, from); **etw falsch** ~ misjudge s.th.

Beurteilung *f* **1.** (*das Beurteilen*) judg(e)ment **2.** (*Rezension*) review

Beute ['bɔɪtə] <-> *f* booty, loot, spoil; **reiche ~ machen** make a big haul; **jdm zur ~ fallen** fall a prey to s.o.

Beutel ['bɔɪtəl] <-s, -> *m* bag; **tief in den ~ greifen** dig deep into one's pocket

bevölkern [bə'fœlkɐn] *vt* inhabit; **das Land ist dicht bevölkert** it's a densely populated country

Bevölkerung *f* population; **Bevölkerungsdichte** *f* density of population; **Bevölkerungsentwicklung** *f* demographic developments; **Bevölkerungsexplosion** *f* population explosion; **Bevölkerungsrückgang** *m* decline in population; **Bevölkerungszunahme** *f* increase in population

bevollmächtigen [bə'fɔlmɛçtɪgən] *vt* authorize (*zu etw* to do s.th.); **Bevollmächtigte(r)** *f m* authorized representative

bevor [bə'fo:ɐ] *konj* before; ~ **nicht ...** until ...

bevormunden [bə'fɔ:ɐmʊndən] *vt* tell s.o. what he [*o* she] should be doing

Bevormundung *f*: **ich lasse mir diese ~ nicht gefallen** I hate having my mind made up for me

bevorraten *vt* store, stockpile, build up stocks

Bevorratung <-> *f* stockpiling

bevorrechtigt [bə'fo:ɐrɛçtɪçt] *adj* **1.** (*privilegiert*) privileged **2.** (*vorrangig*) high-priority

bevor|stehen *irr vi* lie ahead; (*unmittelbar drohend*) be imminent; **wer weiß, was ihr noch bevorsteht** who knows what is still in store for her; **bevorstehend** *adj* forthcoming, approaching; **der ~e Winter** the approaching winter

bevorzugen *vt* prefer; (*begünstigen*) favour; **Bevorzugung** *f* preferential treatment (*bei* in)

bewachen *vt* guard

bewachsen [bəˈvaksən] *adj:* ~ **mit …** overgrown with …

Bewachung *f* **1.** (*das Bewachen*) guarding **2.** (*Wache*) guard

bewaffnen [bəˈvafnən] *vt* arm; **bewaffnet** *adj* armed; **schwer** ~RR heavily armed

Bewaffnung *f* **1.** (*Vorgang*) arming **2.** (*Waffen*) armament, arms *pl*

bewahren [bəˈvaːrən] *vt* **1.** (*aufheben*) keep **2.** (*beschützen*) protect (*vor* from); **Gott bewahre!** heaven forbid!

bewähren [bəˈvɛːrən] *vr* **1.** (*Mensch*) prove one's worth **2.** (*Gerät*) prove worthwhile

bewahrheiten [bəˈvaːɐhaɪtən] *vr* prove well-founded

bewährt *adj* tried and tested; **ein ~es Mittel** a proven remedy

Bewährung *f* (JUR) probation; **eine Strafe zur ~ aussetzen** impose a suspended sentence; **Bewährungsfrist** *f* (JUR) probation period; **Bewährungshelfer(in)** *m(f)* probation officer

bewaldet [bəˈvaldət] *adj* wooded

bewältigen [bəˈvɛltɪgən] *vt* **1.** (*meistern*) manage **2.** (*überwinden*) get over

bewandert [bəˈvandɐt] *adj* expert, knowledgeable; **in etw gut ~ sein** be well versed in s.th.

Bewandtnis [bəˈvantnɪs] *f:* **damit hat es folgende ~ …** the facts are these …

bewässern [bəˈvɛsɐn] *vt* (*Land*) irrigate

Bewässerung *f* irrigation

bewegen [bəˈveːgən] **I.** *vt* (*a. fig*) move; **jdn zu etw ~** induce s.o. to do s.th.; **können Sie ihn dazu ~?** can you get him to do it? **II.** *vr* move; (*sich Bewegung verschaffen*) get some exercise; **es bewegt sich etwas** (*fig*) things happen, things get going

Beweggrund *m* motive

beweglich [bəˈveːklɪç] *adj* **1.** movable; (*leicht manövrierbar*) manoevrable **2.** (*flink*) agile **3.** (*geistig ~*) nimble

Beweglichkeit *f* movability; (*Agilität*) agility

bewegt [bəˈveːkt] *adj* **1.** (*Wasser: aufgerührt*) choppy **2.** (*fig*) moved **3.** (*ereignisreich*) eventful; **tief ~**RR deeply moved

Bewegung *f* **1.** movement, motion **2.** (*körperlich*) exercise **3.** (*seelisch*) agitation, emotion; **politische ~** political movement; **in ~ bringen** set in motion; **etwas kommt in ~** s.th. gets moving; **jdn in ~ bringen** get s.o. moving; **keine (falsche) ~!** freeze!; **sich ~ verschaffen** get some exercise; **Bewegungsfreiheit** *f* freedom of movement; (*Ellenbogenfreiheit*) elbow-room; **bewegungslos** *adj* motionless; **Bewegungslosigkeit** *f* immobility, motionlessness; **Bewegungstherapie** *f* (MED) kinesiotherapy

Beweihräucherung [bəˈvaɪrɔɪçərʊŋ] <-, -en> *f* (*fig*) incensation, adulation

beweinen *vt* weep for; (*betrauern*) mourn

Beweis [bəˈvaɪs] <-es, -e> *m* proof; (JUR) evidence; (MATH) demonstration; **als ~ dienen** serve as evidence; **den ~ erbringen** produce proof; **den ~ führen** prove; **zum ~ von …** in proof of …; **Beweisaufnahme** *f* hearing of evidence; **beweisbar** *adj* demonstrable, provable; **Beweisbarkeit** *f* demonstrability

beweisen *irr vt* **1.** prove **2.** (*zeigen*) show; **was noch zu ~ wäre** that remains to be seen

Beweisführung *f* **1.** (JUR) presentation of one's case **2.** (*Argumentation*) reasoning

Beweismaterial *nt* evidence

Bewenden *nt:* **damit hatte es sein ~** that was the end of the matter

bewenden *vt:* **lassen wir es dabei ~!** let's leave it at that!

bewerben *irr vr:* **sich bei jdm um eine Stelle ~** apply to s.o. for a job

Bewerber(in) *m(f)* applicant

Bewerbung *f* application; **seine ~ einreichen** file one's application; **Bewerbungsgespräch** *nt* (job) interview; **Bewerbungsschreiben** *nt* letter of application; **Bewerbungsverfahren** *nt* application procedure

bewerfen *irr vt:* **jdn mit etw ~** throw s.th. at s.o.

bewerkstelligen *vt* manage

bewerten *vt* judge; (*schätzen auf*) value; **etw zu hoch (niedrig) ~** overvalue (undervalue) s.th.

Bewertung *f* judg(e)ment; (*Schätzung*) valuation; **Bewertungskriterien** *ntpl* valuation criteria

bewilligen [bəˈvɪlɪgən] *vt* (*zugestehen*) allow; (FIN) grant

Bewilligung *f* allowance; (FIN) grant; (*amtliche ~*) approval

bewirken *vt* bring about, cause; **eine Veränderung ~** effect a change

bewirten *vt:* **jdn ~** entertain s.o. to a meal

bewirtschaften *vt* **1.** (*Gut*) administer, manage **2.** (*Acker*) cultivate **3.** (*Mangelware*) ration; (*Wohnraum*) control

Bewirtschaftung *f* **1.** (*Betreibung*) management **2.** (*von Grund und Boden*) cultivation

Bewirtung *f* (*zu Hause*) hospitality; (*im Gasthaus*) service

bewohnbar *adj* habitable

bewohnen *vt* live in; **bewohnt sein** be inhabited [*o* occupied]

Bewohner(in) *m(f)* (*Einwohner*) inhabitant; (*Haus~*) occupant

bewölken [bə'vœlkən] *vr* cloud over; **bewölkt** *adj* cloudy; **dicht bewölkt**[RR] heavily overcast

Bewölkung *f* clouds *pl*

Bewuchs *m* natural cover

Bewunderer, -rin *m, f* admirer

bewundern *vt* admire (*wegen* for); **bewundernswert** *adj* admirable

Bewunderung *f* admiration

bewusst[RR] [bə'vʊst] **I.** *adj* **1.** (*wissend*) conscious **2.** (*willentlich*) deliberate **3.** (*besagt*) in question; **sich einer Gefahr ~ sein** be aware of a danger; **die ~e Sache** the matter in question; **es war eine ~e Lüge** it was a deliberate lie; **jdm etw ~ machen**[RR] make s.o. aware of s.th. **II.** *adv* (*absichtlich*) deliberately

bewusstlos[RR] *adj* unconscious; **~ werden** lose consciousness; **~ zusammenbrechen** fall senseless; **Bewusstlosigkeit**[RR] *f* unconsciousness

bewußt|machen *vt s.* **bewusst**

Bewusstsein[RR] <-s> *nt* consciousness; **in dem ~ ...** conscious of ...; **es kommt jdm zu ~** it dawns upon s.o.; **jdm etw zum ~ bringen** bring s.th. home to s.o.; **das ~ verlieren** lose consciousness; **wieder zu ~ kommen** regain consciousness; **bewusstseinserweiternd**[RR] *adj* mind-expanding; **Bewusstseinsschwelle**[RR] *f* threshold of consciousness; **bewusstseinsverändernd**[RR] *adj* (*Droge*) which alters one's (state of) awareness

bezahlen *vt* pay; **ein Fahrrad ~** pay for a bike; **kannst du mir das nicht ~?** could you pay for it for me?; **bezahlt** *adj:* **sich ~ machen** pay off; **gut ~**[RR] highly-paid

Bezahlung *f* **1.** (*das Zahlen*) payment **2.** (*Entlohnung*) pay

bezaubern *vt* charm, fascinate; **bezaubernd** *adj* charming, fascinating

bezeichnen *vt* (*beschreiben*) describe; (*benennen*) call; **so kann man es (natürlich) auch ~** you can call it that too

bezeichnend *adj* characteristic (*für* of); **das ist wieder ~!** that is just typical!

Bezeichnung *f* (*Ausdruck*) term; **das ist eine zutreffende ~!** that hits the nail on the head!

bezeugen *vt* testify

bezichtigen [bə'tsɪçtɪgən] *vt* accuse; **jdn einer Sache ~** accuse s.o. of s.th., charge s.o. with s.th.

beziehen *irr* **I.** *vt* **1.** (*mit Bezugsmaterial*) cover **2.** (*Haus, Wohnung*) move into **3.** (*bekommen*) get, obtain; **die Betten ~** change the beds; **eine Zeitung ~** take a newspaper; **einen Standpunkt ~** adopt a point of view; **etw auf sich ~** take s.th. personally **II.** *vr* **1.** (*mit Wolken*) cloud over **2.** (*betreffen*): **sich ~ auf ...** refer to ...

Bezieher(in) *m(f)* **1.** (*einer Zeitung*) subscriber **2.** (COM) purchaser **3.** (*von Unterstützung*) drawer; **~ niedriger Einkommen** earners of low wages

Beziehung *f* **1.** (*Verhältnis*) relationship **2.** (*menschliche ~*) relations *pl* **3.** (*Verbindung*) connections *pl;* **keine ~ zu etw haben** have no bearing on s.th.; **er hat ~en** he knows the right people; **in jeder ~** in every respect; **Beziehungskiste** *f* (*fam*) affair, relationship

beziehungsweise *adv* **1.** (*aber*) respectively; **Kinder ~ Jugendliche ...** children and/or young people (respectively) **2.** (*oder vielmehr*) or rather

beziffern [bə'tsɪfɐn] **I.** *vt:* **etw auf etw ~** estimate s.th. at **II.** *vr:* **sich ~ auf ...** amount to ...

Bezirk [bə'tsɪrk] <-(e)s, -e> *m* district; **Bezirksgericht** *nt* (*CH: Amtsgericht*) district court; **Bezirksverwaltung** *f* district administration

Bezug [bə'tsu:k] *m* **1.** (*Überzug*) cover **2.** (*Kauf*) purchase **3.** (FIN: *Erhalt*) drawing; (*von Zeitung*) taking; **Bezüge** (FIN) earnings; **~ nehmen auf ...** refer to ...

bezüglich [bə'tsy:klɪç] *präp* regarding, with regard to

Bezugsperson *f* person to whom one relates; **Bezugsquelle** *f* source of supply

bezwecken [bə'tsvɛkən] *vt* (*beabsichtigen*) aim at; **was soll das ~?** what's the point of that?

bezweifeln *vt* call in question, doubt

bezwingen *irr* **I.** *vt* conquer; (*besiegen*) defeat; (*fig: überwinden*) master **II.** *vr* control one's feelings

BH [be:'ha:] <-s, -s> *m* bra

Bibel ['bi:bəl] <-, -n> *f* Bible; **Bibelstelle** *f* quotation from the Bible

Biber ['bi:bɐ] <-s, -> *m* beaver

Bibliografie[RR] [bibliogra'fi:] *f*, **Bibliographie** *f* bibliography

Bibliothek [biblio'te:k] <-, -en> *f* library

Bibliothekar(in) *m(f)* librarian

bieder ['bi:dɐ] *adj* **1.** (*rechtschaffen*) honest **2.** (*fam: spießig*) conventional

biegen ['bi:gən] *irr* **I.** *vt* bend **II.** *vi sein* (*ab~*) turn **III.** *vr* bend; (*sich verziehen*) warp; **gerade ~**[RR] straighten; (*fig*) sort out; **sich vor Lachen ~** double up with laughter

biegsam *adj* flexible; (*geschmeidig*) supple

Biegsamkeit *f* flexibility; (*Geschmeidigkeit*) suppleness

Biegung *f* bend; **eine ~ machen** bend

Biene ['bi:nə] <-, -n> *f* bee; **Bienenhonig** *m* natural honey; **Bienenkönigin** *f* queen bee; **Bienenschwarm** *m* swarm of bees; **Bienenstock** *m* beehive; **Bienenwabe** *f* honeycomb; **Bienenwachs** *nt* beeswax

Bier [biːɐ] <-(e)s, -e> *nt* beer; **zwei ~ bitte!** two beers, please!; **das ist mein ~!** (*fam*) that's my business!; **das ist dein ~!** (*fam*) that's your funeral!; **Bierdose** *f* beer can; **Bierflasche** *f* beer bottle; **Bierkasten** *m* beer crate; **Bierkrug** *m* beer-mug, tankard; **Biertrinker(in)** *m(f)* beer drinker; **Bierzelt** *nt* beer tent

Biest [biːst] <-(e)s, -er> *nt* (*Tier*) creature; **du ~!** (*sl: zu Frau*) you bitch!; (*zu Mann*) you bastard!

bieten [biːtən] *irr* **I.** *vt* **1.** (*an~*) offer **2.** (*dar~*) present; **wer bietet mehr?** will anyone offer more?; **das lasse ich mir nicht ~!** I won't stand for that! **II.** *vi* bid **III.** *vr* present itself

Bigamie [biga'miː] *f* bigamy

biken ['baɪkən] *vi* (*sl*) cycle; **Biker(in)** ['baɪkɐ] <-s, -> *m(f)* (*sl*) biker

Bikini [bi'kiːni] <-s, -s> *m* bikini

Bilanz [bi'lants] <-, -en> *f* **1.** (FIN: *Lage*) balance **2.** (*Abrechnung*) balance sheet **3.** (*fig*) outcome; **~ ziehen** take stock (*aus* of); **Bilanzkosmetik** *f* (COM) window-dressing the accounts; **Bilanzprüfer(in)** *m(f)* (COM) balance sheet auditor; **Bilanzsumme** *f* balance sheet totals *pl*

bilateral ['biːlateraːl] *adj* bilateral

Bild [bɪlt] <-(e)s, -er> *nt* picture; (*Gemälde*) painting; (PHOT) picture; **sie ist darüber nicht im ~e** she is not in the picture about it; **sich von etw ein ~ machen** get an idea of s.th.; **~- und Tonverarbeitung** image and sound processing; **Bildauflösung** *f* (TV, INFORM) resolution

bilden ['bɪldən] **I.** *vt* **1.** (*darstellen*) constitute **2.** (*formen, a. fig*) form **3.** (*geistig ~*) educate; **sich ein Urteil ~** form a judgment **II.** *vr* **1.** (*sich entwickeln*) develop, form **2.** (*sich geistig ~*) improve one's mind; **bildend** *adj*: **die ~en Künste** the fine arts; **allgemein ~e**[RR] **Schule** school providing general education

Bilderbogen *m* illustrated broadsheet; **Bilderbuch** *nt* picture book; **Bildergeschichte** *f* strip cartoon; **Bilderhaken** *m* picture hook; **Bilderrahmen** *m* picture-frame; **Bilderrätsel** *nt* picture-puzzle; **Bilderschrift** *f* pictographic writing system

Bildfläche *f*: **auf der ~ erscheinen** appear on the scene; **von der ~ verschwinden** vanish from the scene; **Bildfolge** *f* sequence of pictures; **Bildhauer(in)** *m(f)* sculptor; **Bildhauerei** *f* sculpture

bildhübsch *adj* pretty as a picture

bildlich *adj*: **~ gesprochen** figuratively speaking; **sich etw ~ vorstellen** picture s.th. in one's mind; **Bildnis** ['bɪltnɪs] *nt* portrait; **Bildplatte** *f* (TV) video disc; **Bildplattenspieler** *m* (TV) video disc player; **Bildpunkt** *m* microdot; **Bildschirm** *m* (TV, INFORM) screen; **Bildschirmabstrahlung** *f* (INFORM) screen radiation; **Bildschirmarbeit** *f* on-screen work; **Bildschirmarbeitsplatz** *m* work station; **Bildschirmgerät** *nt* visual display unit, VDU; **Bildschirmschoner** *m* (INFORM) screen-saver; **Bildschirmtext** *m* viewdata

bildschön *adj* superb, gorgeous

Bildstörung *f* (TV) interference; **Bildtelefon** *nt* videophone

Bildung ['bɪldʊŋ] *f* **1.** (*geistige ~*) education **2.** (*Formung, a. fig*) formation; **~ haben** be educated; **Bildungsgrad** *m* degree of instruction, educational level; **Bildungsgut** *nt* cultural heritage; **Bildungslücke** *f* gap in s.o.'s education; **Bildungsniveau** *nt* standard of education; **Bildungsplanung** *f* education planning; **Bildungspolitik** *f* educational policy; **Bildungsurlaub** *m* educational holiday; **Bildungswesen** *nt* education system

Bildverarbeitung *f* (INFORM) image processing

Billard ['bɪljart] <-s> *nt* billiards *pl*; **~ spielen** play billiards; **Billardkugel** *f* billiard ball; **Billardstock** *m* billiard cue

Billet [bɪl'jɛt] <-s, -e> *nt* (*CH*) **1.** (*Bahn~, Theater~*) ticket **2.** (*fam*) driving licence **3.** (*österr: Brief*) letter; **Billeteur, -euse** <-s, -e> *m, f* (*CH: Schaffner*) conductor

Billiarde [bɪ'ljardə] <-, -n> *f* thousand trillion

billig ['bɪlɪç] *adj* **1.** (*preiswert*) cheap **2.** (*primitiv*) shabby; **eine ~e Ausrede** a feeble excuse; **~ davonkommen** get off lightly

billigen ['bɪlɪgən] *vt* approve of

Billigflagge *f* (MAR COM) flag of convenience; **Billiglöhner(in)** <-s, -> *m(f)* cheap labourer

Billiglohnland *nt* country with low production costs

Billigung *f* approval; **jds ~ finden** meet with someone's approval

Billion [bɪl'joːn] *f* trillion

bimbam *interj* ding-dong!

Bimsstein *m* pumice stone

binär *adj* binary

Binde ['bɪndə] <-, -n> *f* **1.** (MED) bandage **2.** (*Armschlinge*) sling **3.** (*Damen~*) sanitary towel *Br*, napkin *Am* **4.** (*Armband*) armband **5.** (*Augen~*) blindfold; **sich einen hinter die ~ gießen** (*fam*) whet one's whistle

Bindegewebe *nt* (ANAT) connective tissue; **Bindeglied** *nt* link; **Bindehaut** *f* (ANAT) conjunctiva; **Bindehautentzündung** *f* conjunctivitis; **Bindemittel** *nt* binder, binding agent

binden ['bɪndən] *irr* **I.** *vt* **1.** (*fest~*) tie **2.** (*fig*) bind **3.** (*Staub*) bind **4.** (*absorbieren*) absorb; **jdm die Hände ~** (*a. fig*) tie someone's hands **II.** *vr* (*fig*) commit o.s. (*an* to); **bindend** *adj* binding

Bindestrich *m* hyphen; **ein Wort mit ~ schreiben** hyphenate a word

Bindfaden *m* piece of string

Bindung ['bɪndʊŋ] *f* **1.** (*fig*) relationship **2.** (*Ski~*) binding; **enge ~en an die Heimat haben** have close ties to one's home country

bingo ['bɪŋgo] *interj* bingo

binnen ['bɪnən] *präp* within; **~ kurzem** before long

Binnengewässer *nt* inland water; **Binnenhafen** *m* inland port; **Binnenhandel** *m* domestic trade; **Binnenland** *nt* interior; **Binnenmarkt** *m* home [*o* domestic] market; **europäischer ~** EU's internal market; **Binnenmeer** *nt* inland sea; **Binnenschifffahrt**[RR] *f* inland navigation

Binse ['bɪnzə] <-, -n> *f* (*Pflanze*) rush; **in die ~n gehen** (*fig fam*) be a wash-out

Binsenweisheit *f* truism

Biobauer *m* bio-farmer; **Biochemie** [bioçe'mi:] *f* biochemistry; **Biochemiker(in)** *m(f)* biochemist; **biodynamisch** *adj* biodynamic; **Biogas** *nt* biogas, methane gas

Biografie[RR] *f*, **Biographie** *f* biography; **biografisch**[RR] *adj*, **biographisch** *adj* biographical

Bioindustrie *f* bioindustry; **Bioladen** *m* whole-food shop

Biologe, -gin *m, f* biologist; **Biologie** [biolo'gi:] *f* biology; **biologisch** *adj* biological; **~ abbaubar** biodegradable; **~e Abwasserreinigung** biological purification of sewage; **~e Kläranlage** biological sewage plant; **~er Landbau** organic agriculture

Biomasse <-> *f* (CHEM) biomass

Biomüll *m* organic waste

Bionahrungsmittel *nt* biofoodstuff

Biophysik *f* biophysics *pl*

Bioprodukte *ntpl* bio(logical) products; **Biorhythmus** *m* biorhythm; **Biotechnik** *f* biotechnology; **biotechnisch** *adj* biotechnological; **Biotechnologie** *f* biotechnology; **Biotonne** *f waste bin reserved for biological waste;* **Biotop** <-s, -e> *nt* biotope

BIP *nt Abk. von* **Bruttoinlandsprodukt** GDP

Birchermüsli *nt* (*CH*) muesli

Birke ['bɪrkə] <-, -n> *f* birch; **Birkenpilz** *m* boletus

Birma ['bɪrma] <-s> *nt* Burma; **Birmane, -nin** <-n, -n> *m, f* Burmese; **birmanisch** *adj* Burmese

Birnbaum *m* pear tree

Birne ['bɪrnə] <-, -n> *f* **1.** (*Frucht*) pear **2.** (ELEK: *Glüh~*) bulb **3.** (*fam: Kopf*) nut

birnenförmig *adj* pear-shaped

bis [bɪs] **I.** *präp* **1.** (*räumlich*) to; **~ hierher** (to) here; **~ hierher und nicht weiter** this far and no further **2.** (*zeitlich*) till, until; (*spätestens*) by; **ich werde ~ Ende der Woche zurück sein** I'll be back by the end of this week; **~ wann?** till when?; **~ einschließlich …** up to and including …; **von … ~ …** from … till … *Br,* from … thru … *Am;* **~ dann!** see you then!; **~ bald!** see you soon! **II.** *adv* **1.** (*räumlich*) till, until; (*spätestens*) by; **~ auf weiteres** until further notice **2.** (*sonstige*): **alle ~ auf einen** all except for one **III.** *konj:* **es wird lange dauern, ~ sie es merken** it'll be a long time before they'll find out

Bisam ['bi:zam] <-s, -e/-s> *m* **1.** (*Moschus*) musk **2.** (*Pelz der Bisamratte*) musquash; **Bisamratte** *f* muskrat

Bischof ['bɪʃɔf, *pl:* 'bɪʃø:fə] <-s, ¨-e> *m* bishop; **bischöflich** *adj* episcopal; **Bischofsmütze** *f* mitre; **Bischofssitz** *m* diocesan town; **Bischofsstab** *m* crosier

bisexuell ['bi:zɛksu,ɛl] *adj* bisexual

bisher [bɪs'he:ɐ] *adv* hitherto, until now; **~ wusste ich das noch nicht** I didn't know that before; **~ noch nicht** not as yet; **bisherig** *adj* previous; **die ~en Nachrichten** the news received to date

Biskaya [bɪs'ka:ja] *f* (GEOG) Biscay; **Golf von ~** Bay of Biscay

Biskuit [bɪs'kvi:t] <-(e)s, -s/-e> *m/nt* sponge (cake)

bislang [bɪs'laŋ] *adv* until now; (*und weiterhin*) up to now

Bison ['bi:zɔn] <-s, -s> *m* (*nordamerik. Büffel*) bison

Biss[RR] [bɪs] <-es, -e> *m* bite; **~ haben** have bite

bisschen[RR] ['bɪsçən] *nt, adv, adj:* **ein ~ …** a bit of …; **warten Sie ein ~** wait a while; **ein ~ länger** a little longer; **kein ~** not a bit; **das ist ein ~ zu wenig** that's not quite enough; **das ist ein ~ wenig** that's not very much

Bissen ['bɪsən] <-s, -> *m* mouthful; **ich rühre keinen ~ an** I won't eat a thing

bissig *adj* (*Hund*) snappy; (*Bemerkung*) cutting, biting

Bissigkeit *f* (*a. fig*) viciousness

Bistum ['bɪstu:m, *pl:* 'bɪsty:mɐ] *nt* bishopric, diocese

bisweilen [bɪs'vaɪlən] *adv* from time to

time, now and then

Bit <-s, -s> *nt* (INFORM) bit

Bitte ['bɪtə] <-, -n> *f* request; **auf meine ~** at my request; **ich habe eine ~ an Sie** I have a favour to ask (of) you

bitte *interj* please!; **wie ~ ?** sorry? pardon?; **~ nicht!** please don't!; **~ nach Ihnen!** after you; **~?** (*was möchten Sie?*) can I help you?; **ich kündige! – ~!** I resign! – go ahead!; **na ~!** there you are!

bitten *irr vt* ask; **jdn um etw ~** ask s.o. for s.th.; **aber ich bitte Sie!** not at all!; **wenn ich ~ darf** if you wouldn't mind; **ich muss doch sehr ~!** well I must say!

bitter ['bɪtɐ] *adj* (*a. fig*) bitter; **das ist mein ~er Ernst!** I mean it!; **~e Wahrheit** sad truth; **etw ~ nötig haben** be in dire need of s.th.; **bitterböse** *adj* furious; **Bitterkeit** *f* bitterness

bitterlich *adv*: **~ weinen** cry bitterly

Bittsteller(in) *m(f)* petitioner

Biwak ['bi:vak] <-s, -e/-s> *nt* (MIL) bivouac

bizarr [bi'tsar] *adj* bizarre

Blache <-, -n> *f* (*österr: Plane*) tarpaulin

Blackout <-s, -s> *m* (*Ohnmacht, Gedächtnisverlust*) blackout

blähen ['blɛ:ən] **I.** *vt, vr* (*Segel*) swell **II.** *vi* cause flatulence; **blähend** *adj* (MED) flatulent; **Blähung** *f* flatulence, wind

blamabel *adj* disgraceful

Blamage [bla'ma:ʒə] <-, -n> *f* disgrace

blamieren **I.** *vt* disgrace; **damit hast du uns schön blamiert!** you've really put us in a spot! **II.** *vr* make a fool of o.s.; **damit hast du dich unsterblich blamiert!** you've made yourself look a hopeless fool!

blank [blaŋk] *adj* **1.** (*glänzend*) shining **2.** (*~ gescheuert*) shiny **3.** (*entblößt*) bare **4.** (*rein*) sheer; **~er Unsinn** sheer nonsense; **etw ~ scheuern** clean s.th. till it shines; **ich bin ~** (*fam*) I am dead broke

Blankoscheck *m* blank cheque *Br*, blank check *Am*; **Blankovollmacht** *f* carte blanche

Blase ['bla:zə] <-, -n> *f* **1.** (*Luft~*) bubble **2.** (MED: *Haut~*) blister **3.** (ANAT: *Harn~*) bladder; **~n werfen** blister; **sich die ~ erkälten** get a chill on the bladder

Blasebalg *m* bellows *pl*, pair *sing* of bellows

blasen *irr vi, vt* blow; **ein Horn ~** blow a horn; **dir werde ich was ~!** I'll give you a piece of my mind!

Blasenentzündung *f* bladder infection, cystitis; **Blasenstein** *m* bladder stone

Bläser(in) ['blɛ:zɐ] *m(f)* (MUS) windplayer

blasiert [bla'zi:ɐt] *adj* blasé

Blasinstrument *nt* (MUS) wind-instrument; **Blaskapelle** *f* brass band

Blasphemie [blasfe'mi:] *f* blasphemy

blass[RR] [blas] *adj* pale; **~ werden** grow pale; **~ aussehen** look pale; **keinen ~en Schimmer haben** (*fam*) not to have the faintest idea

Blässe ['blɛsə] <-> *f* paleness, pallor; (*fig*) colourlessness

Blatt [blat, *pl:* 'blɛtɐ] <-(e)s, -̈er> *nt* **1.** (*einer Pflanze*) leaf **2.** (*~ Papier*) sheet **3.** (*Zeitung*) paper **4.** (*bei Kartenspiel*) hand; **ein ~ Papier** a sheet of paper; **das steht auf einem anderen ~** that is another story; **er nimmt kein ~ vor den Mund** he doesn't mince his words

blättern *vi* browse

Blätterteig *m* puff pastry/paste *Br/Am*

Blattgold *nt* gold leaf; **Blattgrün** *nt* chlorophyll; **Blattlaus** *f* greenfly; **Blattpflanze** *f* foliate plant; **Blattstiel** *m* leafstalk; **Blattwerk** *nt* foliage

blau [blaʊ] *adj* **1.** (*Farbe*) blue **2.** (*fam: betrunken*) blotto, canned; **ein ~es Auge** a black eye; **~e Flecken** (*am Körper*) bruises; **sein ~es Wunder erleben** (*fam*) get the surprise of one's life; **mit einem ~en Auge davonkommen** get off cheaply; **blauäugig** *adj* **1.** (*mit blauen Augen*) blue-eyed **2.** (*naiv*) naïve; **Blauäugigkeit** *f* **1.** (*Augenfarbe*) blue eyes *pl* **2.** (*Naivität*) naïvety

Blaubeere *f* bilberry *Br*, blueberry *Am*

Blaue ['blaʊə] *nt*: **das ~** the blue; **das ~ vom Himmel herunterlügen** tell a pack of lies; **Fahrt ins ~e** mystery tour

Bläue ['blɔɪə] <-> *f* blueness

Blaufuchs *m* **1.** (*Tier*) arctic fox **2.** (*Pelz*) blue fox

blaugrau *adj* bluish grey, livid

Blauhelm *m* (*fam: UNO-Soldat*) Blue Helmet

bläulich ['blɔɪlɪç] *adj* bluish

Blaulicht *nt* flashing blue light; **blaumachen** *vi* (*fam: von der Arbeit*) skip work; **Blaumeise** *f* bluetit; **Blausäure** *f* (CHEM) prussic [*o* hydrocyanic] acid; **Blaustrumpf** *m* (*pej*) bluestocking

Blazer ['bleɪzə] <-s, -> *m* blazer

Blech [blɛç] <-(e)s, -e> *nt* **1.** (*Material*) sheet metal **2.** (*Stück ~*) metal plate **3.** (*fam: Blödsinn*) rubbish; **red kein ~!** (*fam*) don't talk rot!; **Blechbüchse** *f*, **Blechdose** *f* tin *Br*, can *Am*; **in ~n** tinned *Br*, canned *Am*

blechen ['blɛçən] *vt, vi* (*fam: bezahlen*) cough up, fork out

blechern ['blɛçɐn] *adj* metal; (*im Klang*) tinny

Blechinstrument *nt* brass instrument; **Blechkanister** *m* metal can; **Blechlawine** *f* (*pej*) wave of cars; **Blechschaden** *m* (AUTO) damage to the bodywork; **Blechschere** *f* **1.** (*Handgerät*) metal shears *pl* **2.** (*Schrottschere*) metal shearer

Blei [blaɪ] <-(e)s, -e> *nt* lead; **aus ~** leaden; **meine Füße sind wie ~** (*fam*) my feet feel like lead

Bleibe ['blaɪbə] <-, (-n)> *f*: **keine ~ haben** have nowhere to stay; **eine ~ suchen** look for a place to stay

bleiben ['blaɪbən] *irr vi sein* **1.** (*da~*) remain, stay **2.** (*übrig ~*) be left; **bleibt's dabei?** so we'll stick to this?; **du bleibst zu Hause, und dabei bleibt's!** you stay at home, and that's that!; **bei der Wahrheit ~** stick to the truth; **wo bleibt er nur?** where's he got to?; **ruhig ~** keep calm; **wo bleibst du so lange?** what's keeping you?; **sieh zu, wo du bleibst!** you're on your own!; **jds Freund ~** remain someone's friend; **das bleibt unter uns!** that is between you and me!; **es bleibt dabei!** agreed!; **es bleibt mir nichts anderes übrig** I have no other choice; **lassen Sie das lieber ~!** you had better leave that alone!; **am Leben ~** survive

bleibend *adj* lasting

bleich [blaɪç] *adj* pale

bleichen *vi, vt* bleach

Bleichmittel *nt* bleaching agent

bleiern ['blaɪɐn] *adj* leaden

bleifrei *adj* unleaded; (*Benzin*) lead-free, unleaded; **Bleifuß** *m*: **mit ~ fahren** keep one's foot down; **bleihaltig** *adj* containing lead, leaded; **~es Benzin** leaded petrol; **Bleikristall** *m* lead crystal; **Bleirohr** *nt* lead-pipe

Bleistift *m* pencil; **Bleistiftspitzer** *m* pencil sharpener

Blende ['blɛndə] <-, -n> *f* **1.** (*Sonnen~*) blinds *pl* **2.** (PHOT) aperture; **die ~ einstellen** (PHOT) set the aperture

blenden I. *vt* (*a. fig*) blind; (*faszinieren*) dazzle **II.** *vi* (*Licht*) be dazzling; **blendend** *adj* (*wunderbar*) splendid; **ich habe mich ~ amüsiert** I had a wonderful time

Blender(in) *m(f)* (*pej*) phoney

blendfrei *adj*: **~er Rückspiegel** anti-glare rear view mirror

Blendschutzanpflanzung *f* anti-dazzle screen planting; **Blendschutzzaun** *m* anti-dazzle barrier

Blendung *f* blinding

Blesse ['blɛsə] <-, -n> *f* (*von Pferd: weißer Stirnfleck*) blaze

Blick [blɪk] <-(e)s, -e> *m* look; (*Ausblick*) view; **auf den ersten ~** at first glance; **jdm einen ~ zuwerfen** look at s.o.; **ohne jdn eines ~es zu würdigen** without deigning to look at s.o.; **mit einem ~** at a glance; **einen ~ auf etw tun** glance at s.th.; **ein Zimmer mit ~ auf den Park** a room overlooking the park

blicken *vi* look; **er lässt sich gar nicht mehr bei uns ~** he never visits us these days; **das lässt ja tief ~!** that tells a tale!; **lassen Sie sich (bloß) nicht mehr ~!** never show your face here again!; **sich ~ lassen** let o.s. be seen; **weit ~d**[RR] (*fig*) farsighted

Blickfang *m* eye-catcher; **Blickfeld** *nt* range of vision; **Blickkontakt** *m* visual contact; **Blickpunkt** *m*: **im ~ stehen** be in the limelight; **Blickwinkel** *m*: **etw aus einem anderen ~ betrachten** regard s.th. from a different point of view

blind [blɪnt] *adj* blind (*für* to); **~er Alarm** false alarm; **~e Gewalt** brute force; **~er Eifer** blind enthusiasm; **Liebe macht ~** (*prov*) love is blind; **~er Passagier** stowaway

Blindband <-(e)s, -bände> *m* dummy

Blinddarm *m* (*Wurmfortsatz*) appendix; (*eigentlicher ~*) caecum; **Blinddarmentzündung** *f* appendicitis; **Blinddarmoperation** *f* appendix operation; (MED) appendectomy

Blinde(r) [blɪndə] *f m* blind woman, blind man; **das sieht doch ein ~r!** any fool can see that!; **Blindekuh** *f*: **~ spielen** play blind-man's-buff; **Blindenhund** *m* guide-dog; **Blindenschrift** *f* braille; **Blindflug** *m* (AVIAT) blind flight; **Blindgänger** *m* (*Geschoss, a. fig*) dud; **Blindheit** *f* blindness; **mit ~ geschlagen** blind; **Blindlandung** *f* blind landing

blindlings ['blɪntlɪŋs] *adv* blindly

Blindschleiche ['blɪntʃlaɪçə] *f* (*Echse mit schlangenförmigem Körper*) slow-worm

blinken ['blɪŋkən] *vi* **1.** glitter, sparkle; (*Sterne*) twinkle **2.** (AUTO) signal, indicate; **links ~** indicate left

Blinker <-s, -> *m*, **Blinklicht** *nt* (AUTO) indicator

blinzeln ['blɪntsəln] *vi* **1.** (*vor Helligkeit*) squint **2.** (*Augenzeichen geben*) wink

Blitz [blɪts] <-es, -e> *m* **1.** lightning **2.** (PHOT) flash; **vom ~ getroffen werden** be struck by lightning; **wie vom ~ getroffen** thunder-struck; **wie ein geölter ~** (*fam*) like greased lightning; **ein ~ aus heiterem Himmel** a bolt from the blue; **Blitzableiter** *m* lightning conductor; **blitzartig I.** *adj* lightning **II.** *adv* like lightning; **blitzblank** *adj* spick and span

blitzen *vi* **1. es blitzt** there is lightning **2.** (*strahlen*) flash **3.** (PHOT) use flash

Blitzgerät *nt* (PHOT) flash gun; **Blitzgespräch** *nt* (TELE) special priority telephone call; **Blitzkrieg** *m* blitz; **Blitzlicht** *nt* (PHOT) flash; **blitzsauber** *adj* spick and span; **Blitzschlag** *m* flash of lightning; **blitzschnell I.** *adj* lightning **II.** *adv* like lightning; (*plötzlich*) in a flash; **Blitzwürfel** *m* (PHOT) flashcube

Block [blɔk, *pl:* blœkə] <-(e)s, ⸚e> *m* **1.** (*a. Häuser~*) block **2.** (*Holz~*) log **3.** (*Schreib~*) pad

Blockade [blɔ'ka:də] <-, -n> *f* blockade; **die ~ aufheben** raise the blockade; **die ~ durchbrechen** run the blockade

Blockflöte *f* recorder

blockfrei *adj* (POL) non-aligned

Blockhaus *nt* log-cabin

blockieren I. *vt* block; (*fig*) obstruct **II.** *vi* (*Lenkung, Rad*) lock

Blocksatz *m* (TYP) justification; **Blockschrift** *f* block letters *pl*

blöde ['blø:də] *adj* silly, stupid; **ein ~s Gefühl** (*fam*) a funny feeling

blödeln ['blø:dəln] *vi* fool around

Blödheit *f* stupidity; **Blödmann** *m* (*Schimpfwort*) idiot, silly ass; **Blödsinn** *m* nonsense; **mach keinen ~!** don't mess about!

blödsinnig *adj* idiotic, stupid

blöken ['blø:kən] *vi* (*Rind*) low; (*Schaf*) bleat

blond [blɔnt] *adj* blond, fair

Blondine [blɔn'di:nə] <-, -n> *f* blonde

bloß [blo:s] **I.** *adj* **1.** (*nackt*) bare **2.** (*nichts als*) mere; **der ~e Gedanke** the mere idea, the very thought; **mit ~en Fäusten** with bare fists; **~er Schwindel** pure swindle; **mit ~em Auge** with the naked eye; **mit ~em Kopf** bare-headed **II.** *adv* only; **es handelt sich ~ um einige Tage** it's only a matter of a few days; **was sie ~ hat?** whatever is wrong with her?; **hau ~ ab!** just get lost!; **~ nicht!** God forbid!; **komm ~ nicht näher!** don't you dare come any nearer!

Blöße ['blø:sə] <-, -n> *f* bareness, nakedness; **sich eine ~ geben** show one's ignorance

bloß|legen *vt* uncover; (*fig*) reveal; **bloß|stellen I.** *vt* show up **II.** *vr* show o.s. up

Blouson [blu'zõ:] <-s, -s> *m* blouson

Blues [blu:s] <-> *m* blues

Bluff [blʊf] <-s, -s> *m* (*fam*) bluff

bluffen *vi* (*fam*) bluff

blühen ['bly:ən] *vi* **1.** (*Blumen*) bloom; (*Bäume*) blossom **2.** (*Wirtschaft, Geschäfte*) flourish, prosper, thrive **3.** (*bevorstehen*) be in store; **dir blüht noch was!** you'll be in for it!; **blühend** ['bly:ənt] *adj* **1.** blooming **2.** (*fig*) flourishing; (*Gesundheit*) glowing

Blümchen ['bly:mçən] *nt* little flower

Blume ['blu:mə] <-, -n> *f* **1.** flower **2.** (*Wein: Bouquet*) bouquet; **Blumenbeet** *nt* flower bed; **Blumenkohl** *m* cauliflower; **Blumenkübel** *m* flower tub; **Blumenständer** *m* flowerstand; **Blumenstrauß** *m* bunch of flowers; **Blumentopf** *m* flowerpot; **keinen ~ mit etw gewinnen können** (*fam*) not to get a fig out of s.th.; **Blumenvase** *f* vase; **Blumenzwiebel** *f* bulb

blumig ['blu:mɪç] *adj* flowery; **ein ~er Stil** an ornate style

Bluse ['blu:zə] <-, -n> *f* blouse

Blut [blu:t] <-(e)s> *nt* blood; **ich kann kein ~ sehen** I can't stand the sight of blood; **das gibt böses ~** that'll cause ill feeling; **nur ruhig ~!** (*fam*) keep your shirt on!; **das liegt ihm im ~** that's in his blood; **jetzt hab' ich ~ geleckt!** now I've developed a taste for it!; **das geht einem ins ~** it gets in your blood; **blutarm** *adj* **1.** (MED) anaemic **2.** (*farblos*) colourless; **Blutarmut** *f* (MED) anaemia; **Blutbad** *nt* bloodbath; **Blutbank** *f* blood bank; **blutbefleckt** *adj* bloodstained; **Blutbild** *nt* blood count; **Blutdruck** *m* blood pressure; **erhöhter ~** high blood pressure; **niedriger ~** low blood pressure

Blüte ['bly:tə] <-, -n> *f* **1.** (*Blumen~*) bloom; (*Baum~*) blossom **2.** (*fam: falsche Banknote*) dud; **in ~ stehen** be in full bloom [*o* blossom]; (*fig*) be flourishing

Blutegel *m* leech

bluten ['blu:tən] *vi* bleed (*aus* from); **mir blutet das Herz!** (*iro*) my heart bleeds for you!; **dafür wirst du ~ müssen!** (*fam*) you'll have to cough up a lot for this!

Blütenblatt *nt* petal; **Blütenstaub** *m* pollen

Bluter ['blu:tɐ] *m* (MED) haemophiliac

Bluterguss[RR] *m* bruise, haematoma

Bluterkrankheit *f* blood disease

Blütezeit *f* **1. in der ~ sein** be in blossom **2.** (*fig: ~ des Lebens*) prime; **die ~ der Künste** the heyday of the arts

Blutfettwerte *mpl* plasma lipid concentrations; **Blutfleck** *m* bloodstain; **Blutgefäß** *nt* blood vessel; **Blutgerinnsel** *nt* blood clot; **Blutgruppe** *f* blood group; **Bluthund** *m* bloodhound

blutig *adj* bloody; **ein ~er Anfänger** an absolute beginner

blutjung *adj* very young

Blutkonserve *f* unit of stored blood; **Blutkörperchen** *nt* blood corpuscles, blood cells; **rote (weiße) ~** red (white) corpuscles [*o* cells]; **Blutkreislauf** *m* blood circulation; **blutleer** *adj* bloodless; **Blutorange** *f* blood orange; **Blutplasma** *nt* blood plasma; **Blutpräparat** *nt* (MED) blood preparation; **Blutprobe** *f* (MED) blood test; **Blutrache** *f* blood feud; **blutrot** *adj* blood-red; **blutrünstig** ['blu:trʏnstɪç] *adj* bloodthirsty; **Blutsauger** *m* (*auch fig*) bloodsucker; **Blutschande** *f* incest;

Blutsenkung *f* sedimentation of the blood; **Blutspende** *f* donation of blood; **Blutspender(in)** *m(f)* blood donor; **Blutspur** *f* trail of blood; **blutstillend** *adj* styptic; **Blutstropfen** *m* drop of blood; **blutsverwandt** *adj* related by blood; **Blutsverwandte(r)** *f m* blood relation; **Blutsverwandtschaft** *f* blood relationship; **Bluttat** *f* bloody deed; **Blutübertragung** *f* blood transfusion

Blutung *f* bleeding; (*Monats~*) period

blutunterlaufen *adj* bloodshot; **Blutuntersuchung** *f* blood examination [*o* test]; **Blutvergießen** *nt* bloodshed; **Blutvergiftung** *f* blood-poisoning; **Blutverlust** *m* loss of blood; **Blutwäsche** *f* (MED) detoxification of the blood

Blutwurst *f* blood sausage

Blutzucker *m* blood sugar

BMX-Rad *nt* BMX bike

Bö [bøː] <-, -en> *f* gust, sudden squall

Board [bɔːt] <-s, -s> *nt* (*Führungsgremium einer Firma*) board of directors

Bock [bɔk, *pl:* 'bœkə] <-(e)s, ¨-e> *m* **1.** (*Nager, Rotwild*) buck; (*Schaf~*) ram; (*Ziegen~*) he-goat **2.** (AUTO: *Gestell*) ramp **3.** (SPORT) vaulting horse; **auf etw ~ haben** (*sl*) fancy s.th.; **keinen ~ haben etw zu tun** (*sl*) not to feel like doing s.th.

Bockbier *nt* bock beer

bocken *vi* **1.** (*Pferd*) refuse **2.** (*Auto*) jerk **3.** (*fig: bockig sein*) act up; **bockig** *adj* contrary

Bockshorn ['bɔkshɔrn] *nt:* **lass dich nicht ins ~ jagen!** don't let yourself get into a state!

Bockshornklee *m* fenugreek

Bockspringen *nt* **1.** (SPORT) vaulting **2.** (*Spiel*) leap-frog; **Bocksprung** *m* **1.** (SPORT) vault **2.** (*Spiel*) leap

Bockwurst *f* bockwurst (*type of sausage*)

Boden ['boːdən, *pl:* 'bøːdən] <-s, ¨-> *m* **1.** (*Erd~*) ground; (*Acker~*) soil **2.** (*Fuß~*) floor **3.** (*Dach~*) loft **4.** (*von Gefäß, Meeres~*) bottom; **zu ~ fallen** fall to the ground; **am ~ zerstört sein** be shattered; **an ~ gewinnen** gain ground; **auf dem ~ der Tatsachen bleiben** stick to the facts

Bodenbelag *m* floor covering; **Bodenbeschaffenheit** *f* condition of the soil; **Bodenbewirtschaftung** *f* soil management; **Bodenfreiheit** *f* (AUTO) ground clearance; **Bodenfrost** *m* ground frost; **Bodenhaftung** *f* (AUTO) road holding

bodenlos *adj* **1.** bottomless **2.** (*unglaublich*) incredible; **eine ~e Frechheit** an unbounded cheek

Bodennebel *m* ground mist; **Bodennutzung** *f* land use; **Bodenpersonal** *nt* (AVIAT) ground staff [*o* personnel]; **Bodenprobe** *f* soil sample; **Bodenreform** *f* land reform; **Bodensatz** *m* deposit, sediment; (*von Kaffee*) dregs *pl;* **Bodenschätze** *pl* mineral resources

Bodensee *m* (GEOG) Lake Constance

Bodensenke *f* depression; **bodenständig** *adj* native, indigenous; **Bodenstation** *f* (RADIO) ground station; **Bodenstreitkräfte** *pl* (MIL) ground forces; **Bodenturnen** *nt* floor exercises *pl;* **Bodentruppen** *pl* ground troops *pl;* **Bodenuntersuchung** *f* soil exploration [*o* survey]; **Bodenverbesserung** *f* land improvement [*o* amelioration]; **Bodenverdichtung** *f* soil compaction, surface sealing of soil; **Bodenverschmutzung** *f* soil contamination; **Bodenverseuchung** *f* soil contamination

Body <-, Bodies> *m* body stocking [*o* suit]; **Bodybuilder(in)** *m(f)* bodybuilder; **Bodybuilding** <-s> *nt* bodybuilding; **Bodysuit** <-, -s> *m* body stocking [*o* suit]; **Bodywear** ['bɔdivɛːɐ] <-> *f* (*Unterwäsche*) underwear

Bogen ['boːgən, *pl:* 'bøːgən] <-s, -/¨-> *m* **1.** (*Kurve*) curve **2.** (*Waffe*) bow **3.** (*Papier~*) sheet; **er hat den ~ heraus** (*fam*) he's got the hang of it; **einen ~ machen** curve; **jdn in hohem ~ hinauswerfen** send s.o. flying out

bogenförmig *adj* arched

Bogengang *m* (ARCH) arcade; **Bogenschütze, -schützin** *m, f* archer

Bohle ['boːlə] <-, -n> *f* thick board

böhmisch ['bøːmɪʃ] *adj* Bohemian; **das sind ihm ~e Dörfer** that is Greek to him

Bohne ['boːnə] <-, -n> *f* bean; **dicke ~n** broad beans; **das juckt mich nicht die ~** (*fam*) I don't care a fig; **Bohnenkaffee** *m* real coffee; **Bohnenkraut** *nt* savory; **Bohnenstange** *f* (*fig*) beanpole

bohnern ['boːnɐn] *vt* polish

Bohnerwachs *nt* floor polish [*o* wax]

bohren ['boːrən] *vi* **1.** bore; (*mit Bohrer*) drill **2.** (*nachfragen*) keep on; **~de Zweifel** gnawing doubts

Bohrer *m* (*Kraftbohrmaschine*) drill; (*Handbohrer*) gimlet

Bohrinsel *f* oil rig; **Bohrloch** *nt* drillhole; **Bohrmaschine** *f* drill; **Bohrturm** *m* (*für Öl*) derrick

böig *adj* squally

Boiler ['bɔɪlɐ] <-s, -> *m* tank

Boje ['boːjə] <-, -n> *f* buoy

Bolivien [bo'liːviən] *nt* Bolivia

Bollwerk ['bɔlvɛrk] <-(e)s, -e> *nt* bulwark, stronghold

Bolschewismus [bɔlʃe'vɪsmʊs] *m* Bolshevism; bolschewistisch adj Bolshevist

Bolzen ['bɔltsən] <-s, -> *m* (TECH)

B

1. (*Schraub~*) bolt 2. (*Zapfen, Stift*) pin
Bombardement [bɔmbardəˈmãː] <-s, -s> *nt* bombardment; **bombardieren** *vt* 1. (MIL) bomb 2. (*fig*) bombard
bombastisch *adj* (*pej*) bombastic
Bombe [ˈbɔmbə] <-, -n> *f* bomb; **die Nachricht schlug wie eine ~ ein** the news struck like a bombshell; **Bombenangriff** *m* bomb raid; **Bombenanschlag** *m* bomb attack; **Bombenerfolg** *m* (*fam*) smash hit; **Bombengeschäft** *nt* (*fam*): **ein ~ machen** do a roaring trade; **Bombenstimmung** *f* (*fam*) fantastic atmosphere
Bomber [ˈbɔmbɐ] *m* (MIL) bomber
bombig *adj* (*fam*) fantastic
Bombing [ˈbɔmɪŋ] <-s, -s> *nt* (*illegales Graffitisprühen*) bombing
Bon [bɔŋ/bõː] <-s, -s> *m* (*Gutschein*) voucher
Bonbon [bɔŋˈbɔŋ/bõˈbõː] <-s, -s> *m/nt* sweet *Br*, candy *Am*
Bonität <-> *f* (FIN) financial standing, creditworthiness
Bonsai [ˈbɔnzai] <-(s), -s> *m* bonsai
Bonus [ˈboːnʊs] <-/ses, -se/Boni> *m* bonus
Bonze [ˈbɔntsə] <-n, -n> *m* 1. (REL: *buddhistischer Priester*) bonze 2. (*pej: Partei~*) bigwig, big shot
Boom [buːm] <-s, -s> *m* (COM) boom
boomen [ˈbuːmən] *vi* (*fam*) boom
Boot [boːt] <-(e)s, -e> *nt* boat; **~ fahren** go boating
booten [ˈbuːtən] *vt* (INFORM: *neu starten*) boot
Bootlegging [ˈbuːtlegɪŋ] <-s> *nt* bootlegging
Bootsfahrt *f* boat trip; **Bootsflüchtlinge** *mpl* boat people; **Bootshaus** *nt* boathouse; **Bootsliegeplatz** *m* landing stage, mooring; **Bootsmann** <-s, -leute> *m* (MAR) boatswain; (MIL) petty officer; **Bootsverleih** *m* boat hire business
Bor [boːɐ] <-s> *nt* (CHEM) boron
Bord [bɔrt] <-(e)s, -e> *nt* 1. (*das Bücher~*) shelf 2. (AVIAT MAR) board; **an ~ gehen** board the plane/ship; **über ~ werfen** (*a. fig*) throw overboard; **von ~ gehen** disembark
Bordell [bɔrˈdɛl] <-s, -e> *nt* brothel
Bordfunker(in) *m(f)* (AVIAT MAR) radio operator; **Bordkarte** *f* boarding card, boarding pass; **Bordkino** *nt* (MAR) ship's cinema; **Bordpersonal** *nt* (AVIAT) air-crew
Bordstein *m* kerb(stone)
Bordverpflegung *f* (AVIAT) flight rations *pl*; **Bordwaffen** *fpl* (AVIAT) aircraft armaments; **Bordwerkzeug** *nt* (AVIAT) tool kit
borgen [ˈbɔrgən] *vt, vi* borrow (*von* from)
Borke [ˈbɔrkə] <-, -n> *f* bark; **Borkenkäfer** *m* bark beetle
borniert [bɔrˈniːɐt] *adj* (*pej*) narrow-minded
Börse [ˈbœrzə] <-, -n> *f* 1. (*Geldbeutel*) purse 2. (COM: *Gebäude*) the stock-exchange 3. (COM: *~nmarkt*) stock market; **Börsenbericht** *m* stock market report; **Börsengang** *m* going public; **Börsenklima** *nt* market climate; **Börsenkrach** *m* (stock market) crash; **Börsenkurs** *m* market price; **Börsenmakler(in)** *m(f)* stockbroker; **Börsenplatz** *m* stock exchange; **Börsenspekulant(in)** *m(f)* stock exchange speculator
Borste [ˈbɔrstə] <-, -n> *f* bristle
Borte [ˈbɔrtə] <-, -n> *f* braid trimming
bösartig *adj* 1. (*Menschen*) malicious; (*Tiere*) vicious 2. (*Tumor*) malignant
Bösartigkeit *f* 1. (*von Lebewesen*) ill nature, viciousness 2. (*von Tumor*) malignancy
Böschung [ˈbœʃʊŋ] *f* (*von Straße*) embankment; (*Fluss~*) bank
böse [bøːs/ˈbøːzə] *adj* 1. evil; (*schlimm, schlecht*) bad 2. (*frech*) nasty; **das war nicht ~ gemeint** I didn't mean it nastily; **ein ~es Erwachen** a rude awakening; **die ~e Stiefmutter** the wicked stepmother; **er meinte es nicht ~** he meant no harm; **~e sein** (**auf jdn**) be angry (with s.o.)
Bösewicht [ˈbøːzəvɪçt] <-(e)s, -er/-e> *m* villain
boshaft [ˈboːshaft] *adj* malicious, spiteful
Boshaftigkeit *f* maliciousness
Bosheit *f* nastiness
Boss[RR] [bɔs] <-es, -e> *m* (*fam*) boss
Bossing [ˈbɔsɪŋ] <-s> *nt* (*Psychoterror vom Boss*) bossing
böswillig *adj* malevolent; (JUR) malicious; **eine ~e Verleumdung** a malevolent defamation
Böswilligkeit *f* malice
Botanik [boˈtaːnɪk] *f* botany; **Botaniker(in)** *m(f)* botanist; **botanisch** *adj* botanical; **~er Garten** botanical gardens *pl*
Bote, -tin [ˈboːtə] <-n, -n> *m, f* messenger; **Botengang** *m* errand; **einen ~ machen** run an errand
Botschaft [ˈboːtʃaft] *f* 1. (*Nachricht*) message 2. (POL: *Botschaftsgebäude*) embassy; **gute ~** good news *pl*; **eine ~ übermitteln** deliver a message
Botschafter(in) *m(f)* ambassador
Bottich [ˈbɔtɪç] <-(e)s, -e> *m* tub
Bouillon [bʊlˈjõː] <-, -s> *f* bouillon
Boulevardpresse [buləˈvaːɐprɛsə] *f* popular press
Boutique [buˈtiːk] <-, -n> *f* boutique
Bowle [ˈboːlə] <-, -n> *f* 1. (*Gefäß*) punchbowl 2. (*Getränk*) punch; **eine ~ ansetzen**

prepare some punch

bowlen ['bəʊlən] *vi* bowl

Bowling ['bəʊlɪŋ] <-s> *nt* (ten-pin) bowling

Box [bɔks] <-, -en> *f* box; (*von Lautsprecher*) speaker

boxen ['bɔksən] *vi* box; **gegen jdn ~** fight s.o.

Boxer *m* (*a. Hunderasse*) boxer

Boxermotor *m* opposed cylinder engine

Boxhandschuh *m* boxing glove

Boxkampf *m* boxing match

Boykott [bɔɪ'kɔt] <-(e)s, -e> *m* boycott

boykottieren *vt* boycott

brach [bra:x] *adj* **1.** (*von Acker*) fallow **2.** (*ungenutzt*) unexploited; **~liegende Kenntnisse** unexploited knowledge; **Brachfeld** *nt* fallow field

Brachialgewalt [braxi'a:lgəvalt] *f*: **mit ~** by brute force

brach|liegen *vi* lie fallow

Brackwasser ['brakvasɐ] *nt* brackish water

Braindrain ['breɪndreɪn] <-s> *m* (*Abwanderung von Wissenschaftlern ins Ausland*) brain drain; **Brainstorming** ['breɪnstɔ:mɪŋ] <-s> *nt* brainstorming

Branche ['brã:ʃə] <-, -n> *f* (COM) branch; (*Fach*) department, field; **Branchenführer** *m* market leader; **Branchenkenntnis** *f* knowledge of the trade; **Branchenverzeichnis** *nt* (TELE) yellow pages *pl*

Brand [brant, *pl:* 'brɛndə] <-(e)s, ⸚e> *m* **1.** (*Feuer*) fire **2.** (MED: *Gangrän*) gangrene **3.** (*Getreidepilz*) blight **4.** (*starker Durst nach Rausch*) raging thirst; **in ~ geraten** catch fire; **in ~ setzen** [*o* **stecken**] set on fire, set fire to; **in ~ stehen** be on fire; **Brandblase** *f* blister; **Brandbombe** *f* incendiary bomb

brandeilig *adj* extremely urgent, pressing

branden ['brandən] *vi* surge; **~ gegen ...** break against ...

Brandherd *m* **1.** (*Feuerentstehungsort*) source of the fire **2.** (*Gefahrenherd*) trouble spot

brandig *adj* **1.** (*Getreide*) suffering from blight **2.** (MED) gangrenous; **~ riechen** have a burnt smell

Branding ['brɛndɪŋ] <-s> *nt* (*Erfinden eines Markennamens*) branding

Brandmal <-s, -e> *nt* (*Narbe*) brand

brandmarken *vt* brand; **jdn als etw ~** brand s.o. as s.th.

Brandmauer *f* fire-proof wall

brandneu *adj* brand new

Brandrodung *f* slash-and-burn

Brandsalbe *f* ointment for burns

Brandschaden *m* fire damage; **Brandschutz** *m* fire protection; **Brandstelle** *f* **1.** (*Ort des Brands*) fire **2.** (*verbrannte Stelle*) burnt patch; **Brandstifter(in)** *m(f)* fire-raiser; **Brandstiftung** *f* arson, fire-raising

Brandung ['brandʊŋ] *f* surf, breakers *pl*

Brandwache *f* **1.** (*Tätigkeit*) firewatch **2.** (*Gruppe*) firewatch team; **Brandwunde** *f* burn; (*durch Verbrühung*) scald; **Brandzeichen** *nt* brand

Branntwein *m* spirits *pl*

Brasilianer(in) [brazi'lja:nɐ] *m(f)* Brazilian; **brasilianisch** *adj* Brazilian; **Brasilien** [bra'zi:liən] *nt* Brazil

Bratapfel *m* baked apple

Braten <-s, -> *m* roast (meat); **den ~ begießen** baste the roast; **den ~ riechen** smell a rat

braten ['bra:tən] *irr vi, vt* roast; (*in der Pfanne*) fry; **etw knusprig ~** fry s.th. until it is crispy

Bratenfett *nt* dripping

Bräter ['brɛ:tɐ] <-s, -> *m* roasting dish

Brathähnchen *nt* roast chicken; **Brathering** *m* fried herring; **Brathuhn** *nt* roast chicken; **Bratkartoffeln** *pl* fried potatoes; **Bratpfanne** *f* frying-pan; **Bratrost** *m* grill

Bratsche ['bra:tʃə] <-, -n> *f* (MUS) viola

Bratspieß *m* skewer; **Bratwurst** *f* **1.** (*zum Braten*) frying sausage **2.** (*gebratene Wurst*) fried sausage

Brauch [braʊx, *pl:* 'brɔɪçə] <-(e)s, ⸚e> *m* (*Sitte*) common usage, custom; **das ist bei uns so ~** that's traditional with us

brauchbar *adj* **1.** (*nützlich*) useful **2.** (*verwendungsfähig*) usable **3.** (*gut, vernünftig*) decent; **ein ~er Hinweis** a useful hint; **ein ~er Plan** a plan that works

brauchen ['braʊxən] *vt* **1.** (*nötig haben, bedürfen*) need, require **2.** (*gebrauchen*) use; **Zeit ~** take time; **er braucht nur 2 Stunden, um es zu tun** it takes him only 2 hours to do it; **wie lange wird er noch ~?** how much longer will it take him?; **Sie ~ es nur zu sagen** you only need to say so; **das brauchst du dir nicht gefallen zu lassen** you don't have to stand for that

Brauchtum *nt* customs *pl*, traditions *pl*

Brauchwasser *nt* industrial water

Braue ['braʊə] <-, -n> *f* eyebrow

brauen ['braʊən] *vt* (*Bier*) brew

Brauerei *f* brewery

braun [braʊn] *adj* brown; **~ werden** (*von der Sonne*) get a tan, tan

Braunbär *m* brown bear

Bräune ['brɔɪnə] <-> *f* brownness; (*Sonnen~*) tan; **gesunde ~** healthy tan

bräunen **I.** *vt* **1.** (*in Fett*) brown **2.** (*in der Sonne*) tan **II.** *vr* (*in der Sonne*) tan

Braunkohle *f* brown coal, lignite

Braunkohleabraumhalde *f* slag heap
bräunlich *adj* brownish
brausen *vi* **1.** *haben* (*rauschen*) roar; (*Wasser*) foam **2.** *haben* (*Beifall*) thunder **3.** *sein* (AUTO: *rasen*) race
Brausepulver *nt* lemonade powder; **Brausetablette** *f* lemonade tablet
Braut [braʊt, *pl:* 'brɔɪtə] <-, ¨-e> *f* bride
Bräutigam ['brɔɪtigam] <-s, -e> *m* (bride)groom
Brautjungfer *f* bridesmaid; **Brautkleid** *nt* wedding dress; **Brautpaar** *nt* bride and (bride)groom; **Brautschleier** *m* wedding veil
brav [bra:f] *adj* **1.** (*rechtschaffen*) honest, upright **2.** (*von Kindern*) good, well-behaved
Breakdance ['breɪkdə:ns] *m* breakdancing
Break-even-Point [breɪk'i:vənpɔɪnt] <-s, -s> *m* (*Kostendeckungspunkt*) break-even point
Brechdurchfall *m* (MED) diarrhoea and sickness
Brecheisen *nt* crowbar, jemmy *Br,* jimmy *Am*
brechen ['brɛçən] *irr* **I.** *vt haben* **1.** (*a. fig*) break; (*Steine, Gestein*) cut **2.** (*erbrechen*) bring up, vomit; **sich das Bein** ~ break one's leg **II.** *vi* **1.** *sein* break **2.** *haben* (*erbrechen*) throw up; **mit jdm** ~ break with s.o. **III.** *vr* **1.** (*Wellen*) break **2.** (*Schall*) rebound (*an* off)
Brecher ['brɛçɐ] *m* (*Welle*) breaker
Brechmittel *nt* (MED) emetic; **Brechreiz** *m* nausea
Brechung *f* (*von Wellen*) breaking; (OPT: *von Strahlen*) refraction
Brei [braɪ] <-(e)s, -e> *m* mash; **jdn zu ~ schlagen** (*fam*) beat s.o. to a pulp; **um den (heißen) ~ herumreden** (*fam*) beat about the bush; **breiig** ['braɪɪç] *adj* mushy
breit [braɪt] *adj* broad; (*weit, a. fig*) wide; **machen Sie sich bitte nicht so ~!** please don't take up so much room!; **etw ~er machen** widen s.th.; **die ~e Masse** the masses *pl;* ~ **gebaut** sturdily built
Breitbandkabel *nt* (ELEK) broadband cable
breitbeinig *adj* with one's legs apart
Breite ['braɪtə] <-, -n> *f* **1.** breadth; (*bei Maßen*) width **2.** (GEOG) latitude; **eine ~ von 10 Metern haben** be 10 meters in width; **in die ~ gehen** (*fam*) put on weight
Breitengrad *m* latitude
breit|machen *vr* spread (oneself); (*fig*) make oneself at home; **breit|schlagen** *irr vt* (*fam*): **jdn** ~ talk s.o. round; **sich ~ lassen** let o.s. be talked round; **breitschult(e)rig** *adj* broad-shouldered; **Breitseite** *f* (MAR) broadside; **Breitwandfilm** *m* (FILM) wide-screen picture
Bremsbacke *f* brake block; **Bremsbelag** *m* brake lining; **den ~ erneuern** reline the brakes
Bremse¹ ['brɛmzə] <-, -n> *f* (*Insekt*) horsefly
Bremse² *f* (AUTO) brake; **die ~n nachstellen** adjust the brakes; **die ~en entlüften** bleed the brakes
bremsen I. *vi* brake **II.** *vt* (*fig*) slow down; **er ist nicht zu ~** there is no stopping him
Bremsflüssigkeit *f* brake fluid; **Bremshauptzylinder** [-'----] *m* (AUTO) brake master cylinder; **Bremsklotz** *m* (AUTO) brake block; **Bremskraftverstärker** *m* servo-assistance unit; **Bremslicht** *nt* brake light; **Bremspedal** *nt* brake pedal; **Bremsrakete** *f* (AVIAT) retro rocket; **Bremsschlauch** *m* (AUTO) brake hose; **Bremsschlupfregler** *m* (AUTO) anti-block braking system; **Bremsspur** *f* skid mark; **Bremstrommel** *f* brake drum; **Bremsweg** *m* braking distance
brennbar ['brɛnba:ɐ] *adj* combustible; (*entzündlich*) inflammable
Brenndauer *f* (ELEK: *von Glühbirne*) life; **Brennelement** *nt* fuel element
brennen ['brɛnən] *irr* **I.** *vi* **1.** (*Feuer*) burn **2.** (ELEK) be on **3.** (*Verletzung*) sting; (*Druckstelle*) hurt; **das brennt in den Augen!** that burns my eyes!; **lass das Licht nicht ~!** don't leave the light on!; **es brennt!** fire! fire!; **darauf ~ etw zu tun** be dying to do s.th. **II.** *vt* **1.** (*Ziegel*) bake **2.** (*Schnaps*) distil; **brennend** *adj* **1.** burning; (*Pfeife, Zigarette*) lighted **2.** (*Hitze*) scorching **3.** (*fig: Schmerz*) smarting **4.** (*fig: Frage*) urgent, vital
Brenner <-s, -> *m* **1.** (TECH: *Schweiß~*) welding torch **2.** (TECH: *Gas~, Öl~*) burner **3.** (*Schnaps~*) distiller
Brennerei *f* (*für Schnaps*) distillery
Brennglas *nt* burning glass; **Brennholz** *nt* firewood; **Brennmaterial** *nt* fuel; **Brennnessel^RR** ['brɛnnɛsəl] *f* stinging nettle; **Brennpunkt** *m* (*fig* OPT) focus; **im ~ stehend** (*fig*) focal; **etw in den ~ rücken** focus attention on s.th.; **Brennspiritus** *m* methylated spirits *pl;* **Brennstab** *m* fuel rod; **Brennstoff** *m* fuel; **Brennstoffzelle** *f* fuel cell; **Brennweite** *f* (OPT) focal length
brenzlig ['brɛntslɪç] *adj* (*fam: gefährlich*) dicey, precarious; **eine ~e Angelegenheit** (*fam*) a delicate matter; **die Sache wird für mich zu ~** (*fam*) the matter is getting too hot for me
Bresche ['brɛʃə] <-, -n> *f* breach, gap; **in die ~ springen** (*fig*) step into the breach
Bretagne [bre'tanjə] <-> *f* (GEOG): **die ~**

Brittany; **Bretone, -nin** *m, f* Breton; **bretonisch** *adj* Breton

Brett [brɛt] <-(e)s, -er> *nt* **1.** board; (*dickeres ~*) plank **2.** (*Spiel~*) board **3.** (*Frühstück~, Ess~*) platter; **der hat 'n Brett vorm Kopf** (*fam*) he's as thick as two short planks; **schwarzes**[RR] **~** notice board; **Bretterbude** *f* shack; **Bretterwand** *f* wooden wall; (MARKT) hoarding; **Bretterzaun** *m* wooden fence

Brettspiel *nt* board game

Brezel ['bre:tsəl] <-, -n> *f* pretzel

Brief [bri:f] <-(e)s, -e> *m* letter; **etw als ~ schicken** send s.th. by letter post; **jdm ~ und Siegel auf etw geben** (*fig*) assure s.o. on one's oath; **Briefablage** *f* letter-files *pl;* **Briefbeschwerer** *m* paper-weight; **Briefbogen** *m* sheet of note paper; **Briefbombe** *f* letter bomb; **Brieffreund(in)** *m(f)* pen-friend; **Briefgeheimnis** *nt* privacy of the post

Briefing ['bri:fɪŋ] <-s, -s> *nt* (*kurze Einweisung*) briefing

Briefkasten *m* (*am Haus*) letter box *Br,* mail box *Am;* (*in Säule*) pillar box, post box *Br,* mail box *Am;* **Briefkastenfirma** *f* (COM) letter box company; **Briefkopf** *m* letter-head; (*von Hand*) heading

brieflich *adj* by letter; **~er Verkehr** correspondence; **mit jdm ~ verkehren** correspond with s.o.

Briefmarke *f* stamp; **Briefmarkenautomat** *m* (postage) stamp slot machine; **Briefmarkensammler(in)** *m(f)* philatelist, stamp collector; **Briefmarkensammlung** *f* stamp collection

Brieföffner *m* letter opener; **Briefpapier** *nt* writing-paper; **Briefpost** *f* letter post; **Brieftasche** *f* wallet *Br,* billfold *Am;* **Brieftaube** *f* carrier pigeon; **Briefträger(in)** *m(f)* postman (postwoman) *Br,* mailman (mailwoman) *Am;* **Briefumschlag** *m* envelope; **Briefwaage** *f* letter scales *pl;* **Briefwahl** *f* (POL) postal vote; **Briefwahlunterlagen** *pl* postal vote documents; **Briefwechsel** *m* correspondence; **mit jdm in ~ stehen** correspond with s.o.; **Briefwerbung** *f* direct mail advertising

Brigade [bri'ga:də] <-, -n> *f* brigade

Brigadekommandeur *m* (MIL) brigadier *Br,* brigadier general *Am*

Brigg [brɪk] <-, -s> *f* (MAR) brig

Brikett [bri'kɛt] <-s, -s/(-e)> *nt* briquette

Brillant [brɪl'jant] <-en, -en> *m* diamond

Brillantenschliff *m* brilliant cut

Brille ['brɪlə] <-, -n> *f* **1.** glasses *pl;* (*Schutz~*) goggles *pl* **2.** (*von Toilettensitz*) (toilet) seat; **eine ~ tragen** wear glasses; **Brillenetui** *nt* spectacle case; **Brillengestell** *nt* spectacle frame; **Brillenglas** *nt* lens; **Brillenschlange** *f* **1.** (*Giftschlange*) cobra **2.** (*pej: Brillenträger*) four-eyes; **Brillenträger(in)** *m(f):* **~ sein** wear glasses

bringen ['brɪŋən] *irr vt* **1.** (*herbringen*) bring; (*wegbringen*) take **2.** (*veröffentlichen*) publish; **auseinander ~**[RR] be able to get (s.o., s.th.) apart; **jdn dazu ~ etw zu tun** get s.o. to do s.th., make s.o. do s.th.; **es weit ~** [*o* **es zu etw ~**] (*fig*) get somewhere, make one's way; **jdn nach Hause ~** see s.o. home; **jdn auf den Gedanken ~** suggest s.th. to s.o.; **du bringst mich auf den Gedanken ...** you make me think that ...; **auf die Seite ~** put aside; **ich brachte sie auf meine Seite** I brought her over to my side; **er brachte es bis zum General** he rose to be a general; **in Erfahrung ~** get to know, learn; **Gewinn ~** yield a profit; **in Verlegenheit ~** embarrass; **mit sich ~** (*fig*) imply, involve; **jdn um etw ~** deprive s.o. of s.th.; (*betrügen*) cheat s.o. out of s.th.; **sich ums Leben ~** commit suicide; **jdn um den Verstand ~** drive s.o. mad; **zum Abschluss ~, zu Ende ~** bring to a close; **jdn zur Besinnung ~** bring s.o. to his/her senses; **zu Fall ~** bring down; **jdn zum Lachen ~** make s.o. laugh; **jdn zum Schweigen ~** silence s.o.; **jdn wieder zu sich ~** bring s.o. round; **jdn zur Vernunft ~** bring s.o. to reason; **das bringt's auch nicht!** that's no use either!; **das bringt nichts!** that's pointless!; **fertig ~**[RR] (*vollenden*) get done; (*imstande sein*) manage; **der bringt es glatt fertig und ...** he's quite capable of ...; **vorwärts ~**[RR] (*fig*) advance; **jdn vorwärts ~**[RR] help s.o. to get on

brisant *adj* explosive

Brisanz [bri'zants] <-> *f* explosive nature

Brise ['bri:zə] <-, -n> *f* breeze

Britannien [bri'taniən] *nt* (*poet*) Britannia

Brite, -tin <-n, -n> *m, f* Briton; **die Briten** the British; **britisch** *adj* British

bröckeln ['brœkəln] *sein vi* crumble

Brocken ['brɔkən] <-s, -> *m* chunk; (*Klumpen*) lump; **ein harter ~ sein** be a tough nut to crack

brodeln ['bro:dəln] *vi* (*Lava, Schmelze*) seethe

Brokat [bro'ka:t] <-(e)s, -e> *m* brocade

Broker ['bro:kɐ] <-s, -> *m* (COM) broker

Brokkoli *mpl* broccoli *pl*

Brom [bro:m] <-s> *nt* (CHEM) bromine

Brombeere ['brɔmbe:rə] *f* blackberry, bramble; **Brombeerstrauch** *m* bramble bush

bronchial [brɔnçi'a:l] *adj* bronchial; **Bronchialkatarrh** *m* bronchial catarrh;

Bronchien ['brɔnçiən] *fpl* bronchi *pl,* bronchial tubes *pl;* **Bronchitis** <-, -tiden> *f* bronchitis

Bronze ['brõːsə] <-, -n> *f* bronze; **bronzefarben** *adj* bronze-coloured; **Bronzemedaille** *f* bronze medal; **bronzen** *adj* (of) bronze; **Bronzezeit** *f* Bronze Age

Brosche ['brɔʃə] <-, -n> *f* brooch

broschiert [brɔ'ʃiːɐt] *adj:* ~**e Ausgabe** paperback edition

Broschur *f,* **Broschureinband** *m* (TYP) cut flush binding

Broschüre [brɔ'ʃyːrə] <-, -n> *f* booklet

Brösel ['brøzl] <-s, -> *m* crumb

Brot [broːt] <-(e)s, -e> *nt* bread; (*Brotlaib*) loaf of bread; (*belegtes* ~) sandwich

Brötchen ['brøːtçən] *nt* roll; **belegtes** ~ filled roll; **kleinere** ~ **backen** (*fig*) set one's sights lower

Broteinheit *f* carbohydrate exchange *Br,* bread unit *Am;* **Brotkasten** *m* bread bin; **Brotkrume** *f* bread-crumb; **brotlos** *adj* (*fig: ohne Stellung*) unemployed; ~ **werden** lose one's livelihood; **jdn** ~ **machen** put s.o. out of work; **Brotrinde** *f* crust; **Brotschneidemaschine** *f* bread slicer

browsen ['braʊzən] *vi* (*Webseiten blättern*) browse; **Browser** ['braʊzə] *m* (INTERNET) browser

Bruch[1] [brʊx, *pl:* 'brʏçə] <-(e)s, ¨-e> *m* **1.** (*a.* TECH) break; (MED: *Knochen~*) fracture **2.** (MED: *der Eingeweide*) hernia, rupture **3.** (*eines Versprechens*) breach (of promise); (*der Freundschaft*) breach (of friendship); (JUR: *Vertrags~*) infringement; (*eines Gesetzes*) violation **4.** (MATH) fraction; **zu** ~ **gehen** get broken; **ein Auto zu** ~ **fahren** smash a car; **in die Brüche gehen** (*Beziehung*) break up; **sich einen** ~ **heben** do o.s. an injury

Bruch[2] *m* (*Sumpf*) fen, marsh

Bruchband *nt* (MED) truss

Bruchbude *f* (*fam*) tumbledown shanty

bruchfest *adj* unbreakable

brüchig ['brʏçɪç] *adj* **1.** (*zerbrechlich*) fragile; (*von Metallen*) flawed; (*spröde*) brittle **2.** (*rissig*) cracked **3.** (*fig: zerbröckelnd*) crumbling; ~**e Stimme** rough voice

Bruchlandung *f* crash-landing

Bruchrechnung *f* (MATH) fractions *pl*

Bruchrille *f* (*bei Tablette*) score-mark

Bruchstrich *m* (MATH) line of a fraction

Bruchstück *nt* fragment

bruchstückhaft *adj* fragmentary

Bruchteil *m* fraction; **im** ~ **einer Sekunde** in a split second

Bruchzahl *f* fraction

Brücke ['brʏkə] <-, -n> *f* **1.** bridge **2.** (MED: *Zahn~*) bridge **3.** (*Teppich*) rug **4.** (SPORT: *Gymnastik*) crab; **jdm eine** ~ **bauen** (*fig*) give s.o. a helping hand; **alle** ~**n hinter sich abbrechen** burn one's bridges [*o* boats]; **Brückenbau** *m* bridge construction; **Brückengeländer** *nt* parapet; **Brückenkopf** *m* (MIL) bridgehead; **Brückenpfeiler** *m* pier

Bruder ['bruːdɐ, *pl:* 'bryːdɐ] <-s, ¨-> *m* brother; **unter Brüdern** between friends; **liebe Brüder!** my brethren!; **Bruderkrieg** *m* (MIL) fratricidal war

brüderlich *adj* brotherly, fraternal; **Brüderlichkeit** *f* fraternity

Brudermord *m* fratricide

Bruderschaft *f* brotherhood

Brühe ['bryːə] <-, -n> *f* **1.** (*Fleisch~*) broth **2.** (*trübe Flüssigkeit*) sludge **3.** (*pej: dünnes Getränk*) muck

brühen *vt* (*Speisen*) blanch; **Tee** ~ brew tea

brühwarm *adj* (*brandneu*) hot from the press; **sie verbreitete die Nachricht** ~ she spread the news red hot

Brühwürfel *m* stock-cube

brüllen ['brʏlən] *vi* roar; (*Stier*) bellow; (*Kind*) bawl; **das ist zum Brüllen!** (*fam*) it's a scream!

Brummbär *m* (*fam*) grouch

brummen ['brʊmən] *vi* **1.** (*summen*) hum **2.** (*Käfer, Fliegen*) buzz **3.** (*Motor*) drone, purr **4.** (*von Menschen*) growl, grumble, snarl **5.** (*sl: Strafe absitzen*) be locked up; **er brummte etw in seinen Bart** he muttered s.th. in his beard; **mir brummt der Kopf** my head is spinning

Brummer *m* (*fam*) **1.** (*Fliege*) blue-bottle (fly) **2.** (*LKW*) juggernaut

brummig *adj* (*verdrießlich*) grouchy, grumpy

Brummschädel *m* (*fam*) thick head

brünett [bry'nɛt] *adj* dark-haired

Brünette <-n, -n> *f* brunette

Brunnen ['brʊnən] <-s, -> *m* **1.** (*Schöpf~*) well **2.** (*Spring~*) fountain **3.** (*Mineral~*) spring; **Brunnenkresse** *f* watercress; **Brunnenrand** *m* brim [*o* edge] of a well; **Brunnenschacht** *m* well-shaft; **Brunnenwasser** *nt* well water

Brunst [brʊnst, *pl:* 'brʏnstə] <-, ¨-e> *f* (*Paarungszeit der Tiere*) mating season

brünstig ['brʏnstɪç] *adj* (*Tiere*) in heat

brüsk [brʏsk] *adj* (*kurz angebunden*) brusque; (*barsch*) curt

brüskieren *vt* snub

Brüssel ['brʏsəl] <-s> *nt* Brussels

Brust [brʊst, *pl:* 'brʏstə] <-, ¨-e> *f* **1.** (*weibliche*) breast **2.** (*Brustkorb*) chest; **jdn an die** ~ **drücken** press s.o. to one's bosom; **einem Kind die** ~ **geben** feed a baby; **einen zur** ~ **nehmen** (*fam*) have a quick one

Brustbein *nt* (ANAT) breastbone, sternum; **Brustbeutel** *m* money bag

brüsten ['brʏstən] *vr* boast, brag (*mit etw* about s.th.)

Brustfell *nt* (ANAT) pleura; **Brustfellentzündung** *f* pleurisy; **Brustkorb** *m* chest, thorax; **Brustkrebs** *m* breast cancer; **Brustmuskel** *m* (ANAT) pectoral muscle; **Brustschwimmen** *nt* breaststroke; **Brusttasche** *f* **1.** (*außen*) breast pocket **2.** (*innen*) inside pocket; **Brustumfang** *m* (*weiblicher ~*) bust measurement; (*männlicher ~*) chest measurement

Brüstung ['brʏstʊŋ] *f* parapet

Brustwarze *f* nipple

Brut ['bru:t] <-, -en> *f* **1.** (*Nest mit Jungen*) brood; (*~ der Fische*) fry, spawn **2.** (*pej: Leute*) lot, mob, rabble; (*Kinder*) brats *pl* **3.** (*das Brüten*) brooding, sitting

brutal [bru'ta:l] *adj* brutal; **ein ~er Kerl** a beast, a brute

Brutalisierung *f* brutalization

Brutalität *f* brutality

brüten ['bry:tən] *vi, vt* **1.** brood, sit **2.** (*nachdenken*) ponder (*über* over); **~de Hitze** oppressive heat

Brüter <-s, -> *m* (TECH: *Brutreaktor*): **schneller ~** fast-breeder (reactor)

Brutkasten *m* incubator

Brutstätte *f* (*fig*) hotbed

brutto ['brʊto] *adj* gross

Bruttoeinkommen *nt* gross income; **Bruttogewicht** *nt* gross weight; **Bruttoinlandsprodukt** *nt* Gross Domestic Product; **Bruttopreis** *m* gross price; **Bruttoregistertonne** *f* gross register ton; **Bruttosozialprodukt** *nt* gross national product

Btx *Abk. von* **Bildschirmtext** viewdata, videotext

Bub(e) [bu:p/'bu:bə] <-n, -n> *m* **1.** (*Junge*) boy, lad **2.** (*bei Kartenspiel*) jack, knave

Buch [bu:x, *pl:* 'by:çɐ] <-(e)s, ¨-er> *nt* book; **über etw ~ führen** keep a record of s.th.; **reden wie ein ~** talk like a book; **er ist ein Lehrer, wie er im ~e steht** he is a perfect example of a teacher; **Buchbesprechung** *f* book review; **Buchbinder(in)** *m(f)* bookbinder; **Buchbinderei** *f* (*Werkstatt*) bookbindery; **Buchclub** *m* bookclub; **Buchdruck** *m* letterpress; **Buchdrucker(in)** *m(f)* printer

Buche ['bu:xə] <-, -n> *f* beech; **Buchecker** *f* beechnut; **Buchenholz** *nt* beechwood; **Buchenwald** *m* beechwood

Bücherbrett *nt* bookshelf; **Bücherei** *f* library; **Büchergutschein** *m* book token; **Bücherregal** *nt* bookshelf; **Bücherschrank** *m* bookcase; **Bücherstütze** *f* book-end; **Bücherwurm** *m* (*fig*) bookworm

Buchfink *m* chaffinch

Buchführung *f* accounting, book-keeping; **doppelte ~** double-entry book-keeping; **Buchhalter(in)** *m(f)* bookkeeper; **Buchhaltung** *f* **1.** accounting, book-keeping **2.** (*Abteilung*) accounts department; **Buchhandel** *m* booktrade; **Buchhändler(in)** *m(f)* bookseller; **Buchhandlung** *f* bookshop *Br,* bookstore *Am;* **Buchhülle** *f* dust jacket [*o* cover]; **Buchklub** *m* book club

Buchmacher(in) *m(f)* bookmaker

Buchmarkt *m* book market

Buchprüfer(in) *m(f)* (FIN COM) auditor; **Buchprüfung** *f* audit

Buchs(baum) ['bʊksbaʊm] <-es, -e> *m* box(-tree)

Buchse ['bʊksə] <-, -n> *f* socket

Büchse ['bʏksə] <-, -n> *f* **1.** (*Dose*) can; (*Konserven~*) tin; (*Sammel~*) collecting box **2.** (*Gewehr*) rifle; **Büchsenfleisch** *nt* canned meat, tinned meat *Br;* **Büchsenmilch** *f* evaporated milk, tinned milk *Br;* **Büchsenöffner** *m* tin opener *Br,* can opener *Am*

Buchstabe ['bu:xʃta:bə] <-ns, -n> *m* character, letter; **in ~n** in words; **~ für ~** letter by letter; **großer ~** capital letter; **kleiner ~** small letter; **dem ~n nach** literally

buchstabieren *vt* spell; **falsch ~** misspell

buchstäblich ['bu:xʃtɛ:plɪç] *adj* literal; **etw ~ nehmen** take s.th. literally

Buchstütze *f* book-end

Bucht [bʊxt] <-, -en> *f* bay; (*kleine*) cove

Buchtel <-, -n> *f* (*österr*) *dumpling filled with jam*

Buchung ['bu:xʊŋ] *f* (COM) entry; (*Reservierung*) booking, reservation; **Buchungssystem** *nt* booking system

Buchweizen *m* buckwheat

Buchwert *m* (FIN COM) book value

Buckel ['bʊkəl] <-s, -> *m* **1.** (*buckliger Rücken*) hump, humpback **2.** (*fam: Rücken*) back **3.** (*bucklige Wölbung*) bulge, hump; **einen ~ machen** hunch one's back; **du kannst mir den ~ herunterrutschen!** (*fam*) you can get knotted!; **den ~ hinhalten** (*fam*) carry the can

bucklig *adj* hunchbacked; **~e Straße** bumpy road

Buck(e)lige(r) *f m* humpback, hunchback

buckeln *vi* (*pej*) kowtow

bücken ['bʏkən] *vr* bend, stoop; **sich nach etw ~** stoop to pick s.th. up

Bückling[1] *m* (*Hering*) bloater, kipper

Bückling[2] *m* (*fam: Verbeugung*) bow

buddeln ['bʊdəln] *vi* (*fam*) dig

Buddhismus [bʊ'dɪsmʊs] *m* Buddhism

Buddhist(in) *m(f)* Buddhist

Bude ['bu:də] <-, -n> *f* **1.** (*Bretter~*) hut **2.** (*Verkaufsstand*) booth, stall, stand **3.** (*fam: Zimmer*) room, bedsit(ter); **jdm die ~ auf den Kopf stellen** (*fam*) turn someone's place upside down; **jdm auf die ~ rücken** (*fam*) descend on s.o.; **eine sturmfreie ~ haben** (*hum*) be able to have visitors any time

Budget [by'dʒe:] <-s, -s> *nt* (COM) budget; **Budgetabweichung** *f* budget variance

Büfett [bʏ'fɛt/bʏ'fe:] <-(e)s, -s/-e> *nt* **1.** (*Möbel*) sideboard **2.** (*Schanktisch*) bar; **kaltes** ~ cold buffet

Büffel ['bʏfəl] <-s, -> *m* buffalo; **Büffelleder** *nt* buff (leather)

büffeln ['bʏfəln] **I.** *vt* (*fam: Lernstoff*) swot up (on) **II.** *vi* (*fam*) cram, swot

Bug¹ [bu:k] <-s, -e> *m* (MAR) bow; (AVIAT) nose

Bug² [bag] <-s, -s> *m* (*Fehler im Software-Programm*) bug

Bügel ['by:gəl] <-s, -> *m* **1.** (*Kleider~*) hanger **2.** (*Steig~*) stirrup

Bügelbrett *nt* ironing board; **Bügeleisen** *nt* iron; **Bügelfalte** *f* (*in der Hose*) crease; **bügelfrei** *adj* non-iron; **Bügelmaschine** *f* rotary iron

bügeln *vt* (*Wäsche*) iron; (*Kleidungsstück*) press; **glatt** ~[RR] iron smooth

buhen ['bu:ən] *vi* boo

buhlen ['bu:lən] *vi:* **um jds Gunst** ~ (*pej*) court someone's favour

Buhne ['bu:nə] <-, -n> *f* breakwater, groyne

Bühne ['by:nə] <-, -n> *f* **1.** (THEAT) stage **2.** (*fig: Theater*) theatre **3.** (AUTO: *Hebe~*) ramp; **auf der** ~ on stage; **hinter der** ~ (*a. fig*) behind the scenes *pl;* **etw über die ~ bringen** (*fig*) stage s.th.; **Bühnenbearbeitung** *f* stage adaptation; **Bühnenbild** *nt* stage set; **Bühnenbildner(in)** *m(f)* stage designer; **Bühnenstück** *nt* play

bühnenwirksam *adj* effective on the stage; **Bühnenwirkung** *f* dramatic effect

Buhruf *m* boo

Bukarest <-s> *nt* Bucharest

Bukett [bu'kɛt] <-(e)s, -e/-s> *nt* (*Strauß; eines Weines*) bouquet

Bulgare, -rin [bʊl'ga:rə] <-n, -n> *m, f* Bulgarian; **Bulgarien** *nt* Bulgaria; **bulgarisch** *adj* Bulgarian

Bulimie <-> *f* (MED) bulimia

Bullauge ['bʊlaʊgə] *nt* (MAR) porthole

Bulldogge *f* (*kurzhaariger Hund*) bulldog

Bulldozer ['bʊldo:zɐ] <-s,-> *m* bulldozer

Bulle ['bʊlə] <-n, -n> *m* **1.** (*männliches Rind*) bull **2.** (*bulliger Mann*) great ox of a man **3.** (*sl: Polizist*) cop

Bullenhitze *f* (*fam*) boiling heat

Bulletin [bʏl'tɛ̃:] <-s, -s> *nt* bulletin

Bumerang ['bu:məraŋ] <-s, -e/-s> *m* (*a. fig*) boomerang

Bummel ['bʊməl] <-s, -> *m* stroll; **einen ~ machen** go for a stroll

Bummelant(in) [bʊmə'lant] <-en, -en> *m(f)* (*pej*) slowcoach *Br,* slowpoke *Am;* **Bummelei** *f* dawdling; **bummeln** *vi* **1.** *sein* (*umherschlendern*) stroll **2.** *haben* (*trödeln*) dawdle

Bummelstreik *m* go-slow; (*im öffentlichen Dienst*) work-to-rule

Bummelzug *m* (*pej*) slow train *Br,* accommodation train *Am*

bums [bʊms] *interj* bang! thud!

bumsen ['bʊmzən] **I.** *vi* **1.** (*schlagen*) thump **2.** (*vulg: Sex haben*) screw; **es hat gebumst!** (AUTO) there's been a crash!; **gegen die Tür** ~ hammer on the door **II.** *vt:* **jdn** ~ (*vulg*) screw s.o.

Bund¹ [bʊnt] <-(e)s, -e> *m* bunch

Bund² [bʊnt, *pl:* 'bʏndə] <-es, (¨-e)> *m* **1.** (*Vereinigung*) association **2.** (POL: *Staaten~*) alliance **3.** (*fam: Bundeswehr*) the services *pl* **4.** (*fam: Bundesrepublik*) Federal Government; **den ~ fürs Leben schließen** take the marriage vows *pl*

Bündel ['bʏndəl] <-s, -> *nt* **1.** bundle; (*Bund*) bunch **2.** (*fig*) cluster; **ein ~ von Vorschlägen** a set of suggestions

bündeln *vt* **1.** bundle up **2.** (OPT) focus

Bundesarbeitsgericht *nt* Federal Labour Court; **Bundesausbildungsförderungsgesetz** *nt law regarding grants for higher education;* **Bundesbahn** *f* Federal Railway; **Bundesbank** *f* Federal Bank; **Bundesbehörde** *f* Federal authority; **Bundesbürger(in)** *m(f)* citizen of the Federal Republic (of Germany); **Bundesfinanzhof** *m* Federal Finance Court; **Bundesgebiet** *nt* federal territory; **Bundesgerichtshof** *m* Federal Supreme Court; **Bundeshauptstadt** *f* capital of the Federal Republic (of Germany); **Bundesheer** *nt* (*österr*) (Austrian) Federal Armed Forces *pl;* **Bundesinnenminister(in)** *m(f)* Federal Minister of the Interior; **Bundeskanzler(in)** *m(f)* German Chancellor; **Bundesland** *nt* federal state, Land; **Bundesliga** *f* National League; **Bundesnachrichtendienst** *m* Federal Intelligence Service; **Bundespost** *f* Federal Post Office; **Bundespräsident(in)** *m(f)* (*in Deutschland*) Federal President; (*in der Schweiz*) President of the Federal Council; **Bundesrat** *m* (*in Deutschland*) Bundesrat; (*in der Schweiz*) Federal Government; **Bundesregierung** *f* Federal Government; **Bundesrepublik** *f* Federal Republic; (*Deutschland*) Federal Republic of Germany; **Bundesschatzbrief** *m* Federal Government bond; **Bundesstaat** *m* federal state; **Bundesstraße** *f* federal highway; **Bundestag** *m* Bundestag; **Bundestagsmitglied** *nt* member of the Bundestag; **Bundestagspräsident(in)** *m(f)* President of the Bundestag; **Bundestagswahl** *f* elections to [*o* for] the Bundestag; **Bundestrainer(in)** *m(f)* coach of the German national team; **Bundesverfassungsgericht** *nt* Federal Constitutional Court; **Bundesversammlung** *f* (*in Deutschland*) Federal Convention; (*in der Schweiz*) Federal Assembly; **Bundeswehr** *f* Federal Armed Forces *pl*

Bundfaltenhose *f* pleated trousers *Br*, pegged [*o* pleated] pants *Am*

bündig ['bʏndɪç] *adj* **1.** (TECH: *fluchtrecht*) flush **2.** (*schlüssig*) conclusive; **kurz und ~** concisely

Bündnis [bʏntnɪs] *nt* alliance; **Bündnispartner** *m* alliance partner

Bunker ['bʊnkɐ] <-s, -> *m* (MIL) bunker; (*Schutz~*) air-raid shelter

bunkern ['bʊŋkɐn] *vt* store (as in a bunker)

Bunsenbrenner ['bʊnzn-] <-s, -> *m* (CHEM) bunsen burner

bunt [bʊnt] *adj* **1.** (*vielfarbig*) colourful; (*farbig*) coloured **2.** (*allerlei enthaltend*) mixed; (*verschiedenartig*) varied; **~es Glas** stained glass; **ein ~er Abend** a social; **in ~er Reihenfolge** in a varied sequence; **jetzt wird's mir aber zu ~!** (*fam*) that's going too far!

Buntmetall *nt* non-ferrous metal

Buntsandstein *m* new red sandstone

Buntspecht *m* spotted woodpecker

Buntstift *m* coloured pencil, crayon

Buntwäsche *f* coloureds *pl*

Bürde ['bʏrdə] <-, -n> *f* **1.** (*aufgebürdete Last*) load **2.** (*fig*) burden

Burg [bʊrk] <-, -en> *f* castle; **Burganlage** *f* castle complex

Bürge ['bʏrgə] <-n, -n> *m* guarantor; **einen ~n stellen** offer surety

bürgen *vt:* **für etw ~** guarantee s.th.; **für jdn ~** stand surety for s.o.; (*fig*) vouch for s.o.

Bürger(in) *m(f)* (*Staats~*) citizen; **die ~ unserer Stadt** the people of our town; **Bürgerinitiative** *f* citizens' action group; **Bürgerkrieg** *m* civil war

bürgerlich *adj* civil; **das ~e Gesetzbuch** the Civil Code

Bürgermeister(in) *m(f)* mayor; **bürgernah** *adj* (*Politiker*) close to the people

Bürgerrecht *nt* civil rights *pl;* **Bürgerrechtler(in)** *m(f)* civil righter; **Bürgerrechtsbewegung** *f* civil rights movement

Bürgerschaft *f* **1.** (*die Bürger*) citizens *pl* **2.** (*Stadtparlament*) City Parliament

Bürgersteig *m* pavement *Br*, sidewalk *Am*

Bürgerversammlung *f* town meeting; **Bürgerwehr** *f* militia

Burggraben *m* castle moat

Bürgschaft ['bʏrkʃaft] *f* security, surety; **für jdn ~ leisten** stand surety for s.o.

Burgund [bʊr'gʊnt] <-s> *nt* Burgundy; **Burgunder** *m* (*Wein*) burgundy; **burgundisch** *adj* Burgundian

Burgverlies *nt* (castle) dungeon

burlesk [bʊr'lɛsk] *adj* burlesque

Büro [by'ro:] <-s, -s> *nt* office; **Büroangestellte(r)** *f m* office worker; **Büroarbeit** *f* office work; **Bürobedarf** *m* office supplies *pl;* **Bürohengst** *m* (*pej*) pen pusher; **Büroklammer** *f* paper clip; **Bürokommunikation** *f* office communications *pl;* **Bürokommunikationssystem** *nt* (INFORM) office communications system

Bürokrat(in) *m(f)* bureaucrat; **Bürokratie** [byrokra'ti:] *f* bureaucracy; **bürokratisch** *adj* bureaucratic

Büromaschinen *pl* office machines; **Bürostuhl** *m* office chair; **Bürostunden** *pl* office hours; **Bürovorsteher(in)** *m(f)* chief clerk

Bursche ['bʊrʃə] <-n, -n> *m* **1.** (*Halbwüchsiger*) boy, chap, lad **2.** (*Kerl*) fellow, guy; **ein kluger ~** a clever fellow; **ein übler ~** (*pej*) a bad lot

burschikos [bʊrʃi'ko:s] *adj* tomboyish

Bürste ['bʏrstə] <-, -n> *f* brush; **bürsten** *vt* brush; **sich die Haare ~** brush one's hair

Bürstenhaarschnitt *m* crew cut; **Bürstenmassage** *f* brush massage

Bus[1] [bʊs] <-ses, -se> *m* bus

Bus[2] [bas] *m* (*computerinternes Verbindungssystem*) bus

Busbahnhof *m* bus [*o* coach] station

Busch [bʊʃ, *pl:* 'bʏʃə] <-es, =e> *m* **1.** bush; (*einzelner Strauch*) shrub **2.** (*Dickicht*) copse, thicket; (*Urwald*) jungle; **jdm auf den ~ klopfen** (*fam*) sound s.o. out; **sich in die Büsche schlagen** (*fam*) slip away; **etw ist im ~** (*fam*) there's s.th. up; **Buschbohne** *f* dwarf bean

Büschel ['bʏʃəl] <-s, -> *nt* (*von Haaren*) tuft, wisp; (*von Stroh*) bundle; **büschelweise** *adv* in tufts

Busen ['bu:zən] <-s, -> *m* breast; **am ~ der Natur** (*hum*) in the lap of nature; **Busenfreund(in)** *m(f)* bosom friend

Busfahrer(in) *m(f)* bus driver

Bushaltestelle *f* bus stop

Business Class ['bɪznɪs,kla:s] <-> *f* business class

Buslinie *f* bus route

Bussard ['bʊsart] <-s, -e> *m* (*Greifvogel*)

buzzard

Buße ['bu:sə] <-, -n> *f* (ECCL: *Bußsakrament*) penance; (*Reue*) penitence; ~ **tun** do penance

büßen ['by:sən] *vt, vi:* **das wirst du mir** (**noch**) ~**!** I'll make you pay for that!; **er musste schwer dafür** ~ he had to pay dearly for it

Bußgeld *nt* fine; **Bußgeldbescheid** *m* notice of payment due

Bußtag *m* day of repentance

Büste ['bʏstə] <-, -n> *f* bust

Büstenhalter *m* brassiere

Butangas [bu'ta:n-] *nt* butane

Butike[RR] <-, -n> *f s.* **Boutique**

Butt [bʊt] <-(e)s, -e> *m* (*Scholle*) flounder

Bütte ['bʏtə] <-, -n> *f* (*Kufe, Wanne*) tub; (*Zuber*) vat

Bütten(**papier**) *nt* (*Werksbütten*) rag paper

Butter ['bʊtɐ] <-> *f* butter; **alles in ~!** (*fam*) everything ok!

Butterberg *m* (*fam*) butter mountain

Butterblume *f* buttercup

Butterbrot *nt* bread and butter; (*belegtes* ~) sandwich; **jdm etw** (**ständig**) **aufs** ~ **schmieren** keep rubbing s.th. in; **Butterbrotpapier** *nt* greaseproof paper; **Buttermilch** *f* buttermilk; **Butterschmalz** *nt* clarified butter; **butterweich** *adj* (*a. fig*) beautifully soft

Button ['batn] <-s, -s> *m* badge, button

Button-down-Kragen ['batndaʊn-] *m* button-down collar

Butzenscheibe *f* bull's-eye (window)pane

Bypass-Operation *f* (MED) bypass operation

Byte [bait] <-(s), -(s)> *nt* (INFORM) byte

Byzanz [bytsants] *nt* Byzantium

C

C, c [tseː] <-,-> *nt* C, c
CAD <-> *nt Abk. von* **computer-aided design** CAD
Cadmium ['katmiʊm] <-s> *nt* (CHEM) cadmium
Café [ka'feː] <-s, -s> *nt* café; **Cafeteria** [kafete'rɪa] <-, -s> *f* cafeteria
Callboy ['kɔːlbɔɪ] <-s, -s> *m* callboy
Callcenter ['kɔːlsɛntɐ] <-s, -> *nt* (*für Telefonanfragen*) call centre; **Callcenter-Agent(in)** *m(f)* call-centre agent
Callgirl ['kɔːlgœrl] <-s, -s> *nt* callgirl
Calls [kɔːls] *pl* (*Optionspapiere auf steigende Aktien*) calls
Camcorder ['kæmkɔrdɐ] <-s, -> *m* camcorder
Camp [kæmp] <-s, -s> *nt* camp
Camping ['kæmpɪŋ] <-s> *nt* camping; **zum ~ fahren** go camping; **Campingausrüstung** *f* camping gear; **Campingbus** *m* camper, dormobile®; **Campinggeschirr** *nt* camping eating utensils *pl;* **Campingplatz** *m* camping [*o* caravan] site
Cappuccino [kapʊ'tʃiːno] <-s, -s> *m* cappuccino
Carnapper ['kaːnɛpɐ] <-s, -> *m* (*Autodieb*) carnapper; **Carnapping** ['kaːnɛpɪŋ] <-s, -s> *nt* carnapping
Carrier ['kɛrɪəɐ] <-s, -> *m* (*Flugreiseunternehmer*) carrier
Cashflow ['kɛʃfləʊ] <-s> *m* (*übrige Geldmittel*) cash flow
Casino [ka'ziːno] <-s, -s> *nt* casino
Cäsium ['tsɛːziʊm] <-s> *nt* (CHEM) caesium *Br,* cesium *Am*
casten ['kaːstən] *vt* cast
Casting-Agentur ['kaːstɪŋagɛn,tuːɐ] *f* casting agency
Catcher(in) ['kætʃɐ] <-s, -> *m(f)* wrestler
Catering ['keɪtərɪŋ] <-[s]> *nt* (*Bereitstellung von Essen und Getränke*) catering; **Catering-Service** <-> *m* catering service
CB-Funk *m* citizen's band, CB
CD[1] <-, -s> *f s.* **Compact Disc** CD, compact disc
CD[2] <-s, -s> *nt s.* **Corporate Design** corporate design
CD-ROM <-, -s> *f* CD-ROM; **CD-ROM-Laufwerk** *nt* CD-ROM drive; **CD-Spieler** *m* compact disc player, CD player; **CD-Ständer** *m* CD rack
Cellist(in) [tʃɛ'lɪst] *m(f)* cellist
Cello ['tʃɛlo, *pl:* 'tʃɛli/'tʃɛlos] <-s, -i/-s> *nt* cello
Cellophan [tsɛlo'faːn] <-s> *nt* cellophane
Celsius ['tsɛlziʊs] <-,-> *nt* centigrade; **8 Grad ~** eight degrees centigrade
Cembalo ['tʃɛmbalo, *pl:* 'tʃɛmbali/ tʃɛmbalos] <-s, -i/-s> *nt* cembalo, harpsichord
Cent [sent] *m* eurocent
Ces [tsɛs] <-, (-)> *nt* (MUS) C flat
Ceylon ['tsaɪlɔn] <-s> *nt* Ceylon
Chamäleon [ka'mɛːleɔn] <-s, -s> *nt* (*a. fig*) chameleon
Champagner [ʃam'panjɐ] <-s, -> *m* champagne
Champignon ['ʃampɪnjɔŋ] <-s, -s> *m* mushroom
Champion ['tʃæmpjən] <-s, -s> *m* (SPORT) champion
Chance ['ʃãːs(ə)] <-, -n> *f* chance; **keine ~n haben** not to stand a chance; **bei jdm ~n haben** stand a chance with s.o.; **Chancengleichheit** *f* equal opportunities *pl;* **chancenlos** *adj* (*Spieler, Partei*) bound to lose; (*Plan, Produkt*) bound to fail
Chanson [ʃã'sõː] <-s, -s> *nt* song
Chaos ['kaːɔs] <-> *nt* chaos; **Chaostheorie** *f* (MATH) chaos theory
Chaot(in) [ka'oːt] <-en, -en> *m(f)* **1.** (POL) anarchist **2.** (*sl: unordentlicher Mensch*) chaotic person; (*ausgeflippte Person*) freak
chaotisch [ka'oːtɪʃ] *adj* chaotic
Charakter [ka'raktɐ, *pl:* karak'teːrə] <-s, -e> *m* **1.** (*Wesenszug, Merkmal*) character **2.** (*Persönlichkeit*) personality **3.** (*Art*) nature; **Charaktereigenschaft** *f* character trait
charakterfest *adj* of firm character, strong-minded; **Charakterfestigkeit** *f* firmness of character, strong-mindedness
charakterisieren *vt* characterize
Charakterisierung *f* characterization
Charakteristik *f* characteristics *pl;* (*Schilderung*) description
Charakteristikum <-s, -ka> *nt* characteristic
charakteristisch *adj* characteristic; **~e Eigenschaft** typical feature
charakterlich *adv* character; **~ unbeständig** having an unsteady character
charakterlos *adj* **1.** (*von Person*) unprin-

cipled **2.** (*fig: farblos*) colourless
Charakterlosigkeit *f* **1.** (*Eigenschaft*) lack of principles **2.** (*Tat*) unprincipled act
Charakterzug *m* characteristic trait; **das ist kein schöner ~!** that is an unpleasant character trait!
Charity-Event ['tʃɛrətɪ-ɪˌvent] <-s, -s> *m* (*Wohltätigkeitsveranstaltung*) charity event
charmant [ʃar'mant] *adj* charming
Charme [ʃarm] <-s> *m* charm
Charta ['karta] <-, -s> *f* charter; **die ~ der Vereinten Nationen** the United Nations Charter
Charterflug ['tʃa:ɐtɐ-] *m* charter flight; **Chartermaschine** *f* (AVIAT) charter plane
chartern ['tʃa:ɐtɐn] *vt* (AVIAT MAR) charter; (*anheuern*) hire
Chassis [ʃa'si:] <-, -> *nt* (AUTO TECH) chassis, frame
Chat [tʃæt] *m* (INTERNET) chat
Chauffeur(in) [ʃɔ'fø:ɐ] <-s, -e> *m(f)* chauffeur
Chauffeuse [ʃofɔz] <-, -n> *f* (*CH*) female professional driver
chauffieren *vt haben, vi sein* (AUTO) drive
Chauvi [ʃo:vi] <-s, -s> *m* (*fam pej*) male chauvinist pig, MCP; **Chauvinismus** [ʃo-vi'nɪsmʊs] *m* **1.** (POL) chauvinism, jingoism **2.** (*männlicher ~*) male chauvinism; **Chauvinist(in)** *m(f)* **1.** (POL) chauvinist **2.** (*männlicher ~*) male chauvinist; **chauvinistisch** *adj* **1.** (POL) chauvinistic **2.** (*männlich ~*) chauvinist
checken ['tʃækn̩] *vt* **1.** (*überprüfen*) check **2.** (*fam: begreifen*) get it
Chef(in) [ʃɛf] <-s, -s> *m(f)* boss; (*von Polizei*) chief; **Chefarzt, -ärztin** *m, f* senior consultant; **Chefetage** *f* executive floor; **Chefkoch, -köchin** *m, f* chef; **Chefredakteur(in)** *m(f)* editor-in-chief; **Chefsache** *f* matter for the boss, boss' business; **Chefsekretärin** *f* personal assistant, PA; **Chefzimmer** *nt* executive's office
Chemie [çe'mi:] *f* chemistry; **Chemiefaser** *f* synthetic fibre; **Chemiemüll** *m* chemical waste; **Chemieunfall** *m* chemical accident; **Chemiewaffe** *f* chemical weapon; **Chemikalien** [çemi'ka:liən] *fpl* chemicals
Chemiker(in) *m(f)* chemist
chemisch *adj* chemical; **~e Kampfstoffe** chemical warfare agents; **~e Reinigung** dry cleaner's
Chemotherapie [çemotera'pi:] *f* (MED) chemotherapy
Chiffre ['ʃɪfrə] <-, -n> *f* **1.** (*Code~*) cipher **2.** (*in Zeitungsannoncen*) box number; **Chiffreanzeige** *f* box number advertisement
chiffrieren [ʃɪ'fri:rən] *vt* encode, encipher; **chiffrierte Nachricht** coded message
Chile ['çi:le/'tʃi:le] <-s> *nt* Chile; **Chilene, -nin** ['çi'le:nə] <-n, -n> *m, f* Chilean; **chilenisch** *adj* Chilean
China ['çi:na] <-s> *nt* China; **Chinarestaurant** *nt* Chinese restaurant; **Chinese, -sin** [çi'ne:zə] <-n, -n> *m, f* Chinese; **chinesisch** *adj* Chinese; **die Chinesische Mauer** the Great Wall of China
Chinin [çi'ni:n] <-s> *nt* quinine
Chip [tʃɪp] <-s, -s> *m* **1.** (*Kartoffel~*) crisp *Br*, potato chip *Am* **2.** (*Spiel~*) chip **3.** (INFORM) chip
Chipkarte *f* (COM) smart card
Chirurg(in) [çi'rʊrk] <-en, -en> *m(f)* surgeon
Chirurgie [çirʊr'gi:] <-, -n> *f* surgery
chirurgisch *adj* surgical; **~er Eingriff** surgery
Chlor [klo:ɐ] <-s> *nt* (CHEM) chlorine
chloren ['klo:rən] *vt* chlorinate
Chlorid [klo'ri:t] <-(e)s, -e> *nt* (CHEM) chloride
Chloroform [kloro'fɔrm] <-s> *nt* chloroform; **chloroformieren** *vt* chloroform
Chlorophyll [kloro'fʏl] <-s> *nt* chlorophyll
Chlorwasser *nt* chlorinated water; **Chlorwasserstoff** [-'---] *m* (CHEM) chlorhydric acid
Cholera ['ko:lera/'kɔləra] <-> *f* cholera
Choleriker(in) *m(f)* choleric person
cholerisch *adj* choleric
Cholesterin [kolɛste'ri:n] <-s> *nt* (MED) cholesterol; **Cholesterinspiegel** *m* cholesterol level; **Cholesterinwert** *m* cholesterol level
Chor[1] [ko:ɐ, *pl:* 'kø:rə] <-(e)s, ¨-e> *m* (MUS) choir; (THEAT) chorus; **im ~ singen** sing in the choir
Chor[2] *m* (ARCH ECCL) chancel, choir
Choral [ko'ra:l, *pl:* ko'rɛ:lə] <-s, ¨-e> *m* (ECCL MUS) chant
Choreograf(in) [koreo'gra:f] <-en, -en> *m(f)* choreographer; **Choreografie** [koreogra'fi:] *f* choreography; **Choreograph** *m s.* **Choreograf**; **Choreographie** *f s.* **Choreografie**
Chorknabe *m* choirboy
Chorsänger(in) *m(f)* (ECCL) chorister
Chose ['ʃo:zə] <-, -n> *f* (*fam*): **die ganze ~** all of it, the whole lot of it
Christ(in) [krɪst] <-en, -en> *m(f)* Christian
Christbaum *m* Christmas tree
Christenheit *f* Christendom; **Christentum** *nt* Christianity
Christkind *nt* Christ Child; **das ~ kommt!** Father Christmas is coming!
christlich I. *adj* Christian; **Christlicher Verein Junger Menschen** Young Men's

Christian Association, Y.M.C.A.; **~e Zeitrechnung** Christian Era **II.** *adv* as a Christian; **jdn ~ erziehen** bring s.o. up as a Christian

Christmette *f* Midnight Mass

Christus ['krɪstʊs] *m* Christ; **vor Christi Geburt** before Christ, B.C.; **700 nach ~** in the year 700 of our Lord, A.D.

Chrom [kro:m] <-s> *nt* chrome

Chromosom [kromo'zo:m] <-s, -en> *nt* chromosome

Chrompflegemittel *nt* chrome polish; **Chromstahl** *m* chromium steel; **Chromteil** *nt* (*a.* AUTO) chrome-plated part

Chronik ['kro:nɪk] *f* chronicle

chronisch *adj* (*Krankheit, a. fig*) chronic

Chronist [kro'nɪst] *m* chronicler

chronologisch [krono'lo:gɪʃ] *adj* chronological

Chronometer [krono'me:tɐ] <-s, -> *m* chronometer

Chrysantheme [kryzan'te:mə] <-, -n> *nt* chrysanthemum

CI *f Abk. von* **Corporate Identity** corporate identity

circa ['tsɪrka] *adv* about, circa, ca.

Cis [tsɪs] <-, -> *nt* (MUS) C sharp

Citycall ['sɪtɪkɔ:l] <-s, -s> *m* (*Ortsgespräch*) city call

Clearing ['kli:rɪŋ] <-s, -s> *nt* (COM) clearing

Clementine [klemɛn'ti:nə] <-, -n> *f* (*Mandarine*) clementine

clever ['klævɐ] *adj* clever

Clinch [klɪntʃ] <-(e)s> *m* (*fam*): **mit jdm im ~ liegen** (*fig*) be at loggerheads with s.o.

Clip [klɪp] <-s, -s> *m* **1.** (*an Schreibgerät*) clip **2.** (*Ohrclip*) earring

Clique ['klɪkə] <-, -n> *f* (*fam*) group, set; **Paul und seine (ganze) ~** Paul and his set

Clochard [klɔ'ʃa:r] <-s, -s> *m* tramp

Clou [klu:] <-s, -s> *m*: **das ist doch gerade der ~!** but that's just it!; **der ~ des Abends** the highlight of the evening

Clown [klaʊn] <-s, -s> *m* clown; **sich zum ~ machen** make a clown of o.s.

Cockpit ['kɔkpɪt] <-s, -s> *nt* (AVIAT) cockpit

Cocktailbar ['kɔkteɪl,ba:ɐ] *f* cocktail bar

Cocooning [kə'ku:nɪŋ] <-s> *nt* (*Rückzug ins Private*) cocooning

Code [ko:d] <-s, -s> *m* code; **genetischer ~** (BIOL) genetic code

codieren *vt* codify, encode

Coiffeur [kwa'fɔ:r] <-s, -e> *m* (*CH*) hairdresser

Collage [kɔ'la:ʒə] <-, -n> *f* collage

Colt® [kɔlt] <-s, -s> *m* colt

Come-back [kam'bæk] <-s, -s> *nt* (*a.* SPORT) comeback

Comicheft *nt* comic

committen [ko'mɪtən] *vr* (*sich verpflichten*) committ oneself

Computer [kɔm'pju:tɐ] <-s, -> *m* (INFORM) computer; **Computerarbeitsplatz** *m* work station; **Computerdiagnose** *f* (MED) computer diagnosis; **computergesteuert** *adj* computer-controlled; **Computergrafik** *f* computer graphics *sing;* **Computerkriminalität** *f* computer crime; **computerlesbar** *adj* (*Ausweis*) machine-readable; **Computernetzwerk** *nt* computer network; **Computersatz** *m* (TYP) computer typesetting; **Computersimulation** *f* computer simulation; **Computerspiel** *nt* computer game; **Computertisch** *m* computer table; **Computertomografie**[RR] *f,* **Computertomographie** *f* (MED) computer tomography; **Computervirus** *m* computer virus; **Computerzeitschrift** *f* computer magazine

Conférencier [kõferãsj'e:] <-s, -s> *m* compère

Container [kɔn'te:nɐ] <-s, -> *m* (*zum Transport*) container; (*für Bauschutt*) skip; **Containerbrücke** *f* (MAR) transporter container-loading bridge; **Containerdorf** *nt* village of prefab huts; **Containerschiff** *nt* container ship; **Containerstapel** *m* unit load; **Containerstapler** *m* (TECH) container carrier truck; **Containerterminal** *m* container berth [*o* terminal]

Contergankind [kɔntɛr'ga:n-] *nt* thalidomide baby

Convenience-Markt [kən'vi:niəns,markt] *m* (*kl. Supermarkt bei der Tankstelle*) petrol station shop

Cookie ['kʊkɪ] *m* (*kleine Datei auf der Festplatte des Users, die seine Aktivitäten in der besuchten Web-Site niederschreibt*) cookie

cool [kʊ:l] *adj* (*fam*) cool

Copy-Shop ['kɔpiʃɔp] <-s, -s> *m* (COM) copy shop

Cord <-s, -s> *m* cord, corduroy; **Cordjeans** ['kɔrtʒi:ns] *pl* corduroy jeans, cords

Cornflakes ['kɔ:nfleɪks] *pl* cornflakes

Costa Rica ['kɔsta 'ri:ka] *nt* Costa Rica

Couch [kaʊtʃ] <-, -en> *f* couch; **Couchgarnitur** *f* suite; **Couchtisch** *m* coffee table

Countdown ['kaʊntdaʊn] <-s, -s> *m* (*a. fig*) countdown

Coupon [ku'põ:] <-s, -s> *m* coupon

Courage [kʊ'raʒə] <-> *f* (*fam*) guts *pl*

couragiert *adj* courageous

Cousin(e) [ku'zɛ̃: (ku'zi:nə)] <-, -s> *m* cousin

Couvert [ku've:ɐ] <-s, -s> *nt* envelope

Cover-Version ['kavɐvɛr,zjo:n] *f* (*Imitat eines Musiktitels*) cover version
Crack[1] [kræk] <-s, -s> *m* (*Könner*) ace
Crack[2] [kræk] <-s> *nt* (*Droge*) crack
Cracker ['krækə] *m* (INTERNET: *böswilliger Hacker*) cracker
crash-erprobt ['kræʃ-] *adj* crash-tested
Creme [krɛ:m/kre:m] <-, -s> *f* cream
cremefarben *adj* cream-coloured
Cremespülung *f* cream rinse
Cremetorte *f* cream gateau
cremig *adj* creamy
Curling ['kø:ɐlɪŋ] <-s> *nt* (SPORT) curling
Curriculum [kʊ'rɪkʊlʊm] <-s, -la> *nt* (SCHULE) curriculum
Curry ['kœrɪ] <-s, -s> *nt* curry; **Currywurst** ['kœrivʊrst] *f* curried sausage
Cursor ['kœ:rzɐ] <-s, -> *m* (INFORM) cursor
Cutter(**in**) ['katɐ] <-s, -> *m(f)* (FILM) cutter
Cybercash ['saɪbə,kæʃ] *nt* (*elektronisches Geld,* INTERNET) cybercash; **Cybergeld** ['saɪbə,geld] *nt* (INTERNET) e-cash (electronic cash)
Cybersex ['saɪbə,seks] *m* (INTERNET) cybersex
Cyberspace ['saɪbə,speɪs] *m* (INTERNET) cyberspace

C

D

D, **d** [deː] <-,-> *nt* D, d

D-Zug ['deːtsuːk] *m* (RAIL) fast train

da [daː] **I.** *adv* **1.** (*örtlich: dort*) there **2.** (*örtlich: hier*) here; (*bei der Hand*) at hand **3.** (*zeitlich*) then; **das Haus ~** the house over there; **~ haben wir's!** that had to happen!; **wer ~?** who's there?; **da sein**[RR] be there; **wir sind gleich ~** we'll soon be there; **ich bin gleich wieder ~** I'll be right back; **ich bin noch ~** I'm still there; **ist noch (etw) Tee ~?** is there any tea left?; **ist die Post schon ~?** has the post come yet?; **~, nimm schon!** here, take it!; **~ siehst du, was du angerichtet hast!** now see what you've done!; **was gibt's denn ~ zu lachen?** what's funny about that?; **~ kann man nichts machen** there's nothing to be done about it; **~ kann ich bloß lachen!** I can't help laughing!; **~ fällt mir gerade ein, ...** it just occurred to me ... **II.** *konj* (*weil*) as, since, seeing that

DAAD <-> *m Abk. von* **Deutscher Akademischer Austauschdienst** German Academic Exchange Service

dabei [da'baɪ/'daːbaɪ] *adv* **1.** (*örtlich*): **ist die Beschreibung ~?** are the instructions attached? **2.** (*zeitlich*): **hör auf Klavier zu spielen! ~ kann ich mich nicht konzentrieren!** do stop playing the piano! I can't concentrate!; **~ darf man (allerdings) nicht vergessen, dass ...** it shouldn't be forgotten here that ... **3.** (*sonstige*): **es kommt doch nichts ~ heraus** nothing will come of it (after all); **... und ~ bleibt's!** ... and that's that!; **lassen wir es ~ (bewenden)!** let's leave it at that!; **was ist schon ~?** so what of it?; **was hast du dir ~ gedacht?** what were you thinking of?

da|bleiben *sein irr vi* stay

Dach [dax, *pl:* 'dɛçɐ] <-s, ¨-er> *nt* roof; **unterm ~ wohnen** live right on the top floor; **unter ~ und Fach sein** be in the bag; **eins aufs ~ kriegen** (*fig fam*) get told off; **Dachbalken** *m* roof beam; **Dachboden** *m* attic; **Dachdecker** *m* tiler; **Dachfenster** *nt* dormer window; (*Dachluke*) skylight; **Dachfirst** *m* ridge of the roof; **Dachgarten** *m* roof garden; **Dachgepäckträger** *m* (AUTO) roof rack; **Dachgesellschaft** *f* holding company; **Dachgleiche** <-, -n> *f* (*österr: Richtfest*) topping-out ceremony; **Dachhaus** *nt* penthouse; **Dachkammer** *f* attic room; **Dachkännel** <-s, -> *m* (*CH: Dachrinne*) gutter; **Dachluke** *f* skylight; **Dachorganisation** *f* parent organization; **Dachpappe** *f* roofing felt; **Dachpfanne** *f* tile; **Dachrinne** *f* gutter

Dachs [daks] <-es, -e> *m* badger

Dachschaden *m*: **du hast ja 'n ~!** (*fig fam*) you've a screw loose!; **Dachstuhl** *m* roof truss; **Dachwohnung** *f* attic flat; **Dachziegel** *m* roofing tile

Dackel ['dakəl] <-s, -> *m* (*Hunderasse*) dachshund

dadurch ['daːdʊrç] *adv* **1.** (*örtlich: dort durch*) that way, through there **2.** (*Grund: durch dieses Mittel*) by that, in that way

dafür ['daːfyːɐ/da'fyːɐ] *adv* **1.** (*für das*) for it, for that; **ich bin ganz ~!** I'm all for it!; **ich bin ~ nach Hause zu gehen** I'm for going home; **sie gibt ihr ganzes Geld ~ aus** she spends all her money on it; **ich werde ~ sorgen, dass ...** I'll see to it that ... **2.** (*andererseits*): **der Anzug ist teuer, ~ passt er aber gut** the suit is expensive, but then it fits well

Dafürhalten [-'---] *nt*: **nach meinem ~** in my opinion

dagegen ['daːgeːgən/da'geːgən] **I.** *adv* **1.** (*gegen etwas*) against that, against it **2.** (*örtlich*) into s.th., against s.th. **3.** (*verglichen mit*) compared with; **er schlug ~** he hammered on it; **ich habe nichts ~** I don't object, I've no objections; **haben Sie etw ~, wenn ich gehe?** do you mind if I leave?; **~ kann man nichts machen** nothing can be done about it **II.** *konj* (*andererseits*) on the other hand

Daheim [da'haɪm] <-s> *nt* home

daheim *adv* at home; **wieder ~ sein** be home again

daher ['daːheːɐ/da'heːɐ] **I.** *adv* **1.** (*örtlich*) from there **2.** (*aus diesem Grund*) that's why ..., hence; **das kommt ~, dass ...** that's because ... **II.** *konj* (*deswegen*) that's why ...; **daherbringen** *vt* (*österr: herbeibringen*) bring over

dahin ['daːhɪn/da'hɪn] *adv* **1.** (*örtlich*) there **2.** (*zeitlich: bis ~*) by that time, by then, until then **3.** (*vorbei, vergangen*) gone; **ist es noch weit bis ~?** is it still a long way?; **mir steht's bis ~!** (*fam*) I've had it up to here!; **dahingestellt** [-'---]

adj: **ich lasse das mal** (so) ~ I leave it open whether …; **dahin|sagen** [-ˈ---] *vt* say without really thinking; **das war nur so dahingesagt** I just said that; **dahin|schwinden** [-ˈ---] *sein irr vi* **1.** (*räumlich*) dwindle **2.** (*Zeit*) go past

dahinten [daˈhɪntən] *adv* over there

dahinter [daˈhɪntɐ] *adv* behind that [*o* it]; **es steckt etw** ~ (*fig*) there is s.th. in it; **es steckt nichts** ~ (*fig*) there's nothing in it; ~ **klemmen**[RR] (*fam*) put one's back into it; ~ **kommen**[RR] (*fam*) find out

dahin|vegetieren *vi* vegetate

Dahlie [ˈdaːliə] <-, -n> *f* dahlia

Dalmatien [dalˈmaːtsiən] *nt* (GEOG) Dalmatia

damalig [ˈdaːmaːlɪç] *adj* at that time; **der ~e Gesandte** the then ambassador

Damast [daˈmast] <-(e)s, -e> *m* damask

Dame [ˈdaːmə] <-, -n> *f* **1.** (*Frau*) lady **2.** (*im Damespiel*) king **3.** (*im Kartenspiel*) queen **4.** (*Spiel*) draughts *Br,* checkers *pl Am;* **meine ~n und Herren!** Ladies and Gentlemen!; **Damebrett** *nt* draught(s) board *Br,* checkerboard *Am;* **Damenbinde** *f* sanitary towel *Br,* napkin *Am;* **Damenfahrrad** *nt* ladies' bicycle; **Damenunterwäsche** *f* lingerie; **Damenwahl** *f* (*beim Tanz*) ladies' choice

Damespiel *nt* draughts *Br,* checkers *pl Am;* **Damestein** *m* draughts-man *Br,* checker *Am*

Damhirsch [ˈdamhɪrʃ] *m* fallow deer

damit [ˈdaːmɪt/daˈmɪt] **I.** *adv:* **was willst du ~?** what do you want with that?; **was soll ich ~?** what am I meant to do with that?; **was ist ~?** what about it?; **wie wär's ~?** how about it?; **das hat ~ gar nichts zu tun** that has nothing to do with it; **hör auf ~!** stop it!; **was wollen Sie ~ sagen?** what's that supposed to mean?; **sind Sie ~ einverstanden?** do you agree to that?; **her ~!** (*fam*) give it to me! **II.** *konj:* ~ **… nicht …** so that … not …

dämlich [ˈdɛːmlɪç] *adj* dumb, stupid

Damm [dam, *pl:* ˈdɛmə] <-(e)s, ⸗e> *m* **1.** (*Ufer~*) embankment **2.** (*Deich*) dyke **3.** (*fig: Hindernis*) barrier **4.** (ANAT) perineum; **nicht auf dem ~ sein** (*fig fam*) not to feel up to the mark; **wieder auf dem ~ sein** (*fig fam*) be all right again; **Dammbruch** *m* breach in a dyke

dämmerig [ˈdɛmərɪç] *adj* (*Beleuchtung*) dim, faint; **Dämmerlicht** *nt* gloom, half-light; (*Zwielicht*) twilight

dämmern [ˈdɛmɐn] *vi* **1.** (*morgens*) dawn; (*abends*) fall **2.** (*fig: dahin~*) doze; **jetzt dämmert's mir!** now it is beginning to dawn on me!; **es dämmerte ihr** it dawned upon her

Dämmerung [ˈdɛmərʊŋ] *f* twilight; **bei ~** (*abends*) when dusk begins to fall; (*morgens*) when dawn is breaking

Dämon [ˈdɛːmɔn, *pl:* dɛˈmoːnən] <-s, -en> *m* demon; **dämonisch** *adj* demonic

Dampf [dampf, *pl:* ˈdɛmpfə] <-(e)s, ⸗e> *m* (*Wasser~*) steam; (*Dunst*) vapour; ~ **ablassen** (*a. fig*) let off steam; **jdm ~ machen** (*fig fam*) make s.o. get a move on; **Dampfbad** *nt* steam [*o* vapour] bath; **Dampfbügeleisen** *nt* steam iron; **Dampfdruck** *m* vapour pressure

dampfen [ˈdampfən] *vi* **1.** (*aus~*) steam **2.** (*voll von Dampf sein*) be full of steam

dämpfen [ˈdɛmpfən] *vt* **1.** (*fig*) muffle; (*Stimme*) lower **2.** (*fig: Freude*) dampen **3.** (*Speisen*) steam

Dampfer [ˈdampfɐ] <-s, -> *m* steamer, steamship; **da bist du aber auf dem falschen ~!** (*fig fam*) you're on the wrong track!

Dämpfer [ˈdɛmpfɐ] <-s, -> *m* **1.** (*Schall~ an Auspuff*) silencer *Br,* muffler *Am* **2.** (*Schall~ bei Schusswaffe*) silencer **3.** (MUS: *bei Trompete*) mute

Dampferfahrt *f* boat trip

Dampfheizung *f* steam heating

dampfig *adj* steamy

Dampfkessel *m* **1.** (TECH) steam boiler **2.** (*Kochkessel*) steamer; **Dampfkochtopf** *m* pressure cooker; **Dampfkraftwerk** *nt* steam power plant; **Dampfmaschine** *f* steam engine; **Dampfschifffahrt**[RR] *f* steam navigation; **Dampfturbine** *f* steam turbine; **Dampfwalze** *f* steamroller

danach [ˈdaːnax/daˈnaːx] *adv* **1.** (*zeitlich: darauf*) after, after that **2.** (*demgemäß*) accordingly **3.** (*in Richtung*) at, towards; **er sieht auch ~ aus** that's just what he looks like; ~ **siehst du gerade aus!** (*iro*) I can see that!; **mir ist nicht ~ zumute** I don't feel like it; **sich ~ erkundigen, ob …** enquire whether …

dandyhaft [ˈdɛndɪhaft] *adj* dandyish

Däne, -nin [ˈdɛːnə] <-n, -n> *m, f* Dane

daneben [daˈneːbən/ˈdaːneːbən] *adv* **1.** (*räumlich*) next to s.o. [*o* s.th.] **2.** (*zusätzlich*) in addition; (*gleichzeitig*) at the same time; **dicht ~** hard [*o* close] by; **rechts ~** to the right of it; ~ **nimmt sich das Haus ganz klein aus** the house looks very small in comparison; **daneben|gehen** [-ˈ----] *sein irr vi* (*fig fam*) go wrong

Dänemark [ˈdɛːnəmark] <-s> *nt* Denmark; **dänisch** *adj* Danish

Dank [daŋk] <-(e)s> *m* (*Dankbarkeit*) gratitude; **vielen ~!** thanks a lot!; **jdm zu ~ verpflichtet sein** owe s.o. a debt of gratitude; **mit bestem ~ zurück!** thanks very much for lending it to me!; **ist das also dein ~ dafür?!** is that your way of saying thank you?

dank *präp +dat* thanks to

dankbar *adj* grateful; (*fig: lohnend*) rewarding; **jdm für etw ~ sein** be grateful to s.o. for s.th.; **ich wäre Ihnen ~, wenn** I'd appreciate it if; **ein ~es Publikum** an appreciative audience

Dankbarkeit *f* gratitude

danke *interj* thanks!; ~ **schön** thank you!

danken *vi* (*jdm ~*) thank s.o. (*für* for); **jdm ~ lassen** send s.o. one's thanks; **~d ablehnen** decline with thanks; **nichts zu ~!** don't mention it!

dann [dan] *adv* **1.** (*danach*) then **2.** (*dann also*) then; ~ **und wann** now and then; **selbst ~ nicht, wenn …** not even if …; ~ **eben nicht!** (*fam*) well, suit yourself!; **also, ~ bis morgen!** see you tomorrow then!

daran [da'ran/'da:ran] *adv* **1.** (*räumlich: an etw*) on (s.th.); (*festmachen an etw*) to (s.th.) **2.** (*fig: an etw*) in s.th. **3.** (*zeitlich*): **im Anschluss ~** following it; **nahe ~ sein** (*fig*) be on the point of; **nahe ~ sein etw zu tun** very nearly do s.th.; **ich bin ~ interessiert** I'm interested in it; **das Schönste ~ ist, …** the best thing about it is …; **daran|gehen** [-'---] *sein irr vi:* ~ **etw zu tun** (*fam*) set about doing s.th.; **daranmachen** [-'---] *vr:* **sich ~ etw zu tun** (*fam*) get down to doing s.th.; **daransetzen** [-'---] *vt* risk, stake

darauf ['da:raʊf/da'raʊf] *adv* **1.** (*räumlich*) on (s.th.) **2.** (*zeitlich*) after that **3.** (*fig: auf etw*) to that; **am Tag ~** the next day; **drei Jahre ~** three years later; **ich werde ~ nicht antworten** I won't answer that; ~ **steht Gefängnis** that is punishable by imprisonment; **ich bestehe ~, dass Sie ein neues Getriebe einbauen** I insist on your fitting a new gearbox; **wie kommst du ~?** what makes you think that?; (**nur**) ~ **aus sein etw zu tun** be (only) interested in doing s.th.

daraufhin¹ *adv* **1.** (*als Folge*) as a result **2.** (*danach*) after that

daraufhin² *adv* (*im Hinblick darauf*) with regard to (s.th.)

daraus ['da:raʊs/da'raʊs] *adv* **1.** (*aus einem Gegenstand heraus*) out of (s.th.) **2.** (*fig: aus Material*) from (s.th.) **3.** (*fig: folgend aus etw*) from (s.th.); ~ **wird nichts!** (*fam*) forget it!; ~ **mache ich mir nichts** I'm not very keen on that

darben ['darbən] *vi* live in want

dar|bieten ['da:ɐbi:tən] **I.** *irr vt* **1.** (*Aufführung*) perform **2.** (*Speisen: anbieten*) serve **II.** *vr* present itself

Darbietung *f* (THEAT) performance

darein- *präp,* **drein-** [da'raɪn-] *präp:* **traurig ~blicken** look sad; **jdm dreinreden** interfere in someone's affairs

darin ['da:rɪn/da'rɪn] *adv* **1.** (*räumlich*) in (s.th.) **2.** (*fig*) in that respect; **der Unterschied liegt ~, dass …** the difference is that …

dar|legen ['da:ɐle:gən] *vt* explain (*jdm etw* s.th. to s.o.); (*Plan, Theorie a.*) expound

Darleh(e)n ['da:ɐle:(ə)n] <-s, -> *nt* loan (*an, für* to); **ein ~ aufnehmen** raise [*o* take up] a loan; **Darlehensgeber** *m* lender; **Darlehensnehmer** *m* borrower

Darm [darm, *pl:* 'dɛrmə] <-(e)s, =e> *m* **1.** (ANAT) bowel, intestines *pl* **2.** (*Wursthaut*) skin; **Darmerkrankung** *f* intestinal disease; **Darmgrippe** *f* gastric influenza; **Darminfektion** *f* bowel infection; **Darmkrebs** *m* cancer of the intestine; **Darmverschluss**^RR *m* obstruction of the bowel

dar|reichen ['da:ɐraɪçən] *vt* offer (*jdm etw* s.o. s.th.)

dar|stellen ['da:ɐʃtɛlən] *vt* **1.** (*vorzeigen*) show; (*beschreiben*) describe **2.** (THEAT) play **3.** (*bedeuten*) constitute, represent; **was soll das ~?** what is that supposed to be?

Darsteller(in) *m(f)* (THEAT) actor (actress)

Darstellung *f* **1.** (*bildlich*) portrayal **2.** (*fig*) representation; (*Beschreibung*) description **3.** (*grafische ~*) graph; **falsche ~** misrepresentation

darüber ['da:rybɐ/da'ry:bɐ] *adv* **1.** (*räumlich*) over s.th.; (*quer ~*) across s.th. **2.** (*fig: über*) about (s.th.); ~ **hinweg sein** (*fig*) have got over it; ~ **hinaus** over and above that; **es geht nichts ~** there's nothing to beat it

darum ['da:rʊm/da'rʊm] *adv* **1.** (*örtlich*) round s.th. **2.** (*fig: deshalb*) that's why; **es geht ~, dass …** the thing is that …; ~ **geht es gar nicht** that isn't the point; **ach ~!** so that's why!

darunter ['da:rʊntɐ/da'rʊntɐ] *adv* **1.** (*räumlich*) under [*o* beneath] s.th. **2.** (*unter einer Anzahl*) among them **3.** (*weniger*) under that; **was verstehen Sie ~?** what do you understand by it?

das I. *art* the **II.** *pron* (*nom sing*) who, which, that; (*acc sing*) whom, which; (*pl*) those

da|sein *vi s.* **da**

Dasein ['da:zaɪn] <-s> *nt* **1.** (*Anwesendsein*) presence **2.** (*Existenz*) existence; **etw ins ~ rufen** call s.th. into existence

dass^RR [das] *konj* that; ~ **du es mir nicht verlierst!** see that you don't lose it!; **ich**

bin dagegen, ~ wir jetzt gehen I'm against us leaving now

dasselbe [das'zɛlbə] *pron* the same; **das ist genau ~** it is just the same

Datei [da:'taɪ] *f* (INFORM) file; **Dateimarke** *f* (INFORM) filemark; **Dateiname** *m* file name; **Dateisystem** *nt* (INFORM) file system

Daten ['da:tən] *pl* (*Angaben*) the facts; **technische ~** technical data; **Datenabruf** *m* data retrieval; **Datenaufbereitung** *f* data preparation; **Datenaustausch** *m* data exchange [*o* interchange]; **Datenautobahn** *f* information superhighway; **Datenbank** *f* data bank; **Datenbasis** *f* database; **Datenbestand** *m* database; **Dateneingabe** *f* data input; **Datenerfassung** *f* data capture; **Datenfeld** *nt* data field; **Datenfernverarbeitung** *f* teleprocessing; **Datenfluss**[RR] *m* data flow; **Datenhandschuh** *m* data glove; **Datenleitung** *f* data line; **Datenmissbrauch**[RR] *m* data abuse; **Datennetz** *nt* data network; **Datenschutz** *m* data protection; **Datenschutzbeauftragte(r)** *f m* data protection specialist

Datensicherheit *f* data integrity; **Datensicherung** *f* backup; **Datensichtgerät** *nt* visual display unit, VDU; **Datenträger** *m* data carrier; **Datentypist(in)** *m(f)* terminal operator; **Datenübertragungsrate** *f* transmission speed; **Datenverarbeitung** *f* data processing; **elektronische ~** electronic data processing; **Datenzentrale** *f* data centre

datieren [da'ti:rən] *vt* date; **datiert sein vom ...** date from ...

Dativ ['da:ti:f] <-s, -e> *m* (GRAM) dative

dato ['da:to] *adv* (COM: *heute*): **bis ~** to date

Dattel ['datəl] <-, -n> *f* date; **Dattelpalme** *f* date palm

Datum ['da:tʊm] <-s, -ten> *nt* date; **welches ~ haben wir heute?** what is the date today?; **ich hab' mich im ~ vertan** I've got the wrong date; **welches ~ hat der Brief?** when is the letter dated?; **Datumstempel** *m* date stamp

Dauer ['daʊɐ] <-> *f* duration; (*Zeitspanne*) length; **für die ~ von ...** for a period of ...; **auf die ~** in the long term; **von kurzer ~ sein** be short-lived; **das kann auf die ~ nicht so weitergehen** it can't go on like that indefinitely; **Dauerauftrag** *m* (COM) standing order; **Dauerbehandlung** *f* permanent treatment; **Dauerbetrieb** *m* continuous [*o* non-stop] operation; **Dauerbrenner** *m* **1.** (*Ofen*) slow-burning stove **2.** (*Erfolg*) long runner **3.** (*fam: Kuss*) long passionate kiss; **Dauererfolg** *m* long-running success; **dauerhaft** *adj* durable, lasting; (*ständig*) permanent; **Dauerhaftigkeit** *f* **1.** (*von Material*) durability **2.** (*fig: Permanenz*) permanence; **Dauerlauf** *m* (SPORT) jogging; **einen ~ machen** go jogging

dauern *vi* go on, last; **dauert das noch lange?** will it take much longer?; **wie lange dauert das denn noch?** how much longer will it take?; **das dauert mir zu lange** it takes too long; **es dauert nicht mehr lange** it won't take much longer; **dauernd** ['daʊɐnt] *adj* (*andauernd*) lasting; (*ständig*) permanent; **etw ~ tun** keep doing s.th.

Dauerregen *m* continuous rain; **Dauerschaden** *m* permanent injury; **Dauerschleife** *f* (INFORM) continuous loop; **Dauerstellung** *f* permanent position; **Dauerwelle** *f* (*Frisur*) permanent wave, perm; **Dauerwirkung** *f* lasting effect; **Dauerzustand** *m* permanent state of affairs

Daumen ['daʊmən] <-s, -> *m* thumb; **am ~ lutschen** suck one's thumb; **drücken Sie mir den ~!** keep your fingers crossed for me!

Daune ['daʊnə] <-, -n> *f* down feather; **Daunendecke** *f* continental quilt, duvet; **Daunenjacke** *f* quilted jacket

davon ['da:fɔn/da'fɔn] *adv* **1.** (*räumlich*) from (s.th.) **2.** (*dadurch*) from (s.th.); **das kommt ~!** (*fam*) I told you so!; **das hängt ~ ab, ob ...** that depends on whether ...; **ich habe keine Ahnung ~** I've no idea about it; **davon|fliegen** [-'---] *sein irr vi* fly away; **davon|kommen** *sein irr vi* escape, get away; **mit dem Schrecken ~** escape with no more than a shock; **davonlaufen** *sein irr vi* run away (*vor jdm* from s.o.); **davon|machen** *vr* make off; **davontragen** *irr vt* **1.** (*wegtragen*) carry away **2.** (*fig: Schaden, Verletzung*) suffer **3.** (*Preis, Sieg*) carry off, win

davor ['da:fo:ɐ/da'fo:ɐ] *adv* **1.** (*örtlich*) in front of (s.th.) **2.** (*zeitlich*) before (s.th.); **hast du Angst ~?** are you afraid of it?

DAX *m Abk. von* **Deutscher Aktien Index** DAX, German Stock Index

dazu ['da:tsu/da'tsu:] *adv* **1.** (*räumlich*) there **2.** (*Zweck*) for that; **ich kam nicht ~ es zu tun** I never got round to doing it; **noch ~, wo ...** when ... too; **wie konnte es nur ~ kommen?** how could that happen?; **wie komme ich ~!** why on earth should I!; **ich habe keine Lust ~** I don't feel like it; **dazu|gehören** [-'----] *vi*: **das gehört mit dazu** it's all part of it; **es gehört schon einiges dazu** that takes a lot; **dazu|tun** *irr vt* add

dazwischen ['da:tsvɪʃən/da'tsvɪʃən] *adv* **1.** (*örtlich*) between **2.** (*mittendrin*) amongst them; **dazwischen|fahren** *sein* *irr vi* (*unterbrechen*) interrupt; **dazwischen|kommen** *sein irr vi* come between; **wenn nichts dazwischenkommt** if all goes well, if nothing crops up; **dazwischen|treten** *sein irr vi* intervene

Deal ['i:l] <-s, -s> *m* (*fam: Drogenhandel*) deal

dealen ['di:lən] *vi* (*sl*) push

Dealer(in) *m(f)* (*fam*) pusher; (*international*) traffiker

Debakel [de'ba:kl] <-s, -> *nt* debacle

Debatte [de'batə] <-, -n> *f* debate; **das steht hier nicht zur** ~ that's not the issue

debattieren *vi, vt:* **mit jdm über etw** ~ discuss s.th. with s.o.

debuggen [dɪ'bagən] *vt* (*Computerfehler im Softwareprogramm beheben*) debug; **Debugging** [dɪ'bagɪŋ] <-s> *nt* debugging

Debüt [de'by:] <-s, -s> *nt:* **sein** ~ **geben** make one's debut

dechiffrieren [deʃɪ'fri:rən] *vt* decipher, decode

Deck [dɛk] <-(e)s, -s/(-e)> *nt* **1.** (MAR) deck **2.** (*von Omnibus*) top **3.** (*Parkhaus~*) level; **an** ~ **gehen** go on deck; **von** ~ **gehen** go below deck; **Deckanstrich** *m* top coat(ing); **Deckblatt** *nt* **1.** (*von Zigarre*) wrapper **2.** (*von Pflanze*) bract **3.** (*zur Einlage*) overlay

Decke ['dɛkə] <-, -n> *f* **1.** (*Woll~*) blanket; (*Stepp~*) quilt **2.** (AUTO: *Reifen~*) cover **3.** (*Zimmer~*) ceiling; **an die** ~ **gehen** (*fig*) blow one's top; **mit jdm unter einer** ~ **stecken** (*fig*) be hand in glove with s.o.

Deckel ['dɛkəl] <-s, -> *m* **1.** (*von Topf*) cover, lid **2.** (*von Buch*) cover **3.** (*pej: Hut*) hat

decken ['dɛkən] **I.** *vt* **1.** (*be~*) cover **2.** (*Tisch*) lay, set **3.** (*fig*) cover **4.** (*Tiere begatten*) cover **II.** *vr* **1.** (MATH) be congruent **2.** (*fig*) coincide

Deckenbeleuchtung *f* ceiling lighting

Deckmantel *m* (*fig*): **unter dem** ~ **von ...** under the guise of ...; **Deckname** *m* (*im Geheimdienst*) code name

Deckung ['dɛkʊŋ] *f* **1.** (MIL: *Schutz*) cover **2.** (FIN) cover; **in** ~ **gehen** take cover; **jdm** ~ **geben** (MIL) give s.o. cover

Deckungsbeitragskostenrechnung *f* accounting of departmental participation in covering costs

Decoder [di'koʊdə] <-s, -> *m* decoder

Defekt [de'fɛkt] <-(e)s, -e> *m* defect, fault

defekt [de'fɛkt] *adj* defective, faulty; (*beschädigt*) damaged

defensiv [defɛn'zi:f] *adj* defensive

Defensive [defɛn'zi:və] <-, -n> *f* defensive; **in der** ~ on the defensive

definieren [defi'ni:rən] <ohne ge-> *vt* define

Definition *f* definition

definitiv [defini'ti:f] *adj* (*eindeutig*) definite; (*endgültig*) definitive; **etw** ~ **abklären** clear s.th. up definitively [*o* once and for all]

Defizit ['de:fitsɪt] <-s, -e> *nt* deficit; (*fig*) deficiency (*an* of)

Deflation [defla'tsjo:n] *f* (FIN) deflation

deformieren [defɔr'mi:rən] *vt* deform

deftig ['dɛftɪç] *adj* **1.** (*Mahlzeit*) solid **2.** (*Ohrfeige*) cracking

Degen ['de:gən] <-s, -> *m* rapier

Degeneration [de:genəratsi'o:n] <-> *f* degeneration

degenerieren [degene'ri:rən] *sein vi* degenerate (*zu* into)

degradieren [degra'di:rən] *vt* **1.** (MIL) demote (*zu* to) **2.** (*fig*) lower (*jdn zu etw* s.o. to the level of s.th.)

dehnbar ['de:nba:ɐ] *adj* **1.** (*Stoff*) elastic **2.** (*Begriff*) flexible

Dehnbarkeit *f* elasticity; (*fig: von Begriff*) flexibility

dehnen ['de:nən] *vt, vr* stretch

Dehnung *f* stretching; (LING) lengthening; **Dehnungsfuge** *f* (TECH) contraction [*o* expansion] joint

Deich [daɪç] <-(e)s, -e> *m* dyke *Br,* dike *Am*

Deichsel ['daɪksəl] <-, -n> *f* shaft

deichseln *vt* (*fam: fertig bringen*) wangle

dein [daɪn] *pron* your; **deine(r, s)** *pron* (*substantivisch*) yours; **deinerseits** ['daɪnɐ'zaɪts] *adv* on your part; **deinesgleichen** ['daɪnəs'glaɪçən] *pron* the likes of you; **deinetwegen** ['daɪnətve:gən] *adv* (*wegen dir*) because of you; (*dir zuliebe*) for your sake; **deinige** ['daɪnɪgə] *m/f/nt* yours; (*für dich*) on your behalf

dekadent [deka'dɛnt] *adj* decadent

Dekadenz *f* decadence

Deka(gramm) [deka'gram] <-s> *nt* (*österr*) 10 gram(me)s

Dekan [de'ka:n] <-s, -e> *m* dean

deklamieren [dekla'mi:rən] *vt* declaim

Deklaration [deklara'tsjo:n] *f* declaration

deklarieren *vt* declare

Deklination [deklina'tsjo:n] *f* **1.** (GRAM) inflexion **2.** (PHYS: *Abweichung*) declination

deklinieren *vt* decline, inflect

Dekor [de'ko:ɐ] <-s, -e> *nt* decor; **Dekorateur(in)** [dekora'tø:ɐ] <-s, -e> *m(f)* **1.** (*Schaufenster~*) window-dresser **2.** (*Innen~*) interior designer; **Dekoration** *f* (*a.* THEAT) decoration, set; **dekorativ** *adj* decorative; **dekorieren** *vt* (*a. fig*) decorate; (*Schaufenster*) dress

Dekret [de'kre:t] <-(e)s, -e> *nt* decree

Delegation [delega'tsjo:n] *f* delegation

Delegierte(r) *f m* delegate

Delfin[RR] *m* dolphin

delikat [deli'ka:t] *adj* **1.** (*köstlich*) delicious **2.** (*heikel*) delicate; **eine ~e Angelegenheit** a delicate [*o* sensitive] issue

Delikatesse [delika'tɛsə] <-, -n> *f* delicacy

Delikt [de'lɪkt] <-(e)s, -e> *nt* (JUR: *Vergehen*) offence; (*Verbrechen*) crime

Delinquent(in) [delɪŋ'kvɛnt] <-en, -en> *m(f)* delinquent, offender

Delirium [de'li:riʊm] *nt* delirium

Delle ['dɛlə] <-, -n> *f* (*fam*) dent

delogieren *vt* (*österr: raussetzen*) evict

Delphin [dɛl'fi:n] <-s, -e> *m*, **Delfin**[RR] *m* dolphin

Delta ['dɛlta] <-(s), -s> *nt* delta; **deltaförmig** *adj* delta-shaped

dem [de(:)m] *pron* (*dat von der, das*): **wie ~ auch sei** be that as it may; **wenn ~ so ist** if that's the way it is

Demagoge, -gin [dema'go:gə] *m, f* demagogue; **Demagogie** <-, -n> *f* demagogy

demaskieren [demas'ki:rən] **I.** *vt* unmask; **jdn als etw ~** expose s.o. as s.th. **II.** *vr* unmask o.s.; **sich als etw ~** reveal o.s. as s.th.

Dementi [de'mɛnti] <-s, -s> *nt* denial

dementieren **I.** *vt* (*offiziell berichtigen*) deny **II.** *vi* deny it

dementsprechend **I.** *adv* correspondingly **II.** *adj* appropriate

demnach *adv* therefore, according to that

demnächst [dem'nɛ:kst] *adv* soon

Demo[1] <-, -s> *f* (*fam*) demo

Demo[2] ['demo] <-s, -s> *nt* (*Demonstrationsprogramm*) demo

Demokratie [demokra'ti:] *f* democracy; **Demokrat(in)** *m(f)* democrat; **demokratisch** *adj* democratic

demokratisieren *vt* democratize; **Demokratisierung** *f* democratization

demolieren [demo'li:rən] *vt* wreck

Demonstrant(in) *m(f)* demonstrator

Demonstration [demɔnstra'tsjo:n] *f* (*a.* POL) demonstration; **Demonstrationseinsatz** *m* (*~ der Polizei*) demonstration duty

demonstrativ [demɔnstra'ti:f] *adj* demonstrative; **Demonstrativpronomen** *nt* (GRAM) demonstrative pronoun

demonstrieren *vt, vi* demonstrate; **für etw ~** demonstrate in support of s.th.; **gegen etw ~** demonstrate against s.th.

Demontage [demɔn'ta:ʒə] <-, -n> *f* dismantling

demontieren *vt* dismantle

demoralisieren *vt* demoralize

Demoskopie [demosko'pɪ:] *f* opinion polls *pl*

Demut ['de:mu:t] <-> *f* humility

demütig ['de:my:tɪç] *adj* humble; **demütigen** *vt* humble; **Demütigung** *f* humiliation

Denglisch ['dɛŋlɪʃ] <-[s]> *nt* (*das Englisch im Deutschen*) Denglish

denkbar *adj* conceivable; **das ist durchaus ~** that is feasible

denken ['dɛŋkən] *irr vt, vi* think; **an etw ~** think of s.th.; **ich denke nicht daran!** no way!; **daran hatte ich gar nicht mehr gedacht** I had forgotten about that; **das kann ich mir ~** I can imagine; **das habe ich mir gleich gedacht** I thought that all along; **dacht' ich's mir doch!** I knew it!

Denker(in) *m(f)* thinker

Denkfabrik *f* think tank

Denkmal ['dɛŋkma:l] <-s, -mäler> *nt* **1.** (*Monument*) monument **2.** (*Statue*) statue; **Denkmalschutz** *m* protection of historical monuments; **unter ~ stehen** be under a preservation order; **Denkprozess**[RR] *m* process of reasoning; **Denkschrift** *f* memorandum; **denkwürdig** *adj* memorable; **Denkzettel** *m*: **jdm einen ~ verpassen** teach s.o. a lesson

denn [dɛn] **I.** *konj* for; **es sei ~, dass ...** unless ... **II.** *adv* then; **wo ~?** oh, where?; **wieso ~?** how come?; **warum ~ nicht?** why not?; **was soll das ~?** what's all this then?

dennoch *adv* nevertheless, still

Denunziant(in) *m(f)* informer

denunzieren *vt* inform against (*jdn bei* s.o. to)

Deo <-s, -s> *nt*, **Deodorant** <-s, -s> *nt* deodorant; **Deoroller** <-s, -> *m* roll-on deodorant; **Deospray** *nt o m* deodorant spray; **Deostift** *m* deodorant stick

Departement [departə'mɛnt] <-(e)s, -e> *nt* (*CH*) department

Deponie [depo'ni:] *f* dump; **geordnete ~** officially approved rubbish dump *Br*, sanitary fill *Am*; **wilde ~** unauthorized refuse disposal site

deponieren *vt* deposit

deportieren [depɔr'ti:rən] *vt* deport

Depot [de'po:] <-s, -s> *nt* **1.** (*in Bank*) strong room **2.** (*Lager*) warehouse

Depp [dɛp] <-s, -en> *m* (*pej*) idiot

Depression [deprɛ'sjo:n] *f* depression

depressiv *adj* depressive

deprimieren [depri'mi:rən] *vt* depress

der [de:ɐ] *pron* (*Artikel*) the, that; (*derjenige*) the one; **derart** ['--] *adv* in such a way, so; **~, dass ...** so much that ...; **derartig** *adj* of that kind

derb [dɛrp] *adj* **1.** (*kräftig*) strong, tough **2.** (*rau, grob*) coarse, crude

derentwegen ['de:rənt've:gən] *adv* (*von Personen*) on whose account; (*von Sa-*

D

chen) on account of which

dergestalt ['---] *adv* in such a way; **dergleichen** *adj* of that kind, such; **und ~** and the like

Deregulierung *f* (*Aufheben regulierender Maßnahmen*) deregulation

Derivat [deri'va:t] <-(e)s, -e> *nt* (FIN) derivative

derjenige *pron,* **diejenige**, **dasjenige** ['de:ɐje:nɪgə] *pron:* ~ **welcher ...** he who ...; **ach, du warst** (**also**) **~, welcher ...!** so it was you who ...!; **dermaßen** ['de:ɐ'ma:sən] *adv:* **~, dass ...** so much that ...

derselbe *pron,* **die-**, **das-** [de:ɐ'zɛlbə] *pron* the same; (*auf Vorhergehendes weisend*) he, she, it; **eben** ~ the very same; **es sind immer dieselben!** it's always the same people!

derzeit ['--] *adv* at present; **derzeitig** *adj* present

Des *nt* (MUS) D flat

Desaster <-s, -> *nt* disaster

Deserteur [dezɛr'tø:ɐ] <-s, -e> *m* deserter

desertieren *sein vi* desert

Desertifikation *f* (*Vordringen der Wüste*) desertification

desgleichen [dɛs'glaɪçən] *adv* likewise

deshalb ['--] *adv* therefore; ~ **also!** so that's why!; ~ **frage ich ja!** that's exactly why I'm asking!

Design [di'zaɪn] *nt* design; **designen** *vi* design; **Designermode** *f* designer fashion

Desinfektion [dezɪnfɛk'tsjo:n] *f* disinfection; **Desinfektionsmittel** *nt* disinfectant

desinfizieren *vt* disinfect

Desinformation *f* disinformation

Desktoppublishing[RR] ['dɛsk tɔp'pablɪʃɪŋ] <-> *nt* desktop publishing

desodorieren [dezodo'ri:rən] *vt* deodorize

Despot [dɛs'po:t] <-en, -en> *m* despot; **despotisch** *adj* despotic

dessen ['dɛsən] *pron* (*von Personen*) of whom, whose; (*von Sachen, Tieren*) of which

Dessert [dɛ'sɛ:ɐ] <-s, -s> *nt* dessert

destabilisieren *vt* destabilize; **Destabilisierung** *f* destabilization

destillieren [dɛstɪ'li:rən] *vt* distil

desto ['dɛsto] *konj:* ~ **mehr** all the more; ~ **besser** all the better

destruktiv [destrʊk'ti:f/'---] *adj* destructive

Detail [de'taɪ(l)/de'ta(:)j] <-s, -s> *nt* detail; **ins ~ gehen** go into details; **alle ~s** full details; **detaillieren** [deta'ji:rən] *vt* give full particulars of ..., specify; **detailliert** *adj* detailed

Detektei *f* detective agency

Detektiv(**in**) [detɛk'ti:f] <-s, -e> *m(f)* private investigator

Detonation [detona'tsjo:n] <-, -en> *f* explosion

detonieren *sein vi* explode

deuten ['dɔɪtən] **I.** *vt* (*interpretieren*) interpret; **etw falsch** ~ misinterpret s.th. **II.** *vi:* **auf etw** ~ point s.th. out; (*fig*) indicate s.th.

deutlich ['dɔɪtlɪç] *adj* clear; **ich fühle ~, dass ...** I have the distinct feeling that ...; **muss ich ~er werden?** have I not made myself plain enough?; **Deutlichkeit** *f* clarity; **ich muss** (**einmal**) **mit aller ~ sagen ...** I must make it perfectly clear ...

deutsch [dɔɪtʃ] *adj* German; **auf Deutsch**[RR] **heißt das ...** in German it means ...; **auf gut Deutsch**[RR] (*fam*) in plain English

Deutsche[1] <-n> *nt* (*Sprache*) German

Deutsche(**r**)[2] <-n, -n> *f m* German

Deutsche Demokratische Republik *f* (HIST) German Democratic Republic, GDR

deutschfeindlich *adj* anti-German; **deutschfreundlich** *adj* pro-German; **Deutschland** <-s, (-)> *nt* Germany; **deutschsprachig** *adj* German-speaking; **Deutschstämmige**(**r**) *f m* ethnic German

Devise [de'vi:zə] <-, -n> *f* **1.** (*Wahlspruch*) motto **2.** (FIN) foreign currency; **Devisenbringer** *m* earner of foreign exchange; **Devisenvergehen** *nt* breach of exchange control regulations

Dezember [de'tsɛmbɐ] <-(s), (-)> *m* December

dezent [de'tsɛnt] *adj* discreet

dezentral *adj* decentralized; **dezentralisieren** *vt* decentralize

Dezernat [detsɛr'na:t] <-(e)s, -e> *nt* department

Dezernent(**in**) [detsɛr'nɛnt] *m(f)* head of department

dezimal [detsi'ma:l] *adj* decimal; **Dezimalrechnung** *f* decimals *pl*

dezimieren [detsi'mi:rən] *vt* decimate

Dia ['di:a] <-s, -s> *nt* slide

Diabetes [dia'be:tɛs] <-> *f* diabetes; **Diabetiker**(**in**) [dia'be:tɪkɐ] *m(f)* diabetic; **Diabetikerkost** *f* diabetic diet

diabolisch [dia'bo:lɪʃ] *adj* diabolical

Diadem [dia'de:m] <-s, -e> *nt* diadem

Diagnose [dia'gno:zə] <-, -n> *f* diagnosis; **Diagnosestand** *m* (AUTO) diagnostic test bay; **diagnostizieren** [diagnɔsti'tsi:rən] *vt* diagnose

diagonal [diago'na:l] *adj* diagonal

Diagonale <-, -n> *f* diagonal

Diagramm [dia'gram] <-s, -e> *nt* diagram

Diakon [dia'ko:n] <-s/-en, -e/-en> *m* (ECCL) deacon; **Diakonissin** *f* (ECCL) deaconess

Dialekt [dia'lɛkt] <-(e)s, -e> *m* dialect

Dialektik *f* dialectics *pl*

Dialog [dia'lo:k] <-(e)s, -e> *m* (INFORM) dialogue, dialog; **Dialogbetrieb** *m* (INFORM) conversational mode

Dialyse [dia'ly:zə] <-, -n> *f* (MED) dialysis

Diamant [dia'mant] <-en, -en> *m* diamond; **diamanten** *adj* diamond; **Diamantring** *m* diamond-ring

Diät [di'ɛ:t] <-> *f* diet; ~ **halten** be on a diet

Diäten [di'ɛ:tən] *pl* (PARL) parliamentary allowance *sing*

Diätkur *f* diet

Diätsalz *nt* dietetic salt

dich [dɪç] **I.** *pron pers* you **II.** *pron reflexiv* yourself

dicht [dɪçt] **I.** *adj* **1.** (*Beschaffenheit*) thick **2.** (~ *geschlossen*) heavy; **~es Laub** dense foliage **II.** *adv* **1.** (*nahe daran*) closely **2.** (*Gegenteil von dünn*) densely; ~ **beieinander sitzen** sit close together; ~ **bewölkt**[RR] heavily overcast; ~ **schließen** shut tightly; **du bist wohl nicht ganz ~!** (*fig fam*) you must be daft!

Dichte <-, (-n)> *f* (PHYS) density

dichten[1] ['dɪçtən] **I.** *vt* (*verfassen*) write **II.** *vi* write poems

dichten[2] *vt* (*ab~*) seal

Dichter(in) *m(f)* poet(ess); **dichterisch** *adj* poetic; **~e Freiheit** poetic licence

dicht|halten *irr vt* (*fig fam*) hold one's tongue, keep one's mouth shut

Dichtkunst *f* art of poetry

Dichtung[1] *f* **1.** (*Verskunst*) poetry **2.** (*Literatur*) literature

Dichtung[2] *f* (TECH) seal

Dichtungsscheibe *f* washer

dick [dɪk] *adj* **1.** thick **2.** fat, hefty; **er ist ein ~er Brocken** (*fig fam*) he is a tough nut to crack; **das ist ein ~er Hund** (*fam*) that's a bit much; **~e Freunde** (*fam*) close friends; **dickbäuchig** ['dɪkbɔɪçɪç] *adj* potbellied; **Dickdarm** *m* colon; **Dickdarmkrebs** *m* colonic cancer

Dicke ['dɪkə] <-, -n> *f* **1.** (*Beleibtheit*) fatness **2.** (*Maßangabe*) thickness; **dickfellig** ['dɪkfɛlɪç] *adj* (*fam*) thick-skinned; **dickflüssig** *adj* thick, viscous

Dickicht ['dɪkɪçt] <-(e)s, -e> *nt* thicket; (*fig: Wirrwarr*) maze

Dickkopf *m* (*fig*): **einen ~ haben** be obstinate; **dickköpfig** *adj* (*fig*) obstinate, stubborn

Dickmilch *f* soured milk

Dickwanst *m* (*fam*) fatso

die [di(:)] *f* (*Artikel*) the; (*diejenige*) the one

Dieb(in) [di:p, 'di:bɪn] <-s, -e> *m(f)* thief; **haltet den ~!** stop thief!

diebisch *adj* **1.** thieving **2. sich über etw ~ freuen** gloat over s.th.

Diebstahl *m* theft; **Diebstahlsicherung** *f* (AUTO) anti-theft device

Diele[1] ['di:lə] <-, -n> *f* (*Brett*) floorboard

Diele[2] *f* (*Hausflur*) hall, hallway

dienen ['di:nən] *vi* serve; **womit kann ich ~?** can I help you?; **damit ist mir nicht gedient** that doesn't help me; **zu etw** ~ serve for s.th.

Diener *m* **1.** servant **2.** (*Verbeugung*) bow; **Dienerin** *f* maid

dienlich *adj* **1.** (*brauchbar*) useful **2.** (*geraten*) advisable; **es für ~ halten** deem it expedient

Dienst [di:nst] <-es, -e> *m* service; (*~ausübung*) duty; **öffentlicher** ~ public service; ~ **nach Vorschrift** work-to-rule; ~ **haben** (*Arzt*) be on duty; (*Apotheke*) be open; ~ **habend**[RR]/~ **tuend**[RR] on duty; **es leistet mir gute ~e** I find it very useful; **jdm einen schlechten ~ erweisen** do s.o. a bad turn; **jdm gute ~e leisten** serve s.o. well; **Dienstabteil** *nt* (RAIL) guard's compartment *Br*, conductor's car *Am*

Dienstag ['di:nsta:k] <-(e)s, -e> *m* Tuesday

Dienstälteste(r) *f m* senior member of staff; **Dienstanweisung** *f* regulations *pl*; **dienstfrei** *adj*: **einen ~en Tag haben** have a day off; **Dienstgrad** *m* rank; **was ist er für ein ~?** what rank does he have?; **diensthabend** *adj* on duty; **Dienstjahre** *ntpl* years of service; **Dienstleister** <-s, -> *m* service provider; **Dienstleistung** *f* service

dienstlich *adj* official; **ich bin ~ hier** I'm here on business; **möchten Sie ihn ~ oder privat sprechen?** do you want to speak to him on a business or private matter?

Dienstpflicht *f* compulsory service; **Dienstreise** *f* business trip; **Dienststelle** *f* office; **Dienststunden** *pl* working hours; **diensttuend** *adj* on duty; **Dienstvorschrift** *f* official regulations *pl*; **Dienstwagen** *m* official car; (*Firmenwagen*) company car; **Dienstweg** *m*: **auf dem** ~ through official channels *pl*; **Dienstwohnung** *f* **1.** (*Betriebswohnung*) company flat [*o* house] **2.** (*dienstlicher Wohnsitz*) official residence; **Dienstzeit** *f* period of service

diesbezüglich ['----] *adj* regarding this

Diesel ['di:zəl] <-s, -> *m* **1.** (*Motor*) diesel (engine) **2.** (*Fahrzeug*) diesel **3.** (*Kraftstoff*) diesel oil; **Dieselantrieb** *m* (AUTO): **mit ~** diesel powered; **Diesel(kraftstoff)** *m* derv *Br,* diesel oil *Am;* **Diesellokomotive** *f* diesel locomotive; **Dieselmotor** *m* diesel engine

dies(e, er, es) *pron* this *pl,* these; **dies und das** this and that; **dies alles** all this

diesig ['di:zɪç] *adj* hazy, misty

diesjährig *adj* this year's; **diesmal** *adv* this time; **diesseitig** *adj* nearside; (*fig*) of this world

Diesseits ['di:szaɪts] <-> *nt* this life; **im ~** in this life

diesseits *adv* on this side of ...

Dietrich ['di:trɪç] <-s, -e> *m* (*Nachschlüssel*) picklock, skeleton-key

diffamieren [dɪfa'mi:rən] *vt* defame

Differential *nt s.* **Differenzial**

Differentialrechnung *f s.* **Differenzialrechnung**

Differenz [dɪfə'rɛnts] *f* **1.** (*Unterschied*) difference **2.** (*Auseinandersetzung*) argument

Differenzial[RR] [dɪfərɛn'tsja:l] <-s, -e> *nt* (AUTO) differential

Differenzialrechnung[RR] *f* (MATH) differential calculus

differenzieren *vt* make distinctions

differieren *vi* differ

diffizil [dɪfi'tsi:l] *adj* difficult, meticulous

diffus [dɪ'fu:s] *adj* diffuse

digital [digi'tɑ:l] *adj* digital; **~es Zeitalter** digital age; **digitalisieren** *vt* (*Daten, Signale*) digitize; **Digitalisierung** *f* digitization; **Digitalrechner** *m* digital computer; **Digitaluhr** *f* digital clock; (*Armbanduhr*) digital watch

Diktafon, **Diktaphon** [dɪkta'fɔ:n] <-s, -e> *nt* Dictaphone®

Diktat [dɪk'ta:t] <-(e)s, -e> *nt* **1.** dictation **2.** (POL: *Befehl*) dictate; **ein ~ aufnehmen** take a dictation

Diktator *m* dictator; **diktatorisch** *adj* dictatorial; **Diktatur** *f* dictatorship

diktieren *vt* dictate

Diktiergerät *f* dictating machine

Dilemma [di'lɛma] <-s, -s> *nt* dilemma

Dilettant(in) [dilɛ'tant] <-en, -en> *m(f)* amateur; **dilettantisch** *adj* amateurish

Dill [dɪl] <-(e)s, -e> *m* dill

Dimension [dimɛn'zjo:n] *f* dimension

Dimmer ['dɪmɐ] <-s, -> *m* (ELEK) dimmer (switch)

DIN *Abk. von* **Deutsche Industrie-Norm(en)** DIN, German Industrial Standard(s)

Ding [dɪŋ] <-(e)s, -e> *nt* (*Gegenstand*) thing; **er hat ein tolles ~ gedreht** (*fam*) he pulled off a good job; **reden wir von anderen ~en!** let's talk about s.th. else!

dingfest *adj:* **~ machen** (*fam*) take into custody

Dings [dɪŋs] <-> *nt* (*fam*) thingummy

dinieren [di'ni:rən] *vi* (*geh*) dine

Dinosaurier [dino'zaʊriɐ] *m* dinosaur

Diode [di'o:də] <-, -n> *f* (INFORM) diode

Dioxin ['dioksi:n] <-s, -e> *nt* (CHEM) dioxane; **dioxinhaltig** *adj* dioxinated

Diphtherie [dɪfte'ri:] *f* diphtheria

Diplom [di'plo:m] <-(e)s, -e> *nt* diploma; **sein ~ machen** take one's degree; **Diplomarbeit** *f* diploma thesis, dissertation

Diplomat(in) [diplo'ma:t] <-en, -en> *m(f)* diplomat; **Diplomatenkoffer** *m* executive case; **Diplomatie** [diploma'ti:] *f* diplomacy; **diplomatisch** *adj* diplomatic

Diplomingenieur(in) *m(f)* academically qualified engineer

dir [di:ɐ] *pron* (*dat von du*) (to) you; **mir nichts ~ nichts** just like that

Directmailing[RR] [daɪ'rekt 'meɪlɪŋ] <-s> *nt* (COM) direct mailing

direkt [di'rɛkt] **I.** *adj* direct; **eine ~e Verbindung** (AVIAT) a direct flight; (RAIL) a through train **II.** *adv* directly *Br,* right (-away), straight *Am;* **~ gegenüber von ...** straight across ...; **~ nach Hause kommen** come home right away; **ich konnte ihn ~ vor mir sehen, als sie von ihm sprach** I could almost see him in front of me when she was speaking about him

Direktion [dirɛk'tsjo:n] *f* (*Verwaltung*) management; **Direktor(in)** *m(f)* director; (*Schul~*) headmaster (headmistress) *Br,* principal *Am;* (*Gefängnis~*) governor *Br,* warden *Am*

Direktrice [dirɛk'tri:sə] <-, -n> *f* head designer

Direktübertragung *f* (RADIO TV) live broadcast; **Direktversicherungsunternehmen** *nt* direct insurance enterprise; **Direktvertrieb** *m* (COM) direct marketing; **Direktzugriff** *m* direct access; **Direktzugriffsspeicher** *m* random access memory, RAM

Dirigent(in) [diri'gɛnt] *m(f)* (MUS) conductor

dirigieren *vt* **1.** (MUS) conduct **2.** (*fig*) direct

dirigistisch *adj* (*Maßnahmen*) dirigiste

Dirne ['dɪrnə] <-, -n> *f* prostitute

Dis [dɪs] <-, (-)> *nt* (MUS) D sharp

Discountladen [dɪs'kaʊnt-] *m* (COM) discount store

disharmonisch *adj* (*a.fig*) discordant, disharmonious

Diskette *f* (floppy) disk, diskette; **Diskettenbox** *f* diskette box; **Diskettenlaufwerk** *nt* disk drive

Disko <-, -s> *f* (*fam*) disco

Diskont [dɪs'kɔnt] <-(e)s, -e> *m* (FIN) discount; **Diskontladen** *m* discount store;

Diskontsatz *m* (FIN) discount rate

Diskothek [dɪsko'teːk] <-, -en> *f* discotheque

Diskrepanz [dɪskre'pants] <-, -en> *f* discrepancy

diskret [dɪs'kreːt] *adj* discreet; (*zurückhaltend*) reserved; (*behutsam*) cautious

Diskretion [dɪskret'sjoːn] *f* discretion

diskriminieren [dɪskrimi'niːrən] *vt* discriminate; **Diskriminierung** *f* discrimination

Diskus ['dɪskʊs] <-, -se/disken> *m* (SPORT) discus

Diskussion [dɪskʊ'sjoːn] *f* discussion; **da gibt's gar keine ~!** I'm not having any discussions about it!

Diskuswerfen *m* throwing the discus; **Diskuswerfer(in)** *m(f)* discus-thrower

diskutieren [dɪsku'tiːrən] *vt, vi* discuss; **über etw ~** discuss s.th.

dispensieren [dɪspɛn'ziːrən] *vt* excuse (*von* from)

Display [dɪs'pleɪ] <-s, -s> *nt* display

disponieren [dɪspo'niːrən] *vt* (*Anordnungen treffen*) make arrangements; **über etw ~ können** have s.th. at one's disposal

Disposition [dɪspozi'tsjoːn] *f:* **seine ~en treffen** make one's arrangements

disqualifizieren [dɪskvalifi'tsiːrən] *vt* disqualify (*von* from)

Dissertation [dɪsɛrta'tsjoːn] *f* (*Doktorarbeit*) thesis

Dissident [dɪsi'dɛnt] <-en, -en> *m* dissenter, dissident

dissonant [dɪso'nant] *adj* dissonant

Distanz [dɪs'tants] <-, -en> *f* distance; **auf ~ gehen** (*fig*) become distant

distanzieren *vr* distance; **sich von etw ~** dissociate o.s. from s.th.

Distel ['dɪstəl] <-, -n> *f* thistle

Distrikt [dɪs'trɪkt] <-(e)s, -e> *m* district

Disziplin [dɪstsi'pliːn] <-, -en> *f* **1.** (*Ordnung*) discipline **2.** (*Wissenszweig, Fach*) discipline; **~ halten** keep good discipline; **disziplinarisch** [dɪstsipli'naːrɪʃ] *adj* disciplinary; **~e Maßnahmen** disciplinary measures; **Disziplinarstrafe** *f* disciplinary penalty; **disziplinieren** *vt* discipline; **diszipliniert** *adj* disciplined

Diva ['diːva] <-, -s/-ven> *f* star

divers [di'vɛrs] *adj* diverse, various

Diversifikation *f* (COM) diversification; **diversifizieren** *vt* diversify

Dividende [divi'dɛndə] <-, -n> *f* (FIN) dividend

dividieren *vt* divide

Division [divi'zjoːn] *f* (MIL) division

Diwan ['diːvaːn] <-s, -e> *m* divan

DNS <-> *f Abk. von* **Desoxyribonukleinsäure** desoxyribonucleic acid, DNA

doch [dɔx] *konj* **1.** (*dennoch*) yet **2.** (*aber*) but; **das ist ~ nicht dein Ernst!** you can't be serious!; **wenn er ~ käme!** if only he would come!; **Sie kommen ~?** you're coming, aren't you?; **denk ~!** just imagine!; **nicht ~!** don't do that!; **~, ~!** well, yes ...!; **das ist ~ interessant!** that's really interesting!; **komm ~!** do come!

Docht [dɔxt] <-(e)s, -e> *m* wick

Dock [dɔk] <-(e)s, -s> *nt* (MAR) dock; **Dockarbeiter** *m* docker

dockingfähig ['dɔkɪŋ-] *adj* (INFORM) dockable

Dogge ['dɔgə] <-, -n> *f* (*Hunderasse*) mastiff

Dogma ['dɔgma] <-s, -men> *nt* (*a.* ECCL) dogma; **dogmatisch** *adj* dogmatic

Dohle ['doːlə] <-, -n> *f* (*kleiner Rabenvogel*) jackdaw

Doktor(in) ['dɔktɔr] *m(f)* doctor; **seinen ~ machen** do a doctorate; **Doktorand(in)** [dɔkto'rant] <-en, -en> *m(f)* PhD student (*graduate student studying for a doctorate*); **Doktorarbeit** *f* thesis; **Doktorvater** *m* PhD supervisor

Doktrin [dɔk'triːn] <-, -en> *f* (*a.* POL) doctrine

Dokument [doku'mɛnt] <-(e)s, -e> *nt* document; **Dokumentarfilm** *m* documentary; **dokumentarisch** *adj* documentary; **Dokumentation** [dokumɛnta'tsjoːn] *f* documentation

dokumentieren **I.** *vt* (*a.* INFORM) document **II.** *vr* (*fig*) become evident

Dolch [dɔlç] <-(e)s, -e> *m* dagger

Dolde ['dɔldə] <-, -n> *f* (*Blütenstand*) umbel

Dollar ['dɔlar] <-s, -s> *m* dollar; (*fam*) buck; **Dollarkrise** *f* dollar crisis; **Dollarkurs** *m* (COM) dollar (exchange) rate

dolmetschen ['dɔlmɛtʃən] *vt, vi* interpret; **Dolmetscher(in)** *m(f)* interpreter

Dom [doːm] <-(e)s, -e> *m* **1.** (ARCH: *Kathedrale*) cathedral **2.** (*Kuppel*) dome

Domain [dəʊ'meɪn] *f* (*Kürzel, das die Namenshierarchie innerhalb einer Internetadresse kennzeichnet*) domain

Domäne [do'mɛːnə] <-, -n> *f* **1.** (HIST: *Staatsgut*) domain **2.** (*Fach*) domain, province

Domestizierung [domɛsti'tsiːrʊŋ] <-, -en> *f* domestication

dominant [domi'nant] *adj* dominant

dominieren *vi* **1.** (*Eigenschaft*) be predominant **2.** (*Mensch*) dominate

Dominikanische Republik [domini'kaːnɪʃə-] *f* Dominican Republic

Domino ['doːmino] <-s, -s> *m* (*Spiel*) dominoes *pl;* **~ spielen** play dominoes

Dompfaff ['doːmpfaf] <-s, -en> *m* (*Sing-*

vogel) bullfinch

Dompteur [dɔmp'tøːɐ] <-s, -e> *m* tamer

Dompteuse [dɔmp'tøːzə] <-, -n> *f* (female) tamer

Donau ['doːnaʊ] <-> *f* the Danube

Döner *m* kebab (of mutton)

Donner ['dɔnɐ] <-s> *m* thunder; **Donnergrollen** *nt* roll of thunder; **donnern** ['dɔnɐn] *vi* thunder; **es hat gedonnert und geblitzt** there was thunder and lightning

Donnerstag *m* Thursday

Donnerwetter *nt* (*fig: Schelte*) scolding; **~!** (*anerkennend*) not bad at all!; (*wütend*) hang it all!, damn it!

doof [doːf] *adj* (*fam*) daft, thick; **Doofheit** *f* (*fam*) dumbness

dopen ['doːpən] *vt* (SPORT) dope; **Doping** ['-pɪŋ] <-s, -s> *nt* (SPORT) doping

Doppel ['dɔpəl] <-s, -> *nt* **1.** (*Duplikat*) duplicate **2.** (SPORT: *beim Tennis*) doubles *pl;* **Doppelagent(in)** *m(f)* double agent; **Doppelbett** *nt* double-bed; **Doppeldecker** *m* **1.** (AVIAT) biplane **2.** (*Bus*) double-decker; **doppeldeutig** *adj* ambiguous; **Doppelfenster** *nt* double window; **Doppelgänger(in)** *m(f)* double; **Doppelhaus** *nt* semi-detached house; **Doppel-Jobber(in)** *m(f)* (*mit zwei Jobs*) *s.o. working in two jobs;* **Doppelkinn** *nt* double chin; **Doppelleben** *nt* double life; **ein ~ führen** lead a double life; **Doppelname** *m* double-barrelled name; **Doppelpunkt** *m* colon; **Doppelstecker** *m* (ELEK) two-way adaptor

doppelt ['dɔpəlt] **I.** *adj* double; **die ~e Menge** twice [*o* double] the amount; **~e Buchführung** double-entry book-keeping; **in ~er Hinsicht** in two respects *pl* **II.** *adv* doubly, twice; **~ so viel** twice as much

Doppelverdiener *pl* couple *sing* with two incomes; **Doppelwährungsphase** *f* dual-currency period; **Doppelzentner** *m* 100 kilograms; **Doppelzimmer** *nt* double room

Dopplereffekt *m* (PHYS) Doppler effect

Dorf [dɔrf, *pl:* 'dœrfɐ] <-(e)s, ¨-er> *nt* village; **Dorfbewohner(in)** *m(f)* villager; **Dorftrottel** *m* (*pej*) village idiot

Dorn [dɔrn] <-(e)s, -en/(¨-er)> *m* **1.** thorn **2.** (*an Schnalle*) tongue **3.** (TECH: *Ahle*) awl; **das ist mir schon lange ein ~ im Auge** it has been a thorn in my flesh for a long time

Dornröschen [dɔrn'røːsçən] <-s> *nt* Sleeping Beauty

dörren ['dœrən, 'dɔrən] *vt, vi* dry; **Dörrobst** *nt* dried fruit

Dorsch [dɔrʃ] <-(e)s, -e> *m* (*kleiner Kabeljau*) cod

dort [dɔrt] *adv* there; **~ kommt er ja!** here he comes!; **es liegt ~ drüben** it's over there; **dorther** *adv* from there, thence; **dorthin** *adv* there; **dortig** *adj* there

Dose ['doːzə] <-, -n> *f* **1.** (*Holz~*) box; (*Plastik~*) pack **2.** (*Konserven~*) tin *Br,* can *Am* **3.** (ELEK: *Steck~*) socket

dösen ['døːzən] *vi* doze

Dosenbier *nt* canned beer; **Dosenmilch** *f* tinned [*o* canned] milk; **Dosenöffner** *m* tin opener *Br,* can opener *Am*

dosieren [do'ziːrən] *vt* measure out

Dosierung *f* dosage, dose

Dosis ['doːzɪs, *pl:* 'doːzən] <-, Dosen> *f* dose

Dossier [dɔ'sjeː] <-s, -s> *nt* dossier

dotieren [do'tiːrən] *vt* **1.** (*bezahlen*) remunerate **2.** (*mit Preis*) endow; **dotiert** *adj:* **einen gut ~en Posten suchen** look for a remunerative position

Dotter ['dɔtɐ] <-s, -> *m* yolk

Double ['duːb(ə)l] <-s, -s> *nt* (FILM) substitute

Dow-Jones-Aktienindex *m* Dow Jones Average

down|loaden ['daʊnləʊdən] *vt* (INFORM: *herunterladen*) download; **Downloads** ['daʊnləʊdz] *pl* (*empfangene Dateien*) downloads

Downsizing ['daʊnsaɪzɪŋ] <-[s]> *nt* (*Arbeitsplatzabbau*) downsizing

Down-Syndrom *nt* (MED) Down's syndrome

Dozent(in) [do'tsɛnt] <-en, -en> *m(f)* lecturer *Br,* (assistant) professor *Am;* **sie ist Dozentin für Physik** she is a lecturer in physics *Br,* she is an assistant professor of physics *Am;* **dozieren** *vi* (*belehrend vortragen*) hold forth (*über* on)

Drache ['draxə] <-n, -n> *m* (*Fabeltier*) dragon; **Drachen** <-s, -> *m* **1.** (*Papier~*) kite **2.** (*pej: zänkische Frau*) battle-axe **3.** (SPORT) hang-glider; **einen ~n steigen lassen** fly a kite; **Drachenfliegen** *nt* (SPORT) hang-gliding; **Drachenflieger(in)** *m(f)* hang-glider

Dragee [dra'ʒeː] <-s, -s> *nt* coated tablet

Draht [draːt, *pl:* 'drɛːtə] <-(e)s, ¨-e> *m* wire; **er ist auf ~** (*fam*) he is on the ball; **Drahtbürste** *f* wire brush; **Drahtgitter** *nt* wire netting

drahtig *adj* wiry

drahtlos *adj* (RADIO) wireless

Drahtseil *nt* wire-cable; **Drahtseilakt** *m* (*a. fig*) balancing act; **Drahtzieher(in)** *m(f)* (*fig*) wire-puller; **der ~ sein** pull the strings

Drainage [drɛ(ː)'naːʒə] <-, -n> *f* drainage; **drainieren** *vt* drain

drakonisch [dra'koːnɪʃ] *adj* draconian

Drall [dral] <-(e)s> *m* (PHYS) spin

drall [dral] *adj* buxom

Drama ['dra:ma, *pl:* 'dramən] <-s, -men> *nt* drama; **sie machte immer ein ~ daraus** (*fig*) she used to make quite a fuss about it; **Dramatiker(in)** [dra'ma:tikɐ] *m(f)* dramatist; **dramatisch** *adj* dramatic; **dramatisieren** *vt* dramatize; (*hochspielen*) make a to-do about

dran [dran] *adv:* **du bist ~!** (*beim Spiel*) it's your turn!; **jetzt bist du ~!** (*fam*) now you are for it!; **er ist arm ~** he's badly off; **drauf und ~ sein ...** be on the verge of ...; **mit allem Drum und Dran** with all the trimmings *pl*

Drang [draŋ] <-(e)s, (⸚e)> *m* impulse, urge

drängeln ['drɛŋəln] *vi* **1.** (*vor~*) jostle, push **2.** (*drangsalieren*) pester

Drängeln ['drɛŋln] <-s> *nt* pushing and shoving

drängen ['drɛŋən] **I.** *vi* **1.** (*vor~*) press, push **2.** (*fig: ~d sein*) be pressing **3.** (*fig: dringen*) press (*auf* for); **darauf ~, dass etw getan wird** press for s.th. to be done **II.** *vt* push

Drangsal ['draŋza:l] <-> *f* hardship

drangsalieren [draŋza'li:rən] *vt* **1.** (POL: *peinigen*) oppress **2.** (*belästigen*) pester, plague

dran|kriegen *vt* (*fam*): **ihr habt mich schön drangekriegt!** you really got me!

drastisch ['drastɪʃ] *adj* drastic

drauf ['draʊf] *adv* (*fam*): **der hat schwer 'was ~!** he knows his trade!

Draufgabe *f* (*österr: Zugabe*) encore

Draufgänger(in) ['draʊfgɛŋɐ] <-s, -> *m(f)* go-getter

drauf|gehen *sein irr vi* (*fam*) **1.** (*sterben*) snuff it **2.** (*Geld*) disappear; **drauf|haben** *vt* (*fam: Sprüche, Antwort*) come out with; **drauflos** *adv:* **nichts wie ~!** go for it!; **drauf|machen** *vt* paint the town red; **drauf|setzen** *vt* (*fam*): **eins** [*o* **einen**] **~** go one better; **drauf|zahlen** *vi* pay extra

draußen ['draʊsən] *adv* outside; (*im Freien*) in the open air, out of doors; **da ~** out there

drechseln ['drɛksəln] **I.** *vt* turn **II.** *vi* work the lathe

Drechsler(in) ['drɛkslɐ] *m(f)* turner

Dreck [drɛk] <-(e)s> *m* **1.** dirt, stuff **2.** (*fam: Kleinigkeit*) little thing; **das geht dich einen ~ an!** (*vulg*) that's none of your damn business!; **kümmere dich um deinen eigenen ~!** (*fam*) mind your own bloody business!

dreckig *adj* dirty; **es geht ihm ~** (*fam*) he's badly off

Dreckspatz *m* (*fam*) mucky pup

Dreh [dre:] <-(e)s, -s/-e> *m* (*fam: Trick*) trick; **den ~ heraushaben** have got the hang of it; **Drehbank** *f* lathe; **drehbar** *adj* revolving, rotating; **Drehbleistift** *m* propelling pencil *Br,* mechanical pencil *Am*

Drehbuch *nt* (FILM) script; **Drehbuchautor(in)** *m(f)* scriptwriter

drehen I. *vt* **1.** (*a.* TECH) turn **2.** (*rotieren*) rotate **3.** (*Zigarette, Augen*) roll **4.** (FILM) shoot; **ein Ding ~** (*fam*) pull off a prank; (*Verbrechen*) pull a job **II.** *vr* turn (*um* about); **um was dreht es sich?** what's it all about?; **mir dreht sich alles** my head is spinning; **sich im Kreise ~** turn round and round; (*fig*) be going round in circles; **es dreht sich darum, ob ...** the point is whether ...

Dreher(in) *m(f)* lathe operator

Dreherlaubnis *f* shooting permisssion

Drehort *m* location

Drehkartei *f* rotary file; **Drehkreuz** *nt* turnstile; **Drehmoment** *nt* (AUTO TECH) torque; **Drehorgel** *f* hurdy-gurdy

Drehort *m* location

Drehscheibe *f* **1.** (TELE) dial **2.** (RAIL) turntable; **Drehstrom** *m* (ELEK) three-phase current; **Drehstuhl** *m* swivel-chair; **Drehtür** *f* revolving door; **Drehung** *f* turn; (*Rotation*) rotation; **Drehzahl** *f* (AUTO) revolutions per minute, r. p. m.

drei [draɪ] *num* three; (*in Zusammensetzungen*) three-, tri-

Drei-D-Job *m* dirty, difficult, dangerous job

Dreieck *nt* triangle; **dreieckig** *adj* triangular; **dreierlei** ['draɪɐ'laɪ] *adj* three sorts of; **dreifach** ['draɪfax] *adj* threefold, triple; **Dreifachstecker** *m* (ELEK) three-way adapter; **dreihundert** *adj* three hundred; **dreijährig** *adj* three-year-old; **Dreiklang** *m* (MUS) triad; **Dreikönigstag** *m* Epiphany; **Dreipunktsicherheitsgurt** *m* (AUTO) three-point safety belt; **Dreirad** *nt* tricycle; **Dreisatz** *m* (MATH) rule of three

dreißig ['draɪsɪç] *adj* thirty; **dreißigjährig** *adj* thirty years old, thirty-year-old; **der Dreißigjährige Krieg** the Thirty Years' War; **Dreißigstel** <-s, -> *nt* thirtieth

dreist [draɪst] *adj* **1.** (*kühn*) bold **2.** (*frech*) cheeky, impudent

dreistellig *adj* (*Zahlen*) three-figure

Dreistigkeit ['draɪstɪçkaɪt] *f* **1.** (*Kühnheit*) boldness **2.** (*Frechheit*) impudence

dreistöckig *adj* three-storied; **dreistufig** *adj* three-stage; **Dreitagebart** *m* designer stubble; **dreitägig** *adj* three-day; **ein ~er Kurs** a three-day course; **dreiteilig** *adj* three-piece; **Dreizack** *m* trident; **dreizehn** *num* thirteen; **dreizehnte** *adj* thirteenth

Dresche ['drɛʃə] <-> *f* (*fam*) thrashing; **~ kriegen** get a good hiding

dreschen *irr vt* (*Korn*) thresh; **Phrasen ~**

mouth empty phrases

Dreschflegel *m* flail; **Dreschmaschine** *f* threshing machine

Dress <-es, -e> *nt* (*österr*) kit

dressieren [drɛ'si:rən] *vt* train

Dressman ['drɛsmən] <-s, -men> *m* male model

Dressur *f* training

Drill [drɪl] <-(e)s> *m* (MIL) drill

drillen ['drɪlən] *vt* **1.** (MIL) drill **2.** (TECH) drill; **auf etw gedrillt sein** (*fig*) be practised at doing s.th.

Drilling ['drɪlɪŋ] <-s, -e> *m* (*Gewehr*) triple-barrelled (shot)gun

Drillinge *pl* triplets

drin [drɪn] *adv* (*fam*): **er ist da** ~ he is in there; **bis jetzt ist noch alles** ~ (*fam*) everything is still quite open

dringen ['drɪŋən] *irr vi* come through, penetrate (*an* to); **auf etw** ~ insist on s.th.; **an die Öffentlichkeit** ~ leak out; **dringend** *adj*, **dringlich** *adj* pressing, urgent; ~ **verdächtig** strongly suspected; **Dringlichkeit** *f* urgency

drinnen ['drɪnən] *adv* inside

dritt [drɪt] *adj* third; **der Dritte im Bunde sein** make a third; **die Dritte Welt**[RR] the Third World; **das dritte Jahrtausend** the third millennium; **wir waren zu** ~ there were three of us; **aus ~er Hand** indirectly; **Drittel** ['drɪtəl] <-s, -> *nt* third; **drittens** ['drɪtəns] *adv* thirdly; **Dritte-Welt-Laden** *m* Third World Shop; **Drittland** *nt* (COM) third country

Drive-in [ˌdraɪf'ɪn] <-[s], -s> *nt* (*Kino*) drive-in (cinema)

droben ['dro:bən] *adv* up there

Droge ['dro:gə] *f* drug; **drogenabhängig** *adj* drug-addicted, addicted to drugs; **Drogenabhängigkeit** *f* drug addiction; **Drogenberatungsstelle** *f* drug advice [*o* help] centre; **Drogenprävention** *f* drug prevention; **drogensüchtig** *adj* addicted to drugs; **Drogensüchtige(r)** *f m* drug addict

Drogerie [drogə'ri:] *f* chemist's (shop) *Br*, drugstore *Am*; **Drogist(in)** *m(f)* chemist *Br*, druggist *Am*

Drohbrief *m* threatening letter

drohen ['dro:ən] *vi* **1.** (*jdm* ~) threaten **2.** (*~d bevorstehen*) be imminent; **da droht Gefahr** that could be dangerous; **drohend** *adj* **1.** (*bevorstehend*) imminent **2.** (*Gebärde*) threatening, menacing

Drohne ['dro:nə] <-, -n> *f* **1.** (*Männchen der Honigbiene*) drone **2.** (*pej: Nichtstuer*) parasite

dröhnen ['drø:nən] *vi* **1.** (*Triebwerk*) roar; (*Lautsprecher*) boom **2.** (*widerhallen*) resound; **mir** ~ **die Ohren** my ears are ringing

Drohung ['dro:ʊŋ] *f* threat

drollig ['drɔlɪç] *adj* droll, funny; (*Person*) odd

Dromedar ['dro:meda:ɐ/drome'da:ɐ] *nt* (*einhöckeriges Kamel*) dromedary

Drossel ['drɔsəl] <-, -n> *f* **1.** (*großer Singvogel*) thrush **2.** (TECH) throttle valve **3.** (ELEK) choking coil

drosseln ['drɔsəln] *vt* **1.** (AUTO) choke **2.** (*zurückdrehen*) turn down **3.** (*fig*) cut down (*etw* on)

drüben ['dry:bən] *adv* over there

drüber ['dry:bɐ] *adv s.* **darüber**

Druck[1] [drʊk, *pl:* 'drʏkə] <-s, (¨-e)> *m* (*a. fig*) pressure; **jdn unter ~ setzen** put pressure on s.o.; ~ **hinter etw machen** put pressure on s.th.

Druck[2] [drʊk, *pl:* 'drʊkə] <-s, -e> *m* **1.** (*Buch~*) printing **2.** (*~erzeugnis*) copy **3.** (*Schrifttype*) print; **das Buch ist im** ~ the book is being printed; **Druckabfall** *m* (TECH) pressure drop [*o* loss]; **Druckanstieg** *m* (TECH) pressure increase [*o* rise]; **Druckausgleich** *m* pressure compensation; **Druckbuchstabe** *m* printed letter; **bitte in ~n schreiben** please print

Drückeberger *m* (*fam*) shirker, slacker

drucken ['drʊkən] *vt* print; **etw ~ lassen** have s.th. printed; **fett gedruckt** (TYP) printed in bold-type

drücken ['drʏkən] **I.** *vt* **1.** press; (*kneifen, von Schuhen*) pinch **2.** (*Preise*) force down, lower; **wo drückt der Schuh?** (*fig*) what's the trouble?; **jdm etw in die Hand** ~ slip s.th. into someone's hand **II.** *vr* shirk (*vor etw* s.th.); **sich vor etw** ~ get out of s.th.; **drückend** *adj* **1.** (*Last*) heavy **2.** (*fig: Hitze*) oppressive; (*Luft*) sultry

Drucker *m* (*a.* INFORM) printer

Drücker *m* (*Druckknopf*) button; **am ~ sitzen** (*fig fam*) be in a key position

Druckerei *f* printing works *pl;* **Druckerin** *f* printer; **Druckerpresse** *f* printing press; **Druckfehler** *m* misprint, printer's error; **Druckkabine** *f* pressurized cabin; **Druckknopf** *m* **1.** (*Klingel, an Instrumentenbrett*) push-button **2.** (*bei Kleidung*) press-stud; **Druckluft** *f* compressed air; **Druckmittel** *nt* means of exerting pressure; **Druckplatte** *f* (TYP) printing plate; **druckreif** *adj* ready for printing; **Drucksache** *f* printed matter; **Druckschrift** *f* block capitals

drucksen ['drʊksən] *vi* (*fam*) hum and haw

Druckverlust *m* head loss; **Druckwasserreaktor** *m* pressurized water reactor

Drum [drʊm] *nt:* **das ~ und Dran** the incidentals, the fancy bits *pl;* **mit allem ~ und**

Dran with all the trimmings *pl*

drunten ['drʊntən] *adv* down there

drunter ['drʊntɐ] *adv* underneath; ~ **und drüber gehen** be topsy-turvy

Drüse ['dry:zə] <-, -n> *f* gland

Dschungel ['dʒʊŋəl] <-s, -> *m* jungle

DTP *nt Abk. von* **Desktoppublishing** DTP

du [du:] *pron* you; **bist ~ es?** is that you?; **mach ~ das doch!** why don't you do it!

Duathlet(in) <-en, -en> *m(f)* biathlete

Duathlon ['du:atlɔn] <-s> *m* biathlon

Dübel ['dy:bəl] <-s, -> *m* plug

dubios [du'bjo:s] *adj* dubious

ducken ['dʊkən] **I.** *vr* duck (*vor etw* s.th.); (*unterwürfig*) cringe **II.** *vt* (*erniedrigen*) humiliate

Duckmäuser ['dʊkmɔɪzɐ] <-s, -> *m* (*pej*) moral coward

dudeln ['du:dln] *vi* (*fam*) tootle

Dudelsack ['du:dəlzak] *m* bagpipes *pl*

Duell [du'ɛl] <-s, -e> *nt* duel

Duett [du'ɛt] <-s, -e> *nt* duet

Duft [dʊft, *pl:* 'dʏftə] <-(e)s, ¨-e> *m* (*Geruch*) scent, smell; (*von Blume*) fragrance; (*von Parfüm*) perfume; **duften** ['dʊftən] *vi* smell (*nach* of); **duftend** *adj* fragrant (*nach* with)

duftig *adj:* **ein ~es Sommerkleid** a light summery frock

Duftmischung *f* potpourri

dulden ['dʊldən] **I.** *vt* (*zulassen*) tolerate; **er ist hier nur geduldet** he's only tolerated here **II.** *vi* (*leiden*) suffer; **duldsam** [dʊltza:m] *adj* tolerant (*gegenüber jdm* towards s.o.)

dumm [dʊm] <dümmer, dümmst> *adj* **1.** stupid *Br,* dumb *Am* **2.** (*unangenehm*) annoying; **red kein ~es Zeug!** don't talk such rubbish!; **frag nicht so ~!** don't ask such silly questions!; **jdm ~ kommen** (*fam*) get funny with s.o.; **der Dumme sein** be the sucker; **das ist gar nicht so ~** that's not such a bad idea; **jetzt wird's mir zu ~!** now I've had enough!

dummerweise *adv* foolishly; **Dummheit** *f* **1.** stupidity **2.** (*dummer Fehler*) stupid thing; **Dummkopf** *m* (*fam*) blockhead

dumpf [dʊmpf] *adj* **1.** (*Ton*) hollow, muffled **2.** (*muffig*) musty; **ein ~es Gefühl** a vague feeling

Dumping ['dampɪŋ] <-s, -s> *nt* (COM) dumping

Düne ['dy:nə] <-, -n> *f* dune

Dung [dʊŋ] <-(e)s> *m* dung, manure

Düngemittel *nt* fertilizer

düngen ['dʏŋən] *vt* (*natürlich*) dung; (*künstlich*) fertilize; **Dünger** *m* (*natürlicher*) dung; (*künstlicher*) fertilizer

Dunkel ['dʊŋkəl] <-s> *nt* darkness; **im ~n tappen**[RR] (*fig*) grope in the dark

dunkel ['dʊŋkəl] *adj* **1.** (*Farbe*) dark **2.** (*fig: tief*) deep **3.** (*fig: vage, unbestimmt*) vague; **es wird ~** it's getting dark

Dünkel ['dʏŋkəl] <-s> *m* arrogance, conceit

dunkel- *präfix* (*in Zusammensetzungen*) dark

dünkelhaft *adj* arrogant

dunkelhäutig *adj* dark-skinned

Dunkelheit *f* darkness; **bei Eintritt der ~** at nightfall; **Dunkelkammer** *f* (PHOT) darkroom; **dunkeln** *vi:* **es dunkelt schon** (*lit*) it's growing dark

Dunkelziffer *f* (estimated) number of unreported cases

dünken ['dʏŋkən] **I.** *irr vi* (*obs lit*): **mich dünkt, er kommt nicht mehr** methinks he will not come **II.** *vr:* **sich klug ~** have a high opinion of o.s.

dünn [dʏn] *adj* thin; (*Haar*) fine; **~ besiedelt**[RR] sparsely settled; **sich ~(e) machen** (*fig fam*) beat it, make off

Dünndarm *m* small intestine

Dünnsäure *f* (CHEM) dilute acid; **Dünnsäureverklappung** *f* dumping of dilute acid (into the sea)

Dunst [dʊnst, *pl:* 'dʏnstə] <-es, ¨-e> *m* **1.** (*Dampf*) steam **2.** (*diesige Luft*) haze; **keinen blassen ~ haben** (*fam*) not to have a clue; **Dunstabzugshaube** *f* extractor hood

dünsten ['dʏnstən] *vt, vi* steam

Dunstglocke *f* enveloping haze, haze canopy

dunstig ['dʊnstɪç] *adj* hazy, misty

Duplikat [dupli'ka:t] <-(e)s, -e> *nt* duplicate

Dur [du:ɐ] <-, -en> *nt* (MUS) major; **G-dur** G major

durch [dʊrç] **I.** *präp* **1.** (*räumlich*) through **2.** (*mittels*) by means of **3.** (*wegen*) due [*o* owing] to; **~ den Fluss** across the river; **sechs ~ zwei ist drei** two into six makes three; **~ Zufall** by chance **II.** *adv:* **es ist schon fünf ~** it's past five; **du darfst hier nicht ~** you can't come through here; **ist das Fleisch gut ~?** is the meat well done?; **gut ~(gebraten)** well done; **durcharbeiten** *vt, vi* work through; **durchatmen** *vi* breathe deeply

durchaus *adv:* **ich bin ~ deiner Meinung, aber ...** I do agree with you, but ...; **es ist ~ möglich** it's perfectly possible; **er ist ~ nicht dumm** he is by no means stupid

durch|biegen **I.** *irr vt* bend **II.** *vr* sag; **durchblättern** *vt* (*Buch*) leaf through; **Durchblick** *m* (*fig fam*) comprehension; **ihm fehlt der ~** he does'nt quite get it; **durch|blicken** *vi* look through; (*fam: verstehen*) understand; **etw ~ lassen** (*fig*) hint at s.th.; **ich blicke (da) nicht** ~ (*fig*) I don't get it

Durchblutungsstörungen *fpl* circulation problems

durchbohren *vt* stab; **durchbohrend** *adj* piercing; (*Blicke a.*) penetrating

durch|braten *irr vt* cook through

durch|brechen[1] *irr vt, vi* break

durchbrechen[2] <ohne -ge-> *vt* break through; (*fig*) break

durch|brennen[1] *vi sein* (ELEK) blow

durch|brennen[2] *sein vi* (*fam: sich davonmachen*) run away

durch|bringen I. *irr vt* **1.** (*fam: verschwenden*) blow **2.** (*einen Kranken*) pull through **3.** (*durchsetzen*) get through **II.** *vr* make ends meet; **ich bringe mich gerade so durch** I just manage to get by

Durchbruch ['--] <-(e)s, ¨-e> *m* (*fig*) breakthrough

durchdenken <ohne -ge-> *irr vt* think through; **wohl durchdacht**[RR] carefully thought out

durch|dränge(l)n *vr* force one's way through

durch|drehen *vi* (*fam*) go berserk

durch|dringen[1] *sein irr vi* (*durchkommen*) come through

durchdringen[2] *vt* penetrate

durch|drücken *vt* **1.** (*durchpressen*) press through **2.** (*fam: erzwingen*) enforce

Durcheinander <-s> *nt* mess, muddle

Durchfahrt ['--] *f* **1.** (*das Durchfahren*) thoroughfare **2.** (*Tor*) gateway **3.** (*Durchreise*) way through; ~ **verboten!** no thoroughfare!

Durchfall *m* (MED) diarrhoea *Br,* diarrhea *Am;* **durch|fallen** *sein irr vi* **1.** (*durch Öffnung*) fall [*o* drop] through **2.** (*im Examen*) fail; **in einer Prüfung** ~ fail an exam

durch|finden *irr vr* find one's way through

durchforschen *vt* **1.** search **2.** (*fig*) search through

Durchforstung <-, -en> *f* thinning

durch|fragen *vr* ask one's way

durchführbar *adj* feasible, practicable; **Durchführbarkeit** *f* feasibility; **durchführen I.** *vt* (*ausführen*) carry out **II.** *vi* (*Straße*) go through (*unter etw* under s.th.); **Durchführung** *f* (*Ausführung*) carrying out

Durchgang *m* **1.** (*Verbindungsgang*) gateway **2.** (*Weg*) way; ~ **gesperrt!** closed to traffic!; **kein** ~**!** no thoroughfare! private road!

durchgängig *adj* general

Durchgangsstraße *f* thoroughfare; **Durchgangsverkehr** *m* through traffic *Br,* thru traffic *Am;* **kein** ~**!** no through road!

durch|geben *irr vt* **1.** (*durchreichen*) pass through **2.** (RADIO TV: *Meldung*) give

durchgebraten *adj* well done

durch|gehen *sein irr vi* **1.** (*hindurch*) go [*o* walk] through; (*Antrag*) be carried [*o* passed] **2.** (*fam: durchpassen*) go through **3.** (AVIAT RAIL) be direct **4.** (*Pferd*) bolt; **jdm etw** ~ **lassen** let s.o. get away with s.th.; **durchgehend** *adj:* ~**er Zug** through train; ~ **geöffnet** open 24 hours

durch|greifen *irr vi* **1.** (*durchfassen*) reach through **2.** take vigorous action; **durchgreifend** *adj* drastic; ~**e Änderung** radical change

durch|halten I. *irr vi* hold out **II.** *vt* stand

durch|kämmen *vt* (*Gebiet*) comb

durch|kommen *sein irr vi* **1.** come through **2.** (*fig: Erfolg haben*) succeed; (*ungestraft* ~) get away with **3.** (*genesen*) pull through **4.** (*Prüfung*) get through, pass

durchkreuzen <ohne -ge-> *vt* (*fig*) foil, thwart

durch|lassen *irr vt* let through; (*fig*) let pass; **durchlässig** ['dʊrçlɛsɪç] *adj* permeable; **Durchlässigkeit** *f* permeability

Durchlauf *m* run, flow

durch|laufen I. *irr vt* (*Schuhe, Socken*) wear through **II.** *vi* run through

Durchlauferhitzer ['-----] *m* (TECH) continuous-flow water heater

durch|lesen *irr vt* read through

durchleuchten <ohne -ge-> *vt* **1.** (MED: *röntgen*) X-ray **2.** (*fig: untersuchen*) investigate; **Durchleuchtung** [-'--] *f* (MED) X-ray examination

durchlöchern [dʊrç'lœçɐn] <ohne -ge-> *vt* make holes in

durch|machen *vt* **1.** (*erleben*) go through **2.** (*durchlaufen*) undergo **3.** (*durcharbeiten*) work through; **wir haben gestern Nacht durchgemacht** we had an all-night party last night

Durchmarsch *m* march(ing) through; (*fam: Durchfall*) the runs *pl;* **durchmarschieren** *sein vi* march through

Durchmesser *m* diameter

durch|mogeln *vr* fiddle one's way through

durchnässen *vt* soak, wet through; **ganz durchnässt** drenched to the skin

durch|nehmen *irr vt* (*in der Schule*) go through

durch|pausen ['dʊrçpaʊzən] *vt* trace

durch|peitschen *vt* **1.** (*auspeitschen*) flog **2.** (*fig: ein Gesetz*) rush through

durch|prügeln *vt* beat, cudgel, thrash

durchqueren [dʊrç'kveːrən] <ohne -ge-> *vt* cross, traverse

durch|rechnen *vt* calculate

durch|regnen *vi:* **es regnet durch** (**das Dach**) the rain is coming through (the roof)

Durchreise ['---] *f:* **ich bin nur auf der ~** I'm only passing through; **durch|reisen** *vi* (*auf der Durchreise sein*) pass [*o* travel] through; **Durchreisende(r)** *f m* through-passenger *Br,* transient *Am;* **Durchreisevisum** *nt* transit visa

durch|reißen *irr vi sein, vt haben* tear in half

durch|rosten *sein vi* rust through

durch|rühren *vt* mix thoroughly

Durchsage ['dʊrçza:gə] <-, -n> *f* announcement

durch|sagen *vt* announce

durch|sägen *vt* saw through

durchschauen <ohne -ge-> *vi* (*fig*) see through (*jdn* s.o.)

durch|scheinen *irr vi* shine through

durchscheinend ['---] *adj* (*lichtdurchlässig*) transparent

Durchschlag *m* (*Schreibmaschinen~*) (carbon) copy; **durch|schlagen** *haben* **I.** *irr vi haben* (*fig: zum Vorschein kommen*) show through **II.** *vr* (*fig*) fight one's way through; **durchschlagend** *adj* **1.** (*effektiv*) effective **2.** (*total*) sweeping; **Durchschlagpapier** *nt* carbon paper; **Durchschlagskraft** *f* **1.** (*von Geschoss*) penetrating power **2.** (*fig*) force, impact

durch|schlängeln ['dʊrçʃlɛŋəln] *vr* (*fig*) manoeuvre one's way through

durch|schlüpfen *sein vi* slip through

durch|schneiden *irr vt* cut in two [*o* through]

Durchschnitt ['dʊrçʃnɪt] *m* average; **im ~** on average; **über dem ~** above the average

durchschnittlich ['dʊrçʃnɪtlɪç] **I.** *adj* average **II.** *adv* on average

Durchschnittseinkommen *nt* average income; **Durchschnittsgeschwindigkeit** *f* average speed; **Durchschnittswert** *m* average [*o* mean] value

durchschnüffeln *vt* nose through

Durchschrift *f* (carbon) copy

Durchschuss^RR^ *m* **1.** (*Schusswunde*) gunshot wound **2.** (TYP) space

durch|sehen I. *irr vi* look through **II.** *vt* (*fig*) check through

durch|setzen I. *vt* (*durchführen*) carry through; (*erzwingen*) push through; **etw bei jdm ~** get s.o. to agree to s.th.; **seinen Willen ~** impose one's will (*bei* on) **II.** *vr* assert o.s. (*bei* with)

durchseuchen <haben, ohne -ge-> *vt* infect; **Durchseuchung** [-'--] *f* (MED) spread of an epidemic [*o* infection]

Durchsicht ['dʊrçzɪçt] *f:* **bei ~ von ...** on checking ...; **durchsichtig** *adj* (*Material, a. fig*) transparent; (*Wasser, Luft*) clear; (*Kleidungsstück*) see-through; **Durchsichtigkeit** *f* (*a. fig*) transparency; (*von Wasser*) clarity

durch|sickern *sein vi* **1.** trickle out **2.** (*fig: Nachrichten*) leak out

durch|sprechen *irr vt* talk over

durch|stehen *vt* stand, bear

durch|steigen *vi* (*fam*) get it

durch|stöbern *vt* ransack (*nach* in search of); (*Gegend: durchsuchen*) scour (*nach* for)

durch|streichen *irr vt* cross out, delete

durchstreifen <ohne -ge-> *vt* rove through

durch|stylen *vt* (*fam*) give style to; **durchgestylt** fully styled

durchsuchen <ohne -ge-> *vt* search (*nach* for); **Durchsuchung** [dʊrç'zu:xʊŋ] *f* search

durch|treten *irr vt* (*Pedal*) step on

durchtrieben [dʊrç'tri:bən] *adj* cunning, sly; **Durchtriebenheit** *f* cunning, slyness

durchwachen <ohne -ge-> *vt:* **die Nacht ~** stay awake all night

durchwachsen I. *adj:* **~er Speck** streaky bacon **II.** *adv* (*fam: leidlich*) so-so

durchweg(s) ['dʊrçvɛk/(-'ve:ks)] *adv* without exception

durch|winden *irr vr* (*fig*) worm one's way through

durch|winken *vt:* **jdn an der Grenze ~** wave s.o. through

durchwühlen[1] <ohne -ge-> *vt* **1.** (*fig: durchstöbern*) rummage (through) (*nach* for) **2.** (*Erde*) dig up

durch|wühlen[2] *vr* burrow through; (*fig*) plough through

durch|wursteln *vr* (*fam*) muddle through

durch|zählen I. *vt* count over **II.** *vi* (MIL) count off

durch|ziehen I. *irr vt* **1.** draw through **2.** (*fam: erledigen*) get through **II.** *vi sein* (*durchmarschieren, a. fig*) go through

Durchzug *m* (*Zugluft*) draught

dürfen ['dʏrfən] *irr vi:* **darf ich fragen, ...?** may I ask ...?; **ich darf nicht ...** I must not [*o* I am not allowed to] ...; **darf man hier rauchen?** are you allowed to smoke here?; **was darf ich Ihnen bringen?** what can I bring you?; **ich darf wohl sagen ...** I dare say ...; **das darf doch (wohl) nicht wahr sein!** that can't be true!; **wenn ich bitten darf** if you please; **das dürfte wohl das Beste sein** that is probably the best thing; **das dürfte reichen** that should be enough

dürftig ['dʏrftɪç] *adj* **1.** (*armselig*) wretched **2.** (*unzulänglich*) scanty

dürr [dʏr] *adj* **1.** (*trocken*) dry; (*~er Boden*) arid, barren **2.** (*mager*) scrawny; **ein ~er Ast** a withered bough

Dürre <-, -n> *f* (*Trockenzeit*) drought

D

Durst [dʊrst] <-es> *m* thirst (*nach* for); ~ **haben** be thirsty; **seinen ~ löschen** [*o* **stillen**] quench one's thirst; **einen über den ~ trinken** have one over the eight
dursten *vi:* ~ **müssen** have to go thirsty
dürsten *vt* (*fig*): ~ **nach** be thirsty for
durstig *adj* thirsty
durstlöschend *adj,* **durststillend** *adj* thirst-quenching
Durststrecke *f* lean time
Dusche ['du:ʃə/'dʊʃə] <-, -n> *f* shower; **duschen** ['du:ʃən/'dʊʃən] *vi* take a shower; **Duschgel** <-s, -s> *nt* shower gel; **Duschkabine** *f* shower (cubicle); **Duschvorhang** *m* shower curtain; **Duschwanne** *f* shower basin
Düse ['dy:zə] <-, -n> *f* (*Luft~, Wasser~*) nozzle; (*Kraftstoff~*) jet
düsen *vi* (*fam*) dash
Düsenantrieb *m* jet-propulsion; **Düsenflugzeug** *nt* jet (plane)
dusslig ['dʊslɪç] *adj* (*fam*) daft
düster ['dy:stɐ] *adj* dark, gloomy; (*drohend, finster*) dismal, sinister
Dutzend ['dʊtsənt] <-s, -e> *nt* dozen; **dutzendmal** *adv* dozens of times; **dutzendweise** *adv* by the dozen
DVD *f Abk. von* **Digital Versatile Disc; Digital Video Disc** DVD
dynamisch [dy'na:mɪʃ] *adj* dynamic
Dynamit [dyna'mɪt/dyna'mi:t] <-(e)s> *nt o m* dynamite
Dynamo ['dynamo] *m* (TECH) dynamo
Dynastie [dyna'sti:] <-, -n> *f* dynasty

E

E, e [eː] <-, -> *nt* E, e

EAN *f Abk. von* **Europäische Artikelnummer** EAN, European article number

Easy Listening [ˈiːzɪˌlɪsənɪŋ] <-[s]> *nt* (*sanfte Unterhaltungsmusik*) easy listening

Ebbe [ˈɛbə] <-, -n> *f* **1.** (*sinkender Wasserspiegel*) ebb (tide); (*gesunkener Wasserspiegel, Niedrigwasser*) low tide **2.** (*fig*): **bei** [*o* **in**] **etw herrscht ~** s.th. is at a low ebb; **~ und Flut** ebb and flow; **bei ~** (*wenn der Wasserspiegel sinkt*) when the tide is going out; (*bei Niedrigwasser*) at low tide

eben [ˈeːbən] **I.** *adj* (*gleichmäßig*) even; (*von gleicher Höhe*) level; (*flach*) flat; (*glatt*) smooth; (MATH) plane; **auf ~er Strecke** on the flat; **zu ~er Erde** at ground level **II.** *adv* **1.** (*gerade noch*) just **2.** (*genau*) exactly, precisely **3.** (*einfach, nun einmal*) just, simply; **schau doch ~ mal bei mir vorbei!** will you please drop in on me for a minute!; **ich erreichte mein Flugzeug noch** (**so**) **~** I just caught the plane

Ebenbild *nt* image; **dein Sohn ist wirklich dein ~** your son really is the very picture of you

ebenbürtig [ˈeːbənbʏrtɪç] *adj* (*gleichwertig*) equal (*jdm* someone's, *an* in); **einander ~ sein** be equals *pl*

Ebene [ˈeːbənə] <-, -n> *f* **1.** (*Tiefland*) plain; (*Hochland*) plateau **2.** (MATH) plane **3.** (*fig*) level; **auf höchster** (**gleicher**) **~** (*fig*) at the highest (same) level

ebenerdig *adj* ground-level

ebenfalls *adv* as well, likewise; (*bei Negation*) either

Ebenholz *nt* ebony

Ebenmaß *nt* due proportion, symmetry

ebenso *adv* **1.** (*genauso*) just as **2.** (*ebenfalls*) as well; **~ sehr**[RR]**, ~ viel**[RR] just as much; **~ wenig**[RR] just as little

Eber [ˈeːbɐ] <-s, -> *m* (*männliches Schwein*) boar

Eberesche *f* (*Baum mit gefiederten Blättern*) mountain ash, rowan

ebnen [ˈeːbnən] *vt* **1.** level (off) **2.** (*fig*) smooth

EC <-, -s> *m Abk. von* **EuroCity**(**-Zug**) EC

E-Cash [ˈiːkæʃ] *nt* (INTERNET) e-cash

Echo [ˈɛço] <-s, -s> *nt* **1.** echo **2.** (*fig: Antwort*) response (*auf* to); **bei der Bevölkerung ein lebhaftes ~ finden** (*fig*) meet with a lively response from the population

Echolot *nt* echo-sounder; (*mit Ultraschall*) supersonic echo sounding

Echse [ˈɛksə] <-, -n> *f* lizard

echt [ɛçt] **I.** *adj, adv* **1.** (*nicht falsch, nicht gefälscht*) genuine; (*Urkunde, Unterschrift*) authentic; (*wirklich*) real; (*natürlich*) natural **2.** (*lauter, aufrichtig*) sincere **3.** (*typisch*) typical **4.** (*von Farbe*) fast; **~es Gold** real gold **II.** *adv* (*fam*) really; **das ist ~ klasse!** that's really smashing!; **das ist ~ geil!** (*sl*) that's really wicked!; **Echtheit** *f* **1.** genuineness; (*Authentizität*) authenticity **2.** (*Aufrichtigkeit*) sincerity **3.** (*von Farbe*) fastness; **Echtzeit** *f* (INFORM) real time

Eck [ɛk] <-(e)s, -e(n)> *nt* **1.** (SPORT): **langes** (**kurzes**) **~** far (near) corner of the goal **2. über ~** crosswise, diagonally across

EC-Karte *f* (COM) debit card

Eckball *m* (SPORT: *Fußball*) corner

Eckbank *f* corner seat

Ecke [ˈɛkə] <-, -n> *f* **1.** corner **2.** (*Kante, Rand*) edge **3.** (*Kuchen~*) wedge **4.** (*fam: Gegend*) corner **5.** (*fam: Entfernung, Strecke*) way **6.** (*Fußball: Eckball*) corner; (**gleich**) **um die ~** (just) round the corner; **Queensborough Terrace ~ Bayswater Road** at the corner of Queensborough Terrace and Bayswater Road; **jdn um die ~ bringen** (*fig fam*) do away with s.o.; **an allen ~n und Enden sparen** scrimp and save; **jdn in die linke ~ abdrängen** (POL) label s.o. (as) left, label s.o. as a leftie; **diese ~ Deutschlands** (*fam*) this corner of Germany; **bis London ist's noch 'ne ganze ~** (*fam*) London's still a fair way away

Eckhaus *nt* corner house

eckig *adj* **1.** angular; (*Klammer*) square **2.** (*ruckartig*) jerky

Eckkneipe *f* (*fam*) pub [*o* bar] on the corner

Eckstein *m* (*a. fig*) cornerstone; **Eckzahn** *m* canine tooth; **Eckzins** *m* (FIN) minimum lending rate

E-Commerce [ˈiːkɔˌmœːɐs] <-[s]> *m* e-commerce

Economyclass[RR] [ɪˈkɔnəmɪ ˌklaːs] <-> *f* Economy Class

Ecuador [ekuaˈdoːɐ] *nt* Equador; **Ecuadorianer**(**in**) *m(f)* Equadorian; **ecuadorianisch** *adj* Equadorian

edel [ˈeːdəl] *adj* **1.** (*adlig, vornehm*) noble **2.** (*hochwertig*) precious; (*Pferde*) thoroughbred **3.** (*fig: großherzig*) generous; **Edelfrau** *f* (HIST) noblewoman; **Edelgas** *nt* (CHEM) noble gas, inert gas; **Edelholz** *nt* high-grade timber; **Edelkastanie** *f* sweet [*o* Spanish] chestnut; **Edelkitsch** *m* pretentious kitsch; **Edelmann** <-s, -leute> *m* (HIST) nobleman; **Edelmetall** *nt* precious metal; **Edelmut** *m* magnanimity; **edelmütig** ['eːdəlmyːtɪç] *adj* magnanimous; **Edelpilzkäse** *m* green mould [*o* blue vein] cheese; **Edelstahl** *m* refined [*o* high-grade] steel; **Edelstein** *m* precious stone; (*geschliffen*) gem, jewel; **Edeltanne** *f* noble fir; **Edelweiß** *nt* (*Gebirgsplanze*) edelweiss

edieren *vt* (INFORM) edit

Edikt [e'dɪkt] <-(e)s, -e> *nt* (HIST) edict

editieren *vt* edit; **Editor** <-s, -en> *m* (INFORM) editor

Edutainment [ˌedjʊ'teɪnmənt] <-s> *nt* (*kurz für: education + entertainment*) edutainment

EDV [eːdeː'faʊ] <-> *f Abk. von* **elektronische Datenverarbeitung** EDP, electronic data processing; **EDV-Anlage** *f* EDP equipment; **EDV-Branche** *f* data processing business

Efeu ['eːfɔɪ] <-s> *m* ivy

Effeff [ɛf'ɛf] *m* (*fam*): **etw aus dem ~ können** [*o* **beherrschen**] can do s.th. standing on one's head

Effekt [ɛ'fɛkt] <-(e)s, -e> *m* effect

Effekten *pl* (FIN: *Wertpapiere*) stocks and bonds; **Effektenbörse** *f* (FIN) stock exchange

Effekthascherei *f* **1.** (*fam pej*) cheap gimmicks **2.** (*Prahlerei*) showing-off

effektiv *adj* **1.** (*wirkungsvoll*) effective **2.** (*tatsächlich*) actual

Effektivität *f* effectiveness

EG [eː'geː] <-> *f* (HIST) *Abk. von* **Europäische Gemeinschaft** European Community

egal [e'gaːl] *adj* (*fam*) **1.** (*gleichartig*) equal, the same **2.** (*gleichgültig*): **das ist mir ganz ~** it's all the same to me, I couldn't care less

Egge ['ɛgə] <-, -n> *f* harrow

eggen *vt, vi* harrow

Egoismus [ego'ɪsmʊs] *m* egoism; **Egoist(in)** *m(f)* egoist; **egoistisch** *adj* egoistical

ehe ['eːə] *konj* (*bevor*) before; (*bis*) until

Ehe ['eːə] <-, -n> *f* marriage; **Kinder aus erster** (**zweiter**) **~** children from someone's first (second) marriage; **mit jdm die ~ schließen** [*o* **eingehen**] marry s.o.; **in den Stand der ~ eintreten** enter into matrimony; **unsere ~ wurde letztes Jahr geschieden** we were divorced last year; **Eheberater(in)** *m(f)* marriage (guidance) counsellor; **Eheberatung** *f* **1.** (*Vorgang*) marriage guidance **2.** (*Stelle*) marriage guidance council; **Ehebrecher(in)** *m(f)* adulterer (adulteress); **Ehebruch** *m* adultery

Ehefrau *f* wife; **Ehegatte, -tin** *m, f* spouse; **Ehekrach** *m* marital row; **Eheleute** *pl* married couple *sing*

ehelich *adj* **1.** conjugal, marital **2.** (*von Kindern*) legitimate; **für ~ erklären** legitimate

ehelos *adj* (*ledig*) single, unmarried; **Ehelosigkeit** *f* **1.** single life, unmarried state **2.** (ECCL: *Zölibat*) celibacy

ehemalig ['eːəmaːlɪç] *adj* former, onetime; **er ist ein Ehemaliger** (*Exsträfling*) he's an ex-con

Ehemann <-(e)s, -männer> *m* **1.** (*als männlicher Ehepartner*) husband; (*fam*) hub, hubby **2.** (*allg: verheirateter Mann*) married man; **Ehepaar** *nt* married couple; **Ehepartner** *m* marriage partner, spouse

eher ['eːɐ] *adv* **1.** (*früher*) earlier, sooner **2.** (*lieber*) rather **3.** (*vielmehr*) more **4.** (*leichter*) more easily **5.** (*wahrscheinlicher*) more likely; **je ~, desto besser** the sooner the better; **ich würde ~ sterben als ...** I would rather die than ...; **nicht ~, als ...** not until ...; **so geht es am ehesten** that's the easiest way to do it; **umso ~** the more so; **das ist schon ~ möglich** that is more likely

Ehering *m* wedding ring; **Ehescheidung** *f* divorce; **Eheschließung** *f* wedding

ehrbar *adj* **1.** (*ehrenhaft*) honourable **2.** (*Respekt einflößend*) respectable

Ehre ['eːrə] <-, -n> *f* honour; **auf ~ und Gewissen** on my honour; **damit kannst du wenig ~ einlegen** that does not do you any credit; **etw allein um der ~ willen tun** do s.th. for the very honour of it; **jdm die letzte ~ erweisen** pay one's last respects to s.o.; **er macht seiner Familie ~** he is an honour to his family; **~, wem ~ gebührt** credit where credit is due; **jdm zur ~ gereichen** do [*o* be an] honour to s.o.; **zu ~n von ...** in honour of ...; **mit wem habe ich die ~?** to whom do I have the honour of speaking?; **was verschafft mir die ~?** to what do I owe the honour of your visit?; **es ist mir eine ~, ...** it is an honour for me ...; **Ihr Wissen in allen ~, aber ...** with all due deference to your knowledge, but ...; **mit militärischen ~n** with full military honours

ehren *vt* honour; **Ihre Einstellung zu dieser Frage ehrt Sie** your attitude towards this question does you credit; **ich fühle mich durch Ihren Besuch geehrt** I am honoured by your visit

Ehrenamt *nt* honorary office [*o* post]; **ehrenamtlich** I. *adj* honorary II. *adv* in an honorary capacity; **Ehrenbürger(in)** *m(f)* honorary citizen [*o* freeman]; **Ehrendoktor** *m* honorary doctor; **Ehrengast** *m* guest of honour; **ehrenhaft** *adj* honourable; **ehrenhalber** *adv:* **Doktor ~** honorary doctor; **Ehrenmal** <-(e)s, ¨-er/(-e)> *nt* cenotaph; **Ehrenmann** <-s, ¨-er> *m* man of honour; **Ehrenmitglied** *nt* honorary member; **Ehrenplatz** *m* 1. place of honour 2. (*fig: hervorgehobener Platz*) special place; **Ehrenrechte** *ntpl* (JUR): **Verlust der bürgerlichen ~** loss of civil rights; **Ehrensache** *f* point of honour; **Ehrentor** *nt,* **Ehrentreffer** *nt (m)* (SPORT) consolation goal; **ehrenvoll** *adj,* **ehrenwert** *adj* honourable

Ehrenwort <-(e)s, -e> *nt* word of honour; **ich gebe mein ~** I promise on my honour; **sein ~ brechen (halten)** break (keep) one's word; **du hast mir dein ~ gegeben nichts zu erzählen** I've put you on your honour not to tell; **jdm Urlaub auf ~ gewähren** let s.o. out on parole; **~? (~!)** (*fam*) cross your heart? (cross my heart!)

ehrerbietig *adj* (*respektvoll*) respectful; (*rücksichtsvoll*) deferential

Ehrerbietung *f* (*Respekt*) respect; (*Achtung*) deference; **Ehrfurcht** *f* (*Respekt*) deep respect (*vor* for); (*Scheu*) awe; **vor jdm (etw) ~ haben** respect s.o. (s.th.); **jdm ~ einflößen** strike s.o. with awe; **ehrfürchtig** *adj,* **ehrfurchtsvoll** *adj* reverent; **Ehrgefühl** *nt* sense of honour

Ehrgeiz *m* ambition; **ehrgeizig** *adj* ambitious

ehrlich *adj* honest; (*aufrichtig*) sincere; **ob er es wohl ~ mit uns meint?** I wonder if he is being honest with us; **~ gesagt ...** frankly speaking ...; **~!** honestly! really!; **er hat ~e Absichten** (*aufrichtige*) his intentions are sincere; (*ehrbare*) his intentions are honourable; **~ währt am längsten** (*prov*) honesty is the best policy; **Ehrlichkeit** *f* honesty; (*Aufrichtigkeit*) sincerity

ehrlos *adj* dishonourable; **Ehrlosigkeit** *f* dishonourableness

Ehrung *f* honour (*jds* bestowed (up)on s.o.)

Ehrwürden *f* (*Titel*) Reverend, Rev.

ehrwürdig *adj* venerable

Ei [aɪ] <-(e)s, -er> *nt* 1. (*Hühner~*) egg 2. (*sl*): **~er** (*Pfund*) quid *sing Br;* (*Dollar*) bucks *pl Am;* (*DM*) marks *pl* 3. (*vulg*): **~er** (*Hoden*) balls; **~er von freilaufenden Hennen** free-range eggs; **das ~ des Kolumbus** just the thing; **einander wie ein ~ dem andern gleichen** be as alike as two peas in a pod; **nicht gerade das Gelbe vom ~ sein** (*fig*) be not quite the thing; **das sind doch alles ungelegte ~er!** (*fig fam*) we can't cross those bridges before we come to them!; **jdn wie ein rohes ~ behandeln** (*fig*) handle s.o. with kid gloves; **wie aus dem ~ gepellt aussehen** (*fig fam*) look smart

Eibe ['aɪbə] <-, -n> *f* (*Nadelbaum*) yew

Eichamt ['aɪç-] *nt* Weights and Measures Office *Br,* gaging-office *Am*

Eiche ['aɪçə] <-, -n> *f* oak

Eichel ['aɪçəl] <-, -n> *f* 1. (*Frucht der Eiche*) acorn 2. (ANAT) glans

Eichelhäher ['aɪçəl hɛːɐ] <-s, -> *m* (*Vogel mit buntem Gefieder*) jay

eichen ['aɪçən] *vt* calibrate

Eichenholz *nt* oak; **Eichenwald** *m* oakwood

Eichhörnchen *nt* squirrel

Eichmaß *nt* standard; **Eichung** *f* standardization

Eid [aɪt] <-(e)s, -e> *m* oath; **einen ~ leisten** [*o* **schwören**] take [*o* swear] an oath (*auf* on); **ich kann einen ~ darauf ablegen** I can swear to it; **unter ~ aussagen** give evidence under oath; **an ~es statt**[RR] (JUR) in lieu of oath; **eidbrüchig** *adj* (JUR): **~ werden** break one's oath

Eidechse ['aɪdɛksə] <-, -n> *f* lizard

eidesstattlich *adj:* **eine ~e Erklärung abgeben** make a solemn declaration; **hiermit erkläre ich ~, dass ...** herewith I affirm that ...

Eidgenossenschaft *f:* **Schweizerische ~** Swiss Confederation

eidlich I. *adj* given under oath, sworn II. *adv* under [*o* on] oath

Eierbecher *m* eggcup; **Eierkuchen** *m* (*Pfannkuchen*) pancake

eiern *vi* (*fam: Rad*) wobble

Eierschale *f* eggshell

Eierschwammerl ['aiɐʃvamɐl] <-s, -n> *nt* (*österr: Pfifferling*) chanterelle

Eierstock *m* (ANAT) ovary; **Eierstockkrebs** *m* ovarian cancer

Eierteigwaren *pl* pasta *sing*

Eifer ['aɪfɐ] <-s> *m* 1. (*Eifrigkeit*) eagerness, zeal 2. (*Begeisterung*) enthusiasm; **blinder ~ schadet nur** more haste less speed; **er ist mit großem ~ bei der Sache** he's really put his heart into it; **im ~ des Gefechtes** (*fig*) in the heat of the moment; **Eiferer** ['aɪfərɐ] *m* (REL) zealot; **eifern** ['aɪfɐn] *vi:* **nach etw ~** strive for s.th.

Eifersucht *f* jealousy (*auf* of); **aus ~** out of jealousy; **vor lauter ~** for pure jealousy; **eifersüchtig** *adj* jealous (*auf* of)

eiförmig *adj* egg-shaped

eifrig ['aɪfrɪç] *adj* 1. eager, zealous 2. (*begeistert*) enthusiastic

Eigelb *nt* egg yolk

E

eigen ['aɪgən] *adj* **1.** (*zu etw o jdm gehörend*) own **2.** (*selbständig, abgetrennt*) separate **3.** (*~tümlich*) peculiar, strange **4.** (*pingelig*) fussy, particular **5.** (*typisch*) typical (*jdm* of s.o.); **ein ~es Haus haben** have a house of one's own; **er hat es sich zu Eigen**[RR] **gemacht ...** (*angewöhnt*) he's made it a habit to ...; **sich eine Idee zu Eigen**[RR] **machen** adopt an idea; **in ~er Sache** on one's own account; **meine Wohnung hat einen ~en Eingang** my flat has a separate entrance; **er hat eine ganz ~e Art zu malen** he has quite a peculiar way of painting; **er ist sehr ~ in Bezug auf seine Kleidung** he is very particular about his clothes

Eigenart *f* **1.** (*Besonderheit*) peculiarity **2.** (*Individualität*) individuality **3.** (*charakteristische Eigenschaft*) characteristic; **eigenartig** *adj* peculiar; (*sonderbar*) odd, strange

Eigenbedarf *m* (*eines Menschen*) (one's own) personal use; (*des Staates*) domestic requirements *pl;* **eigengesetzlich** *adj* autonomous; **Eigengewicht** *nt* (TECH) dead weight; (*Leergewicht eines LKWs*) unladen weight; (COM) net weight; **eigenhändig** *adj* **1.** (*mit eigener Hand*) with one's own hand **2.** (*persönlich, selbst*) personal; **~e Unterschrift** one's own signature; **eine Arbeit ~ erledigen** do a job personally [*o* o.s.]; **Eigenheim** *nt* house of one's own; **Eigenliebe** *f* self-love; **Eigenlob** *m* self-praise; **~ stinkt** don't blow your own trumpet

eigenmächtig I. *adj* **1.** (*in Eigenverantwortung*) done on one's own authority **2.** (*unbefugt*) unauthorized **3.** (*selbstherrlich*) high-handed **II.** *adv* **1.** on one's own authority **2.** without any authorization **3.** high-handedly

Eigenmittel *ntpl* (FIN) one's own resources; **Eigenname** *m* proper name; **Eigennutz** *m* self-interest; **eigennützig** *adj* selfish

Eigenschaft *f* (*Attribut*) quality; (*Merkmal*) characteristic; (PHYS CHEM) property; (*Funktion*) capacity; **in seiner ~ als ...** in his capacity as [*o* of] ...; **Eigenschaftswort** <-(e)s, -̈er> *nt* adjective; **Eigensinn** <-s> *m* obstinacy, stubbornness; **eigensinnig** *adj* obstinate, stubborn

eigentlich I. *adj* **1.** (*wirklich, tatsächlich*) actual, real, true **2.** (*ursprünglich*) original; **im ~en Sinne des Wortes** in the original meaning of the word **II.** *adv* **1.** (*tatsächlich*) actually, really **2.** (*überhaupt*) anyway; **~ sollten Sie das nicht tun** you shouldn't really do that; **ich bin ~ nur gekommen, um zu ...** actually I've only come to ...; **was wollen Sie ~?** what do you want anyway?

Eigentor *nt* (SPORT) own goal

Eigentum *nt* property; (*Besitzen*) ownership; **Eigentümer(in)** *m(f)* owner, proprietor (proprietress)

eigentümlich *adj* **1.** (*typisch*) characteristic, typical (*jdm, einer Sache* of s.o., of s.th.) **2.** (*sonderbar*) odd, peculiar, strange; **Eigentümlichkeit** *f* **1.** (*Eigenheit*) peculiarity **2.** (*charakteristisches Merkmal*) characteristic

Eigentumsverhältnisse *ntpl* (COM) ownership (structure); **Eigentumsvorbehalt** *m* (JUR) reservation of proprietary rights; **Eigentumswohnung** *f* owner-occupied flat

eigenwillig *adj* **1.** (*eigensinnig*) self-willed **2.** (*eine eigene Meinung habend*) with a mind of one's own **3.** (*unkonventionell*) unconventional

eignen ['aɪgnən] *vr* be suitable (*zu, für* for, *als* as)

Eignung *f* (*Brauchbarkeit*) suitability; (*Qualifikation, Befähigung*) aptitude

Eiklar <-s, -> *nt* (*österr*) egg white

Eilbote *m* special [*o* express] messenger; **einen Brief per ~n schicken** send a letter express

Eilbrief *m* express letter *Br,* special-delivery letter *Am*

Eile <-> *f* hurry; **ich bin in ~** I am in a hurry; **das hat keine ~** there is no hurry about it; **nur keine ~!** don't rush!; **in aller ~** hurriedly

Eileiter *m* (ANAT) oviduct; **Eileiterschwangerschaft** *f* ectopic pregnancy

eilen ['aɪlən] *vi* **1.** *sein* (*hasten*) hurry, rush **2.** *haben* (*dringlich sein*) be urgent; **jdm zu Hilfe ~** rush to help s.o.; **die Sache eilt** the matter is urgent; **eilt!** (*auf Briefen*) urgent!

Eilgut *nt* express freight

eilig ['aɪlɪç] *adj* **1.** (*rasch, hastig*) hasty, hurried **2.** (*dringend*) urgent; **es ~ haben** be in a hurry; **die Sache ist sehr ~** the matter is very urgent

Eilzug *m* (RAIL) fast stopping train

Eilzustellung *f* express delivery; (*Post*) special delivery

Eimer ['aɪmɐ] <-s, -> *m* bucket, pail; **im ~ sein** (*fam*) be done for

ein[1] [aɪn] *adv* **1.** (*auf Elektrogeräten*): **~/aus** on/off **2. ~ und aus gehen** come and go; **er geht hier praktisch ~ und aus** he is almost always round here; **er wusste nicht mehr ~ noch aus** he was at his wits' end

ein[2] I. *num* one; **~ gewisser Herr ...** a certain Mr ...; **das ist ~ und dasselbe** it is one and the same thing; **das wirst du ~es Tages bereuen!** you'll regret it one day! **II.**

pron one; **du bist mir ~e(r)!** (*fam*) you're a one!; **~er nach dem anderen** one after the other; **sieh mal ~er an!** (*fam*) fancy that!; **das muss ~em doch gesagt werden!** (*fam*) how can one be expected to know that!; **kannst du ~en denn nie in Ruhe lassen?** (*fam*) why can't you ever leave me alone?; **~es sage ich Ihnen ...** I'll tell you one thing ...; **das ist mir alles ~s** (*fam*) it's all the same to me; **sich ~en genehmigen** (*fam*) have one on the sly; **jdm ~e runterhauen** (*fam*) give s.o. a clout (round the ears) **III.** *art* a; (*vor Vokal*) an; **das ist (vielleicht) ~ Bier!** that's some beer!; **ich hatte aber auch ~en Hunger!** was I hungry!

Einakter ['aɪnaktɐ] <-s, -> *m* (THEAT) one-act play

einander [aɪ'nandɐ] *pron* each other, one another

ein|arbeiten I. *vt* **1.** (*anlernen*) train **2.** (*integrieren, einbauen*) work in (*in* to) **II.** *vr* get used to the work

Einarbeitungszeit *f* training period

einarmig *adj* one-armed

ein|äschern ['aɪnɛʃərn] *vt* **1.** (*Häuser, Städte*) burn to ashes **2.** (*Leichen*) cremate

ein|atmen *vt, vi* breathe in

einäugig ['aɪnɔɪgɪç] *adj* one-eyed

Einbahnstraße *f* one-way street

ein|balsamieren *vt* embalm

Einband <-(e)s, ¨-e> *m* (*Buchdecke*) book cover, case

einbändig ['aɪnbɛndɪç] *adj* in one volume; (*nur attr*) one-volume

Einbau ['aɪnbaʊ] *m* (TECH) installation

ein|bauen *vt* (*installieren*) install

Einbauküche *f* fitted kitchen

Einbaum *m* (*Boot*) dug-out

Einbaumöbel *ntpl* built-in furniture; **Einbauschrank** *m* built-in cupboard

ein|behalten *irr vt* keep back; (*Lohn*) stop

ein|berufen *irr vt* **1.** (*Versammlung*) convene; (PARL) summon **2.** (MIL) call up *Br*, draft *Am*

Einberufung *f* **1.** (*einer Versammlung*) convention; (PARL) summoning **2.** (MIL) conscription *Br*, draft call *Am*

ein|betten *vt* embed

ein|beulen *vt* (*bes. von Auto*) dent in

ein|beziehen *vt* include

ein|biegen I. *irr vt haben* (*verbiegen*) bend in **II.** *vi sein* turn off (*in* into, (*nach*) *links o rechts* to the left, to the right)

ein|bilden *vr* **1.** (*fantasieren*) imagine **2.** (*eingebildet, stolz sein*) be conceited [*o* vain]; **sich viel auf etw ~** be conceited about s.th.; **bilden Sie sich nur nicht ein, dass ...!** don't imagine that ...!; **das bildest du dir alles nur ein!** you're just imagining things!; **ich bilde mir nicht ein, ein großer Künstler zu sein** I'm not pretending to be a great artist; **er bildet sich Wunder was ein**[RR] he thinks he's too wonderful for words; **darauf kannst du dir nicht gerade etw ~** that's nothing to be proud of

Einbildung *f* **1.** (*Fantasie, Vorstellung*) imagination **2.** (*Illusion*) illusion **3.** (*Dünkel*) conceit; **Einbildungskraft** *f* power of imagination

einbinden *irr vt* **1.** (*Buch*) bind **2.** (*fig: Person*) integrate

Einbindung *f* (*fig*) integration

ein|bläuen[RR] *vt* (*fam*): **jdm etw ~** thump s.th. into s.o.

ein|blenden *vt* (*Werbespots*) slot in

ein|bleuen *vt s.* **einbläuen**

Einblick *m* **1.** (*Einsicht in etw hinein*) view (*in* of) **2.** (*fig: Kenntnis*) insight (*in* into)

ein|brechen[1] **I.** *irr vi* **1.** *sein* (*zusammenfallen*) fall in **2.** (*fig: einsetzen: Nacht*) fall **3. auf dem Eis ~** fall through the ice **II.** *vt haben* **1.** (*Mauer, Tür*) break down **2.** (*Eis*) break through

ein|brechen[2] *irr vi* **1.** *haben o sein* (*Einbruch begehen*) break in, burgle, burglarize *Am* **2.** *sein* (MIL: *in feindliches Terrain*) invade (*in etw* s.th.); **in dem Gebäude (bei mir) wurde eingebrochen** thieves broke into the place (my home), the place (I) was burgled

Einbrecher(in) *m(f)* burglar

ein|brennen I. *irr vt* (*Brandzeichen*) brand **II.** *vr* (*fig: sich einprägen*) engrave itself (*in* on)

ein|bringen I. *irr vt* **1.** (PARL: *Antrag*) introduce; (*Gesetzentwurf*) bring in **2.** (*Ernte*) gather in **3.** (FIN: *Ertrag, Zinsen*) earn (*jdm etw* s.o. s.th.); (*Nutzen, Geld*) bring in (*jdm etw* s.th. to s.o.), yield **4.** (*hin~, mitbringen*) bring in (*in* -to), contribute; (*integrieren*) integrate **II.** *vr* commit o.s.; **das bringt nichts ein** (*fig*) it's not worth it

ein|brocken *vt* **1.** (*Brot*) crumble (*in* into) **2.** (*fig fam*): **sich (jdm) etw ~** land o.s. (s.o.) in the soup; **da hast du mir aber was Schönes eingebrockt!** see what you've let me in for now!

Einbruch *m* **1.** (*~sdiebstahl*) burglary (*in* in) **2.** (MIL) breakthrough (*in* of); (*Invasion*) invasion (*in* of) **3. bei ~ der Dunkelheit** [*o* **Dämmerung**] at dusk; **bei ~ der Nacht** at nightfall

Einbruchsdiebstahl *m* (JUR) burglary

ein|buchten *vt* (*sl: einsperren*) put behind bars

ein|bürgern I. *vt* (*a. fig: Wort, Sitte*) naturalize **II.** *vr* (*a. fig*) become naturalized

Einbuße *f* loss (*an* to)

E

ein|büßen *vt* **1.** (*verlieren*) lose **2.** (*verwirken*) forfeit
ein|checken *vt* (AVIAT) check in
ein|cremen *vt* put cream on
ein|dämmen *vt* **1.** (*Fluss*) dam **2.** (*fig: hemmen*) check; (*in Grenzen halten*) contain; **Eindämmungspolitik** *f* (POL) policy of containment
ein|dampfen *vt* evaporate
ein|decken **I.** *vt* (*fam: überhäufen*) inundate **II.** *vr* (*Vorräte schaffen*) stock up (*mit* on)
eindeutig *adj* **1.** (*nicht mehrdeutig*) unambiguous **2.** (*klar*) clear
ein|deutschen *vt* (*Begriff*) Germanize
ein|dicken *vt* thicken
ein|dringen *irr vi* **1.** *sein* penetrate (*in etw* into s.th.) **2. auf jdn** ~ (*bestürmen*) go for s.o. (*mit* with); **in ein Land** ~ invade a country, penetrate into a country; **entschuldigen Sie, wenn wir hier so ~, wir wollten nur ...** forgive the intrusion, we only wanted to ...
Eindringling *m* intruder
Eindruck <-(e)s, ¨-e> *m* impression; **sie hat großen ~ auf mich gemacht** she made a great impression on me; **die Worte des Präsidenten haben großen ~ bei der Bevölkerung hinterlassen** the President's words made quite a strong impression on the population; **den ~ haben, dass ...** be under the impression that ...; **du willst wohl unbedingt ~ schinden!** (*fam*) you must be hell-bent on impressing!
ein|drücken **I.** *vt* (*zusammendrücken*) crush; (*flach machen*) flatten **II.** *vr* leave an impression
eindrucksvoll *adj* impressive
ein|ebnen *vt* (*a. fig*) level
eineiig *adj* (*Zwillinge*) identical
eineinhalb *num* one and a half
Einelternfamilie *f* single-parent familiy
ein|engen *vt* (*a. fig*) constrict
Einer <-s, -> *m* **1.** (*Boot*) single scull **2.** (MATH) unit; **Deutscher Meister im ~** (*Rudersport*) German champion in the single sculls; **Zehner und ~** tens and units *pl*
Einerlei ['aɪnɐ'laɪ] <-s> *nt* sameness, monotony; **einerlei** *adj* **1.** (*der-, die-, dasselbe*) (one and) the same **2.** (*gleichgültig*) all the same; **es ist mir alles ~** it is all one [*o* the same] to me; **~, was (wer) ...** no matter what (who) ...; **einerseits** *adv* on the one hand
einfach ['aɪnfax] **I.** *adj* **1.** (*nicht schwer*) simple; (*schlicht*) plain **2.** (*nicht doppelt*) simple; (*Fahrt, Fahrkarte*) single **3.** (*leicht*) easy; **~e Fahrkarte** single [*o* one-way] ticket; **einmal ~, bitte!** (*in Bus, Bahn*) one single, please!; **~e Kost** plain fare **II.** *adv* (*geradezu*) simply; **~ unerträglich** simply intolerable; **so etw tut man ~ nicht** that simply isn't done
Einfachheit *f* simplicity, plainness
ein|fädeln ['aɪnfɛːdəln] **I.** *vt* **1.** thread (*in* through) **2.** (*fam: Komplott, Intrige*) set up **II.** *vr* (AUTO): **sich in den laufenden Verkehr ~** filter into the stream of traffic
ein|fahren **I.** *irr vt* **1.** *haben* (*ein Auto*) run in *Br*, break in *Am* **2.** (*Fahrgestell*) retract **3.** (*Ernte, Gewinne*) bring in; (*Verluste*) make **4.** (*Tor, Zaun, Wand*) knock down **II.** *vi sein* (*Zug*) come in (*auf, in* at, into)
Einfahrt *f* **1.** (*Eingang*) entrance **2.** (*das Einfahren*) entry (*in* to); (MIN: *in den Schacht*) descent; **keine ~!** no entrance!; **bitte zurücktreten, der Zug hat ~!** please stand well back, the train is arriving!
Einfall *m* **1.** (*plötzlicher Gedanke*) (sudden) idea **2.** (MIL) invasion (*in* of)
ein|fallen *irr vi* **1.** (*in den Sinn kommen*) occur (*jdm* to s.o.) **2.** (*Strahlen*) be incident; (*Licht*) come in (*in* to) **3.** (MIL: *eindringen*) invade (*in ein Land* a country) **4.** (*Wangen, Augen*) become sunken **5.** (*einstürzen*) collapse; **jdm (wieder) ~** (*ins Gedächtnis kommen*) come (back) to s.o.; **was fällt Ihnen ein!** how dare you!; **mir fällt einfach nichts ein** I just can't think of anything; **da fällt mir eben ein, ...** by the way, it just occurred to me ...; **dabei fällt mir ein, wie ich ...** that reminds me of how I ...
einfallslos *adj* unimaginative
Einfallswinkel *m* (PHYS) angle of incidence
Einfalt ['aɪnfalt] <-> *f* **1.** (*Naivität*) simplicity **2.** (*Dummheit*) simple-mindedness; **einfältig** ['aɪnfɛltɪç] *adj* **1.** (*naiv*) simple **2.** (*dumm*) simple-minded; **Einfaltspinsel** *m* (*fam*) simpleton
Einfamilienhaus *nt* detached house
ein|fangen *irr vt* (*a. fig*) catch
einfarbig *adj* of one colour; (*Stoff*) self-coloured; (TYP) monochrome
ein|fassen *vt* **1.** (*umsäumen*) edge; (*Knopfloch, Naht*) trim **2.** (*Edelstein*) set (*mit* in); **Einfassung** *f* **1.** (*Umsäumung*) edging; (*von Knopfloch, Naht*) trimming **2.** (*von Edelsteinen*) setting
ein|fetten *vt* grease
ein|finden *irr vr* **1.** (*kommen*) come **2.** (*eintreffen*) arrive
ein|flößen *vt:* **jdm etw ~** (*eingeben*) give s.o. s.th.; (*fig*) instil s.th. into s.o.
Einflugschneise *f* (AVIAT) air corridor, approach line
Einfluss[RR] *m* (*fig*) influence (*auf* over, on); **darauf haben Sie keinen ~** you can't influence that; **~ auf jdn haben (ausüben)** have (exert) an influence on s.o.; **Einflussbereich**[RR] *m* sphere of influence;

Einflussnahme[RR] *f* influencing control; **einflussreich**[RR] *adj* influential
einförmig [ˈaɪnfœrmɪç] *adj* **1.** (*uniform*) uniform **2.** (*eintönig*) monotonous; **Einförmigkeit** *f* **1.** (*Gleichförmigkeit*) uniformity **2.** (*Eintönigkeit*) monotony
ein|frieden [ˈaɪnfriːdən] *vt* enclose
Einfriedung *f* enclosure
ein|frieren *irr* **I.** *irr vi sein* (*zufrieren*) freeze (up) **II.** *vt* **1.** *haben* (*Lebensmittel*) freeze **2.** (*fig: Beziehungen*) suspend
ein|fügen I. *vt* **1.** (*einpassen*) fit (*in* into) **2.** (*nachträglich hinzufügen*) insert (*in* in) **II.** *vr* **1.** (*passen*) fit in (*in* -to) **2.** (*sich anpassen*) adapt (*in* to)
ein|fühlen *vr* empathise (*in* with)
Einfühlungsvermögen *nt* empathy
Einfuhr [ˈaɪnfuːɐ] <-, -en> *f* (COM) import; **Einfuhrbestimmungen** *fpl* (COM) import regulations
ein|führen I. *vt* **1.** (COM: *importieren*) import **2.** (*Markt: neue Produkte*) introduce (*in* to); (*neue Mode, Trend*) set **3.** (*hineinstecken*) insert (*in* into); **einige ~de Worte** some words of introduction **II.** *vr* (*sich vorstellen*) introduce o.s.
Einfuhrsperre *f* (COM) ban on imports; **eine ~ für Autos** a ban on the import of cars
Einführung *f* **1.** (*Neuvorstellung, Einleitung*) introduction (*in* to) **2.** (*Amts~*) installation; **Einführungskampagne** *f* (MARKT) introductory [*o* launching] campaign; **Einführungskosten** *pl* introduction cost *sing;* **Einführungspreis** *m* introductory price
Einfuhrzoll *m* import duty
ein|füllen *vt* pour in; (*in Flaschen*) bottle
Eingabe *f* **1.** (*Gesuch*) petition (*an* to) **2.** (*Daten~*) input; **Eingabedaten** *pl* input data; **Eingabegerät** *m* input device; **Eingabetaste** *f* return [*o* enter] key
Eingang *m* **1.** (*Tür, Tor*) entrance (*in* to) **2.** (*Zutritt, a. fig*) entry (*in* into, *zu* to) **3.** (COM: *Erhalt*) receipt; (*von Waren*) delivery; **kein ~** keep out! no entrance!; **nach ~** (COM) on receipt; **gleich beim ~ sind die Waren zu prüfen** (COM) the goods must be checked on delivery
eingangs *adv* initially
ein|geben *irr vt* **1.** (*verabreichen*) administer, give **2.** (*Daten*) enter, key in **3.** (*fig: Gedanken*) inspire (*jdm etw* s.o. with s.th.)
eingebildet *adj* **1.** (*nicht wirklich*) imaginary **2.** (*hochmütig*) conceited
eingeboren *adj* (*einheimisch*) native
Eingeborene(r) *f m* native
Eingebung *f* inspiration; **göttliche ~** divine inspiration
eingefahren *adj* (*fig*) well-worn; **~e Gleise** old groove
eingefallen *adj* (*Wangen, Augen*) sunken; (*Gesicht*) haggard
eingefleischt [ˈaɪngəflaɪʃt] *adj* (*unverbesserlich*) dyed-in-the-wool; **ein ~er Junggeselle** a confirmed bachelor
ein|gehen I. *irr vi* **1.** *sein* (*schrumpfen, einlaufen*) shrink **2.** (*sterben: Pflanzen*) die (*an* of); (*fam: Zeitungen, Betriebe*) fold up **3.** (*fig: einfließen*) leave its mark (*in* on); (*angenommen werden*) be adopted (*in* in) **4.** (*zustimmen*) agree (*auf* to); **es will mir einfach nicht ~, warum ...** I just cannot understand why ...; **auf eine Frage ~** (*behandeln*) go into a question; **die ~de Post** the incoming mail; **auf etw näher ~** go into the particulars of s.th. **II.** *vt:* **eine Wette ~** make a bet; **ein Risiko ~** take a risk
eingehend *adj* **1.** (*ausführlich*) detailed **2.** (*gründlich*) thorough
Eingemachte <-n> *nt* (*Marmelade*) preserves *pl;* (*in Essig*) pickles *pl*
ein|gemeinden *vt* incorporate (*nach, in* into)
Eingemeindung *f* incorporation
eingenommen *adj:* **von sich (jdm, etw) ~ sein** fancy oneself (s.o., s.th.); **für jdn (etw) ~ sein** be taken with s.o. (s.th.); **gegen jdn (etw) ~ sein** be biased against s.o. (s.th.)
eingeschnappt *adj* (*fig fam*) cross, peeved
eingeschränkt *adj* (*eingeengt*) limited, restricted
eingeschrieben *adj* (*Brief, Mitglied*) registered
eingestandenermaßen *adv* admittedly
Eingeständnis *nt* admission, confession
ein|gestehen *irr vt* admit, confess (*etw* to s.th.)
eingestellt *adj:* **auf etw ~ sein** be prepared for s.th.; **gegen jdn (etw) ~ sein** be set against s.o. (s.th.); **konservativ ~ sein** be a conservative; **sozial ~** socially minded [*o* oriented]
eingetragen *adj* registered
Eingeweide [ˈaɪngəvaɪdə] *pl* bowels, entrails *pl*
Eingeweihte(r) *f m* initiate
ein|gewöhnen *vr* settle down
ein|gießen *vt* pour (out); **sie goss**[RR] **sich ein Glas Wein ein** she poured herself a glass of wine
eingleisig *adj* **1.** (RAIL) single-track **2.** (*fig*): **~ denken** have a one-track mind
ein|gliedern I. *vt* (*Betriebsteile, Firma*) incorporate (*in* with, into); (*Personen*) integrate (*in* into) **II.** *vr* integrate o.s. (*in* into); **Eingliederung** *f* incorporation, integration; **~ Behinderter** integration of the disabled

E

ein|graben I. *irr vt* dig in II. *vr* (MIL: *a. fig*) dig o.s. in

ein|gravieren *vt* engrave

ein|greifen *irr vi* (*intervenieren*) intervene; **in ein Gespräch** ~ intervene in a conversation

Eingriff *m* 1. (MED) operation 2. (*fig: Einmischung*) intervention; **ein ~ in jds Rechte** (**Privatsphäre**) an infringement of someone's rights (privacy)

eingruppieren *vt* group (*in* in)

Eingruppierung *f* classification, grouping

ein|haken I. *vt* hook in (*in* -to) II. *vi* (*fam: etw aufgreifen, sich einmischen*) intervene III. *vr:* **er hakte sich bei mir ein** he put his arm through mine

Einhalt *m:* **einer Sache ~ gebieten** put a stop to s.th.

ein|halten I. *irr vt* (*sich halten an, beachten*) keep; **eine Frist** [*o* **einen Termin**] ~ meet a deadline; **den Kurs** ~ stay on course II. *vi* 1. (*innehalten*) pause 2. (*aufhören*) stop; **Einhaltung** *f* (*Beachtung*) keeping of, keeping to

ein|hämmern I. *vt* 1. (*Nagel*) hammer in (*in* -to) 2. (*fig*): **jdm etw** ~ hammer s.th. into s.o. II. *vi:* **auf etw** ~ hammer on s.th.; **auf jdn** ~ (*fig*) pound s.o.

ein|handeln *vt* 1. (COM) trade (*gegen, für* for) 2. (*fig fam*): **sich etw** ~ get s.th.

einheimisch *adj* (*Tiere, Pflanzen*) native; (*lokal*) local

ein|heimsen ['aɪnhaɪmzən] *vt* (*fam: Ruhm, Beifall*) walk off with

Einheit ['aɪnhaɪt] *f* 1. (*staatlich, national*) unity; (*Ganzes*) whole 2. (MIL) unit

Einheitenanzeige *f* (TELE) display of units used

einheitlich *adj* 1. (*standardisiert*) standard(ized) 2. (*gleichförmig*) uniform 3. (*ein geschlossenes Ganzes bildend*) unified; **Einheitliche Programmplanungsdokumente, EPPD** (EU) Single Programming Decisions, SPDs; **~e Währung** single currency; ~ **gekleidet** dressed the same

Einheitsgebühr *f* consolidated [*o* flat] rate; **Einheitsliste** *f* (POL) single list; **Einheitspreis** *m* (COM) standard price [*o* rate]; **Einheitstarif** *m* standard tariff; **Einheitswährung** *f* single currency

ein|heizen *vi* (*heizen*) put the heating on; **jdm tüchtig** ~ (*fam*) make things hot for s.o.

einhellig ['aɪnhɛlɪç] *adj* unanimous

ein|holen I. *vt* 1. (*Fahne, Segel*) lower 2. (*Netze, Boot*) haul in 3. (*erreichen*) catch up 4. (*gutmachen: Verlust*) make good; (*Zeit*) make up (for) 5. (*einkaufen*) buy; **bei jdm Rat** ~ obtain someone's advice; **ärztlichen Rat** ~ take medical advice; **Versäumtes** ~ make up for lost time II. *vi* shop

Einhorn *nt* unicorn

ein|hüllen *vt* wrap up

einig ['aɪnɪç] *adj* 1. (*einer Meinung*) in agreement, agreed (*in* on, *über* about) 2. (*geeint*) united; **sich über etw ~ werden** agree on s.th.; **miteinander ~ werden** come to an agreement; **sie sind sich** (**darüber**) **~, dass ...** they are agreed that ...

einige ['aɪnɪgə] *pron* some; **in ~r Entfernung** some distance away; **ich weiß ~s über sie** I know a thing or two about her; **das wird ~s kosten** that will cost something; ~ **andere** (*mehrere*) several others; **in ~n Tagen** in a few days

einigen I. *vt* 1. (*Nation*) unite 2. (*streitende Parteien*) reconcile II. *vr* agree, come to an agreement (*über* on, about)

einigermaßen ['aɪnɪgɐ'maːsən] I. *adv* 1. (*etwa*) to a certain extent 2. (*ziemlich*) somewhat; **wie gehen die Geschäfte? – na, so** ~ how's business? – well, so-so II. *adj* (*fam: leidlich*) all right

Einigkeit *f* 1. (*Eintracht*) unity 2. (*Übereinstimmung*) agreement (*in, über* on); ~ **macht stark** unity is strength

Einigung *f* 1. (*Übereinstimmung*) agreement 2. (JUR: *Vergleich*) settlement 3. (POL) unification; **über eine strittige Frage ~ erzielen** reach agreement on a controversial question; **Einigungsversuch** *m* (*Schlichtungsversuch*) attempt at reconciliation

ein|impfen *vt* 1. (*impfen*) vaccinate (*jdm etw* s.o. with s.th.) 2. (*fig*) instil (*jdm etw* s.th. into s.o.)

ein|jagen *vt:* **jdm Angst** ~ frighten s.o.; **jdm einen Schrecken** ~ give s.o. a fright

einjährig ['aɪnjɛːrɪç] *adj* 1. (*ein Jahr alt*) one-year-old 2. (*Pflanze*) annual 3. (*ein Jahr dauernd*) of one [*o* a] year

ein|kalkulieren *vt* take into account

ein|kassieren *vt* (*Geld*) collect

Einkauf *m* 1. (*das Kaufen*) buying 2. (*das Gekaufte*) purchase 3. (*~sabteilung*) buying (department); **ein|kaufen** I. *vt* buy II. *vi* (*privat*) shop; (*durch Einkaufsabteilung*) buy, do the buying III. *vr* (COM) buy o.s. (*in* into)

Einkäufer(in) *m(f)* buyer

Einkaufsabteilung *f* purchasing department; **Einkaufsbummel** *m* shopping spree; **einen ~ machen** go on a shopping spree; **Einkaufsgenossenschaft** *f* consumers' co-operative society; **Einkaufsleiter(in)** *m(f)* purchasing manager; **Einkaufspassage** *f* shopping arcade; **Einkaufspreis** *m* wholesale price; **Ein-**

kaufstasche *f* shopping bag; **Einkaufswagen** *m* shopping cart, trolley; **Einkaufszentrum** *nt* shopping centre *Br,* shopping center *Am*

Einkehr ['aɪnke:ɐ] <-> *f* **1.** (*Rast*) stop **2.** (*fig*) contemplation; **in einem Gasthof ~ halten** stop at an inn; **innere ~ halten** (*fig*) contemplate

ein|kehren *vi* **1.** *sein* (*in Gasthof*) stop (off) (*in* at) **2.** (*Friede, Sorge, Ruhe*) come (*bei* to); **bei jdm ~** call on s.o.; **der Friede ist (bei uns) wieder eingekehrt** peace has returned (to us)

ein|kellern *vt* store in a cellar

ein|klammern *vt* (*in Klammern setzen*) bracket, put in brackets

Einklang *m* **1.** (*Harmonie*) harmony **2.** (MUS) unison; **in ~ bringen** bring into accord; **in ~ mit etw sein** [*o* **stehen**] be in accord with s.th.

ein|kleben *vt* stick in (*in* -to)

ein|kleiden *vt* (MIL) fit out with a uniform; **jdn (sich) neu ~** buy s.o. (o.s.) new clothes

ein|klemmen *vt* (*quetschen*) jam; **hinter dem Steuer eingeklemmt werden** be pinned behind the wheel

ein|kochen I. *vt* (*Obst*) preserve; (*Marmelade*) bottle **II.** *vi* (*Marmelade*) boil down

Einkommen <-s, -> *nt* income; **Einkommensgefälle** *nt* income differential; **Einkommen(s)steuer** *f* income tax; **Einkommen(s)steuererklärung** *f* income tax return

ein|kreisen *vt* **1.** (MIL) encircle, surround **2.** (*fig: Fragen, Probleme*) isolate

Einkünfte ['aɪnkʏnftə] *pl* income *sing,* revenue *sing*

ein|laden *irr vt* **1.** (*Waren*) load (*in* into) **2.** (*Gäste*) invite (*jdn zu etw* s.o. to s.th.); **darf ich Sie zu einem** [*o* **auf ein**] **Bier ~?** may I invite you for a beer?; **ich lade Sie ein** I'm treating you; **einladend** *adj* inviting; (*verlockend*) enticing; **Einladung** *f* invitation

Einlage *f* **1.** (FIN: *Spar~*) deposit; (*Investition*) investment **2.** (*Spiel~*) stake **3.** (THEAT) interlude **4.** (*Einlegesohle*) insole; (*orthopädische Schuh~*) support

ein|lagern *vt* store

einlangen *vi sein* (*österr: eintreffen*) arrive

Einlass[RR] ['aɪnlas, *pl:* 'aɪnlɛsə] <-es, ¨-e> *m* (*Zutritt*) admission

ein|lassen I. *irr vt* **1.** (*her~*) let in **2.** (*einsetzen, einfügen*) set in (*in* -to); **sich ein Bad ~** run o.s. a bath; **Wasser in die Badewanne ~** run water into the bath(tub) **II.** *vr:* **sich auf etw ~** (*in etw verwickelt werden*) let o.s. in for s.th.; (*einer Sache zustimmen*) agree to s.th.; **sich mit jdm ~** (*Umgang haben*) get mixed up with s.o.

Einlauf *m* **1.** (MED) enema **2.** (SPORT: *Ziel~*) finish

ein|laufen I. *irr vi* **1.** *sein* (*einfahren*) come in (*in* -to); (*Wasser*) run in (*in* -to) **2.** (*Stoff*) shrink; **„läuft garantiert nicht ein"** (*bei der Wäsche*) 'guaranteed non-shrink' **II.** *vt haben* (*Schuhe*) wear in

ein|leben *vr* settle down (*in* in, *an* at)

ein|legen *vt* **1.** (*Intarsien*) inlay **2.** (*hin~, -tun*) put in (*in* -to) **3.** (*in Essig*) pickle **4.** (FIN: *Geld*) deposit; **Widerspruch ~** (register a) protest; **sein Veto ~** use one's veto; **den ersten Gang ~** (AUTO) engage first (gear); **einen Film ~** (PHOT) load the camera; **eine Pause ~** have a pause; **eine Sonderschicht ~** put on an extra shift; **ein gutes Wort für jdn ~** put in a good word for s.o.

Einlegesohle *f* insole

ein|leiten *vt* **1.** (*beginnen*) start; (*eröffnen*) open **2.** (*initiieren*) initiate; (*Schritte, Maßnahmen*) take; **ein Verfahren gegen jdn ~** (JUR) take legal proceedings *pl* against s.o.; **seine Wahl leitete eine neue Ära ein** his election inaugurated a new era; **einleitend** *adj* introductory; **Einleitung** *f* **1.** (*eines Buches*) introduction; (MUS) prelude **2.** (*das Ingangsetzen*) initiation

ein|lenken *vi* (*fig*) give way, yield; **„so war es nicht gemeint", lenkte er ein** "it wasn't meant like that", he said, giving in

ein|leuchten *vi* be clear (*jdm* to s.o.); **das leuchtet mir ein** I can see the point; **das will mir einfach nicht ~** I simply can't see that

einleuchtend *adj* clear, plausible

ein|liefern *vt* (*bringen, abliefern*) deliver; **jdn ins Krankenhaus ~** admit s.o. to hospital; **jdn ins Gefängnis ~** commit s.o. to prison

Einlieferung *f* delivery; **~ ins Krankenhaus** admission to hospital; **~ ins Gefängnis** committal to prison

ein|loggen *vi* (INTERNET) to log in

ein|lösen *vt* **1.** (*Pfand*) redeem **2.** (COM: *Wechsel, Scheck*) cash (in) **3.** (*Verpflichtung*) discharge; (*Versprechen, Wort*) keep

ein|machen *vt* (*Gemüse, Obst*) preserve; (*in Gläser*) bottle; (*in Büchsen*) tin *Br,* can *Am*

Einmachglas *nt* bottling jar

einmal ['aɪnma:l] *adv* **1.** (*nicht zweimal*) once **2.** (*ehemals*) once (upon a time) **3.** (*in Zukunft*) one day, some time **4.** (*erstens*) first of all; **auf ~** (*zugleich*) at once; (*plötzlich*) all of a sudden; **noch ~** again, once more; (*ein letztes Mal*) one last time; **nicht ~** not even …, not so much as …; **wenn du sie ~ siehst** if you happen to see her; **das war ~!** that was then!; **~ ist keinmal**

E

once won't hurt; **warst du schon ~ in London?** have you ever been to London?; **so liegen die Dinge nun ~** that's just the way things are

Einmaleins [aɪnma:l'aɪns] <-> *nt* (multiplication) tables *pl;* **das große (kleine) ~** tables over (up to) ten; **das ~ aufsagen** say one's tables

einmalig *adj* **1.** (*einzigartig*) unique; (*fam*) fantastic **2.** (*nur einmal nötig*) single; **eine ~e Gelegenheit** a unique chance; **~e Abfindung** lump-sum payoff

Einmannbetrieb *m* one-man business; **Einmannkapelle** *f* one-man band

Einmarsch *m* (MIL) invasion (*in* of)

ein|marschieren *vi sein* march in (*in* -to)

ein|mengen *vt* (*hinzufügen, unterrühren*) mix in (*in* -to)

Einmischung *f* interference, meddling (*in* in)

einmotorig ['aɪnmoto:rıç] *adj* (AVIAT) single-engine(d)

ein|motten ['aɪnmɔtən] *vt* **1.** (*Kleidung*) put in mothballs **2.** (*fig*) mothball

ein|mummen ['aɪnmʊmən] *vt, vr* (*fam*) muffle up

ein|münden *vi sein* (*Flüsse*) flow in (*in* -to); (*Straßen*) run in (*in* -to)

Einmündung *f* (*Flüsse*) confluence; (*Straßen*) junction; **die ~ der Mosel in den Rhein** the confluence of the Moselle and the Rhine

einmütig ['aɪnmy:tıç] *adj* unanimous

Einmütigkeit *f* unanimity

Einnahme ['aɪnna:mə] *f* **1.** (MIL) seizure; (*einer Stadt, Stellung*) capture **2.** (COM) receipt **3. ~n** (*Einkommen*) income *sing;* (*Geschäfts~n*) takings *pl;* (*des Fiskus*) revenue *sing;* **Einnahmequelle** *f* source of income [*o* revenue]

ein|nehmen *irr vt* **1.** (*zu sich nehmen*) take **2.** (*verdienen*) earn; (*Steuern*) collect; (COM) take **3.** (*Platz, Posten, a. fig*) occupy **4.** (MIL: *erobern*) take; **jdn für etw ~** win s.o. over to s.th.; **jdn für sich ~** win s.o. over; **jdn gegen sich (jdn, etw) ~** set s.o. against o.s. (s.o., s.th.); **einnehmend** *adj* likeable; **ein ~es Wesen haben** (*gewinnend sein*) be a likeable character

ein|nicken *vi sein* (*fam*) drop [*o* nod] off [*o* doze]

ein|nisten *vr* **1.** (*nisten*) nest **2.** (*fig*) settle (*in* in, *bei jdm* at someone's place)

Einöde ['aɪnø:də] <-, -n> *f* (*a. fig*) wasteland

ein|ölen *vt* oil

ein|ordnen I. *vt* **1.** (*in eine Ordnung bringen*) put in order; (*Karteikarten, Aktenordner*) file **2.** (*klassifizieren*) classify **II.** *vr* **1.** (*sich anpassen*) fit in (*in* -to) **2.** (AUTO) get in lane; **sich rechts (links) ~** get into the right (left) lane

ein|packen I. *vt* **1.** (*in Packpapier, warme Kleidung*) wrap up (*in* in) **2.** (*Koffer*) pack (*in* in) **3.** (*Päckchen, Paket*) pack up **II.** *vi* pack; **wenn er erst einmal loslegt, dann können wir alle ~** (*fam*) once he gets going we can all pack it all in

ein|parken *vt, vi* park (*zwischen zwei Autos* between two cars)

ein|passen *vt* (TECH) fit in (*in* -to)

einpendeln *vr* even out

ein|pferchen *vt* **1.** (*Tiere*) pen in (*in* -to) **2.** (*fig*) coop up (*in* in)

ein|planen *vt* (*planen*) include in one's plans; (*von vornherein berücksichtigen*) allow for

ein|prägen I. *vt* **1.** (*Muster*) impress, imprint **2.** (*fig*) impress (*jdm etw* s.th. on s.o.) **3.** (*fig*): **sich etw ~** (*merken*) memorize s.th. **II.** *vr* make an impression (*jdm* on s.o.)

einprägsam ['aɪnprɛ:kza:m] *adj* easily remembered

ein|programmieren *vt* (INFORM) feed in

ein|quartieren ['aɪnkvarti:rən] **I.** *vt* quarter (*bei* with) **II.** *vr* be quartered (*bei* with)

Einrad *nt* unicycle

ein|rahmen *vt* (*a. fig*) frame

ein|rammen *vt* ram in (*in* -to)

einrasten *vi* engage

ein|räumen *vt* **1.** (*verstauen*) put away **2.** (*leeren Schrank*) fill **3.** (*zugeben*) admit, concede **4.** (*zugestehen*) allow

ein|rechnen *vt* include; **die Kosten eingerechnet** including the costs

ein|reden I. *vt:* **jdm (sich) etw ~** talk s.o. (o.s.) into believing s.th. **II.** *vi:* **auf jdn ~** keep on and on at s.o.

ein|reiben *irr vt* rub in; **sich (das Gesicht) mit etw ~** rub o.s. with s.th. [*o* rub s.th. into one's face]

ein|reichen *vt* **1.** (*Unterlagen*) submit (*bei* to) **2.** (*Pensionierung, Versetzung*) apply for; **eine Klage gegen jdn ~** institute proceedings *pl* against s.o.

ein|reihen I. *vt* **1.** (*klassifizieren*) classify **2.** (*einordnen*) put in (*in* -to) **II.** *vr* join (*in etw* s.th.)

Einreise *f* entry (*in* to); **bei der ~** on entry; **Einreisebestimmungen** *fpl* entry regulations; **Einreisebewilligung** *f*, **Einreiseerlaubnis**, **Einreisegenehmigung** *f* entry permit

ein|reisen *vi sein* enter the country; **nach England ~** enter England

Einreiseverbot *nt* refusal of entry; **~ haben** have been refused entry

ein|reißen I. *irr vt haben* (*Haus, Zaun*) pull [*o* tear] down **II.** *vi* **1.** *sein* (*Fingernagel, Papier*) tear **2.** (*fig fam: Missstände*) catch on

ein|renken ['aɪnrɛŋkən] **I.** *vt* **1.** (*Glieder, Gelenke*) set **2.** (*fig fam*) sort out **II.** *vr* (*fig fam*) sort itself out

ein|rennen *irr vt* **1.** (*Hindernisse*) batter down **2.** (*fig*): **offene Türen ~** kick at an open door *sing* **3.** (*fig fam*): **jdm die Bude ~** pester s.o.

ein|richten I. *vt* **1.** (*gründen*) establish; (*Bankkonto*) open **2.** (TECH: *justieren*) set up **3.** (*möblieren*) furnish; (*ausstatten*) fit out **4.** (*arrangieren, a. Musikstück*) arrange; (THEAT TV) adapt; **seine Wohnung neu ~** refurnish one's flat; **können Sie es ~, mich um sechs (Uhr) zu treffen?** can you arrange to meet me at six (o'clock)? **II.** *vr* **1.** (*sich niederlassen*) settle (down) **2.** (*sich vorbereiten*) prepare o.s. (*auf* for) **3.** (*seine Wohnung möblieren*) furnish one's flat

Einrichtung *f* **1.** (*Gründung*) establishment; (*eines Bankkontos*) opening **2.** (TECH) setting-up **3.** (*das Möblieren*) furnishing; (*das Ausstatten*) fitting-out **4.** (*Möbel*) furnishings *pl*; (*Ausstattung*) fittings *pl* **5.** (MUS: *Bearbeitung*) arrangement; (THEAT TV) adaptation **6.** (*Institution*) institution; (*staatlich, öffentlich*) facility; **kulturelle (öffentliche, soziale) ~en** cultural (public, social) facilities

Einrichtungsstil *m* furnishing style

ein|ritzen *vt* carve in (*in* -to)

ein|rollen *vt, vr* roll up

ein|rosten *vi* **1.** *sein* (*Rost ansetzen*) rust up **2.** (*fig fam: Gelenke, Körper*) stiffen up

ein|rücken I. *vi sein* (MIL: *einmarschieren*) march in (*in* -to) **II.** *vt haben* (TYP: *Zeile*) indent

Eins [aɪns] <-, -en> *f* **1.** (*Ziffer*) one **2.** (*Schulnote*) A **3.** (*beim Würfeln*) one; **eine ~ schreiben (würfeln)** get an A (throw a one)

eins [aɪns] *num* one; **~ a** (*fam: erstklassig*) A1; **es läuft ja doch alles auf ~ hinaus** (*auf dasselbe*) it always comes to the same thing anyway; **(es steht) ~ zu ~/zwei** (SPORT) (the score is) one all/one-two

ein|sacken I. *vt* (*fam: kassieren*) rake in **II.** *vi* (*einsinken*) sink

ein|salzen *irr vt* salt

einsam ['aɪnza:m] *adj* **1.** (*Mensch*) lonely; (*einzeln*) solitary **2.** (*abgelegen*) secluded; (*Strand*) empty; **~e Spitze** (*fam*) absolutely great

Einsamkeit *f* **1.** (*von Mensch*) loneliness, solitariness; (*das Alleinsein*) solitude **2.** (*von Ort*) emptiness, seclusion

ein|sammeln *vt* (*Ernte*) gather (in); (*Geld*) collect (in)

Einsatz *m* **1.** (*eingesetztes Stück, Teil*) inset; (*Schubfach, Kofferfach*) tray **2.** (*Spiel~*) stake; (*Kapital~*) investment **3.** (MIL: *Aktion*) action **4.** (*Gebrauch, Anwendung*) use; (*von Arbeitskräften*) employment **5.** (*Engagement*) commitment (*für etw* to s.th.) **6.** (MUS) entry; (THEAT) entrance; **seinen ~ wieder herausbekommen** recover one's stake; **seinen ~ verpassen** (MUS) miss one's entrance; **dem Orchester den ~ geben** bring in the orchestra; **zum ~ kommen** (*verwendet werden*) be put to use; (*von Personal*) be employed; (MIL: *von Truppen*) go into action; **unter ~ aller Kräfte** (*mit größtem Kraftaufwand*) by summoning up all one's strength; **im ~** in action; **unter ~ ihres Lebens** at the risk of her life; **einsatzbereit** *adj* ready for use; (MIL) ready for action; **Einsatzbereitschaft** *f* readiness for use; **Einsatzmöglichkeit** *f* range [*o* field] of application

ein|schalten I. *vt* **1.** (*Maschinen, Licht*) switch on; (*Gerät*) turn on **2.** (*einschieben*) interpolate **3. jdn (bei etw) ~** bring s.o. in (on s.th.) **II.** *vr* (*sich einmischen*) intervene

Einschaltquote *f* (RADIO TV) audience rating; **Einschaltung** *f* **1.** (*das Anmachen*) switching [*o* turning] on **2.** (*Einschub*) interpolation **3.** (*von Personen, Institutionen*) bringing in

ein|schärfen *vt* impress (*jdm etw* s.th. (up) on s.o.)

ein|schätzen I. *vt* assess; **falsch ~** (*beurteilen*) misjudge **II.** *vr* rate o.s.

ein|schenken *vt* pour (out); **jdm reinen Wein ~** (*fig*) tell s.o. the unvarnished truth

ein|schicken *vt* send in

ein|schieben *irr vt* **1.** (*hin~*) put in (*in* -to) **2.** (*dazwischenschieben*) interpolate **3.** (*einfügen*) insert, put in

ein|schießen I. *irr vt* **1.** (*mit Gewehr*) shoot in; (*mit Ball*) smash **2.** (TYP: *Zwischenblätter*) interleave **II.** *vr* **1.** (MIL: *bei Schießübungen*) get one's eye in **2.** (*fig*): **sich auf jdn ~** line s.o. up for the kill

ein|schiffen I. *vt* ship **II.** *vr* embark

Einschiffung *f* embarkation

ein|schlafen *irr vi* **1.** *sein* fall asleep **2.** (*von Gliedern*) go to sleep **3.** (*fig: allmählich aufhören*) peter out

ein|schläfern ['aɪnʃlɛ:fɐn] *vt* **1.** (*schläfrig machen*) make sleepy **2.** (*fig: einlullen*) lull **3.** (*Tiere töten*) put to sleep; **einschläfernd** *adj* **1.** (*narkotisierend*) soporific **2.** (*fig: langweilig*) monotonous, soporific

Einschlag *m* **1.** (*am Kleid*) fold; (*von Gewebe*) weft, woof **2.** (*von Geschoss*) impact; (*von Blitz*) striking **3.** (*Zusatz, Charakterelement*) element; **ein|schlagen I.** *irr vt* **1.** (*Nagel*) drive in **2.** (*Scheibe, Tür*) smash; (*Zähne*) knock out **3.** (*einwickeln*) wrap (up) **4.** (*Kleid, Stoff*) turn up **5.** (AUTO: *Lenkrad*) turn **6.** (*Weg, Kurs, a. fig*) take **II.**

E

vi **1.** (*Geschoss*) hit (*in etw* s.th.); (*Blitz*) strike (*in etw* s.th.) **2.** (*fam: gut ankommen*) be a big hit **3.** (*prügeln*) hit out (*auf jdn, etw* at s.o., s.th.); **wie eine Bombe ~** burst like a bombshell; **komm, schlag ein!** (*fam*) come on, let's shake (hands) on it!

einschlägig ['aɪnʃlɛːgɪç] *adj* **1.** (*geeignet*) appropriate; (*Literatur, Gesetzesvorschrift*) relevant **2.** (JUR): **~ vorbestraft sein** have been previously convicted [*o* have a previous conviction] for a similar offence

ein|schleichen *irr vr* (*a. fig*) creep in (*in* -to)

ein|schleppen *vt* (*fig: Krankheit*) bring in

ein|schleusen *vt* smuggle in (*in, nach* -to)

ein|schließen *irr vt* **1.** (*in Zimmer*) lock up **2.** (MIL) encircle, surround **3.** (*fig*) include; **einschließlich I.** *präp* including, inclusive of; **~ Mehrwertsteuer** V.A.T. included **II.** *adv:* **von Mittwoch bis ~ Freitag** from Wednesday to Friday inclusive, from Wednesday thru Friday *Am a.*

ein|schmeicheln *vr* ingratiate o.s. (*bei jdm* with s.o.); **einschmeichelnd** *adj* (*gewinnend*) winning; (*Musik*) enticing

ein|schmieren *vt* (*einfetten*) grease; (*ölen*) oil; (AUTO) lubricate

ein|schmuggeln *vt* (*a. fig*) smuggle in (*in* -to)

ein|schnappen *vi* **1.** *sein* (*Türschloss*) click shut **2.** (*fam: beleidigt sein*) get peeved (*über* about, at)

ein|schneiden *irr vt* **1.** (*Papier, Stoff*) cut **2.** (*einkerben*) carve (*in* into); **einschneidend** *adj* (*fig: drastisch*) drastic; (*weitreichend*) far-reaching

Einschnitt *m* **1.** (*Schnitt*) cut; (MED) incision **2.** (*Spalte*) cleft **3.** (*fig: Wendepunkt*) decisive point

ein|schnüren *vt* **1.** (*Taille*) lace in; (*einschneiden*) cut into **2.** (*Paket*) tie up

ein|schränken ['aɪnʃrɛŋkən] **I.** *vt* (*reduzieren*) reduce; (*begrenzen*) limit; (*Behauptung, Kritik*) qualify; **~d möchte ich sagen, dass ...** I should like to qualify this by saying that ... **II.** *vr* (*sparen*) economize; **sich finanziell ~** cut down on one's expenses

Einschränkung *f* **1.** (*Reduzierung*) reduction; (*Begrenzung*) limitation; (*Vorbehalt*) qualification **2.** (*das Einsparen*) economizing; (*Einsparung*) economy (*bei* in); **ohne ~** without reservations *pl;* **mit ~** in a qualified sense

Einschreibebrief *m,* **Einschreiben** *nt* registered letter *Br,* certified letter *Am*

ein|schreiben I. *irr vt* (*eintragen*) enter **II.** *vr* **1.** (*an Universität*) register **2.** (*in Verein*) enrol(l); **sich in ein Buch ~** enter one's name in a book; **einen Brief ~ lassen** have a letter registered *Br,* have a letter certified *Am*

Einschreibung *f* **1.** (*an Universität*) registration **2.** (*in Verein*) enrol(l)ment

ein|schreiten *irr vi sein* (*Maßnahmen ergreifen*) take action (*gegen* against); (*eingreifen*) intervene

ein|schrumpfen *vi sein* shrink

ein|schüchtern *vt* intimidate

Einschüchterung *f* intimidation; **Einschüchterungsversuch** *m* attempt at intimidation

ein|schulen *vt:* **eingeschult werden** start school; **Einschulung** *f* enrol(l)ment in elementary school

Einschuss[RR] *m* **1.** (*Wunde*) bullet hole **2.** (SPORT) shot into goal **3.** (*beim Weben*) weft, woof

ein|schweißen *vt* (*in Plastik*) shrink-wrap; **Einschweißfolie** *f* shrink wrap

ein|segnen *vt* (ECCL) **1.** (*segnen*) consecrate **2.** (*konfirmieren*) confirm

ein|sehen I. *irr vt* **1.** (*Akten*) look at **2.** (*begreifen*) see **II.** *vi* **1.** (*in Gelände*) see (*in etw* s.th.) **2.** (*in Akten*) look (*in* at)

ein|seifen *vt* **1.** (*mit Seife*) soap **2.** (*fig fam: hereinlegen*) con

einseitig ['aɪnzaɪtɪç] *adj* **1.** (*von einer Seite, a. fig*) one-sided **2.** (*voreingenommen*) bias(s)ed **3.** (*Nahrung*) unbalanced **4.** (JUR POL) unilateral; **Einseitigkeit** *f* **1.** (*Beschränktheit*) onesidedness **2.** (*Voreingenommenheit*) bias(s)edness (*gegenüber* towards) **3.** (*Unausgewogenheit*) imbalance

ein|senden *irr vt* send in

Einsender(in) *m(f)* **1.** (*von Post*) sender **2.** (*von Preisausschreiben*) competitor; **Einsendeschluss**[RR] *m* closing date; **Einsendung** *f* sending in

einsetzbar *adj* applicable, usable

ein|setzen I. *vt* **1.** (*hin~, einfügen*) put [*o* fit] in (*in* -to) **2.** (*Geld beim Spiel*) stake **3.** (*zum Einsatz bringen, gebrauchen*) use; (MIL: *Truppen*) bring into action **4.** (*ernennen*) appoint (*jdn als etw* s.o. s.th., *jdn in etw* s.o. to s.th.); **sein Leben ~** risk one's life **II.** *vi* (*anfangen*) start **III.** *vr* **1.** (*sich engagieren*) commit o.s. (*für etw* to s.th.) **2.** (*sich verwenden*) give one's support (*für jdn* to s.o.)

Einsetzung *f* (*Ernennung*) appointment (*als, zu* to)

Einsicht <-, -en> *f* **1.** (*Erkenntnis*) insight; (*Verständnis*) understanding; (*Vernunft*) reason **2.** (*in Akten, Bücher*) look (*in* at); **ich bin zu der ~ gelangt, dass ...** I have come to the conclusion that ...; **jdm ~ in etw gewähren** allow s.o. to look at s.th.; **~ nehmen in etw** take a look at s.th.; **ein-**

sichtig *adj* **1.** (*vernünftig*) reasonable; (*verständnisvoll*) understanding **2.** (*begreiflich*) understandable
Einsichtnahme ['aɪnzɪçtnaːmə] *f* (*in Akten*) perusal; **zur** ~ (*Aufschrift auf Aktenstücken*) for attention
ein|sickern *vi sein* (*in den Boden*) seep in (*in* -to)
Einsiedler(in) *m(f)* hermit
einsilbig ['aɪnzɪlbɪç] *adj* **1.** (GRAM) monosyllabic **2.** (*fig: schweigsam*) uncommunicative; (*kurz, lakonisch*) monosyllabic
ein|sinken *sein irr vi* **1.** (*in Sumpf*) sink in (*in* -to) **2.** (*von Boden*) subside
ein|spannen *vt* **1.** (*in Rahmen*) fit in (*in* -to); (*in Schraubstock*) clamp in (*in* -to); (*in Schreibmaschine*) insert (*in* in(to)) **2.** (*Pferde*) harness **3.** (*fam: zu Arbeiten heranziehen*) rope in (*für etw* to s.th., *etw zu tun* to do s.th.)
Einspänner <-s, -> *m* (*österr: Kaffee mit Sahnehaube*) black coffee with whipped cream
ein|sparen *vt* **1.** (*sparen*) save **2.** (*reduzieren*) reduce
Einsparung *f* economy (*bei, in* in)
ein|speisen *vt* (ELEK) feed in (*in* -to); (*Daten, Programm*) enter
ein|sperren *vt* **1.** (*in Zimmer*) lock in (*in* -to) **2.** (*fam: ins Gefängnis*) put away
ein|spielen **I.** *vt* **1.** (THEAT FILM: *Geld*) bring in **2.** (MUS) record **II.** *vr* **1.** (SPORT: *warm werden*) warm up **2.** (*nach einer Anlaufzeit funktionieren*) work out; **das wird sich schon noch** ~ that will work out (come out) all right in the end
Einsprache *f* (*CH: Einspruch*) objection
ein|springen *sein irr vi* (*helfen*) stand in (*für jdn* for s.o.)
ein|spritzen *vt* (AUTO MED) inject (*etw* s.th., *jdm etw* s.o. with s.th.)
Einspritzer, **Einspritzmotor** *m* fuel-injection engine; **Einspritzpumpe** *f* fuel injection
Einspruch *m* (*a.* JUR) objection; **gegen etw ~ erheben** object to s.th.; (JUR) file an objection to s.th.; (**ich erhebe**) **~! – (~) abgelehnt!** (JUR) vor Gericht, objection! – (objection) overruled!; (**dem ~ wird**) **stattgegeben!** (objection) sustained!; **Einspruchsrecht** *nt* veto
einspurig ['aɪnʃpuːrɪç] *adj* (RAIL) single-track; (AUTO) single-lane
einst(mals) [aɪn(t)st, '-maːls] *adv* **1.** (*früher*) once **2.** (*künftig*) some day
ein|stampfen *vt* (*Bücher, Papier*) pulp
Einstand *m* (*Anfang*) start; **seinen ~ geben** celebrate starting one's new job
Einstandspreis *m* (COM) cost price
ein|stecken *vt* **1.** (*hin~*) put in (*in* -to) **2.** (*in Tasche, a. fig*) pocket; **hast du dein Feuerzeug eingesteckt?** have you got your lighter with you?
ein|stehen *sein irr vi* **1.** (*Verantwortung übernehmen*) answer (*für etw* for s.th.) **2.** (*Schaden ersetzen*) make good (*für etw* s.th.) **3.** (*bürgen*) vouch (*für jdn, etw* for s.o., s.th.)
Einsteigekarte *f* (AVIAT) boarding pass [*o* card]
ein|steigen *irr vi* **1.** *sein* (*ins Auto*) get in (*in* -to); (*in Zug, Bus*) get on (*in* -to) **2.** (*fam: in Geschäft, Politik*) go in (*in etw* -to s.th., *bei jdm* with s.o.) **3.** (SPORT: *sl*): **hart** ~ go in hard; **~!** (RAIL) all aboard!; **alles ~!** (*fam*) everybody pile in!
Einsteigöffnung *f* manhole
einstellbar *adj* adjustable
ein|stellen **I.** *vt* **1.** (*Arbeiter*) hire; (*Angestellte*) take on staff **2.** (*beenden*) stop; (*zeitweilig*) suspend; (MIL: *Feuer, Gefecht*) cease **3.** (TECH: *Geräte*) adjust (*auf* to); (*Sender*) tune in to; (*Gerät*) tune; (PHOT) focus (*auf* on); **einen Rekord** ~ (*fig*) beat a record **II.** *vr* **1.** (*erscheinen, kommen*) appear **2.** (*sich bereit machen o halten*) prepare o.s. (*auf* for) **3.** (*sich anpassen*) adapt o.s. (*auf* to)
einstellig *adj* (MATH) single-digit
Einstellung *f* **1.** (*Haltung, Ansicht*) attitude; (REL POL: *Gesinnung*) views *pl* **2.** (*von Arbeitskräften*) employment **3.** (TECH: *von Geräten*) adjustment; (RADIO TV) tuning (*auf* in to); (PHOT) focus(s)ing **4.** (*Beendigung*) stopping; (*zeitweilig*) suspension; **Einstellungsstopp** *m* job freeze
Einstiegsdroge *f* starter drug
Einstiegsversion *f* beginner's version
ein|stufen *vt* classify; **in eine Kategorie** ~ put into a category
Einstufung *f* classification
einstündig ['aɪnʃtʏndɪç] *adj* one-hour; **nach ~em Aufenthalt** after an hour's wait, after a one-hour wait
ein|stürmen *vi sein:* **auf jdn** ~ (*mit Fragen*) assail (*mit* with)
Einsturz <-es> *m* collapse; (GEOL MIN) caving-in
ein|stürzen *vi sein* (*zusammenfallen*) collapse; (*Decke, Boden, Stollen*) cave in; **auf jdn** ~ (*fig*) overwhelm s.o.
einstweilen ['aɪnst'vaɪlən] *adv* **1.** (*in der Zwischenzeit*) in the meantime **2.** (*vorübergehend*) temporarily
einstweilig ['aɪnst'vaɪlɪç] *adj* temporary; (JUR) interim; **~e Verfügung** (JUR) interim injunction (order)
eintägig ['aɪntɛːgɪç] *adj* (*einen Tag dauernd*) one- day
Eintagsfliege *f* **1.** (*Insekt*) mayfly **2.** (*fig*)

E

nine-days wonder

ein|tasten *vt* (*Zahlen, Daten*) key in

ein|tauchen I. *vt* 1. *haben* (*eintunken*) dip in (*in* -to) 2. (*untertauchen, versenken*) immerse (*in* to) II. *vi sein* dive

ein|tauschen *vt* exchange; (*fam*) swap (*für, gegen* for); (*Geld*) change

ein|teilen *vt* 1. (*aufteilen*) divide (*in* into); (*in Grade*) graduate 2. (*organisieren*) organize; (FIN: *Mittel*) budget 3. (*für bestimmte Aufgabe*) detail (*zu, für* for, *etw zu tun* to do s.th.)

Einteiler *m* (*einteiliger Badeanzug*) one-piece; **einteilig** *adj* (*attributiv*) one-piece; (*prädikativ*) of one piece

Einteilung *f* 1. (*Aufteilung*) division; (*Grad~*) gradation 2. (*Organisation*) organization; (FIN: *Budgetierung*) budgeting 3. (*für bestimmte Aufgabe*) detailment

eintönig ['aɪntøːnɪç] *adj* monotonous

Eintönigkeit *f* monotony

Eintopf(gericht) *m (nt)* stew

Eintracht ['aɪntraxt] <-> *f* harmony

einträchtig ['aɪntrɛçtɪç] *adj* peaceable

Eintrag ['aɪntraːk, *pl:* 'aɪntrɛːgə] <-(e)s, -¨e> *m* (*in Buch*) entry (*in* in); **ein|tragen** I. *irr vt* 1. (*in Liste, Buch*) enter; (*registrieren*) register 2. (*einbringen*) bring (*jdm etw* s.o. s.th.) II. *vr* put one's name down

einträglich ['aɪntrɛːklɪç] *adj* lucrative, profitable

Eintragung *f* entry

ein|träufeln *vt:* **jdm etw ~** (*Medizin*) give s.o. s.th. by drops; **jdm Medizin ins Ohr ~** put some drops of medicine in someone's ear

ein|treffen *irr vi* 1. *sein* (*ankommen*) arrive 2. (*fig: sich bestätigen, verwirklichen*) come true

ein|treiben *irr vt* (*Geldsummen*) collect; (*Schulden*) recover

ein|treten I. *irr vt haben* (*Tür*) kick in II. *vi sein* 1. (*betreten*) enter (*in etw* s.th.) 2. (*beitreten*) join (*in etw* s.th.) 3. **für jdn (etw) ~** stand for s.o. (s.th.) 4. (*einsetzen, beginnen*) set in 5. (*geschehen*) happen, occur; **treten Sie (bitte) ein!** do come in (, please)!; **in Verhandlungen ~** enter into negotiations; **wann wird Spacelab in seine Umlaufbahn ~?** when will Spacelab go into its orbit?; **sollte der Fall ~, dass ...** should it happen, that ...; **sollte dies(er Fall) ~ ...** should this happen (this case occur) ...

ein|trichtern *vt* (*fam*): **jdm etw ~** drum s.th. into s.o.; **jdm ~, dass ...** drum it into s.o. that ...

Eintritt *m* 1. (*das Betreten, a. Berufs~*) entry (*in* (in)to) 2. (*Beitritt*) joining (*in* of) 3. (*Zutritt*) admittance 4. (*~sgeld*) admission (*in* to) 5. (*Beginn*) onset; **Eintrittsgeld** *nt* charge for admission; **Eintrittskarte** *f* ticket

ein|trocknen *vi sein* dry up

ein|trudeln *vi* (*fam*) drift in

ein|tunken *vt* dip in (*in* -to)

ein|üben *vt* practise; (THEAT: *proben*) rehearse

ein|verleiben ['aɪnfɛɐlaɪbən] *vt* incorporate (*etw einer Sache* s.th. into s.th.); (*annektieren*) annex (*etw einer Sache* s.th. to s.th.); **sich etw ~** (*ein Land*) annex s.th.; (*Wissen*) assimilate s.th.

Einvernahme <-, -n> *f* (*österr: Vernehmung*) examination

Einvernehmen ['aɪnfɛɐneːmən] *nt* 1. (*Übereinstimmung*) agreement 2. (*Harmonie*) harmony; **in gutem ~ leben** live in perfect harmony; **im ~ mit jdm** in agreement with s.o.

einverstanden ['aɪnfɛɐʃtandən] *adj:* **mit jdm (etw) ~ sein** agree with s.o. (to s.th.); **~!** agreed!

Einverständnis *nt* 1. (*Zustimmung*) consent; (JUR: *mit etw Strafbarem*) connivance (*mit, bei* at) 2. (*Übereinstimmung*) agreement; **in gegenseitigem ~** by mutual consent

Einwahlknoten *m* (INTERNET) POP (point of presence)

Einwand ['aɪnvant, *pl:* 'aɪnvɛndə] <-(e)s, -¨e> *m* objection; **einen ~ erheben** raise an objection

Einwanderer, -rin *m, f* immigrant

ein|wandern *sein vi* immigrate (*nach, in* to)

Einwanderung *f* immigration

einwandfrei *adj* 1. (*fehlerfrei*) perfect 2. (*unanfechtbar, unbestreitbar*) indisputable

einwärts ['aɪnvɛrts] *adv* inwards

Einwegflasche *f* non-returnable bottle; **Einwegrasierer** *m* disposable razor

ein|weichen *vt* soak, steep

ein|weihen *vt* 1. (*eröffnen*) inaugurate 2. **jdn in etw ~** initiate s.o. into s.th.; **eingeweiht sein** be in the know; **Einweihung** *f* (*Eröffnungsfeier*) inauguration

ein|weisen *irr vt* 1. **jdn (in seine Arbeit) ~** introduce s.o. to his [*o* her] job 2. (*in Klinik*) admit (*in* to); **jdn ins Krankenhaus ~** admit s.o. to hospital *Br,* hospitalize s.o. *Am*

ein|wenden *irr vt* object (*gegen* to)

Einwendung *f* objection

ein|werfen I. *irr vt* 1. (*Scheiben*) break 2. (*Brief*) post *Br,* mail *Am* 3. (SPORT: *Ball*) throw in 4. (*fig: Bemerkung*) throw in (*in* -to) II. *vi* 1. (SPORT: *Einwurf ausführen*) throw in 2. (*einwenden*) object

ein|wickeln *vt* 1. wrap up 2. (*fam: herein-*

legen) take in

ein|willigen ['aɪnvɪlɪgən] *vi* agree, consent (*in* to)

Einwilligung *f* agreement, consent

ein|wirken *vi* **1.** (*Wirkung zeigen*) have an effect (*auf* on) **2.** (MED) work in; **etw ~ lassen** let s.th. work in; **auf jdn ~** influence s.o.

Einwirkung *f* **1.** (*Wirkung*) effect **2.** (*Einfluss*) influence

Einwohner(in) *m(f)* inhabitant; **Einwohnermeldeamt** *nt* registration office; **Einwohnerschaft** *f* population, inhabitants *pl*

Einwurf *m* **1.** (*Öffnung, Münz~*) slot; (*Briefkastenschlitz*) slit **2.** (*fig: Einwand*) objection **3.** (*fig: Gesprächs~, Bemerkung*) interjection **4.** (SPORT) throw-in

Einzahl *f* (GRAM) singular

ein|zahlen *vt* pay in (*auf ein Konto* -to an account)

Einzahlung *f* deposit

ein|zäunen ['aɪntʃɔɪnən] *vt* fence in

Einzelbett *nt* single bed; **Einzelblatteinzug** *m* (TECH: *von Drucker*) cut-sheet feed; **Einzelfahrschein** *m* ticket (for one journey); **Einzelfall** *m* **1.** (*der einzelne Fall*) individual case **2.** (*der spezielle Fall, Ausnahme*) isolated case; **Einzelgänger(in)** ['aɪntsəlgɛŋgɐ] *m(f)* loner; **Einzelhaft** *f* (*Gefängnis*) solitary confinement

Einzelhandel *m* retail trade

Einzelhändler *m* retailer

Einzelheit *f* detail; **in allen ~en** in great detail *sing;* **bis in die kleinsten ~en** right down to the last detail *sing*

Einzelkind *nt* only child

einzellig ['aɪntsɛlɪç] *adj* (*Lebewesen*) monocellular, unicellular

einzeln ['aɪntsəln] *adj* **1.** (*individuell*) individual **2.** (*getrennt*) separate **3. ~e** (*einige, wenige*) some; **der (die) Einzelne**[RR] the individual; **das Einzelne** (*nicht das Allgemeine*) the particular; **~ (herein)kommen** come (in) separately; **im Einzelnen**[RR] **aufführen** list in detail; **~ aufführen** list separately; **jeder Einzelne**[RR] each and every one; **ein ~er Handschuh** an odd glove

Einzelperson *f* individual; **Einzelradaufhängung** *f* (AUTO) independent suspension; **Einzelstück** *nt* individual item; **Einzelteil** *nt* **1.** (*Bestandteil*) component (part) **2.** (*einzelnes Teil*) separate part; **Einzeltherapie** *f* individual therapy; **Einzelzimmer** *nt* (*im Hotel*) single room

ein|ziehen I. *irr vt* **1.** *haben* (*zurückziehen, Fahrgestell*) retract; (*Bauch*) draw in; (*Segel, Flagge*) lower **2.** (*Gebühren, Steuern, Miete*) collect (*bei, von* from) **3.** (*aus dem Verkehr ziehen*) withdraw; (*konfiszieren*) confiscate **4.** (MIL: *Wehrpflichtige*) call up *Br,* draft *Am* **5.** (*einsaugen*) suck in **6.** (*einbauen: Wand, Kabel*) put in; **Erkundigungen über jdn (etw) ~** make inquiries about s.o. (s.th.); **den Kopf ~** duck one's head; **den Schwanz ~** (*a. fig sl*) put one's tail between one's legs **II.** *vi* **1.** *sein* (*in Wohnung*) move in (*in* -to, *bei* with) **2.** (*Ruhe und Ordnung*) come (*in etw, bei jdm* to s.th., to s.o.) **3.** (*Substanz*) soak in (*in* -to); **ins Parlament ~** take up one's seat (in Parliament); **lassen Sie die Farbe erst einmal ~!** leave the colour to soak in first!

einzig ['aɪntsɪç] **I.** *adj* **1.** (*nur*) only, sole **2.** *pred* (*ohnegleichen*) unique **II.** *adv:* **~ und allein** simply and solely

einzigartig *adj* unique

ein|zuckern *vt* sugar

Einzug *m* **1.** (*in Wohnung*) move, moving in **2.** (*Kassieren von Geld*) collection; **Einzugsbereich** *m* catchment area; (*einer Großstadt*) commuter belt; **Einzugsverfahren** *nt* (FIN) direct debit

Eis [aɪs] <-es> *nt* **1.** (*gefrorenes Wasser*) ice **2.** (*Speise~*) ice-cream; **zu ~ werden** turn to ice; **auf ~ legen** (*fig*) put on ice, shelve; **Eisbahn** *f* icerink; **Eisbär** *m* polar bear; **Eisbecher** *m* (*Speise*) sundae; **Eisbein** *nt* (*Speise*) knuckle of pork; **Eisberg** *m* iceberg; **Eisbeutel** *m* ice-pack; **Eisbrecher** *m* **1.** (*Schiff*) icebreaker **2.** (*an Brücken*) ice-guard; **Eiscreme** *f* ice-cream; **Eisdecke** *f* sheet of ice; **Eisdiele** *f* ice-cream parlour

Eisen ['aɪzən] <-s> *nt* iron; **zum alten ~ gehören** (*fig*) be on the scrap heap; **noch ein ~ im Feuer haben** (*fig*) have another iron in the fire; **ein heißes ~ sein** (*fig*) be a hot potato

Eisenbahn *f* railway *Br,* railroad *Am;* **mit der ~ fahren** travel by rail [*o* train]; **es ist höchste ~** (*fam*) it's high time; **Eisenbahner** *m* railwayman *Br,* railroader *Am;* **Eisenbahnergewerkschaft** *f* railway union *Br,* railroad brotherhood *Am;* **Eisenbahnfähre** *f* train ferry; **Eisenbahnknotenpunkt** *m* railway junction; **Eisenbahnnetz** *nt* railway network *Br,* railroad network *Am;* **Eisenbahnüberführung** *f* **1.** (*für Kfz*) railway over-pass *Br,* railroad over-pass *Am* **2.** (*für Fußgänger*) footbridge; **Eisenbahnunglück** *nt* railway accident; **Eisenbahnunterführung** *f* railway underpass *Br,* railroad underpass *Am;* **Eisenbahnwagen** *m* railway carriage *Br,* railroad car *Am;* (*Güterwagen*) goods wagon

Eisenblech *nt* sheet iron; **Eisenerz** *nt* iron ore; **Eisengitter** *nt* iron bars *pl*

eisenhaltig ['aɪzənhaltɪç] *adj* ferruginous;

das Wasser ist ~ the water contains iron

Eisenhandlung *f* ironmonger's *Br,* hardware store *Am;* **Eisenhütte** *f* steel mill, ironworks *pl;* **Eisenmangel** *m* (MED) iron deficiency; **Eisenstange** *f* iron bar

eisern ['aɪzɐn] *adj* **1.** (*aus Eisen*) iron **2.** (*fig: unbeugsam*) inflexible, iron; **aber ~!** (*fam*) absolutely!; **~ trainieren** train resolutely

eisfrei *adj* ice-free; **eisgekühlt** *adj* chilled; **Eisglätte** *f* (*auf Fahrbahn*) black ice; **Eishockey** *nt* ice hockey *Br,* hockey *Am*

eisig ['aɪzɪç] *adj* icy

Eiskaffee *m* iced coffee

eiskalt **I.** *adj* icy-cold; (*kaltblütig*) cold-blooded **II.** *adv* (*fig*) as cold as you please; **aber ~!** (*fam*) no problem!

Eiskristall *m* ice crystal

Eiskunstlauf *m* figure skating; **Eislaufen** *nt* ice skating; **Eisläufer(in)** *m(f)* ice-skater

Eisprung <-(e)s> *m* ovulation

Eisscholle *f* ice floe; **Eisverkäufer** *m* ice-cream man; **Eiswürfel** *m* ice cube; **Eiszapfen** *m* icicle; **Eiszeit** *f* Ice Age

eitel ['aɪtəl] *adj* vain; (*eingebildet*) conceited; **sie ist ~** she's vain about her appearance; **Eitelkeit** *f* vanity

Eiter ['aɪtɐ] <-s> *m* pus; **eiterig** *adj* (*voll von Eiter*) purulent; (*eiternd*) festering; **eitern** *vi* fester, suppurate

Eiweiß *nt* **1.** egg-white **2.** (CHEM) protein; **eiweißreich** *adj* rich in proteins

Eizelle *f* (BIOL) eggcell, ovum

Ejakulation [ejakula'tsjo:n] <-, -en> *f* ejaculation

Ekel[1] ['e:kəl] <-s> *m* disgust; **vor etw einen ~ haben** have a loathing of s.th.

Ekel[2] <-s, -> *nt* (*fam: Scheusal*) creep

ekelhaft *adj,* **ekelig** *adj* disgusting, revolting

ekeln **I.** *vi:* **mich ekelt vor ...** ... fills me with revulsion **II.** *vr:* **sie ekelt sich vor ...** she finds ... disgusting [*o* revolting]

Ekstase [ɛk'sta:zə] <-, -n> *f* ecstasy; **in ~ geraten** go into ecstasies *pl*

Ekzem [ɛk'tse:m] <-s, -e> *nt* (MED) eczema

elastisch [e'lastɪʃ] *adj* elastic

Elastizität *f* elasticity; (*Flexibilität*) flexibility

Elch [ɛlç] <-(e)s, -e> *m* elk

Elefant [ele'fant] <-en, -en> *m* elephant

Elefantenhochzeit *f* (*Fusion*) merger of giants

elegant [ele'gant] *adj* elegant

Eleganz *f* elegance

elektrifizieren [elɛktrifi'tsi:rən] *vt* electrify; **Elektrifizierung** *f* electrification

Elektriker(in) [e'lɛktrikɐ] *m(f)* electrician

elektrisch [e'lɛktrɪʃ] *adj* electric; **~e Geräte** electrical appliances; **~er Schlag** electric shock

elektrisieren [elɛktri'zi:rən] *vt* (*a. fig*) electrify; **sie stand wie elektrisiert da** she was standing there as if electrified

Elektrizität *f* electricity; **Elektrizitätsgesellschaft** *f* electric power company; **Elektrizitätswerk** *nt* (*Kraftwerk*) power station

Elektroantrieb [e'lɛktro-] *m* electric drive; **Elektroauto** *nt* electric car

Elektrode [elɛk'tro:də] <-, -n> *f* electrode

Elektrofilter *m* (TECH: *Industrieabgas- und Staubfilter*) electrostatic filter; **Elektroherd** *m* electric cooker; **Elektroindustrie** *f* electrical industry; **Elektroingenieur** *m* electrical engineer; **Elektrokardiogramm** [-'----'-] *nt* (MED) electrocardiogram; **Elektrolok(omotive)** *f* electric locomotive; **Elektrolyse** [elɛktro'ly:zə] <-, -n> *f* electrolysis; **Elektromagnet** *m* electromagnet; **elektromagnetisch** [-'---'--] *adj* electromagnetic

Elektromotor *m* electric motor

Elektronen [elɛk'tro:nən] *ntpl* electrons; **Elektronenblitz** *m* (PHOT) electronic flash; **Elektronenhirn** *nt* electronic brain; **Elektronenmikroskop** *nt* electron microscope; **Elektronenrechner** *m* electronic computer; **Elektronenröhre** *f* valve *Br,* electron tube *Am*

Elektronik [elɛk'tro:nɪk] *f* electronics *sing;* **Elektronikindustrie** *f* electronics industrie

elektronisch *adj* electronic; **~e Datenverarbeitung** electronic data processing; **~es Geld** e-cash (electronic cash); **~er Geschäftsverkehr** electronic commerce; **~e Unterschrift** (INTERNET) signature; **~e Zeitschrift (im Internet)** e-zine, webzine

Elektrorasenmäher *m* electric lawn mower; **Elektrorasierer** *m* electric shaver; **Elektroschock** *m* electric shock; **Elektrosmog** *m* electrochemical smog; **Elektrotechnik** *f* electrical engineering; **Elektrotechniker** *m* electrical engineer

Element [ele'mɛnt] <-(e)s, -e> *nt* **1.** (*Grundstoff*) element **2.** (ELEK: *Batteriezelle*) cell; **in seinem ~ sein** be in one's element

elementar [elemɛn'ta:ɐ] *adj* **1.** (*grundlegend*) elementary **2.** (*heftig*) elemental; **~e Bedürfnisse** elementary [*o* primary] needs

Elementarteilchen *nt* (PHYS) elementary particle

Elend ['e:lɛnt] <-(e)s> *nt* **1.** (*Unglück*) distress, misery **2.** (*Armut*) poverty; **es ist wirklich ein ~ mit dir!** (*fam*) you really make me want to weep!

elend *adj* **1.** (*krank, übel*) awful, ill **2.** (*niederträchtig*) wretched **3.** (*fam: gewaltig*) dreadful; **mir ist ~ (zumute)** I feel really awful; **eine ~e Hitze heute!** (*fam*) dreadfully hot today!

Elendsviertel *nt* slums *pl*

elf [ɛlf] *adj* eleven

Elfe ['ɛlfə] <-, -n> *f* elf, fairy

Elfenbein ['ɛlfənbaɪn] <-(e)s> *nt* ivory; **aus ~** ivory

elfenbeinfarben *adj* ivory-coloured

Elfenbeinküste *f* (GEOG) Ivory Coast

Elfenbeinturm *m* (*fig*) ivory tower

Elfmeter [ɛlf'me:tɐ] <-s, -> *m* penalty kick; **einen ~ schießen** take a penalty; **Elfmetermarke** *f* penalty spot

elfte *adj* eleventh

Elftel ['ɛlftəl] <-s, -> *nt* eleventh part

eliminieren [elimi'ni:rən] *vt* eliminate

Elisabeth [e'li:zabɛt] <-> *f* Elizabeth

elisabethanisch *adj* Elizabethan; **das ~e Zeitalter** the Elizabethan age

elitär *adj* elite; **ein ~er Zirkel** an elite circle

Elite [e'li:tə] <-, -n> *f* elite

Eliteeinheit *f* (MIL) crack troops *pl*

Elixier [elɪ'ksi:ɐ] <-s, -e> *nt* elixir

Ellbogen ['ɛlbo:gən] <-s, -> *m* elbow; **Ellbogengesellschaft** *f* (*pej*) dog-eat-dog society

Elle ['ɛlə] <-, -n> *f* **1.** (*Maß*) cubit **2.** (ANAT) ulna

Ellipse [ɛ'lɪpsə] <-, -n> *f* (MATH) ellipse

elliptisch *adj* elliptical

El Salvador [ɛl zalva'do:ɐ] *nt* El Salvador

Elsass[RR] ['ɛlzas] <-> *nt* Alsace; **Elsässer(in)** ['ɛlzɛsɐ] *m(f)* Alsatian; **elsässisch** ['ɛlzɛsɪʃ] *adj* Alsatian; **Elsass-Lothringen**[RR] *nt* Alsace-Lorraine

Elster ['ɛlstɐ] <-, -n> *f* magpie; **eine diebische ~ sein** (*fig*) be a thieving magpie

elterlich ['ɛltɐlɪç] *adj* parental

Eltern ['ɛltɐn] *pl* parents; **Elternabend** *m* (SCHULE) parents' evening; **Elternhaus** *nt* (parental) home; **Elternliebe** *f* parental love; **elternlos** *adj* parentless; **Elternsprechtag** *m* (SCHULE) open day

E-Mail ['i:meil] <-s, -s> *nt o f* email, e-mail; **~-Adresse** email address; **~-Kommunikation** email communication

Email [e'ma:j/e'maɪ(l)] <-, -n> *nt* enamel; **Emailleschicht** *f* enamel coating

emaillieren [ema'(l)ji:rən] *vt* enamel

Emanze [e'mantsə] <-, -n> *f* (*pej*) women's libber

Emanzipation [emantsipa'tsjo:n] *f* emancipation

emanzipieren *vr* emancipate o.s.

Embargo [ɛm'bargo] <-s, -s> *nt* embargo

Embryo ['ɛmbryo] <-s, -s> *m* embryo; **Embryonalentwicklung** [ɛmbryo'na:l-] *f* embyronic development

Emigrant(in) [emi'grant] <-en, -en> *m(f)* emigrant; **Emigration** *f* emigration

emigrieren *vi sein* emigrate

Emirat [emi'ra:t] <-(e)s, -e> *nt* emirate

Emission [emɪ'sjo:n] *f* **1.** (PHYS) emission **2.** (FIN: *Ausgabe*) issue; (*Ausgabe von neuen Wertpapieren*) emission; **Emissionswelle** [emɪ'sjo:ns,vɛlə] *f* (*am neuen Markt*) wave of new issues

Emoticon [i:'məʊtɪkn] *nt* (INTERNET) emoticon, smiley :-)

Emotion [emo'tsjo:n] <-, -en> *f* emotion

emotional *adj* emotional

Empfang [ɛm'pfaŋ, *pl:* ɛm'pfɛŋə] <-(e)s, -¨e> *m* **1.** (*von Personen*) reception **2.** (*von Sachen*) receipt; **bei ~** on receipt; (*von Waren*) on delivery; **in ~ nehmen** receive; **den ~ von … bestätigen** acknowledge receipt of …; **nach ~** after receipt; **einen ~ geben** give a reception

empfangen *irr vt* receive

Empfänger(in) [ɛm'pfɛŋɐ] *m(f)* (*von Brief*) addressee; (*von Waren*) consignee; **~ unbekannt** not known at this address

empfänglich *adj* susceptible (*für* to)

Empfängnis *f* conception; **empfängnisverhütend** *adj* contraceptive; **~es Mittel** contraceptive; **Empfängnisverhütung** *f* contraception

Empfangsbescheinigung *f*, **Empfangsbestätigung** *f* (COM) (acknowledgement of) receipt; **Empfangschef(in)** *m(f)* head receptionist; **Empfangsdame** *f* receptionist; **Empfangszimmer** *nt* reception room

empfehlen [ɛm'pfe:lən] **I.** *irr vt* recommend; **jdm etw ~** recommend s.th. to s.o.; **es ist nicht zu ~** it's not to be recommended **II.** *vr* (*sich anbieten*) recommend itself; **ob sich das empfiehlt?** I wonder whether it's advisable; **empfehlenswert** *adj* recommendable

Empfehlung *f* recommendation; (*Referenz*) reference; **auf ~ von …** on the recommendation of …

Empfehlungsschreiben *nt* letter of recommendation, testimonial

empfinden [ɛm'pfɪndən] *irr vt* (*fühlen*) feel; **das empfinde ich nicht so** I feel differently about it; **~ Sie das auch so?** do you feel the same way?

empfindlich [ɛm'pfɪntlɪç] *adj* **1.** (*empfindungsvoll*) sensitive **2.** (*leicht verletzt*) touchy; (*reizbar*) irritable **3.** (*schmerzlich*) grievous; **~e Kälte** severe cold; **er ist gegenüber solchen Bemerkungen ~** he's sensitive about comments like that; **Empfindlichkeit** *f* **1.** (*Empfindungsfähigkeit*) sensitiveness **2.** (*Verletzbarkeit*) touchiness

E

empfindsam [ɛm'pfɪntza:m] *adj* sensitive; **Empfindsamkeit** *f* sentimentality

Empfindung *f* (*Gefühl*) feeling

empor [ɛm'po:ɐ] *adv* upwards; **emporarbeiten** *vr* work one's way up

Empore [ɛm'po:rə] <-, -n> *f* gallery

empören [ɛm'pø:rən] **I.** *vt* (*aufbringen*) outrage **II.** *vr* **1.** (*aufgebracht werden*) be indignant (*über* at) **2.** (*rebellieren*) rebel

empörend *adj* scandalous

Emporkömmling [ɛm'po:ɐkœmlɪŋ] *m* (*pej*) upstart

emporlragen *vi* tower (*über* above)

empört *adj* indignant (*über* at)

Empörung [ɛm'pø:rʊŋ] *f* (*Entrüstung*) indignation (*über* at)

emsig ['ɛmzɪç] *adj* **1.** (*geschäftig*) busy; (*fleißig*) industrious; (*eifrig*) eager **2.** (*unermüdlich*) assiduous

End- ['ɛnt-] (*in Zusammensetzungen*) final; **Endabnehmer** *m* (COM) ultimate buyer; **Endbahnhof** *m* terminus; **Endbenutzer** *m* (COM) end user

Ende ['ɛndə] <-s, -n> *nt* **1.** (*räumlich, zeitlich*) end **2.** (*kleines Stück*) piece **3.** (*Resultat*) result **4.** (*Ausgang*) ending; **von einem ~ zum anderen** from end to end; **gegen ~ Mai** towards the end of May; **zu ~ sein** be at an end; **mit seiner Weisheit am ~ sein** be at one's wits' end; **ein Buch bis zu ~ lesen** read a book to the end; **zu ~ gehen** come to an end; **ein böses ~ nehmen** come to a bad end; **etw zu ~ bringen** finish off s.th.; **sie ist ~ dreißig** she is in her late thirties; **ein ~ mit Schrecken nehmen** end in disaster; **das ~ vom Lied sein** (*fam*) be the end of it

Endeffekt *m*: **im ~** in the end

Endemie [ɛnde'mi:] <-, -n> *f* (MED) endemic; **endemisch** [ɛn:de:mɪʃ] *adj* (MED) endemic

enden *vi* end, finish; **das wird böse ~!** no good will come of it!; **als Säufer ~** end up (as) an alcoholic

Endergebnis *nt* final result; **Endgerät** *nt* terminal (equipment)

endgültig *adj* definite; **jetzt ist ~ Schluss!** that's it!

Endhaltestelle *f* terminus

Endivie [ɛn'di:viə] *f* endive

Endkampf *m* (SPORT) final

Endlager *nt* final depot, permanent storage depot; **endlagern** *vt* put into permanent storage; **Endlagerung** *f* permanent [*o* final] storage

endlich *adv* (MATH PHILOS) finite; **hör ~ auf!** will you stop that!; **komm jetzt ~!** get a move on!; **na ~!** at last!; **schließlich und ~** at long last

endlos *adj* endless

Endlosigkeit *f* endlessness

Endlospapier *nt* (INFORM) continous form [*o* stationary]

Endlosperlenkette *f* rope

Endoskopie [ɛndosko'pi:] <-> *f* (MED) endoscopy

Endprodukt *nt* final product; **Endrunde** *f* **1.** (SPORT) finals *pl* **2.** (*beim Boxen*) final round; **Endsilbe** *f* last syllable; **Endspurt** *m* final spurt; **Endstation** *f* terminus; **Endstufe** *f* (ELEK) power amplifier; **Endsumme** *f* total; **Endung** *f* (GRAM) ending; **Endverbraucher** *m* consumer; **Endziel** *nt* ultimate goal

Energie [enɛr'gi:] *f* energy; **~ sparen** save energy; **mit aller ~** with all one's energies *pl;* **Energiebedarf** *m* energy requirement; **energiebewusst**[RR] *adj* energy conscious; **Energiegewinnung** *f* generation of energy; **Energieknappheit** *f* energy shortage; **Energiekrise** *f* energy crisis; **Energiepolitik** *f* energy policy; **Energiequelle** *f* source of energy; **energiesparend** *adj* energy-saving; **Energiesparmaßnahmen** *fpl* energy-saving measures; **Energieverbrauch** *m* consumption of energy; **Energieversorgung** *f* supply of energy; **Energieversorgungsunternehmen** *nt* energy supply company

energisch [e'nɛrgɪʃ] *adj* (*tatkräftig*) energetic; **~ durchgreifen** take vigorous action

Energy-Drink ['enɐdʒiˌdrɪŋk] <-s, -s> *m* energy drink

eng [ɛŋ] *adj* **1.** (*schmal*) narrow **2.** (*~ sitzend*) tight **3.** (*innig*) close; **du darfst das nicht so ~ sehen!** take it easy!; **in der ~eren Wahl sein** be on the short list; **~er machen** (*Kleidung*) take in; **wir sind ~ befreundet** we are close friends; **~ zusammen** close together

Engagement [ãgaʒə'mɑ̃:] <-s, -s> *nt* **1.** (*Anstellung*) engagement **2.** (*Verpflichtung*) engagement

engagieren [ãga'ʒi:rən] **I.** *vt* (*verpflichten*) engage **II.** *vr* become committed (*für* to); **ich wollte mich nicht zu sehr ~** I didn't want to get too involved; **engagiert** *adj* committed

Enge ['ɛŋə] <-, -n> *f* **1.** (*Schmalheit*) narrowness **2.** (*Beengtheit*) crampedness; **jdn in die ~ treiben** (*fig*) drive s.o. into a corner, corner s.o.

Engel ['ɛŋəl] <-s, -> *m* **1.** (REL) angel **2.** (*als Kosewort*) darling, sweetheart; **rettender ~** saviour

Engelsgeduld *f*: **eine ~ haben** have the patience of a saint

Engerling ['ɛŋɐlɪŋ] *m* (*Larve*) grub [*o* larva] (of the cockchafer)

England ['ɛŋlant] *nt* England; **Engländer(in)** ['ɛŋlɛndɐ] <-s, -> *m(f)* Englishman (Englishwoman); **englisch** ['ɛŋlɪʃ] *adj* English; **das Englische, die ~e Sprache** English, the English language

engmaschig *adj* close-meshed

Engpass[RR] *m* **1.** (GEOG) defile, narrow pass **2.** (COM: *a. Straßenverengung*) bottleneck

engstirnig *adj* (*Mensch, Verhalten*) narrow-minded

Enkel(in) ['ɛŋkəl] <-s, -> *m(f)* grandson, granddaughter; (*Enkelkind*) grandchild

enorm [e'nɔrm] *adj* enormous

Enquete <-, -n> *f* (*österr: Arbeitstagung*) symposium

Ensemble [ã'sã:bəl] <-s, -s> *nt* (THEAT) cast

entarten [ɛnt'artən] *vi sein* degenerate (*zu* into); **entartet** *adj* degenerate

Entartung *f* degeneration

entbehren [ɛnt'be:rən] *vt* (*auskommen ohne*) do without

entbehrlich *adj* dispensable; (*überflüssig*) unnecessary

Entbehrung *f*: **~en auf sich nehmen** make sacrifices

entbinden *irr vt* **1.** (*von einem Baby*) deliver (*von* of) **2.** (*lossprechen*) release (*von* from)

Entbindung *f* delivery; **Entbindungsklinik** *f* maternity clinic; **Entbindungsstation** *f* maternity ward

entblößen [ɛnt'blø:sən] *vt* bare; **entblößt** *adj* bare

entbrennen *irr vi* (*fig*) become inflamed (*vor* with)

entbürokratisieren *vt* free from bureaucracy

entdecken *vt* discover; (*herausfinden*) find out; (*sehen*) spot

Entdecker(in) *m(f)* discoverer

Entdeckung *f* discovery; **Entdeckungsreise** *f* expedition; **auf ~ gehen** go exploring

Ente ['ɛntə] <-, -n> *f* **1.** (*Schwimmvogel*) duck **2.** (*Zeitungslüge*) canard, hoax **3.** (*fig fam: Citroën 2 CV*) deux-chevaux

entehren *vt* dishonour; **entehrend** *adj* degrading

enteignen [ɛnt'aɪgnən] *vt* dispossess, expropriate

Enteignung *f* expropriation

enteisen [ɛnt'aɪzən] *vt* (*Scheibe*) de-ice

Entenbraten *m* roast duck

enterben *vt* disinherit

entern ['ɛntɐn] *vt* (*v. Schiff, a. Flugzeug*) *enter with violence and take possession of*

Entertainer(in) ['ɛntɐteɪnɐ] <-s, -> *m(f)* entertainer

Enter-Taste *f* enter key

entfachen [ɛnt'faxən] *vt* (*a. fig*) kindle

entfallen *irr vi sein:* **die morgige Vorstellung entfällt** tomorrow's performance has been cancelled; **bei diesem Wort entfällt das „e" im Plural** this word drops the 'e' in the plural

entfalten I. *vt* **1.** (*auseinander falten*) unfold **2.** (*fig: entwickeln*) develop **II.** *vr* **1.** (*aufblühen*) open, unfold **2.** (*fig: sich entwickeln*) develop; **Entfaltung** *f* (*fig: Entwicklung*) development

entfärben *vt* take the colour out of, decolorize

entfernen [ɛnt'fɛrnən] **I.** *vr* **1.** (*fortgehen*) go away (*von* from) **2.** (*fig: sich entfremden*) become estranged; (*abweichen*) depart **II.** *vt* remove (*aus, von* from)

entfernt I. *adj* **1.** (*räumlich, zeitlich*) distant **2.** (*fig: gering*) remote, vague; **~ sein von** be away from **II.** *adv* remotely, slightly; **sie sind sich nicht im Entferntesten**[RR] **ähnlich** they're not even remotely similar; **nicht im Entferntesten**[RR]**!** not in the least!; **~ verwandt** distantly related

Entfernung *f* **1.** (*Distanz*) distance **2.** (*das Entfernen*) removal; **in zwei Metern ~** at a distance of two metres; **aus der ~ sieht das ganz anders aus** seen from a distance it looks different; **auf eine ~ von** at a range of; **auf kurze ~** at close range; **unerlaubte ~ von der Truppe** (MIL) absence without leave

Entfernungsmesser *m* (PHOT) rangefinder

entfesseln *vt* (*fig*) unleash

entflammbar *adj* inflammable

entflammen I. *vi* **1.** *sein* (*Feuer fangen*) catch fire **2.** (*fig: Person*) be inflamed **3.** (*fig: ausbrechen*) flare up **II.** *vt haben* (*begeistern*) inflame

Entflechtung *f* (COM) breaking up

entfliegen *irr vi sein* fly away

entfliehen *irr vi sein* escape, flee (*aus* from)

entfremden [ɛnt'frɛmdən] **I.** *vt* alienate, estrange **II.** *vr* become alienated [*o* estranged] (*von* from)

Entfremdung *f* estrangement

Entfroster <-s, -> *m* (AUTO) defroster

entführen *vt* **1.** (*Menschen*) kidnap **2.** (*Flugzeug*) hijack **3.** (*fam: entwenden*) make off with

Entführer(in) *m(f)* kidnapper

Entführung *f* **1.** (*einer Person*) kidnapping **2.** (*eines Flugzeuges*) hijacking

entgegen [ɛnt'ge:gən] *präp* contrary to; **~ meinen Erwartungen** contrary to what I expected

entgegen|bringen *irr vt:* **jdm Vertrauen ~** have confidence in s.o.

entgegen|gehen *irr vi* **1.** *sein* (*auf jdn zu-*

gehen) go to meet; (*in jds Richtung*) go towards **2.** (*fig*) face; **er ging ihr** ~ he walked towards her; **der Krieg geht seinem Ende entgegen** the war is approaching its end

entgegengesetzt *adj* **1.** (*Richtung*) opposite **2.** (*fig: Meinung*) opposing

entgegen|halten *irr vt* **1.** (*Gegenstand*) hold s.th. out (*jdm* to s.o.) **2.** (*fig: dagegenstellen*) object

entgegen|kommen *irr vi sein* come to meet; **auf halbem Weg** ~ (*a. fig*) meet halfway; **entgegenkommend** *adj* (*fig*) obliging

entgegen|nehmen *irr vt:* **können Sie diesen Brief ~?** can you accept this letter?

entgegen|setzen *vt:* **einer Sache Widerstand** ~ put up resistance against s.th.; **können Sie dem irgend etwas ~?** can you counter this?

entgegen|stehen *irr vi:* **was steht dem entgegen?** what obstacle is there to that?; **dem steht allerdings entgegen, dass ...** what stands in the way of that is that ...

entgegen|treten *irr vi* **1.** *sein* (*in den Weg treten*) step up to **2.** (*fig: angehen gegen*) counter

entgegnen [ɛnt'ge:gnən] *vt* reply (*auf etw* to s.th.)

entgehen *irr vi sein:* **das ist mir entgangen** I missed that; **mir ist (durchaus) nicht entgangen, dass ...** it didn't escape me that ...; **lass dir das nicht ~!** don't miss your chance!

entgeistert [ɛnt'gaɪstɐt] *adj* (*verstört*) thunderstruck; (*verblüfft*) dumbfounded

Entgelt [ɛnt'gɛlt] <-(e)s, -e> *nt* (*Entschädigung*) compensation; **nur gegen ~!** only for a consideration!

entgiften *vt* detoxicate

Entgiftung *f* detoxication; **Entgiftungsanlage** *f* (TECH) decontamination plant

entgleisen [ɛnt'glaɪzən] *vi* **1.** *sein* (*Zug*) be derailed, jump the rails **2.** (*fig: sich taktlos benehmen*) misbehave; **Entgleisung** *f* **1.** derailment **2.** (*fig*) faux pas, gaffe

entgleiten *irr vi sein* slip away

entgräten [ɛnt'grɛ:tən] *vt* bone

enthaaren [ɛnt'ha:rən] *vt* remove hair from; **Enthaarungsmittel** *nt* depilatory

enthalten I. *irr vt* (*in sich haben*) contain; (*fassen*) hold **II.** *vr* abstain; **sie konnte sich einer Bemerkung nicht** ~ she couldn't refrain from making a remark

enthaltsam *adj* **1.** (*von Genussmitteln*) abstemious **2.** (*sexuell*) continent

Enthaltsamkeit *f* **1.** (*Essen, Trinken*) abstemiousness **2.** (*sexuell*) continence

enthärten *vt* (*Wasser*) soften

Enthärtungsanlage *f* (*Wasser~*) softening plant

enthaupten [ɛnt'haʊptən] *vt* behead, decapitate

entheben *irr vt:* **jdn seines** [*o* **des**] **Amtes** ~ remove s.o. from (his) office

enthüllen *vt* reveal, uncover

Enthüllung *f* (*fig: Aufdeckung*) disclosure, revelation

Enthusiasmus [ɛntuzi'asmʊs] *m* enthusiasm

enthusiastisch *adj* enthusiastic (*über* about, at)

entkalken *vt* decalcify

entkernen *vt* (*Kernobst*) core; (*Steinobst*) stone

entkleiden *vt, vr* undress

entkoffeiniert *adj* decaffeinated

entkommen *irr vi sein* escape; **mit knapper Not** ~ have a narrow escape

entkorken *vt* uncork

entkräften [ɛnt'krɛftən] *vt* **1.** (*die Kräfte rauben*) wear out **2.** (*fig: widerlegen*) invalidate

Entkräftung *f* exhaustion; (*fig*) invalidation

entkriminalisieren *vt* decriminalize

entladen I. *irr vt* (*abladen, ausladen*) unload **II.** *vr* **1.** (ELEK: *Batterie*) discharge **2.** (*fig: Ärger*) vent itself; **Entladung** *f* **1.** (*Ausladung*) unloading **2.** (ELEK) discharge; **etw zur ~ bringen** (*Explosion*) detonate s.th.

entlang [ɛnt'laŋ] *adv* along; **hier ~ bitte!** this way please!

entlarven [ɛnt'larfən] *vt* (*fig*) expose; **sich** ~ reveal one's true character

entlassen *irr vt* **1.** (*aus Stellung*) dismiss; (*Personal*) decruit **2.** (*aus Klinik*) discharge; **Entlassung** *f* **1.** (*aus Stellung*) dismissal **2.** (*aus Klinik*) discharge; **Entlassungszeugnis** *nt* (SCHULE) school leaving certificate

entlasten *vt* **1.** (*von Last befreien*) relieve the load on **2.** (*fig: Arbeit abnehmen*) relieve (*von* of) **3.** (JUR) exonerate; **Entlastung** *f* (*Erleichterung*) relief; **Entlastungszeuge**, **-gin** *m, f* witness for the defence; **Entlastungszug** *m* relief train

entlauben *vt* (MIL) defoliate

entlaufen *irr vi sein* run away; **„Katze ~"** 'cat missing'

entledigen [ɛnt'le:dɪgən] *vr:* **sich einer Sache** ~ rid o.s. of s.th.

entleeren *vt* empty

entlegen [ɛnt'le:gən] *adj* remote

entlehnen *vt* (*fig*) borrow (*von* from)

Entlehnung *f* (*fig*) borrowing

entleihen *irr vt* borrow (*aus* from)

entlocken *vt* elicit (*jdm etw* s.th. from s.o.)

entlohnen *vt* pay; **Entlohnung** *f* pay;

nur gegen ~ for payment only
entlüften *vt* 1. (*von Luft befreien*) air, ventilate 2. (AUTO: *Bremsen*) bleed; **Entlüftung** *f* ventilation
entmachten *vt* deprive of power
Entmieter(in) [ɛnt'mi:tɐ] *m(f)* (*Vermieter, der seine Mieter hinausekelt*) bullying landlord/-lady; **Entmietung** *f* eviction by bullying landlord/-lady
entmilitarisieren *vt* demilitarize
entmündigen *vt* incapacitate
entmutigen *vt* discourage, dishearten
entnehmen *irr vt* 1. (*weg~*) take out (*aus* of) 2. (*einem Buch*) take (*aus* from) 3. (*fig: folgern*) infer (*aus* from); **sie entnahm (aus) seinem Brief, dass ...** she gathered from his letter that ...
entölen *vt* deoil
entpuppen [ɛntpʊpən] *vr:* **sich ~ als ...** turn out to be ...
entrahmen *vt* skim
enträtseln *vt* 1. (*Geheimnis*) solve 2. (*Geheimschrift*) decipher
entreißen *irr vt:* **jdm etw ~** snatch s.th. away from s.o.
entrichten *vt* (FIN) pay
Entrinnen *nt:* **es gibt kein ~!** there is no escape!
entrinnen *irr vi sein* escape from
entrosten *vt* derust
entrümpeln [ɛnt'rʏmpəln] *vt* clear out
entrüsten [ɛnt'rʏstən] **I.** *vt* (*empören*) outrage **II.** *vr* be outraged (*über* at)
entrüstet *adj* indignant, outraged
entsaften [ɛnt'zaftən] *vt* extract the juice from
Entsafter *m* juice extractor
Entsagung *f* (*Entbehrung*) privation
entschädigen *vt* 1. (*für Verluste*) indemnify 2. (*für geleistete Dienste*) compensate 3. (*für Auslagen*) reimburse
Entschädigung *f* compensation, recompense
entschärfen *vt* (*Bombe*) defuse; **die Situation ~** alleviate the situation
Entscheid [ɛnt'ʃaɪt] <-(e)s, -e> *m* decision
entscheiden *irr vt, vr* decide; **wie habt ihr euch entschieden?** what did you decide?; **du musst ~, was du tun willst** you must decide what to do; **ich kann mich nicht ~** I don't know [*o* I can't decide]; **jetzt wird es sich ~** now we'll see; **das musst du ~** it's your decision; **entscheidend** *adj* decisive; **ein ~er Fehler** a crucial error; **die ~e Stimme** (POL) the casting vote
Entscheidung *m* decision; **eine ~ treffen** make a decision; **wie ist die ~ ausgefallen?** which way did the decision go?; **um die ~ spielen** (SPORT) play the decider; **es geht um die ~** it's going to decide things; **Entscheidungsfindung** *f* decision-making; **entscheidungsfreudig** *adj* decisive; **Entscheidungskriterium** *nt* deciding factor; **Entscheidungsprozess**[RR] *m* decision-making process; **Entscheidungsspiel** *nt* decider
entschieden [ɛnt'ʃi:dən] *adj* determined, resolute
Entschiedenheit *f* determination, resolution
entschlacken *vt* (MED) purify
Entschlackungskur *f* cleansing treatment
entschlafen *irr vi sein* (*geh: sterben*) pass away
entschließen *irr vr* decide, determine; **wozu hast du dich entschlossen?** what did you decide?; **sich ~ etw zu tun** determine to do s.th.
Entschließung *f* resolution; **Entschließungsentwurf** *m* draft resolution
entschlossen [ɛnt'ʃlɔsən] *adj* determined, resolute; **kurz ~** without further ado; **fest ~ sein** be absolutely determined; **ich bin jetzt zu allem ~** I'm ready for anything now
Entschluss[RR] *m* decision, resolution; **einen ~ fassen** make a decision; **mein ~ ist gefasst** my mind is made up; **es ist mein fester ~ ...** it's my firm intention ...
entschlüsseln *vt* 1. (*Geheimschrift*) decipher 2. (*Funkspruch*) decode
Entschlüsselung *f* deciphering, decoding
entschlussfreudig *adj* decisive
entschuldbar *adj* excusable
entschuldigen I. *vt* excuse; **~ Sie bitte!** excuse me! sorry!; **entschuldige, dass ich gefragt habe!** excuse me for asking!; **und nun ~ Sie mich, ich habe zu arbeiten** and now if you will excuse me I have work to do **II.** *vr* apologize (*bei* to, *wegen* for); **sich ~ lassen** send one's apologies
Entschuldigung *f* excuse; (*~sbrief*) excuse note; **ich habe eine gute ~, warum ich nicht hingehen kann** I've a good excuse for not going; **was sagte Sie zu ihrer ~?** what did she say in her defence?; **~!** excuse me!, sorry!
Entschuldigungsbrief *m* excuse note
Entschuldung [ɛnt'ʃʊldʊŋ] *f* (FIN) regulation of debts
entschwefeln *vt* (TECH) desulphurize; **Entschwefelung** *f* (TECH) desulphurization; **Entschwefelungsanlage** *f* desulphurization plant
entschwinden *irr vi sein* disappear, vanish
entseelt [ɛnt'ze:lt] *adj* (*tot*) lifeless
entsenden *irr vt* dispatch, send off
Entsetzen <-s> *nt* horror; **zu meinem ~** to my horror

E

entsetzen I. *vt* 1. (*erschrecken*) horrify 2. (MIL: *von Einschließung befreien*) relieve II. *vr* be horrified (*über* at)

entsetzlich [ɛnt'zɛtslɪç] *adj* 1. (*grässlich*) appalling, dreadful 2. (*fam: sehr*) awful; **wie ~, dass das passieren musste!** what a dreadful thing to happen!

entsetzt *adj* horrified (*über* at); **sie fuhr ~ zurück** she shrank back in horror

entseuchen *vt* (TECH) decontaminate; **Entseuchung** *f* (TECH) decontamination; **Entseuchungsmittel** *nt* 1. (MED) disinfectant 2. (CHEM) decontaminating agent

entsichern *vt* (*Pistole*) release the safety catch of

entsinnen *irr vr* recollect, remember; **soweit ich mich ~ kann** as far as I can recollect

entsorgen *vt:* **eine Stadt ~** dispose of a town's refuse and sewage; **Entsorgung** [ɛnt'zɔrgʊŋ] *f* sewage and refuse disposal, waste management; **Entsorgungspark** *m* (*nuklearer ~*) waste dump

entspannen I. *vt* 1. (*Muskeln*) relax 2. (*fig: Lage*) ease II. *vr* (*a. fig*) relax

Entspannung *f* 1. (POL) détente 2. (*fig: Zerstreuung*) diversion 3. (*Gelöstheit, a. fig*) relaxation; **Entspannungspolitik** *f* policy of détente; **Entspannungsübung** *f* relaxation exercises

entsprechen *irr vi* 1. (*übereinstimmen, ähnlich sein*) correspond to 2. (*nachkommen*) comply with, conform to; **allen Anforderungen ~** answer [*o* meet] all requirements; **jds Erwartungen ~** come up to (meet) someone's expectations; **entsprechend** I. *adj* 1. (*angemessen*) appropriate 2. (*gleichend*) corresponding II. *adv* accordingly, according to

Entsprechung *f* counterpart, equivalent; **die deutsche ~ des englischen Wortes** the German equivalent of the English word

entspringen *irr vi* 1. *sein* (*Flüsse*) rise 2. (*fig: herrühren*) arise (*aus* from)

entstammen *vi* originate from

entstehen *irr vi sein* originate; (*sich bilden*) arise

Entstehung *f* (*Ursprung*) origin; (*Bildung*) formation

entsteinen *vt* (*Obst*) stone

entstellen *vt* 1. (*verunstalten*) disfigure 2. (*verändern, a. fig*) distort

Entstellung *f* 1. (*fig: Verdrehung*) distortion 2. (*Verunstaltung*) disfigurement

entstören *vt* 1. (RADIO TELE) free from interference 2. (AUTO, ELEK) suppress

Entstörungsstelle *f* (TELE) telephone maintenance service

entströmen *vi* 1. *sein* (*Flüssigkeit*) pour out (*aus* of) 2. (*Gas*) escape (*aus* from)

enttäuschen *vt* disappoint; **in einer Prüfung ~d abschneiden** do disappointingly in an exam

enttäuscht *adj* disappointed; **von jdm ~ sein** be disappointed in s.o.

Enttäuschung *f* disappointment; **so eine ~!** how disappointing!

entwaffnen [ɛnt'vafnən] *vt* (*a. fig*) disarm

entwaffnend *adj* (*fig*) disarming

Entwarnung *f* (*Signal*) all-clear

entwässern [ɛnt'vɛsɐn] *vt* 1. (*Boden*) drain 2. (CHEM) dehydrate

Entwässerung *f* (*Kanalisation eines Hauses*) drainage

entweder *konj:* **~ ... oder ...** either ... or ...; **~ oder!** make up your mind!

entweichen *irr vi* 1. *sein* (*Gase*) escape (*aus* from); (*lecken*) leak (*aus* out of) 2. (*entfliehen*) escape (*aus* from)

entwenden *vt* purloin (*jdm etw* s.th. from s.o.)

entwerfen *irr vt* 1. (*zeichnerisch*) sketch; (*Modell*) design 2. (*Schriftstück*) draft, draw up

entwerten *vt* 1. (*wertlos machen*) devalue 2. (*fig: entkräften*) undermine; **seinen Fahrschein ~** cancel one's ticket

Entwerter <-s, -> *m* ticket(-cancelling) machine

entwickeln I. *vt* develop; (*entstehen lassen*) produce; **eine Theorie ~** evolve a theory II. *vr* develop (*zu* into); (*sich bilden*) be produced

Entwickler *m* (PHOT) developer

Entwicklung *f* development; (*Erzeugung*) generation, production; **Entwicklungsdienst** *m* Voluntary Service Overseas *Br*, Peace Corps *Am;* **entwicklungsfähig** *adj* capable of development; **Entwicklungsgeschichte** *f* developmental history, evolution; **Entwicklungshelfer(in)** *m(f) person involved in foreign aid, e.g. doing Voluntary Service Overseas;* **Entwicklungshilfe** *f* foreign aid; **Entwicklungsland** *nt* developing country; **Entwicklungsmaßnahmen** *fpl* development measures; **Entwicklungsplanung** *f* development planning; **Entwicklungsstadium** *nt* stage of development

entwirren *vt* unravel

entwischen *sein vi* get away

entwöhnen [ɛnt'vøːnən] *vt:* **jdn einer Sache ~** cure s.o. of s.th.

Entwurf *m* 1. (*Zeichnung, Plan*) outline, sketch 2. (*Modell*) design 3. (*~ von Resolution*) draft

entwurzeln *vt* (*a. fig*) uproot

entzerren *vt* (PHOT) rectify

entziehen I. *irr vt* 1. (*fortnehmen*) take away 2. (CHEM: *extrahieren*) extract; **jdm**

den Führerschein ~ revoke someone's driver's licence **II.** *vr* (*einer Sache*) evade; **sich der Festnahme** ~ elude arrest; **das entzieht sich meiner Kenntnis** that is beyond my knowledge

Entziehungsanstalt *f* treatment centre for drug addicts [*o* alcoholics]

Entziehungskur *f* **1.** (*für Drogensüchtige*) cure for drug addiction **2.** (*für Alkoholiker*) alcoholism cure; **eine** ~ **mitmachen** take a cure for drug addiction [*o* an alcoholism cure]

entziffern [ɛnt'tsɪfɐn] *vt* **1.** (*Geheimschrift*) decipher **2.** (*Funkspruch*) decode; **nicht zu** ~ indecipherable

Entzücken [ɛn'tsʏkən] <-s> *nt* delight

entzücken *vt:* **entzückt sein über** (**von**) be in raptures over (about); **entzückend** *adj* charming

Entzug *m* withdrawal; (*Behandlung*) *s.* Entziehungskur; **Entzugserscheinung** *f* withdrawal symptom

entzündbar *adj* inflammable; **leicht** ~ highly inflammable

entzünden I. *vt* **1.** (*Feuer*) light **2.** (MED: *infizieren*) inflame **3.** (*fig: entfachen*) start **II.** *vr* **1.** (*Feuer fangen*) catch fire **2.** (MED) become inflamed **3.** (*fig: sich entfachen*) be sparked off; **entzündet** *adj* (MED) inflamed; **entzündlich** *adj* inflammable

Entzündung *f* (MED) inflammation

entzwei [ɛn'tsvaɪ] *adj* **1.** (*in zwei Teile zerbrochen*) in two **2.** (*kaputt*) broken

entzweien *vr:* **sie haben sich entzweit** they've fallen out with each other

entzwei|gehen *vi sein* break in two

Enzian ['ɛntsia:n] <-s, -e> *m* **1.** (*Gebirgspflanze*) gentian **2.** (*Branntwein*) gentian spirit

Enzyklopädie [ɛntsyklopɛ'di:] *f* encyclop(a)edia

Enzym [ɛn'tsy:m] <-(e)s, -e> *nt* enzyme

Epidemie [epide'mi:] *f* epidemic; **Epidemiologe** *m*, **Epidemiologie** *f* epidemiology; **Epidemiologin** *f* epidemiologist; **epidemiologisch** *adj* epidemiological

Epik ['e:pɪk] <-> *f* epic

Epilepsie [epilɛ'psi:] *f* epilepsy

Epileptiker(in) *m(f)* epileptic

epileptisch *adj* epileptic

Epilog [epi'lo:k] <-s, -e> *m* epilogue

episch ['e:pɪʃ] *adj* epic

Episode [epi'zo:də] <-, -n> *f* episode; **episodenhaft** [epi'zo:dənhaft] *adj* episodic(al)

Epoche [e'pɔxə] <-, -n> *f* epoch; ~ **machend**[RR] epoch-making

Epos ['e:pɔs] <-, Epen> *nt* epic poem

er [e:ɐ] *pron* he; ~ **selbst** he himself; ~ **ist es** it's him

Erachten [ɛr'axtən] *nt:* **meines ~s** in my opinion

erahnen *vt* guess

erarbeiten I. *vt* **1.** (*Vermögen*) work for **2.** (*erwerben*) acquire **3.** (*ausarbeiten*) work out **II.** *vr* **1.** (*Vermögen*) earn **2.** acquire

Erbadel *m* hereditary nobility

Erbanlage *f* hereditary disposition

Erbarmen <-s> *nt* pity, compassion (*mit* on); (*Gnade*) mercy (*mit* on); ~**!** for pity's sake!; **mit jdm** ~ **haben** feel pity for s.o.; **es ist zum** ~ it's pitiful

erbarmen [ɛɐ'barmən] *vr:* **sich jds** ~ (*geh*) take pity on s.o.

erbärmlich [ɛɐ'bɛrmlɪç] *adj* **1.** (*fig: niederträchtig*) miserable **2.** (*erbarmungswürdig*) wretched; **mir geht's** ~ I feel wretched

erbarmungslos *adj* merciless, pitiless

erbauen *vt* build

Erbauer(in) *m(f)* builder

Erbe[1] ['ɛrbə] <-n, -n> *m* (*Person*) heir

Erbe[2] <-s> *nt* **1.** (*Erbteil*) inheritance **2.** (*fig*) heritage

erbeben [-'--] *vi sein* shake, tremble

erben ['ɛrbən] *vt* inherit (*von* from)

erbetteln *vt* get by begging

erbeuten [ɛɐ'bɔɪtən] *vt* **1.** (*Diebesgut*) get away with **2.** (*Raubtier: Tierbeute*) carry off

Erbfaktor *m* gene; **Erbfehler** *m* hereditary defect

Erbfolge *f* succession

Erbgut *nt* (BIOL) genetic make-up, genotype; **erbgutschädigend** *adj* genetically damaging [*o* harmful]

erbieten *irr vr* (*geh*): **sich** ~ **etw zu tun** offer to do s.th.

Erbin <-, -nen> *f* heiress

Erbinformation *f* (BIOL) genetic information

erbitten *irr vt* ask for, request

erbittern [ɛɐ'bɪtɐn] *vt* enrage, incense

erbittert *adj* bitter

Erbitterung *f* bitterness

Erbkrankheit *f* hereditary disease

erblassen [ɛr'blasən] *vi sein* go [*o* turn] pale (*vor* with)

Erblasser(in) ['ɛrplasɐ] <-s, -> *m(f)* (JUR) testator (testatrix)

erbleichen *vi sein* go [*o* turn] pale (*vor* with)

erblich *adj* hereditary

erblicken *vt* behold

erblinden *vi sein* go blind

Erblindung *f* loss of sight; **das kann zur** ~ **führen** that can lead to loss of sight

erblühen *vi sein* bloom, blossom

Erbmasse ['ɛrpmasə] <-, (-n)> *f* **1.** (*das Geerbte*) inheritance **2.** (BIOL) genetic make-up

Erbrechen <-s> *nt* (MED) vomiting

erbrechen I. *irr vt* (*Mageninhalt*) throw up II. *vr* vomit

Erbrecht *nt* law of inheritance

erbringen *irr vt:* **den Beweis** ~ furnish proof, produce evidence

Erbschaft *f* inheritance; **eine** ~ **machen** come into an inheritance; **Erbschaftssteuer** *f* death duty

Erbschein *m* certificate of inheritance

Erbschleicher(**in**) *m(f)* legacy-hunter; **Erbschleicherei** *f* legacy-hunting

Erbse ['ɛrpsə] <-, -n> *f* pea; **Erbsensuppe** *f* pea soup

Erbstück *nt* heirloom; **Erbteil** *nt* inheritance

Erdachse *f* earth's axis; **Erdanziehung** *f* gravitational pull of the earth; **Erdapfel** *m* (*österr*) potato; **Erdarbeiten** *pl* excavation *sing;* **Erdatmosphäre** *f* earth's atmosphere; **Erdball** *m* globe; **Erdbeben** *nt* earthquake; **Erdbebengürtel** *m* earthquake zone; **Erdbeere** *f* strawberry; **Erdboden** *m* ground, earth; **dem** ~ **gleichmachen** level, raze to the ground

Erde ['eːɐdə] <-, -n> *f* **1.** (*Welt*) earth, world **2.** (*Boden*) ground **3.** (*Bodenart*) soil **4.** (ELEK) earth *Br,* ground *Am;* **auf der** ~ on earth; **den Himmel auf ~n** heaven on earth; **zur** ~ **fallen** fall to earth; **über** (**unter**) **der** ~ above (below) ground

erdenken *irr vt* devise, think up

erdenklich *adj* imaginable; **alles Erdenkliche tun** do everything imaginable

Erdgas *nt* natural gas; **Erdgasfeld** *nt* gas field; **Erdgasleitung** *f* (natural gas) pipeline

Erdgeschoss[RR] <-es, -e> *nt* ground floor *Br,* first floor *Am;* **im** ~ on the ground floor *Br,* on the first floor *Am*

Erdhaufen *m* mound of earth

erdichten *vt* fabricate

erdig ['eːɐdɪç] *adj* earthy

Erdinnere *nt* interior of the earth; **Erdkabel** *nt* underground cable; **Erdklumpen** *m* clod of earth; **Erdkruste** *f* (GEOL) earth's crust; **Erdkugel** *f* globe; **Erdkunde** *f* geography; **Erdnuss**[RR] *f* peanut; **Erdoberfläche** *f* earth's surface; **Erdöl** *nt* oil, petroleum; **Erdölembargo** *nt* oil embargo; **erdölexportierend** *adj* oil-exporting; **Erdölverarbeitung** *f* processing of crude oil; **Erdreich** *nt* earth, soil

erdreisten [ɛr'draɪstən] *vr:* **sich** ~ **etw zu tun** have the audacity [*o* cheek] to do s.th.

erdrosseln *vt* strangle

erdrücken *vt* **1.** (*zermalmen*) crush **2.** (*fig: überwältigen*) overwhelm

Erdrutsch ['eːɐtrʊtʃ] <-es, -e> *m* (*a. fig*) landslide; **Erdrutschsieg** *m* (POL) landslide (victory); **Erdscholle** *f* clod of earth; **Erdstoß** *m* seismic shock; **Erdstrahlen** *mpl* field lines; **Erdteil** *m* continent

erdulden *vt* endure

Erdumdrehung *f* rotation of the earth; **Erdumlaufbahn** *f* earth orbit; **Erdumseglung** *f* circumnavigation of the globe

Erdung ['eːɐdʊŋ] *f* (ELEK) earthing *Br,* grounding *Am*

Erdwärme *f* geothermal energy, geothermy; **Erdwärmekraftwerk** *nt* geothermal power station; **Erdzeitalter** *nt* geological era

ereifern [ɛɐ'aɪfɐn] *vr* get worked up (*über* over)

ereignen [ɛɐ'aɪgnən] *vr* happen, occur

Ereignis *nt* event, occurrence

ereignisreich *adj* eventful

Erektion [erɛk'tsjoːn] <-, -en> *f* erection

erfahren *irr vt* **1.** (*hören*) hear, learn (*von* from); (*herausfinden*) find out **2.** (*erleben*) experience

erfahren *adj* experienced

Erfahrung *f* experience; **die ~ lehrt, dass ...** experience proves that ...; **etw aus ~ wissen** know s.th. by experience; **aus eigener** ~ from one's own personal experience

erfahrungsgemäß *adv* as experience shows

erfassen *vt* **1.** (*begreifen*) grasp **2.** (*registrieren*) record, register **3.** (*einschließen*) include **4.** (*ergreifen*) catch; **diese Tatsachen sind nirgends erfasst** these facts aren't recorded anywhere

erfinden *irr vt* **1.** (*eine Erfindung machen*) invent **2.** (*etw ausdenken*) fabricate; **eine Story** ~ (*fam*) cook up a story

Erfinder(**in**) *m(f)* inventor

erfinderisch *adj* inventive; **Not macht** ~ (*prov*) necessity is the mother of invention

Erfindung *f* invention; **Erfindungsreichtum** *m* inventiveness, ingenuity

Erfolg [ɛɐ'fɔlk] <-(e)s, -e> *m* **1.** (*Gelingen*) success **2.** (*Ergebnis*) result; **ohne** ~ without success; **viel ~!** wishing you every success!; **mit etw** ~ **haben** make a success of s.th.; ~ **haben** meet with success; **ein voller** ~ **sein** be entirely successful; **bei jdm** ~ **haben** be a success with s.o.; **wir hatten damit großen** ~ we had very good results with this; **... mit dem ~, dass ...** with the consequence that ...; ~ **versprechend**[RR] promising

erfolgen *vi* **1.** *sein* (*Zahlungen*) be made **2.** (*stattfinden*) occur, take place

erfolglos *adj* unsuccessful, without success

Erfolglosigkeit *f* lack of success, unsuccessfulness

erfolgreich *adj* successful

Erfolgsautor(in) *m(f)* best-selling author; **Erfolgsbilanz** *f* record of success; **Erfolgsdruck** *m* pressure to succeed; **Erfolgserlebnis** *nt* (PSYCH) feeling of success, sense of achievement; **Erfolgshonorar** *nt* (COM) contingent fee; **Erfolgskontrolle** *f* (SCHULE) testing; **Erfolgsrezept** *nt* recipe for success

erfolgversprechend *adj s.* **Erfolg**

erforderlich [ɛɐ'fɔrdɐlɪç] *adj* necessary; **falls ~** if required; **alle ~en Qualifikationen** all the necessary qualifications; **die dazu ~e Zeit** the requisite time; **das Erforderliche tun** do what is necessary

erfordern *vt* call for, require; **das erfordert große Sorgfalt** it requires great care

Erfordernis *nt* requirement

erforschen *vt* **1.** (*erkunden*) explore **2.** (*untersuchen*) research (*etw* into s.th.)

Erforschung *f* **1.** (*Erkundung*) exploration **2.** (*Untersuchung*) research (*von etw* into s.th.)

erfragen *vt* ask, inquire; **zu ~ bei** apply to, inquire at

erfreuen I. *vt* delight, please; **jdn ~** give s.o. pleasure **II.** *vr* delight (*an* in); **sich an Büchern ~** find pleasure in books; **sich großer Nachfrage ~** be in great demand

erfreulich *adj* pleasant; **~!** how nice!; **es ist ~ zu erfahren, dass ...** it's gratifying to learn that ...

erfreulicherweise *adv* fortunately, happily

erfreut *adj:* **sehr ~!** pleased to meet you!; **über etw ~ sein** be delighted [*o* at] about s. th.

erfrieren *irr vi* **1.** *sein* (*totfrieren*) freeze to death **2.** (*abfrieren*) get frostbitten **3.** (*Pflanze*) be killed by frost; **seine Füße sind erfroren** his feet got frostbite

erfrischen *vt, vi* refresh; **erfrischend** *adj* (*a. fig*) refreshing

Erfrischung *f* refreshment; **eine ~ zu sich nehmen** take some refreshment; **Erfrischungsgetränk** *nt* soft drink; **Erfrischungsraum** *m* cafeteria, snack bar

erfüllen *vt* **1.** (*ausführen*) fulfil **2.** (*fig*) fill; **die Prophezeiung erfüllte sich** the prophecy was fulfilled; **der Gedanke erfüllt mich mit Entsetzen** the thought fills me with horror; **Verpflichtungen ~** carry out obligations; **seine Pflicht ~** perform one's duty; **jds Erwartungen ~** come up to someone's expectations; **jdm einen Wunsch ~** grant s.o. a wish

Erfüllung *f* fulfilment; **in ~ gehen** be fulfilled; **~ finden** feel fulfilled

ergänzen [ɛɐ'gɛntsən] *vt* complete, supplement; **sich** [*o* **einander**] **~** complement one another

Ergänzung *f* **1.** (*das Vervollständigen*) completion **2.** (*das Ergänzte*) addition **3.** (GRAM) complement; **~en** (*zu Buch*) addenda *pl;* **Ergänzungsabgabe** *f* (FIN) supplementary tax; **Ergänzungsband** *m* supplement

ergattern [ɛɐ'gatɐn] *vt* (*fam*) get hold of

ergeben I. *irr vt* amount [*o* come] to **II.** *vr* **1.** (*aufgeben*) surrender, yield **2.** (*resultieren*) result (*aus* from); **hieraus ergibt sich, dass ...** it follows from this that ...

Ergebnis *nt* result; **zu keinem ~ führen** lead nowhere; **ergebnislos** *adj* unsuccessful, without result; **~ bleiben** come to nothing

ergehen *irr vi* **1.** *sein* (*erteilt werden*) go out; **etw über sich ~ lassen** submit to s.th. **2.** (*geschehen*): **es ist ihr schlecht ergangen** she fared badly; **wie wird es ihm ~?** what will become of him?

ergiebig [ɛɐ'giːbɪç] *adj* (*ertragreich, a. fig*) productive; (*lukrativ*) lucrative, profitable

ergießen *irr vr* pour out

Ergometer <-s, -> *nt* ergometer

Ergonomie *f* ergonomics *sing;* **ergonomisch** *adj* ergonomic

ergrauen *vi sein* go [*o* turn] grey

ergreifen *irr vt* **1.** grasp, seize **2.** (*fig: rühren*) move; **jds Partei ~** take someone's side; **ergreifend** *adj* (*fig*) moving; **Ergreifung** *f* capture

ergriffen [ɛɐ'grɪfən] *adj* (*bewegt*) moved

ergründen *vt* fathom; **das wollen wir jetzt mal ~!** now let's get to the bottom of this!

Erguss[RR] [ɛɐ'gʊs, *pl:* ɛɐ'gʏsə] <-es, -̈e> *m* **1.** (*Blut~*) bruise **2.** (*fig: Geschriebenes*) effusion

erhaben [ɛɐ'haːbən] *adj* **1.** (*fig: feierlich erhoben*) elevated, exalted **2.** (*erhöht*) embossed, raised; **~e Gedanken** elevated thoughts; **~e Gefühle** lofty sentiments; **über jeden Verdacht ~ sein** be above suspicion; **über solche Dinge bin ich ~** I'm above such things

Erhabenheit *f* (*fig*) sublimity

Erhalt <-(e)s> *m* receipt

erhalten *irr vt* **1.** (*bekommen*) get, receive **2.** (*bewahren*) preserve **3.** (*unterhalten*) maintain; **dankend ~** received with thanks; **gut ~** well preserved; **erhältlich** [ɛɐ'hɛltlɪç] *adj* available, obtainable

Erhaltung *f* preservation; (*von Maschinen*) maintenance; (*von Bauten*) upkeep; **Erhaltungsdosis** *f* (MED) booster [*o* maintenance] dose; **Erhaltungsmaßnahmen** *fpl* conservation measures

erhängen I. *vt* hang **II.** *vr* hang o.s.

erhärten *vt* (*fig*) substantiate; **eine Theo-**

rie ~ corroborate a theory

erhaschen [ɛɐ'haʃən] *vt* (*a. fig*) catch

erheben I. *irr vt* 1. (*Gegenstand*) raise 2. (*Steuern*) levy; **gegen jdn Anklage ~** bring a charge against s.o.; **ein Geschrei ~** set up a cry II. *vr* 1. (*aufstehen*) get up, rise 2. (*sich auflehnen*) revolt

erheblich *adj* considerable; (*ernstlich*) serious

Erhebung *f* 1. (*kleiner Hügel*) rise 2. (*Aufstand*) uprising 3. (*offizielle Befragung*) inquiry 4. (*Einziehung von Gebühren*) levying

erheitern [ɛɐ'haɪtɐn] I. *vt* cheer up II. *vr* be amused (*über* by)

Erheiterung *f* amusement; **zur allgemeinen ~** to everybody's amusement

erhellen *vt* 1. (*durch Licht*) illuminate, light up 2. (*fig: erläutern*) elucidate

erhitzen [ɛɐ'hɪtsən] *vt* heat up (*auf* to)

erhoffen *vt* hope for

erhöhen [ɛɐ'hø:ən] *vt, vr* increase; **erhöhte Temperatur haben** have a temperature

Erhöhung *f* 1. (*Vermehrung*) increase 2. (*Gelände~*) rise 3. (*Intensivierung*) heightening, intensification; **Erhöhungszeichen** *nt* (MUS) sharp

erholen *vr* (*sich ausruhen*) take a rest; (*sich entspannen*) relax; **sich von einer Krankheit ~** recover from an illness; **erholsam** *adj* refreshing, restful; **Erholung** *f* (*Ruhe*) rest; (*Entspannung*) recovery; **gute ~!** have a good rest!; **ich brauche dringend ~** I badly need a holiday; **Erholungsgebiet** *nt* recreational area; **Erholungsurlaub** *m* holiday for convalescence purposes; **Erholungswert** *m* recreational value

erhören *vt:* **Herr, erhöre unser Gebet!** Lord, hear our prayer!

erinnern [ɛɐ'ɪnɐn] I. *vt* remind (*jdn an etw* s.o. of s.th.); **jdn daran ~ etw zu tun** remind s.o. to do s.th.; **seine Gegenwart erinnerte mich an ...** his presence was a reminder of ... II. *vr* remember (*an* s.th.); **soweit ich mich ~ kann** as far as I can remember; **ich kann mich nicht ~** I have no recollection of it

Erinnerung *f* memory, recollection; **in ~en schwelgen** walk down memory lane; **zur ~ an ...** in memory of ...

erkalten *vi* 1. *sein* (*kalt werden*) go cold 2. (*fig: Gefühle*) cool down

erkälten [ɛr'kɛltən] *vr* catch a cold; **erkältet** *adj:* **~ sein** have a cold

Erkältung *f* cold; **eine schwere ~** a bad cold; **sich eine ~ holen** catch a cold

erkämpfen *vt, vr* win

erkaufen *vt* buy

erkennbar *adj* 1. (*sichtbar*) visible 2. (*wahrnehmbar*) discernible; **ohne ~es Einkommen** (JUR) with no visible means of support

erkennen *irr vt* 1. (*wieder~*) recognize (*an* by) 2. (*wahrnehmen*) discern 3. (*klar sehen*) see; **~ Sie die Melodie?** do you recognize this tune?; **ich hätte sie in der Verkleidung nicht erkannt** I wouldn't have recognized her in her disguise; **ich erkannte nur zu deutlich, dass ...** I saw only too clearly that ...

erkenntlich [ɛɐ'kɛntlɪç] *adj:* **sich jdm für etw ~ zeigen** show s.o. one's gratitude for s.th.

Erkenntnis *f* 1. (*Wissen*) knowledge 2. (*Erkennen*) realization 3. (*Einsicht*) insight; **die Polizei hat keine neuen ~se über seine Aktivitäten** the police have no knowledge of his activities; **Erkenntnisstand** *m* level of knowledge

Erkennungsdienst *m* (*der Polizei*) police records department; **Erkennungsmelodie** *f* signature tune; **Erkennungszeichen** *nt* identification

Erker ['ɛrkɐ] <-s, -> *m* (ARCH) bay

erklärbar *adj* explainable, explicable; **das ist leicht ~** that's easy to explain; **das ist nicht ~** that's inexplicable

erklären I. *vt* 1. (*begründen*) explain (*jdm etw* s.th. to s.o.) 2. (*bekannt geben*) declare; (*sagen*) say; **ich hoffe, Sie können das ~** you'd better explain yourself; **was meinst du mit „dumm"? erklär mir das!** what do you mean 'stupid'? – explain yourself!; **jdm den Krieg ~** (*a. fig*) declare war on s.o.; **ich erkläre diese Sitzung für geschlossen** I declare this meeting closed; **der Regierungssprecher erklärte ...** the government spokesman said ... II. *vr* be explained; **das erklärt sich durch ...** that is explained by ...; **das erklärt sich von selbst** that's self-explanatory

erklärlich *adj:* **mir ist einfach nicht ~, wie ...** I simply cannot understand how ...

erklärt *adj:* **~er Feind** open [*o* sworn] enemy; **~er Liebling** acknowledged favourite

Erklärung *f* 1. (*Begründung, Erläuterung*) explanation 2. (*Bekanntgabe*) declaration; (*Aussage*) statement; **es bedarf einer kurzen ~** it needs a little explanation; **eine ~ abgeben** make a declaration; (*Regierungssprecher*) make a statement

erklingen *irr vi* 1. *sein* (*hallen*) resound (*von* with) 2. (*erschallen*) be heard; **um 9 Uhr erklangen die Kirchenglocken** at 9 o'clock the church bells rang

erkranken *vi sein* be taken sick, fall ill; **sie ist erkrankt** she is ill

Erkrankung *f* disease

erkunden [ɛɐ'kʊndən] *vt* 1. (*ausfindig machen*) find out 2. (MIL: *ausspähen*) reconnoitre, scout

erkundigen [ɛɐ'kʊndɪgən] *vr:* **sich bei jdm nach etw** ~ enquire s.th. of s.o.; **sich nach etw** ~ ask about s.th.

Erkundigung *f:* **~en einziehen über ...** make enquiries about ...

Erkundung *f* reconnaissance

erlahmen *sein vi* (*Interesse, Begeisterung*) flag

erlangen [ɛɐ'laŋən] *vt* achieve, attain

Erlass[RR] [ɛɐ'las, *pl:* ɛɐ'lɛsə] <-es, =e> *m* **1.** (*Verordnung*) decree, edict **2.** (*einer Strafe*) remission

erlassen *irr vt:* **jdm die Gebühren** ~ waive the fees for s.o.; **er erließ mir den Rest** he let me off paying the rest; **ein Gesetz** ~ enact a law

erlauben [ɛɐ'laʊbən] *vt* (*gestatten*) allow, permit; **jdm ~ etw zu tun** allow s.o. to do s.th.; **wenn Sie** ~ if you permit; **wenn ich mir ~ darf, meine Meinung zu sagen** if I may venture an opinion; **was ~ Sie sich!** how dare you!; **~ Sie mal!** well I must say!

Erlaubnis *f* permission; **mit Ihrer** ~ with your permission; **jdm die ~ geben etw zu tun** give s.o. permission to do s.th.; **jdn um ~ bitten** ask permission of s.o.

erläutern [ɛɐ'lɔɪtɐn] *vt* explain; (*kommentieren*) comment on; **Erläuterung** *f* explanation; (*Kommentar*) comment

Erle ['ɛrlə] <-, -n> *f* (*Baum, Strauch*) alder

erleben *vt* **1.** (*durchmachen*) experience **2.** (*lebend sehen*) live to see; **er hat zwei Kriege erlebt** he lived through two wars; **ich möchte mal ~, dass ...** I'd like to see the day ...; **du kannst was ~!** you're going to be in for it!; **ich möchte mal was ~** I want to have a good time; **Sie werden (noch) Ihr blaues Wunder ~!** (*fig*) you'll get the shock of your life!

Erlebnis *nt* experience; **ich hatte ein unangenehmes ~** I had a nasty experience; **Erlebniswelt** *f* experience world; **Erlebniswert** *m* value as an experience

erledigen [ɛɐ'le:dɪgən] *vt* **1.** (*ausführen*) settle **2.** (*vernichten*) finish; (*fam: umbringen*) do in; **ich habe noch einiges zu ~** I still have a few things to see to; **er ist erledigt** he's done for; **er ist für mich erledigt** I'm finished with him

erlegen *vt* (*Wild*) shoot

erleichtern [ɛɐ'laɪçtɐn] *vt* **1.** (*leichter machen*) make easier **2.** (*fig: lindern*) relieve; **jds Lage ~** lighten someone's burden; **jdn um seine Geldbörse ~** (*fam*) relieve someone of his purse; **es würde die Sache ~** it would facilitate matters

erleichtert *adj:* **~ sein** feel relieved

Erleichterung *f:* **jdm ~ verschaffen** bring s.o. relief

erleiden *irr vt* suffer

erlernen *vt* learn

erlesen *adj* exquisite, select

erleuchten *vt* illuminate, light up

Erleuchtung *f* (*fig*) inspiration

erliegen *irr vi sein* succumb to; **einem Irrtum ~** be the victim of an error

Erliegen [ɛɐ'li:gən] *nt:* **zum ~ kommen** come to a standstill

Erlös [ɛɐ'lø:s] <-es, -e> *m* proceeds *pl*

erloschen *adj* (*Vulkan, Spezies*) extinct

erlöschen *irr vi* **1.** *sein* (*Feuer*) go out **2.** (*fig*) die **3.** (*Versicherung*) become void

erlösen *vt* **1.** (REL) redeem; (*von Qualen*) deliver **2.** (*bei Verkauf*) get

Erlösung *f* **1.** (*von Qual*) release **2.** (REL) redemption

ermächtigen [ɛɐ'mɛxtɪgən] *vt* authorize, empower; **ermächtigt sein etw zu tun** be empowered to do s.th.

ermahnen *vt* reprove (*wegen* for)

Ermahnung *f* admonition, rebuke

Ermangelung *f:* **in ~ eines Besseren** for want of anything better

ermäßigen [ɛɐ'mɛ:sɪgən] *vt* reduce

Ermäßigung *f* reduction

ermattet *adj* exhausted

Ermessen *nt:* **das liegt in Ihrem ~** that's within your discretion; **nach meinem ~** in my estimation; **nach menschlichem ~** as far as anyone can judge

ermessen *irr vt* **1.** (*abwägen*) gauge **2.** (*begreifen*) realize

Ermessensfrage *f* matter of discretion

ermitteln [ɛɐ'mɪtəln] **I.** *vt* **1.** (*bestimmen*) determine; (*feststellen*) establish **2.** (*ausfindig machen*) trace; **jds Identität ~** establish someone's identity **II.** *vi* (*polizeilich*) investigate; **gegen jdn ~** investigate s.o.; **in einem Fall ~** investigate a case

Ermittlung *f* (*polizeiliche* ~): **~en anstellen** make inquiries (*über* about); **Ermittlungsverfahren** *nt* preliminary proceedings *pl*

ermöglichen [ɛɐ'mø:klɪçən] *vt* facilitate, make possible; **es jdm ~ etw zu tun** make it possible for s.o. to do s.th.

ermorden *vt* murder

Ermordung *f* murder

ermüden [ɛɐ'my:dən] *vt* tire; **ermüdend** *adj* tiring; **Ermüdung** *f* fatigue

ermuntern [ɛɐ'mʊntɐn] *vt* **1.** (*aufmuntern*) cheer up **2.** (*ermutigen*) encourage

ermutigen [ɛɐ'mu:tɪgən] *vt* encourage; **jdn ~ etw zu tun** encourage s.o. to do s.th.

ernähren **I.** *vt* **1.** (*speisen*) feed **2.** (*erhalten*) maintain, support **II.** *vr* live (*von* on)

Ernährung *f* **1.** (*Nahrung*) food, nourishment **2.** (*das Ernähren*) feeding; **Ernährungsgewohnheiten** *fpl* dietary habits

E

ernennen *irr vt* appoint; **jdn zu etw** ~ appoint s.o. s.th.; **er wurde zum Rektor ernannt** he was appointed headmaster

Ernennung *f* appointment (*zum* as)

erneuerbar *adj:* **~e Energiequellen** renewable energy resources

erneuern [ɛɐ'nɔɪɐn] *vt* **1.** (*Autoreifen*) replace **2.** (*fig: wiederherstellen*) renew; **seine Bekanntschaft mit jdm** ~ renew one's acquaintance with s.o.; **jds Pass** ~ renew someone's passport

erniedrigen [ɛɐ'ni:drɪgən] *vt* (*demütigen*) humiliate; **~de Behandlung** humiliating treatment

Erniedrigungszeichen *nt* (MUS) flat

Ernst [ɛrnst] <-es> *m* **1.** (*ernster Wille*) seriousness **2.** (*ernsthafte Gesinnung*) earnestness; **im** ~ in earnest; **ganz im** ~ in all seriousness; **das ist mein** ~ I'm serious about it; **das kann nicht dein** ~ **sein!** you can't be serious!; **wollen Sie das im ~?** do you seriously want to do that?; **ist das Ihr ~?** do you mean that seriously?

ernst *adj* **1.** (*ernsthaft*) earnest, serious **2.** (*bedrohlich*) serious; **er meint es** ~ **mit ihr** he is serious about her; **das meinst du doch nicht ~!** you can't be serious!; **es wird** ~ it's getting serious; **etw (jdn)** ~ **nehmen** take s.th. (s.o.) seriously

Ernstfall *m* emergency; **im** ~ in case of emergency

ernsthaft *adj* earnest, serious

Ernsthaftigkeit *f* earnestness

ernstlich *adv,*

Ernte ['ɛrntə] <-, -n> *f* **1.** (*das Ernten, a. fig*) harvest **2.** (*Ertrag*) crop; **die** ~ **einbringen** bring the crops in; **Erntedankfest** *nt* harvest festival

ernten ['ɛrntən] *vt, vi* **1.** (*Getreide, Wein*) harvest, reap **2.** (*fig*) reap; **Undank** ~ (*fig*) get little thanks *pl;* **Kartoffeln** ~ dig potatoes; **Äpfel** ~ pick apples

ernüchtern [ɛɐ'nʏçtɐn] *vt* (*zur Vernunft bringen*) sober up

Ernüchterung *f* disillusionment

Eroberer [ɛɐ'o:bərɐ] <-s, -> *m* conqueror

erobern [ɛɐ'o:bɐn] *vt* (*a. fig*) conquer; **sie eroberten die vom Feinde beherrschte Stadt** they captured the town from the enemy

Eroberung *f* (*a. Person*) conquest

eröffnen *vt* (*mit etw beginnen*) open; **eine Ausstellung** ~ open an exhibition; **ein Konto** ~ open an account

Eröffnung *f* **1.** (*Beginn*) opening **2.** (*Mitteilung*) disclosure

erörtern [ɛɐ'œrtɐn] *vt* discuss; **ich möchte das nicht weiter** ~ I don't want to discuss it any further

Erörterung *f* discussion

Erosion [ero'zjo:n] <-, -en> *f* erosion; **Erosionsschutz** *m* erosion control [*o* prevention]

Erotik [e'ro:tɪk] *f* eroticism; **erotisch** *adj* erotic

Erpel ['ɛrpəl] <-s, -> *m* drake

erpicht [ɛɐ'pɪçt] *adj:* **auf etw** ~ **sein** be keen on s.th.

erpressen *vt* **1.** (*unter Druck setzen*) blackmail **2.** (*abpressen*) extort (*von* from)

Erpresser(in) *m(f)* blackmailer

Erpresserbrief *m* **1.** blackmail letter **2.** (*Brief von Entführern*) ransom note

erpresserisch *adj* blackmailing

Erpressung *f* blackmail; **Erpressungsversuch** *m* blackmail attempt

erproben *vt* test, try; **erprobt** *adj* (*bewährt*) proven

erquicklich *adj:* **nicht sehr** ~ not very pleasant

erraten *irr vt* guess; **wie hast du das bloß ~?** how did you guess?; **das wirst du nie ~!** you'll never guess!; **sie hat es fast** ~ her guess was nearly right

errechnen *vt* calculate, work out

erregbar [ɛɐ're:kba:ɐ] *adj* excitable

erregen [ɛɐ're:gən] **I.** *vt* **1.** (*bewirken*) cause, create **2.** (*aufregen*) excite **3.** (*anregen*) arouse; **Aufsehen** ~ attract publicity; **Mitleid** ~ provoke pity; **jds Verdacht** ~ arouse someone's suspicion **II.** *vr* get excited, get worked up (*über* about)

Erreger *m* (MED) pathogene

Erregung *f* (*Erregtheit*) agitation

erreichbar *adj:* **nicht** ~ unattainable; **telefonisch** ~ **sein** have a phone connection; **er ist nie** ~ he is never available; **Erreichbarkeit** *f* (*verkehrsgünstige Lage*) accessibility

erreichen *vt* **1.** (*zustande bringen*) manage **2.** (*gelangen zu, ergreifen*) reach

errichten *vt* **1.** (*bauen*) erect **2.** (*gründen*) establish

Errichtung *f* **1.** (*das Bauen*) erection **2.** (*Gründung*) establishment

erringen *irr vt* achieve, gain; **einen Sieg** ~ win a victory

erröten [ɛɐ'røtən] *vi sein* blush (*vor* with)

Errungenschaft [ɛɐ'rʊŋənʃaft] *f* **1.** (*Leistung*) achievement **2.** (*hum: Liebschaft*) acquisition

Ersatz [ɛɐ'zats] <-es> *m* replacement, substitute; **für jdn** ~ **finden** find a substitute for s.o.; **als** ~ as a substitute; **Ersatzbefriedigung** *f* (PSYCH) substitutive [*o* vicarious] satisfaction; **Ersatzdienst** *m community service as an alternative to military service;* **Ersatzkasse** *f* private health insurance company; **Ersatzlösung** *f* alternate solution; **Ersatzmann** <-s, -leute>

m replacement; (SPORT) substitute; **Ersatzmine** *f* refill; **Ersatzreifen** *m* (AUTO) spare tyre; **Ersatzteil** *nt* spare

ersaufen *irr vi sein* (*sl: ertrinken*) drown

ersäufen [ɛɐ'zɔɪfən] *vt* drown

erschaffen *irr vt* create

Erschaffung *f* creation

erschauern *vi sein* shiver (*vor* with); (*schaudern*) shudder

Erscheinen *nt* **1.** appearance **2.** (*Publizierung*) publication

erscheinen *irr vi* **1.** *sein* (*publiziert werden*) be published, come out **2.** (*sichtbar werden*) appear; **vor Gericht ~** appear in court

Erscheinung *f* **1.** (*Natur~*) phenomenon **2.** (*Geister~*) apparition; **äußere ~** outward appearance; **in ~ treten** appear; **Erscheinungsjahr** *nt* year of publication; **Erscheinungsort** *m* place of publication; **Erscheinungstermin** *m* publication date

erschießen I. *irr vt* shoot **II.** *vr* shoot o.s.

Erschießung *f* (MIL) shooting

erschlaffen [ɛɐ'ʃlafən] **I.** *vi* **1.** *sein* (*Person*) go limp **2.** (*Seil*) flag, wane **II.** *vt haben* (*ermüden*) tire

erschlagen *irr vt* slay; **vom Blitz ~ werden** be struck by lightning

erschlagen *adj* (*fam*) worn out

erschleichen *irr vt* obtain in an underhand way

erschließen *irr vt* **1.** (*Rohstoffquellen*) tap **2.** (*Gelände, Markt*) develop, open up **3.** (*Einnahmequelle*) find, acquire

Erschließungskosten *pl* development costs

erschöpfen *vt* exhaust; **meine Geduld ist erschöpft** I've run out of patience; **erschöpfend** *adj* **1.** (*ausführlich*) exhaustive **2.** (*ermüdend*) exhausting; **Erschöpfung** *f* exhaustion; **~ der Ressourcen** exhaustion of ressources

erschrecken I. *vi sein* (*auffahren*) start **II.** *vt* frighten, startle; **jdn ~** startle s.o.; **ich stellte erschreckt fest, ...** I was startled to see ...

erschrocken *adj* startled

erschüttern [ɛɐ'ʃʏtɐn] *vt* **1.** (*erzittern lassen*) shake **2.** (*fig: aus der Fassung bringen*) upset; (*fam*) shatter; **von etw erschüttert sein** be distressed about s.th.

Erschütterung *f* **1.** (*Vibration*) vibration **2.** (*fig: Ergriffenheit*) shock

erschweren [ɛɐ'ʃveːrən] *vt* **1.** (*schwerer machen*) make more difficult **2.** (*verschlimmern*) aggravate; **~de Umstände** aggravating circumstances

erschwinglich [ɛɐ'ʃvɪŋlɪç] *adj* within one's means

ersehen *irr vt:* **wie aus meinem Bericht zu ~ ist** as will be gathered from my report; **soviel ich aus dem Bericht ersehe ...** as far as I can see from the report ...

ersehnen *vt* long for

ersetzen *vt* replace; (*an jds Stelle treten*) take the place of; **du musst mir den Schaden ~** you've got to compensate me for the loss; **jds Auslagen ~** refund someone's expenses

ersichtlich [ɛɐ'zɪçtlɪç] *adj* obvious; **hieraus ist ~, dass ...** this shows that ...

erspähen *vt* espy, spot

ersparen *vt* save; **es erspart uns sehr viel Mühe, wenn wir ...** it'll save a lot of hard work if we ...; **mir blieben sehr viele Ausgaben erspart** I've been spared a lot of expense

Ersparnis *f* **1.** (*Einsparung*) saving (*an* of) **2. ~se** (FIN) savings

erst [eːɐst] *adv* **1.** (*zuerst*) at first **2.** (*nicht eher, als*) not until; **~ einmal** in the first place; **~ hast du aber etw anderes gesagt** that's not what you said first; **~ gehe ich schwimmen** first of all I'm going for a swim; **ich muss das ~ fertig machen** I must finish this first; **überlege ~, bevor du etw unterschreibst!** think first before you sign anything!; **ich habe ~ vor fünf Minuten davon gehört** I heard nothing of it until five minutes ago; **er kommt ~, wenn Sie ihn einladen** he won't come until you invite him; **sie fingen ~ an, als wir da waren** they didn't start until we came; **~ gestern** only yesterday; **jetzt ~ recht!** that makes me all the more determined!; **das ist fürs Erste[RR] genug** that's enough to begin with

erstarren *vi* **1.** *sein* (*steif werden*) grow stiff, stiffen **2.** (*flüssige Masse*) solidify **3.** (*unbeweglich werden*) ossify

erstatten [ɛɐ'ʃtatən] *vt* (*Auslagen*) refund, reimburse; **diese Ausgaben werden erstattet** these expenses are refundable; **Erstattung** *f* (*von Kosten*) refund, reimbursement

Erstaufführung *f* (THEAT) first-night (performance)

Erstaunen <-s> *nt* astonishment, amazement; **in ~ setzen** amaze; **ich höre mit ~, dass ...** I'm astonished to learn that ...; **zu meinem großen ~** much to my amazement

erstaunen I. *vt haben* amaze, astonish **II.** *vi sein* be astonished (*über* at); **nein, wirklich? da bin ich aber erstaunt!** no, really? you amaze me!

erstaunlich *adj* amazing, astonishing

erstaunlicherweise *adv:* **~ hat er es gleich beim ersten Mal richtig gemacht**

E

amazingly, he got it right first time
Erstausgabe *f* first edition
erste *adj* first; **er war der Erste**RR**, der das gemacht hat** he was the first to do that; **wer ist der Erste**RR**?** who's first?; **wann haben Sie ihn das ~ Mal getroffen?** when did you first meet him?; **sie kamen als Erster**RR they were the first to come; **er war als Erster**RR **zu Hause** he was the first home; **in ~r Linie** first and foremost
erstechen *irr vt* stab (to death)
Erste Hilfe <-> *f* first aid; **Erste-Hilfe-Kasten** *m* first-aid box
ersteigen *irr vt* climb
ersticken [ɛɐˈʃtɪkən] **I.** *vt haben* (*töten*) suffocate **II.** *vi sein* suffocate; **sie erstickte an einer Fischgräte** she choked on a fishbone
Erstickung *f* suffocation
erstklassig [ˈeːɐstklasɪç] *adj* first-class, first-rate
Erstkommunion *f* first communion
Erstlagerung *f* (*von Atommüll*) initial storage
Erstlingswerk *nt* first work
erstmalig [ˈeːɐstmaːlɪç] *adj* first
erstmals [ˈeːɐstmaːls] *adv* for the first time
erstreben *vt* strive after [*o* for], aspire to
erstrecken *vr* extend; (*räumlich a.*) reach (*bis* to, as far as), strech (*auf, über* over); (*zeitlich a.*) carry on, last (*auf, über* for)
Erstschlag *m* (MIL: *nuklearer ~*) first strike
erstürmen *vt* (MIL) storm
Ersuchen <-s, -> *nt* request; **auf ~ von ...** at the request of ...
ersuchen *vt* request (*jdn um etw* s.th. of s.o.)
ertappen *vt:* **jdn bei etw ~** catch s.o. at s.th.; **auf frischer Tat ertappt** caught in the act, caught red-handed
erteilen *vt* give; **eine Erlaubnis ~** grant permission
ertönen [ɛɐˈtøːnən] *vi sein* sound; **bei Ertönen des Signals ...** at the sounding of the signal ...
Ertrag [ɛɐˈtraːk, *pl:* ɛɐˈtrɛːgə] <-(e)s, =e> *m* **1.** (*Gewinn*) proceeds *pl,* return **2.** (*von Boden*) yield
ertragen *irr vt* bear, endure; **sie kann es nicht ~, wenn man über sie lacht** she can't bear being laughed at
erträglich [ɛɐˈtrɛːklɪç] *adj* bearable, endurable; **wie geht es dir? – noch ganz ~** how are you getting on? – quite tolerably
ertragreich *adj:* **~er Boden** fertile soil; **~e Goldmine** productive goldmine
Ertragsausfall *m* reduced yields *pl*
Ertragsausschüttung *f* (FIN) dividend distribution
Ertragssteigerung *f* increase of efficiency
ertränken *vt* drown; **seine Sorgen im Alkohol ~** (*fig*) drown one's sorrows (in drink)
ertrinken *irr vi sein* drown
ertüchtigen [ɛɐˈtʏçtɪgən] *vr* keep fit
erübrigen [ɛɐˈyːbrɪgən] **I.** *vt* spare **II.** *vr* be unnecessary; **es erübrigt sich, zu sagen ...** it's superfluous to say ...
erwachen *sein vi* awake, wake (up); **als sie erwachte, sangen die Vögel** she woke to the sounds of birds singing
erwachsen[1] [ɛɐˈvaksən] *sein irr vi* (*fig*) arise, develop; **daraus werden Ihnen einige Kosten ~** some costs will accrue to you from this
erwachsen[2] *adj* adult, grown-up; **Erwachsene(r)** *f m* grown-up (person), adult; **Erwachsenenbildung** *f* adult education
erwägen *irr vt* consider
Erwägung *f:* **in ~ ziehen** take into consideration
erwähnen [ɛɐˈvɛːnən] *vt* mention; **er wurde mehrfach lobend erwähnt** he was mentioned in several dispatches
erwärmen I. *vt* heat, warm **II.** *vr* heat up; **sich für etw ~** (*fig*) take to s.th.
erwarten *vt* **1.** (*annehmen*) expect **2.** (*entgegensehen*) await; **etw von jdm ~** expect s.th. from s.o.; **das war zu ~** that was to be expected; **ich weiß, was mich erwartet** I know what to expect; **das habe ich erwartet** I expected as much; **ich habe eigentlich erwartet, dass sie kommt** I was expecting her to come; **Sie ~ doch wohl nicht, dass ich dem zustimme?** you can't expect me to agree to that; **ich erwarte dich morgen** I'll be expecting you tomorrow; **der lang erwartete**RR **Tag** the long awaited day; **ich kann das Wochenende kaum noch ~** I can hardly wait for the weekend
Erwartung *f* expectation; **in ~ ...** in expectation of ...; **jds ~en entsprechen** come up to someone's expectations; **Erwartungsdruck** *m* pressure of expectation; **Erwartungshaltung** *f* (PSYCH) anticipation
erwartungsvoll *adj* expectant
erwecken *vt:* **Verdacht ~** raise suspicion; **Interesse ~** arouse interest
erwehren *vr:* **sich jds ~** ward s.o. off
erweichen [ɛɐˈvaɪçən] *vt* (*fig: milde stimmen*) move; **sich nicht ~ lassen** be unmoved
erweisen I. *irr vt* **1.** (*beweisen*) prove **2.** (*zuteil werden lassen*) show; **jdm die letzte Ehre ~** pay one's last respects to s.o.; **das muss erst noch erwiesen werden** that remains to be proved **II.** *vr* prove o.s.

(*als etw* as s.th.); **sich als unfähig** ~ show o.s. to be incompetent; **sich als nützlich** ~ prove useful

erweiterbar *adj* **1.** expandable **2.** (INFORM) upgradeable

erweitern [ɛɐ'vaɪtɐn] *vt* (*vergrößern*) enlarge; (*verbreitern*) widen; (*Geschäft*) expand; **erweiterte Ausgabe** enlarged edition; **seinen Horizont** ~ (*fig*) broaden one's mind; **seine Macht** ~ extend one's power

Erwerb [ɛɐ'vɛrp] <-(e)s, -e> *m* (*Kauf*) purchase

erwerben *irr vt* acquire; **erworbene Eigenschaften** acquired characteristics; **mehr Wissen** ~ gain in knowledge

Erwerbsarbeit *f* waged work; **Erwerbsbevölkerung** *f* working population; **Erwerbsfähige(r)** *f m* person able to work [*o* fit for work]; **Erwerbsleben** *nt* working life; **erwerbslos** *adj* unemployed; **erwerbstätig** *adj* (gainfully) employed; **~e Bevölkerung** economically active population; **Erwerbstätige(r)** *f m* gainfully employed person; **erwerbsunfähig** *adj* unable to work, incapacitated

Erwerbung *f* acquisition

erwidern [ɛɐ'viːdɐn] *vt* **1.** (*antworten*) answer, reply **2.** (*vergelten*) return; **jds Liebe** ~ return someone's love; **das Feuer** ~ (MIL) return fire

Erwiderung *f* reply, retort

erwiesenermaßen *adv* as has been proved

erwirken *vt* obtain

erwirtschaften *vt* earn through good management

erwischen *vt* **1.** (*fangen*) catch **2.** (*zufällig bekommen*) get hold of; **sich** ~ **lassen** get caught; **jdn bei etw** ~ catch s.o. at s.th.; **hab' ich dich erwischt!** aha, caught you!; **in flagranti erwischt** caught in the act

erwogen *adj:* **wohl** ~RR carefully considered

erwünscht *adj* desirable; **nicht ~e Person** persona non grata

erwürgen [ɛɐ'vʏrgən] *vt* strangle

Erz [eːɐts/ɛrts] <-es, -e> *nt* ore

erzählen *vt* tell; **jdm von etw** ~ tell s.o. about [*o* of] s.th.; **ich erzählte meinem Freund, was geschehen war** I told my friend what had happened; **so hat man es mir jedenfalls erzählt** or so I've been told; **wem** ~ **Sie das!** (*fam*) you're telling me!; **na, dem werd' ich was ~!** (*fam*) I'll give him a piece of my mind!; **erzählend** *adj* narrative

Erzähler(in) *m(f)* narrator

Erzählung *f* story, tale

Erzbischof *m* archbishop

Erzbistum *nt* archbishopric

Erzengel *m* archangel

erzeugen *vt* produce; **aus Kohle Energie** ~ generate electricity from coal

Erzeuger *m* (COM) manufacturer; **Erzeugergemeinschaft** *f* manufacturers' association

Erzeugnis *nt* produce

Erzeugung *f* generation; (*Produktion*) production

Erzfeind(in) *m(f)* arch-enemy

Erzherzog *m* archduke; **Erzherzogin** *f* archduchess

erziehbar *adj:* **schwer** ~RR maladjusted

erziehen *irr vt* **1.** (*aufziehen*) bring up **2.** (*ausbilden*) educate; **jdn dazu** ~ **etw zu tun** bring s.o. up to do s.th.

Erzieher(in) *m(f)* **1.** (*Hauslehrer*) (private) tutor **2.** (*Internats~*) educator

erzieherisch *adj* educational

Erziehung *f* **1.** (*Erziehungszeit*) upbringing **2.** (*Bildung*) education; **Erziehungsberechtigte(r)** *f m* parent; (JUR) legal guardian; **Erziehungsgeld** *nt* subsidy for parents; **Erziehungsurlaub** *m paid leave for working parents of a newly-born baby;* **Erziehungswesen** *nt* educational system; **Erziehungswissenschaft** *f* educational science; **Erziehungswissenschaftler(in)** *m(f)* educationalist

erzielen *vt* (*erreichen*) reach; **einen Erfolg** ~ achieve a success; **ein Ergebnis** ~ obtain a result; **ein Tor** ~ score a goal

erzürnen [ɛɐ'tsʏrnən] **I.** *vt* anger **II.** *vr* grow angry (*über* about)

erzwingen *irr vt* force; **etw von jdm** ~ force s.th. from s.o.; **ein Geständnis von jdm** ~ force a confession out of s.o.

Es [ɛs] <-, -> *nt* (MUS) E flat

es [ɛs] *pron* it; ~ **gibt viele Leute, die ...** there are a lot of people who ...; ~ **ist kalt** it's cold; ~ **klopft** there's a knock (at the door); ~ **meldete sich niemand** nobody replied; ~ **sei denn, dass ...** unless ...; ~ **wurde gesagt, dass ...** it was said that ...; **ich bin's** it's me; **ich hab's** I've got it; **wer ist ~?** who is it?

Esche ['ɛʃə] <-, -n> *f* (*Laubbaum*) ash

Esel ['eːzəl] <-s, -> *m* donkey; **blöder ~!** silly ass!

Eselin *f* she-ass

Eselsbrücke *f* mnemonic; **jdm eine** ~ **bauen** give s.o. a hint

Eselsohr *nt* (*fig*) dog-ear

eskalieren [ɛska'liːrən] *vt* escalate

Eskapade [ɛska'paːdə] <-, -n> *f* escapade

Eskimo ['ɛskimo] <-s, -s> *m* Eskimo

Eskorte [ɛs'kɔrtə] <-, -n> *f* escort

eskortieren *vt* escort

Espe ['ɛspe] <-, -> *f* (*Zitterpappel*) aspen; **Espenlaub** *nt:* **zittern wie** ~ tremble like

a leaf
Espressomaschine *f* espresso machine
essbarRR ['ɛsba:ɐ] *adj* eatable, edible; (*Pilz*) edible
EssbesteckRR *nt* cutlery (knife, fork and spoon)
Essen <-s, -> *nt* **1.** (*Kost, Verpflegung*) food **2.** (*Mahlzeit*) meal; **komm zum ~!** dinner is ready!; **warmes ~** hot meal; **Sie sollten während des ~s nicht rauchen** you shouldn't smoke at meal times; **ich lade dich zum ~ ein** I'll invite you for a meal
essen ['ɛsən] *irr vt, vi* eat; **ich hab' schon ewig nichts mehr gegessen!** I haven't eaten for ages!; **ich hab' seit zwei Tagen nichts Richtiges mehr gegessen** I haven't had a proper meal for two days; **in dem Lokal kann man gut ~** that's a good restaurant; **sich (ordentlich) satt ~** eat one's fill; **~ Sie gern Rosenkohl?** do you like Brussels sprouts?; **~ gehen** eat out; **die Sache ist gegessen** (*fam*) that's history
Essensmarke *f* meal voucher
Essenz [ɛ'sɛnts] *f* essence
Esser(in) ['ɛsɐ] *m(f)* eater; **ein guter (schlechter) ~ sein** be a good (poor) eater
EssgeschirrRR *nt* **1.** (*im Haus*) dinner-service **2.** (MIL) mess kit
Essig ['ɛsɪç] <-s, (-e)> *m* vinegar; **damit ist's ~!** (*fam*) it's all off!; **Essigbaum** *m* stag's horn sumac; **Essiggurke** *f* pickled gherkin
Essigsäure *f* (CHEM) acetic acid
EsskastanieRR *f* sweet chestnut
EsslöffelRR *m* soup [*o* dessert] spoon; **ein ~ voll** a tablespoonful; **esslöffelweise**RR *adj* by the spoonful; **Essstäbchen**RR *ntpl* chopsticks; **Essstörungen**RR *fpl* eating disorders; **Esstisch**RR *m* dining table; **Esswaren**RR *pl* food *sing,* provisions; **Esszimmer**RR *nt* dining-room
Este, -tin ['e:stə] <-n, -n> *m, f* Estonian; **Estland** *nt* Estonia; **estnisch** *adj* Estonian
Estragon ['ɛstragɔn] <-> *m* (*Gewürzkraut*) tarragon
Estrich <-s, -e> *m* (*CH: Dachboden*) attic
ESZB *nt Abk. von* **Europäisches System der Zentralbanken** European Central Bank System
etablieren [eta'bli:rən] *vt* establish
etabliert *adj* established
Etage [e'ta:ʒə] <-, -n> *f* floor; **er wohnt auf der 3. ~** he lives on the 3rd floor; **Etagenbad** *nt* (*im Hotel*) shared bath; **Etagendusche** *f* (*im Hotel*) shared shower; **Etagenkellner(in)** *m(f)* waiter (waitress) on room-service; **Etagenwohnung** *f* flat (occupying an entire floor)
Etappe [e'tapə] <-, -n> *f* **1.** (*Teilstrecke*) stage **2.** (MIL) communications zone
Etat [e'ta:] <-s, -s> *m* (FIN) budget
etepetete ['e:təpə'te:tə] *adj* (*fam*): **sie ist sehr ~** she's very finicky
Eternit® [etɛr'ni:t] <-s> *nt* asbestos cement
Ethik ['e:tɪk] *f* ethics *pl;* **ethisch** *adj* ethical
Ethnographie [ɛtnogra'fi:] *f,* **Ethnografie**RR *f* ethnography
Ethnologie [ɛtnolo'gi:] *f* ethnology
Etikett [eti'kɛt] <-(e)s, -e/-s> *nt* label
Etikette [eti'kɛtə] <-> *f* etiquette; **gegen die ~ verstoßen** offend against etiquette
etikettieren *vt* label
etliche ['ɛtlɪçə] *pron* quite a few
Etui [ɛ'tvi:] <-s, -s> *nt* case
etwa ['ɛtva] *adv* (*ungefähr*) about, approximately; **soll das ~ heißen, dass ...?** is that supposed to mean that ...?; **es ist ~ so groß** it's about this size; **es ist ~ so** it's more or less like this; **wann ~?** roughly when?; **sind Sie ~ nicht einverstanden?** do you mean to say that you don't agree?
etwaig *adj* possible; **~e Einwände ...** any objections ...
etwas ['ɛtvas] *pron* **1.** (*substantivisch*) something; (*Frage: verneint*) anything **2.** (*adjektivisch*) some; **das ist immerhin ~** well, that's something; **das gewisse Etwas** that certain something; **~ mehr als 200** something over 200; **hast du heute Abend schon ~ vor?** are you doing anything tonight?; **kaum ~** hardly anything; **noch ~ Tee?** some more tea?; **lass mir ~ Kuchen übrig!** leave some cake for me!
Etymologie *f* etymology; **etymologisch** *adj* etymological
EU [e:'u:] <-> *f Abk. von* **Europäische Union** (COM) EU, European Union
EU-Behörde *f* EU institution
euch [ɔɪç] *pron* you; **es liegt an ~** it's up to you; **setzt ~!** sit down!; **wascht ~!** wash yourselves!
EU-Ebene *f:* **auf ~** at EU level
euer, eure ['ɔɪɐ, 'ɔɪrə] *pron* your; **sind das eure?** are these yours?
Eukalyptus [ɔɪka'lyptʊs] <-> *m* eucalyptus
EU-Kommissar(in) *m(f)* EU Commissioner; **EU-Kommission** *f* EU Commission
EU-Land *nt* European Union member state
Eule ['ɔɪlə] <-, -n> *f* owl; **~n nach Athen tragen** (*prov*) carry coals to Newcastle
EU-Ministerrat *m* EU Council of Ministers; **EU-Mitgliedsland** *nt* EU member state; **EU-Mitgliedsstaat** *m* European Union Member State; **EU-Norm** *f* EU standard
Eunuch [ɔɪ'nu:x] <-en, -en> *m* eunuch

euphemistisch [ɔɪfe'mɪstɪʃ] *adj* euphemistic
Euphorie [ɔɪfo'riː] <-> *f* euphoria
euphorisch *adj* euphoric
euphorisieren *vt* enthuse
eurerseits *pron* on your part, for your part
euresgleichen *pron* the likes of you
euretwegen ['ɔɪrətveːgən] *adv* because of you
euretwillen ['ɔɪrətvɪlən] *adv:* **um ~** for your sake
eurige ['ɔɪrɪgə] *pron:* **der/die/das ~** yours; **tut ihr das Eurige** you do your bit
Euro *m* euro; **5 ~** 5 euro
Euro-Banknote *f* euro banknote
EuroCity *m* European Inter-City train
Euro-Info-Centre *nt* (EU) Euro Info Centre, EIC
Euro-Münze *f* euro coin
Europa [ɔɪ'roːpa] <-s> *nt* Europe; **Europacup** *m* European cup; **Europäer(in)** [ɔɪro'pɛːɐ] <-s, -> *m(f)* European; **europäisch** *adj* European; **~e Artikelnummer** (*Warenauszeichnung*) European Article Number; **Europäischer Bürgerbeauftragte(r)** European Ombudsman; **Europäischer Fonds für regionale Entwicklung, EFRE** European Regional Development Fund, ERDF; **Europäischer Gerichtshof** European Court; **Europäische Investitionsbank** European Investment Bank; **Europäische Kommission** European Commission; **Europäischer Rat** European Council; **Europäischer Rechnungshof, ERH** European Court of Auditors, ECA; **Europäisches Polizeiamt** European Police Office; **~es Sicherheitssystem** (MIL) European security system; **Europäisches System der Zentralbanken** European Central Bank System; **Europäisches Währungsinstitut** European Monetary Institute; **Europäisches Währungssystem, EWS** European Monetary System, EMS; **Europäische Zentralbank** European Central Bank
Europameister(in) *m(f)* European champion; **Europaparlament** *m* European Parliament; **Europapass**RR *m* European passport; **Europapokal** *m* European cup; **Europarat** *m* Council of Europe; **Europawahlen** *fpl* European elections
Europol *nt Abk. von* **Europäisches Polizeiamt** Europol, European Police Office, Eurocheque; **Euroscheckkarte** *f* Eurocheque card
Euro-Schein *m* euro note
Euro-Währungsgebiet *nt* euro-currency area
Euro-Zone *f* euro zone
EU-Staat *m* EU country
Euter ['ɔɪtɐ] <-s, -> *nt* udder
EU-Umweltrecht *nt* EU environmental legislation
evakuieren [evaku'iːrən] *vt* evacuate
Evakuierung *f* evacuation
evangelisch [evaŋ'geːlɪʃ] *adj* Protestant
Evangelium [evaŋ'geːliʊm] *nt* gospel
Eventbereich [ɪ'vɛntbəˌraɪç] *m* event area
eventuell [evɛntu'ɛl] **I.** *adj* (*etwaig*) possible **II.** *adv* if the occasion arises; (*nötigenfalls*) if need be; (*vielleicht*) perhaps, possibly; **ich komme ~ ein bisschen später** I might come a little later
Evolution [evolu'tsjoːn] <-> *f* evolution
EWI *nt Abk. von* **Europäisches Währungsinstitut** EMI
ewig ['eːvɪç] *adj* (REL PHILOS) eternal; **das dauert ja ~!** (*fam*) it's taking ages!; **ich mag diese ~en Diskussionen nicht** I don't like these never-ending discussions
Ewigkeit *f* (REL) eternity; **ich habe ihn eine ~ nicht mehr gesehen** (*fig*) I haven't seen him for ages *pl;* **das dauert ja eine ~!** (*fig*) it's taking ages!
EWS [eːveːe's] <-> *nt Abk. von* **Europäisches Währungssystem** EMS
EWU [eːveːuː] <-> *f Abk. von* **Europäische Währungsunion** EMU
exakt [ɛ'ksakt] *adj* exact; **~ arbeiten** work accurately
Examen [ɛ'ksaːmən, *pl:* ɛ'ksaːmina] <-s, -/ -mina> *nt* examination; (*fam*) exam; **~ machen** take one's exams *pl*
Exekution [ɛkseku'tsjoːn] *f* execution
Exekutionskommando *nt* firing squad
Exempel [ɛ'ksɛmpəl] <-s, -> *nt* example; **die Probe aufs ~ machen** put it to the test; **ein ~ an jdm statuieren** make an example of s.o.
Exemplar [ɛksɛm'plaːɐ] <-s, -e> *nt* **1.** (*Buch*) copy **2.** (*Muster*) sample **3.** (*Pflanze*) specimen
exemplarisch *adj* exemplary; **jdn ~ bestrafen** punish s.o. as an example
exerzieren [ɛksɛr'tsiːrən] *vi* drill
Exerzierplatz *m* parade ground
exhumieren [ɛkshu'miːrən] *vt* exhume
Exil [ɛ'ksiːl] <-s, -e> *nt* exile; **ins ~ gehen** go into exile
existentiell *adj* existential
Existenz [ɛksɪs'tɛnts] *f* (*Dasein*) existence; **sich eine ~ aufbauen** make a life for o.s.; **Existenzangst** *f* existential fear, angst; **Existenzberechtigung** *f* right to exist; **Existenzgründer(in)** *m(f)* founder of a new business; **Existenzgrundlage** *f* basis of one's livelihood; **Existenzgründung** *f* establishing one's livelihood; **Existenzminimum** *nt* subsistence level
existieren *vi* **1.** (*bestehen*) exist **2.** (*leben*

können) live, subsist (*von* on)

exklusiv [ɛksklu'ziːf] *adj* exclusive

Exklusivrecht *nt* exclusive rights *pl*

Exkremente [ɛkskre'mɛntə] *pl* faeces, fecales

Exkursion [ɛkskʊr'zjoːn] <-, -en> *f* excursion

exmatrikulieren I. *vr* withdraw from the university register **II.** *vt* take off the university register

exotisch [ɛ'ksoːtɪʃ] *adj* exotic

Expansion [ɛkspan'zjoːn] <-, -en> *f* expansion

Expedition [ɛkspedi'tsjoːn] *f* expedition; **auf eine ~ gehen** go on an expedition

Experiment [ɛksperi'mɛnt] <-(e)s, -e> *nt* experiment; **ein ~ machen** do an experiment

experimentieren *vi* experiment

Experte, -tin [ɛks'pɛrtə] <-n, -n> *m, f* expert (*für* in); **Expertensystem** *m* (INFORM) expert system

explizit [ɛkspli'tsiːt] *adj* explicit

explodieren [ɛksplo'diːrən] *vi sein* explode

Explosion *f* explosion; **etw zur ~ bringen** detonate s.th.; **explosionsartig** *adj* explosive; **Explosionsgefahr** *f* danger of explosion

explosiv [ɛksplo'ziːf] *adj* explosive

exponieren [ɛkspo'niːrən] *vr* take a prominent stance; **exponierte Lage** prominent position

Export [ɛks'pɔrt] <-(e)s, -e> *m* export

Exportartikel *m* export; **Exporteur** [ɛkspɔr'tøːɐ] <-s, -e> *m* exporter; **Exportgenehmigung** *f* (COM) export authorisation; **exportieren** *vt* export; **Exportschlager** *m* (COM) export hit; **Exportverbot** *nt* (COM) export ban, ban on exports

Express[RR] [ɛks'prɛs] *adv* (*Postsendung*) by express

Expressgutabfertigung[RR] *f* (RAIL) express goods office

Expressionismus [---'-] *m* expressionism

expressionistisch *adj* expressionist

expressiv [ɛksprɛ'siːf] *adj* expressive

Expressstraße *f* (*CH: Schnellstraße*) expressway

extern [ɛks'tɛrn] *adj* external

extra ['ɛkstra] **I.** *adv:* **das hast du ~ getan!** you did that on purpose!; **jetzt tu ich's ~!** just for that I'll do it!; **diese Frage wird ~ diskutiert** there will be separate discussions on this question **II.** *adj:* **ein ~ Blatt Papier** a separate sheet of paper

Extraausstattung *f* (AUTO) special fittings *pl;* **Extrablatt** *nt* special edition; **extrafein** *adj* superfine

Extrakt [ɛks'trakt] <-(e)s, -e> *m* extract

Extranet ['ɛkstranet] <-s, -s> *nt* (*Verknüpfung von Intranets*) extranet

extravagant [ɛkstrava'gant] *adj* extravagant

Extrawurst *f* (*fig*): **er muss immer eine ~ (gebraten) haben** he always expects to get special treatment

Extrem <-s, -e> *nt* extreme; **von einem ~ ins andere fallen** go from one extreme to the other

extrem [ɛks'treːm] *adj* extreme; **die ~e Linke** (POL) the extreme left

Extremist(in) *m(f)* extremist

Extremitäten *fpl* (ANAT) extremities

Extremwert *m* extreme value

extrovertiert ['ɛkstrovɛrtiːɐt] *adj* (PSYCH) extrovert

exzellent [ɛkstsɛ'lɛnt] *adj* excellent

Exzellenz [ɛkstsɛ'lɛnts] *f* Excellency

exzentrisch [ɛks'tsɛntrɪʃ] *adj* eccentric

Exzess[RR] [ɛks'tsɛs] <-es, -e> *m* excess; **bis zum ~** to excess; **exzessiv** [--'-] *adj* excessive

EZB *f Abk. von* **Europäische Zentralbank** ECB

F

F, f [ɛf] <-, -> *nt* F, f; **F-Schlüssel** *m* (MUS) F clef

Fabel ['faːbəl] <-, -n> *f* **1.** (*Tier~*) fable **2.** (*fam: unglaubliche Geschichte*) fantastic story; **fabelhaft** *adj* **1.** (*wunderbar*) fabulous **2.** (*großartig*) splendid; **Fabeltier** *nt,* **Fabelwesen** *nt* mythical creature

Fabrik [fa'briːk] <-, -en> *f* factory; (*Werk*) works *pl;* (*Anlage, Anwesen*) establishment, plant; **Fabrikant(in)** [fabri'kant] <-en, -en> *m(f)* **1.** (*Besitzer*) factory-owner **2.** (*Erzeuger*) manufacturer; (*Hersteller*) maker; **Fabrikarbeiter(in)** *m(f)* factory worker; **Fabrikat** <-(e)s, -e> *nt* **1.** (*Marke, Fertigung*) brand, make **2.** (*Erzeugnis*) article, product; **Fabrikation** *f* manufacture, manufacturing, production; **Fabrikationsfehler** *m* manufacturing fault; **Fabrikbesitzer(in)** *m(f)* factory-owner; **Fabrikgelände** *nt* factory premises *pl;* **fabrikneu** *adj* brand-new; **Fabrikschornstein** *m* smoke stack; **Fabrikstilllegung**[RR] *f* closing down (of a factory), industrial dereliction

fabrizieren [fabri'tsiːrən] *vt* manufacture; (*herstellen*) make; (*produzieren*) produce

fabulieren [fabu'liːrən] *vi* romance

facettieren [fasɛ'tiːrən] *vt* facet

Fach [fax, *pl:* 'fɛçɐ] <-(e)s, ¨er> *nt* **1.** (*Abteil*) compartment, division; (*Schub~*) drawer; (*Ablage~*) filing cabinet; (*Schrankabteil*) partition **2.** (*fig: Zweig*) branch, business, line; (*Arbeitsgebiet*) province **3.** (*Unterrichts~*) subject; **ein Mann (eine Frau) vom ~** an expert; **er versteht sein ~** he knows his business

Facharbeiter(in) *m(f)* skilled worker; **Facharzt, -ärztin** *m, f* specialist (*für* in); **~ für innere Medizin** specialist for internal medicine; **Fachausdruck** *m* technical term; **Fachbuch** *nt* specialist book [*o* publication]; **Fachdisziplin** *f* specialist discipline

fächeln ['fɛçəln] *vi* fan

Fächer ['fɛçɐ] <-s, -> *m* fan

Fachfrau *f* expert; **Fachgebiet** *nt* (special) field (of work); **Fachgeschäft** *nt* specialist shop *Br,* specialist store *Am;* **Fachhändler** *m* specialist retailer; **Fachhochschule** *f* college, polytechnic; **Fachidiot** *m* (*fam*) one-track specialist; **Fachkenntnisse** *pl* special knowledge *sing*

fachkundig *adj* competent, expert

fachlich *adj* **1.** technical **2.** (*beruflich*) professional

Fachliteratur *f* technical literature; **Fachmann** <-s, -leute/(-männer)> *m* expert; **fachmännisch** *adj* expert; **Fachmaßnahmen** *fpl* specific measures; **Fachmesse** *f* trade fair; **Fachpresse** *f* trade press; **Fachschule** *f* technical college; **fachsimpeln** ['-zɪmpəln] *vi* (*fam*) talk shop; **Fachsprache** *f* technical language; **Fachtext** *m* specialist [*o* technical] text; **Fachwelt** *f* experts *pl*

Fachwerk *nt* half-timbering; **Fachwerkhaus** *nt* half-timbered house

Fachwissen *nt* expertise; **Fachwort** *m* technical term; **Fachwörterbuch** *nt* specialist dictionary; **Fachzeitschrift** *f* (*technisch*) technical journal; (*naturwissenschaftlich*) scientific journal; (*Branchen~*) trade journal

Fackel ['fakəl] <-, -n> *f* torch

fackeln *vi* (*fam*): **da wird nicht lange gefackelt!** there won't be any dilly-dallying!

fade ['faːdə] *adj* **1.** stale, tasteless **2.** (*abgeschmackt*) insipid; (*langweilig*) dull, flat

Faden ['faːdən, *pl:* 'fɛːdən] <-s, ¨> *m* **1.** thread **2.** (*Maß*) fathom; **ihr Schicksal hängt an einem dünnen ~** her fate hangs by a thread; **der rote ~** the main idea; **alle Fäden in der Hand halten** hold the reins; **den ~ verlieren** lose the thread

Fadennudeln *fpl* vermicelli

fadenscheinig *adj* (*a. fig*) threadbare

Fadheit *f* **1.** (*Abgeschmacktheit*) insipidity **2.** (*Langweiligkeit*) dullness

Fagott [fa'gɔt] <-(e)s, -e> *nt* (MUS) bassoon

fähig ['fɛːɪç] *adj* able, capable; (*qualifiziert*) fit, qualified; **er ist zu allem ~** he is capable of anything

Fähigkeit *f* ability, capability

fahl [faːl] *adj* fallow; (*matt*) faded; (*bleich*) livid, pale

fahnden ['faːndən] *vi* search (*nach* for)

Fahndung *f* search (*nach* for); **Fahndungsliste** *f* list of wanted criminals, wanted list

Fahne ['faːnə] <-, -n> *f* **1.** flag **2.** (TYP) galley (proof) **3.** (*fam*): **eine ~ haben** (*fig fam*) reek of the bottle; **mit fliegenden ~n untergehen** (*fig*) go down with all flags flying;

die ~ hochhalten (*fig*) keep the flag flying

Fahnenabzug *m* (TYP) galley-proof; **Fahneneid** *m* oath of allegiance; **Fahnenflucht** *f* (MIL: *a. fig*) desertion; **fahnenflüchtig** *adj* (MIL: *a. fig*): **~ sein** have deserted; **~ werden** desert; **Fahnenstange** *f* flagpole; **Fahnenträger(in)** *m(f)* standard-bearer

Fähnrich ['fɛːnrɪç] <-s, -e> *m* (MIL) sergeant

Fahrausweis *m* ticket; **Fahrbahn** *f* lane; **Fahrbahnverengung** *f* lane closures *pl;* (*auf Schildern*) road narrows; **fahrbar** *adj* (*beweglich*) mobile; **~er Untersatz** (*fam*) wheels *pl;* **Fahrdienstleiter(in)** *m(f)* (RAIL) assistant station-master *Br,* station agent *Am*

Fähre ['fɛːrə] <-, -n> *f* ferry

fahren ['faːrən] **I.** *irr vi* **1.** *sein* go; (*mit dem Rad*) ride; (*mit einem Schiff*) sail **2.** (*von Fahrzeugen*) run **II.** *vt* **1.** *haben* (*einen Wagen lenken*) drive; (*Boot*) row; (*Schiff*) sail (*nach* for) **2.** (*befördern*) convey; (*Steine*) cart; **er kann Auto** (**Motorrad**) **~** he knows how to drive a car (ride a motorcycle); **wollen wir ~ oder zu Fuß gehen?** shall we go by car or walk?; **was ist in sie gefahren?** (*fig*) what's got into her?; **per Anhalter ~** hitch(hike); **über den Fluss ~** cross the river; **etw ~ lassen**[RR] (*aufgeben*) abandon, give up, let go; **rechts ~!** keep right!; **sich mit der Hand über das Gesicht ~** pass one's hand over one's face; **in die Höhe ~** (*aufschrecken*) start (up); **nicht schlecht bei etw ~** (*fig*) not to come off badly with; **Sie ~ besser, wenn ...** (*fig*) you would do better if ...; **fahrend** *adj* itinerant

Fahrer(in) *m(f)* driver; **Fahrerflucht** *f* hit-and-run

Fahrerlaubnis *f* driver's permit, driving licence *Br,* driver's license *Am;* **jdm die ~ entziehen** revoke someone's driving licence

Fahrgast *m* passenger; **Fahrgeld** *nt* fare; **Fahrgelegenheit** *f* conveyance; (*für Anhalter*) lift; **Fahrgemeinschaft** *f* driving pool, car pool *Am;* **Fahrgestell** *nt* **1.** (AUTO) chassis; (AVIAT) undercarriage *Br,* landing gear *Am* **2.** (*fam: Beine*) legs *pl*

fahrig ['faːrɪç] *adj* fidgety

Fahrkarte *f* (RAIL) ticket; **einfache ~** single ticket *Br,* one-way ticket *Am;* **Fahrkartenautomat** *m* (automatic) ticket (vending) machine; **Fahrkartenschalter** *m* ticket office; **Fahrkomfort** *m* (AUTO) motoring comfort

fahrlässig ['faːɐlɛsɪç] *adj* (JUR) negligent; **~e Körperverletzung** physical injury caused by negligence; **~e Tötung** manslaughter through culpable negligence

Fahrlässigkeit *f* (JUR) negligence; **grobe ~** culpable negligence

Fahrlehrer(in) *m(f)* driving instructor

Fährlinie *f* ferry line; **Fährmann** <-s, -männer/-leute> *m* ferryman

Fahrplan *m* (RAIL) time-table *Br,* (railroad) schedule *Am*

fahrplanmäßig *adj* scheduled; **~ ankommen** arrive on schedule; **alles verlief ~** (*fig*) everything went according to schedule

Fahrpraxis *f* driving experience; **Fahrpreis** *m* fare; **Fahrpreisermäßigung** *f* fare reduction; **Fahrprüfung** *f* (AUTO) driving test

Fahrrad *nt* bicycle, cycle; (*fam*) bike; **Fahrradcomputer** *m* bicycle computer; **Fahrradkurier** *m* bicycle courier; **Fahrradständer** *m* bicycle stand; **Fahrradweg** *m* cyclepath

Fahrrinne *f* (MAR) shipping channel; **Fahrschein** *m* ticket; **Fahrscheinautomat** *m* ticket machine; **Fahrschule** *f* driving school; **Fahrschüler(in)** *m(f)* learner (driver); **Fahrspur** *f* lane; **Fahrspurmarkierung** *f* lane marking; **Fahrstuhl** *m* lift *Br,* elevator *Am*

Fahrt [faːɐt] <-, -en> *f* **1.** (*im Wagen*) drive, ride **2.** (*Reise*) journey, trip; (MAR: *See~*) voyage; (*Über~*) passage; (*Kreuz~*) cruise **3.** (*~geschwindigkeit*) speed; **in voller ~** (at) full speed; **~ aufnehmen** pick up speed; **in ~ kommen** (*fig*) get into one's stride

Fährte ['fɛːɐtə] <-, -n> *f* track, trail; **auf falscher ~** on the wrong track

Fahrtenbuch *nt* (AUTO) driver's log; **Fahrtenschreiber** *m* (AUTO) tachograph; **Fahrtkosten** *pl* travelling expenses *pl;* **Fahrtrichtung** *f* direction; **in ~ sitzen** sit facing the engine; **Fahrtrichtungsanzeiger** *m* **1.** (AUTO) indicator **2.** (RAIL) destination board

fahrtüchtig *adj* **1.** (*Kfz*) roadworthy **2.** (*Fahrer*) fit to drive

Fahrtüchtigkeit *f* **1.** (*Kfz*) roadworthiness **2.** (*Fahrer*) fitness to drive

Fahrtunterbrechung *f* break in the journey

Fahrtwind *m* air stream, head wind

fahruntüchtig *adj* (*Fahrer*) unfit to drive

Fahrverbot *nt* suspension of someone's driving licence *Br,* suspension of someone's driver's license *Am;* **jdm (ein) ~ erteilen** suspend someone's driving licence; **Fahrverhalten** *nt* **1.** (*von Kfz*) road performance **2.** (*von Fahrer*) driving behaviour; **Fahrwasser** *nt* **1.** (MAR) fairway **2.** (*fig*): **im richtigen ~ sein** be in one's element; **Fahrwerk** *nt* (*von Flugzeug*) undercarriage, landing gear; **Fahrzeit** *f* running-time; (*Reisedauer*) duration (of a journey)

Fahrzeug *nt* vehicle; **Fahrzeughalter(in)** *m(f)* owner of a vehicle

Faksimile [fak'zi:mile] <-s, -s> *nt* facsimile

faktisch ['faktɪʃ] *adj* effective, real

Faktor *m* (MATH) factor

Factory-Outlet ['fɛktorɪ,aʊtlət] <-s, -s> *nt* (*Fabrikverkaufstelle*) factory outlet

Faktum ['faktʊm] *nt* fact

Fakultät [fakʊl'tɛ:t] *f* (*Universitäts~*) faculty

fakultativ [fakʊlta'ti:f/'----] *adj* optional

Falke ['falkə] <-n, -n> *m* (*Greifvogel*) falcon

Fall¹ [fal] <-(e)s, (¨e)> *m* (*a. fig: Sturz*) fall; **zu ~ bringen** make fall; (*fig*) cause the downfall of ...; **zu ~ kommen** (*hinfallen*) fall; **Knall auf ~ entlassen werden** (*fam*) be sacked on the spot

Fall² [fal, *pl:* 'fɛlə] <-(e)s, ¨e> *m* **1.** (*Umstand, Sachverhalt*) case, instance **2.** (JUR MED GRAM) case; **gesetzt den ~, dass ...** supposing that ...; **in diesem ~** in this case [*o* instance]; **in jedem (keinem) ~** always (never); **auf jeden (keinen) ~** at any rate (on no account); **für den ~, dass er ...** in case he ...; **auf alle Fälle** anyway; **im besten (schlimmsten) ~** at best (worst); **von ~ zu ~** from case to case; **ein klarer ~ sein** be a clear-cut case; **klarer ~!** (*fam*) sure thing!; **das ist ganz mein ~** (*fam*) that's right up my street!; **er ist ganz mein ~** (*fam*) he's just my type; **das ist nicht mein ~** (*fam*) that's not my cup of tea

Fallbeil *nt* guillotine

Fallbeispiel *nt* case study

Falle ['falə] <-, -n> *f* **1.** (*a. fig*) trap **2.** (*fam: Bett*) sack; **in die ~ gehen** get caught in the trap; (*fig*) fall into the trap; (*fam: ins Bett gehen*) hit the sack; **jdn in eine ~ locken** (*fig*) trick s.o.; **jdm eine ~ stellen** (*fig*) set a trap for s.o.

fallen ['falən] *irr vi* **1.** *sein* fall **2.** (*Preise, Temperatur*) drop, go down **3.** (*Schuss*) be fired **4.** (*Entscheidung*) be made; (*Urteil*) be passed **5.** (*im Krieg sterben*) be killed **6.** (*Wort*) be uttered; (*Bemerkung*) be made; (*Name*) be mentioned; **er fiel durch die Prüfung** he failed the exam; **über etw ~** trip over s.th.; **im Preis ~** go down in price; **im Kurs ~** (*Aktien*) go down; **ins Schloss ~** (*von Tür*) click shut; **endlich fiel ein Tor** (SPORT) finally a goal was scored; **mit der Tür ins Haus ~** (*fig*) blurt things out; **nicht ins Gewicht ~** be of no consequence; **in Ohnmacht ~** faint; **jdm um den Hals ~** fling one's arms around someone's neck; **jdm in den Rücken ~** (*fig*) stab s.o. in the back; **er ist nicht auf den Mund gefallen** (*fam*) he's not at a loss for words; **sie ist nicht auf den Kopf gefallen** (*fam*) she's smart; **jdm leicht ~**[RR] be easy for s.o.

fällen ['fɛlən] *vt* **1.** (*Bäume*) fell **2.** (*fig: Entscheidung*) make; (*Urteil*) pass **3.** (MATH): **das Lot ~** drop a perpendicular

Fallensteller(in) *m(f)* trapper

Fallgeschwindigkeit *f* (PHYS) speed of fall; **Fallgesetz** *nt* (PHYS) law of gravity; **Fallgrube** *f* **1.** pit **2.** (*fig*) pitfall

fällig ['fɛlɪç] *adj* (*a.* FIN) due; **die Zahlung ist ~** the payment is due; **~ werden** fall due; (*Wechsel*) mature; **jetzt bist du ~!** (*fam*) you're for it!

Fälligkeit *f* (FIN) settlement date; (*von Wechsel*) maturity; **bei ~** by settlement date [*o* at maturity]

Fallobst *nt* windfall

falls [fals] *konj* **1.** (*wenn*) if **2.** (*für den Fall, dass*) in case ...

Fallschirm *m* parachute; **mit dem ~ abspringen** parachute (*über* out over); **mit dem ~ abwerfen** drop by parachute; **Fallschirmabsprung** *m* parachute jump; **Fallschirmjäger** *m* (MIL) paratrooper; **Fallschirmspringer(in)** *m(f)* parachutist

Fallstrick *m* (*fig*) snare, trap

Fallstudie *f* case study

Falltür *f* trapdoor

falsch [falʃ] *adj* **1.** (*verkehrt*) wrong **2.** (*Name, Zähne*) false **3.** (*Pass, Alibi*) fake, forged; (*Geld*) counterfeit **4.** (*betrügerisch*) bogus; **~ gehen** (*Uhr*) be wrong; **etw ~ aussprechen** mispronounce s.th.; **etw ~ schreiben** misspell s.th.; **etw ~ beurteilen** misjudge s.th.; **etw ~ verstehen** misunderstand s.th.; **~ singen (spielen)** (*unrein*) sing (play) out of tune; **~ spielen** (*einen Ton*) play the wrong note(s); (*beim Kartenspiel*) cheat; **damit liegst du ~** (*fig fam*) you're wrong about that; **bei mir gerätst du an den Falschen** you've picked the wrong man in me; **~er Alarm** (*a. fig*) false alarm; **so ein ~er Hund!** (*fam*) he's such a snake-in-the-grass!

fälschen ['fɛlʃən] *vt* **1.** fake, forge; (*Geld*) counterfeit **2.** (COM: *Rechnung, Bilanz*) falsify **3.** (*Tatsachen*) falsify

Falschgeld *nt* counterfeit money

Falschheit *f* falseness

fälschlich ['fɛlʃlɪç] *adj* false; **fälschlicherweise** *adv* falsely, wrongly

Falschmünzer(in) *m(f)* counterfeiter, forger; **Falschparker** *m* person who parks illegally; **Falschspieler(in)** *m(f)* cheat

Fälschung ['fɛlʃʊŋ] *f* fake, forgery; **fälschungssicher** *adj* (*Ausweis*) unforge-

F

able, forgery-proof

Faltblatt *nt* (*Prospekt*) leaflet *Br,* folder *Am;* **Faltboot** *nt* collapsible boat *Br,* foldboat *Am*

Fältchen ['fɛltçən] <-s, -> *nt* fine line

Faltdach *nt* (AUTO) collapsible [*o* convertible] top, folding roof

Falte ['faltə] <-, -n> *f* **1.** fold **2.** (*Bügel~*) crease; (*von Rock*) pleat **3.** (*Gesichts~*) wrinkle; **die ~n glätten** smooth the folds; **in ~n legen** fold, pleat; **~n werfen** crease, pucker; **die Stirn in ~n legen** [*o* **ziehen**] knit one's brow; **falten** *vt* (*zusammenlegen*) fold; (*Stoff*) crease, pleat; **die Hände ~** clasp one's hands; **faltenlos** *adj* **1.** without folds **2.** (*ohne Runzeln*) unwrinkled; **faltenreich** *adj* (*runzlig*) wrinkled; **Faltenrock** *m* pleated skirt; **Faltenwurf** *m* drapery

Falter <-s, -> *m* (*Schmetterling*) butterfly

faltig *adj* (*Haut*) wrinkled

Falz [falts] <-es, -e> *m* **1.** (*Faltung*) fold **2.** (TECH: *Nutnaht*) rabbet

falzen ['faltsən] *vt* **1.** (*Papier*) fold **2.** (TECH) rabbet

familiär [fami'ljɛːɐ] *adj* (*zwanglos*) informal

Familie [fa'miːliə] *f* family; **aus guter ~ sein** come from a good family; **es liegt in der ~** it runs in the family; **Familienanschluss**[RR] *m:* **mit ~** as one of the family; **Familienanzeige** *f* personal announcement; **Familienbetrieb** *m* family-run business; **Familienfeier** *f* family party; **Familienkreis** *m* family circle; **Familienleben** *nt* family life; **Familienmitglied** *nt* member of the family; **Familienname** *m* surname *Br,* last name *Am;* **Familienplanung** *f* family planning; **Familienstand** *m* marital status; **Familientherapie** *f* family therapy; **Familienunternehmen** *nt* family business; **Familienvater** *m* father of a family, family man

famos [fa'moːs] *adj* (*ausgezeichnet*) splendid *Br,* capital, swell *Am*

Fan [fɛn] <-s, -s> *m* (*fam*) fan; (*sl*) freak

Fanatiker(in) [fa'naːtɪkɐ] *m(f)* fanatic; **fanatisch** *adj* fanatical

Fanclub *m* fan club

Fanfare [fan'faːrə] <-, -n> *f* **1.** (MUS) fanfare **2.** (AUTO) horn

Fang [faŋ, *pl:* 'fɛŋə] <-(e)s, ¨-e> *m* **1.** (*Beute, a. fig*) catch **2.** (*Jagd*) hunting; (*Fisch~*) fishing **3.** (*Kralle*) talon **4.** (*~zahn*) fang; (*von Keiler*) tusk; **ein guter ~** a good catch; **in jds Fängen** in someone's clutches

Fangarm *m* (*eines Kraken*) tentacle

Fangemeinde *f* all the fans

fangen ['faŋən] **I.** *irr vt* **1.** catch; (*mit Fallen*) trap **2.** (*fig: durch Fangfragen*) trap; (*überlisten*) trick; **du fängst dir gleich eine!** (*fam*) you're going to catch it! **II.** *vr* (*fig*) steady o.s.

Fangflotte *f* fishing fleet; **Fangfrage** *f* catch question; **Fangleine** *f* (MAR) hawser

Fantasie[RR] [fanta'ziː] *f* fantasy, imagination; **Fantasiegebilde**[RR] *nt* (*Einbildung*) figment of the [*o* one's] imagination; **fantasielos**[RR] *adj* unimaginative, lacking in imagination; **fantasieren**[RR] *vi* **1.** (*sich vorstellen*) fantasize (*über* about) **2.** (MED: *delirieren*) be delirious; **fantasievoll**[RR] *adj* imaginative

Fantast[RR] [fan'tast] <-en, -en> *m* dreamer, visionary; **Fantasterei**[RR] *f* fantasy; **fantastisch**[RR] *adj* **1.** fantastic **2.** (*großartig*) excellent, swell *Am* **3.** (*unglaublich*) incredible

Fanzine ['fænziːn] <-s, -s> *nt* (*Zeitschrift eines Fanclubs*) fanzine

FAQ *f* (INTERNET: *häufig gestellte Frage*) FAQ (frequently asked question)

Farbabzug *m* coloured print; **Farbaufnahme** *f* colour photo(graph)

Farbband *nt* (*von Schreibmaschine*) typewriter ribbon; **Farbbandkassette** *f* ribbon cassette

Farbe ['farbə] <-, -n> *f* **1.** colour *Br,* color *Am;* (*dunkle Tönung*) shade; (*helle Tönung*) tint; (*von Gesicht*) complexion **2.** (*Färberei*) dye; (TYP: *Druck~*) ink; (*Anstrich*) paint **3.** (*von Kartenspiel*) suit **4.** (*im pl: Fahne*) colours *pl;* **~ bekennen** (*sich entscheiden*) nail one's colours to the mast; (*gestehen*) come clean; **~ bekommen** get a bit of colour

farbecht *adj* colourfast

färben ['fɛrbən] **I.** *vt* colour; (*Stoff, Haare*) dye **II.** *vr* change colour; **sich gelb ~** turn yellow

farbenblind *adj* colour-blind

Farb(en)druck <-(e)s, -e> *m* **1.** (TYP) colour print(ing) **2.** (*Bild*) chromotype; **Farbenfabrik** *f* paint factory; **farbenfreudig** *adj* colourful; **farbenfroh** *adj* colourful; **Farb(en)kasten** *m* paintbox; **Farbenlehre** *f* chromatology; **Farbenpracht** *f* blaze of colour; **Farbenreichtum** *m* wealth of colours; **Färberei** *f* **1.** (*Betrieb*) dyeing works *sing* **2.** (*Gewerbe*) dyer's trade

Farbfernsehen *nt* colour TV; **Farbfernseher** *m* (*Gerät*) colour TV; **Farbfilm** *m* colour film; **Farbfoto(grafie)** *nt (f)* **1.** (*Verfahren*) colour photography **2.** (*Bild*) colour photo(graph)

farbig ['farbɪç] *adj* **1.** coloured **2.** (OPT) chromatic **3.** (*fig*) colourful, vivid

Farbige(r) *f m* coloured man/woman, coloured person

Farbkopierer *m* colour (photo)copier
farblos *adj* (*a. fig*) colourless
Farbskala *f* colour range; **Farbstift** *m* coloured pencil [*o* crayon]; **Farbstoff** *m* colouring; (*Pigment*) pigment; **Farbton** *m* hue, shade; (*Tönung*) tint
Färbung ['fɛrbʊŋ] *f* **1.** (*das Färben*) colouring **2.** (*Farbe*) colour, tinge; (*Schattierung*) shade **3.** (*fig: Tendenz*) slant
Farce [fars] <-, (-n)> *f* (THEAT: *a. fig*) farce
Farm [farm] <-, -en> *f* farm; **Farmer**(**in**) *m(f)* farmer
Farn [farn] <-(e)s, -e> *m* fern
Fasan [fa'za:n] <-(e)s, -e(n)> *m* (*Hühnervogel*) pheasant
Faschierte(**s**) [fa'ʃi:rtə(s)] <-n> *nt* (*österr*) mince(d meat) *Br,* ground meat *Am*
Fasching ['faʃɪŋ] <-s, -e/-s> *m* carnival
Faschingsdienstag *m* Shrove Tuesday
Faschismus [fa'ʃɪsmʊs] <-> *m* (POL) fascism; **Faschist**(**in**) *m(f)* fascist; **faschistisch** *adj* fascist
Faselei [fa:zə'laɪ] *f* (*fam pej*) drivel, twaddle; **faseln** ['fa:zəln] **I.** *vi* (*fam pej*) drivel, gas **II.** *vt:* **dummes Zeug** ~ talk drivel
Faser ['fa:zɐ] <-, -n> *f* (BOT ANAT) fibre *Br,* fiber *Am;* **faserig** ['fa:zərɪç] *adj* fibrous; (*Fleisch, Spargel*) stringy
fasern *vi* fray
FassRR [fas, *pl:* 'fɛsɐ] <-es, ⁻er> *nt* barrel; **vom** ~ on tap; (*Bier*) on draught; **Bier vom** ~ draught beer; **das ist doch ein** ~ **ohne Boden** it's a bottomless pit; **das schlägt dem** ~ **den Boden aus!** that's the last straw!
Fassade [fa'sa:də] <-, -n> *f* (*a. fig*) façade
fassen ['fasən] **I.** *vt* **1.** (*ergreifen*) take hold of; (*packen*) grab; (*festnehmen*) apprehend **2.** (*Edelsteine*) set **3.** (*enthalten*) hold **4.** (*begreifen*) grasp, understand **5.** (*fig: Entschluss, Mut*) take **6.** (*fig: ausdrücken*) express; **den Vorsatz** ~ **etw zu tun** take a resolution to do s.th.; **zu jdm Vertrauen** ~ come to trust s.o.; **etw in Worte** ~ put s.th. into words; **diesen Teil der Story müssen Sie neu** ~ you must revise this part of the story; **es ist nicht zu** ~ it's unbelievable; **etw ins Auge** ~ contemplate s.th.; **sich ein Herz** ~ pluck up courage **II.** *vi* **1.** (*an~*) feel, touch (*an etw* s.th.) **2.** (*Halt finden, greifen*) grip **III.** *vr* (*sich sammeln*) compose o.s.; **sich kurz** ~ be brief; **sich in Geduld** ~ be patient
fasslichRR ['faslɪç] *adj* comprehensible
Fassung ['fasʊŋ] *f* **1.** (*von Juwelen*) setting; (ELEK: *Birnen~*) socket **2.** (*fig: Ruhe*) composure **3.** (*Version, Bearbeitung*) version; **jdn aus der** ~ **bringen** disconcert s.o.; **die** ~ **verlieren** (**bewahren**) lose (maintain) one's composure; **etw mit** ~ **tragen** take s.th. calmly; **eine ungekürzte** ~ an unabridged version
Fassungskraft *f* (power of) comprehension; **das übersteigt die menschliche** ~ that is beyond human understanding
fassungslos *adj* aghast, stunned; **Fassungsvermögen** *nt* (*a. fig*) capacity; **das übersteigt mein** ~ that is beyond me
fast [fast] *adv* almost, nearly; ~ **dasselbe** much the same; ~ **nichts** hardly anything; ~ **nie** hardly ever
fasten ['fastən] *vi* fast; **Fastenkur** *f* fast; **Fastenzeit** *f* (ECCL) Lent
FastfoodRR ['fa:st'fu:d] <-> *nt* fast food
Fastnacht *f* **1.** Shrovetide **2.** (*Dienstag*) Shrove Tuesday
faszinieren [fastsi'ni:rən] *vt, vi* fascinate (*an* about); **fasziniert sein** be fascinated (*von, durch* by); **faszinierend** *adj* fascinating
fatal [fa'ta:l] *adj* **1.** (*verhängnisvoll*) disastrous, fatal; (*unglücklich*) unlucky **2.** (*unangenehm*) awkward
Fatalismus *m* fatalism
Fatzke ['fatskə] <-n/-s, -n/-s> *m* (*pej*) **1.** (*Geck*) dandy, fop **2.** (*hochnäsiger Dummkopf*) stuck-up twit
fauchen ['faʊxən] *vi* hiss
faul [faʊl] *adj* **1.** (*träge*) idle, lazy **2.** (*verdorben, a. fig*) rotten; (*Zahn*) decayed **3.** (*fam: verdächtig*) fishy; (*fadenscheinig*) flimsy; **~es Geschwätz** idle talk; **an der Sache ist etw** ~ there's s.th. fishy about the whole business; **auf der ~en Haut liegen** laze about; **~er Zauber** humbug
faulen ['faʊlən] *vi sein* rot
faulenzen ['faʊlɛntsən] *vi* laze [*o* loaf] about
Faulenzer(**in**) *m(f)* lazybones *sing;* (*Bummler*) loafer, idler; (*fam*) slacker; **Faulenzerei** *f* lazing [*o* loafing] about
Faulgas *nt* sewer gas
Faulheit *f* idleness, laziness
faulig *adj* (*Obst*) going rotten; (*Geruch*) foul, putrid; (*Wasser*) stale
Fäulnis ['fɔɪlnɪs] <-> *f* (*Fäule*) rottenness; (MED) putrefaction; (*Zahn~*) caries; **in** ~ **übergehen** go rotten; **Fäulnisprozess**RR *m* breakdown, decomposition
Faulpelz *m* (*fam*) lazybones *sing;* **Faulschlamm** *m* sludge; (GEOL) sapropel; **Faultier** *nt* **1.** (*Säugetier*) sloth **2.** (*pej*) sluggard; **Faulturm** *m* (*im Klärwerk*) digestion tower
Fauna ['faʊna] <-, -nen> *f* fauna
Faust [faʊst, *pl:* 'fɔɪstə] <-, ⁻e> *f* fist; **die** ~ **ballen** clench one's fist; **auf eigene** ~ (*fam*) off one's own bat; **das passt wie die** ~ **aufs Auge** (*fam*) it's completely out of

place

Fäustchen ['fɔɪstçən] *nt:* **sich ins ~ lachen** laugh up one's sleeve

faustdick *adj* as big as a fist; **er hat es ~ hinter den Ohren** (*fam*) he's a crafty one; **eine ~e Lüge** a whopping lie

Fausthandschuh *m* mitt(en); **Faustpfand** *nt* pledge; **Faustregel** *f* rule of thumb; **Faustschlag** *m* punch

Favorit(in) [favo'ri:t] <-en, -en> *m(f)* favourite

Fax ['faks] <-, -e> *nt* fax; **faxen** *vt* fax

Fazit ['fa:tsɪt] <-s, -e/-s> *nt* (*fig*) result; **das ~ ziehen** draw the conclusion(s) (*aus etw* from)

FCKW *m Abk. von* **Fluorchlorkohlenwasserstoff** (CHEM) CFC

Feber ['fe:bə] <-s, -e> *m* (*österr*) February

Februar ['fe:brua:ɐ] <-(s), (-e)> *m* February

fechten ['fɛçtən] *irr vi* fence, fight

Fechter(in) *m(f)* (SPORT) fencer

Fechtmeister(in) *m(f)* fencing master

Feder ['fe:dɐ] <-, -n> *f* **1.** (*Vogel~*) feather; (*Gänse~*) quill; (*Hut~*) plume **2.** (TECH) spring **3.** (*Schreib~*) pen; (*Stahl~, Spitze einer ~*) nib; **noch in den ~n liegen** (*fam*) be still in one's bed; **sich mit fremden ~n schmücken** deck o.s. out in [*o* adorn o.s. with] borrowed plumes; **mit spitzer ~** (*fig*) with a deadly pen; **Federball** *m* **1.** (*Ball*) shuttlecock **2.** (SPORT: *~spiel*) badminton; **Federbett** *nt* quilt *Br,* feather comforter *Am;* **Federbusch** *m* **1.** (*von Vogel*) crest **2.** (*an Helm, Hut*) plume; **Federfuchser** *m* (*pej: Schreiberling*) penpusher; **federführend** *adj* (*fig*) in (overall) charge (*bei, für* of); **Federgabel** *f* suspension fork; **Federgewicht** *nt* (SPORT) featherweight; **Federhalter** *m* pen; **federleicht** *adj* light as a feather; **Federlesen** *nt:* **nicht viel ~(s) machen** make short work (*mit* of)

federn **I.** *vi* **1.** *sein* (*elastisch sein*) be springy **2.** (*zurück~*) spring back **3.** *haben* (*von Polster*) shed **II.** *vt* **1.** (TECH) spring **2.** (AUTO) fit with suspension; **federnd** *adj* **1.** (*elastisch*) springy **2.** (TECH) sprung; **~er Gang** springy step

Federung *f* **1.** (TECH) springing **2.** (AUTO) (spring) suspension

Federvieh *nt* (*obs a. hum*) poultry

Federzeichnung *f* pen-and-ink drawing

Fee [fe:, *pl:* 'fe:ən] <-, -n> *f* fairy

Feedback ['fi:dbæk] <-s, -s> *nt* (COM) feedback

feenhaft *adj* fairylike

Fegefeuer *nt* (ECCL) purgatory

fegen ['fe:gən] **I.** *vt haben* **1.** (*mit Besen*) sweep clean **2.** (*CH: feucht wischen*) wipe clean **II.** *vi* **1.** *haben* sweep (up) **2.** *sein* (*fam: jagen*) sweep; **um die Ecke ~** sweep round the corner

Fehde ['fe:də] <-, -n> *f* (HIST) feud; **mit jdm in ~ liegen** (*a. fig*) feud with s.o.

Fehl *m:* **ohne ~ und Tadel** without (a) blemish; **fehl** [fe:l] *adj:* **~ am Platze sein** be out of place; **Fehlanzeige** *f:* **~!** no chance!; **Fehlbetrag** *m* deficit; **Fehleinschätzung** *f* misjudg(e)ment

fehlen ['fe:lən] *vi* **1.** (*nicht da sein*) be missing; (*in Schule*) be away (*in* from) **2.** (*mangeln*) be lacking; **es fehlt ihm an etw, ihm fehlt etw** he lacks s.th.; **du fehlst mir** I am missing you; **hier fehlt etw** there's s.th. missing here; **mir ~ die Worte** words fail me; **das hat uns gerade noch gefehlt!** (*iro*) that was all we needed!; **was fehlt Ihnen?** what's the matter with you?; **wo fehlt es?** what's the trouble?; **es fehlt ihm nie an einer Ausrede** he is never at a loss for an excuse; **jetzt fehlt nur noch, dass ...** ... is all we need; **weit gefehlt!** (*fig: ganz im Gegenteil*) far from it!

Fehler ['fe:lɐ] *m* **1.** (*Fehlgriff, Schreib~*) mistake; (*Irrtum*) error **2.** (*Defekt*) defect, fault; **einen ~ begehen** [*o* **machen**] make a mistake; **~!** (SPORT) fault!; **das war nicht mein ~** that was not my fault; **einen ~ (an sich) haben** have a fault; **sie hat den ~, dass ...** the trouble with her is that ...; **fehleranfällig** *adj* error-prone; **Fehleranzeige** *f* error message; **fehlerfrei** *adj* perfect; (*makellos*) faultless, flawless; **fehlerhaft** *adj* defective, faulty; **fehlerlos** *adj* perfect; (*makellos*) faultless, flawless

Fehlermeldung *f* error message; **Fehlerquelle** *f* source of error; **Fehlerquote** *f* error rate

Fehlfunktion *f* inadequate function, malfunction

Fehlgeburt *f* miscarriage

fehl|gehen *irr vi* (*sich irren*) be wrong [*o* mistaken]

Fehlgriff *m* (*fig*) mistake; **Fehlinterpretation** *f* misinterpretation; **Fehlkalkulation** *f* miscalculation; **Fehlkonstruktion** *f* bad design; **das ist ja wohl eine ~!** (*fam*) that's no good at all!; **Fehlleistung** *f* **1.** (SCHULE) mistake, slip **2.** (PSYCH) failure of purposive action; **freudsche ~**[RR] Freudian slip

fehl|leiten *vt* misdirect

Fehlprognose *f* incorrect prognosis; **Fehlschaltung** *f* faulty circuit; **Fehlschlag** *m* (*fig*) failure; **fehl|schlagen** *irr vi sein* (*fig*) fail; **Fehlschluss**[RR] *m* false conclusion; **Fehlstart** *m* false start *Br,* wrong start *Am;* **Fehltritt** *m* (*fig*) false step, lapse; **Fehlurteil** *nt* (JUR) miscarriage of justice; **Fehlzündung** *f* (AUTO) backfiring

Feier ['faɪɐ] <-, -n> *f* (*Fest*) celebration; (*zeremonielle* ~) ceremony; (*Party*) party; **zur ~ des Tages** in honour of the occasion

Feierabend *m* (*Arbeitsschluss*) end of work; (*Geschäftsschluss*) closing time *Br,* quitting time *Am;* ~ **machen** finish work; **machen wir ~ für heute!** let's call it a day!; **nach** ~ after work; **schönen ~!** have a nice evening!; **~!** (*in der Kneipe*) time, please!

feierlich *adj* **1.** (*erhebend*) solemn **2.** (*festlich*) festive **3.** (*förmlich*) ceremonious; **Feierlichkeiten** *fpl* (*Veranstaltungen*) celebrations

feiern ['faɪɐn] *vt* **1.** (*Festtag halten*) keep; (*Fest, Geburtstag*) celebrate **2.** (*rühmen, preisen*) fête

Feiertag *m* holiday; (ECCL) feast; **gesetzlicher ~** public holiday *Br,* legal holiday *Am*

feig(e) [faɪk/'faɪgə] **I.** *adj* cowardly; (*fam*) gutless **II.** *adv* in a cowardly way, like a coward

Feige ['faɪgə] <-, -n> *f* (*Frucht*) fig; **Feigenbaum** *m* fig tree; **Feigenblatt** *nt* (*a. fig*) fig leaf

Feigheit ['faɪkhaɪt] *f* cowardice

Feigling *m* coward

Feile ['faɪlə] <-, -n> *f* file; **feilen I.** *vt* file **II.** *vi* **1.** file (*an etw* away at s.th.) **2.** (*fig: verbessern*) polish (*an etw* s.th. up)

feilschen ['faɪlʃən] *vi* haggle (*um* over)

Feilspäne *mpl* filings

fein [faɪn] **I.** *adj* **1.** (*nicht grob*) fine **2.** (*zart, a. fig*) delicate **3.** (*erlesen*) choice; (*nur attr*) excellent **4.** (*prima, sehr gut*) splendid **5.** (*vornehm*) refined **6.** (*einfühlsam*) sensitive; (*Gehör, Geruchssinn*) acute; **~ gemahlen**[RR] finely ground; **~er Regen** drizzling rain; **das hast du ~ gemacht** you did it beautifully; **er ist ein ~er Kerl** (*fam*) he's a great guy; **~!** great! *Br,* swell! *Am;* (*in Ordnung*) fine!; **du hast dich heute aber ~ gemacht!** you're dressed up today! **II.** *adv:* **~ säuberlich** nice and neat

Feinabstimmung *f* (RADIO) fine tuning

Feind(in) [faɪnt] <-(e)s, -e> *m(f)* enemy; (*unversöhnlicher* ~) foe; **sich jdn zum ~ machen** make an enemy of s.o.; **Feindbild** *nt* concept of the enemy; **ein ~ aufbauen** build up a picture of the enemy; **Feindesland** *nt* enemy territory; **feindlich** *adj* **1.** (*feindselig*) hostile (*gegen* to) **2.** (MIL: *gegnerisch*) enemy; **~e Übernahme** contested takeover; **im ~en Lager** (*a. fig*) in the enemy camp; **Feindschaft** *f* enmity; **feindselig** *adj* hostile; **Feindseligkeit** *f* hostility; **die ~en eröffnen/einstellen** commence/suspend hostilities

Feineinstellung *f* fine adjustment; **feinfühlend** *adj* sensitive; (*taktvoll*) tactful; **Feinfühligkeit** *f,* **Feingefühl** *nt* sensitivity; (*Takt*) tact; **feingemahlen** *adj s.* **fein**; **Feingold** *nt* refined gold; **Feinheiten** *fpl* (*fig*) niceties; **feinkörnig** *adj* fine-grained

Feinkostgeschäft *nt* delicatessen; **feinmaschig** *adj* fine-meshed; **Feinmechanik** *f* precision engineering; **Feinschmecker(in)** *m(f)* **1.** gourmet **2.** (*fig: Kenner*) connoisseur; **Feinsieb** *nt* micro-strainer; (*in Kläranlage*) fine screen; **Feinstaub** *m* fine dust; **Feinunze** *f* troy ounce; **Feinwäsche** *f* **1.** (*Wäschestücke*) delicate clothes *pl* **2.** (*Waschvorgang*) programme for delicates *pl;* **Feinwaschmittel** *nt* mild detergent

feist [faɪst] *adj* fat, plump

feixen ['faɪksən] *vi* (*fam*) smirk

Feld [fɛlt] <-(e)s, -er> *nt* **1.** (*a.* SPORT) field **2.** (*freies* ~) open country **3.** (MIL: *Schlacht~*) (battle)field **4.** (*Schachbrett~*) square **5.** (*fig: Arbeitsbereich*) area, field **6.** (PHYS, CHEM, MIN, ELEK) field; **auf freiem ~** in the open country; **das ~ beherrschen** be on top; **das ~ behaupten** (*fig*) hold the field; **das ~ räumen** (*fig*) give way (*jdm, einer Sache* to s.o., s.th.); **etw ins ~ führen** (*fig*) bring s.th. to bear; **gegen jdn (etw) zu ~e ziehen** (*fig*) crusade against s.o. (s.th.); **einander das ~ streitig machen** (*fig*) fight for the same ground; **er ließ das ~ hinter sich** (SPORT) he left the rest of the field behind; **das ist natürlich ein weites ~** (*fig*) of course, this is a very broad field

Feldarbeit *f* **1.** (*landwirtschaftliche* ~) work in the fields **2.** (*wissenschaftliche* ~) fieldwork; **Feldbett** *nt* campbed; **Feldblume** *f* wild flower; **Feldflasche** *f* waterbottle; **Feldforschung** *f* field research; **Feldgeistliche** *m* (MIL) army chaplain; **Feldherr** *m* commander-in-chief; **Feldküche** *f* (MIL) field kitchen; **Feldlager** *nt* (MIL) (military) camp; **Feldlazarett** *nt* (MIL) field hospital; **Feldmarschall** *m* (MIL) field marshal; **Feldmaus** *f* field mouse; **Feldmesser** *m* (land) surveyor; **Feldpost** *f* (MIL) forces' postal service; **Feldsalat** *m* lamb's lettuce; **Feldspat** ['fɛltʃpa:t] <-(e)s, (-e)> *m* (GEOL) feldspar; **Feldstärke** *f* (PHYS) field strength; **Feldstecher** *m* pair *sing* of field glasses, field glasses *pl;* **Feldwebel** ['fɛltve:bəl] <-s, -> *m* (MIL) sergeant; **Feldweg** *m* path [*o* track] (across the fields); **Feldzug** *m* (*a. fig*) campaign

Felge ['fɛlgə] <-, -n> *f* (TECH) (wheel) rim; **Felgenbremse** *f* caliper brake

Fell [fɛl] <-(e)s, -e> *nt* **1.** (*Pelz*) fur; (*Vlies*) fleece **2.** (*bei toten Tieren: zum Abziehen*)

skin; (*bei Rindern*) hide **3.** (*fam: Haut eines Menschen*) hide **4.** (MUS: *von Trommel*) skin; **ihm schwimmen alle ~e davon** (*fig*) his hopes are all being dashed; **einem Tier das ~ abziehen** skin an animal; **ein dickes ~ haben** be thick-skinned, have a thick skin; **jdm das ~ über die Ohren ziehen** pull the wool over someone's eyes

Fels(en) ['fɛls, 'fɛlzən] <-s, -en> *m* rock

Felsblock *m* boulder

felsenfest *adj* firm as a rock; **~er Glaube** (*fig*) unwavering faith; **davon bin ich ~ überzeugt** (*fig*) I am dead certain about it

Felsgestein *nt* rock material, formation

felsig ['fɛlzɪç] *adj* craggy, rocky

Felswand *f* rock face

feminin *adj* feminin

Feminismus *m* feminism; **Feminist(in)** <-en, -en> *m(f)* feminist; **feministisch** *adj* feminist

Fenchel ['fɛnçəl] <-s, -> *m* (*Gewürz- u. Gemüsepflanze*) fennel

Fenster ['fɛnstɐ] <-s, -> *nt* window; **das Geld zum ~ hinauswerfen** (*fig*) pour money down the drain; **Fensterbank** *f*, **Fensterbrett** *nt* window-sill; **Fensterbriefumschlag** *f* window envelope; **Fensterflügel** *m* casement; **Fensterheber** *m* (AUTO) window winder; (*elektronisch*) window control; **Fensterkurbel** *f* (AUTO) window crank; **Fensterladen** *m* shutter; **Fensterleder** *nt* chamois (leather); **Fensternische** *f* windowbay; **Fensterplatz** *m* window seat; **Fensterputzer(in)** *m(f)* window cleaner; **Fensterrahmen** *m* window frame; **Fensterscheibe** *f* (window) pane; **Fenstertechnik** *f* (INFORM) split-screen technique; **Fensterumschlag** *m* window envelope

Ferien ['fe:riən] *fpl* **1.** holidays *Br*, vacation *Am* **2.** (*~reise*) holiday *Br*, vacation *Am* **3.** (PARL JUR) recess *sing;* **die großen ~** the summer holidays *Br*, the long vacation *Am;* **~ haben** be on holidy *Br*, be on vacation *Am;* **in die ~ fahren** go on holiday *Br*, go on vacation *Am;* **Ferienhaus** *nt* holiday cottage; **Ferienkurs** *m* holiday course; **Ferienlager** *f* holiday camp; **Ferienwohnung** *f* holiday dwelling *Br*, vacation apartment *Am;* **Ferienzeit** *f* holiday time

Ferkel ['fɛrkəl] <-s, -> *nt* **1.** (*Schweinchen*) piglet **2.** (*fam: Dreckspatz*) mucky pup **3.** (*unanständiger Mensch*) dirty pig

fern [fɛrn] **I.** *adj* **1.** (*räumlich*) distant, faraway **2.** (*zeitlich*) far-off; **von ~** from a distance, from afar; **jdm ~ liegen**[RR] be far from someone's mind; **~ von hier** a long way from here; **der Tag ist nicht mehr ~, an dem ...** the day is not far when ...; **es liegt mir fern zu ...** I am far from ... **II.** *präp* far (away) from

Fernamt *nt* (TELE) (telephone) exchange *Br*, long-distance office [*o* exchange] *Am*

Fernbahn *f* (RAIL) main-line service

Fernbedienung *f* remote control

Fernbleiben *nt* (*vom Arbeitsplatz*) absenteeism; **fern|bleiben** *irr vi sein* stay away (*jdm, von etw* from s.o., s.th.)

Fernblick *m* distant view (*auf* of)

Fernempfang *m* (RADIO TELE) long-range [*o* long-distance] reception

ferner ['fɛrnɐ] **I.** *adj* (*weiter*) further **II.** *adv* (*weiterhin*) further(more); **~ liefen ...** (SPORT) also-rans ...; **wir kamen unter „~ liefen"** (*fig*) we were among the also-rans; **... und so wollen wir es auch ~ halten** ... and we shall continue to do so

Fernfahrer(in) *m(f)* (AUTO) long-distance lorry driver *Br*, long-distance truck driver *Am;* **Fernflug** *m* long-distance flight; **Ferngas** *nt* long-distance gas; **ferngelenkt** *adj* **1.** (*Rakete*) remote-controlled **2.** (*fig*) manipulated; **Ferngespräch** *nt* trunk call *Br*, long-distance call *Am;* **ferngesteuert** *adj* **1.** (*Rakete*) remote-controlled **2.** (*fig*) manipulated; **Fernglas** *nt* (pair of) field glasses; **fern|halten** *irr vt, vr* keep away (*von* from); **Fernheizung** *f* district heating; **Fernkopie** *f* (TELE) fax; **fernkopieren** *vt, vi* fax, send by fax; **Fernkopierer** *m* (TELE) telecopier, fax terminal, facsimile terminal; **Fernkurs(us)** *m* correspondence course; **Fernlaster** *m* long-distance lorry *Br*, long-distance truck *Am;* **Fernleitung** *f* **1.** (TELE) trunk-line *Br*, long-distance line *Am* **2.** (ELEK) (long-distance) transmission line; **Fernlenkung** *f* remote control; (*drahtlos*) wireless control *Br*, radio control *Am;* **Fernlicht** *nt* (AUTO) main beam *Br*, high beam *Am*

fern|liegen *vi s.* **fern**

Fernmeldedienst *m* telecommunications service; **Fernmeldesatellit** *m* telecommunications satellite; **Fernmeldetechnik** *f* telecommunications engineering

fernmündlich **I.** *adj* telephone **II.** *adv* by telephone

Fernost [fɛrn'ɔst] *m:* **in ~** in the Far East

Fernrohr *nt* **1.** (ASTR) telescope **2.** (*Feldstecher*) (pair of) field glasses; **Fernruf** *m* (TELE) **1.** (*Anruf*) (telephone) call **2.** (*Teilnehmernummer*) telephone number; **Fernschnellzug** *m* (RAIL) long-distance express train; **Fernschreiben** *nt* telex; **Fernschreiber** *m* teleprinter; (COM) telex; **fernschriftlich** *adj* by telex

Fernsehansager(in) *m(f)* television announcer; **Fernsehantenne** *f* television aerial; **Fernsehapparat** *m* television (set), TV

Fernsehen *nt* television, telly *Br;* **im ~ übertragen werden** be televised; **er hat einen Job beim ~** he's got a job in television; **im ~** on television; **~ haben** (*ein Fernsehgerät*) have a TV

fern|sehen *irr vi* watch television, watch TV

Fernseher *m* (*Gerät*) television, TV

Fernsehfilm *m* television film; **Fernsehgerät** *nt* television [*o* TV] set; **Fernsehkamera** *f* television [*o* TV] camera; **Fernsehnetz** *nt* television network; **Fernsehprogramm** *nt* **1.** (*Erstes, Zweites~*) channel *Br,* station *Am* **2.** (*Sendefolge*) program(me)s *pl* **3.** (*einzelne Sendung*) program(me) **4.** (*Programmzeitschrift*) (television) program(me) guide; **Fernsehsatellit** *m* TV satellite; **Fernsehsender** *m* television station; **Fernsehsendung** *f* television program(me); **Fernsehspiel** *nt* television play; **Fernsehtechnik** *f* television engineering; **Fernsehtechniker** *m* television engineer; **Fernsehteilnehmer** *m* television licence holder; **Fernsehübertragung** *f* television broadcast; **Fernsehwerbung** *f* television advertising; **Fernsehzeitschrift** *f* TV guide

Fernsicht *f* clear view

Fernsprechamt *nt* telephone exchange *Br,* telephone central office *Am;* **Fernsprechanlage** *f* telephone installation; **Fernsprechansagedienst** *f* information services *pl;* **Fernsprechanschluss**[RR] *m* telephone; **Fernsprechauftragsdienst** *m* answering service; **Fernsprechauskunft** *f* directory enquiries *pl;* **Fernsprecher** *m* telephone; **öffentlicher ~** public telephone; **Fernsprechgebühren** *fpl* telephone charges; **Fernsprechnetz** *nt* telephone network; **Fernsprechnummer** *f* (tele)phone number; **Fernsprechortsnetz** *nt* local telephone network; **Fernsprechteilnehmer** *m* (telephone) subscriber; **Fernsprechverkehr** *m* telephone traffic; **Fernsprechvermittlung** *f* telephone exchange *Br,* telephone central office *Am*

Fernsteuerung *f* remote control; (*drahtlos*) radio control; **Fernstudium** *nt* correspondence degree course, Open University course *Br;* **Fernverkehr** *m* (AUTO) long-distance traffic; **Fernverkehrsstraße** *f* trunk road *Br,* highway *Am;* **Fernwärme** *f* municipal heat distribution; **Fernwärmeversorgung** *f* district [*o* municipal] heating; **Fernwasserversorgung** *f* long-distance water supply; **Fernweh** *nt* wanderlust; **Fernwirkung** *f* (PHYS) long-distance effect

Ferse ['fɛrzə] <-, -n> *f* (ANAT) heel; **jdm auf den ~n folgen** be on someone's heels; **Fersenbein** *nt* (ANAT) heel bone; **Fersengeld** *nt* (*fam*): **~ geben** take to one's heels

fertig ['fɛrtɪç] *adj* **1.** (*bereit*) ready **2.** (*vollendet*) finished; (*ausbildungsmäßig*) qualified **3.** (*reif*) mature **4.** (*fam: ruiniert*) finished; (*völlig erschöpft*) done in, shattered; **das Essen ist ~** dinner is ready; **bist du mit deiner Arbeit ~?** have you finished your work?; **mit dir bin ich ~** I am through [*o* finished] with you; **sind Sie ~ ausgebildeter ...?** are you a fully qualified ...?; **ich muss erst ~ essen** I must finish eating first; **mit jdm (etw) ~ werden** (*fig*) cope with s.o. (s.th.); **ich werde auch ohne dich ~** I'll get along without you; **ich bin echt ~** (*fam: erschöpft*) I'm really done in; **der ist ~** (*fam: ruiniert*) he's done for; **~ bringen**[RR] (*vollenden*) get done; (*imstande sein*) manage; **der bringt es glatt fertig und ...** he's quite capable of ...; **~ machen**[RR] (*vollenden*) finish; (*bereitmachen*) get ready; **jdn ~ machen**[RR] (*fam: herunterputzen*) lay into s.o.; (*erledigen*) do for s.o.; (*ermüden*) take it out of s.o.; (*deprimieren*) get s.o. down; **~ stellen**[RR] complete

Fertigbau <-s, -bauten> *m* prefab(ricated house); **Fertigbauweise** *f* (ARCH) prefabricated construction; **Haus in ~** prefab

fertig|bringen *vt s.* **fertig**

fertigen ['fɛrtɪgən] *vt* (*herstellen*) manufacture

Fertigerzeugnisse *ntpl* finished goods [*o* products]; **Fertigfabrikat** *nt* finished product; **Fertiggericht** *nt* ready-to-serve [*o* instant] meal; **Fertighaus** *nt* (ARCH) prefabricated house, prefab

Fertigkeit *f* (*Geschick*) skill; **er hat (eine) große ~ darin** he is very skilled at it

fertig|machen *vt s.* **fertig**

fertig|stellen *vt s.* **fertig**

Fertigstellung *f* completion; **Fertigteil** *nt* finished part; **Fertigung** *f* production; **Fertigungsstraße** *f* production line

Fes[1] [fɛs] <-, -> *nt* (MUS) F flat

Fes[2] [fe:s] <-, -e> *m* (*Kopfbedeckung*) fez

fesch [fɛʃ] *adj* smart

Fessel[1] ['fɛsəl] <-, -n> *f* (ANAT) **1.** (*beim Menschen*) ankle **2.** (*bei Tieren*) pastern

Fessel[2] *f* (*a. fig*) bond, fetter, shackle; **jdn in ~n legen, jdm ~n anlegen** fetter [*o* shackle] s.o.

Fesselballon *m* captive balloon

fesseln *vt* **1.** (*binden*) bind; (*mit Fesseln*) fetter, shackle; (*mit Handschellen*) handcuff **2.** (*fig: faszinieren*) grip; **jdn an Händen und Füßen ~** fetter [*o* bind] s.o. hand and foot; **meine Krankheit fesselt mich ans Bett** my illness confines me to bed; **jdn an sich ~** bind s.o. to o.s.

F

fesselnd *adj* (*packend*) gripping; (*faszinierend*) fascinating

Fest [fɛst] <-(e)s, -e> *nt* (*Feier*) celebration; (*Party*) party; **frohes ~!** (*Weihnachts~*) Merry Christmas!

fest [fɛst] **I.** *adj* **1.** (*hart, stabil*) solid **2.** (FIN COM: *Kurse*) stable **3.** (*nicht nachgebend, sicher*) firm **4.** (*nicht leicht o locker*) tight; (*Schlag*) hard; (*fig: Schlaf*) sound **5.** (*ständig*) regular; (*Lohn, Gehalt, Preise*) fixed; (*Stellung, Beruf, Wohnsitz*) permanent; **~e Nahrung** solid food; **~er Brennstoff** solid fuel; **mit ~er Stimme erklärte sie ...** with a steady voice she explained ...; **~ angestellt**[RR] permanently employed; **~ versprechen** promise faithfully; **~ packen** grip tightly; **ich bin ~ entschlossen**[RR] I am absolutely determined; **Anna und Peter sind ~ befreundet** Anna and Peter are going steady; **~er Freund/~e Freundin** steady boyfriend/girlfriend; **sie ist in ~en Händen** (*hum fam*) she's spoken for **II.** *adv* (*fam: kräftig, tüchtig*) properly; (*nachdrücklich, eifrig*) with a will

festangestellt *adj s.* **fest**

fest|binden *irr vt* tie up; **jdn (etw) an etw ~** tie s.o. (s.th.) to s.th.

fest|bleiben *sein irr vt* remain firm

festen *vi* (*CH: feiern*) celebrate

Festessen *nt* banquet

fest|fahren *irr vr* **1.** get stuck **2.** (*fig*) be at a deadlock

fest|halten **I.** *irr vt* **1.** hold (tight) **2.** (*betonen*) emphasize **3.** (*speichern*) record; **jdn am Arm ~** hold on to someone's arm; **diese Tatsachen sind nirgends festgehalten** these facts are not recorded anywhere **II.** *vi* hold (*an etw* to s.th.) **III.** *vr* hold on (*an* to); **halt dich fest!** hold tight!; (*fam: sei gefasst*) brace yourself!

festigen ['fɛstɪgən] **I.** *vt* strengthen **II.** *vr* become stronger

Festiger *m* (*Haar~*) setting lotion

Festigkeit *f* **1.** (*Stärke, Kraft*) strength **2.** (*fig: Standhaftigkeit*) steadfastness; (*Beständigkeit*) firmness; **Festigung** *f* (*Be-, Verstärkung*) strengthening

fest|klammern *vr* cling on (*an* to)

fest|kleben *vt haben o sein* stick (firmly) (*an* to)

Festland *nt* **1.** (*das europäische ~*) continent **2.** (*als Gegensatz zur Insel*) mainland

fest|legen **I.** *vt* **1.** (*bestimmen*) lay down; (*festsetzen*) fix; (*vorschreiben*) stipulate **2.** (FIN: *Geld*) tie up **3.** (*verpflichten*) commit (*jdn auf etw* s.o. to s.th.); (*festnageln*) tie down (*jdn auf etw* s.o. to s.th.) **II.** *vr* **1.** (*beschließen*) decide (*auf* on) **2.** (*sich verpflichten*) commit o.s. (*auf* to); (*eine einzige Möglichkeit ins Auge fassen*) tie o.s. down (*auf* to)

Festlegung *f* **1.** (*Bestimmung*) laying-down; (*Festsetzung*) fixing; (*Vorschrift: in Vertrag*) stipulation **2.** (*Verpflichtung*) commitment (*auf* to)

festlich ['fɛstlɪç] *adj* **1.** festive **2.** (*feierlich*) solemn; **in ~er Stimmung** in a festive mood; **~ begehen** celebrate

Festlichkeit *f* **1.** (*Feier*) festivity **2.** (*Feststimmung*) festiveness

fest|liegen *irr vi* **1.** (*bestimmt sein*) have been laid down; (*festgesetzt sein*) have been fixed **2.** (FIN: *Geld*) be tied up [*o* on time deposit] **3.** (*Schiff*) be aground

fest|machen **I.** *vt* **1.** (*festbinden*) fasten (*an* on to) **2.** (*befestigen*) fix on (*an* to) **3.** (MAR) moor **4.** (*abmachen*) arrange **II.** *vi* (MAR) moor

Festmahl *nt* banquet

Festmeter *m* (*Holz*) cubic metre *Br*, meter (of solid timber) *Am*

fest|nageln *vt* nail up, nail down (*etw an etw* s.th. to s.th.); **jdn auf etw ~** (*fig*) pin s.o. down to s.th.

Festnahme ['fɛstna:mə] <-, -n> *f* arrest

fest|nehmen *irr vt* (put under) arrest

Festplatte *f* (INFORM) hard disk; **Festplattenlaufwerk** *nt* (INFORM) hard disk drive

Festpreis *m* (COM) fixed price

fest|schnallen *vt* buckle; **fest|schrauben** *vt* screw in tight; **fest|setzen** **I.** *vt* (*bestimmen*) fix (*auf, bei* at) **II.** *vr* **1.** (*Schmutz*) collect **2.** (*fig*) take root; **fest|sitzen** *irr vi* (*nicht weiterkönnen*) be stuck (*an, bei* on); (MAR) be aground

Festspiele *ntpl* festival *sing*

fest|stehen *irr vi* **1.** (*gewiss sein*) be certain **2.** (*endgültig sein*) be definite **3.** (*beschlossene Sache sein*) have been fixed

feststellbar *adj* **1.** (*herausfindbar*) ascertainable **2.** (TECH) securable

fest|stellen *vt* **1.** (*herausfinden*) ascertain, find (out) **2.** (*erkennen*) tell (*an* from) **3.** (*entdecken*) discover; (*einsehen*) realize **4.** (*betonend äußern*) emphasize **5.** (TECH) lock, stop

Feststellung *f* **1.** (*Ermittlung*) ascertainment; (*von Personalien, Sachverhalt, Ursache*) establishment **2.** (*Schlussfolgerung*) conclusion **3.** (*Bemerkung*) remark, statement

Festtag *m* (*Feiertag*) holiday; (ECCL) feast

Festung ['fɛstʊŋ] *f* fort(ress)

festverzinslich *adj* (FIN) fixed-interest; (*nur attributiv*) with fixed interest

Festzins(satz) *m* (FIN) fixed rate of interest

Festzug *m* (festive) procession, parade

Fetisch ['fe:tɪʃ] <-(e)s, -e> *m* fetish; **Fetischist** *m* fetishist

Fett [fɛt] <-(e)s, (-e)> *nt* **1.** fat **2.** (*Schmie-*

re) grease; ~ **ansetzen** put on weight; **er hat sein ~ weg** (*fam*) he's got his come-uppance

fett *adj* **1.** (*a. fig*) fat **2.** (*Weide, Gewinn, Beute*) rich **3.** (*Essen*) fatty; **er isst gern ~** he likes (to eat) fatty food; **die ~en Jahre sind vorbei** the fat years are over; **~e Schrift** bold face; ~ **gedruckt**[RR] printed in bold (face) [*o* in bold-type]; **fettarm** *adj* with a low fat content; **Fettauge** *nt* globule of grease; **Fettdruck** *m* bold type

fetten I. *vt* (*schmieren*) lubricate, oil **II.** *vi* **1.** (*fettig sein*) be greasy **2.** (*Fett absondern*) get greasy

Fettfleck *m* grease spot; **fettgedruckt** *adj s.* **fett**; **Fettgehalt** *m* fat content; **Fettgewebe** *nt* (ANAT) fatty tissue; **fettig** *adj* greasy; (*Haut*) oily; **Fettkloß** *m* (*fam: Mensch*) fatty; **fettleibig** ['fɛtlaɪbɪç] *adj* corpulent; **Fettleber** *f* (MED) fatty liver; **Fettleibigkeit** *f* corpulence; **Fettnäpfchen** *nt*: **ins ~ treten** put one's foot in it; **Fettpolster** *nt* **1.** (ANAT) subcutaneous fat **2.** (*hum fam*) padding; **er hat ganz hübsche ~** he's quite well-padded; **Fettsäure** *f* (CHEM) fatty acid; **Fettsucht** *f* (MED) obesity

Fetzen ['fɛtsən] <-s, -> *m* (*Abgerissenes*) shred; (*Kleider~, Lappen*) rag; (*Stoff~, Papier~, Gesprächs~*) scrap; **..., dass die ~ nur so fliegen** (*fam*) ... like mad

fetzen *vi* (*sl*): **diese Musik fetzt echt!** that music really blows your mind!; **fetzig** *adj* (*sl*) wild, crazy; (*Kleidung a.*) racy

feucht [fɔɪçt] *adj* damp, moist; (*Klima*) humid; (*Hände*) sweaty; **das geht dich einen ~en Dreck an!** (*sl*) that's none of your bloody business! *Br*, that's none of your goddam business! *Am*; **Feuchtbiotop** *nt/m* damp biotope; **Feuchtgebiet** *nt* wetland; **Feuchtigkeit** *f* **1.** (*Zustand*) dampness, moistness; (*von Klima*) humidity; (*von Körperteil*) sweatiness **2.** (*Flüssigkeit*) moisture; (*Luft~*) humidity; **Feuchtigkeitscreme** *f* moisturizing cream; **Feuchtigkeitsgehalt** *m* moisture content; **Feuchtigkeitsverlust** *m* moisture loss

feuchtwarm *adj* (*Klima*) humid, muggy

feudal [fɔɪ'da:l] *adj* **1.** (POL) feudal **2.** (*fam: prächtig*) plush *Br*, swell *Am*

Feudalismus *m* (HIST) feudalism

Feuer ['fɔɪɐ] <-s, -> *nt* **1.** (*Herd~, Kamin~, Brand, Gewehr~*) fire **2.** (*für Zigarette*) light **3.** (*Glanz, Scheinen*) sparkle **4.** (*fig: Glut, Leidenschaft*) ardour; **am ~** by the fire; ~ **(an)machen** light a fire; ~ **legen** start a fire; ~ **an etw legen** set fire to s.th.; **Spiel mit dem ~** (*fig*) brinkmanship; ~ **fangen** catch fire; (*fig*) be really taken (*bei* with); **für jdn durchs ~ gehen** (*fig*) go through fire and water for s.o.; **können Sie mir ~ geben?** can I have a light? can you give me a light?; **mit dem ~ spielen** (*fig*) play with fire; **sie ist ganz ~ und Flamme für ...** (*fam*) she's crazy about ...; ~ **(frei)!** (MIL) (open) fire!; **Feueralarm** *m* fire alarm; **Feueranzünder** *m* firelighter; **Feuerbefehl** *m* (MIL) order to fire; **feuerbeständig** *adj* fire-resistant; **Feuerbestattung** *f* cremation; **Feuereifer** *m* zeal; **mit ~ arbeiten** work with great zeal; **mit ~ bei der Sache sein** be full of zeal for the cause; **Feuereinstellung** *f* (MIL) cease-fire; **feuerfest** *adj* fireproof; (*Glas*) heat-resistant; **Feuergasse** *f* fire lane; **Feuergefahr** *f* fire hazard; **bei ~** in the event of fire; **feuergefährlich** *adj* combustible, (in)flammable; **Feuergefecht** *nt* gun fight; **Feuerhaken** *m* (*Schüreisen*) poker; **Feuerleiter** *f* **1.** (*Nottreppe*) fire escape **2.** (*Leiter eines Feuerwehrfahrzeugs*) fireman's ladder; **Feuerlöscheinrichtung** *f* fire fighting device; **Feuerlöscher** *m* fire extinguisher; **Feuermelder** *m* fire alarm; (*automatischer*) fire detector

feuern I. *vi* **1.** (MIL: *schießen*) fire (*auf* at, on, upon) **2.** (*heizen*): **mit Öl ~** have oil heating **II.** *vt* **1.** (*heizen*) heat **2.** (*fam: schmeißen*) fling **3.** (*fam: entlassen*) fire, sack; **jdm eine ~** (*fam: schlagen*) thump s.o. one; **den Ball ins Tor ~** (*fam: Fußball*) slam the ball in; **gefeuert werden** (*fam: entlassen werden*) get the sack

Feuerpause *f* (MIL) pause in firing; **feuerrot** *adj* fiery red; **Feuersbrunst** *f* conflagration; **Feuerschaden** *m* fire damage; **Feuerschlucker** *m* fire-eater; **feuersicher** *adj* fireproof; **Feuerspritze** *f* fire hose; **Feuerstein** *m* flint; **Feuerstelle** *f* (camp)fire; **Feuersturm** *m* firestorm; **Feuerüberfall** *m* (MIL) armed attack; **Feuerung** *f* **1.** (*das Heizen*) heating **2.** (*Brennmaterial*) fuel **3.** (*~sanlage*) heating system; **Feuerversicherung** *f* fire insurance; **Feuerwache** *f* fire station; **Feuerwaffe** *f* firearm

Feuerwehr ['fɔɪɐve:ɐ] <-, -en> *f* fire brigade *Br*, fire department *Am*; **Feuerwehrauto** *nt* fire engine *Br*, fire truck *Am*; **Feuerwehrfrau** *f* firewoman; **Feuerwehrleiter** *f* fireman's ladder; **Feuerwehrmann** *m* fireman

Feuerwerk *nt* **1.** fireworks *pl* **2.** (*fig*) cavalcade; **Feuerwerkskörper** *m* firework

Feuerzeug *nt* (cigarette) lighter

Feuilleton [fœj(ə)'tõ(:)] <-s, -s> *nt* **1.** (*Zeitungssparte*) feature pages *pl* **2.** (*Artikel*) feature (article)

feurig ['fɔɪrɪç] *adj* (*a. fig*) fiery

Fiaker <-s, -> *m* (*österr: Kutsche*) cab

F

Fiasko [fi'asko] <-s, -s> *nt* failure, fiasco
Fibel ['fi:bəl] <-, -n> *f* (*Schul~*) primer
Fichte ['fɪçtə] <-, -n> *f* (*Nadelbaum*) spruce
ficken *vt, vi* (*vulg*) fuck (*jdn, mit jdm* s.o.)
fidel [fi'de:l] *adj* jolly, merry
Fidschiinseln *pl* Fiji Islands
Fieber ['fi:bɐ] <-s, (-)> *nt* **1.** (*Krankheit, a. fig*) fever **2.** (*Temperatur*) temperature; **jdm das ~ messen** take someone's temperature; (**39 °C**) **~ haben** have a temperature (of 39 °C); **Fieberanfall** *m* attack of fever; **Fieberblase** *f* herpes blister; **Fieberfantasie**[RR] *f* delirious ravings *pl;* **fieberfrei** *adj* free from fever; **fieberhaft** *adj* (*fig: hektisch*) feverish; **fieberkrank** *adj* sick with fever, suffering from fever; **Fieberkurve** *f* temperature curve
fiebern *vi* **1.** (*Fieber haben*) have a temperature [*o* a fever] **2.** (*fig*): **nach etw ~** long feverishly for s.th.; **vor ... ~** be in a fever of ...
Fieberphantasie *f* delirious ravings *pl;* **fiebersenkend** *adj* fever-reducing; **Fieberthermometer** *nt* (clinical) thermometer
fiebrig ['fi:b(ə)rɪç] *adj* feverish; (MED) febrile
Fiedel <-, -n> *f* fiddle; **fiedeln** *vt, vi* fiddle
fies *adj* (*fam: Mensch, Arbeit, Geruch*) nasty, horrid, horrible; (*Charakter, Methoden a.*) mean
fifty-fifty ['fɪfti'fɪfti] *adv* (*fam*): **mit jdm ~ machen** go fifty-fifty with s.o.
Figur [fi'gu:ɐ] <-, -en> *f* **1.** (*Abbildung, Statuette, a.* SPORT MUS MATH) figure **2.** (*Gestalt, Körperform*) figure **3.** (*~ in einem Film o Roman*) character; **ich muss auf meine ~ achten** I must watch my figure; **eine traurige** (**gute**) **~ machen** cut a sorry (good) figure
figürlich [fi'gy:ɐlɪç] *adj* (*übertragen*) figurative
Fiktion [fɪk'tsjo:n] <-, -en> *f* fiction
fiktiv *adj* fictitious
Filet [fi'le:] <-s, -s> *nt* (*Fleischstück*) piece of sirloin *Br,* piece of tenderloin *Am*
Filetsteak *nt* fillet steak
Filiale [fi'lja:lə] <-, -n> *f* branch
Filialleiter(**in**) *m(f)* branch manager
Filipina <-, -s> *f* Filipina; **Filipino** <-s, -s> *m* Filipino
Film [fɪlm] <-(e)s, -e> *m* **1.** (PHOT) film **2.** (*Kino~*) film *Br,* movie *Am,* motion picture **3.** (*~branche*) films *Br,* movies *Am* **4.** (*dünner Belag*) coat, film; **einen ~ drehen** shoot a film *Br,* shoot a movie *Am;* **einen ~** (**in eine Kamera**) **einlegen** load (a film into) a camera; **in einen ~ gehen** go and see a film; **zum ~ gehen** go into the films *Br,* go into the movies *Am;* **Filmarchiv** *nt* film archives *pl;* **Filmatelier** *nt* film studio
Filmemacher(**in**) *m(f)* film-maker
filmen ['fɪlmən] *vt, vi* (FILM: *machen*) film
filmisch *adj* cinematic
Filmkamera *f* film camera *Br,* movie camera *Am;* **Filmkunst** *f* cinematic art; **Filmprojektor** *m* film projector *Br,* movie projector *Am;* **Filmprüfstelle** *f* film censorship office; **Filmregisseur**(**in**) *m(f)* film director *Br,* movie director *Am;* **Filmriss**[RR] *m* (*fig*) mental blackout; **Filmsatz** *m* (TYP) film-setting, photocomposition; **Filmschauspieler**(**in**) *m(f)* film actor/actress *Br,* movie actor/actress *Am;* **Filmstar** *m* film star *Br,* movie star *Am;* **Filmtheater** *nt* cinema *Br,* movie theater *Am;* **Filmverleih** *m,* **Filmvertrieb** *m* **1.** (*Tätigkeit*) film distribution **2.** (*Firma*) film distributors *pl;* **Filmvorführgerät** *nt* cine-projector; **Filmvorführung** *f* film show *Br,* movie show *Am;* **Filmvorschau** *f* **1.** (*für Kritiker*) preview, prevue *Am a.* **2.** (*Reklame für das nächste Kinoprogramm*) trailer (*auf* of); **Filmvorstellung** *f* film show *Br,* movie show *Am;* **Filmzensur** *f* film censorship
Filofax® ['faɪləʊfɛks] <-es, e> *nt* Filofax®
Filter ['fɪltɐ] <-s, -> *m/nt* (ELEK PHOT RADIO TECH) filter; **Filteraggregat** *nt* filter unit; **Filteranlage** *f* filter [*o* filtration] plant; **Filtereinsatz** *m* filter pad; **Filtergewebe** *nt* filtering fabric; **Filterkaffee** *m* filter coffee *Br,* drip coffee *Am*
filtern *vt, vi* filter
Filterpapier *nt* filter paper; **Filterwirkung** *f* filter effect; **Filterzigarette** *f* (filter-)tipped cigarette, filter cigarette
filtrieren *vt* filter
Filz [fɪlts] <-es, -e> *m* **1.** (*Stoff*) felt **2.** (*fam: Hut*) felt hat **3.** (*fig: Korruption*) corruption, sleaze; (*Vetternwirtschaft*) nepotism
filzen **I.** *vt* (*fam*) **1.** (*berauben*) do over **2.** (*durchsuchen*) frisk **II.** *vi* (*Stoff*) felt
filzig *adj* (*filzartig*) feltlike
Filzlaus *f* crablouse
Filzokratie *f* (*hum*) corruption and nepotism
Filzpantoffel *m* felt slipper
Filzschreiber *m,* **Filzstift** *m* felt-pen, felt-tip pen
Finale [fi'na:lə] <-s, -/(-s)> *nt* **1.** (SPORT) finals *sing* **2.** (MUS) finale
Finanz [fi'nants] <-> *f* financial world
Finanzamt *nt* tax [*o* fiscal] office; **Finanzbeamte, -beamtin** *m, f* tax official
Finanzen <-> *pl* finances; **Finanzhilfen** *fpl* financial assistance [*o* aid]
finanziell [finan'tsjɛl] *adj* financial

finanzieren *vt* finance
Finanzierung *f* financing; **Finanzierungsgesellschaft** *f* finance company
Finanzmärkte *pl* financial markets
Finanzminister(in) *m(f)* Chancellor of the Exchequer *Br,* Secretary of the Treasury *Am;* (*in anderen Ländern*) minister of finance; **Finanzministerium** *nt* the Exchequer *Br,* Treasury Department *Am;* (*andere Länder*) ministry of finance; **Finanzpolitik** *f* financial policy; **Finanzspritze** *f* a (financial) shot in the arm; **Finanzverwaltung** *f* financial administration; (*Steuer*) Board of Inland Revenue
Findelkind ['fɪndəlkɪnt] *nt* foundling
finden ['fɪndən] **I.** *irr vt* **1.** (*entdecken, vor~*) find **2.** (*halten für, ansehen als*) think; **er ist nirgends zu ~** he is nowhere to be found; **ich finde nichts dabei** I think nothing of it; **Bestätigung ~** be confirmed; **Beifall ~** meet with applause; **ich finde einfach nicht die Kraft zu ...** I simply can't find the strength to ...; **~ Sie es auch schön hier?** do you find it quite nice here, too?; **etw gut ~** think s.th. is good; **wir ~ sie alle sehr nett** we all think she is very nice **II.** *vi:* **zu sich selbst ~** sort o.s. out **III.** *vr* **1.** (*auftauchen*) be found **2.** (*in Ordnung kommen*) sort itself out **3.** (*sich ab~*) reconcile o.s. (*in etw* to s.th.); **niemand fand sich, der ...** there was no-one (to be found) who ...; **es wird sich schon alles ~** (*in Ordnung kommen*) it will all sort itself out
Finder(in) *m(f)* finder
Finderlohn *m* finder's reward
findig *adj* resourceful
Findigkeit *f* resourcefulness
Findling *m* **1.** (*Kind*) foundling **2.** (GEOL) erratic block
Finesse [fi'nɛsə] <-, -n> *f* refinement; **mit allen ~n** with every refinement *sing*
Finger ['fɪŋɐ] <-s, -> *m* finger; **jdm auf die ~ sehen** keep a close eye on s.o.; **sich etw aus den ~n saugen** dream s.th. up; **sich in den ~ schneiden** cut one's finger; **man kann es sich an den fünf ~n abzählen** it sticks out a mile; **jdm auf die ~ klopfen** (*fig*) rap someone's knuckles; **die ~ von jdm (etw) lassen** keep one's hands off s.o. (s.th.); **überall seine ~ drin haben** (*fam*) have a finger in every pie; **für den mache ich keinen ~ krumm** I won't lift a finger to help him; **sich die ~ nach etw lecken** be dying for s.th.
Fingerabdruck <-(e)s, -̈e> *m* fingerprint; **jds Fingerabdrücke nehmen** fingerprint s.o., take someone's fingerprints; **fingerdick** *adj* as thick as a finger; **fingerfertig** *adj* dext(e)rous; **Fingerfertigkeit** *f* dexterity; **Fingerglied** *nt* (ANAT) phalanx; **Fingerhut** *m* **1.** (*Nähutensil*) thimble **2.** (*hohe Staude*) foxglove
fingern *vi:* **an** [*o* **mit**] **etw ~** fiddle with s.th.
Fingernagel *m* fingernail; **Fingerspitze** *f* fingertip; **Fingerspitzengefühl** *nt* (*fig*) **1.** (*Feingefühl, Takt*) tact **2.** (*Einfühlungsvermögen*) instinctive feel(ing)
Fingerzeig *m* hint
fingieren [fɪŋ'gi:rən] *vt* fake
Fink [fɪŋk] <-en, -en> *m* (*kleiner Singvogel*) finch
Finne, -nin <-n, -n> *m, f* Finn; **finnisch** *adj* Finnish
Finnland <-s> *nt* Finland
finster ['fɪnstɐ] *adj* **1.** (*dunkel*) dark **2.** (*fig: unheimlich*) sinister **3.** (*fig: mürrisch, verdrossen*) grim, sullen **4.** (*fig: zweifelhaft, anrüchig*) shady; **im Finstern** in the dark; **es sieht ~ aus** things look bleak; **eine ~e Angelegenheit** a shady business
Finsterling <-(e)s, -e> *m* (*fam*) shady type
Finsternis <-, -se> *f* darkness
Finte ['fɪntə] <-, -n> *f* **1.** (SPORT) feint **2.** (*List*) ruse, trick
Firewall *f* (INTERNET: *Sicherheitssystem, das ein geschlossenes Netzwerk* (*z.B. Intranet*) *vor unbefugtem Eindringen schützt*) firewall
Firma ['fɪrma, *pl:* 'fɪrmən] <-, -men> *f* (COM) **1.** (*Unternehmen*) company, firm **2.** (*Name des Unternehmens*) name; **unter der ~ ...** under the name of ...; **~ X und Y** (*Briefanschrift*) Messrs. X and Y
Firmament [fɪrma'mɛnt] <-s, (-e)> *nt* firmament, heavens *pl*
firmen ['fɪrmən] *vt* (ECCL) confirm
Firmengründer(in) *m(f)* founder of a business [*o* firm]; **Firmengründung** *f* formation of a company
Firmenhochzeit *f* (*Fusion*) merger; **Firmenleitung** *f* management; **Firmenname** *m* corporate name; **Firmenschild** *m* (shop) sign; **Firmenschließung** *f* closing-down; **Firmenstempel** *m* firm stamp; **Firmenwagen** *m* company car; **Firmenzeichen** *nt* logo; **Firmenzugehörigkeit** *f:* **nach einer ~ von 10 Jahren** after working for a firm for ten years
Firmling *m* (ECCL) candidate for confirmation; **Firmung** *f* (ECCL) confirmation
Firn [fɪrn] <-s, -e> *m* firn
First [fɪrst] <-es, -e> *m* **1.** (*Dach~*) ridge **2.** (*Berg*) crest, (mountain) ridge
Fis [fɪs] <-, -> *nt* (MUS) F sharp
Fisch [fɪʃ] <-(e)s, -e> *m* **1.** fish **2.** (*Sternbild*) Pisces *pl;* **(zehn) ~e fangen** catch (ten) fish(es); **kleine ~e** (*eine leichte Aufgabe*) child's play; **er ist nur ein kleiner ~**

(*unbedeutend*) he's only one of the small fry; **ich bin ~e** (*Sternzeichen*) I am (a) Pisces; **munter wie ein ~ im Wasser sein** be as sound as a bell

Fischbein *nt* whalebone

Fischdampfer *m* trawler

fischen *vt, vi* (*a. fig*) fish; **im Trüben ~**[RR] (*fig*) fish in troubled waters *pl*

Fischer *m* fisherman; **Fischerei** *f* **1.** (*Vorgang*) fishing **2.** (*~branche*) fishing industry

Fischfang *m* fishing; **vom ~ leben** live by fishing; **zum ~ auslaufen** set off for the fishing grounds; **Fischhändler(in)** *m(f)* fishmonger *Br,* fish dealer *Am;* **Fischkonserve** *f* canned fish; **Fischmehl** *nt* fish meal; **Fischmesser** *nt* fish-knife; **Fischotter** *m* otter; **fischreich** *adj* rich in fish; **Fischstäbchen** *nt* fish finger; **Fischtreppe** *f* fish leap [*o* pass]; **Fischzucht** *f* fish culture, fish-farming

fiskalisch [fɪs'kaːlɪʃ] *adj* fiscal

Fiskus ['fɪskʊs] <-> *m* exchequer *Br,* treasury *Am*

Fisole [fi'zoːlə] <-s, -n> *f* (*österr*) French bean, green bean

Fistel ['fɪstəl] <-, -n> *f* (MED) fistula

Fistelstimme *f* falsetto

fit [fɪt] *adj* fit, in good shape

Fitness[RR] ['fɪtnɛs] <-> *f* fitness; **Fitnesscenter**[RR] ['fɪtnɛs'sɛntɐ] <-s, -> *nt* health center

fix [fɪks] *adj* **1.** (*feststehend*) fixed **2.** (*fam: flink*) quick; **~e Idee** (PSYCH) idee fixe, obsession; **~ und fertig sein** (*fam: erschöpft*) be finished; **jdn ~ und fertig machen** (*fam: erschöpfen*) wear s.o. out

fixen *vi* **1.** (*sl: Rauschgift spritzen*) (give o.s. a) fix, shoot **2.** (FIN: *an der Börse*) bear; **Fixer(in)** *m(f)* **1.** (*sl*) fixer; (*Süchtige*) junkie **2.** (FIN) bear

fixieren *vt* **1.** (*festlegen*) define, specify **2.** (*schriftlich festhalten*) record **3.** (*starr ansehen*) fix one's eyes on; **fixiert** *adj* fixated (*auf* on)

Fixierung *f* **1.** (*Festlegung*) specification **2.** (*schriftliche ~*) recording **3.** (*starres Ansehen*) fixing of one's eyes (*einer Person, einer Sache* on s.o., on s.th.) **4.** (PSYCH: *Mutter~*) fixation (*auf* on)

Fixum ['fɪksʊm, *pl:* 'fɪksa] <-s, -xa> *nt* (COM) basic (salary)

FKK-Strand [ɛfka'ka-] *m* nudist beach

flach [flax] *adj* **1.** (*niedrig*) flat; (*Haus*) low **2.** (*nicht tief*) shallow **3.** (*Böschung*) gentle; (*Kiel eines Bootes*) flat-bottomed **4.** (*fig: seicht*) shallow; (*oberflächlich*) superficial; **~ machen** flatten; **die ~e Hand** the flat of one's hand; **sich ~ auf den Boden legen** lie down flat on the ground; **~ liegen** lie flat

Flachbildschirm *m* (TV) flat screen; **Flachdach** *nt* flat roof; **Flachdruck** <-(e)s, -e> *m* (TYP) **1.** (*Verfahren*) planography **2.** (*Ergebnis*) planograph

Fläche ['flɛçə] <-, -n> *f* area; (*Ober~*) surface; **Flächenausdehnung** *f* surface area; **Flächeninhalt** *m* area; **Flächenmaß** *nt* unit of square measure; **Flächenstruktur** *f* surface structure

flach|fallen *irr vi* (*fam: nicht stattfinden*) not come off

Flachland *nt* lowland

Flachs [flaks] <-es> *m* **1.** (*Pflanze*) flax **2.** (*fam: Jux*) kidding; **das war doch nur ~!** I was only kidding!

flachsblond *adj* flaxen-haired

flachsen *vi* (*fam*) kid around

flackern ['flakɐn] *vi* (*a. fig*) flicker

Fladenbrot <-s, -> *nt* unleavened bread

Flagge ['flagə] <-, -n> *f* flag; **die ~ streichen** strike the flag; (*fig*) show the white flag; **die ~ hissen** hoist the flag

flaggen *vi* fly flags [*o* a flag]; **Flaggensignal** *nt* flag signal

Flaggschiff *nt* (MAR AERO: *a. fig*) flagship

Flair [flɛːɐ] <-s> *nt* flair

Flak [flak] <-, -(s)> *f* (*Fliegerabwehrkanone*) **1.** (MIL: *sl: Gerät*) anti-aircraft gun **2.** (*Einheit*) anti-aircraft unit

Flakon [fla'kõː] <-s, -s> *nt* phial; (*Parfüm~*) scent bottle

flambieren [flam'biːrən] *vt* flambée

Flame, -min ['flaːmə (flɛːmɪn)] *m, f* Fleming

Flamingo [fla'mɪŋgo] <-s, -s> *m* flamingo

flämisch ['flɛːmɪʃ] *adj* Flemish

Flamme ['flamə] <-, -n> *f* **1.** (*a. fig*) flame **2.** (*fam: alte Liebe*) flame; **in ~n aufgehen** go up in flames; **in hellen ~n stehen** be ablaze; **etw auf kleiner ~ kochen** cook s.th. on a low flame; (*fig*) let s.th. just tick over; **er ist eine alte ~ von mir** (*fam*) he's an old flame of mine

flammen *vi* blaze; **flammend** *adj* blazing; (*feurig*) fiery

Flammenwerfer *m* (MIL) flamethrower

Flandern ['flandɐn] <-s> *nt* (GEOG) Flanders *sing*

Flanell [fla'nɛl] <-s, -e> *m* flannel

Flanke ['flaŋkə] <-, -n> *f* **1.** (ANAT MIL) flank; (*von Fahrzeug*) side **2.** (SPORT: *beim Turnen*) side-vault; (*beim Fußball*) centre pass; **offene ~** open flank

flanken *vi* (SPORT: *Fußball*) centre

flankieren *vt* (*a. fig*) flank; **~de Maßnahmen** supporting measures

Flansch [flanʃ] <-(e)s, -e> *m* (TECH) flange

Flasche ['flaʃə] <-, -n> *f* **1.** bottle **2.** (*fam: Versager*) dead loss; **in ~n füllen** bottle; **mit der ~ aufziehen** bottle-feed; **zur ~ greifen** take to the bottle; **du alte ~!** (*fam*)

you're a dead loss, you are!

Flaschenbier *nt* bottled beer

Flaschenbürste *f* bottle-brush

Flaschengestell *nt* bottle rack

Flaschenhals *m* neck of a bottle

Flaschenkind *nt* bottle-fed baby

Flaschennahrung *f* baby milk

Flaschenöffner *m* bottle-opener

Flaschenpfand *m* deposit (on a bottle)

Flaschenpost *f* message in a bottle

Flaschenzug *m* pulley

flatterhaft *adj* fickle

flattern ['flatɐn] *vi* **1.** *sein* (*Vogel*) flutter **2.** *haben* (*Fahne*) stream, wave

flau [flaʊ] *adj* **1.** (*schwach*) weak **2.** (*Saison, Wind*) slack; **mir ist ganz ~** I feel queasy

Flaum [flaʊm] <-(e)s> *m* down, fluff; **Flaumfeder** *f* down feather; **flaumig** *adj* downy, fluffy

Flausch [flaʊʃ] <-(e)s, -e> *m* fleece; **flauschig** *adj* fluffy

Flausen ['flaʊzən] *pl* (*fam*) **1.** (*Unsinn*) nonsense **2.** (*Illusionen*) fancy ideas *pl*

Flaute ['flaʊtə] <-, -n> *f* **1.** (*Windstille*) calm **2.** (*der Konjunktur, fig*) slack period

Flechte ['flɛçtə] <-, -n> *f* **1.** (*geh: Zopf*) braid, plait **2.** (*Algen, Pilzfäden*) lichen **3.** (MED) herpes

flechten *irr vt* (*Haar*) plait; (*Korb, Matte*) weave; (*Kranz*) wreathe

Flechtwerk *nt* interlacing

Fleck [flɛk] <-(e)s, -e> *m* **1.** (*Stelle*) spot **2.** (*Schmutz~*) blot, stain; (*Farb~*) splotch; **vom ~ weg** on the spot; **nicht vom ~ kommen** (*a. fig*) not to make any headway; **sie hat das Herz auf dem rechten ~** (*fig*) her heart is in the right place; **ein weißer ~** (*auf der Landkarte*) a blank area; **~en machen** stain (*in o auf etw* s.th.); **blauer ~** bruise; **er hatte überall blaue ~en** he was bruised all over

Flecken ['flɛkən] <-s, -> *m* (*Ort*) market town; **fleckenlos** *adj* (*a. fig*) spotless

Fleckentferner *m*, **Fleckenwasser** *nt* stain-remover

Fleckerlteppich *m* (*österr*) rag rug

fleckig ['flɛkɪç] *adj* stained

Fledermaus ['fle:dɐmaʊs] *f* bat

Flegel ['fle:gəl] <-s, -> *m* (*rüpelhafter Mensch*) uncouth fellow; **Flegelei** *f* uncouth behaviour; **flegelhaft** *adj* uncouth; **Flegeljahre** *pl* awkward adolescent phase *sing*

Flehen ['fle:ən] *nt* entreaty

flehen *vi* plead (*um etw* for s.th., *zu jdm* with s.o.), entreat (*um etw* for s.th., *zu jdm* s.o.); **flehentlich** ['fle:əntlɪç] *adj* entreating, imploring; **ich bitte Sie ~ zu …** I implore you to …

Fleisch [flaɪʃ] <-(e)s> *nt* **1.** (*Nahrung*) meat **2.** (*lebendes ~*) flesh; **vom ~ fallen** (*fam*) lose a lot of weight; **sich ins eigene ~ schneiden** (*fig*) cut off one's nose to spite one's face; **es ist mir in ~ und Blut übergegangen** (*fig*) it has become second nature to me; **~ fressend**[RR] carnivorous; **Fleischbeschau** *f* **1.** meat inspection **2.** (*fam: Striptease*), **Fleischbrühe** *f* meat stock; **Fleischbrühwürfel** *m* stock cube; **Fleischer(in)** *m(f)* butcher; **Fleischextrakt** *m* beef extract, extract of meat; **fleischfarben** *adj* flesh-coloured; **fleischfressend** *adj s.* **Fleisch**

fleischig *adj* fleshy

Fleischklößchen *nt* meat-ball

Fleischkost *f* meat diet

fleischlich *adj* **1.** (*Nahrung*) meat **2.** (*Begierde*) carnal

fleischlos *adj* (*ohne Fleisch*) meatless

Fleischpastete *f* meat pie

Fleischtomate *f* beef tomato

Fleischvergiftung *f* botulism; **Fleischwaren** *fpl* meat products; **Fleischwarenfabrik** *f* packing house; **Fleischwolf** *m* mincer *Br,* meat grinder *Am;* **Fleischwunde** *f* flesh wound; **Fleischwurst** *f* pork sausage

Fleiß [flaɪs] <-es> *m* (*als Wesenseigenschaft*) industriousness; **ohne ~ kein Preis** no pains, no gains; **mit großem ~** very industriously

fleißig *adj* **1.** diligent, industrious; (*arbeitsam*) hard-working **2.** (*fam: unverdrossen*) keen

flennen ['flɛnən] *vi* (*fam pej*) blubber

fletschen ['flɛtʃən] *vt:* **die Zähne ~** show one's teeth

flexibel *adj* flexible; **flexible Arbeitszeit** flexitime; **Flexibilisierung** *f:* **~ der Arbeitszeit** transition to flexible working hours; **Flexibilität** *f* flexibility

Flexion [flɛ'ksjo:n] *f* (GRAM) inflection, inflexion

Flicken <-s, -> *m* patch; **flicken** ['flɪkən] *vt* mend; (*mit Flicken*) patch; **Flickenteppich** *m* rag rug

Flickzeug *nt* **1.** (*Nähzeug*) sewing kit **2.** (*für Reifen*) (puncture) repair outfit

Flieder ['fli:dɐ] <-s, -> *m* (*Strauch*) lilac

fliederfarben *adj* lilac

Fliege ['fli:gə] <-, -n> *f* **1.** (*Insekt*) fly **2.** (*Krawatte*) bow tie; **zwei ~n mit einer Klappe schlagen** kill two birds with one stone; **er kann keiner ~ etw zuleide tun** he wouldn't hurt a fly; **komm, mach 'ne ~!** (*sl*) get lost!

fliegen ['fli:gən] **I.** *irr vi* **1.** (*als Fortbewegungsart, a. wehen*) fly; (*Raumschiff*) travel **2.** (*eilen*) fly (*jdm in die Arme* into someone's arms) **3.** (*Puls*) race **4.** (*fam: fallen*) fall (*von etw* off s.th.) **5.** (*sl: entlassen werden*) be kicked out (*aus, von* of); **mit Pan Am** ~ fly (by) Pan Am; **in die Ferien** ~ fly on holiday *Br,* fly on vacation *Am;* ~ **kann ich leider noch nicht!** (*fam: schneller kann ich nicht arbeiten*) sorry, I haven't got wings yet!; **in die Luft** ~ (*fam: explodieren*) go up in the air; **auf jdn** ~ (*fam*) be mad about s.o.; **durch eine Prüfung** ~ (*fam*) flunk one's exam **II.** *vt* fly

fliegend *adj* flying

Fliegenfänger(in) *m(f)* fly-paper; **Fliegengewicht** *nt* (SPORT: *a. fig*) flyweight; **Fliegenklatsche** *f* fly-swat

Fliegenpilz *m* (*giftiger Blätterpilz*) fly agaric

Flieger ['fliːgɐ] *m* (AVIAT) **1.** (*Flugzeug*) plane **2.** (MIL: *Rang*) aircraftman *Br,* airman (basic) *Am;* **bei den ~n sein** be in the air force; **Fliegeralarm** *m* air-raid warning; **Fliegerangriff** *m* air-raid; **Fliegerhorst** *m* (MIL) RAF station *Br,* air-base *Am*

fliehen ['fliːən] **I.** *irr vi sein* flee (*vor jdm* from s.o.) **II.** *vt* **1.** (*meiden*) avoid, shun **2.** (*entkommen*) escape (*aus* from); **aus dem Lande** ~ flee the country; **zu jdm** ~ take refuge with s.o.

Fliese ['fliːzə] <-, -n> *f* tile; **~n legen** lay tiles; **Fliesenleger** *m* tiler

Fließband *nt* assembly line; **am** ~ **arbeiten** [*o* **stehen**] work on the assembly line; **vom** ~ **rollen** come off the assembly line; **Fließbandarbeit** *f* assembly-line work; **Fließbandfertigung** *f* (conveyor-) belt production

fließen ['fliːsən] *irr vi sein* flow; **fließend** *adj* **1.** flowing **2.** (*Grenze, Übergang*) fluid; **~es Wasser** running water; ~ **Englisch sprechen** speak English fluently, speak fluent English

Fließheck *nt* (AUTO) fastback

Fließsatz *m* (TYP) wordwrap

flimmern ['flɪmɐn] *vi* (*Bildschirm*) flicker

flink [flɪŋk] *adj* (*schnell*) quick

Flinte ['flɪntə] <-, -n> *f* rifle; (*Schrot~*) shot gun; **die** ~ **ins Korn werfen** (*fig*) throw in the sponge

Flipchart[RR] ['flɪptʃaːrt] <-, -s (-s, -s)> *nt* flip chart

Flipper(automat) ['flɪpɐ] <-s, -> *m* (*fam: Spielautomat*) pinball machine

flippern *vi* (*fam*) play pinball

flippig ['flɪpɪç] *adj* (*fam*) kooky, wild

Flirt [flœrt] <-(e)s, -s> *m* flirtation

flirten *vi* flirt

Flittchen *nt* (*pej*) slut

Flitter ['flɪtɐ] <-s> *m* **1.** (*Pailletten*) sequins, spangles *pl* **2.** (*fig: Tand*) frippery

Flittergold *nt* tinsel

Flitterwochen *pl* honeymoon *sing;* **sie fahren in die** ~ they are going on their honeymoon

flitzen ['flɪtsən] *vi sein* (*fam*) whizz

Flocke ['flɔkə] <-, -n> *f* (*Schnee~*) flake; (*Staub~*) ball (of fluff); **flockig** *adj* fluffy

Floh [floː, *pl:* 'fløːə] <-(e)s, ¨-e> *m* **1.** (*kleines, Blut saugendes Insekt*) flea **2.** (*sl: Geld*): **Flöhe** dough *sing;* **jdm einen ~ ins Ohr setzen** put an idea into someone's head; **die Flöhe husten hören** (*hum*) imagine things; **Flohmarkt** *m* flea market

Flokati [flo'kaːti] <-s, -s> *m* flokati

Flop [flɔp] <-s, -s> *m* flop

Flor[1] [floːɐ] <-(e)s,(-e)> *m* **1.** (*dünnes Gewebe*) gauze; (*Trauer~*) crêpe **2.** (*Samt~*) pile

Flor[2] *m* **1.** (*alle Blüten einer Pflanze*) bloom **2.** (*Blumenfülle*) abundance (of flowers) **3.** (*fig: Schar, Schwarm*) bevy

Florett [flo'rɛt] <-(e)s, -e> *nt* foil

florieren [flo'riːrən] *vi* bloom, flourish

Floskel ['flɔskəl] <-, -n> *f* set phrase; **eine abgedroschene** ~ a hackneyed phrase

Floß [floːs, *pl:* 'fløːsə] <-es, ¨-e> *nt* raft

Flosse ['flɔsə] <-, -n> *f* **1.** (ZOO MAR AERO) fin **2.** (*eines Tauchers*) flipper **3.** (*sl: Hand*) paw; **nimm deine ~n weg!** (*sl*) take your paws off!

flößen ['fløːsən] *vt, vi* raft

Flößer *m* raftsman *Br,* riverdriver *Am*

Flöte ['fløːtə] <-, -n> *f* **1.** (MUS) pipe; (*Quer~*) flute **2.** (*beim Kartenspiel*) flush

flöten *vi* **1.** (MUS) play (on) the flute **2.** (*Vogel*) warble **3.** (*pfeifen*) whistle; ~ **gehen**[RR] (*sl*) go west

flöten|gehen *s.* **flöten**

Flötenspieler(in) *m(f)* piper

Flötist(in) *m(f)* (MUS) flautist

flott [flɔt] *adj* **1.** (*schnell*) quick; (*Musik*) lively **2.** (*Kleidung*) smart; (*Tänzer*) good; (*Stil, Artikel*) racy **3.** (*Schiff*) afloat; **mach mal ein bisschen ~!** make it snappy!; **wieder** ~ **sein** (*Schiff*) be afloat again; (*Auto*) be back on the road; **flott|bekommen** *irr vt,* **flott|machen** *vt* **1.** (*Schiff*) float off **2.** (*Auto*) get on the road

Flotte ['flɔtə] <-, -n> *f* (MAR) fleet

Flottenabkommen *nt* (POL) naval treaty

Flottenstützpunkt *m* (MIL) naval base

Flöz [fløːts] <-es, -e> *nt* (MIN) seam

Fluch [fluːx, *pl:* 'flyːçə] <-(e)s, ¨-e> *m* **1.** (*Verfluchung*) curse **2.** (*Kraftausdruck*) swearword; **fluchen** ['fluːxən] *vi* **1.** swear (*über* about) **2.** (*verfluchen*) curse (*jdn, eine Sache* s.o., s.th.)

Flucht [flʊxt] <-, -en> *f* (*Fliehen*) flight; (*erfolgreiche ~*) escape; **in die ~ schlagen** put to flight; **die ~ ergreifen** flee, take flight; **auf der ~ sein** (*Flüchtling*) be fleeing; (*vor der Polizei*) be on the run

fluchtartig *adj* (*eilends*) hasty

flüchten ['flʏçtən] **I.** *vi* **1.** *sein* flee; (*entkommen*) escape **2.** (*Zuflucht suchen*) take refuge **II.** *vr* take refuge

Fluchthelfer(in) *m(f)* person who helps an escape

Fluchthilfe *f* escape aid; (**jdm**) ~ **leisten** aid someone's escape

flüchtig ['flʏçtɪç] *adj* **1.** (*auf der Flucht*) fugitive **2.** (*oberflächlich*) cursory **3.** (*sorglos, nachlässig*) careless **4.** (*schnell vorübergehend*) brief, fleeting; (*kurzlebig*) short-lived **5.** (CHEM) volatile; ~ **sein** (*Ausbrecher*) be still at large; **ich habe es nur ~ gelesen** I only skimmed through it; **jdn ~ kennen** know s.o. slightly [*o* have a nodding acquaintance with s.o.]; **ein ~er Bekannter** a passing [*o* nodding] acquaintance; **Flüchtigkeit** *f* **1.** (*Kürze*) brevity **2.** (*Oberflächlichkeit*) cursoriness **3.** (*Sorglosigkeit, Nachlässigkeit*) carelessness **4.** (*Vergänglichkeit*) fleetingness **5.** (CHEM) volatility; **Flüchtigkeitsfehler** *m* careless mistake

Flüchtling *m* refugee; **Flüchtlingslager** *nt* refugee camp

Fluchtversuch *m* escape attempt

Flug [flu:k, *pl:* 'fly:gə] <-(e)s, ⸚e> *m* flight; **im ~** in flight, on the wing; (*fig: eilig*) in a twinkling; **Flugabwehr** *f* (MIL) anti-aircraft defence *Br,* anti-aircraft defense *Am;* **Flugabwehrkörper** *m* (MIL) anti-aircraft missile; **Flugasche** *f* flue dust, fly ash; **Flugaufkommen** *nt* air traffic; **Flugbahn** *f* **1.** (MATH) trajectory **2.** (AVIAT) flight path; **Flugbegleiter(in)** *m(f)* (AVIAT) steward(ess, air hostess) *Br,* flight attendant *Am;* **Flugblatt** *nt* leaflet; (*Werbe~*) handbill; **Flugblattaktion** *f* leaflet campaign; **Flugboot** *nt* (AVIAT MAR) flying boat; **Flugdatenschreiber** *m* flight recorder; **Flugdauer** *f* (AVIAT) flying time; **Flugdrachen** *m* hang glider

Flügel ['fly:gəl] <-s, -> *m* **1.** (*von Vogel, Haus, Tragfläche*) wing **2.** (*von Ventilator, Hubschrauber*) blade; (*Windmühlen~*) vane **3.** (*von Fenster*) casement; (*von Tür*) leaf, side **4.** (MIL) wing **5.** (ANAT: *Lungen~*) lobe; (*Nasen~*) nostril **6.** (MUS: *Piano*) grand piano; **mit den ~n schlagen** (*Vogel*) flap its wings; **jdm die ~ beschneiden** [*o* **stutzen**] (*fig*) clip someone's wings; **die ~ hängen lassen** (*fig*) be downcast

flügellahm *adj* **1.** (*Vogel*) with (an) injured wing(s) **2.** (*fig: kränkelnd*) ailing

Flügelmutter *f* (TECH) wing nut; **Flügelschraube** *f* wing screw

Flügeltür *f* double door

Fluggast *m* (AVIAT) (airline) passenger

flügge ['flʏgə] *adj* (fully-)fledged; ~ **werden** (*fig*) leave the nest

Fluggeschwindigkeit *f* flying speed; **Fluggesellschaft** *f* (AVIAT) airline; **Flughafen** *m* (AVIAT: *Zivil~*) airport; (MIL) aerodrome *Br,* airdrome *Am;* **Flughöhe** *f* (AVIAT) altitude; **wir befinden uns in einer ~ von ...** we are flying at an altitude of ...; **Flugkapitän** *m* (AVIAT) captain; **Flugkörper** *m* **1.** flying object **2.** (MIL) missile; **Fluglärm** *m* aircraft [*o* air-traffic] noise; **Fluglehrer(in)** *m(f)* flight instructor; **Flugleitsystem** *nt* (AVIAT) flight control system; **Flugleitung** *f* flight control; **Flugleitzentrum** *nt* mission control centre; **Fluglotse, -lotsin** *m, f* air-traffic controller, flight controler; **Flugnummer** *f* flight number; **Flugplan** *m* (AVIAT) flight schedule; **Flugplatz** *m* (AVIAT) airfield; **Flugreise** *f* flight

flugs [flu:ks] *adv* instantly, without delay

Flugschein *m* (*für Piloten*) pilot's licence *Br,* pilot's license *Am;* **Flugschneise** *f* (AVIAT) aerial corridor, flying lane; **Flugsicherheit** *f* (AVIAT) air safety; **Flugsicherung** *f* (AVIAT) air traffic control; **Flugstrecke** *f* air route; **Flugtechnik** *f* (AVIAT) **1.** (*Flugzeugbau*) aircraft engineering **2.** (*Technik des Fliegens*) flying technique; **Flugticket** *nt* air ticket; **Flugverbot** *nt* (AVIAT) grounding order; **jdm ~ erteilen** ground s.o.; **Flugverkehr** *m* (AVIAT) air traffic; **Flugwaffe** *f* (*CH: Luftwaffe*) air force; **Flugwesen** *nt* (AVIAT: *mit Ballon*) aeronautics *pl;* (*mit Flugzeug*) aviation; **Flugzeit** *f* flying time

Flugzettel *m* (*österr: Flugblatt*) leaflet

Flugzeug ['flu:ktsɔɪk] <-(e)s, -e> *nt* aircraft, plane; **Flugzeugabsturz** *m* air [*o* plane] crash; **Flugzeugbau** *m* aircraft construction; **Flugzeugbesatzung** *f* aircrew; **Flugzeugentführer(in)** *m(f)* hijacker; **Flugzeugentführung** *f* hijack(ing); **Flugzeugfabrik** *f* aircraft factory; **Flugzeughalle** *f* hangar; **Flugzeugkonstrukteur(in)** *m(f)* aircraft designer; **Flugzeugpark** *m* fleet of aircraft; **Flugzeugträger** *m* aircraft carrier; **Flugzeugunglück** *m* plane crash; **Flugzeugverband** *m* (MIL) aircraft formation; **Flugzeugwrack** *nt:* **ein (zwei, drei) ~(s)** the wreckage of a (two, three) plane(s)

fluktuieren [flʊktu'i:rən] *vi* fluctuate

Flunkerei [flʊŋkə'raɪ] *f* (*fam*) **1.** (*das Flunkern*) story-telling **2.** (*kleine Lüge*) fib

flunkern ['flʊŋkɐn] *vi* tell fibs

Fluor ['flu:ɔr] <-s> *nt* (CHEM) fluorine; **Fluorchlorkohlenwasserstoff** *m* (CHEM) chlorofluorocarbon, CFC

Fluoreszenz [fluorɛs'tsɛnts] *f* (PHYS) fluorescence; **fluoreszieren** *vi* fluoresce;

fluoreszierend *adj* fluorescent; **Fluorkohlenwasserstoff** *m* (CHEM) fluorocarbon

Flur[1] [fluːɐ] <-(e)s, -e> *m* (*Haus~*) hall; (*Korridor*) corridor

Flur[2] <-, -en> *f* (*unbewaldetes Land*) open fields *pl;* **der Kanzler stand allein auf weiter** ~ (*fig*) the chancellor was out on a limb

Flurbereinigung <-> *f* land consolidation; **Flurname** *m* field-name; **Flurschaden** *m* damage to crops

Fluss[RR] [flʊs, *pl:* 'flʏsə] <-es, =e> *m* river; (**unten**) **am** ~ down by the river; **in** ~ **kommen** (TECH) begin to melt; (*fig: beginnen*) get going; **etw in** ~ **bringen** (*sich verändern*) move into a state of flux; (*fig*) get s.th. going; **im** ~ **sein** (TECH) be molten; (*fig: vorankommen*) be going on; (*sich verändern*) be in a state of flux

flussabwärts[RR] [-'-(-)] *adv* downstream; **Flussarm**[RR] *m* arm of a [*o* the] river; **flussaufwärts**[RR] [-'-(-)] *adv* upstream; **Flussbett**[RR] *nt* river bed

Flussdiagramm[RR] *nt* flow chart, flow diagram

flüssig ['flʏsɪç] *adj* **1.** (*nicht fest*) liquid; (*Metall, Glas*) molten **2.** (*fließend*) flowing, fluid; (*Sprechen, Lesen, Schreiben*) fluent **3.** (COM FIN: *Geld*) available; ~ **machen** liquefy; (*schmelzen*) melt; (COM FIN: *Wertpapiere*) convert; **nicht** ~ **sein** (*fig fam*) be out of funds; ~ **sein** (*fig fam*) be in funds

Flüssiggas *nt* liquefied gas, L.P. gas

Flüssigkeit *f* **1.** (*flüssiger Stoff*) liquid **2.** (*Zustand*) liquidity **3.** (*von Geldern*) availability

Flüssigkristall *m* liquid crystal; **Flüssigkristallanzeige** *f* (TECH: *in elektronischen Taschenrechnern*) liquid crystal display, LCD

Flusskrebs[RR] *m* crayfish *Br,* crawfish *Am;* **Flusslauf**[RR] *m* course of a [*o* the] river; **Flussniederung**[RR] *f* river plain; **Flusspferd**[RR] *nt* hippopotamus; **Flussschif(f)fahrt**[RR] *f* (*Verkehr*) river traffic; (*~swesen*) river navigation; **Flussufer**[RR] *nt* riverbank

flüstern ['flʏstɐn] *vt, vi* whisper (*jdm etw ins Ohr* s.th. in someone's ear); **das kann ich dir** ~ (*fam: glaub es mir*) take it from me; **Flüsterpropaganda** *f* underground rumours *pl;* **Flüsterton** *m* whisper; **im** ~ in whispers *pl*

Flut [fluːt] <-, -en> *f* **1.** (*im Gegensatz zu Ebbe*) flood [*o* high] tide **2.** (*im pl: Wassermassen*) waters *pl* **3.** (*fig: Menge*) floods; **es ist** ~ (*die* ~ *kommt*) the tide is coming in; (*die* ~ *ist da*) it is high tide, the tide is in; **fluten** **I.** *vi sein* flood, pour, stream **II.** *vt haben* (MAR): **die Tanks** ~ flood the tanks; **Flutkatastrophe** *f* flood disaster; **Flutlicht** *nt* floodlight; **Flutwelle** *f* tidal wave

Flyer ['flaɪɐ] <-s, -> *m* (*Handzettel*) flyer

Föderalismus [fødera'lɪsmʊs] *m* (POL) federalism; **föderalistisch** *adj* (POL) federalist; **föderativ** *adj* (POL) federal

Fohlen ['foːlən] <-s, -> *nt* (*junges Pferd*) foal; (*Hengst~*) colt; (*Stuten~*) filly; **fohlen** *vi* foal

Föhn[1] [føːn] <-(e)s, -e> *m* (METE) foehn, föhn

Föhn[2RR] [føːn] <-(e)s, -e> *m* (*Haartrockner*) hair-dryer; **föhnen**[RR] *vt* blow-dry

Föhre ['føːrə] <-, -n> *f* (*Nadelbaum*) Scots pine

Folge ['fɔlgə] <-, -n> *f* **1.** (*Aufeinander~*) succession; (*Reihen~*) order; (*Serie*) series *sing;* (MATH) sequence **2.** (RADIO TV: *Fortsetzung*) episode **3.** (*Konsequenz*) consequence; (*Ergebnis*) result **4.** (*formell*): ~ **leisten** comply with (*einer Sache* s.th.); **in zwangloser** ~ in no particular order; **in der** ~ subsequently; **als** ~ **davon** in consequence [*o* as a result]; **dies hatte zur** ~, **dass ...** the consequence [*o* result] of this was that ...; **die Sache wird ~n haben** the affair will have serious consequences; **die ~n tragen** take the consequences; **Folgeerscheinung** *f* consequence, result

folgen *vi* **1.** *sein* (*a. fig: verstehen*) follow (*jdm, einer Sache* s.o., s.th.) **2.** (*resultieren*) follow (*aus* from) **3.** (*gehorchen*) do as one is told; **es folgt daraus, dass ...** hence it follows that ...; **Fortsetzung folgt** to be continued; **jds Beispiel** ~ follow someone's example; **auf den Frühling folgt der Sommer** spring is followed by summer

folgend *adj* following; **am ~en Tage** the following day; **er schreibt Folgendes**[RR] **...** he writes (as follows) ...; **es handelt sich um Folgendes**[RR] **...** the matter is this ...; **folgendermaßen** *adv* as follows; **folgenschwer** *adj* of serious consequence(s); (*bedeutsam*) momentous; **folgerichtig** *adj* consistent, logical; **Folgerichtigkeit** *f* (logical) consistency

folgern ['fɔlgɐn] *vt, vi* conclude from, infer from; **Folgerung** *f* conclusion; **die ~en können Sie selber ziehen** draw your own conclusions

Folgezeit *f* time to come

folglich ['fɔlklɪç] *konj* consequently, therefore

folgsam ['fɔlkzaːm] *adj* obedient

Folgsamkeit *f* obedience

Foliant [fo'ljant] <-en, -en> *m* **1.** (*Folioband*) folio (volume) **2.** (*dickes Buch*) tome

Folie ['foːliə] <-, -n> *f* (*Metall~, Schicht*)

foil; (*Plastik~*) film

Folio ['fo:lio] <-s, -s/-lien> *nt* folio

Folklore [fɔlk'lo:rə] <-, -n> *f* folklore; **folkloristisch** *adj* folkloric

Folksong *m* folk song

Folsäure ['fo:l-] *f* folic acid

Folter ['fɔltɐ] <-, -n> *f* **1.** torture **2.** (*fig*) torment; **jdn auf die ~ spannen** (*a. fig*) put s.o. on the rack; **Folterbank** *f* rack; **foltern I.** *vt* torture; **jdn ~ lassen** have s.o. tortured **II.** *vi* use torture; **Folterung** *f* torture

Fon[1 RR] *nt* phon

Fon[2] *nt* (*Tel.*) phone

Fön *m s.* **Föhn**

Fond [fɔ̃:] <-s> *m* (AUTO) back, rear

Fonds [fõ:] <-, -> *m* **1.** (FIN: *Geldreserve*) funds *pl;* (*Schuldverschreibung*) government bond **2.** (*fig*) fund

Fondue [fõ'dy:] <-s, -s> *nt* fondue

fönen *vt s.* **föhnen**

Fonotypistin[RR] *f* audio typist

Fontäne [fɔn'tɛ:nə] <-, -n> *f* **1.** (*Strahl*) jet **2.** (*Springbrunnen*) fountain

foppen ['fɔpən] *vt* (*fam*): **jdn ~** (*für dumm verkaufen*) make a fool of s.o.

forcieren [fɔr'si:rən] *vt* force; (*nach oben zwingen*) force [*o* push] up; **seine Anstrengungen ~** increase one's efforts

Förderanlage *f* hauling plant; **Förderband** *nt* conveyor belt

Förderer(in) *m(f)* sponsor; (*Gönner*) patron

Fördergerät *nt* (TECH) conveyor; **Fördergerüst** *nt* (MIN) pithead; **Fördergeschwindigkeit** *f* velocity of conveying; **Förderkorb** *m* (MIN) mine cage; **Förderland** *nt* producer country

förderlich *adj* beneficial (*jdm, einer Sache* to s.o., to s.th.)

Fördermenge *f* capacity, delivery; (*von Öl*) output

fordern ['fɔrdɐn] **I.** *vt* **1.** (*verlangen*) demand (*von jdm* of s.o.); (*Anspruch erheben auf*) claim **2.** (*er~*) call for **3.** (*heraus~, a. fig*) challenge; **richtig** [*o* **wirklich**] **gefordert werden** (*fig*) be faced with a real challenge **II.** *vi* make demands

fördern ['fœrdɐn] *vt* **1.** (*unterstützen*) support; (*finanziell*) sponsor **2.** (*propagieren, voranbringen, steigern*) promote **3.** (MIN: *Bodenschätze*) extract; (*Erz, Kohle*) mine; **zu Tage ~** (*fig*) bring to light

Förderprogramm *nt* promotion programme, development plan

Förderschacht *m* (MIN) winding shaft; **Förderturm** *m* (MIN) winding tower

Forderung *f* **1.** (*Verlangen*) demand (*nach* for); (*Lohn~*) claim (*nach* for) **2.** (*Erfordernis*) requirement **3.** (COM: *gegenüber Schuldnern*) claim (*gegen* against) **4.** (*Heraus~*) challenge

Förderung *f* **1.** (*Unterstützung*) support; (*finanzielle*) sponsorship **2.** (*Voranbringen*) promotion **3.** (*fam: ~ssumme*) grant **4.** (MIN) extraction, mining

Förderungsprogramm *nt* development [*o* aid] program(me)

Forelle [fo'rɛlə] <-, -n> *f* (*Lachsfisch*) trout

Form [fɔrm] <-, -en> *f* **1.** form; (*Umriss, Gestalt*) shape **2.** (TECH: *Gieß~*) mould; (*Back~*) baking, tin *Br,* pan *Am* **3.** (*im pl: Umgangsformen*) manners *pl* **4.** (SPORT: *Kondition*) condition, form; **in guter ~ sein** (SPORT) be in good form; **in ~ von ...** in the form of ...; **eine bestimmte ~ haben** be in a certain form; **einer Sache ~ geben** [*o* **verleihen**] (*a. fig*) shape s.th.; **in aller ~ um Entschuldigung bitten** make a formal apology; **die ~ wahren** observe the proprieties *pl;* **der ~ wegen** for form's sake; **feste ~ annehmen** (*fig*) take shape

formal [fɔrmɑ:l] *adj* **1.** formal **2.** (*äußerlich*) technical

Formaldehyd <-s> *m* (CHEM) formaldehyde

Formalität *f* formality

Format [fɔr'ma:t] <-(e)s, -e> *nt* **1.** format **2.** (*fig: Niveau*) quality; (*Rang*) stature; **ein Staatsmann von ~** (*fig*) a statesman of high calibre *Br,* caliber *Am*

formatieren *vt* (*Text*) format; **Formatierung** *f* formatting

Formation *f* formation

formbar *adj* (*a. fig*) malleable; **Formbarkeit** *f* (*a. fig*) malleability; **formbeständig** *adj* (TECH) retaining its form

Formblatt *nt* (blank) form

Formel ['fɔrməl] <-, -n> *f* **1.** formula **2.** (*Wortlaut eines Eides*) wording; **~-1-Rennen** Formula-One race; **um dies alles auf eine ~ zu bringen ...** (in order) to reduce this all to a formula ...

formell [fɔr'mɛl] *adj* formal

formen ['fɔrmən] *vt* form, shape; **~de Kraft** formative power; **Formenlehre** *f* (LING GEOG) morphology; **Former(in)** *m(f)* moulder; **Formerei** *f* moulding shop

Formfehler *m* (JUR) flaw

formieren I. *vt* form; (*Truppen*) draw up **II.** *vr* form up

Formierung *f* formation; (MIL: *von Truppen*) drawing-up

förmlich ['fœrmlɪç] *adj* **1.** (*formell*) formal **2.** (*regelrecht*) positive, real

Förmlichkeit *f* formality; **bitte keine ~en!** please don't stand on ceremony! *sing*

formlos *adj* **1.** (*gestaltlos*) formless **2.** (*fig: zwanglos*) casual **3.** (*Antrag*) unaccompanied by any forms

Formsache *f* formality; **das ist eine ~** that's a matter of form

Formular [fɔrmu'la:ɐ] <-s, -e> *nt* form *Br,* blank *Am;* **ein ~ ausfüllen** fill in a form *Br,* fill out a blank *Am;* **formulieren** *vt* formulate, word; **ich möchte es so ~: ...** I should like to put it like this: ...; **ich werde die Frage anders ~** I'll put the question another way; **Formulierung** *f* formulation, wording; **eine bestimmte ~** a particular phrase

Formung *f* **1.** (*das Formen*) forming **2.** (*Form*) shape

formvollendet *adj* perfect in form

forsch [fɔrʃ] *adj* (*nass~*) brash

forschen ['fɔrʃən] *vi* **1.** (*suchen*) search (*nach* for) **2.** (*wissenschaftlich*) do research work, research

Forscher(in) *m(f)* **1.** (*Wissenschaftler*) research scientist **2.** (*Forschungsreisender*) explorer

Forschung *f* research; **Forschungsabteilung** *f* research department; **Forschungsanstalt** *f* research institute; **Forschungsergebnis** *nt* result of research; **Forschungslabor** *nt* research laboratory; **Forschungsreise** *f* expedition; **Forschungssatellit** *m* resarch satellite; **Forschungszentrum** *nt* research centre

Forst [fɔrst] <-(e)s, -e(n)> *m* forest; **Forstamt** *nt* forestry office; **Forstarbeiter(in)** *m(f)* forestry worker; **Forstaufseher(in)** *m(f)* ranger; **Forstbeamte(r), -beamtin** *m, f* forestry official

Förster(in) ['fœrstɐ] *m(f)* forester *Br,* forest ranger *Am;* **Forsthaus** *nt* forester's lodge *Br,* ranger's lodge *Am;* **Forstwirtschaft** *f* forestry

fort [fɔrt] *adv* **1.** (*weg*) away; (*verschwunden*) gone **2.** (*weiter*) on; **ich muss ~** I must be off; **meine Uhr ist ~** my watch is gone; **~! ~ mit dir!** (*interj*) away with you!; **~ und ~** on and on; **in einem ~** without a break; **und so ~** and so on, and so forth

Fortbestand *m* continuance; **~ gefährdeter Tierarten** continuance of endangered species

fort|bestehen *irr vi* continue (to exist); **fort|bewegen** *vt, vr* move; **Fortbewegung** *f* locomotion; **Fortbewegungsmittel** *nt* means of transport; **fort|bilden** *vt, vr* continue someone's (one's) education; **Fortbildung** *f* further education; **berufliche ~** further training; **fort|bringen** *irr vt* **1.** take away; (*zur Reinigung, Reparatur*) take in **2.** (*bewegen*) move

Fortdauer *f* continuance

fort|dauern *vi* continue; **fortdauernd I.** *adj* continuing; (*bei Vergangenem*) continued **II.** *adv* continuously

Fortentwicklung *f* (further) development; **dieses Modell ist eine ~ seines Vorgängers** this model is a further development on the previous one

fort|fahren I. *irr vi* **1.** *sein* (*wegfahren*) go [*o* drive] away **2.** (*~ wie bisher*) continue (*in, mit etw* with s.th.); **~ etw zu tun** continue to do [*o* doing] s.th.; **„wie ich schon sagte ...", fuhr er fort ...** "as I already told you ...", he continued ... **II.** *vt haben* take [*o* drive] away

Fortfall <-(e)s> *m* discontinuance; **fort|fallen** *sein irr vi* **1.** (*abgeschafft werden*) be abolished **2.** (*nicht mehr erfolgen*) be stopped **3.** (*aufhören zu existieren*) cease to exist **4.** (*nicht mehr zutreffen*) cease to apply; **fort|fliegen** *irr vi sein* fly away; **fort|führen** *irr vt* **1.** (*fortsetzen*) continue, go on with; (*Geschäft, Krieg*) carry on **2.** (*wegführen*) take [*o* lead] away; **Fortführung** *f* (*Fortsetzung*) continuation; **Fortgang** <-(e)s, (¨-e)> *m* **1.** (*Weggang*) departure (*von, aus* from) **2.** (*Verlauf*) progress; **bei seinem ~** when he left; **seinen ~ nehmen** progress; **fort|gehen** *irr vi sein* go away; **von zu Hause ~** leave home

fortgeschritten *adj* advanced; **zu ~er Stunde** at a late hour; **eine Krankheit im ~en Stadium** an advanced stage of an illness

fortgesetzt *adj* continual, incessant; (*wiederholt*) repeated

fort|jagen *vt haben* chase out (*von, aus* of)

Fortkommen *nt* (*a. fig: Fortschritt*) progress

fort|kommen *irr vi* **1.** *sein* (*wegkommen*) get away **2.** (*fig: vorankommen*) get on well **3.** (*abhanden kommen*) disappear; **machen Sie, dass Sie ~!** be off! make yourself scarce!

fort|laufen *irr vi* run away (*jdm* from s.o.); **fortlaufend** *adj* ongoing; (*ausdauernd*) continual; **~ numeriert** (*Geldscheine*) serially numbered; (*Buchseite*) consecutively paginated

fort|leben *vi* live on

fort|pflanzen *vr* **1.** (BIOL) reproduce **2.** (PHYS: *Wellen*) propagate; **Fortpflanzung** *f* (BIOL) reproduction; (*Vermehrung von Pflanzen*) propagation; **Fortpflanzungsfähigkeit** *f* **1.** (BIOL) reproductiveness **2.** (PHYS) transmissibility; **Fortpflanzungsorgan** *nt* reproductive organ; **Fortpflanzungstrieb** *m* reproductive instinct

fort|schaffen *vt* remove; **fort|schicken** *vt* send away; **fort|schreiten** *irr vi* **1.** *sein* (*sich entwickeln*) develop **2.** (*weitergehen*) continue

Fortschritt *m* **1.** progress **2.** (*wissenschaftlicher*) advance; **~e machen** [*o* **erzielen**] make progress; **dem ~ dienen** further progress; **fortschrittlich** *adj* progressive

fort|setzen I. *vt* (*fortführen*) continue; **wird fortgesetzt** (*Fortsetzung folgt*) to be continued **II.** *vr* **1.** (*sich ausbreiten*) extend **2.** (*weitergehen, weiter dauern*) continue; **Fortsetzung** *f* **1.** (*das Fortsetzen*) continuation **2.** (*eines Romans, einer Serie*) instal(l)ment; **~ folgt** to be continued; **Fortsetzungsgeschichte** *f* serial

fortwährend *adj* continual, incessant

fort|wirken *vi* continue to have an effect

fossil *adj* (*a. Brennstoff*) fossil

Foto ['fo:to] <-s, -s> *nt* photo; **ein ~ (von jdm/etw) machen** take a photo (of s.o./s.th.); **Fotoapparat** *m* camera

Foto-CD *f* photo CD

fotogen [foto'ge:n] *adj* photogenic

Fotograf(in) [foto'gra:f] *m(f)* photographer

Fotografie *f* **1.** (*Kunst der ~*) photography **2.** (*Foto*) photograph; **fotografieren I.** *vt* take a photograph of; **sich ~ lassen** have one's photo(graph) taken **II.** *vi* take pictures; **fotografisch I.** *adj* photographic **II.** *adv* photographically

Fotokopie *f* photocopy; **fotokopieren** *vt* photocopy; **Fotokopierer** *m* photocopier; **Fotokopiergerät** *nt* photocopying machine

Fotomontage *f* photomontage; **Fotoreporter(in)** *m(f)* press photographer

Fotosatz *m* (TYP) photo composition

Fotosynthese[RR] *f* photosynthesis

Fotozelle[RR] *f* photoelectric cell

Fötus <-(ses), se/Föten> *m* foetus

Fotze ['fɔtsə] <-, -n> *f* (*vulg*) cunt

Fötzel <-s, -> *m* (*CH: Taugenichts*) good-for-nothing

Foul [faul] <-s, -s> *nt* foul; **foulen** *vt* foul

Fracht [fraxt] <-, -en> *f* **1.** (*Ladung*) freight; (MAR AERO) cargo **2.** (*~gebühr*) freight(age); **etw per ~ versenden** send s.th. freight; **~ berechnen** charge freight; **Frachtbrief** *m* consignment note; (MAR) bill of lading; **Frachtdampfer** *m* cargo steamer; **Frachter** *m* freighter; **Frachtflugzeug** *nt* freight plane, freighter; **frachtfrei** *adj* carriage paid [*o* free]; **Frachtgut** *nt* freight; **Frachtkosten** *pl* freight charges; **Frachtraum** *m* **1.** (*Raum für die Fracht*) hold **2.** (*Ladekapazität*) cargo space; **Frachtschiff** *nt* cargo ship, freighter; **Frachttarif** *m* freight rate; **Frachtverkehr** *m* goods traffic

Frack [frak, *pl:* 'frɛkə] <-(e)s, ¨e/-s> *m* **1.** tail coat **2.** (*fam: Jackett*) jacket; **im ~** in tails *pl*

Frage ['fra:gə] <-, -n> *f* **1.** question **2.** (*Problem*) problem; **ich möchte Ihnen eine ~ stellen** I should like to ask you a question; **ich habe hierzu noch eine ~** I have another question on this; **ich habe eine ~ an Sie** I have a question for you; **die deutsche ~** (POL HIST) the German issue [*o* question]; **entscheidende ~** crucial question; **das ist eine andere ~** that is another question; **eine ~ aufwerfen** raise a question; **das ist (doch sehr) die ~** that's the whole problem; **eine ~ des Geldes** a question of money; **etw in ~ stellen** call s.th. into question; **in ~ kommen** (*in Betracht kommen*) be considered (*für etw* for s.th.); **nicht in ~ kommen** be out of the question (*für jdn oder etw* for s.o., s.th.); **das ist (gar) keine ~** there is no question about it; **ohne ~** without doubt; **das ist nur eine ~ der Zeit** that's only a matter of time; **nur diese ~ ist noch strittig** this is the only controversial problem

Fragebogen *m* questionnaire

fragen ['fra:gən] **I.** *vt, vi* ask (*jdn o etw* s.o., s.th, *nach jdm o etw* about s.o., s.th.); **ich fragte ihn nach seinem Namen** I asked him (what) his name (was); **wir mussten nach dem Weg ~** we had to ask the way; **ich möchte Sie um Rat ~** I would like to ask your advice; **darf ich Sie etw ~?** may I ask you a question?; **frag mich bloß das nicht!** ask me another!; **frag doch nicht so dumm!** don't ask (such) silly questions!; **danach fragt sie doch überhaupt nicht** (*das kümmert sie nicht*) she doesn't bother about that at all; **man wird ja wohl noch ~ dürfen** (*fam*) I only asked **II.** *vr* wonder; **da fragt man sich doch wirklich, ob ...** one can't help wondering if ...; **es fragt sich, ob ...** it's questionable whether

Fragerei *f* (*fam pej*) questions *pl;* **was soll die ganze ~?** why all these questions?

Fragesatz *m* (GRAM) interrogative sentence; **Fragesteller(in)** *m(f)* questioner; **Fragestellung** *f* **1.** (*Formulierung einer Frage*) formulation of a question **2.** (*Problem, Frage*) question; **Fragestunde** *f* (PARL) question time; **Fragewort** *nt* (GRAM) interrogative; **Fragezeichen** *nt* (*a. fig*) question mark

fraglich ['fra:klɪç] *adj* **1.** (*in Frage stehend*) in question; (*attributiv*) questionable **2.** (*zweifelhaft*) doubtful **3.** (*ungewiss*) uncertain

fraglos *adj* unquestionable

Fragment [frag'mɛnt] <-(e)s, -e> *nt* fragment; **fragmentarisch** *adj* fragmentary

fragwürdig *adj* **1.** doubtful **2.** (*dubios*) dubious

Fraktal [frak'ta:l] <-(e)s, -e> *nt* (MATH) fractal
Fraktion [frak'tsjo:n] *f* (POL) parliamentary party *Br,* congressional party *Am;* **Fraktionsführer(in)** *m(f)* party whip
Fraktur [frak'tu:ɐ] <-, -en> *f* fracture
Frame [freɪm] *m* (*Browsertechnik, die es erlaubt eine Web-Seite in verschiedene Fenster einzuteilen*) frame
Franchisenehmer(in) ['frɛntʃaɪzˌne:mɐ] <-s, -> *m(f)* franchisee; **Franchisegeber(in)** ['frɛntʃaɪzˌge:bɐ] <-s, -> *m(f)* franchiser; **Franchising** ['fræntʃaɪzɪŋ] <-s> *nt* (COM) franchising
frank [fraŋk] *adj* frank, open; ~ **und frei** frankly, openly
Franken ['fraŋkn] <-s, -> *m* (Swiss) franc
frankieren *vt* (*manuell*) stamp; (*maschinell*) frank
Frankiermaschine *f* franking machine
Frankierung *f* franking
franko ['fraŋko(:)] *adj* (*bei Postbeförderung*) postpaid, P.P.; (COM: *frei Haus*) carriage paid
Frankreich ['fraŋkraɪç] *nt* France
Franse ['franzə] <-, -n> *f* (*an Teppich*) fringe; (*von Haar*) strand of hair
Franzose [fran'tso:zə] <-n, -n> *m* Frenchman; **die ~n** (*das Volk*) the French; **ich bin ~** I'm French; **Französin** [fran'tsø:zɪn] *f* French woman; **französisch** *adj* French
fräsen ['frɛ:zən] *vt* (TECH) mill(-cut); (*Holz*) mould; **Fräsmaschine** *f* milling machine
Fraß [fra:s] <-es> *m* (*pej*) muck; **den Löwen zum ~ vorwerfen** feed to the lions
Fratze ['fratsə] <-, -n> *f* **1.** (*Grimasse*) grimace **2.** (*fam: hässliches Gesicht*) ugly face **3.** (*fig: Zerrbild*) grotesque caricature; **~n schneiden** pull a face (*jdm* at s.o.)
Frau [fraʊ] <-, -en> *f* woman; (*Ehe~*) wife; (*Anrede*) Mrs(.); (*Familienstand unbekannt*) Ms(.); **jdn zur ~ haben** be married to s.o.; **~ und Kinder haben** have a wife and children; **kann ich Ihnen helfen, gnädige ~?** can I help you, madam?; **Frauenarzt, -ärztin** *m, f* gyn(a)ecologist; **Frauenbeauftragte(r)** *f m* official women's representative; **frauenbewegt** *adj* (active as a) feminist; **Frauenbewegung** *f* feminist movement
Frauenförderung *f* promotion of women; **Frauengruppe** *f* women's group; **Frauenhaus** *nt* women's refuge, refuge (for battered women); **Frauenklinik** *f* gyn(a)ecological hospital; **Frauenleiden** *nt* gyn(a)ecological illness; **Frauenpolitik** *f* feminist politics *sing;* **Frauenrechtler(in)** *m(f)* feminist; (*fam*) Women's Libber; **Frauenzeitschrift** *f* women's magazine; **Frauenzimmer** *nt* (*fam a. pej*) female
Fräulein ['frɔɪlaɪn] <-s, -s> *nt* **1.** (*unverheiratete Frau, junge Frau*) young lady **2.** (*Anrede*) Miss; (*Kellnerin*) waitress; **~ Schmid** Miss Schmid
freakig *adj* (*sl*) freaky
frech [frɛç] *adj* insolent; (*unverschämt*) impudent; (*fam: keck*) cheeky *Br,* fresh *Am;* (*trotzig*) saucy, sassy *Am;* **eine ~e Lüge** a brazen lie; **~e Antwort** backtalk; **werd nicht ~!** don't be fresh with me!; **sei nicht so ~!** don't be cheeky!
Frechdachs *m* (*fam*) cheeky monkey
Frechheit *f* **1.** (*freches Verhalten*) cheek(iness), impudence, insolence, sauciness **2.** (*freche Bemerkung, Handlung*) bit of impudence [*o* cheek]; **sie besaß die ~ zu ...** she had the impudence [*o* nerve] to ...; **so eine ~!** what a cheek!
Freecall ['fri:kɔ:l] <-s, -s> *m* (*kostenloser Anruf*) free call
free|climben ['fri:klaɪm(b)ən] *vi* free climb, do free climbing
Fregatte [fre'gatə] <-, -n> *f* (MAR) frigate; **Fregattenkapitän** *m* (MAR) commander
frei [fraɪ] *adj* **1.** (*unbehindert, unabhängig*) free; (*~beruflich*) freelance; (*privat, nichtstaatlich*) private **2.** (*Posten, Amt, Wohnung*) vacant; (*Taxi*) for hire **3.** (*kostenlos*) free **4.** (*freisinnig*) liberal; (*freimütig*) free **5.** (*unbekleidet*) bare **6.** (*verfügbar, erhältlich*) available; (*Beamter, Angestellter, Zeit*) free; **~e Wahl des Arbeitsplatzes** free movement of labour; **~e Hand haben (jdm lassen)** have (give s.o.) a free hand; **Eintritt ~!** admission free!; **sind Sie ~?** are you free?; **~ an Bord** (COM) free on board, f.o.b.; **auf ~em Felde** in the open country; **unter ~em Himmel** in the open air; **auf ~er Strecke** (RAIL) between stations *pl;* (AUTO) on the road; **aus ~en Stücken** of one's own free will; **keine ~e Minute haben** not have a moment to o.s.; **ich bin so ~** may I?; **endlich gab er dem Projekt ~e Fahrt** (*fig*) at last he gave the green light for the project; **~es Geleit** safe conduct; **jdn auf ~en Fuß setzen** set s.o. free; **kannst du dich von dieser Vorstellung nicht ~ machen?** can't you free yourself from that idea?; **den Dingen ~en Lauf lassen** let things take their course; **das ~e Spiel der Kräfte** the free play of forces; **machen Sie die Straße ~!** clear the road!; **ich arbeite als ~er Mitarbeiter** I am working freelance; **~e Marktwirtschaft** free-market [*o* open market] economy; **einen Tag ~ bekommen (haben, nehmen)** get (have, take) a day off; **morgen ist ~** tomorrow is a holiday; **unser Haus steht völlig ~** (*allein, isoliert*) our house stands quite by itself; **sie**

hat heute Abend ~ she is off tonight; **haben Sie noch etw ~?** (*ein Zimmer*) have you got any vacancies? *pl;* ~ **reden,** ~ **sprechen** (*offen*) speak openly; (*nicht vom Blatt ablesen*) extemporize; **diese Stelle wird nächsten Monat** ~ this position will become vacant next month

Freibad *nt* open-air (swimming) pool

frei|beruflich *adj* self-employed; (*Journalist, Autor*) freelance; **Freibetrag** *m* (*bei Steuern*) tax allowance; **Freibier** *nt* free beer; **Freibrief** *m* **1.** (*Vorrechte*) privilege **2.** (*fig*) licence *Br,* license *Am*

Freidenker(in) *m(f)* freethinker

Freie <-n> *nt:* **das** ~ the open (air); **im ~n** in the open (air); **im ~n übernachten** sleep out in the open

Freier *m* (*fam: Kunde einer Prostituierten*) punter, client *Br,* john *Am*

Freiexemplar *nt* free copy

frei|geben I. *irr vt* **1.** (*Vermögen, Personen, a. Nachrichten*) release (*für, an* to); (*Gefangene, Ehegatten*) set free; (*gesperrte Konten*) deblock; (*Preise*) decontrol **2.** (*eröffnen*) open (*für etw* to s.th.) **3.** (*einen Film*) pass; **dieser Film ist (für Jugendliche) ab 16 (Jahren) freigegeben** this film may be seen by people over (the age of) 16; **ein Produkt für den Markt** ~ allow a product to be sold on the market **II.** *vi:* **jdm (eine Woche)** ~ give s.o. a (week's) holiday; **jdm (für) einen Tag** ~ give s.o. a day off

freigebig ['fraɪge:bɪç] *adj* generous; ~ **mit Geld sein** be liberal with one's money; **Freigebigkeit** *f* generosity; **Freigeist** *m* freethinker; **Freigelassene(r)** *f m* (HIST) freedman; **Freigepäck** *nt* baggage allowance; **Freihafen** *m* free port

frei|halten *irr vt* **1.** (*Platz*) keep free; (*reservieren*) keep **2.** (*für jdn bezahlen*) pay for

Freihandel *m* (COM POL) free trade; **Freihandelszone** *f* (COM POL): **Europäische** ~ European Free Trade Area, EFTA

freihändig ['fraɪhɛndɪç] *adj* (*Schießen*) offhand; (*Zeichnen*) freehand; (*Radfahren*) without hands

Freiheit ['fraɪhaɪt] *f* **1.** freedom; (*als Idealvorstellung*) liberty **2.** (*Privileg, oft pl: ~en*) freedom; **endlich bin ich wieder in** ~ at last I am free again; **jdn in** ~ **setzen** set s.o. free; **dichterische** ~ poetic licence *Br,* license *Am;* **persönliche** ~ personal freedom; **du hast doch alle ~en, was willst du noch?** you have all the freedom possible, what else do you want?; **sich die** ~ **nehmen etw zu tun** take the liberty of doing s.th.; **sich ~en herausnehmen** take liberties

freiheitlich *adj* liberal; **die ~-demokratische Grundordnung** the free democratic constitutional structure

Freiheitsberaubung *f* (JUR) wrongful deprivation of personal liberty; **Freiheitsdrang** *m* thirst [*o* desire] for freedom; **Freiheitskrieg** *m* war of liberation; **Freiheitsstrafe** *f* prison sentence; **zu einer** ~ **von vier Jahren verurteilt werden** be sentenced to four years' imprisonment, be given a four-year prison sentence

Freikarte *f* free [*o* complimentary] ticket

frei|kaufen *vt* ransom

Freikörperkultur *f* nudism

Freilandhuhn *nt* free-range hen

frei|lassen *irr vt* set free; (*Häftling*) release (*aus* from); **gegen Kaution** ~ release on bail; **Freilassung** *f* release

Freilauf *m* (*beim Fahrrad*) freewheel

frei|legen *vt* (*a. fig*) expose

Freileitung *f* (ELEK) aerial line, overhead cable

freilich ['fraɪlɪç] *adv* **1.** (*natürlich*) certainly, of course, sure *Am* **2.** (*allerdings*) admittedly; **ja ~!** to be sure! yes, of course!

Freilichtbühne *f* open-air theatre; **Freilichtspiele** *pl* open-air festival *sing*

Freilos *nt* free lottery ticket

frei|machen I. *vt* (*frankieren*) stamp; (*maschinell*) frank **II.** *vi* (*nicht arbeiten*) take off; **ich mache morgen frei** I'll take the day off tomorrow **III.** *vr* (*sich entkleiden*) take one's clothes off

Freimaurer *m* Freemason; **Freimaurerei** *f* Freemasonry

freimütig ['fraɪmy:tɪç] *adj* candid, frank, open; **Freimütigkeit** *f* frankness, openness

frei|sprechen *irr vt* (JUR) acquit (*jdn von etw* s.o. of s.th.); **ich wurde wegen erwiesener Unschuld freigesprochen** I was proved not guilty; **Freispruch** *m* (JUR) acquittal; **die Verteidigung plädierte auf** ~ the defence pleaded not guilty

Freistaat *m* free state

frei|stehen *irr vi* (*dem jeweiligen Gutdünken*) be up (*jdm* to s.o.)

frei|stellen *vt* **1.** (*ausnehmen, befreien*) exempt (*jdn von etw* s.o. from s.th.) **2.** (*Arbeiter, Angestellte*) release (*für* for) **3.** (*anheim stellen*) leave (*jdm etw* s.th. (up) to s.o.)

Freistoß *m* (*Fußball*) free kick

Freitag ['fraɪta:k] <-(e)s, -e> *m* Friday

Freitod *m* suicide; **Freitreppe** *f* open stairs *pl;* **Freiumschlag** *m* stamped envelope; **adressierter** ~ stamped addressed envelope; **Freiwild** *nt* (*fig*) fair game

freiwillig *adj* voluntary; (*Schulbesuch, Krankenversicherung*) optional; **~e Feuerwehr** voluntary fire brigade; **Freiwilli-**

ge(r) *f m* volunteer; ~ **vor!** volunteers, one pace forward!; **Freiwilligkeit** *f* voluntariness

Freizeichen *nt* (TELE) dialling tone; **Freizeit** *f* leisure time, free time; **Freizeitausgleich** *m* free time compensation; **Freizeitgesellschaft** *f* leisure society; **Freizeitgestaltung** *f* organization of one's leisure time; **Freizeithemd** *nt* casual shirt; **Freizeitindustrie** *f* leisure industry; **Freizeitkleidung** *f* **1.** (*was jd in seiner Freizeit trägt*) casual clothes *pl* **2.** (*Warengattung*) leisure wear; **Freizeitpark** *m* amusement park; **Freizeitwert** *m* recreational value

freizügig *adj* **1.** (*liberal*) liberal **2.** (*offen, geradeheraus*) permissive

Freizügigkeit *f* **1.** (POL) freedom of movement **2.** (*Großzügigkeit*) liberalness **3.** (*ethisch, moralisch*) permissiveness

fremd [frɛmt] *adj* **1.** (*anders, unvertraut*) strange; (*ausländisch*) foreign **2.** (*unbekannt*) unknown (*jdm o für jdn* to s.o.) **3.** (*nicht eigen, jd anderem gehörend*) s.o. else's; **ich bin hier** ~ I am a stranger here; **solches Verhalten ist mir** ~ I don't understand how one can behave like that; **er ist mir völlig** ~ he is a complete stranger to me; **wir sind einander** ~ **geworden** we have grown apart; **nicht für** ~**e Ohren bestimmt sein** be not meant to be heard by other people

fremdartig ['frɛmtaːɐtɪç] *adj* strange; (*exotisch*) exotic; **Fremdartigkeit** *f* strangeness; (*Exotisches*) exoticism

Fremde ['frɛmdə] <-> *f* foreign parts *pl;* **in die** ~ **gehen** go to foreign parts; (*ins Ausland*) go abroad

Fremde(r) <-n, -n> *f m* **1.** (*orts~ o unbekannte Person*) stranger **2.** (*Ausländer*) foreigner

fremdeln *vi* (*Kind*) be scared of strangers

Fremdenführer(in) *m(f)* guide; **Fremdenlegion** *f* Foreign Legion; **Fremdenverkehr** *m* tourism; **Fremdenverkehrszentrum** *nt* tourist centre *Br,* tourist center *Am;* **Fremdenzimmer** *nt* guest room

Fremdfinanzierung *f* (COM) outside financing; **Fremdherrschaft** *f* foreign rule; **Fremdkapital** *nt* (COM) outside capital; **Fremdkörper** *m* **1.** (MED) foreign body **2.** (*fig*) alien element

fremdländisch ['frɛmtlɛndɪʃ] *adj* **1.** (*ausländisch*) foreign **2.** (*exotisch*) exotic

Fremdling *m* stranger

Fremdsprache *f* foreign language; **Fremdsprachensekretärin** *f* bilingual secretary

fremdsprachlich *adj:* ~**er Unterricht** (*das Lehren der Fremdsprache*) (foreign-)language teaching

Fremdwährung *f* foreign currency

Fremdwort *nt* foreign word

frenetisch *adj* frenetic, frenzied; (*Beifall a.*) wild

Frequenz [fre'kvɛnts] <-, -en> *f* (*Häufigkeit, a.* PHYS) frequency

Fresko ['frɛsko] <-s, -ken> *nt* fresco

Fressalien [frɛ'saːliən] *pl* (*fam*) grub *sing*

Fresse ['frɛsə] <-, -n> *f* (*vulg*) **1.** (*Mund*) gob, trap **2.** (*Gesicht*) mug; **jdm die** ~ **polieren** (*vulg*) give s.o. a sock in the kisser; **halt endlich deine** ~**!** (*vulg*) won't you shut your trap!

Fressen <-s> *nt* **1.** (*für Tiere*) food **2.** (*pej: Fraß*) muck; **ein gefundenes** ~ a heaven-sent opportunity

fressen I. *irr vi* **1.** (*von Tieren*) eat, feed **2.** (*sl: von Menschen*) eat; **er isst nicht, er frisst**[RR] he doesn't eat, he stuffs himself; (*unmanierlich*) he eats like a pig; **jdm aus der Hand** ~ (*fam*) eat out of someone's hand **II.** *vt* **1.** (*Tiere*) eat; (*sich ernähren von*) feed on **2.** (*sl: gierig essen*) scoff **3.** (*fam: verbrauchen*) gobble up **4.** (*fig: Hass, Neid*) eat up; **du frisst**[RR] **mir noch die Haare vom Kopf!** (*fam*) you're going to eat me out of house and home!; **ich habe dich zum Fressen gern** (*fam*) I could eat you; **hast du's jetzt endlich gefressen?** (*fam: kapiert*) have you got it at last?; **jdn (etw) gefressen haben** (*fam*) have had as much as one can take of s.o. (s.th.); **ich fresse einen Besen, wenn ...** (*fam*) I'll eat my hat if ... **III.** *vr* (*sich hineinbohren*) eat one's way (*durch* through, *in* into)

Fressnapf[RR] *m* feeding bowl

Fresssucht[RR] *f* bulimia

Frettchen ['frɛtçən] <-s, -> *nt* (*Iltis*) ferret

Freude ['frɔɪdə] <-, -n> *f* joy (*über* at); (*Entzücken*) delight (*über* at); (*Vergnügen*) pleasure; **vor** ~ with joy; **vor** ~ **außer sich sein** be mad with joy; **vor** ~ **weinen** weep for joy; **mit** ~**n** gladly; **ich habe einfach keine** ~ **am Lesen** I simply don't get any pleasure from [*o* out of] reading; ~ **am Leben haben** enjoy life; **jdm eine** ~ **machen** make s.o. happy; **jdm die** ~ **verderben** spoil someone's pleasure; **zu seiner großen** ~ to his great delight; **ihr Sohn macht ihnen wenig** ~ their son is not much of a joy to them; **Freudengeschrei** *nt* shrieks *pl* of joy; **Freudenmädchen** *nt* (*Prostituierte*) woman of easy virtue; **Freudentanz** *m:* **einen** ~ **aufführen** dance for [*o* with] joy; **Freudentränen** *fpl* tears of joy

freudestrahlend *adj* beaming with delight

freudig ['frɔɪdɪç] *adj* **1.** (*froh*) joyful; (*bereitwillig*) willing **2.** (*glücklich, beglückend*) happy; **in ~er Erwartung Ihrer Ankunft ...** looking forward to your arrival with great pleasure ...; **ein ~es Ereignis** (*meist: Geburt*) a happy event

freudlos ['frɔɪtlo:s] *adj* joyless

freuen ['frɔɪen] **I.** *vt:* **das freut mich** I'm really pleased; **es freut mich zu ..., (dass ...)** I'm pleased to ... (that ...) **II.** *vr* **1.** (*froh sein*) be pleased [*o* glad] (*über* about) **2.** (*Vorfreude*) look forward (*auf etw* to s.th., *auf jdn* to seeing, meeting s.o.); **ich habe mich riesig über dein Geschenk gefreut** I was ever so pleased about your present; **ich freue mich mit Ihnen** I share your happiness; **sich an etw (sehr) ~** get (a lot of) pleasure from s.th.; **er freut sich seines Lebens** he enjoys life; **da hast du dich wohl zu früh gefreut** it seems you got your hopes up too soon

Freund [frɔɪnt] <-(e)s, -e> *m* **1.** (*Kamerad*) friend **2.** (*Liebhaber*) boyfriend **3.** (*fig: Kunst~*) lover; (*Mäzen*) friend; **dicke ~e** (*fam*) great friends; **mit jdm gut ~ sein** be good friends with s.o.; **jdn zum ~ haben** have s.o. for a friend; **du bist mir ein schöner ~** (*fam iro*) a fine friend you are; **kein ~ von Katzen** no lover of cats; **ich bin kein ~ vieler Worte** I'm not one of the talking kind; **Freundchen** *nt* (*fam*): **jetzt hör mal zu, mein ~!** now listen, loverboy!

Freundin ['frɔɪndɪn] *f* **1.** (*Kameradin*) friend **2.** (*Liebhaberin*) girlfriend

freundlich ['frɔɪntlɪç] *adj* **1.** (*wohlgesonnen*) friendly **2.** (*gütig, nett*) kind (*zu* to) **3.** (*angenehm*) pleasant; (*heiter*) cheerful; **~er Empfang** friendly welcome; **~es Zimmer** cheerful room; **wären Sie wohl so ~ zu ...?** would you be so kind as to ...?; **das Wetter ist ~** the weather is pleasant; **~e Börsentendenz** (COM FIN) favourable stock market trend; **Freundlichkeit** *f* **1.** friendliness **2.** (*nette Art*) kindliness **3.** (*Heiterkeit*) cheerfulness **4.** (*Gefälligkeit*) favour, kindness **5.** (*freundliche Äußerung*) kind remark; **hätten Sie wohl die ~ zu ...?** would you be so kind as to ...?

Freundschaft *f* friendship; **mit jdm ~ schließen** make friends with s.o.; **freundschaftlich** *adj* friendly; **~e Gesinnung** friendly disposition; **~e Gefühle** feelings of friendship

Freundschaftsbesuch *m* (POL) goodwill visit

Freundschaftsspiel *nt* (SPORT) friendly (match)

Frevel ['fre:fəl] <-s, -> *m* **1.** (REL: *Sünde*) sin (*gegen* against) **2.** (*fig: Verbrechen*) crime (*an* against); (*Sakrileg*) sacrilege; **frevelhaft** *adj* sacrilegious, sinful; **freveln** *vi* sin (*gegen, an* against); **Frevler(in)** *m(f)* sinner

Friede(n) ['fri:dən] <-s, (-)> *m* **1.** peace **2.** (*Ruhe*) tranquillity; **im ~** in time of peace; **in ~ und Freiheit** in peace and freedom; **~ schließen** (POL) make peace; **(seinen) ~ mit der Welt schließen** make one's peace with the world; **der Westfälische ~** (HIST) the Peace of Westphalia; **der häusliche ~** domestic harmony; **um des lieben ~s willen** (*fam*) for the sake of peace and quiet; **lass mich in ~!** leave me alone!

friedensbewegt *adj* (*fam: Person*) pacifist; **Friedensbewegte(r)** *f m* (*fam*) peace activist; **Friedensbewegung** *f* peace movement

Friedensbruch *m* violation of (the) peace; **Friedensgespräche** *ntpl* peace talks; **Friedensinitiative** *f* (*für den Frieden eintretende Gruppe*) peace campaigners *pl;* **Friedenskonferenz** *f* peace conference; **Friedensmarsch** *m* peace march; **Friedenspfeife** *f* peace-pipe; **die ~ rauchen** smoke the peace-pipe; **Friedensregelung** *f* arrangement [*o* settlement] of peace; **Friedensrichter(in)** *m(f)* justice of the peace, J.P.; **Friedensschluss**[RR] *m* conclusion of peace; **Friedensstifter(in)** *m(f)* peacemaker; **Friedensverhandlungen** *fpl* peace negociations; **Friedensvertrag** *m* peace treaty; **Friedenszeit** *f*: **in ~en** in times of peace, in peacetime

friedfertig *adj* peaceable

Friedhof ['fri:tho:f] *m* cemetery

friedlich *adj* peaceful; (*friedfertig*) peaceable; **~e Lösung, ~er Weg** peaceful solution; **bist du dann endlich ~?** (*fam*) will that make you happy?; **nun sei doch endlich ~!** (*fam*) now, give it a rest!

friedliebend *adj* peace-loving

frieren [fri:rən] *irr vi, vt* (*a. gefrieren*) freeze; **ich friere** I am cold, I feel cold; **mich friert es an den Fingern** my fingers are cold; **wird es heute Nacht ~?** will it freeze tonight?

Fries [fri:s] <-es, -e> *m* (ARCH) frieze

frigide [fri'gi:də] *adj* frigid

Frikadelle *f* meatball

Frisbeescheibe® *f* frisbee disc®

frisch [frɪʃ] *adj* **1.** fresh; (*noch feucht*) wet **2.** (*kühl*) chilly, cool **3.** (*Aussehen, Gesichtsfarbe*) fresh **4.** (*munter*) bright, cheery; **~e Eier** new-laid eggs; **~es Obst** fresh-picked fruit; **~ gestrichen** newly painted; (*als Warnung auf Hinweisschild*) wet paint *Br,* fresh paint *Am;* **auf ~er Tat**

F

ertappt werden be caught in the act; ~ **von der Schulbank** fresh out of college; **an der ~en Luft** in the fresh air; **jdn an die ~e Luft setzen** (*fam*) kick s.o. out; **nur immer ~ drauflos!** just go ahead! don't hold back!; **sie schreibt einfach ~ drauflos** she just writes away; ~ **verheiratet** newly married; **ein ~er Wind** a fresh wind; (*fig*) the wind of change

Frische ['frɪʃə] <-> *f* freshness; (*Kühle*) coolness

Frischfleisch *nt* fresh meat

Frischhaltedatum *nt* sell-by date; **Frischhaltefolie** *f* cling film; **Frischhaltepackung** *f* air-tight [*o* vacuum] pack(age)

Frischkäse *m* cream cheese

Frischzelle *f* live cell; **Frischzellentherapie** *f* (MED) cellular therapy, live-cell therapy

Friseur(in) [fri'zøːɐ] <-s, -e> *m(f)* hairdresser; (*für Herren auch*) barber

Friseur(salon) *m* (*Damen~*) hairdresser's *Br,* beauty salon *Am;* (*Herren~ auch*) barber's; **frisieren I.** *vt* **1. jdm das Haar ~, jdn ~** do someone's hair; (*kämmen*) comb someone's hair **2.** (*fam: manipulieren*) fiddle; **die Bilanz ~** (*fam*) cook the books **3.** (AUTO) hot [*o* soup] up **II.** *vr* do one's hair; **Frisiersalon** *m* (*für Damen*) hairdressing salon

Frisör(in) *m(f)* hairdresser; (*für Herren auch*) barber

Frist [frɪst] <-, -en> *f* **1.** (*Zeitraum*) period (*für Nachricht, Kündigung* of notice) **2.** (*Zeitpunkt*) deadline (*für, zu* for); (COM: *Zahlungsziel*) last date for payment; (*~verlängerung, Aufschub*) period of grace; **nach Ablauf der ~** after expiration of the term; **binnen kürzester ~** without delay; **die ~ verstreichen lassen** let the deadline [*o* the last date for payment] pass; **eine ~ einhalten (versäumen)** meet (miss) a deadline; **jdm eine ~ von sieben Tagen gewähren** grant [*o* give] s.o. seven days grace

fristen *vt:* **sein Dasein mit etw ~** eke out one's existence with s.th.; **sein Leben kümmerlich ~** eke out a miserable existence

Fristenregelung *f* (JUR: *bei Schwangerschaftsabbruch*) *latest point at which abortion is legally permitted*

fristgerecht *adj* within the period stipulated; **fristlos** *adj* without notice; ~ **entlassen** dismiss without notice

Frisur *f* hairstyle

Fritteuse^RR^ *f* deep-fryer

frittieren^RR^ *vt* deep-fry

frivol [fri'voːl] *adj* frivolous

froh [froː] *adj* **1.** (*dankbar, glücklich*) glad; (*erfreut*) pleased **2.** (*erfreulich*) happy; **über etw ~ sein** be glad about [*o* pleased with] s.th.; **~e Ostern (Weihnachten)!** Happy Easter (Christmas)!

fröhlich ['frøːlɪç] *adj* cheerful; **Fröhlichkeit** *f* cheerfulness

frohlocken [fro'lɔkən] <ohne ge-> *vi* rejoice (*über* at)

Frohnatur <-, -en> *f* cheerful nature

Frohsinn <-s> *m* cheerfulness

fromm [frɔm] *adj* (*gläubig*) religious; (*Christ*) devout; (*Leben*) pious; **das ist ja wohl nur ein ~er Wunsch!** thats just a pipe-dream!; **eine ~e Lüge** a white lie

Frömmelei [frœmə'laɪ] *f* (*pej*) false [*o* affected] piety

frömmeln ['frœməln] *vi* (*pej*) affect piety

Frömmigkeit *f* religiousness; (*des Handelns*) piousness

Frömmler(in) *m(f)* (*pej*) sanctimonious hypocrite

Fron(arbeit) ['froːn-] <-, (-en)> *f* **1.** (HIST: *Frondienst*) socage **2.** (*fig*) drudgery

frönen ['frøːnən] *vi* indulge (*einer Sache* in s.th.)

Fronleichnam(sfest) [-'--(-)] *nt* (Feast of) Corpus Christi

Front [frɔnt] <-, -en> *f* **1.** (*Vorderseite*) front **2.** (METE: *Wetter~*) front **3.** (MIL) front; (*Kampflinie*) front line **4.** (SPORT: *Spitze*) lead; **gegen diese Entscheidung werden wir ~ machen** (*fig*) we will make a stand against this decision; **an der ~** (MIL) at the front; **wir müssen endlich klare ~en schaffen** (*fig*) it's high time we made our position clear; **die ~en wechseln** (*fig*) change sides

frontal [frɔn'taːl] **I.** *adj* frontal **II.** *adv* frontally, head on; **Frontalzusammenstoß** *m* head-on collision

Frontman, -woman ['frɔntmɛn/vumən] *m, f* (*TV-Hauptmoderator*) frontman/-woman

Frontscheibe *f* (AUTO) windscreen *Br,* windshield *Am*

Frosch [frɔʃ, *pl:* 'frœʃə] <-(e)s, ⸗e> *m* frog; **ich hab' einen ~ im Hals!** (*fam*) I've got a frog in my throat!; **komm, sei kein ~!** (*fam: kein Spielverderber*) come on, be a sport!; **Froschlaich** *m* (*Froscheier*) frogspawn; **Froschperspektive** *f* worm's eye view; **Froschschenkel** *m* frog's leg

Frost [frɔst, *pl:* 'frœstə] <-(e)s, ⸗e> *m* frost; **strenger (eisiger) ~** heavy (crisp) frost; **Frostbeule** *f* (MED) chilblain

frösteln ['frœstəln] *vi* shiver

frostig *adj* (*a. fig*) frosty

Frostigkeit *f* (*fig*) frostiness

Frostschaden *m* frost damage; **Frostschutzmittel** *nt* (AUTO) antifreeze

Frottee ['frɔte:] *nt* <-s, -> terry towelling; **Frotteehandtuch** *nt* terry towel; **Frotteekleid** *nt* towelling dress

frottieren *vt, vr* rub (down)

frotzeln ['frɔtsəln] *vi* (*fam*) tease; **über jdn (etw)** ~ make fun of s.o. (s.th.)

Frucht [frʊxt, *pl:* 'frʏçtə] <-, ¨-e> *f* (*a. fig*) fruit; **Früchte tragen** (*a. fig*) bear fruit

fruchtbar *adj* **1.** (*a. fig*) fertile, prolific **2.** (*fig: nutzbringend*) productive; **Fruchtbarkeit** *f* **1.** (*a. fig*) fertility, prolificness **2.** (*fig*) productiveness

Fruchtblase *f* (ANAT) amniotic sac

Früchtchen ['frʏçtçən] <-s, -> *nt* (*pej*) good-for-nothing

fruchten ['frʊxtən] *vi* (*fig*) bear fruit; **nichts** ~ be fruitless

Fruchtfleisch *nt* flesh (of a fruit)

fruchtlos *adj* (*fig*) fruitless; **Fruchtlosigkeit** *f* (*fig*) fruitlessness

Fruchtsaft *m* fruit juice

Fruchtwasserspiegelung *f* amnioscopy; **Fruchtwasseruntersuchung** *f* (MED) amneocentesis

Fruchtwechsel *m* (AGR) crop rotation

Fruchtzucker *m* fructose

früh [fry:] **I.** *adj* early; **am ~en Nachmittag** in the early afternoon; **in ~er Jugend** in one's early youth; **seit meiner ~esten Kindheit** since I was a very small child **II.** *adv* **1.** early **2.** (*schon in der Kindheit o Jugend*) at an early age; **heute (morgen)** ~ this (tomorrow) morning; **es ist noch ~ am Tag** it's still early in the day; **Sonntag** ~ Sunday morning; **von ~ bis spät** from morning till night

Frühaufsteher(in) *m(f)* early riser

Frühe ['fry:ə] <-> *f*: **in aller (der)** ~ at the crack of dawn (early in the morning)

früher ['fry:ɐ] **I.** *adj* **1.** earlier **2.** (*ehemalig*) former; (*vorherig*) previous; **in ~en Zeiten** in the past; **der ~e Besitzer** the previous owner **II.** *adv* **1.** earlier **2.** formerly, previously; ~ **am Abend** earlier on in the evening; **ich habe ihn ~ einmal gekannt** I used to know him; **ich kenne ihn noch von** ~ I've known him for some time; **es ist alles genau wie** ~ everything's just as it used to be; ~ **oder später** sooner or later; **da musst du ~ aufstehen** (*fig fam*) you have to be quicker off the mark

Früherkennung *f* (MED) early diagnosis

frühestens *adv* at the earliest; **wann kannst du ~ kommen?** what is the earliest you can come?

Frühgeburt *f* **1.** (*zu frühe Geburt*) premature birth **2.** (*zu früh geborenes Kind*) premature baby

Frühjahr *nt* spring; **Frühjahrsmüdigkeit** *f* springtime lethargy

Frühling *m* spring; **Frühlings-** *präfix* spring; **Frühlingsrolle** *f* spring roll; **Frühlingssuppe** *f* mixed early vegetables soup

frühmorgens *adv* early in the morning

Frühpensionierung *f* early retirement

frühreif *adj* **1.** (*körperlich*) mature at an early age **2.** (*fig*) precocious; **~es Kind** precocious child; **Frühreife** *f* **1.** early maturity **2.** (*fig*) precocity

Frühschicht *f* early shift

Frühschoppen *m* morning [*o* lunchtime] drinking; **einen ~ machen** go for a morning drink

Frühstück *nt* breakfast; **sollen wir Eier zum ~ essen?** shall we have eggs for breakfast?; **Übernachtung und** ~ bed and breakfast; **frühstücken I.** *vi* have breakfast **II.** *vt* breakfast on

Frühwarnsystem *nt* (MIL) (distant) early warning system

frühzeitig *adj* **1.** (*früh*) early **2.** (*vorzeitig*) premature

Frühzündung *f* (AUTO) pre-ignition

Frust [frʊst] <-s> *m* (*fam*) frustration; **Frustration** *f* frustration; **frustrieren** *vt* frustrate

FTP *nt* (*Internetprotokoll*) FTP

Fuchs [fʊks, *pl:* 'fʏksə] <-es, ¨-e> *m* **1.** (*auch Pelz*) fox **2.** (*Pferd*) chestnut; (*Rotfuchs*) sorrel; **ein schlauer** ~ (*fam*) a sly fox; **Fuchsbau** *m* fox's den; **Füchsin** ['fʏksɪn] *f* vixen; **Fuchsjagd** *f* fox-hunt(ing); **fuchsrot** *adj* (*Pferd*) sorrel; (*Haar*) ginger; **Fuchsschwanz** *m* **1.** (*eines Fuchses*) fox's tail **2.** (*Säge*) handsaw **3.** (*Pflanze*) love-lies-bleeding

fuchsteufelswild *adj* (*fam*) hopping mad

Fuchtel ['fʊxtəl] <-, -n> *f* (*österr: zänkische Frau*) shrew; **unter jds ~ stehen** be under someone's thumb; **fuchteln** *vi* (*fam*) wave (*mit etw* s.th. about)

Fug [fu:k] *m*: **mit ~ und Recht** with good cause

Fuge[1] ['fu:gə] <-, -n> *f* **1.** joint **2.** (*Falz*) groove; **in allen ~en krachen** creak in every joint; **aus den ~n gehen** [*o* **geraten**] (*a. fig*) come apart (at the seams), go awry

Fuge[2] *f* (MUS) fugue

fügen ['fy:gən] **I.** *vt* place **II.** *vr* (*nachgeben*) be obedient, bow (*jdm* to s.o., *einer Sache* to s.th.); **er fügte sich in sein Schicksal** he resigned himself to his fate; **es hat sich so gefügt, dass ...** it so happened that ...

fügsam *adj* **1.** (*gehorsam*) obedient **2.** (*biegsam*) pliant

Fügsamkeit *f* **1.** (*Gehorsamkeit*) obedience **2.** (*Biegsamkeit*) pliability

Fügung *f* chance; (*Zusammentreffen*) coincidence; **göttliche** ~ divine providence

fühlbar *adj* **1.** (*greifbar*) palpable **2.** (*deutlich*) marked **3.** (*wahrnehmbar*) perceptible; **ein ~er Verlust** a grievous loss

fühlen ['fy:lən] *vt, vi, vr* feel; (*Puls*) take; **jdm auf den Zahn** ~ (*fam: ausfragen*) pump s.o. for information; **sich verletzt/krank/verantwortlich** ~ feel hurt/ill/responsible; **sich jdm** (**einer Sache**) **gewachsen** ~ feel up to s.o. (s.th.); **zart ~d**[RR] sensitive

Fühler *m* (*von Insekten, Schnecken*) antenna, feeler; **seine ~ nach etw ausstrecken** put out feelers towards s.th.

Fühlung *f* contact, touch; ~ **haben mit ...** be in touch [*o* contact] with ...

Fuhre ['fu:rə] <-, -n> *f* (*a. fig*) **1.** (*Ladung*) load **2.** (*Schub*) batch

führen ['fy:rən] **I.** *vt* **1.** (*an~, vorangehen*) lead **2.** (*bringen, geleiten*) take; (*Touristen, Blinde*) guide **3.** (COM: *im Sortiment haben*) carry, keep **4.** (*Fahrzeug steuern*) drive; (MAR) sail; (AVIAT) fly; (*bedienen: Fahrstuhl, Bagger*) operate **5.** (*leiten: Unternehmen*) run; (MIL: *Armee, Kompanie*) command **6.** (*tragen, transportieren*) carry; **was führt Sie zu mir?** what brings you here?; **etw bei sich** ~ carry s.th. on one's person; **jdm den Haushalt** ~ keep house for s.o.; **er führte den Beweis seiner Unschuld** he offered proof of his innocence; **er führte sein Glas an die Lippen** he raised his glass to his lips; **er führt über alles genau Buch** he keeps a detailed record of everything; **jdm die Bücher** ~ keep someone's books; ~ **Sie Badeanzüge?** do you sell bathing suits?; **gegen jdn einen Prozess** ~ take legal action against s.o.; **der Rhein führt im Augenblick Hochwasser** the Rhine is running high at the moment; **etw** (**nichts Gutes**) **im Schilde** ~ be up to s.th. (to no good); **die Firma X führt in Software** firm X is the leading software dealer **II.** *vi* **1.** (*bewirken*): **zu etw** ~ lead to s.th.; **zu nichts** ~ come to nothing **2.** (*an der Spitze, in Führung sein*) lead; (SPORT) be in the lead (*um, mit* by) **3.** (*verlaufen: Weg, Straße*) go; (*Leitung, Kabel*) run; **wohin soll das bloß ~?** where is this leading us?; **wollen Sie mich hinters Licht ~?** (*fig fam*) are you trying to lead me up the garden path? **III.** *vr* (*sich auf~*) conduct o.s.; **führend** *adj* leading; (*Persönlichkeit*) prominent; **die Firma A ist bei Videorekordern** ~ A is the leading firm for video recorders

Führer ['fy:rɐ] *m* **1.** (POL) leader; (*Oberhaupt*) head **2.** (*von Fahrzeug*) driver; (*Bagger~, Fahrstuhl~*) operator **3.** (*Reiseführer*) guide; **der** ~ (POL HIST: *selbstgeschaffener Titel Adolf Hitlers*) the Fuehrer; ~ **durch Frankreich** guide to France; **Führerhaus** *nt* (driver's) cab; **Führerin** *f* **1.** (POL) leader; (*An~*) head **2.** (AUTO: *Fahrerin*) driver; (*Fahrstuhl~*) operator **3.** (*Reise~*) guide

führerlos *adj* (*Partei*) leaderless, without a leader

Führerschein *m* (AUTO) driving licence *Br*, driver's license *Am*; **er macht gerade den** ~ he is learning to drive; **wann haben Sie den ~ gemacht?** when did you take your driving test?; **Führerscheinentzug** *m* disqualification from driving; **Führerscheinprüfung** *f* driving test

Führerstand *m* (RAIL) cab

Fuhrmann <-(e)s, -leute/(-männer)> *m* carter

Fuhrpark *m* fleet (of vehicles)

Führung ['fy:rʊŋ] *f* **1.** (*Vorsprung*) lead **2.** (*Verantwortung*) direction, guidance; (MIL) command; (COM: *Unternehmens~*) management; (POL: *Partei~*) leadership **3.** (TECH) guide(way) **4.** (*Verhalten*) conduct **5.** (*Besichtigung*) guided tour (*durch* of); **die ~ übernehmen** take the lead; **in ~ liegen** be in the lead; **unter jds** ~ under someone's direction; (MIL) under someone's command; (COM) under someone's management; (POL) under someone's leadership; **sind Sie zur ~ eines Kraftfahrzeugs berechtigt?** are you licensed to drive a motor vehicle?

Führungsebene *f* (COM) top management level; **Führungskraft** *f* **1.** (COM) executive **2.** (POL) leader; **Führungsnachwuchs** *m* **1.** (COM) management [*o* executive] trainees *pl* **2.** (POL) potential leaders; **Führungsqualität** *f meist pl* leadership quality; **Führungsschicht** *f* ruling classes *pl;* (COM) managerial class; (POL) group of leaders; **Führungsschwäche** *f* weak leadership; **Führungsspitze** *f* (COM) top management; **Führungsstab** *m* **1.** (MIL) operations staff **2.** (COM) top management; **Führungsstärke** *f* strong leadership; **Führungsstil** *m* style of management; **Führungszeugnis** *nt* certificate of conduct

Fuhrunternehmen *nt* haulage firm; **Fuhrunternehmer**(**in**) *m(f)* haulage contractor

Fülle ['fʏlə] <-> *f* **1.** (*Vollsein*) fullness **2.** (*Körper~*) corpulence **3.** (*Menge*): **eine ~ von Problemen/Fragen** plenty [*o* a whole host] of problems/questions; (*Über~*) abundance; **in Hülle und** ~ in abundance

füllen **I.** *vt* fill; (*Gans, Ente*) stuff; **einen Zahn** ~ fill a tooth; **eine Lücke** ~ (*fig*) stop a gap; **etw in Flaschen** ~ bottle s.th.; **ei-**

nen Sack ~ fill a sack; **etw in einen Sack** ~ put s.th. into a sack; **ihre Bücher** ~ **ihre ganze Wohnung** her books take up her whole flat; **voll** ~RR fill up **II.** *vr* fill up; **ihre Augen füllten sich mit Tränen** her eyes filled with tears

Füller *m*, **Füllfederhalter** *m* fountain pen

Füllgewicht *nt* **1.** (COM: *Nettogewicht*) net weight **2.** (*einer Waschmaschine*) maximum load

Füllmengenanzeige *f* (*an Tanksäule*) volume readout

Füllsel ['fʏlzəl] <-s, -> *nt* filler

Full-Size-Airbag ['fʊl saɪz 'eəbæg] <-s, -s> *m* (AUTO) full size airbag

Füllung *f* **1.** filling; (*von Gans, Ente*) stuffing; (*von Praline*) centre *Br,* center *Am* **2.** (*Tür~*) panel **3.** (*Zahn~*) filling

Fummel *m* (*sl: Kleid*) rag

fummeln ['fʊməln] *vi* (*fam: hantieren*) fumble (*an etw* with)

Fund [fʊnt] <-(e)s, -e> *m* (*gefundene Sache*) find

Fundament [fʊnda'mɛnt] <-(e)s, -e> *nt* (*a. fig*) foundation; **das** ~ **für etw schaffen** (*fig*) lay the foundations for s.th.

fundamental *adj* fundamental

Fundamentalist(in) *m(f)* fundamentalist; **fundamentalistisch** *adj* fundamentalist

Fundbüro *nt* lost-property office *Br,* lost and found office [*o* department] *Am*

Fundgrube *f* (*fig*) treasure trove

Fundi ['fʊndɪ] <-s, -s> *m fundamentalist of the German ecology movement*

fundieren [fʊn'di:rən] *vt* (*begründen*) found; **gut fundiert** well-founded

Fundsachen *fpl* lost property *sing*

fünf [fʏnf] *num* five; ~**e gerade sein lassen** (*fam*) turn a blind eye; **es ist** ~ **(Minuten) vor zwölf** it's five (minutes) to twelve; (*fig: fast schon zu spät*) it's at the eleventh hour

Fünfeck *nt* pentagon; **fünfeckig** *adj* pentagonal

Fünfer ['fʏnvɐ] <-s, -> *m* (*fam: Fünfmarkstück*) five marks *pl;* **fünferlei** ['fʏnfɐ'laɪ] *adj* of five different sorts; **fünffach** *adj* fivefold

Fünfganggetriebe *nt* (AUTO) five-speed gearbox

fünfhundert *num* five hundred

Fünfkampf *m* (SPORT) pentathlon

fünfmal *adv* five times

Fünftagewoche [-'----] *f* five-day week

fünftausend *num* five thousand

Fünftel ['fʏnftəl] <-s, -> *nt* fifth

fünftens ['fʏnftəns] *adv* fifth(ly), in the fifth place

fünfzehn *num* fifteen

fünfzig ['fʏnftsɪç] *num* fifty; **Fünfziger** *m* (*fam*) **1.** (*Fünfzigjähriger*) fifty-year-old **2.** (*Geldstück*) fifty-pfennig piece; (*Geldschein*) fifty-mark note; **falscher** ~ crook; **fünfzigjährig** *adj pred* fifty years old, fifty-year-old

fünfzigste *adj* fiftieth

fungieren [fʊŋ'gi:rən] *vi* function (*als* as a)

Funk ['fʊŋk] <-s> *m* radio; **Funkamateur(in)** *m(f)* radio amateur; (*fam*) radio ham; **Funkausstellung** *f* radio and television exhibition

funkeln ['fʊŋkəln] *vi* sparkle; (*Edelstein*) glitter; (*Augen: vor Freude*) gleam; (*vor Zorn*) flash; (*Stern*) twinkle

funkelnagelneu *adj* (*fam*) brand-new

Funken <-n, -n (-s, -)> *m* (*a. fig*) spark; **ein** ~ **Verstand** a modicum of sense; **zwischen den beiden ist wohl der** ~ **übergesprungen** (*fam*) they seem to have clicked; **kein** ~**n Hoffnung** not the slightest gleam of hope; ~**n sprühen** spark; (*Augen*) flash; **..., dass die** ~**en fliegen** (*fam*) ..., like mad

funken ['fʊŋkən] **I.** *vt:* **SOS** ~ radio an SOS **II.** *vi* (*senden*) radio; **na, hat's zwischen den beiden gefunkt?** well, have they clicked?

Funker(in) *m(f)* radio operator; (AVIAT) radioman

Funkgerät *nt* **1.** (*Sprech~*) radio set; (*fam*) walkie-talkie **2.** (*Funkausrüstung*) radio equipment

funkgesteuert *adj* radio-controlled

Funkhaus *nt* broadcasting station; **Funkkolleg** *nt* educational radio broadcasts *pl;* **Funknavigation** *f* radio navigation; **Funksprechgerät** *nt* walkie-talkie; **Funkspruch** *m* **1.** (*Nachricht*) radio message **2.** (*Signal*) radio signal; **Funkstation** *f* radio station; **Funkstille** *f* radio silence; **bei den beiden herrscht** ~ (*fam*) they are no longer talking to each other; **Funktaxi** *nt* radio taxi, radio cab; **Funktechnik** *f* radio technology; **Funktelefon** *nt* radiotelephone, cordless telephone

Funktion [fʊŋk'tsjo:n] *f* **1.** (*Amt*) office **2.** (*Zweck, mathematische* ~) function; **eine** ~ **übernehmen** take up a position; **in** ~ **treten** start to function; **etw außer** ~ **setzen** stop s.th. functioning

funktional *adj* functional

Funktionär(in) *m(f)* (POL) functionary, official

funktionell *adj* functional

funktionieren *vi* function, work

Funktionsbild *nt* job profile; **Funktionsprüfung** *f* functional test; **Funktionstaste** *f* (INFORM) function key

Funkturm *m* radio tower; **Funkverbindung** *f* radio contact; **Funkverkehr** *m*

F

radio traffic, wireless communication

Funzel [ˈfʊntsl] <-, -n> *f* (*pej*) dim light

für [fyːɐ] *präp* **1.** for **2.** (*anstatt*) instead of, for **3.** (*zugunsten von*) in favour of, for **4.** (*Gegenleistung*) (in exchange) for; **er ist gern ~ sich** he likes to be left by himself; **~ mich** for me; (*nach meiner Meinung*) in my view; **~ jdn handeln** act for s.o.; **ein ~ allemal** once and for all; **~s erste** for the time being; **eine Karte ~ die heutige Vorstellung** a ticket for today's performance; **was ~ ein Mann ist er?** what kind of a man is he?; **es ~ ratsam halten** think it advisable; **jdn ~ ... halten** think s.o. is ...; **~ seinen Humor ist er bekannt** he is known for his sense of humour; **sich ~ jdn (etw) entscheiden** decide in favour of s.o. (s.th.); **kannst du denn nie etw ~ dich behalten?** can't you ever keep anything to yourself?; **er hat schließlich doch etw ~ sich** he's not so bad after all; **das hat etw ~ sich** there's s.th. in it; **Schritt ~ Schritt** step by step; **Tag ~ Tag** day after day; **Wort ~ Wort** word for word; **an und ~ sich** actually; **das Für und Wider** the pros and cons *pl*

Furche [ˈfʊrçə] <-, -n> *f* (*Ackerfurche, Falte im Gesicht*) furrow; (*Wagenspur*) rut; **furchen** *vt* furrow

Furcht [fʊrçt] <-> *f* fear; **aus ~ vor ...** for fear of ...; **jdm ~ einflößen** frighten s.o.; **~ erregend**[RR] fearful, terrifying

furchtbar *adj* awful, dreadful, terrible

fürchten [ˈfʏrçtən] **I.** *vt* be afraid of, fear **II.** *vi* fear (*um, für* for) **III.** *vr* be afraid (*vor* of)

fürchterlich *adj* dreadful, terrible

furchterregend *adj s.* **Furcht**

furchtlos *adj* fearless, intrepid; **Furchtlosigkeit** *f* fearlessness, intrepidity; **furchtsam** *adj* timorous; **Furchtsamkeit** *f* timorousness

füreinander *adv* for one another, for each other

Furie [ˈfuːriə] <-, -n> *f* **1.** (*in der Mythologie*) Fury **2.** (*pej: wütende Frau*) hellcat, termagant

Furnier [fʊrˈniːɐ] <-s, -e> *nt* veneer; **furnieren** *vt* veneer

Furore [fuˈroːrə] <-> *f* furore *Br,* furor *Am;* **ihr neues Stück machte ~** her latest play caused a furor(e)

Fürsorge <-> *f* **1.** (*Betreuung*) care **2.** (*Sozial~, a. fam: Sozialamt*) welfare **3.** (*fam: ~unterstützung*) social security

Fürsorgeamt *nt* welfare office *Br,* department of welfare *Am*

Fürsorger(in) *m(f)* welfare worker

fürsorglich *adj* careful

Fürsprache *f* intercession; **~einlegen** intercede (*für* for, *bei* with)

Fürsprecher(in) *m(f)* intercessor

Fürst [fʏrst] <-en, -en> *m* prince; **Fürstentum** *nt* principality; **Fürstin** *f* princess; **fürstlich** *adj* **1.** princely **2.** (*fig: üppig*) lavish

Furt [fʊrt] <-, -en> *f* ford

Furunkel [fuˈrʊŋkəl] <-s, -> *m* (MED) boil

Furz [fʊrts, *pl:* ˈfʏrtsə] <-es, ¨-e> *m* (*vulg*) fart; **einen ~ lassen** (*vulg*) let off a fart; **furzen** *vi* (*vulg*) fart

Fusel [ˈfuːzəl] <-s, -> *m* (*pej*) rotgut *Br,* hooch *Am*

Fusion [fuˈzjoːn] *f* **1.** (*a. fig*) fusion **2.** (COM) merger; **fusionieren** *vi* (*a.* COM) merge (*mit* with); **Fusionsreaktor** *m* (PHYS) fusion reactor

Fuß [fuːs, *pl:* ˈfyːsə] <-es, ¨-e> *m* **1.** (ANAT: *a. Längenmaß*) foot **2.** (*eines Gegenstandes*) base; (*eines Gebirges*) foot; (*an Stuhl, Tisch*) leg **3.** (*Vers~*) foot; **~ fassen** (*a. fig*) establish o.s.; **jdm auf den ~ treten** tread on someone's foot; **jdm auf die Füße treten** (*fam: vor den Kopf stoßen*) give s.o. a good talking-to; **einander auf die Füße treten** (*fam: weil zu viele Menschen da sind*) tread on each other's toes; **jdn (etw) mit Füßen treten** kick s.o. (s.th.) about; (*fig*) trample all over s.o. (s.th.); **kalte Füße bekommen** (*a. fig*) get cold feet; **auf eigenen Füßen stehen** stand on one's own two feet; **auf großem ~ leben** live in style; **zu ~** on foot; **jdm (einer Sache) auf dem ~e folgen** be hot on the heels of s.o. (s.th.); (*fig*) follow hard on s.o. (s.th.); **mit jdm auf gutem ~e stehen** be on good terms with s.o.; **jdn auf freien ~ setzen** set s.o. free; **jdm zu Füßen fallen** fall at someone's feet

Fußabdruck *m* footprint; **Fußabstreifer** *m,* **Fußabtreter** *m* doormat, footscraper; **Fußangel** *f* **1.** mantrap **2.** (*fig: Falle*) catch, trap; **Fußbad** *nt* foot bath

Fußball *m* **1.** (association) football *Br,* soccer *Am* **2.** (*der Ball*) football *Br,* soccer ball *Am;* **Fußballer(in)** *m(f)* (*fam*) footballer; **Fußballmannschaft** *f* football team *Br,* soccer team *Am;* **Fußballplatz** *m* football pitch *Br,* soccer ground *Am;* **Fußballrowdy** *m* football hooligan; **Fußballspiel** *nt* football match *Br,* soccer match *Am;* **Fußballspieler(in)** *m(f)* footballer; **Fußballstadion** *nt* football stadium; **Fußballtoto** *nt* football pools *pl*

Fußbank *f* footstool

Fußboden *m* floor; **Fußbodenbelag** *m* floor covering; **Fußbodenheizung** *f* underfloor heating

Fußbremse *f* (AUTO) footbrake

Fussel [ˈfʊsəl] <-, -n (-s, -)> *f (m)* (*fam*) fluff; **fusselig** *adj* fluffy; **sich den Mund**

~ **reden** (*fam*) talk till one is blue in the face

fußen ['fu:sən] *vi* (*a. fig*) be based, rest (*auf* on)

Fußende *nt* bottom-end, foot

Fußgänger(**in**) ['fu:sgɛŋər] *m(f)* pedestrian; **Fußgängerinsel** *f* pedestrian island; **Fußgängerstreifen** *m* (*CH*) pedestrian crossing; **Fußgängerüberweg** *m* pedestrian crossing; **Fußgängerzone** *f* pedestrian precinct

Fußgelenk *nt* ankle joint; **fußgerecht** *adj* foot-contoured, anatomically correct; **Fußkettchen** *nt* anklet; **Fußnagel** *m* toenail

Fußnote *f* footnote

Fußpflege *f* chiropody; **Fußpfleger**(**in**) *m(f)* chiropodist

Fußpilz *m ohne pl* athlete's foot

Fußraum *m* (AUTO) footwell; **Fußschaltung** *f* (AUTO) foot gear control, foot shifter

Fußsohle *f* sole of the foot; **Fußspitze** *f* **1.** toes *pl* **2.** (*von Strumpf*) toe; **Fußspur** *f*, **Fußstapfen** *fpl* footprints; **in jds Fußstapfen treten** (*fig*) follow in someone's footsteps; **Fußtritt** *m* (*Stoß*) kick; **ich bekam einen** ~ (*fig*) I was kicked out

Fußvolk *nt* (*fig*): **das** ~ the rank and file

Fußweg *m* **1.** (*Entfernung*) walk **2.** (*Weg für Fußgänger*) footpath

futsch [fʊtʃ] *adj* (*fam*) **1.** (*weg*) gone **2.** (*kaputt*) bust

Futter[1] ['fʊtɐ] <-s> *nt* **1.** (*Nahrung für Tiere*) food; (*Vieh~*) fodder **2.** (*fam: Essen*) grub

Futter[2] <-s, -> *nt* (*Stoff~*) lining; (*Tür~*) casing

Futteral [fʊtə'ra:l] <-s, -e> *nt* case

futtern ['fʊtɐn] **I.** *vt* (*hum fam*) scoff **II.** *vi* stuff o.s.

füttern[1] ['fʏtɐn] *vt* (*mit Nahrung versorgen*) feed

füttern[2] *vt* (*mit Pelz*) fur; (*mit Tuch*) line

Futternapf *m* bowl; **Futterneid** *m* (*a. fig*) envy (of s.o.'s possessions)

Fütterung ['fʏtərʊŋ] *f* feeding

Futur [fu'tu:ɐ] <-/-s> *nt* (GRAM) future (tense)

futuristisch *adj* futurist(ic)

Futurologie *f* futurology

G

G, g [ge:] <-, -> *nt* G, g

Gabe ['ga:bə] <-, -n> *f* **1.** (*Geschenk*) gift, present **2.** (*Begabung*) gift, talent **3.** (*Dosis*) dose

Gabel ['ga:bəl] <-, -n> *f* **1.** (*zum Essen*) fork **2.** (*Deichsel*) shafts *pl;* **gabelförmig** *adj* forked; **gabeln** ['ga:bəln] *vr* fork; **Gabelstapler** *m* fork-lift truck; **Gabelung** *f* fork

gackern ['gakɐn] *vi* cackle

gaffen ['gafən] *vi* gape (*nach* at); **Gaffer** *m* gaper

Gag [gæk] <-s, -s> *m* gag

Gage ['ga:ʒə] <-, -n> *f* (THEAT) fee

gähnen ['gɛ:nən] *vi* yawn

Galaabend *m* gala evening

galaktisch *adj* galactic

galant [ga'lant] *adj* gallant

Galavorstellung *f* (THEAT) gala performance

Galaxis [ga'laksɪs] *f* <-, Galaxien> (ASTR) galaxy

Galeere [ga'le:rə] <-, -n> *f* galley

Galerie [galə'ri:] *f* gallery

Galgen ['galgən] <-s, -> *m* gallows *pl;* **am ~ enden** end on the gallows; **Galgenfrist** *f* (*fig a. hum*) reprieve; **Galgenhumor** *m* gallows humour

Galle ['galə] <-, -n> *f* **1.** (ANAT: *Gallenblase*) gallbladder **2.** (*~nflüssigkeit*) bile, gall; **mir läuft gleich die ~ über!** (*fig*) I'm beginning to seethe!; **Gallenblase** *f* gallbladder; **Gallenflüssigkeit** *f* bile; **Gallenkolik** *f* gall-stone colic; **Gallenleiden** *nt:* **sie hat ein ~** she has trouble with her gallbladder; **Gallenstein** *m* gall-stone

gallertartig ['galɐta:ɐtɪç] *adj* gelatinous, jelly-like

Galopp [ga'lɔp] <-s, -s/-e> *m* gallop; **im ~** at a gallop; **galoppieren** *haben o sein vi* (*a. fig*) gallop (*auf* at); **~de Inflation** galloping inflation

galvanisch [gal'va:nɪʃ] *adj* galvanic

galvanisieren *vt* electroplate

Gamasche [ga'maʃə] <-, -n> *f* gaiter

Gameboy ['geɪmbɔɪ] <-s, -s> *m* Gameboy

Gammastrahlung *f* (PHYS) gamma radiation

gammeln ['gaməln] *vi* (*fam*) bum around; **Gammler(in)** *m(f)* (*pej*) loafer, layabout

Gams <-, -(en)> *f* (*österr*) chamois

Gämse[RR] ['gɛmzə] <-, -n> *f* chamois

Gang [gaŋ, *pl:* 'gɛŋə] <-s, ⸚e> *m* **1.** (*Spazier~*) stroll, walk; (*Besorgung*) errand **2.** (*von Personen*) gait **3.** (*Flur*) hallway; (RAIL: *in Eisenbahnwagen*) corridor **4.** (*beim Essen*) course **5.** (AUTO) gear; **etw in ~ halten** keep s.th. moving; **etw in ~ setzen** set s.th. going; **etw ist im ~e** something's up; **in den zweiten ~ schalten** change into second (gear) *Br,* shift into second (gear); **Gangart** *f* gait, walk; **gangbar** *adj* **1.** (*Weg*) passable **2.** (*fig*) practicable

Gängelband *nt:* **jdn am ~ führen** spoonfeed s.o., treat s.o. like a child; **gängeln** ['gɛŋəln] *vt:* **jdn ~** spoon-feed s.o., treat s.o. like a child

gängig ['gɛŋɪç] *adj* **1.** (COM) in demand **2.** (*gebräuchlich*) current

Gangschaltung *f* (AUTO) gears *pl*

Gangster ['gæŋstɐ] <-s, -> *m* gangster

Gangway ['gæŋweɪ] <-, -s> *f* (AVIAT) steps *pl;* (MAR) gangway

Ganove [ga'no:və] <-n, -n> *m* (*fam*) crook

Gans [gans, *pl:* 'gɛnzə] <-, ⸚e> *f* goose; **dumme ~!** silly goose!

Gänseblümchen *nt* daisy; **Gänsebraten** *m* roast goose; **Gänsefüsschen**[RR] *ntpl* (*fam*) inverted commas, quotation marks; **Gänsehaut** *f* (*fig*) goose-flesh, goose-pimples; **eine ~ bekommen** get goose-flesh [*o* goose-pimples]; **Gänseleberpastete** *f* pâté de foie gras; **Gänsemarsch** *m:* **im ~** in single [*o* Indian] file; **Gänserich** ['gɛnzərɪç] *m* gander; **Gänseschmalz** *nt* goose-dripping

ganz [gants] **I.** *adj* **1.** (*vollständig*) entire, whole **2.** (*fam: heil*) intact; **die ~e Zeit** all the time, the whole time; **das ist eine ~e Menge** that's quite a lot; **~ deiner Meinung** I quite agree; **~e zehn Tage** all of ten days **II.** *adv* **1.** (*völlig*) quite **2.** (*fam: wirklich*) really; **~ und gar nicht** by no means, not at all; **im Großen und Ganzen**[RR] on the whole; **das haben Sie ~ und gar missverstanden** you've misunderstood every bit of it; **~ gewiss!** most certainly!; **das ist mir ~ gleich** it's all the same to me; **~ wie Sie meinen** just as you think; **~ wenig** a tiny bit; **Ganze** <-n> *nt* whole; **aufs ~e gehen** go all out (for); **Ganzheit** *f* totality; **ganzheitlich** *adj* **1.** (*einheitlich*) integrated **2.** (*Sichtweise*) holistic; **Ganzheitsmethode** *f* (SCHULE) **1.** (*Unterricht*) global method **2.** (*Ganzwortmethode*) "look and say" method

gänzlich ['gɛntslɪç] *adv* completely, totally

Ganztagsschule *f* all-day school

gar¹ [ga:ɐ] *adj* (*von Speisen*) cooked, done

gar² *adv* (*sogar*) even; ~ **nicht** not at all; **es fällt ihr ~ nicht ein es zu tun** she would not even think of doing it; **er geht fast ~ nicht aus** he hardly ever goes out; ~ **nichts** nothing at all

Garage [ga'ra:ʒə] <-, -n> *f* garage; **garagieren** *vt* (*österr: Auto*) park

Garant [ga'rant] <-en, -en> *m* guarantor

Garantie [garan'ti:] *f* guarantee; **hat dein Fernseher noch ~?** is your TV set still under guarantee?; **6 Monate ~ haben** have a 6 month guarantee; **garantieren** *vt* guarantee; **ich kann nicht dafür ~, dass es gut ist** I can't guarantee it will be any good; **Garantieschein** *m* guarantee; **Garantiezeit** *f* guarantee period, period of guarantee

Garaus ['ga:'raʊs] *m*: **jdm den ~ machen** (*fam*) do s.o. in, finish s.o. off

Garbe ['garbə] <-, -n> *f* (*Getreidehalme*) sheaf

Garde ['gardə] <-, -n> *f* guard

Garderobe [gardə'ro:bə] <-, -en> *f* **1.** (*Kleiderablage*) hall-stand; (*Raum*) cloakroom *Br*, checkroom *Am* **2.** (*Kleidung*) wardrobe; **„für ~ wird nicht gehaftet"** "articles deposited at owner's risk"; **Garderobenständer** *m* hatstand, hall stand

Gardine [gar'di:nə] <-, -n> *f* curtain *Br*, drape *Am*; **die ~n aufziehen/zuziehen** draw the curtains; **hinter schwedischen ~ sitzen** (*fig*) be behind bars; **Gardinenpredigt** *f* (*fam*) ticking-off; **Gardinenstange** *f* curtain rail

gären ['gɛ:rən] *irr vi* ferment; **es gärt** (*fig*) s.th. is brewing

Garette <-, -n> *f* (*CH: Schubkarren*) barrow

Garn [garn] <-(e)s, -e> *nt* thread; (*Woll~*) yarn

Garnele [gar'ne:lə] <-, -n> *f* shrimp

garnieren [gar'ni:rən] *vt* (*Speisen*) garnish

Garnison [garni'zo:n] <-, -en> *f* garrison

Garnitur [garni'tu:ɐ] *f* (*Satz*) set; **erste ~** (*fig*) top rank; **zweite ~** second rank

Garnknäuel *nt* ball of thread [*o* yarn]; **Garnrolle** *f* spool [*o* reel]

garstig ['garstɪç] *adj* (*gemein*) mean; **~es Wetter** foul [*o* nasty] weather

Garten ['gartən, *pl:* 'gɛrtən] <-s, ⸚n> *m* garden; **einen ~ anlegen** lay out a garden; **Gartenarbeit** *f* gardening; **Gartenarchitekt(in)** *m(f)* landscape gardener; **Gartenbau** <-(e)s> *m* horticulture; **Gartenfest** *nt* garden-party; **Gartengerät** *nt* gardening tools *pl*; **Gartenhag** *m* <-(e)s, -häge> (*CH: Hecke*) hedge; **Gartenhaus** *nt* **1.** (*Gartenlaube*) summer house **2.** (*Geräteschuppen*) garden shed; **Gartenlaube** *f* arbour, bower; **Gartenlokal** *nt* garden café; **Gartenmöbel** *pl* garden furniture; **Gartenschere** *f* pruning shears *pl*

Gartensitzplatz *m* (*CH: Terrasse*) patio; **Gartenstadt** *f* garden city; **Gartentor** *f* garden gate; **Gartenzaun** *m* garden fence

Gärtner(in) *m(f)* gardener

Gärtnerei [gɛrtnə'raɪ] *f* market garden

Gärung ['gɛ:rʊŋ] *f* fermentation

Gas [ga:s] <-es, -e> *nt* gas; ~ **geben** (AUTO) accelerate, step on the gas; (*im Leerlauf*) rev up; ~ **wegnehmen** (AUTO) decelerate; **das ~ andrehen** turn on the gas; **Gasbrenner** *m* (TECH) gas burner; **Gasfeuerzeug** *nt* gas-lighter; **Gasflasche** *f* gas canister; **gasförmig** *adj* gaseous; **Gashahn** *m* gas-tap; **Gashebel** *m* (AUTO) throttle; **Gasheizung** *f* gas heating; **Gasherd** *m* gas cooker [*o* stove]; **Gaskocher** *m* camping stove; **Gaslaterne** *f* gas lamp; **Gasleitung** *f* gas pipe; **Gasmann** *m* gasman; **Gasmaske** *f* gasmask; **Gasolin** [gazo'li:n] <-s> *nt* petroleum ether; **Gaspedal** *nt* accelerator *Br*, gas pedal *Am*; **Gaspistole** *f* gas-pistol

Gasse ['gasə] <-, -n> *f* lane; **eine ~ für jdn bilden** clear a path for s.o.; **Gassenjunge** *m* street urchin

Gast [gast, *pl:* 'gɛstə] <-es, ⸚e> *m* guest; (*Kunde*) customer; **bei jdm zu ~ sein** be someone's guest

Gastarbeiter(in) *m(f)* foreign worker

Gästebuch *nt* visitors' book; **Gästezimmer** *nt* guest room

gastfreundlich *adj* hospitable; **Gastfreundschaft** *f* hospitality; **Gastgeber(in)** *m(f)* host (hostess); **Gasthaus** *nt* inn; **Gasthof** *m* inn; **Gasthörer(in)** *m(f)* (*an Universität*) observer *Br*, auditor *Am*; **gastieren** *vi* (THEAT) guest; **Gastland** *nt* host country; **gastlich** *adj* hospitable; **Gastmannschaft** *f* (SPORT) visiting side [*o* team]; **Gastprofessur** <-, -en> *f* visiting chair

Gastritis [gas'tri:tɪs] <-> *f* gastritis

Gastronomie <-> *f* gastronomy; **gastronomisch** *adj* gastronomic(al)

Gastspiel *nt* (THEAT) guest performance

Gaststätte *f* restaurant; **Gaststube** *f* lounge; **Gastwirt(in)** *m(f)* innkeeper; **Gastwirtschaft** *f* inn; **Gastzimmer** *nt* guest room

Gasverflüssigung *f* gas liquefaction;

Gasvergiftung *f* gas poisoning; **Gaswolke** *f* gas cloud; **Gaszähler** *m* gas meter

GATT <-s> *nt* (POL) *Abk. von* **General Agreement on Tariffs and Trade** (**Allgemeines Zoll- und Handelsabkommen**) GATT

Gatte ['gatə] <-n, -n> *m* husband

Gatter ['gatɐ] <-s, -> *nt* trellis; (*Eisen~*) grating

Gattin ['gatɪn] *f* wife

Gattung ['gatʊŋ] *f* (*Art*) kind, sort; (*von Pflanzen*) genus; (*von Tieren*) species *sing*

Gau, GAU <-s, -s> *m* (*bei Atomreaktor*) *Abk. von* **größter anzunehmender Unfall** nuclear catastrophe, MCA

Gaudi ['gaʊdi] <-, -s> *f* (*fam*) fun

Gaukelei [gaʊkə'laɪ] *f* trickery; **Gaukler(in)** *m(f)* travelling entertainer

Gaul [gaʊl, *pl:* 'gɔɪlə] <-(e)s, ¨-e> *m* (*pej*) nag, hack

Gaumen ['gaʊmən] <-s, -> *m* palate

Gauner ['gaʊnɐ] <-s, -> *m* **1.** (*Schwindler*) crook, spiv **2.** (*fam: Schlauberger*) sly customer; **Gaunerei** *f* cheating, swindling

Gazastreifen ['ga:za] <-s> *m* Gaza Strip

Gaze ['ga:zə] <-, -n> *f* gauze

Gazelle [ga'tsɛlə] <-, -n> *f* gazelle

Gebäck [gə'bɛk] <-(e)s> *nt* pastries *pl*

Gebälk [gə'bɛlk] <-(e)s> *nt* timberwork

geballt *adj* concentrated; **~e Ladung** (**Dynamit**) (*a. fig*) concentrated charge (of dynamite)

Gebärde [gə'bɛ:ɐdə] <-, -n> *f* gesture

gebärden *vr* behave, conduct o.s.

Gebärdensprache *f* (use of) gestures, sign language

gebären [gə'bɛ:rən] *irr vt* give birth to; **Gebärmutter** *f* (ANAT) uterus, womb

gebauchpinselt [gə'baʊxpɪnzəlt] *adj* (*fam*): **sich ~ fühlen** feel flattered

Gebäude [gə'bɔɪdə] <-s, -> *nt* building; (*fig*) construct; **Gebäudekomplex** *m* (building) complex

Gebeine *ntpl* (*Skelett*) remains *pl*

Gebell [gə'bɛl] <-(e)s> *nt* barking

geben ['ge:bən] *irr vt* **1.** give **2.** (THEAT: *aufführen*) put on **3.** (*Karten ~*) deal; **sich etw ~ lassen** ask s.o. for s.th.; **gib's her!** give it to me!; **was gibt's?** what's the matter?; **wann gibt's was zu essen?** when are we going to get s.th. to eat?; **das gibt's doch nicht!** that can't be true!; **geben Sie mir bitte …** (TELE) can I speak to … please?; **er gibt Englisch** (*fam*) he teaches English; **wer gibt?** (*beim Kartenspiel*) whose deal is it?; **das wird sich ~** it'll all work out; **sich mit etw zufrieden ~** be content with s.th.

Gebet <-(e)s, -e> *nt* prayer

Gebiet [gə'bi:t] <-(e)s, -e> *nt* area, region; (*Arbeits~*) field

gebieten [gə'bi:tən] *irr vt:* **einer Sache Einhalt ~** halt [*o* stop] s.th.

Gebieter(in) *m(f)* lord (lady), master (mistress); **gebieterisch** *adj* **1.** (*befehlend*) imperious **2.** (*entschieden*) peremptory

Gebietsanspruch *m* territorial claim

Gebietsleiter(in) *m(f)* area manager (manageress)

Gebilde [gə'bɪldə] <-s, -> *nt* **1.** (*Ding*) object **2.** (*Konstruktion*) construction

gebildet *adj* educated; (*kultiviert*) cultured

Gebinde [gə'bɪndə] <-s, -> *nt* (*Blumen~*) arrangement

Gebirge [gə'bɪrgə] <-s, -> *nt* mountains *pl,* mountain chain; **gebirgig** *adj* mountainous; **Gebirgsstraße** *f* mountain road; **Gebirgszug** *m* mountain range

Gebiss[RR] [gə'bɪs] <-es, -e> *nt* **1.** (*Zähne*) teeth **2.** (*künstliches*) dentures *pl*

geblümt [gə'bly:mt] *adj* flowered; (*Muster*) floral

gebogen [gə'bo:gən] *adj* bent

geboren [gə'bo:rən] *adj* born; **ich wurde 1974 ~** I was born in 1974; **taub ~ sein** be born deaf; **er ist der ~e Lehrer** he is a born teacher; **Maria Braun ~e** [*o* **geb.**] **Schmidt** Maria Braun, née Schmidt; **tot ~**[RR] still-born

geborgen [gə'bɔrgən] *adj* safe, secure

Gebot [gə'bo:t] <-(e)s, -e> *nt* **1.** (*Gesetz*) law **2.** (*Vorschrift*) rule **3.** (*Grundsatz*) precept **4.** (*Auktionsangebot*) bid(ding); **höchstes ~** highest bid; **ein ~ machen** make a bid; **die Zehn ~e** the Ten Commandments *pl;* **geboten** *adj* advisable; **dringend ~** imperative; **Gebotsschild** *nt* mandatory sign

Gebräu [gə'brɔɪ] <-s> *nt* (*pej*) brew

Gebrauch [gə'braʊx, *pl:* gə'brɔɪçə] <-(e)s, (¨-e)> *m* (*Anwendung*) use; **von etw ~ machen** make use of s.th.; **in ~ sein** being used; **gebrauchen** *vt* **1.** (*benutzen*) use **2.** (*anwenden*) apply; **das ist nicht mehr zu ~** that's useless; **das kann ich gut ~** that'll come in handy; **ich könnte jetzt einen Kaffee ~** I could do with a cup of coffee now

gebräuchlich [gə'brɔɪçlɪç] *adj* **1.** (*üblich*) customary **2.** (*gewöhnlich*) common; **nicht mehr ~** no longer used

Gebrauchsanweisung *f* directions for use, instructions *pl;* **Gebrauchsartikel** *m* article of everyday use; **gebrauchsfertig** *adj* ready for use; **Gebrauchsgegenstand** *m* basic commodity; **gebraucht** *adj* used; **etw ~ kaufen** buy s.th. second-hand; **Gebrauchtwagen** *m* second-hand [*o* used] car

Gebrechen [gə'brɛçən] <-s, -> *nt* affliction; **gebrechlich** *adj* infirm; **alt und ~** old and infirm; **Gebrechlichkeit** *f* infirmity

gebrochen [gəˈbrɔxən] *adj* (*a. fig*) broken; **in ~em Englisch** in broken English

Gebrüder [gəˈbryːdɐ] *pl* brothers

Gebrüll [gəˈbrʏl] <-(e)s> *nt* (*Menschen*) yelling; (*Rinder*) bellowing; (*Löwen*) roaring

gebückt *adv:* **~ gehen** stoop

Gebühr [gəˈbyːɐ] <-, -en> *f* charge; (*Beitrag*) fee; **gegen eine geringe ~** on payment of a small fee; **gebühren** [gəˈbyːrən] *vi:* **wie es sich gebührt** as it is (right and) proper; **gebührend** *adj* due; **Gebühreneinheit** *f* (TELE) unit; **Gebührenerhöhung** *f* increase in charges; **Gebührenermäßigung** *f* reduction of fees; **gebührenfrei** *adj* free of charge; **gebührenpflichtig** *adj* chargeable; **~e Autobahn** toll road *Br,* turnpike *Am;* **~e Verwarnung** fine; **Gebührenzähler** *m* meter

gebunden [gəˈbʊndən] *adj* bound; (*fest~*) tied (*an* to); **vertraglich ~ sein** be bound by contract

Geburt [gəˈbuːɐt] <-, -en> *f* birth; **von ~** by birth; **Geburtenanstieg** *m* rising birth rate; **Geburtenkontrolle** *f* birth-control; **Geburtenrückgang** *m* drop in the birthrate; **geburtenschwach** *adj* (*Jahrgang*) with a low birth rate; **Geburtenüberschuss**[RR] *m* excess of births over deaths; **Geburtenziffer** *f* birth-rate

gebürtig [gəˈbʏrtɪç] *adj* born (*aus* in); **er ist ~er Ire** he is Irish-born

Geburtsablauf *m* course of labour; **Geburtsanzeige** *f* birth notice; **Geburtsdatum** *nt* date of birth; **Geburtsjahr** *nt* year of birth; **Geburtsort** *m* birth place; **Geburtstag** *m* birthday; **herzlichen Glückwunsch zum ~** happy birthday; **Geburtsurkunde** *f* birth certificate; **Geburtsvorbereitung** *f* preparation for delivery; **Geburtswehen** *fpl* labour pains; (*fig*) birth pangs

Gebüsch [gəˈbʏʃ] <-es, -e> *nt* bushes *pl*

gedacht [gəˈdaxt] *adj* (*imaginär*) imaginary

Gedächtnis [gəˈdɛçtnɪs] *nt* memory; **sich etw ins ~ zurückrufen** recall s.th.; **Gedächtnishilfe** *f* aide-memoire, memory aid; **Gedächtnislücke** *f* gap in one's memory; **Gedächtnisschwund** *m* loss of memory, failing memory; **Gedächtnisstörung** *f* dysmnesia; **Gedächtnistraining** *nt* memory training

gedämpft *adj* **1.** (*Schall*) muffled **2.** (*Schwingung*) damped **3.** (*fig: gedrückt*) subdued

Gedanke [gəˈdaŋkə] <-ns, -n> *m* **1.** thought **2.** (*Idee*) idea; **sich über etw ~n machen** think about s.th.; **sich ~n machen** worry; **auf andere ~n kommen** be distracted; **ich kann doch nicht ~n lesen!** I'm not a mind-reader!; **ich mache mir so meine ~n** I've got my ideas; **mir schwebt der ~ vor ...** I'm toying with the idea ...; **Gedankenaustausch** *m* exchange of ideas; **Gedankengang** *m* train of thought; **gedankenlos** *adj* **1.** (*rücksichtslos*) thoughtless **2.** (*zerstreut*) absent-minded; **Gedankenlosigkeit** *f* **1.** (*Rücksichtslosigkeit*) thoughtlessness **2.** (*Zerstreutheit*) absentmindedness; **Gedankenstrich** *m* dash; **Gedankenübertragung** *f* telepathy; **gedankenverloren** *adj* lost in thought

gedanklich *adj* intellectual

Gedärme [gəˈdɛrmə] *pl* intestines

Gedeck [gəˈdɛk] <-(e)s, -e> *nt:* **ein ~ auflegen** lay a place

gedeihen [gəˈdaɪən] *sein irr vi* prosper, thrive; **die Angelegenheit ist soweit gediehen** the affair has now reached such a point; **wie weit sind die Verhandlungen gediehen?** how far have the negotiations progressed?

gedenken *irr vi* **1.** (*denken an*): **jds ~** think of s.o. **2.** (*beabsichtigen*): **~ etw zu tun** propose to do s.th.

Gedenkfeier *f* commemoration; **Gedenkminute** *f* minute's silence; **Gedenktafel** *f* commemorative plaque; **Gedenktag** *m* remembrance day

Gedicht [gəˈdɪçt] <-(e)s, -e> *nt* poem; **Gedichtsammlung** *f* anthology

gediegen [gəˈdiːgən] *adj* **1.** (*echt*) solid, true **2.** (*gründlich*) sound

Gedränge [gəˈdrɛŋə] <-s> *nt* **1.** (*Menschenmenge*) crowd **2.** (*Drängelei*) jostling; **ins ~ geraten** (*fig*) get into a fix; **gedrängt** *adj* **1.** (*räumlich*) packed **2.** (*fig: Stil*) concise; **~ voll** crowded

gedrückt *adj* (*fig*) depressed

gedrungen [gəˈdrʊŋən] *adj* (*Körperbau*) stout, sturdy

Geduld [gəˈdʊlt] <-> *f* patience; **mit etw die ~ verlieren** lose patience with s.th.; **meine ~ ist erschöpft!** I've been patient long enough!; **gedulden** *vr* have patience; **geduldig** *adj* patient; **Geduldsprobe** *f* trial of (one's) patience

geehrt [gəˈeːɐt] *adj* (*geschätzt*) esteemed; **sehr ~e Damen und Herren!** Ladies and Gentlemen!

geeignet [gəˈaɪgnət] *adj* suitable; **er ist nicht die ~e Person** he is not the right person; **~e Maßnahmen ergreifen** take appropriate action *sing;* **im ~en Augenblick** at the right moment

Gefahr [gə'faːɐ] <-, -en> *f* danger; (*Risiko*) risk; **in ~ schweben** be in danger; **außer ~ sein** be out of danger; **es besteht die ~, dass ...** there is the danger that ...; **auf eigene ~** at one's own risk; **~ laufen etw zu tun** run the risk of doing s.th.; **gefährden** [gə'fɛːɐdən] *vt* endanger; **Gefahrenquelle** *f* source of danger; **Gefahrenzone** *f* danger area; **Gefahrenzulage** *f* danger money; **Gefahrgut** *nt* dangerous goods *pl;* **Gefahrguttransport** *m* transport of dangerous goods; **gefährlich** [gəfɛːɐlɪç] *adj* dangerous; **Gefährlichkeit** *f* dangerousness; **gefahrlos** *adj* safe

Gefährte, -tin [gə'fɛːɐtə] <-n, -n> *m, f* companion

Gefälle [gə'fɛlə] <-s, -> *nt* **1.** (*Abhang*) slope; (*Fluss~*) fall **2.** (*fig*) difference

gefallen *irr vi* please; **es gefällt mir** I like it; **sich etw ~ lassen** put up with s.th.; **eine solche Frechheit lasse ich mir nicht ~!** I'm not going to stand for that kind of cheek!; **wie hat ihm der Film ~?** how did he enjoy the picture?; **das lasse ich mir** (**schon eher**) **~** that's more like it

gefallen *adj* (MIL) killed in action

Gefallen[1] <-s, -> *m* favour; **jdm einen ~ tun** do s.o. a favour; **jdn um einen ~ bitten** ask s.o. a favour

Gefallen[2] <-s> *nt* (*Vergnügen*): **an etw ~ finden** delight in s.th., get pleasure from s.th.

Gefallene(**r**) *m* (MIL): **die ~n** those killed in action

gefällig [gə'fɛlɪç] *adj* **1.** (*angenehm*) pleasing **2.** (*hilfsbereit*) helpful; **Gefälligkeit** *f* **1.** (*Gefallen*) favour **2.** (*Hilfsbereitschaft*) helpfulness; **aus ~** as a favour; **jdm eine ~ erweisen** do s.o. a good turn; **darf ich Sie um eine ~ bitten?** may I ask a favour of you?

gefälligst *adv* kindly; **mach ~ die Tür zu!** (*fam*) shut the bloody door!

gefangen *adj* captured; **~ halten**[RR] keep prisoner; **Gefangene**(**r**) *f m* prisoner; **gefangen|halten** *vt s.* gefangen; **Gefangennahme** *f* capture; (*Verhaftung*) arrest; **bei seiner ~** on his arrest; **Gefangenschaft** *f* captivity; **in ~ geraten** be taken prisoner

Gefängnis [gə'fɛŋnɪs] *nt* **1.** (*Ort*) jail, prison **2.** (*Strafe*) imprisonment; **ins ~ kommen** be sent to prison; **darauf steht ~** that's punishable by imprisonment; **Gefängnisdirektor**(**in**) *m(f)* governor *Br,* warden *Am;* **Gefängnisstrafe** *f* prison sentence; **Gefängniswärter**(**in**) *m(f)* warder (wardress)

Gefasel <-s> *nt* (*pej*) waffle

Gefäß [gə'fɛːs] <-es, -e> *nt* **1.** (*Behälter*) container, receptacle **2.** (ANAT BOT) vessel

Gefäßerweiterung *f* vasodilation

gefasst[RR] *adj* calm, composed; **du kannst dich auf was ~ machen!** (*fam*) I'll give you s.th. to think about!; **ich bin auf das Schlimmste ~** I'm prepared for the worst

Gefecht [gə'fɛçt] <-(e)s, -e> *nt* encounter; (*Schlacht*) battle; **außer ~ setzen** (*a. fig*) put out of action; **Gefechtskopf** *m* (MIL) warhead; **Gefechtsstand** *m* command post

gefeit [gə'faɪt] *adj:* **gegen etw ~ sein** be immune to s.th.

Gefieder [gə'fiːdɐ] <-s, -> *nt* feathers *pl;* **gefiedert** *adj* **1.** (*mit Federn*) feathered **2.** (*von Blättern*) pinnate

gefinkelt *adj* (*österr: durchtrieben*) cunning

Geflecht [gə'flɛçt] <-(e)s, -e> *nt* network; (*aus Weiden*) wickerwork; (ANAT) plexus

gefleckt *adj* spotted

geflissentlich [gə'flɪsəntlɪç] *adj* (*absichtlich*) intentional

Geflügel <-s> *nt* poultry; **Geflügelsalat** *m* chicken salad; **Geflügelschere** *f* poultry shears *pl*

geflügelt *adj* winged; **~e Worte** familiar quotations

Geflüster [gə'flʏstɐ] <-s> *nt* whispering

Gefolge <-s, -> *nt* retinue; **Gefolgschaft** *f* following

Gefrage <-s> *nt* (*pej*) (annoying) questions *pl*

gefräßig [gə'frɛːsɪç] *adj* gluttonous; **Gefräßigkeit** *f* gluttony

Gefreite [gə'fraɪtə] *m* lance corporal *Br,* private first class *Am*

gefrieren *sein irr vi* freeze; **Gefrierfach** *nt* freezing compartment; **Gefrierfleisch** *nt* frozen meat; **gefriergetrocknet** *adj* freeze-dried; **Gefrierpunkt** *m* freezing point; **unter dem ~** below zero; **Gefrierschrank** *m* (upright) freezer; **Gefriertruhe** *f* deep freeze, freezer; **Gefriervorrichtung** *f* freezer

gefroren [gə'froːrən] *adj* frozen; **hart ~**[RR] frozen solid

Gefüge [gə'fyːgə] <-s, -> *nt* structure

gefügig *adj* submissive; **jdn ~ machen** make s.o. bend to one's will

Gefühl [gə'fyːl] <-(e)s, -e> *nt* feeling; **das ist das höchste der ~e** (*fam*) that's the best I can do for you; **jds ~e erwidern** return someone's affection; **etw im ~ haben** have a feel for s.th.; **gefühllos** *adj* **1.** (*herzlos*) unfeeling **2.** (*Körperteil*) numb; **Gefühllosigkeit** *f* unfeelingness; **Gefühlsausbruch** *m* emotional outburst; **gefühlsbetont** *adj* emotional; **Gefühlsduselei** [gə'fyːlsduzə'laɪ] *f* (*fam pej*) mawkishness; **Gefühlskälte** *f* coldness; **gefühlsmäßig** *adj* instinctive; **Gefühlssache** *f:* **das ist reine ~** it's purely a matter of instinct; **gefühlvoll** *adj* sensitive

gefüllt *adj* (*Speise: mit Füllung*) stuffed

gegebenenfalls *adv* if need be

gegen ['ge:gən] *präp* **1.** (*Gegenteil von: für*) against **2.** (*an*) against **3.** (*etwa*) around **4.** (*etwa: zeitlich*) towards **5.** (*statt*) for; **~ etw sein** be against s.th.; **~ bar** for cash; **gut ~ Kopfschmerzen** good for headaches; **~ die Tür schlagen** hammer on the door; **Gegenangriff** *m* counterattack; **Gegenargument** *nt* counter-argument; **Gegenbeweis** *m:* **den ~ antreten** produce evidence to counter s.th.

Gegend ['ge:gənt] <-, -en> *f* area; **ungefähr in dieser ~** somewhere round here

Gegendarstellung *f* contradiction, denial; **Gegendemonstrant(in)** *m(f)* counterdemonstrator

gegeneinander *adv* against one another; **~ halten** compare

Gegenfahrbahn *f* oncoming carriageway; **Gegenfrage** *f* counter-question; **Gegengewicht** *nt:* **das ~ halten** counterbalance; **Gegengift** *nt* antidote (*gegen* to); **Gegenkandidat(in)** *m(f)* rival candidate; **Gegenleistung** *f* service in return; **als ~ für** in return for; **Gegenlichtaufnahme** *f* (PHOT) contre-jour shot; **Gegenliebe** *f:* **mein Vorschlag fand keine ~** my proposal met with no approval; **Gegenmaßnahme** *f* countermeasure; **Gegenprobe** *f* crosscheck; **die ~ zu etw machen** crosscheck s.th.; **Gegenreformation** *f* (HIST) Counter-Reformation; **Gegensatz** *m* contrast; **im ~ zu ...** in contrast to ...; **Gegensätze** (*Streitigkeiten*) differences; **im ~ zu etw stehen** conflict with s.th.; **gegensätzlich** ['--zɛtslɪç] *adj* contrasting; **~e Meinung** different view; **Gegenschlag** *m* (MIL) reprisal; **einen ~ führen** strike back; **Gegenseite** *f* other side; **gegenseitig** ['ge:gənzaɪtɪç] *adj* mutual, reciprocal; **Gegenseitigkeit** *f:* **das beruht auf ~** the feeling is mutual; **Gegenspieler(in)** *m(f)* opponent; **Gegenspionage** *f* counterespionage; **Gegensprechanlage** *f* intercom

Gegenstand *m* **1.** (*Ding*) object, thing **2.** (*fig: als Thema*) subject, topic; **gegenstandslos** *adj* irrelevant; (*unbegründet*) unfounded; **etw als ~ betrachten** disregard s.th.

Gegenstimme *f* vote against; **Gegenstoß** *m* (*a.* MIL) counterattack; **Gegenströmung** *f* countercurrent; (*Unterströmung*) undertow; **Gegenstück** *nt* counterpart; **Gegenteil** <-s> *nt* opposite; **im ~!** on the contrary; **ins ~ umschlagen** swing to the other extreme; **ganz im ~!** quite the reverse!; **gegenteilig** *adj* opposite

Gegenüber [--'--] <-s, -> *nt:* **jds ~** person opposite to s.o; **gegenüber** [gegən'y:bɐ] **I.** *adv* opposite **II.** *präp* (*in Bezug auf*) as regards, with regard to; **mir ~ ist sie immer höflich** she is always polite to me; **gegenüberliegend** *adj* opposite; **gegenüberstehen** *irr vi* stand opposite; **gegenüberstellen** *vt* **1.** (*Person*) confront **2.** (*vergleichen*) compare; **Gegenüberstellung** *f* **1.** (*von Person*) confrontation **2.** (*Vergleich*) comparison

Gegenverkehr *m* oncoming traffic; **Gegenvorschlag** *m* counter-proposal

Gegenwart ['ge:gənvart] <-> *f* **1.** (*Anwesenheit*) presence **2.** (*Jetztzeit*) present; **gegenwärtig** ['ge:gənvɛrtɪç] **I.** *adj* present **II.** *adv* (*zurzeit*) at present; **Gegenwehr** *f* resistance

Gegenwelt *f* counterworld

Gegenwert *m* equivalent; **Gegenwind** *m* headwind

gegen|zeichnen *vt* countersign

Gegner(in) ['ge:gnɐ] *m(f)* adversary, opponent; (*Feind*) enemy, foe; **gegnerisch** *adj* opposing; (*feindlich*) enemy; **Gegnerschaft** *f* **1.** (*Einstellung*) opposition **2.** (*die Gegner*) opponents *pl*

Gehabe [gə'ha:bə] <-s> *nt* (*pej*) affected behaviour

Gehalt[1] [gə'halt, *pl:* gə'hɛltɐ] <-(e)s, ¨-er> *nt* (*Entlohnung*) salary; **sie hat ein gutes ~ she earns a good salary; wie hoch ist sein ~?** what is his salary?

Gehalt[2] <-(e)s, -e> *m* (*Anteil*) content; **gehaltlos** *adj* **1.** (*ohne Nährwert*) unnutritious **2.** (*fig: seicht*) empty

Gehaltsabrechnung *f* pay slip; **Gehaltsempfänger(in)** *m(f)* salary earner; **Gehaltserhöhung** *f* rise in salary; **Gehaltsgruppe** *f* salary group; **Gehaltskonto** *nt* current account; **Gehaltsnachzahlung** *f* back-payment; **Gehaltszulage** *f* salary increase

gehaltvoll *adj* nutritious, rich

gehandikapt [gə'hɛndikɛpt] *adj* handicapped (*durch* by)

gehässig [gə'hɛsɪç] *adj* spiteful; **Gehässigkeit** *f* spitefulness

Gehäuse [gə'hɔɪzə] <-s, -> *nt* **1.** (TECH) case **2.** (*Obst~*) core

gehbehindert ['ge:bəhɪndɐt] *adj:* **~ sein** have difficulty in walking

Gehege [gə'he:gə] <-s, -> *nt* (*Tier~*) enclosure; **jdm ins ~ kommen** queer someone's pitch

geheim [gə'haɪm] *adj* secret; **das bleibt ~**

G

that remains a secret; ~ **halten**[RR] keep secret; **vor jdm etw ~ halten**[RR] keep s.th. secret from s.o.; ~ **tun**[RR] (*fam*) be secretive; **Geheimagent(in)** *m(f)* secret agent; **Geheimdienst** *m* secret service; **Geheimfach** *nt* **1.** (*in Schreibtisch*) secret drawer **2.** (*in Wand*) private safe; **geheim|halten** *vt s.* **geheim**; **Geheimhaltung** *f* secrecy; **zur ~ von etw verpflichtet sein** be obliged to keep s.th. a secret

Geheimnis *nt* secret; (*nicht begründbares ~*) mystery; **ein ~ verraten** disclose a secret; **ich habe kein ~ vor dir** I have no secrets *pl* from you; **aus etw kein ~ machen** make no secret of s.th.; **Geheimniskrämerei** *f* (*pej*) secretiveness; **geheimnisvoll** *adj* mysterious

Geheimnummer *f* (TELE) secret number; **Geheimpolizei** *f* secret police; **Geheimrezept** *nt* (*fam*) secret recipe; **Geheimschrift** *f* code, secret writing; **Geheimtipp**[RR] *m* quiet tip; **geheim|tun** *vi s.* **geheim**; **Geheimtür** *f* secret door; **Geheimzahl** *f* personal identification number, PIN

Geheiß [gəˈhaɪs] <-es> *nt:* **auf jds ~** at someone's behest

Gehen *nt* (*a.* SPORT) walking; **das Kommen und ~** the coming and going

gehen [ˈgeːən] *sein irr vi* **1.** go; (*zu Fuß*) walk **2.** (TECH) work; (*Uhr*) go, run **3.** (*Waren*) be selling well; **sich ~ lassen**[RR] let oneself go; **schwimmen ~** go swimming; **schlafen ~** go to bed; **über die Straße ~** cross the street; **das geht zu weit** that's going too far; **was geht hier vor?** what's going on here?; **wie geht's?** how are you?; **es geht** so-so; **das geht doch nicht!** you can't do that!; **darum geht es nicht** that's not the point; **wenn es nach mir ginge** if it were up to me; **~ wir!** let's go!; **sie ~ miteinander** they are going together; **das will mir nicht in den Kopf ~** I just can't understand it; **es geht nicht** it can't be done, it won't work; **geht es morgen?** will tomorrow be all right?; **solange es geht** as long as possible; **worum geht's denn?** what's it about?; **es geht nichts über ein gutes Glas Wein** there's nothing better than a good glass of wine; **gut gehend**[RR] (*fig*) flourishing, thriving; **vorwärts ~**[RR] come on, progress

gehen|lassen *vr s.* **gehen**

Geher(in) [ˈgeːɐ] *m(f)* (SPORT) walker

geheuer [gəˈhɔɪɐ] *adj:* **die Sache ist nicht ~** there's s.th. fishy about it; **es ist mir nicht ganz ~** I feel uneasy about it

Gehilfe, -fin [gəˈhɪlfə] *m, f* assistant

Gehirn [gəˈhɪrn] <-(e)s, -e> *nt* brain; **Gehirnerschütterung** *f* concussion; **Gehirnschlag** *m* stroke; **Gehirntumor** *m* brain tumour; **Gehirnwäsche** *f* (*fig*) brain-washing; **jdn einer ~ unterziehen** brainwash s.o.

Gehöft [gəˈhøːft] <-(e)s, -e> *nt* farm-stead

Gehölz [gəˈhœlts] <-es, -e> *nt* copse; (*Dickicht*) thicket

Gehör [gəˈhøːɐ] <-(e)s> *nt* hearing; **~ finden** gain a hearing; **sich ~ verschaffen** obtain a hearing; **nach dem ~ spielen** play by ear

gehorchen *vi* obey

gehören *vi* **1.** (*Eigentum sein*) belong to **2.** (*erfordern*) take **3.** (*Teil sein von*) be part of; **dazu gehört schon eine Portion Unverschämtheit** that takes a lot of cheek; **das gehört nicht hierher** it doesn't go [*o* belong] here; (*fig*) it's irrelevant here; **du gehörst jetzt zur Familie** now you're one of the family; **das gehört sich einfach nicht** that's just not done

Gehörgang *m* auditory canal

gehörig *adj* **1.** (*gebührend*) proper **2.** (*fam: beträchtlich*) good, sound; **sie bekamen eine ~e Tracht Prügel** they got a sound thrashing; **zu etw ~ sein** belong to s.th.

Gehörlose(r) *f m* deaf person; **Gehörnerv** *m* auditory nerve

Gehorsam [gəˈhoːɐzaːm] <-s> *m* obedience; **gehorsam** *adj* obedient

Gehörschutz *m* ear muff, ear protectors

Gehrock *m* frock coat

Gehupe <-s> *nt* (*pej*) hooting

Gehweg <-s, -e> *m* **1.** (*Bürgersteig*) pavement *Br,* sidewalk *Am* **2.** (*Fußweg*) footpath

Geier [ˈgaɪɐ] <-s, -> *m* vulture

Geige [ˈgaɪgə] <-, -n> *f* fiddle, violin; **die erste ~ spielen** (*fig*) call the tune; **geigen** *vi* fiddle, play the violin; **Geiger(in)** *m(f)* violinist

Geigerzähler *m* Geiger counter

geil [gaɪl] *adj* **1.** (*a. pej*) randy *Br,* horny *Am* **2.** (*sl: toll*) ace, brilliant; **das ist echt ~!** (*sl*) that's real(ly) wicked!

Geisel [ˈgaɪzəl] <-s, -n> *f* hostage; **jdn als ~ nehmen** take s.o. hostage; **Geiseldrama** *nt* hostage crisis; **Geiselhaft** *f* captivity (as hostage); **Geiselnahme** *f* taking of hostages; **Geiselnehmer(in)** *m(f)* hostage-taker

Geiß [gaɪs] <-, -en> *f* goat; **Geißblatt** *nt* honeysuckle, woodbine

Geißel [ˈgaɪsəl] <-, -n> *f* scourge; **geißeln** *vt* **1.** whip; (ECCL) flagellate **2.** (*fig: kritisieren*) castigate

Geist [gaɪst] <-(e)s, -er/-e> *m* **1.** (*Intellekt*) mind **2.** (*Gespenst*) ghost **3.** (*Gesinnung*) spirit; **etw im ~e vor sich sehen** see s.th. in one's mind's eye; **von allen guten ~ern verlassen sein** have taken leave of one's senses

Geisterbahn *f* ghost train; **Geisterglaube** *m* belief in ghosts; **geisterhaft** *adj* ghostly; **Geisterstimme** *f* (RADIO) voice-over; **Geisterstunde** *f* witching hour

geistesabwesend *adj* absent-minded; **Geistesabwesenheit** *f* absent-mindedness; **Geistesblitz** *m* brainwave; **Geistesgegenwart** *f* presence of mind; **geistesgegenwärtig** *adj* quick-witted; **geistesgestört** *adj* mentally deranged; **du bist wohl ~!** (*fig fam*) you must be out of your mind!; **Geisteshaltung** *f* attitude of mind; **geisteskrank** *adj* mentally ill; **Geisteskrankheit** *f* mental illness; **Geistesleben** *nt* mental life; **geistesverwandt** *adj* mentally akin (*mit* to); **Geisteswissenschaften** *fpl* the arts; **Geisteszustand** *m* state of mind

geistig ['gaɪstɪç] *adj* **1.** (*intellektuell*) intellectual, mental **2.** (*seelisch*) spiritual; **~ behindert** mentally handicapped; **jds ~e Heimat** someone's spiritual home

geistlich ['gaɪstlɪç] *adj* spiritual

Geistliche(r) *m* clergyman

geistlos *adj* **1.** (*langweilig*) dull **2.** (*dumm*) stupid **3.** (*nichtssagend*) inane; **geistreich** *adj* witty

Geiz [gaɪts] <-es> *m* meanness; **geizen** *vi:* **mit etw ~** be mean with s.th.; **Geizhals** *m*, **geizig** *adj* mean; (*knauserig*) stingy; **Geizkragen** *m* miser, skinflint

Gejammer [gə'jamɐ] <-s> *nt* (*pej*) moaning and groaning

Gejohle [gə'jo:lə] <-s> *nt* (*Gegröle*) caterwauling; (*Gekreische*) howling

gekauft *adj:* **viel ~**[RR] frequently bought, much purchased

Gekicher [gə'kɪçɐ] <-s> *nt* giggling, tittering

Gekläff [gə'klɛf] <-(e)s> *nt* (*pej*) yelping

Geklapper [gə'klapɐ] <-s> *nt* rattling

Geklingel <-s> *nt* ringing

Gekritzel [gə'krɪtsəl] <-s> *nt* (*pej*) scrawl; (*das Kritzeln*) scribbling

gekünstelt [gə'kʏnstəlt] *adj* artificial; (*geziert*) affected

Gel <-s, -e> *nt* gel

Gelaber <-s> *nt* (*pej*) rabbiting on

Gelächter [gə'lɛçtɐ] <-s, -> *nt* laughter; **in ~ ausbrechen** burst out laughing

Gelackmeierte(r) *mf* (*fam*): **der (die) ~ sein** be the dupe

geladen *adj* **1.** (ELEK) charged **2.** (*Gewehr*) loaded; **er war ziemlich ~** (*fam*) he was rather ratty

Gelage [gə'la:gə] <-s, -> *nt* carouse

gelähmt *adj* paralyzed

Gelände [gə'lɛndə] <-s, -> *nt* **1.** (*Grundstück*) grounds *pl* **2.** (*freies Land*) open country; **Geländefahrzeug** *nt* cross-country vehicle; **geländegängig** *adj* able to go cross-country

Geländer [gə'lɛndɐ] <-s, -> *nt* **1.** (*Treppen~*) banisters *pl* **2.** (*als Begrenzung*) railing

Geländerennen *nt* (SPORT) cross-country race

Geländerpfosten *m* baluster

Geländewagen *m* (AUTO) cross-country vehicle

gelangen [gə'laŋən] *sein vi* reach (*zu etw* s.th.); **ans Ziel ~** (*fig*) attain one's goal; **zur Überzeugung ~, dass ...** become convinced that ...

gelassen [gə'lasən] *adj* calm; **~ bleiben** keep calm; **Gelassenheit** *f* calmness; (*Fassung*) composure

geläufig [gə'lɔɪfɪç] *adj:* **das ist durchaus ~** that's quite common; **das ist mir ~** I'm familiar with that

gelaunt [gə'laʊnt] *adj:* **gut ~**[RR] good-tempered, in a good mood, cheerful, in good spirits; **schlecht** [*o* **übel**] **~**[RR] bad-tempered, in a bad mood, ill-humoured

Geläut(e) [gə'lɔɪt(ə)] <-s> *nt* (*pej*) ringing

gelb [gɛlp] *adj* yellow; **~!** (*bei Verkehrsampel*) amber!; **Gelbe Seiten** (TELE) Yellow Pages®; **Gelbfieber** *nt* yellow fever; **Gelbsucht** *f* (MED) jaundice

Geld [gɛlt] <-(e)s, -er> *nt* money; **ins ~ gehen** (*fam*) cost a pretty penny; **zu ~ machen** sell off; **um ~ spielen** play for money; **~ wie Heu haben** (*fam*) have money to burn; **etw für sein ~ bekommen** get one's money's worth; **sein ~ wert sein** be good value; **das Fahrrad war wirklich sein ~ wert** I've really had my money's worth out of that bike; **das ist rausgeschmissenes ~!** that's money down the drain!; **mit ~ geht alles** money talks; **jdm das ~ aus der Tasche ziehen** squeeze money out of s.o.; **Geldanlage** *f* investment; **Geldautomat** *m* (*zum Geldabheben*) cash dispenser, automatic teller *Am;* (*zum Geldwechseln*) change machine; **Geldautomatenkarte** *f* cash(-line) card; **Geldbetrag** *m* amount of money; (*angezeigter ~*) cash readout; **Geldbeutel** *m* purse *Br,* wallet *Am;* **Geldbombe** *f* strongbox; **Geldeinwurf** *m* slot; **Geldentwertung** *f* currency depreciation; **Geldgeber(in)** *m(f)* financial backer; **geldgierig** *adj* avaricious; **Geldkarte** *f* cash card; **geldlich** *adj* financial; **Geldmenge** *f* (COM) money supply; **Geldmittel** *pl* funds; **Geldquelle** *f* source of income; **Geldschein** *m* banknote *Br,* bill *Am;* **Geldschrank** *m* safe; **Geldspielautomat** *m* slot machine; **Geldstrafe** *f* fine;

Geldstück *nt* coin; **Geldsumme** *f* sum of money; **Geldwäsche** *f* money laundering; **Geldwechsler** *m* (*Automat*) change machine; **Geldwert** *m* cash value

Gelee [ʒe'le:] <-s, -s> *nt* jelly

gelegen [gə'le:gən] *adj* **1.** (*örtlich*) situated *Br,* located *Am* **2.** (*günstig*) opportune; **es kam mir gerade** ~ it came just at the right time; **mir ist nichts daran** ~ it doesn't matter to me; **Sie kommen mir gerade** ~ you are just the person I want to see; **Gelegenheit** *f* **1.** (*Anlass*) occasion **2.** (*günstige* ~) opportunity; **bei erster** ~ at the first opportunity; (COM) at one's earliest convenience; **die** ~ **nutzen etw zu tun** take the opportunity of doing s.th.; **sobald sich die** ~ **ergibt** as soon as I get the opportunity; **Gelegenheitsanzeige** *f* classified advertisement; **Gelegenheitsarbeit** *f* casual work; **Gelegenheitsarbeiter(in)** *m(f)* casual worker; **Gelegenheitskauf** *m* bargain

gelegentlich I. *adj* (*zeitweise*) occasional **II.** *adv* (*hin und wieder*) now and again, occasionally; **er raucht** ~ **ganz gern eine Zigarre** he likes an occasional cigar

gelehrig [gə'le:rɪç] *adj* quick to learn

gelehrt *adj* learned; **Gelehrte(r)** <-n, -n> *f m* scholar

Geleit [gə'laɪt] <-(e)s, -e> *nt* **1.** (*Begleitung, a.* MIL) escort **2.** (*Grab~*) cortege; **freies** ~ safe-conduct; **jdm das** ~ **geben** escort s.o.; **geleiten** *vt* escort; **Geleitschutz** *m* (MIL) escort; **Geleitzug** *m* (MAR MIL) convoy

Gelenk [gə'lɛnk] <-(e)s, -e> *nt* **1.** (ANAT) joint **2.** (TECH) hinge; **Gelenkbus** *m* articulated bus; **Gelenkentzündung** *f* arthritis; **gelenkig** *adj* **1.** (*geschmeidig*) supple **2.** (*agil*) agile; **Gelenkrheumatismus** *m* rheumatic fever

geliebt *adj* beloved, dear; **viel** ~[RR] much-beloved; **Geliebte(r)** *f m* lover

geliefert *adj:* **verdammt, jetzt sind wir** ~**!** (*fam*) blast! that's the end!

gelind(e) *adj* light, slight; **~e gesagt** to put it mildly

Gelingen <-s> *nt* success; **gutes** ~**!** good luck!; **gelingen** [gə'lɪŋən] *sein irr vi* succeed; **es gelang mir es zu tun** I succeeded in doing it

gellen ['gɛlən] *vi:* **jdm in den Ohren** ~ ring in one's ears; **gellend** *adj* piercing, shrill

geloben *vt* vow; **er hat Stillschweigen gelobt** he is sworn to silence; **Gelöbnis** [gə'lø:pnɪs] *nt* vow

Gelse <-, -n> *f* (*österr*) gnat

gelten ['gɛltən] *irr vi* **1.** (*Gültigkeit haben*) be valid **2.** (~ *für*) go for; **das lasse ich** ~**!** I accept that!; **das gilt nicht!** (*beim Spiel*) that doesn't count!; **das gilt auch für dich!** that goes for you, too!; **geltend** *adj:* ~ **machen** assert; **~e Preise** current prices; **~e Meinung** prevailing opinion

Geltung *f* **1.** (*Gültigkeit*) validity **2.** (*Ansehen*) prestige; ~ **haben** be valid; **etw zur** ~ **bringen** show s.th. to advantage; **das Gemälde kommt in diesem Zimmer nicht zur** ~ the picture doesn't look good in this room; **sich** ~ **verschaffen** establish one's position; **Geltungsbedürfnis** *nt* drive for personal prestige; **Geltungsbereich** *m* (INFORM) scope; **Geltungsdauer** *f* period of validity

Gelübde [gə'lʏpdə] <-s, -> *nt* vow; **ein** ~ **ablegen** (REL) take a vow

gelungen [gə'lʊŋən] *adj* capital, excellent; **das war ein ~er Abend** the evening was a success

gemächlich [gə'mɛ(:)çlɪç] **I.** *adj* unhurried **II.** *adv* **1.** (*gemütlich*) leisurely **2.** (*langsam*) slow; ~ **gehen** walk at a leisurely pace

Gemahl [gə'ma:l] <-(e)s, (e)> *m,* **Gemahlin** *f* spouse

Gemälde [gə'mɛ:ldə] <-s, -> *nt* painting; **Gemäldeausstellung** *f* exhibition of paintings; **Gemäldegalerie** *f* picture gallery

Gemarkung [gə'markʊŋ] <-, -en> *f* communal land

gemäß [gə'mɛ:s] **I.** *präp* in accordance with; ~ **...** (JUR) under ... **II.** *adj* (*angemessen*) appropriate to

gemäßigt [gə'mɛ:sɪçt] *adj* moderate; **~es Klima** temperate climate

Gemäuer [gə'mɔɪɐ] <-s, -> *nt* ruins *pl*

Gemecker <-s> *nt* (*pej*) griping, grousing

gemein [gə'maɪn] *adj* **1.** (*bösartig*) mean, wicked **2.** (*gemeinsam*) common; **das ist eine ~e Lüge** that's a dirty lie; **sie haben nichts miteinander** ~ they have nothing in common; **du ~es Stück!** (*fam*) you mean thing!

Gemeinde [gə'maɪndə] <-, -n> *f* **1.** (*städtische*) community, municipality **2.** (ECCL) parish **3.** (*Anhängerschaft*) following; **Gemeindeabgaben** *fpl* rates; **Gemeindehaus** *nt* (ECCL) parish rooms *pl;* **Gemeindeordnung** *f* municipal by-laws *pl;* **Gemeinderat** *m* **1.** (*Körperschaft*) district council **2.** (*Person*) district councillor; **Gemeindeschwester** *f* district nurse; **Gemeindesteuern** *fpl* local rates *Br,* local taxes *Am;* **Gemeindeverwaltung** *f* local authority; **Gemeindezentrum** *nt* community centre

gemeingefährlich *adj* dangerous to the community

Gemeingut *nt* common property
Gemeinheit *f* **1.** (*Eigenschaft*) meanness **2.** (*Tat*) dirty trick
gemeinhin *adv* generally; **Gemeinnutz** *m* common good
gemeinnützig *adj* charitable; ~**er Verein** non-profit-making organization
gemeinsam I. *adj* **1.** (*gemeinschaftlich*) common **2.** (*beidseitig*) mutual; **mit jdm ~e Sache machen** join up with s.o.; **der Gemeinsame Markt** the Common Market; **Gemeinsame Agrarpolitik, GAP** Common Agricultural Policy, CAP **II.** *adv* (*zusammen*) together; **Gemeinschaft** *f* **1.** (*Gemeinde*) community **2.** (*~sgefühl*) sense of community; **gemeinschaftlich** *adj* common; **Gemeinschaftliche Förderkonzepte, GFK** Community Support Frameworks, CSFs; **Gemeinschaftsarbeit** *f* teamwork, team effort; **Gemeinschaftsgefühl** *nt* sense of community; **Gemeinschaftskunde** *f* social studies *pl;* **Gemeinschaftspraxis** *f* group practice; **gemeinverständlich** *adj:* **sich ~ ausdrücken** make o.s. generally understood; **Gemeinwohl** *nt* public welfare
Gemenge <-s, -> *nt* **1.** (CHEM: *Mischung*) mixture **2.** (*Menschengewühl*) bustle
gemessen *adj:* ~**en Schrittes** at a measured pace
Gemetzel [gəˈmɛtsəl] <-s, -> *nt* massacre
Gemisch [gəˈmɪʃ] <-(e)s, -e> *nt* mixture
gemischt *adj* mixed
Gemme [ˈgɛmə] <-, -n> *f* cameo
Gemotze <-s> *nt* (*sl pej*) moaning
Gemse *f s.* **Gämse**
Gemunkel <-s> *nt* **1.** (*Gerücht*) rumours *pl* **2.** (*Geflüster*) whispers *pl*
Gemurmel <-s> *nt* murmuring, muttering
Gemüse [gəˈmy:zə] <-s, -> *nt* vegetables *pl;* (*hum: junge Dinger*) whippersnappers, green young things; **Gemüseanbau** *m* market gardening *Br,* truck farming *Am;* **Gemüsegarten** *m* kitchen garden; **Gemüsehändler** *m* **1.** (*Person*) greengrocer **2.** (*Laden*) greengrocer's
gemustert *adj* patterned
Gemüt [gəˈmy:t] <-(e)s, -er> *nt:* **sich (etw) zu ~e führen** (*zu sich nehmen*) indulge in s.th.; **also, du hast ein ~!** you're a fine one!
gemütlich *adj* **1.** (*angenehm, bequem*) comfortable, cosy; (*schnuckelig*) snug **2.** (*gelassen*) easy-going; **es sich ~ machen** make o.s. comfortable; **Gemütlichkeit** *f:* **in aller ~** at one's leisure
Gemütsmensch *m* good-natured person; **Gemütsruhe** *f* composure; **Gemütsverfassung** *f,* **Gemütszustand** *m* frame of mind

Gen [ge:n] <-s, -e> *nt* (BIOL) gene
genannt [gəˈnant] *adj:* **der/die oben Genannte** the above-mentioned
genau [gəˈnaʊ] **I.** *adj* **1.** (*exakt*) exact **2.** (*detailliert*) detailed **II.** *adv* exactly; **~ genommen**[RR] strictly speaking; (**stimmt**) **~!** exactly!; **das ist ~ das Wort, nach dem ich gesucht habe** that's just the word I was looking for; **meine Uhr geht ~** my watch keeps accurate time; **passt ~!** fits perfectly! it's a perfect fit!; **genaugenommen** *adv s.* **genau**; **Genauigkeit** *f* exactness; **genauso** *adv:* **~ gut**[RR] just as well; **~ viel**[RR] just as much; **~ wenig**[RR] just as little
Genbank *f* gene bank
genehmigen [gəˈne:mɪgən] *vt* **1.** (*amtlich*) approve **2.** (*gewähren*) grant; **Genehmigung** *f* (*amtlich*) approval; (*Ermächtigung*) authorization; **mit ~ von …** by permission of …; **~ einholen** secure the approval; **~ erteilen** grant a licence; **genehmigungspflichtig** *adj* requiring official approval; **Genehmigungsverfahren** *nt* approval procedure
geneigt[1] *adj* inclined, sloping
geneigt[2] *adj* **1.** (*aufgelegt zu*) willing **2.** (*wohlwollend*) well-disposed
General(in) [genəˈra:l] <-s, -e/⸗e> *m(f)* general; **Generaldirektor(in)** *m(f)* chairman (chairwoman) *Br,* chair, president *Am;* **Generalintendant(in)** *m(f)* (THEAT) director; **Generalkonsul(in)** *m(f)* consul general; **Generalkonsulat** *nt* consulate general; **Generalmajor** *m* major general; **Generalprobe** *f* dress-rehearsal; **Generalstab** *m* general staff; **Generalstreik** *m* general strike; **generalüberholen** *vt:* **~ lassen** have generally overhauled; **Generalüberholung** *f* thorough going-over; **Generaluntersuchung** *f* (MED) general check-up; **Generalversammlung** *f* general meeting
Generation [genəraˈtsjo:n] *f* generation; **Generationenkonflikt** *m* generation gap
Generator [genəˈra:to:ɐ] *m* generator
generell [genəˈrɛl] *adj* general
genesen [gəˈne:zən] *sein irr vi* convalesce; **Genesung** *f* recovery; **ich wünsche baldige ~** I wish you a speedy recovery
Genetik [geˈne:tɪk] *f* (BIOL) genetics *pl;* **Genetiker(in)** *m(f)* (BIOL) geneticist; **genetisch** *adj* genetic; **~ verändert** genetically modified, GM; **~ veränderter Organismus** genetically modified organism, GMO
Genf [gɛnf] <-s> *nt* Geneva; ~**er Abkommen** Geneva Convention; ~**er See** Lake Geneva, Lake Leman
Genforscher(in) *m(f)* genetic researcher; **Genforschung** *f* genetic research

G

genial [ge'nja:l] *adj* **1.** (*einfallsreich*) ingenious **2.** (*fam: hervorragend*) brilliant; **das ist eine ~e Idee!** that's a brilliant idea!; **Genialität** *f* brilliance, genius

Genick [gə'nɪk] <-(e)s, -e> *nt* neck; **jdm das ~ brechen** break someone's neck; (*fig*) put paid to s.o.; **Genickschuss**[RR] *m* shot in the neck; **Genickstarre** *f*: **~ haben** have a stiff neck

Genie [ʒe'ni:] <-s, -s> *nt* genius

genieren [ʒe'ni:rən] *vr* be embarrassed

genießen [gə'ni:sən] *irr vt* **1.** (*mit Genuss verzehren*) enjoy **2.** (*Speise*) eat; (*Getränk*) drink; **Genießer(in)** *m(f)* connoisseur; (*Feinschmecker*) gourmet

Genitalien [geni'ta:liən] *ntpl* genitals

Genitiv ['ge:niti:f] *m* genitive

Genius ['ge:niʊs, *pl:* 'ge:niən] <-, -nien> *m* genius

Genmanipulation *f* genetic manipulation

genormt *adj* standardized

Genosse [gə'nɔsə] <-n, -n> *m* **1.** (*Kamerad*) mate *Br*, pal *Am* **2.** (POL) comrade; **Genossenschaft** *f* co-operative; **Genossenschaftsbank** *f* co-operative bank

Genpatent *nt* gene patent; **Gentechnik** *f* genetic engineering; **Gentechniker(in)** *m(f)* genetic engineer; **gentechnisch** *adj* (*Fortschritt*) in genetic engineering; **Gentechnologie** *f* genetic engineering; **Gentherapie** *f* gene therapy; **Gentransfer** *m* genetic transfer

genug [gə'nu:k] *adv* enough; **danke, das ist ~** enough, thank you; **so, jetzt hab' ich aber ~!** I've had enough!

Genüge [gə'ny:gə] <-> *f*: **das kenne ich zur ~** I know that well enough; **jdm ~ tun** satisfy s.o.; **genügen** *vi* be enough, suffice; **den Anforderungen ~** fulfil the requirements; **das genügt** that will do; **genügend** *adj* **1.** (*ausreichend*) sufficient **2.** (*befriedigend*) satisfactory; **genügsam** *adj* undemanding; **Genügsamkeit** *f* simple needs *pl*

Genugtuung [gə'nu:ktu:ʊŋ] *f* satisfaction; **das hat mir richtig ~ verschafft** that gave me a sense of satisfaction

Genus ['ge:nʊs] <-, Genera> *nt* (LING) gender

Genuss[RR] [gə'nʊs, *pl:* gə'nʏsə] <-es, ⁼e> *m* **1.** (*Vergnügen*) pleasure **2.** (*Verbrauch*) consumption; **in den ~ von etw kommen** enjoy s.th.; **genüsslich**[RR] *adj* pleasureable; **Genussmittel**[RR] *ntpl coffee, tea, alcoholic drinks, tobacco, etc;* **genusssüchtig**[RR] *adj* hedonistic; **genussvoll**[RR] *adj* delightful; **etw ~ trinken** drink s.th. with obvious enjoyment

genverändert *adj* (*Tiere, Pflanzen*) genetically manipulated

Geograf[RR]**(in)** <-en, -en> *m(f)*, **Geograph(in)** *m(f)* geographer; **Geografie**[RR] [geogra'fi:] *f*, **Geographie** *f* geography; **geografisch**[RR] *adj*, **geographisch** *adj* geographical

Geologie [geolo'gi:] *f* geology; **geologisch** *adj* geological

Geometrie [geome'tri:] *f* geometry; **geometrisch** *adj* geometric

Gepäck [gə'pɛk] <-(e)s> *nt* luggage *Br*, baggage *Am*; **sein ~ aufgeben** check in one's luggage *Br*, check in one's baggage *Am*; **Gepäckabfertigung** *f* (AVIAT) luggage check in *Br*, baggage check in *Am*; (RAIL) luggage office *Br*, baggage office *Am*; **Gepäckaufkleber** *m* luggage sticker *Br*, baggage sticker *Am*; **Gepäckausgabe** *f* (AVIAT) luggage reclaim *Br*, baggage reclaim *Am*; **ich muss noch zur ~** I've still got to collect my luggage; **Gepäckkarren** *m* luggage van *Br*, baggage car *Am*; **Gepäcknetz** *nt* luggage [*o* baggage] rack; **Gepäckschein** *m* luggage ticket *Br*, baggage ticket *Am*; **Gepäckschließfach** *nt* luggage locker *Br*, baggage locker, Am; **Gepäckstück** *nt* piece of luggage [*o* baggage]; **Gepäckträger** *m* **1.** (*Person*) porter *Br*, baggage-handler *Am* **2.** (*an Fahrrad*) carrier; **Gepäckwagen** *m* **1.** (*Eisenbahnwagen*) luggage van *Br*, baggage car *Am* **2.** (*Karren*) luggage trolley *Br*, baggage trolley *Am*

gepfeffert *adj* peppered; **eine ~e Rechnung** a steep bill; **ein ~er Brief** a stiff letter

gepflegt *adj* **1.** (*Rasen, Haus*) well cared-for **2.** (*Person*) well-groomed; **~ wohnen** live in style; **sich ~ unterhalten** have a civilized conversation

Gepflogenheit [gə'pflo:gənhaɪt] *f* habit

gepfropft *adj:* **voll ~**[RR] crammed, packed

Geplapper [gə'plapɐ] <-s> *nt* babbling

Geplätscher [gə'plɛtʃɐ] <-s> *nt* splashing

Gepolter [ge'pɔltɐ] <-s> *nt* banging

Gepräge [gə'prɛ:gə] <-s, -> *nt* character; **die Fachwerkhäuser geben der Stadt ihr ~** the half-timbered houses lend character to the town

Gerade <-n, -n> *f* (MATH) straight line; (*Fluss, Weg, Rennbahn*) straight; **kurze ~** (*beim Boxen*) jab

gerade [gə'ra:də] **I.** *adj* **1.** (*nicht uneben*) even **2.** (*geradlinig*) straight; **~ Zahl** even number; **sitz ~!** sit up! **II.** *adv* (*eben, a. fig*) just; **ich wollte ~ gehen** I was just about to leave; **er war nicht ~ freundlich** he wasn't exactly friendly; **~ heute** today of all days; **ich komme ~ so aus** I can just about manage; **sie war ~ hier** she was here a moment ago; **das ist es ja ~!** that's just it!; **warum ~ ich?** why me of all people?; **~ bie-**

gen[RR] straighten; (*fig*) sort out
geradeaus [---'-] *adv* straight ahead;
gerade|biegen *vt s.* **gerade**; **geradeheraus** [-'---'-] *adv* frankly
gerädert [gə'rɛːdɐt] *adj:* **wie ~ sein** be knackered
gerade|stehen *irr vi* stand up straight; **~ für etw** (*fig*) answer for s.th.
geradewegs *adv* straight
geradezu *adv* **1.** (*beinahe*) almost **2.** (*wirklich*) really; **das ist ~ Wahnsinn** that's sheer madness
geradlinig [gə'raːtliːnɪç] *adj* straight; (*Entwicklung*) linear; (*fig*) straight; **Geradlinigkeit** *f* (*fig*) straightness
Geranie [ge'raːniə] *f* geranium
Gerät [gə'rɛːt] <-(e)s, -e> *nt* **1.** (*Apparat*) gadget; (ELEK TECH) appliance **2.** (RADIO TELE TV) set **3.** (*Werkzeug*) tool **4.** (*Ausrüstung*) equipment
geraten [gə'raːtən] *sein irr vi* **1.** (*gelangen*) get [*o* fall] (*in* into) **2.** (*fig: ausfallen*) turn out; **an etw ~** come by s.th.; **an jdn ~** find s.o.; **an den Falschen ~**[RR] pick the wrong man; **in Gefangenschaft ~** be taken prisoner; **in eine Falle ~** fall into a trap; **in Brand ~** catch fire; **nach jdm ~** take after s.o.
geraten *adj:* **etw für ~ halten** think it best
Geräteturnen *nt* apparatus gymnastics *sing*
Geratewohl [gəraːtə'voːl] *nt:* **aufs ~** at random, on the off-chance
geraum [gə'raʊm] *adj:* **~e Zeit** a long time; **vor ~er Zeit** (a) long (time) ago
geräumig [gə'rɔɪmɪç] *adj* roomy, spacious
Geräusch [gə'rɔɪʃ] <-(e)s, -e> *nt* noise; **geräuscharm** *adj* low-noise; **geräuschdämmend** *adj* soundproofing; **Geräuschdämpfung** *f* sound damping; **geräuschempfindlich** *adj* sensitive to noise; **geräuschlos** *adj* silent; **Geräuschminderung** *f* noise reduction; **geräuschvoll** *adj* noisy
gerben ['gɛrbən] *vt* tan; **Gerber(in)** *m(f)* tanner; **Gerberei** *f* (*Betrieb*) tannery; **Gerbsäure** *f* tannic acid
gerecht [gə'rɛçt] *adj* just; **~er Lohn** fair wages *pl;* **jdm ~ werden** do justice to s.o.; **jds Erwartungen ~ werden** come up to someone's expectations; **Gerechtigkeit** *f* justice; **Gerechtigkeitsliebe** *f* love of justice
Gerede <-s> *nt* talk; **das ist nur ~** that's only gossip; **ins ~ kommen** get o.s. talked about
gereizt *adj* **1.** (*wütend*) irritated **2.** (*reizbar*) irritable; **~e Stimmung** strained atmosphere
Geriatrie [geria'triː] <-> *f* (MED) geriatrics
Gericht¹ [gə'rɪçt] <-(e)s, -e> *nt* dish
Gericht² *nt* **1.** (JUR: *Gebäude*) court **2.** (*Richter*) court; **jdn vor ~ bringen** take s.o. to court; **mit etw vor ~ gehen** take legal action about s.th.; **das Jüngste ~** (ECCL) the Last Judgment; **mit jdm ins ~ gehen** (*fig*) judge s.o. harshly; **gerichtlich** *adj:* **~e Untersuchung** judicial investigation; **gegen jdn ~ vorgehen** take court proceedings against s.o.; **~ vereidigt** sworn; **Gerichtsakten** *fpl* court records; **Gerichtsarzt, -ärztin** *m, f* court doctor; **Gerichtsbarkeit** *f* jurisdiction; **Gerichtsbeschluss**[RR] *m* court decision; **Gerichtsferien** *pl* recess; **Gerichtshof** *m* Supreme Court; **~ der Europäischen Gemeinschaften, EuGH** Court of Justice of the European Communities, CJ; **Gerichtskosten** *pl* court costs; **jdm die ~ auferlegen** order s.o. to pay costs; **Gerichtsmedizin** *f* forensic medicine; **Gerichtssaal** *m* courtroom; **Gerichtsstand** *m* court jurisdiction; **Gerichtsverfahren** *nt* court [*o* legal] proceedings; **gegen jdn ein ~ einleiten** institute court proceedings against s.o.; **Gerichtsverhandlung** *f* (*Zivil~*) hearing; (*Straf~*) trial; **Gerichtsvollzieher** *m* bailiff
gering [gə'rɪŋ] *adj* **1.** (*niedrig*) low **2.** (*~wertig*) little; **~e Chance** slight chance; **~e Temperatur** low temperature; **~e Entfernung** short distance; **nicht das Geringste**[RR] nothing at all; **~e Qualität** poor quality
geringfügig [gə'rɪŋfyːgɪç] *adj* (*klein*) minor; (*unwichtig*) insignificant; **Geringfügigkeit** *f* triviality
gering|schätzen *s.* **schätzen**; **geringschätzig** *adj* contemptuous; **Geringschätzung** *f* (*Ablehnung*) disdain; (*geringe Meinung*) low opinion (*für* of)
gerinnen [gə'rɪnən] *sein irr vi* coagulate; (*Milch*) curdle
Gerinnsel [gə'rɪnzəl] <-s, -> *nt* (MED) clot
Gerinnung *f* coagulation
Gerippe [gə'rɪpə] <-s, -> *nt* **1.** (*Skelett*) skeleton **2.** (ARCH) frame
gerissen [gə'rɪsən] *adj* (*pej*) crafty, cunning
Germane, -nin [gɛr'maːnə] <-n, -n> *m, f* Teuton; **germanisch** *adj* Teutonic; **Germanist(in)** *m(f)* German specialist, German scholar
gern [gɛrn] *adv* gladly, with pleasure; **~ haben** like; **du kannst mich mal ~ haben!** (*fam*) you know what you can do!; **aber ~!** of course!; **~ geschehen!** don't mention it *Br,* you're welcome! *Am;* **das glaube ich ~** I can well believe it
Gernegroß <-, -e> *m* (*pej*) show-off

G

Geröll [gə'rœl] <-(e)s, -e> *nt* rubble; (*größer*) boulders *pl*

Gerontotechnik [ge'rɔntotɛçnɪk] *f* (*Technologie für alte Menschen*) gerontotechnology

Gerste ['gɛrstə] <-> *f* barley; **Gerstenkorn** *nt* **1.** barley-corn **2.** (MED) stye; **Gerstensaft** *m* (*hum*) the amber liquid

Gerte ['gɛrtə] <-, -n> *f* switch

Geruch [gə'rʊx, *pl:* gə'rʏçə] <-(e)s, ¨-e> *m* **1.** smell; (*starker ~*) odour **2.** (*~ssinn*) sense of smell; **geruchlos** *adj* odourless, scentless; **Geruchsbelästigung** *f* offensive smell; **Geruchssinn** *m* sense of smell

Gerücht [gə'rʏçt] <-(e)s, -e> *nt* rumour; **es geht das ~, dass …** it is rumoured that …

geruhen *vi:* **~ etw zu tun** deign to do s.th.

geruhsam *adj* peaceful

Gerümpel [gə'rʏmpəl] <-s> *nt* junk

Gerundium [ge'rʊndiʊm, *pl:* ge'rʊndiən] <-s, -dien> *nt* (GRAM) gerund

Gerüst [gə'rʏst] <-(e)s, -e> *nt* **1.** (ARCH) scaffolding; (*Gestell*) trestle **2.** (*fig*) framework

Ges [gɛs] <-, -> *nt* (MUS) G flat

gesalzen *adj* salted; **~e Preise** steep prices

gesamt [gə'zamt] *adj* entire, whole; **die ~en Kosten** the total costs; **Gesamtansicht** *f* general view; **Gesamtausgabe** *f* (TYP) complete edition; **Gesamtbetrag** *m* total; **gesamtdeutsch** *adj* all-German; **Gesamteindruck** *m* general impression; **Gesamtheit** *f* totality; **die ~ der …** all the …; **in ihrer (seiner) ~ …** as a whole; **Gesamthochschule** *f* comprehensive university, polytechnic; **Gesamtkosten** *pl* overall costs; **Gesamtnutzungsdauer** *f* useful life; **Gesamtschule** *f* comprehensive school; **Gesamtübersicht** *f* general survey; **Gesamtwertung** *f* (SPORT) overall placings *pl*

Gesandte(r) [gə'zantə] <-n, -n> *f m* envoy; **Gesandtschaft** *f* legation

Gesang [gə'zaŋ, *pl:* gə'zɛŋə] <-(e)s, ¨-e> *m* **1.** (*das Singen*) singing **2.** (*Choral*) chant; **Gesangbuch** *nt* hymnbook; **Gesangverein** *m* choral society

Gesäß [gə'zɛːs] <-es, -e> *nt* buttocks *pl*

Geschäft [gə'ʃɛft] <-(e)s, -e> *nt* **1.** (*Laden*) shop *Br,* store *Am* **2.** (COM: *Gewerbe*) business; **ein gutes ~ machen** make a good deal; **ein ~ mit etw machen** make money out of s.th.; **mit jdm ~e machen** do business with s.o.; **ins ~ gehen** go to the office

Geschäftemacher(in) <-s, -> *m(f) (pej)* profiteer

geschäftig *adj* busy

geschäftlich **I.** *adj* business **II.** *adv:* **ich muss ihn ~ sprechen** I must see him on business

Geschäftsanteil *m* share of a business; **Geschäftsbrief** *m* business letter; **Geschäftsessen** *nt* business lunch; **Geschäftsfläche** *f* (MARKT) trading floor space; **Geschäftsfrau** *f* businesswoman; **Geschäftsfreund(in)** *m(f)* business associate; **geschäftsführend** *adj* executive; **~er Direktor** managing director; **Geschäftsführer(in)** *m(f)* managing director; (*von Verein*) secretary; **Geschäftsführung** *f* management; **Geschäftsidee** *f* business idea, idea for a new business; **Geschäftsjahr** *nt* financial year; **Geschäftskosten** *pl* business expenses; **das geht auf ~** that's on expenses; **Geschäftslage** *f* business conditions *pl;* **Geschäftsleben** *nt* business life; **Geschäftsleitung** *f* management; **Geschäftsleute** *pl* businesspeople *pl;* **Geschäftsmann** <-(e)s, -leute/(-männer)> *m* businessman; **Geschäftsordnung** *f* (PARL) standing orders; **Geschäftsräume** *mpl* premises; **in unseren ~n** on our premises; **Geschäftsreise** *f* business trip; **Geschäftsschluss**[RR] *m* closing time; **nach ~** (*von Betrieb*) out of working hours *pl;* (*von Laden*) after closing time; **Geschäftssinn** <-(e)s> *m* business sense; **Geschäftsstelle** *f* offices *pl;* (*Zweigstelle*) branch; **Geschäftsstunden** *fpl* office hours; **Geschäftstätigkeit** *f* business activity; **geschäftstüchtig** *adj* business-minded; **Geschäftsverbindung** *f* business connection; **mit jdm in ~ stehen** have business connections with s.o.; **Geschäftsviertel** *nt* shopping centre; **Geschäftsvolumen** *nt* volume of trade; **Geschäftszeit** *f* office hours *pl;* **Geschäftszimmer** *nt* office

Geschehen <-s> *nt* events *pl*

geschehen [gə'ʃeːən] *sein irr vi* happen; (*stattfinden*) take place; **das geschieht dir recht** that serves you right; **um ihn ist's ~** it's all up with him; **ich wusste nicht, wie mir geschah** I didn't know what was going on; **es muss etw ~** something must be done

gescheit [gə'ʃaɪt] *adj* clever

Geschenk [gə'ʃɛŋk] <-(e)s, -e> *nt* gift, present; **jdm ein ~ machen** give s.o. a present; **Geschenkabonnement** *nt* gift subscription; **Geschenkboutique** *f* gift shop; **Geschenkgutschein** *m* gift coupon, gift voucher; **Geschenkpackung** *f* gift pack; **Geschenkpapier** *nt* wrapping paper, giftwrap

Geschichte [gə'ʃɪçtə] <-, -n> *f* **1.** (*Erzählung*) story **2.** (*Menschheits~*) history

3. (*fig: Angelegenheit*) affair; **mach keine langen ~n!** don't make a fuss!; **immer wieder die alte ~!** it's the same old story!; **Geschichtenerzähler(in)** *m(f)* storyteller

geschichtlich *adj* historical; ~ **bedeutsam** historic; **Geschichtsatlas** *m* historical atlas; **Geschichtsbuch** *nt* history book; **geschichtsträchtig** *adj* historic; **Geschichtszahl** *f* historical date

Geschick[1] [gəˈʃɪk] <-(e)s, -e> *nt* (*Schicksal*) fate

Geschick[2] <-(e)s> *nt* (*Fertigkeit*) skill

Geschicklichkeit *f* skilfulness, skill

geschickt *adj:* ~ **sein** be skilful; **das war sehr ~!** that was very clever!

geschieden [gəˈʃiːdən] *adj* (*Ehe*) divorced; **wir sind ~e Leute** we're through

Geschirr [gəˈʃɪr] <-(e)s, -e> *nt* **1.** (*Küchen~*) kitchenware **2.** (*Tafelgedeck*) service; **Geschirrschrank** *m* china cupboard; **Geschirrspülmaschine** *f* dishwasher; **Geschirrspülmittel** *nt* washing-up liquid; **Geschirrtuch** *nt* (*Trockentuch*) tea towel

Geschlecht [gəˈʃlɛçt] <-(e)s, -er> *nt* **1.** (*menschliches*) sex **2.** (GRAM) gender **3.** (*Familie, Sippe*) house; **das schöne ~** the fair sex; **geschlechtlich** *adj* sexual; **Geschlechtsakt** *m* coitus; **Geschlechtshormon** *nt* sex hormone; **geschlechtskrank** *adj* suffering from venereal disease [*o* VD]; **Geschlechtskrankheit** *f* venereal disease, VD; **Geschlechtsorgan** *nt* sexual organ; **Geschlechtsteile** *mpl* genitals; **Geschlechtsverkehr** *m* sexual intercourse; **Geschlechtswort** *nt* article

geschliffen [gəˈʃlɪfən] *adj* **1.** (*Glas*) cut **2.** (*fig*) polished

geschlossen [gəˈʃlɔsən] **I.** *adj* **1.** (*zu*) closed **2.** (*fig: abgerundet*) well-rounded; **~e Gesellschaft** private party **II.** *adv* unanimously; ~ **hinter jdm stehen** stand solidly behind s.o.

Geschmack [gəˈʃmak] <-(e)s, ¨-e(r)> *m* (*a. fig*) taste; **an etw ~ finden** acquire a taste for s.th.; **das ist nicht mein ~** that's not to my taste; **über ~ lässt sich streiten** there's no accounting for tastes *pl;* **geschmacklos** *adj* (*a. fig*) tasteless; **Geschmacklosigkeit** *f* bad taste; **Geschmacksache** *f* matter of taste; **Geschmacksverstärker** *m* flavour enhancer; **geschmackvoll** *adv* tastefully; ~ **gekleidet** dressed tastefully

Geschmeide [gəˈʃmaɪdə] <-s, -> *nt* jewellery

geschmeidig [gəˈʃmaɪdɪç] *adj* **1.** (*weich*) supple **2.** (*fig: Bewegung, Körper*) lissom, lithe; **Geschmeidigkeit** *f* **1.** (*Weiche*) suppleness **2.** (*fig: ~ der Bewegung*) litheness

Geschöpf [gəˈʃœpf] <-(e)s, -e> *nt* creature

Geschoss[RR] [gəˈʃɔs] <-es, -e> *nt* **1.** (*Rakete*) missile **2.** (*Kugel*) bullet **3.** (*Haus~*) floor *Br,* stor(e)y *Am*

geschraubt *adj* (*fig: gekünstelt*) stilted

Geschrei <-s> *nt* screaming; (*Rufen*) shouting; **ein großes ~ aufführen** make a great fuss

Geschütz [gəˈʃʏts] <-es, -e> *nt* cannon; **schweres ~ auffahren gegen ...** (*fig*) bring up one's big guns against ...; **Geschützstellung** *f* (MIL) gun emplacement

Geschwader [gəˈʃvaːdɐ] <-s, -> *nt* squadron

Geschwafel <-s> *nt* (*pej*) waffle

Geschwätz [gəˈʃvɛts] <-es> *nt* **1.** (*pej: Unsinn*) nonsense **2.** (*Klatsch*) gossip; **geschwätzig** *adj* gossipy; **Geschwätzigkeit** *f* gossipiness

geschweige [gəˈʃvaɪgə] *adv:* ~ **denn ...** let alone

geschwind [gəˈʃvɪnt] *adv* quickly

Geschwindigkeit *f* speed; (*Flinkheit*) swiftness; **mit einer ~ von ...** at a speed of ...; **Geschwindigkeitsbeschränkung** *f* speed limit; **gegen die ~ verstoßen** exceed the speed limit; **Geschwindigkeitskontrolle** *f* speed check; **Geschwindigkeitsüberschreitung** *f* exceeding the speed limit, speeding

Geschwister [gəˈʃvɪstɐ] *pl* brothers and sisters

geschwollen [gəˈʃvɔlən] *adj* swollen

Geschworene(r) [gəˈʃvoːrənə] *f m* juror; **die ~n** the jury

Geschwulst [gəˈʃvʊlst] <-, ¨-e> *f* growth; (*Krebs~*) tumour

Geschwür [gəˈʃvyːɐ] <-(e)s, -e> *nt* (*Wund~*) sore; (*Eiterbeule*) boil

Geselchtes *nt* (*österr*) *salted and smoked meat*

Geselle [gəˈzɛlə] <-n, -n> *m* (*Handwerks~*) journeyman; **ein komischer ~** a strange fellow

gesellen *vr:* **sich zu jdm ~** join s.o.

gesellig *adj* sociable; **~es Beisammensein** social gathering; **Geselligkeit** *f* (*Eigenschaft*) sociability; **er mag keine ~** he doesn't like company

Gesellschaft [gəˈzɛlʃaft] *f* **1.** society **2.** (*geladene ~*) party **3.** (COM) company *Br,* corporation *Am;* ~ **mit beschränkter Haftung** private limited company *Br,* Ltd, incorporated company *Am,* Inc; **eine ~ geben** give a party; **jdm ~ leisten** keep s.o. company; **Gesellschafter(in)** *m(f)* (COM) partner; (*Begleiter*) escort

gesellschaftlich *adj* social; **gesellschaftsfähig** *adj* **1.** (*Verhalten*) socially acceptable **2.** (*Aussehen*) presentable; **Gesellschaftsordnung** *f* social structure; **Gesellschaftsraum** *m* function room; **Gesellschaftsspiel** *nt* party game

Gesetz [gə'zɛts] <-es, -e> *nt* **1.** (*bestehendes ~, Recht*) law **2.** (PARL: *~esvorlage*) bill; **nach dem ~** under the law (*über* on); **ein ungeschriebenes ~** an unwritten rule; **ein ~ erlassen** enact a law; **Gesetzblatt** *nt* law gazette; **Gesetzbuch** *nt* civil code; **Gesetzentwurf** *m* bill; **gesetzgebend** *adj:* **~e Körperschaft** legislative body; **Gesetzgeber** *m* legislator; **Gesetzgebung** *f* legislation

gesetzlich *adj* legal; **~ geschützt** patented; **~er Erbe** heir apparent; **~es Zahlungsmittel** legal tender

gesetzlos *adj* lawless; **Gesetzlosigkeit** *f* lawlessness; **gesetzmäßig** *adj* **1.** (*rechtmäßig*) lawful, legitimate **2.** (*regelmäßig*) regular; **Gesetzmäßigkeit** *f* **1.** (*Rechtmäßigkeit*) legitimacy **2.** (*Regelmäßigkeit*) regularity

gesetzt I. *adj* (*behäbig*) sedate **II.** *konj:* **~ den Fall, dass …** supposing that …; **Gesetztheit** *f* (*Behäbigkeit*) sedateness

gesichert *adj* **1.** (*Mensch: ab~*) safe **2.** (TECH) secured; (*Schraube*) locked

Gesicht [gə'zɪçt] *nt* **1.** <-(e)s, -er> face **2.** <-(e)s, -e> (*Erscheinung*) apparition, vision; **jdm etw ins ~ sagen** tell s.o. s.th. to his (her) face; **sein wahres ~ zeigen** (*fig*) show one's true nature; **den Tatsachen ins ~ sehen** face facts; **jdn zu ~ bekommen** see s.o.

Gesichtsausdruck *m* (facial) expression; **Gesichtsbehandlung** *f* facial treatment; **Gesichtscreme** *f* face cream; **Gesichtsfarbe** *f* complexion; **Gesichtsfeld** *nt* field of vision, visual field; **Gesichtskreis** *m:* **jdn aus seinem ~ verlieren** lose sight of s.o.; **Gesichtsmaske** *f* face mask; **Gesichtspflege** *f* facial care

Gesichtspunkt *m* point of view; **das ist natürlich ein ~!** that's certainly one way of looking at it!

Gesichtswasser *nt* face lotion

Gesichtswinkel *m* visual angle

Gesichtszüge *pl* features

Gesims [gə'zɪms] <-es, -e> *nt* ledge

Gesindel [gə'zɪndəl] <-s> *nt* (*pej*) rabble, riffraff

gesinnt [gə'zɪnt] *adj* disposed, minded; **anders ~**[RR] **sein** hold different views *pl* (*als* from s.o.); **gleich ~**[RR] **sein** hold the same views (*wie* as s.o.); **Gesinnung** *f* way of thinking; **Gesinnungsgenosse** *m* like-minded person; **Gesinnungslosigkeit** *f* lack of principle; **Gesinnungswandel** *m* change of opinion

gesittet [gə'zɪtət] *adj* well-mannered

Gesöff [gə'zœf] <-s, (-e)> *nt* (*pej*) plonk

Gespann [gə'ʃpan] <-(e)s, -e> *nt* **1.** (*fig: Menschen*) pair **2.** (*Zugtier~*) team

gespannt *adj* **1.** (*fig: erwartungsvoll*) eager; (*neugierig*) curious **2.** (*straff*) taut **3.** (*fig: belastet*) strained; **da bin ich aber ~!** that I'd like to see!; **auf einen Film ~ sein** be dying to see a film; **Gespanntheit** *f* **1.** (*fig: von Situation*) tension **2.** (*Neugierde*) curiosity

Gespenst [gə'ʃpɛnst] <-(e)s, -er> *nt* ghost, spectre; **du siehst ~er!** you're imagining things!; **gespenstisch** *adj* **1.** (*Aussehen*) ghostly **2.** (*fig: schauerlich*) eery

gesperrt *adj* **1.** (*Straße*) closed **2.** (TYP) spaced

Gespött [gə'ʃpœt] <-(e)s> *nt* mockery; **sich zum ~ machen** make o.s. a laughing-stock

Gespräch [gə'ʃprɛːç] <-(e)s, -e> *nt* conversation, talk; (TELE) call; **das ~ auf etw bringen** bring the conversation round to s.th.; **ein ~ anmelden** (TELE) book a call; **ein ~ mit jdm führen** have a talk with s.o.; **gesprächig** *adj* talkative; **Gesprächsbereitschaft** *f* readiness to talk; **Gesprächseinheit** *f* (TELE) unit; **Gesprächsthema** *nt* subject, topic (of conversation); **Gesprächstherapie** *f* face-to-face conversation-style psychotherapy; **Gesprächsübergabe** *f* (TELE) call transfer

gespreizt *adj* **1.** (*auseinander stehend*) wide apart **2.** (*fig: affektiert*) affected, unnatural

gesprenkelt *adj* speckled

Gespür <-s> *nt* feel(ing)

Gestagen [gɛsta'geːn] <-s> *nt* gestagen

Gestalt [gə'ʃtalt] <-, -en> *f* **1.** (*Form, Mensch*) form **2.** (*Körperbau*) build **3.** (*Roman~*) character; **in ~ von …** in the form of …

gestalten *vt* form, shape; **einen Abend ~** arrange an evening; **seine Freizeit ~** organize one's leisure time; **Gestaltung** *f* arrangement

Gestammel <-s> *nt* (*pej*) stammering

geständig [gə'ʃtɛndɪç] *adj:* **~ sein** have confessed

Geständnis [gə'ʃtɛntnɪs] *nt* confession; **ein ~ ablegen** make a confession

Gestänge [gəʃtɛŋə] <-s, -> *nt* (AUTO) linkage

Gestank [gə'ʃtaŋk] <-(e)s> *m* (*pej*) stench, stink

gestatten [gə'ʃtatən] **I.** *vt* allow, permit;

jdm etw ~ allow s.o. s.th.; ~**?** would you mind? **II.** *vr* take the liberty (*etw zu tun* of doing s.th.)

Geste ['gɛstə] <-, -n> *f* gesture

gestehen *irr vt* confess; **offen gestanden** frankly speaking

Gestein <-(e)s, -e> *nt* rock

Gestell [gə'ʃtɛl] <-(e)s, -e> *nt* (*Bücher~*) shelf; (*Ablage*) rack

gestern ['gɛstɐn] *adv* yesterday; ~ **früh** yesterday morning; ~ **Abend**[RR] last night; ~ **vor acht Tagen** a week ago yesterday

gestimmt *adj:* **heiter** ~ **sein** be in a cheerful mood

Gestirn [gə'ʃtɪrn] <-(e)s, -e> *nt* **1.** (*Himmelskörper*) celestial body **2.** (*Stern*) star **3.** (*Sternbild*) constellation

gestochen [gə'ʃtɔxən] *adj:* ~**e Schrift** neat handwriting

Gestotter <-s> *nt* (*pej*) stuttering

Gesträuch [gə'ʃtrɔɪç] <-(e)s, -e> *nt* bushes *pl*

gestreckt *adj:* **lang** ~[RR] long

gestreift *adj* striped; **quer** ~[RR] cross-striped

gestrichen [gə'ʃtrɪçən] *adj* painted; **frisch** ~**!** wet paint!; ~ **voll** full to the brim; **ein** ~**er Esslöffel** a level tablespoon; **die Nase von etw** ~ **voll haben** (*fam*) be fed up to the teeth with s.th.

gestrig ['gɛstrɪç] *adj* of yesterday; **am** ~**en Abend** yesterday evening

Gestrüpp [gə'ʃtrʏp] <-(e)s, -e> *nt* brushwood

Gestüt [gə'ʃty:t] <-(e)s, -e> *nt* stud farm

Gesuch [gə'zu:x] <-(e)s, -e> *nt* petition; (*Antrag*) application; **ein** ~ **einreichen auf ...** make an application for ...

gesucht *adj* **1.** (*polizeilich*) wanted **2.** (*begehrt*) sought-after

gesund [gə'zʊnt] *adj* **1.** (*körperlich* ~) healthy **2.** (*fig*) sound; **Milch ist** ~ milk is good for you [*o* your health]; **bleib** ~**!** look after yourself!; ~**er Menschenverstand** common sense

gesunden [gə'zʊndən] *sein vi* recover

Gesundheit *f* health; (*fig: Zuträglichkeit*) healthiness; **auf deine** ~**!** your health!; ~**!** (*interj*) (God) bless you!; **gesundheitlich** *adj:* ~**er Zustand** state of health; **wie geht's** ~**?** how's your health?; **Gesundheitsamt** *nt* public health department; **Gesundheitsbewusstsein**[RR] *nt* health awareness; **Gesundheitsdesigner(in)** *m(f)* (*von Wohnungen*) health architect; **Gesundheitserziehung** *f* health education; **gesundheitsschädlich** *adj* harmful [*o* damaging] to health, noxious; **Gesundheitsschuh** *m* orthopaedic shoe; **Gesundheitswelle** *f* health craze; **Gesundheitswesen** *nt* health service; **Gesundheitszustand** *m* (*eines Menschen*) state of health; **gesundschrumpfen** *vr* (*Unternehmen*) concentrate and consolidate; **gesund|stoßen** *irr vr* (*fam*): **bei diesem Geschäft hat er sich gesundgestoßen** he made a pile in this business

Getier [gə'ti:ɐ] <-(e)s> *nt* creatures *pl*

getönt *adj:* ~**e Brillengläser** tinted lenses

Getöse [gə'tø:zə] <-s> *nt* (*pej*) din

getragen *adj* **1.** (*Kleidung: gebraucht*) used **2.** (*aus zweiter Hand*) second-hand

Getrampel <-s> *nt* (*pej*) trampling

Getränk [gə'trɛŋk] <-(e)s, -e> *nt* drink; **Getränkeautomat** *m* drinks machine; **Getränkemarkt** *m* drinks cash-and-carry

getrauen *vr* dare

Getreide [gə'traɪdə] <-s, -> *nt* grain, cereals *pl;* **Getreideanbau** *m* cultivation of grain, cultivation of cereals; **Getreideernte** *f* grain harvest; **Getreideprodukt** *nt* cereal product; **Getreidesilo** *m* silo

getrennt *adj* separate; ~ **bezahlen** go Dutch; ~ **leben** live apart

getreu [gə'trɔɪ] *adj* **1.** faithful, true **2.** *pred o dat* true to

Getriebe [gə'tri:bə] <-s, -> *nt* (TECH) gears *pl;* (*im Auto*) gearbox; **Getriebeöl** *nt* transmission oil

getrost [gə'tro:st] **I.** *adj* confident **II.** *adv:* **Sie können sich** ~ **darauf verlassen, dass ...** you can rest assured that ...

getrübt *adj* (*a. fig*) cloudy

Getto ['gɛto] <-s, -s> *nt* ghetto

Getue [gə'tu:ə] <-s> *nt* (*pej*) fuss

Getümmel [gə'tʏməl] <-s, -> *nt* **1.** (*Volksmenge*) crowd **2.** (*Durcheinander*) turmoil

geübt *adj* (*beschlagen*) versed; (*fähig*) proficient

Gewächs [gə'vɛks] <-es, -e> *nt* plant

gewachsen *adj:* **einer Sache** ~ **sein** be equal to s.th.; **jdm** ~ **sein** be a match for s.o.

Gewächshaus *nt* hothouse, greenhouse

gewagt *adj* risky

gewählt *adj* **1.** (PARL) elect **2.** (*fig: ausgewählt*) distinguished; **sich** ~ **ausdrücken** choose one's words carefully

Gewähr [gə'vɛ:ɐ] <-> *f:* **ohne** ~ no liability assumed; **diese Angabe erfolgt ohne** ~ this information is supplied without liability; **für etw** ~ **leisten** guarantee s.th.

gewähren *vt, vi* (*Bitte*) grant; (*bewilligen*) afford; (*gestatten*) allow; **Vorteil** ~ offer an advantage; **jdn** ~ **lassen** let s.o. do as he likes

gewährleisten *vt* (*sicherstellen*) ensure; **Gewährleistung** *f* guarantee; **zur** ~ **von ...** to ensure ...

G

Gewahrsam [gə'vaːɐzaːm] <-s, -e> *m:* **etw in ~ nehmen** take s.th. into safekeeping; **er befindet sich jetzt in sicherem ~** he's in safe custody now

Gewährsmann <-(e)s, -männer/-leute> *m* source

Gewährung *f* granting

Gewalt [gə'valt] <-, -en> *f* **1.** (*~anwendung*) force **2.** (*Macht*) power **3.** (*Wucht*) force; **~ anwenden** use force; **mit aller ~** (*fam*) for all one is worth; **jdn in seiner ~ haben** have s.o. in one's power; **sich nicht mehr in der ~ haben** have lost control of o.s.; **Gewaltanwendung** *f* use of force; **Gewaltbereitschaft** *f* propensity to violence; **Gewaltenteilung** *f* separation of powers; **Gewaltherrschaft** *f* tyranny

gewaltig *adj* **1.** (*fam: eindrucksvoll*) tremendous **2.** (*stark*) violent **3.** (*riesig*) huge; **da täuscht du dich aber ~!** (*fam*) you're way out!

gewaltlos I. *adj* non-violent **II.** *adv* without force [*o* violence]; **Gewaltlosigkeit** *f* non-violence; **Gewaltmonopol** *nt* (*des Staats*) monopoly of power; **gewaltsam I.** *adj* forcible; **~er Umsturz** violent overthrow **II.** *adv* by force, forcibly; **Gewalttäter** *m* violent criminal; **gewalttätig** *adj* violent; **Gewalttätigkeit** *f* **1.** (*Eigenschaft*) violence **2.** (*Tat*) act of violence; **Gewaltverzichtsabkommen** *nt* nonaggression treaty

Gewand [gə'vant, *pl:* gə'vɛndɐ] <-(e)s, ⸚er> *nt* gown

gewandt [gə'vant] *adj* **1.** (*flink*) nimble **2.** (*geschickt*) skilful

Gewässer [gə'vɛsɐ] <-s, -> *nt* waters *pl*, stretch of water; **Gewässerreinhaltung** *f* maintenance of water quality; **Gewässerschutz** *m* prevention of water pollution

Gewebe [gə'veːbə] <-s, -> *nt* **1.** (BIOL) tissue **2.** (*Stoff*) fabric; **Gewebeentnahme** *f* removal of tissue; **Gewebstransplantation** *f* (MED) tissue graft

Gewehr [gə'veːɐ] <-(e)s, -e> *nt* rifle; **Gewehrkolben** *m* butt

Geweih [gə'vaɪ] <-(e)s, -e> *nt* antlers *pl*

Gewerbe [gə'vɛrbə] <-s, -> *nt* trade; **ein ~ ausüben** carry on a trade; **Gewerbeabfall** *m* special refuse; **Gewerbeaufsichtsamt** *nt* factory inspectorate; **Gewerbebetrieb** *m* commercial enterprise; **Gewerbegebiet** *nt* commercial district, business park; **Gewerbesteuer** *f* trade tax

gewerblich [gə'vɛrplɪç] *adj* commercial; (*industriell*) industrial

gewerbsmäßig *adj* professional

Gewerkschaft [gə'vɛrkʃaft] *f* trade(s) union *Br*, labor union *Am;* **Gewerkschaft(l)er(in)** *m(f)* trade unionist; **gewerkschaftlich** *adj* trade *Br*, labor *Am;* **Gewerkschaftsbund** *m* trade unions federation; **Gewerkschaftsführer(in)** *m(f)* trade union leader; **Gewerkschaftsmitglied** *nt* union member

Gewicht [gə'vɪçt] <-(e)s, -e> *nt* weight; **spezifisches ~** (PHYS) specific gravity; **ins ~ fallen** be of great importance; **nicht ins ~ fallen** be of no consequence; **auf etw ~ legen** lay stress upon s.th.; **gewichtig** *adj* (*fig*) important, weighty; **Gewichtskontrolle** *f* weight control; **Gewichtsverlust** *m* weight loss; **Gewichtszunahme** *f* weight gain

gewickelt *adj:* **wenn du glaubst, ich helfe dir, bist du (aber) schief ~[RR]!** if you think I'm going to help you you've got another think coming!

gewieft [gə'viːft] *adj* (*fam*) crafty, smart

Gewieher <-s> *nt* (*a. fig*) whinnying

gewillt [gə'vɪlt] *adj:* **~ sein etw zu tun** be willing to do s.th.

Gewimmel <-s> *nt* throng

Gewinde [gə'vɪndə] <-s, -> *nt* (TECH) thread

Gewinn <-(e)s, -e> *m* **1.** (COM: *Erlös*) profit **2.** (*Preis*) prize; (*Spiel~*) winnings *pl;* **~ abwerfen** make a profit; **~ bringend[RR]** profitable; **~ bringend[RR] anlegen** invest advantageously; **einen großen ~ machen** win a lot; **Gewinnanteil** *m* (FIN) dividend; **Gewinnbeteiligung** *f* **1.** (FIN: *Grundsatz*) profit-sharing **2.** (*Ausschüttung*) bonus; **gewinnbringend** *adj s.* **Gewinn**; **Gewinneinbruch** *m* (COM) collapse in profits; **Gewinneinbußen** *fpl* reduced income *sing*

gewinnen [gə'vɪnən] **I.** *irr vt* **1.** (*siegen*) win **2.** (*erzeugen*) produce; (*aus Altware*) reclaim, recover; **Zeit ~** gain time **II.** *vi* win (*bei* at); **du kannst dadurch nur ~** you can only gain by it; **gewinnend** *adj:* **ein ~es Wesen** winning manners *pl;* **lieb ~[RR]** grow fond of

Gewinner(in) *m(f)* winner; **Gewinnlos** *nt* winning ticket; **Gewinnmitnahme** *f* (FIN) profit taking; **Gewinnnummer[RR]** *f* winning number; **Gewinnspanne** *f* profit margin; **Gewin(n)nummer** *f s.* **Gewinnnummer**

Gewinnung *f:* **~ von Eisenerz** extraction of iron ore; **~ von Energie** generation of energy

Gewinsel <-s> *nt* (*pej*) whining

gewiss[RR] [gə'vɪs] **I.** *adj* (*bestimmt*) certain; **sie hat das ~e Etwas** she's got that certain something; **ein ~er Joe Cook** a certain Joe Cook **II.** *adv* (*sicher*) certainly; **aber ~**

doch! but of course! why, certainly!

Gewissen <-s, -> *nt* conscience; **das hast du auf dem ~!** it's your fault!; **jdm ins ~ reden** have a serious talk with s.o.; **gewissenhaft** *adj* conscientious; **Gewissenhaftigkeit** *f* conscientiousness; **gewissenlos** *adj* unscrupulous; **Gewissenlosigkeit** *f* unscrupulousness; **Gewissensbisse** *mpl* pangs *pl* of conscience; **er macht sich ~** his conscience is pricking him; **Gewissensfrage** *f* matter of conscience; **Gewissensfreiheit** *f* freedom of conscience; **Gewissenskonflikt** *m* moral conflict

gewissermaßen *adv* as it were, so to speak

Gewissheit[RR] *f* certainty; **ich muss mir darüber ~ verschaffen** I must be certain about it

Gewitter [gəˈvɪtɐ] <-s, -> *nt* thunderstorm; **es ist ein ~ im Anzug** (*a. fig*) a storm is brewing; **gewitterig** *adj* thundery; **gewittern** *vi:* **es gewittert** it's thundering; **Gewitterschauer** *m* thundery shower; **Gewitterstimmung** *f* (*a. fig*) stormy atmosphere

gewogen [gəˈvoːgən] *adj:* **jdm ~ sein** be favourably disposed towards s.o.

gewöhnen [gəˈvøːnən] **I.** *vt:* **jdn an etw ~** make s.o. used to s.th.; **etw gewöhnt sein** be used to s.th. **II.** *vr:* **sich an etw ~** get used to s.th.

Gewohnheit [gəˈvoːnhaɪt] *f* habit; **die Macht der ~** the force of habit; **es sich zur ~ machen** make it a habit; **aus ~** by habit; **zur ~ werden** grow into a habit; **gewohnheitsmäßig** *adj* habitual; **Gewohnheitsmensch** *m* creature of habit; **Gewohnheitsrecht** *nt* common law

gewöhnlich [gəˈvøːnlɪç] *adj* **1.** (*üblich*) ordinary **2.** (*unfein*) common, vulgar

gewohnt [gəˈvoːnt] *adj* usual; **etw ~ sein** be used to s.th.; **~ sein etw zu tun** be used to doing s.th.

Gewöhnung [gəˈvøːnʊŋ] *f* acclimatization; **Gewöhnungssache** *f:* **das ist nur (eine) ~** that's only a question of getting used to it

Gewölbe [gəˈvœlbə] <-s, -> *nt* vault

gewölbt *adj* (*Decke*) vaulted; (*Stirn*) domed

Gewühl [gəˈvyːl] <-(e)s> *nt* (*Menschen~*) crowd, throng

gewunden [gəˈvʊndən] *adj* (*Fluss, Pfad*) winding

Gewürm [gəˈvʏrm] <-(e)s> *nt* (*meist pej*) **1.** (*Ungeziefer a. fig*) vermin **2.** (*Würmer*) worms *pl*

Gewürz [gəˈvʏrts] <-es, -e> *nt* **1.** (*~art*) spice **2.** (*Würze*) seasoning; **Gewürzbord** *nt* spice rack; **Gewürzgurke** *f* pickled gherkin; **Gewürzmischung** *f* mixed spices

gezackt [gəˈtsakt] *adj* serrated; (*Fels*) jagged

Gezänk [gəˈtsɛŋk] <-(e)s> *nt* (*pej*) wrangling

gezeichnet *adj:* **~es Kapital** subscribed capital

Gezeiten *fpl* tides; **Gezeitenkraftwerk** *nt* tidal power plant; **Gezeitenstrom** *m* tidal current; **Gezeitenwechsel** *m* turn of the tide

Gezeter [gəˈtseːtɐ] <-s> *nt* clamour, yelling

gezielt *adj* with a particular aim in mind, purposeful; (*Kritik*) pointed

geziert *adj* affected

Gezweig <-(e)s> *nt* branches *pl*

Gezwitscher [gəˈtsvɪtʃɐ] <-s> *nt* chirping, twitter

gezwungen [gəˈtsvʊŋən] *adj* **1.** (*fig: gespannt*) forced **2.** (*fig: unnatürlich*) stiff; **gezwungenermaßen** *adv* of necessity

Ghana [ˈgaːna] *nt* Ghana; **Ghanaer(in)** <-s, -> *m(f)* Ghanaian; **ghanaisch** *adj* Ghanaian

Ghetto *nt* ghetto; **ghettoisieren** *vt* ghettoize

Gicht [gɪçt] <-> *f* (MED) gout

Giebel [ˈgiːbəl] <-s, -> *m* gable

Gier [giːɐ] <-> *f* greed (*nach* for); **gierig** *adj* greedy (*nach* for)

gießen [ˈgiːsən] **I.** *irr vt* **1.** (*in Gefäß*) pour **2.** (*wässern*) water **3.** (*Glas*) found **II.** *vi* (*fam: regnen*) pour; **es goss**[RR] **(in Strömen)** it was pouring (with rain); **Gießer** *m* caster, founder; **Gießerei** *f* foundry; **Gießkanne** *f* watering can

GIF *nt* (*Grafikformat im Internet*) gif

Gift [gɪft] <-(e)s, -e> *nt* poison; (*Tier~*) venom; (*fig: Bosheit*) malice; **~ nehmen** poison o.s.; **schleichendes ~** slow poison; **Giftgas** *nt* poison gas

gifthaltig *adj* toxiferous; **giftig** *adj* poisonous; (*Schlange*) venomous; (*Pflanze, Medikament*) toxic; (*fig: boshaft*) poisonous, venomous; **Giftigkeit** *f* toxicity

Giftmüll *m* toxic waste; **Giftmüllexport** *m* exports of toxic waste, exporting of toxic waste; **Giftpfeil** *m* poisoned arrow; **Giftpflanze** *f* poisonous plant; **Giftpilz** *m* poisonous toadstool; **Giftschlange** *f* poisonous snake; **Giftstoff** *m* toxic substance; **Giftzwerg** *m* (*pej*) nasty little squirt

Gigant [giˈgant] <-en, -en> *m* giant; **gigantisch** *adj* enormous, gigantic; **Gigantomanie** <-> *f* megalomania

Gimpel [ˈgɪmpəl] <-s, -> *m* **1.** (*kleiner*

Singvogel) bullfinch **2.** (*pej*) dunce

Ginster ['gɪnstɐ] <-s, -> *m* broom; (*Stech~*) gorse

Gipfel ['gɪpfəl] <-s, -> *m* **1.** (*Bergspitze*) peak, summit **2.** (*fig*) height; **also, das ist doch der ~!** that takes the cake!; **Gipfelkonferenz** *f* (POL) summit (conference); **gipfeln** *vi* culminate (*in* in); **Gipfelpunkt** *m* (*fig*) high point; **Gipfeltreffen** *nt* summit (meeting)

Gips [gɪps] <-es, -e> *m* plaster; **Gipsabdruck** *m* plaster cast; **gipsen** *vt* plaster; **Gipsfigur** *f* plaster figure; **Gipsverband** *m* plaster cast

Giraffe [gi'rafə] <-, -n> *f* giraffe

Girlande [gɪr'landə] <-, -n> *f* garland

Girlie ['gœ:ɐlɪ] <-s, -s> *nt* (*sl*) girly

Giro ['ʒi:ro] <-s, -s> *nt* giro; **Girokonto** ['ʒi:rokɔnto] *nt* current account

Gis [gɪs] <-, -> *nt* (MUS) G sharp

Gischt [gɪʃt] <-> *f* spray

Gitarre [gi'tarə] <-, -n> *f* guitar; **Gitarrist(in)** <-en, -en> *m(f)* guitarist

Gitter ['gɪtɐ] <-s, -> *nt* **1.** (*~stangen*) bars *pl* **2.** (*Viereck~*) grid **3.** (*Holz~*) lattice, trellis; **hinter ~n** behind bars; **Gitterfenster** *nt* barred window; **Gitterrost** *m* grating; **Gittertor** *nt* paled gate; **Gitterzaun** *m* paling

Give-away ['gɪfəveɪ] <-s, -s> *nt* (*Werbegeschenk*) give-away

Glacéhandschuh [gla'se:hantʃu] *m*: **jdn mit ~en anfassen** kid-glove s.o.

Gladiole [gladi'o:lə] <-, -n> *f* gladiolus

glamourös [glamu'rø:s] *adj* glamorous

Glanz [glants] <-es> *m* **1.** gleam; (*von Farbe, Schuh*) shine **2.** (*fig: Ruhm*) glory; **seinen ~ verlieren** lose its shine

glänzen ['glɛntsən] *vi* **1.** shine; (*glitzern*) glisten; (*vor Fett*) be shiny **2.** (*fig*) be brilliant; **durch Abwesenheit ~** be conspicuous by one's absence

glänzend *adj* **1.** shining; (*glitzernd*) glistening **2.** (*fig*) brilliant

Glanzleistung *f* brilliant achievement

glanzlos *adj* (*a. fig*) dull; **Glanznummer** *f* big number; **Glanzpapier** *nt* glossy paper; **Glanzpolitur** *f* gloss polish; **glanzvoll** *adj* brilliant, splendid; **Glanzzeit** *f* heyday

Glas [gla:s, *pl:* 'glɛ:zɐ] <-es, ¨-er> *nt* **1.** glass **2.** (*Fern~*) binoculars *pl* **3.** (*Brillen~*) lens; **ein ~ Marmelade** a jar of jam; **unter ~** behind glass; **Glasauge** *nt* glass eye; **Glasbaustein** *m* glass block; **Glasbehälter** *m* glass container [*o* vessel]; **Glascontainer** *m* bottle bank; **Glasdach** *nt* glass roof; **Glaser(in)** *m(f)* glazier; **Glaserei** *f* glazier's workshop

gläsern ['glɛ:zɐn] *adj* **1.** (*aus Glas*) glass **2.** (*fig: starr*) glassy; (*durchschaubar*) transparent

Glasfaserkabel *nt* (TECH) fibre optic cable; **Glasfaseroptik** *f* (TECH) fibre optics *sing;* **Glashaus** *nt:* **wer im ~ sitzt, soll nicht mit Steinen werfen** (*prov*) those who live in glasshouses shouldn't throw stones; **Glashütte** *f* glassworks *pl*

glasig *adj* **1.** (*Speck, Zwiebeln*) transparent **2.** (*fig: Blick*) glassy

Glaskasten *m* glass case; (*fam: verglaster Raum*) glass box; **glasklar** *adj* **1.** (*klar, wie Glas*) clear as glass **2.** (*fig*) crystal-clear

Glaskörper *m* (*im Auge*) corpus vitreum; **Glaskörpertrübung** *f* opacity of the vitreum; **Glasmalerei** *f* glass painting; **Glasperle** *f* glass bead; **Glasplatte** *f* glass top; **Glasröhre** *f* glass tube; **Glasscheibe** *f* sheet of glass; (*Fenster*) pane of glass; **Glasscherbe** *f* fragment of glass, piece of broken glass; **Glasschrank** *m* glass-fronted cupboard; **Glassplitter** *m* splinter of glass; **Glastür** *f* glass door

Glasur [gla:'zu:ɐ] *f* **1.** (*auf Keramik*) glaze **2.** (*auf Kuchen*) icing

Glasversicherung *f* glass insurance; **Glaswolle** *f* glass wool

glatt [glat] **I.** *adj* **1.** (*a. fig*) smooth **2.** (*Fahrbahn*) slippery; (*Stoff*) uncreased **3.** (*fig: ausgesprochen*) downright; **~ sitzen**[RR] (*anliegen*) be a close fit **II.** *adv* **1.** (*eben, a. fig*) smoothly **2.** (*direkt*) flatly; **er hat es mir ~ ins Gesicht gesagt** he said it straight to my face; **das habe ich doch ~ vergessen** I clean forgot about it

glatt|bügeln *vt* (*fig*) iron out

Glätte ['glɛtə] <-, (-n)> *f* **1.** (*Ebenheit*) smoothness **2.** (*Schlüpfrigkeit*) slipperiness **3.** (*fig: Benehmen*) slickness

Glatteis *nt* (black) ice; **jdn aufs ~ führen** (*fig*) take s.o. for a ride

glätten ['glɛtən] *vt* **1.** (*glatt machen*) smooth out **2.** (*fig: in Ordnung bringen*) iron out

glattweg ['glatvɛk] *adv* (*fam*) bluntly, just like that

Glatze ['glatsə] <-, -n> *f* bald head; **eine ~ bekommen** be going bald; **eine ~ haben** be bald; **Glatzkopf** *m* (*pej*) baldie; **glatzköpfig** ['glatskœpfɪç] *adj* bald

Glaube ['glaʊbə] <-ns, (-n)> *m* **1.** (REL) faith (*an* in) **2.** (*Ansicht*) belief; **den ~n an etw verlieren** lose faith in s.th.; **lass sie doch in dem ~n!** let her keep her illusions!

glauben *vt, vi* **1.** (*meinen*) think **2.** (*für wahr halten*) believe (*jdm* s.o., *an etw* in s.th.); **ich glaube schon** I suppose so; **ich glaube, ja** I think so; **wer's glaubt, wird selig!** (*fam*) a likely story!; **daran ~ müssen** (*fam*) cop it; **glaubst du?** do you think so?; **ob du es glaubst oder nicht** believe it or not; **es ist kaum zu ~** I can hardly believe it; **das glaubst du wohl selbst nicht!** you can't be serious!; **Glaubensbekenntnis** *nt* (REL) creed; **Glaubensfreiheit** *f* religious freedom

glaubhaft *adj* **1.** (*zu glauben*) believable, credible **2.** (*authentisch, verbürgt*) authentic; **jdm etw ~ machen** satisfy s.o. of s.th.; **Glaubhaftigkeit** *f* credibility

gläubig ['glɔɪbɪç] *adj* (REL) religious; **Gläubige(r)** *f m* believer; **die ~n** the faithful *pl*

Gläubiger(in) *m(f)* (COM) creditor; **Gläubigerbank** *f* creditor bank; **Gläubigerland** *nt* creditor nation [*o* state]

glaubwürdig *adj* **1.** (*Person*) credible **2.** (*Hinweis*) reliable; **Glaubwürdigkeit** *f* (*von Person*) credibility

gleich [glaɪç] **I.** *adj* **1.** (*identisch*) same **2.** (*ähnlich*) similar **3.** (*rechnerisch ~*) equal; **zur ~en Zeit** at the same time; **ich hab' das ~e Buch!** I've got the same book!; **in ~em Abstand** at an equal distance; **es war der Gleiche**[RR] **wie gestern** it was the same one as yesterday; **ist mir ganz ~!** it's all the same to me! **II.** *adv* **1.** (*sofort*) at once **2.** (*in ~er Weise*) equally; **ich komme ~** I'll be right there; **~!** just a minute!; **ich komme ~ wieder** I'll be right back; **warum nicht ~ so?** why didn't you do that straight away?; **bis ~!** see you!; **wie war das doch ~?** what was that again?; **das bleibt sich ~** it doesn't matter; **~ gesinnt**[RR] **sein wie** hold the same views as; **~ lautend**[RR] identical

gleichaltrig *adj* of the same age; **gleichartig** *adj* of the same kind; (*ähnlich*) similar; **gleichbedeutend** *adj:* **das ist ~ mit ...** that's tantamount to ...; **gleichberechtigt** *adj* with equal rights; **~ sein** have equal rights; **Gleichberechtigung** *f* equal rights; **gleichbleibend** *adj* constant

gleichen ['glaɪçən] *irr vi* be like; **sie gleicht ihrer Mutter** she looks like her mother

gleichermaßen *adv* (*in gleicher Weise*) in a similar manner

gleichfalls *adv* (*auch*) also; **danke, ~!** thanks, the same to you!; **gleichförmig** *adj* (*eintönig*) monotonous; **gleichgesinnt** *adj s.* **gleich**

Gleichgewicht *nt* (*a. fig*) balance; **das ~ verlieren** lose one's balance; **jdn aus dem ~ bringen** throw s.o. off balance; **Gleichgewichtsorgan** *nt* organ of equilibrium; **Gleichgewichtsstörung** *f* balance impairment

gleichgültig *adj* **1.** (*uninteressiert*) indifferent (*gegen* towards) **2.** (*apathisch*) listless; **ist mir doch völlig ~!** I don't give a damn!; **Gleichgültigkeit** *f* indifference (*gegen* towards)

Gleichheit *f* equality; **Gleichheitszeichen** *nt* (MATH) equals sign

gleich|kommen *sein irr vi:* **jdm ~ an ...** match s.o. in ...

gleichlautend *adj s.* **gleich**

gleich|machen *vt* level out; **dem Erdboden ~** raze to the ground; **Gleichmacherei** *f* (*pej*) levelling down

gleichmäßig *adj* **1.** (*zu gleichen Teilen*) equal **2.** (*fig: ausgeglichen*) stable, well-balanced **3.** (*ebenmäßig*) even **4.** (*regelmäßig*) regular; **Gleichmäßigkeit** *f* **1.** (*Ebenmäßigkeit*) evenness **2.** (*Regelmäßigkeit*) regularity; **Gleichmut** <-(e)s> *m* composure, equanimity; **gleichmütig** ['glaɪçmyːtɪç] *adj* composed

Gleichnis *nt* (*Parabel*) parable

gleichsam *adv* as it were, so to speak

gleichschenk(e)lig *adj* (MATH) isosceles; **Gleichschritt** *m:* **im ~, marsch!** forward march!; **gleichseitig** *adj* equilateral; **gleich|setzen** *vt* equate; **Gleichstand** *m* (SPORT): **den ~ erzielen** draw level; **Gleichstellung** *f* equality; **Gleichstrom** *m* (ELEK) direct current, D.C.; **gleich|tun** *irr vt:* **es jdm ~** match s.o.; **es jdm ~ wollen** vie with s.o.

Gleichung *f* equation; **~ 1. Grades** linear equation; **~ mit mehreren Unbekannten** simultaneous equation

gleichwertig *adj* equal; (*gleichstark*) evenly matched; (CHEM) equivalent; **gleichwinklig** *adj* equiangular; **gleichwohl** *adv* nevertheless; **gleichzeitig** **I.** *adj* simultaneous **II.** *adv* at the same time

gleich|ziehen *irr vi* (SPORT): **~ mit ...** catch up with ...

Gleis [glaɪs] <-es, -e> *nt* (RAIL) line, track, rails *pl;* **von welchem ~ geht der Zug nach ...?** which platform does the train to ... leave from?; **Gleisanschluss**[RR] *m* siding; **Gleisarbeiten** *pl* track repairs

gleißen ['glaɪsən] *vi* glisten

Gleitboot *nt* hydroplane

gleiten ['glaɪtən] *sein irr vi* **1.** glide **2.** (*Blick*) pass, range; (*Hand a.*) slide; **~de Arbeitszeit** flexitime; **sie glitt zu Boden** she slid to the ground; **Gleitflug** *m* glide, gliding; **Gleitflugzeug** *m* glider; **Gleitkarte** *f* (*fam: Ausweis für Gleitzeitteilnehmer*) flexicard; **Gleitklausel** *f* (COM FIN) escalator clause; **Gleitmittel** *nt* lubricant; **Gleitschiene** *f* (*bei Schreibmaschine*) carriage rail; **Gleitschirm** *m* hang glider; **Gleitschirmfliegen** *nt* hang-gliding; **Gleitwachs** *nt* (*Skiwachs*) wax; **Gleitzeit** *f* flexitime

G

Gletscher ['glɛtʃɐ] <-s, -> *m* glacier; **Gletscherbrand** *m* glacial sunburn; **Gletscherspalte** *f* crevasse

Glied [gliːt] <-(e)s, -er> *nt* **1.** (*Körperteil*) limb **2.** (*Penis*) member **3.** (*Ketten~, a. fig*) link; **seine ~er strecken** stretch o.s.; **Gliederarmband** *nt* expanding bracelet

gliedern ['gliːdɐn] **I.** *vt* (*unter~*) subdivide (*in* into) **II.** *vr* be composed, consist (*in* of)

Gliederschmerzen *mpl* rheumatic pains; **Gliederung** *f* **1.** (*Struktur*) structure **2.** (*als Aufgabe*) organization; **Gliedmaßen** ['gliːtmasən] *pl* limbs

glimmen ['glɪmən] *irr vi* glow; (*fig*) glimmer

glimmern *vi* glimmer

Glimmstengel *m* (*fam*) fag *Br*

glimpflich ['glɪmpflɪç] *adj* light, mild; ~ **davonkommen** get off lightly

glitschig ['glɪtʃɪç] *adj* slippery

glitzern ['glɪtsɐn] *vi* glitter; (*Stern a.*) twinkle

global [gloː'baːl] *adj* global; **~e Klimaveränderung** global change of the climate; **~es Navigationssatellitensystem, GNSS** Global Navigation Satellite System, GNSS; **globalisiert** [globali'ziːɐt] *adj* globalized; **Globalisierung** [globali'ziːrʊŋ] <-> *f* globalization

Global Player ['gləʊbəl,pleɪɐ] <-s, -> *m* (*international tätiger Konzern*) global player

Globus ['gloːbʊs] <-/-ses, -ben/-se> *m* globe

Glocke ['glɔkə] <-, -n> *f* **1.** (*Turm~*) bell **2.** (*Klingel*) gong; **die ~n läuten** ring the bells; **du brauchst es nicht an die große ~ zu hängen** you don't need to shout it from the rooftops

Glockenblume *f* bellflower, blue-bell; **glockenförmig** *adj* bell-shaped; **Glockengeläute** *nt* peal of bells; **Glockenklang** *m* ringing of bells; **Glockenschlag** *m* stroke of a bell; **Glockenspiel** *nt* chimes *pl;* **Glockenstuhl** *m* bellcage; **Glockenturm** *m* belltower, belfry; **Glöckner** ['glœknɐ] *m* bellringer

Glorie ['gloːriə] *f* (*Ruhm*) glory

glorifizieren [glorifi'tsiːrən] *vt* glorify

glorreich ['gloːɐraɪç] *adj* glorious

Glossar [glɔ'saːɐ] <-s, -e> *nt* glossary

Glosse ['glɔsə] <-, -n> *f* gloss (*zu* on); **glossieren** *vt* write a gloss on

Glotze <-, -n> *f* (*sl: Fernseher*) goggle-box; **glotzen** ['glɔtsən] *vi* stare (*auf* at)

Glück [glʏk] <-(e)s> *nt* **1.** (*~sfall*) good luck **2.** (*Glücklichkeit*) happiness; **~ gehabt!** that was lucky!; **kein ~ haben** be out of luck; **von ~ sagen können** be able to consider o.s. lucky; **sein ~ versuchen** try one's luck; **du hast ~ gehabt** you were lucky; **ein ~, dass ...** it's a good thing that ...; **ein ~!** how lucky!; **zum ~** fortunately; **viel ~!** good luck!; **dein ~!** lucky for you!; **auf gut ~** on the off-chance; **jdm ~ zu etw wünschen** congratulate s.o. on s.th.

Glucke ['glʊkə] <-, -n> *f* (*brütende Henne*) broody hen; (*mit Jungen*) mother hen

glücken ['glʏkən] *sein vi* be a success; **es wollte einfach nicht ~** it simply wouldn't go right

gluckenhaft *adj* overprotective

gluckern ['glʊkɐn] *vi* (*Wasser*) gurgle

glücklich *adj* **1.** (*froh*) happy **2.** (*erfolgreich*) fortunate, lucky; **sich ~ schätzen** consider o.s. lucky; **glücklicherweise** *adv* fortunately, luckily

Glücksbringer *m* lucky charm; **Glücksfall** *m* stroke of luck *Br;* lucky break *Am;* **Glückskind** *nt* lucky person; **Glücksklee** *m* four-leaf clover; **Glückspfennig** *m* lucky penny; **Glückspilz** *m* (*fam*) lucky fellow [*o* beggar]; **Glücksrad** *m* wheel of fortune; **Glückssache** *f* matter of luck; **Glücksspiel** *nt* game of chance; **Glücksspieler(in)** *m(f)* gambler; **Glückstreffer** *m* **1.** (*auch Lotterie*) stroke of luck **2.** (SPORT MIL) lucky shot

Glückwunsch *m* congratulations *pl;* **herzlichen ~ zum Geburtstag!** happy birthday!; **Glückwunschkarte** *f* greetings card; **Glückwunschtelegramm** *nt* greetings telegram

Glühbirne *f* light bulb

glühen ['glyːən] *vi* glow; **ihre Augen glühten vor Zorn** her eyes glowed with anger; **glühend** *adj* **1.** glowing; (*Metall*) red-hot **2.** (*fig*) ardent, fervent; **~e Hitze** blazing heat; **~ heiß** burning hot; **rot ~**[RR] red-hot; **Glühfaden** *m* (ELEK) filament; **Glühstrumpf** *m* gas mantle; **Glühwein** *m* mulled wine; **Glühwürmchen** *nt* glowworm

Glupschauge ['glʊpʃaʊgə] *nt* (*fam*) goggle eye

Glut [gluːt] <-, -en> *f* **1.** (*Sonnen~*) blaze **2.** (*glühende Masse*) embers *pl*

Glutamin [gluta'miːn] <-s, -e> *nt* (CHEM) glutamine

Gluthitze *f* sweltering heat; **glutrot** *adj* fiery red

Glykol [gly'koːl] <-s, -e> *nt* (CHEM) glycol

GmbH <-, -s> *f Abk. von* **Gesellschaft mit beschränkter Haftung** Ltd *Br,* Inc *Am*

Gnade ['gnaːdə] <-, -n> *f* (*Erbarmen*) mercy; **~ vor Recht ergehen lassen** temper justice with mercy; **~!** (*a. fig*) mercy!; **Gnadenfrist** *f* reprieve; **ich geb' dir noch zwei Stunden ~!** I will give you two hours' grace!; **Gnadengesuch** *nt* plea for clemency; **ein ~ einreichen** file a plea for clemency; **gnadenlos** *adj* merciless; **Gnadenstoß** *m* coup de grâce

gnädig ['gnɛ:dɪç] *adj* **1.** (*erbarmend*) merciful **2.** (*herablassend*) condescending

Gnom [gno:m] <-en, -en> *m* gnome

Gobelin [gobə'lɛ̃:] <-s, -s> *m* tapestry

Gockel(hahn) ['gɔkəl-] <-s, -> *m* cock

Gold [gɔlt] <-(e)s> *nt* gold; **Goldbarren** *m* gold ingot; **Goldbarsch** *m* redfish; **Goldbestand** *m* gold reserve; **Golddoublé** ['gɔltduble:] <-s, (-s)> *nt* gold plating

golden ['gɔldən] *adj* golden; **~er Schnitt** golden section; **die ~e Mitte wählen** strike a happy medium

goldfarben *adj* golden

Goldfasan *m* golden pheasant; **Goldfisch** *m* goldfish; **Goldgehalt** *m* gold contents *pl;* **goldgelb** *adj* golden; **Goldgräber** *m* gold-digger; **Goldgrube** *f* (*a. fig*) gold-mine

Goldhamster *m* golden hamster

goldig *adj* (*fig*) sweet *Br,* cute *Am*

Goldklumpen *m* gold nugget; **Goldlack** *m* **1.** (*goldener Lack*) gold laquer **2.** (*Pflanze*) wallflower; **Goldmedaille** *f* gold medal; **Goldmedaillengewinner(in)** *m(f)* gold medallist; **Goldmünze** *f* gold piece; **Goldregen** *m* (*Strauch*) laburnum; **goldrichtig** *adj* (*fam*) dead right; **Goldschmied(in)** *m(f)* goldsmith; **Goldschnitt** *m* (TYP) gilt edging; **Goldstück** *nt* (*Münze*) gold coin; **Goldsucher** *m* gold-hunter; **Goldwaage** *f* gold-scales *pl;* **alle Worte auf die ~ legen** (*fig*) weigh (one's) words well; **Goldwährung** *f* gold-standard; **Goldwaren** *fpl* gold articles

Golf[1] [gɔlf] <-(e)s, -e> *m* (GEOG) gulf; **der ~** the Gulf

Golf[2] <(-s)> *nt* (*Spiel*) golf

Golfplatz *m* golf course; **Golfschläger** *m* golf club; **Golfspieler(in)** *m(f)* golfer

Golfstaat *m* Gulf state; **Golfstrom** *m* (GEOG) Gulf Stream

Gondel ['gɔndəl] <-, -n> *f* **1.** (*Boot*) gondola **2.** (*Seilbahnkabine*) car

gönnen ['gœnən] *vt:* **nicht ~** begrudge; **sich ~** give [*o* allow] o.s.; **das sei dir gegönnt** I don't grudge you that; **er gönnt sich keine Minute Ruhe** he doesn't allow himself a minute's rest

Gönner(in) *m(f)* patron(ess); **gönnerhaft** *adj* (*pej*) patronizing; **Gönnermiene** *f* (*pej*) patronizing air

Gör [gø:ɐ] <-(e)s, -en> *nt* (*pej fam*) brat; (*fam*) kid

Göre ['gø:rə] <-, -n> *f* cheeky [*o* saucy] little miss

Gorilla [go'rɪla] <-s, -s> *m* gorilla

Gosse ['gɔsə] <-, -n> *f* gutter

Gote, -tin ['go:tə] <-n, -n> *m, f* Goth; **Gotik** ['go:tɪk] *f* (ARCH) Gothic; **gotisch** *adj* Gothic

Gott [gɔt, *pl:* 'gœtɐ] <-es/(-s), ⸚er> *m* God; **ach ~ ...** well ...; **der liebe ~** the good Lord; **an ~ glauben** believe in God; **leider ~es** unfortunately; **ich habe, weiß ~, keine Zeit für so etwas!** I really have no time for that sort of thing!; **mein ~, was machen Sie denn da?** for God's sake, what are you doing?; **o ~!** dear me!; **du bist wohl ganz von ~ verlassen!** (*fig*) you must be completely out of your mind!; **in ~es Namen!** for goodness sake!; **um ~es willen!** for heaven's sake; **~ sei Dank** thank God!

Götterspeise *f* fruit jelly

Gottesdienst *m* service; **zum ~ gehen** go to church; **Gotteshaus** *nt* place of worship; **Gotteslästerung** *f* blasphemy; **gottgewollt** *adj* willed by God; **Gottheit** *f* **1.** (*Göttlichkeit*) divinity **2.** (*ein Gott*) godhead; **Göttin** ['gœtɪn] *f* goddess; **göttlich** *adj* divine

gottlob! *interj* thank goodness!

gottlos *adj* (*fig: verrucht*) wicked; **gottverlassen** *adj* godforsaken; **Gottvertrauen** *nt* trust in God; **na, du hast aber ~!** I wish I had your faith!

Götze ['gœtsə] <-n, -n> *m* (*pej*) idol

Gourmet-Tempel [gʊr'me:-] *m* (*fam*) place of pilgrimage for gourmets

Gouverneur [guvɐ'nø:ɐ] <-s, -e> *m* governor

GPS *nt Abk. von* **Global Positioning System** (*Navigationssystem*) GPS

Grab [gra:p, *pl:* 'grɛ:bər] <-(e)s, ⸚er> *nt* grave; **jdn zu ~e tragen** bear s.o. to his (her) grave; **deine Mutter würde sich im ~ umdrehen, wenn ...** (*fig*) your mother would turn in her grave if ...; **sie bringt mich noch ins ~!** (*fig*) she'll be the death of me yet!

Grabbeltisch ['grabl-] *m* (*fam*) clearance table

Graben ['gra:bən, *pl:* 'grɛ:bən] <-s, -> *m* ditch; (MIL) trench

graben *irr vt* (*mit Spaten*) dig

Grabeskälte *f* deathly cold

Grabhügel *m* mound; **Grabinschrift** *f* epitaph; **Grabmal** *nt* monument; **Grabplatte** *f* memorial slab; **Grabrede** *f* funeral oration; **Grabschänder(in)** *m(f)* defiler of graves; **Grabstein** *m* gravestone

Grad [gra:t] <-(e)s, -e> *m* degree; **die Waschmaschine auf 60° stellen** set the washing-machine at sixty degrees; **bis zu einem gewissen ~e** to a certain degree; **im höchsten ~e** extremely; **Gradeintei-**

lung *f* graduation; **Gradnetz** *nt* (GEOG TECH) latitude and longitude grid
graduell [gradu'ɛl] *adj* gardual
Graf [gra:f] <-en, -en> *m* earl *Br;* (*ausländischer* ~) count
Graffiti [gra'fɪtɪ] *pl* graffiti *pl*
Grafik ['gra:fɪk] *f* **1.** (*künstlerische* ~) graphic **2.** (*Gewerbe*) graphic arts *pl* **3.** (*Diagramm*) diagram; **Grafikbildschirm** *m* (INFORM) graphics screen; **Grafiker(in)** *m(f)* graphic artist; **Grafikkarte** *f* (INFORM) graphics card
Gräfin ['grɛ:fɪn] *f* countess
grafisch *adj* graphic; (*schematisch*) schematic; (*anschaulich*) vivid; **~e Darstellung** graph
Grafit[RR] *m* graphite
Grafschaft *f* (*früher*) earldom; (*heute*) county
Gram [gra:m] <-(e)s> *m* grief, sorrow
grämen ['grɛ:mən] *vr:* **sich über jdn (etw)** ~ grieve over s.o. (s.th.)
Gramm [gram] <-s, (-e)> *nt* gram(me)
Grammatik [gra'matɪk] *f* grammar; **grammatikalisch** *adj* grammatical; **grammatisch** *adj* grammatical
Grammel ['graml] <-, -n> *f* (*österr*) greaves
Granat [gra'na:t] <-(e)s, -e> *m* (*Edelstein*) garnet
Granatapfel *m* pomegranate
Granate [gra'na:tə] <-, -n> *f* shell; **Granatfeuer** *nt* shell fire, shelling; **Granatsplitter** *m* shell splinter; **Granattrichter** *m* shell crater; **Granatwerfer** *m* trench mortar
grandios [gran'djo:s] *adj* magnificent, terrific
Granit [gra'ni:t] <-s, -e> *m* granite
Grapefruit ['greipfru:t] <-s, -s> *f* grapefruit
Graphik *f s.* **Grafik**
Graphit [gra'fi:t] <-(e)s, -e> *m* graphite
Gras [gra:s, *pl:* 'grɛ:zər] <-es, ¨-er> *nt* grass; **ins ~ beißen** (*fam*) bite the dust; **über etw ~ wachsen lassen** let the dust settle over s.th.
grasen ['gra:zən] *vi* graze
grasgrün *adj* grass-green; **Grashalm** *m* blade of grass; **Grashüpfer** *m* grasshopper; **Grasland** <-(e)s> *nt* grassland; **Grasmücke** *f* (*kleiner Singvogel*) warbler
grassieren [gra'si:rən] *vi* (MED) rage; **die Seuche grassiert immer mehr** the disease is spreading
grässlich[RR] ['grɛslɪç] *adj* **1.** (*grauenvoll*) hideous, horrible **2.** (*widerlich*) awful, dreadful
Grat [gra:t] <-(e)s, -e> *m* **1.** (*Berg~*) ridge **2.** (TECH) burr
Gräte ['grɛ:tə] <-, -n> *f* fish-bone
Gratifikation [gratifika'tsjo:n] *f* bonus
gratis ['gra:tɪs] *adv* free (of charge); **Gratisprobe** *f* free sample
gratulieren *vi* congratulate (on); **ich gratuliere!** my congratulations!; **jdm zum Geburtstag ~** wish s.o. many happy returns
Grau <-s, -/(-s)> *nt* grey; **grau** [graʊ] *adj* grey; **der ~e Alltag** the humdrum everyday life, the dull routine; **~e Haare bekommen** go grey; **in ~er Vorzeit, ~ meliert**[RR] (*Haar*) greying, in the misty past; **grauäugig** ['graʊɔɪgɪç] *adj* grey-eyed; **graubraun** *adj* greyish brown; **Graubrot** *nt* rye bread
Gräuel[RR] ['grɔɪəl] <-s, -> *m* **1.** (*Grauen*) horror **2.** (*~tat*) outrage; **Gräuelmärchen**[RR] *nt* horror story; **Gräuelmeldung**[RR] *f* atrocity propaganda; **Gräueltat**[RR] *f* atrocity
Grauen <-s> *nt* (*Entsetzen*) horror; **~ erregend**[RR] gruesome, horrid
grauen I. *imp:* **mir graut es davor** I dread it **II.** *vi:* **der Tag fängt schon an zu ~** dawn is beginning to break; **grauenerregend** *adj s.* **Grauen, grauenhaft** *adj,* **grauenvoll** *adj* gruesome, horrid
Grauer Star <-(e)s> *m* (MED) cataract
graugrün *adj* grey-green; **Grauguss**[RR] *m* (TECH: *Gusseisen*) grey iron; **grauhaarig** *adj* grey-haired
gräulich[RR] ['grɔɪlɪç] *adj* abominable, atrocious
graumeliert *adj s.* **grau**
Graupe ['graʊpə] <-, -n> *f* grain of pearl barley
Graupelschauer *m* sleet
Graupensuppe *f* barley broth
grausam ['graʊza:m] *adj* **1.** (*brutal*) cruel (*zu* to) **2.** (*fam: schlimm*) awful; **Grausamkeit** *f* cruelty
Grausen ['graʊzən] <-s> *nt:* **da überkommt dich (doch) das kalte ~** it's enough to give you the creeps; **grausig** *adj* horrible; **grauslich** *adj, adv* (*österr*) terrible
Graveur(in) [gra'vø:ɐ] <-s, -e> *m(f)* engraver; **gravieren** *vt* engrave; **Gravierung** *f* engraving
Gravitation [gravita'tsjo:n] *f* (PHYS) gravitation; **Gravitationskraft** *f* (PHYS) gravitational force
gravitätisch [gravi'tɛ:tɪʃ] *adj* grave, solemn
Gravurplatte *f* nameplate
Grazie ['gra:tsiə] *f* grace; **graziös** [gra'tsjø:s] *adj* graceful
Greifarm *m* claw arm; **greifbar** *adj* (*zur*

Verfügung) available; **in ~er Nähe** within reach

greifen ['graɪfən] **I.** *irr vt* (*er~*) grasp **II.** *vi* **1.** (TECH: *einrasten*) grip **2.** (*fig*) have an effect (*bei* on); (*wirksam werden*) be effective; **nach etw ~** reach for s.th.; **zum Greifen nahe liegen** (*fig*) be within one's grasp; **zur Flasche ~** take to the bottle; **ineinander ~**[RR] (TECH) mesh (with each other); (*fig: sich überschneiden*) overlap; **Greifer** *m* (TECH: *Klaue*) grab

Greifvogel *m* bird of prey, raptor

Greis [graɪs] <-es, -e> *m* old man; **greis** *adj:* **sein ~es Haupt schütteln** (*a. hum fam*) shake one's wise old head; **Greisin** *f* old woman

grell [grɛl] *adj:* **~e Sonne** dazzling sun; **~e Farbe** loud colour

Gremium ['gre:miʊm] <-s, Gremien> *nt* body

Grenzbeamte, -beamtin *m, f* passport official; **Grenzbereich** *m* border zone; **Grenzbevölkerung** *f* inhabitants of the border zone

Grenze ['grɛntsə] <-, -n> *f* **1.** (*Staats~*) border **2.** (*private ~*) boundary **3.** (*fig*) limits *pl;* **alles hat seine ~n** (*fig*) there's a limit to everything; **sich (noch) in ~n halten** keep within limits; **die ~ überschreiten** cross the border; **die ~ zu Dänemark** the Danish border; **grenzen** *vi* (*a. fig*) border (*an* on); **grenzenlos** *adj* (*a. fig*) boundless; **Grenzfall** *m* borderline case; **Grenzgänger(in)** *m(f)* (COM) cross-frontier commuter; **Grenzgebiet** *m* border area; **Grenzkonflikt** *m* border [*o* frontier] dispute; **Grenzkontrolle** *f* border control; **Grenzlinie** *f* boundary; **Grenzpfahl** *m* boundary post; **Grenzposten** *m* border guard; **Grenzschutz** *m* frontier guard; **Grenzstadt** *f* border-town; **Grenzstation** *f* border station; **Grenzstein** *m* boundary stone; **Grenzstreitigkeit** *f* (POL) border [*o* frontier] dispute; **Grenzübergang** *m* border [*o* frontier] crossing; **grenzüberschreitend** *adj* cross-border; **Grenzverkehr** *m* border traffic; **Grenzwert** *m* (MATH) limit; **Grenzzwischenfall** *m* frontier [*o* border] incident

Greuel *m s.* Gräuel; **greulich** *adj s.* **gräulich**

Grieche, -chin ['gri:çɐ] <-n, -n> *m, f* Greek; **Griechenland** *nt* Greece; **griechisch** *adj* Greek

Grieß(brei) [gri:s] <-es> *m* semolina

Griff [grɪf] <-(e)s, -e> *m* **1.** (*Stiel*) handle **2.** (*Revolver~*) butt **3.** (*Tür~*) knob **4.** (*Hand~*) grasp, grip; **einen ~ ansetzen** (*beim Ringen*) apply a hold; **etw in den ~ bekommen** (*fig*) gain control of s.th.; **griffbereit** *adj* handy

Griffbrett *nt* (*von Musikinstrument*) fingerboard

Griffel ['grɪfəl] <-s, -> *m* **1.** (*Schreibgerät*) slate-pencil **2.** (BOT) style

griffig *adj* **1.** (*handlich*) handy **2.** (*gut greifend*) non-slip; **Griffigkeit** *f* (*von Fahrbahn*) skid-resisting properties *pl*

Grill [grɪl] <-s, -s> *m* **1.** (*Brat~*) grill **2.** (AUTO: *Kühler~*) grille

Grille ['grɪlə] <-, -n> *f* cricket

grillen ['grɪlən] *vt* (*in der Küche*) grill; (*im Garten*) barbecue

Grillrestaurant *nt* grillroom

Grimasse [gri'masə] <-, -n> *f* grimace; **~n schneiden** pull faces

grimmig *adj* **1.** (*zornig*) grim **2.** (*Kälte*) severe

Grinsen ['grɪnzən] <-s> *nt* grin; **grinsen** *vi* grin

grippal [grɪ'pa:l] *adj:* **~er Infekt** influenza infection; **Grippe** ['grɪpə] <-, -n> *f* influenza; (*fam*) flu; **Grippemittel** *nt* flu remedy

Grips [grɪps] <-es> *m* (*fam*) brains *pl;* **streng mal deinen ~ an!** use your brains!

grob [gro:p] <gröber, gröbst> *adj* **1.** (*von Beschaffenheit*) coarse **2.** (*fig: verletzend*) rude **3.** (*groß*) gross; **~ gemahlen**[RR] coarse-ground; **~ geschätzt** at a rough estimate; **aus dem Gröbsten heraus sein** be out of the woods; **Grobheit** *f* (*fig*) rudeness; **jdm ~en an den Kopf werfen** be rude to s.o.; **grobkörnig** *adj* coarse-grained; **grobmaschig** *adj* large-meshed; (*von Pullover*) loose-knit

grö(h)len ['grø:lən] *vi* bawl

Groll [grɔl] <-(e)s> *m* anger, wrath; **~ gegen jdn hegen** harbour [*o* hold] a grudge against s.o.; **grollen** *vi* **1.** (*jdm ~*) be filled with wrath against (s.o.) **2.** (*Donner*) peal, roll

Grönland ['grø:nlant] <-s> *nt* Greenland

Gros [gro:, *gen, pl:* gro:s] <-, -> *nt* **1.** bulk, major part **2.** (COM) gross

Groschenroman *m* cheap novel *Br,* dime novel *Am*

groß [gro:s] <größer, größt> **I.** *adj* **1.** (*bedeutend*) great; (*räumlich*) large; (*umfangreich, a. fig*) big; (*riesig*) huge; (*hoch gewachsen*) tall; (*Fläche*) extensive, vast **2.** (*großartig*) grand; **~e Hitze** intense heat; **~ Kälte** severe cold; **~er Fehler** bad mistake; **die ~e Masse** the vast majority; **die ~en Ferien** the long holidays *Br,* the long vacation *Am;* **~e Worte machen** use big words; **ich habe ~e Lust ins Kino zu gehen** I would really like to go to the cinema; **das ist jetzt ~e Mode** that's all the fashion now **II.** *adv:* **im Trinken ist er ~** he's great at drinking; (**ganz**) ~ **rauskommen** (*fam*) make the big time

Großabnehmer(in) *m(f)* bulk purchaser

großartig *adj* (*wunderbar*) wonderful; (*hervorragend*) splendid; ~! great! splendid!; **Großaufnahme** *f* (FILM) close-up; **Großauftrag** *m* large order; **Großbetrieb** *m* large concern; **Großbildschirm** *m* (TV) large screen; **Großbritannien** ['gro:sbrɪ'taniən] <-s> *nt* Great Britain; **Großbuchstabe** *m* (TYP) capital; **Großcomputer** *m* mainframe

Größe ['grø:sə] <-, -n> *f* **1.** (*Umfang, Format, Nummer*) size **2.** (*Höhe*) height **3.** (*Ausdehnung*) dimensions *pl* **4.** (MATH ASTR: *Wichtigkeit*) magnitude **5.** (*Bedeutung*) greatness; **in natürlicher** ~ full-scale [*o* -length]; **unbekannte** ~ unknown quantity; **der** ~ **nach aufstellen** line up in order of height

Großeinkauf *m* bulk purchase

Großeltern *pl* grandparents

Größenordnung *f* scale; **in der** ~ **von ...** on the scale of ...

großenteils *adv* for the most part, mostly

Größenwahn *m* megalomania; **größenwahnsinnig** *adj* megalomaniac

Großfahndung *f* dragnet operation, manhunt; **Großfamilie** *f* extended family; **Großfeuer** *nt* major fire; **Großformat** *nt* large size; **Großgrundbesitzer(in)** *m(f)* big landowner; **Großhandel** *m* wholesale trade; **Großhändler(in)** *m(f)* wholesaler; **großherzig** *adj* generous, magnanimous; **Großherzigkeit** *f* generosity, magnanimity; **Großherzog(in)** *m(f)* grand duke (duchess); **Großherzogtum** *nt* Grand Duchy; **Großhirn** <-(e)s> *nt* cerebrum

Großkind *nt* (*CH*) grandchild

großkotzig ['gro:skɔtsɪç] *adj* (*sl pej*) swanky

Großküche *f* canteen kitchen; **Großkundgebung** *f* mass rally; **Großmacht** *f* great power

Großmama *f* grandma

Großmarkt *m* hypermarket; **Großmaul** *nt* (*pej*) loudmouth; **Großmut** *m* magnanimity; **großmütig** ['gro:smy:tɪç] *adj* magnanimous

Großmutter *f* grandmother; **Großneffe** *m* great-nephew; **Großnichte** *f* great-niece; **Großonkel** *m* great-uncle

Großraumabteil *nt* (RAIL) open carriage; **Großraumbüro** *nt* open-plan office; **Großraumflugzeug** *nt* large-capacity aircraft; **Großraumlimousine** *f* multi-purpose vehicle; **Großrechner** *m* mainframe; **Großreinemachen** *nt* thorough cleaning

großspurig *adj* (*pej*) boastful

Großstadt *f* city; **Großstädter(in)** *m(f)* city-dweller; **großstädtisch** *adj* big-city

Großtante *f* great-aunt

Großteil *m* large part; **zum** ~ for the most part

größtenteils *adv* for the most part

Großunternehmen *nt* large concern

Großvater *m* grandfather

Großveranstaltung *f* big event; **Großverbraucher** *m* large consumer; **Großversandhaus** *nt* mail-order house; **Großwetterlage** *f* general weather situation; **die politische** ~ the general political climate

groß|ziehen *irr vt* raise

großzügig ['gro:stsy:gɪç] *adj* **1.** (*planend*) large scale **2.** (*freigebig*) generous, liberal **3.** (*weiträumig*) spacious; **Großzügigkeit** *f* **1.** (*räumlich*) spaciousness **2.** (*Freigebigkeit*) generosity

grotesk [gro'tɛsk] *adj* grotesque; **groteskerweise** *adj* grotesquely

Grotte ['grɔtə] <-, -n> *f* grotto

Groupie ['gru:pi] <-s, -s> *nt* (*sl*) groupie

Grube ['gru:bə] <-, -n> *f* **1.** (*Ton~, a.* MIN) mine, pit **2.** (*gegrabene* ~) hole, hollow; **wer andern eine** ~ **gräbt, fällt selbst hinein** (*prov*) you can easily fall into your own trap

Grübelei *f* brooding; **grübeln** ['gry:bəln] *vi* brood (*über* over)

Grubenexplosion *f* colliery explosion; **Grubenunglück** *nt* mine disaster

grüezi ['gryətsi] *interj* (*CH*) hello, good morning/afternoon/evening

Gruft [grʊft, *pl:* 'grʏftə] <-, ¨-e> *f* (*Grabgewölbe*) tomb, vault

grün [gry:n] *adj* green; **eine Fahrt ins Grüne** a trip to the country; **eine ~e Witwe** a grass widow; **das ist dasselbe in Grün** (*fam*) that's one and the same thing; **~e Welle** (AUTO) phased traffic lights *pl;* **jdm ~es Licht geben** give s.o. the go-ahead; **sie ist mir nicht** ~ I'm not in her good books; **Grünanlage** *f* park; **grünäugig** ['grʏ:nɔɪgɪç] *adj* green-eyed; **grünblau** *adj* greeny blue

Grund[1] [grʊnt, *pl:* 'grʏndə] <-(e)s, ¨-e> *m* (*Ursache*) reason; **aus welchem ~?** for what reason?; **jdm zu etw** ~ **geben** give s.o. good cause for s.th.; **einen** ~ **zum Feiern haben** have good cause for celebration; **der ~, weshalb ich gegangen bin** my reason for going [*o* the reason I went]; **ich habe allen** ~ **zu glauben, dass ...** I have every reason to believe that ...; **aus irgendeinem** ~ for some reason or other

Grund[2] *m* **1.** (*Boden von Gefäß, Grube*) bottom **2.** (*~stück*) land **3.** (*Erdboden*)

ground; **von ~ auf** completely; **einer Sache auf den ~ gehen** get to the bottom of s.th.; **im ~e** basically; **etw zu ~e**[RR] **legen** base s.th. on s.th.; **etw zu ~e**[RR] **liegen** be based on s.th.; **zu ~e**[RR] **richten** ruin, destroy

Grundausbildung *f* basic training; **Grundbedingung** *f* main condition; **Grundbegriff** *m* basic principle; **Grundbesitz** *m* landed property, real estate; **Grundbesitzer(in)** *m(f)* landowner; **Grundbuch** *nt* land register; **Grundbuchamt** *nt* land registry

gründen ['grʏndən] *vt* found; **sich ~ auf** be based on; **Gründer(in)** *m(f)* founder

Grunderwerb *m* land acquisition

grundfalsch *adj* utterly wrong

Grundfläche *f* floor space

Grundforderung *f* basic claim; **Grundgebühr** *f* standing charge; **Grundgedanke** *m* basic idea; **Grundgesetz** *nt* (*bundesdeutsche Verfassung*): **das ~** the German Constitution

grundieren [grʊn'di:rən] *vt* undercoat; **Grundierfarbe** *f* undercoat

Grundkapital *nt* capital stock, equity capital

Grundlage *f* basis, foundation; **jeder ~ entbehren** be without any foundation; **grundlegend** *adj* fundamental, basic (*für* to)

gründlich ['grʏntlɪç] *adj* thorough; **sich ~ täuschen** (*fam*) be greatly mistaken; **Gründlichkeit** *f* thoroughness

Grundlohn *m* basic pay

grundlos *adj* **1.** (*unbegründet*) unfounded **2.** (*sehr tief*) bottomless

Grundmauer *f* foundation wall

Grundnahrungsmittel *nt* staple food

Gründonnerstag *m* Maundy Thursday

Grundrecht *nt* fundamental right; **Grundregel** *f* basic principle; **Grundrente** *f* basic pension; **Grundriss**[RR] *m* (ARCH) ground plan; (*Skizze*) outline, sketch; **Grundsatz** *m* principle; **es sich zum ~ machen** make it a rule; **grundsätzlich** ['grʊntzɛtslɪç] **I.** *adv* **1.** (*im Allgemeinen*) in principle **2.** (*stets*) always; **~ nicht** absolutely not **II.** *adj* (*grundlegend*) fundamental; **Grundsatzpapier** *nt* (POL) (written) statement of principles

Grundschuld *f* mortgage

Grundschule *f* elementary [*o* primary] school; **Grundschullehrer(in)** *m(f)* elementary [*o* primary] school teacher

Grundsicherung *f* basic security

Grundstein *m* foundation-stone; **zu etw den ~ legen** (*fig*) lay the foundations *pl* of s.th.; **Grundsteuer** *f* property tax; **Grundstock** <-s> *m* basis, foundation; **Grundstoffindustrie** *f* primary industry; **Grundstück** *nt* **1.** (*Parzelle*) plot; (*größeres ~*) estate **2.** (*Grund und Boden*) property **3.** (*Bau~*) site; **Grundstücksmakler(in)** *m(f)* estate agent *Br*, realtor *Am*; **Grundstückspreis** *m* land price; **Grundton** *m* **1.** (MUS) key-note **2.** (*Farbe*) ground colour; **Grundübel** *nt* **1.** basic evil **2.** (*Grundproblem*) basic problem; **Grundumsatz** *m* (MED) basal metabolism

Gründung ['grʏndʊŋ] *f* foundation

grundverschieden *adj* entirely different

Grundwasser *nt* ground water; **Grundwasserspiegel** *m* ground-water level; **Grundwehrdienst** *m* national service *Br*, selective service *Am*; **Grundwortschatz** *m* basic [*o* essential] vocabulary; **Grundzahl** *f* **1.** (*Kardinalzahl*) cardinal number **2.** (MATH) base number; **Grundzug** *m* essential feature

Grüne(r) ['gry:nə] *f m* (POL) Green; **die ~n** the Green Party

grünen *vi* turn green

Grüner Star <-(e)s> *m* (MED) glaucoma; **Grünfink** *m* greenfinch; **Grünfläche** *f* green [*o* open] space; **Grünfutter** *nt* green fodder; **Grünkohl** *m* kale; **grünlich** *adj* greenish; **Grünplanung** *f* open space planning; **Grünschnabel** *m* (*pej*) greenhorn; **Grünspan** <-s> *m* verdigris; **Grünstreifen** *m* **1.** (*am Straßenrand*) grass verge **2.** (*Mittelstreifen*) central reservation *Br*, median strip *Am*

grunzen ['grʊntsən] *vi* grunt

Grünzeug *nt* (*fam: Salat*) greens *pl*

Gruppe ['grʊpə] <-, -n> *f* group; (*Arbeits~*) team; **in ~n einteilen** group together; **Gruppenarbeit** *f* (SCHULE) teamwork; **Gruppenbild** *nt* (PHOT) group portrait; **Gruppendynamik** *f* (PSYCH) group dynamics *pl*; **gruppendynamisch** *adj* (PSYCH) group-dynamic; **Gruppentherapie** *f* group therapy; **gruppenweise** *adv* in groups; **Gruppenzwang** *m* group [*o* peer] pressure

gruppieren [grʊ'pi:rən] **I.** *vt* group **II.** *vr* form groups; **Gruppierung** *f* grouping

Gruselgeschichte *f* gruesome tale

gruselig ['gru:zəlɪç] *adj* gruesome, horrifying

Gruß [gru:s, *pl:* 'gry:sə] <-es, ¨-e> *m* greeting; **jdm herzliche Grüße bestellen** give one's kindest regards to s.o.; **schönen ~ zu Hause!** my regards to your family!; **viele Grüße (an …)** best wishes (to …); **grüßen** ['gry:sən] *vt* greet; (MIL) salute; **grüß dich!** hi!; **jdn ~ lassen** send one's compliments [*o* love] to … [*o* regards]; **~ Sie Ihre Mutter von mir!** remember me to your mother!

gucken ['gʊkən/kʊkən] *vi* look; **aus dem Fenster** ~ look out of the window; **guck mal!** just take a look!; **Guckloch** *nt* peephole

Guerillakrieg [ge'rɪl(j)akri:k] *m* guerilla war(fare)

Guillotine [gɪljo'ti:nə/gijo'ti:nə] <-, -n> *f* (HIST) guillotine

Guinea [gi'ne:a] *nt* Guinea; **Guineer(in)** *m(f)* Guinean; **guineisch** *adj* Guinean

Gulasch ['gʊlaʃ] <-(e)s, -e> *nt* goulash; **Gulaschkanone** *f* (MIL: *sl*) cooker; **Gulaschsuppe** *f* goulash soup

Gulden ['gʊldən] <-s, -> *m* **1.** (HIST: *Gold~*) florin **2.** (*niederländischer ~*) guilder

gültig ['gʏltɪç] *adj* valid; **ist der neue Fahrplan schon ~?** has the new timetable come into force yet?; **die ~en Preise** the current prices; **Gültigkeit** *f* (*Währung*) validity; **Gültigkeitsdauer** *f* period of validity

Gummi ['gʊmi] <-s, -(s)> *m* **1.** (*a. Radiergummi*) rubber **2.** (*fam: Kondom*) rubber; **Gummiband** *nt* **1.** (*für Bürobedarf*) rubber band **2.** (*für Kleidung*) elastic; **Gummibärchen** *nt* jelly baby; **Gummibaum** *m* rubber plant; **gummieren** *vt* gum; **Gummigeschoss**[RR] *nt* rubber bullet; **Gummihandschuhe** *mpl* rubber gloves; **Gummiknüppel** *m* (rubber) truncheon; **Gummireifen** *m* rubber tyre; **Gummischlauch** *m* **1.** (AUTO: *in Reifen*) tube **2.** (*Wasserschlauch*) rubber hose; **Gummistopfen** *m* rubber stopper; **Gummistrumpf** *m* elastic stocking; **Gummizelle** *f* (*fam*) padded cell

Gunst [gʊnst] <-> *f* favour; **zu deinen ~en** in your favour *sing;* **sich jds ~ verscherzen** lose someone's favour; **zu ~en**[RR] (*von o mit Genitiv*) in favour of

günstig ['gʏnstɪç] *adj* **1.** (*vorteilhaft*) favourable **2.** (*preiswert*) cheap; **Gemüse ist jetzt** ~ vegetables are reasonable just now; **im ~sten Falle** at best; **ich hab' es ~ gekauft** I bought it for a good price; **in ~er Lage** well-situated

Günstling ['gʏnstlɪŋ] <-s, -e> *m* favourite

Gurgel ['gʊrgəl] <-, -n> *f* throat; **jdn an der ~ packen** grab s.o. by the throat; **Gurgelmittel** *nt* gargle; **gurgeln** *vi* **1.** (*mit Mundwasser*) gargle **2.** (*~de Geräusche machen*) gurgle

Gurke ['gʊrkə] <-, -n> *f* cucumber; (*Essig~, Pfeffer~*) gherkin; **Gurkensalat** *m* cucumber salad

gurren ['gʊrən] *vi* coo

Gurt [gʊrt] <-(e)s, -e> *m* **1.** (*Riemen*) strap **2.** (*Gürtel*) belt

Gürtel ['gʏrtəl] <-s, -> *m* **1.** (*Hosen~*) belt **2.** (*fig: Absperrung*) cordon **3.** (*fig: Streifen, Zone*) zone; **Gürtellinie** *f* waist; **ein Schlag unter die** ~ (*a. fig*) a punch below the belt; **Gürtelreifen** *m* (AUTO) radial-ply tyre

Gürtelrose <-> *f* (MED) shingles *sing*

Gürtelschnalle *f* buckle

Gurtmuffel *m* (*fam*) person who refuses to wear a seat-belt; **Gurtpflicht** *f* (AUTO): **es besteht** ~ wearing of seat-belts is compulsory

Guru ['gu:ru:] <-s, -s> *m* guru

GUS *Abk. von* **Gemeinschaft unabhängiger Staaten** CIS

Guss[RR] [gʊs, *pl:* 'gʏsə] <-es, ¨-e> *m* **1.** (TECH: *das Gießen*) casting, founding **2.** (*Gusseisen*) cast iron **3.** (*Wasser~*) gush **4.** (*Regen~*) downpour **5.** (*Zucker~*) frosting, icing; **aus einem** ~ (*fig*) a unified whole; **Gusseisen**[RR] *nt* cast iron *Br,* pig iron *Am;* **gusseisern**[RR] *adj* cast-iron; **Gussform**[RR] *f* mould

Gut [gu:t, *pl:* 'gy:tɐ] <-(e)s, ¨-er> *nt* (*Landgut*) estate

gut [gu:t] <besser, best> **I.** *adj* good; **wozu ist das ~?** what's that for?; **wie ~, dass ...** it's good that ...; **das ist schön und ~, aber ...** it's all very well but ...; **~e Besserung!** get well soon!; **schon ~!** all right! OK!; **nun ~!** all right then!; **du bist vielleicht ~!** (*fam*) some hope!; **das tut** ~ that's good; **das wird dir ~ tun**[RR] that will do you good **II.** *adv* well; **du hast ~ lachen!** it's easy for you to laugh!; **Sie haben's ~!** you're lucky!; **~ so!** that's it!; **das kann ~ sein** that may well be; **~ gemacht!** well done!; **mach's ~!** take care!; **~ bezahlt**[RR] highly-paid, well-paid; **~ gehend**[RR] flourishing; **~ gelaunt**[RR] cheerful; **~ gemeint**[RR] well-meaning, well-meant

Gutachten ['gu:taxtən] <-s, -> *nt* expert opinion; **ein ~ abgeben** deliver [*o* render] an opinion; **ein ~ einholen** get an, opinion; **Gutachter(in)** *m(f)* expert

gutartig *adj* (MED: *Geschwulst*) benign; **gutbezahlt** *adj s.* **gut**; **gutbürgerlich** *adj:* **~e Küche** home cooking

Gutdünken ['gu:tdʏŋkən] <-s> *nt:* **nach** ~ at discretion

Güte ['gy:tə] <-> *f* **1.** (*Freundlichkeit*) kindness **2.** (COM: *Qualität*) quality; (**ach**) **du meine ~!** goodness me!

Güter *pl* (COM) goods; **~ mit doppeltem Verwendungszweck** dual-use goods; **Güterabfertigung** *f* **1.** (*Vorgang*) dispatch of goods **2.** (*Gebäude*) goods office *Br,* freights office *Am;* **Güterbahnhof** *m* goods depot *Br,* freights depot *Am;* **Güterfernverkehr** *m* long-distance haulage; **Gütergemeinschaft** *f* (JUR) community of property; **Güternahverkehr** *m* short-distance haulage; **Gütertrennung** *f* (JUR) separation of property; **Güterwagen** *m* goods truck *Br,* freight car *Am;* **Güterzug** *m* goods train *Br,* freight train *Am*

Gütezeichen *nt* **1.** (COM) quality mark **2.** (*fig*) hallmark

gutgehend *adj s.* **gut**; **gutgelaunt** *adj s.* **gut**; **gutgemeint** *adj s.* **gut**; **gutgläubig** *adj* (*leichtgläubig*) credulous

Guthaben ['gu:tha:bən] <-s, -> *nt* credit; **ich habe noch ein ~ von 150 DM** my account is still 150 marks in the black

gut|heißen *irr vt* approve (*etw* of s.th.)

gütig ['gy:tɪç] *adj* **1.** (*freundlich*) friendly, kind **2.** (*voller Güte*) generous

gütlich *adj* amicable; **sich an etw ~ tun** make free with s.th.

gutmütig ['gu:tmʏ:tɪç] *adj* good-natured; **Gutmütigkeit** *f* goodnaturedness

Gutsbesitzer(in) *m(f)* landowner

Gutschein *m* **1.** (*als Zahlung*) coupon, voucher **2.** (*für umgetauschte Waren*) credit note

gut|schreiben *irr vt* credit; **schreiben Sie es bitte meinem Konto gut** credit it to my account please

Gutschrift *f* **1.** <-> (*Vorgang*) crediting **2.** (*Bescheinigung*) credit note; (*Betrag*) credit (item)

Gutsherrenart *f:* **nach ~** à la lord of the manor

Gutshof *m* estate

gut|tun *irr vi s.* **gut**

gutwillig *adj* **1.** (*bereitwillig*) willing **2.** (*nicht böswillig*) well-meaning

Gymnasiast(in) [gʏmnazi'ast] <-en, -en> *m(f)* grammar school pupil *Br,* high school student *Am;* **Gymnasium** [gʏm'na:ziʊm] *nt* grammar school *Br,* high school *Am*

Gymnastik [gʏm'nastɪk] *f* keep fit; **~ machen** do keep-fit exercises *pl;* **Gymnastikanzug** *m* leotard

Gynäkologe, **-gin** [gʏnɛko'logə] *m, f* gynaecologist

G

H

H, h [haː] <-, -> *nt* H, h; **H** *nt* (MUS) **1.**(*Note*) B **2.**(*Tonart: H-dur*) B major; (*h-moll*) B minor; **H-Bombe** *f* H-bomb; **H-Milch** *f* UHT-milk

ha! [ha] *interj* ha! ah!

Haar [haːɐ] <-(e)s, -e> *nt* hair; **blondes ~ (haben)** (have) fair hair; **sie hat ~e auf den Zähnen** (*fam*) she's a tough customer; **sich die ~e kämmen** comb one's hair; **er musste ~e lassen** (*fam*) he did not escape unscathed; **etw an den ~en herbeiziehen** drag s.th. in by the head and shoulders; **jdn an den ~en ziehen** pull someone's hair; **um ein ~** (*fig: beinahe*) within a hair's breadth; **man hat ihr kein ~ gekrümmt** they didn't harm a hair of her head; **kein gutes ~ an jdm lassen** pick [*o* pull] s.o. to pieces; **mir standen die ~e zu Berge** (*fam*) my hair stood on end; **sich in die ~e geraten** (*fam: handgreiflich werden*) come to blows; (*sich streiten*) pick a quarrel (with each other); **sich ständig in den ~en liegen** (*fam*) be constantly quarrel(l)ing; **sich die ~e schneiden lassen** have one's hair cut; **sich über etw keine grauen ~e wachsen lassen** (*fam*) not lose any sleep over s.th.; **ein ~ in der Suppe finden** (*fam*) find s.th. to quibble about; **um kein ~ besser** not a whit better; **Haarausfall** *m* loss of hair; **Haarbürste** *f* hairbrush

haaren ['haːrən] *vi* **1.**(*von Tieren*) lose it's hair **2.**(*von Stoff o Pelz*) shed (hairs)

Haaresbreite *f*: **um ~** by a hair's breadth; **nicht um ~** (*weichen*) not an inch

Haarfarbe *f* colour of hair; **Haarfestiger** *m* (hair) setting lotion

haargenau I. *adj* exact to a T, meticulous **II.** *adv* to a hair [*o* T]

haarig ['haːrɪç] *adj* **1.**(*behaart, a. fig fam: heikel*) hairy **2.**(*fig fam: schlimm*) nasty

Haarklammer *f* hairgrip *Br,* bobby pin *Am*

haarklein *adv* (*fam*) minutely, to the last detail

Haarlack *m* hair lacquer; **Haarnadel** *f* hairpin; **Haarnadelkurve** *f* (AUTO) hairpin bend; **Haarnetz** *nt* hairnet

haarscharf I. *adj* **1.**(*Gedächtnis, Konturen*) very sharp **2.**(*Wiedergabe*) exact **II.** *adv* (*fam*) by a hair's breadth

Haarschneider *m* (*Gerät*) (electric) clippers *pl;* **Haarschnitt** *m* haircut; **Haarspalterei** *f* (*pej*) hair-splitting; **Haarspange** *f* hair slide; **Haarspray** *m* hair lacquer [*o* spray]; **Haarspülung** *f* hair conditioner, hair rinse; **haarsträubend** *adj* hair-raising; **Haarteil** *nt* hair-piece; **Haartöner** <-s, -> *m* hair-tinting-lotion; **Haartrockner** *m* (*Föhn, Trockenhaube*) hair-dryer; **Haarwaschmittel** *nt* shampoo; **Haarwasser** *nt* hair lotion

Haarwild *nt* game animals *pl*

Haarwuchs *m* growth of hair; **Haarwuchsmittel** *nt* hair restorer; **Haarwurzel** *f* root of a [*o* the] hair

Hab [haːp] *nt:* **mit ~ und Gut** with all one's belongings *pl;* **Habe** ['haːbə] <-> *f* (*Besitz*) goods, possessions *pl;* (*persönliche ~*) belongings *pl;* **Haben** <-> *nt* (COM) credit (side)

haben ['haːbən] **I.** *irr vt* have; (*fam*) have got; **noch zu ~** still to be had; (*fam: noch nicht verheiratet*) still single; **für etw zu ~ sein** be keen on s.th.; **das ~ Sie davon!** that'll teach you!; **es hat nichts auf sich** that's not important; **es hat's in sich** it has hidden depths *pl;* **ich kann das eben nicht ~** (*fam: leiden*) I just can't stand it; **ich hab's!** I've got it!; **Eile ~, es eilig ~** be in a hurry; **gute Laune ~** be in a good mood; **eine Erkältung ~** have (got) a cold; **etw fertig ~** have finished s.th.; **jdn zum Freund ~** have s.o. for a friend; **gern ~** be fond of, like; **du kannst mich mal gern ~!** (*fam*) I don't give a damn!; **es gut (schlecht) ~** be lucky (unlucky), be fortunate (unfortunate); **lieber ~** prefer; **nötig ~** need; **Recht ~** be right; **Unrecht ~** be wrong; **die Wahl ~** have the choice; **etw ~ wollen** (*verlangen*) ask for s.th.; (*wünschen*) desire, want s.th.; **wir ~ heute schlechtes Wetter** it's bad weather today; **jetzt ~ wir Winter** it's winter now; **den Wievielten ~ wir heute?** what's the date today?; **zu tun ~** (*beschäftigt sein*) be busy; **etw zu tun ~ mit …** have s.th. to do with …; **was ~ Sie?** what's the matter with you?; **das ~ wir gleich!** (*fam*) we'll have that fixed in a jiffy!; **da ~ Sie's!** (*fam*) there you are!; **bei sich ~** have about; **etw (nichts) gegen jdn (etw) ~** have s.th. (nothing) against s.o. (s.th.); **unter sich ~** be in charge of …; **es hat seine Richtigkeit** it is quite correct; **aber davon habe ich nichts** but I don't get anything out of that; **was hat es damit auf sich?** what's this all about?; **etw von einem … (an sich)** ~ be a bit of a … **II.** *vr* (*fam*): ~ **Sie sich (deswegen) nicht so!** don't make such a fuss (about that)!; **und damit hat sich's!** and that's that!

Habenichts <-(es), -e> *m* (*pej*) have-not

habgierig *adj* covetous, greedy

habhaft *adj:* ~ **werden** get hold (*jds* of s.o., *einer Sache* of s.th.)

Habicht ['ha:bɪçt] <-s, -e> *m* (*Greifvogel*) hawk

Habseligkeiten *pl* (few) personal belongings [*o* effects] *pl*

Habsucht *f* covetousness, greed(iness); **habsüchtig** *adj* covetous, greedy

Hackbraten *m* meat loaf

Hacke[1] ['hakə] <-, -n> *f* (ANAT) heel

Hacke[2] *f* (*Gerät*) hoe; (*Picke*) pick(axe); **hacken** ['hakən] **I.** *vt* **1.** (*Holz*) chop; (*Fleisch*) mince *Br,* grind *Am* **2.** (*Feld, Garten*) hoe **3.** (*mit Spitzhacke*) hack; **klein** ~[RR] chop up small **II.** *vi* **1.** (*picken*) peck (*nach jdm* at s.o.) **2.** (INFORM) hack

Hacker(in) ['hakɐ] <-s, -> *m(f)* (INFORM) hacker

Hackfleisch *nt* minced meat *Br,* ground meat *Am;* **aus jdm ~ machen** (*sl*) make mincemeat of s.o.; **Hackklotz** *m* chopping block; **Hackordnung** *f* (*a. fig*) pecking order

Häcksel ['hɛksəl] <-s> *m/nt* chaff

Hader ['ha:dɐ] <-s, (-)> *m* **1.** (*Zank*) dispute **2.** (*Zwist*) discord; **hadern** *vi* quarrel, wrangle (*mit* with, *über* over)

Hafen ['ha:fen, *pl:* 'hɛ:fən] <-s, => *m* **1.** (MAR) harbour, port **2.** (*fig: sicherer Ort*) haven; **aus einem ~ auslaufen** leave a harbour; **in einen ~ einlaufen** enter a harbour; **Hafenanlagen** *pl* (*Docks*) docks; (*Hafeneinrichtungen*) port facilities; **Hafenarbeiter(in)** *m(f)* docker *Br,* longshoreman (longshorewoman) *Am;* **Hafenbehörden** *fpl* port authorities; **Hafeneinfahrt** *f* harbour entrance; **Hafengebühren** *pl* harbour-dues; **Hafenkneipe** *f* (*fam*) dockland pub *Br,* dockland bar *Am;* **Hafenrundfahrt** *f* conducted boat tour of the harbour; **Hafenspeicher** *m* entrepôt; **Hafenstadt** *f* port; (*am Meer*) seaport

Hafer ['ha:fɐ] <-s> *m* oats *pl;* **ihn sticht der ~** (*fam*) he's feeling his oats; **Haferflocken** *fpl* porridge oats; **grobe ~** rolled oats

Haft [haft] <-> *f* **1.** (*~strafe*) imprisonment **2.** (*vor dem Prozess*) custody; **in ~** in prison [*o* custody]; **aus der ~ entlassen** release from prison [*o* custody]; **in ~ nehmen** take into custody

haftbar *adj* (legally) responsible [*o* liable] (*für jdn* for s.o., *o für etw* for s.th.); ~ **machen** make [*o* hold] liable

Haftbefehl *m* warrant of arrest

haften ['haftən] *vi* **1.** (*an etw kleben*) adhere, stick (*an* to) **2.** (*haftbar sein*) be liable [*o* responsible] (*für* for, *jdm* to s.o.); **an etw ~ bleiben**[RR] stick to sth; **haften|bleiben** *vt s.* **haften**

Häftling ['hɛftlɪŋ] <-s, -e> *m* prisoner

Haftnotiz *f* self-adhesive note

Haftpflicht *f* (JUR: *Schadenersatzpflicht*) liability (*für* for); **Haftpflichtversicherung** *f* **1.** (JUR) personal liability insurance *Br,* public liability insurance *Am* **2.** (AUTO) third-party insurance

Haftpulver *nt* (*für Gebiss*) denture fixative; **Haftreifen** *m* (AUTO) traction tyre *Br,* traction tire *Am;* **Haftschalen** *pl* (OPT) contact lenses

Haftung *f* **1.** (JUR: *Schadenersatz*) liability; (*Verantwortung für Personen*) responsibility **2.** (PHYS TECH) adhesion; **beschränkte ~** limited liability; **für Garderobe wird keine ~ übernommen** all articles are left at owner's risk !; **Haftungsbeschränkung** *f* (JUR) limitation of liability

Haftverkürzung *f* shortened sentence

Hag <-s *o* -e> *m* (*CH: Hecke*) hedge

Hagebutte ['ha:gəbʊtə] <-, -n> *f* hip, rosehip; **Hagebuttentee** *m* rosehip tea

Hagel ['ha:gəl] <-s> *m* hail; (*von Steinen*) shower; (*von Vorwürfen*) stream; **Hagelkorn** *nt* hailstone; **hageln** ['ha:gəln] *vt haben o sein* (*a. fig*) hail; **es hagelt** it's hailing; **Schläge hagelten auf ihn** [*o* **es hagelte Schläge auf ihn**] the blows hailed down on him; **Hagelschaden** *m* damage (done) by hail; **Hagelschauer** *m* hailstorm

hager ['ha:gɐ] *adj* lean, thin

haha [ha'ha(:)] *interj* (*Lachen*) haha!; (*triumphierend*) aha!

Häher ['hɛ:ɐ] <-s, -> *m* (*größerer Vogel*) jay

Hahn[1] [ha:n, *pl:* 'hɛ:nə] <-(e)s, =e> *m* **1.** (*Wasser~*) tap *Br,* faucet *Am;* (*Sperr~*) stopcock **2.** (*Zapf~*) spigot **3.** (*am Gewehr*) hammer; **den ~ spannen** cock the gun; **den ~ aufdrehen** turn on the tap

Hahn[2] *m* (*männl. Haushuhn*) cock *Br,* rooster *Am;* **der ~ im Korb sein** (*fam*) be the cock of the walk; **es kräht kein ~ danach** (*fam*) nobody cares a hoot about it; **Hahnenfuß** *m* (*Pflanze*) crowfoot; **Hahnenschrei** *m* cockcrow; **beim ersten ~** at cockcrow; **Hahnentritt(muster)** *m* (*nt*) dogtooth check

Hai [haɪ] <-(e)s, -e> *m* (*a. fig*) shark

Hain [haɪn] <-(e)s, -e> *m* (*poet*) grove

Haiti [ha'i:ti] *nt* Haiti; **Haitianer(in)** <-s,

-> *m(f)* Haitian; **haitianisch** *adj* Haitian

häkeln ['hɛ:kəln] *vt, vi* crochet; **Häkelnadel** *f* crochet hook

Haken ['ha:kən] <-s, -> *m* hook; (*aus Holz*) peg; (*Zeichen*) tick *Br,* check *Am;* **die Sache hat einen ~** (*fam*) there's a catch in it; **Hakenkreuz** *nt* swastika; **Hakennase** *f* hooked nose

halb [halp] **I.** *adj* (*a. fig*) half; (*in Zusammensetzungen*) half-; (TECH) semi-; **es ist ~ eins** it is half past twelve; **machen wir ~e-~e!** (*fam*) let's go halves!; **nichts Halbes und nichts Ganzes** neither one thing nor the other; **mit ~em Herzen** half-heartedly; **zum ~en Preis** at half the price; **eine ~e Stunde** half an hour; **das ist nur die ~e Wahrheit** that is only half the truth; **jdm auf ~em Wege entgegenkommen** (*fig*) meet s.o. halfway; **wir machen keine ~en Sachen** we don't do things by halves; **eine ~e Note** (MUS) a half note; **ein ~er Ton** (MUS) a semitone; **noch ein ~es Kind sein** be scarcely more than a child; **ich fühle mich wie ein ~er Mensch** I feel half dead **II.** *adv* **1.** (*zur Hälfte, a. teilweise*) half **2.** (*beinahe*) almost; **~ so viel** half as much; **das ist doch ~ so schlimm** (*fam*) it's not that bad; **~ fertig**[RR] semi-finished; **~ nackt**[RR] half-naked; **~ offen**[RR] half-open; **~ tot**[RR] half-dead; **~ voll**[RR] half-full; **halbamtlich** *adj* semiofficial; **halbautomatisch** *adj* semiautomatic; **Halbbruder** *m* half-brother; **Halbdunkel** *nt* **1.** semi-darkness **2.** (*Zwielicht*) twilight

halber ['halbɐ] *präp* **1.** (*um ... willen*) for the sake of ... **2.** (*wegen*) on account of

Halberzeugnis *nt,* **Halbfabrikat** *nt* (COM) semifinished product; **halbfertig** *adj s.* **halb**; **halbflüssig** *adj* semifluid; **Halbgott** *m* (*a. fig*) demigod; **Halbheit** *f* half-measure; **keine ~en bitte!** please don't do things by halves [*ɔ* half-measures]

halbieren [hal'bi:rən] *vt* halve; (*zerschneiden*) cut in halves; (MATH) bisect; **Halbierung** *f* (MATH) bisection

Halbinsel *f* peninsula; **Halbjahr** *nt* half-year, six months *pl;* **Halbjahresabonnement** *nt* semi-annual subscription; **Halbjahresbericht** *m* semi-annual report; **halbjährig** *adj* (*ein halbes Jahr dauernd*) six month; **halbjährlich I.** *adj* half-yearly *Br,* semiannual *Am* **II.** *adv* every six months; **Halbkreis** *m* semicircle; **Halbkugel** *f* hemisphere; **halblaut I.** *adj* low **II.** *adv* in an undertone; **Halbleiter** *m* (ELEK PHYS) semiconductor; **halbmast** *adv* (*a. fam hum*) half-mast; **auf ~** at half-mast; **Halbmond** *m* **1.** (ASTR) half-moon **2.** (*im Wappen*) crescent; **halbnackt** *adj s.* **halb**; **halboffen** *adj s.* **halb**; **Halbpension** *f* half-board; **halbrund** *adj* semicircular; **Halbschatten** *m* **1.** (*Halbdunkel*) half shadow **2.** (ASTR) penumbra; **Halbschrit(t)taste** *f* condensed key, half-space key; **Halbschuh** *m* shoe; **Halbschwergewicht** *nt* (*Boxen*) light-heavyweight; **Halbschwester** *f* half-sister; **halbtags** *adj:* **~ arbeiten** work part-time; **Halbtagsarbeit** *f* part-time job; **halbtot** *adj s.* **halb**; **halbvoll** *adj s.* **halb**

halbwegs ['halpve:ks] *adv* (*fig*) **1.** (*teilweise*) partly **2.** (*ein bisschen*) a bit

Halbwelt *f* (*pej*) demimonde; **Halbwertszeit** *f* (PHYS CHEM) half-life (period); **Halbwüchsige(r)** *f m* (*pej*) adolescent; **Halbzeit** *f* (SPORT) **1.** (*Spielhälfte*) half **2.** (*Pause*) half-time

Halde ['haldə] <-, -n> *f* **1.** (*Schutt~*) waste dump **2.** (MIN: *Kohlen~*) pithead stocks *pl;* (*Schlacken~*) slagheap

Hälfte ['hɛlftə] <-, -n> *f* half; **bis zur ~** (*Mitte*) to the middle; **um die ~** by half; **um die ~ mehr** half as much again; **meine bessere ~** (*fam hum*) my better half; **mehr als die ~** more than half

Halle ['halə] <-, -n> *f* **1.** (*großer Raum*) hall **2.** (*Vor~*) vestibule **3.** (*Fabrik~*) shed **4.** (*Hotel~*) lobby, lounge **5.** (SPORT) gym(nasium); **in der ~** (SPORT) indoors

hallen ['halən] *vi* (re)sound; (*wider~*) reverberate

Hallenbad *nt* indoor swimming pool

hallo [ha'lo:/'halo] *interj* hello!

Halluzination *f* hallucination

Halm [halm] <-(e)s, -e> *m* (*Stängel*) stalk, stem; (*Gras~*) blade; (*Stroh~*) straw

Halogenbirne *f* halogen bulb; **Halogenscheinwerfer** [halo'ge:n-] *m* (AUTO) halogen headlight

Hals [hals, *pl:* 'hɛlzə] <-es, ¨-e> *m* **1.** (*Nacken*) neck **2.** (*Kehle*) throat **3.** (*Flaschen~*) neck; **ich habe es im ~** I have a sore throat; **steifer ~** stiff neck; **aus vollem ~e lachen** roar with laughter; **das wird ihm den ~ brechen!** that will cost him his neck!; **jdm um den ~ fallen** fling one's arms around someone's neck; **jdn am ~ haben** (*fam*) be saddled with s.o.; **das hängt mir zum ~ heraus** (*fam*) I am sick and tired of that; **sie hat es in den falschen ~ bekommen** (*fam*) she took it the wrong way; **sich jdn (etw) vom ~ schaffen** (*fam*) get s.o. (s.th.) off one's back; **~ über Kopf** in a rush; **~- und Beinbruch!** (*fam*) break a leg!; **sich jdm an den ~ werfen** (*pej*) throw o.s. at s.o.; **du kannst den ~ auch nie voll kriegen!** (*pej*) really, you're never satisfied!; **Halsabschneider** *m* (*pej*) cutthroat; **Halsband** *nt* (*von Hund*) collar; **halsbrecherisch** *adj* **1.** (*Tempo*) breakneck **2.** (*riskant*) daredevil; **Halsentzündung** *f* sore throat; **Halskette** *f* **1.** (*Schmuck*) necklace **2.** (*für Hund*) collar; **Halskrause** *f* ruff; **Halsschlagader** *f* (MED) carotid (artery); **Halsschmerzen** *pl* sore throat; **halsstarrig** *adj* **1.** (*verstockt*) obstinate, stubborn **2.** (*eigensinnig*) wilful *Br,* stiff-necked *Am;* **Halsstarrigkeit** *f* **1.** (*Verstocktheit*) obstinacy, stubbornness **2.** (*Eigensinn*) wilfulness *Br,* stiff-neckedness *Am;* **Halstuch** *nt* **1.** (*zum Schmuck*) neckerchief **2.** (*Schal*) scarf; **Halswirbel** *m* (ANAT) cervical vertebra; **Halswirbelsäule** *f* cervical vertebra

Halt [halt] <-(e)s, -e> *m* **1.** (*Festigkeit*) hold; (*Stütze, a. fig*) support; (*innerer ~*) stability **2.** (*Anhalten, Aufenthalt*) halt, stop; **ohne ~** non-stop; **ohne jeden ~** without any backbone; **jdm ein ~ sein** be a support for s.o.; **~ machen**[RR] (make a) stop; **vor nichts ~ machen**[RR] stop at nothing

halt[1] *interj* stop!; (*fam*) hold on!; (MIL) halt!

halt[2] *adv* (*fam: nun einmal*) just, simply; **das ist ~ so** that's just the way it is

haltbar *adj* **1.** (*Position, Behauptung*) tenable; (*Zustand*) tolerable **2.** (*dauerhaft*) durable; (*Farbe*) fast, permanent **3.** (*stabil*) solid, strong **4.** (SPORT: *Bälle*) stoppable; (*Tore*) avoidable **5.** (*Lebensmittel*): **nur begrenzt ~** perishable; **~ machen** (*Früchte*) preserve; **~ sein** (*Lebensmittel*) keep (well); **Ihre Theorie ist wirklich nicht ~** you really can't maintain your theory; **Haltbarkeit** *f* **1.** (*von Position*) tenability; (*von Zustand*) tolerability **2.** (*Dauerhaftigkeit*) durability; (*von Farbe*) fastness **3.** (*Festigkeit, Stabilität*) solidity **4.** (*von Lebensmitteln*) shelf life (of a product); **begrenzte ~** perishability; **Haltbarkeitsdatum** *nt* eat-by date; **Haltbarmachung** *f* preservation

Haltegriff *m* grab handle

halten ['haltən] **I.** *irr vt* **1.** (*fest~, zurück~*) hold **2.** (*aufrechter~, beibe~*) maintain **3.** (*be~*) keep; (*Rekord, Position*) hold **4.** (*beschäftigen, besitzen*) keep **5.** (*tragen, stützen*) hold up, support **6.** (SPORT: *Torschuss*) save **7.** (*ein~, erfüllen*) keep **8.** (*erachten, einschätzen*) think (*jdn für etw* s.o. (to be) s.th.) **9.** (*ab~, veranstalten*) hold; **eine Rede** (**Vorlesung**) **~** give a speech (lecture); **Ruhe** (**Ordnung**) **~** keep quiet (order); **halt den Mund!** (*fam*) shut up!; **jdn unter Kontrolle ~** keep s.o. in order; **etw ans** [*o* **gegen das**] **Licht ~** hold s.th. up to the light; **etw für wahr** (**falsch**) **~** hold s.th. to be true (false); **was ~ Sie von dem Film?** how do you rate the film?; **mit jdm Verbindung ~** keep in touch with s.o.; **wofür ~ Sie mich eigentlich?** really, what do you take me for?; **was ~ Sie von ihm?** what do you think of him?; **ich halte nicht viel von ihm** I don't think much of him; **jdm die Treue ~** remain faithful to s.o.; **jdn zum Besten ~** make fun of s.o.; **jdn auf dem Laufenden ~** keep s.o. posted; **fest ~**[RR] (*mit Kraft festhalten*) hold tight **II.** *vi* **1.** (*fest~, stand~, haften*) hold **2.** (*an~*) stop **3.** (*in einem Zustand er~*) keep **4.** (*bestehen bleiben, dauern, haltbar sein*) last; (*Lebensmittel*) keep; (*Stoffe*) wear well **5.** (SPORT: *als Torwart*) make a save, make saves; **Jogging hält fit** jogging keeps you fit; **X hat gestern fantastisch gehalten** (SPORT) X made phantastic saves yesterday; **zu jdm ~** stand by s.o.; **an sich ~** contain o.s. **III.** *vr* **1.** (*Nahrungsmittel, Blumen*) keep **2.** (*sich behaupten*) last, stay; (*im Kampf*) hold out **3.** (*sich wenden an*) turn (*an jdn* to s.o.) **4.** (*für klug, etw Besonderes*) think o.s. (*für etw* (to be) s.th.); **sich an die Tatsachen ~** keep to the facts; **sich an die Vorschriften ~** observe the regulations; **sie hat sich gut gehalten** (*in einem Spiel, bei einer Anstrengung*) she did well; (*fam: sie sieht immer noch gut aus*) she's well-preserved; **sich an ein Versprechen ~** keep a promise; **sich gerade ~** hold o.s. upright; **sich links** (**rechts**) **~** keep (to the) left (right); **der Film hält sich streng an den Roman** the film sticks closely to the novel; **sich an die Spielregeln ~** play the game

Halteschlaufe *f* (*im Bus, in der Straßenbahn*) strap (on a bus, tram)

Haltestelle *f* (*Bus~*) stop; (RAIL) station; **Halteverbot** *nt* (AUTO) no stopping; (*Bereich*) no-stopping zone

haltlos *adj* **1.** (*schwach*) unstable, unsteady **2.** (*hemmungslos*) unrestrained **3.** (*unbegründet*) unfounded; **Haltlosigkeit** *f* **1.** (*Schwäche*) instability, unsteadiness **2.** (*Hemmungslosigkeit*) lack of restraint **3.** (*Unbegründetheit*) unfoundedness

halt|machen *vi s.* **Halt**

Haltung *f* **1.** (*Körper~*) posture **2.** (*fig*) attitude; (*Auftreten a.*) bearing **3.** (*inneres Gleichgewicht*) composure **4.** (*Einstellung*) attitude; **~ annehmen** (MIL) stand to attention; **er bewahrt immer ~** he always maintains his composure

Halunke [ha'lʊŋkə] <-n, -n> *m* **1.** (*Schuft*) scoundrel **2.** (*hum*) rascal, scamp

hämisch ['hɛːmɪʃ] *adj* malicious, rancorous, spiteful; **~es Lächeln** sardonic smile, sneer; **sich ~ über etw freuen** gloat over s.th.

Hammel ['haməl] <-s, -> *m* **1.** (*verschnittender Schafsbock*) wether **2.** (*Fleisch*) mutton **3.** (*fam: Dummkopf*) muttonhead;

Hammelbraten *m* roast mutton; **Hammelfleisch** *nt* mutton; **Hammelkeule** *f* leg of mutton; **Hammelkotelett** *nt* mutton chop

Hammer ['hamɐ, *pl:* 'hɛmɐ] <-s, ⸚> *m* **1.** (*a.* SPORT, ANAT) hammer; (*Holz~*) mallet **2.** (*sl: schwerer Schnitzer*) howler; **du hast wohl 'n ~!** (*sl*) you must be round the bend!; **das ist ja 'n ~!** (*sl: toll*) that's fantastic!; **unter den ~ bringen** (*versteigern*) auction off, bring to the hammer

hämmern ['hɛmɐn] *vt, vi* **1.** (*a. fig*) hammer **2.** (*Blut, Herz, Puls*) pound

Hämorrhoiden [hɛmɔro'i:dən] *pl*, **Hämorriden**[RR] *pl* (MED) h(a)emorrhoids

Hampelmann ['hampəlman] <-(e)s, ⸚er> *m* **1.** (*Spielzeug*) jumping jack **2.** (*zappelige Person*) fidget **3.** (*fam: willensschwache Person*) puppet

Hamster ['hamstɐ] <-s, -> *m* hamster

hamstern *vt, vi* (*speichern*) hoard

Hand [hant, *pl:* 'hɛndə] <-, ⸚e> *f* hand; (*in Zusammensetzungen*) manual; **~!** (*Fußball*) hands! *pl;* **~ und Fuß haben** (*fam*) hold water; **weder ~ noch Fuß haben** (*fam*) not make sense; **von ~** by hand; **jdm die ~ geben** give s.o. one's hand; **in die Hände klatschen** clap one's hands; **Hände hoch!** hands up!; **Hände weg!** hands off!; (**bei etw**) **mit ~ anlegen** (*helfen*) lend a hand (with s.th.); **letzte ~ an etw legen** put the finishing [*o* final] touches to s.th.; **die ~ auf etw legen** lay hands on s.th.; **das liegt doch wohl auf der ~** that's obvious, isn't it?; **jdm freie ~ geben** give s.o. a free hand; **bei etw die ~ im Spiel haben** have a hand in s.th.; **~ aufs Herz!** cross your heart!; **etw in die ~ nehmen** (*anfassen*) pick s.th. up; (*in Angriff nehmen*) take s.th. in hand; **es lag in ihrer ~** it was in her hands *pl;* **alle Hände voll zu tun haben** have one's hands full; **eine ~ wäscht die andere** (*prov*) you scratch my back and I'll scratch yours; **ich wasche meine Hände in Unschuld** I wash my hands of it; **entsetzt die Hände über dem Kopf zusammenschlagen** throw up one's hands in horror; **von der ~ in den Mund leben** live from hand to mouth; **in festen Händen sein** (*Person*) be spoken for; **etw aus erster ~ wissen** know s.th. first hand; **etw bei der** [*o* **zur**] **~ haben** have s.th. to hand; (*Ausrede, Erklärung*) have s.th. ready; **stets mit einer Antwort bei der ~ sein** never be at a loss for a reply; **jdn bei der ~ nehmen** take s.o. by the hand; **die Situation fest in der ~ haben** have the situation well in hand; **~ in ~** hand in hand; **sich in der ~ haben** have o.s. under control; **er hat es in der ~, ob ...** it's up to him whether ...; **mit beiden Händen zugreifen** (*fig*) grasp an opportunity with both hands; **sich mit Händen und Füßen gegen etw wehren** fight s.th. tooth and nail; **die Arbeit geht ihm leicht von der ~** he finds the work easy (to do); **von langer ~ vorbereiten** prepare long before; **es lässt sich nicht von der ~ weisen, dass ...** it cannot be denied that ...; **zu Händen von ...** (*bei Briefen*) (for the) attention of ...; **das ist bei mir in guten Händen** that's in good hands with me; **dem Feind in die Hände fallen** fall into the hands of the enemy; **eine ~ voll**[RR] a handful

Handarbeit *f* **1.** (*nicht Maschinenarbeit*) hand(i)work; (*kunsthandwerklich*) handicraft **2.** (*Nähen, Stricken, Häkeln*) needlework; (*Unterrichtsfach*) classes in sewing and needlework; **dieser Tisch ist ~** this table is handmade

Handball *m* (*Spiel*) (European) handball

Handbewegung *f* **1.** movement [*o* sweep] of the hand **2.** (*Geste*) gesture

Handbibliothek *f* reference library

Handbremse *f* (AUTO) handbrake

Handbuch *nt* **1.** handbook, manual **2.** (*Führer*) guide **3.** (*Kompendium*) compendium

Händchen ['hɛntçən] *nt* little hand; **~ halten** hold hands

Händedruck <-(e)s, ⸚e> *m* handshake

Handel ['handəl] <-s> *m* **1.** (*das ~n, Warenverkehr*) trade (*mit Ware* in, *mit Partner* with) **2.** (*Geschäft*) deal **3.** (*Wirtschaftszweig*) commerce; **etw aus dem ~ ziehen** take s.th. off the market; **~ treiben** trade (*mit jdm* with s.o.)

Handeln *nt* **1.** (*Handeltreiben*) trading **2.** (*Feilschen*) haggling **3.** (*Tätigwerden, -sein*) action; (*Verhalten*) behaviour

handeln ['handəln] **I.** *vi* **1.** (*agieren, tätig sein*) act; (*sich verhalten*) behave **2.** (*von etw ~, zum Gegenstand haben*) deal (*von, über* with) **3.** (*feilschen*) haggle (*um* about, over) **4.** (*fig: ver~*) negotiate (*um* about) **5.** (*Handel treiben*) trade (*mit* in); **rechtswidrig ~** act unlawfully; **lässt er wohl mit sich ~?** do you think he'll be open to persuasion? **II.** *vt:* **an der Börse gehandelt werden** be quoted **III.** *vr:* **es handelt sich um ...** it is a matter of ..., it concerns ...; **worum handelt es sich?** what's it about?; **darum handelt es sich nicht** that is not the issue

Handelsabkommen *nt* trade agreement; **Handelsakademie** *f* (*österr*) commercial college; **Handelsartikel** *m* commodity; **Handelsbank** *f* commercial bank *Br;* investment banking house *Am;* **Handelsbeziehungen** *fpl* commercial [*o*

trade] relations; ~ **unterhalten** maintain trade relations; **Handelsbilanz** *f* balance of trade; **Handelsdefizit** *nt* trade deficit

handelseinig *adj:* ~ **werden** come to terms (*mit jdm* with s.o.)

Handelsflotte *f* merchant [*o* mercantile] fleet; **Handelsfreiheit** *f* freedom of trade; **Handelsgericht** *nt* commercial court; **Handelsgesellschaft** *f* **1.** (COM) trading company *Br,* business corporation *Am* **2.** (JUR) firm under the mercantile law; **offene** ~ general partnership; **Handelsgesetz** *nt* (JUR) commercial [*o* mercantile] law; **Handelsgesetzbuch** *nt* (JUR) code of commerce; **Handelshaus** *nt* business house [*o* firm]; **Handelskammer** *f* chamber of commerce *Br,* Board of Trade *Am;* **Handelskrieg** *m* trade war; **Handelsmarine** *f* merchant [*o* mercantile] marine; **Handelsmarke** *f* retail label; **Handelsniederlassung** *f* branch (establishment); **Handelspartner** *m* trading partner; **Handelsrecht** *nt* (JUR) commercial law; **Handelsregister** *nt* (COM) commercial [*o* trade] register; **Handelsschiff** *nt* trading ship; **Handelsschule** *f* commercial school *Br,* business school *Am;* **handelsüblich** *adj* customary in trade; **Handelsvertrag** *m* trade agreement; **Handelsvertreter(in)** *m(f)* sales representative; **Handelswaren** *fpl* commodities, merchandise *sing;* **Handelszentrum** *nt* trading [*o* trade] centre; **Handelszweig** *m* branch (of trade); **Handeltreibende(r)** *f m* trader

händeringend *adv* **1.** wringing one's hands **2.** (*fig: inständig*) imploringly

Handfeger *m* brush; **Handfertigkeit** *f* (*Geschick*) dexterity; **handfest** *adj* **1.** (*Kerl*) robust, strong **2.** (*Schlägerei*) violent **3.** (*Beweis*) solid; **Handfeuerwaffe** *f* hand gun; **Handfläche** *f* palm; **Handfunkgerät** *nt* Walkie-talkie; **handgearbeitet** *adj* handmade; **Handgelenk** *nt* wrist; **Handgemenge** *nt* **1.** (MIL) hand-to-hand fight **2.** (*Schlägerei*) scuffle; **Handgepäck** *nt* hand luggage *Br,* hand baggage *Am;* **Handgerät** *nt* (TELE) handset; **handgeschrieben** *adj* handwritten; **handgestrickt** *adj* hand-knitted; **Handgranate** *f* hand grenade; **handgreiflich** *adj* **1.** (*gewalttätig*) violent **2.** (*fig: offensichtlich*) evident; ~ **werden** (*tätlich*) become violent *Br,* get tough *Am;* **Handgriff** *m* **1.** (*an Tür, Schirm*) handle, knob **2.** (*Tätigkeit, Bewegung*) movement; **das ist doch nur ein** ~ that only needs a flick of the wrist; **Handhabe** <-, (-n)> *f* **1.** (*a. fig*) handle **2.** (JUR): **gesetzliche** ~ legal grounds *pl;* **handhaben** ['hantha:bən] *vt* **1.** (*Werkzeug, Waffe, a. fig*) handle **2.** (*Maschine*) operate **3.** (*fig: Methode*) apply; **Handhabung** *f* **1.** (*von Gerät*) handling **2.** (TECH: *Bedienung*) operation **3.** (*fig: Anwendung*) application; **Handharmonika** *f* (MUS) accordion

händisch *adj* (*österr: manuell*) manual

Handkarren *m* handcart; **Handkoffer** *m* small suitcase; **Handkuss**[RR] *m* kiss on the hand; **mit** ~ (*fam*) with pleasure; **Handlanger(in)** *m(f)* **1.** (*Zuarbeiter*) helper **2.** (*verächtlich*) jackal; (*Komplize*) accomplice

Händler(in) ['hɛndlɐ] *m(f)* **1.** (*Handeltreibende*) trader, dealer **2.** (*Ladeninhaber*) shopkeeper *Br,* storekeeper *Am*

handlich ['hantlɪç] *adj* (*vom Format her*) handy

Handlung ['handlʊŋ] *f* **1.** (*Vorgehen*) action; (*Tat*) act **2.** (*Geschehen*) action; (*im Drama*) plot; **Handlungsbevollmächtigte(r)** *f m* **1.** (*Prokurist*) authorized clerk **2.** (*Stellvertreter*) proxy; **handlungsfähig** *adj* capable of acting; **Handlungsfreiheit** *f* freedom of action; **Handlungsweise** *f* **1.** (*Art und Weise zu handeln*) manner of acting **2.** (*Verhalten*) behaviour **3.** (*Vorgehen*) procedure

Handmehr <-s> *nt* (*CH*) show of hands

Handorgel *f* (*CH: Harmonika*) concertina

Handpflege *f* manicure; **Handrücken** *m* back of the hand; **Handsatz** <-es> *m* (TYP) hand composition; **Handschelle** *f* handcuff; **Handschlag** <-(e)s> *m* (*Händeschütteln*) handshake; **keinen** ~ **tun** (*fam*) not do a stroke; **Handschrift** *f* **1.** handwriting **2.** (*Text*) manuscript **3.** (*Charakterzug*) (trade)mark; **handschriftlich I.** *adj* (hand)written **II.** *adv* in writing; **Handschuh** *m* glove; **Handschuhfach** *nt* (AUTO) glove compartment; **Handstand** *m* (SPORT) handstand; **Handtasche** *f* (hand)bag *Br,* purse *Am;* **Handteller** *m* palm (of the hand); **Handtuch** *nt* towel; **das** ~ **werfen** (*beim Boxen, a. fig*) throw in the sponge [*o* towel]; **Handumdrehen** *nt:* **im** ~ in a jiffy, in no time; **Handvoll** *f s.* Hand; **Handwerk** *nt* **1.** (*im Gegensatz zu industrieller Arbeit*) (handi)craft **2.** (*Berufsstand*) trade; (*fig*) put a stop to someone's game; **sein** ~ **verstehen** know one's job; **Handwerker(in)** *m(f)* **1.** (skilled) manual worker **2.** (*Selbständige, Kunst~*) craftsperson, craftsman (-woman); **Handwerksmeister(in)** *m(f)* master craftsperson; **Handwerkszeug** *nt* **1.** (*Werkzeug, Geräte*) tools *pl* **2.** (*fig*) equipment, tools *pl;* **Handwurzel** *f* (ANAT) carpus

Handy [hɛndɪ] <-s, -s> *nt* mobile (phone);

H

Handyaner(in) [hɛndɪ'a:nɐ] <-s, -> *m(f)* (*sl: Handy-Benutzer*) mobile user

Handzeichnung *f* (*Zeichnung aus freier Hand*) freehand drawing; **Handzettel** *m* flier, handbill

hanebüchen ['ha:nəby:çən] *adj* (*obs: unglaublich*) incredible

Hanf [hanf] <-(e)s> *m* hemp

Hang [haŋ, *pl:* 'hɛŋə] <-(e)s, ¨-e> *m* **1.** (*Abhang*) slope **2.** (*fig: Neigung*) tendency; **einen ~ zu etw haben** have a tendency towards s.th.

Hängebrücke *f* suspension bridge; **Hängelampe** *f* droplight; **Hängematte** *f* hammock

hängen I. *vt* (*Gegenstände, a. Verbrecher auf~*) hang; **sein Herz an etw ~** set one's heart on s.th. **II.** *irr vi* hang; **an etw ~** cling to s.th.; (*am Geld*) be fond of; **an jdm ~** (*gern haben*) be fond of s.o.; (*wie eine Klette*) cling to s.o.; **an jds Lippen ~** hang on someone's every word; **mit Hängen und Würgen** (*fam*) by the skin of one's teeth; **an einem Nagel ~ bleiben**RR get caught on a nail; **ihr Blick blieb an ihm hängen** her gaze rested on him; **im Gedächtnis ~ bleiben**RR stick in one's memory; **~ bleiben**RR (*fam: sitzen bleiben*) repeat a year; **an mir bleibt ja doch wieder alles ~!** (*fam*) I'll get stuck with all that again anyway! **III.** *vr* **1.** hang on (*an etw* to s.th.) **2.** (*fam: sich anschließen*) latch on (*an jdn* to s.o.) **3.** (*fam: verfolgen*) set off in pursuit (*an jdm* of s.o.); (*beschatten*) tail (*an jdn* s.o.); **hängen|bleiben** *vi s.* **hängen**; **hängend** *adj* **1.** (*baumelnd*) hanging **2.** (*Schultern*) sagging

Hansdampf [hans'damf] *m* (*fam*): (**ein**) **~ in allen Gassen** Jack-of-all-trades

Hanse ['hanzə] <-> *f* (HIST) Hanse, Hanseatic League

hänseln ['hɛnzəln] *vt* (*pej*) tease

Hanswurst <-(e)s, -e/(¨-e)> *m* buffoon; (*im Zirkus*) clown; **den ~ spielen** fool around; **für andere den ~ machen** (*pej*) do the donkey work for others

Hantel ['hantəl] <-, -n> *f* (SPORT) dumbbell

hantieren [han'ti:rən] *vi* **1.** (*arbeiten*) work **2.** (*herumbasteln*) be busy, tinker (*an* on) **3.** (*umgehen*) handle (*mit etw* s.th.)

hapern ['ha:pɐn] *vi* (*fam*): **es hapert an …** there's a hitch in …; **mit der Grammatik hapert es bei ihr** she's weak at grammar; **bei ihm hapert es immer am Geld** he's always short of money

Happen ['hapən] <-s, -> *m* (*fam*) morsel, mouthful

happig *adj* (*fam*) steep; **das ist ganz schön ~** that's a bit much

HappyendRR ['hɛpɪɛnt] <-s, -s> *nt* happy ending

Hardliner(in) ['ha:dlaɪnɐ] <-s, -> *m(f)* (POL) hardliner

HardrockRR ['ha:drɔk] *m* (MUS) hard rock

Hardware ['ha:dɛə] <-, -s> *f* (INFORM) hardware

Harfe ['harfə] <-, -n> *f* (MUS) harp; **~ spielen** play the harp; **etw auf der ~ spielen** play s.th. on the harp

Harke ['harkə] <-, -n> *f* rake; **dir werd' ich zeigen, was 'ne ~ ist!** (*fam*) I'll show you what's what!; **harken** *vt, vi* rake

Harlekin ['harleki:n] <-s, -e> *m* harlequin

Harm [harm] <-(e)s> *m* (*poet*) **1.** (*Kummer*) grief **2.** (*Kränkung*) harm; **harmlos** *adj* **1.** (*Mensch, Tier*) harmless **2.** (*Vergnügen*) innocent **3.** (*Verletzung, Unfall*) minor; **Harmlosigkeit** *f* **1.** (*Gutmütigkeit*) harmlessness **2.** (*von Vergnügen*) innocence **3.** (*von Wunde*) minor nature

Harmonie [harmo'ni:] *f* (MUS: *a. fig*) harmony; **harmonieren** *vi* (*a. fig*) harmonize (*mit* with)

Harmonika [har'mo:nika] <-, -s/-ken> *f* **1.** (*Zieh~*) concertina **2.** (*Mund~*) mouth organ

harmonisch *adj* **1.** (MUS) harmonic **2.** (*fig*) harmonious

Harmonium <-s, -nien> *nt* (MUS) harmonium

Harn [harn] <-(e)s> *m* (MED) urine; **Harnblase** *f* (ANAT) (urinary) bladder

Harnisch ['harnɪʃ] <-(e)s, -e> *m* (HIST) armour; **in ~ geraten** fly into a rage (*wegen etw* about s.th.)

Harnleiter *m* ureter; **Harnröhre** *f* urethra; **Harnwege** *pl* urinary tract *sing*

Harpune [har'pu:nə] <-, -n> *f* harpoon; **harpunieren** *vt, vi* harpoon

harren ['harən] *vi* await, wait for (*jds* s.o., *einer Sache* s.th.)

Harsch [harʃ] <-es> *m* crusted snow

harsch *adj* harsh

hart [hart] <härter, härtest> **I.** *adj* **1.** (*a. fig*) hard **2.** (*Gesichtszüge, Umrisse*) sharp **3.** (*widerstandsfähig*) tough; (*rau*) rough **4.** (*solide, stabil*) stable **5.** (*grausam*) cruel; (*streng*) severe; **ein ~es Herz** a hard heart; **~ gefroren**RR frozen hard; **~ gekochtes**RR **Ei** hard-boiled egg; **sie ist ~ im Nehmen** (*fam*) she's a tough cookie; **~e Worte** harsh words; **~ zu jdm sein** be hard on s.o.; **~** (**gegenüber jdm**) **bleiben** remain adamant (towards s.o.); **~ werden** (*a. fig*) harden **II.** *adv* **1.** hard **2.** (*scharf*) sharply **3.** (*rau*) roughly **4.** (*streng*) severely **5.** (*nahe, beinahe*) close (*an* to); **~ arbeiten** work hard; **das mag ~ klingen, aber …** that may sound harsh, but …; **jdn ~ anpacken** be hard on s.o.; **der Tod seiner**

Frau traf ihn ~ his wife's death hit him hard; ~ **an der Grenze von etw** on the very limits of s.th.

Härte ['hɛrtə] <-, -n> *f* **1.** hardness **2.** (*Zähigkeit*) toughness; (*Rauheit*) roughness **3.** (*Strenge*) severity **4.** (*Stabilität*) stability **5.** (*schwere Erträglichkeit*) cruelty, harshness; (*soziale* ~) hardship; **Härtefall** *m* hardship case; **Härtegrad** *m* degree of hardness; (*von Stahl*) temper; **härten** *vt, vi, vr* (*a. fig*) harden; (*Stahl*) temper; **Härtetest** *m* **1.** endurance test **2.** (*fig*) acid test

Hartfaserplatte *f* hardboard *Br,* fiberboard *Am;* **hartgefroren** *adj* (*attributiv*) frozen; (*prädikativ*) frozen hard; **hartgekocht** *adj* (*Ei*) hard-boiled; **Hartgeld** *nt* hard cash; **hartgesotten** *adj* (*fig*) tough, hard-boiled; **hartherzig** *adj* hard-hearted; **Hartherzigkeit** *f* hard-heartedness; **Hartholz** *nt* hardwood; **hartnäckig** ['hartnɛkɪç] *adj* **1.** (*eigensinnig, stur*) obstinate, stubborn **2.** (*beharrlich*) persistent **3.** (MED: *Krankheit*) refractory; **Hartnäckigkeit** *f* **1.** (*Sturheit*) obstinacy, stubbornness **2.** (*Beharrlichkeit*) persistence **3.** (MED: *einer Krankheit*) refractoriness; **Hartschalenkoffer** *m* hard-top case

Harz [ha:ɐts] <-es, -e> *nt* (*Absonderung aus dem Holz von Nadelbäumen*) resin; **harzig** *adj* resinous

Hasch [haʃ] <-s> *nt* (*fam: Haschisch*) hash, grass, pot

Haschee [ha'ʃe:] <-s, -s> *nt* (*Hackfleischgericht*) hash

haschen ['haʃən] **I.** *vt* (*jagen*) chase **II.** *vi* (*fig*) strive (*nach* for); **nach Effekt** ~ strain for effect; **nach Beifall** ~ strive for applause

Haschisch <-(s)> *nt o m* hashish

Hase ['ha:zə] <-n, -n> *m* hare; **falscher** ~ (*fam*) meat loaf; **sehen, wie der ~ läuft** (*fam*) see how the cat jumps; **da liegt der ~ im Pfeffer** there's the rub

HaselnussRR ['ha:zəlnʊs] *f* hazel(nut)

Hasenfuß *m* (*Feigling*) coward; **Hasenpfeffer** *m* jugged hare; **Hasenscharte** *f* (MED) harelip

HassRR [has] <-sses> *m* **1.** hate, hatred **2.** (*fam: Ärger, Wut*) soreness *Am;* **sich jds ~ zuziehen** incur someone's hatred; **aus ~ auf ...** out of hatred of ...; **ich habe einen richtigen ~ auf ihn** (*fam*) I'm really sore at him

hassen ['hasən] *vt, vi* **1.** hate (*wegen* for) **2.** (*verabscheuen*) detest; **hassenswert** *adj* hateful, odious; **hasserfüllt**RR *adj* filled with hatred; **jdn ~ ansehen** look daggers at s.o.

hässlichRR ['hɛslɪç] *adj* **1.** (*unschön*) ugly **2.** (*scheußlich*) hideous **3.** (*fig: unangenehm*) unpleasant **4.** (*fig: gemein*) mean, nasty; **Hässlichkeit**RR *f* **1.** (*Unschönheit*) ugliness **2.** (*Scheußlichkeit*) hideousness **3.** (*fig: Unerfreulichkeit*) unpleasantness **4.** (*fig: Gemeinheit*) meanness, nastiness; (*hässliche Bemerkung*) nasty remark

Hast [hast] <-> *f* **1.** (*Eile*) haste, hurry **2.** (*Überstürzung*) precipitation; **in großer ~** in great haste; **hasten** *sein vi* hasten, hurry; **hastig** *adj* **1.** (*eilig*) hasty, hurried **2.** (*überstürzt*) precipitate

hätscheln ['hɛ(:)tʃəln] *vt* **1.** (*liebkosen*) fondle **2.** (*verzärteln*) pamper

Haube ['haʊbə] <-, -n> *f* **1.** cap, hood **2.** (*Motor~*) bonnet *Br,* hood *Am* **3.** (*von Vogel*) crest, tuft; **unter die ~ kommen** (*fam hum*) get spliced

Hauch [haʊx] <-(e)s, (-e)> *m* **1.** (*Atem*) breath; (*Luft~*) breeze; (*kalter*) blast **2.** (*fig: Spur*) hint, touch; **hauchdünn** *adj* **1.** filmy **2.** (*fig*) wafer-thin; **hauchen** ['haʊxən] **I.** *vi* breathe; (*blasen*) blow **II.** *vt* (*leise sprechen*) whisper softly; **hauchzart** *adj* extremely delicate

Haudegen *m* (MIL) old warhorse; (POL) old campaigner

Haue ['haʊə] <-, -n> *f* **1.** (*Hacke*) hoe **2.** (*fam: Prügel*) (good) hiding; **hauen** *irr* **I.** *vt, vi* **1.** (*Holz, Fleisch*) chop **2.** (MIN: *Steine, Kohle*) break; (*Erz*) cut **3.** (*fam: schlagen, prügeln*) hit **4.** (*fam: schmeißen*) bang, slam; **sein Geld auf den Kopf** ~ (*fam*) blow one's money **II.** *vr* (*fam*) **1.** (*sich schlagen*) scrap, fight **2.** (*sich setzen, legen*) fling o.s.; **sich in die Falle** ~ (*fam*) hit the sack

Hauer[1] *m* (*Eberzahn*) tusk

Hauer[2] *m* (*Bergmann*) hewer

Haufen ['haʊfən] <-s, -> *m* **1.** heap; (*gleichmäßig*) pile **2.** (*fam: große Anzahl, Menge*) great number **3.** (*Häufung, Ansammlung*) accumulation **4.** (*pej: Leute*) bunch; **ein ~n Arbeit** a load of work; **über den ~n werfen** (*Pläne*) upset; (*Bedenken*) throw aside; **jdn über den ~ rennen** send s.o. cartwheeling; **haufenweise** *adj* in heaps; **etw ~ haben** have piles of s.th.; **Haufenwolke** *f* cumulus (cloud)

häufig ['hɔɪfɪç] **I.** *adj* **1.** (*oft vorkommend*) frequent **2.** (*weit verbreitet*) common, widespread **II.** *adv* frequently, often; **Häufigkeit** *f* frequency; **Häufung** *f* accumulation

Haupt [haʊpt, *pl:* 'hɔɪptɐ] <-(e)s, ¨-er> *nt* head; (*in Zusammensetzungen*) chief, main, principal; **mit entblößtem ~** bareheaded; **zu jds Häuptern** at someone's head *sing;* **das ~ einer Verschwörung** the mastermind [*o* head] of a conspiracy; **Hauptaktionär(in)** *m(f)* major share-

H

holder; **Hauptaltar** *m* (ECCL) high altar; **Hauptanschluss**[RR] *m* (TELE) main extension; **Hauptaufgabe** *f* main [*o* chief] task; **Hauptaugenmerk** *nt* chief attention; **Hauptbahnhof** *m* (RAIL) central station; **Hauptbedingung** *f* principal condition; **Hauptberuf** *m* main profession; **hauptberuflich** *adv* as one's main occupation; **Hauptbestandteil** *m* **1.** principal ingredient **2.** (*einer Warensendung*) bulk **3.** (*einer Mahlzeit*) substantials *pl*; **Hauptbuch** *nt* (COM) ledger; **Hauptdarsteller(in)** *m(f)* (FILM THEAT) principal actor (actress); **mit ... als ~** starring ...; **Haupteingang** *m* main entrance; **Hauptfach** *nt* main subject; **Hauptfigur** *f* main figure; **Hauptfilm** *m* main film; **Hauptgebäude** *nt* main building; **Hauptgericht** *nt* (*Essen*) main course; **Hauptgeschäftszeit** *f* main business hours *pl;* **Hauptgewinn** *m* **1.** (*Erster Preis*) first prize **2.** (*größter Vorteil*) main profit; **Hauptgrund** *m* principal reason; **Haupthahn** *m* (*Gas, Wasser*) main tap; **den ~ abdrehen** turn off the mains *pl;* **Hauptleitung** *f* **1.** (ELEK) mains **2.** (*Gas, Abwasser, Wasser*) main pipe

Häuptling ['hɔɪptlɪŋ] *m* chief(tain)

Hauptmahlzeit *f* main meal; **Hauptmann** <-(e)s, -leute> *m* **1.** (MIL) captain; (AVIAT MIL) flight lieutenant **2.** (*Räuber~*) chieftain; **Hauptmerkmal** *nt* chief characteristic, main feature; **Hauptnenner** *m* (MATH) common denominator; **Hauptnutzen** *m* main benefit; **Hauptperson** *f* **1.** (*a. fig*) central figure **2.** (*Schlüsselfigur*) key man/woman **3.** (*eines Romans*) hero, heroine **4.** (FILM THEAT) principal character; **Hauptpost(amt)** *f (nt)* Main Post Office; **Hauptproblem** *nt* main problem; **Hauptquartier** *nt* headquarters *pl,* H.Q.; **Hauptrolle** *f* (THEAT FILM) leading role [*o* part]; **die ~ spielen** (FILM) star; (*fig*) be all-important; **mit ... in der ~** starring ...; **Hauptsache** *f* main point; **das ist die ~** that's all that matters; **in der ~** mainly; **~, es klappt** the main thing is it comes off; **hauptsächlich I.** *adj* chief, main, principal **II.** *adv* chiefly, mainly, principally; **Hauptsaison** *f* high season; **Hauptsatz** *m* **1.** (GRAM) principal clause **2.** (MUS) principal (movement) **3.** (*einer wissenschaftl. Theorie*) main proposition; **Hauptschalter** *m* **1.** (ELEK) main switch **2.** (*im Postamt*) main ticket office; **Hauptschlagader** *f* (MED) aorta; **Hauptschlüssel** *m* master key; **Hauptschuld** *f* (*a.* JUR) principal fault; **Hauptschuldige(r)** *f m* (JUR) main offender; **Hauptsendezeit** *f* prime time; **Hauptsicherung** *f* (ELEK) main fuse; **Hauptspeicher** *m* (EDV) main storage; **Hauptstadt** *f* capital; **Hauptstraße** *f* **1.** (*in der Stadt*) high street *Br,* main street *Am* **2.** (*für Fernverkehr*) arterial road *Br,* highway *Am;* **Haupttreffer** *m* (*bei Lotterie*) jackpot, top prize; **Hauptursache** *f* chief cause; **Hauptverhandlung** *f* (JUR) (actual) trial, main hearing; **Hauptverkehrsstraße** *f* **1.** (*in der Stadt*) main street **2.** (*Durchgangsstraße*) main thoroughfare **3.** (*Städteverbindung*) main highway; **Hauptverkehrszeit** *f* rush hour; **Hauptversammlung** *f* general meeting; (*bei AG*) shareholders' general meeting *Br,* stockholders' general meeting *Am;* **Hauptverwaltung** *f* (COM) head office; **Hauptwäsche** *f,* **Hauptwaschgang** *m* main wash; **Hauptwort** *nt* (*Substantiv*) noun

Haus [haʊs, *pl:* 'hɔɪzə] <-es, ¨-er> *nt* **1.** house; (*Gebäude*) building; (*Heim*) home **2.** (*Fürsten~, Firma, Parlament*) House **3.** (THEAT: *Publikum*) house; (*Theatergebäude*) theatre *Br,* theater *Am;* **ein volles ~** (THEAT) a full house; **Herr X ist nicht im ~e** Mr X is not in; **altes ~** (*fam: Freund, Kamerad*) old chum; **Lieferung frei ~** (COM) free delivery; **außer ~ essen** eat out; **das ~ Habsburg** the House of the Habsburgs; **~ an ~ mit jdm wohnen** live next door to s.o.; **aus gutem ~e** from a good family; **~ und Hof** house and home; **der kommt mir nicht ins ~!** I won't have him in the house!; **mit der Tür ins ~ fallen** come straight to the point, blurt s.th. out; **nach ~e** home; **jdn nach ~e bringen** see s.o. home; **von ~ aus** (*ursprünglich*) originally; (*von Natur aus*) naturally; **zu ~e** at home; **wieder zu ~e sein** be back home; **in einer Sache zu ~e sein** be at home in s.th.; **er ist in London zu ~e** his home town is London; **ich fühle mich hier wie zu ~e** I feel at home here; **fühlen Sie sich wie zu ~e!** make yourself at home!; **das ~ hüten** (*zu ~e bleiben*) stay at home; (*sich ums ~ kümmern*) look after the house; **jdm das ~ verbieten** forbid s.o. (to enter) one's house; **ins ~ stehen** be forth-coming

Hausangestellte(r) *f m* domestic (servant); **Hausanschluss**[RR] *m* (TECH) house [*o* service] connection; **Hausanzug** *m* leisure suit; **Hausapotheke** *f* (family) medicine-chest; **Hausarbeit** *f* **1.** (*Haushalt*) chores *pl,* housework **2.** (SCHULE) homework; **Hausarrest** *m* (JUR) house arrest; **jdn unter ~ stellen** put s.o. under house arrest; **Hausarzt, -ärztin** *m, f* family doctor; **Hausaufgabe** *f* (SCHULE) homework; **seine ~n machen** do one's homework *sing;* **hausbacken** *adj* (*pej*) drab, homespun, homely *bes. Am;* **Hausbar** *f* cocktail cabinet; **Hausbesetzer(in)** *m(f)* squatter; **Hausbesetzung** *f* squatting; **Hausbesitzer(in)** *m(f)* house owner; **Hausbesuch** *m* home visit; **Hausbewohner(in)** *m(f)* occupant (of a house); **Hausbrand** *m* domestic fuel

Häuschen ['hɔɪsçən] <-s, -> *nt* **1.** (*kleines Haus*) small house **2.** (*im Grünen*) cottage; **ganz aus dem ~ sein** (*fam: vor Freude, Aufregung*) be out of one's mind with excitement; (*vor Wut*) hit the ceiling; **das Publikum geriet förmlich aus dem ~** (*fam*) the audience really went berserk

Hauseingang *m* (house) entrance

hausen ['haʊzən] *vi* (*fam pej: wohnen*) dwell; **übel ~** (*fig*) wreak havoc

Häuserblock <-(e)s, -s> *m*, **Häuserkomplex** *m* block (of buildings); **Häusermakler(in)** *m(f)* estate agent

Hausflur <-(e)s, -e> *m* (*Diele*) (entrance)hall *Br,* hallway *Am;* (*Gang*) corridor

Hausfrau *f* housewife; **Hausfreund** *m* (*Geliebter einer Ehefrau*) man friend; **Hausfriedensbruch** *m* (JUR) disturbance of domestic peace and security; **Hausgebrauch** *m* domestic use; **mein Englisch reicht gerade für den ~** (*fam*) I just about get by with my English; **Hausgeburt** *f* home birth; **hausgemacht** *adj* home-made; **Haushalt** <-(e)s, -e> *m* **1.** (*Hausgemeinschaft*) household **2.** (FIN POL: *Etat*) budget; **jdm den ~ führen** keep house for s.o.; **haus|halten** *irr vi* **1.** (*den Haushalt führen*) keep house **2.** (*sparsam wirtschaften*) be economical; **mit seinen Kräften ~** conserve one's strength *sing;* **mit seinen Kräften nicht ~** burn the candle at both ends; **Haushälterin** *f* housekeeper; **Haushaltsgeld** *nt* housekeeping money; **Haushaltsgerät** *nt* domestic appliance; **Haushaltsjahr** *nt* (POL) fiscal [*o* financial] year; **Haushaltsplan** *m* (POL) budget; **den ~ aufstellen** draw up the budget; **Haushaltswaren** *fpl* household articles *Br,* housewares *Am;* **Hausherr(in)** *m(f)* **1.** (*Gastgeber*) host (hostess) **2.** (*Hauswirt*) landlord (landlady)

haushoch *adj* (*sehr hoch*) enormous, huge; (*Sieg*) crushing; **~ gewinnen** win by miles

hausieren ['haʊ'ziːrən] *vi* (*a. fig*) hawk (about), peddle (*mit etw* s.th.); **Betteln und Hausieren verboten!** no begging or peddling!; **Hausierer(in)** *m(f)* hawker

Hauslehrer(in) *m(f)* private tutor(ess)

häuslich ['hɔɪslɪç] *adj* (*das Zuhause liebend*) home-loving; **Häuslichkeit** *f* domesticity

Hausmacherleberwurst *f* home-made liver sausage

Hausmädchen *nt* (house)maid; **Hausmann** <-(e)s, ¨-er> *m* house-husband; **Hausmannskost** *f* plain fare; **Hausmarke** *f* own brand [*o* label]; **Hausmeister(in)** *m(f)* caretaker *Br,* janitor *Am;* **Hausmittel** *nt* (*gegen Krankheiten*) household remedy; **Hausmüll** *m* domestic rubbish [*o* refuse], domestic garbage *Am;* **Hausnummer** *f* house number; **Hausordnung** *f* rules *pl* of the house; **Hausrat** <-(e)s> *m* household effects *pl;* **Hausratversicherung** *f* household contents insurance; **Hausschlüssel** *m* front-door key; **Hausschuh** *m* slipper; **Haussuchung** *f* (JUR) house search *Br,* house check *Am;* **eine ~ vornehmen** search a house; **Haustelefon** *nt* internal telephone; **Haustier** *nt* (*in der Wohnung*) pet; (*kein wildes Tier*) domestic animal; **Haustür** *f* front door; **Hausverwalter(in)** *m(f)* (COM) property manager; **Hauswart(in)** ['haʊsvart] <-s, -e> *m(f)* (*österr*) caretaker *Br,* janitor *Am;* **Hauswirt(in)** *m(f)* landlord (landlady); **Hauszelt** *nt* ridge tent

Haut [haʊt, *pl:* 'hɔɪtə] <-, ¨-e> *f* **1.** skin **2.** (*zur Lederverarbeitung*) hide **3.** (*einer Frucht*) peel **4.** (*bei Flüssigkeit*) film; (*bei Milch*) cream, skin; **eine dicke ~ haben** (*fam*) be thick-skinned; **die ~ betreffend** cutaneous; **mit ~ und Haaren** (*fam*) lock, stock, and barrel; **sich einer Sache mit ~ und Haaren verschreiben** (*fam*) devote o.s. body and soul to s.th.; **nur ~ und Knochen sein** be nothing but skin and bone; **mit heiler ~ davonkommen** escape without a scratch; **das ist zum Aus-der-~-Fahren** (*fam*) that's enough to drive you mad; **den ganzen Tag auf der faulen ~ liegen** (*fam*) idle away one's time; **nass bis auf die ~** soaked to the skin; **ich möchte nicht in seiner ~ stecken** (*fam*) I wouldn't like to be in his shoes; **sich seiner ~ wehren** defend o.s vigorously; **das geht einem unter die ~** (*fam*) that gets under your skin; **Hautabschürfung** *f* (MED) excoriation; **Hautarzt, -ärztin** *m, f* (MED) dermatologist; **Hautausschlag** *m* rash

Häutchen ['hɔɪtçən] <-s, -> *nt* **1.** (*dünne Haut*) thin skin **2.** (ANAT BOT: *Membran*) membrane; (*an Fingernagel*) cuticle

Hautcreme *f* skin cream

häuten ['hɔɪtən] **I.** *vt* (*Tier*) skin **II.** *vr* shed its skin; (*Schlange*) slough

hauteng *adj* skin-tight

Hautevolee [(h)oːtvo'leː] <-> *f* (*fam: meist pej*) (the) upper crust

Hautfarbe *f* skin colour; **Hautklinik** *f*

dermatological [*o* skin] clinic; **Hautkrankheit** *f* skin disease; **Hautkrebs** *m* skin cancer; **Hautpflege** *f* skin care; **Hautreinigung** *f* skin cleansing; **Hauttyp** *m* skin type; **Hautübertragung** *f* (ANAT) skin grafting; **Hautunreinheit** <-, -en> *f* skin flaw

Havarie [hava'riː] *f* (MAR) accident; (*Schaden*) damage

Haxe ['haksə] <-, -n> *f* knuckle

HDTV *Abk. von* **High Definition Television** HDTV

he, he da [heː] *interj* hey!

Headhunter(in) ['hedhantə] <-s, -> *m(f)* (COM) headhunter

Hebamme ['heːbamə] <-, -n> *f* midwife

Hebebühne *f* (AUTO) lifting platform

Hebel ['heːbəl] <-s, -> *m* lever; **alle ~ in Bewegung setzen** move heaven and earth; **am längeren ~ sitzen** have the whip hand; **Hebelarm** *m* lever arm; **Hebelwirkung** *f* leverage

heben ['heːbən] *irr* **I.** *vt* **1.** (*hoch~*) lift, raise **2.** (*fig: aufwerten*) improve; (*vergrößern*) increase; **einen ~** (*fam*) wet one's whistle **II.** *vr* **1.** (*sich nach oben bewegen*) rise **2.** (*sich verbessern*) improve; (*zunehmen*) increase

Hebräer(in) [he'brɛːɐ] *m(f)* Hebrew; **hebräisch** *adj* Hebrew

Hebung ['heːbʊŋ] *f* **1.** (*von Küste, Boden*) elevation **2.** (*von Stimme*) accent **3.** (*betonte Silbe*) stressed syllable **4.** (*fig: Verbesserung*) improvement; (*Erhöhung*) increase

Hecht [hɛçt] <-(e)s, -e> *m* (*Raubfisch*) pike; **Hechtsprung** *m* (*beim Schwimmen*) pike dive *Br,* jackknife *Am;* (*beim Turnen*) long fly; (*eines Torwarts*) (full-length) dive

Heck [hɛk] <-s, -s> *nt* (MAR) stern; (AUTO) rear; (AVIAT) tail

Hecke ['hɛkə] <-, -n> *f* hedge; **Heckenrose** *f* dogrose; **Heckenschere** *f* hedge clippers *pl;* **Heckenschütze** *m* (MIL) sniper

Heckklappe *f* (AUTO) tail gate; **Heckmotor** *m* (AUTO) rear engine; **Heckscheibe** *f* (AUTO) rear window; **Heckscheibenheizung** *f* (AUTO) rear window pane heating; **Heckspoiler** *m* (AUTO) rear spoiler

heda ['heːda] *interj* (*fam*) heigh! hey there!

Hedgegeschäft ['hedʒ-] *nt* (COM) hedging, hedge transaction

Heer [heːɐ] <-(e)s, -e> *nt* **1.** (MIL) army **2.** (*fig: Schwarm*) swarm **3.** (*fam: große Menge*) host, large number; **stehendes ~** (MIL) standing army; **ein ~ von Reportern** (*fam*) a host of reporters

Hefe ['heːfə] <-, -n> *f* (*zum Backen*) yeast; **Hefeteig** *m* yeast dough

Heft¹ [hɛft] <-(e)s, (-e)> *nt* **1.** (*Griff*) handle; (*Schwert~*) hilt **2.** (*fig: Leitung*) reins *pl*

Heft² <-(e)s, -e> *nt* **1.** (*Schreib~*) notebook **2.** (*Übungs~*) exercise book **3.** (*Broschüre*) booklet **4.** (*einzelnes ~ einer Zeitschrift*) issue, number

heften **I.** *vt* **1.** (*befestigen*) fix; (*feststecken*) pin **2.** (*Buch*) stitch **3.** (*Saum, Naht*) baste, tack **II.** *vr:* **sich an jds Fersen ~** (*verfolgen*) dog someone's heels

Hefter <-s, -> *m* **1.** (*Mappe*) folder **2.** (*Bürogerät*) stapler

heftig ['hɛftɪç] *adj* **1.** (*stark, gewaltig*) violent **2.** (*Intensität*) intense **3.** (*Gewitter*) furious; (*Regen*) lashing; **~ sein** (*aufbrausend*) be violent-tempered; **~er Widerstand** fierce resistance; **Heftigkeit** *f* **1.** violence **2.** (*Intensität*) intensity

Heftklammer *f* paper clip, staple; **Heftpflaster** *nt* (MED) adhesive plaster *Br,* adhesive tape *Am;* **Heftzwecke** *f* drawing-pin *Br,* thumbtack *Am*

hegen ['heːgən] *vt* **1.** (*pflegen*) care for **2.** (*fig: Gefühle*) entertain, have, nourish; **den Verdacht ~, dass ...** have a suspicion that ...; **Hoffnung ~** cherish hope(s); **Groll gegen jdn ~** bear s.o. a grudge; **den Wunsch ~** have the wish

Hehl [heːl] *nt:* **aus etw kein ~ machen** make no secret of s.th.; **Hehler(in)** *m(f)* receiver (of stolen goods); **Hehlerei** *f* (JUR) receiving (of stolen goods)

hehr [heːɐ] *adj* sublime

Heide, -din <-n, -n> *m, f* heathen, pagan

Heide ['haɪdə] <-, -n> *f* (*Landschaft*) heath; **Heidekraut** <-(e)s> *nt* heather

Heidelbeere ['haɪdəlbeːrə] *f* bilberry, blueberry *Br,* huckleberry *Am*

Heidenangst *f* (*fam*) blue funk; **eine ~ haben** be in a blue funk; **Heidengeld** *nt* (*fam*): **ein ~** loads of money; **Heidenlärm** *m* (*fam*): **ein ~** a heck of a noise; **Heidenspaß** *m* (*fam*) terrific fun; **einen ~ haben** have a ball

Heidentum *nt* **1.** (*die Heiden*) heathendom **2.** (*heidnischer Glaube*) paganism; **heidnisch** ['haɪdnɪʃ] *adj* heathen, pagan

heikel ['haɪkəl] *adj* (*Sache*) delicate, ticklish; (*Person*) fussy, particular (*in Bezug auf etw* about s.th.)

Heil [haɪl] <-(e)s> *nt* **1.** (*Wohl*) welfare **2.** (*Nutzen*) benefit **3.** (*Glück*) luck **4.** (ECCL) salvation; (*Gnade*) grace; **sein ~ in der Flucht suchen** seek refuge in flight

heil *adj* **1.** (*unverletzt*) unhurt, unscathed **2.** (*ganz, intakt*) undamaged **3.** (*geheilt*) cured, healed; **Heilanstalt** *f* **1.** (*Pflegeheim*) nursing home **2.** (*für Geisteskranke*) mental hospital; **heilbar** *adj* **1.** (*Wunden*) healable **2.** (*Krankheit*) curable; **Heilbar-**

keit *f* curability; **Heilbehandlung** *f* curative treatment

Heilbutt *m* (*Raubfisch*) halibut

heilen ['haɪlən] **I.** *vt haben* (*a. fig*) cure **II.** *vi sein* heal

heilfroh *adj* (*fam*) jolly glad

Heilgymnast(in) *m(f)* physiotherapist; **Heilgymnastik** *f* physiotherapy

heilig ['haɪlɪç] *adj* holy; (*vor Namen*) Saint; **Heiliger Vater** (*Papst*) Holy Father; **das ist mir ~** that is sacred to me; **~er Bimbam!** (*fam*) holy smoke!; **jdm etw hoch und ~ versprechen** promise s.th. to s.o. faithfully; **es war ihr ~er Ernst** she was dead serious; **~ sprechen**[RR] canonize

Heiligabend *m* Christmas Eve; **Heilige(r)** <-n, -n> *f m* saint

heiligen ['haɪlɪgən] *vt* **1.** (*weihen*) sanctify; (*heilig halten*) hallow **2.** (*rechtfertigen, gutheißen*) justify; **geheiligt werde Dein Name** hallowed be Thy name; **der Zweck heiligt die Mittel** (*prov*) the end justifies the means; **Heiligenschein** *m* aureole; (*um den Kopf*) halo; **Heiligkeit** *f* holiness

heilig|sprechen *irr vt s.* **heilig**

Heiligtum *nt* **1.** (*heiliger Ort*) sanctuary **2.** (*fam: heiliger Gegenstand*) sacred object

Heilklima *nt* salubrious climate; **Heilkraft** *f* **1.** healing power **2.** (MED: *einer Pflanze*) medicinal properties *pl;* **Heilkraut** *nt* medicinal herb; **Heilkunde** *f* medicine

heillos I. *adj* **1.** (*unheilig*) unholy **2.** (*hoffnungslos*) hopeless **3.** (*schrecklich*) terrible **II.** *adv* (*äußerst, sehr*) utterly

Heilmittel *nt* (*a. fig*) remedy; **Heilpflanze** *f* medicinal plant; **Heilpraktiker(in)** *m(f)* non-medical practitioner *Br,* naturopathic doctor *Am;* **Heilquelle** *f* mineral spring; **heilsam** *adj* (*a. fig*) beneficial; **eine ~e Erfahrung** a salutary experience

Heilsarmee *f* Salvation Army

Heilung *f* **1.** (*Wund~*) healing; (*Kranken~*) curing **2.** (*Gesundung*) cure; **Heilungsprozess**[RR] *m* healing process

Heilwasser *nt* medicinal water

Heim [haɪm] <-(e)s, -e> *nt* home; **heim** *adv* home; **Heimarbeit** *f* **1.** (*das Zuhause-Arbeiten*) outwork **2.** (*als Industrieform*) home industry **3.** (*Produkt*) homemade article

Heimat ['haɪma:t] <-> *f* native country; **in der ~** at home; **seine ~ verlassen** leave one's home; **Heimatgemeinde** *f* (*Stadt*) native town; (*Dorf*) native village; **Heimatland** *nt* home country; **heimatlich** *adj* (*zur Heimat gehörig*) native, of home; **heimatlos** *adj* homeless; **Heimatrecht** *nt* (JUR) right of domicile; **Heimatstadt** *f* home town; **Heimatvertriebene(r)** *f m* displaced person

Heimchen ['haɪmçən] <-s, -> *nt* **1.** (*Grille*) (house) cricket **2.** (*pej*): **~ am Herd** (*Hausmütterchen*) little woman at home

Heimcomputer *m* home computer

heim|fahren I. *vi sein* **1.** (*als Fahrer*) drive home **2.** (*als Gefahrener*) ride home **II.** *vt:* **jdn ~** drive [*o* take] s.o. home; **Heimfahrt** *f* return journey; (MAR) return voyage; **auf der ~ sein** be on one's way (back) home

heimisch *adj* **1.** (*national*) home; (*ein~*) native; (*ortsansässig*) local **2.** (*vertraut*) at home, familiar; **~e Gewässer** home waters; **sich ~ fühlen in ...** feel at home in ...

Heimkehr ['haɪmke:ɐ] <-> *f* homecoming, return; **heim|kehren** *vi sein* return home (*aus* from); **Heimkehrer** *m* homecomer; (POL) repatriate(d prisoner of war); **heim|kommen** *sein vi* come [*o* return] home

heimlich ['haɪmlɪç] *adj* **1.** (*geheim*) secret **2.** (*verstohlen*) furtive; **sich ~ entfernen** sneak away; **er ging ~ (still und leise) weg** he left on the quiet; **Heimlichkeit** *f* **1.** (*Verborgenheit*) secrecy **2.** (*Geheimnis*) secret; **in aller ~** in secrecy; **Heimlichtuerei** *f* (*fam*) secretive ways *pl* (*mit* about); **heimlich|tun** *irr vi* put on an air of secrecy

Heimreise *f* homeward journey, journey home; (MAR) homeward voyage; **auf der ~ sein** be homeward-bound

heim|suchen *vt* **1.** (*Geister*) haunt **2.** (*Ungeziefer*) infest **3.** (*Unglück*) afflict

heimtückisch *adj* **1.** (*boshaft*) malicious **2.** (*Krankheit*) insidious **3.** (*gefährlich, trügerisch*) treacherous **4.** (*hinterlistig*) insidious

heimwärts ['haɪmvɛrts] *adv* homeward(s); **~ ziehen** head for home; **Heimweg** *m* way home; **auf dem ~ sein** be on one's way home; **sich auf den ~ machen** set out for home; **Heimweh** *nt* **1.** homesickness **2.** (*fig: Nostalgie*) nostalgia; **~ haben** be homesick; **krank vor ~ sein** suffer badly from homesickness; **heim|zahlen** *vt* (*fig: vergelten*) pay back (*jdm etw* s.o. for s.th.)

Heirat ['haɪra:t] <-, -en> *f* marriage; (*Hochzeitsfeier*) wedding; **heiraten I.** *vt* marry **II.** *vi* get married; **Heiratsantrag** *m* proposal (of marriage); **jdm einen ~ machen** propose to s.o.; **Heiratsanzeige** *f* **1.** (*Bekanntgabe*) marriage announcement **2.** (*Heiratsinserat*) insertion in a Lonely Hearts' column; **heiratsfähig** *adj* marriageable; **im ~en Alter** of marriageable age, nubile; **Heiratsurkunde** *f* marriage-certificate; **Heiratsvermittler(in)** *m(f)* (*Beruf*) marriage broker; **Heiratsvermittlung** *f* (*Geschäft*) marriage agency *Br,* marriage bureau *Am*

heischen ['haɪʃən] **I.** *vt* demand **II.** *vi* strive (*nach etw* for s.th.)

heiser ['haɪzɐ] *adj* hoarse; (*belegt*) husky; **sich ~ schreien** shout o.s. hoarse; **mit ~er Stimme** in a hoarse voice; **Heiserkeit** *f* hoarseness

heiß [haɪs] *adj* hot; (*Zone*) torrid; (*Kampf*) fierce; (*Temperament*) fiery; **drückend ~** oppressively hot; **mir ist ~** I am hot; **etw ~ machen** (*erhitzen*) heat s.th. up; **jdm die Hölle ~ machen** worry the life out of s.o.; **das ist ein ~es Eisen** that's a hot potato; **ein ~es Eisen anfassen** bring up a controversial subject; **etw ~ ersehnen** long for s.th. ardently; **~ geliebt**[RR] ardently beloved; **~ umkämpft** fiercely fought over; **~er Draht** hot line; **~e Spur** hot trail; **~er Tipp** hot tip; **heißblütig** ['haɪsbly:tɪç] *adj* (*leidenschaftlich*) hot-blooded

heißen ['haɪsən] *irr* **I.** *vt* **1.** (*nennen*) call (*jdn etw* s.o. s.th.) **2.** (*befehlen*) tell (*jdn, etw zu tun* s.o. to do s.th.); **jdn einen Lügner ~** call s.o. a liar; **jdn willkommen ~** bid s.o. welcome **II.** *vi* **1.** (*genannt werden*) be called (*nach jdm* after/for s.o.) *Br/Am* **2.** (*bedeuten*) mean; **es heißt** (*man sagt*) it is said, they say; (*es steht geschrieben*) it says; **das heißt** that is, i.e.; (*mit anderen Worten*) that is to say; **was soll das ~?** (*bei Unleserlichem*) what does this say?; (*bei unverständlichem Verhalten*) what's the idea?; (*bei unverständlichem Ausspruch*) what do you mean by that?; **das will nicht viel ~** that doesn't mean much; **es soll nicht ~, dass …** it shall not be said that …; **wie ~ Sie?** what's your name?; **wie heißt das?** what do you call this?; **was heißt das auf Englisch?** what's that in English?; **wie heißt dieser Ort?** what's the name of this place?; **da hieß es schnell handeln** that situation called for quick action

heißgeliebt *adj s.* **heiß**

Heißhunger *m* ravenous appetite; **heißlaufen** *vi sein* (TECH) run hot; (AUTO) overheat; **Heißluft** *f* hot air; **Heißluftherd** *m* convection oven; **Heißmangel** *f* (steamheated) mangle; **Heißwasserspeicher** *m* storage water heater

heiter ['haɪtɐ] *adj* **1.** (*sonnig, hell*) bright, fair **2.** (*fröhlich*) cheerful **3.** (*erheiternd*) amusing, funny **4.** (*abgeklärt, ausgeglichen*) serene; **aus ~em Himmel** out of the blue; **~er werden** (*Mensch*) cheer up; (*Wetter*) brighten up; **das kann ja noch ~ werden!** (*iro*) nice prospects indeed!; **Heiterkeit** *f* **1.** (*Helligkeit, Klarheit*) brightness **2.** (*Fröhlichkeit*) cheerfulness **3.** (*Lachen, Gelächter*) laughter **4.** (*Belustigung*) amusement

heizbar *adj* **1.** (AUTO: *Heckscheibe*) heated **2.** (*Wohnung*) with heating; **Heizdecke** *f* (*im Bett*) electric blanket; **heizen** ['haɪtsən] **I.** *vt* **1.** (*Wohnung*) heat **2.** (*Ofen*) fire **II.** *vi* **1.** (*die Heizung in Betrieb haben*) have the heating on **2.** (*Wärme abgeben*) give off heat; **mit … ~** use … for heating; **Heizer** *m* (MAR) stoker; (RAIL) fireman; **Heizkessel** *m* (TECH) boiler; **Heizkissen** *nt* electric heat pad; **Heizkörper** *m* radiator; **Heizkosten** *pl* heating cost; **Heizkostenpauschale** *f* fixed heating cost; **Heizkraftwerk** *nt* thermal power station; **Heizleistung** *f* (TECH) heat output; **Heizlüfter** *m* (ELEK) fan heater; **Heizmaterial** *nt* fuel; **Heizöl** *nt* fuel oil; **Heizsonne** *f* (ELEK) electric fire; **Heizung** *f* (TECH) heating; **die ~ anstellen** (**abstellen**) turn on (turn off) the heating; **Heizungsanlage** *f* heating system; **Heizungskeller** *m* boiler room

Hektar ['hɛkta:ɐ] <-s, (-e)> *m/nt* hectare

Hektik ['hɛktɪk] <-> *f* hectic pace; **nur keine ~!** take it easy!; **hektisch** ['hɛktɪʃ] **I.** *adj* hectic **II.** *adv* in a hectic way

hektographieren [hɛktogra'fi:rən] *vt* hectograph

Hektoliter ['hɛktoli:tɐ] *m* hectolitre *Br*, hectoliter *Am*

Held(in) [hɛlt] <-en, -en> *m(f)* hero(ine); **Held des Tages** hero of the hour; **heldenhaft** *adj* heroic; **Heldentat** *f* heroic deed; **Heldentum** *nt* heroism

helfen ['hɛlfən] *irr vi* help (*jdm* s.o., *bei etw* with s.th.); **jdm aus der Patsche ~** (*fam*) help s.o. out of a jam; **sich zu ~ wissen** be able to take care of o.s.; **sich nicht zu ~ wissen** be at a loss; **sich nicht mehr zu ~ wissen** be at one's wits' end; **sich selbst ~** help o.s.; **ich kann mir nicht ~, ich liebe ihn** I can't help loving him; **was hilft schon Weinen?** what good is crying?; **es hilft nichts** it's no good; **dir ist nicht mehr zu ~** you are beyond help; **da hilft kein Jammern und kein Klagen** it's no use moaning; **Helfer(in)** *m(f)* **1.** (*Helfende*) helper **2.** (*Gehilfe*) assistant **3.** (*Ratgeber*) advisor; **Helfershelfer(in)** *m(f)* (JUR) abettor, accessory

hell [hɛl] *adj* **1.** (*nicht dunkel*) light; (*leuchtend, a. fig*) bright; **ein ~er Mantel** a light-coloured coat; **es wird schon ~** it's getting light; **du bist ein ~es Köpfchen** (*fam*) you have brains **2.** (*attr: völlig*): **~er Wahnsinn** (*fam*) sheer madness; **hellauf** *adv* (*völlig*) completely; **~ begeistert** totally enthusiastic; **hellblau** *adj* light blue; **hellblond** *adj* light blond; **Helle** ['hɛlə] <-> *f* **1.** (*von Farben*) brightness **2.** (*helles Licht*) (bright) light; **hellhörig** *adj* (*Wohnung*) poorly

soundproofed
hellicht *adj s.* **helllicht**
Helligkeit *f* **1.** (*a. von TV, Bildschirm*) brightness **2.** (*Beleuchtung*) lightness **3.** (PHYS) light intensity; **Helligkeitsregelung** *f* (TECH) brightness control; **Helligkeitsregler** *m* brightness control switch
helllicht[RR] *adj:* **am ~en Tage** in broad daylight
Hellseher(in) *m(f)* clairvoyant(e); **Hellseherei** *f* clairvoyance
hellwach *adj* wide-awake
Helm [hɛlm] <-(e)s, -e> *m* helmet; **Helmpflicht** *f:* **es besteht ~** wearing of crash helmets is compulsory
Hemd [hɛmt] <-(e)s, -en> *nt* **1.** (*Ober~*) shirt **2.** (*Unter~*) vest *Br,* undershirt *Am;* **hemdsärmelig** *adj* (*a. fig*) shirt-sleeved
Hemisphäre [hemi'sfɛːrə] <-, -n> *f* hemisphere
hemmen ['hɛmən] *vt* **1.** (*den Fortschritt*) hamper, hinder **2.** (*den Lauf der Dinge*) check **3.** (PSYCH: *seelisch*) inhibit; (*Leidenschaften*) restrain **4.** (*verlangsamen*) slow down; **Hemmnis** *nt* hindrancen, impediment (*für* to); **Hemmschuh** *m* **1.** (TECH) drag **2.** (*fig*) hindrance, impediment (*für* to); **Hemmschwelle** *f* inhibition threshold; **Hemmung** *f* **1.** (*das Verhindern, Verlangsamen*) hindering; (*Eindämmung*) check **2.** (PSYCH: *seelisch*) inhibition; (*Bedenken*) scruple; **hemmungslos** *adj* **1.** (*ungezügelt*) unrestrained **2.** (*skrupellos*) unscrupulous; **Hemmungslosigkeit** *f* **1.** (*Zügellosigkeit*) lack of restraint **2.** (*Skrupellosigkeit*) unscrupulousness
Hendl <-s, -(n)> *nt* (*österr*) chicken
Hengst [hɛŋst] <-es, -e> *m* (*männliches Pferd*) stallion *Br,* stud *Am*
Henkel ['hɛŋkəl] <-s, -> *m* handle
henken ['hɛŋkən] *vt* hang; **Henker** *m* **1.** (HIST) hangman **2.** (*Scharfrichter*) executioner; **zum ~!** (*sl*) hang it all!; **weiß der ~, was …** (*sl*) heaven knows what …; **Henkersmahlzeit** *f* (*fig*) last meal
Henna ['hɛna] <-(s)> *nt* henna
Henne ['hɛnə] <-, -n> *f* (*weibliches Huhn*) hen
Hepatitis [hepa'tiːtɪs] <-> *f* hepatitis
her [heːɐ] *adv* **1.** (*örtlich: hier~*) here; (*von … ~*) from **2.** (*zeitlich*) ago; **kommen Sie ~!** come here (to me)!; **wo kommen Sie ~?** where do you come from?; (*aus welcher Stadt*) where are you from?; **wo hast du das ~?** where did you get that from?; (*wo hast du das gehört?*) who told you that?; **~ damit!** give that here!; **wie lang ist das ~?** how long ago was that?; **ich kenne ihn noch von früher ~** I used to know him before; **ich kenne ihn von der Universität ~** I have known him since university; **hinter jdm ~ sein** (*fam*) be after s.o.; **mit ihm ist es nicht weit ~** (*fam*) he's no great shakes
herab [hɛ'rap] *adv* down, downward(s); **von oben ~** from above; (*herablassend*) condescendingly; **herab|blicken** *vi* (*a. fig*) look down (*auf jdn* on s.o.); **herab|fallen** *irr vi* fall down; **herabgesetzt** *adj* (*Preise*) cut-rate; **herab|hängen** *irr vi* hang down; **herab|lassen** *irr* **I.** *vt* let down, lower **II.** *vr* **1.** let o.s. down **2.** (*fig*) condescend (*etw zu tun* to do s.th.); **herablassend** *adj* condescending; **Herablassung** *f* condescension; **herab|sehen** *irr vi* (*a. fig*) look down (*auf jdn* on s.o.); **herab|setzen** *vt* **1.** (*Preise, Steuern*) cut (down), reduce **2.** (*schlechtmachen*) belittle, disparage; **Herabsetzung** *f* **1.** (*Reduzierung*) reduction **2.** (*Geringschätzung*) disparagement; (*geringschätzige Behandlung*) disparaging treatment
heran [hɛ'ran] *adv* close, near; **nur ~! immer ~!** come here!; **heran|bilden I.** *vt* **1.** (*ausbilden*) train **2.** (*erziehen*) educate **II.** *vr* **1.** (*sich ausbilden*) train o.s. **2.** (*sich erziehen*) educate o.s. **3.** (*sich entwickeln*) develop; **heran|fahren** *irr vi* **1.** drive close (*an* to) **2.** (*um zu halten*) pull up (*an* to); **heran|kommen** *irr vi* **1.** (*näher kommen*) come near **2.** (*fig: Zeit*) approach, draw near **3.** (*erreichen*) reach (*an jdn/etw* s.o./s.th.); **die Dinge an sich ~ lassen** wait and see what happens; **man kann nur schwer an ihn ~** (*menschlich*) it is difficult to get anywhere near him; **heran|machen** *vr* (*fam*): **sich an etw ~** (*mit etw beginnen*) get down to s.th.; **sich an jdn ~** make up to s.o.; **heran|nahen** *sein vi* approach, draw near; **heran|reichen** *vi* **1.** reach up (*an* to) **2.** (*fig*) come up (*an* to); **heran|wachsen** *irr vi* (*a. fig*) grow up; **heran|wagen** *vr* dare to go near, venture near; **heran|ziehen** *irr* **I.** *vt haben* **1.** (*näher bringen*) pull up (*an* to, *zu* toward(s)) **2.** (*zu Hilfe, Arbeit*) call up(on) (*jdn zu etw* s.o. to do s.th.); (*Arzt*) call in **3.** (*in Betracht ziehen*) take into consideration; (*benutzen*) use; (*zitieren*) refer (*etw* to s.th.) **4.** (*aufziehen*) raise; (*ausbilden*) train **5.** (COM: *zu Zahlung*) subject (*jdn zu etw* s.o. to s.th.) **II.** *vi sein* approach
herauf [hɛ'raʊf] **I.** *adv* up; **von unten ~** from below **II.** *präp* up; **die Treppe ~** up the stairs; **herauf|beschwören** *irr vt* **1.** (*wachrufen*) conjure up, evoke **2.** (*herbeiführen*) bring about; **herauf|kommen** *irr vi* come up; **herauf|ziehen** *irr* **I.** *vt haben* **1.** (*nach oben ziehen*) pull up **2.** (*fig*): **jdn zu sich ~** raise s.o. to one's level **II.** *vi*

H

sein (*von Gewitter*) approach, draw near

heraus [hɛˈraʊs] *adv* **1.** out **2.** (*fig*): **aus ...** ~ out of ... **3.** (*fam: entschieden sein*) have been settled; **von innen** ~ from within; **nach vorn** ~ **wohnen** live at the front; **ein Zimmer nach vorn** ~ a frontroom; **zum Fenster** ~ out of the window; ~ **mit dir!** out with you!; ~ **damit!** (*fam: mit der Sprache*) out with it!; (*her damit!*) hand it over!; **das ist noch nicht** ~ (*fam*) that's not yet been settled; **aus einer Notlage** ~ out of necessity; **aus dem Ärgsten** ~ **sein** be out of the wood *Br*, be out of the woods *Am*; **heraus|bekommen** *irr vt* **1.** (*Wechselgeld*) get back **2.** (*Nagel, Flecken*) get out **3.** (*herausfinden*) find out; (*lösen*) solve; **ich bekomme noch 3 Mark heraus** I still have 3 marks change to come; **wie viel haben Sie ~?** (*Wechselgeld*) how much change did you get back?; (*herausgefunden*) how much did you find out?; **sie werden nicht viel aus ihm** ~ (*er wird nicht viel sagen*) they won't get much out of him; **heraus|bringen** *irr vt* **1.** (*a.* COM) bring out **2.** (*Nagel, Flecken*) get out **3.** (*fig: lösen*) solve; (*herausfinden*) find out **4.** (*fig: hervorbringen, sagen*) get out; **jdn** (**etw**) **groß** ~ give s.o. (s.th.) a big build-up; **heraus|fahren** *irr* **I.** *vt haben* (*nach draußen*) drive out **II.** *vi sein* **1.** (*nach draußen*) drive out **2.** (*schnell herauskommen*) leap out; **heraus|finden** *irr* **I.** *vt* (*a. fig*) find out **II.** *vi* find one's way out

Herausforderer(in) *m(f)* challenger; **heraus|fordern** *vt* **1.** (*a.* SPORT) challenge (*zu* to) **2.** (*provozieren*) provoke (*zu etw* to do s.th.) **3.** (*zurückfordern*) reclaim; **zur Kritik** ~ invite criticism; **jdn zum Duell** ~ challenge s.o. to a duel; **herausfordernd** *adj* **1.** (*frech*) provoking **2.** (*provokativ*) provocative; **Herausforderung** *f* **1.** (*a.* SPORT) challenge **2.** (*Provokation*) provocation

heraus|geben *irr* **I.** *vt* **1.** (*zurückgeben*) return; (*Gefangene*) give up (*jdm jdn* s.o. to s.o.); (*aushändigen*) hand over (*jdm etw* s.th. to s.o.) **2.** (COM: *Ware*) deliver, hand out; (*Wechselgeld*) give change **3.** (*herausreichen*) pass out **4.** (*Buch als Hrsg.*) edit; (*als Verleger*) publish; **ich kann auf 50 DM nicht** ~ I haven't got change for 50 marks; **Sie haben mir zu wenig herausgegeben** you gave me too little change **II.** *vi* (*Wechselgeld*) give change (*auf* for); **können Sie mir** (**auf 50 DM**) **~?** can you give me change (for 50 marks)?

Herausgeber(in) *m(f)* **1.** (*Verfasser*) editor **2.** (*Verleger*) publisher

heraus|gehen *irr vi* go out; (*von Flecken*) come out; **aus sich** ~ come out of one's shell; (*munter werden*) liven up; **heraus|greifen** *irr vt* pick out; **heraus|gucken** *vi* (*fam*) peep out; **heraus|halten** *irr vr* keep out (*aus etw* of s.th.); **heraus|heben** *irr vt* lift out; (*betonen*) set off; **heraus|kommen** *irr vi* **1.** (*a. fig: entdeckt werden*) come out **2.** (*wegkommen, weggehen*) get out **3.** (*Buch*) be published, come out **4.** (*als Ergebnis*) come (*bei etw* of s.th.); (*bei Rechenaufgaben*) be the result **5.** (*fam: gestehen*) admit (*mit etw* s.th.); **es kommt auf eins heraus** it comes (down) to the same thing; **groß** ~ be a big hit; **was wird dabei ~?** what will come of it?; **dabei kommt nichts** ~ that doesn't get us anywhere; **sie kamen aus dem Lachen nicht** ~ they just couldn't stop laughing; **heraus|nehmen** *irr vt* (*a.* MED) take out; **sich etw** ~ (*fig*) take liberties *pl*; **sich jdm gegenüber zu viel** ~ make too free with s.o.; **er nahm sich die Frechheit heraus, mir zu erzählen, ...** he had the nerve to tell me ...; **sich den Blinddarm ~ lassen** have one's appendix out; **heraus|ragen** *vi* **1.** (*hervorstehen*) jut out **2.** (*höher sein*) tower (*aus etw* above s.th.) **3.** (*fig*) stand out; **heraus|ragend** *adj* outstanding; **heraus|reden** *vr*: **sich** ~ make excuses; **sich aus etw** ~ talk one's way out of s.th.; **heraus|reißen** *irr vt* tear out; **jdn aus etw** ~ (*fig*) tear s.o. away from s.th.; (*aus Schwierigkeiten*) save s.o. from s.th.; **heraus|rücken** **I.** *vi sein*: **mit etw** ~ (*mit der Wahrheit*) come out with s.th.; (*mit Geld*) fork s.th. out *Br*, shell s.th. out *Am* **II.** *vt haben* **1.** (*fam: hergeben*) let go of; (*Geld*) fork out *Br*, shell out *Am* **2.** (TYP) flush (*nach links, an den Rand* to the left, to the margin); **heraus|rutschen** *sein vi* slip out; **heraus|schlagen** *irr* **I.** *vt haben* **1.** (*Nagel*) pound out **2.** (*Zähne*) knock out; **einen Vorteil aus etw** ~ make a profit out of s.th. **II.** *vi sein* (*von Flammen*) leap out; **heraus|spritzen** *sein vt, vi* squirt out; **heraus|stellen** **I.** *vt* **1.** (*Gegenstände*) put out **2.** (SPORT: *einen Spieler*) turn out **3.** (*darstellen*) present; (*betonen*) emphasize; **jdn groß** ~ (*fig*) feature s.o. **II.** *vr* (*sich zeigen*) turn out; **heraus|streichen** *irr vt* (*betonen*) emphasize; (*loben*) crack up; **heraus|tröpfeln** *vi* trickle out; **heraus|wachsen** *irr vi* grow out (*aus* of); **heraus|ziehen** *irr vt* **1.** pull out **2.** (*entfernen*) remove (*aus* from)

herb [hɛrp] *adj* (*bitter*) bitter; (*streng*) austere; (*Kritik*) harsh; **ein ~es Parfum** a tangy perfume; **~er Wein** dry wine

herbei [hɛrˈbaɪ] *adv* here; **herbei|eilen** *sein vi* come running (up); **herbei|führen** *vt* **1.** (*bewirken*) bring about; (*verursachen*) cause **2.** (*nach sich ziehen*) give rise to **3.** (*veranlassen*) induce **4.** (*Begegnung arrangieren*) arrange for; **die Entscheidung ~** (SPORT) decide the match; **herbei|rufen** *irr vt* call (for); **herbei|ziehen** *irr vt* pull near; **an den Haaren herbeigezogen** (*fig*) far fetched

Herberge ['hɛrbɛrgə] <-, -n> *f* **1.** (*Obdach*) shelter **2.** (*Gasthof*) inn **3.** (*Jugend~*) (youth) hostel; **Herbergsmutter** *f*, **Herbergsvater** *m* warden

Herbizid <-(e)s, -e> *nt* (CHEM) herbicide

Herbst [hɛrpst] <-(e)s, -e> *m* (*a. fig*) autumn *Br*, fall *Am*; **im ~** in autumn *Br*, in the fall *Am*; **der ~ des Lebens** (*poet*) the autumn of (one's) life; **herbstlich** *adj* autumnal; (*attributiv*) autumn; **Herbstzeitlose** <-, -n> *f* meadow saffron

Herd [heːɐt] <-(e)s, -e> *m* **1.** (*Küchen~*) kitchen stove; (*Elektro~*) electric range **2.** (*fig: Ausgangspunkt*) centre; **Heim und ~** hearth and home; **am heimischen ~** by the fireside; **eigener ~ ist Goldes wert** (*prov*) there's no place like home; **~ eines Erdbebens** epicentre *Br*, epicenter *Am*

Herde ['heːɐdə] <-, -n> *f* (*Vieh~*) herd; (*von Schafen*) flock; (*fig*) crowd; **Herdenmensch** *m* (*pej*) man of the crowd; **Herdentrieb** *m* (*a. fig*) herd instinct

herein [hɛ'raɪn] *adv* in, into; **~!** (*interj*) come in!; **immer nur ~!** roll up!; **hier ~, bitte!** this way in, please!; **von draußen ~** from outside; **herein|bekommen** *irr vt* **1.** (*Waren*) get in **2.** (RADIO: *bestimmten Sender*) get; **herein|brechen** *vi sein* **1.** (*eindringen*) gush in **2.** (*von Dunkelheit*) close in; (*von Nacht, Dämmerung*) fall; (*von Unwetter*) break (*über* over) **3.** (*von Unglück*) befall (*über jdn, etw* s.o., s.th.); **herein|fallen** *vi sein* (*betrogen werden*) be taken in (*auf* by); **mit jdm (etw) ~** have a bad deal with s.o. (s.th.); **herein|holen** *vt* **1.** (*von draußen*) fetch in **2.** (COM: *Aufträge*) canvass **3.** (*fig: aufholen: Verluste*) make up for; **herein|kommen** *irr vi sein* come in(side); **wie bist du bloß hier hereingekommen?** how on earth did you get in here?; **herein|lassen** *irr vt* let in (*in* - to); **herein|legen** *vt* (*fam*): **jdn ~** take s.o. for a ride; **herein|platzen** *sein vi* burst in

Herfahrt *f ohne pl* journey here

her|fallen *irr vi*: **über jdn ~** (*angreifen*) fall upon s.o.; (*mit Fragen*) pitch into s.o.; (*kritisieren*) pull s.o. to pieces; **über etw ~** (*über Geschenke*) pounce upon s.th.; **Hergang** *m* **1.** (*Ablauf*) course of events **2.** (*Umstände*) details *pl*; **her|geben** *vt* give away, hand over; **hergebracht** *adj* (*alt~*) traditional; **her|gehen** *irr vi* **1. es ging hoch her** (*wild*) there were wild goings-on; **es ging lustig her** we had lots of fun **2. hinter (neben, vor) jdm ~** walk behind (beside, ahead of) s.o.; **hergelaufen** *adj* (*fam pej*): **ein ~er Kerl** a bum; **her|halten** *irr vi*: **immer ~ müssen** be always in for it; **her|holen** *vt* fetch, (go and) get; **her|hören** *vi* listen; **hört mal her!** listen here!

Hering ['heːrɪŋ] <-s, -e> *m* **1.** (*Speisefisch*) herring **2.** (*Zeltpflock*) (tent-)peg **3.** (*fam pej: dünner Mensch*) shrimp; **Heringsbrötchen** *nt* roll with pickled herring

her|kommen *vi sein* **1.** come here; (*sich nähern*) approach **2.** (*abstammen*) come (*von* from); **herkömmlich** ['heːɐkœmlɪç] *adj* conventional; **Herkunft** ['heːɐkʊnft] <-> *f* **1.** (*Abstammung*) descent; (*soziale ~*) background **2.** (*Ursprung*) origin; **britischer ~** of British descent; **von vornehmer ~** of gentle birth; **von unbekannter ~** of obscure origin; **Herkunftsland** *nt* country of origin; **her|leiten I.** *vt* (*ableiten*) derive (*aus* from) **II.** *vr* be derived (*von* from); **her|machen I.** *vr*: **sich über etw ~** (*fam: in Angriff nehmen*) get stuck into s.th.; (*über Essen*) pitch into s.th.; **sich über jdn ~** lay into s.o. **II.** *vt*: **viel ~** (*fam*) be impressive; **wenig von sich ~** be pretty modest

Hermelin [hɛrmə'liːn] <-s, -e> *m* **1.** (*großes Wiesel*) ermine **2.** (*Pelz*) ermine (fur)

hermetisch [hɛr'meːtɪʃ] *adv* hermetically

hernach [hɛr'naːx] *adv* afterward(s)

her|nehmen *irr vt* **1.** (*beschaffen*) get **2.** (*fam: tadeln*) give a (good) talking-to; **jdn richtig ~** (*fordern, belasten*) make s.o. sweat

Heroin [hero'iːn] <-s> *nt* heroine

heroisch [he'roːɪʃ] *adj* heroic; **Heroismus** [hero'ɪsmʊs] *m* heroism

Herold ['heːrɔlt] <-(e)s, -e> *m* (*a. fig*) herald; (*Vorbote*) harbinger

Herpes <-> *m* (MED) herpes

Herr [hɛr] <-/(-en)n, -en> *m* **1.** (*Mann*) gentleman **2.** (*Gebieter*) lord, master **3.** (*Anrede ohne Namen*) sir **4.** (*Anrede mit Namen*) Mr (= Mister); **~ Professor Maier** Professor Maier; **meine Damen und ~en!** ladies and gentlemen!; **sehr geehrter ~ Beck** dear Mr Beck; **sehr geehrte ~en** dear Sirs; **~en** (*Toilette*) Gentlemen, Men('s room); **die ~en A. und B.** Messrs. A. and B.; **~ über etw sein** have the command of s.th.; **sein eigener ~ sein** be one's own boss; **~ über seine Leidenschaften sein** control one's passions; **~ der Lage** master of the situation; **~ über Leben und Tod sein** have the power of life and death; **einer Sache ~ werden** master s.th.; **des**

Feuers ~ **werden** get the fire under control; **Herrenbekleidung** *f* men's wear; **Herrenfahrrad** *nt* man's bicycle; **Herrenhaus** *nt* mansion; **herrenlos** *adj* (JUR: *Sache*) ownerless; (*verlassen*) abandoned; (*Tier*) stray; **Herrenrad** *nt* man's bicycle; **Herrensalon** *m* barber's; **Herrentoilette** *f* (gentle)men's toilet

Herrgott <-s> *m* God, Lord; **~!** (*fam*) good Lord!; ~ **noch mal!** (*Fluch*) damn it all!

Herrin ['hɛrɪn] *f* mistress

herrisch *adj* **1.** (*gebieterisch*) domineering, imperious **2.** (*hochmütig*) lordly **3.** (*anmaßend*) overbearing

herrlich *adj* **1.** (*großartig*) magnificent **2.** (*wunderbar*) marvel(l)ous **3.** (*prächtig*) splendid; **Herrlichkeit** *f* (*fig*): **die ganze** ~ the whole set-out

Herrschaft *f* **1.** (*Staatsgewalt*) rule; (*eines Fürsten*) reign **2.** (*Macht*) power; (*Kontrolle*) control **3.** (*Herr und Herrin*) master and mistress; **meine ~en!** (*Anrede*) ladies and gentlemen!; **die ~ der Vernunft** the supremacy of reason; **die ~ über etw (jdn) ausüben** rule s.th. (s.o.); **herrschaftlich** *adj* **1.** (*einem hohen Herrn gehörig*) belonging to a lord **2.** (*vornehm*) elegant, grand

herrschen ['hɛrʃən] *vi* **1.** (*die Macht haben*) rule **2.** (*regieren*) govern; (*als König*) reign **3.** (*vor~*) prevail **4.** (*bestehen*) be; **hier ~ ja Zustände!** (*fam*) things are in a pretty state round here!; **herrschend** *adj* **1.** (*Klasse, Partei*) ruling; (*König*) reigning **2.** (*fig: vor~*) prevailing; (*augenblicklich*) present; (*Mode, Trend*) current

Herrscher(in) *m(f)* ruler (*über* of); (*Fürst*) sovereign; **Herrscherfamilie** *f* reigning family; **Herrscherhaus** *nt* dynasty; **Herrschsucht** *f* domineering behaviour; **herrschsüchtig** *adj* domineering

her|rühren *vi* come (*von* from), be due (*von* to); **her|sagen** *vt* **1.** (*aufsagen*) recite **2.** (*herunterleiern*) reel off; **her|stellen** *vt* **1.** (*fam: hierher stellen*) put (over) here **2.** (*zu Wege bringen*) establish **3.** (COM: *erzeugen*) make, produce; **Hersteller(in)** *m(f)* **1.** (COM: *Produzent*) producer **2.** (*Buch~*) production manager; **Herstellung** *f* (COM TYP) production; **Herstellungskosten** *pl* production costs

herüber [hɛ'ry:bɐ] *adv* over (here); (*über Grenze*) across

herum [hɛ'rʊm] *adv* about, (a)round; **um ... ~** around ...; **oben ~** round the top; **immer um jdn ~ sein** be always hanging about s.o.; **es kostet so um die 10 Mark ~** (*fam*) it costs somewhere round 10 marks; **herum|ärgern** *vr* keep getting annoyed (*mit* with); **herum|bummeln** *vi* (*fam*) **1.** (*herumlungern*) loiter **2.** (*faulenzen*) loaf about **3.** (*trödeln*) mess about; **herum|drehen** **I.** *vt* **1.** turn round **2.** (*wenden*) turn over; **jdm das Wort im Munde ~** twist someone's words *pl* **II.** *vi* twiddle (*an etw* with s.th.) **III.** *vr* **1.** (*im Kreis*) rotate; (*um sich selbst*) spin (a)round **2.** (*sich umwenden*) turn round (*zu jdm* toward(s) s.o.); **herum|fahren** *irr* **I.** *vt haben* drive about, take around **II.** *vi sein* **1.** (*umherfahren*) drive around **2.** (*sich schnell umdrehen*) turn round quickly; **herum|fuchteln** [hɛ'rʊmfʊxtəln] *vi* (*fam*) wave one's hands about; **herum|führen** **I.** *vt* **1.** (*Tiere, Menschen*) lead around (*um etw* s.th.) **2.** (*bei Besichtigung*) show around (*in etw* s.th.); **etw um etw ~** (*herumbauen*) build s.th. around s.th.; **jdn an der Nase ~** lead s.o. up the garden path **II.** *vi* go around (*um etw* s.th.); **herum|gehen** *irr vi* **1.** (*umhergehen*) go around (*in etw* s.th.) **2.** (*um etw ~*) walk around (*um etw* s.th.) **3.** (*zirkulieren*) be passed around **4.** (*zu Ende gehen*) pass; **etw ~ lassen** (*weiterreichen*) circulate s.th.; **diese Melodie geht mir im Kopf ~** that tune goes round and round in my head; **das Gerücht geht herum, dass ...** there's a rumour around that ...; **herum|horchen** *vi* (*fam: sich umhören*) keep one's ears open; **herum|kommandieren** *vt, vi* order around; **herum|kommen** *vi sein* (*reisen*) get around; **um etw ~** (*nicht tun müssen*) get out of s.th.; **er ist weit herumgekommen** he has seen a lot of the world; **Sie kommen um die Tatsache nicht herum, dass ...** you cannot overlook the fact that ...; **herum|kramen** *vi* (*fam*) rummage around; **herum|kriegen** *vt* **1.** (*fam*) get round **2.** (*Zeit*) get through; **herum|laufen** *vi sein* (*fam*) run around; **frei ~** (*Verbrecher*) be at large; (*Hund*) run free; **herum|liegen** *vi* (*fam*) lie around; (*verstreut*) be scattered about; (*faul*) laze around; **herum|lungern** [-'-lʊŋɐn] *vi* (*fam*) loaf about; **herum|reichen** **I.** *vt* (*zirkulieren lassen*) hand round; **jdn ~** introduce s.o. to one's friends **II.** *vi* reach round (*um etw* s.th.); **herum|reiten** *vi sein* (*fam: umherreiten*) ride about; **auf etw ~** (*dauernd von etw reden*) harp upon s.th.; **herum|schlagen** *irr vr* (*fam*) **1.** (*sich prügeln*) scuffle about **2.** (*mit Personen*) battle; (*mit Problemen*) struggle (*mit* with); **herum|schleppen** *vt* (*fam*) drag about; **herum|schnüffeln** *vi* (*fam*) snoop about; **herum|springen** *vi* (*fam*) dance about; **herum|stehen** *irr vi* (*fam*) stand around (*um jdn, etw* s.o., s.th.); **herum|stoßen** *vt* push [*o* shove] around; **herum|suchen** *vi* (*fam*) ferret about (*nach* for); **herum|treiben** *irr vr* (*fam*) **1.** (*herumziehen*) knock around (*mit jdm* with s.o.) **2.** (*herumhängen*) hang around; **herum|werfen** *irr* **I.** *vt* (*Lenkrad, Hebel*) throw around; **das Steuer ~** (*fig*) alter course **II.** *vr* toss about; **herum|ziehen** *vi* **1.** (*umherziehen*) wander about **2.** (*fam: zerren*) pull around (*an etw* at s.th.); **in der Weltgeschichte ~** (*fam*) roam the world; **etw mit sich ~** take s.th. around with one

herunten *adv* (*österr: hier unten*) down here

herunter [hɛ'rʊntɐ] **I.** *adv* down; **vom oben ~** from above; **vom Berg ~** down the mountain; **gerade ~** straight down; **~ damit!** down with it! **II.** *präp* down; **die Treppe (den Berg) ~** down the stairs (the mountain); **herunter|fallen** *irr vi* fall down; **herunter|gehen** *irr vi* **1.** go down; (*eine Treppe*) go downstairs **2.** (AVIAT) descend **3.** (*fig: Preise*) go down, fall

herunter|fahren *irr vt* (INFORM: *abspeichern vor dem Abschalten*) download, save

heruntergekommen *adj* **1.** down-and-out **2.** (*äußerlich*) dowdy **3.** (*finanziell*) run-down **4.** (*moralisch*) degenerated **5.** (*verfallen*) dilapidated

herunter|handeln *vt* (*Preis*) beat down; **herunter|hauen** *irr vt* (*fam*): **jdm eine ~** give s.o. a clip on the ear; **herunter|holen** *vt* **1.** fetch down **2.** (MIL AERO: *abschießen*) shoot down; **herunter|klappen** *vt* (*Kragen*) turn down; (*Sitz*) fold down; **herunter|kommen** *irr vi* **1.** (*nach unten kommen*) come down **2.** (*gesundheitlich*) get run down; (*wirtschaftlich*) go to pot **3.** (*moralisch*) degenerate **4.** (*verfallen*) decay; **herunter|laden** *vt* (INTERNET) to download; **herunter|machen** *vt* **1.** (*fam: kritisieren*) tear to pieces; (*fam: schlecht machen*) run down **2.** (*abmachen, wegmachen*) take down; **herunter|purzeln** *sein vi* tumble down; **herunter|putzen** *vt* (*fam*): **jdn ~** tear strips off someone; **herunter|schlucken** *vt* swallow; **herunter|schrauben** *vt* (*fig*): **seine Ansprüche ~** lower one's demands; **herunter|wirtschaften** *vt* (*fam*) run down

hervor [hɛr'foːɐ] *adv*: **aus etw ~** out from s.th.; **unter etw ~** from under s.th.; **hervor|bringen** *vt* **1.** (*produzieren*) bring forth, produce **2.** (*Worte äußern*) get out; **hervor|gehen** *vi sein* **1.** (*als Sieger*) come out **2.** (*entstehen*) develop, spring (*aus* from) **3.** (*folgen, sich ergeben*) follow (*aus* from); (*herrühren*) result (*aus* from) **4.** (*stammen*) come (*aus* from); **hervor|heben** *irr vt* **1.** (*betonen*) emphasize, stress **2.** (*fig: herausstreichen*) point out **3.** (TYP: *im Druck*) set off; **hervor|holen** *vt* get out, produce; **hervor|locken** *vt* lure out (*aus* from, *hinter* from behind); **hervor|ragen** *vi* **1.** (*hervorstehen*) jut out; (*höher sein*) tower (*aus etw* above s.th.) **2.** (*fig: hervorstechen*) stand out; **hervorragend** *adj* (*ausgezeichnet*) excellent, outstanding; **hervor|rufen** *irr vt* **1.** (*verursachen*) cause, give rise to **2.** (*Bewunderung*) arouse; **hervorstechend** *adj* (*auffallend*) striking; **hervor|treten** *vi sein* **1.** (*heraustreten*) step out; (*von Augen, Adern*) protrude; (*auftauchen*) emerge (from behind) **2.** (*vor die Öffentlichkeit treten*) come to the fore **3.** (*Farben, Umrisse*) stand out; (*sichtbar werden*) become evident; **~ lassen** set off (*vor* against); **hervor|tun** *irr vr* (*auszeichnen*) distinguish o.s.; **hervor|wagen** *vr* venture (to come) out

Herz [hɛrts] <-ens, -en> *nt* **1.** heart **2.** (*in Zssg*) heart-, of the heart; (MED) cardiac **3.** (*Farbe beim Kartenspiel*) hearts *pl;* (*einzelne Spielkarte*) heart **4.** (*als Kosewort*) sweetheart; **ein gutes ~ haben** be goodhearted; **jdm sein ~ ausschütten** pour out one's heart to s.o.; **jdm das ~ brechen** break someone's heart; **sein ~ ist angegriffen** his heart is affected; **mein ~ klopft** my heart is beating; **jdm sein ~ schenken** (*poet*) give s.o. one's heart; **~ spielen** (*beim Kartenspiel*) play hearts *pl;* **sein ~ verlieren** lose one's heart; **das liegt mir (sehr) am ~en** I am (very) concerned about that; **jdm etw ans ~ legen** recommend s.th. warmly to s.o.; **Hand aufs ~, hast du wirklich ...?** did you honestly ...?; **jdm ans ~ gewachsen sein** be very dear to s.o.; **etw auf dem ~en haben** have s.th. on one's mind; **aus tiefstem ~en** from the bottom of one's heart; **im tiefsten ~en** in one's heart of hearts; **im ~en der Stadt** in the heart of the city; **jdn ins ~ schließen** take s.o. to one's heart; **ich kann es nicht übers ~ bringen** I haven't got the heart to do it; **jdm das ~ schwer machen** grieve s.o.; **schweren ~ens** with a heavy heart; **von ~en (gern)** with all one's heart; **jdn auf ~ und Nieren prüfen** (*fam*) put s.o. to the acid test; **mit ganzem ~** wholeheartedly; **aus ganzem ~en lachen** laugh heartily; **jdm zu ~en gehen** touch someone's heart; **sich etw zu ~en nehmen** take s.th. to heart; **ein ~ und eine Seele sein** be bosom friends; **jdm aus dem ~en sprechen** voice s.o.'s innermost thoughts

Herzanfall *m* heart attack; **Herzbeutel** *m* (MED) pericardium

herzen ['hɛrtsən] *vt* (*obs*) **1.** (*umarmen*) embrace, hug **2.** (*liebkosen*) cuddle

herzensgut *adj* kind-hearted, very kind; **Herzenslust** *f*: **nach** ~ to one's heart's content; **herzergreifend** *adj* heart-rending

Herzfehler *m* (MED) cardiac defect

herzhaft *adj* (*kräftig*) hearty

her|ziehen *irr* **I.** *vt haben* **1.** (*näher heran ziehen*) draw closer **2. jdn (etw) hinter sich** ~ drag s.o. (s.th.) along behind one **II.** *vi sein* **1.** (*in neue Wohnung ziehen*) move here **2.** (*gehen, marschieren*) march along (*vor* in front of, *neben* beside, *hinter* behind); **über jdn (etw)** ~ pull s.o. (s.th.) to pieces

herzig ['hɛrtsɪç] *adj* delightful, sweet

Herzinfarkt *m* heart attack; **Herzinsuffizienz** *f* heart failure; **Herzkammer** *f* (MED) ventricle; **Herzklappe** *f* (MED) cardiac valve; **Herzklappenfehler** *m* (MED) valvular defect of the heart; **Herzklopfen** *nt* (MED) throbbing of the heart; **ich bekam** ~ my heart started pounding; **herzkrank** *adj* suffering from a heart condition; **Herzkrankheit** *f* heart condition, cardiopathy; **Herzkranzgefäße** *ntpl* coronary blood vessels; **Herz-Kreislauf-System** *nt* (MED) heart circulation system; **Herzleiden** *nt* heart condition, cardiopathy

herzlich **I.** *adj* **1.** (*Empfang*) warm **2.** (*Lachen*) hearty **3.** (*Bitte*) sincere **4.** (*eher formelhaft*) cordial; **~e Grüße** kind regards; **~en Dank!** thank you very much indeed!; **~es Beileid!** you have my heartfelt sympathy! **II.** *adv* **1.** (*sehr*) very **2.** (*äußerst*) utterly; ~ **wenig** precious little; ~ **gern** with all one's heart; **Herzlichkeit** *f* (*Wärme*) warmth; **herzlos** *adj* heartless

Herz-Lungen-Maschine *f* (MED) heart-lung machine; **Herzmittel** *nt* cardiac drug; **Herzmuskel** *m* (MED) cardiac muscle

Herzog(in) ['hɛrtso:k] *m(f)* duke (duchess); **Herzogtum** *nt* **1.** (*Land*) duchy **2.** (*Würde*) dukedom

Herzrhythmusstörung *f* (MED) palpitation; **Herzschlag¹** *m* **1.** (*einzelner Schlag des Herzens*) heartbeat **2.** (*Herztätigkeit*) pulse rate; **Herzschlag²** *m* (MED: *Stillstand des Herzens*) heart failure; **Herzschrittmacher** *m* (MED) cardiac pacemaker; **Herzstillstand** *m* (MED) cardiac arrest; **Herztätigkeit** *f* (MED) cardiac activity; **Herztransplantation** ['-transplanta'tsio:n] <-, -en> *f* (MED) heart transplant; **Herzversagen** *nt* heart failure

herzzerreißend *adj* heart-rending

Hesse, -sin ['hɛsə] <-n, -n> *m, f* Hessian; **hessisch** *adj* Hessian

heterogen *adj* heterogeneous

heterosexuell [heterozɛksu'ɛl] *adj* heterosexual

Hetze ['hɛtsə] <-, (-n)> *f* **1.** (*fam: Eile*) hurry, rush **2.** (*fig*) agitation, campaign (*gegen* against); **hetzen** *vt haben, vi sein* **1.** (*jagen*) chase, hunt **2.** (*eilen, antreiben*) hurry, rush **3.** (*fig: aufreizen*) agitate, stir up hatred (*gegen* against); **zu Tode** ~ hunt to death; (*fig*) hound; **die Hunde auf jdn** ~ set the dogs on s.o.; **Hetzerei** *f* (*Eile*) rush; **Hetzkampagne** *f* inflammatory campaign

Heu [hɔɪ] <-(e)s> *nt* hay; ~ **machen** make hay; **Geld wie** ~ **haben** (*fam*) be rolling in money, have pots of money; **Heuboden** *m* hayloft

Heuchelei [hɔɪçə'laɪ] *f* hypocrisy; **heucheln** ['hɔɪçəln] **I.** *vi* (*sich verstellen*) play the hypocrite **II.** *vt* (*vortäuschen*) feign; **Heuchler(in)** *m(f)* **1.** hypocrite **2.** (*Frömmler*) canter; **heuchlerisch** *adj* **1.** hypocritical **2.** (*frömmelnd*) canting

heuer ['hɔɪɐ] *adv* this year

heulen ['hɔɪlən] *vi* **1.** howl; (*laut*) yell **2.** (*Wind*) roar **3.** (*Tiere*) howl, yelp **4.** (*Sirene*) wail; **das ~de Elend** (*fam*) the blues *pl;* **es ist einfach zum Heulen** (*fam*) it's enough to make you weep

heurig ['hɔɪrɪç] *adj* (*österr, CH*) *this year's*

Heuschnupfen *m* hay fever

Heuschrecke ['hɔɪʃrɛkə] <-, -n> *f* grasshopper; (*in heißen Ländern*) locust

heute ['hɔɪtə] *adv* today, this day; ~ **Abend**[RR] this evening, tonight; ~ **früh,** ~ **Morgen**[RR] this morning; ~ **Mittag**[RR] today at twelve o'clock *Br,* today noon *Am;* ~ **in 8 Tagen** this day week, today week; ~ **in einem Jahr** a year from today; ~ **vor 8 Tagen** a week ago today; **den Wievielten**[RR] **haben wir ~?** what date is it today?; **bis** ~ till today; **noch** ~ **muss das geschehen** it has to be done this very day; **von** ~ **an** from this day on; **der Mensch von** ~ modern man; **die Jugend von** ~ the young people of today

heutig *adj* **1.** of this day, today's **2.** (*gegenwärtig*) contemporary; (*neuzeitlich*) modern; **der ~e Tag** today; **bis zum ~en Tag** to this very day; **vom ~en Tag** (COM: *Brief*) of today('s date)

heutzutage *adv* nowadays, these days

Hexe ['hɛksə] <-, -n> *f* witch; **alte** ~ (*pej: alte Frau*) old hag; **hexen** ['hɛksən] *vi* (HIST) practise witchcraft; (*Wunder wirken*) work miracles; **ich kann doch nicht ~!** (*fam*) I am not a magician!; **Hexenkessel** *m* (*fig*) pandemonium

Hexenschuss[RR] *m* (MED) lumbago

Hexer ['hɛksɐ] <-s, -> *m* wizard; **Hexerei** *f* **1.** (*das Hexen*) sorcery, witchcraft **2.** (*von Zaubertrick*) magic; **das ist doch keine** ~

(*fam*) that's no magic
Hickhack <-s> *nt* (*fam*) squabbling
Hieb [hi:p] <-(e)s, -e> *m* **1.** (*Schlag*) blow; (*Streich*) stroke **2.** (SPORT: *beim Fechten*) slash; **~e bekommen** get a thrashing
hieb- und stichfest *adj* watertight, copper-bottomed
hier [hi:ɐ] *adv* **1.** (*räumlich*) here; (*in diesem Land*) in this country **2.** (*zeitlich*) now; **der Herr ~** this gentleman; **sind Sie von ~** are you a local?; **~ und da** (*örtlich*) here and there; (*zeitlich*) now and then; **~ oben** up here; **~ unten** down here; **~ ist Frau W.** (TELE) this is Mrs W. (speaking); **~ bin ich** here I am!; **es steht mir bis ~** (*fig sl: ich hab's satt*) I'm fed up to here; **hieran** *adv:* **~ lässt sich erkennen, ...** you can see from this ...; **wenn ich ~ denke** when I think of this; **~ kann es keinen Zweifel geben** there can be no doubt about that; **~ erkenne ich es** I recognize it by this
Hierarchie [hierar'çi:] <-, -n> *f* hierarchy
hierauf *adv* (*zeitlich*) then; **hieraus** *adv* from this; **hierbei** *adv* **1.** (*währenddessen*) doing this **2.** (*bei dieser Gelegenheit*) on this occasion; (*in diesem Zusammenhang*) in this connection; **hierdurch** *adv* **1.** (*hier hindurch*) through here **2.** (*fig: hiermit*) by this means, hereby, herewith **3.** (JUR: *kraft*) by (virtue of) the present; **hierfür** *adv* for it, for this; **hierher** *adv* here, over here, this way; **~!** come here!; **bis ~** (*zeitlich*) so far, up to now; (*räumlich*) up to here; **bis ~ und nicht weiter** this far and no further; **mir steht es bis ~** (*sl*) I'm fed up to here; **hierin** *adv* (*a. fig*) in this; **hiermit** *adv* herewith, with this
Hieroglyphe [hiero'gly:fə] <-, -n> *f* hieroglyph
hierüber *adv* **1.** (*nach hier*) over here **2.** (*oberhalb dieser Stelle*) over it **3.** (*betreffend*) about this; **hierunter** *adv* **1.** (*unter diesem hier*) beneath this, under this **2.** (*fig*) by this; (*in dieser Kategorie*) among these; **hiervon** *adv* (*von diesem*) from this; **hierzu** *adv* **1.** (*dafür*) for this; (*dazu*) with this **2.** (*außerdem*) in addition to this, moreover **3.** (*zu diesem Punkt*) about this
hierzulande *adv* here, in this country
hiesig ['hi:zɪç] *adj* local; **die ~e Bevölkerung** the local population
Hi-Fi-Anlage ['haɪfaɪ-/'haɪfi-] *f* hi-fi (set)
high *adj* (*sl: von Drogen*) high; **von etw ~ werden** get a kick from s.th.
Highflyer ['haɪflaɪɐ] <-s, -> *m* (*erfolgreiches, neues Unternehmen*) high flyer
Highlife ['haɪlaɪf] <-s> *nt* (*fam*) high life; **~ machen** live it up
High-Tech [haɪ'tɛk] <-(s)> *nt* high-tech, hi tech
Hilfe ['hɪlfə] <-, -n> *f* **1.** help **2.** (*finanzielle ~*) aid; (*Beistand*) assistance **3.** (*für Notleidende*) relief **4.** (*Hilfskraft*) help; **erste**[RR] **~** first aid; **mit ~ des Lineals** with the help of the ruler; **ohne ~ sein** stand alone; **zu ~!** help! help!; **jdn um ~ bitten** ask for someone's help; **jdm zu ~ kommen** come to someone's aid; **jede ~ kam zu spät** it was too late to help; **jdm ~ leisten** help s.o.; **etw zu ~ nehmen** make use of s.th.; **um ~ rufen** cry for help; **~ suchend**[RR] imploring, seeking help; **jdn ~ suchend**[RR] **ansehen** look at sb beseechingly; **Hilfeleistung** *f* assistance, help; **Hilferuf** *m* **1.** cry for help **2.** (*fig*) urgent appeal; **hilfesuchend** *adj s.* **Hilfe**
hilflos *adj* helpless; **Hilflosigkeit** *f* helplessness; **hilfreich** *adj* **1.** helpful **2.** (*nützlich*) useful
Hilfsaktion *f* relief action; **Hilfsarbeiter(in)** *m(f)* unskilled worker; **hilfsbedürftig** *adj* **1.** (*Hilfe benötigend*) in need of help **2.** (*Not leidend*) needy; **hilfsbereit** *adj* **1.** (*helfend, hilfreich*) helpful **2.** (*entgegenkommend*) obliging; **er ist stets ~** he is always ready to help; **Hilfsdatei** *f* (EDV) scratch file; **Hilfsdienst** *m* **1.** (*Aus~*) auxiliary service **2.** (*Notdienst*) emergency service **3.** (AUTO: *bei Autopannen*) breakdown service, wrecker service *Am;* **Hilfskraft** *f* **1.** (*Assistent*) assistant, help(er) **2.** (*Aus~*) temporary worker; **Hilfsmittel** *nt* **1.** (*Hilfe*) aid **2.** (*Maßnahme*) means, measure **3.** (*pl: Mittel*) resources **4.** (*Werkzeug*) device; **Hilfsmotor** *m:* **Fahrrad mit ~** motor-assisted bicycle; **Hilfswerk** *nt* relief organization; **Hilfszeitwort** *nt* (GRAM) auxiliary verb
Himbeere ['hɪmbe:rə] <-, -n> *f* raspberry; **Himbeersaft** *m* raspberry juice
Himmel ['hɪməl] <-s, -> *m* **1.** (*der sichtbare ~*) sky **2.** (REL) heaven; (*Paradies*) paradise; (*fig: Gott, Schicksal*) Heaven **3.** (*Decke eines ~bettes*) canopy; **bewölkter ~** cloudy sky; **am ~** in the sky; **aus heiterem ~** out of the blue; **um ~s willen!** for Heaven's sake!; **dem ~ sei Dank!** thank Heaven!; **du lieber ~!** great Heavens!; **unter freiem ~ schlafen** sleep in the open air; **~ und Erde in Bewegung setzen** move heaven and earth; **jdn in den ~ heben** praise s.o. to the skies *pl;* **das Blaue vom ~ herunterlügen** (*fam*) lie a blue streak; **jdm das Blaue vom ~ versprechen** promise s.o. everything under the sun
Himmelbett *nt* four-poster; **himmelblau** *adj* azure, sky-blue; **Himmelfahrt** *f* (REL) **1. Christi ~** the Ascension of Christ **2.** (*~stag*) Ascension Day; **Mariä ~** the As-

sumption of the Virgin Mary; **Himmelreich** *nt* (REL) Kingdom of Heaven; **himmelschreiend** *adj* **1.**(*Unrecht*) outrageous; (*Verhältnisse*) appalling **2.**(*Unsinn*) utter **3.**(*Schande, Skandal*) crying; **Himmelskörper** *m* (ASTR) celestial body; **Himmelsrichtung** *f* direction; **himmelweit** *adj* (*fig*) tremendous; **es ist ein ~er Unterschied** it makes all the difference in the world

himmlisch ['hɪmlɪʃ] *adj* **1.**(*zum Himmel gehörig*) heavenly **2.**(*wunderbar*) divine; (*grenzenlos*) infinite

hin [hɪn] **I.** *adv* **1.**(*dort~*) there; (*zu*) towards **2.**(*entlang*) along; **nichts wie ~!** (*fam*) let's go then!; ~ **und her** (*auf und ab*) to, and fro; (~ *und zurück*) there and back; **das Hin und Her** the comings and goings *pl;* **auf die Gefahr ~ missverstanden zu werden** at the risk of being misunderstood; **auf seinen Rat ~** on his advice; ~ **und wieder** (every) now and again; ~ **und zurück** there and back; **eine Fahrkarte ~ und zurück** a return ticket *Br;* a round-trip ticket *Am;* **Sonntag ~, Sonntag her** Sunday or not; **über die Jahre ~** as years go by; **nach außen ~** (*fig*) outwardly; **wo sind sie ~?** (*fam*) where have they gone?; **etw ~ und her überlegen** think about s.th. over and over (again) **II.** *adj pred* (*fam*) **1.**(*Ruf*) ruined **2.**(*kaputt*) broken **3.**(*fig: erschöpft*) done in **4.**(*fig: begeistert*) carried away **5.**(*fig: tot*) dead; **sie war ganz ~ (und weg)** (*fam: hingerissen*) she was really carried away; **dein Ruf ist ~** (*fam*) your reputation is ruined

hinab [hɪ'nap] *adv* down, downward(s); ~ **mit dir!** down with you! down you go!; **den Berg ~** down the hill, downhill; **den Strom ~** down the river, downstream

hin|arbeiten *vi* aim (*auf* at)

hinauf [hɪ'naʊf] *adv* up; **da ~** up there; **die Straße ~** up the street; **hinauf|fahren** *irr* **I.** *vi* go up, drive up **II.** *vt* take up, drive up; **hinauf|gehen** *irr vi* **1.** go up; (*Treppe*) go upstairs **2.**(*von Preisen*) rise; **hinauf|steigen** *irr vi* climb up

hinaus [hɪ'naʊs] *adv* **1.**(*räumlich*) out; **über ... ~** beyond ... **2.**(*zeitlich*): **über ... ~** until after ... **3.**(*fig*): **über ... ~** on top of ...; (*jenseits*) beyond ...; ~ **(mit Ihnen)!** (get) out!; **hier ~** this way out; **sie wohnt nach hinten (vorn) ~** she is living towards the back (the front); **zum Fenster ~** out of the window; **zur Tür ~** out through the door; **auf Jahre ~** for years to come; **darüber ~** on top of this; **über das Grab ~** beyond the grave; **er will zu hoch ~** (*fig*) he aims too high; **hinaus|befördern** *vt* kick out, throw out; **hinaus|begleiten** *vt* see out (*aus* of); **hinaus|ekeln** *vt* winkle out; **hinaus|gehen** *irr vi* **1.**(*Raum verlassen*) go out **2.**(*Tür, Zimmer, Fenster*) open (*auf* onto) **3.**(*fig: überschreiten*) go beyond (*über etw* s.th.) **4.**(*fig: übertreffen, übersteigen*) exceed (*über etw* s.th.); **hinaus|laufen** *irr vi* **1.**(*hinausrennen*) run out **2.**(*fig*): **auf etw ~** come to s.th.; **hinaus|lehnen** *vr* lean out; **hinaus|schicken** *vt* send out; **hinaus|schieben** *vt* put off, postpone; **hinaus|schießen** *vi sein* (*fig*): **über das Ziel ~** overshoot the mark; **hinaus|werfen** *irr vt* **1.**(*aus Fenster*) throw out **2.**(*fam: entfernen*) chuck out; (*entlassen*) fire; (*sl*) sack; **einen Blick ~** take a, glance outside; **Geld zum Fenster ~** (*verschwenden*) pour money down the drain; **hinaus|wollen** *irr vi* (*beabsichtigen*) be driving at; **hoch ~** aim high; **hinaus|zögern** *vt* delay

hin|biegen *irr vt* (*fam*) sort out

Hinblick *m:* **im ~ auf ...** (*in Bezug auf*) with regard to ...; (*angesichts*) in view of ...

hin|bringen *irr vt* **1.**(*begleiten*) take there **2.**(*fig: Zeit*) pass, spend

hinderlich ['hɪndɐlɪç] *adj* **1.**(*im Weg*) in the way **2.**(*lästig*) restricting; (*störend*) embarrassing; **jdm ~ sein** (*jdm im Wege stehen*) stand in someone's way; **jds Fortkommen ~ sein** be an obstacle to someone's advancement

hindern I. *vt* **1.**(*aufhalten*) hinder; (*hemmen*) hamper, impede **2.**(*ganz abhalten*) prevent (*an* from) **II.** *vi* (*stören*) be a hindrance (*bei* to); **Hindernis** ['hɪndɐnɪs] <-ses, -se> *nt* **1.**(*a. fig*) obstacle **2.**(*Erschwernis*) hindrance **3.**(*Behinderung*) handicap; **jdm ~se in den Weg legen** put obstacles in someone's way; **alle ~se aus dem Wege räumen** remove all obstacles; **auf ~se stoßen** run into obstacles; **Hindernisrennen** *nt* (SPORT: *auf Pferden*) steeplechase

hin|deuten *vi* **1.**(*zeigen*) point (*auf* at) **2.**(*anzeigen*) indicate

Hindu ['hɪndu] <-(s), -(s)> *m* Hindu

hindurch [hɪn'dʊrç] *adv* **1.**(*räumlich*) through **2.**(*zeitlich*) throughout; **das ganze Jahr ~** all the year round, throughout the year; **den ganzen Tag ~** all day (long); **mitten ~** right through; **lange Zeit ~** for a long time

hinein [hɪ'naɪn] *adv* **1.**(*räumlich*) in, inside, into **2.**(*zeitlich*) into; ~ **mit Ihnen!** in you go!; **da ~** in there; **in etw ~** into s.th.; **bis tief in die Nacht ~** well into the night; **hinein|finden** *vr:* **sich ~ in ...** (*vertraut werden mit*) get familiar with ...; (*sich abfinden*) come to terms with ...; **hinein-**

gehen *vi sein* **1.** go in (*in* -to) **2.** (*hineinpassen*): **in dieses Faß gehen 20 Liter hinein** this barrel holds 20 liters; **hinein|legen** *vt* (*a. fig*) put in; **hinein|passen** *vi:* **in etw** ~ fit into s.th.; (*in Schema*) fit in with s.th.; **hinein|reden** *vi* **1.** (*unterbrechen*) interrupt (*jdm* s.o.) **2.** (*sich einmischen*) interfere (*jdm* in someone's affairs); **sich in seine Wut** ~ talk o.s. into a rage; **hinein|stecken** *vt* put in (*in* -to); **viel Mühe in etw** ~ put a lot of effort into s.th.; **seine Nase in alles** ~ poke one's nose into everything; **hinein|steigern** *vr* work o.s. up (*in einen Zustand* into a state); **sich in seine Wut** ~ work o.s. up into a rage; **sich in seinen Kummer** ~ let o.s. be completely taken up with one's worries *pl;* **sich in eine Rolle** ~ become completely caught up in a role; **hinein|versetzen** *vr* put o.s. in the position (*in jdn* of s.o.)

hin|fahren *irr* **I.** *vt haben* take [*o* drive] there **II.** *vi sein* go there, drive there, sail there; **Hinfahrt** *f* journey there; (MAR) voyage out; (RAIL) outward journey; **auf der** ~ on the way there; **nur** ~ (RAIL) single *Br* one way *Am*

hin|fallen *irr vi* fall (down); **hinfällig** *adj* **1.** (*schwach*) frail **2.** (*unhaltbar*) untenable **3.** (*ungültig*) invalid; **Hinfälligkeit** *f* **1.** (*Schwäche*) frailness **2.** (*fig: Ungültigkeit*) invalidity

Hinflug *m* (AVIAT) outward flight

hin|führen *vt, vi* (*a. fig*) lead there; **wo soll das ~?** (*fig*) where is this leading to?

Hingabe <-> *f* **1.** (*Ergebenheit*) devotion **2.** (*Begeisterung*) dedication; **hin|geben** *irr* **I.** *vt* **1.** (*aufgeben*) give up **2.** (*opfern*) sacrifice **II.** *vr:* **sich einer Sache** ~ (*einer positiven Sache*) devote o.s. to s.th.; (*einer negativen Sache*) abandon o.s. to s.th.; **sich jdm** ~ give o.s. to s.o.; **hingebungsvoll** *adj* devoted

hingegen [-'--] *konj* (*jedoch*) however; (*andererseits*) on the other hand

hin|gehen *irr vi* **1.** go there **2.** (*von Zeit*) go by, pass; **etw** ~ **lassen** (*fig*) hinnehmen, let s.th. pass

hin|halten *irr vt* **1.** (*reichen*) hold out (*jdm* to s.o.) **2.** (*fig*): **jdn** ~ put s.o. off; **Hinhaltetaktik** *f* stalling tactics *pl*

hin|hauen *irr* **I.** *vt* (*sl*) **1.** (*hinschmeißen*) plonk down **2.** (*hinschmieren*) knock off **II.** *vi* (*sl*) **1.** (*ausreichen*) do **2.** (*klappen*) work **III.** *vr* (*sl: sich schlafen legen*) turn in

hinken ['hɪŋkən] *vi* limp; (*unpassend sein*) be inappropriate; **mit dem rechten Bein** ~ have a limp in one's right leg; **der Vergleich hinkt** that's a lame comparison

hin|knien *vi, vr* kneel down

hinlänglich *adj* **1.** (*ausreichend*) sufficient **2.** (*angemessen*) adequate

hin|legen I. *vt* **1.** (*niederlegen*) put down; (*flach* ~) lay down **2.** (*fam: Leistung*) perform effortlessly **3.** (*fam: bezahlen müssen*) fork out **II.** *vr* (*sich niederlegen*) lie down; **sich der Länge nach** ~ (*fam*) be taken aback

hin|nehmen *irr vt* accept, take; **etw als selbstverständlich** ~ take s.th. for granted

hin|raffen *vt* (*poet*) carry off

hinreichend *adj* **1.** (*ausreichend*) sufficient **2.** (*angemessen*) adequate

Hinreise *f* journey there; (MAR) voyage out; (RAIL) outward journey; **auf der** ~ on the way there; **Hin- und Rückreise** journey there and back

hin|reißen *irr vt* **1.** (*entzücken*) enrapture, thrill **2.** (*überwältigen*) force (*jdn zu etw* s.o. into s.th.); **sich** ~ **lassen** let o.s. be carried away (*zu einer Entscheidung* into making a decision); **hinreißend** *adj* (*fantastisch*) fantastic; (*bezaubernd*) enchanting; (*Schönheit*) ravishing

hin|richten *vt* (*Verbrecher*) execute; **jdn durch den Strang** ~ hang s.o.; **Hinrichtung** *f* execution

hin|schmeißen *irr vt* **1.** (*fam: hinwerfen*) fling down **2.** (*fam: aufgeben*) chuck in

hin|sehen *irr vi* look; **vor sich** ~ look straight ahead

hin|setzen I. *vt* (*Gegenstände*) set down; (*Personen*) seat **II.** *vr* sit down; **sich gerade** ~ sit up straight

Hinsicht *f:* **in jeder** ~ in every respect; **in** ~ **auf ...** (*bezüglich*) with regard to ...; (*angesichts*) in view of ...; **in dieser** ~ in this regard; **hinsichtlich** *präp* (*bezüglich*) with regard to; (*angesichts*) in view of

hin|stellen I. *vt* **1.** (*hinsetzen, -legen*) put (down) **2.** (*fam: Häuser*) put up; **jdn (etw) als jdn (etw)** ~ make s.o. (s.th.) out to be s.o. (s.th.) **II.** *vr* **1.** stand **2.** (AUTO: *parken*) park

hinten ['hɪntən] *adv* behind; (*auf der Rückseite*) at the back; ~ **im Buch** at the end of the book; ~ **im Bild** in the back of the picture; **nach** ~ to the back; **von** ~ **anfangen** begin from the back; **ein Blick nach** ~ a look behind; ~ **bleiben** stay behind; (*fig*) lag behind; **von** ~ **(her)** from behind, from the back; **von weit** ~ from the very back; **weit** ~ far behind, far back; **jdn am liebsten von** ~ **sehen** (*fam*) be glad to see the back of s.o.; **jdn** ~ **und vorne bedienen** wait on s.o. hand and foot; **es jdm** ~ **und vorne reinstecken** (*fam*) spoon-feed s.o.; **ich weiß nicht mehr, wo** ~ **und vorn ist** (*fam*) I don't know whether I'm coming or going; **das langt** ~ **und vorn nicht** (*fam*) that's not enough to make ends meet

hinter [ˈhɪntɐ] *präp* 1. (*räumlich*) behind 2. (*zeitlich*) after; ~ **dem Haus** at the back of the house; ~ **mir** (**her**) (*räumlich*) behind me; (*um mich zu kriegen*) after me; ~ **meinem Rücken** behind my back; **sich hinter jdn stellen** stand behind s.o., support s.o.; ~ **Schloss und Riegel** under lock and key; ~ **etw kommen** get to the bottom of s.th.; ~ **etw stecken** be at the bottom of s.th.; **etw** ~ **sich bringen** get s.th. over (and done with); (*Entfernung*) cover s.th.; **etw** ~ **sich haben** (*überstanden*) have got over s.th.; (*Krankheit, schlimme Zeit*) have been through s.th.; (*zurückgelegt*) have covered s.th.; ~ **sich lassen** leave behind

Hinterachse *f* (AUTO) rear axle

Hinterbacke *f* buttock

Hinterbein *nt* hind leg; **sich auf die ~e stellen** (*Pferd*) rear up; (*fam: sich widersetzen*) kick up a fuss

Hinterbliebene(r) [hɪntɐˈbliːbənə] *f m* (JUR) surviving relative; **die ~n** the bereaved

hinterbringen *irr vt* inform (*jdm etw* s.o. of s.th.)

hintere [ˈhɪntərə] *adj* back; **der** (**die**) ~ the one at the back

hintereinander *adv* 1. (*zeitlich*) one after the other, one after another 2. (*räumlich*) one behind the other; **drei Tage** ~ three days running; **dicht** ~ (*zeitlich*) close behind; (*räumlich*) close on one another

Hintergedanke *m* ulterior motive

hintergehen *irr vt haben* (*betrügen*) deceive

Hintergrund *m* 1. (*von Zimmer, Gemälde, a. fig*) background 2. (THEAT) back; **vor diesem** ~ (*a. fig*) against this background; **im** ~ **bleiben** (*a. fig*) stay in the background; **Hintergrundprogramm** *nt* background program

Hinterhalt *m* (MIL: *a. fig*) ambush; **in einen** ~ **locken** draw into an ambush; **im** ~ **liegen** lie in ambush; **jdn aus dem** ~ **angreifen** ambush s.o.; **jdm im** ~ **auflauern** wait in ambush for s.o.; **hinterhältig** [ˈhɪntɐhɛltɪç] *adj* underhand

Hinterhand *f*: **noch etw in der** ~ **haben** have s.th. up one's sleeve

hinterher [--ˈ-] *adv* 1. (*räumlich*) behind 2. (*zeitlich*) afterward(s); **hinterherlaufen** *vi sein* 1. run behind 2. (*fam*) run after (*jdm* s.o.)

Hinterhof *m* backyard

Hinterkopf *m* back of one's head; **etw im** ~ **haben** (*fam*) have s.th. in the back of one's mind

Hinterland <-(e)s> *nt* hinterland

hinterlassen *irr vt* 1. (*zurücklassen*) leave 2. (*testamentarisch*) bequeath (*jdm etw* s.th. to s.o.); **Hinterlassenschaft** *f* 1. (JUR) estate 2. (*fig*) legacy

Hinterlauf *m* hind leg

hinterlegen *vt* 1. (*verwahren lassen*) deposit (*bei* with) 2. (*als Pfand*) leave

Hinterlist *f* 1. (*Tücke*) craftiness; (*Verschlagenheit*) cunning 2. (*in Betrugsabsicht*) deceitfulness 3. (*List*) trick; **hinterlistig** *adj* 1. (*tückisch*) crafty; (*verschlagen*) cunning 2. (*betrügerisch*) deceitful 3. (*falsch*) false, perfidious

Hintermann <-(e)s, ⸚er> *m* 1. (*hinter einem Stehender*) person behind (one) 2. (*fig*) backer

Hintern [ˈhɪntɐn] <-s, -> *m* (*fam*) bottom, bum *Br,* butt *Am;* **sich auf den** ~ **setzen** (*fam: hinfallen*) fall on one's bottom; (*energisch arbeiten*) buckle down to work; **ein Tritt in den** ~ (*fam*) a kick up the backside; **was auf den** ~ **kriegen** (*fam*) get one's bottom smacked

Hinterrad *nt* (RAIL) back wheel; (AUTO: *a. Fahrrad*) rear wheel; **Hinterradantrieb** *m* (AUTO) rear wheel drive

hinterrücks [ˈhɪntərʏks] *adv* 1. (*von hinten*) from behind 2. (*fig: heimtückisch*) behind someone's back

Hintersitz *m* (AUTO) backseat

hinterste *adj* backmost, very back; **das** ~ **Ende** the very end

Hintertreffen *nt*: **ins** ~ **geraten** lose ground; **im** ~ **sein** be under a handicap

hintertreiben *irr vt* (*vereiteln*) foil, thwart

Hintertreppe *f* back stairs *pl*

Hintertür *f* 1. (*Tür nach hinten heraus*) back door 2. (*fig: Ausweg*) loophole; **sich ein ~chen offen halten** leave o.s. a loophole

Hinterwäldler [ˈhɪntɐvɛltlɐ] *m* (*pej*) backwoodsman, hillbilly *Am*

hinterziehen *irr vt*: **Steuern** ~ evade tax(es)

hinüber [hɪˈnyːbɐ] *adv* over; (*durch Überqueren*) across; **hinüber|sein** *irr vi* (*fam*) 1. (*verdorben*) be off 2. (*kaputt, tot*) have had it 3. (*betrunken*) be (well) away

hinunter [hɪˈnʊntɐ] *adv, präp* down; **die Straße** ~ down the street; **bis** ~ **nach ...** down to ...; **hinunter|fahren** *vi sein* go down; **hinunter|gehen** *vi sein* go down; (*zu Fuß*) walk down; **hinunter|kippen** *vt* (*fam: Getränk*) knock back

hinunter|schlucken *vt* (*a. fig*) swallow

hinunter|spülen *vt* 1. wash down 2. (*fig: Ärger*) soothe; **hinunter|werfen** *vt* throw down; **jdn die Treppe** ~ kick s.o. downstairs

hinweg [hɪnˈvɛk] *adv* 1. (*fort*) away 2. (*zeitlich*): **über 10 Jahre** ~ over a period of 10 years; **über jdn/jds Kopf**) ~ over someone's head; **hinweg|gehen** *irr vi*: **über**

etw ~ (*nicht beachten*) pass over s.th.; **hinweg|kommen** *irr vi* (*fig*) get over; **er kann nicht darüber** ~ he can't get over it; **hinweg|sehen** *irr vi* (*fig*): **über jdn/etw** ~ see over s.o./s.th.; (*fig: ignorieren*) ignore s.o./s.th.; (*außer Acht lassen*) overlook s.o./s.th.; **hinweg|setzen** *vr* (*fig*): **sich ~ über etw** disregard s.th.

Hinweis ['hɪnvaɪs] <-es, -e> *m* **1.** (*Anhaltspunkt*) indication (*auf* to); (*bes. für Polizei*) clue **2.** (*Anspielung*) allusion (*auf* to) **3.** (*amtlicher ~*) notice; (*Rat*) tip **4.** (*Verweisung*) reference (*auf* to); **hin|weisen** *irr* **I.** *vt* point (*jdn auf etw* s.th. out to s.o.) **II.** *vi* **1.** (*zeigen*) point (*auf* to) **2.** (*verweisen*) refer (*auf* to) **3.** (*betonen*) emphasize (*auf etw* s.th.)

hin|werfen *irr* **I.** *vt* **1.** throw down (*jdm etw* s.th. to s.o.) **2.** (*fig: flüchtige Bemerkung*) drop (casually) **3.** (*fam: Arbeit, Stelle*) chuck **II.** *vr* throw o.s. down (*auf die Knie* on one's knees)

hinwirken *vi:* **auf etw** ~ pave the way for s.th.

Hinz [hɪnts] *m:* ~ **und Kunz** every Tom, Dick and Harry

hin|ziehen **I.** *vt* **1.** *haben* draw (*zu* towards) **2.** (*anziehen*) attract (*zu* to) **3.** (*in die Länge ziehen*) drag out **II.** *vr haben* **1.** (*sich erstrecken*) stretch (*bis, nach* to) **2.** (*zeitlich*) drag on

hinzu [hɪn'tsu:] *adv* **1.** (*örtlich*) there **2.** (*außerdem*) besides, in addition; **hinzu|fügen** *vt* **1.** add (*einer Sache* to s.th.) **2.** (*in Briefen*) enclose; **hinzu|kommen** *irr vi* **1.** (*herbeikommen*) arrive **2.** (*sich anschließen*) join (*bei, zu etw* s.th.) **3.** (*beigefügt werden*) be added (*zu etw* to s.th.); **es kommt noch hinzu, dass …** add to this that …; **kommt sonst noch etw ~?** will there be anything else?; **hinzu|zählen** *vt* add; **hinzu|ziehen** *irr vt* (*Arzt*) consult

Hiobsbotschaft ['hi:ɔps-] *f* bad news, tidings of gloom and doom

hip [hɪp] *adj* (*sl: aktuell*) hip

Hirn [hɪrn] <-(e)s, -e> *nt* **1.** (ANAT) brain **2.** (*fam: Verstand, Intelligenz*) brains *pl*; **Hirnanhangdrüse** *f* pituitary gland; **Hirngespinst** ['hɪrngəʃpɪnst] <-(e)s, -e> *nt* (*pej*) fantasy; **Hirnhautentzündung** *f* (MED) meningitis; **hirnrissig** *adj* (*fam*) crazy, hare-brained; **Hirntod** *m* (MED) brain death; **hirnverbrannt** *adj* (*fam*) crackbrained

Hirsch [hɪrʃ] <-(e)s, -e> *m* (*Rot~*) stag; **Hirschfänger** *m* hunting-knife; **Hirschgeweih** *nt* antlers *pl;* **Hirschkäfer** *m* stag-beetle; **Hirschkalb** *nt* fawn; **Hirschkeule** *f* haunch of venison; **Hirschkuh** *f* hind

Hirse ['hɪrzə] <-> *f* (*Getreideart*) millet

Hirte ['hɪrtə] <-n, -n> *m* herdsman; (*Schaf~, a. Seelsorger*) shepherd; **Hirtenbrief** *m* (ECCL) pastoral

His [hɪs] <-, -> *nt* (MUS) B sharp

hissen ['hɪsən] *vt* hoist (up)

Historie [hɪs'to:riə] <-, -n> *f* **1.** (*Welt~*) history **2.** (*Erzählung*) story; **Historiker(in)** *m(f)* historian; **historisch** *adj* **1.** (*geschichtlich*) historical **2.** (*fig: sehr bedeutsam*) historic

Hit *m* (*Zugriff auf die einzelnen Dateien einer Web-Seite*) hit

Hitparade <-, -n> *f* charts *pl*

Hitze ['hɪtsə] <-> *f* heat; (*Wetter*) hot weather; **drückende** ~ oppressive heat; **in der ~ des Gefechts** in the heat of the moment; **hitzebeständig** *adj* heat-resistant; **hitzeempfindlich** *adj* sensitive to heat; **Hitzeschutzschild** *m* (*bei Raumfahrt*) heat shield; **Hitzewelle** *f* heat wave

hitzig ['hɪtsɪç] *adj* **1.** (*aufbrausend*) hotheaded **2.** (*Debatte*) heated; ~ **werden** (*Person*) flare up; (*Debatte*) grow heated

Hitzkopf *m* hothead

Hitzschlag *m* heat-stroke

HIV [ha:i:'faʊ] <-(s), -(s)> *nt Abk. von* **Human Immunodeficiency Virus** HIV; **HIV-infiziert** *adj* HIV(-)infected; **HIV-positiv** *adj* HIV(-)positive, tested positive for aids; **HIV-Positive(r)** *f m* HIV-positive person; **HIV-Virus** *m* HIV virus

hm [hm] *interj* hm, hum

H-Milch *f* UHT-milk

HNO *Abk. von* **Hals-Nasen-Ohren** ear, nose and throat

Hobby ['hɔbi] <-s, -s> *nt* hobby; **Hobbyferien** *pl* activity holiday *sing*

Hobel ['ho:bəl] <-s, -> *m* (TECH) plane; **Hobelbank** *f* joiner's bench; **hobeln** *vt, vi* plane; **wo gehobelt wird, da fallen Späne** (*prov*) you can't make an omelette without breaking eggs

Hoch [ho:x] <-s, -s> *nt* **1.** (*~ruf*) cheer (*auf, für* for) **2.** (*in Meteorologie, a. fig*) high; **ein dreifaches ~ für …** three cheers for …

hoch [ho:x] <höher, höchst> **I.** *adj* **1.** high; (*groß, ~ gewachsen*) tall **2.** (*Preise*) dear, high **3.** (*Ehre*) great; (*Geburt*) noble; (*Strafe*) heavy, severe; **ein hohes Alter erreichen** live to a ripe old age; **in hohem Ansehen stehen** be highly esteemed; **in hoher Blüte stehen** (*Handel*) be flourishing; (*Kultur*) be at its zenith; **eine hohe Geldstrafe** a heavy fine; **das hohe C** (MUS) top C; **ein hohes Tier** (*fam*) a big fish; **im hohen Norden** in the far North; **auf dem hohen Ross sitzen** (*pej*) be on one's high horse; **auf hoher See** on the high seas *pl;* **in hohem Maße** to a high degree **II.** *adv* **1.** (*nach oben*) up **2.** (*Qualität*) highly **3.** (MATH): **2 ~ 3** (= 2^3) 2 to the power of 3; ~ **oben** high up; ~ **angesetzt** highly-targeted; ~ **zu Ross** on horseback; ~ **und heilig versprechen** promise faithfully; **Hände ~!** hands up!; **Kopf ~!** chin up!; **jdm etw ~ anrechnen** think highly of s.o. for s.th.; ~ **hinauswollen** aim high; **es geht ~ her** things are pretty lively; ~ **lebe der König!** long live the king!; **den Kopf ~ tragen** hold one's head high; **die Nase ~ tragen** (*pej*) go around with one's nose in the air; ~ **begabt**[RR] highly talented; ~ **bezahlt**[RR] highly paid; ~ **halten**[RR] hold up

Hochachtung *f* deep respect; **meine ~!** well done!; **hochachtungsvoll** *adv* (*in Briefen*) yours faithfully; **hochaktiv** *adj* high-level; **~e wärmeerzeugende Abfälle** high-level heat-generating waste *sing;* **hochaktuell** *adj* highly topical; **Hochaltar** *m* (ECCL) high altar; **Hochamt** *nt* (ECCL) High Mass; **hoch|arbeiten** *vr* work one's way up; **hochauflösend** *adj* (TV) high-resolution; **Hochbahn** *f* elevated railway *Br,* elevated railroad *Am;* **Hochbau** <-(e)s> *m* **1.** (TECH) building construction, surface engineering **2.** (ARCH) high-rise building; **hochbegabt** *adj s.* hoch; **Hochbegabte(r)** *f m* gifted person; (*Kind*) gifted child; **hochberühmt** *adj* very famous; **hochbetagt** *adj* advanced [*o* well on] in years; **Hochbetrieb** *m* (*in Geschäft*) peak period; **hochbezahlt** *adj s.* hoch; **Hochburg** *f* (*fig*) stronghold; **hochdeutsch** *adj* High German; **Hochdruck** [-(e)s] *m* **1.** (*Wetter, a. phys*) high pressure **2.** (TYP: *Verfahren*) relief printing **3.** (*Ergebnis*) relief print **4.** (MED: *Blut~*) high blood pressure; **mit ~ arbeiten** work at full stretch; **Hochebene** *f* plateau; **hochentwickelt** *adj* (TECH) highly advanced; **hocherfreut** *adj* overjoyed (*über* at); **hochexplosiv** *adj* (*a. fig*) highly explosive; **hochfahrend** *adj* (*fig: überheblich*) arrogant; **Hochfinanz** <-> *f* high finance; **hochfliegend** *adj* (*fig*) **1.** (*hochgesteckt*) ambitious **2.** (*übertrieben*) high-flown; **Hochform** <-> *f* (SPORT: *a. fig*) top form; **Hochformat** *nt* vertical format; **Hochfrequenz** *f* (ELEK) high frequency; **Hochgarage** *f* (AUTO) multi-stor(e)y car park; **Hochgebirge** *nt* high mountains *pl;* **Hochgefühl** *nt* elation

hoch|gehen *vi sein* **1.** (*steigen*) rise **2.** (*fam: hinaufgehen*) go up **3.** (*fam: zornig werden*) hit the ceiling [*o* roof]; (*fam: explodieren*) blow up **4.** (*sl: gefasst werden*) get nabbed

hochgelobt *adj* highly praised, critically acclaimed

Hochgenuss[RR] *m* real treat; **Hochgeschwindigkeitscomputer** *m* high-speed computer; **Hochgeschwindigkeitszug** *m* high-speed train; **hochgespannt** *adj* (*fig*) great, high; **Hochglanz** *m* high-polish; **etw auf ~ bringen** polish s.th. until it gleams; **hochgradig** *adj* **1.** extreme **2.** (*fig: Unsinn*) absolute, utter; **hoch|halten** *irr vt* (*achten*) uphold; *s. a.* hoch; **Hochhaus** *nt* high-rise building; (*Wolkenkratzer*) skyscraper; **hoch|heben** *irr vt* (*Hand, Arm*) lift raise, hold up; (*Kind, Last*) lift up

hochkant ['ho:xkant] *adv* end up, on end

hoch|kommen *vi* come up

Hochkonjunktur *f* (COM FIN) boom; **Hochland** <-(e)s> *nt* highland; **das schottische ~** the Scottish Highlands *pl;* **Hochleistung** *f* first-class performance; **Hochlohnland** *nt* country with high wage costs; **hochmodern** *adj* very modern; **Hochmoor** *nt* moor; **Hochmut** *m* arrogance; **~ kommt vor dem Fall** (*prov*) pride comes before a fall; **hochmütig** ['ho:xmy:tɪç] *adj* haughty, arrogant; **hochnäsig** *adj* (*fam pej*) stuck-up, snooty; **Hochofen** *m* (blast) furnace; **hochprozentig** *adj* (*Alkohol*) high-proof; **hochqualifiziert** *adj* highly qualified; **Hochrechnung** *f* (computer) projection, projected result; **hoch|rüsten I.** *vt* (TECH) upgrade **II.** *vi* (MIL) increase the weaponry (of a country); **Hochrüstung** <-> *f* (MIL) arms build-up; **Hochsaison** *f* high season; **Hochschrank** *m* **1.** (*Einbau~*) floor-to-ceiling wardrobe **2.** (*hoher Schrank*) high wardrobe; **Hochschule** *f* college; (*Universität*) university; **Hochschullehrer(in)** *m(f)* university teacher; (*Professor*) professor; **Hochschulreife** *f* matriculation standard; **hochschwanger** *adj* well advanced in pregnancy; **Hochsee** *f* high sea; **Hochseefischerei** *f* deep-sea fishing; **hochsensibel** *adj* (*Apparat, Person*) highly sensitive; **Hochsicherheitstrakt** *m* (*Gefängnis*) high-security wing; **Hochsommer** *m* midsummer; **Hochspannung** *f* (ELEK) high-voltage, H.V.; (*a. fig*) high-tension, H.T.; **Hochspannungsleitung** *f* (ELEK) high-tension line; **Hochspannungsmast** *m* (ELEK) (high-tension) pylon; **Hochsprache** *f* standard language; **Hochsprung** *m* (SPORT) high jump

höchst [hø:çst/hø:kst] *adv* highly, most; **Höchstalter** *nt* maximum age

Hochstapler(in) *m(f)* (*Schwindler*) confidence trickster

Höchstbetrag *m* maximum amount; (*Limit*) limit

höchste *adj* **1.** highest **2.** (*größte*) tallest; (*längste*) longest **3.** (*äußerste*) utmost; (*extrem*) extreme **4.** (*maximal*) maximum **5.** (*schwerste*) heaviest; **die ~ Instanz** (JUR) the supreme court (of appeal); **im ~n Maße** to the highest degree; **im ~n Fall** at the most; **aufs ~ erfreut** highly pleased; **am ~n** highest; **~ Zeit** high time; **das ist aber das ~ der Gefühle** (*fam*) and that's the end of it

höchstens *adv* **1.** (*bestenfalls*) at best, at (the) most **2.** (*nicht mehr*) not more than ...

Höchstfall *m*: **im ~** at the most; **Höchstform** *f* (SPORT: *a. fig*) top form; **Höchstgebot** *nt* highest bid; **Höchstgeschwindigkeit** *f* top speed; **zulässige ~** speed limit; **Höchstgrenze** *f* upper limit; **Höchstleistung** *f* **1.** (*Bestleistung*) best performance **2.** (SPORT) record **3.** (*Produktions~*) maximum output; **Höchstmaß** *nt* maximum amount (*an* of); **höchstpersönlich** *adv* in person; **Höchstpreis** *m* (COM) maximum price; **höchstwahrscheinlich** *adv* in all probability, most likely

hochstylen *vt* (*fam*) give style to; (*pej: Person*) hype; (*sl: hochgestyltes Produkt*) stylish product

höchstzulässig *adj* maximum (permissible); **~er Wert** maximum value

Hochtechnologie *f* high-technology; **Hochtemperaturreaktor** *m* high temperature reactor; **Hochtouren** *pl*: **auf ~en laufen** at full speed [*o* steam]

hochtrabend *adj* (*pej: aufgeblasen*) pompous; (*geschwollen*) high-falutin(g)

Hochverrat *m* high treason

Hochwald *m* timber forest; **Hochwasser** *nt* **1.** (*zu hoher Wasserstand*) high water (*Überschwemmung*) flood **2.** (*Höchststand von Flut*) high tide; **seine Hose hat ~** (*hum fam*) his trousers are at half-mast **Hochwasserstand** *m* high water level (*bei Überschwemmung*) flood stage

hochwertig *adj pred* of high quality, high-quality

Hochzahl *f* (MATH) exponent

Hochzeit¹ ['ho:xtsaɪt] *f* (*Blüteperiode*) golden age

Hochzeit² ['hɔxtsaɪt] *f* marriage, wedding; **diamantene** (**goldene, silberne**) **~** diamond (golden, silver) wedding; **auf allen ~en tanzen** have a finger in every pie; **Hochzeitsfeier** *f* wedding celebration; **Hochzeitsgast** *m* wedding guest; **Hochzeitsnacht** *f* wedding night; **Hochzeitsreise** *f* honeymoon; **Hochzeitstag** *m* **1.** (*Tag der Hochzeit*) wedding day **2.** (*Jahrestag*) wedding anniversary

hoch|ziehen *vt* pull up

Hocke ['hɔkə] <-, -n> *f* (*beim Turnen*) squat; **in die ~ gehen** squat; **hocken** *vi* **1.** squat **2.** (*fam: sitzen*) sit (around); **über seinen Büchern ~** pore over one's books

Hocker *m* (*Schemel*) stool; **das reißt mich nicht vom ~** (*fam*) that doesn't bowl me over

Höcker ['hœkɐ] <-s, -> *m* (*vom Kamel, a. Buckel*) hump

Hode(n) ['ho:dən] <-s, -> *f (m)* (ANAT) testicle; **Hodenkrebs** *m* testicular cancer; **Hodensack** *m* (ANAT) scrotum

Hof [ho:f, *pl:* 'hø:fə] <-(e)s, =e> *m* **1.** (*Platz*) yard; (*Innen~*) courtyard; (*Hinter~*) backyard **2.** (*Bauern~*) farm **3.** (*Fürsten~*) court **4.** (ASTR: *Ring um Mond, Sonne*) halo; **bei ~e** at court; **am ~e Heinrichs VIII** at the court of Henry VIII

hoffen ['hɔfən] **I.** *vt* hope for **II.** *vi* hope (*auf etw* for s.th.), set one's hopes (*auf jdn* on s.o.); **das Beste ~** hope for the best; **ich hoffe es** I hope so; **es ist sehr zu ~** it is much to be hoped; **ich will nicht ~, dass das wahr ist** I hope that it is not true; **auf Gott ~** trust in God; **hoffentlich** ['hɔfəntlɪç] *adv* hopefully, I hope so; **~ nicht** I hope not; **~ kommt sie** I hope she will come; **Hoffnung** ['hɔfnʊŋ] *f* hope (*auf* in); **die ~ aufgeben** (**verlieren**) abandon (lose) hope; **jdm ~en machen** raise someone's hopes; **jdm keine ~en machen** not hold out any hopes for s.o.; **sich ~ machen** have hopes (*auf etw* of getting s.th.); **sie ist meine einzige ~** my only hope is in her; **seine ~en setzen auf ...** pin one's hope on ...; **in der ~ zu ...** hoping to ...; **guter ~ sein** (*schwanger*) be expecting; **hoffnungslos** *adj* hopeless; **Hoffnungslosigkeit** *f* hopelessness; **Hoffnungsschimmer** *m* glimmer of hope; **Hoffnungsstrahl** <-(e)s> *m* ray of hope; **Hoffnungsträger(in)** *m(f)* carrier of hope; **hoffnungsvoll I.** *adj* (*voller Hoffnung*) hopeful; (*viel versprechend*) promising **II.** *adv* full of hope

Hofhund *m* watchdog

höfisch ['hø:fɪʃ] *adj* courtly

höflich ['hø:flɪç] *adj* polite; (*zuvorkommend*) courteous; (*respektvoll*) respectful; **Höflichkeit** *f* (*das Höflichsein*) politeness, courteousness; **~en** (*Komplimente*) compliments

Höfling *m* courtier

Hofnarr *m* court jester

Hoftor *nt* yard gate

hohe ['ho:ə] *adj attr* **1.** high; (*groß*) tall **2.** (*Preise*) dear, high **3.** (*Ehre*) great; (*Geburt*) noble; (*Strafe*) heavy, severe

Höhe ['hø:ə] <-, -n> *f* **1.** height **2.** (MATH ASTR AERO) altitude **3.** (*Gipfel*) summit; (*An~*) hill **4.** (*Ausmaß, Größenordnung, Niveau*) level; (*Umfang, Wert, Betrag*) amount **5.** (*geografische ~*) latitude **6.** (MUS: *Ton~*) pitch; (RADIO: *Ton~*) treble; **das ist doch wohl die ~!** (*fam*) that's the limit!; **auf der ~ sein** (*fam: der Zeit*) be up-to-date; (*gesundheitlich*) be fighting fit; **auf gleicher ~** level with each other; **auf der ~ von Liverpool** (MAR) off Liverpool; **an ~ gewinnen** (AVIAT) gain height; **aus der ~** from above; **die Preise in die ~ treiben** force up the prices; **bis zur ~ von $5** up to the amount of $5; **ein Betrag in ~ von ...** an amount of ...; **in der ~** on high, up in the air; **in die ~** into the air, up, upwards; **die ~n und Tiefen des Lebens** the ups and downs of life; **in einer ~ von 1.000 Fuß** (AVIAT) at an altitude of 1,000 feet; **in die ~ fahren** start up; **in die ~ gehen** (*Preise*) go up

Hoheit ['ho:haɪt] *f* **1.** (*Staats~*) sovereignty (*über* over) **2.** (*Titel*) Highness; **Seine (Ihre) Königliche ~** His (Her) Royal Highness, H.R.H.; **Hoheitsgebiet** *nt* sovereign territory; **Hoheitsgewässer** *pl* territorial waters; **hoheitsvoll** *adj* majestic; **Hoheitszeichen** *nt* national emblem

Höhenangaabe *f* altitude reading; (*auf Karte*) height marking; **Höhenmesser** *m* (AVIAT) altimeter; **Höhensonne** *f* (ELEK) sunray lamp; **Höhenunterschied** *m* difference in altitude; **höhenverstellbar** *adj* (*Sitz*) vertically adjustable; **Höhenzug** *m* mountain range, ridge of hills

Höhepunkt *m* **1.** (*höchster Punkt*) highest point **2.** (*einer Entwicklung*) apex, summit; (*des Tages, einer Veranstaltung*) high spot; (*der Karriere, der Macht*) peak, pinnacle; (*eines Dramas*) climax **3.** (MED: *Krise*) crisis **4.** (ASTR: *a. fig*) zenith

höher ['hø:ɐ] *adj* higher; (*von Macht*) superior; (*von Klasse*) upper; **~e Gewalt** an act of God; **~e Instanz** (JUR) higher court; (*Behörde*) higher authority; **~e Mathematik** higher mathematics; **~e Schule** secondary school *Br*, high school *Am;* **mein Herz schlägt ~** my heart beats faster

hohl [ho:l] *adj* **1.** hollow; (*Wangen, Augen*) sunken **2.** (*gedämpft klingend*) dull, hollow **3.** (*fig: leer*) empty; (*schal, seicht*) shallow

Höhle ['hø:lə] <-, -n> *f* **1.** cave, cavern; (*Loch*) hole; (*Tier~*) den, hole **2.** (ANAT) cavity; **Höhlenforscher(in)** *m(f)* speleologist

Hohlheit *f* (*fig: Leere*) emptiness, shallowness; **Hohlkopf** *m* (*pej*) dunce, num(b)skull; **Hohlkörper** *m* hollow body; **Hohlkreuz** <-(e)s> *nt* hollow back; **Hohlmaß** *nt* measure of capacity; **Hohlraum** *m* hollow space; (*Höhlung*) cavity; **Hohlraumversiegelung** *f* (AUTO) cavity seal; **Hohlspiegel** *m* concave mirror

Höhlung ['hø:lʊŋ] *f* cavity, hollow

Hohlweg *m* narrow pass

Hohn [ho:n] <-(e)s> *m* (*Geringschätzung*) scorn; (*Spott*) derision, mockery; **nur ~ und Spott ernten** get nothing but scorn and derision; **das ist der reinste ~** it's sheer mockery; **höhnen** ['hø:nən] **I.** *vt* mock **II.** *vi* sneer (*über* at); **Hohngelächter** *nt* scornful laughter; **höhnisch** ['hø:nɪʃ] *adj* mocking, scornful, sneering; **Hohnlächeln** *nt* sneer

Hokuspokus [ho:kʊs'po:kʊs] <-> *m* **1.** (*Zauberformel*) hey presto **2.** (*fam: Täuschung*) hocus-pocus **3.** (*fam: Drumherum*) fuss

hold [hɔlt] *adj* (*geh: zugeneigt*) well-disposed (*jdm* to s.o.); **das Glück war ihr ~** (*poet*) fortune smiled upon her

holen ['ho:lən] *vt* fetch, get; (*Person ab~*) take away; (*erringen, gewinnen*) win; **jdn ~ lassen** send for s.o.; **sich eine Erkältung ~** catch a cold; **sich den Tod ~** (*fam*) catch one's death; **sich bei jdm Rat ~** ask someone's advice; **Atem ~** draw (a) breath; **da ist nichts zu ~** (*fam*) there's nothing in it; **bei ihr ist nichts zu ~** (*fam*) you won't get anything out of her; **hol's der Teufel!** (*sl*) confound it!; **hol dich der Teufel!** (*sl*) go to hell!

Holland ['hɔlant] <-s> *nt* Holland

Holländer <-s, -> *m* Dutchman; **Holländerin** *f* Dutchwoman; **holländisch** *adj* Dutch

Hölle ['hœlə] <-> *f* hell; **fahr zur ~!** (*sl*) go to hell!; **die ~ auf Erden haben** have a hellish time; **jdm die ~ heiß machen** (*fam*) give s.o. hell; **jdm das Leben zur ~ machen** (*fam*) make someone's life a hell; **Höllenlärm** *m* (*fam*) infernal noise; **Höllenstein** *m* (CHEM) lunar caustic, silver nitrate; **höllisch** *adj* **1.** (*aus der Hölle*) infernal **2.** (*fam: sehr, riesig*) hellish; **~ aufpassen** keep one's eyes skinned; **eine ~e Angst haben** (*fam*) be scared stiff; **~ weh tun** (*fam*) hurt like hell; **~ schwer** (*fam*) hellish(ly) difficult

Holocaust ['ho:lokaʊst] <-s> *m* holocaust; **Holocaust-Mahnmal** *nt* holocaust memorial

Holografie[RR] *f* holography; **Hologramm** [holo'gram] <-(e)s, -e> *nt* holograph; **Holographie** *f* holography

holpern ['hɔlpɐn] *sein vi* (*von Wagen*) bump, jolt; **holprig** ['hɔlprɪç] *adj* **1.** (*Weg*) bumpy **2.** (*Stil*) clumsy

Holunder [ho'lʊndɐ] <-s, -> *m* (*Strauch*)

elder
Holunderbeere *f* elderberry
Holz [hɔlts, *pl:* 'hœltsɐ] <-es, ¨-er> *nt* wood; (*Bau~*) timber *Br,* lumber *Am;* **aus ~** made of wood; **aus demselben ~ geschnitzt sein** (*fig*) be cast in the same mo(u)ld; **aus hartem ~ geschnitzt sein** (*fig*) be made of stern stuff; **holzartig** *adj* woodlike, woody; **Holzbearbeitung** *f* woodworking
hölzern ['hœltsɐn] *adj* (*a. fig*) wooden
Holzfäller *m* lumberjack, woodcutter; **Holzfaser** *f* wood fibre *Br,* wood fiber *Am;* **holzfrei** *adj* (*Papier*) wood-free; **Holzhacker** *m* woodchopper; **Holzhammer** *m* mallet; **jdm etw mit dem ~ beibringen** (*fam*) hammer s.th. into s.o.; **Holzhammermethode** *f* (*fam*) sledgehammer method; **Holzhandel** *m* timber trade *Br,* lumber trade *Am*
holzig ['hɔltsɪç] *adj* **1.** (*holzartig*) woody **2.** (*bei Rettich, Spargel*) stringy
Holzklotz *m* block of wood; **Holzkohle** *f* charcoal; **Holzlager** *nt* timberyard *Br,* lumberyard *Am;* **Holzschnitt** *m* wood engraving; **Holzschnitzer(in)** *m(f)* wood carver; **Holzschuh** *m* (*hölzerner Schuh*) wooden shoe; (*Pantine*) clog, sabot; **Holzschutzmittel** *nt* wood preservative; **Holzstich** *m* wood engraving; **Holzstoß** *m* woodpile; **Holzweg** *m* (*fam*): **auf dem ~ sein** be on the wrong track; **Holzwolle** *f* woodwool *Br,* excelsior *Am;* **Holzwurm** *m* woodworm
Home-Care ['həʊmkɛːɐ] <-> *f* (*häusliche Krankenpflege*) home care
Homepage ['həʊmpeɪdʒ] *f* (INTERNET) homepage; **Homeshopping** *nt* (*online einkaufen*) home shopping; **Hometrainer** *m* home exercise machine
Homie ['həʊmɪ] <-s, -s> *m* (*sl: guter Freund*) mate, pal
Homo ['hoːmo] <(-s), -s> *m* (*fam*) queer
homogen [homo'geːn] *adj* homogeneous; **homogenisieren** *vt* homogenize; **Homogenität** *f* homogeneity
Homöopathie [homøopa'tiː] *f* (MED) hom(o)eopathy; **homöopathisch** *adj* hom(o)eopathic
Homosexualität [-zɛksuali'tɛːt] *f* homosexuality; **homosexuell** *adj* homosexual; **Homosexuelle(r)** *m* homosexual
Honduraner(in) <-s, -> *m(f)* Honduran; **honduranisch** *adj* Honduran; **Honduras** [hɔn'duːras] *nt* Honduras
Honig ['hoːnɪç] <-s> *m* honey; **Honigbiene** *f* honey-bee; **Honigkuchenpferd** *nt* (*fam*): **wie ein ~ grinsen** grin like a Cheshire cat
Honigmelone *f* honeydew melon; **honigsüß** *adj* **1.** as sweet as honey **2.** (*fig*) honeyed; **Honigwabe** *f* honeycomb
Honorar [hono'raːɐ] <-s, -e> *nt* fee; (*für Autor*) royalty
Honoratioren [honora'tsjoːrən] *pl* dignitaries
honorieren *vt* **1.** (COM) remunerate; (*Wechsel, Scheck*) honour **2.** (*fig*) reward
Hopfen ['hɔpfən] <-s, -> *m* hop; (*Brau~*) hops *pl;* **bei ihm ist ~ und Malz verloren** (*fam*) he's a dead loss
hopphopp I. *interj:* **~!** (be) quick! **II.** *adv* (*fam*): **alles muss ~ gehen** everything has to be done double-quick
hoppla ['hɔpla] *interj:* **~!** (wh)oops!; **~, jetzt komm' ich!** look out, here I come!
Hops [hɔps] <-es, -e> *m* (*fam*) hop; **hops**[1] *interj:* **~ war er weg** with a jump he was gone; **hops**[2] *adj pred* (*fam*): **~ gehen** (*verloren gehen*) get lost; (*kaputtgehen*) get broken; (*sl: sterben*) kick the bucket
hopsen *sein vi* (*fam*) hop, skip
Hörapparat *m* (TECH MED) hearing aid
hörbar *adj* audible
Hörbrille *f* earglasses *pl*
Hörbuchladen *m* (*Laden für literarische CDs und Kassetten*) audio bookshop
horchen ['hɔrçən] *vi* **1.** (*hören*) listen (*auf* to) **2.** (*an der Tür*) eavesdrop; **horch!** listen!; **Horcher(in)** *m(f)* (*an der Tür*) eavesdropper; **Horchposten** *m* (MIL) listening post
Horde ['hɔrdə] <-, -n> *f* (*a. pej*) horde
hören ['høːrən] *vt, vi* **1.** hear; (*hin~, lauschen*) listen (*auf* to); (*Vorlesung*) go to **2.** (*erfahren*) hear (*von* about, of) **3.** (*gehorchen*) obey; **Radio ~** listen to the radio; **etw im Radio ~** hear s.th. on the radio; **~ Sie mich?** (RADIO) are you receiving me?; **mit meinem Radio kann ich Radio Peking ~** I can get Radio Peking with my radio; **auf jdn ~** listen to s.o.; **auf den Namen Bello ~** (*meist von Tieren*) answer to the name of Bello ...; **hört! hört!** (*bei Zustimmung*) hear! hear!; (*bei Missfallen*) listen to that!; **er will auch gehört werden** he wants to be heard too; **soviel man hört** from what one hears; **von etw nichts ~ wollen** not want to know anything about s.th.; **gut ~** hear well; **schlecht ~** be hard of hearing; **das lässt sich ~** that doesn't sound bad; **von sich ~ lassen** keep in touch (*jdm gegenüber* with s.o.); **ihr verging Hören und Sehen** (*fam*) she didn't know whether she was coming or going; **Sie werden noch von mir ~!** (*fam: als Drohung*) you'll be hearing from me!
Hörensagen *nt:* **vom ~** from hearsay
Hörer(in) *m(f)* (RADIO) listener

Hörer *m* (TELE) receiver; **den ~ abnehmen** lift the receiver; **den ~ auflegen** put down the receiver, hang up; **Hörerschaft** *f* **1.** (RADIO) listeners *pl* **2.** (*Studenten*) (number of) students *pl;* **Hörfehler** *m* (MED) hearing defect; **Hörfunk** *m* radio; **Hörgerät** *nt* hearing aid

hörig *adj* enslaved, sexually dependent (*jdm* on s.o.); **sie ist ihm völlig ~** she is in complete bondage to him; **Hörigkeit** *f* (*Sklaverei*) bondage; (*geschlechtlich*) sexual dependence

Horizont [hori'tsɔnt] <-(e)s, -e> *m* (*a. fig*) horizon; **am ~** on the horizon; **das geht über meinen ~** that's beyond me

horizontal *adj* horizontal; **das ~e Gewerbe** (*fam hum*) the oldest profession in the world; **Horizontale** <-, -n> *f* (MATH) horizontal (line); **sich in die ~ begeben** (*hum: ins Bett gehen*) hit the sack

Hormon [hɔr'mo:n] <-s, -e> *nt* (MED CHEM) hormone; **Hormonbehandlung** *f* hormone treatment; **Hormonproduktion** *f* hormone production; **Hormonsystem** *nt* hormone system

Hörmuschel *f* (TELE) earpiece

Horn [hɔrn, *pl:* 'hœrnɐ] <-(e)s, ¨-er> *nt* **1.** horn **2.** (*Fühler*) feeler **3.** (MUS: *Instrument*) horn; (MIL MUS) bugle; (AUTO: *Hupe*) horn; **jdm Hörner aufsetzen** (*fam*) cuckold s.o.; **in das gleiche ~ stoßen** chime in; **sich die Hörner abstoßen** sow one's wild oats; **Hornbrille** *f* horn-rimmed spectacles *pl*

Hörnchen ['hœrnçən] <-s, -> *nt* (*Gebäck*) croissant

Hörnerv *m* (ANAT) auditory nerve

Horngestell *nt* (*Brille*) tortoiseshell, frame; **Hornhaut** *f* **1.** horn skin **2.** (*im Auge*) cornea; **Hornhautbildung** *f* hornification; **Hornhauthobel** *m* calosity plane

Hornisse [hɔr'nɪsə] <-, -n> *f* hornet

Hornochse *m* (*als Schimpfwort*) blockhead; **Hornvieh** *nt* **1.** (*Vieh mit Hörnern*) horned cattle **2.** (*Dummkopf*) blockhead

Horoskop [horo'sko:p] <-s, -e> *nt* horoscope; **jdm das ~ stellen** cast someone's horoscope

Hörrohr *nt* ear-trumpet; (MED) stethoscope

Horrortrip *m* (*fam*) horror trip

Hörsaal *m* lecture room

Hörspiel *nt* (RADIO) radio play

Horst [hɔrst] <-(e)s, -e> *m* (*Adler~*) eyrie; (*Flieger~*) airbase

Hörsturz *m* (MED) hearing loss

Hort [hɔrt] <-(e)s, -e> *m* **1.** (*Schatz*) hoard, treasure **2.** (*Zufluchtsort*) refuge **3.** (*Kinder~*) day nursery for children of school age; **ein ~ der Freiheit** a stronghold of liberty; **horten** *vt* hoard

Hörvermögen *nt* (capacity of) hearing; **Hörweite** *f* hearing range; **in ~** within earshot; **außer ~** out of hearing

Höschenwindel *f* disposable nappy

Hose ['ho:zə] <-, -n> *f* (*lang*) trousers *Br,* pants *Am;* (*kurz*) shorts; (*Unter~*) (under)pants; **eine ~** a pair of trousers *Br,* a pair of pants *Am;* **die ~n anhaben** (*fam*) wear the trousers; **das Herz rutschte ihm in die ~** (*fam*) his heart was in his mouth; **die ~n voll haben** (*fam: in die ~ gemacht haben*) have made a mess in one's pants; (*fam: sehr ängstlich sein*) be wetting o.s.; **in die ~ gehen** (*fam*) be a complete flop; **tote ~ sein** (*sl: langweilig sein*) be a drag; (*erfolglos sein*) be a dead loss

Hosenanzug *m* trouser suit *Br,* pantsuit *Am;* **Hosenaufschlag** *m* turn-up *Br,* cuff *Am;* **Hosenbein** *nt* trouser leg; **Hosenbund** *m* waistband; **Hosenklammer** *f* (*für Radfahrer*) trouser clip; **Hosenrock** *m* culottes *pl,* pantskirt; **Hosensack** *m* (*CH*) trouser pocket; **Hosenscheißer** *m* **1.** (*fam: Hosenmatz*) mucky pup **2.** (*sl: Feigling*) chicken; **Hosenschlitz** *m* fly; **Hosentasche** *f* trousers pocket; **Hosenträger** *mpl* braces *pl Br,* suspenders *pl Am*

Hospital [hɔspi'ta:l, *pl:* hɔspi'tɛ:lɐ] <-s, -e/¨-er> *nt* hospital, infirmary

Hospitation *f* (SCHULE) sitting in on classes

Hostie ['hɔstiə] <-, -n> *f* (ECCL) host

Hotel [ho'tɛl] <-s, -s> *nt* hotel; **Hotelboy** *m* bellboy; **Hotelfachschule** *f* college of hotel management; **Hotelgewerbe** *nt* hotel business; **Hotelier** [hota'lie:] <-s, -s> *m* hotelkeeper, hotelier; **Hotelkette** *f* hotel chain; **Hotelverzeichnis** *nt* hotel register

HTML *f Abk. von* **Hypertext Markup Language** HTML

hü [hy:] *interj* (*beim Antreiben der Pferde*) gee up!; (*nach links*) wo hi!; **einmal ~, einmal hott** (*fam*) always chopping and changing

Hubraum *m* (AUTO) cubic capacity

hübsch [hʏpʃ] *adj* **1.** (*gut aussehend*) pretty; (*nett*) nice **2.** (*fam: ironisch*) fine, nice, pretty **3.** (*fam: beträchtlich, ziemlich*) pretty; **Ihr zwei Hübschen** (*fam*) the two of you; **eine ~e Summe Geld** a tidy sum of money; **sei ~ artig!** be a good boy/girl!; **ganz ~!** rather pretty!; **das wirst du ~ bleiben lassen!** (*fam*) you're not going to do anything of the kind!; **da hast du dir etw Hübsches eingebrockt!** (*iro*) now you've got yourself into a fine mess!

Hubschrauber *m* helicopter; **Hubschrauberlandeplatz** *m* heliport

Hucke ['hʊkə] *f* (*fam*): **die ~ vollkriegen**

get a thrashing; **huckepack** ['hʊkəpak] *adv* pick-a-back; **jdn ~ tragen** carry s.o. pick-a-back; **Huckepackverfahren** *nt* (AVIAT RAIL) piggy-back system

Huf [hu:f] <-(e)s, -e> *m* hoof; **Hufeisen** *nt* horseshoe; **hufeisenförmig** *adj* horseshoe-shaped; **Hufeisenmagnet** *m* horseshoe magnet; **Hufnagel** *m* horseshoe-nail; **Hufschmied** *m* farrier

Hüftbein *nt* hip-bone

Hüfte ['hʏftə] <-, -n> *f* hip; **Hüftgelenk** *nt* hip joint; **ein neues ~** a hip replacement

Hüfthalter *m* (panty-)girdle, suspender belt

Hügel ['hy:gəl] <-s, -> *m* hill; (*kleiner*) hillock; **hüg(e)lig** *adj* hilly

Huhn [hu:n, *pl:* 'hy:nər] <-(e)s, ¨-er> *nt* (*Henne*) hen; **Hühner** (*Federvieh*) poultry; **mit den Hühnern aufstehen** (*fam*) get up with the lark; **da lachen ja die Hühner!** (*fam*) it's enough to make a cat laugh!; **ein verrücktes ~** (*fam*) a queer fish; **dummes ~!** (*fam*) silly goose!

Hühnchen ['hy:nçən] <-s, -> *nt* chicken; (*Brat~*) (roast) chicken; **mit jdm ein ~ zu rupfen haben** (*fam*) have a bone to pick with s.o.

Hühnerauge *nt* (MED) corn

Hühnerbrühe *f* chicken broth; **Hühnerei** *nt* hen's egg; **Hühnerfarm** *f* chicken farm; **Hühnerfutter** *nt* chicken feed; **Hühnerstall** *m* chicken-coop, henhouse; **Hühnerstange** *f* perch, roost; **Hühnersuppe** *f* chicken soup; **Hühnerzucht** *f* chicken farming

Huld [hʊlt] <-> *f* (*geh: Güte*) grace; (*Gunst*) favour; **huldigen** ['hʊldɪgən] *vi* **1.** (*einen Menschen ehren*) pay homage (*jdm* to s.o.) **2.** (*einem Laster*) indulge (*einer Sache* in s.th.); **Huldigung** *f* homage; **huldvoll I.** *adj* (*geh*) gracious **II.** *adv* (*geh*) graciously

Hülle ['hʏlə] <-, -n> *f* cover; (*Brief~*) envelope; (*Schallplatten~*) sleeve; **in ~ und Fülle** in abundance; **die sterbliche ~** (*gehoben*) the mortal frame; **die ~n fallen lassen** strip off; **... in ~ und Fülle ...** galore; **hüllen** *vt* (*einwickeln*) wrap; (*bedecken*) cover; **in Dunkel gehüllt** shrouded in darkness; **sich (über etw) in Schweigen ~** remain silent (on s.th.); **hüllenlos** *adj* (*nackt*) unclothed

Hülse ['hʏlzə] <-, -n> *f* **1.** (*Schale*) hull, husk; (*Schote*) pod **2.** (TECH) case, shell; (*von Geschoss*) case; (*Kapsel*) capsule; **Hülsenfrucht** *f* legume(n)

human [hu'ma:n] *adj* **1.** humane **2.** (*verständnisvoll*) considerate (*gegenüber* to(wards)); **Humangenetiker(in)** *m(f)* human geneticist; **Humanismus** *m* humanism; **humanitär** *adj* humanitarian; **Humanität** *f* humaneness

Humankapital *nt* (*die Mitarbeiter einer Firma*) human resources

Human Resources [ˌhju:mənrɪ'sɔ:sɪz] *pl* (*die Mitarbeiter einer Firma*) human resources

Hummel ['hʊməl] <-, -n> *f* bumble-bee

Hummer ['hʊmɐ] <-s, -> *m* lobster

Humor [hu'mo:ɐ] <-s> *m* (sense of) humour; **etw mit ~ (auf)nehmen** take s.th. in good humour; **(Sinn für) ~ haben** have a sense of humour; **humoristisch** *adj* humorous; **humorlos** *adj* humourless; **humorvoll** *adj* humorous

humpeln ['hʊmpəln] *haben o sein vi* **1.** hobble **2.** (*fam: hinken*) limp

Humpen ['hʊmpən] <-s, -> *m* tankard

Humus ['hu:mʊs] <-> *m* humus; **Humusboden** *m* humus

H

Hund [hʊnt] <-(e)s, -e> *m* **1.** dog; (*Jagd~*) hound **2.** (*als Schimpfwort*) bastard, swine; **armer ~** poor devil; **da wird ja der ~ in der Pfanne verrückt!** (*fam*) that's really enough to drive you round the bend!; **auf den ~ kommen** (*fam*) go to the dogs *pl;* **da liegt der ~ begraben** (*fam*) that's why! there's the rub!; **er ist vor die ~e gegangen** (*fam: heruntergekommen*) he's gone to the dogs; (*sl: krepiert*) he kicked the bucket; **wie ~ und Katze leben** lead a cat-and-dog life; **das ist ein dicker ~!** (*fam*) that's a bit much!; **er ist bekannt wie ein bunter ~** he's a well-known sight; **damit kann man keinen ~ hinterm Ofen hervorlocken** that won't tempt anybody

hundeelend *adv* (*fam*) lousy

Hundehütte *f* (*a. fig*) (dog-)kennel; **Hundekälte** *f* (*fam*) freezing cold; **Hundekuchen** *m* dog biscuit; **Hundeleben** *nt* (*fam*) dog's life; **Hundeleine** *f* dog leash; **hundemüde** *adj* (*fam*) dog-tired

hundert ['hʊndɐt] *num* one hundred

Hundert[1] <-> *f* (*Zahl*) hundred; **Hundert[2]** <-s, -e> *nt* hundred; **zu ~en** by the hundred, in hundreds; **fünf von~** five per cent; **Hunderter** *m* **1.** (MATH) hundred **2.** (*fam: Geldschein*) hundred-mark note

hunderterlei *adj* a hundred and one; **hundertfach I.** *adj* hundredfold **II.** *adv* a hundred times; **Hundertjahrfeier** *f* centenary *Br,* centennial *Am;* **hundertjährig** *adj* **1.** *attr* (*hundert Jahre alt*) (one-)hundred-year-old, a hundred years old **2.** (*hundert Jahre lang*) of a hundred years

hundertprozentig *adj* a hundred per cent; **hundertste** *adj* hundredth; **Hundertstel** <-s, -> *nt* hundredth

Hundesteuer *f* dog tax

Hündin ['hʏndɪn] *f* bitch

hündisch *adj* **1.** (*hundeartig*) doglike **2.** (*kriecherisch*) fawning, sycophantic

Hüne ['hy:nə] <-n, -n> *m* (*Riese*) giant; **hünenhaft** *adj* gigantic

Hunger ['hʊŋɐ] <-s> *m* hunger (*nach* for); (*Verlangen*) craving, yearning (*nach* for); ~ **haben** be hungry; **auf etw ~ haben** feel like s.th.; ~ **leiden** go hungry, starve; **seinen ~ stillen** satisfy one's hunger; **ich sterbe vor ~** (*fam*) I'm starving; **Hungerkur** *f* starvation diet; **Hungerland** *nt* famine-stricken country; **Hungerlohn** *m* (*pej*) starvation wages *pl*, pittance; **für einen ~ arbeiten** work for a mere pittance

hungern ['hʊŋɐn] **I.** *vi* **1.** (*Hunger leiden*) go hungry, starve **2.** (*fasten*) go without food **3.** (*fig: verlangen*) hunger (*nach* for) **II.** *vr:* **sich zu Tode ~** starve o.s. to death

Hungersnot *f* famine; **Hungerstreik** *m* hunger strike; **Hungertuch** *nt* (*fig*): **am ~ nagen** (*fam*) be on the breadline

hungrig ['hʊŋrɪç] *adj* (*a. fig*) hungry (*nach* for)

Hupe ['hu:pə] <-, -n> *f* (AUTO) horn; **hupen** *vi* hoot, sound one's horn

hüpfen ['hʏpfən] *sein vi* hop; (*springen*) jump, skip; (*Ball*) bounce; **vor Freude ~** jump for joy

Hürde ['hʏrdə] <-, -n> *f* **1.** (SPORT: *a. fig*) hurdle **2.** (*Schaf~*) fold, pen; (*Pferde~*) corral; **Hürdenlauf** *m* (SPORT) hurdling

Hure ['hu:rə] <-, -n> *f* (*pej*) whore; **Hurensohn** *m* (*vulg*) bastard *Br*, son of a bitch *Am*

hurra [hʊ'ra:] *interj* hurray, hurrah; **Hurra** <-s, -s> *nt* cheer; **ein dreifaches ~** three cheers

husch [hʊʃ] *interj* come on! quickly now!; **huschen** ['hʊʃən] *sein vi* dart, flash

hüsteln ['hy:stəln] *vi* cough slightly

Husten ['hu:stən] <-s> *m* cough; ~ **haben** have a cough; **husten** *vt, vi* cough; **dem werd' ich was ~!** (*fam*) I'll tell him where he can get off!; **Hustenanfall** *m* fit of coughing; **Hustenbonbon** *m/nt* cough drop; **Hustenmittel** *nt* cough medicine; **Hustenreiz** *m* irritation of the throat; **Hustensaft** *m* cough mixture

Hut¹ [hu:t] <-> *f:* **auf der ~ sein** be on one's guard (*vor* against)

Hut² [hu:t, *pl:* 'hy:tə] <-(e)s, ¨-e> *m* hat; (*von Pilz*) cap; **~ ab!** hat(s) off!; (*vor jds Leistung*) I take my hat off to you (her, him, that); **den ~ abnehmen** take off one's hat (*vor jdm* to s.o.); **das kannst du dir an den ~ stecken!** (*fam*) you can keep it!; **mir geht der ~ hoch** (*fam*) I blow my top; **unter einen ~ bringen** (*widerstreitende Meinungen*) reconcile (conflicting opinions); **das ist ein alter ~** (*fam*) that's old hat; **Hutablage** *f* hat shelf

hüten ['hy:tən] **I.** *vt* **1.** look after, tend **2.** (*Geheimnisse*) keep; **das Bett ~** stay in bed; **seine Zunge ~** guard one's tongue **II.** *vr* be on one's guard (*vor* against); **sich hüten, etw zu tun** take care not to do s.th.; **ich werde mich ~!** I'll do nothing of the kind!; **Hüter(in)** *m(f)* guardian; (*Aufseher*) custodian; (*Wärter*) keeper

Hutgeschäft *nt* hatter's (shop); (*für Damenhüte*) milliner's (shop); **Hutkrempe** *f* brim (of a hat)

Hutsche <-, -n> *f* (*österr: Schaukel*) swing

Hutschnur *f:* **das geht mir über die ~** (*fam*) that's going too far

Hütte ['hʏtə] <-, -n> *f* **1.** hut; (*kleines Häuschen*) cottage; (*Holz~, Block~*) cabin; (*Hunde~*) kennel **2.** (TECH: *Eisen~*) iron and steel works *pl;* **Hüttenkäse** *m* cottage cheese; **Hüttenschuh** *m* slipper-sock

Hyäne [hy'ɛ:nə] <-, -n> *f* hyena

Hyazinthe [hya'tsɪntə] <-, -n> *f* hyacinth

Hydrant [hy'drant] <-en, -en> *m* hydrant

Hydraulik [hy'draʊlɪk] *f* (TECH) hydraulics *pl;* (*~anlage*) hydraulic system; **hydraulisch** *adj* hydraulic

hydrieren [hy'dri:rən] *vt* (CHEM) hydrogenate

Hydrodynamik ['hydrody'na:mɪk] *f* (TECH) hydrodynamics *pl*

Hydrokultur *f* hydroponics *sing*

Hydrotherapie *f* (MED) hydrotherapy

Hygiene [hy'gje:nə] <-> *f* hygiene; **Hygienepapier** *nt* toilet tissue; **hygienisch** *adj* hygienic

Hymne ['hʏmnə] <-, -n> *f* hymn

Hype [haɪp] <-s, -s> *nt* (*künstliches Hochjubeln*) hype

Hyperbel [hy'pɛrbəl] <-, -n> *f* **1.** (MATH) hyperbola **2.** (*als rhetorischer Begriff*) hyperbole

Hyperlink [ˌhaɪpə'lɪŋk] *f* (INTERNET: *hervorgehobene Text- oder Bildstelle einer Web-Seite, die beim Anklicken auf eine andere Adresse verweist*) hyperlink

Hypertext [ˌhaɪpə'tekst] *m* (INTERNET: *mit Hyperlinks ausgestatteter Text*) hypertext

Hypnose [hʏp'no:zə] <-, -n> *f* hypnosis; **unter ~** under hypnosis; **Hypnotiseur(in)** *m(f)* hypnotist; **hypnotisieren** [hʏpnoti'zi:rən] *vt* hypnotize

Hypotenuse [hypote'nu:zə] <-, -n> *f* (MATH) hypotenuse

Hypothek [hypo'te:k] <-, -en> *f* **1.** (FIN) mortgage **2.** (*Belastung*) burden; **eine ~ abzahlen** pay off a mortgage; **eine ~ aufnehmen** raise a mortgage; **etw mit einer ~ belasten** mortgage s.th.; **Hypothekenbrief** *m* mortgage deed *Br*, mortgage note *Am;* **hypothekenfrei** *adj* unmortgaged; **Hypothekengläubiger(in)** *m(f)* mortgagee; **Hypothekenpfandbrief** *m* mortgage bond; **Hypothekenzins** *m* mortgage interest (rate)

Hypothese [hypo'te:zə] <-, -n> *f* hypothesis; **hypothetisch** *adj* hypothetical

Hysterie [hʏste'ri:] *f* hysteria; **hysterisch** [hʏs'te:rɪʃ] *adj* hysteric; **einen ~en Anfall bekommen** go into hysterics *pl*

H

I

I, i [iː] <-, -> *nt* I, i; **I** *nt:* **das Tüpfelchen auf dem i** (*fig*) the final touch

IC <-, -s> *m* (RAIL) *Abk. von* **Intercity(-Zug)** intercity; **IC-Betreuer(in)** *m(f)* intercity steward (stewardess); **ICE** <-, -s> *m Abk. von* **Intercity Express** intercity express train

Ich <-(s), -(s)> *nt* self; (PSYCH) ego; **das eigene** ~ one's (own) self [*o* ego]; **das eigene** ~ **verleugnen** deny the self; **mein zweites** ~ my alter ego; **ich** [ɪç] *pron 1. pers sing* I; ~ **nicht!** not I!; (*fam*) not me!; ~ **selbst** I myself; ~ **bin es** it is I; (*fam*) it's me; ~ **Armer!** poor me!; **immer** ~**!** it's always me!; ~ **Idiot!** what an idiot I am!

Icon ['aɪkən] <-s, -s> *nt* (INFORM: *Sinnbild*) icon

IC-Zuschlag *m* intercity supplement

Ideal [ide'aːl] <-s, -e> *nt* ideal

ideal *adj* ideal

Idealgewicht *nt* ideal weight

idealisieren [ideali'ziːrən] *vt* idealize; **Idealismus** <-> *m* idealism; **Idealist(in)** <-en, -en> *m(f)* idealist; **idealistisch** *adj* idealistic

Idee [i'deː] <-, -n> *f* (*Einfall*) idea (*zu* for); **du kommst wirklich manchmal auf seltsame** ~**n!** you do have some strange ideas!; **das ist eine fixe** ~ **von ihr** it's an obsession with her; **wie kommst du denn auf die** ~**?** whatever gave you that idea?; **eine** ~ **zu kurz** (*fam*) a trifle too short; **auf die** ~ **kommen etw zu tun** have the idea of doing s.th.; **ideenreich** *adj* **1.** (*einfallsreich*) full of ideas **2.** (*reich an Vorstellungskraft*) imaginative

Identifikationsfigur *f* role model; **identifizieren** [idɛntifi'tsiːrən] *vt, vr* identify (*mit* with); **Identifizierung** *f* identification

identisch *adj* identical (*mit* with)

Identität *f* identity; **Identitätskrise** *f* (PSYCH) identity crisis

Ideologie [ideolo'giː] *f* ideology; **ideologisch** *adj* ideological

Idiom *nt* (LING) idiom; **idiomatisch** [idio'maːtɪʃ] *adj* idiomatic

Idiot [i'djoːt] <-en, -en> *m* (*pej*) idiot; **Idiotie** [idio'tiː] *f* idiocy; **idiotisch** *adj* idiotic

Idol [i'doːl] <-s, -e> *nt* idol

Idyll(e) [i'dʏl] <-s, -e (-, -n)> *nt (f)* idyll; **idyllisch** *adj* idyllic

Igel ['iːgəl] <-s, -> *m* hedgehog

igitt *interj:* ~, ~**!** ugh! yuk!

Ignorant(in) [ɪgno'rant] <-en, -en> *m(f)* ignoramus; **Ignoranz** *f* ignorance; **ignorieren** *vt* ignore

ihm [iːm] *pron 3. pers sing dat m/nt* (*für Person*) (to) him; (*für Sache*) (to) it

ihn [iːn] *pron 3. pers sing acc m* (*für Person*) him; (*für Sache*) it

Ihnen *pron 2. pers sing und pl dat* (*Anrede*) (to) you

ihnen ['iːnən] *pron 3. pers pl dat* (to) them; **ein Freund von** ~ a friend of theirs

Ihr *pron sing und pl* (*Anrede*) your; ~ **...** (*Briefschluss*) yours, ...; **ist das** ~**es?** is this yours?

ihr [iːɐ] **I.** *pron* **1.** (*für Person*) (to) her; (*für Sache*) (to) it **2.** (*bezogen auf Plural*) you **II.** *pron* **1.** (*von Person*) her; (*von Sache*) its **2.** (*bezogen auf Plural*) their; **meine und** ~**e Anschauungen** my opinions and hers, my opinion and theirs; **ist das** ~**(e)s?** is this hers?, is this theirs?

Ihrer *pron 2. pers gen sing und pl* (*Anrede*) of you; **wir werden** ~ **gedenken** we will remember you

ihrer ['iːrɐ] *pron* **1.** (*von Person*) of her; (*von Sache*) of it **2.** (*bezogen auf Plural*) of them; **wir werden** ~ **gedenken** we will remember her, we will remember them

Ihrerseits *adv* (*Anrede*) for your part; (*von Ihrer Seite*) on your part

ihrerseits *adv* **1.** (*bezüglich Singular*) for her part; (*von ihrer Seite*) on her part **2.** (*bezüglich Plural*) for their part; (*von ihrer Seite*) on their part

Ihresgleichen *pron* (*unveränderlich: Anrede*) people like you

ihresgleichen *pron* (*unveränderlich*) **1.** (*von einer Person*) people like her; (*von einer Sache*) similar ones **2.** (*bei mehreren Personen*) people like them; (*von Sachen*) similar ones

Ihrethalben *adv,* **Ihretwegen**, **Ihretwillen** *adv* (*Anrede*) because of you; (*Ihnen zuliebe*) for your sake

ihrethalben *adv,* **ihretwegen** *adv,* **ihretwillen** *adv* (*bei Person*) because of her; (*ihr zuliebe*) for her sake; (*bei Sache*) because of it; (*auf eine Mehrzahl bezogen*) because of them; (*ihnen zuliebe*) for their sake

illegal ['ɪlega:l] *adj* illegal; **Illegalität** *f* illegality

illegitim ['ɪlegiti:m] *adj* illegitimate

Illumination [ɪlumina'tsjo:n] *f* illumination; **illuminieren** *vt* (*a. fig*) illuminate; **eine nicht sehr ~de Bemerkung** not a very enlightening comment

Illusion [ɪlu'zjo:n] *f* illusion; **sich ~en machen** have illusions

illusorisch *adj* illusory

Illustration [ɪlʊstra'tsjo:n] *f* illustration; **Illustrator(in)** <-, -en> *m(f)* illustrator; **illustrieren** *vt* illustrate (*jdm etw* s.th. for s.o.); **Illustrierte** <-n, -n> *f* magazine

Iltis ['ɪltɪs] <-ses, -se> *m* polecat

im [ɪm] *präp* in the

IM <-s, -s> *m* (*des Ministeriums für Staatssicherheit*) *Abk. von* **Informeller Mitarbeiter** *individual who provided information to the security authorities in the former GDR*

Image ['ɪmɪt] <-(s), -s> *nt* image; **Imageverlust** *m* damage to one's image

imaginär [imagi'nɛ:ɐ] *adj* imaginary

Imbiss[RR] ['ɪmbɪs] <-es, -e> *m* snack; (*Imbissstube*) snack bar; **Imbissstube**[RR] *f* snack bar

Imitation [imita'tsjo:n] *f* imitation; **imitieren** *vt* imitate

Imker(in) ['ɪmkɐ] <-s, -> *m(f)* beekeeper

Immatrikulation [ɪmatrikula'tsjo:n] *f* matriculation; **immatrikulieren** *vt, vr* register (*an* at)

immens [ɪ'mɛns] *adj* immense, enormous

immer ['ɪmɐ] *adv* (*häufig, ständig*) always, all the time; **~ mehr** more and more; **~ wieder** time [*o* again] and again; **für ~** for ever; **wie ~** as usual; **schon ~** always; **~ noch** still; **~ noch nicht** still not (yet); **~ größer** bigger and bigger; **~ geradeaus!** keep straight ahead!; **~ weiter, ~ zu!** keep on! keep going!; **~ ruhig Blut!** (*fam*) don't get excited!; **~ schön langsam!** (*fam*) take your time!; **~ drei auf einmal** three at a time; **was auch ~** what(so)ever; **wer auch ~** who(so)ever; **wie auch ~** how(so)ever; **wo auch ~** where(so)ever

Immergrün <-(s)> *nt* periwinkle

immergrün *adj* evergreen

immerhin *adv* **1.** (*wenigstens*) at least **2.** (*schließlich*) after all

immerzu *adv* all the time

Immigrant(in) [ɪmi'grant] <-en, -en> *m(f)* immigrant; **Immigration** <-> *f* immigration

Immissionen [ɪmɪ'sjo:nən] *fpl* (*Gase, Stäube*) airborne substances; **Immissionsschaden** *m* pollution damage; **Immissionsschutz** *m* pollution protection; **Immissionsschutzgebiet** *nt* air pollution control area; **Immissionsschutzgesetz** *nt* air pollution laws *pl*

Immobilien [ɪmo'bi:liən] *fpl* real estate *sing;* **Immobilienmakler(in)** *m(f)* (real) estate agent *Br,* realtor *Am*

immun [ɪ'mu:n] *adj* immune (*gegen* to); **dagegen bin ich ~** (*fam*) that doesn't bother me; **Immunabwehr** *f* (MED) immune defense; **Immunglobulin** <-(e)s, -e> *nt* (MED) immunoglobulin; **immunisieren** [ɪmuni'zi:rən] *vt* immunize (*gegen* against); **Immunisierung** *f* immunization (*gegen* against); **Immunität** *f* (MED POL) immunity (*gegen* to); **Immunologe, -gin** *m, f* immunologist; **immunologisch** *adj* immunological; **Immunschwäche** *f* (MED) immunodeficiency; **Immunschwächekrankheit** *f* immunodeficiency syndrome; **Immunsystem** *nt* immune system

Imperativ ['ɪmperati:f] <-s, -e> *m* (GRAM) imperative

Imperfekt ['ɪmpɛrfɛkt] <-s, -e> *nt* (GRAM) imperfect [*o* past] tense

Imperialismus [ɪmperia'lɪsmʊs] *m* (POL) imperialism; **imperialistisch** *adj* (POL) imperialistic

impfen ['ɪmpfən] *vt* inoculate, vaccinate (*gegen* against)

Impfpass[RR] *m* vaccination card; **Impfschaden** *m* vaccine damage; **Impfschein** *m* certificate of vaccination; **Impfstoff** *m* vaccine; **Impfung** *f* inoculation, vaccination; **Impfzwang** *m* compulsory vaccination

implantieren [ɪmplan'ti:rən] *vt* (MED) implant

implizit [ɪmpli'tsi:t] *adj* implicit

imponieren [ɪmpo'ni:rən] *vi* impress (*jdm* s.o.); **imponierend** *adj* impressive; **Imponiergehabe** *nt* **1.** (*von männl. Tieren*) display behaviour **2.** (*pej*) exhibitionism

Import [ɪm'pɔrt] <-(e)s, -e> *m* import(s); **Importeur** <-s, -e> *m* importer; **importieren** *vt* import

imposant [ɪmpo'zant] *adj* imposing

impotent ['ɪmpotɛnt] *adj* (*a. fig*) impotent; **Impotenz** <-> *f* (*a. fig*) impotence

imprägnieren [ɪmprɛ'gni:rən] *vt* **1.** (*gegen Zerfallschützen*) impregnate **2.** (*wasserdicht machen*) waterproof

Impresario [ɪmpre'za:rio] <-s, -s *o* -ri> *m* impresario

Impressionismus *m* impressionism; **impressionistisch** *adj* impressionistic

improvisieren [ɪmprovi'zi:rən] *vt, vi* improvise; (MUS) extemporize; (*fam: Rede*) ad-lib

Impuls [ɪm'pʊls] <-es, -e> *m* impulse; **aus**

einem ~ heraus on impulse

impulsiv [ɪmpʊl'ziːf] *adj* impulsive

imstande [ɪm'ʃtandə] *adv,* **im Stande**[RR] *adv* **1.** (*fähig*): ~ **sein** be able (*etw zu tun* to do s.th.), be capable (*zu etw* of s.th.) **2.** (*in der Lage*) be in a position (*etw zu tun* to do s.th.); **er ist ~ und vergisst es** I wouldn't put it past him to forget it

in [ɪn] **I.** *präp* **1.** (*räumlich*) in; (*bei kleineren Ortschaften*) at; (*hinein ~*) into; (*zu, nach*) to **2.** (*zeitlich*) in; (*bis*) into; (*innerhalb*) within; **sind Sie schon einmal ~ London gewesen?** have you ever been to London?; **im ersten Stock** on the first floor; **die Kinder sind ~ der Schule** the children are at school; ~ **die Schule gehen** go to school; **komm, wir gehen ~s Kino!** let's go to the pictures [*o* movies]!; **komm, wir gehen ~s Haus!** let's go into the house!; **im vorigen Jahr** last year; **bis ~s 19. Jahrhundert** (**hinein**) into the 19th century; ~ **der Nacht** at night; **bis ~ die späte Nacht** far into the night; ~ **tiefster Nacht** at dead of night; **im Alter von ...** at the age of ...; **dieser Whisk**(**e**)**y hat's aber ~ sich!** (*fam*) that's quite a whisk(e)y, isn't it?; ~ **Englisch ist er ziemlich schwach** he's rather weak at English **II.** *adj* (*fam*): ~ **sein** be in, be the in thing

inaktiv ['ɪnaktiːf] *adj* inactive

Inanspruchnahme [-'----] <-, -n> *f* **1.** (*Beanspruchung*) demands [*o* claims] *pl* (*jds* on s.o.) **2.** (*Benutzung von Einrichtungen*) utilization

Inbegriff ['ɪnbəgrɪf] <-(e)s> *m* **1.** (*eigentliches Wesen*) epitome **2.** (*Verkörperung*) embodiment, perfect example

inbegriffen *adj* included

Inbetriebnahme [--'---] <-, -n> *f* **1.** (*von Bauwerk*) inauguration **2.** (TECH: *von Maschinen*) putting into operation

Inbrunst ['ɪnbrʊnst] <-> *f* ardour, fervour

inbrünstig ['ɪnbrʏnstɪç] *adj* ardent, fervent

Inbusschraube ['ɪnbʊs-] *f* Allen screw

indem [ɪn'deːm] *konj* **1.** (*während*) while; (*in dem Augenblick*) as **2.** (*dadurch, dass*) by; ~ **er lachte ...** by laughing ...

Inder(**in**) ['ɪndɐ] <-s, -> *m(f)* Indian

indes(**sen**) [ɪn'dɛs(ən)] **I.** *adv* **1.** (*zeitlich*) meanwhile, (in the) meantime **2.** (*jedoch*) however **II.** *konj* **1.** (*zeitlich*) while **2.** (*jedoch*) however **3.** (*hingegen, andererseits*) whereas

Index ['ɪndɛks, *pl:* 'ɪnditseːs] <-(es), -e/ Indizes> *m* index

Indianer(**in**) [ɪndi'anɐ] <-s, -> *m(f)* (Red) Indian

Indien ['ɪndiən] <-s> *nt* India

indifferent ['ɪndɪfərɛnt] *adj* **1.** (*gleichgültig*) indifferent (*gegenüber* to) **2.** (CHEM PYS) inert

Indikativ ['ɪndikatiːf] <-s, -e> *m* (GRAM) indicative

Indio ['ɪndio] <-s> *m* indio

indirekt ['ɪndirɛkt] *adj* indirect; **~e Rede** (GRAM) indirect speech

indisch ['ɪndɪʃ] *adj* Indian; **der Indische Ozean** the Arabian Sea

indiskret ['ɪndɪskreːt] *adj* indiscreet

Indiskretion *f* indiscretion

indiskutabel *adj* out of the question

Individualismus <-> *m* individualismus; **Individualist**(**in**) [ɪndividua'lɪst] *m(f)* individualist; **individualistisch** *adj* individualistic; **Individualität** *f* **1.** (*eigene Persönlichkeit*) individuality **2.** (*Charakterzug*) individual characteristic; **Individualverkehr** *m* private transport; **individuell** *adj* individual; **~e Note** personal note; ~ **verschieden sein** differ from person to person [*o* from case to case]; **Individuum** [ɪndi'viːduʊm] <-s, -duen> *nt* individual

Indiz [ɪn'diːts] <-es, -ien> *nt* **1.** (JUR: *Beweismittel*) piece of circumstantial evidence **2.** (*Hinweis*) indication (*für* of); **Indizienbeweis** *m* (JUR) circumstantial evidence

Indochina [ɪndo'çiːna] *nt* Indochina

indogermanisch *adj* Indo-European

Indonesien [ɪndo'neːziən] *nt* Indonesia; **indonesisch** *adj* Indonesian

Indossament *nt* (COM FIN) endorsement; **indossieren** [ɪndɔ'siːrən] *vt* (COM FIN) endorse

Induktion [ɪndʊk'tsjoːn] *f* (PHYS) induction; **Induktionsofen** *m* (TECH) induction furnace

industrialisieren [ɪndʊstriali'ziːrən] *vt* industrialize; **Industrialisierung** *f* industrialization

Industrie [ɪndʊs'triː] *f* industry; **Industrie- und Handelskammer, IHK** *f* chamber of industry and commerce; **Industrieabwasser** *nt* industrial waste water; **Industriebetrieb** *m* industrial plant; **Industrieerzeugnis** *nt* industrial product; **Industriegebiet** *nt* industrial area; **Industriegewerkschaft** *f* industrial (trade) union; **Industrieland** *nt* industrialized country; **Industrielandschaft** *nt* industrial landscape; **industriell** [ɪndʊstri'ɛl] *adj* industrial; **Industrielle**(**r**) [ɪndʊstri'ɛlə] <-n, -n> *f m* industrialist; **Industriemesse** *f* industries fair; **Industriemüll** *m* industrial waste; **Industriestaat** *m* industrial country [*o* nation]; **Industriestadt** *f* industrial town; **Industriezentrum** *nt* industrial centre; **Industriezweig** *m* branch of industry

ineinander [ɪnaɪ'nandɐ] *adv* in(to) one another, in(to) each other; ~ **greifen[RR]** interlock; (*fig*) overlap; ~ **schieben[RR]** telescope; **sich** ~ **schieben[RR] lassen** be telescopic

infam [ɪn'fa:m] *adj* infamous

Infanterie ['ɪnfantri/--'-] *f* (MIL) infantry; **Infanterist** <-en, -en> *m* (MIL) infantryman

infantil [ɪnfan'ti:l] *adj* infantile

Infektion [ɪnfɛk'tsjo:n] *f* (MED) infection; **Infektionsherd** *m* focus of infection; **Infektionskrankheit** *f* infectious disease

infiltrieren [ɪnfɪl'tri:rən] *vt* infiltrate

Infinitiv ['ɪnfiniti:f] <-s, -e> *m* (GRAM) infinitive

infizieren [ɪnfi'tsi:rən] **I.** *vt* infect **II.** *vr* be infected (*bei* by)

Inflation [ɪnfla'tsjo:n] *f* (FIN) inflation; **Inflationsrate** *f* (FIN) rate of inflation; **inflatorisch** *adj* inflationary

Info <-, -s> *f* (*fam*) info

infolge [ɪn'fɔlgə] *präp* as a result of, owing to; **infolgedessen** [---'--] *adv* as a result (of that), because of that, consequently

Informatik [ɪnfɔrma'tik] *f* computer science; **Informatiker(in)** *m(f)* computer scientist

Information [ɪnfɔrma'tsjo:n] *f* information (*über* on, about); **informationell** *adj* informational; **Informationsdienst** *m* (*in Zeitschriftenform*) news letter; **Informationsfluss[RR]** *m* flow of information; **Informationsgesellschaft** *f* information society; **Informationsmarktquellen** *pl* information market sources; **Informationsstand** *m* information stand; **Informationstafel** *f* notice board; **Informationstechnologie** *f* information technology; **Informationsvorsprung** *m*: **einen** ~ **haben** be better informed; **informativ** [---'-] *adj* informative; **informieren I.** *vt* inform (*über, von* about, of) **II.** *vr* inform o.s. (*über* about)

Infotainment [ɪnfo'teinmənt] <-s> *nt* (*Medien*) infotainment

infrage[RR] *adv*: **für etw** ~ **kommen** (*möglich sein*) be possible for s.th.; (*in Betracht kommen*) be considered for s.th.; **für jdn nicht** ~ **kommen** be out of the question for s.o.; **etw** ~ **stellen** call s.th. into question

infrarot [ɪnfra'ro:t] *adj* (PHYS) infra-red; **Infrarotscheinwerfer** *m* blackout service headlight; **Infraschall** *m* infrasound; **Infrastruktur** ['----] <-> *f* infrastructure; **Infrastrukturmaßnahme** *f* provision of infrastructure

Ingenieur(in) *m(f)* engineer; **Ingenieurbüro** *nt* engineering office

Ingwer ['ɪŋvɐ] <-s> *m* ginger

Inhaber(in) ['ɪnha:bɐ] *m(f)* **1.** (*Geschäfts~, Firmen~*) owner; (*Besitzer*) proprietor (proprietress) **2.** (*von Konto, Rekord, Patent*) holder; (*von Wertpapier, Urkunde*) bearer

inhaftieren [ɪnhaf'ti:rən] *vt* take into custody

Inhalation [ɪnhala'tsjo:n] *f* inhalation; **inhalieren** *vt, vi* inhale

Inhalt ['ɪnhalt] <-(e)s, -e> *m* **1.** contents *pl* **2.** (*von Buch, Film*) content; (*Sinn, Bedeutung: des Lebens*) meaning **3.** (MATH: *Flächen~*) area; (*Raum~*) volume; **inhaltlich** *adj* as regards content; **Inhaltsangabe** *f* (*Zusammenfassung*) précis, summary; **inhaltslos** *adj* **1.** (*leer*) empty **2.** (*fig: bedeutungslos*) meaningless; **Inhaltsverzeichnis** *nt* table of contents

Initiale [initsi'a:lə] <-, -n> *f* initial

Initialzündung *f* (TECH) booster detonation

Initiation [initsia'tsɪo:n] <-, -en> *f* (*a. lit*) initiation

Initiativbewerbung *f* job application on one's own initiative

Initiative [initsia'ti:və] <-, -n> *f* initiative; **die** ~ **ergreifen** take the initiative; **aus eigener** ~ on one's own initiative; **auf jds** ~ **hin** on someone's initiative

Injektion [ɪnjɛk'tsjo:n] *f* injection; **Injektionsspritze** *f* hypodermic (syringe)

injizieren [ɪnji'tsi:rən] *vt* inject (*jdm etw* s.o. with s.th.)

Inkasso [ɪn'kaso] <-s, -s/(-kassi)> *nt* (FIN) collection; **Inkassobüro** *nt* debt-collecting agency

inklusive [ɪnklu'zi:və] **I.** *präp* inclusive of **II.** *adv* inclusive

inkompatibel ['ɪnkɔmpati:bəl] *adj* (*unvereinbar*) incompatible

inkompetent ['ɪnkɔmpetɛnt] *adj* incompetent; **Inkompetenz** ['ɪnkɔmpetɛnts] *f* incompetence

inkonsequent ['ɪnkɔnzekvɛnt] *adj* inconsistent; **Inkonsequenz** *f* inconsistency

In-Kraft-Treten[RR] <-s> *nt* coming into force [*o* effect]; **bei** ~ **von etw** when s.th. comes into force

Inkubationszeit [ɪnkuba'--] *f* (MED) incubation period

Inland ['ɪnlant] <-(e)s> *nt* **1.** (*das Landesinnere*) inland **2.** (*im Gegensatz zum Ausland*) home; **Inlandflug** *m* internal flight; **inländisch** ['ɪnlɛndɪʃ] *adj* domestic, home; (*von Ware*) home-made; **Inlandsmarkt** *m* home market

inmitten [ɪn'mɪtən] **I.** *präp* in the midst of **II.** *adv*: ~ **von ...** amongst ...

inne|haben *irr vt* hold; **inne|halten** *irr vi* (*aufhören*) pause, stop

innen ['ɪnən] *adv* inside; (*im Haus*) indoors; (*auf Innenseite*) on the inside; **nach ~** inward(s); **von ~** from within; **~ und außen** within and without

Innenansicht *f* interior (view); **Innenantenne** *f* indoor aerial; **Innenarchitekt(in)** *m(f)* interior designer; **Innenaufnahme** *f* (PHOT) indoor photo(graph); (FILM) indoor shot; **Innendienst** *m* office duty; **im ~ sein** work in the office; **Innenleben** *nt* **1.** (*seelisch*) inner life **2.** (*körperlich*) insides *pl;* **Innenminister(in)** *m(f)* minister of the interior; (*in GB*) Home Secretary; (*in den USA*) Secretary of the Interior; **Innenministerium** *nt* ministry of the interior; (*in GB*) Home Office; (*in den USA*) Department of the Interior; **Innenpolitik** *f* domestic policy; **innenpolitisch** *adj* domestic, internal; **Innenraum** *m* interior; **Innenseite** *f* inside; **Innenspiegel** *m* (AUTO) interior mirror; **Innenstadt** *f* centre/center of town *Br/Am;* (*bei Großstadt*) centre/center of the city *Br/Am;* **Innenverkleidung** *f* (AUTO) interior trim

innerbetrieblich *adj* internal *Br,* in-plant *Am*

Innere ['ɪnərə] <-n> *nt* **1.** inside, interior **2.** (*fig: Herz*) heart; **Minister des ~n** Home Secretary *Br,* Secretary of the Interior *Am;* (*bei anderen Ländern*) minister of the interior; **ins ~ des Landes** into the heart of the country; **im tiefsten ~n** (*fig*) in one's heart of hearts

innere *adj* inner; (*im Körper*) internal; **vor meinem ~n Auge** in my mind's eye; **~ Angelegenheit** (POL) internal affair; **~ Mission** Home Mission; **~r Monolog** interior monolog(ue); **~ Werte** inner worth *sing*

Innereien <-> *pl* innards

innerhalb ['ɪnɐhalp] **I.** *präp* within **II.** *adv* inside

innerlich *adj* **1.** (*körperlich*) internal **2.** (*fig: nach innen*) inward; (*von innen heraus*) inner

Innerlichkeit *f* inwardness

innerparteilich *adj* within the party, internal

Innerste <-n> *nt* **1.** (*innerstes Teil*) innermost part **2.** (*fig*) (very) heart; **tief im ~n** in one's heart of hearts; **bis ins ~ getroffen** deeply hurt

innert *präp* (*österr: binnen*) within

inne|wohnen *vi* be inherent in

innig ['ɪnɪç] *adj* **1.** (*herzlich*) heartfelt, hearty **2.** (*vertraut*) intimate **3.** (*tief*) deep, profound; **Innigkeit** *f* **1.** (*Wärme*) warmth; (*Aufrichtigkeit*) sincerity; (*Intensität*) intensity **2.** (*Vertrautheit*) intimacy **3.** (*Tiefe*) depth

Innovation *f* innovation; **innovativ** *adj* innovative; **innovatorisch** *adj* innovatory

Innung ['ɪnʊŋ] *f* guild; **Innungsbetrieb** *m* firm affiliated to a guild

inoffiziell ['ɪnɔfitsjɛl] *adj* unofficial

ins [ɪns] in(to) the

Insasse, -sin ['ɪnzasə] <-n, -n> *m, f* (*einer Anstalt*) inmate; (*Fahrgast*) passenger; **Insassenunfallversicherung** *f* (AUTO) passenger cover

insbesondere [ɪnsbə'zɔndərə] *adv* (e)specially, in particular, particularly

Inschrift *f* inscription; (*auf Münzen*) legend; (*auf Grabstein*) epitaph

Insekt [ɪn'zɛkt] <-(e)s, -en> *nt* insect; **Insektenbekämpfungsmittel** *nt* insecticide *Br,* pesticide *Am;* **Insektenkunde** *f* entomology; **Insektenpulver** *nt* insect powder; **Insektenstich** *m* (insect) sting; **Insektizid** [ɪnzɛkti'tsi:t] <-(e)s, -e> *nt* insecticide *Br,* pesticide *Am*

Insel ['ɪnzəl] <-, -n> *f* island, isle; **künstliche ~** man-made island; **die Britischen ~n** the British Isles; **Inselstaat** *m* island state

Inserat [ɪnze'ra:t] <-(e)s, -e> *nt* advertisement; (*fam*) advert *Br,* ad *Am;* **ein ~ aufgeben** put an advertisement in a paper; **Inseratenteil** *m* advertisement section; (*fam*) adverts *Br,* ads *Am*

Inserent(in) <-en, -en> *m(f)* advertiser; **inserieren** *vt, vi* advertise (*etw* s.th., *in* in)

insgeheim *adv* secretly

insgesamt *adv* altogether; **... beläuft sich auf ~ DM 10.000** ... amounts to a total of 10,000 marks

Insider(in) ['ɪnsaɪdɐ] <-s, -> *m(f)* insider

insofern *konj,* **insoweit** *konj* **1.** (*was dies betrifft*) in this respect **2.** (*falls*) if; **~ ..., als ...** ... inasmuch as ...

Inspektion [ɪnʃpɛk'tsjo:n] *f* inspection; (AUTO) service; **Inspektionsreise** *f* tour of inspection

Inspektor(in) *m(f)* inspector; (*Aufseher, Verwalter*) superintendent

inspirieren [ɪnspi'ri:rən] *vt* inspire

inspizieren [ɪnspi'tsi:rən] *vt* inspect

Installateur(in) [ɪnʃtala'tø:ɐ] <-s, -e> *m(f)* (*Klempner*) plumber; (*Monteur*) fitter; (*für Gas*) gas-fitter; **Installation** *f* installation; **installieren** *vt* (*a. fig*) install

instand, in Stand[RR] [ɪn'ʃtant] *adj:* **etw ~ halten** (*in Ordnung*) maintain s.th.; (*funktionsfähig*) keep s.th. in working order; **etw ~ setzen** (*funktionstüchtig machen*) get s.th. into working order; (*reparieren*) repair s.th.; **instand|besetzen** *vt:* **ein Haus ~** [*o* **in Stand[RR] besetzen**] squat in a house (and do it up)

inständig ['ɪnʃtɛndɪç] **I.** *adj* urgent **II.** *adv:*

~ **bitten** beseech, implore; ~ **hoffen** hope fervently

Instandsetzung *f* (*Überholung*) overhaul; (*Reparatur*) repair

Instanz [ɪn'stan(t)s] <-, -en> *f* **1.** (JUR) court **2.** (JUR: *Stadium der Revision*) instance **3.** (*Behörde*) authority; **in erster** ~ (JUR) in the first instance; **höhere** ~ (JUR) appellate court; (*höhere Verwaltungsbehörde*) higher authority; **in letzter** ~ (JUR) in the last instance, without further appeal; **von einer** ~ **zur nächsten gehen** (JUR) go through all the courts *pl;* (*von Behörde zu Behörde*) go from one department to the next; **Instanzenweg** *m* **1.** (*bei Behörden*) official channels *pl* **2.** (JUR) stages of appeal *pl;* **auf dem** ~ through the official channels; (JUR) through the various stages of appeal

Instinkt [ɪn'stɪŋkt] <-(e)s, -e> *m* instinct; **aus** ~ by instinct; **instinktiv** [ɪnstɪŋ'tiːf] *adj* instinctive; ~ **handeln** act instinctively, act by instinct

Institut [ɪnsti'tuːt] <-(e)s, -e> *nt* **1.** institute **2.** (JUR) institution

Institution *f* institution

instruieren [ɪnstru'iːrən] *vt* instruct

Instruktion [ɪnstrʊk'tsjoːn] *f* instruction

Instrument [ɪnstru'mɛnt] *nt* instrument; (TECH: *Werkzeug*) implement, tool; **Instrumentalstück** *nt* (MUS) instrumental piece

Insulaner(**in**) [ɪnzu'laːnɐ] *m(f)* islander

Insulin <-s> *nt* insulin

inszenieren [ɪnstse'niːrən] *vt* **1.** (THEAT) put on the stage **2.** (FILM: *produzieren*) produce; (*Regie führen*) direct **3.** (*Streit, Skandal*) stage; **Inszenierung** *f* production

intakt [ɪn'takt] *adj* intact

Intarsie [ɪn'tarziə] *f* inlay, marquetry

Integral [ɪnte'graːl] <-s, -e> *nt* (MATH) integral

Integralhelm *m* full-face helmet

Integralrechnung *f* (MATH) integral calculus

Integration *f* integration; **Integrationsfigur** *f* unifying figure; **integrativ** *adj* (*Erziehung, Zusammenarbeit*) integrated; **integrieren** *vt* (*a.* MATH) integrate; **ein integrierter Bestandteil** an integral part; **integrierte Gesamtschule** comprehensive (school); **integrierte Schaltung** (ELEK) integrated circuit; **Integrierung** *f* integration

Intellekt [ɪntɛ'lɛkt] <-(e)s> *m* intellect

intellektuell [ɪntɛlɛktu'ɛl] *adj* intellectual; **Intellektuelle**(**r**) *f m* intellectual

intelligent [ɪntɛli'gɛnt] *adj* intelligent; **Intelligenz** <-, -en> *f* **1.** (*Denkfähigkeit*) intelligence **2.** (*als Kollektivbezeichnung*) intelligentsia; **Intelligenzquotient** *m* intelligence quotient

Intendant(**in**) [ɪntɛn'dant] <-en, -en> *m(f)* (THEAT) director, manager

Intensität [ɪntɛnzi'tɛːt] *f* intensity

intensiv [ɪntɛn'ziːf] *adj* **1.** (*Gefühl, Blick, Farbe*) intense **2.** (*Arbeit*) intensive; **Intensivbehandlung** *f* (MED) intensive care; **intensivieren** *vt* intensify; **Intensivkurs** *m* intensive course; **Intensivstation** *f* (MED) intensive care unit

intentional [ɪntɛntsjo'naːl] *adj* intentional

interaktiv *adj* (*a.* INFORM) interactive

Intercity(**zug**) <-s, -s> *m* intercity (train)

interessant [ɪnt(ə)rɛ'sant] *adj* interesting; **er will sich doch nur ~ machen** he just wants to attract everybody's attention; **das ist für mich nicht mehr** ~ I am no more interested in it

Interesse [ɪn'trɛsə] <-s, -n> *nt* interest (*für, an* in); ~ **haben an …** be interested in …; **es liegt in meinem ureigenen** ~ it is in my very own interest; **aus** ~ for interest; **für jdn nicht von** ~ **sein** be of no interest to s.o.; **jds ~n vertreten** [*o* **wahrnehmen**] look after someone's interests; **von allgemeinem** ~ of general interest; **im öffentlichen** ~ in the public interest; **Fragen von öffentlichem** ~ questions of public interest; **interessehalber** *adv* for interest; **interesselos** *adj* indifferent; **Interessengemeinschaft** *f* **1.** (*Interessengleichheit*) community of interests **2.** (*Personengruppe*) group of people sharing interests; (COM) syndicate; **Interessenkonflikt** *m* conflict of interests; **Interessent**(**in**) *m(f)* interested person [*o* party]

interessieren I. *vt* interest (*für, an* in) **II.** *vr* be interested (*für* in)

Interface ['ɪntɐfeɪs] <-, -s> *nt* (INFORM: *Schnittstelle*) interface

Intermezzo [ɪntɐ'mɛtso] <-s, -s/ – mezzi> *nt* **1.** (MUS) intermezzo **2.** (*fig: Zwischenspiel*) interlude

intern [ɪn'tɛrn] *adj* internal

Internat <-(e)s, -e> *nt* boarding school

international ['ɪntɐnatsio'naːl] *adj* international; **Internationaler Währungsfonds** International Monetary Fund, IMF; ~**es Finanzsystem** international financial system

Internet *nt* internet; **Internetauftritt** *m* Internet presence

Internet-Café *nt* cybercafé

internieren [ɪntɐ'niːrən] <ohne ge-> *vt* intern; **Internierte**(**r**) *f m* internee; **Internierung** *f* internment

Internist(**in**) [ɪntɐ'nɪst] <-en, -en> *m(f)* (MED) internist

Internverbindung *f* (TELE) internal connection

interpolieren [ɪntɐpo'liːrən] *vt* (MATH) interpolate

Interpret(in) *m(f)* interpreter (*of art, music*); **Chansons junger ~en** chansons by young singers

Interpretation [ɪntɐpreta'tsjo:n] *f* interpretation; **interpretieren** *vt* interpret; **etw falsch ~** misinterpret s.th

Interpunktion *f* punctuation; **Interpunktionszeichen** *nt* punctuation mark

Interrail-Karte *f* inter-rail ticket

interreligiös *adj* interreligious

Intervall [ɪntɐ'val] <-s, -e> *nt* (*a.* MUS) interval; **Intervallschaltung** *f* (ELEK) interval switch

intervenieren [-ve'ni:rən] *vi* intervene (*bei jdm* with s.o., *bei etw* in s.th.)

Intervention [ɪntɐvɛn'tsjo:n] <-, -en> *f* (MIL POL) intervention (*bei* with, *für* for)

Interview [ɪntɐ'vju:/'ɪntɐvju] <-s, -s> *nt* interview; **interviewen** [ɪntɐ'vju:ən] <ohne ge-> *vt* interview (*jdn zu/über etw* s.o. on/about s.th.)

intim [ɪn'ti:m] *adj* intimate (*mit* with); **mit jdm ~ werden** become intimate with s.o.; **ein ~er Kenner von etw sein** have an intimate knowledge of s.th.; **in ~em Kreise** with one's most intimate friends; **Intimbereich** *m* privacy; **Intimität** *f* intimacy (*mit* with); **Intimpartner(in)** *m(f)* sexual partner

intolerant *adj* intolerant (*gegenüber jdm* toward(s) s.o., *gegenüber einer Sache* of s.th.); **Intoleranz** *f* intolerance

Intranet ['ɪntrənet] <-s, -s> *nt* (*Netzwerk eines Unternehmens*) intranet

intransitiv *adj* (GRAM) intransitive

intrigant [ɪntri'gant] *adj* plotting, scheming

Intrigant(in) <-en, -en> *m(f)* intriguer, plotter, schemer; **Intrige** [ɪn'tri:gə] <-, -n> *f* intrigue; **intrigieren** *vi* intrigue, plot, scheme

introvertiert ['ɪntrovɛrti:ɐt] *adj* introverted

Invalide [ɪnva'li:də] <-n, -n> *m* invalid; **~ sein** be disabled [*o* invalid]; **Invalidität** *f* disability

Invasion [ɪnva'zjo:n] *f* (*a. fig*) invasion

Inventar [ɪnvɛn'ta:ɐ] <-s, -e> *nt* (COM) **1.** (*Warenliste*) inventory **2.** (*Einrichtung*) fittings *pl;* **lebendes ~** livestock; **totes ~** fixtures and fittings *pl;* **das ~ aufnehmen** do the inventory; **er gehört schon zum ~** (*fam*) he's part of the furniture

Inventur *f* (COM) stocktaking *Br,* inventory *Am;* **~ machen** stocktake *Br,* make an inventory *Am*

Inversionswetterlage *f* (METE) *weather situation comprising temperature inversion*

investieren [ɪnvɛs'ti:rən] *vt, vi* (*a. fig*) invest (*in* in); **Investition** *f* (COM FIN) investment; **Investitionsgut** *nt meist pl* (FIN COM) item of capital expenditure

Investor(in) [ɪn'vɛsto:ɐ] <-s, -en> *m(f)* investor

In-vitro-Fertilisation *f* (MED) in vitro fertilization

inwendig ['ɪnvɛndɪç] *adj* inside; **in- und auswendig** inside out

inwiefern *konj,* **inwieweit** *adv* (in) how far; (*als Frage*) in what way?

Inzucht <-> *f* inbreeding

inzwischen *adv* (in the) meantime, meanwhile

Ion [io:n] <-s, -en> *nt* (CHEM PHYS) ion

Irak [i'ra:k] <-s> *m:* **der ~** Iraq; **Iraker(in)** *m(f)* Iraqi

Iran [i'ra:n] <-s> *m:* **der ~** Iran; **Iraner(in)** *m(f)* Iranian

irden ['ɪrdən] *adj* earthen; **~es Geschirr** earthenware

irdisch *adj* earthly, terrestrial; **der Weg alles Irdischen** the way of all flesh

Ire ['i:rə] <-n, -n> *m* Irishman

irgend ['ɪrgənt] *adv* (*überhaupt*) at all; **wo es ~ geht** where it's at all possible; **sie ist doch nicht ~!** she is not just anybody!; **irgendein** *pron* some; (*in verneinten Sätzen, Frage- oder Bedingungssätzen*) any; **irgendeine(r, s)** *pron* (*substantivisch*) **1.** (*bei Personen*) someone, somebody; (*in verneinten, Frage- oder Bedingungssätzen*) anyone, anybody **2.** (*bei Sachen*) something; (*in verneinten, Frage- oder Bedingungssätzen*) anything; **irgendetwas**[RR] *pron* something; (*in verneinten, Frage- oder Bedingungssätzen*) anything; **irgendjemand**[RR] *pron* someone, somebody; (*in verneinten, Frage- oder Bedingungssätzen*) anyone, anybody, somebody; **ich bin nicht ~** I'm not just anybody

irgendwann *adv* sometime; (*fragend oder bedingend*) ever

irgendwas *pron* anything, something

irgendwie *adv* somehow (or other); **das habe ich ~ schon einmal gesehen** I've got a feeling I've seen it before

irgendwo *adv* somewhere; (*fragend, verneinend oder bedingend*) anywhere; **irgendwoher** *adv* from somewhere; (*fragend, verneinend oder bedingend*) from anywhere

irgendwohin *adv* somewhere; (*fragend, verneinend oder bedingend*) anywhere

Irin ['i:rɪn] *f* Irishwoman; **irisch** *adj* Irish; **Irland** ['ɪrlant] <-s> *nt* Ireland; (*auf gälisch*) Eire

Ironie [iro'ni:] *f* irony; **ironisch** *adj* ironic(al)

irrational *adj* (*a.* MATH) irrational

irre ['ɪr(ə)] I. *adj* 1. (*verrückt*) crazy, insane, mad 2. (*fam: wild*) wild; **wie ~** (*fam*) like crazy; **du machst mich noch ganz ~!** you're going to drive me mad!; **~(e)r Typ** (*sl*) groover; **das ist ja echt ~(e)!** (*sl*) that's really mind-boggling! II. *adv* 1. (*verrückt*) in a mad way 2. (*sl: sehr*) incredibly; **~ gut** (*sl*) way-out

Irre(r)[1] <-n, -n> *f m* (*pej*) lunatic

Irre[2] <-> *f*: **jdn in die ~ führen** (*a. fig*) lead s.o. astray

irreal ['---] *adj* unreal

irre|führen *vt* 1. (*falschen Weg zeigen*) mislead 2. (*täuschen*) deceive; **sich durch jdn ~ lassen** let s.o. mislead [*o* deceive] one; **irreführend** *adj* misleading

irrelevant *adj* irrelevant (*für* for, to)

irre|machen *irr vt* confuse

irren ['ɪrən] I. *vi* 1. *sein* (*herum~*) roam, wander 2. *haben* (*sich täuschen*) be mistaken II. *vr haben* be mistaken (*in jdm* in s.o., *in etw* about s.th.); **ich habe mich in der Nummer geirrt** I made a mistake about the number; **Sie haben sich um drei Mark geirrt** you've made a mistake of three marks; **Irren ist menschlich** (*prov*) to err is human; **jeder kann sich mal ~** anyone can make a mistake

Irrenanstalt *f*, **Irrenhaus** *nt* (*pej*) lunatic asylum; **hier geht's ja zu wie im Irrenhaus!** (*fam*) this place is an absolute madhouse!; **reif fürs Irrenhaus sein** (*fam*) have gone loony; **Irrenarzt, -ärztin** *m, f* (*pej*) shrink

Irrfahrt *f* odyssey, wandering

Irrgarten *m* maze

irrig *adj* erroneous; **in der ~en Annahme** under the wrong assumption

irritieren [ɪri'ti:rən] *vt* 1. (*ärgern*) irritate 2. (*verwirren*) confuse

Irrläufer *m* 1. (*Brief*) misdirected letter 2. (MIL) stray bullet

Irrlicht <-(e)s, -er> *nt* (*a. fig*) jack-o'-lantern, will-o'-the-wisp

Irrsinn <-(e)s> *m* insanity, madness; **das ist doch ~!** (*fam*) that's sheer madness!

irrsinnig *adj* 1. (*verrückt*) crazy, insane, mad 2. (*fam: stark, klasse*) groovy, terrific

Irrtum *m* (*schuldhafter ~*) error; (*Fehler, Versehen*) mistake; **~!** that's where you're wrong!; **~, mein Lieber!** you're wrong there, my dear boy!; **sehr im ~ sein** be greatly mistaken; **im ~ sein, sich im ~ befinden** be in error; **~ vorbehalten!** (COM) errors excepted!; **einen ~ zugeben** admit an error [*o* a mistake]; **da muss ein ~ vorliegen** there must be some mistake

irrtümlich ['ɪrty:mlɪç] I. *adj* erroneous, mistaken II. *adv* erroneously; (*aus Versehen*) by mistake

ISBN <-> *f Abk. von* **Internationale Standardbuchnummer** ISBN

Ischias ['ɪʃias] <-> *f* (MED) sciatica

ISDN *nt Abk. von* **Integrated Services Digital Network** ISDN

Islam [ɪs'la:m] <-s> *m* (REL) Islam; **islamisch** *adj* Islamic; **Islamisierung** *f* (POL REL) Islamization

Island ['i:slant] <-s> *nt* Iceland; **Isländer(in)** ['i:slɛndɐ] *m(f)* Icelander; **isländisch** *adj* Icelandic

Isolation [izola'tsjo:n] *f* 1. (*a.* MED) isolation; (*von Häftlingen*) (solitary) confinement 2. (TECH, ELEK) insulation; **Isolationshaft** *f* solitary confinement

Isolator *m* (ELEK) insulator

Isolierband *nt* (ELEK) insulating tape

isolieren I. *vt* 1. (*absondern*) isolate 2. (ELEK: *a. Häuser, Fenster*) insulate II. *vr* isolate o.s. (from the world)

Isolierkanne *f* thermos flask, insulated flask; **Isoliermasse** *f* insulating compound; **Isoliermaterial** *nt* insulating material

Isomatte® *f* karrimat, thermomat

Isotherme [izo'tɛrmə] <-, -n> *f* isotherm

isotonisch [izo'to:nɪʃ] *adj* (CHEM) isotonic

Isotop [izo'to:p] <-s, -e> *nt* (CHEM PHYS) isotope

Israel ['ɪsraɛl] *nt* Israel; **Israeli** [ɪsra'e:li] *m/f* Israeli; **israelisch** *adj* Israeli; **Israelit(in)** [ɪsrae'li:t] <-en, -en> *m(f)* (HIST) Israelite; **israelitisch** *adj* (HIST) Israelite

Istbestand ['ɪstbəʃtant] <-(e)s> *m* (COM FIN: *an Geld*) cash in hand; (*an Waren*) actual stock

Italien [i'ta:liən] *nt* Italy; **Italiener(in)** [ita'lje:nɐ] *m(f)* Italian; **italienisch** *adj* Italian

IVF *f* (MED) *Abk. von* **In Vitro Fertilisation** IVF, in vitro fertilisation

IWF *m Abk. von* **Internationaler Währungsfonds** IMF

J

J, j [jɔt] <-, -> *nt* J, j

ja [jaː] *adv* **1.** (*zustimmend*) yes **2.** (*feststellend*): ~ **doch** [*o* **aber** ~] yes, of course **3.** (*Frage: wirklich?*) really? **4.** (*tatsächlich*) just **5.** (*schließlich*) after all **6.** (*sogar*) even; **~?** (*richtig?*) right?; **zu etw ~ sagen** say yes to s.th.; **nun ~ ...** well ...; **sei ~ vorsichtig!** be careful!; **tu es ~ nicht!** I warn you, don't do it!; **das ist ~ schrecklich!** that's just terrible!; **es schneit ~!** goodness, it's snowing!; **es ist ~ nicht so schlimm** after all it's not that bad; **ich sehe Sie also morgen, ~?** I'll see you tomorrow, right?; **ich habe es Ihnen ~ gesagt!** I told you so!; **es muss sich ~ eines Tages bessern** don't worry, it'll have to improve one day; **~, was Sie nicht sagen!** you don't say!; **sie ist ~ meine Schwester!** why, she is my sister!; **ich komm' ~ schon!** all right, all right, I'm coming!

Jacht [jaxt] <-, -en> *f* yacht

Jacke ['jakə] <-, -n> *f* jacket; **das ist ~ wie Hose** (*fam*) that's six (of one) and half a dozen (of the other); **die ~ voll kriegen** (*fam*) cop a packet

Jackett [ʃa'kæt] <-(e)s, -e/-s> *nt* jacket *Br*, coat *Am*

Jagd [jaːkt] <-, -en> *f* **1.** (*a. fig: Verfolgung*) hunt (*nach* for); (*das Jagen*) hunting **2.** (*fig*) chase (*nach* after); **auf die ~ gehen** go hunting; **~ machen auf ...** (*a. fig*) hunt for ...; **die ~ aufs Geld** the pursuit of money; **Jagdaufseher(in)** *m(f)* gamekeeper; **Jagdbeute** *f* bag; **Jagdbomber** *m* (MIL AERO) fighter-bomber; **Jagdflugzeug** *nt* (MIL AERO) fighter plane [*o* aircraft]; **Jagdgewehr** *nt* hunting rifle; **Jagdhaus** *nt* hunting lodge; **Jagdhund** *m* hound; (*Vorstehhund*) pointer; **Jagdrevier** *nt* shoot; **Jagdschein** *m* hunting license

jagen ['jaːgən] **I.** *vt* **1.** (*a. Menschen*) hunt **2.** (*verfolgen, hetzen*) chase; **jdn zum Teufel ~** (*fam*) send s.o. to hell; **ein Unglück jagte das andere** one misfortune followed hard upon the other; **damit kann man mich ~** (*fam*) I wouldn't touch that thing with a (ten-foot) barge pole *Br* **II.** *vi* **1.** (*auf die Jagd gehen*) go hunting **2.** *sein* (*rasen*) race; **nach etw ~** chase after s.th. **III.** *vr:* **die Ereignisse ~ sich** things happen one after the other

Jäger ['jɛːgɐ] <-s, -> *m* **1.** hunter, huntsman **2.** (MIL) rifleman **3.** (MIL AERO: *Jagdflugzeug*) fighter (plane); **Jägerin** *f* huntress; **Jägerzaun** *m* rustic fence

Jaguar ['jaːguaːɐ] <-s, -e> *m* (*Raubtier*) jaguar

jäh [jɛː] *adj* **1.** (*steil*) steep **2.** (*plötzlich*) sudden; (*unvermittelt*) abrupt **3.** (*überstürzt*) headlong, precipitous

Jahr [jaːɐ] <-(e)s, -e> *nt* year; **ein halbes ~** six months; **alle ~e** every year; **alle fünf ~e** every five years; **~ für ~** year after year; **das ganze ~ hindurch** [*o* **über**] all the year round; **im ~e 2002** in (the year) 2002; **in den besten ~en** in the prime of one's life; **in den neunziger ~en** in the nineties; **im Alter von zehn ~en** at the age of ten; **mit den ~en** over the years; **viele ~e lang** for many years; **pro ~** a year, per annum; **von ~ zu ~** from year to year; **vor einem ~** a year ago

jahraus [jaːɐ'aʊs] *adv:* **~, jahrein** year in, year out

Jahrbuch *nt* **1.** (*statistisches ~*) yearbook **2.** (*Almanach*) almanac

jahrelang **I.** *adj attr* lasting for years **II.** *adv* for years

jähren ['jɛːrən] *vr:* **es jährt sich heute (zum zehnten Mal), dass ...** it is a year (ten years) ago today that ...

Jahresabonnement *nt* annual subscription; **Jahresabschluss**[RR] *m* **1.** end of the year **2.** (COM) annual statement of account; **Jahresanfang** *m* beginning of a [*o* the] (new) year; **Jahresbeitrag** *m* annual subscription; **Jahresarbeitszeitverhältnis** *nt* annual work contract; **Jahresbericht** *m* annual report; **Jahresbilanz** *f* (COM) annual balance sheet; **Jahresdurchschnitt** *m* annual average; **Jahreseinkommen** *nt* annual income; **Jahresfrist** <-> *f* year's time; **binnen** [*o* **noch vor**] ~ within a year's time; **Jahrestag** *m* anniversary; **Jahresurlaub** *m* annual vacation; **Jahreswechsel** *m* turn of the year; (*Neujahr*) New Year; **Jahreswende** *f* turn of the year; (*Neujahr*) New Year; **Jahreszahl** *f* date, year; **Jahreszeit** *f* season; **jahreszeitlich** *adj* seasonal; **~e Schwankungen** seasonal variations [*o* fluctuations]

Jahrgang *m* **1.** (*Altersklasse*) age-group **2.** (*von Zeitschrift*) volume **3.** (*von Wein*) vintage

Jahrhundert [-ˈ--] <-s, -e> *nt* century; **jahrhundertelang** I. *adj* lasting for centuries II. *adv* for centuries; **Jahrhundertwende** *f* turn of the century

jährlich [ˈjɛːɐlɪç] I. *adj* annual, yearly II. *adv* annually, every year, yearly; (COM FIN) per annum; **einmal** ~ once a year

Jahrmarkt *m* fair

Jahrtausend [-ˈ--] <-s, -e> *nt* millennium; **Jahrtausendumstellung** *f* millennium changeover; **Jahrtausendwende** *f* turn of the millennium

Jahrzehnt [jaːɐˈtseːnt] <-(e)s, -e> *nt* decade; **jahrzehntelang** I. *adj* decades of …, lasting for decades II. *adv* for decades

Jähzorn [ˈjɛːtsɔrn] *m* irascibility, violent temper; **jähzornig** *adj* irascible, violent-tempered

Jalousie [ʒaluˈziː] *f* (Venetian) blind *Br*, window shades *Am*

Jammer [ˈjamɐ] <-s> *m* **1.** (*Klage*) lamentation, wailing **2.** (*Elend*) misery, wretchedness; **es ist ein** ~ it is awful; **ein Bild des ~s bieten** (*fig*) be a sorry sight; **jämmerlich** [ˈjɛmɐlɪç] I. *adj* **1.** (*elend, erbärmlich*) wretched **2.** (*Mitleid erregend*) pitiful **3.** (*beklagenswert*) lamentable **4.** (*fam: schlecht, mies*) pathetic II. *adv* (*fam: sehr*) terribly; **jammern** [ˈjamɐn] *vi* wail (*über* over, *um* for); **jammerschade** *adj* (*fam*): **es ist ~, dass …** it's a crying shame that …

Janker <-s, -> *m* (*österr: Strickjacke*) cardigan

Jänner [ˈjɛnɐ] <-s, -> *m* (*österr*) January

Januar [ˈjanuaːɐ] <-(s), -e> *m* January

Japan [ˈjaːpan] *nt* Japan; **Japaner(in)** [jaˈpaːnɐ] *m(f)* Japanese; **japanisch** *adj* Japanese

Jargon [ʒarˈgõː] <-s, -s> *m* jargon

Jasmin [jasˈmiːn] <-s, -e> *m* (*Pflanze*) jasmine

jäten [ˈjɛːtən] *vt, vi* weed

Jauche [ˈjaʊxə] <-, -n> *f* liquid manure; **Jauchegrube** *f* cesspool

jauchzen [ˈjaʊxtsən] *vi* exult, rejoice

jaulen [ˈjaʊlən] *vi* (*a. fig*) howl

Java *f* (*Programmiersprache von Sun Microsystems*) Java; **JavaScript** *nt* (*Produktname für Scriptsprache*) JavaScript

Jawort *nt* consent

Jazz [dʒæs/jats] <-> *m* (MUS) jazz; **jazzig** *adj* jazzy

je[1] [jeː] *interj:* ~ **nun …** well now …; **o ~!** oh dear!

je[2] I. *präp* (*pro*) per II. *adv* **1.** (*~weils*) each, every **2.** (*~mals*) ever; **für ~ zehn Wörter** for every ten words; **schlimmer denn ~** worse than ever III. *konj:* ~ **eher, desto besser** the sooner the better; ~ **nachdem** that depends; ~ **nach …** depending on …

Jeans [dʒiːns] *pl* jeans, denims; **Jeansanzug** *m* denim suit; **Jeansrock** *m* denim skirt

jedenfalls *adv* **1.** (*auf jeden Fall*) in any case **2.** (*zumindest*) at least

jede(r, s) [ˈjeːdə] I. *pron* (*substantivisch*) **1.** (*~ einzelne, ~ für sich*) each **2.** (*~ von allen*) everyone, everybody **3.** (*~ beliebige*) anyone, anybody II. *adj* **1.** (*einzeln, für sich*) each; (*~ von zweien*) either **2.** (*~ von allen*) every **3.** (*~ beliebige*) any; **~s Mal**[RR] each time, every time; **~s Mal**[RR]**, wenn** whenever

jedermann *pron* **1.** (*ein jeder*) everyone, everybody **2.** (*jeder beliebige*) anyone, anybody

jederzeit *adv* (at) any time

jedesmal *adv s.* **jede(r, s)**

jedoch [jeˈdɔx] *adv, konj* however

Jeep® [dʒiːp] <-s, -s> *m* jeep

jeher [ˈjeːheːɐ] *adv:* **von** [*o* **seit**] ~ always

jemals [ˈjeːmaːls] *adv* ever

jemand [ˈjeːmant] *pron* somebody, someone; (*in fragenden, verneinenden o bedingenden Sätzen*) anybody, anyone; **sonst ~,** ~ **anders** somebody else; (*irgend~*) anybody else

jene(r, s) [ˈjeːnə] I. *pron* that one, those ones; **bald dieser, bald jener** first one, then the other; **jener** (*letzterer*) the latter; **dies und jenes** this and that II. *adj* that; (*bezogen auf Plural*) those

jenseitig *adj* opposite, on the other side

Jenseits <-> *nt* next world; **jdn ins ~ befördern** (*sl*) send s.o. to kingdom come

jenseits [ˈjeːnzaɪts] *präp* (*~ von*) on the other side of; **er ist ~ von Gut und Böse** (*fam*) he's past it

Jesuit [jezuˈiːt] <-en, -en> *m* (ECCL) Jesuit; **Jesuitenorden** *m* (ECCL) Jesuit Order

Jesus [ˈjeːzʊs] *m* Jesus

Jetset[RR] [ˈdʒætsæt] <-s> *m* (*fam*) jet-set

jetten [ˈdʒɛtn] *vi* (*fam*) jet

jetzig [ˈjɛtsɪç] *adj* (*im Augenblick*) present; (*laufend*) current; **~e Preise** current prices

jetzt [jɛtst] *adv* now; **gerade ~** this very moment; **bis ~** so far, up to now; ~ **eben** just now; **von ~ an** from now on; **für ~** for the present, for now; **gleich ~, ~ gleich** right now; **erst ~** only now; ~ **oder nie!** (it's) now or never!

Jetztzeit *f* present time

jeweilig [ˈjeːvaɪlɪç] *adj* **1.** (*derzeitig*) of the day; (*vorherrschend*) prevailing **2.** (*betreffend*) respective

jeweils [ˈjeːvaɪls] *adv* **1.** (*zur gleichen Zeit*) at a time **2.** (*jedesmal*) each time; (*jeder einzelne*) each; **die ~ erfolgreichsten Kandidaten der beiden Wahlgänge** the most successful candidates of each of the two ballots

Job [dʒɔp/dʒɔb] <-s, -s> *m* (*a.* INFORM) job

jobben *vi* (*fam*) work, do casual work

Jobbörse ['dʒɔpˌbœrzə] *f* job exchange

Jobhopping[RR] *nt* job hopping; **Jobsharing**[RR] *nt* job sharing

Joch [jɔx] <-(e)s, -e> *nt* **1.** (*a. fig*) yoke **2.** (*Berg~*) ridge **3.** (ARCH) truss; **sein ~ abschütteln** (*fig*) shake off one's yoke; **sich einem ~ beugen** (*fig*) submit to a yoke

Jockei *m*, **Jockey** ['jɔki/dʒɔki] <-s, -s> *m* jockey

Jod [jo:t] <-(e)s> *nt* iodine

jodeln ['jo:dəln] *vt, vi* yodel

Jodler[1] *m* (*Jodelruf*) yodel; **Jodler(in)**[2] *m(f)* (*jodelnde Person*) yodeller

Jodmangel *m* iodine deficiency; **Jodtinktur** *f* iodine tincture

Joga ['jo:ga] <-(s)> *m* yoga

joggen ['dʒɔgn] *vi* jog; **Jogger(in)** <-s, -> *m(f)* jogger; **Jogging** <-s> *nt* jogging; **Jogginganzug** *m* jogging suit

Joghurt ['jo:gʊrt] <-s, -s> *m/nt*, **Jogurt**[RR] *m/nt* yog(h)urt

Johannisbeere [jo'hanɪsbe:rə] *f*: **rote (schwarze) ~** redcurrant (blackcurrant)

Johannistag *m* Midsummer's Day

johlen ['jo:lən] *vi* bawl, howl

Jointventure[RR] ['dʒɔɪnt'væntʃə] <-(s), -s> *nt* (COM) joint venture

Jojo [jo'jo:] <-s, -s> *nt* yo-yo; **Jojo-Effekt** *m* yo-yo effect

Jongleur(in) [ʒɔ̃'glø:ɐ] <-s, -e> *m(f)* juggler; **jonglieren** *vi* (*a. fig*) juggle

Jordanien [jɔr'da:niən] *nt* Jordan; **Jordanier(in)** <-s, -> *m(f)* Jordanian; **jordanisch** *adj* Jordanian

Joule [dʒu:l] <-(s), -> *nt* joule

Journal [ʒɔr'na:l] <-s, -e> *nt* **1.** (*Tagebuch*) diary **2.** (COM) daybook **3.** (*Fach~*) journal

Journalismus *f* journalism; **Journalist(in)** *m(f)* journalist

jovial [jo'vja:l] *adj* jovial

Joystick ['dʒɔɪstɪk] <-s, -s> *m* (INFORM) joystick

JPEG *nt* (*Grafikformat im Internet*) jpeg

Jubel ['ju:bəl] <-s> *m* jubilation; **Jubeljahr** *nt* jubilee year; **alle ~e einmal** (*fam*) once in a blue moon; **jubeln** *vi* rejoice, shout with joy

Jubilar(in) [jubi'la:ɐ] *m(f)* man (woman) celebrating an anniversary

Jubiläum [jubi'lɛ:ʊm] <-s, -läen> *nt* jubilee; (*Jahrestag*) anniversary

jucken ['jʊkən] **I.** *vi* itch; **mir juckt die Nase** my nose itches; **das juckt mich doch nicht!** (*fam*) I don't care (a damn)!; **es juckt mir in den Fingern zu ...** I'm itching to ... **II.** *vt* (*kratzen*) scratch; **Jucken** *nt*, **Juckreiz** *m* itching

Jude ['ju:də] <-n, -n> *m* Jew; **Judentum** *nt* **1.** (*Judaismus*) Judaism **2.** (*Volk*) Jewry **3.** (*Wesen*) Jewishness; **Judenverfolgung** *f* persecution of the Jews; **Jüdin** ['jy:dɪn] *f* Jewess; **jüdisch** *adj* Jewish

Judo ['ju:do] <-(s)> *nt* (SPORT) judo

Jugend ['ju:gənt] <-> *f* **1.** (*~zeit*) youth **2.** (*~lichkeit*) youthfulness **3.** (*junge Menschen*) young people *pl*, youth; **frühe ~** early youth; **von ~ an** [*o* **auf**] from one's youth; **in meiner ~** when I was young; **die heutige ~** the youth of today, young people of today; **Jugendamt** *nt* youth welfare department; **Jugendarbeitslosigkeit** *f* youth unemployment; **Jugenderinnerung** *f* memory of one's youth; **Jugendfreund(in)** *m(f)* friend of one's youth; **Jugendherberge** *f* youth hostel; **Jugendherbergsausweis** *m* youth hostelling card, YHA card; **Jugendkriminalität** *f* juvenile crime [*o* delinquency]

jugendlich *adj* **1.** (*jung*) young **2.** (*jung wirkend*) youthful **3.** (JUR) juvenile; **Jugendliche(r)** *f m* young person, teenager; (JUR) juvenile; (*Minderjährige*) minor; **Jugendlichkeit** *f* youthfulness

Jugendschutz *m* (JUR) protection of children and young people

Jugendzeit *f* youth

Jugoslawe, -win [jugo'sla:və] *m, f* Yugoslav; **Jugoslawien** *nt* (HIST) Yugoslavia; **jugoslawisch** *adj* Yugoslav(ian)

Juli ['ju:li] <-(s), -s> *m* July

jung [jʊŋ] <jünger, jüngst> *adj* (*a. fig*) young

Junge[1] ['jʊŋə] <-n, -n(s)> *m* boy; **~, ~!** (*fam*) oh boy!; **alter ~** (*fam: als Anrede*) old pal; **ein schwerer ~** (*pej*) a bad egg

Junge[2] <-n, -n> *nt* (*generell von Tieren*) young one; (*von Hund*) puppy; (*von Katze*) kitten; (*von Raubtier*) cub; (*von Vogel*) nestling; **die ~n** the young

Jünger *m* (*a. fig*) disciple

jünger ['jʏŋɐ] *adj* **1.** (*Komparativ von jung*) younger **2.** (*Entwicklung, Geschichte*) recent; **sie ist fünf Jahre ~ als ich** she is my junior by five years [*o* five years my junior]; **er sieht ~ aus, als er ist** he does not look his age; **die ~e Steinzeit** the New Stone Age

Jungfer ['jʊŋfɐ] <-, -n> *f*: **alte ~** (*pej*) old maid, spinster

Jungfernfahrt *f* (MAR) maiden voyage

Jungfernhäutchen *nt* (ANAT) hymen, maidenhead

Jungfilmer(in) *m(f)* young film maker

Jungfrau *f* virgin; (ASTR) Virgo; **jungfräulich** ['jʊŋfrɔɪlɪç] *adj* (*a. fig*) virgin

Junggeselle *m* bachelor; **eingefleischter ~** confirmed bachelor; **Junggesellin** *f* bachelor girl

Jüngling ['jʏŋlɪŋ] *m* youth

jüngst [jʏŋst] *adv* lately, recently

jüngste *adj* **1.** (*Superlativ von jung*) youngest **2.** (*letzte*) latest; (*Zeit, Vergangenheit*) recent; **der Jüngste Tag** Doomsday; **das Jüngste Gericht** the Last Judg(e)ment; **sein ~er Roman** his latest novel; **sie ist nicht mehr die Jüngste** (*fam*) she's no (spring) chicken any more; **mein Jüngster** my youngest; **in der ~n Zeit** recently; **die ~n Ereignisse** the latest events

Juni ['ju:ni] <-(s), -s> *m* June

junior ['ju:niɔr] *adj* (*unveränderlich*) junior, jun., jr.; **Sammy Davis ~** Sammy Davis jr. **Junior(in)** <-s, -en> *m(f)* junior

Junkbondmarkt ['dʒaŋkbɔnd,markt] *m* (*Handel mit zweitklassigen Wertpapieren*) junk-bond market

Junkie ['dʒaŋki] <-s, -s> *m* (*sl*) junkie

Jupe [ʒyp] <-s, -s> *m* (*CH*) skirt

Jura¹ ['ju:ra] <-> *m* (GEOG) Jura Mountains *pl*

Jura² *ntpl* (JUR) law *sing;* **~ studieren** study [*o* read] law

Jurisprudenz [jurɪspru'dɛnts] <-> *f* jurisprudence

Jurist(in) *m(f)* **1.** (*ausgebildeter*) jurist **2.** (*Jurastudent*) law student; **Juristerei** *f* (*fam*) law; **juristisch** *adj* legal; **~e Person** body corporate, corporation, legal entity; **~es Studium** law studies *pl;* **~e Fakultät** faculty of law *Br,* law school *Am;* **~er Beistand** counsel; **~er Kommentar** legal commentary

Jury [ʒy'ri:/'ʒy:ri] <-, -s> *f* jury

Jus [ju:s] *nt* (*österr*) law *sing;* **~ studieren** study law

just [jʊst] *adv* exactly, just

justierbar [jʊs'ti:ɐba:ɐ] *adj* adjustable; **justieren** [jʊs'ti:rən] *vt* (*einstellen, einrichten*) adjust; (TYP) justify

Justiz [jʊs'ti:ts] <-> *f* justice; **jdn der ~ überantworten** hand s.o. over to the law; **Justizbeamte, -beamtin** *m, f* judicial officer; **Justizgebäude** *nt* courthouse; **Justizirrtum** *m* error [*o* miscarriage] of justice; **Justizminister(in)** *m(f)* minister of justice; (*in GB*) Lord (High) Chancellor; (*in den USA*) Attorney General; **Justizministerium** *nt* Ministry of Justice; (*in den USA*) Department of Justice; **Justizmord** *m* judicial murder

Juwel [ju've:l] <-s, -en> *nt* (*a. fig*) gem, jewel; **Juwelenhandel** *m* jewel(l)er's trade; **Juwelier(in)** [juve'li:ɐ] <-s, -e> *m(f)* jewel(l)er; **Juweliergeschäft** *nt* jewel(l)er's (shop)

Jux [jʊks] <-es, -e> *m* (*fam*) lark; **das war doch nur ein ~!** it was only a joke!; **sich einen ~ aus etw machen** make a joke out of s.th.; **aus ~** for a lark; **juxig** *adj* (*fam*) funny

K

K, k [ka:] <-, -> *nt* K, k

Kabarett [kaba'rɛt/kaba're:] <-s, -s/-e> *nt* cabaret; (*~programm*) floor show; **politisches ~** satirical political revue

Kabel ['ka:bəl] <-s, -> *nt* **1.** (ELEK) wire; (TELE) flex **2.** (*Drahtseil*) cable; **Kabelanschluss**[RR] *m* (TV) cable connection; **~ bekommen** get cable; **Kabelfernsehen** *nt* cable television

Kabeljau ['ka:bəljaʊ] <-s, -e/-s> *m* (*großer Raubfisch*) cod

Kabelkanal *m* (TV) cable channel; **Kabelklemme** *f* (ELEK) **1.** (*an Auto*) cable clamp **2.** (*an Zündkerze*) plug terminal; **kabeln** ['ka:bəln] *vt, vi* cable; **Kabelnetz** *nt* cable network

Kabine [ka'bi:nə] <-, -n> *f* **1.** (*Umkleide~, Dusch~*) cubicle; (TELE) booth; (AVIAT MAR) cabin **2.** (*von Drahtseilbahn*) car

Kabinett [kabi'nɛt] <-s, -e> *nt* (POL) cabinet; **Kabinettskrise** *f* (POL) ministerial crisis; **Kabinettssitzung** *f* (POL) cabinet meeting; **Kabinettsumbildung** *f* (POL) cabinet reshuffle

Kabis <-> *m* (*CH*) cabbage

Kabriolett [kabrio'lɛt/'kabriole:] <-s, -s> *nt* (AUTO) convertible

Kachel ['kaxəl] <-, -n> *f* (glazed) tile; **kacheln** *vt* tile; **Kachelofen** *m* tiled stove

Kacke ['kakə] <-> *f* (*vulg*) crap, shit; **kacken** *vt, vi* (*vulg*) crap, shit

Kadaver [ka'da:vɐ] <-s, -> *m* carcass; **Kadavergehorsam** *m* (*pej*) blind obedience

Kader ['ka:dɐ] <-s, -> *m* (MIL POL) cadre

Kadmium *nt* cadmium

Käfer ['kɛ:fɐ] <-s, -> *m* beetle

Kaff [kaf] <-s, -s/¨-er> *nt* (*pej*) dump

Kaffee ['kafe/ka'fe:] <-s> *m* coffee; **~ mit Milch** white coffee *Br,* coffee with milk *Am;* **~ kochen** make coffee; **das ist doch alles kalter ~!** (*fam*) that's all old stuff!; **zwei ~, bitte!** two coffees, please!; **Kaffeebohne** *f* coffee bean; **Kaffeefilter** *m* coffee filter; **Kaffeehaus** *nt* (*österr*) café; **Kaffeekanne** *f* coffeepot; **Kaffeeklatsch** *m* (*fam*), **Kaffeekränzchen** *nt* coffee klatsch *Am;* **sie trafen sich zu einem ~** they met for a chat over coffee; **Kaffeelöffel** *m* coffee spoon; **Kaffeemaschine** *f* coffee maker, (coffee) percolator; **Kaffeemühle** *f* coffee grinder; **Kaffeepause** *f* coffee break; **Kaffeesatz** *m* coffee grounds *pl;* **Kaffeeservice** *nt* coffee set; **Kaffeestrauch** *m* coffee tree; **Kaffeetasse** *f* coffee cup

Käfig ['kɛ:fɪç] <-s, -e> *m* cage; **Käfighaltung** *f* caging

kahl [ka:l] *adj* **1.** (*Mensch*) bald **2.** (*Landschaft*) barren, bleak **3.** (*Bäume*) bare; **~ geschoren**[RR] (*Mensch*) shaven; (*Schaf*) shorn; **kahlgeschoren** *adj s.* **kahl**; **Kahlheit** *f* **1.** (*von Mensch*) baldness **2.** (*von Landschaft*) barrenness, bleakness **3.** (*von Bäumen*) bareness; **Kahlkopf** *m* **1.** (*Glatze*) bald head **2.** (*pej: Person*) bald man [*o* woman]; **kahlköpfig** ['ka:lkœpfɪç] *adj* bald-headed; **Kahlschlag** *m* **1.** (*Abholzen*) deforestation **2.** (*fig: Abriss*) demolition **3.** (*fam: radikale Kürzung*) axing

Kahn [ka:n, *pl:* 'kɛ:nə] <-(e)s, ¨-e> *m* boat; (*Last~*) barge; **~ fahren** go boating; **Kahnfahrt** *f* row; (*mit Stechkahn*) punt

Kai [kaɪ] <-s, -e/-s> *m* quay; **Kaimauer** *f* quay wall

Kaiser ['kaɪzɐ] <-s, -> *m* emperor; (*Deutscher ~*) Kaiser; **Kaiserin** *f* empress; **Kaiserkrone** *f* **1.** (*eines Kaisers*) imperial crown **2.** (*Liliengewächs*) crown imperial; **kaiserlich** *adj* imperial; **Kaiserreich** *nt* empire

Kaiserschnitt *m* (MED) Caesarean (section)

Kaisertum *nt* **1.** (*Kaiserreich*) empire **2.** (*Kaiserwürde*) imperial dignity

Kajüte [ka'jy:tə] <-, -n> *f* cabin

Kakadu ['kakadu] <-s, -s> *m* (*großer Papagei*) cockatoo

Kakao [ka'kaʊ] <-s> *m* cocoa; **jdn durch den ~ ziehen** (*fam: auf den Arm nehmen*) take the mickey out of s.o.; (*heruntermachen*) run s.o. down; **Kakaobohne** *f* cocoa bean

Kakerlake [ka(:)kɐ'la(:)kə] <-, -n> *f* (*Küchenschabe*) cockroach

Kaktee *f,* **Kaktus** [kak'te: ('kaktʊs)] <-, -n> *m* cactus

Kalauer ['ka:laʊɐ] <-s, -> *m* (*Wortspiel*) corny pun; (*fauler Witz*) old chestnut

Kalb [kalp, *pl:* 'kɛlbɐ] <-(e)s, ¨-er> *nt* calf; **kalben** ['kalbən] *vi* calve; **Kalbfleisch** *nt* veal; **Kalb(s)leder** *nt* calf(skin); **Kalbsschnitzel** *nt* veal cutlet

Kaleidoskop [kalaɪdo'sko:p] <-s, -e> *nt*

kaleidoscope

Kalender [ka'lɛndɐ] <-s, -> *m* calendar; (*Taschen~*) diary; **Kalenderjahr** *nt* calendar year

Kali ['ka:li] <-s, -s> *nt* (CHEM) potash, potassium oxide

Kaliber [ka'li:bɐ] <-s, -> *nt* (*a. fig: Format*) calibre *Br,* caliber *Am*

Kalifornien [kali'fɔrniən] *nt* California

Kalium ['ka:liʊm] <-s> *nt* (CHEM) potassium; **Kaliumchlorid** *nt* (CHEM) potassium chloride; **kaliumhaltig** *adj* potassic; **Kaliumpermanganat** <-s> *nt* (CHEM) potassium permanganate

Kalk [kalk] <-(e)s, -e> *m* lime; **gebrannter ~** quicklime; **gelöschter ~** slaked lime; **Kalkboden** *m* calcareous soil; **Kalkbrennerei** *f* lime works *pl;* **kalken** *vt* **1.** (*tünchen*) whitewash **2.** (*mit Kalk düngen*) lime; **kalkhaltig** *adj* (*Boden*) chalky; (*Wasser*) hard; **Kalkmangel** <-s> *m* (MED) calcium deficiency; **Kalkofen** *m* lime kiln; **Kalksandstein** *m* calcareous sandstone; **Kalkstein** <-(e)s> *m* limestone

Kalkulation [kalkula'tsjo:n] *f* **1.** (*Berechnung*) calculation **2.** (*Kostenvoranschlag*) estimate; **kalkulierbar** *adj* calculable; **kalkulieren** *vt* calculate

Kalorie [kalo'ri:] *f* calorie; **kalorienarm** *adj pred* low in calories, low-calorie; **Kalorienbombe** *f* (*fam*) billions of calories; **Kaloriengehalt** *m* calorie content

kalt [kalt] *adj* (*a. fig*) cold; **Kalter Krieg**[RR] (HIST) Cold War; **ein ~es Buffet** a cold buffet; **es überlief mich ~** cold shivers were running through me; **mir ist ~** I am cold; **das lässt mich ~** that leaves me cold; **~ bleiben** (*unbewegt bleiben*) remain unmoved; **~e Füße kriegen** (*fam*) get cold feet; **jdm die ~e Schulter zeigen** give s.o. the cold shoulder; **eine Flasche Wein ~ stellen** chill a bottle of wine; **etw ~ lächelnd**[RR] **tun** take callous pleasure in doing s.th.; **kaltblütig** ['kaltbly:tɪç] **I.** *adj* (*gefühllos*) cold-blooded; (*lässig, gelassen*) cool **II.** *adv* coolly, in cold blood; **Kaltblütigkeit** *f* cold-bloodedness

Kälte ['kɛltə] <-> *f* cold; (METE: *~periode*) cold spell; (*fig*) coldness; **zehn Grad ~** minus ten degrees; **bei dieser ~** in this cold; **die ~ lässt nach** the cold is breaking up; **Kältebehandlung** *f* cryotherapy; **kältebeständig** *adj* cold-resistant; **kälteempfindlich** *adj* sensitive to cold; **Kältegrad** *m* (*fam: Maßgröße f. Minustemperaturen*) degree of frost; **Kältemischung** *f* freezing-mixture; **Kälteschutzmittel** *nt* (AUTO) anti-freeze; **Kältewelle** *f* cold spell

kaltlächelnd *adv s.* **kalt**

Kaltluft *f* cold air; **Kaltluftfront** *f* (METE) cold front

kalt|machen *vt* (*sl*) do in

Kaltschale *f* cold sweet [*o* iced fruit] soup

kaltschnäuzig ['kaltʃnɔɪtsɪç] *adj* (*fam*) **1.** (*gefühllos*) callous, cold **2.** (*frech, unverschämt*) insolent

Kaltstart *m* (INFORM) cold start; **Kaltstartautomatik** *f cold start device*

kalt|stellen *vt* (*fig*) demote; *s. a.* **kalt**

Kalzium <-s> *nt* (CHEM) calcium

Kamel [ka'me:l] <-(e)s, -e> *nt* **1.** camel **2.** (*Trottel*) dope; **Kamelhaar** *nt* camelhair *Br,* camel's-hair *Am*

Kamelie [ka'me:liə] *f* (*Strauch*) camellia

Kamera ['kaməra] <-, -s> *f* (PHOT) camera

Kamerad [kamə'ra:t] <-en, -en> *m* **1.** (MIL) comrade; (*Gefährte*) companion **2.** (*fam: Freund*) chum *Br,* buddy *Am;* **Kameradschaft** *f* comradeship; **kameradschaftlich** *adj* comradely; (*Gemeinschaft, Ehe*) companionate; **Kameradschaftsgeist** *m* spirit of comradeship

Kamerafrau <-, -en> *f* camerawoman; **Kameraführung** *f* camera work; **Kameramann** <-(e)s, -männer/-leute> *m* (FILM) cameraman; **kamerascheu** *adj* camera-shy

Kamerun ['kaməru:n] *nt* Cameroon

Kamille [ka'mɪlə] <-, -n> *f* camomile; **Kamillentee** *m* camomile tea

Kamin [ka'mi:n] <-s, -e> *m* **1.** (*Schornstein, a. von Berg*) chimney **2.** (*im Zimmer*) fireplace, fireside; **Kaminaufsatz** *m* mantelpiece; **Kaminfeger(in)** *m(f)* chimney sweep

Kamm [kam, *pl:* 'kɛmə] <-(e)s, ¨-e> *m* **1.** (*Haar~*) comb **2.** (*von Vögeln, Wellen*) crest **3.** (*von Berg*) crest, ridge **4.** (*von Rind*) neck; **über einen ~ scheren** lump together; **ihm schwillt der ~** (*fam: vor Stolz*) he is getting swollen-headed

kämmen ['kɛmən] **I.** *vt* (*Haare*) comb; (*Wolle*) card **II.** *vr* comb one's hair

Kammer ['kamɐ] <-, -n> *f* **1.** (*kleines Zimmer*) small room **2.** (*fig: von Behörde*) chamber; (*Ärzte~*) association; **Kammerdiener** *m* valet; **Kammerzofe** *f* chambermaid

Kampagne [kam'panjə] <-, -n> *f* campaign

Kampf [kampf, *pl:* 'kɛmpfə] <-(e)s, ¨-e> *m* **1.** (*a. fig*) fight (*um* for) **2.** (MIL: *Schlacht*) battle **3.** (*Wettkampf, Wettstreit*) contest; **im ~ für die Freiheit** in the struggle for freedom; **schließlich kam es zum ~** finally fighting broke out; **~ auf Leben und Tod** life and death struggle; **~ ums Dasein** struggle for existence; **~ bis aufs Messer**

(*fig*) fight to the finish; **ein heißer ~** a ding-dong fight; **jdm (einer Sache) den ~ ansagen** declare war on s.o. (s.th.); **im ~ fallen** be killed in action; **Kampfansage** *f* (*fig*) declaration of war; **Kampfbahn** *f* (SPORT) arena, sports stadium; **kampfbereit** *adj* ready for action; **Kampfeinsatz** *m* (MIL) combat mission

kämpfen ['kɛmpfən] *vt, vi* fight (*um, für* for, *gegen jdn o etw* s.o., s.th.); **um sein Leben ~** fight for one's life; **mit den Tränen ~** fight back one's tears; **mit Schwierigkeiten ~** contend with difficulties; **mit sich selber ~** have a battle with o.s.

Kampfer ['kampfɐ] <-s> *m* (CHEM) camphor

Kämpfer(in) *m(f)* fighter; (*Krieger*) warrior; **kämpferisch** *adj* aggressive

kampferprobt *adj* battle-tried; **kampffähig** *adj* (MIL) fit for action; **Kampfgas** *nt* (MIL) war gas; **Kampfgeist** <-(e)s> *m* fighting spirit; **Kampfgruppe** *f* (MIL) combat group; (*Spezialeinheit*) task force; **Kampfhahn** *m* (*a. fig*) fighting cock; **Kampfhandlung** *f* action; **Kampfhund** *m* fighting dog; **Kampfkraft** *f* fighting strength; **kampflustig** *adj* pugnacious; **er ist ganz schön ~** he's quite eager for the fray; **Kampfmaßnahme** *f* offensive measure; **~n ergreifen** go on the offensive; **Kampfplatz** *m* **1.** (MIL: *Schlachtfeld*) battle field **2.** (SPORT: *Arena*) arena; **Kampfrichter(in)** *m(f)* (SPORT) referee; (*beim Tennis*) umpire; **Kampfsport** *m* martial art; **kampfunfähig** *adj* **1.** (MIL) unfit for fighting **2.** (SPORT: *von Boxer*) unfit

kampieren [kam'pi:rən] *vi* camp

Kanada ['kanada] *nt* Canada; **Kanadier(in)** [ka'na:diɐ] *m(f)* Canadian; **kanadisch** *adj* Canadian

Kanal [ka'na:l, *pl:* ka'nɛ:lə] <-s, =e> *m* **1.** (*natürlicher*) channel; (*Ärmel~*) Channel; (*künstlicher*) canal **2.** (*Entwässerungs~*) drain; (*Abwasser~*) sewer **3.** (RADIO TV) channel; **die haben den ~ aber ganz schön voll** (*sl: sie sind ziemlich betrunken*) they're pretty canned, aren't they?; **Kanaldeckel** *m* drain cover

Kanalinseln *fpl* Channel Islands

Kanalisation [kanaliza'tsjo:n] *f* **1.** (*für Abwässer*) sewerage system **2.** (*Flussbegradigung*) canalization; **Kanalisationsnetz** *nt* sewerage system; **kanalisieren** *vt* **1.** (*mit Kanalröhren versehen*) install sewers (*eine Stadt* in a town) **2.** (*einen Fluss*) canalize **3.** (*fig: Energie, Gefühle*) channel; **Kanalisierung** *f* **1.** (*von Fluss*) canalization **2.** (*fig*) *channelization;* **Kanalrohr** *nt* sewer pipe

Kanaltunnel *m* Channel Tunnel

Kanaren *pl* Canaries

Kanarienvogel [ka'na:riənfo:gəl] *m* canary

Kanarische Inseln *fpl* Canary Islands

Kandidat(in) [kandi'da:t] <-en, -en> *m(f)* (*Anwärter*) candidate; (*Bewerber*) applicant; **Kandidatur** *f* candidature *Br,* candidacy *Am;* **kandidieren** *vi* (POL) run, stand (*für* for); **für das Amt des Präsidenten ~** run for president

kandiert [kan'diɐt] *adj* (*Früchte*) candied

Kandis(zucker) ['kandɪs] <-> *m* (sugar)-candy

Känguru[RR] ['kɛŋguru] <-s, -s> *nt* kangaroo

Kaninchen [ka'ni:nçən] <-s, -> *nt* rabbit; **Kaninchenbau** *m* rabbit burrow

Kanister [ka'nɪstɐ] <-s, -> *m* can

Kännchen ['kɛnçən] <-s, -> *nt* (*für Milch*) jug; (*für Kaffee*) pot

Kanne ['kanə] <-, -n> *f* can; (*Tee~, Kaffee~*) pot; (*große Milch~*) churn

Kannibale, -lin [kani'ba:lə] <-n, -n> *m, f* cannibal; **kannibalisch** *adj* cannibal

Kanonade [kano'na:də] <-, -n> *f* **1.** (MIL) cannonade **2.** (*fig: Schimpf~*) tirade

Kanone [ka'no:nə] <-, -n> *f* **1.** gun; (HIST) cannon **2.** (*fam: Ass, Könner*) ace **3.** (*sl: Revolver*) gat, rod; **das ist einfach unter aller ~** (*fam*) that simply defies description; **Kanonenboot** *nt* gunboat; **Kanonenbootpolitik** *f* gunboat diplomacy; **Kanonenfutter** *nt* (*fam*) cannon fodder; **Kanonenkugel** *f* cannon ball; **Kanonenrohr** *nt* gun barrel; **heiliges ~!** (*fam*) good grief!

Kanonier [kano'ni:ɐ] <-s, -e> *m* (MIL) gunner

Kante ['kantə] <-, -n> *f* **1.** (*bei Gegenstand, Fläche*) edge **2.** (*Rand*) border; **etw (Geld) auf die hohe ~ legen** (*fam*) put some money by; **etw (Geld) auf der hohen ~ haben** (*fam*) have some money put by; **kanten** *vt* **1.** (*kippen*) tilt **2.** (*mit Kanten versehen*) trim; **Kantholz** *nt* squared timber; **kantig** *adj* **1.** (*Holz*) edged **2.** (*Gesicht*) angular

Kantine [kan'ti:nə] <-, -n> *f* canteen; (MIL) Naafi *Br*

Kanton [kan'to:n] <-(e)s, -e> *m* (*CH*) Swiss federal state

Kanu ['ka:nu/ka'nu:] <-s, -s> *nt* canoe; **~ fahren** canoe

Kanüle [ka'ny:lə] <-, -n> *f* (MED) needle

Kanzel ['kantsəl] <-, -n> *f* **1.** (ECCL) pulpit **2.** (AVIAT) cockpit; **auf der ~** (ECCL) in the pulpit; **von der ~ herab** (ECCL) from the pulpit

Kanzlei [kants'laɪ] *f* **1.** (*Dienststelle*) office; (*Rechtsanwalts~*) chambers *pl* **2.** (HIST POL)

chancellery

Kanzler(in) ['kantslɐ] *m(f)* chancellor; **Kanzleramt** *nt* chancellory

Kap [kap] <-s, -s> *nt* cape

Kapaun [ka'paʊn] <-s, -e> *m* capon

Kapazität [kapatsi'tɛːt] *f* **1.** (*Volumen*) capacity **2.** (*fig: Experte*) authority

Kapelle [ka'pɛlə] <-, -n> *f* **1.** (ECCL) chapel **2.** (MUS) band; **Kapellmeister** *m* (MUS: *Leiter einer Musikkapelle*) bandmaster; (*Dirigent*) conductor

Kaper ['kaːpɐ] <-, -n> *f* (*in Essig eingelegte Blütenknospe*) caper

kapern ['kaːpɐn] *vt* (MAR) capture, seize

kapieren [ka'piːrən] *vt* (*fam*) get; **kapiert?** got it?; **er kapiert aber schnell** he really catches on quick

Kapital [kapi'taːl, *pl:* kapi'taːliən] <-s, -e/-ien> *nt* **1.** (FIN) capital **2.** (*fig*) asset (*an etw* in s.th.); **angelegtes ~** capital investments *pl;* **~ anlegen, ~ hineinstecken** invest capital; **aus etw ~ schlagen** capitalize on s.th; **Kapitalabfluss**[RR] <-es> *m* (FIN) capital outflow; **Kapitalabwanderung** *f* (COM) exodus of capital; **Kapitalanlage** *f* (FIN) capital investment; **Kapitalanlagegesellschaft** *f* (FIN) investment fund; **Kapitalanleger(in)** <-s, -> *m(f)* capital investor; **Kapitalbeteiligungsgesellschaft** *f* (FIN) capital investment company; **Kapitalertrag** *m* (FIN) capital gains *pl*

Kapitalismus *m* capitalism; **kapitalgedeckt** *adv* (*mit Geldrücklagen*) capital secured; **Kapitalist(in)** *m(f)* capitalist; **kapitalistisch** *adj* capitalist(ic)

Kapitalmangel <-s> *m* (FIN) lack of capital; **Kapitalmarkt** *m* (FIN) money market

Kapitalverbrechen *nt* (JUR) serious crime

Kapitän [kapi'tɛːn] <-s, -e> *m* (MAR AERO) captain; **~ zur See** captain RN *Br,* commodore *Am;* **Kapitänleutnant** *m* lieutenant-commander

Kapitel [ka'pɪtəl] <-s, -> *nt* (*a. fig*) chapter; **das ist ein ~ für sich** that's another story

Kapitell [kapi'tɛl] <-s, -e> *nt* (ARCH) capital

Kapitulation [kapitula'tsjoːn] *f* surrender; (*a. fig*) capitulation (*vor* to, *angesichts* in the face of); **kapitulieren** *vi* surrender; (*a. fig*) capitulate (*vor* to, *angesichts* in the face of)

Kaplan [ka'plaːn, *pl:* ka'plɛːnə] <-s, ¨-e> *m* (ECCL) chaplain

Kappe ['kapə] <-, -n> *f* **1.** (*Kopfbedeckung*) cap **2.** (*von Flaschen*) top; **alles auf seine ~ nehmen** (*fam*) take the full responsibility; **das geht auf meine ~** (*fam: auf meine Rechnung*) that's on me

kappen ['kapən] *vt* (*a. fig*) cut

Kappes ['kapəs] <-, (-se)> *m* (*fam*) **1.** (*Kohl*) cabbage **2.** (*fig: Blödsinn*) rubbish

Kapriole [kapri'oːlə] <-, -n> *f* caper

Kapsel ['kapsəl] <-, -n> *f* capsule

kaputt [ka'pʊt] *adj* (*fam*) **1.** (*zerbrochen*) broken; (*Beziehungen, Ehe*) on the rocks **2.** (*übermüdet*) done in, shattered **3.** (*Gesundheit*) ruined; **ein ~er Typ** (*sl*) a bum; **musst du denn immer alles ~ machen?** do you have to break everything?; **dieses ewige Theater macht mich noch ganz ~** this never-ending fuss will be the death of me; **mach dich doch nicht ~!** (*überanstrenge dich nicht*) don't wear yourself out!; **kaputt|gehen** *sein irr vi* (*fam: entzweigehen*) break; (*Maschinen, Geräte*) break down; (*Beziehungen*) go on the rocks (*an* because of); **kaputt|lachen** *vr* (*fam*) die laughing; **er hat sich kaputtgelacht** he was killing himself (laughing); **da lachst du dich kaputt!** this one'll kill you!; **kaputt|machen** *vt* **1.** break **2.** (*fig: Person*) exhaust, wear out

Kapuze [ka'puːtsə] <-, -n> *f* hood; (*von Mönch*) cowl

Kapuziner [kapu'tsiːnɐ] *m* (ECCL) Capuchin (monk); **Kapuzinerkresse** *f* nasturtium

Karabiner [kara'biːnɐ] <-s, -> *m* **1.** (*Gewehr*) carbine **2.** (*Haken*) karabiner snap link

Karaffe [ka'rafə] <-, -n> *f* carafe; (*für Wein*) decanter

Karambolage [karambo'laːʒə] <-, -n> *f* collision, crash; **karambolieren** *vi* **1.** (AUTO) crash (*mit* into) **2.** (*beim Billard*) cannon *Br,* carom *Am*

Karamell[RR] [kara'mɛl] <-s> *nt* caramel

Karat [ka'raːt] <-(e)s, -e> *nt* carat

Karate [ka'raːtə] <-(s)> *nt* karate; **Karatekämpfer(in)** *m(f)* karateka

Karawane [kara'vaːnə] <-, -n> *f* caravan

Karbid [kar'biːt] <-(e)s, -e> *nt* (CHEM) carbide

Kardamom [karda'moːm] <-s> *nt* cardamom

Kardinal [kardi'naːl, *pl:* kardi'nɛːlə] <-s, ¨-e> *m* (ECCL) cardinal

Kardinalzahl *f* (MATH) cardinal number

Kardiogramm [kardio'gram] <-s, -e> *nt* (MED) cardiogram

Karenzzeit [ka'rɛntstsaɪt] *f* waiting period

Karfiol [kar'fjoːl] <-s> *m* (*österr*) cauliflower

Karfreitag [kaːɐ'fraɪtaːk] *m* (ECCL) Good Friday

karg [kark] *adj* **1.** (*mager, spärlich*) meagre, sparse; (*unfruchtbar*) barren **2.** (*geizig*) mean (*mit* with); **kärglich** ['kɛrklɪç] *adj* meagre, sparse

Karibik [ka'riːbɪk] <-> *f* Caribbean

kariert [ka'riːɐt] *adj* **1.** (*Stoff*) checked *Br,*

checkered *Am* **2.** (*Papier*) squared

Karies ['ka:riɛs] <-> *f* (MED) caries

Karikatur [karika'tu:ɐ] *f* caricature; **Karikaturist(in)** *m(f)* cartoonist; **karikieren** *vt* caricature

Karl [karl] *m* Charles; ~ **der Große** Charlemagne

Karneval ['karnəval] <-s, -e/-s> *m* carnival

Kärnten ['kɛrntən] *nt* Carinthia

Karo ['ka:ro] <-s, -s> *nt* **1.** (*Quadrat*) square; (*Raute*) lozenge; (*quadratisches Stoffmuster*) check **2.** (*Kartenfarbe*) diamonds *pl*

Karosse [ka'rɔsə] <-, -n> *f* state coach

Karosserie [---'-] *f* (AUTO) bodywork

Karotte [ka'rɔtə] <-, -n> *f* carrot

Karpaten [kar'pa:tən] *pl* Carpathians

Karpfen ['karpfən] <-s, -> *m* (*großer Süßwasserfisch*) carp; **Karpfenteich** *m* carp pond

Karre(n) ['karən] <-s, -> *f (m)* **1.** (*Wagen*) cart; (*Schub~*) (wheel-)barrow **2.** (*pej: altes Auto*) crate; **jdm wegen einer Sache an den Karren fahren** (*fam*) take s.o. to task for s.th.; **Sie haben den Karren gründlich in den Dreck gefahren!** (*fam*) you got things in a complete mess!; **jetzt ziehen Sie den Karren auch wieder aus dem Dreck!** (*fam*) now clear up the mess again!

Karriere [ka'rjɛ:rə] <-, -n> *f* career; ~ **machen** make a career for o.s; **Karriereberater(in)** *m(f)* careers adviser; **Karrierefrau** *f* (*pej*) career woman; **Karriereknick** *m* hiccup in one's career; **Karrieremacher(in)** *m(f)* (*pej*) careerist

Karst [karst] <-(e)s, -e> *m* (GEOL) chalky formation

Karte ['kartə] <-, -n> *f* **1.** (*Land~*) map; (*See~*) chart **2.** (*Fahr~, Theater~*) ticket **3.** (*Post~, Spiel~, Visiten~*) card **4.** (*Speise~*) menu; **kannst du ~n lesen?** can you map-read?; **ein Spiel ~n** a pack [*o* deck *Am*] of cards; **decken Sie Ihre ~n auf!** (*a. fig*) show your hand!; **alle ~n in der Hand haben** (*fig*) hold all the trumps; **~n geben** deal cards; ~ **mischen** give the cards a shuffle; **~n spielen** play cards; **jdm die ~n legen** tell someone's fortune from the cards; **er lässt sich nicht in die ~n gucken** (*fig*) he's playing it close to his chest; **alles auf eine ~ setzen** (*fig*) put all one's eggs in one basket

Kartei [kar'taɪ] *f* card file; **Karteikarte** *f* file card; **Karteikasten** *m* file-card box; **Karteileiche** *f* (*fig hum*): **das sind doch bloß ~n** they're just names on the files

Kartell [kar'tɛl] <-s, -e> *nt* (COM) cartel; **Kartellamt** *nt* Monopolies Commission *Br*

Kartenhaus *nt* **1.** (*fig*) house of cards **2.** (MAR) chart house

Karteninhaber(in) *m(f)* card-holder

Kartenkunststück *nt* card trick; **Kartenleger(in)** *m(f)* fortune-teller; **Kartenspiel** *nt* **1.** (*das ~en*) card-playing **2.** (*einzelnes Spiel*) card game **3.** (*die Karten*) pack of cards *Br*; deck of cards *Am*; **Kartenspieler(in)** *m(f)* card-player; **Kartentelefon** *nt* cardphone; **Kartenvorverkauf** *m* (THEAT) advance sale of tickets; **Kartenvorverkaufsstelle** *f* ticket agency

kartieren *vt* (*Gebiet*) map out

Kartoffel [kar'tɔfəl] <-, -n> *f* potato; **~n schälen** peel potatoes; **man ließ ihn fallen wie eine heiße ~** (*fam*) they dropped him like a hot potato; **Kartoffelbrei** *m* mashed potatoes *pl;* **Kartoffelchips** *mpl* (potato) crisps *Br*; (potato) chips *Am;* **Kartoffelernte** *f* (*Ernteergebnis*) potato crop; **Kartoffelkäfer** *m* Colorado [*o* potato] beetle; **Kartoffelpuffer** *m* potato fritter; **Kartoffelsalat** *m* potato salad; **Kartoffelschale** *f* **1.** (*Haut der Kartoffel*) potato skin **2.** (*als Abfall*) potato peel

Karton [kar'tɔŋ] <-s, -s/(-e)> *m* **1.** (*Pappe*) cardboard **2.** (*Schachtel*) cardboard box; **kartonieren** [karto'ni:rən] *vt* (*Buch mit Pappeinband versehen*) bind in boards; **kartoniert** *adj* paperback

Karussell [karʊ'sɛl] <-s, -s/-e> *nt* car(r)ousel, merry-go-round, roundabout *Br*

karzinogen [kartsino'ge:n] *adj* (MED) carcinogenic; **~e Stoffe** carcinogenic agents; **Karzinom** [kartsi'no:m] <-s, -e> *nt* (MED) carcinoma, malignant growth

kaschieren [ka'ʃi:rən] *vt* **1.** (*überdecken*) conceal **2.** (*Bucheinband*) laminate

Kaschmir ['kaʃmi:ɐ] <-s> *nt* Kashmir

Käse ['kɛ:zə] <-s, -> *m* **1.** cheese **2.** (*fam: Quatsch*) rubbish; **Käseblatt** *nt* (*pej: Zeitung*) (local) rag; **Käseglocke** *f* cheese cover; **Käsekuchen** *m* cheesecake; **Käseplatte** *f* cheese board; **Käserei** *f* (*~betrieb*) cheese-dairy

Kaserne [ka'zɛrnə] <-, -n> *f* (MIL) barracks *pl;* **Kasernenhof** *m* barrack square; **Kasernenhofton** *m:* **im ~ sagte er ...** in his sergeant-major's voice he said ...; **kasernieren** *vt* quarter in barracks

käsig ['kɛ:zɪç] *adj* (*fam: Gesichtsfarbe*) pasty

Kasino [ka'zi:no] <-s, -s> *nt* **1.** (*Spiel~*) casino **2.** (MIL) (officers') mess

Kaskoversicherung ['kasko-] *f* (AUTO: *Teil~*) third-party insurance; (*Voll~*) fully comprehensive insurance

Kasper <-s, -> *m* Punch; (*fig*) clown; **Kas-**

perletheater ['kaspɐlə-] *nt* Punch and Judy; (*Spiel*) show; (*Gestell*) theatre *Br,* theater *Am*

Kasse ['kasə] <-, -n> *f* **1.** (*Geldkasten*) cashbox **2.** (*Zahlstelle im Laden*) cash point, till; (*im Supermarkt*) check-out; (*Theater~*) box office; (*in Bank*) cashdesk **3.** (*Bargeld*) cash; **knapp bei ~ sein** (*fam*) be short of cash; **gut bei ~ sein** (*fam*) be well-off; **bei ~ sein** (*fam*) be flush; **bei mir stimmt die ~** I'm all right for the money; **gegen ~** for cash; **netto ~** no discount allowed; **~ bei Lieferung** cash on delivery; **zahlen Sie bitte an der ~** (*im Laden*) please pay at the till [*o* desk]; **sie wurde beim Griff in die ~ ertappt** she was caught with her hands in the till; **jdn zur ~ bitten** (*fig*) make s.o. pay up; **~ machen** count the money; **Kassenabschluss**[RR] *m* (COM) cashing-up; **Kassenarzt, -ärztin** *m, f* panel doctor *Br;* **Kassenautomat** *m* cash dispenser; **Kassenbeleg** *m* sales receipt, sales check *Am;* **Kassenbestand** *m* (COM) cash balance; **Kassenbon** *m* (COM) sales slip *Br,* sales check *Am*

Kassengestell *nt* (*fam: von Brille*) National Health spectacle frame *Br;* **Kassenpatient(in)** *m(f)* panel patient *Br;* **Kassensturz** *m* (COM) cashing-up; **Kassenterminal** *nt* sales point; **Kassenzettel** *m* sales slip *Br,* sales check *Am*

Kassette [ka'sɛtə] <-, -n> *f* **1.** (*Kästchen*) case **2.** (COM: *Buchkasten*) box; (*Verkaufspackung für mehrere Produkte*) pack, set **3.** (*Musik~, Film~, Video~*) cassette; **Kassettendeck** *nt* cassette deck; **Kassettenrecorder** *m* cassette recorder

kassieren I. *vt* **1.** (FIN) collect (*bei jdm* from s.o.); (*fam: einstecken, verdienen*) pick up (*bei etw* on s.th.) **2.** (*fam: wegnehmen*) take away **3.** (*fam: schnappen, einlochen*) nab **II.** *vi* **1.** (FIN) collect money (*bei jdm* from s.o.) **2.** (*fam: Geld machen, verdienen*) make money; (*Kapital schlagen*) cash in (*bei etw* on s.th.); **darf ich bitte ~?** would you like to pay now?; **er hat dabei ganz hübsch kassiert** (*fam*) he really cashed in on it; **Kassierer(in)** *m(f)* (COM) cashier; (*bei Bank*) clerk, teller; (*bei Verein*) treasurer

Kastagnette [kasta'njɛtə] <-, -n> *f* (MUS) castanet

Kastanie [kas'ta:niə] <-, -n> *f* chestnut; **für jdn die ~n aus dem Feuer holen** (*fig*) pull someone's chestnuts out of the fire; **Kastanienbaum** *m* chestnut tree; **kastanienbraun** *adj* maroon; (*Haarfarbe*) chestnut

Kästchen ['kɛstçən] <-s, -> *nt* **1.** (*kleiner Kasten*) small box **2.** (*Karo*) square

Kaste ['kastə] <-, -n> *f* caste

kasteien [kas'taɪən] <ohne ge-> *vr* castigate o.s.

Kasten ['kastən, *pl:* 'kɛstən] <-s, ⸚/(-)> *m* **1.** (*Schachtel*) box; (*Kiste*) case; (*Truhe*) chest **2.** (*österr*) cupboard *Br,* closet *Am;* (*Kleider~*) wardrobe **3.** (*fam: Auto*) crate

kastrieren [kas'tri:rən] *vt* (*a. fig*) castrate

Kasus ['ka:zʊs] <-, -> *m* (LING) case

Katakomben [kata'kɔmbən] *fpl* catacombs

Katalog [kata'lo:k] <-(e)s, -e> *m* catalogue *Br,* catalog *Am;* **katalogisieren** *vt* catalogue *Br,* catalog *Am*

Katalysator [kataly'za:tɔr] <-s, -en> *m* **1.** (CHEM PHYS: *a. fig*) catalyst **2.** (AUTO) catalytic converter; **Katalysatorwagen** *m* car (fitted) with a catalytic converter

Katamaran [katama'ra:n] <-s, -e> *m* catamaran

Katapult [kata'pʊlt] <-(e)s, -e> *m/nt* catapult; **katapultieren** *vt* (AVIAT) catapult

Katarr[RR], **Katarrh** [ka'tar] <-s, -e> *m* (MED) catarrh

Kataster [ka'tastɐ] <-s, -> *m/nt* land register; **Katasteramt** *nt* land registry

katastrophal [katastro'fa:l] *adj* catastrophic; **Katastrophe** [katas'tro:fə] <-, -n> *f* catastrophe; **Katastrophenalarm** *m* disaster warning signal; **Katastrophenhilfe** *f* disaster relief; **Katastrophenopfer** *nt* disaster victim; **Katastrophenschutz** *m* **1.** (*zur Verhütung*) disaster prevention **2.** (*zur Eindämmung*) disaster control

Katechismus [katɛ'çɪsmʊs] <-, -men> *m* (ECCL) catechism

Kategorie [katego'ri:] *f* category; **kategorisch** *adj* categorical

Kater ['ka:tɐ] <-s, -> *m* **1.** (*männl. Katze*) tomcat **2.** (*Katzenjammer*) hangover; **Katerstimmung** *f* hangover mood, morning-after feeling

Katheder [ka'te:dɐ] <-s, -> *nt* (*in der Schule*) teacher's desk; (*im Hörsaal*) lectern

Kathedrale [kate'dra:lə] <-, -n> *f* cathedral

Katheter <-s, -> *m* (MED) catheter

Kathode [ka'to:də] <-, -n> *f* (PHYS) cathode

Katholik(in) [kato'li:k] <-en, -en> *m(f)* (ECCL) (Roman) Catholic; **katholisch** *adj* (Roman) Catholic

katzbuckeln ['---] *vi* (*pej*) grovel (*vor jdm* before s.o.)

Kätzchen ['kɛtsçən] *nt* kitten

Katze ['katsə] <-, -n> *f* cat; (*fam*) pussy; **bei Nacht sind alle ~n grau** all cats are grey at night; **die ~ aus dem Sack lassen** (*fig fam*) let the cat out of the bag; **die ~ im Sack kaufen** buy a pig in a poke; **wenn**

K

die ~ aus dem Haus ist, tanzen die Mäuse (*prov*) when the cat's away the mice will play; **es war alles für die Katz** (*fam*) it was a sheer waste of time; **nun schleich doch nicht wie die ~ um den heißen Brei herum!** stop beating about the bush!; **katzenartig** *adj* cat-like, feline

Katzenauge *nt* **1.** (*Rückstrahler*) reflector **2.** (*Fahrbahnmarkierung*) cat's-eye

katzenfreundlich *adj* (*pej*) overfriendly

Katzenjammer *m* (*fam*) **1.** (*depressive Stimmung*) the blues *pl* **2.** (*Kater nach Rausch*) hangover

Katzensprung *m* (*fam*) stone's throw

Katzenstreu *f* cat litter

Katzenwäsche *f* (*hum fam*) a lick and a promise

Katz-und-Maus-Spiel *nt* cat-and-mouse game

Kauderwelsch ['kaʊdɐvɛlʃ] <-(s)> *nt* (*fam*) **1.** (*Sprachgemisch*) hotch potch **2.** (*unverständliche Ausdrucksweise*) double dutch **3.** (*Fachjargon*) lingo, jargon

kauen ['kaʊən] *vt, vi* chew; **an den Nägeln ~** chew one's nails; **daran kaue ich immer noch** (*fam*) I still can't get over it

kauern ['kaʊɐn] *vi, vr* crouch; (*vor Angst in der Ecke*) cower

Kauf [kaʊf, *pl:* 'kɔɪfə] <-(e)s, ⸚e> *m* **1.** (*das Ein~en*) buying, purchase **2.** (*das Eingekaufte*) buy; **ein guter ~** a good buy; **etw zum ~ anbieten** offer s.th. for sale; **einen ~ tätigen** complete a purchase; **etw in ~ nehmen** (*fig*) accept s.th., put up with s.th.; **Kaufabsicht** *f* (MARKT) purchase intention; **Kaufbereitschaft** *f* (MARKT) disposition to buy

kaufen ['kaʊfən] **I.** *vt* **1.** (*erwerben*) buy **2.** (*fam: bestechen*) buy off; **sich jdn ~** (*fam*) fix s.o.; (*ihm gehörig die Meinung sagen*) give s.o. a piece of one's mind; **jdm etw ~** buy s.th. for s.o. **II.** *vi* **1.** buy **2.** (*Einkäufe machen*) shop

Käufer(in) ['kɔɪfɐ] *m(f)* buyer, purchaser; (*Kunde*) customer

Kauffrau *f* businesswoman

Kaufhaus *nt* department store; **Kaufhausdetektiv(in)** *m(f)* store detective

Kaufkraft *f* **1.** (MARKT) spending power **2.** (FIN) buying [*o* purchasing] power; **kaufkräftig** *adj* **1.** (MARKT): **~e Kundschaft** customers with money to spend, customers with considerable spending power *pl* **2.** (FIN): **~e Währung** currency with good buying power; **Kaufkraftlenkung** *f* (FIN POL) control of consumer spending

Kaufladen *m* shop, store; (*Spielzeug*) toy shop

käuflich ['kɔɪflɪç] *adj* **1.** (*angeboten*) on [*o* for] sale, purchasable **2.** (*fig: bestechlich*) venal; **er ist nicht ~** (*fig*) one can't buy him (off); **etw ~ erwerben** acquire s.th. by purchase; **~e Liebe** prostitution; **Käuflichkeit** *f* (*fig*) corruptibility, venality

Kaufmann <-(e)s, -leute> *m* **1.** (*Einzelhandels~*) small shopkeeper; (*für Lebensmittel*) grocer **2.** (*Händler*) trader; (*Geschäftsmann*) businessman; **kaufmännisch** *adj* commercial; (*geschäftsmäßig*) businesslike; **~er Angestellter** clerk; **~e Ausbildung** business training; **Kaufpreis** *m* (COM) selling price; **Kaufrausch** *m* spending spree; **im ~ sein** be on a spending spree; **Kaufsumme** *f* (COM) (purchase) money; **Kaufvertrag** *m* (COM) contract of sale, sales contract; **Kaufzwang** *m* (COM) obligation to buy; **kein ~** no obligation

Kaugummi *m* chewing gum

Kaulquappe ['kaʊlkvapə] <-, -n> *f* (*Froschlarve*) tadpole

kaum [kaʊm] *konj* hardly, scarcely; **~ zehn Mark** hardly ten marks; **ich glaube ~** I hardly think so; **das wird wohl ~ passieren** that's scarcely likely to happen; **~ hatte er das gesagt, als ...** hardly had he said this when ...

Kautabak *m* chewing tobacco

Kaution [kaʊ'tsjo:n] *f* **1.** (JUR) bail **2.** (*Miet~*) deposit; **eine ~ stellen** stand bail; **gegen ~** on bail; **jdn gegen ~ freibekommen** bail s.o. out; **eine ~ hinterlegen** (*für Mietwohnung*) leave a deposit

Kautschuk ['kaʊtʃʊk] <-s, -e> *m* India rubber

Kauz [kaʊts, *pl:* 'kɔɪtsə] <-es, ⸚e> *m* (*Eule*) screech owl; **komischer ~** odd bird

Kavalier [kava'li:ɐ] <-s, -e> *m* gentleman; **Kavaliersdelikt** *nt* peccadillo

Kavallerie [kavalə'ri:, '----] *f* (MIL HIST) cavalry; **Kavallerist** *m* (MIL HIST) cavalry man

Kaviar ['ka:viar] <-s, -e> *m* caviar

keck [kɛk] *adj* **1.** (*kühn*) bold **2.** (*flott*) pert **3.** (*frech*) cheeky, saucy; **Keckheit** *f* **1.** (*Kühnheit*) boldness **2.** (*Flottheit*) pertness **3.** (*Frechheit*) cheekiness, sauciness

Keeper(in) <-s, -> *m(f)* (*CH*) goalkeeper

Kefe <-, -n> *f* (*CH: Zuckererbse*) mangetout (pea)

Kegel ['ke:gəl] <-s, -> *m* **1.** (MATH) cone **2.** (*Figur beim ~n*) ninepin, skittle; (*beim Bowling*) pin **3.** (TYP) body; **~ schieben** play at ninepins; **mit Kind und ~** (*hum fam*) with the whole lot; **Kegelbahn** *f* skittle-alley; (*für Bowling*) bowling alley; **kegelförmig** *adj* conic(al); **kegeln** ['ke:gəln] *vi* play ninepins (*beim Bowling* bowls); **Kegelschnitt** *m* (MATH) conic section

Kehle ['ke:lə] <-, -n> *f* **1.** (ANAT: *Gurgel*)

throat **2.** (TECH: *Rille*) groove; **mir ist die ~ wie zugeschnürt** I've got a lump in my throat; **jdm das Messer an die ~ setzen** (*a. fig*) hold a knife to someone's throat; **Kehlkopf** *m* (ANAT) larynx; **Kehlkopfentzündung** *f* layringitis; **Kehlkopfkrebs** *m* cancer of the throat; **Kehllaut** *m* guttural (sound)

Kehre ['keːrə] <-, -n> *f* **1.** (*Kurve*) (sharp) bend [*o* turn] **2.** (SPORT: *beim Turnen*) rear vault

kehren[1] **I.** *vt, vi* (*drehen, wenden*) turn; **jdm** (**einer Sache**) **den Rücken ~** (*a. fig*) turn one's back on s.o. (s.th.); **in sich gekehrt** (*still, verschlossen*) introverted; (*nachdenklich*) pensive; **das Oberste zuunterst ~** turn everything upside down **II.** *vr* **1.** (*sich drehen, wenden*) turn **2.** (*sich kümmern*) mind (*an etw* s.th.) **3.** (*sich wenden gegen*) rebound (*gegen jdn* on s.o.)

kehren[2] ['keːrən] *vt, vi* (*fegen*) sweep

Kehricht ['keːrɪçt] <-s> *m* sweepings *pl;* (*CH: Müll*) rubbish, garbage

Kehrmaschine *f* **1.** (*Straßen~*) road-sweeper **2.** (*Teppich~*) carpet-sweeper

Kehrreim *m* chorus, refrain

Kehrschaufel *f* dustpan

Kehrseite *f* **1.** (*fam: Rücken*) back; (*Gesäß*) backside **2.** (*von Münze*) reverse **3.** (*fig: Nachteil*) drawback; (*Schattenseite*) other side

kehrt|machen ['keːɐt-] *vi* **1.** (MIL) about turn **2.** (*umkehren*) turn back; **Kehrtwendung** *f* (MIL: *a. fig*) about-turn

Kehrwert *m* (MATH) reciprocal value

keifen ['kaɪfən] *vi* **1.** (*meckern*) nag **2.** (*giftig zanken*) bicker

Keil [kaɪl] <-(e)s, -e> *m* (TECH: *a. fig*) wedge

Keile <-> *pl* (*fam*) thrashing; **keilen** **I.** *vt* (TECH) wedge **II.** *vr* (*fam: sich schlagen*) brawl, fight

Keiler *m* (*männl. Wildschwein*) wild boar

Keilerei *f* (*fam: Schlägerei*) brawl, punch-up *Br*

keilförmig *adj* wedge-shaped; **Keilriemen** *m* (AUTO) fan belt; **Keilschrift** *f* (HIST) cuneiform (writing)

Keim [kaɪm] <-(e)s, -e> *m* **1.** (*Krankheits~*) germ **2.** (*Schössling*) shoot, sprout **3.** (*fig*) seed; **etw im ~ ersticken** nip s.th. in the bud; **den ~ zu etw legen** (*fig*) sow the seeds *pl* of s.th.; **Keimdrüse** *f* (ANAT) gonad; **keimen** *vi* **1.** (*a. fig*) germinate; (*treiben*) shoot, sprout **2.** (*von Verdacht, Hoffnung*) be aroused; **keimfrei** *adj* (MED: *a. fig*) sterile; **Keimling** *m* (*Spross*) sprout; **keimtötend** *adj* antiseptic, germicidal; **Keimung** *f* germination; **Keimzelle** *f* germ cell; (*fig*) nucleus

kein(**e**) [kaɪn] *pron* (*adjektivisch*) **1.** no; (*vor Subst. im Sing a.*) not a; (*vor Subst. im Pl a.*) not any **2.** (*kaum, nicht einmal*) less than; **er ist kein Kind mehr** he is no longer a child; **kein Wort mehr!** not another word!; **kein bisschen …** absolutely no …; **kein einziges Mal** not a single time; **kein anderer als Bismarck** no-one else but Bismarck

keine(**r, s**) *pron* (*substantivisch*) **1.** (*von Menschen: als Subjekt*) no-one, nobody; (*als Subjekt o Objekt*) not anyone, not anybody **2.** (*von Gegenständen: als Subjekt*) not one *sing,* none; (*als Subjekt o Objekt*) not any, none; **keiner von uns** none of us; **keiner von uns beiden** neither of us

keinerlei *adj attr* not … at all, no … whatever

keinesfalls *adv* on no account, under no circumstances; **keineswegs** *adv* **1.** (*keinesfalls*) by no means, not at all **2.** (*nicht im Geringsten*) not in the least

Keks [keːks] <-(es), -(e)> *m* biscuit *Br,* cookie *Am;* **jdm auf den ~ gehen** (*fam*) get on s.o.'s wick

Kelch [kɛlç] <-(e)s, -e> *m* **1.** (*Trinkgefäß*) goblet **2.** (*von Blüten*) calyx **3.** (ECCL) communion cup

Kelle ['kɛlə] <-, -n> *f* **1.** (*Schöpf~*) ladle **2.** (*Maurer~*) trowel **3.** (RAIL: *Zugführer~*) signalling disc

Keller ['kɛlɐ] <-s, -> *m* cellar; **Kellerassel** [-'asəl] <-, -n> *f* wood-louse; **Kellergeschoss[RR]** *nt* basement; **Kellerspeicher** *m* (INFORM) stack; **Kellerwohnung** *f* basement flat

Kellner(**in**) *m(f)* waiter (waitress)

Kelte ['kɛltə] <-n, -n> *m* Celt

Kelter ['kɛltɐ] <-, -n> *f* winepress; (*Obst~*) press; **keltern** *vt* press

Kenia ['keːnja] *nt* Kenya

Kenndaten *pl* characteristics

kennen ['kɛnən] *irr vt* know; (*bekannt sein mit*) be acquainted with; **oh, ich kenne dich doch!** (**… was du für einer bist!**) oh, I know what you're like!; **das Leben ~** know the ways of the world; **~ Sie mich denn nicht mehr?** well, don't you remember me?; **ich kenne ihn nur dem Namen nach** I know him only by name; **nur oberflächlich ~** know but slightly; **aber so ~ wir ihn gar nicht!** but we've never known him like this before!; **etw in- und auswendig ~** know s.th. inside out; **~ lernen[RR]** become acquainted with, get to know; (*zum ersten Mal sehen*) meet; **Sie werden mich noch ~ lernen![RR]** (*fam*) I'll show you! you'll have me to reckon with!; **jdn näher ~ lernen[RR]** get to know s.o. better; **kennen|lernen** *vt s.* **kennen**

Kenner(in) *m(f)* **1.** (*Wein~*) connoisseur **2.** (*Experte*) expert (*von* in, on); (*Autorität*) authority (*von* on); **Kennerblick** *m* expert's eye

Kennkarte *f* identity card; **Kennnummer**RR *f* identification number

kenntlich *adj* **1.** (*erkennbar*) recognizable (*an* by) **2.** (*unterscheidbar*) distinguishable (*an* by) **3.** (*klar*) clear; **etw ~ machen** (*kennzeichnen*) mark s.th.; (*klar bezeichnen*) indicate s.th. clearly

Kenntnis ['kɛntnɪs] <-, -se> *f* (*Wissen*) knowledge; **jdn von etw in ~ setzen** advise s.o. about s.th.; **etw zur ~ nehmen** take note of s.th.; **nehmen Sie bitte zur ~, dass ...** please note that ...; **von etw ~ erhalten** hear [*o* learn] about s.th.; **ohne ~ von etw** without any knowledge of s.th; **Kenntnisnahme** *f:* **zu Ihrer ~** for your information; **Kenntnisse** *fpl* **1.** (*Talente*) attainments *pl* **2.** (*Fertigkeiten*) accomplishments *pl* **3.** (*Wissen*) knowledge *sing* (*in* of); **jdm ~ vermitteln** impart knowledge to s.o.

Kennwort *nt* **1.** (*Chiffre*) code name **2.** (INFORM) password; **Kennzeichen** *nt* **1.** (*Charakteristikum*) characteristic (*für, von* of) **2.** (*Anzeichen*) symptom (*für* of) **3.** (*Merkmal, Markierung*) (distinguishing) mark **4.** (*~ für Qualität*) hallmark (*für, von* of) **5.** (AUTO) number plate *Br,* license plate *Am;* **kennzeichnen** *vt* **1.** (*markieren*) mark (*als zerbrechlich* fragile) **2.** (*charakterisieren*) characterize; **Kennziffer** *f* **1.** (MATH) characteristic **2.** (COM) reference number **3.** (*bei Chiffreanzeige*) box number

kentern ['kɛntɐn] *sein vi* (MAR) capsize

Keramik [ke'ra:mɪk] *f* **1.** (*Kunst*) ceramics *pl* **2.** (*Tonwaren*) ceramics *pl,* pottery

Kerbe ['kɛrbə] <-, -n> *f* notch; **in die gleiche ~ hauen** (*fig fam*) take the same line

Kerbel ['kɛrbl] <-s> *m* chervil

kerben *vt* notch

Kerbholz *nt* (*fig fam*): **er hat einiges auf dem ~** he has quite a record; **etw auf dem ~ haben** have done s.th. wrong

Kerl [kɛrl] <-(e)s, -e/(-s)> *m* (*fam*) chap, fellow, bloke *Br,* guy *Am;* **ein anständiger ~** a decent sort of a fellow; **feiner ~** fine fellow; **sie ist ein netter ~** she's a nice lass; **ein ganzer ~** a real man, a stout fellow; **gemeiner ~!** mean thing!

Kern [kɛrn] <-(e)s, -e> *m* **1.** (*Obst~*) pip; (*Kirsch~*) stone **2.** (TECH, ELEK) core; (PHYS) nucleus **3.** (*fig: Hauptsache*) core, heart

Kernarbeitszeit *f* core time

Kernbrennstoff *m* nuclear fuel; **Kernenergie** *f* nuclear energy; **Kernexplosion** *f* nuclear explosion; **Kernforschung** *f* nuclear research; **Kernforschungszentrum** *nt* nuclear research centre *Br,* nuclear research center *Am;* **Kernfusion** *f* **1.** (PHYS) nuclear fusion **2.** (BIOL) karyogamy

Kerngehäuse *nt* core

kerngesund *adj* as fit as a fiddle

kernig ['kɛrnɪç] *adj* (*kräftig*) robust

Kernkraft *f* nuclear power; **Kernkraftbefürworter(in)** *m(f)* supporter of nuclear power; **Kernkraftgegner(in)** *m(f)* anti-nuke activist, opponent of nuclear power; **Kernkraftwerk** *nt* nuclear power station; **Kernladung** *f* (CHEM PHYS) nuclear charge

kernlos *adj* pipless; **Kernobst** *nt* pome

Kernphysik *f* nuclear physics *pl*

Kernpunkt *m* (*fig*) essential [*o* central] point

Kernreaktion *f* (PHYS) nuclear reaction; **Kernreaktor** *m* nuclear reactor

Kernschatten *m* (ASTR OPT) complete shadow

Kernschmelze <-, -n> *f* (PHYS) meltdown

Kernseife *f* washing soap

Kernspaltung *f* (PHYS) nuclear fission

Kernspeicher *m* (INFORM) core memory

Kernstück *nt* (*fig*) principal item

Kerntechnik *f* (PHYS TECH) nucleonics *pl;* **kerntechnisch** *adj:* **~e Anlage** nuclear plant; **Kernteilung** *f* (BIOL) nuclear division; **Kernverschmelzung** *f* **1.** (PHYS) nuclear fusion **2.** (BIOL) cell union; **Kernwaffe** *f* nuclear weapon

Kerosin [kero'zi:n] <-s> *nt* kerosene

Kerze ['kɛrtsə] <-, -n> *f* **1.** (*Wachs~*) candle **2.** (AUTO: *Zünd~*) plug; **kerzengerade** *adj* straight as a die; **Kerzenlicht** *nt* candlelight; **Kerzenschein** *m:* **bei ~** by candlelight; **Kerzenständer** *m* candle holder

kessRR [kɛs] *adj* (*fam: keck*) pert, saucy

Kessel ['kɛsəl] <-s, -> *m* **1.** (*Tee~*) kettle **2.** (*Dampf~*) boiler **3.** (GEOG: *Tal~*) basin **4.** (MIL) encircled area; **Kesselstein** *m* fur, scale

Kesseltreiben *nt* **1.** (*Treibjagd, a. fig*) battue **2.** (*fig*) witchhunt

KetschupRR, **Ketchup** ['kɛtʃap] *m/nt* ketchup

Kette ['kɛtə] <-, -n> *f* **1.** chain **2.** (*Hals~*) necklace **3.** (*Berg~*) range **4.** (*fig: Serie*) series, string; **an die ~ legen** chain up; **jdn in ~n legen** put s.o. in chains; **eine ~ von Ereignissen** a chain [*o* series] of events

ketten *vt* (*an~*) chain (*an* to); **jdn an sich ~** bind s.o. to o.s

Kettenblatt *nt* chain wheel; **Kettenfahrzeug** *nt* tracked vehicle; **Kettenglied** *nt* (chain-)link

Kettenraucher(in) *m(f)* chainsmoker

Kettenreaktion *f* chain reaction
Ketzer(in) *m(f)* (ECCL: *a. fig*) heretic; **Ketzerei** [kɛtsə'raɪ] *f* (ECCL) heresy; **ketzerisch** *adj* (ECCL: *a. fig*) heretical
keuchen ['kɔɪçən] *vi* pant
Keuchhusten *m* whooping-cough
Keule ['kɔɪlə] <-, -n> *f* **1.** (*Schlagwerkzeug*) club, cudgel **2.** (*Fleisch~*) leg
keusch [kɔɪʃ] *adj* (*a. fig*) chaste; **Keuschheit** *f* (*Unberührtheit*) chastity
Keyboard ['ki:bɔ:d] <-s, -s> *nt* (MUS) keyboards *pl*
KI <-> *f Abk. von* **Künstliche Intelligenz** AI
Kichererbse *f* chickpea
kichern ['kɪçɐn] *vi* giggle
Kickdown ['kɪkdaʊn] <-s, -s> *nt o m* (AUTO) kickdown
kidnappen *vt* kidnap
Kiebitz ['ki:bɪts] <-es, -e> *m* **1.** (*Vogel*) peewit **2.** (*fam: Kartengucker*) kibitzer
Kiefer¹ <-, -n> *f* (*Nadelbaum*) pine
Kiefer² ['ki:fɐ] <-s, -> *m* (ANAT) jaw; **Kiefergelenk** *nt* jaw joint; **Kieferorthopäde, -din** *m, f* orthodontist; **Kieferorthopädie** *f* orthodontics
Kiel¹ [ki:l] <-(e)s, -e> *m* (*Feder~*) quill
Kiel² *m* (MAR) keel; **kielholen** ['---] *vt* (MAR **1.** (*von Schiff*) careen **2.** (*als Strafe*) keelhaul; **Kielraum** *m* (MAR) bilge; **Kielwasser** *nt* (MAR: *a. fig*) wake; **in jds ~ segeln** (*fig*) follow in someone's wake
Kieme ['ki:mə] <-, -n> *f* gill
Kies [ki:s] <-es, (-e)> *m* **1.** (*Geröll, Schotter*) gravel **2.** (*sl: Geld*) dough
Kiesel ['ki:zəl] <-s, -> *m* pebble
Kieselerde *f* (CHEM) silica
Kieselstein ['ki:zəl-] <-s, -e> *m* pebble
Kiesgewinnung *f* gravel working; **Kiesgrube** *f* gravel pit
kiffen *vi* (*fam*) smoke (pot)
Kikeriki ['kɪkəri'ki:] <-(s), (-s)> *nt* cock-a-doodle-doo
killen ['kɪlən] *vt* (*sl*) bump off; **Killer** <-s, -> *m* (*sl*) killer; (*bezahlter Mörder*) hit-man
Kilo ['ki:lo] <-s, -(s)> *nt* kilogram(me)
Kilobyte *nt* kilobyte
Kilogramm ['ki:lo] <-s, -(s)> *nt* kilogram(me)
Kilohertz *nt* (RADIO) kilocycle
Kilojoule *nt* kilojoule
Kilometer [--'--/'----] *m* kilometre *Br,* kilometer *Am;* **Kilometerfresser** [--'----] *m* (AUTO: *fam*) long-haul driver; **Kilometergeld** *nt* mileage allowance; **Kilometerstand** *m* (AUTO) mileage; **Kilometerstein** *m* milestone; **Kilometerzähler** *m* (AUTO) mil(e)ometer *Br,* odometer *Am*
Kilowattstunde *f* (ELEK) kilowatt hour
Kind [kɪnt] <-(e)s, -er> *nt* child; **von ~ auf** from childhood; **mit ~ und Kegel** (*fam*) with the whole lot; **~er und Kindeskinder** children and grandchildren; **an ~es statt annehmen**RR adopt; **das ~ mit dem Bade ausschütten** (*prov*) throw out the baby with the bathwater; **sich wie ein ~ freuen** be as pleased as Punch; **sie bekommt ein ~** she's going to have a baby; **sie kann keine ~er mehr bekommen** she is past child-bearing; **ein ~ erwarten** be expecting a baby; **wir werden das ~ schon schaukeln** (*fam*) don't worry, we'll get along somehow; **das ~ beim Namen nennen** call a spade a spade; **sich bei jdm lieb ~ machen** (*pej*) soft-soap s.o.
Kindbett *nt* childbed; **im ~** in confinement
Kinderarzt, -ärztin *m, f* pediatrician; **Kinderbuch** *nt* children's book; **Kinderchor** *m* children's choir; **Kinderdorf** *nt* children's village; **Kinderei** *f* childishness; **Kinderfahrkarte** *f* (RAIL) child's ticket, half; **Kinderfest** *nt* children's party; **Kinderfreibetrag** *m* allowance for dependent children; **Kinderfunk** *m* (RADIO) children's radio; **Kindergarten** *m* kindergarten; **Kindergärtner(in)** *m(f)* nursery-school teacher; **Kindergeld** *nt* family allowance; **Kinderhort** *m* day nursery; **Kinderkrankheit** *f* **1.** (MED) children's disease **2.** (*fig*) teething troubles *pl;* **Kinderlähmung** *f* (MED) polio(myelitis); **kinderleicht** *adj* childishly simple, dead easy; **kinderlieb** *adj* fond of children; **kinderlos** *adj* childless; **Kindermädchen** *nt* nanny; **Kindernarr** *m* great lover of children; **ein ~ sein** adore children; **Kinderprogramm** *nt* children's programme; **kinderreich** *adj* (*Familie*) large, with a lot of children; **Kinderreichtum** *m* abundance of children; **Kinderreisebett** *nt* collapsible cot; **Kinderschuh** *m* child's shoe; **~e** children's shoes; **den ~en entwachsen sein** (*erwachsen sein*) have grown up; **noch in den ~en stecken** be still in its infancy; **kindersicher** *adj* childproof; **Kindersitz** *m* (AUTO) child's safety seat; **Kinderspiel** *nt* **1.** (*Spiel für Kinder*) children's game **2.** (*fig*) child's play; **Kinderspielplatz** *m* children's playground; **Kinderspielzeug** *nt* child's toy; **Kindersprache** *f* **1.** (*Sprache von Kindern*) children's language **2.** (*Babysprache, imitierend*) baby talk; **Kindersterblichkeit** *f* infant mortality; **Kinderstube** *f* (*fig*) upbringing; **ihm fehlt die ~** he hasn't got any upbringing; **Kindertagesstätte** *f* day nursery; **Kinderteller** *m* (*in Restaurant*) children's portion; **Kinderwagen** *m* pram *Br,* (baby-)carriage *Am;* **Kinderzimmer** *nt* child's [*o* children's] room
Kindesalter *nt* infancy; **Kindesbeine**

K

ntpl: **von ~n an** from (early) childhood

Kindfrau *f young girl treated as an adult woman*

kindgerecht *adj* child-orient(at)ed

Kindheit *f* childhood

kindisch *adj* childish

kindlich I. *adj* childlike **II.** *adv* like a child

Kindtaufe *f* christening

Kinn [kɪn] <-(e)s, -e> *nt* chin; **Kinnbart** *m* goatee (beard); **Kinnhaken** *m* (*beim Boxen*) hook to the chin; **Kinnlade** *f* (ANAT) jaw(-bone)

Kino ['ki:no] <-s, -s> *nt* cinema; **ins ~ gehen** go to the pictures *Br,* go to the movies *Am;* **Kinocenter** *nt* cinema complex; **Kinogänger(in)** *m(f)* cinemagoer; **Kinohit** *m* blockbuster; **Kinoprogramm** *nt* film programme; (*Übersicht*) film guide; **Kinovorstellung** *f* performance

Kiosk [ki'ɔsk/'ki:ɔsk] <-(e)s, -e> *m* kiosk

Kipferl <-s, -(n)> *nt* (*österr*) croissant

Kippe ['kɪpə] <-, -n> *f* (*fam: Zigaretten~*) stub; **es steht auf der ~** (*fam*) it's touch and go

kippen I. *vt haben* (*um~*) tilt **II.** *vi sein* tip over; (*Mensch*) topple; (*Fahrzeug*) overturn; **aus den Latschen ~** (*fam: vor Staunen*) fall through the floor; (*ohnmächtig werden*) pass out; **Kippschalter** *m* (TECH) toggle switch; **Kippwagen** *m* (AUTO) dump truck, tipper

Kirche ['kɪrçə] <-, -n> *f* church; **in der ~** at church; **in die** [*o* **zur**] **~ gehen** go to church

Kirchenbesuch *m* church-going; **Kirchenbuch** *nt* parish register; **Kirchenchor** *m* church choir; **Kirchenfenster** *nt* church window; **Kirchengemeinde** *f* parish; **Kirchengeschichte** *f* church history; **Kirchenjahr** *nt* ecclesiastical year

Kirchenmaus *f:* **so arm wie eine ~** as poor as a church mouse

Kirchenrecht *nt* canon(ical) law; **Kirchenstaat** <-(e)s> *m* (HIST) Papal State *pl;* (*Vatikanstaat*) Vatican City; **Kirchensteuer** *f* church tax; **Kirchentag** *m* Church congress; **Kirchenvater** *m* Father of the Church

Kirchgänger(in) *m(f)* churchgoer; **Kirchhof** *m* **1.** churchyard **2.** (*Friedhof*) graveyard

kirchlich *adj* (*attributiv*) church; (*institutionell*) ecclesiastical; (*religiös*) religious; **sich ~ trauen lassen** get married in church; **~es Begräbnis** religious funeral

Kirchturm *m* church steeple; **Kirchweih** <-> *f* (*Volksfest*) fair *Br,* kermis *Am*

kirre ['kɪrə] *adj* (*fam*) tame; **jdn ~ machen** soften s.o. up

Kirschbaum *m* cherry tree

Kirsche ['kɪrʃə] <-, -n> *f* cherry; **mit ihm ist nicht gut ~n essen** (*fig*) it's best not to tangle with him; **Kirschkern** *m* cherry stone; **Kirschkuchen** *m* cherry cake; **Kirschwasser** *nt* kirsch

Kissen ['kɪsən] <-s, -> *nt* cushion; (*Kopf~*) pillow; **Kissenbezug** *m* pillow case; (*für Sofakissen*) cushion cover

Kiste ['kɪstə] <-, -n> *f* **1.** (*Behälter*) box; (*Truhe*) chest; (*Wein~*) case **2.** (*fam: Auto, Flugzeug*) crate; (*Fernseher*) box

Kitsch [kɪtʃ] <-(e)s> *m* (*pej*) kitsch; **kitschig** *adj* (*pej*) kitschy

Kitt [kɪt] <-(e)s, -e> *m* (*Spachtel, a. fig*) cement; (*Glaser~*) putty

Kittchen ['kɪtçən] <-s, -> *nt* (*fam*) clink; **ins ~ kommen** be sent to clink

Kittel ['kɪtəl] <-s, -> *m* smock; (*Arbeits~*) overall; (*Arzt~*) coat

kitten *vt* (*a. fig*) cement; (*Fenster*) putty

Kitz [kɪts] <-es, -e> *nt* (*Zicklein*) kid; (*Reh~*) fawn

Kitzel ['kɪtsəl] <-s, -> *m* **1.** tickle **2.** (*fig*) thrill; **kitzelig** ['kɪts(ə)lɪç] *adj* (*a. fig*) ticklish; **kitzeln** *vt, vi* (*a. fig*) tickle

Kiwi ['ki:vi] <-, -s> *f* (*Frucht*) kiwi

KKW <-s, -s> *nt Abk. von* **Kernkraftwerk** nuclear power station

Klacks [klaks] *m* (*fam*): **das ist doch nur ein ~** (*sehr einfach*) that's but a piece of cake

klaffen ['klafən] *vi* gape

kläffen ['klɛfən] *vi* yap

Klage ['kla:gə] <-, -n> *f* **1.** (JUR: *zivilrechtlich*) action, suit; (*strafrechtlich*) charge **2.** (*Beschwerde*) complaint (*über* about) **3.** (*Weh~*) lament (*um, über* for); **eine ~ abweisen** (JUR) dismiss a case; **eine ~ gegen jdn anstrengen** [*o* **einreichen**] (JUR) institute proceedings against s.o; **Klagelaut** *m* plaintive cry; **Klagelied** *nt* lament; **ein ~ anstimmen** start to moan (*über* about)

klagen ['kla:gən] **I.** *vi* **1.** (*sich be~*) complain (*über* about) **2.** (*trauern*) lament (*um jdn o etw* s.o., s.th.) **3.** (*weh~*) moan **4.** (JUR) sue (*auf* for); **auf Schadenersatz ~** (JUR) sue for damages *pl;* **wir können nicht ~** (*fam*) we've got nothing to grumble [*o* complain] about **II.** *vt:* **jdm sein Leid ~** pour out one's sorrow to s.o.

Kläger(in) ['klɛ:gɐ] *m(f)* (JUR) plaintiff; **wo kein ~ ist, ist auch kein Richter** (*prov*) if no-one complains …

Klageschrift *f* (JUR) charge

kläglich ['klɛ:klɪç] **I.** *adj* **1.** (*Mitleid erregend*) pitiful **2.** (*dürftig*) pathetic **3.** (*klagend*) plaintive **II.** *adv* (*in ~er Weise*) miserably

klamm [klam] *adj* **1.** (*feuchtkalt*) clammy **2.** (*erstarrt*) numb

Klammer ['klamɐ] <-, -n> *f* **1.** (*Haar~*) (hair)grip; (*Büro~, Wund~*) clip; (*Heft~*) staple; (*Wäsche~*) peg **2.** (*Satzzeichen, Rechenzeichen*) bracket; **in ~n setzen** put in brackets; ~ **auf** (**zu**) open (close) brackets; **Klammeraffe** *m* (INTERNET) at (sign): @; **klammern I.** *vt* (*Wäsche*) peg; (*Papier*) staple **II.** *vi* (SPORT) clinch **III.** *vr* (*a. fig*) cling (*an* to)

klammheimlich *adj, adv* (*fam*) on the quiet

Klamotten [kla'mɔtən] *pl* (*fam: Kleider*) gear *sing*

Klang [klaŋ, *pl:* 'klɛŋə] <-(e)s, ⸚e> *m* sound; (MUS: *Tonqualität*) tone; **Klangfarbe** *f* tone colour; **Klangfülle** *f* sonority; **klanglich** *adj* tonal; **klangvoll** *adj* **1.** (*sonor*) sonorous **2.** (*fig: Namen*) fine-sounding

klappbar *adj* **1.** (*zusammen~*) collapsible, folding **2.** (*nach unten, oben ~*) hinged, tipping; **Klappbett** *nt* folding bed

Klappe <-, -n> *f* **1.** flap; (*Deckel*) lid **2.** (MUS: *von Blasinstrument*) key **3.** (TECH: *Ventil, a. Herz~*) valve **4.** (*sl: Mund*) trap; **zwei Fliegen mit einer ~ schlagen** (*fam*) kill two birds with one stone; **die ~ halten** (*sl*) pipe down

klappen ['klapən] **I.** *vi* (*fam: in Ordnung sein*) work; (*gut gehen*) work out; **wenn das bloß klappt!** I hope that'll work out!; **es hat alles geklappt** everything clicked; **es klappt nichts** everything is going wrong; **alles klappte wie am Schnürchen** everything went like clock-work **II** *vt* fold (*nach oben, unten, vorn, hinten* up down, forward, back)

Klappentext *m* blurb

Klapper ['klapɐ] <-, -n> *f* rattle

klapperdürr *adj* (*pej*) (as) thin as a rake

klapp(e)rig ['klapərɪç] *adj* rickety

Klapperkiste *f* (*pej: altes Auto*) boneshaker, rattletrap; **klappern** *vi* clatter, rattle; (*mit den Zähnen*) chatter; (*Absatz, Mühle*) clack

Klapperschlange *f* rattlesnake

Klapp(fahr)rad *nt* folding bicycle; **Klappmesser** *nt* jack-knife; **Klappsitz** *m* folding seat; **Klappstuhl** *m* folding chair; **Klapptisch** *m* folding table; **Klappverdeck** *nt* (AUTO) collapsible [*o* folding] hood

Klaps [klaps] <-es, -e> *m* (*leichter Schlag*) slap, smack; **einen ~ haben** (*fam*) be off one's rocker; **Klapsmühle** *f* (*fam pej*) loony bin *Br,* bughouse *Am*

klar [kla:ɐ] *adj* **1.** (*deutlich, offensichtlich*) clear **2.** (*fertig*) ready; **na ~!** (*fam*) of course! *Br,* sure! *Am;* **~er Fall!** (*fam*) sure thing!; **alles ~?** (*fam*) everything OK?; **~ und deutlich** distinctly, plainly; **~e Antwort** plain answer; **sich darüber im Klaren**[RR] **sein, dass** realize that; **sich über etw im Klaren**[RR] **sein** be aware of s.th.; **jdm etw ~ zu verstehen geben** make s.th. plain to s.o.; **ist das ~?** do I make myself plain?; **~ wie Kloßbrühe** (*fam*) clear as mud; **~ sehen**[RR] see clearly

Kläranlage *f* sewage plant; **Klärbecken** *nt* clarification basin, clarifier

klären ['klɛ:rən] **I.** *vt* (*klar machen*) clear; (*Sachlage*) clarify; (*Angelegenheit, Problem*) settle **II.** *vr* **1.** (*Himmel*) clear; (*Wetter*) clear up **2.** (*klar, deutlich werden*) become clear; (*aufgeklärt, gelöst werden*) be clarified; (*bereinigt werden*) be settled

klar|gehen *irr vi* (*fam*) be OK; **das geht schon klar** that's OK, don't worry

Klarheit *f* **1.** (*Reinheit, Schärfe*) clearness **2.** (*Deutlichkeit*) clarity; **ich möchte Ihnen in aller ~ sagen, dass ...** I'd like to make it perfectly plain to you that ...; **sich über etw ~ verschaffen** get clear about s.th.

Klarinette [klari'nɛtə] <-, -n> *f* (MUS) clarinet

klar|kommen *irr vi* (*fam*) get by; **mit jdm** (**etw**) **~** cope with s.o. (s.th.)

Klarlack *m* clear varnish

klar|legen *vt* make clear, explain; **klarmachen** *vt* **1.** (*erklären*) make clear **2.** (MAR: *Schiff*) make ready; **sich etw ~** realize s.th.

Klärschlamm *m* sewage sludge

klar|sehen *s.* **klar**

Klarsichtfolie *f* cling [*o* clear] film; **Klarsichthülle** *f* clear plastic folder

Klartext *m* uncoded text; **im ~** (*fam*) in plain English; **mit jdm ~ reden** (*fam*) give s.o. a piece of one's mind

Klärungsbedarf *m:* **es besteht ~** matters need to be clarified

Klasse ['klasə] <-, -n> *f* **1.** (*Kategorie*) class; (SPORT: *Spiel~*) league; (COM: *Güte~*) grade **2.** (*Schul~*) class, form; (*~nzimmer*) classroom; **das ist ja große ~!** (*fam: großartig*) that's really great! that's a real smasher!; **das ist einsame ~!** (*fam*) that's a class by itself!; **untere/höhere/arbeitende ~** lower/upper/working class; **in ~n einteilen** classify

Klassenarbeit *f* class test

Klassenbewusstsein[RR] *nt* class-consciousness

Klassenbuch *nt* (class-)register; **Klassenkamerad(in)** *m(f)* classmate

Klassenkampf *m* (POL) class struggle

Klassenlehrer(in) *m(f)* class teacher; **Klassenzimmer** *nt* classroom

K

klassifizieren [klasifi'tsi:rən] *vt* classify
Klassik ['klasɪk] <-> *f* **1.** (*Kunstperiode*) classical period **2.** (*klassische Musik*) classical music; **Klassiker** *m* classic; **klassisch** *adj* **1.** (*die Klassik betreffend*) classical **2.** (*typisch*) classic
Klatsch [klatʃ] <-(e)s, (-e)> *m* (*pej: Gerede*) gossip; **Klatschbase** *f* **1.** (*pej: Quasselstrippe*) chatterbox **2.** (*Lästermaul*) gossip, scandalmonger
klatschen **I.** *vt* **1.** (*Takt, Beifall*) clap **2.** (*knallen, schlagen*) slap, smack; **jdm Beifall** ~ clap s.o. **II.** *vi* **1.** (*mit den Händen*) clap **2.** (*schlagen, klapsen*) slap **3.** (*platschen, spritzen*) splash **4.** (*fam: tratschen*) gossip (*über* about); **er klatschte sich auf die Schenkel** he slapped his thighs; **sie klatschte in die Hände** she clapped her hands; **sie klatscht gern** (*fam*) she likes to (spread) gossip
Klatschmaul *nt* (*sl pej*) scandalmonger
Klatschmohn *m* poppy
klatschnassRR *adj* (*fam*) sopping [*o* soaking] wet
Klatschpresse *f* gossip press; **Klatschspalte** *f* gossip column
Klaue ['klaʊə] <-, -n> *f* **1.** (*von Raubtier*) claw; (*von Raubvogel*) talon **2.** (*fam: schlechte Schrift*) scrawl
klauen **I.** *vt* (*sl*) nick, pinch (*jdm etw* s.th. from s.o.) **II.** *vi* pinch things
Klause ['klaʊzə] <-, -n> *f* **1.** (*von Einsiedler*) hermitage; (*Mönchszelle*) cell **2.** (*Schlucht*) chasm
Klausel ['klaʊzəl] <-, -n> *f* (JUR) clause; (*Bedingung*) stipulation; (*Vorbehalt*) proviso
Klausur <-, -en> *f* **1.** (SCHULE) exam, paper **2.** *nur sing* (*Abgeschlossenheit*) seclusion
Klavier [kla'vi:ɐ] <-s, -e> *nt* piano; ~ **spielen** play the piano; **Klavierspiel** <-(e)s> *nt* piano-playing; **Klavierspieler(in)** *m(f)* piano-player; **Klavierstimmer(in)** *m(f)* piano-tuner
Klebeband *nt* adhesive tape; **Klebebindung** *f* (TYP) adhesive binding; **Klebefläche** *f* surface to be glued
kleben ['kle:bən] **I.** *vt* glue, paste; **jdm eine** ~ (*fam*) belt s.o. one; **Bilder in ein Album** ~ paste pictures into an album; **selbst**~ self-adhesive **II.** *vi* **1.** (*anhaften*) stick (*an* to) **2.** (*fig: festhalten*) cling (*an* to)
klebrig ['kle:brɪç] *adj* sticky
Klebstoff *m* adhesive; **Klebstofftube** *f* tube of glue; **Kleb(e)streifen** *m* adhesive tape
kleckern ['klɛkɐn] *vi* **1.** (*beim Essen*) make a mess **2.** (*fam: stückchenweise tun*) fiddle about; **kleckerweise** *adv* (*fam pej*) in dribs and drabs; **das Geld kommt nur** ~ **herein** the money ist only dribbling in
Klecks [klɛks] <-es, -e> *m* (*Tinten~*) blot; (*Farb~*) blob; **klecksen** *vi* **1.** blot **2.** (*pej: malen*) daub
Klee [kle:] <-s> *m* clover; **über den grünen** ~ **loben** praise to the skies; **Kleeblatt** *nt* cloverleaf; (*fig*) threesome
Kleid [klaɪt] <-(e)s, -er> *nt* dress; ~**er** (*Kleidung*) clothes; ~**er machen Leute** (*prov*) fine feathers make fine birds
kleiden ['klaɪdən] **I.** *vt* **1.** (*mit Kleidung ausstatten, a. fig*) clothe, dress **2.** (*kleidsam sein*) suit (*jdn* s.o.) **II.** *vr* (*sich anziehen*) dress (o.s.)
Kleiderablage *f* (*Garderobe*) cloakroom *Br,* checkroom *Am;* **Kleiderbügel** *m* coat hanger; **Kleiderbürste** *f* clothes brush; **Kleiderhaken** *m* coat hook; **Kleiderkasten** *m* (*österr: Kleiderschrank*) wardrobe; **Kleiderordnung** *f* dress code [*o* regulations]; **Kleidersack** *m* suit bag; **Kleiderschrank** *m* **1.** wardrobe **2.** (*fam: großer Mensch*) great hulk (of a man); **kleidsam** *adj* becoming, flattering
Kleidung *f* clothes *pl,* clothing; **Kleidungsstück** *nt* garment
Kleie ['klaɪə] <-, -n> *f* bran
klein [klaɪn] *adj* **1.** (*unbedeutend, gering*) little **2.** (*an Umfang, Wert, Anzahl*) small **3.** (*kurz,* ~ *von Wuchs*) short; ~ **beigeben** eat humble pie; **bis ins Kleinste**RR in minute detail; **ein** ~ **bisschen, ein** ~ **wenig** a little bit; ~**er Fehler** trifling error; **haben Sie es nicht etw** ~**er?** do you not have anything smaller?; **einige** ~**ere Fehler** some minor mistakes; ~**er Gauner** petty crook; ~**er Beamter** minor official; **im Kleinen**RR in miniature; ~ **hacken**RR chop up small; **von** ~ **auf ist er daran gewöhnt** he's been used to it from his childhood; ~ **anfangen** start off in a small way; **er ist einen Kopf** ~**er als ich** he is a head shorter than I; **das** ~**ere Übel** the lesser evil
Kleinanzeige *f* classified ad
Kleinasien [-'--] *nt* Asia Minor
Kleinbauer *m* small farmer; **Kleinbetrieb** *m* small business; **Kleinbuchstabe** *m* small [*o* lower case] letter; **Kleinbürger** *m* petty bourgeois; **Kleinbürgertum** *nt* petty bourgeoisie; **Kleinbus** *m* minibus; **Kleinformat** *nt* small size; **Kleingeld** <-(e)s> *nt* small change; **das nötige** ~ **haben** (*fam*) have the necessary wherewithal
kleingläubig *adj* **1.** (REL) doubting **2.** (*ängstlich*) timid
klein|hacken *s.* **klein**
Kleinheit *f* smallness, small size; **Kleinhirn** *nt* (ANAT) cerebellum
Kleinholz <-es> *nt* firewood, kindling; ~ **aus jdm machen** (*fam*) make mincemeat

out of s.o.; ~ **aus etw machen** (*fam*) smash s.th. to pieces

Kleinigkeit ['klaɪnɪçkaɪt] *f* **1.** (*kleines Ding*) little thing; (*Bagatelle*) trifling matter; (*Detail*) minor detail **2.** (*ein bisschen*) a little, a trifle; **nur eine ~ essen** eat but a little s.th.; **das ist eine ~** that's nothing; **sich nicht mit ~en abgeben** not bother over details; **wegen** [*o* **bei**] **jeder ~** for the slightest reason; **das wird Sie aber eine ~ kosten** (*iro*) but that'll cost you a pretty penny; **die ~ von DM 50.000** (*iro*) the small matter of 50,000 marks; **Kleinigkeitskrämer(in)** *m(f)* (*pej*) pedant, stickler (for detail)

Kleinkalibergewehr *nt* small-bore rifle

kleinkariert *adj* (*pej*) small-time; **sei doch nicht so ~!** don't be so small-minded!; **~ denken** think small

Kleinkind *nt* infant

Kleinkram *m* (*fam*) odds and ends *pej* **Kleinkrieg** *m* (*fig*) battle; **einen ~ mit jdm führen** be fighting a running battle with s.o.

klein|kriegen *vt* **1.** (*zerhacken*) chop up; (*zerteilen, aufteilen*) break up **2.** (*fam: unterkriegen*) get down **3.** (*fam: kaputtmachen*) smash

kleinlaut *adj* abashed, meek, subdued

kleinlich *adj* **1.** (*pedantisch*) petty; (*knauserig*) mean **2.** (*engstirnig*) small-minded; **Kleinlichkeit** *f* **1.** (*Pedanterie*) pettiness **2.** (*Engstirnigkeit*) small-mindedness

kleinmütig *adj* fainthearted, timid

Kleinod <-(e)s, -e/-dien> *nt* gem

Kleinstaat *m* small state; **Kleinstadt** *f* small town; **kleinstädtisch** *adj* (*meist pej*) provincial

Kleinstkamera *f* subminiature camera; **Kleinstwagen** *m* midget car, minicar

Kleinvieh *nt*: **~ macht auch Mist** (*prov*) many a mickle makes a muckle

Kleinwagen *m* (AUTO) small car

Kleister ['klaɪstɐ] <-s, -> *m* paste; **kleistern** *vt, vi* paste

Klemme ['klɛmə] <-, -n> *f* **1.** (*Klammer*) clip **2.** (*fam*) fix, jam, tight spot; **in eine ~ geraten** (*fam*) get into a jam; **tief in der ~ sitzen** be deep in a fix

klemmen I. *vt* **1.** (*Draht*) clamp, clip; (*verkeilen, fest~*) wedge; **dahinter ~** (*fam*) make a bit of an effort **2.** (*fam: klauen*) pinch **II.** *vi* (*Tür*) jam, stick **III.** *vr* (*fig fam*): **sich hinter jdn** (**etw**) **~** get on to s.o. (get stuck into s.th.); **können Sie sich mal ('n bisschen) dahinter ~?**[RR] (*fam*) can't you make a bit of an effort?

Klempner(in) ['klɛmpnɐ] <-s, -> *m(f)* plumber; **Klempnerei** *f* (*Werkstatt*) plumber's workshop

Klepper ['klɛpɐ] <-s, -> *m* (*pej: ausgemergeltes Pferd*) nag

Kleriker <-s, -> *m* (ECCL) cleric

Klerus ['kle:rʊs] <-> *m* (ECCL) clergy

Klette ['klɛtə] <-, -n> *f* **1.** (*Pflanze*) burdock **2.** (*fam: lästige Person*) barnacle

Klettergerüst *nt* climbing frame

klettern ['klɛtɐn] *sein vi* climb

Kletterpflanze *f* climbing plant

Kletterstange *f* climbing pole

Klettverschluss[RR] *m* Velcro®

Klima ['kli:ma] <-s, (-s/-ta)> *nt* (*a. fig*) climate; **Klimaanlage** *f* air-conditioner; **Klimaforscher(in)** *m(f)* climatologist

Klimakterium <-s> *nt* climacteric, menopause

klimatisch *adj* climatic

klimatisiert *adj* air-conditioned; **Klimatisierung** *f* air-conditioning; **Klimaveränderungen** *pl* climate change; **Klimawechsel** *m* change of air

klimmen ['klɪmən] *irr vi* clamber

Klimmzug *m* (SPORT) pull-up; **geistige Klimmzüge machen** do intellectual acrobatics

klimpern ['klɪmpɐn] *vt, vi* tinkle; (*pej: Klavier spielen*) plonk away

Klinge ['klɪŋə] <-, -n> *f* blade

Klingel ['klɪŋəl] <-, -n> *f* bell; **klingeln** *vi* **1.** (*läuten*) ring (*nach* for) **2.** (AUTO) knock; **es hat geklingelt!** somebody just rang the door bell!; (TELE) the phone just rang!; **na, hat's geklingelt?** (*fig*) has the penny dropped?

klingen ['klɪŋən] *irr vi* (*tönen, sich anhören*) sound (*nach etw* like s.th.); **das klingt mir wie Musik in den Ohren** that is music to my ears

Klinik ['kli:nɪk] *f* (MED) clinic; **Klinikum** *nt* **1.** (*Teil der med. Prüfung*) clinical curriculum **2.** (*Großkrankenhaus*) clinical complex; **klinisch** *adj* clinical

Klinke ['klɪŋkə] <-, -n> *f* (*Tür~*) handle; **Klinkenputzer** *m* (*pej: Hausierer*) hawker

Klinker ['klɪŋkɐ] <-s, -> *m* clinker

klipp [klɪp] *adv*: **~ und klar** (*offen*) frankly; (*deutlich*) plainly; **er sagte mir ~ und klar, dass ...** he told me flat that ...

Klippe ['klɪpə] <-, -n> *f* (*am Steilufer*) cliff; (*im Meer*) rock; (*fig*) obstacle

Klips [klɪps] <-> *pl* clips

klirren ['klɪrən] *vi* clink; (*von Waffen*) clash; (*von Ketten*) jangle; (*von Fensterscheiben*) rattle; **Klirrfaktor** *m* (*bei HiFi-Verstärker*) distortion factor

Klischee [kli'ʃe:] <-s, -s> *nt* **1.** (TYP) block **2** (*fig*) cliché; **klischieren** *vt* (TYP) stereotype

Klistier [klis'ti:ɐ] <-s, -e> *nt* enema

Klitoris ['klitorɪs] <-> *f* (ANAT) clitoris

Klitsche ['klɪtʃə] <-, -n> *f* (*pej*) tumbledown shanty

klitschnass[RR] ['klɪtʃ'nas] *adj* (*fam*) sopping wet

Klo [klo:] <-s, -s> *nt* (*fam*) loo *Br,* john *Am*

Kloake [klo'a:kə] <-, -n> *f* **1.** (*Abwasserkanal*) sewer **2.** (*fig*) cesspool; **Kloakenjournalismus** *m* gutter press [*o* journalism]

klobig ['klo:bɪç] *adj* **1.** bulky; (*Mensch*) hulking great **2.** (*pej: Benehmen*) boorish

Klon [klo:n] <-s, -e> *m* clone; **Klonen** ['klo:nən] <-s> *nt* (BIOL) cloning; **klonen** *vt* clone

klönen ['klø:nən] *vi* (*fam*) have a chat, natter *Br*

Klontechnologie *f* cloning technology

klopfen ['klɔpfən] **I.** *vi* **1.** (*an der Tür*) knock (*an* at); (*sanft*) tap (*an, auf* at, on) **2.** (*Herz*) beat; (*stärker*) pound **3.** (AUTO: *Motor*) knock, pink; **es klopft** there is a knock at [*o* on] the door; **jdm auf die Finger ~** (*fig*) rap s.o. on the knuckles **II.** *vt* (*Steine*) knock down; (*Fleisch, Teppich*) beat; **den Takt ~** beat time

klopffest *adj* (AUTO) anti-knock

Klöppel ['klœpəl] <-s, -> *m* (*von Glocke*) clapper, tongue; **klöppeln** *vi* make lace

kloppen ['klɔpən] *vr* (*fam*) scrap

Klops [klɔps] <-es, -e> *m* (*fam*) meatball

Klosett [klo'zɛt] <-s, -e/-s> *nt* lavatory, toilet; **Klosettpapier** *nt* toilet paper

Kloß [klo:s, *pl:* 'klø:sə] <-es, ⸚e> *m* **1.** (*Erd~*) clod **2.** (*Knödel*) dumpling; (*Fleisch~*) meatball

Kloster ['klo:stɐ, *pl:* 'klø:stɐ] <-s, ⸚> *nt* (*Mönchs~*) monastery; (*Frauen~*) convent

Klotz [klɔts, *pl:* 'klœtsə] <-es, ⸚e> *m* **1.** (*Holz~*) block (of wood) **2.** (*fam: hässliches Haus*) monstrosity **3.** (*fam: grober Kerl*) great lump; **auf einen groben ~ gehört ein grober Keil** (*prov*) rudeness must be met with rudeness; **sich einen ~ ans Bein binden** (*fig*) tie a millstone around one's neck

klotzen *vi* (*sl: hart arbeiten*) slog (away); (*angeben*) show off

Klub [klʊp] <-s, -s> *m* club; **Klubsessel** *m* club chair

Kluft [klʊft, *pl:* klʏftə] <-, ⸚e> *f* **1.** (*Lücke, a. fig*) gap **2.** (*Abgrund*) chasm; (*Spalte*) cleft; (*Schlucht*) ravine **3.** (*sl: Kleidung*) gear; **eine ~ überbrücken** (*fig*) bridge a gulf

klug [klu:k] <klüger, klügst> *adj* clever; (*aufgeweckt*) bright; (*verständig*) sensible, wise; **durch Schaden wird man ~** one learns by one's mistakes; **der Klügere gibt nach** (*prov*) discretion is the better part of valour; **das Klügste**[RR] **wäre wohl zu gehen** it would probably be best to go; **Klugheit** *f* (*Verstand*) cleverness, intelligence; (*Weisheit*) wisdom

Klumpen ['klʊmpən] <-s, -> *m* lump; (*Erd~*) clod; (*Gold~*) nugget

klumpen *vi* (*Sauce*) go lumpy

Klumpfuß *m* club-foot

Klüngel ['klʏŋəl] <-s, -> *m* (*pej: Clique*) clique

knabbern ['knabɐn] *vt, vi* nibble; **daran wirst du noch zu ~ haben!** (*fam*) you won't get over it so easily!

Knabe ['kna:bə] <-n, -n> *m* (*obs*) boy, lad; **alter ~** (*fam*) old chap

Knäckebrot *nt* crispbread

knacken ['knakən] **I.** *vi* **1.** (*reißen*) crack **2.** (*sl: pennen*) (have a) kip **II.** *vt* **1.** (*Nuss, Rätsel*) crack **2.** (*sl: Autos, Tresor*) break into

Knacker *m* (*pej sl*): **alter ~** old geezer

Knacki *m* (*sl: ehem. Häftling*) jailbird

Knackpunkt *m* (*fam*) critical point, crucial point

Knacks [knaks] <-es, -e> *m* **1.** (*Riss, Sprung*) crack **2.** (*fam: leichter Defekt*): **er hat einen ~ weg** (*fam*) he's a bit screwy; (*gesundheitlich*) his health isn't too good; **einen ~ bekommen** (*fam*) suffer a setback

Knall [knal] <-(e)s, (-e)> *m* **1.** (*von Peitsche*) crack; (*von Tür*) bang; (*von Sektkorken*) pop **2.** (*fam: Krach*) trouble; **einen ~ haben** (*fig fam*) be off one's rocker; **~ auf Fall** (*fam*) all of a sudden; **jdn ~ auf Fall entlassen** (*fam*) dismiss s.o. completely out of the blue

Knallbonbon *nt* cracker; **Knalleffekt** *m* (*fam*) surprise [*o* spectacular] effect

knallen I. *vt* bang, slam; **ich knalle dir gleich eine!** (*fam*) I'll clout you one in a minute! **II.** *vi* **1.** bang; (*Tür*) bang, slam; (*Sektkorken*) (go) pop; (*Peitsche*) crack **2.** (*fam: Sonne*) blaze down; **mit der Peitsche ~** crack the whip

Knallerbse *f* toy torpedo; **Knallgas** *nt* (CHEM) oxyhydrogen

knallhart *adj* (*fam*) hard as nails

knallrot *adj* scarlet, bright red; (*Gesicht*) as red as a beetroot

knapp [knap] *adj* **1.** (*spärlich*) scarce; (*Kleidung*) scanty; (*Geld*) tight; (*dürftig*) meagre *Br,* meager *Am* **2.** (*kaum ausreichend*) barely sufficient **3.** (*Stil*) concise; (*Geste*) terse **4.** (*gerade noch*) just; **~ bei Kasse sein** (*fam*) be short of money; **mit ~er Mehrheit** with a narrow majority; **sein ~es Auskommen haben** only just get by; **mit ~er Not entkommen** only just escape; **seit einem ~en Jahr** for almost a year; **etw wird bei jdm** ~ s.o. is running short of s.th.; **..., aber nicht zu ~!** (*fam: gehörig, und wie!*) ..., and good and proper!

Knappe ['knapə] <-n, -n> *m* **1.** (HIST: *Schild~*) squire **2.** (MIN: *Berg~*) qualified miner

Knappheit *f* **1.** (*Mangel*) scarcity, shortage; (*von Zeit*) shortness **2.** (*von Stil*) concisseness

Knappschaft *f* (MIN) miners' guild

Knarre ['knarə] <-, -n> *f* **1.** (*sl: Gewehr*) shooter **2.** (TECH: *~nschlüssel*) ratchet wrench

knarren *vi* creak

Knast [knast] <-(e)s, -e> *m* (*sl: Gefängnis*) clink, jug, can *Am a.;* **im** ~ in clink; ~ **schieben** (*sl*) do time

knattern ['knatɐn] *vi* (*rattern*) rattle; (*Motor*) roar

Knäuel ['knɔɪəl] <-s, -> *m/nt* (*Garn~*) ball

Knauf [knaʊf, *pl:* 'knɔɪfə] <-(e)s, =e> *m* (*Tür~*) knob; (*Degen~*) pommel

knauserig *adj* (*fam*) stingy (*mit* with); **knausern** *vi* (*fam*) be stingy (*mit* with)

knautschen ['knaʊtʃən] *vt, vi* (*fam*) crumple (up)

Knautschzone *f* (AUTO) crumple zone

Knebel ['kne:bəl] <-s, -> *m* gag; **Knebelknopf** *m* (*an Mantel*) toggle fastening; **knebeln** *vt* (*a. fig: die Presse*) gag

Knecht [knɛçt] <-(e)s, -e> *m* **1.** (*Bauern~*) farm hand; (*Diener*) (man) servant **2.** (*fig: Sklave*) slave (*jds* to s.o.); **knechten** *vt* enslave; **Knechtschaft** *f* servitude

kneifen ['knaɪfən] **I.** *irr vt, vi* pinch (*jdn* s.o.); **jdn in den Arm** ~ pinch someone's arm **II.** *vi* (*fam: sich drücken*) chicken out (*vor* of); ~ **gilt nicht!** there's no shirking it!

Kneipe ['knaɪpə] <-, -n> *f* (*fam*) pub *Br,* bar *Am;* **Kneipenbummel** *m* pub crawl *Br,* bar hop *Am*

Knete *f* **1.** (*sl: Geld*) dough **2.** (*Knetgummi*) plasticine; **kneten** ['kne:tən] *vt* knead; **Knetgummi** *m/nt* plasticine; **Knetmasse** *f* modelling clay

Knick [knɪk] <-(e)s, -e> *m* **1.** (*Biegung*) sharp bend **2.** (*Falte*) crease

knicken *vt, vi* snap; (*falten*) fold

knick(e)rig *adj* (*fam: geizig*) stingy

Knicks [knɪks] <-es, -e> *m* curts(e)y; **vor jdm einen ~ machen** (drop a) curts(e)y to s.o.; **knicksen** *vi* curts(e)y (*vor jdm* to s.o.)

Knie [kni:, *pl:* 'kni:ə] <-s, -> *nt* **1.** (ANAT) knee **2.** (*von Fluss*) bend **3.** (TECH: *Rohr~*) angle; **etw übers ~ brechen** (*übereilen*) rush at s.th.; **in die ~ sinken** drop to one's knees; **vor jdm das ~ beugen** bend the knee to s.o.; **schließlich ging er doch in die ~** (*fig*) at last he was brought to his knees; **ich lege ihn gleich übers** ~ I'll put him over my lap in a minute; **jdn in die ~ zwingen** (*fig*) force s.o. to his (her, their) knees; **Kniebeuge** *f* (SPORT) knee-bend; **Kniebundhose** *f* knee-breeches; **Kniegelenk** *nt* (ANAT) knee joint; **Kniekehle** *f* (ANAT) hollow of the knee

knien ['kni:ən] *vi, vr* kneel (*vor* before)

Knies [kni:s] *m* (*fam*): ~ **haben** have a tiff

Kniescheibe *f* (ANAT) kneecap; **Knieschützer** *m* kneepad

Kniestrumpf *m* knee-length sock

Kniestück *nt* (TECH) elbow joint

Kniff [knɪf] <-(e)s, -e> *m* **1.** (*fam: Trick*) knack, trick **2.** (*Falte*) crease, fold **3.** (*Kneifen*) pinch; **den ~ bei etw heraushaben** (*fam*) have the knack of s.th.; **ist ein besonderer ~ dabei?** (*fam*) is there a special knack to it?; **knifflig** *adj* fiddly; (*heikel*) tricky

Knilch [knɪlç] <-s, -e> *m* (*fam pej*) bloke, guy *Am*

knipsen ['knɪpsən] **I.** *vt* **1.** (PHOT: *fam*) snap **2.** (*lochen*) punch **II.** *vi* (PHOT: *fam*) take pictures

Knirps [knɪrps] <-es, -e> *m* **1.** (*kleiner Junge*) whippersnapper **2.** (® *Faltschirm*) folding umbrella

knirschen ['knɪrʃən] *vi* (*Schnee*) crunch; (*Getriebe*) grind; **mit den Zähnen** ~ gnash [*o* grind] one's teeth

knistern ['knɪstɐn] *vi* (*Feuer*) crackle; (*Papier, Seide*) rustle

knitterfrei *adj* crease-resistant

knittern ['knɪtɐn] *vt, vi* crease

knobeln ['kno:bəln] *vi* **1.** (*würfeln*) play dice **2.** (*grübeln, nachdenken*) puzzle (*an* over); (**mit jdm**) **um etw** ~ toss (s.o.) for s.th.

Knoblauch ['kno:blaʊx] <-(e)s> *m* garlic; **Knoblauchpresse** *f* garlic press; **Knoblauchzehe** *f* clove of garlic

Knöchel ['knœçəl] <-s, -> *m* (*von Fuß*) ankle; (*von Hand*) knuckle

Knochen ['knɔxən] <-s, -> *m* bone; **nass bis auf die** ~ soaked to the skin; **er hat einfach keinen Mumm in den** ~ (*fam*) he just has no guts; **mir tun alle ~ weh** (*fam*) every bone in my body is aching; **sich einen ~ brechen** break a bone; **Knochenarbeit** *f* hard graft; **Knochenbau** *m* bone structure; **Knochenbruch** *m* fracture; **Knochengerüst** *nt* skeleton; **Knochenleiden** *nt* osteopathy; **Knochenmark** *nt* bone marrow

Knochenschinken *m* ham on the bone

knöchern ['knœçɐn] *adj* (*Material*) osseous

knochig ['knɔxɪç] *adj* bony

Knödel ['knø:dəl] <-s, -> *m* dumpling

Knolle ['knɔlə] <-, -n> *f* **1.** (*Pflanzenteil*) nodule; (*von Kartoffel*) tuber **2.** (*pej: Nase*) conk

Knollenblätterpilz [--'---] *m* deathcup

Knopf [knɔpf, *pl:* 'knœpfə] <-(e)s, ¨-e> *m* **1.** (*an Kleidern*) button **2.** (*an Geräten*) (push-)button; **auf den ~ drücken** press [*o* push] the button; **knöpfen** ['knœpfən] *vt* button (up); **Knopfloch** *nt* buttonhole; **Knopfzelle** *f* round cell battery

Knorpel ['knɔrpəl] <-s, -> *m* (ANAT) cartilage; (*an Bratenstücken*) gristle; **knorpelig** *adj* (ANAT) cartilaginous; (*Fleisch*) gristly

knorrig ['knɔrɪç] *adj* **1.** (*Holz*) knotty; (*Baum*) gnarled **2.** (*fig: eigenwillig*) surly

Knospe ['knɔspə] <-, -n> *f* bud; **knospen** *vi* bud

Knoten ['kno:tən] <-s, -> *m* knot; (ASTR BOT MATH) node; (MED) lump; **(in etw) einen ~ machen** tie a knot (in s.th.); **einen ~ lösen** undo a knot; (*fig*) solve a difficulty; **Knotenpunkt** *m* (AUTO RAIL) junction

knotig *adj* knotty; (*Hände, Zweige*) gnarled

Know-how [noʊ'haʊ] <-(s)> *nt* know-how

knülle *adj* (*fam: betrunken*) tight

knüllen ['knʏlən] *vt, vi* crumple

Knüller ['knʏlɐ] <-s, -> *m* (*fam*) **1.** (*Sensation*) big hit **2.** (*sensationelle Zeitungsmeldung*) scoop

knüpfen ['knʏpfən] **I.** *vt* **1.** (*Knoten, Band*) knot, tie; (*Netz*) mesh **2.** (*fig: Freundschaft*) form; **eine Bedingung an etw ~** add a condition to s.th. **II.** *vr* be linked (*an etw* with s.th.)

Knüppel ['knʏpəl] <-s, -> *m* **1.** (*Waffe*) cudgel; (*Polizei~*) truncheon **2.** (AVIAT: *Steuer~*) control stick; (AUTO: *an Gangschaltung*) gear stick; **jdm (einen) ~ zwischen die Beine werfen** (*fig*) put a spoke in someone's wheel

knüppeldick *adj* (*fam*): **wenn's mal losgeht, dann kommt's auch gleich ~** it never rains but it pours

Knüppelschaltung *f* (AUTO) gear shift

knurren ['knʊrən] *vt, vi* **1.** (*Hund*) growl; (*wütend ~*) snarl **2.** (*Magen*) rumble; **knurrig** *adj* (*brummig*) grumpy; (*verstimmt*) disgruntled

knuspern ['knʊspɐn] *vt, vi* crunch

knusprig *adj* (*Brötchen*) crisp

knutschen ['knu:tʃən] *vt, vi, vr* (*fam*) neck, pet, smooch (*jdn o mit jdm* with s.o.); **Knutschfleck** *m* (*fam*) love bite

Koalition [koali'tsjo:n] *f* (POL) coalition; **Koalitionär** [koalitsjo'nɛ:ɐ] <-s, -e> *m* coalitionist, coalitioner; **Koalitionspartner** *m* coalition partner; **Koalitionsregierung** *f* (POL) coalition government

Kobalt ['ko:balt] <-s> *nt* cobalt

Kobold ['ko:bɔlt] <-(e)s, -e> *m* goblin, imp

Kobra ['ko:bra] <-, -s> *f* cobra

Koch [kɔx, *pl:* 'kœçə] <-(e)s, ¨-e> *m* cook; **viele Köche verderben den Brei** (*prov*) too many cooks spoil the broth; **Kochbuch** *nt* cookbook, cookery book; **kochen** ['kɔxən] **I.** *vi* **1.** (*Wasser*) boil **2.** (*Mahlzeiten*) cook; **vor Wut ~** (*fam*) be boiling with rage; **er kocht gut** he ist a good cook **II.** *vt* **1.** (*Essen*) cook **2.** (*Wasser, Suppe*) boil; (*Kaffee*) make; **hart gekochtes Ei**[RR] hard-boiled egg; **weich gekochtes Ei**[RR] soft-boiled egg

Kocher *m* **1.** (*Herd*) cooker; (*Camping~*) stove **2.** (*Heizplatte*) hotplate

Köcher ['kœçɐ] <-s, -> *m* (*für Pfeile*) quiver

Kochfeld *nt* ceramic hob; **Kochgelegenheit** *f* cooking facilities *pl;* **Kochgeschirr** *nt* (*im Haushalt*) pots and pans *pl;* (MIL) mess tin

Köchin ['kœçɪn] <-, -nen> *f* cook

Kochkunst *f* culinary art; **Kochlöffel** *m* cooking spoon; **Kochnische** *f* kitchenette; **Kochplatte** *f* boiling ring, hotplate; **Kochrezept** *nt* recipe; **Kochsalz** *nt* common salt, sodium chloride; **Kochtopf** *m* pot; (*mit Stiel*) saucepan; **Kochwäsche** *f* washing that can be boiled

Köder ['kø:dɐ] <-s, -> *m* (*a. fig*) bait; **ködern** *vt* **1.** lure **2.** (*fig*) entice; **sich ~ lassen** swallow the bait

Kodex ['ko:dɛks] <-es/-, -e/Kodizes> *m* code, codex

Kodierung [ko'di:rʊŋ] *f* coding

Koffein [kɔfe'i:n] <-s> *nt* caffeine

koffeinfrei *adj* decaffeinated

Koffer ['kɔfɐ] <-s, -> *m* case, bag; **seine ~ packen** (*a. fig*) pack one's bags

Kofferradio *m* portable radio

Kofferraum *m* (AUTO) boot *Br,* trunk *Am*

Kognak ['kɔnjak] <-s, -s> *m* brandy

Kohäsion *f* (*innerer Zusammenhalt*) cohesion; **Kohäsionsfonds** *m* (EU) Cohesion Fund

Kohl <-(e)s> *m* **1.** (*Gemüse*) cabbage **2.** (*fam: Quatsch*) rubbish; **das macht den ~ auch nicht fett** (*fam*) you won't get fat on that; **Kohldampf** *m* (*fam*): **~ schieben** be starving

Kohle ['ko:lə] <-, -n> *f* **1.** (*Stein~*) coal **2.** (TECH) carbon **3.** (*sl: Geld*) dough, dosh; **wie auf heißen ~n sitzen** be on tenterhooks; **Hauptsache, die ~n stimmen** (*sl!*) the main thing is that the money's right; **Kohlefilter** *m* carbon filter; **Kohlekraftwerk** *nt* coal(-fired) power station; **kohlen**[1] *vi* **1.** (*karbonisieren*) carbonize **2.** (MAR) take on coal

kohlen[2] *vi* (*fam: lügen*) tell lies

Kohlenbecken *nt* coal basin; **Kohlen-**

bergbau *m* coal-mining; **Kohlenbergwerk** *nt* coalmine; **Kohlendioxid** *nt* (CHEM) carbon dioxide; **Kohlenflöz** [-fløːts] <-es, -e> *nt* layer of coal; **Kohlenhalde** *f* pile of coal; **Kohlenhändler(in)** *m(f)* coal merchant; **Kohlenhandlung** *f* coal-merchant's business; **Kohlenherd** *m* range

Kohlenhydrat *nt* (CHEM) carbohydrate

Kohlenkasten *m* coal-box; **Kohlenkeller** *m* coal cellar

Kohlenmonoxid *nt* (CHEM) carbon monoxide; **Kohlensäure** *f* (CHEM) carbonic acid

Kohlenstaub *m* coaldust

Kohlenstoff <-(e)s> *m* (CHEM) carbon; **Kohlenstoffhandel** *m* (POL) carbon trading

Kohlenwagen *m* **1.** (AUTO) coal truck **2.** (RAIL: *Tender*) tender

Kohlenwasserstoff *m* (CHEM) hydrocarbon

Kohlepapier <-s> *nt* carbon paper

Kohleverflüssigung *f* (TECH) carbohydrate metabolism; **Kohlezeichnung** *f* charcoal drawing

Kohlkopf *m* cabbage

Kohlmeise *f* (*kleiner Singvogel*) great tit

kohlrabenschwarz *adj* **1.** (*Haar, Augen*) jet black **2.** (*fam: sehr schmutzig*) (as) black as coal

Kohlrabi [koːl'raːbi] <-, -> *m* kohlrabi

Kohlroulade *f* stuffed cabbage

Kohlrübe *f* swede; **Kohlsprosse** *f* (*österr*) Brussel sprout

Kohlweißling *m* (*Schmetterling*) cabbage white

Koitus ['koːitʊs] <-> *m* coition, coitus

Koje ['koːjə] <-, -n> *f* (MAR) berth, bunk; **sich in die ~ hauen** (*sl*) hit the sack

Kojote [ko'joːtə] <-n, -n> *m* **1.** (*Präriewolf*) coyote **2.** (*pej: Schuft*) cad

Kokain [koka'iːn] <-s> *nt* cocaine

Kokerei [koːkə'raɪ] *f* coking plant, coke works *pl*

kokett [ko'kɛt] *adj* coquettish; **Koketterie** [kokɛtə'riː] *f* coquetry; **kokettieren** *vi* (*a. fig*) flirt

Kokolores [koko'loːrəs] <-> *m* (*fam*) **1.** (*Kram*) shebang **2.** (*Unsinn, Unfug*) rubbish **3.** (*viel Aufhebens, Getue*) palaver

Kokon [ko'kõː] <-s, -s> *m* (*Seidenraupengespinst*) cocoon

Kokos ['koːkɔs] <-> *nt* coconut; **Kokosfaser** *f* coco fibre *Br*, coco fiber *Am*; **Kokosfett** *nt* coconut oil; **Kokosflocken** *pl* desiccated coconut; **Kokosmatte** *f* coconut matting; **Kokosmilch** *f* coconut milk; **Kokosnuss**[RR] *f* coconut; **Kokospalme** *f* coconut palm

Koks[1] [koːks] <-> *m* **1.** (*Brennstoff*) coke **2.** (*fam: Unsinn, Unfug*) rubbish **3.** (*sl: Geld*) dough

Koks[2] *m/nt* (*sl: Kokain*) coke

Kolben ['kɔlbən] <-s, -> *m* **1.** (*Gewehr~*) butt **2.** (BOT) spadix; (*Mais~*) cob **3.** (AUTO) piston **4.** (CHEM: *Destillier~*) retort; **Kolbenfresser** *m* (AUTO: *fam*) piston seizure

Kolibri ['koːlibri] <-s, -s> *m* colibri

Kolik ['koːlɪk/koː'liːk] *f* (MED) colic

Kollaborateur(in) [kɔlabora'tøːɐ] *m(f)* (POL) collaborator

Kollaps ['kɔlaps] *m* (MED) collapse

Kolleg [kɔ'leːk] <-s, -s/-ien> *nt* **1.** (*Reihe von Vorlesungen*) course of lectures **2.** (*einzelne Vorlesung*) lecture

Kollege, -gin [ko'leːgə] <-n, -n> *m, f* colleague; (*Arbeiter*) workmate; **kollegial** [kole'gjaːl] *adj* **1.** (*als Kollege*) like a good colleague **2.** (*kooperativ, hilfsbereit*) cooperative

Kollegium [kɔ'leːgiʊm] *nt* (*Lehrer~*) staff

Kollegmappe *f* document case

Kollekte [kɔ'lɛktə] <-, -n> *f* (ECCL) offertory

Kollektiv [kɔlɛk'tiːf] <-s, -e/(-s)> *nt* collective; **kollektiv** *adj* collective; **Kollektivschuld** *f* collective guilt; **Kollektivwirtschaft** *f* (POL) collective economy

Kollektor <-s, -en> *m* (ELEK) collector

Koller ['kɔlɐ] <-s, -> *m* (*fam*): **einen ~ kriegen** fly into a rage

kollidieren [kɔli'diːrən] *sein o haben vi* (*a. fig*) collide (*mit* with); (*zeitlich*) clash

Kollision [kɔli'zjoːn] <-, -en> *f* (*a. fig*) collision; (*zeitlich*) clash; **Kollisionskurs** *m* (*a. fig*) collision course; **auf ~ laufen** (*a. fig*) be heading on a collision course

Kollokation [kɔloka'tsjoːn] <-, -en> *f* (LING) collocation

Kolloquium [kɔ'loːkviʊm] *nt* colloquium

Köln [kœln] *nt* Cologne

Kölnischwasser *nt* eau de cologne

kolonial [kolo'njaːl] *adj* colonial; **Kolonialherrschaft** *f*: **die britische ~ über ...** British colonial supremacy over ...; **in den Zeiten britischer ~** during the times of British colonial power; **Kolonialsystem** *nt* colonial system; **Kolonie** [kolo'niː] *f* colony; **Kolonisation** *f* colonization; **kolonisieren** *vt* colonize; **Kolonist(in)** *m(f)* colonist; (*Siedler*) settler

Kolonnade [kolɔ'naːdə] <-, -n> *f* (ARCH) colonnade

Kolonne [ko'lɔnə] <-, -n> *f* column; (MIL) convoy; (AUTO: *Autoschlange*) line; (*Arbeiter~*) gang; **fünfte ~** (HIST) fifth column

kolorieren [kolo'riːrən] *vt* (ARCH) colour

Kolorit [kolo'riːt] <-(e)s, -e> *nt* **1.** (MUS) colour; (*bei Malerei*) colouring **2.** (*fig: Lokal~*) atmosphere

Koloss[RR] [ko'lɔs] <-es, -e> *m* colossus

K

kolossal [kolɔ'sa:l] **I.** *adj* colossal; (*fam: Fehler*) crass **II.** *adv* (*fam*) tremendously
Kolumbien [ko'lʊmbiən] *nt* Columbia
Kolumne [ko'lʊmnə] <-, -n> *f* (TYP) column; **Kolumnist(in)** *m(f)* columnist
Koma ['ko:ma] <-s, -s/-ta> *nt* (MED) coma
Kombi ['kɔmbi] <-s, -s> *m Abk. von* **Kombiwagen** estate car *Br,* station wagon *Am*
Kombination [kɔmbina'tsjo:n] *f* **1.** (*Zusammenstellung*) combination **2.** (SPORT: *Zusammenspiel*) concerted move **3.** (*Schlussfolgerung*) deduction **4.** (*von Kleidung*) ensemble, suit; (AVIAT: *Flieger~*) flying suit; **Kombinationsgabe** *f* power of deduction
kombinieren **I.** *vt* combine **II.** *vi* **1.** (*folgern*) deduce **2.** (*vermuten*) suppose
Kombiwagen *m* (AUTO) estate car *Br,* station wagon *Am*
Kombüse [kɔm'by:zə] <-, -n> *f* (MAR) galley
Komet [ko'me:t] <-en, -en> *m* (ASTR) comet
Komfort [kɔm'fo:ɐ] <-s> *m* (*Luxus*) luxury; (*Bequemlichkeiten*) comfort; **komfortabel** [kɔmfɔr'ta:bəl] *adj* **1.** (*mit Komfort*) luxurious **2.** (*bequem*) comfortable; **Komforthaus** *nt* luxury home
Komik ['ko:mɪk] *f* **1.** (*das Komische*) comic **2.** (*komisches Moment*) comic element; **Komiker(in)** *m(f)* comedian
komisch *adj* **1.** (*lächerlich, spaßig*) comic(al), funny **2.** (*merkwürdig*) funny, strange; **das Komische daran ist, dass ...** the funny thing about it is that ...
Komitee [komi'te:] <-s, -s> *nt* committee
Komma ['kɔma] <-s, -s/-ta> *nt* comma; (MATH: *Dezimal~*) decimal point; **zwei ~ fünf (2,5)** two point five (2.5); **null ~ vier (0,4)** point 4 (.4)
Kommandant(in) [kɔman'dant] <-en, -en> *m(f)* commanding officer; **Kommandantur** *f* headquarters *pl*
Kommandeur(in) *m(f)* commander; (MIL) commanding officer, C. O.; (MAR) captain
kommandieren **I.** *vt* **1.** (*Truppen*) command **2.** (*befehlen*) order (*jdm etw* s.o. to do s.th.) **II.** *vi* **1.** (*Kommandeur sein*) be in command **2.** (*Befehle erteilen*) give the orders
Kommanditgesellschaft [--'dit-] *f* (COM) limited partnership; **Kommanditist** *m* (COM) limited partner
Kommando [kɔ'mando] <-s, -s> *nt* **1.** (*Befehl*) command, order **2.** (*Befehlsgewalt*) command (*über* of) **3.** (MIL: *Abteilung*) commando; **das ~ führen** be in command; **das ~ übernehmen** take command; **Kommandobrücke** *f* (MAR) bridge

kommen ['kɔmən] **I.** *irr vi* **1.** come; (*an~*) arrive; (*her~*) come over **2.** (*gelangen, hin~*) get (*nach, zu* to); (*reichen*) reach; **das kommt überhaupt nicht in Frage!** that's absolutely out of the question!; **ich komme ja schon!** I'm just coming!; **da kommt sie ja!** there she is!, here she comes; **ich komme gleich** I'll be there right away; **~ Sie mir bloß nicht mit der Tour!** (*fam*) don't come that (game) with me!; **komme, was wolle** come what may; **was (wer) kommt als Nächstes?** what's (who's) next?; **das kommt davon, wenn ...** that's what happens when ...; **das kommt von ...** that's because of ...; **das kommt davon, dass ...** that's because ...; **das kommt davon!** see what happens?; **los, komm!** come on!; **aber das Schlimmste kommt noch ...**, but the worst is yet to come; **ich komme nicht auf den richtigen Ausdruck** I can't think of the right expression; **es kam alles ziemlich überraschend** it all came as quite a surprise; **alles zusammen kommt das auf 500 DM** (*fam*) that comes to 500 marks all together; **auf wie viel Geld ~ Sie pro Monat?** (*fam*) how much money do you get a month?; **mir kommt gerade ein Gedanke** I just had an idea; **das haben wir ~ sehen** we saw it coming; **~ Sie mir bloß nicht so!** (*fam*) don't try that on me!; **er ließ einen Arzt ~** he sent for a doctor; **die Kupplung ~ lassen** (*fam*) let the clutch in; **nach London ~** get to London; **an die frische Luft ~** get out into the fresh air; **endlich ~ die Dinge in Bewegung** things start to move at last; **ins Gefängnis ~** go to prison; **wer zuerst kommt, mahlt zuerst** (*prov*) first come first served [*o* first in first out]; **~ Sie bloß nicht an diese Vase!** just don't touch this vase!; **ich lasse auf diese Frau nichts ~** I won't have a word against this woman; **darauf wäre ich nie gekommen** that would never have occurred to me; **wie sind Sie dahinter gekommen?**[RR] how did you find that out?; **er wird schon noch dahinter kommen**[RR] (*fam: schlau werden*) he'll get it sooner or later; **um seinen Schlaf ~** not to get any sleep; **gelaufen ~** come running; **dazu kommt (~) noch ...** then there is (are) ...; **ich bin noch nicht dazu gekommen** I haven't yet got round to it; **ins Gerede ~** get o.s. talked about; **zu sich ~** (*aus Ohnmacht erwachen*) come to one's senses; (*fig: sich über sich selbst klar werden*) sort o.s. out; **soweit ist es gekommen!** it has come to that!; **es kommt noch so weit, dass ...** it will get to the point where ...; **ums Leben ~** lose one's life; **(zu etw) zu**

spät ~ be late (for s.th.); **zu kurz** ~ come off badly; **zu einer Entscheidung** ~ come to a decision; **in/mit etw vorwärts** ~[RR] make progress in/with s.th.; (*fig*) get on with s.th.; **sie kamen im offenen Gelände gut vorwärts** they made good progress across the open country **II.** *vt* (*fam*): **das wird Sie teuer zu stehen ~!** that'll cost you dear!

kommend *adj:* ~**e Woche** next week; **in den ~en Jahren** in the years to come

Kommentar [kɔmɛn'taːɐ] <-s, -e> *m* commentary; (*Statement gegenüber Presse*) comment; **kein** ~ no comment; **einen ~ zu etw abgeben** (make a) comment on s.th.; **Kommentator(in)** *m(f)* commentator; **kommentieren** *vt* comment on

kommerzialisieren *vt* (*vermarkten*) commercialize; **kommerziell** [kɔmɛr'tsjɛl] *adj* commercial; **rein ~ denken** think purely in commercial terms

Kommilitone, -nin [kɔmili'toːnə] <-n, -n> *m, f* fellow student

Kommiss[RR] [kɔ'mɪs] <-es> *m* (*fam*) **1.** (*~leben*) barrack-room life **2.** (*Heer*) army

Kommissar [kɔmɪ'saːɐ] <-s, -e> *m* **1.** (POL) commissioner **2.** (*Polizei~*) inspector

Kommissär(in) <-s, -e> *m(f)* (*österr*) inspector

Kommissariat [kɔmɪsari'aːt] <-(e)s, -e> *nt* **1.** (POL) commissioner's department **2.** (*Polizeidienststelle*) superintendent's department

kommissarisch *adj* (*vorläufig*) temporary

Kommission *f* **1.** (*Komitee*) committee; (*Untersuchungsausschuss*) commission **2.** (COM) commission; **in** ~ (COM) on commission; **Kommissionär** <-s, -e> *m* (COM) **1.** commission agent **2.** (*im Buchhandel: Großhändler*) wholesale bookseller

Kommode [kɔ'moːdə] <-, -n> *f* chest of drawers

kommunal [kɔmu'naːl] *adj* (POL) local; (*die Stadt betreffend*) municipal; ~**es Abwasser** urban wastewater; **Kommunalpolitik** *f* (POL) local government politics *pl;* **Kommunalwahlen** *fpl* (POL) local [*o* municipal] elections

Kommune [kɔ'muːnə] <-, -n> *f* **1.** (*Gemeinde, Ortschaft*) community **2.** (*Wohngemeinschaft*) commune; **die Pariser** ~ (POL HIST) the Paris Commune

Kommunikation *f* communication; **Kommunikationsmittel** *nt* means of communication; **Kommunikationsnetz** *nt* communication network; **Kommunikationssatellit** *m* communications satellite; **Kommunikationswissenschaftler(in)** *m(f)* communication scientist

Kommunikee[RR] *nt* communiqué

Kommunion [kɔmu'njoːn] *f* (ECCL) Communion

Kommuniqué [kɔmyni'keː] <-s, -s> *nt* communiqué

Kommunismus [kɔmu'nɪsmʊs] *m* communism; **Kommunist(in)** *m(f)* Communist; **kommunistisch** *adj* communist; ~**e Partei** Communist Party; ~**e Internationale** Communistic International

Komödiant(in) [komø'djant] *m(f)* **1.** (THEAT) actor (actress) **2.** (*pej: Heuchler*) play-actor

Komödie [ko'møːdiə] <-, -n> *f* **1.** (THEAT) comedy **2.** (*fig*) farce; ~ **spielen** (*fig*) put on an act

Kompagnon ['kɔmpanjɔŋ/-'jõː] <-s, -s> *m* (COM) partner

kompakt *adj* compact; **Kompaktkamera** *f* compact camera

Kompaktpuder *nt* compact powder

Kompanie [kɔmpa'niː] *f* **1.** (MIL) company **2.** (COM) trading company, Co; **Kompaniechef, -führer** *m* (MIL) company commander

Komparativ ['kɔmparatiːf] <-s, -e> *m* (GRAM) comparative

Komparse [kɔm'parzə] <-n, -n> *m* (FILM) extra; (THEAT) super(numerary)

Kompass[RR] ['kɔmpas] <-es, -e> *m* compass; **nach dem** ~ by the compass; **Kompassnadel**[RR] *f* compass needle

kompatibel *adj* compatible; **Kompatibilität** *f* compatibility

Kompensation [kɔmpɛnza'tsjoːn] *f* compensation; **kompensieren** *vt* compensate for

kompetent [kɔmpe'tɛnt] *adj* **1.** (*zuständig*) competent; (*fähig*) able **2.** (*befugt*) authorized; **Kompetenz** <-, -en> *f* competence, authority; (JUR: *~bereich eines Gerichts*) jurisdiction; **Kompetenzstreitigkeit** *f* demarcation dispute

komplett [kɔm'plɛt] *adj* complete; **komplettieren** *vt* complete; **Komplettlösung** *f* overall solution

Komplex [kɔm'plɛks] <-es, -e> *m* complex; (*fam: Minderwertigkeits~*) hang-up; **er hat ~e wegen seiner großen Nase** he has a complex about his big nose

komplex *adj* complex; **Komplexität** <-> *f* complexity

Komplikation *f* complication

Kompliment [kɔmpli'mɛnt] <-(e)s, -e> *nt* compliment; **jdm für etw ~e machen** compliment s.o. on s.th.

Komplize, -zin [kɔm'pliːtsə] <-n, -n> *m, f* accomplice

kompliziert *adj* complicated
Komplott [kɔm'plɔt] <-(e)s, -e> *nt* conspiracy, plot; **ein ~ schmieden** hatch a plot
komponieren [kɔmpo'ni:rən] *vt, vi* compose; **Komponist(in)** *m(f)* composer; **Komposition** *f* composition
Kompost [kɔm'pɔst] <-(e)s, -e> *m* compost; **Komposthaufen** *m* compost heap; **Kompostieranlage** *f* composting plant; **kompostierbar** *adj* degradable; **Kompostierbarkeit** *f* degradability; **kompostieren** *vt* compost; **Kompostierung** *f* biological degradation; **Kompostwerk** *nt* composting plant
Kompott [kɔm'pɔt] <-(e)s, -e> *nt* compote, stewed fruit
Kompresse [kɔm'prɛsə] <-, -n> *f* compress
Kompressor <-s, -en> *m* (TECH) compressor
komprimieren [kɔmpri'mi:rən] *vt* **1.** (TECH) compress **2.** (*fig*) condense
Kompromiss^RR [kɔmpro'mɪs] <-es, -e> *m* compromise; **einen ~ schließen** [*o* **eingehen**] (make a) compromise; **kompromissbereit**^RR *adj* willing to compromise; **kompromisslos**^RR *adj* uncompromising; **Kompromisslösung**^RR *f* compromise solution; **Kompromissvorschlag**^RR *m* suggested compromise
kompromittieren **I.** *vt* compromise **II.** *vr* compromise o.s.
Kondensat *nt* condensate
Kondensator [kɔndɛn'za:tɔr] <-s, -en> *m* (CHEM ELEK AUTO) condenser
kondensieren *vt, vi* (*a. fig*) condense
Kondensmilch [kɔn'dɛn(t)s-] *f* condensed milk; **Kondensstreifen** *m* (AVIAT) vapour trail; **Kondenswasser** *nt* condensation
Kondition [kɔndi'tsio:n] <-, -en> *f* (SPORT: *Bedingung*) condition
Konditor(in) [kɔn'di:tɔr] <-s, -en> *m(f)* pastry-cook; **Konditorei** *f* cake shop; **Konditorwaren** *pl* cakes and pastries
Kondolenz [kɔndo'lɛnts] <-> *f* condolence
Kondom [kɔn'do:m] <-s, -e> *nt* condom
Kondor ['kɔndo:ɐ] <-s, -e> *m* condor
Kondukteur [kɔndʊk'tø:ɐ] <-s, -e> *m* (*CH*) conductor
Konfekt [kɔn'fɛkt] <-(e)s, -e> *nt* confectionery
Konfektion [kɔnfɛk'tsjo:n] *f* (manufacture of) ready-made clothes; **Konfektionsgröße** *f* size; **Konfektionskleidung** *f* ready-made clothing
Konferenz [kɔnfe'rɛnts] <-, -en> *f* conference; (*Zusammenkunft*) meeting; **eine ~ abhalten** hold a meeting; **Konferenzschaltung** *f* **1.** (RADIO TV) link-up **2.** (TELE) conference circuit; **Konferenzzimmer** *nt* conference room; **konferieren** *vi* confer (*über* on, about)
Konfession [kɔnfɛ'sjo:n] *f* (REL) denomination; **konfessionell** *adj* (REL) denominational; **konfessionslos** *adj* (REL) non-denominational
Konfetti [kɔn'fɛti] <-(s)> *nt* confetti
Konfirmand(in) [kɔnfɪr'mant] <-en, -en> *m(f)* (ECCL) candidate for confirmation; **Konfirmation** *f* (ECCL) confirmation; **konfirmieren** *vt* (ECCL) confirm
konfiszieren [kɔnfɪs'tsi:rən] *vt* confiscate
Konfitüre [kɔnfi'ty:rə] <-, -n> *f* jam
Konflikt [kɔn'flɪkt] <-(e)s, -e> *m* conflict
Konföderation [kɔnfødera'tsjo:n] <-, -en> *f* confederation
konform [kɔn'fɔrm] *adj* concurring; **mit jdm (in etw) ~ gehen** agree with s.o. (about s.th.)
Konfrontation [kɔnfrɔnta'tsio:n] *f* confrontation; **konfrontieren** *vt* confront (*mit* with)
konfus [kɔn'fu:s] *adj* confused, muddled; **~ machen** confuse; **Sie machen mich noch ganz ~!** you're really quite confusing me!
Kongress^RR [kɔŋ'grɛs] <-es, -e> *m* **1.** (POL) congress; (*Fach~*) convention **2.** (*in den USA*) Congress; **Kongresshalle**^RR *f* congress hall
kongruent [kɔŋgru'ɛnt] *adj* **1.** (MATH) congruent **2.** (*fig: übereinstimmend*) concurring
König ['kø:nɪç] <-(e)s, -e> *m* king; **Königin** ['kø:nɪgɪn] *f* queen; **königlich** [kø:nɪklɪç] *adj* royal; **sie hat sich ~ amüsiert** (*fam*) she had the time of her life [*o* a jolly good time]; **Königreich** *nt* kingdom; **Königtum** *nt* kingship
Konjugation [kɔnjuga'tsjo:n] *f* (GRAM) conjugation; **konjugieren** *vt* (GRAM) conjugate
Konjunktion [kɔnjʊŋk'tsjo:n] *f* (GRAM ASTR) conjunction; **Konjunktiv** ['kɔnjʊnkti:f] <-s, -e> *m* (GRAM) subjunctive
Konjunktur *f* (COM) **1.** (*Wirtschaftslage*) economic situation **2.** (*Hoch~*) boom; **steigende (fallende) ~** upward (downward) economic trend; **Konjunkturabschwung** *m* (COM) economic down-turn; **Konjunkturbarometer** *nt* (COM) business barometer; **Konjunkturbelebung** *f* (COM) economic revival; **Konjunktureinbruch** *m* (COM) slump; **konjunkturell** *adj* (COM) economic; **~ bedingt** due to economic factors; **Konjunkturkrise** *f* (COM) economic crisis; **Konjunkturrückgang** *m* (COM) slowdown in the economy; **Konjunkturschwankung** *f* (COM) eco-

nomic fluctuation; **Konjunkturtief** *nt* trough; **Konjunkturzyklus** *m* economic [*o* trade] cycle

konkav *adj* (MATH PHYS) concave

konkret [kɔŋ'kre:t] *adj* concrete; **konkretisieren** *vt* put in concrete terms

Konkurrent [kɔŋkʊ'rɛnt] <-en, -en> *m* **1.** (COM) competitor **2.** (*Rivale*) rival; **Konkurrenz** *f* **1.** (COM: *Wettbewerb*) competition; (*Rivalität*) rivalry **2.** (*die Konkurrenten*) competitors [*o* rivals]; **scharfe ~** keen competition; **jdm ~ machen** compete with s.o.; **sich gegenseitig ~ machen** be in competition with each other; **Konkurrenzdruck** *m* pressure of competition; **konkurrenzfähig** *adj* competitive; **Konkurrenzkampf** *m* **1.** (COM) competition **2.** (*Rivalität*) rivalry; **konkurrenzlos** *adj* unrival(l)ed, without competition; **Konkurrenzprodukt** *nt* (COM) competing product; **konkurrieren** *vi* compete (*mit* with)

Konkurs [kɔŋ'kʊrs] <-es, -e> *m* (COM) bankruptcy; **~ anmelden** declare o.s. bankrupt; **in ~ gehen** go bankrupt; **Konkursmasse** *f* (COM) bankrupt's estate; **Konkursverfahren** *nt* (COM JUR) bankruptcy proceedings *pl;* **Konkursverwalter(in)** *m(f)* (COM JUR) (official) receiver

Können *nt* **1.** (*Fähigkeit*) ability **2.** (*Kenntnisse*) knowledge

können ['kœnən] *irr vt, vi* **1.** (*beherrschen, verstehen*) know (*etw* s.th.) **2.** (*vermögen*) be able to, can **3.** (*dürfen*) be allowed to, may **4.** (*wahrscheinlich, möglich sein*) be likely to, may; **ich kann kein (Wort) Deutsch** I have no German, I have got no German *Br;* **sie kann sehr gut Englisch** she knows a lot of English; **tanzen (etc) ~** know how to dance (etc); **Klavier spielen ~** know how to play the piano; **jd kann etw tun** s.o. can [*o* is able to] do s.th.; **ich kann nicht mehr** (*mehr kann ich nicht aushalten*) I can't take any more; (*ich kann nicht weitermachen*) I can't go on; (*essen*) I can't eat any more; **er kann mir nichts (anhaben)** he can't touch me; **er kann einfach nichts** (*ist unfähig*) he's just incapable; (*er versteht sich auf nichts*) he just doesn't know a thing; **das hätte ich Ihnen gleich sagen ~** I could have told you that straight away; **Sie ~ jetzt gehen** you can [*o* are allowed to] go now; **Sie ~ sich doch wohl nicht beklagen, oder?** you certainly can't complain, can you?; **das kann man wohl sagen!** you could well say that!; **das kann doch nicht wahr sein!** but that's impossible! [*o* that can't possibly be true!]; **ich kann nichts dafür** [*o* **dazu**] (*fam*) it's not my fault [*o* I'm not to blame for that]; **kann ich das Fenster öffnen?** may I open the window?; **ich kann das Fenster nicht öffnen** I can't open the window; **ich kann mich irren** I may be mistaken; **kann schon sein** maybe; **das könnte durchaus stimmen** that's quite likely to be true, that may well be true; **dieser Spinner kann mich mal!** (*sl*) that crank can get stuffed!

Konsens [kɔn'zɛns] <-es> *m* consensus

konsequent [kɔnze'kvɛnt] *adj* consistent; **etw ~ einhalten** [*o* **beachten**] observe s.th. strictly

Konsequenz *f* **1.** (*Folgerichtigkeit*) consistency; (*Härte, Strenge*) rigourousness **2.** (*Folge*) consequence, result; **~en ziehen** cut one's losses

konservativ [kɔnzɛrva'ti:f/'----] *adj* conservative; (POL PARL: *in GB*) Conservative, Tory

Konserve [kɔn'zɛrvə] <-, -n> *f* preserved food; (*in ~nbüchse*) tinned food *Br,* canned food *Am;* **Konservenbüchse, -dose** *f* tin *Br,* can *Am;* **Konservenfabrik** *f* tinning factory *Br,* cannery *Am;* **konservieren** *vt* conserve, preserve; **Konservierung** *f* preservation; **Konservierungsmittel** *nt* preservative

Konsistenz [kɔnzɪs'tɛnts] <-, -en> *f* consistency

Konsole [kɔn'zo:lə] <-, -n> *f* console

konsolidieren [kɔnzoli'di:rən] *vt* consolidate

Konsonant [kɔnzo'nant] <-en, -en> *m* consonant

Konsortium [kɔn'zɔrtsiʊm] <-s, Konsortien> *nt* consortium

konspirativ [kɔnspira'ti:f] *adj* conspiratorial

konstant [kɔn'stant] *adj* constant; **Konstante** <-, -n> *f* constant

konstatieren [kɔnsta'ti:rən] *vt* notice, see

Konstellation [kɔnstɛla'tsjo:n] <-, -en> *f* constellation

Konstitution [kɔnstitu'tsjo:n] *f* (POL MED) constitution; **konstitutionell** *adj* (POL MED) constitutional

konstruieren [kɔnstru'i:rən] *vt* **1.** (*a. fig*) construct **2.** (*entwerfen*) design; **Konstrukteur(in)** [kɔnstrʊk'tø:ɐ] <-s, -e> *m(f)* engineer, designer; **Konstruktion** *f* **1.** (MATH: *a. fig*) construction **2.** (*Entwurf, Bauweise*) design; **Konstruktionsfehler** *m* **1.** (*fehlerhafter Entwurf*) design fault **2.** (*struktureller Fehler*) structural defect

konstruktiv *adj* constructive

Konsul(in) ['kɔnzʊl] <-s, -n> *m(f)* (POL) consul; **Konsulat** <-(e)s, -e> *nt* (POL) consulate

konsultieren *vt* consult

Konsum [kɔn'zu:m] <-s> *m* (*Verbrauch*)

K

consumption; **Konsument(in)** <-en, -en> *m(f)* consumer; **Konsumgesellschaft** *f* consumer society; **Konsumgüter** *ntpl* consumer goods; **konsumieren** *vt* consume

Kontakt [kɔn'takt] <-(e)s, -e> *m* (*a.* ELEK) contact; **mit jdm in ~ stehen (kommen)** be in (come into) contact with s.o.; **Kontaktanzeige** *f* lonely hearts ad; **Kontaktbildschirm** *m* (INFORM) touch-sensitive screen; **kontaktfreudig** *adj* sociable; **Kontaktlinsen** *fpl* (OPT) contact lenses; **Kontaktlinsenpflegemittel** *nt* contact-lens-care product; **Kontaktperson** *f* contact

kontern *vt, vi* counter

Konterrevolution *f* counter-revolution

Kontext ['kɔntɛkst] <-(e)s, -e> *m* (LING: *fig*) context

Kontinent ['kɔntinɛnt/--'-] <-(e)s, -e> *m* continent; **kontinental** *adj* continental; **Kontinentalklima** *nt* continental climate

Kontingent [kɔntɪŋ'gɛnt] <-(e)s, -e> *nt* **1.** (COM) quota **2.** (MIL: *Truppen~*) contingent **3.** (*Zuteilung*) allotment; **kontingentieren** *vt* fix the quotas (*etw* of s.th.)

kontinuierlich *adj* continuous; **Kontinuität** [kɔntinui'tɛːt] *f* continuity

Konto ['kɔnto] <-s, -ten/(-s/-ti)> *nt* account; **das geht auf mein ~** (*fam: es ist meine Schuld*) I am to blame for this; (*es geht auf meine Rechnung*) this is on me; **Kontoauszug** *m* (bank) statement; **Kontobewegung** *f* transaction; **Kontoführung** *f* running of an account; **Kontoinhaber(in)** *m(f)* account holder; **Kontonummer** *f* account number

Kontor [kɔn'toːɐ] <-s, -e> *nt* (COM) office; **Kontorist(in)** *m(f)* (COM) clerk (clerkess)

Kontostand *m* bank balance

Kontra ['kɔntra] <-s> *nt* (*Ansage beim Kartenspiel*) double; **jdm ~ geben** (*beim Kartenspiel*) double; (*fig: widersprechen*) contradict s.o.

Kontrahent(in) [kɔntra'hɛnt] <-en, -en> *m(f)* **1.** (*Gegenspieler*) opponent **2.** (COM: *Vertragspartner*) contracting party

Kontraindikation *f* (MED) contra indication

kontraproduktiv *adj* counterproductive

Kontrapunkt *m* (MUS) counterpoint

konträr [kɔn'trɛːɐ] *adj* contrary, opposite

Kontrast [kɔn'trast] <-(e)s, -e> *m* contrast; **kontrastieren** *vi* contrast (*mit* with); **Kontrastmittel** *nt* (MED) contrast medium; **Kontrastprogramm** *nt* alternative program(me); **Kontrastregler** *m* (TV) contrast control; **kontrastreich** *adj* rich in contrast

Kontribution [kɔntribu'tsjoːn] *f* contribution

Kontrollabschnitt *m* (COM) counterfoil; **Kontrol(l)lampe** *f* pilot lamp; (AUTO) warning light

Kontrolle [kɔn'trɔlə] <-, -n> *f* **1.** (*Überprüfung*) check (*bei jdm/etw, jds/einer Sache* on s.o./s.th.) **2.** (*Kontrollpunkt, -stelle*) checkpoint **3.** (*Kontrolleur*) inspector **4.** (*Beherrschung, Gewalt*) control (*über jdn o etw* of s.o., s.th.); **regelmäßige ~n (bei jdm/etw) durchführen** make regular checks (on s.o./s.th.); **jdn (etw) unter ~ haben** have s.o. (s.th.) under control

Kontrolletti [kɔntrɔ'lɛti] <-s, -s> *m* (*pej*) control freak *pej*

Kontrolleur(in) *m(f)* inspector; **Kontrollfunktion** *f* controlling function; **Kontrollgerät** *nt* controlling device

kontrollierbar *adj* **1.** (*beherrschbar*) controllable **2.** (*überprüfbar*) verifiable

kontrollieren *vt* **1.** (*nachprüfen*) check (*nach, auf etw* for s.th.); (*überwachen*) supervise **2.** (*beherrschen, lenken*) control

Kontrollliste[RR] *f* check-list; **Kontrollturm** *m* (AVIAT) control tower; **Kontrolluhr** *f* time clock; **Kontrollzentrum** *nt* control centre *Br*, control center *Am*

Kontroverse [kɔntro'vɛrzə] <-, -n> *f* controversy

Kontur [kɔn'tuːɐ] <-, -en> *f* contour, outline

Konvention [kɔnvɛn'tsjoːn] *f* convention; **Konventionalstrafe** *f* (COM) penalty for breach of contract; **konventionell** *adj* conventional

Konvergenz *f* convergence; **~kriterien** convergence criteria

Konversation [kɔnvɛrza'tsjoːn] *f* conversation; **Konversationslexikon** *nt* encyclop(a)edia

Konversionskurs *m* conversion course

konvertierbar *adj* (FIN) convertible; **konvertieren** [kɔnvɛr'tiːrən] **I.** *vt* convert (*in* into) **II.** *vi* be converted

Konvertit(in) *m(f)* (REL) convert

konvex [kɔn'vɛks] *adj* (MATH PHYS) convex

Konvoi [kɔn'vɔɪ/'--] <-s, -s> *m* convoy; **im ~** in convoy

konzedieren [kɔntse'diːrən] *vt, vi* concede (*jdm etw* s.th.)

Konzentrat [kɔntsɛn'traːt] <-(e)s, -e> *nt* **1.** (CHEM) concentrate **2.** (*fig*) condensed extract

Konzentration *f* concentration (*auf* on)

Konzentrationsfähigkeit *f* power of concentration

Konzentrationslager *nt* concentration camp

Konzentrationsschwäche *f* concentration failure; **Konzentrationsstörung** *f* impaired concentration

konzentrieren *vt, vr* concentrate (*auf* on)

konzentrisch *adj* (MATH) concentric

Konzept [kɔn'tsɛpt] <-(e)s, -e> *nt* **1.** (*für Essay, Aufsatz*) rough copy; (*Entwurf*) draft **2.** (*Begriff, Vorstellung*) concept; **jdn aus dem ~ bringen** put s.o. off; (*fam: aus dem Gleichgewicht*) upset s.o; **sich aus dem ~ bringen lassen** be put off one's stroke; **das passte ihm ganz und gar nicht ins ~** that did not at all fit in with his plans; **Konzeption** *f* conception

Konzern [kɔn'tsɛrn] <-s, -e> *m* (COM) combine, trust; **multinationaler ~** multinational company

Konzert [kɔn'tsɛrt] <-(e)s, -e> *nt* **1.** (*~vorstellung*) concert **2.** (*musikalische Gattung*) concerto; **Konzertflügel** *m* concert grand

konzertieren *vi* (MUS) give a concert

Konzertmeister(in) *m(f)* (MUS) leader *Br,* concertmaster *Am;* **Konzertpavillon** *m* bandstand; **Konzertsaal** *m* concert hall

Konzession [kɔntsɛ'sjo:n] *f* **1.** (*Zugeständnis*) concession (*an* to) **2.** (*Lizenz*) licence *Br,* franchise *Am;* **konzessionieren** *vt* license

Konzil [kɔn'tsi:l] <-s, -e/-ien> *nt* (ECCL) council

konziliant [kɔntsili'ant] *adj* (*beschwichtigend*) conciliatory

konzipieren *vt* conceive

Kooperation *f* cooperation

Koordination [koɔrdina'tsjo:n] <-> *f* coordination; **koordinieren** *vt* coordinate

Kopf [kɔpf, *pl:* 'kœpfə] <-(e)s, ⁼e> *m* **1.** head; (*oberster Teil*) top **2.** (*fig: Verstand*) brain **3.** (*leitende Persönlichkeit*) leader **4.** (*einzelner Mensch*) person; **von ~ bis Fuß** from top to toe; **~ an ~** shoulder to shoulder; (SPORT) neck to neck; **~ hoch!** (*fam*) chin up!; **aus dem ~** by heart; **Hals über ~** head over heels; **jdm den ~ waschen** (*fam*) give s.o. a piece of one's mind; **einen dicken ~ haben** (*fam: einen Kater haben*) have a thick head; **seine Probleme wachsen ihm über den Kopf** his problems are getting too much for him; **es will ihr nicht in den ~, dass ...** she won't get it into her head that ...; **er ist ein heller ~** he has a good head on his shoulders; **der ~ einer Bewegung sein** be the head of a movement; **etw über jds ~ hinweg tun** go over someone's head; **~ und Kragen riskieren** (*fam*) risk one's neck; **..., und wenn Sie sich auf den ~ stellen** (*fam*) ..., you can say or do what you like; **~ oder Zahl?** heads or tails?; **sie war wie vor den ~ geschlagen** she was dumbfounded; **pro ~** per capita/head/person; **wir bekamen zehn Mark pro ~** we got ten marks each; **das hältst du ja im ~ nicht aus!** (*sl*) it's absolutely incredible!; **jdn einen ~ kürzer machen** (*fam*) cut [*o* chop] someone's head off; **jds ~ fordern** (*a. fig*) demand someone's head; **nicht auf den ~ gefallen sein** (*fam*) be no fool; **sich etw durch den ~ gehen lassen** think about s.th.; **den ~ hängen lassen** hang one's head; (*fig*) be downcast; **dieser Gedanke geht mir immer im ~ herum** I can't get that thought out of my head; **muss denn immer alles nach deinem ~ gehen?** do you always have to get your own way?; **er hat seinen eigenen ~** he's got a mind of his own; **sich etw aus dem ~ schlagen** get s.th. out of one's head; **ich habe andere Dinge im ~** I have other things on my mind; **nicht richtig im ~ sein** (*fam*) be not quite right up top; **sich etw in den ~ setzen** take s.th. into one's head; **einem in den ~ steigen** go to one's head; **ich weiß nicht, wo mir der ~ steht** I don't know whether I'm coming or going; **etw auf den ~ stellen** (*a. fig*) turn s.th. upside down; **die Tatsachen auf den ~ stellen** stand the facts on their heads; **jdn vor den ~ stoßen** (*fig*) offend s.o.; **jdm den ~ verdrehen** (*fig fam*) turn someone's head; **den ~ (nicht) verlieren** (*fig*) lose (keep) one's head; **sich (über etw) den ~ zerbrechen** rack one's brains over s.th.; **jdm etw auf den ~ zusagen** say s.th. straight out to s.o.; **~ stehen**[RR] stand on one's head; (*fig*) go wild

Kopfarbeiter(in) *m(f)* brainworker

Kopfball *m* (SPORT) header

Kopfbedeckung *f* headgear

Köpfchen ['kœpfçən] *nt* (*fam hum*): **~ haben** have brains *pl*

köpfen ['kœpfən] *vt, vi* **1.** (*hinrichten*) behead; (*hum fam: Flasche*) crack **2.** (SPORT: *beim Fußball*) head (*ins Tor* a goal)

Kopfende *nt* head; **Kopfhaar** *nt* hair on one's head; **Kopfhaut** *f* scalp; **Kopfhörer** *m* (RADIO) headphones *pl;* **Kopfkissen** *nt* pillow

kopflastig *adj* **1.** (*a. fig*) top-heavy **2.** (AVIAT) nose-heavy

Kopflaus *f* head louse; **kopflos** *adj* (*fig*) panicky; **~ werden** lose one's head; **Kopfrechnen** *nt* mental arithmetic; **Kopfsalat** *m* lettuce; **kopfscheu** *adj* shy, timid; **jdn ~ machen** intimidate s.o.; **Kopfschmerz** *m* headache; **rasende ~en haben** have a splitting headache *sing;* **Kopfschmerztablette** *f* headache tablet; **Kopfschuppen** *pl* dandruff; **Kopf-**

K

sprung *m* header; **einen ~ machen** take a header

Kopfstand *m* headstand

kopf|stehen *s.* **Kopf**

Kopfsteinpflaster *nt* cobbles, cobbled surface

Kopfstimme *f* (MUS) falsetto; **Kopfstütze** *f* headrest; **Kopftuch** *nt* scarf; **kopfüber** [-'--] *adj* (*a. fig*) headlong; **Kopfverletzung** *f* head injury; **Kopfweh** *nt* (*fam*) headache; **Kopfzerbrechen** *nt*: **etw bereitet jdm ~** sth is a headache for sb

Kopie [ko'pi:] <-, -n> *f* **1.** copy; (*Durchschlag*) carbon copy **2.** (PHOT FILM) print **3.** (*Imitation*) imitation; **kopieren** *vt, vi* **1.** (*a. fig*) copy; (*durchpausen*) trace **2.** (PHOT FILM) print; **oft kopiert, nie erreicht** often imitated, but never equalled; **Kopierer** *m*, **Kopiergerät** *nt* photocopier, copier; **Kopierschutz** *m* (INFORM) copy protection; **Kopiersperre** *f* (INFORM) anti-copy device

Koppel¹ ['kɔpəl] <-s, -> *nt* (MIL) belt

Koppel² <-, -n> *f* (*Weide*) paddock

Koppel³ <-, -n> *f* (*Hunde~*) pack; (*Pferde~*) string

koppeln *vt* **1.** (*Pferde*) string together; (*Hunde*) leash together **2.** (*verbinden*) couple, join (*etw an etw* s.th. to s.th.) **3.** (*fig*) link (*etw an etw* s.th. with s.th.)

Koppelung *f* coupling; (*von Raumschiffen*) link-up

Koproduktion ['----] *f* (FILM) co-production

Koralle [ko'ralə] <-, -n> *f* coral; **Korallenhalsband** *nt* coral necklace; **Korallenriff** *nt* coral reef

Koran [ko'ra:n] <-s> *m* (REL) Koran

Korb [kɔrp, *pl:* 'kœrbə] <-(e)s, ¨-e> *m* **1.** basket; (*Bienen~*) hive; (MIN: *Förder~*) cage **2.** (*~geflecht*) wicker; **jdm einen ~ geben** (*fig*) turn s.o. down; **einen ~ bekommen** (*fig*) get a refusal

Korbball *m* (SPORT) basket-ball

Körbchen ['kœrpçən] *nt* (*kleiner Korb*) little basket; **ab ins ~!** (*fam: ins Bett*) time for bye-byes!

Korbflasche *f* demijohn; **Korbflechter(in)** *m(f)* basket-maker; **Korbmöbel** *ntpl* wicker furniture; **Korbstuhl** *m* wicker chair

Kord [kɔrt] <-(e)s, -e> *m* corduroy; **Kordhose** *f* corduroy [*o* cord] trousers *pl*

Korea [ko're:a] *nt* Korea; **Koreaner(in)** <-s, -> *m(f)* Korean; **koreanisch** *adj* Korean

Koriander [kori'andɐ] <-s> *m* coriander

Korinthe [ko'rɪntə] <-, -n> *f* currant

Kork [kɔrk] <-(e)s, -e> *m* cork; **Korkeiche** *f* cork oak; **Korken** ['kɔrkən] <-s, -> *m* cork; (*Plastik~*) stopper; **Korkenzieher** *m* corkscrew

Korn¹ [kɔrn, *pl:* 'kœrnɐ] <-(e)s, ¨-er> *nt* **1.** (*Samen~*) seed; (*Salz~, Sand~, a.* PHOT) grain; (*Pfeffer~*) corn **2.** (*Getreide*) grain, corn *Br a.*

Korn² <-(e)s> *m* (*fam: Kornbranntwein*) corn schnapps

Korn³ <-(e)s> *nt* (*am Gewehr*) bead, front sight; **jdn (etw) aufs ~ nehmen** (*fig*) hit out at s.o. (s.th.); **die Flinte ins ~ werfen** throw in the sponge

Kornblume *f* cornflower

körnen ['kœrnən] *vt* granulate; (*aufrauen*) roughen

körnig ['kœrnɪç] *adj* granular

Kornkammer *f* (*a. fig*) granary

Körper ['kœrpɐ] <-s, -> *m* body; (*Schiffs~*) hull; **Körperbau** *m* build, physique; **körperbehindert** *adj* physically handicapped; **Körperbehinderte(r)** *f m* disabled [*o* handicapped] person; **körpereigen** *adj* (MED BIOL): **~e Abwehrstoffe** endogenous antibodies [*o* antitoxins]; **körpergerecht** *adj* adjusted to the human body; **Körpergewicht** *nt* weight; **Körpergröße** *f* height; **Körperhaltung** *f* bearing, posture; **Körperkraft** *f* physical strength; **Körperlänge** *f* body length

körperlich *adj* **1.** (*physisch*) physical **2.** (*materiell*) material; **~e Züchtigung** corporal punishment

Körperlotion *f* body lotion; **Körperpflege** *f* personal hygiene; **Körperpuder** *m* talcum powder; **Körperschaft** *f* corporation; **gesetzgebende ~** legislative body; **Körperschaft(s)steuer** *f* corporation tax; **Körpersprache** *f* body language; **Körperteil** *m* part of the body; **Körperverletzung** *f* (JUR) bodily injury; **Körperwärme** *f* body heat

Korps [ko:ɐ] <-(s), -s> *nt* (MIL) corps

korpulent [kɔrpu'lɛnt] *adj* corpulent; **Korpulenz** *f* corpulence

korrekt [kɔ'rɛkt] *adj* correct; **Korrektheit** *f* correctness

Korrektor(in) *m(f)* (TYP) proof-reader

Korrektur [kɔrɛk'tu:ɐ] <-, -en> *f* **1.** (*Berichtigung*) correction **2.** (TYP: *das ~lesen*) proof-reading **3.** (TYP: *~fahne*) proof; **~ lesen** read the proofs *pl;* **Korrekturband** *nt* correction tape; **Korrekturfahne** *f* (TYP) galley proof; **Korrekturflüssigkeit** *f* correction fluid; **Korrekturspeicher** *m* (TYP INFORM) correction memory; **Korrekturtaste** *f* correction key; **Korrekturzeichen** *nt* (TYP) proofreader's mark

Korrespondent(in) [kɔrɛspɔn'dɛnt] <-en, -en> *m(f)* correspondent; **Korrespondenz** *f* correspondence; **mit jdm in ~ stehen** be in correspondence with s.o.;

korrespondieren *vi* correspond (*mit jdm* with s.o., *mit etw* to s.th.)
Korridor ['kɔridoːɐ] <-s, -e> *m* corridor; (*Hausflur*) hall
korrigieren [kɔri'giːrən] *vt* 1. (*berichtigen*) correct; (TYP) read the proofs; (*Aufsätze*) mark 2. (*nachstellen*) alter
Korrosion [kɔro'zioːn] <-, -en> *f* corrosion; **korrosionsbeständig** *adj* corrosion-resistant
korrumpieren *vt* corrupt
korrupt [kɔ'rʊpt] *adj* corrupt; **Korruption** *f* corruption
Korse, **-sin** ['kɔrzə] <-n, -n> *m, f* Corsican
Korsett [kɔr'zɛt] <-(e)s, -e/-s> *nt* corset
korsisch *adj* Corsican
Korvette [kɔr'vɛtə] <-, -n> *f* (MAR) corvette; **Korvettenkapitän** *f* (MAR) lieutenant commander
Koryphäe [kory'fɛːə] <-, -n> *f* coryphaeus
koscher ['koːʃɐ] *adj* kosher
kosen ['koːzən] *vt, vi* (*poet*) caress, fondle (*jdn o mit jdm* s.o.)
Kosename *m* pet name; **Kosewort** *nt* term of endearment
Kosinus ['koːzinʊs] <-, -/(-se)> *f* (MATH) cosine
Kosmetik [kɔs'meːtɪk] <-> *f* 1. (*Körperpflege*) beauty treatment 2. (*kosmetisches Mittel*) cosmetic 3. (*fig: Tünche*) cosmetics *pl;* **Kosmetika** [kɔs'meːtika] *ntpl* cosmetics; **Kosmetikerin** *f* beautician; **Kosmetikkoffer** *m* vanity case; **Kosmetiktuch** *nt* paper tissue; **kosmetisch** *adj* (*a. fig*) cosmetic; (*Chirurgie*) plastic
kosmisch ['kɔsmɪʃ] *adj* cosmic
Kosmonaut(in) [kɔsmo'naʊt] <-en, -en> *m(f)* cosmonaut
Kosmopolit(in) [kɔsmopo'liːt] <-en, -en> *m(f)* cosmopolitan
Kosmos ['kɔsmɔs] <-> *m* cosmos
Kosovare, **-rin** [koso'vaːrə] <-n, -n> *m, f* Kosovan; **kosovarisch** [koso'vaːrɪʃ] *adj* Kosovan; **Kosovo** ['kosovo] <-s> *nt (m)* Kosovo; **Kosovo-Albaner(in)** *m(f)* Kosovo-Albanian; **kosovo-albanisch** *adj* Kosovo-Albanian
Kost [kɔst] <-> *f* 1. (*Essen, Nahrung*) fare, food 2. (*Beköstigung, Pension*) board; **magere** ~ meagre fare; (MED) low diet; **leichte** ~ (*fig*) easy going; **bei jdm in** ~ **sein** board with s.o.; **jdn in** ~ **nehmen** take s.o. as a boarder; ~ **und Logis** board and lodging
kostbar *adj* (*wertvoll*) precious, valuable; (*kostspielig, luxuriös*) sumptuous; **Kostbarkeit** *f* (*kostbarer Gegenstand*) treasure
Kosten ['kɔstən] *pl* (*Preis*) cost, costs; (*Ausgaben*) expenses; (*Auslagen*) outlay *sing;* **auf jds** ~ (*a. fig*) at someone's expense; **auf** ~ **seiner Gesundheit** at the cost of his health; **die** ~ **bestreiten** defray the expenses; **die** ~ **für etw tragen** bear the costs of s.th.; **die** ~ **auf DM 1000 veranschlagen** estimate the cost at 1,000 marks; **jdm seine** ~ **zurückerstatten** refund someone's expenses; **das ist aber mit** ~ **verbunden** that involves costs, you know?; **keine** ~ **scheuen** spare no expense; **weder** ~ **noch Mühe scheuen** spare neither trouble nor expense; **auf seine** ~ **kommen** (*seine Kosten decken*) cover one's expenses; (*fig*) get one's money's worth
kosten[1] *vt, vi* 1. (FIN: *a. fig*) cost 2. (*erfordern*) take; **koste es, was es wolle** cost what it may [*o* whatever the cost]; **was** [*o* **wie viel**] **kostet das?** what [*o* how much] does it cost?; **Zeit und Mühe** ~ take time and trouble; **Höflichkeit kostet nichts** politeness doesn't cost anything
kosten[2] *vt, vi* (*probieren, a. fig*) taste ((*von*) *etw* s.th.)
Kostenbeteiligung *f* sharing of costs; **kostendeckend** *adj* cost-effective; **Kostenersparnis** *f* cost saving; **Kostenfaktor** *m* cost factor; **Kostenfrage** *f* question of cost(s); **kostengünstig** *adj* cost-effective; **kostenlos** *adj, adv* free; **Kosten-Nutzen-Analyse** *f* (COM FIN) cost-benefit analysis; **kostenpflichtig** *adj:* **das ist** ~ there is a charge (on it); **Kostenplanung** *f* cost planning; **Kostenrahmen** *m* budgeted costs *pl;* **Kostenrechnung** *f* cost accounting; **Kostenrückerstattung** *f* reimbursement of costs; **Kostenvoranschlag** *m* estimate; **Kostenwirksamkeit** *f* (COM) cost effectiveness
köstlich ['kœstlɪç] *adj* 1. (*wohlschmeckend*) delicious; (*erlesen*) choice, exquisite 2. (*amüsant*) priceless; **sich** ~ **amüsieren** have a marvellous time
Kostprobe *f* 1. (*Geschmacksprobe*) taste 2. (*fig*) sample
kostspielig *adj* costly, expensive
Kostüm [kɔs'tyːm] <-s, -e> *nt* (*Jackenkleid*) costume; (*Masken~*) fancy dress; **Kostümfest** *nt* fancy dress ball; **kostümieren** *vt, vr* dress up (*als* as); **Kostümprobe** *f* (THEAT) dress rehearsal
Kostumstellung *f* change of diet
Kostverächter *m:* **kein** ~ **sein** (*hum*) be a ladies' man
Kot [koːt] <-(e)s> *m* faeces *pl,* excrements *pl*
Kotelett [kot(ə)'lɛt/'kɔtlɛt] <-(-e)s, -s/ (e)> *nt* chop
Koteletten *fpl* sideburns, sidewhiskers
Köter ['køːtɐ] <-s, -> *m* (*pej*) cur
Kotflügel *m* (AUTO) wing *Br,* fender *Am*
Kotzbrocken *m* (*sl: Schimpfwort*) son of a

K

bitch

Kotze ['kɔtsə] <-> *f* (*sl*) puke; **kotzen** *vi* (*sl: sich erbrechen*) puke; **das ist ja zum Kotzen!** it really makes you sick!; **kotzübel** *adj* (*sl*): **mir ist ~** I feel like I could puke my guts up

Krabbe ['krabə] <-, -n> *f* **1.** (*Taschenkrebs*) crab **2.** (*Garnele*) shrimp

krabbeln ['krabəln] *sein vi* crawl

Krach [krax, *pl:* ('krɛçə)] <-(e)s, ¨-e> *m* **1.** (*Lärm*) din, noise; (*Schlag*) bang, crash **2.** (*fam: Streit*) quarrel, row; (*Krawall, Aufruhr*) racket; **~ machen** make a noise; **wegen einer Sache ~ schlagen** (*fam*) kick up a fuss about s.th.; **mit jdm ~ kriegen** have a row with s.o.; **sie haben ~** they're not on speaking terms; **mit Ach und ~** (*fam*) by the skin of one's teeth

krachen *vi* **1.** (*Schuss*) crack out; (*Holz*) creak **2.** (*fam: zusammenstoßen*) crash; (*aufplatzen*) rip; **..., sonst kracht's!** (*fam*) ... or there'll be trouble!; **auf dieser Kreuzung hat es schon wieder gekracht** (*fam*) there was another crash on this crossing; **Kracher** *m* (*fam: Feuerwerkskörper*) banger *Br,* fire-cracker *Am*

krächzen ['krɛçtsən] *vi* (*a. von Menschen*) croak

Kraft [kraft, *pl:* 'krɛftə] <-, ¨-e> *f* **1.** (*Körper~*) strength **2.** (*bewirkende, treibende ~*) force, power **3.** (*Arbeits~*) employee, worker **4.** (JUR: *Gültigkeit*) force; **mit letzter ~** with one's last ounce of strength; **mit aller ~** with all one's strength; **aus eigener ~** by o.s.; **nach** (**besten**) **Kräften** to the best of one's ability; **mit frischer ~** with renewed strength; **seine ~** [*o* **Kräfte**] **an jdm** (**etw**) **messen** pit one's strength against s.o. (s.th.); **die ~ aufbringen zu ...** (**für etw**) find the strength to ... (for s.th.); **er war am Ende seiner Kräfte** he couldn't take any more; **es ging über seine Kräfte** it was too much for him; **wieder zu Kräften kommen** regain one's strength; **volle ~ voraus!** (MAR) full speed ahead!; **treibende ~** (*fig*) driving force; **Gleichgewicht der Kräfte** (POL) balance of power; **in ~ treten** (**sein**) (JUR) come into (be in) force; **außer ~ treten** (**sein**) (JUR) cease (have ceased) to be in force; (**zeitweilig**) **außer ~ setzen** (JUR) annul (suspend)

kraft *präp* by virtue of [*o* on the strength of]; **~ meines Amtes** (**meiner Befugnisse**) by virtue of my office [*o* authority]

Kraftakt *m* **1.** strong-man act **2.** (*fig*) show of strength; **Kraftaufwand** *m* effort; **Kraftausdruck** *m* swearword; **Kraftausdrücke** strong language *sing*

Kräftespiel *nt* power play; **Kräfteverfall** *m* loss of strength

Kraftfahrer(in) *m(f)* (AUTO: *a. als Berufsbezeichnung*) driver

Kraftfahrzeug *nt* motor vehicle; **Kraftfahrzeugbrief** *m* (AUTO) (vehicle) registration document [*o* book]; **Kraftfahrzeugkennzeichen** *nt* vehicle registration; **Kraftfahrzeugsteuer** *f* motor vehicle tax; **Kraftfahrzeugversicherung** *f* car insurance

Kraftfeld *nt* (PHYS) force field

Kraftfutter *nt* concentrated feed

kräftig ['krɛftɪç] **I.** *adj* **1.** (*stark*) strong **2.** (*mächtig, kraftvoll*) powerful; (*Händedruck*) firm **3.** (*nahrhaft*) nourishing **II.** *adv* **1.** (*stark*) strongly **2.** (*als Verstärkung: viel, stark, sehr*) really; **~ regnen** rain heavily; **~ schütteln** shake vigorously; **die Preise sind aber ~ gestiegen** prices have really gone up

kräftigen ['krɛftɪgən] *vt* invigorate

kraftlos *adj* (*schwach*) feeble, weak

Kraftprobe *f* (*a. fig*) trial of strength; **Kraftrad** *nt* (AUTO) motor-cycle; **Kraftreserve** *f* power reserve; **Kraftstoff** *m* fuel; **Kraftstoffgemisch** *nt* fuel mixture; **kraftstrotzend** *adj* vigorous; **Kraftübertragung** *f* (TECH) power transmission; **kraftvoll** *adj* powerful; (*tatkräftig*) energetic; **Kraftwagen** *m* motor car; **Kraftwerk** *nt* (ELEK) power station; **Kraftwerksbetreiber** <-s, -> *m* power-station operator

Kragen ['kra:gən] <-s, ¨-> *m* collar; **jdn beim ~ packen** grab s.o. by the collar; **sie riskiert ihren ~** (*fam*) she's risking her neck; **es geht um Kopf und ~!** (*fam*) all is at stake!; **das kann ihn den ~ kosten** that could be his downfall; **jetzt platzt mir aber der ~!** (*fam*) that's the real last straw!; **schließlich platzte ihr der ~** (*fam*) at last she blew her top; **jetzt endlich geht's ihm an den ~** (*fam*) now at last he's in for it; **Kragenknopf** *m* collar stud *Br,* collar button *Am;* **Kragenweite** *f* collar size; **das ist nicht meine ~** (*fam*) that's not my cup of tea; **das ist genau meine ~!** (*fam*) that's right up my street!; **dieser Job ist eine ~ zu groß für mich** (*fam*) this job's too much for me to handle

Krähe ['krɛ:ə] <-, -n> *f* crow; **krähen** *vi* crow

Krähenfüße *mpl* **1.** (*Falten um die Augenwinkel*) crow's-feet *pl* **2.** (*fam: krakelige Schrift*) scrawl *sing*

Krake ['kra:kə] <-, -n> *f* octopus

krakeelen [kra'ke:lən] <ohne ge-> *vi* (*fam pej*) kick up a racket [*o* row]

Krakel ['kra:kl] <-s, -> *m* (*fam*) scrawl

Kralle ['kralə] <-, -n> *f* **1.** claw; (*Raubvogel~*) talon **2.** (*sl: Hand*) paw; **jdm die ~n**

zeigen show s.o. one's claws

krallen *vt* **1. die Finger in etw** ~ claw at, clutch s.th. **2.** (*sl: klauen*) pinch

Kram [kraːm] <-s> *m* (*fam*) **1.** (*Zeug*) stuff; (*Plunder*) junk **2.** (*Sache, Angelegenheit*) business; **das passt mir überhaupt nicht in den** ~ (*fam*) that's a bloody nuisance, really; **den ganzen ~ hinschmeißen** (*fam*) chuck the whole business; **mach doch deinen ~ selber!** (*fam*) why don't you do that yourself?; **er kennt seinen** ~ he knows what's what, he knows his onions *Br;* **kramen I.** *vi* (*fam*) rummage about (*in* in, *nach* for) **II.** *vt:* **etw aus etw** ~ fish s.th. out of s.th.

Krämer ['krɛːmɐ] <-s, -> *m* grocer; **Krämerseele** *f* (*pej*) petty-minded man [*o* woman]

Kramladen *m* (*fam pej*) tatty little shop

Krampen <-s, -> *m* (*österr*) pick

Krampf [krampf, *pl:* 'krɛmpfə] <-(e)s, ¨-e> *m* **1.** cramp; (MED: *einzelner*) spasm; (*wiederholter*) convulsion **2.** (*fam: Getue*) palaver; (*Blödsinn*) nonsense; **Krampfader** *f* (ANAT) varicose vein; **krampfen** *vt* (*Finger, Hand*) clench (*um etw* around s.th.); **krampfhaft** *adj* **1.** (*krampfartig*) convulsive **2.** (*fam: verzweifelt*) desperate, frantic; (*gezwungen, angestrengt*) forced

Kran [kraːn, *pl:* 'krɛːnə] <-(e)s, ¨-e/(-e)> *m* crane; **Kranführer(in)** *m(f)* crane operator

Kranich ['kraːnɪç] <-s, -e> *m* crane

krank [kraŋk] *adj* ill, sick; (*Organ*) diseased; (*Zahn, Bein*) bad; (*fig: leidend*) ailing; ~ **werden** be taken sick, fall ill; **dieses Warten macht mich ganz** ~ (*fam*) this waiting really drives me round the bend; **Kranke(r)** *f m* sick person; **die ~en** the ill, the sick

kränkeln ['krɛŋkəln] *vi* be sickly; (*a. fig: Wirtschaft*) be ailing

kranken ['kraŋkən] *vi* (*a. fig*) suffer (*an* from)

kränken ['krɛŋkən] *vt* hurt (*jdn* s.o., someone's feelings); **sie war tief gekränkt** she was deeply hurt; **jdn in seiner Ehre** ~ offend someone's pride

Krankenakte *f* medical file; **Krankenbericht** *m* medical report; **Krankenbesuch** *m* **1.** (*Besuch bei jdm*) visit (to a sick person) **2.** (*Arztbesuch*) (sick) call; **Krankenbett** *nt* sick-bed; **Krankengeld** *nt* sickness benefit; (*von Firma*) sickpay; **Krankenhaus** *nt* hospital; **jdn in ein ~ einliefern** put s.o. in a hospital, hospitalize s.o.; **jdn in ein ~ aufnehmen** admit s.o. to a hospital; **Krankenkasse** *f* **1.** (*Krankenversicherung*) health insurance **2.** (*Versicherungsunternehmen*) health insurance company; **Krankenkost** *f* sick diet; **Krankenpflege** *f* nursing; **Krankenpfleger** *m* male nurse, orderly; **Krankenpflegerin** *f* nurse; **Krankenschwester** *f* nurse; **Krankenstand** *m* number of absentees due to illness; **Krankentransport** *m* **1.** (*Transport*) transportation of sick people **2.** (*Rettungsdienst*) ambulance service; **Krankenversicherung** *f* health insurance; **Krankenwagen** *m* ambulance; **Krankenzimmer** *nt* (*Zimmer mit Kranken*) sickroom; (*Krankenhauszimmer*) hospital room

krank|feiern *vi* (*fam*) be off sick

krankhaft *adj* **1.** (*a. fig*) morbid **2.** (*seelisch*) pathological

Krankheit *f* **1.** (*a. fig*) illness, sickness **2.** (*bestimmte*) disease; **ansteckende** ~ contagious disease; **eine ~ durchmachen** suffer from an illness; **sich eine ~ zuziehen** contract a disease; **eine ~ vortäuschen** pretend to be ill; **diese Karre ist eine ~!** (*pej fam*) this crate's just a joke!; **krankheitserregend** *adj* pathogenic; **Krankheitserreger** *m* (MED) disease-causing agent, pathogene; **Krankheitskeim** *m* (MED) germ of a [*o* the] disease; **Krankheitsverlauf** *m* (MED) course of a [*o* the] disease

krank|lachen *vr* crease up (laughing)

kränklich ['krɛŋklɪç] *adj* in poor health, sickly

krank|melden[RR] *vr* report sick; (*telefonisch*) phone in sick

Krankmeldung *f* notification of illness (to one's employer)

krank|schreiben[RR] *irr vt* file a medical certificate; **er ist seit drei Wochen krankgeschrieben** he's been off sick for three weeks

Kränkung ['krɛŋkʊŋ] *f* insult, offence

Kranz [krants, *pl:* 'krɛntsə] <-es, ¨-e> *m* **1.** wreath **2.** (*ringförmig Eingefasstes*) ring **3.** (*fig: Zyklus*) cycle

kränzen ['krɛntsən] *vt* adorn (with garlands)

krass[RR] [kras] *adj* **1.** (*auffallend*) glaring; (*Unterschied*) extreme **2.** (*unerhört*) blatant, crass **3.** (*unverblümt*) stark

Krater ['kraːtɐ] <-s, -> *m* crater

Kratten <-s, -> *m* (*CH: Korb*) basket

Kratzbürste *f* (*pej fam*) crosspatch

Krätze ['krɛtsə] <-> *f* (MED) scabies

kratzen ['kratsən] *vt* **1.** (*a. intransitiv*) scratch; (*ab~*) scrape (*von* off) **2.** (*fam: stören*) bother; **es kratzt mich im Hals** [*o* **mein Hals kratzt**] my throat feels rough; **das kratzt mich nicht** (*fam*) I don't give a damn (about that)

Kratzer *m* (*Schramme*) scratch; **kratz-**

fest *adj* mar-resistant
kratzig *adj* scratchy
kraulen[1] ['kraʊlən] *sein vi* (SPORT) do the crawl
kraulen[2] *haben vt* (*liebkosen*) fondle; **jdn am Kinn** ~ chuck s.o. under the chin
kraus [kraʊs] *adj* **1.** crinkly; (*Haar*) frizzy; (*Stirn*) wrinkled **2.** (*konfus*) muddled; **die Stirn ~ ziehen** knit one's brow; (*missbilligend*) frown
kräuseln ['krɔɪzəln] **I.** *vt* (*Haar*) make frizzy; (*Wasseroberfläche*) ruffle; (*Lippen*) pucker **II.** *vr* (*Haare*) go frizzy; (*Wasser*) ripple; (*Rauch*) curl (up)
Krauskopf *m* **1.** (*Frisur*) frizzy hair **2.** (*wirrer Mensch*) curly-head
Kraut [kraʊt, *pl:* 'krɔɪtɐ] <-(e)s, ¨-er> *nt* **1.** (BOT) herb **2.** (*Kohlgemüse*) cabbage **3.** (*pej: Tabak*) tobacco; **ins ~ schießen** run to seed; (*fig*) run wild; **wie ~ und Rüben durcheinander** higgledy-piggledy; **dagegen ist kein ~ gewachsen** (*fam*) there is no remedy for that
Kräutertee *m* herb tea
Krautkopf *m* (*österr*) cabbage
Krawall [kra'val] <-s, -e> *m* **1.** (*Aufruhr*) riot **2.** (*Krach, Lärm*) racket; ~ **machen** (*fam: randalieren*) go on the rampage; ~ **schlagen** (*fam: sich beschweren*) kick up a fuss
Krawatte [kra'vatə] <-, -n> *f* (neck)tie; **Krawattennadel** *f* tie-pin
kraxeln ['kraksəln] *sein vi* (*fam*) clamber
kreativ [kreɑ'ti:f] *adj* creative; **Kreativchef(in)** *m(f)* (*Ideengeber*) creative director; **Kreativität** *f* creativity; **Kreativurlaub** *m* creative holidays
Kreatur [krea'tu:ɐ] <-, -en> *f* creature
Krebs [kre:ps] <-es, -e> *m* **1.** (*Fluss~*) crayfish *Br,* crawfish *Am;* (*Taschen~*) crab **2.** (ASTR) Cancer **3.** (MED) cancer; **~ erregend**[RR] carcinogenic; **krebsartig** *adj* (MED) cancerous; **Krebsentstehung** *f* cancerogenesis; **krebserregend** *adj s.* Krebs; **Krebsforschung** *f* cancer research; **Krebsfrüherkennung** *f* early detection of cancer; **Krebsgeschwulst** *f* (MED) cancerous growth [*o* tumour]; **Krebsgeschwür** *nt* **1.** (MED) carcinoma **2.** (*fig*) cancer; **Krebsklinik** *f* cancer clinic; **krebskrank** *adj* suffering from cancer; **Krebsrisikofaktor** *m* cancer risk factor; **Krebsvorsorge(untersuchung)** *f* cancer check-up; **Krebszelle** *f* cancer cell
Kredit [kre'di:t] <-(e)s, -e> *m* **1.** (*Anleihe*) credit, loan **2.** (*fig: Ruf*) (good) repute [*o* standing]; **auf ~** on credit; **einen ~ aufnehmen** raise a loan; **jdm ~ einräumen** grant s.o. a credit; **~ haben** (FIN) enjoy credit; (*fig*) have standing; **Kreditgeber** *m* (COM FIN) creditor; **Kredithai** *m* (*pej*) loan shark; **kreditieren** *vt* (COM FIN): **jdm einen Betrag ~** credit s.o. with an amount; **Kreditinstitut** *nt* financial institution; **Kreditkarte** *f* credit card; **Kreditlaufzeit** *f* credit period; **Kreditlinie** *f* (FIN) line of credit; **Kreditnehmer** *m* (COM FIN) borrower; **kreditwürdig** *adj* (FIN) creditworthy
Kreide ['kraɪdə] <-, -n> *f* **1.** (CHEM) chalk **2.** (GEOL: *Erdzeitalter*) Cretaceous (period); **bei jdm tief in der ~ stehen** (*fam*) be deep in debt to s.o.; **kreidebleich** *adj* (as) white as chalk; **Kreidefelsen** *m* chalk cliff; **kreideweiß** *adj* (as) white as chalk; **Kreidezeichnung** *f* chalk drawing
kreieren [kre'i:rən] *vt* create
Kreis [kraɪs] <-es, -e> *m* **1.** circle **2.** (*Sphäre, Wirkungs~*) sphere **3.** (*Stadt~, Land~*) district **4.** (ELEK: *Strom~*) circuit **5.** (*fig: Zirkel*) circle; **sich im ~(e) drehen** turn round in a circle; (*fig*) go round in circles *pl;* **einen ~ beschreiben** describe a circle; **in weiten ~en der Bevölkerung** in wide sections of the population; **weite ~e ziehen** (*fig*) have wide repercussions; **Kreisbahn** *f* (ASTR) orbit; **Kreisbewegung** *f* gyration; **Kreisbogen** *m* arc (of a circle); (ARCH) circular arch
kreischen ['kraɪʃən] *vi* shriek, screech
Kreisdiagramm *nt* pie chart
Kreisel ['kraɪzəl] <-s, -> *m* **1.** (*Spielzeug*) spinning top **2.** (TECH) gyroscope; **Kreiselpumpe** *f* centrifugal pump
kreisen *sein vi* **1.** (*um eine Achse, a. fig*) revolve (*um* around); (*Satellit*) orbit (*um etw* s.th.) **2.** (*Blut, a. fig*) circulate (*in* through); **die Arme ~ lassen** swing one's arms around
Kreisfläche *f* **1.** (*der Kreis*) circle **2.** (MATH: *~ninhalt*) area of a [*o* the] circle; **kreisförmig** *adj* circular
Kreislauf *m* **1.** (*Blut~, Öl~, Geld~*) circulation **2.** (*Zyklus, ewiger ~ der Natur*) cycle; **Kreislaufstillstand** *m* circulatory collapse; **Kreislaufstörungen** *fpl* (MED) circulatory disorders
Kreissäge *f* chain saw
Kreißsaal *m* delivery room
Kreisstadt *f* district [*o* county] town *Br*
Kreisumfang *m* (MATH) circumference
Kreisverkehr *m* roundabout traffic *Br,* rotary traffic *Am;* **Kreisverkehrsplatz** *m* roundabout
Krematorium [krema'to:riʊm] *nt* crematorium *Br,* crematory *Am*
Kreml ['krɛml] <-(s)> *m* (POL) Kremlin
Krempe ['krɛmpə] <-, -n> *f* brim
Krempel ['krɛmpəl] <-s> *m* (*pej: Zeug*)

stuff; (*Gerümpel*) junk; **ich werfe den ganzen ~ hin!** (*fig*) I'm really going to chuck the whole business in!

Kren [kreːn] <-(e)s> *m* (*österr*) horseradish

krepieren [kreˈpiːrən] *sein vi* **1.** (*pej: eingehen*) die **2.** (*pej sl: sterben*) croak (it) **3.** (MIL: *Bombe*) explode

Krepp [krɛp] <-s, -s/-e> *m* crepe; **Kreppapier**[RR] *nt* crepe paper; **Kreppsohle** *f* crepe sole

Kresse [ˈkrɛsə] <-, -n> *f* cress

Kreuz [krɔɪts] <-es, -e> *nt* **1.** (*a. fig*) cross **2.** (*Kartenfarbe*) clubs *pl;* (*einzelne ~karte*) club **3.** (ANAT) small of the back **4.** (MUS) sharp; **das ~ schlagen** (*sich bekreuzigen*) cross o.s.; **jdn ans ~ schlagen** nail s.o. to the cross; **aufs ~ fallen** (*hinfallen*) fall on one's back; (*fam*) fall through the floor; **jdn aufs ~ legen** (*fam*) take s.o. for a ride; **zu ~e kriechen** eat humble pie; **es ist ein ~ mit ihr** (*fam*) she's a real plague; **sein ~ auf sich nehmen** take up one's cross; **ich hab's im ~** (*fam*) I have back trouble

kreuz *adv:* **~ und quer** (**durcheinander**) all over (the place)

kreuzen **I.** *vt, vr haben* (BIOL) cross; **die Klingen mit jdm ~** (*a. fig*) cross swords with s.o.; **werden sich unsere Wege jemals wieder ~?** will our ways ever cross again? **II.** *vi sein* (MAR) cruise

Kreuzer *m* (MAR MIL) cruiser

Kreuzfahrt *f* **1.** (HIST: *Kreuzzug*) crusade **2.** (MAR) cruise; **eine ~ machen** (MAR) go on a cruise; **Kreuzfeuer** *nt* (MIL: *a. fig*) crossfire; **im ~ stehen** (*fig*) be caught in the crossfire; **kreuzfidel** *adj* (*fam*) (as) merry as a cricket; **Kreuzgang** *m* (ARCH) cloister

kreuzigen [ˈkrɔɪtsɪgən] *vt* crucify; **Kreuzigung** *f* crucifixion

Kreuzotter *f* (*giftige Viper*) adder; **Kreuzschlitzschraube** *f* (TECH) recessed head screw; **Kreuzschlitzschraubenzieher** *m* (TECH) Phillips screwdriver®; **Kreuzschlüssel** *m* (AUTO) wheel brace; **Kreuzschmerzen** *mpl* backache *sing;* **Kreuzspinne** *f* cross [*o* garden] spider

Kreuzung *f* **1.** (*Straßen~*) crossroads *Br,* intersection *Am* **2.** (BIOL: *Vorgang*) cross-breeding **3.** (*Ergebnis*) cross-breed, hybrid

Kreuzverhör *nt* cross-examination; **jdn ins ~ nehmen** cross-examine s.o.; **Kreuzweg** *m* **1.** (*Wegkreuzung, a. fig*) crossroads *pl* **2.** (ECCL) way of the cross

kreuzweise *adv* crosswise; **du kannst mich ~!** (*sl*) get stuffed!

Kreuzworträtsel *nt* crossword puzzle

Kreuzzug *m* (*a. fig*) crusade

kribbeln [ˈkrɪbəln] *vi* (*jucken*) itch, tickle; (*prickeln*) prickle, tingle

kriechen [kriːçən] *irr vi* **1.** creep, crawl **2.** (*unterwürfig sein*) grovel (*vor* before); **Kriecher(in)** *m(f)* (*pej*) groveller; **Kriechspur** *f* (AUTO: *fam*) slow [*o* crawler] lane; **Kriechtempo** *nt* (AUTO: *fam*): **im ~** at a snail's pace

Krieg [kriːk] <-(e)s, -e> *m* war; **im ~** (*im Gegensatz zum Frieden*) in war; (*als Soldat*) away in the war; **im ~ sein mit ...** be at war with ...; **~ anfangen mit ...** start a war with ...; **~ führen mit ...** wage war (on); **~ führend**[RR] belligerent

kriegen [ˈkriːgən] *vt* (*fam: bekommen*) get

Krieger [ˈkriːgɐ] <-s, -> *m* warrior; **Kriegerdenkmal** <-s, ¨-er> *nt* war memorial

kriegerisch *adj* warlike; **~e Auseinandersetzung** military conflict

Kriegerwitwe *f* war-widow

kriegführend *adj s.* **Krieg**

Kriegführung *f* warfare

Kriegsausbruch *m* outbreak of war; **Kriegsbeil** *nt* tomahawk; **das ~ begraben** bury the hatchet; **Kriegsberichterstatter(in)** *m(f)* war correspondent; **kriegsbeschädigt** *adj* war-disabled; **Kriegsdienstverweigerer** *m* conscientious objector; **Kriegserklärung** *f* declaration of war; **Kriegsfall** *m* war

Kriegsfuß *m* (*fam*): **mit jdm auf ~ stehen** be at loggerheads with s.o.; **mit der deutschen Sprache auf ~ stehen** find the German language rather heavy going

Kriegsgefangene(r) *m* prisoner of war; **Kriegsgefangenschaft** *f* captivity; **in ~ sein** be a prisoner of war; **Kriegsgericht** *nt* (MIL) court-martial; **vor das ~ kommen** be tried by court-martial; **jdn wegen etw vors ~ stellen** court-martial s.o. for s.th.; **Kriegshafen** *m* naval port; **Kriegskamerad** *m* fellow soldier; **Kriegslist** *f* stratagem; **Kriegsmarine** *f* navy; **Kriegspfad** *m* war-path; **Kriegsrecht** *nt* (MIL) martial law; **Kriegsschauplatz** *m* theatre of war *Br,* theater of war *Am;* **Kriegsschiff** *nt* warship; **Kriegsspielzeug** *nt* war toy(s); **Kriegsteilnehmer** *m* combatant; (*nach Kriegsende*) ex-serviceman *Br,* veteran *Am;* **kriegstraumatisiert** *adj* traumatized by war; **Kriegstreiber** *m* (*pej*) war-monger; **Kriegsverbrecher** *m* war criminal; **kriegsversehrt** *adj* war-disabled; **Kriegszustand** *m* state of war; **im ~** at war

Krimi [ˈkrɪmi] <-s, -s> *m* (*fam*) thriller

Kriminalbeamte, -tin [krɪmiˈnaːl-] *m, f* detective; **Kriminalität** *f* **1.** (*Verbrechertum*) crime **2.** (*~srate*) crime rate; **Kriminalpolizei** *f* criminal investigation department *Br,* detective force *Am;* **Kriminalroman** *m* (crime) thriller, detective novel;

K

kriminell *adj* (*a. fig fam*) criminal; **Kriminelle(r)** *f m* criminal

Krimskrams ['krɪmskrams] <-(es)> *m* (*fam: Zeug*) odds and ends *pl*

Kringel ['krɪŋl] <-s, -> *m* (*fam*) squiggle

Kripo ['kriːpo] <-> *f Abk. von* **Kriminalpolizei** CID, Criminal Investigation Department

Krippe ['krɪpə] <-, -n> *f* **1.** (*Weihnachts~*) crib; (*biblisch: im NT*) manger **2.** (*Futter~*) haybox, rack **3.** (*Kinder~*) creche

Krippentod *m* (MED) cot death

Krise ['kriːzə] <-, -n> *f* crisis; **kriseln** ['kriːzəln] *vi* (*fam*): **es kriselt** there is a crisis looming

krisenanfällig *adj* crisis-prone; **krisenfest** *adj* crisis-proof; **Krisenherd** *m* flashpoint, trouble spot; **Krisenhilfe** *f* crisis [*o* emergency] relief; **Krisenmanagement** *nt* (COM POL) crisis management; **Krisenstab** *m* action committee; **Krisenzeit** *f* time of crisis

Kristall [krɪs'tal] *m* crystal; **kristallen** *adj* crystal; **Kristallglas** *nt* crystal glass; **kristallin(isch)** [krɪ sta'liːn(ɪʃ)] *adj* crystalline; **kristallisieren** *vi, vr* (*a. fig*) crystallize; **Kristallwaren** *pl* crystalware; **Kristallzucker** *m* refined sugar in crystals

Kriterium *nt* criterion; (*Radsport*) circuit race

Kritik [kri'tiːk] *f* **1.** criticism **2.** (*Besprechung, Rezension*) review **3.** (*die ~er*) critics *pl* **4.** (PHILOS: *kritische Analyse*) critique; **unter aller ~** (*fam*) beneath contempt; **Kritiker(in)** *m(f)* critic; **kritiklos** *adj* uncritical; **kritisch** *adj* critical; **etw ~ prüfen** scan s.th.; **dann wird es kritisch!** it could be critical!

kritisieren *vt, vi* criticize; **du hast aber auch an allem etw zu ~** you really always have s.th. to criticize

kritteln ['krɪtəln] *vi* (*pej*) find fault (*an* with)

Kritzelei [krɪtsə'laɪ] *f* (*pej*) scribble; (*an Wänden*) graffiti; **kritzeln** *vt, vi* scribble

Krokant [kro'kant] <-s> *nt* cracknel

Krokette [kro'kɛtə] <-, -n> *f* croquette

Krokodil [kroko'diːl] <-s, -e> *nt* crocodile; **Krokodilstränen** *fpl* (*pej*) crocodile tears; **Krokoleder** *nt* (*fam*) crocodile skin [*o* leather]

Krokus [kroːkʊs] <-, -se> *m* crocus

Krone ['kroːnə] <-, -n> *f* **1.** (*Königs~*) crown **2.** (*Zahn~*) cap, crown **3.** (*Baum~*) top **4.** (*Währungseinheit*) crown; (*in Schweden*) krona; **das setzt doch wirklich allem die ~ auf!** that really beats everything!; **einen in der ~ haben** (*fam*) have had a drop too much; **die ~ der Schöpfung** the pride of creation

krönen ['krøːnən] *vt* (*a. fig*) crown (*jdn zum König* s.o. king); **seine Bemühungen waren von Erfolg gekrönt** his efforts were crowned with success

Kronkorken *m* crown cork; **Kronleuchter** *m* chandelier

Kronprinz *m* crown prince; (*im Vereinigten Königreich*) Prince of Wales; **Kronprinzessin** *f* crown princess; (*im Vereinigten Königreich*) Princess Royal

Krönung ['krønʊŋ] *f* **1.** (*Königs~*) coronation **2.** (*fig: Kulmination*) culmination

Kronzeuge *m* (JUR): **als ~ auftreten** turn Queen's/State's evidence *Br/Am*

Kropf [krɔpf, *pl:* 'krœpfə] <-(e)s, ⸚e> *m* **1.** (*bei Taube*) crop **2.** (MED) goitre; **Kropfband** *nt* choker

Kröte ['krøːtə] <-, -n> *f* **1.** (*froschähnliches Tier*) toad **2.** (*sl: Geld*): **~n** dough **3.** (*fam: kleines Kind*): **freche ~!** cheeky minx!

Krücke ['krʏkə] <-, -n> *f* **1.** (*Gehhilfe*) crutch **2.** (*fig*) prop **3.** (*sl: Flasche, Versager*) dead loss

Krug [kruːk, *pl:* 'kryːgə] <-(e)s, ⸚e> *m* jug; (*Bier~*) mug

Krume ['kruːmə] <-, -n> *f* **1.** (*Brot~*) crumb **2.** (*Acker~*) soil

Krümel ['kryːməl] <-s, -> *m* crumb; **krümelig** *adj* crumbly; **krümeln** *vt, vi* crumble; (*beim Essen*) make crumbs

krumm [krʊm] *adj* **1.** crooked; (*verbogen*) bent; (*Rücken*) hunched **2.** (*fam: nicht ganz legal*) crooked; **~e Wege** (*fam*) crooked ways; **~e Nase** hooked nose; **keinen Finger (für jdn) ~ machen** (*fam*) not lift a finger (for s.o.); **auf die ~e Tour** (*fam*) by dishonest means; **etw auf die ~e Tour versuchen** (*fam*) try to fiddle s.th.; **(jdm) etw ~ nehmen**[RR] (*fam*) take s.th. amiss; **krummbeinig** *adj* bandy-legged

krümmen ['krʏmən] **I.** *vt* bend **II.** *vr* **1.** (*Straße, Fluss*) wind **2.** (*Wurm*) writhe; **sich vor Schmerzen ~** writhe with pain

krumm|nehmen *s.* **krumm**

Krümmung ['krʏmʊŋ] *f* (*Biegung*) bend, turn; (MED: *von Rückgrat*) curvature

Kruppe ['krʊpə] <-, -n> *f* (*Kreuz des Pferdes*) croup, crupper

Krüppel ['krʏpəl] <-s, -> *m* (*a. fig*) cripple; **jdn zum ~ machen** cripple s.o.; **krüppelig** *adj* **1.** (MED: *verkrüppelt*) crippled **2.** (*missgestaltet: Baum*) deformed

Kruste ['krʊstə] <-, -n> *f* crust; (MED) scurf; (*Braten~*) crackling

Krustentier *nt* crustacean

Kruzifix [krutsi'fɪks] <-es, -e> *nt* crucifix

Krypta ['krʏpta] <-, -ten> *f* crypt

kryptisch ['krʏptɪʃ] *adj* cryptic(al)

Kryptochip ['krʏptotʃɪp] *m* (*Sicherheit-*

schip) cryptochip

Kuba ['ku:ba] *nt* Cuba; **Kubaner(in)** [ku'ba:nɐ] *m(f)* Cuban; **kubanisch** *adj* Cuban

Kübel ['ky:bəl] <-s, -> *m* (*Eimer*) bucket, pail; **es gießt wie aus ~n** it's really bucketing down

Kubikmeter *m* cubic metre; **Kubikwurzel** [ku'bi:k-] *f* (MATH) cube root; **Kubikzahl** *f* (MATH) cube number; **Kubikzentimeter** *m* cubic centrimetre *Br,* cubic centimeter *Am*

Küche ['kʏçə] <-, -n> *f* **1.** (*Raum*) kitchen **2.** (*Kochkunst*) cooking, cuisine **3.** (*fig: Essen, Speisen*) dishes, meals *pl*

Kuchen ['ku:xən] <-s, -> *m* cake

Küchenabfälle *mpl* kitchen slops *pl*

Kuchenblech *nt* baking tin

Küchenchef(in) *m(f)* chef

Kuchenform *f* cake tin

Küchenherd *m* kitchen range; **Küchenmaschine** *f* food processor; (*Mixer*) mixer; **Küchenschabe** *f* cockroach; **Küchenschrank** *m* (kitchen) cupboard

Kuchenteig *m* cake mixture

Küchentuch *nt* kitchen towel

Kuckuck ['kʊkʊk] <-s, -e> *m* **1.** (*Vogel*) cuckoo **2.** (*fam: Pfandsiegel*) bailiff's seal; **zum ~ noch mal!** hell's bells!; **hol's der ~!** botheration!; **weiß der ~!** heaven knows!; **Kuckucksuhr** *f* cuckoo clock

Kuddelmuddel ['kʊdlmʊdl] <-s> *nt* (*fam*) muddle, mess

Kufe ['ku:fə] <-, -n> *f* (*Schlitten~*) runner; (AVIAT) skid

Kugel ['ku:gəl] <-, -n> *f* **1.** (*Form*) ball **2.** (MATH) sphere **3.** (*Geschoss*) bullet; **eine ruhige ~ schieben** (*faulenzen*) swing the lead; **Kugelblitz** *m* ball-lightning; **Kugelfang** *m* butt; **kugelförmig** *adj* spherical; **Kugelkopf** *m* golf ball; **Kugelkopfschreibmaschine** *f* golf-ball typewriter; **Kugellager** *nt* ball bearing; **kugeln** ['ku:gəln] *vt, vi, vr* roll; **ich könnte mich kugeln!** (*fam*) it's killingly funny!; **es war zum Kugeln!** (*fam*) I nearly split with laughing!; **kugelrund** *adj* **1.** as round as a ball **2.** (*fam: fett*) barrel-shaped; **Kugelschreiber** *m* ballpoint pen; **kugelsicher** *adj* bullet-proof; **Kugelstoßen** *nt* (SPORT) putting the shot

Kuh [ku:, *pl:* ky:ə] <-, ¨-e> *f* cow; **blinde ~** blind-man's-buff; **heilige ~** (*a. fig*) sacred cow; **Kuhhandel** *m* (*fam*) horse-trading; **Kuhhaut** *f* cow-hide; **das geht auf keine ~!** (*fam*) that's absolutely staggering!; **Kuhhirte** *m* cowherd

kühl [ky:l] *adj* **1.** chilly, cool **2.** cool; (*abweisend*) cold; **mir wird etw ~** I'm getting rather chilly; **abends wird es ~** in the evening it gets chilly; **Kühlanlage** *f* cooling [*o* refrigerating] plant; **Kühlbecken** *nt* (*für Brennelemente*) cooling pond; **Kühlbox** *f* cold box, cooler; **Kühle** ['ky:lə] <-> *f* (*a. fig*) coolness; (*Abweisung*) coldness

kühlen *vt, vi* cool; (TECH) refrigerate

Kühler *m* (AUTO) **1.** radiator **2.** (*fam: ~haube*) bonnet *Br,* hood *Am;* **Kühlergrill** *m* (AUTO) radiator grille; **Kühlerhaube** *f* (AUTO) bonnet *Br,* hood *Am*

Kühlgebläse *nt* cooling air fan; **Kühlhaus** *nt* cold-storage depot; **Kühlmantel** *m* (TECH) cooling jacket; **Kühlraum** *m* cold-storage room; **Kühlschlange** *f* (TECH) refrigerating coil; **Kühlschrank** *m* refrigerator, fridge *Br,* icebox *Am;* **Kühltruhe** *f* freezer cabinet; **Kühlturm** *m* cooling tower; **Kühlung** *f* **1.** (*das Kühlen*) cooling **2.** (*Kühle*) coolness; **Kühlwagen** *m* **1.** (RAIL) refrigerator waggon *Br,* refrigerator car *Am* **2.** (AUTO: *Lastwagen*) refrigerator truck; **Kühlwasser** *nt* cooling water

Kuhmilch *f* cow's milk

kühn [ky:n] *adj* (*a. fig*) bold; **die Vorstellung übertraf meine ~sten Erwartungen** the performance surpassed my wildest hopes [*o* dreams]; **Kühnheit** *f* boldness

Kuhstall *m* byre, cowshed

Küken ['ky:kn] <-s, -> *nt* chicken

kulant *adj* obliging

Kuli ['ku:li] <-s, -s> *m* **1.** (*Lastträger*) coolie **2.** (*fam: Kugelschreiber*) ballpoint

kulinarisch [kuli'na:rɪʃ] *adj* culinary

Kulisse [ku'lɪsə] <-, -n> *f* **1.** (THEAT: *a. Landschafts~*) scenery **2.** (*fig: Hintergrund*) background; **was geht hinter den ~n vor?** what's going on backstage?; **einen Blick hinter die ~n tun** (*fig*) have a glimpse behind the scenes

kullern ['kʊlɐn] *vi* (*fam*) roll

Kult [kʊlt] <-(e)s, -e> *m* cult; (*Verehrung*) worship; **Kultfigur** *f* cult figure; **Kultfilm** *m* cult film

kultig ['kʊltɪç] *adj* (*sl: modern*) hip

kultivieren [kʊlti'vi:rən] *vt* (*a. fig*) cultivate; **kultiviert** *adj* (*a. fig*) cultivated; (*verfeinert, anspruchsvoll*) sophisticated; **eine ~e Unterhaltung** a refined conversation

Kultstätte *f* place of worship

Kultstatus *m* cult status

Kultur [kʊl'tu:ɐ] <-, -en> *f* **1.** (*Geistesleben*) culture **2.** (*Lebensform*) civilization **3.** (*Bakterien~, Pilz~, Bienen~*) culture; **Kulturaustausch** *m* cultural exchange; **Kulturbanause** *m* (*pej*) philistine; **Kulturbeutel** *m* toilet bag, sponge bag *Br;* **kulturell** [kʊltu'rɛl] *adj* cultural; **Kulturfilm** *m* documentary film; **Kulturgeschichte** *f* history of civilisation; **Kulturlandschaft** *f* **1.** (*bebautes Land*) agricul-

K

tural landscape **2.** (*fig*) cultural landscape; **Kulturnation** *f* cultural nation; **Kulturpolitik** *f* politics of culture; **Kulturreferent(in)** *m(f) convenor responsible for cultural affairs in a community;* **Kulturstufe** *f* stage of civilisation; **Kulturvolk** *nt* civilized nation [*o* people]; **Kulturzentrum** *nt* **1.** (*kultureller Mittelpunkt*) cultural centre/center *Br/Am* **2.** (*Institution, Anlage*) arts centre

Kultusministerium ['kʊltʊs-] *nt* ministry of education and the arts

Kümmel ['kʏməl] <-s, -> *m* **1.** (*Gewürz*) caraway **2.** (*fam: ~branntwein*) kümmel

Kummer ['kʊmɐ] <-s> *m* (*Betrübtheit*) grief, sorrow; (*Ärger*) trouble, worry; **jdm ~ bereiten** cause s.o. worry; **wir sind ~ gewöhnt** (*fam*) it happens all the time

kümmerlich ['kʏmɐlɪç] *adj* **1.** (*karg, armselig*) miserable, wretched; (*spärlich, kläglich*) scanty **2.** (*schwächlich, mickrig*) puny

kümmern I. *vt* (*betreffen*) concern; **was kümmert mich das?** what's that to me? what do I care about that? **II.** *vr* **1.** (*sorgen*): **sich um jdn (etw) ~** look after s.o. (s.th.), take care of s.o. (s.th.) **2.** (*sich befassen*) mind (*um etw* s.th.); **~ Sie sich darum, dass ...** see to it that ...; **~ Sie sich nicht um ...** don't worry about ...; **~ Sie sich um Ihre eigenen Angelegenheiten!** mind your own business!; **ich muss mich um ein Geschenk für sie ~** I have to see about a present for her

kummervoll *adj* sorrowful

Kumpan [kʊm'paːn] <-s, -e> *m* (*fam*) pal; (*pej*) accomplice

Kumpel ['kʊmpəl] <-s, -(s)> *m* **1.** (MIN) pitman **2.** (*fam: Freund, Arbeitskollege*) mate *Br,* pal, buddy *Am*

kündbar ['kʏntbaːɐ] *adj* (*Vertrag*) terminable; (*Anleihe*) redeemable

Kunde, -din ['kʊndə] <-n, -n> *m, f* customer; (*für Dienstleistung*) client

Kunde <-> *f* (*geh: Nachricht*) news *pl;* **von etw ~ ablegen** bear witness to s.th.

Kundendienst *m* **1.** (*Service*) after-sales service **2.** (*~abteilung*) service department; **Kundendienstscheckheft** *nt* service coupon book; **Kundenkarte** *f* customer (loyalty) card; **Kundenkreis** *m* clientele; **Kundennummer** *f* customer number; **Kundenstamm** *m* (*Kundenschaft*) clientele; (*Stammkundschaft*) regular customers *pl;* **Kundenstock** *m* (*österr*) customers

kund|geben *irr vt* **1.** (*bekannt machen*) make known **2.** (*zum Ausdruck bringen*) express; **Kundgebung** *f* **1.** (POL) rally **2.** (*Erklärung*) declaration

kundig *adj* (*informiert*) well-informed; (*erfahren, sach~*) expert; **sich über etw ~ machen** inform oneself about s.th.

kündigen ['kʏndɪgən] **I.** *vt* **1.** (*Arbeit*) hand in one's notice for **2.** (*Vertrag*) terminate; (*Mitgliedschaft, Kredite*) cancel **II.** *vi* **1.** (*vom Arbeitnehmer, Mieter aus*) give in one's notice **2.** (*vom Arbeitgeber aus*) give (s.o. his/her) notice (*zum 1. Juli* for July 1st, as of July 1st); (*vom Vermieter aus*) give (s.o.) notice to quit **3.** (*bei Mitgliedschaft*) cancel one's membership

Kündigung *f* **1.** (*von Stellung, Wohnung*) notice **2.** (*von Vertrag, Mitgliedschaft*) cancellation; **mit monatlicher ~** with a month's notice; **Kündigungsfrist** *f* period of notice; **Kündigungsschutz** *m* protection against unlawful dismissal

Kundschaft *f* customers *pl;* (*von Dienstleistungsbetrieb*) clients *pl*

kundschaften ['---] *vt* (MIL) reconnoitre; **Kundschafter** *m* (MIL) scout

künftig ['kʏnftɪç] **I.** *adj* future **II.** *adv* in future

Kunst [kʊnst, *pl:* 'kʏnstə] <-, ¨-e> *f* **1.** (*Malerei, Bildhauerei*) art **2.** (*Geschicklichkeit*) skill **3.** (*Kniff*) trick; **die bildenden Künste** the plastic arts *pl;* **die schönen Künste** the fine arts *pl;* **das ist keine ~!** (*fig*) it doesn't take much!; **die ~ besteht darin zu ...** the knack is in ... -ing ...; **ärztliche ~** medical skill; **das ist eine brotlose ~** (*fam*) there's no money in that; **was macht die ~?** (*fam: wie steht's?*) how are things?; **Kunstakademie** *f* academy of art; **Kunstausstellung** *f* art exhibition

Kunstdünger *m* artificial fertilizer

Kunsterziehung *f* (*Schulfach*) art

Kunstfaser *f* synthetic fibre

kunstfertig *adj* skillful; **Kunstfertigkeit** *f* skill; **Kunstgegenstand** *m* object of art; **kunstgerecht** *adj* proficient; **Kunstgeschichte** *f* history of art; **Kunstgewerbe** *nt,*

Kunstgriff *m* trick

Kunsthändler(in) *m(f)* art dealer; **Kunsthandlung** *f* fine-art repository; **Kunsthandwerk** *nt* arts and crafts *pl;* **Kunsthandwerksarbeiten** *pl* hobbycraft *sing*

Kunstharz *m* (CHEM) artificial resin

Kunstherz *nt* artificial heart

Kunstkenner(in) *m(f)* connoisseur; **Kunstkritiker(in)** *m(f)* art-critic

Kunstleder *nt* artificial [*o* imitation] leather

Künstler(in) ['kʏnstlɐ] <-s, -> *m(f)* **1.** (*Kunstschaffender*) artist **2.** (*fig: Könner*) genius (*in* at); **künstlerisch** ['kʏnstlərɪʃ] *adj* artistic; **Künstlername** *m* (*von Schauspieler*) stage name; (*von Schriftsteller*) pen name

künstlich *adj* artificial; (*synthetisch*) synthetic; (*Haar, Zähne*) false; **jdn ~ ernähren**

feed s.o. artificially; **sich ~ aufregen** (*fam*) get all worked up about nothing; **~e Intelligenz** (INFORM) artificial intelligence, AI

Kunstliebhaber(in) *m(f)* art lover; **kunstlos** *adj* unsophisticated; **Kunstmaler(in)** *m(f)* painter; **Kunstpause** *f* (*spannungssteigernde Pause*) pause for effect; (*iro: Steckenbleiben im Text*) awkward pause; **Kunstreiter(in)** *m(f)* trick rider; **Kunstsammlung** *f* art collection

Kunstseide *f* artificial silk; **Kunststoff** *m* synthetic material, synthetics *pl;* **kunststoffbeschichtet** *adj* synthetic-coated; **Kunststoffkarosserie** *f* (AUTO) fibre/fiber glass body *Br/Am;* **Kunststoffmüll** *m* plastic waste

Kunststück *nt* stunt, trick; **~!** (*iro: kein Wunder*) small wonder!; **Kunstturnen** *nt* gymnastics *sing*

Kunstwerk *nt* work of art

kunterbunt ['kʊntɐ'bʊnt] *adj* motley; (*vielfarbig*) many-coloured; (*abwechslungsreich*) varied

Kupfer ['kʊpfɐ] <-s> *nt* copper; **Kupferdraht** *m* copper wire; **Kupferschmied(in)** *m(f)* coppersmith; **Kupferstich** *m* **1.** (*das Kupferstechen*) copper engraving **2.** (*~Karte*) copperplate

Kuppe ['kʊpə] <-, -n> *f* **1.** (*Berg~*) rounded hilltop **2.** (*Finger~*) tip

Kuppel ['kʊpəl] <-, -n> *f* cupola, dome

Kuppelei *f* (JUR) procuring

kuppeln ['kʊpəln] **I.** *vi* (AUTO) operate the clutch **II.** *vt* (TECH: *verbinden*) couple, join

Kuppler(in) *m(f)* matchmaker; (JUR) procurer

Kupplung *f* **1.** (TECH: *Wellen~, a. das Koppeln*) coupling **2.** (AUTO) clutch; **die ~ treten** disengage the clutch; **die ~ kommen lassen** let the clutch in

Kur [kuːɐ] <-, -en> *f* (MED) cure

Kür [kyːɐ] <-, -en> *f* (*Eiskunstlauf*) free skating

Kuratorium [kura'toːriʊm] <-s, -rien> *nt* **1.** (*Gremium*) board of trustees **2.** (*Komitee, Vereinigung*) comittee

Kurbel [kʊrbəl] <-, -n> *f* (TECH) crank; **Kurbelgehäuse** *nt* (AUTO) crankcase; **kurbeln** *vt, vi* turn, wind; **Kurbelwelle** *f* (AUTO) crankshaft

Kürbis ['kʏrbɪs] <-ses, -se> *m* **1.** (*Frucht*) pumpkin **2.** (*pej: Kopf*) nut

kuren ['kuːrən] *vi* (*fam*) take a cure

Kurfürst *m* (HIST) Elector; **Kurfürstentum** *nt* (HIST) electorate

Kurgast *m* patient at a health resort; **Kurhaus** *nt* spa rooms *pl*

Kurie ['kuːriə] <-, -n> *f* (ECCL) Curia

Kurier [ku'riːɐ] <-s, -e> *m* courier; **Kurierdienst** *m* parcel delivery service

kurieren *vt* cure

kurios [kuri'oːs] *adj* (*seltsam*) curious, odd; **Kuriosität** *f* **1.** (*einzelner Gegenstand*) curiosity **2.** (*Merkwürdigkeit*) oddity

Kurort *m* health resort, spa; **Kurpackung** *f* (*für Haare*) hair-repair kit; **Kurpfuscher(in)** *m(f)* (*pej*) quack; **Kurpfuscherei** *f* (*pej*) quackery

Kurs [kʊrs] <-es, -e> *m* **1.** (MAR AERO: *a. fig*) course; (POL) line **2.** (COM FIN: *Wechsel~*) rate of exchange; (*Aktien~*) price **3.** (*Lehrgang*) course (*für, in* in); **vom ~ abkommen** (AVIAT MAR: *a. fig*) deviate from one's course; **den ~ ändern** (**beibehalten**) (MAR AERO: *a. fig*) alter (hold) one's course; **~ nehmen auf …** set course for …; **zum ~ von …** (FIN) at the rate of …; **im ~ fallen** fall, go down; **im ~ steigen** go up, rise; **hoch im ~ stehen** (*Aktien*) be high; (*fig*) be popular (*bei* with); **Kursbericht** *m* (FIN) stock market report; **Kursbuch** *nt* (RAIL) timetable *Br,* railroad guide *Am*

Kürschner(in) ['kʏrʃnɐ] <-s, -> *m(f)* furrier

Kurseinbruch *m* sudden price fall

kursieren *vi* circulate

kursiv [kʊr'ziːf] *adj* italic; **etw ~ drucken** print s.th. in italics; **Kursivschrift** *f* italic script, italics

Kursnotierung *f* (FIN) quotation; **Kursrisiko** *nt* (FIN) market risk; **Kursrückgang** *m* (FIN) fall in prices; **Kursschwankung** *f* (FIN) fluctuation in rates of exchange; **Kurssturz** *m* (FIN) sharp fall in prices

Kursteilnehmer(in) *m(f)* student

Kursus ['kʊrzʊs, *pl:* 'kʊrzə] <-, Kurse> *m* (*Lehrgang*) course

Kursverlust *m* (FIN) loss on the stock exchange

Kurswagen *m* (RAIL) through coach

Kurswechsel *m* (POL) change of policy

Kurszettel *m* (FIN) stock exchange list

Kurve ['kʊrvə] <-, -n> *f* (*a.* MATH) curve; (*Biegung*) bend; (AVIAT) turn; **weiter vorn macht die Straße eine ~** further ahead the road bends; **die ~ kratzen** (*fam*) make tracks *pl;* **die ~ raushaben** (*fam*) have (got) the hang of it; **kurvenreich** *adj* (*Straße*) bendy

Kurverwaltung *f* spa authorities *pl*

kurz [kʊrts] **I.** *adj* **1.** (*räumlich und zeitlich*) short **2.** (*bündig*) brief **3.** (*rasch*) quick; **mach's ~!** make it brief!; **binnen ~em** before long; **seit ~em** for a short while; **über ~ oder lang** sooner or later; (**bis**) **vor ~em** (until) recently; **vor ~er Zeit** lately; **den Kürzeren[RR] ziehen** (*fam*) get the worst of it; **kürzer machen** shorten **II.** *adv* **1.** (*nicht lang, nicht weit*) just, shortly **2.** (*für eine ~e Zeit*) briefly; **~ und gut** in a word, in short;

K

~ **und bündig** concisely; ~ **vor London** just before London; **etw ~ und klein schlagen** smash s.th. to pieces; **zu ~ kommen** come off badly

Kurzarbeit *f* short time; **kurz|arbeiten** *vi* be on short time; **Kurzarbeitergeld** *nt* short time allowance

kurzärmelig *adj* short-sleeved

kurzatmig *adj* **1.** (MED) short-winded **2.** (*fig*) feeble

Kurzbrief *m* memo letter

Kürze ['kʏrtsə] <-> *f* shortness; (*von Aufsatz, Bericht*) briefness; (*fig: Barschheit*) curtness; (*Bündigkeit*) conciseness; **in aller ~** very briefly; **der ~ halber** for the sake of brevity; **in der ~ liegt die Würze** (*prov*) brevity is the soul of wit

kürzen *vt* **1.** (*kürzer machen*) shorten; (*Buch*) abridge **2.** (*fig: beschneiden*) cut (back) (back) **3.** (MATH: *einen Bruch*) cancel (down)

kurzerhand ['kʊrtsɐ'hant] *adv* **1.** (*ohne Umschweife*) without further ado **2.** (*auf der Stelle*) on the spot

Kurzfassung *f* abridged version; **Kurzfilm** *m* filmlet, short; **Kurzform** *f* (LING) abbreviated form; **kurzfristig I.** *adj* short-term **II.** *adv* **1.** (*fürs erste*) for the short term **2.** (*für kurze Zeit*) for a short time; **Kurzgeschichte** *f* short story; **kurzlebig** *adj* short-lived

kürzlich ['kʏrtslɪç] *adv* lately, recently

Kurznachrichten *fpl* the news headlines *pl;* **Kurzparkzone** *f* short-stay parking zone; **Kurzreise** *f* short trip; **Kurzschluss**[RR] *m* (ELEK) short-circuit; **einen ~ haben (bekommen)** be short-circuited (short-circuit); **Kurzschlusshandlung**[RR] *f* (*fig*) rash action; **Kurzschrift** *f* shorthand; **kurzsichtig** *adj* (*a. fig*) short-sighted; **Kurzsichtigkeit** *f* (*a. fig*) short-sightedness; **Kurzstreckenflug** *m* short-haul flight; **Kurzstreckenrakete** *f* (MIL) short-range missile

Kürzung ['kʏrtsʊŋ] *f* **1.** (*das Kürzermachen*) shortening; (*bei Buch*) abridgement **2.** (*von Gehältern, Ausgaben*) cut (*bei etw o Genitiv: einer Sache* in s.th.)

Kurzwaren *pl* haberdashery *Br,* notions *Am*

Kurzweil ['kʊrtsvaɪl] <-> *f* pastime; **kurzweilig** *adj* entertaining

Kurzwelle *f* (RADIO) short wave

Kurzzeitgedächtnis *nt* short-term memory; **Kurzzeitspeicher** *m* (INFORM) register

kuscheln ['kʊʃln] *vi* cuddle

kuschen ['kʊʃn] *vi* (*pej*) knuckle under

Kusine [ku'ziːnə] <-, -n> *f* cousin

Kuss[RR] [kʊs, *pl:* 'kʏsə] <-es, ¨-e> *m* kiss; **kussecht**[RR] *adj* kiss-proof

küssen ['kʏsən] *vt, vi, vr* kiss; **sie küssten sich** they kissed (each other)

Küste ['kʏstə] <-, -n> *f* coast; **Küstengebiet** *nt* coastal area; **Küstengewässer** *ntpl* coastal waters; **Küstenlandschaft** *f* coastal landscape; **Küstenschifffahrt**[RR] *f* coastal shipping; **Küstenschutz** *m* **1.** (*Erhaltung*) coastal preservation **2.** (*Küstenwache*) coastguard; **Küstenstrich** *m* stretch of coast; **Küstenverschmutzung** *f* coastal pollution

Küster ['kʏstɐ] <-s, -> *m* (ECCL) sexton, verger

Kutsche ['kʊtʃə] <-, -n> *f* **1.** carriage, coach **2.** (*fam: Auto*) jalopy; **Kutscher** *m* coachman

Kutte ['kʊtə] <-, -n> *f* habit

Kutteln *pl* (*Gericht: saurer Rindermagen*) tripes

Kutter ['kʊtɐ] <-s, -> *m* cutter

Kuvert [ku'vɛrt/ku'veːɐ] <-(e)s, -e/-s> *nt* (*Briefumschlag*) envelope

Kuwait [ku'vaɪt] *nt* Kuwait; **Kuwaiter(in)** <-s, -> *m(f)* Kuwaiti; **kuwaitisch** *adj* Kuwaiti

Kybernetik [kybɛr'neːtɪk] *f* cybernetics *pl;* **kybernetisch** *adj* cybernetic

kyrillisch [ky'rɪlɪʃ] *adj* Cyrillic

KZ [kaː'tsɛt] <-s, -s> *nt Abk. von* **Konzentrationslager** concentration camp; **KZ-Gedenkstätte** *f* concentration camp memorial

L

L, l [ɛl] <-, -> *nt* L, l

laben ['la:bən] *vr* (*geh*) feast (*an* on); (*erfrischen*) refresh (*jdn* s.o., *sich mit o an etw* o.s. with s.th.); **sie ~ sich an dem Anblick** they feast their eyes on the view

labern ['la:bɐn] *vt, vi* (*pej fam*) drivel, jabber

labil [la'bi:l] *adj* (*gesundheitlich*) delicate; (*psychisch*) weak

Labor [la'bo:ɐ] <-s, -s/(-e)> *nt* lab; **Laborant(in)** [labo'rant] *m(f)* lab(oratory) technician; **Laboratorium** *nt* laboratory; **Laborbefund** *m* laboratory findings *pl*

laborieren *vi* (*fam*) labour (*an etw* at s.th.)

Labyrinth [laby'rɪnt] <-(e)s, -e> *nt* **1.** (*Irrgarten*) labyrinth **2.** (*fig*) maze

Lache[1] ['laxə] <-, -n> *f* (*Pfütze*) puddle, pool

Lache[2] ['laxə] <-> *f* (*pej fam*) laugh, way of laughing

lächeln ['lɛçəln] *vi* smile (*über* at); **lächle doch mal!** give me [*o* us] a smile!; **kalt ~d[RR]** (*fam pej*) cool as you please

Lachen *nt* laughing, laughter; **brüllen vor ~** roar with laughter; **können vor ~!** (*fam*) if only I knew how!; **das ist nicht zum ~** that's not funny; **sich das ~ verbeißen** keep a straight face; **Ihnen wird das ~ noch vergehen!** you'll soon be laughing on the other side of your face!

lachen ['laxən] *vt, vi* laugh (*über* at); **aus vollem Halse ~** roar with laughter; **dass ich nicht lache!** (*fam*) don't make me laugh! my eye!; (**bei jdm**) **nichts zu ~ haben** (*fig fam*) have a tough time of it (with s.o.); **er hat gut ~** it's all right [*o* very well] for him to laugh; **das Glück lacht ihm** fortune smiles on him; **sich ins Fäustchen ~** laugh up one's sleeve; **sich halbtot ~** split one's sides laughing; **wer zuletzt lacht, lacht am besten** (*prov*) he who laughs last laughs longest

Lacher *m* **1.** (*Lachender*) laugher **2.** (*fam: die Lache*) laugh; **die ~ auf seiner Seite haben** (*triumphieren*) have the last laugh

lächerlich ['lɛçɐlɪç] *adj* **1.** (*zum Lachen*) ridiculous **2.** (*unbedeutend*) petty; **zu einem ~en Preis** at an absurdly low price; **sich** (**vor jdm**) **~ machen** make a fool of o.s. (in front of s.o.); **jdn ~ machen** expose s.o. to ridicule; **er hat mich vor ihnen ~ gemacht** he made me look stupid in front of them; **etw ins Lächerliche ziehen** make fun of s.th.; **Lächerlichkeit** *f* absurdity

Lachfalten *pl* laughing lines; **Lachgas** *nt* laughing gas; **lachhaft** *adj* laughable

Lachs [laks] <-es, -e> *m* salmon; **lachsfarben** *adj* salmon-coloured; **Lachsforelle** *f* salmon trout

Lachsschinken *m* smoked ham

Lack [lak] <-(e)s, -e> *m* lacquer, varnish; (*Auto~*) paint

Lackel <-s, -> *m* (*österr: Tölpel*) oaf

lackieren *vt, vi* varnish; (*Fingernägel*) paint; (*Auto*) spray

Lackleder *nt* patent leather

Lackmus ['lakmʊs] <-> *nt o m* (CHEM) litmus; **Lackmuspapier** *nt* litmus paper

Lackpflegemittel *nt* lacquer preservative

Lackschuh *m* patent-leather shoe

Ladegerät *nt* battery charger; **Ladehemmung** *f* (MIL) jam; **~ haben** jam

Laden[1] ['la:dən, *pl:* 'lɛ:dən] <-s, ⸚> *m* (*Fenster~*) shutter

Laden[2] *m* (*~geschäft*) shop *Br*, store *Am*; **na, wie läuft der ~?** (*fam*) well, how's business?; **das ist ja ein feiner ~ hier!** (*fam iro*) a nice outfit you've got here!; **den ~ dichtmachen** (*fam*) shut up shop; **den** (**ganzen**) **~ schmeißen** (*sl*) run the (whole) show; **den ganzen ~ hinschmeißen** (*sl*) chuck the whole lot in

laden[1] *irr vt* **1.** (*Gästeein~*) invite **2.** (*vor Gericht vor~*) summon

laden[2] *irr vt, vi* **1.** (*mit Fracht be~*) load **2.** (ELEK PHYS) charge **3.** (*Feuerwaffe*) load; **sich etw auf den Hals ~** (*fam*) saddle o.s. with s.th.; **schwere Schuld auf sich ~** place o.s. under a heavy burden of guilt

Ladenbesitzer(in) *m(f)* shopkeeper; **Ladendieb(in)** *m(f)* shoplifter; **Ladendiebstahl** *m* shoplifting; **Ladeneinrichtung** *f* shopfittings *pl;* **Ladenhüter** *m* (*pej*) non-seller; **Ladenkette** *f* chain of shops *Br*, chain of stores *Am;* **Ladenpreis** *m* retail price; (*von Druckerzeugnissen*) publishing price; **Ladenschild** *nt* shop sign *Br*, store sign *Am;* **Ladenschluss[RR]** *m* closing time; **Ladenschlusszeiten[RR]** *fpl* closing hours; **Ladentisch** *m* (sales) counter

Laderampe *f* loading ramp; **Laderaum** *m* load room; (MAR AERO) hold

L

lädieren [lɛ'diːrən] *vt* (*beschädigen*) damage; **lädiert sein** (*fam*) be the worse for wear

Ladung[1] *f* (*Vor~ vor Gericht*) summons *sing*

Ladung[2] *f* (*a. fig*) cargo load; (ELEK PHYS) charge

Lage ['laːgə] <-, -n> *f* **1.** (*Situation*) situation **2.** (*Position*) position **3.** (*örtliche ~, das Gelegensein*) location **4.** (*Schicht*) layer **5.** (*fam: Runde Bier, Schnaps*) round; **Herr der ~ sein** be master of the situation; **die ~ der Nation** the state of the nation; **die ~ der Dinge** the situation; **nach ~ der Dinge** as things stand; **die ~ peilen** (*fam*) see how the land lies; **sich in jds ~ versetzen** put o.s. in someone's place; **jdn in die ~ versetzen etw zu tun** put s.o. in a position to do s.th.; **dazu bin ich nicht in der ~** I'm not in a position to do that; **in günstiger ~** (*günstig gelegen*) well-situated; **das Haus hat eine ruhige ~** the house is in a peaceful location; **Lagebericht** *m* situation report; **Lageplan** *m* general plan, layout plan, site plan

Lager ['lagɐ] <-s, -> *nt* **1.** (*Unterkunft, a. fig: Partei*) camp **2.** (*Waren~*) store; (*~haus*) warehouse; (*Vorrat*) stocks **3.** (GEOL: *Ab~ung, ~stätte*) deposit **4.** (AUTO TECH) bearing; **ans ~ gefesselt sein** be confined to bed; **das ~ abbrechen** strike [*o* break] camp; **ein ~ aufschlagen** pitch camp; **das sozialistische ~** (*fig: Partei*) the socialist camp; **etw am ~ haben** have s.th. in stock; **etw auf ~ haben** (*fam: einen Witz*) have s.th. on tap; **Lagerbestand** *m* stock, inventory; **Lagerbestandsaufstellung** *f* inventory status report; **Lagerbestandsführung** *f* inventory accounting, inventory control; **Lagerfeuer** *nt* campfire; **Lagergebühr** *f* storage charge; **Lagergröße** *f* inventory level, stock level; **Lagerhaltung** *f* storekeeping; **Lagerhaltungskosten** *pl* inventory carrying costs, warehouse charges; **Lagerhaus** *nt* warehouse, store; **Lagerist(in)** *m(f)* storeman (storewoman); **Lagerleiter(in)** *m(f)* camp commander

lagern ['laːgɐn] **I.** *vt* **1.** (*hinlegen*) lay down **2.** (COM: *auf Lager nehmen*) store **II.** *vi* **1.** (*liegen*) lie **2.** (COM: *am Lager sein*) be stored **3.** (*Menschen, a.* MIL) camp **III.** *vr* settle o.s.

Lagerplatz *m* (*Rastplatz*) resting-place; **Lagerraum** *m* storeroom; **Lagerung** *f* storage; **Lagerverwalter(in)** *m(f)* (COM) stores supervisor

Lagune <-, -n> *f* lagoon

lahm [laːm] *adj* **1.** (*gelähmt*) lame **2.** (*fam*) dreary, dull; **eine ~e Entschuldigung** (*fam*) a poor [*o* lame] excuse; **eine ~e Ente sein** (*pej fam*) have no zip; **~ legen**[RR] paralyse, bring to a standstill; **Lahmarsch** *m* (*sl: Schimpfwort*) slowcoach *Br,* slowpoke *Am;* **lahmarschig** *adj* (*pej sl*) damn slow; **sei doch nicht so ~!** get your arse/ass in gear! *Br/Am*

lahmen *vi* be lame (*auf* in)

lähmen ['lɛːmən] *vt* (*a. fig*) paralyse; **vor Angst wie gelähmt sein** be paralysed with fear

lahm|legen *vt s.* **lahm**

Lähmung ['lɛːmʊŋ] *f* (*a. fig*) paralysis

Laib [laɪp] <-(e)s, -e> *m* loaf

Laich [laɪç] <-(e)s, -e> *m* (*in Schleim gehüllte Eier*) spawn; **laichen** *vi* (*Laich ablegen*) spawn

Laie ['laɪə] <-n, -n> *m* **1.** (*Kirche, a. fig*) layman **2.** (*fig*) amateur; **da staunt der ~, und der Fachmann wundert sich** (*fam*) that's a real turn-up for the book; **Laiendarsteller(in)** *m(f)* amateur actor (actress); **laienhaft** *adj* **1.** (*amateurhaft*) amateurish **2.** (*unfachmännisch*) lay

Lakai [la'kaɪ] <-en, -en> *m* lackey

Lake ['laːkə] <-, -n> *f* brine

Laken ['laːkən] <-s, -> *nt* sheet

lakonisch [la'koːnɪʃ] *adj* laconic(al)

Lakritz(e) [la'krɪts] <-, -n> *m* liquorice

lallen ['lalən] *vt, vi* (*Säugling*) babble; (*Betrunkener*) slur

Lama[1] ['laːma] <-(s), -s> *nt* llama

Lama[2] *m* (REL: *buddhistischer Priester in Tibet*) lama

Lamaismus <-> *m* (REL) Lamism

Lamelle [la'mɛlə] <-, -n> *f* **1.** (BOT) lamella **2.** (*von Jalousien*) slat

Lametta [la'mɛta] <-s> *f* **1.** tinsel **2.** (*pej: Orden*) gongs *pl*

laminieren [lamɪ'niːrən] *vt* (TECH) laminate

Lamm [lam, *pl:* 'lɛmɐ] <-(e)s, ¨-er> *nt* lamb; **Lammfell** *nt* lambskin

Lampe ['lampə] <-, -n> *f* lamp

Lampenfieber *nt* (THEAT) stage fright

Lampenschirm *m* lamp-shade

Lampion [lam'pjoːn] <-s, -s> *m* Chinese lantern

LAN *nt* (INFORM) *Abk. von* **local area network** LAN, lan

lancieren [lã'siːrən] *vt* launch

Land [lant, *pl:* 'lɛndɐ] <-(e)s, ¨-er> *nt* **1.** (*Fest~, Gelände*) land **2.** (*im Gegensatz zur Stadt*) country **3.** (*Staat*) country; (*Bundesland der BRD*) Land; (*in Österreich*) province; **an ~ gehen (setzen)** go (put) ashore; **(das) ~ bebauen** work on [*o* cultivate] the land; **~ sichten** (MAR) sight land; **wieder ~ sehen** (*fig*) be back on dry land again; **~ in Sicht!** (MAR) land ahoy!; **zu ~**

und zu Wasser by land and by sea; **sich jdn (etw) an ~ ziehen** (*fam*) land s.o. (s.th.); **auf dem ~(e)** in the country; **aufs ~ gehen** go (in)to the country; **außer ~es gehen** leave the country; **aus aller Herren Länder** from the four corners of the earth; **hier zu ~e**[RR] here, in this country

Landadel *m* landed gentry; **Landarbeiter(in)** *m(f)* farm [*o* agricultural] worker; **Landbesitz** *m* land, landed property [*o* estate]; **~ haben** own land; **Landbesitzer(in)** *m(f)* landowner; **Landbevölkerung** *f* rural population

Landeanflug *m* (AVIAT) approach; **Landebahn** *f* (AVIAT) runway, landing-strip

landeinwärts [-'--] *adv* inland

landen ['landən] **I.** *vt haben* (*a. fig*) land; **einen Coup (gegen jdn/etw) ~** (*fam*) pull off a coup (against s.o./s.th.); **bei jdm einen Kinnhaken ~** (*fam*) land s.o. a hook to the chin **II.** *vi sein* **1.** land **2.** (*fam: enden*) land up **3.** (*fam*) get somewhere (*mit etw bei jdm* with s.o. by s.th.); **weich ~** (AVIAT) soft-land; **(sofort) im Papierkorb ~** (*fam*) go (straight) into the wastepaper basket; **glaub' nur nicht, dass du damit bei mir ~ kannst!** (*fam*) don't think to get anywhere with me by that!

Landenge *f* isthmus

Landeplatz *m* (MAR) landing place; (AVIAT: *ausgebauter ~*) landing strip; (*nicht ausgebauter Platz zum Landen*) place to land

Ländereien [lɛndə'raɪən] *pl* estates

Länderspiel *nt* (SPORT) international

Landesarbeitsamt *nt* Regional Labour Exchange *Br,* Regional Labor Office *Am;* **Landesarbeitsgericht** *nt* Labour Court *Br,* Higher Labor Court *Am*

Landescheinwerfer *m* (AVIAT) landing light

Landesfarben *fpl* **1.** (*einer Nation*) national colours *pl* **2.** (*eines Bundeslandes der Bundesrepublik D.*) state colours *pl;* **Trikots in den ~** (SPORT) jersey in national colours; **Landesgrenze** *f* **1.** (*eines Staates*) national boundary **2.** (*eines Bundeslandes der Bundesrepublik D.*) state boundary

Landeshauptmann *m* head of a province government

Landesinnere *nt* inland region; **tief ins ~ vorstoßen** penetrate into the heart of the country; **Landeskunde** *f* regional studies; **Landesregierung** *f* (*in der Bundesrepublik D.*) government of a Land; (*in Österreich*) provincial government; **Landessozialgericht** *nt* Higher Social Court; **Landessprache** *f* national language

Landesteg *m* landing stage

Landestracht *f* national costume; **Landestrauer** *f* national mourning; **landesüblich** *adj* customary; **Landesverrat** *m* high treason; **Landesverteidigung** *f* national defence *Br,* national defense *Am;* **Landeswährung** *f* national currenc; **Landeszentralbank** *f* state central bank

Landflucht *f* migration [*o* drift] from the land; **Landfriedensbruch** *m* (JUR) breach of the peace; **Landgang** *m* (MAR) shore leave; **Landgemeinde** *f* country community; **Landgericht** *nt* district court; **landgestützt** *adj* (MIL: *Raketen*) land-based; **Landgut** *nt* estate; **Landhaus** *nt* country house; **Landkarte** *f* map; **Landkreis** *m* administrative district; **X, Landkreis Y** X, county (of) Y; **landläufig** *adj* popular; **nach ~er Meinung** according to popular opinion; **Landleben** *nt* country life

Ländler <-s, -> *m* (*österr*) country dance

Landleute *pl* country people

ländlich ['lɛntlɪç] *adj* rural

Landmaschinen *pl* agricultural machinery *sing;* **Landplage** *f* (*fig fam*) pest; **Landratte** *f* (*hum*) landlubber; **Landregen** *m* steady rain

Landschaft *f* **1.** (*ländl. Gegend*) countryside **2.** (*auf Fotos, Gemälden*) landscape; **in der ~ herumstehen** (*fam hum*) stand around; **~s- und Biotopschutz** protection of landscapes and habitats; **landschaftlich** *adj* scenic; (*regional*) regional; **die ~e Schönheit dieser Gegend** the beauty of the scenery; **Landschaftsgärtner(in)** *m(f)* landscape gardener; **Landschaftspflege** *f* landscape management [*o* planning]; **Landschaftsschutzgebiet** *nt* landscape protection area, Area of Outstanding Natural Beauty, AONB

Landsknecht *m* (HIST: *Söldner*) mercenary

Landsmann(-männin) <-(e)s, -leute/(-männer)> *m* compatriot, fellow countryman; **was für ein ~ sind Sie?** where do you come from?

Landstraße *f* road; (*im Gegensatz zur Autobahn*) ordinary road; **Landstreicher(in)** *m(f)* (*pej*) tramp, hobo *Am;* **Landstreitkräfte** *pl* land forces; **Landstrich** *m* area; **Landtag** *m* (*in Deutschland*) Landtag (*regional parliament*); **Landtagswahlen** *pl German regional elections*

Landung ['landʊŋ] *f* (MAR AERO MIL) landing; **weiche ~** soft landing; **Landungsboot** *nt* (MIL) landing craft; **Landungsbrücke** *f* jetty, landing-stage

Landvermesser(in) *m(f)* land surveyor; **Landvermessung** *f* land surveying

Landweg *m:* **auf dem ~** by land

Landwirt(in) *m(f)* farmer; **Landwirtschaft** *f* **1.** agriculture, farming **2.** (*Hof*)

farm **3.** (*die Landwirte*) farmers *pl;* **landwirtschaftlich** *adj* agricultural; ~**e Maschinen** agricultural machinery *sing;* **Landwirtschaftsministerium** *nt* ministry of agriculture; (*in GB*) Board of Agriculture; (*in den USA*) Department of Agriculture; **Landwirtschaftsschule** *f* agricultural college

Landzunge *f* spit of land

lang [laŋ] <länger, längst> **I.** *adj* long; (*fam: groß, hoch aufgeschossen*) tall; **das weiß ich seit ~em** I have known that (for) a long time; **das habe ich ~e Zeit nicht gewusst** I haven't known that for a long time; **das ist schon ~ her** that's a long time ago; **in nicht allzu ~er Zeit** before too long; **ich fahre für längere Zeit weg** I'm going away for a long time; **zwei Meter ~** two metres long; **auf ~e Sicht** in the long term; **Sie müssen das auf ~e Sicht betrachten** you must take the long view; **ein ~es Gesicht machen** pull a long face; **einen ~en Hals machen** (*fam*) crane one's neck; **die Zeit wurde uns ~** time began to hang heavy on our hands; **etw ~ und breit erklären** go to great lengths to explain s.th.; **mir wird die Zeit nie ~** I never get bored; **etw auf die ~e Bank schieben** put s.th. off; **etw von ~er Hand vorbereiten** prepare s.th. carefully **II.** *adv:* **drei Tage/Wochen ~** for three days/weeks; **sein ganzes Leben ~** all his life; **~ ersehnt**[RR] longed-for; **~ erwartet**[RR] long-awaited; **über kurz oder ~** sooner or later; **etw ~ und breit erzählen** tell s.th. at great length; **~ gestreckt**[RR] long; **langarmig** *adj* long-armed; **langatmig** *adj* (*fig*) long-winded; **langbeinig** *adj* long-legged

lange ['laŋə] *adv* **1.** long **2.** (*fam: bei weitem*): **~ nicht so ...** not nearly as ...; **noch ~ nicht** not by any means; **das ist schon ~ her** it's a long time ago; **es ist noch gar nicht ~ her, dass ...** it's not long since ...; **er macht es nicht mehr ~** (*fam*) he won't last long [*o* much longer]; **je länger, je lieber** (*fam*) the longer the better; **das ist noch ~ kein Beweis** (*fam*) that's far from being evidence; **was du kannst, das kann ich schon ~** (*fam*) the things you can do are but child's play to me

Länge ['lɛŋə] <-, -n> *f* **1.** (*zeitlich, räumlich, a.* SPORT) length **2.** (*fig: langatmige Stelle*) long-drawn-out passage **3.** (ASTR GEOG MATH) longitude **4.** (*fam: Größe eines Menschen*) height; **der ~ nach** (*längs*) lengthwise; **der ~ nach hinfallen** fall flat; **etw in die ~ ziehen** protract s.th.; **sich in die ~ ziehen** go on and on; **mit einer ~ (Vorsprung) gewinnen** (SPORT) win by a length

langen ['laŋən] **I.** *vt* (*reichen*) give, hand, pass; **jdm eine ~** (*fam*) smack someone's face **II.** *vi* **1.** (*genügen*) be enough, do, suffice **2.** (*sich (er)strecken*) reach (*bis zu o an etw* s.th., *nach* for); **mir langt's!** I'm fed up with it!; **~ Sie zu!** (*fam: bei Tisch*) help yourself!; **es langt hinten und vorn nicht** (*fam*) it's nowhere near enough; **das Geld langt einfach nicht** (*fam*) there just isn't enough money

Längengrad *m* (GEOG) longitude

Längenmaß *nt* linear measure

längerfristig **I.** *adj* longer-term; **~es Darlehen** loan taken at relatively long terms **II.** *adv* in the longer term; **~ planen** plan for the longer term

Langeweile ['laŋəvaɪlə/--'--] <-> *f* boredom; **~ haben** be bored

langfädig *adj* (*CH: Rede, Ausführungen*) long-winded

Langfinger *m* (*fam*) pickpocket

langfristig **I.** *adj* long-term **II.** *adv* in the long term; **~ planen** plan for the long term

langgestreckt *adj s.* **lang**

langjährig **I.** *adj* **1.** (*viele Jahre dauernd*) many years of **2.** (*seit vielen Jahren bestehend*) long-standing, of many years' standing; **unser ~er Mitarbeiter** our long-standing employee **II.** *adv* for many years

Langlauf <-(e)s> *m* (SPORT: *Ski~*) cross-country skiing; **Langläufer(in)** *m(f)* cross-country skier; **Langlaufski** *m* cross-country ski

langlebig *adj* **1.** (*haltbar*) long-lasting **2.** (*Gerücht*) long-lived; **Langlebigkeit** *f* durability, longevity

länglich ['lɛŋlɪç] *adj* elongated, long

Langmut <-> *f* forbearance, patience; **langmütig** *adj* forbearing, patient

längs [lɛŋs] **I.** *präp* along **II.** *adv* lengthways, lengthwise

Längsachse *f* longitudinal axis

langsam ['laŋza:m] **I.** *adj* slow **II.** *adv* slowly; (*fam: allmählich, endlich*) just about; **~(er) fahren** drive slowly (slow down); **es wird ~ Zeit, dass etw geschieht** (*fam*) it's about time s.th. happened; **es wurde aber auch ~ Zeit!** (*fam*) it was really high time! [*o* and about time too!]; **~ reicht es mir** (*fam*) I'm just about fed up with it; **so ~ sollte er kommen!** (*fam*) it's just about time he was here!; **immer schön ~!** (*fam*) easy does it!

Langsamkeit *f* slowness

Langschläfer(in) *m(f)* late riser

Langspielplatte *f* long-playing record

Längsschnitt *m* longitudinal section

längst [lɛŋst] *adv* (*schon lange*) for a long time; (*vor langer Zeit*) long ago; **~ nicht so ...** not nearly as ...; **noch ~ nicht** not by any means; **das weiß ich schon ~** I've known that for ages; **..., aber der Zug war ~ weg ...**, but the train had long since gone

längstens *adv* **1.** (*spätestens*) at the latest **2.** (*höchstens*) at the most; **ich kann es dir ~ für drei Tage leihen** I can lend it to you for three days at the longest

Langstreckenflug *m* (AVIAT) long-haul flight, long-distance flight; **Langstreckenlauf** *m* long-distance run [*o* race]; **Langstreckenrakete** *f* (MIL AERO) long-range missile [*o* rocket]; **Langstreckenwaffe** *f* (MIL) long-range weapon

Languste [laŋ'gʊstə] <-, -n> *f* crayfish, crawfish *Am*

langweilen ['laŋvaɪlən] **I.** *vt* bore **II.** *vi* be boring **III.** *vr* be [*o* get] bored; **sich zu Tode ~** be bored to death

langweilig *adj* **1.** boring, tedious **2.** (*fam: langsam, lahm*) slow; **er ist mit allem so ~** he's such a slowcoach at everything

Langwelle *f* (RADIO) long wave

langwierig ['laŋviːrɪç] *adj* lengthy

Langzeit- *präfix* long-term; **Langzeitarbeitslose(r)** *f m* long-term unemployed (person); **Langzeitrisiko** *nt* long-term risk; **Langzeitspeicher** *m* (INFORM) long-term storage; **Langzeitstudie** *f* long-term study; **Langzeittest** *m* long-term test; **Langzeitwirkung** *f* long-term effect

LAN-Server <-s, -> *m* (INFORM) LAN server

Lanze ['lantsə] <-, -n> *f* lance; **für jdn eine ~ brechen** take up the cudgels for s.o.

Laos ['laːɔs] <-> *nt* Laos; **Laote**, **-tin** [la'oːtə] *m, f* Laotian; **laotisch** *adj* Laotian

Lapislazuli [lapɪs'laːtsuli] <-> *m* lapis lazuli

Lappalie [la'paːliə] <-, -n> *f* mere nothing, trifle

Lappen ['lapən] <-s, -> *m* (*Stück Stoff*) cloth; (*Wisch~*) duster; **jdm durch die ~ gehen** (*fam: entwischen*) slip through someone's fingers

läppisch ['lɛpɪʃ] *adj* **1.** (*dumm*) silly **2.** (*sehr gering*) mere; **das ist doch ~!** that's silly!; **~e zwanzig Mark** a mere twenty marks

Lapsus ['lapsʊs *pl:* 'lapsuːs] <-, -> *m* slip

Laptop ['læptɒp] <-s, -s> *nt* (INFORM) laptop

Lärche ['lɛrçə] <-, -n> *f* (*Baum*) larch

Larifari <-s> *nt* (*pej*) airy-fairy nonsense

Lärm [lɛrm] <-(e)s> *m* **1.** (*Krach*) noise **2.** (*Radau*) row **3.** (*Aufsehen*) fuss; **~ schlagen** give the alarm; (*fig*) kick up a fuss; **viel ~ um nichts machen** make a lot of fuss about nothing; **Lärmbekämpfung** *f* noise prevention; **Lärmbelästigung** *f* noise disturbance; **Lärmbelastung** *f* noise pollution; **Lärmeinwirkung** *f* effect of noise; **lärmempfindlich** *adj* sensitive to noise

lärmen *vi* be noisy, make a noise; **lärmend** *adj* noisy

Lärmkulisse *f* acoustic environment; **Lärmminderung** *f* noise level reduction; **Lärmpegel** *m* noise level; **Lärmquelle** *f* source of noise; **Lärmschutz** *m* noise prevention; **Lärmschutzbereich** *m* noise prevention zone; **Lärmschutzmaßnahmen** *fpl* noise prevention measures; **Lärmschutzwall** *m*, **Lärmschutzwand** *f* sound [*o* noise] barrier

Larve ['larfə] <-, -n> *f* **1.** (BIOL) larva **2.** (*Maske*) mask

lasch [laʃ] *adj* **1.** (*schlaff*) limp **2.** (*zu nachgiebig*) lax **3.** (*fam: Geschmack*) tasteless

Lasche ['laʃə] <-, -n> *f* (*Schuh~*) tongue; (*Schlaufe*) loop

Laser ['leːzɐ] <-s, -> *m* laser; **Laserbehandlung** *f* laser treatment; **Laserdrucker** *m* (INFORM) laser printer; **Laserstrahl** *m* laser beam; **Lasertechnik** *f* laser technology; **Laserwaffe** *f* (MIL) laser weapon

lassen ['lasən] *irr* **I.** *vt* **1.** (*zulassen, erlauben*) let **2.** (*veranlassen*): **etw tun ~** have [*o* get] s.th. done; **jdn etw tun ~** have [*o* make] s.o. do s.th. **3.** (*be~*) leave; (*gewähren ~*) let **4.** (*unter~*) omit **5.** (*über~*): **jdm etw ~** let s.o. have s.th. **6.** (*zurück~*) leave **7.** (*hinaus~, hinein~*) let (*aus* out of, *in* into); **lasst[RR] uns gehen!** let's go!; **er lässt[RR] sich nicht überreden** he will not be persuaded; **er ließ sich nicht überzeugen** he would not be convinced; **ich lasse meinen Anzug reinigen** I have my suit cleaned; **sich einen Bart wachsen ~** grow a beard; **er ließ mich (eine Stunde) warten** he kept me waiting (for an hour); **~ Sie die Dinge, wie sie sind!** leave things as they are!; **~ Sie das!** stop it!; **lass[RR] mich in Ruhe!** leave me alone!; **~ wir das jetzt mal!** let's leave this now!; **dann ~ wir's eben!** let's drop the whole idea!; **~ wir es dabei (bewenden)!** let's leave it at that!; **~ Sie mir eine Woche Zeit!** give me a week!; **höflich ist er, das muss man ihm ~** he's polite, you must admit [*o* you've got to give him that]; **tu, was du nicht ~ kannst!** do what you think you must!; **jdn rufen [*o* kommen] ~** send for s.o.; **~ Sie es sich doch schicken!** have it sent to you!; **ich habe mir sagen ~, ...** I've been told ...; **~ Sie sich das gesagt sein!** take it from me!; **jdm etw mitteilen ~** let s.o. know s.th.; **von etw ~** keep away from s.th.; **sie kann's einfach nicht ~** she just can't help it; **das lässt[RR] sich machen!** that's possible!; **lass[RR] mich nur machen!** leave it to me!; **die Tür lässt[RR] sich nicht**

öffnen the door doesn't open; **offen ~**RR (*a. fig*) leave open **II.** *vi* (*ab~, aufgeben*) give up (*von etw* s.th.)

lässig ['lɛsɪç] *adj* **1.** (*ungezwungen*) casual **2.** (*sl: mit Leichtigkeit*) cool

Lasso ['laso] <-s, -s> *m/nt* lasso

Last [last] <-, -en> *f* **1.** (*a. fig*) burden, load **2.** (MAR AERO) cargo; **~en** (*von Kosten*) charges, costs *pl;* **jdm zur ~ fallen** be a burden on s.o.; (*ihm lästig sein*) trouble s.o.; **jdm etw zur ~ legen** lay s.th. to someone's charge, charge s.o. with s.th.; **lasten** ['lastən] *vi* weigh (heavily) (*auf* on); **alle Verantwortung lastet auf mir** all the responsibility rests on me

Lastenaufzug *m* goods lift *Br,* goods elevator *Am;* **Lastentaxi** *nt* goods taxi

Laster[1] <-s, -> *m* (*fam: LKW*) lorry *Br,* truck *Am*

Laster[2] <-s, -> *nt* (*Untugend, Unsitte*) vice

Lästerer ['lɛstərɐ] <-s, -> *m,* **Lästerin** *f* **1.** (*Gottes~*) blasphemer **2.** (*fam: Schandmaul*) malicious tongue; **ein ~ sein** have a malicious tongue

lasterhaft *adj* depraved; **Lasterhaftigkeit** *f* depravation

Lästermaul *nt* (*pej: Person*) scandalmonger

lästern ['lɛstɐn] **I.** *vt* (*Gott*) blaspheme against **II.** *vi* (*fam*) make nasty remarks (*über* about)

lästig ['lɛstɪç] *adj* (*belästigend*) troublesome; (*ärgerlich*) annoying; **jdm ~ fallen** [*o* **sein**] molest [*o* pester] s.o.; **du kannst wirklich ~ sein** you can be a real nuisance; **er wird langsam ~** he's about becoming a nuisance

Lastkahn *m* barge

Lastkraftwagen *m* heavy goods vehicle

Lastschrift *f* (COM) **1.** (*~anzeige*) debit note **2.** (*Buchung*) debit entry

Lasttier *nt* pack animal; **Lastträger** *m* porter; **Lastwagen** *m* lorry *Br,* truck *Am;* **Lastzug** *m* trailer, truck

Lasur [la'zuːɐ] *f* glaze

Latein [la'taɪn] <-s> *nt* Latin; **ich bin mit meinem ~ am Ende** (*fam*) I'm at my wits' end

Lateinamerika *nt* Latin America; **Lateinamerikaner(in)** *m(f)* Latin American; **lateinamerikanisch** *adj* Latin-American

lateinisch *adj* Latin

latent [la'tɛnt] *adj* latent

Laterne [la'tɛrnə] <-, -n> *f* lantern; (*Straßen~*) streetlight; **Laternen pfahl** *m* lamp post

Latex ['laːtɛks] <-> *nt* latex

Latsche ['laːtʃə] <-, -n> *f* (*Nadelbaum*) mountain pine

Latschen ['laːtʃən] <-s, -> *m* (*fam*) **1.** (*Hausschuh*) slipper **2.** (*alter Schuh*) worn-out shoe

latschen *sein vi* (*fam*) **1.** (*herumlaufen*) traipse **2.** (*schlurfen*) slouch along

Latschenkiefer *f* mountain pine

Latte ['latə] <-, -n> *f* **1.** (*Brett*) slat **2.** (SPORT: *beim Hochsprung*) bar; (*beim Fußball*) crossbar; **eine ganze ~ von ...** a whole string of ...; **du hast sie doch nicht alle auf der ~!** (*sl*) you've got a screw loose!; **Lattenrost** *m* bed-lattice; **Lattenverschlag** *m* crate; **Lattenzaun** *m* wooden fence

Latz [lats, *pl:* 'lɛtsə] <-es, ⸚e> *m* **1.** (*Kleider~*) bib **2.** (*Hosen~*) flap; **jdm eins vor den ~ knallen** (*sl*) clobber [*o* sock] s.o. one; **Latzhose** *f* dungarees *pl*

lau [laʊ] *adj* **1.** (*Flüssigkeit, a. fig*) lukewarm **2.** (*mild*) mild

Laub [laʊp] <-(e)s> *nt* leaves *pl;* **Laubbaum** *m* deciduous tree

Laube ['laʊbə] <-, -n> *f* **1.** (*Gang*) arbour **2.** (*Gartenhäuschen*) summerhouse

Laubfrosch *m* treefrog

Laubsäge *f* fretsaw

Laubwald *m* deciduous forest

Lauch [laʊx] <-(e)s, -e> *m* leek; **Lauchzwiebel** *f* spring onion

Lauer ['laʊɐ] <-> *f:* **auf der ~ liegen** [*o* **sein**] lie in wait; **lauern** *vi* (*a. fig*) lie in wait (*auf* for)

Lauf [laʊf, *pl:* 'lɔɪfə] <-(e)s, ⸚e> *m* **1.** (*schneller Schritt*) run **2.** (*~ einer Maschine, Gang*) operation, running **3.** (INFORM) run **4.** (SPORT: *Wett~*) race **5.** (*Gewehr~*) barrel **6.** (*Bein von Tieren*) leg **7.** (*Flussver~, a. ~ der Gestirne*) course **8.** (*fig: Ver~, Ab~*) course; **der ~ der Dinge** the way things go; **den Dingen ihren** [*o* **freien**] **~ lassen** let things take their course; **seinen Gefühlen freien ~ lassen** give way to one's feelings; **im ~e des Gesprächs** in the course of the conversation; **im ~e der Jahre** in the course of the years

Laufbahn *f* (*Beruf*) career; **eine ~ einschlagen** enter on a career

Laufbursche *m* (*obs*) errand-boy

laufen ['laʊfən] *irr* **I.** *vi* **1.** (*rennen*) run; (*zu Fuß gehen*) walk **2.** (*Maschine, Uhr*) go; (*funktionieren*) work **3.** (*undicht sein*) leak; (*Nase*) run **4.** (*Fluss*) run; (*Weg*) go **5.** (*im Gange sein*) go on; (FILM) be on; **was läuft im Kino?** what's on at the cinema?; **mal sehen, wie die Sache läuft!** (*fam*) let's see how things go!; **die Sache ist gelaufen** (*fam: erledigt*) it's all wrapped up; **kann Ihr Kind schon ~?** can your child already walk?; **wie ~ die Geschäfte?** how's business?; **die Geschäfte ~ schlecht** business is going badly; **unter dem Namen ...**

~ (*fam: heißen*) go by the name of …; **das läuft unter der Rubrik …** (*fam*) that comes under the category …; **die Versicherung läuft auf meinen Namen** the insurance is in my name **II.** *vt* **1.** (*rennen, a. eine Rekordzeit*) run **2.** (*zu Fuß gehen*) walk **3.** (AUTO: *fahren*) do; **Gefahr ~ etw zu tun** run the risk of doing s.th.; **Ski ~** ski; **Rollschuh ~** rollerskate; **Schlittschuh ~** skate; **sich warm ~**[RR] (SPORT) warm up; **~ lassen**[RR] let go

laufend I. *adj* **1.** (*Monat, Jahr*) current **2.** (*ständig*) regular; (*regelmäßig*) routine; **~e Nummer** serial number; **am ~en Band** (*fig*) continuously; **auf dem Laufenden**[RR] **bleiben** keep o.s. up-to-date; **jdn auf dem Laufenden**[RR] **halten** keep s.o. up-to-date **II.** *adv* continually

laufen|lassen *s.* **laufen**

Läufer(in) [ˈlɔɪfɐ] <-s, -> *m(f)* (SPORT) runner

Läufer[2] <-s, -> *m* **1.** (*beim Schachspiel*) bishop **2.** (*Treppen~*) runner; (*in der Wohnung*) rug **3.** (TECH: *Laufkatze*) crab

Lauffeuer *nt:* **die Nachricht verbreitete sich wie ein ~** the news spread like wildfire

Lauffläche *f* (TECH) **1.** (*von Reifen*) tread **2.** (AUTO: *bei Zylinder*) working surface; (*in Lager*) raceway

Laufgitter *nt* playpen

läufig *adj* (*Hund*) on heat

Laufkatze *f* (TECH) crab; **Laufkran** *m* travelling crane; **Laufkundschaft** *f* occasional customers *pl*

Laufmasche *f* (*im Strumpf*) ladder *Br,* run *Am*

Laufpass[RR] *m* (*fam*): **jdm den ~ geben** give s.o. his (her) marching orders *pl;* **sie gab mir den ~** she told me we were through

Laufrichtung *f* direction of movement; **Laufschiene** *f* (TECH) guide rail, track

Laufschritt <-(e)s> *m* **1.** (*schneller Schritt*) trot **2.** (MIL) double-quick; **im ~** trotting; (MIL) at the double

Laufstall *m* playpen

Laufsteg *m* (*für Mannequins*) catwalk

Laufvogel *m* flightless bird

Laufwerk *nt* (INFORM) drive

Laufzeit *f* **1.** (*von Brief*) transmission time **2.** (*Dauer*) duration; (*Lebensdauer*) life **3.** (*von Vertrag*) period of validity **4.** (SPORT) time **5.** (INFORM) runtime

Laufzettel *m* docket; (*Rundschreiben*) circular

Lauge [ˈlaʊgə] <-, -n> *f* **1.** (CHEM) leach, lye **2.** (*Seifen~*) soapy water

Lauheit *f* **1.** (*von Flüssigkeit, a. fig*) lukewarmness **2.** (*Wind, Abend*) mildness

Laune [ˈlaʊnə] <-, -n> *f* **1.** (*Grille, Einfall*) whim **2.** (*Stimmung*) mood; (*schlechte ~*) (bad) temper; **er hat mal wieder eine seiner ~n** he's in one of his moods; **guter/schlechter ~ sein** be in a good/bad mood; **man muss ihn nur bei ~ halten** (*fam*) you've only got to keep him happy; **aus einer ~ heraus** on a whim; **launenhaft** *adj* **1.** (*launisch*) moody **2.** (*unberechenbar*) capricious; **Launenhaftigkeit** *f* **1.** moodiness **2.** (*Unberechenbarkeit*) capriciousness

launig *adj* (*witzig*) witty

launisch *adj* (*pej*) **1.** (*launenhaft*) moody **2.** (*unberechenbar*) capricious

Laus [laʊs, *pl:* ˈlɔɪzə] <-, ¨-e> *f* louse *pl,* lice; **eine ~ ist ihm über die Leber gelaufen** (*fam*) something's biting him

lauschen [ˈlaʊʃən] *vi* **1.** (*zuhören*) listen (*jdm* to s.o., *auf etw* to s.th.) **2.** (*heimlich*) eavesdrop; **Lauscher** *m* **1.** (*heimlicher Zuhörer*) eavesdropper **2.** (*in Jägersprache: Ohr*) ear

lauschig *adj* (*gemütlich*) cosy, snug

Lausejunge *m* rascal, scamp

Läusemittel *nt* lice treatment

lausen [ˈlaʊzən] *vt* (*ent~*) delouse; **ich glaube, mich laust der Affe!** blow me down!

lausig I. *adj* (*fam*) lousy **II.** *adv* (*fam*) awfully; **~ schwer** bloody [*o* damn] difficult

Laut [laʊt] <-(e)s, -e> *m* sound; **keinen ~ von sich geben** not to make a sound; **~ geben** (*Hund*) give tongue

laut[1] *adj* **1.** (*nicht leise*) loud **2.** (*lärmend*) noisy; **~er!** (*als Aufforderung an Redner*) speak up! *Br,* louder! *Am;* **mit ~er Stimme** at the top of one's voice; **~ lesen** read aloud; **~ vorlesen** read out; **das Radio ~er stellen** turn the radio up; **etw ~ sagen** (*mit ~er Stimme*) say s.th. out loud; **das solltest du besser nicht ~ sagen** you had better not shout that from the rooftops; **~ werden** (*bekannt*) become known; **~es Gelächter** roars *pl* of laughter

laut[2] *präp* according to

lauten *vi* be; (*These, Rede*) go; (*Inhalt eines Schreibens*) go, read; **auf den Inhaber ~** be payable to bearer; **die Anklage lautet auf Mord** the charge is (one of) murder

läuten [ˈlɔɪtən] *vt, vi* ring; **es hat eben geläutet** the bell just rung; **ich habe davon etw ~ hören** (*fam*) I've heard s.th. about it

lautend *adj:* **gleich ~**[RR] identical; **gleich ~e**[RR] **Abschrift** duplicate, true copy

lauter [ˈlaʊtɐ] *adj* **1.** (*rein*) pure **2.** (*aufrichtig, ehrbar*) honourable; **~e Wahrheit** honest truth; **das sind ~ Freunde** (*fam*) they're friends, all of them; **man konnte vor ~ Krach nichts verstehen** you couldn't understand a word for all the noise; ~ **Lügen!** nothing but lies!

läutern ['lɔʏtɐn] *vt* (REL) purify; **Läuterung** *f* (REL) purification

lauthals *adv* at the top of one's voice

lautlich *adj* phonetic

lautlos *adj* soundless

Lautschrift *f* (LING) phonetic script

Lautsprecher(box) *m* (loud)speaker; **Lautsprecherwagen** *m* loudspeaker car

lautstark *adj* loudly; **gegen etw ~ protestieren** protest loudly at [*o* against] sth; **Lautstärke** *f* loudness; (RADIO TV) volume; **Lautstärkeregler** *m* volume control

lauwarm *adj* **1.** (*Flüssigkeit, a. fig*) lukewarm **2.** (*nicht heiß*) slightly warm

Lava ['la:va] <-, (-ven)> *f* lava

Lavabo <-(s), -s> *nt* (*CH*) wash-basin

Lavendel [la'vɛndəl] <-s, -> *m* lavender

lavieren [la'vi:rən] *vi* **1.** (MAR) tack **2.** (*fig*) manoeuvre *Br,* maneuver *Am*

Lawine [la'vi:nə] <-, -n> *f* (*a. fig*) avalanche; **Lawinengefahr** *f* danger of avalanches; **lawinensicher** *adj* (*Ort*) secure from avalanches; **Lawinenverbauung** *f* avalanche barrier

lax [laks] *adj* lax

Lazarett [latsa'rɛt] <-(e)s, -e> *nt* (MIL) **1.** (*Militärkrankenhaus*) military hospital **2.** (*Krankenstation*) sick bay; **Lazarettschiff** *nt* (MIL) hospital ship; **Lazarettzug** *m* (MIL) hospital train

LCD *Abk. von* **liquid crystal display** LCD; **LCD-Anzeige** *f,* **LCD-Display** *nt* LCD-display

Lean Production [ˌli:nprə'dakʃn] <-> *f* (*kostengünstige Herstellung*) lean production

Lebemann <-(e), ¨er> *m* rake, roué

Leben <-s, -> *nt* life; (*Betriebsamkeit*) activity, life; **so ist das ~** such is life; **er liebt das gute ~** he is fond of good living; **jdm das ~ zur Hölle machen** make someone's life hell; **am ~ bleiben (sein)** stay (be) alive; **sich durchs ~ schlagen** struggle through life; **du hast doch noch das ganze ~ vor dir** you've still got all your life in front of you; **eine Sache auf ~ und Tod** a matter of life and death; **~ in die Bude bringen** make things hum; **sich das ~ nehmen** take one's (own) life; **Kampf auf ~ und Tod** life-and-death struggle; **etw ins ~ rufen** bring s.th. into being; **einem Kind das ~ schenken** give birth to a child; **etw für sein ~ gern haben (tun)** be mad about (doing) s.th.; **überall herrschte reges ~** a lot of activity was all around; **jdn ums ~ bringen** kill someone; **ums ~ kommen** lose one's life; **im ~ stehen** know what life is all about

leben ['le:bən] *vt, vi* live; **lebt er noch?** is he still alive?; **na, du lebst also auch noch?** (*hum fam*) well, so you're still among the living?; **von etw ~** live on s.th.; **~ und ~ lassen** live and let live; **man lebt nur einmal!** (*prov*) you only live once!; **sie lebt sehr bescheiden (zurückgezogen)** she leads a very modest (retired) life

lebend *adj attr* live, alive; **er ist der ~e Beweis für ...** he is living proof of ...; **~es Inventar** livestock; **~e Sprachen** modern languages; **die Lebenden** the living; **Lebendgeburt** *f* (MED) live-birth; **Lebendgewicht** *nt* (*a. hum*) live weight

lebendig [le'bɛndɪç] *adj* **1.** (*nicht tot*) live, alive **2.** (*lebhaft*) lively; (*Erinnerung*) vivid; **sie nehmen's von den Lebendigen!** (*fam*) they will really have the shirt off your back!; **Lebendigkeit** *f* (*fig*) liveliness, vividness

Lebensabend *m* old age; **Lebensabschnitt** *m* period of life; **Lebensader** *f* (*fig*) lifeline; **Lebensarbeitszeit** *f* working life; **Lebensarbeitszeitverkürzung** *f* shortening of one's working life; **Lebensart** *f* **1.** (*Lebensweise*) way [*o* manner] of living **2.** (*fig: Benehmen*) manners *pl;* (*Lebensstil, Savoir-vivre*) style, lifestyle, way of live; **Lebensaufgabe** *f* life's work; **Lebensbedingungen** *pl* living conditions; **lebensbedrohend** *adj* life-threatening; **Lebensdauer** *f* life; **Lebensende** *nt* end of someone's [*o* one's] life; **bis an sein (mein) ~** till the end of his (my) life; **Lebenserfahrung** *f* experience of life; **lebenserhaltend** *adj* (MED) life-support; **Lebenserhaltungssystem** *nt* (MED) life-support system; **Lebenserwartung** *f* life expectancy

lebensfähig *adj* **1.** (MED) capable of living **2.** (*fig*) equipped for life

Lebensfreude *f* zest for life; **lebensfroh** *adj* full of the joys of life; **Lebensgefahr** *f* (mortal) danger; **unter ~** at the risk of one's life; **Vorsicht! ~!** Caution! Danger!; **es besteht ~** there is danger to life; **in ~ sein** be in danger of one's life; **außer ~ sein** be out of danger; **lebensgefährlich** *adj* highly dangerous; (*Verletzung*) critical; **Lebensgefährte, -tin** *m, f* partner; **Lebensgefühl** *nt* awareness of life

Lebenshaltungsindex *m* cost of living index *Br,* cost of living figure *Am;* **Lebenshaltungskosten** *pl* cost of living *sing*

lebensklug *adj* canny; **Lebenslage** *f* situation; **in jeder ~** in any situation; **lebenslänglich** *adj* (*lebenslang*) lifelong; **~ hinter Gittern sitzen** (*fam*) be behind bars for life; **er hat ~ bekommen** (*fam*) he got life; **Lebenslauf** *m* 1. (*Lauf des Lebens, Leben*) life 2. (*geschriebener*) curriculum vitae *Br,* résumé *Am;* **lebenslustig** *adj* lively, fond of life

Lebensmittel *ntpl* food *sing;* **Lebensmittelgeschäft** *nt* grocer's (shop) *Br,* grocery (store) *Am;* **Lebensmittelüberwachung** *f* control of foodstuffs; **Lebensmittelvergiftung** *f* food poisoning; **Lebensmittelversorgung** *f* food supply

Lebensmotto *nt* maxim of life, life's maxims

lebensmüde *adj* tired [*o* weary] of life

Lebensmut *m* vital energy; **Lebensnerv** *m* (*fig*) mainspring; **Lebensqualität** *f* quality of life; **Lebensraum** *m* 1. environment; (BIOL) habitat 2. (POL) lebensraum; **Lebensretter(in)** *m(f)* rescuer; **Lebensrhythmus** *m* macrobiotic rhythm; **Lebenssituation** *f* situation in life; **Lebensstandard** *m* standard of living, living standards; **Lebensstellung** *f* job for life; **Lebensunterhalt** *m* living, livelihood; **sich seinen ~ verdienen** earn [*o* make] a living; **Lebensversicherung** *f* life assurance, life insurance *bes. Am;* **eine ~ abschließen** take out a life assurance [*o* insurance]; **Lebenswandel** *m* (way of) life; **lockerer ~** loose living; **Lebensweise** *f* way of life, habits *pl;* **Lebensweisheit** *f* 1. (*Lebenserfahrung*) wisdom 2. (*Maxime fürs Leben*) maxim; **lebenswert** *adj* worth living; **lebenswichtig** *adj* essential, vital; **Lebenszeichen** *nt* sign of life; **er gab kein ~ mehr von sich** he showed no signs of life any more; **Lebenszeit** *f* lifetime; **auf ~** for life; **Beamter auf ~** permanent civil servant

Leber ['le:bɐ] <-, -n> *f* (ANAT) liver; **frisch von der ~ weg reden** (*fam*) speak frankly, speak one's mind; **was ist ihm über die ~ gelaufen?** (*fam*) what's biting him?; **Leberentzündung** *f* liver infection; **Leberfleck** *m* mole; **Leberfunktionsstörung** *f* liver disorder

Leberkäsebrötchen *nt roll with a kind of meat loaf*

Leberkrankheit *f* liver disorder; **Leberkrebs** *m* liver cancer; **Leberleiden** *nt* liver disorder

Leberpastete *f* liver pâté; **Lebertran** *m* cod-liver oil

Leberwerte *mpl* liver function reading

Leberwurst *f* liver sausage *Br,* liverwurst *Am;* **spiel doch nicht immer die beleidigte ~!** (*fam*) must you always get into a huff?

Leberzirrhose <-> *f* cirrhosis of the liver

Lebewesen *nt* living being [*o* creature]

Lebewohl [--'-] <-(e)s, -s/-e> *nt* farewell; **jdm ~ sagen** bid s.o. farewell

lebhaft *adj* 1. (*voller Leben, a. fig: kräftig*) lively; (*temperamentvoll*) vivacious 2. (COM: *Geschäft*) brisk; **~e Farben** bright colours; **~er Handel** brisk trade; **~e Phantasie** vivid imagination; **es geht hier recht ~ zu** things are pretty lively here; **Lebhaftigkeit** *f* 1. (*Lebendigkeit*) liveliness; (*von Temperament*) vivaciousness 2. (COM) briskness

Lebkuchen *m* gingerbread

leblos *adj* 1. (*ohne Leben*) lifeless; (*unbeseelt, flau*) inanimate 2. (*fig: leer, verlassen*) deserted, empty

Leblosigkeit *f* 1. lifelessness 2. (*fig: Leere*) emptiness; **Lebtag** *m* (*fam*): **das habe ich mein ~ noch nicht gesehen** I've never seen the like (of it) in all my life; **Lebzeiten** *fpl:* **zu seinen ~** (*als er noch lebte*) in his lifetime; (*zu seiner Zeit*) in his day

lechzen ['lɛçtsən] *vi* (*fig*) thirst, crave, long (*nach* for)

Lecithin [lɛtsi'ti:n] <-s> *nt* lecithin

Leck [lɛk] <-(e)s, -s> *nt* leak; **leck** *adj* leaky; **~ sein** leak; **~ schlagen** hole

lecken[1] *vi* (*undicht sein*) leak

lecken[2] *vt, vi* (*schlecken*) lick; **seine Wunden ~** lick one's wounds; **sich die Finger nach etw ~** (*fam*) be panting for s.th.; **leck mich (am Arsch)!** (*vulg*) fuck off!

lecker ['lɛkɐ] *adj* (*köstlich*) delicious; **Leckerbissen** *m* 1. (*Speise*) titbit 2. (*fig: Juwel*) gem; **Leckerei** *f* (*Süßigkeit*) dainty; **Leckermaul** *nt* (*fam*): **ein ~ sein** have a sweet tooth

Leder ['le:dɐ] <-s, -> *nt* 1. leather 2. (SPORT: *fam: der Fußball*) ball; **am ~ bleiben** (SPORT: *fam*) stick with the ball; **jdm ans ~ wollen** (*fam*) want to get one's hand on s.o.; **zäh wie ~** (*fam*) as tough as old boots; **Lederbesatz** *m* leather trimming; **Ledereinband** *m* leather binding; **Lederhandschuh** *m* leather glove; **Lederhose** *f* (*von Tracht*) leather shorts *pl;* **Lederjacke** *f* leather jacket

ledern *adj* 1. (*aus Leder*) leather 2. (*zäh*) leathery

Lederpflegemittel *nt* leather conditioner; **Lederriemen** *m* leather strap; **Lederwaren** *pl* leather goods

ledig ['le:dɪç] *adj* 1. (*unverheiratet*) single 2. (*frei von*) free; **~e Mutter** unmarried mother; **aller Pflichten ~ sein** be free of all commitments

Ledige(r) <-n, -n> *f m* single person

lediglich ['le:dɪklɪç] *adv* merely

Lee [le:] <-> *f* (MAR) lee; **nach ~ (zu)** leeward

leer [le:ɐ] *adj* 1. empty 2. (*frei: Wohnung,*

Haus) vacant; (*unmöbliert*) unfurnished **3.** (*unbeschrieben*) blank **4.** (*fig: hohl*) vain; ~**es Gerede** idle talk; ~**e Versprechungen** vain promises; **mit ~en Händen** (*fig*) empty-handed; ~ **ausgehen** come away empty-handed; **es waren alles nur ~e Worte** it was all just talk; ~ **stehen** stand empty; **die Straßen waren wie ~ gefegt**[RR] the streets were deserted

Leere ['le:rə] <-> *f* (*a. fig*) emptiness; **geistige** ~ a mental vacuum; **gähnende** ~ a yawning void

leeren *vt* empty

Leerformel *f* empty phrase

leergefegt *adj s.* **leer**

Leergewicht *nt* unladen weight; **Leergut** <-(e)s> *nt* (COM) empties *pl;* **Leerlauf** *m* **1.** (TECH) idle [*o* lost] motion **2.** (AUTO: *Gang*) neutral **3.** (*fig*) slack; **Leertaste** *f* space bar

Leerung *f* emptying; **nächste** ~ (*eines Briefkastens*) next collection

legal [le'ga:l] *adj* legal, lawful; **legalisieren** *vt* legalize; **Legalität** *f* legality; **(etw) außerhalb der** ~ illegal, (slightly) outside the law

Legasthenie [legaste'ni:] <-> *f* (SCHULE) dyslexia; **Legastheniker(in)** *m(f)* dyslexic

Legat[1] [le'ga:t] <-en, -en> *m* (*päpstlicher Gesandter*) legate

Legat[2] <-(e)s, -e> *nt* (JUR: *Vermächtnis*) legacy

Legebatterie *f* hen battery

legen ['le:gən] **I.** *vt* lay, put; (*an einen bestimmten Platz*) place; **jdn in Ketten** ~ put s.o. in chains; **seine Stirn in Falten** ~ frown; **einen Brand** ~ start a fire; **etw beiseite** ~ put s.th. aside; **jdm etw ans Herz** ~ entrust s.th. to someone; **Wert auf etw** ~ set great store by s.th.; **Eier** ~ lay eggs; **jdm das Handwerk** ~ (*fig*) put a stop to someone's game **II.** *vr* **1.** (*hin~*) lie down **2.** (*an einen best. Platz*) settle (*auf* on) **3.** (*fig: aufhören, abklingen*) abate, die down, subside; (*Zorn, Begeisterung*) wear off; **sich in die Sonne** ~ lie in the sun; **sich in die Kurve** ~ lean into the corner; **das legt sich** (*fam*) that'll sort itself out

legendär *adj* legendary

Legende [le'gɛndə] <-, -n> *f* legend

leger [le'ʒɛ:ɐ] *adj* casual

legieren [le'gi:rən] *vt* (*Metalle*) alloy

Legierung *f* **1.** (*Verfahren*) alloying **2.** (*Ergebnis*) alloy

Legion [le'gjo:n] *f* legion; **Legionär** *m* legionary

Legislative ['legɪslati:və] <-, -n> *f* (POL) legislative body, legislature

Legislaturperiode *f* (POL) parliamentary term *Br,* congressional term *Am*

legitim [legi'ti:m] *adj* legitimate; **Legitimation** *f* legitimation; **legitimieren** **I.** *vt* **1.** (*legitim machen*) legitimize **2.** (*berechtigen*) entitle **II.** *vr* (*sich ausweisen*) show proof of one's identity; **Legitimität** *f* legitimacy

Lehen ['le:ən] <-s, -> *nt* (HIST) feoff, fief; **Leh(e)nsherr** *m* (HIST) feudal lord; **Leh(e)nsmann** *m* (HIST) vassal

Lehm [le:m] <-(e)s, -e> *m* loam; (*Ton*) clay; **Lehmboden** *m* loamy soil; (*Tonboden*) clayey soil; **lehmig** *adj* loamy

Lehne ['le:nə] <-, -n> *f* (*Rücken~*) back(rest); (*Arm~*) arm(rest); **lehnen** **I.** *vt* lean (*an* against) **II.** *vi* be leaning (*an* against) **III.** *vr* lean (*an* against, *auf* on); **nicht aus dem Fenster ~!** (RAIL) do not lean out!; **Lehnenverstellung** *f* backrest adjustment; **Lehnsessel** *m,* **Lehnstuhl** *m* easy-chair

Lehnwort *nt* (LING) loan-word

Lehramt *nt:* **das** ~ the teaching profession; **ein** ~ a teaching post; **Lehramtsstudium** *nt* teacher training; **Lehranstalt** *f* educational establishment; **Lehrbeauftragte(r)** *f m* assistant lecturer *Br,* associate lecturer *Am;* **Lehrberuf** *m* **1.** (*Beruf eines Lehrers*) teaching profession **2.** (*Beruf mit Lehrzeit*) skilled trade; **Lehrbrief** *m* **1.** (*Zeugnis*) certificate of apprenticeship **2.** (*Lektion bei Fernkurs*) correspondence lesson; **Lehrbuch** *nt* textbook

Lehre ['le:rə] <-, -n> *f* **1.** (*Berufsausbildung*) apprenticeship **2.** (*Lektion*) lesson **3.** (*Lehrmeinung*) doctrine; (*Inhalt des ~ns*) teachings *pl;* (*Theorie*) theory **4.** (TECH: *Mess~*) gauge *Br,* gage *Am;* **in die ~ gehen** serve one's apprenticeship (*bei jdm* with s.o.); **die christliche** ~ Christian doctrine; **das soll dir eine ~ sein!** let that be a lesson to you!

lehren *vt, vi* teach; (*an einer Universität*) lecture

Lehrer(in) *m(f)* teacher; (*Privat~, Nachhilfe~*) tutor; (*Fahr~*) instructor (instructress)

Lehrfach *nt* subject; **Lehrfilm** *m* educational film; **Lehrgang** *m* course (*für* in); **einen ~ besuchen** take a course; **Lehrgeld** *nt* (HIST) (apprenticeship) premium; **für etw ~ zahlen** pay dearly for s.th.; **Lehrjahr** *nt* year as an apprentice; **~e sind keine Herrenjahre** (*prov*) life's not easy at the bottom; **Lehrkörper** *m* teaching staff; **Lehrkraft** *f* teacher

Lehrling *m* apprentice

Lehrmittel *ntpl* (SCHULE) teaching materials; **Lehrplan** *m* (SCHULE) (teaching) curriculum; (*einer Klassenstufe*) syllabus; **lehrreich** *adj* **1.** (*informativ*) instructive

2. (*von erzieherischem Wert*) educational; **Lehrsatz** *m* (MATH) theorem; (ECCL) dogma; **Lehrstelle** *f* position as an apprentice; **Lehrstück** *nt* 1. (THEAT) didactic play 2. (*fig: Paradebeispiel*) prime example (*in* of); **Lehrstuhl** *m* chair (*für* of); **Lehrzeit** *f* apprenticeship

Leib [laɪp] <-(e)s, -er> *m* 1. (ANAT: *Körper*) body 2. (*Unter~*) abdomen; **jdm wie auf den ~ geschrieben sein** be tailor-made for s.o.; **am ganzen ~e zittern** tremble all over; **mit ~ und Seele** heart and soul; **er war mit ~ und Seele bei der Sache** he put his heart and soul into it; **bleiben Sie mir damit vom ~e!** (*fam*) stop pestering me with it!; **halt ihn mir vom ~!** keep him away from me; **jdm auf den ~ rücken** (*ihm zu nahe kommen*) crowd s.o.; (*sich jdn vorknöpfen*) get on at s.o.; (*hum: besuchen*) move in on s.o.; **ich habe es am eigenen ~e erfahren** I experienced it for myself; **er hat keinen Funken Anstand im ~e** he hasn't got a spark of decency in him; **Leibarzt** *m* personal physician

leiben ['laɪbən] *vi:* **das ist Peter wie er leibt und lebt** this is Peter to a T

Leibeserziehung *f* (*Sport*) physical training; **Leibeskräfte** *fpl:* **aus ~n** with all one's might; **Leibesübungen** *pl* (*Schulfach*) physical education

Leibgarde *f* bodyguard

Leibgericht *nt* favourite dish

leibhaftig I. *adj* incarnate, personified II. *adv* in person

leiblich *adj* 1. (*körperlich*) bodily, physical 2. (*Mutter, Vater*) natural; **~es Wohlbefinden** material well-being; **die ~en Genüsse** the pleasures of the flesh

Leibwächter *m* bodyguard

Leibwäsche *f* underwear

Leiche ['laɪçə] <-, -n> *f* body, corpse; **über ~n gehen** (*pej*) stop at nothing; **nur über meine ~!** (*fam*) not over my dead body!; **wie eine ~ auf Urlaub aussehen** (*fam*) look like death warmed up

leichenblassRR *adj* as pale as death; **Leichengift** *nt* (MED) ptomaine; **Leichenhalle** *f* mortuary; **Leichenschändung** *f* desecration of corpses; **Leichenschauhaus** *nt* morgue; **Leichenstarre** *f* (MED) rigor mortis; **Leichentuch** *nt* shroud; **Leichenverbrennung** *f* cremation; **Leichenwagen** *m* hearse; **Leichenzug** *m* funeral procession

Leichnam ['laɪçna:m] <-(e)s, -e> *m* body

leicht [laɪçt] I. *adj* 1. (*von geringem Gewicht, a. fig*) light 2. (*einfach*) easy 3. (*geringfügig*) slight; **man hat's nicht ~** life isn't easy; **das geht nicht so ~** that's not so easy; **mit ~er Hand** (*ohne Mühe*) effortlessly; **~er Tabak** mild tobacco; **~ wie eine Feder** as light as a feather; **~ gekleidet**RR **sein** be dressed in light clothes; **~ bekleidet**RR scantily dressed; **eine ~e Erkältung** a slight cold; **keinen ~en Stand haben** not to have an easy time of it; **~es Spiel haben** have a walkover; **Sie werden mit ihm ~es Spiel haben** he'll be no problem; **das ist ~ zu verstehen** that's easy to understand [*o* easily understood]; **~er gesagt als getan** easier said than done; **ein ~es Mädchen** (*pej*) a tart; **~en Herzens** with a light heart; **etw zu ~ nehmen, etw auf die ~e Schulter nehmen** take s.th. too lightly II. *adv* (*unversehens, schnell*) easily; **das werde ich so ~ nicht vergessen** I won't forget that in a hurry; **das ist ~ möglich** that's quite possible; **das kann man sich ~ vorstellen** one can easily imagine that; **jdm ~ fallen**RR be easy for s.o.; **es sich ~ machen**RR make things easy for oneself; **~ verdaulich**RR easily digestible; **~ verderblich**RR perishable; **~ verwundet**RR slightly wounded

Leichtathlet(in) *m(f)* (SPORT) athlete; **Leichtathletik** *f* (SPORT) athletics *pl*

leicht|fallen *vi s.* **leicht**

leichtfertig *adj* 1. (*gedankenlos*) thoughtless 2. (*moralisch*) easygoing

leichtfüßig *adj* light-footed

Leichtgewicht *nt* (*Boxen, a. fig*) lightweight

leichtgläubig *adj* credulous; **Leichtgläubigkeit** *f* credulity

leichthin *adv* lightly

Leichtigkeit *f* (*fig: Mühelosigkeit*) ease; **mit ~** with no trouble at all

Leichtkraftrad *nt* moped

leichtlebig *adj* easy-going

leicht|machen *vt s.* **leicht**

Leichtmetall *nt* light metal

Leichtsinn <-(e)s> *m* 1. (*Gedankenlosigkeit*) thoughtlessness 2. (*Unvorsichtigkeit*) foolishness; **sträflicher ~** criminal negligence; **so** [*o* **was für**] **ein ~!** how silly!; **leichtsinnig** *adj* 1. (*gedankenlos*) thoughtless 2. (*töricht*) foolish; **leichtverdaulich** *adj s.* leicht; **leichtverderblich** *adj s.* leicht; **leichtverwundet** *adj s.* **leicht**

Leichtwasserreaktor *m* (TECH) lightwater reactor

Leid [laɪt] <-(e)s> *nt* 1. (*Sorge, Betrübnis*) grief, sorrow 2. (*Schaden*) harm; **jdm sein ~ klagen** tell s.o. one's troubles *pl;* **jdm ein ~ antun** harm s.o.; **in Freud' und ~** come rain, come shine; **Freude und ~ mit jdm teilen** share one's joys and sorrows with s.o.; **es tut mir ~**RR**, dass …** I regret that …; (**das**) **tut mir ~**RR**!** I'm sorry (about it)!;

es tut mir ~[RR] um sie I'm sorry for her; **das wird dir noch ~[RR] tun!** you'll regret it!; **jdm etw zu ~e[RR] tun** do s.o. harm, harm s.o.; **er tut keiner Fliege was zu ~e[RR]** he wouldn't hurt a fly

leid *adv:* **ich bin** (**habe**) **es ~** I'm tired of it; **ich bin Ihr ewiges Gerede ~** I'm fed up with your eternal chatter; *s. a.* **Leid**

Leiden *nt* suffering; (*Krankheit*) illness; (*Beschwerden*) complaint; **die Freuden und ~ des Lebens** the ups and downs of life

leiden ['laɪdən] *irr* **I.** *vt* **1.** (*er~*) suffer **2.** (*zulassen*) allow, permit; **~ können** like; **Not ~** be in want; **ich kann ihn nicht ~** I don't like him [*o* can't stand him]; **bei jdm wohl gelitten sein** be held in high regard by s.o. **II.** *vi* suffer (*an, unter* from); **leidend** *adj* **1.** (*er~*) suffering **2.** (*kränklich*) ailing

Leidenschaft *f* passion; **eine ~ für etw haben** have a passion for s.th.; **leidenschaftlich** *adj* passionate; **etw ~ gern tun** be passionately fond of doing s.th.; **Leidenschaftlichkeit** *f* passion; **leidenschaftslos** *adj* dispassionate

Leidensgenosse, **-genossin** *m, f* fellow-sufferer

leider ['laɪdɐ] *adv* unfortunately; **~ muss ich gehen** I'm afraid I have to go; **ja ~!** I'm afraid so!; **~ lässt sich das nicht machen** unfortunately that can't be done

leidig *adj* tiresome

leidlich *adj* reasonable; **es geht ihr so ~** (*fam*) she is so-so

Leidtragende(**r**) *f m* (*Benachteiligte*) sufferer, the one to suffer

leidvoll *adj* grievous

Leidwesen *nt:* (**sehr**) **zu meinem ~** (much) to my disappointment

Leier ['laɪɐ] <-, -n> *f* (MUS) lyre; **es ist immer die alte ~** (*fam*) it's always the same old story

Leierkasten *m* hurdy-gurdy

leiern *vt, vi* **1.** (*auf der Drehorgel*) grind **2.** (*pej: Gedicht*) drone

Leiharbeit *f* casual labour; **Leiharbeiter**(**in**) *m(f)* casual worker

Leihbibliothek *f,* **Leihbücherei** *f* lending library

leihen ['laɪən] *irr vt* **1.** (*aus~*) lend **2.** (*borgen*) borrow; **ich habe es mir geliehen** I've borrowed it; **jdm seine Aufmerksamkeit ~** (*fig*) lend s.o. one's attention

Leihgabe *f* loan; **Leihgebühr** *f* rental charge; (*für Bücher*) lending fee; **Leihhaus** *nt* pawnshop; **Leihmutter** *f* surrogate mother; **Leihmutterschaft** *f* surrogate motherhood, surrogacy; **Leihschein** *m* pawn ticket; (*für Buch*) borrowing slip; **Leihschwangerschaft** *f* surrogate pregnancy; **Leihwagen** *m* hire(d) car; **leihweise** *adv* on loan

Leim [laɪm] <-(e)s, -e> *m* glue; **jdm auf den ~ gehen** (*fam*) fall for someone's line; **aus dem ~ gehen** (*fam: auseinander fallen*) fall apart; **leimen** *vt* **1.** (*zusammen~*) glue (together) **2.** (*fam: hereinlegen*) take for a ride; **Leimfarbe** *f* distemper

Leine ['laɪnə] <-, -n> *f* (*Wäsche~*) line; (*Schnur*) cord; (*Hunde~*) leash, lead

Leinen ['laɪnən] <-s, -> *nt* linen; (*Bucheinband*) cloth; **in ~ gebunden** cloth-bound; **leinen** *adj* linen

Leinsamen *m* linseed

Leintuch *nt* (*Bettuch*) sheet

Leinwand *f* **1.** (*für Zelte, a. zum Bemalen*) canvas **2.** (FILM) screen

leise ['laɪzə] *adj* **1.** (*still*) quiet; (*nicht laut*) low **2.** (*schwach, gering*) faint **3.** (*Stimme*) soft; **sei doch ~!** don't make such a noise!; **stell doch mal das Radio ~r!** turn the radio down!; **ich habe nicht die ~ste Ahnung** I haven't got the slightest [*o* faintest] idea; **sprechen Sie doch bitte etw ~r!** please keep your voice down a bit!

Leisetreter(**in**) *m(f)* (*pej*) pussyfooter

Leiste ['laɪstə] <-, -n> *f* **1.** (*Holz~*) strip; (*Umrandung*) border **2.** (ANAT) groin

Leisten ['laɪstən] <-s, -> *m:* **alles über einen ~ schlagen** (*fam*) measure everything by the same yardstick

leisten ['laɪstən] *vt* (*vollbringen*) achieve; **sich etw ~** (*erlauben*) allow o.s. s.th.; (*gönnen*) treat o.s. to s.th.; **sich etw ~ können** be able to afford s.th.; **jdm Beistand ~** lend s.o. one's support; **jdm einen Dienst ~** render s.o. a service; **einen Eid ~** take an oath; **jdm Hilfe ~** help s.o.; **gute Arbeit ~** do a good job; **Ersatz ~** provide a replacement; **jdm Genugtuung ~** give s.o. satisfaction; **jdm Gesellschaft ~** keep s.o. company; **Großes ~** achieve great things *pl;* **das kann ich mir nicht ~** I can't afford that; **er leistete sich die Frechheit zu …** he had the cheek to …; **da hat er sich aber etwas** (**Schönes**) **geleistet!** (*iro*) that was really brilliant of him!

Leistenbruch *m* (MED) hernia; **Leistengegend** *f* (ANAT) groin

Leistung *f* **1.** (*Geleistetes*) performance; (*geleistete Arbeit*) work **2.** (*~sfähigkeit*) capacity; (AUTO) power **3.** (*Zahlung durch Versicherung, Krankenkasse*) benefit **4.** (*betriebliche ~, Ausstoß*) output; **nach ~ bezahlt werden** be paid on results *pl;* **die ~en sind besser geworden** the levels of performance have improved; **schwache ~!** (*fam*) poor show!; **Leistungsabfall** *m* (TECH, ELEK) power diminution; **er hat einen ~** (SCHULE) his work has deteriorated;

Leistungsaufnahme *f* (TECH, ELEK) power consumption [*o* input]; **Leistungsbewertung** *f* efficiency measurement; **leistungsbezogen** *adj* performance-oriented, achievement-oriented; **Leistungsbilanz** *f* balance of goods and services; **Leistungsdruck** *m* pressure (to do well), stress of performance; **Leistungsfach** *m* (SCHULE) special subject; **leistungsfähig** *adj* **1.** (*fähig*) able, capable; (*tüchtig*) efficient **2.** (COM: *produktiv*) productive; (*konkurrenzfähig*) competitive **3.** (AUTO) powerful **4.** (FIN: *zahlungskräftig*) solvent; **Leistungsfähigkeit** *f* **1.** (*Tüchtigkeit*) efficiency **2.** (COM: *Produktivität*) productive power; (*Konkurrenzfähigkeit*) competitiveness **3.** (AUTO) power **4.** (FIN: *Zahlungskraft*) solvency; **Leistungsgesellschaft** *f* performance-oriented society; **Leistungsknick** *m* bend in efficiency; **Leistungskontrolle** *f* performance control; **Leistungsminderung** *f* **1.** (*körperlich, geistig*) drop in efficiency **2.** (ELEK) power drop **3.** (TECH) drop in output; **Leistungsprüfung** *f* performance test; **Leistungstest** *m* performance test; (SCHULE) achievement test; **Leistungswille** *m* motivation; **Leistungszulage** *f* productivity bonus

Leitartikel *m* leader *Br,* editorial *Am;* **Leitartikler(in)** *m(f)* leader-writer *Br,* editorial-writer *Am*

Leitbild *nt* model

leiten ['laɪtən] *vt* **1.** (*führen*) lead **2.** (*fig: lenken*) guide **3.** (*verantwortlich sein*) be in charge of; (COM: *als Manager*) direct, manage **4.** (PHYS ELEK) conduct; **(etw) gut ~** (PHYS ELEK) be a good conductor (of s.th.); **sich von jdm (etw) ~ lassen** let o.s. be guided by s.o. (s.th.)

leitend *adj* **1.** (*führend*) leading **2.** (*Stellung*) managerial **3.** (PHYS ELEK) conductive; **nicht ~** (ELEK) non-conductive; **~e(r) Angestellte(r)** executive; **der ~e Ingenieur** the engineer in charge

Leiter(in) *m(f)* leader; (*Chef, Abteilungs~*) head; (*Geschäftsführer*) manager, manageress; (*Schul~*) headmaster, headmistress *Br,* principal *Am*

Leiter[1] *m* (PHYS ELEK) conductor

Leiter[2] <-, -n> *f* ladder; **die ~ zum Erfolg** the stairway to success

Leiterplatte *f* circuit board

Leitfaden *m* **1.** guide; (*einführendes Handbuch*) introduction **2.** (*fig: in Handlung*) main connecting thread; **leitfähig** *adj* (PHYS ELEK) conductive; **Leitgedanke** *m* central idea; **Leithammel** *m* (*a. fig fam*) bellwether; **Leitmotiv** *nt* leitmotiv; **Leitplanke** *f* (AUTO) crash-barrier; **Leitsatz** *m* guiding principle; **Leitstern** *m* (*a. fig*) lodestar

Leitung *f* **1.** (*das Führen*) leading **2.** (*fig: das Lenken, Steuern*) guiding **3.** (*Vorsitz*) leadership; (COM: *Management*) management; (*Schul~*) headship *Br,* principalship *Am* **4.** (*~spersonen, Leiter*) leaders *pl;* (COM: *Manager*) management **5.** (*Telefon~, Strom~*) wire; (*Gas~, Wasser~ im Haus*) pipe; (*Zuführungs~ für Gas und Wasser*) main **6.** (TELE: *Verbindung*) line; **wer hat die ~ dieses Projekts?** who is in charge of this project?; **die ~ des Marketingbereichs** (COM) the management of the marketing division; **unter der ~ von ...** (MUS) conducted by ...; **die ~ ist besetzt** (TELE) the line is engaged *Br,* (the line is busy) *Am;* **er hat eine ziemlich lange ~** (*fam*) he's rather slow on the uptake; **Leitungsnetz** *nt* **1.** (ELEK) grid **2.** (*für Wasser, Gas*) mains system **3.** (TELE) network; **Leitungsrohr** *nt* main; (*im Haus*) pipe; **Leitungswasser** *nt* tapwater; **Leitungswiderstand** *m* (ELEK) resistance

Leitvermögen *nt* (ELEK) conductivity

Leitwerk *nt* (AVIAT) tail unit

Leitzins *m* (FIN) prime rate

Lektion [lɛk'tsjo:n] *f* (*a. fig*) lesson; **das wird ihm eine ~ sein** that'll teach him a lesson

Lektor(in) *m(f)* (*in einem Verlag*) editor

Lektüre [lɛk'ty:rə] <-, -n> *f* (*Lesen*) reading; (*Lesestoff*) reading matter

Lemming <-s, -e> *m* (*eine Art Wühlmaus*) lemming

Lende ['lɛndə] <-, -n> *f* (ANAT) loin; **Lendenbraten** *m* loin roast; **Lendengegend** *f* (ANAT) lumbar region; **Lendenschurz** *m* loincloth; **Lendenstück** *nt* (*Fleischstück*) piece of loin; **Lendenwirbel** *m* (ANAT) lumbar vertebra

lenkbar *adj* (*steuerbar*) steerable; (*Rakete*) guided

Lenkcomputer *m* guide computer

lenken ['lɛŋkən] *vt* **1.** (*führen, leiten*) direct, guide **2.** (*Fahrzeuge steuern*) steer **3.** (*verwalten*) manage **4.** (*fig: Schritte, Gedanken, Gespräche*) direct (*auf* to); **jds Aufmerksamkeit auf jdn (etw) ~** draw someone's attention to s.o. (s.th.); **den Blick auf etw ~** turn one's eyes to s.th.; **gelenkte Wirtschaft** planned economy

Lenker(in) *m(f)* **1.** (*Fahrer*) driver **2.** (*Führer*) guide

Lenker *m* (AUTO: *Steuerrad*) steering wheel; (*Lenkstange beim Fahrrad*) handlebars *pl;* **Lenkerarmaturen** *pl* (*beim Motorrad*) handlebar fittings

Lenkrad *nt* (AUTO) steering wheel; **Lenkradschaltung** *f* (AUTO) column gear change *Br,* column gear shift *Am;* **Lenk-**

radschloss[RR] *nt* (AUTO) steering-wheel lock

Lenkstange *f* (*an Motorrad, Fahrrad*) handlebars *pl*

Lenkung *f* **1.** (*das Leiten, Führen*) directing; (*das Steuern*) steering **2.** (AUTO: *Lenkvorrichtung*) steering

Lenkwaffe *f* (MIL) guided missile

Lenz [lɛnts] <-es, -e> *m* (*lit: Frühling*) springtime; **sich einen faulen ~ machen** (*fam*) laze about; **25 ~e zählen** (*hum*) have seen 25 summers

Leopard [leo'part] <-en, -en> *m* leopard

Lepra ['le:pra] <-> *f* (MED) leprosy; **Leprakranke(r)** *f m* leper

Lerche ['lɛrçə] <-, -n> *f* (*Singvogel*) lark

lernbegierig *adj* eager to learn; **lernbehindert** *adj* educationally handicapped; **Lerndiskette** *f* didactic disk

lernen ['lɛrnən] **I.** *vt* learn (*etw von jdm* s.th. from s.o., *etw zu tun* to do s.th., *von oder aus etw* from s.th.); **schwimmen ~** learn to swim; **du lernst es nie!** you'll never learn!; **er lernt Bäcker** he's learning the baker's trade, he's training as a baker; **tja, alles will gelernt sein** well, it's all a question of practice **II.** *vi* **1.** (*sich Wissen aneignen*) learn **2.** (*ausgebildet werden: in Lehrberuf*) train; (*zur Schule gehen*) go to school; (*studieren*) study; **von ihr kannst du nur ~!** she could really teach you a thing or two!

Lerner(in) *m(f)* learner

Lernerwörterbuch *nt* learner's dictionary

Lernmittelfreiheit *f* free means *pl* of study; **Lerntechnik** *f* mnemonics *pl;* **Lernziel** *nt* (SCHULE) learning objective

Lesart ['le:sa:ɐt] *f* (*a. fig*) version

lesbar *adj* (*leserlich*) legible

Lesbe ['lɛsbə] <-, -n> *f* (*sl*) dyke *Br,* dike *Am;* **Lesbierin** ['lɛsbiərɪn] *f* lesbian; **lesbisch** *adj* lesbian

Lesebuch *nt* reader; **Lesegerät** *nt* **1.** (*Mikrofilm~*) film reader **2.** (INFORM) reading device; **Leselampe** *f* reading lamp; **Lesemappe** *f* magazine-sharing club folder

lesen *irr vt, vi* **1.** read **2.** (*Vorlesung halten*) lecture (*über* on); **seine Handschrift kann man kaum ~** his handwriting is hardly legible; **... und da stand zu ~, dass ...** ... and it said there that ...; **lesenswert** *adj* worth reading

Leseprobe *f* **1.** (THEAT) reading **2.** (*Buchausschnitt*) excerpt

Leser(in) *m(f)* (*Buch~*) reader

Leseratte *f* (*fam*) bookworm

Leserbrief *m* reader's letter; **Leserkreis** *m* readership

leserlich *adj* legible

Leserschaft *f* readers *pl*

Lesesaal *m* reading room; **Lesespeicher** *m* (INFORM) read only memory; **Lesestoff** *m* reading (matter); **Lesezeichen** *nt* (*in Buch, auch im Internet*) bookmark; **Lesezirkel** *m* magazine subscription club

Lesung *f* (PARL: *a. Dichter~*) reading

Lette, -tin ['lɛtə] <-n, -n> *m, f* Latvian; **lettisch** *adj* Latvian; **Lettland** <-s> *nt* Latvia

Letzt [lɛtst] *f:* **zu guter ~** in the end; **das ist ja wohl das ~e!** (*fam*) that's the real last straw!; **sein ~es (her)geben** do one's utmost; **bis aufs ~**[RR] completely; **bis ins ~**[RR] down to the last detail

letzte *adj* **1.** (*zeitlich, räumlich*) last; (*abschließend, endgültig*) final **2.** (*äußerste*) extreme **3.** (*neueste*) latest **4.** (*fam: schlechteste*) most terrible; **er ging als Letzter**[RR] he was the last to go; **~r Ausweg** last resort; **~n Endes** after all; **jdm die ~ Ehre erweisen** pay one's last respects to s.o.; **~ Meldungen, ~ Nachrichten** latest news; **~ Runde** (SPORT) final round; **Letzter Wille** last will and testament; **an ~r Stelle liegen** (SPORT) be last; (*am Tabellenende*) be bottom; **in den ~n Zügen liegen** (*fam*) be at one's last gasp; **in ~r Zeit** recently; **das ist der ~ Dreck** (*fam*) that's absolute trash; **jdn wie den ~n Dreck behandeln** (*fam*) treat s.o. like dirt; *s. a.* **Letzt**; **letztendlich** *adv* at last, finally; **letztens** ['lɛtstəns] *adv* recently; **letztere** *adj* the latter

letztjährig *adj* last year's; **letztlich** *adv* in the end; **letztwillig** *adj:* **~e Verfügung** last will and testament

Leuchtanzeige *f* illuminated display; **Leuchtboje** *f* light-buoy; **Leuchtbombe** *f* (AVIAT MIL) flare; **Leuchtdiode** *f* light-emitting diode; **Leuchtdiodenanzeige** *f* LED-display

Leuchte ['lɔɪçtə] <-, -n> *f* **1.** (*Licht*) light; (*Lampe*) lamp **2.** (*fam: begabter Mensch*) genius, shining star

leuchten *vi* **1.** (*glänzen, scheinen*) shine; (*glühen*) glow **2.** (*mit einer Lampe*) shine a [*o* the] lamp (*in* into, *auf* onto, *für jdn, jdm* for); **leuchtend** *adj* (*a. fig*) shining; **ein ~es Beispiel** a shining example; **mit ~en Augen** with shining eyes; **etw in den ~sten Farben schildern** paint s.th. in glowing colours

Leuchter *m* (*Kerzen~*) candlestick; (*Kron~*) chandelier

Leuchtfarbe *f* fluorescent paint [*o* colour]; **Leuchtfeuer** *nt* navigational light; **Leuchtkäfer** *m* glow-worm; **Leuchtkraft** *f* brightness; **Leuchtkugel** *f* flare; **Leuchtpistole** *f* flare pistol; **Leuchtra-**

kete *f* signal rocket; **Leuchtreklame** *f* neon sign; **Leuchtschrift** *f* illuminated letters *pl;* **Leuchtspurmunition** *f* (MIL) tracer bullets *pl;* **Leuchtstift** *m* highlighter; **Leuchtstofflampe** *f* fluorescent lamp; **Leuchtstreifen** *m* (TECH) fluorescent strip; **Leuchtturm** *m* lighthouse; **Leuchtwerbung** *f* illuminated advertising; **Leuchtzeichen** *nt* flare signal; **Leuchtzifferblatt** *nt* luminous dial

leugnen ['lɔɪgnən] *vt, vi* deny; ~ **etw getan zu haben** deny having done s.th.; **es ist nicht zu ~, dass …** it cannot be denied that …

Leukämie [lɔɪkɛ'mi:] *f* (MED) leukaemia

Leumund ['lɔɪmʊnt] *m* (JUR) reputation

Leute ['lɔɪtə] *pl* people; **meine** ~ (*Mannschaft, Arbeiter*) my staff; (*meine Familie*) my folks; **etw unter die ~ bringen** (*fam*) spread s.th. around; **ich kenne doch meine ~!** (*fam: ich kenne euch Brüder*) I know you lot!; **unter die ~ kommen** (*fam*) do the rounds *pl;* **was werden die ~ dazu sagen?** what will people say?

Leutnant ['lɔɪtnant] <-e, -s/(-e)> *m* (MIL: *beim Heer*) second lieutenant; (*Flieger~*) pilot officer *Br,* second lieutenant *Am;* ~ **zur See** sub-lieutenant *Br,* lieutenant junior grade *Am*

leutselig *adj* affable; **Leutseligkeit** *f* affability

Leviten [le'vi:tən] *pl:* **jdm die ~ lesen** lecture s.o.

Lexem [lɛ'kse:m] <-s, -e> *nt* (LING) lexeme

lexikalisch [lɛksi'ka:lɪʃ] *adj* lexical

Lexikographie <-> *f,* **Lexikografie**[RR] *f* lexicography

Lexikon ['lɛksikɔn] <-s, -ka/(-ken)> *nt* **1.** (*Konversations~*) encyclop(a)edia **2.** (*Wörterbuch*) dictionary

Libanese, -sin [liba'ne:zə] <-n, -n> *m, f* Lebanese; **libanesisch** *adj* Lebanese; **Libanon** ['li:banɔn] *m:* **der** ~ the Lebanon

Libelle [li'bɛlə] <-, -n> *f* **1.** (*Insekt*) dragonfly **2.** (TECH: *an Wasserwaage*) spirit level

liberal [libe'ra:l] *adj* liberal; **liberalisieren** *vt* liberalize; **Liberalisierung** *f* liberalization

Liberia [li'be:ria] *nt* Liberia

Libero ['li:bero] <-s, -s> *m* (SPORT) sweeper

Libyen ['li:byən] *nt* Libya; **Libyer(in)** *m(f)* Libyan; **libysch** *adj* Libyan

Licht [lɪçt] <-(e)s, -er> *nt* **1.** (*a. fig*) light **2.** (*Könner*) genius; **mach mal das ~ an (aus)!** turn on (switch off) the light!; **etw ans ~ bringen** bring s.th. out into the open; **etw gegen das ~ halten** hold s.th. up to the light; **bei ~ betrachtet** (*am Tage*) in the daylight; (*fig*) in the cold light of day; **jdn hinters ~ führen** pull the wool over someone's eyes; **etw ins rechte ~ rücken** (*richtig stellen*) show s.th. in its true colours *pl;* **du stehst mir im ~** you're standing in my light; **plötzlich ging ihm ein ~ auf** (*fig*) suddenly it began to dawn on him; **wir müssen ~ in diese Angelegenheit bringen** we must cast some light on this matter; **man sollte nicht gegen das ~ fotografieren** one shouldn't take a photograph into the light

licht *adj* **1.** (*hell*) light **2.** (*Haar*) thin; (*Wald*) sparse; **ein ~er Augenblick** a lucid moment; **~e Weite** internal diameter

Lichtanlage *f* **1.** (*die Beleuchtung*) lights *pl* **2.** (*das Beleuchtungssystem*) lighting system; **Lichtbild** *nt* (*Diapositiv*) slide; **Lichtbildervortrag** *m* slide-illustrated lecture; **Lichtblick** *m* (*fig*) cheering prospect; **Lichtbogen** *m* arc; **Lichtbrechung** *f* refraction; **Lichtdruck** *m* **1.** (TYP) phototype **2.** (PHYS) light pressure; **lichtdurchlässig** *adj* light-transmissive; **lichtecht** *adj* non-fade; **Lichteinwirkung** *f* effect [*o* action] of light; **lichtempfindlich** *adj* sensitive to light; (TECH) photosensitive

lichten[1] **I.** *vt* (*ausdünnen*) thin out **II.** *vr* **1.** (*spärlicher werden*) thin out; (*schwinden, schrumpfen*) dwindle **2.** (*Nebel*) clear; (*Wolken, Dunkel*) lift **3.** (*fig: aufgeklärt werden*) be cleared up

lichten[2] *vt:* **den Anker** ~ weigh anchor

lichterloh ['lɪçte'lo:] *adv:* ~ **brennen** be ablaze

Lichtfleck *m* light spot; **Lichtgeschwindigkeit** *f* (PHYS) speed of light; **mit** ~ at the speed of light; **Lichtgriffel** *m* (*Laserlichtstift*) light pen; **Lichthof** *m* **1.** (ARCH) air well **2.** (ASTR A. PHOT) halo; **Lichthupe** *f* (AUTO) flasher; **Lichtjahr** *nt* light year; **Lichtleitung** *f* lighting wire; **Lichtmaschine** *f* (AUTO) alternator *Br,* generator *Am;* **Lichtmast** *m* lamp post; **Lichtmess**[RR] *f* (ECCL): **Mariä** ~ Candlemas; **Lichtmesser** *m* (PHOT) photometer; **Lichtorgel** *f* **1.** (*in Discothek*) clavilux **2.** (FILM THEAT) lighting console **3.** (*~effekt*) light show; **Lichtpause** *f* blueprint; **Lichtquelle** *f* source of light; **Lichtreklame** *f* neon sign; **Lichtschacht** *m* **1.** (*in Haus*) air shaft **2.** (PHOT: *bei Spiegelreflexkamera*) focussing hood; **Lichtschalter** *m* (ELEK) light switch; **Lichtschein** *m* gleam of light; **lichtscheu** *adj* **1.** averse to light **2.** (*fig*) shady; **Lichtschutzfaktor** *m* protection factor; **Lichtsignal** *nt* light signal; **lichtstark** *adj* (OPT) intense; (PHOT) fast; **Lichtstärke** *f* **1.** (*einer Birne*) wattage **2.** (PHOT) speed; (OPT) luminous intensity; **Lichtstrahl** *m* beam of light

L

lichtundurchlässig *adj* opaque

Lichtung *f* clearing, glade

Lichtverhältnisse *pl* lighting conditions; **Lichtwelle** *f* (PHYS) light wave; **Lichtzeichenanlage** *f* (*im Straßenverkehr*) set of lights

Lid [liːt] <-(e)s, -er> *nt* (ANAT) eyelid; **Lidschatten** *m* eye-shadow; **Lidstrich** *m* eye-liner

lieb [liːp] *adj* **1.** (*geschätzt*) dear; (*geliebt*) beloved **2.** (*angenehm*) pleasant; (*nett*) nice; (*liebenswürdig*) kind **3.** (*artig, brav*) good; **ich bin ihr von allen der ~ste** I'm her favourite; **es wäre sehr ~, wenn Sie ...** it would be sweet of you if you ...; **es wäre mir ~ zu ...** I'd like to ...; **ich würde ~er nach Hause gehen** I'd rather go home; **Sie hätten ~er nicht kommen sollen** it would have been better if you hadn't come; **am ~sten würde ich ...** what I'd like most would be to ...; **den ~en langen Tag** the whole livelong day; **seine ~e Not haben** have no end of trouble (*mit* with); **er hatte seine ~e Not damit** it was very difficult for him; **um des ~en Friedens willen** (*fam*) for the sake of peace and quiet; **ach, du ~e Zeit!** (*fam*) goodness me!; **~ gewinnen**[RR] grow fond of; **~ haben**[RR] be fond of, love

liebäugeln [ˈliːpɔɪgəln] *vi:* **mit etw ~** have an eye on s.th.; **mit dem Gedanken ~ etw zu tun** be toying with the idea of doing s.th.

Liebchen [ˈliːpçən] *nt* (*obs*) sweetheart

Liebe [ˈliːbə] <-> *f* love (*zu jdm* of s.o., for s.o., *zu etw* of s.th.); **ein Kind der ~** a love-child; **~ macht blind** (*prov*) love is blind; **sie ist meine große ~** she's the love of my life; **~ machen** (*sl*) make love

Liebelei *f* (*obs*) flirtation

lieben *vt, vi* (*sehr gern haben*) love; **etw nicht ~** not to like s.th.; **das würde ich ~d gern tun** I'd love to do so; **liebenswert** *adj* lovable

liebenswürdig *adj* **1.** (*liebenswert*) amiable **2.** (*freundlich*) kind; **wären Sie wohl so ~, ...?** would you be so kind as to ...?; **Liebenswürdigkeit** *f* kindness

lieber [ˈliːbɐ] **I.** *adj* (*Komparativ*) dearer; **er mag Techno ~ als Hip-Hop** he prefers techno to hiphop, he likes techno better than hiphop; **nichts ~ als das** there's nothing I'd rather do **II.** *adv* **1.** (*eher*) rather **2.** (*besser*) better; **je länger, je ~** the longer the better; **ich möchte ~ nach Hause gehen** I'd [*o* I would] rather go home; **du bleibst ~ da** (*besser*) you'd [*o* you had] better stay there; **du hättest ~ nachgeben sollen** you'd have done better to have given in

Liebesbrief *m* love letter; **Liebesdienst** *m* (*fig: Gefallen*) favour; **Liebesentzug** <-s> *m* withdrawal of favours; **Liebeserklärung** *f* declaration of love; **jdm eine ~ machen** declare one's love to s.o.; **Liebesgabe** *f* alms *pl;* **Liebeskummer** *m* lovesickness; **~ haben** be lovesick; **Liebeslied** *nt* love song; **Liebesmühe** *f:* **es ist vergebliche ~** it's all futile; **Liebespaar** *nt* lovers *pl,* courting couple

liebevoll *adj* loving

lieb|gewinnen *vt s.* **lieb**

lieb|haben *vt s.* **lieb**

Liebhaber(in) *m(f)* **1.** (*Geliebte*) lover **2.** (*Enthusiast*) enthusiast; (*Kenner*) connoisseur; **Liebhaberei** [liːphaːbəˈraɪ] *f* (*fig: Steckenpferd*) hobby; **aus ~** as a hobby; **Liebhaberstück** *nt* collector's item; **Liebhaberwert** *m* collector's value

liebkosen [liːpˈkoːzən] <ohne ge-> *vt* caress, fondle

lieblich *adj* (*anmutig*) lovely; (*Wein*) sweet; (*reizend*) charming; (*köstlich*) delightful

Liebling *m* **1.** (*Günstling*) favourite **2.** (*Geliebte, Geliebter*) darling

lieblos *adj* **1.** (*unfreundlich*) unkind **2.** (*ohne Liebe*) unloving

Lieblosigkeit *f* **1.** (*Charakterzug*) unkindness **2.** (*Äußerung, Tat*) unkind remark [*o* act]

Liebschaft *f* (love)affair

Liebste(r) [ˈliːpstə] *f m* sweetheart

Lied [liːt] <-(e)s, -er> *nt* song; **es ist immer das alte ~** (*fam*) it's always the same old story; **davon kann ich auch ein ~ singen** (*fam*) I could tell you a thing or two about that myself; **das ist dann das Ende vom ~** (*fam*) it always ends like that; **Liederbuch** *nt* songbook

liederlich [ˈliːdɐlɪç] *adj* **1.** (*schlampig*) slovenly; (*nachlässig a.*) sloppy **2.** (*pej: unmoralisch: Mann*) dissolute, dissipated; (*Frau*) loose

Liederlichkeit *f* **1.** (*Schlampigkeit*) slovenliness **2.** (*Lebenswandel*) dissoluteness, looseness

Liedermacher(in) *m(f)* singer-songwriter

Lieferabkommen *nt* supply contract

Lieferant(in) <-en, -en> *m(f)* supplier

lieferbar *adj* (*vorrätig*) available; **die Ware ist sofort ~** the article can be supplied at once

Lieferbedingungen *fpl* terms of delivery; **Lieferfirma** *f* **1.** (*Versorgungsfirma*) supplier **2.** (*Zustellerfirma*) delivery firm

liefern [ˈliːfɐn] *vt, vi* **1.** (*versorgen mit*) supply; (*aus~*) deliver **2.** (*zur Verfügung stellen*) furnish, provide; (*Beweis*) produce; (*Ertrag, Ernte*) yield; **jdm eine Schlacht ~** do battle with s.o.; **jetzt ist er geliefert**

(*fam*) now he's had it; **wir können nicht ins Ausland** ~ we do not supply the foreign market; **ein spannendes Spiel** ~ (SPORT) put on an exciting game

Lieferschein *m* delivery note; **Liefertermin** *m* delivery date

Lieferung *f* **1.** (*Versorgung*) supply **2.** (*Aus~*) delivery; **Bezahlung bei ~, zahlbar bei** ~ payable on delivery; ~ **frei Haus** free delivery

Lieferwagen *m* van *Br,* panel truck *Am;* (*offener*) pick-up

Lieferzeit *f* time of delivery, delivery time

Liege ['li:gə] <-, -n> *f* couch

liegen ['li:gən] *irr vi* **1.** (*flach ~*) lie **2.** (*gelegen sein*) be situated; (*sein, sich befinden*) be **3.** (*passen, zusagen*) suit (*jdm* s.o.), appeal (*jdm* to s.o.); **er liegt mir nicht** (*fam*) he's not my type; **das liegt mir absolut nicht** (*fam*) that's absolutely not my line; **mir liegt viel daran** it means a lot to me; **daran liegt mir wenig** (**nichts**) that doesn't matter much (at all) to me; **das liegt nicht an mir** (*das ist nicht meinetwegen so*) that's not because of me; (*das ist nicht meine Schuld*) that's not my fault; **woran liegt es?** what's the cause of it?; **an mir soll's nicht** ~ (*fam: ich habe nichts dagegen*) it's all right by [*o* with] me; **es liegt bei Ihnen, ob ...** it rests with you whether ...; **lass es da** ~ leave it there; **das liegt gar nicht in meiner Absicht** that's not at all my intention; **unser Haus liegt sehr ruhig** our house is in a very peaceful location; **wo liegt Herford?** where is Herford situated?; **wie die Dinge momentan** ~ as things are at the moment; **fern** ~RR (*fig*) be far from; **es liegt mir fern ihn zu verurteilen** it is not my job to judge him; ~ **bleiben**RR remain lying; (*vergessen werden*) be left behind; **im Bett** ~ **bleiben**RR remain in bed; **meine Arbeit ist** ~ **geblieben**RR my work was left undone; **unser Auto ist kurz vor London** ~ **geblieben**RR our car broke down just outside London; ~ **lassen**RR (*vergessen*) leave behind; (*Arbeit unerledigt lassen*) leave; **jdn links** ~ **lassen**RR (*fam*) ignore [*o* disregard] s.o.; **alles** ~ **und stehen lassen**RR (*auf der Stelle aufhören*) drop everything; (*alles hinter sich lassen, zurücklassen*) leave everything behind; **sich wund** ~RR get bedsore

liegen|bleiben *vi s.* **liegen**

liegen|lassen *vt s.* **liegen**

Liegenschaften *pl* real estate *sing;* **Liegenschaftsamt** *nt* property register

Liegeplatz *m* (MAR, RAIL) berth; **Liegesitz** *m* reclining seat; **Liegestuhl** *m* deckchair; **Liegewagen** *m* (RAIL) couchette coach *Br,* couchette car *Am*

Lift [lɪft] <-(e)s, -e/-s> *m* lift *Br,* elevator *Am*

Liga ['li:ga] <-, -gen> *f* league

Light-Produkt ['laɪt-] *nt* low fat product, low calory product

Likör [li'kø:ɐ] <-s, -e> *m* liqueur

lila ['li:la] *adj* purple, lilac

Lilie ['li:liə] *f* lily

Liliputaner(in) [lilipu'ta:nɐ] *m(f)* (*kleiner Mensch*) dwarf

Limonade [limo'na:də] <-, -n> *f* lemonade

Limousine [limu'zi:nə] <-, -n> *f* saloon *Br,* sedan *Am*

Linde ['lɪndə] <-, -n> *f* **1.** (*Baum*) lime (tree), linden tree **2.** (*~nholz*) limewood

lindern ['lɪndɐn] *vt* **1.** (*erleichtern*) ease, alleviate, relieve **2.** (*mildern*) soothe

Linderung *f* **1.** (*Erleichterung*) easing, alleviation, relief **2.** (*Milderung*) soothing

Lineal [line'a:l] <-s, -e> *nt* ruler

Linie ['li:niə] *f* line; (*Straßenbahn~*) number; (*Eisenbahn~, Bus~*) line; **fahren Sie mit** ~ **zehn!** take number ten!; **auf der ganzen** ~ (*fig*) all along the line; **in erster** ~ first of all; **~n ziehen** draw lines; **die vorderste** ~ (MIL) the front line; **auf die schlanke** ~ **achten** watch one's waistline; **eine klare** ~ (*fig*) a clear line; **Linienbus** *m* public service bus, regular bus; **Linienflug** *m* (AVIAT) scheduled flight; **Liniengrafik** *f* line graph; **Linienrichter(in)** *m(f)* (SPORT) linesperson; **Linienschiff** *nt* liner; **linientreu** *adj* (POL) loyal to the party line; **Linienverkehr** *m* regular traffic; (AVIAT) scheduled traffic

linieren *vt* draw lines on [*o* rule]; **liniert** *adj* ruled

link *adj* (*pej*): **ein ganz ~r Hund** an absolutely crooked son-of-a-bitch; **ein ganz ~s Ding drehen** get up to s.th. real crooked

Linke <-n, -n> *f* **1.** (*Hand*) left hand; (*Seite*) left side; (*beim Boxen*) left **2.** (POL) left

linke ['lɪŋkə] *adj* **1.** left **2.** (POL) left-wing; ~ **Masche** (*beim Stricken*) purl (stitch); ~ **Seite** left-hand side; (*Tuchseite*) wrong side; **mein ~r Nebenmann** my left-hand neighbour; **~r Hand, zur ~n Hand** on [*o* to] the left; **ein ~r Politiker** a left-wing politician; **der** ~ **Flügel von Labour** Labour's left wing

linken *vt* (*pej*): **jdn** ~ (*hereinlegen*) con s.o., take s.o. for a ride

linkisch *adj* (*ungeschickt*) awkward

links [lɪŋks] *adv* (*a.* POL) left; (*auf der Linken*) on the left; (*nach, zur Linken*) to the left; ~ **sein** (POL: *fam*) be left-wing; **jdn** ~ **liegen lassen** (*fam*) ignore [*o* disregard] s.o.; ~ **von etw** to the left of s.th.; **links von mir** to [*o* on] my left; (POL) left of me;

L

von ~ from the left; **sich** ~ **einordnen** (AUTO) move into the left-hand lane; **ganz** ~ **stehen**RR (POL) be an extreme leftist; **das mach' ich mit** ~ (*fam*) that's kid's stuff for me

Linksaußen [-'--] *m* **1.** (*Fußball*) outside left **2.** (POL) extreme left-winger; **Linksdrall** *m* **1.** (*von Ball*) swerve to the left **2.** (POL) leftist leaning; **einem Ball einen** ~ **geben** (SPORT) hook a ball; **Linkshänder(in)** *m(f)* left-handed person; **linkshändig** ['lɪŋkshɛndɪç] *adj, adv* left-handed; **Linkskurve** *f* left-hand bend; **linksradikal** *adj* (POL) extreme left-wing; **er ist** ~ he is a left-wing radical; **Linkssteuerung** *f* (AUTO) left-hand drive; **Linksverkehr** *m* driving on the left

Linoleum [li'no:leʊm] <-s> *nt* lino(leum)

Linolschnitt *m* linocut

Linse ['lɪnzə] <-, -n> *f* **1.** (*Hülsenfrucht*) lentil **2.** (OPT) lens; (PHOT: *Objektiv*) objective

linsen *vi* (*fam: gucken*) peek (*nach* at)

linsenförmig *adj* lenticular

Linsensuppe *f* lentil soup

Lippe ['lɪpə] <-, -n> *f* (ANAT) lip; **sie brachte kein Wort über die ~n** she could not say a word; **eine (dicke)** ~ **riskieren** (*sl*) be (damn) brazen; **an jds ~n hängen** hang on someone's every word; **Lippenbalsam** *m* lip balm; **Lippenbekenntnis** *nt* lip-service; **Lippenpflege** *f* lip care; **Lippenpomade** *f* lip salve; **Lippenstift** *m* lipstick

liquidieren [likvi'di:rən] *vt* **1.** (COM) put into liquidation, wind up **2.** (*Honorar*) charge **3.** (*töten*) liquidate

Liquidität *f* (COM FIN) liquidity

lispeln ['lɪspəln] *vi, vt* lisp

List [lɪst] <-, -en> *f* **1.** (*Schlauheit, Verschlagenheit*) artfulness, cunning **2.** (*Trick, Kunstgriff*) ruse, trick; **zu einer** ~ **greifen** resort to a ruse; **mit etw** ~ **und Tücke** (*hum fam*) with a little coaxing

Liste ['lɪstə] <-, -n> *f* (*Aufstellung*) list; (*Register*) register; **eine** ~ **aufstellen** draw up a list; **etw in eine** ~ **eintragen** put s.th. down on a list; **sich in eine** ~ **einschreiben** put o.s. on a list; **jdn auf die schwarze** ~ **setzen** blacklist s.o.; **Listenpreis** *m* (COM) list price

listig *adj* cunning

Litanei [lita'naɪ] *f* (*a. fig*) litany; **die alte** ~ (*fam*) the same old story

Litauen ['lɪtaʊən] <-s> *nt* Lithuania; **Litauer(in)** *m(f)* Lithuanian; **litauisch** *adj* Lithuanian

Liter ['li:tɐ] <-s, -> *m/nt* litre *Br,* liter *Am*

literarisch [lɪtə'ra:rɪʃ] *adj* literary

Literat(in) <-en, -en> *m(f)* man (woman) of letters

Literatur <-, -en> *f* literature; **Literaturangabe** *f* bibliographical reference; **Literaturgeschichte** *f* history of literature; **Literaturpreis** *m* literary award [*o* prize], award for literature; **Literaturwissenschaft** *f* literary studies, literature

Literflasche *f* litre bottle *Br,* liter bottle *Am*

Litfaßsäule ['lɪtfaszɔɪlə] *f* (*für Reklame*) advertizing column

LithografieRR, **Lithographie** [litogra'fi:] *f* **1.** (*Verfahren*) lithography **2.** (*Ergebnis*) lithograph; **lithografisch**RR, **lithographisch** *adj* lithographic

Liturgie [litʊr'gi:] *f* (ECCL) liturgy

Litze ['lɪtsə] <-, -n> *f* **1.** braid; (*an Uniform*) braiding **2.** (ELEK) flex

live [laɪf] *adj pred, adv* (RADIO TV) live; **Liveband** ['laɪf,bɛnt] <-, -s> *f* live band; **Livesendung** *f* live broadcast

Livland ['li:flant] <-s> *nt* (HIST) Livonia

Livree [li'vre:] <-, -n> *f* livery

Lizenz [li'tsɛnts] <-, -en> *f* licence *Br,* license *Am;* **in** ~ under licence *Br,* under license *Am;* **Lizenzgeber(in)** <-s, -> *m(f)* licensor; **Lizenzgebühr** *f* licence fee *Br,* license fee *Am;* (*im Verlagswesen*) royalty; **Lizenznehmer(in)** *m(f)* licensee; **Lizenzspieler(in)** *m(f)* (SPORT) professional player

Lob [lo:p] <-(e)s> *nt* praise; **über alles** ~ **erhaben** beyond praise; **er singt gern sein eigenes** ~ (*fam*) he likes to blow his own trumpet

Lobby ['lɔbi] <-, -s> *f* (POL PARL) lobby

loben ['lo:bən] *vt* praise; **da lob' ich mir doch ...!** I always say nothing can beat ...!; **das lob' ich mir** that's what I like; **lobend** *adj* commendatory; **jdn (etw)** ~ **erwähnen** commend s.o. (s.th.); **lobenswert** *adj* praiseworthy

löblich ['lø:plɪç] *adj* (*meist ironisch*) commendable, laudable, praiseworthy

Loblied *nt* hymn of praise; **ein** ~ **auf jdn anstimmen** (*fig*) sing someone's praises *pl;* **Lobrede** *f* eulogy; **eine** ~ **auf jdn (etw) halten** eulogize s.o. (s.th.); **Lobredner(in)** *m(f)* (*fig*) eulogist

Loch [lɔx, *pl:* 'lœçɐ] <-(e)s, ⸚er> *nt* **1.** hole; (*im Reifen*) puncture; (*im Käse*) eye; (*Lücke*) gap; (*beim Billard*) pocket **2.** (*pej: schlechte Wohnung*) dump **3.** (*sl: Gefängnis*) jug; **aus dem letzten** ~ **pfeifen** (*fam: kaputt sein*) be on one's last legs *pl;* (*finanziell am Ende sein*) be on one's beam ends *pl;* **jdm ein** ~ **in den Bauch fragen** (*fam*) pester the living daylights out of s.o.; **er säuft wie ein** ~ (*pej*) he drinks like a fish; **schwarzes** ~ (PHYS) black hole

lochen *vt* (*Fahrkarten*) clip

Locher *m* (*Gerät zum Lochen*) punch
Lochfraß *m* (*Korrosion*) pitting; **Lochkarte** *f* (INFORM) punch card; **Lochstreifen** *m* (INFORM) punch tape
Lochzange *f* (TECH) punch
Locke ['lɔkə] <-, -n> *f* curl, lock; **~n haben** have curly hair
locken[1] *vt* lure, tempt, entice; **jdn in einen Hinterhalt** ~ lure s.o. into a trap; **Ihr Angebot lockt mich schon ...** well, I'm really tempted by your offer ...
locken[2] *vt, vr* (*kräuseln*) curl
Lockenkopf *m* **1.** (*lockiges Haar*) curly hairstyle **2.** (*Mensch mit ~*) curlyhead; **Lockenstab** *m* curling tongs *pl;* **Lockenwickler** *m* curler
locker ['lɔkɐ] *adj* **1.** (*lose, a. fig*) loose; (*nicht straff*) slack **2.** (*fam: gelöst, entspannt*) relaxed **3.** (*sl: lässig, cool*) cool; **etw ~ machen** loosen [*o* slacken] s.th.; **bei ihm sitzt die Hand recht ~, er hat eine ~e Hand** (*fam*) he's quick to hit out; **ein ~er Lebenswandel** (*pej*) a loose life
locker|lassen *irr vi* (*fam*): **nicht** ~ not let up; **er ließ nicht locker, bis man ihm das Geld zurückerstattete** he didn't let up until he got his money back
locker|machen *vt* (*fam: Geld*) fork out, shell out, jar loose with *Am*
lockern I. *vt* **1.** (*locker machen*) loosen, slacken **2.** (*fig: entspannen*) relax **II.** *vr* **1.** (SPORT) loosen up **2.** (*fig: abklingen*) ease off **3.** (*fig: gelöst, entspannter werden*) get more relaxed
lockig *adj* curly
Lockmittel *nt* lure; **Lockruf** *m* call
Lockung *f* (*a. fig: Ver~*) lure
Lockvogel *m* (*a. fig*) decoy, lure; **Lockvogelwerbung** *f* (MARKT) loss leader advertising *Br,* bait and switch tactics *Am*
lodern ['lo:dɐn] *vi* (*a. fig*) blaze
Löffel ['lœfəl] <-s, -> *m* **1.** (*Ess~*) spoon **2.** (*~voll*) spoonful **3.** (*Hasenohr*) ear **4.** (TECH: *von ~bagger*) shovel; **er hat die Weisheit nicht gerade mit ~n gefressen** (*fam*) he's not so bright after all; **sperr doch deine ~ auf!** (*fam*) why don't you damn well listen?; **du kriegst von mir gleich ein paar hinter die ~!** (*fam*) I'll give you a clout round the ear in a minute!; **sich etw hinter die ~ schreiben** get s.th. into one's thick head; **den ~ abgeben** (*sl: sterben*) kick the bucket; **Löffelbagger** *m* power-shovel, shovel dredger
löffeln *vt* spoon
löffelweise *adv* by the spoonful
Logarithmentafel [loga'rɪtmən-] *f* (MATH) log(arithm) table
Log-Datei ['lɔk-] *f* (INFORM) log file
logieren *vi* lodge, stay
Logik ['lɔgɪk] <-> *f* logic; **du hast (vielleicht) eine ~!** your logic is a bit quaint!
Logis [lo'ʒi:] <-, -> *nt* lodgings *pl;* (MAR) crew's quarters *pl;* **Kost und ~** board and lodging
logisch ['lo:gɪʃ] **I.** *adj* **1.** (*der Logik entsprechend*) logical **2.** (*fam: selbstverständlich*) natural **II.** *adv* (*natürlich*) of course
Logistik [lo'gɪstɪk] <-> *f* (MIL) logistics *pl*
Logo ['lo:go] <-s, -s> *nt* logo
Logopäde, -pädin [logo'pɛ:dɪn] *m, f* logopedist
Lohn [lo:n, *pl:* 'lø:nə] <-(e)s, ⸚e> *m* **1.** (*Arbeits~*) pay, wage, wages **2.** (*fig: Belohnung*) reward
Lohnabbau *m* reduction of wages; **Lohnabkommen** *nt* wages agreement; **Lohnabrechnung** *f* pay slip; **Lohnausfall** *m* loss of earnings; **Lohnausgleich** *m* wage adjustment; **bei vollem ~** with full pay; **Lohnbüro** *nt* wages office; **Lohnempfänger(in)** *m(f)* wage earner
lohnen ['lo:nən] **I.** *vt* **1.** (*be~*) reward (*jdm etw* s.o. for s.th.) **2.** (*wert sein*) be worth; **etw (jdm etw) mit Undank ~** repay s.th. (s.o. for s.th.) with ingratitude **II.** *vr* be worth it, be worthwhile; **ein Besuch dort lohnt sich** it's worth visiting
löhnen ['lø:nən] *vi* (*fam: zahlen*) fork [*o* shell] out
lohnend *adj* **1.** (*einträglich*) profitable **2.** (*nutzbringend*) worthwhile
Lohnerhöhung *f* wage increase; **Lohnforderung** *f* wage claim; **Lohnfortzahlung** *f* continued payment of wages; **Lohngefälle** *nt* pay differential; **Lohnkosten** *pl* wage costs; **Lohnkürzung** *f* wage cut; **Lohnniveau** *nt* wage levels *pl;* **Lohn-Preis-Spirale** *f* (COM) wage-price spiral; **Lohnrunde** *f* wage round; **Lohnsteuer** *f* income tax; **Lohnsteuerjahresausgleich** *m* annual adjustment of income tax; **Lohnsteuerkarte** *f* (income) tax card; **Lohnstopp** *m* wage freeze; **Lohntüte** *f* wage packet
Loipe ['lɔɪpə] <-, -n> *f* (SPORT) cross-country ski run
Lokal [lo'ka:l] <-(e)s, -e> *nt* **1.** (*Kneipe*) pub *Br,* bar *Am* **2.** (*Restaurant*) restaurant
lokal *adj* local
Lokalaugenschein *m* (*österr*) visit to the scene of the crime
Lokalblatt *nt* local paper
lokalisieren *vt* **1.** (*Ort feststellen*) locate **2.** (MED: *Krankheitsherd*) localize; (*örtlich beschränken*) limit (*auf* to)
Lokalität *f* **1.** (*Gegend*) locality **2.** (*Räumlichkeit*) facilities *pl* **3.** (*fam: Lokal*) pub *Br,* saloon *Am*
Lokalnachrichten *fpl* local news; **Lokal-**

L

patriotismus *m* local patriotism; **Lokalradio** *nt* local [*o* community] radio; **Lokalsender** *m* local radio [*o* TV] station

Lokomotive [lokomo'ti:və] <-, -n> *f* (RAIL) engine, locomotive; **Lokomotivführer(in)** *m(f)* (RAIL) engine driver *Br*, engineer *Am*; **Lokomotivschuppen** *m* (RAIL) engine-shed

Lokus ['lo:kʊs] <-ses, -se> *m* (*fam*) loo *Br*, john *Am*

Looping ['lu:pɪŋ] <-s, -s> *m* (AVIAT) loop

Lorbeer ['lɔrbe:ɐ] <-s, -en> *m* **1.** (*Gewürz*) bayleaf **2.** (**sich**) **auf seinen ~en ausruhen** rest on one's laurels

Lore ['lo:rə] <-, -n> *f* (RAIL) truck, wagon

Los [lo:s] <-es, -e> *nt* **1.** (*Schicksal*) lot **2.** (*Lotterie~*) lottery ticket; **etw durch das ~ entscheiden** decide s.th. by casting lots; **das große ~** (**ziehen**) (*a. fig*) (hit) the jackpot; **das ~ fiel auf mich** it fell to my lot; **sie hat ein schweres ~** her lot is hard

los [lo:s] **I.** *adj pred* (*locker*) loose; **jdn** (**etw**) **~ sein** (*fam*) be [*o* have got] rid of s.o. (s.th.); **~ sein** (*fam: vor sich gehen*) be going on; (*nicht in Ordnung sein*) be the matter [*o* wrong]; **was ist ~?** (*fam*) what's up [*o* wrong]?; **hier ist nichts ~** (*fam*) there's nothing going on here; **mit ihm ist aber auch gar nichts ~!** (*fam*) he's a dead loss, he is!; **was ist denn mit dir ~?** (*fam*) what's the matter with you?; **dann war aber der Teufel ~** (*fam*) ..., but then it was as if all hell had been let loose; **der Hund ist ~** the dog's got(ten) loose **II.** *adv:* **~!** (*vorwärts, komm*) come on!; (*weiter, geh*) go on!; (*beweg dich*) get going!; **von jdm** (**etw**) **~ wollen** want to break away from s.o. (s.th.); **nun aber ~!** off we go!; **warum wollt ihr denn schon so früh ~?** (*fam*) why only do you want to be off so early?

lösbar *adj* soluble

los|binden *irr vt* untie (*von* from)

los|brechen *irr* **I.** *vt haben* break off **II.** *vi sein* break out

Löschblatt *nt* sheet of blotting paper

löschen¹ ['lœʃən] **I.** *vt* **1.** (*Feuer*) extinguish; (ELEK: *Licht*) switch out **2.** (*Durst*) quench **3.** (*Kalk*) slake **4.** (*Daten, Tonband*) erase; (*Speicher, Bildschirm*) clear; (*Information*) cancel **5.** (*Schuld*) pay off **II.** *vi* (*Feuerwehr*) put out a [*o* the] fire

löschen² *vt, vi* (MAR: *entladen*) unload

Löschfahrzeug *nt* fire engine; **Löschgerät** *nt* fire extinguisher; **Löschmannschaft** *f* team of firemen; **Löschpapier** *nt* blotting paper; **Löschtaste** *f* (INFORM) erase key

Löschung¹ *f* **1.** (*Namens~*) striking off **2.** (*eines Kontos*) closing **3.** (*Tilgung, Abzahlung*) paying off

Löschung² *f* (MAR: *von Ladung*) unloading

lose ['lo:zə] *adj* **1.** (*a. fig: von Lebenswandel*) loose; (*locker*) slack **2.** (*fig: nachlässig*) lax; **etw ~ verkaufen** sell s.th. loose

Lösegeld *nt* ransom

losen ['lo:zən] *vi* draw [*o* cast] lots (*um* for)

lösen ['lø:zən] **I.** *vt* **1.** (*entfernen, losmachen*) remove (*von* from) **2.** (*lockern*) loosen **3.** (*fig*) solve **4.** (CHEM) dissolve **5.** (*Fahrkarte*) buy **II.** *vr* **1.** (*sich losmachen, a. fig*) detach (*von* from) **2.** (*losgehen: Schuss*) go off **3.** (*locker werden*) loosen **4.** (*fig: sich lockern*) come loose; (*sich entspannen*) relax **5.** (*fig: sich trennen*) break away (*von* from) **6.** (*sich aufklären, auf~*) be solved **7.** (CHEM JUR POL) dissolve (*in* in); **Salz löst sich in Wasser** salt dissolves in water

Loser ['lu:zɐ] <-s, -> *m* loser

los|fahren *irr vi sein* (AUTO) drive off; **los|gehen** *irr vi* **1.** (*fam: sich lösen, abgehen*) come off **2.** (*aufbrechen*) set off **3.** (*Gewehr, Bombe*) go off **4.** (*fam: anfangen*) start; **auf jdn ~** go for s.o.; **gleich geht's los!** (*fam*) it's just about to start!; **geht das schon wieder los?** (*fam: das Gemeckere*) here we go again!; **ich glaub', es geht los!** (*sl*) have you gone mad?; **los|haben** *irr vt* (*fam*): **etw** (**nichts**) **~** be pretty clever (stupid); **sie hat ganz schön was los** she's really got what it takes; **los|kaufen** *vt* (*Entführten*) ransom, pay ransom for; **los|kommen** *irr vi* (*a. fig*) get away (*von* from); **los|lassen** *irr vt* (*nicht mehr festhalten*) let go of; **jdn auf jdn ~** (*fam*) let s.o. loose on s.o.; **lass mich los! ~!** let me go!; **er ließ die Hunde auf mich los** he set the dogs on me; **dieser Gedanke lässt mich nicht mehr los** that thought is always haunting me; **dieses Buch lässt einen nicht mehr los** one can't put this book down

löslich ['lø:slɪç] *adj* soluble; **~er Kaffee** instant coffee

los|machen **I.** *vt* **1.** (*lösen*) unfasten; (*Handbremse*) let off **2.** (*freimachen*) free **II.** *vi* **1.** (MAR: *ablegen*) cast off **2.** (*fam: sich beeilen*) get a move on **III.** *vr* (*wegkommen, sich befreien*) get away (*von* from); (*Hund*) get loose; **los|reißen** *irr* **I.** *vt* tear off (*von jdm o etw* s.o., s.th.) **II.** *vr* **1.** (*Hund*) break free **2.** (*fig*) tear o.s. away (*von* from); **los|sagen** *vr:* **sich von jdm** (**etw**) **~** break with s.o. (s.th.)

Losung ['lo:zʊŋ] *f* **1.** (MIL) password **2.** (*Devise*) watchword, motto

Lösung ['lø:zʊŋ] *f* **1.** (*Annullierung*) cancellation **2.** (*eines Rätsels, a.* MATH CHEM) solution; **Lösungsansatz** *m* beginnings of a solution

Lösungsmittel *nt* solvent; **lösungsmittelfrei** *adj* solvent-free

los|werden *irr vt* **1.** (*sich befreien von*) get rid of **2.** (*verlieren*) lose; **gestern bin ich beim Kartenspiel mein ganzes Geld losgeworden** (*fam*) I got cleaned out gambling at cards yesterday; **los|ziehen** *irr vi sein* (*aufbrechen*) set out (*nach* for)

Lot [lo:t] <-(e)s, -e> *nt* **1.** (*Senkblei*) plumb line **2.** (MATH) perpendicular; **ein ~ fällen** (MATH) drop a perpendicular; **wir werden die Sache schon wieder ins (rechte) ~ bringen** don't worry, we'll sort it out [*o* put matters straight]

loten *vt, vi* **1.** (TECH) plumb **2.** (MAR) sound

löten ['lø:tən] *vt, vi* solder

Lothringen ['lo:trɪŋən] <-s> *nt* Lorraine; **Lothringer(in)** *m(f)* Lorrainer; **lothringisch** *adj* Lorrainese

Lotion [lo'tsjo:n] <-, -en> *f* lotion

Lötkolben *m* soldering iron; **Lötlampe** *f* blowtorch

Lotos ['lo:tɔs] <-s> *m* lotus

lotrecht *adj* (MATH) perpendicular

Lotrechte *f* (MATH) perpendicular

Lötrohr *nt* blowpipe

Lotse ['lo:tsə] <-n, -n> *m* **1.** (MAR) pilot; (AVIAT: *Flug~*) flight controller **2.** (*Führer*) guide; **lotsen** *vt* pilot

Lötstelle *f* soldered point

Lotterie [lɔtə'ri:] *f* lottery; **Lotterielos** *nt* lottery ticket

lotterig ['lɔt(ə)rɪç] *adj* (*pej*) slovenly; **Lotterleben** *nt* (*pej*) dissolute life

Lotto ['lɔto] <-s> *nt* lottery; **im ~ gewinnen** win the lottery

Lötzinn *m* solder

Löwe ['lø:və] <-n, -n> *m* **1.** (*Raubtier*) lion **2.** (*Sternzeichen*) Leo; **sich in die Höhle des ~n wagen** beard the lion in his den; **Löwenanteil** *m* (*fam*) lion's share

Löwenmäulchen *nt* (*Blume*) snapdragon; **Löwenzahn** *m* dandelion

Löwin ['lø:vɪn] *f* lioness

loyal [loa'ja:l] *adj* loyal (*jdm gegenüber* to s.o.); **Loyalität** *f* loyalty (*jdm gegenüber* to s.o.)

Luchs [lʊks] <-es, -e> *m* lynx

Lücke ['lʏkə] <-, -n> *f* (*a. fig*) gap; (*Gesetzes~, Schlupfloch*) loophole; **Lückenbüßer(in)** *m(f)* (*fam*) stopgap; **Lückenfüller** *m* filler; **lückenhaft** *adj* (*unvollständig*) defective, incomplete; (*fragmentarisch*) fragmentary; **lückenlos** *adj* **1.** (*vollständig*) complete **2.** (*ununterbrochen*) unbroken **3.** (*vollkommen*) perfect

Luder ['lu:dɐ] <-s, -> *nt* (*pej: Biest*) minx; **du dummes ~!** you stupid creature!; **so ein freches kleines ~!** such a cheeky little minx!

Lues *f* (MED: *Syphilis*) lues

Luft [lʊft, *pl:* 'lʏftə] <-, ⁼e> *f* **1.** air; (*Atem*) breath **2.** (TECH: *Spiel*) room, space; **an die frische ~ gehen** get out in the fresh air; **jdn an die ~ setzen** (*fam*) give s.o. the push; **dicke ~!** (*fam*) a pretty bad atmosphere!; **die ~ ist rein!** (*fam*) the coast is clear!; **ich kriege keine ~ mehr** I can't breathe; **für mich ist er ~** he doesn't exist as far as I am concerned; **das ist völlig aus der ~ gegriffen** (*fam*) that's pure invention; **jdn (etw) in der ~ zerreißen** (*fam*) shoot s.o. (s.th.) down; **ich hänge völlig in der ~** (*fam*) I'm in a real sort of limbo; **es liegt etw in der ~** (*fam*) s.th. is in the air; **sich ~ machen, seinem Herzen ~ machen** give vent to one's feelings; **tief ~ holen** take a deep breath; **in die ~ fliegen, in die ~ jagen** blow up; **halt doch endlich mal die ~ an!** (*fam: halt den Mund*) won't you put a sock in it?; **jetzt halt aber mal die ~ an!** (*fam: lass das Übertreiben*) now, come off it!

Luftabwehr *f* (MIL) anti-aircraft defence *Br*, anti-aircraft defense *Am;* **Luftangriff** *m* air-raid (*auf* on); **Luftballon** *m* balloon; **Luftbefeuchter** <-s, -> *m* humidifier; **Luftbelastung** *f* atmospheric pollution; **Luftbild** *nt* aerial picture; **Luftblase** *f* air bubble; **Luftbrücke** *f* airlift; **luftdicht** *adj* airtight; **Luftdruck** *m* air pressure

lüften ['lʏftən] **I.** *vt* air **II.** *vi* (*Luft hereinlassen*) let some air in; **einen Anzug zum Lüften hinaushängen** put a suit out to air

Luftfahrt *f* aviation; **Luftfederung** *f* **1.** (TECH) air cushioning **2.** (AUTO) air suspension; **Luftfeuchtigkeit** *f* atmospheric humidity; **Luftflotte** *f* air fleet; **Luftfracht** *f* air freight; **luftgekühlt** *adj* (AUTO) air-cooled; **luftgestützt** *adj* (*Flugkörper*) air-launched; **Luftgewehr** *nt* air-gun; **Lufthülle** *f* mantle of air

luftig *adj* **1.** (*mit, von Luft*) airy; (*windig*) breezy **2.** (*Kleid*) light

Luftkampf *m* air fight; **Luftkissenboot** *nt* hovercraft; **Luftkrieg** *m* aerial warfare; **Luftkühlung** *f* (AUTO) air-cooling; **Luftkurort** *m* (climatic) health resort; **Luftlandetruppen** *pl* (MIL) airborne troops; **luftleer** *adj:* **~er Raum** vacuum; **Luftlinie** *f* (*direkte Verbindung*) bee-line; **~ 100 km** 100 km bee-line [*o* as the crow flies]; **Luftloch** *nt* **1.** (TECH) airhole **2.** (AVIAT) air-pocket; **Luft-Luft-Rakete** *f* (MIL) air-to-air missile; **Luftmatratze** *f* airbed, lilo®; **Luftpirat(in)** *m(f)* hijacker *Br*, skyjacker *Am;* **Luftpost** *f:* **mit ~** by airmail; **Luftpumpe** *f* pneumatic pump; **Luftraum** *m* airspace; **Luftreinhaltung** *f* air-purity maintenance prevention of air pollution; **Luftrettungsdienst** *m* air rescue service; **Luftröhre** *f* (ANAT) windpipe; **Luftschacht** *m* air shaft; **Luftschicht** *f* atmospheric layer, layer of air; **Luftschiff** *nt* airship; **Luftschifffahrt**[RR] *f* aeronautics *pl;* **Luftschlange** *f* paper streamer; **Luftschlauch** *m* (AUTO) inner tube *Br,* air tube *Am;* **Luftschleuse** *f* air lock; **Luftschloss**[RR] *nt* (*fig*) castle in the air; **Luftschraube** *f* airscrew, propeller; **Luftschutz** *m* **1.** (*~maßnahmen*) air-raid precautions *pl* **2.** (*~truppe*) Civil Defence Service *Br;* **Luftschutzbunker** *m* concrete air-raid shelter; **Luftschutzkeller** *m* air-raid shelter; **Luftsprung** *m* jump in the air; **er machte vor Freude einen ~** he jumped for joy; **Luftströmung** *f* current of air; **Luftstützpunkt** *m* (AVIAT MIL) airbase; **Lufttaxi** *f* air taxi; **Lufttemperatur** *f* air temperature; **Lufttransport** *m* air transport; **Lufttüchtigkeit** *f* (AVIAT: *Flugtüchtigkeit*) airworthiness; **Luftüberwachung** *f* air monitoring

Lüftung [ˈlʏftʊŋ] *f* airing; (*Be~, Ventilation*) ventilation; **Lüftungsschacht** *m* ventilation shaft

Luftveränderung *f* change of air; **Luftverkehr** *m* air traffic; **Luftverkehrsgesellschaft** *f* airline; **Luftverkehrslinie** *f* (*Route*) air route; **Luftverpester** *m* (*pej*) air polluter; **Luftverschmutzung** *f* air pollution; **Luftverteidigung** *f* air defence *Br,* air defense *Am;* **Luftwaffe** *f* (AVIAT MIL) air force; **Luftweg** *m* (AVIAT) air route; **auf dem ~** by air; **Luftwiderstand** *m* (PHYS) air resistance; **Luftzufuhr** *f* air supply; **Luftzug** *m* draught *Br,* draft *Am*

Lüge [ˈlyːgə] <-, -n> *f* lie; **jdn (etw) ~n strafen** belie s.o. (s.th.); **~n haben kurze Beine** (*prov*) truth will out *prov*

lügen *irr vi* lie, tell a lie [*o* stories]; **~ wie gedruckt** (*fam*) lie like mad; **ich müsste ~, wenn …** I would be lying if …; **das ist erstunken und erlogen!** (*fam*) that's a pack of lies!

Lügendetektor *m* lie detector

lügenhaft *adj* made-up, mendacious

Lügner(in) [ˈlyːgnɐ] *m(f)* liar

lügnerisch [ˈlyːgnərɪʃ] *adj* mendacious, untruthful

Luke [ˈluːkə] <-, -n> *f* hatch; (*Dach~*) skylight

lukrativ [lukraˈtiːf] *adj* lucrative

Lulatsch [ˈlʊlatʃ] *m* (*hum fam*): **langer ~** beanpole

Lümmel [ˈlʏməl] <-s, -> *m* (*fam: Flegel*) oaf, lout; **Lümmelei** *f* (*fam*) **1.** (*Flegelei*) rudeness **2.** (*Herumlümmeln*) lolling around

lümmeln *vr* lounge (about)

Lump [lʊmp] <-en, -en> *m* (*Schuft*) rogue

Lumpen [ˈlʊmpən] <-s, -> *m* rag

lumpen *vi* (*fam*): **sich nicht ~ lassen** splash out

Lumpengesindel *nt* (*pej*) rabble, riffraff *pl;* **Lumpenhändler(in)** *m(f)* rag-and-bone man (woman)

lunchen *vi* lunch

Lunge [ˈlʊŋə] <-, -n> *f* (ANAT) lungs *pl;* (*einzelner ~nflügel*) lung; **eiserne ~** (MED) iron lung; **der Hyde Park ist die grüne ~ Londons** Hyde Park is London's lung; **rauchen Sie auf ~?** do you inhale?; **Lungenbläschen** *nt* (ANAT) pulmonary alveolus

Lungenbraten *m* (*österr*) loin roast

Lungenentzündung *f* pneumonia; **Lungenflügel** *m* (ANAT) (lobe of the) lung; **lungenkrank** *adj* tubercular; **~ sein** have a lung disease; **Lungenkrankheit** *f* lung disease; **Lungenkrebs** *m* (MED) lung cancer; **Lungentuberkulose** *f* tuberculosis (of the lung)

Lunte [ˈlʊntə] <-, -n> *f* **1.** (HIST: *Zündschnur*) fuse **2.** (*Schwanz des Fuchses*) brush; **~ riechen** (*fam: Verdacht schöpfen*) smell a rat; (*Gefahr wittern*) smell danger

Lupe [ˈluːpə] <-, -n> *f* (OPT) magnifying glass; **jdn (etw) unter die ~ nehmen** (*fam*) scrutinize [*o* examine] s.o. (s.th.) closely

Lupine [luˈpiːnə] <-, -n> *f* lupin *Br,* lupine *Am*

Lurch [lʊrç] <-(e)s, -e> *m* (*Amphibie*) batrachian

Lurker *m* (INTERNET: *passiver Teilnehmer in Newsgroups, Foren, Konferenzen*) lurker

Lust [lʊst, *pl:* ˈlʏstə] <-, ⸚e> *f* **1.** (*Freude*) joy, pleasure **2.** (*Neigung*) inclination **3.** (*sinnliche Begierde*) desire; (*Sinnes~*) lust; **er ging mit ~ und Liebe an die Arbeit** he set to work enthusiastically; **seine ~ an etw haben** take a delight in s.th.; **wenig ~ haben zu etw** not be keen about s.th.; **ich habe keine ~ dazu** I don't feel like it; **alle ~ an etw verlieren** lose all interest in s.th.; **hast du ~ ins Kino zu gehen?** do you feel like going to the movies?; **ich hätte fast ~ zu …** I've half a mind to …; **mir ist die ~ vergangen** I no longer feel like it

Lustbarkeit *f* festivity

Luster <-s, -> *m* (*österr: Kronleuchter*) chandelier

Lüster [ˈlʏstɐ] <-s, -> *m* **1.** (*Stoff, Glanzüberzug*) lustre **2.** (*Kronleuchter*) chandelier

Lüsterklemme *f* (ELEK) connector

lüstern ['lʏstɐn] *adj* lecherous; **nach etw ~ sein** lust after s.th.

Lüsternheit *f* lecherousness

lustfeindlich *adj* anti sexual pleasure

lustig ['lʊstɪç] *adj* funny; **es wurde später noch ganz ~** later on things got quite merry; **sich über jdn ~ machen** make fun of s.o.

Lüstling ['lʏstlɪŋ] *m* (*pej*) debauchee, lecher

lustlos *adj* **1.** (*ohne Begeisterung*) unenthusiastic **2.** (COM FIN: *Markt, Börse*) dull, slack

Lustmolch *m* (*pej*) sex maniac

Lustprinzip *nt* (PSYCH) pleasure principle; **Lustschloss**[RR] *nt* summer residence; **Lustspiel** *nt* (THEAT) comedy

Lutheraner(in) [lʊtə'ra:nɐ] *m(f)* (ECCL) Lutheran; **lutherisch** ['lʊtərɪʃ, lʊ'te:rɪʃ] *adj* Lutheran

lutschen ['lʊtʃən] *vt, vi* suck (*an etw* s.th.)

Lutscher *m* (*fam: Dauer~*) lollipop

Lutschtablette *f* lozenge

Luv [lu:f] <-> *f* (MAR) windward

Luxemburg *nt* Luxembourg; **Luxemburger(in)** *m(f)* Luxembourger; **luxemburgisch** *adj* Luxembourg(ish)

luxuriös [lʊksuri'ø:s] *adj* luxurious; **ein ~es Leben** a life of luxury

Luxus ['lʊksʊs] <-> *m* luxury; (*Überfluss*) extravagance; **Luxusartikel** *mpl* luxury goods; **Luxusausführung** *f* de luxe model; **Luxushotel** *nt* luxury hotel; **Luxussteuer** *f* tax on luxuries

Luzerne [lu'tsɛrnə] <-, -n> *f* (*Kleeart*) lucerne *Br*, alfalfa *Am*

Lymphdrainage *f* (MED) lymphatic drainage; **Lymphe** ['lʏmfə] <-, -n> *f* (ANAT) lymph; **Lymphknoten** *m* (ANAT) lymph node

lynchen ['lʏnçən] *vt* lynch

Lynchjustiz *f* lynch-law; **Lynchmord** *m* lynching

Lyrik ['ly:rɪk] *f* lyric poetry; **Lyriker(in)** *m(f)* lyricist; **lyrisch** *adj* (*a. fig*) lyrical; **ein ~es Gedicht** a lyric poem

M

M, m [ɛm] <-, -> *nt* M, m

M-und-S-Reifen *m* (AUTO) winter tyre, mud and snow tire

Machart *f* **1.** (*Fabrikat*) make **2.** (*Muster*) design

Mache <-> *f* (*fam: Täuschung*) sham; **etw in der ~ haben** be working on s.th.; **reine ~ sein** be a sham

machen ['maxən] *vt* **1.** (*tun*) do **2.** (*verursachen*) make **3.** (*ausmachen*) matter; **mach's gut!** so long!; **ich mache mir nichts aus ...** I don't care much for ...; **ich mach' mir nichts daraus** I'm not keen on it; **er macht sich** he's getting good; **nun mach aber mal 'n Punkt!** come off it!; **gemacht!** O.K.! right!; **ich mache das schon** I'll see to that; **was machst du da?** what are you doing there?; **was machst du denn hier?** what on earth are you doing here?; **ich kann da nichts ~** I can't do anything about it; **was machst du Samstag?** what are you doing on Saturday?; **wie macht man das?** how do you do it?; **macht dich das an?** (*sl*) does that do anything for you?; **das Essen ~** do the cooking; **er wird's nicht mehr lange ~** he won't last long; **das macht nichts!** that doesn't matter!; **macht das was?** does that matter?; **mach mal!** get a move on!; **in die Hosen ~** wet o.s.

Machenschaften *fpl* machinations, wheelings and dealings

Macher(in) <-s, -> *m(f)* (*fam*) doer

Macho [matʃo] <-s, -s> *m* (*fam*) macho

Macht [maxt, *pl:* 'mɛçtə] <-, ⸗e> *f* power; **die Partei, die im Augenblick an der ~ ist** the party now in power; **an die ~ kommen** come into power; **mit aller ~** with might and main; **ich habe getan, was in meiner ~ stand** I did all in my power; **Machtapparat** *m* power apparatus; **Machtbereich** *m* sphere of influence; **Machtergreifung** *f* seizure of power; **Machthaber(in)** *m(f)* ruler

mächtig ['mɛçtɪç] *adj* **1.** (*gewaltig*) powerful **2.** (*fam: sehr groß*) mighty; **ein ~er Schlag** a powerful punch; **ein ~er Krieger** a mighty warrior; **~ Hunger haben** have a tremendous appetite; **sich ~ anstrengen** make a tremendous effort

Machtkampf *m* struggle for power; **machtlos** *adj* powerless; **Machtlosigkeit** *f* powerlessness; **Machtprobe** *f* trial of strength; **Machtstellung** *f* position of power; **Machtübernahme** *f* takeover; **Machtwort** *nt:* **ein ~ sprechen** exercise one's authority

Machwerk *nt* (*pej*) sorry effort

Mach-Zahl *f* (AVIAT) Mach number

Macke ['makə] <-, -n> *f* (*eines Menschen*) quirk; (*Defekt, Fehler*) fault, defect

Macker ['makɐ] <-s, -> *m* (*sl*) guy

madamig [ma'damɪç] *adj* (*pej: aufgeplustert*) highfalutin *fam*, la-di-da, too-too

Mädchen ['mɛːtçən] <-s, -> *nt* girl; **~ für alles sein** be the general dogsbody; **mädchenhaft** *adj* girlish; **~ aussehen** look like a girl; **Mädchenname** *m* **1.** (*Vorname*) girl's name **2.** (*einer verheirateten Frau*) maiden-name

Made ['maːdə] <-, -n> *f* maggot; **madig** *adj* worm-eaten; **jdm etw ~ machen** put s.o. off s.th.; **jdn ~ machen** run s.o. down

Madonna [ma'dɔna] *f* Madonna

Mafia ['mafia] <-, -s> *f* mafia

Magazin [maga'tsiːn] <-s, -e> *nt* **1.** (MIL: *Waffen~*) magazine **2.** (*Zeitschrift*) magazine **3.** (*Lager*) storeroom; **Magaziner(in)** <-s, -> *m(f)* (*CH: Lagerist*) storeman

Magd [maːkt, *pl:* 'mɛːkdə] <-, ⸗e> *f* maid(servant); (*auf Bauernhof*) farm lass

Magen ['maːgən, *pl:* 'mɛːgən] <-s, ⸗/-> *m* stomach; **auf nüchternen ~** on an empty stomach; **Magenbeschwerden** *pl* stomach trouble *sing;* **Magenbitter** <-s, -> *m* bitters *pl;* **Magenblutung** *f* stomach bleeding; **Magen-Darm-Grippe** *f* gastro-enteritis; **Magendurchbruch** *m* perforation of the stomach; **Magengegend** *f* stomach region; **Magengeschwür** *nt* gastric ulcer; **Magenknurren** *nt* stomach rumbles *pl;* **Magenleiden** *nt* stomach disorder

Magensaft *m* gastric juice; **Magensäure** *f* gastric acid; **Magenschleimhaut** *f* stomach lining; **Magenschmerzen** *pl* stomachache; **ich habe ~** I have a pain in my stomach; **Magenverstimmung** *f* stomach upset

mager ['maːgɐ] *adj* **1.** (*dünn*) lean, thin **2.** (*fam: dürftig*) meagre, poor; **das war aber ~!** (*fam*) that was a poor do!; **Magerkeit** *f* leanness, thinness; **Magermilch** *f* skimmed milk; **Magerquark** *m* low-fat curd cheese; **Magersucht** *f* (MED) anorexia

Magie [ma'giː] *f* magic; **Magier(in)** ['maːgiɐ] *m(f)* magician; **magisch** *adj* magic(al); **mit ~er Gewalt** as if by magic

Magistrat [magɪs'traːt] <-(e)s, -e> *m* municipal authorities *pl*

Magma ['magma] <-s, Magmen> *nt* magma

Magnat [ma'gnaːt] <-s, -en> *m* magnate

Magnesium [ma'gneːziʊm] <-s> *nt* (CHEM) magnesium

Magnet [ma'gneːt] <-(e)s/-en, -e(n)> *m* magnet; **Magnetbahn** *f* magnetic railway; **Magnetband** *nt* magnetic tape; **Magnetfeld** *nt* magnetic field

magnetisch *adj* magnetic; **~e Bildaufzeichnung** magnetic video recording

Magnetkarte *f* magnetic card; **Magnetkopf** *m* (RADIO) magnetic head; **Magnetnadel** *f* magnetic needle; **Magnetplatte** *f* (INFORM) magnetic disk; **Magnetschalter** *m* (AUTO) solenoid switch; **Magnetspule** *f* magnetic coil; **Magnetstreifen** *m* magnetic strip

Mahagoni [maha'goːni] <-> *nt* mahogany

Mähbinder *m* reaper-binder; **Mähdrescher** *m* combine

mähen ['mɛːən] *vt* (*Rasen*) mow; (*Gras*) cut; **Mäher(in)** *m(f)* **1.** (*Person*) mower **2.** (*Rasen~*) mower **3.** (*Erntemaschine*) reaper

Mahl [maːl] <-(e)s, -e/(¨-er)> *nt* meal

mahlen ['maːlən] **I.** *vt* (*Korn*) grind; **fein gemahlen**[RR] fine(ly) ground **II.** *vi* **1.** (AUTO: *Getrieberäder*) grind **2.** (AUTO: *Räder im Schlamm*) spin

Mahlzeit *f* meal; **na dann prost ~!** (*fam iro*) that's just great!

Mahnbrief *m* reminder

Mähne ['mɛːnə] <-, -n> *f* mane

mahnen ['maːnən] *vt* **1.** (*er~*) admonish (*wegen* on account of) **2.** (COM) demand payment from; (*schriftlich ~*) send a reminder (*jdn* to s.o.)

Mahnmal <-(e)s, -e/ (¨-er)> *nt* memorial

Mahnung *f* **1.** (COM) reminder **2.** (*Er~*) admonition

Mahnverfahren *nt:* **ein ~ einleiten gegen ...** institute collection proceedings against ...; **Mahnwache** *f* (POL) picket

Mai [maɪ] <-(e)s/-, -e> *m* May; **der Erste ~** May Day; **Maifeier** *f* (POL) May-Day celebrations *pl;* **Maiglöckchen** *nt* lily of the valley; **Maikäfer** *m* cockchafer

Mailand ['maɪlant] *nt* Milan

Mailbox ['meɪlbɒks] <-, -en> *f* (INFORM) mailbox

Mais [maɪs] <-es, (-e)> *m* maize *Br,* corn *Am;* **Maiskeimöl** *nt* corn germ oil; **Maiskolben** *m* corn cob

Majestät [majɛs'tɛːt] *f* majesty; **Seine ~** His Majesty; **majestätisch** *adj* majestic

Majonäse[RR] [majɔ'nɛːzə] <-, -n> *f* mayonnaise

Major(in) [ma'joːɐ] <-s, -e> *m(f)* (MIL) major

Majoran ['maːjoran] <-s, -e> *m* marjoram

Majorität [majori'tɛːt] *f* majority; **die ~ haben** have a majority

makaber [ma'kaːbɐ] *adj* macabre

Makel ['maːkəl] <-s, -> *m* **1.** (COM: *Defekt*) fault **2.** (*Fehler*) blemish; **makellos** *adj* **1.** spotless **2.** (*ohne Fehler*) faultless; **~er Ruf** impeccable reputation; **~es Benehmen** immaculate behaviour

mäkeln ['mɛːkəln] *vi* carp, cavil (*an* at)

Make-up ['meːk'ap] *nt* make-up

Makkaroni [maka'roːni] *pl* macaroni *sing*

Makler(in) ['maːklɐ] <-s, -> *m(f)* **1.** (*Wohnungs~*) estate agent *Br,* real estate agent *Am* **2.** (*Börsen~*) broker; **Maklergebühr** *f* brokerage, broker's commission

Makrele [ma'kreːlə] <-, -n> *f* (*Raubfisch*) mackerel

Makroklima *nt* macro climate

Makrone [ma'kroːnə] <-, -n> *f* macaroon

Makulatur [makula'tuːɐ] <-, -en> *f* wastepaper

mal *adv* (*fam: einmal*): **besuch mich doch ~!** come and see me sometime!; **sieh ~ her!** now look here!; **lass ihn ~ machen!** just let him try!; **komm ~ her!** can you come here for a moment!; **geh ~ hin, sie wird dir sicher helfen** go ahead and see him, I'm sure she'll help you; **sag ~, ist das wahr?** tell me is that true?; **ich bin nun ~ so** that's just the way I am

Mal[1] <-(e)s, -e> *nt* (*zeitlich*): **ein einziges ~** once; **das vorige ~** the time before; **das letzte ~** last time; **beim ersten ~** the first time; **mit einem ~** all at once; **ein für alle ~** once and for all

Mal[2] [maːl, *pl:* 'mɛːlɐ] <-(e)s, -e/¨-er> *nt* **1.** (*Zeichen*) mark **2.** (*Mahn~*) memorial

malaiisch [ma'laɪɪʃ] *adj* Malayan

Malaria [ma'laːria] <-> *f* (MED) malaria

Malaysia [ma'laɪzia] *nt* Malaysia

Malbuch *nt* colouring book

malen ['maːlən] *vi* (*mit Farbe*) paint; (*zeichnen*) draw; **sich ~ lassen** have one's portrait painted

Maler(in) *m(f)* painter; **Malerei** *f* **1.** (*Kunst*) painting **2.** (*Gemälde*) picture

malerisch *adj* picturesque

Malheur [ma'løːɐ] <-s, -s/-e> *nt* mishap; **das ist doch kein ~!** that's not serious!

Malkasten *m* paintbox

malochen [ma'loːxən] <ohne ge-> *vi* (*sl*) drudge, slave

Malocher(in) <-s, -> *m(f)* (*sl*) grafter
Malstift *m* crayon
Malta ['malta] *nt* Malta
Malteser(in) <-s, -> *m(f)* Maltese; **maltesisch** *adj* maltese
Malve ['malvə] <-, -n> *f* hollyhock, mallow
Malz [malts] <-es> *nt* malt; **Malzbier** *nt* malt beer; **Malzbonbon** *nt* malt lozenge; **Malzkaffee** *m* malt coffee
Mama ['mama] <-, -s> *f* (*fam*) mum(my) *Br,* mom *Am;* **Mamasöhnchen** ['mamazø:nçən] *nt* (*fam pej*) mummy's darling
Mammographie [mamogra'fi:] *f,* **Mammografie**RR *f* (MED) mammography
Mammon ['mamɔn] <-s> *m:* **der schnöde ~** filthy lucre
Mammut ['mamʊt] <-s, -e/-s> *nt* (*ausgestorbener Elefant*) mammoth; **Mammutbaum** *m* giant redwood
mampfen ['mam(p)fən] *vi* (*fam*) chomp
man [man] *pron* one; **~ hat mir gesagt** I was told; **~ kann nie wissen** you never can tell; **das tut ~ nicht** that's not done; **~ munkelt schon lange davon** it's been rumoured for some time
Management <-s, -s> *nt* management
Manager(in) ['mɛnɪdʒɐ] <-s, -> *m(f)* manager; **Managerkrankheit** *f* stress disease
manche(r, s) ['mançə] *pron* many a; **manch einer** many a person; **manche Leute** quite a few people; **manch anderer** many another; **manche Million** some million
mancherlei *adj* various; **~ Dinge** a number of things
manches *adj* (*vieles*) a good many things; **in manchem hat sie ja recht** she's right about some things
manchmal *adv* sometimes
Mandant(in) [man'dant] <-en, -en> *m(f)* (JUR) client
Mandarine [manda'ri:nə] <-, -n> *f* tangerine
Mandat [man'da:t] <-(e)s, -e> *nt* **1.** (POL: *Auftrag*) mandate **2.** (JUR: *Anwalts~*) brief **3.** (*Parlamentssitz*) seat; **sein ~ niederlegen** (PARL) resign one's seat; **Mandatsträger(in)** *m(f)* mandate holder
Mandel ['mandəl] <-, -n> *f* **1.** (*Frucht*) almond **2.** (ANAT: *Drüse*) tonsil; **gebrannte ~n** sugared almonds; **Mandelbaum** *m* almond tree; **Mandelentzündung** *f* (MED) tonsillitis; **mandelförmig** *adj* almond-shaped; **Mandelkleie** *f* almond meal; **Mandeloperation** *f* tonsil operation
Mandoline [mando'li:nə] <-, -n> *f* (MUS) mandolin
Mandschurei [mantʃu'raɪ] *f* Manchuria
Manege [ma'ne:ʒə] <-, -n> *f* arena, ring
Mangan [maŋ'ga:n] <-s> *nt* (CHEM) manganese
Mangel1 ['maŋəl] <-, -n> *f* mangle; (*Heiß~*) rotary iron; **jdn durch die ~ drehen** (*fam*) put s.o. through the mill; **jdn in die ~ nehmen** (*fam*) give s.o. a grilling
Mangel2 ['maŋəl, *pl:* 'mɛŋəl] <-s, ¨-> *m* **1.** (*Fehlen*) lack; (*Knappheit*) shortage (*an* of) **2.** (*Fehler*) fault; (TECH) defect; **~ an Arbeitskräften** shortage of staff; **aus ~ an ...** for want of ...; **Mangelerscheinung** *f* (MED) deficiency symptom
mangelhaft *adj* (*Schulnote*) unsatisfactory; (*unzureichend*) insufficient; (*fehlerhaft*) defective, faulty
Mangelkrankheit *f* (MED) deficiency disease
mangeln1 ['maŋəln] *vt* (*Wäsche*) press
mangeln2 *vi* (*fehlen*) want; **es mangelt an etw** there is lack of s.th.; **es mangelt ihr an nichts** she lacks for nothing
mangels ['maŋəls] *präp* for lack of
Mangelware *f* scarce commodity; **~ sein** (*fig*) be a rare thing
Mango ['maŋgo] <-, -s> *f* mango
Manie [ma'ni:] *f* mania
Manier [ma'ni:ɐ] <-, -en> *f* manner; **höfliche ~en** (good) manners
manierlich *adj* (*Kind*) well-mannered; (*Aussehen*) respectable; **sich ~ benehmen** behave properly
Manifest [mani'fɛst] <-es, -e> *nt* manifesto; **Manifestant(in)** <-en, -en> *m(f)* (*österr: Demonstrant*) demonstrator; **manifestieren** *vr* manifest itself
Maniküre [mani'ky:rə] <-, -n> *f* **1.** manicure **2.** (*Person*) manicurist
maniküren <ohne ge-> *vt* manicure
Manipulation *f* manipulation; (*Trick*) manoeuvre *Br,* manoeuver *Am*
manipulieren [manipu'li:rən] *vt* manipulate
manisch ['ma:nɪʃ] *adj* manic; **manisch-depressiv** *adj* (MED) manic-depressive
Manko ['maŋko] <-s, -s> *nt* **1.** (*Fehler*) shortcoming **2.** (COM: *Fehlbetrag*) deficit
Mann [man, *pl:* 'mɛnɐ] <-(e)s, ¨-er> *m* man; (*Ehe~*) husband; **etw an den ~ bringen** get rid of s.th.; **seinen ~ stehen** hold one's own; **pro ~** per head; **~, o ~!** oh boy!; **den starken ~ markieren** (*fam*) act big
Männchen ['mɛnçən] <-s, -> *nt* **1.** (*kleiner Mann*) mannikin **2.** (*von Tieren*) male; (*von Vögeln*) cock; **~ machen** sit up and beg
Mannequin [manə'kɛ̃:] <-s, -s> *nt* fashion model
Männerberuf *m* male profession; **Männergesellschaft** *f* male dominated society

Mannesalter *nt:* **im besten ~ sein** be in one's prime
mannigfach ['manɪçfax] *adj* manifold
mannigfaltig *adj* diverse
männlich ['mɛnlɪç] *adj* **1.** (BIOL) male **2.** (GRAM) masculine **3.** (*mannhaft*) manly; **Männlichkeit** *f* **1.** (*Mannhaftigkeit*) manliness **2.** (*männliche Geschlechtsteile*) manhood; **Männlichkeitsritual** *nt* masculinity ritual
Mannsbild *nt* (*österr: Mann*) fellow
Mannschaft *f* (SPORT) team; (AVIAT MAR) crew; **Mannschaftsführer(in)** *m(f)* (SPORT) captain; **Mannschaftswagen** *m* (*Polizei*) police van; (MIL) troop carrier
mannshoch *adj* as high as a man
mannstoll *adj* (*fam*) man-mad
Manometer [mano'me:tɐ] <-s, -> *nt* (TECH) pressure gauge/gage *Br/Am;* **~!** (*fam*) boy oh boy!
Manöver [ma'nø:vɐ] <-s, -> *nt* manoeuvre *Br,* maneuver *Am;* **ins ~ gehen** go on manoeuvres *Br,* go on maneuvers *Am*
manövrieren [manø'vri:rən] *vt* manoevre *Br,* maneuver *Am*
manövrierunfähig *adj* disabled
Mansarde [man'zardə] <-, -n> *f* garret (*Boden*) attic; **Mansardenwohnung** *f* attic flat
Manschette [man'ʃɛtə] <-, -n> *f* **1.** (*an Hemd*) cuff **2.** (TECH: *Dichtungs~*) sleeve; **~n haben** (*fam*) be in a funk; **Manschettenknopf** *m* cufflink
Mantel ['mantəl, *pl:* 'mɛntəl] <-s, -̈> *m* **1.** (*Kleidungsstück*) coat **2.** (TECH: *Rohr~*) jacket **3.** (*Reifen~*) casing; **Mantelaufschlag** *m* lapel
Manteltarifvertrag *m general agreement concerning conditions of employment*
manuell [manu'ɛl] *adj* manual
Manuskript [manʊ'skrɪpt] <-(e)s, -e> *nt* manuscript
Mäppchen *nt* (SCHULE) pencil case
Mappe ['mapə] <-, -n> *f* **1.** (*Aktentasche*) briefcase **2.** (*Hefter*) folder
Maracuja [mara'kuja] <-, -s> *f* passion fruit
Marathon ['maratɔn] <-s, -s> *m* marathon; **Marathonlauf** *m* (SPORT) marathon race
Märchen ['mɛ:ɐçən] <-s, -> *nt* **1.** fairytale **2.** (*fam*) tall story; **Märchenbuch** *nt* book of fairytales; **märchenhaft** *adj* **1.** (*in der Art eines Märchens*) fairytale; (*prädikativ*) like a fairytale **2.** (*fantastisch*) fabulous; **Märchenland** *nt* fairyland; **Märchenprinz** *m* (*fig*) Prince Charming
Marder ['mardɐ] <-s, -> *m* marten
Margarine [marga'ri:nə] <-> *f* margarine
Margerite [margə'ri:tə] <-, -n> *f* marguerite
Maria [ma'ri:a] *f* Mary
Marienkäfer *m* ladybird *Br,* ladybug *Am*
Marihuana [marihu'a:na] <-(s)> *nt* marijuana; **Marihuanazigarette** *f* joint, reefer
Marille [ma'rɪlə] <-, -n> *f* (*österr*) apricot
Marinade [mari'na:də] <-, -n> *f* marinade
Marine [ma'ri:nə] <-, -n> *f* navy; **Marineflieger** *m* naval pilot; **Marineinfanterie** *f* marines *pl;* **Marineoffizier** *m* naval officer; **Marinestützpunkt** *f* naval base
marinieren *vt* marinate; **marinierter Hering** pickled herring
Marionette [mario'nɛtə] <-, -n> *f* **1.** (*Holzpuppe*) marionette **2.** (*fig*) puppet; **Marionettentheater** *nt* puppet theatre *Br,* puppet theater *Am*
Mark[1] [mark] <-(e)s> *nt* (ANAT) marrow; **das geht mir durch ~ und Bein** that goes right through me
Mark[2] <-, (-̈er)> *f* (*Währung*) mark; **mit jeder ~ rechnen müssen** have to count every penny
markant [mar'kant] *adj* (*ausgeprägt*) clear-cut, prominent; (*auffallend*) striking
Marke ['markə] <-, -n> *f* **1.** (AUTO: *Auto~*) make **2.** (COM: *Warensorte*) brand **3.** (*Brief~*) stamp; (*Rabatt~*) trading-stamp; (*Essens~*) ticket; **Markenartikel** *m* proprietary article; **Markenartikler** <-s, -> *m* (COM) producer of a proprietary brand; **Markenbutter** *f* best quality butter; **Markeneinführung** *f* brand launch, launch of a new brand; **Markenname** *m* brand name; **Markenzeichen** *nt* **1.** (*Warenzeichen*) trade-mark **2.** (AUTO: *Firmenzeichen*) badge
Marketing ['markətɪŋ] <-s> *nt* marketing
markieren [mar'ki:rən] *vt* **1.** (*mit Markierung versehen*) mark **2.** (*fam: simulieren*) play; **er markiert doch nur** he's only acting
Markierstift *m* highlighter
Markierung *f* **1.** (*das Markieren*) marking **2.** (*Zeichen*) mark
markig *adj* (*kernig*) pithy
Markise [mar'ki:zə] <-, -n> *f* blind
Markknochen *m* marrowbone
Markstein *m* **1.** (*Grenzstein*) boundary-stone **2.** (*fig*) milestone
Markstück *nt* one-mark piece
Markt [markt, *pl:* 'mɛrktə] <-(e)s, -̈e> *m* **1.** market **2.** (*~platz*) marketplace; **auf dem ~** at the market; **auf den ~ gehen** go to the market; **auf dem ~ sein** (COM) be on the market; **auf den ~ kommen** (COM) come on the market; **auf den ~ bringen** (COM) put on the market; **wann ist wieder ~?** when is the next market?

M

Marktanalyse *f* market analysis; **Marktanteil** *m* (COM) market share; **Marktbude** *f* stall; **Markteinführung** *f* introduction onto the market; **Markterfordernisse** *pl* market requirements *pl;* **marktfähig** *adj* marketable; **Marktforschung** *f* market research; **Marktführer** *m* (COM) market leader; **Marktführerschaft** *f* market leadership; **Markthalle** *f* covered market

Marktkapazität *f* capacity of the market; **Marktlage** *f* state of the market; **Marktlücke** *f* gap in the market, opening; **in eine ~ stoßen** fill a gap in the market; **marktorientiert** *adj* market-focused; **Marktplatz** *m* marketplace; **Marktpotenzial**[RR] *nt,* **Marktpotential** *nt* market potential; **Marktpreis** *m* market price, market rate; **marktreif** *adj* (*Produkt*) ready for the market; **Marktreife** *f* readiness for the market (of a product); **Marktsättigung** *f* (MARKT) market saturation; **Marktsegment** *nt* (COM) market segment; **Markttag** *m* market day; **Markttest** *m* (MARKT) market testing; **Marktvolumen** *nt* (COM) market volume; **Marktwert** *m* market value; **Marktwirtschaft** *f* market economy; **freie ~** free-market economy; **marktwirtschaftlich** *adj* free-enterprise

Marmelade [marmə'la:də] <-, -n> *f* jam; (*Orangen~*) marmalade

Marmor ['marmɔr] <-s, -e> *m* marble; **marmorieren** *vt* marble; **Marmorkuchen** *m* marble cake; **marmorn** ['marmɔrn] *adj* marble; **Marmorsäule** *f* marble column

Marokkaner(in) [marɔ'ka:nɐ] *m(f)* Moroccan; **marokkanisch** *adj* Moroccan; **Marokko** [ma'rɔko] *nt* Morocco

Marone[1] [ma'ro:nə] <-, -n> *f* (*Esskastanie*) sweet chestnut [o edible]

Marone[2] *f* (*Pilz*) chestnut boletus

Marotte [ma'rɔtə] <-, -n> *f* quirk

Mars[1] [mars] <-> *m* (ASTR) Mars

Mars[2] *nt* (MAR: *Segel*) top

marsch *interj:* **~!** march!

Marsch[1] [marʃ, *pl:* 'mɛrʃə] <-(e)s, ⁻e> *m* (MUS MIL) march; **jdm den ~ blasen** give s.o. a piece of one's mind; **sich in ~ setzen** move off

Marsch[2] <-, -en> *f* (*Landschaft*) fen, marsh

Marschall ['marʃal, *pl:* 'marʃɛlə] <-s, ⁻e> *m* (MIL) marshal

Marschbefehl *m* (MIL) marching orders *pl;* **Marschflugkörper** *m* (MIL) cruise missile; **Marschgepäck** *nt* pack

marschieren *vi* march

Marschkolonne *f* column; **Marschkompass**[RR] *m* compass; **Marschmusik** *f* military marches *pl;* **Marschrichtung** *f* route of march; (*fig*) line of approach; **Marschverpflegung** *f* rations *pl*

Marsmensch *m* Martian

Marter ['martɐ] <-, -n> *f* torture; **martern** *vt* torment, torture; **Marterpfahl** *m* stake; **Marterwerkzeug** *nt* instrument of torture

martialisch [mar'tsja:lɪʃ] *adj* martial, warlike

Märtyrer(in) [mɛr'ty:rɐ] <-s, -> *m(f)* (*a. fig*) martyr; **jdn zum ~ machen** make a martyr of s.o.; **sich als ~ aufspielen** make a martyr of o.s.

Marxismus [mar'ksɪsmʊs] *m* (POL) Marxism; **Marxist(in)** *m(f)* (POL) Marxist; **marxistisch** *adj* (POL) Marxist

März [mɛrts] <-es, -e> *m* March; **Anfang** (**Mitte, Ende**) **~** at the beginning (in the middle, at the end) of March

Marzipan [martsi'pa:n] <-s, -e> *nt* marzipan

Masche ['maʃə] <-, -n> *f* **1.** (*Strick~*) stitch **2.** (*Netzschlinge*) hole, mesh **3.** (*fam: Trick*) trick; **immer die alte ~!** the same old trick!; **jdm durch die ~n gehen** slip through someone's fingers; **das ist die große ~!** it's all the fad!

Maschendraht *m* wire netting; **Maschenweite** *f* mesh size

Maschine [ma'ʃi:nə] <-, -n> *f* **1.** (TECH) machine **2.** (AUTO) engine **3.** (AVIAT: *Flugzeug*) plane; **etw mit der ~ schreiben** type s.th.

maschinell *adj* mechanical

Maschinenbau *m* mechanical engineering; **Maschinenbauingenieur(in)** *m(f)* mechanical engineer; **Maschinencode** *m* machine code; **Maschinenfabrik** *f* engineering works *pl;* **Maschinengewehr** *nt* (MIL) machine gun; **maschinenlesbar** *adj* (INFORM: *Ausweis*) machine readable; **Maschinenlesbarkeit** *f* machine readability; **Maschinenöl** *nt* lubricating oil; **Maschinenpark** *m* plant; **Maschinenpistole** *f* (MIL) submachine gun; **Maschinenraum** *m* **1.** (MAR) engine-room **2.** (*in Werk*) plant room; **Maschinenschaden** *m* mechanical fault; **Maschinenschlosser(in)** *m(f)* engine fitter; **Maschinenschrift** *f* typescript

Maschinerie [maʃinə'ri:] *f* (*a. fig*) machinery

Maschinist(in) *m(f)* engineer

Maser ['ma:zɐ] <-, -n> *f* (*in Holz*) grain, vein

Masern ['ma:zɐn] *pl* (MED) measles

Maserung *f* grain

Maske ['maskə] <-, -n> *f* **1.** (*Gesichts~, a.* INFORM) mask **2.** (THEAT) make-up; **sie ließ**

ihre ~ fallen she slipped her mask; **das ist nur ~** that's all just pretence/pretense *Br/ Am;* **jdm die ~ vom Gesicht reißen** unmask s.o.; **Maskenball** *m* masked ball; **Maskenbildner(in)** *m(f)* make-up artist; **Maskerade** [maskəˈraːdə] <-, -n> *f* costume

maskieren I. *vt* disguise II. *vr* disguise o.s.

Maskottchen [masˈkɔtçən] <-s, -> *nt* mascot

maskulin [maskuˈliːn] *adj* masculine

Maskulinum <-s, -Maskulina> *nt* (LING) masculine

Masochist(in) [mazɔˈxɪst] <-en, -en> *m(f)* masochist; **masochistisch** *adj* masochistic

Maß[1] [maːs] <-es, -e> *nt* **1.** (*~einheit*) measure (*für* of) **2.** (*~band*) tape measure **3.** (*gemessene Größe*) measurement **4.** (*Aus~*) degree, extent; **das ~ ist voll!** that's going too far!; **ein gewisses ~ an ...** a certain degree of ...; **in höchstem ~e** extremely; **in ~en** in moderation; **~ halten**[RR] be moderate

Maß[2] <-, -(e)> *f* (*Biermaß: Liter*) litre of beer *Br,* liter of beer *Am*

Massage [maˈsaːʒə] <-, -n> *f* massage; **~n bekommen** get massage treatment; **Massageöl** *nt* massage oil; **Massagesalon** *m* massage parlour

Massaker [maˈsaːkɐ] <-s, -> *nt* massacre; **massakrieren** *vt* massacre

Maßarbeit *f* (*fig*) neat piece of work

Masse [ˈmasə] <-, -n> *f* **1.** (*ungeformter Stoff*) mass **2.** (*Menge*) lots [*o* heaps] of **3.** (*bei Speisenzubereitung*) mixture **4.** (*Menschenmenge*) crowd **5.** (ELEK) mass; **die breite ~** (*von Menschen*) the masses *pl;* **eine ganze ~ von ...** a great deal of ...; **Massekabel** *nt* (ELEK) ground cable

Massenandrang *m* crush; **es herrschte ~** there was a terrible crush; **Massenarbeitslosigkeit** *f* mass unemployment; **Massenartikel** *m* mass-produced article; **Massenbewegung** *f* mass movement; **Massenblatt** *nt* mass-circulation paper; **Massenentlassung** *f* mass redundancy; **Massengrab** *nt* mass grave; **Massengüter** *ntpl* bulk goods

massenhaft I. *adj* on a massive scale II. *adv* (*fam: sehr viel*) masses of

Massenkarambolage *f* (AUTO) pile-up; **Massenmedien** *ntpl* mass media *pl;* **Massenmensch** *m* mass man; **Massenmord** *m* mass murder; **Massenquartier** *nt* mass accommodation; **Massenproduktion** *f* mass production; **Massensterben** *nt* mass of deaths; **Massentierhaltung** *f* intensive livestock farming; **Massentourismus** *m* mass tourism; **Massenvernichtungswaffe** *f* weapon of mass destruction

Masseur(in) [maˈsøːɐ] <-s, -e> *m(f)* masseur (masseuse)

Masseuse [maˈsøːzə] <-, -n> *f* (*obs: Masseurin*) masseuse

Maßgabe *f:* **nach ~** according to

maßgebend *adj* authoritative; **deine Meinung ist für mich nicht ~** I won't accept your opinion as authoritative

maßgeblich *adj* authoritative

maß|halten *vi s.* **Maß**

massieren[1] *vt* massage

massieren[2] *vt* (MIL: *Truppen*) mass

massig I. *adj* massive II. *adv* (*fam*): **~ viel** stacks of

mäßig [ˈmɛːsɪç] *adj* **1.** (*gemäßigt*) moderate, temperate **2.** (*mittel~*) indifferent **3.** (*gering*) moderate; **mäßigen** [ˈmɛːsɪgən] I. *vt* (*mindern*) moderate II. *vr* restrain o.s.; **Mäßigkeit** *f* **1.** (*das Maßhalten*) moderation **2.** (*Mittel~*) mediocrity; **Mäßigung** *f* moderation, restraint

Massiv [maˈsiːf] <-s, -e> *nt* massif

massiv *adj* **1.** (*fest, nicht hohl, pur*) solid **2.** (*Beleidigung*) gross; (*Kritik*) heavy

Maßkleidung *f* made-to-measure clothing *Br,* custom clothing *Am*

Maßkrug *m* litre/liter beer mug *Br/Am*

maßlos I. *adj* **1.** (*unmäßig*) immoderate **2.** (*gewaltig*) extreme; **~e Übertreibung** extreme exaggeration II. *adv* (*äußerst*) extremely; **Maßlosigkeit** *f* lack of moderation

Maßnahme <-, -n> *f* measure; **~n ergreifen um etw zu tun** take measures to do s.th.; **nicht vor ~n zurückschrecken** not shrink from taking action

Maßregel *f* rule; **maßregeln** [ˈ---] *vt* **1.** (*Strafe verhängen*) discipline **2.** (*tadeln*) reprimand; **er wurde für seine unfreundlichen Worte gemaßregelt** he was rebuked for having spoken unkindly

maß|schneidern *vt* make to measure

Maßstab *m* **1.** (*Richtlinie*) standard **2.** (*Zollstock*) rule **3.** (*maßstäbliches Verhältnis*) scale; **hier ist eine Karte mit kleinem ~** this is a small-scale map; **das ist für mich kein ~** I don't take that as my yardstick; **Maßstäbe setzen** set a good standard *sing*

maßstab(s)gerecht *adj* (true) to scale

maßvoll *adj* moderate

Mast[1] [mast] <-(e)s, -en/(-e)> *m* **1.** (ELEK: *Strom~*) pylon **2.** (MAR: *a. Antennen~*) mast

Mast[2] <-, -en> *f* (*das Mästen*) fattening

Mastbaum *m* (MAR) mast

Mastdarm *m* (ANAT) rectum

mästen [ˈmɛstən] I. *vt* fatten II. *vr* (*hum*) stuff o.s.

M

Mastschwein *nt* fattened pig
masturbieren [mastʊrˈbiːrən] *vt, vi* masturbate
Match [metʃ] <-es> *nt* (SPORT) match; **Matchball** *m* (*beim Tennis*) match point
Material [materiˈaːl] <-s, -ien> *nt* **1.** (*Substanz*) material **2.** (*Gerätschaften*) materials *pl;* **Materialanforderung** *f* materials requisition; **Materialaufwand** *m* material costs; **Materialbedarf** *m* material needs, material requirements; **Materialermüdung** *f* material fatigue; **Materialfehler** *m* material defect
materialisieren *vr* materialize
Materialismus *m* (*a.* PHILOS) materialism; **Materialist(in)** *m(f)* (*a.* PHILOS) materialist; **materialistisch** *adj* (*a.* PHILOS) materialistic
Materialkosten *pl* cost *sing,* of materials; **Materiallager** *nt* materials stock, stock of materials; **Materialprüfung** *f* materials testing, inspection of incoming materials; **Materialverbrauch** *m* materials usage; **Materialwirtschaft** *f* materials management
Materie [maˈteːriə] <-, -n> *f* **1.** matter **2.** (*Thema*) subject-matter; **die ~ beherrschen** know one's stuff
materiell *adj* **1.** (*die Materie betreffend, a. fig*) material **2.** (*geldlich*) financial
Mathematik [matemaˈtiːk] *f* mathematics; **Mathematiker(in)** *m(f)* mathematician; **mathematisch** *adj* mathematical
Matinee [matiˈneː] <-, -n> *f* matinee
Matjeshering [ˈmatjəsheːrɪŋ] *m* young herring
Matratze [maˈtratsə] <-, -n> *f* mattress; **an der ~ horchen** (*fam: ein Nickerchen machen*) turn in
Mätresse [mɛˈtrɛsə] <-, -n> *f* (HIST) mistress
Matrikel [maˈtriːkəl] <-, -n> *f* (*Universitäts~*) matriculation register; **Matrikelnummer** *f* registration number
Matrix [ˈmaːtrɪks] <-, Matrizen> *f* matrix; **Matrixdrucker** *m* (INFORM) dot-matrix printer
Matrize [maˈtriːtsə] <-, -n> *f* (*Schablone*) stencil; **etw auf ~ schreiben** stencil s.th.
Matrone [maˈtroːnə] <-, -n> *f* matron; **matronenhaft** *adj* matronly
Matrose [maˈtroːzə] <-n, -n> *m* **1.** (*Seemann*) sailor **2.** (*Dienstgrad*) rating
Matsch [matʃ] <-(e)s> *m* (*breiweiche Masse*) mush; (*Schlamm*) mud; (*Schnee~*) slush
matschig *adj* (*breiig*) mushy; (*schlammig*) muddy; (*Schnee*) slushy
matt [mat] *adj* **1.** (*glanzlos*) dull **2.** (*schwach*) weak **3.** (*beim Schach*) mate; **~es Papier** mat paper; **~e Glühbirne** opal bulb; **jdn ~ setzen** (*a. fig*) checkmate s.o.
Matte [ˈmatə] <-, -n> *f* mat; **jdn auf die ~ legen** (SPORT) floor s.o; **auf der ~ stehen** (*fam*) be at s.o.'s place; (*bereit sein*) be there and ready for action
Mattglanz *m* dull finish; **Mattglas** <-es> *nt* frosted glass, ground glass; **Mattlack** *m* mat varnish; **Mattscheibe** *f* (*fam*) telly *Br,* tube *Am;* **er hat ~** (*dumm sein*) he's soft in the head
Mätzchen [ˈmɛtsçən] *ntpl:* **mach keine ~!** don't try anything funny!
mau *adj* (*fam*) poor, bad; (*Geschäft*) slack; **mir ist ~** I feel poorly
Mauer [ˈmaʊɐ] <-, -n> *f* wall
mauern I. *vt* build, lay bricks **II.** *vi* (*beim Kartenspiel*) hold back
Mauersegler *f* swift; **Mauerstein** *m* building stone; **Mauervorsprung** *m* projection on the wall; **Mauerwerk** *nt* masonry, stonework
Maul [maʊl, *pl:* ˈmɔɪlɐ] <-(e)s, ¨-er> *nt* mouth; (*Tierrachen*) jaws *pl;* **halt's ~!** (*vulg*) shut your gob!; **jdm das ~ stopfen** (*derb*) muzzle s.o., shut s.o. up; **ein großes ~ haben** (*derb*) be a big-mouth; **nimm das ~ nicht so voll!** (*derb*) don't be too cocksure!
Maulbeerbaum *m* mulberry
maulen [ˈmaʊlen] *vi* moan
Maulesel *m* mule
maulfaul *adj* (*fam*): **sei nicht so ~!** haven't you got a tongue in your head?
Maulkorb *m* (*a. fig*) muzzle
Maultaschen *fpl* filled pasta squares
Maultier *nt* mule; **Maul- und Klauenseuche** *f* foot-and-mouth disease; **Maulwurf** *m* mole; **Maulwurfshaufen** *m* molehill
Maurer(in) [ˈmaʊrɐ] <-s, -> *m(f)* bricklayer; **Maurerkelle** *f* trowel; **Maurerkolonne** *f* bricklaying gang; **Maurermeister(in)** *m(f)* master builder
Mauretanien [maʊreˈtaːniən] *nt* Mauretania
Maus [maʊs, *pl:* ˈmɔɪzə] <-, ¨-e> *f* (*a.* INFORM) mouse (*pl* mice); **Mäuse** (*fam: Geld*) dough *sing;* **weiße Mäuse sehen** see pink elephants
Mäusebussard *m* (*Greifvogel*) buzzard
Mausefalle *f* **1.** mousetrap **2.** (*fig*) deathtrap; **Mauseloch** *nt* mouse-hole
Mauser [ˈmaʊzɐ] <-> *f* (*bei Vögeln*) moult; **in der ~ sein** be moulting; **mausern** *vr* **1.** (*Vögel*) moult **2.** (*fig*) blossom out
mausetot *adj* (*fam*) stone dead
Mausklick <-s, -s> *m* (INFORM) click of the mouse; **Mauskursor** <-s, -s> *m* (INFORM) mouse cursor; **Mauspad** [ˈmaʊspæd]

<-s, -s> *nt* mouse pad; **Maussteuerung** *f* (INFORM) mouse control
Maut [maʊt] <-, -en> *f* toll; **Mautgebühr** *f* toll; **Mautstelle** *f* toll gate, toll barrier; **Mautstraße** *f* toll-road
maximal [maksi'ma:l] **I.** *adj* maximum **II.** *adv* at most
Maxime [ma'ksi:mə] <-, -n> *f* maxim
Maximum ['maksimʊm] <-s, -ma> *nt* maximum
Maxirock *m* maxi-skirt
Mayonnaise *f* mayonnaise
Mazedonien [matse'do:niən] *nt* Macedonia
Mäzen [mɛ'tse:n] <-s, -e> *m* patron
MB <-(s), -(s)> *nt Abk. von* **Megabyte** MB, Mb, MByte
MBA <-s, -> *m Abk. von* **Master of Business Administration** MBA
Mechanik [me'ça:nɪk] *f* mechanics *pl;* **Mechaniker(in)** *m(f)* mechanic; **mechanisch** *adj* mechanical
mechanisieren *vt* mechanize; **Mechanisierung** *f* mechanization; **Mechanisierungsprozess**[RR] *m* process of mechanization
Mechanismus <-, -men> *m* mechanism
Meckerei *f* grumbling, grousing
meckern ['mɛkɐn] *vi* **1.** (*Ziege*) bleat **2.** (*fam: nörgeln*) bleat, grouse (*über* at)
Medaille [me'daljə] <-, -n> *f* medal; **Medaillengewinner(in)** *m(f)* medallist
Medaillon [medal'jõ:] <-s, -s> *nt* locket
Medien ['me:diən] *pl* media; **Medienberichterstattung** *f* media reporting; **Medienforschung** *f* media research; **mediengen** *adj* mediagenic; **Medienkonzentration** *f* media concentration; **Medienkonzern** *m* media concern; **Medienlandschaft** *f* <-> (*fig*) media landscape; **Medienliebling** *m* media darling, darling of the media; **Medienpolitik** *f* media policy; **Medienrummel** *m* media excitement; **Medienverbund** *m* **1.** (SCHULE) multimedia system **2.** (COM) media syndicate; **medienwirksam** *adj* (*Person*) mediagenic
Medikament [medika'mɛnt] <-(e)s, -e> *nt* medicine; **Medikamentenmissbrauch**[RR] *m* drug abuse; **Medikamentensucht** *f* drug dependency; **Medikamentenverordnung** *f* drug regulation
medikamentös *adj* medicinal
Meditation *f* meditation
mediterran [meditɛ'ra:n] *adj* Mediterranean
meditieren [medi'ti:rən] *vi* meditate; **über etw** ~ ponder over s.th.
Medizin [medi'tsi:n] <-, -en> *f* medicine
Medizinalassistent(in) *m(f)* houseman *Br,* intern *Am*
Medizinball *m* medicine ball
Mediziner(in) *m(f)* **1.** (*Arzt*) doctor **2.** (*fam: Medizinstudent*) medic
medizinisch *adj:* **jdn ~ behandeln** give s.o. medical treatment; **~e Fakultät** faculty of medicine
Medizinisch-Technische(r) Assistent(in) *m(f)* medical assistant
Medizinmann <-(e)s, ⁻er> *m* medicine man; **Medizinstudent(in)** *m(f)* medical student
Meer [me:ɐ] <-(e)s, -e> *nt* sea; **die ~e** the oceans; **eine Stadt am ~** a town by the sea; **Meerbusen** *m* bay, gulf; **Meerenge** *f* straits *pl*
Meeresalge *f* sea alga; **Meeresarm** *m* arm of the sea; **Meeresbiologie** *f* marine biology; **Meeresboden** *m* seabed; **Meeresforschung** *f* oceanography; **Meeresfrüchte** *pl* seafood; **Meeresgrund** *m* bottom of the sea; **Meereshöhe** *f* sea-level; **Meeresklima** *nt* maritime climate; **Meereskunde** *f* oceanography; **meereskundlich** *adj* oceanographic; **Meeresspiegel** *m* sea-level; **über/unter dem ~** above/ below sea-level; **Meeresströmung** *f* ocean current; **Meeresverschmutzung** *f* pollution of the sea(s)
Meerkatze *f* (*Affe*) guenon
Meerrettich *m* horseradish
Meerschweinchen *nt* guinea pig
Meerwasser *nt* sea water; **Meerwasserentsalzungsanlage** *f* desalination plant
Megabyte ['megabaɪt] *nt* (INFORM) megabyte
Megafon[RR] *nt s.* **Megaphon,**
Megahertz ['megahɛrts] *nt* (PHYS) megahertz
Megaphon [mega'fo:n] <-s, -e> *nt* megaphone
Mehl [me:l] <-(e)s, -e> *nt* **1.** (*Getreide~*) flour; (*grobes*) meal **2.** (*Pulver*) powder; **mit ~ bestreuen** flour; **mehlig** *adj* **1.** (*mehlbestäubt*) floury **2.** (*Früchte*) mealy
Mehltau *m* (*Blattpilz*) mildew
Mehr <-(s)> *nt* (*Zunahme*) increase (*an* of)
mehr [me:ɐ] *pron, adv* more; **ich will viel ~** I want a lot more; **immer ~** more and more; **etw ~** a little more; **viel(e) ~** much (many) more; **nicht ~ viel(e)** not much (many) more; **nichts ~** no more; **noch ~?** any more?; **noch ~** even more; **~ gibt es nicht** there isn't any more, there aren't any more; **gibt es noch ~?** is there any more?, are there any more?; **reden wir nicht ~ darüber!** let's say no more about it!; **~ kann man sich doch nicht wünschen** what more could one want?; **zum Kindererziehen gehört ~ als nur ...** there's

M

more to bringing up children than just …; **umso** ~ all the more; **je** ~ **du ihm gibst, desto** ~ **will er haben** the more you give him, the more he wants; **das beschämt mich umso** ~ that makes me all the more ashamed; **es ist kein Wein** ~ **da** there isn't any more wine; **ich bin** ~ **als zufrieden** I'm more than satisfied; **kein Wort** ~**!** not another word!; **es war niemand** ~ **da** everyone had gone; **nicht** ~ **lange** not much longer

Mehrarbeit *f* overtime; **Mehraufwand** *m* additional expenditure; **Mehrbelastung** *f* excess load; (*fig*) additional burden; **Mehrbereichsöl** *nt* (AUTO) multigrade oil; **Mehrbetrag** *m* surplus; **mehrdeutig** ['me:ɐdɔɪtɪç] *adj* ambiguous; **mehrdimensional** *adj* multidimensional; **Mehreinnahme** *f* additional revenue

mehren ['me:rən] *vr* (*geh: sich ver~*) multiply

mehrere ['me:rərə] *pron, adj* several

mehrfach ['me:ɐfax] **I.** *adj* **1.** (*vielfach*) multiple **2.** (*wiederholt*) repeated **II.** *adv* (*mehrere Male*) several times

Mehrfachfahrschein *m* multi-journey ticket; **Mehrfachstecker** *m* (ELEK) multiple adaptor; **Mehrfachtäter(in)** *m(f)* serial offender

Mehrfamilienhaus *nt* multiple dwelling, house for several families

mehrfarbig *adj* multicoloured

Mehrheit *f* majority; **in der** ~ **sein** be in a majority; **eine** ~ **von drei Stimmen haben** be in a majority of three; **mit knapper** ~ by a small majority; **Mehrheitsbeschluss**[RR] *m* majority decision; **durch** ~ by a majority of votes; **mehrheitsfähig** *adj* capable of winning a majority; **Mehrheitswahlrecht** *nt* (POL) majority votes system

mehrjährig *adj* of several years; ~**e …** several years of …

Mehrkosten *pl* additional costs

Mehrlinge <-> *pl* progeny of a multiple birth

mehrmals *adv* several times

mehrmotorig *adj* (AVIAT) multi-engined; **Mehrparteiensystem** *nt* multi-party system; **mehrplatzfähig** *adj* (INFORM) multistation, capable of supporting multi-user operation; **Mehrplatzrechner** *m* (INFORM) multi-user [*o* multistation] system, networked system; **Mehrplatzsystem** *nt* (INFORM) multi-user system; **Mehrpreis** *m* extra, surcharge; **mehrsilbig** *adj* polysyllabic; **mehrsprachig** *adj* multilingual; **mehrstimmig** *adj* (MUS) for several voices; **mehrstöckig** *adj* multi-storey; **mehrstündig** *adj:* **sie trafen mit** ~**er Verspätung ein** they arrived several hours late; **mehrtägig** *adj:* **ein** ~**er Aufenthalt** a stay of several days; **Mehrverbrauch** *m* additional consumption; **Mehrweg-** *präfix* reusable; **Mehrwegflasche** *f* deposit bottle, returnable bottle; **Mehrwegverpackung** *f* reusable packaging; **Mehrwertsteuer** *f* value added tax, VAT; **mehrwöchig** *adj* of [*o* lasting] several weeks; **Mehrzahl** <-, -> *f* **1.** (GRAM) plural **2.** (*Mehrheit*) majority; **die** ~ **der Fälle** the majority of cases; **Mehrzweckfahrzeug** *nt* multi-purpose vehicle

meiden ['maɪdən] *irr vt* avoid

Meile ['maɪlə] *f* mile; **Meilenstein** *m* (*a. fig*) milestone; **meilenweit** *adv* miles and miles; **sie wohnen** ~ **weg** they live miles away; **vom Thema** ~ **entfernt sein** be miles off the subject

Meiler ['maɪlɐ] <-s, -> *m* charcoal-kiln

mein [maɪn] *pron* my; **ich habe** ~**e eigene Wohnung** I've got a flat of my own; ~**es Wissens** as far as I know; ~**e Damen und Herren!** Ladies and Gentlemen!; **einer** ~**er Lieblingsausdrücke** a favourite expression of mine

Meineid ['maɪnaɪt] <-(e)s, -e> *m* (JUR) perjury; **einen** ~ **leisten** commit perjury; **zum** ~ **verleiten** suborn to perjury; **meineidig** *adj* (JUR) perjured; ~ **werden** perjure o.s.

meinen ['maɪnən] *vt, vi* **1.** (*glauben*) think **2.** (*sagen wollen*) mean; **was** ~ **Sie?** what do you think?; ~ **Sie nicht auch?** don't you agree?; ~ **Sie?** do you think so?; **das will ich** ~ I should think so; **damit bin ich gemeint** that's meant for me; **so war das nicht gemeint** it wasn't meant like that; **wenn du meinst** if you like, I don't mind; **gut gemeint**[RR] well-meant

meiner ['maɪnɐ] *pron* of me

meine(r, s) *pron* (*substantivisch*) mine; **seine Freunde sind nicht meine** his friends are not mine; **das ist dein Schirm, und wo ist meiner?** this is your umbrella, and where is mine?

meinerseits *adv* as far as I am concerned, for my part; **ganz** ~**!** the pleasure's mine!

meinesgleichen *pron* **1.** (*mir Ebenbürtige*) my equals *pl* **2.** (*Leute wie ich*) people *pl* like me

meinetwegen *adv* **1.** (*von mir aus*) for my part **2.** (*um meinetwillen*) for my sake; **er kann** ~ **sofort gehen** as far as I'm concerned he can leave at once; **kann ich gehen? –** ~**!** may I go? – all right!

meinige ['maɪnɪgə] *pron:* **der** (**die, das**) **Meine** mine

Meinung *f* opinion; **der** ~ **sein, dass …** be of the opinion that …; **meiner** ~ **nach** in my opinion; **seine** ~ **äußern** express an opinion; **jdn nach seiner ~ fragen** ask someone's opinion; **keine gute ~ über jdn haben** have a poor opinion of s.o.; **jdm die ~ sagen** give s.o. a piece of one's mind; **seine ~ ändern** change one's opinion; **eine vorgefasste ~** a preconceived view

Meinungsäußerung *f* opinion; **Meinungsaustausch** *m* exchange of views (*über* on); **Meinungsbildung** *f* formation of opinion; **Meinungsforscher(in)** *m(f)* canvasser, pollster; **Meinungsforschung** *f* public opinion research; **Meinungsumfrage** *f* opinion poll, canvassing; **Meinungsumschwung** *m* swing of opinion; **Meinungsverschiedenheit** *f* disagreement, difference of opinion

Meise ['maɪzə] <-, -n> *f* (*kleiner Singvogel*) titmouse; **eine ~ haben** (*fam*) be nuts

Meißel ['maɪsəl] <-s, -> *m* chisel; **meißeln** *vt, vi* chisel

meist *adv* mostly, most of the time

meistbietend *adj* highest bidding; **~ versteigern** sell to the highest bidder

Meistbietende(r) <-n, -> *mf* highest bidder

meisten *adv:* **am ~** most of all

meistens *adv* mostly, most of the time

Meister(in) ['maɪstɐ] <-s, -> *m(f)* **1.** (*Handwerk*) master **2.** (SPORT) champion; **seinen ~ finden** meet one's match; **seinen ~ machen** take one's master craftsman's diploma

meiste(r, s) *pron:* **die meisten** most people; **das hat mir am meisten Freude gemacht** that gave me the most pleasure; **die meiste Zeit** most of the time; **die meisten sind Studenten** they are mostly students

Meisterbrief *m* master craftsman's certificate

meisterhaft **I.** *adj* masterly **II.** *adv* in a masterly manner

Meisterleistung *f* masterly performance

meistern *vt* master; **Schwierigkeiten ~** overcome difficulties

Meisterprüfung *f* examination for master craftsman's diploma; **Meisterschaft** *f* **1.** (*meisterliches Können*) mastery **2.** (SPORT) championship; **Meisterstück** *nt*, **Meisterwerk** *nt* (*fig*) masterpiece

Melancholie [melaŋko'li:] *f* melancholy; **melancholisch** *adj* melancholy

Melanzani [melan'tsa:ni] *pl* (*österr*) aubergine *Br*, eggplant *Am*

Meldeamt *nt* registration office; **Meldefrist** *f* registration period; **Meldeschein** *m* certificate of registration

melden ['mɛldən] **I.** *vt* **1.** (*ankündigen*) announce **2.** (*benachrichtigen*) report; **du hast hier nichts zu ~!** you have no say in this! **II.** *vr* **1.** (*in der Schule*) put one's hand up **2.** (*sich zur Verfügung stellen*) report (*zu* for) **3.** (TELE) answer **4.** (*wieder von sich hören lassen*) get in touch (*bei* with); **melde dich mal wieder!** keep in touch!; **sich krank~**RR report sick

Meldepflicht *f* compulsory registration; **meldepflichtig** *adj* **1.** (*Person*) obliged to register **2.** (*Krankheit*) notifiable

Meldung *f* **1.** (RADIO TV) report (*über* on) **2.** (SPORT) entry **3.** (*dienstlich*) report; **seine ~ zurückziehen** withdraw

meliert [me'li:ɐt] *adj* mottled, speckled; **grau ~**RR greying

Melisse [me'lɪsə] <-> *f* balm

melken ['mɛlkən] *irr vt* **1.** milk **2.** (*fam: anpumpen*) fleece; **Melker(in)** *m(f)* milker

Melodie [melo'di:] *f* melody; **melodisch** *adj* melodic, tuneful

melodramatisch *adj* melodramatic

Melone [me'lo:nə] <-, -n> *f* **1.** (*Frucht*) melon **2.** (*Hut*) bowler *Br*, derby *Am*

Membran(e) [mɛm'bra:n(ə)] <-, -en> *f* **1.** (TECH TELE) diaphragm **2.** (ANAT) membrane

Memme ['mɛmə] <-, -n> *f* (*fam pej*) cissy

Memoiren [memo'a:rən] *pl* memoirs

Memorandum [memo'randʊm] <-s, -den/-da> *nt* memorandum

Menge ['mɛŋə] <-, -n> *f* **1.** (*bestimmte Anzahl*) quantity **2. eine ~** (*viele*) a great many, lots of **3.** (*Menschen~*) crowd **4.** (MATH) set; **jede ~** (*fam*) lots and lots; **sich eine ~ einbilden** think a lot of o.s.; **Mengenangabe** *f* statement of quantity; **Mengenlehre** *f* (MATH) set theory; **mengenmäßig** *adj* quantitative; **Mengenrabatt** *m* bulk discount

Meniskus [me'nɪskʊs] <-s, Menisken> *m* (ANAT) meniscus

Menopause [meno'-] *f* menopause

Mensa ['mɛnza] <-, -s/-sen> *f* canteen

Mensch [mɛnʃ] <-en, -en> *m* **1.** (*menschliches Wesen*) man, person **2. ~en** (*Leute*) people; **die ~en** mankind; **~!** (*fam: bewundernd*) wow!; **~, daran habe ich gar nicht mehr gedacht!** boy, I forgot all about that!; **~, habe ich einen Hunger!** boy, am I hungry!; **ich bin auch nur ein ~** I'm only human after all; **~en gibt's!** the people you meet!; **er ist ein guter ~** he's a good soul; **kein ~ war da** nobody was there; **so spricht heutzutage kein ~ (mehr)** nobody speaks like that nowadays

Menschenaffe *m* ape; **Menschenalter** *nt* generation; **Menschenfeind(in)** *m(f)* misanthrope; **Menschenfleisch** *nt* human flesh; **Menschenfresser** *m* cannibal; **Menschenfreund** *m* philanthropist; **Menschengedenken** *nt:* **seit ~** within

M

living memory; **Menschenhandel** *m* slave trade, traffic in human beings; **Menschenkenner(in)** *m(f)* judge of human nature; **Menschenkenntnis** *f* knowledge of human nature; ~ **haben** know human nature; **Menschenkette** *f* human chain; **Menschenleben** *nt* human life; ~ **waren nicht zu beklagen** no casualities were reported; **der Unfall hat mehrere ~ gefordert** the accident claimed several lives; **menschenleer** *adj* deserted

Menschenliebe *f*: **aus reiner ~** from the sheer goodness of one's heart; **Menschenmenge** *f* crowd; **menschenmöglich** *adj* humanly possible; **das Menschenmögliche**[RR] **tun** do all that is humanly possible; **Menschenrechte** *ntpl* human rights; **Menschenrechtskommission** *f* Commission on Human Rights; **Menschenrechtsverletzung** *f* violation of human rights; **menschenscheu** *adj* afraid of people; **Menschenseele** *f*: **keine ~ war da** not a soul was there

Menschenskind *nt, interj*: **~!** heavens above!

menschenunwürdig *adj* beneath human dignity; **~e Behausung** dwelling unfit for human habitation; **menschenverachtend** *adj* inhuman; **Menschenverstand** *m*: **gesunder ~** common sense; **Menschenwürde** *f* human dignity

Menschheit *f*: **die ~** humanity, mankind

menschlich *adj* **1.** (*nicht tierisch*) human **2.** (*human*) humane; **die ~e Gesellschaft** the society of man

Menschlichkeit *f* humanity

Menstruation [mɛnstrua'tsjo:n] *f* menstruation; **Menstruationsschmerzen** *mpl* menstrual pain; **Menstruationsstörungen** *fpl* menstrual disorders

Mentalität [mɛntali'tɛ:t] *f* mentality

Menü [me'ny:] <-s, -s> *nt* (*a.* INFORM) menu; **Menüanzeige** *f* menu display; **Menüführung** *f* menu-driven operation; **menügesteuert** *adj* menu-driven; **Menüzeile** *f* menu line

Merchandising ['mɜ:tʃəndaɪzɪŋ] <-s> *nt* (COM) merchandising

merci [mɛrsi] *interj* (*CH*) thanks

Mergel ['mɛrgəl] <-s> *m* (GEOL) marl

Merger ['mœ:ɐdʒɐ] *m* (*Fusion*) merger

Meridian [meri'dja:n] <-s, -e> *m* (ASTR) meridian

Merkblatt *nt* leaflet

merken ['mɛrkən] **I.** *vt* **1.** (*wahrnehmen*) notice **2.** (*spüren*) feel; **merkst du was?** can you feel anything?; **woran hast du das gemerkt?** how could you tell? **II.** *vr* (*im Gedächtnis behalten*) remember; **~ Sie sich das für die Zukunft!** remember that in future!; **das werd' ich mir ~!** I won't forget that!

merklich *adj* marked, noticeable

Merkmal <-s, -e> *nt* characteristic; **irgendwelche besonderen ~e?** any distinguishing marks?

Merksatz *m* mnemotechnic verse

Merkur [mɛr'ku:ɐ] <-(s)> *m* (ASTR) Mercury

merkwürdig *adj* (*seltsam*) curious, strange; **merkwürdigerweise** *adv* oddly enough, strange to say

meschugge [me'ʃʊgə] *adj* (*sl*) nuts; **dieser Krach macht mich ganz ~** this row is driving me silly

messbar[RR] *adj* measurable

Messbecher[RR] *m* measuring jug; **Messdaten**[RR] *pl* readings

Messdiener(in)[RR] *m(f)* (ECCL) server

Messe[1] ['mɛsə] <-, -n> *f* (ECCL) mass

Messe[2] *f* (MAR: *Offiziers~*) mess

Messe[3] *f* (COM: *Ausstellung*) fair; **Messeausweis** *m* (trade) fair pass; **Messegelände** *nt* exhibition centre; **Messehalle** *f* exhibition hall

messen ['mɛsən] *irr* **I.** *vt* measure; **können Sie meinen Blutdruck ~?** could you take my blood pressure?; **jds Zeit ~** (SPORT) time s.o. **II.** *vr* compete (*mit* with)

Messeneuheit *f* (trade fair) innovation

Messer ['mɛsɐ] <-s, -> *nt* knife; **ein Kampf bis aufs ~** a fight to the finish; **unter's ~ kommen** (*fam*) go under the knife; **jdm das ~ an die Kehle setzen** put a knife to someone's throat; **jdn ans ~ liefern** shop s.o.; **Messerspitze** *f* knife point; (*in Rezept*) pinch; **Messerstecher** *m* knifer; **Messerstich** *m* stab wound

Messestand *m* exhibition stand *Br,* booth *Am*

Messfehler[RR] *m* error of measurement; **Messgerät**[RR] *nt* gauge *Br,* gage *Am*

Messias [mɛ'si:as] *m* (REL) Messiah

Messing ['mɛsɪŋ] <-s> *nt* brass; **mit ~ beschlagen** brass-bound

Messinstrument[RR] *nt* measuring instrument; **Messtechnik**[RR] *f* measuring technique; **Messtischblatt**[RR] *nt* ord nance survey map

Messung *f* **1.** (*das Abmessen*) measuring **2.** (*das Abgelesene*) reading **3.** (*Messergebnis*) measurement

Messwert[RR] *m* measurement

Mestize [mɛs'ti:tsə] <-n, -n> *m* mestizo; **Mestizin** *f* mestiza

Metall [me'tal] <-s, -e> *nt* metal; **aus ~** metallic; **Metallarbeiter(in)** *m(f)* metalworker; **metallic** *adj* metallic; **metallisch** *adj* **1.** (*aus Metall*) metal **2.** (*Klang*) metallic; **Metallverarbeitung** *f* metal processing

Metamorphose [metamɔr'fo:zə] <-, -n> *f* metamorphosis
Metapher [me'tafɐ] <-, -n> *f* (LING) metaphor
Metaphysik *f* metaphysics *sing;* **metaphysisch** [meta'fy:zɪʃ] *adj* metaphysical
Metastase [meta'sta:zə] <-, -n> *f* (MED) metastasis
Meteor [mete'o:ɐ] <-s, -e> *nt* (ASTR) meteor; **Meteorit** [meteo'ri:t] <-en, -en> *m* (ASTR) meteorite
Meteorologe, **-login** [meteoro'lo:gə] <-n, -n> *m, f* meteorologist; (*fam*) weatherman (weather lady)
Meter ['me:tɐ] <-s, -> *nt (m)* metre *Br,* meter *Am;* **Metermaß** *nt* **1.** (*Zollstock*) metre rule *Br,* meter rule *Am* **2.** (*Bandmaß*) tape-measure
Methadon [meta'do:n] <-s> *nt* methadone
Methode [me'to:də] <-, -n> *f* method; **was sind denn das für (neue) ~n?** what sort of way is that to behave?; **methodisch** *adj* methodical
Methylalkohol [me'ty:l-] *m* (CHEM) methyl alcohol
metrisch ['me:trɪʃ] *adj* metric
Metropole [metro'po:lə] <-, -n> *f* metropolis
Metrum ['me:trʊm] <-s, Metren> *nt* (LIT MUS) metre
Metzelei [mɛtsə'laɪ] *f* (*pej*) butchery
Metzger(in) [mɛtsgɐ] <-s, -> *m(f)* butcher; **Metzgerei** *f* butcher's
Meuchelmord *m* (treacherous) murder; **Meuchelmörder(in)** *m(f)* (treacherous) assassin
meuchlerisch ['mɔɪçlərɪʃ] *adj* murderous, treacherous
Meute ['mɔɪtə] <-, -n> *f* **1.** (*Jagdhunde*) pack of hounds **2.** (*Pöbel*) mob
Meuterei [mɔɪtə'raɪ] *f* mutiny; **Meuterer**, **-rin** *m, f* mutineer; **meutern** *vi* **1.** (*rebellieren*) mutiny **2.** (*fam: aufmucken*) moan
Mexikaner(in) [mɛksi'ka:nɐ] *m(f)* Mexican; **mexikanisch** *adj* Mexican; **Mexiko** ['mɛksiko] *nt* Mexico
miauen [mi'aʊən] <ohne ge-> *vi* miaow
mich [mɪç] *pron* me; (*reflexiv*) myself
mick(e)rig ['mɪk(ə)rɪç] *adj* (*fam*) **1.** (*kläglich*) pathetic **2.** (*lumpig*) mingy **3.** (*klein, schwächlich*) puny
Mieder ['mi:dɐ] <-s, -> *nt* **1.** (*Leibchen*) bodice **2.** (*~gürtel*) girdle; **Miederslip** *m* pantie briefs *pl;* **Miederwaren** *pl* corsetry *sing*
Mief [mi:f] <-(e)s> *m* (*fam: muffige Luft*) fug; **miefen** *vi* (*fam*): **hier mieft's** there's a pong in here
Miene ['mi:nə] <-, -n> *f* expression, face; **gute ~ zum bösen Spiel machen** grin and bear it; **ohne eine ~ zu verziehen** without moving a muscle
mies [mi:s] *adj* (*fam*) lousy; **jdn/etw ~ machen** run s.o./s.th. down; **Miesmacher(in)** *m(f)* (*pej*) kill-joy; **Miesmacherei** *f* (*pej*) belly-aching
Miesmuschel *f* mussel
Mietauto *m* hire(d) car
Miete ['mi:tə] <-, -n> *f* rent; **zur ~ wohnen** live in rented accommodation
Mieteinnahmen *fpl* rental income
mieten *vt* rent
Mieter(in) *m(f)* tenant
Mieterhöhung *f* rent increase; **Mieterschutz** *m* rent control
mietfrei *adj* rent-free; **Mietgebühr** *f* rental fee; **Mietkauf** *m* lease-purchase agreement; **Mietrückstände** *mpl* rent arrears
Mietshaus *nt* tenement, block of flats *Br,* apartment house *Am;* **Mietskaserne** *f* (*pej*) tenement house
Mietspiegel *m* rent level; **Mietverhältnis** *nt* tenancy; **Mietvertrag** *m* lease; **Mietwagen** *m* hire(d) car; **Mietwert** *m* (FIN) letting value; **Mietwohnung** *f* rented flat *Br,* rented apartment *Am;* **Mietzins** *m* rent
Mieze ['mi:tsə] <-, -n> *f* **1.** (*fam: Katze*) pussy **2.** (*sl: Mädchen*) bird *Br,* chick *Am*
Migräne [mi'grɛ:nə] <-, -n> *f* (MED) migraine
Mikado [mi'ka:do] <-> *nt* (*Spiel*) pick-a-stick
Mikro ['mikro] <-s, -s> *m* (*fam*) mike
Mikrobe [mi'kro:bə] <-, -n> *f* (BIOL) microbe
Mikrobiologie *f* microbiology; **Mikrochip** *m* (INFORM) microchip; **Mikrocomputer** *m* micro(computer); **Mikroelektronik** *f* microelectronics *sing;* **Mikrofiche** <-s, -s> *nt oder m* microfiche; **Mikrofilm** *m* microfilm; **Mikrofon**[RR] [mikro'fo:n] <-s, -e> *nt* microphone; **Mikrokassette** *f* microcassette; **Mikroklima** *nt* micro climate; **Mikroorganismus** *m* (BIOL) microorganism
Mikrophon *nt* microphone
Mikroprozessor *m* (INFORM) microprocessor
Mikroskop [mikro'sko:p] <-s, -e> *nt* microscope; **mikroskopisch** *adj* microscopic; **etw ~ untersuchen** examine s.th. under the microscope
Mikrotelefon *nt* (*in Armbanduhrgröße*) microtelephone
Mikrowelle *f* microwave; **Mikrowellenherd** *m* microwave (oven)
Milbe ['mɪlbə] <-, -n> *f* (*winziges Spinnen-*

M

tier) mite

Milch [mɪlç] <-> *f* **1.** (*Kuh~*) milk **2.** (*Fischsamen*) milt, soft roe; **dicke ~** curds; **Milchbart** *m* **1.** downy beard **2.** (*fig*) milksop; **Milchdrüse** *f* mammary gland; **Milchflasche** *f* milk bottle; **Milchgeschäft** *nt* dairy; **Milchglas** <-es> *nt* frosted glass

milchig ['mɪlçɪç] *adj* milky

Milchkaffee *m* white coffee; **Milchkanne** *f* milk can; **Milchkuh** *f* (*a. fig*) milk cow

Milchmädchenrechnung *f* (*fig*) naïve fallacy

Milchprodukte *ntpl* dairy products, milk products; **Milchpulver** *nt* powdered milk; **Milchquote** *f* (*EU*) milk quota; **Milchreis** *m* rice pudding; **Milchsäure** *f* lactic acid; **Milchschokolade** *f* milk chocolate; **Milchstraße** *f* (ASTR) Milky Way; **Milchtüte** *f* milk carton; **Milchwirtschaft** *f* dairy farming; **Milchzahn** *m* milk tooth

mild [mɪlt] *adj* **1.** (*sanft*) mild **2.** (*nachsichtig*) lenient; **... und das ist noch ~e ausgedrückt** ... to put it mildly; **~e Luft** gentle air

Milde ['mɪldə] <-> *f* **1.** (*Sanftheit*) gentleness, mildness **2.** (*Nachsichtigkeit*) leniency; **~ walten lassen** be lenient

mildern ['mɪldɐn] *vt* **1.** (*Schmerz*) ease, soothe **2.** (*mäßigen*) moderate; **~de Umstände** (JUR) extenuating circumstances; **Milderung** *f* **1.** (*von Schmerz*) soothing **2.** (*Mäßigung*) mitigation, moderation; **Milderungsgrund** *m* (JUR) mitigating cause

Milieu [mi'ljø:] <-s, -s> *nt* **1.** background; (*Umwelt*) environment **2.** (*örtliche Atmosphäre*) atmosphere; **milieugeschädigt** *adj* (PSYCH) maladjusted

militant *adj* militant

Militär [mili'tɛ:ɐ] <-s> *nt* armed forces *pl;* **beim ~ sein** be in the forces; **zum ~ gehen** join up; **Militärakademie** *f* military academy; **Militärbündnis** *nt* military alliance; **Militärdienst** *m* military service; **seinen ~ ableisten** do national service; **Militärdiktatur** *f* military dictatorship; **Militärgericht** *nt* military court, court martial; **vor ein ~ gestellt werden** be tried by a court martial

militärisch *adj* military; **hier geht's aber sehr ~ zu!** it's very regimented here!; **~es Ziel** (AVIAT) strategic target

Militarismus [milita'rɪsmʊs] *m* militarism

Militärregierung *f* military government; **Militärstützpunkt** *m* military base; **Militärzeit** *f* army days *pl*

Miliz [mi'li:ts] <-, -en> *f* militia; **Milizionär** [militsjo'nɛ:ɐ] *m* militiaman

Millennium <-s, Millennien> *nt* millennium

Milliardär(in) *m(f)* multi-millionaire(ss)

Milliarde [mɪ'ljardə] <-, -n> *f* billion; **sieben ~n Menschen** seven billion people; **Milliardstel** *nt* billionth

Millimeter ['mɪli-] *nt* millimetre *Br,* millimeter *Am;* **Millimeterpapier** [--'----] *nt* graph paper

Million [mɪ'ljo:n] *f* million; **drei ~en Tote** three million casualties

Millionär(in) *m(f)* millionaire(ss); **millionenfach I.** *adj* millionfold **II.** *adv* a million times; **Millionengewinn** *m* **1.** (*Lotto*) prize of a million **2.** (COM) profit of millions; **Millionenstadt** *f* town with over a million inhabitants

Millirem ['mɪli-] *nt* millirem

Milz [mɪlts] <-, -en> *f* (ANAT) spleen

mimen ['mi:mən] *vt* **1.** (THEAT) mime **2.** (*heucheln*) pretend; **den Ahnungslosen ~** act the innocent

Mimik ['mi:mɪk] *f* facial expression

mimisch *adj* mimic

Mimose [mi'mo:zə] <-, -n> *f* mimosa; **die reinste ~ sein** be oversensitive

Minarett [mina'rɛt] <-(e)s, -e> *nt* minaret

minder ['mɪndɐ] *adv* less; **das ist nicht ~ wichtig** that's no less important; **mehr o ~** more or less; **minderbegabt** *adj* less gifted; **minderbemittelt** *adj* **1.** (*finanziell*) less well-off **2.** (*pej: geistig*) (mentally) less gifted; **mindere** *adj* (*geringere*) lesser; **Mindereinnahmen** *fpl* decrease *sing,* in receipts; **Minderheit** *f* minority; **in der ~ sein** be in the minority; **Minderheitenfrage** *f* (POL) minorities problem; **Minderheitsregierung** *f* minority government; **minderjährig** *adj:* **~ sein** be a minor; **Minderjährige(r)** *f m* minor; **Minderjährigkeit** *f* minority

mindern *vt* **1.** (*ver~*) lessen **2.** (*beeinträchtigen*) detract from **3.** (FIN: *herabsetzen*) reduce

Minderung *f* **1.** (JUR) erosion **2.** (*~ des Wertes*) depreciation

minderwertig *adj* inferior; (COM) low-quality; **Minderwertig keit** *f* inferiority; (COM) low quality; **Minderwertigkeitsge fühl** *nt* feeling of inferiority; **~e haben** feel inferior; **Minderwertigkeitskomplex** *m* inferiority complex; **Minderzahl** <-> *f*: **in der ~ sein** be in the minority

Mindestabstand *m* minimum distance; **Mindestalter** *nt* minimum age; **Mindestanforderung** *f* minimum requirement; **Mindestbetrag** *m* minimum amount

mindeste ['mɪndəstə] **I.** *adj* least,

slightest; **das wäre ja wohl das ~RR gewesen!** that's the least you could have done! **II.** *adv:* **nicht im ~nRR** not in the least

Mindesteinkommen *nt* minimum income

mindestens *adv* at least

Mindestgehalt *nt* **1.** (FIN) minimum salary **2.** (*Menge*) minimum content; **Mindesthaltbarkeitsdatum** *nt* shelf life, sell-by date; **Mindestlohn** *m* minimum wage; **Mindestmaß** *nt* minimum; **sich auf ein ~ beschränken** limit o.s. to the minimum; **Mindestpreis** *m* minimum price; **Mindeststrafe** *f* (JUR) minimum punishment; **Mindestumtausch** *m* (HIST) minimum obligatory exchange

Mine ['mi:nə] <-, -n> *f* **1.** (MIL) mine **2.** (*Bleistift~*) lead; (*Kugelschreiber~*) refill **3.** (MIN) mine; **auf eine ~ laufen** hit a mine; **Minenfeld** *nt* minefield; **Minensuchboot** *nt* mine-sweeper; **Minenwerfer** *m* trench mortar

Mineral [mine'ra:l] <-s, -e/-ien> *nt* mineral; **Mineralbad** *nt* (*Kurort*) spa; **mineralisch** *adj* mineral; **Mineralöl** *nt* oil; **Mineralölsteuer** *f* tax on oil; **Mineralsalz** *nt* mineral salt; **Mineralstoffe** *mpl* minerals; **Mineralwasser** *nt* mineral water

Miniatur [minia'tu:ɐ] <-, -en> *f* miniature; **Miniaturausgabe** *f* miniature version; (*von Buch*) miniature edition

Minibar *f* (*in Hotel*) mini-bar; **Minicassette** *f* mini-cassette

Minigolf *nt* crazy golf

Minijob *m* (*620-Mark-Job*) *badly-paid part-time job*

minimal [mini'ma:l] *adj* minimal; **Minimalforderung** *f* minimum demand

Minimum ['mi:nimʊm] <-s, -ma> *nt* minimum

Minipille *f* (MED) mini-pill; **Minipizza** *f* mini pizza; **Minirock** *m* miniskirt; **Minispion** *m* miniaturized bugging device

Minister(in) [mi'nɪstɐ] <-s, -> *m(f)* minister, secretary

Ministerialbeamte, -beamtin *m, f* ministry employee; **Ministerialrat, -rätin** *m, f* assistant head of government department

Ministerium [minɪs'te:riʊm] *nt* ministry *Br*, department *Am*

Ministerpräsident(in) *m(f)* prime minister; **der ~ von Hessen** the chief minister of Hessen

Minna ['mɪna] *f* (*fam*): **die grüne ~** the Black Maria *Br*, the paddy wagon *Am*; **jdn zur ~ machen** come down on s.o. like a ton of bricks

Minorität <-, -en> *f* minority

Minus ['mi:nʊs] <-, -> *nt* **1.** (FIN) deficit **2.** (*fig: ~punkt*) bad point **3.** (*Nachteil*) disadvantage

minus *adv:* **zehn ~ vier ist sechs** ten minus four are six; **bei 20 Grad ~** at 20 degrees below zero

Minuspunkt *m* **1.** (SPORT: *Strafpunkt*) penalty point **2.** (*fig*) minus point; **das ist ein ~ für dich** that counts against you; **Minuszeichen** *nt* (MATH) minus sign

Minute [mi'nu:tə] <-, -n> *f* minute; **in letzter ~** at the last moment; **es dauert keine fünf ~n** it won't take five minutes; **minutenlang I.** *adv* for several minutes **II.** *adj* several minutes of; **Minutenzeiger** *m* minute-hand

Minze ['mɪntsə] <-, -n> *f* mint

mir [mi:ɐ] *pron* to me; **ich habe ~ den Arm verletzt** I've hurt my arm; **diese Jacke gehört ~** this jacket is mine; **ein Freund von ~** a friend of mine; **von ~ aus!** I don't mind!; **~ nichts, dir nichts** just like that

Mirabelle [mira'bɛlə] <-, -n> *f* mirabelle

Mischarbeitsplatz *m* (INFORM) mixed work station; **Mischbatterie** *f* (*an Waschbecken*) mixer tap; **Mischbrot** *nt* *bread made from more than one kind of flour;* **Mischehe** *f* mixed marriage

mischen ['mɪʃən] **I.** *vt* **1.** (*vermengen*) mix **2.** (*Karten ~*) shuffle **II.** *vr* (*sich ~ lassen*) mix; **sich unters Volk ~** mingle with the crowd

Mischgewebe *nt* mixed fibres *pl;* **Mischhaut** *f* combination skin; **Mischkonzern** *m* (COM) conglomerate

Mischling *m* **1.** (*Tier*) half-breed **2.** (*Mensch*) half-caste; **Mischlingskind** *nt* half-caste child

Mischmasch ['mɪʃmaʃ] <-(e)s, -e> *m* (*fam*) hotchpotch

Mischmaschine *f* (TECH) cement-mixer

Mischpult *nt* mixing desk

Mischung *f* **1.** (*Mixtur*) mixture; (*von Kaffee, Tee, Tabak*) blend **2.** (*Kombination*) combination (*aus* of); **Mischungsverhältnis** *nt* ratio (of a mixture)

Mischwald *m* mixed woodland

miserabel [mize'ra:bəl] *adj* (*mies*) lousy

Misere [mi'ze:rə] <-, -n> *f* (*geh*) plight

Mispel ['mɪspəl] <-, -n> *f* (*Strauch*) medlar

missachtenRR [mɪs'axtən] *vt* **1.** (*verachten*) despise **2.** (*vernachlässigen*) disregard, ignore; **MissachtungRR** *f* **1.** (*Verachtung*) disdain (of) **2.** (*Geringschätzung*) disregard

MissbehagenRR *nt* uneasiness; **das bereitet mir ein gewisses ~** that causes me a certain uneasiness of mind

MissbildungRR *f* deformity, malformation
missbilligenRR [mɪsˈbɪlɪgən] *vt* disapprove of; **~des Gemurmel** murmur of disapproval; **Missbilligung**RR *f* disapproval
MissbrauchRR *m* abuse; (*von Notbremse*) improper use; **missbrauchen**RR *vt* abuse; **jdn zu** [*o* **für**] **etw ~** use s.o. for s.th.; **missbräuchlich**RR *adj* improper
missdeutenRR [mɪsˈdɔɪtən] *vt* misinterpret; **Missdeutung**RR *f* misinterpretation
missen [ˈmɪsən] *vt:* **ich möchte das nicht ~** I wouldn't do without it
MisserfolgRR *m* failure
MissernteRR *f* crop failure
Missetat [ˈmɪsəta:t] *f* misdeed; **Missetäter(in)** *m(f)* criminal; **der jugendliche ~** the young offender
MissfallenRR <-s> *nt:* **jds ~ erregen** incur someone's displeasure; **missfallen**RR [mɪsˈfalən] *irr vi* displease; **es missfällt mir, wenn du rauchst** I dislike your smoking cigarettes
MissgeburtRR [ˈ---] *f* **1.** (MED) deformed child **2.** (*Schimpfwort*) freak
missgelauntRR *adj* bad-tempered
MissgeschickRR *nt* mishap; **ihm ist ein kleines ~ passiert** he's had a slight mishap
missglückenRR [mɪsˈglʏkən] *vi* fail; **sein Versuch missglückte** he failed in his attempt
missgönnenRR [mɪsˈgœnən] *vt:* **jdm etw ~** begrudge s.o. s.th.
MissgriffRR [ˈ--] *m* mistake
MissgunstRR [ˈ--] *f* resentment, envy (*gegenüber jdm* of s.o.); **missgünstig**RR *adj* resentful, envious
misshandelnRR [mɪsˈhandəln] *vt* ill-treat, maltreat; **Misshandlung**RR [-ˈ--] *f* maltreatment
Mission [mɪˈsjo:n] *f* (*a. fig*) mission; **die Innere ~** the home mission; **Missionar(in)** *m(f)* (ECCL) missionary; **missionarisch** *adj* missionary; **Missionsschule** *f* mission school
MissklangRR *m* **1.** (MUS) dissonance **2.** (*fig*) discordant note
MisskreditRR *m:* **jdn (etw) in ~ bringen** bring s.o. (s.th.) into discredit
misslichRR [ˈmɪslɪç] *adj* awkward
missliebigRR *adj* unpopular
MisslingenRR *nt* failure; **misslingen**RR [mɪsˈlɪŋən] *irr vi* fail
MissmanagementRR <-s> *nt* mismanagement
MissmutRR *m* displeasure; **missmutig**RR *adj* morose
missratenRR [mɪsˈra:tən] *irr vi* go wrong
MissstandRR *m* **1.** (*Mangel*) defect **2.** (*Ungerechtigkeit*) abuse; **einen ~ abstellen/beseitigen** remedy an abuse
MisstrauenRR <-s> *nt* **1.** distrust, mistrust (*gegenüber* of) **2.** (*Verdacht*) suspicion; **~ gegen jdn hegen** mistrust s.o.; **misstrauen**RR [mɪsˈtraʊən] *vi* mistrust; **Misstrauensantrag**RR *m* (PARL) motion of 'no confidence'; **Misstrauensvotum**RR *nt* (PARL) vote of 'no confidence'
misstrauischRR [ˈmɪstraʊɪʃ] *adj* distrustful; **Sie sind aber ~!** you do have a suspicious mind!
MissverhältnisRR *nt* discrepancy, disparity
missverständlichRR *adj* unclear
MissverständnisRR *nt* misunderstanding
missverstehenRR *irr vt* misunderstand; **ich glaube, Sie haben mich missverstanden** I think you've misunderstood me; **Sie dürfen mich nicht ~** don't get me wrong
MisswirtschaftRR <-> *f* maladministration, mismanagement
Mist [mɪst] <-(e)s> *m* **1.** (*Dung*) dung; (*Dünger*) manure **2.** (*Misthaufen*) muck heap **3.** (*fam: Blödsinn*) rubbish; **~!** blast!; **was soll der ~!** oh, for crying out loud!; **da hast du ~ gemacht!** you've boobed there!; **das ist nicht auf seinem ~ gewachsen** he didn't do that off his own bat, that wasn't his doing
Mistel [ˈmɪstəl] <-, -n> *f* (*schmarotzende Pflanze*) mistletoe
Mistgabel *f* pitchfork; **Misthaufen** *m* manure heap; **Mistkäfer** *m* dung beetle; **Miststück** *nt* (*sl*): **~!** bastard!; (*Frau*) bitch!; **Mistwetter** *nt* (*fam*) lousy weather
mit [mɪt] **I.** *präp* with; **was ist ~ dir los?** what's the matter with you?; **bring ein Buch ~** bring a book with you; **ich hab' mein Scheckheft nicht ~** I haven't got my cheque book with me; **da komm' ich nicht ~** I'm not with you; **~ dem Auto** by car; **komm ~!** come along!; **~ einem Wort** in a word; **~ einem Mal** all at once; **~ der Zeit** in time **II.** *adv* (*ebenfalls*) as well; **das kommt noch ~ dazu** that's part and parcel of it
Mitangeklagte(r) *f m* co-defendant
Mitarbeit *f* cooperation, collaboration; (*Teilnahme, a.* PÄD) participation; **unter ~ von ...** in collaboration with ...; **mitarbeiten** *vi* (*bei Projekt*) collaborate (*an* on); (*mithelfen*) cooperate (*bei* on); **im Unterricht ~** take an active part in lessons; **Mitarbeiter(in)** *m(f)* **1.** (*Angestellte*) employee **2.** (*Kollege*) colleague; **Mitarbeiterstab** *m* staff
mit|bekommen *irr vt* **1.** (*verstehen*) get **2.** (*als Gabe*) get to take with one; **hast du den Unfall ~?** did you notice the accident?

mit|benutzen *vt* share
mit|bestimmen I. *vi* have a say (*bei* in) II. *vt* have an influence on; **Mitbestimmung** *f* 1. participation in decision-making 2. (POL) co-determination; **Mitbestimmungsgesetz** *nt* worker participation law; **Mitbestimmungsrecht** *nt* right of participation
Mitbewerber(in) *m(f)* 1. (COM) competitor 2. (*für Stelle*) fellow applicant
Mitbewohner(in) *m(f)* fellow occupant
mit|bringen *irr vt* 1. (*Geschenk*) bring 2. (*Person*) bring along 3. (*besitzen*) have, possess; **kannst du mir etw ~ (aus der Stadt)**? can you bring s.th. for me (from town)?; **Mitbringsel** <-s, -> *nt* 1. (*Geschenk*) small present 2. (*Andenken*) souvenir
Mitbürger(in) *m(f)* fellow citizen
mit|denken *vi* follow what is being said
mit|dürfen *vi* be allowed to go along
Miteigentümer(in) *m(f)* joint owner
miteinander [mɪtaɪ'nandɐ/'----] *adv* 1. with each other 2. (*gemeinsam*) together; **alle ~** one and all; **gut ~ auskommen** get along well
Miterbe, -bin *m, f* joint heir
mit|erleben *vt* see, witness
Mitesser *m* (*Haut~*) blackhead
mit|fahren *irr vi* go with; **kann ich ~?** can you give me a lift?; **Mitfahrer(in)** *m(f)* (fellow) passenger; **Mitfahrerzentrale** *f* agency for arranging lifts; **Mitfahrgelegenheit** *f* lift
mit|fühlen *vt:* **ich kann dir das ~** I can feel for you; **mitfühlend** *adj* sympathetic
mit|führen *vt* 1. (*Fluss*) carry along 2. (*Papiere, Ware*) carry
mit|geben *irr vt:* **jdm etw ~** give s.o. s.th. to take with him (her, them)
Mitgefangene(r) *f m* fellow prisoner
Mitgefühl *nt* sympathy
mit|gehen *irr vi* 1. (*mit jdm fortgehen*) go along 2. (*sich mitreißen lassen*) respond (*mit* to); **etw ~ lassen** (*fam*) lift s.th.
mitgenommen *adj* run-down, worn-out: **du siehst ~ aus** you look the worse for wear
Mitgift <-, -en> *f* dowry
Mitglied *nt* member (*bei* of); **Mitgliedsausweis** *m* membership card; **Mitgliedsbeitrag** *m* membership subscription [*o* fee]; **Mitgliedschaft** *f* membership; **Mitgliedsland** *nt* member country
mit|haben *vt* have got s.th.
mit|halten *irr vi* 1. (*beim Trinken*) keep pace 2. (*bei Versteigerung*) stay in the bidding
mit|helfen *irr vi* help; **mithilfe**RR *adv* with the help (*von* of); **Mithilfe** *f* help, assistance; **unter ~ von ...** with the aid of ...
mit|hören I. *vt* 1. (*belauschen*) listen in on 2. (*mitbekommen*) hear II. *vi* 1. (*lauschen*) listen in (*bei* on) 2. (*zufällig*) overhear
Mitinhaber(in) *m(f)* (COM) joint-proprietor
mit|kommen *irr vi* 1. (*begleiten*) come along (*mit* with) 2. (*geistig folgen*) keep up; **ich bin nicht ganz mitgekommen** I didn't catch what you said; **da komm' ich nicht mehr mit** that beats me; **kommst du mit?** (*kommst du auch?*) are you coming too?; **ich kann nicht ~** I can't come
mit|können *vi* be able to come [*o* go] along
mit|kriegen *vt* (*fam*) understand, realize
Mitläufer(in) *m(f)* (*pej*) fellow traveller
Mitleid <-(e)s> *nt* sympathy, compassion, pity (*mit* for); **mit jdm ~ haben** have pity on s.o.
Mitleidenschaft *f:* **in ~ ziehen** affect
mitleidig *adj* pitying; **mitleid(s)los** *adj* 1. (*ohne Mitleid*) pitiless 2. (*schonungslos*) ruthless
mit|machen *vt, vi* 1. (*sich beteiligen*) join in, take part in (*etw o bei etw* s.th.) 2. (*leiden*) go through; **einen Kurs ~** do a course; **das mache ich nicht länger mit** I've had quite enough of that
Mitmensch *m* fellow creature; **mitmenschlich** *adj* human
mit|mischen *vi* (*fam*): **ich wollte da nicht ~** I didn't want to get involved
mit|müssen *vi* have to go too
Mitnahmemarkt *m* cash and carry
mit|nehmen *irr vt* 1. take along 2. (*erschöpfen*) exhaust, wear out 3. (*in Mitleidenschaft ziehen*) affect; **kannst du mich ~?** can you give me a lift?
mitnichten *adv* not at all, by no means
mit|reden *vt, vi:* **ich habe da auch ein Wörtchen mitzureden** I'd like to have some say in this too; **da kann ich natürlich nicht ~** I wouldn't know anything about that
mit|reisen *vi* travel too, go too; **mit jdm ~** travel with s.o.
Mitreisende(r) *f m* fellow passenger
mit|reißen *irr vt* 1. (*mitschleppen*) drag along 2. (*fig*) carry away
mitsamt [mɪt'zamt] *adv* together with
mit|schicken *vt* 1. (*a. schicken*) send along 2. (*einer Sendung beifügen*) enclose
mit|schneiden *vt* (RADIO TV) tape-record
mit|schreiben *irr* I. *vt* take down II. *vi* take notes
Mitschuld <-> *f* 1. (*Mitverantwortung*) responsibility (*an* for) 2. (*kriminell*) complicity (*an* in); **mitschuldig** *adj* partly to blame (*an* for); **Mitschuldige(r)** *f m* (JUR: *Komplize*) accomplice
Mitschüler(in) *m(f)* 1. (*Klassenkamerad*)

classe-mate **2.** (*Schulkamerad*) school-friend

mit|singen *vi* sing along

mit|spielen *vi* **1.** (*mitmachen*) join in **2.** (SPORT) play (*bei* in) **3.** (*fig*) play along; (*Gewicht haben*) be involved (*bei* in); **jdm übel ~** play s.o. a nasty trick

Mitsprache *f* a say; **Mitspracherecht** *nt* right to a say (in a matter); **jdm ein ~ einräumen** allow s.o. a say (*bei* in)

Mittag ['mɪtaːk] *m* midday, noon, lunch-time; **gegen ~** at noon; **zu ~ essen** have lunch; **ich mache jetzt ~** I'm having my lunch-break; **was gibt's zum ~?** what's for lunch?; **Mittagessen** *nt* lunch

mittags *adv* at lunchtime

Mittagspause *f* lunch-hour, lunch-break; **Mittagsruhe** *f* period of quiet; **Mittagsschlaf** *m* afternoon nap; **Mittagstisch** *m* dinner-table; **den ~ decken** lay the table for lunch; **Mittagszeit** *f* lunch-time

Mittäter(in) *m(f)* accomplice; **Mittäterschaft** <-> *f* (JUR) complicity

Mitte ['mɪtə] <-, -n> *f* middle; **ab durch die ~!** (*fam*) be off with you!; **~ Mai** in the middle of May; **Vertreter der ~** (POL): **die neue ~** (*in Großbritannien*) the Third Way, middle-of-the-roader; **links von der ~** (POL) left of centre; **zur ~ spielen** (SPORT: *Fußball*) centre; **sie ist ~ zwanzig** she is in her mid-twenties; **~ des Jahres** half-way through the year; **in die ~ nehmen** take between

mit|teilen I. *vt* tell; **wir freuen uns (bedauern) Ihnen mitzuteilen ...** we are pleased (regret) to inform you ... **II.** *vr* communicate (*jdm* with s.o.); **mitteilsam** *adj* communicative; **Mitteilung** *f* notification; (*Notiz*) memo; **jdm eine ~ von etw machen** inform s.o. of s.th., communicate s.th. to s.o.

Mittel ['mɪtəl] <-s, -> *nt* **1.** (*Präparat, Zubereitung*) preparation; (*Medizin*) medicine **2.** (*Hilfs~*) means *sing;* (*Maßnahme, Methode*) method **3.** (MATH) average **4.** (FIN) funds, resources; **ein ~ zum Zweck** a means to an end; **welches ~ nimmst du?** what do you use?; **~ und Wege finden** find ways and means; **mir ist jedes ~ recht** I don't care how I do it; **etw mit allen ~n versuchen** try one's utmost to do s.th.; **sich ein ~ verschreiben lassen gegen ...** get the doctor to prescribe s.th. for ...; **aus öffentlichen ~n** from public funds

Mittelalter *nt* Middle Ages *pl;* **mittelalterlich** *adj* medieval; **Mittelamerika** *nt* Central America

mittelbar ['mɪtlbaːɐ] *adj* indirect

Mittelbau *m* **1.** (ARCH) central block **2.** (SCHULE: *Uni-Lehrkörper*) non-professorial teaching staff; **Mittelding** *nt* (*fam*) something in between (*zwischen diesem und jenem* this and that); **Mitteleuropa** *nt* Central Europe; **mitteleuropäisch** *adj* Central European; **mittel- und osteuropäische Länder, MOEL** Central and Eastern European countries, CEECs; **Mittelfeld** *nt* **1.** (SPORT) midfield **2.** (*fig*) centre-field; **Mittelfinger** *m* middle finger; **mittelfristig** *adj* medium-term; **Mittelgebirge** *nt* low mountain range; **Mittelgewicht** *nt* (SPORT) middleweight; **Mittelklasse** *f* mid-range sector; **Mittelklassewagen** *m* mid-range car; **Mittelläufer** *m* (SPORT) centre-half; **Mittellinie** *f* centre line

mittellos *adj* without means; **Mittellosigkeit** *f* lack of means

mittelmäßig *adj* mediocre; **Mittelmäßigkeit** *f* mediocrity

Mittelmeer *nt* Mediterranean; **Mittelohr** *nt* middle ear; **Mittelohrentzündung** *f* middle ear infection; **mittelprächtig** *adj* (*fam*): **wie geht's? – ~** how are you? – middling; **Mittelpunkt** *m* centre; **im ~ stehen** be in the centre of attention

mittels ['mɪtəls] *präp* by means of

Mittelschiff *nt* (ARCH) nave

Mittelsmann <-(e)s, -leute/-männer> *m* intermediary

Mittelstand *m* **1.** middle classes *pl* **2.** (COM) small and medium-sized enterprises, SMEs; **mittelständisch** *adj* middle-class; **Mittelstellung** *f* (TECH) neutral position; **Mittelstreckenrakete** *f* (MIL) medium-range [*o* intermediate-range] missile; **Mittelstreifen** *m* (*auf Straße*) central reservation *Br,* median strip *Am;* **Mittelstufe** *f* middle school *Br,* junior high school *Am;* **Mittelstürmer(in)** *m(f)* (SPORT) centre-forward; **Mittelweg** <-(e)s> *m* (*fig*) middle course; **einen ~ einschlagen** steer a middle course; **Mittelwelle** *f* (RADIO) medium wave; **Mittelwert** *m* mean, average value

mitten ['mɪtən] *adv:* **~ auf (in, unter) ...** in the midst of ...; **~ durch ...** right across ..., right through ...; **~ in der Nacht** in the middle of the night; **~ im Winter** in the depth of winter; **mittendrin** *adv* right in the middle (*in etw* of s.th.); **mittendurch** *adv* right through the middle

Mitternacht [mɪtɐnaxt] *f* midnight

Mittler(in) ['mɪtlɐ] <-s, -> *m(f)* mediator; (*von Ideen, Sprache*) medium

mittlere ['mɪtlərə] *adj attr* **1.** (*in der Mitte befindlich*) middle **2.** (*durchschnittlich*) average **3.** (*mittelmäßig*) mediocre, middling **4.** (MATH: *~r Wert*) mean **5.** (*mittelschwer*) intermediate; **von ~m Alter**

middle-aged; ~ **Entfernung** middle distance; **der** (**die, das**) **Mittlere** the one in the middle

mittlerweile *adv* in the meantime, meanwhile

mit|trinken *irr vt:* **trink einen mit!** have a drink with me!

Mittwoch ['mɪtvɔx] <-(e)s, -e> *m* Wednesday; **mittwochs** *adv* on Wednesdays

mitunter [mɪt'ʊntɐ] *adv* from time to time, now and then, occasionally

mitverantwortlich *adj* jointly responsible; **Mitverantwortung** *f* share of the responsibility; **die ~ für etw übernehmen** assume a share of the responsibility for s.th.; **die ~ für etw tragen** bear a share of the responsibility for s.th.

Mitverfasser(in) *m(f)* co-author

mit|versichern *vt* include in the insurance

mit|wirken *vi* **1.** (*mitarbeiten*) collaborate (*an, bei* on), contribute (*bei* to) **2.** (*beteiligt sein*) be involved (*an, bei* in) **3.** (*mitspielen*) take part (*an, bei* in) **4.** (*mit im Spiel sein*) play a part (*an, bei* in) **5.** (*bei Aufführung*) perform (*an, bei* in); **Mitwirkung** *f:* **unter ~ aller Mitglieder** with the cooperation of all members; **unter ~ von …** with the assistance of …

Mitwissen *nt:* **ohne mein ~** unknown to me; **Mitwisser(in)** *m(f)* (JUR) accessory (to); **jdn zum ~ machen** tell s.o. all about it; (JUR) make s.o. an accessory

mit|wollen *vi:* **willst du mit?** do you want to come along?

mit|zählen I. *vt* (*einrechnen*) count in **II.** *vi* (*eingeschlossen werden*) be included

Mixbecher *m* shaker

mixen ['mɪksən] *vt* mix; **Mixer** *m* **1.** (*Bar~*) cocktail waiter **2.** (*Mixgerät*) blender; (*zum Rühren*) mixer

Mixgetränk *nt* mixed drink

Mixtur [mɪks'tu:ɐ] *f* mixture

Mobbing ['mɒbɪŋ] <-s> *nt* mobbing

Möbel ['mø:bəl] <-s, -> *pl* **1.** furniture *sing* **2.** (*~stück*) piece of furniture; **Möbelpacker** *m* furniture packer, removal man; **Möbelpolitur** *f* furniture polish; **Möbelspedition** *f* removal firm; **Möbelstück** *nt* piece of furniture; **Möbeltischler(in)** *m(f)* cabinetmaker; **Möbelwagen** *m* removal van *Br*, furniture truck *Am*

mobil [mo'bi:l] *adj* **1.** (*beweglich*) movable, mobile **2.** (*flink*) nimble

Mobile ['mo:bile] <-s, -s> *nt* mobile

Mobile Computing ['məʊbaɪl kəm'pju:tɪŋ] <-s> *nt* mobile computing

Mobilfunk *m* mobile telephone (system); **Mobilfunksystem** *nt* mobile communication system

Mobiliar [mobi'lja:ɐ] <-s, -e> *nt* furnishings *pl*

mobilisieren [mobili'zi:rən] *vt* (*a. fig*) mobilize

Mobilität [mobili'tɛ:t] *f* mobility

mobilmachen *vi* (MIL) mobilize; **Mobilmachung** *f* (MIL) mobilization

Mobiltelefon *nt* mobile telephone

möblieren [mø'bli:rən] *vt* furnish; **möbliertes Zimmer** furnished room

modal [mo'da:l] *adj* (LING) modal

Modalitäten [modali'tɛ:tən] *pl* modalities

Mode ['mo:də] <-, -n> *f* **1.** (*Kleider~*) fashion **2.** (*Brauch*) custom; **wie es so ~ ist** as custom has it; **die neue(ste) ~** all the latest style; **in ~** modern; **es ist große ~** it's all the fashion; **aus der ~ kommen** go out of fashion; **Modeartikel** *m* fashion accessory; **Modeausdruck** *m* trendy expression; **Modefarbe** *f* fashionable colour; **Modegeschäft** *nt* fashion shop; **Modeheft** *nt* fashion magazine

Modell [mo'dɛl] <-s, -e> *nt* model; (AUTO TECH: *Nachbildung*) mock-up; (*Mannequin*) (fashion) model; **jdm ~ stehen** sit for s.o.; **modellieren** *vt, vi* model; **Modellversuch** *m* experiment

Modem ['mo:dæm] <-s, -s> *nt* (INFORM: *Modulator/Demodulator*) modem

Modenschau *f* fashion parade; **Modepuppe** *f* (*fam pej*) model type

Moderation <-, -en> *f* presentation

Moderator(in) [modə'ra:to:ɐ] *m(f)* (RADIO TV) presenter

moderieren *vt, vi* (RADIO TV) present

moderig ['mo:dərɪç] *adj* musty

modern [mo'dɛrn] *adj* **1.** (*zeitgemäß*) modern, up-to-date **2.** (*modisch*) fashionable

modern ['mo:dɐn] *vi* (*faulen*) moulder

Moderne [mo'dɛrnə] <-> *f:* **Vertreter der ~** modernist

modernisieren [modɛrnɪ'zi:rən] *vt* bring up to date

Modeschmuck *m* fashion jewellery; **Modeschöpfer(in)** *m(f)* stylist; **Modewort** *nt* in-word; **Modezeichner(in)** *m(f)* fashion illustrator

modifizieren [modifɪ'tsi:rən] *vt* modify

modisch ['mo:dɪʃ] *adj* fashionable, stylish

Modul [mo'du:l] <-s, -e> *nt* (ELEK) module; **modular** *adj* modular; **Modultechnik** *f* (ELEK) modular technique

Modus ['mɔdʊs] <-, Modi> *m* **1.** (*Methode*) method **2.** (GRAM) mood **3.** (INFORM) mode

Mofa ['mo:fa] <-(s), -s> *nt* small moped; **Mofafahrer(in)** *m(f)* autocyclist

mogeln ['mo:gəln] *vi* cheat

Mogelpackung *f* deceptive packaging

mögen ['mø:gən] *irr* **I.** *vt* (*gern haben*) like; **ich mag ihn nicht** I don't like him;

was möchten Sie gern? what would you like? **II.** *vi* **1.** (*können*) may **2.** (*wollen*) want; **da ~ Sie recht haben** you may be right; **man möchte meinen …** you would think …; **ich möchte es nicht** I do not wish it; **ich möchte allein sein** I wish to be alone; **das mag ja sein** that may be so

möglich ['mø:klɪç] *adj* possible; (*eventuell*) potential; **nicht ~!** never!; **schon ~** may be; **~ ist alles** anything is possible; **sein Möglichstes tun**[RR] do one's utmost; **möglicherweise** *adv* possibly; **kann das ~ stimmen?** can that possibly be true?

Möglichkeit *f* **1.** (*das Möglichsein*) possibility **2.** (*Aussicht*) chance; **die ~ etw zu tun** the possibility of doing s.th.; **es besteht die ~, dass …** there is a possibility that …; **ist es die ~!** it's impossible!; **möglichst** *adv:* **~ …** as … as possible

Mohammedaner(in) [mohame 'da:nɐ] *m(f)* (*obs*) Mohammedan; **mohammedanisch** *adj* Mohammedan

Mohn [mo:n] <-(e)s, (-e)> *m* **1.** (*Pflanze*) poppy **2.** (*Samen*) poppy seed; **Mohnkuchen** *m* poppy-seed cake

Möhre ['mø:rə] <-, -n> *f* carrot

Mokick ['mo:kɪk] <-(s), -s> *nt* light motorcycle

mokieren [mo'ki:rən] *vr* sneer (*über* at)

Mokka ['mɔka] <-s, -s> *m* mocha

Molch [mɔlç] <-(e)s, -e> *m* (*im Wasser lebender Schwanzlurch*) newt

Mole ['mo:lə] <-, -n> *f* (MAR) mole

Molekül [mole'ky:l] <-s, -e> *nt* (CHEM PHYS) molecule

molekular [moleku'la:ɐ] *adj* molecular; **Molekularbiologie** *f* molecular biology; **Molekulardesign** *nt* molecular design; **Molekulargewicht** *nt* (CHEM PHYS) molecular weight

Molke ['mɔlkə] <-, -n> *f* whey; **Molkerei** [mɔlkə'raɪ] *f* dairy

Moll [mɔl] <-> *nt* (MUS) minor

mollig ['mɔlɪç] *adj* **1.** (*~ warm*) cosy **2.** (*dick*) plump

Molotow-Cocktail ['mɔlotɔf-] *m* Molotow Cocktail

Moment[1] [mo'mɛnt] <-(e)s, -e> *m* (*Augenblick*) moment; **einen ~!** one moment!; **im ~** at the moment; **im ersten ~** for a moment

Moment[2] <-(e)s, -e> *nt* **1.** (PHYS) moment **2.** (*Element*) element

momentan I. *adj* momentary **II.** *adv* at the moment

Momentaufnahme *f* (*auch fig*) snapshot

Monarch(in) [mo'narç] <-s/-en, -en> *m(f)* monarch; **Monarchie** [monar'çi:] *f* monarchy; **Monarchist(in)** *m(f)* monarchist

Monat ['mo:nat] <-(e)s, -e> *m* month; **wie viel verdient er im ~?** how much does he earn a month?; **zweimal im ~** twice a month, twice monthly; **monatelang** *adv* for months; **es hat sich ~ hingezogen** it went on for months

monatlich *adj* monthly

Monatsanfang *m:* **am ~** at the beginning of the month; **Monatsbinde** *f* (MED) sanitary towel; **Monatsblutung** *f* menstrual period; **Monatsende** *nt* end of the month; **Monatsgehalt** *nt* monthly salary; **Monatskarte** *f* monthly season ticket *Br,* commutation ticket *Am;* **Monatslohn** *m* monthly wage; **Monatsrate** *f* monthly instalment; **Monatsschrift** *f* monthly

Mönch [mœnç] <-(e)s, -e> *m* monk

Mond [mo:nt] <-(e)s, -e> *m* **1.** (*der Erde*) moon **2.** (ASTR) satellite; **die ist hinter dem ~** (*fam*) she's out of touch; **du lebst wohl hinter dem ~!?** (*fam*) where have you been!?

mondän [mɔn'dɛn] *adj* chic

Mondbahn *f* **1.** (*von Erdmond*) moon's orbit **2.** (ASTR) lunar orbit; **Mondfähre** *f* (ASTR) lunar module; **Mondfinsternis** *f* eclipse of the moon; **mondhell** *adj* moonlit; **Mondlandschaft** *f* moonscape; **Mondlandung** *f* lunar landing, moon landing; **Mondlicht** <-(e)s> *nt* moonlight; **Mondoberfläche** *f* surface of the moon; **Mondrakete** *f* mooncraft; **Mondschein** <-(e)s> *m* moonlight; **Mondscheintarif** *m* moonlight rate; **Mondsichel** *f* crescent moon; **Mondsonde** *f* (TECH) lunar probe; **Mondstein** *m* (*Halbedelstein*) moonstone; **mondsüchtig** *adj:* **~ sein** sleepwalk

Moneten [mo'ne:tən] *pl* (*fam*) dough *sing*

Mongole, -lin [mɔŋ'go:lə] *m, f* Mongol; **Mongolei** *f:* **die ~** Mongolia; **mongolisch** *adj* Mongolian

monieren [mo'ni:rən] *vt* (*beanstanden*): **etw ~** complain about s.th.; **~, dass …** complain that …

Monitor ['mo:nitɔr] <-s, -en> *m* (TV INFORM) monitor

Monogamie [monoga'mi:] <-> *f* monogamy

Monografie[RR] *f* monograph

Monogramm [mono'gram] <-s, -e> *nt* monogram

Monographie *f* monograph

Monokel [mo'nɔkəl] <-s, -> *nt* monocle

Monokultur *f* monoculture

Monolog [mono'lo:k] <-(e)s, -e> *m* monologue; **einen ~ halten** hold a monologue

Monopol [mono'po:l] <-s, -e> *nt* monopoly (*auf, für* on); **Monopolstellung** *f* monopoly

monotheistisch [monote'ɪstɪʃ] *adj* monotheistic

monoton [mono'to:n] *adj* monotonous; **Monotonie** *f* monotony

Monster ['mɔnstɐ] <-s, -> *nt* monster; **Monsterfilm** *m* **1.** (*aufwendiger Film, a. pej*) mammoth production **2.** (*Film mit Ungeheuern*) monster film

Monstranz [mɔn'strants] <-, -en> *f* (ECCL) monstrance

monströs *adj* **1.** (*ungeheuerlich*) monstrous **2.** (*ungeheuer groß*) monster

Monsun [mɔn'zu:n] <-s, -e> *m* monsoon

Montag ['mo:nta:k] <-(e)s, -e> *m* Monday

Montage [mɔn'ta:ʒə] <-, -n> *f* **1.** (TECH: *Errichtung*) installation **2.** (TECH: *Montieren*) assembly; (*Einbauen*) fitting; **auf ~ sein** be away on a job; **Montageband** *nt* assembly line; **Montagehalle** *f* assembly shop

Montanindustrie [mɔn'ta:n-] *f* coal and steel industry; **Montanunion** *f* European Coal and Steel Community

Monteur(in) [mɔn'tø:ɐ] <-s, -e> *m(f)* (TECH) fitter; (AUTO) mechanic; (ELEK) electrician

montieren [mon'ti:rən] *vt* **1.** (TECH: *aufbauen*) install **2.** (*zusammenbauen*) assemble **3.** (TYP) mount

Montur [mɔn'tu:ɐ] <-, -en> *f* uniform; (*fam*) gear

Monument [monu'mɛnt] <-s, -e> *nt* monument; **monumental** *adj* monumental

Moor [mo:ɐ] <-(e)s, -e> *nt* bog; (*Hoch~*) moor; **Moorbad** *nt* mud-bath

moorig *adj* boggy

Moos[1] *nt* (*sl: Geld*) dough

Moos[2] [mo:s] <-es, (-e)> *nt* moss; **moosbedeckt** *adj* moss-covered

Mop *m* mop

Moped ['mo:pɛt] <-s, -s> *nt* moped

Mopp[RR] [mɔp] <-s, -s> *m* mop

Mops [mɔps, *pl:* 'mœpsə] <-es, ¨-e> *m* **1.** (*kleiner, kurzhaariger Hund*) pug **2.** (*fam: kleine, dicke Person*) dumpling **3.** (SL: *Geld*): **~e** dough *sing*

mopsen ['mɔpsn] *vt* (*fam*) pinch (*jdm etw* s.th. from s.o.)

Moral [mo'ra:l] <-> *f* moral standards *pl;* (*einer Geschichte*) moral; **eine lockere ~** loose morals *pl;* **eine doppelte ~** double standards *pl;* **moralisch** *adj* moral; **kannst du das ~ vertreten?** do your morals allow you to do that?; **Moralpredigt** *f:* **jdm eine ~ halten** give s.o. a sermon

Moräne [mo'rɛ:nə] <-, -n> *f* (GEOL) moraine

Morast [mo'rast, *pl:* mo'rɛstə] <-(e)s, -e/¨-e> *m* (*a. fig*) morass, mire

Moratorium <-s> *nt* moratorium

Morchel ['mɔrçəl] <-, -n> *f* (*Pilz*) morel

Mord [mɔrt] <-(e)s, -e> *m* murder; **einen ~ begehen** commit a murder; **das gibt ~ und Totschlag!** there'll be hell to pay!; **Mordanklage** *f:* **~ erheben** lay a murder charge *Br,* lay a charge of homicide *Am;* **Mordanschlag** *m:* **einen ~ auf jdn verüben** carry out an assassination attempt on s.o.; **Morddrohung** *f* murder threat

morden ['mɔrdən] *vt, vi* kill, murder

Mörder(in) ['mœrdɐ] *m(f)* murderer (murderess); **Mörderbande** *f* gang of killers

mörderisch *adj* **1.** (*grässlich*) murderous **2.** (*rücksichtslos*) cutthroat

Mordfall *m* murder case *Br,* homicide case *Am;* **Mordkommission** *f* murder squad *Br,* homicide division *Am*

Mordsglück *nt* (*fam*) amazing luck; **Mordskerl** *m* (*fam*) hell of a guy; **Mordskrach** *m* (*fam*) terrible din; **mordsmäßig** *adj* (*fam*) incredible; **Mordsspaß** *m* (*fam*) great fun; **Mordswut** *f* (*fam*): **eine ~ im Bauch haben** be in a hell of a rage

Mordverdacht *m:* **unter ~ stehen** be suspected of murder; **Mordversuch** *m* murderous attempt; **Mordwaffe** *f* murder weapon

morgen ['mɔrgən] *adv* **1.** tomorrow **2. ~ in einer Woche** a week tomorrow; **~ ist er eine Woche da** he'll have been here a week tomorrow; **von ~ an** as from tomorrow; **reicht es noch bis ~?** will tomorrow do?; **bis ~!** see you tomorrow!; *s. a.* **Morgen**

Morgen[1] *m* (*Feldmaß*) acre

Morgen[2] <-s, -> *m* (*Tageszeit*) morning; **am ~** in the morning; **der ~ dämmerte** morning dawned; **am frühen ~** early in the morning; **am nächsten ~** the morning after; **heute (gestern) ~**[RR] this (yesterday) morning

Morgenausgabe *f* (*von Zeitung*) morning edition; **Morgendämmerung** *f* dawn

morgendlich ['mɔrgəntlɪç] *adj* morning

Morgenessen *nt* (*CH*) breakfast

Morgengrauen *nt* daybreak; **im ~** in the first light of dawn; **Morgengymnastik** *f:* **~ machen** do one's morning exercises *pl;* **Morgenluft** <-> *f* early morning air; **~ wittern** (*fam*) see one's chance; **Morgenmantel** *m* dressing gown; **Morgenmuffel** *m* (*fam*): **ein ~ sein** be terribly grumpy in the morning; **Morgenrock** *m* housecoat; **Morgenrot** *nt* dawn

morgens *adv* in the morning

Morgenstern *m ohne pl* morning star; **Morgenzug** *m* (RAIL) early train

morgig ['mɔrgɪç] *adj* **1.** (*von morgen*) tomorrow's **2.** (*am nächsten Tag*) tomorrow;

M

unser ~**er Ausflug** our trip tomorrow; **der ~e Tag** tomorrow
Moritat ['mo:rita:t] <-, -en> *f* street ballad
Morphium ['mɔrfiʊm] <-s> *nt* morphine; **morphiumsüchtig** *adj* addicted to morphine
Morphologie ['mɔrfolo'gi:] <-> *f* (LING) morphology
morsch [mɔrʃ] *adj* rotten, brittle
Morsealphabet *nt* Morse code; **Morseapparat** *m* Morse telegraph
morsen ['mɔrzən] **I.** *vt* send in Morse **II.** *vi* send a message in Morse (code)
Mörser ['mœrzɐ] <-s, -> *m* (*a.* MIL) mortar
Morsezeichen *nt* Morse signal
Mörtel ['mœrtəl] <-s> *m* mortar; **Mörtelkelle** *f* trowel
Mosaik [moza'i:k] <-s, -en/(-e)> *nt* mosaic; **Mosaikfußboden** *m* mosaic floor
Moschee [mɔ'ʃe:] <-, -n> *f* mosque
Moschus ['mo:ʃʊs] <-> *m* musk
Möse ['mø:zə] <-, -n> *f* (*vulg*) cunt
Mosel ['mo:zl] <-> *f* Moselle
mosern ['mo:zɐn] *vi* (*fam*) gripe
Moskau ['mɔskaʊ] *nt* Moscow
Moskito [mɔs'ki:to] <-s, -s> *m* mosquito; **Moskitonetz** *nt* mosquito-net
Moslem ['mɔslɛm] <-s, -s> *m* Muslim; **moslemisch** *adj* Muslim; **Moslime** [mɔs'li:mə] <-,-n> *f* Muslim
Most [mɔst] <-(e)s, -e> *m* **1.** (*Saft*) fruit juice **2.** (*Wein~*) must
Motel ['mo:tɛl] <-s,-s> *nt* motel
Motiv [mo'ti:f] <-s, -e> *nt* **1.** (*Beweggrund*) motive **2.** (*Gegenstand*) subject **3.** (*Malerei, Musik*) motif, theme; **ohne ~** motiveless
Motivation [motivɑ'tsio:n] <-, -en> *f* motivation
Motivator(in) [moti'va:to:ɐ] <-s, -en> *m(f)* (*Trainings- und Motivationsprogrammentwickler*) motivator
motivieren [moti'vi:rən] *vt* **1.** (*anregen*) motivate **2.** (*begründen*) give reasons (*etw* for s.th.); **Motivierung** *f* **1.** (*Motiv*) motive **2.** (*Vorgang*) motivation
Motor ['mo:tɔr/mo'to:ɐ] <-s, -en> *m* (AUTO) engine; **Motorblock** *m* (AUTO) engine block; **Motorboot** *nt* motorboat; **Motorengeräusch** *nt* sound of an engine; **Motorhaube** *f* bonnet *Br*, hood *Am*
Motorik [mo'to:rɪk] <-> *f* motor activity
motorisieren [motori'zi:rən] **I.** *vt* motorize **II.** *vr* get motorized
Motorleistung *f* engine performance; **Motorrad** *nt* motorbike; **Motorradfahrer(in)** *m(f)* motorcyclist; **Motorradrennen** *nt* motorcycle race; **Motorraum** *m* engine compartment; **Motorroller** *m* scooter; **Motorsäge** *f* power saw; **Motorschaden** *m* engine trouble; **Motorschlitten** *m* motorized sleigh; **Motorsport** *m* motor racing
Motte ['mɔtə] <-, -n> *f* moth; **von ~n zerfressen** moth-eaten; **Mottenkiste** *f* (*fam*): **aus der ~** ancient; **Mottenkugel** *f* mothball
Motto ['mɔto] <-s, -s> *nt* motto; (*in Buch*) epigraph
motzen ['mɔtsən] *vi* (*sl*) beef; **was hast du zu ~?** what are you beefing about?
Mountainbike ['maʊntɪnbaɪk] <-s, -s> *nt* mountain bike; **Mountainbiker(in)** <-s, -> *m(f)* mountain biker
Mouse-Potato ['maʊspəteɪtəʊ] <-, -es> *f* (*pej: Vor-dem-Computer-Hocker*) mouse potato
Möwe ['mø:və] <-, -n> *f* seagull
Mozambique [mozam'bɪk] *nt* Mozambique
Mücke ['mʏkə] <-, -n> *f* gnat, midge
mucken ['mʊkn] *vi* (*fam*) mutter
Mückenstich *m* gnat bite
Mucks [mʊks] *m* (*fam*): **keinen ~ sagen** not to make a sound; **ohne einen ~** without a murmur; **mucksen** *vr* (*fam*): **sich nicht ~** not budge; **mucksmäuschenstill** ['mʊks'mɔɪsçən'ʃtɪl] *adj* (*fam*) as quiet as a mouse
müde ['my:də] *adj* **1.** (*schläfrig*) tired **2.** (*überdrüssig*) tired, weary; **mit ~r Stimme** tiredly; **er wird es nie ~, über Politik zu sprechen** he never tires of talking about politics; **Müdigkeit** *f* tiredness
Muff[1] [mʊf] <-(e)s, -s> *m* (*Handwärmer*) muff
Muff[2] <-s> *m* (*fam: muffiger Geruch*) musty smell
Muffe ['mʊfə] <-, -n> *f* (TECH) sleeve; **~ haben** (*sl*) have the shits *pl*
Muffel ['mʊfəl] <-s, -> *m* (*fam*) drip, wet blanket
Muffensausen *nt* (*fam*): **~ haben** be scared stiff
muffig *adj* **1.** (*Geruch*) musty **2.** (*mürrisch*) grumpy
Mühe ['my:ə] <-, -n> *f* trouble; **mit Müh und Not** with great difficulty; **er machte sich nicht die ~ ...** he made no effort to ...; **es kostet einige ~** it's an effort to; **sich ~ geben etw zu tun** be at pains to do s.th.; **das hast du nun für deine ~!** see what you get for your pains!; **das ist nicht der ~ wert** it's not worth the trouble; **jdm viel ~ machen** put s.o. to a lot of trouble; **mühelos** *adj* effortless; **mühevoll** *adj* laborious
Mühle ['my:lə] <-, -n> *f* **1.** mill **2.** (*Kaffee~*) grinder **3.** (*Spiel*) nine men's morris **4.** (*fam: altes Flugzeug*) bus, crate; **Mühlrad** *nt* mill wheel; **Mühlstein** *m* millstone

mühsam I. *adj* arduous II. *adv* with difficulty
mühselig *adj* toilsome
Mukoviszidose [mukovɪstsɪ'do:zə] <-> *f* muco-viscidosis
Mulatte, -tin [mu'latə] <-n, -n> *m, f* mulatto
Mulde ['mʊldə] <-, -n> *f* hollow
Mull [mʊl] <-(e)s, -e> *m* muslin; (MED) gauze
Müll [mʏl] <-(e)s> *m* refuse, rubbish *Br,* garbage *Am;* **etw in den ~ werfen** throw s.th. out; **Müllabfuhr** *f* refuse collection *Br,* garbage collection *Am;* **Müllabladeplatz** *m* rubbish dump; **Müllaufbereitung** *f* waste treatment; **Müllaufbereitungsanlage** *f* waste-treatment plant; **Müllberg** *m* rubbish heap; **Müllbeseitigung** *f* refuse disposal *Br,* garbage disposal *Am*
Mullbinde *f* (MED) gauze bandage
Müllcontainer *m* waste container, rubbish container *Br,* garbage container *Am;* **Mülldeponie** *f* waste disposal site *Br,* sanitary landfill *Am;* **Mülleimer** *m* rubbish bin *Br,* garbage can *Am*
Müllhaufen *m* rubbish heap *Br,* garbage heap *Am;* **Müllkompostierung** *f* waste composting; **Müllschlucker** *m* refuse chute *Br,* garbage disposal unit *Am;* **Müllsortieranlage** *f* refuse-sorting plant; **Mülltonne** *f* dustbin *Br,* ashcan *Am,* trashcan; **Müllverbrennungsanlage** *f* incinerating plant; **Müllverwertung** *f* refuse utilization *Br,* garbage utilization *Am;* **Müllverwertungsanlage** *f* waste reprocessing plant; **Müllwagen** *m* dust-cart *Br,* garbage truck *Am*
mulmig ['mʊlmɪç] *adj* (*fam*): **mir wird ganz ~ zumute** I'm feeling queasy
Multi <-s, -s> *m* (*fam: multinationaler Konzern*) multinational
multifunktionell *adj* multifunctional; **multikulturell** *adj* (*Gesellschaft*) multicultural, multiracial; **multilateral** *adj* (*mehrseitig*) multilateral; **Multimediazeitalter** *nt* multimedia age; **multinational** *adj* multinational; **~er Konzern** multinational company; **~e Friedenstruppe** (POL) multinational peace-keeping force
Multiple Sklerose [mʊl'ti:plə skle'ro:zə] <-> *f* multiple sclerosis
Multiplikation [mʊltiplika'tsjo:n] *f* multiplication; **Multiplikatoreneffekt** [mʊltiplika'to:rənɛˌfɛkt] *m* multiplying effect; **multiplizieren** *vt* (*a. fig*) multiply (*mit* by)
Multitalent *nt* all-rounder
Multivitaminpräparat *nt* multivitamin preparation
Mumie ['mu:miə] <-, -n> *f* mummy
Mumm [mʊm] <-s> *m* (*fam*): **die hat ~ (in den Knochen)** she's got guts *pl*
Mumps [mʊmps] <-> *m* (MED) mumps
Mund [munt, *pl:* 'mʏndɐ] <-(e)s, ⸚er> *m* mouth; **halt den ~!** shut up!; **jdm den ~ verbieten** order s.o. to be quiet; **jdm nach dem ~ reden** say what s.o. wants to hear; **du nimmst den ~ ganz schön voll!** you're talking pretty big!; **da läuft einem ja das Wasser im ~e zusammen!** that looks really mouth-watering!; **den ~ auftun** (*fam*) speak out; **jdm etw in den ~ legen** put s.th. into someone's head; **sich etw vom ~e absparen** stint o.s. for s.th.; **sich den ~ fusselig reden** (*fam*) talk o.s. blue in the face; **Mundart** *f* dialect; **Munddusche** *f* water jet
munden ['mʊndən] *vi:* **sich etw ~ lassen** savour s.th.
münden ['mʏndən] *vi* **1.** (*Wasserlauf*) flow (*in* into) **2.** (*Weg, a. fig*) lead (to)
Mundgeruch <-(e)s> *m* bad breath
Mundharmonika *f* (MUS) mouth organ
mündig ['mʏndɪç] *adj* **1.** (JUR) of age **2.** (*verantwortungsbewusst*) responsible; **jdn für ~ erklären** declare s.o. of age; **Mündigkeit** *f* majority
mündlich ['mʏntlɪç] *adj* verbal; **~e Prüfung** oral examination, oral test; **alles weitere ~!** I'll tell you the rest when I see you!
Mundpropaganda *f* verbal propaganda; **Mundraub** *m* (JUR) petty theft; **Mundschleimhaut** *f* mucous membrane of the mouth; **Mundstück** *nt* **1.** (*von Zigarette*) tip **2.** (MUS: *von Blasinstrument*) mouthpiece; **mundtot** *adj:* **jdn ~ machen** muzzle s.o.
Mündung ['mʏndʊŋ] *f* mouth; (*von Schusswaffe*) muzzle; **Mündungsfeuer** *nt* flash from the muzzle
Mundwasser *nt* mouthwash; **Mundwerk** *nt:* **ein großes ~ haben** have a big mouth; **Mundwinkel** *m* corner oft the mouth; **Mund-zu-Mund-Beatmung** *f* mouth-to-mouth resuscitation
Munition [muni'tsjo:n] *f* (*a. fig*) ammunition; **Munitionslager** *nt* ammunition dump; **Munitionsnachschub** *m* ammunition supply
munkeln ['mʊŋkəln] *vi:* **man munkelt, dass …** there is a rumour that …
Mun-Sekte *f* Moonies *pl*
Münster ['mʏnstɐ] <-s, -> *nt* (ARCH ECCL) cathedral, minster
munter ['mʊntɐ] *adj* **1.** (*lebhaft*) lively; (*lustig*) cheerful, merry **2.** (*wach*) awake; **gesund und ~** safe and sound; **Munterkeit** *f* (*Lebendigkeit*) liveliness; **Muntermacher** *m* (*fam: Aufputschmittel*) stimu-

lant

Münzautomat *m* slot machine

Münze ['mʏntsə] <-, -n> *f* **1.** (*Geldstück*) coin **2.** (*Prägestätte*) mint; **Worte für bare ~ nehmen** take words at their face value; **jdm etw mit gleicher ~ heimzahlen** pay s.o. back in his (her, their) own coin for s.th.; **Münzeinwurf** *m* coin slot

münzen *vt* coin, mint; **das ist auf dich gemünzt** that's aimed at you

Münzfernsprecher *m* (TELE) **1.** (*Gerät*) pay phone **2.** (*Zelle*) callbox; **Münzsammlung** *f* coin collection, numismatic collection; **Münztank** *m* (AUTO) coin-operated, petrol pump *Br*, gas pump *Am;* **Münzwechsler** *m* change machine

mürbe ['mʏrbə] *adj* **1.** (*krümelig*) crumbly **2.** (*zart*) tender **3.** (*brüchig*) brittle **4.** (*fig*) worn-down; **jdn ~ machen** (*fig*) wear s.o. down; **~ werden** (*fig*) be worn down; **Mürb(e)teig** *m* short pastry

murmeln ['mʊrməln] *vi* murmur; (*unverständlich*) mumble, mutter

Murmeltier *nt* marmot; **wie ein ~ schlafen** (*fam*) sleep like a log

murren ['mʊrən] *vi* grumble (*über* at)

mürrisch ['mʏrɪʃ] *adj* **1.** (*übel gelaunt*) grumpy **2.** (*abweisend*) morose, sullen

Mus [muːs] <-es, -e> *nt* mush

Muschel ['mʊʃəl] <-, -n> *f* **1.** mussel **2.** (*~schale*) shell **3.** (TELE) mouthpiece

Muse ['muːzə] <-, -n> *f* Muse

Museum [mu'zeːʊm] <-s, -seen> *nt* museum

Musik [mu'ziːk] <-, -en> *f* music; **~ machen** play some music; **Musikakademie** *f* academy of music

musikalisch *adj* musical

Musikant(in) *m(f)* musician

Musikbegleitung *f:* **mit ~** accompanied by music; **Musikbox** *f* juke box; **Musikcassette** *f* music cassette

Musiker(in) <-s, -> *m(f)* musician

Musikhochschule *f* college of music; **Musikinstrument** *nt* musical instrument; **Musikkapelle** *f* band; **Musiklehrer(in)** *m(f)* music teacher; **Musikstück** *nt* piece of music; **Musiktheater** *nt* music theatre; **Musikunterricht** *m* musical lessons *pl*

musisch *adj* pertaining to the (fine) arts

musizieren [muzi'tsiːrən] *vi* play instruments

Muskateller [mʊska'tɛlɐ] <-s, -> *m* (*Weinsorte*) muscatel

Muskatnuss[RR] [mʊs'kaːt-] *f* nutmeg

Muskel ['mʊskəl] <-s, -n> *m* (ANAT) muscle; **Muskelkater** *m* (*fam*) aching muscles *pl;* **~ haben** be stiff; **Muskelpaket** *nt* (*fam*) muscleman *fam;* **Muskelprotz** *m* (*fam*) muscleman; **Muskelriss**[RR] *m* torn muscle; **Muskelschwäche** <-> *f* myasthenia; **Muskelzerrung** *f* pulled muscle

Muskulatur ['mʊskula'tuːɐ] <-> *f* muscles

muskulös [mʊsku'løːs] *adj* muscular; **~ gebaut sein** have a muscular build

Müsli ['myːsli] <-s, -s> *nt* muesli

Muss[RR] [mʊs] <-> *nt:* **es ist kein ~** it's not a must

Muße ['muːsə] <-> *f* leisure; **dafür habe ich keine ~** I don't have the time (for it)

Mussehe[RR] ['mʊsˌeːə] *f* (*fam*) shot-gun wedding

müssen ['mʏsən] <muss, musste, gemusst> *vi* **1.** (*gezwungen sein*) have to, must **2.** (*eigentlich sollen*) ought to, should; **ich muss**[RR] **es nicht tun** I don't have to do it; **musst**[RR] **du jetzt unbedingt gehen?** have you got to go now?; **wir mussten**[RR] **diese Woche schon zweimal zu ihm** we've had to go and see him twice this week; **das muss**[RR] **leider sein** I'm afraid it has to be; **ich muss**[RR] **es wohl verloren haben** I must have lost it; **es ~ fünf gewesen sein** there must have been five of them; **natürlich musste sie gerade jetzt kommen** she had to come just now; **das hätte man tun ~** this ought to have been done; **sein Gesicht hätten Sie sehen ~** you ought to have seen his face; **ich hätte es tun ~** I should have done it; **das müsste eigentlich reichen** this should be enough

Mußestunden *pl* leisure hours

müßig ['myːsɪç] *adj* **1.** (*untätig*) idle **2.** (*überflüssig*) pointless

Müßiggang <-(e)s> *m* idleness

Muster ['mʊstɐ] <-s, -> *nt* **1.** (*Probestück*) sample **2.** (*Stoff~*) pattern **3.** (*Vorbild*) model (*an* of); **als ~ dienen** serve as a model; **Musterbeispiel** *nt* classic example; **Musterexemplar** *nt* fine specimen; **mustergültig** *adj* exemplary; **musterhaft** *adj* exemplary; **Musterhaus** *nt* show house; **Musterknabe** *m* paragon

mustern ['mʊstɐn] *vt* **1.** (*kritisch betrachten*) scrutinize **2.** (MIL: *auf Wehrdiensttauglichkeit prüfen*): **jdn ~** give s.o. his medical

Musterpackung *f* sample pack; **Musterschüler(in)** *m(f)* star pupil

Musterung *f* **1.** (*Wehrdienst~*) medical examination for military service **2.** (*Durchsicht*) examinaton; **nach eingehender ~** on thorough inspection

Mut [muːt] <-(e)s> *m* courage; **ich habe einfach nicht den ~ nein zu sagen** I don't have the courage to refuse; **den ~ verlieren** lose one's courage; **nur ~!** take courage!; **jdm ~ machen** encourage s.o.;

mir ist nicht zum Lachen zu ~e[RR] I am not in the mood for laughing; **wie ist dir zu ~e?**[RR] how do you feel?

Mutation [muta'tsjo:n] <-, -en> *f* mutation

mutieren [mu'ti:rən] *vi* (*auch fig*) mutate

mutig *adj* brave, courageous

mutlos *adj* discouraged; **jdn ~ machen** discourage s.o.; **Mutlosigkeit** *f* discouragement

mutmaßen ['mu:tma:sən] *vt, vi* conjecture; **über das, was folgt, kann man nur ~** what will come next is a matter of conjecture; **mutmaßlich** *adj attr* most probable

Mutprobe *f* test of courage

Mutter[1] <-, -n> *f* (TECH) nut

Mutter[2] ['mʊtɐ, *pl:* 'mʏtɐ] <-, ⸚> *f* (*Elternteil*) mother; **wie eine ~ zu jdm sein** be like a mother to s.o.

Mütterchen ['mʏtɐçən] *nt* (*alte Frau*) granny

Muttererde *f* **1.** (*Mutterboden*) topsoil **2.** (*Heimaterde*) native soil; **Muttergesellschaft** *f* (COM) parent company; **Muttergottes** <-> *f* (REL) Mother of God

Mutter-Kind-Pass[RR] *m record of pregnancy, childbirth and regular infant health check-ups given to women in Germany once they are pronounced pregnant*

Mutterkomplex *m* (PSYCH) mother complex; **Mutterland** *nt* mother country; **Mutterleib** *m* womb

mütterlich ['mʏtɐlɪç] *adj* maternal, motherly; **mütterlicherseits** *adv* on someone's mother side; **meine Großeltern ~** my maternal grandparents

Mutterliebe *f* maternal [*o* motherly] love; **Muttermal** <-s, -e> *nt* birthmark, mole; **Muttermilch** *f* mother's milk; **Mutterrolle** *f* maternal role; **Mutterschaft** *f* motherhood, maternity; **Mutterschaftsgeld** *nt* maternity grant; **Mutterschaftsurlaub** *m* maternity leave; **Mutterschutz** *m* maternity regulations *pl*

mutterseelenallein *adj, adv* all alone

Muttersöhnchen *nt* (*fam pej*) mummy's boy; **Muttersprache** *f* mother tongue, native language; **Muttersprachler(in)** *m(f)* native speaker; **Muttertag** *m* Mother's Day

Mutti ['mʊti] <-, (s)> *f* (*fam*) mummy *Br,* mommy *Am*

mutwillig ['mu:tvɪlɪç] *adj* malicious

Mütze ['mʏtsə] <-, -n> *f* cap; **was auf die ~ kriegen** (*fam*) get a ticking-off

MwSt *f Abk. von* **Mehrwertsteuer** VAT

Myrrhe ['myrə] <-> *f* myrrh

Myrte ['mʏrtə] <-, -n> *f* (*Strauch*) myrtle

mysteriös [mʏsteri'ø:s] *adj* mysterious

Mysterium [mys'te:riʊm] <-s, Mysterien> *nt* mystery

Mystik ['ystɪk] *f* mysticism; **mystisch** *adj* mystic(al)

Mythologie [mytolo'gi:] *f* mythology

Mythos ['my:tɔs] <-, -then> *m* **1.** (*Gerücht*) myth **2.** (*Sage*) story, legend

M

N

N, n [ɛn] <-, -> *nt* N, n

na [na(:)] *interj* (*fam*) well; ~ **also!** ~ **eben!** ~ **bitte!** there you are!; ~, **wenn schon** even so; ~ **und?** so what?; ~, **und ob!** you bet!; ~, **dann nicht!** all right, have it your way!; ~ **warte!** just you wait!; ~ **so was!** well, I never!; ~, **wird's bald?** well, how much longer are you going to take?

Nabe ['na:bə] <-, -n> *f* (*Rad~*) hub

Nabel ['na:bəl] <-s, -> *m* **1.** (ANAT) navel, umbilicus **2.** (*Zentrum*) hub; **Nabelbruch** *m* umbilical hernia; **Nabelschnur** *f* (MED) umbilical cord

nach [na:x] **I.** *präp* **1.** (*zeitlich, a. der Reihenfolge ~*) after **2.** (*die Richtung angebend*) to **3.** (*gemäß*) according to; (*in Anlehnung an*) after; ~ **jdm (etw) suchen** look for s.o. (s.th.); **sich sehnen ~ …** long for …; **riechen (schmecken) ~ …** smell (taste) of …; ~ **zwanzig Minuten** after twenty minutes; **zwei Minuten ~ eins** two minutes past one *Br*; two minutes after one *Am;* **zahlbar ~ Empfang** payable on receipt; **einer ~ dem anderen** one after the other; **gehen Sie bitte ~ hinten (vorn)** please go to the back (front); **der Zug ~ Manchester** the train for Manchester; **ich ziehe ~ München** I'll move to Munich; ~ **Hause** home; ~ **dem Gesetz** according to the law; ~ **einem alten chinesischen Märchen** according to an old Chinese fairy-tale; **jdn ~ jdm benennen** name s.o. after s.o. *Br*; name s.o. for s.o. *Am;* **aller Wahrscheinlichkeit ~** in all probability; **es sieht ~ Regen aus** it looks like rain **II.** *adv* **1.** (*zeitlich*): ~ **und ~** little by little; ~ **wie vor** still **2.** (*räumlich*): **wir müssen ihm ~** we must follow him

nach|äffen ['na:xɛfən] *vt* (*etw nachmachen*) ape; (*jdn karikieren*) mimic

nach|ahmen ['na:xa:mən] *vt* imitate; **nachahmenswert** *adj* exemplary; **Nachahmung** *f* imitation; **Nachahmungstrieb** *m* imitative impulse

Nachbar(in) ['naxba:ɐ] <-n/-s, -n> *m(f)* neighbour; **Nachbarhaus** *nt* neighbouring house, house next door; **nachbarlich** *adj* **1.** (*benachbart*) neighbouring **2.** (*nachbarschaftlich*) neighbourly; **Nachbarschaft** *f* neighbourhood; **Nachbarstaat** *m* neighbouring state

Nachbehandlung *f* (*a.* MED) aftertreatment

nach|bestellen *vt* order some more, reorder; **Nachbestellung** *f* **1.** (*Wiederholungsbestellung*) repeat order **2.** (*nachträgliche Bestellung*) later order

nach|beten *vt* (*fam*) parrot; **musst du ihm denn immer alles ~?** do you have to repeat everything he says parrot-fashion?

nach|bezahlen **I.** *vt* pay later **II.** *vi* pay the rest

nach|bilden *vt* copy; **Nachbildung** *f* imitation, copy

nach|datieren *vt* postdate

nachdem [na:x'de:m] *konj* after; **je ~** it (all) depends; **je ~, wie …** depending on how …

nach|denken *irr vi* think (*über* about); **nachdenklich** *adj* pensive, thoughtful

Nachdruck[1] <-(e)s> *m* **1.** (*Tatkraft*) energy, vigour **2.** (*Betonung*) emphasis, stress; **besonderen ~ auf etw legen** emphasize [*o* stress] s.th. particularly; **mit ~ arbeiten** work with vigour

Nachdruck[2] <-(e)s, -e> *m* (TYP) **1.** (*das ~en*) reprinting **2.** (*das Nachgedruckte*) reprint; ~ **verboten** no part of this publication may be reproduced without the prior permission of the publisher; **nachdrucken** *vt* reprint

nachdrücklich ['na:xdrʏklɪç] *adj* emphatic

nach|eifern *vi:* **jdm ~** emulate s.o.

nach|eilen *vi sein* run after (*jdm* s.o., *einer Sache* s.th.)

nacheinander *adv* **1.** (*räumlich*) one after another **2.** (*zeitlich*) in succession

nach|empfinden *irr vt* **1.** (*nachfühlen*) feel **2.** (*anpassen, nachgestalten*) adapt (*etw einer Sache* s.th. from s.th.); **können Sie meine Wut ~?** can you really feel my rage?; **das kann ich Ihnen ~** I can understand your feelings

nach|erzählen *vt* retell; **Nacherzählung** *f* retelling; (SCHULE: *einer Geschichte*) reproduction

nach|fahren *vi* follow (on)

Nachfassaktion[RR] *f* (MARKT) follow-up campaign

nach|feiern *vt* (*Geburtstag*) celebrate after the event

Nachfolge *f* **1.** succession **2.** (*in Zusammensetzungen*) follow-up; **jds ~ antreten**

succeed s.o.; ~ **Christi** imitation of Christ; **Nachfolgemodell** *nt* (*von Produkt, Auto*) successor, follow-up model; **nachfolgen** *vi sein* (*a. fig*) follow (*jdm* s.o.); **Nachfolger(in)** *m(f)* successor

nach|fordern *vt* demand an extra; **Nachforderung** *f* subsequent demand

nach|forschen *vi* investigate, try to find out; **Nachforschung** *f* enquiry *Br,* inquiry *Am;* (*amtliche* ~) investigation; **~en anstellen** make enquiries (*bezüglich* into)

Nachfrage *f* **1.** (*Erkundigung*) enquiry *Br,* inquiry *Am* **2.** (COM) demand (*nach o in* for); **Nachfrageinflation** *f* demand inflation; **nach|fragen I.** *vi* ask, enquire *Br,* inquire *Am* **II.** *vt* (COM) ask for; **Nachfragerückgang** *m* (COM) slump in demand; **Nachfrageschub** *m* surge in demand; **Nachfrageüberhang** *m* surplus demand

Nachfrist *f* extension

nach|fühlen *vt* feel; **das kann ich dir ~** I can understand your feelings

nach|füllen *vt* **1.** refill **2.** (*auf~*) top up

Nachfüllpackung *f* refill (pack)

nach|geben *irr vi* **1.** (AUTO TECH: *federn*) give **2.** (*fig*) give way (*jdm o einer Sache* to s.o., s.th.) **3.** (COM FIN: *Kurse*) drop, fall

Nachgebühr *f* excess postage

Nachgeburt *f* (MED) afterbirth

nach|gehen *irr vi* **1.** (*folgen*) follow (*jdm* s.o.) **2.** (*ausüben*) practise (*einer Sache* s.th.); (*verfolgen: Studium, Interessen*) pursue (*einer Sache* s.th.) **3.** (*erforschen*) investigate, look into (*einer Sache* s.th.) **4.** (*nicht aus dem Sinn gehen*) haunt (*jdm* s.o.) **5.** (*Uhr*) be slow; **meine Uhr geht zehn Minuten nach** my watch is ten minutes slow

Nachgeschmack *m* (*a. fig*) aftertaste

nachgewiesenermaßen *adv* as has been proved; **er ist ~ schuldig** he has been proved guilty

nachgiebig ['na:xgi:bɪç] *adj* **1.** (*weich*) soft; (*entgegenkommend*) compliant **2.** (*biegsam*) pliable; **Nachgiebigkeit** *f* **1.** (*Weichheit*) softness; (*Entgegenkommen, Konzilianz*) compliance **2.** (*Biegsamkeit*) pliability

nach|grübeln *vi* muse (*über* about)

nach|gucken *vt* (*fam*) check up, have a look

Nachhall *m* **1.** reverberation **2.** (*Anklang*) response (*auf* to); **nach|hallen** *vi* reverberate

nachhaltig ['na:xhaltɪç] *adj* **1.** (*andauernd*) lasting **2.** (*ausdauernd*) sustained; **~e Entwicklung** sustainable development

nach|hängen *irr vi:* **seinen Erinnerungen ~** indulge in one's memories

nach|helfen *irr vi:* **jdm** (**einer Sache**) ~ give s.o. (s.th.) a helping hand

nachher [na:x'he:ɐ/'--] *adv* (*danach*) afterwards; (*später*) later; **bis ~!** (*interj*) so long! see you later!

Nachhilfe *f* **1.** (*Hilfe*) assistance, help **2.** (*~unterricht*) extra [*o* private] tuition; **Nachhilfestunde** *f* private lesson

nach|hinken *vi sein* (*fam*) lag behind (*hinter jdm o etw* s.o., s.th.)

Nachholbedarf *m:* **einen großen ~ haben** have a lot to catch up on

nach|holen *vt* **1.** (*Versäumtes aufholen*) make up (for), catch up (on) **2.** (*später holen*) get over; **ein Jahr später holte er seine Familie nach** a year later he got his family over

Nachhut <-> *f* (MIL) rearguard

nach|jagen *vi* **1.** *sein* chase after (*jdm o etw* s.o., s.th.) **2.** (*fig*) pursue (*einer Sache* s.th.)

nach|kaufen *vt* **1.** (*zeitlich*) buy later **2.** (*als Ersatz*) buy replacements (for); **Nachkaufgarantie** *f* availability guarantee

Nachkomme ['na:xkɔmə] <-n, -n> *m* descendant; **nach|kommen** *irr vi* **1.** *sein* (*später kommen*) come later; (*folgen*) follow (*jdm* s.o.) **2.** (*Schritt halten*) keep up (*mit* with) **3.** (*erfüllen*) comply with, fulfil (*einer Sache* s.th.); **Nachkommenschaft** *f* descendants *pl*

Nachkömmling ['na:xkœmlɪŋ] <-s, -e> *m* (*hum: Nachzügler*) latecomer

Nachkriegsdeutschland *nt* postwar Germany; **Nachkriegszeit** *f* postwar period

Nachlass[RR] ['na:xlas] <-es, -e/¨-e> *m* **1.** (COM: *Preis~*) discount, reduction (*auf* on) **2.** (*Erbe*) estate; **nach|lassen I.** *irr vt* **1.** (*Preise*) reduce **2.** (*lockern*) slacken; **20% vom Verkaufspreis ~** give a 20% discount on the retail price **II.** *vi* **1.** (*abnehmen*) decrease **2.** (*sich abschwächen*) ease off; (*von Kälte*) abate **3.** (*von Preisen*) drop, fall

nachlässig ['na:xlɛsɪç] *adj* careless, negligent; **Nachlässigkeit** *f* carelessness, negligence

nach|laufen *irr vi sein:* **jdm** (**einer Sache**) ~ (*a. fig*) run after s.o. (s.th.)

Nachlese *f* **1.** (*Ähren~*) gleaning **2.** (*literarische ~*) further selection

Nachlösegebühr *f extra fee payable when train ticket is purchased on the train*

nach|lösen I. *vt* (RAIL): **eine Fahrkarte im Zug ~** buy a ticket on the train **II.** *vi* (*zwecks Weiterfahrt*) pay the excess fare

nach|machen *vt* **1.** (*nachahmen*) copy, imitate **2.** (*fälschen*) forge; (*kopieren*) copy

N

3. (*parodieren*) mimic; **das soll mir mal jd ~!** I'd like to see anybody else do that!

nach|messen *irr vt* **1.** (*zur Überprüfung*) check **2.** (*noch einmal messen*) measure again

Nachmieter(in) *m(f)* next tenant

Nachmittag *m* afternoon; **am ~** in the afternoon; **am ~ des 10. März** on the afternoon of March 10th; **heute ~**RR this afternoon; **gestern ~**RR yesterday afternoon; **nachmittag** *adv s.* Nachmittag; **nachmittags** *adv* in the afternoon; **Nachmittagsvorstellung** *f* matinée

Nachnahme *f* cash on delivery *Br,* collect on delivery *Am;* **etw per ~ schicken** send s.th. COD; **Nachnahmegebühr** *f* COD charge

Nachname *m* last name, surname

Nachporto *nt* excess postage

nach|prüfen *vt* **1.** (*nochmals prüfen*) reexamine **2.** (*überprüfen*) check; (*auf Richtigkeit*) verify; **Nachprüfung** *f* **1.** (*Überprüfung*) check (*einer Sache* on s.th.) **2.** (*nochmalige Prüfung*) re-examination; (*spätere Prüfung*) later examination

nach|rechnen *vt, vi* check

Nachrede *f* (JUR): **üble ~** defamation of character; **nach|reden** *vt* (*nachsprechen*) repeat

nach|reichen *vt* hand in later

Nachricht ['na:xrɪçt] <-, -en> *f* **1.** (*Mitteilung*) message **2.** (*Meldung*) (piece of) news *pl* **3.** (*Bestätigung*) confirmation; **eine ~** a message [*o* a piece of news]; **die ~en** (RADIO TV) the news *sing;* **Nachrichtenagentur** *f* news agency; **Nachrichtendienst** *m* **1.** (RADIO TV) news service **2.** (MIL POL) intelligence (service); **Nachrichtenkanal** *m* (TV) news channel; **Nachrichtenmagazin** *nt* news magazine; **Nachrichtensatellit** *m* communications satellite; **Nachrichtensendung** *f* (RADIO TV) news cast; **Nachrichtensperre** *f* news blackout; **Nachrichtensprecher(in)** *m(f)* (RADIO TV) newsreader *Br,* newscaster *Am;* **Nachrichtentechnik** *f* telecommunications *sing;* **Nachrichtenwesen** *nt* communications *pl*

nach|rücken *vi sein* move up

Nachruf *m* obituary

nach|rüsten **I.** *vt* (*Gerät, Auto*) refit **II.** *vi* (MIL) rearm, deplay new arms; **Nachrüstung** *f* **1.** (*von Gerät, Auto*) refitting **2.** (MIL) rearmament, deplayment of new arms

nach|sagen *vt* (*nachsprechen, wiederholen*) repeat; **jdm etw ~** (*behaupten*) say s.th. of s.o.

Nachsaison *f* off-season, low season

nach|schauen **I.** *vt* have a look at **II.** *vi* **1.** (*hinterhersehen*) gaze after (*jdm* s.o., *einer Sache* s.th.) **2.** (*nachschlagen*) have a look

nach|schicken *vt* (*Briefe*) forward

nach|schlagen **I.** *irr vt* (*Wort*) look up **II.** *vi* (*ähneln*): **jdm ~** take after s.o.; **Nachschlagewerk** *nt* reference book

Nachschlüssel *m* **1.** (*weiterer Schlüssel*) duplicate key **2.** (*Dietrich*) skeleton key

Nachschrift *f* **1.** (*im Brief*) postscript **2.** (*Abschrift*) transcript

Nachschub <-(e)s> *m* (MIL) **1.** (*Verstärkung*) reinforcements *pl* **2.** (*Verpflegung*) supplies *pl* (*an* of)

nachschwätzen *vt* (*österr*) repeat parrotfashion

Nachsehen *nt:* **das ~ haben** be left standing; **nach|sehen** **I.** *irr vt* **1.** (*nachschlagen*) look up **2.** (*nachsichtig sein*) forgive (*jdm etw* s.o. for s.th.) **3.** (*überprüfen*) give a check **II.** *vi* **1.** (*hinterhersehen*) gaze after (*jdm* s.o., *einer Sache* s.th.) **2.** (*nachschlagen*) have a look **3.** (*überprüfen*) check

Nachsendeanschrift *f* forwarding adress

nach|senden *irr vt* (*Briefe*) forward; **bitte ~!** please forward!; **nicht ~!** not to be forwarded!

Nachsicht *f* (*Geduld*) forbearance, leniency; **~ haben (mit jdm)** be lenient (towards s.o.), be forbearing (with s.o.); **nachsichtig** *adj* **1.** (*geduldig*) forbearing (*gegen o mit* with) **2.** (*mild*) lenient (*gegen o mit* towards)

Nachsilbe *f* (LING) suffix

nach|sitzen *irr vi* (SCHULE) be kept in, get detention; **jdn ~ lassen** keep s.o. in, give s.o. detention

Nachsorge *f* (MED) after-care; **Nachsorgeklinik** *f* after-care clinic

Nachspeise *f* dessert, sweet

Nachspiel <-s> *nt* **1.** (THEAT) epilogue **2.** (MUS) closing section **3.** (*fig*) sequel; **ein tragisches ~ haben** have a tragic sequel

nach|spielen **I.** *vt* play **II.** *vi* (SPORT) play extra time

nach|sprechen *irr vt, vi* repeat (*jdm etw* s.th. after s.o., *jdm* what s.o. says)

nächst [nɛ:çst] *präp* **1.** (*am ~en*) next to **2.** (*außer*) aside from; **nächstbeste** *adj* the first … that comes along; **Nächste(r)** *f m* **1.** (*in der Reihenfolge*) next one **2.** (*Mitmensch*) neighbour; **nächste** *adj* **1.** (*am ~n gelegen*) nearest **2.** (*zeitlich o räumlich folgend*) next **3.** (*eng: von Verwandtschaft*) closest; **aus ~r Nähe** from close by; **die ~ Umgebung** the immediate vicinity; **~n Mittwoch** next Wednesday; **in ~r Zukunft** in the near future; **Nächstenliebe** *f* love for one's fellow men

nach|stehen *irr vi* **1.** (*nachgestellt sein*)

come after **2.** (*geringer sein*): **jdm** (**in etw**) ~ be inferior to s.o. (in s.th.); **jdm in nichts** ~ be someone's equal in every aspect

nach|stellen I. *vt* **1.** (*nachstehen, folgen lassen*) put after **2.** (TECH: *neu justieren*) readjust; (*Uhr*) put back II. *vi:* **jdm** ~ (*ihn verfolgen*) pursue s.o.; (*ihn belästigen*) pester s.o.

Nächstenliebe *f* **1.** (*Barmherzigkeit*) charity **2.** (*Liebe zum Nächsten*) brotherly love

nächstens *adv* **1.** (*bald*) before long, soon **2.** (*nächstes Mal*) next time

Nächstliegendste *nt* (*fig*) most obvious thing

nach|suchen *vi* **1.** (*suchen*) look (and see) **2.** (*ersuchen*) apply (*bei jdm um etw* to s.o. for s.th.)

Nacht [naxt, *pl:* 'nɛçtə] <-, ¨-e> *f* (*a. fig*) night; **bei ~, des ~s, in der** ~ at night; **es wird** ~ it's getting dark; **bei** ~ **und Nebel** (*fam*) at dead of night; **eines ~s** one night; **in tiefster** ~ at dead of night; **die ganze** ~ **hindurch** all night (long); **über** ~ (*a. fig*) overnight; **diese** ~ (*heute* ~) tonight; **vergangene** ~ last night; **über** ~ **bleiben** stay the night; **gute ~!** good night; **na, dann gute ~!** (*fam ironisch*) nice prospects!; **heute** ~[RR] (*letzte* ~) last night; (*kommende* ~) tonight; **Dienstagnacht**[RR] Tuesday night; **nacht** *adv s.* **Nacht**

Nachtarbeit *f* night-work; **Nachtblindheit** *f* night blindness; **Nachtcreme** *f* night cream; **Nachtdienst** *m* night duty

Nachteil *m* **1.** (*Gegenteil von Vorteil*) disadvantage **2.** (*Schaden*) detriment; **jdm gegenüber im** ~ **sein** be at a disadvantage with s.o.; **zu jds** ~ to some one's disadvantage [*o* detriment]; **es soll bestimmt nicht dein** ~ **sein!** you certainly won't lose by it!; **sich zu seinem** ~ **ändern** change for the worse; **nachteilig** *adj* **1.** (*von Nachteil*) disadvantageous **2.** (*ungünstig*) unfavourable

nächtelang ['nɛçtə'laŋ] *adv* for nights on end

nachten *vi* (*CH*) grow dark

Nachtessen *nt* (*CH*) supper

Nachteule *f* (*fam*) night-bird; **Nachtfalter** *m* moth; **Nachtflugverbot** *nt* ban on night flights; **Nachtfrost** *m* night frost; **Nachthemd** *nt* (*Damen~*) nightdress; (*fam*) nightie; (*Herren~*) nightshirt

Nachtigall ['naxtɪgal] <-, -en> *f* (*Singvogel*) nightingale

nächtigen *vi* spend the night

Nachtisch *m* dessert

Nachtklub *m* night club; **Nachtlager** *nt* place for the night; **Nachtleben** *nt* night life

nächtlich ['nɛçtlɪç] *adj attr* **1.** (*jede Nacht*) nightly **2.** (*in der Nacht*) night, nocturnal

Nachtlokal *nt* night spot; **Nachtportier** *m* night porter

Nachtrag ['na:xtra:k, *pl:* 'na:xtrɛ:gə] <-(e)s, ¨-e> *m* **1.** (*zu einem Buch*) supplement; (*zu einem Manuskript*) addendum **2.** (*zu einem Brief*) postscript; **nach|tragen** *irr vt* **1.** (*hinterhertragen*) carry after **2.** (*hinzufügen*) add; **jdm etw** ~ (*fig*) bear s.o. a grudge for s.th.; **nachtragend** *adj* unforgiving

nachträglich ['na:xtrɛ:klɪç] *adj* **1.** (*zusätzlich*) additional **2.** (*später*) later **3.** (*verspätet*) belated; ~ **herzlichen Glückwunsch** belated best wishes *pl*

Nachtragshaushalt *m* supplementary budget

nach|trauern *vi:* **jdm/einer Sache** ~ mourn the loss of s.o./s.th.

Nachtruhe *f* **1.** (*Schlaf in der Nacht*) sleep, night's rest **2.** (*Schlafenszeit*) lights-out

nachts ['naxts] *adv* at night *Br,* nights *Am;* **bis 2 Uhr** ~ till two in the morning

Nachtschalter *m* night desk; **Nachtschicht** *f* nightshift; ~ **haben** be on nightshift; **nachtschlafend** *adj* (*fam*): **zu ~er Zeit** in the very middle of the night; **Nachtschwester** *f* night nurse; **Nachtspeicherofen** *m* (ELEK) storage heater; **Nachtstrom** *m* cheap rate electricity; **Nachttarif** *m* night tariff; **Nachttisch** *m* bedside table; **Nachttopf** *m* chamber pot; **Nachttresor** *m* night safe *Br,* night depository *Am;* **Nacht-und-Nebel-Aktion** *f* (*fam*) cloak-and-dagger operation; **Nachtvorstellung** *f* late-night performance; **Nachtwache** *f* night-watch; (*im Krankenhaus*) night duty; **Nachtwächter** *m* (*Wachmann*) night watchman; **Nachtzeit** *f* night-time

Nachuntersuchung *f* (MED) check-up

nachvollziehbar *adj* comprehensible

nach|vollziehen *irr vt* comprehend

nach|wachsen *irr vi sein* grow again

Nachwahl *f* (POL) by-election *Br,* special election *Am*

Nachwehen *pl* **1.** (MED) after-pains **2.** (*fig*) after-effects, painful aftermath *sing*

nach|weinen *vi* shed tears (*jdm o einer Sache* over s.o., s.th.)

Nachweis ['na:xvaɪs] <-es, -e> *m* **1.** (*Beweis*) proof (*für, über* of) **2.** (*Bescheinigung*) certificate; **den** ~ **für etw führen** furnish proof of s.th.; **nachweis bar** *adj* **1.** (*beweisbar*) provable **2.** (TECH: *auffindbar*) detectable; **nach|weisen** *irr vt* **1.** (*beweisen*) prove **2.** (TECH: *Fehler auffinden*) detect; **nachweislich** *adj* provable; **ein ~er Irrtum** a demonstrable error

Nachwelt *f:* **die** ~ posterity

N

nach|werfen *irr vt:* **jdm etw** ~ throw s.th. after s.o.; (*fam*) give s.o. s.th. on the cheap
nach|winken *vi:* **jdm** ~ wave (goodbye) to s.o.
nach|wirken *vi* go on to have an effect; **Nachwirkung** *f* **1.** (*spätere Wirkung*) after-effect **2.** (*Auswirkung*) consequence
Nachwort <-(e)s, -e> *nt* epilogue
Nachwuchs *m* **1.** (*beruflich*) young people *pl* **2.** (*hum: Nachkommen*) offspring *pl*
nach|zahlen *vt, vi* **1.** (*mehr zahlen*) pay extra **2.** (*später zahlen*) pay later
nach|zählen *vt, vi* check
Nachzahlung *f* additional payment
nach|zeichnen *vt* **1.** (*Umrisse*) go over **2.** (*kopieren*) copy
nach|ziehen I. *irr vt* **1.** (*Bein*) drag behind one **2.** (*Striche*) go over; (*Augenbrauen*) pencil over **3.** (*Schraube*) tighten up **II.** *vi sein* (*hinterherziehen*) follow (*jdm* s.o.)
Nachzug *m:* ~ **von Familienangehörigen** reuniting of family members, family reunification
Nachzügler(in) ['na:xtsy:glɐ] *m(f)* (*a. fig*) latecomer
Nacken ['nakən] <-s, -> *m* neck; **jdn im ~ haben** (*fam*) have s.o. on one's tail; **die Furcht saß ihr im** ~ (*fam*) she was frightened out of her wits; **Nackenstütze** *f* neck support
nackt [nakt] *adj* **1.** (*Mensch*) naked, nude **2.** (*entblößt, a. fig: unbewachsen*) bare; **jdn ~ ausziehen** strip s.o. naked; **Nacktbadestrand** *m* nudist beach; **Nacktheit** *f* **1.** (*von Mensch*) nakedness, nudity **2.** (*Kahlheit*) bareness
Nadel ['na:dəl] <-, -n> *f* needle; (*Ansteck~*) pin; **Nadelbaum** *m* conifer; **Nadeldrucker** *m* (INFORM) dot-matrix printer; **Nadelfilz** *m* needle felting; **Nadelhölzer** *pl* conifers; **Nadelkissen** *nt* pin-cushion; **Nadellager** *nt* (TECH) needle-roller bearing
nadeln *vi* (*Weihnachtsbaum*) shed its needles
Nadelöhr ['na:dəlœ:ɐ] <-s, (-e)> *nt* eye of a [*o* the] needle; **Nadelstich** *m* **1.** (*Wunde*) prick **2.** (*beim Nähen, a.* MED) stitch **3.** (*fig*) pinprick; **Nadelstreifenanzug** *m* pinstripe suit; **Nadelwald** *m* coniferous forest
Nagel ['na:gəl, *pl:* 'nɛ:gəl] <-s, => *m* nail; (*großer*) spike; (*hölzerner*) peg; **den ~ auf den Kopf treffen** hit the nail on the head; **Nägel mit Köpfen machen** do the job properly; **etw an den ~ hängen** (*fam*) chuck s.th. in; **sich etw unter den ~ reißen** (*fam*) pinch s.th.; **an den Nägeln kauen** bite one's nails; **dieses Problem brennt mir unter den Nägeln** this problem is preying on my mind; **Nagelbürste** *f* nailbrush; **Nagelfeile** *f* nailfile; **Nagellack** *m* nail varnish; **Nagellackentferner** *m* nail polish [*o* varnish] remover; **nageln** *vt* nail (*an, auf* (on)to); **nagelneu** *adj* (*fam*) brand-new; **Nagelpflege** *f* nail care; **Nagelschere** *f* nail-scissors *pl*
nagen ['na:gən] *vi, vt* **1.** (*a. fig*) gnaw (*an* at); (*knabbern*) nibble (*an* at) **2.** (*zerfressen*) eat (*an* into); **nagend** *adj* **1.** (*Hunger*) gnawing **2.** (*Zweifel*) nagging; **Nager** *m*, **Nagetier** *nt* rodent
nah [na:] <näher, nächst> **I.** *adj* **1.** (*räumlich*) close, near, nearby **2.** (*zeitlich*) approaching, near **3.** (*eng, befreundet*) close; **der Nahe Osten** the Middle East; **die ~e Zukunft** the near future **II.** *adv* **1.** (*räumlich*) close, near (*an, bei* to) **2.** (*zeitlich*) close **3.** (*eng, intim*) closely; **jdm ~e sein** be near to s.o.; **jdm zu ~e treten** (*fig*) offend s.o.; ~ **bevorstehen** be approaching; **ich war ~e daran zu gehen** I was on the point of leaving; **jdm etw ~e bringen**^RR^ bring s.th. home to s.o.; **jdm ~e gehen**^RR^ affect s.o.; **einander** [*o* **sich**] **~e kommen**^RR^ become close; **jdm (einer Sache) ~e kommen**^RR^ (*fast gleichen*) come close to s.o. (s.th.); **jdm etw ~e legen**^RR^ suggest s.th. to s.o.; **~e liegen**^RR^ stand to reason, suggest itself; **~e liegend** nearby; **~e liegend**^RR^ manifest, obvious; **einem Menschen ~e stehen**^RR^ be close to a person; **einer Partei ~e stehen**^RR^ sympathize with a party; **ich war den Tränen ~e** I was on the verge of tears **III.** *präp* close to, near; **~e der Stadtmitte** close to the city centre; **Nahaufnahme** *f* close-up
Nähe ['nɛ:ə] <-> *f* **1.** (*räumlich*) nearness, proximity; (*Nachbarschaft*) neighbourhood, vicinity **2.** (*zeitlich*) closeness; **es ist ganz in der** ~ it is quite near; **ich habe ihn gern in meiner** ~ I like to have him around; **in unmittelbarer** ~ in close proximity; **in der (unserer)** ~ close by (us); **aus der** ~ from close up
nahebei ['na:ə'baɪ] *adv* nearby
nahe|bringen *vt s.* **nah**
nahe|gehen *vi s.* **nah**
nahe|kommen *vi s.* **nah**
nahe|legen *vt s.* **nah**; **nahe|liegen** *vi s.* **nah**; **naheliegend** *adj s.* **nah**
nahen ['na:ən] *vi sein, vr haben* approach (*jdm* s.o., *einer Sache* s.th.)
nähen ['nɛ:ən] *vt, vi* sew
näher ['nɛ:ɐ] **I.** *adj* **1.** (*räumlich*) nearer (*jdm* to s.o., *einer Sache* to s.th.) **2.** (*zeitlich*) closer **3.** (*eingehender*) more detailed; **können Sie das näher beschreiben?** could you explain that in more detail? **4.** (*enger*) closer; **~e Umgebung** immedi-

ate vicinity **II.** *adv* **1.** (*räumlich, zeitlich*) closer, nearer **2.** (*genauer*) more closely **3.** (*eingehender*) in more detail; **das müssen wir uns einmal ~ ansehen** we ought to go into it; **~ kennen lernen** get to know better; **bitte treten Sie ~!** please step up!; **~ kommen** come nearer; **jdm ~ kommen**RR get closer to s.o.; **das kommt der Sache schon näher** that's nearer the mark

Nähere *nt* details *pl;* **ich möchte ~s darüber erfahren** I would like to know more about it

Naherholung *f* local recreation; **Naherholungsgebiet** *nt* recreational area (close to a town)

Näherin ['nɛːərɪn] *f* seamstress

näher|kommen *vi s.* **näher**

nähern ['nɛːɐn] **I.** *vr* approach (*jdm* s.o., *einer Sache* s.th.) **II.** *vt* bring closer

Näherungswert *m* (MATH) approximate value

nahe|stehen *vi s.* **nah**

nahezu ['naːə'tsuː] *adv* almost, nearly

Nähgarn *nt* (sewing) thread

Nahkampf *m* **1.** (MIL) close combat **2.** (SPORT) clinch

Nähkasten *m* sewing box; **Nähkorb** *m* work-basket; **Nähmaschine** *f* sewing machine; **Nähnadel** *f* (sewing) needle

Nährboden *m* **1.** (CHEM) nutrient medium **2.** (*fig*) breeding ground; **Nährcreme** *f* nourishing cream, replenishing cream

nähren ['nɛːrən] **I.** *vt* **1.** (*er~*) feed **2.** (*fig*) cherish, foster **II.** *vi* (*nahrhaft sein*) be nourishing **III.** *vr* feed o.s.

nahrhaft ['naːɐhaft] *adj* **1.** (*Essen*) nourishing, nutritious **2.** (*Boden*) fertile

Nährlösung *f* nutrient solution, substrate; **Nährsalz** *nt* nutritive salt; **Nährstoff** *m* nutrient; **nährstoffarm** *adj* **1.** (*Gewässer*) oligotrophic **2.** (*Nahrung*) nutrient-poor; **nährstoffreich** *adj* **1.** (*Gewässer*) eutrophic **2.** (*Nahrung*) nutritious

Nahrung ['naːrʊŋ] *f* food; **Nahrungsbiotop** *nt* food biotope; **Nahrungskette** *f* (BIOL) food chain; **Nahrungsmittel** *nt* foodstuff; **Nahrungsmittelindustrie** *f* food industry; **Nahrungsmittelvergiftung** *f* food poisoning; **Nahrungssuche** *f* search for food

Nährwert *m* nutritional value

Nähseide *f* sewing-silk

Naht [naːt, *pl:* 'nɛːtə] <-, ⸚e> *f* **1.** (*Saum*) seam **2.** (MED BOT) suture **3.** (TECH) joint

nahtlos *adj* **1.** (*ohne Nähte*) seamless **2.** (*fig*) imperceptible, smooth; **~er Übergang** (*fig*) smooth transition

Nahtstelle *f* link, interface

Nahverkehr *m* local traffic; **Nahverkehrszug** *m* local train, commuter train

Nähzeug *nt* sewing kit

naiv [na'iːf] *adj* naive; **Naivität** [naivi'tɛːt] *f* naivety

Name ['naːmə] <-ns, -n> *m* **1.** (*Benennung*) name **2.** (*Ruf*) name, reputation; **unter dem ~n XY** under the name of XY; **im ~n der Gerechtigkeit** in the name of justice; **ich gebe meinen ~n für eine solche Schweinerei nicht her!** I'll not lend my name to such a mean trick!; **das Kind beim ~n nennen** (*fam*) call a spade a spade; **in Gottes ~n, ja!** (*fam*) for heaven's sake, yes!; **dem ~n nach** by name; **seinen ~n nennen** give one's name

namenlos **I.** *adj* (*ohne Namen*) nameless; (*anonym*) anonymous **II.** *adv* (*äußerst*) unutterably

namens **I.** *adv* (*genannt*) by the name of, named **II.** *präp* (*im Auftrag von*) in the name of, on behalf of

Namenstag *m* name day, Saint's day; **Namensverzeichnis** *nt* list of names; **Namensvetter** *m* namesake; **Namenszug** *m* (*Unterschrift*) signature

namentlich **I.** *adj* by name; **~e Abstimmung** roll call vote **II.** *adv* (*besonders*) especially, particularly

namhaft *adj* **1.** (*bekannt*) renowned, well-known **2.** (*beträchtlich*) considerable

nämlich ['nɛːmlɪç] **I.** *adj* same **II.** *adv* **1.** (*und zwar*) namely **2.** (*fam: weil*) you see; **ich kann nicht kommen, ich habe ~ noch zu tun** I can't come because I've still got some work to do, you see; **die Sache ist ~ die ...** it's like this you see ...

nanu [na'nuː] *interj:* **~!** well I never!; **~, wer kommt denn da?** hello, who's this?

Napf [napf, *pl:* 'nɛpfə] <-(e)s, ⸚e> *m* bowl

Narbe ['narbə] <-, -n> *f* **1.** (*a. fig*) scar **2.** (*Leder~*) grain **3.** (BOT) stigma; **narbig** *adj* scarred; (*Leder*) grained

Narkose [nar'koːzə] <-, -n> *f* (MED) an(a)esthesia; **narkotisieren** *vt* (*a. fig*) drug

Narr [nar] <-en, -en> *m* **1.** (*Dummkopf*) fool **2.** (HIST: *Hof~*) jester; **jdn zum ~en halten** make a fool of s.o.; **einen ~en an jdm (etw) gefressen haben** dote on s.o. (s.th.); **sei kein ~!** don't be foolish!; **Narrenhaus** *nt* madhouse; **Narrenkappe** *f* fool's cap; **Narrheit** *f* **1.** (*das Närrischsein*) folly **2.** (*närrische Tat*) foolish thing to do

Närrin *f* fool; **närrisch** ['nɛrɪʃ] *adj* foolish, crazy

Narzisse [nar'tsɪsə] <-, -n> *f* narcissus; **gelbe ~** daffodil

Nasal(laut) [na'zaːl] <-s, -e> *m* (LING) nasal (sound)

naschen ['naʃən] **I.** *vi* **1.** (*Süßigkeiten es-*

N

sen) eat titbits **2.** (*verstohlen probieren*) pinch a bit; **gern ~** have a sweet tooth **II.** *vt* nibble; **naschhaft** *adj* fond of sweet things; **Naschkatze** *f* (*fam*): **eine ~ sein** have a sweet tooth

Nase ['na:zə] <-, -n> *f* (*a. fig*) nose; **auf der ~ liegen** (*fam: hingefallen sein*) be flat on one's face; (*krank sein*) be laid up; **jdn vor die ~ gesetzt bekommen** (*fam*) have s.o. plonked in front of one; **pro ~** (*fam: pro Kopf*) per head; **der ~e nach gehen** follow one's nose; **jdm etw unter die ~ reiben** (*fam*) rub someone's nose in s.th.; **jdm auf der ~ herumtanzen** (*fam*) play s.o. up; **ich lasse mir (von dir) nicht auf der ~ herumtanzen!** (*fam*) I won't stand any cheek (from you)!; **jdm etw auf die ~ binden** (*fam*) spill the beans about s.th. to s.o.; **seine ~ in anderer Leute Angelegenheiten stecken** (*fam*) poke one's nose into other people's business; **jdn an der ~ herumführen** (*fam*) lead s.o. by the nose; **jdm die Tür vor der ~ zuschlagen** (*fam*) slam the door in someone's face; **jdm die Würmer aus der ~ ziehen** (*fam*) drag it all out of s.o.; **er hat die richtige ~ dafür** (*fam*) he's got the nose for it; **eine gute ~ für etw haben** (*fam*) have a good nose for s.th.; **die ~ voll haben von ...** (*fam*) be fed up with ...

näseln ['nɛ:zəln] *vi* speak through one's nose

Nasenbein *nt* (ANAT) nasal bone; **Na senbluten** *nt* nosebleed; **er hat ~** his nose is bleeding; **Nasenflügel** *m* (ANAT) side of the nose; **Nasenlänge** *f*: **jdm um eine ~ voraus sein** to beat s.o. by a nose; **Nasenloch** *nt* (ANAT) nostril; **Nasenrücken** *m* (ANAT) bridge of the nose; **Nasenscheidewand** *f* (ANAT) nasal septum; **Nasenschleimhaut** *f* (ANAT) mucous membrane; **Nasenspitze** *f* tip of the nose; **man sieht es ihm an der ~ an** you can tell by his face; **Nasenspray** *nt* nose spray; **Nasentropfen** *pl* nose drops

Naseweis ['na:zəvaɪs] <-es, -e> *m* **1.** (*Besserwisser*) know-all **2.** (*vorlauter Mensch*) precocious brat; **naseweis** *adj* cheeky, saucy

Nashorn *nt* rhinoceros

nass[RR] [nas] *adj* wet; **~ bis auf die Haut** wet to the skin; **wie ein ~er Sack** (*fam*) like a wet rag

Nässe ['nɛsə] <-> *f* wetness; **vor ~ schützen** keep dry

nasskalt[RR] *adj* chilly and damp

Nassrasur[RR] *f* wet shave; **Nasszelle**[RR] *f* (ARCH) sanitary unit

Nastuch *nt* (*CH*) handkerchief

Nation [na'tsjo:n] *f* nation; **national** [natsio'na:l] *adj* national; **Nationalbewusstsein**[RR] *nt* national consciousness; **Nationalhymne** *f* national anthem; **Nationalist(in)** *m(f)* (POL) nationalist; **nationalistisch** *adj* (POL) nationalist(ic)

Nationalität *f* nationality; **Nationalmannschaft** *f* national team; **Nationalrat** *m* (*österr, CH*) National Assembly, parliament; **Nationalsozialismus** *m* national socialism; **Nationalstaat** *m* nation state; **Nationalversammlung** *f* national assembly

NATO [na:to] *f Abk. von* **North Atlantic Treaty Organization** NATO

Natrium ['na:triʊm] <-s> *nt* (CHEM) sodium

Natron ['na:trɔn] <-s> *nt* (CHEM): **kohlensaures ~** sodium carbonate

Natter ['natɐ] <-, -n> *f* (*a. fig*) adder, viper

Natur [na'tu:ɐ] *f* **1.** (*a. ~zustand*) nature **2.** (*freie ~, Land*) countryside; **die [*o* Gottes] freie ~** the open countryside; **von ~ aus schüchtern** shy by nature; **das liegt in der ~ der Dinge** that's in the nature of things; **das geht mir wider die ~** that goes against the grain (with me)

Naturalien [nɑtu'rɑ:liən] *pl* natural produce *sing*; **in ~ bezahlt werden** be paid in kind

naturalisieren *vt* (JUR POL) naturalize

Naturalismus *m* naturalism

Naturallohn *m* payment in kind

naturbelassen *adj* in its natural state

Naturdenkmal *nt* natural monument

Naturell [natu'rɛl] <-s, -e> *nt* disposition, temperament

Naturereignis *nt*, **Naturerscheinung** *f* natural phenomenon; **naturfarben** *adj* natural-coloured; **Naturfaser** *f* natural fibre; **Naturforscher(in)** *m(f)* natural scientist; **Naturfreund(in)** *m(f)* nature-lover; **naturgemäß I.** *adj* natural **II.** *adv* naturally; **Naturgesetz** *nt* law of nature; **naturgetreu** *adj* **1.** (*wie in der Realität*) lifelike, true to life **2.** (*lebensgroß*) full-scale, life-size; **Naturhaushalt** *m* ecosystem; **Naturheilkunde** *f* nature healing; **Naturheilverfahren** *nt* natural cure; **Naturkatastrophe** *f* natural disaster; **Naturkosmetik** *f* natural cosmetics; **Naturkostladen** *m* health food shop; **Naturkraft** *f* natural power; **Naturkräfte** physical agents; **Naturkunde** *f* natural history; **Naturlehrpfad** *m* nature trail

natürlich [na'ty:ɐlɪç] **I.** *adj* natural **II.** *adv* **1.** (*der Natur entsprechend*) naturally **2.** (*selbstverständllich*) of course; **~!** of course! sure!; **Natürlichkeit** *f* naturalness

naturnah *adj* close to nature; **Naturpro-**

dukt *nt* natural product; **Naturrecht** *nt* natural right; **naturrein** *adj* natural, pure; **Naturschauspiel** *nt* natural spectacle; **Naturschönheit** *f* beauty spot; **Naturschutz** *m* protection of nature; **Naturschutzbeauftragte(r)** *f m* commissioner for nature preservation; **Naturschutzbehörde** *f* nature conservation authority; **Naturschutzgebiet** *nt* nature reserve; **Naturvolk** *nt* primitive people; **Naturwissenschaft(en)** *f (pl)* natural sciences *pl;* **Naturwissenschaftler(in)** *m(f)* scientist; **naturwissenschaftlich** *adj* scientific

Navelorange *f* navel orange

Navigation [naviga'tsjo:n] *f* (MAR) navigation; **navigieren** *vt, vi* navigate

Nazi ['na:tsi] <-s, -s> *m* Nazi

NC *m Abk. von* **Netzcomputer** NC, network computer

Neandertaler [ne'andɐta:lɐ] <-s, -> *m* Neanderthal man

Nebel ['ne:bəl] <-s, -> *m* **1.** fog; (*dünn*) mist **2.** (*fig*) haze **3.** (ASTR) nebula; **nebelhaft** *adj* (*fig*) nebulous; **Nebelhorn** *nt* (MAR) foghorn; **neb(e)lig** *adj* foggy, misty; **Nebelkrähe** *f* hooded crow; **Nebelscheinwerfer** *m* (AUTO) fog lamp *Br,* fog light *Am;* **Nebelschlussleuchte**[RR] *f* (AUTO) rear fog-light; **Nebelschwaden** [-ʃva:dən] <-s, -> *m* waft of mist

neben ['ne:bən] *präp* **1.** (*örtlich*) beside, next to … **2.** (*außer*) apart from … *Br,* aside from … *Am* **3.** (*im Vergleich zu*) compared with …; **nebenan** [--'-] *adv* next door

Nebenanschluss[RR] *m* (TELE) extension; **Nebenausgaben** *pl* incidentals; **Nebenbedeutung** *f* secondary meaning

nebenbei [--'-] *adv* **1.** (*zu gleicher Zeit*) at the same time **2.** (*außerdem*) besides, moreover **3.** (*beiläufig*) incidentally; ~ **bemerkt** by the way; ~ **arbeiten** work on the side

Nebenberuf *m,* **Nebenbeschäftigung** *f* sideline; **Nebenbuhler(in)** ['ne:bən-bu:lɐ] *m(f)* rival; **Nebeneffekt** *m* side effect; **Nebeneinander** <-s> *nt* juxtaposition; **nebeneinander** *adv* **1.** (*räumlich*) side by side **2.** (*zeitlich*) at the same time; **Nebeneingang** *m* side entrance; **Nebeneinnahmen** *pl* additional income *sing;* **Nebenerscheinung** *f* side effect; **Nebenfach** *nt* subsidiary subject *Br,* minor *Am;* **Nebenfluss**[RR] *m* tributary; **Nebengebäude** *nt* **1.** (*benachbartes Haus*) adjacent building **2.** (*Anbau*) annex(e); **Nebengeräusch** *nt* (TELE RADIO TV) interference; **Nebengleis** *nt* (RAIL) siding *Br,* sidetrack *Am;* **Nebenhandlung** *f* subplot

nebenher *adv* **1.** (*gleichzeitig*) at the same time **2.** (*nebenbei, beiläufig*) by the by(e)

Nebenklage *f* (JUR) incidental action; **Nebenkläger(in)** *m(f)* (JUR) joint plaintiff; **Nebenkosten** *pl* additional costs, extra charges; **Nebenlinie** *f* (*in Genealogie*) collateral line; **Nebenmann** <-(e)s, -männer/-leute> *m* neighbour; **Nebenniere** *f* (ANAT) suprarenal capsule; **Nebenprodukt** *nt* by-product; **Nebenrolle** *f* minor part; **Nebensache** *f* minor matter, trifle; **nebensächlich** *adj* minor, unimportant; **Nebensaison** *f* dead season, off-season; **Nebensatz** *m* (GRAM) subordinate clause; **nebenstehend** *adv* in the margin; ~**e Abbildung** illustration opposite; **Nebenstelle** *f* **1.** (TELE) extension **2.** (COM: *Vertretung*) agency; (*Filiale*) branch; **Nebenstellenanlage** *f* (TELE) switchboard with extensions; **Nebenstraße** *f* **1.** (*innerhalb einer Stadt*) side street **2.** (*außerhalb der Stadt*) minor road; **Nebenstrecke** *f* (RAIL) branch line; **Nebenverdienst** *m* side income; **Nebenwirkung** *f* side effect; **Nebenzimmer** *nt* next [*o* adjoining] room; **in einem** ~ in an adjoining room

nebst [ne:pst] *präp* together with

nebulös [nebu'løs] *adj* nebulous, vague

necken ['nɛkən] **I.** *vt* tease (*jdn mit etw* s.o. about s.th.) **II.** *vr* have a tease; **neckisch** *adj* **1.** (*neckend*) teasing **2.** (*fam: kess*) saucy

Neffe ['nɛfə] <-n, -n> *m* nephew

Negativ <-s, -e> *nt* (PHOT) negative

negativ ['ne(:)gati:f] *adj* negative

Neger(in) ['ne:gɐ] <-s, -> *m(f)* (*pej*) negro (negress)

negieren *vt* **1.** (*verneinen*) negate **2.** (*bestreiten*) deny

nehmen ['ne:mən] *irr vt, vi* take; **etw in die Hand** ~ pick s.th. up; (*fig*) take s.th. in hand; **wie viel** ~ **Sie dafür?** how much do you take for that?; **die** ~**'s von den Lebendigen** (*fam*) they make you pay through the nose; **die Dinge** ~**, wie sie kommen** take things as they come; **sie weiß ihn zu** ~ she knows how to take him; **ein Hindernis** ~ take an obstacle; **man nehme …** take …; **sich einen Anwalt** ~ get a lawyer; **jdn zu sich** ~ take s.o. in; **etw zu sich** ~ take [*o* have] s.th.; **etw auf sich** ~ take s.th. upon o.s.; **wie man's nimmt** (*fam*) that depends (on your point of view); **es sich nicht** ~ **lassen etw zu tun** insist on doing s.th.; **das nahm ihm alle Hoffnung** that took away all his hope; **etw schwer** ~[RR] take s.th. hard

Neid [naɪt] <-(e)s> *m* envy (*auf jdn* of s.o.); **vor** ~ **platzen** (*fam*) be eaten up with

N

envy; **aus** ~ out of envy; **der blanke** ~ sheer envy; **vor** ~ **erblassen** grow pale with envy; **neiden** ['naɪdən] *vt:* **jdm etw** ~ envy s.o. s.th.; **Neider(in)** *m(f)* envious person; **viele** ~ **haben** be much envied; **neidisch** *adj* envious, jealous (*auf* of)

Neige ['naɪgə] <-, -n> *f* **1.** (*im Glas*) dregs *pl* **2.** (*Reste*) remains *pl;* **bis zur bitteren** ~ right to the bitter end; **zur** ~ **gehen** draw to an end

neigen I. *vt* (*beugen*) bend; (*senken*) lower; (*kippen*) tilt **II.** *vi:* **zu etw** ~ tend [*o* have a tendency] to s.th. **III.** *vr* **1.** (*Ebene*) slope **2.** (*Person*) bend **3.** (*sich ver~*) bow

Neigezug *m* (RAIL) tilting train

Neigung *f* **1.** (*Gefälle*) incline **2.** (*Tendenz*) tendency; (*Hang*) inclination

Neigungswinkel *m* angle of inclination

Nein [naɪn] <-s> *nt* no; **zwei Ja gegen fünf** ~ (PARL) two ayes to five, noes *Br,* nays *Am;* **mit** ~ **antworten** answer in the negative; **nein** *adv* no; **da sage ich nicht Nein**RR**/nein** I wouldn't say no; ~ **und nochmals** ~**!** for the last time: no!; ~**, wie kann man bloß!** fancy doing that!; ~**, so was!** well I never!; **Neinsager(in)** *m(f)* (*fig*) engrained obstructionist; **Neinstimme** *f* no-vote

Nektar ['nɛkta:ɐ] <-s> *m* nectar

Nektarine [nɛkta'ri:nə] <-, -n> *f* nectarine

Nelke ['nɛlkə] <-, -n> *f* **1.** (*Blume*) pink; (*gefüllt*) carnation **2.** (*Gewürz*) clove

nennen ['nɛnən] **I.** *irr vt* **1.** (*be~*) call **2.** (*aufzählen, angeben*) name **3.** (*erwähnen*) mention; **jdn (etw) nach jdm** ~ name s.o. (s.th.), after s.o. *Br,* for s.o. *Am;* ~ **Sie mir bitte einen guten Arzt** please give me the name of a good doctor **II.** *vr* call o.s.; **und so was nennt sich Liebe** and that's what they call love; **nennenswert** *adj* worth mentioning; **Nenner** *m* (MATH) denominator; **etw auf einen gemeinsamen** ~ **bringen** (*a. fig*) reduce s.th. to a common denominator; **Nennwert** *m* (FIN) nominal value; **zum** ~ at par

Neofaschismus *m* neo-fascism

Neon ['ne:ɔn] <-s> *nt* (CHEM) neon

Neonazi ['ne:ona:tsi] <-s, -s> *m* neo-Nazi; **Neonazismus** *m* neo-Nazi(i)sm; **neonazistisch** *adj* neo-Nazi

Neonlicht *nt* neon light; **Neonröhre** *f* neon tube

Neopren [neo'pre:n] <-s> *nt* neoprene

Nepp [nɛp] *m* (*fam*): **so ein** ~**!** that's daylight robbery!; **neppen** *vt* (*fam*) fleece

Nerv [nɛrf] <-s, -en> *m* nerve; **jdm auf die** ~**en gehen** (*fam*) get on someone's nerves; **die** ~**en verlieren** lose one's head; **die** ~**en nicht verlieren** not to lose one's cool; **Sie haben** ~**en!** (*fam*) you've got a nerve! *sing;* ~**en wie Drahtseile** nerves of steel

nerven *vt* (*fam*) irritate; **jdn** ~ get on s.o.'s nerves

Nervenarzt, -ärztin *m, f* (MED) neurologist; **nervenaufreibend** *adj* nerve-racking; **Nervenbündel** *m* (*fam*) bundle of nerves; **Nervengift** *nt* nerve poison; **Nervenheilanstalt** *f* psychiatric clinic; **Nervenkrankheit** *f* nervous disease; **Nervenkrieg** *m* (*fig*) war of nerves; **Nervensäge** *f* (*fam pej*) pain in the neck; **Nervenschmerzen** *mpl* neuralgia; **nervenschwach** *adj* with weak nerves; **nervenstark** *adj* with strong nerves; **nervenstärkend** *adj* tonic; **Nervensystem** *nt* (ANAT) nervous system; **Nervenzelle** *f* (ANAT) nerve cell; **Nervenzentrum** *nt* (PHYS BIOL) nerve centre; **Nervenzusammenbruch** *m* nervous breakdown

nervlich *adj:* **er ist** ~ **fertig** he is at the end of his tether

nervös [nɛr'vø:s] *adj* nervous; **Nervosität** [nɛrvozi'tɛ:t] *f* nervousness

nervtötend *adj* nerve-racking; (*Geräusch*) irritating

Nerz [nɛrts] <-es, -e> *m* (*Marderart, a. Pelz*) mink

Nessel ['nɛsəl] <-, -n> *f* nettle; **sich in die** ~**n setzen** (*fam*) put o.s. in a spot; **Nesselfieber** *nt* nettle rash; **Nesselsucht** *f* urticaria

NessessärRR <-(e)s> *nt* manicure set

Nest [nɛst] <-(e)s, -er> *nt* nest; (*pej: Kleinstadt*) little place; (*Dorf*) dump; **das eigene** ~ **beschmutzen** foul one's own nest; **Nestwärme** *f* (*fig*) love and security

Netikette [ˌnetɪ'ket] *f* (*Internet-Benimmregeln*) netiquette

nett [nɛt] *adj* **1.** (*freundlich*) nice **2.** (*hübsch*) cute, pretty

Nettigkeit *f* kindness, goodness

netto ['nɛto] *adv* (COM) net; **Nettoeinkommen** *nt* net income; **Nettogewicht** *nt* net weight; **Nettolohn** *m* net wage; **Nettoumsatzerlöse** *pl* net turnover *sing*

Netz [nɛts] <-es, -e> *nt* **1.** net; (*Spinnen~*) web **2.** (RAIL RADIO TV INFORM) network; (ELEK) grid **3.** (*Gepäck~*) rack; **ans** ~ **gehen** (*Kraftwerk*) go into service, join up with the national grid; **jdm ins** ~ **gehen** fall into someone's trap; **der Ball ging ins** ~ (SPORT) the ball went into the net; **Netzanschluss**RR *m* (ELEK) mains connection; **netzartig** *adj* reticular; **Netzauge** *nt* compound eye; **Netzgerät** *nt* (ELEK) mains receiver; **Netzhaut** *f* (ANAT) retina

Netzhemd *nt* string vest *Br,* undershirt *Am*

Netzknoten *m* (INFORM) node

Netzprojekteur(in) ['nɛtsprojɛkˌtøːɐ] <-s, -e> *m(f)* (*Netzwerkdesigner*) network designer

Netzspannung *f* (ELEK) mains voltage; **Netzstecker** *m* (ELEK) power plug; **Netzstrümpfe** *mpl* fish-net stockings; **Netzteil** *nt* (ELEK) power supply; **Netzteilnehmer** *m* (INFORM) member of the network

Netzwerk *nt* network; **Netzwerker(in)** <-s, -> *m(f)* (*Systeminstallator*) networking specialist (setting up networks); **Netzzugang** *m* access to the Net

neu [nɔɪ] *adj* new; (*frisch*) fresh, recent; **aufs Neue**[RR]**, von neuem** anew; **wieder ~ anfangen** start all over again; **die ~este Mode** the latest fashion; **~este Nachrichten** latest news; **was gibt es Neues?** what's the news? *Br,* what's new? *Am;* **das ist mir nichts Neues** that's no news to me; **das ist mir ~** that's new(s) to me

Neuankömmling *m* newcomer; **Neuanschaffung** *f* new purchase; **neuartig** *adj* new; **Neuauflage** *f* **1.** (*verbesserte, erweiterte Auflage*) new edition **2.** (*unveränderter Nachdruck*) reprint; **Neubau** *m* new building; **Neubaugebiet** *nt* development area; **Neubauwohnung** *f* newly built flat *Br,* apartment *Am;* **Neubearbeitung** *f* (*von Buch*) revised edition; **Neubewertung** *f* reassessment; **Neubildung** *f* **1.** (LING) neologism **2.** (*Regierung*) restructuring

Neueinsteiger(in) <-s, -> *m(f)* beginner, novice

neuerdings ['nɔɪɐ'dɪŋs] *adv* recently

Neuerscheinung *f* (*Buch*) new book

Neuerung *f* **1.** (*Innovation, neues Produkt*) innovation **2.** (*Reform*) reform

Neufundland [nɔɪ'fʊntlant] <-s> *nt* Newfoundland

neugeboren *adj* newborn; **ich fühle mich wie ~** I feel like a new man [*o* woman]; **Neugestaltung** *f* rearrangement; **Neugier(de)** <-> *f* curiosity; **aus ~** out of curiosity; **neugierig** *adj* curious (*auf* about); **da bin ich aber ~!** I can hardly wait!; **~ sein, ob …** wonder if [*o* whether] …; **sei doch nicht immer so ~!** curiosity killed the cat!; **Neuheit** *f* novelty

Neuigkeit *f* (piece of) news

Neuinszenierung *f* (THEAT FILM) new production; **Neujahr** *nt* New Year; **jdm zu ~ gratulieren** wish s.o. a Happy New Year; **Prost ~!** here's to the New Year!

Neukaledonien *nt* New Caledonia

Neuland <-(e)s> *nt* (*fig*) new ground

neulich *adv* recently, the other day

Neuling *m* newcomer; **neumodisch** *adj* (*fam*) new-fangled; **Neumond** *m* new moon

neun [nɔɪn] *num* nine; **alle ~e!** strike!; **Neuntel** <-s, -> *nt* ninth; **neunzehn** *num* nineteen; **neunzehnte** *adj* nineteenth; **neunzig** *num* ninety

Neuorientierung *f* reorientation; **Neuphilologe, -login** *m, f* modern linguist

Neuralgie [nɔɪral'giː] *f* (MED) neuralgia; **neuralgisch** *adj* (MED) neuralgic; **ein ~er Punkt** a trouble spot

Neurasthenie [nɔɪraste'niː] *f* (MED) neurasthenia

Neuregelung *f* revision; **Neureiche(r)** *f m* nouveau riche

Neurobiologie *f* neurobiology

Neurochirurg(in) ['nɔɪroçirʊrk] <-en, -en> *m(f)* neurosurgeon

Neurodermitis [nɔirodɛr'miːtɪs] <-> *f* neurodermitis

Neurose [nɔɪ'roːzə] <-, -n> *f* (MED) neurosis; **Neurotiker(in)** *m(f)* (PSYCH) neurotic; **neurotisch** *adj* (PSYCH) neurotic

Neuschnee *m* fresh snow

Neuseeland [-'--] <-s> *nt* New Zealand; **Neuseeländer(in)** *m(f)* New Zealander; **neuseeländisch** *adj* New Zealand

neutral [nɔɪ'traːl] *adj* neutral; **neutralisieren** *vt* neutralize; **Neutralität** *f* neutrality

Neutron [nɔɪ'troːn] <-s, -en> *nt* (PHYS) neutron; **Neutronenbombe** *f* (MIL) neutron bomb; **Neutronenstrahlung** *f* neutron radiation

Neutrum ['nɔɪtrʊm] <-s, -tra> *nt* (*a. fig*) neuter

Neuverschuldung *f* (FIN) new borrowings *pl,* taking on new debt; **Neuwagen** *m* new car; **Neuwahl** *f* (POL) re-election; **Neuwert** *m* purchase price; **neuwertig** *adj* as (good as) new

Neuzeit *f* modern times *pl*

Newbie ['njuːbiː] *m* (*Neuling im Internet*) newbie

Newsgroup ['njuːzgruːp] *f* (INTERNET) newsgroup

nicht [nɪçt] **I.** *adv* not; **~ einmal das** not even that; **~ doch!** (*gewiss ~*) certainly not!; (*hör auf*) don't! stop it!; **durchaus ~** (**ganz und gar ~**) not at all (by no means); **schön, ~?** nice, isn't it?; **~ mehr** [*o* **länger**] no longer; **~ mehr als …** no more than …; **noch ~** not yet; **du kommst** (**liebst mich**) **doch, ~ wahr?** you're coming, aren't you? (you love me, don't you?); **es ist ~ zu glauben** it is unbelievable; **~, dass ich wüsste** not that I know of **II.** *adj:* **~ leitend**[RR] (ELEK) non-conducting; **~ rostend**[RR] stainless; **~ Zutreffendes**[RR] **streichen** delete where non-applicable

Nichtachtung *f* disregard (*jds o jdm gegenüber* for s.o., *einer Sache gegenüber* for s.th.)

Nichtanerkennung *f* non-recognition

Nichtangriffspakt *m* (POL) non-aggression pact

Nichtbeachtung *f* non-observance

Nichte ['nɪçtə] <-, -n> *f* niece

Nichteinhaltung *f* non-compliance (*einer Sache* with s.th.)

Nichteinmischung *f* (POL) non-intervention (*in* in)

Nichterscheinen *nt* (JUR) non-appearance; (*zum Dienst*) non-attendance (*zu, bei* at); **nichtessbar**[RR] *adj* non-edible

Nicht-EU- *adj* non-EU; ~ **Stellen** non-EU related bodies *pl*

nichtig *adj* **1.** (JUR) invalid, void **2.** (*leer*) empty; (*unbedeutend*) trifling; **Nichtigkeit** *f* **1.** (JUR: *Ungültigkeit*) invalidity, voidness **2.** (*Leere, Eitelkeit*) emptiness, vanity; (*Kleinigkeit*) trifle; **Nichtigkeitserklärung** *f* (JUR) annulment

nichtleitend *adj s.* **nicht**

Nichtleiter *m* (ELEK) non-conductor

Nichtraucher(in) *m(f)* non-smoker

nichtrostend *adj s.* **nicht**

Nichts <-> *nt* **1.** (PHILOS) nothingness **2.** (*Geringfügigkeit*) trifle **3.** (*unbedeutender Mensch*) nobody

nichts [nɪçts] *pron* nothing; (*in fragenden o bedingenden Sätzen*) not anything; ~ **als ...** nothing [*o* not anything] but ...; **ganz und gar** ~ nothing at all; **um** [*o* **für**] ~ for nothing; **es macht** ~ it doesn't matter; ~ **zu danken!** don't mention it!; ~ **da!** (~ *zu machen*) no chance!; (*weg da!*) no you don't!; ~ **zu machen!** nothing doing!; **so viel wie** ~ next to nothing; **wenn es weiter** ~ **ist!** if that's all there is to it!; **das hat** ~ **zu bedeuten** that doesn't mean anything; **das ist** ~ **für mich** that's not my kind of thing; ~ **sagend**[RR] meaningless

Nichtschwimmer(in) *m(f)* non-swimmer

nichtsdestoweniger *adv* nevertheless

Nichtsnutz ['nɪçtsnʊts] <-, (-e)> *m* good-for-nothing

nichtssagend *adj s.* **nichts**

Nichtstuer(in) *m(f)* loafer; **Nichtstun** *nt* **1.** (*Faulenzen*) idleness **2.** (*Muße*) leisure

Nichtweitergabe *f* (*von Atomwaffen*) non-proliferation

Nichtzahlung *f*: **bei** ~ in default of payment

Nichtzutreffende, **nicht Zutreffende**[RR] *nt*: ~**s** (**bitte**) **streichen** delete where non-applicable

Nickel ['nɪkəl] <-s> *nt* (CHEM) nickel; **Nickelallergie** *f* nickel allergy

nicken ['nɪkən] *vi* **1.** (*a. fig*) nod **2.** (*fam: schlafen*) snooze; **Nickerchen** ['nɪkɐçən] *nt* (*fam*) nap, snooze; **ein** ~ **machen** have a nap

nie [ni:] *adv* never; **fast** ~ hardly ever; **jetzt oder** ~ now or never; ~ **und nimmer** never ever; ~ **wieder** never again

nieder ['ni:dɐ] **I.** *adj attr* **1.** (*niedrig*) low **2.** (*minderbedeutend, ~en Ranges*) lower **3.** (*Triebe*) base **II.** *adv* down; **auf und** ~ up and down; ~ **mit ...!** down with ...!

nieder|beugen *vt, vr* bend down; **nieder|brennen** *irr vt, vi* burn down

niederdeutsch *adj* **1.** (LING) Low German **2.** (GEOG: *norddeutsch*) North German

nieder|drücken *vt* **1.** press down **2.** (*bedrücken*) depress; **nieder|fallen** *irr vi sein* fall down

Niederfrequenz *f* (ELEK RADIO) low frequency

Niedergang *m* (*Verfall*) decline

nieder|gehen *irr vi* **1.** (*Regen*) fall **2.** (AVIAT: *a. allg: sinken*) descend

niedergeschlagen *adj* dejected, depressed; **Niedergeschlagenheit** *f* dejection

nieder|holen *vt* (*Flagge*) lower; **nieder|knien** *vi sein* kneel down; **nieder|kommen** *irr vi sein* (*obs*) be delivered (*mit* of); **Niederkunft** ['ni:dɐkʊnft] <-, ¨-e> *f* (*obs*) delivery

Niederlage *f* (*a. fig*) defeat; **eine** ~ **erleiden** [*o* **einstecken müssen**] suffer a defeat; **jdm eine** ~ **beibringen** inflict a defeat on s.o.

Niederlande ['ni:dɐlandə] *pl*: **die** ~ the Netherlands *sing o pl*; **Niederländer(in)** ['ni:dɐlɛndɐ] *m(f)* Dutch; **niederländisch** *adj* Dutch

nieder|lassen *irr vr* **1.** (*sich setzen*) sit down **2.** (*seinen Wohnsitz nehmen*) settle down **3.** (*Geschäft eröffnen*) establish o.s. **4.** (*Arzt, Anwalt*) set up a practice; **die niedergelassenen Ärzte** the general practitioners

Niederlassung *f* **1.** (*das Sich-Niederlassen*) settling; (*eines Rechtsanwaltes*) establishment **2.** (COM: *Geschäfts~*) registered office; (*Zweig~*) branch **3.** (*Siedlung*) settlement; **Niederlassungsfreiheit** *f* right of establishment

nieder|legen **I.** *vt* **1.** (*hinlegen*) lay down **2.** (*Amt*) resign from; **die Arbeit** ~ (*fig*) stop work **II.** *vr* (*sich hinlegen*) lie down; **Niederlegung** *f* **1.** (*von Kranz*) laying **2.** (*von Amt*) resignation (*einer Sache* from s.th.) **3.** (*von Gedanken*) setting-out

niedermachen *vt* (*fam: niedermetzeln*) butcher, massacre; **nieder|reißen** *irr vt* **1.** pull down **2.** (*Grenzen*) tear down; **nieder|schießen** *irr vt, vi* shoot down

Niederschlag *m* **1.** (CHEM) precipitate **2.** (*Regen, Schnee*) precipitation **3.** (*Ergeb-*

nis) result; **nieder|schlagen** I. *irr vt* 1. (*beim Boxen*) knock down 2. (*Augen*) cast down 3. (*unterdrücken*) suppress 4. (JUR: *Verfahren*) dismiss II. *vr* 1. (CHEM) precipitate 2. (*ergeben*) result (*in* in); **Niederschlagsmenge** *f* (METE) (amount of) precipitation

nieder|schmettern *vt* 1. smash down 2. (*fig*) shatter; **niederschmetternd** *adj* (*fig*) shattering; **nieder|schreiben** *irr vt* write down; **Niederschrift** *f* 1. (*das Niederschreiben*) writing down 2. (*Notizen*) notes *pl;* (*Protokoll*) minutes *pl;* **nieder|setzen** I. *vt* set down II. *vr* sit down; **Niederspannung** *f* (ELEK) low tension [*o* voltage]; **nieder|stoßen** I. *irr vt* knock down II. *vi* (*von Raubvogel*) shoot down; **nieder|strecken** I. *vt* lay low II. *vr* stretch out

Niedertarif *m* low cost

Niedertracht <-> *f* despicableness, vileness; **niederträchtig** *adj* despicable, vile, mean

nieder|treten *irr vt* trample down

Niederung *f* 1. (*Grasland, Sumpf*) marsh 2. (*Senke*) depression

nieder|werfen I. *irr vt* 1. (*hinwerfen*) throw down 2. (*unterdrücken*) suppress; (*besiegen*) overcome II. *vr* prostrate o.s.

niedlich ['niːtlɪç] *adj* sweet *Br,* cute *Am*

niedrig ['niːdrɪç] *adj* (*a. fig: gering, gemein*) low; **Niedrigkeit** *f* (*a. fig*) lowness; **Niedrigstrahlung** *f* (PHYS) low-level radiation

niemals ['niːmaːls] *adv* never

Niemand <-s, (-e)> *m* nobody; **niemand** ['niːmant] *pron* nobody, no-one; **ich sehe ~en** I don't see anybody; **~ anders** nobody else; **~ außer ihm** nobody but he; **Niemandsland** <-(e)s> *nt* no man's land

Niere ['niːrə] <-, -n> *f* (ANAT) kidney; **es geht mir an die ~n** (*fam*) it gets me down; **Nierenbeckenentzündung** *f* pyelitis; **nierenförmig** *adj* kidney-shaped; **Nierenkolik** *f* renal colic; **Nierenleiden** *nt* kidney disease; **Nierenschale** *f* (MED) kidney dish; **Nierenschützer** *m* kidney belt; **Nierenstein** *m* kidney stone; (MED) renal calculus; **Nierentisch** *m* kidney-shaped table; **Nierenversagen** *nt* kidney failure

nieseln ['niːzəln] *vi* drizzle; **Nieselregen** *m* drizzle

niesen ['niːzən] *vi* sneeze

Nießbrauch ['niːsbraʊx] <-(e)s> *m* (JUR) usufruct; **Nießbraucher(in)** *m(f)* (JUR) usufructuary

Niet(e) [niːt] <-(e)s, -e> *m* (*Stift*) rivet; (*an Hosen*) stud

Niete <-, -n> *f* 1. (*Los*) blank 2. (*fam: Versager*) dead loss, failure; (*Reinfall*) flop

nieten *vt* rivet; **niet- und nagelfest** *adj* (*fam*) nailed down

Nikolaus ['nɪkolaʊs] <-, ¨-e> *m* 1. (*Name*) Nicholas 2. (ECCL) St. Nicholas 3. (ECCL: *Fest*) St. Nicholas' Day

Nikotin [niko'tiːn] <-s> *nt* nicotine; **nikotinarm** *adj* low-nicotine; **nikotinfrei** *adj* nicotine-free; **Nikotingehalt** *m* nicotine content; **Nikotinvergiftung** *f* nicotine poisoning

Nilpferd *nt* hippopotamus

Nimbus ['nɪmbʊs] <-, -se> *m* 1. (*Heiligenschein*) halo 2. (*Aura*) aura

nimmer ['nɪmɐ] *adv* never; **Nimmersatt** <-(e)s, (-e)> *m* glutton *Br,* grab-all *Am;* **nimmersatt** *adj* insatiable; **Nimmerwiedersehen** *nt:* **auf ~!** I never want to see you again!; **auf ~ verschwinden** disappear never to be seen again

nippen ['nɪpən] *vi* sip (*an* at)

Nippes *m,* **Nippsachen** ['nɪpəs] <-> *pl* knick-knacks *pl*

nirgends ['nɪrgənts] *adv* nowhere, not ... anywhere

nirgendwo *adv* nowhere, not ... anywhere

Nische ['niːʃə] <-, -n> *f* niche; **Nischenprodukt** *nt* niche product

nisten ['nɪsten] *vi* 1. nest 2. (*fig*) lodge; **Nistkasten** *m* nesting box; **Nistplatz** *m* nesting site

Nitrat [ni'traːt] <-(e)s, -e> *nt* (CHEM) nitrate

Nitrit [ni'triːt] <-(e)s, -e> *m* (CHEM) nitrite

Nitrolack ['niːtro-] *m* cellulose; **Nitrolackierung** *f* cellulose painting

Nitrosamine [nitroza'miːnə] <-> *pl* nitrosoamines

Nitroverdünnung *f* cellulose thinner

Niveau [ni'voː] <-s, -s> *nt* (*a. fig*) level; **er hat ~** he is a man of culture; **das Theaterstück hat ~** the play is of a high standard; **das ist unter meinem ~** that's beneath me; **niveaulos** *adj* mediocre; **niveauvoll** *adj* high-class

nivellieren [nivɛ'liːrən] <ohne ge-> *vt* (*a. fig*) level out; **Nivellierung** *f* 1. (*beim Vermessen*) levelling 2. (*fig*) levelling out

Nixe [nɪksə] <-, -n> *f* (*Märchen-, Sagenfigur*) water-sprite

nobel ['noːbəl] *adj* 1. (*edelmütig*) noble 2. (*fam: großzügig*) generous; (*elegant, kostspielig*) posh; **Nobelherberge** *f* (*fam pej*) posh hotel

Nobelpreis [no'bɛlpraɪs] *m* Nobel prize

noch [nɔx] I. *konj:* **weder A, ~ B** neither A nor B II. *adv* 1. (*weiterhin, immer ~*) still 2. (*außerdem, sonst*) else 3. (*sogar ~*) even 4. (*irgendwann*) one day 5. (*gerade ~*) (only) just 6. (*fam*): **Geld ~ und ~** heaps and heaps of money; **~ einen Kaffee, bitte** another cup of coffee please; (**wünschen**

N

Sie) ~ **etw?** (do you wish) anything else?; **wie war doch ~ Ihr Name?** what was your name again?; ~ **vor zwei Tagen** no more than two days ago; ~ **nicht** not yet; **ich möchte gern ~ bleiben** I'd like to stay on longer; **du wirst es schon ~ verstehen** you'll understand it one day; ~ **am selben Tag** on the very same day; ~ **heute** this very day; **dumm und frech ~ dazu** stupid and cheeky with it; ~ **obendrein** on top of everything; **ich habe nur ~ einen Freund** I have only one friend left; **nochmalig** *adj* renewed; **nochmals** *adv* again

Nockenwelle *f* (TECH) camshaft

Nomade, -din [no'maːdə] <-n, -n> *m, f* nomad; **Nomadentum** *nt* nomadism

Nomenklatur [nomɛnkla'tuːɐ] *f* nomenclature

Nominalwert *m* face value, nominal value

Nominativ ['nominatiːf] *m* (GRAM) nominative

nominieren *vt* nominate; **Nominierung** *f* nomination

Nonkonformismus *m* nonconformism; **Nonkonformist(in)** *m(f)* nonconformist

Nonne ['nɔnə] <-, -n> *f* **1.** (ECCL) nun **2.** (*Falter*) nun moth; **Nonnenkloster** *nt* convent

Nordamerika *nt* North America

Nordatlantisches Verteidigungsbündnis *nt* (POL MIL) NATO Alliance

Norden ['nɔrdən] <-s> *m* (GEOG) north; **von ~** from the north; **nach ~** to the north; **das Zimmer liegt nach ~** the room faces north

Nordeuropa *nt* northern Europe

Nordhalbkugel *f* Northern Hemisphere

Nordirland *nt* Northern Ireland

nordisch *adj* **1.** (*nördlich*) northern **2.** (*skandinavisch*) nordic

nördlich ['nœrtlɪç] **I.** *adj* northern; **~er Polarkreis** Arctic Circle **II.** *adv* north (*von* of) **III.** *präp* to the north of

Nordlicht *nt* northern lights *pl;* **Nordosten** [-'--] *m* north-east; **nordöstlich I.** *adj* north-eastern **II.** *adv* north-east (*von* of) **III.** *präp* to the north-east of; **Nordpol** *m* North Pole; **Nordsee** *f* North Sea; **Nord-Süd-Gefälle** *nt* (POL) North-South divide; **Nordwesten** [-'--] *m* north-west; **nordwestlich I.** *adj* north-western **II.** *adv* north-west (*von* of) **III.** *präp* to the north-west of; **Nordwind** *m* north wind

Nörgelei <-, -en> *f* grumbling; **nörgeln** ['nœrgəln] *vi* **1.** (*murren, knurren*) grumble **2.** (*herum~, kritisieren*) carp (*an* about); **Nörgler(in)** *m(f)* **1.** (*stets Murrender*) grumbler **2.** (*Meckerer*) carper

Norm [nɔrm] <-, -en> *f* standard; **die ~ sein** (*normal sein*) be the usual thing

normal [nɔr'maːl] *adj* normal; (*von Maß, Gewicht*) standard; **Normalbenzin** *nt* regular (petrol); **Normalfall** *m* normal case; **im ~** normally; **Normalgröße** *f* standard size

normalisieren I. *vt* normalize **II.** *vr* get back to normal

Normalität <-> *f* normality

Normalmaß *nt* standard measure; **Normalnull** *f* sea-level; **Normalverbraucher** *m* average consumer; **Otto ~** (*fam*) Mr. Average; **Normalzeit** *f* standard time;

normen *vt,* **normieren** *vt* standardize; **Normierung** *f,* **Normung** *f* standardization

Norwegen ['nɔrveːgən] *nt* Norway; **Norweger(in)** *m(f)* Norwegian; **Norwegerpullover** *m* Norwegian pullover; **norwegisch** *adj* Norwegian

Nostalgie [nɔstal'giː] <-> *f* nostalgia; **nostalgisch** *adj* nostalgic

Not [noːt, *pl:* 'nøːtə] <-, ¨-e> *f* **1.** (*Mangel*) want; (*Elend*) neediness **2.** (*Zwang, ~wendigkeit*) necessity **3.** (*Schwierigkeit*) difficulty, trouble **4.** (*Bedrängnis*) distress; **zur ~** (*falls nötig*) if necessary; (*so eben noch*) at a pinch; **aus ~** out of poverty; **seine liebe ~ haben mit …** have a hard time with …; **ich helfe dir, wenn ~ am Mann ist** (*fam*) I'll help you if you're short; **~ tun**[RR] be necessary; **aus der ~ eine Tugend machen** (*prov*) make a virtue of necessity; **~ leiden** suffer deprivation; **~ leidend**[RR] needy; **in der ~ frisst der Teufel Fliegen** (*prov*) beggars can't be choosers; **~ macht erfinderisch** (*prov*) necessity is the mother of invention; **ich bin in großer ~** I'm in great distress; **not** *adj s.* **Not**

Notar(in) [no'taːɐ] *m(f)* notary; **Notariat** [notari'aːt] <-(e)s, -e> *nt* notary's office; **notariell** *adj* notarial; **~ beglaubigen lassen** have attested by a notary

Notarzt, -ärztin *m, f* emergency doctor; **Notarztwagen** *m* emergency doctor's car; **Notaufnahme** *f* casualty (unit); **Notausgang** *m* emergency exit; **Notbehelf** *m* makeshift; **Notbeleuchtung** *f* emergency lighting; **Notbremse** *f* (RAIL) emergency brake; **Notdienst** *m:* **~ haben** (*Apotheke*) be open 24 hours; (*Arzt*) be on call; **Notdurft** ['noːtdʊrft] *f* (*geh*): **seine ~ verrichten** relieve o.s.; **notdürftig** *adj* **1.** (*behelfsmäßig*) makeshift **2.** (*armselig*) poor; **etw ~ ausbessern** repair s.th. in a rough-and-ready way; **sich ~ verständigen können** be able to just about communicate

Note ['noːtə] <-, -n> *f* **1.** (SCHULE) mark **2.** (POL: *Schriftstück*) note **3.** (MUS) note **4.** (*Eigenart*) touch; **nach ~n singen (spielen)** sing (play) from music; **ganze ~** (MUS)

semibreve *Br,* whole note *Am;* **halbe ~** (MUS) minim *Br,* half note *Am;* **~n** (MUS) music *sing;* **einer Sache eine persönliche ~ geben** give s.th. a personal touch

Notebook ['nəʊtbʊk] <-s, -s> *nt* (INFORM) notebook

Notenbank *f* (FIN) issuing bank, central bank; **Notenblatt** *nt* (MUS) sheet of music; **Notenpapier** *nt* (MUS) manuscript paper; **Notenschlüssel** *m* (MUS) (musical) clef; **Notenständer** *m* (MUS) music stand

Notepad ['nəʊtpɛd] <-s, -s> *nt* (*elektron. Notizbuch*) notepad

Notfall *m* emergency; **im ~** if needs be; **bei einem ~** in case of emergency; **notfalls** *adv* if need be; **notgedrungen I.** *adj* imperative **II.** *adv* perforce; **Notgemeinschaft** *f* partners in adversity; **Notgroschen** *m* nest egg

notieren [no'tiːrən] *vt, vi* **1.** (*Notizen machen*) make a note of, note (down) **2.** (FIN: *an der Börse*) quote (*mit* at) **3.** (COM: *vormerken*) note; **Notierung** *f* **1.** (FIN: *an der Börse*) quotation **2.** (COM: *Auftrags~*) note

nötig ['nøːtɪç] **I.** *adj* necessary; **etw (bitter) ~ haben** need s.th. (badly); **habe ich es eigentlich ~ zu ...?** do I really need to ...?; **Sie haben's gerade ~ sich zu beschweren!** (*fam*) you're a fine one to complain!; **nur das Nötigste** only the bare necessities *pl* **II.** *adv* (*dringend*) urgently; **ich muss mal ganz ~** (*zur Toilette*) I'm dying to go; **nötigen** ['nøːtɪgən] *vt* **1.** (*zwingen*) compel **2.** (*auffordern*) urge; **er lässt sich [o man muss ihn] immer erst ~** he always needs prompting; **nötigenfalls** *adv* if necessary; **Nötigung** *f* **1.** (*Zwang*) compulsion **2.** (JUR) coercion

Notiz [no'tiːts] <-, -en> *f* **1.** (*Zeitungs~*) item **2.** (*Vermerk*) note; **(keine) ~ nehmen von** take (no) notice of; **sich ~en machen** take notes; **Notizblock** <-(e)s, -s> *m* notepad, memo pad; **Notizbuch** *nt* notebook; **Notizzettel** *m* piece of paper

Notlage *f* (*Elend*) plight; **in einer ~ sein** be in serious difficulties *pl;* **not|landen** *vi sein* (AVIAT) make a forced landing; **Notlandung** *f* (AVIAT) forced [*o* emergency] landing; **notleidend** *adj s.* Not; **Notlösung** *f* temporary solution; **Notlüge** *f* white lie

notorisch [no'toːrɪʃ] *adj* notorious

Notruf *m* (TELE) emergency call; **Notrufsäule** *f* emergency telephone; **Notrutsche** *f* (AVIAT) escape chute; **Notsignal** *nt* signal of distress; **Notsitz** *m* (AUTO) foldaway seat; **Notstand** *m* **1.** (POL) state of emergency **2.** (*Krise*) crisis; **den ~ ausrufen** declare a state of emergency; **einen ~ beheben** put an end to a crisis; **Notstandsgebiet** *nt* **1.** (*wirtschaftliches*) depressed area **2.** (*Katastrophenregion*) disaster area; **Notstandsgesetz** *nt* emergency law; **Notstromaggregat** *nt* emergency generating set; **Notstromversorgung** *f* emergency power supply; **Notunterkunft** *f* emergency accommodation; **Notverband** *m* (MED) first-aid dressing; **Notverkauf** *m* forced sale; **Notwehr** *f* self-defence *Br,* self-defense *Am*

notwendig *adj* necessary; **~ brauchen** need urgently; **das Notwendigste** (*das Nötigste*) the bare necessities *pl;* (*das Wesentliche*) the essentials *pl;* **Notwendigkeit** *f* necessity

Notzucht <-> *f* (JUR) rape (*an* on)

Nougat *m* nougat

Novelle [no'vɛlə] <-, -n> *f* **1.** (*Erzählung*) novella **2.** (POL PARL: *Gesetzes~*) amendment

November [no'vɛmbɐ] <-(s), -> *m* November

Nu [nuː] *m:* **im ~** in a flash [*o* a jiffy]

nüchtern ['nʏçtɐn] *adj* **1.** (*nicht betrunken*) sober **2.** (*vernünftig*) down-to-earth, rational **3.** (*fade, trocken*) dry, insipid; **mit ~em (auf ~en) Magen** with (on) an empty stomach; **die ~en Tatsachen** the plain facts; **Nüchternheit** *f* **1.** (*Abstinenz*) sobriety **2.** (*Vernunft*) rationality **3.** (*Fadheit*) insipidity **4.** (*von Tatsachen*) plainness

Nudel ['nuːdəl] <-, -n> *f* **1.** (*flache ~*) noodle; (*Faden~n*) vermicelli **2.** (*fam*): **komische ~** funny character; **Nudelsuppe** *f* noodle soup

Nugat[RR] ['nuːgat] <-s, -s> *m* nougat

nuklear [nukle'aːɐ] *adj* nuclear; **Nuklearindustrie** *f* nuclear industry; **Nuklearmedizin** *f* nuclear medicine; **Nuklearpark** *m* nuclear arsenal; **Nukleartest** *m* nuclear test

Nukleinsäure [nukle'iːn-] *f* (CHEM) nucleid acid

Null [nʊl] <-, -en> *f* **1.** (*Ziffer*) nought; (*auf Skalen, Thermometer*) zero; (TELE) O *Br,* zero *Am* **2.** (*fam: Versager*) wash-out

null *num* zero; (TELE) O *Br,* zero *Am;* (SPORT) nil; (*beim Tennis*) love; **es ist ~ Uhr zwanzig** it's twenty past/after midnight *Br/Am;* **~ und nichtig** null and void; **für ~ und nichtig erklären** annul; **~ Komma zwei fünf** (MATH) 0,25, point two five (.25); **in ~ Komma nichts** (*fam*) in no time at all; **~ Ahnung haben von etw** (*sl*) be zero-rated at s.th.; **ich habe ~ Bock!** (*sl: keine Lust*) I couldn't be buggered

Nulldiät *f* (*fam*) calorie-free diet; **Nulllösung**[RR] *f* (POL) zero option; **Nullpunkt** <-(e)s> *m* zero; **die Stimmung sank unter den ~** the atmosphere froze; **den ~ er-**

reicht haben have reached rock-bottom; **Nullrunde** *f* (*bei Tarifverhandlungen*) zero payround; **Nulltarif** *m* (*fam: kostenloses Fahren*) free travel; (*freier Eintritt*) free admission; **zum ~** free (of charge)

numerieren *vt s.* **nummerieren**

numerisch [nu'me:rɪʃ] *adj* numerical

Numerus ['nu:mərʊs] <-, Numeri> *m:* **~ clausus** (UNIV) restricted entry

Nummer ['nʊmɐ] <-, -n> *f* **1.** (*a. von Zeitung*) number **2.** (*Größe*) size **3.** (*fam hum: Typ*) character; **auf ~ Sicher gehen** (*fam*) play it safe; **zieh doch deine ~ woanders ab!** (*fam*) put on your show somewhere else!; **laufende ~** serial number; **eine ~ wählen** (TELE) dial a number; **nummerieren[RR]** [nume'ri:rən] *vt* number

Nummernkonto *nt* numbered account; **Nummernscheibe** *f* (TELE) dial; **Nummernschild** *nt* (AUTO) number plate *Br,* license plate *Am*

nun [nu:n] *adv* **1.** (*jetzt*) now **2.** (*dann*) then **3.** (*interj: los!*) come on!; **er will ~ mal nicht** he simply doesn't want to; **~ ja, aber …** all right, but …; **~ also** well, then; **von ~ an** from now on; **~, da …** now that …; **was ~?** what now?; **das habe ich ~ davon** serves me right; **~ erst recht!** just for that!; **nunmehr** *adv* now

Nuntius ['nʊntsiʊs] <-, -tien> *m* (ECCL) nuncio

nur [nu:ɐ] *adv* **1.** (*einschränkend*) only **2.** (*eben*) just; **schon recht, ~ solltest du …** all right, only you should …; **wenn ~ …** if only …; **nicht ~ …, sondern auch …** not only …, but also …; **warum tut er das ~?** why on earth does he do that?; **~ zu!** go on!; **du brauchst es ~ zu sagen** just say the word; **sollen sie ~ alle lachen!** let them all laugh!; **was hat er ~?** I wonder what's wrong with him?

nuscheln ['nʊʃəln] *vt, vi* (*fam*) mumble

Nuss[RR] [nʊs, *pl:* 'nʏsə] <-, ⸚e> *f* (*a. fig*) nut; **eine harte ~ zu knacken haben** have a tough nut to crack; **er ist eine harte ~** he's a tough nut to crack; **Nussbaum[RR]** *m* **1.** walnut tree **2.** (*Holz*) walnut; **Nussknacker[RR]** *m* nutcrackers *pl;* **Nussschale[RR]** *f* **1.** nutshell **2.** (*Boot*) cockleshell

Nüster ['nʏstɐ] <-, -n> *f* nostril

Nute [nu:t(ə)] <-, -en> *f* chase, flute, groove

Nutte ['nʊtə] <-, -n> *f* (*sl pej*) pro *Br,* hooker *Am;* **nuttig** *adj* (*pej*) tarty

Nutz ['nʊts] <-es> *m:* **sich etw zu ~e machen[RR]** (*verwenden*) utilize s.th.; (*ausnutzen*) take advantage of s.th.

nutzbar *adj* utilizable; **~ machen** utilize; **Nutzbarmachung** *f* utilization; **nutzbringend** *adj* profitable; **etw ~ anwenden** turn s.th. to good account

nütze ['nʏtsə] *adj pred:* **zu etw (nichts) ~ sein** be useful for s.th. (be of no use for anything)

Nutzeffekt *m* efficiency

Nutzen ['nʊtsən] <-s> *m* **1.** (*Vorteil*) advantage, benefit; (*Gewinn*) profit **2.** (*Nützlichkeit*) usefulness; **zum ~ von …** for the benefit of …; **jdm von ~ sein** be useful to s.o.; **wer hat den ~ davon?** who reaps the benefits of it?

nutzen *vt,* **nützen I.** *vt* (*gebrauchen*) make use of, use **II.** *vi* be of use (*jdm* to s.o., *zu etw* for s.th.); **es nützt nichts** it's no use; **das nützt wenig** that's not much use; **das nützt doch niemandem** but that's of no use to anyone

Nutzfahrzeug *nt* (COM) commercial vehicle; **Nutzfläche** *f* **1.** (*in Geschäft*) us(e)able floor-space **2.** (*in Landwirtschaft*) productive land; **Nutzholz** *nt* timber *Br,* lumber *Am;* **Nutzlast** *f* maximum load; **Nutzleistung** *f* (TECH) useful power

nützlich ['nʏtslɪç] *adj* **1.** (*nutzbringend*) useful **2.** (*hilfreich*) helpful; **Nützlichkeit** *f* **1.** (*Nutzen*) utility **2.** (*Vorteilhaftigkeit*) advantage **3.** (*Dienlichkeit*) helpfulness; **Nützlichkeitsdenken** *nt* utilitarian thinking

nutzlos *adj* useless; **Nutzlosigkeit** *f* uselessness

Nutznießer(in) ['nʊtsni:sɐ] *m(f)* beneficiary; (JUR) usufructuary

Nutzpflanze *f* useful plant

Nutzung *f* **1.** (*Gebrauch*) use **2.** (*das Ausnutzen*) exploitation; **Nutzungsrecht** *nt* (JUR) usufruct

Nylon ['naɪlɔn] *nt* (CHEM) nylon

Nymphe ['nʏmfə] *f* nymph

Nymphomanie [nʏmfoma'ni:] *f* nymphomania; **Nymphomanin** *f* nymphomaniac

O

O, o [oː] <-, -> *nt* O, o

o *interj* oh!; **o ja!** oh yes!; **o nein!** oh no!; **o weh!** oh dear!

Oase [oˈaːzə] <-, -n> *f* (*a. fig*) oasis

ob [ɔp] *konj* 1. (*Frage einleitend*) if, whether 2. (*vergleichend*): **als ~** as if 3. (*fam*): **und ~!** you bet!; **~ sie mich wohl liebt?** I wonder if she loves me; **ich weiß nicht, ~ sie kommen** I don't know whether or not they're coming; **und ~ ich das kann!** (*fam*) you bet I can do that!; **tu doch nicht so, als ~ (dich das interessiert)!** (*fam*) stop pretending (to be interested)!

Obdach *nt* shelter; **obdachlos** *adj* homeless; **~ werden** be made homeless; **Obdachlose(r)** *f m* homeless person; **Obdachlosenasyl** *nt* shelter for the homeless; **Obdachlosigkeit** <-> *f* homelessness

Obduktion [ɔpdʊkˈtsjoːn] *f* post-mortem (examination)

O-Beine *pl* (*fam*) bandy legs, bowlegs; **o-beinig** *adj* bandy-legged

oben [ˈoːbən] *adv* 1. (*vorher: in Brief*) above 2. (*in der Höhe*) up 3. (*hoch ~, am oberen Ende*) at the top 4. (*im oberen Stock*) upstairs 5. (*an der Oberfläche*) on the surface; **ganz ~** (*a. fig*) right at the top; **~ erwähnt**RR above-mentioned; **hier (dort) ~** up here (there); **von ~ bis unten** from top to bottom; (*bei Person*) from head to toe; **nach ~** upwards; (*im Haus*) upstairs; **der Befehl kommt von ~** it's orders from above; **der Weg nach ~ ist hart** it's hard to get to the top; **siehe ~** see above; **wie ~ erwähnt** as mentioned above; **von ~ herab** condescendingly; **~ ohne** (*fam*) topless; **mit dem Gesicht nach ~ liegen** lie face uppermost; **obenan** *adv* at the top; **obenauf** *adv* on the top; **wieder ~ sein** (*fam: wieder gesund sein*) be back on form; **obendrein** *adv* (*fam*) on top of everything; **obenerwähnt** *adj s.* **oben**

Ober [ˈoːbɐ] <-s, -> *m* waiter; **Herr ~!** waiter!

Oberarm *m* upper arm; **Oberarzt, -ärztin** *m, f* senior physician; **Oberbefehl** <-s> *m* (MIL) supreme command (*über* of); **den ~ haben** be in supreme command; **Oberbefehlshaber** *m* (MIL) commander-in-chief; **Oberbegriff** *m* generic term; **Oberbekleidung** *f* outer clothing; **Oberbett** *nt* quilt; **Oberbürgermeister(in)** *m(f)* Lord Mayor

Obere <-n> *nt* top; **obere** [ˈɔbərə] *adj attr* upper; **die ~n Zehntausend** (*fam*) the upper crust

Oberfeldwebel *m* (MIL) 1. (*beim Heer*) staff sergeant *Br,* first sergeant *Am* 2. (*bei der Luftwaffe*) flight sergeant *Br,* master sergeant *Am;* **Oberfläche** *f* 1. (*a. fig*) surface 2. (MATH) surface area; **an die ~ kommen** (come to the) surface; (*fig*) emerge; **Oberflächenwasser** *nt* surface water; **oberflächlich** *adj* (*a. fig*) superficial; **Oberflächlichkeit** *f* superficiality; **obergärig** *adj* (*Altbier*) top-fermented; **Obergeschoss**RR *nt* upper floor; **im dritten ~** on the third/fourth floor *Br/Am*

oberhalb *adv, präp* above

Oberhand *f*: **die ~ (über jdn) gewinnen** get the better (of s.o.)

Oberhaupt *nt* head; **Oberhaus** *nt* (POL) upper house; (*in GB*) House of Lords; **Oberhemd** *nt* shirt

Oberin [ˈoːbərɪn] *f* 1. (ECCL) Mother Superior 2. (*im Krankenhaus*) matron

oberirdisch *adj* above ground; (ELEK) overhead

Oberkellner(in) *m(f)* head waiter (waitress); **Oberkiefer** *m* upper jaw; **Oberkommando** *nt* (MIL) 1. (*Oberbefehl*) supreme command 2. (*~stab*) headquarters *pl;* **Oberkörper** *m* upper part of the body; **Oberlauf** *m* (*eines Flusses*) headwaters *pl,* upper course *pl;* **Oberleder** *nt* uppers *pl;* **Oberleitung** *f* 1. (*Führung*) direction 2. (ELEK) overhead cable; **Oberleitungsomnibus** *m* trolleybus; **Oberleutnant** *m* (MIL) 1. (*beim Heer*) lieutenant *Br,* first lieutenant *Am* 2. (*bei der Luftwaffe*) flying officer *Br,* first lieutenant *Am* 3. (MAR): **~ zur See** lieutenant; **Oberlicht** *nt* 1. (*Fenster*) high window 2. (*an Tür*) fanlight; **Oberlippe** *f* upper lip; **Obermaterial** <-s, -ien> *nt* (*von Schuh*) upper; **Oberprima** *f* (*obs*) upper sixth *Br,* senior grade *Am*

Obers [ˈoːbɐs] <-> *nt* (*österr*) cream

Oberschenkel *m* thigh; **Oberschenkelbruch** *m* fracture of the thighbone [*o* femur]; **Oberschicht** *f* (*fig*) upper strata *pl;* **Oberschwester** *f* senior nursing officer; **Oberseite** *f* top side

O

Oberst ['oːbɐst] <-en/-s, -en/(-e)> *m* (MIL) **1.** (*beim Heer*) colonel **2.** (*Luftwaffen~*) group captain *Br,* colonel *Am*

Oberstaatsanwalt, -anwältin *m, f* (JUR) public prosecutor *Br,* district attorney *Am*

oberste *adj* **1.** topmost, uppermost **2.** (*fig*) supreme; **das Oberste zuunterst kehren** turn everything upside down; **Oberster Gerichtshof** (*auch in den USA*) Supreme Court; (*in GB*) High Court of Justice

Oberstufe *f upper forms in secondary school*

Obertrottel *m* (*fam*) prize idiot

Oberverwaltungsgericht *nt* (JUR) Higher Administrative Court

Oberwasser *nt* (*bei Schleuse*) backwater; ~ **haben** (*fam*) have the upper hand

obgleich [-'-] *konj* although, even though

Obhut ['ɔphuːt] <-> *f* care; **jdn in (seine) ~ nehmen** take care of s.o.

obige *adj attr* above

Objekt [ɔp'jɛkt] <-(e)s, -e> *nt* (*a.* GRAM) object

Objektiv <-s, -e> *nt* (PHOT) lens, objective

objektiv *adj* objective

Objektivität *f* objectivity; **sich um größtmögliche ~ bemühen** try to be as objective as possible

Objektsatz *m* (LING) object clause

Oblate [o'blaːtə] <-, -n> *f* wafer

obliegen [-'--] <ohne ge-> *irr vi:* **jdm ~** be incumbent upon s.o.; **Obliegenheit** *f* incumbency

obligat [obli'gaːt] *adj* obligatory; **Obligation** *f* (*a.* FIN) obligation; **obligatorisch** *adj* obligatory; (*von Pflichtfächern in Schule*) compulsory

Obmann *m* representative; **~ der Geschworenen** foreman of the jury

Oboe [o'boːə] <-, -n> *f* (MUS) oboe

Obrigkeit ['oːbrɪçkaɪt] *f:* **die ~** (*die Behörden*) the authorities *pl;* **obrigkeitlich** *adj* authoritarian; **Obrigkeitsstaat** *m* authoritarian state

obschon [-'-] *konj* although

Observatorium [ɔpzɛrva'toːriʊm] *nt* observatory

Obst [oːpst] <-(e)s> *nt* fruit; **Obstbau** *m* fruit-growing; **Obstbaum** *m* fruit-tree; **Obsternte** *f* fruit-crop; **Obstgarten** *m* orchard; **Obsthandlung** *f* fruiterer's (shop) *Br,* fruit-store *Am*

Obstipation [ɔpstipa'tsjoːn] <-, -en> *f* obstipation

Obstkuchen *m* fruit tart [*o* cake]; **Obstmesser** *nt* fruit-knife; **Obstpflücker(in)** *m(f)* fruit-gatherer; **Obstsalat** *m* fruit-salad; **Obsttorte** *f* tart *Br,* fruit pie *Am*

obszön [ɔps'tsøːn] *adj* obscene; **Obszönität** *f* obscenity

Obus ['oːbʊs] <-ses, -se> *m* (*fam*) trolley

obwohl [-'-] *konj* (al)though

Ochse ['ɔksə] <-n, -n> *m* **1.** (*kastriertes männliches Rind*) bullock, ox **2.** (*Schimpfwort*) blockhead, dope; **ochsen** *vi* (*fam*) mug, swot; **Ochsenschwanzsuppe** *f* oxtail soup

Ocker ['ɔkɐ] <-s> *m/nt* ochre

Ode ['oːdə] <-, -n> *f* ode

Öde ['øːdə] <-, -n> *f* **1.** (*öde Gegend*) desert, waste(land) **2.** (*Langweiligkeit*) dreariness, monotony; **öde** *adj* **1.** (*leer, verlassen*) abandoned, empty; (*unbewohnt*) bleak, desolate; (*unbebaut*) waste **2.** (*langweilig*) dreary, dull

Ödem [ø'deːm] <-s, -e> *nt* (MED) oedema

oder ['oːdɐ] *konj* or; **~ aber ...** or else ...; **~ auch** or perhaps; **entweder ... ~** either ... or; **Sie kommen doch, ~?** you're coming, aren't you?; **sie kommt nicht, ~ doch?** she won't come, or will she?

Oder-Neiße-Linie *f* Oder-Neisse-Line

Ödipuskomplex *m* Oedipus complex

Ödland *nt* wasteland

Ofen ['oːfən, *pl:* 'øːfən] <-s, -> *m* **1.** (*Herd*) stove **2.** (*Back~*) oven **3.** (*Brenn~*) kiln; (ELEK: *Heiz~*) heater **4.** (*Hoch~*) furnace; **jetzt ist der ~ aus!** (*fam*) now it's curtains for you!; **Ofenheizung** *f* stove heating; **Ofenrohr** *nt* stovepipe; **Ofenschirm** *m* firescreen

Off <-> *nt* (THEAT TV FILM) offstage

offen ['ɔfən] *adj* open; (*frei, vakant*) vacant; (*unerledigt*) outstanding; **auf ~er See** on the open sea; **Überfall auf ~er Straße** mugging; **~er Wein** wine by the carafe; **Tag der ~en Tür** open day; **ich bin Vorschlägen gegenüber stets ~** I am always open to suggestions; **~er Widerstand** open resistance; **wir ließen die Angelegenheit ~** we left the matter open; **zu jdm ~ sein** be open with s.o.; **~ gesagt ...** to tell you the truth ..., to be honest ...; **seine Meinung ~ sagen** speak one's mind; **ein ~es Wort mit jdm reden** have a frank talk with s.o.; **mit ~em Mund dastehen** stand gaping; **~e Türen einrennen** kick at an open door *sing;* **~e Handelsgesellschaft** (COM) general partnership; **~e Stelle** vacant post, vacancy; **ein ~es Geheimnis** an open secret; **~ bleiben**^{RR} (*a. fig*) remain open; **~ halten**^{RR} (*a. fig*) keep open; **die Ohren ~ halten**^{RR} keep one's ear open; **~ lassen**^{RR} (*a. fig*) leave open; **~ stehen**^{RR} (*Fenster, Tür*) be open; (COM: *Rechnung*) be outstanding; **jdm ~ stehen**^{RR} (*zugänglich, erreichbar sein*) be open to s.o.

offenbar ['ɔfən'baːɐ] **I.** *adj* obvious **II.** *adv* (*vermutlich*) apparently; **offenbaren** [--'--]

<ohne ge-> **I.** *vt* reveal **II.** *vr:* **sich jdm ~** reveal o.s. to s.o.; **Offenbarung** *f* revelation; **Offenbarungseid** *m* (JUR) oath of manifestation

offen|bleiben *vi s.* **offen**

offen|halten *vt s.* **offen**

Offenheit *f* candour, frankness, openness

offenherzig *adj* **1.** (*frank, freimütig*) candid, frank, open-hearted **2.** (*hum fam: tief ausgeschnitten*) revealing

offenkundig *adj* clear, obvious; **eine ~e Lüge** a downright lie

offen|lassen *vt s.* **offen**

offensichtlich *adj* obvious

offensiv [ɔfɛn'ziːf] *adj* offensive; **Offensive** <-, -n> *f* offensive; **in die ~ gehen** take the offensive

offen|stehen *vi s.* **offen**

öffentlich ['œfəntlɪç] *adj* public; **~es Ärgernis erregen** cause public annoyance; **etw ~ bekanntmachen** make s.th. public; **~e Toilette** public convenience *Br,* public comfort station *Am;* **~e Betriebe** public utilities *pl;* **~e Verkehrsmittel** means of public transport; **Persönlichkeit des ~en Lebens** person in public life; **die ~e Meinung** public opinion; **~es Recht** (JUR) public law; **Anstalt ~en Rechts** public institution; **Öffentlichkeit** *f* public; **mit etw an die ~ treten** bring s.th. before the public; **unter Ausschluss der ~ tagen** meet behind closed doors; **in aller ~** in public; **an die ~ gelangen** become known; **die ~ scheuen** shun publicity; **Öffentlichkeitsarbeit** *f* public relations *pl;* **öffentlich-rechtlich** *adj* under public law

Offerte [ɔ'fɛrtə] <-, -n> *f* offer

offiziell [ɔfi'tsjɛl] *adj* official

Offizier [ɔfi'tsiːɐ] <-s, -e> *m* (MIL) officer; **~ werden** (*zum ~ ernannt werden*) be commissioned; **mein Sohn will ~ werden** (*die ~slaufbahn einschlagen*) my son wants to be an officer; **diensthabender ~** officer of the day; **Offiziersanwärter** *m* officer cadet; **Offizierslaufbahn** *f* officer's career

OfflinebetriebRR ['ɔflaɪn-] *m* (INFORM) offline mode

öffnen ['œfnən] *vt, vi, vr* open; **Öffner** *m* opener; **Öffnung** *f* opening; **Öffnungspolitik** *f* policy of openness; **Öffnungswinkel** *m* (PHOT TECH) aperture angle; **Öffnungszeiten** *pl* hours of business

Offsetdruck ['ɔfsɛt-] *m* (TYP) offset printing

oft [ɔft] *adv* frequently, often; **je öfter …, desto …** the more often … the …; **des Öfteren**RR quite often

öfter ['œftɐ] *adv* (*gelegentlich*) (every) once in a while

oftmals [ɔft] *adv* frequently, often

oh [oː] *interj* oh!

ohne ['oːnə] **I.** *präp* without; **~ weiteres** just like that; **so ~ weiteres geht das nicht** it doesn't work that easily; **das kann man ~ weiteres sagen** it's quite all right to say that; **die Sache ist nicht ~** (*fam: nicht schlecht*) it's by no means bad; **er ist gar nicht so ~** (*fam*) he's pretty hot indeed; **sei ~ Sorge** don't worry **II.** *konj:* **~ etw zu tun** without doing s.th.; **~ dass ich es bemerkte, …** without my noticing it …; **ohnedies** *adv* anyway; **ohnehin** *adv* anyway; **ohnegleichen** *adj* unparalleled; **ein Sieg ~** an unparalleled victory

Ohnmacht <-, -en> *f* **1.** (*Bewusstlosigkeit*) faint, swoon **2.** (*Machtlosigkeit*) powerlessness; **in ~ fallen** faint (*vor* from); **ohnmächtig** *adj* **1.** (*bewusstlos*) unconscious **2.** (*machtlos*) powerless; **werden** faint (*vor* from); **sie ist ~ !** she's fainted!; **~e Wut** helpless rage; **einer Sache ~ gegenüberstehen** be helpless in the face of s.th.

Ohr [oːɐ] <-(e)s, -en> *nt* ear; **sich aufs ~ legen** (*fam*) turn in; **ganz ~ sein** (*hum fam*) be all ears *pl;* **auf dem linken ~ taub sein** be deaf in the left ear; **jdm etw um die ~en hauen** (*fam*) hit s.o. over the head with s.th.; **viel um die ~en haben** (*fam*) have a lot on one's plate; **jdm zu ~en kommen** reach someone's ears; **sitzt du auf deinen ~en?** (*fam*) are you deaf or s.th.?; **jdn übers ~ hauen** (*fam*) pull a fast one on s.o.; **bis über die ~en in Schulden stecken** (*fam*) be up to one's ears in debt; **bis über beide ~en in jdn verliebt sein** (*fam*) be head over heels in love with s.o.; **jdm mit etw in den ~en liegen** (*fam*) badger s.o. for s.th.; **die ~en steif halten** (*fam*) keep a stiff upper lip; **die ~en spitzen** (*fam*) prick up one's ears; **es geht zum einen ~ hinein und zum anderen heraus** (*fam*) it goes in one ear and out the other; **auf dem ~ bin ich taub!** (*fam*) nothing doing!

Öhr [øːɐ] <-(e)s, -e> *nt* (*Nadel~*) eye

ohrenbetäubend *adj* deafening; **Ohrensausen** *nt* buzzing in one's ears; **Ohrenschmalz** *nt* earwax; **Ohrenschmerzen** *mpl* earache; **Ohrenschützer** *mpl* earmuffs

Ohrfeige *f* box on the ears; **jdm eine ~ geben** slap someone's face; **ohrfeigen** *vt* slap; **Ohrläppchen** ['oːɐlɛpçən] *nt* (ear)lobe; **Ohrmuschel** *f* outer ear; (ANAT) auricle; **Ohrring** *m* earring; **Ohrstecker** *pl* stud earrings; **Ohrwurm** *m* **1.** (*braunes Insekt*) earwig **2.** (*fam: Melodie*) catchy tune

okkult [ɔ'kʊlt] *adj* occult; **Okkultismus** *m* occultism

Okkupant [ɔku'pant] *m* (MIL) occupying

power; **Okkupation** *f* (POL) occupation; **okkupieren** *vt* occupy

Öko- *präfix* ecological; **Ökogrenze** *f* (*höchste Belastbarkeit*) ecolimit; **Ökologe, -gin** [øko'lo:gə] *m, f* ecologist; **Ökologie** *f* ecology; **Ökologiebewegung** *f* ecology movement; **ökologisch** *adj* ecological; ~**er Landbau** organic farming

Ökonom(in) [øko'no:m] <-en, -en> *m(f)* economist; **Ökonometrie** <-> *f* econometrics *pl;* **Ökonomie** *f* **1.** (*Wirtschaftlichkeit*) economy **2.** (*Wirtschaft*) economy **3.** (*Wirtschaftswissenschaft*) economics *sing;* **ökonomisch** *adj* **1.** (*auf die Wirtschaft bezogen*) economic **2.** (*sparsam*) economical

Ökopartei *f* ecology party; **Ökosteuer** *f* climate change levy, industrial energy tax; **Ökosensibilität** *f* (*Naturverbundenheit*) ecology sensibility; **Ökosystem** *nt* eco-system

Oktaeder [ɔkta'e:dɐ] <-s, -> *m* (MATH) octohedron

Oktanzahl [ɔk'ta:n-] *f* octane rating

Oktavband *m* octavo volume

Oktave [ɔk'ta:və] <-, -n> *f* (MUS) octave

Oktober [ɔk'to:bɐ] <-(s), -> *m* October

Oktoberrevolution *f ohne pl* (HIST) October Revolution

Okular [oku'la:ɐ] <-s, -e> *nt* eyepiece, ocular

okulieren *vt* (BOT: *veredeln*) graft

Ökumene [øku'me:nə] *f* (ECCL) ecumenical movement; **ökumenisch** *adj* (ECCL) ecumenical

Okzident [ɔktsi'dɛnt] <-s> *m* occident

Öl [ø:l] <-(e)s, -e> *nt* oil; ~ **ins Feuer gießen** add fuel to the fire; **in ~ malen** paint in oils *pl;* **auf ~ stoßen** strike oil; **Ölabscheider** *m* (*an Garage*) oil separator; **Ölbaum** *m* olive tree; **Ölbild** *nt* oil painting

Oldtimer ['o:lt͵taɪmɐ] <-s, -> *m* (AUTO) **1.** (*Sammlerfahrzeug*) classic car **2.** (*hum: altes Auto*) veteran car

Oleander [ole'andɐ] <-s> *m* oleander

ölen *vt* oil; **wie ein geölter Blitz** (*fam*) like greased lightning

Ölexporteur *m* oil exporter; **Ölfarbe** *f* oil paint [*o* colour]; **Ölfeld** *nt* oilfield; **Ölfilm** *m* film of oil; **Ölfleck** *m* oilstain; **Ölförderung** *f* oil production; **Ölgemälde** *nt* oil painting; **Ölgewinnung** *f* oil production; **Ölhafen** *m* oil terminal; **ölhaltig** *adj* (*Öl enthaltend*) containing oil; **Ölheizung** *f* oil(-fired) heating

ölig *adj* (*a. fig*) oily

Olive [o'li:və] <-, -n> *f* olive; **Olivenbaum** *m* olive tree; **Olivenöl** *nt* olive oil; **olivgrün** *adj* olive-green

Öljacke *f* (MAR) oilskin jacket; **Ölkanister** *m* oil can; **Ölkonzern** *m* oil company; **Ölkrise** *f* oil crisis

oll [ɔl] *adj* (*fam*) old; **je ~er, je doller** the older, the sillier; **wo habe ich nur das ~e Ding hingetan?** I wonder where I've put that silly old thing?

Öllache *f* pool of oil; **Ölleitung** *f* **1.** (*Pipeline*) pipeline **2.** (AUTO) oil lead; **Öllieferant** *m* oil supplier; **Ölmessstab**[RR] *m* (AUTO) dipstick; **Ölpest** *f* oil spills, oil pollution; **Ölplattform** *f* oil rig; **Ölpumpe** *f* (AUTO) oil pump; **Ölquelle** *f* oil well; **Ölraffinerie** *f* oil refinery; **Ölsardine** *f* sardine; **wie die ~n dasitzen** (*fam*) be crammed in like sardines; **Ölscheich** *m* (*hum*) oil sheikh; **Ölschicht** *f* oil film; **Ölstand** *m* (AUTO) oil level; **Ölstandsmesser** *m* (AUTO) oil pressure gauge; **Öltanker** *m* oil tanker; **Ölteppich** *m* oil slick

Ölung *f* oiling; **die Letzte ~** (ECCL) the extreme unction

Ölverbrauch *m* (AUTO) oil consumption; **Ölverknappung** *f* oil shortage; **Ölvorkommen** *nt* oil deposit; **Ölwanne** *f* (AUTO) sump *Br,* oil pan *Am;* **Ölwechsel** *m* (AUTO) oil change; **einen ~ machen** do an oil change

Olympiade [olʏm'pja:də] <-, -n> *f* Olympics *pl*

Olympiamannschaft *f* Olympic team; **Olympiastadion** *nt* Olympic stadium; **Olympiastützpunkt** *m* Olympic training centre

olympisch *adj* **1.** (REL) Olympian **2.** (*die Olympischen Spiele angehend*) Olympic; **die Olympischen Spiele** the Olympic Games

Oma ['o:ma] <-, -s> *f* (*fam*) grandma, granny

Omelette [ɔm(ə)'lɛt] <-, -n> *f* omelet(te)

Omen ['o:mən] <-s, -> *nt* omen; **ominös** [omi'nø:s] *adj* ominous

Omnibus ['ɔmnibʊs] <-ses, -se> *m* bus; **mit dem ~ fahren** go by bus; **Omnibushaltestelle** *f* bus stop; **Omnibuslinie** *f* bus line

Onanie [ona'ni:] *f* masturbation

Onkel ['ɔŋkəl] <-s, -> *m* uncle; **der ~ Doktor** (*fam*) the nice doctor

Onlinebetrieb ['ɔnlaɪn-] *m* (INFORM) online mode; **Onlinebibliothek** *f* (INFORM) online library; **Onlinedienst** *m* (*Dienstleister, der Serviceleistungen wie z.B. einen eigenen Nachrichtendienst bietet*) online service; **Onlinelernen** *nt* (INTERNET) internet-based learning; **Onlineredakteur(in)** *m(f)* online editor; **Onlineshopping** *nt* (INTERNET) teleshopping

Onyx ['o:nyks] <-(es)> *m* onyx

Opa ['o:pa] <-s, -s> *m* (*fam*) grandad,

grandpa

Opal [o'pa:l] <-s, -e> *m* opal

Oper ['o:pɐ] <-, -n> *f* **1.** (MUS: *als Gattung*) opera **2.** (*~nhaus*) opera house; **in die ~ gehen** go to the opera

Operateur(**in**) [opəra'tø:ɐ] <-s, -e> *m(f)* (MED) surgeon; **Operation** *f* operation; **sich einer ~ unterziehen** undergo an operation; **Operationssaal** *m* (MED) operating theatre *Br*, operating room *Am;* **Operationstisch** *m* operating table

operativ *adj* **1.** (MED) operative **2.** (MIL) operational

Operette [opə'rɛtə] <-, -n> *f* (MUS) operetta

operieren I. *vt* operate on (*jdn am Magen* someone's stomach) **II.** *vi* operate; **sich ~ lassen** have an operation

Opernglas *nt* opera glasses *pl;* **Opernhaus** *nt* opera house; **Opernsänger**(**in**) *m(f)* opera singer

Opfer ['ɔpfɐ] <-s, -> *nt* **1.** (*~gabe, a. fig*) sacrifice **2.** (*Geschädigter*) victim; **ein ~** (**für jdn**) **bringen** make a sacrifice (for s.o.); **kein ~ scheuen** consider no sacrifice too great; **jdm** (**einer Sache**) **zum ~ fallen** fall a victim to s.o. (s.th.); **Opferbereitschaft** *f* willingness to make sacrifices [*o* to sacrifice o.s.]; **opfern I.** *vt, vi* (*a. fig*) sacrifice **II.** *vr* **1.** (*sich auf~*) sacrifice o.s. **2.** (*hum fam: sich hergeben*) be a martyr; **Opferstock** *m* (ECCL) offertory box; **Opferung** *f* **1.** (*das Opfern*) sacrifice **2.** (ECCL) offertory; **opferwillig** *adj* willing to make sacrifices

Opiat [o'pia:t] <-(e)s, -e> *nt* opiate

Opinion-Leader [ə'pɪnjən,li:dɐ] <-s, -> *m* (*Meinungsmacher*) opinion former

Opium ['o:piʊm] <-s> *nt* opium

opponieren [ɔpo'ni:rən] *vi* oppose (*gegen jdn o etw* s.o., s.th.)

opportun [ɔpɔr'tu:n] *adj* opportune; **Opportunismus** *m* oppertunism; **Opportunist**(**in**) *m(f)* opportunist; **opportunistisch** *adj* opportunist(ic)

Opposition *f* opposition; **Oppositionsführer**(**in**) *m(f)* (PARL) opposition leader

Optik ['ɔptɪk] *f* **1.** optics *pl* **2.** (PHOT) lens system; **nur der ~ wegen** for visual effect only; **Optiker**(**in**) *m(f)* optician

optimal [ɔpti'ma:l] *adj* optimal; **das ist nicht ~** (*fam*) that's not ideal; **optimieren** *vt* optimize; **Optimismus** *m* optimism; **Optimist**(**in**) *m(f)* optimist; **optimistisch** *adj* optimistic

Option [ɔp'tsjo:n] <-, -en> *f* (FIN) option; **Optionsgeschäft** *f* (*Börse*) options trading

optisch *adj* visual; (OPT) optical; **~e Täuschung** optical illusion; **rein ~** (*fam*) visually

Opus ['o:pʊs] <-> *nt* opus

Orakel [o'ra:kəl] <-s, -> *nt* oracle; **orakeln** <ohne ge-> *vi* **1.** (*in dunklen Worten reden*) speak in riddles *pl* **2.** (*hum: über Zukünftiges*) prognosticate

Orange[1] [o'raŋʒə] <-, -n> *f* (*Frucht*) orange

Orange[2] <-> *nt* (*Farbe*) orange

orangefarben *adj* orange

Orangenmarmelade *f* marmalade; **Orangensaft** *m* orange juice; **Orangenschale** *f* orange-peel

Orangerie [---'-] *f* orangery

Orang-Utan ['o:raŋ'u:tan] <-s, -s> *m* orang-outang

Oratorium [ora'to:riʊm] <-s, -rien> *nt* (MUS) oratorio

Orchester [ɔr'kɛstɐ] <-s, -> *nt* (MUS) orchestra; **Orchestergraben** *m* orchestra pit

Orchidee [ɔrçi'de:] <-, -n> *f* orchid

Orden ['ɔrdən] <-s, -> *m* **1.** (REL: *Mönchs~*) order **2.** (*Auszeichnung*) decoration; **jdm einen ~ für etw verleihen** decorate s.o. for s.th.; **Ordensband** *nt* ribbon; (MIL) medal ribbon; **Ordensgeistliche**(**r**) *m* (ECCL) priest in a religious order

ordentlich ['ɔrdəntlɪç] *adj* **1.** (*aufgeräumt*) orderly, tidy **2.** (*anständig*) decent; (*achtbar*) respectable **3.** (*annehmbar, vernünftig*) reasonable **4.** (*fam: tüchtig, gehörig*) proper, real; **ein ~es Frühstück** a proper breakfast; **eine ~e Tracht Prügel** a proper hiding; **~er Professor** full professor

Order ['ɔrdɐ] <-, -s/-n> *f* (*Anweisung, Auftrag*) order; **an die ~ von …** (COM) to the order of …; **sich an seine ~ halten** stick to one's orders *pl*

ordern *vt* (COM) order

ordinär [ɔrdi'nɛ:ɐ] *adj* **1.** (*vulgär*) vulgar **2.** (*alltäglich*) ordinary

Ordinarius [ɔrdi'na:riʊs] <-, -rien> *m* professor (*für* of)

ordnen ['ɔrdnən] **I.** *vt* **1.** (*organisieren*) order, organize **2.** (*in Ordnung bringen*) put in order **3.** (*an~, sortieren*) arrange **II.** *vr* **1.** (*in* (*eine*) *Ordnung kommen*) get into order **2.** (*sich an~, bilden*) form (*zu etw* s.th.); **wohl geordnet**[RR] well arranged; **Ordner** *m* **1.** (*Akten~*) file **2.** (*bei Versammlung*) steward

Ordnung *f* **1.** (*das Ordnen*) ordering **2.** (*Ergebnis des Ordnens*) order **3.** (*Regelung*) rules *pl* **4.** (*Gesetzmäßigkeit*) routine **5.** (*Rang, a. in Mathematik und Biologie*) order; **~ halten** keep things in order; (**er ist**) **in ~** (he's) all right [*o* OK]; **jdn zur ~ rufen** call s.o. to order; **das bringen Sie wieder in ~!** you'll sort this out!; **können**

Sie diese Maschine wieder in ~ bringen? can you fix this machine?; **die Maschine ist** (**wieder**) **in** ~ the machine is fixed (again); **mit meinem CD-Spieler ist etwas nicht in** ~ there's s.th. wrong with my CD-player; **klar, geht in ~!** (*fam*) sure, that's OK!; ~ **muss sein!** we must have order!; **man muss sich an die ~ halten** one must stick to the rules; **nur der ~ halber** only as a matter of form; **sie ist ein Genie erster** ~ she is a genius of the first order

Ordnungsamt *nt municipal authorities;* **ordnungsgemäß** *adj* according to the rules; ~ **ablaufen** take its proper course

Ordnungsruf *m* (PARL) call to order; **Ordnungsstrafe** *f* fine; **jdn mit einer ~ belegen** fine s.o.; **ordnungswidrig** *adj* (JUR) irregular; ~ **handeln** infringe regulations; **Ordnungswidrigkeit** *f* (JUR) infringement; **Ordnungszahl** *f* **1.** (MATH) ordinal number **2.** (PHYS) atomic number

Organ [ɔr'ga:n] <-s, -e> *nt* **1.** (MED ANAT: *Körper~*) organ **2.** (*fam: Stimme*) voice **3.** (*Zeitung*) organ **4.** (*Amt, Stelle*) instrument, organ

Organhandel *m* trade in human organs

Organigramm [ɔrgani'gram] <-(e)s, -e> *nt* organigram

Organisation [ɔrganiza'tsjo:n] *f* organization; **Organisationskomitee** *nt* organising committee; **Organisationstalent** *nt* organizing ability; **Organisator(in)** *m(f)* organizer; **organisatorisch** *adj* organizational; **~es Talent besitzen** have a gift for organization

organisch *adj* **1.** (CHEM) organic **2.** (MED: *körperlich*) physical

organisieren I. *vt, vi* **1.** organize **2.** (*sl: klauen*) lift **II.** *vr* organize; **das organisierte Verbrechen** organized crime

Organismus *m* organism

Organist(in) *m(f)* (MUS) organist

Organizer ['ɔ:gənaɪzɐ] <-s, -> *m* (*Taschencomputer*) palmtop (computer)

Organspende *f* organ donation; **Organspender(in)** *m(f)* (MED) (organ) donor; **Organtransplantation** *f* (MED) transplantation

Orgasmus [ɔr'gasmʊs] *m* orgasm; **orgastisch** *adj* orgasmic

Orgel ['ɔrgəl] <-, -n> *f* (MUS) organ; **Orgelkonzert** *nt* organ recital; **orgeln** *vi* (*Orgel spielen*) play the organ; **Orgelpfeife** *f* organ pipe

Orgie ['ɔrgiə] *f* orgy; **~n feiern** have orgies; (*fig*) go wild

Orient ['o:riɛnt/ori'ɛnt] <-> *m* Orient; **Orientale, -lin** *m, f* man (woman) from the Middle East; **orientalisch** *adj* Middle Eastern

orientieren I. *vr* **1.** (*sich zurechtfinden*) orientate o.s. (*an o nach* by) **2.** (*sich ausrichten, anpassen*) orientate (*an* to) **3.** (*sich informieren*) inform o.s. (*über* about) **II.** *vt, vi* **1.** (*ausrichten, a. fig*) orientate (*auf o nach* towards) **2.** (*informieren*) inform (*über* about); **seine Ideen am Liberalismus** ~ orientate one's ideas to liberalism

Orientierung *f* **1.** (*das Zurechtfinden, Ausrichten*) orientation **2.** (*Informierung*) information; **die ~ verlieren** (*a. fig*) lose one's bearings *pl;* **Orientierungssinn** *m* sense of direction

Original [or(i)gi'na:l] <-s, -e> *nt* **1.** original **2.** (*origineller Mensch*) character, original person

original *adj* original

Originalfassung *f* original (version); **in der englischen** ~ in the original English version

Originalität *f* **1.** (*Ursprünglichkeit, Urtümlichkeit*) originality **2.** (*Echtheit*) authenticity

originell *adj* **1.** (*geistvoll, witzig*) witty **2.** (*neu*) novel **3.** (*original, selbstständig*) original

Orkan [ɔr'ka:n] <-(e)s, -e> *m* **1.** hurricane **2.** (*fig*) storm; **orkanartig** *adj* hurricane-like

Ornament [ɔrna'mɛnt] <-(e)s, -e> *nt* ornament; **ornamental** *adj* ornamental

Ornat [ɔr'na:t] <-(e)s, -e> *m* regalia *pl;* (ECCL) vestments *pl*

Oropax® <-> *nt* ear plugs *pl*

Ort[1] [ɔrt] <-(e)s, -e> *m* **1.** (*Platz, Stelle*) place **2.** (*~schaft*) place **3.** (MATH) locus; **am ~ des Verbrechens** in the locality of the crime; ~ **der Handlung** (THEAT FILM) scene of the action; **an ~ und Stelle** (*sofort, vor ~*) on the spot; **an ~ und Stelle ankommen** arrive at one's destination; **ein abgelegener** ~ a remote spot; **von ~ zu ~** from place to place; **der nächste** ~ the next village (*o* town)

Ort[2] <-(e)s> *nt* (MIN) coal face; **vor ~** (*fig*),

Örtchen ['œrtçən] *nt:* **das stille** ~ (*hum: Toilette*) the smallest room

orten *vt* (AVIAT MAR) locate

orthodox [ɔrto'dɔks] *adj* (REL) orthodox

Orthographie [ɔrtogra'fi:] *f,*

Orthografie[RR] *f* orthography; **orthographisch** *adj,* **orthografisch[RR]** *adj* orthographic(al)

Orthopäde, -pädin [ɔrto'pɛ:də] *m, f* (MED) orthop(a)edist; **Orthopädie** [---'-] *f* (MED) orthopaedics *pl;* **orthopädisch** *adj* (MED) orthopaedic

örtlich ['œrtlɪç] *adj* local; **Örtlichkeit** *f* locality; **sich mit der ~ vertraut machen** familiarize o.s. with the locality

Ortsangabe *f* 1. (*bei Briefen*) town 2. (*bei Büchern*) place of publication; **ortsansässig** *adj* local; **die Ortsansässigen** the local residents; **Ortsausgang** *m* end of a town [*o* village]; **Ortsbesichtigung** *f* local survey, site inspection; **Ortsbestimmung** *f* position fixing

Ortschaft *f* (*Stadt*) town; (*Dorf*) village; **geschlossene** ~ built-up area

Ortseingang *m* entrance to a town [*o* village]; **ortsfremd** *adj* non-local; **Ortsgespräch** *nt* (TELE) local call; **Ortskrankenkasse** *f* (*in Deutschland*) *pulsory medical assurance scheme;* **ortskundig** *adj:* ~ **sein** know one's way around [*o* know the place]; **Ortsname** *m* place name; **Ortsnetz** *nt* 1. (TELE) local exchange area 2. (ELEK) local grid; **Ortsnetzkennzahl** *f* (TELE) STD code; **Ortsschild** *nt* place name sign; **Ortssinn** <-(e)s> *m* sense of direction; **Ortstarif** *m* (TELE) charge for local phone-call; **Ortsteil** *m* district; **ortsüblich** *adj:* **es ist hier** ~ it's local custom here; **Ortsverband** *m* local committee; **Ortswechsel** *m* change of place; **Ortszeit** *f* local time; **Ortszuschlag** *m* local weighting allowance *Br*

Ortung *f* (MAR AERO) locating

Öse ['øːzə] <-, -n> *f* eyelet

Ossi ['ɔsɪ] <-s, -s> *m* (*fam*) *citizen of the former East Germany*

Ost [ɔst] *m* 1. (*Himmelsrichtung*) East 2. (*~wind*) East wind

Ostafrika *nt* East Africa; **Ostasien** *nt* Eastern Asia; **Ost-Berlin** *nt* East Berlin; **Ostblock** <-s> *m* (POL) Eastern Bloc; **ostdeutsch** *adj* East German; **Ostdeutschland** *nt* 1. (*geografisch*) Eastern Germany 2. (POL HIST) East Germany; **Osten** <-s> *m* 1. (*Himmelsrichtung*) East 2. (POL: *Ostblock*): **der** ~ the East; **der Nahe** (**Mittlere, Ferne**) ~ the Near (Middle, Far) East; **im** (**in den**) ~ in (to) the East

ostentativ [ɔstɛnta'tiːf] *adj* pointed

Osteoporose [ɔsteopo'roːzə] <-> *f* osteoporosis

Osterei *nt* Easter egg; **Osterfeuer** *nt bonfire lit on Easter Saturday;* **Osterglocke** *f* daffodil; **Osterhase** *m* Easter Bunny

österlich ['øːstɐlɪç] *adj* (of) Easter

Ostermarsch *m* peace march; **Ostermontag** *m* Easter Monday

Ostern ['oːstɐn] <-, -> *nt* Easter; **frohe** ~! Happy Easter!

Österreich ['øːst(ə)raɪç] *nt* Austria; **Österreicher**(**in**) *m(f)* Austrian; **österreichisch** *adj* Austrian

Ostersonntag *m* Easter Sunday; **Osterwoche** *f* Easter Week

Osteuropa *nt* Eastern Europe

Ostfriese, **-sin** <-n, -n> *m, f* East Frisian; **ostfriesisch** *adj* East Frisian; **Ostfriesland** *nt* East Frisia

Ostgote *m* (HIST) Ostrogoth

ostindisch ['-'--] *adj* East Indian

östlich ['œstlɪç] **I.** *adj* easterly **II.** *adv:* ~ **von ...** (to the) east of ... **III.** *präp* (to the) east of ...

Östrogen <-s, -e> *nt* estrogen

oströmisch *adj* Byzantine

Ostsee *f:* **die** ~ the Baltic (Sea); **Oststaaten** *pl* (*der USA*) Eastern states; **Ostverträge** *pl* (POL) treaties with Eastern Bloc states

ostwärts *adv* eastwards

Ost-West-Beziehungen *pl* (POL) East-West relations

Otter[1] ['ɔtɐ] <-, -n> *f* (*Schlange*) adder, viper

Otter[2] <-s, -> *m* (*Fisch~*) otter

Otto ['ɔto] *m* (*hum fam*): **den flotten** ~ **haben** (*Durchfall*) have the runs *pl*

Ottomotor *m* otto engine

Outing ['aʊtɪŋ] <-s, -s> *nt* (*sich als Homosexueller zu erkennen geben*) coming out

Outsourcing ['aʊtsɔːsɪŋ] <-s> *nt* outsourcing

Ouvertüre [ovɛr'tyːrə] <-, -n> *f* (MUS) overture

oval [o'vaːl] *adj* oval

Overall ['oʊvərɔːl] <-s, -s> *m* overalls *pl*

overdressed [ˌəʊvə'drɛsd] *adj* (*unpassend fein gekleidet*) overdressed

Ovulation [ovula'tsjoːn] <-, -en> *f* ovulation; **Ovulationshemmer** <-s, -> *m* ovulation inhibitor

Oxid [ɔ'ksiːt] <-(e)s, -e> *nt* (CHEM) oxide; **Oxidation** *f* (CHEM) oxidation

oxidieren *vt, vi* (CHEM) oxidise

Ozean ['oːtseaːn] <-s, -e> *m* ocean; **Ozeandampfer** *m* ocean steamer; **ozeanisch** *adj* oceanic

Ozelot ['oːtselɔt] <-s, -e> *m* (*Raubkatze*) ocelot

Ozon [o'tsoːn] <-s> *nt* (CHEM) ozone; **ozonarm** *adj* ozone-depleted; **Ozonbelastung** *f ohne pl* ozone pollution; **Ozonkiller** <-s, -> *m* (*fam*) ozone killer; **Ozonloch** *nt* hole in the ozone layer; **Ozonschicht** *f* ozone layer, ozonosphere; **ozonschädigend** *adj* ozone depleting; **Ozonschild** *m* ozone shield

P

P, p [pe:] <-, -> *nt* P, p

Paar [pa:ɐ] <-(e)s, -e> *nt* pair; (*zwei Menschen*) couple; **ein ~ Schuhe** a pair of shoes; **die beiden sind ein ungleiches ~** the two of them make an odd couple

paar *adj:* **ein ~** a few; (*zwei, drei*) a couple of; **vor ein ~ Tagen** a few days ago; **die ~ Leute, die da waren** the few people who were there; **kannst du mir ein ~ Zeilen schreiben?** can you drop me a line?

paaren *vr* **1.** (*Tiere*) mate **2.** (*fig*) be combined

paarig *adj* in pairs

Paarlauf *m* (SPORT) pair scating

paarmal *adv:* **ein ~** a few times; (*zwei-, dreimal*) a couple of times

Paarung *f* **1.** (*von Tieren*) mating **2.** (SPORT) match **3.** (*fig*) combination

paarweise *adv* in pairs *pl*

Pacemaker ['peɪsmeɪkɐ] <-s, -> *m* (*Vorreiter*) pacemaker

Pacht [paxt] <-, -en> *f* **1.** (*~verhältnis*) lease **2.** (*Entgelt*) rent; **etw in ~ geben** let (out) s.th. on lease; **etw in ~ nehmen** (**haben**) take (have) s.th. on lease; **pachten** *vt* lease; **etw für sich gepachtet haben** (*fam*) have the [*o* a] monopoly on s.th.; **Pächter**(**in**) ['pɛçtɐ] *m(f)* tenant; **Pachtvertrag** *m* lease

Pack[1] [pak] <-(e)s> *m* **1.** (*Haufen*) stack **2.** (*Bündel*) bundle; **mit Sack und ~** (*fam*) with bag and baggage

Pack[2] *nt* (*Gesindel*) rabble, riffraff

Packager ['pækidʒə] <-s, -> *m* packager

Päckchen ['pɛkçən] <-s, -> *nt* **1.** package **2.** (*Packung, Schachtel*) packet **3.** (*Post~*) small parcel

Packeis *nt* pack ice

packeln *vi* (*österr: paktieren*) make a deal

packen I. *vt, vi* **1.** (*festhalten*) grab, seize **2.** (*begeistern, ergreifen*) grip, thrill **3.** (*ein~, verstauen*) pack; (*Päckchen, Pakete*) make up **4.** (*fam: hinkriegen, schaffen*) manage; **jdn beim Arm ~** grab someone's arm; **jdn am Kragen ~** grab s.o. by the collar; **der Zug geht in zehn Minuten, ~ wir das noch?** the train leaves in ten minutes, can we still make it?; **ich pack's nicht!** (*fam*) I don't believe it!; **~ packen wir's!** (*fam*) let's get going! **II.** *vr* (*fam: sich davonmachen*) clear off; **packend** *adj* (*fesselnd*) gripping, thrilling; **Packer**(**in**) *m(f)* packer; **Packesel** *m* **1.** (*Lastesel*) pack-ass **2.** (*fig*) packhorse; **Packpapier** *nt* wrapping paper; **Packsattel** *m* pack-saddle

Packung *f* **1.** (*Päckchen, Schachtel*) packet **2.** (MED) compress **3.** (TECH) gasket; **eine ~ Zigaretten** a packet of cigarettes *Br,* pack of cigarettes *Am*

Packungsbeilage *f* (*bei Medikamenten*) enclosed instructions for use

Packwagen *m* (RAIL) luggage van *Br,* baggage car *Am*

Pädagoge, -gin [pɛda'go:gə] *m, f* education(al)ist; **Pädagogik** [--'--] *f* education; **pädagogisch** *adj* educational, pedagogical; **Pädagogische Hochschule** teacher-training college

Paddel ['padəl] <-s, -> *nt* paddle; **Paddelboot** *nt* canoe; **paddeln** *vi* canoe, paddle

Päderast [pɛde'rast] <-en, -en> *m* pederast

paffen ['pafən] **I.** *vt* (*fam*) **1.** (*viel rauchen*) puff away at **2.** (*nicht inhalieren*) puff at **II.** *vi* **1.** (*viel rauchen*) puff away **2.** (*nicht inhalieren*) puff

Page ['pa:ʒə] <-n, -n> *m* **1.** (HIST) page **2.** (*Hotel~*) bellboy *Br,* bellhop *Am*

Pager ['peɪdʒɐ] <-s, -> *m* (*Funkrufempfänger*) pager

paginieren [pagi'ni:rən] *vt* (TYP) paginate

Pailette *f* sequin

Paket [pa'ke:t] <-(e)s, -e> *nt* **1.** (*Post~*) parcel **2.** (*Packung*) packet **3.** (*fig*) package; **ein ~ aufgeben** mail a parcel; **etw als ~ schicken** send s.th. by parcel post; **Paketannahme** *f* parcels office; **Paketausgabe** *f* parcel-delivery; **Paketkarte** *f* dispatch form; **Paketpost** *f* parcel post; **Paketschalter** *m* parcels counter

Pakistan ['pa:kista:n] *nt* Pakistan

Pakt [pakt] <-(e)s, -e> *m* agreement, pact; **paktieren** *vi* make a pact

Palast [pa'last, *pl:* pa'lɛstə] <-es, ¨-e> *m* (*a. fig*) palace

Palästina [palɛs'ti:na] *nt* Palestine; **Palästinenser**(**in**) [palɛsti'nɛnzɐ] *m(f)* Palestinian; **palästinensisch** *adj* Palestinian

Palaver [pa'la:vɐ] <-s, -> *nt* (*a. fig fam*) palaver; **palavern** <ohne ge-> *vi* (*a. fig fam*) palaver

Palette [pa'lɛtə] <-, -n> *f* **1.** (*Maler~*) palette **2.** (*Transport~*) pallet **3.** (MARKT: *Pro-*

dukt ~) range

palettieren *vt* to palletize

Palisade [pali'za:də] <-, -n> *f* palisade

Palme ['palmə] <-, -n> *f* palm (tree); **so etw bringt mich wirklich auf die ~!** (*fam*) such a thing really makes me see red!; **Palmöl** *nt* palm oil

Palmsonntag *m* Palm Sunday

Palmtop ['pɑ:mtɒp] <-s, -s> *nt* (INFORM) palmtop

Palmwedel *m* palm leaf; **Palmzweig** *m* palm leaf

Pampe ['pampə] <-> *f* (*fam*) slop

Pampelmuse ['pampəlmu:zə] <-, -n> *f* grapefruit

pampern ['pɛmpɐn] *vt* (*sl: verhätscheln*) pamper

Pamphlet [pam'fle:t] <-(e)s, -e> *nt* lampoon

pampig *adj* (*fam*) **1.** (*breiig*) gooey **2.** (*frech*) stroppy

Panama ['panama] *nt* Panama; **Panamaer(in)** <-s, -> *m(f)* Panamanian

Panflöte ['pa:n-] *f* pan-pipes *pl*

panieren [pa'ni:rən] *vt* coat with breadcrumbs; **Paniermehl** *nt* breadcrumbs *pl*

Panik ['pa:nɪk] *f* panic; **in ~ geraten** get into a panic; **nach dem Erdbeben brach eine ~ aus** after the earthquake panic broke out; **Panikkäufe** *pl* panic buying; **Panikmache** *f* (*fam*) panicmongering; **panisch** *adj* panic-stricken; **~e Angst** panic-stricken fear; **eine ~e Angst vor etw haben** be terrified of s.th.

Panne ['panə] <-, -n> *f* **1.** (*auch Auto~*) breakdown; (*Reifen~*) puncture **2.** (*fam: Schnitzer*) boob *Br*, goof *Am;* **er hatte eine ~** (*mit dem Auto*) his car broke down; (*eine Reifen~*) he had a puncture; **da ist mir wohl eine ~ passiert** (*fam*) I must have boobed there *Br*, I must have goofed there *Am;* **Pannendienst** *m* (AUTO) breakdown service

Panorama [pano'ra:ma] <-s, -men> *nt* panorama

panschen ['panʃən] **I.** *vt* (*Wein, Whisky*) adulterate **II.** *vi* (*fam*) splash (about)

Pansen ['panzən] <-s, -> *m* **1.** (*1. Magenabschnitt bei Wiederkäuern*) rumen **2.** (*fam*) belly

Panther ['pantɐ] <-s, -> *m*, **Panter**RR *m* panther

Pantine [pan'ti:nə] <-, -n> *f* clog

Pantoffel [pan'tɔfəl] <-s, -n> *m* slipper; **unterm ~ stehen** (*fam*) be henpecked; **Pantoffelheld** *m* (*fam*) henpecked husband

Pantomime[1] [panto'mi:mə] <-, -n> *f* (*Kunst*) (panto)mime

Pantomime, -min[2] *m, f* mime; **pantomimisch** *adj* in mime

pan(t)schen ['pan(t)ʃən] **I.** *vt* (*Wein, Whisky*) adulterate **II.** *vi* (*fam*) splash (about)

Panzer ['pantsɐ] <-s, -> *m* **1.** (HIST: *Rüstung*) armour **2.** (MIL) tank **3.** (*von Schildkröte*) shell **4.** (*fig*) shield; **Panzerabwehr** *f* (MIL: *~truppe*) anti-tank unit; **Panzerabwehrkanone** *f* (MIL) anti-tank gun; **Panzerfaust** *f* (MIL) bazooka; **Panzerglas** <-es> *nt* bulletproof glass; **Panzergranate** *f* (MIL) armour-piercing shell

panzern I. *vt* armour-plate **II.** *vr* (*fig*) arm o.s. (*gegen* against)

Panzerschrank *m* safe; **Panzerspähwagen** [--'---] *m* (MIL) armoured scout car; **Panzersperre** *f* tank trap, anti-tank barrier; **Panzerwagen** *m* armoured car

Papa ['papa/pa'pa:] <-(s), -s> *m* (*fam*) dad(dy) *Br*, pa, pop *Am*

Papagei [papa'gaɪ] <-en/-s, -en/(-e)> *m* parrot; **Papageienkrankheit** *f* (MED) parrot fever, psittacosis

Paperback ['pe:pɐbɛk] <-s, -s> *nt* paperback

Papi <-(s), -s> *m* (*fam*) daddy *Br*, pa, pop *Am*

Papier [pa'pi:ɐ] <-s, -e> *nt* **1.** (*a. Schriftstück*) paper **2.** (FIN: *Wert~*) security, bond; **~e** (*Ausweis~*) (identity) papers; (*Dokumente*) documents; **ein Blatt ~** a sheet of paper; **nur auf dem ~ existieren** exist on paper only; **etw zu ~ bringen** put s.th. down on paper; **Papiereinzug** *m* (*bei Drucker, Schreibmaschine*) paper feed; **Papierfabrik** *f* paper mill; **Papiergeld** *nt* paper money; **Papierkorb** *m* wastepaper basket *Br*, wastebasket *Am;* **Papierkram** *m* (*fam*) red tape, bumph *Br a.;* **Papierkrieg** <-(e)s> *m* (*fam*) red tape; **einen endlosen ~ mit den Behörden führen** go through an endless red tape with the authorities; **Papierstau** *m* (*bei Drucker*) paper jam; **Papiertaschentuch** *nt* paper handkerchief; **Papiertiger** *m* paper tiger; **Papiertragetasche** *f* paper carrier; **Papiertüte** *f* paper bag; **Papiervorschub** *m* (*an Drucker*) paper feed; **Papierwaren** *fpl* stationery *sing*

Pappband *m* **1.** (*Einband*) pasteboard **2.** (*Buch*) hardback

Pappbecher *m* paper cup

Pappe ['papə] <-, -n> *f* cardboard; **nicht von ~ sein** (*fam*) not to be sneezed at

Pappel ['papəl] <-, -n> *f* (*Laubbaum*) poplar

päppeln ['pɛpəln] *vt* (*fam*) nourish

Pappenheimer *pl* (*fam*): **ich kenne meine ~** I know you [*o* that] lot

Pappenstiel *m* (*fam*): **etw für einen ~**

P

kriegen get s.th. for a song; **hundert Mark sind kein** ~ a hundred marks isn't chicken-feed

papperlapapp ['papɐla'pap] *interj* (*fam*) rubbish

pappig *adj* sticky

Pappkarton *m* **1.** (*Schachtel*) card-board box **2.** (*Pappe*) cardboard; **Pappmaschee**[RR] ['papmaʃeː] <-s, -s> *nt* papier-mâché; **Pappmaché** *nt* papier-mâché; **Pappnase** *f* false nose; **Pappschachtel** *m* cardboard box

Pappschnee *m* sticky snow

Pappteller *m* paper plate

Paprika ['paprika] <-s, -(s)> *m* **1.** (*Gewürz*) paprika **2.** (*~schote*) red [*o* green] pepper

Papst [paːpst, *pl:* 'pɛːpstə] <-es, ¨-e> *m* **1.** (ECCL) pope **2.** (*Literatur~, Kritiker~*) high priest; **päpstlich** ['pɛːpstlɪç] *adj* papal; **~er als der Papst sein** be more Catholic than the Pope; **Papsttum** <-s> *nt* (ECCL) papacy

Parabel [pa'raːbəl] <-, -n> *f* **1.** (*Gleichnis*) parable **2.** (MATH) parabola

Parabolantenne *f* (RADIO TV) satellite dish, parabolic receiving dish

Parade [pa'raːdə] <-, -n> *f* **1.** (MIL) parade, review **2.** (SPORT: *Abwehr*) parry; (*Torwart~ beim Fußball*) save; **Paradebeispiel** *nt* outstanding [*o* prime] example

Paradeiser [para'daɪzɐ] <-s, -> *m* (*österr*) tomato

Paradeschritt <-(e)s> *m* (MIL: *Stechschritt*) goose-step; **Paradeuniform** *f* (MIL) dress uniform

paradieren *vi* parade

Paradies [para'diːs] <-es, -e> *nt* (*a. fig*) paradise; **paradiesisch** *adj* **1.** (REL) paradisiac(al) **2.** (*fig*) heavenly; ~ **schön sein** be like paradise

paradox [para'dɔks] *adj* paradoxical; **Paradox(on)** [pa'radɔksoːn] <-es, -e> *nt* paradox

Paraffin [para'fiːn] <-s, -e> *nt* (CHEM) paraffin

Paragraph [para'graːf] <-en, -en> *m*, **Paragraf**[RR] *m* (*Abschnitt*) paragraph; (JUR) section; **Paragraphendschungel** *m* verbiage; **sich im ~ zurechtfinden** wade one's way through the verbiage

Paraguay ['paːragvai] *nt* Paraguay

parallel [para'leːl] *adj* (*geometrisch, a. fig*) parallel (*zu* to); **Parallele** <-, -n> *f* (*geometrisch, a. fig*) parallel (*zu* to); **Parallelogramm** [paralelo'gram] <-s, -e> *nt* (MATH) parallelogram

Parallelschwung *m* (SPORT) parallel turn; **Parallelstraße** *f* parallel road; **Parallelverarbeitung** *f* (INFORM) multiprocessing; **Parallelzugriff** *m* (INFORM) parallel access

Parameter [pa'raːmetɐ] <-, -> *m* parameter

paramilitärisch ['paːra-] *adj* para-military

Paranuss[RR] *f* Brazil nut

paraphieren [para'fiːrən] *vt* (POL) initial

Parapsychologie ['paːra-] *f* parapsychology

Parasit [para'ziːt] <-en, -en> *m* (*a. fig*) parasite

parat [pa'raːt] *adj* ready; **etw ~ haben (halten)** have (keep) s.th. ready

Parfum *nt*, **Parfüm** [par'fyːm] <-s, -s/-e> *nt* perfume, scent; **Parfümerie** [---'-] *f* perfumery; **Parfümflasche** *f* perfume bottle; **parfümieren I.** *vt* perfume, scent **II.** *vr* put perfume on

Paria ['paːria] <-s, -s> *m* (*a. fig*) pariah

parieren [pa'riːrən] **I.** *vt* (*einen Stoß, a. fig*) parry **II.** *vi* (*gehorchen*) obey

Pariser [pa'riːzɐ] <-s, -> **I.** *m* (*Einwohner von Paris*) Parisian **II.** *adj* Parisian; **Pariserin** *f* Parisienne

Parität [pɑri'tɛːt] *f* (FIN POL) parity

Park [park] <-s, -s/(-e)> *m* park

Parka ['parka] <-(s), -s> *m* parka

Parkbank *f* park bench

Parkdeck *f* (AUTO) parking level

parken *vt, vi* park; **Parken verboten!** no parking!

Parkett [par'kɛt] <-(e)s, -e> *nt* **1.** (*~fußboden*) parquet (flooring) **2.** (THEAT) stalls *Br*, parquet *Am*; **er legte eine tolle Nummer aufs ~** (*fam*) he put on a great show; **er kann sich auf jedem ~ bewegen** he can move in any society; **Parkettboden** *m* parquet floor

Parkfläche *f* parking place; **Parkgebühr** *f* parking tax; **Parkhaus** *nt* multistor(e)y covered car park; **Parkkralle** *f* wheel clamp; **Parklandschaft** *f* parkland; **Parklicht** <-s> *nt* (AUTO) parking light; **Parklücke** *f* parking gap; **Parkplatz** *m* parking lot; **Parkplatznot** *f* dearth of parking spaces; **Parkscheibe** *f* parking disc; **Parkstreifen** *m* lay-by; **Parksünder(in)** *m(f)* parking offender; **Parkuhr** *f* parking meter; **Parkverbot** *nt* "no parking"; **Parkwächter(in)** *m(f)* **1.** (*in Parkanlage*) park keeper **2.** (*auf Parkplatz*) car-park attendant

Parlament [parla'mɛnt] <-(e)s, -e> *nt* parliament; **er wurde ins ~ gewählt** he was elected to parliament; **Parlamentarier(in)** *m(f)* parliamentarian; **parlamentarisch** *adj* parliamentary; **Parlamentsausschuss**[RR] *m* parliamentary committee; **Parlamentsbeschluss**[RR] *m* vote of parliament; **Parlamentsdebatte** *f* parliamentary debate; **Parlamentsferien** *pl* recess; **Parlamentsgebäude** *nt* houses of parliament; **Parlamentsmitglied** *nt* member of parliament; **Parlamentspräsident** *m* president of the parliament; **Parlamentssitzung** *f* sitting (of parliament); **Parlamentswahl** *f* parliamentary election

Parmesan [parme'za:n] <-s> *m* parmesan (cheese)

Parodie [paro'di:] *f* parody (*von* of, *auf* on); **parodieren** *vt* parody

Parodontose [parodɔn'to:zə] <-> *f* periodontosis

Parole [pa'ro:lə] <-, -n> *f* **1.** (MIL) password **2.** (POL) slogan **3.** (*Wahlspruch*) motto

Parsing *nt* (INFORM) parsing

Partei [par'taɪ] <-, -en> *f* **1.** (POL) party **2.** (*Mieter*) tenant **3.** (JUR) party; **die ~ wechseln** change parties *pl;* **~ sein** be bias(s)ed; **für jdn ~ ergreifen** take someone's part; **gegen jdn ~ ergreifen** take sides against s.o.; **nicht beteiligte ~** (JUR) third party; **schuldige ~** party in fault; **die vertragschließenden ~en** (JUR) the contracting parties; **Parteiapparat** *m* (POL) party machinery; **Parteibuch** *nt* (POL) party membership book; **er hat schon immer das richtige ~ gehabt** he's always been in the right party; **Parteienfinanzierung** *f* party financing; **Parteifreund** *m* fellow party member; **Parteiführer(in)** *m(f)* (POL) party leader; **Parteiführung** *f* party leadership; **Parteigenosse, -genossin** *m, f* (POL) party member

parteiisch *adj* bias(s)ed

Parteilichkeit *f* partiality; **parteilos** *adj* (PARL) independent; **Parteimitglied** *nt* (POL) party member; **Parteinahme** *f* partisanship; **Parteiorgan** *nt* party organ; **Parteipolitik** *f* (POL) party politics *pl;* **parteipolitisch** *adj* (POL) party political; **Parteiprogramm** *nt* (POL) (party) manifesto *Br,* platform *Am;* **Parteispende** *f* party donation; **Parteispendenaffäre** *f* party donations scandal; **Parteitag** *m* (POL) party convention [*o* conference]; **Parteivorsitzende(r)** *f m* (POL) party leader; **Parteivorstand** *m* party executive; **Parteizugehörigkeit** *f* (POL) party membership

Parterre [par'tɛr] <-s, -s> *nt* **1.** (ARCH) ground floor *Br,* first floor *Am* **2.** (THEAT) pit *Br,* parterre *Am;* **Parterrewohnung** *f* ground-floor flat [*o* apartment]

Partie [par'ti:] *f* **1.** (*Teil*) part; (*Ausschnitt*) section **2.** (SPORT: *Spiel*) game; (*Tennis*) set **3.** (*fam: Glücksgriff*) catch **4.** (COM: *von Waren*) lot; **eine ~ Schach spielen** play a game of chess; **sie ist eine gute ~ (für ihn)** (*fam*) she's a good catch (for him); **sie hat eine gute ~ gemacht** (*fam*) she has married well; **ich bin mit von der ~** you can count me in

partiell [par'tsjɛl] *adj* partial

Partikel [par'ti:kl] <-, -n> *f* particle

Partisan(in) [parti'za:n] <-s/-en, -en> *m(f)* partisan

Partisanenkrieg *m* partisan war, guerilla war

Partitur [parti'tu:ɐ] *f* (MUS) score

Partizip [parti'tsi:p] <-s, -ien> *nt* (GRAM) participle; **~ Präsens** (**Perfekt**) present (past) participle

Partner(in) ['partnɐ] *m(f)* partner; **Partnerschaft** *f* partnership; **Partnerstadt** *f* twin town; **Partnertausch** *m* partner-swapping

Party-Service *m* party catering service

Parzelle [par'tsɛlə] <-, -n> *f* plot *Br,* lot *Am;* **parzellieren** *vt* parcel out

Pascha ['paʃa] <-s, -s> *m* pasha

Pass[RR] [pas] <-es, ⸚e> *m* **1.** (*Gebirgs~*) pass **2.** (*Reise~*) passport **3.** (SPORT: *beim Fußfall*) pass

passabel *adj* **1.** (*leidlich*) passable **2.** (*Aussehen*) reasonable

Passage [pa'sa:ʒə] <-, -n> *f* passage; (*Einkaufs~*) arcade

Passagier [pasa'ʒi:ɐ] <-s, -e> *m* passenger; **blinder ~** (MAR) stowaway; **Passagierdampfer** *m* passenger steamer; **Passagierflugzeug** *nt* airliner; **Passagierliste** *f* passenger list; **Passagierschiff** *nt* passenger ship

Passant(in) *m(f)* passer-by

Passat(wind) [pa'sa:t] <-(e)s, -e> *m* trade wind

Passbild[RR] *nt* passport photo(graph)

passee[RR] [pa'se:] *adj,* **passé** *adj pred* out, passé

passen ['pasən] **I.** *vt* **1.** (*ein~*) fit (*in* in(to)) **2.** (SPORT: *einen Pass schlagen*) pass **II.** *vi* **1.** (*von der Größe o Form her*) fit **2.** (*harmonieren*) go (*zu etw* with s.th.), be suited (*zu jdm* to s.o.) **3.** (*angenehm sein*) suit (*jdm* s.o.) **4.** (SPORT: *einen Pass schlagen*) pass **5.** (*beim Kartenspiel, a. beim Quiz*) pass; **~ Ihnen die Schuhe?** do the shoes fit you?; **das Kleid passt**[RR] **wie angegossen** the dress fits like a glove; **diese Farben ~ nicht gut zueinander** these colours don't go together well; **sie ~ gut zueinander** they are well suited to each other; **passt**[RR] **es Ihnen am Montag?** is Monday all right for you?; **wann passt**[RR] **es Ihnen?** what time would suit you?; **passend** *adj* **1.** (*von der Größe o Form her*) fitting **2.** (*von Farbe, Stil her*) matching **3.** ((*an*)*genehm*) suitable **4.** (*treffend*) appropriate, fitting; **dazu ~de**

P

Schuhe shoes to match; **haben Sie es ~?** (*Geldbetrag*) have you got the right money?
Passepartout [paspar'tuː] <-s, -s> *nt* passe-partout
PassfotoRR *nt* passport photo(graph)
passierbar *adj* passable
passieren [pa'siːrən] **I.** *vt* **1.** (*vorbeifahren*) pass **2.** (*durch Sieb ~ lassen*) strain **II.** *vi sein* (*sich ereignen*) happen (*mit* to); **Passierschein** *m* pass, permit
Passion [pa'sjoːn] *f* passion; **passioniert** *adj* enthusiastic, passionate
Passionsfrucht *f* passion fruit
Passiv ['pasiːf] <-s, (-e)> *nt* (GRAM) passive (voice); **passiv** *adj* passive; **~er Wortschatz** passive vocabulary; **~es Mitglied** non-active member; **das ~e Wahlrecht** (POL) eligibility; **~er Widerstand** passive resistance
Passiva [pa'siːva] *pl* (COM) liabilities
Passivität *f* passivity
Passivrauchen *nt* passive smoking
PasskontrolleRR *f* passport control; **Passstelle**RR *f* passport office
PassstraßeRR *f* (mountain) pass
PassstückRR *nt* (TECH) adapter
PasswortRR *nt* (INFORM) password
Paste ['pastə] <-, -n> *f* paste
Pastell <-(s)> *nt* pastel; **Pastellfarbe** *f* pastel; **Pastellstift** *m* pastel crayon
Pastete [pas'teːtə] <-, -n> *f* pie
pasteurisieren [pastøri'ziːrən] *vt* pasteurize
Pastille [pa'stɪlə] <-, -n> *f* lozenge, pastille
Pastor ['pastɔr] <-s, -en> *m* (ECCL: *anglikanisch*) vicar; (*freikirchlich*) minister
Pate ['paːtə] <-n, -n> *m* (ECCL: *Tauf~*) godfather; **bei dieser Entwicklung hat er ~ gestanden** he sponsored this development; **Patenkind** *nt* godchild; **Patenonkel** *m* godfather; **Patenschaft** *f* (*a. fig*) sponsorship; (*für Täufling*) godparenthood
Patent [pa'tɛnt] <-(e)s, -e> *nt* **1.** patent **2.** (HIST MIL) commission; **ein ~ anmelden** apply for a patent (*auf* on)
patent *adj* **1.** (*glänzend, klug*) ingenious **2.** (*fam: praktisch, handlich*) handy **3.** (*fam: prima*) great
Patentamt *nt* patent office
Patentante *f* godmother
Patentanwalt, **-anwältin** *m, f* patent agent *Br*, patent attorney *Am*; **patentieren** *vt* patent; (**sich**) **etw ~ lassen** take out a patent on s.th.; **Patentinhaber**(**in**) *m(f)* patentee; **Patentlösung** *f* (*fig*) patent remedy, easy answer; **Patentrecht** *nt* patent law; **Patentregister** *nt* patent rolls *pl*; **Patentrezept** *nt* (*fig*) patent remedy; **Patentverletzung** *f* (JUR) patent infringement
Pater ['paːtɐ, *pl:* 'patreːs] <-s, -/-tres> *m* (ECCL) Father
pathetisch [pa'teːtɪʃ] *adj* emotive
pathogen [pato'geːn] *adj* (MED) pathogenic
pathologisch [pato'loːgɪʃ] *adj* pathological
Pathos ['paːtɔs] <-> *nt* pathos
Patient(**in**) [pa'tsjɛnt] <-en, -en> *m(f)* patient; **Patientenkartei** *f* patients file
Patin ['paːtɪn] *f* (ECCL: *Tauf~*) godmother
Patina ['paːtina] <-> *f* (*a. fig*) patina; **patinieren** *vt* patinate
Patriarch [patri'arç] <-en, -en> *m* (*a. fig*) patriarch; **patriarchalisch** *adj* (*a. fig*) patriarchal; **Patriarchat** <-(e)s> *nt* patriarchy
Patriot(**in**) [patri'oːt] *m(f)* patriot; **patriotisch** *adj* patriotic; **Patriotismus** *m* patriotism
Patrizier(**in**) [pa'triːtsiɐ] *m(f)* patrician
Patron(**in**) [pa'troːn] <-s, -e> *m(f)* **1.** (HIST: *Schirmherr, Schirmherrin*) patron, patroness **2.** (ECCL) saint; **Patronat** <-(e)s, -e> *nt* patronage (*über* of)
Patrone [pa'troːnə] <-, -n> *f* (MIL FILM) cartridge
Patronengurt *m* ammunition belt
Patrouille [pa'trʊljə] <-, -n> *f* patrol; **patrouillieren** [patrʊ'liːrən] *vi* patrol
patsch *interj* (*bei Schlag*) smack
Patsche ['patʃə] <-, -n> *f* (*fam*) **1.** (*Hand*) paw **2.** (*Matsch*) mud **3.** (*fig*) fix, jam; **in der ~ sitzen** be in a fix; **jdm aus der ~ helfen** get s.o. out of a jam; **patschen** *vi* **1.** (*spritzen*) splash **2.** (*schlagen*) smack; **Patschhändchen** *f* (*fam: von Kindern*) (tiny) hand; **patschnass**RR *adj* (*fam*) soaking wet
Patt [pat] <-s, (-s)> *nt* (*a. fig* POL) stalemate; **Pattsituation** *f* (*fig*) stale mate
patzen ['patsn] *vi* make a boob, slip up
Patzer ['patsɐ] *m* (*fam: Schnitzer*) boob *Br*, goof *Am*
patzig *adj* (*fam*) snotty
Pauke ['paʊkə] <-, -n> *f* (MUS) kettledrum; **mit ~n und Trompeten durchfallen** (*fam*) fail miserably; **auf die ~ hauen** (*fam: überschwänglich feiern*) paint the town red; (*übermäßig angeben*) blow one's own trumpet; **pauken I.** *vt* (*fam: büffeln*) swot up **II.** *vi* **1.** (MUS) drum **2.** (*fam: büffeln*) swot; **Paukenschlag** *m* (MUS) drum beat; **wie ein ~** like a thunderbolt; **Paukenwirbel** *m* (MUS) roll on the kettledrum; **Pauker** *m* **1.** (MUS) drummer **2.** (*fam: Lehrer*) crammer
pausbäckig ['paʊsbɛkɪç] *adj* chubby-cheeked
pauschal [paʊ'ʃaːl] *adj* **1.** (*geschätzt*) estimated, overall **2.** (*alles inbegriffen*) inclusive **3.** (*einheitlich*) flat-rate; **jdm etw ~**

berechnen charge s.o. a flat rate for, s.th.; ~**e Lohnerhöhung** flat-rate wage increase; **Pauschalbetrag** *m* flat sum; **Pauschale** <-, -n> *f* **1.** (*Einheitspreis*) flat rate **2.** (*Schätzbetrag*) estimated amount; **pauschalieren** *vt* (COM) estimate at a flat rate; **pauschalisieren I.** *vt* lump together **II.** *vi* lump things together; **Pauschalpreis** *m* **1.** (*Zirkapreis*) estimated price **2.** (*Inklusivpreis*) inclusive price **3.** (*Einheitspreis*) flat rate; **Pauschalreise** *f* package tour; **Pauschaltourist(in)** *m(f)* package tourist; **Pauschalurlaub** *m* package holiday; **Pauschalversicherung** *f* comprehensive insurance

Pause[1] ['paʊzə] <-, -n> *f* **1.** (*Erholungs~*) break; (*kurzes Innehalten*) pause; (*Unterbrechung*) interval; (*Rast*) rest **2.** (MUS) rest; **eine ~ machen** (*zur Erholung, Entspannung*) make a break; (*rasten*) have a rest; (*innehalten*) (make a) pause; **die große ~** (*in der Schule*) break *Br*, recess *Am*

Pause[2] *f* (*Durchzeichnung*) tracing

pausen *vt* trace

Pausenfüller *m* stop gap

Pausenhof *m* schoolyard

pausenlos *adj* incessant, non-stop; **~ arbeiten** work incessantly [*o* non-stop]; **Pausenpfiff** *m* (SPORT) time-out whistle; **Pausenstand** *m* (SPORT) half-time score; **Pausenzeichen** *nt* **1.** (RADIO TV) call sign **2.** (MUS) rest

pausieren *vi* have a break

Pauspapier <-s> *nt* tracing paper

Pavian ['pa:via:n] <-s, -e> *m* (*großer Affe*) baboon

Pavillon ['pavɪljɔŋ] <-s, -s> *m* pavilion

Pay-TV ['peɪti:vi:] *nt* Pay TV

Pazifik [pa'tsi:fɪk] <-s> *m* Pacific

Pazifismus [patsi'fɪsmʊs] *m* pacifism; **Pazifist(in)** *m(f)* pacifist; **pazifistisch** *adj* pacifist

PC *m* <-s, -s> *Abk. von* **Personalcomputer** PC

Pech [pɛç] <-(e)s, (-e)> *nt* **1.** (*Material*) pitch **2.** (*fam: Missgeschick*) tough luck; **wie ~ und Schwefel zusammenhalten** be as thick as thieves; **bei etw ~ haben** (*fam*) have tough luck in s.th.; **~ gehabt!** (*fam*) tough!; **vom ~ verfolgt sein** (*fam*) be dogged by bad luck; **pechschwarz** *adj* pitch-black; **Pechsträhne** *f* (*fam*) run of bad luck; **Pechvogel** *m* (*fam*) unlucky thing

PDA *m Abk. von* **Personal Digital Assistant** PDA

Pedal [pe'da:l] <-s, -e> *nt* pedal; **fest in die ~e treten** pedal hard

Pedant(in) [pe'dant] <-en, -en> *m(f)* pedant; **Pedanterie** [pedantə'ri:] *f* pedantry; **pedantisch** *adj* pedantic

Pediküre [pedi'ky:rə] <-> *f* pedicure

Pegel ['pe:gəl] <-s, -> *m* **1.** (*Wasserstand*) water-depth gauge **2.** (RADIO) level recorder; **Pegelstand** *m* water level

Peilanlage *f* (AVIAT) direction finder; (MAR) sounding device; **peilen** ['paɪlən] *vt* **1.** (MAR: *ausloten*) sound **2.** (*einen Standort, ein U-Boot*) take the bearings of ...; **die Lage ~** (*fam*) see how the land lies; **über den Daumen ~** (*fam*) guess [*o* estimate] roughly; **Peilfunk** *m* radio direction finder; **Peilgerät** *nt* direction finder; **Peilstab** *m* (AUTO: *Öl~*) dipstick; **Peilstation** *f* direction finding station

Pein [paɪn] <-> *f* agony; **peinigen** ['paɪnɪgən] *vt* **1.** torture **2.** (*fig*) torment; **Peiniger(in)** *m(f)* **1.** torturer **2.** (*fig*) tormentor

peinlich *adj* **1.** (*unangenehm*) embarrassing **2.** (*genau, gewissenhaft*) meticulous; **es ist mir sehr ~, aber ich muss es Ihnen einmal sagen** I don't know how to put it, but you really ought to know; **er vermied es ~st zu ...** he was at great pains not to ...; **er achtet ~st auf sein Äußeres** he takes great pains over his appearance

Peitsche ['paɪtʃə] <-, -n> *f* whip; **peitschen** *vt, vi* whip; **der Regen peitschte gegen die Fensterscheiben** rain was dashing against the window panes; **Peitschenhieb** *m* lash, stroke

Pekinese [pekɪ'ne:zə] <-n, -n> *m* Pekinese

Pelerine [pelə'ri:nə] <-, -n> *f* pelerine

Pelikan ['pe:lika:n] <-s, -e> *m* pelican

Pelle ['pɛlə] <-, -n> *f* (*fam*) skin; **jdm auf die ~ rücken** get on s.o.'s back; **pellen I.** *vt* (*fam*) peel, skin **II.** *vr* peel; **Pellkartoffeln** *fpl* jacket potatoes

Pelz [pɛlts] <-es, -e> *m* **1.** (*gegerbt*) fur **2.** (*ungegerbtes Fell*) hide, skin **3.** (*~mantel*) fur; **jdm auf den ~ rücken** (*fam*) crowd s.o.; **pelzbesetzt** *adj* fur-trimmed; **pelzgefüttert** *adj* fur-lined; **Pelzhändler(in)** *m(f)* fur trader; **Pelzkragen** *m* fur collar; **Pelzmantel** *m* fur coat; **Pelzmütze** *f* fur hat; **Pelztier** *nt* fur-bearing animal

Pendant [pã'dã:] <-s, -s> *nt* counterpart, opposite number

Pendel ['pɛndəl] <-s, -> *nt* pendulum; **Pendelbewegung** *f* pendular movement; **pendeln** *vi* **1.** (*schwingen*) swing (*hin und her* to and fro), oscillate **2.** (*von Personen*) commute; **Pendeltür** *f* swing door; **Pendelverkehr** *m* (AVIAT RAIL) **1.** shuttle service **2.** (*Vorort ~*) commuter traffic

Pendler(in) *m(f)* commuter

P

penetrant [pene'trant] *adj* **1.** (*Gestank*) penetrating **2.** (*aufdringlich*) pushing

penetrieren *vt* penetrate

peng [pɛŋ] *interj:* ~**!** bang

penibel [pe'ni:bəl] *adj* pernickety, precise

Penis ['pe:nɪs] <-, -se> *m* penis

Penizillin [penitsɪ'li:n] <-s, -e> *nt* penicillin

Pennäler(in) [pɛ'nɛ:lɐ] *m(f)* (*veraltet: Gymnasiast*) grammar-school boy [*o* girl]

Pennbruder *m* (*fam*) bum *Br,* hobo *Am*

Penne ['pɛnə] <-, -n> *f* (*sl: Schule*) school; **pennen** *vi* (*fam*) doss down, kip; **Penner(in)** *m(f)* (*fam pej: Nichtsesshafter*) bum *Br,* hobo *Am;* (*Schlafmütze*) sleepyhead

Pension [pɛn'zio:n/pã'zio:n] *f* **1.** (*Ruhegehalt*) pension **2.** (*Ruhestand*) retirement **3.** (*Gästehaus*) pension **4.** (*Verpflegung*) board; **in ~ sein** (*pensioniert sein*) be retired [*o* in retirement]; **Pensionär(in)** *m(f)* **1.** (*Ruheständlerin*) pensioner **2.** (*Dauergast*) boarder; **Pensionat** <-(e)s, -e> *nt* boarding school; **pensionieren** *vt* pension off; **sich ~ lassen** retire; **pensioniert** *adj* retired; **Pensionsalter** *nt* pensionable age; **pensionsberechtigt** *adj* entitled to a pension; **Pensionskasse** *f* pension fund

Pensum ['pɛnzʊm] <-s, -sen/-sa> *nt* workload; **tägliches ~** daily quota

Peperoni [pepe'ro:ni] <-, -> *f* chillies *pl*

peppig *adj* (*fam*) lively, upbeat

per [pɛr] *präp* **1.** (*bis, am, mittels*) by **2.** (COM: *pro*) per; **~ Adresse** care of, c/o; **~ Post** by post; **sie sind ~ du (miteinander)** (*fam*) they're on first-name terms (with each other); **~ se** per se; **~ pedes** (*hum*) on Shank's pony

Perfekt <-(e)s, -e> *nt* (GRAM) perfect (tense)

perfekt [pɛr'fɛkt] *adj* **1.** (*vollkommen*) perfect **2.** *pred* (*abgemacht*) settled; **etw ~ machen** (*endgültig vereinbaren*) settle s.th.

Perfektion <-> *f* perfection

perfid(e) [pɛr'fi:t (-fi:də)] *adj* perfidious; **Perfidie** [--'-] *f* perfidy

Perforation <-, -en> *f* perforation

perforieren [pɛrfo'ri:rən] <ohne ge-> *vt* perforate

Performanz [pɛrfɔr'mants] <-, -en> *f* (LING) performance

Pergament [pɛrga'mɛnt] *nt* parchment; **in ~ gebunden** vellum-bound; **Pergamentpapier** *nt* greaseproof paper

Pergola ['pɛrgola] <-, Pergolen> *f* pergola

Periode [peri'o:də] <-, -n> *f* **1.** (*Zeitabschnitt*) period **2.** (*Menstruation*) period **3.** (ELEK) cycle; **sie bekam ihre ~ nicht** she didn't get [*o* have] her period; **4,36 ~** (MATH) 4.36 recurring; **Periodensystem** *nt* (CHEM) periodic system; **periodisch** *adj* periodic(al); **~er Dezimalbruch** (MATH) recurring decimal fraction

Peripherie [perife'ri:] *f* **1.** (*Außenrand*) periphery; (MATH: *von Kreis*) circumference **2.** (*von Stadt*) outskirts *pl*

Peripheriegerät *nt* (INFORM) peripheral

Periskop [perɪ'sko:p] <-(e)s, -e> *nt* periscope

Perle ['pɛrlə] <-, -n> *f* **1.** (*von Auster*) pearl; (*aus Holz, Glas*) bead **2.** (*fig*) gem **3.** (*Wasser~, Schweiß~*) bead **4.** (*Luftblase*) bubble; **perlen** *vi* **1.** (*von Gasen in Flüssigkeit*) sparkle, effervesce **2.** (*rinnen, herab~, fallen*) trickle; **Perlenkette** *f* string of pearls; **Perlhuhn** *nt* guinea fowl; **Perlmuschel** *f* pearl oyster; **Perlmutt** <-s> *nt* mother-of pearl

Perlon ['pɛrlɔn] <-s> *nt* nylon

permanent [pɛrma'nɛnt] *adj* permanent; **Permanenz** <-> *f* permanence

perplex [pɛr'plɛks] *adj* dumbfounded

Perser(in) ['pɛrzɐ] *m(f)* Persian; **Perserteppich** *m* Persian carpet

Persianer [pɛrzi'a:nɐ] <-s, -> *m* **1.** (*Pelz*) Persian lamb **2.** (*Mantel*) Persian lamb coat

Persien ['pɛrziən] *nt* Persia

Persiflage [pɛrzi'fla:ʒə] <-, -n> *f* pastiche

persisch *adj* Persian

Person [pɛr'zo:n] <-, -en> *f* **1.** (*Mensch*) person **2.** (*Einzelwesen*) individual **3.** (THEAT FILM) character **4.** (GRAM) person; **ich für meine ~** I for my part; **in eigener ~ erscheinen** appear in person; **die Geduld in ~ sein** be patience personified

Personal <-s> *nt* **1.** (*die Angestellten*) personnel, staff **2.** (*Dienerschaft*) servants *pl;* **Personalabbau** *m* reduction in staff, staff cuts *pl;* **Personalabteilung** *f* personnel department; **Personalakte** *f* personal file; **Personalausweis** *m* identity card; **Personalberater(in)** *m(f)* personnel consultant, consultant in human resources; **Personalbüro** *nt* personnel office; **Personalchef(in)** *m(f)* personnel manager; **Personalcomputer** *m* personal computer

Personalien [pɛrzo'na:liən] *pl* particulars

personalisieren *vt, vi* personalize

Personalkosten *pl* staff(ing) [*o* personnel] costs; **Personalplanung** *f* personnel planning; **Personalpolitik** *f* personnel [*o* staffing] policy

Personalpronomen *nt* personal pronoun

Personalunion *f* (HIST) personal union

Personalvermittlung *f* staff agency; **Personalwesen** *nt* personnel

Personenaufzug *m* lift *Br,* elevator *Am;*

Personenbeförderung *f* carrying of passengers; **personenbezogen** *adj* (*Daten*) personal; **Personengesellschaft** *f* *association without independent legal existence under German law,* partnership; **Personenkraftwagen**, **Pkw** *m* motorcar *Br,* automobile *Am;* **Personenkult** *m* personality cult; **Personenschaden** *m* injury to persons; **Personenschutz** *m* personal security; **Personenverkehr** *m* passenger services *pl;* **Personenwaage** *f* scales *pl;* **Personenzug** *m* stopping train, passenger train; **personifizieren** [pɛrzonifi'tsi:rən] *vt* personify

persönlich [pɛr'zø:nlɪç] **I.** *adj* personal **II.** *adv* personally; **ich ~ meine ...** I for my part think ...; **nehmen Sie doch nicht immer alles ~!** don't always take everything personally!; **der Kaiser ~** the Emperor himself; **sich für jdn (etw) ~ interessieren** take a personal interest in s.o. (s.th.); **~!** (*auf Brief*) private!; **Persönlichkeit** *f* **1.** (*persönliche Eigenschaften*) personality **2.** (*bedeutender Mensch*) personality; **eine ~ des öffentlichen Lebens** a public figure; **Persönlichkeitsentfaltung** *f* personality development; **Persönlichkeitsmerkmale** *ntpl* personal characteristics, personality traits

Perspektive [pɛrspɛk'ti:və] <-, -n> *f* **1.** (*optisch*) perspective **2.** (*Aussichten*) prospects *pl* **3.** (*Blick-, Gesichtspunkt*) angle; **neue ~n eröffnen** open new horizons; **aus meiner ~** from my angle

perspektivlos *adj* without prospects; **Perspektivlosigkeit** *f* lack of prospects

Peru [pe'ru:] *nt* Peru; **Peruaner(in)** [peru'a:nɐ] *m(f)* Peruvian; **peruanisch** *adj* Peruvian

Perücke [pɛ'rʏkə] <-, -n> *f* wig

pervers [pɛr'vɛrs] *adj* perverted; **Perversion** *f* perversion; **Perversität** *f* perversity

Pesete [pe'ze:tə] <-, -n> *f* Peseta

Pessimismus [pɛsi'mɪsmʊs] *m* pessimism; **Pessimist(in)** *m(f)* pessimist; **pessimistisch** *adj* pessimistic; **da bin ich ziemlich ~** I'm rather pessimistic about it; **ich sehe das ziemlich ~** I view that rather pessimistically

Pest [pɛst] <-> *f* plague; **jdn hassen wie die ~** (*fam*) hate someone's guts; **etw hassen wie die ~** (*fam*) loathe s.th. like hell; **stinken wie die ~** (*fam*) stink like hell

Peterli ['pe:tɐli:] <-s> *m ohne pl* parsley

Petersilie [petɐ'zi:liə] <-> *f* parsley

Petition [peti'tsjo:n] *f* petition

Petroleum [pe'tro:leʊm] <-s> *nt* paraffin *Br,* kerosene *Am;* **Petroleumlampe** *f* paraffin lamp *Br,* kerosene lamp *Am*

Petrus *m* Peter

petto ['pɛto] *adv* (*fam*): **etw in ~ haben** have s.th. up one's sleeve

Petze(r) *f (m)* (*fam*) telltale; **petzen** ['pɛtsən] *vi* (*fam*) tell tales

Pfad [pfa:t] <-(e)s, -e> *m* path; **Pfadfinder** *m* boy scout; **Pfadfinderin** *f* girl guide *Br,* girl scout *Am*

Pfaffe ['pfafə] <-n, -n> *m* (*pej*) cleric

Pfahl [pfa:l, *pl:* 'pfɛ:lə] <-(e)s, ⸚e> *m* (*Zaun~*) stake; (*Pfosten*) post; **Pfahlbau** *m* **1.** (*Haus*) pile dwelling **2.** (*Bauweise*) building on stilts; **Pfahlwurzel** *f* tap root

Pfalz [pfalts] <-, -en> *f* **1.** (HIST: *Kaiser~*) imperial palace **2.** (GEOG): **die ~** the Palatinate

Pfand [pfant, *pl:* 'pfɛndɐ] <-(e)s, ⸚er> *nt* **1.** (*a. fig*) pledge **2.** (*Flaschen~*) deposit; **etw als ~ geben** (*a. fig*) pledge s.th.; **ein ~ einlösen** redeem a pledge; **auf dieser Flasche sind 50 Pf ~** there's a deposit of 50 Pf on this bottle

pfändbar *adj* (JUR) distrainable

Pfandbrief *m* (FIN) bond

pfänden ['pfɛndən] *vt* (JUR: *beschlagnahmen*) distrain upon; **jdn ~** impound someone's possessions; **jdn ~ lassen** get the bailiffs onto s.o.

Pfandflasche *f* returnable bottle; **Pfandhaus** *nt* pawnshop; **Pfandleihe** *f* pawnbroking, pawnbroker; **Pfandschein** *m* (FIN) pawn ticket

Pfändung *f* (JUR) distraint

Pfanne ['pfanə] <-, -n> *f* **1.** (*Brat~*) pan **2.** (ANAT) socket **3.** (*Dach~*) pantile; **jdn in die ~ hauen** (*sl: scharf kritisieren*) slate s.o.; (*bei anderen heruntermachen*) do the dirty on s.o.

Pfannkuchen *m* pancake

Pfarramt *nt* priest's office; **Pfarrbezirk** *m* parish; **Pfarre** *f,* **Pfarrei** ['pfarə] <-, -n> *f* **1.** (*Gemeinde*) parish **2.** (*Pfarramt*) priest's office; **Pfarrer** *m* (*anglikanisch*) vicar; (*von Freikirchen*) minister; (*katholisch*) parish priest; **Pfarrgemeinde** *f* parish; **Pfarrhaus** *nt* (*anglikanisch*) vicarage; (*katholisch*) presbytery; **Pfarrkirche** *f* parish church

Pfau [pfaʊ] <-(e)s/-en, -en> *m* peacock; **Pfauenauge** *nt* (*Schmetterling*) peacock butterfly; (*Falter*) peacock moth; **Pfauenfeder** *f* peacock feather

Pfeffer ['pfɛfɐ] <-s> *m* pepper; **er kann bleiben, wo der ~ wächst!** (*fam*) he can take a running jump!; **Pfefferkorn** *nt* peppercorn

Pfefferkuchen *m* gingerbread

Pfefferminz(bonbon) *nt* peppermint; **Pfefferminze** [pfɛfɐ'mɪntsə] <-, -n> *f* peppermint; **Pfefferminzgeschmack**

P

m peppermint flavour; **mit ~** peppermint-flavoured; **Pfefferminztee** *m* peppermint tea

Pfeffermühle *f* pepper-mill

pfeffern *vt* **1.** (*mit Pfeffer würzen*) pepper **2.** (*fam: schmeißen*) hurl

Pfeife ['pfaɪfə] <-, -n> *f* **1.** (*zum ~n*) whistle; (*Quer~*) fife; (*Orgel~*) pipe **2.** (*Tabaks~*) pipe **3.** (*fam: Versager*) wash-out; **nach jds ~ tanzen** dance to someone's tune; **~ rauchen** smoke a pipe

pfeifen *irr vt, vi* **1.** whistle; (SPORT: *als Schiedsrichter*) ref **2.** (*Wind*) howl; **ich pfeife darauf!** (*fam*) I couldn't care less!; **aus dem letzten Loch ~** (*fam*) be on one's last legs; **Pfeifenkopf** *m* bowl; **Pfeifenreiniger** *m* pipe-cleaner; **Pfeifenstopfer** *m* tamper

Pfeifer *m* (MUS) piper; (MIL MUS) fifer

Pfeifton *m* whistle

Pfeil [pfaɪl] <-(e)s, -e> *m* **1.** arrow **2.** (*Wurf~*) dart; **wie ein ~ davonschießen** be off like a shot; **~ und Bogen** bow and arrow

Pfeiler ['pfaɪlɐ] <-s, -> *m* (*a. fig*) pillar

Pfeilgift *nt* arrow poison; **pfeilschnell** *adj* as swift as an arrow; **Pfeilspitze** *f* arrowhead

Pfennig ['pfɛnɪç] <-(e)s, -e> *m* (*fig*) penny; **Pfennigabsatz** *m* stiletto heel; **Pfennigfuchser** *m* (*fam pej*) skinflint

Pferch [pfɛrç] <-(e)s, -e> *m* fold, pen

Pferd ['pfe:ɐt] <-(e)s, -e> *nt* **1.** (ZOO SPORT) horse **2.** (*Schachfigur*) knight; **zu ~e** on horseback; **immer langsam mit den jungen ~en!** (*fam*) hold your horses!; **keine zehn ~e bringen mich dahin** (*fam*) wild horses won't drag me there; **man kann mit ihm ~e stehlen** (*fam*) he's a real sport!; **das ~ beim Schwanz aufzäumen** put the cart before the horse; **aufs falsche ~ setzen** (*a. fig*) back the wrong horse; **er arbeitet wie ein ~** (*fam*) he works like a Trojan; **Pferdefleisch** *nt* horseflesh; **Pferdefuß** *m*: **die Sache hat einen ~** there's just one snag; **Pferderennbahn** *f* race course; **Pferderennen** *nt* horse-race; (*Sportart*) horse racing; **Pferdeschwanz** *m* horse's tail; (*Frisur*) pony-tail; **Pferdestall** *m* stable; **Pferdestärke** *f* horsepower, hp; **Pferdezucht** *f* **1.** (*das Züchten*) horse-breeding **2.** (*Gestüt*) stud-farm

Pfiff [pfɪf] <-(e)s, -e> *m* **1.** (*Pfeifen*) whistle **2.** (*Flair*) flair

Pfifferling ['pfɪfɐlɪŋ] <-s, -e> *m* (*Speisepilz*) chanterelle; **keinen ~ wert** (*fam*) not worth a straw

pfiffig *adj* cute, sharp, sly; **Pfiffigkeit** *f* cuteness, sharpness; **Pfiffikus** ['pfɪfikʊs] <-/-ses, -se> *m* (*fam*) sly fellow

Pfingsten ['pfɪŋstən] *nt* Whitsun; **Pfingstfest** *nt* Whitsun, Pentecost; **Pfingstmontag** [-'--] *m* Whit Monday; **Pfingstrose** *f* peony; **Pfingstsonntag** [-'--] *m* Whit Sunday; (ECCL) Pentecost

Pfirsich ['pfɪrzɪç] <-s, -e> *m* peach; **Pfirsichbaum** *m* peach tree

Pflanze ['pflantsə] <-, -n> *f* plant

pflanzen *vt* plant

Pflanzenbestand *m* plant formation; **Pflanzendecke** *f* plant [*o* vegetation] cover; **Pflanzenfaser** *f* plant fibre *Br,* plant fiber *Am;* **Pflanzenfett** *nt* vegetable fat; **Pflanzenfresser** *m* phytophage; **Pflanzengift** *nt* plant poison; **Pflanzenkunde** *f* botany; **Pflanzenöl** *nt* vegetable oil; **Pflanzenreich** *nt* plant world; **Pflanzenschutzmittel** *nt* pesticide; **Pflanzer(in)** *m(f)* planter

pflanzlich *adj* vegetable

Pflanzung *f* (*Plantage*) plantation

Pflaster ['pflastɐ] <-s, -> *nt* **1.** (*Straßen~*) pavement **2.** (*Heft~*) sticking-plaster; **ein teures ~** (*fam*) a pricey place; **ein heißes ~** (*fam*) a dangerous place; **Pflastermaler(in)** *m(f)* pavement artist; **pflastern** *vt* (*Straße*) pave; (*mit Kopfsteinpflaster*) cobble; **Pflasterstein** *m* paving-stone; (*Kopfstein*) cobble

Pflaume ['pflaʊmə] <-, -n> *f* **1.** plum; (*getrocknete ~*) prune **2.** (*fam: Blödmann*) dope

Pflaumenbaum *m* plum(tree); **Pflaumenmus** *nt* plum jam

Pflege ['pfle:gə] <-, -n> *f* **1.** care **2.** (*Kranken~*) nursing **3.** (*von Kunst, Garten*) cultivation **4.** (TECH: *Instandhaltung*) maintenance; **in ~ nehmen** look after; **jdn (etw) in ~ geben** have s.o. (s.th.) looked after; **pflegebedürftig** *adj* needing [*o* in need of] care; **Pflegeeltern** *pl* foster parents; **Pflegefall** *m* person in need of care; **Pflegeheim** *nt* nursing home; **Pflegehelfer(in)** *m(f)* care assistant; **Pflegekind** *nt* foster child; **Pflegekosten** *fpl* nursing fees; **Pflegekostenversicherung** *f* private nursing insurance; **pflegeleicht** *adj* (*von Kleidung*) easy-care; (*fig*) easy to handle; **Pflegemutter** *f* foster mother

pflegen **I.** *vt* **1.** care for, look after; (*Garten*) tend; (*Kranken*) nurse **2.** (*Kunst, Beziehungen*) cultivate **3.** (TECH: *in Stand halten*) maintain **II.** *vi* (*gewohnt sein*) be accustomed (*zu* to) **III.** *vr* (*sein Äußeres ~*) care about one's appearance

Pflegenotstand *m shortage of nursing staff and facilities;* **Pflegepersonal** *nt* nursing staff; **Pfleger** *m* male nurse; **Pfle-**

gerin *f* nurse; **Pflegesatz** *m* hospital charges *pl;* **Pflegeserie** *f* (*Kosmetik*) line of cosmetic products; **Pflegeshampoo** *nt* conditioning shampoo; **Pflegespülung** *f* conditioner; **Pflegevater** *m* foster father; **Pflegeversicherung** *f* (old age) care insurance
pfleglich *adj* careful
Pflegschaft *f* (JUR) **1.** (*Vormundschaft*) tutelage **2.** (*Vermögensverwaltung*) trusteeship
Pflicht [pflɪçt] <-, -en> *f* **1.** duty **2.** (SPORT) compulsory exercises *pl;* **seine ~ (gegenüber jdm) erfüllen** do one's duty (by s.o.); **seine ~ verletzen (vernachlässigen)** fail in (neglect) one's duty; **pflichtbewusst**[RR] *adj* conscious of one's duties
Pflichtenheft *nt* specification
Pflichterfüllung *f* fulfilment of one's duty; **Pflichtfach** *nt* (*in der Schule*) compulsory subject; **Pflichtgefühl** *nt* sense of duty; **pflichtgemäß** *adj* dutiful; **Pflichtteil** *m/nt* (JUR) legal portion; **Pflichtübung** *f* compulsory exercise; **pflichtvergessen** *adj* irresponsible; **Pflichtverteidiger(in)** *m(f)* (JUR) defence counsel appointed by the court
Pflock [pflɔk, *pl:* 'pflœkə] <-(e)s, ⸚e> *m* peg
pflücken ['pflʏkən] *vt* pick, pluck; (*sammeln*) gather
Pflug [pflu:k, *pl:* 'pfly:gə] <-(e)s, ⸚e> *m* plough *Br,* plow *Am;* **Pflugbogen** *m* (SPORT) snowplough turn *Br,* snowplow turn *Am*
pflügen ['pfly:gən] *vt, vi* (*a. fig*) plough *Br,* plow *Am*
Pforte ['pfɔrtə] <-, -n> *f* gate
Pförtner[1] ['pfœrtnɐ] <-s, -> *m* (ANAT) pylorus
Pförtner(in)[2] *m(f)* porter; (*in Industriebetrieb*) gateman; **Pförtnerloge** *f* porter's office; (*in Industriebetrieb*) gatehouse
Pfosten ['pfɔstən] <-s, -> *m* post; (*Tür~*) doorpost; (*Mittel~ an Fenstern*) jamb; (*von Fußballtor*) (goal)post
Pfote ['pfo:tə] <-, -n> *f* **1.** (*Tier~*) paw **2.** (*sl: Hand*) mitt; **jdm eins auf die ~n geben** (*fam*) rap someone's knuckles; **sich die ~n verbrennen** (*fam*) burn one's fingers; **er hat überall seine ~n drin** (*fam*) he's got a finger in every pie
Pfriem [pfri:m] <-(e)s, -e> *m* awl
Pfropfen ['pfrɔpfən] <-s, -> *m* (*Stöpsel*) stopper; (*Korken*) cork; (*Holz~, Watte~*) plug; (MED: *Blut~*) thrombus
pfropfen *vt* **1.** (*fam: stopfen*) cram (*in* into) **2.** (BOT) graft
Pfründe ['pfrʏndə] <-, -n> *f* **1.** (HIST ECCL) church living, prebend **2.** (*fig*) sinecure
Pfuhl [pfu:l] <-(e)s, -e> *m* (*fig*) mire
pfui [pfʊɪ] *interj* (*Ausdruck des Ekels*) ugh; (*der Empörung*) boo; (*der Missbilligung*) tut tut
Pfund [pfunt] <-(e)s, -e> *nt* pound *pl,* lbs; **~ Sterling** pound (sterling)
pfundig *adj* (*bayrisch: klasse*) great *Br,* swell *Am*
pfuschen *vi* (*fam*) **1.** (*in Schule, beim Spiel*) cheat **2.** (*bei Arbeit*) bungle; (*nachlässig ausführen*) scamp (*bei etw* s.th.); **jdm ins Handwerk ~** (*fam*) interfere with s.o.'s work; **Pfuscher(in)** *m(f)* (*fam*) botcher, bungler; **Pfuscherei** *f* (*fam*) bungling, botch-up
Pfütze ['pfʏtsə] <-, -n> *f* puddle
Phänomen [fɛno'me:n] <-s, -e> *nt* phenomenon; **phänomenal** *adj* phenomenal
Phantasie *f* imagination; **sie hat ~** she's got imagination; **Phantasiegebilde** *nt* figment of one's imagination; **phantasielos** *adj* unimaginative; **phantasieren** *vi* fantasize; (MED) be delirious; **phantasievoll** *adj* highly imaginative
Phantast *m* visionary; **Phantasterei** *f* fantasy; **phantastisch** *adj* fantastic
Phantom [fan'to:m] <-s, -e> *nt* phantom; **einem ~ nachjagen** tilt at windmills; **Phantombild** *nt* identikit (picture)
Pharisäer [fari'zɛ:ɐ] <-s, -> *m* **1.** (HIST REL) Pharisee **2.** (*Heuchler*) hypocrite
Pharmaindustrie *f* pharmaceutical industry; **Pharmakologe, -gin** [farmako'lo:gə] *m, f* pharmacologist; **Pharmakologie** *f* pharmacology; **Pharmareferent(in)** *m(f)* medical representative
Pharmazeut(in) [farma'tsɔɪt] *m(f)* pharmacist; **pharmazeutisch** *adj* pharmaceutical
Pharmazie [farma'tsi:] <-> *f* pharmacy
Phase ['fa:zə] <-, -n> *f* phase
Philantrop(in) [filan'tro:p] *m(f)* philanthropist; **philantropisch** *adj* philanthropic(al)
Philatelie [filate'li:] *f* philately; **Philatelist(in)** *m(f)* philatelist
Philharmonie *f* (MUS) **1.** (*philharmonisches Orchester*) philharmonia **2.** (*Konzertsaal*) philharmonic hall
Philippine, -nin *m, f* Filipino; **Philippinen** [filɪ'pi:nən] *pl:* **die ~** the Philippines; **philippinisch** *adj* Philippine
Philister [fi'lɪstɐ] <-s, -> *m* (HIST) Philistine; **philisterhaft I.** *adj* philistine **II.** *adv* like a philistine
Philologe, -gin [filo'lo:gə] *m, f* philologist; **Philologie** *f* philology
Philosoph(in) *m(f)* philosopher; **Philosophie** [filozo'fi:] *f* philosophy; **philosophieren** *vi* philosophize (*über* about);

P

philosophisch *adj* philosophical
Phlegma ['flɛgma] <-s> *nt* phlegm; **Phlegmatiker(in)** *m(f)* phlegmatic person; **phlegmatisch** *adj* phlegmatic
Phobie [fo'bi:] <-, -n> *f* phobia
Phon [fo:n] <-s, -(s)> *nt* (PHYS) phon
Phonem [fo'ne:m] <-s, -e> *nt* (LING) phoneme
Phonetik [fo'ne:tɪk] *f* (LING) phonetics *pl;* **Phonetiker(in)** *m(f)* (LING) phonetician; **phonetisch** *adj* (LING) phonetic
Phonobranche *f* hifi industry
Phonotypistin [fonoty'pɪstɪn] *f* audio typist
Phosphat [fɔs'fa:t] <-(e)s, -e> *nt* (CHEM) phosphate; **Phosphatdünger** *m* phosphate fertilizer; **phosphatfrei** *adj* phosphate-free; **phosphathaltig** *adj* containing phosphates
Phosphor ['fɔsfɔr] <-s> *m* (CHEM) phosphorus; **phosphoreszieren** [fɔsforɛs-'tsi:rən] *vi* phosphoresce
Photo- ['fo:to] *präfix* photo-
Photosynthese *f* photosynthesis; **Photozelle** *f* photoelectric cell
Phrase ['fra:zə] <-, -n> *f* phrase; **eine abgedroschene ~** a hackneyed phrase; **~n dreschen** (*fam*) churn out one cliché after another; **Phrasendrescher(in)** *m(f)* (*pej*) phrasemonger
pH-Wert *m* (CHEM) pH-value
Physik [fy'zi:k] <-> *f* physics *pl;* **physikalisch** *adj* physical; **~e Experimente** experiments in physics; **Physiker(in)** *m(f)* physicist
Physikum <-s> *nt preliminary examination in medicine at university*
Physiognomie [fyziogno'mi:] *f* physiognomy
Physiologie *f* physiology; **physiologisch** *adj* physiological
Physiotherapeut(in) *m(f)* (MED) physiotherapist; **Physiotherapie** *f* (MED) physiotherapy
physisch ['fy:zɪʃ] *adj* physical
Pi [pi:] <-(s)> *nt* (MATH) pi
Pianist(in) [pia'nɪst] *m(f)* pianist
Piano ['pja:no] <-s, -s> *nt* piano; **Pianobar** ['pja:no,ba:ɐ] *f* piano bar
Pickel¹ ['pɪkəl] <-s, -> *m* (TECH: *Spitzhacke*) pickaxe
Pickel² *m* (*im Gesicht*) spot, pimple; **pickelig** ['pɪk(e)lɪç] *adj* spotty, pimply
picken ['pɪkən] *vt, vi* peck (*nach* at)
Picknick ['pɪknɪk] <-s, -e/-s> *nt* picnic; **~ machen** have a picnic
Pictophone ['pɪktəfəʊn] <-s, -s> *nt* (*Handy zum Versenden von Digitalfotos*) pictophone
piekfein ['pi:k'faɪn] *adj* (*fam*) posh
pieksauber *adj* (*fam*) spotless
Piep *m* (*fam*): **keinen ~ sagen** not to say a word; **der sagt** [*o* **macht**] **keinen ~ mehr!** he's really had it!
piep [pi:p] *interj* chirp
piepe(gal) *adj pred* (*fam*) all one; **mir ist alles ~** it's all one to me
piepen *vi* (*Vögel*) cheep; (*Mäuse, a. Kinder*) squeak; **bei dir piept's doch!** (*fam*) you're really off your head!
piepsig *adj* squeaky
Pier [pi:ɐ] <-s, -e> *m o f* (MAR) jetty, pier
piesacken ['pi:zakən] *vt* (*fam*) **1.** (*belästigen*) pester **2.** (*peinigen*) torment
Pietät [pie'tɛ:t] *f* **1.** (REL) piety **2.** (*Respekt*) respect (*gegenüber* for); (*Ehrfurcht*) reverence (*gegenüber* for); **pietätlos** *adj* irreverent; **pietätvoll** *adj* reverent
Pigment [pɪ'gmɛnt] <-(e)s, -e> *nt* pigment
Pik¹ [pi:k] <-(s), -> *nt* (*Kartenfarbe*) spade; **~-Ass**[RR] ace of spades
Pik² <-s, -e> *m* (*Groll*) grudge (*auf jdn* against s.o.)
pikant [pi'kant] *adj* piquant, spicy
Pike ['pi:kə] <-, -n> *f* pike; **etw von der ~ auf lernen** learn s.th. starting from the bottom
piken *vt* (*fam*) prick
pikiert *adj* (*fam*) put out (*über* by); **ein ~es Gesicht machen** look put out
Pikkolo ['pɪkolo] <-s, -s> *m* quarter bottle (of champagne)
Pikkoloflöte *f* (MUS) piccolo
piksen ['pi:k(s)ən] *vt, vi* (*fam*) prick
Piktogramm *nt* pictogram
Pilger(in) ['pɪlgɐ] *m(f)* pilgrim; **Pilgerfahrt** *f* pilgrimage
pilgern *vi* **1.** *sein* (*eine Pilgerfahrt machen*) go on a pilgrimage **2.** (*fam: gehen*) wend one's way
Pille ['pɪlə] <-, -n> *f* (*a. Antibaby~*) pill; **eine bittere ~** a bitter pill; **Pillenknick** *m* (*fam*) slump in the birth-rate
Pilot(in) [pi'lo:t] <-en, -en> *m(f)* (AVIAT) pilot; **Pilotanlage** *f* pilot plant; **Pilotprojekt** *nt* pilot scheme
Pils [pɪls] <-es> *nt* pilsner (beer)
Pilz [pɪlts] <-es, -e> *m* **1.** fungus; (*essbarer*) mushroom; (*Giftpilz*) toadstool **2.** (MED: *Hautpilz*) ringworm; **wie ~e aus der Erde schießen** spring up like mushrooms; **Pilzerkrankung** *f* fungal infection; **Pilzvergiftung** *f* fungus poisoning
PIN [pɪn] <-, -s> *f s.* **Persönliche Identifikationsnummer** PIN, personal identification number
pingelig ['pɪŋəlɪç] *adj* (*fam*) pernickety
Pinguin ['pɪŋgui:n] <-s, -e> *m* penguin

Pinie ['pi:niə] *f* (*Nadelbaum*) pine (tree)
Pinkel ['pɪŋkl] <-s, -> *m*: **ein feiner ~** a prig
pinkeln ['pɪŋkəln] *vi* (*fam*) pee
Pinkepinke ['pɪŋkə] <-> *f* (*sl: Geld*) dough
Pinne ['pɪnə] <-, -n> *f* pin
Pinnwand *f* notice board
Pinscher ['pɪnʃɐ] <-s, -> *m* (*Hunderasse*) pinscher
Pinsel ['pɪnzəl] <-s, -> *m* **1.** (*Maler~*) brush **2.** (*fam*): **ein eingebildeter ~** a jumped-up so-and-so; **pinseln** *vt, vi* (*fam: anstreichen*) paint
Pinte ['pɪntə] <-, -n> *f* (*fam: Kneipe*) boozer *Br,* beer joint *Am,* dive
Pinzette [pɪn'tsɛtə] <-, -n> *f* a (pair of) tweezers *pl*
Pionier [pio'ni:ɐ] <-s, -e> *m* **1.** (MIL) engineer **2.** (*Bahnbrecher*) pioneer; **Pioniergeist** *m* pioneering spirit
Pipifax *m* (*fam hum*) nonsense
Pirat [pi'ra:t] <-en, -en> *m* pirate; **Piratensender** *m* pirate radio station; **Piraterie** [pɪratə'ri:] *f* (*a. fig*) piracy
Pirol [pi'ro:l] <-s, -e> *m* (*Singvogel*) oriole
Pirsch [pɪrʃ] <-> *f* stalk; **auf die ~ gehen** go stalking
Pisse ['pɪssə] <-, (-n)> *f* (*vulg*) piss
pissen *vi* (*vulg*) **1.** (*urinieren*) piss **2.** (*regnen*) piss down
Pistazie [pɪs'ta:tsiə] <-, -n> *f* pistachio
Piste ['pɪstə] <-, -n> *f* **1.** (AVIAT) runway; (AUTO) circuit **2.** (SPORT: *Ski~*) piste; **Pistenraupe** *f* piste caterpillar
Pistole [pɪs'to:lə] <-, -n> *f* pistol; **jdm die ~ auf die Brust setzen** hold a pistol to someone's head; **wie aus der ~ geschossen** like a shot; **Pistolenschuss**[RR] *m* pistol shot; **Pistolentasche** *f* holster
Placebo [plɑ'tse:bo] <-s, -s> *nt* (MED) placebo; **Placeboeffekt** *m* placebo effect
placken ['plakən] *vr* (*fam: sich mühen*) drudge, slave away; **Plackerei** *f* (*fam*) drudgery, grind
plädieren [plɛ'di:rən] *vi* (*vor Gericht, a. fig*) plead (*auf, für* for)
Plädoyer [plɛdoa'je:] <-s, -s> *nt* **1.** (JUR) address to the jury *Br,* summation *Am* **2.** (*fig*) plea (*für* for)
Plage ['pla:gə] <-, -n> *f* **1.** (*Seuche*) plague **2.** (*fig*) nuisance; **es ist wirklich eine ~ mit ihm** he's a real nuisance; **plagen I.** *vt* **1.** (*quälen*) harass, plague; (*belästigen*) bother **2.** (*heimsuchen*) haunt; **von Zweifeln geplagt werden** be plagued by doubts **II.** *vr* **1.** (*sich herumschlagen*) be bothered (*mit* by) **2.** (*sich abmühen*) slog away
Plagiat [plagi'a:t] <-(e)s, -e> *nt* plagiarism; **ein ~ begehen** plagiarize
Plakat [pla'ka:t] <-(e)s, -e> *nt* **1.** (*zum Ankleben*) bill, poster **2.** (*zum Aufstellen*) placard; **~e ankleben verboten!** bill posters will be prosecuted!; **plakatieren** *vt* placard; **Plakatsäule** *f* advertisement pillar
Plakette [pla'kɛtə] <-, -n> *f* **1.** (*Ansteckknopf*) badge **2.** (*amtliche ~*) plaque
plan [pla:n] *adj* (*eben*) flat, level
Plan[1] [pla:n, *pl:* 'plɛ:nə] <-(e)s, ⸚e> *m* **1.** (*Vorhaben*) plan **2.** (*Zeit~, Fahr~, Stunden~*) schedule, timetable **3.** (*Stadt~*) map **4.** (ARCH: *Bau~, Grundriss*) plan; **einen ~ (für etw) machen** make plans (for s.th.); **sie hat mit ihrem Sohn große Pläne** she has great plans for her son
Plan[2] <-es> *m* (*ebene Fläche, freier Platz*) plain; **auf den ~ treten** (*in Erscheinung treten*) arrive on the scene
Plane ['pla:nə] <-, -n> *f* **1.** (*wasserdichter Stoff*) tarpaulin **2.** (*~ndach*) awning **3.** (*LKW-~*) hood
planen *vt, vi* plan
Planet [pla'ne:t] <-en, -en> *m* planet; **Planetarium** *nt* planetarium
Planfeststellungsverfahren *nt* planning permission hearings
planieren *vt* **1.** (*Erdboden*) level **2.** (TECH: *Werkstück*) planish; **Planierraupe** *f* bulldozer
Planke ['plaŋkə] <-, -n> *f* board, plank; (*Leit~*) crash barrier
Plänkelei [plɛŋkə'laɪ] *f* **1.** (MIL HIST) skirmish **2.** (*scherzhafter Streit*) squabble
plänkeln ['plɛŋkəln] *vi* **1.** (MIL HIST) skirmish **2.** (*sich scherzhaft streiten*) squabble
Plankton ['plaŋktɔn] <-s> *nt* plankton
planlos *adj* **1.** (*ohne Plan*) unsystematic **2.** (*ohne Ziel*) random; **Planlosigkeit** *f* lack of planning; **planmäßig** *adj* **1.** (*wie geplant*) according to plan **2.** (AVIAT MAR RAIL: *fahr~*) on schedule; **Plansoll** *nt* (COM) output target; **Planstelle** *f* post
Plantage [plan'ta:ʒə] <-, -n> *f* plantation
Plan(t)schbecken *nt* paddling pool
plan(t)schen *vi* splash around
Planung *f* planning; **(noch) in ~ sein** be (still) being planned
planvoll *adj* systematic
Planwagen *m* covered wag(g)on
Planwirtschaft *f* planned economy; **Planziel** *nt* target
Plappermaul *nt* (*fam*) babbler; **plappern** ['plapɐn] *vi* blab
plärren ['plɛrən] *vt, vi* (*fam*) **1.** (*heulen, weinen*) howl **2.** (*schlecht singen*) screech **3.** (*von Radio*) blare
Plasma ['plasma] <-s, Plasmen> *nt* plasma
Plastik[1] ['plastɪk] *f* **1.** (*Skulptur*) sculpture

2. (*Bildhauerkunst*) sculpture, plastic art 3. (MED) plastic surgery

Plastik² <-(s)> *nt* (*Kunststoff*) plastic; **Plastikbecher** *m* plastic beaker; **Plastikbeutel** *m* plastic bag; **Plastikbombe** *f* plastic bomb; **Plastikfolie** *f* plastic foil; **Plastikgeld** *nt* (*fam: Kreditkarten*) plastic money; **Plastiktüte** *f* plastic bag; (*Tragetasche*) carrier bag; **plastisch** *adj* 1. (*formbar*) plastic 2. (*anschaulich*) vivid 3. (*bildhauerisch*) plastic 4. (MED: *Chirurgie*) plastic

Platane [pla'ta:nə] <-, -n> *f* (*Laubbaum*) plane tree

Platin ['pla:ti:n] <-s> *nt* (CHEM) platinum

Platitüde *f* (*pej*) platitude; *s.* **Plattitüde**

platonisch [pla'to:nɪʃ] *adj* platonic

plätschern ['plɛtʃɐn] *vi* (*Bach, Quelle*) ripple, splash

platt [plat] *adj* 1. (*eben, flach*) flat 2. (*abgeschmackt*) flat; (*gewöhnlich*) dull 3. (*fam: überrascht*) flabbergasted; **einen Platten haben** (AUTO: *fam*) have a flat; **ich war ~ als ich ihn nach zehn Jahren wieder traf** (*fam*) I was flabbergasted to see him again after ten years

plattdeutsch *adj* Low German

Platte ['platə] <-, -n> *f* 1. (*Metall~, Glas~*) sheet; (*Tisch~*) (table-)top; (*Stein~, Fliese*) flag(stone); (*Holz~*) board; (*Felsen~, Stein~*) ledge, slab 2. (PHOT) plate 3. (*Schall~*) record, disc *Br,* disk *Am* 4. (*Gericht*) dish; (*Servierteller*) platter 5. (*fam: Glatze*) bald head; **kalte ~** cold dish; **die ~ hat einen Sprung** the record's stuck; **die ~ kenne ich schon!** (*fam*) I know that line! not that again!; **leg mal eine neue ~ auf!** (*fam*) change the record, can't you?

Plätteisen *nt* (smoothing)iron

plätten ['plɛtən] *vt* iron, press

Plattenbau <-[e]s, -ten> *m* building made with precast concrete slabs

Plattenhülle *f* record sleeve; **Plattenlabel** *nt* record label

Plattenspieler *m* record-player

Plattform <-, -en> *f* 1. platform 2. (*Basis*) basis

Plattfuß *m* 1. (ANAT MED) flat foot 2. (*fam: Reifenpanne*) flat

plattieren *vt* (*bei Metallverarbeitung*) plate

Plattitüde^RR [plati'ty:də] <-, -n> *f* (*pej*) platitude

Platz [plats, *pl:* 'plɛtsə] <-es, ⁼e> *m* 1. (*Stelle, Ort, Arbeits~, Position*) place 2. (*freier Raum*) room, space 3. (*öffentlicher ~*) square 4. (*Sitz~*) seat 5. (SPORT: *Spielfeld*) playing field; (*Tennis~, Handball~*) court; (*Fußball~*) field, pitch; **etw (wieder) an seinen ~ stellen** put s.th. (back) in its place; **fehl am ~e sein** be out of place; **auf die Plätze, fertig, los!** (SPORT) ready, steady, go!; **~ nehmen** take a seat; **~ machen** make room (*für* for); (*aus dem Wege gehen*) get out of the way; **das erste Haus am ~** (*das beste Warenhaus der Stadt*) the best store in town; **ist hier noch ein ~ frei?** is there a free seat here?; **dieser ~ ist besetzt** this seat's taken; **der Schiedsrichter stellte den Mittelstürmer vom ~** the referee sent the centre-forward off; **Platzangst** <-> *f* (MED PSYCH) agoraphobia; **Platzanweiser(in)** *m(f)* usher(ette)

Plätzchen <-s, -> *nt* (Christmas) biscuit *Br,* cookie *Am*

platzen *vi* 1. *sein* (*bersten*) burst 2. (*aufreißen*) split 3. (*fam: fehlschlagen*) fall through; (*zerbrechen: von Freundschaft*) break up 4. (*fam: von Wechsel*) bounce; **vor Neugierde ~** be bursting with curiosity; **vor Lachen ~** (*fam*) burst one's sides with laughter; **er platzte ins Zimmer** (*fam*) he burst into the room; **die Party ist geplatzt** the party is off; **einen Termin ~ lassen** (*fam*) bust up an appointment; **einen Plan ~ lassen** (*fam*) make a plan fall through

platzieren^RR [pla'tsi:rən] I. *vt* 1. (*hinstellen, -setzen, -legen*) put 2. (SPORT: *zielen*) place; **ein platzierter**^RR **Schuss** (SPORT) a well-placed shot; **platziert**^RR **schießen** (SPORT) place one's shots well II. *vr* 1. (SPORT) be placed 2. (*fam: sich stellen, setzen, legen*) plant o.s.

Platzierung^RR <-, -en> *f* order, place

Platzkarte *f* (RAIL) seat reservation ticket; **sich eine ~ bestellen** get a seat reservation; **Platzmangel** *m* lack of space

Platzpatrone *f* blank cartridge

Platzregen *m* downpour

Platzreservierung *f* seat reservation

platzsparend *adj attr* space-saving, saving space

Platzwunde *f* cut, laceration

Plauderei *f* chat; (*über Nichtssagendes*) small talk; **Plauderer, -rin** *m, f* conversationalist

plaudern ['plaʊdɐn] *vi* 1. (*plauschen*) chat (*über, von* about) 2. (*aus~*) talk; **aus der Schule ~** tell tales out of school

plausibel [plaʊ'zi:bl] *adj* plausible

Playback ['ple:bɛk] <-s, -s> *nt* (*bei Schallplattenaufnahme*) double-tracking; (*bei Fernsehaufnahme*) miming

Playboy ['ple:bɔɪ] <-s, -s> *m* playboy

Player ['pleɪɐ] <-s, -> *m* (*E-Shopping-Kunde*) player

Plazenta [pla'tsɛnta] <-, -s oder Plazenten> *f* (ANAT) placenta

plazieren *vt s.* **platzieren**

Plazierung *f s.* **Platzierung**

Plebiszit [plebɪs'tsi:t] <-s, -e> *nt* (POL) plebiscite

Pleite ['plaɪtə] <-, -n> *f* (*fam*) **1.** (COM) bankruptcy **2.** (*fig*) flop; ~ **machen** (COM) go bust; **die ganze Sache war eine ~** the whole affair was a flop; **pleite** *adj* (*fam*) broke, bust; ~ **gehen**[RR] go bust; **ich bin ~** I'm broke; **Pleitegeier** *m* (*Bankrotteur*) bankrupt; **der ~ schwebt über der Firma** the vultures are hovering over the firm

Plenarsaal [ple'na:ɐ-] *m* (PARL) plenary assembly hall; **Plenarsitzung** *f* (PARL) plenary session

Plenum ['ple:nʊm] <-s> *nt* (PARL) plenum

Pleuelstange ['plɔɪəl-] *f* (AUTO) connecting rod

Plissee [plɪ'se:] <-s, -s> *nt* pleats *pl;* **plissieren** *vt* pleat

Plombe ['plɔmbə] <-, -n> *f* **1.** (*Verplombung*) lead seal **2.** (*Zahn~*) filling; **plombieren** *vt* **1.** (COM: *versiegeln*) seal **2.** (*Zähne*) fill

Plotter <-s, -> *m* (INFORM) plotter

plötzlich ['plœtslɪç] **I.** *adj* sudden **II.** *adv* all of a sudden, suddenly

Plug-in [ˌplag'ɪn] *f* (*Softwareprogramm, das die Anwendungsmöglichkeiten eines Browsers erweitert*) plug-in

plump [plʊmp] *adj* **1.** (*ungeschickt*) awkward; (*unbeholfen*) clumsy **2.** (*taktlos, roh*) crude **3.** (*unschön, unansehnlich*) ungainly; **Plumpheit** *f* **1.** (*Ungeschicklichkeit*) awkwardness; (*Unbeholfenheit*) clumsiness **2.** (*Taktlosigkeit, Rohheit*) crudeness **3.** (*der Figur, des Aussehens*) ungainliness

plumps *interj* bang!

plumpsen ['plʊmpsən] *vi sein* (*fam*) fall

Plunder ['plʊndɐ] <-s> *m* junk

Plünderer(in) ['plʏndərɐ] *m(f)* looter, plunderer; **plündern** *vt* **1.** loot, plunder **2.** (*fig hum*) raid; **Plünderung** *f* looting, pillage

Plural ['plu:ra:l] <-s, -e> *m* (GRAM) plural

Pluralismus *m* (POL) pluralism; **pluralistisch** *adj* pluralistic

Plus <-, -> *nt* **1.** (MATH: *~zeichen*) plus **2.** (COM: *Mehrumsatz*) increase; (*Überschuss*) surplus; (*schwarze Zahlen*) profit **3.** (*~punkt*) advantage

plus [plʊs] *adv, präp* plus; **wir haben ~ 15 Grad** it's 15 degrees above zero

Plüsch [ply:ʃ] <-(e)s, -e> *m* plush; **Plüschtier** *nt* soft toy

Pluspol *m* plus pole

Pluspunkt *m* (*fig*) advantage; **etw als ~ für sich buchen** count s.th. to one's credit; **das ist noch ein ~ für Sie** that's another point in your favour

Plusquamperfekt [-kvampɛrfɛkt] <-s, -e> *nt* (GRAM) past perfect, pluperfect

Pluszeichen *nt* plus sign

Plutoniumwirtschaft *f* plutonium industry

Pneu [pnɔ:] <-s, -s> *m* (*CH*) tyre

pneumatisch [pnɔɪ'ma:tɪʃ] *adj* pneumatic

Po [po:] <-(s), -s> *m* (*fam: ~po*) botty

Pöbel ['pø:bəl] <-s> *m* mob, rabble; **pöbelhaft** *adj* vulgar

pochen ['pɔxən] *vi* **1.** (*klopfen*) knock (*an* at); (*leicht, leise*) rap **2.** (*Herz*) pound; (*Blut, Schläfen*) throb; **auf etw** (**sein gutes Recht**) ~ insist on s.th (one's rights)

Pocke ['pɔkə] <-, -n> *f* pock; **die ~n** (MED) smallpox; **Pockenimpfung** *f* (MED) smallpox vaccination; **pockennarbig** *adj* pockmarked

Podest [po'dɛst] <-(e)s, -e> *nt* **1.** (*Rednerbühne*) platform **2.** (*Sockel*) pedestal **3.** (*Treppenabsatz*) landing

Podium ['po:diʊm] *nt* (*a. fig*) platform; **Podiumsdiskussion** *f* panel discussion

Poesie [poe'zi:] *f* poetry

Poesiealbum *nt* autograph book

Poet(in) [po'e:t] <-en, -en> *m(f)* poet; **poetisch** [po'e:tɪʃ] *adj* poetic

Pogrom [po'gro:m] <-(e)s, -e> *nt* pogrom

Pointe ['poɛ̃:tə] <-, -n> *f* **1.** (*von Witz*) punch-line **2.** (*Hauptsache*) (main) point; **pointiert** *adj* pithy

Pokal [po'ka:l] <-s, -e> *m* **1.** (*Trink~*) goblet **2.** (SPORT) cup; **Pokalsieger** *m* cupwinner; **Pokalspiel** *nt* (SPORT) cup final

Pökel ['pøkəl] <-s, -> *m* brine, pickle; **Pökelfleisch** *nt* salt meat; **pökeln** *vt* pickle, salt

Poker ['po:kɐ] <-s> *nt* poker; **Pokergesicht** *nt* poker face; **pokern** *vi* **1.** (*Poker spielen*) play poker **2.** (*feilschen*) haggle (*um* over)

Pol [po:l] <-s, -e> *m* (*a.* ELEK) pole

polar *adj* polar; **~e Kaltluft** an arctic cold front; **Polareis** *nt* polar ice; **Polarforscher(in)** *m(f)* polar explorer; **polarisieren** *vt, vi* polarize; **Polarität** *f* polarity; **Polarkreis** *m* polar circle; **nördlicher** (**südlicher**) ~ Arctic (Antarctic) circle; **Polarlicht** *nt* polar lights *pl;* **Polarstern** *m* Pole Star

Pole, -lin ['po:lə] <-n, -n> *m, f* Pole

Polemik [po'le:mɪk] *f* polemics *pl;* **polemisch** *adj* polemic; **polemisieren** *vi* polemicize; ~ **gegen ...** inveigh against ...

Polen ['po:lən] <-s> *nt* Poland

Polente [po'lɛntə] <-> *f* (*sl*) cops *pl*

Police [po'li:s(ə)] <-, -n> *f* policy

Polier [po'li:ɐ] <-s, -e> *m* site foreman

polieren *vt* polish; **Poliertuch** *nt* polish-

P

ing cloth; **Polierwachs** *nt* wax polish

Poliklinik ['po:likli:nɪk] *f* **1.** (*Krankenhaus für ambulante Fälle*) clinic **2.** (*Krankenhausabteilung*) outpatients

Polio ['po:lio] <-> *f* (MED) polio

Politbüro [po'li:t-] *nt* (POL) Politburo

Politesse [poli'tɛsə] <-, -n> *f* (woman) traffic warden; (*fam*) meter maid

Politik [poli'ti:k] <-, (-en)> *f* **1.** politics *sing* **2.** (*bestimmte Richtung*) policy **3.** (*politischer Standpunkt*) politics *pl;* **eine ~ der Eindämmung betreiben** pursue a policy of containment

Politiker(in) *m(f)* politician; **Politikum** *nt* political issue; **politisch** *adj* **1.** (*zur Politik gehörig*) political **2.** (*diplomatisch, klug*) politic

politisieren I. *vi* talk politics **II.** *vt:* **etw ~** politicize s.th.; **Politisierung** *f* politicization

Politologe, -gin *m, f* political scientist; **Politologie** *f* political science

Politur [poli'tu:ɐ] <-, -en> *f* **1.** (*das Polieren*) polishing **2.** (*Poliermittel*) polish

Polizei [poli'tsaɪ] *f* police *pl;* **dümmer als die ~ erlaubt** (*sl*) as thick as a brick; **Polizeiangaben** *pl:* **nach ~** according to the police; **Polizeiaufgebot** *nt* police presence; **Polizeiaufsicht** *f* police supervision; **unter ~ stehen** have to report regularly to the police; **Polizeibeamte(r), -beamtin** *m, f* police officer; **Polizeidienststelle** *f* police station; **Polizeigewahrsam** *m:* **in ~ sein** be in police custody; **Polizeihund** *m* police dog; **Polizeikelle** *f* police, signalling disc disk *Br,* signaling disk *Am*

polizeilich *adj attr* police, of the police; **~ angeordnet** by order of the police; **~ gesucht** wanted by the police; **Rauchen ~ verboten!** No smoking! by order of the police!; **Parken ~ verboten!** no parking

Polizeipräsident(in) *m(f)* chief constable *Br,* chief of police *Am;* **Polizeipräsidium** *nt* police headquarters *pl;* **Polizeirevier** *nt* **1.** (*Wache*) police station *Br,* station house *Am* **2.** (*Bezirk*) police district *Br,* precinct *Am;* **Polizeischutz** *m* police protection; **Polizeispitzel** *m* police informer *Br;* **Polizeistaat** *m* police state; **Polizeistern** *m* police badge; **Polizeistreife** *f* police patrol; **Polizeistunde** *f* closing time; **Polizeiwache** *f* police station *Br,* station house *Am*

Polizist(in) *m(f)* policeman (police woman)

Polizze [po'lɪtsə] <-, -n> *f* (*österr*) (insurance) policy

Polka ['pɔlka] <-, -s> *f* polka

Polkappe *f* polar ice cap

Pollen ['pɔlən] <-s, -> *m* pollen; **Pollenallergie** *f* pollen allergy; **Pollenflug** *m* pollen count; **Pollenflugkalender** *m* pollen count calendar; **Pollenflugvorhersage** *f* pollen count forecast; **Pollenwarndienst** *m* advance pollen warning service

polnisch ['pɔlnɪʃ] *adj* Polish

Polster ['pɔlstɐ] <-s, -> *nt* **1.** (*~ung*) upholstery **2.** (*Wattierung bei Kleidung*) pad(ding) **3.** (*Kissen*) cushion **4.** (*Geldreserven*) reserves *pl;* **Polstergarnitur** *f* suite; **Polstermöbel** *ntpl* upholstered furniture *sing;* **polstern** *vt* **1.** (*Möbel*) upholster **2.** (*Kleidung, Türen*) pad; **Polstersessel** *m* easy chair; **Polsterung** *f* upholstery

Polterabend *m* eve-of-wedding ceremony *Br,* shower *Am*

poltern ['pɔltɐn] *vi* **1.** (*laut sein, sich laut bewegen*) bang (about) **2.** (*rumpeln*) rumble

Polyamid [polyɑ'mi:t] <-s, -e> *nt* (CHEM) polyamide

Polyäthylen [polyɛty'le:n] <-s, -e> *nt* (CHEM) polyethylene, polythene *Br*

Polyester [poly'ɛstɐ] <-s, -> *m* (CHEM) polyester

polygam [poly'gɑ:m] *adj* polygamous; **Polygamie** [---'-] *f* polygamy

Polyp [po'ly:p] <-en, -en> *m* **1.** (*Nesseltier*) polyp **2.** (MED): **~en** adenoids **3.** (*sl: Polizist*) cop

Polytechnikum [poly'tɛçnikʊm] <-s, -ka> *nt* polytechnic

Polyurethan [polyure'ta:n] <-s> *nt* (CHEM) polyurethane

Pomade [po'ma:də] <-, -n> *f* pomade

Pomeranze [pomə'rantsə] <-, -n> *f* bitter orange

Pommes frites ['pɔmfrɪts/pɔm'fri:t(s)] *pl* chips *Br,* French fries *Am*

Pomp [pɔmp] <-(e)s> *m* pomp; **pompös** *adj* **1.** (*grandios*) grandiose **2.** (*aufgeblasen*) pompous

Poncho ['pɔntʃo] <-s, -s> *m* poncho

Pontius ['pɔntsiʊs] *m:* **von ~ zu Pilatus** from pillar to post

Ponton [pɔn'tõ:] <-s, -s> *m* pontoon; **Pontonbrücke** *f* pontoon bridge

Pony ['pɔni] <-s, -s> *nt* pony

Popanz ['po:pants] <-es, -e> *m* **1.** (*Schreckgespenst*) bog(e)y **2.** (*Person*) puppet

Popel ['po:pəl] <-s, -> *m* (*fam: Rotz*) bog(e)y; **popelig** *adj* (*fam*) **1.** (*knauserig*) stingy **2.** (*armselig*) crummy

Popelin [popə'li:n] <-s> *nt* poplin

popeln *vi* (*fam*) pick one's nose

Popo [po'po:] <-(s), -s> *m* (*fam*) botty

Popper ['pɔpɐ] <-s, -> *m* (*fam*) preppie
populär [popu'lɛːɐ] *adj* popular (*bei* with); **popularisieren** *vt* popularize; **Popularität** *f* popularity; **populärwissenschaftlich** I. *adj* popular science II. *adv* in a popular scientific way
Population [popula'tsjoːn] <-, -en> *f* (BIOL) population
Pore ['poːrə] <-, -n> *f* pore
Porno ['pɔrno] <-s, -s> *m* porn; **harter** ~ hardcore (porn); **Pornofilm** *m* blue movie; **Pornografie**RR *f*, **Pornographie** *f* pornography; **pornografisch**RR *adj*, **pornographisch** *adj* pornographic
porös [po'røːs] *adj* 1. (*mit Poren*) porous 2. (*brüchig*) perished
Porree ['pɔre] <-s, -s> *m* leek
Portal [pɔr'taːl] <-s, -e> *nt* portal
PortmonneeRR [pɔrtmɔ'neː] <-s, -s> *nt*, **Portemonnaie** *nt* purse
Portier [pɔr'tjeː] <-s, -s> *m* porter
Portion [pɔr'tsjoːn] *f* 1. (*beim Essen*) portion 2. (*fam: Anteil*) amount; **eine** ~ **Kaffee** a pot of coffee; **eine halbe** ~ (*Schwächling*) a half-pint
Porto ['pɔrto] <-s, (-ti)> *nt* postage; (*Paket~*) carriage (*für* on); **portofrei** *adj* postage paid, post free; **portopflichtig** *adj* liable [*o* subject] to postage
Portrait [pɔr'trɛː] <-s, -s> *nt* (*a. fig*) portrait; **portraitieren** *vt* 1. (*ein Portrait machen*) paint a portrait (*jdn* of s.o.) 2. (*schildern*) portray
Portugal ['pɔrtugal] *nt* Portugal; **Portugiese, -sin** [pɔrtu'giːzə] <-n, -n> *m, f* Portuguese; **portugiesisch** *adj* Portuguese
Portwein ['pɔrt-] *m* port (wine)
Porzellan [pɔrtsɛ'laːn] <-s, -e> *nt* china; (*dünnes* ~) porcelain; **Porzellangeschirr** *nt* china
Posaune [po'zaʊnə] <-, -n> *f* (MUS) trombone
Pose ['poːzə] <-, -n> *f* pose
posen ['pəʊzən] *vi* (*posieren*) pose
posieren *vi* pose; **Position** *f* position; (COM: *auf einer Liste*) item; **Positionslicht** *nt* (MAR) navigation light
positiv ['poːzitiːf] *adj* positive
Positiv <-s, -e> *nt* (PHOT) positive
Positur *f*: **sich in** ~ **setzen** take up a posture
Posse ['pɔsə] <-, -n> *f* (*a. fig*) farce
Possen <-s, -> *m* (*Unfug, Streich, Schabernack*) prank, tomfoolery; **possenhaft** *adj* farcical
possierlich [pɔ'siːɐlɪç] *adj* comical, funny
Post [pɔst] <-> *f* mail, post; (*~gebäude*) post office; **zur** ~ **gehen** go to the post office; **die** ~ **war noch nicht da** the post has not yet come; **mit gleicher** (**getrennter**) ~ (COM) by the same post (under separate cover); **einen Brief auf die** ~ **geben** post a letter *Br*, mail a letter *Am*; **postalisch** [pɔs'taːlɪʃ] *adj* postal; **Postamt** *nt* post office; **Postanweisung** *f* money order, M.O., postal order, P.O.; **telegrafische** ~ money telegram; **Postauto** *nt* (*LKW*) mail, van *Br*, truck *Am*; **Postbeamte(r), -beamtin** *m, f* post office official; **Postbezug** *m* mail-order; **Postbote, -botin** *m, f* postman (postwoman) *Br*, mailman (mailwoman) *Am*
Posten ['pɔstən] <-s, -> *m* 1. (*Anstellung*) job, position 2. (COM: ~ *einer Aufstellung*) item 3. (COM: *Warenmenge*) lot, quantity 4. (*Streik~*) picket 5. (MIL: *Wacht~*) guard, sentry; **wieder auf dem** ~ **sein** (*fam: fit, gesund sein*) be fit again; **auf verlorenem** ~ **stehen** be fighting a lost cause; ~ **aufstellen** (*Wacht~*) post guards; (*Streik~*) set up pickets; **auf** ~ **stehen** be on guard; **ich bin heute noch nicht ganz auf dem** ~ (*fam*) I'm not feeling quite up to par today; **einen** ~ **neu besetzen** fill a vacancy
Postfach *nt* post-office box, PO box
postfeministisch *adj* post-feminist
Postgeheimnis *nt* secrecy of the post; **Postgiroamt** *nt* National Giro office *Br*; **Postgirokonto** *nt* Post Office Giro account *Br*
postieren I. *vt* post II. *vr* position o.s.
Postkarte *f* postcard *Br*, postal *Am*, card; **Postkutsche** *f* (HIST) mail-coach; **postlagernd** I. *adj* to be called for II. *adv* poste restante; **Postleitzahl** *f* post code *Br*, zip code *Am*
postmodern *adj* postmodern; **Postmoderne** *f* postmodernism
Postpaket *nt* parcel; **Postscheck** *m* Post Office Giro cheque *Br*
Postskriptum [pɔst'skrɪptʊm] <-s, -ta> *nt* postscript, PS
Postsparbuch *nt* Post Office savings book; **Postsparkasse** *f* Post Office savings bank; **Poststempel** *m* postmark; **Postüberweisung** *f* Girobank transfer; **Postweg** *m*: **auf dem** ~ by post
postwendend *adv* 1. by return of post [*o* mail *Am*] 2. (*fig*) immediately
Postwertzeichen *nt* postage stamp; **Postwurfsendung** *f* direct-mail advertising; **Postzustellung** *f* postal [*o* mail] delivery
Potential *nt s.* **Potenzial**
potentiell *adj s.* **potenziell**
Potenz <-, -en> *f* 1. (*a. fig*) potency 2. (MATH) power; **in höchster** ~ to the highest degree; **die dritte** ~ **zu vier ist vierundsechzig** (MATH) four to the power

P

of three is sixty-four
PotenzialRR [potɛn'tsja:l] <-s, -e> *nt* potential
potenziellRR *adj* potential
Potpourri ['pɔtpʊri] <-s, -s> *nt* (*a. fig*) medley, potpourri (*aus* of)
Pott [pɔt] <-(e)s, Pötte> *m* pot
Poulet [pu'le:] <-s, -s> *nt* (*CH*) chicken
Powidl ['pɔvidl] <-> *m* (*österr*) plum jam
PR *f Abk. von* **Publicrelations** PR
Präambel [prɛ'ambəl] <-, -n> *f* preamble (*zu einer Sache* to s.th.)
Pracht [praxt] <-> *f* (*a. fig*) splendour; **Prachtausgabe** *f* de luxe edition
prächtig ['prɛçtɪç] *adj* splendid
Prachtkerl *m* (*fam*) **1.** (*großartiger Kerl*) great guy **2.** (*Prachtexemplar*) beauty; **Prachtstück** *nt* (*fam*) beauty; **prachtvoll** *adj* magnificent, splendid
Prädikat [prɛdi'ka:t] <-(e)s, -e> *nt* **1.** (GRAM) predicate **2.** (*Titel, Rang*) title **3.** (*Schulzensur*) grade; **Prädikatsnomen** *nt* (GRAM) complement
Präferenz [prɛfe'rɛnts] <-, -en> *f* preference
Präfix [prɛ'fɪks] <-es, -e> *nt* (GRAM LING) prefix
Prag [pra:k] <-s> *nt* Prague
prägen ['prɛ:gən] *vt* stamp (*auf* on); (*Münzen, Wörter*) coin; (*formen*) shape; (*kennzeichnen*) characterize; **dieses Bild hat sich ihm ins Gedächtnis geprägt** this picture is engraved on his memory
Pragmatik [prak'ma:tɪk] <-> *f* (PHIL LING) pragmatics; **Pragmatiker**(**in**) *m(f)* pragmatist; **pragmatisch** *adj* pragmatic
prägnant [prɛ'gnant] *adj* succinct, terse
Prägnanz <-> *f* succinctness, terseness
Prägung *f* **1.** (*das Prägen*) stamping; (*von Münzen, a. fig: von Begriffen*) coining **2.** (*das Formen*) shaping **3.** (*auf Münzen*) strike
prähistorisch *adj* prehistoric
prahlen ['pra:lən] *vi* show off (*mit etw* s.th., *vor jdm* to s.o.); **Prahler**(**in**) *m(f)* boaster; **Prahlerei** *f* **1.** (*Großsprecherei*) bragging **2.** (*Angeberei*) showing-off; **prahlerisch** *adj* boastful, bragging; **Prahlhans** <-es, -hänse> *m* (*fam*) show-off
Praktik ['praktɪk] *f* method; **undurchsichtige ~en** shady practices
Praktikant(**in**) *m(f)* trainee
Praktiker(**in**) *m(f)* practical man (woman)
Praktikum ['praktikʊm] <-s, -ka> *nt* practical (training)
praktisch I. *adj* practical; **~er Arzt** general practitioner, GP **II.** *adv* **1.** (*in der Praxis*) in practice **2.** (*geschickt, praxisbezogen*) practically **3.** (*fast, so gut wie*) virtually
praktizieren I. *vi* practise *Br,* practice *Am* **II.** *vt* (*handhaben*) practise *Br,* practice *Am*
Prälat [prɛ'la:t] <-en, -en> *m* (ECCL) prelate
Praline [pra'li:nə] <-, -n> *f* chocolate *Br,* chocolate candy *Am*
prall *adj* **1.** (*Backen*) chubby; (*Hüften*) well-rounded **2.** (*straff, fest*) firm, tight; (*voll*) full **3.** (*Sonne*) blazing
prallen *vi* **1.** *sein* (*von Ball*) bounce (*gegen* against) **2.** (*zusammen~*) collide (*gegen* with) **3.** (*von Sonne*) blaze down (*auf* on)
Prämie ['prɛ:miə] <-, -n> *f* **1.** (*Preis*) award, prize **2.** (*Vergütung*) bonus **3.** (*Versicherungs~*) premium; **prämi**(**i**)**eren** [prɛ'mi:rən/prɛmi'i:rən] *vt* **1.** (*mit einem Preis*) give an award **2.** (*mit einem Bonus*) give a bonus (*etw* for s.th.)
prangen ['praŋən] *vi* be [*o* hang] resplendent
Pranger <-s, -> *m* (HIST) pillory; **jdn** (**etw**) **an den ~ stellen** pillory s.o. (s.th.)
Pranke ['praŋkə] <-, -n> *f* (*a. fam: Hand*) paw
Präparat [prɛpa'ra:t] <-(e)s, -e> *nt* (MED CHEM) **1.** (*vorbereitete Substanz*) preparation **2.** (*für Mikroskop*) slide; **präparieren I.** *vt* **1.** (*konservieren*) preserve **2.** (MED: *sezieren*) dissect **3.** (*vorbereiten*) prepare **II.** *vr* prepare (*auf, für* for)
Präposition *f* (GRAM) preposition
Prärie [prɛ'ri:] *f* prairie
Präsens ['prɛ:zɛns] <-, -tia/-zien> *nt* (GRAM) present (tense)
Präsentation [prɛzɛnta'tsjo:n] <-, -en> *f* presentation; **präsentieren I.** *vt* present (*jdm etw* s.o. with s.th.) **II.** *vr* present o.s.
Präsenzbibliothek *f* reference library
Präservativ [prɛzɛrva'ti:f] <-s, -e> *nt* condom
Präsident(**in**) [prɛzi'dɛnt] *m(f)* president; **Herr Präsident** (**Frau Präsidentin**) Mister (Madam) President
präsidieren *vi* preside (*einer Sache* over s.th.)
Präsidium *nt* **1.** (*Vorsitz*) presidency **2.** (*Partei~*) committee **3.** (*Amtssitz, Hauptquartier*) headquarters *pl*
prasseln ['prasəln] *vi* **1.** *haben* (*Feuer*) crackle **2.** *sein* (*Regen*) drum **3.** *sein* (*Vorwürfe*) rain down
prassen ['prasən] *vi* **1.** (*schlemmen*) feast **2.** (*schwelgen*) revel
Präteritum [prɛ'tɛritʊm] *nt* (GRAM) preterite
präventiv [prɛvɛen'ti:f] *adj* preventive
Praxis ['praksɪs] <-, -xen> *f* **1.** (*a. Arzt~, Rechtsanwalts~*) practice **2.** (*Sprechzimmer eines Arztes*) surgery *Br,* doctor's office *Am* **3.** (*eines Rechtsanwalts*) office
praxisfern *adj,* **praxisfremd** *adj* impractical; **praxisnah** *adj* practical

Präzedenzfall [prɛtse'dɛnts-] *m* precedent; **einen ~ schaffen** create a precedent

präzis [prɛ'tsi:s] *adj* precise; **präzisieren** *vt* render more precisely; **Präzision** *f* precision; **Präzisionsinstrument** *nt* precision instrument

predigen ['pre:dɪgən] **I.** *vt* **1.** (REL) preach **2.** (*fam*) lecture (*jdm etw* s.o. on s.th.) **II.** *vi* (*a. fig*) preach; **Prediger(in)** *m(f)* (woman) preacher; **Predigt** ['pre:dɪçt] <-, -en> *f* (*a. fig*) sermon; **jdm eine ~ halten über etw** give s.o. a sermon on s.th.

Preis [praɪs] <-es, -e> *m* **1.** (*a. fig*) price (*für* of) **2.** (*bei Wettbewerb*) prize **3.** (*Lob*) praise (*auf* of) **4.** (*Belohnung*) reward; **der ~ dieses Grundstücks** [*o* **für dieses Grundstück**] **beträgt DM 260.000,-** the price of this piece of land is 260,000 marks; **um jeden (keinen) ~** (not) at any price; **im ~ steigen (fallen)** go up (down) in price; **zum ~ von ...** at a price of ...; **alles hat seinen ~** everything has its price; **gepfefferter ~** (*fam*) hefty price; **Preisabbau** *m* price reduction; **Preisangabe** *f* price quotation; **Preisanstieg** *m* rise in prices; **Preisaufschlag** *m* supplementary charge; **Preisausschreiben** *nt* competition; **Preisauszeichnung** *f* price marking; **Preisbildung** *f* price fixing; **Preisbindung** *f* (*~ der zweiten Hand*) retail price maintenance; **Preisdruck** <-(e)s> *m* downward pressure of prices; **Preiseinbruch** *m* collapse of prices

Preiselbeere ['praɪzlbe:rə] <-, -n> *f* cranberry

Preisempfehlung *f*: **unverbindliche ~** recommended price; **Preisentwicklung** *f* price trend; **Preiserhöhung** *f* price increase; **Preisermäßigung** *f* price cut; **Preisfrage** *f* **1.** (*Frage des Preises*) question of price **2.** (*Quizfrage*) prize question **3.** (*fam: großes Problem*) big question

Preisgabe *f* (*von Geheimnis*) betrayal

preis|geben *irr vt* **1.** (*aufgeben*) abandon **2.** (*aussetzen, ausliefern*) expose **3.** (*verraten*) betray

Preisgefüge *nt* price structure; **preisgekrönt** *adj* award-winning; **dieser Film wurde ~** this film was given an award; **Preisgericht** *nt* (*Jury*) jury; **preisgünstig** *adj* inexpensive, low-priced; **Preisindex** *m* price index; **Preisklasse** *f* price category; **Preislage** *f* price range; **Preis-Leistungsverhältnis** *nt* cost effectiveness

preislich **I.** *adj attr* price **II.** *adv* in price

Preisliste *f* price list; **Preisnachlass**[RR] *m* price reduction; **Preisniveau** *nt* price level; **Preispolitik** *f* prices policy; **Preisrätsel** *nt* prize competition; **Preisrückgang** *m* price recession; **Preisschild** *nt* price-tag; **Preisschwankungen** *fpl* price fluctuations; **Preissenkung** *f* price cut; **Preisstabilität** *f* stability of prices; **Preissteigerung** *f* price increase; **Preisstopp** *m* price freeze; **Preisträger(in)** *m(f)* prizewinner; **Preistreiberei** *f* forcing up of prices; **Preisunterschied** *m* price difference; **preiswert** *adj* inexpensive, good value; **ein ~es Hemd** a shirt which is good value; **kann man bei ... ~ einkaufen?** do you get good value (for money) at ...?

prekär [prɛ'kɛ:ɐ] *adj* **1.** (*heikel*) precarious **2.** (*peinlich*) awkward

Prellbock *m* **1.** (RAIL) buffer-stop **2.** (*Sündenbock*) scapegoat

prellen ['prɛlən] **I.** *vt* **1.** (*fam*) cheat, swindle (*jdm um etw* s.o. out of s.th.) **2.** (*Körperteil*) bruise **II.** *vr* bruise o.s.

Prellung *f* (MED) bruise, contusion

Premiere [prə'mje:rə] *f* premiere

Premierminister(in) *m(f)* (POL) prime minister

preschen ['prɛʃən] *vi sein* (*fam*) dash

Presse ['prɛsə] <-, -n> *f* press; **Presseagentur** *f* press [*o* news] agency; **Presseausweis** *m* press card; **Pressechef(in)** *m(f)* chief press officer; **Presseerklärung** *f* statement to the press, press release; **Pressefotograf(in)** *m(f)* press photographer; **Pressefreiheit** *f* freedom of the press; **Pressekonferenz** *f* press conference; **Pressemeldung** *f* press report; **Pressemitteilung** *f* press release

pressen *vt* **1.** press, squeeze **2.** (*zwingen, zwängen*) force (*in* into)

Pressenotiz *f* short announcement in the newspaper; **Presserecht** *nt* press laws *pl;* **Presserummel** *m* throng of reporters; **Pressesprecher(in)** *m(f)* press spokesman [*o* spokesperson]; **Pressestelle** *f* (MARKT) public relations [*o* press] office; **Pressestimme** *f* press commentary; **Pressezensur** *f* press curb

pressieren *vi* (*fam*) be urgent; **es pressiert nicht** there's no hurry [*o* it's not urgent]

Pression *f* pressure; **~en auf jdn ausüben** put pressure on s.o.

Presskohle[RR] *f* briquette; **Pressluft**[RR] *f* compressed air; **Pressluftbohrer**[RR] *m* pneumatic drill; **Presslufthammer**[RR] *m* air hammer

Prestige [prɛs'ti:ʒ(ə)] <-s> *nt* prestige; **Prestigedenken** *nt* status thinking; **Prestigegewinn** *m* increase in prestige; **Prestigeverlust** *m* loss of prestige

Preuße, -ßin ['prɔɪsə] <-n, -n> *m, f* Prussian; **Preußen** *nt* <-s> Prussia; **preu-**

P

ßisch *adj* Prussian
prickeln ['prɪkəln] *vi* (*kribbeln*) tingle; **prickelnd** *adj* **1.** (*kribbelnd*) tingling **2.** (*pikant*) piquant; (*erregend*) thrilling
Priem [pri:m] <-(e)s, -e> *m* quid of tobacco; **priemen** *vi* chew tobacco
Priester ['pri:stɐ] *m* priest; **Priesteramt** *nt*, **Priesterin** *f* priestess; **Priestertum** *nt* priesthood; **Priesterweihe** *f* (ECCL) ordination (as a priest)
prima *adj* (*fam*) **1.** (COM: *erstklassig*) first-class **2.** (*toll*) fantastic, great, swell *bes. Am*
Primadonna [prima'dɔna] <-, Primadonnen> *f* primadonna
primär *adj* primary
Primat[1] <-en, -en> *m* (ZOO) primate
Primat[2] *m/nt* <-(e)s, -e> (*Priorität, Vorherrschaft*) primacy (*über* over)
Primel ['pri:məl] <-, -n> *f* primrose; **eingehen wie eine ~** (*fam*) be completely flattened
Primetime ['praɪmtaɪm] <-, -s> *f* (*Hauptsendezeit*) prime time
primitiv [primi'ti:f] *adj* primitive; **Primitivität** *f* primitiveness; **Primitivling** *m* (*fam pej*) peasant; **Primus** ['pri:mʊs] <-, Primi oder -e> *m* top of the class
Primzahl ['pri:m-] *f* (MATH) prime number
Prinz [prɪnts] <-en, -en> *m* prince; **Prinzessin** [prɪn'tsɛsɪn] *f* princess; **Prinzgemahl** *m* prince consort
Prinzip [prɪn'tsi:p] <-s, -ien/(-e)> *nt* principle; **im ~** in principle; **aus ~** as a matter of principle, on principle; **so etw ginge gegen seine ~ien** such a thing would be against his principles; **er ist ein Mann mit ~ien** he's a man of principle(s); **prinzipiell** *adv* **1.** (*aus Prinzip*) on principle **2.** (*grundsätzlich*) in principle; **Prinzipienreiter(in)** *m(f)* (*pej*) stickler for one's principles; **prinzipientreu** *adj* true to one's principles
Priorität [priori'tɛ:t] *f* priority (*vor, gegenüber* over); **~en setzen** establish one's priorities; **höchste ~ haben** be of prime importance
Prise ['pri:zə] <-, -n> *f* **1.** (*kleines bisschen*) pinch; **eine ~ Salz** a pinch of salt **2.** (MAR) prize
Prisma ['prɪsma] <-s, -men> *nt* prism
Pritsche ['prɪtʃə] <-, -n> *f* **1.** (*Liegestatt*) plank bed **2.** (*LKW-Ladefläche*) platform
privat [pri'va:t] *adj* private; **~ versichert sein** be privately insured; **Privatadresse** *f* home address; **Privatangelegenheit** *f* private matter; **Privataudienz** *f* private audience; **Privatbesitz** *m* private property; **in ~** privately owned; **in ~ übergehen** pass into private hands; **~! Betreten verboten!** Private property! No trespassing!; **Privatdetektiv(in)** *m(f)* private detective; (*fam*) private eye; **Privatfernsehen** *nt* commercial television; **Privatgespräch** *nt* private conversation; **Privatgrundstück** *nt* private property; **~ kein Zutritt!** private property keep out!; **Privathand** *f*: **in Privathand** in private hands; **Privatinitiative** *f* private initiative
Privatisierung *f* (POL) privatization
Privatklinik *f* private hospital; **Privatkonto** *nt* personal account, private account; **Privatkunde** *m* private customer; **Privatleben** *nt* private life; **Privatlehrer(in)** *m(f)* private teacher, tutor; **Privatpatient(in)** *m(f)* private patient; **Privatperson** *f* private person; **Privatrecht** *nt* civil law; **privatrechtlich** *adj attr* civil law; **Privatsache** *f* private matter; **Privatschule** *f* private school; **Privatsekretär(in)** *m(f)* private secretary; **Privatsphäre** *f* privacy; **Privatunternehmen** *nt* private company; **Privatunterricht** *m* private tuition; **Privatvergnügen** *nt* (*fam*) private pleasure; **Privatvermögen** *nt* private fortune; **Privatweg** *m* private way; **Privatwirtschaft** *f* private industry; **privatwirtschaftlich** *adj* private-enterprise
Privileg [privi'le:k] <-(e)s, -ien> *nt* privilege; **privilegieren** *vt* privilege; **eine privilegierte Kaste** a privileged caste
Pro *nt*: **das ~ und Kontra** the pros and cons *pl*
pro[1] [pro:] *präp* per; **~ Kopf (Person)** per capita (person); **drei Mark ~ Stück** three marks each
pro[2] (*in Zusammensetzungen*) pro-; **~amerikanisch** pro-American
probat [pro'ba:t] *adj* proved, tried
Probe ['pro:bə] <-, -n> *f* **1.** (*Versuch, Prüfung*) test **2.** (*Muster*) pattern; (*Waren~, Beispiel, Kost~*) sample **3.** (THEAT) rehearsal; **die ~ aufs Exempel machen** put it to the test; **jdn (etw) auf die ~ stellen** put s.o. (s.th.) to the test; **auf [o zur] ~** on test; **auf ~ angestellt** employed for a probationary period; **jds Geduld auf eine harte ~ stellen** try someone's patience sorely; **die ~ machen** (MATH) (make a) check; **eine ~ abhalten** (THEAT) rehearse; **Probeabzug** *m* (TYP) proof; **Probealarm** *m* practice alarm; **Probeangebot** *nt* trial offer; **Probebohrung** *f* exploratory boring, test drill; **Probeentnahme** *f* taking of samples; **Probeexemplar** *nt* sample; **Probefahrt** *f* test drive, trial run; **Probejahr** *nt* probationary year; **Probelauf** *m* trial run
proben *vt, vi* rehearse
Probenummer *f* trial copy; **Probepa-**

ckung *f* trial package; **Probeseite** *f* specimen page; **probeweise** *adv* on trial; (COM) on approval; **Probezeit** *f* probationary period

probieren *vt, vi* (*versuchen, a. kosten*) try

Problem [pro'ble:m] <-s, -e> *nt* problem; **ein ~ in Angriff nehmen** get down to a problem; **sich mit einem ~ auseinander setzen** work on a problem; **Problematik** [--'--] *f* (*Schwierigkeit*) set of difficulties [*o* problems] (*jds* with s.o., *einer Sache* with s.th.); **problematisch** *adj* **1.** (*problembeladen*) problematic **2.** (*fragwürdig*) questionable **3.** (*schwierig*) difficult; **die Lage ist ~** the situation is grave; **problematisieren** *vt:* **etw ~** expound the problems of s.th.; **Problembereich** *m* problem area; **problemlos I.** *adj* problem-free **II.** *adv* without any difficulties

Procedere [pro'tse:dərə] <-, -> *nt* (method of) procedure

Produkt [pro'dʊkt] <-(e)s, -e> *nt* (*a. fig*) product; **Produktanalyse** *f* product analysis; **Produktenhandel** *m* (COM) produce trade; **Produktentwicklung** *f* product development; **Produktgestaltung** *f* product design; **Produktgruppe** *f* product line; **Produkthaftung** *f* product liability

Produktion *f* production; **Produktionsabteilung** *f* production department; **Produktionsanlagen** *pl* production equipment, production plant; **Produktionsausfall** *m* loss of production; **Produktionsfehler** *m* production fault [*o* error]; **Produktionsgüter** *ntpl* producer goods; **Produktionskapazität** *f* production capacity, productive capacity; **Produktionskosten** *pl* production costs; **Produktionsleistung** *f* output; **Produktionsmittel** *ntpl* means *pl,* of production; **Produktionsrückgang** *m* drop in production; **Produktionsstandard** *m* production standard; **Produktionsstätte** *f* production facility, factory; **Produktionssteigerung** *f* increase in production; **Produktionsstockung** *f* interruption in production; **Produktionszweig** *m* industry

produktiv [prodʊk'ti:f] *adj* productive; **Produktivität** *f* productivity; **Produktivitätszuwachs** *m* gain in productivity

Produktlinie *f* product line; **Produktmanager(in)** *m(f)* product manager; **Produktpalette** *f* (MARKT) product range; **Produktwerbung** *f* product advertising; **Produktzyklus** *m* (*Verkaufsdauer eines Produkts*) product cycle

Produzent(in) *m(f)* producer; **produzieren I.** *vt* produce **II.** *vr* (*angeben*) show off

profan [pro'fa:n] *adj* **1.** (REL: *weltlich*) profane **2.** (*gewöhnlich, banal*) mundane

Professionalität *f* professionalism

professionell [profɛsio'nɛl] *adj* professional

Professor(in) *m(f)* professor; **~ für Biologie** professor of Biology; **zerstreuter ~** absent-minded professor

Professur *f* chair (*für* in)

Profi ['pro:fi] <-s, -s> *m* (*fam*) pro; (SPORT: *Rad~, Schwimm~*) professional (cyclist, swimmer)

Profil [pro'fi:l] <-s, -e> *nt* **1.** (*Seitenansicht von Gesicht*) profile **2.** (GEOG) section **3.** (*Quer~*) crosse-section; (*Längs~*) vertical section **4.** (AVIAT) wing profile **5.** (*Reifen~*) tread **6.** (*Ansehen*) image; **profilieren I.** *vt* **1.** (*Reifen*) put a tread on **2.** (*abgrenzen*) define **II.** *vr* **1.** (*sich auszeichnen*) distinguish o.s. **2.** (*sich ein Image verleihen*) give o.s. a personal image; **profiliert** *adj* **1.** (*klar, scharf*) clear-cut **2.** (*hervorragend*) outstanding; (*hervorstechend*) distinctive; **Profilneurose** *f* (PSYCH) image complex

Profit [pro'fi:t] <-(e)s, -e> *m* profit; **~ aus etw schlagen** (*a. fig*) profit from s.th.; **profitabel** *adj* profitable; **Profitdenken** *nt* profit orientation; **Profitgier** *f* greed for profit; **profitieren** *vi* (*a. fig*) profit (*von* from, by); **Profitjäger(in)** *m(f)* (*fam*) profiteer

pro forma [pro'fɔrma] *adv* as a matter of form; **Proforma-Rechnung** *f* (COM) pro forma invoice

profund [pro'fʊnt] *adj* profound, deep

Prognose [pro'gno:zə] <-, -n> *f* prognosis; (*Wetter~*) forecast; **prognostizieren** [prognɔsti'tsi:rən] *vt* predict

Programm [pro'gram] <-s, -e> *nt* **1.** programme *Br,* program *Am* **2.** (INFORM: *Computer~*) program **3.** (*beim Rennen*) card **4.** (THEAT) bill **5.** (RADIO TV: *Sendefolge*) program(me)s *pl* **6.** (*Sendekanal*) channel **7.** (*~heft*) program(me) guide **8.** (COM: *Sortiment, Produktions~*) range **9.** (*Tagesordnung*) agenda; **was steht für heute auf dem ~?** (*was haben wir vor?*) what's the program(me) for today?; (*was steht auf der Tagesordnung?*) what's on today's agenda?; **was läuft im andern ~?** (RADIO TV) what's on the other channel?; **Programmfehler** *m* (INFORM) programm(ing) error; **Programmfolge** *f* (RADIO TV) order of program(me)s; **Programmhinweis** *m* (RADIO TV) program(me) note

programmierbar *adj* programmable

programmieren I. *vt* **1.** (INFORM) program(me) **2.** (*konditionieren*) condition (*auf* to); **programmierter Unterricht** programmed course; **auf Erfolg program-**

miert sein be conditioned to success **II.** *vi* (INFORM) program(me); **Programmierer(in)** *m(f)* (INFORM) programmer; **Programmierfehler** *m* programming error; **Programmiersprache** *f* (INFORM) programming language; **Programmierung** <-, -en> *f* programming

Programmkino *nt* repertory cinema; **Programmpunkt** *m* (*Tagesordnungspunkt*) item on the agenda; **Programmsteuerung** *f* (INFORM) program control; **Programmvorschau** *f* **1.** (TV) program(me) round-up **2.** (FILM) trailer; **Programmwahl** *f* **1.** (ELEK) cycle selection **2.** (TV) channel selection; **Programmzeitschrift** *f* program(me) guide

Progression [progrɛ'sio:n] *f* (*a.* FIN) progression

progressiv [--'-] *adj* (*a.* FIN) progressive

Prohibition [prohibi'tsjo:n] *f* Prohibition

Projekt [pro'jɛkt] <-(e)s, -e> *nt* project; **Projektanalyse** *f* project analysis; **Projektfinanzierung** *f* project financing, project funding; **Projektgruppe** *f* project team; **projektieren** *vt* project; **Projektingenieur** *m* project engineer

Projektion *f* projection

Projektleiter *m* project manager; **Projektmanagement** [-ˌmɛnɪdʒmɛnt] <-s> *nt* project management

Projektor *m* (FILM) projector

projizieren [proji'tsi:rən] *vt* project

Proklamation [proklama'tsjo:n] *f* proclamation; **proklamieren** *vt* proclaim

Pro-Kopf-Einkommen *nt* per capita income; **Pro-Kopf-Verbrauch** *m* per capita consumption

Prokura [pro'ku:ra] <-, -ren> *f* (COM) procuration; **per ~** by proxy, per procurationem, per pro., p.p.; **jdm ~ erteilen** grant s.o. procuration; **Prokurist(in)** *m(f)* (COM) attorney

Prolet [pro'le:t] <-en, -en> *m* (*pej*) prole

Proletariat [proletari'a:t] <-s> *nt* proletariat; **Proletarier(in)** [--'--] *m(f)* proletarian; **proletarisch** *adj* proletarian

Prolog [pro'lo:k] <-s, -e> *m* prolog(ue)

Prolongation [prolɔŋga'tsjo:n] <-, -en> *f* extension; **Prolongationswechsel** *m* renewal bill

prolongieren *vt* extend

Promenade [promə'na:də] <-, -n> *f* promenade; **promenieren** *vi* promenade

Promille [pro'mɪlə] <-(s), -> *nt* **1.** (*Tausendstel*) thousandth **2.** (*fam: Blutalkohol*) alcohol level; **er hatte 2,6 ~** he had an alcohol level of 260 millilitres; **Promillegrenze** *f highest permitted level of alcohol in the bloodstream;* **Promillemesser** *m* breathalyzer

prominent [promi'nɛnt] *adj* prominent; **Prominente(r)** <-n, -n> *f (m)* prominent figure, VIP; **Prominenz** <-> *f* prominent figures, VIP's *pl*

Promotion¹ [prə'moʊʃən] *f* (MARKT COM) promotion

Promotion² [promo'tsio:n] *f* doctorate, PhD

promovieren [promo'vi:rən] **I.** *vt* confer a doctorate on **II.** *vi* do a doctorate (*über* in)

prompt [prɔmpt] **I.** *adj* prompt **II.** *adv* **1.** (*sofort*) promptly **2.** (*selbstverständlich*) of course

Pronomen [pro'no:mən] <-s, -mina> *nt* (GRAM) pronoun

Propaganda [propa'ganda] <-> *f* **1.** (POL) propaganda **2.** (MARKT) publicity; **Propagandafeldzug** *m* **1.** (POL) propaganda campaign **2.** (MARKT) publicity campaign; **Propagandist(in)** *m(f)* **1.** (POL) propagandist **2.** (MARKT) demonstrator; **propagandistisch** *adj* propagandist(ic); **etw ~ ausnutzen** use s.th. as propaganda

propagieren *vt* propagate

Propan [pro'pa:n] <-s> *nt* (CHEM) propane; **Propangas** *nt* propane gas

Propeller [pro'pɛlɐ] <-s, -> *m* propeller; **ein Flugzeug mit ~antrieb** a propeller-driven plane

proper ['prɔpɐ] *adj* (*fam*) neat, trim

Prophet(in) [pro'fe:t] <-en, -en> *m(f)* prophet; **prophetisch** *adj* prophetic; **prophezeien** [profə'tsaɪən] <ohne ge-> *vt* (*vorhersagen*) foretell; (REL) prophesy; **Prophezeiung** *f* prophecy

prophylaktisch [profy'laktɪʃ] *adj* prophylactic

Proportion [propɔr'tsjo:n] *f* proportion; **proportional** *adj* proportional; **~ zu ...** in proportion to ...; **umgekehrt ~** (MATH) in inverse proportion; **proportioniert** *adj* proportioned

Proporz [pro'pɔrts] <-es> *m* proportional representation

proppe(n)voll ['prɔpə(n)'fɔl] *adj* (*fam*) jam-packed

Propst [pro:pst, *pl:* 'prø:pstə] <-es, ¨-e> *m* (ECCL) provost

Prosa ['pro:za] <-> *f* prose; **prosaisch** [pro'za:ɪʃ] *adj* (*a. fig: nüchtern*) prosaic

pros(i)t ['pro:st ('pro:zɪt)] *interj* cheers! here's to you! your health!; (*beim Niesen*) bless you!; **~ Neujahr!** here's to the New Year!; **~ allerseits!** cheers to everyone!; (*als Aufforderung zum Trinken*) bottoms up!

Prospekt [pro'spɛkt] <-(e)s, -e> *m* **1.** (*Aussicht*) prospect **2.** (COM: *Werbe~*) brochure; (*einzelner Zettel*) leaflet; **Prospektmaterial** *nt* descriptive material

Prostata ['prostata] <-> *f* (ANAT) prostate gland; **Prostatakrebs** *m* prostate cancer

prostituieren [prostitu'i:rən] *vr* (*a. fig*) prostitute o.s.; **Prostituierte** <-n, -n> *f* prostitute; **Prostitution** *f* prostitution

Protegé [prote'ʒe:] <-s, -s> *m* protégé

protegieren *vt* sponsor

Protein [prote'i:n] <-s, -e> *nt* protein

Protektion [protɛk'tsjo:n] *f* **1.** (*Schutz*) protection **2.** (*Förderung, Begünstigung*) patronage; **unter jds ~ stehen** (*von ihm beschützt werden*) be under someone's protection; (*von ihm begünstigt werden*) be someone's protégé [*o* under someone's patronage]; **Protektionismus** *m* (COM POL) protectionism

Protektorat <-(e)s, -e> *nt* **1.** (POL: *Schutzgebiet*) protectorate **2.** (*Schutz-, Schirmherrschaft*) patronage

Protest [pro'tɛst] <-(e)s, -e> *m* protest; **aus ~** in protest; **unter ~** (*gezwungenermaßen*) under protest; (*protestierend*) protesting; **gegen jdn (etw) ~ einlegen** make a protest against s.o. (s.th.); **Protestaktion** *f* protest

Protestant(in) *m(f)* Protestant; **protestantisch** *adj* Protestant; **Protestantismus** *m* Protestantism

protestieren *vi* protest (*gegen* against)

Protestkundgebung *f* protest rally; **Protestnote** *f* (POL) note of protest; **Protestversammlung** *f* protest meeting; **Protestwähler(in)** *m(f)* protest voter

Prothese [pro'te:zə] <-, -n> *f* (MED) prothesis, artificial limb; (*Zahn~*) dentures; (*fam*) false teeth

Protokoll [proto'kɔl] <-s, -e> *nt* **1.** (*Niederschrift*) record **2.** (*Sitzungs~*) minutes *pl* **3.** (*Polizei~ einer Aussage*) statement **4.** (*Strafzettel*) ticket **5.** (*diplomatisches ~ bei Staatsbesuchen*) protocol; **~ führen** (*Sitzungs~*) keep the minutes; (*Gerichts~*) keep a record of the proceedings; (*Unterrichts~*) write a report; **etw zu ~ nehmen** take s.th. down; **etw zu ~ geben** have s.th. put on record; (*bei der Polizei*) say s.th. in one's statement; **protokollarisch** *adj* **1.** (*protokolliert*) on record; (*im Sitzungsprotokoll festgehalten*) in the minutes **2.** (*gemäß dem diplomatischen Protokoll, das Zeremoniell betreffend*): **~e Mindestforderungen** minimum demands of protocol; **~ gesehen** as regards protocol; **Protokollführer(in)** *m(f)* keeper of the minutes; (*amtlich*) recording clerk; (JUR) clerk of the court; **protokollieren I.** *vt* **1.** (*schriftlich festhalten*) take down **2.** (*Konferenz*) minute **3.** (*Unterrichtsverlauf*) write a report of **II.** *vi* **1.** (*bei Sitzung*) take the minutes down **2.** (*bei Aussage vor der Polizei*) take a [*o* the] statement down **3.** (*im Unterricht*) write the report

Proton [pro'to:n] <-s, -en> *nt* (PHYS) proton

Prototyp ['pro:toty:p] <-(e)s, -en> *m* prototype

Protz [prɔts] <-en/-es, -e(n)> *m* (*fam*) swank; **protzen** *vi* (*fam*) show off; **vor jdm mit etw ~** show s.th. off to s.o.; **protzig** *adj* (*fam*) showy, swanky

Proviant [provi'ant] <-(e)s, (-e)> *m* provisions *pl;* **sich mit ~ versehen** provide o.s. with food

Provider [prə'vaɪdə] <-s, -> *m* (*für den Internetzugang*) provider

Provinz [pro'vɪnts] <-, -en> *f* **1.** (*Teil eines Landes*) province **2.** (*kulturell zweitrangige Gebiete*): **die ~** the provinces *pl;* **provinziell** *adj* (*a. pej*) provincial; **Provinzler(in)** *m(f)* (*pej*) provincial; **Provinzstadt** *f* provincial town

Provision [provi'zjo:n] *f* (COM) commission; **auf ~** on commission; **Provisionsbasis** *f* commission basis; **auf Provisionsbasis arbeiten** work on a commission basis

provisorisch *adj* provisional, temporary; **Provisorium** *nt* provisional arrangement

provokant *adj* provocative

Provokateur(in) [provoka'tø:ɐ] *m(f)* troublemaker; **Provokation** *f* provocation; **provozieren** *vt, vi* provoke

Prozedere [pro'tse:dərə] <-, -> *nt* procedure

Prozedur [protse'du:ɐ] *f* (*Vorgehensweise*) procedure; (*fam*) carry-on

Prozent [pro'tsɛnt] <-(e)s, -e> *nt* per cent; **wie viel ~?** what percentage?; **zehn ~** (*fam*) ten per cent; **ich bekomme hier ~e** I get a discount here; **in ~en ausgedrückt** expressed as a percentage; **Prozentsatz** *m* percentage; **prozentual** *adj attr* percentage; **~ ausgedrückt** expressed as a percentage

Prozess[RR] [pro'tsɛs] <-es, -e> *m* **1.** (JUR: *Gerichtsverfahren*) trial; (*Rechtsfall*) case **2.** (*Vorgang, Verfahren*) process; **er hat seinen ~ gewonnen (verloren)** (JUR) he won (lost) his case; **gegen jdn einen ~ anstrengen** (JUR) bring an action against s.o.; **in einen ~ verwickelt sein** be involved in a lawsuit; **jdm den ~ machen** (JUR) bring s.o. to trial; **mit jdm (etw) kurzen ~ machen** (*fam*) make short work of s.o. (s.th.); **Prozessakten**[RR] *fpl* case files; **Prozessgegner(in)**[RR] *m(f)* (JUR) opposing party

prozessieren *vi* take legal proceedings (*gegen* against)

Prozession *f* procession

Prozesskosten[RR] *pl* legal costs

ProzesslawineRR *f* spate of trials
Prozessor *m* (INFORM) processor
ProzessordnungRR *f* rules of procedure
prüde ['pry:də] *adj* prudish; **Prüderie** [pry:də'ri:] *f* prudery
Prüfabzug *m* (TYP) proof
prüfen ['pry:fən] *vt* **1.** (*Kenntnisse abfragen*) examine **2.** (*proben, ausprobieren, auf die Probe stellen*) test **3.** (*besichtigen, mustern*) inspect **4.** (*nach~, über~*) check (*auf* for, *ob* to see if); (COM: *Bücher, Bilanz*) audit **5.** (*erwägen, betrachten*) consider; **Prüfer(in)** *m(f)* **1.** (*bei Examen*) examiner **2.** (COM: *Wirtschafts~, Buch~*) auditor; **Prüfgerät** *nt* **1.** (*Einzelgerät*) testing apparatus **2.** (*Gesamtheit der ~e*) testing equipment; **Prüfling** *m* examinee; **Prüfstand** *m* (AUTO) test bed; **Prüfstein** *m* (*fig*) touchstone (*für* of, for); **Prüfstempel** *m* test stamp
Prüfung *f* **1.** (*Examen*) exam(ination) **2.** (*Erprobung*) testing **3.** (*Musterung*) inspection **4.** (*Nach~, Über~*) check(ing); (COM: *Wirtschafts~*) audit **5.** (*Erwägung, Betrachtung*) consideration; **sich einer ~ unterziehen** (**eine ~ machen**) take an exam(ination); **eine ~ bestehen** pass an exam(ination); **Prüfungsangst** *f* exam nerves *pl;* **Prüfungsaufgabe** *f* test question; **Prüfungsausschuss**RR *m* **1.** (SCHULE) board of examiners **2.** (*bei Sachen*) board of inspectors; **Prüfungsergebnis** *nt* result of an [*o* the] examination; **Prüfungsgebühren** *fpl* examination fee *sing;* **Prüfungskommission** *f* **1.** (SCHULE) board of examiners **2.** (*bei Sachen*) board of inspectors; **Prüfungszeugnis** *nt* exam(ination) certificate
Prüfverfahren *nt* test procedure; (*Signifikanztest*) test of significance
Prügel[1] ['pry:gəl] <-s, -> *m* (*fam: Knüppel*) cudgel
Prügel[2] *pl* (*Tracht ~*) thrashing; **Prügelei** *f* brawl, fight; **Prügelknabe** *m* (*fig*) whipping boy; **prügeln I.** *vt, vi* beat **II.** *vr* fight (*mit jdm* s.o., *um* for); **Prügelstrafe** *f* corporal punishment
Prunk [prʊŋk] <-(e)s> *m* splendour; **prunken** *vi* be resplendent; **mit etw ~** make a show of s.th.
prusten ['pru:stən] *vi* snort; **vor Lachen ~** snort with laughter
Psalm [psalm] <-s, -en> *m* (REL) psalm
Pseudo-Krupp ['psɔydokrʊp] *m* (MED) pseudo croup
Pseudonym [psɔydo'ny:m] <-s, -e> *nt* pseudonym
pst [pst] *interj:* **~!** hush!
Psyche ['psy:çə] <-, -n> *f* psyche
psychedelisch [psyçe'de:lɪʃ] *adj* psychedelic
Psychiater(in) [psy'çja:tɐ] <-s, -> *m(f)* psychiatrist; (*fam*) shrink; **Psychiatrie** [psyçia'tri:] *f* psychiatry; **psychiatrisch** *adj* psychiatric; **sich in ~er Behandlung befinden** be under psychiatric treatment
psychisch *adj* **1.** (*die Psyche betreffend*) psychic **2.** (*psychologisch*) psychological; **ein ~es Phänomen** a psychic phenomenon; **~e Erkrankung** mental illness; **~ bedingt** psychologically determined
Psychoanalyse *f* psychoanalysis; **Psychoanalytiker(in)** *m(f)* psychoanalyst; **Psycho-Droge** ['psyço-] *f* (CHEM) psychoactive drug; **psychogen** [psyço'ge:n] *adj* psychogenic; **Psychogramm** *nt* **1.** (MED) psychograph **2.** (*fig*) profile; **Psycholinguistik** *f* psycholinguistics *pl;* **Psychologe, -gin** *m, f* psychologist; **psychologisch** *adj* psychological; **Psychopath(in)** [psyço'pa:t] <-en, -en> *m(f)* psychopath; **Psychopharmaka** [-'farmaka] *pl* (CHEM MED) psychopharmacological [*o* psychotropic] drugs; **Psychose** [psy'ço:zə] <-, -n> *f* (MED) psychosis; **Psychosekte** *f* psycho sect; **psychosomatisch** *adj:* **~e Krankheit** psychosomatic illness; **psychosozial** *adj* psychosocial; **Psychoterror** *m* psychological terror; **Psychotherapeut(in)** <-en, -en> *m(f)* psychotherapist; **Psychotherapie** [----'-] *f* (MED) psychotherapy
Pubertät [pubɛr'tɛ:t] *f* puberty
PublicrelationsRR <-, -> *f* public relations
publik *adj* public
Publikation [publika'tsjo:n] *f* publication
Publikum ['pu:blikʊm] <-s> *nt* **1.** (*Öffentlichkeit*) public **2.** (*Zuhörerschaft, Zuschauer*) audience; **Publikumserfolg** *m* success with the public; **Publikumsgeschmack** *m* public taste; **Publikumsliebling** *m* darling of the public; **Publikumsmagnet** *m* crowd-puller; **Publikumsverkehr** *m* personal callers
publizieren [publi'tsi:rən] *vt, vi* publish
Publizieren *nt:* **elektronisches ~** electronic publishing
Publizist(in) *m(f)* publicist; **Publizistik** *f* journalism; **Publizität** *f* publicity; **publizitätsträchtig** *adj* offering good publicity
Puck [pʊk] <-s, -s> *m* puck
Pudding ['pʊdɪŋ] <-s, -e/-s> *m* blancmange; (*Kaltrühr~*) instant whip
Pudel ['pu:dəl] <-s, -> *m* (*Hunderasse*) poodle; **das also war des ~s Kern!** so that's it was all about!; **was stehst du da wie ein begossener ~?** (*fam*) why are you looking so sheepish?
Pudelmütze *f* bobble hat
pudelnassRR *adj* soaking wet; **pudel-**

wohl *adj* (*fam*): **sich ~ fühlen** feel really good

Puder ['pu:dɐ] <-s, -> *m* powder; **Puderdose** *f* powder tin; **pudern** *vt* powder; **Puderquaste** *f* powder puff; **Puderzucker** *m* icing sugar

Puff[1] [pʊf, *pl:* 'pʏfə] <-(e)s, ⸚e/-e> *m* **1.** (*Stoß*) thump; (*leichter Stoß in die Seite*) nudge **2.** (*Knall*) bang

Puff[2] <-s, -s> *m* (*sl: Bordell*) cathouse

puffen I. *vt* **1.** (*stoßen*) thump; (*leicht in die Seite*) nudge **2.** (*Abgase, Rauch*) puff **II.** *vi* **1.** (*von Lokomotive*) puff **2.** (*fam: puff machen*) go phut

Puffer[1] *m* (*Kartoffel~*) potato fritter

Puffer[2] *m* (RAIL) buffer; **Pufferstaat** *m* (POL) buffer state

Pulk [pʊlk] <-(e)s, -s> *m* group, throng

Pulle ['pʊlə] <-, -n> *f* (*fam: Flasche*) bottle; **volle ~** (*fam*) at full pelt

Pulli ['pʊli] <-s, -s> *m* (*fam*) jersey, sweater; **Pullover** [pʊ'lo:vɐ] <-s, -> *m* jersey, jumper *Br a.*, pullover, sweater; **Pullunder** [pʊ'lʊndɐ] <-s, -> *m* tank top

Puls [pʊls] <-es, -e> *m* (*a. fig*) pulse; **jdm den ~ fühlen** feel someone's pulse; **Pulsader** *f* artery

pulsieren *vi* (*a. fig*) pulsate, throb

Pulsmesser <-s, -> *m* (SPORT) pulse monitor; **Pulsschlag** *m* **1.** (ANAT) pulse-beat **2.** (*fig*) pulse; **Pulswärmer** *m* wristlet

Pult [pʊlt] <-(e)s, -e> *nt* desk

Pulver ['pʊlvɐ] <-s, -> *nt* powder; (*Schieß~*) gunpowder; **er hat sein ~ verschossen** he's shot his bolt; **Pulverfass**[RR] *nt* (*a. fig*) powder keg; **pulverisieren** *vt* powder, pulverize; **Pulverkaffee** *m* instant coffee; **Pulverschnee** *m* powder snow

Puma ['pu:ma] <-s, -s> *m* (*Raubtier*) puma

Pummel(chen) ['pʊməl] <-s, -> *m (nt)* (*fam: Dickerchen*) roly-poly; **pummelig** *adj* (*fam*) chubby

Pump <-s> *m* (*fam*) tick; **etw auf ~ kaufen** buy s.th. on tick

Pumpe ['pʊmpə] <-, -n> *f* **1.** (*Wasser~*) pump **2.** (*fam: Herz*) ticker

pumpen[1] *vt, vi* (*Wasser*) pump

pumpen[2] *vt, vi* (*fam*) **1.** (*verleihen*) give on tick **2.** (*entleihen*) take on tick

Pumping ['pampɪŋ] <-s> *nt* (*anstrengendes Ganzkörpertraining*) pumping

Pumpstation *f* pumping station

Punker(in) ['paŋkɐ] <-s, -> *m(f)* punk

Punkt [pʊŋkt] <-(e)s, -e> *m* **1.** (*zur Bewertung, a. im Sport*) point; (*beim Kartenspiel*) pip **2.** (TYP: *Satzzeichen*) full stop *Br*, period *Am;* (*i-Punkt*) dot **3.** (*Ort*) point, spot **4.** (*bei Bericht, Liste, Diskussion*) item, point; **Sieger nach ~en** (SPORT) winner on points; **~ 10 Uhr** at ten sharp; **einen wunden ~ berühren** touch a sore spot; **bis zu einem gewissen ~** up to a certain point; **in allen ~en** in every respect; **~ für ~** point by point; **ein strittiger ~** a disputed point; **der springende ~** the salient [*o* crucial] point; **nun mach aber mal einen ~!** (*fam*) come off it!

Punktgewinn *m* (SPORT) score

punktieren *vt* **1.** (*tüpfeln*) dot **2.** (MED) aspirate

Punktion <-, -en> *f* (MED) aspiration

pünktlich ['pʏŋktlɪç] **I.** *adj* **1.** (*zur verabredeten Zeit*) punctual **2.** (*exakt*) precise **II.** *adv* **1.** (*zur verabredeten Zeit*) on time **2.** (*exakt*) precisely

Pünktlichkeit *f* **1.** (*zeitliche ~*) punctuality **2.** (*Exaktheit*) precision

Punktrichter(in) *m(f)* (SPORT) judge; **Punktsieg** *m* (SPORT) win on points; **Punktsieger(in)** *m(f)* (SPORT) winner on points

punktuell I. *adj* selective **II.** *adv:* **sich mit etw nur ~ befassen** deal with selected points of s.th. only

Punktzahl *f* score

Punsch [pʊnʃ] <-(e)s, -e> *m* punch

Pupille [pu'pɪlə] <-, -n> *f* (ANAT) pupil

Puppe ['pʊpə] <-, -n> *f* **1.** (*Kinderspielzeug*) doll; (*Marionette*) puppet; (*Schaufenster~*) dummy **2.** (*Insektenlarve*) pupa **3.** (*sl: Mädchen*) doll; **Puppenhaus** *nt* doll's house; **Puppenspiel** *nt* puppet show; **Puppentheater** *nt* puppet theatre; **Puppenwagen** *m* doll's pram

pur [pu:ɐ] *adj* **1.** pure **2.** (*völlig*) sheer; **~er Unsinn** utter nonsense

Püree <-s, -s> *nt* puree

Puritaner(in) <-s, -> *m(f)* Puritan

Purpur ['pʊrpʊr] <-s> *m* purple; **purpurn** *adj*, **purpurrot** *adj* crimson

Purzelbaum *m* somersault; **einen ~ machen** do a somersault

purzeln ['pʊrtsəln] *vi sein* tumble (*über* over)

Puste ['pu:stə] <-> *f* (*fam*) puff; **außer ~ sein** be out of puff

Pustekuchen *m:* **~!** (*interj*) fiddlesticks! no chance! nothing doing! that's what you think!

Pustel ['pʊstəl] <-, -n> *f* (*Pickel*) pimple; (MED) pustule

pusten ['pu:stən] *vi, vt* (*fam*) blow, puff

Pute(r) ['pu:tə] <-, -n> *f (m)* (*Truthahn als Braten*) turkey

puterrot *adj* scarlet, as red as a beetroot

Puts *pl* (*Verkaufsoptionen*) puts *pl*

Putsch [pʊtʃ] <-(e)s, -e> *m* (POL) coup d'état, revolt; **putschen** *vi* (POL) rebel, revolt; **Putschist(in)** *m(f)* rebel

Putz [pʊts] <-es> *m* **1.** (*Staat, Kleid*) finery; (*Besatz*) trimming **2.** (ARCH: *Ver~*) plaster; (*Rau~*) roughcast; **auf den ~ hauen** (*fam: groß feiern*) have a rave-up; (*prahlen*) show off; (*Krach schlagen*) kick up a fuss; **unter ~** under the plaster

putzen ['pʊtsən] **I.** *vt* **1.** (*reinigen*) clean; (*abwischen*) wipe; (*Nase*) blow, wipe; (*Zähne*) brush; (*Schuhe*) polish *Br,* shine *Am* **2.** (*schmücken*) decorate **II.** *vr* **1.** (*sich reinigen*) clean o.s. **2.** (*sich schmücken*) do o.s. up

Putzfimmel *m* (*pej*) obsession with cleaning; **Putzfrau** *f* cleaning lady *Br,* cleaner, scrubwoman *Am*

putzig *adj* (*fam*) **1.** (*komisch, merkwürdig*) funny **2.** (*süß, niedlich*) cute

Putzkolonne *f* team of cleaners; **Putzlappen** *m* cloth; **Putzmacherin** *f* milliner; **Putzmittel** *nt* cleanser; **Putzteufel** *m* (*fam*) housework maniac; **Putztuch** *nt* **1.** (*Wischlappen*) cloth **2.** (*Staubtuch*) duster; **Putzwolle** *f* steel wool; **Putzzeug** *nt* cleaning things *pl*

puzzeln [pazəln] *vi* do a jigsaw puzzle; **Puzzle** [pazəl] <-s, -s> *nt* jigsaw puzzle

Pygmäe, -mäin [py'gmɛːə] <-n, -n> *m, f* Pygmy; **pygmäenhaft** *adj* pygmy-like

Pyjama [py'(d)ʒaːma] <-s, -s> *m* pyjamas *Br,* pajamas *Am;* **Pyjamahose** *f* pyjama trousers *Br,* pajama trousers *Am*

Pyramide [pyra'miːdə] <-, -n> *f* pyramid; **pyramidenförmig I.** *adj* pyramid-shaped **II.** *adv* in the shape of a pyramid

Pyrenäen [pyrə'nɛːən] *pl:* **die ~** the Pyrenees; **Pyrenäenhalbinsel** *f* Iberian Peninsula

Pyromane, -nin [pyro'maːnə] *m, f* pyromaniac; **Pyromanie** [---'-] *f* pyromania; **Pyrotechnik** ['----] *f* pyrotechnics *pl*

Pyrrhussieg ['pʏrʊs-] *m* Pyrrhic victory

pythagoreisch [pytago'reːɪʃ] *adj* (MATH) Pythagorean; **~er Lehrsatz** Pythagoras' theorem

Python(**schlange**) ['pyːtɔn(-)] *m* (*Riesenschlange*) python

Q

Q, q [ku:] <-, -> *nt* Q, q

Quacksalber ['kvakzalbɐ] <-s, -> *m* (*pej*) quack; **Quacksalberei** *f* (*pej*) quackery

Quader ['kva:dɐ] <-s, -> *m* **1.** (ARCH) ashlar **2.** (MATH) cuboid; **Quaderstein** *m* square stone

Quadrant *m* quadrant

Quadrat [kva'dra:t] <-(e)s, -e> *nt* square; **eine Zahl ins ~ erheben** square a number; **sechzehn zum ~** sixteen squared; **25 m im ~** 25 m square; **quadratisch** *adj* **1.** (MATH: *Gleichung*) quadratic **2.** (*quadratförmig*) square; **Quadratkilometer** *nt* square kilometre *Br,* square kilometer *Am;* **Quadratmeter** *nt/m* square metre *Br,* square meter *Am;* **Quadratwurzel** *f* (MATH) square root; **die ~ aus 25 ziehen** work out the square root of 25; **Quadratzahl** *f* (MATH) square number; **Quadratzentimeter** *nt* square centrimetre *Br,* square centimeter *Am*

quadrieren *vt* (MATH) square

Quadrophonie ['kvadrofo'ni:] *f,* **Quadrofonie**[RR] *f* quadrophonic sound; **quadrophonisch** *adj,* **quadrofonisch**[RR] *adj* quadrophonic

quaken ['kva:kən] *vi* **1.** (*Ente*) quack; (*Frosch*) croak **2.** (*fam: Menschen*) squawk

quäken ['kvɛ:kən] *vt, vi* (*fam*) screech

Quäker(in) <-s, -> *m(f)* (REL) Quaker

Qual ['kva:l] <-, -en> *f* pain; (*Seelen~*) anguish

quälen ['kvɛ:lən] **I.** *vt* torment; (*foltern*) torture; (*belästigen*) pester **II.** *vr* **1.** (*sich mühen*) struggle **2.** (*seelisch*) torture o.s.

Quälerei *f* **1.** (*physisch*) torture; (*psychisch*) torment **2.** (*Mühseligkeit*) struggle

Quälgeist *m* (*fam*) nuisance, pest

Qualifikation [kvalifika'tsjo:n] *f* qualification

qualifizieren **I.** *vt* qualify **II.** *vr* (*a.* SPORT) qualify (*für* for)

Qualität *f* quality; **hervorragende ~** excellent [*o* top] quality; **schlechte ~** poor quality

qualitativ [kvalita'ti:f/'----] *adj* qualitative

Qualitätsarbeit *f* quality work; **qualitätsbewusst**[RR] *adj* quality-conscious; **Qualitätserzeugnis** *nt* quality product; **Qualitätskennzeichen** *nt* quality label; **Qualitätskontrolle** *f* quality control; **Qualitätsminderung** *f* impairment [*o* reduction] of quality; **Qualitätssteigerung** *f* quality improvement *Br,* quality enhancement *Am;* **Qualitätsunterschied** *m* difference in quality; **Qualitätsverbesserung** *f* upgrading; **Qualitätsware** *f* quality goods *pl;* **Qualitätszertifikat** *nt* certificate of quality

Qualle ['kvalə] <-, -n> *f* (*Nesseltier*) jellyfish

Qualm [kvalm] <-(e)s> *m* dense smoke; **qualmen** **I.** *vt* (*fam: Zigaretten rauchen*) puff away at **II.** *vi* smoke; (*fam: Zigaretten rauchen*) puff away; **qualmig** *adj* smoky

qualvoll ['kva:lfɔl] *adj* agonizing, painful

Quant [kvant] <-s, -en> *nt* (PHYS) quantum; **Quäntchen**[RR] ['kvɛntçən] <-s> *nt* (*fam*) spot, tiny bit, modicum

Quantenphysik *f* quantum physics *sing;* **Quantensprung** *m* quantitative leap; **Quantentheorie** *f* (PHYS) quantum theory

Quantität *f* quantity; **quantitativ** [kvantita'ti:f/'----] *adj* quantitative

Quantum ['kvantʊm] *nt* **1.** (*Anzahl, Menge*) quantity, quantum **2.** (*Anteil*) quota (*an* of)

Quarantäne [karan'tɛ:nə] <-, -n> *f* quarantine; **unter ~ stellen** put in quarantine; **Quarantänestation** *f* quarantine ward

Quark [kvark] <-s> *m* **1.** soft curd cheese **2.** (*fam: Quatsch*) rubbish; **Quarkspeise** *m pudding made with quark*

Quart [kvart] <-s> *nt* (TYP: *~format*) quarto

Quartal [kvar'ta:l] <-s, -e> *nt* quarter; **Quartalsabschluss**[RR] *m* quarterly balance sheet; **Quartalsäufer(in)** *m(f)* periodic heavy drinker; **Quartalsende** *nt* end of the quarter; **quartalsweise** *adj, adv* quarterly

Quarte ['kvartə] <-, -n> *f* (MUS) fourth

Quartett [kvar'tɛt] <-(e)s, -e> *nt* (MUS) quartet(te)

Quartier [kvar'ti:ɐ] <-s, -e> *nt* **1.** (*Stadtteil*) district, quarter **2.** (*Unterkunft*) accomodation; (MIL) billet, quarters *pl*

Quarz [kva:ɐts] <-es, -e> *m* quartz; **Quarzuhr** *f* quartz clock; (*Armbanduhr*) quartz watch

quasi ['kva:zi] *adv* virtually; **er ist hier ~ der Manager** he is here in a quasi-managerial function

quasseln ['kvasəln] *vt, vi* (*fam*) blether

Quasselstrippe *f* (*fam pej*) chatterbox
Quaste ['kvastə] <-, -n> *f* **1.** (*Troddel*) tassel **2.** (*Pinsel~*) brush
Quatsch [kvatʃ] <-es> *m* (*fam*) **1.** (*Unsinn, dummes Geschwätz*) rubbish, twaddle **2.** (*Dummheiten*) nonsense; **ach, ~!** rubbish!; **so ein ~!** what a load of rubbish!; **red doch nicht so einen ~!** don't talk such a twaddle!; **lass den ~!** stop that nonsense!; **mach keinen ~!** don't be silly!
quatschen I. *vt* (*fam: dummes Zeug reden*): **Blödsinn ~** talk twaddle **II.** *vi* (*fam*) **1.** (*dumm daherreden*) gab **2.** (*plaudern, quasseln*) blether **3.** (*sich unterhalten*) have a chat (*über* about) **4.** (*petzen*) squeal (*bei jdm* to s.o.); **musst du denn immer stundenlang ~?** do you have to blether for hours on end?
Quatscherei *f* (*fam*) blethering
Quatschkopf *m* (*fam*) **1.** (*Schwätzer*) bletherer, windbag **2.** (*Blödmann*) fool
Quecke ['kvɛkə] <-, -n> *f* (*Süßgras*) couch grass
Quecksilber ['kvɛk-] *nt* (CHEM) mercury, quicksilver; **Quecksilbersäule** *f* column of mercury; **Quecksilbervergiftung** *f* mercury poisoning
Quell [kvɛl] <-(e)s, -e> *m* (*poet*) spring; **Quelle** <-, -n> *f* **1.** (*eines Flusses*) spring **2.** (*Öl~*) well **3.** (*Ursprung*) source; **eine ~ erschließen** develop a source; **aus zuverlässiger ~** from a reliable source; **an der ~ sitzen** be well-placed
quellen *irr vi* **1.** (*heraus~*) well **2.** (*auf~, anschwellen*) swell
Quellenangabe *f* reference; **Quellenforschung** *f* source research; **Quellenschutzgebiet** *nt* spring protection area; **Quellensteuer** *f* (FIN) tax at source; **Quellentext** *m* source material
Quellgebiet *nt* head(water) of a river; **Quellwasser** *nt* spring water
Quengelei *f* (*fam*) whining; **quengelig** *adj* (*fam*) whining; **~ werden** start to whine; **~ sein** whine
quengeln ['kvɛŋəln] *vi* (*fam*) whine
Quengelware ['kvɛŋəlˌva:rə] *f* (*Süßigkeiten vor der Kasse*) checkout tempters *pl*
Quentchen *nt* (*fam*) spot, tiny bit, modicum; *s.* **Quäntchen**
quer [kve:ɐ] *adv* crossways, crosswise; **kreuz und ~** (**durchs Land**) all over (the country); **die Schienen verlaufen ~ zur Straße** the rails run at right angles to the road; **~ gestreift**[RR] cross-striped; **sich ~ stellen**[RR] (*fam*) be awkward
Querachse *f* (TECH AUTO) transverse axis; **Querbalken** *m* crossbeam
Querdenker(in) *m(f)* maverick
Quere ['kve:rə] <-> *f*: **jdm in die ~ kommen** get in someone's way
Querelen [kve'relə] <-> *pl* disputes, quarrels
querfeldein [--'-] *adv* across country; **Querfeldeinrennen** *nt* cross-country (race)
Querflöte *f* (transverse) flute
Querformat *nt* oblong format
quergestreift *adj s.* **quer**; **Querkopf** *m* (*fam*) awkward customer; **querköpfig** *adj* wrongheaded; **Querleiste** *f* crosspiece; **Querschiff** *nt* (ARCH) transept; **Querschläger** *m* (MIL) ricochet; **Querschnitt** *m* (*a. fig*) cross-section
querschnitt(s)gelähmt *adj* paraplegic, paralysed below the waist
quer|stellen *vr s.* **quer**
Querstraße *f*: **Queensborough Terrace ist eine ~ zur Bayswater Road** Queensborough Terrace runs at right angles to Bayswater Road; **zwei ~n entfernt wohnen** live two blocks from here [*o* there]; **bei der zweiten ~** at the second turning; **Querstrich** *m* line; (*Gedankenstrich*) dash; **Quersumme** *f* (MATH) total of the digits of a number; **die ~ von 23 bilden** add the digits in 23; **Quertreiber(in)** *m(f)* troublemaker; **Quertreiberei** *f* troublemaking
Querulant(in) [kveru'lant] *m(f)* griper, grumbler
Querverbindung *f* **1.** connection, link **2.** (TECH) cross [*o* transverse] section; **eine ~ zu etw herstellen** make a connection with s.th.; **Querverweis** *m* cross-reference
quetschen ['kvɛtʃən] **I.** *vt* **1.** (*drücken*) squeeze **2.** (*zer~*) crush, squash **3.** (MED) crush; **sich den Finger ~** squash one's finger **II.** *vr* **1.** (*sich klemmen*) be crushed **2.** (*sich zwängen*) squeeze (*in etw* into s.th.)
Quetschfalte *f* inverted pleat
Quetschung *f* (MED) bruise, contusion
quieken ['kvi:kən] *vi* squeak, squeal
quietschen ['kvi:tʃən] *vi* **1.** (*knarren*) creak, squeak **2.** (*von Reifen, a. von Menschen*) squeal
quietschfidel ['kvi:tʃfi'de:l] *adj* (*fam*) as happy as a sandboy
Quietschgeräusch *nt* squealing
quietschvergnügt *adj* (*fam*) as happy as a sandboy
Quinte ['kvɪnt(ə)] <-, -en> *f* (MUS) fifth
Quintessenz ['kvɪntɛsɛnts] <-, -en> *f* quintessence
Quintett [kvɪn'tɛt] <-(e)s, -e> *nt* (MUS) quintet(te)
Quirl [kvɪrl] <-(e)s, -e> *m* **1.** (*Küchengerät*) beater, whisk **2.** (BOT) whorl
quirlen *vt* beat, whisk

quitt [kvɪt] *adj:* **jetzt sind wir** ~ now we're even

Quitte ['kvɪtə] <-, -n> *f* quince

quittieren *vt* **1.** (*bescheinigen*) give a receipt for **2.** (*Dienst*) quit

Quittung *f* receipt; **gegen** ~ on production of a receipt; **eine** ~ **ausstellen** (**über etw**) give a receipt (for s.th.); **seine** [*o* **die**] ~ **kriegen** (*fam*) get one's come-uppance; **Quittungsblock** *nt* receipt book

Quiz [kvɪs] <-, -> *nt* quiz; **Quizmaster** ['kvɪsmaːstɐ] <-s, -> *m* quizmaster

Quote ['kvoːtə] <-, -n> *f* **1.** (COM: *Quantum*) quota **2.** (*statistischer Anteil*) proportion; **Quotenregelung** *f* (POL) quota system; **quotenträchtig** *adj* (*verspricht hohe Einschaltquoten*) promising high ratings

Quotient [kvo'tsjɛnt] *m* (MATH) quotient

quotieren *vt* be listed, be quoted

R

R, r [ɛr] <-, -> *nt* R, r

Rabatt [ra'bat] <-(e)s, -e> *m* (COM) discount; ~ **bei Barzahlung** discount for cash; **5 % ~ auf etw geben** give a 5 % discount on s.th.

Rabatte <-, -n> *f* (flower) border

Rabauke [ra'baʊkə] <-n, -n> *m* (*fam*) lout

Rabe ['ra:bə] <-n, -n> *m* raven; **stehlen wie ein ~** thieve like a magpie; **rabenschwarz** *adj* pitch-black

rabiat [rabi'a:t] *adj* **1.** (*wild*) wild **2.** (*gewalttätig*) violent

Rache ['raxə] <-> *f* revenge; (*Vergeltung*) vengeance; ~ **nehmen an jdm für etw** take revenge on s.th. for s.th.; **sie tötete ihn aus ~** she killed him in revenge; **als ~ für ...** in revenge for ...; **die ~ des kleinen Mannes** (*hum*) the underdog's revenge; **Racheakt** *m* act of revenge

Rachen ['raxən] <-s, -> *m* **1.** throat **2.** (*Maul*) jaws *pl* **3.** (*Schlund*) abyss

rächen ['rɛçən] **I.** *vt* avenge **II.** *vr* take revenge (*an jdm für etw* on s.o. for s.th.); **sich für etw ~** be revenged for s.th.

Rachenhöhle *f* pharynx

Rächer(in) *m(f)* avenger

Rachitis [ra'xi:tɪs] <-> *f* rickets *pl*

Rachsucht *f* vindictiveness; **rachsüchtig** *adj* vindictive

Rad [ra:t, *pl:* 'rɛ:dɐ] <-(e)s, ¨-er> *nt* **1.** wheel **2.** (*Fahr~*) bicycle; (*fam*) bike **3.** (SPORT: *Übung*) cartwheel; **das fünfte ~ am Wagen sein** be out of place; **ein ~ schlagen** turn a cartwheel; **~ fahren**[RR] (*Fahrrad fahren*) ride a bike; (*pej: kriechen*) suck up

Radar [ra'da:ɐ] <-s> *nt* radar; **Radarfalle** *f* radar trap; **Radargerät** *nt* radar unit; **Radarkontrolle** *f* radar speed check; **Radarschirm** *m* radar screen; **Radarstation** *f* (MIL) radar station

Radau [ra'daʊ] <-s> *m* (*fam*) din, row; ~ **machen** kick up a row

Raddampfer *m* paddle-steamer

radebrechen ['ra:dəbrɛçən] *vi:* **sie versuchte zu ~, dass ...** she tried to say in broken English that ...; **radeln** ['ra:dəln] *sein vi* (*fam*) bike, pedal

Rädelsführer(in) ['rɛ:dəls-] *m(f)* ringleader

Räderwerk *nt* **1.** (TECH) mechanism **2.** (*fig*) machinery

rad|fahren *vi s.* Rad

Radfahrer(in) *m(f)* **1.** (*Fahrradfahrer*) cyclist **2.** (*pej fam*) crawler; **Radfahrweg** *m* cycle track

Radgabel *f* fork

Radi <-s, -> *m* (*österr: Rettich*) radish

radieren [ra'di:rən] *vi* **1.** (*mit Gummi*) erase, rub out **2.** (*Grafiktechnik*) etch; **Radiergummi** *m* rubber *Br,* eraser *Am*

Radierung *f* (*Grafik*) etching

Radieschen [ra'di:sçən] <-s, -> *nt* radish

radikal [radi'ka:l] *adj* radical; **etw ~ ablehnen** deny s.th. categorically; **Radikale(r)** *f (m)* radical; **radikalisieren I.** *vt* radicalize **II.** *vr* become radical; **Radikalismus** *m* radicalism; **Radikalkur** [--'--] *f* drastic remedy; **eine ~ machen** effect a radical cure

Radio ['ra:dio] <-s, -s> *nt* radio; **das kam gestern im ~** that was on the radio yesterday; ~ **hören** listen to the radio; **etw im ~ hören** hear s.th. on the radio

radioaktiv *adj* radioactive; **~er Niederschlag** fall-out; **Endlagerung von ~en Abfallprodukten** final [*o* ultimate] storage of radioactive waste; **Radioaktivität** *f* radioactivity

Radiogerät *m* radio set; **Radiorecorder** [-re'kɔrdɐ] <-s, -> *m* radio recorder; **Radioteleskop** *nt* (ASTR) radio telescope; **Radiowecker** *m* radio-alarm

Radium ['ra:diʊm] <-s> *nt* (CHEM) radium

Radius ['ra:diʊs] <-, -dien> *m* radius

Radkappe *f* (AUTO) hub cap; **Radkasten** *m* (AUTO) wheel casing; **Radlager** *nt* (AUTO) wheel bearing

Radrennbahn *f* cycling track; **Radrennen** *nt* cycle race; **Radrennfahrer(in)** *m(f)* racing cyclist; **Radsport** *m* cycling

Radstand *m* (AUTO) wheelbase

Radtour *f* cycle tour

Radwechsel *m:* **einen ~ machen** do a wheel change

RAF *f Abk. von* **Rote Armee Fraktion** Red Army Faction, RAF

raffen ['rafən] *vt* **1.** (*etw auf~*) snatch up **2.** (*anhäufen*) heap **3.** (*sl: verstehen*) cotton on (*etw* to s.th.)

Raffgier *f* greed; **raffgierig** *adj* grasping

Raffinade [rafi'na:də] <-, -n> *f* refined sugar

Raffinerie [rafinə'ri:] *f* refinery

Raffinesse [rafi'nɛsə] <-, -n> *f* artfulness, cunning; **mit allen ~n** with all refinements

raffinieren *vt* refine; **raffiniert** *adj* **1.** (*Zucker, Öl*) refined **2.** (*fig*) cunning **3.** (*ausgesucht*) stylish

Raffke *m* (*fam pej*) money-grubber

Rage ['ra:ʒə] <-, -n> *f*: **in ~ kommen** get furious

ragen ['ra:gən] *vi* loom, tower (*über* over)

Ragout [ra'gu:] <-s, -s> *nt* ragout

Rahe ['ra:ə] <-, -n> *f* (MAR) yard

Rahm [ra:m] <-(e)s> *m* cream

Rahmen ['ra:mən] <-s, -> *m* frame; (*für Dias*) mount; (*Bereich*) framework; **im ~ des Möglichen** within the bounds of possibility; **in großem ~** on a big scale; **aus dem ~ fallen** be different (from the rest); **rahmen** *vt* (*Bilder*) frame; (*Dias*) mount; **Rahmenbedingung** *f* general framework; **Rahmenhandlung** *f* (*lit*) background story; **Rahmenplan** *m* overall economic plan; **Rahmenrichtlinien** *pl* guidelines

Rahmsoße *f* cream(y) sauce

Rakete [ra'ke:tə] <-, -n> *f* rocket; (MIL) missile; **eine ~ abfeuern** launch a rocket, shoot a missile; **mit ~n beschießen** rocket; **Raketenabschussbasis**[RR] *f* (MIL) missile base; (*für Raumfahrt*) rocket launching site; **Raketenabwehrrakete** *f* (MIL) antimissile missile; **Raketenabwehrsystem** *nt* missile defence system; **Raketenantrieb** *m* rocket propulsion; **mit ~** rocket-propelled; **raketenbestückt** *adj* (MIL) missile-equipped

Rallye ['rɛli] <-, -s> *f* rally

RAM <-s, -s> *nt* (INFORM) *Abk. von* **Random Access Memory** RAM

Rambazamba <-s> *nt* (*fam*): **~ machen** kick up a fuss

Rambo-Typ ['ramboty:p] *m* (*fam*) Rambo

Ramme ['ramə] <-, -n> *f* (TECH) rammer; (*Pfahl~*) pile-driver; **rammen** *vt* ram

Rampe ['rampə] <-, -n> *f* **1.** (*Verlade~*) ramp **2.** (THEAT) apron **3.** (MIL: *Raketen~*) missile base; **Rampenlicht** *nt*: **im ~ stehen** be in the limelight

ramponieren [rampo'ni:rən] *vt* (*fam*) bash, ruin; **ramponiert aussehen** (*Mensch*) look the worse for wear

Ramsch [ramʃ] <-(e)s> *m* junk, rubbish; **Ramschladen** *m* junk shop

Rand [rant, *pl:* 'rɛndɐ] <-(e)s, ⸚er> *m* **1.** (*~ des Abgrundes, a. fig*) brink **2.** (*Saum*) border **3.** (*um runde Gegenstände, Hut, Tasse*) brim, rim; (*Teller~*) edge **4.** (*von Buch*) margin; **etw an den ~ schreiben** write s.th. in the margin; **voll bis zum ~** full to the brim; **am ~e des Waldes** at the edge of the forest; **mit etw zu ~e kommen** cope with s.th.; **mit etw nicht zu ~e kommen** not to be able to manage s.th.

Randale [ran'da:lə] *f* (*fam*) riot; **~ machen** riot, go on a riot; **randalieren** *vi* rampage, riot

Randbemerkung *f* marginal note; **Randgebiet** *nt* **1.** (GEOG) fringe **2.** (*fig*) subsidiary; **Randgruppe** *f* fringe group; **randlos** *adj* (*Brille*) rimless; **Randstreifen** *m* (*an Straße*) shoulder, verge; **Randzone** *f* marginal zone

Rang [raŋ, *pl:* 'rɛŋə] <-(e)s, ⸚e> *m* **1.** (*Rangstufe*) rank; (*Stellung*) position **2.** (THEAT) circle; **von hohem ~** of high standing; **Rangabzeichen** *nt* badge of rank, insignia

Rangelei *f* **1.** (*Balgerei*) scrapping **2.** (*fig*) wrangling

rangeln *vi* (*fig*) wrangle (*um* for)

Rangfolge *f* (order of) rank

Rangierbahnhof *m* marshalling yard *Br,* switchyard *Am;* **rangieren** [raŋ'ʒirən] **I.** *vi* (*Stellung einnehmen*) rank; **sie rangiert an siebter Stelle** she takes seventh place **II.** *vt* (RAIL) shunt *Br,* switch *Am;* **Rangiergleis** *nt* siding *Br,* sidetrack *Am*

Rangliste *f* (SPORT) table; **Rangordnung** *f* (*Hierarchie*) hierarchy

Ranke ['raŋkə] <-, -n> *f* **1.** (BOT: *Halte~*) tendril; (*von Weinrebe*) shoot **2.** (*Trieb*) branch

Ränke *fpl*: **~ schmieden** intrigue

ranken *vr* **1.** (*Pflanze*) entwine itself (*um* around) **2.** (*fig*) have grown up around

Rankengewächs *nt* climber

Ränkeschmied(in) *m(f)* intriguer

ran|kommen *irr vi* (*fam*): **an jdn ~** get at s.o.; **an den kommst du nicht ran!** you won't get anywhere with him!; **niemanden an sich ~ lassen** keep to o.s.

ran|machen *vt* (*fam*): **der macht sich an jede ran** he makes up to everyone

Ranzen ['rantsən] <-s, -> *m* (*Schulmappe*) satchel

ranzig ['rantsɪç] *adj* rancid

Rap [ræp] <-s, -s> *m* (MUS) rap

rapid [ra'pi:t] *adj* rapid

Rappe ['rapə] <-n, -n> *m* black horse

Rappel ['rapəl] <-s, -> *m* (*fam*): **den ~ kriegen** get one of one's crazes; **rappeln** *vi* rattle; **bei dir rappelt's wohl?** (*fam*) are you crazy?

Rapper(in) ['ræpɐ] <-s, -> *m(f)* rapper, rap artist

Raps [raps] <-es, (-e)> *m* (*Pflanze*) rape

rar [ra:ɐ] *adj* **1.** (*selten*) rare, scarce **2.** (*vorzüglich*) exquisite; **sich ~ machen** make o.s. scarce

Rarität *f* **1.** (*Seltenheit*) rarity **2.** (*Sammlerstück*) collector's item

rasant [ra'zant] *adj* **1.** (*sehr schnell*) fast, rapid **2.** (*fig*) meteoric **3.** (*attraktiv*) vivacious

rasch [raʃ] *adj* speedy, swift

rascheln ['raʃəln] *vi* rustle; **mit etw ~** rustle s.th.

Rasen ['ra:zən] <-s, -> *m* **1.** (*Grasfläche*) grass, lawn **2.** (SPORT: *Feld*) field

rasen ['ra:zən] *vi* **1.** *sein* (*sich schnell dahinbewegen*) race, tear **2.** *haben* (*toben*) rave; **~ gegen ...** crash into ...; **musst du so ~?** do you have to go so fast?

Rasenbankett *nt* (*an Straße*) grass verge

rasend I. *adj* **1.** (*sehr schnell*) tearing **2.** (*sehr wütend*) furious, raging; **du machst mich noch ~!** you'll be driving me crazy!; **ich habe ~e Kopfschmerzen** I've got a splitting headache **II.** *adv* like mad

Rasenmäher *m* lawn-mower; **Rasensprenger** *m* (lawn) sprinkler

Raser(in) *m(f)* (*fam: mit Auto*) speeder; **Raserei** *f* **1.** (*das Schnellfahren*) speeding **2.** (*irres Wüten*) frenzy, fury

Rasierapparat *m* razor; **Rasiercreme** *f* shaving cream

rasieren [ra'zi:rən] *vt* shave; **sich ~ (lassen)** have a shave; **ich rasiere mich nass** I have a wet shave

Rasierklinge *f* razorblade; **Rasiermesser** *nt* razor; **Rasierpinsel** *m* shaving brush; **Rasierschaum** *m* shaving lather, shaving foam; **Rasierseife** *f* shaving soap; **Rasierwasser** *nt* after-shave; **Rasierzeug** *nt* shaving-things *pl*

Raspel ['raspəl] <-, -n> *f* (*Gemüse~*) grater; **raspeln** *vt* rasp

Rasse ['rasə] <-, -n> *f* **1.** (*Menschen~*) race **2.** (*von Tieren*) breed

Rassel ['rasəl] <-, -n> *f* rattle; **rasseln** *vi* rattle; **durch eine Prüfung ~** (*fam*) flunk an exam

Rassendiskriminierung *f* racial discrimination; **Rassenhass**[RR] *m* racial hatred; **Rassenkrawall** *m* racial riot; **Rassentrennung** *f* racial segregation; **Rassenunruhen** *pl* racial disturbances

rassig *adj* **1.** (*heißblütig*) hot-blooded **2.** (*schnittig*) sleek

rassisch *adj* racial

Rassismus *m* racialism, racism; **Rassist(in)** *m(f)* racialist, racist; **rassistisch** *adj* racist

Rast [rast] <-, -en> *f* rest, repose; (MIL) halt; **~ machen** stop; **mach mal ~!** take a rest!; **ohne ~** without respite; **rasten** *vi* rest

Raster *nt* **1.** (TV) raster **2.** (TYP) raster screen

Rasterfahndung *f* screen search, computer search

Rasthof *m* (*an Autobahn*) service area; **rastlos** *adj* **1.** (*unermüdlich*) untiring **2.** (*innerlich unruhig*) restless; **Rastlosigkeit** *f* (*Ruhelosigkeit*) restlessness

Rastplatz *m* parking place, picnic area

Raststütze *f* (*beim Motorrad*) prop stand

Rasur [ra'zu:ɐ] <-, -en> *f* shave

Rat [ra:t, *pl:* 'rɛ:tə] <-(e)s, ¨-e> *m* **1.** *nur sing* (*Ratschlag*) advice **2.** (*Versammlung*) council **3.** (*Person*) councillor; **jdm einen ~ geben** give s.o. a piece of advice; **jdn um ~ fragen** ask someone's advice; **jdn/etw zu ~e ziehen** consult s.o./s.th.; **er ist ~** (*Regierungs~*) he is a senior official; (*Stadt~*) he is a councillor; **~ der Europäischen Union** European Union Council

Rate <-, -n> *f* instalment *Br,* installment *Am;* **auf ~n kaufen** buy on the instalment plan; **in ~n zahlen** pay in instalments

raten *irr vi* **1.** (*einen Rat geben*) advise, give advice **2.** (*erraten*) guess; **wir raten Ihnen dringend zu ...** we strongly advise you to ...; **ich würde nicht dazu ~** I wouldn't advise it; **wozu würden Sie mir ~?** what would you advise me to do?; **ich werde tun, was Sie mir ~** I shall do as you advise; **zur Vorsicht ~** advise caution; **ich habe nur geraten** it was just a guess; **dreimal darfst du ~** I'll give you three guesses; **ich kann auch nur ~!** your guess is as good as mine!

Ratenkauf <-(e)s, ¨-e> *m* hire purchase, instalment sale; **Ratenzahlung** *f* **1.** (*Zahlung einer Rate*) payment of an instalment **2.** (*Zahlung in Raten*) payment by instalments

Ratgeber(in) *m(f)* **1.** *nur m* (*Nachschlagewerk*) reference work **2.** (*Berater*) adviser; **Rathaus** *nt* town hall; (*von größerer Stadt*) city hall

ratifizieren [ratifi'tsi:rən] *vt* ratify

Rätin ['rɛtɪn] *f* councillor

Ration [ra'tsjo:n] *f* ration; **eiserne ~** iron rations *pl*

rational *adj* rational

rationalisieren *vi* rationalize; **Rationalisierung** *f* rationalization; **Rationalisierungsmaßnahmen** *pl* rationalization measures

Rationalismus *m* (PHILOS) rationalism

rationell *adj* (*wirksam*) efficient; **~er Energieeinsatz** sound energy management

rationieren *vt* ration; **Rationierung** *f* rationing

ratlos I. *adj* helpless **II.** *adv* at a loss; **wir stehen diesem Problem ~ gegenüber** we are at a loss with this problem; **Ratlosigkeit** *f* helplessness; **in ihrer ~ ...** not knowing what to do ...

Rätoromanisch(e) *nt* Rhaeto-Romanic

ratsam *adj* advisable; **etw für ~ halten** believe s.th. advisable

Ratschlag *m* piece of advice
Rätsel ['rɛ:tsəl] <-s, -> *nt* **1.** (*~ zur Lösung*) riddle **2.** (*Kreuzwort~*) puzzle **3.** (*Geheimnis*) mystery, riddle; **das ist mir ein ~** it baffles me; **sie ist mir ein ~** she is a mystery to me; **des ~s Lösung** the answer of the riddle; **rätselhaft** *adj* mysterious; (*undurchschaubar*) enigmatic
Ratsherr *m* councillor *Br,* councilman *Am;* **Ratssitzung** *f* council meeting; **Ratsversammlung** *f* **1.** council meeting **2.** (*der versammelte Rat*) council board
Rattan ['ratan] <-s> *nt* rattan
Ratte ['ratə] <-, -n> *f* rat; **du dreckige ~!** (*vulg*) you dirty rat!; **Rattenfalle** *f* rat trap; **Rattengift** *nt* rat poison; **rattenschlecht** *adj* (*sl*) crummy, lousy, chickenshit *Am*
rattern ['ratɐn] *vi* clatter, rattle
ratzekahl ['ratsə'ka:l] *adj* (*fam*) totally
rauRR [raʊ] *adj* **1.** (*uneben*) rough **2.** (*Hals*) sore; (*Haut*) raw **3.** (*Stimme*) hoarse **4.** (*Sitten*) rude **5.** (*Klima, Wetter*) harsh, raw; **in ~en Mengen** lots and lots of …; **die ~e Wirklichkeit** the hard facts *pl*
Raub [raʊp] <-(e)s> *m* **1.** (*Räuberei*) robbery **2.** (*Geraubtes*) booty; **ein ~ der Flammen werden** fall victim to the flames; **Raubbau** *m* overexploitation; **mit etw ~ treiben** overexploit s.th.; **mit seiner Gesundheit ~ treiben** ruin one's health; **Raubdruck** *m* pirate edition
rauben **I.** *vt* **1.** rob (*jdm etw* s.o. of s.th.) **2.** (*entführen*) abduct, kidnap; **jdm die Unschuld ~** take someone's virginity **II.** *vi* plunder, rob
Räuber(in) ['rɔɪbɐ] <-s, -> *m(f)* robber; **Räuberbande** *f* **1.** (*Bande von Räubern*) band of robbers **2.** (*Diebsgesindel*) thieving riffraff
räuberisch *adj* rapacious; **~e Erpressung** (JUR) armed robbery
Raubkatze *f* big cat; **Raubkopie** *f* bootleg; **raubkopieren** *vt* make a pirate copy of sth, pirate; **Raubmord** *m* robbery with murder; **Raubmörder(in)** *m(f)* robber and murderer; **Raubpressung** *f* pirate(d) copy; **Raubritter** *m* robber baron; **Raubtier** *nt* beast of prey; **Raubüberfall** *m* robbery *Br,* holdup *Am;* **Raubvogel** *m* bird of prey
Rauch [raʊx] <-(e)s> *m* smoke; **Rauchabzug** *m* smoke outlet, flue; **Rauchbekämpfung** *f* smoke control; **Rauchbelästigung** *f* smoke nuisance
Rauchen *nt* smoking; **~ verboten!** no smoking!
rauchen1 *vt, vi* (*Tabak~*) smoke; **hast du was zu ~ dabei?** have you got a smoke?; **eine ~** have a smoke; **ich muss unbedingt eine ~!** I'm dying for a smoke!
rauchen2 *vi* (*dampfen*) give off smoke, smoke; **~der Schlot** smoky chimney
Rauchentwicklung *f* formation of smoke
Raucher(in) *m(f)* smoker
Räucheraal *m* smoked eel
Raucherabteil *nt* (RAIL) smoker, smoking compartment
Raucherbein *nt hardening of the arteries of the leg* (*caused by smoking*)*;* **Raucherecke** *f* smokers' corner; **Raucherhusten** *m* smoker's cough
Räucherlachs *m* smoked salmon
räuchern ['rɔɪçɐn] **I.** *vt* (*Fleisch*) smoke **II.** *vi* (*mit Räucherstäbchen*) burn incense; **Räucherspeck** *m* smoked bacon; **Räucherstäbchen** *nt* joss stick
Rauchfahne *f* smoke trail; **das Flugzeug zieht eine ~ hinter sich her** the plane is leaving a smoke trail behind it; **Rauchfleisch** *nt* smoked meat; **Rauchgase** *pl* flue gases; **Rauchgasentschwefelung** *f* flue gas desulphurization; **Rauchglocke** *f* pall of smoke
rauchig *adj* smoky
rauchlos *adj* smokeless; **Rauchsäule** *f* column of smoke; **Rauchschwaden** *pl* drifts of smoke; **Rauchverbot** *nt* smoking ban; **hier herrscht ~** there's no smoking here; **Rauchvergiftung** *f* fume poisoning; **eine ~ erleiden** be overcome by fumes; **Rauchwaren**1 *pl* (*Tabakwaren*) tobacco
Rauchwaren2 *pl* (*Pelzwaren*) furs
Rauchwolke *f* smoke cloud
Räude ['rɔɪdə] <-, -n> *f* mange; **räudig** *adj* mangy
RaufasertapeteRR *f* woodchip paper
raufen ['raʊfən] *vr:* **sich mit jdm ~** have a scrap with s.o.; **sich die Haare ~** (*a. fig*) tear one's hair; **Rauferei** *f* scrap; **in eine ~ mit jdm geraten** get into a scrap with s.o.
rauh *adj s.* **rau**
Rauheit *f* **1.** (*Unebenheit*) roughness **2.** (*von Stimme*) hoarseness **3.** (*Sitten*) coarseness, rudeness
Rauhfasertapete *f* woodchip paper
Rauhreif *m* hoarfrost, white frost
Raum [raʊm, *pl:* 'rɔɪmə] <-(e)s, ⸚e> *m* **1.** (ASTR) space **2.** (*Zimmer*) room **3.** (*Gebiet*) area **4.** (*Spiel~*) scope; **~ schaffen** make some space; **der ~ Frankfurt** the Frankfurt area; **~ sparend**RR space-saving
Raumaufteilung *f* floor plan
räumen ['rɔɪmən] **I.** *vi* (*um~*) rearrange things **II.** *vt* **1.** (*beiseite ~*) clear away **2.** (*evakuieren*) clear, evacuate **3.** (*Zimmer, Wohnung*) vacate; **das Feld ~** quit the field; **jdn aus dem Weg ~** get rid of s.o.

R

Raumfähre *f* (*Welt~*) space shuttle; **Raumfahrer(in)** *m(f)* spaceman (spacewoman); **Raumfahrt** *f* space travel; **bemannte ~** manned space travel; **Raumfahrtbehörde** *f* space authority; **Raumfahrtzentrum** *nt* space centre *Br*, space center *Am*; **Raumfahrzeug** *nt* spacecraft

Räumfahrzeug *nt* (*für Schnee*) snowclearer

Raumflug *m* space flight

Raumgestaltung *f* interior design

Rauminhalt *m* volume

Raumkapsel *f* space capsule; **Raumlabor** *nt* space lab

räumlich ['rɔɪmlɪç] *adj:* **~ beengt wohnen** live in cramped conditions; **Räumlichkeit** *f* **1.** (*Zimmer*) room **2.** (*im Plural*): **~en** premises

Raummangel *m* lack of room [*o* space]; **Raummeter** *f* (*Holz*) cubic metre; **Raumordnung** *f* environmental planning; **Raumpfleger(in)** *m(f)* cleaner

Raumschiff *nt* space ship; **Raumsonde** <-, -n> *f* space probe; **raumsparend** *adj s.* Raum; **Raumstation** *f* space station; **Raumteiler** *m* (*Möbel*) partition

Räumung ['rɔɪmʊŋ] *f* **1.** (COM) clearance **2.** (*einer Wohnung*) vacation **3.** (*Evakuierung*) evacuation; **Räumungsklage** *f* action for eviction; **Räumungsverkauf** *m* clearance sale

Raumverschwendung *f* waste of space; **Raumverteilungsplan** *m* room layout plan

raunen ['raʊnən] *vi, vt* whisper; **man raunt, dass ...** it's being whispered that ...

Raupe ['raʊpə] <-, -n> *f* (ZOO A. TECH) caterpillar; **Raupenfahrzeug** *nt* caterpillar vehicle

Raureif[RR] *m* hoarfrost, white frost

raus|bekommen I. *irr vt* (*zurückerhalten*): **einen Moment, Sie bekommen noch was raus!** just a moment, you have some change coming! **II.** *vi* (*herausfinden*): **haben Sie rausbekommen, wer es war?** have you found out who did it?

Rausch [raʊʃ, *pl:* 'rɔɪʃə] <-(e)s, ¨-e> *m* **1.** (*Trunkenheit*) intoxication **2.** (*Ekstase*) ecstasy; **er hat einen ~** he is drunk; **seinen ~ ausschlafen** sleep it off; **die Fans steigerten sich in einen (wahren) ~ hinein** the fans worked themselves into a (real) frenzy

rauschen ['raʊʃən] *vi* **1.** (*Wasser*) roar **2.** (*Wind*) murmur **3.** (*Stoff*) rustle; **~der Beifall** resounding applause

rauschfrei *adj* (RADIO) low-noise

Rauschgift *nt* drugs *pl;* **~ nehmen** take drugs; **Rauschgiftdezernat** *nt* drug squad; **Rauschgifthandel** *m* drug trafficking; **Rauschgifthändler(in)** *m(f)* drug trafficker; **Rauschgiftsucht** *f* drug addiction; **rauschgiftsüchtig** *adj:* **~ sein** be a drug addict; **Rauschgiftsüchtige(r)** *f (m)* drug addict

raus|ekeln *vt* (*fam*) freeze out

raus|fliegen *irr vi* (*fam*) **1.** (*aus einer Firma*) get one's marching orders [*o* walking papers] **2.** (*aus einem Lokal*) be chucked out

raus|geben *irr vt:* **Sie haben mir zu wenig rausgegeben!** you've given me too little change!; **haben Sie es nicht kleiner? – auf zwanzig Mark kann ich nicht ~** haven't you got anything smaller? – I haven't got change for twenty marks

räuspern ['rɔɪspɐn] *vr* clear one's throat

rausschmeißen *vt* chuck [*o* kick] out [*o* sling]; **das ist rausgeschmissenes Geld!** that's money down the drain!; **Rausschmeißer** *m* (*fam*) bouncer

Raute ['raʊtə] <-, -n> *f* **1.** (BOT) rue **2.** (MATH) rhomb **3.** (*in Wappenkunde*) lozenge

Rave [reɪv] <-s, -s> *m* (*Jugendszene*) rave

Razzia ['ratsia, *pl:* 'ratsiən] <-, -ien/(-s)> *f* bust, raid; **eine ~ machen in ...** make a raid on ...

Reagenzglas *nt* (CHEM) test tube; **Reagenzpapier** *nt* test paper

reagieren [rea'gi:rən] *vi* react (*auf* to)

Reaktion [reak'tsjo:n] *f* reaction; **Reaktionsfähigkeit** *f* reactions *pl*

Reaktor <-s, -en> *m* reactor; **Reaktorblock** *m* reactor block; **Reaktorkern** *m* reactor core; **Reaktorsicherheit** *f* safety of the reactor; **Reaktorunglück** *nt* nuclear disaster

real [re'a:l] *adj* real; **Realeinkommen** *nt* real income

realisierbar *adj* feasible; **Realisierbarkeit** <-> *f* feasibility

realisieren *vt* **1.** (*verwirklichen*) carry out **2.** (FIN: *Vermögenswerte*) realize **3.** (*fam: erkennen*) realize

Realisierung <-, -en> *f* realisation

realistisch *adj* realistic

Realität *f* reality; **realitätsfern** *adj* unrealistic; **Realitätsferne** *f* lack of content with reality; **realitätsnah** *adj* realistic; **Realitätsnähe** *f* realism

Reality-TV [rɪ'ælətɪti:vi:] *nt* reality TV

Realkapital *nt* real capital; **Realkredit** *m* collateral loan; **Realschule** *f* secondary modern school *Br*

Realsozialismus *m* realistic socialism

Realwert *m* real asset; **Realzins** *m* real rate of interest

Rebe ['re:bə] <-, -n> *f* **1.** (*Rebstock*) vine **2.** (*Weinranke*) shoot

Rebell(in) [re'bɛl] *m(f)* rebel
rebellieren *vi* rebel, revolt; **Rebellion** <-,-en> *f* rebellion; **rebellisch** *adj* rebellious
Rebhuhn ['re:p-] *nt* partridge
Rebsorte *f* type of vine; **Rebstock** *m* vine
Rechaud [rɛ'ʃo:] <-(s), -s> *m* (*Spiritusbrenner*) spirit burner
Rechen ['rɛçən] <-s, -> *m* rake; **rechen** *vt* rake
Rechenart *f* type of calculation; **Rechenaufgabe** *f* (arithmetical) problem, sum; **Rechenbuch** *nt* arithmetic book; **Rechenfehler** *m* arithmetical error, miscalculation; **Rechenfunktion** *f* (INFORM) computational function; **Rechengeschwindigkeit** *f* computing speed; **Rechenmaschine** *f* adding machine
Rechenschaft *f*: **jdn zur ~ ziehen** call s.o. to account; **über etw ~ ablegen müssen** be held to account for s.th.; **dafür bin ich dir keine ~ schuldig** I don't have to account to you for that; **Rechenschaftsbericht** *m* report
Rechenschieber *m* slide-rule; **Rechenzentrum** *nt* (INFORM) computer centre/center *Br/Am*
Recherche [re'ʃɛrʃə] <-, -n> *f* investigation; **~n anstellen über ...** make enquiries about ...; **recherchieren** *vt, vi* investigate
Rechnen *nt* arithmetic, sums *pl*
rechnen ['rɛçnən] **I.** *vt* **1.** (MATH) calculate, work out **2.** (*einrechnen*) estimate, reckon; **die Kinder nicht gerechnet** not counting the children; **ich hatte mit einer Woche gerechnet** I was reckoning on one week **II.** *vi* **1.** (MATH) do sums **2.** (*gelten*) count (*als* as) **3.** (*Haus halten*) economize; **ich hatte damit gerechnet, diese Woche fertig zu werden** I had calculated on finishing by this week; **von heute an gerechnet** counting from today; **er wird zu den Reichen gerechnet** he is reckoned to be a rich man; **damit hatte ich nicht gerechnet** I wasn't expecting that
rechnergesteuert *adj* (INFORM) computer-controlled; **rechnergestützt** *adj* (INFORM) computer-aided
rechnerisch *adj* arithmetic; **~er Wert** book value; **rein ~** as far as the figures go
Rechnerverbund *m* (INFORM) computer network
Rechnung *f* **1.** (*Abrechnung*) bill *Br*, check *Am;* (COM) invoice **2.** (*Schätzung*) calculation; **das geht auf meine ~** (*zum Ober*) I'm paying; (*zum Bewirteten*) this one's on me; **auf ~ kaufen** by on account; **nach deiner ~ müsste er Sonntag ankommen** by your calculations he will arrive on Sunday
Rechnungsabteilung *f* invoicing department, billing department *Am;* **Rechnungsausstellung** *f* invoicing, billing *Am;* **Rechnungsdatum** *nt* date of invoice; **Rechnungsjahr** *nt* (COM) financial year; **Rechnungslegung** *f* rendering of accounts; **Rechnungsnummer** *f* invoice number; **Rechnungsprüfer(in)** *m(f)* auditor; **Rechnungswesen** *nt* accounting
Recht [rɛçt] <-(e)s, -e> *nt* **1.** (*Anspruch*) right (*auf* to) **2.** (*Gesetz*) law; **im ~ sein** be in the right; **Sie haben ganz ~**[RR] you're quite right; **ein ~ auf etw haben** have a right to s.th.; **das ~ haben etw zu tun** have the right to do s.th.; **mit welchem ~ sagen Sie das?** what right have you to say that?; **mit welchem ~?** by what right?; **das ist mein gutes ~** I'm within my rights *pl;* **von ~s wegen** by rights *pl;* **die ~e für etw haben** (COM) have the rights for s.th.; **nach französischem ~** in [*o* under] French law; **~ und Ordnung** law and order
recht I. *adj* **1.** (*Richtung*) right **2.** (*richtig*) right; **du bist auf dem ~en Weg** you're on the right track; **zur ~en Zeit** at the right time; **~er Hand sehen Sie die Brücke** on your right hand you see the bridge; **es ist nur ~ und billig ...** it's only right ...; **die ~e Hand des Direktors** the director's right-hand person **II.** *adv* **1.** (*richtig*) properly **2.** (*ganz, ziemlich*) quite **3.** (*sehr*) very; **es war ~ nett, aber ...** it was quite nice but ...; **wenn ich mich ~ erinnere ...** if I remember correctly ...; **jetzt erst ~** now more than ever; **wenn ich Sie ~ verstehe ...** if I get you right ...; **geschieht dir ~!** serves you right!; **ich weiß nicht ~** I don't really know
Rechte ['rɛçtə] <-n, -n> *f* **1.** (*Hand*) right hand; (*beim Boxen*) right **2.** (PARL) the right
Rechteck *nt* rectangle; **rechteckig** *adj* rectangular
rechtfertigen ['----] **I.** *vt* justify; **das ist durch nichts zu ~** that can in no way be justified **II.** *vr* justify o.s.; **Rechtfertigung** *f* justification; **zur ~ seiner Handlungsweise** as a justification for his action; **ihre einzige ~ war ...** her only defence was ...
rechtgläubig *adj* orthodox; **rechthaberisch** *adj* know-all; **rechtlich** *adj* legal; **jdn ~ belangen** take s.o. to court; **rein ~** from a legal point of view; **rechtlos** *adj* without rights; **Rechtlosigkeit** *f* **1.** (*Gesetzlosigkeit*) lawlessness **2.** (*von Personen*) lack of rights; **rechtmäßig** *adj* lawful, legitimate; **das steht mir ~ zu** I'm legally entitled to it; **der ~e Besitzer** the

R

rightful owner; **Rechtmäßigkeit** *f* 1. legality 2. (*Legitimität*) legitimacy

rechts [rɛçts] I. *adv* on the right; **nach ~** to the right; **~ eingestellt sein** (POL) be oriented towards the right; **~ überholen** overtake on the right; **zweite Straße ~** second turn to your right; **~ von ...** to the right of ...; **sich ~ halten** keep right II. *adj:* **~ gerichtet**^RR (POL) oriented towards the right

Rechtsabbieger *m:* **~ sein** be on the right-hand turn-off lane; **Rechtsabbiegerspur** *f* (AUTO) right-hand turn-off lane

Rechtsabteilung *f* legal department; **Rechtsanspruch** *m* legal right; **einen ~ auf etw haben** be legally entitled to s.th.; **Rechtsanwalt, -anwältin** *m, f* lawyer *Br,* attorney *Am;* **sich einen ~ nehmen** get a lawyer (attorney); **Rechtsauffassung** *f* legal opinion; **Rechtsauskunft** *f* legal advice

Rechtsaußen [rɛçts'aʊsən] <-(s), -> *m* (SPORT) outside-right

Rechtsbeistand *m* legal advice; (*Person*) legal adviser; **Rechtsberater(in)** *m(f)* legal counsel; **Rechtsberatung** *f* legal counselling; **Rechtsbruch** *m* infringement of the law

rechtsbündig *adj* (TYPE) ranged right

rechtschaffen *adj* honest, upright; **Rechtschaffenheit** *f* honesty, uprightness

Rechtschreibfehler *m* spelling mistake; **Rechtschreibreform** *f* spelling reform; **Rechtschreibung** *f* spelling

Rechtsempfinden *nt* sense of justice; **Rechtsextremismus** *m* (POL) right-wing extremism; **Rechtsextremist(in)** *m(f)* right-wing extremist; **rechtsfähig** *adj* incorporated; **Rechtsfähigkeit** *f* capacity to hold rights and duties; **Rechtsfrage** *f* legal question [*o* issue]; **rechtsgerichtet** *adj s.* **rechts**; **Rechtsgewinde** *nt* (TECH) right-handed thread; **Rechtsgrundlage** *f* legal basis; **rechtsgültig** *adj* legal; **Rechtsgutachten** *nt* legal report; **Rechtshänder** <-s, -> *m* (*beim Boxen*) right-hander; **Rechtskraft** <-> *f* legal validity; **~ erlangen** become law; **rechtskräftig** *adj* 1. (*Urteil*) final 2. (*Vertrag*) legally valid; **Rechtskurve** *f* right-hand bend; **Rechtslage** *f* legal situation; **Rechtsmittel** *nt* means of legal redress; **ein ~ einlegen bei ...** lodge an appeal at ...; **Rechtsnachfolger(in)** *m(f)* legal successor; **Rechtsnorm** *f* legal standard

Rechtsprechung *f* 1. (*Durchführung*) administration of justice 2. (*Gerichtsbarkeit*) jurisdiction 3. (*bisherige ~*) precedents *pl*

rechtsradikal *adj* radical right-wing; **Rechtsschutz** *m* legal protection; **Rechtsschutzversicherung** *f* legal costs insurance; **Rechtsstaat** *m* constitutional state; **rechtsstaatlich** *adj* constitutional; **Rechtssteuerung** *f* (AUTO) right-hand drive; **Rechtsstreit** *m* lawsuit; **Rechtsverdreher** *m* (*pej*) shyster; **Rechtsverkehr** *m* (AUTO) driving on the right; **Rechtsweg** *m:* **den ~ beschreiten** take legal action; **rechtswidrig** *adj* illegal; **rechtswirksam** *adj* (legally) valid; **Rechtswissenschaft** *f* jurisprudence

rechtwinklig *adj* right-angled

rechtzeitig I. *adj* (*günstig*) timely II. *adv* 1. (*früh genug*) in due [*o* good] time 2. (*pünktlich*) punctually

Reck [rɛk] <-(e)s, -e> *nt* horizontal bar

recken I. *vt* stretch; **die Glieder ~** stretch one's limbs; **den Hals ~** crane one's neck (*nach* at) II. *vr* stretch o.s.; **sich ~ und strecken** have a good stretch

Recruiting [rɪ'kru:tɪŋ] <-s> *nt* (*Personalsuche*) recruiting

recyceln [ri'saikln] *vt* recycle; **Recycling** <-s> *nt* recycling; **Recyclingpapier** *nt* recycled paper

Redakteur(in) [redak'tø:ɐ] <-s, -e> *m(f)* editor; **Redaktion** *f* 1. (*die Redakteure*) editorial staff 2. (*Büro*) editorial office 3. (*Schriftleitung*) editing; **redaktionell** *adj* editorial

Rede ['re:də] <-, -n> *f* 1. (*Vortrag*) speech; (*Ansprache*) address 2. (*Gespräch*) talk; **eine ~ halten** make a speech; **der hält bloß große ~n** he's all talk; **ihre ~ über ...** her talk on ...; **es ist die ~ davon, dass er zurücktreten will** there is some question of him resigning; **davon kann keine ~ sein** that's out of the question; **nicht der ~ wert!** don't mention it!; **jdn zur ~ stellen** take s.o. to task; **wovon ist die ~?** what are you talking about?; **Redefreiheit** *f* freedom of speech; **redegewandt** *adj* eloquent

reden *vi, vt* speak, talk (*mit jdm* with s.o., to s.o., *über* about); **mit dir rede ich nicht (mehr)** I'm not speaking to you; **ich werde mal ein Wörtchen mit ihm ~ müssen** I'll have to speak to him about it; **lauter ~** speak up; **du hast gut ~!** it's easy for you to talk!; **wie redest du denn mit mir!** don't talk to me like that!; **wir wollen jetzt mal in Ruhe darüber ~** let's talk it over quietly; **~ wir nicht mehr davon!** let's drop it!; **darüber lässt sich ~** that's a possibility; **er lässt nicht mit sich ~** he's adamant

Redensart *f:* **bloße ~en** empty talk; **das ist nur so eine ~** it's just a way of speaking

Redeweise *f* manner of speaking; **Redewendung** *f* idiomatic expression

redigieren [redi'gi:rən] *vt* edit
redlich ['re:tlɪç] *adj* honest; **das hat er sich ~ verdient** he has really earned it
Redner(in) ['re:dnɐ] <-s, -> *m(f)* speaker; **Rednerbühne** *f* platform
redselig *adj* talkative; **Redseligkeit** *f* talkativeness
reduzieren [redu'tsi:rən] *vt* reduce (*auf* to)
Reede ['re:də] <-, -n> *f* (MAR) roadstead; **auf ~ liegen** be lying in the roads *pl;* **Reeder(in)** *m(f)* shipowner; **Reederei** *f* shipping company
reell [re'ɛl] *adj* **1.** (COM: *solide*) solid **2.** (*anständig*) honest; **~e Preise** realistic prices
Reet ['re:t] <-(e)s> *nt* reed; **Reetdach** *nt* thatched roof; **reetgedeckt** *adj* thatched
Reexport *m* re-export
Referat [refə'ra:t] <-(e)s, -e> *nt* **1.** (SCHULE: *schriftliches Seminar~*) seminar paper; (*in der Schule*) project **2.** (*Ressort*) department, section; **ein ~ halten** present a paper [*o* project]
Referendar(in) [refərɛn'da:ɐ] <-s, -e> *m(f)* **1.** (JUR) articled clerk **2.** (SCHULE) student teacher **3.** (*Anwärter für höheren Dienst*) trainee
Referendum [refe'rɛnʊm] <-s, Referenden oder Referenda> *nt* referendum
Referent(in) *m(f)* **1.** (*Berichterstatter*) speaker **2.** (*Fach~*) consultant
Referenz *f* reference; **jdn als ~ angeben** give s.o. as a reference
referieren *vt, vi* give a talk (*über* on)
refinanzieren *vt* refinance
Reflation [refla'tsjo:n] <-, -en> *f* reflation; **reflationär** *adj* reflationary
reflektieren [reflɛk'ti:rən] **I.** *vt* (OPT) reflect **II.** *vi* (*geh*) reflect (*über* upon s.th.); **auf etw ~** have one's eye on s.th.; **~des Kennzeichen** (AUTO) reflectorized sign
Reflex [re'flɛks] <-es, -e> *m* **1.** (*Nerven~*) reflex **2.** (PHYS) reflection; **Reflexbewegung** *f* reflex action
Reflexion *f* (PHYS: *a. Überlegung*) reflection
reflexiv [reflɛ'ksi:f] *adj* (GRAM) reflexive; **Reflexivpronomen** *nt* reflexive pronoun
Reform [re'fɔrm] <-, -en> *f* reform
Reformation *f* reformation
reformbedürftig *adj* in need of reform; **reformfreudig** *adj* avid for reform
Reformhaus *nt* health foods shop
reformieren *vt* reform
Reformkost *f* health food
Refrain [re'frɛ̃:] <-s, -s> *m* refrain, chorus
Regal [re'ga:l] <-s, -e> *nt* (*Bücher ~*) shelves *pl*
Regatta [re'gata] <-, -tten> *f* (SPORT) regatta; **Regattastrecke** *f* regatta course

rege ['re:gə] *adj* **1.** (*betriebsam*) active **2.** (*flink*) agile; **~ Beteiligung** lively participation; **~r Besuch** high attendance
Regel ['re:gəl] <-, -n> *f* **1.** (*Vorschrift*) rule **2.** (*Menstruation*) period; **in der ~** as a rule; **sich etw zur ~ machen** make a habit of s.th.; **Regelarbeitszeit** *f* core working hours *pl;* **regelbar** *adj* **1.** (TECH: *einstellbar*) adjustable **2.** (*klärbar*) easily arranged; **Regelfall** *m* rule; **im ~** as a rule; **Regelkreis** *m* control loop; **regellos** *adj* **1.** (*unregelmäßig*) irregular **2.** (*unordentlich*) disorderly; **regelmäßig** *adj* regular; **~ spazieren gehen** take regular walks; **Regelmäßigkeit** *f* regularity; **in schöner ~** persistently
regeln *vt* **1.** (*einstellen*) regulate **2.** (*in Ordnung bringen*) settle; **es ist noch nichts geregelt** nothing has been arranged yet
regelrecht **I.** *adj* real **II.** *adv* really; **sie wurde ~ frech** she was getting downright cheeky
Regelsatzsteuer *f* standard rate tax
Regelschmerzen *mpl* period pains; **Regelstörungen** *fpl* menstrual disorders
Regelung *f* **1.** (*Abmachung*) arrangement **2.** (*Vorschrift*) regulation **3.** (TECH) controls *pl;* **eine ~ finden** come to an arrangement; **Regelventil** *nt* control valve; **regelwidrig** *adj* against the rules
Regen ['re:gən] <-s> *m* rain; **im ~** in the rain; **es sieht nach ~ aus** it looks like rain; **jdn im ~ stehen lassen** leave s.o. out in the cold
regen ['re:gən] *vt, vr* (*Person, a. fig*) move, stir; **ich kann mich kaum noch ~** I'm hardly able to move
regenarm *adj* rainless
Regenbogen *m* rainbow; **Regenbogenhaut** *f* iris
regenerativ *adj* regenerative
Regenfälle *pl* rains; **Regengebiet** *nt* rainfall area; **Regenmantel** *m* raincoat; **regenreich** *adj* rainy, wet; **Regenrinne** *f* **1.** (*an Hausdach*) gutter **2.** (*an Autodach*) roofrail; **Regenschauer** *m* shower; **Regenschirm** *m* umbrella
Regent(in) [re'gɛnt] <-en, -en> *m(f)* (*Herrscher*) ruler, sovereign
Regentag *m* rainy day; **Regentropfen** *m* raindrop
Regentschaft *f* **1.** (*Statthalterschaft*) regency **2.** (*Herrschaft*) reign; **die ~ übernehmen** take over as regent
Regenwald *m* rainforest; **Regenwasser** *nt* rainwater; **Regenwetter** *nt* rainy weather; **Regenwolke** *f* raincloud; **Regenwurm** *m* earthworm; **Regenzeit** *f* rainy season
Regie [re'ʒi:] <-, -n> *f* **1.** (*Verwaltung*)

management **2.** (THEAT FILM) direction, production; **ich mache das in eigener ~** I do it myself; **unter der ~ von …** directed by …; **Regieanweisung** *f* (stage) direction

regieren [re'gi:rən] **I.** *vi* (*Herrscher*) reign; (*beherrschen*) rule **II.** *vt* (*beherrschen*) govern, rule (over)

Regierung *f* **1.** (*Kabinett*) government **2.** (*Herrschaft*) rule; (*von Monarch*) reign; **an die ~ kommen** come to office; **Regierungsantritt** *m* taking of office; **beim ~** when the government took office; **Regierungsapparat** *m ohne pl* apparatus of government; **Regierungsbeamte(r)**, **-beamtin** *m, f* government official; **Regierungsbezirk** *m* (*in Deutschland*) administrative district, region *Br,* county *Am;* **Regierungsbildung** *f* formation of a government; **Regierungschef(in)** *m(f)* head of the government; **Regierungserklärung** *f* (inaugural) government statement; **Regierungsfähigkeit** *f* ability to govern; **Regierungsgeschäfte** *ntpl* government business *sing;* **Regierungskommission** *f* government commission; **Regierungskrise** *f* government crisis, crisis of government; **Regierungspartei** *f* ruling party; **Regierungssprecher(in)** *m(f)* government spokesperson; **Regierungsumbildung** *f* government [*o* cabinet] reshuffle; **Regierungswechsel** *m* change of government; **Regierungszeit** *f* period of office, reign, rule

Regime [re'ʒi:m] <-s, -(s)> *nt* regime

Regiment [regi'mɛnt] <-(e)s, -er> *nt* (MIL) regiment

Region [re'gjo:n] *f* region; **regional** *adj* regional; **~ verschieden** varying from region to region; **Regionalplan** *m* regional plan

Regisseur(in) [reʒɪ'sø:ɐ] <-s, -e> *m(f)* director

Register [re'gɪstɐ] <-s, -> *nt* **1.** (*Buchindex*) index **2.** (*Verzeichnis*) register **3.** (*Orgel~*) stop; **führen Sie ein ~?** do you keep a register?; **alle ~ spielen lassen** pull out all the stops

Registratur [regɪstra'tu:ɐ] *f* **1.** (*Tätigkeit*) registry **2.** (*~büro*) records **3.** (*bei Orgel*) stops *pl*

registrieren *vt* **1.** (*verzeichnen*) register **2.** (*bemerken, sich merken*) note; **Registrierkasse** *f* cash register; **Registrierung** *f* registration

Regler ['re:glɐ] <-s, -> *m* **1.** (ELEK) control **2.** (AUTO, ELEK) governor

reglos *adj* motionless

regnen ['re:gnən] *vi* rain; **es regnet in Strömen** it's pouring; **es regnete Proteste** protests were pouring in; **regnerisch** *adj* rainy

Regress[RR] [re'grɛs] <-es, -e> *m* recourse; **jdn in ~ nehmen** have recourse against s.o.; **Regressanspruch**[RR] *m* right of recourse; **Regressklage**[RR] *f* recourse claim; **regresspflichtig**[RR] *adj* liable for compensation

regulär [regu'lɛ:ɐ] *adj* (*normal*) normal

regulieren *vt* **1.** (TECH: *einstellen*) adjust **2.** (*Rechnung, Schaden*) settle; **Regulierung** *f* (TECH) regulation

Regung ['re:gʊŋ] *f* (*sachte Bewegung*) movement; **ohne jede ~** without a flicker; **regungslos** *adj* motionless

Reh [re:] <-(e)s, -e> *nt* deer

Rehabilitationszentrum *nt* rehabilitation centre *Br,* rehabilita tion center *Am;* **rehabilitieren** [rehabili'ti:rən] *vt* rehabilitate; **Rehabilitierung** *f* rehabilitation

Rehbock *m* roebuck; **Rehbraten** *m* roast venison; **Rehkeule** *f* haunch of venison; **Rehrücken** *m* saddle of venison

Reibach ['raɪbax] *m* (*sl*): **einen ~ machen** make a killing

Reibe ['raɪbə] <-, -n> *f* grater; **Reibeisen** *nt:* **wie ein ~** like sandpaper

Reibekuchen *m kind of potato fritter*

reiben I. *irr vt* rub; **an etw ~** rub s.th.; **jdm etw unter die Nase ~** rub someone's nose in s.th.; **sich die Hände ~** rub one's hands **II.** *vr* rub o.s. (*an* on, against); **sie ~ sich ständig aneinander** there's a lot of friction between them

Reibereien *fpl* friction *sing*

Reibung *f* (PHYS) friction; **Reibungsfläche** *f* (*fig*): **das bietet viele ~n** that's a potential cause of friction; **reibungslos** *adj* **1.** (PHYS) frictionless **2.** (*fig*) trouble-free; **das verläuft ja ~** that's going off smoothly

Reibungsverlust *m* friction loss; **Reibungswiderstand** *m* frictional resistance

Reich [raɪç] <-(e)s, -e> *nt* **1.** (*Kaiser~*) empire; (*König~*) kingdom **2.** (*Bereich*) realm

reich [raɪç] *adj* **1.** (*Reichtümer habend*) rich, wealthy (*an* in) **2.** (*umfassend*) large; **eine ~e Auswahl an …** a wide choice of …

reichen I. *vt* (*geben*) hand; (*herüber~*) pass **II.** *vi* **1.** (*genügen*) be enough, do, suffice **2.** (*sich erstrecken*) stretch (*bis* to), reach (*bis zu etw* s.th.); **danke, das reicht!** thanks, that's sufficient!; **jetzt reicht's mir aber!** that's the last straw!; **diese Packung Kaffee reicht mir eine Woche** this pack of coffee will last me one week; **soweit das Auge reicht** as far as the eye can see; **reicht die Milch?** is there enough milk?; **mir reicht's, ich gehe jetzt nach Hause!** I've had enough, I'm going home!

reichhaltig *adj* (*Essen*) rich

reichlich **I.** *adj* (*umfangreich*) ample; (*reichlich vorhanden*) plentiful; ~ **Zeit haben** have plenty of time **II.** *adv* **1.** (*überreich*) amply **2.** (*fam: ziemlich*) pretty; ~ **vorhanden sein** be in plentiful supply; **das ist ja ~ wenig!** that's rather little!; ~ **ausfallen** (*von Kleidung*) be on the big side

Reichtum *m* **1.** (*Wohlstand*) wealth, riches *pl* **2.** (*Überfluss*) abundance (*an* of); **zu ~ gelangen** become rich

Reichweite *f* **1.** (RADIO) range **2.** (*nächste Nähe*) reach; **außer ~ sein** be out of reach; **große ~** long range

Reif[1] [raɪf] <-(e)s> *m* (*Raureif*) hoar [*o* white] frost

Reif[2] <-(e)s, -e> *m* **1.** (*Arm~*) bangle **2.** (*Fass~*) hoop

reif *adj* **1.** (*Früchte, Alter*) ripe **2.** (*gereift*) mature; **wenn die Zeit dafür ~ ist** when the time is ripe; **Reife** <-> *f* **1.** (*das Reifsein*) ripeness **2.** (*fig*) maturity; **ihm fehlt die nötige ~** he's somewhat lacking in maturity

Reifen <-s, -> *m* **1.** (*Gummi~*) tyre *Br,* tire *Am* **2.** (*Arm~*) bangle **3.** (*Fass~, Spiel~*) hoop

reifen *vi* **1.** ripen **2.** (*fig*) mature; **die Jahre ließen ihn ~** his character matured during the years

Reifendruck *m* (AUTO) tyre pressure *Br,* tire pressure *Am;* **Reifenpanne** *f* flat, puncture; **Reifenwechsel** *m* change of tyres

Reifeprüfung *f* (*in GB*) A-level; (*in Schottland*) Highers *pl;* (*in den USA*) high-school graduation; **Reifezeugnis** *nt* A-level certificate *Br,* high-school graduation certificate *Am*

reiflich *adj* careful, thorough; **nach ~er Überlegung** after careful consideration; **etw ~ überlegen** consider s.th. carefully

Reigen ['raɪgən] <-s, -> *m* round dance

Reihe ['raɪə] <-, -n> *f* **1.** (*Aufreihung*) line, row **2.** (THEAT) tier **3.** (*Anzahl*) number; (*Serie*) series; **aus der ~ tanzen** step out of line; **in einer Reihe** in a line; **John ist als nächster mit der Beförderung an der ~** John is next in line for promotion; **das erste Taxi in der ~** the taxi at the head of the rank; **stell sie in ~n auf!** arrange them in rows!; **in ~ geschaltet** (ELEK) series-wound; **arithmetische ~** arithmetical progression; **du bist an der ~!** it's your turn!; **sie kommt immer außer der ~** she always comes just when she pleases

reihen **I.** *vt:* **auf eine Schnur ~** string on a thread **II.** *vr* (*fig*): **sich ~ an etw** follow after s.th.

Reihenfolge *f* order; **sind sie in der richtigen ~?** are they in the right order?; **etw in der logisch richtigen ~ tun** do s.th. in logical sequence; **Reihenhaus** *nt* terraced house; **Reihenhaussiedlung** *f* estate of terraced houses; **reihenweise** *adv* **1.** (*in Reihen*) in rows **2.** (*in Mengen*) by the dozen; **in der Innenstadt wurden Grundstücke ~ aufgekauft** plots of land in the city centre were being bought up by the dozen

Reiher ['raɪɐ] <-s, -> *m* heron

reihern *vi* (*sl*) puke

reihum [raɪ'ʊm] *adv:* **etw ~ gehen lassen** pass s.th. round

Reim [raɪm] <-(e)s, -e> *m* rhyme; **darauf kann ich mir keinen ~ machen** I can't make head or tail of it; **reimen** **I.** *vt* rhyme (*auf, mit* with) **II.** *vr* rhyme (*auf, mit* with); **Reimschema** *nt* rhyme scheme

rein[1] [raɪn] *adv* (*fam*) *s.* **herein**, **hinein**

rein[2] **I.** *adj* **1.** (*sauber*) clean **2.** (*völlig*) pure; **~es Gewissen** clear conscience; **~e Bosheit** malice pure and simple; **ein Kleid aus ~er Wolle** a pure wool dress; **der ~ste Blödsinn!** sheer nonsense! **II.** *adv* **1.** (*lediglich*) purely **2.** (*völlig*) absolutely; **~ zufällig** by sheer chance; **ist die Luft ~?** is it all clear now?; **~ waschen**[RR] clear

rein(e)|machen *vt* (*fam*) do the cleaning

Reinerlös *m* net proceeds *pl;* **Reinertrag** *m* net profit

Reinfall *m* disaster; (*fam*) flop; **reinfallen** *irr vi* be taken in (*auf etw* by s.th.); **auf jdn ~** fall for someone's line

Reingewinn *m* (COM) net profit

Reinhaltung *f:* **~ der Luft** prevention of air pollution; **Reinheit** *f* **1.** (*Sauberkeit*) cleanness **2.** (*Lauterkeit*) purity

reinigen ['raɪnɪgən] **I.** *vt* clean; (*chemisch ~*) dry-clean **II.** *vr* **1.** (*Sache*) clean itself **2.** (*Person*) cleanse o.s.; **Reinigung** *f* **1.** (*Vorgang*) cleaning **2.** (*Anstalt*) dry cleaner's; **in der ~** (*von Kleidungsstück*) at the cleaner's; **zur ~ geben** send to the cleaner's; **Reinigungslotion** *f* cleansing lotion; **Reinigungsmilch** *f* cleansing milk, cleanser; **Reinigungsmittel** *nt* detergent

reinlich *adj* (*sauber*) cleanly

Reinmachefrau *f* cleaning lady

reinrassig *adj* **1.** (*Pferd*) thoroughbred **2.** (*Hund*) pedigree

Reinschrift *f* fair copy; **etw in ~ schreiben** write out a fair copy of s.th.

Reinvermögen *nt* net assets, net worth

reinvestieren *vt* reinvest

rein|waschen *vt s.* **rein**

reinziehen *vt* (*sl*): **sich etw ~** (*Drogen*) take s.th.; (*Musik*) listen to s.th.; (*Film*) watch s.th.; (*Getränk*) knock s.th. back; (*essen*) guzzle s.th. down

Reis[1] <-es, -er> *nt* (*kleiner Zweig*) sprig

Reis[2] [raɪs] <-es, (-e)> *m* rice; **Reisbrei** *m* creamed rice

Reise ['raɪzə] <-, -n> *f* (*mit festem Ziel*) journey; (*Schiffs~*) voyage; (*kurze*) trip; **eine ~ machen** go on a journey; **eine ~ antreten** set out on a journey; **gute ~!** have a pleasant journey! [*o* a nice trip!]; **wir gehen jeden Sommer auf ~n** we go away every summer; **eine ~ um die Welt machen** travel round the world; **Reiseandenken** *nt* souvenir; **Reiseapotheke** *f* first aid kit; **Reisebranche** *f* travel industry; **Reisebüro** *nt* travel agency; **Reisebürokaufmann, -kauffrau** *m, f* travel agent; **reisefertig** *adj* ready to leave; **Reiseführer** *m* (*Buch*) guidebook; **Reisegefährte, -gefährtin** *m, f* travelling companion; **Reisegepäck** *nt* luggage *Br,* baggage *Am;* **Reisegesellschaft** *f* **1.** (*Personen*) party **2.** (*Veranstalter*) tour operator; **Reisejournalist(in)** [-ʒʊrnaˌlɪst] *m(f)* travel journalist; **Reisekosten** *pl* travelling expenses; **Reisekostenabrechnung** *f* claim for travel expenses; **Reisekostenzuschuss**[RR] *m* partial reimbursement of travel expenses; **Reisekrankheit** *f* travel sickness; **Reiseland** *nt* holiday destination; **Reiseleiter(in)** *m(f)* courier; **reiselustig** *adj* keen on travel(ling); **Reisemagazin** *nt* travel magazine

reisen *sein vi* travel; **gerne ~** be fond of travelling; **weit gereist**[RR] well travelled

Reisende(r) *f (m)* traveller *Br,* traveler *Am;* (COM: *Handels~*) (commercial) travel(l)er

Reisenecessaire ['raɪzənɛsɛsɛːɐ] <-s, -s> *nt,* **Reisenessessär**[RR] *nt* travelling manicure set; **Reisepass**[RR] *m* passport; **Reisepläne** *mpl* plans for one's journey; **Reiseprospekt** *m* travelling brochure; **Reiseroute** *f* travel route; **Reisescheck** *m* traveller's cheque; **Reiseschreibmaschine** *f* portable typewriter; **Reisespesen** *pl* travel expenses; **Reisetasche** *f* grip, travel(l)ing bag; **Reiseveranstalter** *m* tour operator; **Reiseverkehr** *m* holiday traffic; **Reiseversicherung** *f* travel insurance; **Reisevorbereitung** *f* travel preparations; **Reisewelle** *f* wave of holiday makers; **Reisewetterbericht** *m* holiday weather forecast; **Reisezeit** *f* travelling time; **Reiseziel** *nt* destination

Reisfeld *nt* paddy-field

Reisig ['raɪzɪç] <-s> *nt* brushwood

Reißaus [raɪs'aʊs] *m:* **~ nehmen** clear off [*o* take to one's heels]

Reißbrett *nt* drawing-board

reißen ['raɪsən] **I.** *irr vt* **1.** (*zerren*) drag; (*fort~*) pull, tear (*etw von etw* s.th. off s.th.) **2.** (*zer~*) tear; **an sich ~** seize hold of; **er riss es mir aus der Hand** he tore it out of my hand; **jdm die Maske vom Gesicht ~** (*a. fig*) tear away someone's mask **II.** *vi* break, tear; **sich um etw ~** scramble for s.th.; **ich reiße mich nicht darum ihn kennen zu lernen** I'm not exactly dying to make his acquaintance; **wenn alle Stricke ~** if all else fails; **reißend** *adj* **1.** (*Fluss*) torrential **2.** (*Schmerz*) searing, violent; **~en Absatz finden** sell like hot cakes

Reißer *m* (*fam: Film*) thriller

Reißverschluss[RR] *m* zip(per); **mach mal den ~ auf (zu)** can you (unzip it) zip it up?; **Reißverschlussprinzip**[RR] *nt* (AUTO) principle of alternation; **Reißwolf** *m* shredder; **Reißzwecke** *f* drawing-pin

Reitanzug *m* riding habit

reiten ['raɪtən] *irr vi, vt* ride; **~ gehen** go for a ride; **auf einem Pferd ~** ride a horse; **bei einem Rennen ~** ride a race

Reiter(in) *m(f)* horseman (horsewoman), rider; **Reiterei** *f* cavalry; **Reiterstandbild** *nt* equestrian statue; **Reitgerte** *f* riding crop; **Reithose** *f* riding-breeches *pl;* **Reitpeitsche** *f* riding whip; **Reitpferd** *nt* saddle-horse; **Reitschule** *nt* riding school; **Reitstiefel** *m* riding-boot; **Reitweg** *m* bridle-path

Reiz [raɪts] <-es, -e> *m* **1.** (*Anziehung*) attraction **2.** (*Anreiz*) stimulus; **der ~ des Neuen** the charm of novelty; **einen ~ auf jdn ausüben** hold great attractions for s.o.; **reizbar** *adj* sensitive, touchy; **er ist leicht ~** he is very irritable; **Reizbarkeit** *f* sensitivity [*o* irritability]

reizen *vt* **1.** (*Haut*) irritate **2.** (*verlocken*) appeal to **3.** (*provozieren*) provoke; **das könnte mich noch ~** that would appeal to me

reizend *adj* (*charmant*) charming, delightful; **das ist ja ~!** (*iro*) that's just dandy!

Reizklima *nt* bracing climate; **reizlos** *adj* dull; **Reizschwelle** *f* **1.** (MED) stimulus threshold **2.** (MARKT) sales resistances *pl;* **Reizthema** *nt* controversial issue; **Reizüberflutung** *f:* **bei der heutigen ~** with today's over-stimulation; **Reizung** *f* (MED) irritation; **reizvoll** *adj* attractive, charming; **Reizwäsche** *f* sexy underwear

rekeln ['reːkəln] *vr* loll about

Reklamation [reklama'tsjoːn] *f* (COM) complaint; **Reklamationsabteilung** *f* complaints department

Reklame [re'klaːmə] <-, -n> *f* **1.** (*Reklamewesen*) advertising **2.** (*Anzeige*) advertisement; **~ machen für …** advertise …; **die Zeitung besteht zu 70% aus ~** 70% of the magazine is advertisement; **Reklameschild** *nt* advertising hoarding [*o* sign]

reklamieren I. *vt* (*bemängeln*) query **II.** *vi*

make a complaint

rekonstruieren [rekɔnstru'i:rən] *vt* reconstruct

Rekonvaleszenz [rekɔnvalɛs'tsɛnts] <-> *f* (MED) reconvalescence

Rekord [re'kɔrt] <-(e)s, -e> *m* record; **einen ~ aufstellen** establish a record; **einen ~ brechen** break a record; **einen ~ einstellen** equal a record; **Rekordgewinn** *m* record profit; **Rekordinhaber(in)** *m(f)* record holder; **Rekordjahr** *nt* record year; **Rekordverlust** *m* record loss; **Rekordzeit** *f* record time

Rekrut [re'kru:t] <-en, -en> *m* recruit; **rekrutieren** *vt* recruit

Rektor(in) ['rɛktɔr] <-s, -en> *m(f)* **1.** (*an Universität*) vice-chancellor *Br,* rector *Am* **2.** (*an Schule*) headmaster (headmistress), principal *Am;* **Rektorat** <-(e)s, -e> *nt* **1.** (*Büro: Universität*) vice-chancellor's office *Br,* rector's office *Am;* (*Büro*) headmaster's study *Br,* principal's room *Am* **2.** (*Amtszeit: Universitätsrektor*) vice-chancellorship *Br,* rectorship *Am*

Rekultivierung *f* recultivation

Relais [rə'lɛ:] <-, -> *nt* (ELEK) relay

Relation [relɑ'tsio:n] *f:* **das steht in keiner ~ zu ...** that bears no relation to ...

relativ [rela'ti:f/'---] **I.** *adj* relative **II.** *adv* relatively

Relativitätstheorie *f* (PHYS) theory of relativity

Relaunch ['ri:,lɔ:ntʃ] <-es, -es> *m* (*Wiedereinführung eines Produkts*) relaunch

relevant [rele'vant] *adj* relevant

Relief [re'ljɛf] <-s, -s/-e> *nt* relief

Religion [reli'gjo:n] *f* **1.** (REL) religion **2.** (SCHULE: *Schulfach*) religious instruction; **Religionsfreiheit** *f* religious freedom; **Religionsgemeinschaft** *f* religious community; **Religionsgeschichte** *f* history of religion; **religionslos** *adj* (*atheistisch*) non-denominational; **Religionsunterricht** *m* religious instruction

religiös [reli'gjø:s] *adj* religious

Relikt [re'lɪkt] <-(e)s, -e> *nt* relic

Reling ['re:lɪŋ] <-, -s/(-e)> *f* (MAR) rail

Reliquie [re'li:kviə] <-, -n> *f* relic

Remis [rə'mi:] <-, -> *nt* draw, deadlock

rempeln ['rɛmpln] *vi* jostle, barge

Renaissance [rənɛ'sã:s] <-, -n> *f* renaissance

renaturieren [renatu'ri:rən] *vt* renaturalize, return to its natural state; **Renaturierung** <-, -en> *f* renaturalization

Rendezvous [rãde'vu:/'---] <-, -> *nt* rendez-vous

Rendite [rɛn'di:tə] <-, -n> *f* yield

renitent [reni'tɛnt] *adj* obstinate, refractory

Rennbahn *f* track

Rennen <-s, -> *nt:* **zum ~ gehen** (*Pferde~*) go to the races *pl;* (*Auto~*) go to the racing; **gut im ~ liegen** be well placed; **das ~ aufgeben** drop out; **das ~ machen** win the race

rennen ['rɛnən] *irr vi* **1.** (*laufen*) run **2.** (AUTO) race; **um die Wette ~** have a race; **gegen jdn ~** bump into s.o.

Renner *m* (COM) winner

Rennfahrer(in) *m(f)* **1.** (*Fahrrad~*) racing cyclist **2.** (AUTO) racing driver; **Rennpferd** *nt* racehorse; **Rennrad** *nt* racing bike; **Rennsport** *m* racing; **Rennstall** *m* stable; **Rennstrecke** *f* **1.** (AUTO) track **2.** (SPORT) course; (*für Läufer*) distance; **Rennwagen** *m* racing car

Renommee [renɔ'me:] <-s, -s> *nt* (*Ruf*) reputation; **renommieren** *vi* show off; **renommiert** *adj* renowned (*wegen* for)

renovieren [reno'vi:rən] *vt* renovate; **Renovierung** *f* renovation

rentabel [rɛn'ta:bəl] *adj* profitable; **das ist eine rentable Sache** it will pay; **Rentabilität** *f* profitability; **Rentabilitätsberechnung** *f* investment appraisal; **Rentabilitätssteigerung** *f* increase in profitability

Rente ['rɛntə] <-, -n> *f* **1.** (*Alters~*) (old age) pension **2.** (*Zinseinkünfte*) income; **Rentenalter** *nt* retirement age; **Rentenanleihe** *f* annuity bond; **Rentenanpassung** *f* index-linking of pensions; **Rentenanspruch** *m* right to a pension; **Rentenbank** *f* public mortgage bank; **Rentenbasis** *f* annuity basis; **Rentenbeitrag** *m* pension payment; **rentenberechtigt** *adj* entitled to a pension; **Rentenempfänger(in)** *m(f)* pensioner; **Rentenerosion** *f* (*Verfall des Rentensystems*) erosion of the pension system; **Rentenfinanzierung** *f* financing of pensions; **Rentenfonds** *m* (FIN) annuity fund; **Rentenmarkt** *m* (FIN) fixed-interest market; **Rentenplan** *m* pension plan; **Rentenversicherung** *f* pension (insurance) scheme; **Rentenversicherungsbeitrag** *m* pension scheme contribution; **Rentenversicherungssystem** *nt* pension insurance system; **Rentenwerte** *pl* (FIN) fixed interest securities

Rentier ['rɛnti:ɐ] <-s, -e> *m* reindeer

rentieren *vr:* **es rentiert sich nicht das zu tun** it's not worthwhile doing it; **das rentiert sich nicht** it's not worth it

Rentner(in) ['rɛntnɐ] <-s, -> *m(f)* (old age) pensioner

Reorganisation *f* reorganisation; **reorganisieren** *vt* reorganise

Reparatur [repəra'tu:ɐ] *f* repair; **in ~** being repaired; **etw in ~ geben** have s.th.

repaired; **reparaturbedürftig** *adj* in need [*o* want] of repair; **Reparaturkosten** *pl* repair costs; **Reparaturwerkstatt** *f* workshop; (AUTO) garage

reparieren [repa'ri:rən] *vt* repair; (*ausbessern*) mend

Repertoire [repɛr'toa:ɐ] <-s, -s> *nt* repertoire

Report(age) [repɔr'ta:ʒə] <-, -n> *m* (*Bericht*) report; **Reporter(in)** [re'pɔrtɐ] *m(f)* reporter

Repräsentant(in) [reprɛzɛn'tant] <-en, -en> *m(f)* representative; **Repräsentantenhaus** *nt* (PARL) House of Representatives *Am*

Repräsentanz <-, -en> *f* branch

Repräsentation <-, -en> *f* representation; **repräsentativ** [----'-] *adj* **1.** (*typisch*) representative (*für* of) **2.** (*prestigehaft*) prestigious; **Repräsentativerhebung** *f* sample survey; **repräsentieren** *vt* (*darstellen*) represent

Repressalien [reprɛ'sa:liən] *fpl* reprisals; ~ **ergreifen** take reprisals

repressiv [--'-] *adj* repressive

reprivatisieren *vt* reprivatise

Reproduktion *f* reproduction; **reproduzieren** *vt* reproduce

Reptil [rɛp'ti:l] <-s, -ien/-e> *nt* reptile

Republik [repu'bli:k] <-, -en> *f* republic; **Republikaner(in)** *m(f)* (POL) republican; **republikanisch** *adj* republican

Requiem ['re:kviɛm] <-s, -s> *nt* requiem

requirieren [rekvi'ri:rən] *vt* (MIL) requisition

Requisiten [rekvi'zi:tən] *ntpl* (THEAT) properties

resch *adj* (*österr: knusprig*) crisp

Reservat *nt* **1.** (*für Menschen*) reservation **2.** (*für Tiere*) reserve

Reserve [re'zɛrvə] <-, -n> *f* reserve (*an* of); (*Geld~*) reserve fund; **in ~ haben** have in reserve; **jdn aus der ~ locken** bring s.o. out of his shell; **Reservekanister** *m* (AUTO) spare tank; **Reserveoffizier** *m* reserve officer; **Reserverad** *nt* (AUTO) spare wheel; **Reservespieler(in)** *m(f)* (SPORT) reserve

reservieren *vt* reserve; **reserviert** *adj* reserved

Reservist *m* (MIL) reservist

Reservoir [rezɛr'voa:ɐ] <-s, -e> *nt* reservoir

Residenz [rezi'den(t)s] *f* **1.** (*Wohnung*) residence **2.** (*~stadt*) royal capital

residieren *vi* reside

Resignation [rezɪgna'tsjo:n] *f* resignation; **in ~ verfallen** become resigned

resignieren *vi* resign

resolut [rezo'lu:t] *adj* (*entschlossen*) decisive

Resolution <-, -en> *f* resolution

Resonanz [rezo'nants] <-, -en> *f*: **(keine) große ~ finden** meet with (little) good response

Respekt [re'spɛkt] <-(e)s> *m* respect; **bei allem ~** with all due respect; **allen ~!** well done!; **respektieren** *vt* respect; **respektlos** *adj* disrespectful; **respektvoll** *adj* respectful

Ressort [rɛ'so:ɐ] <-s, -s> *nt* (*Abteilung*) department; **das gehört nicht zu meinem ~** that's out of my line; **das fällt in sein ~** that's his department

Ressourcen [rɛ'sʊrsə] <-> *pl* resources

Rest [rɛst] <-(e)s, -e> *m* rest; (MATH) remainder; (*Stoff~*) remnant; **der ~ ist für Sie!** (*Trinkgeld*) keep the change!; **jdm den ~ geben** (*fam*) finish s.o. off; **der letzte ~** the last bit; **den ~ mache ich** I'll do the rest

Restaurant [rɛsto'rã:] <-s, -s> *nt* restaurant

Restaurator(in) [restaʊ'ra:to:ɐ] <-s, -en> *m(f)* restorer

restaurieren *vt* restore

Restbestand *m* remaining stock; **Restbetrag** *m* remaining sum

Resteverkauf *m* remnants sale

restlich *adj* remaining

restlos I. *adj* complete **II.** *adv* entirely, completely

Restposten *m* remaining stock

Restriktion [restrik'tsjo:n] <-, -en> *f* restriction; **restriktiv** *adj* restrictive

Restrisiko *nt* residual risk; **Reststoff** *m* residual [*o* recyclable] material; **Restsumme** *f* balance, amount remaining; **Restwert** *m* residual; **Restzahlung** *f* final payment

Resultat [rezʊl'ta:t] <-(e)s, -e> *nt* (*Ergebnis*) result; **zu einem ~ kommen** arrive at a conclusion; **~e erzielen** get results

resultieren *vi* result (*aus* from)

Retorte [re'tɔrtə] <-, -n> *f* retort; **aus der ~** (*pej*) synthetic; **Retortenbaby** *nt* test-tube baby

Retourbillet [rətu:r-] *nt* (*CH*) return ticket, round-trip ticket *Am*

Retourgeld *nt* (*CH*) change

retten ['rɛtən] **I.** *vt* (*er~*) save (*vor etw* from s.th.); (*befreien*) rescue; **bist du noch zu ~?** are you out of your mind? **II.** *vr* escape; **sich vor etw nicht ~ können** be swamped with s.th.

Retter(in) *m(f)* rescuer, saviour; (*lit*) deliverer

Rettich ['rɛtɪç] <-s, -e> *m* radish

Rettung *f* rescue; **jds letzte ~ sein** be someone's last hope; **Rettungsaktion** *f* rescue (campaign); **Rettungsboot** *nt* lifeboat; **Rettungsflugwacht** *f* air rescue service; **Rettungshubschrauber** *m* rescue helicopter; **Rettungsinsel** *f* (MAR) inflatable life raft; **rettungslos** I. *adj:* **die Lage ist** ~ the situation is hopeless II. *adv:* ~ **verloren sein** be hopelessly lost; **Rettungsmannschaft** *f* rescue team; **Rettungsring** *m* lifebelt; **Rettungswagen** *m* ambulance, rescue vehicle

retuschieren [retu'ʃiːrən] *vt* (*a. fig*) retouch, touch up

Reue ['rɔɪə] <-> *f* remorse, repentance (*über* of); **reuen** *vt:* **jdn reut es etw getan zu haben** s.o. regrets having done s.th.; **reumütig** ['rɔɪmyːtɪç] *adj* remorseful, contrite, repentant

Reuse ['rɔɪzə] <-, -n> *f* fish trap

Revanche [re'vãːʃ(ə)] <-, -n> *f* revenge; (*Spiel*) return match; **jdm** ~ **geben** let s.o. have his (her) return match; **Revanchespiel** *nt* return-match; **revanchieren** *vr* **1.** (*sich rächen*) take one's revenge (*bei jdm für etw* on s.o. for s.th.) **2.** (*sich erkenntlich zeigen*): **ich revanchiere mich gelegentlich!** I'll return the compliment some time!

Revers [re'veːɐ] <-, -> *nt* reverse

revidieren [revi'diːrən] *vt* revise

Revier [re'viːɐ] <-s, -e> *nt* **1.** (*fig hum*) district **2.** (*Jagd~*) hunting ground **3.** (*Polizei~*) beat *Br,* precinct *Am* **4.** (*Polizeistation*) police station *Br,* station house *Am* **5.** (MIL: *Kranken~*) sick-bay

Revision *f* **1.** (*Überprüfung*) revision **2.** (JUR) appeal; ~ **einlegen** lodge an appeal (*bei* with); **Revisionsabteilung** *f* audit department

Revisor(in) <-s, -en> *m(f)* auditor

Revolte [re'vɔltə] <-, -n> *f* revolt; **revoltieren** *vi* revolt

Revolution [revolu'tsjoːn] *f* revolution; **revolutionär** *adj* revolutionary; **Revolutionär(in)** *m(f)* revolutionary

Revolver [re'vɔlvɐ] <-s, -> *m* revolver *Br,* gun *Am;* **Revolverblatt** *nt* (*pej*) scandal sheet; **Revolverlauf** *m* barrel

Revue [re'vyː] <-, -n> *f* (THEAT) revue; **etw** ~ **passieren lassen** pass s.th. in review

Rezensent(in) [retsɛn'zɛnt] *m(f)* reviewer; **rezensieren** *vt* review; **Rezension** *f* review; **Rezensionsexemplar** *f* review copy

Rezept [re'tsɛpt] <-(e)s, -e> *nt* **1.** (MED) prescription **2.** (*Koch~*) recipe **3.** (*fig*) cure (*für, gegen* for)

Rezeption *f* (*in Hotel*) reception

rezeptpflichtig *adj* available on prescription

Rezeptur <-, -en> *f* dispensing

Rezession [retsɛ'sjoːn] *f* recession

rezitieren [retsi'tiːrən] *vt, vi* recite

Rhabarber [ra'barbɐ] <-s> *m* rhubarb

Rhein [raɪn] <-(e)s> *m* Rhine; **Rheinarmee** *f* (MIL) British Army on the Rhine

Rhesusfaktor *m* (MED) rhesus factor; **Rhesusunverträglichkeit** *f* rhesus incompatibility

Rhetorik [re'toːrɪk] <-, -en> *f* rhetoric; **rhetorisch** *adj* rhetorical

Rheuma ['rɔɪma] <-s> *nt* rheumatism; **Rheumafaktoren** *mpl* rheumatoid factors; **Rheumamittel** *nt* cure for rheumatics; **rheumatisch** *adj* rheumatic; **Rheumatismus** *m* rheumatism; **Rheumatologe** *m* rheumatologist

Rhinozeros [ri'noːtserɔs] <-/-ses, -se> *nt* rhinoceros

Rhombus ['rɔmbʊs] <-, -ben> *m* rhomb(us)

rhythmisch *adj* rhythmical

Rhythmus ['rʏtmʊs] <-, -men> *m* rhythm

Ribisel ['riːbiːzl] <-, -n> *f* (*österr*): **rote** (**schwarze**) ~ redcurrant (blackcurrant)

Richtantenne *f* (RADIO) directional aerial

richten[1] ['rɪçtən] I. *vt* **1.** (*lenken*) direct (*auf* towards); (*Lichtstrahl*) turn (*auf* on); (*zielen*) point (*auf* at) **2.** (*in Ordnung bringen*) fix **3.** (*zubereiten, vorbereiten*) prepare II. *vr* **1.** (*sich wenden*) be directed (*auf* towards) **2.** (*herantreten an*) consult **3.** (*gemeint sein gegen*) be aimed at; **ich richte mich ganz nach dir** I'll fit in with you

richten[2] *vi* (*urteilen*) judge (*über jdn* s.o.)

Richter(in) *m(f)* judge; **vor den** ~ **bringen** take to court; **richterlich** *adj* judicial; **Richterspruch** *m* (JUR) judgment

Richtfunkverbindung *f* (RADIO) directional radio link

Richtgeschwindigkeit *f* (AUTO) recommended speed

richtig ['rɪçtɪç] I. *adj* **1.** (*nicht falsch*) correct, right **2.** (*wirklich*) proper, real; **es ist nicht** ~ **zu lügen** it is not right to lie; **du bist wohl nicht ganz** ~**!** (*fam*) you must be out of your mind!; **bin ich hier** ~ **nach Coventry?** is this the right road to Coventry?; **etw** ~ **machen** do s.th. the right way; **das ist die** ~**e Einstellung!** that's the right way of looking at it! II. *adv* **1.** (*korrekt*) correctly, right **2.** (*geradezu*) really; **geht deine Uhr** ~**?** is your watch right?; ~**!** (*stimmt!*) that's right!; **wenn ich mich** ~ **erinnere ...** if I remember correctly ...; **etw** ~ **stellen**[RR] (*berichtigen*) correct s.th.; **richtiggehend** I. *adj* (*echt*) veritable II. *adv* (*wirklich*) really; **Richtigkeit** *f* accuracy, correctness; **das hat schon seine** ~ it's right enough; **richtig|stellen** *vt s.* **richtig**

Richtlinien *fpl* guidelines; **Richtpreis** *m:*

unverbindlicher ~ recommended price; **Richtschnur** <-> *f* guiding principle

Richtung *f* **1.** direction **2.** (*Ansicht, Meinung, Tendenz*) trend; **ich fahre ~ Berlin** I'm heading for Berlin; **in jeder ~** each way; **etw in dieser ~** something along these lines

richtungweisend *adj* (*fig*) guiding

Richtwert *m* guide value, guideline

riechen ['ri:çən] *irr vt, vi* smell; **nach etw ~** smell of s.th.; **an etw ~** smell at s.th.; **gut (schlecht) ~** smell good (bad); **er kann mich nicht ~** (*fam*) he hates my guts; **(das) kann ich doch nicht ~!** (*fam*) I'm not psychic!; **riechend** *adj:* **übel ~**[RR] evil-smelling

Riecher *m:* **einen guten ~ für etw haben** have a nose for s.th.

Riege <-, -n> *f* (SPORT) team, squad

Riegel ['ri:gəl] <-s, -> *m* **1.** (*Schloss~*) bolt **2.** (*Stück*) bar; **den ~ vorlegen** bolt the door; **einer Sache einen ~ vorschieben** put a stop to s.th.

Riemen[1] *m* (*Ruder~*) oar; **sich in die ~ legen** (*a. fig*) put one's back into it

Riemen[2] ['ri:mən] <-s, -> *m* (*Gürtel~*) strap; (*Schuh~*) leather shoelace; (*Peitschen~*) thong; (*Treib~*) belt; **den ~ enger schnallen** (*a. fig*) tighten one's belt; **sich am ~ reißen** get a grip on o.s.

Riese ['ri:zə] <-n, -n> *m* giant; **nach Adam ~ bleiben noch 20 Mark übrig** that will leave 20 marks as my arithmetic tells me

Rieselfelder *pl* sewage farm *sing*

rieseln ['ri:zəln] *sein vi* **1.** (*Flüssigkeit*) trickle **2.** (*Schnee*) float down

Riesenauftrag *m* massive order; **Riesengewinn** *m* huge profit; **riesengroß** *adj* gigantic; **riesenhaft** *adj* colossal, gigantic; **Riesenrad** *nt* Ferris wheel; **Riesenschlange** *f* boa; **Riesenschritte** *pl* giant strides; **sich mit ~n nähern** be drawing on apace; **Riesenwuchs** *m* gigantism

Riff [rɪf] <-(e)s, -e> *nt* reef

rigoros [rigo'ro:s] *adj* rigorous

Rille ['rɪlə] <-, -n> *f* groove

Rind [rɪnt] <-(e)s, -er> *nt* **1.** (*Tier*) cow **2.** (*~fleisch*) beef; **~er** cattle

Rinde ['rɪndə] <-, -n> *f* (*von Käse*) rind; (*Baum~*) bark; (*Brot~*) crust

Rinderbraten *m* **1.** (*Bratstück*) joint of beef **2.** (*Speise*) roast beef; **Rinderfilet** *nt* fillet of beef; **Rinderwahnsinn** *m* mad cows disease; **Rindfleisch** *nt* beef; **Rindsleder** *nt* leather; **Rindvieh** *nt* **1.** cattle **2.** (*Schimpfwort*) ass

Ring [rɪŋ] <-(e)s, -e> *m* ring; **in den ~ steigen** (SPORT) climb into the ring

Ringbuch *nt* ring binder

Ringelblume *f* marigold

ringeln ['rɪŋəln] *vt, vr* curl; (*Schlange*) wriggle; **sich um etw ~** curl itself around s.th.

Ringelnatter *f* grass snake

Ringelspiel *nt* (*österr: Karussell*) roundabout

ringen ['rɪŋən] *irr vi* **1.** (SPORT: *Ringkampf machen*) wrestle (*mit* with) **2.** (*kämpfen*) struggle (*um* for); **die Hände ~** wring one's hands; **nach Atem ~** gasp for breath; **Ringer(in)** *m(f)* wrestler

Ringfinger *m* ring finger

ringförmig *adj* ring-like; **~ umschließen** encircle

Ringkampf *m* (SPORT) wrestling match

Ringleitung *f* (TECH) circular main

rings [rɪŋs] *adv* all around; **sich ~ im Kreis aufstellen** make a circle

Ringstraße *f* ring road

ringsumher *adv* around

Rinne ['rɪnə] <-, -n> *f* **1.** (*Rille*) groove **2.** (*Abfluss~*) channel; **rinnen** *sein irr vi* (*fließen*) run

Rinnsal ['rɪnza:l] <-(e)s, -e> *nt* rivulet

Rinnstein *m* gutter; **im ~ enden** come to a sorry end

Rippchen ['rɪpçən] <-s, -> *nt* spare ribs *pl*

Rippe ['rɪpə] <-, -n> *f* **1.** (ANAT) rib **2.** (TECH: *Metallsegment*) fin; **nichts auf den ~n haben** be just skin and bones

Rippenfellentzündung *f* pleurisy

Risiko ['ri:ziko] <-s, -s/-ken> *nt* risk; **ein ~ eingehen** take a risk; **das ~ eingehen etw zu tun** take the risk of doing s.th.; **etw auf eigenes ~ tun** do s.th. at one's own risk; **Risikoausgleich** *m* balancing of risk; **Risikofaktor** *m* risk factor; **risikofrei** *adj* risk-free, without risk; **Risikofreude** *f* readiness to take risks; **Risikogruppe** *f* (high) risk group; **risikolos** *adj* risk-free, without risk; **risikoreich** *adj* risky; **Risikoschwangerschaft** *f* high risk pregnancy; **Risikoversicherung** *f* term insurance

riskant [rɪs'kant] *adj* risky

riskieren *vt* risk; **das riskiere ich!** I'll risk it!; **sie wird es heute nicht ~ zu kommen** she won't risk coming today; **du riskierst deine Stelle** you'll risk losing your job

Riss[RR] [rɪs] <-es, -e> *m* **1.** (*in Stoff*) rip, tear **2.** (*Sprung*) crack **3.** (*Spalt*) crevice

rissig *adj* cracked; (*Haut*) chapped; **~ werden** crack

Rist [rɪst] <-es, -e> *m* **1.** (*des Fußes*) instep **2.** (*der Hand*) back of the hand **3.** (*Pferde~*) withers *pl*

Ritt [rɪt] <-(e)s, -e> *m* ride; **einen ~ machen** go for a ride

Ritter ['rɪtɐ] <-s, -> *m* (HIST) knight; **jdn zum ~ schlagen** knight s.o.; **Ritterburg** *f* knight's castle; **Ritterkreuz** *nt* (MIL) Knight's Cross; **ritterlich** *adj* **1.** knightly **2.** (*fig*) chivalrous; **Ritterrüstung** *f* (HIST) knight's armour

rittlings ['rɪtlɪŋs] *adv* astride (*auf etw* s.th.)

Ritual [ritu'a:l] <-s, -e/-ien> *nt* ritual

rituell *adj* ritual

Ritus ['ri:tʊs] <-, -ten> *m* rite

Ritz [rɪts] <-es, -e> *m* **1.** (*Ritzer*) scratch **2.** (*Spalte*) crack

Ritze <-, -n> *f* (*Spalt*) crack; (*Fuge*) join, gap

ritzen **I.** *vt* **1.** (*kratzen*) scratch **2.** (*ein~*) carve **II.** *vr* (*sich verletzen*) scratch o.s.

Rivale, -lin [ri'va:lə] <-n, -n> *m, f* rival; **rivalisieren** *vi:* **mit jdm ~** compete with s.o.; **rivalisierend** *adj* rival; **Rivalität** *f* rivalry

Rizinus ['ri:tsinʊs] <-, -/-se> *nt* **1.** (*~öl*) castor-oil **2.** (*~pflanze*) castor-oil plant

RNS *f Abk. von* **Ribonukleinsäure** RNA

Robbe ['rɔbə] <-, -n> *f* seal

robben *sein vi* crawl

Robe ['ro:bə] <-, -n> *f* **1.** (*Amts~*) robe **2.** (*Abendkleid*) gown

Roboter ['rɔbɔtɐ] <-s, -> *m* robot

robust [ro'bʊst] *adj* **1.** (*widerstandsfähig*) robust **2.** (*kräftig gebaut*) rough

Röcheln ['rœçəln] *nt* groan

röcheln *vi* groan

Rochen ['rɔxən] <-s, -> *m* (*großer, scheibenförmiger Fisch*) ray

Rock [rɔk, *pl:* 'rœkə] <-(e)s, ¨-e> *m* **1.** (*Kleidungsstück*) skirt **2.** (*Musik*) rock

Rocker ['rɔkɐ] <-s, -> *m* rocker; **Rockerbande** *f* gang of rockers

Rockfestival *nt* (MUS) rock festival

rockig *adj* (MUS) rocky

Rodel ['ro:dəl] <-s, -> *m* sleigh, toboggan; **Rodelbahn** *f* toboggan-run; **rodeln** *sein vi* sledge, toboggan

roden ['ro:dən] *vt* clear; **Rodung** *f* clearing

Rogen ['ro:gən] <-s, -> *m* roe

Roggen ['rɔgən] <-s, (-)> *m* rye; **Roggenbrot** *nt* rye bread

roh [ro:] *adj* **1.** (*unfertig*) raw **2.** (*unbearbeitet*) rough; **jdn wie ein ~es Ei behandeln** kid-glove s.o.; **~e Gewalt** brute force; **Rohbau** *m* shell; **im ~ fertig sein** be structurally complete; **Roheit** *f* **1.** (*Grobheit*) rudeness **2.** (*Brutalität*) brutality; **Rohertrag** *m* gross yield; **Roherz** *nt* raw ore; **Rohgewinn** *m* gross profit; **Rohheit**^RR ['ro:haɪt] *f* **1.** (*Grobheit*) rudeness **2.** (*Brutalität*) brutality; **Rohkost** *f* raw fruit and vegetables

Rohling *m* **1.** (*brutaler Mensch*) brute *Br,* ruffian, thug *Am* **2.** (TECH: *Rohblock*) blank

Rohmilchkäse *m* raw milk cheese

Rohöl *nt* crude oil

Rohr [ro:ɐ] <-(e)s, -e> *nt* **1.** (*Röhre*) pipe **2.** (*Schilf*) reed; **Rohrbruch** *m* burst pipe

Röhre ['rø:rə] <-, -n> *f* **1.** (*Rohr*) tube **2.** (*Backofen*) oven; **in die ~ gucken** (*leer ausgehen*) not get one's dues; (*fam: TV schauen*) watch telly *Br,* watch the tube *Am*

rö(h)ren ['rø:rən] *vi* (*Hirsch*) bell

Röhrenverstärker *m* valve amplifier

Rohrleitung *f* pipe

Rohrmatte *f* (*als Sichtschutz*) reed mat

Rohrmöbel *pl* cane furniture *sing*

Rohrnetz *nt* service system; **Rohrpost** *f* pneumatic dispatch system; **Rohrschelle** *f* (TECH) pipe clip

Rohrstuhl *m* wickerwork chair

Rohrzucker *m* cane sugar

Rohseide *f* wild silk; **Rohstoff** *m* raw material; **Rohstoffausbeute** *f* raw material yield; **Rohstoffmangel** *m* shortage of raw materials; **Rohstoffpreis** *m* commodity price; **Rohstoffreserven** *pl* reserves of raw materials *pl;* **Rohstoffverarbeitung** *f* processing of raw materials; **Rohstoffverknappung** *f* scarcity of resources; **Rohzustand** *m:* **im ~** in its rough state

Rokoko ['rɔkoko] <-(s)> *nt* rococo

Rolladen *m* shutters *pl*

Rollbahn *f* **1.** (AVIAT: *Startbahn*) runway **2.** (AVIAT: *Zubringer~*) taxiway

Rollbraten *m* roast

Rollbrett *nt* skateboard

Rolle ['rɔlə] <-, -n> *f* **1.** (*Gerolltes*) roll **2.** (*Garn~*) reel **3.** (TECH: *Möbelroller*) castor **4.** (SPORT) forward roll **5.** (FILM THEAT) part, role; **(das) spielt keine ~!** never mind!; **das spielt hier keine ~!** that doesn't concern us now!; **eine ~ machen** (SPORT) do a forward roll

rollen *haben* **I.** *vt* **1.** roll **2.** (*auf~*) roll up **II.** *vr* curl up **III.** *vi* **1.** roll **2.** (*Donner*) rumble **3.** (MAR: *schlingern*) roll; **den Stein ins Rollen bringen** start the ball rolling

Rollenbild *nt* role model; **Rollenspiel** *nt* role play

Roller <-s, -> *m* **1.** (*Spielzeug*) scooter **2.** (*Motor~*) motor scooter

Rollfeld *nt* (AVIAT) runway; **Rollfilm** *m* rollfilm; **Rollgeld** *nt* carriage

Rollkragenpulli *m* polo-neck, roll-neck sweater

Rollladen^RR *m* shutters *pl*

Rollschrank *m* roll-fronted cupboard; **Rollschuh** *m* roller skate; **~ laufen** rollerskate; **Rollsplitt** *m* (loose) chippings; **Rollstuhl** *m* wheel-chair; **an den ~ ge-**

R

fesselt confined to a wheelchair; **Rollstuhlfahrer(in)** *m(f)* wheelchair user; **rollstuhlgerecht** *adj* suitable for wheelchairs; **Rolltreppe** *f* escalator

ROM <-s, -s> (INFORM) *Abk. von* **Read Only Memory** ROM

Roma ['ro:ma] *pl* Romany

Roman [ro'ma:n] <-s, -e> *m* novel; **romanhaft** *adj* like a novel

romanisch *adj:* **~e Sprachen** Romance languages; **~er Stil** Romanesque style

Romanistik [roma'nɪstɪk] <-> *f* Romance studies

Romanschriftsteller(in) *m(f)* novelist

Romantik [ro'mantɪk] *f* Romanticism; **romantisch** *adj* romantic

Römer(in) [rø:mɐ] <-s, -> *m(f)* Roman; **römisch** *adj* Roman; **~ 12** 12 in Roman numerals

röntgen ['rœntgən] *vt* X-ray; **Röntgenaufnahme** *f/nt* X-ray; **Röntgengerät** *nt* X-ray equipment; **Röntgenpass**[RR] *m* X-ray registration card; **Röntgenstrahlen** *mpl* X-rays

Rosa ['ro:za] *nt* pink

rosa *adj* pink; **etw durch die ~(rote) Brille sehen** see s.th. through rose-coloured glasses

Rose ['ro:zə] <-, -n> *f* rose

Rosé [ro'ze:] <-(s), (-s)> *m* (*Wein*) rosé

Rosenkohl *m* Brussels sprouts *pl;* **Rosenkranz** *m* rosary; **Rosenmontag** *m* Shrove Monday; **Rosenstock** *m* rose tree

Rosette [ro'zɛtə] <-, -n> *f* rosette

rosig *adj* rosy; **~e Aussichten** rosy prospects; **die Lage sieht nicht sehr ~ aus** things don't look too rosy

Rosine [ro'zi:nə] <-, -n> *f* raisin

Rosmarin ['ro:smari:n] <-s> *nt* rosemary

Ross[RR] [rɔs] <-es, -e> *nt* horse; (*poet*) steed; **auf dem hohen ~ sitzen** be on one's high horse; **Rosskastanie**[RR] *f* horse chestnut; **Rosskur**[RR] *f* kill-or-cure remedy; **eine ~ machen** follow a drastic cure

Rost[1] [rɔst] <-(e)s, -e> *m* (*auf Metall*) rust; **~ ansetzen** start to rust

Rost[2] <-es> *m* (*Brat~*) grill; **Rostbraten** *m* roast

rosten *vi* get rusty, rust

rösten ['rœstən] *vt* (*Brot*) toast; (*Kaffee*) roast

rostfrei *adj* stainless

Rösti *pl* <-> fried grated potatoes

rostig *adj* (*a. fig*) rusty

Rostschutzfarbe *f* anti-rust paint; **Rostschutzmittel** *nt* rust-proofer; **Rostumwandler** *m* (AUTO) rust converter

Rot <-(s), -(s)> *nt* red; **bei ~ über die Ampel fahren** jump the lights

rot [ro:t] *adj* red; **~ sehen** see red; **~ werden** blush; **da habe ich vielleicht einen ~en Kopf bekommen!** was my face red!; **Fehler ~ unterstreichen** underline mistakes in red; **~ glühend**[RR] red-hot

Rotationsprinzip *nt* (POL) rota system

rotblond *adj* strawberry blonde; **~es Haar** sandy hair; **rotbraun** *adj* reddish brown; **Rotbuche** *f* (common European) beech; **Rotdorn** <-(e)s, -e> *m* pink hawthorn

Röte ['rø:tə] <-> *f* red, redness

Rötel ['rø:təl] <-s, -> *m* red chalk

Röteln ['rø:təln] *pl* (MED) German measles *sing*

röten I. *vt* redden **II.** *vr* turn red

rotglühend *adj s.* **rot**

rothaarig *adj* red-haired

rotieren [ro'ti:rən] *vi* rotate; **am Rotieren sein** (*fam*) be rushing around like a mad thing

Rotkäppchen ['ro:tkɛpçən] *nt* (*Märchen*) Little Red Riding-hood

Rotkehlchen *nt* (*kleiner Singvogel*) robin

Rotkohl *m* red cabbage

rötlich ['rø:tlɪç] *adj* reddish

Rotlichtviertel *nt* red-light district

Rotstift *m* red pencil; **dem ~ zum Opfer fallen** be scrapped

Rotte ['rɔtə] <-, -n> *f* (*Bande*) gang

Rotwein *m* red wine; **Rotwild** *nt* red deer

Rotz [rɔts] <-es> *m* (*fam*) snot; **rotzen** *vi* (*fam*) blow one's nose; **Rotzfahne** *f* (*sl*) snot-rag; **rotzig** *adj* snotty; **Rotznase** *f* (*pej*) snotty(-nosed) kid *pej*

Roulade [ru'la:də] <-, -n> *f* beef olive

Rouleau [ru'lo:] <-s, -s> *nt* roller blind

Roulette [ru'lɛt] <-s, -s> *f* roulette

Route ['ru:tə] <-, -n> *f* route

Routine [ru'ti:nə] <-> *f* routine; **zur ~ werden** become routine; **Routineanruf** *m* routine phone call; **Routinearbeit** *f* routine work; **routinemäßig** *adj* routine; **Routineprüfung** *f* routine check; **routiniert** *adj* experienced

Rowdy ['raʊdi] <-s, -s> *m* hooligan

Rubbelmassage *f* body scrub

rubbeln ['rʊbln] *vi* rub, scratch

Rübe ['ry:bə] <-, -n> *f* **1. gelbe ~** carrot; **weiße ~** turnip **2.** (*fam: Kopf*) nut; **jdm eins über die ~ geben** give s.o. a crack on the nut

Rubel ['ru:bəl] <-s, -> *m* rouble

Rubin [ru'bi:n] <-s, -e> *m* ruby

Rubrik [ru'bri:k] <-, -en> *f* **1.** (*Zeitungsspalte*) column **2.** (*Kategorie*) category

ruchbar ['ru:xba:ɐ] *adj:* **etwas wird ~** s.th. becomes known

ruchlos [ru:xlo:s] *adj* dastardly

Ruck [rʊk] <-(e)s, -e> *m* **1.** (*Stoß*) jerk,

start; (*von Fahrzeugen*) jolt **2.** (*fig*) swing; **mit einem ~** at one go; **sich einen ~ geben** make an effort; **die Arbeit war ruckzuck erledigt** the work was done before you could say Jack Robinson

Rückantwort *f* reply; **um ~ wird gebeten** please reply

ruckartig *adj* jerky

Rückblick *m*: **im ~ auf etw** looking back on s.th.; **rückblickend** *adj*: **~ lässt sich sagen, dass ...** looking back we can say that ...

Rücken ['rʏkən] <-s, -> *m* back; **jdm den ~ zuwenden** turn one's back on s.o.; **mit dem ~ in Fahrtrichtung** with one's back to the engine; **hinter jds ~** behind someone's back; **jdm in den ~ fallen** stab s.o. in the back

rücken ['rʏkən] **I.** *vi sein* move; **können Sie etw ~?** could you move over a bit?; **in weite Ferne ~** recede into the distance; **an etw ~** move s.th.; **näher ~** come closer **II.** *vt haben* move

Rückendeckung *f* (*fig*) backing; **jdm ~ geben** back s.o.; **Rückenlehne** *f* backrest; **Rückenmark** *nt* spinal cord; **Rückenschmerzen** *pl*: **~ haben** have got a backache; **Rückenschwimmen** *nt* backstroke; **Rückenwind** *m* tail wind

rückerstatten *vt* refund, reimburse; **Rückerstattung** *f* refund, reimbursement

Rückfahrkarte *f* return ticket *Br*, round-trip ticket *Am*; **Rückfahrscheinwerfer** *m* reversing light; **Rückfahrt** *f* return journey

Rückfall *m* (*bei Krankheit, a. fig*) relapse; **rückfällig** *adj*: **~ werden** relapse; (JUR) lapse back into crime

Rückfenster *nt* (AUTO) rear window

rückfettend *adj* fat-restoring, fat-replenishing

Rückflug *m* (AVIAT) return flight; **Rückflugticket** *nt* return (air) ticket

Rückfrage *f*: **eine ~ halten bei ...** check s.th. with ...

Rückgabe *f* return; **Rückgaberecht** *nt* right of return

Rückgang *m*: **einen ~ zu verzeichnen haben an ...** have to report a drop in ...; **rückgängig** *adj*: **~ machen** (COM) (*a. Termin*) cancel; (*absagen*) call off

Rückgebäude *nt* rear building

Rückgewinnung *f* recovery; (*von Rohstoffen*) recycling

Rückgrat ['rʏkra:t] <-(e)s, (-e)> *nt* backbone, spine; **jdm das ~ brechen** ruin s.o.

Rückhalt <-(e)s> *m*: **an jdm ~ haben** find a support in s.o.; **rückhaltlos** *adj* **1.** (*uneingeschränkt*) complete **2.** (*offen*) frank

Rückhand *f ohne pl* (SPORT: *Tennis*) backhand

Rückkaufsrecht *nt* right of repurchase; **Rückkaufswert** *m* repurchase value

Rückkehr <-> *f* return; **bei jds ~** on someone's return

Rücklage *f* **1.** (FIN) reserves *pl* **2.** (*Erspartes*) savings *pl*

Rücklauf *m* (TECH) return pipe; **rückläufig** *adj* (COM) dropping; **~e Tendenz** downward tendency

Rücklicht <-(e)s, -er> *nt* (AUTO) rear light

rücklings ['rʏklɪŋs] *adv* **1.** (*rückwärts*) backwards **2.** (*auf dem Rücken*) on one's back

Rückmarsch *m* march back; (*Rückzug*) retreat

Rückmeldung *f* **1.** (*an deutschen Universitäten*) re-registration **2.** (INFORM) echo

Rückporto *nt* return postage; **Rückreise** *f* return journey; **Rückreiseverkehr** *m* homebound traffic; **Rückrufaktion** *f* (COM) call-back

Rucksack *m* rucksack, backpack *Am*; **Rucksacktourist(in)** *m(f)* backpacker

Rückschau *f*: **~ auf etw halten** look back on s.th; **Rückschlag** *m* **1.** (*von Schusswaffe*) recoil **2.** (*fig*) set-back **3.** (MED: *Rückfall*) relapse; **einen ~ erleiden** suffer a setback; **Rückschlagventil** *nt* backflow preventer, check [*o* reflux] valve; **Rückschluss**[RR] *m*: **seine Rückschlüsse ziehen aus ...** draw one's own conclusions from ...; **Rückschritt** *m* (*fig*) step backwards; **Rückseite** *f* (*von Blatt, Zeitung*) back page; (*von Banknote*) reverse; (*von Gebäude*) rear

Rücksicht <-, -en> *f* consideration; **mit ~ auf jdn** out of consideration for s.o.; **keine ~ auf jdn nehmen** show no consideration for s.o.; **Rücksichtnahme** <-> *f* consideration; **rücksichtslos** *adj* **1.** (*unüberlegt*) inconsiderate **2.** (*skrupellos*) ruthless; **~es Verhalten** reckless behaviour; **Rücksichtslosigkeit** *f* inconsiderateness; **rücksichtsvoll** *adj* considerate, thoughtful (*gegen* towards)

Rücksitz *m* **1.** (AUTO) backseat **2.** (*von Zweirad*) pillion; **auf dem ~ mitfahren** ride pillion; **Rücksitzbank** *f* (AUTO): **umlegbare ~** folding-down back seat; **Rückspiegel** *m* (AUTO) rear(-view) mirror; **Rückspiel** *nt* (SPORT) return match; **Rücksprache** *f* consultation; **~ nehmen mit jdm** confer with s.o.

Rückspulautomatik *f* (*von Kamera, Video*) automatic rewind

Rückstand *m* **1.** (*Schuld*) arrears *pl* **2.** (*Verzug*) delay **3.** (CHEM) residue; **er ist mit der Miete 3 Monate im ~** his rent is

3 months in arrears; **mit drei Punkten im ~ sein** (SPORT) be three points down; **rückständig** *adj* **1.** (*überfällig*) overdue **2.** (*zurückgeblieben*) backwards; **Rückständigkeit** *f* backwardness

Rückstau *m* (*von Wasser*) backwater; (AUTO) tailback; **Rückstellung** *f* accrual; **Rückstoß** *m* **1.** (*Schub*) thrust **2.** (*einer Schusswaffe*) recoil; **Rückstrahler** *m* reflector *Br,* bull's eye *Am;* **Rücktaste** *f* **1.** (*an Schreibmaschine*) back spacer **2.** (*an Tonbandgerät*) rewind key; **Rücktritt** *m* **1.** (*vom Amt*) resignation **2.** (*vom Vertrag*) withdrawal; **seinen ~ einreichen** hand in one's resignation; **Rücktrittbremse** *f* backpedal [*o* coaster] brake; **Rücktrittserklärung** *f* announcement of one's resignation; **Rücktrittsfrist** *f* period for withdrawal; **Rücktrittsrecht** *nt* (COM) right of withdrawal; **das ~ besagt, dass ...** the cancellation terms say that ...

Rückumschlag *m* business reply envelope

rückvergüten ['----] <ohne ge-> *vt* refund (*jdm etw* s.o. s.th.); **Rückvergütung** *f* refund

Rückversicherung *f* reinsurance

Rückwand *f* rear wall

rückwärtig ['rʏkvɛrtɪç] *adj* rear

rückwärts *adv* backwards; **~ fahren** back up, reverse; **Rückwärtsgang** *m* (AUTO) reverse gear

Rückweg *m* way back; **sich auf den ~ machen** head back

ruckweise *adj* jerkily

rückwirkend *adj* **1.** (FIN: *Zahlung*) backdated **2.** (JUR: *Gesetz*) retrospective; **Rückwirkung** *f* (*Auswirkung*) repercussion; **die Gehaltszahlung erfolgt mit ~ vom ...** salary payment will be backdated to ...; **rückzahlbar** *adj* repayable; **Rückzahlung** *f* **1.** (*von Schulden*) repayment **2.** (*Rückvergütung*) refund

Rückzieher *m:* **einen ~ machen** climb down

Rückzug *m* retreat; **auf dem ~** in the retreat

Rüde ['ry:də] <-n, -n> *m* (*männl. Hund*) male

rüde ['ry:də] *adj* impolite, rude

Rudel ['ru:dəl] <-s, -> *nt* (*Hunde, Wölfe*) pack; (*Wild*) herd

Ruder ['ru:dɐ] <-s, -> *nt* **1.** (*Boots~*) oar **2.** (AVIAT MAR: *Steuer~*) rudder; **die ~ einziehen** ship oars; **ans ~ kommen** take over the helm; **Ruderboot** *nt* rowing-boat *Br,* row boat *Am;* **Ruderer** *m* oarsman, rower; **Ruderin** *f* oarswoman, rower; **rudern** *vi* row; **mit den Armen ~** wave one's arms about; **Ruderregatta** *f* rowing regatta

Rüebli ['ryəblɪ] <-s, -> *nt* (*CH*) carrot

Ruf [ru:f] <-(e)s, -e> *m* **1.** call; (*Schrei*) cry, shout **2.** (*Ansehen*) reputation; **einen guten ~ haben** have a good reputation; **jdn in schlechten ~ bringen** give s.o. a bad name

rufen **I.** *irr vt* (*herbei~*) call; **ins Gedächtnis ~** call to mind; **~ lassen** send for **II.** *vi* (*schreien*) cry, shout; **um Hilfe ~** cry for help; **wie gerufen kommen** be just what one needed

Rufmord *m* character assassination; **Rufname** *m* forename; **Rufnummer** *f* (TELE) telephone number; **Rufweite** *f:* **in ~** within earshot; **Rufzeichen** *nt* (TELE) ringing tone

Rüge ['ry:gə] <-, -n> *f* (*leichter Tadel*) rebuke; **jdm eine ~ erteilen** rebuke s.o. (*wegen* for); **rügen** *vt* reprimand (*wegen* for)

Ruhe ['ru:ə] <-> *f* **1.** (*Schweigen*) quiet; (*Stille*) silence **2.** (*innere ~*) calm, calmness **3.** (*Erholung*) rest; **in ~ lassen** let alone; **er ist immer die ~ selbst** he's as cool as a cucumber; **er hat die ~ weg** (*fam*) he takes his time; **immer mit der ~!** keep calm!; **~, bitte!** quiet, please!; **ich brauche meine ~** I need a bit of peace; **lass mich in ~!** stop bothering me!; **zur ~ kommen** get some peace

Ruhegehalt *nt* pension; **ruhelos** *adj* restless; **Ruhelosigkeit** *f* restlessness

ruhen *vi* **1.** rest **2.** (JUR) be suspended

Ruhepause *f* break; **eine ~ einlegen** have a break; **Ruhestand** *m* retirement; **jdn in den ~ versetzen** retire s.o.; **Ruheständler(in)** *m(f)* (*fam*) retired person; **Ruhestellung** *f* resting position; **Ruhestörung** *f* (JUR) disturbance of the peace; **Ruhetag** *m* (*von Restaurant*) closing day; **Ruhezone** *f* resting place

ruhig *adj* **1.** (*gelassen*) calm **2.** (*geräuschlos*) quiet; **bleib ~!** keep calm!; **er sprach mit ~er Stimme** he spoke calmly; **ihr könnt ~ dableiben** feel free to stay here

Ruhm [ru:m] <-(e)s> *m* glory; **~ erlangen** come to fame

rühmen ['ry:mən] **I.** *vt* (*loben*) praise **II.** *vr:* **sich einer Sache ~** boast of s.th.

rühmlich *adj* praiseworthy; **eine ~e Ausnahme sein** be a notable exception

ruhmlos *adj* inglorious; **ruhmreich** *adj* glorious

Ruhr [ru:ɐ] <-, (-en)> *f* (MED) dysentery

Rührei *nt* scrambled eggs *pl*

rühren ['ry:rən] **I.** *vt* **1.** (*um~*) stir **2.** (*innerlich*) move, touch; **das rührt mich nicht im mindesten** that leaves me cold **II.** *vi* (*um~*) stir **III.** *vr* stir; **hier kann man sich nicht ~!** you can't move in here!; **rührend** *adj* (*bewegend*) touching; **das ist ~ von**

dir! that's sweet of you!

rührig *adj* active, agile

Rührlöffel *m* mixing spoon

rührselig *adj* sentimental

Rührung *f* emotion; **vor ~ nicht sprechen können** be choked with emotion

Ruin [ru'iːn] <-s> *m* ruin; **vor dem ~ stehen** be on the brink of ruin; **Ruine** [ru'iːnə] <-, -n> *f* **1.** (*Gebäude*) ruin **2.** (*Mensch*) wreck; **ruinieren I.** *vt* **1.** (*Menschen*) ruin **2.** (*Kleider*) spoil **II.** *vr* ruin o.s.

rülpsen ['rʏlpsən] *vi* belch; **Rülpser** *m* belch, burp

Rum [rʊm] <-s, -s> *m* rum

Rumäne, -nin [ru'mɛːnə] <-n, -n> *m, f* Romanian; **Rumänien** <-s> *nt* Rumania; **rumänisch** *adj* Romanian; **Rumänisch(e)** *nt* Romanian

rum|kriegen *vt* (*fam*): **jdn ~** talk s.o. round

Rummel ['rʊməl] <-s> *m* (*Betriebsamkeit*) bustle; **großen ~ um etw machen** make a great fuss about s.th.; **Rummelplatz** *m* fairground

rumoren [ru'moːren] <ohne ge-> *vi* **1.** (*lärmen*) rumble about **2.** (*Vorstellungen*) float about; **es rumort in meinem Bauch** my stomach is rumbling

Rumpelkammer *f* junk room

rumpeln ['rʊmpəln] *vi* rumble

Rumpf [rʊmpf, *pl:* 'rʏmpfə] <-(e)s, ⸚e> *m* **1.** (*Körper, Leib*) trunk; (*Torso*) torso **2.** (MAR: *eines Schiffes*) hull; (AVIAT) fuselage

Rumpsteak ['rʊmpsteːk] <-s, -s> *nt* rump steak

rumtreiben *vr* bum around; **Rumtreiber(in)** *m(f)* lay-about

rund [rʊnt] **I.** *adj* round; **ein ~es Dutzend** a good round dozen **II.** *adv* **1.** (*~herum*) around **2.** (*etwa*) about; **heute Nacht geht's ~** (*ist viel los*) there'll be a lot on tonight; **Rundbau** *m* (*mit Kuppeldach*) rotunda; **Rundblick** *m* panorama; **Rundbrief** *m* circular

Runde ['rʊndə] <-, -n> *f* **1.** (*im Rennsport*) lap **2.** (*Polizeirundgang*) round **3.** (*beim Boxen*) round **4.** (*~ Bier*) round; **über die ~n kommen** barely make it, scrape by; (SPORT) go the distance; **eine ~ ausgeben** stand a round; **etw über die ~n bringen** get s.th. through; **eine ~ um etw machen** ride round s.th.

runden I. *vt* round **II.** *vr* become round

runderneuern ['----] <ohne ge-> *vt* (*Reifen*) remould

Rundfahrt *f* tour; **eine ~ machen** go on a tour; **Rundflug** *m* sightseeing flight

Rundfunk *m* broadcasting; **im ~** on the radio; **Rundfunkanstalt** *f* broadcasting company *Br,* radio station *Am;* **Rundfunkgebühren** *pl* radio licence fee *sing;* **Rundfunkprogramm** *nt* **1.** (*ausgestrahltes ~*) radio programme **2.** (*Programmzeitschrift*) radio programme guide; **Rundfunksender** *m* radio station; **Rundfunksendung** *f* radio programme

Rundgang *m* **1.** (*Besichtigung*) tour (*durch* of) **2.** (*Spaziergang*) walk **3.** (*Inspektions~*) rounds *pl;* **seinen ~ machen** do one's rounds

rundheraus *adv* bluntly, flatly

rundherum *adv* all round

rundlich *adj* plump

Rundreise *f* tour (*durch* of); **Rundschreiben** *nt* circular

Rundumschlag *m* (*a. fig*) sweeping blow; **Rundumschutz** *m* all-round protection

Rundung *f* curve

Rundwanderweg *m* circular route

rundweg *adv* bluntly, flatly; **jdm etw ~ abschlagen** give s.o. a flat refusal

Rune ['ruːnə] <-, -n> *f* rune; **Runenschrift** *f* runic writing; **Runenzeichen** *nt* runic character

Runzel ['rʊntsəl] <-, -n> *f* wrinkle; **~n bekommen** get wrinkles; **runzelig** *adj* wrinkled; **runzeln** *vt:* **die Stirn ~** frown

Rüpel ['ryːpəl] <-s, -> *m* lout; **Rüpelei** *f* (*Verhalten*) loutishness; **rüpelhaft** *adj* loutish

rupfen ['rʊpfən] *vt* (*Unkraut*) pull up; (*Huhn*) pluck; **jdn ~** (*fam*) fleece s.o.

ruppig ['rʊpɪç] *adj* gruff

Rüsche ['ryːʃə] <-, -n> *f* (*an Kleidung*) frill, ruche

Ruß [ruːs] <-es> *m* soot; **Rußbildung** *f* soot formation

Russe, -sin ['rʊsə] <-n, -n> *m, f* Russian

Rüssel ['rʏsəl] <-s, -> *m* snout; (*von Elefant*) trunk; (*von Insekten*) proboscis

rußen ['ruːsən] *vi* smoke; **rußig** *adj* sooty

russisch ['rʊsɪʃ] *adj* Russian

Russland[RR] ['rʊslant] <-s> *nt* Russia; **Russlanddeutsche(r)**[RR] *f m* Russian of German origin, ethnic German from Russia

rüsten ['rʏstən] *vi* (MIL) arm

Rüster ['ryːstɐ] <-, -n> *f* (*Ulme*) elm

rüstig ['rʏstɪç] *adj* sprightly

rustikal [rʊsti'kaːl] *adj* rustic

Rüstung[1] *f* (*Ritter~*) armour

Rüstung[2] *f* (MIL: *Auf~*) armament

Rüstungsbegrenzung *f* arms limitation; **Rüstungsexport** *m* export of armaments; **Rüstungsgegner(in)** *m(f)* supporter of disarmament; **Rüstungsindustrie** *f* armaments industry; **Rüstungskontrolle** *f* arms control; **Rüstungskontrollverhandlungen** *pl* arms control talks; **Rüstungsunternehmen** *nt* armaments company [*o* manufacturer]

Rute ['ru:tə] <-, -n> *f* **1.** (*Stock*) rod; (*Gerte*) switch **2.** (*Penis von Tier*) penis **3.** (*Tierschwanz*) tail; (*Fuchs~*) brush; **Rutengänger(in)** *m(f)* dowser; **Rutengehen** *nt* dowsing

Rutsch [rʊtʃ] <-(e)s, -e> *m* **1.** (*Ab~*) slide **2.** (*Erd~*) landslide **3.** (POL) shift; **guten ~!** Happy New Year!; **Rutschbahn** *f* (*für Kinder*) slide; **Rutsche** *f* (*a.* TECH) slide;

rutschen *sein vi* **1.** (*gleiten*) slide **2.** (*aus~*) slip; (AUTO) skid; **rutsch mal'n Stück!** (*fam*) shove up a bit!; **rutschfest** *adj* non-slip; **Rutschgefahr** *f* danger of skidding; **rutschig** *adj* slippery

rütteln ['rʏtəln] *vi* (*wackeln, zittern*) shake; (*Fahrzeug*) jolt; **an etw ~** rattle at s.th.; **daran gibt's nichts zu ~!** (*fam*) there's no doubt about that!

Rüttelsieb *nt* (TECH) vibrating screen

S

S, s [ɛs] <-, -> *nt* S, s

Saal [za:l, *pl:* 'zɛ:lə] <-(e)s, Säle> *m* hall; (*Theater~*) auditorium

Saat [za:t] <-, -en> *f* **1.** (*das Säen*) sowing **2.** (*das Ausgesäte*) seed **3.** (*Getreide auf dem Halm*) young crops *pl;* **die ~ für etw legen** sow the seed of s.th.; **Saatgut** *nt* seeds *pl*

Sabbat ['zabat] <-s, -e> *m* (REL) Sabbath

sabbern *vi* (*fam*) slobber

Säbel ['zɛ:bəl] <-s, -> *m* sabre *Br,* saber *Am;* **krummer ~** scimitar; **mit dem ~ rasseln** rattle the sabre

Sabotage [zabo'ta:ʒə] <-, -n> *f* sabotage; **Sabotageakt** *m* act of sabotage; **Saboteur(in)** *m(f)* saboteur; **sabotieren** *vt* sabotage

Sachbearbeiter(in) *m(f)* (*auf Ämtern*) official in charge (*für* of); (*in Büro*) clerc; **Sachbeschädigung** *f* damage to property; **Sachbuch** *nt* non-fiction; **sachdienlich** *adj* useful; **es ist nicht ~, wenn ...** it won't help the matter, if ...; **~er Hinweis** useful clue

Sache ['zaxə] <-, -n> *f* **1.** (*Ding*) thing; (*Gegenstand*) object **2.** (*Angelegenheit*) matter; **~n** Besitz, things; (*Kleider*) clothes; **kommen wir zur ~!** let's get to the point!; **das ist Ihre ~** that's your problem; **das gehört nicht zur ~** that's beside the point; **das tut nichts zur ~** it's of no account; **das ist nicht jedermanns ~** that's not to everybody's taste; **mit 120 ~n** (*fam*) at 120 kilometres per hour; **mach keine ~n!** don't be silly!; **da ist noch die ~ mit meinen Ausgaben ...** there's the matter of my expenses ...; **die ~ ist ernst** it's a serious matter; **seine ~ verstehen** know one's business; **das ist meine ~!** that's my business!; **sie mag süße ~n** she likes sweet things; **ich muss mir die ~ überlegen** I must think things over; **bei der ~ sein** be on the ball; **sich seiner ~ sicher sein** be sure of one's grounds *pl*

Sachgebiet *nt* area; **sachgemäß** *adj* appropriate, proper; **bei ~er Anwendung** if used properly; **Sachkenntnis** *f* **1.** (*Fachwissen*) knowledge of the subject **2.** (*Kenntnis der Sachlage*) knowledge of the facts; **sachkundig** *adj* well-informed, knowledgeable; **Sachlage** *f* situation, state of affairs

sachlich *adj* **1.** (*sachbezogen*) relevant **2.** (*objektiv*) objective **3.** (ARCH) functional **4.** (*unparteiisch*) impartial; **bleib mal ~!** don't get personal!

sächlich ['zɛçlɪç] *adj* (GRAM) neuter

Sachlichkeit *f* (*Objektivität*) objectivity

Sachmängel *pl* material defects; **Sachschaden** *m* damage to property

Sachse ['zaksə] <-n, -n> *m* Saxon; **Sachsen** *nt* Saxony; **Sächsin** ['zɛksɪn] <-, -nen> *f* Saxon; **sächsisch** ['zɛksɪʃ] *adj* Saxon

sacht(e) *adj* **1.** (*sanft*) gentle **2.** (*vorsichtig*) cautious; **nun mal ~!** take it easy!; **~, ~!** come, come!

Sachverhalt *m* facts *pl;* **Sachverständige(r)** <-n, -n> *f m* expert, specialist; (JUR) expert witness; **Sachverständigengutachten** *nt* specialist report; **Sachwert** *m* **1.** real [*o* intrinsic] value **2. ~e** material assets; **Sachzwang** *m* practical constraint, situational requirement

Sack [zak, *pl:* 'zɛkə] <-(e)s, ¨-e> *m* **1.** (*aus Jute*) sack; (*aus Papier*) bag **2.** (*vulg: Hoden*) balls *pl;* **fauler ~!** (*fam*) lazy bugger!; **jdn in den ~ stecken** (*fam*) put s.o. in the shade; **die Katze im ~ kaufen** (*fam*) buy a pig in a poke; **Sackbahnhof** *m* terminus

Säckel *m* (*Beutel*) bag; (*Geld~*) moneybag

Sackgasse *f* **1.** blind alley, dead end **2.** (*fig*) dead end; **in eine ~ gelangen** (*a. fig*) finish up a blind alley; (POL) reach an impasse; **wir stecken in einer ~** we've come to a dead end; **Sackhüpfen** *nt* sack-race; **Sackkarre** *f* handcart; **Sacktuch** *nt* (*österr: Taschentuch*) handkerchief

Sadismus [za'dɪsmʊs] <-> *m* sadism; **Sadist(in)** *m(f)* sadist; **sadistisch** *adj* sadistic

säen ['zɛ:ən] *vt* sow; **dünn gesät**[RR] few and far between

Safari [za'fa:ri] <-, -s> *f* safari

Saffian ['zafia(:)n] <-s> *m* (*Leder*) morocco

Safran ['zafran] <-s> *m* saffron

Saft [zaft, *pl:* 'zɛftə] <-(e)s, ¨-e> *m* **1.** (*Obst~*) juice; (*Pflanzen~*) sap; (*Flüssigkeit*) liquid **2.** (*sl: Strom, Kraftstoff*) juice **3.** (*vulg: Sperma*) come; **saftig** *adj* **1.** (*voll von Saft*) juicy **2.** (*fig*) lush; **eine ~e Rechnung** a hefty bill

Saftladen *m* (*sl pej*) dump

Saftsack *m* (*sl: Schimpfwort*) sod

Sage ['za:gə] <-, -n> *f* legend; **es geht die ~, dass ...** rumour has it that ...

Säge ['zɛ:gə] <-, -n> *f* saw; **Sägeblatt** *nt* saw blade; **Sägebock** *m* sawhorse *Br,* sawbuck *Am;* **Sägemehl** *nt* sawdust

sagen ['za:gən] *vt* **1.** (*äußern*) say; (*mitteilen*) tell **2.** (*bedeuten*) mean; ~ **wir ...** suppose [*o* say] ...; **viel ~d**[RR] meaningful, significant; **ich habe mir ~ lassen ...** as far as I've heard ...; **er lässt sich nichts ~** he won't listen to reason; **sie hat nichts zu ~** she has no say in the matter; **das hat nichts zu ~** it's of no account; **sage und schreibe ...** really and truly ...; **sag mal ...** say, ...; **sag bloß!** you don't say!; **wem ~ Sie das!** you don't need to tell me that!; **das kann man wohl ~!** you're telling me!; **sag bloß nicht, dass du nicht kommen kannst!** don't tell me you can't come!; **das sagt mir alles** that tells me all I need to know; **Sie haben mir nicht zu ~, was ich tun soll!** don't you tell me what to do!

sägen *vi* **1.** (*Holz*) saw **2.** (*fam: schnarchen*) snore *Br,* saw wood *Am*

sagenhaft *adj* **1.** (*legendär*) legendary **2.** (*fam: enorm*) terrific

Sägespäne *pl* wood shavings; **Sägewerk** *nt* sawmill

Sahara [za'ha:ra] <-> *f* Sahara

Sahne ['za:nə] <-> *f* cream; **die ~ abschöpfen** skim the cream off; **Sahnetorte** *f* cream gateau

Saison [zɛ'zõ(:)/zɛ'zɔŋ] <-, -s> *f* season; **Saisonarbeiter(in)** *m(f)* seasonal worker; **saisonbedingt** *adj* seasonal; **Saisonbetrieb** *m* seasonal operation [*o* business]

Saite ['zaɪtə] <-, -n> *f* string; **andere ~n aufziehen** get tough; **Saiteninstrument** *nt* stringed instrument

Sakko ['zako] <-s, -s> *m* sports jacket *Br,* sports coat *Am*

Sakrament [zakra'mɛnt] <-(e)s, -e> *nt* (REL) sacrament

Sakrileg [zakri'le:k] <-(e)s, -e> *nt* sacrilege

Sakristei [zakrɪs'taɪ] *f* sacristy

Salamander [zala'mandɐ] <-s, -> *m* (*Schwanzlurch*) salamander

Salami [za'la:mi] <-, -(s)> *f* salami; **Salamitaktik** *f* (POL) piecemeal tactics *pl*

Salat [za'la:t] <-(e)s, -e> *m* **1.** (*Speise*) salad **2.** (*Pflanze*) lettuce; **da haben wir den ~!** (*fam*) what did I tell you!; **Salatbesteck** *nt* salad-servers *pl;* **Salatgurke** *f* cucumber; **Salatschleuder** *f* salad drainer; **Salatschüssel** *f* salad bowl; **Salatsoße** *f* salad dressing

Salbe ['zalbə] <-, -n> *f* ointment

Salbei ['zalbaɪ] <-s> *m* sage

salbungsvoll *adj* (*pej*) unctuous

Saldo ['zaldo] <-s, -den/-s/-di> *m* (FIN) balance; **per ~** on balance; **Saldovortrag** *m* balance carried [*o* brought] forward

Saline [za'li:nə] <-, -n> *f* salt-works *pl*

Salm [zalm] <-(e)s, -e> *m* (*Lachs*) salmon

Salmiak ['zalmjak] <-s> *m* sal ammoniac; **Salmiakgeist** <-(e)s> *m* ammonia

Salmonellen [zalmo'nɛlən] *pl* salmonellae *pl;* **Salmonellenvergiftung** *f* salmonellae poisoning

Salon [za'lõ:/za'lɔŋ] <-s, -s> *m* **1.** (*Gesellschaftszimmer*) drawing room *Br,* parlor *Am* **2.** (MAR) saloon **3.** (*Friseur~*) salon; **salonfähig** *adj:* **der Witz ist nicht ~** it's a naughty joke

salopp [za'lɔp] *adj* (*nachlässig*) sloppy, slovenly; (*Ausdruck, Sprache*) slangy; **~e Kleidung** casual wear

Salpeter [zal'pe:tɐ] <-s> *nt* (CHEM) nitre

Salpetersäure *f* nitric acid

Salto ['zalto] <-s, -s/-ti> *m* somersault; **einen ~ machen** do a somersault

Salut [za'lu:t] <-(e)s, -e> *m* salute; **~ schießen** fire a salute; **salutieren** *vt, vi* salute

Salve ['zalvə] <-, -n> *f* (MIL) volley; **eine ~ auf jdn abschießen** fire a salvo at s.o.

Salz [zalts] <-es, -e> *nt* salt; **salzarm** *adj* low-salt; **~ leben** live on a low-salt diet

salzen *vt* salt

Salzfässchen[RR] *nt* salt-cellar; **Salzgehalt** *m* salt content; **salzhaltig** *adj* (*Gestein*) saline

salzig *adj* salty

Salzkartoffeln *pl* boiled potatoes; **Salzsäure** *f* hydrochloric acid; **Salzstange** *f* pretzel stick; **Salzstreuer** *m* salt-sprinkler *Br,* salt-shaker *Am;* **Salzwasser** *nt* saltwater

Samen ['za:mən] <-s, -> *m* **1.** (BOT: *a. fig*) seed **2.** (ZOO) sperm **3.** (*Sperma*) semen; **Samenbank** *f* sperm bank; **Samenerguss**[RR] *m* ejaculation; **Samenkorn** *nt* seed; **Samenspender** *m* sperm donor; **Samenstrang** *m* (ANAT) spermatic cord; **Samenzelle** *f* sperm cell

Sammelanschluss[RR] *m* (TELE) private exchange; **Sammelband** *m* **1.** (*Anthologie*) anthology **2.** (*Hefter für Broschüren*) bound volume; **Sammelbecken** *nt* **1.** (*Behälter*) collecting tank **2.** (*fig*) melting pot (*von* for); **Sammelbegriff** *m* collective name; **Sammelbehälter** *m* holding basin; **Sammelbestellung** *f* collective order; **Sammelbüchse** *f* collecting box; **Sammelkasse** *f* general pay desk

sammeln ['zaməln] **I.** *vt* **1.** (*auf~, ernten*) gather **2.** (*an~*) collect; **E.A. Poe's gesam-**

melte Werke the collected works of E.A. Poe; **Kräfte** ~ gather one's strength **II.** *vr* **1.** (*sich ver~*) gather **2.** (*sich an~*) collect; **sich** ~ (*sich konzentrieren*) collect one's thoughts

Sammelnummer *f* (TELE) switchboard number; **Sammelsurium** [-'zu:riʊm] *nt* (*fam*) conglomeration; **Sammeltank** *m* collection tank

Sammler(in) *m(f)* collector; **Sammlerstück** *nt* collector's item

Sammlung *f* **1.** (~ *von Sammelstücken*) collection **2.** (*Anthologie*) anthology **3.** (*innere Fassung*) composure; **eine ~ für etw durchführen** hold a collection for s.th.

Sampler ['sɑ:mplə(r)] <-s, -> *m* (MUS) sampler

Sampling ['sɑmplɪŋ] <-s, -s> *nt* (MUS) sampling

Samstag ['zamsta:k] *m* Saturday; **samstags** *adv* on Saturdays *pl*

Samt [zamt] <-(e)s, -e> *m* velvet; **in ~ und Seide** in silks and satin

samt [zamt] **I.** *präp* (*fam: zusammen mit*) complete with **II.** *adv:* **ich hab' die Nase von euch ~ und sonders voll!** I'm fed up with you lot!

Samthandschuh *m* velvet glove; **jdn mit ~en anfassen** kid-glove s.o.

sämtlich ['zɛmtlɪç] *adj* (*alle*) all; **~e Kinder** all the children; **~e Anwesenden** all those present

Sanatorium [zana'to:riʊm] *nt* sanatorium

Sand [zant] <-(e)s, -e> *m* sand; **etw in den ~ setzen** (*fam*) muck s.th. up; **im ~e verlaufen** come to nothing; **jdm ~ in die Augen streuen** throw sand into someone's eyes

Sandale *f* sandal

Sandalette [zanda'lɛtə] <-, -n> *f* high-heeled sandal

Sandbank *f* sandbank, sandbar; **Sandboden** *m* sandy soil; **Sanddorn** *m* sea buckthorn; **Sandhaufen** *m* pile of sand

sandig *adj* sandy

Sandinist(in) *m(f)* sandinista

Sandkasten *m* **1.** sandpit *Br,* sand box *Am* **2.** (MIL) sand table; **Sandkorn** *nt* grain of sand

Sandkuchen *m* Madeira cake

Sandmann <-(e)s> *m* sandman

Sandpapier *nt* sandpaper

Sandsack *m* sandbag; (SPORT: *beim Boxen*) punchbag; **Sandstein** *m* sandstone; **sandstrahlen** ['---] *vt* sandblast; **Sandstrand** *m* sandy beach; **Sandsturm** *m* sandstorm; **Sanduhr** *f* hourglass; **Sandwüste** *f* (sandy) desert

sanft [zanft] *adj* **1.** (*weich*) soft **2.** (*leicht*) gentle **3.** (*mild*) mild; **mit jdm ~ umgehen** be gentle with s.o.

Sänfte ['zɛnftə] <-, -n> *f* sedan-chair; **Sänftenträger** *m* sedan-bearer

sanftmütig *adj* meek

Sänger(in) *m(f)* singer *Br,* vocalist *Am*

sang- und klanglos *adv* (*fig*) without any ado

sanieren [za'ni:rən] *vt* **1.** (*Stadtgebiet*) redevelop **2.** (COM) put on it's feet

Sanierung *f* **1.** (*von Stadtgebiet*) redevelopment **2.** (COM) rehabilitation **3.** (MED) sanitation; **sanierungsbedürftig** *adj* (*Gebäude*) in need of renovation; (*Gebiet*) in need of redevelopment; **Sanierungsgebiet** *nt* renewal area; **Sanierungsmaßnahme** *f* sanitation measures *pl*

sanitär [zani'tɛ:ɐ] *adj:* **~e Verhältnisse** sanitary conditions; **~e Anlagen** sanitation facilities

Sanitäter(in) *m(f)* (*zivil*) first-aid attendant; (MIL) medical orderly

Sanitätsdienst *m* (MIL): **er ist im** ~ he's in the medical corps; **Sanitätswesen** *nt* medical services *pl*

Sanktion [zaŋk'tsjo:n] *f* sanction; **~en gegen jdn verhängen** take sanctions against s.o.

sanktionieren *vt* sanction; **etw** ~ give one's sanction to s.th.

Saphir [za'fi:ɐ] <-s, -e> *m* sapphire

Sardelle [zar'dɛlə] <-, -n> *f* anchovy; **Sardellenpaste** *f* anchovy paste

Sardine [zar'di:nə] <-, -n> *f* sardine; **Sardinenbüchse** *f* sardine-tin

Sardinien [zar'di:niən] *nt* Sardinia; **sardisch** *adj* Sardinian

Sarg [zark, *pl:* 'zɛrgə] <-(e)s, ¨-e> *m* coffin *Br,* casket *Am*

Sarkasmus [zar'kasmʊs] <-ses, -men> *m* sarcasm; **sarkastisch** *adj* sarcastic

Sarkophag [zarko'fa:k] <-s, -e> *m* sarcophagus

Satan ['za:tan] <-s, -e> *m* Satan; **satanisch** *adj* satanic

Satellit [zatɛ'li:t] <-en, -en> *m* satellite; **Satellitenantenne** *f* satellite aerial; **Satellitenbild** *nt* (TV) satellite picture; **Satellitenfernsehen** *nt* satellite television; **Satellitenstaat** *m* satellite state; **Satellitenstadt** *f* satellite town

Satin [sa'tɛ̃:] <-s, -s> *m* satin

Satire [za'ti:rə] <-, -n> *f* satire (*auf* on); **Satiriker(in)** <-s, -> *m(f)* satirist; **satirisch** *adj* satirical

satt [zat] *adj* **1.** (*gesättigt*) full **2.** (*kräftig*) rich; **ich bin** ~ I've had enough; **etw ~ haben** be fed up with s.th.; **sich (an etw) ~ essen** eat one's fill (of s.th.); **ich kann mich nicht daran ~ sehen** I can't see enough of it

Sattel ['zatəl, *pl:* 'zɛtəl] <-s, ¨-> *m* saddle; **jdn in den ~ heben** (*a. fig*) give s.o. a leg up; **fest im ~ sitzen** be firmly in the saddle; **Satteldach** *nt* saddle roof; **sattelfest** *adj:* **~ sein in ...** have a firm grasp of ...

satteln *vt* saddle

Sattelschlepper *m* articulated lorry *Br,* semitrailer *Am;* **Sattelstütze** *f* seat post; **Satteltasche** *f* **1.** (*an Pferdesattel*) saddlebag **2.** (*an Zweiradsattel*) pannier

sättigen ['zɛtɪgən] **I.** *vt* **1.** (*Person*) make replete **2.** (*stillen*) satisfy **3.** (CHEM) saturate **II.** *vi* be filling; **sättigend** *adj* filling; **Sättigung** *f* **1.** (*Sattsein*) repletion **2.** (COM CHEM: *a. von Farbe*) saturation; **Sättigungsgrad** *m* degree of saturation

Sattler(in) *m(f)* **1.** (*Sattelmacher*) saddler **2.** (*Polsterer*) upholsterer

Saturn [za'tʊrn] <-s> *m* Saturn

Satz [zats, *pl:* 'zɛtsə] <-es, ¨-e> *m* **1.** (GRAM) sentence **2.** (TYP: *das Gesetzte*) type **3.** (SPORT: *Tennis~*) set **4.** (*Boden~*) dregs *pl;* (*Kaffee~*) grounds *pl* **5.** (MUS) movement **6.** (*Sprung*) jump, leap **7.** (FIN: *Gebühr*) charge; **einen ~ machen** jump, leap; **Satzbau** *m* (GRAM) sentence construction; **Satzbefehl** *m* (TYP) typographical command; **Satzherstellung** *f* (TYP) typesetting; **Satzlehre** *f* (GRAM) syntax; **Satzspiegel** *m* (TYP) type area; **Satzteil** *m* (GRAM) constituent (of a sentence)

Satzung *f* **1.** (*von Körperschaften*) statutes *pl* **2.** (*von Vereinen, Gesellschaften*) rules *pl;* **satzungsgemäß** *adj* according to the statutes [*o* rules]; **satzungswidrig** *adj* against the statutes

Satzverlust *m* (SPORT) loss of a set

Satzzeichen *nt* (GRAM) punctuation mark

Sau [zaʊ, *pl:* 'zɔɪə] <-, ¨-e> *f* **1.** (*weibl. Schwein*) sow **2.** (*Schimpfwort*) dirty swine; **zur ~ machen** (*fam*) smash up; **das war unter aller ~!** (*fam*) that was bloody awful!; **Saubande** *f* (*fam*) gang of hoodlums

sauber ['zaʊbɐ] *adj* **1.** (*rein*) clean **2.** (*fam: nicht übel*) great **3.** (*gut gearbeitet*) accurate; **eine ~e Bescherung** a fine [*o* pretty] mess; **ist der Hund auch ~?** is the dog house-trained?; **~ halten**[RR] keep clean; **sauber|halten** *vt s.* **sauber**; **Sauberkeit** *f* **1.** (*Reinheit*) cleanness **2.** (*Sauberkeit im Hause*) cleanliness; **Sauberkeitsfimmel** *m* (*fam*) mania for cleanliness; **einen ~ haben** have a thing about cleanliness

säuberlich ['zɔɪbɐlɪç] *adv:* **fein ~** neatly and tidily

Saubermann *m* (*fig*) Mr. Clean

säubern ['zɔɪbɐn] *vt* **1.** (*reinigen*) clean (*etw von etw* s.th. off s.th.) **2.** (MIL: *ein Gebiet von Feindtruppen ~*) clear (*von* of); **Säuberung** *f* **1.** (*Reinigung*) cleaning **2.** (POL) purge

Saubohne *f* broad bean

Sauce ['zo:sə] <-, -n> *f* sauce

Saudi-Arabien ['zaʊdi-] *nt* Saudi Arabia; **saudiarabisch** *adj* Saudi Arabian

saudumm *adj* (*fam*) damn stupid

sauer ['zaʊɐ] *adj* **1.** (*nicht süß*) sour **2.** (CHEM) acidic **3.** (*fam: ärgerlich*) cross (*auf* with); **~ auf etw reagieren** take s.th. amiss; **saure Gurken** pickled cucumber; **saurer Regen** acid rain; **Sauerampfer** *m* sorrel; **Sauerbraten** *m* braised beef *Br,* sauerbraten *Am*

Sauerei [zaʊə'raɪ] *f* (*fam*): **so 'ne ~!** it's a bloody scandal!; **eine schöne ~ ist das hier drin!** it's a mess in here!

Sauerkirsche *f* sour cherry; **Sauerkraut** *nt* pickled cabbage, sauerkraut

säuerlich ['zɔɪɐlɪç] *adj* sour

Sauermilch *f* sour milk

Sauerstoff *m* oxygen; **Sauerstoffgerät** *nt* **1.** (MED) respirator **2.** (*für Taucher*) oxygen cylinder; **Sauerstoffmangel** *m* **1.** (MED) oxygen deficiency **2.** (*~ der Luft*) lack of oxygen; **Sauerstoffmaske** *f* oxygen mask; **Sauerstoffzelt** *nt* oxygen tent

Sauerteig *m* leaven

saufen ['zaʊfən] *irr vt, vi* (*sl*) booze

Säufer(in) ['zɔɪfɐ] <-s, -> *m(f)* boozer

Sauferei *f* (*sl*) booze-up

Saugbagger *m* suction dredge(r)

saugen ['zaʊgən] *irr vi, vt* **1.** (*ein~*) suck **2.** (*mit Staubsauger*) vacuum; (*fam*) hoover; **an etw ~** suck s.th.; **sich etw aus den Fingern ~** dream s.th. up

säugen ['zɔɪgən] *vt* suckle

Sauger *m* **1.** (*auf Flasche*) teat *Br,* nipple *Am* **2.** (*fam: Staub~*) vacuum, Hoover®

Säugetier *nt* mammal

saugfähig *adj* absorbent

Säugling ['zɔɪklɪŋ] *m* baby; **Säuglingsbadewanne** *f* baby bath; **Säuglingspflege** *f* babycare; **Säuglingsschwester** *f* infant nurse

Saukälte *f* (*fam*): **was für eine ~!** it's bloody freezing!

Säule ['zɔɪlə] <-, -n> *f* column; **Säulengang** *m* colonnade; (*Innenhof*) perystile; **Säulenhalle** *f* **1.** (*Halle mit Säulen*) columned hall **2.** (*am Eingang*) portico

Saum [zaʊm, *pl:* 'zɔɪmə] <-(e)s, ¨-e> *m* **1.** (*Näh~*) seam **2.** (*Einfassung*) hem

saumäßig *adj* (*fam*) lousy

säumen[1] ['zɔɪmən] *vt* (*einfassen*) hem

säumen[2] *vi* (*zaudern*) tarry; **säumig** *adj:* **~er Zahler** defaulter

Säumniszuschlag *m* delay penalty

Sauna ['zaʊna] <-, -s/Saunen> *f* sauna; **saunieren** *vi* have a sauna

Säure ['zɔɪrə] <-, -n> *f* **1.** (*von Frucht, Speise*) sourness **2.** (CHEM) acid; **säurebeständig** *adj* acid-proof

Sauregurkenzeit *f,* **Saure-Gurken-Zeit**[RR] (*fam*) silly season

säurehaltig *adj* acidic

Säureschutzmantel *m* acidic layer of the skin

Saurier ['zaʊriɐ] <-s, -> *m* dinosaur

Saus [zaʊs] *m:* **in ~ und Braus leben** live like a lord

säuseln ['zɔɪzəln] *vi* **1.** (*Wind in den Bäumen*) whisper **2.** (*Stimme*) purr

sausen ['zaʊzən] *vi* **1.** *sein* (*Mensch: eilen*) tear; (*Fahrzeug*) roar **2.** (*Wind*) whistle; **etw ~ lassen** (*fam*) drop s.th.

Saustall *m* (*fam*) pigsty; **Sauwetter** *nt* (*fam*) bloody weather; **sauwohl** *adj* (*fam*): **sich ~ fühlen** feel bloody good

Savanne [za'vanə] <-, -n> *f* savanna(h)

Saxophon [zakso'fo:n] <-s, -e> *nt,* **Saxofon**[RR] *nt* saxophone; **Saxophonist** *m,* **Saxofonist**[RR] *m* saxophone player

SB- *präfix* self-service

S-Bahn *f* (RAIL) suburban railway; (*Zug*) suburban train

Scanner ['skɛnɐ] <-s, -> *m* scanner

Schabe ['ʃa:bə] <-, -n> *f* cockroach

schaben ['ʃa:bən] *vt* scrape

Schabernack ['ʃa:bɐnak] <-(e)s, -e> *m:* **jdm einen ~ spielen** play a prank on s.o.

schäbig ['ʃɛ:bɪç] *adj* **1.** (*fadenscheinig*) shabby **2.** (*gemein*) mean *Br,* tacky *Am*

Schablone [ʃa'blo:nə] <-, -n> *f* (*Wachs~*) stencil; **jdn in eine ~ zwängen** stereotype s.o.; **schablonenhaft** *adj:* **~ denken** think in stereotypes

Schach [ʃax] <-s, -s> *nt* **1.** (*Spiel*) chess **2.** (*Spielstellung*) check; **jdn in ~ halten** stall s.o.; (*mit Waffe*) keep s.o. covered; **spielst du ~?** can you play chess?; **Schachbrett** *nt* chessboard; **Schachbrettmuster** *nt* checkered pattern; **Schachfigur** *f* **1.** chessman **2.** (*fig*) pawn; (*fig* POL) figurehead; **schachmatt** *adj* **1.** (*im Spiel*) mated **2.** (*fam: erledigt*) knackered; **Schachpartie** *f* game of chess; **Schachspieler(in)** *m(f)* chessplayer

Schacht [ʃaxt, *pl:* 'ʃɛçtə] <-(e)s, ¨-e> *m* **1.** (*Bergwerks~*) shaft **2.** (*Kanal~*) drain **3.** (*Einstiegs~*) manhole

Schachtel ['ʃaxtəl] <-, -n> *f* box; **alte ~!** (*fam pej*) old bag!; **eine ~ Zigaretten** a packet of cigarettes; **Schachtelhalm** *m* horsetail

Schachzug *m* (*a. fig*) move

schade ['ʃa:də] *adj:* **wie ~!** that's a shame!; **es ist sehr ~** it's a great pity; **es ist ~ um ihn** it is a pity about him; **um den ist es nicht ~** he's no great loss; **es ist ~ um das schöne Geld** what a shame that such money should go to waste; **sich für etw zu ~ sein** consider oneself too good für s.th.

Schädel ['ʃɛ:dəl] <-s, -> *m* skull; **jdm den ~ einschlagen** knock out someone's brains *pl;* **mir brummt der ~** my head is throbbing; **Schädelbruch** *m* fractured skull; **Schädeldecke** *f* top of the skull

Schaden ['ʃa:dən, *pl:* 'ʃɛ:dən] <-s, ¨-> *m* damage (*durch* caused by, *an* to); **jdm ~ zufügen** do harm to s.o.; **großen ~ anrichten** do a lot of damage; **den ~ wiedergutmachen** make good the damage

schaden *vi* **1.** (*Schaden zufügen*) damage **2.** (*schädlich sein*) harm; **das hat seinem Ruf sehr geschadet** that did a lot of damage to his reputation; **Rauchen schadet der Gesundheit** smoking can damage your health; **es wird mehr ~ als nützen** it will do more harm than good; **was kann denn das ~?** where's the harm in that?; **das schadet dir gar nichts** it serves you right

Schadenersatz *m* compensation; **jdn auf ~ verklagen** claim compensation from s.o.; **~ leisten** pay compensation; **schadenersatzpflichtig** *adj* liable for damages; **Schadenfreiheitsrabatt** *m* no-claims bonus; **Schadenfreude** *f* malicious joy; **schadenfroh** *adj* gloating; **ein ~er Blick** a gloating look in her [*o* his] eyes; **Schadensabteilung** *f* claims department; **Schadensbegrenzung** *f* damage containment; **Schadensersatzanspruch** *m* claim for damages; **Schadensfreiheitsrabatt** *m* no-claim bonus [*o* discount]

schadhaft *adj* (*beschädigt*) damaged; (*Material*) defective, faulty

schädigen ['ʃɛ:dɪgən] *vt* **1.** (*fig*) damage **2.** (*verletzen*) hurt, injure; **sich auf etw ~d auswirken** be damaging to s.th.; **Schädigung** *f* **1.** (*fig*) damage **2.** (*Verletzung*) harm; **die ~ seines Rufes** the damage to his reputation

schädlich *adj* damaging, harmful (*für* to); **Schädlichkeit** *f* harmfulness

Schädling *m* pest; **Schädlingsbekämpfung** *f* pest control; **Schädlingsbekämpfungsmittel** *nt* pesticide

schadlos *adv:* **sich an jdm (etw) ~ halten** take advantage of s.o. (s.th.)

Schadstoff *m* pollutant; **schadstoffarm** *adj* low pollution; **Schadstoffbelastung** *f* pollution; **Schadstoffkonzentration** *f* concentration of pollutants *pl*

Schaf [ʃa:f] <-(e)s, -e> *nt* sheep; **du dum-**

mes ~! (*Schimpfwort*) silly twit!; **das schwarze ~ der Familie** the black sheep of the family; **Schafbock** *m* ram

Schäfchen ['ʃɛːfçən] *nt* lamb, little sheep; **sein(e) ~ ins Trockene bringen** feather one's own nest; **sein ~ im Trockenen haben** be out of the wood; **Schäfchenwolken** *pl* cirrus clouds *pl*

Schäfer(in) *m(f)* shepherd(ess); **Schäferhund** *m* Alsatian *Br,* German shepherd (dog) *Am*

Schaffell *nt* sheepskin

schaffen¹ ['ʃafən] *irr vt* (*erzeugen*) create; **wie geschaffen sein für ...** be made for ...

schaffen² **I.** *vt* **1.** (*erreichen*) manage **2.** (*bringen*) take; **~ wir es allein?** can we manage to do it alone?; **das wäre geschafft!** there, that's done!; **kannst du das Paket zur Post ~?** can you get this parcel to the post office?; **etw aus der Welt ~** settle s.th. **II.** *vi* (*süddeutsch: arbeiten*) work; **er macht sich im Garten zu ~** he's pottering about in the garden; **jdm zu ~ machen** give s.o. trouble; **damit habe ich nichts zu ~** I have nothing to do with it; **sich an etw zu ~ machen** fiddle about with s.th.

Schaffensdrang *m* energy; (*von Künstlern*) creative urge; **Schaffenskraft** *f* creativity

Schaffner(in) ['ʃafnɐ] *m(f)* **1.** (*Bus~*) conductor **2.** (RAIL) guard *Br,* conductor *Am*

Schafgarbe ['ʃaːfgarbə] <-> *f* yarrow; **Schafherde** *f* flock of sheep

Schafott [ʃa'fɔt] <-(e)s, -e> *nt* (HIST) scaffold; **das ~ besteigen** mount the scaffold

Schafskäse *m* feta, sheep's milk cheese; **Schafskopf** *m* **1.** (*Kartenspiel*) *a South German version of skat* **2.** (*Schimpfwort*): ~! blockhead!; **Schaf(s)pelz** *m* sheepskin

Schaft [ʃaft, *pl:* 'ʃɛftə] <-(e)s, ⸚e> *m* **1.** (*Flinten~*) stock **2.** (*Stiel*) stalk **3.** (*Stiefel~*) leg; **Schaftstiefel** *mpl* high boots

Schafzucht *f* sheepbreeding

Schah [ʃaː] <-s, -s> *m* shah

Schakal [ʃa'kaːl] <-s, -e> *m* jackal

schäkern ['ʃɛːkɐn] *vi* dally, flirt

Schal [ʃaːl] <-s, -e/-s> *m* scarf

schal [ʃaːl] *adj* (*abgestanden, a. fig*) stale

Schälchen ['ʃɛːlçən] <-s, -> *nt* small bowl

Schale [ʃaːlə] <-, -n> *f* **1.** (*Gefäß*) bowl **2.** (*äußere Hülle*) skin **3.** (*geschälte Hülle*) peel **4.** (*von Schalentieren*) shell; **sich in ~ werfen** (*fam*) get dressed up

schälen ['ʃɛːlən] **I.** *vt* (*Äpfel*) pare; (*Orangen*) peel; (*Kartoffeln*) skin; (*Eier*) shell **II.** *vr* (*Haut*) peel

Schalensitz *m* (AUTO) bucket seat

Schall [ʃal, *pl:* 'ʃɛlə] <-(e)s, (-e/⸚e)> *m* sound; **schalldämmen** *vt* sound-proof; **Schalldämmung** *f* sound insulation; **Schalldämpfer** *m* **1.** (AUTO) silencer *Br,* muffler *Am* **2.** (*an Waffe*) silencer; **schalldicht** *adj* soundproof; **~ machen** soundproof

schallen *vi* (*tönen*) sound; (*er~*) ring out; (*widerhallen*) resound; **~des Gelächter** ringing laughter

Schallgeschwindigkeit *f* speed of sound; **Schallisolierung** *f* soundproofing; **Schallmauer** *f* sound barrier; **Schallpegel** *m* noise level; **Schallplatte** *f* record; **schallschluckend** *adj* noise absorbing; **Schallschluckhaube** *f* (INFORM) noise reducer; **Schallschutz** *m* soundproofing; **Schallschutzfenster** *nt* soundproof window; **Schallwelle** *f* sound wave

Schaltbild *nt* (ELEK) wiring diagram; **Schaltbrett** *nt* **1.** (ELEK) switchboard **2.** (AUTO) instrument panel

schalten ['ʃaltən] *vi* **1.** (AUTO) change gear **2.** (ELEK) switch (*auf* to) **3.** (*reagieren*) react; **in den dritten (Gang) ~** change into third (gear) *Br,* shift into third (gear) *Am*

Schalter¹ *m* (ELEK) switch

Schalter² *m* (*Ausgabefenster*) counter; (*Fahrkarten~*) ticket window; **Schalterbeamte(r), -beamtin** *m, f* (RAIL) ticket clerk; (*in Bank, Post*) counter clerk; **Schalterhalle** *f* (RAIL) booking hall; (*in Bank, Post*) hall; **Schalterschluss**[RR] *m* closing time; **Schalterstunden** *pl* business hours

Schaltgetriebe *nt* manual transmission *Br,* stick shift *Am*

Schaltjahr *nt* leap year; **Schaltknüppel** *m* (AUTO) gearstick; **Schaltkreis** *m* (ELEK) (switching) circuit; **Schaltplan** *m* (ELEK) wiring diagram [*o* scheme]; **Schaltpult** *nt* (ELEK) control desk; **Schaltstelle** *f* (*a. fig*) switch point; **Schalttafel** *f* (ELEK) switchboard; **Schalttag** *m* leap day; **Schaltzentrale** *f* control centre; (*fig*) nerve centre

Schaltung *f* **1.** (AUTO) gear-change **2.** (ELEK) wiring

Schalung *f* (TECH) formwork, shuttering; **Schalungsbrett** *nt* form board

Scham [ʃaːm] <-> *f* shame; **nur keine falsche ~!** no need for embarassment!; **Schambein** *nt* (ANAT) pubic bone

schämen ['ʃɛːmən] *vr* be ashamed (*über* of); **er sollte sich was ~!** he ought to be ashamed of himself!; **schäm dich!** shame on you!; **sich vor jdm ~** feel ashamed in front of s.o.

Schamgefühl *nt* sense of shame; **Schamhaar** *nt* pubic hair; **schamhaft**

adj bashful; **Schamlippen** *fpl* labia; **schamlos** *adj* (*a. fig*) shameless

Schande ['ʃandə] <-> *f* disgrace; **jdm ~ machen** put s.o. to shame; **zu meiner ~ …** to my eternal shame …; **mach uns keine ~!** don't disgrace us!

schänden ['ʃɛndən] *vt* violate

Schandfleck *m:* **ein ~ für jdn sein** be a blot for s.o.

schändlich *adj* shameful; **es ist ~, dass sich niemand um diese Leute kümmert** it's a disgrace that nobody cares for these people

Schandtat *f* scandalous deed; **zu jeder ~ bereit sein** be always ready for a lark

Schändung *f* violation

SchänkeRR *f* tavern, inn

Schanker ['ʃaŋkɐ] <-s, -> *m* (MED) chancre

Schanze ['ʃantsə] <-, -n> *f* **1.** (MIL) entrenchment **2.** (SPORT: *Sprung~*) jump

Schar [ʃaːɐ] <-, -en> *f* **1.** (*Menge*) crowd **2.** (*Gruppe*) band; **scharen** *vr:* **sich um jdn ~** gather around s.o.; **scharenweise** *adv* in droves

scharf [ʃarf] <schärfer, schärfst> *adj* **1.** (*schneidend*) sharp **2.** (*~ gewürzt*) hot **3.** (*beißend*) caustic **4.** (*streng*) severe **5.** (*klar*) sharp **6.** (*sl: sexuell*) horny, randy; **ich bin nicht gerade ~ darauf** I'm not exactly keen on it; **jdn ganz ~ auf etw machen** make s.o. quite keen on doing s.th.; **~er Verstand** keen intellect; **~ nachdenken** think hard; **~ nach links abbiegen** turn sharp left; **~ durchgreifen gegen jdn** get tough with s.o.; **~er Hund** fierce dog; **~ schießen** shoot with live ammunition

Scharfblick *m* penetration

Schärfe ['ʃɛrfə] <-, -n> *f* **1.** (*von Schneide*) sharpness **2.** (PHOT) focus **3.** (*Strenge*) severity; **schärfen** *vt* (*a. fig*) sharpen; **Schärfeneinstellung** *f* (PHOT) focusing control

scharfkantig *adj* sharp-edged

scharf|machen *vt:* **jdn ~** stir s.o. up

Scharfrichter *m* executioner; **Scharfschütze** *m* (MIL) marksman; **scharfsichtig** *adj* **1.** (*mit scharfen Augen*) sharp-sighted **2.** (*fig*) clear-sighted; **Scharfsinn** *m* acumen, keen perception; **scharfsinnig** *adj* astute, sharp-witted

Scharlach ['ʃarlax] <-s, -e> *m* **1.** (*Farbe*) scarlet **2.** (MED) scarlet fever

Scharlatan ['ʃarlataːn] <-s, -e> *m* charlatan

Scharnier [ʃar'niːɐ] <-s, -e> *nt* hinge

Schärpe <-, -en> *f* sash

scharren ['ʃarən] *vi* scrape; (*Vogel*) scratch; (*Pferd*) paw

Scharte ['ʃartə] <-, -n> *f* nick; **eine ~e auswetzen** make amends; **schartig** *adj* jagged, notched

scharwenzeln [ʃar'vɛntsəln] <ohne ge-, sein> *vi* (*fam*) dance attendance (*um* on)

Schaschlik <-s, -s> *m/nt* shashlik

Schatten ['ʃatən] <-s, -> *m* **1.** (*sonnengeschützt*) shade **2.** (*Schlag~, a. fig*) shadow; **im ~** in the shadow; **in jds ~ stehen** be in someone's shadow; **30° im ~** 30 degrees in the shade; **jdn in den ~ stellen** put s.o. in the shade; **Schattenmorelle** *f* morello cherry; **Schattenseite** *f* **1.** shady side **2.** (*Nachteil*) draw-back; **Schattenspiel** *nt* shadow play

Schattenwirtschaft *f* (*Schwarzarbeiten*) black economy

schattieren *vt* shade; **Schattierung** *f* (*a. fig*) shade

schattig *adj* shady

Schatulle [ʃa'tʊlə] <-, -n> *f* (*Geld~*) coffer

Schatz [ʃats, *pl:* 'ʃɛtsə] <-es, ¨-e> *m* **1.** treasure **2.** (*Liebste(r)*) sweetheart *Br,* cutie *Am;* **mein ~** love; **Schätze** pl; (*Reichtümer*) riches

Schatzamt *nt* Treasury

Schätzchen [ʃɛtsçən] <-s, -> *nt* (*fam*) darling, love

schätzen ['ʃɛtsən] *vt* **1.** (*hochachten*) think highly of; (*ehren*) respect **2.** (*ein~*) assess, estimate (*auf* at) **3.** (*meinen*) think; **gering ~**RR (*gering einschätzen*) disregard; (*verachten*) think little of; **schätz mal!** have a guess!; **£100 ist nur geschätzt** £100 is just an estimate; **grob geschätzt** at a rough estimate; **es lässt sich schwer ~** it's hard to estimate; **ich schätze, dass …** my guess is that …; **ich schätze, ja** I guess so; **etw zu ~ wissen** appreciate s.th.; **wie alt schätzt du ihn?** how old would you say he is?; **~ lernen**RR learn to appreciate

schätzen|lernen *vt s.* **schätzen**

Schatzgräber *m* treasure-hunter; **Schatzkammer** *f* **1.** treasure vault **2.** (*fig*) storehouse; **Schatzkanzler(in)** *m(f)* minister of finance, Chancellor of the Exchequer *Br;* **Schatzmeister(in)** *m(f)* treasurer

Schätzung *f* (*Veranschlagung*) estimate; (*Wertein~*) valuation; **meiner ~ nach** in my estimation; **schätzungsweise** *adv* approximately, roughly

Schätzwert *m* estimated value

Schau [ʃaʊ] <-, -en> *f* (*Vorführung*) show; **das ist nur ~** (*fam*) it's just for show; **es war alles nur ~** (*fam*) it was all show; **eine ~ abziehen** (*fam*) put on a show; **etw zur ~ stellen** exhibit s.th.; (*fig*) parade s.th.; **Schaubild** *nt* diagram; **Schaubude** *f* (show-)booth

Schauder ['ʃaʊdɐ] <-s, -> *m* shiver, shudder; **ein ~ überlief sie** a shudder ran through her body; **schauderhaft** *adj*

1. (*grässlich*) horrible 2. (*fam: schlimm*) awful, terrible; **schaudern** *vi* shudder, shiver (*vor* with, *bei* at); **mich schaudert bei dieser Vorstellung** it gives me the creeps to think of that

schauen [ˈʃaʊən] *vi* look; **schau, schau!** what do you know!; **aus dem Fenster ~** look out of the window

Schauer[1] *m* (*Regenguss*) shower

Schauer[2] [ˈʃaʊɐ] <-s, -> *m* shiver, shudder; **ein ~ überlief sie** a shudder ran through her body; **Schauergeschichte** *f* horror story; **schauerlich** *adj* 1. (*grässlich*) horrific 2. (*fam: schlimm*) dreadful

Schaufel [ˈʃaʊfəl] <-, -n> *f* 1. (*Grabe~*) shovel 2. (TECH: *Turbinen~*) vane; **eine ~ Kohle** a shovel(ful) of coal; **schaufeln** *vt, vi* shovel

Schaufenster *nt* shop-window; **im ~ ausstellen** display in the window; **Schaufensterauslage** *f* window display; **Schaufensterbummel** *m*: **einen ~ machen** go window-shopping; **Schaufensterdekorateur(in)** *m(f)* window-dresser; **Schaufensterpuppe** *f* shop-window dummy; **Schaufensterwerbung** *f* display advertising; **Schaukasten** *m* showcase

Schaukel [ˈʃaʊkəl] <-, -n> *f* swing

schaukeln *vt, vi* 1. (*auf Schaukel*) swing 2. (*auf Stuhl*) rock 3. (*pendeln*) sway to and fro; **wir werden das (Kind) schon ~!** (*fam*) we'll manage it!; **Schaukelpferd** *nt* rocking horse; **Schaukelpolitik** *f* seesaw policy; **eine ~ betreiben** pursue a fickle policy; **Schaukelstuhl** *m* rocking chair

schaulustig *adj* curious; **Schaulustige** *pl* onlookers

Schaum [ʃaʊm, *pl:* ˈʃɔɪmə] <-(e)s, ¨-e> *m* foam; (*Seifen~*) lather; (*Bier~*) froth; **Schaumbad** *nt* bubble bath

schäumen [ˈʃɔɪmən] *vi* foam, froth; (*Seife*) lather; (*Sekt, Sprudel*) bubble; **vor Wut ~** foam with rage

Schaumfestiger *m* (styling) mousse; **Schaumgummi** *m* foam rubber; **schaumig** *adj* foamy, frothy; **etw ~ schlagen** whip s.th. until frothy; **Schaumkelle** *f* skimmer; **Schaumlöffel** *m* skimmer; **Schäummittel** *nt* foaming agent; **Schaumschläger** *m* (*fig*) hot-air merchant; **Schaumschlägerei** *f* (*fig*) hot-air; **Schaumstoff** *m* foam material; **Schaumwein** *m* sparkling wine

Schauplatz *m* scene; **am ~ sein** be on the spot; **Schauprozess**[RR] *m* show trial

schaurig [ˈʃaʊrɪç] *adj* 1. (*entsetzlich*) gruesome 2. (*fam: schlimm*) dreadful

Schauspiel *nt* 1. (THEAT) drama, play 2. (*Anblick*) sight, spectacle; **Schauspieler** *m* 1. actor, player 2. (*fig*) actor; **Schauspielerin** *f* (*a. fig*) actress; **schauspielern** [ˈ---] *vi* (*a. fig*) act; **Schauspielhaus** *nt* playhouse *Br,* theatre, theater *Am;* **Schauspielkunst** *f* dramatic art; **Schauspielschule** *f* drama school; **Schausteller** *m* showman

Scheck [ʃɛk] <-s, -s/(-e)> *m* cheque *Br,* check *Am;* **ein ~ über ...** a cheque for ...; **einen ~ ausstellen** draw a cheque; **ein ungedeckter ~** a bounced cheque; **einen ~ einlösen** cash a cheque; **mit ~ bezahlen** pay by cheque; **Scheckbetrug** *m* cheque fraud; **Scheckbuch** *nt* cheque book

Schecke [ˈʃɛkə] <-, -n> *f* (*scheckiges Pferd*) dappled horse

Scheckheft *nt* chequebook *Br,* checkbook *Am*

scheckig [ˈʃɛkɪç] *adj* (*bunt~*) spotted; (*Pferd*) dappled

Scheckkarte *f* cheque (guarantee) card; **Schecknummer** *f* cheque number

scheel [ʃeːl] *adj:* **jdn ~ ansehen** give s.o. a dirty look

Scheffel [ˈʃɛfl] <-s, -> *m* bushel; **scheffeln** [ˈʃɛfəln] *vt:* **Geld ~** rake in money

scheffelweise *adv* by the sackful

Scheibe [ˈʃaɪbə] <-, -n> *f* 1. disc 2. (TECH: *Unterleg~*) washer 3. (*Schieß~*) target 4. (*Glas~*) pane 5. (*Brot~*) slice; **von ihr könntest du dir eine ~ abschneiden!** you could take a leaf out of her book!; **Scheibenbremse** *f* (AUTO) disc brake; **Scheibengardine** *f* net curtain; **Scheibenrad** *nt* disc wheel; **Scheibenschießen** *nt* target shooting; **Scheibenwaschanlage** *f* windscreen washer unit *Br,* windshield washer unit *Am;* **Scheibenwischer** *m* windscreen wiper *Br,* windshield wiper *Am;* **Scheibenwischergummi** *nt* windscreen wiper blade *Br,* windshield wiper blade *Am*

Scheich [ʃaɪç] <-s, -s/-e> *m* sheik(h); **Scheichtum** *nt* sheik(h)dom

Scheide [ˈʃaɪdə] <-, -n> *f* 1. (*Messer~*) sheath 2. (ANAT) vagina

scheiden [ˈʃaɪdən] I. *irr vt* (*Eheleute*) divorce; **sich ~ lassen** get divorced; **sie lässt sich nicht von ihm ~** she won't give him a divorce; **sich von jdm ~ lassen** get a divorce from s.o. II. *vr:* **da ~ sich aber unsere Meinungen!** that's where we begin to differ!

Scheidewand *f* partition

Scheideweg *m:* **am ~ stehen** be at a crossroads

Scheidung *f* (JUR) divorce; **die ~ einreichen** file a petition for divorce; **Scheidungsgrund** *m* 1. (*Gründe*) grounds for divorce **2.** (*Person*) reason for (one's) divorce; **Scheidungsklage** *f* petition for divorce; **Scheidungsprozess**RR *m* divorce proceedings *pl*

Schein[1] <-(e)s, -e> *m* **1.** (*Bescheinigung*) certificate **2.** (*Geld~*) note *Br,* bill *Am*

Schein[2] [ˈʃaɪn] *m* <-(e)s> **1.** (*An~*) appearances *pl* **2.** (*Licht~*) light; (*Schimmer*) gleam; **ihre Ehe besteht nur noch zum ~** their marriage has become a sham; **den ~ der Demokratie wahren** maintain a pretence of democracy; **um den ~ zu wahren** for the sake of appearances; **den äußeren ~ wahren** keep up appearances; **der ~ trügt** appearances are deceptive; **zum ~** in pretence; **Scheinasylant(in)** *m(f)* pseudo asylum-seeker; **scheinbar** *adv* **1.** (*anscheinend*) apparent, seeming **2.** (*vorgeblich*) feigned

scheinen *irr vi* **1.** (*leuchten*) shine **2.** (*den Anschein haben*) appear, seem; **es scheint mir, dass ...** it appears to me that ...; **mir scheint ...** it seems to me ...; **wie es scheint** as it seems; **es scheint fast so, als ob ...** it would seem that ...

Scheinfirma *f* dummy firm; **Scheingeschäft** *nt* dummy transaction; **Scheingewinn** *m* paper profit; **scheinheilig** *adj* hypocritical; **Scheinselbstständigkeit** *f* (*Arbeit von nur eine Firma*) fictitious self-employment; **Scheintod** *m* apparent death; **scheintot** *adj* in a state of suspended animation

Scheinwerfer *m* **1.** (AUTO) headlamp, light **2.** (*zur Beleuchtung*) floodlight; **Scheinwerferlicht** *nt* light of headlamps; **im ~ der Öffentlichkeit** in the glare of publicity

Scheiß *m* (*sl*): **red keinen ~!** don't talk crap!; **mach keinen ~!** stop messing about!; **Scheißdreck** *m* (*vulg*): **(das) geht dich einen ~ an!** that's none of your bloody business!; **Scheiße** [ˈʃaɪsə] <-> **I.** *f* (*vulg*) shit; **in der ~ sitzen** be up shit creek **II.** *interj* (*vulg*) shit, fuck; **scheißegal** *adv* (*vulg*): **das ist mir (doch) ~** I couldn't care less; **scheißen** *irr vi* (*vulg*) shit; **auf etw ~** (*vulg*) not give a shit about s.th; **Scheißer** *m* (*vulg*) bugger; **scheißfreundlich** *adj* (*fam*) as nice as pie; **Scheißhaus** *nt* (*vulg*) shithouse

Scheit [ʃaɪt] <-(e)s, -e> *nt* (*Holz~*) log

Scheitel [ˈʃaɪtəl] <-s, -> *m* parting *Br,* part *Am;* **vom ~ bis zur Sohle** from top to toe; **scheiteln** *vt* part; **Scheitelpunkt** *m* vertex

Scheiterhaufen *m* **1.** (HIST: *als Hinrichtung*) stake **2.** (HIST: *zur Leichenverbrennung*) pyre; **auf dem ~ verbrannt werden** be burned at the stake

Scheitern <-s> *nt* **1.** (*Fehlschlagen*) failure **2.** (*von Verhandlung*) breakdown; **zum ~ verurteilt** doomed to failure; **etw zum ~ bringen** make s.th. break down

scheitern [ˈʃaɪtɐn] *vi* **1.** *sein* (*fehlschlagen*) fail (*an* because of) **2.** (SPORT: *Misserfolg haben*) be defeated (*an* by); **sein Versuch scheiterte** he failed in his attempt; **die Verhandlungen sind gescheitert** the negotiations have broken down

Schelle[1] *f* (TECH: *Rohr~*) clamp

Schelle[2] [ˈʃɛlə] <-, -n> *f* (*Türklingel*) bell; **schellen** *vi:* **bei jdm ~** ring at someone's door; **es hat geschellt** there was a ring at the door

Schellfisch *m* haddock

Schelm [ʃɛlm] <-(e)s, -e> *m* (*Spaßvogel*) rogue; **schelmisch** *adj* mischievous

Schelte [ˈʃɛltə] <-> *f:* **~ bekommen** get a scolding; **schelten** *irr vt* chide (*wegen* for); **mit jdm ~** scold s.o.

Schema [ˈʃeːma, *pl:* ˈʃeːmata] <-s, -s/-mata> *nt* **1.** (*Muster*) pattern **2.** (*Plan*) scheme **3.** (*Diagramm*) diagram; **nach ~ F gehen** go off pat; **schematisch** *adj* **1.** (*nach Schema*) schematic **2.** (*mechanisch*) mechanical

Schemel [ˈʃeːməl] <-s, -> *m* stool

schemenhaft *adj* shadowy

Schenke [ˈʃɛŋkə] <-, -n> *f* inn, tavern

Schenkel [ˈʃɛŋkəl] <-s, -> *m* **1.** (*Ober~*) thigh **2.** (*Unter~*) shank **3.** (MATH: *von Winkel*) side; **sich auf den ~ klopfen** slap one's thigh

schenken [ˈʃɛŋkən] **I.** *vt* give; **das habe ich geschenkt bekommen** I got it as a present; **sie schenkte ihm einen Sohn** she presented him with a son; **das ist geschenkt!** (*sehr billig*) that's a give-away!; **geschenkt!** (*fam*) forget it! **II.** *vr* (*sein lassen*): **sich etw ~** skip s.th.

Schenkung *f* (JUR) gift; **Schenkungssteuer** *f* gift tax

Scherbe [ˈʃɛrbə] <-, -n> *f* fragment, piece; **~n machen** break s.th.; **die ~n zusammenfegen** sweep up the pieces; **~n bringen Glück** (*prov*) broken crockery brings you luck

Schere [ˈʃeːrə] <-, -n> *f* **1.** scissors *pl;* (*große ~e*) shears *pl* **2.** (*Krebs~*) claw

scheren[1] *irr vt* (*beschneiden*) crop; (*Schafe, Teppich*) shear; **kurz geschoren**RR cropped; **kurz geschorenes**RR **Haar** hair cropped short

scheren[2] *vr* (*fam: sich kümmern*): **was schert's (mich)?** what do I care?; **sie hat sich nicht im geringsten darum geschert** she couldn't have cared less

scheren[3] *vr* (*weggehen*): **scher dich fort!** beat it! get lost!

Scherenschleifer(in) *m(f)* knifegrinder;

S

Scherenschnitt *m* silhouette

Scherereien *pl* trouble *sing;* **jdm viel ~ machen** cause [*o* give] s.o. a lot of trouble

Scherge ['ʃɛrgə] <-n, -n> *m* thug

Scherz [ʃɛrts] <-es, -e> *m* joke; **zum ~** for a joke; **im ~** jokily; **mach keinen ~!** (*fam*) you're joking!; **ich bin nicht zu ~en aufgelegt** I'm not in a joking mood; **~ beiseite!** no kidding!; **Scherzartikel** *mpl* joke articles; **scherzen** *vi* jest, joke; **Sie ~!** you can't be serious!; **mit ihr ist nicht zu ~** she is not to be trifled with; **er lässt nicht mit sich ~** he is not a man to be trifled with; **Scherzfrage** *f* conundrum; **scherzhaft** *adv* (*aus Spaß*) jokingly; **etw ~ meinen** mean s.th. as a joke; **Scherzkeks** *m* (*hum fam*) joker

Scheu [ʃɔɪ] <-> *f* (*Schüchternheit*) shyness; **ohne jede ~** without any inhibition; **seine ~ verlieren** lose one's inhibitions *pl;* **scheu** *adj* shy; (*zaghaft*) timid

scheuchen *vt* scare (off)

scheuen I. *vt* **1.** (*fürchten*) shy away from **2.** (*vermeiden*) shun; **keine Mühe ~** go to endless trouble; **keine Kosten ~** spare no expense; **er scheut die Verantwortung** he shies away from responsibilities *pl* **II.** *vr* (*zurückschrecken*): **sich nicht ~ etw zu tun** not be afraid of doing s.th. **III.** *vi* (*von Pferden*) shy (*vor* at)

Scheuerbürste *f* scrubbing brush; **Scheuerlappen** *m* floorcloth; **Scheuermittel** *nt* abrasive

scheuern ['ʃɔɪɐn] *vt* **1.** (*putzen*) scour; (*schrubben*) scrub **2.** (*reiben*) chafe (*an* at); **sich wund~** chafe o.s.; **jdm eine ~** (*fam*) give s.o. a clout

Scheuklappe *f:* **~n haben** be blinkered

Scheune ['ʃɔɪnə] <-, -n> *f* barn

Scheusal ['ʃɔɪza:l] <-s, -e> *nt* monster; **ein wahres ~** a perfect fright

scheußlich ['ʃɔɪslɪç] *adj* (*schlimm*) dreadful; (*ekelhaft*) hideous; **~es Wetter** awful weather

Schicht[1] [ʃɪçt] <-, -en> *f* **1.** (*Lage, Staub~*) layer **2.** (*auf Flüssigkeiten*) film; (*Farb~*) coat **3.** (*Gesellschafts~*) (social) class; **Leute aus allen ~en** people from all walks of life

Schicht[2] *f* **1.** (*Arbeitsabschnitt*) shift **2.** (*Arbeitsgruppe*) gang; **zur ~ gehen** go on shift; **Schichtarbeit** *f* shift-work; **Schichtarbeiter(in)** *m(f)* shift-worker

schichten *vt* **1.** (*in Schichten legen*) layer **2.** (*stapeln*) stack; **Schichtunterricht** *m* (SCHULE) instruction in shifts; **~ haben** be taught in shifts; **Schichtwechsel** *m* change of shift

schichtweise *adv:* **~ Farbe auftragen** apply [*o* put on] paint in coats

Schick [ʃɪk] <-(e)s> *m* (*Eleganz in der Kleidung*) style; **schick** *adj* (*elegant*) elegant; (*modisch reizvoll*) stylish; **ein ~es Kleid** a smart dress

schicken ['ʃɪkən] *vt* send; **jdn zu einem Kurs ~** send s.o. on a course; **jdn einkaufen ~** send s.o. to do the shopping

Schickeria *f* <-> (*fam*) trendy set

Schicki(micki) *m* <-s, -s> (*fam*) trendy

schicklich *adj* proper, fitting

Schicksal ['ʃɪkza:l] <-s, -e> *nt* fate; **das ist ~!** (*fam*) such is life!; **jdn seinem ~ überlassen** leave s.o. to his fate; **schicksalshaft** *adj* fateful; **Schicksalsschlag** *m* stroke of fate

Schiebedach *nt* (AUTO) sunroof; **Schiebefenster** *nt* sliding window

schieben ['ʃi:bən] *irr vt, vi* (*stoßend ~*) push; (*mit größerer Kraftanstrengung*) shove; **sich an die Spitze ~** (SPORT) push one's way to the front; **sich ineinander ~**[RR] telescope

Schieber[1] *m* (TECH) slide

Schieber(in)[2] *m(f)* (*Schwarzmarkthändler*) black marketeer

Schiebetür *f* sliding door

Schiebung *f* (*Begünstigung*) string-pulling; (SPORT) rigging; **~!** fix!

Schiedsgericht *nt* court of arbitration, arbitration tribunal

Schiedsrichter(in) ['ʃi:ts-] *m(f)* **1.** (SPORT) referee; (*bei Ballspielen, Hockey*) umpire **2.** (*Preisrichter*) judge

schiedsrichterlich *adj:* **~e Entscheidung** referee's [*o* umpire's] decision

Schiedsspruch *m* arbitration award; **Schiedsverfahren** *nt* arbitration proceedings *pl*

schief [ʃi:f] *adj* **1.** (*krumm*) crooked **2.** (*geneigt*) tilted; **dein Hut sitzt ~!** your hat's crooked!; **das Bild hängt ~** the picture isn't straight; **keine Sorge, wird schon ~ gehen!**[RR] don't worry, it'll go wrong nicely!; **irgendwas muss ~ gegangen sein!**[RR] s.th. must have gone wrong!; **da bist du (aber) ~ gewickelt!**[RR] (*fam*) you've got another think coming!

Schiefer ['ʃi:fɐ] <-s, -> *m* slate; **Schieferdach** *nt* slate roof; **Schiefertafel** *f* slate

schief|gehen *vt s.* **schief**

schiefgewickelt *adj s.* **schief**

schieflachen *vr* double up with laughter

schielen ['ʃi:lən] *vi* squint; **nach etw ~en** (*verstohlen*) sneak a look at s.th.; (*offen*) eye s.th. up

Schienbein *nt* shin; **jdn vor's ~ treten** kick s.o. on the shin

Schiene ['ʃi:nə] <-, -n> *f* **1.** (RAIL) rail **2.** (MED) splint; **schienen** *vt* (MED) put in splints, splint

Schienenbus *m* rail bus; **Schienennetz** *nt* rail network; **Schienenstrang** *m* track

schier I. *adj* **1.** (*Fleisch*) lean and boneless **2.** (*fig*) sheer **II.** *adv* nearly, almost

Schießbefehl *m* order to shoot

Schießbude *f* shooting gallery; **Schießbudenfigur** *f* (*pej*) clown, ludicrous figure

schießen ['ʃi:sən] **I.** *irr vt* shoot; (*Kugel*) fire; (SPORT: *Ball*) kick; (*Tor*) score **II.** *vi* **1.** shoot (*auf, nach* at); (*mit Schusswaffe*) fire (*auf* at) **2.** *sein* (*fam: sich schnell bewegen*) shoot **3.** *sein* (*Flüssigkeit*) shoot; (*spritzen*) spurt; **in die Höhe** ~ shoot up

Schießerei *f* shoot-out

Schießhund *m:* **aufpassen wie ein** ~ (*fam*) watch like a hawk; **Schießplatz** *m* range; **Schießpulver** *nt* gunpowder; **Schießscharte** *f* embrasure; **Schießscheibe** *f* target; **Schießstand** *m* shooting range

Schiff [ʃɪf] <-(e)s, -e> *nt* ship; **an Bord des ~es** on board ship

Schiffahrt *f s.* Schifffahrt; **Schiffahrtslinie** *f s.* Schifffahrtslinie; **Schiffahrtsweg** *m s.* **Schifffahrtsweg**

schiffbar *adj* navigable

Schiffbau <-(e)s> *m* shipbuilding; **Schiffbruch** <-(e)s> *m* shipwreck; ~ **erleiden** be shipwrecked; (*scheitern*) fail; **schiffbrüchig** *adj* shipwrecked; **Schiffbrüchige(r)** *f m* shipwrecked person

Schiffchen ['ʃɪfçən] *nt* **1.** (*kleines Schiff*) little ship, small boat **2.** (MIL: *Kopfbedeckung*) forage cap **3.** (*Weber~*) shuttle

Schiffer *m* **1.** (*Seemann*) sailor **2.** (*Käpt'n*) skipper; **Schifferklavier** *nt* accordion; **Schiffermütze** *f* yachting cap

Schifffahrt^RR^ *f* **1.** (*Navigation*) navigation **2.** (*das Schifffahren*) shipping; **Schifffahrtslinie**^RR^ *f* **1.** (*als Unternehmen*) shipping line **2.** (*Schifffahrtsweg*) shipping route; **Schifffahrtsweg**^RR^ *m* **1.** (*Kanal*) waterway **2.** (*Schifffahrtslinie*) shipping route

Schiffsarzt *m* ship's doctor; **Schiffsjunge** *m* cabin-boy; **Schiffskoch** *m* ship's cook; **Schiffsküche** *f* caboose, galley; **Schiffsladung** *f* shipload; **Schiffspapiere** *pl* ship's papers; **Schiffsrumpf** *m* hull; **Schiffsschraube** *f* propeller; **Schiffszwieback** *m* ship's biscuit

Schiit [ʃi'i:t] <-en, -en> *m* shiite; **schiitisch** *adj* shiite

Schikane [ʃi'ka:nə] <-, -n> *f* **1.** harassment **2.** (SPORT) chicane; **eine Wohnung mit allen ~n** a flat with all the contemporary gadgets [*o* mod cons]; **das war reine** ~ it was sheer bloody-mindedness; **schikanieren** *vt* harass; (*tyrannisieren*) bully

Schild[1] [ʃɪlt] <-(e)s, -e> *m* **1.** (*Schutz~*) shield **2.** (*Tierpanzer*) shell; **etw im ~e führen** be up to s.th.

Schild[2] *nt* <-(e)s, -er> **1.** (*Zeichen*) sign; (*an Tür*) nameplate **2.** (*Aufkleber*) label; (*Preis~*) ticket

Schilda ['ʃɪlda] *nt* (*in Literatur*) Gotham

Schildbürger *m* **1.** (*in Literatur*) Gothamite **2.** (*Schwachkopf*) dimwit; **Schildbürgerstreich** *m:* **das war (ja) wirklich ein ~!** that was a piece of first-class stupidity!

Schilddrüse *f* thyroid gland; **Schilddrüsenüberfunktion** *f* hyperthyroidism; **Schilddrüsenunterfunktion** *f* hypothyroidism

schildern ['ʃɪldɐn] *vt* describe; (*umreißen*) sketch; **Schilderung** *f* **1.** (*Beschreibung*) description **2.** (*Bericht*) account; **nach ihrer** ~ by her account

Schildkröte *f* (*See~*) turtle; (*Land~*) tortoise; **Schildkrötensuppe** *f* turtle soup

Schilf [ʃɪlf] <-(e)s, -e> *nt* **1.** (*~pflanze*) reed **2.** (*~fläche*) reeds *pl*

schillern ['ʃɪlɐn] *vi* shimmer; **schillernd** *adj* shimmering; (*in allen Farben*) opalescent; **eine ~e Persönlichkeit** an enigmatic character

Schimmel[1] ['ʃɪməl] <-s, -> *m* (*weißes Pferd*) white horse

Schimmel[2] <-s, -> *m* (*~pilz*) mould; **schimmelig** *adj* **1.** (*verschimmelt*) mouldy **2.** (*moderig*) mildewed; **schimmeln** *vi* go mouldy; **Schimmelpilz** *m* mould

Schimmer ['ʃɪmɐ] <-s, (-)> *m* gleam, glimmer, glitter; **keinen (blassen)** ~ **von etw haben** (*fam*) not have an inkling of s.th.; **schimmern** *vi* (*Licht*) glimmer; (*Gegenstände*) shimmer

Schimpanse [ʃɪm'panzə] <-n, -n> *m* chimpanzee

Schimpf [ʃɪmpf] <-(e)s, -e> *m:* **mit** ~ **und** Schande in disgrace; **schimpfen** *vi* curse (*auf* at); **mit jdm** ~ tell s.o. off; **Schimpfwort** <-(e)s, -e/ -̈er> *nt* swearword

Schindel ['ʃɪndəl] <-, -n> *f* shingle; **Schindeldach** *nt* shingle roof

schinden ['ʃɪndən] **I.** *irr vt* **1.** (*peinigen*) maltreat **2.** (*Arbeitskräfte ausbeuten*) sweat **3.** (*fam: herausschlagen*) get, make; **Zeit** ~ play for time; **Eindruck** ~ try to impress **II.** *vr* (*sich abquälen*): **sich mit etw** ~ slave away at s.th.; **Schinder(in)** *m(f)* (*Antreiber*) slavedriver; **Schinderei** *f* **1.** (*Plackerei*) drudgery **2.** (*Antreiberei*) sweating; **Schindluder** *nt:* **mit jdm** ~ **treiben** make cruel sport of s.o.

Schinken ['ʃɪŋkən] <-s, -> *m* **1.** (*Speise*) ham **2.** (*fig hum: dickes Buch*) tome **3.** (*fig hum: großes Bild*) great daub

S

Schinkenspeck *m* gammon

Schippe ['ʃɪpə] <-, -n> *f* (*Schaufel*) shovel, spade; **jdn auf die ~ nehmen** take someone for a ride; **schippen** *vt, vi* (*schaufeln*) shovel; **Schnee ~** clear the snow

schippern ['ʃɪpɐn] *vi sein* (*fam*) bob (along)

Schirm [ʃɪrm] <-(e)s, -e> *m* **1.** (*Regen~*) umbrella; (*Sonnen~*) parasol, sunshade **2.** (*Pilzkappe*) cap

Schirmherr(in) *m(f)* patron(ess), protector; **Schirmherrschaft** *f*: **unter der ~ von ...** (*Leitung*) under the auspices of ... *pl*

Schirmmütze *f* peaked cap

Schirmständer *m* umbrella stand

SchissRR [ʃɪs] *m* (*sl*): **~ haben** be in a blue funk; **~ vor etw haben** be shit scared of s.th.

schizophren *adj* schizophrenic

Schizophrenie [ʃitsofre'ni:] <-> *f* schizophrenia

Schlacht [ʃlaxt] <-, -en> *f* battle; **die ~ bei ...** the battle of ...; **eine regelrechte ~** a pitched battle

schlachten ['ʃlaxtən] *vt* slaughter; (*hinschlachten*) butcher

Schlachtenbummler *m* (SPORT) away supporter

Schlachter *m* butcher; **Schlachterei** *f* butcher's (shop)

Schlächterei [ʃlɛçtə'raɪ] *f* (*fig*) massacre

Schlachtfeld *nt* battle-field

Schlachthof *m* slaughter-house

Schlachtplan *m* **1.** (MIL) battle plan **2.** (*fig*) plan of action; **Schlachtruf** *m* battle cry, war cry; **Schlachtschiff** *nt* battleship

Schlachtvieh *nt* animals for slaughter

Schlacke ['ʃlakə] <-, -n> *f* **1.** (*Metall~*) slag **2.** (*Aschen~*) cinders *pl;* **~n** (MED) waste products

Schlaf [ʃla:f] <-(e)s> *m* sleep; **im ~ sprechen** talk in one's sleep; **keinen ~ finden** be unable to sleep; **einen festen (leichten) ~ haben** be a sound (light) sleeper; **Schlafanzug** *m* pyjamas *Br,* pajamas *Am*

Schläfchen ['ʃlɛ:fçən] *nt:* **ein ~ machen** have a nap

Schläfe ['ʃlɛ:fə] <-, -n> *f* temple

schlafen *irr vi* sleep; **er saß da und schlief** he was sitting there, asleep; **versuche etw zu ~!** try and get some sleep!; **in dem Zelt können 10 Leute ~** the tent sleeps 10; **~ wir erst einmal darüber!** let's sleep on it!; **bei jdm ~** stay overnight with s.o.; **mit jdm ~** sleep with s.o.; **sich ~d stellen** pretend to be asleep

schlaff [ʃlaf] *adj* **1.** (*herabhängend*) slack **2.** (*welk, matt*) flabby **3.** (*kraftlos*) limp **4.** (*Grundsätze*) lax; **~er werden** slacken

Schlaffheit *f* slackness, limpness

Schlafforschung *f* sleep research

Schlafgelegenheit *f* place to sleep; **ich habe fünf ~en** I can put up five people; **Schlafkrankheit** *f* sleeping sickness; **Schlaflied** *nt* lullaby; **schlaflos** *adj* sleepless; **eine ~e Nacht verbringen** have a sleepless night; **Schlaflosigkeit** *f* sleeplessness; (MED) insomnia; **Schlafmittel** *nt* **1.** sleeping drug **2.** (*fig*) soporific; **Schlafmütze** *f* (*fam*) dope, sleepyhead

schläfrig ['ʃlɛ:frɪç] *adj* drowsy, sleepy

Schlafsaal *m* dorm(itory); **Schlafsack** *m* sleeping-bag; **Schlafstadt** *f* dormitory town; **Schlafstörung** *f* sleeplessness, insommia; **Schlaftablette** *f* sleeping pill; **schlaftrunken** ['ʃla:ftrʊŋkən] *adj* drowsy; **Schlafwagen** *m* sleeping-car, sleeper; **Schlafwagenplatz** *m* berth; **Schlafwandeln** <-s> *nt* sleep-walking; **Schlafwandler(in)** *m(f)* sleepwalker; **Schlafzimmer** *nt* bedroom; **Schlafzimmerblick** *m* (*hum fam*) come-to-bed eyes *pl*

Schlag [ʃla:k, *pl:* 'ʃlɛ:gə] <-(e)s, ⸚e> *m* **1.** blow **2.** (*Herz~*) beat **3.** (MED) stroke **4.** (ELEK) shock **5.** (*Tauben~*) pigeon-loft; **ein ~ ins Gesicht** a slap in the face; **mit einem ~** all at once; **~ auf ~** one after the other; **ein ~ ins Wasser** (*fam*) a let-down; **ich dachte, mich trifft der ~!** I was as if struck by lightning!; **Schläge kriegen** get a hiding; **vom gleichen ~ sein** be cast in the same mould; **das ist ein harter ~** that's a hard blow; **Schlagabtausch** *m* (*Boxen*) exchange of blows; (*fig*) clash; **Schlagader** *f* artery; **Schlaganfall** *m* stroke; **einen ~ bekommen** have a stroke; **schlagartig I.** *adj* (*unvermutet*) sudden **II.** *adv* suddenly; **Schlagbaum** *m* barrier; **Schlagbohrmaschine** *f* percussion drill

schlagen I. *irr vt* **1.** (*einmal*) strike **2.** (*prügeln*) beat **3.** (*treffen*) hit **4.** (*mit Werkzeug*) knock **5.** (*besiegen*) beat, defeat; **jdn im Tennis ~** beat s.o. at tennis; **gegen die Tür ~** beat on the door; **er schlägt hart** he hits hard; **jdn auf den Kopf ~** knock s.o. on the head; **jdn bewusstlos ~** knock s.o. unconscious; **jdn ins Gesicht ~** slap someone's face **II.** *vi* **1.** (*von Herz*) beat **2.** (*von Turmuhr*) strike; **ich gebe mich geschlagen** I admit defeat; **nach jdm ~** take after s.o.; **mit dem Kopf gegen etw ~** hit one's head against s.th. **III.** *vr* have a fight (*mit jdm* with s.o.); **sich gut ~** do well; **schlagend** *adj* (*fig: treffend*): **~es Argument** cogent argument; **~er Beweis** convincing proof

Schlager ['ʃla:gɐ] <-s, -> *m* **1.** (*~melodie*)

pop-song **2.** (*Hit*) hit **3.** (*Buch*) bestseller

Schläger¹ ['ʃlɛ:gɐ] *m* (*bei Ballspiel*) racquet *Br*, racket *Am*; (*für Hockey*) stick; (*für Tischtennis*) bat

Schläger² *m* (*Raufiustiger*) thug

Schlägerei *f* brawl, fight

Schlagerfestival *nt* pop-song festival

schlagfertig *adj* quick-witted; **~e Antwort** ready answer; **Schlagfertigkeit** *f* ready wit

Schlaghose *f* flared trousers *pl*

Schlaginstrument *nt* (MUS) percussion instrument

Schlagkraft *f* (*a. fig*) power; (MIL) striking power; **schlagkräftig** *adj* (*a. fig*) powerful; **Schlagloch** *nt* pothole; **Schlagobers** *nt* (*österr*) whipped cream; **Schlagrahm** *m* (*CH*) whipped cream; **Schlagsahne** *f* whipped cream; **Schlagseite** *f*: **~ haben** (MAR) be listing; (*fig fam: betrunken sein*) be half-seas over; **Schlagstock** *m* (*von Polizei*) truncheon; **Schlagwerk** *nt* (*von Uhr*) striking mechanism; **Schlagwetter** *nt* (*im Bergwerk*) firedamp; **Schlagwort** <-(e)s, -e/(-¨er)> *nt* (*Slogan*) slogan; **Schlagwortkatalog** *m* (*in Bibliothek*) subject catalogue; **Schlagzeile** *f* headline; **~n machen** hit the headlines; **Schlagzeug** *nt* drums *pl*; **Schlagzeuger(in)** *m(f)* drummer

Schlamassel [ʃla'masəl] <-s> *m* (*fam*) mess; **wir sitzen ganz schön im ~** now we're in a pretty mess

Schlamm [ʃlam, *pl*: ('ʃlɛmə)] <-(e)s, (-e/-¨e)> *m* mud; **schlammig** *adj* muddy

Schlampe ['ʃlampə] <-, -n> *f* (*fam*) slut; **schlampen** *vi* (*fam*) be sloppy; **Schlamperei** *f* **1.** (*Unordnung*) mess **2.** (*Nachlässigkeit*) sloppiness; **schöne ~!** what a mess!; **schlampig** *adj* **1.** (*unordentlich*) untidy **2.** (*Arbeit, Tätigkeit*) slipshod

Schlange¹ ['ʃlaŋə] <-, -n> *f* snake

Schlange² *f* (*Menschen~*) queue *Br*, line *Am*; **~ stehen** queue up *Br*, stand in line *Am*

schlängeln ['ʃlɛŋəln] *vr* **1.** (*von Weg*) wind its way **2.** (*von Schlange*) wriggle

SchlangenbissRR *m* snakebite; **Schlangengift** *nt* snake poison; **Schlangenleder** *nt* snakeskin; **Schlangenlinie** *f*: **in ~n fahren** swerve about

schlank [ʃlaŋk] *adj* **1.** (*Wuchs*) slim **2.** (*Körperteil, Gegenstand*) slender; **Schlankheitskur** *f*: **eine ~ machen** be on a diet

schlankweg *adv*: **~ ablehnen** refuse flatly

schlapp [ʃlap] *adj* **1.** (*erschöpft*) shattered, worn out **2.** (*feige, weich*) yellow; **Schlappe** <-, -n> *f* **1.** (MIL SPORT: *Niederlage*) defeat **2.** (*Rückschlag*) set-back **eine ~ erleiden** suffer a defeat [*o* set-back]; **Schlapphut** *m* slouch hat; **schlappmachen** *vi* (*fam*) wilt; **Schlappschwanz** *m* (*fam pej*) sissy, weakling

Schlaraffenland [ʃla'rafən-] *nt* land of milk and honey

schlau [ʃlaʊ] *adj* (*verschlagen*) cunning, wily; (*klug*) clever, smart; **können Sie daraus ~ werden?** can you make this out? what do you make of this?; **Schlauberger** *m* (*fam*) smart alec

Schlauch [ʃlaʊx, *pl*: 'ʃlɔɪçə] <-(e)s, ¨-e> *m* **1.** (*Wasser~*) hose **2.** (*Reifen~*) tube **3.** (*fam: Strapaze*) slog, grind; **Schlauchboot** *nt* rubber dinghy

schlauchen **I.** *vt* fag (s.o.) out **II.** *vi* wear one out

Schläue ['ʃlɔɪə] <-> *f* cunning

Schlaufe ['ʃlaʊfə] <-, -n> *f* **1.** (*Schleife*) loop **2.** (*Aufhänge~*) hanger; **Schlaufenverschluss**RR *m* (*an Jacke*) loop fastening

Schlaumeier *m* (*fam*) clever-dick

schlecht [ʃlɛçt] **I.** *adj* **1.** (*nicht gut*) bad; (*übel*) poor **2.** (*verdorben*) off; **die Milch ist ~** the milk is [*o* has gone] off; **mir ist ~** I feel sick **II.** *adv* badly; **~ für jdn sein** be bad for s.o.; **er spielt ~ Tennis** he's bad at tennis; **ich kann ~ lügen** I'm very bad at telling lies; **ziemlich ~** baddish; **mehr ~ als recht** after a fashion; **~ über jdn reden** speak ill of s.o.; **er kann es sich ~ leisten abzulehnen** he can ill afford to refuse; **sie war immer ~ in Sprachen** she was always poor at languages; **das geht ~** (*fam*) that's not really possible; **das kann man ~ machen** one can't very well do that; **~ gelaunt**RR bad-tempered; **~ machen**RR run down, disparage; **schlechterdings** ['ʃlɛçtɐ'dɪŋs] *adv*: **~ unmöglich** utterly impossible; **schlechtgelaunt** *adj s.* schlecht; **Schlechtheit** *f* badness; **schlechthin** *adv*: **der Dramatiker ~** THE playwright; **Schlechtigkeit** *f* **1.** (*Niederträchtigkeit*) baseness, vileness **2.** (*üble Tat*) misdeed

schlecht|machen *vt s.* **schlecht**

Schlechtwettergeld *nt* bad-weather pay

schlecken ['ʃlɛkən] *vt* lick; **sie schleckt gern** (*süddeutsch*) she likes eating sweets

Schleckermaul *nt*: **ein ~ sein** have a sweet tooth

Schlehdorn *m* blackthorn, sloe tree

Schlehe ['ʃle:ə] <-, -n> *f* sloe

schleichen ['ʃlaɪçən] **I.** *irr vi* **1.** (*langsam gehen*) creep; (*im Dunkeln herum~*) prowl about **2.** (*Zeit*) drag **II.** *vr* creep [*o* sneak]; **schleichend** *adj*: **~es Gift** slow poison; **Schleichhandel** *m* illicit trading (*mit* in); **Schleichweg** *m* secret [*o* hidden] path; **auf ~en** on the quiet; **Schleichwer-**

bung *f* background advertising

Schleie ['ʃlaɪə] <-, -n> *f* (*Karpfenfisch*) tench

Schleier ['ʃlaɪɐ] <-s, -> *m* veil; **den ~ lüften** lift the veil of secrecy; **Schleiereule** *f* barn owl; **schleierhaft** *adj* (*rätselhaft*) mysterious; **das ist mir völlig ~** it's a complete mystery to me

Schleierkraut *nt* gypsophila

Schleife <-, -n> *f* **1.** (*Schlaufe*) loop; (*Schuh~*) bow **2.** (*Wegkurve*) bend; (*Fluss~*) bow

schleifen[1] ['ʃlaɪfən] **I.** *irr vt* (*~d ziehen*) drag; **etw hinter sich her~** drag s.th. behind one **II.** *vi* drag, trail; **alles ~ lassen** slacken the reins; **die Kupplung ~ lassen** slip the clutch

schleifen[2] *vt* **1.** (*zu~*) cut **2.** (*schärfen*) sharpen, whet

schleifen[3] *vt* (MIL: *brutal drillen*) drill hard

Schleifgeräusch *nt* grinding noise; **Schleifmaschine** *f* grinding machine

Schleim [ʃlaɪm] <-(e)s, -e> *m* **1.** slime; (MED) mucus **2.** (*Hafer~*) gruel; **Schleimbeutel** *m* (ANAT) bursa

Schleimer(in) [ʃlaɪmɐ] <-s, -> *m(f)* (*fam pej*) crawler

Schleimhaut *f* mucous membrane; **schleimig** *adj* (*a. fig*) slimy

Schleimscheißer <-s, -> *m* (*pej*) arse-licker, brown-nose

schlemmen ['ʃlɛmən] *vi* feast; **Schlemmer(in)** *m(f)* gourmet; **Schlemmerei** *f* feasting

schlendern ['ʃlɛndɐn] *vi sein* saunter, stroll; **Schlendrian** ['ʃlɛndria:n] <-(e)s> *m* (*fam*) inefficiency

Schlenker <-s, -> *m* swerve

schlenkern ['ʃlɛŋkɐn] *vt, vi* dangle, swing; **mit den Beinen ~** dangle one's legs

Schleppdampfer *m* (MAR) tug

Schleppe <-, -n> *f* (*Kleider~*) train

schleppen ['ʃlɛpən] **I.** *vt* **1.** (*schwer tragen*) lug **2.** (*hinter sich her~*) drag along; (*ab~*) tow **II.** *vr* drag o.s.; **schleppend** *adj* **1.** (*schleifend*) dragging **2.** (*zögernd*) sluggish; **~ in Gang kommen** be very slow to start; **Schlepper** *m* **1.** (AUTO) tractor **2.** (MAR) tug **3.** (COM: *Kunden~*) tout; **Schleppkahn** *m* barge, lighter; **Schlepplift** *m* ski tow; **Schleppnetzfahndung** *f* dragnet; **Schlepptau** *nt* **1.** (MAR) tow rope **2.** (*bei Segelfliegerei*) trail rope; **ins ~ nehmen** take in tow

Schlesien ['ʃle:ziən] *nt* Silesia; **Schlesier(in)** *m(f)* Silesian; **schlesisch** *adj* Silesian

Schleuder ['ʃlɔɪdɐ] <-, -n> *f* **1.** (*Stein~*) sling *Br,* slingshot *Am* **2.** (TECH: *Zentrifuge*) centrifuge; (*Wäsche~*) spin-drier

Schleudergefahr *f* (AUTO) risk of skidding

Schleuderhonig *m* extracted honey

schleudern **I.** *vt* **1.** (*werfen, stoßen*) hurl; (*mit Schleuder*) sling **2.** (*zentrifugieren*) centrifuge, spin **II.** *vi* (AUTO) skid; **ins Schleudern kommen** go into a skid; (*fig*) run into trouble

Schleuderpreis *m* throwaway price; **zu ~en** dirt-cheap; **Schleudersitz** *m* **1.** (AVIAT) ejector seat **2.** (*fig*) hot seat

schleunig ['ʃlɔɪnɪç] *adj* (*schnell*) hasty, speedy; **schleunigst** *adv* right away; **verschwinde, aber ~!** scram, on the double!

Schleuse ['ʃlɔɪzə] <-, -n> *f* **1.** (*Kanal~*) lock **2.** (*Wehr~*) sluice; **schleusen** *vt* (*fam: einschmuggeln*) smuggle

Schlich [ʃlɪç] <-(e)s, -e> *m* (*Kunstgriff*) trick; **alle ~e kennen** know all the wheezes; **jdm auf die ~e kommen** get on to s.o.

schlicht [ʃlɪçt] *adj* simple; **~ und einfach** plain and simple

schlichten *vt:* **einen Streit ~** settle a dispute

Schlichtung <-, -en> *f* arbitration, conciliation; **Schlichtungsverfahren** *nt* conciliation procedure; **Schlichtungsverhandlungen** *pl* arbitration negotiations; **Schlichtungsversuch** *m* attempt at mediation

Schlick [ʃlɪk] <-(e)s, -e> *m* ooze, silt

Schließe <-, -n> *f* fastening

schließen ['ʃli:sən] **I.** *irr vt* **1.** (*zumachen*) close, shut **2.** (*beenden*) close, conclude; **Frieden ~** make peace; **eine Lücke ~** close a gap **II.** *vi* **1.** (*zumachen*) close [*o* shut] down **2.** (*schlussfolgern*) infer; **tut uns Leid, wir haben geschlossen** sorry, we're closed; **aus etw auf etw ~** infer s.th. from s.th.

Schließfach *nt* (*Post~*) post-office box, PO Box; (*Bank~*) safe-deposit box; (*Gepäck~*) left-luggage locker

schließlich *adv* **1.** (*endlich*) eventually, finally **2.** (*immerhin*) after all; **~ und endlich** at long last

Schließmuskel *m* (ANAT) sphincter

Schließung *f* **1.** (*Betriebseinstellung*) shut-down **2.** (*~ einer Versammlung*) breaking-up

Schliff [ʃlɪf] <-(e)s, -e> *m* **1.** (*Diamant, Glas*) cut **2.** (*das Schleifen*) cutting; **einer Sache den letzten ~ geben** put the finishing touches to s.th.

schlimm [ʃlɪm] *adj* (*böse, a. fig*) bad; **eine ~e Zeit durchmachen** go through a bad time; **es wird immer ~er** things are going from bad to worse; **es hätte ~er kommen können** it could have been worse; **umso ~er!** so much the worse!; **es könnte ~er**

sein *(fam)* worse things happen at sea; **ist doch halb so** ~ it's not as bad as all that; **es kommt noch** ~**er** there is worse to come; **das Schlimmste ist vorbei** the worst is over; **das Schlimmste daran ist ...** the worst of it is ...; **schlimmstenfalls** *adv* at worst

Schlinge <-, -n> *f* 1. *(Schleife, Öse)* loop 2. *(zum Fangen)* snare 3. (MED: *Binde*) sling; **sich aus der ~ ziehen** get out of a tight spot

Schlingel ['ʃlɪŋəl] <-s, -> *m* rascal

schlingen¹ ['ʃlɪŋən] I. *irr vt* 1. *(binden)* tie 2. *(um~)* wrap II. *vr:* **sich ~ um etw** coil itself around s.th.

schlingen² *vt (herunter~):* **schling nicht so!** don't bolt your food like that!

schlingern ['ʃlɪŋɐn] *vi (Schiff)* roll; *(Fahrzeug)* lurch

Schlingpflanze *f* creeper

Schlips [ʃlɪps] <-es, -e> *m* tie *Br,* necktie *Am;* **sich auf den ~ getreten fühlen** *(fam)* feel offended

Schlitten ['ʃlɪtən] <-s, -> *m* 1. sledge *Br,* sled *Am* 2. *(sl: Wagen)* motor; **~ fahren** go tobogganing; **mit jdm ~ fahren** *(fam)* give s.o. a ticking-off; **Schlittenfahrt** *f* sledge ride

schlittern ['ʃlɪtɐn] *vi* 1. *sein o haben (auf Rutschbahn)* slide 2. (AUTO: *bei Glatteis)* skid

Schlittschuh *m* (ice-) skate; **Schlittschuhbahn** *f* ice rink; **Schlittschuhläufer(in)** *m(f)* skater; **Schlittschuhschritt** *m* (SPORT) skating step

Schlitz [ʃlɪts] <-es, -e> *m* slit; *(Einwurf~)* slot; **Schlitzauge** *nt* 1. *(schlitzförmiges Auge)* slit eye 2. *(Schimpfwort)* chink; **schlitzäugig** *adj* slant-eyed; **schlitzen** *vt* slit; **Schlitzohr** *nt (fam)* sly fox

Schlögel ['ʃløːgl] <-s, -> *m (österr)* leg; *(vom Wild)* haunch

schlohweiß ['ʃloː'vaɪs] *adj* snow-white

Schloss^RR^ [ʃlɔs, *pl:* 'ʃlœsɐ] <-es, ¨-er> *nt* 1. *(Burg)* castle; *(Palast)* palace 2. *(Verschluss)* lock; *(Koffer~)* fastener; **hinter ~ und Riegel sitzen** be locked up

Schlosser(in) ['ʃlɔsɐ] <-s, -> *m(f)* locksmith; *(Bau~)* fitter; **Schlosserei** *f* metalworking shop

Schlossherr(in)^RR^ *m(f)* lord (lady) of the castle; **Schlosshund^RR^** *m:* **heulen wie ein ~** howl one's head off; **Schlosspark^RR^** *m* castle grounds *pl*

Schlot [ʃloːt] *m* <-es,-e> 1. *(Schornstein)* chimney; *(Fabrik~)* smokestack 2. *(Vulkanöffnung)* vent; **rauchen wie ein ~** smoke like a chimney

schlotterig ['ʃlɔtərɪç] *adj (lose)* baggy

schlottern ['ʃlɔtɐn] *vi* 1. *(lose hängen)* hang loose 2. *(zittern)* shake, tremble; **mit ~den Knien** with trembling knees; **~ vor Angst** tremble with fear

schlottrig ['ʃlɔtrɪç] *adj (lose)* baggy

Schlucht [ʃlʊxt] <-, -en> *f* gorge, ravine

Schluchzen *nt* sobs *pl*

schluchzen ['ʃlʊxtsən] *vi* sob

Schluck [ʃlʊk] <-(e)s, -e> *m* gulp; *(Mundvoll)* sip; **Schluckauf** <-s> *m* hiccups *pl;* **Schluckbeschwerden** *fpl* difficulties in swallowing

Schluckbrunnen *m (für Grundwasserwärmepumpe)* drain(age) well

schlucken I. *vt* 1. *(a. fig)* swallow; *(herunterwürgen)* gulp down 2. *(fam: aufsaugen)* suck up II. *vi* swallow; **Schlucker** *m:* **armer ~** *(fam)* poor devil; **Schluckimpfung** *f* oral vaccine; **Schluckspecht** *m (fam)* boozer; **schluckweise** *adv* by draughts

schludern ['ʃluːdɐn] *vi (fam)* work sloppily; **schludrig** *adj (fam: Arbeit)* slipshod; *(Person)* slapdash

Schlummer ['ʃlʊmɐ] <-s> *m* slumber; **schlummern** *vi* 1. slumber 2. *(fig)* be latent, lie dormant

Schlund [ʃlʊnt, *pl:* 'ʃlʏndə] <-(e)s, ¨-e> *m* 1. (ANAT) gullet 2. *(Abgrund)* abyss, chasm

schlüpfen ['ʃlʏpfən] *vi* 1. *sein* slip 2. *(Jungvögel)* hatch out; **in die** [*o* **aus den**] **Kleider(n)** ~ slip on [*o* off] one's clothes

Schlüpfer *m* panties *pl*

Schlupflid *nt* receding eyelid, inverted eyelid

Schlupfloch *nt* 1. *(Durchlass für Tiere)* hole 2. *(Gaunerversteck)* hideout 3. *(fig)* loophole

schlüpfrig ['ʃlʏpfrɪç] *adj* 1. *(glatt)* slippery 2. *(anstößig)* lewd

Schlupfwinkel *m* hiding place

schlurfen ['ʃlʊrfən] *vi sein* shuffle along

schlürfen ['ʃlʏrfən] *vt, vi* slurp

Schluss^RR^ [ʃlʊs, *pl:* 'ʃlʏsə] <-es, ¨-e> *m* 1. *(Ende, Halt)* end 2. *(Abschluss)* ending; **~ jetzt!** that's the end now!; **~ damit!** stop it!; **~ für heute!** that's it for today!; **~ machen** *(mit der Arbeit)* call it a day; *(Selbstmord begehen)* end it all; **mit jdm ~ machen** finish with s.o.; **zum ~** in the end; **welchen ~ ziehen Sie daraus?** what conclusion do you draw from all this?; **ein voreiliger ~** a rash conclusion; **Schlussabrechnung^RR^** *f* final account; **Schlussakte^RR^** *f* (POL) closing agreement; **Schlussbemerkung^RR^** *f* concluding remark; **Schlussbilanz^RR^** *f* closing balance (sheet)

Schlüssel ['ʃlʏsəl] <-s, -> *m* 1. *(Tür~)* key 2. (TECH: *Schrauben~)* spanner *Br,* wrench *Am* 3. (MUS) clef 4. *(Verteilungsquote)* ratio

Schlüsselanhänger *m* keyring pendant; **Schlüsselbein** *nt* collarbone; **Schlüsselblume** *f* cowslip; **Schlüsselbund** *m* bunch of keys; **Schlüsseldienst** *m* key cutting service; **Schlüsselerlebnis** *nt* (PSYCH) crucial experience; **schlüsselfertig** *adj* ready for occupancy; **ein ~es Haus** a new house ready for moving in; **Schlüsselindustrie** *f* key industry; **Schlüsselkind** *nt* latchkey child; **Schlüsselloch** *nt* keyhole; **durchs ~ gucken** spy through the keyhole; **Schlüsselrolle** *f* key [*o* crucial] role; **Schlüsselstellung** *f* key position; **Beamter in ~** key official

SchlussfolgerungRR *f*: **~en ziehen aus ...** draw conclusions from ...

schlüssig ['ʃlʏsɪç] *adj* conclusive; **sich über etw ~ sein** have made up one's mind about s.th.

SchlusslichtRR <-(e)s, -er> *nt* **1.** (AUTO) tail-light **2.** (*fig*) back marker; **das ~ bilden** bring up the rear; **Schlusspfiff**RR *m* (SPORT) final whistle; **Schlussrunde**RR *f* (SPORT: *beim Boxen*) final round; (*beim Rennen*) final lap; **Schlusssitzung**RR *f* final [*o* closing] session; **Schlussstrich**RR *m* (*fig*) final stroke; **einen ~ unter etw ziehen** consider s.th. finished; **Schlussverkauf**RR *m* sale; **Schlusswort**RR <-(e)s, -e> *nt* **1.** (*in Rede*) closing remarks *pl* **2.** (*in Buch*) postscript

Schmach [ʃma:x] <-> *f*: **etw als ~ empfinden** see s.th. as a disgrace

schmachten ['ʃmaxtən] *vi* (*obs: vor Entbehrung*) languish; **nach etw ~** pine for s.th; **schmachtend** *adj*: **ein ~er Blick** a languishing glance

schmächtig ['ʃmɛçtɪç] *adj* frail, slight

schmachvoll *adj* humiliating

schmackhaft ['ʃmakhaft] *adj* tasty; **jdm etw ~ machen** make s.th. palatable to s.o.

schmähen ['ʃmɛ:ən] *vt* abuse; **schmählich** *adj* (*schändlich*) shameful; (*demütigend*) humiliating

schmal [ʃma:l] *adj* **1.** (*eng*) narrow **2.** (*schlank*) slender, slim; **~e Lippen** thin lips

schmälern ['ʃmɛ:lɐn] *vt* **1.** (*beeinträchtigen*) diminish, lessen **2.** (*herabsetzen*) belittle; **Schmälerung** *f* detraction from

Schmalfilm *m* cine-film; **Schmalfilmkamera** *f* cine-camera

Schmalspur- (*in Zusammensetzungen*) small-time ...

Schmalz [ʃmalts] <-es, -e> *nt* lard

schmalzig *adj* (*fam*) slushy

schmarotzen [ʃma'rɔtsən] <ohne ge-> *vi* **1.** (*Mensch*) sponge (*bei* on) **2.** (*Tiere, Pflanzen*) be parasitic (*bei* on); **Schmarotzer** *m* **1.** (*Mensch*) sponger *Br*, freeloader *Am* **2.** (*Tiere, Pflanzen*) parasite

Schmarren[1] <-s, -> *m pancake cut up into small pieces*

Schmarren[2] *m* (*fam: Unsinn*): **er versteht einen ~ davon** he doesn't know a thing about it; **das geht Sie einen ~ an!** that's none of your bloody business!

schmatzen ['ʃmatsən] *vi* eat noisily

Schmaus [ʃmaʊs, *pl:* 'ʃmɔɪzə] <-es, ̈-se> *m* feast; **schmausen** *vi* feast

schmecken ['ʃmɛkən] **I.** *vi* (*Geschmack haben*) taste (*nach* of); **das schmeckt mir nicht** I don't like the taste of it; **das Essen schmeckt nach nichts!** the cooking has no taste!; **gut ~** taste good [*o* nice]; **das schmeckt nicht schlecht** it tastes all right to me; **das hat geschmeckt!** that was good!; **wie schmeckt's?** how do you like it? **II.** *vt* taste

Schmeichelei *f* flattery; **mit ~en kommst du nicht weit** flattery will get you nowhere

schmeichelhaft *adj* (*a. fig*) flattering

schmeicheln ['ʃmaɪçəln] *vi* flatter (*jdm* s.o.); **er fühlte sich von ihrer Rede sehr geschmeichelt** he was very flattered by her speech; **Schmeichler(in)** *m(f)* flatterer; **schmeichlerisch** *adj* flattering

schmeißen ['ʃmaɪsən] *irr vt* (*fam*) chuck, fling; **eine Sache** [*o* **den Laden**] **~** run the show

Schmeißfliege *f* bluebottle

Schmelz [ʃmɛlts] <-es, -e> *m* **1.** (*Email, Zahn~*) enamel **2.** (*Glanz, Glasur*) glaze **3.** (*der Stimme*) mellowness; **Schmelze** <-, -n> *f* **1.** (*von Metall*) melt **2.** (*Schmelzhütte*) smelting works *pl*

schmelzen ['ʃmɛltsən] *irr vt haben, vi sein* (*a. fig*) melt; **Schmelzhütte** *f* smelting works *pl;* **Schmelzkäse** *m* processed cheese *Br*, process cheese *Am;* **Schmelzofen** *m* (*für Metallerz*) melting furnace; **Schmelzpunkt** *m* melting point; **Schmelztiegel** *m* (*a. fig*) melting pot; **Schmelzwasser** *nt* snow water

Schmerbauch ['ʃme:ɐ-] *m* (*fam*) paunch

Schmerz [ʃmɛrts] <-es, -en> *m* pain; **hast du noch ~en?** is it still hurting?; **das ist gut gegen die ~en** this will help the pain; **~en haben** be in pain; **er schrie vor ~en** he screamed in pain; **ich habe ~en im Bein** I have a pain in my leg; **schmerzempfindlich** *adj* sensitive to pain

schmerzen *vi* (*weh tun*) hurt; **mein Arm fing an zu ~** my arm was becoming painful; **sein Arm schmerzt noch immer** his arm is still paining him; **Schmerzensgeld** *nt* (JUR) damages *pl;* **Schmerzensschrei** *m* scream of pain; **Schmerzgrenze** *f* pain barrier; **schmerzhaft** *adj* **1.** painful

2. (*betrüblich*) sad; **schmerzlich** *adj* (*traurig*) sad; **ein ~er Verlust** a severe loss; **ihm wurde ~ bewusst, dass ...** he became painfully aware that ...; **schmerzlos** *adj* painless; **kurz und ~** quite painless; **Schmerzmittel** *nt* pain-killer; **schmerzstillend** *adj* pain-killing; **~es Mittel** analgetic; **Schmerztablette** *f* pain-killer

Schmetterball *m* (SPORT) smash

Schmetterling ['ʃmɛtɐlɪŋ] *m* butterfly

schmettern ['ʃmɛtɐn] **I.** *vt* (*heftig werfen*) smash **II.** *vi* **1.** (SPORT: *Tennisball*) smash **2.** (MUS: *Trompete*) blare **3.** (*Stimme*) bellow

Schmied [ʃmiːt] <-(e)s, -e> *m* smith

Schmiede ['ʃmiːdə] <-, -n> *f* forge, smithy; **schmiedeeisern** *adj* wrought-iron; **schmieden** *vt* forge (*zu* into); **Pläne ~** hatch plans

schmiegen ['ʃmiːgən] *vr* nestle, snuggle (*an* to); **sich an jdn ~** nestle up to s.o.; **sich an jds Schulter ~** nestle against someone's shoulder; **schmiegsam** *adj* supple

Schmiere ['ʃmiːrə] <-, -n> *f* grease; **~ stehen** (*fam*) be the look-out

schmieren I. *vt* **1.** (*auf~*) smear **2.** (*Maschinen*) lubricate; **jdn ~** (*fam: bestechen*) grease someone's palms; **du kriegst gleich eine geschmiert!** (*fam*) I'll clout you one in a minute! **II.** *vi* **1.** (*sudeln, schlecht schreiben*) scrawl **2.** (*schmierig sein*) smear; **es läuft wie geschmiert** it's going like clockwork; **voll ~**RR mess up; **Schmiererei** *f* **1.** (*Sudelei*) scrawl **2.** (*schlechte Malerei*) daubing **3.** scribbling; **Schmierfett** *nt* grease; **Schmierfink** *m* **1.** (*mieser Schreiberling*) muckraker **2.** (*Schüler*) messy fellow; **Schmiergeld(er)** *nt (pl)* bribe *sing;* **als ~** as a bribe; **~(er) nehmen** take a bribe; **schmierig** *adj* **1.** (*fettig*) greasy **2.** (*widerlich*) dirty, filthy **3.** (*fam: kriecherisch*) smarmy; **Schmiermittel** *nt* lubricant; **Schmieröl** *nt* lubricating oil; **Schmierpapier** *nt* rough paper; **Schmierseife** *f* soft soap; **Schmierzettel** *m* piece of rough paper

Schminke ['ʃmɪŋkə] <-, -n> *f* make-up; **schminken I.** *vt* make up **II.** *vr* put on make-up; **Schminktäschchen** *nt* make-up bag

schmirgeln ['ʃmɪrgəln] *vt* sand; **Schmirgelpapier** *nt* sandpaper

schmissig *adj* (*fam*) dashing

Schmöker ['ʃmøːkɐ] <-s, -> *m* (*fam*) book, piece of light reading

schmökern *vi:* **in einem Buch ~** bury o.s. in a book

Schmollecke *f:* **sich in seine ~ zurückziehen** withdraw to one's corner to sulk; **schmollen** ['ʃmɔlən] *vi* sulk; **Schmollmund** *m* pout; **einen ~ ziehen** pout

Schmorbraten *m* pot-roast

schmoren ['ʃmɔːrən] *vt, vi* braise; **jdn ~ lassen** leave s.o. to stew

Schmuck [ʃmʊk] <-(e)s, (-e)> *m* **1.** (*Juwelen*) jewellery *Br,* jewelry *Am* **2.** (*Dekoration*) decoration

schmücken ['ʃmʏkən] **I.** *vt* adorn, decorate **II.** *vr* adorn o.s.

Schmuckkästchen *nt* jewellery box; **schmucklos** *adj* (*fig*) plain, simple; **Schmuckstück** *nt* **1.** (*Juwel*) piece of jewellery **2.** (*fig*) gem

schmuddelig ['ʃmʊdəlɪç] *adj* messy, dirty

Schmuddelkind *nt* (*fam*) (street) urchin

Schmuddelwetter *nt* (*fam*) mucky [*o* foul] weather *fam*

Schmuggel ['ʃmʊgəl] <-s> *m* smuggling; **schmuggeln** *vt, vi* smuggle; **mit etw ~** smuggle s.th.; **Schmuggelware** *f* contraband, smuggled goods *pl;* **Schmuggler(in)** *m(f)* smuggler

schmunzeln ['ʃmʊntsəln] *vi* smile

schmusen ['ʃmuːzən] *vi* have a cuddle; **mit jdm ~** cuddle s.o.; **Schmusepuppe** *f* cuddly toy

Schmutz [ʃmʊts] <-es> *m* dirt; **jds Namen durch den ~ ziehen** drag someone's name through the mud; **schmutzen** *vi* get dirty; **Schmutzfink** *m* (*fam: Kind*) mucky pup; **Schmutzfleck** *m* dirty mark; **schmutzig** *adj* dirty; **~ werden** get dirty; **etw ~ machen** get s.th. dirty; **eine ~e Phantasie haben** have a dirty mind; **Schmutzkampagne** *f* smear campaign; **Schmutzschicht** *f* layer of dirt; **Schmutztitel** *m* (TYP) half-title

Schnabel ['ʃnaːbəl, *pl:* 'ʃnɛːbəl] <-s, ¨-> *m* **1.** (*von Vögeln*) beak, bill **2.** (*fam: Mund*) gob, trap; **darüber hältst du den ~!** keep your gob shut about this!; **halt den ~!** shut your trap!

Schnake ['ʃnaːkə] <-, -n> *f* gnat, midge

Schnalle ['ʃnalə] <-, -n> *f* **1.** (*Schuh~, Gürtel~*) buckle **2.** (*Schließe*) clasp; **schnallen** *vt* strap (*an* to); **etw auf etw ~** strap s.th. onto s.th.; **hast du das jetzt geschnallt?** (*begriffen, fam*) have you got it now?

schnalzen ['ʃnaltsən] *vi* (*mit der Zunge*) click one's tongue; (*mit den Fingern*) snap one's fingers

Schnäppchen ['ʃnɛpçən] *nt* (*fam*) bargain

schnappen ['ʃnapən] **I.** *vt* **1.** (*etw ergreifen, erwischen*) grab, snatch **2.** (*fam: fangen*) nab; **er schnappte mich am Ärmel** he grabbed my sleeve; **die Polizei hat ihn dabei geschnappt, wie er ...** the police nabbed him when he ... **II.** *vi:* **nach etw ~**

S

make a snap at s.th.; **nach Luft** ~ gasp for air; **Schnappschuss**RR *m* (PHOT) snapshot

Schnaps [ʃnaps, *pl:* 'ʃnɛpsə] <-es, ¨e> *m* booze *Br,* liquor *Am;* **Schnapsidee** *f* (*fam*) crackpot idea

schnarchen ['ʃnarçən] *vi* snore

schnarren ['ʃnarən] *vi* **1.** (*knarren*) creak **2.** (*summen*) buzz; **~de Geräusche** a series of creaks

schnattern ['ʃnatɐn] *vi* **1.** (*Gänse, Enten*) quack **2.** (*pej: durcheinander schwatzen*) gabble, prattle

schnauben ['ʃnaʊbən] *vi, vt* (*bes. von Pferd*) snort; (*pusten*) blow, puff; **vor Wut** ~ snort with rage

schnaufen ['ʃnaʊfən] *vi* puff, wheeze

Schnauzbart *m* moustache

Schnauze ['ʃnaʊtsə] <-, -n> *f* **1.** (*Tier~*) muzzle **2.** (*fam: Mund*) trap **3.** (*bes. Flugzeugspitze*) nose; (AUTO: *Vorderteil*) front; **halt die ~!** (*fam*) shut your trap!; **eine große ~ haben** (*fam*) be a big-mouth; **schnauzen** *vi* (*fam*) shout

schnäuzenRR ['ʃnɔɪtsən] *vr* blow one's nose

Schnecke ['ʃnɛkə] <-, -n> *f* snail; **jdn zur ~ machen** (*fam*) give s.o. a ticking-off; **schneckenförmig** *adj* spiral; **Schneckenhaus** *nt* snail-shell; **Schneckenpost** *f* (INTERNET: *traditionelle Post*) snail mail; **Schneckentempo** *nt:* **im** ~ at a snail's pace

Schnee [ʃne:] <-s> *m* (*a. fig: Heroin, Kokain*) snow; **der ewige** ~ the eternal snows *pl;* **Schneeanzug** *m* snow suit; **Schneeball** *m* **1.** snowball **2.** (*Strauch*) guelder rose; **Schneeballeffekt** *m* snowball effect; **Schneeballschlacht** *f* snowball fight; **eine ~ machen** have a snowball fight; **Schneebesen** *m* whisk; **Schneebrille** *f* snow goggles *pl;* **Schneedecke** *f* blanket of snow; **Schneefall** *m* snowfall; **Schneeflocke** *f* snowflake; **Schneegestöber** *nt* snowstorm; **Schneeglöckchen** *nt* snowdrop; **Schneegrenze** *f* snow-line; **Schneehemd** *nt* white camouflage anorak; **Schneekanone** *f* snow cannon; **Schneekette** *f* (AUTO) snow chain; **Schneemann** <-(e)s, ¨er> *m* snowman; **Schneematsch** *m* slush; **Schneemobil** *nt* snow mobile; **Schneepflug** *m* snowplough *Br,* snowplow *Am;* **Schneeregen** *m* sleet; **Schneeschauer** *m* snow shower; **Schneeschaufel** *f* snow-shovel *Br,* snowpusher *Am;* **Schneeschmelze** *f* thaw; **Schneesturm** *m* snowstorm *Br,* blizzard *Am;* **Schneetreiben** *nt* driving snow; **Schneeverwehung** *f* snowdrift; **schneeweiß** *adj* snowy-white; **Schneewittchen** *nt* Snow White

Schneid [ʃnaɪt] <-(e)s> *m* guts *pl;* **Schneidbrenner** *m* (TECH) cutting torch

Schneide [ʃnaɪdə] <-, -n> *f* **1.** (*Schärfe, Kante*) edge **2.** (*Klinge*) blade; **auf (des) Messers ~ stehen** be on a razor's edge

schneiden I. *irr vt* (*a. fig*) cut; **sich die Nägel** ~ cut one's nails; **sich am Finger** ~ cut one's finger; **deine Haare könnten mal wieder geschnitten werden!** your hair could do with a cut!; **sich die Haare ~ lassen** have one's hair cut; **etw in zwei Teile** ~ cut s.th. in half **II.** *vr* **1.** (*mit Messer*) cut o.s. **2.** (MATH: *Linien*) intersect; **schneidend** *adj* **1.** (*beißend*) biting **2.** (*durchdringend*) piercing

Schneider(in) *m(f)* tailor; (*Damen~*) dressmaker; **Schneiderei** *f* tailor's [*o* dressmaker's]; **schneidern** *vt* (*anfertigen*) make

Schneidersitz *m:* **im Schneidersitz** cross-legged

Schneidezahn *m* incisor

schneidig *adj* dashing

schneien ['ʃnaɪən] *vi impers* snow

Schneise ['ʃnaɪzə] <-, -n> *f* **1.** (*Wald~*) aisle **2.** (AVIAT: *Flug~*) path

schnell [ʃnɛl] *adj* (*~fahrend*) fast; (*rasch*) quick; **mach ~!** be quick!; **~, ~!** quick, quick!; **das ging ja** ~ you were quick; **etw ganz ~ tun** be quick to do s.th.; **wie komme ich am ~sten zum Bahnhof?** what's the quickest way to the station?; **lass mich mal ~ sehen** let me have a quick look; **wir haben ~ etw gegessen** we had a quick meal; **er arbeitet** ~ he is a fast worker

Schnel(l)lader *m* (AUTO: *für Batterie*) fast charger; **Schnellbahn** *f* high-speed railway; **Schnellbauweise** *f* high-speed building methods *pl;* **Schnellboot** *nt* (MIL) motor-torpedo boat, MTB; **Schnelldrucker** *m* high-speed printer; **schnel(l)lebig** *adj* fast-moving

schnellen ['ʃnɛlən] *vi sein:* **in die Höhe** ~ shoot up, tip up

Schnellfeuerwaffe *f* automatic weapon; **Schnellhefter** *m* spring folder

Schnelligkeit *f* speed; **mit großer** ~ at fast speed; **die ~ der Strömung** the rapidity of the current

SchnellimbissRR *f* snack-bar; **Schnellkochplatte** *f* high-speed ring; **Schnellkochtopf** *m* pressure cooker; **Schnellkurs** *m* crash course; **Schnellllader**RR *m* (AUTO: *für Batterie*) fast charger; **schnelllebig**RR *adj* fast-moving; **Schnellreinigung** *f* express cleaner's; **Schnellrücklauf** *m* fast rewind; **Schnellschuss** *m* (*fam*) s.th. that is quick off the mark

schnellstens *adv* as quickly as possible

Schnellstraße *f* expressway; **Schnellsuchlauf** *m* rapid search; **schnelltrocknend** *adj* quick-drying; **Schnellverfahren** *nt* **1.** (TECH) high-speed processing **2.** (JUR) summary trial; **im ~ abgeurteilt werden** be sentenced by a summary trial; **Schnellvorlauf** *m* fast forward; **Schnellzug** *m* fast train

Schnepfe ['ʃnɛpfə] <-, -n> *f* **1.** (*größerer Vogel*) snipe **2.** (*fam: Schimpfwort*): **sie ist eine blöde ~!** she is a stupid cow!

schneuzen *vr* blow one's nose

schniefen ['ʃniːfən] *vi* (*fam*) sniffle

Schnippchen ['ʃnɪpçən] *nt* (*fam*): **jdm ein ~ schlagen** outsmart s.o.

schnippeln ['ʃnɪpln] *vi* snip

schnippisch *adj* pert, saucy

Schnipsel *m/nt* scrap; **schnipseln** *vt* snip (*an* at)

Schnitt [ʃnɪt] <-(e)s, -e> *m* cut; (*Längs~, Quer~*) section; **einen ~ mit etw machen** (*fam*) make a profit by s.th; **im ~** on average

Schnittblumen *pl* cut flowers

Schnitte <-, -n> *f* **1.** (*Scheibe*) slice **2.** (*belegtes Brot*) open sandwich; **eine ~ Brot** a slice of bread

Schnittfläche *f* section

schnittig *adj* smart

Schnittkäse *m* sliced cheese, cheese slices; **Schnittlauch** *m* chives *pl;* **Schnittmenge** *f* (MATH) intersection; **Schnittmuster** *nt* paper pattern; **Schnittpunkt** *m* (*von Linien*) point of intersection; **Schnittstelle** *f* (INFORM) interface

Schnittwunde *f* cut; (*tiefe ~*) gash

Schnitzel[1] *nt* (*Speise*) pork [*o* veal] cutlet

Schnitzel[2] ['ʃnɪtsəl] <-s, -> *nt m* (*Papier~*) scrap of paper; **Schnitzeljagd** *f* paperchase

schnitzen ['ʃnɪtsən] *vt* carve; **Schnitzer** *m* **1.** (*Holz~*) wood carver **2.** (*fam: Fehler*) blunder *Br,* howler *Am*

Schnitzmesser *nt* woodcarving knife

schnöde ['ʃnøːdə] *adj:* **der ~e Mammon** filthy lucre

Schnorchel ['ʃnɔrçəl] <-s, -> *m* snorkel

Schnörkel ['ʃnœrkəl] <-s, -> *m* (*Verzierung*) flourish; **schnörkellos** *adj* without frills

schnorren *vt, vi* scrounge, cadge (*etw bei jdm* s.th. off s.b.); **Schnorrer(in)** *m(f)* scounger, sponger

Schnüffelei *f* **1.** (*Schnuppern*) sniffling **2.** (*Herumspionieren*) snooping

schnüffeln ['ʃnʏfəln] *vi* **1.** (*schnuppern*) sniff (*an* at) **2.** (*fig*) snoop around

Schnuller ['ʃnʊlɐ] <-s, -> *m* **1.** (*für Säugling*) dummy *Br,* pacifier *Am* **2.** (*Fläschchenaufsatz*) teat *Br,* nipple *Am*

Schnulze ['ʃnʊltsə] <-, -n> *f* (*fam pej*) tearjerker; **Schnulzensänger(in)** *m(f)* (*fam pej*) crooner

Schnupfen ['ʃnʊpfən] <-s, -> *m* cold (in the head); **~ haben** have a cold; **~ bekommen** catch cold

schnupfen *vt* snort, sniff

schnuppe ['ʃnʊpə] *adj* (*fam*): **das ist mir ~** it's all the same to me

schnuppern ['ʃnʊpɐn] *vi* sniff; **an etw ~** sniff s.th.

Schnur [ʃnuːɐ, *pl:* 'ʃnyːrə] <-, ¨-e> *f* string; (*Kordel*) cord; (ELEK: *Leitungs~*) flex

Schnürband *nt* lace

Schnürchen ['ʃnyːɐçən] *nt:* **das klappt ja wie am ~** it's really going like clockwork

schnüren ['ʃnyːrən] **I.** *vt* tie up **II.** *vi* (*zu fest sein*) be too tight

schnurgerade *adv* dead straight

schnurlos *adj* (*Telefon*) cordless

Schnurrbart *m* moustache *Br,* mustache *Am;* **schnurrbärtig** *adj* mustachioed

schnurren ['ʃnʊrən] *vi* **1.** (*surren*) whir **2.** (*Katze*) purr

Schnurrhaare *pl* whiskers

Schnürsenkel *m* shoelace; **Schnürstiefel** *m* laced boot

schnurstracks ['ʃnuːɐ'ʃtraks] *adv* straight away

Schober ['ʃoːbɐ] <-s, -> *m* (*österr: Scheune*) barn

Schock [ʃɔk] <-s, -s> *m* shock; **Schockfarbe** *f* blaze colour *Br,* electric colour, blaze color *Am,* electric color; **schockieren** *vt* shock

Schöffe, -fin ['ʃœfə] <-n, -n> *m, f* (JUR) juror

Schokolade [ʃoko'laːdə] <-, -n> *f* chocolate; **Schokoladenriegel** *m* chocolate bar

Schokoladenseite *f* (*fig*) attractive side of things

Scholle[1] ['ʃɔlə] <-, -n> *f* **1.** (*Fisch*) plaice **2.** (*auf Speisekarten*) sole

Scholle[2] *f* (*Erd~*) clod; (*Eis~*) floe

schon [ʃoːn] *adv* **1.** (*bereits*) already **2.** (*jemals*) ever **3.** (*bloß*) just; **ich lebe ~ seit 2 Jahren in Berlin** I have been living in Berlin for 2 years; **sind Sie ~ (mal) in Spanien gewesen?** have you ever been to Spain?; **das habe ich ~ oft gehört** I've heard that often; **ich bin ~ lange fertig** I've been ready for ages; **wartest du ~ lange?** have you been waiting long?; **~ immer** always; **wenn ich das ~ höre!** if I even hear that!; **na, wenn ~!** so what!; **was ist das ~!** that's nothing!; **ja, ~ …** yes, well …; **das ist ~ möglich** that's quite possible; **mach ~!** get a move on!; **morgen ~ gar nicht**

tomorrow least of all

schön [ʃøːn] I. *adj* 1. (*hübsch*) beautiful, lovely 2. (*angenehm*) nice; **heute Nachmittag wird es ~** it's going to be fine this afternoon; **wir gehen, wenn das Wetter ~ ist** we'll go if it's fine; **eines ~en Tages** one fine day; **das ist ja eine ~e Ausrede** that's a fine excuse; **du bist mir ein ~er Freund!** a fine friend you are!; **das ist ja alles ~ und gut, aber ...** that's all very well, but ...; **immer ~ sachte!** nice and easy does it!; **das sind ja ~e Zustände!** here's a nice state of affairs! II. *adv* 1. (*gut*) well 2. (*ziemlich*) pretty; **schlaf ~!** sleep well!; **ganz ~ lange** quite a while

schonen ['ʃoːnən] I. *vt* 1. (*verschonen*) spare 2. (*sorgfältig behandeln*) look after, take care of II. *vr* take care of o.s; **schonend** *adj* 1. (*vorsichtig*) gentle 2. (*mild*) mild; **etw ~ behandeln** treat s.th. with care; **jdm etw ~ beibringen** break s.th. to s.o. gently

Schongang *f* (*Waschen*) gentle action wash

Schönheit *f* 1. beauty 2. (*schöne Frau*) beautiful woman, beauty; **Schönheitsfarm** *f* beauty farm; **Schönheitsfehler** *m* (*von Menschen*) blemish; (*von Sachen*) flaw; **Schönheitsoperation** *f* cosmetic surgery; **Schönheitspflege** *f* beauty care

Schonkost *f* light diet

Schönschreibdrucker *m* (INFORM) letter-quality printer

schöntun *irr vi:* **jdm ~** soft-soap s.o.

Schonung[1] *f* (*vorsichtige Behandlung*) saving (of); **zur ~ der Möbel** for the protection of the furniture; **Schonung**[2] *f* (*Jungwald*) forest plantation area; **schonungslos** I. *adj* (*ohne Gnade*) merciless II. *adv* bluntly

Schonzeit *f* close season *Br*, closed season *Am*

Schopf [ʃɔpf, *pl:* 'ʃœpfə] <-(e)s, ⸚e> *m* (*Haar~*) shock of hair; (*Vogel~, Feder~*) crest; **die Gelegenheit beim ~e fassen** seize (on) the opportunity

schöpfen ['ʃœpfən] *vt, vi* scoop (*aus* out of, from); **neuen Mut ~** draw new courage (*aus* from)

Schöpfer(in) *m(f)* creator; **schöpferisch** *adj* creative

Schöpfkelle *f* scoop; **Schöpflöffel** *m* ladle

Schöpfung *f* 1. (*Kreation, Werk*) creation 2. (*Erfindung*) invention; **Schöpfungsgeschichte** *f* (REL) Genesis

Schöps <-es, -e> *m* (*österr: Hammel*) wether

Schorf [ʃɔrf] <-(e)s, -e> *m* (*Wundkruste*) scab

Schornstein ['ʃɔrnʃtaɪn] <-(e)s, -e> *m* chimney; (MAR RAIL) funnel; (*Fabrik~*) (smoke-) stack; **Schornsteinaufsatz** *m* chimney top; (*aus Blech*) chimney cowl; **Schornsteinfeger(in)** *m(f)* (chimney-) sweep

Schoss[RR] [ʃɔs] <-es, -e> *m* (*Trieb*) shoot, sprout

Schoß ['ʃoːs, *pl:* 'ʃøːsə] <-es, ⸚e> *m* lap; **auf dem ~** on one's lap; **Schoßhund** *m* lap-dog

Schote ['ʃoːtə] <-, -n> *f* (*Kapselfrucht*) pod

Schott [ʃɔt] <-(e)s, -en/-s> *nt* (MAR) bulkhead

Schotte ['ʃɔtə] <-n, -n> *m* Scot, Scotsman; **die ~en** the Scottish

Schotter ['ʃɔtɐ] <-s> *m* 1. (*Straßen~*) road-metal; (RAIL) ballast 2. (*fam: Geld*) dough; **schottern** *vt* metal

Schottin *f* Scotswoman; **die ~nen** Scottish women; **schottisch** *adj* Scottish; **das ~e Hochland** the Scottish Highlands; **~er Whisky** Scotch Whisky; **Schottland** *nt* Scotland

schraffieren [ʃra'fiːrən] *vt* hatch; **Schraffur** *f* hatching

schräg [ʃrɛːk] I. *adj* 1. (*ungerade*) oblique 2. (*geneigt*) sloping 3. (*quer laufend*) diagonal II. *adv* 1. (*nicht parallel*) obliquely 2. (*diagonal*) diagonally; **~ gegenüber** diagonally opposite; **jdn ~ ansehen** look down on s.o.; **Schräge** ['ʃrɛːgə] <-, -n> *f* incline; **Schrägheck** *nt* (*am Auto*) coupé back; **Schrägschrift** *f* (TYP: *Kursivdruck*) italics *pl;* **Schrägstrich** *m* oblique stroke

Schramme ['ʃramə] <-, -n> *f* scratch; **schrammen** *vt* scratch

Schrank [ʃraŋk, *pl:* 'ʃrɛŋkə] <-(e)s, ⸚e> *m* cupboard *Br*, closet *Am;* (*Kleider~*) wardrobe; **Schrankbett** *nt* fold-away bed

Schranke ['ʃraŋkə] <-, -n> *f* (*a. fig*) barrier; **das hält sich noch in ~n** that keeps within reasonable limits; **sein Ehrgeiz kennt keine ~n** there are no bounds to his ambition; **schrankenlos** *adj* unrestrained; **Schrankenwärter(in)** *m(f)* level crossing attendant

Schrankfach *nt* shelf; **Schrankwand** *f* wall unit

Schrapnell [ʃrap'nɛl] <-s, -e/-s> *nt* shrapnel

Schraube ['ʃraʊbə] <-, -n> *f* 1. (*ohne Mutter, Holz~*) screw; (*~ mit Mutter*) bolt 2. (AVIAT MAR) propeller; **eine ~ anziehen** tighten a screw; **bei ihm ist eine ~ los** (*fam*) he has a screw loose; **schrauben** *vt, vi* screw; **etw höher (niedriger, fester) ~** screw s.th. up (down, tighter); **Schraubendreher** *m* screwdriver; **Schrauben-**

schlüssel *m* spanner; **Schraubenzieher** *m* srewdriver

Schraubfassung *f* screw fixture; **Schraubstock** *m* vice *Br,* vise *Am;* **Schraubverschluss**[RR] *m* screw top, screw cap

Schrebergarten ['ʃre:bɐ-] *m* allotment

Schreck [ʃrɛk] <-(e)s, -e(n)> *m* fright, scare; **einen ~ bekommen** have a fright; **jdm einen ~ einjagen** give s.o. a fright; **mit dem ~en davonkommen** get off with no more than a fright

schrecken *vt* frighten, scare; **Schreckensbotschaft** *f* alarming piece of news; **Schreckensherrschaft** *f* reign of terror

Schreckgespenst *nt* nightmare

schreckhaft *adj* easily frightened

schrecklich I. *adj* (*furchtbar*) terrible; **du bist wirklich ~!** you're awful! II. *adv* (*fam: sehr*) awfully; **ist nicht so ~ wichtig** it's not awfully important; **~ gerne!** I'd absolutely love to!

Schreckschraube *f* (*pej*) battle-axe; **Schreckschuss**[RR] *m:* **einen ~ abgeben** fire a warning shot; **Schreckschusspistole**[RR] *f* blank gun; **Schrecksekunde** *f* (AUTO) reaction time

schreddern ['ʃrɛdɐn] *vt* shred

Schrei [ʃraɪ] <-(e)s, -e> *m* cry; (*lauter*) shout; (*gellend*) yell; (*kreischend*) scream, screech, shriek; **der letzte ~** (*Mode*) the latest thing; **einen ~ ausstoßen** utter a cry

Schreibblock *m* (writing-) pad

Schreibe *f* (*fam*) writing

Schreiben <-s, -> *nt* letter

schreiben ['ʃraɪbən] *irr vt, vi* write; **er schrieb 5 Seiten voll** he wrote five sheets of paper; **~ Sie Ihren Namen in Druckschrift!** print your name!; **wie schreibt man das?** how do you spell that?; **jdm ~** write to s.o.; **wir ~ uns** we write to each other; **ich habe ihm geschrieben, er solle kommen** I wrote to him to come

Schreiber *m* 1. (*Brief~,*) writer 2. (*Amts~*) clerk 3. (TECH: *Registrierapparat*) recorder

schreibfaul *adj:* **~ sein** be no great letter-writer; **Schreibfeder** *f* (*Stahl~*) nib; **Schreibfehler** *m* (spelling) mistake; **Schreibheft** *nt* exercise-book; **Schreibkraft** *f* typist; **Schreibmappe** *f* portfolio; **Schreibmaschine** *f* typewriter; **~ schreiben** type; **mit ~ geschrieben** typewritten; **Schreibmaschinenpapier** *nt* typing paper; **Schreibpapier** *nt* writing paper; **Schreibpult** *nt* (writing) desk; **Schreibschrift** *f* 1. (*von Hand*) cursive writing 2. (TYP) script; **Schreibtisch** *m* desk; **Schreibtischtäter** *m* (*pej*) brains behind the scenes of a crime

Schreibung *f* (*Orthografie*) spelling; **falsche ~** misspelling

Schreibunterlage *f* desk pad; **Schreibwaren** *pl* writing materials; **Schreibwarenhandlung** *f* stationer's; **Schreibweise** *f* (*Rechtschreibung*) spelling; (*individuelle*) style; **Schreibzeug** <-(e)s> *nt* writing things *pl*

schreien ['ʃraɪən] *irr vi* shout; (*laut ~*) scream; **sich die Lunge aus dem Halse ~** scream one's head off; **sich heiser ~** scream o.s. hoarse; **sie schrie nach jdm** she cried for s.o. to come; **schreiend** *adj:* **eine ~e Ungerechtigkeit** a crying scandal; **~e Farben** loud colours; **Schreierei** *f* (*fam*) bawling; **Schreihals** *m* bawler

Schrein [ʃraɪn] <-(e)s, -e> *m* (REL) shrine

Schreiner(in) *m(f)* carpenter; **Schreinerei** *f* carpenter's workshop; **schreinern** I. *vi* do carpentry II. *vt* (*fertigen*) make

schreiten ['ʃraɪtən] *irr vi* stride; **im Zimmer auf und ab~** pace up and down the room; **zur Abstimmung ~** come to the vote

Schrift [ʃrɪft] <-, -en> *f* 1. (*Hand~*) handwriting 2. (TYP) type 3. (*Broschüre*) leaflet; **die Heilige ~** the Holy scriptures *pl;* **seine ~en** his writings; **sie hat eine schöne ~** she has good handwriting; **Schriftart** *f* 1. (*von Hand~*) script 2. (TYP) type; **Schriftdeutsch** *nt* written [*o* standard] German; **Schriftführer(in)** *m(f)* secretary; **Schriftgrad** *m* (TYP) typesize; **Schriftleitung** *f* editorship

schriftlich I. *adj* written; **~e Beweise** evidence in writing II. *adv* in writing; **etw ~ festhalten** put down s.th. in writing; **das kann ich dir ~ geben!** (*fam*) I can tell you that for free!

Schriftsatz *m* 1. (TYP) type 2. (JUR) pleadings *pl;* **Schriftsetzer(in)** *m(f)* compositor, typesetter; **Schriftsprache** *f* written language; **Schriftsteller(in)** *m(f)* author(ess), writer; **schriftstellerisch** *adj* literary; **~ begabt sein** have a literary talent; **Schriftstück** *nt* paper; (*amtlich*) document; **Schriftverkehr** *m* correspondence; **Schriftwechsel** *m* correspondence

schrill [ʃrɪl] *adj* shrill

Schritt [ʃrɪt] <-(e)s, -e> *m* 1. (*a. fig*) step; (*langer ~*) stride 2. (*Gang*) gait, walk 3. (*einer Hose*) crotch; **~ halten mit ...** keep up with ...; **einen ~ machen** take a step; **~ für ~** step by step; **~ fahren** go at crawl; **er beobachtete mich auf ~ und Tritt** he watched my every step; **es sind nur ein paar ~e** it's only a few steps; **den ersten ~ tun** make the first move; **ein entscheidender ~** a decisive step; **Schrittempo** *nt:*

im ~ fahren crawl along; **Schrittgeschwindigkeit** *f* walking pace; **Schrittmacher** *m* (*a.* MED) pacemaker; **Schritttempo**[RR] *nt:* **im ~ fahren** crawl along; **schrittweise** *adv* gradually

schroff [ʃrɔf] *adj* **1.** (*steil abfallend*) steep; (*jäh*) precipitous **2.** (*zerklüftet*) rugged **3.** (*barsch*) curt; **~e Gegensätze** sharp contrasts; **~er Widerspruch** downright contradiction

schröpfen [ˈʃrœpfən] *vt* (*fig*): **jdn ~** fleece s.o.

Schrot [ʃroːt] <-(e)s, -e> *m/nt* **1.** (*Blei~*) shot **2.** (*grob gemahlenes Getreide*) wholemeal *Br,* wholewheat *Am;* **von altem ~ und Korn** of the good old type; **Schrotbrot** *nt* wholemeal bread *Br,* wholewheat bread *Am;* **Schrotflinte** *f* shotgun

Schrott [ʃrɔt] <-(e)s, -e> *m* scrap metal; **Schrotthalde** *f* scrap heap; **Schrotthändler(in)** *m(f)* scrap dealer; **Schrotthaufen** *m* **1.** (*Haufen von Schrott*) scrap heap **2.** (*fam: rostiges Auto*) pile of scrap; **Schrottplatz** *m* scrap yard; **schrottreif** *adj* ready for the scrap heap; **Schrottwert** *m* scrap value

schrubben [ˈʃrʊbən] **I.** *vt* scrub **II.** *vr* scrub o.s.; **Schrubber** *m* scrubbing brush

Schrulle [ˈʃrʊlə] <-, -n> *f* (*fam*) quirk; **schrullig** *adj* odd

schrumpfen [ˈʃrʊmpfən] *vi sein* (*a. fig*) shrink; (COM) decline; **Schrumpfkopf** *m* shrunken head; **Schrumpfung** *f* (*a. fig*) shrinking; (COM) decline

Schub [ʃuːp, *pl:* ˈʃyːbə] <-(e)s, ¨-e> *m* **1.** (PHYS: *Vorschub*) thrust **2.** (*Stoß*) push; **Schuber** *m* slipcase; **Schubfach** *nt* drawer; **Schubkarre(n)** *m* wheelbarrow; **Schubkraft** *f* thrust; **Schublade** *f* drawer; **Schubs** [ʃʊps] <-es, -e> *m* (*fam*) push, shove; **jdm einen ~ geben** give s.o. a shove; **schubsen** *vt, vi* (*fam*) push, shove

schüchtern [ˈʃʏçtɐn] *adj* shy; **~ sein** feel shy; **Schüchternheit** *f* shyness

Schuft [ʃʊft] <-(e)s, -e> *m* heel, scoundrel

schuften *vi* (*fam*) slave away; **Schufterei** *f* (*fam*) graft; **schuftig** *adj* mean, vile

Schuh [ʃuː] <-(e)s, -e> *m* shoe; **jdm etw in die ~e schieben** put the blame for s.th. on s.o.; **wo drückt der Schuh?** what's the trouble?; **die ~e putzen** clean the shoes *Br,* shine the shoes *Am;* **Schuhanzieher** *m* shoehorn; **Schuhband** <-(e)s, ¨-er> *nt* shoelace; **Schuhbürste** *f* shoe-brush; **Schuhcreme** *f* shoe polish; **Schuhgeschäft** *nt* shoe shop; **Schuhgröße** *f* shoe size; **Schuhlöffel** *m* shoehorn; **Schuhmacher(in)** *m(f)* shoemaker; **Schuhputzmittel** *nt* shoe polish; **Schuhputzzeug** *nt* shoe polish; **Schuhsohle** *f* sole; **Schuhspanner** *m* shoetree

Schukostecker [ˈʃuːko-] *m* safety plug

Schularbeiten *pl,* **Schulaufgaben** *pl* homework *sing;* **~ aufhaben** have got homework to do; **Schularzt, -ärztin** *m, f* school doctor; **Schulausflug** *m* school outing; **Schulbank** *f* school desk; **Schulbeispiel** *nt* classic example (*für* of); **Schulbildung** *f* education; **eine gute ~** a thorough schooling; **Schulbuch** *nt* school book; **Schulbuchverlag** *m* educational publishing company; **Schulbus** *m* school bus

Schuld [ʃʊlt] <-, -en> *f* **1.** (*moralische ~*) guilt **2.** (FIN) debt; **jdm die ~ an etw geben** blame s.o. for s.th.; **du bist ganz allein s~** you only have yourself to blame; **daran bin ich s~** I'm to blame for this; **wer ist s~ an dem Unfall?** who is to blame for this accident?; **du bist s~, wenn wir den Zug versäumen** it's your fault if we miss the train; **die ~ auf sich nehmen** take the blame; **er ist s~** the blame lies with him; **wir sind beide s~** we share the blame; **ihn trifft keine ~** he can't be blamed, he's not to blame; **ich bin nicht s~, wenn …** it won't be my fault if …; **wer ist s~?** whose fault is it?; **du bist selbst s~** it's all your own fault; **£ 100 ~en haben bei …** be £ 100 in debt to …; **er hat ~en bei mir** he is in my debt; **eine ~ begleichen** (*a. fig*) repay a debt; **sich etw zu ~en kommen lassen**[RR] do s.th. wrong; **schuldbewusst**[RR] *adj* feeling guilty; **~es Gesicht** guilty face; **Schulden** *pl* debt; **~ machen** get [*o* run] into debt; **aus den ~ herauskommen** get out of debt; **schulden** *vt, vi* (*a. fig*) owe (*jdm etw* s.o. s.th.); **was schulde ich dir?** how much do I owe you?; **ich glaube, du schuldest mir eine Erklärung!** I think you owe me an explanation!; **schuldenfrei** *adj* free of debts; **~es Haus** unmortgaged house; **Schuldenlast** *f* debt burden; **Schuldfrage** *f* question of guilt; **Schuldgefühl** *nt* feeling of guilt; **schuldhaft** *adj* culpable

Schuldienst *m* teaching; **im ~ sein** be a teacher

schuldig [ˈʃʊldɪç] *adj* **1.** (JUR: *a. moralisch ~*) guilty **2.** (*verantwortlich*) to blame (*an* for); **jdm nichts ~ bleiben** give s.o. as good as one gets; **jdn für ~ befinden** find s.o. guilty; **was bin ich (Ihnen) ~?** what do I owe you?; **kann ich dir den Rest ~ bleiben?** can I owe you the rest?; **ich bin dir noch ein Essen ~** I owe you a meal; **du bist mir noch mehr ~** you owe me more than that; **Schuldige(r)** *f m* (JUR) guilty person; **Schuldigkeit** *f:* **seine ~ tun** do one's duty

Schuldkomplex *m* (PSYCH) guilt complex; **schuldlos** *adj:* **an einem Verbrechen ~ sein** be innocent of a crime; **an einem Unfalle ~ sein** be not to blame for an accident; **Schuldner(in)** *m(f)* debtor; **Schuldnerstaat** *m* debtor nation; **Schuldschein** *m* promissory note, I.O.U. (= I owe you); **Schuldspruch** *m* verdict of guilty; **Schuldunfähigkeit** *f* (JUR) incapacity; **Schuldverschreibung** *f* (FIN) debenture bond; **Schuldzuweisung** *f* accusation, assignment of guilt

Schule ['ʃu:lə] <-, -n> *f* (*a. fig*) school; **in der ~** at school; **in die ~ gehen** go to school; **morgen ist keine ~** there's no school tomorrow; **durch eine harte ~ gehen** learn in a tough school; **~ machen** become the accepted thing; **schulen** *vt* school, train; **Schulenglisch** *f:* **mein ~** the English I learnt at school

Schüler(in) ['ʃy:lɐ] *m(f)* schoolboy (schoolgirl); **alle ~ dieser Schule** all the pupils of this school; **Schüleraustausch** *m* school exchange; **Schülerausweis** *m* student card; **Schülerkarte** *f* (school) season-ticket; **Schülermitverwaltung** [--'----] *f participation of pupils in school (administrative) affairs;* **Schülerzeitung** *f* school magazine

Schulfach *nt* school subject; **Schulferien** *pl* school holidays *Br,* vacation *Am;* **Schulfernsehen** *nt* educational television; **Schulfest** *nt* school function; **schulfrei** *adj:* **morgen ist ~** there's no school tomorrow; **Schulfreund(in)** *m(f)* school friend; **Schulfunk** *m* school's radio; **Schulgeld** *nt* school fees *pl;* **Schulheft** *nt* exercise book; **Schulhof** *m* school playground, schoolyard

schulisch *adj:* **jds ~e Leistungen** one's progress at school

Schuljahr *nt* **1.** school year **2.** (*Jahrgang*) year; **Schulkamerad** *m* schoolmate; **Schulkenntnisse** *pl* knowledge acquired at school; **Schulkind** *nt* schoolchild; **Schulklasse** *f* class; **Schulleiter(in)** *m(f)* headmaster (headmistress) *Br,* principal *Am;* **Schulmappe** *f* schoolbag; **Schulmedizin** *f* school medicine; **Schulmeinung** *f* received opinion

schulmeistern ['---] *vt* (*belehren*) lecture

Schulpflicht *f* compulsory school attendance; **schulpflichtig** *adj* required to attend school; **Schulranzen** *m* satchel; **Schulrat, -rätin** <-(e)s, ⸚e> *m, f* schools inspector; **Schulreform** *f* educational reform; **Schulschiff** *nt* training ship; **Schulschluss**[RR] <-es> *m* end of school; **um 13 Uhr ist ~** school finishes at 13:00; **Schulspeisung** *f* free school meals *pl;* **Schulsprecher(in)** *m(f)* head boy (head girl); **Schulstress**[RR] *m:* **unter ~ leiden** be under stress at school; **Schulstunde** *f* lesson, period; **Schultasche** *f* schoolbag

Schulter ['ʃʊltɐ] <-, -n> *f* shoulder; **~ an ~** shoulder to shoulder; (*dicht gedrängt*) closely packed; **breite ~n haben** be broad-shouldered; (*fig*) have a broad back; **mit den ~n zucken** shrug one's shoulders; **jdn auf den ~n tragen** carry s.o. shoulder-high; **jdm bis an die ~n reichen** stand shoulder-high to s.o.; **etw auf die leichte ~ nehmen** take s.th. lightly; **Schulterblatt** *nt* shoulder blade; **Schulterbreite** *f* breadth of the shoulders; **schulterfrei** *adj* strapless; **Schultergelenk** *nt* shoulder joint; **Schulterklappe** *f* (MIL) **1.** (*von Mannschaft*) shoulder-strap **2.** (*von Offizieren*) epaulette; **schulterlang** *adj* shoulder-length

schultern *vt* shoulder

Schulterriemen *m* (MIL) shoulder strap; **Schulterschluss**[RR] <-es> *m* shoulder-to-shoulder stance, solidarity; **Schulterstück** *nt* **1.** (MIL: *Offiziers~*) epaulette **2.** (*Fleischstück*) piece of shoulder

Schulung ['ʃu:lʊŋ] *f* training; **politische ~** political instruction; **Schulungsdiskette** *f* (INFORM) training diskette, didactic disk; **Schulungskurs** *m* training course; **Schulungsmaßnahme** *f* training programme

Schulunterricht *m* school lessons *pl;* **im ~** in school; **Schulwanderung** *f* school hike; **Schulweg** *m* way to school; **Schulweisheit** *f* (*pej*) book learning; **Schulwesen** *nt* educational system; **Schulwörterbuch** *nt* school dictionary; **Schulzeit** *f* school days *pl;* **Schulzeitung** *f* school magazine; **Schulzeugnis** *nt* school report; **Schulzwecke** *pl:* **für ~** for school

S

schummeln ['ʃʊməln] *vi* (*fam*) cheat

schumm(e)rig ['ʃʊm(ə)rɪç] *adj* dim

Schund [ʃʊnt] <-(e)s> *m* rubbish, trash; **Schundroman** *m* (*pej*) trashy novel

schunkeln ['ʃʊŋkəln] *vi* (*sich wiegen*) move to and fro

Schuppe ['ʃʊpə] <-, -n> *f* **1.** (*vom Fisch*) scale **2.** (*auf der Kopfhaut*): **~n haben** have dandruff **3.** (*von Pflanzen*) squama; **es fiel mir wie ~n von den Augen** the scales fell from my eyes

Schuppen ['ʃʊpən] <-s, -> *m* **1.** (*Verschlag*) shed *Br,* shack *Am* **2.** (*sl: Lokal*) dive

schuppen *vr* scale off; **schuppenartig** *adj* scale-like; **Schuppenflechte** *f* pso-

riasis; **Schuppentier** *nt* scaly ant-eater; **schuppig** *adj* scaly; **deine Haut ist ~** your skin is flaking off
Schur [ʃuːɐ] <-, -en> *f* shearing
schüren ['ʃyːrən] *vt* **1.** (*Feuer im Ofen*) poke, rake **2.** (*fig: Streit, Zwietracht*) stir up
schürfen ['ʃYrfən] **I.** *vt* **1.** (*schrammen*) scratch **2.** (MIN) mine **II.** *vi* prospect (*nach* for) **III.** *vr* graze o.s.
schürfend *adj:* **tief ~**[RR] in-depth, profound
Schürfwunde *f* abrasion, graze
Schürhaken *m* poker
Schurke ['ʃʊrkə] <-n, -n> *m* rascal, rogue; **Schurkenstreich** *m* dirty trick
Schurwolle *f* new [*o* virgin] wool
Schurz [ʃʊrts] <-es, -e> *m* **1.** (*Arbeitsschürze*) apron **2.** (*Lenden~*) loincloth
Schürze ['ʃYrtsə] <-, -n> *f* apron; **sich eine ~ umbinden** put an apron on; **Schürzenjäger** *m* (*fam pej*) philanderer
Schuss[RR] [ʃʊs, *pl:* 'ʃYsə] <-es, ⸗e> *m* **1.** (*mit einer Waffe*) shot **2.** (*Tor~*) shot **3.** (*kleine Menge einer Flüssigkeit*) dash **4.** (*sl: Heroininjektion*) fix, hit; **zum ~ kommen** (SPORT) get a chance to shoot; **ein ~ in den Ofen sein** (*fam*) go off at half-cock; **weit vom ~ sein** (*fam*) be miles from where the action is; **etw gut in ~ haben** have s.th. in perfect condition; **etw in ~ bringen** knock s.th. into shape; **sich einen ~ setzen** (*sl: fixen*) give o.s. a fix; **ein ~ Whisky** a shot of whisky
Schüssel ['ʃYsəl] <-, -n> *f* **1.** (*Küchengefäß*) bowl **2.** (*Toiletten~*) pan
Schussfahrt[RR] *f* (*beim Skifahren*) schuss
Schusslinie[RR] *f* line of fire; **in die ~ geraten** come under fire; **Schussrichtung**[RR] *f* direction of fire; **Schusswaffe**[RR] *f* firearm; **Schusswechsel**[RR] *m* exchange of shots; **Schussweite**[RR] *f* range of fire; **außer (in) ~** within (out of) range; **Schusswunde**[RR] *f* bullet wound
Schuster ['ʃuːstɐ] <-s, -> *m* shoemaker
Schutt [ʃʊt] <-(e)s> *m* rubble; **~ abladen** deposit rubble; **~ abladen verboten!** No tipping!; **in ~ und Asche liegen** lie in ruins; **in ~ und Asche legen** reduce to rubble; **Schuttabladeplatz** *m* refuse dump, tip
Schüttelfrost *m* (MED) shivering fit; **Schüttellähmung** *f* (MED) Parkinson's disease
schütteln ['ʃYtəln] **I.** *vt* shake; **jdm die Hand ~** shake hands with s.o.; **eine Flasche ~** shake up a bottle **II.** *vr* shiver; **sich vor Lachen ~** shake with laughter
schütten ['ʃYtən] *vt* **1.** tip **2.** (*gießen*) pour; **es schüttet** (*regnet*) it is pouring with rain
schütter ['ʃYtɐ] *adj* (*spärlich*) thin
Schutthalde *f* **1.** (*Schuttplatz*) rubble tip **2.** (*Schutthaufen*) rubble heap
Schutz [ʃʊts] <-es> *m* **1.** protection (*gegen* from) **2.** (*Obdach, Zuflucht*) shelter (*gegen, vor* from); **ich will ihn nicht in ~ nehmen, aber ...** I hold no brief for him but ...; **jdn in ~ nehmen** stand up for s.o.; **im ~ des Felsens** under the shelter of the rock; **jdn gegen Vorwürfe in ~ nehmen** shelter s.o. from blame; **im ~ der Dunkelheit** under cover of darkness; **Schutzanstrich** *m* protective coating; **Schutzanzug** *m* protective clothing; **schutzbedürftig** *adj* in need of protection; **Schutzbehauptung** *f* (JUR) lie to cover o.s.; **Schutzblech** *nt* (AUTO) mudguard; **Schutzbrief** *m* (*für Autofahrer*) international travel cover; **Schutzbrille** *f* protective goggles *pl;* **Schutzdach** *nt* **1.** (*schützendes Dach*) protective roof **2.** (*Unterstand*) shelter
Schütze ['ʃYtsə] <-n, -n> *m* **1.** marksman **2.** (MIL: *Dienstgrad*) private **3.** (ASTR) Sagittarius; **schützen** ['ʃYtsən] **I.** *vt* protect (*gegen* against) **II.** *vi* (*Schutz bieten*) offer protection (*vor, gegen* from, against) **III.** *vr* protect o.s.; **ich werde mich (schon) zu ~ wissen!** I know how to look after myself!; **schützend** *adj* protective; **~ seine Hand über jdn halten** take s.o. under one's wing
Schutzengel *m* guardian angel
Schützengraben *m* (MIL) trench; **Schützenhilfe** *f* (*fam*): **jdm ~ geben** back up s.o.; **Schützenpanzer** *m* (MIL) armoured personnel carrier
Schutzfilm *m* protective coat; **Schutzfrist** *f* term of copyright; **Schutzgebühr** *f* (token) fee; **Schutzgeld** *nt* protection money; **Schutzgelderpressung** *f* demanding protection money; **Schutzgitter** *nt* **1.** (*Barriere*) protective barrier **2.** (ARCH TECH) protective grille; **Schutzhandschuh** *m* protective glove; **Schutzhelm** *m* safety helmet; **Schutzhülle** *f* protective cover; **Schutzhütte** *f* refuge, shelter; **Schutzimpfstoff** *m* protective vaccine; **Schutzimpfung** *f* vaccinataion, inoculation; **Schutzkappe** *f* cap; **Schutzleiste** *f* protective strip
Schützling ['ʃYtslɪŋ] *m* **1.** (*Protegé*) protégé **2.** (*Schutzbefohlene(r)*) charge
schutzlos *adj* **1.** (*ungeschützt*) unprotected **2.** (*wehrlos*) defenceless; **einer Sache ~ ausgeliefert sein** be defenceless against s.th.; **jdm ~ ausgeliefert sein** be at the mercy of s.o; **Schutzmarke** *f* trademark; **eingetragene ~** registered trademark; **Schutzmaske** *f* mask; **Schutzmaßnahme** *f* precaution; (*Vorsichtsmaßnahme*) preventive measure; **Schutzmechanismus** *m* protective mechanism;

Schutzmittel *nt* **1.** (*äußerlich*) means of protection **2.** (*innerlich*) protective substance; **Schutzpatron** *m* patron saint; **Schutzpolizei** *f* police force; **Schutzraum** *m* shelter; **Schutzschicht** *f* protective layer; **Schutzumschlag** *m* (*von Buch*) dust cover, jacket; **Schutzvorrichtung** *f* safety device; **Schutzweg** *m* (*österr: Fußgängerüberweg*) pedestrian crossing; **Schutzzoll** *m* protective duty

schwabbelig ['ʃvabəlɪç] *adj* (*fam*) flabby, wobbly

Schwabe ['ʃva:bə] <-n, -n> *m* Swabian; **Schwaben** *nt* Swabia; **Schwäbin** *f* Swabian; **schwäbisch** [ʃvɛ:bɪʃ] *adj* Swabian

schwach [ʃvax] *adj* **1.** (*körperlich*) weak **2.** (*gering, schlecht*) poor; **mir ist vor Hunger ganz ~** I feel faint with hunger; **mit ~er Stimme** in a feeble voice; **ein ~er Witz** a poor joke; **das ist (aber) ein ~es Bild!** (*fam*) that's a poor show!; **ein ~er Trost** a poor consolation; **~ auf den Beinen sein** feel weak at the knees; **sie ist ~ in Mathematik** her maths is weak; **das ~e Geschlecht** the weaker sex; **mach mich nicht ~!** (*fam*) don't say that!

Schwäche ['ʃvɛçə] <-, -n> *f* **1.** (*a. fig*) weakness **2.** (*Geringwertigkeit*) poorness; **das ist eine ~ von ihr** that is her weak side; **eine ~ haben für ...** have a weakness for ...; **Schwächeanfall** *m* sudden feeling of weakness; **schwächen I.** *vt* (*a. fig*) weaken **II.** *vr* weaken o.s.

Schwachkopf *m* (*fam*) dimwit

schwächlich *adj* weakly

Schwächling *m* weakling

Schwachpunkt *m* weak point

Schwachsinn *m* **1.** (MED) mental deficiency **2.** (*fam: Handlung*) rubbish; **das ist doch ~!** (*fam*) that's a mug's game!; **schwachsinnig** *adj* **1.** (MED) mentally deficient **2.** (*fam*) daft; **Schwachsinnige(r)** <-n, -n> *f m* **1.** (MED) mental defective **2.** (*fam*) idiot; **Schwachstelle** *f* weak point; **Schwachstrom** <-(e)s> *m* (ELEK) low-voltage [*o* weak] current

Schwächung *f* weakening

Schwade ['ʃva:də] <-, -n> *f* swathe; **~n** cloud

Schwadron [ʃva'dro:n] <-, -en> *f* (MIL HIST) squadron

schwafeln ['ʃva:fəln] *vi* (*pej*) blether on

Schwager ['ʃva:gɐ] <-s, -> *m* brother-in-law; **Schwägerin** ['ʃvɛ:gərɪn] *f* sister-in-law

Schwalbe ['ʃvalbə] <-, -n> *f* swallow; **eine ~ macht noch keinen Sommer** (*prov*) one swallow doesn't make a summer; **Schwalbennest** *nt* **1.** swallow's nest **2.** (MIL AERO: *M.G.-Stand*) blister, gun turret

Schwall [ʃval] <-(e)s, -e> *m* flood; **ein ~ von Worten** a torrent of words

Schwamm [ʃvam, *pl:* 'ʃvɛmə] <-(e)s, ¨-e> *m* **1.** sponge **2.** (*Haus~*) dry rot; **~ drüber!** (*fam*) let's forget about it!; **etw mit dem ~ abwischen** sponge s.th.; **schwammig** *adj* **1.** spongy **2.** (*aufgedunsen*) bloated; **~e Formulierung** woolly phrase

Schwan [ʃva:n, *pl:* 'ʃvɛ:nə] <-(e)s, ¨-e> *m* swan

schwanen ['ʃva:nən] *vi impers* (*fam*): **mir schwant, dass ...** I sense that ...; **mir schwant nichts Gutes** I don't like it; **mir schwant etw!** now, I understand!

Schwang [ʃvaŋ] *m:* **im ~e sein** (*fam*) be in

schwanger ['ʃvaŋɐ] *adj* pregnant; **~ sein** be pregnant; **Schwangere** <-n, -n> *f* pregnant woman

schwängern ['ʃvɛŋɐn] *vt* make pregnant; **geschwängert sein mit ...** (*fig*) be impregnated with ...

Schwangerschaft *f* pregnancy

Schwangerschaftsabbruch *m* abortion; **Schwangerschaftsgymnastik** *f* antenatal exercises *pl;* **Schwangerschaftstest** *m* pregnancy test

Schwank [ʃvaŋk, *pl:* 'ʃvɛŋkə] <-(e)s, ¨-e> *m* (THEAT) farce

Schwanken *nt* **1.** (*von Mensch*) staggering **2.** (*Preise, Kurse*) fluctuation **3.** (*Zaudern, Zögern*) hesitation; (*Unbeständigkeit*) inconstancy; **der Kran geriet ins ~ und stürzte um** the crane began to sway and fell over

schwanken ['ʃvaŋkən] *vi* **1.** (*wanken*) stagger **2.** (MAR: *rollen*) roll **3.** (*zögern*) hesitate **4.** (*fluktuieren*) fluctuate; **er schwankte lange, ob er annehmen sollte oder nicht** he vacillated so long about accepting; **schwankend** *adj* **1.** (*wankend*) staggering **2.** (*zögernd*) hesitant; **sich auf ~em Boden bewegen** be on shaky ground; **Schwankung** *f* (*Fluktuation*) fluctuation

Schwanz [ʃvants, *pl:* 'ʃvɛntsə] <-es, ¨-e> *m* **1.** (*Tier~*) tail **2.** (AVIAT) tail; (*Ende*) end **3.** (*sl: Penis*) cock, dick, prick; **den ~ hängen lassen** let its tail droop, be down in the dumps

schwänzeln ['ʃvɛntsəln] *vi* **1.** wag one's tail **2.** (*fig*) crawl

schwänzen ['ʃvɛntsən] **I.** *vt* (*fam*) skip **II.** *vi* (*fam*) play truant *Br,* play hooky *Am*

Schwarm [ʃvarm, *pl:* 'ʃvɛrmə] <-(e)s, ¨-e> *m* **1.** (*Flug~*) swarm **2.** (*Idol*) idol; (*fam*) crush

schwärmen ['ʃvɛrmən] *vi* **1.** *sein* (*Bienen*) swarm **2.** *haben:* **für jdn ~** be crazy about s.o.; **ins Schwärmen geraten** go into raptures; **Schwärmer(in)** *m(f)* **1.** (*Träumer, Fantast*) dreamer, visionary **2.** (*Nachfalter*) hawk moth, sphinx moth **3.** (*Feuerwerk*) squib; **Schwärmerei** *f* enthusiasm

Schwarte ['ʃva:ɐtə] <-, -n> *f* **1.** (*Speck~*) rind **2.** (*fam: Buch*) tome

schwarz [ʃvarts] *adj* **1.** (*Farbe*) black **2.** (*illegal*) illegal, illicit; **es steht ~ auf weiß geschrieben** it's written down in black and white; **in den ~en Zahlen** (FIN) in the black; **~ werden** blacken; **ihm wurde ~ vor Augen** he had a blackout; **~ erworben** (*fam*) illicitly acquired; **etw ~ verdienen** (*fam*) earn s.th. on the side; **da kannst du warten, bis du ~ wirst!** (*fam*) you can wait till the cows come home!; **~es Loch** (ASTR) black hole; **~e Sonne** eclipse of the sun; **~ sehen**[RR] be pessimistic; **ich sehe schwarz für die Zukunft** I'm not very optimistic about the future; **dafür sehe ich ~** I'm pessimistic about it

Schwarzafrika *nt* Black Africa

Schwarzarbeit *f* illicit work, moonlighting; **schwarz|arbeiten** *vi* work on the side, moonlight; **Schwarzarbeiter(in)** *m(f)* moonlighter; **Schwarzbrot** *nt* black bread; **Schwarze(r)** *f m* (*Person*) black

Schwärze ['ʃvɛrtsə] <-, (-n)> *f* **1.** (*Düsterkeit*) blackness **2.** (*Farbe*) black dye; **schwärzen** *vt* blacken

schwarz|fahren *irr vi* (*mit öffentlichen Verkehrsmitteln*) dodge paying the fare; **Schwarzgeld** *nt* illegal earnings; **schwarzhaarig** *f* black-haired; **Schwarzhandel** *m* black marketeering

schwärzlich *adj* blackish; (*Haut*) dusky

Schwarzmarkt *m* black market; **Schwarzmarktpreis** *m* black market price, price on the black market; **schwarzsehen** *vi s.* schwarz; **Schwarzseher(in)** *m(f)* (*Pessimist*) pessimist; **Schwarzsender** *m* pirate station; **Schwarzwald** *m* Black Forest; **Schwarzwälder Kirschtorte** Black Forest gateau; **Schwarzweißfernseher** *m* (TV) monochrome set; **Schwarzweißfilm** *m* black-and-white film; **Schwarzwild** *nt* wild boars *pl;* **Schwarzwurzeln** *pl* black salsify

Schwatz [ʃvats] <-es, -e> *m* chat; **einen ~ machen** have a chinwag; **schwatzen** *vi* **1.** (*sich unterhalten*) talk **2.** (*pej: plappern*) prattle; **dummes Zeug ~** blether on; **Schwätzer(in)** ['ʃvɛtsɐ] *m(f)* (*pej*) bletherer; **schwatzhaft** *adj* **1.** (*redselig*) talkative **2.** (*pej: klatschsüchtig*) gossipy

Schwebe ['ʃve:bə] <-> *f:* **in der ~ sein** be undecided; (JUR) be pending; **Schwebebahn** *f* suspension railway; **Schwebebalken** *m* (SPORT) balance beam; **schweben** *vi* **1.** (*an etw ~*) be suspended; (*hängen*) hang **2.** (*in der Luft*) float; (*auf der Stelle*) hover **3.** (*noch unentschieden*) be undecided; **der Prozess schwebt noch** (JUR) the case is still pending; **in Gefahr ~** be in danger; **Schwebestoffe** *pl* (PHYS) suspended matter

Schwede ['ʃve:də] <-n, -n> *m* Swede; **Schweden** *nt* Sweden; **Schwedin** *f* Swede, Swedish woman; **schwedisch** *adj* Swedish

Schwefel ['ʃve:fəl] <-s> *m* sulphur *Br,* sulfur *Am;* **Schwefeldioxid** *nt* sulphur dioxide; **schwefelhaltig** *adj* containing sulphur, sulphur(e)ous; **Schwefelsäure** *f* sulphuric acid; **Schwefelwasserstoff** *m* hydrogen sulphide

Schweif [ʃvaɪf] <-(e)s, -e> *m* (*poet*) tail

schweifen *vi sein* roam, rove, wander about; **den Blick ~ lassen** let one's eye travel

Schweigegeld *nt* hush-money; **Schweigemarsch** *m* silent march

Schweigeminute *f* one minute's silence

Schweigen *nt* silence; **jdn zum ~ bringen** silence s.o.; **sein ~ brechen** break one's silence

schweigen ['ʃvaɪgən] *irr vi* (*still sein*) be silent; **ganz zu ~ von ...** let alone ..., to say nothing of ...; **zu etw ~** make no reply to s.th.; **~de Mehrheit** silent majority; **Schweigepflicht** *f* pledge of secrecy; **unter ~ stehen** be bound to observe confidentiality; **ärztliche ~** medical secrecy

schweigsam *adj* **1.** (*still*) quiet silent **2.** (*wortkarg*) taciturn **3.** (*verschwiegen*) discreet; **Schweigsamkeit** *f* **1.** (*Wortkargheit*) taciturnity **2.** (*Verschwiegenheit*) discretion

Schwein [ʃvaɪn] <-(e)s, -e> *nt* **1.** pig *Br,* hog *Am* **2.** (*Schimpfwort*) bastard; **~ haben** (*fam*) be lucky; **armes ~!** (*fam*) poor sod!; **Schweinebande** *f* (*fam*) pack; **Schweinebraten** *m* roast pork; **Schweinefett** *nt* pig fat; **Schweinefleisch** *nt* pork; **Schweinehund** *m* (*sl pej*) stinker, swine; **Schweinekotelett** *nt* pork chop

Schweinerei *f* **1.** (*Unordnung*) dirty mess **2.** (*Gemeinheit*) dirty trick

Schweineschmalz *nt* lard; **Schweinestall** *m* (*a. fig*) pigsty *Br,* pig pen *Am;* **Schweinsäuglein** ['ʃvaɪns,ɔɪglaɪn] *pl* piggy eyes; **Schweinsleder** *nt* pigskin

Schweiß [ʃvaɪs] <-es, (-e)> *m* sweat, perspiration; **der ~ stand ihm auf der Stirn** drops of perspiration stood on his forehead; **in ~ gebadet** wet with perspiration; **im ~e seines Angesichts** in the sweat of his

brow; **Schweißausbruch** *m* sweating; **schweißbedeckt** *adj* covered in sweat
Schweißbrenner *m* (TECH) welding torch
Schweißdrüse *f* (ANAT) sweat gland
schweißen ['ʃvaɪsən] *vt* (TECH) weld
Schweißfüße *pl* sweaty feet; **schweißgebadet** *adj* bathed in sweat; **Schweißgeruch** *m* smell of sweat
Schweißnaht *f* (TECH) welded seam
Schweißperle *f* bead of sweat
Schweißstelle *f* weld
schweißtreibend *adj* (MED) sudorific; **~es Mittel** sudorific; **schweißtriefend** *adj* dripping with sweat; **Schweißtropfen** *m* bead of perspiration, drop of sweat
Schweiz [ʃvaɪts] <-> *f*: **die ~** Switzerland; **Schweizer** *m* Swiss; **~ Käse** Swiss cheese; **Schweizerdeutsch** *nt* Swiss-German; **Schweizerin** *f* Swiss woman [*o* girl]; **schweizerisch** *adj* Swiss
Schwelbrand *m* smouldering fire; **schwelen** ['ʃveːlən] *vi* (*a. fig*) smoulder
schwelgen ['ʃvɛlgən] *vi* indulge o.s. (*in* in); **im Luxus ~** wallow in luxury; **schwelgerisch** *adj* **1.** (*prachtvoll*) sumptuous **2.** (*maßlos*) self-indulgent
Schwelle ['ʃvɛlə] <-, -n> *f* **1.** (*Tür~, a. fig*) threshold **2.** (RAIL) sleeper *Br,* tie *Am;* **an der ~** on the threshold; **an der ~ zu einer großen Entdeckung stehen** be on the threshold of a great discovery
schwellen ['ʃvɛlən] *irr vt, vi* **1.** (*an~*) swell **2.** (*Wasser*) rise
Schwellenangst *f fear of embarking on something new;* **Schwellenland** *nt* Newly Industrializing Country, NIC; **Schwellenpreis** *m* threshold price; **Schwellenwert** *m* threshold value
Schwellkörper *m* (ANAT) erectile tissue
Schwellung *f* swelling
Schwemme ['ʃvɛmə] <-, -n> *f* (*Überfluss*) glut (*an* of); **schwemmen** *vt* (*an~*) wash up; **Schwemmland** *nt* (GEOL) alluvial land
Schwengel ['ʃvɛŋəl] <-s, -> *m* **1.** (*Glocken~*) clapper **2.** (*Pumpen~*) handle; **Schwengelpumpe** *f* handle pump
Schwenkarm *m* (TECH) pivoting arm
schwenkbar *adj* swivelling; (MIL) traversable
schwenken ['ʃvɛŋkən] **I.** *vt* **1.** (*schwingen*) wave **2.** (*herum~, a.* TECH) swing; **seinen Hut ~** wave one's hat **II.** *vi* (MIL) wheel; **die Kamera schwenkte auf das Haus** the camera panned in to the house; **Schwenkung** *f* swing
schwer [ʃveːɐ] **I.** *adj* **1.** (*von Gewicht*) heavy **2.** (*drückend, lästig*) oppressive **3.** (*schwierig*) difficult, hard **4.** (*schwerwiegend*) serious; **~en Herzens** with a heavy heart; **ich weiß, es ist ~ für sie, aber ...** I know it's hard on you, but ...; **es ist ~, mit ihm auszukommen** he is hard to get on with; **das dürfte dir doch nicht ~ fallen**[RR] you shouldn't find that too difficult; **es fällt mir schwer, ...**[RR] it's hard for me to ...; **es fällt mir ~, das zu glauben** I find it difficult to believe that; **es war nicht allzu ~, ihn zu finden** there was not much difficulty in finding him; **das Buch liest sich ~** the book is heavy going; **~ zu sagen** difficult to say; **~ krank**[RR] **sein** be seriously ill; **jdm das Leben ~ machen**[RR] make life difficult for s.o; **~ nehmen**[RR] take s.th. hard **II.** *adv* (*fam: sehr*) really; **ich muss ~ aufpassen** I must be very careful; **der hat ~ Geld** he is stinking rich; **da hast du dich aber ~ getäuscht!** you are seriously mistaken there!; **ich werd' mich ~ hüten!** there's no way!; **~ bewaffnet**[RR] heavily armed; **~ erziehbar**[RR] maladjusted; **~ verdaulich**[RR] indigestible; **~ verletzt**[RR] seriously injured; **~ verständlich**[RR] hard to understand
Schwerarbeit *f* heavy labour; **Schwerarbeiter** *m* labourer; **Schwerbehinderte(r)** *f m* seriously handicapped person; **Schwerbeschädigte(r)** *f m* disabled person; **schwerbewaffnet** *adj s.* **schwer**
Schwere ['ʃvɛːrə] <-> *f* **1.** (*Gewicht*) heaviness **2.** (*Schwierigkeit*) difficulty **3.** (PHYS: *Gravität*) gravity; **Schwerefeld** *nt* (PHYS) gravitational field; **schwerelos** *adj* weightless; **Schwerelosigkeit** *f* weightlessness
Schwerenöter [-nøːtɐ] <-s, -> *m* (*fam*) ladies' man
schwererziehbar *adj s.* **schwer**; **schwer|fallen** *vi s.* **schwer**; **schwerfällig** *adj* **1.** (*körperlich*) heavy **2.** (*geistig*) dull, slow; **~er Stil** awkward style; **sich ~ bewegen** move cumbersomely; **Schwerfälligkeit** *f* **1.** (*körperlich*) heaviness **2.** (*geistig*) dullness **3.** (*Ungeschicktheit*) clumsiness; **Schwergewicht** *nt* **1.** (SPORT) heavyweight **2.** (*fig*) emphasis; **das ~ auf etw legen** put the emphasis on s.th., lay great stress on s.th.; **Schwergewichtler** *m* (SPORT: *Boxer*) heavyweight; **schwerhörig** *adj* hard of hearing; **Schwerhörigkeit** *f* hardness of hearing; **Schwerindustrie** *f* heavy industry; **Schwerkraft** <-> *f* gravity
schwerkrank *adj s.* **schwer**
Schwerkriminelle(r) *f m* serious criminal
schwerlich *adv* hardly; **nur ~** only with difficulty
schwerlöslich *adj* not easily dissoluble; **schwer|machen** *vi s.* **schwer**;

S

Schwermetall *m* heavy metal; **Schwermut** *f* melancholy; **schwermütig** *adj* melancholy; **Schwermütigkeit** *f* melancholy; **schwer\|nehmen** *vt s.* schwer; **Schwerpunkt** *m* **1.** (PHYS) centre of gravity **2.** (*fig*) main emphasis, stress; **den ~ auf etw legen** put the main emphasis on s.th, lay great stress on s.th.; **Schwerpunktprogramm** *nt* programme of emphasis; **Schwerpunktstreik** *m* pinpoint strike

Schwert [ʃveːɐt] <-(e)s, -er> *nt* **1.** (*Waffe*) sword **2.** (MAR: *am Schiffskiel*) centreboard; **Schwertfisch** *m* sword-fish; **Schwertlilie** *f* iris

Schwerverbrecher(in) *m(f)* criminal, serious offender; (JUR) felon; **schwerverdaulich** *adj s.* schwer; **schwerverletzt** *adj s.* schwer; **Schwerverletzte(r)** *f m* serious casualty; **schwerverständlich** *adj s.* schwer; **Schwerverwundete(r)** *f m* major casualty; **Schwerwasserreaktor** *m* (TECH) heavy water reactor; **schwerwiegend** *adj* serious

Schwester [ˈʃvɛstɐ] <-, -n> *f* **1.** sister **2.** (*Kloster~*) nun **3.** (*Kranken~*) nurse; **Schwesterfirma** *f* associate firm, associate company; **Schwesternhelferin** *f* nursing auxiliary *Br,* nursing assistant *Am*

Schwiegereltern [ˈʃviːgɐ-] *pl* parents-in-law; **Schwiegermutter** *f* mother-in-law **Schwiegersohn** *m* son-in-law **Schwiegertochter** *f* daughter-in-law **Schwiegervater** *m* father-in-law

Schwiele [ˈʃviːlə] <-, -n> *f* callus; **schwielig** *adj* callused

schwierig [ˈʃviːrɪç] *adj* difficult; **es ist ~ mit ihm auszukommen** he is difficult to get on with; **das ist nicht ~** there's nothing difficult about it; **Schwierigkeit** *f* difficulty; **die ~ liegt darin ...** the difficult thing is ...; **er will nur ~en machen** he's just trying to be difficult; **er hatte ~en dabei** he had difficulty in doing that *sing;* **in ~en geraten** get into difficulties; **~en überwinden** get out of difficulties

Schwimmbad *nt* swimming pool **Schwimmbagger** *m* dredger **Schwimmbahn** *f* (SPORT) lane **Schwimmbecken** *nt* pool **Schwimmdock** *nt* (MAR) floating dock

schwimmen [ˈʃvɪmən] *irr vi* **1.** swim **2.** (*Sachen*) drift, float **3.** (*fam: unter Wasser stehen*) be swimming **4.** (*fam: ratlos sein*) be all at sea; **~ gehen** go for a swim [*o* swimming]; **nachdem ich 2 km geschwommen war** after a 2 km swim; **ich geh' gern ~** I like a swim; **ins Schwimmen geraten** (*unsicher werden*) begin to flounder; **mir schwimmt's vor den Augen** everything's going round

Schwimmer(in) *m(f)* swimmer

Schwimmflosse *f* (*Fisch*) fin; (*Taucher, Wal, Robben*) flipper; **Schwimmgürtel** *m* swimming belt; **Schwimmkran** *m* floating crane; **Schwimmlehrer(in)** *m(f)* swimming instructor; **Schwimmsport** *m* swimming; **Schwimmverein** *m* swimming club; **Schwimmvogel** *m* waterbird; **Schwimmweste** *f* life jacket

Schwindel [ˈʃvɪndəl] <-s, -> *m* **1.** (MED) dizziness **2.** (*Täuschung*) swindle; (*Betrug, Schwindelei*) fraud; **glaub doch diesen ~ nicht!** (*fam*) don't be taken in!; **das ganze war reiner ~** the whole thing was a fraud; **das ist ~!** it's a swindle!; **auf den ~ falle ich nicht herein!** it's an old trick!; **~ erregend**[RR] causing giddiness; **Schwindelanfall** *m* dizzy turn

Schwindelei *f* fib

schwindelerregend *adj s.* **Schwindel**

schwindelfrei *adj:* **~ sein** have a good head for heights

schwind(e)lig *adj* dizzy, giddy; **mir ist ~** I feel dizzy; **davon wird mir ~** it makes me feel giddy; **mir wird leicht ~** I get dizzy easily

schwindeln[1] *vi* (*aus Schwindelgefühl*): **mir schwindelt** I feel dizzy; **in ~der Höhe** at a dizzy height

schwindeln[2] *vi* (*fam: lügen*) fib

schwinden [ˈʃvɪndən] *irr vi* **1.** (*weniger werden*) dwindle **2.** (*vergehen*) fade

Schwindler(in) <-s, -> *m(f)* **1.** (*Gauner*) swindler **2.** (*fam: Lügner*) fibber

Schwindsucht <-> *f* consumption; **schwindsüchtig** *adj* consumptive

Schwinge [ˈʃvɪŋə] <-, -n> *f* (*Flügel*) wing; (*poet*) pinion

schwingen [ˈʃvɪŋən] **I.** *irr vt* swing **II.** *vi* **1.** (*Pendel*) swing **2.** (*vibrieren*) vibrate **III.** *vr:* **er schwang sich in den Sattel** he swung himself into the saddle; **Schwingung** *f* (PHYS) **1.** (*Vibration*) vibration **2.** (*Welle*) oscillation; **etw in ~ versetzen** start s.th. vibrating

Schwips [ʃvɪps] <-es, -e> *m* (*fam*): **einen ~ haben** be tipsy

schwirren [ˈʃvɪrən] *vi* **1.** *sein* (*sausen*) whizz **2.** (*surren*) buzz; **mir schwirrt der Kopf** my head is whirling

Schwitzbad *nt* Turkish bath

schwitzen [ˈʃvɪtsən] *vi* sweat, perspire; **wegen etw ins Schwitzen geraten** (*fig*) get into a sweat about s.th.; **die Wände ~** the walls are damp with condensation; **dabei kommt man leicht ins Schwitzen** this is sweaty work

schwören [ˈʃvøːrən] *irr vt, vi* swear; **jdn ~ lassen, dass er nichts verrät** swear s.o. to secrecy; **ich könnte ~, dass ...** I could swear to it that ...; **sich etw ~** swear s.th. to o.s.

schwul [ʃvu:l] *adj* (*fam*) gay

schwül [ʃvy:l] *adj* close, sultry

Schwule <-n, -n> *m* (*fam*) gay *Br,* fag *Am*

Schwüle ['ʃvy:lə] <-> *f* sultriness; **eine furchtbare ~ heute!** an awfully sultry weather today!

schwülstig ['ʃvʏlstɪç] *adj* (*pej: Stil, Rede*) bombastic

Schwund [ʃvʊnt] <-(e)s> *m* **1.** (*Schwinden*) decline, decrease **2.** (*Material~*) shrinkage

Schwung [ʃvʊŋ, *pl:* 'ʃvʏŋə] <-(e)s, ⁻e> *m* **1.** (*Elan*) zest **2.** (*Bewegung*) swing **3.** (*fam: Haufen*) pile; **etw in ~ bringen** get s.th. going; **Schwungfeder** *f* (*bei Vögeln*) wing feather; **schwunghaft** *adj* **1.** (*Handel*) flourishing, roaring **2.** (*Rede*) emphatic

Schwungrad *nt* (TECH AUTO) flywheel; **schwungvoll** *adj* sweeping; **~e Rede** stirring speech

Schwur [ʃvu:ɐ, *pl:* 'ʃvy:rə] <-(e)s, ⁻e> *m* oath; **einen ~ leisten** take an oath; **Schwurgericht** *nt* court with a jury

Screenshot ['skri:nʃɔt] <-s, -s> *m* (INFORM) screenshot

scouten ['skaʊtən] *vi* (*sl: auskundschaften*) scout

Screen-Designer(in) ['skri:ndɪzaɪnɐ] *m(f)* (*Computergrafiker*) screen designer

Scribble ['skrɪbəl] <-s, -s> *nt* (*Skizze*) scribble; **scribbeln** ['skrɪbəln] *vt* (*hinkritzeln*) scribble

sechs [zɛks] *num* six; **Sechseck** *nt* hexagon; **sechsfach** *adj* sixfold; **sechshundert** *num* six hundred; **sechsjährig** *adj* six-year-old; **sechsmal** *adv* six times; **Sechstagerennen** [-'----] *nt* (SPORT) six-day (cycling) race; **sechstausend** *num* six thousand; **sechste** *adj* sixth; **Sechstel** <-s, -> *nt* sixth part; **sechstens** *adv* in the sixth place, sixthly

sechzehn ['zɛçtse:n] *num* sixteen; **sechzehnte** *adj* sixteenth; **Sechzehntel** <-s, -> *nt* sixteenth part

sechzig ['zɛçtsɪç] *num* sixty; **Sechziger(in)** *m(f)* sexagenarian; **in den sechziger Jahren** in the sixties; **sechzigjährig** *adj* sixty-year old; **sechzigste** *adj* sixtieth; **Sechzigstel** <-s, -> *nt* sixtieth part

Secondhandladen *m* secondhand shop

See[1] [ze:] <-s, -n> *m* (*Binnen~*) lake

See[2] <-> *f* (*Weltmeer*) sea; **eine Stadt an der ~** a town by the sea; **auf ~** at sea; **zur ~ gehen** go to sea; **in ~ stechen** put to sea; **Seeadler** *m* sea eagle; **Seebad** *nt* (*Ort*) seaside resort; **Seebär** *m* (*fam*): **(alter) ~** sea-dog; **Seebeben** *nt* seaquake; **Seefahrer** *m* seafarer; **Seefahrt** *f* **1.** (*Seereise*) voyage **2.** (*Kreuzfahrt*) cruise **3.** (*als Gewerbe*) navigation; **Seefisch** *m* salt-water fish; **Seefrachtbrief** *m* (COM) bill of lading, B./L.; **Seegang** <-(e)s> *m:* **hoher ~** rough seas *pl;* **Seegefecht** *nt* naval battle; **Seegras** <-es> *nt* **1.** (*Tang*) eelgrass **2.** (*zum Polstern*) sea-grass; **Seehafen** *m* seaport; **Seehandel** *m* maritime trade; **Seeherrschaft** *f* naval supremacy; **Seehund** *m* seal; **Seeigel** *m* sea urchin; **Seekarte** *f* nautical chart; **Seeklima** *nt* maritime climate; **seekrank** *adj* seasick; **leicht ~ werden** be a bad sailor; **nicht ~ werden** be a good sailor; **Seekrankheit** *f* seasickness; **Seekrieg** *m* naval warfare; **Seelachs** *m* pollack

Seele ['ze:lə] <-, -n> *f* **1.** (REL) soul **2.** (TECH: *bei Feuerwaffen*) bore; **von ganzer ~** with all one's heart; **sich die ~ aus dem Leibe reden** (*fam*) talk until one is blue in the face; **nun hat die arme ~ Ruh!** (*fam*) that'll put him out of his misery!; **Seelenheil** *nt* spiritual welfare; **Seelenleben** *nt* inner life; **Seelenruhe** *f* calmness; **in aller ~** calmly; **seelenruhig** *adv* (*innerlich ~*) calmly; (*fam*) as cool as a cucumber

Seeleute *pl* sailors, seamen

seelisch *adj* mental; **~e Grausamkeit** mental cruelty; **~ bedingt sein** have psychological causes

Seelöwe *m* sea lion

Seelsorge <-> *f* spiritual welfare; **Seelsorger(in)** *m(f)* pastor

Seeluft <-> *f* sea air; **Seemacht** *f* naval [*o* sea] power; **Seemann** <-(e)s, -leute> *m* sailor, seaman; **Seemeile** *f* (*= 1,852 km*) nautical [*o* sea] mile; **Seenot** <-> *f* distress; **in ~ geraten** get into distress; **Seenotkreuzer** *m* lifeboat; **Seenotruf** *m* distress signal; **Seepferdchen** *nt* seahorse; **Seeräuber** *m* pirate; **Seeräuberei** *f* piracy; **Seeräuberschiff** *nt* pirate (ship); **Seerecht** *nt* (JUR) maritime law; (*Kriegsrecht*) law of naval warfare; **Seereise** *f* voyage; (*Kreuzfahrt*) cruise; **Seerose** *f* waterlily; **Seeschifffahrt**[RR] *f* ocean shipping; **Seeschlacht** *f* naval battle; **Seeschlange** *f* sea serpent; **Seestern** *m* starfish; **Seetang** *m* seaweed; **Seeteufel** *m* (*Speisefisch*) monkfish; **seetüchtig** *adj* (COM) seaworthy; **Seeufer** *nt* lakeside; **Seevogel** *m* sea bird; **Seewarte** *f* naval observatory; **Seeweg** *m* sea-route *Br,* sea-road *Am;* **auf dem ~** (COM) by sea, per sea; **auf dem ~ reisen** travel by sea; **Seewind** *m* sea breeze; **Seezunge** *f* (*Plattfisch*) sole

Segel ['ze:gəl] <-s, -> *nt* (MAR) sail; **mit vollen ~n** under full sail; **~ setzen** make sail;

die ~ streichen (MAR) strike sail; (*einlenken*) give in; **Segelboot** *nt* sailingboat *Br,* sailboat *Am;* **Segelfliegen** *nt* gliding; **Segelflieger(in)** *m(f)* glider pilot; **Segelfliegerei** *f* gliding; **Segelflug** *m* glider flight; **Segelflugplatz** *m* gliding field; **Segelflugzeug** *nt* glider; **Segelklub** *m* sailing club; **segeln** *vi sein* sail; **von hier aus segelt man 3 Tage** it's 3 days' sail from here; **~ gehen** go for a sail; **mit jdm ~ gehen** take s.o. for a sail; **sie segelten nach Athen** they sailed the ship to Athens; **durch ein Examen ~** (*fam*) flop in an exam; **Segelohren** *pl* (*fam*) flappy ears; **Segelregatta** *f* sailing regatta; **Segelschiff** *nt* sailing ship [*o* vessel]; **Segeltörn** *m* cruise; **Segeltuch** <-(e)s> *nt* canvas; **Segelyacht** *f* sailing boat

Segen ['ze:gən] <-s, -> *m* (*a. fig*) blessing; **ein wahrer ~** a real boon; **meinen ~ hast du!** you have my blessing!; **segensreich** *adj* (*fig*) beneficent

Segler *m* **1.** (*Sport~*) yachtsman **2.** (*Schiff*) sailing vessel; **Seglerin** *f* yachtswoman

Segment [zɛ'gmɛnt] *nt* segment

segnen ['ze:gnən] *vt* bless; **das Zeitliche ~** (*geh: sterben*) depart this life

Sehen *nt* (*Sehkraft*) eyesight; **ich kenne sie nur vom ~** I know her only by sight

sehen ['ze:ən] *irr vt, vi* see; **~, wie jd etw macht** see s.o. do s.th.; **ich habe ihn noch nie schwimmen ~** I've never seen him swim(ming); **man hat ihn gesehen, wie er das Gebäude betrat** he was seen entering the building; **ich habe gesehen, wie es passiert ist** I saw it happen; **das habe ich schon dreimal gesehen** I've seen it done three times; **ich kann es nicht ~, wenn Menschen schlecht behandelt werden** I don't like to see people mistreated; **es war nichts zu ~** there was nothing to be seen; **wir ~ sie zurzeit nur selten** we don't see much of them nowadays; **sie will mich nicht mehr ~** she doesn't want to see me anymore; **du siehst wohl Gespenster!** you must be seeing things!; **seh' ich richtig, ist das nicht ...?** am I seeing things or is ...?; **ich sehe mich nicht in der Lage das zu tun** I can't see my way to doing that; **ich sah mich gezwungen zu ...** I saw myself obliged to ...; **mal ~, ob wir helfen können** we'll see if we can help; **wir werden ja bald ~, wer recht hat** we'll soon see who is right; **wollen wir mal ~, was passiert** let's just see what happens; **ich sehe nicht, wie ich da helfen kann** I don't see any way I can help; **mal ~, ob ich nicht was Besseres finden kann** let me see, if I can't find a better way; **wie ich sehe, hast du das immer noch nicht gemacht** I see you still haven't done that; **er sah kurz auf die Uhr** he had a quick look at his watch; **darf ich mal ~?** can I have a look?; **lass mal ~!** let's have a look!; **sieh doch, wer da ist!** look who's there!; **sieh mal!** just look!; **so gesehen** seen [*o* looked at] in this way; **sich ~ lassen** appear; **lass dich mal wieder ~!** do come again!; **nach jdm ~** come to see s.o; **sehenswert** *adj* **1.** (*interessant*) worth seeing **2.** (*bemerkenswert*) remarkable; **Sehenswürdigkeit** *f* sight; **die ~en einer Stadt besichtigen** see the sights of a town

Seher(in) *m(f)* seer; **Seherblick** *m* prophetic look

Sehfehler *m* visual defect; **sehgeschädigt** *adj* visually impaired; **Sehkraft** <-> *f* (eye)sight, vision; **Sehleistung** *f* visual acuity

Sehne ['ze:nə] <-, -n> *f* **1.** (ANAT) sinew, tendon **2.** (*Bogen~*) string **3.** (MATH) chord

sehnen ['ze:nən] *vr:* **sich nach etw (jdm) ~** long for s.th. (s.o.); **ich sehne mich danach, meine Mutter wiederzusehen** I am longing to see my mother again

Sehnenriss[RR] *m* torn tendon; **Sehnenzerrung** *f* pulled tendon

Sehnerv *m* optic nerve

sehnig *adj* **1.** (*von Fleisch*) stringy **2.** (*von Person*) sinewy

sehnlich *adj* eager; (*glühend*) ardent

Sehnsucht <-, ¨-e> *f* longing; (*stärker*) yearning (*nach* for); **~ haben** have a longing [*o* yearning]; **sehnsüchtig** *adj* longing; (*stärker*) yearning; **~e Blicke auf etw werfen** look longingly at s.th.

sehr [ze:ɐ] *adv* very; (*nur beim Verb*) very much; **es ist ~ gut geschrieben** it's very well written; **~ gut möglich** very possible; **~ wenig Milch!** very little milk!; **~ viel größer** very much bigger; **ich bin nicht ~ musikalisch** I'm not much of a musician; **~ verlegen** much embarassed; **so ~ (zu ~)** so much (too much); **wie ~ er sich auch bemüht** however much he tries; **~ zu meinem Erstaunen** much to my astonishment

Sehschärfe *f* keenness of sight, visual acuity; **Sehstörung** *f* visual disorder; **Sehtest** *m* eye test; **Sehvermögen** *nt* powers of vision *pl*

seicht [zaɪçt] *adj* **1.** (*flach, nicht tief*) shallow **2.** (*fig*) trivial

Seide ['zaɪdə] <-, -n> *f* silk; **reine ~** real silk

Seidel ['zaɪdəl] <-s, -> *nt* (*Bier~*) mug

seiden *adj* silk, silken; **Seidenband** *nt* silk ribbon; **Seidenpapier** *nt* tissue paper; **Seidenraupe** *f* silkworm; **Seidenstrumpf** *m* silk stocking; **seidenweich** *adj* silky soft; **seidig** *adj* silky

Seife ['zaɪfə] <-, -n> *f* soap; **ein Stück ~** a cake of soap; **seifen** *vt* soap; **Seifenblase** *f* **1.** soap-bubble **2.** (*fig*) bubble; **~n machen** blow soap-bubbles; **die ~ zum Platzen bringen** dash someone's hopes *pl;* **Seifenlauge** *f* soap suds *pl;* **Seifenoper** *f* (*fam*) soap opera; **Seifenschale** *f* soap dish; **Seifenschaum** *m* lather; **Seifenspender** *m* soap dispenser; **Seifenwasser** *nt* suds *pl*

seihen ['zaɪən] *vt* sieve

Seil [zaɪl] <-(e)s, -e> *nt* rope; (*Kabel*) cable; **Seilbahn** *f* cable railway; **seil|hüpfen** *vi,* **seil|springen** *vi* skip; **Seiltänzer(in)** *m(f)* tightrope walker; **Seilwinde** *f* winch

Sein <-s> *nt* being; (PHILOS) existence

sein [zaɪn] *irr vi* be; **ist was?** is s.th. wrong?; **was ist?** what's the matter?; **er ist Deutscher** he is a German; **wer ist das?** who is that?; **ich bin's** it's me; **sei mir nicht böse, aber ...** don't be angry with me but ...; **sei so nett und ...** be so kind as to ...; **das kann schon ~** that may well be; **das wär's!** that's it!

sein [zaɪn] *pron* (*männlich*) his; (*weiblich*) her; (*Dinge, Tiere*) its; (*auf 'man' bezogen*) one's *Br,* his *Am;* **er raucht ~e 50 Zigaretten pro Tag** he smokes his 50 cigarettes per day; **er ist gut ~e 3 Zentner schwer** he weighs a good 200 pounds; **seinerseits** *adv:* **er ~** he for his part; **seinerzeit** *adv* (*früher*) in those days; **seinesgleichen** *pron* his equals; **jdn wie ~ behandeln** treat s.o. like one's equal; **er hat nicht ~** there is no one like him; **er und ~** he and the like of him; **seinetwegen** *adv* **1.** (*wegen ihm*) on account of him, on his account **2.** (*für ihn*) on his behalf; **seinetwillen** *adv:* **um ~** for his sake; **sie hat es um ~ getan** she did it for him; **seinige** *pron* his, its; **das ~ tun** do one's bit; **die Seinen** his people

Seismograph *m* <-en, -en>, **Seismograf**[RR] *m* (TECH) seismograph

seit [zaɪt] *präp* **1.** (*Zeitpunkt*) since **2.** (*Zeitraum*) for; **erst ~ kurzem** not long since; **er lebte da schon ~ 1960** he had been living there since 1960; **ich komme schon ~ 1997 hierher** I've been coming here since 1997; **ich habe sie ~ 2 Jahren nicht gesehen** I haven't seen her for 2 years; **ich kenne ihn schon ~ Jahren** I've known him for years; **~ langem** for a long while; **~ neuestem** lately; **~ wann?** (*von wann an?*) since when?; (*wie lange?*) how long?

Seitan *nt* (*Fleischimitat*) seitan

seitdem [-'-/'--] **I.** *konj* since **II.** *adv* since then

Seite ['zaɪtə] <-, -n> *f* **1.** side **2.** (*Flanke*) flank **3.** (*Richtung*) direction **4.** (*Druck~*) page; **rechte** (**linke**) **~** (*von Kleidungsstück*) right (wrong) side; **auf der anderen ~ Londons** on the other side of London; **er trat zur ~** he moved [*o* stood] to one side; **etw auf die ~ legen** put s.th. on one side; **~ an ~** side by side; **jdm zur ~ stehen** be by someone's side; **von väterlicher ~** on the paternal side; **alles hat seine zwei ~n** there are always two sides to every story; **er ist auf unserer ~** he's on our side; **die ~n wechseln** (SPORT) change sides; **etw von dritter ~ erfahren** hear s.th. from a third party; **von meiner ~ aus** on my part; **beschreiben Sie beide ~n** write on both sides of the page; **auf ~ 17** on page 17

Seitenairbag ['saɪtən,ɛɐbɛk] *m* side-impact airbag

Seitenangabe *f* page reference; **Seitenansicht** *f* side view; (ARCH TECH) side elevation; **Seitenaufprallschutz** *m* (AUTO) side impact protection (bar); **Seitenaufruf** *m* (*Einheit zur Messung der besuchten Web-Seiten pro Besuch,* INTERNET) page view; **Seitenausgang** *m* side exit; **Seitenblick** *m* sidelong glance; **jm einen ~ zuwerfen** give s.o. a knowing glance, exchange a knowing glance with s.o.; **Seiteneingang** *m* side entrance; **Seitenflügel** *m* **1.** (ARCH) side wing **2.** (*Altar*) wing; **Seitengang** *m* (MAR) side strake; (RAIL) corridor; **Seitengebäude** *nt* annex; **Seitengewehr** *nt* (MIL) bayonet; **Seitenhieb** *m* (*fig*) side-swipe; **Seitenlage** *f* side position; **in ~ schlafen** sleep on one's side; **seitenlang** *adj* going on for pages; **sich ~ über etw auslassen** go on for pages about s.th; **Seitenlehne** *f* arm rest; **Seitenlinie** *f* **1.** (*genealogisch*) collateral line **2.** (SPORT: *Fußball*) touchline; (*Tennis*) sideline; **Seitenruder** *f* (AVIAT) rudder

seitens ['zaɪtəns] *präp* on the part of

Seitenschiff *nt* (ARCH) aisle; **Seitensprung** *m:* **einen ~ machen** have a bit on the side; **Seitenstechen** *nt:* **~ haben** have a stitch (in one's side); **Seitenstraße** *f* side-street [*o* -road]; **Seitenstreifen** *m* **1.** (*von Straße*) verge **2.** (*an Autobahn*) hard shoulder *Br,* shoulder *Am;* **Seitentasche** *f* side pocket; **seitenverkehrt** *adj* the wrong way round; **Seitenwand** *f* side wall; **Seitenwechsel** *m* (SPORT) change-over; **Seitenwind** *m* crosswind; **Seitenzahl** *f* **1.** (*Zahl auf der Seite*) page number **2.** (*Gesamtzahl*) number of pages

seither *adv* since then

seitlich **I.** *adj* lateral; **bei ~em Wind** in a crosswind **II.** *adv:* **~ von ...** at the side of ...; **ein Schiff ~ rammen** ram the side of a ship; **der Weg führt ~ am Haus entlang** the path goes down the side of the house

seitwärts *adv* sideways

Sekret [ze'kre:t] <-(e)s, -e> *nt* (MED) secretion

Sekretärin *f* secretary

Sekretariat [zekretari'a:t] <-(e)s, -e> *nt* **1.** (*Büro*) office **2.** (POL) secretariate

Sekt [zɛkt] <-(e)s, -e> *m* sparkling wine

Sekte ['zɛktə] <-, -n> *f* (REL) sect

Sektkelch *m* champagne flute

Sekundant [zekʊn'dant] <-en, -en> *m* (HIST) second

sekundär *adj* secondary; **Sekundärliteratur** *f* secondary literature

Sekunde [ze'kʊndə] <-, -n> *f* second; **eine ~, bitte!** just one second, please!; **auf die ~ genau** to the second; **im Bruchteil einer ~** in a split second; **Sekundenschnelle** *f*: **in ~** in a matter of seconds; **Sekundenzeiger** *m* second hand

sekundieren *vi* second

selbst [zɛlpst] **I.** *pron:* **ich ~** I myself; **~ kommen** come personally; **das versteht sich von ~** that goes without saying; **von ~** on one's own accord; **etw ~ tun** do s.th. o.s.; **das funktioniert von ~** it works automatically; **~ gemacht**[RR] home-made; **~ gestrickt**[RR] hand-knitted; **~ verdientes**[RR] **Geld** money one has earned oneself **II.** *adv* (*sogar*) even; **~ wenn ...** even if [*o* though] ...

Selbstachtung *f* self-esteem, self-respect

selbständig *adj* independent; **sich ~ machen** (COM) start one's own business, set up on one's own; (*verloren gehen*) grow legs *hum;* **~ handeln** act on one's own; **Selbständigkeit** *f* independence

Selbstauslöser *m* (PHOT) delay timer, delayed-action shutter release; **Selbstbedienung** *f* self-service; **Selbstbedienungsladen** *m* self-service shop; **Selbstbefriedigung** *f* masturbation; **Selbstbehauptung** *f* self-assertion; **Selbstbeherrschung** *f*: **die ~ verlieren (wahren)** lose (keep) one's self-control; **Selbstbestätigung** *f*: **eine ~ brauchen** need s.th. to boost one's ego; **Selbstbestimmung** *f* self-determination; **Selbstbestimmungsrecht** *nt* right of self-determination; **Selbstbeteiligung** *f* (*Versicherung*) voluntary excess; **Selbstbetrug** *m* self-deception; **selbstbewusst**[RR] *adj* self-assured, self-confident; **Selbstbewusstsein**[RR] *nt* self-confidence; **Selbstbräuner** <-s, -> *m* self-bronzer, self-tanner; **Selbstdisziplin** *f* self-discipline; **Selbsterfahrungsgruppe** *f* encounter group; **Selbsterhaltung** *f* self-preservation, survival; **Selbsterhaltungstrieb** *m* survival instinct; **Selbsterkenntnis** *f* self-knowledge; **Selbstfinanzierung** *f* self-financing; **selbstgefällig** *adj* complacent, self-satisfied; **Selbstgefälligkeit** *f* complacency, self-satisfaction; **Selbstgespräch** *nt* (LIT) soliloquy; **~e führen** talk to oneself; **selbstgestrickt** *adj s.* selbst; **selbstherrlich** *adj* (*pej*) **1.** (*eigenwillig*) high-handed **2.** (*selbstgefällig*) self-satisfied; **Selbsthilfe** *f* self-help; **zur ~ greifen** take matters in one's own hands; **Selbsthilfegruppe** *f* self-help group; **Selbstinszenierung** *f* (*pej*) self-dramatization; **Selbstjustiz** *f* arbitrary law; **~ üben** take the law into one's own hands *pl;* **Selbstklebeetikett** *nt* self-adhesive label; **selbstklebend** *adj* self-adhesive; **Selbstkontrolle** *f* self-regulation; **Selbstkosten** *pl* (COM) prime costs; **Selbstkostenbeteiligung** *f* first amount, deductible sum; **Selbstkostenpreis** *m* cost price; **zum ~** at cost; **Selbstkritik** *f* self-criticism; **Selbstlaut** *m* vowel; **selbstlos** *adj* unselfish; **Selbstlosigkeit** *f* unselfishness; **Selbstmedikation** *f* self-medication; **Selbstmitleid** *nt* self-pity

Selbstmord *m* suicide; **~ begehen** commit suicide; **Selbstmörder(in)** *m(f)* suicide; **ich bin doch kein ~!** I have no desire to commit suicide!; **selbstmörderisch** *adj* suicidal; **selbstmordgefährdet** *adj* suicidal; **Selbstmordkommando** *nt* suicide squad; **Selbstmordversuch** *m* suicide attempt

selbstredend *adj* naturally, of course; **Selbstreinigungsvermögen** *nt* (*von Gewässern*) self-purification capacity; **Selbstschuss**[RR] *m* spring-gun; **Selbstschutz** *m* self-protection; **selbstsicher** *adj* self-confident; **selbstständig**[RR] *adj* independent; **sich ~ machen** (COM) start one's own business, set up on one's own; (*verloren gehen*) grow legs *hum;* **~ handeln** act on one's own; **Selbstständigkeit**[RR] *f* independence; **Selbstsucht** *f* egoism; **selbstsüchtig** *adj* selfish; **selbsttätig** *adj* (TECH) automatic; **Selbsttäuschung** *f* self-deception; **Selbstüberschätzung** *f* over-estimation of one's abilities; **Selbstüberwindung** *f* will-power; **selbstverdient** *adj s.* selbst; **Selbstverleugnung** *f* self-denial; **Selbstversorger(in)** *m(f)*: **~ sein** be self-sufficient; (*im Urlaub*) be self-caterer

selbstverständlich **I.** *adj* (*offenbar*) natural, obvious; **es ist ~** it goes without saying; **etw für ~ halten** take s.th. for granted **II.** *adv* of course; **Selbstverständlichkeit** *f*: **das war eine ~** it was only natural; **es**

für eine ~ erachten take it as a matter of course

Selbstverteidigung *f* self-defence; **Selbstvertrauen** *nt* self-confidence; **Selbstverwaltung** *f* **1.** (POL) self-administration **2.** (*von Körperschaft*) self-governing body; **Selbstverwirklichung** *f* self-realisation; **Selbstwählferndienst** *m* (TELE) subscriber trunk dialling; **Selbstwertgefühl** *nt* feeling of one's own worth, self-esteem; **Selbstzerstörung** *f* autodestruction; **Selbstzweck** *m* end in itself; **als ~** as an end in itself

Selektion [zelɛk'tsjo:n] <-, -en> *f* selection

Selen [ze'le:n] <-s> *nt* (CHEM) selenium

selig ['ze:lɪç] *adj* **1.** (REL) blessed **2.** (*wonnig*) blissful; **meine ~e Mutter** my late mother; **Seligkeit** *f* **1.** (REL) salvation **2.** (*großes Glücksgefühl*) bliss

Sellerie ['zɛləri] <-s, (-s)> *m o f* **1.** (*~knolle*) celeriac **2.** (*Stangen~*) celery

selten ['zɛltən] **I.** *adj* **1.** (*nicht häufig*) rare **2.** (*knapp*) scarce **3.** (*ungewöhnlich*) unusual; **~es Exemplar** (*eines Buches*) scarce copy **II.** *adv* (*nicht oft*) rarely, seldom; **höchst ~** hardly ever; **~ so gelacht!** (*fam*) what a laugh!; **Seltenheit** *f* **1.** (*seltenes Vorkommen*) rareness **2.** (*Rarität*) rarity; **Seltenheitswert** *m* rarity value

seltsam ['zɛltza:m] *adj* strange; (*sonderbar*) odd, queer; **Seltsamkeit** *f* **1.** (*~ einer Sache*) strangeness **2.** (*seltsames Ding*) oddness

Semantik [ze'mantɪk] <-> *f* semantics; **semantisch** *adj* semantic

Semester [ze'mɛstɐ] <-s, -> *nt* term *Br,* semester *Am;* **im 10. ~ sein** be in one's fifth year

Semikolon [zemi'ko:lɔn] <-s, -s/-kola> *nt* semicolon

Seminar [zemi'na:ɐ] <-s, -e> *nt* **1.** (*Fakultätsabteilung*) department **2.** (*Kurs*) seminar **3.** (ECCL: *Priester~*) seminary **4.** (SCHULE: *Studien~*) teacher training college; **Seminararbeit** *f* seminar paper

Semit(in) [ze'mi:t] <-en, -en> *m(f)* Semite; **semitisch** *adj* Semitic

Semmel ['zɛməl] <-, -n> *f* roll; **wie warme ~n weggehen** sell like hot cakes

Senat [ze'na:t] <-(e)s, -e> *m* senate; **Senator(in)** *m(f)* senator; **Senatsausschuss**[RR] *m* senate committee

Sendbote *m* emissary

Sendeanlage *f* transmitting installation; **Sendeantenne** *f* (RADIO) transmitting aerial; **Sendebereich** *m* transmission range; **Sendefolge** *f* **1.** (*Serie*) series **2.** (*Teil einer Serie*) episode **3.** (*Programme*) programmes *pl;* **Sendegebiet** *nt* area; **Sendeleiter** *m* producer

senden[1] ['zɛndən] *irr vt* (*schicken*) send (*an* to); **jdm etw ~** send s.o. s.th.; **senden**[2] *vi, vt* (RADIO TV) broadcast; (*Funksignal*) transmit; **Sendepause** *f* (RADIO TV) intermission; **Sender** *m* (RADIO TV) **1.** (*Anlage*) transmitter **2.** (*Kanal*) channel *Br,* station *Am;* **Senderaum** *m* studio; **Sendereihe** *f* (RADIO TV) series; **Sendeschluss**[RR] *m* closedown, end of broadcasts; **Sendezeichen** *nt* callsign; **Sendezeit** *f* (RADIO TV) broadcasting time

Sendung *f* **1.** (COM) shipment **2.** (*Mission*) mission **3.** (RADIO TV) programme; **Sendungsbewusstsein**[RR] *nt* sense of mission

Senegal ['ze:negal] *m* Senegal; **Senegalese** *m* Senegalese; **Senegalesin** *f* Senegalese; **senegalesisch** *adj* Senegalese

Senf [zɛnf] <-(e)s, -e> *m* mustard; **seinen ~ dazu geben** (*fam*) have one's say; **Senfgas** *nt* (MIL) mustard gas

sengen ['zɛŋən] **I.** *vt* singe **II.** *vi* scorch

senil [ze'ni:l] *adj* senile; **Senilität** *f* senility

Senior ['ze:njo:ɐ] <-s, -en> *m:* **der ~** the senior; (*fam: Chef*) boss; **~en** (*ältere Mitbürger*) senior citizens; **Seniorenheim** *nt* old people's home; **Seniorenpass**[RR] *f* (RAIL) senior citizens' travel pass; **Seniorin** <-, -nen> *f* senior citizen

Senke <-, -n> *f* (GEOG) valley

senken ['zɛŋkən] **I.** *vt* **1.** (*niedriger lassen*) lower **2.** (COM FIN) decrease **3.** (TECH) sink **II.** *vr* (*sinken*) sink; (*absacken*) sag; **Senkfuß** *m* (MED) fallen arches *pl;* **Senkgrube** *f* cesspit

senkrecht *adj* vertical; (MATH) perpendicular; **Senkrechte** *f* (MATH) perpendicular; **Senkrechtstarter** *m* **1.** (AVIAT) vertical take-off aircraft **2.** (*fam*) whizz kid

Senkung *f* **1.** (GEOG: *Vertiefung*) valley **2.** (*von Lohn, Preisen*) cut **3.** (*das Absacken*) sag **4.** (MED: *Blut~*) sedimentation of the blood

Senne ['zɛnə] <-n, -n> *f* Alpine pasture; **Senner(in)** *m(f)* dairyman (dairymaid); **Sennhütte** *f* Alpine dairy hut

Sensation [zɛnza'tsjo:n] *f* sensation; **sensationell** *adj* sensational; **Sensationsgier** *f* sensation-seeking; **sensationslüstern** *adj* sensation-seeking; **Sensationsnachricht** *f* sensational news *sing;* **Sensationsprozess**[RR] *m* sensational trial

Sense ['zɛnzə] <-, -n> *f* scythe; **damit ist jetzt ~!** (*fam*) that's off!

sensibel [zɛn'zi:bəl] *adj* sensitive; **sensibilisieren** *vt* sensitize; **Sensibilität** *f* sensitivity

Sensor *m* (ELEK) sensor; **Sensorauge** *nt* (ELEK) sensor eye; **Sensortaste** *f* touch

panel
sentimental [zɛntimɛn'taːl] *adj* sentimental; **Sentimentalität** *f* sentimentality
separat [zepa'raːt] *adj* separate; **~es Zimmer** self-contained room; **Separatismus** *m* (POL) separatism; **Separatist(in)** *m(f)* (POL) separatist
Séparée [zepa're:] <-s, -s> *nt,*
Separee[RR] *nt* **1.** (*Nische*) private booth **2.** (*Raum*) private room
September [zɛp'tɛmbɐ] <-(s), -> *m* September
Sequenz [ze'kvɛnts] <-, -en> *f* sequence
Serbe ['zɛrbə] <-n, -n> *m* Serbian; **Serbien** ['zɛrbiən] *nt* Serbia; **Serbin** <-, -en> *f* Serbian; **serbisch** *adj* Serbian
Serenade [zere'naːdə] <-, -n> *f* (MUS) serenade
Serie ['zeːriə] <-, -n> *f* **1.** (*Folge einer Fernsehserie*) series **2.** (COM) line; **in ~ gehen** go into production; **serienmäßig** *adj:* **~e Ausrüstung** standard equipment; **~ hergestellt werden** be mass-produced; **Seriennummer** *f* serial number; **Serienproduktion** *f* series production; **in ~ gehen** go onto the production line; **Serienschaltung** *f* (ELEK) series connection; **serienweise** *adv* one after another
seriös [zeri'øːs] *adj* serious; **~e Firma** sound firm
Sermon [zɛr'moːn] *m:* **jdm einen langen ~ halten** give s.o. a long lecture
Serpentine [zɛrpɛn'tiːnə] <-, -n> *f* **1.** (*Straßenkehre*) double bend **2.** (*gewundene Straße*) winding road
Serum ['zeːrʊm] <-s, -ren/-ra> *nt* serum
Server *m* (*Computer der die Infos zur Verteilung über das Internet bereithält und zur Verfügung stellt*) server
Service[1] ['søːɐvɪs] *m* (COM) service
Service[2] [zɛr'viːs] <-, -s> *nt* (*Geschirr*) dinner service; (*Gläser~*) set
Servierbrett *nt* tray; **servieren** [zɛr'viːrən] *vt* serve (*jdm etw* s.o. s.th.); **jdm den Ball ~** (*fam: Tennis*) hit the ball right to s.o.; **Serviererin** *f* waitress; **Serviertisch** *m* serving table; **Serviertochter** *f* (*CH*) waitress; **Servierwagen** *m* trolley
Serviette [zɛr'vjɛtə] <-, -n> *f* napkin, serviette; **Serviettenring** *m* napkin ring
servil [zɛr'viːl] *adj* servile
Servobremse ['zɛrvo-] *f* (AUTO) power [*o* servo-assisted] brake; **Servolenkung** *f* (AUTO) power-assisted steering; **Servomotor** *m* servomotor
Servus ['zɛrvʊs] *interj* (*österr: zur Begrüßung*) hello!; (*beim Abschied*) so long!
Sessel ['zɛsəl] <-s, -> *m* easy chair; (*a. Lehnstuhl*) armchair; **Sessellift** *m* chairlift
sesshaft[RR] ['zɛshaft] *adj* **1.** (*stationär*) settled **2.** (*ansässig*) resident; **sich ~ machen** settle down
setzen ['zɛtsən] **I.** *vt* **1.** (*hinstellen*) set; (*platzieren*) place; (*legen*) put **2.** (*Frist festlegen*) fix **3.** (*Baum: pflanzen*) plant **4.** (TYP) set **5.** (*Geld beim Spiel*) stake; **ein Kind auf die Knie ~** sit a child on one's knees; **etw an seinen Platz ~** put s.th. in its place; **sich den Hut auf den Kopf ~** put one's hat on one's head; **jdn über einen Fluss ~** put s.o. across a river; **seine Unterschrift unter ein Schriftstück ~** put one's signature to a document; **etw auf die Tagesordnung ~** put s.th. on the agenda; **ein Verb in die Vergangenheit ~** put a verb into the past tense **II.** *vi* **1.** (*springen*) jump (*über* over) **2.** (*bei Wette*) bet (*auf* on) **III.** *vr* sit down **1.** (*von Vögeln*) perch **2.** (CHEM: *Schwebstoffe*) settle; **darf ich mich zu Ihnen ~?** may I join you?; **setz dich zu mir (neben mich)!** sit by (with) me!; **sich auf einen Stuhl ~** sit down in a chair; **Setzer(in)** *m(f)* (TYP) typesetter; **Setzerei** *f* (TYP) **1.** (*in Verlag*) composing room **2.** (*als Firma*) typesetters *pl;* **Setzfehler** *m* printer's error; **Setzkasten** *m* (TYP) case; **Setzling** *m* (*Ableger*) seedling; **Setzmaschine** *f* (TYP) typesetting machine
Seuche ['zɔɪçə] <-, -n> *f* epidemic; **es ist wie eine ~** it's like an epidemic; **seuchenartig** *adj:* **sich ~ ausbreiten** spread like the plague; **Seuchenbekämpfung** *f* control of epidemics; **Seuchenerreger** *m* agent of epidemics; **Seuchenherd** *m* centre of an epidemic
seufzen ['zɔɪftsən] *vi* sigh (*vor* with); **~d** with a sigh; **Seufzer** *m* groan, sigh; **einen ~ ausstoßen** heave a sigh
Sex [zɛks] <-(es)> *m* sex; **Sexfilm** *m* sex film, porno film; **Sexismus** *m* sexism; **Sexist(in)** <-en, -en> *m(f)* sexist; **sexistisch** *adj* sexist; **Sexshop** *m* sex shop
Sextant [zɛks'tant] <-en, -en> *m* (MAR) sextant
Sextett [zɛks'tɛt] <-s, -e> *nt* sextet
Sextourismus *m* sex tourism
Sexualerziehung *f* sex education; **Sexualhormon** *nt* sex hormone; **Sexualität** *f* sexuality; **Sexualkunde** *f* (SCHULE) sexual education; **Sexualleben** *nt* sex life; **Sexualmoral** *f* sexual morals; **Sexualmord** *m* sex killing; **Sexualmörder** *m* sex murderer; **Sexualpartner(in)** *m(f)* sex partner; **Sexualverbrecher** *m* sex-offender
sexuell [zɛksu'ɛl] *adj* sexual
Sezessionskrieg [zetsɛ'sjoːns-] *m* (HIST) American Civil War

sezieren [ze'tsi:rən] *vt* (ANAT) dissect

Shampoo ['ʃampo:] <-(s), -s> *nt* shampoo

Shareholder-Value ['ʃɛɐhəʊldɐ,vɛlju] <-s> *m* (*Kapitalanteil von Aktionären*) shareholder value

Shareware ['ʃeəweə] *f* (*Software, die man kostenlos testen kann*) shareware

Shetlandpony ['ʃætlantpo:ni] <-s, -s> *nt* shetland pony

Show [ʃo:] <-, (-s)> *f* show; **eine ~ abziehen** (*fam*) put on a show; **Showbusiness**[RR] ['ʃəʊbɪznɪs] <-> *nt* show business; **Showmaster** *m* compère *Br,* emcee *Am*

Siam ['zi:am] *nt* (*Thailand*) Siam; **siamesisch** [zia'me:zɪʃ] *adj* Siamese; **~e Zwillinge** Siamese twins; **Siamkatze** *f* Siamese

Sibirien [zi'bi:riən] *nt* Siberia; **sibirisch** *adj* Siberian; **~ Kälte** (*fam*) arctic temperatures

sich [zɪç] *pron reflexiv* **1.** (*acc: 3. pers sing*) himself, herself, itself; (*3. pers pl*) themselves **2.** (*dat: 3. pers sing*) to himself, to herself, to itself; (*3. pers pl*) to themselves; **an ~** in itself; **an und für ~** considered by itself; **außer ~ sein** be beside o.s; **das spricht für ~ selbst** that speaks for itself; **das ist eine Sache für ~** that is another story; **wieder zu ~ kommen** recover consciousness; **sie haben ~ sehr gern** they are very fond of each other; **sie hat ~ das Bein gebrochen** she has broken her leg; **nur an ~ denken** think only of o.s.; **dieses Auto fährt ~ gut** this car drives well

Sichel ['zɪçəl] <-, -n> *f* **1.** sickle **2.** (*Mond~*) crescent; **sichelförmig** *adj* sickle-shaped

sicher ['zɪçɐ] *adj* **1.** (*vor Gefahr*) safe; (*geborgen*) secure **2.** (*gewiss*) certain, sure **3.** (*selbstbewusst*) self-assured; **sind Sie sich (dessen) ~?** are you certain of that?; **wissen Sie das ~?** are you certain?; **ganz ~** for certain; **ich bin mir nicht ganz ~, aber ...** I don't know for certain, but ...; **es ist absolut ~, dass ...** it's an absolute certainty that ...; **es ist ~, dass er kommt** it is sure that he will come; **der Erfolg ist dir ~** you're sure of success; **~ ist ~** it's best to make sure; **ich bin mir da ganz ~** I'm perfectly sure; **da bin ich nicht so ~** I'm not so sure about that; **sich seiner Sache ~ sein** be sure of o.s.; **das meinst du doch ~ nicht so?** surely you don't mean it?; **das ist so ~ wie nur etwas** that is as sure as anything; **aber ~!** take it from me!; **vor etw ~ sein** be safe from s.th.; **etw ~ aufbewahren** keep s.th. safe; **es ist so gut wie ~** it's a safe guess; **die Stelle ~ bekommen** be sure to get the job; **etw an einem ~en Ort verwahren** put s.th. away safely; **~ auf den Beinen** steady on one's feet; **ich weiß aus ~er Quelle, dass ...** I'm reliably informed that ...; **~ stellen**[RR] (*garantieren*) guarantee; (JUR) take possession of

Sicherheit *f* **1.** (*vor Gefahr*) safety **2.** (COM: *Geld*) security **3.** (*Gewissheit*) certainty **4.** (*Auftreten, Überzeugung*) self-assurance; **mit tödlicher ~** with absolute certainty; **mit ~ wissen, dass ...** know for certain that ...; **er wird mit ~ Erfolg haben** his success is certain; **wird das passieren? – ja, mit ~** will it happen? – yes, for sure; **zur ~** for security; **auf ~ spielen** (SPORT) play for safety; **sich in ~ bringen** get to safety; **das ist mit ~ richtig** that's definitely right; **Sicherheitsabstand** *m* safe distance; **Sicherheitsausschuss**[RR] *m* committee of public safety; **Sicherheitsberater(in)** *m(f)* safety adviser; **Sicherheitsbestimmungen** *pl* safety regulations; **Sicherheitsbindung** *f* (*von Ski*) safety binding; **Sicherheitsglas** *nt* safety glass; **Sicherheitsgründe** *pl* safety reasons; **Sicherheitsgurt** *m* (AUTO AERO) safety (seat) belt; **sicherheitshalber** *adv* to be on the safe side; **Sicherheitskette** *f* (*an Tür*) safety chain; **Sicherheitskräfte** *pl* security forces *pl;* **Sicherheitsmaßnahme** *f* safety measures; **Sicherheitsnadel** *f* safety pin; **Sicherheitspedal** *nt* safety pedal; **Sicherheitsrat** *m* (*der UNO*) Security Council; **Sicherheitsschloss**[RR] *nt* safety lock; **Sicherheitsverschluss**[RR] *m* safety clasp; **Sicherheitsvorkehrung** *f* safety precaution; **Sicherheitsvorschriften** *pl* safety regulations; **Sicherheitswacht** *f* security patrol; **Sicherheitswächter(in)** *m(f)* security patrol [*o* guard]

sicherlich *adj* certainly *Br,* sure *Am*

sichern I. *vt* **1.** (*sicher machen*) secure **2.** (*schützen*) safeguard **3.** (INFORM) back up **4.** (*Gewehr*) put the safety catch on; **sich etw ~** secure s.th. for o.s. **II.** *vr* **1.** (*sich schützen*) protect o.s. **2.** (*beim Bergsteigen*) secure o.s.; **sich gegen etw ~** guard o.s. against s.th.

sicher|stellen *vt* (*garantieren*) guarantee; (JUR) take possession of

Sicherung *f* **1.** (*Sicherstellung*) safeguarding **2.** (TECH) safety mechanism **3.** (INFORM) back up **4.** (ELEK) fuse **5.** (*an Schusswaffe*) safety-catch; **die ~ ist durchgebrannt** I've fused the lights; **Sicherungskopie** *f* (INFORM) back-up copy

Sicht [zɪçt] <-> *f* **1.** (*Sehen*) view **2.** (*Sichtverhältnisse*) visibility; **in ~ kommen** come into view; **(gute) schlechte ~** (good) poor visibility; **die ~ beträgt nur 100 Meter** visibility is down to only 100 metres;

zahlbar bei ~ (COM) payable at sight; **in ~ sein** be within sight; **die Küste kam in ~** we came in sight of the coast; **auf lange ~** in the long run; **sichtbar** *adj* visible; **~ werden** appear; (*fig*) become apparent; **Sichtbarkeit** *f* visibility

sichten *vt* **1.** (MAR: *sehen*) sight **2.** (*prüfen*) examine **3.** (*aussuchen*) sift, sort out

Sichtgerät *nt* monitor; (INFORM) visual display unit, VDU; **Sichtgrenze** *f* visibility limit; **Sichtkontakt** *m* eye contact

sichtlich *adj* (*offenkundig*) obvious

Sichtschutz *m* (*um nicht gesehen zu werden*) sight screen

Sichtung *f* **1.** (*das Sehen*) sighting **2.** (*Prüfung*) inspection **3.** (*Trennung, Aussortierung*) sifting, sorting

Sichtverhältnisse *pl* visibility; **Sichtvermerk** *m* endorsement; **Sichtweite** *f*: **außer** ~ out of sight; **in ~ kommen** come into sight

Sickergrube *f* soakaway

sickern ['zɪkɐn] *vi sein* seep; **nach außen ~** leak out

Sickerwasser *nt* percolating water, water seepage

Sideboard ['saɪdbɔːd] <-s, -s> *nt* sideboard

Sie *pron* you; **gehen ~!** go!; **wissen ~ was ...?** do you know what ...?

sie [ziː] *pron* (*nom sing*) she; (*acc sing*) her; (*sächlich*) it; (*im pl*) they *pl,* them; **wenn ich ~ wäre** if I were her; **~ war's nicht, ich war's** it wasn't her, it was me; **~ sind es** it is they

Sieb [ziːp] <-(e)s, -e> *nt* sieve; (*Tee~*) strainer; (*Durchschlag*) colander; **ein Gedächtnis wie ein ~** a memory like a sieve

Siebdruck *m* (silk) screen print, (silk) screen printing

sieben *vt* **1.** (*Speisen*) sieve, sift **2.** (*aussortieren*) weed; **es wird sehr gesiebt** they are very selective

sieben ['ziːbən] *num* seven

Siebenbürgen [-'bʏrgən] *nt* (GEOG) Transylvania; **siebenfach** *adj* sevenfold; **Siebengestirn** *nt* (ASTR) Pleiades *pl;* **siebenhundert** *num* seven hundred; **siebenjährig** *adj* seven-year-old; **siebenmal** *adv* seven times; **Siebenmeter** [--'--] *m* (SPORT) penalty; **Siebensachen** *pl* belongings; **Siebenschläfer** *m* (*kleines Nagetier*) dormouse

siebte *adj* seventh; **im ~n Himmel sein** be in seventh heaven; **Siebtel** <-s, -> *nt* seventh part; **siebtens** *adv* in the seventh place

siebzehn ['ziːptseːn] *num* seventeen; **siebzehnte** *adj* seventeenth; **Siebzehntel** <-s, -> *nt* seventeenth

siebzig ['ziːptsɪç] *num* seventy; **Siebziger(in)** *m(f)* septuagenarian; **siebzigjährig** *adj* seventy-year-old; **siebzigste** *adj* seventieth

siedeln ['ziːdəln] *vi* settle

sieden ['ziːdən] *irr vi* boil; **~d heiß** boiling hot; **Siedepunkt** *m* boiling-point; **Siedewasserreaktor** *m* boiling water reactor

Siedler(in) *m(f)* settler

Siedlung *f* **1.** (*An~*) settlement **2.** (*Wohn~*) housing estates *pl*

Sieg [ziːk] <-(e)s, -e> *m* victory (*über* over); **den ~ davontragen** win the day; **den ~ erringen** be victorious

Siegel ['ziːgəl] <-s, -> *nt* seal; **unter dem ~ der Verschwiegenheit** under the seal of secrecy; **Siegellack** *m* sealing wax; **eine Stange ~** a stick of sealing wax; **siegeln** *vt* **1.** (*Urkunde*) affix a seal to ... **2.** (*ver~*) seal; **Siegelring** *m* signet ring

siegen ['ziːgən] *vi* be victorious; (SPORT) win; **Sieger(in)** *m(f)* victor; (SPORT) winner; **zweiter ~** runner-up; **Siegerehrung** *f* (SPORT) presentation ceremony; **Siegerpose** *f* victory pose; **Siegerstraße** *f* (*fig*) road to victory; **Siegerurkunde** *f* (SPORT) winner's certificate

siegesbewusst[RR] *adj* confident of victory; **siegesgewiss**[RR] *adj* sure of victory; **siegestrunken** *adj* drunk with victory; **Siegeszug** *m* **1.** (*Triumphzug*) triumphal march **2.** (*einer Laufbahn*) victorious career

siegreich *adj* victorious

Signal [zɪ'gnaːl] <-s, -e> *nt* **1.** (*das ~ für etwas*) signal **2.** (*Zeichen*) sign; **ein ~ geben** give a signal; **~e setzen** blaze a trail *sing;* **Signalanlage** *f* set of signals *pl;* **Signalflagge** *f* signal flag; **signalisieren** *vt* signal; **Signallampe** *f* signal lamp; **Signalmast** *m* signal mast; **Signalpistole** *f* Very pistol; **Signalwirkung** *f* signal

Signatur [zɪgna'tuːɐ] *f* **1.** (*Unterschrift*) signature **2.** (*auf Karten*) symbol **3.** (*Buch~*) shelf mark

signieren *vt* sign

Silbe ['zɪlbə] <-, -n> *f* syllable; **keine ~ sagen** not breathe a word; **ich verstehe keine ~** I don't understand a word; **Silbenrätsel** *nt game involving combining syllables to form words*

Silbentrennung *f* syllabification

Silber ['zɪlbɐ] <-s> *nt* **1.** (*das Metall*) silver **2.** (*~zeug*) silverware; **Silberbarren** *m* silver bar [*o* ingot]; **Silberbesteck** *nt* silver cutlery; **Silberblick** *m* squint; **silberfarben** *adj* silver; **Silberfischchen** *nt* (*flügelloses Insekt*) silverfish; **Silberfuchs** *m* silverfox; **Silbergehalt** *m* silver content; **Silbergeld** *nt* silver; **Silbergeschirr** *nt* silverware; **silberhaltig** *adj* silver-bearing; **Silberhochzeit** *f* silver wedding; **Silberlöwe** *m* puma; **Silbermedaille** *f* silver medal; **Silbermünze** *f* silver coin

silbern *adj* silver

Silbernotierung *f* (quoted) price of silver; **Silberpapier** *nt* (*Stanniol*) tinfoil; **Silberstreifen** *m* (*fig*): **es zeichnet sich ein ~ am Horizont ab** one can see light at the end of the tunnel; **Silberwaren** *pl* silver *sing*

Silhouette [zilu'ɛtə] <-, -n> *f* silhouette; **sich als ~ abzeichnen gegen ...** be silhouetted against ...

Silizium [zi'li:tsiʊm] <-s> *nt* (CHEM) silicon

Silo ['zi:lo] <-s, -s> *m* silo

Silver-Customer [ˌsɪlvɐ'kastəmɐ] <-s, -> *m* (*älterer Kunde*) silver-haired customer

Silvester [zɪl'vɛstɐ] <-s, -> *m/nt* New Year's Eve

Simili(**stein**) ['zi:mili] *m* artificial stone

Simpel *m* simpleton; **simpel** ['zɪmpəl] *adj* **1.** (*einfach*) plain, simple **2.** (*dumm*) stupid

Sims [zɪms] <-es, -e> *m/nt* (*Fenster~*) sill; (ARCH: *vorspringender Rand*) ledge; (*Kamin~*) mantelpiece

Simulant(**in**) [zimu'lant] <-en, -en> *m(f)* malingerer; **simulieren** *vt* **1.** (*vortäuschen*) feign, sham **2.** (PHYS) simulate

simultan [zimʊl'ta:n] *adj* simultaneous; **Simultandolmetscher**(**in**) *m(f)* simultaneous interpreter

Sinaihalbinsel *f* Sinai Peninsula

Sinfonie [zɪnfo'ni:] *f* symphony; **Sinfoniekonzert** *nt* symphony concert; **Sinfonieorchester** *nt* symphony orchestra

Singapur ['zɪŋgapu:ɐ] <-s> *nt* Singapore

Singelisierung [sɪŋəli'zi:rʊŋ] <-> *f* (*der Bevölkerung*) singlisation

Singen *nt* singing; (*im Chor*) chanting; **singen** ['zɪŋən] *irr vt, vi* **1.** sing **2.** (*sl: gestehen*) squeal; **Singsang** <-(e)s> *m* **1.** (*monotones Singen*) monotonous singing **2.** (*Aussprache*) singsong; **Singspiel** *nt* lyrical drama

Singular ['zɪŋgula:ɐ] <-s, -e> *m* singular

Singvogel *m* song-bird

sinken ['zɪŋkən] *irr vi* sink; (*Preise*) drop, fall; **im Wert ~** decline in value; **in einen Sessel ~** sink into an armchair; **in jds Achtung ~** sink in someone's eyes

Sinkstoffe *pl* (CHEM) settleable solids

Sinn [zɪn] <-(e)s, -e> *m* **1.** (*~esorgan*) sense **2.** (*Verstand*) mind **3.** (*Bedeutung*) meaning; **von ~en sein** be out of one's senses; **das hat keinen ~** there is no sense in that; **was für einen ~ soll das haben?** what's the sense of doing this?; **es hat keinen ~ zu weinen** there is no sense in crying; **einen ~ ergeben** make sense; **in gewissem ~e** in a sense; **das geht mir nicht aus dem ~** I can't get it out of my mind; **im ~ haben etw zu tun** have in mind to do s.th.; **mein Leben hat keinen ~** my life is meaningless; **Sinnbild** *nt* symbol; **sinnbildlich** *adj* symbolic(al)

Sinnen ['zɪnən] *nt*: **in ~ versunken** lost in meditation; **sinnen** *irr vi*: **über etw ~** brood over s.th.; **auf Unheil ~** plot, mischief; **auf Rache ~** meditate revenge; **Sinnenlust** *f* sensuality

sinnentleert *adj* bereft of content; **sinnentstellend** *adj* distorting the meaning

Sinnesänderung *f* change of mind; **Sinneseindrücke** *mpl* sensory impressions; **Sinnesorgan** *nt* sense organ; **Sinnesstörung** *f* sensory disorder; **Sinnestäuschung** *f* illusion; **Sinneswahrnehmung** *f* sensory perception; **Sinneswandel** *m* change of mind

sinnfällig *adj* obvious; **sinngemäß** *adj*: **etw ~ wiedergeben** give the gist of s.th; **sinngetreu** *adj* faithful

sinnieren *vi* ruminate

sinnig *adj* **1.** (*vernünftig*) sensible; (*sinnreich*) apt **2.** (*zweckmäßig*) practical; **sinnigerweise** *adv* (*iro*) naturally *iro*

sinnlich *adj* **1.** (*auf die Sinne bezüglich*) sensuous **2.** (*den Sinnengenuss betreffend*) sensual; **ein ~er Mensch** a sensualist; **Sinnlichkeit** *f* sensuality

sinnlos *adj* **1.** (*zwecklos*) useless **2.** (*absurd, verrückt*) absurd **3.** (*ohne Bedeutung*) meaningless; **~ betrunken** dead drunk; **es ist einfach ~** it just doesn't make sense; **Sinnlosigkeit** *f* **1.** (*Zwecklosigkeit*) uselessness **2.** (*Absurdität*) absurdity; **sinnreich** *adj* **1.** (*klug ersonnen*) ingenious **2.** (*geistreich*) witty; **Sinnsuche** *f* search for a meaning (in life); **sinnverwandt** *adj* synonymous; **~es Wort** synonym; **sinnvoll** *adj* **1.** (*zweckmäßig*) convenient **2.** (*klug*) ingenious; **sinnwidrig** *adj* absurd, senseless

Sintflut ['zɪntflu:t] <-> *f* **1.** (*in Bibel*) Flood **2.** (*fig*) deluge

Sippe ['zɪpə] <-, -n> *f* **1.** (*von Menschen*) family **2.** (ZOO) species; **Sippschaft** *f* **1.** (*pej: Verwandtschaft*) tribe **2.** (*pej: Gesindel*) bunch

Sirene [zi're:nə] <-, -n> *f* (*a. fig*) siren; **Sirenengeheul** *nt* wail of sirens

Sirup ['zi:rʊp] <-s, -e> *m* (*Zuckersaft*) treacle; (*Fruchtsaft mit Zucker*) syrup

Sitcom ['sɪtkɔm] <-, -s> *f* (*TV-Situationskomödie*) sitcom

Sitte ['zɪtə] <-, -n> *f* custom; **es ist ~ ...** custom demands ...; **wie es ~ ist** as custom has it; **Sittendezernat** *nt* vice squad; **Sittengeschichte** *f* history of life and customs; **Sittenlehre** *f* ethics *pl;* **sittenlos** *adj* immoral; **Sittenlosigkeit** *f* immorality; **Sittenprediger** *m* (*fig*) sermonizer; **sittenstreng** *adj* puritanical; **Sittenstrolch** *nt* (*fam*) sex fiend; **Sittenverfall** *m* decline in moral standards

Sittich ['zɪtɪç] <-s, -e> *m* (*kleiner Vogel*) parakeet

sittlich *adj* moral

Sittlichkeit *f* morality; **Sittlichkeitsverbrechen** *nt* sex crime

sittsam *adj* decent; **Sittsamkeit** *f* decency

Situation [zitua'tsjo:n] *f* situation; **Herr der ~ sein** be master of the situation

Sitz [zɪts] <-es, -e> *m* **1.** seat **2.** (*Wohnsitz*) residence **3.** (*von Kleidern*) fit; **verstellbarer ~** adjustable seat; **mit ~ in Berlin** (COM) with the place of business and legal seat in Berlin; **Sitzbad** *nt* hipbath; **Sitzblockade** *f* sit-in

sitzen *irr vi* **1.** sit **2.** (*Hieb*) go home **3.** (*wohnen*) dwell, live **4.** (*von Kleidern*) fit **5.** (*fam: im Gefängnis*) be doing time; **auf dem Trockenen ~** be left high and dry; (*fig: kein Geld haben*) be in low water; **er hat einen ~** (*fam*) he has one too many; **~ bleiben** remain seated; **bleiben Sie (bitte) ~!** please don't get up!; **~ bleiben** (*in der Schule*) stay down; **auf einer Ware ~ bleiben**[RR] be left with a merchandise; **über einer Arbeit ~** be occupied with a task; **diese Beleidigung lasse ich nicht auf mir ~!** I am not going to take that insult lying down!; **das Kleid sitzt nicht** the dress doesn't fit properly; **die Bemerkung saß** the remark was very apt; **~ lassen**[RR] (*bei Verabredung*) leave waiting; (*im Stich lassen*) leave in the lurch *Br;* **sitzen|bleiben** *vi s.* **sitzen**; **sitzen|lassen** *vt s.* **sitzen**

Sitzfleisch *nt:* **kein ~ haben** not have the staying power, not be able to sit still

Sitzgelegenheit *f* seat, seating accomodation *pl;* **Sitzkissen** *nt* cushion; **Sitzlehne** *f* seat back; **Sitzplatz** *m* seat; **Sitzstreik** *m* sit-down strike

Sitzung *f* **1.** (*Konferenz*) meeting **2.** (JUR) session; **Sitzungsbericht** *m* minutes *pl;* **Sitzungsperiode** *f* session; **Sitzungssaal** *m* **1.** (*für Konferenz*) conference hall **2.** (JUR) court room

Sizilien [zi'tsi:liən] *nt* Sicily

Skala ['ska:la] <-, -len> *f* **1.** (ELEK) scale **2.** (*fig*) range; **Skalenbeleuchtung** *f* instrument lighting; **Skaleneinteilung** *f* graduation; **Skalenstrich** *m* grading line

Skalp [skalp] <-s, -e> *m* scalp

Skalpell [skal'pɛl] <-s, -e> *nt* (MED) scalpel

skalpieren *vt* scalp

Skandal [skan'da:l] <-s, -e> *m* **1.** scandal **2.** (*Lärm*) fuss, row; **es ist ein ~, dass sich niemand darum kümmert** it's a disgrace that nobody cares about that; **skandalös** *adj* scandalous; **Skandalprozess**[RR] *m* sensational case; **skandalträchtig** *adj* potentially scandalous

Skandinavien [skandi'na:viən] *nt* Scandinavia; **skandinavisch** *adj* Scandinavian

Skat [ska:t] <-(e)s, -e/-s> *m* skat

Skateboard ['skeɪtbɔ:d] <-s, -s> *nt* skateboard; **Skateboardfahrer(in)** *m(f)* skateboarder

Skelett [ske'lɛt] <-(e)s, -e> *nt* skeleton

Skepsis ['skɛpsɪs] <-> *f* scepticism; **Skeptiker(in)** *m(f)* sceptic; **skeptisch** *adj* sceptical

Ski [ʃi:] <-(s), -er> *m* ski; **die ~er anschnallen** put on the skis; **~ fahren, ~ laufen** ski; **Skianzug** *m* ski suit; **Skiausrüstung** *f* skiing gear; **Skifahrer(in)** *m(f)* skier; **Skigymnastik** *f* skiing exercises *pl;* **Skihose** *f* ski-pants *pl;* **Skilaufen** *nt* skiing; **Skiläufer(in)** *m(f)* skier; **Skilehrer(in)** *m(f)* instructor; **Skilift** *m* ski-lift

Skinhead <-s, -s> *m* skinhead

Skipiste *f* ski-run; **Skispringen** *nt* ski jumping; **Skispringer(in)** *m(f)* ski-jumper; **Skistock** *m* ski-stick; **Skiträger** *m* ski rack

Skizze ['skɪtsə] <-, -n> *f* **1.** (*Abriss*) sketch **2.** (*Entwurf*) draft; (*Plan*) outline; **Skizzenbuch** *nt* sketchbook; **skizzenhaft** *adj* (*fig*) in broad outline; **skizzieren** [skɪ'tsi:rən] *vt* **1.** (*umreißen*) sketch **2.** (*Plan*) outline

S-Klasse *f* (*gesellschaftliche Upper-Class*) upper class

Sklave, -vin ['skla:və] <-n, -n> *m, f* slave; **jdn zum ~n machen** make a slave of s.o; **Sklavenhalter(in)** *m(f)* slave-owner; **Sklavenhandel** *m* slave-trade; **Sklaventreiber(in)** *m(f)* (*a. fig*) slave-driver; **Sklaverei** *f* slavery; **sklavisch** *adj* slavish

Skonto ['skɔnto] <-s, -s/-ti> *m/nt* (COM) cash discount; **bei Barzahlung 5 % ~ geben** allow 5 % discount for cash

Skorbut [skɔr'bu:t] <-(e)s> *m* (MED) scurvy

Skorpion [skɔrpi'o:n] <-s, -e> *m* **1.** (*Spinnentier*) scorpion **2.** (*Sternzeichen*) Scorpio

Skript [skrɪpt] <-(e)s, -s oder -en> *nt* script

Skrupel ['skru:pəl] <-s, -> *m* scruple; **keine ~ haben etw zu tun** have no scruples to do s.th.; **ohne jeden ~** without the slightest scruple; **skrupellos** *adj* unscrupulous; **Skrupellosigkeit** *f* unscrupulousness

Skulptur [skʊlp'tuːɐ] <-, -en> *f* sculpture

skurril [skʊ'riːl] *adj* comical, droll

Skybeamer ['skaɪbiːmɐ] <-s, -> *m* (*Lichtstrahlen am Nachthimmel*) skybeamer

Slalom ['slaːlɔm] <-s> *m* slalom

Slawe, **-win** ['slaːvə] <-n, -n> *m, f* Slav; **slawisch** *adj* Slavonic; **Slawist**(**in**) *m(f)* Slavist; **Slawistik** *f* Slavonic studies *pl*

Slip <-s, -s> *m* briefs *pl;* **Slipeinlage** *f* panty-liner

Slowake, **-kin** [slo'vaːkə] <-n, -n> *m, f* Slovak; **Slowakei** *f* Slovakia; **slowakisch** *adj* Slovak(ian)

Slowenien [slo'veːniən] *nt* Slovenia

Slum [slam] <-s, -s> *m* slum

Smaragd [sma'rakt] <-(e)s, -e> *m* emerald; **smaragdgrün** [-'-'-] *adj* emerald-green

Smartcard ['smɑːtkɑːd] <-, -s> *f* smart card

Smog ['smɔk] <-s> *m* smog; **Smogalarm** *m* smog alert

Smoking ['smoːkɪŋ] <-s, -s> *m* dinner-jacket *Br,* tuxedo *Am*

Snail-Mail ['sneɪlmeɪl] <-, -s> *f* (*sl: herkömmliche Briefpost*) snail mail

Snowboard ['snəʊbɔːd] <-s, -s> *nt* (SPORT) snowboard; **snow|boarden** ['snəʊbɔːɐdən] *vi* snowboard

so [zoː] **I.** *adv* **1.** so **2.** (*auf diese Art*) like this, thus; **~!** (*da!*) there you are!; **~?** is that so?; **ach ~!** oh, I see!; **~ oder ~** one way or another; **~ ... wie** as ... as; **na, ~ was!** what do you know! well, did you ever!; **~ hören Sie doch!** now, do listen!; **ich will mal nicht ~ sein** all right, but just this once; **~ siehst du aus!** (*fam*) that's what you think!; **~ viel Tee** so much tea; **er war ~ dumm und hat es ihnen gesagt** he was so stupid as to tell them; **ich bin ja ~ müde** I'm so very tired; **~ kam es, dass ...** so it was that ...; **~ eine Woche** a week or so **II.** *adj:* **~ genannt**[RR] so-called **III.** *konj:* **~ dass ...** so that ...; **~ reich er auch ist** however rich he may be

sobald [zo'balt] *konj* as soon as

Socke ['zɔkə] <-, -n> *f* sock; **sich auf die ~n machen** (*fam*) take to one's heels

Sockel ['zɔkəl] <-s, -> *m* base; (*von Statue*) pedestal; **Sockelbetrag** *m* (*tariflicher ~*) flat cash supplement; **ein ~ von DM 10** a basic rate of 10 marks

Soda ['zoːda] <-> *f* soda

sodann *adv* then, thereupon

Sodawasser *nt* soda water

Sodbrennen ['zoːt-] *nt* heartburn

Sodomie [zodo'miː] <-> *f* bestiality

soeben [zo'eːbən] *adv* just, this minute

Sofa ['zoːfa] <-s, -s> *nt* sofa; (*kleines ~*) settee; **Sofakissen** *nt* sofa cushion

sofern *konj* provided (that)

SoFi ['soːˌfiː] <-, -s> *f* (*fam: Sonnenfinsternis*) solar eclipse, eclipse of the sun

sofort [zo'fɔrt] *adv* at once, immediately; **~!** (*komme ~!*) coming!; **Sofortbildkamera** *f* Polaroid camera®; **Soforthilfe** *f* emergency aid [*o* relief]; **sofortig** *adj* immediate, instant; **Sofortlieferung** *f* immediate delivery; **Sofortmaßnahme** *f* immediate measure

Softie [zɔftɪ] <-s, -s> *m* (*fam*) caring type

Soft Skills ['sɔftˌskɪls] *pl* (*Charaktereigenschaften*) soft skills *pl*

Softwarepaket *nt* (INFORM) software package; **Softwarepiraterie** *f* software piracy

Sog [zoːk] <-(e)s, -e> *m* **1.** (*Explosions~*) suction **2.** (*Wasser~*) undertow

sogar [zo'gaːɐ] *adv* even; **sie ist ~ gekommen** she even came

sogenannt ['zo(ː)gənant] *adj* so-called

sogleich [zo'glaɪç] *adv* at once

Sohle ['zoːlə] <-, -n> *f* **1.** (*Fuß~*) sole **2.** (MIN) bottom

Sohn [zoːn, *pl:* 'zøːnə] <-(e)s, -̈e> *m* son; **der verlorene ~** the prodigal son

Sojabohne *f* soya bean

solang(**e**) [zo'laŋə] *adv* as long as, so long as

solar *adj* solar; **~e Warmwasserbereitungsanlage** solar thermal water heating; **Solarenergie** *f* solar energy

Solarium [zo'lɑːrɪʊm] <-s, -en> *nt* solarium

Solarjalousie *f* (*Lamellen aus Spezialglas*) solar venetian blind

Solartechnik [zo'lɑːɐ-] *f* solar technology; **Solarzelle** *f* solar cell

solch [zɔlç] *adj* such; **~ ein Glück** such luck; **ich hab' ~en Durst!** I'm so thirsty!

Sold [zɔlt] <-(e)s, -e> *m* (MIL) pay

Soldat(**in**) [zɔl'daːt] <-en, -en> *m(f)* soldier; **der unbekannte ~** the Unknown Warrior

Soldatenfriedhof *m* military cemetery

Soldateska [zɔlda'tɛska] <-, -ken> *f* band of soldiers; **soldatisch** *adj* **1.** (*soldatengemäß*) soldierlike **2.** (*militärisch*) military; **Söldner** ['zœldnɐ] <-s, -> *m* mercenary

Sole ['zoːlə] <-, -n> *f* brine, saltwater

solidarisch [zoli'daːrɪʃ] *adj:* **~ sein mit ...** show solidarity with ...; **sich mit jdm ~ erklären** declare one's solidarity with s.o; **solidarisieren** *vr:* **sich mit jdm ~** show one's solidarity with s.o; **Solidarität** *f* solidarity; **Solidaritätsstreik** *m* sympathy strike; **Solidaritätszuschlag** *m*

S

solidarity levy; **Solidarpakt** <-(e)s> *m* solidarity pact

solide [zo'li:də] *adj* **1.** (*fest gebaut, a.* COM) solid **2.** (*ansehnlich*) sound **3.** (*anständig*) respectable; **Solidität** *f* **1.** (*Stärke*) solidity **2.** (*Ansehnlichkeit*) soundness

Solist *m* soloist

Soll [zɔl] <-(s), -(s)> *nt* (COM) **1.** debit **2.** (*Sollseite*) debit side **3.** (*Planvorsatz*) target; ~ **und Haben** debit and credit; **ins ~ eintragen** (**im ~ verbuchen**) debit (enter on the debit side)

sollen ['zɔlən] *vi* shall; (*konjunktivisch*) should; (*subjunktivisch*) be to; (*angeblich*) be supposed to; (*Gerücht*) be said; **er soll sehr reich sein** he is said to be very rich; **was soll das** (**bedeuten**)? what's that supposed to mean?; **was soll** (**denn**) **das?** what do you think you're doing?; (**he**), **was soll das?** (*Vorwurf*) what's the point of that?; **was soll das denn?** what's that for?; **was soll ich hier?** what am I here for?; **was soll's?** so what?; (*fam*) what the heck!; **was soll das heißen?** what does that mean?; **was soll ich tun?** what am I to do?; **wer soll das sein?** who is that supposed to be?; **man sollte meinen ...** one would think ...; **sollte er es vergessen haben?** can he have forgotten it?; **sollte das möglich sein?** can this be possible?; **man sollte sie auch einladen** she ought to be invited too; **das hätten Sie nicht glauben** ~ you shouldn't have believed it; **sie weiß nicht, was sie tun soll** she doesn't know what to do; **die Abreise soll heute stattfinden** the departure is to take place today; **wenn ich sterben sollte** if I come to die; **so etw soll es geben** these things happen

Sollseite *f* debit side; **Sollzinsen** *pl* interest charges

Solo ['zo:lo] <-s, -s/-li> *nt* solo

solvent [zɔl'vɛnt] *adj* (FIN) solvent

Solvenz [zɔl'vɛnts] <-> *f* solvency

Somalia [zo'ma:lja] *nt* Somalia; **Somalier**(**in**) *m(f)* Somalian; **somalisch** *adj* Somalian

somit *adv* consequently, therefore

Sommer ['zɔmɐ] <-s, -> *m* summer; **im ~** in (the) summer; **im nächsten ~** next summer; **Sommerfrische** *f* (*obs*): **in die ~ fahren** go away for a summer holiday; **Sommerhalbjahr** *nt* summer semester, summer term *Br;* **Sommerkleidung** *f* **1.** (*in eigener Garderobe*) summer clothing **2.** (COM: *als Artikel*) summerwear; **sommerlich** *adj* **1.** (*~ warm*) summery **2.** (*~er Tag*) summer ...; **Sommerloch** *nt* (*fam*) silly season; **Sommermantel** *m* summer coat; **Sommerpause** *f* summer break; (JUR POL) summer recess; **Sommerreifen** *m* (AUTO) normal tyre; **Sommerschlussverkauf**[RR] *m* summer sale; **Sommersprossen** [-ʃprɔsən] *fpl* freckles; **sommersprossig** *adj* freckled; **Sommerzeit** *f* summer time

Sonate [zo'na:tə] <-, -n> *f* (MUS) sonata

Sonde ['zɔndə] <-, -n> *f* **1.** (MED: *a. Raum~*) probe; (*Wetter~*) sonde **2.** (MAR) plummet

Sonderabschreibung *f* special depreciation [*o* allowance]; **Sonderanfertigung** *f* item [*o* goods] made to specification [*o* order]; **Sonderangebot** *nt* special offer; **Sonderausführung** *f* special model; **Sonderausgabe** *f* **1.** (*Extrablatt*) special edition; (*Buch*) separate edition **2.** (FIN) extraordinary expenses *pl*

sonderbar *adj* odd, strange; **was ist daran ~?** what's strange about it?; **sonderbarerweise** *adv* strange to say

Sonderbedingungen *fpl* special terms; **Sonderbeilage** *f* (COM) special supplement; (*in Zeitung*) inset; **Sonderbericht** *m* special report; **Sonderbestimmungen** *fpl* special provision; **Sondereinheit** *f* special unit; **Sondereinlagen** *fpl* special deposit; **Sonderfall** *m* **1.** (*besonderer Fall*) special case **2.** (*Ausnahme*) exception; **Sondergericht** *nt* special court

sondergleichen *adv* unequalled, unparallelled; **das ist eine Frechheit** ~ that's the height of cheek!

Sonderheft *nt* special edition; **Sonderinteresse**(**n**) *nt (pl)* private [*o* particular] interest *sing;* **Sonderkommando** *nt* special unit; **Sonderkonditionen** *fpl* special terms; **Sonderkonto** *nt* special account; **Sonderling** *m* eccentric; **Sondermüll** *m* hazardous waste; **Sondermülldeponie** *f* hazardous waste depot

sondern *vt* (*abtrennen*) separate (*von* from)

sondern ['zɔndɐn] *konj* but; ~ **was?** what then?; **nicht nur ..., ~ auch ...** not only ... but also ...

Sondernummer *f* special edition; **Sonderposten** *m* special item; **Sonderpreis** *m* special price; **Sonderregelung** *f* special provision; **Sonderschule** *f* special school; **Sonderstellung** *f* special position; **Sondertisch** *m* bargain counter; **Sonderurlaub** *m* special leave; **Sondervergütung** *f* extra pay; **Sondervollmacht** *f* special authority; **Sonderzeichen** *nt* special character; **Sonderzug** *m* special train

sondieren [zɔn'di:rən] **I.** *vt* sound out; **die Lage ~** (*fam*) find out how the land lies **II.** *vi* sound things out; ~**, ob ...** try to sound out, whether …

Sonett [zo'nɛt] <-(e)s, -e> *nt* (LIT) sonnet

Sonnabend ['zɔna:bənt] <-s, -e> *m* Saturday; **sonnabends** *adv* on Saturdays

Sonne ['zɔnə] <-, -n> *f* sun; **an die ~ gehen** go out in the sun

sonnen *vr* **1.** sun o.s **2.** (*fig*) bask (*in etw* in s.th.)

Sonnenaufgang *m* sunrise; **bei ~** at sunrise; **Sonnenbad** *nt* sunbathing; **Sonnenbank** *f* tanning [*o* sun] bed; **sonnenbeschienen** *adj* sunlit; **Sonnenblocker** *m* sunblocker; **Sonnenblume** *f* sunflower; **Sonnenblumenöl** *nt* sunflower oil; **Sonnenbrand** *m* sunburn; **Sonnenbrille** *f* sunglasses *pl;* **Sonnendach** *nt* **1.** (*vor Fenstern*) sun-blind **2.** (AUTO) sun roof; **Sonneneinstrahlung** *f* insolation; **Sonnenenergie** *f* solar energy; **Sonnenfinsternis** *f* eclipse of the sun; **Sonnenfleck** *m* (ASTR) sunspot; **Sonnenkollektor** *m* solar panel; **Sonnenkraftwerk** *nt* solar power station; **Sonnenlicht** <-(e)s> *nt* sunlight; **Sonnenmilch** *f* suntan lotion; **Sonnenöl** *nt* suntan oil; **Sonnenschein** *m* sunshine; **Sonnenschirm** *m* (*für Garten*) sunshade; (*für Straße*) parasol; **Sonnenschutzmittel** *nt* sunscreen agent; **Sonnenseite** *f* sunny side; **Sonnenstich** *m* sunstroke; **du hast wohl einen ~!** (*fam*) you must have been out in the sun too long!; **Sonnenstrahl** *m* sunbeam; **Sonnensystem** *nt* solar system; **Sonnenuhr** *f* sundial; **Sonnenuntergang** *m* sunset *Br,* sundown *Am;* **Sonnenwende** *f* solstice

sonnig *adj* sunny

Sonntag *m* Sunday; **sonntäglich** *adj attr* Sunday …; **~ gekleidet** dressed in one's Sunday best

sonntags *adv* on Sundays

Sonntagsarbeit *f* Sunday working; **Sonntagsausflug** *m* Sunday trip; **Sonntagsbeilage** *f* Sunday supplement; **Sonntagsdienst** *m:* **~ haben** (*Arzt*) be on Sunday duty; (*Apotheke*) be open on Sundays; **Sonntagsfahrer(in)** *m(f)* (*hum*) Sunday driver; **Sonn- und Feiertage** *pl* Sundays and bank holidays

Sonographie <-> *f,*

Sonografie[RR] *f* (MED) sonography

sonst [zɔnst] *adv* **1.** (*im Übrigen*) otherwise **2.** (*außerdem*) else **3.** (*gewöhnlich, üblicherweise*) usually **4.** (*ehemals*) formerly; **~ noch etwas** anything else; **~ nichts** nothing else; **~ nirgends** nowhere else; **~ jemand**[RR] anybody else; **das kannst du ~ wem**[RR] **erzählen!** (*fam*) tell that to the marines!; **wenn es ~ nichts ist** if that is all; **wie ~** as usual

sonstig *adj* other

sonstjemand *pron s.* **sonst**

sonstwem *pron s.* **sonst**

Sopran [zo'pra:n] <-s, -e> *m* (MUS) soprano

Sorbe, -bin ['zɔrbə] <-n, -n> *m, f* Sorb; **sorbisch** *adj* Sorb(ian)

Sorge ['zɔrgə] <-, -n> *f* (*Kummer*) care; (*quälende ~e*) worry; (*Ungelegenheit*) trouble; **keine ~!** don't worry!; **~n haben** have problems; **~n haben, dass …** be worried that …; **jdm ~n machen** worry s.o; **sich ~n machen über (um) …** worry about …, fret about …; **sich keine ~n machen über …** not bother about …, not trouble o.s. about …; **in ~ sein, dass …** be afraid lest …; **das ist meine geringste ~** that is the least of my worries; **lass das meine ~ sein!** leave that to me!; **du hast ~n!** (*iro*) you think you've got problems!; **mach dir deshalb keine ~n!** don't worry about that!; **sorgen I.** *vt* (*sich kümmern um*) take care (*für* of); **bitte ~ Sie dafür, dass …** please, see that …, make sure that …; **dafür werde ich ~** leave that to me; **dafür ist gesorgt** that has been seen to **II.** *vr* worry; **sich ~ (um) wegen …** be worried about …; **Sorgenfalte** *f* worry line; **sorgenfrei** *adj* **1.** (*frei von Sorgen*) free of care **2.** (*unbekümmert*) carefree; **Sorgenkind** *nt* problem child; **sorgenvoll** *adj* **1.** (*voll von Sorgen*) full of worries **2.** (*besorgt*) worried

Sorgerecht *nt* (JUR) custody

Sorgfalt ['zɔrkfalt] <-> *f* care; **viel ~ auf etw verwenden** take a lot of care over s.th; **sorgfältig** *adj* careful; **sorglos** *adj* **1.** (*unachtsam*) careless **2.** (*unbekümmert*) carefree; **Sorglosigkeit** *f* **1.** (*Achtlosigkeit*) carelessness **2.** (*Unbekümmertheit*) carefreeness; **sorgsam** *adj* careful

Sorte ['zɔrtə] <-, -n> *f* **1.** (*Art*) kind, sort; (*Klasse*) grade **2.** (*Marke*) brand **3.** (FIN: *im pl*) foreign currency; **von allen ~n** of all sorts; **erste ~** best quality, A 1; **schlechtere ~** inferior quality; **du bist vielleicht 'ne ~!** (*fam*) you're a fine one!

sortieren *vt* sort; **etw in ein Regal ~** sort s.th. and put it in shelves; **Sortierlauf** *m* (INFORM) sort run; **Sortiermaschine** *f* sorting machine

Sortiment <-(e)s, -e> *nt* **1.** (*Auswahl*) assortment **2.** (COM) collection; **das ~** (*der Buchhandel*) the retail book trade; **Sortimentsbreite** *f* product range; **Sortimentserweiterung** *f* extension of product range

Soße ['zo:sə] <-, -n> *f* **1.** (*Sauce*) sauce; (*Braten~*) gravy **2.** (*fam: schmierige Substanz*) gunge

Souffleur, -leuse [zʊ'fløːɐ (zʊ'fløːzə)] *m, f* (THEAT) prompter

soufflieren *vi* (THEAT) prompt

Souterrain [zutɛ'rɛ̃ː/'---] <-s, -s> *nt* basement

Souvenir [zuvə'niːɐ] *nt* souvenir; **Souvenirladen** *m* souvenir shop

Souverän [zuvə'rɛːn] <-s, -e> *m* sovereign; **souverän** *adj* **1.** (*selbständig*) sovereign **2.** (*fig*) superior; **die Lage ~ meistern** deal with the situation supremely well; **~ über etw hinweggehen** ignore s.th. blithely; **Souveränität** *f* sovereignty

soviel [-'-/'--] **I.** *adv* so much; *s.* **viel II.** *konj* as far as; **~ er auch arbeitete** however much he worked

soweit [-'-/'--] **I.** *adv* (*bis jetzt*) up to now; (*bis hierher*) thus far; *s.* **weit II.** *konj:* **~ ich sehe** as far as I can tell

sowenig I. *adv* (*eben~*) no more **II.** *konj* however little

sowie [-'-] *konj* **1.** (*sobald als*) as soon as **2.** (*und auch*) as well as

sowieso [--'-/'---] *adv* anyhow, in any case; **ich gehe ~ hin** I'm going there anyhow

Sowjet [zɔ'vjɛt/'--] <-s, -s> *m* Soviet; **Sowjetbürger(in)** *m(f)* Soviet citizen; **sowjetisch** [zɔ'vjɛtɪʃ] *adj* Soviet; **Sowjetunion** *f* (HIST) Soviet Union

sowohl [-'-] *konj:* **~ … als auch** as well … as, both … and …

sozial [zo'tsjaːl] *adj* social; **~e Fürsorge** [*o* **Wohlfahrt**] social welfare; **die ~en Verhältnisse** social conditions; **die ~ Benachteiligten** the socially disadvantaged; **~ denken** be socially minded; **~es Jahr** *year spent by young person as voluntary assistant in hospitals, social services;* **er stammt aus einem ~ schwachen Milieu** he comes from a disadvantaged background; **Sozialabgaben** *pl* social welfare contributions; **Sozialamt** *nt* social welfare office; **Sozialarbeiter(in)** *m(f)* social worker; **Sozialausgaben** *fpl* social expenditure; **Sozialdemokrat(in)** *m(f)* social democrat; **sozialdemokratisch** *adj* social-democratic; **Sozialgericht** *nt* welfare tribunal; **Sozialhilfe** *f* income support *Br,* welfare (aid) *Am;* **Sozialhilfeempfänger(in)** *m(f) person receiving income support Br,* person receiving welfare aid *Am;* **Sozialhilfeleistung** *f* supplementary benefit

Sozialisation *f* (SCHULE) socialization; **sozialisieren** *vt* **1.** (SCHULE) socialize **2.** (POL) nationalize

Sozialismus *m* socialism; **Sozialist(in)** *m(f)* socialist; **sozialistisch** *adj* socialist

Sozialleistungen *fpl* social security benefits; **Sozialmieter(in)** *m(f)* social-security tenant; **Sozialneid** *m* social envy; **Sozialpartner** *pl* social partners; **Sozialplan** *m* social plan; **Sozialpolitik** *f* social policy; **Sozialstaat** *m* welfare state; **Sozialstation** *f* health and advice centre; **Sozialversicherung** *f* social security; **Sozialversicherungsbeitrag** *m* social security contribution, national insurance contribution *Br;* **Sozialwissenschaften** *pl* social sciences; **Sozialwohnung** *f* council flat [*o* house]

soziokulturell *adj* socio-cultural

Soziolekt *m* (LING) sociolect

Soziologe, -gin *m, f* sociologist

Soziologie [zotsiolo'giː] *f* sociology

sozioökonomisch *adj* socio-economic

Sozius ['zoːtsiʊs] <-, -se> *m* **1.** (COM) partner **2.** (AUTO) pillion rider; **Soziussitz** *m* (AUTO) pillion seat; **auf dem ~ mitfahren** ride pillion

sozusagen [--'--/'----] *adv* as it were, so to speak

Spachtel ['ʃpaxtəl] <-s, -> *m o f* **1.** (*Werkzeug*) spatula **2.** (*Kitt*) filler; **spachteln** *vt* fill

Spaghetti [ʃpa'gɛtɪ] *pl,* **Spagetti**[RR] *pl* spaghetti *sing*

spähen ['ʃpɛːən] *vi* **1.** (*kundschaften*) reconnoitre, scout **2.** (*verstohlen*) peer; **nach jdm ~** look out for s.o.; **Späher** *m* (*Kundschafter*) scout; **Spähtrupp** *m* (MIL) patrol

Spalier [ʃpa'liːɐ] <-s, -e> *nt* **1.** (*am Haus*) trellis **2.** (*Reihe von Leuten*) line; **ein ~ bilden** (*a.* MIL) form a lane

Spalt [ʃpalt] <-(e)s, -e> *m* **1.** (*Fels~*) crevice, fissure **2.** (*Riss*) crack **3.** (*Öffnung*) opening **4.** (*fig*) split; **die Tür einen ~ öffnen** open the door slightly; **spaltbar** *adj* **1.** (*Holz*) cleavable **2.** (PHYS) fissionable; **~er Stoff** fissionable material; **Spaltbarkeit** *f* **1.** (*von Holz*) cleavability **2.** (PHYS: *von Atomen*) fissionability

Spalte <-, -n> *f* **1.** (TYP) column **2.** (*Gletscher~*) crevasse; (*in Holz, Wand*) crack; **spalten** <gespaltet *o* gespalten> *vt* **1.** split; (*Holz*) chop, cleave **2.** (CHEM) crack; **die Partei hat sich gespalten** the party has split; **die Meinungen über diese Frage sind gespalten** opinions are divided on this question; **Spaltmaterial** *nt* (PHYS) fission material; **Spaltprodukt** *nt* (*nukleares ~*) product of fission; **Spaltung** *f* **1.** (*a. fig*) splitting **2.** (PHYS: *Atom*) fission **3.** (*fig*) split

Span [ʃpaːn, *pl:* 'ʃpɛːnə] <-(e)s, ¨-e> *m* (*Holz~*) shaving; (*Metall~*) filing

Spanferkel *nt* sucking pig

Spange ['ʃpaŋə] <-, -n> *f* **1.** (*Schließe*) clasp **2.** (*Arm~*) bracelet **3.** (*Haar~*) hair slide *Br,* barrette *Am* **4.** (*Schuh~*) bar

Spanien ['ʃpa:niən] *nt* Spain; **Spanier(in)** *m(f)* Spaniard; **spanisch** *adj* Spanish; **~e Wand** folding screen; **das kommt mir ~ vor** that seems fishy to me

Spann [ʃpan] <-(e)s, -e> *m* (*Fußrist*) instep

Spannbeton *m* prestressed concrete

Spannbetttuch[RR] *nt* fitted sheet

Spanne ['ʃpanə] <-, -n> *f* **1.** (*Zeit~*) while **2.** (*kurze Entfernung*) short distance **3.** (*Reichweite*) range **4.** (COM: *Verdienst~, Preis~*) margin

spannen I. *vt* **1.** (*strecken*) stretch; (*Saiten*) tighten **2.** (*Feder*) tension; (*Bogen*) draw **3.** (*Flinte*) cock; **den Verschluss ~** (PHOT) cock the shutter **II.** *vi* **1.** (*zu eng sein*) be too tight; (*Kleider*) fit tightly **2.** (*sl: mitbekommen*) get, grasp **III.** *vr* (*Haut*) go tout; **sich über etw ~** span s.th; **spannend** *adj* exciting; (*aufregend*) thrilling; **Spanner** *m* **1.** (*Schuh~*) shoetree **2.** (*~falter*) geometer moth **3.** (*pej: Voyeur*) peeping Tom; **Spannkraft** *f* **1.** (*von Muskel*) tonus **2.** (TECH) tension **3.** (*fig*) vigour; **Spannschraube** *f* clamp bolt

Spannung *f* **1.** (TECH) tension **2.** (ELEK) tension voltage **3.** (*Erregung*) excitement; (*Ungewissheit*) suspense; **~en** (POL) tension *sing;* **jdn in ~ halten** keep s.o. in suspense; **voller ~ warten** wait in suspense; **unter ~ stehen** (ELEK) be live; **Spannungsgebiet** *nt* (POL) flashpoint; **Spannungsmesser** *m* (ELEK) voltmeter; **Spannungsprüfer** *m* (ELEK) voltage detector

Spannweite *f* **1.** (*Flügel~*) wingspread **2.** (*Brücken~*) span width

Spanplatte *f* chip board

Sparbrief *m* (FIN) savings certificate; **Sparbuch** *nt* savings book; **Sparbüchse** *f* moneybox; **Spareinlage** *f* savings deposit

sparen ['ʃpa:rən] **I.** *vt* save; **dadurch ~ Sie DM 50,– die Woche** that will save you 50,– marks a week; **spar dir deine Ratschläge!** keep your advice! *sing* **II.** *vi* **1.** (*Geld*) save **2.** (*sparsam sein*) economize; **an etw ~** be sparing with s.th.; **auf etw ~** save up for s.th; **Sparer(in)** *m(f)* saver; **Sparflamme** *f:* **auf ~** (*fig*) just ticking over

Spargel ['ʃpargəl] <-s, -> *m* asparagus

Sparguthaben *nt* savings account; **Sparkasse** *f* savings bank; **Sparkonto** *nt* savings account

spärlich ['ʃpɛ:ɐlɪç] *adj* **1.** (*dürftig*) scanty **2.** (*wenig*) sparse; **~ bekleidet** scantily dressed; **~ bevölkert** sparsely populated; **~er Gewinn** meagre profit; **~e Nachrichten** meagre news; **~ vorhanden** scarce

Sparmaßnahme *f* economy measure; **Sparpackung** *f* (COM) economy size; **Sparpreis** *m* economy price

Sparren ['ʃparən] <-s, -> *m* rafter

Sparringspartner ['ʃparɪŋs-] *m* (SPORT) sparring partner

sparsam *adj* **1.** (FIN) thrifty **2.** (*haushaltend*) economical; **~ umgehen mit etw** use s.th. sparingly; **Sparsamkeit** *f* **1.** (FIN) thrift **2.** (*sparsame Lebensführung*) economizing

Sparschwein *nt* piggy bank

Sparte ['ʃpartə] <-, -n> *f* (COM) line of business; **Spartenkanal** *m* (*Fernsehsender für best. Interessen*) special-interest channel

Spaß [ʃpa:s, *pl:* 'ʃpɛ:sə] <-es, ¨-e> *m* **1.** (*Scherz*) joke **2.** (*Vergnügen*) fun; **aus ~** for fun; **Schwimmen macht mir ~** I enjoy swimming; **es hat mir überhaupt keinen ~ gemacht** I didn't enjoy it at all; **viel ~!** enjoy yourself!; **viel ~ an etw haben** have great fun doing s.th.; **es macht ~** it's fun; **den ~ verderben** spoil the fun; **das nimmt einem den ~ an der Arbeit** it takes all the fun out of work; **es macht nicht gerade ~ pleite zu sein** it's no fun being broke; **es macht keinen ~ mehr mit ihm zusammen zu sein** he's no fun to be with any more; **ich hab' doch nur ~ gemacht** I was just having a bit of fun; **er versteht keinen ~** he can't take a joke; **das ist kein ~ mehr** it's beyond a joke; **ich bin nicht zu Späßen aufgelegt** I'm not in a joking mood; **~ beiseite!** joking apart!; **mach keine Späße!** some hope!; **ich sag' das nicht nur zum ~** I'm not saying it for the fun of it

spaßen *vi* jest, joke; **Sie ~ wohl!** you must be joking!; **er lässt nicht mit sich ~** he is not to be trifled with; **damit ist nicht zu ~** that is no joking matter

spaßeshalber *adv* for the fun of it

spaßhaft *adj,* **spaßig** *adj* droll, funny; **Spaßverderber(in)** *m(f)* killjoy, spoilsport; **Spaßvogel** *m* joker

Spat [ʃpa:t, *pl:* 'ʃpɛ:tə] <-(e)s, -e/¨-e> *m* (MIN) spar

spät [ʃpɛ:t] *adj, adv* late; **zu etw zu ~ kommen** be late for s.th.; **ich bin heute Morgen zu ~ aufgestanden** I was late in getting up this morning; **er bezahlt seine Miete immer zu ~** he is always late with his rent; **dadurch bin ich zu ~ zur Schule gekommen** that made me late for school; **es ist schon ~** it's getting late; **er geht sehr ~ ins Bett** he keeps very late hours; **~ zu Abend essen** have a late dinner

Spätaussiedler(in) *m(f) emigrant of German origin from any East European state*

Spatel ['ʃpa:təl] <-s, -> *m* spatula

Spaten ['ʃpa:tn] <-s, -> *m* spade

später *adj* (COMP) later; **bis ~!** see you later!; **früher oder ~** sooner or later; **komm um**

6 und keine Minute ~ come at 6 and no later; ~ **als ...** later than ...

spätestens *adv* at the latest; ~ **in einer Stunde** in one hour at the latest

Spätfolge *f meist pl* delayed effect

Spätgotik *f* (ARCH) late Gothic; **Spätherbst** *m* late autumn *Br,* fall *Am;* **Spätlese** *f* late vintage; **Spätobst** *nt* late fruit; **Spätschaden** *m meist pl* long-term damage; **Spätschicht** *f* late shift; **Spätsommer** *m* late summer; **Spätvorstellung** *f* late show

Spatz [ʃpats] <-en/(-es), -en> *m* sparrow; **das pfeifen die ~en von den Dächern** that is the talk of the town [*o* the story is in everyone's mouth]; **Spatzenhirn** *nt* (*pej*) birdbrain

Spätzle [ˈʃpɛtslə] <-> *pl kind of noodles traditionally made in south-western Germany*

Spätzünder *m:* **er ist ein** ~ (*fam*) he's slow on the uptake; **Spätzündung** *f* (AUTO) retarded ignition

spazieren [ʃpaˈtsiːrən] *vi* stroll; (*~ gehen*) go for a walk; ~ **fahren**[RR] (*im Auto*) go for a drive; (*auf Zweirad*) go for a ride; ~ **führen**[RR] take out for a walk; ~ **gehen**[RR] go for a walk; **spazieren|fahren** *vi, vt s.* spazieren; **spazieren|führen** *vt s.* spazieren; **spazieren|gehen** *vi s.* **spazieren**

Spazierfahrt *f* (*im Auto*) drive; (*auf Zweirad*) ride; **Spaziergang** *m* stroll, walk; **einen ~ machen** go for a stroll [*o* walk]; **Spaziergänger(in)** *m(f)* stroller; **Spazierstock** *m* walking stick; **Spazierweg** *m* walk

Specht [ʃpɛçt] <-(e)s, -e> *m* woodpecker

Speck [ʃpɛk] <-(e)s, -e> *m* (*Schweine~*) bacon; **geräucherter** ~ smoked bacon; **mit ~ fängt man Mäuse** (*prov*) good bait catches fine fish; ~ **ansetzen** (*fam*) put it on; **speckig** *adj* **1.** (*fettig*) lardy **2.** (*schmutzig*) greasy; **Speckscheibe** *f* rasher; **Speckseite** *f* flitch of bacon

Speckstein *m* (MIN) soapstone, steatite

Spediteur(in) [ʃpediˈtøːɐ] *m(f)* (COM: *Fuhrunternehmer*) forwarding agent; (*Schiffsfracht~*) shipping agent; (*Möbel~*) furniture remover

Spedition(sfirma) *f* (COM: *Fuhrunternehmen*) forwarding agency; (*Schiffsfracht~*) shipping agency; (*Möbel~*) removal firm; **Speditionskosten** *pl* haulage costs

Speer [ʃpeːɐ] <-(e)s, -e> *m* (*Waffe*) spear; (SPORT) javelin; **Speerwerfen** *nt* (SPORT) throwing the javelin

Speiche [ˈʃpaɪçə] <-, -n> *f* **1.** spoke **2.** (ANAT) radius

Speichel [ˈʃpaɪçəl] <-s> *m* spittle; (MED) saliva; **Speicheldrüse** *f* salivary gland; **Speichelfluss**[RR] *m* (MED) salivation; **Speichellecker(in)** *m(f)* (*pej*) bootlicker, toady

Speichenrad *nt* (AUTO) wire wheel

Speicher [ˈʃpaɪçɐ] <-s, -> *m* **1.** (*Lager~*) storehouse; (*Boden~*) attic, loft **2.** (*Wasser~*) reservoir **3.** (INFORM) memory; **auf dem** ~ in the loft; **Speicherfunktion** *f* (INFORM) memory function; **speichern I.** *vt* **1.** (*Waren*) store **2.** (*fig*) store up **II.** *vr* accumulate; **Speicherplatz** *m* (INFORM) storage space; **Speicherschreibmaschine** *f* typewriter with memory; **Speicherschutz** *m* (INFORM) memory protection; **Speicherung** *f* **1.** (*Auf~*) storing **2.** (INFORM: *von Daten*) storage

speien [ˈʃpaɪən] *irr vi, vt* **1.** (*spucken*) spit **2.** (*sich erbrechen*) vomit

Speise [ˈʃpaɪzə] <-, -n> *f* **1.** (*Nahrung*) food **2.** (*Gericht*) dish; **Speiseeis** *nt* ice cream; **Speisekammer** *f* pantry; **Speisekarte** *f* menu; **Herr Ober, bitte die ~!** excuse me, may I have the menu, please!; **speisen I.** *vi* (*essen*) eat; **zu Mittag** ~ have lunch; **zu Abend** ~ have dinner **II.** *vt* **1.** (*beköstigen*) board, feed **2.** (TECH) feed; **Speisenaufzug** *m* service lift; **Speisenfolge** *f* order of the menu; **Speiseöl** *nt* cooking oil; **Speisequark** *m* soft curd (cheese); **Speiseröhre** *f* (ANAT) gullet, oesophagus; **Speisewagen** *m* (RAIL) dining car *Br,* diner *Am*

Speisung *f* **1.** (*Beköstigung*) feeding **2.** (TECH) supply

Spektakel[1] [ʃpɛkˈtaːkəl] <-s, -> *m* (*fam: Radau*) row, shindy; **einen großen ~ machen** make a great fuss

Spektakel[1] <-s, -> *nt* (*Show*) spectacle

spektakulär *adj* spectacular

Spektralanalyse *f* (PHYS) spectrum analysis; **Spektralfarben** *fpl* colours of the spectrum

Spektrum [ˈʃpɛktrʊm] <-s, -tren/-tra> *nt* spectrum

Spekulant(in) [ʃpekuˈlant] *m(f)* speculator; **Spekulation** *f* **1.** (FIN) speculation **2.** (*Vermutung*) speculation; **~en anstellen** make speculations; **Spekulationsobjekt** *nt* object of speculation

spekulativ *adj* speculative

spekulieren *vi* **1.** (FIN) speculate (*mit* in) **2.** (*vermuten*) speculate; ~ **auf ...** have hopes of ...

Spelunke [ʃpeˈlʊŋkə] <-, -n> *f* (*fam pej*) dive

spendabel [ʃpɛnˈdaːbəl] *adj* open-handed

Spende [ˈʃpɛndə] <-, -n> *f* **1.** (*Stiftung*) donation **2.** (*Almosen*) alms *pl;* **eine ~ machen** donate s.th; **spenden** *vt* donate; **für**

einen guten Zweck ~ give for charity; **Spendensammler(in)** *m(f)* fund-raiser; **Spender(in)** *m(f)* **1.** donator **2.** (MED: *Blut~, Organ~*) donor; **spendieren** *vt:* **jdm etw** ~ buy s.th. for s.o.; **seinen Freunden eine Runde Bier** ~ treat one's friends to a round of beer

Sperber ['ʃpɛrbɐ] <-s, -> *m* (*kleiner Greifvogel*) sparrow hawk

Sperenzchen *pl* (*fam*): **mach keine ~!** don't be difficult!

Sperling ['ʃpɛrlɪŋ] *m* sparrow

Sperma ['ʃpɛrma] <-s, -en/-mata> *nt* sperm

spermizid *adj* spermicidal

sperrangelweit *adv:* ~ **offen** gaping wide open

Sperre ['ʃpɛrə] <-, -n> *f* **1.** (TECH) catch, stop **2.** (*Straßen~*) roadblock **3.** (*Bahnhofs~*) barrier *Br,* gate *Am* **4.** (*Blockierung*) blockade; (*Verbot*) ban

sperren **I.** *vt* **1.** (*Licht, Gas ~*) cut off **2.** (*Straße*) close **3.** (SPORT) disqualify **4.** (TYP) space out; **etw für jdn** ~ close s.th. for s.o.; **einen Scheck** ~ stop a cheque **II.** *vr:* **sich ~ gegen ...** jib at ...

Sperrfeuer *nt* (MIL) barrage; **ins ~ der Kritik geraten** run into a barrage of criticism; **Sperrfrist** *f* (SPORT) suspension; **Sperrgebiet** *nt* prohibited area; **Sperrgut** *nt* bulky goods *pl Br,* bulk freight *Am;* **Sperrholz** *nt* plywood

sperrig *adj* bulky

Sperrkonto *nt* (COM) blocked account; **Sperrmüll** *m* bulky refuse; **Sperrmüllabfuhr** *f* removal of bulky refuse; **Sperrsitz** *m* (*im Kino*) back seats *pl;* **Sperrstunde** *f* **1.** (*im Lokal*) closing time *Br* **2.** (MIL) curfew; **Sperrung** *f* **1.** closing **2.** (ELEK TELE) cutting off **3.** (COM: *Konto~*) blocking; (COM: *Scheck~*) stopping; **Sperrvermerk** *m* notice of non-negotiability

Spesen ['ʃpe:zən] *pl* expenses; **außer ~ nichts gewesen** that was a complete waste of time (money, effort)

spezialangefertigt [ʃpe'tsja:l-] *adj* specially manufactured; **Spezialausbildung** *f* specialized training; **Spezialausführung** *f* special version; **Spezialgebiet** *nt* special subject; **spezialisieren** *vr:* **sich auf Geschichte** ~ specialize in history *Br,* major in history *Am;* **Spezialisierung** *f* specialization

Spezialist(in) <-en, -en> *m(f)* specialist

Spezialität *f* speciality *Br,* specialty *Am;* **Spezialitätenrestaurant** *nt* speciality restaurant

speziell [ʃpe'tsjɛl] *adj* special

Spezifikation <-, -en> *f* specification; **spezifisch** *adj* specific; **~es Gewicht** (PHYS) specific gravity; **spezifizieren** *vt* specify; **Spezifizierung** <-, -en> *f* specification, itemisation

Sphäre ['sfɛ:rə] <-, -n> *f* sphere; **sphärisch** *adj* **1.** (MATH) spherical **2.** (*himmlisch*) celestial

Sphinx [sfɪŋks] <-, -en> *f* sphinx

spicken ['spɪkən] **I.** *vt* **1.** (*Braten*) lard **2.** (*fam: bestechen*) square **II.** *vi* (*sl: abschreiben*) crib (*bei* from)

Spickzettel *m* crib-sheet

Spiegel ['ʃpi:gəl] <-s, -> *m* **1.** mirror **2.** (*Wasser~*) surface; (*Meeres~*) level **3.** (TYP: *Satz~*) type area; **in den ~ sehen** look in the mirror; **Spiegelbild** *nt* **1.** reflected image; (*Luftspiegelung*) mirage **2.** (*fig*) reflection; **spiegelblank** *adj* bright as a mirror, shining; **Spiegelei** *nt* fried egg; **spiegelglatt** *adj* as smooth as glass; (*Wasser*) glassy

spiegeln **I.** *vt* reflect **II.** *vi* glitter, shine **III.** *vr* be reflected

Spiegelreflexkamera *f* reflex camera; **Spiegelschrank** *m* (*in Bad*) mirrored bathroom cabinet; **Spiegelschrift** *f* mirror writing

Spiegelung *f* reflection; (*Luft~*) mirage

Spiel [ʃpi:l] <-(e)s, -e> *nt* **1.** (*das Spielen*) play **2.** (*Karten, Billard, Sport*) game; (SPORT: *Wettkampf*) match **3.** (~ *Karten*) pack of cards *Br,* deck of cards *Am;* (*Schach~, Kegel~*) set **4.** (TECH: *Maßunterschied*) play; (*von Pedalen*) free travel; (*von Lagern*) clearance; **ein ~ spielen** play a game; **im ~ sein** be at work; **leichtes ~ mit jdm haben** have an easy job of it with s.o.; **das ~ ist aus!** the game's up!; **jdn aus dem ~ lassen** keep s.o. out of it; **das ~ abbrechen** (SPORT) abandon play; **ins ~ kommen** come into play; **etw ins ~ bringen** bring s.th. up; **auf dem ~ stehen** be at stake; **aufs ~ setzen** risk s.th.; **jdm das ~ verderben** spoil someone's little game; **Spielart** *f* (ZOO BOT: *Abart*) variety; **Spielautomat** *m* slot machine; **Spielball** *m* (*fig*) plaything; **Spielbank** *f* casino

spielen **I.** *vt* **1.** (*ein Spiel*) play **2.** (*von Schauspieler*) act, play **3.** (FILM) show **4.** (*simulieren*) play; **was wird hier gespielt?** (*fam*) what's going on here? **II.** *vi* **1.** (*ein Spiel~*) play **2.** (*simulieren*) feign, simulate; **mit dem Gedanken ~ etw zu tun** toy with the idea of doing s.th.; **seine Freude war gespielt** he was pretending to be happy; **um Geld** ~ play for money; **spielend** **I.** *adj* playing **II.** *adv* easily

Spieler(in) *m(f)* **1.** player **2.** (*Glücks~*) gambler; **Spielerei** *f* **1.** (*Zeitvertreib*) pastime **2.** (*Kinderei*) silly trick **3.** (*Leichtigkeit*) child's play, trifle; **spielerisch** **I.** *adj*

1. (*verspielt*) playful 2. (*mit Leichtigkeit*): **er tat es mit ~er Leichtigkeit** he did it with the greatest of ease; **die ~e Leistung** (SPORT) the playing **II.** *adv* with the greatest of ease; **Spielerwechsel** *m* (SPORT) substitution

Spielfeld *nt* field; (*für Schlag- und Wurfball*) court; **Spielfilm** *m* feature film; **Spielhalle** *f* amusement arcade; **Spielkamerad(in)** *m(f)* playfellow, playmate; **Spielkarte** *f* playing card; **Spielkasino** *nt* casino; **Spielkonsole** *f* game(s) console; **Spielleiter(in)** *m(f)* **1.** (THEAT: *Regisseur*) director; (FILM RADIO) producer **2.** (SPORT) organizer **3.** (TV) emcee; **Spielmacher(in)** *m(f)* (SPORT) key player; **Spielmann** <-(e)s, -leute> *m* **1.** (HIST) minstrel **2.** (MIL) bandsman; **Spielmarke** *f* chip, counter; **Spielplan** *m* (THEAT RADIO TV) program(me); **vom ~ absetzen** drop a play; **Spielplatz** *m* (*von Schule*) playground; (SPORT) playfield

Spielraum *m* **1.** (*fig*) scope; (*zeitlich*) time **2.** (COM) margin **3.** (TECH) play; (*Lager~*) clearance; **~ lassen** leave a margin

Spielregel *f* rule (of a game); **sich an die ~n halten** (*a. fig*) stick to the rules; **Spielsachen** *fpl* playthings, toys; **Spielschuld** *f* gambling debt; **Spielsucht** *f* addiction to gambling; **Spielsüchtige(r)** *f m* gambling addict; **Spieltheorie** *f* (MATH) game theory; **Spieltrieb** <-(e)s> *m* play instinct; **Spieluhr** *f* musical box *Br,* music box *Am;* **Spielverbot** *nt* (SPORT) ban; **~ haben** be banned; **Spielverderber(in)** *m(f)* spoilsport; **Spielwaren** *fpl* toys; **Spielweise** *f* way of playing; **Spielzeit** *f* (THEAT SPORT) season; **Spielzeug** <-(e)s, -e> *nt* toy

Spieß[1] [ʃpiːs] <-es, -e> *m* **1.** (*Waffe*) spear **2.** (*Brat~*) spit; **am ~ braten** roast on a spit *Br,* barbecue *Am;* **den ~ umkehren** turn the tables *pl*

Spieß[2] *m* (MIL: *sl*) kissem *Br,* topkick *Am*

Spießbürger(in) *m(f)* (*pej*) bourgeois; **spießbürgerlich** *adj* (*pej*) narrow-minded

spießen *vt:* **etw auf etw ~** (*Nadel*) pin s.th. on s.th.

Spießer *m* (*pej*) bourgeois; **Spießgeselle** *m* accomplice; **spießig** *adj* (*pej*) narrow-minded; **Spießrute** *f:* **~n laufen** (*fig*) run the gauntlet

Spinat [ʃpiˈnaːt] <-(e)s, -e> *m* spinach

Spind [ʃpɪnt] <-(e)s, -e> *m* (*Schrank*) locker

Spindel [ˈʃpɪndəl] <-, -n> *f* **1.** spindle **2.** (*Hydrometer*) hydrometer; **spindeldürr** *adj* lean as a rake

Spin-Doctor [ˈspɪndɔktɐ] <-s, -s> *m* (*Ideengeber*) spin doctor

Spinett [ʃpiˈnɛt] <-(e)s, -e> *nt* (MUS) spinet

Spinne [ˈʃpɪnə] <-, -n> *f* spider; **spinnefeind** *adj:* **jdm ~ sein** be bitterly hostile to s.o.

spinnen [ˈʃpɪnən] **I.** *irr vt* (*Garn*) spin **II.** *vi* (*fam*) be nutty; **spinnst du?** are you crazy?; **du spinnst wohl!** you must be kidding!

Spinner(in) *m(f)* **1.** (*Garn~*) spinner **2.** (*Schimpfwort*) nutcase *Br,* screwball *Am;* **Spinnerei** *f* **1.** (*Fabrik*) spinning mill **2.** (*fam: Blödsinn*) rubbish

Spinngewebe *nt* cobweb

Spinnrad *nt* spinning-wheel; **Spinnwebe** *f* spider's web

Spin-off-Produkt [ˈspinɔfprodʊkt] *nt* (*Nebenprodukt*) spin-off product

Spion [ʃpiˈoːn] <-s, -e> *m* **1.** (MIL) spy **2.** (*Tür~*) spy-hole; **Spionage** [ʃpioˈnaːʒə] <-> *f* espionage; **Spionageabwehr** *f* counter-espionage *Br,* counter-intelligence *Am;* **Spionagenetz** *nt* spy network; **Spionagering** *m* spynetwork; **spionieren** *vi* **1.** (MIL) spy **2.** (*fig*) snoop about

Spirale [ʃpiˈraːlə] <-, -n> *f* **1.** (*abstrakt*) spiral **2.** (*Draht~*) coil; **Spiralfeder** *f* coil spring; **Spiralnebel** *m* (ASTR) spiral nebula

Spiritismus [ʃpiriˈtɪsmʊs] *m* spiritism, spiritualism; **Spiritist(in)** *m(f)* spiritualist; **spiritistisch** *adj* spiritualist

Spirituosen [ʃpirituˈoːzən] *fpl* spirits

Spiritus [ˈʃpiritʊs] <-, -se> *m* spirit; **Spirituskocher** *m* spirit stove; **Spirituslampe** *f* spirit lamp

Spital [ʃpiˈtaːl] <-s, -äler> *nt* (*CH*) hospital

Spitz <-es, -e> *m* (*Hunderasse*) Pomeranian, Spitz

spitz [ʃpɪts] *adj* **1.** pointed **2.** (*beißend*) pointed **3.** (*sl: lüstern*) horny; **~ auslaufen** end in a point, taper; **~er Winkel** acute angle; **etw ~ kriegen** (*fam*) get wise to s.th; **Spitzbart** *m* goatee *Br;* **spitzbekommen** *irr vt* (*fam*): **etw ~** get the point of s.th. get wise on s.th.; **Spitzboden** *m* (ARCH) pitched roof; **Spitzbogen** *m* pointed arch; **Spitzbube** *m* **1.** (*Schurke*) knave, rascal, rogue **2.** (*fam: frecher Bengel*) scamp; **spitzbübisch** [-byːbɪʃ] *adj* mischievous

Spitze[1] [ˈʃpɪtsə] <-, -n> *f* **1.** (*von Gegenständen*) point; (*von Fingern*) tip; (*von Gebäuden*) top **2.** (*Führungsschicht*) head **3.** (*Zigaretten~*) holder; **das ist ~!** (*fam*) that's groovy!; **etw auf die ~ treiben** carry s.th. too far; **an der ~ von etw stehen** be at the head of s.th.

Spitze[2] *f* (*scharfe Bemerkung*): **das war eine ~ gegen dich** that was aimed at you

Spitze[3] *f* (*an Geweben*) lace

Spitzel ['ʃpɪtsəl] <-s, -> *m* (*fam: Schnüffler*) snooper; (*Polizei~*) police-informer; **spitzeln** *vi* act as an informer

spitzen *vt* (*schärfen*) sharpen; **die Ohren ~** prick up; **die Lippen ~** pucker one's lips

Spitzenanlage *f* first-class investment; **Spitzenbeamte(r), -beamtin** *m, f* top civil servant; **Spitzengehalt** *nt* top salary; **Spitzengeschwindigkeit** *f* top speed; **Spitzenjahr** *nt* vintage year; **Spitzenkandidat** *m* favourite candidate; **Spitzenklasse** *f* (*fig*) top rate; **Spitzenkleid** *nt* lace dress; **Spitzenleistung** *f* **1.** (*fig*) top-rate performance **2.** (AUTO) peak performance; **Spitzenlohn** *m* top salary; **Spitzenqualität** *f* top quality; **Spitzenreiter** *m* **1.** (*Hit*) hit **2.** (SPORT) leader **3.** (COM) top seller; **Spitzentechnologie** *f* state-of-the-art technology; **Spitzenverdiener(in)** *m(f)* top earner

spitzfindig *adj* over-subtle; **Spitzfindigkeit** *f* **1.** subtlety **2.** (*Haarspalterei*) hair-splitting; **Spitzhacke** *f* pick-axe; **Spitzmaus** *f* shrew; **Spitzname** *m* nickname; **spitzwinklig** *adj* acute-angled

Spleen [ʃpli:n] <-s, -e/-s> *m* (*fam*) craze; **du hast wohl 'n ~!** you must be round the bend!

Splitt [ʃplɪt] <-(e)s, -e> *m* grit

Splitter ['ʃplɪtɐ] <-s, -> *m* (*Holz~*) splinter; (*Bruchstück*) fragment; (*Metall~*) scale; **splitterfasernackt** *adj* stark naked

Splittergruppe *f* (POL) splinter group; **splittern** *vi sein* splinter

splitternackt *adj* stark naked; **Splitterpartei** *f* splinter party

sponsern ['spɔnzɐn] *vt* sponser; **Sponsor(in)** ['spɔnzɐ] <-s, -en> *m(f)* sponsor

spontan [ʃpɔn'ta:n] *adj* spontaneous

sporadisch [ʃpo'ra:dɪʃ] *adj* sporadic

Spore ['ʃpo:rə] <-, -n> *f* (BOT) spore

Sporn ['ʃpɔrn] <-(e)s, Sporen> *m* **1.** (*pl Sporen*) spur **2.** (BOT) spur **3.** (AVIAT) tail skid; **einem Pferd die Sporen geben** spur a horse; **sich die Sporen verdienen** win one's spurs; **spornen** *vt* spur

Sport [ʃpɔrt] <-(e)s> *m* sport; **~ treiben** go in for sports; **~ treibend** sporting; **gut im ~ sein** be good at sports; **Sportabzeichen** *nt* sports certificate; **Sportanzug** *m* sports clothes *pl;* **Sportart** *f* kind of sport; **Sportarzt** *m* sports physician; **Sportbeilage** *f* (*in Zeitung*) sport section; **Sportbericht** *m* sports report; **Sportbrille** *f* sports spectacles; **Sportgeschäft** *nt* sports shop *Br,* sports store *Am;* **Sportgetränk** *nt* sports drink; **Sporthalle** *f* sports hall; **Sportlehrer(in)** *m(f)* sports instructor; (SCHULE) PE [*o* physical education] teacher

Sportler *m* sportsman; **Sportlerin** *f* sportswoman

sportlich *adj* **1.** (*trainiert*) athletic **2.** (*Sport liebend*) sporting **3.** (AUTO) sporty; **~e Kleidung** casual wear

Sportmaschine *f* (AVIAT) sporting plane; **Sportnachrichten** *pl* (*Zeitung*) sports news; **Sportplatz** *m* sports field *Br,* sporting ground *Am;* (SCHULE) playing field; **Sportveranstaltung** *f* sport(ing) event; **Sportverein** *m* sports club; **Sportwagen** *m* **1.** (AUTO) sports car; (*Zweisitzer*) open two-seater *Br,* roadster *Am* **2.** (*Kinderwagen*) folding pram; **Sportzeitung** *f* sports paper

Spott [ʃpɔt] <-(e)s> *m* mockery; (*Verachtung ausdrückend*) derision; **voller ~** mockingly; **Spottbild** *nt* travesty; **spottbillig** *adj* dirt-cheap

Spöttelei [ʃpœtə'laɪ] *f* **1.** (*Spott*) mockery **2.** (*spöttische Bemerkung*) taunt; **spötteln** *vi* mock (*über etw* s.th.); **spotten** *vi* mock; **spotte nicht!** don't mock!; **über jdn ~** mock s.o., poke fun at s.o; **Spötter(in)** ['ʃpœtɐ] *m(f)* (*Satiriker*) satirist; **spöttisch** *adj* **1.** (*spottend*) mocking **2.** (*satirisch*) satirical; **Spottpreis** *m* ridiculously low price

sprachbegabt *adj* good at languages; **Sprachbegabung** *f* talent for languages

Sprache ['ʃpra:xə] <-, -n> *f* language; (*Sprechweise*) speech; **heraus mit der ~!** out with it!; **etw zur ~ bringen** mention s.th.; **die ~ bringen auf ...** bring the conversation round to ...; **mit der ~ herausrücken** speak freely; **zur ~ kommen** be mentioned; **es verschlägt einem die ~** it takes your breath away; **Spracherkennung** *f* (INFORM) speech [*o* voice] recognition; **Spracherwerb** *m* language acquisition; **Sprachfehler** *m* (MED) speech defect; **Sprachforscher(in)** *m(f)* linguist; **Sprachführer** *m* guide; **Sprachgebrauch** *m* usage; **der heutige ~** the language of the present day; **Sprachgefühl** *nt* feeling for language; **Sprachgrenze** *f* linguistic boundary; **Sprachkenntnisse** *fpl* linguistic proficiency *sing;* **Bewerber mit deutschen ~n** applicants with a knowledge of German; **Sprachkompetenz** *f* (LING) linguistic competence; **sprachkundig** *adj* proficient in [*o* good at] languages; **Sprachkurs** *m* language course; **Sprachlabor** *nt* language laboratory; **Sprachlehre** *f* grammar; **Sprachlehrer(in)** *m(f)* language teacher

sprachlich *adj* linguistic

sprachlos *adj:* **einfach ~ sein** be simply speechless; **jdn ~ machen** strike s.o.

S

dumb; **Sprachrohr** *nt* (*fig*) mouthpiece; **sich zum ~ von … machen** become the mouthpiece of …; **Sprachstörung** *f* speech disorder; **Sprachstudium** *nt* linguistic studies *pl,* study of languages; **Sprachurlaub** *m* language-learning holiday; **Sprachwissenschaft** *f* linguistics *pl;* **deutsche ~** German philology; **vergleichende ~** comparative linguistics

Spray [spreɪ] <-s, -s> *nt* spray

sprechen ['ʃprɛçən] *irr vt, vi* speak (*mit* to, with, *über* of, about); (*sich unterhalten*) talk (*mit* with, to, *von* about, of); **sprich doch endlich!** do say s.th.!; **es spricht vieles dafür, dass …** there's every reason to believe that …; **was spricht dagegen?** what's there to be said against it?; **kann ich dich einen Moment ~?** can I see you for a moment?; **wir ~ uns noch!** you haven't heard the last of this!; **mit dir spreche ich nicht mehr!** I'm not speaking to you!; **antworte, wenn man mit dir spricht!** speak when you're spoken to!; **ich spreche im Namen aller** I speak for all of us; **kann ich bitte Herrn X. ~?** could I talk to Mr. X. please?; **er hat davon gesprochen, dass er ins Ausland fahren will** he's been talking of going abroad; **er ist nicht zu ~** he's not in; **sprechend** *adj:* **~e Blicke** knowing glances

Sprecher(**in**) *m(f)* **1.** (*Redner*) speaker **2.** (*offizieller ~*) spokesperson **3.** (RADIO: *Ansager*) announcer; **sich zum ~ von etw machen** become the spokesperson of s.th.

Sprechfunkgerät *nt* radiotelephone; **Sprechfunkverkehr** *m* local radio traffic; **Sprechstunde** *f* (*Arzt~*) consulting hours *pl;* **~ samstags von … bis …** there will be a surgery from … to … on Saturdays; **Sprechstundenhilfe** *f* doctor's receptionist; **Sprechübung** *f* speech exercise; **Sprechweise** *f* manner of speaking; **Sprechzimmer** *nt* consulting room *Br,* doctor's office *Am*

spreizen ['ʃpraɪtsən] **I.** *vt* spread **II.** *vr* **1.** (*sich zieren*) kick up **2.** (*vornehm tun*) put on airs

Spreizfuß *m* (MED) splayfoot

Sprengbombe *f* (AVIAT MIL) high explosive bomb

sprengen[1] ['ʃprɛŋən] *vt* **1.** (*mit Sprengstoff*) blow up **2.** (*aufbrechen*) force; (*Fesseln*) break; **eine Versammlung ~** break up a meeting

sprengen[2] *vt* (*be~*) sprinkle

Sprengkommando *nt* demolition squad; **Sprengkopf** *m* warhead; **Sprengkörper** *m* explosive device; **Sprengkraft** <-> *f* explosive force; **Sprengladung** *f* explosive charge; **Sprengsatz** *m* blasting composition; **Sprengstoff** *m* explosive; **Sprengstoffanschlag** *m* bomb attack; **es wurde ein ~ auf … verübt** … was the subject of a bomb attack

Sprengung *f* blowing up; (*Fels~*) blasting

Sprengwagen *m* (*für Wasser*) street sprinkler

Sprengwirkung *f* explosive effect

Spreu [ʃprɔɪ] <-> *f* chaff; **die ~ vom Weizen trennen** separate the wheat from the chaff

Sprichwort ['ʃprɪç-] *nt* proverb; **sprichwörtlich** *adj* proverbial

sprießen ['ʃpri:sən] *irr vi* **1.** (*Triebe*) sprout **2.** (*aus dem Boden ~*) shoot, spring up

Springbrunnen *m* fountain; **springen** ['ʃprɪŋən] *irr vi* **1.** (SPORT: *a. fig*) jump; (*mit einem Satz*) leap; (*von Ball*) bounce; (*ins Wasser*) dive **2.** (*von Wasser*) gush, spout **3.** (*platzen*) burst; (*Risse bekommen*) crack; **etw ~ lassen** (*fam*) fork s.th. out; **in die Bresche ~** throw oneself into the breach; **die Lokomotive sprang aus den Schienen** the engine jumped the track; **dünnes Glas springt leicht** thin glass cracks easily; **springend** *adj:* **der ~e Punkt** the crucial [*o* salient] point; **Springer**(**in**) *m(f)* jumper; (*bei Stabhochsprung*) vaulter; (*beim Schach*) knight; **Springflut** *f* spring tide; **Springreiten** *nt* show jumping

Sprinkleranlage ['ʃprɪŋklɐ-] *f* sprinkler system

Sprit [ʃprɪt] <-(e)s, -e> *m* **1.** (*Alkohol*) spirit **2.** (*fam: Benzin, Betriebstoff*) juice

Spritze ['ʃprɪtsə] <-, -n> *f* **1.** (MED: *Instrument*) syringe **2.** (MED: *Einspritzung*) injection **3.** (*Feuer~*) hose; **eine ~ geben** give an injection; **eine ~ bekommen** have an injection

spritzen **I.** *vt* **1.** (MED: *Medikament*) inject **2.** (*Injektion geben*) give an injection **3.** (AUTO: *lackieren*) spray **4.** (*Wasser ver~*) splash **5.** (*sl: Heroin*) shoot **II.** *vi* (*sprühen*) spray; (*heraus~*) spurt

Spritzenhaus *f* (*fam*) fire station

Spritzer *m* splash

spritzig *adj* **1.** (*lebendig*) lively **2.** (*Wein*) tangy

Spritzkuchen *m* fritter *Br,* cruller *Am;* **Spritzlackierung** *nt* spraying; **Spritzpistole** *f* spray gun; **Spritztour** *f* (*fam*) spin

spröde ['ʃprø:də] *adj* **1.** (*brüchig*) brittle **2.** (*Haut*) rough **3.** (*verschlossen*) aloof; **Sprödigkeit** *f* **1.** (*Brüchigkeit*) brittleness **2.** (*der Haut*) roughness **3.** (*von Personen*) aloofness

Spross[RR] [ʃprɔs] <-es, -e> *m* **1.** (BOT) shoot, sprout **2.** (*Abkömmling*) offspring;

ihre ~e her offspring *pl*

Sprosse ['ʃprɔsə] <-, -n> *f* **1.** (*Leiter~*) rung, step **2.** (*Geweih~*) branch, tine; **sprossen** *vi* **1.** *sein* (*Triebe: sprießen*) sprout **2.** (*aus dem Boden schießen*) shoot up; **Sprossenwand** *f* (SPORT) wall bars *pl*

Sprössling[RR] ['ʃprœslɪŋ] *m* (*hum: Abkömmling*) offspring

Sprotte ['ʃprɔtə] <-, -n> *f* (*kleiner Fisch*) sprat

Spruch [ʃprʊx, *pl:* 'ʃprʏçə] <-(e)s, ¨-e> *m* **1.** (*Ausspruch*) saying; (*Lehrspruch, Sentenz*) aphorism **2.** (JUR: *Strafsachenurteil*) sentence; (*Richter~*) judg(e)ment; (*Entscheidung*) decision **3.** (*Geschworenen~*) verdict; (*Schieds~*) ruling; **mach keine Sprüche!** (*fam*) come off it!; **Sprüche klopfen** (*fam*) talk fancy; **Spruchband** *nt* banner

spruchreif *adj* **1.** (JUR) ripe for decision **2.** (*fam*) definite

Sprudel ['ʃpru:dəl] <-s, -> *m* **1.** (*Mineralwasser*) mineral water **2.** (*Mineralquelle*) spring; **sprudeln I.** *vi sein o haben* **1.** (*auf~*) bubble **2.** (*vor Kohlensäure*) fizz **II.** *vi haben* (*überstürzt reden*) pour out

Sprühdose *f* aerosol

sprühen ['ʃpry:ən] **I.** *vi* **1.** *sein* (*Flüssigkeit*) spray **2.** *sein* (*Funken*) fly **II.** *vt haben* (*a. lackieren*) spray; **sprühend** *adj* (*überschäumend*) bubbling; **Sprühnebel** *m* mist; **Sprühregen** *m* drizzle

Sprung [ʃprʊŋ, *pl:* 'ʃprʏŋə] <-(e)s, ¨-e> *m* **1.** jump; (*~ ins Wasser*) dive **2.** (*Riss*) crack; **bei jdm auf einen ~ vorbeikommen** (*fam*) drop in to see s.o.; **ein großer ~ nach vorn** a great leap forward; **ein ~ ins Ungewisse** a leap in the dark; **(na,) dir werd' ich auf die Sprünge helfen!** (*fam*) I'll show you what's what!; **er kann keine großen Sprünge machen** (*fam*) he can't make a big splash; **Sprungbrett** *nt* (*a. fig*) diveboard; **Sprunggelenk** *nt* ankle joint; **Sprunggrube** *f* (SPORT) pit; **sprunghaft** *adj* **1.** (*unbeständig*) volatile **2.** (*sehr rasch*) rapid; **Sprunghaftigkeit** *f* **1.** (*Unbeständigkeit*) volatile nature **2.** (*rasches Ansteigen*) rapidity; **Sprungschanze** *f* ski-jump; **Sprungtuch** *nt* (*von Feuerwehr*) jumping sheet *Br,* life net *Am;* **Sprungturm** *m* (SPORT) diving platform

Spucke ['ʃpʊkə] <-> *f* spittle; **mir bleibt die ~ weg!** I am flabbergasted!; **spucken** *vi* **1.** (*speien*) spit **2.** (*sich erbrechen*) puke **3.** (AUTO) sputter; **spuck's aus!** (*fam*) cough it up! spit it out!; **große Töne ~** (*fam*) talk big; **Spucknapf** *nt* spittoon

Spuk [ʃpu:k] <-(e)s,(-e)> *m* **1.** (*Erscheinung, Gespenst*) apparition **2.** (*fam: Ärger*) fuss; **spuken** *vi* haunt; **hier spukt's** this place is haunted

Spule ['ʃpu:lə] <-, -n> *f* **1.** (*Web~*) spool; (*Nähmaschinen~*) bobbin; (*Nähfaden~*) reel *Br,* spool *Am* **2.** (ELEK) coil

Spüle ['ʃpy:lə] <-, -n> *m* sink unit

spulen ['ʃpu:lən] *vt* reel, spool

spülen *vt, vi* **1.** (*WC*) flush **2.** (*Geschirr*) wash up **3.** (*Waschmaschine*) rinse; **Spülkasten** *m* (*bei Toilette*) cistern; **Spüllappen** *m* dishcloth; **Spülmaschine** *f* dishwasher; **spülmaschinenfest** *adj* dishwasher-proof; **Spülmittel** *nt* washing-up liquid; **Spülstein** *m* sink; **Spülung** *f* **1.** (*Toilette*) flush **2.** (*Scheiden~*) douche; **Spülwasser** *nt* dishwater

Spulwurm *m* (MED) roundworm

Spur [ʃpu:ɐ] <-, -en> *f* **1.** (*Bodenabdruck*) trace; (*Fährte*) track **2.** (*winzige Menge*) trace; (*von Gewürz*) touch **3.** (*Fahrbahn~*) lane **4.** (AUTO: *Rad~*) tracking; **keine ~ davon!** there's no trace of it!; **jdm auf der ~ sein** be on someone's track; **seine ~en verwischen** cover up one's tracks; **nicht die ~!** (*fam*) not in the slightest!; **wird die Operation ~en hinterlassen?** will the operation leave a mark?; **auf der richtigen ~ sein** be on the right track; **auf der rechten ~ fahren** drive in the right-hand lane; **auf der falschen ~ sein** be barking up the wrong tree

spuren *vi* (*fam: gehorchen*) toe the line

spüren ['ʃpy:rən] *vt* (*fühlen*) feel; **es zu ~ bekommen, dass ...** feel the effects of the fact that ...; **ich spürte, wie es sich bewegte** I felt it move; **ich spürte, dass er wütend wurde** I could feel him getting angry

Spurenelement *nt* trace element

Spurensicherung *f* **1.** (*polizeiliche Tätigkeit*) securing of evidence **2.** (*Polizeiabteilung*) forensic unit

Spürhund *m* (*für Drogen*) sniffer dog; (*für Verschüttete*) tracker dog

spurlos *adv* without (leaving) a trace; **~ an jdm vorübergehen** have no effect on s.o.

Spürnase *f* (*fig*) prying fellow; **eine ~ für etw haben** have a feel for s.th.; **Spürsinn** *m:* **~ für etw haben** have a scent [*o* flair] for s.th.

Spurt [ʃpʊrt] <-s, -s> *m* spurt

spurten ['ʃpʊrtən] *vi sein* (SPORT) make a final spurt

Spurweite *f* **1.** (AUTO: *von Fahrgestell*) track **2.** (RAIL: *des Geleises*) ga(u)ge

sputen ['ʃpu:tən] *vr* make haste

Squash ['skvɔʃ] <-, -> *nt* (SPORT) squash; **Squashhalle** *f* squash courts *pl*

Staat [ʃta:t] <-(e)s, -en> *m* **1.** (*Staatswesen*) state; (*Land*) country **2.** (*Prunk*) pomp; **Vater ~** (*hum*) the state; **damit kann man nicht viel ~ machen** that is nothing to write home about; **zum Wohle des ~es** in the national interest; **Staatenbund** *m* confederation; **staatenlos** *adj:* **~ sein** be a stateless person; **Staatenlose(r)** *f m* stateless person

staatlich *adj* **1.** (*staatsbezüglich*) state; (*national*) national **2.** (*öffentlich*) public; **~ anerkannt** state-approved; **~es Hoheitsgebiet** state territory; **~e Unterstützung** state allowance; **staatlicherseits** *adv* on a governmental level

Staatsakt *m* state occasion; **Staatsaktion** *f* (*fig*) major operation; **Staatsangehörige(r)** *f m:* **ein deutscher ~r sein** be a German national; **Staatsangehörigkeit** *f* nationality; **Staatsanleihe** *f* government bond; **Staatsanwalt** *m* public prosecutor *Br,* district attorney *Am;* **Staatsanwaltschaft** *f* public prosecutor's office *Br,* district attorney's office *Am;* **Staatsapparat** *m* apparatus of state; **Staatsauftrag** *m* government contract; **Staatsausgaben** *fpl* state [*o* government] spending; **Staatsbeamte, -beamtin** *m, f* civil servant; **Staatsbegräbnis** *nt* state funeral; **Staatsbesitz** *m* state ownership; **Staatsbesuch** *m* state visit; **Staatsbetrieb** *m* state-owned [*o* government-owned] company; **Staatsbürger(in)** *m(f)* citizen; **staatsbürgerlich** *adj* civic; **~e Rechte** civil rights; **Staatsdienst** *m* civil service *Br,* public service *Am;* **im ~** in the service of the state; **Staatseigentum** *nt* state property; **Staatsexamen** *nt* state exam(ination); **Staatsfeind** *m* public enemy; **Staatsfinanzen** *pl* public finances; **Staatsform** *f* type of state; **Staatsgebiet** *nt* national territory; **Staatsgeheimnis** *nt* official [*o* state] secret; **Staatsgewalt** *f* authority of the state; **Staatshaushalt** *m* national budget; **Staatskasse** *f* treasury; **Staatskirche** *f* state church; **Staatskosten** *pl:* **auf ~** at public expense; **Staatsmann** <-(e)s, -männer> *m* statesman; **staatsmännisch** ['ʃtaːtsmɛnɪʃ] *adj* statesmanlike; **Staatsminister(in)** *m(f)* state minister; **Staatsoberhaupt** *nt* head of a state; **Staatspräsident(in)** *m(f)* president; **Staatsräson** [-rɛˌzõː] *f* reasons of state; **Staatsrat** *m* **1.** (*Institution*) council of state **2.** (*Person*) councillor of state; **Staatsrecht** *nt* constitutional law; **Staatsschuld** *f* national debt; **Staatssekretär(in)** *m(f)* permanent secretary *Br,* undersecretary *Am;* **Staatssicherheitsdienst** *m* (*in ehemaliger DDR*) state security service; **Staatsstreich** *m* coup d'état; **Staatstheater** *nt* state theatre; **Staatsvertrag** *m* international treaty

Stab[1] *m* **1.** (*leitende Gruppe*) panel **2.** (MIL: *~sabteilung*) staff **3.** (MIL: *Hauptquartier*) headquarters *pl*

Stab[2] [ʃtaːp, *pl:* 'ʃtɛːbə] <-(e)s, ⸚e> *m* (*Stange*) rod; (*Stock*) stick; **Stabhochspringer(in)** *m(f)* pole-vaulter; **Stabhochsprung** *m* pole-vault

stabil [ʃta'biːl] *adj* **1.** (*nicht schwankend*) stable **2.** (*fest*) firm; (*kräftig*) sturdy; **Stabilisator** *m* (AUTO) anti-roll bar; **stabilisieren** *vt* stabilize; (POL: *Macht*) consolidate; **Stabilisierung** *f* stabilization; (*von Macht*) consolidation; **Stabilität** *f* **1.** (*Schwankungsfreiheit*) stability **2.** (*von Bau*) rigidity

Stabreim *m* (LING) alliterative rhyme

Stabsarzt *m* (MIL) captain (in the Medical Corps); (MAR MIL) staff-surgeon; **Stabschef** *m* chief of staff; **Stabsfeldwebel** *m* warrant officer class II *Br,* master sergeant *Am*

Stabwechsel *m* (SPORT: *bei Staffellauf*) baton change

Stachel ['ʃtaxəl] <-s, -n> *m* prickle; (*Dorn*) thorn; (*bei Insekten*) sting; (*des Igels*) spine; (*von Pflanzen*) spine; **Stachelbeere** *f* gooseberry; **Stachelbeerstrauch** *m* gooseberry bush; **Stacheldraht** *m* barbed wire; **Stacheldrahtverhau** *m* barbed-wire entanglement; **Stacheldrahtzaun** *m* barbed-wire fence

stachelig ['ʃtax(ə)lɪç] *adj* prickly; (*Pflanzen*) thorny; (*Tiere*) spiny

Stachelschwein *nt* porcupine

Stadel ['ʃtaːdl] <-s, -> *m* barn; (*CH, österr*) shed

Stadion ['ʃtaːdiɔn] <-s, -dien> *nt* (SPORT) stadium

Stadium ['ʃtaːdiʊm] <-s, -dien> *nt* stage; **in vorgerücktem ~** (MED) at an advanced stage

Stadt [ʃtat, *pl:* 'ʃtɛ(ː)tə] <-, ⸚e> *f* town; (*Groß~*) city; **in die ~ gehen** go into town; **in der ~ wohnen** live in town; **er ist nicht in der ~** he's out of town; **die ~ München** the city of Munich; **Stadtautobahn** *f* urban motorway; **Stadtbauamt** *nt* municipal planning department and building control office; **stadtbekannt** *adj* well-known; **es ist ~, dass …** it is the talk of the town that …; **Stadtbezirk** *m* municipal district; **Stadtbibliothek** *f* city library; **Stadtbild** *nt* (*von Kleinstadt*) townscape; (*von Großstadt*) urban features *pl*

Städtchen ['ʃtɛ(ː)tçən] <-s, -> *nt* small town

Städtebau <-(e)s> *m* urban development

Städtepartnerschaft *f* town twinning

Städter(in) *m(f)* city dweller

Städtetourismus *m* city tourism
Stadtflucht *f* exodus from the cities; **Stadtgebiet** *nt* (*von Kleinstadt*) entire town; (*von Großstadt*) entire city; **Stadtgespräch** *nt:* **das ~ sein** be the talk of the town; **Stadtguerilla** *m* urban guerilla
städtisch ['ʃtɛ(:)tɪʃ] *adj* **1.** (*aus der Stadt*) town, city **2.** (*nach Art der Stadt, a. fig*) urban; **~e Bevölkerung** the town [*o* city] population; **~e Lebensweise** the urban way of life; **~e Umwelt** urban environment
Stadtkommandant *m* (MIL) military governor of a town [*o* city]; **Stadtmauer** *f* city wall; **Stadtmitte** *f* town [*o* city] centre; **Stadtplan** *m* (town) map; **Stadtplanung** *f* town [*o* city] planning; **Stadtrand** *m* outskirts of a town [*o* city]; **Stadtrandsiedlung** *f* suburban housing scheme; **Stadtrat** <-(e)s, ¨-e> *m* **1.** (*Gremium*) town [*o* city] council **2.** (*Person*) town [*o* city] councillor; **Stadtrundfahrt** *f* town [*o* city] sightseeing tour; **Stadtstaat** *m German city with the status of a federal state;* **Stadtstreicher(in)** *m(f)* town [*o* city] vagrant; **Stadtteil** *m* district, part of town; **Stadttor** *nt* town [*o* city] gate; **Stadtväter** *pl* (*hum*) city fathers; **Stadtverkehr** *m* city traffic; **Stadtverwaltung** *f* municipal authority, town council; **Stadtviertel** *nt* district, part of town, quarter; **Stadtwerke** *pl* town's [*o* city's] department of works; **Stadtzentrum** *nt* town [*o* city] centre
Staffage [ʃta'fa:ʒə] <-, -n> *f* decoration
Staffel ['ʃtafəl] <-, -n> *f* **1.** (MIL AERO: *Flug~*) squadron **2.** (MIL AERO: *Kompanie*) company **3.** (SPORT) relay; **~ laufen** run in a relay
Staffelei *f* easel
Staffellauf *m* (SPORT) relay race
staffeln *vt* graduate *Br,* grade *Am*
Staffeltarife *mpl* sliding charges
Staffelung *f* (*der Gehälter,*) graduation *Br,* grading *Am*
Stagnation [ʃtagna'tsjo:n] *f* stagnancy, stagnation; **stagnieren** *vi* stagnate
Stahl [ʃta:l, *pl:* 'ʃtɛ:lə] <-(e)s, ¨-e/(-e)> *m* **1.** (*Metall*) steel **2.** (*poet: Schwert, Dolch*) blade; **Nerven aus ~** iron nerves; **so hart wie ~** as hard as steel; **Stahlbeton** *m* reinforced concrete; **Stahlblech** *nt* **1.** (*stählernes Blech*) sheet-steel **2.** (*Stück ~*) steel sheet
stählen ['ʃtɛ:lən] **I.** *vt* (*abhärten*) toughen **II.** *vr* **1.** (*sich abhärten*) toughen o.s. **2.** (*sich innerlich vorbereiten*) steel o.s.
Stahlfeder *f* **1.** (*Schreib~*) steel nib **2.** (*Sprungfeder*) steel spring; **Stahlgerüst** *nt* tubular steel scaffolding; **stahlhart** *adj* as hard as steel; **Stahlhelm** *m* steel helmet; **Stahlindustrie** *f* steel industry; **Stahlkocher** *m* (*fam*) steelworker; **Stahlrohrmöbel** *pl* tubular steel furniture; **Stahlträger** *m* steel girder; **Stahlwaren** *fpl* steelware *sing;* **Stahlwerk** *nt* steelworks
Stake ['ʃta:kə] <-, -n> *f* (MAR: *Bootshaken*) grappling hook; **staken** ['ʃta:kən] *vi* pole, punt
staksen ['ʃta:ksən] *vi sein* stalk
Stall [ʃtal, *pl:* 'ʃtɛlə] <-(e)s, ¨-e> *m* (*Pferde~*) stable; (*Kuh~*) cowshed *Br,* cow barn *Am;* (*Schweine~*) pigsty *Br,* pen *Am;* **in den ~ bringen** put in stable; **sie sind aus dem gleichen ~** (*fig*) they are out of the same stable; **seine Pferde stehen im ~ des Trainers** he stables his horses with the trainer; **Stallknecht** *m* stableman; **Stallung** *f* stables *pl*
Stamm [ʃtam, *pl:* 'ʃtɛmə] <-(e)s, ¨-e> *m* **1.** (*Baum~*) trunk **2.** (LING) stem **3.** (COM: *Kundschaft*) regulars *pl* **4.** (MIL: *Stammannschaft*) permament staff **5.** (*Volks~*) tribe **6.** (BOT ZOO) phylum; **Stammaktie** *f* ordinary share *Br,* common share *Am;* **Stammbaum** *m* **1.** (*Abstammung*) family [*o* genealogical] tree; (*von Tieren*) pedigree; (*von Pferden*) stud-book **2.** (BOT ZOO) phylogenetic tree; **Stammbuch** *nt* (*Familien~*) family bible
stammeln ['ʃtaməln] *vt, vi* stammer
stammen *vi* **1.** (*ab~, a. fig*) come [*o* stem] (*aus, von* from) **2.** (*zeitlich*) date (*aus, von* from); **das Rezept stammt von meiner Tante** I've got this recipe from my aunt; **woher ~ Sie?** where do you come from?
Stammform *f* base form; **Stammgast** *m* regular; **Stammhalter** *m* son and heir; **Stammhaus** *nt* **1.** (*Familien~*) ancestral mansion **2.** (*in Fürstengeschlecht*) principal line **3.** (COM) parent branch
stämmig ['ʃtɛmɪç] *adj* (*kräftig*) sturdy *Br,* husky *Am*
Stammkapital *nt* (COM) ordinary share capital *Br,* common stack capital *Am;* **Stammkneipe** *f* local (pub); **Stammkunde, -kundin** *m, f* regular customer; **Stammlokal** *nt* favourite restaurant; **Stammpersonal** *nt* permanent staff; **Stammplatz** *m* usual seat; **Stammrolle** *f* (MIL) muster roll; **Stammtisch** *m:* **er ist zum ~ gegangen** he's gone off for a drink with his mates (to the local); **Stammvater** *m* progenitor; **stammverwandt** *adj* (LING) cognate; **Stammvokal** *m* (LING) root vowel; **Stammwähler(in)** *m(f)* (POL) staunch supporter, loyal voter
stampfen ['ʃtampfən] **I.** *vi* **1.** (*mit dem Fuß*) stamp **2.** (*von Schiff*) pitch **3.** (*Kolbengeräusch von Schiffsdiesel*) pound **4.** (*stapfen*) trudge **II.** *vt* (*fest~*) stamp; **Kartoffeln**

~ mash potatoes; **Stampfer** *m* **1.** (TECH) pounder **2.** (*pej: dicke Beine*) tree-trunks

Stand [ʃtant, *pl:* 'ʃtɛndə] <-(e)s, ¨-e> *m* **1.** (*das Stehen*) standing position **2.** (*~ für den Fuß, fester Halt*) foothold, footing **3.** (*Bude, Markt~*) booth, stand **4.** (*Wasser~*) level; (ASTR: *der Gestirne*) position; (*der Sonne*) height position; (*von Barometer*) height; (*von Thermometer*) reading **5.** (SPORT: *Spiel~*) score; (*Tabellen~*) standings *pl* **6.** (*Zustand*) condition, state **7.** (*Beruf, Gewerbe*) profession, trade **8.** (*soziale Stellung*) status; **einen schweren ~ haben** have a tough job; **nach ~ der Dinge** as things stand; **beim jetzigen ~ der Dinge** the way things stand at the moment; **etw auf den neuesten ~ bringen** bring s.th. up to date

Standard ['ʃtandart] <-s, -s> *m* standard; **Standardartikel** *m* standard article; **Standardausführung** *f* standard design; **Standardausrüstung** *f* standard equipment; **Standardbrief** *m* standard letter; **Standardgebühr** *f* standard fee; **Standardgröße** *f* standard size; **standardisieren** *vt* standardize; **Standardisierung** *f* standardization

Standarte [ʃtan'dartə] <-, -n> *f* standard

Standbild *nt* statue

Ständchen ['ʃtɛntçən] <-s, -> *nt* serenade; **jdm ein ~ bringen** serenade s.o.

Ständer ['ʃtɛndɐ] *m* (*Gestell*) stand

Standesamt *nt* registry office; **standesamtlich** *adj:* **~e Trauung** registry office wedding *Br,* civil wedding *Am;* **~ trauen** perform a registry office wedding *Br,* perform a civil wedding *Am;* **Standesbeamte, -beamtin** *m, f* registrar

standesgemäß *adv* befitting one's rank; **~ leben** live according to one's rank

standfest *adj* **1.** (*stabil*) stable **2.** (*fig*) steadfast; **Standfestigkeit** *f* **1.** (*Stabilität*) stability **2.** (*fig*) steadfastness; **Standgeld** *nt* demurrage, stallage; **Standgericht** *nt* (MIL JUR) court martial; **standhaft** *adj* steadfast; **sich ~ weigern** refuse staunchly; **Standhaftigkeit** *f* steadfastness; (*Entschlossenheit*) resolution; **stand|halten** *irr vi* **1.** (*Bauwerk*) hold **2.** (*widerstehen*) stand firm; **der Versuchung ~** resist temptation

Standheizung *f* (AUTO) stationary heating

ständig ['ʃtɛndɪç] *adj* **1.** (*dauernd*) permanent **2.** (*laufend*) constant, continual; **~es Einkommen** regular income; **~es Mitglied** full member; **~ krank sein** be always ill; **~ zu spät kommen** be constantly late; **~er Wohnsitz** permanent address

Standlicht *nt* (AUTO) sidelights *pl;* **mit ~ fahren** drive on sidelights; **Standmiete** *f* stall rental; **Standort** *m* **1.** (*Ort des Aufenthaltes*) location, site **2.** (AVIAT MAR) position **3.** (MIL: *Garnison*) garrison **4.** (*fig*) position **5.** (BOT) habitat; **Standortwahl** *f* choice of location; **Standpauke** *f* (*fam*): **jdm eine ~ halten** give s.o. a telling-off; **Standpunkt** *m* **1.** (*Beobachtungspunkt*) point of view **2.** (*Ansicht*) standpoint; (*Gesichtspunkt*) point of view; **jdm seinen ~ klarmachen** give s.o. a piece of one's mind; **auf dem ~ stehen, dass ...** take the view that ...; **von meinem ~ aus ...** from my point of view ...; **Standrecht** *nt* (MIL) martial law; **das ~ verhängen** establish martial law; **standrechtlich** *adj:* **~ erschießen** shoot by sentence of the court-martial; **Standspur** *f* hard shoulder; **Standuhr** *f* grandfather clock

Stange ['ʃtaŋə] <-, -n> *f* **1.** (*Stab*) pole; (*Gardinen~, Gitter~*) bar, rod **2.** (*Geweih~*) branch; **bei der ~ bleiben** stick at it; **jdm die ~ halten** stand up for s.o.; **jdn bei der ~ halten** bring s.o. up to scratch; **eine ~ Geld** a mint of money; **ein Anzug von der ~** a suit off the peg; **eine ~ Zigaretten** a carton of cigarettes

Stängel[RR] ['ʃtɛŋəl] <-s, -> *m* stalk, stem

Stangenbrot *nt* French loaf [*o* stick]

stänkern ['ʃtɛŋkɐn] *vi* (*fam*) stir things up

Stanniol [ʃta'njo:l] <-s, -e> *nt* silver foil; **Stanniolpapier** *nt* silver paper

Stanze ['ʃtantsə] <-, -n> *f* (TECH) **1.** (*Loch~*) punch **2.** (*Präge~*) die; **stanzen** *vt* **1.** (*aus~*) punch **2.** (*ein~*) stamp

Stapel ['ʃta:pəl] <-s, -> *m* **1.** (*Haufen*) pile, stack **2.** (*Woll~*) staple; **auf ~ legen** (MAR) lay down; **vom ~ lassen** (MAR) launch; (*fig*) come out with; **vom ~ laufen** (MAR) be launched; **Stapelkasten** *m* crate; **Stapellauf** *m* (MAR) launching; **stapeln I.** *vt* stack up **II.** *vr* pile up

stapfen ['ʃtapfən] *vi sein* plod, trudge

Star[1] <-s, -e> *m* (*größerer Singvogel*) starling

Star[2] <-(e)s> *m* (MED) cataract; **grüner ~** glaucoma

Star[3] [ʃta:ɐ] <-s, -s> *m* (*Film~*) star

Starallüren *pl:* **~ haben** put on airs; **Staranwalt** *m* star lawyer

Starenkasten *m* (*Nistkasten*) nesting box

stark [ʃtark] <stärker, stärkst> **I.** *adj* **1.** strong; (*mächtig*) powerful **2.** (*beleibt*) large **3.** (*heftig, schwer*) heavy **4.** (*sl: großartig*) great; **das ist ja ein ~es Stück!** that's really a bit thick!; **sich für etw ~ machen** stand up for s.th.; **~er Motor** powerful engine; **der ~e Mann** (POL) strongman; **stärker werden** increase in strength **II.** *adv* **1.** (*beträchtlich*) greatly **2.** (*sehr: mit Verb*) a lot; (*mit adj*) very

3. (*sl: hervorragend*) great; ~ **befahrene Straße** busy road; **ich bin ~ erkältet** I have a bad cold; ~ **gefragt** (COM) in great demand; ~ **gesalzen** very salty

Stärke[1] *f* (*Speise~*) starch

Stärke[2] ['ʃtɛrkə] <-, -n> *f* 1. (*Kraft*) strength 2. (*Intensität*) intensity 3. (*Macht*) power 4. (*Dicke von Werkstoffen*) thickness 5. (MIL A. SPORT: *Anzahl*) size 6. (*starke Seite*) strong point; **nicht die volle ~ haben** (MIL) be below strength; **stärken** ['ʃtɛrkən] I. *vt* 1. (*kräftigen*) strengthen 2. (*erfrischen*) fortify 3. (*Wäsche*) starch; **jds Selbstvertrauen ~** give a boost to someone's confidence II. *vr* (*sich erfrischen*) fortify o.s.

Starkstrom *m* (ELEK) power [*o* heavy] current; **Starkstromleitung** *f* power line

Stärkung *f* 1. (*das Starkmachen*) strengthening; (*Kräftigung*) invigoration 2. (*Erfrischung*) refreshment; **eine kleine ~ zu sich nehmen** have a light snack; **Stärkungsmittel** *nt* (MED) tonic

starr [ʃtar] *adj* 1. (*steif*) stiff; (*unbeweglich*) rigid 2. (*bewegungslos*) motionless 3. (*unbeugsam*) obstinate, stern; ~ **vor Schrecken** paralysed with terror; **jdn ~ ansehen** stare at s.o.; **Starre** <-> *f* stiffness

starren *vi* 1. (*starr blicken*) stare (*auf* at) 2. (*strotzen*): ~ **vor …** be thick with …; **vor Dreck ~** be thick with dirt

Starrheit *f* 1. (TECH) stiffness, rigidity 2. (*fig*) obstinacy, stubbornness; **Starrkopf** *m* obstinate mule; **Starrkrampf** *m* (MED) tetanus; **Starrsinn** *m* obstinacy, stubbornness; **starrsinnig** *adj* stubborn

Start [ʃtart] <-(e)s, -s/(-e)> *m* (*a.* SPORT) start; (AVIAT) take-off; (*von Rakete*) launch; **gut vom ~ wegkommen** get off to a good start; **jdm zu einem ~ im Geschäftsleben verhelfen** start s.o. in business; **fliegender ~** flying start; **stehender ~** dead [*o* standing] start; **zum ~ rollen** (AVIAT) taxi to the take-off point; **Startbahn** *f* (AVIAT) runway; **startbereit** *adj* 1. (SPORT) ready to start 2. (AVIAT) ready for take-off; **Startblock** *m* starting block

starten I. *vi* 1. *sein* (*a.* SPORT) start off 2. (AVIAT) take off 3. (*fam: abreisen*) set off II. *vt* 1. *haben* (*Rakete*) launch 2. (*in Gang setzen*) start

Starterlaubnis *f* 1. (SPORT) permission to take part 2. (AVIAT) clearance (for take-off); **Starthilfe** *f* (*fig*): **die richtige ~ bekommen** get off to a flying start; **jdm eine gute ~ geben** give s.o. a good start in life; **Starthilfekabel** *nt* (AUTO) jump leads *pl;* **Startkapital** *nt* starting capital; **startklar** *adj* 1. (SPORT) ready to start 2. (AVIAT) ready for take-off; **Startschuss**[RR] *m* (SPORT) starting signal; **Startsignal** *nt* (*a. fig*) start signal (*zu* for)

Start-up ['sta:tap] <-s, -s> *m* (*Firmengründung*) formation of a company

Statik ['ʃta:tɪk] *f* 1. (PHYS) statics *pl* 2. (ARCH) structural engineering; **Statiker(in)** *m(f)* structural engineer

Station [ʃta'tsjo:n] *f* 1. (*Abschnitt*) stage 2. (RAIL) station 3. (RADIO) station 4. (*im Krankenhaus*) ward; **wir haben in Berlin zwei Tage ~ gemacht** we stopped over in Berlin for two days; **stationär** *adj* 1. (*fest eingerichtet*) stationary 2. (MED) in-patient; ~ **behandeln** treat in hospital; **stationieren** *vt* (MIL) station; **Stationierung** *f* (MIL) stationing; **Stationsarzt** (**-ärztin**) *m(f)* ward doctor; **Stationsschwester** *f* ward sister; **Stationsvorsteher** *m* (RAIL) station-master *Br,* station agent *Am*

statisch ['ʃta:tɪʃ] *adj* statical

Statist [ʃta'tɪst] *m* (THEAT) supernumerary; (FILM) extra; **Statistik** *f* statistics *pl;* **statistisch** *adj* statistical; **~e Angaben** statistical returns

Stativ [ʃta'ti:f] <-s, -e> *nt* (PHOT) tripod

Statt <-> *f:* **an jds ~** in someone's place

statt [ʃtat] I. *präp:* ~ **dessen** instead; ~ **meiner** in my place II. *konj* instead of; ~ **zur Schule zu gehen …** instead of going to school …

Stätte ['ʃtɛtə] <-, -n> *f* (*gehoben*) place

statt|finden *irr vi* take place; (*sich ereignen*) occur; **statt|geben** *irr vi* grant; **statthaft** *adj* allowed; (*gehoben*) permitted

Statthalter *m* governor

stattlich ['ʃtatlɪç] *adj* 1. (*Gebäude*) stately; (*ansehnlich*) imposing; (*prächtig*) magnificent 2. (*beträchtlich*) considerable; **Stattlichkeit** *f* 1. (*von Gebäude*) stateliness 2. (*Ansehnlichkeit*) imposingness; (*Pracht*) magnificence

Statue ['ʃta:tuə] <-, -n> *f* statue

Statur [ʃta'tu:ɐ] <-, -en> *f* build, stature

Status ['ʃta:tʊs] <-> *m* status; **Statussymbol** *nt* status symbol

Statut [ʃta'tu:t] <-(e)s, -en> *nt* statute; **~en** (*einer Gesellschaft*) articles

Stau [ʃtaʊ] <-(e)s, -e> *m* 1. (*Verkehrs~*) traffic jam 2. (*Wasser~*) build-up

Staub [ʃtaʊp] <-(e)s> *m* dust; ~ **wischen** dust; **sich aus dem ~ machen** (*fam*) make off; **viel ~ aufwirbeln** cause a big stir; **diese Angelegenheit hat viel ~ aufgewirbelt** this affair has caused quite a stir; **Staubbeutel** *m* 1. (BOT) anther 2. (*von Staubsauger*) dust bag

Staubecken *nt* reservoir

stauben *vi* 1. (*staubig sein*) be dusty 2. (*Staub machen*) make dust

Staubfaden *m* (BOT) filament; **Staubfänger** ['ʃtaʊpfɛŋɐ] *m* dust collector; **Staubflocke** *f* fluff; **Staubgefäß** *nt* (BOT) stamen

staubig *adj* dusty

Staubkorn <-s, ¨-er> *nt* dust particle; **Staubniederschlag** *m* deposition of airborne solid matter; **staubsaugen** *vi* vacuum; (*fam*) hoover; **Staubsauger** *m* vacuum cleaner; (*fam*) Hoover®; **Staubtuch** <-(e)s, ¨-er> *nt* duster; **Staubwolke** *f* cloud of dust

stauchen ['ʃtaʊxən] *vt* (TECH) upset; **Stauchung** *f* **1.** (TECH) upsetting **2.** (MED) compression

Staudamm *m* dam

Staude ['ʃtaʊdə] <-, -n> *f* perennial herb; (*Strauch*) bush

stauen I. *vt* **1.** (*Wasser*) dam up **2.** (*Waren*) stow **II.** *vr* **1.** (*Verkehr*) get jammed; (*Menschen*) crowd **2.** (*Wasser*) build up; **der Verkehr staut sich** there is a tailback

Stauer *m* (MAR) stevedore

Staugefahr *f* risk of congestion

Staumauer *f* dam wall

Staunen *nt* astonishment, amazement

staunen ['ʃtaʊnən] *vi* be astonished [*o* amazed] (*über* at); **da staunst du, was?** you didn't expect that, did you?; **nein, wirklich? – da staune ich aber!** no, really? – you amaze me!; **sie sah mich ~d an** she looked at me in astonishment

Staupe ['ʃtaʊpə] <-, -n> *f* (*Hundekrankheit*) distemper

Stauraum *m* (AUTO) storage capacity [*o* space]; (MAR) stowage room

Stausee *m* reservoir

Stauung *f* **1.** (*Verkehrs~*) traffic jam, tailback **2.** (*Stockung*) pile-up

Stearin [ʃtea'riːn] <-s, -e> *nt* (CHEM) stearin

Stechapfel *m* thorn-apple

stechen ['ʃtɛçən] *irr* **I.** *vi, vt* **1.** (*Dorn*) prick; (*Biene*) sting; (*Mücke*) bite **2.** (*mit Waffe*) stab (*nach* at) **3.** (*im Kartenspiel*) take; **Torf ~** cut peat; **in See ~** put to sea; **das sticht!** that's prickly!; (*tut weh*) that hurts! **II.** *vr* prick o.s. (*an* on); **ich hab mich in den Daumen gestochen!** I've pricked my thumb!; **stechend** *adj* **1.** (*Blick*) piercing **2.** (*Schmerz*) sharp **3.** (*Geruch*) pungent; **Stechginster** *m* furze, gorse; **Stechkarte** *f* clocking-in card; **Stechmücke** *f* gnat, mosquito; **Stechpalme** *f* holly; **Stechuhr** *f* time-clock; **Stechzirkel** *m* dividers *pl*

Steckbrief *m* description (of the wanted person); **s~lich gesucht werden** be on the wanted list

Steckdose *f* (ELEK) socket

Stecken ['ʃtɛkən] <-s, -> *m* stick

stecken I. *vt* **1.** put **2.** (*befestigen*) pin (*an* onto) **II.** *vi* **1.** (*sein*) be **2.** (*fest~*) be stuck; **steckt der Schlüssel?** is the key in the lock?; **was steckt dahinter?** what's behind it?; **ich werd' ihm zeigen, was in mir steckt!** I'll show him what I'm made of!; **jdm etw ~** (*sl*) verraten, tell s.o. s.th.; **sich Watte in die Ohren ~** stuff cotton wool in one's ears; **~ bleiben**[RR] get stuck, stick fast; (*in einer Rede*) falter; **die Kugel blieb ~** the bullet was lodged; **den Schlüssel ~ lassen**[RR] leave the key in the lock

stecken|bleiben *irr vi s.* **stecken**; **stecken|lassen** *irr vt s.* **stecken**

Steckenpferd *nt* hobby-horse

Stecker *m* (ELEK) plug

Steckkontakt *m* (ELEK) plug; **Stecknadel** *f* pin; **jdn wie eine ~ suchen** look for s.o. high and low; **Steckrübe** *f* swede, turnip; **Steckschlüssel** *m* (TECH) box spanner *Br*, socket wrench *Am*

Steg [ʃteːk] <-(e)s, -e> *m* **1.** (*Laufbrett*) gangplank **2.** (*Fußgängerbrücke*) footbridge **3.** (AVIAT: *Holm*) web **4.** (*Geigen~*) bridge

Stegreif ['ʃteːkˌraɪf] *m*: **eine Rede aus dem ~ halten** make an off-the-cuff speech; **aus dem ~ spielen** improvise

Stehaufmännchen ['ʃteːaʊfˌmɛnçən] *nt* tumbler

Stehen ['ʃteːən] *nt* standing; **zum ~ bringen** stop

stehen *irr* **I.** *vi* **1.** stand **2.** (*von Kleidern: gut passen*) suit **II.** *vt* (*Wache*) stand **III.** *vr*: **sich gut ~** be well-off; **auf etw (jdn) ~** (*sl: gern mögen*) go for s.th. (s.o.); **darauf steht Gefängnis** that's punishable by imprisonment; **darauf steht eine Belohnung** there's a reward for it; **das steht dir** (*passt*) that suits you; **wie stehst du dazu?** what's your opinion on that?; **wie steht's?** how's things?; **wo steht das?** where does it say that?; **was steht im Brief?** what does the letter say?; **mir steht's bis hier** (*fam*) I'm sick and tired of it; **wo stehst du?** (*mit dem Auto*) where have you parked?; **es steht nicht gut für ihn** things don't look too bright for him; **~ bleiben**[RR] (*Fahrzeuge, Kolonne*) come to a standstill; (*Personen*) stop; (*nicht umfallen*) remain standing; (*Motor*) cut out; **ich bin auf Seite 16 ~ geblieben** I left off on page 16; **~ lassen**[RR] (*dalassen*) leave; (*vergessen*) leave behind; **er ließ die Suppe stehen** he left the soup untouched; **jdn draußen ~ lassen**[RR] leave s.o. standing outside

stehen|bleiben *irr vi s.* **stehen**

stehend *adj*: **~er Ausdruck** stock phrase; **~en Fußes** instanter; **~es Heer** regular army; **~er Satz** (TYP) standing matter; **~es Wasser** stagnant water

stehen|lassen *irr vt s.* **stehen**

Stehkragen *m* stand-up collar; **Stehlampe** *f* standard lamp *Br,* floor lamp *Am;* **Stehleiter** *f* stepladder

stehlen ['ʃteːlən] *irr vt, vi* steal; **er kann mir gestohlen bleiben!** (*fam*) I couldn't care less about him!; **jdm die Zeit** ~ waste someone's time

Stehlokal *nt* stand-up café; **Stehplatz** *m* (*in Verkehrsmittel*) standing room; **einen ~ haben** have to stand

Steiermark ['ʃtaɪɐmark] *f* Styria

steif [ʃtaɪf] *adj* **1.** (*unbeweglich*) stiff; (*Penis*) erect; (*erstarrt*) numb **2.** (*geziert*) strained; (*förmlich*) formal; ~ **und fest behaupten, dass ...** swear up and down that ...; **die Ohren ~ halten** keep a stiff upper lip; ~ **werden** stiffen; **~e Brise** stiff breeze; **Steifheit** *f* **1.** stiffness; (*Starrheit*) numbness **2.** (*fig*) formality

Steig [ʃtaɪk] <-(e)s, -e> *m* steep track

Steigbügel *m* stirrup

Steige <-, -n> *f* **1.** (*steile Stiege, Treppe*) staircase **2.** (*steiler Weg*) steep track; **Steigeisen** *nt* **1.** (*zum Klettern*) crampon **2.** (*Eisentritt in Mauer*) rung

steigen ['ʃtaɪgən] *irr vi* **1.** (*Flugzeug*) climb **2.** (*Temperatur, Preise*) rise; (*anwachsen, zunehmen*) increase; **ins Auto** ~ get into one's car; **Drachen ~ lassen** fly kites; **aus dem Bett** ~ get out of bed; **steigend** *adj:* **~e Tendenz** upward tendency; **Steiger** *m* (MIN) foreman

steigern ['ʃtaɪgɐn] **I.** *vt* **1.** increase **2.** (*intensivieren*) intensify **II.** *vi* **1.** (GRAM) compare **2.** (*bei Auktionen*) bid (*um* for) **III.** *vr* **1.** (*anwachsen*) increase **2.** (*sich verbessern*) improve; **Steigerung** *f* **1.** increase **2.** (*Intensivierung*) intensification **3.** (GRAM) comparison **4.** (*Verbesserung*) improvement

Steigriemen *m* stirrup-strap

Steigung *f* **1.** (*Hang*) slope **2.** (*einer Straße*) gradient *Br,* grade *Am*

steil [ʃtaɪl] *adj* steep; ~ **abfallen** plunge; **~es Dach** high roof; **Steilhang** *m* steep slope; **Steilheck** *nt* (AUTO) hatchback; **Steilküste** *f* cliffs *pl;* **Steilpass**[RR] *m* (SPORT: *Fußball*) through ball; **Steilufer** *nt* steep bank

Stein [ʃtaɪn] <-(e)s, -e> *m* **1.** stone **2.** (*Spiel~*) piece **3.** (*von Obst*) stone; **da fällt mir ein ~ vom Herzen!** that's a load off my mind!; ~ **und Bein schwören** (*fam*) swear blind; **jdm ~e in den Weg legen** put obstacles in someone's way; **den ~ ins Rollen bringen** start the ball rolling; **ich hab' bei ihr einen ~ im Brett** (*fam*) I'm well in with her; **ein Herz aus ~** a heart of stone; **Steinadler** *m* golden eagle; **steinalt** *adj* as old as the hills; **Steinbock** *m* **1.** (*eine Art Gämse*) ibex **2.** (*Sternzeichen*) Capricorn; **Steinbruch** *m* quarry; **Steinbutt** *m* (*Plattfisch*) turbot

steinern ['ʃtaɪnɐn] *adj* **1.** stone **2.** (*fig*) stony

Steingut *nt* stoneware; **steinhart** *adj* hard as stone

steinig *adj* stony

steinigen ['ʃtaɪnɪgən] *vt* stone; **Steinigung** *f* stoning; **Steinkohle** *f* hard coal; **Steinkohlenbergwerk** *nt* coal mine, colliery; **Steinmarder** *m* beech marten; **Steinmetz** ['ʃtaɪnmɛts] <-(es), -e(n)> *m* stonemason; **Steinpilz** *m* yellow boletus; **steinreich** *adj* (*fam: sehr reich*) stinking rich, stony; **Steinsalz** <-es> *nt* rock salt; **Steinschlag** *m* rockfall; **Steinschüttung** *f* (*an Flussufer*) riprap; **Steinzeit** *f* Stone Age; **Steinzeug** *nt* stoneware

Steiß [ʃtaɪs] <-es, -e> *m* buttocks *pl;* (*von Vögeln*) rump; **Steißbein** *nt* coccyx; **Steißlage** *f* (MED) breech presentation

Stelldichein ['ʃtɛldɪçˌaɪn] <-(s), -(s)> *nt* (*obs*) rendezvous *Br,* date *Am*

Stelle ['ʃtɛlə] <-, -n> *f* **1.** (*Ort*) place **2.** (*Fleck*) patch **3.** (*Anstellung*) job **4.** (*Buch~*) passage; (*Zitat*) quotation **5.** (*Behörde*) authority *Br,* agency *Am* **6.** (MATH) digit; **an erster ~** in the first place; **an meiner ~** in my place; **an dieser ~** in this place; **wenn ich an Ihrer ~ wäre ...** if I were you ...; **an ~ von ...** in place of ..., instead of ...; **auf der ~** (*sofort*) on the spot; **an Ort und ~ sein** be on the spot; **an jds ~ treten** take the place of s.o.; **sich um eine ~ bewerben** apply for a vacancy; **zur ~ sein** be at hand, be present; **offene ~, freie ~** vacancy

stellen ['ʃtɛlən] **I.** *vt* **1.** (*setzen, hin~*) put **2.** (*besorgen, zur Verfügung ~*) provide **3.** (*regulieren, ein~*) set (*auf* at) **4.** (*Feind ~*) corner; **die Heizung kleiner ~** turn the heating down; **eine Frage ~** ask a question; **eine Uhr ~** set a watch [*o* clock]; **sich schlafend ~** pretend to be asleep; **das Radio leiser (lauter) ~** turn the radio down (up); **auf sich selbst gestellt sein** stand on one's own two feet; **jdm etw auf den Tisch ~** put s.th. on the table for s.o. **II.** *vr* **1.** (*sich hin~*) stand up **2.** (*sich der Polizei ~*) give o.s. up to the police; **wie stellst du dich dazu?** what's your opinion on that?

Stellenabbau *m* reduction [*o* shedding] of staff; **Stellenangebot** *nt* job offer; **Stellenausschreibung** *f* job advertisement; **Stellenbeschreibung** *f* job description; **Stellengesuch** *nt* application for a job; **Stellensuche** *f* job search; **Stellenvermittlung** *f* employment agency; **stellen-**

weise *adv* here and there, in places; **Stellenwert** *m* (*fig*) rank, rating; **einen hohen ~ haben** play an important role

Stellmacher *m* **1.** (*für Wagen*) cartwright **2.** (*Radmacher*) wheelwright

Stellplatz *m* (*für Auto*) parking space

Stellung *f* **1.** (*Körper~*) position **2.** (MIL) position **3.** (MIL: *Geschütz~*) emplacement **4.** (*Ansehen*) standing; (*Rang*) status **5.** (*Posten*) job, situation; **seine ~ behaupten** stand one's ground; **~ beziehen** (MIL) move into position; **die ~ halten** hold one's position; (*fig hum*) hold the fort; **in ~ bringen** (bring into) position; **~ nehmen zu ...** express one's opinion on ...; **für jdn ~ beziehen** come out in favour of s.o; **Stellungnahme** <-, -n> *f* **1.** (*Entgegnung*) statement (*zu* on) **2.** (*Haltung*) attitude; **seine ~ zu etw abgeben** make a statement on s.th.

Stellungsbefehl *m* (MIL) call-up *Br*, draft papers *Am*; **Stellungskrieg** *m* positional warfare

stellungslos *adj* unemployed, without a job

stellvertretend *adj* **1.** (*vorübergehend*) acting **2.** (*amtlich*) deputy; **~er Vorsitzender** vice-chairman; **~e Geschäftsführerin** deputy managing director; **~ für etw stehen** stand in for s.th; **Stellvertreter(in)** *m(f)* **1.** (*vorübergehender*) representative; (*von Arzt*) locum **2.** (*amtlicher*) deputy; (MIL) second in command; **Stellvertretung** *f*: **in ~ von ...** for ...; **die ~ von jdm übernehmen** stand in for s.o.

Stellwerk *nt* (RAIL) signal box *Br*, switch-tower *Am*

Stelze ['ʃtɛltsə] <-, -n> *f* stilt; **stelzen** *vi* **1.** *sein* (*auf Stelzen gehen*) walk on stilts **2.** (*fam: lang ausschreiten*) stalk along; **Stelzvögel** *mpl* waders

Stemmeisen *nt* crowbar

stemmen ['ʃtɛmən] *vt* **1.** (*hoch~*) lift **2.** (*aufmeißeln*) chisel; **die Hände in die Seiten ~** set one's arms akimbo; **sich ~ gegen ...** (*dagegendrücken*) brace o.s. against ...; (*sich auflehnen*) oppose ...

Stempel ['ʃtɛmpəl] <-s, -> *m* **1.** (*Gummi~*) stamp **2.** (*Präge~, Münz~*) die **3.** (MIN: *Stütz~*) prop **4.** (*~abdruck*) stamp; (*eingebrannter ~*) brand; (*Post~*) postmark; (*Echtheits~ auf Gold, Silber*) hallmark; **Stempelaufdruck** *m* stamp; **Stempelfarbe** *f* stamping ink; **Stempelgebühr** *f* stamp duty; **Stempelgeld** *nt* dole (money); **Stempelkissen** *nt* ink pad; **stempeln** *vt* stamp; (*postalisch*) postmark; **~ gehen** (*fam*) be on the dole

Stengel ['ʃtɛŋəl] <-s, -> *m* (*von Pflanzen*) stalk, stem

Stenoblock *m* shorthand pad; **Stenogramm** [ʃteno'gram] <-s, -e> *nt* shorthand dictation; **ein ~ aufnehmen** take down in shorthand; **Stenograph(in)** [ʃteno'gra:f] <-en, -en> *m(f)* stenographer; **Stenographie** *f* shorthand; **stenographieren** **I.** *vi* do shorthand **II.** *vt* take down in shorthand; **stenographisch** **I.** *adj* shorthand **II.** *adv* in shorthand; **Stenotypist(in)** [ʃtenoty'pɪst] *m(f)* shorthand typist

Steppanorak *m* quilted anorak; **Steppanzug** *m* quilted suit; **Steppdecke** *f* quilt *Br*, comforter *Am*

Steppe ['ʃtɛpə] <-, -n> *f* steppe

steppen¹ *vi* (*tanzen*) tap-dance

steppen² ['ʃtɛpən] *vt* (*wattieren*) quilt; (*ab~*) stitch; **Steppweste** *f* quilted waistcoat

Sterbebett *nt* death-bed; **Sterbefall** *m* death; **Sterbegeld** *nt* death benefit; **Sterbehilfe** *f* (*Euthanasie*) euthanasia; **Sterbekasse** *f* death benefit fund

Sterben *nt* death; **die Angst vorm ~** fear of death; **im ~ liegen** be dying; **zum ~ langweilig** deadly boring

sterben ['ʃtɛrbən] *irr vi* die (*an* of); **daran wirst du nicht ~!** (*fam*) it won't kill you!; **eines gewaltsamen Todes ~** die a violent death; **eines natürlichen Todes ~** die a natural death; **vor Langeweile ~** be bored to death; **die ist für mich gestorben!** (*fam*) she might as well be dead!

Sterbenswörtchen *nt*: **kein ~ verraten** not breathe a (single) word

Sterbeort *m* deathplace; **Sterberate** *f* death rate, mortality; **Sterbesakramente** *pl* last sacraments; **Sterbeurkunde** *f* death certificate

sterblich *adj* mortal; **jds ~e Überreste** someone's mortal remains; **Sterblichkeit** *f* mortality

Stereo ['ʃte:reo] <-(s)> *nt* stereo; **in ~** in stereo; **Stereoanlage** *f* stereo (system); **Stereoaufnahme** *f* **1.** stereo recording **2.** (PHOT) stereoscopic picture; **Stereometrie** [ʃtereome'tri:] *f* (MATH) solid geometry, stereometry; **Stereoskop** [ʃtereo'sko:p] <-s, -e> *nt* stereoscope

Stereoturm *m* hi-fi stack

stereotyp [ʃtereo'ty:p] **I.** *adj* **1.** (TYP) stereotype **2.** (*fig*) stereotyped; **~e Wendung** (LING) cliché **II.** *adv* (*fig*) in a stereotyped way

Stereotypie [–-'-] *f* (TYP) stereotype printing

steril [ʃte'ri:l] *adj* sterile; **Sterilisation** [ʃteriliza'tsjo:n] *f* sterilization; **sterilisieren** *vt* sterilize; **Sterilisierung** *f* sterilization; **Sterilität** *f* sterility

Stern [ʃtɛrn] <-(e)s, -e> *m* (ASTR: *a. ~förmiges Zeichen*) star; **mit ~en besät** starry; **es steht in den ~en** it's all in the stars; **Sternbild** *nt* **1.** (ASTR) constellation **2.** (*in der Astrologie*) sign; **Sterne-Hotel** *nt* first-class hotel; **Sternenbanner** *nt* Star-Spangled Banner, Stars and Stripes *pl;* **sternenklar** *adj* starlit; **Sternenzelt** *nt* (*poet*) starry firmament

Sternfahrt *f* (AUTO) rally

sternhagelvoll *adj* (*fam*) dead drunk

Sternhaufen *m* star cluster; **sternhell** *adj* starlit; **Sternkarte** *f* celestial chart; **Sternkunde** *f* astronomy; **Sternschnuppe** *f* shooting star; **Sternsinger** *pl* carol singers; **Sternstunde** *f* **1.** great moment **2.** (ASTR: *im Horoskop*) sidereal hour; **Sternsystem** *nt* (ASTR) galaxy; **Sternwarte** *f* observatory; **Sternzeit** *f* (*im Horoskop*) sidereal time

Sterz [ʃtɛrts] <-es, -e> *f* **1.** (*Schwanz, Steiß*) rump **2.** (*Pflug~*) handle

stet [ʃteːt] *adj* constant; **~er Tropfen höhlt den Stein** (*prov*) constant dripping wears away the stone

Stethoskop [ʃteto'skoːp] <-(e)s, -e> *nt* stethoscope; **stetig** *adj* steady; **~e Funktion** (MATH) steady function; **Stetigkeit** *f* steadiness; (*Beständigkeit*) constancy; (*Kontinuität*) continuity; **stets** [ʃteːts] *adv* (*immer*) always; **~ zu Diensten** ever at your service

Steuer[1] ['ʃtɔɪɐ] <-s, -> *nt* **1.** (MAR) helm **2.** (AUTO) steering wheel **3.** (AVIAT) controls *pl;* **am ~ stehen (sitzen)** be at the helm [*o* wheel] [*o* controls]; **das ~ übernehmen** take over; **jdn ans ~ lassen** let someone drive

Steuer[2] <-, -n> *f* **1.** (FIN) tax **2.** (*fam: Behörde*) the tax people; **nach (vor) Abzug der ~n** after (before) tax; **~n eintreiben** collect taxes; **~n erheben** levy taxes; **~n hinterziehen** evade taxes; **~n zahlen** pay tax *sing;* **Steuerabzüge** *mpl* tax deductions; **Steueranpassungen** *fpl* tax adjustments; **Steueranrechnung** *f* tax credit; **Steueranspruch** *m* tax claim; **Steueraufkommen** *nt* tax yield *Br,* internal revenue *Am;* **steuerbegünstigt** *adj* tax-deductible; **Steuerbelastung** *f* tax load; **Steuerbemessungsgrundlage** *f* basis of assessment; **Steuerberater(in)** *m(f)* tax consultant; **Steuerbescheid** *m* tax assessment; **Steuerbetrug** *m* tax fraud; **Steuerbevollmächtigte(r)** *m* agent in tax matters

steuerbord *adj* (MAR) starboard

Steuereinnahmen *fpl* tax revenue; **Steuererhöhung** *f* tax increase; **Steuererklärung** *f* tax return [*o* declaration]; **die ~ abgeben** file a return; **Steuererlass**[RR] *m* tax exemption; **Steuererleichterung** *f* tax relief; **Steuerermäßigung** *f* tax allowance; **Steuererstattung** *f* tax rebate [*o* refund]; **Steuerfahndung** *f* investigation of tax evasion; **Steuerformular** *nt* tax form; **steuerfrei** *adj* exempt from tax; **Steuerfreibetrag** *m* tax allowance [*o* exemption]; **Steuergehilfe, -gehilfin** *m, f* articled clerk; **Steuergelder** *pl* taxes; **Steuergerät** *nt* **1.** (TECH) controller **2.** (RADIO) tuner; **Steuergesetzgebung** *f* tax legislation; **Steuerhinterziehung** *f* tax evasion; **Steuerkarte** *f* wage tax card; **Steuerklasse** *f* tax class

Steuerknüppel *m* (AVIAT) control column *Br,* control stick *Am*

steuerlich *adj:* **~e Anreize** tax incentive schemes; **aus ~en Gründen** for tax purposes

Steuerloch *nt* (*Defizit im Finanzhaushalt*) tax deficit

Steuermann <-(e)s, -männer/-leute> *m* **1.** (*eingeteilter ~*) helmsman **2.** (*Schiffsoffizier*) first mate; **Steuermannspatent** *nt* (MAR) mate's ticket

Steuermarke *f* (*für Hunde*) dog license disc *Br,* dog tag *Am*

steuern *vt* **1.** (MAR) navigate, steer; (AVIAT) pilot; (AUTO) drive **2.** (*regulieren*) control

Steuernachlaß *m* tax rebate; **Steueroase** *f* tax haven; **Steuerparadies** *nt* tax haven; **steuerpflichtig** *adj* liable to tax; **Steuerpflichtige(r)** *f m* person liable to tax; **Steuerpolitik** *f* fiscal policy; **Steuerprüfer(in)** *m(f)* tax inspector; **Steuerprüfung** *f* tax inspector's investigation

Steuerpult *nt* (TECH) control desk

Steuerrad *nt* (AUTO) (steering) wheel; **das ~ übernehmen** take over

Steuerreform *f* tax reform

Steuerruder *nt* rudder

Steuersatz *m* rate of taxation; **Steuerschraube** *f* (*fig*): **die Regierung zieht die ~ an** the government is putting the screws on the taxpayer; **Steuerschuld** *f* tax owing; **Steuersenkung** *f* tax cut

Steuersünder(in) *m(f)* tax evader; **Steuerumgehung** *f* tax avoidance

Steuerung *f* **1.** (MAR: *das Steuern*) steering; (AVIAT) piloting **2.** (*fig*) control **3.** (*Mechanismus einer ~*) steering gear; (AVIAT) controls *pl*

Steuerveranlagung *f* tax assessment; **Steuervorauszahlung** *f* prepayment of tax; **Steuervorteil** *m* tax advantage [*o* break]; **Steuerzahler(in)** *m(f)* taxpayer

Steuerzeichen *nt* (INFORM) control character

Steward ['stjuːɐt] <-s,-s> *m* steward
Stewardess[RR] ['stjuːɐdɛs] <-,-ssen> *f* stewardess
stibitzen [ʃti'bɪtsən] <ohne ge-> *vt* (*fam*) pilfer, swipe
Stich [ʃtɪç] <-(e)s, -e> *m* **1.** (*Nadel~*) prick; (*Messer~*) stab **2.** (*Mücken~*) bite; (*Bienen~*) sting **3.** (*Näh~*) stitch **4.** (*Schmerz*) piercing pain **5.** (*Kupfer~, Stahl~*) engraving; **einen ~ haben** (*Speisen*) be off; (*fig fam: etw verrückt sein*) be round the bend; **jdn im ~ lassen** let s.o. down; **ein ~ ins Grüne** a tinge of green
Stichelei *f* (*fig*) sneering remarks *pl*
sticheln ['ʃtɪçəln] *vi* **1.** (*nähen*) sew **2.** (*fig*) make sneering remarks (*gegen* at)
Stichflamme *f* tongue of flame
stichhaltig *adj* sound, valid; **~e Gründe** sound arguments; **Stichhaltigkeit** *f* soundness, validity
Stichling *m* (*kleiner Raubfisch*) stickleback
Stichprobe *f* spot check; **~n machen** make spot checks
Stichpunkt *m* headword; **Stichsäge** *f* fret-saw; **Stichtag** *m* qualifying date; **Stichwaffe** *f* stabbing weapon; **Stichwahl** *f* final ballot *Br,* run-off *Am;* **Stichwort** <-(e)s, ¨-er> *nt* **1.** (*im Wörterbuch*) headword **2.** (*fig* THEAT) cue **3.** (*schriftliches ~*) keyword; **stichwortartig** *adj:* **geben Sie es nur ~ wieder!** recount the main points of it!; **Stichwortkatalog** *m* (*Bibliothek*) classified catalogue; **Stichwunde** *f* stab wound
sticken ['ʃtɪkən] *vt, vi* embroider; **Stickerei** *f* embroidery; **Stickgarn** *nt* embroidery silk
stickig ['ʃtɪkɪç] *adj* **1.** (*muffig*) close, stuffy **2.** (*fig*) stifling
Stickmuster *nt* embroidery pattern; **Sticknadel** *f* embroidery needle
Stickoxid *nt* nitric oxide
Stickstoff *m* nitrogen; **Stickstoffdünger** *m* nitrogen fertilizer
stieben ['ʃtiːbən] *irr vi* **1.** (*Funken*) fly **2.** (*rennen*) flee
Stiefbruder *m* stepbrother
Stiefel ['ʃtiːfəl] <-s, -> *m* boot; **Stiefelknecht** *m* boot-jack
Stiefeltern *pl* step-parents; **Stiefkind** *nt* stepchild; **Stiefmutter** *f* stepmother
Stiefmütterchen *nt* (*kleine Pflanze*) pansy
Stiefschwester *f* stepsister; **Stiefsohn** *m* stepson; **Stieftochter** *f* stepdaughter; **Stiefvater** *m* stepfather
Stiege ['ʃtiːgə] <-, -n> *f* staircase
Stieglitz ['ʃtiːglɪts] <-es, -e> *m* (*kleiner Singvogel*) goldfinch
Stiel [ʃtiːl] <-(e)s, -e> *m* **1.** (*Griff*) handle; (*Besen~*) stick **2.** (*von Pflanze*) stalk; (*Stängel*) stem; **Stielaugen** *pl:* **~ machen** (*fam*) fig, be pop-eyed; **stieläugig** ['ʃtiːl,ɔɪgɪç] *adj* (*fam*) stalk-eyed; **Stielkamm** *m* tail comb; **Stieltopf** *m* saucepan
Stier [ʃtiːɐ] <-(e)s, -e> *m* **1.** (*männl. Rind*) bull **2.** (*Sternzeichen*) Taurus; **den ~ bei den Hörnern packen** take the bull by the horns
stier [ʃtiːɐ] *adj* (*Blick*) glassy; (*leer*) vacant; **stieren** *vi* stare (*auf* at)
Stierkampf *nt* bull-fight; **Stierkämpfer(in)** *m(f)* bull-fighter
Stift[1] [ʃtɪft] <-(e)s, -e> *m* **1.** (*Holz~*) peg; (*Nagel*) tack **2.** (*Blei~*) pencil; (*Kugelschreiber*) pen
Stift[2] *nt* **1.** (ECCL: *Diözese*) diocese **2.** (*Anstalt*) home **3.** (ECCL: *Domkapitel*) chapter
Stift[3] *m* (*fam: Lehrling*) apprentice
stiften ['ʃtɪftən] *vt* **1.** (*schenken, geben*) donate **2.** (*gründen*) found **3.** (*verursachen*) bring about, cause; **Frieden ~** make peace; **Unfrieden ~** sow discord
stiften|gehen *irr vi* (*fam*) beat a hasty retreat, make off
Stifter(in) *m(f)* **1.** (*Schenkender*) donator **2.** (*Gründer*) founder
Stiftschlüssel *m* (TECH) pin spanner; (*Sechskant~*) socket screw key
Stiftskirche *f* collegiate church
Stiftung *f* **1.** (*Schenkung*) donation **2.** (*Gründung*) foundation **3.** (JUR) foundation **4.** (*Stipendium aus ~*) endowment
Stiftzahn *m* post crown
Stil [ʃtiːl] <-(e)s, -e> *m* style; **ein Gedicht im ~ der Romantik** a poem in the Romantic style; **so ein Haus ist nicht mein ~** that house is not my style; **alles in großem ~ tun** do things in style; **Stilblüte** *f* (*fam*) howler
Stilett [ʃti'lɛt] <-s, -e> *nt* stiletto
Stilgefühl *nt* sense of style; **stilgetreu** *adj* in original style; **stilisieren** *vt* stylize; **Stilistik** *f* stylistics *pl;* **stilistisch** *adj* stylistic
still [ʃtɪl] *adj* **1.** (*ruhig*) quiet, silent **2.** (*unbewegt*) still; **~er Teilhaber** (COM) sleeping (*Am* silent) partner *Br;* **sei ~!** be quiet!; **sich im Stillen**[RR] **denken** think to o.s.; **Stille** ['ʃtɪlə] <-> *f* **1.** (*Ruhe*) quietness **2.** (*Unbewegtheit*) stillness; **sich in aller ~ davonmachen** make off secretly; **er wurde in aller ~ begraben** he was given a quiet burial
Stillleben[RR] *nt* (*Malerei*) still life
stilllegen[RR] *vt* **1.** (*Betrieb*) close [*o* shut] down **2.** (*Fahrzeug*) lay up; **Stilllegung**[RR] *f* **1.** (*von Betrieb*) closure, shut-

down **2.** (*von Fahrzeug*) laying up

stillen *vt* **1.** (*befriedigen*) satisfy; (*Durst*) quench **2.** (*Schmerz*) allay, ease **3.** (*Blut*) staunch **4.** (*Kind*) breast-feed

Stillhalteabkommen *nt* moratorium; **still|halten** *irr vi* **1.** keep still **2.** (*fig*) keep quiet; **still|liegen**[RR] *irr vi* **1.** (*Verkehr*) have come to a standstill **2.** (TECH: *eingestellt sein*) be at a standstill **3.** (*Fabrik*) be closed [*o* shut] down

stillos [ˈʃtiːlˌloːs] *adj* **1.** (*nicht zusammenpassend*) incongruous **2.** (*fig*) having no sense of style

Stillschweigen *nt* silence; **über etw ~ bewahren** maintain silence about s.th; **still|schweigen** *irr vi* remain silent; **zu etw ~** remain silent in the face of s.th.; **stillschweigend** *adj* (*fig*): **~es Einvernehmen** (**Übereinkommen**) tacit understanding (agreement); **still|sitzen** *irr vi* sit still; **Stillstand** <-(e)s> *m* **1.** (*Halt*) standstill **2.** (*Unterbrechung*) interruption; **zum ~ bringen** bring to a stop; **die Produktion zum ~ bringen** bring production to a standstill; **zum ~ kommen** come to a standstill; (*Motor*) stop; **still|stehen** *irr vi* **1.** be at a standstill; (MIL) stand at attention **2.** (*stehen bleiben*) stop

Stilmöbel *ntpl* period furniture; **stilvoll** *adj* stylish

Stimmabgabe *f* voting; **Stimmbänder** *pl* vocal cords; **stimmberechtigt** *adj* entitled to vote; **nicht ~** non-voting; **Stimmberechtigte(r)** *f m* person entitled to vote; **Stimmbruch** <-(e)s> *m*: **er ist im ~** his voice is breaking

Stimme [ˈʃtɪmə] <-, -n> *f* **1.** voice **2.** (PARL: *Wahl~*) vote **3.** (MUS) part **4.** (*Presse~*) comment; **ich habe keine ~ mehr** I have lost my voice; **sie hat keine besonders gute ~** she hasn't got much of a voice; **mit tiefer ~** in a deep voice; **jdm seine ~ geben** (PARL) give one's vote to a person; **Mehrheit von einer Stimme** (PARL) single-vote majority; **er gewann mit einer Mehrheit von 150 ~n** he won by 150 votes

stimmen **I.** *vi* **1.** (*richtig sein*) be right **2.** (PARL: *ab~*) vote (*für/gegen* for/ against); **stimmt das?** is that true [*o* right]? [*o* correct]; **stimmt's?** right?; **stimmt so!** (*beim Geben von Trinkgeld*) keep the change!; **das stimmt nicht** that's wrong **II.** *vt* (*ein Instrument ~*) tune (*höher/niedriger* up/ down)

Stimmenauszählung *f* (PARL) count of votes; **Stimmengewinne** *pl* (PARL) votes gained; **Stimmengewirr** *nt* confused din of voices; **Stimmengleichheit** *f* (PARL) tie; **bei ~ den Ausschlag geben** give the casting vote; **bei ~ entscheidet die Stimme des Vorsitzenden** the vote of the chairman shall be decisive in the event of a tie; **Stimmenmehrheit** *f* majority of votes *Br*, plurality of votes *Am*; **einfache ~** bare [*o* mere] majority; **Stimmenthaltung** *f* abstention; **Stimmenverluste** *pl* (PARL) votes lost

Stimmgabel *f* tuning fork; **stimmhaft** *adj* (LING) voiced; **stimmig** *adj* (*Argumente*) coherent; **Stimmigkeit** *f* coherence; **Stimmlage** *f* (MUS) register; **stimmlos** *adj* (LING) voiceless; **Stimmrecht** *nt* right to vote; **~ haben** have a vote; **Stimmritze** *f* (ANAT) glottis

Stimmung [ˈʃtɪmʊŋ] *f* **1.** (*Gemüts~*) mood **2.** (*öffentliche Meinung*) public opinion; **ich bin nicht in der ~ für diese Musik** I'm not in the mood for this type of music; **ich bin nicht in der richtigen ~** I'm not in the mood; **~ für** (**gegen**) **etw machen** stir up public opinion in favour of (against) s.th; **stimmungsaufhellend** *adj* (MED) anti-depressant; **Stimmungsumschwung** *m* change of atmosphere; (POL) swing; (*Börse, Markt*) change of tendency; **stimmungsvoll** *adj* (*idyllisch*) idyllic

Stimmzettel *m* ballot paper

Stimulation [ʃtimʊlaˈtsjoːn] *f* (*a. fig*) stimulation; **stimulieren** *vt* (MED: *a. fig*) stimulate

Stinkbombe *f* stink bomb

stinken [ˈʃtɪŋkən] *irr vi* stink; **hier stinkt's!** it stinks in here!; **die ganze Sache stinkt!** (*fam*) the whole business stinks!; **die ganze Angelegenheit stinkt mir!** (*fam*) I'm fed up to the back teeth!; **stinkend** *adj* stinking; **stinkfaul** *adj* (*fam*) bone idle; **stinklangweilig** **I.** *adj* (*sl*) deadly boring **II.** *adv* (*sl*) in a deadly boring way; **stinknormal** *adj* (*sl*) boringly normal; **Stinktier** *nt* skunk; **Stinkwut** *f* (*fam*): **eine ~ haben** be furious

Stipendium [ʃtiˈpɛndiʊm] <-s, -dien> *nt* **1.** (*als Auszeichnung*) scholarship **2.** (*Studienbeihilfe*) grant

Stippvisite [ˈʃtɪp-] *f* (*fam*) flying visit

Stirn [ʃtɪrn] <-, -en> *f* forehead; (*gehoben*) brow; **hohe** (**niedrige**) **~** high (low) forehead; **die ~ bieten** defy; **er hatte die ~, mir das zu sagen** he had the cheek to tell me that; **die ~ runzeln** frown; **Stirnband** *nt* headband; **Stirnbein** *nt* (ANAT) frontal bone; **Stirnhöhle** *f* frontal sinus; **Stirnhöhlenvereiterung** *f* (MED) sinusitis; **Stirnrad** *nt* (TECH) spurwheel; **Stirnrunzeln** <-s> *nt* frown(ing); **Stirnseite** *f* (*von Gebäude*) gable-end

stöbern [ˈʃtøːbɐn] *vi* rummage (*nach* for)

stochern [ˈʃtɔxɐn] *vi* poke (*in* at); **in den Zähnen ~** pick one's teeth

S

Stock [ʃtɔk, *pl:* 'ʃtœkə] <-(e)s, ¨-e> *m* **1.** stick; (*Stab*) staff; (*Spazier~*) cane; (*Billard~*) cue **2.** (*Baum~*) roots *pl* **3.** (*~werk*) floor *Br,* storey, story *Am;* **am ~ gehen** walk with a stick; **im ersten ~** on the first floor *Br,* on the second floor *Am;* **über ~ und Stein** up hill and down dale

stockbesoffen *adj* (*sl*) pissed; **stockdumm** *adj* (*fam*) thick; **stockdunkel** *adj* pitch-dark

stöckeln ['ʃtœkəln] *vi sein* mince, trip

Stöckelschuh *m* stiletto

stocken ['ʃtɔkən] *vi* **1.** (*innehalten*) break off, stop short **2.** (*nicht weitergehen*) make no progress **3.** (*Verkehr*) be halted; **ins Stocken geraten** begin to flag; **stockend** *adj* hesitant

stockfinster *adj* pitch-dark

Stockfisch *m* **1.** (*getrockneter Dorsch*) dried cod **2.** (*fam pej: Langweiler*) stuffed shirt

stockkonservativ *adj:* **er ist ~** he is a dyed-in-the-wool conservative

stocksteif *adj* stiff as a poker

Stockung *f* **1.** (*von Verhandlungen*) breakdown **2.** (*Unterbrechung*) interruption **3.** (*Verkehrs~*) traffic-jam

Stockwerk *nt* floor *Br,* storey, story *Am;* **im oberen ~** upstairs

Stoff [ʃtɔf] <-(e)s, -e> *m* **1.** (*Gewebe*) fabric, material; (COM: *Kleider~*) cloth **2.** (*Materie*) matter **3.** (*sl: Rauschgift*) dope, stuff **4.** (*Gesprächs~*) subject; **~ für ein Buch** material for a book; **~ zu etw geben** furnish matter for s.th.; **sich ~ beschaffen** (*Rauschgift*) score some stuff; **Stoffbahn** *f* length of material; **Stoffballen** *m* roll of cloth

Stoffel ['ʃtɔfəl] <-s, -> *m* (*fam*) boor, yokel

Stofftier *nt* soft toy

Stoffwechsel *m* (MED) metabolism; **Stoffwechselprodukt** *nt* metabolic product

Stöhnen ['ʃtø:nən] *nt* **1.** (*Seufzer*) groan **2.** (*Gestöhne*) groaning; **stöhnen** *vi* groan

Stollen[1] ['ʃtɔlən] <-s, -> *m* (*Kuchen*) fruit loaf *Br,* stollen *Am*

Stollen[2] *m* **1.** (MIN) gallery **2.** (MIL: *bombensicherer Unterstand*) underground shelter

stolpern ['ʃtɔlpɐn] *vi sein* stumble, trip (*über* over)

Stolz <-es> *m* pride; **jdn mit ~ erfüllen** be a source of pride to s.o.; **ihr ganzer ~** her pride and joy

stolz [ʃtɔlts] *adj* **1.** proud (*auf* of) **2.** (*anmaßend*) arrogant **3.** (*großartig*) majestic, stately; **~ sein auf ...** be proud of ...; **zu ~ sein, etw zu tun** have too much pride to do s.th.; **das ist nichts, worauf man ~ sein kann** that's nothing to be proud of

stolzieren *vi* (*hochmütig*) stalk; (*angeberisch*) strut

Stopfei *nt* darner

Stopfen *m* stopper; (*Korken*) cork

stopfen ['ʃtɔpfən] **I.** *vt* **1.** (*Pfeife ~, Loch füllen*) fill; (*hinein~*) stuff **2.** (*Strümpfe ausbessern*) darn, mend **3.** (*mit Stöpsel zu~, Leck ~*) plug, stop up; **jdm den Mund ~** silence s.o.; **er stopfte es in seine Tasche** he stuffed it away in his pocket **II.** *vi* (MED) be constipating; **Stopfgarn** *nt* darning cotton, mending thread; **Stopfnadel** *f* darning needle

Stopp [ʃtɔp] <-s, -s> *m* (*Halt*) halt, stop

Stoppel ['ʃtɔpəl] <-, -n> *f* stubble; **Stoppelbart** *m* stubbly beard; **Stoppelfeld** *nt* stubble-field

stoppelig ['ʃtɔp(ə)lɪç] *adj* stubbly

stoppen ['ʃtɔpən] **I.** *vt* **1.** (*anhalten*) stop **2.** (*mit der Uhr ab~*) time **II.** *vi* stop; **halt! stopp!** stop right there!; **Stoppschild** *nt* stop sign; **Stoppuhr** *f* stop-watch

Stöpsel ['ʃtœpsəl] <-s, -> *m* **1.** (*Pfropfen*) stopper; (*für Wasserbecken*) plug **2.** (*fam: kleiner Junge*) runt *Br,* shortie *Am*

Stör [ʃtø:ɐ] <-(e)s, -e> *m* (*großer Fisch*) sturgeon

Storch [ʃtɔrç, *pl:* 'ʃtœrçə] <-(e)s, ¨-e> *m* stork; **da brat' mir einer einen ~!** that beats everything!; **Storchennest** *nt* stork's nest

stören ['ʃtø:rən] **I.** *vt* **1.** (*beeinträchtigen*) disturb **2.** (*lästig sein*) bother **3.** (*unterbrechen*) disrupt; **eins stört mich noch ...** one thing is still bothering me ...; **ich hoffe, ich störe (Sie) nicht** I hope I'm not disturbing you **II.** *vi* (*im Weg sein*) be in the way; **störe ich?** am I intruding?; **etw als ~d empfinden** find s.th. bothersome; **du hast mich im Schlaf gestört** you disturbed my sleep; **‚bitte nicht ~'** 'please do not disturb'; **Störenfried** *m* troublemaker; **Störfaktor** *m* source of irritation; **Störfall** *m* disruptive incident, malfunction; **Störgeräusch** *nt* (RADIO) interference; **Störmanöver** *nt* disruptive action

stornieren [ʃtɔr'ni:rən] *vt:* **einen Auftrag ~** cancel an order; **eine Buchung ~** reverse an entry

Stornierung <-, -en> *f* cancellation, reversal

Storno <-s, -s> *m* reversal

störrisch ['ʃtœrɪʃ] *adj* obstinate, stubborn; **ein ~es Kind** a refractory child; **~e Haare** unmanageable hair; **ein ~es Pferd** a restive horse

Störsender *m* (RADIO) jammer

Störung *f* **1.** (*Beeinträchtigung*) disturbance **2.** (*Unterbrechung*) disruption **3.** (RADIO) interference **4.** (ELEK TECH) trouble;

(*Fehler*) fault; **entschuldigen Sie bitte die ~!** pardon the intrusion!; **eine ~ beseitigen** (ELEK TECH) clear a fault

Störungsdienst *m* (TECH) fault-complaint service; **störungsfrei** *adj* trouble-free; (RADIO) free from interference

Stoß [ʃtoːs, *pl:* 'ʃtøːsə] <-es, ¨-e> *m* **1.** push, shove; (*leichter Schlag*) nudge **2.** (*Erschütterung*) shock **3.** (*Stich*) stab **4.** (*Fecht~*) thrust **5.** (*Schwimm~*) stroke **6.** (*Trompeten~*) blast, sound **7.** (*Haufen*) pile; (*Akten~*) file (of deeds); (*Papier~*) bundle; **jdm einen ~ versetzen** deal s.o. a blow; **geben Sie Ihrem Herzen einen ~!** come on! get a move on!; **jdm einen ~ in die Rippen geben** poke s.o. in the ribs; **Stoßdämpfer** *m* (AUTO) shock absorber

Stößel ['ʃtøːsəl] <-s, -> *m* **1.** (*in Mörser*) pestle **2.** (AUTO: *Ventil~*) tappet

stoßen *irr* **I.** *vt* **1.** (*einen Stoß geben*) push; (*leicht*) poke; (*mit der Faust*) punch **2.** (*mit einer Waffe*) thrust **3.** (*Stich*) stab; **sich den Kopf ~** hit one's head; **jdn vor den Kopf ~** offend s.o. **II.** *vi* **1. an etw ~** hit s.th. **2.** (*angrenzen an*) border on; **gegen etw ~** run into s.th.; **auf Widerstand ~** meet with resistance; **zu jdm ~** join s.o. **III.** *vr* (*sich wehtun*) bump [*o* knock] o.s.; **sich an etw ~** bump against s.th., take offence at s.th; **stoßfest** *adj* shock-proof; **Stoßgebet** *nt* quick prayer; **Stoßseufzer** *m* deep sigh; **Stoßstange** *f* (AUTO) bumper; **hintere** (**vordere**) **~** rear (front) bumper; **Stoßtrupp** *m* (MIL) raiding party; **Stoßverkehr** *m* rush-hour traffic; **stoßweise** *adv* by fits and starts, spasmodically; **Stoßzahn** *m* tusk; **Stoßzeit** *f* (*im Verkehr*) rush hour

stottern ['ʃtɔtɐn] *vi* **1.** stutter **2.** (AUTO) splutter

stracks [ʃtraks] *adv* **1.** (*direkt*) straight **2.** (*sofort*) immediately

Strafandrohung *f* (JUR): **unter ~** under threat of penalty; **Strafanstalt** *f* penal institution; **Strafantrag** *m:* **einen ~ stellen** institute legal proceedings *pl;* **Strafanzeige** *f:* **~ gegen jdn erstatten** bring a charge against s.o; **Strafarbeit** *f* (SCHULE) homework given as a punishment *Br;* (*fam*) lines *pl,* extra work *Am;* **Strafaufschub** *m* suspension of the sentence; (*von Hinrichtung*) reprieve; **Strafbank** *f* (SPORT) penalty bench; (*fam*) sinbin

strafbar *adj* punishable; **~ nach ...** punishable under ...; **~ sein** be an offence; **~e Handlung** offence *Br,* offense *Am;* **sich ~ machen** commit an offence

Strafbefehl *m* (JUR) order of summary punishment

Strafe ['ʃtraːfə] <-, -n> *f* **1.** (*Bestrafung*) punishment **2.** (*Geld~*) fine; (*Gefängnis~*) sentence **3.** (JUR, SPORT) penalty; **zur ~** as a punishment; **du weißt, welche ~ darauf steht** you know the penalty; **das ist die ~ dafür, dass ...** that's the penalty you pay for ...; **seine gerechte ~ bekommen** get one's just deserts; **sie musste $50 ~ dafür zahlen** she had to pay a $50 fine for it

strafen *vt* punish; **er ist genug gestraft worden** he has been punished enough; **jdn für etw ~** punish s.o. for s.th.; **jdn Lügen ~** give the lie to s.o.; **jdn mit Verachtung ~** treat s.o. with contempt

Straferlass[RR] *m* **1.** (*Amnestie*) amnesty **2.** (*Strafnachlass*) remission (of a sentence)

straff [ʃtraf] *adj* **1.** (*Seil: gespannt*) taut **2.** (*eng sitzend*) close-fitting, tight **3.** (*aufrecht, stramm*) erect **4.** (*strikt, exakt*) strict; **~e Haltung** straight military carriage; **~ sitzen** (*Kleidung*) fit tightly; **~ spannen** tighten; **~e Haut** firm skin

straffällig *adj:* **~ werden** commit a criminal offence

straffen ['ʃtrafən] **I.** *vt* **1.** (*enger machen*) tighten **2.** (*Seil: spannen*) tauten **II.** *vr* **1.** (*enger werden*) tighten **2.** (*sich spannen*) become taut **3.** (*sich aufrichten*) straighten oneself

straffrei *adj:* **~ ausgehen** [*o* **bleiben**] go unpunished; **Straffreiheit** *f* (JUR) exemption from punishment; (*Straflosigkeit*) impunity; **Strafgefangene**(**r**) *f m* prisoner; **Strafgericht** *nt:* **ein ~ über jdn abhalten** sit in judgment on s.o; **Strafgesetz** *nt* criminal [*o* penal] law; **Strafgesetzbuch** *m* Criminal Code; **Strafjustiz** *f* criminal justice

sträflich ['ʃtrɛːflɪç] *adj* **1.** (*zu bestrafend*) criminal **2.** (*unverzeihlich*) unpardonable; **es ist ~, bei so schönem Wetter drinnen zu bleiben** it's criminal to stay indoors in such lovely weather

Sträfling *m* prisoner; (*Zuchthäusler*) convict; **Sträflingskleidung** *f* prison clothing

straflos *adj:* **~ ausgehen** come off clear; **Strafmaß** *nt* sentence; **strafmildernd** *adj* extenuating; **strafmündig** *adj:* **~ sein** be of the age of criminal responsibility; **noch nicht ~ sein** be under the age of criminal responsibility; **Strafporto** *nt* excess postage; **Strafpredigt** *f:* **jdm eine ~ halten** give s.o. a dressing-down; **Strafprozess**[RR] *m* criminal case, criminal proceedings *pl;* **Strafpunkt** *m* (SPORT) penalty point; **Strafraum** *m* (SPORT) penalty area; **Strafrecht** *nt* criminal law; **strafrechtlich** *adj* criminal; **Strafregister** *nt* criminal records *pl;* **Auszug aus dem ~** excerpt from the criminal records; **Straf-**

stoß *m* (SPORT) penalty kick; **Straftat** *f* criminal offence *Br,* criminal offense *Am;* **strafverschärfend** *adj* aggravating; **als ~ kam hinzu, dass ...** the crime was compounded by the fact that ...; **Strafversetzung** *f* disciplinary transfer; **Strafverteidiger(in)** *m(f)* counsel for the defence; **Strafvollzug** *m* penal system; **Strafwurf** *m* (SPORT) penalty throw; **Strafzettel** *m* ticket

Strahl [ʃtraːl] <-(e)s, -en> *m* **1.** (*Licht~*) ray **2.** (*Elektronen~*) beam **3.** (*Wasser~*) jet

Strahlemann *m* (*fam*) golden boy

strahlen *vi* **1.** (*Wärme*) radiate; (*scheinen*) shine **2.** (*Radioaktivität*) be radioactive **3.** (*Gesicht*) beam; **sie strahlte übers ganze Gesicht** her face was beaming with joy

Strahlenbelastung *f* (*radioaktive*) radiation exposure; **Strahlenbiologie** *f* radiobiology; **Strahlenbrechung** *f* refraction; **Strahlenbündel** *nt* pencil of rays

strahlend *adj:* **~es Gesicht** beaming face; **~er Tag** bright day; **~er Abfall** radioactive waste

Strahlendosis *f* dose of radiation; **Strahlenrisiko** *nt* radiation risk; **Strahlenschutz** *m* radiation protection; **Strahlentherapie** *f* (MED) radiotherapy; **strahlenverseucht** *adj* contaminated (with radiation)

Strahler <-s, -> *m* **1.** (*Heiz~*) electric wall heater **2.** (*Punkt~*) spotlight

Strahlung *f* radiation; **strahlungsarm** *adj* (*Bildschirm*) low-radiation; **Strahlungsenergie** *f* radiation energy; **Strahlungsintensität** *f* intensity of radiation; **Strahlungswärme** *f* radiant heat

Strähne [ˈʃtrɛːnə] <-, -n> *f* strand; **strähnig I.** *adj* straggly **II.** *adv* in strands

stramm [ʃtram] *adj* **1.** (*eng sitzend*) close-fitting, tight; (*Seil: gespannt*) taut **2.** (*fam: stark*) strapping; **~ sitzen** (*Kleidung*) fit tightly; **strammstehen** *vi* (MIL) stand at attention; **strammziehen** *vt* tighten; **jdm die Hosen ~** give s.o. a good hiding

strampeln [ˈʃtrampəln] *vi* **1.** thrash about **2.** (*sich abmühen*) drudge

Strand [ʃtrant, *pl:* ˈʃtrɛndə] <-(e)s, ¨-e> *m* (*Ufer*) shore; (*sandiger ~, Bade~*) beach; **am ~** on the beach; **Strandanzug** *m* beach suit; **stranden** *vi* **1.** *sein* be stranded, run aground **2.** (*scheitern*) fail; **Strandgut** *nt* (*angespültes ~*) jetsam; (*treibendes ~*) flotsam; **Strandhafer** *m* marram; **Strandhotel** *nt* seaside hotel; **Strandkorb** *m* canopied beach-chair; **Strandläufer** *m* (*kurzbeiniger Vogel*) sandpiper

Strang [ʃtraŋ, *pl:* ˈʃtrɛŋə] <-(e)s, ¨-e> *m* **1.** (*Strick*) rope **2.** (ANAT) cord; **am gleichen ~ ziehen** be in the same boat; **strangulieren** [ʃtraŋguˈliːrən] *vt* strangle

Strapaze [ʃtraˈpaːtsə] <-, -n> *f* hardship, strain; **strapazieren** *vt* **1.** (*erschöpfen*) knock up **2.** (*abnützen*) wear hard; **seine Nerven ~** strain one's nerves; **strapazierfähig** *adj* **1.** hard-wearing **2.** (*fam: Nerven*) strong, tough; **~e Schuhe** sturdy shoes; **strapaziös** *adj* tiring, wearing

Straps [ʃtraps] <-es, -e> *m* suspender *Br,* garter belt *Am*

Straße [ʃtraːsə] <-, -n> *f* **1.** street; (*Landstraße*) road **2.** (*Meerenge*) straits *pl;* **die ~ von Gibraltar** the Straits of Gibraltar; **auf die ~ setzen** turn out; (*fristlos kündigen*) sack; **auf die ~ gehen** (*demonstrieren*) take to the streets; **die ~ nach London** the London road; **über die ~ gehen** cross the road; **der Mann auf der ~** the man in the street

Straßenbahn *nt:* **mit der ~ fahren** go by tram *Br,* go by streetcar *Am;* **Straßenbahner(in)** *m(f)* tramway employee *Br,* streetcar employee *Am;* **Straßenbahnhaltestelle** *f* tram stop *Br,* streetcar stop *Am;* **Straßenbahnlinie** *f* tram route *Br,* streetcar line *Am;* **Straßenbahnnetz** *nt* tramway system *Br,* streetcar system *Am*

Straßenbau *m* road construction; **Straßenbelag** *m* road surfacing; **Straßenbeleuchtung** *f* street lighting; **Straßenbenutzungsgebühr** *f* toll; **Straßendecke** *f* road surface; **Straßenecke** *f* street corner; **Straßenfeger** *m* road sweeper *Br,* street cleaner *Am;* **Straßenfest** *nt* street party; **Straßengraben** *m* (road) ditch; **Straßenhaftung** *f* (AUTO) **1.** (*von Kfz*) roadability **2.** (*von Reifen*) road adhesion; **Straßenhändler** *m* street-vendor *Br,* corner facer *Am;* **Straßenjunge** *f* street urchin *Br,* dead-end kid *Am;* **Straßenkampf** *m* (MIL) street fight; **Straßenkarte** *f* road map; **Straßenkehrmaschine** *f* street-sweeper *Br,* street cleanser *Am;* **Straßenkreuzer** *m* (*fam*) big limousine; **Straßenkreuzung** *f* crossroads *pl;* **Straßenkriminalität** *f* street crime; **Straßenlage** *f* (AUTO) road holding; **Straßenlärm** *m* road noise; **Straßenlaterne** *f* street lamp; **Straßenmarkierung** *f* (*Mittellinie*) road marking; (*größere ~en*) traffic zoning; **Straßenmeisterei** *f* road maintenance department; **Straßenmusikant(in)** *m(f)* street musician, busker; **Straßennetz** *nt* road network [*o* system]; **Straßenreinigung** *f* street cleaning; **Straßensammlung** *f* street collection; **Straßensänger(in)** *m(f)* street singer; **Straßenschild** *nt* street sign; **Straßenschlacht** *f* street battle; **Straßensperre** *f* roadblock; **Straßentransport** *m* road transport; **Straßentunnel** *m* road tunnel; **Straßenüberführung** *f* **1.** (*für Fahrzeuge*) flyover *Br,* overpass *Am* **2.** (*für Fußgänger*) pedestrian bridge, viaduct; **Straßenunterführung** *f* underpass, subway; **Straßenverhältnisse** *pl* road conditions; **Straßenverkehr** *m* traffic; **Straßenverkehrsamt** *nt* Road Traffic Licensing Department; **Straßenverkehrsordnung** *f* Highway Code; **Straßenverzeichnis** *nt* street directory; **Straßenzustand** *m* road conditions *pl;* **Straßenzustandsbericht** *m* road report

Stratege, **-gin** [ʃtra'te:gə] <-n, -n> *m, f* strategist; **Strategie** [--'-] *f* strategy; **strategisch** *adj* strategical

Stratosphäre [ʃtrato'sfɛ:rə] <-> *f* stratosphere; **stratosphärisch** *adj* stratospheric

sträuben ['ʃtrɔɪbən] *vr* **1.** (*Haare*) stand on end **2.** (*sich widersetzen*) struggle [*o* strive] against; (*sich innerlich* ~) be reluctant

Strauch [ʃtraʊx, *pl:* 'ʃtrɔɪçɐ] <-(e)s, ¨-er> *m* shrub; (*Busch*) bush

straucheln ['ʃtraʊxəln] *vi* **1.** *sein* (*stolpern*) stumble, trip (*über* over) **2.** (*fig*) go astray

Strauchwerk *nt* shrubs *pl;* (*Unterholz*) brushwood, underwood

Strauß¹ [ʃtraʊs, *pl:* 'ʃtrɔɪsə] <-es, ¨-e> *m* (*Blumen~*) bunch of flowers

Strauß² <-es, -e> *m* (*großer Laufvogel*) ostrich; **Straußenei** *nt* ostrich egg; **Straußenfeder** *f* ostrich feather

Strebe ['ʃtre:bə] <-, -n> *f* **1.** (*Stütze, Pfeiler*) prop **2.** (*Verstrebung*) strut; **Strebebogen** *m* (ARCH) flying buttress

Streben *nt* **1.** (*Trachten*) striving (*nach* for) **2.** (*Bestrebung*) movement; **streben** *vi* (*sich mühen um*) strive (*nach* for, after); **in die Höhe** ~ (*emporschweben*) rise aloft

Strebepfeiler *m* (ARCH) buttress

Streber(in) *m(f)* (SCHULE: *pej*) swot *Br,* grind *Am;* **Streberei** *f* (SCHULE: *fam*) swotting *Br,* grinding *Am;* **streberhaft** *adj* over-ambitious, pushing; **strebsam** *adj* (*fleißig*) industrious; (*eifrig*) zealous

Strecke¹ ['ʃtrɛkə] <-, -n> *f* **1.** (*Distanz*) distance; (MATH) line **2.** (*Streckenabschnitt*) stretch **3.** (*Route*) route **4.** (RAIL SPORT) track; **auf der ~ bleiben** fall by the wayside; **es hat auf der ganzen ~ geregnet** it rained all the way there

Strecke² *f* (*Jagdbeute*) bag; **zur ~ bringen** (*Jagd*) bag; (*Menschen*) hunt down

strecken I. *vt* **1.** (*dehnen*) stretch **2.** (*verlängern*) eke out; (*Speisen verdünnen*) thin down; **jdn zu Boden** ~ knock s.o. to the ground; **die Waffen** ~ lay down one's arms; **die Zunge aus dem Mund** ~ stick out one's tongue **II.** *vr* have a stretch

Streckenabschnitt *m* (RAIL) track section; **Streckenarbeiter** *m* plate-layer *Br,* construction laborer *Am;* **Streckennetz** *nt* (rail) network; **Streckennetzplan** *m* (RAIL) railway map *Br,* railroad map *Am;* **Streckenstilllegung**^RR *f* (RAIL) railway closure; **Streckenwärter** *m* (RAIL) linesman *Br,* trackwalker *Am;* **streckenweise** *adv* here and there

Streckmuskel *m* (ANAT) extensor (muscle); **Streckverband** *m* (MED) traction bandage

Streetwear ['stri:twɛə] <-> *f* (*Alltagskleidung*) street wear

Streetworker ['stri:twɜ:kɐ] <-s, -> *m* (*Sozialarbeiter*) community worker

Streich [ʃtraɪç] <-(e)s, -e> *m* **1.** (*Hieb, Schlag*) blow **2.** (*Possen, Schabernack*) prank, trick; **jdm einen ~ spielen** play a trick on s.o.

Streicheleinheiten *pl* tender loving care

streicheln ['ʃtraɪçəln] *vt* **1.** (*liebkosen*) caress **2.** (*streichen*) stroke

streichen *irr* **I.** *vt* **1.** (*mit Hand, Gegenstand*) stroke **2.** (*mit Farbe*) paint **3.** (*löschen*) delete **4.** (COM: *Auftrag*) cancel; (SPORT: *von Liste, Meldung*) scratch; **sich ein Brot** ~ butter o.s. a slice of bread **II.** *vi* (*umher~*) ramble; **über etw** ~ (*mit der Hand*) stroke s.th.

Streicher *pl* (MUS) strings

streichfähig *adj* easy to spread; **Streichholz** *nt* match; **Streichholzschachtel** *f* matchbox; **Streichinstrument** *nt* (MUS) string(ed) instrument

Streichkäse *m* cheese spread

Streichorchester *nt* string orchestra; **Streichquartett** *nt* string quartet

Streichung *f* **1.** (FIN) cut **2.** (*Aus~*) deletion

Streichwurst *f* meat paste, pâté

Streifband *nt* wrapper

Streife ['ʃtraɪfə] *f* patrol; ~ **gehen** do one's rounds *pl*

Streifen ['ʃtraɪfən] <-s, -> *m* **1.** (*Strich*) stripe; (*breiter Strich*) streak **2.** (*Stück*) strip; (*Klebe~*) tape

streifen I. *vt* **1.** (*leicht berühren*) brush, touch **2.** (*hinweg~*) glide (*über* over) **3.** (*im Gespräch*) touch upon; **die Kugel streifte ihn nur** the bullet only grazed him; **den Ring vom Finger** ~ slip the ring off one's finger **II.** *vi* **1.** (*angrenzen*) border (*an* upon) **2.** (*umher~*) ramble, roam; **jdn mit einem Blick** ~ glance fleetingly at s.o.

Streifenwagen *m* patrol car *Br,* squad car *Am*

Streiflicht *nt:* **ein ~ auf etw werfen** highlight s.th; **Streifschuss**^RR *m* graze; **ei-**

nen ~ **bekommen** be grazed by a bullet; **Streifzug** *m* **1.** (*Erkundungszeit*) expedition; (MIL) raid **2.** (*fig*) brief survey (*durch* of)

Streik [ʃtraɪk] <-(e)s, -s> *m* strike; **einen ~ abbrechen** call off a strike; **einen ~ ausrufen** call a strike; **in den ~ treten** go on strike; **jdn zum ~ aufrufen** bring s.o. out on strike; **wilder ~** wildcat strike; **Streikabstimmung** *f* strike ballot; **Streikaufruf** *m* strike call; **Streikbrecher(in)** *m(f)* strike-breaker; **streiken** *vi* **1.** be on strike, strike **2.** (TECH: *hum*) pack up; **Streikende(r)** *f m* striker; **Streikgeld** *nt* strike pay; **Streikposten** *m* picket; **~ aufstellen** put up pickets; **~ stehen** picket; **Streikrecht** *nt* freedom to strike; **Streikwelle** *f* series of strikes

Streit [ʃtraɪt] <-(e)s, -e> *m* **1.** (*Wort~*) dispute; (*bes. zwischen Kindern*) squabble **2.** (*Kampf*) fight; **mit jdm einen ~ anfangen** pick a quarrel with s.o; **einen ~ vom Zaune brechen** kick up a row; **~ anfangen** start an argument; **streitbar** *adj* (*streitlustig*) pugnacious

streiten *irr* **I.** *vi* **1.** (*zanken*) quarrel; (*mit Worten ~*) argue (*mit jdm über* with s.o. about) **2.** (*kämpfen*) fight; (SPORT) compete (*um* for); **er muss immer ~** he is always arguing; **darüber lässt sich ~** this is open to argument **II.** *vr* (*sich ~*) quarrel; (*mit Worten*) argue; **wir wollen uns nicht darüber ~** let's not have a quarrel about it; **Streiter** *m* **1.** (*Kämpfer*) fighter **2.** (*Verfechter*) champion; **Streiterei** *f* (*Zank*) quarrelling; (*Wortgefecht*) arguing; (*Auseinandersetzung*) argument; **Streitfall** *m* dispute; (JUR) case at issue; **Streitfrage** *f* point at issue *Br,* issue *Am*

streitig *adj:* **~ sein** (JUR) be under dispute; **jdm ein Recht ~ machen** contest someone's right to do s.th.

Streitkräfte *pl* forces; **streitlustig** *adj* pugnacious; (*aggressiv*) aggressive; **Streitschrift** *f* polemic; **streitsüchtig** *adj* quarrelsome; (*gehoben*) litigious; **Streitwert** *m* (JUR) amount in dispute

streng [ʃtrɛŋ] *adj* **1.** (*unnachsichtig*) severe; (*unnachgiebig, ernst*) stern **2.** (*Kälte*) intense **3.** (*bestimmt*) strict; (*Regeln*) stringent **4.** (*Charakter, Sitten*) austere **5.** (*Geschmack*) sharp; **mit ~er Miene** with a stern face; **~er Arrest** close confinement; **es wird ~ auf Pünktlichkeit geachtet** they are very strict about punctuality; **jdn ~ bestrafen** punish s.o. severely; **~ verboten!** strictly forbidden!; **~ geheim** top secret

Strenge <-> *f* **1.** (*Unnachsichtigkeit*) severity; (*Ernst*) sternness **2.** (*Sitten, Charakter*) austerity **3.** (*Bestimmtheit*) strictness

strenggenommen *adv* strictly speaking

Streptokokken <-> *pl* streptococci

Stress[RR] [ʃtrɛs] <-(es)> *m* stress; **stressen** *vt* stress, put under stress; **stressfrei**[RR] *adj* stress-free; **stressig** *adj* (*fam*) stressful; **Stresssituation**[RR] *f* stress situation

Streu [ʃtrɔɪ] <-, -en> *f* **1.** (*für das Vieh*) litter **2.** (*Strohlager*) bed of straw; **streuen I.** *vt* (*ver~*) scatter (*etw mit etw* s.th. with s.th.); (*Materialien ~*) spread; (*be~*) sprinkle; **jdm Sand in die Augen ~** pull the wool over someone's eyes **II.** *vi* (*Schusswaffe*) scatter

streunen [ˈʃtrɔɪnən] *vi sein* (*Menschen*) roam (*umher* about); (*Tiere*) stray

Streusalz *nt* road salt; **Streusand** *m* grit

Streusel [ˈʃtrɔɪzəl] *nt* crumble mixture; **Streuselkuchen** *m* crumble-topping cake

Streuung *f* **1.** (ELEK PHYS) scattering **2.** (*Streubreite*) mean variation **3.** (MIL: *von Geschütz*) dispersion

Strich [ʃtrɪç] <-(e)s, -e> *m* **1.** (*Pinsel~, Feder~, Feilen~*) stroke; (*Linie*) line; (*kurzer ~, Gedanken~*) dash **2.** (*von Teppich*) pile; **unter dem ~** (*insgesamt*) in total; (*tatsächlich*) in actual fact; **jdn nach ~ und Faden betrügen** sell s.o. down the river; **es geht mir gegen den ~** it goes against the grain; **auf den ~ gehen** (*sl: sich prostituieren*) go on the game; **einen ~ unter etw machen** underline s.th.; (*fig*) put an end to s.th.; **jdm einen ~ durch die Rechnung machen** put a spoke in someone's wheel

Strichcode *m* bar code

stricheln [ˈʃtrɪçəln] *vt* **1.** sketch in **2.** (*schraffieren*) hatch; **eine gestrichelte Linie** a dotted line

Stricher [ˈʃtrɪçɐ] *m* (*sl*) rent boy

Strichjunge *m* rent boy; **Strichmädchen** *nt* (*fam*) streetwalker; **Strichpunkt** *m* semicolon; **strichweise** *adv* here and there

Strick [ʃtrɪk] <-(e)s, -e> *m* cord; (*dicker*) rope; **jdm einen ~ aus etw drehen** (*fam*) trip s.o. up with s.th.; **wenn alle ~e reißen** (*fam*) if all else fails; **Strickbund** *m* knitted welt

stricken [ˈʃtrɪkən] *vt, vi* knit

Strickgarn *nt* knitting wool; **Strickhemd** *nt* knitted shirt; **Strickjacke** *f* cardigan; **Strickkragen** *m* knitted collar; **Strickleiter** *f* rope ladder; **Strickmaschine** *f* knitting machine; **Stricknadel** *f* knitting needle; **Strickwaren** *pl* knitwear *sing;* **Strickweste** *f* cardigan

Striegel [ˈʃtriːgəl] <-s, -> *m* (*Pferde~*) currycomb; **striegeln** *vt* (*Pferd*) curry

Strieme [ˈʃtriːmə] <-, -n> *f* weal

strikt [ʃtrɪkt] *adj* strict

stringent *adj* stringent; (*Handlung*) tight

Strippe [ˈʃtrɪpə] <-, -n> *f* (*fam*) **1.** (*Faden*) string **2.** (*fam: Telefon*) blower; **an der ~ hängen** be on the blower; **jdn an der ~ haben** have s.o. on the blower

strittig [ˈʃtrɪtɪç] *adj* controversial [*o* debatable]

Stroh [ʃtroː] <-(e)s> *nt* straw; **~ im Kopf haben** (*fam*) have sawdust between one's ears *Br,* be dead from the neck up *Am;* **strohblond** *adj* straw-coloured; **sie ist ~** she is flaxen-haired; **Strohblume** *f* strawflower; **Strohdach** *nt* thatched roof; **Strohfeuer** *nt* (*fig*): **ein ~ sein** be a short-lived passion; **Strohhalm** *m* straw; **sich an einen ~ klammern** clutch at any straw; **Strohhut** *m* straw hat

Strohkopf *m* (*fam*) blockhead; **Strohmann** <-(e)s, -̈er> *m* (*fig*) front man *Br,* stooge *Am;* **Strohsack** *m* palliasse; **heiliger ~!** Great Scott!; **Strohwitwe** *f* grass widow *Br,* sod widow *Am;* **Strohwitwer** *m* grass widower

Strolch [ʃtrɔlç] <-(e)s, -e> *m* scamp *Br,* rogue *Am,* bum

Strom[1] [ʃtroːm] <-(e)s, -̈e> *m* **1.** (*Fluss*) large river **2.** (*Strömung*) current **3.** (*Menschen~*) stream; **mit (gegen) den ~** with (against) the current; **gegen den ~ schwimmen** go against the tide (of opinion, fashion); **in Strömen fließen** flow freely; **es gießt in Strömen** it's pouring

Strom[2] *m* (ELEK) current; **mit ~ versorgen** provide electricity; **den ~ einschalten (ausschalten)** turn on (turn off) the current; **unter ~ stehen** be live; (*fig: high sein*) be high; **~ führendes**[RR] **Kabel** live wire; **Stromabnehmer** *m* **1.** (ELEK) pantograph **2.** (*Stromkunde*) consumer of electricity

stromabwärts *adv* downstream; **stromaufwärts** *adv* upstream

Stromausfall *m* (ELEK) power failure

strömen [ˈʃtrøːmən] *vi sein* stream; **Menschen strömten heraus** people came streaming out; **~der Regen** pouring rain

Stromerzeuger *m* electrical generator set; **Stromerzeugung** *f* power generation; **stromführend** *adj s.* **Strom**

Stromgebiet *nt* (*Flusseinzugsgebiet*) river-basin

Stromkabel *nt* power cable; **Stromkreis** *m* (ELEK) circuit

stromlinienförmig *adj* streamlined

Stromnetz *nt* power supply system; **Stromquelle** *f* source of power; **Stromrechnung** *f* electricity bill

Stromschnelle *f* rapids *pl*

Stromsperre *f* power cut; **Stromstärke** *f* strength of the electric current; **Stromstoß** *m* electric shock

Strömung [ˈʃtrøːmʊŋ] *f* **1.** current **2.** (*Tendenz, Richtung*) trend

Stromverbrauch *m* power consumption; **Stromversorgung** *f* power supply; **Stromzähler** *m* electricity meter

Strophe [ˈʃtroːfə] <-, -n> *f* (*in Lied*) verse; (*in Gedicht*) stanza

strotzen [ˈʃtrɔtsən] *vi* abound (*vor* with); **vor Gesundheit/Kraft ~** be bursting with health/strength

Strudel [ˈʃtruːdəl] <-s, -> *m* **1.** whirlpool **2.** (*fig*) whirl **3.** (*Gebäck*) strudel

Struktur [ʃtrʊkˈtuːɐ] <-, -en> *f* structure; (*von Gewebe*) texture; **strukturell** *adj* structural; **Strukturierung** *f* structuring; **strukturschwach** *adj* lacking in infrastructure; **Strukturwandel** *m* structural change

Strumpf [ʃtrʊmpf, pl ˈʃtrʏmpfə] <-(e)s, -̈e> *m* (*Herren~*) sock; (*Damen~*) stocking; **die Strümpfe anziehen (ausziehen)** put on (take off) one's stockings; **Strumpfband** *nt* garter; **Strumpffabrikant** *m* hosiery manufacturer; **Strumpfhalter** *m* suspender *Br,* garter *Am;* **Strumpfhose** *f* pair of tights *Br,* pantyhose *Am;* **Strumpfwaren** *pl* hosiery

struppig *adj* unkempt; (*Tier*) shaggy

Stube [ˈʃtuːbə] <-, -n> *f* room; (*gute ~*) parlour; **Stubenälteste(r)** *m* (MIL) senior soldier of a barrack room; **Stubenarrest** *m* confinement to one's room *Br,* arrest in quarters *Am;* **~ haben** be confined to quarters; **Stubenhocker(in)** *m(f)* (*fam*) stay-at-home; **stubenrein** *adj* (*Hund*) house-trained *Br,* housebroke *Am*

Stuck [ʃtʊk] <-e(s)> *m* (ARCH) arch stucco

Stück [ʃtʏk] <-(e)s> *nt* **1.** piece **2.** (*Abschnitt*) part; (*Bruch~*) fragment **3.** (*Theater~*) play **4.** (MUS) piece; **ein starkes ~** (*fam*) a bit thick; **ein Stück ~** a bar [*o* cake] of soap; **er kam ein ~ mit** he came along part of the way; **jdn ein ~ im Wagen mitnehmen** give s.o. a lift; **2 DM das ~** 2 marks each; **~ für ~** piece by piece; **aus freien ~en** voluntarily; **in ~e gehen** break in pieces; **große ~e auf jdn halten** think highly of s.o.; **ein ~ spazieren gehen** go for a walk; **ein schönes ~ Geld** a pretty penny; **ich möchte drei ~ von diesen** I'll take three of these; **du mieses ~!** you rotten bastard!; **ein freches ~ sein** be a cheeky devil; **Stückarbeit** *f* piecework; **Stückgut** *nt* parcel service; **Stücklohn** *m* piece rate; **Stückpreis** *m* price for one; **Stückwerk** *nt* (*pej*) imperfect work; **Stückzahl** *f* number of pieces

Student(in) [ʃtu'dɛnt] <-en, -en> *m(f)* student; **Studentenausweis** *m* student card; **Studentenheim** *nt* student hostel *Br,* dormitory *Am;* **Studentenschaft** *f* students *pl;* **studentisch** *adj* student

Studie ['ʃtu:diə] <-, -n> *f* **1.** (*Malerei*) study **2.** (*literarisch*) essay (*über* on)

Studienanfänger(in) *m(f)* first year student; **Studienbeihilfe** *f* educational grant; **Studiendirektor** *m* deputy principal; **Studienfach** *nt* subject; **Studienfahrt** *f* (SCHULE) educational trip; **Studiengebühr** *f* tuition fee; **studienhalber** *adv* for the purpose of studying; **Studienjahr** *nt* academic year; **Studienrat, -rätin** *m, f* teacher at a secondary school; **Studienreise** *f* study trip

studieren **I.** *vi* study; **sie studiert noch** she's still a student; **bei jdm ~** study under s.o. **II.** *vt* study; **Medizin ~** study for the medical profession; **etwas genau ~** (*prüfend betrachten*) look closely at s.th.; **Studierende(r)** *f m,* **studiert** *adj* educated

Studio ['ʃtu:dio] <-s, -s> *nt* studio

Studium ['ʃtu:diʊm] <-s, -dien> *nt* study; **ein ~ aufnehmen** begin one's studies *pl*

Stufe ['ʃtu:fə] <-, -n> *f* **1.** (*Treppen~*) step **2.** (*Stadium*) stage; (*Rang*) grade **3.** (*Raketen~*) stage; **auf gleicher ~ stehen mit...** be on a level with...; **sich mit jdm auf eine ~ stellen** place o.s. on a level with s.o.; **'Vorsicht ~!'** 'Mind the step!'; **Stufenbarren** *m* (*sport*) asymmetric bars *pl;* **stufenförmig** *adj* **1.** stepped **2.** (GEOG) terraced **3.** (*fig*) in stages; **Stufenheck** *nt* (AUTO) notchback; **Stufenleiter** *f* (*fig*): **eine ~ zum Erfolg** a ladder to success; **stufenlos** *adj* direct; **~ einstellbar** fully adjustable; **Stufenschnitt** *m* (*Haarschnitt*) layered cut; **stufenweise** *adv* step by step

Stuhl[1] <-(e)s> *m* (MED: *~gang*) stool; **ich habe heute noch keinen ~ gehabt** I haven't had a bowel movement today

Stuhl[2] [ʃtu:l] <-(e)s, -e> *m* (*Sitz~*) chair; **ist der ~ noch frei?** is this chair taken?; **der Heilige ~** (ECCL) the Holy See; **auf dem elektrischen ~ hinrichten** electrocute *Am;* **sich zwischen zwei Stühle setzen** fall between two stools; **das haut einen ja vom ~!** (*fam*) it knocks you sideways!; **Stuhlbein** *nt* chair leg; **Stuhllehne** *f* back of a chair

Stulle ['ʃtʊlə] <-, -n> *f* (*fam*) sandwich

Stulpe ['ʃtʊlpə] <-, -n> *f* **1.** (*am Stiefel*) (boot-)top **2.** (*Ärmelaufschlag*) cuff; (*Handschuh~*) gauntlet

stülpen ['ʃtʏlpən] *vt:* **etw über etw ~** put s.th. over s.th.

stumm [ʃtʊm] *adj* **1.** (*sprechunfähig*) dumb **2.** (LING) mute **3.** (*schweigend*) silent; **jdn ~ machen** (*fam: töten*) silence s.o.; **Stumme(r)** *f m* dumb person

Stummel ['ʃtʊməl] <-s, -> *m* stub

Stummfilm *m* silent movie

Stümper(in) ['ʃtʏmpɐ] *m(f)* botcher [*o* bungler]; **Stümperei** *f* botching [*o* bungling]; **stümperhaft** *adj* bungled; **~e Arbeit** a botchy job; **stümpern** *vi* (*fam*): **er kann nur ~** he's just a bungler

Stumpf [ʃtʊmpf] <-(e)s, ¨-e> *m* (*Arm~ Baum~*) stump; **mit ~ und Stiel ausrotten** eradicate root and branch

stumpf [ʃtʊmpf] *adj* **1.** (*ohne Ecke*) blunt **2.** (MATH: *Winkel*) obtuse **3.** (*geistig abgestumpft*) dull; **~er Kegel** truncated cone; **~ werden** grow blunt

Stumpfheit *f* **1.** bluntness **2.** (*fig*) dullness; **Stumpfsinn** *m* **1.** (*Sinnlosigkeit*) mindlessness **2.** (*Langweiligkeit*) tedious business; **stumpfsinnig** *adj* **1.** (*geistig ~*) mindless **2.** (*elend langweilig*) tedious; **stumpfwinklig** *adj* (MATH) obtuse

Stunde ['ʃtʊndə] <-, -n> *f* **1.** hour **2.** (*Unterrichts~*) lesson; **eine halbe ~** half an hour; **eine dreiviertel ~** three quarters of an hour; **von hier geht man 3 ~n** it's a three hours' walk from here; **jede volle ~** every hour on the hour; **er kriegt 30 Mark die ~** he is paid 30 marks an hour; **meine ~ ist gekommen** my hour has come

stunden *vt:* **jdm etw ~** give s.o. time to pay s.th.; **eine Zahlung ~** grant delay for payment; **können Sie mir den nächsten Betrag bis zum nächsten Ersten ~?** can you give me until the first of next month to repay the amount?

Stundengeschwindigkeit *f* speed per hour; **Stundenkilometer** *pl* kilometers per hour; **stundenlang** *adv* lasting for hours; **Stundenlohn** *m* hourly wage; **Stundenplan** *m* (SCHULE) time-table *Br,* schedule *Am;* **Stundensatz** *m* hourly rate; **stundenweise** *adv* **1.** (*ein paar Stunden*) for a few hours at a time **2.** (*pro Stunde*) by the hour; **~ Beschäftigung** part-time job; **Stundenzeiger** *m* hour-hand

Stündlein ['ʃtʏntlaɪn] *nt* (*dim von Stunde*) short hour; **sein letztes ~ hatte geschlagen** his last hour had come

stündlich ['ʃtʏntlɪç] **I.** *adj* hourly **II.** *adv* every hour

Stunk [ʃtʊŋk] <-s> *m:* **~ machen** (*fam*) kick up [*o* create] a stink

stupide [ʃtu'pi:də] *adv* (*geistlos*) mindless

Stups [ʃtʊps] <-es, -e> *m* nudge; **stupsen** *vt* nudge; **Stupsnase** *f* snub nose

stur [ʃtu:ɐ] *adj* (*eigensinnig*) stubborn; (*unnachgiebig*) obdurate; **Sturheit** *f* (*Eigen-*

sinn) stubborness; (*Unnachgiebigkeit*) obdurateness

Sturm [ʃtʊrm] <-(e)s, =e> *m* **1.** (*Unwetter*) storm **2.** (MIL: *Angriff*) assault **3.** (SPORT: *beim Fußball*) forward line; ~ **laufen gegen...** be up in arms against...; ~ **läuten** ring the alarm; **im** ~ **nehmen** take by storm; **die Ruhe vor dem** ~ the calm before the storm; **Sturmangriff** *m* (MIL) assault (*auf* on)

stürmen [ˈʃtʏrmən] **I.** *vi* **1.** *haben* (*Wind*) blow **2.** (*Orkan*) rage **3.** *sein* (*eilen*) storm; **es stürmt** it's blowing a gale! **II.** *vt* (MIL: *a. fig*) storm

Stürmer(in) *m(f)* (SPORT) forward

Sturmflut *f* storm tide; **sturmgepeitscht** *adj* storm-lashed

stürmisch [ˈʃtʏrmɪʃ] *adj* **1.** (*Wetter*) stormy **2.** (*ungestüm*) impetuous; (*unruhig*) turbulent; (*wild*) wild; **~er Jubel** tumultuous applause; **~e See** rough sea; **~er Liebhaber** ardent lover; **nicht so ~!** take it easy!

Sturmschäden *mpl* storm damage *sing;* **Sturmvogel** *m* petrel; **Sturmwarnung** *f* gale warning

Sturz [ʃtʊrts] <-es, =e> *m* **1.** (*Fall, a. fig*) fall **2.** (AUTO) camber **3.** (ARCH) lintel; ~ **einer Regierung** overthrow of a government

stürzen [ˈʃtʏrtsən] **I.** *vt* **1.** *haben* (*kippen*) turn upside down **2.** (PARL: *Regierung*) overthrow **II.** *vi* **1.** *sein* (*fallen*) fall (down) [*o* tumble] **2.** (*rennen*) come bursting **3.** (PARL) fall; **ins Wasser** ~ plunge **III.** *vr:* **sich auf jdn** ~ rush upon s.o.; **sich in Schulden** ~ plunge into debt *sing;* **sich ins Unglück** ~ plunge into misery; **sich in Unkosten** ~ go to some expense; **sich auf die Zeitung** ~ grab the newspaper

Sturzflug *m* (AVIAT) nose-dive; **Sturzhelm** *m* crash helmet; **Sturzsee** *f* breaker; **Sturzwelle** *f* breakers *pl*

Stuß [ʃtʊs] *m* (*fam*): **red keinen ~!** don't talk such rubbish!

Stute [ˈʃtuːtə] <-, -n> *f* mare

Stütze [ˈʃtʏtsə] <-, -n> *f* **1.** support; (*Pfeiler*) pillar **2.** (*Hilfe*) aid [*o* help] **3.** (*pej: Sozialhilfe*) income support; **er ist mir eine große** ~ he is my mainstay

Stutzen [ˈʃtʊtsən] <-s, -> *m* (TECH: *Verbindungsstück*) connecting piece

stützen [ˈʃtʏtsən] **I.** *vt* **1.** support; (*ab~*) shore up **2.** (FIN) back **3.** (*fig*) back up; **einen Verdacht durch etw** ~ base a suspicion on s.th. **II.** *vr* **1.** lean (*auf* on) **2.** (*basieren*) be base (*auf* on)

stutzen¹ [ˈʃtʊtsən] *vt* (*beschneiden*) trim; (*Flügel, Hecke*) clip

stutzen² *vi* **1.** (*zögern*) hesitate **2.** (*plötzlich stehen bleiben*) stop short; **über etw** ~ be startled at s.th.

stutzig *adj:* **jdn** ~ **machen** make s.o. suspicious; ~ **werden** begin to wonder

Stützmauer *f* supporting wall

Stützpunkt *m* base

stylen [ˈstaɪln] *vt haben* (*Auto, Wohnung*) design

Styropor® [ʃtyroˈpoːɐ] <-s, -> *nt* polystyrene

Subjekt [zʊpˈjɛkt] <-(e)s, -e> *nt* **1.** (GRAM) subject **2.** (*Kerl, pej*) creature; **subjektiv** *adj* subjective; **Subjektivität** *f* subjectivity

Subkultur *f* subculture

Subskribent(in) [zʊpskriˈbɛnt] <-en, -en> *m(f)* subscriber; **subskribieren** *vt* subscribe (*etw* to s.th.); **Subskription** *f* subscription

substantiell [zʊpstanˈtsjɛl] *adj* substantial

Substantiv [ˈzʊpstantiːf] <-s, -e> *nt* noun

Substanz <-, -en> *f* **1.** (*Stoff*) substance **2.** (*innerer Gehalt*) essence **3.** (FIN) capital assets *pl*

subsumieren [zʊpzuˈmiːrən] *vt* subsume

subtil [zʊpˈtiːl] *adj* **1.** (*zart*) delicate **2.** (*spitzfindig*) subtle

subtrahieren [zʊptraˈhiːrən] *vt* subtract; **Subtraktion** [zʊptrakˈtsjoːn] *f* subtraction

Subtropen *pl* (GEOG) subtropics; **subtropisch** *adj* subtropical

Subunternehmer(in) *m(f)* sub-contractor

Subvention [zʊpvenˈtsjoːn] *f* (*von privater Seite*) subvention; (*vom Staat*) subsidy; **subventionieren** *vt* subsidize; **staatlich subventioniert** state-subsidized

Suchaktion *f* search operation; **Suchdienst** *m* missing persons tracing service

Suche [ˈzuːxə] <-, (-n)> *f* search (*nach* for); **vergebliche** ~ wild goose chase; **auf der** ~ **nach etw sein** be looking for s.th.; **auf die** ~ **gehen nach...** go in search of...; **bei meiner** ~ **habe ich ein interessantes Buch gefunden** I found an interesting book in my search

suchen [ˈzuːxən] **I.** *vt* **1.** look for; (*intensiv* ~) search for **2.** (*danach streben*) seek; **ich habe den Streit nicht gesucht** the quarrel is not of my seeking **II.** *vi* search (*nach etw* for s.th.); **Sucher** *m* **1.** (*Mensch*) searcher [*o* seeker] **2.** (PHOT) view-finder; **Suchfunktion** *f* (INFORM) search function; **Suchgerät** *nt* locating equipment; **Suchinstrument** *nt* search tool; **Suchlauf** *m* (*bei Hi-fi-Geräten*) search; **Suchmaschine** *f* (INTERNET) search engine

Sucht [zʊxt] <-, =e> *f* **1.** (MED) addiction (*nach* to) **2.** (*fig*) obsession (*nach* with); **suchterzeugend** *adj* addictive; **Suchtgefahr** *f* danger of addiction

süchtig [ˈzʏçtɪç] *adj* addicted (*nach* to); **da-**

von wirst du ~! that's addictive!; **Süchtige(r)** *f m* addict; **Suchtkranke(r)** *f m* addict

Südafrika *nt* South Africa; **Südafrikaner(in)** *m(f)* South African; **südafrikanisch** *adj* South African

Südamerika *nt* South America; **südamerikanisch** *adj* South American

Sudan [zu'da:n] *m* Sudan

Süddeutsch *nt* South German; **Süddeutsche(r)** *f m* South German; **Süddeutschland** *nt* South Germany

Sudelei *f* **1.** (*Malerei*) daubing **2.** (*schlampige Arbeit*) botch

sudeln ['zu:dəln] *vi* **1.** (*Malerei*) daub; (*beim Schreiben*) scribble **2.** (*schlampen*) botch [*o* bungle]

Süden ['zy:dən] <-s> *m* south; **im ~ von** in the south of; **aus dem ~** from the south

Südengland *nt* the South of England; **Südfrüchte** *pl* citrus and tropical fruit; **Südhalbkugel** *f* southern hemisphere

südlich **I.** *adj* southern; **Wind aus ~er Richtung** southerly wind **II.** *adv:* **~ von...** to the south of...; **weiter ~ sein** be further south

Südost(en) *m* southeast; **südöstlich** *adj* southeast; **~ von...to** the southeast of...; **Südpol** *m* South Pole; **Südsee** *f* South Pacific; **Südstaaten** *pl* Southern States; **Südstaatler(in)** *m(f)* (*fam*) Southerner; **südwärts** *adv* southward(s); **Südwesten** *m* southwest; **aus ~** from the southwest; **südwestlich** *adj* **1.** (GEOG) southwestern **2.** (*Wind*) southwest; **Südwind** *m* south wind

Suff [zʊf] <-(e)s> *m* (*fam*): **dem ~ verfallen sein** be on the bottle

süffig ['zʏfɪç] *adj* light and sweet; **der Wein ist ~** the wine is nice to drink

suggerieren [zʊge'ri:rən] *vt* suggest; **jdm etw ~** influence s.o. by suggesting s.th.; **Suggestion** [zʊgɛs'jo:n] <-, -en> *f* suggestion; **suggestiv** *adj* suggestive; **Suggestivfrage** *f* suggestive question

Suggestopädie [zʊgɛstopɛ'di:] <-> *f* superlearning

Suhle ['zu:lə] <-, -n> *f* muddy pool; **suhlen** *vr* wallow

Sühne [zy:nə] <-, -n> *f* (ECCL) atonement; (*Buße*) expiation; **als ~ für...** to atone for...; **sühnen** *vt:* **seine Schuld ~** atone for one's wrongs *pl;* **ein Verbrechen ~** atone for a crime

sukzessiv [zʊktsɛ'si:f] *adj* gradual

Sulfat [zʊl'fa:t] <-(e)s, -e> *nt* (CHEM) sulphate

Sulfid [zʊl'fi:t] <-(e)s, -e> *nt* (CHEM) sulphide

Sulfit [zʊl'fɪt] <-s, -e> *nt* (CHEM) sulphite

Sultan ['zʊlta:n] <-s, -e> *m* sultan

Sultanine [zʊlta'i:nə] *f* sultana *Br,* seedless raisin *Am*

Sülze ['zʏltsə] <-, -n> *f* brawn

summarisch [zʊ'ma:rɪʃ] *adj* summary; (*kurz*) brief; **etw ~ darstellen** summarize s.th.

Summe ['zʊmə] <-, -n> *f* sum; **die ~ meiner Wünsche** the total of my ambitions

summen ['zʊmən] **I.** *vt* hum **II.** *vi* (*Insekt, Motor*) buzz; **Summer** <-s, -> *m* (ELEK) buzzer

summieren *vr:* **sich ~ auf ...** amount to ..., run up to ...

Sumpf [zʊmpf] <-(e)s, -̈e> *m* **1.** marsh; (*in den Tropen*) swamp **2.** (AUTO: *Ölsumpf*) sump; **ein ~ des Lasters** a den of vice; **Sumpffieber** *nt* malaria; **Sumpfgas** *nt* marsh-gas; **Sumpfgebiet** *nt* marshy district, wetlands *pl;* **sumpfig** *adj* marshy; (*in den Tropen*) swampy; **Sumpfpflanze** *f* marsh plant

Sünde ['zʏndə] <-, -n> *f* sin; **eine ~ begehen** sin; **Sündenbock** *m* scapegoat; **Sündenfall** *m* (ECCL) Fall; **Sünder(in)** *m(f)* sinner; **sündig** *adj* sinful; **sündigen** ['zʏndɪən] *vi* **1.** (REL) sin **2.** (*fig*) trespass

super ['zu:pɐ] *adj* (*fam*) great [*o* super]; **Super(benzin)** *nt* (AUTO) four-star petrol *Br,* premium *Am;* **Superchip** *m* superchip; **Supercruiser** ['zu:pɐkru:zɐ] <-s, -> *m* (*Skateboard-Roller*) supercruiser; **Superding** *nt* (*fam*) super job; **Superlativ** ['zu:pɐlati:f] <-s, -e> *m* superlative; **Supermacht** *f* superpower; **Supermarkt** *m* supermarket; **Supertanker** *m* supertanker

Suppe ['zʊpə] <-, -n> *f* (*dünne ~*) soup; (*dicke ~*) broth; **die ~ auslöffeln müssen** have to face the music; **jdm eine schöne ~ einbrocken** get s.o. into a nice mess; **jdm die ~ versalzen** queer someone's pitch; **Suppenfleisch** *nt* stewing meat; **Suppengrün** <-s> *nt* herbs and vegetables *pl;* **Suppenhuhn** *nt* boiling fowl; **Suppenküche** *f* soup kitchen; **Suppenschüssel** *f* tureen; **Suppenteller** *m* soup plate; **Suppenwürfel** *m* stock cube

supraleitend *adj* (*Physik*) superconductive

supranational [zupranatsjo'na:l] *adj* supranational

Surfbrett ['sœ:ɐf-] *nt* surfboard; **surfen** ['sœ:fən] *vi* surf; **Surfer(in)** *m(f)* (*auch im Internet*) surfer

surren ['zʊrən] *vi* buzz

Surrogat [zʊro'ga:t] <-(e)s, -e> *nt* surrogate

suspekt [zʊ'spɛkt] *adj* suspicious; **das ist mir ~** that seems suspicious to me

suspendieren [zʊspɛn'di:rən] *vt* suspend

süß [zy:s] *adj* **1.** (*Geschmack*) sweet **2.** (*lieblich*) lovely **3.** (*lieb*) sweet; **Süße** <-, (-n)> *f* sweetness; **süßen** *vt* sweeten; **Süßholz** *nt* liquorice; ~ **raspeln** soft-soap s.o.; **Süßigkeiten** *fpl* sweets *pl Br,* candy *Am;* **Süßkirsche** *f* sweet cherry; **süßlich** *adj* **1.** (*von Geschmack*) sweetish **2.** (*widerlich*) mawkish; (*rührseelig*) maudlin *Br,* sugar-coated *Am*

süßsauer *adj* **1.** (*von Geschmack*) sweet-and-sour **2.** (*Lächeln*) forced; **Süßspeise** *f* sweet dish *Br,* dessert *Am;* **Süßstoff** *m* sweetener; **Süßwaren** *pl* sweets *Br,* candy *Am;* **Süßwarengeschäft** *m* sweetshop *Br,* candy store *Am;* **Süßwasser** <-s> *nt* freshwater; **Süßwein** *m* dessert wine

Symbol [zʏm'bo:l] <-s, -e> *nt* symbol; **symbolisch** *adj* symbolic (*für* of); **symbolisieren** *vt* symbolize

Symmetrie [zʏme'tri:] *f* symmetry; **symmetrisch** *adj* symmetrical

Sympathie [zʏmpa'ti:] *f* **1.** (*Zuneigung*) liking **2.** (*Mitgefühl*) sympathy; **Sympathieträger(in)** <-s, -> *m(f)* popular figure; **Sympathisant(in)** *m(f)* sympathizer; **sympathisch** *adj:* **ein ~es Lächeln** a pleasant smile; **das ~e Nervensystem** the sypathetic nervous system; **er war mir gleich ~** I liked him at once; **sie ist ein ~es Mädchen** she is a nice girl; **sympathisieren** *vi* sympathize (*mit* with)

Symphonie [zʏmfo'ni:] *f* symphony

Symptom [zʏmp'to:m] <-s, -e> *nt* symptom; **symptomatisch** *adj* symptomatic (*für* of)

Synagoge [zʏna'go:gə] <-, -n> *f* synagogue

synchron [zʏŋ'kron] *adj* synchronous; (LING) synchronic; **synchronisieren** *vt* **1.** (TECH: *a.fig*) synchronize **2.** (FILM) dub; **Synchronisierung** *f* **1.** (TECH) synchronization **2.** (FILM) dubbing

Syndikat [zʏndi'ka:t] <-(e)s, -e> *nt* syndicate

Syndikus ['zʏndikʊs] <-, -sse/-dizi> *m:* **der ~ der Firma** the company lawyer *Br,* the corporation lawyer *Am*

Synergieeffekt [zynɛr'gi:ɛfɛkt] *m* (*Zusammenwirken*) synergy effect

Synode [zʏ'no:də] <-, -n> *f* (ECCL) synod

Synonym [zʏno'nʏ:m] <-s, -e> *nt* synonym; **synonym** *adj* synonymous

syntaktisch [zʏn'taktɪʃ] *adj* syntactic(al); **Syntax** ['zʏntaks] <-, -en> *m* syntax

Synthese [zʏn'te:zə] <-, -n> *f* synthesis; **synthetisch** *adj* synthetic; **synthetisieren** *vt haben* (CHEM) syntheticize

Syphilis ['zʏfilɪs] <-> *f* syphilis

Syrien ['zy:riən] <-s> *nt* Syria; **Syrier(in)** <-s, -> *m(f)* Syrian; **syrisch** *adj* Syrian

System [zʏs'te:m] <-s, -e> *nt* **1.** (*Anlage*) system **2.** (*Methode*) method; **dahinter steckt ~!** there's method behind it!; **Systemanalyse** *f* systems analysis; **Systematik** [zʏste'a:tɪk] *f* **1.** (*systematische Anordnung*) system **2.** (*Wissenschaft*) systematology; **systematisch** *adj* systematic; **~er Katalog** classified catalogue; **systematisieren** *vt* systematize; **systembedingt** *adj* determined by the system; **Systembetreuer(in)** [-bəˌtrɔɪɐ] <-s, -> *m(f)* (INFORM) systems administrator; **Systemfehler** *m* system error; **Systemkritiker(in)** *m(f)* (POL) critic of the system; **Systemzwang** *m* obligation to conform the system

Szenario [stse'na:rio] <-s, -s> *nt* scenario

Szene ['stse:nə] <-, -n> *f* **1.** (*Bühne*) stage **2.** (*Auftritt*) scene **3.** (*Milieu, fam*) scene; **ein Stück in ~ setzen** stage a play; **jdm eine ~ machen** make a scene in front of s.o.; **sich in der ~ auskennen** (*sl*) know the scene

Szenekneipe *f* in-place, in-pub

Szenenwechsel *m* scene change

Szenerie *f* **1.** (*Theater*) set **2.** (*Schauplatz*) scene

S

T

T, t [te:] <-, -> *nt* T, t
T-Träger *m* T-girder, T-bar
Tabak ['tabak] <-s, -e> *m* tobacco; **Tabakhändler(in)** *m(f)* tobacconist; **Tabaksbeutel** *m* tobacco pouch; **Tabaksdose** *f* tobacco tin; **Tabakspfeife** *f* pipe; **Tabaksteuer** *f* duty on tobacco; **Tabakwaren** *pl* tobacco *sing*
tabellarisch [tabɛ'la:rɪʃ] *adj* tabular; **tabellarisieren** *vt* tabulate; **Tabellarisierung** <-, -en> *f* tabulation
Tabelle [ta'bɛlə] <-, -n> *f* table; (*als Grafik*) chart; **Tabellenform** *f*: **in ~** in tabular form; **Tabellenführer** *m* (SPORT) league leaders *pl;* **~ sein** be at the top of the league table; **Tabellenkalkulation** *f* spreadsheet; **Tabellenplatz** *m* (SPORT) place [*o* position] in the league; **Tabellenstand** *m* (SPORT) league situation
Tabernakel [tabɛr'na:kl] <-s, -> *m* tabernacle
Tablett [ta'blɛt] <-(e)s, -s/(-e)> *nt* tray
Tablette [ta'blɛtə] <-, -n> *f* pill, tablet; **Tablettenmissbrauch**[RR] *m* pill abuse; **Tablettensüchtige(r)** *f m* pill addict
tabu [ta'bu:] *adj* taboo
Tabulator <-s, -en> *m* tabulator, tab
Tacho(meter) ['taxo'me:tɐ] <-s, -> *m* speedo(meter); **Tachometerantrieb** *m* speedo drive
Tadel ['ta:dəl] <-s, -> *m* **1.** (*Vorwurf*) reproach; (*Verweis*) reprimand; (*Rüge*) censure **2.** (SCHULE) black mark; **tadellos** *adj* **1.** (*Benehmen*) irreproachable **2.** (*vollkommen*) perfect; **tadeln** *vt* (*zurechtweisen*) rebuke, reprimand; (*kritisieren*) criticize; **tadelnd** *adj:* **ein ~er Blick** a reproachful look; **tadelnswert** *adj* blameworthy, reprehensible
Tafel ['ta:fəl] <-, -n> *f* **1.** (*Schul~*) blackboard; (*Platte*) slab; (*Schiefer~*) slate; (*Schokoladen~*) bar; (*Holz~*) panel **2.** (*Illustration*) plate; (*Tabelle*) index, list **3.** (*Tisch*) (dinner-) table; **die ~ aufheben** officially end the meal; **tafeln** *vi* feast; **mit jdm ~** dine with s.o.
täfeln ['tɛ:fəln] *vt* (*Decke*) panel; (*Wand*) wainscot
Tafelobst *nt* (dessert) fruit; **Tafelrunde** *f* company at table; **Tafelsilber** *nt* silver *Br,* flatware *Am,* flat silver
Täfelung *f* panelling, wainscoting
Tafelwasser *nt* table water; **Tafelwein** *m* table wine
Tafelzeichnung *f* (SCHULE) blackboard drawing
Taft [taft] <-(e)s, -e> *m* taffeta
Tag¹ [ta:k] <-(e)s, -e> *m* **1.** day **2.** (*Tageslicht*) daylight; **sie hat ihre ~e** (*Periode*) she has her period; **bei ~e** in the daytime; **es ist ~** it is light; **es wird ~** it is getting light; **~ für ~** day after day; **in acht ~en** a week today, in a week's time; **er kommt in 3 ~en** he's coming in 3 days; **er muss jeden ~ kommen** he will arrive any day now; **welcher ~ ist heute?** what day is it today?; **zweimal am ~** twice a day; **von dem ~ an** from that day on; **den ganzen ~** all day; **irgendwann im Laufe des ~es** some time during the day; **den andern ~, am folgenden ~** the next day; **eines ~es** one day; **eines schönen ~es** one fine day; **guten ~!** (*morgens*) good morning!; (*nachmittags*) good afternoon!, how do you do?; **schönen ~ noch!** have a nice day!; **~s darauf** the next day; **~s zuvor** the day before; **an den ~ bringen (kommen)** bring (come) to light; **es ist noch nicht aller ~e Abend** it's early days yet; **zu ~e fördern**[RR] unearth; (*fig*) bring to light; **zu ~e kommen**[RR] [*o* **zu ~e treten**[RR]] come to light
Tag² [tɛk] <-s, -s> *nt/m* (*Etikett*) tag
tagaus *adv:* **~, tagein** day in, day out
Tagebau <-(e)s> *m* (MIN) open-cast mining; **Tagebuch** *nt* diary; **Tagedieb** *m* idler, loafer; **Tagegeld** *nt* daily allowance; **tagelang** *adj* lasting for days (on end); **Tagelöhner(in)** *m(f)* day-labourer
tagen ['ta:gən] *vi* **1.** (*Tag werden*) dawn **2.** (*beraten*) sit
Tagesablauf *m* course of the day; **Tagesanbruch** *m:* **bei ~** at daybreak; **Tagescreme** *f* day cream; **Tagesgeld** *nt* (FIN) overnight money; **Tagesgeschehen** *nt* events of the day; **Tagesgespräch** *nt* talk of the town; **Tageskarte** *f* **1.** (*für Bus, Straßenbahn*) day ticket **2.** (*Speisekarte*) menu of the day; **Tageskilometerzähler** *m* (AUTO) mileage recorder, odometer; **Tageskurs** *m* current rate; **Tageslicht** <-(e)s> *nt* daylight; **das ~ scheuen** shun the daylight; **ans ~ kommen** come to light; **Tageslichtprojektor** *m* overhead projector; **Tagesmutter** *f* child minder;

Tagesordnung *f* agenda; **auf die ~ setzen** put on the agenda; **zur ~ übergehen** (*an die Arbeit gehen*) get down to business; **Tagesordnungspunkt** *m* item on the agenda; **Tagespreis** *m* (COM) current price; **Tagesproduktion** *f* daily production; **Tagesration** *f* daily rations *pl;* **Tagessatz** *m* daily rate; **Tagesstunden** *fpl* hours of daylight; **Tagessuppe** *f* soup of the day; **Tagesumsatz** *m* daily turnover; **Tagesverbrauch** *m* daily consumption; **Tageszeit** *f* time of day; **zu jeder ~** at any hour; **Tageszeitung** *f* daily paper

Tagewerk *nt* day's work

taghell *adj* as light as day

täglich ['tɛːklɪç] I. *adj* daily II. *adv* every day

tagsüber *adv* during the day

tagtäglich I. *adj* daily II. *adv* every single day

Tagung *f* conference; (PARL JUR) sitting

Taifun [taɪ'fuːn] <-s, -e> *m* (METE) typhoon

Taikonaut(in) [taɪko'naʊt] <-en, -en> *m(f)* (*chinesischer Astronaut*) taikonaut

Taille ['taljə] <-, -n> *f* waist

Takt [takt] <-(e)s, -e> *m* **1.** (MUS: *Rhythmus*) time **2.** (AUTO) stroke **3.** (*~gefühl*) tact; **im ~** in time; **den ~ halten** keep time, play in time; **aus dem ~ kommen** play out of time; **den ~ schlagen** beat time; **Taktgefühl** *nt* tact

taktieren *vi* manoeuvre; **Taktik** ['taktɪk] *f* tactics *pl;* **Taktiker(in)** *m(f)* tactician; **taktisch** *adj* tactical

taktlos *adj* tactless; **Taktlosigkeit** *f* tactlessness

Taktstock *m* baton; **Taktstrich** *m* (MUS) bar(-line)

taktvoll *adj* tactful

Tal [taːl, *pl:* 'tɛːlɐ] <-(e)s, ¨-er> *nt* valley; (*poet*) vale; **talabwärts** *adv* **1.** down into the valley **2.** (*flussabwärts*) downstream

Talar [ta'laːɐ] <-s, -e> *m* (*von Professor*) gown; (JUR) robe

talaufwärts [-'--] *adv* **1.** up the valley **2.** (*flussaufwärts*) upstream

Talent [ta'lɛnt] <-(e)s, -e> *nt* **1.** (*Begabung*) gift, talent (*zu* for) **2.** (*Person*) talented person; **talentiert** *adj* gifted, talented

Talfahrt *f* descent; **~ der Preise** downward trend of prices

Talg [talk] <-(e)s, (-e)> *m* **1.** (*roh*) suet; (*ausgelassen*) tallow **2.** (ANAT) sebum; **Talgdrüse** *f* (ANAT) sebaceous gland

Talisman ['taːlɪsman] <-s, -e> *m* (lucky) charm

talken ['tɔːkən] *vi* (*eine Talkshow leiten*) be a talk show host; **Talker(in)** ['tɔːkɐ] <-s, -> *m(f)* (*Talkshowleiter*) talk-show host

Talkessel *m* basin

TalkshowRR ['tɔːkʃoʊ] <-, -s> *f* talkshow

Talmigold ['talmi-] *nt* pinchbeck gold

Talmulde *f* basin, hollow

Talsohle *f* **1.** bed [*o* bottom] of a/the valley **2.** (COM: *wirtschaftliches Tief*) trough; **Talsperre** *f* **1.** (*Staumauer*) river dam **2.** (*Speichersee*) storage reservoir; **Talstation** *f* (*von Skilift*) station at the bottom end; **talwärts** *adv* **1.** down into the valley **2.** (*flussabwärts*) downstream

Tampon ['tampɔn] *m* tampon; (*für Wunde*) plug

TAN <-, -s> *f Abk. von* **Transaktionsnummer** transaction number

Tand [tant] <-(e)s> *m* knicknacks *pl,* trinkets *pl*

Tändelei *f* **1.** (*Herumtrödelei*) dallying, trifling **2.** (*Liebelei*) dalliance

tändeln ['tɛndəln] *vi* **1.** (*trödeln*) dilly-dally **2.** (*flirten*) dally

Tang [taŋ] <-(e)s, (-e)> *m* seaweed

Tangente [taŋ'gɛntə] <-, -n> *f* (MATH) tangent

tangieren *vt* **1.** (*berühren*) touch **2.** (*kümmern*) affect, bother

Tango ['taŋgo] <-s, -s> *m* tango

Tank [taŋk] <-s, -s/(-e)> *m* (*Behälter, a. Panzer*) tank; **Tankdeckel** *m* filler cap

tanken *vt, vi* tank [*o* fill] up; **voll ~**RR fill up with petrol; **ich muss noch ~** I have to get some petrol; **wo kann man hier ~?** where can I get petrol round here?

Tanker *m* tanker; **Tankfüllstutzen** *m* tank filler neck; **Tankinhalt** *m* tank capacity [*o* volume]; **Tanklager** *nt* (*in Hafen*) petrol depot; **Tanklastzug** *m* tanker; **Tankstelle** *f* service [*o* filling] station [*o* petrol] *Br,* gas station *Am;* **Tankwagen** *m* **1.** (AUTO) tanker **2.** (RAIL) tank car; **Tankwart(in)** *m(f)* petrol pump attendant *Br,* gas station attendant *Am*

Tanne ['tanə] <-, -n> *f* fir, pine; **Tannenbaum** *m* fir tree, pine tree; **Tannennadeln** *fpl* fir-needles; **Tannenwald** *m* firwood, pine forest; **Tannenzapfen** *m* fir [*o* pine] cone

Tansania [tanza'niːa] *nt* Tanzania; **Tansanier(in)** *m(f)* Tanzanian; **tansanisch** *adj* Tanzanian

Tante ['tantə] <-, -n> *f* aunt; **Tante-Emma-Laden** *m* (*fam*) corner shop

Tantieme [tã'tjɛːmə] <-, -n> *f* (*für Autoren, Erfinder*) royalty

Tanz [tants, *pl:* 'tɛntsə] <-es, ¨-e> *m* dance; **darf ich Sie um den nächsten ~ bitten?** may I have the next dance?; **zum ~en gehen** go to a dance; **Tanzbein** *nt:* **das ~ schwingen** (*hum*) shake a leg

tänzeln ['tɛntsəln] *vi* (*Mensch*) mince; (*Pferd*) step delicately

tanzen *vi, vt* dance
Tänzer(in) ['tɛntsɐ] *m(f)* dancer; (*Ballet~*) ballet dancer
Tanzfläche *f* dance floor; **Tanzkurs** *m* dancing course; **Tanzlokal** *nt* café with dancing; **Tanzmusik** *f* dance music; **Tanzorchester** *nt* dance orchestra; **Tanzschule** *f* dancing school; **Tanzstunde** *f* dancing lesson; **Tanztee** *m* tea-dance; **Tanzturnier** *nt* dancing contest
Tapet [ta'pe:t] *nt:* **etw aufs ~ bringen** (*fam*) bring s.th. up
Tapete [ta'pe:tə] <-, -n> *f* wallpaper; **Tapetenmuster** *nt* design; **Tapetenrolle** *f* roll of wallpaper; **Tapetenwechsel** *m* (*fig*) change of scenery
tapezieren [tape'tsi:rən] *vt* paper; **Tapeziertisch** *m* trestle table
tapfer ['tapfɐ] *adj* brave; (*mutig*) bold, courageous; **Tapferkeit** *f* bravery; (*Mut*) boldness, courage
tappen ['tapən] *vi sein* go [*o* come] falteringly; **im Dunkeln ~** grope in the dark
täppisch ['tɛpɪʃ] *adj* awkward, clumsy
Tara ['ta:ra] <-, -ren> *f* (COM) tare
Tarantel [ta'rantəl] <-, -n> *f* tarantula; **wie von der ~ gestochen** as if stung by a bee
Tarif [ta'ri:f] <-s, -e> *m* **1.** (*Lohn~*) rate **2.** (*Zoll~*) tariff; **Tarifabschluss**[RR] *m* wage settlement; **Tarifbezirk** *m* collective-agreement area; **Tarifgehalt** *nt* union rates *pl;* **Tarifgruppe** *f* grade; **Tarifkommission** *f* joint working party on pay; **tariflich** *adj* agreed; **Tariflohn** *m* standard wage; **Tarifpartner** *pl:* **die ~** union and management; **beide ~ ...** both parties to the wage agreement ...; **Tarifrunde** *f* round of wage talks, wage negotiations *pl;* **Tarifstreitigkeit** *f* wage dispute; **Tarifverhandlungen** *fpl* salary [*o* wage] negotiations; **Tarifvertrag** *m* wage agreement; **Tarifzone** *f* (*Verkehr*) fare zone
tarnen ['tarnən] *vt* **1.** camouflage **2.** (*Absichten*) disguise
Tarnfarbe *f* camouflage colour [*o* paint]
Tarnung *f* **1.** (MIL) camouflage **2.** (*von Agenten*) disguise
Tasche ['taʃə] <-, -n> *f* **1.** (*bei Kleidungsstücken*) pocket **2.** (*Beutel*) pouch; (*Hand~*) bag *Br,* purse *Am;* (*Akten~*) briefcase; **in die ~ stecken** pocket; **jdn in die ~ stecken** put s.o. in the shade; **jdm auf der ~ liegen** be living off s.o.; **nimm die Hände aus der ~!** take your hands out of your pockets!; **Taschenbuch** *nt* paperback; **Taschendieb** *m* pickpocket; **vor ~en wird gewarnt!** beware of pickpockets!; **Taschenformat** *nt:* **im ~** pocket-sized; **Taschengeld** *nt* pocket-money; **Taschenkalender** *m* pocket diary; **Taschenkrebs** *m* common crab; **Taschenlampe** *f* torch *Br,* flashlight *Am;* **Taschenmesser** *nt* pocket-knife *Br,* jack-knife *Am;* (*kleines*) penknife; **Taschenrechner** *m* pocket calculator; **Taschenschirm** *m* collapsible umbrella; **Taschenspiegel** *m* pocket mirror; **Taschenspielertrick** *m* sleight of hand; **Taschentuch** <-(e)s, ¨-er> *nt* handkerchief; **Taschenuhr** *f* pocket watch; **Taschenwörterbuch** *nt* pocket dictionary
Tasse ['tasə] <-, -n> *f* cup; **eine ~ Tee** a cup of tea; **nicht alle ~n im Schrank haben** (*fam*) be a sandwich short of a picnic, be off one's rocker; **tassenfertig** *adj* instant
Tastatur [tasta'tu:ɐ] *f* keyboard; **Tastaturabdeckung** *f* (*an PC*) keyboard cover
Taste ['tastə] <-, -n> *f* (*von Klavier, Computer*) key; (*Telefon, Radio*) button; **auf die ~n hauen** (*fam*) hammer away at the keyboard
tasten I. *vi* feel; **nach etw ~** grope for s.th.; **sich ~** feel one's way **II.** *vt* (TELE) key; (*drücken*) press
Tastenfeld *nt* (*Tastatur*) keypad, keys; **Tastentelefon** *nt* push-button telephone
Tastsinn <-(e)s> *m* sense of touch
Tat [ta:t] <-, -en> *f* **1.** (*das Handeln*) action **2.** (*Helden~, Un~*) act, deed; (*Leistung*) feat; **auf frischer ~ ertappen** catch in the act; **ein Mann der ~** a man of action; **in der ~** indeed; **in die ~ umsetzen** put into action; **gute ~** good deed; **Tatbestand** *m* (JUR) facts *pl,* of the case; (*Sachlage*) facts *pl;* **Tatendrang** *m* thirst for action; **tatenlos** *adj* idle; **ich konnte nur ~ zusehen** I could only stand and watch
Täter(in) ['tɛ:tɐ] *m(f)* (JUR) perpetrator; **unbekannte ~** persons unknown; **Täterschaft** *f* guilt; **die ~ leugnen** deny one's guilt
tätig ['tɛ:tɪç] *adj* active; **in einer Sache ~ werden** take action in a matter; **tätigen** ['tɛ:tɪgən] *vt* (COM: *Geschäft*) effect; (*Abschluss*) conclude; **Tätigkeit** *f* **1.** (*Aktivität*) activity **2.** (*Beruf*) job; (*Beschäftigung*) occupation; (*Arbeit*) work; **die ~ einstellen** (*fam*) close up shop; **Tätigkeitsbereich** *m* field of activity; **Tätigkeitsmerkmale** *pl* job description *sing*
Tatkraft *f* drive, energy, vigour; **tatkräftig** *adj* energetic; **~e Hilfe** active help
tätlich ['tɛ:tlɪç] *adj* violent; **~ werden** come to blows; **jdn ~ angreifen** assault s.o.; **Tätlichkeit** *f* violence; **sich zu ~en hinreißen lassen** get violent
Tatoo [tə'tu:] <-s, -s> *nt* tatoo

Tatort *m* scene of the crime

tätowieren [tɛto'viːrən] *vt* tattoo; **sich ~ lassen** have o.s. tattooed; **Tätowierung** *f* tattooing

Tatsache *f* fact; **den ~n ins Auge blicken** face the facts; **Tatsachenbericht** *m* documentary; **tatsächlich I.** *adj* actual, real **II.** *adv* (*in Wirklichkeit*) actually, really

tätscheln ['tɛtʃəln] *vt* pat

Tatze ['tatsə] <-, -n> *f* paw

Tau[1] [taʊ] <-(e)s, -e> *nt* (*Seil*) rope

Tau[2] <-(e)s> *m* (*Niederschlag*) dew

taub [taʊp] *adj* **1.** (*ohne Gehör*) deaf **2.** (*fig: leer*) empty, hollow; (*Gestein*) dead **3.** (*gefühllos*) numb; **für etw ~ sein** be deaf to s.th.; **sich ~ stellen** pretend not to hear; **sich jdm gegenüber ~ stellen** turn a deaf ear to s.o.; **meine Hände waren ~ vor Kälte** my hands were numb with cold

Taube ['taʊbə] <-, -n> *f* dove, pigeon; **Taubenschlag** *m* dovecot; (*für Brieftauben*) pigeon loft

Täuberich ['tɔɪbərɪç] <-s, -e> *m* cock-pigeon

Taubheit *f* **1.** (*Gehörlosigkeit*) deafness **2.** (*Erstarrung von Körperteil*) numbness

taubstumm *adj* deaf and dumb; **Taubstumme(r)** *f m* deaf-mute

tauchen ['taʊxən] **I.** *vi* **1.** *sein o haben* dive (*nach* for) **2.** (*U-Boot*) submerge **II.** *vt haben* **1.** (*kurz ~*) dip **2.** (*Menschen ~*) duck

Taucher(in) *m(f)* diver

Taucheranzug *m* diving suit; **Taucherausrüstung** *f* diving equipment; **Taucherbrille** *f* diver's goggles *pl;* **Taucherflosse** *f* flipper; **Taucherglocke** *f* diving bell; **Taucherkrankheit** *f* diver's paralysis; **Tauchermaske** *f* diving mask

Tauchsieder *m* (ELEK) portable immersion heater

Tauchtiefe *f* (MAR) navigable depth

tauen ['taʊən] *sein o haben vi* melt, thaw

Taufbecken *nt* font

Taufe ['taʊfə] <-, -n> *f* **1.** (*das Sakrament*) baptism **2.** (*Vorgang*) christening; **ein Kind aus der ~ heben** stand sponsor to a child; **etw aus der ~ heben** start s.th. up; **taufen** *vt* **1.** baptize **2.** (*nennen*) christen; **sich ~ lassen** be baptized

Taufkapelle *f* baptistry; **Taufpate, -tin** <-n, -n> *m, f* godfather, godmother; **Taufregister** *nt* parish register; **Taufschein** *m* certificate of baptism; **Taufstein** *m* font

taugen [taʊgən] *vi* **1.** (*wert sein*) be good **2.** (*geeignet sein*) be suitable (*zu, für* for); **zu etw ~** be fit for s.th; **er taugt nichts** he is no good; **ob das wohl was taugt?** I wonder whether it is any good?; **Taugenichts** ['taʊgənɪçts] <-/-es, -e> *m* good-for-nothing

tauglich *adj* (*geeignet*) suitable (*zu, für* for); (MIL) fit (for service); **Tauglichkeit** *f* suitability; (MIL) fitness

Taumel ['taʊməl] <-s> *m* **1.** (*Schwindel*) giddiness **2.** (*fig*) frenzy; **taumelig** *adj* (*schwindlig*) giddy; **taumeln** *haben o sein vi* stagger; **er taumelte über die Straße** he staggered across the street; **~d** staggering

Tausch [taʊʃ] <-(e)s, -e> *m* exchange; (*~handel*) barter; **im ~ gegen ...** in exchange for ...; **einen ~ machen** effect an exchange; **einen guten ~ machen** get a good deal; **Tauschabkommen** *nt* barter agreement

tauschen ['taʊʃən] *vt* exchange (*gegen* for); (*Güter*) barter

täuschen ['tɔɪʃən] **I.** *vt* (*jdn*) deceive; **so leicht können Sie mich nicht ~!** you won't fool me so easily! **II.** *vi* (*irreführend sein*) be deceptive **III.** *vr* be wrong, be mistaken (*über* about); **sich ~ lassen** let o.s. be deceived [*o* fooled]; **ich glaube ja, ich kann mich aber auch ~** I think so, but I may be wrong; **wir haben uns in ihr sehr getäuscht** she was a great disappointment to us; **täuschend** *adj* **1.** (*Nachahmung*) remarkable **2.** (*Ähnlichkeit*) striking

Tauschgeschäft *nt* barter deal; **Tauschhandel** *m* barter; **Tauschobjekt** *nt* barter object

Täuschung *f* **1.** (*das Täuschen*) deception **2.** (*Irrtum*) mistake; **gib dich nur keiner ~ hin!** you must not delude yourself!; **Täuschungsmanöver** *nt* **1.** (MIL) deception tactics *pl* **2.** (*fam*) ploy; **Täuschungsversuch** *m* (SCHULE) attempted cheating

tausend ['taʊzənt] *num* a [*o* one] thousand; **viele Tausende** thousands of; **ich habe ~ Dinge zu tun** I have a thousand and one things to do; **~ Ängste ausstehen** (*fam*) die a thousand deaths; **Tausender** <-s, -> *m* (*a. Geldschein*) thousand; **tausenderlei** ['taʊzəndɐ'laɪ] *adj* a thousand kinds of; **tausendfach I.** *adj* thousandfold **II.** *adv* in a thousand ways; **Tausendfüß(l)er** ['taʊzəntfyːslɐ] <-s, -> *m* millipede; **tausendjährig** *adj* **1.** (*Alter*) thousand year old **2.** (*Dauer*) thousand year long; **tausendmal** *adv* a thousand times; **tausendste** *adj* thousandth; **Tausendstel** <-s, -> *nt* thousandth

Tautropfen *m* dewdrop; **Tauwetter** *nt* thaw

Tauziehen *nt* (SPORT: *a. fig*) tug-of-war

Taxameter [taksa'meːtɐ] <-s, -> *m* taximeter

Taxi ['taksi] <-(s), -(s)> *nt* cab, taxi(cab); **ein ~ nehmen** take a taxi

taxieren [ta'ksiːrən] *vt* value; **~ auf ...** estimate at …

Taxifahrer(in) *m(f)* taxi driver, cab driver; **Taxifahrt** *f* taxi ride; **Taxistand** *m* taxi rank

Team [tiːm] <-s, -s> *nt* team; **Teamarbeit** *f* teamwork

Technik ['tɛçnɪk] *f* **1.** (*Technologie*) technology **2.** (*Funktionsweise*) mechanics *pl* **3.** (*Ingenieurwissenschaft*) engineering **4.** (*Verfahren*) technique; **technikbesessen** *adj* obsessed with new technologies; **Techniker(in)** *m(f)* **1.** (technical) engineer **2.** (SPORT) technician; **technikfeindlich** *adj* hostile to new technologies; **Technikfolgenabschätzung** *f* assessment of the effects of (new) technology; **Technikum** ['tɛçnikʊm] <-s, -ka/-ken> *nt* college of technology

technisch *adj* **1.** (*technologisch*) technological **2.** (*die Ausführung betreffend*) technical; **~e Daten** specifications; **~e Hochschule** institute of technology; **er ist ~ begabt** he is technically minded; **~e(r) Zeichner(in)** engineering draughtsperson; **Technischer Überwachungsverein** *m* Technical Control Board

Technokrat(in) [tɛçno'kraːt] *m(f)* technocrat; **technokratisch** *adj* technocratic

Technologie *f* technology; **Technologiepark** *m* technology park; **Technologietransfer** *m* transfer of technology; **technologisch** *adj* technological

Tee [teː] <-s, -s> *m* tea; **Fünf-Uhr-~** five o'clock tea; **~ machen** make tea; **eine Tasse ~** a cup of tea; **Teebeutel** *m* tea bag; **Tee-Ei** *nt* infuser *Br,* tea ball *Am;* **Teefilter** *m* tea filter; **Teegebäck** *nt* biscuits *pl;* **Teekanne** *f* teapot; **Teelöffel** *m* teaspoon

Teeny ['tiːni] <-s, -s> *m* (*fam*) teeny bopper

Teer [teːɐ] <-(e)s, -e> *m* tar; **teeren** *vt* tar; **Teerpappe** *f* tarboard

Teeservice *nt* tea-set; **Teesieb** *nt* tea-strainer; **Teestube** *f* tea-room; **Teewagen** *m* tea-trolley

Teich [taɪç] <-(e)s, -e> *m* pond; **Teichrose** *f* yellow water-lily

Teig [taɪk] <-(e)s, -e> *m* (*Brot~*) dough; (*Blätter~*) pastry; **teigig** *adj* doughy; **Teigwaren** *pl* pasta *sing*

Teil [taɪl] <-(e)s, -e> *m* **1.** (*Bruchteil, Teil*) part **2.** (*Anteil*) share; **zum ~** partly; **der größte ~ davon ist fertig** the greater part of it is done; **zum größten ~** for the most part; **ich für meinen ~** I, for my part; **ich habe einen ~ davon für mich behalten** I kept part of it for myself; **5 ~e Sand auf einen ~ Zement** 5 parts of sand to 1 of cement; **sich seinen ~ denken** draw one's own conclusions *pl;* **ein ~ der Leute** some of the people; **in zwei ~e zerschneiden** cut in two; **Teilabschnitt** *m* section, segment; **teilabschreiben** *vt* write down; **Teilabschreibung** *f* writedown; **Teilauflage** *f* (MARKT) split run; **teilbar** *adj* divisible (*durch* by); **Teilbarkeit** *f* divisibility; **Teilbetrag** *m* partial amount; (*auf Rechnung*) item; (*Abzahlung*) instal(l)ment

Teilchen ['taɪlçən] *nt* (*a.* PHYS) particle

teilen I. *vt* **1.** (*zerlegen*) divide (*in* into, *unter* among, *durch* by) **2.** (*auf~*) share (*unter* amongst, *mit* with) **3.** (*teilhaben*) share **II.** *vr* **1.** (*Straße, Fluss*) fork; (*Vorhang*) part **2.** (*in Gruppen*) split up **3.** (*auseinander gehen*) diverge; **geteilter Meinung sein** be of different opinions

Teilerfolg *m* partial success; **Teilergebnis** *nt* partial result; **Teilgebiet** *nt* (*räumlich*) area; (*Bereich*) branch

teil|haben *irr vi* participate (*an* in)

Teilhaber(in) *m(f)* (COM: *Gesellschafter*) partner; (*Beteiligter*) stakeholder; **stiller ~** sleeping partner *Br,* silent partner *Am;* **Teilhaberschaft** <-> *f* partnership

Teilkaskoversicherung *f* partial coverage insurance; **Teillieferung** *f* delivery by instalments; **teilmöbliert** *adj* partially furnished

Teilnahme <-> *f* **1.** (*Beteiligung*) participation (*an* in) **2.** (*Anwesenheit*) attendance (*an* at) **3.** (*Interesse*) interest (*an* in); (*Mitgefühl*) sympathy; (*Beileid*) condolences; **teilnahmslos** *adj* (*gleichgültig*) apathetic, indifferent (*gegen* towards); **Teilnahmslosigkeit** *f* apathy, indifference; **teilnahmsvoll** *adj* sympathetic

teil|nehmen *irr vi* **1.** (*sich beteiligen*) participate [*o* take part] (*an* in) **2.** (*anwesend sein*) attend s.th **3.** (*sich interessieren*) take an interest (*für* in); **an einem Lehrgang ~** do a course; **an einem Wettbewerb ~** take part in a competition, enter for a competition; **Teilnehmer(in)** *m(f)* **1.** (*Beteiligte(r)*) participant **2.** (TELE) subscriber **3.** (SPORT) competitor; **der ~ meldet sich nicht** (TELE) there is no reply; **Teilnehmerverzeichnis** *nt* (TELE) telephone directory

teils *adv* partly; **wie geht's dir? – ~, ~** how are you? – so-so

Teilschaden *m* partial damage [*o* loss]; **Teilstrecke** *f* **1.** (RAIL) stretch **2.** (*bei Reise*) stage

Teilstrich *m* (*auf Skala*) secondary graduation line

Teilung *f* division

teilweise I. *adv* partly; (*manchmal*) sometimes; **der Roman ist ~ gut** the novel is good in parts **II.** *adj* partial

Teilzahlung *f* **1.** (*~skauf*) hire-purchase **2.** (*Rate*) instal(l)ment; **auf ~ kaufen** buy on hire-purchase; **Teilzahlungskauf** *m* instalment sale

Teilzeitarbeit *f* part-time employment; **teilzeitbeschäftigt** *adj* part-time employed; **Teilzeitkraft** *f* part-time worker

Teint [tɛ̃:] <-s> *m* complexion

Telebanking *m* (INTERNET) homebanking

Telebrief *m* telemessage, mailgram *Am*

Telefax *nt* fax; **telefaxen** *vt* fax, send by fax; **Telefaxgerät** *nt* fax machine [*o* terminal]

Telefon [tele'fo:n] <-s, -e> *nt* (tele)phone; **ans ~ gehen** answer the phone; **Telefonanlage** *f* telephone equipment; **Telefonanruf** *m* phone call; **Telefonanschluss**[RR] *m* telephone-connection; **einen ~ haben** be on the (tele)phone

Telefonat <-(e)s, -e> *nt* telephone call

Telefonauskunft *f* directory enquiries *Br*, directory information *Am;* **Telefonbuch** *nt* (tele)phone book; **Telefongebühr** *f* **1.** (*Gesprächsgebühr*) call charge **2.** (*Grundgebühr*) telephone rental; **Telefongespräch** *nt* **1.** (*Anruf*) (telephone) call **2.** (*Unterhaltung am Telefon*) telephone conversation

telefonieren *vi* make a telephone call; **sie telefoniert den ganzen Tag** she's on the phone all day long; **mit jdm ~** speak to s.o. on the phone; **kann ich mal** (**bei dir**) **~?** can I use your phone?

telefonisch *adj* telephonic; **~ anfragen** inquire by telephone; **eine ~e Mitteilung** a telephone message; **er ist ~ erreichbar** he can be contacted by phone

Telefonist(in) *m(f)* telephonist; (*in Firma*) switchboard operator

Telefonkarte *f* phonecard; **Telefonleitung** *f* telephone line; **Telefonnetz** *nt* telephone network; **Telefonnummer** *f* (tele)phone number; **eine ~ wählen** dial a number; **Telefonrechnung** *f* (tele)phone bill; **Telefonsystem** *nt* telephone system; **Telefonverbindung** *f* telephone connection; **Telefonverzeichnis** *nt* telephone directory; **Telefonzelle** *f* (tele)phone box *Br*, (tele)phone booth *Am;* **Telefonzentrale** *f* telephone exchange

telegen [tele'ge:n] *adj* telegenic

Telegraf [tele'gra:f] *m* telegraph; **Telegrafenamt** *nt* telegraph office; **Telegrafenleitung** *f* telegraph circuit; **Telegrafenmast** *m* telegraph pole; **Telegrafennetz** *nt* telegraph network

Telegrafie *f* telegraphy; **drahtlose ~** radio [*o* wireless] telegraphy; **telegrafieren** *vt, vi* telegraph, wire; (*kabeln*) cable; **telegrafisch** *adj* telegraphic; **jdm ~ Geld überweisen** wire s.o. money

Telegramm [tele'gram] <-s, -e> *nt* telegram *Br*, wire *Am;* (*Kabel~*) cable; **ein ~ aufgeben** hand in a telegram; **Telegrammadresse** *f* telegraphic address; **Telegrammformular** *nt* telegram form; **Telegrammstil** *m* telegram style

Telekinese [teleki'ne:zə] *f* telekinesis

Telekolleg ['te:ləkole:k] *nt* course of television lectures, Open University *Br*

Telekommunikation *f* telecommunications *pl;* **Telekopie** *f* fax

Telemarketing ['te:lə-] *nt* (*Verkauf über das Fernsehen*) telemarketing

Teleobjektiv ['te:lə-] *nt* (PHOT) telephoto lens

Telepathie [telepa'ti:] *f* telepathy

Teleskop [tele'sko:p] <-s, -e> *nt* telescope

Telespiel ['te:lə-] *nt* (TV) **1.** (*Fernsehspiel*) television play **2.** (*Computerspiel*) video game

Telex ['te:lɛks] <-, -(e)> *nt* telex; **Telexanschluss**[RR] *m* (TELE) telex link; **telexen** *vt* telex

Teller ['tɛlɐ] <-s, -> *m* plate; **Tellergericht** *nt* one course meal; **Tellermine** *f* (MIL) flat anti-tank mine; **Tellerwäscher(in)** *m(f)* dishwasher

Tempel ['tɛmpəl] <-s, -> *m* temple

Tempera(farbe) ['tɛmpəra] *f* tempera

Temperament [tɛmp(ə)ra'mɛnt] *nt* **1.** (*Wesen*) temper, temperament **2.** (*Lebhaftigkeit*) vivacity **3.** (*Wesensart*) character, disposition, frame of mind; **temperamentvoll** *adj* lively, vivacious

Temperatur [tɛmpəra'tu:ɐ] *f* temperature; **jds ~ messen** take someone's temperature; **erhöhte ~ haben** have a temperature; **Temperaturfühler** *m* (TECH, ELEK) temperature senser; **Temperaturrückgang** *m* fall in temperature; **Temperaturschwankung** *f* variation in temperature

Tempo ['tɛmpo] <-s, -s/-pi> *nt* **1.** (*Geschwindigkeit*) speed **2.** (MUS) time; **das ~ angeben** set the pace; **~!** hurry up!; **~ zulegen** (AUTO) speed up; **Tempolimit** *nt* (AUTO) speed limit

temporär *adj* temporary

Temposünder(in) *m(f)* speeder

Tempo(taschentuch)® *nt* paper handkerchief

Tendenz [tɛn'dɛnts] <-, -en> *f* trend; (*Neigung*) tendency; **die ~ haben zu ...** tend to ...; **tendenziös** *adj* tendentious

tendieren *vi* tend (*zu* towards)

Tenne ['tɛnə] <-, -n> *f* threshing floor

Tennis ['tɛnɪs] <-> *nt* tennis; **Tennishalle** *f* indoor tennis centre; **Tennisplatz** *m* tennis court; **Tennisschläger** *m* tennis

T

racket; **Tennisspiel** *nt* game of tennis
Tenor[1] ['te:nɔr] <-s> *m* (*Essenz*) tenor
Tenor[2] [te'no:ɐ, *pl:* te'nø:rə] <-s, ¨-e> *m* (MUS) tenor; **Tenorstimme** *f* (MUS) tenor
Teppich ['tɛpɪç] <-s, -e> *m* carpet; **etw unter den ~ kehren** sweep s.th. under the carpet; **Teppichboden** *m* fitted carpet; **Teppichkehrmaschine** *f* carpet-sweeper; **Teppichklopfer** <-s, -> *m* carpet beater; **Teppichschaum** *m* carpet foam
Termin [tɛr'mi:n] <-s, -e> *m* **1.** (*für Fertigstellung*) date, deadline; (COM: *Liefertag*) delivery date; (*bei Verabredung*) appointment **2.** (JUR) hearing; **einen ~ anberaumen für ...** set a day [*o* date] for ...; **einen ~ einhalten** keep (to) a date; **schon einen anderen ~ haben** have a prior engagement
Terminal ['tø:ɐmɪnəl] <-s, -s> *nt* (INFORM AERO) terminal
Terminbörse *f* (COM) futures market; **termingemäß** *adj* on schedule; **Termingeschäft** *nt* dealing in futures; **Terminkalender** *m* (appointments) diary; **Terminlieferung** *f* future delivery
Terminologie [tɛrminolo'gi:] *f* terminology
Terminplan *m* (time) schedule
Terminplanung *f* time scheduling
Terminverkauf *m* forward sale
Termite [tɛr'mi:tə] <-, -n> *f* termite, white ant
Terpentin [tɛrpɛn'ti:n] <-s, -e> *nt* turpentine
Terrain [tɛrɛ̃:] *nt* **1.** land, terrain **2.** (*fig*) territory; **sich auf unsicheres ~ begeben** get onto shaky ground
Terrasse [tɛ'rasə] <-, -n> *f* terrace; **Terrassendach** *nt* platform roof; **terrassenförmig** *adj* terraced
Terrine [tɛ'ri:nə] <-, -n> *f* tureen
Territorium <-s, -rien> *nt* territory
Terror ['tɛro:ɐ] <-s> *m* terror; **Terroranschlag** *m* terrorist attack; **terrorisieren** *vt* terrorize; **Terrorismus** *m* terrorism; **Terrorismusbekämpfung** *f* counter terrorism; **Terrorist(in)** *m(f)* terrorist; **terroristisch** *adj* terrorist; **~e Vereinigung** terrorist organization
Terz [tɛrts] <-, -en> *m* **1.** (MUS) third **2.** (*beim Fechten*) tierce
Terzett [tɛr'tsɛt] <-(e)s, -e> *nt* (MUS) trio
Tesafilm® ['te:za-] *m* Sellotape® *Br,* Scotch tape® *Am*
Test [tɛst] <-(e)s, -s/(-e)> *m* test
Testament [tɛsta'mɛnt] <-(e)s, -e> *nt* **1.** (JUR) will **2.** (*Vermächtnis*) legacy; **Altes (Neues) ~** (ECCL) Old (New) Testament; **eigenhändiges ~** holograph [*o* handwritten] will; **gemeinschaftliches ~** joint will; **sein ~ machen** make one's will; **testamentarisch** *adj* testamentary; **~ festgelegt** written in the will; **~e Verfügung** instruction in the will; **Testamentseröffnung** *f* reading of the will; **Testamentsvollstrecker(in)** *m(f)* executor
Testbild *f* (TV) testcard
testen *vt* test (*auf* for)
testieren *vt* (*bescheinigen*) certify; **jdm etw ~** certify s.th. for s.o.
Testperson *f* subject; **Testpilot(in)** *m(f)* test pilot; **Testprogramm** *nt* (INFORM) test program; **Testversion** *f* test version
Tetanusschutzimpfung *f* (MED) tetanus vaccination
Tête-à-tête [tɛta'tɛ:t] <-, -s> *nt,* **Tete-a-tete**[RR] *nt* tête-à-tête
teuer ['tɔɪɐ] <teurer, teuerst> *adj* **1.** (*kostspielig*) expensive **2.** (*lieb*) dear; **das wird ihn ~ zu stehen kommen** that will cost him dear; **wie ~ ist es?** how much is it?; **da ist guter Rat ~** it's hard to know what to do; **Öl ist schon wieder teurer!** oil has gone up again!; **Teuerung** *f* rise in prices; **Teuerungsrate** *f* rate of price increases; **Teuerungszulage** *f* cost-of-living allowance
Teufel ['tɔɪfəl] <-s, -> *m* devil; **pfui ~!** how disgusting!; **des ~s sein** have taken leave of one's senses; **in ~s Küche kommen** get into trouble; **mal' den ~ nicht an die Wand!** (*schwarz malen*) don't think the worst!; (*Unheil heraufbeschwören*) don't tempt fate!; **zum ~!** blast! damn!; **wer zum ~ ...?** who the devil ...?; **jdn zum ~ wünschen** wish s.o. in hell; **Teufelsaustreibung** *f* exorcism; **Teufelskerl** *m* devil of a fellow; **Teufelskreis** *m* vicious circle
teuflisch *adj* devilish, diabolical, fiendish
Text [tɛkst] <-(e)s, -e> *m* **1.** (*Buch~*) text; (*Lied*) words *pl;* (*von Schlager*) lyrics *pl* **2.** (*unter Bild*) caption; **weiter im ~!** go on!; **Textbuch** *nt* **1.** (FILM) script **2.** (*für Lieder*) songbook; **Textdichter(in)** *m(f)* (*Oper*) librettist; (FILM) scenario writer; **texten** *vt* **1.** (MUS) write the lyrics [*o* words] [*o* text] **2.** (MARKT) copywrite; **Texter(in)** *m(f)* (MARKT) ad writer, copywriter
Textilfabrik *f* textile factory [*o* mill]; **Textilfaser** *f* spun rayon; **Textilgeschäft** *nt* clothes shop; **Textilien** [tɛks'ti:liən] *pl* textiles; **Textilindustrie** *f* textile industry; **Textilwaren** *pl* textiles
Textkritik *f* textual criticism; **Textstelle** *f* passage; **Textverarbeitung** *f* (INFORM) word processing; **Textverarbeitungsanlage** *f* (INFORM) word processing set-up; **Textverarbeitungsprogramm** *nt* (INFORM) word processing program, word processor; **Textverarbeitungssystem** *nt*

(INFORM) word processing system

Theater [te'a:tɐ] <-s, -> *nt* **1.** (THEAT) theatre *Br,* theater *Am* **2.** (*fam: Aufheben*) fuss; **mach kein ~!** don't make a fuss!; **ins ~ gehen** go to the theatre; **~ spielen** put on an act; **das ist doch alles bloß ~!** it's all just play-acting!; **Theateraufführung** *f* performance; **Theaterbesuch** *m* visit to the theatre; **Theaterbesucher(in)** *m(f)* theatregoer; **Theaterkarte** *f* ticket; **Theaterkasse** *f* box-office *Br,* ticket-office [*o* window] *Am;* **Theaterprobe** *f* rehearsal; **Theaterstück** *nt* (stage) play; **Theatervorstellung** *f* performance

theatralisch [tea'tra:lɪʃ] *adj* theatrical

Theke ['te:kə] <-, -n> *f* (*im Lokal*) bar; (*im Laden*) counter

Thema ['te:ma, *pl:* 'te:mən] <-s, -men/-mata> *nt* **1.** (*Gegenstand*) subject, topic **2.** (*Leitgedanken*) theme; **kommen wir zum ~!** let's get to the point!; **das Wetter ist ein beliebtes ~** the wheather is a popular topic of conversation; **kein ~ sein** be no subject for discussion; **das ~ wechseln** change the subject; **Thematik** [te'ma:tɪk] *f* topic

Themse ['tɛmzə] *f* Thames

Theologe, -gin [teo'lo:gə] <-n, -n> *m, f* theologian; **Theologie** *f* theology; **theologisch** *adj* theological

Theoretiker(in) [teo're:tɪkɐ] *m(f)* theorist; **theoretisch** *adj* theoretical; **theoretisieren** *vi* theorize

Theorie [teo'ri:] *f* theory

Therapeut(in) <-en, -en> *m(f)* therapist; **Therapeutik** [tera'pɔɪtɪk] *f* therapeutics *pl*

Therapie [--'-] *f* therapy; **therapieren** *vt* give therapy to, treat

Thermalbad [tɛr'ma:l-] *nt* thermal bath; **Thermalquelle** *f* thermal spring

Thermen ['tɛrmən] *pl* (*Mineralquellen*) thermal springs

thermisch *adj* thermal; **~e Belastung** heat level; **~es Kraftwerk** thermal power station

Thermodrucker *m* (INFORM) thermal printer

thermodynamisch *adj* thermodynamic; **thermoelektrisch** *adj* thermoelectric; **Thermohose** *f* insulated trousers *pl*

Thermometer [tɛrmo'me:tɐ] <-s, -> *nt* thermometer; **Thermometerstand** *m* thermometer reading

thermonuklear *adj* thermonuclear

Thermosflasche ['tɛrmɔs-] *f* thermos [*o* vacuum] flask; **Thermoskanne** *f* thermos jug

Thermostat [tɛrmo'sta:t] <-(e)s/-en, -e(n)> *m* thermostat

These ['te:zə] <-, -n> *f* thesis

Thrombose [trɔm'bo:zə] <-, -n> *f* (MED) thrombosis

Thrombozyt [trɔmbo'tsy:t] <-en, -en> *m* thrombomcyte

Thron [tro:n] <-(e)s, -e> *m* throne; **den ~ besteigen** ascend the throne; **Thronbesteigung** *f* accession to the throne; **thronen** *vi* **1.** (*auf dem Thron sitzen*) sit enthroned **2.** (*fig*) sit in state; **Thronfolge** *f* line of succession; **Thronfolger(in)** *m(f)* heir to the throne; **Thronrede** *f* (PARL) King's [*o* Queen's] speech

Thunfisch ['tu:n-] *m* tuna(fish)

Thüringen ['ty:rɪŋən] *nt* Thuringia; **Thüringer(in)** *m(f)* Thuringian; **thüringisch** *adj* Thuringian

Thymian ['ty:mia:n] <-s, -e> *m* thyme

Tick [tɪk] <-(e)s, -s> *m* **1.** (MED) tic **2.** (*fam: Schrulle*) quirk; **der Kerl hat doch einen ~!** that fellow's just crazy!

ticken *vi* (*Uhr*) tick; **du tickst (ja) nicht richtig!** (*fam*) you're off your rocker! you must be mad!

Ticktack *nt* tick-tock

Tie-Break ['taɪbreɪk] <-s, -s> *m* (*Tennis*) tiebreak(er)

Tief <-s, -s> *nt* **1.** (METE) depression **2.** (*fig*) low

tief [ti:f] *adj* **1.** deep **2.** (*~gründig*) profound **3.** (*niedrig*) low **4.** (*dunkel*) deep **5.** (*Schlaf*) deep, sound; **der Teich war 3 Meter ~** the pond was 3 metres deep; **~ in jds Schuld stehen** be deeply indebted to s.o.; **~ in die Nacht hinein** far into the night; **im ~sten Winter** in the depths of winter; **~ atmen** draw a deep breath; **~ betrübt**[RR] deeply distressed; **~ bewegt**[RR] deeply moved; **~ im Innern** in one's heart of hearts; **~ greifend**[RR] far reaching; **~ schürfend**[RR] profound; **die ~ stehende**[RR] **Sonne** the sun low down on the horizon

Tiefbau *m* civil engineering; **tiefbetrübt** *adj s.* **tief**; **tiefbewegt** *adj s.* **tief**; **Tiefdruck** <-s, -e> *m* (METE) low pressure; **Tiefdruckgebiet** *nt* (METE) low-pressure area

Tiefe ['ti:fə] <-, -n> *f* **1.** depth **2.** (*Tiefgründigkeit*) deepness, profundity **3.** (*Stärke, Größe*) intensity; **in der ~ versinken** sink into the depths *pl*

Tiefebene *f* lowlands, plain

Tiefenpsychologie *f* depth psychology; **Tiefenschärfe** *f* (PHOT) depth of focus [*o* field]; **Tiefenwirkung** *f* (PHOT) depth effect

Tiefflieger *m* (MIL) low-flying aircraft; **Tiefflug** *m* low-level flight; **Tiefgang** <-(e)s> *m* **1.** (MAR) draught **2.** (*fig*) depth; **tiefgekühlt** *adj* frozen; **tiefgreifend**

T

adj s. **tief**; **tiefgründig** ['ti:fgrʏndɪç] *adj* deep, profound; **Tiefkühlfach** *nt* deep-freeze compartment; **Tiefkühlkost** *f* frozen food; **Tiefkühltruhe** *f* freezer; **Tiefland** *nt* lowlands; **Tiefpreis** *m* low price; **Tiefpunkt** *m* low point; **Tiefschlag** *m* (*a. fig*) hit below the belt; **tiefschürfend** *adj s.* **tief**; **Tiefsee** *f* deep sea; **Tiefseeforschung** *f* deep sea exploration; **Tiefseekabel** *nt* deep-sea cable; **tiefsinnig** *adj* profound; **Tiefstand** <-(e)s> *m* (*a. fig*) low; **tiefstapeln** *vi* be overmodest

tiefstehend *adj s.* **tief**

Tiefstkurs *m* lowest price; **Tiefstpreis** *m* rock-bottom price

Tiegel ['ti:gəl] <-s, -> *m* **1.** (*zum Kochen*) saucepan **2.** (*Schmelz~*) crucible **3.** (TYP: *Druck~*) platen

Tier [ti:ɐ] <-(e)s, -e> *nt* **1.** animal; (*großes ~*) beast **2.** (*brutale Person*) brute; **hohes ~** (*fam*) big shot; **Tierart** *f* animal species; **Tierarzt**, **-ärztin** *m, f* vet *Br,* veterinary surgeon, veterinarian *Am;* **Tierchen** ['ti:ɐçən] *nt* little animal; **jdm ~ sein Pläsierchen** (*prov*) each to his own; **Tierernährung** *f* feedingstuffs *pl*

tierisch *adj* **1.** animal **2.** (*roh*) bestial **3.** (*sl: unerträglich*) beastly; **er gibt sich ~ viel Mühe** (*fam*) he goes to a hell of a lot of trouble

Tierkreis *m* zodiac; **Tierkreiszeichen** *nt* (ASTR) sign of the zodiac; **welches ~ bist du?** what sign are you?; **Tierkunde** *f* zoology; **tierliebend** *adj* fond of animals; **Tiermedizin** *f* veterinary science; **Tiernahrung** *f* pet food; **Tierpark** *m* zoo; **Tierquälerei** *f* cruelty to animals; **Tierschutz** *m* prevention of cruelty to animals; **Tierschützer(in)** *m(f)* animal conservationist; **Tierschutzverein** *m* Royal Society for the prevention of cruelty to animals *Br,* RSPCA; **Tierversuch** *m* animal experiment; **Tierwelt** <-> *f* animal kingdom; **Tierzucht** *f* stockbreeding

Tiger ['ti:gɐ] <-s, -> *m* tiger

Tilde ['tɪldə] <-, -n> *f* (TYP) tilde

tilgbar *adj* (*Schuld*) redeemable

tilgen ['tɪlgən] *vt* **1.** (*beseitigen*) wipe out **2.** (*Schuld*) pay off

Tilgung *f* (*von Schulden*) repayment; **Tilgungsrate** *f* redemption; **Tilgungssumme** *f* redemption sum; **Tilgungszeitraum** *m* redemption period

timen ['taɪmən] *vt* time; **Timing** ['taɪmɪŋ] <-s> *nt* timing

Tinktur [tɪŋk'tu:ɐ] *f* tincture

Tinnef ['tɪnɛf] <-s> *m* (*fam*) junk, rubbish

Tinte ['tɪntə] <-, -n> *f* ink; **in der ~ sitzen** (*fam*) be in the soup; **Tintenfass**[RR] *nt* inkpot; **Tintenfisch** *m* cuttlefish, octopus, squid; **Tintenfleck** *m* (*auf Papier*) ink-blot; (*auf Kleidung*) ink stain; **Tintenstrahldrucker** *m* (INFORM) ink-jet (printer)

Tipp[RR] [tɪp] <-s, -s> *m* (*Rat*) tip; (*Andeutung*) hint; (*~ an Polizei*) tip-off; **ein todsicherer ~** a dead cert; **gib mir einen ~, wie ich ...** give me a tip how to ...; **können Sie mir nicht einen ~ geben, an welchen der Herren ich mich wenden muss?** couldn't you advise me which of the gentlemen I should approach?

Tippelbruder *m* (*fam*) gentleman of the road

tippeln ['tɪpəln] *sein vi* (*kurze Schritte machen*) trip; (*von Kindern*) patter

tippen ['tɪpən] **I.** *vt* **1.** (*auf Schreibmaschine*) type (*etw* s.th.) **2.** (*leicht berühren*) tap, touch lightly **II.** *vi* **1.** (*raten*) bet, guess **2.** (*Tippzettel ausfüllen*) fill in the pools [*o* lottery] coupon; **jdm auf die Schulter ~** tap s.o. on the shoulder; **auf etw ~** reckon; **ich tippe im Lotto** I do the lottery

Tipp-Ex® ['tɪpɛks] <-> *nt* Tipp-Ex *Br,* whiteout *Am*

Tippfehler *m* typing mistake; **Tippschein** *m* pool [*o* lottery] ticket

tipptopp ['tɪp'tɔp] *adj* (*fam*) **1.** (*blitzsauber*) immaculate **2.** (*prima*) first-class; **~ sauber** spotless

Tirol [ti'ro:l] *nt* the Tyrol; **Tiroler(in)** *m(f)* Tyrolese, Tyrolean

Tisch [tɪʃ] <-(e)s, -e> *m* table; **am ~** at the table; **sich zu ~ setzen** sit down at table; **wer saß bei Ihnen am ~?** who was at your table?; **jdn unter den ~ trinken** drink s.o. under the table; **den ~ decken** set [*o* lay] the table, lay the cloth; **unter den ~ fallen** (*fam*) go by the board; **etw unter den ~ fallen lassen** drop s.th.; **reinen ~ machen** get things straight; **am grünen ~** from a bureaucratic ivory tower; **bitte zu ~!** dinner/lunch is served!; **Tischbein** *nt* table-leg; **Tischdecke** *f* tablecloth; **tischfertig** *adj* ready-to-serve; **Tischfeuerzeug** *f* table-lighter; **Tischfußball** *nt* table football; **Tischgesellschaft** *f* dinner party; **Tischkarte** *f* place card; **Tischlampe** *f* table lamp

Tischler(in) *m(f)* joiner; (*Möbel~*) cabinet-maker; (*Bau~*) carpenter; **Tischlerei** *f* joiner's workshop

Tischnachbar(in) *m(f)* fellow diner; **Tischplatte** *f* tabletop; **Tischrechner** *m* (INFORM) desktop calculator; **Tischrede** *f* after-dinner speech; **Tischtennis** *nt* table tennis; **Tischtennisplatte** *f* table-tennis table; **Tischtennisschläger** *m* table-tennis bat; **Tischtuch** *nt* tablecloth;

Tischwäsche *f* table linen; **Tischwein** *m* table wine

Titel ['ti:təl] <-s, -> *m* title; **einen ~ führen** have a title; **Titelbild** *nt* cover; **Titelblatt** *nt* title page; **Titelrolle** *f* title role; **Titelseite** *f* front page; **Titelverteidiger(in)** *m(f)* (SPORT) title holder; **Titelvorspann** *m* (FILM) opening credits [*o* titles]

Titten ['tɪtən] *fpl* (*vulg*) tits

titulieren [titu'li:rən] *vt* call; (*anreden*) address (*mit* as)

Toast[1] [to:st] <-(e)s, -s> *m* (*Trinkspruch*) toast; **einen ~ auf jdn ausbringen** propose a toast to s.o.

Toast[2] *m* (*Toastbrot*) toast; **Toaster** <-s, -> *m* toaster

toben ['to:bən] *vi* **1.** (*wüten*) rage **2.** (*Kinder*) rollick about

Tobsucht <-> *f* mad rage; **tobsüchtig** *adj* raving mad, maniacal; **Tobsuchtsanfall** *m* maniacal fit

Tochter ['tɔxtɐ, *pl:* 'tœçtɐ] <-, ⸚> *f* daughter; **Tochtergesellschaft** *f* (COM) subsidiary company

Tod [to:t] <-(e)s, (-e)> *m* death; **sich vor dem ~ fürchten** be afraid of death; **sich zu ~e schämen** be utterly ashamed of o.s.; **des ~es sein** (*obs*) be doomed; **jdn zu ~e erschrecken** scare the daylights out of s.o.; **zu ~e erschrocken sein** be frightened to death; **zu ~e betrübt** in the depths of despair; **zu ~e langweilen** bore to death; **zum ~e verurteilen** sentence to death; **jdn auf den ~ nicht leiden können** (*fam*) not to be able to stand s.o.; **sich den ~ holen** (*vor Kälte*) catch one's death of cold; **todbringend** *adj* (*Krankheit*) fatal; (*Gift*) deadly; **todernst I.** *adj* deadly serious **II.** *adv* in dead earnest

Todesangst *f* mortal agony; **~ ausstehen** be scared to death; **Todesanzeige** *f* obituary; **Todesfall** *m* death; **Todesfalle** *f* death-trap; **Todeskampf** *m* death throes *pl;* **Todeskandidat** *m* (*Verurteilter*) condemned man; **Todeskommando** *nt* death squad; **Todesopfer** *nt* casualty, death; **Todesstoß** *m* deathblow; **einer Sache den ~ versetzen** deal the deathblow to s.th.; **jdm den ~ versetzen** deal s.o. a mortal blow; **Todesstrafe** *f* death penalty; **Todesstreifen** *m* (*an Grenzen*) death strip; **Todestag** *m* **1.** (*Sterbetag*) day of someone's death **2.** (*Jahrestag*) anniversary of someone's death; **Todesursache** *f* cause of death; **Todesurteil** *nt* death sentence; **Todesverachtung** *f:* **mit ~** (*fam*) with utter disgust

Todfeind(in) *m(f)* deadly enemy

todkrank *adj* dangerously ill

tödlich ['tø:tlɪç] *adj* deadly, mortal; (*Waffe, Dosis*) lethal; (*Unfall*) fatal; **~ verunglücken** be killed in an accident

todmüde *adv* half dead; **ich bin ~** I feel dead, I am half dead; **todschick** *adj* (*fam*) dead smart; **todsicher** *adj* dead certain; (*Methode*) sure-fire; **Todsünde** *f* mortal sin

Toilette [toa'lɛtə] <-, -n> *f* **1.** (*WC*) lavatory, toilet **2.** (*Körperpflege*) toilet; **auf die ~ gehen** go to the toilet; **auf der ~ sein** be in the toilet; **Toilettenartikel** *mpl* toiletries; **Toilettengarnitur** *f* bathroom set; **Toilettenpapier** *nt* toilet paper; **Toilettenseife** *f* toilet soap

toi, toi, toi ['tɔy 'tɔy 'tɔy] *interj* touch wood

Tokio ['to:kio] <-s> *nt* Tokyo

tolerant [tole'rant] *adj* tolerant (*gegen* of); **Toleranz** *f* tolerance (*gegen* of); **Toleranzgrenze** *f* limit of tolerance

tolerieren *vt* tolerate

toll [tɔl] *adj* **1.** (*fam: herrlich*) groovy, terrific **2.** (*verrückt*) crazy, mad; **es kommt noch ~er!** there's more to come!; **er treibt es (etwas) zu ~** he's carrying on (a little) too much; **das war ein ~es Ding!** that was madness!; **das ist das Tollste, was ich je gehört habe!** that beats everything I've heard!; **das Tollste dabei ist ...** the most incredible part about it is ...

Tolle ['tɔlə] <-, -n> *f* quiff

Tollkirsche *f* belladonna, deadly nightshade

tollkühn *adj* daring; **Tollkühnheit** *f* daring

Tollpatsch[RR] ['tɔlpatʃ] <-(e)s, -e> *m* (*fam*) clumsy creature

Tollwut *f* (MED) rabies

Tolpatsch *m* (*fam*) clumsy creature; *s.* **Tollpatsch**

Tölpel ['tœlpəl] <-s, -> *m* fool; **tölpelhaft** *adj* foolish, silly

Tomate [to'ma:tə] <-, -n> *f* tomato; **Tomatenketschup**[RR] *m* tomato ketchup; **Tomatenmark** *nt* tomato puree

Tombola ['tɔmbola] <-, -s/(-len)> *f* tombola

Tomographie *f*, **Tomografie**[RR] *f* (MED) tomography

Ton[1] [to:n] <-(e)s, (-e)> *m* (*Erdart*) clay

Ton[2] [to:n, *pl:* 'tø:nə] <-(e)s, ⸚e> *m* **1.** (*Laut*) sound **2.** (*Betonung*) stress **3.** (*Atmosphäre*) atmosphere **4.** (*Farb~*) tone; **lass keinen ~ darüber verlauten!** don't say a word about it!; **keinen ~ von sich geben** not to utter a sound; **das gehört zum guten ~** that's how the best people do it; **der ~ macht die Musik** it's not what you say but the way you say it; **ich verbitte mir diesen ~!** I won't be spoken to like

T

that!; **den richtigen ~ finden** strike the right note; **den ~ angeben** give the note; (*fig*) set the tone; **große Töne spucken** (*fam*) talk big; **etw in den höchsten Tönen loben** praise s.th. to high heaven; **hast du Töne ...!** (*fam*) did you ever ...!; **sich im ~ vergreifen** hit the wrong note; **Tonabnehmer** *m* pick-up; **tonangebend** *adj:* **~ sein** set the tone; **Tonarm** *m* (*von Plattenspieler*) pick-up arm; **Tonarmlift** *m* tone arm lift; **Tonart** *f* **1.** (MUS) key **2.** (*Tonfall*) tone; **eine andere ~ anschlagen** change one's tune; **Tonband** *nt* **1.** (*Magnetband*) tape **2.** (*~gerät*) tape recorder; **auf ~ aufnehmen** record on tape; **Tonbandaufnahme** *f* tape recording

tönen ['tø:nən] **I.** *vi* **1.** (*erklingen*) sound; (*schallen*) resound **2.** (*sl: großspurig reden*) hold forth, sound off **II.** *vt* (*färben*) tint

Tonerde *f* aluminium oxide; **essigsaure ~** aluminium acetate

tönern ['tø:nɐn] *adj* clay

Tonfall *m* tone of voice; (*Intonation*) intonation; **Tonfilm** *m* sound film

Tongefäß *nt* earthenware vessel; **Tongeschirr** *nt* earthenware

Tonhöhe *f* pitch; **Tonkopf** *m* recording head; **Tonlage** *f* pitch (level); **Tonleiter** *f* scale; **tonlos** *adj* toneless; (*Stimme*) flat

Tonnage [tɔ'na:ʒə] <-, -n> *f* (MAR) tonnage

Tonne ['tɔnə] <-, -n> *f* **1.** (*Behälter*) cask, barrel **2.** (MAR) ton **3.** (*fam*) fatty; **Tonnengewölbe** *nt* (ARCH) barrel vaulting; **tonnenweise** *adj* by the ton

Tonspur *f* (TECH) sound track; **Tonstörung** *f* sound interference; **Tonstudio** *nt* recording studio

Tonsur [tɔn'zu:ɐ] *f* tonsure

Tontaube *f* clay pigeon; **Tontaubenschießen** *nt* clay pigeon shooting

Tontechniker(in) *m(f)* sound technician; **Tonträger** *m* sound carrier

Tönung *f* **1.** (*das Tönen*) tinting **2.** (*Farbton*) shade, tone; **Tönungscreme** *f* colouring cream

Topas [to'pa:s] <-es, -e> *m* topaz

Topf [tɔpf, *pl:* 'tœpfə] <-(e)s, ¨-e> *m* **1.** (*Gefäß*) pot **2.** (*fam: Toilette*) loo *Br*, john *Am*; **alles in einen ~ werfen** lump everything together

Topfen ['tɔpfn] <-s, -> *m* (*österr*) curd cheese

Töpfer(in) ['tœpfɐ] *m(f)* potter; **Töpferei** *f* pottery; **Töpferscheibe** *f* potter's wheel; **Töpferwaren** *pl* earthenware *sing*

Topfgucker *nt* (*fam*) nosy parker; **Topflappen** *m* ovencloth; **Topfpflanze** *f* potted plant

Topografie[RR], **Topographie** [topogra'fi:] *f* topography; **topografisch**[RR], **topographisch** *adj* topographical

toppen ['tɔpən] *vt* top

Tor[1] <-en, -en> *m* (*Narr*) fool

Tor[2] [to:ɐ] <-(e)s, -e> *nt* **1.** (*Zugang, a. fig*) gate; (*Durchfahrt*) gateway **2.** (SPORT: *bei Fußball*) goal; **das ~ öffnen (schließen)** open (shut) the gates *pl;* **ein ~ erzielen** score a goal; **im ~ stehen** be in goal

Torbogen *m* archway; **Toreinfahrt** *f* entrance gate

Torf [tɔrf] <-(e)s> *m* peat; **~ stechen** cut peat; **Torfboden** *m* peat; **Torfmoor** *nt* peat bog

Torheit *f* **1.** (*törichte Art*) foolishness **2.** (*törichte Handlung*) foolish action

töricht ['tø:rɪçt] *adj* **1.** (*dumm*) foolish, stupid **2.** (*nutzlos, unerfüllbar*) idle

torkeln ['tɔrkəln] *sein vi* reel, stagger

Torlinie *f* (SPORT) goal-line

Törn ['tœrn] <-s, -s> *m* (MAR) cruise

Tornado [tɔr'na:do] <-s, -s> *m* tornado

Tornister [tɔr'nɪstɐ] <-s, -> *m* (MIL) knapsack; (*Schulranzen*) satchel

torpedieren [tɔrpe'di:rən] *vt* (MIL MAR: *a. fig*) torpedo; **Torpedo** [tɔr'pe:do] <-s, -s> *m* torpedo; **Torpedoboot** *nt* torpedo-boat

Torpfosten *m* **1.** gatepost **2.** (SPORT) goalpost; **Torraum** *m* (SPORT) goal area; **Torschluss**[RR] *m:* **kurz vor ~** at the eleventh hour; **Torschlusspanik**[RR] *f* (PSYCH) fear of being left on the shelf; **Torschütze, -schützin** *m, f* (SPORT) scorer

Torso ['tɔrzo] <-s, -s/-si> *m* torso

Torte ['tɔrtə] <-, -n> *f* (*Sahne~*) gâteau; (*Obst~*) flan; **Tortenheber** *m* cake slice; **Tortenplatte** *f* cake plate

Tortur [tɔr'tu:ɐ] *f* **1.** (*Folter*) torture **2.** (*fig*) ordeal

Torwart(in) ['to:ɐvart] <-(e)s, -e> *m(f)* goalkeeper

tosen ['to:zən] *vi* (*Meer*) roar; (*Sturm*) rage

tot [to:t] *adj* dead; **er ist seit zwei Jahren ~** he has been dead for two years; **~es Kapital** dead capital; **~er Punkt** (*in Verhandlungen*) deadlock; (*Stillstand*) standstill; **~er Winkel** blind spot; **das Tote Meer** the Dead Sea; **~ umfallen** drop dead; **~ geboren**[RR] still-born

total [to'ta:l] *adj* **1.** (*völlig*) total **2.** (*Staat*) totalitarian; **Totalausverkauf** *m* clearance sale; **totalitär** *adj* totalitarian; **Totalität** *f* totality; **Totalschaden** *m* write-off

tot|arbeiten *vr* work o.s. to death

Tote(r) ['to:tə] *f m* deceased, dead person; (MIL) casualty; **es gab 50 ~** fifty people were killed

töten ['tø:tən] *vt* **1.** (*umbringen*) kill

2. (*Nerv*) deaden

Totenbett *nt* deathbed; **totenblass**[RR] *adj* deathly pale; **Totenfeier** *f* funeral ceremony; **Totengräber** *m* grave-digger; **Totenhemd** *nt* shroud; **Totenkopf** *m* 1. (*Schädel*) death's head, skull 2. (*Symbol*) skull and crossbones; **Totenmaske** *f* death mask; **Totenmesse** *f* mass for the dead; **Totenschein** *m* death certificate; **totenstill** *adj* deathly silent; **Totenstille** *f* deathly silence; **Totentanz** *m* danse macabre; **Totenwache** *f* wake

tot|fahren *irr vt* knock down and kill; **totgeboren** *adj s.* tot; **Totgeburt** *f* stillbirth; **tot|lachen** *vr* (*fig*) laugh one's head off; **tot|laufen** *irr vr* (*fig*) peter out

Toto ['to:to] <-s, -s> *m* (*Fußball~*) football pools *pl;* **ich spiele ~** I do the pools; **Totoschein** *m* pools coupon

tot|schießen *irr vt* shoot dead; **Totschlag** *m* (JUR) manslaughter *Br,* homicide *Am;* **tot|schlagen** *irr vt* kill; **Totschläger** *m* 1. (*Mörder*) killer, murderer 2. (*Knüppel*) cudgel *Br,* blackjack *Am;* **tot-schweigen** *irr vt* hush up; **tot|stellen** *vr* play dead; **tot|treten** *vt* (*Mensch, Tier*) trample to death; (*Insekt*) tread on and kill

Tötung *f* killing; **fahrlässige ~** (JUR) manslaughter through culpable negligence

tough [taf] *adj* (*sl: knallhart*) tough

Toupet [tu'pe:] *nt* toupee; **toupieren** *vt* back-comb

Tour [tu:ɐ] <-, -en> *f* 1. (*Ausflug*) tour; (*Fahrt*) trip 2. (AUTO: *Umdrehung*) revolution 3. (*fam: Art und Weise*) play; **in einer ~** (*fam*) incessantly; **er macht es auf die gemütliche ~** (*fam*) he does it the easy way; **jdm die ~ vermasseln** (*fam*) mess up someone's plans *pl;* **auf ~en kommen** (AUTO) reach top speed; (*fig fam*) get into top gear; **krumme ~en** sharp practices; **auf vollen ~en laufen** go at full speed; **Tourenski** *m* (SPORT) cross-country ski; **Tourenzahl** *f* (AUTO) number of revolutions

Tourismus *m* tourism; **Tourist(in)** *m(f)* tourist; **Touristenklasse** *f* (AVIAT) tourist class; **Touristenvisum** *nt* tourist visa; **Touristikunternehmen** *nt* tour company

Tournee [tʊr'ne:] <-, -s/-n> *f* (THEAT) tour; **auf ~ gehen** go on tour

Toxikologe, -gin [tɔksiko'lo:gə] <-n, -n> *m, f* toxicologist; **toxisch** ['tɔksɪʃ] *adj* toxic

Trab [tra:p] <-(e)s> *m* trot; **im ~** at a trot; **jdn auf ~ bringen** (*fam*) make s.o. get a move on; **jdn in ~ halten** keep s.o. on the go

Trabant [tra'bant] <-en, -en> *m* (ASTR) satellite; **Trabantenstadt** *f* satellite town

Trabbi ['trabɪ] <-s, -s> *m* (*fam*) East German Trabant car

traben ['tra:bən] *sein vi* trot

Tracht [traxt] <-, -en> *f* (*Kleidung*) dress, garb; (*Schwestern~*) uniform; **eine ~ Prügel** a good hiding

Trachten *nt* (*Streben*) endeavour; **trachten** ['traxtən] *vi* (*streben*) strive (*nach* for, after); **jdm nach dem Leben ~** seek to kill s.o.

trächtig ['trɛçtɪç] *adj* pregnant

Tradition [tradi'tsjo:n] *f* tradition; **traditionell** *adj* traditional

Traffic ['træfɪk] *m* (*Nachfrage des Online-Angebots*) traffic

Tragbahre *f* stretcher; **tragbar** *adj* 1. (*Gerät*) portable 2. (*erträglich*) bearable 3. (*annehmbar*) acceptable (*für* to)

träge ['trɛ:gə] *adj* 1. (*antriebsschwach*) sluggish 2. (PHYS: *Masse*) inert

Tragen *nt:* **zum ~ kommen** have an effect

tragen ['tra:gən] I. *irr vt* 1. carry 2. (*Namen, Kosten, Schulden, Früchte*) bear 3. (*hervorbringen*) bear, yield, produce 4. (*Kleider*) wear; (*anhaben*) have on 5. (*erdulden*) endure 6. (*stützen*) support; **etw bei sich ~** carry s.th. (with one); **viele Früchte ~** produce a good crop of fruit; **der Brief trägt das Datum von ...** the letter is dated ... II. *vi* 1. (*Eis*) bear 2. (*Baum, Acker*) crop III. *vr* (*Kleid, Stoff*) wear; **sich mit dem Gedanken ~, etw zu tun** entertain the idea of doing s.th.

Träger ['trɛgɐ] <-s, -> *m* 1. (*Gepäck~*) porter 2. (*von Namen*) bearer 3. (*von Kleidung*) wearer 4. (*Balken*) beam; (*Eisen~*) girder 5. (*an Kleidung*) strap; (*Hosen~*) braces *pl* 6. (*Kultur~, Staat*) representative; (*Veranstaltungs~*) sponsor; **trägerlos** *adj* (*Kleid*) strapless; **Trägerrakete** *f* carrier rocket

Tragetasche *f* carrier bag

tragfähig *adj* able to take a load; **Tragfähigkeit** *f* 1. (AUTO) load-capacity 2. (*Brücke*) maximum load; **Tragfläche** *f* (AVIAT) wing; **Tragflügelboot** *nt* hydrofoil

Trägheit ['trɛ:khaɪt] *f* 1. (*Antriebslosigkeit*) sluggishness; (*Faulheit*) idleness, laziness 2. (PHYS) inertia; **Trägheitsmoment** *nt* (PHYS) moment of inertia

Tragik ['tra:gɪk] *f* tragedy

tragikomisch ['tra:giko:mɪʃ] *adj* tragicomic

tragisch *adj* tragic; **das ist nicht so ~** that's not the end of the world

Traglast *f* load; (*Gepäck*) heavy luggage *Br,* heavy baggage *Am*

Tragödie [tra'gø:diə] <-, -n> *f* (*a. fig*) tragedy

Tragweite *f* 1. (MIL: *Reichweite*) range

2. (*fig*) scope; (*Konsequenzen*) consequences *pl*

Tragwerk *nt* wing assembly

Trainer(in) ['trɛːnɐ] <-s, -> *m(f)* (SPORT) coach, trainer

trainieren I. *vt* train; (*eine Mannschaft*) coach (*zu* for) **II.** *vi:* **da musst du schon noch etw ~!** you'll have to practise that a bit more!

Training ['trɛːnɪŋ] <-s, -s> *nt* **1.** training **2.** (*Übung*) practice; **Trainingsanzug** *m* tracksuit; **Trainingshose** *f* tracksuit trousers *pl;* **Trainingslager** *nt* training camp

Trakt [trakt] <-(e)s, -e> *m* (*Gebäude~*) part, wing

traktieren *vt* (*schlecht behandeln*) maltreat

Traktor ['trakto:ɐ] <-s, -en> *m* tractor

Tram [tram] <-s, -s> *f/nt* (*CH*) tram(way)

trampeln ['trampəln] *vt, vi* trample

Trampelpfad *m* path, track

trampen ['trɛmpən] *sein vi* hitchhike

Trampolin [trampo'li:n] <-s, -s/(-e)> *nt* (SPORT) trampoline

Tran [tra:n] <-(e)s, (-e)> *m* **1.** train-oil **2.** (*fam*): **er läuft wie im ~ herum** he's running around in a daze

Tranche ['trãʃ(ə)] <-, -n> *f* (*Teilbetrag einer Emission*) tranche

tranchieren *vt* carve; **Tranchiermesser** *nt* carving-knife

Träne ['trɛ:nə] <-, -n> *f* tear; **in ~n ausbrechen** burst into tears; **unter ~n** in tears; **~n vergießen** shed tears; **ihr standen ~n in den Augen** there were tears in her eyes; **~ lachen** laugh till one cries; **tränen** *vi* water; **Tränendrüse** *f* lachrymal gland; **Tränengas** *nt* tear gas; **Tränensack** *m* lachrymal sac

Trank [traŋk, *pl:* 'trɛŋkə] <-(e)s, ¨-e> *m* beverage, drink

Tränke ['trɛŋkə] <-, -n> *f* watering-place; **tränken** *vt* **1.** (*Tiere*) water **2.** (*durchnässen*) soak

Transaktion [transak'tsjo:n] *f* transaction

transatlantisch *adj* transatlantic

transchieren^RR [trã'ʃi:rən] *vt* carve; **Transchiermesser**^RR *nt* carving-knife

Transfer [trans'fe:ɐ] <-s, -s> *m* transfer; **transferieren** *vt* transfer

Transformator [transfɔr'ma:to:ɐ] <-s, -en> *m* transformer

transformieren *vt* transform

Transfusion *f* (MED) transfusion

transgen *adj* transgenic

Transistor [tran'zɪsto:ɐ] <-s, -en> *m* transistor; **Transistorzündung** *f* (AUTO) transistorized ignition system

Transit [tran'zɪt/ tran'zi:t] <-s, -e> *m* transit; **Transitgüter** *ntpl* transit goods

transitiv ['tranziti:f] *adj* (GRAM) transitive

Transitverkehr *m* transit traffic; (*Handel*) transit trade; **Transitvisum** *nt* transit visa

Transmission *f* transmission

transnational *adj* transnational

Transparent [transpa'rɛnt] <-(e)s, -e> *nt* (*Spruchband*) banner; **transparent** *adj* **1.** (*durchscheinend*) transparent **2.** (*Argument*) lucid

transpirieren [transpi'ri:rən] *vi* perspire; (*Pflanzen*) transpire

Transplantation [transplanta'tsjo:n] *f* transplantation

Transport [trans'pɔrt] <-(e)s, -e> *m* transport; **transportabel** [transpɔr'ta:bəl] *adj* transportable; **Transportband** *nt* conveyer belt; **Transporter** *m* **1.** (MAR) cargo ship **2.** (AVIAT) transport plane **3.** (AUTO) van; **transportfähig** *adj* moveable; **Transportflugzeug** *nt* transport aircraft; **transportieren I.** *vt* **1.** (*Güter*) transport **2.** (*Patienten*) move **II.** *vi* (*Förderband*) move; (*Kamera*) wind on; **Transportkosten** *pl* carriage *sing;* **Transportmittel** *nt* means of transport; **Transportschiff** *nt* cargo ship; (MIL) transport ship; **Transportunternehmen** *nt* haulage firm; **Transportunternehmer(in)** *m(f)* transport contractor, haulier; **Transportweg** *m* transport route

Transvestit [transvɛs'ti:t] <-en, -en> *m* transvestite

transzendental [transtsɛndɛn'ta:l] *adj* transcendental; **~e Meditation** transcendental meditation

Trapez [tra'pe:ts] <-es, -e> *nt* **1.** (MATH) trapezium **2.** (*im Zirkus*) trapeze

Trasse ['trasə] <-, -n> *f* marked-out route

Tratsch [tra:tʃ] <-(e)s> *m* (*fam*) gossip, tittle-tattle; **tratschen** *vi* gossip

Tratte ['tratə] <-, -n> *f* (COM) draft

Traualtar *m* altar

Traube ['traʊbə] <-, -n> *f* **1.** (*ganzer Fruchtstand*) bunch of grapes; (*einzelne Beere*) grape **2.** (*Haufen, Gruppe*) bunch, cluster; **Traubensaft** *f* grape juice; **Traubenzucker** *m* dextrose, glucose

trauen ['traʊən] **I.** *vt* (*verheiraten*) marry; **sich ~ lassen** get married **II.** *vi* (*vertrauen*) trust; **ich traute meinen Ohren nicht** I couldn't believe my ears; **jdm nicht über den Weg ~** not to trust s.o. an inch **III.** *vr* (*wagen*) dare

Trauer ['traʊɐ] <-> *f* **1.** (*Gram*) grief, sorrow **2.** (*um einen Toten*) mourning; **in tiefer ~ …** (*Traueranzeige*) much loved and sadly missed by …; **Traueranzeige** *f* death notice; **Trauerarbeit** *f* (PSYCH)

grieving; ~ **leisten** mourn; **Trauerbinde** *f* mourning armband; **Trauerfall** *m* death, bereavement; **Trauerflor** [-flo ɐ] <-(e)s, (-e)> *m* black ribbon; **Trauerjahr** *nt* year of mourning; **Trauerkleidung** *f* mourning; **Trauerkloß** *m* (*fam*) wet blanket; **Trauermarsch** *m* funeral march

trauern *vi* mourn (*um jdn* for s.o.)

Trauerspiel *nt* (*a. fig*) tragedy

Trauerweide *f* weeping willow

Traufe ['traʊfə] <-, -n> *f* eaves *pl;* **vom Regen in die ~ kommen** (*prov*) jump out of the frying pan into the fire

träufeln ['trɔɪfəln] **I.** *vt haben* dribble **II.** *vi sein* trickle

Traum [traʊm, *pl:* 'trɔɪmə] <-(e)s, ¨-e> *m* dream; **der ~ ist ausgeträumt!** the honeymoon is over!; **aus der ~!** well, that was that!; **mein ~ ging in Erfüllung** my dream came true; **ich denke nicht im ~ daran!** I wouldn't dream of it!; **das ging wie im ~** (*fam*) it worked like a dream

Trauma *nt* <-s, -men *o* -ta> (*a. fig*) trauma; **traumatisch** *adj* (*a. fig*) traumatic; **traumatisiert** [traʊmati'ziːɐt] *adj* traumatized

Traumberuf *m* dream job; **Traumdeuter(in)** *m(f)* interpreter of dreams

träumen ['trɔɪmən] **I.** *vi* dream; **das hätte ich mir nicht ~ lassen** I'd never have thought it possible; **schlecht ~** have a bad dream; **davon ~, reich zu werden** dream of becoming rich; **von etw ~** dream about s.th.; **ich hätte mir nie ~ lassen, dass sie kommen würde** I never dreamt she would come **II.** *vt* dream; **etw Schönes ~** have a pleasant dream; **Träumer(in)** *m(f)* (day)dreamer; **Träumerei** *f* **1.** (*das Träumen*) (day)dreaming **2.** (*die Vorstellung*) daydream, reverie; **träumerisch** *adj* **1.** (*verträumt*) dreamy **2.** (*schwärmerisch*) wistful

traumhaft *adj* **1.** (*wie im Traume*) dreamlike **2.** (*fantastisch*) fantastic; **Traumlandschaft** *f* dreamscape; **Traumpaar** *nt* (*fam*) perfect couple; **Traumtänzer(in)** *m(f)* dreamer

traumwandlerisch *adj* somnambulistic; (*fig*) instinctive

traurig ['traʊrɪç] *adj* **1.** sad **2.** (*beklagenswert*) sorry; **ein ~er Anblick** a sorry sight; **Traurigkeit** *f* sadness

Trauring *m* wedding ring; **Trauschein** *m* marriage certificate

traut [traʊt] *adj* **1.** (*gemütlich*) cosy **2.** (*vertraut*) familiar; **~es Heim Glück allein** (*prov*) home sweet home

Trauung *f* marriage ceremony, wedding; **Trauzeuge, -zeugin** *m, f* witness

Treck [trɛk] <-s, -s> *m* trek

Trecker *m* tractor

Treff <-s, -s> *m* (*fam*) **1.** (*Treffen*) meeting **2.** (*Treffpunkt*) haunt; **konspirativer ~** conspiratorial meeting; **Treffen** <-s, -> *nt* meeting; (SPORT) encounter

treffen ['trɛfən] **I.** *irr vt, vi* **1.** (*schlagen*) hit, strike (*an* in, on) **2.** (*begegnen*) meet; (*stoßen auf*) hit upon, run into **3.** (*kränken*) hurt **4.** (*Maßnahmen*) take **II.** *vi* (*Schlag*) hit; **nicht ~** miss; **auf etw (jdn) ~** meet s.th. (s.o.); **getroffen!** a hit! **III.** *vr* **1.** (*geschehen*) happen **2.** (*zusammen~*) meet; **es trifft sich gut, dass …** it is convenient [*o* good] that …; **sich getroffen fühlen** to feel hurt; **treffend** *adj* (*passend*) apt

Treffer *m* (*a. fig*) hit; (*in Lotterie*) winner; (SPORT: *Tor*) goal; **einen ~ erzielen** score a hit; (*im Fußball*) shoot a goal

trefflich *adj* excellent, splendid

Treffpunkt *m* meeting place; (*auf Flughafen, Bahnhof*) meeting point

Treibeis *nt* drift-ice

Treiben *nt* hustle and bustle; **ich beobachte ihr ~ schon lange** I've been watching what they've been getting up to for a long time

treiben ['traɪbən] **I.** *irr vt haben* **1.** (*in Bewegung setzen, a. fig*) drive **2.** (*Geschäfte, Handel*) do **3.** (*Blüten, Knospen*) sprout; **du treibst mich noch zum Wahnsinn!** (*fam*) you're driving me mad!; **etw auf die Spitze ~** carry s.th. too far; **zur Verzweiflung ~** drive to despair **II.** *vi* **1.** *sein* (*sich fortbewegen, a. fig*) drift **2.** *haben* (BOT) sprout **3.** *haben* (MED) have a diuretic effect; **na, was treibt er denn so?** well, what's he been up to lately?; **es zu weit ~** go too far; **es mit jdm ~** (*sexuell*) have it off with s.o.; **treibend** *adj:* **die ~e Kraft** the driving force (*bei etw* behind s.th.)

Treiber *m* (*Vieh~*) drover; (*Jagd~*) beater

Treibgas *nt* propellant; **Treibgut** *nt* flotsam; **Treibhaus** *nt* hothouse; **Treibhauseffekt** *m* greenhouse effect; **Treibhausgasemissionen** *pl* greenhouse gas emissions; **Treibholz** <-es> *nt* driftwood; **Treibjagd** *f* battue; **Treibsand** *m* quicksand; **Treibsatz** *m* (*von Rakete*) rocket composition; **Treibstoff** *m* fuel; (*Raketen~*) propellant; **Treibstoffverbrauch** *m* fuel consumption

Trend [trɛnt] <-s, -s> *m* trend; **trendig** *adj* (*sl*) trendy; **Trendsetter(in)** <-s, -> *m(f)* trendsetter

trennbar *adj* separable

trennen ['trɛnən] **I.** *vt* **1.** (*entfernen*) separate (*von* from) **2.** (*Naht*) undo **3.** (ELEK TELE) disconnect, interrupt **4.** (*unterscheiden*) distinguish (*zwischen* between); **uns kann nichts ~** nothing can come between us **II.**

vr **1.** part (*von jdm* from, with, *von etw* with) **2.** (*auseinander gehen*) separate; **von der Uhr kann ich mich nicht ~** I can't bear to part with this watch [*o* clock]

Trennung *f* **1.** (*Getrenntsein, -werden*) separation **2.** (GRAM: *Silben~*) division **3.** (*Auflösung*) dissolution **4.** (*Abschied*) parting; **Trennungsstrich** *m* hyphen

Trennwand *f* partition wall

treppab [-'-] *adv:* **treppauf, ~** up and down stairs

Treppe ['trɛpə] <-, -n> *f* staircase *Br,* stairs *pl,* stairway *Am;* **die ~ heraufgehen** go upstairs; **die ~ hinuntergehen** go downstairs, go down the stairs; **Treppenabsatz** *m* landing; **Treppengeländer** *nt* banister; **Treppenhaus** *nt* stairwell, staircase; **Treppenstufe** *f* stair, step

Tresen ['tre:zən] <-s, -> *m* (*Theke*) bar; (*Ladentisch*) counter

Tresor [tre'zo:ɐ] <-s, -e> *m* **1.** (*Raum*) vault **2.** (*Schrank*) safe; **Tresorraum** *m* strongroom, vault

Tretboot *nt* pedal boat, pedalo

treten ['tre:tən] **I.** *irr vi sein* **1.** (*in Pfütze*) step, tread **2.** (*Radfahrer*) pedal **3.** (*mit Fuß anstoßen*) kick (*gegen etw* s.th., *nach* out at); **treten Sie näher!** move closer!; **jdm auf die Füße ~** tread on someone's toes; **er ist mir auf den Fuß getreten!** he stepped on my foot!; **in den Streik ~** go on strike **II.** *vt haben* (*Fußtritt geben*) kick; **nach jdm (etw) ~** take a kick at s.o. (s.th.); **er trat mit Wucht gegen den Ball** he gave the ball a tremendous kick; **gegen das Bein getreten werden** get kicked in the leg

Tretmühle *f* (*a. fig*) treadmill

treu [trɔɪ] *adj* (*Partner*) faithful; (*Freund, Sohn*) loyal; (*Diener*) devoted; **seinem Vorsatz ~ bleiben** keep to one's resolution; **zu ~en Händen** in trust

Treubruch *m* breach of faith

Treue ['trɔɪə] <-> *f* faith; (*eheliche ~*) fidelity; (*Ergebenheit*) loyalty; **jdm die ~ halten** keep faith with s.o., remain faithful to s.o.; **Treu(e)eid** *m* oath of allegiance

Treuhand <-> *f* trust (company); **Treuhänder** *m* fiduciary, trustee; **Treuhandgesellschaft** *f* trust company; **treuherzig** *adj* innocent; (*vertrauensselig*) trusting; **Treuherzigkeit** *f* innocence; **treulos** *adj* faithless, disloyal; **Treulosigkeit** *f* faithlessness

Triathlet(in) <-en, -en> *m(f)* triathlete

Triathlon ['tri:atlɔn] <-s> *m* triathlon

Tribüne [tri'by:nə] <-, -n> *f* (*Redner~*) platform, rostrum; (*Zuschauer~*) gallery, stand

Tribut [tri'bu:t] <-(e)s, -e> *m* tribute; **jdm ~ zollen** (*a. fig*) pay tribute to s.o.; **tributpflichtig** *adj* (*obs*) tributary

Trichine [trɪ'çi:nə] <-, -n> *f* trichina

Trichter ['trɪçtɐ] <-s, -> *m* funnel; (*Granat~*) crater; **trichterförmig** *adj* funnel-like

Trick [trɪk] <-s, -s/(-e)> *m* trick; **ich kenne da noch einen viel besseren ~** I know a much better trick; **ein ganz gemeiner ~** a dirty trick; **da ist ein ~ dabei** there's a special trick to it; **wenn du erst einmal den ~ heraushast, wie man das einstellt** once you get the trick of adjusting it; **Trickaufnahme** *f* fake photo; **Trickbetrüger(in)** *m(f)* confidence trickster; **Trickfilm** *m* trick film; (*Zeichen~*) cartoon; **Trickkiste** *f* (*fam*) bag of tricks; **trickreich** *adj* (*fam*) tricky

tricksen ['trɪksən] *vi* (*fam*) fiddle, trick

Trieb [tri:p] <-(e)s, -e> *m* **1.** (*Natur~*) drive; (*Drang, Verlangen*) desire, urge; (*Selbsterhaltungs~*) instinct **2.** (*einer Pflanze*) shoot; **Triebfeder** *f* (*fig*) motivating force; **triebhaft** *adj* (*von Handlung*) compulsive; (*von Menschen*) ruled by one's physical urges; **Triebkraft** *f* **1.** (PHYS) motive power **2.** (*fig*) driving force; **Triebtäter** *m* sex offender; **Triebwagen** *m* (RAIL) railcar; **Triebwerk** *nt* (AVIAT) engine

triefen ['tri:fən] *irr vi* **1.** (*~d sein*) be dripping wet **2.** (*rinnen*) drip; **vor Nässe ~** be soaking wet

triftig ['trɪftɪç] *adj* (*Argument*) convincing; (*Grund*) good

Trigonometrie [trigonome'tri:] *f* trigonometry

Trikot *nt* jersey; (*Turnanzug*) leotard; (*eines Fußballspielers*) shirt; **Trikotwerbung** *f* (SPORT) shirt advertising

Triller ['trɪlɐ] *m* (MUS) trill; (*Vogel~*) warble; **trillern** *vi, vt* trill; (*Vögel*) warble; **Trillerpfeife** *f* whistle

trimmen ['trɪmən] **I.** *vt* (MAR AERO: *a. Hund*) trim **II.** *vr* (*fam*) do keep-fit exercises; **Trimmpfad** *m* (*fam*) keep-fit trail

trinkbar *adj* drinkable

trinken ['trɪŋkən] *irr vt, vi* drink; (*Tee, Kaffee*) have; **kann ich 'was zu ~ haben?** may I have something to drink?; **jdm etw zu ~ geben** give s.o. a drink; **trink doch 'was!** have a drink!; **~ wir 'was!** let's have a drink!; **ich brauche 'was zu ~!** I need a drink!; **zu ~ anfangen** (*Alkohol*) take to drink; **einen ~ gehen** go out drinking; **möchtest du etwas zu ~?** would you like s.th. to drink?; **darauf trinke ich** I'll drink to that

Trinker(in) *m(f)* drinker

trinkfest *adj* hard-drinking; **Trinkgelage** *nt* drinking session; **Trinkgeld** *nt* tip;

jdm ein ~ geben tip s.o.; **Trinkglas** *nt* drinking glass; **Trinkhalle** *f* **1.** (*in Kurort*) pump-room **2.** (*an Straße*) refreshment kiosk; **Trinkhalm** *m* (drinking) straw; **Trinkspruch** *m* toast; **Trinkwasser** *nt* drinking water; **Trinkwasseraufbereitung** *f* drinking water preparation; **Trinkwasserknappheit** *f* drinking water shortage; **Trinkwasserversorgung** *f* drinking water supply

trippeln ['trɪpəln] *sein vi* trip; (*geziert gehen*) mince

Tripper ['trɪpɐ] <-s, -> *m* gonorrh(o)ea

Tritt [trɪt] <-(e)s, -e> *nt* **1.** (*Schritt*) step **2.** (*Gang*) tread **3.** (*Fußspur*) footprint **4.** (*Stufe*) step **5.** (*Fuß~*) kick; **jdm einen ~ geben** give s.o. a kick; (*herauswerfen*) kick s.o. out; **~e hören** hear footsteps; **Trittblech** *nt* (AUTO) running board; **Tritthocker** *m* step stool; **Trittleiter** *f* stepladder

Triumph [tri'ʊmf] <-(e)s, -e> *m* triumph; **Triumphbogen** *m* triumphal arch; **Triumphgeschrei** *nt* howl of triumph; **triumphieren** *vi* (*frohlocken*) exult; **triumphierend** *adj* triumphant; **Triumphzug** *m* triumphal procession

trivial [trivi'ɑːl] *adj* trivial

Trivialliteratur *f* light fiction

trocken ['trɔkən] *adj* **1.** (*nicht feucht, a. fig*) dry; (*dürr*) arid **2.** (*Husten*) hacking; **~ werden** dry off [*o* out]; **auf dem Trockenen sitzen**^RR^ be in a tight spot

Trockenautomat *m* (*für Wäsche*) automatic dryer; **Trockendock** *nt* dry dock; **Trockeneis** *nt* dry ice; **Trockengestell** *nt* drying rack; **Trockenhaube** *f* (TECH) hairdryer; **Trockenheit** *f* dryness; (*Dürre*) drought; **trocken|legen** *vt* **1.** (*Land*) drain **2.** (*Kind*) change **3.** (*fam: Trinker*) dry out; **Trockenmilch** *f* dried milk; **Trockenshampoo** *nt* dry shampoo; **Trockenspiritus** *m* solid fuel; **Trockenzeit** *f* **1.** (*von Wäsche*) drying time **2.** (*Jahreszeit*) dry season

trocknen ['trɔknən] *vt, vi* dry

Trödel ['trøːdəl] <-s> *m* (*fam*) junk

Trödelei *f* dawdling

trödeln *vi* dawdle

Trödler(in) *m(f)* **1.** (*Händler*) junk-dealer **2.** (*fam: Bummler*) dawdler

Trog [troːk, 'trøːgə] <-(e)s, ¨-e> *m* trough; (*Wasch~*) tub

trollen ['trɔlən] *vr* (*fam*) push off, take o.s. off

Trommel ['trɔməl] <-, -n> *f* **1.** (MUS) drum **2.** (TECH) barrel **3.** (*in Revolver*) revolving breech; **die ~ schlagen** play the drum; **die ~ für etw rühren** drum up support for s.th; **Trommelfell** *nt* eardrum; **Trommelfeuer** *nt* drumfire; **trommeln** *vi, vt* **1.** (*auf Trommel*) (beat the) drum **2.** (*Regen*) beat down; **Trommelrevolver** *m* revolver; **Trommelwirbel** *m* drum-roll; **Trommler(in)** *m(f)* drummer

Trompete [trɔm'peːtə] <-, -n> *f* trumpet; **trompeten** <ohne ge-> **I.** *vi* trumpet **II.** *vt* (*ein Stück ~*) play on the trumpet; **Trompeter** *m* trumpeter

Tropen ['troːpən] *pl* tropics; **Tropenanzug** *m* tropical suit; **Tropenhelm** *m* sun-helmet; **Tropeninstitut** *nt* tropical institute; **Tropenkrankheit** *f* tropical disease

Tropf[1] [trɔpf] <-(e)s> *m* (MED) drip; **am ~ hängen** (*fam*) be on a drip

Tropf[2] [*pl:* 'trœpfə] <-(e)s, ¨-e> *m* (*fam*): **armer ~** poor devil

Tropfen <-s, -> *m* drop; (*Schweiß~*) bead; **ein ~ Blut** a drop of blood; **ein ~ auf den heißen Stein** a drop in the ocean; **ein guter ~** (*Wein*) a good wine; **steter ~ höhlt den Stein** (*prov*) constant dripping wears away the stone

tropfen ['trɔpfən] *vi* drip; **deine Nase tropft!** your nose is running!; **von seinen Kleidern tropfte Wasser** his clothes were dripping water; **tropfenweise** *adv* drop by drop

Tropfinfusion *f* (MED) intravenous drip; **tropfnass**^RR^ *adj* dripping wet; **Tropfstein** *m* (*hängend*) stalactite; (*aufsteigend*) stalagmite; **Tropfsteinhöhle** *f* stalactite cave

Trophäe [tro'fɛːə] <-, -n> *f* trophy

tropisch ['troːpɪʃ] *adj* tropical

Tross^RR^ [trɔs] <-es, -e> *m* (MIL) baggage, train

Trost [troːst] <-(e)s> *m* comfort, consolation; **das ist ein schwacher ~** (*iro*) some comfort that is; **nicht recht bei ~ sein** be out of one's mind

trösten ['trøːstən] **I.** *vt* comfort, console **II.** *vr* cheer up, console o.s. (*mit* with); **~ Sie sich!** never mind!; **tröstlich** *adj* comforting; **das ist ja sehr ~!** (*iro*) that's some comfort!

trostlos *adj* **1.** (*hoffnungslos*) hopeless **2.** (*freudlos*) cheerless **3.** (*elend*) wretched **4.** (*öde*) dreary; **Trostlosigkeit** *f* dreariness, hopelessness; **Trostpreis** *m* consolation prize; **trostreich** *adj* comforting

Tröstung *f* **1.** (*Trost*) comfort, consolation **2.** (*das Trösten*) comforting

Trott [trɔt] <-(e)s, -e> *m* **1.** (*Gangart*) trot **2.** (*fig*) routine, rut

Trottel ['trɔtəl] <-s, -> *m* (*fam*) fool, idiot, dope

trotten *sein vi* trot along

Trottoir [trɔ'toaːɐ] <-s, -s/-e> *nt* (*CH*) pavement *Br,* sidewalk *Am*

Trotz [trɔts] <-es> *m* **1.** defiance **2.** (*trotziges Verhalten*) contrariness; **jdm zum ~** in defiance of s.o.; **aus ~** for spite

trotz *präp* despite, in spite of; **~ alledem** for all that

Trotzalter *nt:* **er befindet sich gerade im ~** he's going through a defiant phase

trotzdem *adv* nevertheless

trotzen *vi* **1.** (*die Stirne bieten*) defy (*jdm* s.o.); (*Gefahren*) brave **2.** (*trotzig sein*) be awkward [*o* contrary]; **trotzig** *adj* **1.** (*die Stirne bietend*) defiant; (*Kind*) awkward **2.** (*trotzköpfig*) contrary; **Trotzkopf** *m* (*fam*) contrary person; **Trotzreaktion** *f* act of defiance

trübe ['try:bə] *adj* **1.** (*glanzlos*) dim, dull; (*Flüssigkeit*) muddy; (*Himmel*) cloudy, overcast **2.** (*Stimmung*) gloomy, pretty bleak; **~ Tasse** (*fam*) drip

Trubel ['tru:bəl] <-s> *m* hurly-burly

trüben ['try:bən] **I.** *vt* **1.** (*verdunkeln*) dim; (*stumpf machen, a. fig*) dull; (*Wasseroberfläche*) ruffle **2.** (*Freude, Verhältnis*) mar, spoil; (*Beziehungen*) strain **II.** *vr* grow cloudy [*o* gloomy] [*o* dull]

Trübsal ['try:pza:l] <-, -e> *f* afflictions *pl;* (*Kummer*) sorrow; **~ blasen** (*fam*) mope; **trübselig** *adj* **1.** (*betrübt*) gloomy **2.** (*trostlos*) bleak, depressing

trübsinnig *adj* gloomy, melancholy

Trübung *f* **1.** (*das Trübwerden*) dulling, ruffling **2.** (*fig*) spoiling, straining

trudeln ['tru:dəln] *sein vi* (AVIAT) spin

Trüffel ['trʏfəl] <-, -n> *f* truffle

Trug ['tru:k] <-(e)s> *m* deception; (*Fantasiegebilde*) delusion; **Trugbild** *nt* delusion

trügen ['try:gən] **I.** *irr vt* deceive; **wenn mich nicht alles trügt** unless I am very much mistaken **II.** *vi* be deceptive; **der Schein trügt** appearances are deceptive; **trügerisch** ['try:gərɪʃ] *adj* **1.** (*betrügerisch*) deceitful **2.** (*irreführend*) deceptive

Trugschluss[RR] *m* fallacy; **einem ~ unterliegen** be labouring under a misapprehension

Truhe ['tru:ə] <-, -n> *f* chest, trunk

Trümmer ['trʏmɐ] *pl* **1.** rubble *sing;* (*Ruinen, a. fig*) ruins *pl* **2.** (*Überreste*) remnants *pl;* **in ~n liegen** be in ruins; **in ~ gehen** be ruined; **Trümmerfeld** *nt* **1.** expanse of rubble **2.** (*fig*) scene of devastation; **Trümmerhaufen** *m* (*a. fig*) heap of rubble

Trumpf [trʊmpf, *pl:* 'trʏmpfə] <-(e)s, ¨-e> *m* (*a. fig*) trump, trump-card; **Herz ist ~** hearts are trumps *pl;* **alle Trümpfe in der Hand haben** hold all the trumps

Trunk [trʊŋk, *pl:* ('trʏŋkə)] <-(e)s, (¨-e)> *m* (*Getränk*) drink

trunken *adj* (*geh*) **1.** (*betrunken*) intoxicated **2.** (*vor Freude*) drunk (*vor* with); **Trunkenbold** <-(e)s, -e> *m* drunkard; **Trunkenheit** *f* drunkenness, intoxication; **~ am Steuer** (JUR) drunken driving

Trunksucht <-> *f* alcoholism; **trunksüchtig** *adj* alcoholic

Trupp [trʊp] <-s, -s> *m* bunch; (MIL) squad; (*beritten*) troop

Truppe ['trʊpə] <-, -n> *f* **1.** (*Schauspieler*) company, troupe **2.** (MIL) troops *pl;* (*Einheit*) unit; **kämpfende ~** combat element; **er ist nicht gerade von der schnellen ~** (*fam*) he's pretty slow on the uptake; **Truppen** *pl* troops; **Truppenabzug** *m* withdrawal of troops; **Truppenansammlung** *f* concentration of troops; **Truppenbewegungen** *fpl* troop movements; **Truppenteil** *m* unit; **Truppenübung** *f* field exercise; **Truppenübungsplatz** *m* military training area; **Truppenverschiebung** *f* moving of troops

Trust [trast/trʊst] <-(e)s, -e/-s> *m* (COM) trust

Trute <-, -n> *f* (*CH: Truthenne*) turkey

Truthahn ['tru:t-] *m* turkey(-cock); **Truthenne** *f* turkey(-hen)

Tschad [tʃat] <-> *m* Chad

Tscheche, -chin ['tʃɛçə] *m, f* Czech; **tschechisch** *adj* Czech

Tschechische Republik *f* Czech Republic

Tschechoslowakei [-slova'kaɪ] *f* (HIST) Czechoslovakia

T-Shirt ['ti:ʃə:t] <-s, -s> *nt* T-Shirt

Tube ['tu:bə] <-, -n> *f* tube; **auf die ~ drücken** (*fam*) put one's foot down

Tuberkulose [tubɛrku'lo:zə] <-, -n> *f* tuberculosis

Tuch [tu:x, *pl:* 'ty:çɐ] <-(e)s, ¨-er> *nt* cloth; **wie ein rotes ~ wirken** be like a red rag to a bull (*auf jdn* to s.o.); **Tuchballen** *m* bale of cloth; **Tuchfühlung** *f* physical contact; **auf ~ gehen** move closer (*mit jdm* to s.o., *miteinander* together); **~ haben mit jdm** be in close touch with s.o.

tüchtig ['tʏçtɪç] **I.** *adj* **1.** (*fähig*) capable; (*leistungsfähig*) efficient **2.** (*fleißig*) good **3.** (*fam: groß*) big, huge **4.** (*fam: Schlag*) hard **II.** *adv* **1.** (*fleißig*) hard **2.** (*fam: sehr*) good and proper; **~ arbeiten** work hard; **~ essen** eat heartily; **Tüchtigkeit** *f* ability, efficiency

Tücke ['tʏkə] <-, -n> *f* **1.** (*Bosheit*) malice, spite **2.** (*Gefahr*) peril **3.** (*Unberechenbarkeit*) perniciousness; **das ist die ~ des Objekts!** (*fam*) things have a will of their own!; **tückisch** *adj* **1.** (*boshaft*) malicious **2.** (*gefährlich*) treacherous **3.** (*unberechenbar*) pernicious

Tüftelei *f* fiddly job; **tüfteln** ['tʏftəln] *vi:* **über etw ~** puzzle over s.th.

Tugend ['tu:gənt] <-, -en> *f* virtue; **aus der Not eine ~ machen** make a virtue of necessity; **tugendhaft** *adj* virtuous; **Tugendhaftigkeit** *f* virtuousness

Tüll [tʏl] <-(e)s, (-s/-e)> *m* tulle

Tülle ['tʏlə] <-, -n> *f* (*einer Kanne*) spout

Tulpe ['tʊlpə] <-, -n> *f* tulip

tumb *adj* stupid, dim-witted

tummeln ['tʊməln] *vr* **1.** (*sich beeilen*) hurry up, make haste **2.** (*umhertollen*) romp about; **Tummelplatz** *m* **1.** (*Spielplatz*) playground **2.** (*fig*) hotbed

Tumor ['tu:mo:ɐ] <-s, -e> *m* tumor

Tümpel ['tʏmpəl] <-s, -> *m* pool

Tumult [tu'mʊlt] <-(e)s, -e> *m* **1.** (*Bewegung in Menschenmenge*) commotion **2.** (*innerer Aufruhr*) tumult, turmoil

Tun <-s> *nt* conduct, doings *pl;* **mein ganzes ~** everything I do

tun [tu:n] *irr vt, vi* do; (*legen, stellen*) put; **wir müssen da etw ~** we'll have to do s.th. about it; **und was soll ich da ~?** and what do you want me to do about it?; **alle Hände voll zu ~ haben mit etw** have one's hands full with s.th.; **sie tut nur so** she's only pretending; **nichts mit … zu ~ haben wollen** want nothing to do with …; **jdm Unrecht ~** do s.o. an injustice; **sein Möglichstes ~** do one's best [*o* utmost]; **20 Mark ~'s auch!** 20 marks should do!; **es zu ~ bekommen mit …** get into trouble with …; **tu mir bloß den (einen) Gefallen und halt den Mund!** do me a favour and shut up!; **etw noch einmal ~** do s.th. again; **zu ~ haben** have things to do; **er tut es ungern** he hates to do it; **es tut mir sehr Leid** I am very sorry; **er tut mir Leid** I am sorry for him; **tut mir Leid, (ist) ausgeschlossen** sorry, it's impossible; **es tut sich was** something is going on; **gesagt, getan** no sooner said than done; **was tut's?** what does it matter?; **das Auto tut's nicht mehr** (*fam*) the car has had it

Tünche ['tʏnçə] <-, -n> *f* **1.** whitewash **2.** (*fig*) veneer; **tünchen** *vt* whitewash

tunen ['tju:nən] *vt* tune

Tuner ['tju:næ] <-s, -> *m* (ELEK) tuner-amplifier

Tunesien [tu'ne:ziən] *nt* Tunisia; **Tunesier(in)** *m(f)* Tunisian; **tunesisch** *adj* Tunisian

Tunfisch[RR] *m* tuna

Tunichtgut ['tu:nɪç(t)gu:t] <-s, -e> *m* (*fam*) good-for-nothing

Tuning ['tju:nɪŋ] *nt* <-> tuning

Tunke ['tʊŋkə] <-, -n> *f* sauce; (*Braten~*) gravy; **tunken** *vt* dip

tunlichst *adv:* **ich werde es ~ vermeiden …** I'll do my best to avoid …

Tunnel ['tʊnəl] <-s, -/-s> *m* tunnel

Tunte ['tʊntə] <-, -n> *f* (*sl: Homosexueller*) fairy

Tüpfel(chen) ['tʏpfəl] <-s, -> *m (nt)* dot; **das ~ auf dem i** the icing on the cake

tüpfeln *vt* dot, spot

Tupfen ['tʊpfən] <-s, -> *m* spot; (*kleiner ~*) dot; **tupfen** *vt* dab; **Tupfer** *m* (MED) swab

Tür [ty:ɐ] <-, -en> *f* door; **da ist jd an der ~** there's s.o. at the door; **in der ~ stehen** stand in the doorway; **vor der ~** at the door; **zwischen ~ und Angel** in passing; **vor der ~ stehen** be on the doorstep; (*bevorstehen*) be just around the corner; **offene ~en einrennen** kick at an open door *sing;* **~ und Tor öffnen für …** leave the way open for …; **mit der ~ ins Haus fallen** blurt things out; **jdm die ~ vor der Nase zuschlagen** slam the door in someone's face; **~ an ~ mit jdm leben** live next door to s.o.; **Weihnachten steht vor der ~** Christmas is almost upon us; **Türangel** *f* door hinge

Turbine [tʊr'bi:nə] <-, -n> *f* turbine; **Turbinenantrieb** *m* turbine drive

Turbolader *m* (AUTO) turbocharger; **Turbomotor** *m* (AUTO) turbo engine

turbulent [tʊrbu'lɛnt] *adj* turbulent

Türgriff *m* door handle; **Türgriffsicherung** *f* (AUTO) door handle lock

Türke, -kin ['tʏrkə] *m, f* Turk; **Türkei** [-'-] <-> *f* Turkey

Türkis [tʏr'ki:s] <-(es), -e> *m* turquoise

türkisch *adj* Turkish; **Türkischer Honig** white nougat

Türklinke *f* door handle; **Türklopfer** *m* doorknocker

Turm [tʊrm, *pl:* 'tʏrmə] <-(e)s, ⸚e> *m* **1.** tower; (*Kirch~*) steeple **2.** (*Schachfigur*) castle, rook

Turmalin [tʊrma'li:n] <-s> *nt* tourmaline

Türmchen ['tʏrmçən] *nt* turret

türmen ['tyrmən] *haben* **I.** *vt* pile up **II.** *vi* (*fam: flüchten*) take to one's heels **III.** *vr* tower

turmhoch *adj* lofty, towering

Turmspringen *nt* (SPORT) high diving

Turmuhr *f* (*Kirch~*) church clock

Turnaroundzeit [ˌtœ:ɐnə'raʊnt-] *f* (INFORM) turnaround time

Turnen ['tʊrnən] <-s> *nt* (*Sportart*) gymnastics *pl;* (*Schulfach, fam*) PE [*o* PT]; **turnen** *vi* **1.** do gymnastics **2.** (*herum~*) climb about; (*von Kindern*) romp; **Turner(in)** *m(f)* gymnast; **Turngerät** *nt* **1.** (*Reck*) gymnastic apparatus **2.** (*Medizinbälle*) gymnastic equipment; **Turnhalle** *f* gym(nasium); **Turnhose** *f* gym shorts *pl*

Turnier [tʊr'ni:ɐ] <-s, -e> *nt* **1.** (SPORT)

tournament **2.** (*Tanz~*) competition; **Turnierpferd** *nt* competition horse; **Turnierreiter(in)** *m(f)* competition rider

Turnlehrer(in) *m(f)* gym [*o* PE] teacher [*o* PT]; **Turnschuhe** *mpl* gym-shoes; **Turnschuhfirma** *f* (*fam*) trainer manufacturer; **Turnstunde** *f* gym [*o* PE] lesson [*o* PT]; **Turnübung** *f* gymnastic exercise; **Turnunterricht** *m* gymnastic instruction; (*Turnstunde*) gym, PE, PT; **Turnverein** *m* gymnastics club

Türöffner *m* (ELEK) buzzer; **Türrahmen** *m* door frame; **Türschild** *nt* doorplate; **Türschnalle** *f* (*österr*) door handle

Tusch [tʊʃ] <-es, -e> *m* (MUS) flourish

Tusche ['tʊʃə] <-, -n> *f* Indian ink

tuscheln ['tʊʃəln] *vi* whisper; **hinter jds Rücken ~** talk behind someone's back

Tuschkasten *m* paintbox; **Tuschzeichnung** *f* pen-and-ink drawing

Tussi <-, -s> *f* (*sl pej*) female; **so eine blöde ~!** what a silly cow!

Tüte ['ty:tə] <-, -n> *f* bag; **in ~n verpacken** put in bags; **kommt nicht in die ~!** (*fam*) no way!

Tuten <-s> *nt* tooting; (*von Autohupe*) hooting; **von ~ und Blasen keine Ahnung haben** (*fam*) not to have a clue; **tuten** ['tu:tən] *vi* toot

TÜV ['tyf] <-s, -s> *m Akr. von* **Technischer Überwachungsverein** MOT; **TÜV-Plakette** *f German MOT sticker*

TV-Moderator(in) *m(f)* TV presenter

TV-Positionierung *f* product placement

Twen [tvɛn] *m* <-s, -s> *person in her/his twenties*

Twist[1] [tvɪst] <-(e)s, -e> *m* (*Garn*) twist

Twist[2] <-s, -s> *m* (*Tanz*) twist

Typ [ty:p] <-s, -en> *m* **1.** (*Modell*) model **2.** (*Menschenart*) type **3.** (*fam: Kerl*) bloke; **nicht mein ~** not my type; **vom ~ her völlig verschiedene Menschen sein** be totally different types of person; **dein ~ wird verlangt!** (*hum fam*) you're wanted!; **sie ist mein ~** she's my type; **dufter ~** (*fam*) great guy; **kaputter ~** (*sl*) bum

Type ['ty:pə] <-, -n> *f* **1.** (*Schreibmaschinen~*) type **2.** (*fam: Mensch*) character; **der ist eine komische ~** he's a strange character; **Typenbezeichnung** *f* (TECH) type designation; **Typenrad** *nt* (*bei Schreibmaschine*) daisy wheel; **Typenraddrucker** *m* (INFORM) daisy-wheel printer; **Typenradschreibmaschine** *f* daisy-wheel typewriter

Typhus ['ty:fʊs] <-> *m* typhoid fever

typisch *adj* typical (*für* of)

typisieren *vt* **1.** (*Produkte*) standardize **2.** (*Charakter*) stylize

Typografie[RR], **Typographie** [typogra'fi:] *f* typography; **typografisch**[RR], **typographisch** *adj* typographic(al)

Typus ['ty:pʊs] <-, -pen> *m* type

Tyrann [ty'ran] <-en, -en> *m* tyrant; **Tyrannei** *f* tyranny; **tyrannisch** *adj* tyrannical; **tyrannisieren** *vt* tyrannize

U

U, u [u:] <-, -> *nt* U, u

U-Bahn *f* underground, subway *Am;* **mit der ~ fahren** go by underground [*o* subway]; **U-Bahnhof** *m* underground station

U-Boot *nt* submarine; **U-Boot-Krieg** *m* submarine warfare

U-Eisen *nt* (TECH) E-channel; **U-Profil** *nt* (TECH) channel section

Übel <-s, -> *nt* (*Missstand*) evil; **das kleinere ~ sein** be the lesser evil; **zu allem ~ ...** to make matters worse ...

übel ['y:bəl] **I.** *adj* **1.** (*körperlich ~*) bad, nasty **2.** (*böse, schlecht*) wicked; **in eine üble Lage geraten** fall on evil days *pl;* **jdm etw ~ auslegen** take s.th. amiss; **nicht ~** not bad; **ein übler Bursche** a bad lot; **~ dran sein** be in a bad way; **davon kann einem ja ~ werden!** it's enough to make you feel sick! **II.** *adv* (*schlecht, schlimm*) badly; **das wäre gar nicht so ~** that wouldn't be such a bad thing; **übler Trick** nasty trick; **mir ist ~** I feel sick; **wohl oder ~** willy-nilly; **er wird es wohl oder ~ tun müssen** he'll have to do it whether he likes it or not; **das schmeckt gar nicht so ~** it doesn't taste so bad; **ich hätte nicht ~ Lust ...** I wouldn't mind ...; **~ gelaunt**[RR] ill-humoured; **~ nehmen**[RR] take amiss [*o* in bad part]; **nehmen Sie es mir nicht ~, aber ...** don't take it amiss but ...; **ich nehme es Ihnen nicht ~** I do not blame you for it; **~ riechend**[RR] evil-smelling; **jdm ~ wollen**[RR] wish s.o. ill

übelgelaunt *adj s.* **übel**; **Übelkeit** *f* (*a. fig*) nausea; **~ erregen** cause nausea; **übel|nehmen** *vt s.* **übel**; **übelriechend** *adj s.* **übel**; **Übelstand** *m* (social) evil; **Übeltat** *f* misdeed, wicked deed; **Übeltäter(in)** *m(f)* wrongdoer; **übel|wollen** *vi s.* **übel**

üben ['y:bən] **I.** *vt* practise; (MIL) drill; **Geduld ~** be patient; **Kritik an etw (jdm) ~** criticize s.th. (s.o.) **II.** *vr:* **sich in etw ~** practise s.th. **III.** *vi* practise

über ['y:bɐ] **I.** *präp* **1.** (*räumlich*) over; (*oberhalb*) above, on top of; (*darüber hinaus*) across, beyond; (*auf*) on, upon **2.** (*während, bei, länger als*) over **3.** (*betreffend*) about, on **4.** (*bei Zahlenangaben: in Höhe von*) for; (*mehr als*) over **5.** (*auf dem Wege, vermittels*) via; **Fehler ~ Fehler** one mistake after another; **~ fünfzig Jahre alt** past fifty; **bis ~ die Ohren** up to one's ears; **~ all der Aufregung** what with all the excitement; **~ Bord** overboard; **es geht nichts ~ ...** there is nothing better than ...; **Literatur geht ihr ~ alles** she loves literature more than anything else; **~ München fliegen** fly via Munich; **ein Scheck ~ DM 2.000** a cheque for 2,000 marks; **ein Buch ~ ...** a book on ...; **~ Nacht** during the night; **~ den Dingen stehen** be above it all; **~ Mittag bleiben** stay over lunch; **~ kurz oder lang** sooner or later **II.** *adv:* **~ und ~** all over

überall ['y:bɐ'al] *adv* everywhere *Br,* all over *Am;* **~ und nirgends** here, there and everywhere; **~ und nirgends zuhause sein** be at home everywhere and nowhere; **überallher** *adv* from all over; **überallhin** *adv* everywhere

überaltert *adj* superannuated

Überangebot *nt* surplus (*an* of)

überängstlich *adj* over-anxious

überanstrengen *vt, vr* overexert, overstrain; **überanstrenge dich bloß nicht!** (*iro*) don't strain yourself!; **Überanstrengung** *f* overexertion; **nervliche ~** nervous strain

überarbeiten **I.** *vt* go over; (*Buch*) revise **II.** *vr* overwork; **Überarbeitung** *f* **1.** (*von Text*) revision; (*Neufassung*) revised version **2.** (*körperliche ~*) overwork

überaus *adv* exceedingly, extremely

überbacken *vt* put in the oven; (*bräunen*) brown

Überbau *m* (PHILOS) superstructure

überbeanspruchen *vt* **1.** (*Materialien*) overstrain; (*gewichtmäßig*) overload **2.** (*den Körper*) overtax; **Überbeanspruchung** *f* **1.** (*Materialien*) overstraining **2.** (*von Körper*) overtaxing

Überbein *nt* (MED) ganglion

überbelasten *vt* overload

überbelegt *adj* overcrowded

überbelichten *vt* (PHOT) overexpose

Überbeschäftigung *f* overemployment

überbesetzt *adj* overmanned, overstaffed; **Überbesetzung** *f* overmanning, overstaffing

überbetonen *vt* **1.** (*fig*) overstress **2.** (*bestimmte Körperteile*) overaccentuate

überbevölkert *adj* overpopulated; **Überbevölkerung** *f* overpopulation

überbewerten *vt* **1.** (FIN) overvalue **2.** (*fig*) overrate; **wir wollen das doch nicht ~!** let's not attach too much importance to this!; **Überbewertung** *f* overvaluation, overrating

Überbezahlung *f* overpayment

überbieten I. *irr vt* **1.** (*bei Auktion*) outbid (*um* by) **2.** (*fig*) outdo; **einander ~** vie with each other (*in etw* in s.th.); **das ist nicht mehr zu ~!** (*fam*) that beats everything!; **einen Rekord ~** break a record **II.** *vr* (*sich selbst*) surpass o.s.

Überbleibsel ['y:bɐblaɪpsl] <-s, -> *nt* **1.** (*Rest*) remnant; (*Speiserest*) leftover **2.** (*Brauch*) survival

Überblick ['---] *m* **1.** (*freie Sicht*) view **2.** (*Abriss*) survey; (*Übersicht*) summary; **sich einen ~ verschaffen über ...** get a general idea of ...; **den ~ verlieren** lose track; **überblicken** *vt* **1.** (*Stadt*) overlook **2.** (*fig*) have a view of; **das lässt sich noch nicht ~** I cannot say as yet

überbringen *irr vt* deliver; **Überbringer(in)** *m(f)* bearer

überbrücken *vt* bridge; **die Gegensätze zwischen ... und ... ~** bridge the gap between ... and ...; **Überbrückungskredit** *m* bridging loan

überdachen *vt* roof over

überdauern *vt* survive

überdenken *irr vt* consider, think over; **etw noch einmal ~** reconsider s.th.

überdies [--'-] *adv* **1.** (*außerdem*) moreover **2.** (*ohnehin*) anyway

überdimensional *adj* oversize

überdosieren *vt* overdose; **Überdosis** *f* (MED) overdose; **eine ~ Schlaftabletten nehmen** take an overdose of sleeping pills

überdrehen *vt* **1.** (*Uhr*) overwind **2.** (*Gewinde*) strip **3.** (*Motor*) overrev; **überdreht** *adj* (*fam*) wound up

Überdruck[1] <-(e)s, -e> *m* (TYP) overprint

Überdruck[2] <-(e)s> *m* (TECH PHYS) excess pressure

Überdruss[RR] ['y:bɐdrʊs] <-es> *m* (*Widerwille*) aversion (*an* to); (*Übersättigung*) surfeit (*an* of); **bis zum ~** ad nauseam; **überdrüssig** ['y:bɐdrʏsɪç] *adj*: **~ werden, ~ sein** grow [*o* be] tired (*jds* of s.o., *einer Sache* of s.th.)

überdüngen *vt* over-fertilize; **Überdüngung** *f* over-fertilization

überdurchschnittlich *adj* above-average

übereifrig *adj* overzealous, overenthusiastic

übereignen *vt* transfer (*jdm etw* s.th. to s.o.)

übereilen *vt*: **nur nichts ~!** don't rush things!; **übereilt** *adj* **1.** (*zu eilig*) hasty, rash **2.** (*unbedacht*) thoughtless

übereinander *adv* **1.** (*räumlich*) on top of each other **2.** (*einander betreffend*) about each other; **~ legen**[RR] put on top of each other; **die Beine ~ schlagen**[RR] cross one's legs; **übereinander|legen** *vt s.* **übereinander**; **übereinander|schlagen** *vt s.* **übereinander**

überein|kommen [y:bɐ'aɪn-] *irr vi* agree; **Übereinkommen** <-s, -> *nt*, **Übereinkunft** <-, ¨-e> *f* agreement, arrangement; **stillschweigendes Übereinkommen** tacit agreement; **ein Übereinkommen erzielen** come to [*o* reach] an agreement

überein|stimmen [y:bɐ'aɪn-] *vi* **1.** (*Personen*) agree (*mit jdm in etw* with s.o. on s.th.) **2.** (*Messdaten, Rechnungen*) correspond; (*zusammenpassen*) match; **übereinstimmend I.** *adj* **1.** (*Meinungen*) concurring **2.** (*einander entsprechend*) corresponding **II.** *adv* unanimously; **Übereinstimmung** *f* **1.** (*von Meinungen*) agreement **2.** (*Einklang*) correspondence; **in ~ mit jdm** in agreement with s.o.; (*mit etw*) in accordance with s.th.; **in ~ bringen** accommodate, conform

überempfindlich *adj* oversensitive (*gegen* to); (MED) hypersensitive; **Überempfindlichkeit** *f* oversensitivity; (MED) hypersensitivity

überessen *irr vr*: **sich an etw** gorge o.s. on

überfahren[1] *irr vt* **1.** run over **2.** (*Ampel*) go through **3.** (*fam: übertölpeln*) stampede (*jdn* s.o. into it)

über|fahren[2] **I.** *vt* (*mit einem Boot*) take across **II.** *vi sein* cross over

Überfahrt *f* crossing

Überfall *m* **1.** (*Angriff*) attack (*auf* on); (*Bank~*) holdup **2.** (*fam: unerwartetes Auftauchen*) invasion; **keine Bewegung, dies ist ein ~!** freeze, this is a holdup!; **überfallen** *irr vt* **1.** (*angreifen*) attack; (*Bank*) hold up **2.** (*Schlaf*) come over **3.** (*fam: unerwartet ~*) descend upon; **heftiges Fieber überfiel mich** I had a bad attack of fever; **jdn mit Fragen ~** bombard s.o. with questions; **überfällig** *adj*: **seit drei Tagen ~** three days overdue; **Überfallkommando** *nt* flying squad *Br*, riot-squad *Am*

überfliegen *irr vt* **1.** fly over **2.** (*fig*) glance over

Überflieger(in) *m(f)* (*fam*) high-flyer

über|fließen *sein irr vi* overflow

überflügeln *vt* (*fig*) outdo, outstrip, surpass

Überfluss[RR] <-es> *m* abundance, plenty (*an* of); **zu allem ~** superfluously; (*obendrein*) into the bargain; **im ~ leben** live in luxury; **im ~ vorhanden** in plentiful supply; **Überflussgesellschaft**[RR] *f* affluent society; **überflüssig** *adj* superfluous;

(*unnötig*) unnecessary; ~ **zu sagen, dass …** it goes without saying that …

überfluten *vt* (*a. fig*) flood

überfordern *vt* overtax; **damit ist sie überfordert** that's asking too much of her

überfrachten *vt* **1.** overload **2.** (*fig*) overcharge

überfragen *vt:* **tut mir leid, aber da bin ich überfragt** sorry, but I don't know, I'm afraid you've got me there

Überfremdung *f* (*pej: einer Sprache, Kultur*) foreign infiltration

überfrieren <sein, ohne -ge-> *irr vi* freeze over; ~**de Nässe** black ice

überführen *vt* **1.** transfer; (*Kfz*) drive; (*Leiche*) transport **2.** (JUR: *Täter*) convict (*einer Sache* of s.th.); **Überführung** *f* **1.** (*Transport*) transport **2.** (*Brücke*) bridge; (*Fußgänger~*) footbridge **3.** (JUR) conviction

Überfülle ['----] *f* superabundance

überfüllt [--'-] *adj* overcrowded; (COM: *Lager*) overstocked; (SCHULE: *Kurs*) oversubscribed; **Überfüllung** *f* overcrowding; (*von Kurs*) oversubscription

überfüttern *vt* (*a. fig*) overfeed

Übergabe *f* handing over; (MIL) surrender; (*von Neubau*) opening

Übergang *m* **1.** (*das Überqueren*) crossing **2.** (*Fußgänger~*) crossing *Br*, crosswalk *Am;* (*Brücke*) footbridge **3.** (*Grenz~*) checkpoint **4.** (*Bahn~*) level crossing *Br*, grade crossing *Am* **5.** (*Wechsel*) transition; **Übergangsbestimmung** *f* interim regulation; **Übergangserscheinung** *f* transitory phenomenon; **Übergangslösung** *f* provisional solution, temporary arrangement; **Übergangsmantel** *m* between-seasons coat; **Übergangsphase** *f* transitional period; **Übergangsstadium** *nt* stage of transition; **Übergangszeit** *f* transitional period

Übergardinen *pl* curtains *Br*, drapes *Am*

übergeben **I.** *irr vt* **1.** (*abliefern*) hand over **2.** (MIL) surrender **3.** (*Amt, Würde*) hand over; **eine Sache einem Anwalt** ~ place a matter in the hands of a lawyer; **eine Straße dem Verkehr** ~ open a road to traffic **II.** *vr* (*erbrechen*) vomit

über|gehen[1] *sein irr vi* **1.** (*zu einer Partei*) go over **2.** (*sich verändern*) change [*o* turn] (into); (*Farben*) merge (into) **3.** (*übernommen werden*) pass (*auf jdn* to s.o.); **die Augen gingen ihm über** his eyes were almost popping out of his head; **zum nächsten Punkt** ~ go on to the next point; **in andere Hände** ~ pass into other hands; **in jds Besitz** ~ become someone's property; **zum Angriff** ~ take the offensive

übergehen[2] *haben vt* **1.** (*auslassen*) skip **2.** (*übersehen*) overlook, pass over [*o* by]; **jds Einwände** ~ ignore someone's objections

übergenau *adj* overprecise

übergenug *adv* more than enough

übergeordnet *adj* higher

Übergepäck *nt* (AVIAT) excess baggage

Übergewicht *nt* **1.** overweight **2.** (*fig*) predominance; **das** ~ **bekommen** become predominant; **an** ~ **leiden** be overweight; **militärisches** ~ military dominance; **übergewichtig** *adj* overweight

überglücklich *adj* overjoyed

über|greifen *irr vi* **1.** (*ineinander* ~) overlap **2.** (*unberechtigt eindringen*) encroach [*o* infringe] (*auf* on) **3.** (*sich verbreiten*) spread (*auf* to); **übergreifend** *adj* predominant; **Übergriff** *m* encroachment, infringement (*auf* on)

Übergröße *f* (*von Kleidung*) outsize; (*von Reifen*) oversize

überhand[RR] [y:bɐ'hant] *irr vi:* ~ **nehmen**[RR] get out of hand; **überhandnehmen** *vt s.* **überhand**

Überhang *m* **1.** (FIN: *von Geld*) surplus money **2.** (*von Fels*) overhang; ~ **an Aufträgen** (COM) backlog; **über|hängen** **I.** *vi* overhang **II.** *vr:* **sich einen Mantel** ~ put a coat round one's shoulders; **sich ein Gewehr** ~ sling a rifle over one's shoulders

überhasten *vt* rush; **nur nichts** ~**!** don't rush things!; **überhastet** *adj* overhasty

überhäufen *vt* overwhelm (*mit* with); (*Schreibtisch*) pile high; **überhäuft werden mit Arbeit** be snowed under with work; **jdn mit Vorwürfen** ~ heap reproaches upon someone's head

überhaupt [y:bɐ'haʊpt/'---] *adv* **1.** (*sowieso*) in general **2.** (*außerdem*) anyway **3.** (*eigentlich*) actually; **ich denke** ~ **nicht daran …** I've no intention whatsoever of …; **weißt du** ~**, …?** do you realize …?; **wer sind Sie** ~**?** who do you think you are?

überheblich [y:bɐ'he:plɪç] *adj* arrogant; **Überheblichkeit** *f* arrogance

überheizen *vt* overheat

überhitzen *vt* overheat

überhöht [--'-] *adj* **1.** (*Kurve*) superelevated *Br*, banked *Am* **2.** (*Preise*) excessive

über|holen[1] *vi* (MAR: *Schiff*) keel over

überholen[2] **I.** *vt* **1.** (AUTO) overtake, pass *Am* **2.** (*ausbessern*) overhaul; (*Motor*) recondition **II.** *vi* overtake, pass *Am;* ~ **verboten!** no overtaking!, no passing! *Am;* **Überholmanöver** *nt* (AUTO) overtaking manœuvre; **Überholspur** *f* overtaking lane *Br*, passing lane *Am*

überholt *adj* **1.** out-dated **2.** (AUTO) reconditioned

Überholverbot *nt* ban on overtaking *Am*

überhören *vt* not to hear; (*absichtlich*)

ignore; **sie überhörte meine Anspielungen geflissentlich** she studiously ignored my hints; **das möchte ich überhört haben!** I didn't hear that!

Über-Ich <-s> *nt* (PSYCH) super-ego

überirdisch *adj* (*fig*) celestial, heavenly; (*übernatürlich*) supernatural

überkandidelt ['y:bɐkandidəlt] *adj* (*fam*) eccentric

Überkapazität *f* overcapacity

überkleben *vt:* **etw mit ...** ~ stick ... over s.th.

über|kochen *sein vi* (*a. fig*) boil over

überkommen I. *irr vt* (*befallen*) come over **II.** *vi sein* (*überliefert werden*) be handed down (*jdm* to s.o.); **mich überkam Furcht** I was overcome with fear

überladen *irr vt* **1.** (*zu stark belasten*) overload **2.** (*zu voll packen, a. fig*) clutter; **überladen** *adj* **1.** (*Fahrzeug*) overloaded **2.** (*Stil*) ornate **3.** (*Bild*) cluttered

überlagern I. *vt* **1.** (RADIO TV) blot out **2.** (*Thema*) eclipse **II.** *vr* overlap

Überlandbus *m* coach; **Überlandleitung** *f* (ELEK) overhead power line

überlappen [y:bɐ'lapən] *vr* overlap

überlassen[1] *irr vt* **1.** (*jdm etw* ~) let s.o. have s.th. **2.** (*jdm anheim stellen*) leave it up to s.o. **3.** (*preisgeben*) abandon; **das bleibt Ihnen** ~ that's up to you; **jdn sich selbst** ~ leave s.o. to his own devices; **über|lassen[2]** *irr vt* (*übrig lassen*) leave (*jdm etw* s.th. for s.o.)

überlasten *vt* **1.** put too great a strain on; (*Mensch*) overtax **2.** (ELEK TELE) overload; **Überlastung** *f* **1.** (*von Mensch*) overtaxing; (*zu großer Stress*) overstress; (*Zustand*) strain **2.** (ELEK TELE) overloading; (TECH) overload; **Überlastungsschutz** *m* (ELEK) overload protection

Überlauf ['---] *m* (TECH) overflow; **überlaufen** [--'--] *adj* (*sehr überfüllt*) overcrowded

überlaufen[1] *irr vi* (*gegnerische Abwehr*) overrun

über|laufen[2] *sein irr vi* **1.** (*Wasser*) overflow **2.** (MIL) desert; **zum Überlaufen voll** full to overflowing; **Überläufer** *m* (MIL) deserter; (PARL) turncoat

überleben *vt, vi* **1.** (*länger leben als*) outlive, survive (*um* by) **2.** (*durchstehen*) live through; **das hat sich überlebt** that's had it's day; **das überlebe ich nicht!** (*fam*) that'll be the death of me!; **du wirst es schon** ~ (*iro*) it won't kill you; **Überlebende(r)** *f m* survivor; **überlebensgroß** *adj* larger than life; **Überlebenstraining** *nt* survival training

überlegen[1] I. *vi* (*nachdenken*) think; **lass mich mal** ~ now let me think **II.** *vt* (*durchdenken*) think over [*o* about]; **das werde ich mir** ~ I'll give it some thought; **hin und her** ~ deliberate; **das wäre zu** ~ it's worth thinking about; **es wäre (noch) zu** ~ it should be considered; **sie hat es sich anders überlegt** she's changed her mind

überlegen[2] [--'--] *adj* superior (*jdm* to s.o.); **ein ~er Sieg** a convincing victory

Überlegenheit *f* superiority

über|legt *adj* (well-)considered; **wohl** ~[RR] well-considered; **etw wohl** ~ **tun**[RR] do s.th. after careful consideration; **Überlegung** *f* consideration, reflection; **~en anstellen** make observations (*zu* about); **das wäre wohl eine** ~ **wert** that is worth thinking about

über|leiten *vi* (*fig*) lead up (*zu etw* to s.th.); **Überleitung** *f* transition

überlesen *irr vt* overlook, miss

überliefern *vt* (*der Nachwelt*) hand down; **Überlieferung** *f* **1.** tradition **2.** (*Brauch*) custom; **an der** ~ **festhalten** hold on to tradition; **nach alter** ~ according to tradition

überlisten *vt* outwit

Übermacht <-> *f* **1.** superior strength **2.** (*von Gefühlen*) predominance; **übermächtig** *adj* **1.** (*durch Gewalt*) superior; (*Feind*) powerful **2.** (POL) all-powerful

übermalen *vt* paint over

übermannen *vt* overcome

Übermaß <-es> *nt* excess; **im** ~ excessively, to excess; **übermäßig** *adj* excessive; **sich** ~ **anstrengen** overdo things

Übermensch *m* superman; **übermenschlich** *adj* superhuman

übermitteln *vt* convey, transmit

übermorgen ['----] *adv* the day after tomorrow

übermüdet [--'--] *adj* overtired; **Übermüdung** *f* overtiredness

Übermut *m* **1.** (*Ausgelassenheit*) high spirits *pl* **2.** (*Mutwille*) mischief; **übermütig** *adj* **1.** (*ausgelassen*) high-spirited **2.** (*anmaßend*) arrogant

übernächst *adj* next ... but one; **~e Woche** the next week but one, the week after next; **am ~en Tag** two days later

übernachten *vi* sleep; **bei jdm** ~ stay at someone's place; **wie viele Leute können bei Ihnen ~?** how many people can you put up?; **wo haben Sie übernachtet?** where did you sleep?; **übernächtigt** [y:bɐ'nɛçtɪçt] *adj* tired, sleepy; **Übernachtung** *f* overnight stay; ~ **mit Frühstück** bed and breakfast; **was berechnen Sie für die ~?** what do you charge for the night?; **Übernachtungsmöglichkeit** *f* overnight accommodation

Übernahme ['----] <-, -n> *f* **1.** (*das Übernehmen*) taking over; (*als Ergebnis*) takeover **2.** (*Ausdruck, Meinung*) adoption **3.** (*Amt*) assumption; **er hat sich zur ~ der Kosten verpflichtet** he has undertaken to pay the costs; **durch ~ dieser Aufgabe ...** by undertaking this task ...; **Übernahmeangebot** *nt* takeover bid; **Übernahmeversuch** *m* takeover attempt, attempted takeover; **Übernahmezeitraum** *m* takeover period

übernatürlich ['-----] *adj* supernatural

übernehmen **I.** *irr vt* **1.** (*a. jdn ablösen*) take over **2.** (*Arbeit*) take on, undertake **3.** (*Amt, Verantwortung*) assume; **das ~ wir!** we'll take care of that! **II.** *vr* take on too much; (*sich überanstrengen*) overdo it; (*im Essen*) overeat

über|ordnen *vt:* **jdm jdn ~** put [*o* place] s.o. over s.o.; **etw einer Sache ~** give s.th. precedence over s.th.

Überproduktion *f* overproduction

überprüfen *vt* **1.** check (*auf* for); (*Person*) screen; (*untersuchen*) scrutinize **2.** (*Maschine*) inspect; **Überprüfung** *f* **1.** checking; (*von Person*) screening **2.** (TECH) inspection; (*Kontrolle*) check

überqueren *vt* cross

überragen[1] *vt* **1.** (*größer sein*) tower above **2.** (*übertreffen*) outshine (*an* in)

über|ragen[2] *vi* (*senkrecht*) protrude; (*waagerecht*) jut out

überraschen [yːbɐˈraʃən] *vt* surprise; **wir wurden von einem Gewitter ~** we were caught in a storm; **lassen wir uns ~!** let's wait and see!; **überraschend** *adj* surprising; **Überraschung** *f* surprise; **Überraschungseffekt** *m* shock effect

Überreaktion *f* overreaction

überreden *vt* persuade (*jdn etw zu tun* s.o. to do s.th.); **Überredung** *f* persuasion

überregional *adj* nationwide

überreich *adj* abundant (*an* in)

überreichen *vt* hand over; (*feierlich*) present

überreif *adj* overripe

überreizen **I.** *vt* (*Fantasie*) overexcite; (*Nerven*) overstrain **II.** *vr* (*beim Kartenspiel*) overbid; **überreizt** *adj* overwrought

überrennen *irr vt* run down; (MIL) overrun; (*fig*) overwhelm

Überreste *m* remains *pl,* remmants *pl*

Überrollbügel *m* (AUTO) roll bar

überrumpeln *vt* take by surprise; **jdn mit einer Frage ~** throw s.o. with a question

überrunden *vt* **1.** (SPORT) lap **2.** (*fig*) outstrip

übersät [--'-] *adj:* **~ mit** strewn with

übersättigen *vt* satiate

Überschallflugzeug *nt* supersonic jet; **Überschallgeschwindigkeit** *f* supersonic speed

überschätzen *vt* overrate; (*Entfernung*) overestimate

überschauen *vt* **1.** (*Ortschaft, Platz*) overlook **2.** (*fig*) see

über|schäumen *sein vi* **1.** foam over **2.** (*fig*) brim over (*vor* with); **~de Begeisterung** effervescent enthusiasm

überschlafen *irr vt* sleep on

Überschlag ['---] *m* (*ungefähre Berechnung*) estimate; **einen ~ machen** do a somersault

überschlagen[1] **I.** *irr vt* (*berechnen*) estimate roughly **II.** *vr* **1.** (*Fahrzeug*) turn over **2.** (*Ereignisse*) come thick and fast **3.** (*Stimme*) crack

über|schlagen[2] *vt:* **seine Beine ~** cross one's legs

über|schnappen *sein vi* **1.** (*Stimme*) crack **2.** (*fam*) crack up

überschneiden *irr vr* **1.** (*Linien*) intersect **2.** (*fig*) overlap; (*gleichzeitig geschehen*) coincide, overlap; **Überschneidung** *f* **1.** (*Linien*) intersection **2.** (*fig*) overlap; (*Gleichzeitigkeit*) coincidence

überschreiben *irr vt* **1.** (*mit Überschrift versehen*) head **2.** (*übertragen*) sign (*etw* s.th.), over (*jdm* to s.o.)

überschreiten *irr vt* **1.** (*überqueren*) cross **2.** (*Maß*) exceed; (*Grenze*) transgress; **er hat die Sechzig schon überschritten** he's past sixty already

Überschrift ['---] *f* heading; (*Kopfzeile*) headline

Überschuldung *f* excessive debts *pl*

Überschuss[RR] *m* surplus (*an* of)

überschüssig ['yːbɐʃʏsɪç] *adj* surplus

Überschussmaterial[RR] *nt* excess material; **Überschussproduktion[RR]** *f* surplus production

überschütten *vt* **1.** (*bedecken*) cover (*mit* with) **2.** (*mit Geschenken*) shower (*mit* with)

Überschwang ['yːbɐʃvaŋ] <-(e)s> *m* exuberance; **im ersten ~(e)** in the first flush of excitement; **überschwänglich[RR]** ['yːbɐʃvɛŋlɪç] *adj* effusive

über|schwappen *sein vi* slop [*o* splash] over

überschwemmen *vt* (*a. fig*) flood; **Überschwemmung** *f* **1.** (*Flut*) flood **2.** (*das Überschwemmen*) flooding; (*fig*) inundation; **Überschwemmungsgebiet** *nt* flood area

überschwenglich *adj* effusive

Übersee ['---] <-> *f* overseas *pl;* **nach/in ~** overseas; **Überseedampfer** *m* ocean liner; **Überseehandel** *m* overseas trade; **überseeisch** *adj:* **~e Besitzungen** overseas territories; **Überseemarkt** *m* overseas market

übersehbar [--'--] *adj* **1.** visible at a glance **2.** (*erkennbar*) clear; (*absehbar*) assessable; **der Schaden ist noch nicht ~** the damage cannot be assessed yet; **übersehen¹** *irr vt* **1.** (*Gegend*) look over **2.** (*erkennen*) see clearly; (*Bescheid wissen über*) have an overall view of ... **3.** (*ignorieren*) overlook; (*nicht bemerken*) fail to notice; **die Lage ~** be in full command of the situation

über|sehen² *irr vt:* **sich** (**an**) **etw ~** get tired of seeing s.th.

übersenden *irr vt* send; (*Geld*) remit; **anbei ~ wir Ihnen ...** (COM) enclosed please find ...

über|setzen¹ I. *vt* (*mit Fähre*) ferry across **II.** *vi sein* cross (over)

übersetzen² *vt, vi* **1.** translate (*aus dem ... ins ...* from ... into ...) **2.** (TECH: *übertragen*) transmit; **etw falsch ~** (*Sprache*) mistranslate s.th.; **dieses Gedicht lässt sich nur schwer ~** this poem is hard to translate

Übersetzer(in) *m(f)* translator; **Übersetzung** *f* **1.** (*sprachlich*) translation **2.** (TECH) transmission ratio

Übersicht ['---] <-, (-en)> *f* **1.** (*Überblick*) overall view **2.** (*Zusammenfassung*) survey; (*in Tabellenform*) table; **die ~ verlieren** lose track of things; **übersichtlich** *adj* **1.** (*erfassbar, klar*) clear **2.** (*Gelände*) open; **Übersichtlichkeit** *f* clarity

über|siedeln *sein vi* move (*nach* to); **Übersiedler(in)** *m(f)* migrant

übersinnlich *adj* **1.** supersensory **2.** (*übernatürlich*) supernatural; **~e Wahrnehmung** extrasensory perception

überspannen *vt* **1.** (*Brücke*) span **2.** (*zu stark spannen*) put too much strain on ... **3.** (*Forderungen*) push too far; **den Bogen ~** overstep the mark; **überspannt** *adj* (*exaltiert*) eccentric; (*Ideen*) extravagant

überspitzt [--'-] *adj* (*fig*) oversubtle; (*übertrieben*) exaggerated

über|springen¹ *sein irr vi* (*a. fig*) jump (*auf* to); **zwischen ihnen sprang der Funke über** s.th. clicked between them; **überspringen²** *irr vt* **1.** (*Hindernis*) jump **2.** (*auslassen*) skip

überstaatlich *adj* supra-national

über|stehen¹ *vi* jut out, project

überstehen² *irr vt* **1.** (*durchstehen*) get through **2.** (*überwinden*) overcome **3.** (*überleben*) survive; **das wäre überstanden!** thank heavens that's over!

übersteigen *irr vt* **1.** (*überklettern*) climb over **2.** (*hinausgehen über*) exceed; **jds Erwartungen ~** exceed someone's expectations

überstimmen *vt* outvote; (*einen Antrag*) outvote, vote down

überstrahlen *vt* **1.** illuminate **2.** (*fig*) outshine

Überstunden *fpl* overtime; **~ machen** work overtime; **fünf ~ machen** (*fam*) do five hours overtime; **Überstundenlohn** *m* overtime pay; **Überstundentarif** *m* overtime rate; **Überstundenverbot** *nt* overtime ban

überstürzen I. *vt* rush into; **man soll nichts ~!** look before you leap! **II.** *vr* (*Ereignisse*) happen in a rush; **überstürzt** *adj* overhasty, precipitate; **Überstürzung** *f* rush

übertölpeln [y:bɐ'tœlpəln] *vt* dupe, take in

übertönen *vt* drown (out)

Übertrag ['y:bɐtra:k *pl:* 'y:bɐtrɛgə] <-(e)s, -̈e> *m* (*Summe*) sum carried forward; **übertragbar** *adj* transferable; (MED) communicable (*auf* to)

übertragen¹ I. *irr vt* **1.** (*übersetzen*) render (*in* into) **2.** (*an andere Stelle schreiben*) transfer; (*abschreiben*) copy out **3.** (*auf anderen Anwendungsbereich ~*) apply (*auf* to) **4.** (*an jdn übergeben*) transfer; (MED: *Krankheit*) communicate (*auf* to) **5.** (TECH: *Kraft ~*) transmit **6.** (*verleihen*) confer (*jdm* on s.o.); (*auftragen*) assign (*jdm* to s.o.) **7.** (RADIO TV) broadcast **8.** (MUS: *in andere Tonart*) transpose; **etw im Fernsehen ~** broadcast s.th. on television **II.** *vr* **1.** (*Krankheit*) be communicated (*auf* to) **2.** (TECH) be transmitted (*auf* to); **ihre Fröhlichkeit hat sich auf uns ~** we were infected by their happiness

übertragen² *adj* figurative

Übertragung *f* **1.** (*Übersetzung*) rendering **2.** (MED: *von Krankheit*) communication **3.** (COM: *von Auftrag*) assignment **4.** (RADIO TV) broadcast; **Übertragungsnetz** *nt* transmission network

übertreffen *irr vt* surpass (*an* in, *bei weitem* by far); **alle Erwartungen ~** exceed all expectations; **das übertrifft alles** that beats everything; **nicht zu ~ sein** be unsurpassable

übertreiben *irr vt* **1.** exaggerate **2.** (*zu weit treiben*) overdo; **man kann's auch ~** you can overdo things; **Übertreibung** *f* exaggeration

über|treten¹ *irr vi* **1.** (*Fluss*) break its banks **2.** (*zu einer anderen Partei*) go over (to) **3.** (SPORT) overstep; **zum Protestantismus ~** turn Protestant

übertreten² *irr vt* **1.** (*Grenze*) cross **2.** (*Gesetz, Verbot*) break, violate; **Übertretung** *f* (*von Gesetz*) violation

übertrieben [--'--] *adj* **1.** exaggerated **2.** (*unmäßig*) excessive

Übertritt ['---] *m* **1.** (*Grenz~*) crossing (*über*

of) **2.** (REL) conversion **3.** (POL) defection

übertrumpfen *vt* **1.** (*beim Kartenspiel*) overtrump **2.** (*fig*) outdo

übertünchen *vt* **1.** whitewash **2.** (*fig*) cover up

übervölkert [--'--] *adj* overpopulated; **Übervölkerung** *f* overpopulation

übervoll *adj* too full, overfull; (*von Menschen*) crammed (with people)

übervorteilen *vt* cheat

überwachen *vt* **1.** (*kontrollieren*) supervise **2.** (*beobachten*) keep a watch on **3.** (*auf Monitor*) monitor; **Überwachung** *f* **1.** (*Kontrolle*) supervision **2.** (*Beobachtung*) observation; (*von Verdächtigen*) surveillance; **Überwachungsstaat** *m* police state

überwältigen [y:bɐ'vɛltɪgən] *vt* **1.** overpower **2.** (*Angst*) overcome; (*Schönheit*) overwhelm; **überwältigend** *adj* (*überragend*) overwhelming; (*Schönheit*) stunning

über|wechseln *sein vt* change over (*zu* to)

überweisen *irr vt* **1.** (FIN: *Geld*) transfer **2.** (*Patienten*) refer (*an* to); **Überweisung** *f* (COM) **1.** (FIN: *Geld~*) transfer **2.** (*von Patienten*) referral; **Überweisungsauftrag** *m* bank giro credit, transfer order

über|werfen[1] *irr vt* (*Kleidungsstück*) throw on

überwerfen[2] *irr vr:* **sich mit jdm ~** fall out with s.o.

überwiegen I. *irr vt* outweigh II. *vi* predominate; **überwiegend** *adj* predominant; **~e Mehrheit** vast majority

überwinden I. *irr vt* **1.** overcome; (*Schwierigkeiten*) get over **2.** (*hinter sich lassen*) outgrow II. *vr* overcome one's inclinations; **sich ~ etw zu tun** bring o.s. to do s.th.; **Überwindung** *f* **1.** overcoming; (*von Schwierigkeiten*) surmounting **2.** (*Selbst~*) will power; **das hat mich viel ~ gekostet** that took me a lot of will-power

überwintern *vi* winter; (*Tiere*) hibernate

überwuchern *vt* overgrow

Überzahl *f:* **in der ~ sein** be superior in numbers, outnumber s.o.; **überzählig** ['y:bɐtsɛ:lɪç] *adj* **1.** (*überschüssig*) surplus **2.** (*überflüssig*) superfluous **3.** (*übrig*) spare

überzeugen I. *vt* **1.** convince **2.** (*überreden*) persuade II. *vi* be convincing III. *vr:* **~ Sie sich selbst davon!** go and see for yourself!; **überzeugend** *adj* convincing; **Überzeugung** *f* **1.** (*das Überzeugen*) convincing **2.** (*das Überzeugtsein*) conviction; **es ist meine feste ~** it's my firm conviction; **der ~ sein, dass ...** be convinced that ...; **Überzeugungskraft** *f* persuasive power

überziehen[1] I. *irr vt* **1.** (*bedecken*) cover; (*mit Belag*) coat **2.** (FIN: *Konto*) overdraw (*um* by) II. *vi* (FIN) overdraw one's account III. *vr* (*sich bedecken*) become overcast

über|ziehen[2] *irr vt* **1.** (*anziehen*) put on **2.** (*fam*): **jdm eins ~** give s.o. a clout

Überzieher ['----] <-s, -> *m* (*Übermantel*) greatcoat, overcoat; (*leichter ~*) topcoat *Br,* duster *Am;* **Überziehung** [--'--] *f* (FIN: *Konto~*) overdraft; **Überziehungskredit** *m* overdraft provision

Überzug ['---] *m* **1.** (*Beschichtung*) coating; (*Metall~*) plating **2.** (*Bett~, Sofa~*) cover

üblich ['y:plɪç] *adj* **1.** usual **2.** (*herkömmlich*) customary **3.** (*normal*) normal; **nicht ~** unusual; **das ist bei uns so ~** that's usual for us; **allgemein ~ sein** be common practice; **~e Größe** standard size

U-Boot *nt* submarine; **U-Boot-Krieg** *m* submarine warfare

übrig ['y:brɪç] *adj* left, remaining; **das Übrige[RR]** the remainder; **ein Übriges[RR] tun** do one more thing; **im Übrigen[RR]** by the way; **hast du eine Zigarette ~?** could you spare me a cigarette?; **für jdn etw ~ haben** (*fam*) have a soft spot for s.o.; **für jdn nichts ~ haben** (*fam*) have no time for s.o; **~ bleiben[RR]** be left (over); **es bleibt ihm nichts anderes ~** he has no other choice; **was blieb mir anderes ~, als ...?** what choice did I have but ...?; **jdm etw ~ lassen[RR]** leave s.th. for s.o.; **zu wünschen ~ lassen[RR]** leave s.th. to be desired; **übrig|bleiben** *vt s.* **übrig**

übrigens ['y:brɪgəns] *adv* by the way, incidentally

übrig|lassen *vt s.* **übrig**

Übung ['y:bʊŋ] *f* **1.** (MIL SPORT: *a. ~saufgabe*) exercise **2.** (*praktische Ausübung*) practice; **~ macht den Meister** (*prov*) practice makes perfect; **in der ~ bleiben** keep in practice; **aus der ~** out of practice; **das ist alles nur ~** it all comes with practice; **Übungsbuch** *nt* exercise-book

UdSSR *f* (HIST) *Abk. von* **Union der Sozialistischen Sowjetrepubliken** USSR

U-Eisen *nt* (TECH) E-channel

Ufer ['u:fɐ] <-s, -> *nt* (*Fluss~*) bank; (*See~*) shore; **direkt am ~** right on the waterfront; **etw ans ~ spülen** wash s.th. ashore; **das rettende ~ erreichen** reach terra firma

Uferböschung *f* embankment; **uferlos** *adj* (*grenzenlos*) boundless; **die Kosten gehen ins Uferlose** the costs are going up and up

Ufo <-(s), -s> *nt Abk. von* **unbekanntes Flugobjekt** Ufo

Uganda [u'ganda] *nt* Uganda; **Ugander(in)** *m(f)* Ugandan; **ugandisch** *adj* Ugandan

Uhr [uːɐ] <-, -en> *f* **1.** (*Wand~, Stand~*) clock; (*Armband~, Taschen~*) watch **2.** (*Anzeigeinstrument*) gauge; **wie viel ~ ist es?** what time is it?; **um wie viel ~?** at what time?; **meine ~ geht vor** (**nach**) my watch is fast (slow); **meine ~ geht genau** my watch keeps exact time; **nach meiner ~** by my watch; **Uhrarmband** *nt* watch strap; **Uhrenindustrie** *f* watch-and-clock-making industry; **Uhrkette** *f* watch chain; **Uhrmacher(in)** *m(f)* watchmaker; **Uhrwerk** *nt* clockwork; **Uhrzeiger** *m* hand; **Uhrzeigersinn** *m:* **im ~** clockwise; **im entgegengesetzten ~** anti-clockwise; **Uhrzeit** *f* time; **haben sie die genaue ~?** do you have the correct time?

Uhu ['uːhu] <-s, -s> *m* eagle-owl

Ukraine [u'kraɪnə] *f* Ukraine; **Ukrainer(in)** *m(f)* Ukrainian; **ukrainisch** *adj* Ukrainian

Ulk [ʊlk] <-(e)s, -e> *m* lark; **etw aus ~ tun** do s.th. as a joke; **ulken** *vi* clown around; **ulkig** *adj* (*fam*) funny

Ulme ['ʊlmə] <-, -n> *f* elm

Ultimatum [ʊltɪ'maːtʊm] <-s, -en> *nt* ultimatum

Ultrakurzwelle *f* (RADIO) ultra-high frequency, ultra-short wave; **Ultrakurzwellensender** *m* (RADIO) UHF station; **Ultraschall** *m* (PHYS) ultrasound; **Ultraschallbild** *nt* (MED) ultrasound picture; **Ultraschallgerät** *nt* (MED) ultrasonic receiver; **Ultraschalluntersuchung** *f* (MED) scan *Br;* **ultraviolett** *adj* (PHYS) ultra-violet; **~e Strahlen** ultra-violet rays

um [ʊm] **I.** *präp* **1.** (*räumlich*) round; (*ungefähr*) about, around; **~ die Ecke** round the corner; **~ die Welt** round the world; **die Erde dreht sich ~ die Sonne** the earth goes round the sun; **~ einen Tisch sitzen** sit round a table; **besorgt sein ~ …** feel anxious about …; **sich ängstigen ~ …** be worried about … **2.** (*Maße*) about, at, by, for, toward(s); **~ 6 Uhr** at six (o'clock); **~ jeden Preis** at any rate, at any price; **~ keinen Preis** not at any price; **~ alles in der Welt** for anything in the world; **~ diese Zeit** by this time; **~ einen Kopf größer** taller by a head; **~ ein Haar** by a hair; **etwa ~ 6 Uhr** towards six **3.** (**~ …** *willen*) because of …, for …; (*wegen*) for the sake of …; **~ Himmels willen!** for heaven's sake!; **ich beneide sie ~ ihren Erfolg** I envy them their success; **es tut mir Leid ~ ihn!** I'm sorry for him! **II.** *konj* (in order) to; **je … ~ so besser** the … the better **III.** *adv* (*ungefähr*) about; **so ~ Ostern** about Easter; **deine Zeit ist ~** your time is up

umadressieren *vt* readdress

um|ändern *vt* alter; (*modifizieren*) modify

um|arbeiten *vt* alter; (*Buch*) revise; (*Schriftstück*) rewrite; **einen Roman zu einem Drehbuch ~** adapt a novel for the screen

umarmen *vt* embrace; (*fester*) hug; **Umarmung** *f* embrace; (*festere ~*) hug

Umbau ['--] <-s, -e/-ten> *m* **1.** (ARCH) rebuilding **2.** (*organisatorischer ~*) reorganization; **um|bauen**[1] *vt* **1.** (*Gebäude*) rebuild; (*Kulissen*) change **2.** (*Organisation*) reorganize

umbauen[2] *vt* enclose; **umbauter Raum** enclosed area

um|benennen *irr vt:* **etw in etw ~** rename s.th. s.th.

um|besetzen *vt* (THEAT) recast; (*Posten*) reassign; (*Mannschaft*) reorganize; (POL: *Kabinett*) reshuffle

um|biegen I. *irr vt haben* bend **II.** *vi sein* **1.** (*Weg*) bend **2.** (*umkehren*) turn round **III.** *vr haben* curl

um|bilden *vt* **1.** (*Verwaltung*) reorganize **2.** (POL: *Regierung*) reshuffle *Br,* shake up *Am*

um|binden *irr vt* tie on

um|blättern *vt, vi* turn over

um|blicken *vr* look round; **sich nach jdm** (**etw**) **~** turn round to look at s.o. (s.th.)

um|bringen *irr vt* kill; **dieses endlose Warten bringt mich noch um!** (*fam*) this endless waiting will be the death of me!

Umbruch *m* **1.** (*Erneuerung*) radical change **2.** (TYP) makeup

um|buchen *vt, vi* **1.** (FIN COM: *Betrag*) transfer (*auf* to) **2.** (*Reise*) alter one's booking (*auf* for)

um|denken *vi* change one's views

um|disponieren *vi* change one's arrangements *pl*

um|drehen I. *vt* **1.** (*auf andere Seite*) turn over; (*auf den Kopf stellen*) turn up **2.** (*um die Achse*) turn round; (*Schlüssel*) turn **3.** (*Hals*) wring; **den Spieß ~** turn the tables *pl* **II.** *vr* **1.** (*sich umsehen*) turn round (*nach* to look at) **2.** (*im Bett*) turn over; **Umdrehung** [-'--] *f* **1.** turn **2.** (PHYS) rotation **3.** (AUTO) revolution; **Umdrehungszahl** *f* (AUTO: *pro Minute*) revolutions per minute

umeinander *adv* about each other; (*räumlich*) round each other

um|erziehen *vt* re-educate

umfahren[1] *irr vt* (AUTO) drive round; (MAR) sail round; (AUTO: *um etw zu vermeiden*) make a detour round

um|fahren[2] *irr vt* (*niederfahren*) run down

um|fallen *sein irr vi* **1.** fall down *Br,* fall over *Am* **2.** (*fam: nachgeben*) give in [*o* way] **3.** (*fam: ohnmächtig werden*) pass out; **vor Müdigkeit fast ~** be almost dead on one's feet

Umfang *m* 1. (*Kreis~*) perimeter; (*Leibes~*) girth 2. (*Fläche*) area; (*Größe*) size 3. (*Anzahl*) amount 4. (*Ausmaß*) extent; (*von Arbeit*) scope; **in großem** ~ on a large scale; **in vollem** ~ fully; **solchen** ~ **annehmen, dass ...** assume such proportions that ...; **dieses Buch hat einen** ~ **von 500 Seiten** this book has 500 pages; **umfangreich** *adj* extensive

umfassen *vt* 1. clasp, grasp; (*umarmen*) embrace 2. (*enthalten*) contain; (*Zeitperiode*) cover; **umfassend** *adj* 1. (*vieles enthaltend*) comprehensive 2. (*weitreichend*) extensive 3. (*vollständig*) complete, full

Umfeld *nt* (associated) area [*o* field]

um|finanzieren *vi* refinance

um|formen *vt* 1. remodel (*in* into) 2. (ELEK) convert; **Umformer** *m* (ELEK) converter; **Umformung** *f* remodelling; (ELEK) conversion

Umfrage *f* survey; (*zur Erforschung der öffentlichen Meinung*) poll; **eine** ~ **machen** carry out at survey; **eine** ~ **unter Schülern machen** ask (around) pupils

um|füllen *vt* decant

um|funktionieren *vt:* **etw zu etw** ~ turn s.th. into s.th.

Umgang ['--] <-(e)s> *m* 1. (*gesellschaftlicher* ~) contact 2. (*Bekanntenkreis*) acquaintances *pl;* **im** ~ **mit ... muss man ...** in dealing with ... one must ... **ich habe so gut wie keinen** ~ **mit ihm** I have little to do with him; **umgänglich** ['ʊmgɛŋlɪç] *adj* 1. (*gesellig*) sociable 2. (*verträglich*) affable 3. (*entgegenkommend*) obliging; **Umgangsformen** *pl* manners; **Umgangssprache** *f* colloquial speech; **Umgangston** *m* tone, ray of speaking

umgeben *irr vt* surround; **Umgebung** *f* 1. (*Umwelt*) surroundings *pl* 2. (*von Stadt*) environs *pl* 3. (*Nachbarschaft*) neighbourhood 4. (*Milieu*) background; **London und** ~ London and surroundings

um|gehen[1] *sein irr vi* 1. (*Gerücht*) circulate 2. (*Gespenst*) walk 3. (*behandeln*) handle (*mit jdm, etw* s.o., s.th.); **hier geht ein Gespenst um** this place is haunted; **mit jdm grob** ~ treat s.o. roughly

umgehen[2] *irr vt* 1. (*herumgehen*) go round 2. (*Hindernis*) by-pass 3. (JUR) evade; (*Verordnung*) circumvent; **umgehend** ['---] *adj* immediate

Umgehung [-'--] *f* 1. (*das Umgehen*) going round; (MIL) outflanking 2. (*Straße*) detour; **unter** ~ **der Vorschriften** by circumventing the regulations; **Umgehungsstraße** *f* by-pass

umgekehrt I. *adj* 1. reversed; (*Reihenfolge*) reverse 2. (*gegenteilig*) contrary 3. (*anders herum*) the other way round; **mit ~em Vorzeichen** with the roles reversed II. *adv* 1. (*am Satzanfang: dagegen*) conversely 2. (*anders herum*) the other way round; **gerade ~!** quite the contrary!

um|gestalten *vt* (*ändern*) alter; (*Verwaltung*) reorganize; (*umbilden*) remodel

um|graben *irr vt* (*Boden*) turn over

um|gruppieren *vt* rearrange; (*auf andere Gruppen verteilen*) regroup

um|gucken *vr* (*fam*) look about (*nach etw* for s.th.); **du wirst dich noch ~!** (*fam*) you've got another think coming!

Umhang *m* cape; **um|hängen** *vt* 1. put on; (*Gewehr*) sling on 2. (*Bild*) rehang; **sich etw** ~ put s.th. on; **jdm etw** ~ drape s.th. around s.o.; **Umhängetasche** *f* shoulder-bag

um|hauen *irr vt* cut down, fell; (*fam: erstaunen*) bowl over

umher [ʊm'heːɐ] *adv* about, around; **rings** ~ all around; **umher|blicken** *vi* glance round, look about; **umher|gehen** *irr vi* walk about; **umher|irren** *sein vi* 1. (*von Person*) wander around [*o* about] 2. (*Blicke*) roam about; **umher|schlendern** *vi* stroll about (*in* s.th.)

umhin [ʊm'hɪn] *adv:* **ich kann nicht** ~ **zu ...** I cannot but ...

umhören *vr* ask around

umhüllen *vt* wrap (*mit* in)

umjubeln *vt* cheer

Umkehr <-> *f* 1. turning back 2. (*Änderung*) change; **umkehrbar** *adj* reversible; **um|kehren** I. *vi sein* 1. turn back 2. (*fig*) change one's ways II. *vt haben* 1. (*Kleidungsstück*) turn inside out 2. (*Verhältnisse*) overturn 3. (MATH MUS) invert III. *vr haben* (*Verhältnisse*) become inverted; **Umkehrschluss**[RR] *m* inversion of an argument; **Umkehrung** *f* reversal; (MATH MUS) inversion; **die** ~ **der Gesellschaftsordnung** turning society upside down

um|kippen I. *vt haben* tip over; (*Vase*) knock over II. *vi sein* 1. tip over; (*Getränk*) be spilled 2. (*fam: ohnmächtig werden*) pass out 3. (*Gewässer*) be [*o* become] polluted

umklammern *vt* clasp; (*Boxen*) clinch; **Umklammerung** *f* clutch; (*beim Boxen*) clinch; (MIL) pincer movement

um|klappen *vt* fold down

umkleiden[1] *vt* (*beziehen: mit Stoff*) cover

um|kleiden[2] *vr* (*sich umziehen*) change one's clothes

Umkleideraum ['----] *m* changing room; (THEAT) dressing-room

um|kommen *sein irr vi* be killed, die; **ich komme um vor Hitze!** (*fam*) the heat is killing me!; **vor Langeweile** ~ (*fam*) be bored to death

Umkreis ['--] <-es> *m* (*Umgebung*) surroundings *pl;* **im ~ von ...** within a radius of ...; **im näheren ~** in the vicinity

umkreisen *vt* circle; (ASTR) revolve round; (*Raumfahrt*) orbit

um|krempeln ['ʊmkrɛmpəln] *vt* (*Hose, Ärmel*) turn up; (*umwenden*) turn inside out; **jdn ~** (*fam*) change someone's ways

um|laden *irr vt* reload; (MAR) transship

Umlage <-, -n> *f* levy, contribution

umlagern¹ *vt* (*umgeben*) surround

um|lagern² *vt* (*anders lagern*) re-store

Umlauf *m* **1.** (ASTR: *Erd~*) revolution **2.** (FIN: *Geld~*) circulation **3.** (*Rundschreiben*) circular; **in ~ bringen** circulate, put into circulation; (*Gerüchte*) spread; **im ~ sein** be circulating; **Umlaufbahn** *f* (ASTR) orbit; **~ um die Sonne** solar orbit; **um|laufen** **I.** *vt* (*umrennen*) knock over **II.** *vi sein* (*a.* FIN: *zirkulieren*) circulate

Umlaut *m* (LING) umlaut, vowel mutation

um|legen *vt* **1.** (*umhängen*) put round **2.** (*Leitungen, Schienen*) re-lay; (*Kranke*) move **3.** (*Termin*) change (*auf* to) **4.** (*sl: töten*) bump off

um|leiten *vt* (*Verkehr*) divert; **Umleitung** *f* (*Verkehrs~*) detour, diversion

um|lernen *vi* **1.** retrain **2.** (*Ansichten ändern*) change one's views

umliegend *adj* surrounding; **die ~e Gegend** the environs *pl*

ummanteln *vt* (TECH) jacket

um|modeln ['ʊm,mo:dəln] *vt* (*fam*) change

Umnachtung *f* (mental) derangement

um|packen *vt* repack

um|pflügen *vt* plough up

um|polen *vt* (ELEK) change the polarity

umquartieren *vt* re-accomodate

umrahmen *vt* frame

umranden *vt* border, edge

um|räumen **I.** *vt* (*anders anordnen*) rearrange; (*an anderen Platz bringen*) shift **II.** *vi* (*Möbel*) rearrange the furniture

um|rechnen *vt* (FIN) convert (*in* into); **Umrechnungskurs** *m* (FIN) rate of exchange

umreißen *haben irr vt* (*grob darstellen*) outline

um|rennen *irr vt* run into and knock down

umringen *vt* surround

Umriss^RR ['--] *m* outline; (*Kontur*) contour; **umrissen** [ʊm'rɪsən] *adj:* **scharf ~** well defined

um|rühren *vt* stir

um|rüsten *vt* **1.** (MIL) re-equip (*auf* to) **2.** (TECH) reset **3.** (ELEK) convert

Umrüstung <-, -en> *f* retooling, re-engineering

um|satteln *vi* (*fig*) change jobs *pl;* (*an Universität*) change courses; **von etw auf etw ~** switch from s.th. to s.th.

Umsatz *m* (COM) turnover; **Umsatzbericht** *m* sales report; **Umsatzbeteiligung** *f* commission; **Umsatzkurve** *f* sales curve; **Umsatzplus** *nt* (COM) increase in turnover; **Umsatzprognose** *f* predicted sales [*o* turnover]; **Umsatzrückgang** *m* decline [*o* drop] in sales; **umsatzschwach** *adj* inactive, weak; **Umsatzstatistik** *f* sales statistics *pl;* **Umsatzsteigerung** *f* increase [*o* upswing] in sales; **Umsatzsteuer** *f* sales tax

umsäumen *vt* **1.** (*beim Nähen*) edge **2.** (*Platz: umgeben*) line

um|schalten **I.** *vt* (ELEK) switch over **II.** *vi* **1.** (RADIO TV: *auf anderen Sender*) change over (*auf* to) **2.** (*in Denken*) change (*auf* to) **3.** (AUTO) shift (*in* to); **Umschalttaste** *f* **1.** (TELE) reversing key **2.** (*bei Schreibmaschine*) shift-key

Umschau <-> *f* review; **um|schauen** *vr* look around (*nach* for); (*nach hinten*) look back

Umschichtung *f* regrouping, shifting; **gesellschaftliche ~** social upheaval

umschiffen *vt* sail round; (*Kap*) double

Umschlag *m* **1.** (*Brief~*) envelope; (*Hülle*) cover **2.** (*Buch~*) jacket **3.** (*Hose*) turn-up; (*Ärmel*) cuff **4.** (*Veränderung*) (sudden) change (*von etw* in s.th., *in etw* into s.th.) **5.** (MED) compress **6.** (COM: *Waren~*) volume of traffic; **um|schlagen** **I.** *irr vt* **1.** (*Seite*) turn over **2.** (*Saum*) turn up **3.** (*Ärmel*) tuck up; (*Kragen*) turn down **4.** (COM: *umladen*) transfer **5.** (COM: *umsetzen*) turn over **II.** *vi* **1.** (*Wetter*) change **2.** (*Wind*) veer round **3.** (*Boot*) capsize; **Umschlaghafen** *m* port of transshipment; **Umschlagplatz** *m* (COM) trade centre *Br,* trade center *Am*

umschließen *irr vt* enclose, surround

umschlingen *irr vt* **1.** (*Pflanze*) twine round **2.** (*umarmen*) embrace

um|schmeißen *irr vt* **1.** (*fam: umwerfen*) knock flying **2.** (*fam: erstaunen*) bowl over; **das schmeißt meine Pläne um** that mucks my plans up

um|schnallen *vt* buckle on

um|schreiben¹ *irr vt* **1.** (*Text*) rewrite **2.** (*bearbeiten*) adapt (*für* for) **3.** (*Besitz*) transfer **4.** (COM: *Wechsel*) alter (*auf* for)

umschreiben² *irr vt* **1.** (*mit anderen Worten ausdrücken*) paraphrase **2.** (*darlegen*) outline **3.** (*abgrenzen*) circumscribe **4.** (*nicht beim Namen nennen*) refer to obliquely; **Umschreibung** *f* **1.** (*fig*) paraphrase **2.** (*vager Hinweis*) oblique reference (*von* to)

Umschrift *f* **1.** (*auf Münze*) inscription **2.** (LING: *phonetische ~*) transcription

um|schulden *vt* reschedule, restructure

Umschuldung *f* funding

um|schulen *vt* **1.** (*auf andere Schule*) transfer to another school **2.** (*auf etw Neues*) retrain; **Umschulung** <-, -en> *f* retraining; **Umschulungskurs** *m* course for retraining

um|schütten *vt* **1.** (*ausschütten*) spill **2.** (*in ein anderes Gefäß*) decant

umschwärmen *vt* (*fig*) idolize; **von Verehrern umschwärmt** besieged by admirers

Umschweife *pl:* **ohne ~** without beating about the bush

umschwirren *vt* (*a. fig*) buzz round

Umschwung *m* (*Änderung*) drastic change (*zum Besseren* for the better); (*ins Gegenteil*) reversal

um|sehen *irr vr* look around (*nach* for); (*zurück*) look back; **sich in der Welt ~** see s.th. of the world; **sich in der Stadt ~** have a look around the town

umseitig *adj* overleaf; **die ~e Abbildung** the illustration overleaf

um|setzen I. *vt* **1.** (*Personen*) move to another seat **2.** (COM: *Waren*) turn over **3.** (*umwandeln*) convert (*etw in etw* s.th. into s.th.); (MUS) transpose **4.** (*Pflanze*) transplant **5.** (TYP) reset; **etw in die Tat ~** translate s.th. into action; **sein Geld in Kleidung ~** spend all one's money on clothes **II.** *vr* **1.** (*Personen*) change seats **2.** (*sich umwandeln*) be converted (*in etw* into s.th.)

Umsicht *f* circumspection, prudence; **umsichtig** *adj* circumspect, prudent

um|siedeln *vt haben, vi sein* resettle; **Umsiedler(in)** *m(f)* resettler; **Umsiedlung** *f* resettlement

um|sinken *irr vi* sink to the ground; **vor Müdigkeit ~** drop with exhaustion

umso[RR] *konj:* **~ besser** all the better, so much the better; **~ weniger** the more ... the less; **~ mehr, als ...** all the more considering ...

umsonst [ʊm'zɔnst] *adv* **1.** (*vergeblich*) in vain **2.** (*erfolglos*) without success **3.** (*ohne Bezahlung*) for nothing, free of charge; **das hast du nicht ~ getan!** (*fam*) you'll pay for that!; **~ ist der Tod** (*prov*) you con't get anything for nothing in the world

umsorgen *vt* care for

umspannen[1] *vt* (*a. fig*) encompass; **etw mit beiden Armen ~** get both arms all the way round s.th.

um|spannen[2] *vt* **1.** (ELEK: *Strom*) transform **2.** (*Pferde*) change; **Umspannwerk** ['---] *nt* (ELEK) transformer station

um|springen *irr vi* (*Wind*) veer round (*nach* to); **mit jdm grob ~** treat s.o. roughly; **so können Sie mit mir nicht ~!** you can't push me around like that!

Umstand *m* circumstance; (*Tatsache*) fact; **ein unvorhergesehener ~** s.th. unforeseen

Umstände ['ʊmʃtɛndə] *mpl* **1.** circumstances *pl* **2.** (*Förmlichkeiten*) fuss *sing* **3.** (*Schwierigkeiten*) trouble *sing;* **es geht ihr den ~n entsprechend gut** she is as well as can be expected under the circumstances; **ohne große ~** without much fuss; **unter ~n** circumstances permitting; **unter keinen ~n** under no circumstances; **unter allen ~n** at all costs; **mildernde ~** (JUR) extenuating circumstances; **in anderen ~n sein** (*schwanger*) be pregnant; **machen Sie sich meinetwegen keine ~!** don't trouble yourself on my account!

umständlich *adj* **1.** (*Arbeitsweise*) awkward and involved **2.** (*Vorbereitung*) elaborate **3.** (*Erklärung*) long-winded

Umstandskleid *nt* maternity dress; **Umstandskleidung** *f* maternity clothes; **Umstandswort** *nt* (GRAM) adverb

umstehend *adj* **1.** (*umseitig*) overleaf **2.** (*in der Nähe stehend*) standing round about; **die Umstehenden** the bystanders

um|steigen *sein irr vi* **1.** (*Bahn, Bus*) change (*nach* for) **2.** (*fam*) switch (*auf* to)

umstellen[1] *vt* (*umringen*) surround

um|stellen[2] **I.** *vt, vi* **1.** (*Möbel*) rearrange **2.** (*Betrieb, Hebel*) switch over; **auf Computer ~** computerize **II.** *vr* (*im Lebensstil*) get used to a different lifestyle; **sich auf etw ~** adjust to s.th.; **Umstellung** *f* **1.** rearrangement **2.** (*von Gerät, Hebel*) switch-over **3.** (*Anpassung*) adjustment (*auf* to); **~ auf Computer** computerization; **~ auf Erdgas** conversion to natural gas; **~ auf den Euro** changeover to the euro; **das wird eine große ~ für ihn sein** it will be a big change for him

um|stimmen *vt:* **jdn ~** change someone's mind; **er lässt sich nicht ~** he's not to be persuaded

um|stoßen *irr vt* knock over; (*Pläne*) upset

umstritten *adj* **1.** (*noch nicht ausdiskutiert*) disputed **2.** (*fraglich*) controversial

um|strukturieren *vt* change the structure of ...; **Umstrukturierung** *f* restructuring

um|stülpen ['ʊmʃtʏlpən] *vt* turn upside down [*o* inside out]; (*Tasche*) turn out

Umsturz *m* (POL) coup d'état; **um|stürzen I.** *vt haben* **1.** overturn **2.** (POL) overthrow **II.** *vi sein* (*umfallen*) fall; (*Fahrzeug*) overturn; **Umsturzversuch** *m* attempted coup [*o* putsch]

Umtausch *m* exchange; **um|tauschen** *vt* exchange; (*Geld*) change (*in* into); **kann**

ich das ~? is it possible to exchange this?

umtun *irr vr* (*fam*): **sich nach etw ~** be looking for s.th.

um|verteilen *vt* redistribute

um|wälzen *vt* **1.** (TECH) circulate **2.** (*revolutionieren*) revolutionize; **umwälzend** *adj* (*revolutionär*) revolutionary; **Umwälzpumpe** *f* circulating pump; **Umwälzung** *f* **1.** (TECH) circulation **2.** (*Revolutionierung*) radical change

um|wandeln *vt* change (*in* into); (JUR: *Strafe*) commute; (COM) convert; **sie ist wie umgewandelt** she's a different person

Umwandlung <-, -en> *f* transformation, conversion

um|wechseln *vt* (*Geld*) change (*in* into)

Umweg *m* **1.** detour **2.** (*fig*) roundabout way; **auf ~en** indirectly; **einen ~ machen** (*unabsichtlich*) go the long way round; (*absichtlich*) make a detour

Umwelt *f* environment; **Umweltauflage** *f* environmental requirement; **Umweltbedingungen** *fpl* environmental conditions; **Umweltbelastung** *f* ecological damage; **Umweltbewusstsein**[RR] *nt* environmental awareness; **Umweltbundesamt** *nt* department of the environment; **Umwelteinflüsse** *mpl* environmental influences; **Umwelterhaltung** *f* environmental preservation; **umweltfeindlich** *adj* ecologically harmful; **Umweltforschung** *f* environmental research; **umweltfreundlich** *adj* non-polluting, ecologically friendly; **umweltgefährdend** *adj* harmful to the environment; **Umweltgefährdung** *f* endangering the environment; **Umweltgefahren** *pl* environmental hazards; **Umweltgift** *nt* environmental pollutant; **Umweltkatastrophe** *f* ecological disaster; **Umweltministerium** *nt* Ministry of the Environment; **Umweltnormen** *pl* environmental standards; **Umweltpolitik** *f* environment(al) policy; **Umweltprogramm** *nt* environmental policies *pl;* **Umweltqualität** *f* quality of the environment; **Umweltschäden** *pl* environmental damage *sing;* **umweltschonend** *adj* environmentally compatible; **Umweltschutz** *m* environmental protection; **Umweltschutzgesetz** *nt* environmental (protection) law; **Umweltschutzpapier** *nt* recycled paper; **Umweltschutztechnik** *f* conservation technology; **Umweltschützer(in)** *m(f)* environmentalist, conservationist; **Umweltsteuer** *f* ecology tax; **Umweltvergiftung** *f* contamination of the environment; **Umweltverschmutzer** *m* polluter; **Umweltverschmutzung** *f* pollution of the environment; **umweltverträglich** *adj* (*Produkte, Stoffe*) ecologically compatible; **~es Verfahren** environmental-friendly practice; **Umweltzeichen** *nt* eco-label; **Umweltzerstörung** *f* destruction of the environment

um|wenden **I.** *irr vt* turn over **II.** *vr* turn round (*nach* to)

umwerben *irr vt* court

um|werfen *irr vt* overturn; (*ändern*) upset; **ein Bier wird dich nicht gleich ~** one beer won't knock you out

umwickeln *vt* (*mit Stoff*) wrap round; **etw mit Draht ~** wind wire round s.th.

umzäunen *vt* fence round; **Umzäunung** *f* fence

um|ziehen *sein* **I.** *irr vr* change one's clothes **II.** *vi* move (to)

umzingeln *vt* encircle, surround

Umzug *m* **1.** (*Festzug*) procession **2.** (*Wohnungswechsel*) move, removal; **Umzugskarton** *m* packing case; **Umzugskosten** *pl* removal costs

unabänderlich *adj* **1.** (*unwiderruflich*) unalterable **2.** (*ewig*) immutable

unabdingbar *adj* (*Voraussetzung*) indispensable

unabhängig *adj* independent (*von* of); **~ davon, was Sie meinen** irrespective of what you think; **~es Unternehmen** stand-alone company; **Unabhängigkeit** *f* independence

unabkömmlich *adj* engaged

unablässig *adj* incessant, unceasing

unabsehbar *adj* (*Schaden*) immeasurable; (*Folgen*) unforeseeable; **der Schaden ist noch ~** the amount of damage is not yet known

unabsichtlich *adj* unintentional

unabwendbar *adj* inevitable

unachtsam *adj* **1.** (*unaufmerksam*) inattentive **2.** (*nicht sorgsam*) careless; **Unachtsamkeit** *f* **1.** (*Unaufmerksamkeit*) inattentiveness **2.** (*Achtlosigkeit*) carelessness

unähnlich *adj* dissimilar, unlike

unanfechtbar *adj* incontestable

unangebracht *adj* **1.** (*unzweckmäßig*) inappropriate **2.** (*unpassend*) unsuitable; **diese Bemerkung war ~** that remark was uncalled-for

unangefochten *adj* unchallenged

unangemeldet *adj* **1.** (*nicht vorangemeldet*) unannounced; (*Besucher*) unexpected **2.** (*polizeilich*) unregistered

unangemessen *adj* **1.** (*unvernünftig*) unreasonable **2.** (*unzulänglich*) inadequate

unangenehm *adj* unpleasant; **er kann ~ werden** he can get quite nasty; **es ist mir ~, dass ich Sie gestört habe** I feel bad about having disturbed you; **von etw ~ be-**

rührt sein be embarrassed by s.th.
unangepasst[RR] *adj* nonconformist
unangetastet *adj* untouched
unangreifbar *adj* unassailable
unannehmbar *adj* unacceptable
Unannehmlichkeit *f* trouble; **~en haben (bekommen)** be in (get into) trouble *sing*
unansehnlich *adj* unsightly; (*Person*) plain
unanständig *adj* **1.** (*Kleidung*) indecent **2.** (*obszön*) dirty; **Unanständigkeit** *f* **1.** (*von Kleidung*) indecency **2.** (*Obszönität*) dirtiness; (*Ungehörigkeit*) rudeness
unantastbar *adj* **1.** (*über jeden Zweifel erhaben*) unimpeachable **2.** (*nicht verletzbar*) unviolable
unappetitlich *adj* (*a. fig*) unappetizing
Unart *f* bad habit; **unartig** *adj* naughty
unästhetisch *adj* unappetizing
unattraktiv *adj* unattractive
unauffällig *adj* inconspicuous; (*unscheinbar*) unobtrusive
unauffindbar *adj* nowhere to be found
unaufgefordert **I.** *adj* unsolicited **II.** *adv* without being asked
unaufhaltsam *adj* (*nicht aufzuhalten*) unstoppable
unaufhörlich *adj* incessant
unauflöslich *adj* indissoluble; (CHEM) insoluble
unaufmerksam *adj* inattentive; **Unaufmerksamkeit** *f* inattentiveness
unaufrichtig *adj* insincere
unaufschiebbar *adj* urgent; **die Angelegenheit ist ~** the matter can't be put off
unausbleiblich *adj* inevitable
unausgefüllt *adj* **1.** (*Formular*) blank **2.** (*Mensch*) unfulfilled
unausgeglichen *adj* unbalanced; (*Mensch*) moody; **Unausgeglichenheit** *f* unbalance; (*fig*) moodiness; **die ~ seines Wesens** the unevenness of his temper
unausgegoren *adj* (*fig*) immature; (*Plan*) half-baked; **unausgereift** *adj* (*Plan*) poorly conceived
unauslöschlich *adj* (*a. fig*) indelible
unaussprechlich *adj* **1.** (*Wort*) unpronounceable **2.** (*unerhört*) unspeakable
unausstehlich *adj* intolerable
unausweichlich *adj* unavoidable
unbändig *adj* **1.** (*ausgelassen*) boisterous **2.** (*ungezügelt*) unrestrained; **ich habe ~en Hunger** I'm ravenous
unbarmherzig *adj* merciless; **Unbarmherzigkeit** *f* mercilessness
unbeabsichtigt *adj* unintentional
unbeachtet *adj* unnoticed; **das dürfen wir nicht ~ lassen** we mustn't leave that out of account; **etw ~ lassen** let s.th. pass
unbeanstandet *adj* not objected to
unbebaut *adj* **1.** (*Grundstück*) vacant **2.** (*Feld*) uncultivated
unbedacht *adj* (*unüberlegt*) thoughtless; (*übereilt*) rash
unbedeckt *adj* bare
unbedenklich *adj* completely harmless
unbedeutend *adj* **1.** (*unwichtig*) insignificant, unimportant **2.** (*geringfügig*) minor
unbedingt **I.** *adj* **1.** (*absolut*) absolute **2.** (*bedingungslos*) unconditional **II.** *adv* **1.** (*auf jdn Fall*) really **2.** (*erforderlich*) absolutely; **das ist nicht ~ nötig** that's not absolutely necessary; **er wollte sie ~ sehen** he was hell-bent on seeing her; **das Buch musst du ~ lesen** you really must read that book; **Sie müssen ~ kommen!** you really must come!
unbefangen *adj* **1.** (*natürlich*) natural; (*ungehemmt*) uninhibited **2.** (*unparteiisch*) impartial; **Unbefangenheit** *f* **1.** (*Natürlichkeit*) naturalness **2.** (*Unparteilichkeit*) impartiality
unbefriedigend *adj* unsatisfactory
unbefristet *adj:* **~er Arbeitsvertrag** open-ended contract
unbefugt *adj* unauthorized
unbegabt *adj* untalented
unbegreiflich *adj* **1.** (*unverständlich*) incomprehensible **2.** (*unergründlich*) inscrutable; **das ist mir ~** I can't understand that
unbegrenzt *adj* unlimited
unbegründet *adj* groundless, unfounded
unbehaart *adj* hairless
Unbehagen *nt* **1.** (*körperlich*) discomfort **2.** (*gefühlsmäßig*) uneasiness; **unbehaglich** *adj* **1.** (*körperlich*) uncomfortable **2.** (*gefühlsmäßig*) uneasy
unbehelligt *adj* unmolested
unbeholfen *adj* awkward, clumsy; **Unbeholfenheit** *f* awkwardness
unbeirrbar *adj* unwavering
unbekannt *adj* unknown; **das ist mir ~** I don't know that; **~es Flugobjekt** unidentified flying object, UFO
Unbekannte *f* (MATH) unknown
Unbekannte(r) *m* unknown person, stranger
unbekleidet *adj* bare
unbekümmert *adj* **1.** (*unbesorgt*) unconcerned **2.** (*sorglos*) happy-go-lucky; **seien Sie ganz ~** don't worry
unbelastet *adj* **1.** (*Grundstück*) unencumbered **2.** (POL HIST) guiltless **3.** (*ohne Last*) unloaded **4.** (*unbeschwert*) free from worries
unbelehrbar *adj* fixed in one's views; **er ist einfach ~** you just can't tell him anything
unbeleuchtet *adj* (*Straße*) unlit

unbeliebt *adj* unpopular (*bei* with); **Unbeliebtheit** *f* unpopularity
unbemannt *adj* (*Raumflug*) unmanned
unbemerkt *adj* unnoticed; ~ **bleiben** go unnoticed
unbenommen *adj:* **es bleibt Ihnen ~ zu ...** you are quite at liberty to ...
unbenutzt *adj* unused
unbeobachtet *adj* unobserved; **in einem ~en Augenblick** when nobody was looking
unbequem *adj* **1.** (*lästig*) inconvenient **2.** (*ungemütlich*) uncomfortable
Unbequemlichkeit *f* **1.** (*Lästigkeit*) inconvenience **2.** (*Ungemütlichkeit*) discomfort
unberechenbar *adj* unpredictable
unberührt *adj* **1.** untouched **2.** (*sexuell unerfahren*): ~ **sein** be a virgin **3.** (*Natur*) unspoiled
unbeschadet *präp* regardless of
unbeschädigt *adj* undamaged
unbescholten *adj* **1.** (*Person*) respectable **2.** (*Ruf*) spotless
unbeschränkt *adj* unrestricted; (*Macht*) absolute; **jdm ~e Vollmacht geben** give s.o. carte blanche
unbeschreiblich *adj* indescribable
unbeschrieben *adj* (*Papier*) blank
unbeschwert *adj* **1.** unweighted **2.** (*sorglos*) carefree; (*Lektüre*) light-hearted
unbesehen *adv* indiscriminately; **das glaube ich dir** ~ I believe it if you say so; **das glaube ich nicht** ~ I'll believe that when I see it
unbesetzt *adj* vacant, unoccupied
unbesiegbar *adj* invincible
unbesiegt *adj* undefeated
unbesonnen *adj* rash; **Unbesonnenheit** *f* rashness
unbesorgt *adj* unconcerned; **seien Sie ~!** don't worry!; **Sie können ganz ~ sein** you can set your mind at ease
unbeständig *adj* **1.** (*Wetter*) changeable **2.** (*Mensch*) unsteady; **Unbeständigkeit** *f* **1.** (*von Wetter*) changeability **2.** (*von Mensch*) unsteadiness
unbestätigt *adj* unconfirmed
unbestechlich *adj* **1.** (*Person*) incorruptible **2.** (*Urteil*) unerring; **Unbestechlichkeit** *f* **1.** (*von Person*) incorruptibility **2.** (*von Urteil*) unerringness
unbestimmt *adj* **1.** (*ungewiss*) uncertain **2.** (*unklar*) vague **3.** (GRAM) indefinite; **auf ~e Zeit** for an indefinite period
Unbestimmtheit *f* uncertainty; (*Unklarheit*) vagueness
unbestreitbar *adj* (*Tatsache*) indisputable; (*Verdienste*) unquestionable
unbestritten *adj* undisputed; **es ist ~, dass ...** nobody denies that ...
unbeteiligt *adj* **1.** (*gleichgültig*) indifferent, unconcerned **2.** (*nicht teilnehmend*) uninvolved (*an o bei* in)
unbetont *adj* (LING) unstressed
unbeugsam *adj* uncompromising
unbewacht *adj* unguarded; (*Parkplatz*) unattented
unbewaffnet *adj* unarmed
unbeweglich *adj* **1.** (*nicht bewegbar*) immovable **2.** (*geistig* ~) inflexible; **~e Habe** (JUR) immovable property; **Unbeweglichkeit** *f* inflexibility
unbewohnbar *adj* uninhabitable
unbewohnt *adj* (*Gegend*) uninhabited; (*Haus*) unoccupied
unbewusst[RR] *adj* unconscious
unbezahlbar *adj* **1.** (*zu teuer*) prohibitive **2.** (*sehr nützlich*) invaluable
unbezahlt *adj* **1.** (*Urlaub*) unpaid **2.** (*Rechnung*) unsettled
unbezwinglich *adj* unconquerable; (*Drang*) invincible, uncontrollable
unblutig I. *adj* bloodless **II.** *adv* without bloodshed
unbotmäßig *adj* insubordinate
unbrauchbar *adj* of no use, useless; (*nicht zu verwenden*) unusable
unbürokratisch *adj* unbureaucratic
unchristlich *adj:* **eine ~e Zeit** (*fam*) an ungodly hour
und [ʊnt] *konj* and; ~ **wenn ...** even if ...; **~?** so what?; ~ **so weiter** and so forth [*o* and so on]; ~ **dann?** (*danach*) and then?; (*was dann*) then what?; ~ **wenn du noch so bettelst** no matter how much you beg; ~ **das tat ich auch** which I did; **seien Sie so gut ~ ...** be so kind as to ...; **ich ~ ihm Geld leihen?** (*fam*) me, lend him money?; **ich konnte ~ konnte nicht aufhören** I simply couldn't stop
Undank *m* ingratitude; ~ **ernten** get little thanks *pl;* **undankbar** *adj* **1.** (*Mensch*) ungrateful (*gegen* to) **2.** (*Aufgabe*) thankless; **Undankbarkeit** *f* **1.** (*menschliche* ~) ingratitude **2.** thanklessness
undatiert *adj* undated
undefinierbar *adj* indefinable
undenkbar *adj* unthinkable
undenklich *adj:* **seit ~en Zeiten** since time immemorial
underdressed ['andədrɛsd] *adj* (*unpassend leger gekleidet*) underdressed
undeutlich *adj* indistinct
undicht *adj* (*gegen Luft*) not air-tight; (*gegen Wasser*) not water-tight; ~ **sein** leak; **~e Stelle** (*a. fig*) leak
undifferenziert *adj* undifferentiated
Unding <-(e)s, -e> *nt* absurdity; **es ist ein ~ zu ...** it is preposterous to ...

undiszipliniert *adj* undisciplined
unduldsam *adj* intolerant; **Unduldsamkeit** *f* intolerance
undurchdringlich *adj* **1.** impenetrable (*für* to) **2.** (*Miene*) inscrutable
undurchführbar *adj* impracticable
undurchlässig *adj* impermeable, impervious (*für* to)
undurchsichtig *adj* **1.** opaque **2.** (*obskur*) obscure
uneben *adj* uneven; (*rau*) rough
unecht *adj* false; (*vorgetäuscht*) fake; (*künstlich*) artificial
unehelich *adj* illegitimate
unehrenhaft *adj* dishonourable
unehrlich *adj* dishonest; **Unehrlichkeit** *f* dishonesty
uneigennützig *adj* unselfish; **uneingelöst** *adj* (*Versprechen*) unfulfilled
uneingeschränkt *adj* unlimited, unrestricted
uneingeweiht *adj* uninitiated
uneinheitlich *adj* non-uniform
uneinig *adj* divided; **mit jdm ~ sein** disagree with s.o.; **Uneinigkeit** *f* disagreement
uneinnehmbar *adj* impregnable
uneins *adj* divided; **mit jdm ~ sein** disagree with s.o.
unempfänglich *adj* unsusceptible (*für* to)
unempfindlich *adj* **1.** insensitive (*gegen* to) **2.** (*strapazierfähig*) hard-wearing; (*Pflanzen*) hardy
unendlich *adj* infinite; (*zeitlich*) endless; **~ klein** (MATH) infinitesimal; **~ viele Leute** no end of people; **auf ~ eingestellt** (PHOT) focused at infinity; **Unendlichkeit** *f* infinity; (*zeitlich*) endlessness
unentbehrlich *adj* (*Person*) indispensable; (*Wissen*) essential
unentgeltlich *adj* free (of charge)
unentschieden *adj* **1.** (*noch nicht entschieden*) undecided **2.** (*unentschlossen*) indecisive **3.** (*Spiel*) drawn; **~ enden** end in a draw; **~ spielen** draw
unentschlossen *adj* indecisive; **ich bin noch ~** I haven't decided yet; **Unentschlossenheit** *f* indecision
unentschuldbar *adj* inexcusable; **das ist ~** it allows of no excuse
unentwegt *adj* incessant
unentwirrbar *adj* inextricable
unerbittlich *adj* inexorable
unerfahren *adj* inexperienced
unerfindlich *adj* (*unverständlich*) incomprehensible; **aus ~en Gründen** for some obscure reason *sing*
unerfreulich *adj* unpleasant
unergiebig *adj* unproductive
unergründlich *adj* unfathomable
unerheblich *adj* insignificant
unerhört **I.** *adj* **1.** (*ungeheuer*) enormous **2.** (*empörend*) outrageous; **~ talentiert** exceedingly gifted **II.** *adv* incredibly; **~!** honestly ...!; **das ist ja ~!** that's the limit!
unerkannt *adj* unrecognized
unerklärlich *adj* inexplicable
unerlässlich^RR *adj* imperative
unerlaubt *adj* forbidden; (*ungesetzlich*) illegal; **~e Entfernung von der Truppe** (MIL) absence without leave; **~e Handlung** (JUR) tort
unerledigt *adj* unsettled
unermesslich^RR *adj* immense, immeasurable
unermüdlich *adj* tireless, untiring
unerquicklich *adj* **1.** (*unerfreulich*) unedifying **2.** (*nutzlos*) fruitless
unerreichbar *adj* **1.** (*fig*) unattainable **2.** (*unzugänglich*) inaccessible
unerreicht *adj* **1.** (*fig*) unequalled **2.** (*Ziel*) unattained
unersättlich *adj* insatiable
unerschöpflich *adj* inexhaustible
unerschütterlich *adj* unshakeable
unerschwinglich *adj* (*Preis*) exorbitant, prohibitive; **für jdn ~ sein** be beyond someone's means
unersetzlich *adj* irreplaceable
unerträglich *adj* unbearable; (*Frechheit*) insufferable
unerwähnt *adj* unmentioned
unerwartet *adj* unexpected
unerwidert *adj* **1.** (*Brief*) unanswered **2.** (*Liebe*) unrequited
unerwünscht *adj* unwelcome; (*Kind*) unwanted
unfähig *adj* **1.** (*untüchtig*) incompetent **2.** (*nicht fähig*) incapable (of); **er ist einfach ~** he is simply incompetent; **Unfähigkeit** *f* **1.** incapacity **2.** (*mangelndes Können*) inability (for)
unfair *adj* **1.** (*unschön*) unfair **2.** (SPORT) foul
Unfall *m* accident; **Unfallanzeige** *f* notice of accident; **Unfallarzt, -ärztin** *m, f* specialist for accident injuries; **unfallbedingt** *adj* accidental; **Unfallbeteiligte(r)** *f m* person involved in an [*o* the] accident; **Unfallflucht** *f* hit-and-run (driving); **Unfallrente** *f* accident benefits *pl;* **Unfallrisiko** *nt* risk of accident; **Unfallschaden** *m* accident damage; **Unfallschutz** *m* **1.** (*im Betrieb*) prevention of accidents **2.** (*durch Versicherung*) accident insurance cover; **Unfallstation** *f* accident ward; **Unfallstelle** *f* scene of the accident; **unfallträchtig** *adj* accident-prone; **Unfallverhütung** *f* accident prevention; **Unfallversicherung** *f* accident insurance; **Unfallwagen** *m* **1.** (*verun-*

U

glückter Wagen) crash car **2.** (*unfallbeteiligter Wagen*) car involved in the accident

unfassbarRR *adj*, **unfasslich**RR *adj* incomprehensible

unfehlbar *adj* infallible; **Unfehlbarkeit** *f* infallibility

unfein *adj* indelicate; **das ist mehr als ~** that's most ungentlemanly; (*bei Damen*) that's most unladylike

unflätig ['ʊnflɛːtɪç] *adj* offensive; (*Sprache*) obscene

unförmig *adj* **1.** (*formlos*) shapeless **2.** (*nicht elegant*) inelegant **3.** (*groß*) cumbersome

unfrei *adj* (*Brief*) not prepaid

unfreiwillig *adj* **1.** (*unbeabsichtigt*) unintentional **2.** (*gezwungen*) compulsory

unfreundlich *adj* **1.** (*Person*) unfriendly **2.** (*Wetter*) inclement

Unfriede *m* strife; **in ~n mit jdm leben** live in conflict with s.o.

unfruchtbar *adj* infertile; (*fruchtlos*) fruitless; **Unfruchtbarkeit** *f* infertility; (*Fruchtlosigkeit*) fruitlessness

Unfug ['ʊnfuːk] <-(e)s> *m* nonsense; **~ treiben** get up to mischief; **lass den ~!** stop that nonsense!

Ungar(**in**) ['ʊŋgar] <-n, -n> *m(f)* Hungarian; **ungarisch** ['ʊŋgarɪʃ] *adj* Hungarian; **Ungarn** *nt* Hungary

ungastlich *adj* inhospitable

ungeachtet *präp* despite, in spite of; **~ dessen, dass es regnet** in spite of it raining; **~ aller Ermahnungen** despite all warnings

ungeahnt *adj* undreamt-of

ungebeten *adj* uninvited; **~er Gast** intruder

ungebildet *adj* **1.** (*ohne Bildung*) uneducated **2.** (*unkultiviert*) uncultured

ungeboren *adj* unborn

ungebräuchlich *adj* uncommon

ungebührlich *adj* improper

ungebunden *adj* **1.** (*Buch*) unbound **2.** (*frei*) free; (*unabhängig*) fancy-free; **frei und ~** footloose and fancy-free

ungedeckt *adj* **1.** (*schutzlos*) unprotected **2.** (SPORT: *Spieler*) unmarked **3.** (COM: *Scheck*) uncovered **4.** (*Tisch*) unlaid

Ungeduld *f* impatience; **vor ~** with impatience; **ungeduldig** *adj* impatient

ungeeignet *adj* unsuitable (*für* to, for)

ungefähr ['ʊngəfɛːɐ] **I.** *adv* approximately, roughly; **~ 10 Uhr** about 10 o'clock; **kannst du mir ~ sagen, wie …?** can you give me a rough idea of how …?; **ich sage das nicht von ~** I have my reasons for saying this; **es hat sich ~ so abgespielt …** it happened s.th. like this … **II.** *adj* approximate; **nach ~en Schätzungen** at a rough guess *sing*

ungefährlich *adj* **1.** (*sicher*) safe **2.** (*harmlos*) harmless

ungefärbt *adj* undyed

ungehalten *adj* indignant (*über* about)

Ungeheuer ['ʊngəhɔɪɐ] <-s, -> *nt* monster

ungeheuer I. *adj* **1.** (*riesig*) enormous, immense **2.** (*genial, kühn*) tremendous **3.** (*vermessen*) outrageous **4.** (*monströs*) monstrous; **~e Ausmaße annehmen** take on enormous dimensions **II.** *adv* **1.** (*sehr*) enormously **2.** (*negativ*) terribly

ungeheuerlich *adj* **1.** monstrous **2.** (*Verdacht*) dreadful **3.** (*Leichtsinn, Verleumdung*) outrageous

ungehindert *adj* unhindered

ungehobelt *adj* (*fig*) uncouth

ungehörig *adj* impertinent; **Ungehörigkeit** *f* impertinence

ungehorsam *adj* disobedient; **Ungehorsam** *m* disobedience; (MIL) insubordination; **ziviler ~** civil disobedience

ungeklärt *adj* (*Frage, Verbrechen*) unsolved

ungekündigt *adj*: **in ~er Stellung** not under notice

ungekünstelt *adj* unaffected

ungekürzt *adj* (*Buch*) unabridged; (*Film*) uncut

ungeladen *adj* **1.** (*Gäste*) uninvited **2.** (*Gewehr*) unloaded

ungelegen *adj* inconvenient; **das kommt mir ~** that's inconvenient for me; **komme ich ~?** is this an inconvenient time for you?; **Ungelegenheit** *f*: **jdm ~en machen** inconvenience s.o.

ungelehrig *adj* unteachable

ungelenk *adj* awkward

ungelernt *adj* unskilled

ungeliebt *adj* unloved

ungelogen *adv* honestly; **dafür hab' ich ~ 2 Stunden gebraucht!** this took me 2 hours, and that's the honest truth!

ungemein I. *adj* immense **II.** *adv* exceedingly

ungemütlich *adj* **1.** (*örtlich*) uncomfortable **2.** (*Person*) uncomfortable to be with **3.** (*Wetter*) unpleasant; **ich kann auch ~ werden!** I can be very unpleasant if I choose!; **es kann hier gleich sehr ~ werden!** things could get very nasty here in a moment!

ungenau *adj* **1.** (*nicht fehlerlos*) inaccurate **2.** (*nicht wahrheitsgetreu*) inexact **3.** (*ungefähr*) rough

Ungenauigkeit *f* **1.** (*durch Fehler*) inaccuracy **2.** (*durch Abweichung von Tatsachen*) inexactitude

ungeniert ['ʊnʒeˈniːɐt] *adj* **1.** (*frei, unge-*

hemmt) free and easy **2.** (*taktlos*) uninhibited; **greifen Sie bitte ~ zu!** please feel free to help yourself!

ungenießbar *adj* **1.** (*nicht essbar*) inedible; (*nicht trinkbar*) undrinkable **2.** (*fam: Mensch*) unbearable

ungenügend *adj* insufficient; (*Schulnote*) unsatisfactory

ungenutzt *adj* unused; **eine Gelegenheit ~ vorübergehen lassen** let an opportunity slip; **~e Energien** unexploited energies

ungeordnet *adj* (*a. fig*) disordered; **~e Verhältnisse** disorder *sing*

ungepflegt *adj* (*Hände, Rasen*) neglected; (*Mensch*) untidy

ungerade *adj* (*Zahl*) odd

ungerecht *adj* unfair, unjust; **ungerechtfertigt I.** *adj* unjustified **II.** *adv* unjustly; **Ungerechtigkeit** *f* injustice; **so eine ~!** how unjust!

ungeregelt *adj* irregular; **ein ~es Leben führen** lead a disorderly life

ungereimt *adj* **1.** (*ohne Reim*) unrhymed **2.** (*unzusammenhängend*) inconsistent

ungern *adv* unwillingly, reluctantly; **das tue ich nur höchst ~** I really dislike doing it; **das tue ich gar nicht einmal ~** I don't mind doing that at all

ungesalzen *adj* unsalted

ungeschehen *adj* undone; **etw ~ machen** undo s.th.

ungeschickt *adj* clumsy; (*undiplomatisch*) undiplomatic

ungeschliffen *adj* **1.** (*Edelstein*) uncut; (*Messer*) blunt **2.** (*Benehmen*) uncouth

ungeschminkt *adj* **1.** without make-up **2.** (*fig*) unvarnished; **die ~e Wahrheit** the unvarnished truth

ungeschoren *adj* **1.** unshorn **2.** (*fig*) spared; **jdn ~ lassen** (*fig*) spare s.o.; **jdn ~ davonkommen lassen** let s.o. off scot-free

ungesehen *adj* unseen

ungesellig *adj* unsociable

ungesetzlich *adj* illegal, unlawful

ungesichert *adj* unhedged

ungestillt *adj* **1.** (*Hunger*) unappeased; (*Durst*) unquenched **2.** (*Neugier*) unsatisfied; (*Verlangen*) unfulfilled

ungestört *adj* undisturbed

ungestraft *adv* with impunity

Ungestüm ['ʊngəʃty:m] <-(e)s> *nt* impetuousness; **ungestüm** *adj* impetuous

ungesund *adj* unhealthy

ungetrübt *adj* **1.** (*Wasser*) clear **2.** (*Verhältnis*) unspoilt

Ungetüm ['ʊngəty:m] <-(e)s, -e> *nt* monster

ungeübt *adj* unpracticed

ungewiss[RR] *adj* uncertain; **jdn (über etw) im Ungewissen lassen** leave s.o. in the dark (about s.th.); **eine Reise ins Ungewisse** a journey into the unknown; **Ungewissheit**[RR] *f* uncertainty

ungewöhnlich *adj* unusual

ungewohnt *adj* **1.** (*fremd*) unfamiliar **2.** (*unüblich*) unusual; **das ist ~ für mich** I am not used to it

ungewollt *adj* unintentional

ungezählt *adj* **1.** (*zahllos*) countless **2.** (*nicht gezählt*) uncounted

Ungeziefer ['ʊngətsi:fɐ] <-s> *nt* pests, vermin *pl*

ungezogen *adj* (*Kind*) naughty; **Ungezogenheit** *f* **1.** naughtiness **2.** (*ungezogene Handlungen*) bad manners *pl*

ungezügelt *adj* (*fig*) unbridled

ungezwungen *adj* (*fig*) natural; **sich ~ bewegen** feel quite free; **Ungezwungenheit** *f* (*fig*) casualness

Unglaube *m* **1.** (*Misstrauen*) unbelief **2.** (REL) infidelity; **ungläubig** *adj* unbelieving; (REL) infidel; **~er Thomas** doubting Thomas

unglaublich [-'--] *adj* incredible

unglaubwürdig *adj* **1.** (*Sache*) implausible **2.** (*Mensch*) unreliable; **sich ~ machen** lose credibility

ungleich *adj* **1.** (*nicht gleichwertig*) unequal **2.** (*unähnlich*) dissimilar, unlike **3.** (*verschieden*) different; **Ungleichbehandlung** *f*: **~ der Geschlechter** gender gap; **Ungleichgewicht** *nt* imbalance; **ungleichmäßig** *adj* uneven

Unglück <-(e)s, -e> *nt* **1.** (*Unheil*) misfortune **2.** (*Unfall*) accident; (*Missgeschick*) mishap **3.** (*Schicksalsschlag*) disaster **4.** (*Pech*) bad luck **5.** (*seelisch*) unhappiness; **du hast Glück im ~ gehabt** it could have been a great deal worse for you; **du stürzt mich noch ins ~!** you'll be my undoing!; **sich ins ~ stürzen** rush headlong into disaster; **so ein ~!** what a disaster!; **unglücklich** *adj* **1.** (*bedauerlich*) unfortunate **2.** (*glücklos*) unlucky **3.** (*traurig*) unhappy; (*Liebe*) unrequited; **~ ausgehen** turn out badly; **eine ~e Figur abgeben** cut a sorry figure; **~ verliebt** crossed in love; **unglücklicherweise** *adv* unfortunately; **Unglücksfall** *m* accident

Ungnade <-> *f*: **bei jdm in ~ fallen** fall out of favour with s.o.; **ungnädig** *adj* ungracious; **etw ~ aufnehmen** take s.th. with bad grace

ungültig *adj* **1.** (*nichtig*) void **2.** (*nicht gültig*) invalid; (SPORT: *Tor*) disallowed; **etw für ~ erklären** declare s.th. null and void; **~ werden** (*Pass*) expire; **Ungültigkeit** *f* invalidity; **Ungültigkeitserklärung** *f* invalidation, declaration of invalidity

UngunstRR *f:* **zu ~en**RR **von ...** to the disadvantage of ...; **ungünstig** *adj* (*Situation*) unfavourable; (*Termin*) inconvenient
ungut *adj:* **ein ~es Gefühl haben** have an uneasy feeling; **nichts für ~!** no offence!
unhaltbar [-'--] *adj* **1.** (*Behauptung*) untenable **2.** (*Zustand*) intolerable **3.** (*Torschuss*) unstoppable
unhandlich *adj* unwieldy
unharmonisch *adj* unharmonious
Unheil *nt* disaster
unheilbar [-'--] *adj* incurable; **~ krank sein** have a terminal illness
unheilvoll *adj* disastrous
unheimlich I. *adj* **1.** (*beängstigend*) frightening; (*nicht geheuer*) uncanny **2.** (*fam: hervorragend*) tremendous; **mir ist ~** I have an uncanny feeling; **er ist mir ~** he gives me the creeps **II.** *adv* (*fam: sehr*) incredibly; **~ viele Menschen** (*fam*) an incredible number of people
unhöflich *adj* impolite; **Unhöflichkeit** *f* impoliteness
unhygienisch *adj* unhygienic
Uniform [uni'fɔrm] <-, -en> *f* uniform
Unikum ['u:nikʊm, *pl:* 'u:nika] <-s, -ka/ -s> *nt* **1.** (*Einzigartiges*) unique object **2.** (*fam: Mensch*) real character
uninteressant *adj* uninteresting; **das ist doch völlig ~!** that's of absolutely no interest!
uninteressiert *adj* **1.** (*nicht interessiert*) uninterested **2.** (*gleichgültig*) disinterested
Universität [univɛrzi'tɛ:t] *f* university; **Universitätsklinik** *f* university hospital; **Universitätsstadt** *f* university town
Universum [uni'vɛrzʊm] <-s, -sen> *nt* universe
Unke ['ʊŋkə] <-, -n> *f* **1.** (*Kröte*) toad **2.** (*Schwarzseher*) Jeremiah
unkenntlich *adj* unrecognizable
Unkenntnis <-> *f* ignorance; **~ schützt vor Strafe nicht** ignorance is no excuse; **über etw in ~ sein** be ignorant about s.th.
unklar *adj* **1.** (*unverständlich*) unclear **2.** (*ungeklärt*) unclarified **3.** (*undeutlich*) indistinct; **über etw im Unklaren sein** be in the dark about s.th.; **Unklarheit** *f* lack of clarity; (*Ungewissheit*) uncertainty; **darüber herrscht noch ~** it is still uncertain
unklug *adj* unwise
unkompliziert *adj* straightforward
unkontrollierbar *adj* uncontrollable
unkonzentriert *adj* lacking in concentration; **~ arbeiten** lack concentration in one's work
Unkosten *pl* (*Ausgaben*) costs, expenses; **laufende ~** running costs; **sich in ~ stürzen** go to a lot of expense *sing;* **das ist mit großen ~ verbunden** that involves a great deal of expense *sing*
Unkraut *nt* weeds *pl;* **~ vergeht nicht** (*prov*) it would take more than that to finish me
Unkultur *f* lack of culture
unkündbar *adj* (*Stellung*) permanent
unlängst *adv* recently
unlauter *adj* dishonest; (*Wettbewerb*) unfair
unleserlich *adj* unreadable
unleugbar [-'--] *adj* undeniable
unliebsam *adj* unpleasant; **das ist mir noch in ~er Erinnerung** that's still an unpleasant memory
unliniert *adj* unruled
unlogisch *adj* illogical
unlösbar [-'--] *adj* (*fig*) **1.** (*nicht lösbar*) insoluble **2.** (*untrennbar*) indissoluble
unlöslich *adj* (CHEM) insoluble
Unlust <-> *f* **1.** (*Lustlosigkeit*) listlessness **2.** (*Widerwille*) reluctance
unmaßgeblich *adj* **1.** (*unwichtig*) inconsequential **2.** (*nicht entscheidend*) unauthoritative
unmäßig *adj* immoderate; **~ essen (trinken)** eat (drink) to excess
Unmenge *f* **1.** vast amount **2.** (*Unzahl*) vast number
Unmensch *m* brute; **unmenschlich** *adj* inhuman; **Unmenschlichkeit** *f* inhumanity
unmerklich [-'--] *adj* imperceptible
unmissverständlichRR *adj* unequivocal
unmittelbar *adj* **1.** (*direkt*) direct **2.** (*Nachbarschaft*) immediate; **in ~em Zusammenhang** in direct relationship (*mit* to)
unmodern *adj* old-fashioned
unmöglich *adj* impossible; (*fam: lächerlich*) ridiculous; **das ist mir ~** that's impossible for me; **jdn (sich) ~ machen** make s.o. (o.s.) look ridiculous
unmoralisch *adj* immoral
unmotiviert I. *adj* unmotivated **II.** *adv* without motivation
unmündig *adj* **1.** underage **2.** (*unreif*) sheeplike; **Unmündigkeit** *f* minority; (*geistige Unreife*) mental immaturity
unmusikalisch *adj* unmusical
Unmut *m* ill-humour
unnachahmlich *adj* inimitable
unnachgiebig *adj* **1.** (*Material*) inflexible **2.** (*fig*) intransigent, unyielding
unnachsichtig *adj* (*streng*) severe; (*gnadenlos*) unrelenting
unnahbar *adj* unapprochable
unnatürlich *adj* unnatural
unnötig *adj* unnecessary; **sich ~ aufregen** get unnecessarily excited
unnütz *adj* useless
unordentlich *adj* **1.** (*Lebenswandel*) dis-

orderly **2.** (*Zimmer*) untidy; **Unordnung** *f* disorder; (*Durcheinander*) mess; **in ~** in a mess; **in ~ bringen** mess up; **in ~ sein** be in a muddle

unorthodox *adj* unorthodox

unparteiisch *adj* impartial; **Unparteiische(r)** *f m* umpire, referee; **die Meinung eines ~n** an impartial opinion

unpassend *adj* inappropriate, unsuitable; (*Zeitpunkt a.*) inopportune

unpersönlich *adj* impersonal

unpolitisch *adj* unpolitical

unpraktisch *adj* **1.** (*Mensch*) unpractical **2.** (*Maschine*) impractical

unproduktiv *adj* unproductive

unpünktlich *adj* (*Mensch*) unpunctual; (*Zug*) not on time; **Unpünktlichkeit** *f* unpunctuality

unrasiert *adj* unshaven

Unrat <-(e)s> *m* refuse

Unrecht <-(e)s> *nt* injustice, wrong; **im ~ sein** be wrong; **nicht zu ~** not without good reason; **jdm ~ geben** contradict s.o.; **sich ins ~ setzen** put o.s. in the wrong; **zu ~** unjustly; **ihr ist viel ~ geschehen** she has often been wronged; **unrecht** *adj* wrong; **das ist mir gar nicht mal ~** I don't really mind; **jdm ~ tun** do wrong by s.o; **unrechtmäßig** *adj* illegitimate

unredlich *adj* dishonest

unreell *adj* (*unlauter*) unfair; (*unehrlich*) dishonest

unregelmäßig *adj* irregular; **Unregelmäßigkeit** *f* irregularity

unreif *adj* **1.** unripe **2.** (*fig*) immature

unrein *adj* **1.** (*schmutzig*) dirty **2.** (*Gedanken, Töne*) impure

unrentabel *adj* unprofitable

unrettbar [-'--] *adj:* **~ verloren** irretrievably lost; (*aus Krankheitsgründen*) beyond all hope

unrichtig *adj* incorrect

Unruhe *f* **1.** (*innere ~*) restlessness **2.** (*Unfrieden*) unrest **3.** (*Lärm*) disturbance; (*Geschäftigkeit*) bustle; **~ stiften** create unrest; (*zu Hause o in der Schule*) make trouble; **~n** (POL) unrest *sing;* **~n auslösen** (POL) create a disturbance *sing;* **unruhig** *adj* **1.** (*ohne Ruhe*) restless **2.** (*laut*) noisy **3.** (*Meer, Schlaf, Zeit*) troubled **4.** (*nervös*) fidgety

uns [ʊns] *pron* (*im Akkusativ*) us; (*im Dativ*) (to) us; (*in Verbindung mit reflexivem Verb*) (to) ourselves

unsachgemäß *adj* improper

unsachlich *adj* (*nicht objektiv*) unobjective; **nun werden Sie mal nicht ~!** now, don't become personal!

unsagbar *adj,* **unsäglich** *adj* unspeakable, unutterable

unsanft *adj* ungentle

unsauber *adj* **1.** (*schmutzig*) dirty **2.** (*unordentlich*) untidy **3.** (*unlauter*) unfair

unschädlich *adj* harmless, innocuous; **etw ~ machen** render s.th. harmless

unscharf *adj* **1.** (*Bild*) blurred **2.** (*Munition*) blank **3.** (*Begriff*) poorly defined

unschätzbar *adj* inestimable; **von ~em Wert** invaluable; (*Schmuck*) priceless

unscheinbar *adj* inconspicuous; (*unattraktiv*) unprepossessing

unschlagbar *adj* unbeatable

unschlüssig *adj* undecided; **sich über etw ~ sein** be undecided about s.th.; **Unschlüssigkeit** *f* indecision

Unschuld <-> *f* **1.** innocence **2.** (*Jungfräulichkeit*) virginity; **die ~ vom Lande** (*fam*) a real innocent; **ich wasche meine Hände in ~** I wash my hands of it; **unschuldig** *adj* innocent; (*jungfräulich*) virginal; **an etw ~ sein** not to be guilty of s.th.; **an dem Unfall bin ich völlig ~** I am completely without blame in the accident; **~ tun** act the innocent

unselbständig, unselbstständig[RR] *adj* dependent; **sei doch nicht immer so ~!** show a bit of independence once in a while!; **Einkommen aus ~er Arbeit** income from salaried employment; **Unselbständigkeit, Unselbstständigkeit**[RR] *f* dependence

unser ['ʊnzɐ] *pron* **1.** our **2.** (*1. Person pl*) of us; **unsereiner** *pron,* **unsereins** *pron* (*fam*) the likes of us; **unseresgleichen** *pron* people like us; **uns(e)rige** ['ʊnz(ə)rɪgə] *pron* ours; **die Unsrigen** our people; **wir haben das Unsrige getan** we have done our part; **unsertwegen** *adv* on our behalf

unsicher *adj* **1.** (*gefährlich*) unsafe **2.** (*Hand*) unsteady **3.** (*Kenntnisse*) shaky **4.** (*verunsichert*) shaky, unsure **5.** (*zweifelhaft*) uncertain; **~ auf den Beinen** unsteady on one's feet; **er macht die Gegend ~** he knocks about the district; **Unsicherheit** *f* **1.** (*Gefahr*) danger **2.** (*Ungeübtheit, Verunsicherung*) unsureness **3.** (*Ungewissheit*) uncertainty; **Unsicherheitsfaktor** *m* element of uncertainty

unsichtbar *adj* invisible

Unsinn <-(e)s> *m* nonsense, rubbish; **~!** nonsense!; **lass den ~!** stop fooling about!; **~ reden** talk nonsense; **unsinnig** *adj* **1.** (*sinnlos*) nonsensical **2.** (*ungerechtfertigt*) absurd

Unsitte *f* **1.** (*üble Angewohnheit*) bad habit **2.** (*lästiger Brauch*) silly custom; **unsittlich** *adj* immoral

unsolide *adj* **1.** (*Lebenswandel*) free-living **2.** (COM) unreliable; **er lebt ziemlich ~** he

has a rather unhealthy life-style
unsozial *adj* (*Maßnahme*) unsocial; (*Einstellung*) antisocial
unsportlich *adj* **1.** (*ungelenkig*) unathletic **2.** (*fig: unfair*) unsporting
unsterblich [-'--] **I.** *adj* immortal; **~e Liebe** undying love **II.** *adv* utterly; **sich ~ blamieren** make a complete fool of o.s.; **sich ~ verlieben** fall in love head over heels; **Unsterblichkeit** *f* immortality
unstet *adj* (*Entwicklung*) unsteady; (*Gefühl, Glück*) fickle
unstillbar *adj* **1.** (*Durst, a. fig*) unquenchable; (*Hunger, a. fig*) insatiable **2.** (*Blutung*) uncontrollable
Unstimmigkeit *f* discrepancy; (*innerer Widerspruch*) inconsistency
Unsumme *f* enormous sum
unsymmetrisch *adj* assymetrical
Unsympath <-en, -en> *m* (*fam pej*) creep
unsympathisch *adj* disagreeable, unpleasant; **der ist mir ~** I don't like him
Untat *f* atrocity
untätig *adj* **1.** idle **2.** (*nicht handelnd*) passive
untauglich *adj* **1.** (MIL) unfit; (*Person*) incompetent **2.** (*unpassend*) unsuitable
unteilbar [-'--] *adj* indivisible
unten ['ʊntən] *adv* below, underneath; (*im Hause*) downstairs; (*am unteren Ende, im unteren Teil*) at the bottom; **er ist bei mir ~ durch** (*fam*) I've finished with him; **von ~ nach oben** from the bottom toward the top; **von oben bis ~** from top to bottom; **von ~ her** from underneath; **ich weiß schon nicht mehr, was oben und ~ ist** I don't know whether I'm coming or going; **hier ~** down here; **wie ~** as below
unter ['ʊntɐ] *präp* **1.** under; (*unterhalb*) below, underneath **2.** (*zwischen*) among, amongst, between **3.** (*weniger als*) below, under; **~ dem Durchschnitt** below average; **~ Freunden** among friends; **wir sind ~ uns** we are by ourselves; **~ anderem** among other things *pl;* **~ uns gesagt** between you and me; **~ etw leiden** suffer from s.th.
Unterarm *m* forearm
Unterbau <-(e)s, -ten> *m* **1.** (*von Gebäude*) foundations *pl* **2.** (*fig*) substructure
unterbelichtet *adj* (PHOT) underexposed
unterbesetzt *adj* understaffed
unterbewerten ['-----] *vt* undervalue
UnterbewusstseinRR *nt* subconscious; **im ~** subconsciously
unterbezahlt *adj* underpaid
unterbieten *irr vt* undercut
unterbinden *irr vt* **1.** prevent, stop **2.** (MED: *Blutung*) ligature
unterbleiben *sein irr vi* **1.** (*nicht geschehen*) not happen **2.** (*aufhören*) cease **3.** (*versäumt werden*) be omitted; **das hat in Zukunft zu ~** that will have to stop in the future
Unterbodenschutz *m* (AUTO) underseal
unterbrechen **I.** *irr vt* interrupt; (*Stille*) break; (TELE) disconnect; **wir sind unterbrochen worden** (TELE) we've been cut off; **verzeihen Sie, dass ich Sie unterbreche** forgive me for interrupting **II.** *vi* break off; **Unterbrechung** *f* interruption; (*von Stille*) break; (TELE) disconnection; **mit ~en** with a few breaks in between; **ohne ~** without a break
unterbreiten *vt* present; **darf ich Ihnen einen Vorschlag ~?** may put a suggestion to you?
unter|bringen *irr vt* **1.** (*verstauen*) put **2.** (*beherbergen*) accommodate; (*in Haus, Hotel, Krankenhaus*) put up **3.** (*Arbeitslose*) fix up (*bei* with); **wie sind Sie untergebracht?** what's your accomodation like?; **ich kann Sie im Augenblick nirgends ~** (*fam: einordnen*) I can't place you at the moment; **etw ~** find room for s.th.; **jdn ~** put s.o. up
unterdessen *adv* in the meantime, meanwhile
Unterdruck <-(e)s, ¨-e> *m* **1.** (PHYS) below atmospheric pressure; (AUTO: *in Reifen*) underinflation **2.** (MED) low blood pressure
unterdrücken *vt* **1.** (*beherrschen*) oppress; (*Aufstand, Freiheit*) suppress **2.** (*Bemerkung, Gefühl, Tränen*) hold back; (*Lachen, Neugierde*) suppress; **Unterdrückung** *f* oppression, suppression
unterdurchschnittlich *adj* below average
untere *adj* lower
untereinander *adv* **1.** (*räumlich*) one below the other **2.** (*gegenseitig*) each other; (*miteinander*) among one another
unterentwickelt *adj* underdeveloped
unterernährt *adj* undernourished; **Unterernährung** *f* malnutrition
Unterführung [--'--] *f* underpass
Untergang <-(e)s, (¨-e)> *m* **1.** (ASTR) setting **2.** (*von Schiff*) sinking **3.** (*Zugrundegehen*) decline; **dem ~ geweiht** doomed; **du bist noch mal mein ~!** (*fam*) you'll be the death of me!
Untergebene(r) [--'---] *f m* subordinate
unter|gehen *sein irr vi* **1.** (ASTR) set **2.** (*Schiff*) sink **3.** (*zugrunde gehen*) decline; (*von einem Menschen*) perish; **davon geht die Welt nicht unter!** that isn't the end of the world!; **hier musst du deine Ellenbogen gebrauchen, oder du gehst unter!** you must use your elbows here or you'll go under!

untergeordnet *adj* **1.** (*Stellung*) subordinate **2.** (*Bedeutung*) secondary
Untergeschoss^RR *nt* basement
Untergewicht *nt:* ~ **haben** be underweight
untergraben *irr vt* undermine
Untergrund *m* **1.** (*Farbschicht*) undercoat **2.** (*Erdschicht*) subsoil **3.** (POL) underground; **in den ~ gehen** (POL) go underground; **im ~ leben** (POL) live underground; **Untergrundbahn** *f* underground, tube *Br,* subway *Am*
unter|haken *vt* (*fam*): **jdn ~** take someone's arm; **sich bei jdm ~** link arms with s.o.
unterhalb *adv* below; (*bei Fluss*) downstream
Unterhalt <-(e)s> *m* (*Lebens~*) maintenance; **sie muss für seinen ~ aufkommen** she must pay for his keep; **seinen ~ verdienen** earn one's living
unterhalten I. *irr vt* **1.** (*Gebäude, Kontakte*) maintain **2.** (*Geschäft*) run **3.** (*Gäste*) entertain **4.** (*versorgen*) support **II.** *vr* **1.** (*sprechen*) talk (*mit* to, with) **2.** (*sich vergnügen*) amuse o.s., enjoy o.s.; **ich würde mich gern mal mit dir ~** I should like to have a little talk with you; **man kann sich (sehr) gut mit ihr ~** she's (really) easy to talk to; **sich mit jdm ~** have a talk with s.o.; **sich mit etw ~** amuse o.s. with s.th.; **ich hoffe, dass Sie sich gut ~** I hope you'll have a good time; **unterhaltend** *adj,* **unterhaltsam** *adj* entertaining
unterhaltsberechtigt *adj* entitled to maintenance; **Unterhaltsgeld** *nt* maintenance; **Unterhaltspflicht** *f* obligation to pay maintenance
Unterhaltung [--'--] *f* **1.** (*Amüsement*) entertainment **2.** (*Gespräch*) conversation **3.** (*Erhaltung*) maintenance, upkeep; **mit jdm eine ~ führen** have a talk [*o* conversation] with s.o.; **Unterhaltungselektronik** *f* entertainment electronics *pl;* **Unterhaltungsindustrie** *f* entertainment industry; **Unterhaltungsliteratur** *f* light fiction; **Unterhaltungswert** <-s> *m* entertainment value
unterhandeln *vi* negotiate (*über etw* on s.th.); (MIL) parley; **Unterhändler(in)** *m(f)* negotiator; (MIL) parliamentary
Unterhaus *nt* Lower House; (*in GB*) House of Commons; **Mitglied des ~es** (*in GB*) member of parliament, MP; **Unterhauswahl** *f* (*in GB*) Commons vote
Unterhemd *nt* vest *Br,* undershirt *Am*
unterhöhlen *vt* **1.** hollow out **2.** (*unterminieren*) undermine
Unterholz <-es> *nt* undergrowth
Unterhose *f* (pair of) pants [*o* briefs]
unterirdisch *adj* subterranean
unterjochen *vt* subjugate
unterkellern *vt* provide with a cellar; **das Gebäude ist nicht unterkellert** the building doesn't have a cellar
Unterkiefer *m* lower jaw
Unterkleidung *f* underwear
unter|kommen *sein irr vi* **1.** (*Unterkunft finden*) find lodgings [*o* accommodation] **2.** (*fam: Beschäftigung*) find a job (*als* as, *bei* at, with); **so etw ist mir (ja) noch nie untergekommen!** (*fam*) I've never come across anything like this!
unter|kriegen *vt* (*fam*) get down; **lass dich nicht von denen ~!** don't let them get you down!
Unterkühlung [--'--] *f* undercooling
Unterkunft ['ʊntɐkʊnft, *pl:* -kʏnftə] <-, ¨-e> *f* **1.** (*Wohnung*) accommodation **2.** (MIL) quarters *pl;* ~ **und Verpflegung** board and lodging
Unterlage *f* **1.** (*Schreib~*) pad **2.** (*Schriftstück*) document
Unterlass^RR ['ʊntɐlas] *m:* **ohne ~** incessantly
unterlassen *irr vt* (*versäumen*) omit; (*nicht durchführen*) not carry out; (*nicht tun*) refrain from; ~ **Sie das!** stop that!; **~e Hilfeleistung** (JUR) failure to give assistance; **er hat es ~, mich zu benachrichtigen** he omitted to notify me; ~ **Sie alles, was …** you should refrain from doing anything which …
Unterlassung <-, -en> *f* omission, default
Unterlauf *m* (*von Fluss*) lower stretches *pl*
unterlegen[1] [--'--] *adj* **1.** (*schwächer*) inferior **2.** (*im Kampfe*) defeated; **jdm ~ sein** be inferior to s.o.
unterlegen[2] *vt* (*etw verstärken*) underlay; (*mit Stoff*) line; **einer Melodie einen Text ~** put words to a tune
unter|legen[3] *vt* (*darunterlegen*) put underneath; **Unterlegscheibe** ['-----] *f* (TECH) shim, washer
Unterleib *m* abdomen; **Unterleibs-** (*in Zusammensetzungen*) abdominal
unterliegen *sein irr vi* **1.** be defeated **2.** (*fig*) succumb to **3.** (*unterworfen sein*) be subject to; **Luxusartikel ~ einer hohen Steuer** luxury goods are liable to a high tax
Unterlippe *f* lower lip
untermauern *vt* **1.** (*Gebäude*) underpin **2.** (*fig*) back up, underpin
Untermenü *nt* (INFORM) submenu
Untermiete *f:* **zur ~ wohnen** be a subtenant [*o* lodger]; **Untermieter(in)** *m(f)* lodger *Br,* roomer *Am*
Unternehmen [--'--] *nt* (*Firma, a. Vorhaben*) enterprise; (MIL: *Operation*) operation

U

unternehmen *irr vt* (*tun*) do; (*durchführen*) undertake; **Schritte gegen jdn ~** take steps against s.o.; **dagegen müssen wir etw ~** we must take some action against that

Unternehmensberater(in) *m(f)* management consultant; **Unternehmensberatung** *f* management consultancy; **Unternehmensform** *f* form of business (organisation); **Unternehmensführung** *f* management; **Unternehmensgewinne** *pl* corporate profits; **Unternehmensgründung** *f* founding of a company; **Unternehmensgruppe** *f* group (of companies); **Unternehmensleiter(in)** *m(f)* top manager, business executive; **Unternehmensleitung** *f* corporate management; **Unternehmensplan** *m* corporate plan; **Unternehmenspolitik** *f* corporate policy; **Unternehmensspitze** *f* top management; **Unternehmer(in)** [--'--] *m(f)* entrepreneur; (*Arbeitgeber*) employer; **unternehmerisch** *adj* enterprising; **Unternehmerlohn** *m* managerial income; **Unternehmerrisiko** *nt* commercial risk; **Unternehmertum** *nt* entrepreneurship; **Unternehmerverband** *m* trade [*o* employers'] association

Unternehmungsgeist *m* enterprise; **unternehmungslustig** *adj* enterprising

Unteroffizier *m* **1.** (*Funktion*) non-commissioned officer, N.C.O, non-com *Am* **2.** (*Dienstgrad: Armee*) sergeant; (*Luftwaffe*) corporal *Br,* airman first class *Am*

unter|ordnen I. *vt* subordinate to **II.** *vr* subordinate o.s. (to)

unterprivilegiert *adj* underprivileged

Unterredung [--'--] *f* discussion; (POL) talks *pl*

Unterricht ['ʊntɐrɪçt] *m* **1.** (SCHULE) classes *pl,* lessons *pl* **2.** (SCHULE: *Lehren*) teaching; **am ~ teilnehmen** attend classes; **theoretischer ~** theoretical instruction; **~ geben** teach

unterrichten I. *vt* **1.** (*Schüler*) teach (*jdn in etw* s.o. s.th.) **2.** (*informieren*) inform (*von, über* about) **II.** *vi* teach; **gut unterrichtete Kreise** well-informed circles **III.** *vr:* **sich über etw ~** inform o.s. about s.th.; **sich von jdm über etw ~ lassen** be informed by s.o. about s.th.; **Unterrichtsstoff** *m* subject matter; **Unterrichtsstunde** *f* lesson *Br,* period *Am;* **Unterrichtung** *f* **1.** (*Informierung*) information **2.** (*Belehrung*) instruction

Unterrock *m* slip, petticoat

untersagen *vt* forbid (*jdm etw* s.o. s.th.)

Untersatz *m* mat; (*für Blumentopf*) saucer; **fahrbarer ~** (*fam*) wheels *pl*

unterschätzen *vt* underestimate

unterscheiden I. *irr vt* distinguish; (*auseinander halten*) tell apart; **können Sie die beiden ~?** can you tell which is which?; **man kann John einfach nicht von Paul ~** you simply can't tell John from Paul **II.** *vr* differ (*von* from); **worin ~ sich die beiden?** what is the difference between the two of them?; **Unterscheidung** *f* differentiation; **eine ~ treffen** make a distinction

Unterschenkel *m* lower leg

unter|schieben[1] *irr vt* **1.** (*darunterschieben*) push underneath (*unter etw* s.th.) **2.** (*fig*) foist (*jdm etw* s.th. on s.o)

unterschieben[2] *irr vt* (*unterstellen*): **jdm etw ~** attribute s.th. to s.o.

Unterschied ['ʊntɐʃiːt] <-(e)s, -e> *m* difference; (*Unterscheidung*) distinction; **im ~ zu jdm (etw)** unlike s.o. (s.th.); **das ist kein großer ~** that makes no difference; **einen ~ machen zwischen ... und ...** make a distinction between ... and ...; **unterschiedlich** *adj* different; (*veränderlich*) variable; **das ist sehr ~** it varies a lot; **Beiträge von ~er Qualität** features of varying quality; **unterschiedslos** *adj* indiscriminate

unterschlagen *irr vt* (FIN: *beiseite schaffen*) embezzle; (*Brief, Beweise*) withhold; (*Testament*) suppress; **wollten Sie mir diese Nachricht ~?** did you want to keep quiet about this news?; **Unterschlagung** *f* (FIN) embezzlement; (*von Dokumenten*) interception

Unterschlupf ['ʊntɐʃlʊpf, *pl:* -ʃlʏpfə] <-(e)s, ⸚e> *m* **1.** (*Obdach*) shelter **2.** (*Versteck*) hiding-place

unterschreiben *irr vt* sign; **der Brief ist mit ... unterschrieben** the letter is signed ...; **das kann ich nur ~!** I'll subscribe to that!

unterschreiten *irr vt* fall short of; (*bei Betrag, Temperatur*) fall below of

Unterschrift ['---] *f* signature; **seine ~ unter etw setzen** put one's signature to s.th.

unterschwellig *adj* subliminal

Unterseeboot *nt* submarine

Unterseite *f* underside; **an der ~** on the underside; **mit der ~ nach oben** upside down

untersetzen *vt* (TECH: *Getriebe*) reduce speed; **untersetzt** [--'-] *adj* **1.** (*Mensch*) stocky **2.** (TECH: *Getriebe*) reduced; **Untersetzungsverhältnis** *nt* (TECH) reduction ratio

unterspülen *vt* undermine, wash away the base of

unterste *adj* lowest; **die ~ Schub** the bottom drawer

unterstehen I. *irr vi* be subordinate (*jdm* to

s.o.), be under the control (*jdm* of s.o.); **alle Bürger ~ dem Gesetz** all citizens are subject to the law; **ihm ~ acht Arbeiter** he is in charge of eight workers **II.** *vr* (*sich trauen*) dare; **untersteh dich!** don't you dare!; **was ~ Sie sich!** how dare you!

unter|stellen[1] **I.** *vt* (*unterbringen*) keep **II.** *vr* take shelter

unterstellen[2] **I.** *vt* **1.** (*unterordnen*) subordinate (*jdn jdm* s.o. to s.o.) **2.** (*annehmen*) suppose **3.** (*unterschieben*) insinuate (*jdm, dass …* that s.o. …) **II.** *vr* subordinate o.s. (*jdm* to s.o.); **ich bin Herrn … direkt unterstellt** I am directly under Mr. …; **14 Mitarbeiter sind mir unterstellt** I'm in charge of 14 employees; **wollen Sie mir Fahrlässigkeit ~?** do you want to insinuate that I was negligent?; **Unterstellung** *f* **1.** (*Unterordnung*) subordination **2.** (*falsche Behauptung*) misrepresentation; **das ist eine böswillige ~!** that is slander!

unterstreichen *irr vt* (*a. fig*) underline

Unterstufe *f* (*in Schule*) lower grade

unterstützen *vt* (*a. fig*) support; (*finanziell*) subsidize; (*fördern*) sponsor; **jdn moralisch ~** give s.o. moral support; **Unterstützung** *f* **1.** (*Tätigkeit*) support **2.** (*Zuschuss*) aid, assistance; (*Beihilfe*) benefit payment

untersuchen *vt* **1.** examine (*auf* for); (*genau prüfen*) scrutinize; (*erforschen*) investigate **2.** (*wissenschaftlich*) survey **3.** (JUR) try **4.** (CHEM TECH) test (*auf* for) **5.** (*nachprüfen*) check, verify

Untersuchung [--'--] *f* **1.** examination; (*genau*) investigation (*über* into) **2.** (*wissenschaftliche ~*) survey **3.** (JUR) trial *Br,* probe *Am* **4.** (CHEM TECH) test; **ärztliche ~** medical examination; **bei näherer ~** on investigation; **Untersuchungsausschuss**[RR] *m* committee of inquiry; **Untersuchungsbeamter, -beamtin** *m, f* investigative officer; **Untersuchungsgefangene(r)** *f m* prisoner awaiting trial; **Untersuchungshaft** *f* detention while awaiting trial; **in ~ nehmen** commit for trial; **in ~ sein** [*o* **sitzen**] be in detention awaiting trial; **Untersuchungsrichter(in)** *m(f)* examining magistrate

Untertan <-s/(-en), -en> *m* (HIST) subject

untertan ['ʊntɐta:n] *adj:* **jdm ~ sein** be subject to s.o.; **untertänig** ['ʊntɐtɛ:nɪç] *adj* submissive, subservient; **Ihr ~ster Diener** your most humble servant

Untertasse *f* saucer; **fliegende ~** (*fam*) flying saucer

unter|tauchen **I.** *vt haben* (*etw ~*) immerse; (*jdn ~*) duck **II.** *vi sein* **1.** dive; (*U-Boot*) submerge **2.** (*verschwinden*) disappear

unterteilen *vt* subdivide (*in* into); **Unterteilung** *f* subdivision (*in* into)

Untertitel *m* **1.** subtitle **2.** (FILM: *Bildunterschrift*) caption

untertreiben *vi* understate; **Untertreibung** *f* understatement

untertunneln *vt* tunnel; **Untertunnelung** *f* tunnelling

untervermieten ['-----] *vt* sublet

unterversichert *adj* underinsured

unterwandern *vt* (POL) infiltrate; **Unterwanderung** *f* (POL) infiltration

Unterwäsche *f* underwear

Unterwassermassage *f* underwater massage

unterwegs [ʊntɐ've:ks] *adv* on the way; **bei ihr ist ein Kind ~** (*fam*) she is expecting

unterweisen *irr vt* instruct (*in* in)

Unterwelt *f* (*a. fig*) underworld

unterwerfen **I.** *irr vt* **1.** (*unterziehen*) subject to **2.** (*Land, Volk*) subjugate **II.** *vr* submit (to); **unterworfen** *adj:* **die ~en Völker** the subjugated nations; **dem Zeitgeschmack ~** subject to prevailing tastes *pl;* **unterwürfig** [ʊntɐ'vʏrfɪç] *adj* submissive; (*kriecherisch*) obsequious, servile; **Unterwürfigkeit** *f* submissiveness; (*Kriecherei*) obsequiousness

unterzeichnen *vt* sign; **Unterzeichner(in)** *m(f)* signatory; **Unterzeichnete(r)** *f m* undersigned

unterziehen **I.** *irr vr* undergo (*einer Sache* s.th.); **sich einer Operation ~** undergo an operation; **sich einer Prüfung ~** take an examination **II.** *vt* subject (to); **jdn (etw) einer Prüfung ~** subject s.o. (s.th.) to an examination

Untiefe *f* shallow, shoal

Untier *nt* monster

untragbar *adj* intolerable, unbearable

untrainiert *adj* untrained

untrennbar *adj* inseparable

untreu *adj* unfaithful; **bin ich dir jemals ~ gewesen?** have I ever been unfaithful to you?; **sich selbst ~ werden** be untrue to o.s.; **Untreue** *f* unfaithfulness

untröstlich *adj* inconsolable (*über* about)

untrüglich *adj* unmistakable

untypisch *adj* atypical (*für* of)

unüberhörbar *adj* unmistakable

unüberlegt *adj* ill-considered; (*übereilt*) rash

unübersehbar *adj* **1.** (*nicht übersehbar*) immense, vast **2.** (*nicht abschätzbar*) incalculable **3.** (*offensichtlich*) obvious

unübersetzbar *adj* untranslatable

unübersichtlich *adj* **1.** (*Kurve*) blind **2.** (*Organisation*) confused

unübertrefflich **I.** *adj* unsurpassable **II.** *adv* superbly

unübertroffen *adj* unsurpassed
unüberwindlich *adj* (*Schwierigkeiten*) insurmountable
unumgänglich *adj* **1.** (*wesentlich*) essential **2.** (*unvermeidlich*) inevitable
unumschränkt *adj* unlimited; (POL: *Macht*) absolute
unumstößlich *adj* (*Entschluss*) irrevocable; (*Tatsache*) irrefutable
unumstritten *adj* undisputed
ununterbrochen *adj* **1.** (*nicht unterbrochen*) uninterrupted **2.** (*unaufhörlich*) continuous, incessant
unveränderlich *adj* **1.** (*unwandelbar*) unchangeable **2.** (*gleich bleibend*) invariable
unverändert *adj* unchanged
unverantwortlich *adj* irresponsible
unveräußerlich *adj* (*Rechte*) inalienable
unverbesserlich *adj* incorrigible
unverbindlich *adj* **1.** (*nicht bindend*) not binding, without obligation **2.** (*allgemein gehalten*) noncommittal **3.** (*kein Entgegenkommen zeigend*) curt; **lassen Sie es sich ~ zuschicken!** have it sent to you without obligation!
unverbleit *adj* lead-free, unleaded
unverblümt *adj* blunt, open
unverdächtig *adj* **1.** (*nicht verdächtigt*) unsuspected **2.** (*harmlos*) unsuspicious
unverdaulich *adj* indigestible
unverdienterweise *adv* undeservedly
unverdorben *adj* (*a. fig*) unspoilt
unverdrossen *adj* (*unermüdlich*) indefatigable; (*unverzagt*) undaunted
unvereinbar *adj* incompatible; **miteinander ~ sein** be incompatible
unverfälscht *adj* unadulterated
unverfänglich *adj* harmless
unverfroren *adj* insolent
unvergänglich *adj* imperishable
unvergessen *adj* unforgotten
unvergesslich[RR] *adj* unforgettable
unvergleichlich *adj* incomparable
unverhältnismäßig *adv* **1.** disproportionately **2.** (*übermäßig*) excessively
unverheiratet *adj* unmarried
unverhofft *adj* unexpected; **völlig ~** out of the blue
unverhohlen *adj* unconcealed
unverkäuflich *adj* unmarketable; **~es Muster** free sample; **„~"** "not for sale"
unverkennbar *adj* unmistakable
unverletzlich *adj* (*fig*) inviolable
unverletzt *adj* unhurt, uninjured; (*Körperteil*) undamaged
unvermeidlich *adj* inevitable; (*nicht zu umgehen*) unavoidable
unvermindert *adj* undiminished
Unvermögen *nt* inability
unvermögend *adj* without means
unvermutet *adj* unexpected
Unvernunft *f* **1.** (*Uneinsichtigkeit*) unreasonableness **2.** (*Torheit*) stupidity **3.** (*Irrationalität*) irrationality; **unvernünftig** *adj* **1.** unreasonable **2.** (*töricht*) stupid
unverpackt *adj* loose, unpackaged
unverrichtet *adj:* **~er Dinge** without having achieved anything
unverschämt ['ʊnfɛrʃɛːmt] *adj* **1.** (*Benehmen*) impertinent, impudent **2.** (*Lüge*) blatant **3.** (*Preis*) exorbitant; **grinse nicht so ~!** take that cheeky grin off your face!; **Unverschämtheit** *f* (*Benehmen*) impertinence, impudence; **die ~ haben zu ...** have the face to ...; **so eine ~!** it's outrageous!
unverschuldet *adj* **1.** (*ohne Schulden*) free from debt; (*Grundstück*) unencumbered **2.** (*ohne Schuld*) through no fault of one's own
unversehens *adv* **1.** (*plötzlich*) all of a sudden **2.** (*überraschenderweise*) unexpectedly
unversehrt *adj* (*Mensch*) unscathed; (*Sache*) undamaged
unversöhnlich *adj* irreconcilable
unverständlich *adj* **1.** (*unbegreifbar*) incomprehensible **2.** (*kaum zu hören*) inaudible
unversteuert *adj* untaxed
unversucht *adj:* **nichts ~ lassen** try everything
unverträglich *adj* **1.** (*streitsüchtig*) quarrelsome **2.** (MED: *unbekömmlich*) intolerable
unverwandt **I.** *adj:* **~en Blickes** with a steadfast gaze **II.** *adv* fixedly, steadfastly
unverwechselbar *adj* unmistakable
unverwundbar *adj* invulnerable
unverwüstlich *adj* **1.** (*strapazierfähig*) indestructible; (*Gesundheit*) robust **2.** (*Humor*) irrepressible
unverzagt *adj* undaunted
unverzeihlich *adj* unpardonable
unverzollt *adj* duty unpaid
unverzüglich *adj* immediate
unvollendet *adj* unfinished; **die Unvollendete von Schubert** (MUS) Schubert's unfinished symphony
unvollkommen *adj* **1.** (*mangelhaft*) imperfect **2.** (*unvollständig*) incomplete; **Unvollkommenheit** *f* **1.** (*Mangelhaftigkeit*) imperfection **2.** (*Unvollständigkeit*) incompleteness
unvollständig *adj* incomplete; **tut mir Leid, aber Sie haben das Formular ~ ausgefüllt!** sorry, but you didn't fill the form out properly!
unvorbereitet *adj* unprepared (*auf* for)
unvoreingenommen *adj* unbiased, un-

prejudiced
unvorhergesehen *adj* unforeseen; (*Besuch*) unexpected
unvorschriftsmäßig *adj* against the regulations; ~ **parken** park improperly
unvorsichtig *adj* careless; (*voreilig*) rash; **Unvorsichtigkeit** *f* carelessness; (*Voreiligkeit*) rashness
unvorstellbar *adj* inconceivable
unvorteilhaft *adj* disadvantageous
unwahr *adj* untrue
unwahrscheinlich **I.** *adj* improbable, unlikely; (*fam: groß*) incredible **II.** *adv* (*fam: sehr*) incredibly
unwandelbar *adj* **1.** (*unveränderlich*) immutable **2.** (*Gefühlshaltung*) unwavering
unwegsam *adj* rough
unweigerlich **I.** *adj* inevitable **II.** *adv* **1.** (*grundsätzlich*) invariably **2.** (*unvermeidlich*) inevitably
unweit *präp* not far from
Unwesen *nt:* **sein ~ treiben** do mischief
unwesentlich *adj* **1.** (*nichts zur Sache tuend*) irrelevant **2.** (*unwichtig*) unimportant; (*unbedeutend*) insignificant; **das ist ~** that doesn't matter
Unwetter *nt* thunderstorm
unwichtig *adj* unimportant; (*unbedeutend*) insignificant; (*ohne Belang*) irrelevant
unwiderlegbar *adj* irrefutable
unwiderruflich *adj* irrevocable
unwiderstehlich *adj* irresistible
unwiederbringlich *adj* irretrievable
Unwille *m* **1.** indignation (*über* at) **2.** (*Widerwille*) reluctance; **jds ~ erregen** incur someone's indignation; **seinem ~n Luft machen** give vent to one's indignation; **unwillig** *adj* **1.** indignant (*über* about) **2.** (*widerstrebend*) reluctant, unwilling; **unwillkommen** *adj* unwelcome; **unwillkürlich** *adj* **1.** (*spontan*) spontaneous **2.** (*instinktiv*) instinctive; **ich musste ~ lachen** I couldn't help laughing
unwirklich *adj* unreal
unwirksam *adj* **1.** (*wirkungslos*) ineffective **2.** (JUR: *nichtig*) null, void
unwirsch ['ʊnvɪrʃ] *adj* gruff
unwirtlich *adj* inhospitable
unwirtschaftlich *adj* uneconomic
unwissend *adj* ignorant; **Unwissenheit** *f* ignorance; ~ **schützt vor Strafe nicht** ignorance is no excuse
unwissenschaftlich *adj* **1.** (*Vorgehensweise*) unscientific **2.** (*Ausdrucksweise*) unacademic
unwissentlich *adv* unwittingly
unwohl *adj* **1.** (*unpässlich*) indisposed, unwell **2.** (*unbehaglich*) uneasy; **ich fühle mich ~** I don't feel well; **Unwohlsein** *nt* indisposition
Unwort ['ʊnvɔrt] *nt* (*sprachlicher Fehlgriff*) faux-pas word
unwürdig *adj* unworthy (of)
Unzahl *f* huge number; **unzählig** *adj* countless, innumerable
Unze ['ʊntsə] <-, -n> *f* ounce
Unzeit *f:* **zur ~** at an inopportune moment, inopportunely; **unzeitgemäß** *adj* **1.** (*nicht zur Zeit passend*) untimely **2.** (*altmodisch*) old-fashioned
unzerbrechlich *adj* unbreakable
unzerkaut *adj* whole; ~ **schlucken!** (*auf Beipackzettel*) to be swallowed whole!
unzerstörbar *adj* indestructible
unzertrennlich *adj* inseparable
Unzucht *f* (JUR) sexual offence; ~ **mit Kindern** illicit sexual relations with children; **unzüchtig** *adj* (JUR) indecent; (*obszön*) obscene
unzufrieden *adj* discontented, dissatisfied; (*unglücklich*) unhappy; **Unzufriedenheit** *f* discontent, dissatisfaction
unzugänglich *adj* **1.** (*örtlich*) inaccessible **2.** (*verschlossen*) inapproachable
unzulänglich *adj* **1.** (*nicht ausreichend*) insufficient **2.** (*unangemessen*) inadequate
unzulässig *adj* **1.** (JUR: *verboten*) inadmissible **2.** (*Anwendung, Verwendung*) improper; (TECH: *Belastung*) excessive
unzumutbar *adj* unreasonable; **Unzumutbarkeit** *f* unreasonableness
unzurechnungsfähig *adj* not responsible for one's actions; **er wurde für ~ erklärt** he was certified insane; **Unzurechnungsfähigkeit** *f* unsoundness of mind; **er machte ~ geltend** he put forward a plea of insanity
unzureichend *adj* insufficient
unzusammenhängend *adj* disjointed, incoherent
unzuverlässig *adj* unreliable
unzweckmäßig *adj* **1.** (*nicht ratsam*) inexpedient **2.** (*ungeeignet*) unsuitable **3.** (*unpraktisch*) impractical
unzweideutig *adj* unambiguous, unequivocal
unzweifelhaft **I.** *adj* undoubted **II.** *adv* undoubtedly, without doubt
üppig ['ʏpɪç] *adj* **1.** (*Lebensstil*) luxurious **2.** (*Fantasie*) rich **3.** (*Ausstattung, Essen*) sumptuous **4.** (*weibliche Formen*) voluptuous **5.** (*Vegetation, Wachstum*) luxuriant
U-Profil *nt* (TECH) channel section
Urabstimmung ['u:ɐ-] *f* strike ballot
uralt ['u:ɐ'alt] *adj* ancient, very old; **aus ~en Zeiten** from long, long ago; **das Problem ist ~** the problem is age-old
Uran [u'ra:n] <-s, -e> *nt* uranium; **Uranvorkommen** *nt* uranium deposit

uraufführen ['uːɐ̯ˌaʊffyːrən] *vt* (THEAT) play for the first time; (FILM) première; **uraufgeführt werden** have its première; **Uraufführung** *f* (THEAT) first night [*o* performance], première; (FILM) first showing

urbar ['uːɐ̯baːɐ̯] *adj:* ~ **machen** (*Wald*) clear; (*Land*) cultivate

Urbild *nt* prototype

Ureinwohner(in) *m(f)* native, original inhabitant

Urenkel *m* great-grandson; **Urenkelin** *f* great-granddaughter

urgemütlich *adj* really comfortable

Urgeschichte *f* prehistory

Urgroßeltern *pl* great-grandparents; **Urgroßmutter** *f* great-grandmother; **Urgroßvater** *m* great-grandfather

Urheber(in) *m(f)* originator; (JUR: *Verfasser*) author; **Urhebergebühr** *f* copyright fee; **Urheberrecht** *nt* copyright (*an* on)

urheberrechtlich *adj* on copyright

urig ['uːrɪç] *adj* (*fam*) **1.** (*Mensch*) earthy **2.** (*Atmosphäre, Pub*) ethnic

Urin [u'riːn] <-s, -e> *m* urine; **urinieren** *vi* urinate; **Urinzucker** *m* urine sugar

urkomisch *adj* (*fam*) incredibly funny

Urkunde ['uːɐ̯kʊndə] <-,-n> *f* document; (*eines Kaufes*) deed; (*Bescheinigung*) certificate; **eine ~ ausfertigen** (JUR) draw up a document (*über* about); **Urkundenfälschung** *f* falsification [*o* forgery] of a document

urkundlich *adj* documentary

URL *m Abk. von* **Uniform Resource Locator** (*gesamte Adresse einer Internet-Seite*) URL

Urlaub ['uːɐ̯laʊp] <-(e)s, -e> *m* **1.** (*Ferien*) holiday(s) *Br,* vacation *Am* **2.** (MIL) leave of absence; **im ~** on holiday *Br,* on vacation *Am;* **~ haben** have holiday *Br,* have vacation *Am;* **~ nehmen** take a holiday *Br,* take a vacation *Am;* **drei Wochen ~** three weeks' holiday *Br,* three weeks' vacation *Am;* **in ~ fahren** go on holiday *Br,* go on vacation *Am;* **letztes Jahr haben wir in Spanien ~ gemacht** last year we were on holiday in Spain; **nächste Woche nehme ich mir einen Tag ~** next week I'll take a day off; **Urlauber(in)** *m(f)* holidaymaker *Br,* vacationist *Am;* **Urlaubsanspruch** *m* holiday entitlement *Br,* vacaton entitlement *Am;* **Urlaubsgeld** *nt* holiday pay *Br,* leave pay *Am;* **Urlaubszeit** *f* holiday season

Urne ['ʊrnə] <-, -n> *f* **1.** (*für Asche*) urn **2.** (PARL: *für Wahlzettel*) ballot-box; **an die ~n gehen** (*fam*) go to the polls

Ursache *f* **1.** cause **2.** (*Grund*) reason **3.** (*Beweggrund*) motive; **keine ~!** (*nach Dank*) don't mention it! *Br,* you're welcome! *Am;* **ich habe dazu keine ~** I have no reason for that; **ohne jede ~** for no reason at all; **und was ist die ~ dafür?** and what's the cause of it?; **~ und Wirkung** cause and effect

Ursprung *m* **1.** origin **2.** (*fig*) source **3.** (*Herkunft*) extraction; **seinen ~ haben in** originate in

ursprünglich ['uːɐ̯ʃprʏŋlɪç] **I.** *adj* original; (*anfänglich*) first; (*urwüchsig*) natural **II.** *adv* originally; (*anfänglich*) at first

Ursprungsland *nt* country of origin

Urteil ['ʊrtaɪl] <-s, -e> *nt* **1.** judgement **2.** (*Ansicht*) opinion **3.** (JUR: *Spruch*) verdict; (*Strafmaß*) sentence; (*von Schiedsgericht*) award; **darüber können Sie sich überhaupt kein ~ erlauben!** you're in no position to judge that!; **sich ein ~ bilden** form an opinion (*über* about); **das ~ sprechen** pronounce judgement (*über* on); **ein ~ fällen** pass judgement (*über* on); **ein ~ vollstrecken** enforce [*o* execute] a judgement; **nach dem ~ von Sachverständigen** according to expert opinion; **urteilen** *vi* judge (*über etw* s.th., *nach* by); **man sollte nie vorschnell ~** one should never make a hasty judgement; **~ Sie nicht zu hart über ihn** don't judge him too harshly; **wie ~ Sie über den Fall?** give us your opinion on the case; **Urteilsbegründung** *f* (JUR) opinion; **Urteilskraft** *f* power of judgement; **Urteilsspruch** *m* (JUR: *von Strafgericht*) sentence; (*von Geschworenen*) verdict; (*von Schiedsgericht*) award; **Urteilsvermögen** *nt* faculty of judgement; **Urteilsvollstreckung** *f* execution of the sentence

Urtext *m* original text

Ururgroßvater *m* great-great-grandfather

Urviech ['uːfiːç] <-s, -er> *nt* (*fam*) real character

Urwald ['uːɐvalt, *pl:* 'uːɐvɛldɐ] <-(e)s, ⸚er> *m* jungle

urweltlich *adj* primeval

urwüchsig *adj* **1.** (*ursprünglich*) native, original **2.** (*unverbildet*) natural, unspoilt **3.** (*derb*) sturdy **4.** (*urgewaltig*) elemental

Urzeit *f* primeval times *pl;* **seit ~en** (*fam*) for donkey's years; **vor ~en** ages ago

Urzustand *m* original state

USA *pl* USA *sing*

Usurpator [uzʊr'paːtoːɐ̯] *m* usurper; **usurpieren** *vt* usurp

Usus ['uːzʊs] <-> *m* (*fam*) custom

Utensilien [utɛn'ziːliən] *pl* utensils

Utilitarismus [utilita'rɪsmʊs] <-s> *m* (PHILOS) utilitarianism; **utilitaristisch** *adj* (PHILOS) utilitarian

Utopie [uto'piː] *f* utopia; **utopisch** [u'toːpɪʃ] *adj* utopian

UV-Strahlen *pl* UV rays

V

V, v [faʊ] <-, -> *nt* V, v

Vabanquespiel [va'baŋk-] <-(e)s> *nt* (*fig*) dangerous game

Vagabund(in) [vaga'bʊnt] <-en, -en> *m(f)* vagabond; **vagabundieren** *vi* **1.** (*als Vagabund leben*) live as a vagabond, live as vagabonds **2.** (*umherstreifen*) rove

vage [va:gə] *adj* vague

Vagina ['va:gina] <-> *f* (ANAT) vagina

Vaginalzäpfchen *nt* vaginal pessary

vakant [va'kant] *adj* vacant

Vakuum ['va:kuʊm] <-s, -en/-a> *nt* vacuum; **im ~** in a vacuum; **vakuumverpackt** *adj* vacuum-packed

Valentinstag ['valənti:ns-] *m* Valentine's Day

Valenz [va'lɛnts] <-, -en> *f* (LING CHEM) valency

Valuta [va'lu:ta] <-, -ten> *f* **1.** (COM: *Datum*) value date **2.** (FIN: *Währung*) foreign currency

Vampir [vam'pi:ɐ] <-s, -e> *m* vampire

Vandale [van'da:lə] <-n, -n> *m* **1.** vandal, hooligan **2.** (HIST) Vandal; **hausen** [*o* **sich benehmen**] **wie die ~n** act like vandals; **Vandalismus** [vanda'lɪsmʊs] *m* vandalism

Vanille [va'nɪl(j)ə] <-> *f* vanilla; **Vanilleeis** *nt* vanilla ice-cream; **Vanillesauce** *f* custard

variabel [vari'a:bəl] *adj* variable

Variante [vari'antə] <-, -n> *f* variant (*zu* on)

Variation *f* variation (*zu* on)

Varietät [varɪe'tɛ:t] <-, -en> *f* variety

Varietee[RR] [variə'te:] <-(s), -s> *nt*, **Varieté** *nt* variety *Br*, vaudeville *Am*

variieren [vari'i:rən] *vt, vi* vary

Vasall [va'zal] <-en, -en> *m* (*a. fig*) vassal

Vase ['va:zə] <-, -en> *f* vase

Vater ['fa:tɐ, *pl:* 'fɛ:tɐ] <-s, ⸚> *m* father; **vom ~ auf den Sohn** from father to son; **~ Staat** (*hum fam*) the State; **Vaterland** *nt* fatherland, native [*o* mother] country; **mein ~** my country; **Vaterlandsliebe** *f* patriotism

väterlich ['fɛ:tɐlɪç] *adj* **1.** (*wie ein Vater*) fatherly **2.** (*dem Vater gehörig*) paternal; **~es Erbteil** patrimony; **väterlicherseits** *adv* on one's father's side; **meine Großmutter ~** my paternal grandmother

vaterlos *adj* fatherless; **Vatermord** *m* patricide; **Vatermörder(in)** *m(f)* patricide; **Vaterschaft** *f* fatherhood; (JUR) paternity; **Vaterschaftsklage** *f* paternity suit; **Vaterschaftsurlaub** *m* paternity leave; **Vaterstadt** *f* home town; **Vaterstelle** *f*: **bei jdm ~ vertreten** be a father to s.o.; **Vaterunser** <-s, -> *nt* Lord's Prayer

Vati ['fa:ti] <-s, -s> *m* (*fam*) dad(dy), pa *Am a.*

Vatikan [vati'ka:n] *m* vatican; **Vatikanstadt** <-> *f* Vatican City

V-Ausschnitt *m* V-neck; **ein Pullover mit ~** a V-neck sweater

Veganer(in) [ve'ga:nɐ] <-s, -> *m(f)* (*radikaler Vegetarier*) vegan

Vegetarier(in) [vege'ta:riɐ] *m(f)* vegetarian; **vegetarisch** *adj* vegetarian

Vegetation *f* vegetation

vegetativ *adj* (MED) vegetative; **~es Nervensystem** autonomic nervous system; **vegetieren** *vi* **1.** vegetate **2.** (*kümmerlich leben*) eke out a miserable existence

Vehemenz [vehe'mɛnts] <-> *f* vehemence

Veilchen ['faɪlçən] *nt* **1.** (*Blume*) violet **2.** (*fam: blaues Auge*) shiner, black eye; **veilchenblau** *adj* violet

Vektor ['vɛktɔr] <-s, -en> *m* (MATH) vector

Velo ['velo] <-s, -s> *nt* (*CH*) bicycle

Velours [ve'lu:ɐ] <-, -> *m* (*Textilgewebe*) velours; **Velours(leder)** *nt* suede

Vene ['ve:nə] <-, -n> *f* vein; **Venenentzündung** *f* phlebitis

venerisch [ve'ne:rɪʃ] *adj* (MED) venereal

Venezianer(in) [venetsi'a:nɐ] *m(f)* Venetian; **venezianisch** *adj* Venetian

Venezolaner(in) [venetso'la:nɐ] *m(f)* Venezuelan; **venezolanisch** *adj* Venezuelan; **Venezuela** [vene'tsue:la] *nt* Venezuela

Ventil [vɛn'ti:l] <-s, -e> *nt* **1.** (AUTO TECH) valve **2.** (*fig*) outlet

Ventilation *f* **1.** (*das Lüften*) ventilation **2.** (*die Anlage*) ventilation system

Ventilator *m* ventilator

ventilieren *vt* **1.** (*belüften*) ventilate **2.** (*sorgfältig erwägen*) consider carefully

verabreden [fɛr'apre:dən] **I.** *vt* (*arrangieren*) arrange; (*Zeitpunkt*) fix; **verabredet sein** have a date (*mit jdm* with s.o.) **II.** *vr:* **sich mit jdm ~** arrange to meet s.o; **Verabredung** *f* **1.** (COM) appointment **2.** (*Vereinbarung*) arrangement **3.** (*Treffen*) engagement; (*mit Freund/in*) date; **ich habe heute eine** ~ I'm meeting s.o. today

verabreichen *vt:* **jdm Medizin** ~ administer medicine to s.o.

verabscheuen *vt* abhor, detest, loathe

verabschieden **I.** *vt* **1.** say goodbye to **2.** (*entlassen*) discharge **3.** (POL: *Gesetz*) pass; (FIN: *Etat*) adopt **II.** *vr* say good-by(e) (*von jdm* to s.o.); (*formell*) take one's leave (*von jdm* of s.o.)

verachten *vt* **1.** despise; (*Tod, Gefahr*) scorn **2.** (*verschmähen*) disdain; **das ist nicht zu** ~ (*fam*) that's not to be sneezed at; **verächtlich** [fɛɐ̯'ɛçtlɪç] *adj* **1.** contemptuous, scornful **2.** (*verachtenswert*) contemptible, despicable; **etw** ~ **machen** belittle s.th.; **jdn** ~ **machen** run s.o. down; **Verachtung** *f* contempt, disdain, scorn; **sie strafen ihn mit** ~ they treat him with contempt

verallgemeinern [---'--] *vt* generalize; **Verallgemeinerung** *f* generalization

veralten *vi* (*ungebräuchlich werden*) become obsolete; (*Ansichten*) become antiquated; (*Mode*) go out of date; **veraltet** *adj* (*ungebräuchlich*) obsolete; (*Ansichten*) antiquated; (*aus der Mode*) out-of-date

Veranda [ve'randa] <-, -den> *f* porch, veranda

veränderlich *adj* (*Mensch, Wetter*) changeable; (MATH) variable; **Veränderlichkeit** *f* changeability, variability; **verändern** **I.** *vt* change **II.** *vr* change (*beruflich* one's job); **Veränderung** *f* change (*beruflich* of job); **an etw ~en vornehmen** make changes to s.th.

verängstigt [fɛr'ɛŋstɪçt] *adj* **1.** (*eingeschüchtert*) intimidated **2.** (*erschreckt*) scared

verankern *vt* **1.** (MAR) anchor **2.** (*fig*) establish (*in* in)

veranlagen *vt* (FIN: *zu Steuern*) assess (*mit* at); **veranlagt** *adj:* **künstlerisch** ~ **sein** have an artistic bent; **er ist eben so** ~ that's just the way he is; **Veranlagung** *f* **1.** (FIN: *steuerlich*) assessment **2.** (*charakterlich*) disposition **3.** (*körperlich*) predisposition **4.** (*Hang*) tendency **5.** (*Talent*) bent

veranlassen *vt* **1.** (*bewegen*) cause (*jdn etw zu tun* s.o. to do s.th.) **2.** (*anordnen*) arrange (*etw* for s.th.); **das Nötige** ~ take the necessary steps *pl;* **bitte** ~ **Sie, dass ...** please see to it that ...; **sich veranlasst sehen etw zu tun** feel prompted to do s.th.

Veranlassung *f* **1.** (*Beweggrund*) cause, reason **2.** (*Betreiben*) instigation; **auf** ~ **von ...** at the instigation of ...; ~ **geben** give cause (*zu etw* for s.th.); **ich habe dazu keine** ~ I have no reason for doing it

veranschaulichen *vt* illustrate (*jdm etw an etw* s.th. to s.o. with s.th.)

veranschlagen *irr vt* estimate (*auf* at); **zu hoch** ~ overestimate; **zu niedrig** ~ underestimate

veranstalten *vt* **1.** (*organisieren*) arrange, organize **2.** (*Empfang*) give; (*Wahlen*) hold; **eine Sammlung** ~ take up a collection; **Veranstalter(in)** *m(f)* (*Organisator*) organizer; (*von Konzerten, Shows*) promoter

Veranstaltung *f* event (*von* organized by); **Veranstaltungskalender** *m* calendar of events; **Veranstaltungsort** *m* venue

verantworten **I.** *vt* **1.** accept the responsibility for **2.** (*die Folgen tragen*) answer for (*etw vor jdm* s.th. to s.o.) **II.** *vr* justify (*für etw* s.th., *vor jdm* to s.o.); **verantwortlich** *adj* **1.** responsible **2.** (*haftbar*) liable; **jdm gegenüber für etw** ~ **sein** be responsible to s.o. for s.th.; **jdn für etw** ~ **machen** hold s.o. responsible for s.th.; **Verantwortlichkeit** *f* **1.** responsibility **2.** (*Haftbarkeit*) liability; **Verantwortung** *f* responsibility (*für* for); **die volle** ~ **für etw übernehmen** take full responsibility for s.th.; **zur** ~ **ziehen** call to account; **auf Ihre** ~**!** you take the responsibility!; **ich habe es auf eigene** ~ **getan** I did it on my own responsibility; **jdm die** ~ **für etw übertragen** put the responsibility for s.th. on s.o.; **verantwortungsbewusst[RR]** *adj* responsible; **Verantwortungsbewusstsein[RR]** *nt* sense of responsibility; **verantwortungslos** *adj* irresponsible; **verantwortungsvoll** *adj* responsible

verarbeiten *vt* **1.** use (*zu etw* to make s.th.) **2.** (TECH: *Rohstoffe, Daten*) process (*zu* into) **3.** (*verbrauchen*) consume **4.** (*geistig* ~) assimilate, digest; **~de Industrie** processing industry

verärgern *vt* annoy, vex

verarmen *sein vi* become impoverished; **Verarmung** *f* impoverishment; (*a. fig*) pauperization

verarschen *vt* (*sl*): **jdn** ~ take the piss out of s.o.

verarzten *vt* (*fam: versorgen*) fix up

verästeln [fɛr'ɛstəln] *vr* **1.** (*Zweige*) branch out **2.** (*Adern, Probleme*) ramify; **Verästelung** *f* **1.** (*von Gezweig*) branching **2.** (*fig*) ramifications *pl*

Verätzung *f* burn

verausgaben *vr* **1.** (*finanziell*) overspend **2.** (*Kräfte*) overtax o.s.

veräußern *vt* dispose of

Veräußerung *f* disposal; **Veräußerungsgewinn** *m* capital gain; **Veräußerungswert** *m* residual [*o* scrap] value

Verb [vɛrp] <-s, -en> *nt* verb; **verbal** *adj* verbal

verballhornen [fɛr'balhɔrnən] *vt* **1.** (*ei-*

nen Text) corrupt **2.** (*parodieren*) parody
Verbalphrase *f* (LING) verbal phrase
Verband <-(e)s, ¨-e> *m* **1.** (MED) dressing; (*mit Binden*) bandage **2.** (MIL: *Einheit*) unit; (AVIAT MAR: *Formation*) formation **3.** (*Vereinigung*) association, federation; ~ **Südostasiatischer Nationen** Association of South-East Asian Nations, ASEAN; **Verband(s)kasten** *m* first-aid box; **Verbandstoff** *m* dressing; **Verbandzeug** *nt* first-aid supplies *pl*
verbannen *vt* (*a. fig*) banish, exile (*aus* from, *nach* to); **Verbannte(r)** *f m* exile; **Verbannung** *f* **1.** (*das Verbannen*) banishment **2.** (*Exil*) exile
verbarrikadieren I. *vt* barricade **II.** *vr* barricade o.s. in (*in etw* s.th.)
verbauen *vt* **1.** (*versperren*) obstruct **2.** (*falsch bauen*) construct badly **3.** (*als Material verbrauchen*) use in building; **sich (jdm) den Weg** ~ bar one's (someone's) way (*zu* to); **jdm den Aufstieg** ~ wreck someone's chances in life
verbeamten *vt*: **jdn** ~ give the status of civil servant to s.o.
verbergen I. *irr vt* conceal, hide (*vor* from) **II.** *vr* conceal o.s., hide (*vor* from)
verbessern I. *vt* **1.** (*Lage*) improve; (*Leistung*) improve on **2.** (*berichtigen*) correct **II.** *vr* **1.** (*Lage*) get better, improve **2.** (*Mensch in seiner Leistung*) do better **3.** (*durch beruflichen Aufstieg*) better o.s. **4.** (*sich berichtigen*) correct o.s.; **Verbesserung** *f* **1.** improvement (*der Lage* in, *von Kenntnissen, Leistungen* on) **2.** (*durch berufl. Aufstieg*) betterment **3.** (SCHULE) correction; **verbesserungsfähig** *adj* open to improvement; **Verbesserungsvorschlag** *m* suggestion for improvement
verbeugen *vr* bow (*vor* to); **Verbeugung** *f* bow
verbeulen *vt* dent; **verbeult** *adj* battered
verbiegen I. *irr vt* bend **II.** *vr* bend; (*Holz*) warp
verbiestert *adj* (*fam*) grumpy
verbieten *irr vt* forbid; (*amtlicherseits*) prohibit (*jdm etw* s.o. from doing s.th.); **viele Ärzte** ~ **ihren Patienten das Rauchen** many doctors forbid their patients to smoke; **solche Dinge** ~ **sich von selbst** such things must be ruled out; **jdm den Mund** ~ forbid s.o. to speak
verbilligen I. *vt* **1.** (*Preis*) reduce the price of **2.** (*Kosten*) reduce the cost of **II.** *vr* get cheaper
verbilligt *adj* cheap, at a reduced price
verbinden I. *irr vt* **1.** (*verknüpfen, a. fig*) connect, link **2.** (*gefühlsmäßig*) join together, unite **3.** (TELE) put through (*mit jdm* to s.o.) **4.** (MED) dress; (*mit Binden*) bandage **5.** (*kombinieren*) combine; **jdm die Augen** ~ blindfold s.o.; **Sie sind leider falsch verbunden!** I'm sorry you've got the wrong number! **II.** *vr* **1.** (*gefühlsmäßig*) join together (*zu etw* in, to form s.th, *in etw* in s.th.) **2.** (*vereinigen, a.* CHEM) combine (*mit* with, *zu* to form)
verbindlich *adj* **1.** (*entgegenkommend*) obliging **2.** (*verpflichtend*) obligatory; (*bindend*) binding; ~**sten Dank!** my best thanks! thank you ever so much!; ~ **zusagen** accept definitely
Verbindlichkeit *f* **1.** (*Entgegenkommen*) obligingness **2.** (*eines Vertrags, einer Rechnung*) obligatory [*o* binding] nature **3.** (*Verlässlichkeit*) reliability **4.** (COM JUR): ~**en** (*Verpflichtungen*) obligations *pl;* (FIN) liabilities *pl;* **seinen** ~**en nachkommen** fulfil one's obligations; (FIN) meet one's liabilities; **eine** ~ **eingehen** incur a liability
Verbindung *f* **1.** (*Kombination, a. chemischer Prozess*) combination **2.** (*Vereinigung*) association **3.** (*Beziehung, Kontakt*) contact (*zu, mit* with) **4.** (*Funk~*) communication **5.** (*Telefonanschluss, Verbindungsteil*) connection (*nach* to) **6.** (CHEM: *Prozessergebnis*) compound (*aus* of); **sich in** ~ **setzen mit ...** get in touch with ... *Br,* contact ... *Am;* **in** ~ **stehen mit jdm (etw)** be in touch with s.o. (s.th.); **mit jdm in** ~ **bleiben** keep in touch with s.o.; **eine** ~ **eingehen** (CHEM) form a compound (*mit etw* with s.th.); **eine** ~ **herstellen zwischen ...** establish a connection between ...; **Ihr Name wird mit dem Skandal in** ~ **gebracht** your name is mentioned in connection with the scandal; **ich werde meine** ~**en spielen lassen** I'll use my connections; **in** ~ **mit ...** (*im Zusammenhang mit*) in connection with ...; (*zusammen mit*) in conjunction with ...; **studentische** ~ fraternity
Verbindungsmann <-(e)s, -männer/-leute> *m* (COM: *Agent*) contact; (MIL) liaison man; (*Mittelsmann*) intermediary; **Verbindungsoffizier** *m* (MIL) liaison officer; **Verbindungsstück** *nt* connecting piece
verbissen [fɛr'bɪsən] *adj* dogged, grim; **Verbissenheit** *f* doggedness, grimness
verbitten *irr vr*: **ich verbitte mir diesen Ton!** I refuse to be talked to like that!; **das verbitte ich mir!** I won't have it!
verbittern I. *vt* embitter **II.** *vi* become embittered; **verbittert** *adj* embittered; **Verbitterung** *f* bitterness
verblassen *vi* (*a. fig*) fade, pale
Verbleib [fɛr'blaɪp] <-(e)s> *m* whereabouts *pl*
verbleiben *irr vi sein* remain; **wir sollten**

so ~, dass ... we should agree to ...

verbleien *vt* (*Benzin*) lead; **verbleit** *adj* (*Benzin*) leaded

verblenden *vt* **1.** (ARCH: *mit Verblendsteinen*) face **2.** (*blind machen*) blind; **Verblendstein** *m* (ARCH) facing brick; **Verblendung** *f* blindness

verblichen [fɛrˈblɪçən] *adj* **1.** (*verbleicht*) faded **2.** (*gestorben*) deceased

verblöden *sein vi* (*fam*) become a zombie

verblüffen [fɛrˈblʏfən] *vt* **1.** (*erstaunen*) amaze, stun **2.** (*verwirren*) baffle, stupefy; **Verblüffung** *f* **1.** (*Erstaunen*) amazement, stupefaction **2.** (*Verwirrung*) bafflement

verblühen *sein vi* (*a. fig*) fade, wither

verbluten *sein vi* bleed to death

verbocken *vt* (*fam: verpfuschen*) botch

verbohren *vr:* **sich in etw ~** become obsessed with s.th.; **verbohrt** *adj* **1.** (*eigensinnig*) obdurate, stubborn **2.** (*unflexibel*) inflexible; **Verbohrtheit** *f* inflexibility

verborgen *vt* lend out (*an* to)

verborgen [fɛrˈbɔrgən] *adj* hidden; **im Verborgenen**[RR] secretly; **im Verborgenen**[RR] **leben** live hidden away; **sich ~ halten** hide

Verborgenheit *f* seclusion, secrecy

Verbot [fɛrˈboːt] <-(e)s, -e> *nt* ban, prohibition; (JUR ECCL) interdiction; **trotz ärztlichen ~es** in spite of doctor's orders *pl;* **gegen ein ~ verstoßen** ignore a ban; **ein ~ aufheben** lift a ban

verboten *adj* forbidden; (*amtlich*) prohibited; (*ungesetzlich*) illegal; **Zutritt ~!** keep out! no admittance!; **du siehst wirklich ~ aus!** (*fam*) you look a real sight!; **Verbotsschild** *nt* prohibitive sign

Verbrauch <-(e)s> *m* consumption (*von, an* of); (*Geld~*) expenditure; **sparsam im ~** (AUTO) economical; **verbrauchen** *vt* **1.** consume; (*aufbrauchen*) use up **2.** (*abnutzen*) wear out **3.** (*erschöpfen*) exhaust; **das Auto verbraucht 8 Liter (auf 100 km)** the car does 8 kilometres to the litre; **verbrauchte Luft** stale air

Verbraucher(in) <-s, -> *m(f)* consumer; **Verbraucherabholmarkt** *m* cash and carry; **Verbraucherausgaben** *fpl* consumer spending; **Verbraucherbefragung** *f* consumer survey; **Verbraucherberatung** *f* consumer advice (service); **verbraucherfeindlich** *adj* anti-consumer; **verbraucherfreundlich** *adj* consumer-friendly; **Verbrauchergruppe** *f* consumer group; **Verbrauchermarkt** *m* superstore, hypermarket; **Verbraucherschutz** *m* consumer protection; **Verbraucherverband** *m* consumers' association; **Verbraucherzentrale** *f* consumer advice centre; **Verbrauchsgüter** *ntpl* consumer goods; **verbraucht** *adj* used up, finished; (*Luft*) stale; (*Mensch*) worn-out

Verbrechen <-s, -> *nt* (*a. fig*) crime (*gegen, an* against); **verbrechen** *irr vt* (*fam: anstellen*) do (wrong); **was habe ich denn nun schon wieder verbrochen?** (*fam*) what on earth have I done now?; **wer hat denn dieses Gedicht verbrochen?** (*fam hum*) who's the perpetrator of this poem?; **Verbrecher(in)** *m(f)* criminal; **Verbrecherbande** *f* gang of criminals; **verbrecherisch** *adj* criminal

verbreiten I. *vt* **1.** spread **2.** (RADIO TV: *ausstrahlen*) radiate **II.** *vr* **1.** (*Nachricht, Krankheit*) spread **2.** (*über ein Thema*) hold forth on

verbreitern I. *vt* broaden, widen **II.** *vr* widen out; **Verbreiterung** *f* widening

verbreitet *adj* common; **eine ~e Zeitung** a newspaper with a wide distribution; **Verbreitung** *f* **1.** spreading **2.** (RADIO TV) radiation **3.** (*Verteilung*) distribution; **Verbreitungsgebiet** *nt* (MARKT) circulation area

verbrennen I. *irr vt* **1.** burn; (*Leiche*) cremate **2.** (*versengen*) scorch; **sich die Finger ~** (*a. fig*) burn one's fingers **II.** *vi sein* burn (*Mensch* to death) **III.** *vr* burn o.s.; **Verbrennung** *f* **1.** (*das Verbrennen*) burning; (*von Treibstoff*) combustion; (*Leichen~*) cremation **2.** (MED) burn; **sie trug nur leichte ~en davon** she was not seriously burned; **~en zweiten Grades** second degree burns; **Verbrennungsmotor** *m* internal combustion engine; **Verbrennungsofen** *m* combustion furnace; **Verbrennungswärme** *f* heat of combustion

verbrieft *adj:* **~es Recht** vested interest [*o* right]

verbringen *irr vt* pass, spend

verbrüdern [fɛrˈbryːdɐn] *vr* **1.** (*sich zusammentun*) ally o.s. (*mit* with) **2.** (*fraternisieren*) fraternize (*mit* with); **Verbrüderung** *f* **1.** (*Zusammenarbeit*) alliance **2.** (*Fraternisierung*) fraternization

verbrühen I. *vt* scald **II.** *vr* scald o.s.; **Verbrühung** *f* scald

verbuchen *vt* (FIN) enter in the books; **diesen Erfolg kann ich für mich ~** I can credit myself with this success

verbummeln *vt* (*fam*) **1.** (*vertrödeln*) idle away **2.** (*verlieren*) lose **3.** (*verpassen*) miss

Verbund [fɛrˈbʊnt] <-(e)s> *m* (COM) combine; **verbunden** *adj* **1.** (*verknüpft*) connected **2.** (*verpflichtet*) obliged (*jdm für etw* to s.o. for s.th.); **damit sind Gefahren (Kosten) ~** that involves dangers (costs); **falsch ~!** (TELE) sorry, wrong number!

verbünden [fɛrˈbʏndən] *vr* ally o.s. (*mit*

with)

Verbundenheit *f* 1. (*zwischen Personen*) closeness (*mit* to) 2. (*mit Bräuchen, Heimat*) attachment (*mit* to)

Verbündete(r) *f m* ally

Verbundfahrausweis *m* travel pass (*valid for all forms of public transport*)

Verbundglas *nt* laminated glass; **Verbundnetz** *nt* (ELEK) (integrated) grid system; **Verbundstein** *m* interlocking paving stone; **Verbundsteinpflaster** *nt* interlocking pavement; **Verbundsystem** *nt* 1. (*von Verkehrsbetrieben*) integrated system 2. (COM) compound system 3. (ELEK) grid [*o* interconnected] system; **Verbundwerbung** *f* (MARKT) joint advertising; **Verbundwerkstoff** *m* composite (material)

verbürgen *vt, vr* guarantee; **sich für etw (jdn) ~** vouch for s.th. (s.o.); **verbürgt** *adj* authentic; **ein ~es Recht** an established right

verbüßen *vt:* **seine Strafe ~** serve one's sentence

verchromt *adj* chromium-plated; **Verchromung** *f* chrome plating

Verdacht [fɛr'daxt] <-(e)s> *m* suspicion; **~ erregen** arouse suspicion; **in ~ haben** suspect; **den ~ auf jdn lenken** cast suspicion on s.o.; **der ~, dass ..., wäre mir nie gekommen** I had no suspicion that ...; **ich habe den ~, dass ...** I have a suspicion that ...; **auf ~** (*fam*) on spec; **es besteht ~ auf ...** ... is suspected; **mein ~ hat sich bestätigt** I was right in my suspicion; **über jeden ~ erhaben sein** be above all suspicion; **unter ~ stehen** be under suspicion; **der ~ fiel auf ihn** suspicion fell on him; **verdächtig** [fɛr'dɛçtɪç] *adj* suspicious; **sich ~ machen** lay o.s. open to suspicion; **der Verdächtige** the suspect; **er ist des Mordes ~** he is suspected of murder; **das sieht mir ~ nach Masern aus** (*fam*) it looks suspiciously like measles to me; **verdächtigen** *vt* suspect (*einer Sache* of s.th.); **Verdächtigung** *f* suspicion; **falsche ~** false charge; **Verdachtsmoment** *nt* suspicious circumstance

verdammen [fɛr'damən] *vt* 1. (*verurteilen*) condemn 2. (REL: *verfluchen*) damn; **verdammenswert** *adj* damnable; **Verdammnis** *f* (REL) damnation; **verdammt** I. *interj:* **~ (nochmal)!** damn (it all)!, blast! II. *adj* damned, bloody, fucking; **die sieht ~ gut aus!** (*fam*) she looks damned good!; **das tut ~ weh!** (*fam*) that hurts like hell!

verdampfen *vt haben, vi sein* vaporize

verdanken *vt:* **jdm etw zu ~ haben** [*o* **jdm etw ~**] owe s.th. to s.o.; **das haben wir nur dir zu ~** (*als Vorwurf*) we've got you to thank for it

verdattert [fɛr'datɐt] *adj, adv* (*fam*) flabbergasted

verdauen [fɛr'daʊən] I. *vt* (*a. fig*) digest II. *vi* digest one's food; **verdaulich** *adj* digestible; **leicht ~**[RR] easy to digest, easily digestible; **schwer ~**[RR] hard to digest, indigestible; **Verdauung** *f* digestion; **schlechte (gute) ~** poor (good) digestion; **Verdauungsbeschwerden** *pl* digestive trouble *sing;* **Verdauungssäfte** *mpl* digestive juices; **Verdauungsstörungen** *fpl* indigestion *sing;* **Verdauungstrakt** *m* digestive tract

Verdeck [fɛr'dɛk] <-(e)s, -e> *nt* 1. (AUTO) hood 2. (MAR: *Sonnendeck*) sundeck; **verdecken** *vt* 1. (*zudecken*) cover 2. (*verstecken*) hide 3. (*Absichten*) conceal; **verdeckt** *adj* 1. (*versteckt*) concealed 2. (*verborgen*) hidden

verdenken *irr vt:* **jdm etw ~** blame s.o. for s.th.

Verderb [fɛr'dɛrp] <-(e)s> *m* ruin; **jdm auf Gedeih und ~ ausgeliefert sein** be completely and utterly at someone's mercy; **Verderben** <-s> *nt* 1. (*Ruin, Untergang*) ruin 2. (*von Nahrung*) going off 3. (*von Material*) spoiling; **jdn ins ~ stürzen** bring disaster on s.o.; **er rennt in sein ~** he's rushing headlong towards ruin; **verderben** I. *irr vt haben* 1. (*Geschäft, Spaß*) spoil 2. (*ruinieren*) ruin 3. (*sittlich*) corrupt, deprave; **an diesem Essen ist sowieso nichts mehr zu ~!** this meal is absolutely ruined anyway!; **sich den Magen ~** upset one's stomach; **es sich mit jdm ~** fall out with s.o.; **sich die Augen ~** ruin one's eyesight; **jdm die Freude ~** spoil someone's enjoyment (*an etw* of s.th.) II. *vi sein* 1. (*Nahrungsmittel*) go off 2. (*Ernte*) be ruined 3. (*Material*) become spoiled; **verderblich** *adj* 1. (*schädlich*) pernicious; (*Charakter schädigend*) corrupting 2. (*Nahrungsmittel*) perishable; **leicht ~**[RR] easily perishable

verdeutlichen *vt* show clearly; (*klar machen*) clarify; (*erklären*) explain

verdeutschen *vt* 1. (*ins Deutsche übertragen*) translate into German 2. (*fam: in einfachen Worten sagen*) translate into normal English

verdichten I. *vt* 1. (PHYS) compress 2. (*komprimieren*) condense II. *vr* 1. (*dichter werden*) thicken; (PHYS) become compressed 2. (*sich häufen*) increase; (*sich vertiefen*) deepen; **Verdichtung** *f* (PHYS) compression

verdienen I. *vt* 1. (*einnehmen*) earn; (*Gewinn machen*) make 2. (*wert sein*) deserve; **damit verdiente er sich viel Geld** this earned him a lot of money; **das hat er**

sich verdient he's earned it; **er verdient es, bestraft zu werden** he deserves to be punished; **er bekam, was er verdiente** he got what he deserved **II.** *vi* (*einnehmen*) earn; (*Gewinn machen*) make a profit (*an* on), profit (*an* from); **Verdienst[1]** *nt* **1.** (*Anspruch auf Anerkennung*) merit; (*Anspruch auf Dank*) credit **2.** (*Beitrag*) contribution (*um etw* to s.th.); (*Dienst*) service (*um jdn o etw* to s.o.,to s.th.); **Ihnen allein gebührt das ~** the credit is entirely yours; **Russells ~e um die Mathematik** Russell's contribution to mathematics; **Nelsons ~e um England** Nelson's services to England; **nach seinen ~en** according to one's deserts; **Verdienst[2]** <-(e)s, -e> *m* **1.** (*Gewinn*) profit **2.** (*Einkommen*) earnings *pl;* **Verdienstausfall** *m* loss of earnings *pl;* **Verdienstausfallentschädigung** *f* compensation for loss of earnings; **Verdienstmöglichkeiten** *pl* earning capacity *sing;* **Verdienstspanne** *f* profit margin; **verdienstvoll** *adj* deserving

verdient *adj* **1.** (*Lob, Strafe*) well-deserved **2.** (*Staatsmann, Wissenschaftler*) of great merit; **sich um etw ~ machen** render a great contribution [*o* great services] to s.th.; **selbst ~es Geld[RR]** money one has earned o.s; **verdientermaßen** [-'--'--] *adv* deservedly

verdoppeln I. *vr* double **II.** *vt* double; (*Anstrengungen*) redouble

Verdoppelung *f* **1.** doubling **2.** (*fig*) redoubling

verdorben [fɛr'dɔrbən] *adj* **1.** (*Laune, Freude, Party*) spoiled **2.** (*Lebensmittel*) tainted **3.** (*Magen*) upset **4.** (*moralisch*) corrupt; **Verdorbenheit** *f* depravity

verdorren [fɛr'dɔrən] *sein vi* wither

verdrahten *vt* (ELEK) wire

verdrängen *vt* **1.** (*ersetzen*) supersede **2.** (*vertreiben*) drive out; (*ausbooten*) oust **3.** (PHYS: *Luft, Wasser*) displace **4.** (*Sorgen*) drive away; (PSYCH: *ins Unterbewusstsein*) repress

Verdrängung *f* **1.** (*das Ersetzen*) superseding **2.** (*das Vertreiben*) driving out **3.** (PHYS) displacement **4.** (*fig*) driving away; (PSYCH) repression; **Verdrängungswettbewerb** *m* destructive competition

verdrehen *vt* **1.** twist **2.** (*Augen*) roll; (*Glieder*) contort **3.** (*Tatsache*) distort; **jdm den Kopf ~** turn someone's head

verdreifachen *vt, vr* triple

verdrießen [fɛr'dri:sən] *irr vt* annoy, irritate; **es verdrießt mich** I'm sick and tired of it; **verdrießlich** *adj* **1.** (*Person*) morose **2.** (*Arbeit*) irksome, unpleasant

verdrossen [fɛr'drɔsən] *adj* **1.** (*lustlos*) unwilling **2.** (*verdrießlich*) morose; **Verdrossenheit** *f* **1.** (*Lustlosigkeit*) unwillingness **2.** (*Verdrießlichkeit*) moroseness

verdrücken I. *vt* (*fam: Essen*) polish off **II.** *vr* (*fam*) slink away; **~ wir uns!** let's beat it!

Verdruss[RR] [fɛr'drʊs] <-es> *m* annoyance; **zu meinem ~** to my annoyance

verduften *sein vi* (*fam*) beat it, slip away

verdummen *vt* (*dumm machen*) dull someone's mind

verdunkeln I. *vt* darken; (THEAT MIL) black out; (*Beweggründe*) obscure **II.** *vr* darken; (*Verstand*) become dulled; **Verdunkelung** *f* **1.** darkening; (THEAT MIL) blacking out **2.** (*fig*) dulling, obscuring **3.** (JUR) suppression of evidence

verdünnen *vt* thin down; (CHEM: *Lösung*) dilute; (*Getränk mit Wasser ~*) water down; **Verdünner** *m* (*Farb~*) thinner

verdünnisieren *vr* (*hum fam*) clear off

verdunsten *sein vi* evaporate; **Verdunster** *m* (TECH) humidifier; **Verdunstung** *f* evaporation

verdursten *sein vi* die of thirst

verdüstern [fɛr'dy:stɐn] *vt, vr* darken

verdutzt [fɛr'dʊtst] *adj* (*fam*) **1.** (*erstaunt*) taken aback **2.** (*verwirrt*) baffled

veredeln *vt* **1.** (*Industrieprodukte*) finish **2.** (*Rohstoffe*) refine

verehren *vt* **1.** (ECCL: *anbeten*) honour **2.** (*bewundern*) admire **3.** (*fam: schenken*) present (*jdm etw* s.o. with s.th.); **Verehrtester** (*hum*) dear Sir!; **verehrte Anwesende!** Ladies and Gentlemen!; **Verehrer(in)** *m(f)* admirer; **Verehrung** *f* **1.** (*anbetende Liebe*) adoration **2.** (ECCL: *eines Heiligen*) worship **3.** (*Hochachtung*) admiration; **verehrungswürdig** *adj* (*ehrwürdig*) venerable

vereidigen [fɛr'aɪdɪgən] *vt* swear in; **jdn auf die Bibel ~** make s.o. swear on the Bible; **vereidigt** *adj* sworn; **Vereidigung** *f* swearing in

Verein [fɛr'aɪn] <-(e)s, -e> *m* **1.** (*Gesellschaft*) association; (*Sport~*) club **2.** (*fam hum*) bunch; **eingetragener ~** registered society

vereinbar *adj* compatible; (*logisch*) consistent; **vereinbaren** *vt* **1.** (*absprechen*) agree; (*Termin, Treffen*) arrange **2.** (*in Einklang bringen*) reconcile (*etw mit etw* s.th. with s.th.); **vereinbart** *adj* agreed

Vereinbarung *f* agreement, arrangement; **eine ~ treffen** make an agreement; **laut** [*o* **nach**] **~** by arrangement

vereinen I. *vt* unite **II.** *vr* join together; **in diesem Plan ~ sich ... und ...** this plan combines ... with ...

vereinfachen *vt* simplify; (MATH) reduce; **Vereinfachung** *f* simplification; (MATH) reduction

vereinheitlichen *vt* standardize
vereinigen *vt, vr* **1.** unite **2.** (*verbinden*) combine **3.** (COM: *fusionieren*) merge (*zu* into, *mit* with); **die beiden Flüsse ~ sich bei ...** the two rivers meet at ...; **Ihr Plan vereinigt die Vorzüge der beiden anderen** your plan combines the merits of the other two; **vereinigt** *adj* united; **die Vereinigten Staaten** (*von Amerika*) the United States; **das Vereinigte Königreich (Großbritannien und Nordirland)** the United Kingdom (of Great Britain and Northern Ireland); **die Vereinten Nationen** the United Nations; **Vereinigung** *f* **1.** (*Vereinigen*) uniting; (*Verbinden*) combining; (COM: *Fusionieren*) merging **2.** (*Bund, ehel. ~*) union **3.** (*Organisation*) organization
vereinsamen *sein vi* become isolated [*o* lonely]; **vereinsamt** *adj* isolated, lonely; **Vereinsamung** *f* isolation, loneliness
Vereinsbeitrag *m* club subscription; **Vereinsmitglied** *nt* club member; **Vereinssatzung** *f* club statutes
vereint *adj* united
vereinzelt *adj* occasional, sporadic
vereisen [fɛr'aɪzən] *sein vi* (*Gegenstand*) freeze; (*Straße*) freeze over; (*Scheibe*) ice over; (AVIAT: *Tragfläche*) ice up
vereiteln [fɛr'aɪtəln] *vt* foil, frustrate, thwart
vereitern *vi* go septic; **vereitert sein** be septic; **Vereiterung** *f* sepsis
verenden *sein vi* (*Tiere*) die, perish
verengen **I.** *vt* **1.** make narrower **2.** (*zusammenziehen*) contract **3.** (*Horizont*) narrow **II.** *vr* **1.** become narrow **2.** (*sich zusammenziehen*) contract **3.** (*Horizont*) narrow
vererben **I.** *vt* **1.** (*Eigentum*) leave, bequeath (*jdm* to s.o.) **2.** (*Krankheit*) transmit; (*Eigenschaften*) pass on (*jdm o auf jdn* to s.o.) **II.** *vr* be transmitted [*o* passed on (*auf jdn* to s.o.); **vererblich** *adj* (MED) hereditary; **Vererbung** *f* **1.** (*das Vererben*) bequeathing **2.** (*von Krankheit*) transmission; (*von Eigenschaften*) passing on **3.** (MED: *das Phänomen*) heredity; **das ist ~** it's a matter of heredity [*o* it's hereditary]; **Vererbungslehre** *f* genetics *pl*
verewigen **I.** *vt* **1.** (*unsterblich machen*) immortalize **2.** (*System, Verhältnisse*) perpetuate **II.** *vr* immortalize o.s.
Verfahren <-s, -> *nt* **1.** (*Methode*) method **2.** (JUR) proceedings; (*als Einrichtung*) procedure **3.** (TECH) process, technique; **ein ~ einleiten** (JUR) initiate legal proceedings *pl* (*gegen jdn* against s.o.); **das ~ einstellen** (JUR) quash [*o* drop] the proceedings
verfahren[1] *adj* (*fam*) bungled, muddled; **eine ~e Angelegenheit** a bungle, a muddle
verfahren[2] *irr vi sein* (*vorgehen*) proceed; **schlecht mit jdm ~** deal badly with s.o.
verfahren[3] *haben* **I.** *vt* **1.** (*Benzin*) use up **2.** (*Zeit, Geld*) spend in driving about **II.** *irr vr* lose one's way
Verfahrensfragen *pl* procedural questions; **Verfahrenskosten** *pl* cost of proceedings; **Verfahrenstechnik** *f* process engineering; **Verfahrensweise** *f* procedure, modus operandi
Verfall <-(e)s> *m* **1.** (*Zerfall*) decay; (*von Häusern*) dilapidation **2.** (*Niedergang*) decline **3.** (COM FIN: *Ungültigwerden von Wechsel*) expiry, maturity; **in ~ geraten** decay, go to ruin; **dem ~ preisgeben** let go to ruin; **bei ~** (COM FIN) at maturity [*o* when due]
verfallen[1] *sein irr vi* **1.** (*zerfallen*) decay, go to ruin; (*körperlich, geistig, kulturell*) decline **2.** (COM FIN: *Wechsel*) fall due, mature; (*Scheck, a. Fahrkarte*) expire; (*Banknoten, Briefmarken*) become invalid **3.** (*abhängig werden*) become a slave (*jdm o einer Sache* to s.o., to s.th.) **4.** (*an etw denken*) think (*auf etw* of s.th.); **dem Alkohol ~** become addicted to alcohol; **wie bist du nur darauf ~?** whatever gave you that idea?
verfallen[2] *adj* **1.** (*Häuser*) dilapidated; (*abgezehrt*) emaciated; (*senil*) senile **2.** (COM FIN: *Banknoten*) invalid; (*Scheck*) expired **3.** (*einem Laster*) addicted to; **er ist ihr völlig ~** he's completely under her spell
Verfallsdatum *nt* best-before date; **Verfallserscheinung** *f* symptom of decline (*bei* in); **Verfallstag** *m* **1.** (COM FIN) expiry date **2.** (*bei Lebensmitteln a.*) eat-by date
verfälschen *vt* falsify; (*Wein, Geschmack*) adulterate; **Verfälschung** *f* falsification
verfangen *irr vi, vr* become entangled, get caught
verfänglich [fɛr'fɛŋlɪç] *adj* **1.** (*heimtückisch*) insidious **2.** (*gefährlich*) dangerous **3.** (JUR: *belastend*) incriminating
verfärben *vr* **1.** (*Kleidung*) change colour **2.** (*erblassen*) grow pale; (*erröten*) flush
verfassen *vt* write; **Verfasser(in)** *m(f)* author, writer
Verfassung *f* **1.** (POL: *Staats~*) constitution **2.** (*Zustand*) state (*gesundheitl.* of health, *gemütsmäßig* of mind); **ich bin nicht in der ~, zu ...** I'm in no fit state to ...; **verfassunggebend** *adj* constituent
Verfassungsänderung *f* alteration to constitution; **Verfassungsbeschwerde** *f* complaint of unconstitutionality; **Verfassungsgericht** *nt* (JUR) constitutional court; **Verfassungsklage** *f* (JUR) complaint of unconstitutionality; **verfas-**

V

sungsmäßig *adj* constitutional; **Verfassungsreform** *f* constitutional reform; **Verfassungsrichter(in)** *m(f)* judge of the constitutional court; **Verfassungsschutz** *m* (*Amt für* ~) Office for the Protection of the Constitution; **Verfassungstreue** *f* loyalty to the constitution; **verfassungswidrig** *adj* unconstitutional

verfaulen *sein vi* **1.** decay, rot **2.** (*fig*) degenerate

verfechten *irr vt* defend, maintain, stand up for; **Verfechter(in)** *m(f)* advocate, champion

verfehlen *vt* (*nicht treffen*) miss; **verfehlt** *adj* (*nicht angebracht*) inappropriate; **Verfehlung** *f* **1.** (*Sünde*) transgression; (*Vergehen*) misdemeanour **2.** (*Ziel~*) missing

verfeinden *vr:* **sich mit jdm** ~ make an enemy of s.o.

verfeinern I. *vt* refine; (*verbessern*) improve II. *vr* become refined; (*sich verbessern*) improve; **verfeinert** *adj* (*Geschmack, Verfahren*) sophisticated

Verfettung *f* (MED: *des Körpers*) obesity; (*einzelner Organe*) adiposity

verfeuern *vt* **1.** (*Munition*) fire **2.** (*Brennmaterial*) burn

verfilmen *vt* make a film of; **Verfilmung** *f* **1.** (*Vorgang*) filming **2.** (*Ergebnis*) film version

verfilzt *adj* **1.** (*fig*) entangled **2.** (*Wolle*) felted, matted

verfinstern I. *vt* darken; (ASTR: *Gestirne*) eclipse II. *vr* (*a. fig*) darken

verflachen *sein vi* (*Diskussion*) become shallow

Verflechtung *f* (*fig*) interconnection

verfliegen I. *irr vi sein* **1.** (*vergehen*) pass, vanish **2.** (CHEM: *sich verflüchtigen*) vanish; (*Geruch*) fade away II. *vr haben* (AVIAT) lose one's bearings

verfließen *sein irr vi* **1.** (*Zeit*) go by, pass **2.** (*Farben*) run

verflixt [fɛr'flɪkst] I. *adj* **1.** (*fam*) darned **2.** (*schwierig*) tricky II. *adv* darned III. *interj:* ~ (**noch mal**)! blast (it)! darn!; ~ **und zugenäht!** damn and blast!

verflossen [fɛr'flɔsən] *adj* (*vergangen*) past, former; **seine Verflossene** (*fam*) his ex-girlfriend

verfluchen *vt* curse; **verflucht** I. *adj, adv* (*fam*) damn, bloody *Br,* fucking II. *interj:* ~! damn (it)!; ~ **noch mal!** fucking hell!; ~ **viel** a hell of a lot; **wir haben** ~ **geschuftet** we toiled like hell

verflüchtigen *vr* **1.** (*verdampfen*) evaporate **2.** (*fam: Person*) vanish **3.** (*Bedenken*) be dispelled

verflüssigen *vt, vr* liquefy; **Verflüssigung** *f* liquefaction

verfolgen *vt* **1.** (*a. Ziel, Idee*) pursue **2.** (*Spur, Unterricht, Person*) follow **3.** (POL) persecute; (JUR: *gerichtlich*) prosecute **4.** (*heimsuchen*) haunt; **Verfolger(in)** *m(f)* **1.** pursuer **2.** (REL POL) persecutor; **Verfolgte(r)** *f m* (REL POL) victim of persecution; **Verfolgung** *f* **1.** (*das Nachjagen*) pursuit **2.** (REL POL) persecution; (JUR) prosecution; **die** ~ **aufnehmen** take up the chase; **Verfolgungsjagd** *f* chase, pursuit; **Verfolgungskampagne** *f* persecution campaign; **Verfolgungswahn** *m* (MED) persecution mania

verformen I. *vt* distort, make go out of shape (*zu* into) II. *vr* go out of shape

verfrachten *vt* **1.** (*transportieren*) transport; (MAR) ship **2.** (*fam: Person*) bundle off

verfranzen [fɛr'frantsən] *vr* **1.** (*fam*) lose one's bearings **2.** (*fam*) get in a muddle

verfremden *vt* defamiliarize; **Verfremdung** *f* defamiliarization

verfressen *adj* (*fam pej*) greedy

verfrüht *adj* premature

verfügbar *adj* available, disposable

verfügen I. *vt* (*anordnen*) order; (*per Gesetz*) decree II. *vi* (*zur Verfügung haben*): **über etw** ~ have s.th. at one's disposal; (*bestimmen*) be in charge of s.th.; **er kann über seine Zeit nicht frei** ~ he is not master of his time; ~ **Sie über mich!** I am at your disposal!; **Verfügung** *f* (*Erlass*) decree; (*Anordnung*) order; (*~srecht*) disposal; **sich jdm zur** ~ **halten** be available to s.o.; **zu Ihrer** ~ at your disposal; **einstweilige** ~ (JUR) temporary injunction; **jdm zur** ~ **stehen** be at someone's disposal; **jdm etw zur** ~ **stellen** put s.th. at someone's disposal; **Verfügungsgewalt** *f* (JUR) right of disposal

verführen *vt* **1.** (*in Versuchung führen*) tempt **2.** (*sexuell*) seduce; **jdn zu etw** ~ encourage s.o. to do s.th.; **Verführer(in)** *m(f)* seducer (seductress); **verführerisch** *adj* (*verlockend*) enticing; **Verführung** *f* **1.** (*sexuell*) seduction **2.** (*Verlockung*) enticement

Vergabe *f:* ~ **von Aufträgen** placing of orders; ~ **von Verträgen** award of contracts

vergällen [fɛr'gɛlən] *vt* (*fig*) embitter; (*Freude*) spoil; (*Leben schwer machen*) sour

vergaloppieren *vr* **1.** (*fam: irren*) blunder **2.** (*zu weit vorpreschen*) go too far

vergammeln I. *vi sein* (*fam*) **1.** (*verfaulen*) go bad, rot **2.** (*Person*) go to seed II. *vt haben:* **seine Zeit** ~ idle away one's time; **einen Tag** ~ have a day doing nothing; **vergammelt** *adj* (*fam pej*) scruffy

vergangen [fɛr'gaŋən] *adj* **1.** (*früher*) bygone, past **2.** (*letzte*) last; ~**es Jahr** last year; ~**e Größe** former greatness; **Vergangenheit** *f* **1.** past **2.** (GRAM) past tense **3.** (*Geschichte*) history; **Vergangenheitsbewältigung** *f process of coming to terms with the past;* **vergänglich** [fɛr'gɛŋlɪç] *adj* transient, transitory; **Vergänglichkeit** *f* transitoriness

vergasen *vt* (*Kohle*) gasify; **Vergaser** *m* (AUTO) carburettor

vergeben *irr vt* **1.** (*Auftrag, Preis*) award (*an* to) **2.** (*verzeihen*) forgive (*jdm etw* s.o. for s.th.), pardon (*jdm etw* s.o. s.th.) **3.** (*Chancen*) throw away; **ist die Stelle schon ~?** has the vacancy been filled already?; **sind diese Plätze ~?** have these seats been taken?; **ich bin schon ~** (*fam*) I'm already spoken for; **er würde sich nichts vergeben, wenn er sich einmal bedanken würde** it wouldn't hurt him to say thank you once in a while

vergebens *adv* in vain, vainly

vergeblich **I.** *adj* futile **II.** *adv* in vain; **Vergeblichkeit** *f* futility

Vergebung *f* forgiveness, pardon

vergegenwärtigen [---'---] *vr* **1.** (*vorstellen*) imagine **2.** (*vor Augen rufen*) visualize **3.** (*erinnern*) recall

Vergehen <-s, -> *nt* **1.** (*das Schwinden*) fading **2.** (JUR) offence; **vergehen** **I.** *irr vi* **1.** (*vorbeigehen*) pass; (*Liebe*) die **2.** (*dahinschwinden*) fade, waste away; (*nachlassen*) wear off; **das vergeht!** (*fam*) it'll pass!; **vor Neugier ~** be dying of curiosity; **mir verging Hören und Sehen** (*fam*) I didn't know whether I was coming or going; **wie die Zeit vergeht!** how time flies! **II.** *vr* (*eine Untat begehen*) commit an offence; **sich an jdm ~** assault s.o. indecently; **sich gegen etw ~** commit an offence against s.th.

vergeistigt *adj* spiritual

vergelten *irr vt* repay (*jdm etw* s.o. for s.th.); **Gleiches mit Gleichem ~** give tit for tat; **Vergeltung** *f* retribution; (*Rache*) retaliation; **Vergeltungsmaßnahme** *f* retaliatory measure; **Vergeltungsschlag** *m* act of reprisal

vergessen [fɛr'gɛsən] **I.** *irr vt, vi* **1.** forget **2.** (*liegen lassen*) leave; **das werde ich Ihnen nie ~** (*Gutes*) I will always remember you for that; (*Schlechtes*) I will never forget that **II.** *vr* forget o.s.; **Vergessenheit** *f*: **in ~ geraten** fall into oblivion; **vergesslich**[RR] *adj* forgetful; **Vergesslichkeit**[RR] *f* forgetfulness

vergeuden [fɛr'gɔɪdən] *vt* waste; **Vergeudung** *f* waste

vergewaltigen [fɛrgə'valtɪgən] *vt* rape; (*fig: Sprache, Kunst*) violate; **Vergewaltiger** *m* rapist; **Vergewaltigung** *f* rape; (*fig*) violation

vergewissern [fɛrgə'vɪsɐn] *vr* make sure (*einer Sache* of s.th.)

vergießen *irr vt* (*Blut, Tränen*) shed; (*Flüssigkeit*) spill

vergiften *vt* (*a. fig*) poison; **Vergiftung** *f* poisoning

vergilbt [fɛr'gɪlpt] *adj* yellowed

Vergissmeinnicht[RR] [fɛr'gɪsmaɪnɪçt] <-(e)s, -(e)/(s)> *nt* forget-me-not

vergittern *vt* put a grate over …; **Vergitterung** *f* grating

verglasen [fɛr'gla:zən] *vt* glaze; **Verglasung** *f* glazing

Vergleich <-(e)s, -e> *m* **1.** comparison **2.** (JUR) settlement; **im ~ zu …** compared to …, in comparison with …; **einen ~ anstellen** make a comparison (*zwischen* between); **einem ~ standhalten** bear comparison; **es schneidet im ~ überhaupt nicht gut ab** it doesn't compare very well at all; **einen gütlichen ~ schließen** (JUR) reach an amicable settlement

vergleichbar *adj* comparable; **Vergleichbarkeit** *f* comparability

vergleichen **I.** *irr vt* compare (*mit* to, with); **ein Sonett mit einem anderen ~** compare one sonnet with another **II.** *vr* **1.** compare o.s. (*mit jdm* with s.o, to s.o.) **2.** (JUR: *sich verständigen*) settle (*mit jdm* with s.o.); **wollen Sie sich etwa mit ihm ~?** don't tell me you mean to compare yourself to him!

Vergleichsjahr *nt* base year; **Vergleichsverfahren** *nt* composition proceedings; **Vergleichstest** *m* comparison; **vergleichsweise** *adv* comparatively; **es schneidet ~ schlecht (gut) ab** it compares badly (well)

Vergnügen <-s, -> *nt* (*Genuss*) pleasure; (*Freude*) joy; (*Amüsement*) amusement; (*Spaß*) fun; **(nur) zum ~** (just) for fun; **mit ~** with pleasure; **das macht mir ~** I enjoy it; **das wird ein teures ~** that's going to be an expensive bit of fun; **na dann viel ~!** (*iro*) I wish you joy!; **viel ~!** enjoy yourself! have a good time!; **an etw ~ finden** take pleasure in s.th.; **etw zu seinem ~ tun** do s.th. for one's own amusement; **ich mache das nicht zu meinem ~** I'm not doing it for the fun of it; **er fand großes ~ daran, Vögel zu beobachten** he got a lot of enjoyment from bird-watching

vergnügen [fɛr'gny:gən] <ohne ge> *vr* amuse o.s., enjoy o.s.; **sich mit jdm/etw/einer Tätigkeit ~** amuse o.s. with s.o./s.th./by doing s.th.; **vergnüglich** *adj* enjoyable, pleasureable; **vergnügt** *adj* enjoyable; (*freudig, heiter*) cheerful; **Vergnügung** *f* **1.** (*Amüsement, Freude*) pleasure **2.** (*~sveranstaltung*) entertainment; **Vergnügungspark** *m* amusement park; **Vergnügungsreise** *f* pleasure trip; **Vergnügungssteuer** *f* entertainment tax *Br;* admission tax *Am;* **vergnügungssüchtig** *adj* pleasure-craving

vergolden *vt* **1.** (*mit Farbe*) paint gold **2.** (*mit Blattgold*) gild **3.** (*feuervergolden*) gold-plate

vergönnen *vt* not begrudge (*jdm etw* s.o. s.th.); **es war ihm nicht vergönnt ...** he was not granted the privilege of ...

vergöttern [fɛr'gœtɐn] *vt* (*fig*) idolize

vergraben I. *irr vt* bury **II.** *vr* (*sich zurückziehen*) hide o.s. away; **sie vergräbt sich in ihren Büchern** she buries herself in her books

vergrämt [fɛr'grɛːmt] *adj* (*obs*) grief-stricken

vergreifen *irr vr* (*daneben greifen*) take the wrong; **sich an jdm ~** assault s.o.; **sich an etw ~** (*unterschlagen*) embezzle s.th.; **Sie ~ sich im Ton!** that's the wrong tone to speak to me in!

vergreisen *vi* become senile

vergriffen [fɛr'grɪfən] *adj* (*Ware*) sold out, out of stock; (*Buch*) out of print

vergrößern [fɛr'grøːsɐn] **I.** *vt* **1.** (*an Fläche, Umfang*) enlarge **2.** (*an Zahl, Umfang*) increase **3.** (*ausdehnen*) extend; (COM: *Absatzmärkte*) expand **4.** (OPT) magnify; (PHOT) blow up **II.** *vr* **1.** be enlarged **2.** (*anwachsen*) increase **3.** (*sich ausdehnen*) be extented, expand **4.** (*Pupille, Blutgefäße*) dilate; (*Leber, Niere*) become enlarged **III.** *vi* (OPT) magnify; **Vergrößerung** *f* **1.** (*flächenmäßig*) enlargement; (*nach Ausdehnung*) extension; (COM MARKT) expansion **2.** (*zahlenmäßig*) increase **3.** (OPT) magnification; (PHOT) enlargement **4.** (*von Pupille, Blutgefäßen*) dilation; (*von Organ*) enlargement; **Vergrößerungsglas** *nt* magnifying glass

vergucken *vr* (*fam*) see wrong; **sich in etw (jdn) ~** fall for s.th. (s.o.)

vergünstigt *adj:* **etw ~ kaufen** buy s.th. at a reduced price; **Vergünstigung** *f* **1.** (*preislich*) reduction **2.** (*Vorrecht*) favour, privilege

vergüten [fɛr'gyːtən] *vt* **1.** (*Verlust ersetzen*) compensate (*jdm etw* s.o. for s.th.) **2.** (*Auslagen*) reimburse (*jdm etw* s.o. for s.th.) **3.** (*Arbeitsleistung*) recompense, remunerate (*jdm etw* s.o. for s.th.) **4.** (TECH: *Stahl*) temper **5.** (PHOT: *Linse*) coat; **Vergütung** *f* **1.** (*Kompensation*) compensation **2.** (*Auslagenersatz*) reimbursement **3.** (*Lohn*) recompense, remuneration **4.** (TECH: *von Stahl*) tempering **5.** (PHOT: *Linsenbeschichtung*) coating

verhaften [fɛr'haftən] *vt* arrest; **Sie sind verhaftet!** you are under arrest!; **Verhaftung** *f* arrest; **Verhaftungswelle** *f* wave of arrests

verhallen *sein vi* die [*o* fade] away; **ungehört ~** go unheeded

Verhalten <-s> *nt* **1.** (*Benehmen*) behaviour **2.** (*Haltung*) attitude **3.** (*Vorgehen*) conduct

verhalten I. *irr vt* (*unterdrücken*) keep back; (*Zorn*) retain; (*Atem*) hold **II.** *vr* **1.** (*sich benehmen*) behave; (*handeln*) act **2.** (*sein*) be, be the case **3.** (MATH) be; **a verhält sich zu b wie c zu d** a is to b as c to d **4.** (CHEM: *reagieren*) react; **sich ruhig ~** keep quiet; **wenn sich das so verhält ...** if that is the case ...; **die Sache verhält sich folgendermaßen ...** the matter is as follows ...

Verhaltensforschung *f* behavioural research; **verhaltensgestört** *adj* disturbed, maladjusted; **Verhaltenskodex** *m* code of conduct; **Verhaltensmaßregel** *f* rule of conduct; **Verhaltensstörung** *f* behavioural disorder; **Verhaltenstherapie** *f* behavioural therapy; **Verhaltensweise** *f* behaviour

Verhältnis [fɛr'hɛltnɪs] <-ses, -se> *nt* **1.** (*Relation*) proportion, relation **2.** (*Liebes~*) (love-)affair **3.** (*im pl: Lage*) conditions *pl,* situation; (*Umstände*) circumstances *pl* **4.** (*menschl. Beziehung*) relationship (*mit jdm o etw* with s.o., to s.th.); (*zwischen Staaten*) relations *pl* (*zu* with); **mit jdm ein ~ haben** have an affair with s.o.; **in keinem ~ zu etw stehen** be out of all proportion to s.th.; **bei den derzeitigen ~sen** under present conditions; **wir müssen klare ~se schaffen** we must get things straight; **ich bin für klare ~se** I want to know how we stand; **umgekehrtes ~** (MATH) inverse ratio; **in gesicherten ~sen** in easy circumstances; **er lebt über seine ~se** he lives beyond his means; **verhältnismäßig** *adv* **1.** (*proportional*) proportionally **2.** (*ziemlich*) relatively; **Verhältnismäßigkeit** *f:* **die ~ der Mittel** the appropriateness of the means; **Verhältnismäßigkeitsprinzip** *nt* principle of appropriateness; **Verhältniswahlrecht** *nt* proportional representation; **Verhältniswort** *nt* (GRAM) preposition

verhandeln I. *vt* **1.** negotiate **2.** (JUR) hear **II.** *vi* **1.** negotiate (*über* about) **2.** (JUR) hear a [*o* the] case; **Verhandlung** *f* **1.** negotiations *pl* **2.** (JUR) hearing; (*in Strafsache*) trial; **~en aufnehmen** enter into negotiations (*mit jdm* with s.o.); **da lasse ich mich auf**

keine ~en ein (*fam*) I don't propose to enter into any long debates!; **Verhandlungsausschuss**[RR] *m* negotiating committee; **Verhandlungsbasis** *f* basis for negotiations; **verhandlungsbereit** *adj* ready to negotiate; **Verhandlungsbereitschaft** *f* readiness to negotiate; **Verhandlungsführer(in)** *m(f)* (chief) negotiator; **Verhandlungsposition** *f* negotiating position; **Verhandlungssache** *f* negotiable matter; **Verhandlungsstärke** *f* negotiating strength, bargaining power

verhängen *vt* **1.** (*mit Stoff*) cover (*mit* with) **2.** (*Strafe*) impose (*über jdn* on s.o.)

Verhängnis <-ses, -se> *nt* (*Unglück*) disaster; **jdm zum ~ werden** be s.o.'s undoing; **verhängnisvoll** *adj* (*fatal*) fatal, fateful; (*katastrophal*) disastrous

verharmlosen *vt* belittle, play down; **Verharmlosung** *f* belittlement

verhärmt [fɛr'hɛrmt] *adj* careworn

verharren *vi* pause, remain; **auf seinem Standpunkt ~** persist in one's viewpoint

verharschen [fɛr'harʃən] *sein vi* (*Schnee*) crust

verhaspeln [fɛr'haspəln] *vr* get into a tangle

verhasst[RR] *adj* hated; **sich ~ machen** make o.s. hated; **wie mir so was ~ ist!** how much I hate such things!

verhätscheln *vt* pamper; (*verderben*) spoil

Verhau [fɛr'haʊ] <-(e)s, -e> *m* **1.** (*Sperre*) barrier **2.** (*fam: Unordnung*) mess

verhauen **I.** *irr vt* **1.** (*fam: prügeln*) beat up; (*Kind*) lick, thrash **2.** (*fam: schlecht machen*) muff **II.** *vr* (*fam: sich irren*) slip up; (*einen Fehler machen*) make a mistake

verheben *irr vr* hurt o.s. lifting s.th.

verheddern [fɛr'hɛdɐn] *vr* get into a tangle

verheeren [fɛr'heːrən] *vt* devastate; **verheerend** *adj* **1.** devastating **2.** (*fam: schrecklich*) frightful, ghastly

verhehlen [fɛr'heːlən] *vt* conceal, hide (*jdm etw* s.th. from s.o.)

verheilen *sein vi* (*a. fig*) heal

verheimlichen *vt* conceal, keep secret (*jdm etw* s.th. from s.o.); **Verheimlichung** *f* concealment

verheiraten **I.** *vt* marry (*mit* to); **er ist mit seinem Job verheiratet** (*hum fam*) he's married to his job **II.** *vr* get married (*mit jdm* to s.o.), marry (*mit jdm* s.o.)

verheißen *irr vt* promise; **Verheißung** *f* promise; **das Land der ~** (ECCL) the Promised Land; **verheißungsvoll** *adj* promising

verhelfen *irr vt:* **jdm zu etw ~** help s.o. to (get) s.th.

verherrlichen *vt* glorify; **Verherrlichung** *f* glorification

verhetzen *vt* incite

verhexen *vt* bewitch; **das ist doch wie verhext!** (*fam*) there must be a jinx on it!

verhindern *vt* prevent; (*Unheil*) avert; **das ließ sich leider nicht ~** it couldn't be helped; **ein verhinderter Schriftsteller** a would-be author; **Verhinderung** *f* avertion, prevention; **im Falle Ihrer ~ ...** should you be unable to come ...

verhöhnen *vt* deride, scoff at; **Verhöhnung** *f* deriding, scoffing

Verhör [fɛr'høːɐ] <-(e)s, -e> *nt* (*Befragung*) interrogation, questioning; (*vor Gericht*) examination; **verhören** **I.** *vt* (*befragen*) interrogate, question; (*vor Gericht*) examine **II.** *vr* mishear

verhüllen *vt* cover, veil

verhungern *sein vi* **1.** die of starvation, starve **2.** (*fam: großen Hunger haben*) be starving; **jdn ~ lassen** let s.o. starve to death

verhunzen [fɛɐ'hʊntsən] *vt* (*fam*) ruin, spoil

verhüten *vt* prevent; **das möge Gott ~!** God forbid!; **~de Maßnahmen** preventive measures; **Verhütung** *f* **1.** (*Verhinderung*) prevention **2.** (MED) prophylaxis **3.** (*Empfängnis~*) contraception; **Verhütungsmittel** *nt* contraceptive

verifizieren *vt* verify; **Verifizierung** *f* verification

verinnerlichen *vt* internalize (*etw* s.th.)

verirren *vr* **1.** lose one's way **2.** (*fig*) go astray

verjagen *vt* (*a. fig*) chase away

verjähren [fɛr'jɛːrən] *sein vi* (JUR) fall under the statute of limitation; (*Anspruch*) be in lapse; **verjährt** *adj* **1.** (JUR) statute-barred **2.** (*fam*): **das ist schon längst ~** that's all over and done with; **Verjährung** *f* (JUR) **1.** (*von Straftat*) limitation **2.** (*von Anspruch*) lapse

verjubeln *vt* (*fam*) blow (*für etw* on s.th.)

verjüngen [fɛr'jʏŋən] **I.** *vt* rejuvenate **II.** *vr* (*nach oben o unten dünner werden*) narrow, taper

verkabeln *vt* (ELEK TELE) **1.** (*Drähte*) cable **2.** (*Apparate*) connect up **3.** (RADIO TV) link up to the cable network; **Verkabelung** *f* (ELEK TELE) cabling

verkalken *sein vi* **1.** (*Kalk ansetzen*) calcify; (*Arterien*) get hardened; (*Wasserleitung*) fur up **2.** (*fam: Person*) become senile

verkalkulieren *vr* miscalculate

Verkalkung *f* **1.** (*das Kalkansetzen*) calcification; (*von Wasserleitung*) furring **2.** (*fam: Vergreisung*) senility

verkannt *adj* unappreciated

verkappt *adj* disguised

verkatert *adj* (*fam*) hung-over

Verkauf <-(e)s, ⸚e> *m* **1.** sale; (*das ~en*) selling **2.** (*~sabteilung*) sales *sing;* **etw zum ~ anbieten** put s.th. up for sale; **steht es zum ~?** is it up for sale?

verkaufen I. *vt* (*a. fig*) sell (*für* for); **verraten und verkauft** (*fam*) well and truly sunk; **zu ~** for sale; **gegen bar ~** sell for cash; **von dem Buch wurden 300 Exemplare verkauft** this book sold 300 copies; **sein Leben teuer ~** sell one's life dearly; **dieses Produkt lässt sich nicht ~** nothing will sell this product **II.** *vr* **1.** (*Ware*) sell **2.** (*Person*) sell o.s.

Verkäufer(in) *m(f)* **1.** seller **2.** (*im Ladengeschäft*) shop assistant *Br,* clerk *Am* **3.** (*im Außendienst*) salesman (saleswoman) *Br,* salesperson **4.** (JUR) vendor; **verkäuflich** *adj* **1.** (COM MARKT: *verkaufbar*) marketable, sal(e)able **2.** (*kaufbar*) for sale; **leicht** (**schwer**) **~** easy (hard) to sell; **Verkaufsabteilung** *f* sales department; **Verkaufsangebot** *nt* offer to sell; **Verkaufsaufforderung** *f* invitation to sell

Verkaufsausstellung *f* sales exhibition; **Verkaufsbedingungen** *fpl* conditions of sale; **Verkaufserlös** *m* sales revenue, proceeds of a sale; **Verkaufsgespräch** *nt* sales talk; **Verkaufsleiter(in)** *m(f)* sales manager; **Verkaufspreis** *m* retail price; **Verkaufsrekord** *m* sales record; **Verkaufsschlager** *m* big seller; **Verkaufsunterlagen** *pl* sales documentation; **Verkaufszahlen** *fpl* sales figures; **Verkaufsziel** *nt* sales objective

Verkehr [fɛrˈkeːɐ] <-(e)s> *m* **1.** (*Straßen~*) traffic **2.** (*Verbindung*) communication **3.** (COM) circulation **4.** (*Geschlechts~*) intercourse; **mit jdem im brieflichen ~ stehen** be corresponding with s.o.; **dem ~ übergeben** open to traffic; **den ~ umleiten** divert the traffic; **etw aus dem ~ ziehen** (COM FIN) withdraw s.th. from circulation; (*aus dem Straßen~*) withdraw s.th. from service

verkehren I. *vt:* **etw ins Gegenteil ~** reverse s.th. **II.** *vi* **1.** (*fahren*) run; (*fliegen*) fly **2.** (*gesellschaftlich*) associate (*mit jdm* with s.o.), frequent (*bei jdm* someone's house, *in einem Lokal* a pub, restaurant) **3.** (*sexuell*) have (sexual) intercourse (*mit jdm* with s.o.) **III.** *vr:* **sich ins Gegenteil ~** become reversed

Verkehrsader *f* arterial road; **Verkehrsampel** *f* traffic lights *pl;* **Verkehrsamt** *nt* **1.** traffic office **2.** (*Verkehrsbüro*) tourist information office; **Verkehrsaufkommen** *nt* traffic volume; **verkehrsbedingt** *adj:* **~e Emissionen** traffic emissions; **verkehrsberuhigt** *adj* (AUTO) traffic-calmed; **Verkehrsberuhigung** *f* traffic calming; **Verkehrsbeschränkung** *f* traffic restriction; **Verkehrschaos** *nt* traffic chaos; **Verkehrsdelikt** *nt* traffic offence; **Verkehrsdichte** *f* traffic density; **Verkehrsdurchsage** *f* traffic announcement; **Verkehrserziehung** *f* road safety training; **Verkehrsflugzeug** *nt* commercial aircraft; **Verkehrsfluss**[RR] *m* traffic flow; **Verkehrsfunk** *m* radio traffic service; **verkehrsgünstig** *adj* convenient; **Verkehrshinweis** *m* traffic announcement; **Verkehrsinsel** *f* traffic island *Br,* safety isle *Am;* **Verkehrsknotenpunkt** *m* railroad [*o* traffic] junction; **Verkehrskontrolle** *f* traffic control; **bei jdm eine ~ machen** stop s.o.; **Verkehrsleitsystem** *nt* traffic guidance system; **Verkehrsminister(in)** *m(f)* Minister of Transport; **Verkehrsmittel** *nt* means of transport *Br,* means of transportation *Am;* **Verkehrsnetz** *nt* transport network; **Verkehrsplanung** *f* transport planning; **Verkehrspolizei** *f* traffic police; **Verkehrspolizist(in)** *m(f)* traffic policeman (-woman) *Br,* speed-cop *Am;* **Verkehrsregel** *f* traffic regulation; **Verkehrsregelung** *f* traffic control; **verkehrsreich** *adj* (*Gegend*) busy; **~e Zeit** peak time; **Verkehrsschild** *nt* traffic sign; **verkehrsschwach** *adj* **1.** (*Gegend*) with little traffic **2.** (*Zeit*) off-peak; **in ~en Zeiten** during slack periods *Br,* during light hours *Am;* **Verkehrssicherheit** *f* **1.** (*von Straßen*) road safety **2.** (*von Fahrzeugen*) roadworthiness; **Verkehrsstauung** *f* traffic jam; **Verkehrsstörung** *f* traffic hold-up *Br,* tie-up *Am;* **Verkehrssünder(in)** *m(f)* traffic offender; **verkehrstechnisch I.** *adj:* **~e Schwierigkeiten** technical difficulties involved in traffic engineering **II.** *adv:* **~ gesehen** from the technical viewpoint of traffic engineering; **Verkehrsteilnehmer(in)** *m(f)* road user; **Verkehrstote** *pl* road casualties; **die Zahl der ~n** the toll of the road; **verkehrstüchtig** *f* **1.** (*Kfz*) roadworthy **2.** (*Person*) fit to drive; **Verkehrsunfall** *m* road accident; **Verkehrsunterricht** *m* traffic instruction; **Verkehrsverbindung** *f* (transport) link; **Verkehrsverbund** *m* combined transport authority; **Verkehrsverein** *m* tourist information office; **Verkehrsvorschrift** *f* traffic regulation; **Verkehrswacht** *f* road patrol; **Verkehrswert** *m* (COM FIN) market value; **Verkehrswesen** *nt* transport and communications *pl;* **verkehrswidrig** *adj* contrary to road traffic regulations; **sich ~ verhalten** break the road traffic regulations; **Verkehrszäh-**

lung *f* traffic census; **Verkehrszeichen** *nt* road sign, traffic sign

verkehrt I. *adj* (*falsch*) wrong; **eine ~e Welt** a topsy-turvy world II. *adv* wrongly; **etw ~ machen** do s.th. the wrong way; **du kannst gar nichts ~ machen** you can't go wrong; **etw ~ rum anhaben** (*fam*) have s.th. on back to front; (*innen nach außen*) inside out; **gar nicht** (**so**) **~!** (*fam*) that can't be bad!; **du hältst das Bild ~ rum** you're holding the picture the wrong way round; **das Verkehrteste, was du tun konntest** the worst thing you could do

verkennen *irr vt* misjudge; (*unterschätzen*) underestimate; **deine Absichten sind nicht zu ~** your intentions are unmistakable; **wir ~ ja nicht, dass ...** we do not deny that ...

verketten *vt* (*fig*) link together; **verkettet sein** be interlinked

verkitten *vt* cement; (*Fenster*) putty

verklagen *vt* (JUR) sue (*wegen* for), take to court (*jdn auf etw* s.o. for s.th.)

verklappen *vt* (*Abfallstoffe*) dump (in the sea); **Verklappung** *f* (*Abfallstoffe*) dumping (into the sea); **verklärt** *adj* transfigured

verklausulieren [fɛrklaʊzu'liːrən] *vt* (*fam*) hedge in with clauses

verkleben *vt* 1. (*zusammenkleben*) stick together 2. (*zukleben*) cover (*mit* with)

verkleiden I. *vt* 1. (*a. fig*) disguise; (*kostümieren*) dress up 2. (*Wand: mit Stoff*) line; (*täfeln*) wainscot II. *vr* disguise o.s., dress up; **Verkleidung** *f* 1. (*das Verkleiden*) disguising; (*das Kostümieren*) dressing up 2. (*als Ergebnis*) disguise 3. (*Stoff~*) lining; (*Täfelung*) wainscoting

verkleinern I. *vt* make smaller; (*Maßstab*) scale down; (PHOT) reduce II. *vi* (OPT) make everything (seem) smaller III. *vr* 1. become smaller 2. (*sich verringern*) decrease 3. (*fig*) become less; **verkleinert** *adj* reduced; (*Maßstab*) scaled down; **Verkleinerung** *f* 1. (*das Verkleinern*) making smaller; (*Maßstab*) scaling down 2. (*von Bild*) reduced size reproduction; (PHOT) reduction; **Verkleinerungsform** *f* (LING) diminutive form

verklemmen *vr* become [*o* get] stuck; **verklemmt** *adj* (*Person*) inhibited

verklickern [fɛr'klɪkɐn] *vt* (*fam*): **jdm etw ~** make s.th. clear to s.o.

verklingen *irr vi sein* 1. (*Ton*) die away 2. (*fig*) fade

verkloppen [fɛr'klɔpən] *vt* (*fam*) 1. (*verprügeln*): **jdn ~** give s.o. what-for 2. (*verkaufen*): **etw ~** flog s.th.

verknallen *vr* (*fam*): **sich in jdn ~** fall for s.o.

Verknappung <-, -en> *f* shortage, scarcity

verknautschen [fɛr'knaʊtʃən] I. *vt* (*fam*) crumple, crush II. *vr* crease

verkneifen *irr vr* (*fam*): **sich etw ~** stop o.s. from doing [*o* saying] s.th.

verkniffen [fɛr'knɪfən] *adj* 1. (*angestrengt: Gesicht*) strained 2. (*verbissen: Gesicht*) pinched

verknittern *vt* crumple

verknöchert [fɛrknœçɐt] *adj* (*fig*) ossified

verknoten *vt* 1. (*Schnur*) knot 2. (*Paket*) tie up

verknüpfen *vt* 1. (*Schnur*) knot, tie together 2. (*fig*) combine; (*assoziieren*) associate

verkohlen I. *vt* (*fam*) have s.o. on II. *vi* char; (*Braten*) burn to a cinder

verkommen *sein irr vi* 1. (*zugrunde gehen*) go to the dogs; (*sittlich*) become dissolute 2. (*Gebäude*) become dilapidated 3. (*Lebensmittel*) go off; **verkommen** *adj* 1. (*Person*) depraved 2. (*Gebäude*) dilapidated; **Verkommenheit** *f* 1. (*von Person*) depravity 2. (*von Gebäude*) dilapidation

verkomplizieren *vt* complicate

verkonsumieren *vt* (*fam*) get through

verkorken *vt* cork (up)

verkorksen [fɛr'kɔrksən] *vt* (*fam*) mess up; **jdm etw ~** mess s.th. up for s.o.; **sich den Magen ~** upset one's stomach; **verkorkst** *adj* (*fam*): **die Sache ist völlig ~** it's a real mess

verkörpern *vt* 1. (*personifizieren*) embody 2. (THEAT) portray; **Verkörperung** *f* 1. (*Personifizierung*) embodiment, personification 2. (THEAT) portrayal

verkrachen *vr* (*fam*): **sich mit jdm ~** fall out with s.o; **verkracht** *adj* (*fam: ruiniert*) ruined; **~er Typ** dead-beat type; **~e Existenz** failure

verkraften *vt* come to terms with, cope with

verkrallen *vr:* **sich in etw ~** get stuck into s.th.

verkrampft *adj* 1. (*Sitzhaltung*) cramped 2. (*fig*) tense

verkriechen *haben irr vr* (*fig*) hide o.s. away

verkrümeln [fɛr'kryːməln] *vt, vr* (*fam*) make off

verkrümmen *vt, vr* bend; **Verkrümmung** *f* (MED) curvature

verkrüppelt *adj* crippled

verkrusten *vi sein, vr haben* become encrusted; **verkrustet** *adj* 1. (*Wunde*) scabby 2. (*Strukturen*) decrepit

verkühlen *vr* catch a chill

verkümmern *sein vi* 1. (*Instinkt*) become

stunted; (*Person*) waste away; (*Talent*) go to waste **2.** (MED) atrophy

verkünd(ig)en *vt* **1.** (*bekannt machen*) proclaim; (*ankündigen*) announce **2.** (ECCL: *predigen*) preach **3.** (JUR: *Urteil*) pronounce **4.** (*Unheil*) forebode; **Verkünd(ig)ung** *f* **1.** (*Bekanntmachung*) proclamation; (*Ankündigung*) announcement **2.** (ECCL: *Predigen*) preaching **3.** (JUR: *Urteils~*) pronouncement

verkupfern *vt* copper-plate

verkuppeln *vt* (*pej*) procure (*jdn an jdn* s.o. for s.o.)

verkürzen I. *vt* **1.** shorten **2.** (*beschränken, herabsetzen*) cut down, reduce II. *vr* **1.** (*kürzer werden*) be shortened **2.** (*Aufenthalt*) be reduced; **Verkürzung** *f* shortening

verlachen *vt* deride, laugh at

Verladebahnhof *m* loading station; **Verladebrücke** *f* loading bridge; **verladen** *irr vt* load (on to); (MAR) embark; (AVIAT) emplane; **Verladerampe** *f* loading platform; **Verladung** *f* loading; (MAR) embarkation; (AVIAT) emplaning

Verlag [fɛr'la:k] <-(e)s, -e> *m* publishing house, publishers *pl;* **bei welchem ~ ist das erschienen?** who published it?; **im ~ von ...** published by ...

verlagern I. *vt* shift; (*Interessen*) transfer II. *vr* **1.** shift **2.** (METE) move; **Verlagerung** *f* **1.** shift; (*Interessen~*) transfer **2.** (METE) movement, moving

Verlagsbuchhandel *m* publishing trade; **Verlagshaus** *nt* publishing house *Br,* book concern *Am;* **Verlagskatalog** *m* publisher's catalogue; **Verlagsleiter(in)** *m(f)* publishing director; **Verlagsredakteur(in)** *m(f)* (publishing) editor

Verlangen <-s> *nt* **1.** (*Forderung*) demand; (*Wunsch*) desire, wish **2.** (*Erfordernis*) request **3.** (*Sehnsucht*) longing, yearning; (*Begierde*) craving (*nach* for); **auf ~** by request, on demand; **auf~ der Lehrer** at the request of the teachers; **ich habe kein ~, ihn zu sehen** I have no desire to see him; **verlangen** [fɛr'laŋən] I. *vt* **1.** (*fordern*) demand **2.** (*wünschen*) desire **3.** (*haben wollen*) ask for, want **4.** (*erfordern*) require **5.** (*beanspruchen*) claim; **am Telefon verlangt werden** be wanted on the phone II. *vi* **1.** ask (*nach* for) **2.** (*sich sehnen*) long (*nach* for); **er verlangte zu wissen, was passiert war** he demanded to know what had happened; **das ist zu viel verlangt** that's asking too much; **verlangend** *adj* (*sehnsüchtig*) longing

verlängern [fɛr'lɛŋɐn] I. *vt* **1.** (*länger machen*) lengthen **2.** (*Frist*) extend, prolong **3.** (COM: *Wechsel*) renew **4.** (SPORT: *Ball*) play [*o* touch] on (*zu jdm* to s.o.) II. *vr* **1.** (*räumlich*) be lengthened **2.** (*zeitlich*) be prolonged; **Verlängerung** *f* **1.** (*das Längermachen*) lengthening **2.** (*von Frist*) prolongation **3.** (SPORT: *eines Passes*) play-on (*zu* to) **4.** (*von Spielzeit*) extra time *Br,* overtime *Am;* **Verlängerungskabel** *f* (ELEK) extension lead

verlangsamen I. *vt* slow down; (*Geschwindigkeit a.*) reduce II. *vr* slow down

Verlass[RR] [fɛr'las] <-es> *m:* **es ist kein ~ auf ihn** there is no relying on him

verlassen[1] I. *irr vt* **1.** leave **2.** (*im Stich lassen*) abandon, desert, forsake; **und da verließen sie ihn** (*fam*) that's as far as I got II. *vr:* **sich ~ auf ...** count [*o* rely] on ...; **Sie können sich darauf ~** you can count on it

verlassen[2] *adj* **1.** (*im Stich gelassen*) deserted, forsaken **2.** (*einsam*) lonely **3.** (*öde*) desolate; **wer sich auf ihn verlässt**[RR]**, ist ~** if you rely on him, you've had it; **Verlassenheit** *adj* (*Einsamkeit*) loneliness

verlässlich[RR] [fɛr'lɛslɪç] *adj* reliable

Verlaub [fɛr'laʊp] *m:* **mit ~** (*hum*) by your leave, if you will pardon my saying so

Verlauf *m* **1.** (*von Zeit*) course **2.** (*Ausgang*) end; **im ~ des Gesprächs** in the course of the conversation; **einen guten (schlechten) ~ nehmen** go well (badly); **im weiteren ~ der Angelegenheit ...** as things developed ...; **verlaufen** I. *irr vi sein* **1.** (*Zeit*) pass **2.** (*vor sich gehen*) proceed, run **3.** (*auseinander fließen*) run **4.** (*sich erstrecken*) run; **alles ist gut ~** everything went well; **im Sande ~** peter out II. *vr* **1.** (*verschwinden*) disperse; (*sich verlieren*) disappear **2.** (*sich verirren*) get lost, lose one's way

Verlaufsform *f* (LING) progressive form, continuous form; **verlaust** *adj* lice-ridden

verlautbaren [fɛr'laʊtba:rən] *vt:* **etw ~ lassen** let s.th. be announced

verlauten *sein vi:* **etw (nichts) ~ lassen** give an (no) indication; **der Minister hat ~ lassen, dass ...** the minister indicated that ...

verleben *vt* (*verbringen*) spend; **verlebt** *adj* (*Person*) dissipated

verlegen[1] I. *vt* **1.** (*an falschen Platz legen*) mislay, misplace **2.** (*Platz verändern*) move, shift; (MIL) transfer *Br,* redeploy *Am* **3.** (*zeitlich*) postpone (*auf* until) **4.** (*Buch*) publish **5.** (*Kabel, Fliesen*) lay **6.** (*Straße*) relocate II. *vr::* **sich ~ auf ...** (*beginnen mit*) take up; (*als Ausweg*) resort to

verlegen[2] *adj* embarrassed; **um etw ~ sein** be at a loss for s.th.; **um Geld ~ sein** be short of money; **Verlegenheit** *f* **1.** (*Befangensein*) embarrassment **2.** (*Klemme*) embarrassing situation; (*fam*) fix; **in ~ sein**

be at a loss (*um* for); **jdn in ~ bringen** embarrass s.o.; **in ~ kommen** get embarrassed; **Verlegenheitslösung** *f* stop-gap

Verleger(in) *m(f)* publisher

Verlegung *f* **1.** (*Platzveränderung*) moving, shifting; (MIL: *Truppen~*) transfer **2.** (*von Kabel*) laying **3.** (*zeitl. Verschiebung*) postponement

verleiden *vt:* **jdm etw ~** put s.o. off s.th.

Verleih <-(e)s, -e> *m* **1.** hire service **2.** (FILM: *~firma*) distributors **3.** (*Auto~*) car rental; **verleihen** *irr vt* **1.** (*verborgen*) lend (out) *Br,* loan *Am;* (*gegen Entgelt*) rent (out) (*an jdn* to s.o.) **2.** (*Amt, Titel*) bestow, confer (*jdm* on s.o.) **3.** (*Auszeichnung*) award (*jdm* to s.o.) **4.** (*geben, verschaffen*) give; **Verleihung** *f* **1.** (*von Geld*) lending *Br,* loaning *Am;* (*von Gegenstand gegen Entgelt*) renting **2.** (*von Amt, Titel*) bestowal, conferring **3.** (*von Auszeichnung*) award(ing)

verleiten *vt* **1.** (*verlocken*) tempt; (*verführen*) lead astray **2.** (*veranlassen*) lead (*jdn zu etw* s.o. to s.th.)

verlernen *vt* forget, unlearn

verlesen I. *irr vt* **1.** read out; (*Namen*) call out **2.** (*auslesen*) sort **II.** *vr* read wrong

verletzbar *adj* (*a. fig*) vulnerable; **verletzen** [fɛr'lɛtsən] **I.** *vt* **1.** hurt, injure **2.** (*fig*) hurt (someone's) feelings, wound **3.** (*Gesetz*) break; (*Rechte, Intimsphäre*) violate; **sich am** [*o* **das**] **Bein ~** injure one's leg; **er wurde bei dem Unfall nicht verletzt** he was not injured in the crash; **es verletzte ihn sehr** it was very hurtful to him; **seine Pflicht ~** fail in one's duty; **den guten Geschmack ~** offend against good taste **II.** *vr* get hurt; **wenn ihr so weitermacht, verletzt sich bestimmt noch jemand!** if you go on like that someone is bound to get hurt!; **mit der Axt können Sie sich ~!** you could do yourself harm with that axe!; **verletzend** *adj* (*Bemerkung*) hurtful, offending

verletzt *adj:* **schwer ~**[RR] seriously injured; **Verletzte(r)** <-n, -n> *f m* injured person; (*bei Unfall*) casualty; **Verletzung** *f* **1.** (*Wunde*) injury; (*das Verletzen*) injuring, wounding **2.** (*fig*) hurting, wounding

verleugnen *vt* deny; **sich ~ lassen** pretend not to be there

verleumden [fɛr'lɔɪmdən] *vt* slander; (*schriftlich*) libel; **Verleumder(in)** *m(f)* slanderer; **verleumderisch** *adj* slanderous; **Verleumdung** *f* **1.** (*das Verleumden*) slandering **2.** (*Wort, Bemerkung*) slander; (*in Schriftform*) libel

verlieben *vr* fall in love (*in* with); **verliebt** *adj* amorous; **in jdn ~ sein** be in love with s.o.; **bis über beide Ohren ~** head over heels in love; **Verliebtheit** *f* being in love

verlieren [fɛr'li:rən] **I.** *irr vt* **1.** lose **2.** (*Blätter, Haare*) shed; **den Verstand ~** get out of one's mind **II.** *vi* lose; **wir wollen kein Wort mehr darüber ~** let's not waste another word on it; **du kannst nichts ~** you can't lose **III.** *vr* **1.** (*sich verirren*) lose one's way **2.** (*verschwinden*) disappear **3.** (*abschweifen*) lose one's train of thought; **er verliert sich gern in Erinnerungen** he likes to lose himself in his memories; **er hatte sich bald in der Menge verloren** he was soon lost in the crowd; **Verlierer(in)** *m(f)* loser; **ein schlechter ~ sein** be a bad loser

Verlies [fɛr'li:s] <-es, -e> *nt* dungeon

verloben *vr* become engaged (*mit jdm* to s.o.); **Verlobte(r)** *f m* fiancé (fiancée); **Verlobung** *f* engagement

verlocken *vt* entice; (*versuchen*) tempt; **verlockend** *adj* enticing; (*verführerisch*) tempting; **Verlockung** *f* enticement; (*Versuchung*) temptation

verlogen [fɛr'lo:gən] *adj* **1.** (*Person*) mendacious **2.** (*Moral*) hypocritical; **Verlogenheit** *f* **1.** (*von Person*) mendacity **2.** (*Heuchelei von Moral*) hypocrisy

verloren [fɛr'lo:rən] *adj* **1.** lost **2.** (*hilflos*) forlorn; **eine ~e Partie** a lost game; **auf ~em Posten stehen** be fighting a lost cause; **~ gehen**[RR] be lost; **an dir ist ein Schauspieler verloren gegangen**[RR] you would have made a good actor; **verlorengehen** *vi s.* verloren; **Verlorenheit** *f* forlornness

verlosen *vt* draw lots for, raffle off; **Verlosung** *f* draw, raffle

verlöten *vt* solder

verlottern [fɛr'lɔtɐn] *sein vi* (*fam*) **1.** (*Mensch*) go to the dogs **2.** (*Lokal, Stadtteil*) get run down; **verlottert** *adj* (*fam: moralisch*) dissolute; (*Erscheinung*) scruffy; (*heruntergewirtschaftet*) run-down

Verlust [fɛr'lʊst] <-es, -e> *m* loss; **~e** (MIL) casualties; **mit ~ verkaufen** sell at a loss; **beträchtliche ~e erleiden** suffer heavy losses; **verlustbringend** *adj* loss-making; **Verlustfaktor** *m* loss factor; **verlustig** *adj:* **einer Sache ~ gehen** lose [*o* forfeit] s.th.; **Verlustmeldung** *f* report of the loss; **eine ~ machen** report the loss; **verlustreich** *adj* **1.** (COM: *Firma*) heavily loss-making; (*Jahr, Geschäft*) of heavy losses **2.** (MIL) involving heavy casualties

vermachen *vt* bequeath (*jdm etw* s.th. to s.o.); **Vermächtnis** [fɛr'mɛçtnɪs] <-ses, -se> *nt* bequest; (*a. fig*) legacy

vermählen [fer'mɛ:lən] *vt, vr* marry, wed (*jdn o sich mit jdm* s.o.); **Vermählung** *f* marriage

vermarkten *vt* 1. (MARKT) market 2. (*fig*) commercialize

Vermarktung *f* marketing

vermasseln [fɛrˈmasəln] *vt* (*fam*) mess up (*jdm etw* s.th. for s.o.)

vermehren *vt, vr* increase; (*fortpflanzen*) breed; **Vermehrung** *f* increase; (*durch Fortpflanzung*) breeding, reproduction

vermeiden *irr vt* avoid; **es lässt sich nicht ~** it cannot be helped

vermeintlich [fɛrˈmaɪntlɪç] *adj* putative, supposed

Vermerk <-(e)s, -e> *m* note, remark; **vermerken** *vt* note down; (*in Personalausweis, Kartei*) record

vermessen[1] I. *irr vt* 1. measure 2. (*Land*) survey II. *vr* (*falsch messen*) measure wrongly

vermessen[2] *adj* (*sehr kühn*) presumptuous; **Vermessenheit** *f* (*Anmaßung*) presumption

Vermessung *f* measurement; (*von Land*) survey; **Vermessungsamt** *nt* land survey office; **Vermessungsingenieur(in)** *m(f)* land surveyor

vermiesen [fɛrˈmiːzən] *vt* (*fam*): **jdm etw ~** spoil things for s.o.; **ich werde mir die Reise von keinem ~ lassen!** I won't have anyone spoil the journey for me!

vermieten *vt, vi* let *Br*, rent *Am*; **Zimmer zu ~** rooms to let *Br*, rooms for rent *Am*; **Vermieter(in)** *m(f)* landlord (landlady); (JUR) lessor; **Vermietung** *f* letting out *Br*, renting out *Am*

vermindern I. *vt* lessen, reduce; **verminderte Zurechnungsfähigkeit** (JUR) diminished responsibility II. *vr* decrease

verminen *vt* mine

vermischen I. *vt* mix; (*Whisky, Tee, Tabak*) blend II. *vr* mix; (*fig*) mingle; **Vermischte(s)** *nt* miscellany

vermissen [fɛrˈmɪsən] *vt* miss; **jdn als vermisst[RR] melden** report s.o. missing; **vermisst[RR] werden** be missing; **er wurde sehr vermisst[RR]** his absence was a real lack; **Vermisste(r)[RR]** <-n, -n> *f m* missing person

vermittelbar *adj* 1. (*Idee, Gefühl*) communicable 2. (*Arbeitsloser*) easy to place, employable

vermitteln I. *vt* 1. (*Vertrag, Anleihe*) arrange, negotiate (*jdm* for s.o.) 2. (*Wissen*) impart (*jdm* to s.o.) 3. (TELE) connect, put through; **jdm etw ~** (*besorgen*) get s.th. for s.o. II. *vi* mediate (*bei* in); **Vermittler(in)** *m(f)* 1. mediator 2. (COM) agent 3. (FIN: *a. Heirats~*) broker; **Vermittlung** *f* 1. (*Schlichtung*) mediation 2. (*Stellen~*) employment agency; (*Wohnungs~*) estate agency *Br*, realtor *Am* 3. (TELE: *Amt*) exchange 4. (TELE: *Telefonistin*) operator; **etw durch ~ von Freunden bekommen** get s.th. via friends; **Vermittlungsausschuss[RR]** *m* (*a.* PARL) mediation committee

vermöbeln [fɛrˈmøːbəln] *vt* (*fam: verprügeln*) give (s.o.) a good hiding; (*bei Schlägerei*) beat (s.o.) up

vermodern [fɛrˈmoːdɐn] *sein vi* decay, moulder

Vermögen <-s, -> *nt* 1. (FIN: *Mittel*) means *pl*; (FIN: *Reichtum*) fortune 2. (*Fähigkeit*) capability; **nach bestem ~** to the best of one's ability; **ein ~ kosten** cost a fortune; **vermögen** *irr vt*: **~ etw zu tun** be capable of doing s.th.; **es nicht ~ etw zu tun** be unable to do s.th.; **vermögend** *adj* (*reich*) wealthy, well-off

Vermögensabgabe *f* capital levy; **Vermögensanlage** *f* investment; **Vermögensberater(in)** *m(f)* investment consultant; **Vermögensberatung** *f* investment consultancy; **Vermögensbilanz** *f* asset and liability statement; **vermögensbildend** *adj* (FIN) wealth-creating; **Vermögensbildung** *f* capital formation; **Vermögenssteuer** *f* wealth tax; **Vermögensverhältnisse** *pl* pecuniary circumstances; **Vermögensverwalter(in)** *m(f)* investment manager; **Vermögenswert** *m* assets *pl*; **vermögenswirksam** *adj*: **~ anlegen** save under the employees' savings scheme; **~e Leistung** *employer's capital-forming payment under the employees' savings scheme*

vermummen I. *vt* (*warm anziehen*) wrap up warm II. *vr* 1. (*sich warm anziehen*) wrap up warm 2. (*sich verkleiden*) cloak, disguise; **vermummt** *adj* 1. (*verkleidet*) cloaked, disguised 2. (*eingemummt*) muffled-up; **Vermummungsverbot** *nt* (*bei Demonstrationen*) ban on face coverings

vermurksen *vt* (*fam*): **etw ~** muck s.th. up

vermuten [fɛrˈmuːtən] *vt* (*annehmen*) presume *Br*, suppose, reckon *Am*; (*mutmaßen*) suspect *Br*, guess *Am*; **vermutlich** I. *adj* presumable; (*Täter*) suspected II. *adv* presumably; **Vermutung** *f* 1. (*Annahme*) assumption, supposition; (*Mutmaßung*) conjecture 2. (*Verdacht*) suspicion; **die ~ liegt nahe, dass ...** there are grounds for the assumption that ...; **das ist eine reine ~ von dir** you're only guessing

vernachlässigen [fɛrˈnaːxlɛsɪgən] I. *vt* 1. neglect 2. (*nicht berücksichtigen*) ignore II. *vr* (*sein Äußeres*) neglect one's appearance; **Vernachlässigung** *f* 1. neglect 2. (*Nichtberücksichtigung*) ignoring

vernageln *vt* nail up

vernähen *vt* (*Stoffe*) neaten; (*Wunde*) stitch up
vernarben *sein vi* heal up
vernarrt *adj* infatuated (*in* with)
vernaschen *vt* (*fam: ein Mädchen, einen Mann*) make it with
Vernehmen <-s> *nt:* **dem ~ nach** according to rumour, from what I hear
vernehmen *irr vt* **1.** (*hören*) hear **2.** (*erfahren*) learn, understand **3.** (JUR: *vor Gericht*) examine; (*verhören*) question; **dem Vernehmen nach** from what I/we hear; **vernehmlich** *adj* audible, clear; **Vernehmung** *f* (JUR: *vor Gericht*) examination; (*Verhör*) questioning
verneigen *vr* **1.** bow (*vor* to) **2.** (*~ vor*) bow down before; **Verneigung** *f* bow
verneinen *vt* **1.** (*leugnen*) deny **2.** (*Frage*) answer in the negative; **verneinend** *adj* negative; **Verneinung** *f* **1.** (*Leugnung*) denial **2.** (*verneinte Form*) negative **3.** (GRAM) negation
vernetzen *vt* **1.** connect (*mit* up to) **2.** (INFORM) network, integrate into a network; **Vernetzung** *f* (INFORM) networking
vernichten [fɛrˈnɪçtən] *vt* **1.** (*ausrotten, a. fig*) exterminate **2.** (*zerstören*) destroy; **vernichtend** *adj* **1.** devastating **2.** (*Niederlage*) crushing; **~e Kritik** scathing criticism; **jdn ~ schlagen** (SPORT) beat s.o. hollow; (MIL) destroy s.o. utterly; **jdm einen ~en Blick zuwerfen** look devastatingly at s.o.; **Vernichtung** *f* **1.** (*Ausrottung, a. fig*) extermination **2.** (*Zerstörung*) destruction; **Vernichtungswaffe** *f* (MIL) destructive weapon
vernickeln *vt* nickel-plate
verniedlichen *vt* trivialize
vernieten *vt* rivet
Vernunft [fɛrˈnʊnft] <-> *f* good sense, reason; **~ annehmen** see reason; **zur ~ bringen** bring s.o. to his senses *pl;* **vernünftig** [fɛrˈnʏnftɪç] **I.** *adj* **1.** (*einsichtig*) sensible **2.** (*rational*) rational **3.** (*akzeptabel*) reasonable; **sei doch ~!** be reasonable! **II.** *adv* (*fam: akzeptabel*) reasonably well; **vernunftorientiert** *adj* rational
veröden **I.** *vi sein* (*wüst werden*) become desolate **II.** *vt haben* (MED: *Krampfadern*) atrophy, obliterate
veröffentlichen *vt, vi* publish; **Veröffentlichung** *f* publication
verordnen *vt* **1.** (*anordnen, befehlen*) order **2.** (MED) prescribe (*jdm etw* s.th. for s.o.); **Verordnung** *f* **1.** (MED) prescription **2.** (*gesetzliche ~*) decree
verpachten *vt* lease (*an* to); **verpachtet sein** be under lease
verpacken *vt* **1.** pack; (*einwickeln*) wrap **2.** (*Gedanken*) package
Verpackung *f* **1.** packing; (*Papier~*) wrapping **2.** (*fig*) packaging; **Verpackungsgewicht** *nt* tare (weigh); **Verpackungsindustrie** *f* packaging industry; **Verpackungskosten** *pl* packing charges; **Verpackungsmaterial** *nt* packaging; **Verpackungsmüll** *m* packaging waste
verpassen *vt* **1.** (*versäumen*) miss **2.** (*fam: geben*) give; **jdm eine ~** (*fam*) clout s.o. one; **jdm einen Denkzettel ~** (*fam*) give s.o. s.th. to think about
verpatzen *vt* (*fam*) mess up
verpennen **I.** *vi* (*fam*) oversleep **II.** *vt* (*fam*) miss by oversleeping
verpesten *vt* contaminate, pollute; **Verpestung** *f* contamination, pollution
verpetzen *vt* (*fam*) sneak on (*bei* to)
verpfänden *vt* **1.** pawn **2.** (JUR: *Hypothek*) mortgage
verpfeifen *irr vt* (*fam*) grass on (*bei* to)
verpflanzen *vt* (*a. fig*) transplant; **Verpflanzung** *f* (*a. fig*) transplantation
verpflegen *vt* **1.** feed **2.** (MIL) ration; **Verpflegung** *f* **1.** (*das Verpflegen*) catering; (MIL) rationing **2.** (*Essen*) food; (MIL) rations *pl;* **Verpflegungskosten** *pl* cost of food
verpflichten **I.** *vt* **1.** (*moralisch*) oblige **2.** (*binden*) commit **3.** (*einstellen*) engage; **sich verpflichtet fühlen etw zu tun** feel obliged to do s.th.; **sich jdm verpflichtet fühlen** feel under an obligation to s.o.; **jdm zu Dank verpflichtet sein** be obliged to s.o. **II.** *vi* (*moralisch*) carry an obligation (*zu etw* to do s.th.) **III.** *vr* (*durch Vertrag*) commit o.s.; **Verpflichtung** *f* **1.** (*moralische ~*) obligation (*zu etw* to do s.th.); (*Aufgabe*) duty **2.** (*Einstellung*) engagement; **dienstliche ~en haben** have official duties; **seinen ~en nachkommen** fulfil one's obligations
verpfuschen *vt* make a mess of, bungle
verplappern *vr* (*fam*) open one's mouth too wide
verplempern [fɛrˈplɛmpɐn] *vt* (*fam*) fritter away, waste
verplomben *vt* seal
verpönt [fɛɐˈpøːnt] *adj* frowned on (*bei* by)
verprassen *vt* dissipate, squander (*für* on)
verprellen *vt* put off
verprügeln *vt* thrash
verpuffen *sein vi* **1.** go pop **2.** (*Wirkung*) fall flat
Verputz <-es> *m* plasterwork; **verputzen** *vt* **1.** (*mit Verputz*) plaster; (*Rauhputz*) roughcast **2.** (*fam: aufessen*) polish off
verqualmen *vt* (*verräuchern*) fill with smoke; **verqualmt** *adj* filled with [*o* full of] smoke
verquatschen *vt* (*fam*): **seine Zeit ~** chat

V

away one's time

verquicken [fɛr'kvɪkən] *vt* (*fig*) bring together; (*vermischen*) mix

verquollen [fɛr'kvɔlən] *adj* **1.** (*Holz*) warped **2.** (*Gesicht*) bloated; (*Augen*) puffy

verrammeln [fɛr'raməln] *vt* barricade

verramschen *vt* (COM) sell off cheap; (*fam*) flog *Br*

Verrat <-(e)s> *m* betrayal (*an* of); (JUR) treason (*an* against); **verraten I.** *irr vt* **1.** (*Geheimnis, Freunde, Land*) betray **2.** (*ausplaudern*) tell **3.** (*zeigen*) reveal; **verrate nichts!** don't say a word!; **hast du das etwa ~?** did you let it out?; **~ und verkauft sein** (*fam*) be done for, have had it **II.** *vr* give o.s. away; **Verräter(in)** [fɛr'rɛ:tɐ] *m(f)* traitor; **verräterisch** *adj* **1.** treacherous **2.** (*heimtückisch*) perfidious **3.** (*aufschlussreich*) revealing; (*verdächtig*) telltale

verrauchen I. *vi sein* (*fig*) cool down **II.** *vt haben* spend on smoking

verräuchert *adj* (*fam*) smoky

verrechnen I. *vt* **1.** (COM: *gegeneinander aufrechnen*) set off against **2.** (COM: *Scheck einziehen*) clear **II.** *vr* **1.** miscalculate **2.** (*fam: sich täuschen*) be mistaken; **da hast du dich aber schwer verrechnet!** (*fam*) you're very much mistaken there!; **Verrechnung** *f* (COM) **1.** (*Ausgleich*) settling of account **2.** (*Einzug von Scheck*) clearing; **Verrechnungsscheck** *m* crossed cheque *Br,* voucher check *Am*

verrecken [fɛr'rɛkən] *sein vi* (*sl*) croak

verregnet *adj* **1.** (*regnerisch*) rainy **2.** (*Urlaub*) spoiled by rain

verreisen *vi* go out of town [*o* away [*o* on] a journey]; **verreist sein** be away

verreißen *irr vt* (*fam: kritisieren*) tear to pieces

verrenken [fɛr'rɛŋkən] **I.** *vt* dislocate **II.** *vr* contort o.s.; **Verrenkung** *f* **1.** (*eines Akrobaten*) contortion **2.** (MED) dislocation; **geistige ~en** mental contortions

verrennen *haben vr:* **sich in etw ~** get stuck on s.th.

verrichten *vt* perform; **Verrichtung** *f:* **ihre täglichen ~en** her daily [*o* routine] tasks

verriegeln *vt* bolt

verringern [fɛr'rɪŋɐn] **I.** *vt* reduce **II.** *vr* **1.** (*abnehmen*) decrease **2.** (*sich verschlechtern*) deteriorate; **Verringerung** *f* **1.** reduction **2.** (*Abnahme*) decrease **3.** (*Verschlechterung*) deterioration

verrinnen *sein irr vi* **1.** (*Wasser*) trickle away **2.** (*Zeit*) elapse

verrohen I. *vt* brutalize **II.** *vi sein* become brutalized

verrosten *sein vi* rust; **verrostet** *adj* rusty

verrotten [fɛr'rɔtən] *sein vi* **1.** (*verfaulen*) rot **2.** (*zu Kompost werden*) decompose; **verrottet** *adj* rotten

verrucht [fɛr'ru:xt] *adj* despicable, loathsome

verrücken *vt* (*verschieben*) shift

verrückt *adj* **1.** (*geisteskrank*) insane, mad **2.** (*fam*) crazy (*nach* about); **jdn ~ machen** drive s.o. mad; **so was Verrücktes!** what a crazy idea!; **du bist wohl ~!** you must be crazy!; **ich werd' ~!** (*fam*) I'll be blowed!; **bist du total ~ geworden?** are you raving mad?; **Verrücktheit** *f* (*fam*) **1.** (*Zustand*) craziness, madness **2.** (*Handlung*) crazy thing; **Verrücktwerden** *nt:* **es ist zum ~!** (*fam*) it's enough to drive you round the bend!

Verruf *m:* **in ~ geraten (bringen)** fall (bring) into disrepute; **verrufen** *adj* disreputable

verrühren *vt* mix

verrußen *sein vi* get sooty; **verrußt** *adj* sooty

verrutschen *sein vi* slip

Vers [fɛrs] <-es, -e> *m* **1.** (*Lied, Strophe*) verse **2.** (*Zeile*) line; **in ~e bringen** put into verse *sing*

versachlichen *vt* de-emotionalize

Versagen <-s> *m* **1.** (*Fehlschlag*) failure **2.** (*von Maschine*) breakdown *Br,* slip-up *Am;* **menschliches ~** human error; **versagen I.** *vt* (*verweigern*) refuse; **jdm etw ~** deny s.o. s.th. **II.** *vi* **1.** (*Person*) fail **2.** (*Maschine*) break down; (*Bremse*) fail; (*Gewehr*) fail to go off; **Versager(in)** *m(f)* failure

versalzen *irr vt* **1.** (*Speisen*) oversalt **2.** (*fam: verderben*) spoil

versammeln I. *vt* assemble; **vor versammelter Mannschaft** before the assembled company; (*fig*) in front of everybody **II.** *vr* assemble; (*Parlament*) sit; (*Mitglieder eines Vereins*) meet; **Versammlung** *f* **1.** (*Veranstaltung*) meeting **2.** (*versammelte Menschen*) assembly; **eine ~ abhalten** hold a meeting; **eine ~ einberufen (vertagen)** convene (adjourn) a meeting; **Versammlungsfreiheit** *f* freedom of assembly

Versand [fɛr'zant] <-(e)s> *m* dispatch; **Versandabteilung** *f* shipping department; **Versandanschrift** *f* dispatch note, parcel address

versanden *sein vi* **1.** silt up **2.** (*fig*) peter out

Versandhandel *m* mail-order trade; **Versandhaus** *nt* mail-order company; **Versandhauskatalog** *m* mail-order catalogue; **Versandkosten** *pl* delivery [*o* shipping] costs; **Versandpapiere** *pl* shipping documents; **Versandtasche** *f* (padded)

envelope; **Versandvorschriften** *pl* forwarding [*o* shipping] instructions
versauen *vt* (*sl*) mess up
Versauerung *f*, **Versäuerung** *f* (*von Gewässer, Boden*) acidification
versaufen *irr vt* (*sl: Geld*) spend on booze
versäumen [fɛɐ'zɔymən] *vt* **1.** (*vernachlässigen*) neglect **2.** (*Unterricht*) miss **3.** (*Zeit*) lose; ~ **etw zu tun** fail to do s.th.; **Versäumnis** <-ses, -se> *nt* **1.** (*Unterlassung*) omission **2.** (*Nachlässigkeit, Fehler*) failing
verschachern [-'ʃaxɐn] *vt* (*fam*) barter away
verschaffen I. *vt* procure (*jdm etw* s.o. with s.th., s.th. for s.o.) **II.** *vr* get, obtain; **sich Klarheit** ~ clarify the [*o* a] matter
verschalen *vt* (*Heizung*) encase; (*Wand*) panel; **Verschalung** *f* (TECH) casing, panelling; (*aus Brettern*) framework
verschämt *adj* embarrassed
verschandeln [fɛr'ʃandəln] *vt* (*fam*) disfigure, spoil
verschanzen *vr* (*Deckung suchen*) entrench o.s. (*hinter* behind)
verschärfen I. *vt* **1.** (*erhöhen*) increase; (*intensivieren*) intensify **2.** (*verschlimmern*) aggravate **3.** (*Vorschriften*) tighten up; **Spannungen** ~ heighten tensions **II.** *vr* **1.** (*sich steigern*) increase **2.** (*sich verschlimmern*) become aggravated
verscharren *vt* bury
verschaukeln *vt* (*fam*): **jdn** ~ have s.o. for a sucker
verscheiden *sein irr vi* (*geh: sterben*) expire, pass away
verscheißern *vt* (*sl*): **jdn** ~ take the piss out of s.o.
verschenken *vt* (*a. fig*) give away; **sein Herz an jdn** ~ (*poet*) give s.o. one's heart
verscherbeln [fɛr'ʃɛrbəln] *vt* (*fam: verkaufen*) flog *Br*
verscherzen *vr* forfeit, lose; **sich Sympathien** ~ lose popularity
verscheuchen [fɛr'ʃɔɪçən] *vt* **1.** frighten [*o* scare] away **2.** (*Sorgen*) drive away
verscheuern [fɛr'ʃɔɪɐn] *vt* (*fam*) sell off
verschicken *vt* **1.** (*versenden*) dispatch **2.** (*zur Erholung*) send away
verschiebbar *adj* (*Hebel*) sliding; (*Möbel*) movable
Verschiebebahnhof *m* marshalling [*o* shunting] yard *Br*, switchyard *Am*
verschieben I. *irr vt* **1.** (*verrücken*) move, shift **2.** (*aufschieben*) defer, postpone, put off (*um* for) **3.** (*fam: Devisen, Waren*) traffic in **II.** *vr* **1.** move out of place **2.** (*Blickwinkel*) shift **3.** (*aufgeschoben werden*) be postponed; **Verschiebung** *f* (*Aufschiebung*) postponement
verschieden [fɛr'ʃiːdən] **I.** *adj* **1.** (*unterschiedlich*) different (*von* from); (*auseinander gehend*) differing **2.** (*mehrere, einige*) several, various; ~ **sein** differ, vary; **Verschiedenes**[RR] several things *pl*, miscellaneous **II.** *adv* differently; **das ist** ~ (*hängt davon ab*) that depends; **verschiedenartig** *adj* **1.** (*unterschiedlich*) different **2.** (*mannigfaltig*) various; **Verschiedenartigkeit** *f* **1.** (*Unterschiedlichkeit*) different nature **2.** (*Vielfalt*) variety; **Verschiedenheit** *f* **1.** (*Unterschiedlichkeit*) difference; (*Unähnlichkeit*) dissimilarity; (*in der Meinung*) discrepancy **2.** (*Mannigfaltigkeit*) diversity, variety; **verschiedentlich** *adv* **1.** (*gelegentlich*) occasionally **2.** (*mehrmals*) several times
verschießen I. *irr vt* **1.** (MIL: *Munition*) use up **2.** (SPORT: *Ball*) miss **II.** *vi* (*Stoff*) fade
verschiffen *vt* ship
verschimmeln *sein vi* get mouldy
verschlafen[1] **I.** *irr vt* **1.** (*Termin*) miss by oversleeping **2.** (*Tag*) sleep through **3.** (*Leben*) sleep away **II.** *vi* oversleep
verschlafen[2] *adj* **1.** (*beim Aufwachen*) drowsy, sleepy **2.** (*trottelig*) dozy
Verschlag <-(e)s, ¨-e> *m* (*Schuppen*) shack, shed
verschlagen[1] *irr vt* (*Ball*) mishit; **auf eine einsame Insel** ~ **werden** be cast up on a desert island; **irgendwohin** ~ **werden** end up somewhere; **jdm den Atem** ~ take someone's breath away
verschlagen[2] *adj* sly, wily; **Verschlagenheit** *f* slyness
verschlampen *vt* (*fam: verlieren*) go and lose
Verschlankung [fɛr'ʃlaŋkʊŋ] *f* (*Abbau von hierarchischen Zwischenstufen*) lean management
verschlechtern [fɛr'ʃlɛçtɐn] **I.** *vt* **1.** make worse **2.** (*Qualität*) impair **3.** (*verschlimmern*) aggravate **II.** *vr* deteriorate, get worse; **ich will mich nicht** ~ (*finanziell*) I won't be worse off financially; **Verschlechterung** *f* deterioration
verschleiern I. *vt* **1.** veil **2.** (*Absichten*) cover up **II.** *vr* **1.** (*Frau*) veil o.s. **2.** (*Blick*) become blurred **3.** (*Himmel*) become hazy; **verschleiert** *adj* **1.** (*Frau*) veiled **2.** (*Blick*) blurred **3.** (*Himmel*) hazy; **Verschleierungstaktik** *f* (*fam*) cover-up tactics
Verschleiß [fɛr'ʃlaɪs] <-es, (-e)> *m* **1.** (*Abnutzung*) wear and tear **2.** (*Verbrauch*) consumption; **verschleißen** *irr vt, vi, vr* wear out; **Verschleißfestigkeit** *f* (TECH) wear resistance; **Verschleißteil** *nt* (TECH) wearing part

V

verschleppen *vt* **1.** (*Menschen*) abduct **2.** (*ausbreiten*) spread **3.** (*verzögern*) draw out; (*Gesetzesvorlagen*) delay; (*Krankheit*) protract; **Verschleppung** *f* **1.** (*von Personen*) abduction **2.** (*Ausbreiten*) spreading **3.** (*Verzögern*) delay; (*von Krankheit*) protraction

verschleudern *vt* **1.** (*vergeuden*) squander **2.** (COM) sell dirt cheap

verschließbar *adj* (*Flaschen*) closeable; (*Tür, Zimmer*) lockable; **verschließen I.** *irr vt* **1.** (*abschließen*) lock **2.** (*wegschließen*) lock away **3.** (*zumachen*) close **II.** *vr* (*Person*) shut o.s. off (*vor* from); **sich einer Sache ~** shut one's mind to s.th.

verschlimmern I. *vt* aggravate, make worse **II.** *vr* get worse, worsen; **Verschlimmerung** *f* worsening

verschlingen *irr vt* **1.** (*verknoten*) entwine **2.** (*verschlucken*) devour, swallow; (*gierig*) gobble up; **jds Worte ~** lap up someone's words

verschlissen [fɛrˈʃlɪsən] *adj* worn-out

verschlossen [fɛrˈʃlɔsən] *adj* **1.** (*zu*) closed, shut; (*mit Schlüssel*) locked **2.** (*fig: reserviert*) reserved; **vor ~er Tür stehen** be left standing on the doorstep; **Verschlossenheit** *f* (*fig*) reserve

verschlucken I. *vt* swallow **II.** *vr* swallow the wrong way, choke over one's food

verschludern *vt* (*fam*) **1.** (*verlieren*) go and lose **2.** (*verlegen*) mislay

verschlungen [fɛrˈʃlʊŋən] *adj* entwined

Verschluss[RR] [fɛrˈʃlʊs] <-es, ¨-e> *m* **1.** (*Schloss*) lock; (*Deckel*) top; (*von Flasche*) stopper **2.** (PHOT) shutter **3.** (*an Waffe*) breechblock; **unter ~** under lock and key; **Verschlussdeckel[RR]** *m* (AUTO: *Tank~*) filler cap

verschlüsseln *vt* (en)code

Verschlüsselung <-, -en> *f* (INFORM) encryption

verschmachten *sein vi* **1.** (*hinsterben*) be dying (*vor Durst* of thirst, *vor Hitze* of heat) **2.** (*fig*) languish (*vor* for)

verschmähen *vt* spurn

verschmelzen *irr vt, vi* (*Metalle*) fuse

verschmerzen *vt* get over

verschmieren *vt* **1.** (*Löcher, Risse*) fill in **2.** (*verstreichen*) spread (*in* over) **3.** (*schmierig machen*) smear

verschmitzt [fɛrˈʃmɪtst] *adj* mischievous; **Verschmitztheit** *f* mischievousness

verschmoren *sein vi* (ELEK: *Kontakte*) glaze, pit

verschmutzen I. *vt* **1.** dirty, soil **2.** (*Umwelt*) pollute **II.** *vi* **1.** (*Gegenstand, Person*) get dirty **2.** (*Umwelt*) become polluted; **verschmutzt** *adj* **1.** (*Gegenstand, Person*) dirty, soiled **2.** (*Umwelt*) polluted

verschnaufen *vi, vr* (*fam*) take a breather

verschneit *adj* snow-covered

Verschnitt *m* **1.** (*Schnapsmischung*) blend **2.** (*Abfall*) clippings *pl*

verschnörkelt *adj* ornate

verschnupft *adj*: **~ sein** (*erkältet*) have a cold; (*fig fam*) be peeved (*über* about)

verschnüren [fɛrˈʃnyːrən] *vt* tie up; **Verschnürung** *f* string

verschollen [fɛrˈʃɔlən] *adj* missing; (*Kunstwerk*) forgotten; (JUR) presumed dead

verschonen *vt* spare (*jdn von etw* s.o. s.th.); **von etw verschont bleiben** escape s.th.

verschönern [fɛrˈʃøːnɐn] *vt* brighten up, embellish

verschränken [fɛrˈʃrɛŋkən] *vt* (*Arme*) fold; (*Beine*) cross

verschreiben I. *irr vt* **1.** (*verordnen*) prescribe **2.** (*Papier*) use up; **seine Seele dem Teufel ~** sign away one's soul to the devil **II.** *vr* **1.** (*falsch schreiben*) make a slip of the pen **2.** (*sich widmen*) dedicate o.s. (*einer Sache* to s.th.); **verschreibungspflichtig** *adj* (MED) only available on prescription

verschrien [fɛrˈʃriː(ə)n] *adj* notorious

verschroben [fɛrˈʃroːbən] *adj* eccentric, odd

verschrotten *vt* scrap; **Verschrottung** *f* scrapping

verschüchtert [fɛrˈʃʏçtɐt] *adj* intimidated, timid

Verschulden <-s> *nt* fault; **ohne mein ~** through no fault of my own; **verschulden I.** *vt* be to blame for **II.** *vi, vr* (*Schulden machen*) get into debt; **verschuldet** *adj* indebted (*bei jdm* to s.o.); **Verschuldung** *f* indebtedness

verschütten *vt* **1.** (*Flüssigkeit*) spill **2.** (*Menschen*) bury alive

verschwägert [fɛrˈʃvɛːgɐt] *adj* related by marriage (*mit* to)

verschweigen *irr vt* conceal, hide (*jdm etw* s.th. from s.o.)

verschweißen *vt* weld together

verschwenden [fɛrˈʃvɛndən] *vt* waste; (*Geld*) squander (*an, für* on); **Verschwender(in)** *m(f)* spendthrift, squanderer; **verschwenderisch** *adj* **1.** spendthrift, wasteful **2.** (*extravagant*) extravagant; **Verschwendung** *f* wastefulness; **so eine ~!** what a waste!; **Verschwendungssucht** *f* extravagance

verschwiegen [fɛrˈʃviːgən] *adj* **1.** (*Person*) discreet **2.** (*Ort*) secluded; **Verschwiegenheit** *f* (*von Person*) discretion

verschwimmen *sein irr vi* (*undeutlich werden*) become blurred

Verschwinden <-s> *nt* disappearance; **verschwinden** *sein irr vi* disappear, vanish; **verschwinde!** (*fam*) clear off!; **~d klein** minute

verschwitzen *vt* **1.** (*durchschwitzen*) make sweaty **2.** (*fam: vergessen*) forget; **verschwitzt** *adj* **1.** (*Kleidung*) sweat-stained **2.** (*Mensch*) sweaty

verschwommen [fɛr'ʃvɔmən] *adj* **1.** (*vage*) vague **2.** (*ohne scharfe Konturen*) blurred; **ich sehe alles nur ~** everything looks hazy to me

verschwören *irr vr* conspire, plot (*mit* with, *gegen* against); **Verschworene(r)** *f m* **1.** (*Verschwörer*) conspirator **2.** (*Komplize*) accomplice; **Verschwörer(in)** *m(f)* conspirator, plotter; **Verschwörung** *f* conspiracy, plot; **eine ~ anzetteln** hatch a plot

Versehen <-s, -> *nt* mistake, slip; (*Irrtum*) error; **aus ~** by mistake

versehen I. *irr vt* **1.** (*ausstatten*) provide, supply **2.** (*Amt*) occupy; (*Dienst*) perform **3.** (*geben*) give; **mit etw ~ sein** have s.th.; **etw mit seiner Unterschrift ~** affix one's signature to s.th. **II.** *vr* **1.** (*sich irren*) be mistaken **2.** (*sich versorgen*) provide o.s. (*mit* with); **ehe man sich's versieht** before you could say Jack Robinson

versehentlich I. *adj* inadvertent; (*irrtümlich*) erroneous **II.** *adv* by mistake, inadvertently

Versehrte(r) [fɛr'ze:ɐtə] <-n, -n> *f m* disabled person

versenden *irr vt* send; (COM) forward; (*verfrachten*) ship

versengen *vt* scorch; (*anbrennen*) singe

versenken I. *vt* **1.** (*Schiff*) send to the bottom, sink **2.** (TECH) lower; (*Armlehne*) fold **II.** *vr* (*fig*) become absorbed (*in* in); **Versenkung** *f* **1.** (*das Versenken*) sinking **2.** (THEAT) trap-door **3.** (*das Sichversenken*) immersion; **in der ~ verschwinden** (*vergessen werden*) sink into oblivion; **aus der ~ auftauchen** re-emerge on the scene

versessen [fɛr'zɛsən] *adj:* **auf etw ~** keen on s.th., mad about s.th; **Versessenheit** *f* keenness (*auf* on)

versetzen I. *vt* **1.** (*von einer Stelle zu einer andern*) move, shift; (*Pflanze*) transplant **2.** (*Person*) transfer; (SCHULE: *in höhere Schulklasse*) move up **3.** (*verpfänden*) pawn **4.** (*vermischen*) mix **5.** (*Schlag*) give **6.** (*erwidern*) retort **7.** (*fam: nicht kommen*) stand up; **ihr Freund hat sie versetzt** her friend stood her up; **in den vorzeitigen Ruhestand ~** pension off; **jdn in Wut ~** send s.o. into a rage; **jdn in die Lage ~ etw zu tun** put s.o. in a position to do s.th.; **in Angst ~** terrify **II.** *vr:* **~ Sie sich in meine Lage!** put yourself in my place!; **Versetzung** *f* **1.** (*beruflich*) transfer; (*Höher~*) promotion **2.** (SCHULE) moving up; **Versetzungszeugnis** *nt* end-of-year report

verseuchen [fɛr'zɔɪçən] *vt* **1.** (*infizieren*) infect **2.** (*vergiften, a. fig*) contaminate; **Verseuchung** *f* **1.** (*Infektion*) infection **2.** (*mit Giftstoff*) contamination

Versfuß *m* foot

Versicherer *m* insurer; **versichern I.** *vt* **1.** (*beteuern*) affirm; (*bestätigen*) assure (*etw* s.th., *jdn einer Sache* s.o. of s.th.) **2.** (*sein Leben*) assure; (*Sache*) insure **II.** *vr* **1.** (*sich vergewissern*) make sure (of) **2.** (*Versicherung abschließen*) insure o.s.; **Versicherte(r)** <-n, -n> *f m* insured [*o* assured] party; **Versicherung** *f* **1.** (*des Eigentums*) insurance; (*des Lebens*) assurance **2.** (*Bekräftigung*) affirmation; (*Bestätigung*) assurance; : **Versicherungsanspruch** *m* insurance claim; **Versicherungsbeitrag** *m* insurance premium; **Versicherungsbetrug** *m* insurance fraud; **Versicherungsdauer** *f* period of (insurance) cover; **versicherungsfähig** *adj* insurable; **Versicherungsfall** *m* insured event; **Versicherungsgesellschaft** *f* insurance [*o* assurance] company; **Versicherungskaufmann** *m*, **-kauffrau** *f* insurance broker; **Versicherungspflicht** *f* compulsory insurance; **Versicherungspolice** *f* insurance policy; **Versicherungsprämie** *f* insurance premium; **Versicherungsschutz** *m* insurance cover; **Versicherungssumme** *f* sum insured [*o* assured]; **Versicherungsvertreter(in)** *m(f)* insurance agent; **Versicherungswert** *m* insurable value

versickern *sein vi* **1.** seep away **2.** (*Unterhaltung*) dry up

versiegeln *vt* seal

versiegen *sein vi* (*a. fig*) dry up

versiert [vɛr'zi:ɐt] *adj* (*fachmännisch erfahren*) experienced

versilbern *vt* **1.** silver-plate **2.** (*fam: verkaufen*) flog *Br;* **Versilberung** *f* **1.** (*Silberschicht*) silver-plate **2.** (*das Versilbern*) plating

versinken *irr vi sein* **1.** (*untergehen*) sink; (*Schiff*) founder **2.** (*fig*) lose o.s. (*in etw* in s.th.); **in Gedanken versunken sein** be lost in thought; **die Sonne versank am Horizont** the sun sank beneath the horizon

versinnbildlichen [fɛr'zɪnbɪltlɪçən] *vt* symbolize

Version [vɛr'zjo:n] *f* version

versklaven *vt* (*a. fig*) enslave

Versmaß *nt* metre

versnobt [fɛrˈsnɔpt] *adj* snobbish
versoffen [fɛrˈzɔfən] *adj* (*pej*) boozy
versohlen *vt* (*fam*) belt
versöhnen [fɛrˈzøːnən] **I.** *vt* (*a. fig*) reconcile (*mit* to); (*besänftigen*) appease **II.** *vr* get reconciled (*mit* to); **versöhnlich** *adj* conciliatory; (*vergebend*) forgiving; ~ **stimmen** placate; **Versöhnung** *f* reconciliation; (*Besänftigung*) appeasement
versonnen [fɛrˈzɔnən] *adj* (*gedankenverloren*) lost in thought; (*träumerisch*) dreamy
versorgen I. *vt* **1.** (*sich kümmern um*) look after, take care of **2.** (*beliefern*) provide [*o* supply] (*mit* with) **3.** (*unterhalten*) provide for **II.** *vr* provide o.s. (*mit etw* with s.th.); **sich selbst** ~ take care of o.s.; **Versorgung** *f* **1.** (*das Sichkümmern*) care **2.** (COM: *Belieferung, Bestückung*) supply **3.** (*Unterhalt*) providing (*jds* for s.o.); ~ **mit Energie** power supply; **öffentliche** ~ provision of public utilities; **versorgungsberechtigt** *adj* entitled to maintenance; **Versorgungskette** *f* supply chain; **Versorgungsleitung** *f* supply line; **Versorgungsnetz** *nt* **1.** (*öffentliches* ~) supply grid **2.** (COM: *Waren*~) supply network; **Versorgungsschwierigkeiten** *pl* supply problems
verspachteln *vt* fill in
verspannen *vr* (*Muskel*) tense up
Verspannung *f* tenseness
verspäten *vr* **1.** (*zu spät kommen*) be late **2.** (*aufgehalten werden*) be delayed; **verspätet** *adj* belated, late; **Verspätung** *f* (RAIL AERO) delay; (*von Person*) late arrival; **alle Züge haben** ~ there are delays to all trains; (**15 Minuten**) ~ **haben** be (15 minutes) late
verspeisen *vt* consume
verspekulieren I. *vt* (*Geld*) lose through speculation **II.** *vr* **1.** (FIN) ruin o.s. by speculation **2.** (*fig*) be out in one's calculations
versperren *vt* **1.** (*blockieren*) bar, block; (*verschließen*) lock up **2.** (*Zukunftsaussichten*) obstruct; **Sie** ~ **mir die Sicht!** you're obstructing my view!
verspielen I. *vt* (*a. fig*) gamble away **II.** *vi:* (**bei jdm**) **verspielt haben** have had it (as far as s.o. is concerned)
versponnen *adj* eccentric; (*Idee*) odd
verspotten *vt* mock
versprechen I. *irr vt* promise (*jdm etw* s.o. s.th.) **II.** *vr* **1.** (*erwarten*) expect to gain (*etw von etw* by s.th.) **2.** (*Nichtgemeintes sagen*) make a slip of the tongue; **viel ~d**[RR] (very) promising; **Versprechen** *nt,* **Versprechung** *nt* promise
verspritzen *vt* **1.** (*versprühen*) spray **2.** (*durch Planschen*) spatter, splash
verspüren *vt* feel
verstaatlichen *vt* nationalize; **Verstaatlichung** *f* nationalization
Verstädterung *f* urbanization
Verstand [fɛrˈʃtant] <-(e)s> *m* (*Intellekt*) intellect, mind; (*Denkfähigkeit*) reason; (*Vernunft*) (common) sense; (*Urteilsfähigkeit*) judgement; **ein scharfer** ~ a keen mind; **er hat nicht für fünf Pfennig** ~ he hasn't the sense he was born with; **nicht bei** ~ **sein** be out of one's mind; **den** ~ **verlieren** go out of one's mind; **mehr Glück als** ~ **haben** have more luck than brains; **verstandesmäßig** *adj* rational, intellectual; **Verstandesmensch** *m* rational person
verständig [fɛrˈʃtɛndɪç] *adj* **1.** (*einsichtig*) understanding **2.** (*vernünftig*) reasonable, sensible; **verständigen I.** *vt* inform, notify (*von* of) **II.** *vr* **1.** (*kommunizieren*) communicate (*mit jdm* with s.o.) **2.** (*sich einigen*) come to an understanding (*mit jdm* with s.o.); **Verständigung** *f* **1.** (*Informierung*) information, notification **2.** (*Kommunikation*) communication **3.** (*Übereinkunft*) agreement, understanding **4.** (TELE) audibility
verständlich *adj* **1.** (*einsichtig*) intelligible **2.** (*begreiflich*) understandable; (*begreifbar*) comprehensible **3.** (*hörbar*) audible; **jdm etw** ~ **machen** make s.o. understand s.th.; **sich** ~ **machen** make o.s. understood; **schwer** ~[RR] difficult to understand; **Verständlichkeit** *f* **1.** comprehensibility **2.** (*Hörbarkeit*) audibility
Verständnis [fɛrˈʃtɛntnɪs] <-ses, (-se)> *nt* **1.** (*Begreifen*) comprehension, understanding (*für* of) **2.** (*Mitgefühl*) sympathy (*für* for) **3.** (*Sinn für etw*) appreciation (*für* of); **dafür habe ich kein** ~ I have no time for that kind of thing; **verständnislos** *adj* **1.** (*nicht verstehend*) uncomprehending **2.** (*ohne Einfühlungsvermögen*) unsympathetic (*für* towards) **3.** (*ohne Sinn für etwas*) unappreciative (*für* of); **verständnisvoll** *adj* **1.** (*verstehend*) understanding **2.** (*mitfühlend*) sympathetic (*für* towards)
verstärken I. *vt* **1.** (*stärker machen, a. fig*) reinforce, strengthen **2.** (ELEK) amplify **3.** (*steigern*) intensify **4.** (*vermehren*) increase; **seine Anstrengungen** ~ increase one's efforts **II.** *vr* **1.** (*sich vermehren*) increase **2.** (*intensiver werden*) intensify, strengthen; **Verstärker** *m* (RADIO) amplifier; **Verstärkung** *f* **1.** reinforcement, support **2.** (RADIO) amplification **3.** (*Intensivierung, a.* PHOT) intensification **4.** (*Vermehrung*) increase; (MIL) reinforcements *pl*
verstauben *sein vi* get dusty; **verstaubt** *adj* dusty
verstauchen [fɛrˈʃtaʊxən] *vt* sprain; **ich**

habe mir die Hand verstaucht I've sprained my hand
Verstauchung *f* sprain(ing)
verstauen *vt* **1.** (*Gepäck*) pack (*in* into) **2.** (MAR) stow
Versteck [fɛrˈʃtɛk] <-(e)s, -e> *nt* hiding-place; ~ **spielen** play hide-and-seek; **aus dem ~ auftauchen** come out of concealment; **verstecken I.** *vt* conceal, hide (*vor* from) **II.** *vr* conceal o.s. *Br,* hide, hide up *Am;* **Sie brauchen sich vor ihm nicht zu ~** you do not need to fear comparison with him; **er hat etw in seiner Tasche versteckt** he's hiding s.th. in his pocket; **Versteckspiel** *nt* hide-and-seek *Br,* hide-and-coop *Am;* **versteckt** *adj* **1.** (*verborgen*) concealed, hidden **2.** (*verstohlen*) furtive; **sich ~ halten** stay in concealment
verstehen I. *irr vt, vi* **1.** understand **2.** (*deuten*) interpret **3.** (*einsehen*) see **4.** (*können*) know (*etw zu tun* how to do s.th., *etw* s.th., *von etw* about s.th.); **das kann ich eben nicht ~** that's what I can't understand; **was ~ Sie unter „exzentrisch"?** what do you understand by "eccentric"?; **wie ~ Sie seine Bemerkungen?** what do you understand by his remarks?; **ich verstehe die Situation so, dass ...** my understanding of the situation is that ...; **falsch ~** misunderstand; **jdm zu ~ geben, dass ...** give s.o. to understand that ...; **verstanden?** do you understand me?, got the idea? *Br,* O.K.? *Am;* **ich verstehe!** I see! **II.** *vr* **1.** (*sich verstehen können*) understand each other **2.** (*miteinander auskommen*) get along with each other; **er versteht sich als Künstler** he sees himself as an artist; **das versteht sich von selbst** that goes without saying; **sich auf etw ~** be an expert at s.th.
versteifen I. *vt* **1.** (*verstärken*) reinforce, strengthen **2.** (TECH) strut **II.** *vr* **1.** stiffen up **2.** (*sich verhärten*) harden; **sich auf etw ~** become set on s.th.
versteigen *irr vr haben* (*fig*) have the presumption (*zu* to)
Versteigerer *m* auctioneer; **versteigern** *vt* auction (off); **etw ~ lassen** put s.th. up for auction; **Versteigerung** *f* auction
versteinern *vi* petrify, turn (in)to stone; **Versteinerung** *f* **1.** (*Vorgang*) petrifaction **2.** (*Fossil*) fossil
verstellbar *adj* adjustable; **verstellen I.** *vt* **1.** (*in Unordnung bringen*) misplace, put in the wrong place **2.** (*Möbel*) shift **3.** (*versperren*) block **4.** (*Stimme, Handschrift*) disguise **II.** *vr* (*fig*) dissemble, hide one's true feelings; **Verstellschraube** *f* (AUTO) adjusting screw; **Verstellung** *f* (*Vortäuschung*) pretending; **Verstellungskünstler(in)** *m(f)* (*fam*) phoney
versteppen *vi* turn into desert; **Versteppung** *f* desertification
versteuern *vt* pay on; **Versteuerung** *f* taxation
verstimmen *vt* (*fig*) disgruntle, put out; **verstimmt** *adj* **1.** (MUS) out of tune **2.** (*verärgert*) put out **3.** (*Magen*) upset; **Verstimmung** *f* ill-feeling
verstockt [fɛrˈʃtɔkt] *adj* **1.** (*widerspenstig*) obstinate, stubborn **2.** (*unnachgiebig*) unrepentant; **Verstocktheit** *f* **1.** (*Widerspenstigkeit*) obstinacy, stubbornness **2.** (*Unnachgiebigkeit*) unrepentance
verstohlen [fɛrˈʃtoːlən] *adj* furtive, surreptitious
verstopfen *vt* **1.** (*Loch*) stop up **2.** (*Straße*) block, jam; **verstopft** *adj* **1.** (*blockiert*) blocked **2.** (MED) constipated **3.** (*Nase*) stuffed up; **Verstopfung** *f* **1.** (*Blockierung*) blockage **2.** (MED) constipation
verstorben [fɛrˈʃtɔrbən] *adj* deceased; (*attr*) late
verstört [fɛrˈʃtøːɐt] *adj* (*verwirrt*) disconcerted
Verstoß *m* offence (*gegen* against), violation (*gegen* of); **verstoßen I.** *irr vt* (*vertreiben*) expel (*aus* from) **II.** *vi* offend (*gegen etw* against s.th.)
verstrahlt *adj* contaminated by radiation
Verstrebung *f* (TECH) support
verstreichen I. *irr vi sein* (*Zeit*) elapse, pass (by); (*Frist*) expire **II.** *vt haben* **1.** (*Farbe, Salbe*) put on (*auf* to) **2.** (*Mauerrisse*) fill in
verstreuen *vt* scatter
verstricken *vr* (*fig*) become entangled
verstümmeln [fɛrˈʃtʏməln] *vt* **1.** mutilate **2.** (*Nachricht*) distort; **Verstümmelung** *f* **1.** mutilation **2.** (*Verzerrung*) distortion
verstummen *sein vi* **1.** (*Ton, a. fig*) become silent **2.** (*Person*) fall silent
Versuch [fɛrˈzuːx] <-(e)s, -e> *m* **1.** attempt (*etw zu tun* at doing s.th., to do s.th.) **2.** (*Experiment*) experiment; (*Test*) test **3.** (*Essay*) essay; **es ist einen ~ wert** it's worth trying; **beim ersten ~** at the first try; **er unternahm keinen ~ uns zu helfen** he made no attempt to help us; **das kommt auf einen ~ an** we'll have to have a try; **einen ~ anstellen** carry out an experiment; **alle ~e scheiterten** all attempts were defeated
versuchen I. *vt* **1.** attempt, try **2.** (*sich bemühen*) strive **3.** (*kosten*) taste **4.** (*in Versuchung führen*) tempt; **~ etw zu tun** attempt [*o* try] to do s.th.; **es ~** have a try; **lass mich mal ~!** let me have a try!; **versuch's noch mal!** have another try!; **ich werd' es mal ~** I'll give it a try; **bitte ver-**

V

suche doch zu verstehen! do try to understand! **II.** *vr:* **sich an etw ~** try one's hand at s.th.; **Versuchsanlage** *f* experimental [*o* pilot] plant; **Versuchsballon** *m* sounding balloon; **einen ~ steigen lassen** fly a kite; **Versuchsbohrung** *f* (*Erdöl~*) test drilling; **Versuchsergebnis** *nt* result of experiments; **Versuchskaninchen** *nt* (*fig*) guinea-pig; **Versuchsperson** *f* test subject; **Versuchsprojekt** *nt* research [*o* experimental] project; **Versuchsreihe** *f* series of experiments; **Versuchstier** *nt* experimental animal; **versuchsweise** *adv* (*als Versuch*) on a trial basis; **Versuchung** *f* (*a.* REL) temptation; **in ~ führen** lead into temptation; **in ~ kommen** be tempted

versumpfen *sein vi* **1.** become boggy [*o* marshy] **2.** (*fam: verwahrlosen*) go to pot **3.** (*sich in Lokal betrinken*) get involved in a booze-up

versündigen *vr* sin (*an* against)

versunken [fɛr'zʊŋkən] *adj* **1.** (*gesunken*) sunken **2.** (*Kultur*) submerged **3.** (*vertieft*) absorbed, immersed

versüßen *vt* (*fig*) make more pleasant (*jdm etw* s.th. for s.o.)

Vertäfelung *f* paneling

vertagen I. *vt* adjourn; (*verschieben*) postpone (*auf* until, till); (PARL) prorogue *Br,* table *Am* **II.** *vr* be adjourned; (JUR) adjourn; **Vertagung** *f* adjournment; (PARL) prorogation

vertauschen *vt* (*verwechseln*) mix up

verteidigen [fɛr'taɪdɪgən] **I.** *vt, vi* defend **II.** *vr* defend o.s.; **sich selbst ~** (*vor Gericht*) conduct one's own defence; **Verteidiger(in)** *m(f)* **1.** defender **2.** (*Befürworter*) advocate **3.** (JUR) counsel for the defence *Br,* attorney for the defense *Am* **4.** (SPORT: *beim Fußball*) back; **Verteidigung** *f* defence *Br,* defense *Am;* **Verteidigungsfähigkeit** *f* (MIL) defensive capability; **Verteidigungskrieg** *m* defensive war; **Verteidigungsminister** *m* Minister of Defence; **Verteidigungsministerium** *nt* Ministry of Defence; **Verteidigungsrede** *f* **1.** (JUR) speech for the defence **2.** (*fig*) apologia; **Verteidigungszweck** *m:* **für ~e** for defence purposes

verteilen I. *vt* **1.** distribute (*an* to, *unter* among) **2.** (*ausstreuen*) spread (*über* over); **verteilen Sie die Farbe gleichmäßig!** spread the paint evenly! **II.** *vr* (*Personen*) spread out; (*zeitlich*) be spread (*über* over); **Verteiler** *m* **1.** (AUTO) distributor **2.** (*~schlüssel auf Rundschreiben*) list of people to receive a copy; **Verteilerkasten** *m* (ELEK TELE) distributor box; **Verteilernetz** *nt* distribution network

Verteilung *f* **1.** (*Austeilung*) distribution **2.** (*Zuteilung*) allocation

verteuern I. *vt* make dearer **II.** *vr* become dearer; **Verteuerung** *f* increase [*o* rise] in price

verteufeln *vt* condemn; **verteufelt I.** *adj* (*fam*) devilish **II.** *adv* damned; **Verteufelung** *f* condemnation

vertiefen *vt, vr* (*a. fig*) deepen; **sich in etw ~** become absorbed in s.th.; **Vertiefung** *f* **1.** deepening **2.** (*Vertieftsein*) absorption

vertikal [vɛrti'ka:l/'---] *adj* vertical

vertilgen *vt* **1.** (*ausrotten*) exterminate **2.** (*Unkraut*) destroy **3.** (*fam: verzehren*) devour; **Vertilgung** *f* **1.** (*Ausrottung*) extermination **2.** (*Unkraut*) destruction; **Vertilgungsmittel** *nt* (*Insekten~*) pesticide; (*Unkraut~*) weed-killer

vertippen *vr* (*mit Schreibmaschine*) make a typing error

vertonen *vt* set to music; **Vertonung** *f* setting

vertrackt [fɛr'trakt] *adj* (*fam*) confounded

Vertrag [fɛr'tra:k, *pl:* fɛr'trɛ:gə] <-(e)s, ¨-e> *m* (*Arbeits~*) contract; (*Abkommen*) agreement; (POL) treaty

vertragen I. *irr vt* (*ertragen*) endure, stand, tolerate; **er kann keinen Fisch ~** fish does not agree with him; **er kann viel ~** (*fam: Alkohol*) he's able to hold his drink; **er kann keinen Spaß ~** he can't take a joke; **ich kann alles ~, nur keine Schlamperei** I can tolerate anything except sloppiness; **die Wand könnte noch einen Anstrich ~** (*fam*) the wall could stand another coat of paint; **ich glaub, ich kann noch ein Stück Kuchen ~** I think I can manage another piece of cake **II.** *vr* **1.** get along (*mit jdm* with s.o.) **2.** (*vereinbar sein*) be consistent (*mit etw* with s.th.); **vertraglich I.** *adj* contractual **II.** *adv* by contract

verträglich [fɛr'trɛ:klɪç] *adj* **1.** (*umgänglich*) amicable, peaceable **2.** (*bekömmlich*) wholesome; (*Speisen*) digestible **3.** (*vereinbar*) compatible (with)

Vertragsabschluss^RR *m* completion of a contract; **Vertragsbedingungen** *fpl* terms [*o* conditions] of a contract; **Vertragsbruch** *m* breach of contract; **vertragsbrüchig** *adj:* **~ werden** break a contract; **vertragschließend** *adj:* **~e Partei** contracting party; **Vertragsdauer** *f* contractual period; **Vertragsentwurf** *m* draft contract [*o* agreement] [*o* treaty]; **Vertragshändler** *m* appointed dealer; **Vertragspartner(in)** *m(f)* partner to a contract [*o* treaty]; **Vertragsstrafe** *f* penalty of breach of contract; **Vertragsverletzung** *f* violation of contract; **Vertragsverletzungsverfahren** *nt* infringement proceedings *pl;* **vertragswidrig I.** *adj* contrary to the agreement **II.** *adv* in breach of contract

Vertrauen <-s> *nt* confidence, trust (*zu, in, auf* in); **im ~** (**gesagt**) strictly in confidence; **im ~ auf ...** relying on ..., trusting to ...; **zu jdm ~ haben** be confident in s.o.; **jds ~ besitzen** enjoy someone's confidence; **jdn ins ~ ziehen** admit [*o* take] s.o. into one's confidence; **ich habe volles ~ zu ihm** I have every trust in him; **er ist ein ~ erweckender Mensch**[RR] he is a person inspiring confidence

vertrauen *vi* trust (*jdm o einer Sache* s.o., s.th., *auf jdn o etw* in s.o., s.th.), have confidence (*jdm* in s.o.); **vertrauenerweckend** *adj s.* **Vertrauen**

Vertrauensarzt, -ärztin *m, f* independent examining doctor; **vertrauensbildend** *adj* confidence building; **Vertrauensbruch** *m* breach of trust; **Vertrauensfrage** *f* (PARL) question of confidence; **Vertrauenskrise** *f* (POL) confidence crisis; **Vertrauenslehrer(in)** *m(f)* (SCHULE) liaison teacher; **Vertrauensmann** <-(e)s, -männer/-leute> *m* intermediary agent; (*gewerkschaftlich*) union representative; **Vertrauenssache** *f* **1.** (*vertrauliche Sache*) confidential matter **2.** (*Sache des Vertrauens*) matter of trust; **Vertrauensschwund** *m* loss of confidence; **Vertrauensstellung** *f* position of trust; **vertrauensvoll** *adj* trusting; **Vertrauensvotum** *nt* (PARL) vote of confidence; **vertrauenswürdig** *adj* trustworthy; **Vertrauenswürdigkeit** *f* trustworthiness

vertraulich *adj* **1.** (*geheim*) confidential **2.** (*plump-*) familiar; **Vertraulichkeit** *f* **1.** (*vertrauliche Haltung*) confidentiality **2.** (*vertrauliche Mitteilung*) confidence **3.** (*plumpe ~*) familiarity

verträumen *vt* dream away; **verträumt** *adj* **1.** (*träumerisch*) dreamy **2.** (*idyllisch*) sleepy

vertraut *adj* **1.** intimate **2.** (*bekannt*) familiar; **sich mit dem Gedanken ~ machen, dass ...** get used to the idea that ...; **sich mit etw ~ machen** acquaint o.s. with s.th.; **Vertraute(r)** *f m* intimate friend; **Vertrautheit** *f* **1.** (*Intimität*) intimacy **2.** (*Bekanntheit*) familiarity

vertreiben *irr vt* **1.** drive away; (*aus Land*) expel (from) **2.** (COM: *verkaufen*) sell; **sich die Zeit ~** while [*o* pass] away one's time; **Vertreibung** *f* expulsion

vertretbar *adj* justifiable; **nicht ~** (*unhaltbar*) untenable

vertreten *vt* **1.** (*als Bevollmächtigter*) represent **2.** (*zeitweilig ersetzen*) replace **3.** (*einstehen*) answer for **4.** (JUR) plead (*jdn* someone's case) **5.** (*Interessen*) attend to **6.** (*Ansicht*) take; **sich die Beine ~** (*fam*) stretch one's legs; **er vertritt die Firma in London** he represents the firm in London

Vertreter(in) *m(f)* **1.** (*Repräsentant*) representative **2.** (*Stell-*) deputy; (*bei Ärzten, Geistlichen*) locum tenens **3.** (*Fürsprecher*) advocate **4.** (COM: *Handels-*) sales representative; **Vertreterprovision** *f* agent's commission

Vertretung *f* **1.** (*Repräsentanz*) representation **2.** (*Ersatz*) replacement **3.** (*im Amt*) substitution **4.** (COM: *Agentur*) agency; **in ~** (*bei Briefen*) on behalf of ...; **die ~ übernehmen für ...** take the place of ...

Vertrieb [fɛrˈtriːp] *m* **1.** sales, marketing **2.** (*Abteilung*) sales department

Vertriebene(r) *f m* exile

Vertriebsabteilung *f* (COM) sales department; **Vertriebserlös** *m* (COM) sales revenue; **Vertriebsgesellschaft** *f* (MARKT) marketing organization; **Vertriebskosten** *pl* distribution [*o* sales] costs; **Vertriebsleiter(in)** *m(f)* (MARKT) sales manager; **Vertriebsnetz** *nt* marketing network; **Vertriebspolitik** *f* (MARKT) distribution policy; **Vertriebsweg** *m* distribution channel

vertrinken *vt* spend on drink

vertrocknen *sein vi* **1.** (*Quelle*) dry up **2.** (*Pflanze*) wither; (*Lebensmittel*) go dry

vertrödeln *vt* fritter away

vertrösten *vt:* **jdn von einem Tag zum anderen ~** put s.o. off from day to day

vertuschen [fɛrˈtʊʃən] *vt* hush up

verübeln *vt:* **jdm etw ~** blame s.o. for s.th.

verüben *vt* commit, perpetrate

verulken *vt* (*fam*) make fun of, tease

verunglimpfen [fɛrˈʊnglɪmpfən] *vt* disparage

verunglücken *sein vi* **1.** (*Person*) have an accident; (*Flugzeug*) crash **2.** (*fam: misslingen*) go wrong; **mit dem Auto ~** have a car accident; **mit dem Flugzeug ~** be in a plane crash; **tödlich ~** be killed in an accident; **verunglückt** *adj* (*nicht gelungen*) unsuccessful

verunreinigen [fɛrˈʊnraɪnɪgən] *vt* **1.** (*Kleidung*) soil **2.** (*Umwelt*) pollute; **Verunreinigung** *f* **1.** (*von Kleidung*) soiling **2.** (*von Umwelt*) pollution

verunsichern *vt* make uncertain (*in* of); **verunsichert** *adj* uncertain; **Verunsicherung** *f* uncertainty

verunstalten [fɛrˈʊnʃtaltən] *vt* disfigure

veruntreuen [fɛrˈʊntrɔɪən] *vt* embezzle; **Veruntreuung** *f* embezzlement

verursachen *vt* cause; **Beschwerden ~** (MED) give rise to trouble; **Verursacher(in)** *m(f)* cause

V

verurteilen *vt* (*a. fig*) condemn; (JUR: *zu Strafe*) sentence; **jdn zu einer Geldstrafe ~** impose a fine on s.o.; **der zum Tode Verurteilte** the condemned man; **Verurteilung** *f* (*a. fig*) condemnation; (JUR: *Schuldspruch*) conviction

vervielfachen *vt* multiply

vervielfältigen [fɛr'fi:lfɛltɪgən] *vt* duplicate; **Vervielfältigung** *f* **1.** duplication **2.** (*Kopie*) copy

vervierfachen *vt, vr* quadruple

vervollkommnen [fɛr'fɔlkɔmnən] **I.** *vt* perfect **II.** *vr* perfect o.s.; **Vervollkommnung** *f* perfection

vervollständigen *vt* complete; **Vervollständigung** *f* completion

verwackeln *vt* (*Foto*) blur

verwählen *vr* (TELE) dial the wrong number; **Verzeihung, habe mich verwählt!** sorry, wrong number!

verwahren I. *vt* have in safekeeping, keep (safe); **etw an einem sicheren Ort ~** put s.th. away safely **II.** *vr:* **sich ~ gegen ...** protest against ...

verwahrlost [fɛr'va:ɐlo:st] *adj* **1.** (*vernachlässigt*) neglected; (*Äußeres einer Person*) unkempt **2.** (*moralisch*) decadent; **Verwahrlosung** *f* **1.** (*von Person*) neglect of o.s.; (*von Gebäude*) dilapidation **2.** (*moralisch*) depravity

Verwahrung *f* (*von Geld*) keeping; (*von Straftäter*) custody; **jdm etw in ~ geben** give s.th. to s.o. for safekeeping; **jdn in ~ nehmen** take s.o. into custody; **etw in ~ nehmen** take s.th. into safekeeping

verwaist [fɛr'vaɪst] *adj* **1.** (*ohne Eltern*) orphaned **2.** (*verlassen*) deserted

verwalten *vt* **1.** (*Erbe, Vermögen*) administer **2.** (*Fabrik*) manage, run; (POL: *leiten*) govern **3.** (*Amt*) hold; **Verwalter(in)** *m(f)* administrator; (*Treuhänder*) trustee

Verwaltung *f* **1.** (*Administration*) administration **2.** (COM: *Firmenleitung*) management; **Verwaltungsapparat** *m* administrative machinery; **Verwaltungsarbeit** *f* administrative work; **Verwaltungsausschuss**[RR] *m* management committee; **Verwaltungsbeamte, -beamtin** *m, f* civil servant; **Verwaltungsbezirk** *m* administrative district; **Verwaltungsgericht** *nt* Administrative Court; **Verwaltungsgerichtshof** *m* Higher Administrative Court; **Verwaltungskosten** *pl* administrative costs; **Verwaltungsrat** *m* administrative board, board of directors; **verwaltungstechnisch** *adj:* **aus ~en Gründen** for administrative reasons

verwandelbar *adj* transformable; (TECH) convertible

verwandeln *vt, vr* change, turn (*in* into); **Verwandlung** *f* change, transformation; **Verwandlungsszene** *f* (THEAT) transformation scene

verwandt [fɛr'vant] *adj* **1.** related (*mit* to) **2.** (*fig*) kindred (*mit* to); **einander sehr ~ sein** be very much akin to each other; **Verwandte(r)** *f m* relation, relative; **Verwandtschaft** *f* **1.** (*Verwandtsein*) relationship **2.** (*die Verwandten*) relations *pl* **3.** (*fig*) affinity, kinship; **verwandtschaftlich** *adj* family

verwarnen *vt* caution, warn; **er ist oft genug verwarnt worden** he had plenty of warning; **Verwarnung** *f* caution, warning; **jdm eine ~ geben** give s.o. a warning; (*gebührenpflichtig*) fine s.o.

verwaschen *adj* **1.** (*verblichen*) faded **2.** (*fam*) wishy-washy

verwässern *vt* **1.** water down **2.** (*fig*) dilute

verwechseln *vt* mix up; **jdn mit jdm ~** take s.o. for s.o. else; **zum Verwechseln ähnlich** as like as two peas; **Verwechslung** *f* **1.** confusion **2.** (*Irrtum*) mistake

verwegen [fɛr've:gən] *adj* daring, bold; **Verwegenheit** *f* daring, boldness

verwehen I. *vt* **1.** blow away; (*Schnee*) drift **2.** (*zudecken*) cover over **II.** *vi* (*Rauch*) drift away

verwehren *vt* **1.** (*verhindern*) bar (*jdm, etw zu tun* s.o. from doing s.th.) **2.** (*verweigern*) refuse (*jdm etw* s.o. s.th.)

Verwehung *f* (*Schnee~, Sand~*) drift

verweichlichen I. *vt haben* make soft **II.** *vr sein* grow soft; **Verweichlichung** *f* softness

Verweigerer *m* refusenik; **verweigern** *vt* deny, refuse (*jdm etw* s.o. s.th.); **Verweigerung** *f* denial, refusal

verweilen *vi* linger, stay; **bei etw ~** (*fig*) dwell on s.th.

verweint *adj* **1.** (*Gesicht*) tear-stained **2.** (*Augen*) tear-swollen

Verweis <-es, -e> *m* **1.** (*Rüge*) rebuke, reprimand **2.** (*Hinweis*) reference (*auf* to); **jdm einen ~ erteilen** reprimand [*o* rebuke] s.o.

verweisen *irr vt* **1.** (*hinweisen*) refer (*jdn auf etw o an jdn* s.o. to s.th., s.o.) **2.** (*des Landes, von der Schule*) expel; **auf etw ~** refer to s.th.

verwelken *sein vi* **1.** (*Blumen*) wilt **2.** (*Schönheit*) fade

verwendbar *adj* usable (*zu* for)

verwenden I. *irr vt* use; (*benutzen*) employ; (*verwerten*) utilize; **Fleiß auf etw ~** put hard work into s.th.; **viel Zeit ~ auf ...** spend a lot of time on ... **II.** *vr* (*fürsprechen*) intercede (*bei jdm für jdn* with s.o.

on someone's behalf); **Verwendung** *f* employment, use; (*von Geld, Zeit*) expenditure (*auf* on); **Verwendungszweck** *m* purpose, use

verwerfen I. *irr vt* 1.(*ablehnen*) reject; (*Antrag*) dismiss 2.(*verdammen*) condemn II. *vr* 1.(*Holz*) warp 2.(GEOL) fault; **verwerflich** *adj* reprehensible

verwerten *vt* make use of, utilize; (COM) exploit; **Verwertung** *f* using, utilization

verwesen [fɛɐ'veːzən] *sein vi* (*in Fäulnis übergehen*) decay; (*Fleisch*) rot; **Verwesung** *f* decomposition; **in ~ übergehen** start to decay

verwickeln I. *vt* 1.(*Fäden*) tangle up 2.(*fig*) involve (*jdn in etw* s.o. in s.th.) II. *vr* 1.become tangled 2.(*in Widersprüche*) get o.s. tangled up (*in etw* in s.th.); **verwickelt** *adj* (*fig*) complicated, intricate; **Verwicklung** *f* involvement (*in* in); (*Komplikation*) complication

verwildern *sein vi* 1.(*Gärten*) overgrow 2.(*Tier*) become wild 3.(*fam: Person*) run wild; **verwildert** *adj* 1.(*Tier*) wild 2.(*Garten*) overgrown 3.(*fam: Aussehen*) unkempt

verwinden *irr vt* get over

verwinkelt *adj* full of corners

verwirken *vt* forfeit

verwirklichen I. *vt* realize II. *vr* 1.(*in Erfüllung gehen*) be realized, come true 2.(*von Person*) fulfil o.s.; **Verwirklichung** *f* 1.(*Realisierung*) realization 2.(*Selbst~*) fulfilment

verwirren [fɛɐ'vɪrən] I. *vt* 1.(*Haare*) ruffle; (*Fäden*) tangle up 2.(*durcheinander bringen*) confuse; **verwirrt dich das?** am I confusing you? II. *vr* (*fig*) become confused; **Verwirrspiel** *nt* confusion; **verwirrt** *adj* 1.(*durcheinander*) confused 2.(*verlegen*) embarrassed; **Verwirrung** *f* (*Durcheinander*) confusion; **jdn in ~ bringen** confuse s.o.

verwischen I. *vt* (*a. fig*) blur II. *vr* (*a. fig*) become blurred

verwittern [fɛɐ'vɪtɐn] *sein vi* (*Stein*) weather; **verwittert** *adj* weathered; **Verwitterung** *f* weathering

verwitwet *adj* widowed; **Frau X, ~e Y** Mrs X, the widow of Mr Y

verwöhnen [fɛɐ'vøːnən] *vt* spoil; (*verzärteln*) pamper; **verwöhnt** *adj* 1.(*Kind*) spoiled 2.(*Geschmack*) discriminating; **vom Schicksal ~** smiled upon by fate

verworfen [fɛɐ'vɔrfən] *adj* depraved; **Verworfenheit** *f* depravity

verworren [fɛɐ'vɔrən] *adj* 1.(*Lage*) complicated, intricate 2.(*Gedanken*) confused

verwundbar *adj* (*a. fig*) vulnerable; **verwunden** *vt* injure, wound

verwunderlich *adj* 1.(*erstaunlich*) amazing, surprising 2.(*sonderbar*) strange; **es ist nicht ~, dass ...** it is small wonder that ...; **das ist kaum ~** it's hardly to be wondered at; **verwundern** I. *vt* astonish II. *vr* be surprised, wonder (*über* at); **Verwunderung** *f* astonishment; **zu meiner ~** to my astonishment

verwundet *adj* (*a. fig*) wounded; **leicht ~**[RR] slightly wounded; **Verwundete(r)** *f m* wounded [*o* injured] person; **die ~n** the wounded; (MIL *a.*) the casualties; **Verwundung** *f* wound, injury

verwunschen [fɛɐ'vʊnʃən] *adj* enchanted

verwünschen *vt* 1.(*verzaubern*) cast a spell on 2.(*verfluchen*) curse; **verwünscht** *adj* 1.(*verflucht*) cursed 2.(*verhext*) bewitched

verwurzelt *adj* (*fig*) deeply rooted (*in o mit etw* in s.th.)

verwüsten *vt* devastate, ravage; **Verwüstung** *f* devastation

verzagen *sein vi* lose courage [*o* heart]; **an etw ~** despair of s.th.; **verzagt** *adj* despondent, disheartened

verzählen *vr* count wrong(ly), miscount

verzahnt *adj* linked together; **Verzahnung** *f* (*a. fig*) dovetailing; (TECH: *von Zahnrädern*) gearing

verzapfen *vt* (*fam*): **Blödsinn ~** come out with rubbish

verzaubern *vt* 1.put a spell on 2.(*bezaubern*) enchant; **jdn in etw ~** turn s.o. into s.th.

verzehnfachen *vt, vr* increase ten-fold

Verzehr <-(e)s> *m* consumption; **Verzehrbon** *m* meal voucher; **verzehren** I. *vt* (*a. fig*) consume II. *vr* eat one's heart out; (*vor Kummer*) be consumed (*vor* with); (*vor Sehnsucht*) pine (*nach jdm* for s.o.)

verzeichnen *vt* 1.(*aufzeichnen*) record 2.(*falsch zeichnen*) draw wrongly; **Verzeichnis** <-ses, -se> *nt* (*Liste*) list; (*Register*) register; (TELE) directory

verzeihen [fɛɐ'tsaɪən] *irr vt* 1.(*vergeben*) forgive 2.(*entschuldigen*) excuse, pardon; **~ Sie!** excuse me! (I) beg your pardon!; **verzeihlich** *adj* 1.forgivable 2.(*entschuldbar*) excusable, pardonable; **Verzeihung** *f* 1.(*Vergebung*) forgiveness 2.(*Entschuldigung*) pardon; **~!** excuse me! sorry!; **jdn um ~ bitten** apologize to s.o., beg someone's pardon

verzerren I. *vt* 1.(*~d zeigen, a. fig*) distort; (*Gesicht*) contort 2.(*Muskel*) strain II. *vr* become contorted [*o* distorted] (*zu* in); **verzerrt** *adj*: **ein ~es Bild von der Wirklichkeit** a distorted view of life; **Verzerrung** *f* (*a. fig*) distortion

verzetteln I. *vt* (*seine Kräfte*) dissipate II.

V

vr waste a lot of time; (*in Details*) get bogged down

Verzicht [fɛr'tsɪçt] <-(e)s, -e> *m* renunciation (*auf* of); **verzichten** *vi* (*auskommen ohne*) do without; ~ **auf ...** (*Erbschaft, Eigentum*) renounce; (*Anspruch*) waive; **Verzichterklärung** *f* waiver, disclaimer; **Verzichtklausel** *f* waiver clause

verziehen **I.** *irr vt haben* **1.** (*Kind*) spoil **2.** (*Mund*) twist (*zu* into) **II.** *vr haben* **1.** (*Holz*) warp **2.** (*fam: verschwinden*) disappear; (*Gewitter*) pass; (*Wolken*) disperse; (*fam: schlafengehen*) be off to bed **III.** *vi sein* (*umziehen*) move (*nach* to); **das Gesicht** ~ pull a face

verzieren *vt* decorate; **Verzierung** *f* decoration; (ARCH: *Ornamentik*) ornamentation

verzinsen **I.** *vt* pay interest on ...; **mit 8 % verzinst sein** bear interest at 8 %; **verzinstes Darlehen** loan with interest **II.** *vr* bear [*o* yield] interest; **verzinslich** *adj:* ~**es Darlehen** loan with interest

verzogen [fɛr'tso:gən] *adj* **1.** (TECH: *Holz*) warped **2.** (*Kind*) spoiled **3.** (*aus Wohnung*) moved away; **‚Empfänger ~'** 'no longer at this address'

verzögern **I.** *vt* delay; (*verlangsamen*) slow down **II.** *vr* be delayed; **der Beginn des Spiels verzögerte sich wegen Regens** (SPORT) rain delayed play; **Verzögerung** *f* **1.** delay **2.** (*das Verzögern*) delaying **3.** (*Verlangsamung*) slowing down; **eine ~ um den Bruchteil einer Sekunde** a split-second's delay; **Verzögerungstaktik** *f* delaying tactics *pl*

verzollen *vt:* **etw** ~ pay duty on s.th.; **haben Sie etw zu ~?** have you anything to declare?; **verzollt** *adj* duty-paid

verzückt [fɛr'tsʏkt] *adj* (*ekstatisch*) ecstatic, enraptured; **Verzückung** *f:* **in ~ über etw geraten** go into raptures over s.th.

Verzug [fɛr'tsu:k] <-(e)s> *m* delay; **ohne** ~ without delay; **in ~ geraten** fall behind (*mit etw* with s.th.); **es ist Gefahr im** ~ there is danger ahead; **Verzugszinsen** *mpl* (COM) interest *sing*, on arrears

verzweifeln *haben o sein vi* despair (*an* of); **es ist zum Verzweifeln!** it's enough to drive one to despair!; **verzweifelt** *adj* **1.** (*von Situation*) despairing **2.** (*aussichtslos*) desperate; ~ **sein** (*von Person*) be in despair; ~ **kämpfen** fight with desperation; **Verzweiflung** *f* **1.** (*als Gemütszustand*) despair **2.** (*Ratlosigkeit*) desperation; **aus reiner** ~ in sheer desperation; ~ **überkam ihn** he was filled with despair; **sie tötete ihn aus** ~ in despair, she killed him; **seine ~ darüber, vielleicht nie mehr nach Hause zurückkehren zu können** his despair of ever being able to return home; **in ~ geraten** despair; **jdn zur ~ bringen** be the despair of s.o.; **Verzweiflungstat** *f* act of desperation; **sich zu einer ~ hinreißen lassen** do s.th. desperate

verzweigen *vr* **1.** (*Bäume*) branch out; (*Straße*) branch off **2.** (*fig*) ramify; **verzweigt** *adj* (*a. fig*) ramified; **Verzweigung** *f* **1.** (*von Bäumen*) branching **2.** (*fig*) ramification

verzwickt [fɛr'tsvɪkt] *adj* (*fam*) knotty, tricky, complicated

Veteran [vetə'ra:n] <-en, -en> *m* (MIL: *a. fig*) veteran

Veterinär [vetəri'nɛ:ɐ] *m* veterinary surgeon *Br*, veterinarian *Am*

Veto ['ve:to] <-s, -s> *nt* veto; **sein ~ einlegen gegen etw** veto s.th.; **wenn sie ihr ~ einlegen ...** if they veto it ...; **Vetorecht** *nt* power of veto; **das ~ haben** have a veto; **von seinem ~ Gebrauch machen** use one's veto

Vetter ['fɛtɐ] <-s, -n> *m* cousin; **Vetternwirtschaft** *f* nepotism

VHS *f Abk. von* **Volkshochschule** adult education centre

via [vi:a] *präp* via

Viadukt [via'dʊkt] <-(e)s, -e> *m* viaduct

Vibration [vibra'tsjo:n] <-, -en> *f* vibration; **vibrationsfrei** *adj* vibration-free

Vibrator [vi'bra:to:ɐ] <-s, -en> *m* vibrator; **vibrieren** [vi'bri:rən] *vi* vibrate; (*Stimme*) tremble

Videoaufzeichnung ['vi:deo-] *f* video recording; **Videoband** *nt* video tape; **Videoclip** *m* video clip; **Videogerät** *m* video set; **Videokamera** *f* video camera; **Videokassette** *f* video cassette; **Videokassettenrecorder** *m* video cassette recorder; **Videokünstler(in)** *m(f)* video artist; **Videorecorder** *m* video recorder; **Videospiel** *nt* video game; **Videothek** [video'tɛ:k] <-, -en> *f* video-tape library

Vieh [fi:] <-(e)s> *nt* **1.** (*Nutztiere*) livestock **2.** (*fam: tierischer Mensch*) bastard, swine; **500 Stück** ~ 500 head of cattle; **Viehbestand** *m* livestock; **Viehfutter** *nt* fodder; **Viehhandel** *m* cattle trade; **Viehhändler** *m* cattle [*o* livestock] dealer; **viehisch** ['fi:ɪʃ] *adj* (*pej*) brutish; **Viehseuche** *f* livestock disease; **Viehtränke** *f* cattle watering place; **Viehzucht** *f* cattle [*o* stock] breeding

viel [fi:l] *pron, adj* a great deal, a lot of, much; ~**e** a lot of, many; **so viel(e)** so much (so many); **so viel**[RR] so much; **so** ~[RR] **du willst** as much as you like; **halb so** ~[RR] half as much; **so** ~[RR] **wie gestern** as much as yesterday; **wie** ~[RR] how much *pl;* (*wie viele*) how many; **sehr ~(e)** very much (a great many); **ein bisschen ~** a little too much; **davon gibt es nicht mehr ~e** there aren't a lot left; **die Straße ist ~ befahren**[RR] this street is very busy; **noch einmal so ~**[RR] as much again; **~ besser** much better; **ziemlich ~** a good deal (of); **ziemlich ~e** a good many; **sich nicht ~ aus etw machen** not to make much of s.th.; **~ Vergnügen!** have a good time!; **~ Glück!** good luck!; **~en Dank!** thanks a lot!; **~ beschäftigt**[RR] very busy; **~ gekauft**[RR] much-purchased; **~ geliebt**[RR] much-loved; **~ gereist**[RR] much-travelled; **~ geschmäht**[RR] much-maligned; **ein ~ sagender**[RR] **Blick** a meaningful look; **~ versprechend**[RR] (very) promising; **zu ~**[RR] too much; **er hat zu ~ getrunken**[RR] he's had too much to drink; **mach dir nicht zu ~ Sorgen!**[RR] don't worry too much!; **vielbeschäftigt** *adj s.* **viel**; **vieldeutig** *adj* ambiguous; **Vieleck** *nt* polygon

vielerlei ['fi:lɐ'laɪ] *adj* **1.** (*substantivisch*) all kinds of things **2.** (*attr*) all sorts of, various

vielfach ['fi:lfax] **I.** *adj* manifold; (*attr*) multiple **II.** *adv* (*mehrfach*) many times; (*in vielen Fällen*) in many cases

Vielfalt ['fi:lfalt] <-, -en> *f* great variety; **eine ~ an Vogelarten** a large variety of birds; **vielfältig** ['fi:lfɛltɪç] *adj* diverse, varied; **Vielfraß** ['fi:lfra:s] <-es, -e> *m* (*Tier, a. fig*) glutton; **vielgekauft** *adj s.* **viel**; **vielgeliebt** *adj s.* **viel**

vielleicht [fi'laɪçt] *adv* **1.** maybe, perhaps **2.** (*fam: wirklich*) really; **könnten Sie mir ~ behilflich sein?** could you by any chance be able to help?; **der ist ~ ein Idiot!** he really is an idiot!

vielmal(s) *adv* **1.** (*viele Male*) many times **2.** (*sehr*) a lot, very much; **ich bitte ~ um Entschuldigung** I'm awfully sorry; **ich danke Ihnen ~** many thanks

vielmehr *konj* **1.** rather **2.** (*sondern, nur*) just; **dies soll Ihnen ~ zeigen, wie es funktioniert** this is just to show you how it works; **er ist, vielmehr war, Soldat** he is, or rather was, a soldier

vielpolig *adj* (ELEK) multipolar

vielsagend *adj s.* **viel**

vielseitig *adj* (*Mensch*) versatile; (*Interessen*) varied; (*Bildung, Können*) all-round; **auf ~en Wunsch** by popular request

vielversprechend *adj s.* **viel**

Vielzahl *f* **1.** (*Menge*) multitude **2.** (*Fülle*) abundance

vier [fi:ɐ] *num* four; **unter ~ Augen** face to face; **jdn unter ~ Augen sprechen** speak to s.o. privately; **wir sind zu ~t** there are four of us; **zu je ~en** in fours; **auf allen ~en** on all fours; **alle ~e von sich strecken** (*fam*) stretch out full length; **die Vier** the four; **Vier-Augen-Gespräch** *nt* face-to-face discussion; **vierbändig** ['fi:rbɛndɪç] *adj* four-volume; **vierdimensional** *adj* four-dimensional; **Viereck** *nt* quadrangle, square; **viereckig** *adj* quadrangular, square

viereinhalb *num* four and a half

Vierer ['fi:rɐ] <-s, -> *m* (*Ruderboot*) four; **Viererbob** *m* four-man bob; **vierelei** ['fi:rɐlaɪ] *adj* **1.** (*substantivisch*) four different sorts **2.** (*attr*) four kinds of

vierfach **I.** *adj* fourfold, quadruple; **in ~er Ausfertigung** in quadruplicate **II.** *adv* fourfold, four times

Vierfarbendruck [-'---] <-(e)s, -e> *m* **1.** (*Verfahren*) four-colour printing **2.** (*Ergebnis*) four-colour print

Vierganggetriebe *nt* (AUTO) four-speed gearbox

viergeschossig *adj* four-storey

vierhändig ['fi:ɐhɛndɪç] *adj* (MUS) four-handed; **~ spielen** play s.th. for four hands

vierhundert *num* four hundred

Vierjahresplan *m* four-year plan

vierjährig *adj* **1.** (*vier Jahre alt*) four-year-old **2.** (*vier Jahre lang*) four-year

Vierkanteisen *nt* square steel bar; **vierkantig** *adj* square (-headed)

Vierlinge ['fi:ɐlɪŋə] *mpl* quadruplets

Viermächteabkommen *nt* (POL) Quadripartite agreement

viermal *adv* four times; **~ so viele** four times as many; **viermalig** *adj* done four times

viermotorig *adj* (AVIAT) four-engined

Vierradantrieb *m* four-wheel drive; **vierräd(e)rig** ['fi:ɐrɛ:d(ə)rɪç] *adj* four-wheeled; **vierspurig** *adj* **1.** (*Straße*) four-lane **2.** (*Tonband*) four-track; **vierstellig** *adj* four-figure; **~e Zahl** four-figure number; **Viersternehotel** *nt* 4-star hotel; **Viertaktmotor** *m* four-stroke engine

vierte *adj* fourth; **im ~n Gang fahren** drive in fourth; **wir brauchen noch einen Vierten zum Bridge** we need a fourth for our game of bridge

vierteilig *adj:* **~er Roman** a four-part novel; **~es Service** a four piece set

viertel *adj* quarter; **ein ~ Pfund** a quarter of a pound

Viertel[1] ['fɪrtəl] <-s, -> *nt* (*Maß*) fourth (part); **~ nach elf** (a) quarter past eleven; **~ vor zwölf** (a) quarter to twelve; **ein ~** (*fam*) 1/4 ltr Wein, a quarter

Viertel[2] *nt* (*Stadtteil*) district, quarter

Vierteljahr *nt* quarter (of a year), three months; **Vierteljahresschrift** *f* quarterly; **vierteljährlich** **I.** *adj* quarterly **II.** *adv* every three months, quarterly; **Viertelliter** *m* quarter of a litre; **Viertelnote** *f*

V

(MUS) crotchet *Br,* quarter note *Am;* **Viertelpause** *f* (MUS) crotchet-rest *Br,* quarter-note rest *Am;* **Viertelstunde** *f* quarter of an hour *Br,* quarter hour *Am;* **viertelstündlich** **I.** *adj* quarter-hour **II.** *adv* every quarter of an hour

Viertürer *m* (AUTO) four-door model

vierzehn ['fɪrtse:n] *num* fourteen; ~ **Tage** a fortnight *Br,* two weeks *Am;* **vierzehntägig** *adj* fortnightly; **vierzehnte** *adj* fourteenth; **Vierzehntel** *nt* fourteenth

vierzig ['fɪrtsɪç] *num* forty; **vierzigste** *adj* fortieth

Vierzimmerwohnung *f* four-room flat *Br,* four-room apartment *Am*

Vietnam [viət'na(:)m] *nt* Vietnam; **Vietnamese, -sin** [viətna'me:zə] *m, f* Vietnamese; **vietnamesisch** *adj* Vietnamese; **Vietnamisierung** *f* (POL) Vietnamization

Vigilantentum [vigi'lantentu:m] <-s> *nt practice of forming vigilance committees*

Vikar [vi'ka:ɐ] <-s, -e> *m* (ECCL) curate

Villa ['vɪla] <-, -len> *f* villa; **Villenviertel** *nt* exclusive residential district [*o* area]

violett [vio'lɛt] *adj* violet

Violine [vio'li:nə] <-, -n> *f* violin; **Violinist(in)** *m(f)* violinist; **Violinschlüssel** *m* (MUS) treble clef; **Violoncello** [violɔn'tʃɛlo] <-s, -s> *nt* (violon)cello

V.I.P. <-, -s> *m Abk. von* **Very Important Person** VIP

Viper ['vi:pɐ] <-, -n> *f* (*gefährliche Giftschlange*) adder, viper; **Vipernnatter** *f* (*in Europa*) viperine snake; (*in Nordamerika*) garter snake

Virtual Reality [ˌvɜ:tʃʊəl rɪ'ælətɪ] <-> *f* virtual reality

virtuell *adj* virtual; **~es Einkaufszentrum** (INTERNET) shopping mall; ~ **e Realität** (INTERNET) virtual reality

Virtuose, -sin *m, f* virtuoso

Virenprüfprogramm *nt* virus detector

Virus ['vi:rʊs] <-, -ren> *nt* virus; **schleichender** ~ slow virus; **Viruskrankheit** *f* viral disease

Visage [vɪ'zɑ:ʒə] <-, -n> *f* (*fam pej*) face, mug

Visagist(in) *m(f)* make-up artist

Visier [vi'zi:ɐ] <-s, -e> *nt* **1.** (*von Helm*) visor **2.** (*von Gewehr*) sight; **ins** ~ **bekommen** get in one's sights; **ins** ~ **nehmen** train one's sights on …

Vision [vi'zjo:n] <-, -en> *f* vision; **Visionär(in)** *m(f)* visionary

Visit ['vɪzɪt] *m* (INTERNET: *Besuch einer Web-Site*) visit

Visitation [vizita'tsjo:n] <-, -en> *f* **1.** (*Durchsuchung*) search **2.** (*Besichtigung*) inspection; **Visite** [vi'zi:tə] <-, -n> *f* **1.** (*im Krankenhaus*) round **2.** (*zu Hause*) house call, visit; ~ **machen** do one's rounds *pl;* **zur** ~ **kommen** come on a visit; **Visitenkarte** *f* (*a. fig*) visiting card *Br,* calling card *Am*

Viskose [vɪs'ko:zə] <-> *f* (CHEM) viscose

Viskosität *f* (TECH) viscosity

visuell [vizu'ɛl] *adj* visual

Visum ['vi:zʊm] <-s, -sa/-sen> *nt* visa

vital [vi'ta:l] *adj* vigorous; **Vitalität** *f* vitality

Vitamin [vita'mi:n] <-s/(-), -e> *nt* vitamin; **Vitaminmangel** <-s> *m* vitamin deficiency; **vitaminreich** *adj* rich in vitamins; **Vitamintabletten** *fpl* vitamin tablets

Vitrine [vi'tri:nə] <-, -n> *f* **1.** (COM: *Schaukasten*) show-case **2.** (*Glasschrank*) glass cabinet

Vizekönig(in) *m(f)* viceroy, (vicereine)

Vizepräsident(in) *m(f)* **1.** (POL) vice-president **2.** (COM) deputy chairman (chairwoman)

V-Mann *m* contact

Vogel ['fo:gəl, *pl:* 'føgəl] <-s, ¨-> *m* (*a. fig*) bird; **der** ~ **ist ausgeflogen** the bird has flown; **einen** ~ **haben** (*fam*) be off one's rocker; **den** ~ **abschießen** (*fam*) surpass everyone; **jdm den** ~ **zeigen** tap one's forehead; ~ **friss oder stirb!** do or die!; **Vogelbauer** *nt* birdcage; **Vogelbeerbaum** *m* mountain ash, rowan; **Vogelbeere** *f* rowan berry

Vögelchen ['fø:gəlçən] *nt* birdie

Vogelei *nt* bird's egg; **vogelfrei** *adj* outlawed; **für** ~ **erklären** outlaw; **Vogelfutter** *nt* bird-seed; **Vogelhaus** *nt* (*im Garten*) bird-house; **Vogelkirsche** *f* wild cherry; **Vogelmilbe** *f* chicken mite

vögeln ['fø:gəln] *vi, vt* (*vulg*) screw

Vogelnest *nt* bird's nest; **Vogelperspektive** *f* bird's-eye view; **Heidelberg aus der** ~ a bird's-eye view of Heidelberg; **Vogelscheuche** <-, -n> *f* (*a. fig fam*) scarecrow; **Vogelwarte** *f* ornithological station; **Vogelzug** *m* (bird) migration

Vogerlsalat *m* (*österr*) lamb's lettuce

Vogesen [vo'ge:zn] *pl* Vosges

Voicemail ['vɔɪsmeɪl] <-, -s> *f* (*Handyanrufbeantworter*) voicemail

Vokabel [vo'ka:bəl] <-, -n> *f* word; **Vokabular** [vokabu'la:ɐ] <-s, -e> *nt* vocabulary

Vokal [vo'ka:l] <-s, -e> *m* vowel

Volatilität [volatɪlɪ'tɛ:t] <-> *f* (*Schwankungen der Wertpapiere*) volatility

Volk [fɔlk, *pl:* 'fœlkɐ] <-(e)s, ¨-er> *nt* **1.** people; (*Nation*) nation **2.** (*~smenge*) crowd **3.** (*die unteren Schichten*) the lower classes *pl;* **das litauische** ~ the Lithuanian people; **das einfache** ~ the common people; **das gemeine ~** (*pej*) the mob, the rabble; **ein Mann aus dem ~** a man of the people; **die Stimme des ~es** the voice of the nation; **zum ~ sprechen** address the nation; **viel ~** lots of people; **das ist ein ~ für sich** they're a race apart

Völkerbund *m* (HIST POL) League of Nations; **Völkergemeinschaft** *f* community of nations; **Völkerkunde** *f* ethnology; **Völkerkundemuseum** *nt* museum of ethnology; **Völkermord** *m* genocide; **Völkerrecht** *nt* international law; **völkerrechtlich** *adj* **1.** (*das Völkerrecht betreffend*) according to international law **2.** (*dem Völkerrecht unterliegend*) under international law; **Völkerverständigung** *f* international understanding; **Völkerwanderung** *f* **1.** (HIST) migration of the people **2.** (*hum*) mass migration

Volksabstimmung *f* plebiscite; **Volksbefragung** *f* public opinion poll; **Volksbegehren** *nt* petition for a referendum; **Volksbelustigung** *f*: **zur allgemeinen ~** for public entertainment; **Volkscharakter** *m* national character; **Volksdemokratie** *f* people's democracy; **volkseigen** *adj* nationally-owned; **Volksempfinden** *nt* public feeling; **Volksentscheid** *m* referendum; **Volksfest** *nt* public festival; (*Kirmes*) funfair; **Volksfront** *f* (POL) popular front; **Volksgesundheit** *f* health of the nation, public health; **Volksheld** *m* popular hero; **Volkshochschule** *f* adult education centre; **Volkskrankheit** *f* widespread disease; **Volkskunde** *f* folklore; **volkskundlich** *adj* folkloristic; **Volkslied** *nt* folk song; **Volksmärchen** *nt* folk tale; **Volksrepublik** *f* People's Republic; **Volksschule** *f* (*obs*) elementary [*o* primary] school *Br*, grade school *Am*; **Volksstamm** *m* tribe; **Volkstanz** *m* folk dance; **Volkstracht** *f* (*Nationaltracht*) national costume; **Volkstum** <-(e)s> *nt* national traditions *pl*; **volkstümlich** *adj* **1.** (*traditionell*) traditional **2.** (*beim Volk beliebt*) popular; **Volksverhetzung** *f* incitement of the people; **Volksvertreter(in)** *m(f)* representative of the people; **Volksvertretung** *f* representative body (of the people); **Volkswirt(in)** *m(f)* economist; **Volkswirtschaft** *f* **1.** (*die Nationalökonomie*) national economy **2.** (*~slehre*) economics *pl*; **Volkszählung** *f* (*national*) census

voll [fɔl] **I.** *adj* **1.** full (*von* of); (*gedrängt*) crowded **2.** (*ganz*) complete, entire, whole **3.** (*~zählig*) complete **4.** (*gefüllt*) filled **5.** (*fam: betrunken*) plastered; **die ~e Summe** the entire sum; **die ~e Wahrheit** the whole truth; **mit ~em Mund** with one's mouth full; **in ~er Fahrt** at full speed; **so, das Maß ist ~!** so that's enough of that!; **mit ~em Recht etw tun** be perfectly right to do s.th.; **aus dem Vollen schöpfen**[RR] draw on unlimited resources *pl*; **jdn für ~ nehmen** take s.o. seriously **II.** *adv* **1.** fully **2.** (*vollkommen*) completely; **den Mund ~ nehmen** overdo it; **~ dahinter stehen** be fully behind s.th.; **~ dabei sein** (*fam*) be totally involved; **~ füllen**[RR] fill (up); **~ gepfropft**[RR]/**gestopft**[RR] (*fam*) crammed, packed; **~ machen**[RR] (*Gefäß*) fill up; (*vervollständigen*) complete; **die Windeln ~ machen**[RR] (*fam*) fill the nappies; **~ pumpen**[RR] fill with air; **~ schmieren**[RR] mess up; **~ schreiben**[RR] fill with writing; **~ stopfen**[RR] cram full; **~ tanken**[RR] fill up

Vollast *f* (AUTO) full load; **vollauf** *adv* completely, fully; **vollautomatisch** *adj* fully automatic; **vollautomatisiert** *adj* fully automated; **Vollbad** *nt* (proper) bath; **Vollbart** *m* (full) beard; **Vollbeschäftigung** <-> *f* full employment; **Vollblut** <-(e)s, -e> *nt* (*Pferde~*) thorough-bred (horse) *Br*, blooded horse *Am*; **Vollbremsung** *f* emergency stop; **eine ~ machen** do an emergency stop; **vollbringen** *irr vt* accomplish, achieve; **ein Wunder ~** perform a miracle; **vollbusig** *adj* full-bosomed; **Volldampf** *m*: **mit ~** (*fam*) flat out; **mit ~ voraus** (*fam*) full tilt

Völlegefühl ['fœlə-] *nt* satiety

vollelektronisch *adj* fully electronic

vollenden I. *vt* **1.** (*abschließen*) complete **2.** (*vervollkommnen*) make complete **II.** *vr* **1.** (*zum Abschluss kommen*) come to an end **2.** (*vollkommen werden*) be completed; **vollendet** *adj* **1.** (*vollkommen*) completed **2.** (*Schönheit*) perfect

vollends ['fɔlɛnts] *adv* (*völlig*) completely; (*gänzlich*) altogether

Vollendung *f* **1.** completion **2.** (*Vervollkommnung, Vollkommenheit*) perfection; **vor ~ des 30. Lebensjahres** before completion of the 30th year of one's life

Völlerei [fœlə'raɪ] *f* gluttony

Volleyball ['vɔlibal] <-> *m* (SPORT) volleyball

vollführen *vt* execute, perform

voll|füllen *vt s.* **voll**

Vollgas *nt*: **mit ~** (AUTO) at full throttle; (*fam*) full tilt; **~ geben** open it right up; (*fam*) step on the gas

vollgepfropft *adj s.* **voll**

völlig ['fœlɪç] *adj* complete; **~er Blödsinn!** utter nonsense!

volljährig *adj* of age; **Volljährigkeit** *f* majority

Volljurist(in) *m(f)* fully qualified lawyer

vollkaskoversichert *adj*: **ich bin ~** I

have fully comprehensive insurance; **Vollkaskoversicherung** *f* fully comprehensive insurance

vollklimatisiert *adj* fully air-conditioned

vollkommen *adj* **1.** (*perfekt*) perfect **2.** (*völlig*) complete; **Vollkommenheit** *f* perfection

Vollkornbrot *nt* wholemeal bread

VolllastRR *f* (AUTO) full load

voll|machen *vt s.* **voll**

Vollmacht <-, -en> *f* power, authority; (JUR) power of attorney; **jdm eine ~ ausstellen** [*o* **erteilen**] give s.o. power of attorney

Vollmilch *f* full-cream milk

Vollmond *m* full moon

Vollpension *f full board*

voll|pumpen *vt s.* **voll**

vollschlank *adj* (*füllig*) full-figured

voll|schmieren *vt s.* **voll**

voll|schreiben *vt s.* **voll**

vollständig *adj* complete, entire; **~ machen** complete; **Vollständigkeit** *f* completeness; **der ~ halber** to complete the picture

voll|stopfen *vt s.* **voll**

vollstrecken *vt* carry out, execute; **Vollstreckung** *f* execution; **Vollstreckungsbefehl** *m* (JUR) writ of execution

vollsynchronisiert *adj* (AUTO) fully synchronized

voll|tanken *vi s.* **voll**

Volltextsuche *f* (INFORM) full text search

Volltreffer *m* (*a. fig*) bull's eye

vollverchromt *adj* full-chrome

Vollversammlung *f* plenary meeting

Vollwaschmittel *nt* detergent

vollwertig *adj* **1.** (*Kost*) full **2.** (*Ersatz*) fully adequate; **Vollwertkost** *f* whole-foods *pl*

vollzählig ['fɔltsɛːlɪç] *adj* complete; **wir sind ~ erschienen** everyone of us came

vollziehen I. *irr vt* carry out, execute **II.** *vr* (*stattfinden*) take place; **Vollzug** <-(e)s> *m* **1.** (*Ausführung*) carrying out, execution **2.** (*Straf~*) penal system; **Vollzugsanstalt** *f* penal institution

Volontär(in) [volɔn'tɛːɐ] *m(f)* trainee; **volontieren** *vi* work as a trainee

Volt [vɔlt] <-/-(e)s, -> *nt* (ELEK) volt

Volumen [vo'luːmən] <-s, -/-mina> *nt* (*a. fig*) volume

von [fɔn] *präp* of; (*durch*) by; (*~ weg*) from; **~ an** from … on; **~ nun an** henceforth; **~ morgen an** from tomorrow; **~ hinten** from behind; **~ selbst** automatically; **~ wegen!** (*fam*) no way!; **~ mir aus!** I don't mind!; **~ vornherein** from the (very) beginning; **~ Zeit zu Zeit** from time to time; **~ klein auf** from childhood; **dieses Gedicht ist von Milton** this poem is by Milton; **das hängt vom Wetter ab** that depends on the weather; **sich ~ … ernähren** feed on …; **wimmeln ~ …** crawl with …; **sie haben ~ dir gesprochen** they were talking about you; **grüßen Sie ihn ~ mir** my best regards to him

voneinander *adv* from [*o* of] each other; **vonnöten** [fɔn'nøːtən] *adj:* **~ sein** be necessary; **vonstatten** [fɔn'ʃtatən] *adv:* **~ gehen** (*stattfinden*) take place; **wie geht so etw ~?** what is the procedure for that?

vor [foːɐ] **I.** *präp* **1.** (*örtlich, zeitlich*) before **2.** (*Zeit*) before, prior to; (*nachgestellt*) ago; (*bei Uhrzeit*) to **3.** (*Ort*) in front of **4.** (*ursächlich*) with; **~ allem** above all, first of all; **nicht ~ …** not till …; **~ der Zeit** before time *Br,* ahead of time *Am;* **fünf Minuten ~ zehn** five minutes to ten *Br,* five minutes of ten; **~ drei Wochen** three weeks ago; **~ Aufregung** for excitement; **~ Schmerz schreien** cry out with pain; **~ Freude hüpfen** jump for joy; **~ Zeugen** in presence of witnesses; **~ unserem Hause** in front of our house; **~ sich hin** to o.s.; **~ sich gehen** take place **II.** *adv:* **~ und zurück** backwards and forwards; **nach wie ~** still; **vorab** [foːɐ'ap] *adv* first of all, to begin with

Vorabend *m* **1.** (*der vorhergehende Abend*) evening before **2.** (*fig*) eve

Vorahnung *f* premonition, presentiment

voran [fo'ran] *adv* **1.** (*vorn*) first, in front of **2.** (*vorwärts*) forwards; **voran|gehen** *sein irr vi* **1.** go in front **2.** (*fig*) precede; **mit gutem Beispiel ~** set a good example; **jdm ~** go ahead of s.o.; **voran|kommen** *sein irr vi* **1.** get on **2.** (*Fortschritte erzielen*) make progress

Voranmeldung *f* **1.** (*terminlich*) appointment **2.** (TELE) booking

Voranschlag *m* estimate

Voranzeige *f* **1.** (THEAT) advance notice **2.** (FILM) trailer *Br,* preview *Am*

Vorarbeit *f* groundwork, preparatory work; **die ~ leisten für …** prepare the ground for …; **vor|arbeiten I.** *vi* work in advance **II.** *vr* work one's way forward; **Vorarbeiter(in)** *m(f)* foreman (forewoman)

voraus [fo'raʊs] *adv* **1.** (*voran*) in front (*jdm* of s.o.) **2.** (*vorher*): **im Voraus**RR in advance; **Joyce war seiner Zeit ~** Joyce was ahead of his time

voraus|ahnen *vt* anticipate

voraus|eilen *sein vi* (*a. fig*) hurry on ahead (of)

voraus|gehen *sein irr vi* **1.** go in front **2.** (*fig*) precede

vorausgesetzt *konj:* **~, dass …** provided

(that) …

voraus|haben *irr vt:* **jdm etw (viel)** ~ have the advantage of (a great advantage over) s.o.

Voraussage *f* prediction; (*Wetter~*) forecast; **voraus|sagen** *vt* predict (*jdm etw* s.th. for s.o.); **vorausschauend** [--'--] **I.** *adj* foresighted **II.** *adv* with regard to the future

voraus|schicken *vt* **1.** (*Sachen*) send on ahead **2.** (*einleitend sagen*) say in advance

voraussehbar *adj* foreseeable; **voraus|sehen** *irr vt* foresee

voraus|setzen *vt* presuppose; **als selbstverständlich** ~ take for granted; **vorausgesetzt, dass …** provided that …; **Voraussetzung** *f* **1.** (*Vorbedingung*) prerequisite **2.** (*Annahme*) premise **3.** (*Qualifikation*) qualification; **unter der ~, dass …** on condition that …

Voraussicht [-'--] <-> *f* foresight; **aller ~ nach** in all probability; **in weiser ~** with great foresight; **voraussichtlich** **I.** *adj* (*vorauszusehend*) expected **II.** *adv* (*wahrscheinlich*) probably

voraus|zahlen *vt* pay in advance; **Vorauszahlung** [-'---] *f* advance payment; **(nur) gegen ~!** cash in advance!

Vorbau *m* porch; (*Balkon*) balcony

Vorbedacht *m:* **mit ~** deliberately, on purpose

Vorbedeutung *f* portent

Vorbehalt <-(e)s, -e> *m* reservation; **geheimer** [*o* **innerer**] ~ mental reservation; **unter dem ~, dass …** with the reservation that …; **vor|behalten** *irr vt* **1.** reserve (*sich etw* s.th. for o.s.) **2.** leave (*jdm etw* s.th. up to s.o.); **alle Rechte ~** all rights reserved; **Irrtümer ~** errors excepted; **vorbehaltlich** *adv* subject to …; **~ anderer Regelungen** unless otherwise provided; **vorbehaltlos** *adj* unconditional

Vorbehandlung *f* pretreatment

vorbei [fɔr'baɪ/foːɐ'baɪ] *adv* **1.** (*räumlich*) past **2.** (*zeitlich*) gone, over, past; **das ist jetzt alles ~** all that is now past; **was ~ ist, ist ~** what's past, is past; **~!** (*nicht getroffen*) missed!

vorbei|fahren *sein irr vi* go/drive/sail past (*an jdm o etw* s.o., s.th.)

vorbei|gehen *sein irr vi* **1.** (*a. fig*) go past, pass by (*an jdm* s.o.) **2.** (*aufhören*) pass; **eine Gelegenheit ~ lassen** let an opportunity slip by; **im Vorbeigehen** (*a. fig*) in passing; **ich gehe nachher mal bei ihm vorbei** I'll look in on him later in the day

vorbei|kommen *sein irr vi* (*fam: besuchen*) drop in (*bei jdm* on s.o.); **ich komme nicht daran vorbei …** I have no alternative but …

vorbei|lassen *irr vt* let pass

Vorbeimarsch *m* march-past *Br,* street parade *Am;* **vorbei|marschieren** *vi* march past (*an jdm* s.o.)

vorbei|reden *vi:* **aneinander ~** talk at cross purposes; **an etw ~** talk round s.th.

vorbei|schießen **I.** *irr vi sein* (*schnell ~*) shoot past (*an jdm o etw* s.o., s.th.) **II.** *vt haben* (*am Ziel*) miss (*an etw* s.th.)

vorbelastet *adj* handicapped; **da ist er erblich ~** it runs in the family

Vorbemerkung *f* preliminary note [*o* remark]

vorbereiten **I.** *vt* prepare **II.** *vr* prepare o.s. (*auf* for); **vorbereitend** *adj* preparatory; **Vorbereitung** *f* preparation; **Vorbereitungsdienst** *m* (SCHULE: *Referendarszeit*) teaching practice

Vorbesitzer(in) *m(f)* previous possessor

vor|bestellen *vt* order in advance; (*Zimmer, Tisch*) book; **Vorbestellung** *f* advance order; (*Zimmer~*) booking *Br,* reservation *Am*

vorbestraft *adj* previously convicted; **jemand, der nicht ~ ist** (JUR: *bei erster Verurteilung*) a first offender

Vorbeugehaft *f* preventive detention; **vor|beugen** **I.** *vi* (*vermeiden*) prevent; (*ausschließen*) preclude (*einer S.* s.th.) **II.** *vr* bend forward; **vorbeugend** *adj* preventive, prophylactic; **Vorbeugung** *f* prevention (*von, gegen* of); (MED) prophylaxis; **zur ~ gegen …** for the prevention of …

Vorbild *nt* model; (*Beispiel*) example; **jdn als ~ hinstellen** hold s.o. up as a model; **dieses Gedicht nimmt Shakespeare's Sonette zum ~** this poem is modelled on Shakespeare's sonnets; **sich jdn zum ~ nehmen** model o.s. on s.o.; **Vorbildfunktion** *f* function as a model [*o* an example]

vorbildlich *adj* exemplary

Vorbildung *f* (*schulisch*) educational background

Vorbote *m* harbinger

vor|bringen *irr vt* **1.** (*sagen*) say; (*Meinung, Forderung*) express **2.** (*Beweise*) bring forward

vorchristlich *adj* pre-Christian

Vordach *nt* canopy; (*von Zelt*) awning

vor|datieren *vt* antedate, predate

Vordenker(in) *m(f)* mentor

Vorderachse ['fɔrdɐ-] *f* front axle

Vorderansicht *f* front view

Vorderasien *nt* Near East

Vorderbein *nt* foreleg

Vorderdeck *nt* fore deck

vordere ['fɔrdərə] *adj* front

Vorderfront *f* frontage; **Vordergrund** *m* foreground; **im ~** in the foreground; **sich in**

den ~ schieben push o.s. to the fore; **im ~ stehen** be to the fore; **vordergründig** ['fɔrdɐgrʏndɪç] *adj* (*oberflächlich*) superficial

Vordermann <-(e)s, ⁻er> *m* person in front; **jdn auf ~ bringen** (*fam*) make s.o. toe the line

Vorderrad *nt* front wheel; **Vorderradantrieb** *m* front-wheel drive

Vorderschinken *m* shoulder ham

Vorderseite *f* front; (*von Münze*) obverse; (*von Buch*) odd page

Vordersitz *m* front seat

vorderste *adj* frontmost

Vorderteil *nt o m* front, front part; (TECH) head, nosepiece; (*von Schiff*) prow

Vordiplom *nt* intermediate exam

vor|drängen *vr* push to the front; **sich in einer Schlange ~** jump a queue *Br*, push to the front of a line *Am*; **vor|dringen** *sein irr vi* advance; (*in den Weltraum*) penetrate (*in* into); **vordringlich** *adj* urgent

Vordruck <-(e)s, -e> *m* (*Formular*) form *Br*, blank *Am*

vorehelich *adj* premarital

voreilig *adj* rash; **~e Schlüsse ziehen** jump to conclusions; **es war ~ von ihm, das zu versprechen** it was rash of him to promise that

voreingenommen *adj* biased, prejudiced (*für* in favour of, *gegen* against)

vor|enthalten *irr vt* withhold (*jdm* from s.o.)

Vorentscheidung *f* preliminary decision; **eine ~ fällen** make [*o* come to] a preliminary decision; **Vorentscheidungsrunde** *f* (SPORT) preliminary round

Vorentwurf *m* project investigations *pl*

vorerst [fo:ɐ'e:ɐst/'--] *adv* for the time being

vorexerzieren *vt* (*fam*) demonstrate

Vorfahr ['fo:ɐfa:ɐ] <-en, -en> *m* ancestor, forefather

vor|fahren *sein irr vi* **1.** (*ankommen*) drive up (*bei* to) **2.** (*an die Spitze fahren*) drive in front; **Vorfahrt** <-> *f* right of way; **die ~ (nicht) beachten** observe (ignore) the right of way; **vorfahrtsberechtigt** *adj:* **ich war ~** I had the right of way; **Vorfahrtsstraße** *f* major road; **Vorfahrt(s)zeichen** *nt* give way sign *Br*, yield sign *Am*

Vorfall *m* **1.** (*Geschehnis*) incident, occurrence **2.** (MED) prolapse; **vor|fallen** *irr vi* **1.** (*geschehen*) happen, occur **2.** (*fallen*) fall forward; **in dem Haus sind seltsame Dinge vorgefallen** some strange things have happened in that house

vor|finden *irr vt* discover, find

Vorform *f* early form

Vorfreude *f* anticipation

Vorfrühling *m* early spring

vor|fühlen *vi* (*fig*) put out a few feelers; **bei jdm ~** sound s.o. out

vor|führen *vt* **1.** (FILM) show **2.** (*präsentieren*) present; (*Mode*) model **3.** (*Angeklagten*) bring forward; **Vorführgerät** *nt* projector; **Vorführraum** *m* projection; **Vorführung** *f* **1.** (FILM) show **2.** (THEAT: *a. Varietee*) performance **3.** (*Mode~*) presentation; **Vorführwagen** *m* demonstration car

Vorgabe *f* (SPORT) handicap

Vorgang *m* **1.** (*Ereignis*) event **2.** (*Hergang*) course of events **3.** (BIOL CHEM TECH: *Prozess*) process **4.** (JUR: *Akten*) file; **erzählen Sie uns den ~** tell us how it happened; **Vorgänger(in)** *m(f)* predecessor

Vorgarten *m* front garden *Br*, dooryard *Am*

vor|geben *irr vt* **1.** (SPORT) give **2.** (*vortäuschen*) pretend **3.** (*nach vorne reichen*) pass forward

Vorgebirge *nt* foothills *pl*

vorgeblich **I.** *adj* (*sogenannt*) so-called **II.** *adv* (*angeblich*) supposedly

vorgefasstRR *adj* preconceived; **~e Meinung** prejudice

vorgefertigt *adj* prefabricated

Vorgefühl <-(e)s> *nt* anticipation; (*Vorahnung*) presentiment

vorgeheizt *adj* preheated

Vorgehen *nt* (*Verfahren*) procedure; **gemeinsames ~** concerted action; **vorgehen** *sein irr vi* **1.** (*nach vorn gehen*) go forward **2.** (*früher gehen*) go on ahead; (*als Erster gehen*) go first **3.** (*handeln*) act, proceed **4.** (JUR) take legal proceedings (*gegen* against) **5.** (*wichtiger sein*) have priority **6.** (*sich ereignen*) go on, happen **7.** (*Uhr*) be fast (*um 3 Minuten* 3 minutes); **wir gehen schon vor und treffen euch dann am Bahnhof** we'll leave now and we'll see you at the station; **was geht hier vor?** what's going on here?; **die Arbeit geht vor** work comes first

Vorgeschichte *f* **1.** (*Urgeschichte*) prehistory **2.** (*einer Person, eines Falles*) antecedents *pl*

Vorgeschmack <-(e)s> *m* (*fig*) foretaste

Vorgesetzte(r) <-n, -n> *f m* superior

vorgestern *adv* the day before yesterday; **das ist doch von ~!** (*fam*) that's antiquated!; **vorgestrig** *adj* of the day before yesterday

vor|greifen *irr vi* (*einer Sache*) anticipate (s.th.); **jdm ~** forestall s.o.; **Vorgriff** *m* anticipation (*auf* of); (*beim Erzählen*) leap ahead

Vorhaben <-s, -> *nt* **1.** (*Plan*) plan **2.** (*Absicht*) intention; **vor|haben** *irr vt* **1.** (*beabsichtigen*) have in mind, intend; (*geplant haben*) have planned **2.** (*im Begriff sein*) be about to; **haben Sie morgen (schon) etw vor?** do you have any plans for tomorrow?; **wenn Sie nichts anderes** ~ unless you are otherwise engaged; **mit jdm Großes** ~ have great plans for s.o.; **wir hatten es nicht vor** we weren't planning to

Vorhalle *f* entrance hall, vestibule; (*im Parlament*) lobby

vor|halten I. *irr vt* **1. jdm jdn** ~ (*als Beispiel*) hold s.o. up to s.o. **2.** (*vorwerfen*) reproach (*jdm etw* s.o. with s.th.); **jdm einen Fehler** ~ reproach s.o. for his mistake **II.** *vi* (*ausreichen*) last; **Vorhaltungen** *fpl* reproaches; **jdm** ~ **dafür machen, dass er etw getan hat** reproach s.o. for having done s.th.

Vorhand <-> *f* (*Tennis*) forehand

vorhanden [foːɐ'handən] *adj* **1.** (*verfügbar*) available **2.** (*existierend*) existing; **ein Bad war nicht** ~ there was no bathroom; **Vorhandensein** *nt* existence

Vorhang *m* curtain *Br*, shade *Am*

Vorhängeschloss[RR] *nt* padlock

Vorhaut *f* (ANAT) foreskin, prepuce

vorher [foːɐ'heːɐ/'--] *adv* (*früher*) before now; **am Tage** ~ the day before [*o* the previous day]; **kurz** ~ a short time before; **weitermachen wie** ~ continue as before; **konntest du das nicht** ~ **sagen?** couldn't you have said that earlier?

vorherbestimmt *adj* predestined; **Vorherbestimmung** *f* predestination

vorher|gehen *sein irr vi* (*fig*) precede

vorherig [foːɐ'heːrɪç] *adj* **1.** (*früher*) previous **2.** (*ehemalig*) former

Vorherrschaft *f* predominance; (POL: *Hegemonie*) hegemony; **vor|herrschen** *vi* (*überwiegen*) prevail; (*Ton angeben*) predominate; **vorherrschend** *adj* **1.** (*tonangebend*) predominant **2.** (*weitverbreitet*) prevailing

Vorhersage <-, -n> *f* prediction; (*von Wetter*) forecast; **vorher|sagen** [-'---] *vt* foretell, predict; (*Wetter*) forecast; **das hab' ich dir doch vorhergesagt!** I told you so!

vorhersehbar *adj* foreseeable; **vorhersehen** [-'---] *irr vt* foresee

vor|heucheln *vt:* **jdm etw** ~ feign [*o* pretend] s.th. to s.o.

vorhin [foːɐ'hɪn] *adv* just now

Vorhof *m* **1.** (ARCH) forecourt **2.** (ANAT: *Herz~*) vestibule

Vorhut ['foːɐhuːt] <-, (-en)> *f* (MIL) vanguard

vorig *adj* **1.** (*früher*) previous **2.** (*vergangen*) last; **~en Monat habe ich das letzte Mal von ihm gehört** I last heard from him a month ago

Vorjahr *nt* previous year; **vorjährig** *adj* last year's

Vorkämpfer(in) *m(f)* champion (*für* of), pioneer

Vorkasse *f* cash in advance

Vorkaufsrecht *nt* option of purchase

Vorkehrung ['foːɐkeːrʊŋ] <-, -en> *f* precaution; **die nötigen ~en treffen** take the necessary precautions

Vorkenntnisse *pl* **1.** (*Wissen*) previous knowledge **2.** (*Erfahrung*) previous experience; ~ **nicht erforderlich** no previous experience necessary

vor|knöpfen *vt* (*fam*): **sich jdn** ~ button s.o.

Vorkommen <-s> *nt* **1.** (*das Auftreten*) occurrence **2.** (MIN) deposit; **vor|kommen** *irr vi* **1.** (*geschehen*) happen **2.** (*den Anschein haben*) seem; **es kommt mir so vor** it seems to me like that; **so etwas ist mir noch nicht vorgekommen** I've never heard of such a thing; **so was soll ~!** that's life!; **das kann schon mal** ~ that can happen to anybody; **ich komme mir dumm vor** I feel stupid; **das kommt dir nur so vor** it only seems to you like that; **Vorkommnis** <-sses, -sse> *nt* incident, occurrence

Vorkriegszeit *f* prewar days *pl*

vor|laden *irr vt* (JUR) summon; **jdn ~ lassen** take out a summons against s.o.; **Vorladung** *f* (JUR) summons

Vorlage *f* **1.** (*das Vorlegen*) presentation **2.** (*Muster*) model, pattern **3.** (*Entwurf*) draft; (PARL) bill **4.** (SPORT: *von Fußball*) through-ball; **jdm eine ~ unterbreiten** make a submission to s.o.

vor|lassen *irr vt* **1.** (*vorgehen lassen*) let go in front **2.** (*zulassen*) admit, allow in

Vorlauf *m* **1.** (AUTO: *Rad~*) caster **2.** (TECH: *Pumpen~*) flow pipe

Vorläufer *m* (*fig*) precursor

vorläufig I. *adj* temporary; (*provisorisch*) provisional **II.** *adv* (*einstweilig*) temporarily; (*fürs Erste*) for the time being; **weil es nur ~ ihr Zuhause war** because of the temporariness of her home

vorlaut *adj* cheeky *Br*, fresh *Am;* **~es Wesen** pertness

Vorleben *nt* former life, past

Vorlegebesteck *nt* carvers *pl;* **vorlegen** *vt* **1.** (*bei Tisch*) serve (*jdm etw* s.o. with s.th.) **2.** (*zeigen*) produce, show; (*Schriftstück*) submit **3.** (*unterbreiten*) present

vor|lesen *irr vt* read aloud *Br*, read out loud *Am;* **jdm etw** ~ read s.th. to s.o.; **Vorlesung** *f* **1.** (*einzelne akademische* ~) lecture **2.** (*Reihe von ~en*) lectures *pl;* **~en halten** give lectures (*über etw* on s.th.); **eine ~ hören** go to lectures *pl;* **Vorlesungsverzeichnis** *nt* lecture timetable

V

vorletzt *adj* last but one, penultimate; **~es Jahr** the year before last

vorliebRR [foːɐ'liːp] *adv:* **mit etw ~ nehmen**RR put up with s.th., make do with s.th.; **Vorliebe** <-, -n> *f* preference; **etw mit ~ tun** particularly like doing s.th.; **ich habe eine ~ für ...** I like ... a lot; **er redet mit ~ über Politik** he loves talking politics

vorlieb|nehmen *vi s.* **vorlieb**

vor|liegen *irr vi* **1.** (*zur Verfügung stehen*) be available **2.** (*eingereicht sein*) be in; (POL: *Gesetzesvorlage*) be before the house **3.** (*vorhanden sein*) be, exist; **da muss ein Irrtum ~** there must be some mistake; **vorliegend** *adj* **1.** (*Akten*) on hand **2.** (*Gründe*) existing; **im ~en Fall(e)** in the present case

vor|lügen *irr vt:* **jdm etw ~** tell s.o. lies *pl*

vor|machen *vt:* **jdm etw ~** (*zeigen*) show s.o. how to do s.th.; (*täuschen*) humbug s.o.; **machen Sie sich nichts vor!** don't fool [*o* kid] yourself!; **wir wollen uns doch nichts ~!** let's stop pretending!, let's be honest about this!

Vormacht(stellung) *f* supremacy (*gegenüber* over)

vormalig *adj* former; **vormals** *adv* formerly

Vormann *m* foreman

Vormarsch <-(e)s> *m* (MIL) advance; **auf dem ~ sein** be on the advance; **im ~ sein** be gaining ground

vor|merken *vt* make a note of, note down; **einen Platz ~** book [*o* reserve] a seat

Vormittag *m* morning; **vormittags** *adv* in the morning; (*bei Uhrzeit*) a.m

Vormund <-(e)s, -e/⸚er> *m* guardian; **Vormundschaft** *f* guardianship, tutelage

vorn [fɔrn] *adv* **1.** in front **2.** (*am Anfang*) at the beginning **3.** (*am Vorderende*) at the front; **nach ~** forward; **ganz ~** right in the front; **~ in ...** at the front of ...; **von ~** from the beginning; **noch einmal von ~** all over again; **von ~ anfangen** (*neues Leben*) start afresh; **sich von ~ und hinten bedienen lassen** be waited on hand and foot; **nach ~ rücken** move up front; **weit ~** a long way ahead

Vorname *m* Christian name *Br,* first name *Am*

vornehm ['foːɐneːm] *adj* **1.** (*kultiviert*) distinguished **2.** (*edel*) noble **3.** (*sozial hochgestellt*) high-ranking; (*adlig*) aristocratic **4.** (*elegant*) fashionable; **~e Gesinnung** high mind; **die ~e Gesellschaft** high society; **~ tun** (*fam*) act posh; **die ~ste Pflicht** the first [*o* foremost] duty

vor|nehmen *irr vt* **1.** (*durchführen*) carry out; (*Änderungen*) make **2.** (*in Angriff nehmen*) get to work (*sich etw* on s.th.) **3.** (*planen*) intend (*sich etw* to do s.th.); **sich jdn ~** (*fam*) have a word with s.o.; **vornehmlich** *adv* **1.** (*hauptsächlich*) especially, principally **2.** (*vorzugsweise*) first and foremost

vor|neigen *vr* lean forward

vornherein *adv:* **von ~** from the start

vornüber *adv* forwards

Vor-Ort- [-'-] (*in Zusammensetzungen*) on-site

Vorort <-(e)s, -e> *m* suburb; **Vorort(s)zug** *m* suburban train *Br,* shuttle train *Am*

Vorplatz *m* forecourt

Vorposten *m* (MIL) outpost

vor|preschen *sein vi* hurry ahead, shoot forward

vorprogrammiert *adj* **1.** (*automatisch*) automatic **2.** (*vorbestimmt*) predetermined

Vorrang <-(e)s> *m* **1.** (*Vordringlichkeit*) priority **2.** (*Reihenfolge*) precedence (*gegenüber* over); **den ~ vor jdm haben** have precedence over s.o.; **vorrangig** *adj* primary, (having) priority; **Vorrangstellung** *f:* **eine ~ einnehmen** [*o* **haben**] **in ...** have a position of importance in ...

Vorrat ['foːɐraːt, *pl:* 'foːɐrɛːtə] <-(e)s, ⸚e> *m* stock, supply; **einen ~ anlegen** lay in stocks; **auf ~ haben** (COM) keep in stock; **mein Wein ist fast alle, ich muss meinen ~ auffüllen** I must stock up on wine, I've almost run out; **vorrätig** ['foːɐrɛːtɪç] *adj* (*auf Lager*) in stock; (*verfügbar*) available; **nicht ~** out of stock; **Vorratsbehälter** *m* storage tank; **Vorratsraum** *m* store room; (*in Ladenlokal*) stock room

Vorraum *m* anteroom; (THEAT FILM: *Foyer*) foyer

vor|rechnen *vt* **1.** reckon up (*jdm etw* s.th. for s.o.) **2.** (*aufzählen*) enumerate

Vorrecht *nt* prerogative; (*Privileg*) privilege

Vorrede *f* **1.** (*Vorwort*) preface **2.** (THEAT) prologue **3.** (*einleitende Rede*) introductory speech; **Vorredner(in)** *m(f)* previous speaker; **mein ~** the previous speaker

Vorreiter(in) *m(f)* forerunner

Vorrichtung *f* device, gadget

vor|rücken **I.** *vt haben* move forward; (*Schachfiguren*) move on **II.** *vi sein* move forward; (MIL) advance; (*im Beruf*) move up

Vorruhestand *m* early retirement; **Vorruhestandsregelung** *f* early retirement scheme

Vorrunde *f* (SPORT) preliminary round

vor|sagen *vt* tell (*jdm etw* s.o. s.th., *jdm* s.o. the answer)

Vorsaison *f* early season

Vorsatz[1] *nt* (*von Buch*) endpaper

Vorsatz[2] *m* intention; **mit ~** (JUR) with intent; **mit guten Vorsätzen** with good intentions; **mit dem ~ zu ...** with the intention of ...; **den ~ fassen etw zu tun** resolve to do s.th.; **vorsätzlich** ['fo:ɐzɛtslɪç] *adj* deliberate, intentional; (*willentlich*) wilful; (BES. JUR) premeditated; **etw ~ tun** do s.th. with intent

Vorsatzlinse *f* (PHOT) ancillary lens

Vorschau *f* preview *Br,* prevue *Am;* (FILM) trailer

Vorschein *m:* **zum ~ kommen** (*sichtbar werden*) appear; (*ans Licht kommen*) come to light

vor|schicken *vt* send forward

vor|schieben I. *irr vt* **1.** (*davor schieben*) push in front **2.** (*nach vorn schieben*) push forward **3.** (MIL: *Truppen*) move forward **4.** (*vorschützen*) put forward as a pretext **II.** *vr* (*Personen*) press forward; (*Wolken*) move forward

vor|schießen I. *irr vt haben* (*Geld*) advance **II.** *vi sein* shoot forward

Vorschlag *m* proposal *Br,* proposition *Am;* (*Anregung*) suggestion; **auf meinen ~** at my suggestion; **mein ~ lautet ...** my suggestion is ...; **Vorschläge sind willkommen** I'm open to suggestions; **vorschlagen** *irr vt* propose, suggest; (*nominieren*) nominate (*jdn für etw* s.o. for s.th.); **ich schlage vor, wir gehen** I suggest going; **was schlagen Sie vor?** what do you suggest we do?

Vorschlaghammer *m* sledge-hammer

Vorschlagwesen *nt:* **innerbetriebliches ~** suggestion-book system

vorschnell *adj* rash

vor|schreiben *irr vt* **1.** (*Text*) write out (*jdm* for s.o.) **2.** (*anordnen*) stipulate; (*diktieren*) dictate; (MED: *Dosis*) prescribe

Vorschrift *f* **1.** (*Bestimmung*) regulation **2.** (*Anweisung*) instruction, order; **laut ~** according to regulation; **das verstößt gegen die ~en** that is contrary to the regulations; **welche ~en hatten Sie?** what were your instructions?; **ich lasse mir von niemandem ~en machen** I don't take orders from anyone; **Dienst nach ~** work-to-rule; **vorschriftsmäßig I.** *adj* regulation; (*korrekt*) correct; (MED: *Dosis*) prescribed **II.** *adv* according to (the) regulations, as instructed

Vorschub *m:* **~ leisten** encourage (*jdm* s.o., *einer Sache* s.th.)

Vorschulalter *nt* pre-school age; **Vorschule** *f* nursery school; **Vorschulerziehung** *f* pre-school education

Vorschuss[RR] *m* (FIN) advance; **jdm einen ~ geben** give s.o. an advance

vor|schützen *vt* plead as an excuse; **nur keine Müdigkeit ~!** (*fam*) don't you tell us you're tired!

vor|schweben *vi:* **jdm ~** be in someone's mind

vor|schwindeln *vt:* **jdm etw ~** lie to s.o.

vor|sehen I. *irr vt* **1.** (*planen*) plan *Br,* schedule *Am* **2.** (*einplanen*) provide for **3.** (*zuweisen*) intend (*etw für etw* s.th. for s.th.) **4.** (*bestimmen*) designate (*jdn für etw* s.o. for s.th.); **der Vertrag sieht vor, dass ...** the contract [*o* treaty] stipulates that ...; **wie vorgesehen** according to plan; **so war das nicht vorgesehen** it wasn't planned to happen that way **II.** *vr* beware (*vor* of), take care; **sieh dich vor, was du sagst!** watch what you say!; **sieh dich vor, dass er dich nicht betrügt!** take care he doesn't cheat you!

Vorsehung *f* Providence

vor|setzen *vt* **1.** (*nach vorn*) put forward; (*davor setzen*) put in front **2.** (*anbieten*) offer (*jdm etw* s.o. s.th.) **3.** (*fam: Lügen~*) dish (*jdm etw* s.th. up to s.o.)

Vorsicht <-> *f* care; (*bei Gefahr*) caution; (*Umsicht*) prudence; (*Behutsamkeit*) wariness; **~!** beware! take care!; (*auf Kisten*) with care!; **~ Stufe!** mind the step!; **es ist trotz aller ~ kaputtgegangen** it got broken despite all the care we took; **vorsichtig** *adj* careful; (*besonnen*) cautious; **sei ~ mit den Gläsern!** be careful with the glasses!; **sei ~, dass sie dich nicht hören!** be careful they don't hear you!; **vorsichtshalber** *adv* as a precaution; **etw ~ tun** take the precaution of doing s.th.; **Vorsichtsmaßnahme** *f* precaution; **es ist eine reine ~** it's purely precautionary; **~n treffen** take precautions

Vorsilbe *f* (GRAM) prefix

vor|singen I. *irr vt* sing (*jdm etw* s.th. to s.o.) **II.** *vi* (THEAT: *als Probe vor Engagement*) audition

vorsintflutlich *adj* (*hum fam*) antediluvian

Vorsitz <-es> *m* chairmanship; (*Präsidentenamt*) presidency; **den ~ führen** be the chairman (*bei etw* of s.th.); **den ~ übernehmen** take the chair; **unter dem ~ von ...** under the chairmanship of ...; **Vorsitzende(r)** *f m* chairman, chairwoman; (*Präsident, Vereins~*) president; **der ~ Deng** Chairman Deng

Vorsorge <-> *f* **1.** (*Fürsorge*) provision **2.** (*Vorsichtsmaßnahme*) precaution; **~e treffen** take precautions; (*fürs Alter*) make provisions; **vor|sorgen** *vi* provide (for), make provisions (*für* for, *dass* so that); **Vorsorgeuntersuchung** *f* (MED) preventive medical check-up; **vorsorglich I.** *adj* precautionary **II.** *adv* as a precaution

Vorspann ['fo:ɐʃpan] <-(e)s, -e> *m*

V

1. (*Vorlauf von Tonband, Film*) leader **2.** (FILM) opening credits *pl*

Vorspeise *f* appetizer, hors d'oevre, starter; **was nehmen wir als ~?** what do we have for a starter?

Vorspiegelung *f:* **unter ~ von etw** under the pretence of s.th.; **unter ~ falscher Tatsachen** under false pretences

Vorspiel *nt* **1.** (MUS) prelude **2.** (THEAT) prologue **3.** (*bei Geschlechtsverkehr*) foreplay

vor|spielen I. *vt* **1.** (MUS) play (*jdm etw* s.th. for s.o.) **2.** (THEAT) act (*jdm etw* s.th. for s.o.) **3.** (*fig*) act out a sham (*jdm etw* of s.th. in front of s.o.); **spiel mir doch nichts vor!** don't try and pretend to me! **II.** *vi* play; (THEAT MUS) audition (*jdn ~ lassen* s.o.); **jdm eine Komödie ~** (*fig*) play out a farce in front of s.o.

vor|sprechen I. *irr vt* pronounce (*jdm etw* s.th. for s.o.) **II.** *vi* **1.** (*besuchen*) call (*bei jdm* on s.o.) **2.** (THEAT: *zur Probe*) audition

vor|springen *sein irr vi* **1.** leap forward **2.** (*hervorragen*) jut out, project, protrude; **vorspringend** *adj* projecting; (*Nase, Kinn*) prominent

Vorsprung *m* **1.** (ARCH) projection **2.** (*Vorteil*) advantage (*über* of) **3.** (SPORT) lead (*vor* over); **er hat 10 m ~** he is in the lead by ten meters; **jdm 15 Minuten ~ geben** give s.o. a 15-minute start

Vorstadt *f* suburb; **Vorstädter(in)** *m(f)* suburban(ite); **vorstädtisch** *adj* suburban

Vorstand *m* **1.** (*Gremium*) board; (*von Verein*) committee **2.** (*Person*) chairman (of the board), managing director; **Vorstandsetage** *f* boardroom; **Vorstandsmitglied** *nt* member of the executive [*o* board]; (*von Verein*) committee member; **Vorstandssitzung** *f* board meeting; **Vorstandsvorsitzende(r)** *f m* chairperson, chairman (chairwoman) of the board of directors

vor|stehen *irr vi* **1.** (*hervorragen*) project, protrude **2.** (*leiten*): **einer Sache ~** [*o* **Schule**] be the, head *Br,* principal of s.th. *Am;* (*einem Haushalt*) preside over; (*einem Geschäft*) manage s.th.; (*einer Abtlg*) be in charge of s.th.; **vorstehend** *adj* **1.** (*Zähne, Nase, Ecken*) prominent, protruding **2.** (*in Brief*) above; **Vorsteher(in)** *m(f)* (*Büro~*) (office) manager; (*Bahnhofs~*) station-master; **Vorsteherdrüse** *f* (ANAT) prostate gland

vor|stellen I. *vt* **1.** (*Uhr*) put on (*um* by) **2.** (*einführen*) introduce (*jdn jdm* s.o. to s.o.) **3.** (*darstellen*) respresent; (*bedeuten*) mean, signify **4.** (*vorführen, bekannt machen*) present, show (*jdm etw* s.o. s.th.); **darf ich Ihnen Herrn X. ~?** allow me to introduce Mr X *Br,* I'd like you to meet Mr. X *Am* **II.** *vr* **1.** (*in der Phantasie*) imagine (*etw* s.th.); (*sich ausmalen*) picture (*etw* s.th.) **2.** (*sich bekannt machen*) introduce o.s. (*jdm* to s.o.) **3.** (*bei Bewerbung*) go for an interview; **stell dir vor!** fancy that!; **stell dir mal vor, du seist reich** imagine yourself rich; **du kannst dir nicht ~ wie ...** you can't imagine how ...; **vorstellig** *adj:* **bei jdm ~ werden** go to s.o; (*sich beschweren*) lodge a complaint with s.o.; **Vorstellung** *f* **1.** (THEAT) performance; (*Film~*) showing **2.** (*Gedanke*) idea, notion; (*~skraft*) imagination **3.** (*Einführung*) introduction; (*von Marktneuheiten*) presentation; **wenn das deine ~ von Spaß ist ...** if that's your idea of fun ...; **du hast manchmal merkwürdige ~en** you have some strange ideas; **sich eine ~ von etw machen** form an idea of s.th.; **Vorstellungsgespräch** *nt* interview; **Vorstellungskraft** *f* imagination; **Vorstellungsvermögen** *nt* powers of imagination; **Vorsteuer** *f* VAT on input

Vorstoß *m* **1.** (*Vordringen*) venture **2.** (MIL) advance, push **3.** (*Versuch*) attempt; **vorstoßen** I. *irr vt haben* push forward **II.** *vi sein* venture; (MIL) advance

Vorstrafe *f* previous conviction; **Vorstrafenregister** *nt* criminal record

vor|strecken *vt* **1.** (*Gegenstand*) stretch forward; (*Arme, Hände*) stretch out; (*Krallen*) put out **2.** (*Geld*) advance (*jdm* s.o.)

Vorstufe *f* preliminary stage

Vortag *m* day before

vor|täuschen *vt* feign; **Vortäuschung** *f* pretence; **unter ~ falscher Tatsachen** under false pretences

Vorteil ['fɔrtaɪl] *m* advantage; **~e bringen** be advantageous; **die Vor- und Nachteile** the pros and cons; **sich zu seinem ~ ändern** change for the better; **damit sind Sie mir gegenüber im ~** that gives you an advantage over me; **sich durch etw jdm gegenüber einen ~ verschaffen** get the advantage of s.o. by doing s.th.; **für jdn von ~ sein** be advantageous to s.o.; **jdm gegenüber im ~ sein** have the advantage over s.o.; **~e aus etw ziehen** benefit from s.th.; **vorteilhaft** *adj* advantageous; **es ist ~ für mich ...** it is to my advantage to ...; **es wirkte sich ~ für uns aus** it worked out advantageously for us

Vortrag ['foːɐtraːk, *pl:* 'foːɐtrɛːgə] <-(e)s, -̈e> *m* **1.** (*Bericht, Lesung*) lecture **2.** (FIN) balance carried forward; **einen ~ halten** give a lecture; **ich wollte nur eine kurze Erklärung und bekam einen Vortrag zu hören** I asked for a short explanation and got a lecture; **vor|tragen** *irr vt* **1.** (*berich-*

ten) report; (*darlegen*) present **2.** (FIN) carry forward; **ein Gedicht** ~ recite a poem; **Vortragsabend** *m* lecture evening; **Vortragsreihe** *f* series of lectures

vortrefflich [foːɐ'trɛflɪç] *adj* excellent, splendid; **Vortrefflichkeit** *f* excellence

vor|treiben *irr vt* (*Bergbau*): **einen Stollen** ~ drive a gallery on

vor|treten *sein irr vi* **1.** step forward **2.** (*hervorragen*) jut out, project

Vortritt <-(e)s> *m* precedence; **jdm den** ~ **lassen** let s.o. go first

vorüber [vo'ryːbɐ] *adv* over, past; **vorüber|gehen** *sein irr vi* **1.** (*räumlich*) go past, pass by (*an jdm o etw* s.o., s.th.) **2.** (*zeitlich*) pass **3.** (*zu Ende gehen*) be over **4.** (*ignorieren*) ignore (*an jdm o etw* s.o., s.th.); **das ging nicht spurlos an ihr vorüber** it left its mark on her; **vorübergehend** *adj* **1.** (*momentan*) momentary **2.** (*zeitweilig*) temporary; **sich** ~ **aufhalten** stay for a short time; **Vorübergehende(r)** *f m* passer by

Vorübung *f* preliminary exercise

Vor- und Zuname *m* first and second name

Voruntersuchung *f* (JUR) preliminary investigation

Vorurteil *nt* bias, prejudice; **das ist ein** ~ it's prejudice; **ein** ~ **haben gegen ...** be prejudiced against, have a prejudice against ...; **es gibt eine Menge** ~**e hinsichtlich ...** there's a lot of prejudice about ...; **vorurteilsfrei** *adj*, **vorurteilslos I.** *adj* unprejudiced; (*Entscheidung*) unbiased **II.** *adv* without prejudice [*o* bias]

Vorväter ['foːɐˌfɛːtɐ] *pl* ancestors, forefathers

Vorverkauf *m* (THEAT SPORT) advance booking; **Vorverkaufsstelle** *f* advance booking office

vor|verlegen *vt* **1.** (*Termin*) bring forward **2.** (MIL: *Front*) push forward

Vorverstärker *m* (ELEK RADIO) pre-amplifier

vorvorgestern *adv* three days ago

vor|wagen *vr* venture forward

Vorwahl *f* **1.** preliminary election *Br*, primary *Am* **2.** (TELE) dialling code *Br*, area code *Am*

Vorwand <-(e)s, ¨-e> *m* pretext; **unter dem** ~**, dass ...** under the pretext that ...; **unter dem** ~ **etw zu tun** under the pretext of doing s.th.; **er sucht nur nach einem** ~ he's only making excuses *pl*

vorwärts ['fɔrvɛrts] *adv* forward, onward; ~**!** let's go!; (MIL) forward march!; ~ **bringen**RR advance; **jdn** ~ **bringen**RR help s.o. to get on; ~ **gehen**RR come on, progress; **in/mit etw** ~ **kommen**RR make progress in/with s.th.; (*fig*) get on with s.th.; **wir kamen im Schlamm nur langsam** ~ we made slow progress through the mud; **sie kamen im offenen Gelände gut** ~ they made good progress across the open country; **vorwärts|bringen** *vt s.* **vorwärts**; **Vorwärtsgang** *m* (AUTO) forward gear; **vorwärts|gehen** *vi s.* **vorwärts**; **vorwärts|kommen** *vi s.* **vorwärts**

Vorwäsche *f* prewash; **vor|waschen** *irr vt* pre-wash

vorweg [foːɐ'vɛk] *adv* **1.** (*vorher*) before **2.** (*an der Spitze*) at the front **3.** (*von vornherein*) at the outset; **vorweg|nehmen** *irr vt* anticipate

vor|weisen *irr vt* produce, show; **etw** ~ **können** (*fig*) have s.th.

vor|werfen *irr vt* **1.** (*hinwerfen*) throw (*jdm etw* s.th. down for s.o.) **2.** (*tadeln*) reproach (*jdm etw* s.o. for s.th.); (*beschuldigen*) accuse (*jdm etw* s.o. of s.th.); **sich nichts vorzuwerfen haben** have nothing to reproach o.s. with

vorwiegend I. *adj* predominant **II.** *adv* chiefly, mainly, predominantly

Vorwissen *nt:* **ohne mein** ~ without my previous knowledge

Vorwitz <-es> *m* (*obs*) **1.** (*Vorlautheit*) forwardness, pertness **2.** (*Keckheit*) cheek; **vorwitzig** *adj* **1.** (*vorlaut*) forward, pert **2.** (*keck*) cheek

Vorwort <-(e)s, -e> *nt* foreword, preface

Vorwurf *m* reproach; (*Beschuldigung*) accusation; **jdm etw zum** ~ **machen** reproach s.o. with s.th.; **jdm den** ~ **der ... machen** accuse s.o. of ...; **vorwurfsvoll** *adj* reproachful

Vorzeichen *nt* **1.** (*Omen*) omen **2.** (MED) preliminary symptom **3.** (MUS: *vor Einzelnote*) accidental; (*Kreuz*) sharp sign; (*b*) flat sign **4.** (MATH) plus [*o* minus] sign; **mit umgekehrtem** ~ the other way round; **unter gleichem** ~ under the same circumstances *pl*

vorzeigbar *adj* presentable; **Vorzeigefrau** *f* token woman; **vor|zeigen** *vt* produce, show; **Vorzeigeobjekt** *nt* showpiece

Vorzeit *f* **1.** (*Urzeit*) prehistoric times *pl* **2.** (*weit zurückliegende Zeit*) dim and distant past; **vorzeitig** *adj* (*zu früh*) early; (*Altern, Tod*) premature

vor|ziehen *haben irr vt* **1.** (*hervorziehen*) pull out; (*Vorhänge*) draw **2.** (*lieber mögen*) prefer (*etw einer anderen Sache* s.th. to s.th. else); (*bevorzugen*) favour **3.** (*bevorzugt abfertigen*) give priority to ...; **was ziehen Sie vor?** which do you prefer?; **ich ziehe das Leben auf dem Land vor** my preference is for country life; **er zog es vor, in der Heimat zu bleiben, statt ins Aus-**

V

land zu gehen he chose to stay at home in preference to going abroad

Vorzimmer *nt* anteroom; (*von Büro*) outer office; **Vorzimmerdame** *f* (*obs*) receptionist

Vorzug *m* **1.** (*gute Eigenschaft*) merit **2.** (*Vorliebe*) preference **3.** (*Vorteil*) advantage; **einer Sache den ~ geben** prefer s.th.; (*Vorrang geben*) give s.th. precedence (*über* over); **den ~ haben, dass ...** have the advantage that ...

vorzüglich [foːɐ'tsyːklɪç] *adj* excellent, superb; (*Qualität*) exquisite

Vorzugsaktien *fpl* preference shares; **Vorzugsbedingungen** *fpl* preferential conditions; **Vorzugspreis** *m* special price; **vorzugsweise** *adv* **1.** by preference, preferably **2.** (*hauptsächlich, vorwiegend*) chiefly, mainly

Votum ['voːtʊm] <-s, -ten/-ta> *nt* vote

vulgär [vʊl'gɛːɐ] *adj* vulgar

Vulkan [vʊl'kaːn] <-s, -e> *m* volcano; **Vulkanausbruch** *m* volcanic eruption; **vulkanisch** *adj* volcanic

Vulkanisieranstalt *f* recapping shop; **vulkanisieren** *vt* vulcanize; (*Reifen runderneuern*) recap

W

W, w [ve:] <-, -> *nt* W, w

WAA <-> *f Abk. von* **Wiederaufbereitungsanlage** reprocessing plant

Waage ['va:gə] <-, -n> *f* **1.** (*Gerät*) balance, (pair of) scales *pl;* (*Brücken~ für Lastwagen*) weighbridge **2.** (ASTR: *Sternbild*) Libra; **sich die ~ halten** counterbalance each other

waagerecht *adj* horizontal, level

Waagschale *f* pan, scale; **er legt jedes Wort auf die ~** he weighs every word; **seinen Einfluss in die ~ werfen** bring one's influence to bear

wabbelig ['vab(ə)lɪç] *adj* **1.** (*Pudding*) wobbly **2.** (*Person*) flabby

Wabe ['va:bə] <-, -n> *f* honeycomb; **wabenförmig** *adj* honeycombed; **Wabenhonig** *m* comb honey

wabern ['va:bɐn] *vi* undulate; (*Nebel*) waft

wach [vax] *adj* **1.** *pred* awake **2.** (*aufgeweckt*) alert, wide-awake; **~ liegen** lie awake; **~ werden** wake up

Wache ['vaxə] <-, -n> *f* **1.** (*Wachdienst*) guard **2.** (*Wachlokal*) guard-house, guard-room **3.** (*Polizei~*) police station **4.** (MIL: *Posten*) sentinel, sentry **5.** (MAR) watch; **~ haben** be on watch [*o* on guard duty]; **auf ~** on guard; **bei jdm ~ halten** keep watch over s.o.; **die ~ ablösen** relieve the guard

wachen *vi* **1.** (*wach sein*) be awake; (*nicht schlafen können*) lie awake **2.** (*aufpassen*) watch (*über* over) **3.** (*Wache halten*) keep watch (*bei jdm* by someone's bedside)

Wachmann *m* watchman

Wacholder [va'xɔldɐ] <-s, -> *m* juniper; **Wacholderschnaps** *m* gin

Wachposten *m* sentry, guard

wach|rufen *irr vt* (*Erinnerungen*) call to mind, evoke

Wachs [vaks] <-es, -e> *nt* wax; **wie ~ in jds Händen sein** be like wax in someone's hands

wachsam *adj* **1.** vigilant, watchful **2.** (*vorsichtig*) on one's guard; **ein ~es Auge auf etw (jdn) haben** keep a watchful eye upon s.th. (s.o.); **Wachsamkeit** *f* **1.** vigilance **2.** (*Vorsichtigkeit*) guardedness

wachsartig *adj* cereous

wachsen¹ ['vaksən] *irr vi* **1.** *sein* (*größer werden*) grow **2.** (*zunehmen*) increase, mount; **er ist mir ans Herz gewachsen** I've got fond of him; **in die Höhe ~** grow taller; **jdm gewachsen sein** be a match for s.o.; **einer Sache gewachsen sein** be equal to s.th.; **er ist mir über den Kopf gewachsen** he's become too much for me; **gut gewachsen** (*Frau*) having a good figure; (*Mann*) being well built; (*Baum*) well-grown; **sich einen Bart ~ lassen** grow a beard; **sich die Haare ~ lassen** let one's hair grow; **wild ~d**[RR] wild(-growing)

wachsen² *vt haben* (*mit Wachs*) wax

wächsern ['vɛksɐn] *adj* (*a. fig*) waxen

Wachsfigur *f* wax work; **Wachsfigurenkabinett** *nt* waxworks *pl*

Wachstuch *nt* oilcloth

Wachstum ['vakstu:m] *nt* **1.** growth **2.** (*fig*) increase; **Wachstumsaktie** *f* (FIN) growth stock; **Wachstumsbranche** <-, -n> *f* growth industry; **wachstumsfördernd** *adj* growth-promoting; **wachstumshemmend** *adj* growth-inhibiting; **Wachstumshormon** *nt* growth hormone; **Wachstumsindustrie** *f* growth industry; **wachstumsorientiert** *adj* growth-oriented; **Wachstumsrate** *f* growth rate

wachsweich *adj* as soft as butter; (*fig*) woolly

Wächter(in) *m(f)* **1.** guardian **2.** (*Aufseher*) attendant

Wachtmeister *m* constable *Br,* patrolman *Am;* **Wachtposten** *m* **1.** (MIL) guard, sentry **2.** (*bei Diebstahl*) look-out

Wachtraum *m* daydream

Wachturm *m* watch-tower

Wachwechsel *m* (MIL) changing of the guard

wack(e)lig ['vak(ə)lɪç] *adj* **1.** wobbly; (*Zahn*) loose; (*Möbel*) rickety **2.** (*Wirtschaft, Unternehmen*) shaky; **~ auf den Beinen sein** be shaky on one's legs

Wackelkontakt *m* (ELEK) loose connection

wackeln ['vakəln] *vi* **1.** wobble; (*zittern*) shake; (*Zahn, Schraube*) be loose **2.** (*Herrschaft*) totter **3.** *sein* (*unsicher gehen*) totter; **der Stuhl wackelt** the chair has a wobble; **mit dem Kopf ~** wag one's head

wacker ['vakɐ] *adj* **1.** (*tapfer*) brave **2.** (*tüchtig*) upright; **sich ~ halten** hold one's ground

Wade ['va:də] <-, -n> *f* calf; **Wadenbein** *nt* fibula; **Wadenkrampf** *m* cramp in the [*o* one] 's calf; **Wadenwickel** *m* leg compress

Waffe ['vafə] <-, -n> *f* (*a. fig*) weapon; (*Schuss~*) gun; **zu den ~n!** to arms!; **~n tragen** carry arms; **gegen jdn zu den ~n greifen** take up arms against s.o.

Waffel ['vafəl] <-, -n> *f* **1.** (*in Fett gebacken*) waffle **2.** (*Eis~*) wafer; **Waffeleisen** *nt* waffle iron

Waffenbesitz *m* possession of arms; **Waffenembargo** *nt* arms embargo; **Waffengattung** *f* arm of the service; **Waffengewalt** *f*: **mit ~** by force of arms; **Waffenhandel** *m* arms traffic; **Waffenkammer** *f* (MIL) armoury *Br*, armory *Am;* **Waffenlager** *nt* **1.** (MIL: *von regulärer Armee*) ordnance depot **2.** (*von Terroristen*) cache; **Waffenlieferung** *f* supply of arms; **Waffenruhe** *f* ceasefire; **Waffenschein** *m* fire-arms licence *Br*, gun-license *Am;* **Waffenschmuggel** *m* gun-running; **Waffenstillstand** *m* armistice; **Waffensystem** *nt* weapons system

Wagemut *m* daring; **wagemutig** *adj* daring

Wagen ['va:gən] <-s, -> *m* **1.** (*PKW*) car; (*Liefer~*) van **2.** (RAIL) carriage *Br*, car *Am;* **der Große** (**Kleine**) **~** (ASTR) the Big (Little) Dipper; **jdm an den ~ fahren** (*fam*) pick holes in s.o.; **sich nicht an den ~ fahren lassen** (*fam*) not to stick s.th.; **mit dem ~ fahren** go by car

wagen ['va:gən] *vt* **1.** venture **2.** (*aufs Spiel setzen*) risk **3.** (*sich getrauen*) dare; **es ~** (*es darauf ankommen lassen*) take a chance; **ich wage sogar zu behaupten ...** I venture to say that ...; **sich vor die Tür ~** venture out of doors; **wer wagt, gewinnt** (*prov*) nothing ventured, nothing gained; **~ Sie nicht zu ...!** don't you dare (to) ...!; **das wagt er nicht!** he daren't do it!; **wie kannst du es ~, solche Dinge zu sagen!** how dare you say such things!

Wagenburg-Mentalität *f* siege mentality

Wagendach *nt* (AUTO) body ceiling; **Wagenheber** *m* jack; **Wagenkolonne** *f* vehicular convoy; **Wagenladung** *f* **1.** (RAIL) wag(g)onload **2.** (AUTO: *Last~*) truckload; **Wagenpark** *m* fleet of cars; **Wagenrad** *nt* cart wheel; **Wagenschmiere** *f* cart-grease; **Wagenwäsche** *f* car washing

Waggon [va'gõ:] <-s, -s> *m* **1.** (RAIL: *Fahrzeug*) wag(g)on *Br*, freight car *Am* **2.** (*Ladung*) wag(g)onload *Br*, carload *Am;* **waggonweise** *adv* by the wag(g)onload *Br*, by the carload *Am*

waghalsig *adj* daredevil

Wagnis <-ses, -se> *nt* **1.** (*Risiko*) risk **2.** (*waghalsiges Unternehmen*) hazardous business

Wagon[RR] *m s.* Waggon; **wagonweise**[RR] *adv s.* **waggonweise**

Wahl [va:l] <-, -en> *f* **1.** (PARL) election **2.** (*Auswahl*) choice; **keine andere ~ haben, als ...** have no alternative but ...; **jdm die ~ lassen** leave s.o. to choose; **erste/zweite ~** top/second quality; **welchen Verlauf nimmt die ~?** which way is the voting going?; **bei der ~ führen** head the poll; **zur ~ gehen** go to the polls; **er erhielt bei der ~ wenige Stimmen** he polled badly in the election

Wählautomatik *f* (TELE) automatic dialling

wählbar ['vɛ:lba:ɐ] *adj* eligible; **Wählbarkeit** *f* eligibility

wahlberechtigt *adj* entitled to vote; **Wahlberechtigte(r)** *f m* person entitled to vote; **Wahlbeteiligung** *f* poll; **eine hohe ~** a heavy poll; **Wahlbetrug** *m* electoral fraud; **Wahlbezirk** *m* ward

wählen ['vɛ:lən] **I.** *vi* **1.** (*abstimmen*) vote **2.** (*Wahl abhalten*) hold elections **3.** (*aus~*) choose **4.** (TELE) dial; **~ gehen** go to the polls **II.** *vt* **1.** (PARL) elect, vote for ... **2.** (*aus~*) choose **3.** (TELE) dial; **er wurde zum Vorsitzenden gewählt** he was elected chairman; **jdn in den Bundestag ~** elect s.o. to the B; **vom Volk gewählt** elected by the vote of the people

Wahlergebnis *nt* election result

Wähler(in) *m(f)* voter; **Wählergunst** *f* goodwill of the voters

wählerisch *adj* discriminating, particular

Wählerschaft *f* (*die Wähler*) electorate; (*~ eines Abgeordneten*) constituents *pl*

Wahlfach *nt* (SCHULE) optional subject

Wahlgeheimnis *nt* (PARL) election secrecy; **Wahlgeschenk** *nt* (PARL) pre-election promise

Wahlheimat *f* country of one's choice

Wahlhelfer(in) *m(f)* electoral assistant; **Wahlkabine** *f* polling booth; **Wahlkampf** *m* election campaign; **Wahlkreis** *m* constituency *Br*, district *Am;* **Wahllokal** *nt* polling station

wahllos I. *adj* indiscriminate **II.** *adv* **1.** indiscriminately **2.** (*zufällig*) at random, haphazardly

Wahlniederlage *f* election defeat; **Wahlpflichtfach** *nt* (SCHULE) compulsory optional subject; **Wahlplakat** *nt* election poster; **Wahlprogramm** *nt* (PARL) platform *Br*, ticket *Am;* **Wahlpropaganda** *f* election propaganda; **Wahlrecht** <-(e)s> *nt* **1.** (*aktives*) right to vote; (*passives*) eligibility **2.** (*Gesetzeswerk*) electoral law; **allgemeines ~** universal suffrage

Wahlrede *f* election speech *Br*, campaign speech *Am;* **Wahlredner(in)** *m(f)* stump speaker

Wahlschein *m* polling card; **Wahlsieg** *m* electoral victory; **Wahlspruch** *m* motto; **Wahltag** *m* election day

Wählton *m* (TELE) dialling tone

Wahlurne *f* ballot box; **Wahlversammlung** *f* election meeting *Br,* caucus *Am;* **Wahlversprechen** *nt* pre-election promise

wahlweise *adv* alternatively

Wahlzettel *m* ballot-paper

Wahn [va:n] <-(e)s> *m* **1.** delusion, illusion **2.** (MED: *Manie*) mania; **in einem ~ leben** labour under a delusion; **in dem ~ leben, dass ...** labour under the delusion that ...; **Wahnsinn** ['va:nzɪn] <-(e)s> *m* **1.** (MED) insanity **2.** (*fam: Verrücktheit*) madness; **das ist reiner ~!** it's sheer madness!; **das ist doch ~!** what madness!; **wahnsinnig I.** *adj* **1.** (MED) insane **2.** (*fam: verrückt*) crazy, mad (*vor* with) **3.** (*fam: herrlich*) terrific **4.** (*fam: sehr viel*) awful, dreadful; **jdn ~ machen** drive s.o. crazy [*o* mad]; **~ werden** go crazy [*o* mad]; **du bist ja ~!** you must be mad!; **sich ~ freuen** be mad with joy; **wie ~** like mad; **es ist mir ~ peinlich** I feel dreadful about it **II.** *adv* (*fam*) incredibly; **Wahnsinnige(r)** *f m* lunatic

wahr [va:ɐ] *adj* **1.** (*nicht falsch*) true **2.** (*echt, wirklich*) genuine, real **3.** (*eigentlich*) real, veritable; **nicht ~?** right?; **das ist nicht das Wahre** (*fam*) it's not the real thing; **das ist ein ~es Wunder** it's a real miracle; **wie ~!** too true!; **die ~e Liebe** true love; **das ist das Wahre!** (*fam*) that's the genuine article!

wahren ['va:rən] *vt* **1.** (*bewahren*) keep, preserve **2.** (*Interessen, Rechte*) look after, protect; **den Schein ~** keep up appearances *pl*

währen ['vɛ:rən] *vi* last; **was lange währt, wird endlich gut** (*prov*) a happy outcome is worth waiting for

während ['vɛ:rənt] **I.** *präp* during **II.** *konj* while; (*bei Gegensätzen*) whereas

wahrhaben ['---] *irr vt:* **etw nicht ~ wollen** not want to admit s.th.

wahrhaft ['va:ɐhaft/-'-] **I.** *adj* **1.** (*ehrlich*) truthful **2.** (*echt*) real, true **3.** (*wirklich*) veritable **II.** *adv* really, truly; **wahrhaftig** [-'--] **I.** *adj* **1.** (*ehrlich*) truthful **2.** (*aufrichtig*) honest **3.** (*wahr*) true **II.** *adv* **1.** really **2.** (*tatsächlich*) actually

Wahrheit *f* truth; **die ~ sagen** tell the truth; **die ~ sieht etwas anders aus** reality is somewhat different; **um die ~ zu sagen ...** to tell the truth ...; **die ~ ist, dass ...** the truth of it is that ...; **in ~** in reality; **wahrheitsgetreu** *adj* truthful

wahrnehmbar *adj* noticeable, perceptible; **nicht ~** imperceptible; **wahr|nehmen** *irr vt* **1.** (*sinnlich*) perceive; (*bemerken*) be aware of ... **2.** (*Gelegenheit*) take; (*Termin, Frist*) observe **3.** (*Interessen*) look after; **Wahrnehmung** *f* **1.** (*sinnlich*) perception **2.** (*von Gelegenheit*) taking; (*von Termin*) observing **3.** (*von Interessen*) looking after; **außersinnliche ~** extrasensory perception

wahr|sagen ['---] *vt, vi* predict the future (*jdm* to s.o.); (*aus Karten*) read cards; **sich ~ lassen** have one's fortune told; **Wahrsager(in)** *m(f)* fortune-teller; **Wahrsagerei** *f* fortune-telling; **Wahrsagung** *f* prediction

wahrscheinlich [va:ɐ'ʃaɪnlɪç] **I.** *adj* likely, probable; (*plausibel*) plausible **II.** *adv* probably; **es ist nicht sehr ~, dass er kommt** he is not likely to come; **es ist ~, dass er sich hier aufhält** this is a likely place for him to stay; **~ wird er weggehen** the probability is that he will leave; **Wahrscheinlichkeit** *f* likelihood, probability; (*Plausibilität*) plausibility; **aller ~ nach** in all probability; **wie groß ist die ~, dass ...?** how likely is it that ...?; **Wahrscheinlichkeitsgrad** *m* degree of probability; **Wahrscheinlichkeitsrechnung** *f* probability calculus

Wahrung *f* (*Erhaltung*) preservation

Währung ['vɛ:rʊŋ] *f* currency; **Währungsausgleich** *m* exchange equalisation, currency conversion compensation; **Währungseinheit** *f* monetary unit; **Währungsfonds** *m* Monetary Fund; **Währungsgebiet** *nt* currency area; **währungspolitisch** *adj* in terms of monetary policy; **Währungsreform** *f* currency [*o* monetary] reform; **Währungsreserven** *fpl* foreign exchange reserves; **Währungssystem** *nt* currency [*o* monetary] system; **Währungsunion** *f* monetary union

Wahrzeichen *nt* emblem; (*Gebäude*) symbol

Waise ['vaɪzə] <-, -n> *f* orphan; **Waisenhaus** *nt* orphanage; **Waisenknabe** *m:* **gegen ihn bin ich ein ~** (*fam*) I'm a beginner compared with him; **Waisenrente** *f* orphan's allowance

Wal [va:l] <-(e)s, -e> *m* whale

Wald [valt, *pl:* 'vɛldɐ] <-(e)s, ⸚er> *m* wood; (*Forst*) forest; **den ~ vor lauter Bäumen nicht sehen** (*fam*) miss the wood for the trees; **ich glaub' ich steh' im ~!** (*fam*) I must be seeing [*o* hearing] things!; **Waldbestand** *m* forest cover; **Waldbrand** *m* forest fire; **Walderdbeere** *f* wild strawberry; **Waldhorn** *nt* (MUS) French horn

waldig *adj* wooded, woody

W

Waldlauf *m* cross-country run; **Waldlehrpfad** *m* nature trail; **Waldmeister** *m* woodruff; **Waldrand** *m* edge of the forest; **waldreich** *adj* densely wooded; **Waldschaden** *m* damage to woods [*o* forests]; **Waldsterben** *nt* dying of the forests

Waldung *f* woodland

Waldweg *m* forest path; **Waldwiese** *f* glade; **Waldwirtschaft** *f* forestry

Wales *nt* Wales

Walfang *m* whaling

Waliser(in) *m(f)* Welshman (Welsh woman); **die ~** the Welsh *pl;* **walisisch** *adj* Welsh

Walkman ['wɔ:kmən] <-s, -s> *m* (RADIO) walkman

Wall [val, *pl:* 'vɛlə] <-(e)s, ¨-e> *m* **1.** (*Erd~*) embankment **2.** (*Schutzwall*) rampart

Wallach ['valax] <-(e)s, -e> *m* gelding

wallend ['valənd] *adj* (*Haar*) flowing

Wallfahrer(in) *m(f)* pilgrim; **Wallfahrt** *f* pilgrimage; **Wallfahrtsort** *m* place of pilgrimage

Walnuss[RR] *f* walnut

Walross[RR] *nt* walrus

walten ['valtən] *vi:* **über etw ~** rule over s.th.; **Gnade ~ lassen** show mercy; **jdn frei schalten und ~ lassen** give s.o. a free hand; **Vernunft ~ lassen** let reason prevail

Walzblech *nt* sheet metal

Walze ['valtsə] <-, -n> *f* **1.** (*Rolle*) roller **2.** (*Schreibmaschinen~*) platen **3.** (*in Musikinstrumenten*) barrel; (*in Spieluhr*) cylinder, drum

walzen ['valtsən] **I.** *vt* roll **II.** *vi* (*tanzen*) waltz

wälzen ['vɛltsən] **I.** *vt* **1.** (*rollen*) roll; (*in Butter*) toss **2.** (*fam: Akten, Bücher*) pore over; **Probleme ~** turn over problems in one's mind **II.** *vr* **1.** (*sich rollen*) roll **2.** (*vor Schmerzen*) writhe (*vor* with) **3.** (*Menschenmenge*) surge; **die Schuld auf jdn ~** shift the blame onto s.o.

walzenförmig *adj* cylindrical

Walzer ['valtsɐ] <-s, -> *m* (MUS) waltz

Wälzer ['vɛltsɐ] <-s, -> *m* (*fam: dickes Buch*) heavy tome

Walzstraße *f* rolling train; **Walzwerk** *nt* rolling mill

Wampe ['vampə] <-,-n> *f* (*pej*) paunch

Wams [vams, *pl:* 'vɛmzɐ] <-es, ¨-er> *nt* (HIST) jerkin

Wand [vant, *pl:* 'vɛndə] <-, ¨-e> *f* **1.** (*a.* ANAT) wall **2.** (*Scheide~*) partition **3.** (*von Gefäß*) side; **spanische ~** folding screen; **mit dem Kopf gegen die ~ rennen** be banging one's head against a brick wall; **weiß wie die ~ sein** be as white as a sheet; **die Wände haben Ohren** walls have ears; **die Wände hochgehen** (*fam*) go up the walls; **Wandbehang** *m* wall hanging

Wandel ['vandəl] <-s> *m* **1.** (*Änderung*) change **2.** (*Lebens~*) mode of life; **im ~ der Zeiten** throughout the ages; **Wandelanleihe** *f* (FIN) convertible loan; **wandelbar** *adj* changeable

Wandelgang *m* covered walk; **Wandelhalle** *f* (THEAT) foyer; (*im Kurhaus*) pump room

wandeln[1] *vi sein* (*sich ergehen*) stroll, walk; **ein ~des Wörterbuch** a walking dictionary

wandeln[2] *vr* (*sich ändern*) change

Wanderarbeiter(in) *m(f)* migrant worker; **Wanderausstellung** *f* touring [*o* travelling] exhibition; **Wanderbühne** *f* touring company; **Wanderdüne** *f* drifting dune

Wanderer, -rin *m, f* hiker

Wanderkarte *f* trail map

wandern ['vandɐn] *vi* **1.** *sein* (*gehen*) roam, wander; (*reisen*) travel **2.** (*als Freizeitgestaltung*) hike, ramble **3.** (*umherschweifen*) roam **4.** (*sich bewegen*) move, travel; (*treiben*) drift; **das wandert in den Papierkorb!** (*fam*) that's for the wastepaper basket!

Wanderpokal *m* challenge cup; **Wanderratte** *f* brown rat; **Wanderschaft** *f* travels *pl;* **auf ~ gehen** go off on one's travels; **auf ~ sein** be on one's travels

Wandertag *m* (SCHULE) *day in German schools on which pupils go on an outing*

Wanderung *f* **1.** (*Ausflug*) walk **2.** (*von Vögeln, Völkern*) migration; **eine ~ machen** go on a walk, hike; **Wanderungsbewegung** *f* migration

Wandervogel *m* (*passionierter Wanderer*) hiker

Wandkalender *m* wall calendar; **Wandkarte** *f* wall map

Wandlampe *f* wall lamp [*o* light]

Wandlung ['vandlʊŋ] *f* **1.** change; (*Um~*) transformation **2.** (ECCL) transubstantiation **3.** (JUR) cancellation; **eine ~ zum Besseren** a change for the better

Wandschrank *m* wall cupboard; **Wandtafel** *f* blackboard; **Wandteppich** *m* tapestry; **Wanduhr** *f* wall clock; **Wandverkleidung** *f* (*aus Holz*) panelling

Wange ['vaŋə] <-, -n> *f* (ANAT) cheek

Wankelmotor ['vaŋkəl-] *m* rotary piston [*o* Wankel] engine

Wankelmut ['vaŋkəlmu:t] *m* fickleness, inconstancy; **wankelmütig** *adj* fickle, inconstant

wanken ['vaŋkən] *vi* **1.** *haben* (*schwanken*) sway; (*Knie*) shake; (*Boden*) rock **2.** *haben* (*unsicher sein o werden*) waver; (*Regierung, Herrschaft*) totter; (*unent-*

schieden sein) vacillate **3.** *sein* (~*d gehen*) stagger; **ins Wanken bringen** cause to rock [*o* sway]; **ins Wanken geraten** begin to rock [*o* sway]; **das brachte ihren Entschluss ins Wanken** that made her waver in her decision

wann [van] *adv* when; ~ **kommen Sie?** when are you coming?; **ich weiß nicht,** ~ **sie kommt** I don't know when she is coming; **bis** ~ **ist das Visum gültig?** until when is the visa valid?; **von** ~ **bis** ~**?** during what times?; **seit** ~**?** (*zeitlich*) how long?; (*entrüstet o zweifelnd*) since when?

Wanne ['vanə] <-, -n> *f* **1.** (*Bade~*) tub **2.** (AUTO: *Öl~*) sump *Br,* oil pan *Am;* **Wannenbad** *nt* bath

Wanst [vanst, *pl:* 'vɛnstə] <-es, ⸚e> *m* (*pej: dicker Bauch*) paunch; **sich den** ~ **vollschlagen** stuff o.s.

Wanze ['vantsə] <-, -n> *f* (*a. Minispion*) bug

Wappen ['vapən] <-s, -> *nt* **1.** (*Familien~*) (coat of) arms **2.** (*auf Münze*) heads *pl;* **Wappenkunde** *f* heraldry; **Wappenschild** *m* shield; **Wappentier** *nt* heraldic animal

wappnen ['vapnən] *vr* prepare (o.s.) (*gegen etw* for s.th.)

Ware ['va:rə] <-, -n> *f* **1.** (*als Produkt*) product **2.** (*Artikel*) article **3.** (*als Verkaufs~*) merchandise; ~**n** goods; **seine** ~**n anpreisen** cry one's wares; **Warenangebot** *nt* range of goods for sale; **Warenaufzug** *m* goods hoist; **Warenausfuhr** *f* exportation of goods; **Warenausgang** *m* sales of goods; **Warenbestand** *m* stocks *pl,* of goods; **Wareneinfuhr** *f* importation of goods; **Wareneingang** *m* receipt of goods; **Warenhaus** *nt* (department) store; **Warenhauskette** *f* chain of department stores; **Warenkorb** *m* (COM) basket of goods; **Warenlager** *nt* **1.** (*Vorrat*) stocks *pl* **2.** (*Raum*) warehouse; **Warenlieferung** *f* delivery of goods; **Warenmuster** *nt* commercial sample; **Warenprobe** *f* trade sample; **Warensendung** *f* consignment of goods; **Warensortiment** *nt* line [*o* assortment] of goods; **Warentermingeschäft** *nt* commodity future (transaction); **Warenverkehr** *m* movement of goods, trade; **Warenvorrat** *m* goods in stock, stocks; **Warenwirtschaft** *f* commodities management; **Warenzeichen** *nt* trade-mark

warm [varm] <wärmer, wärmst> *adj* **1.** (*a. fig*) warm; (*Wetter, Essen, Trinken*) hot **2.** (*fam: homosexuell*) queer; **das hält** ~ it keeps you warm; **mir ist (zu)** ~ I'm warm; **bist du** ~ **angezogen?** are you dressed up warmly?; **das Essen** ~ **stellen** keep the food warm; **mir wird ganz** ~ **ums Herz, wenn ...** it warms my heart to ...; ~ **werden** warm up; **sich** ~ **laufen**RR (SPORT A. AUTO) warm up; **sich jdn** ~ **halten**RR keep in with s.o.

Wärme ['vɛrmə] <-, (-n)> *f* (*a. fig*) warmth; (PHYS) heat; **ist das eine** ~**!** isn't it warm!; **die Wintersonne hat nicht viel** ~ there isn't much warmth in the winter sun; **die** ~ **regulieren** regulate the heat; **Wärmeableitung** *f* (*in Gewässer*) thermal water discharge; **Wärmebehandlung** *f* heat treatment; **Wärmebelastung** *f* (*der Umwelt*) calefaction, thermal pollution; **Wärmedämmung** *f* (heat) insulation; **wärmeempfindlich** *adj* sensitive to heat; **Wärmehaushalt** *m* (*der Umwelt*) heat [*o* thermal] level; **Wärmeisolierung** *f* heat insulation; **Wärmekraftwerk** *nt* thermal power station, thermo-electric station; **Wärmelehre** *f* theory of heat; **Wärmeleiter** *m* heat conductor; **Wärmeleitung** *f* (AUTO: *Weiterleitung*) heat conduction

wärmen ['vɛrmən] **I.** *vt* warm; (*Speisen, Getränke*) heat up **II.** *vr* warm o.s. **III.** *vi* (*Kleidung*) be warm

Wärmepumpe *f* heat pump; **Wärmeregler** *m* thermostat; **Wärmerückgewinnung** *f* heat recovery; **Wärmespeicher** *m* heat accumulator; **Wärmestrahlung** *f* thermal radiation; **Wärmetauscher** *m* heat exchanger

Wärmflasche *f* hot-water bottle

warm|halten *vt s.* **warm**; **warmherzig** *adj* warm-hearted; **warm|laufen** *vi s.* **warm**; **Warmluft** <-> *f* warm air; **Warmstart** *m* (INFORM) warm start; **Warmwasserbereiter** *m* water heater; **Warmwasserspeicher** *m* hot-water tank

Warnblinkanlage *f* (AUTO) warning flasher device; **Warndreieck** *nt* (AUTO) warning triangle

warnen ['varnən] *vt, vi* warn; **jdn davor** ~ **etw zu tun** warn s.o. not to do s.th.; **ich warne dich!** I'm warning you!; **sag nicht, ich hätte dich nicht gewarnt!** you have been warned!; **er hat mich davor gewarnt** he warned me off

Warnhinweis *m* warning notice

Warnkreuz *nt* (RAIL) warning cross; **Warnlicht** *nt* warning light; **Warnlichtschalter** *m* (AUTO) hazard flasher switch; **Warnmeldung** *f* warning (announcement); **Warnruf** *m* warning cry; **Warnschild** *nt* warning sign; **Warnschuss**RR *m* warning shot; **Warnsignal** *nt* warning signal; (RAIL) level-crossing signal; **Warnstreik** *m* token strike

Warnung *f* warning (*vor etw* about s.th., *vor Gefahr* of danger); **lass dir das eine ~ sein!** let this be a warning to you!; **sich etw eine ~ sein lassen** take warning from s.th.

Warnzeichen *nt* warning sign

Warschau ['varʃaʊ] *nt* Warsaw

Wartefrist *f* waiting period

Wartehalle *f* (AVIAT) departure lounge

Warteliste *f* waiting list

warten[1] ['vartən] *vi* (*harren*) wait (*auf* for); **darauf ~, dass jd etw tut** wait for s.o. to do s.th.; **es hat sich wirklich gelohnt, darauf zu ~** it was definitely worth waiting for; **da kannst du lange ~!** (*fam*) I wouldn't dream of it!; **worauf wartest du denn noch?** well, what are you waiting for?; **wart's ab, gleich wird er wütend!** wait for it, he's going to get mad!; **warte mal ...** wait a minute ...; **~, bis man an der Reihe ist** wait one's turn; **warte mit dem Abendessen nicht auf mich!** don't wait with supper for me!

warten[2] *vt* (*pflegen*) service, maintain

Wärter(in) ['vɛrtɐ] *m(f)* **1.** attendant **2.** (*Gefängnis~*) warder (wardress) *Br,* guard *Am*

Warteraum *m* waiting room; **Warteschlange** *f* queue; **Warteschleife** *f* (AVIAT): **~n ziehen** circle; **Wartezeit** *f* waiting period; **lange ~** long wait; **Wartezimmer** *nt* waiting-room

Wartung *f* **1.** (TECH) maintenance **2.** (AUTO) servicing; **wartungsarm** *adj* low-maintenance; **wartungsfrei** *adj* maintenance-free

warum [va'rʊm] *adv* why; **das Warum und Weshalb** the whys and wherefores *pl;* **~ nicht gleich so?!** that's better!

Warze ['vartsə] <-, -n> *f* (*Haut~*) wart

was[1] [vas] *pron* **1.** (*Frage*) what **2.** (*fam: wieso*) what ... for, why; **was brauchen Sie?** what can I get you?; **~ ist denn?** what is it now?; **~ du nicht sagst!** you don't say!; **~ hast du da grade gesagt?** what's that you said?; **~ geht dich das an?** what's that to you?; **~ macht das schon!** what does it matter!; **weißt du ~, ...** tell you what, ...; **und ~ weiß ich ...** and what have you ...

was[2] *pron s.* **etwas: is ~?** something the matter?; **na, so ~!** (*fam*) well, I never!; **ich muss dir ~ sagen ...** let me tell you something ...

Waschanlage *f* (AUTO) **1.** (*Auto~*) car wash **2.** (*Scheiben~*) windscreen wiper *Br,* windshield washer *Am;* **Waschautomat** *m* automatic washing machine; **waschbar** *adj* washable

Waschbär *m* raccoon

Waschbecken *nt* washbasin; **Waschbeton** *m* exposed aggregate concrete; **Waschbetonplatte** *f* exposed aggregate panel

Waschbrettbauch *m* (*flacher Bauch von Männern*) washboard stomach

Wäsche ['vɛʃə] <-, -n> *f* **1.** (*Bett~*) linen **2.** (*das Waschen*) washing; **schmutzige ~ waschen** (*fig*) wash one's dirty linen in public; **in der ~ sein** be in the wash; **dumm aus der ~ gucken** (*fam*) look stupid; **~ waschen** do the washing

waschecht *adj* **1.** (*Farbe*) fast **2.** (*echt*) genuine, pukka

Wäschegeschäft *nt* draper's; **Wäscheklammer** *f* clothes-peg; **Wäschekorb** *m* dirty-clothes basket; **Wäscheleine** *f* (clothes-)line

waschen ['vaʃən] **I.** *irr vt* **1.** wash **2.** (*Wäsche*) do the washing; **sich die Haare ~** wash one's hair **II.** *vr* have a wash; **das nennst du dich ~!** call that a wash!

Wäscherei [vɛʃə'raɪ] *f* laundry

Wäscheschleuder *f* spin-drier; **Wäscheschrank** *m* linen cupboard; **Wäscheständer** *m* clothes-horse; **Wäschetrockner** *m* (ELEK) tumble-drier

Waschküche *f* **1.** laundry **2.** (*fam: Nebel*) pea-souper; **Waschlappen** *m* **1.** flannel *Br,* washrag *Am* **2.** (*pej: Feigling*) sissy, softy; **Waschmaschine** *f* washing machine; **Waschmittel** *nt* detergent; **Waschpulver** *nt* washing powder; **Waschraum** *m* washroom; **Waschsalon** *m* launderette *Br,* laundromat *Am;* **Waschschüssel** *f* wash-basin; **Waschstraße** *f* (AUTO) car-wash plant; **Waschtisch** *m* washstand; **Waschwasser** *nt* washing water; **Waschweib** *nt* (*pej*) gossip; **Waschzettel** *m* (TYP) blurb; **Waschzeug** <-(e)s> *nt* toilet things *pl*

Wasser ['vasɐ] <-s, -> *nt* water; **unter ~ stehen** be under water; **der Ausflug ist ins ~ gefallen** the excursion is off; **zu Lande und zu ~** on land and water; **~ lassen** (*urinieren*) pass water; **sich über ~ halten** stay above water; **mir lief das ~ im Munde zusammen** my mouth watered; **ein Boot zu ~ lassen** launch a boat; **der kocht auch nur mit ~!** he's only human after all!; **jdm das ~ abgraben** steal someone's thunder; **Wasseranschluss**[RR] *m* water connection; **Wasseraufbereitung** *f* treatment of water; **Wasseraufbereitungsanlage** *f* water treatment plant; **Wasserball** *m* **1.** (*Ball*) beach ball; (*für Wasserpolo*) water-polo ball **2.** (*Spiel*) water polo; **Wasserbett** *nt* water bed

Wässerchen ['vɛsɐçən] *nt:* **er sieht aus, als ob er kein ~ trüben könnte** he looks as if butter wouldn't melt in his mouth

Wasserdampf *m* steam; **wasserdicht** *adj* **1.** (*a. fig*) waterproof **2.** (*wasserdicht*) watertight; **Wassereimer** *m* bucket, pail; **Wasserfall** *m* waterfall; **reden wie ein ~** (*fam*) talk nineteen to the dozen; **Wasserfarbe** *f* water-colour; **Wasserfloh** *m* water-flea; **Wasserflugzeug** *nt* seaplane; **wassergekühlt** *adj* (AUTO) water-cooled; **Wasserglas** *nt* tumbler, water glass; **Wassergraben** *m* **1.** (*um Burg*) moat **2.** (SPORT) water-jump; **Wasserhahn** *m* water tap *Br,* faucet *Am;* **Wasserhaushalt** *m* water balance

wässerig ['vɛsərɪç] *adj* watery; **~e Lösung** (CHEM) aqueous solution; **jdm den Mund ~ machen** make someone's mouth water

Wasserkessel *m* **1.** (TECH) boiler **2.** (*im Haushalt*) kettle; **Wasserkopf** *m* (MED) hydrocephalus; **Wasserkraft** *f* water-power; **Wasserkraftwerk** *nt* hydro-electric power station; **Wasserkreislauf** *m* water cycle; **Wasserkühlung** *f* (AUTO) water-cooling; **Wasserlauf** *m* water-course; **Wasserleiche** *f* corpse found in water; **Wasserleitung** *f* **1.** (*Rohr*) water pipe **2.** (*Anlagen*) plumbing; **Wasserlilie** *f* water-lily; **Wassermangel** <-s> *m* water shortage; **Wassermann** <-(e)s> *m* **1.** (*poet*) water sprite **2.** (ASTR) Aquarius; **Wassermelone** *f* water-melon

wassern ['vasɐn] *vi haben o sein* (AVIAT) land on water [*o* the sea]

wässern ['vɛsɐn] *vt* **1.** (*Erbsen*) soak **2.** (*bewässern*) water

Wassernutzungsrecht *nt* water right; **Wasserpflanze** *f* aquatic plant; **Wasserpistole** *f* water-pistol; **Wasserrad** *nt* water-wheel; **Wasserratte** *f* **1.** water rat **2.** (*fam: Kind*) water baby; **wasserreich** *adj* **1.** (*Fluss*) containing a lot of water **2.** (*Gegend*) abounding in water; **Wasserrohr** *nt* water-pipe; **Wasserschaden** *m* water damage; **wasserscheu** *adj* scared of water; **Wasserschutzgebiet** *nt* protected water gathering grounds *pl;* **Wasserski** *m* water-ski; **~ fahren** go [*o* do] water-skiing; **Wasserspeicher** *m* reservoir; **Wasserspeier** *m* gargoyle; **Wasserspiegel** *m* **1.** (*Wasserstand*) water-level **2.** (*Wasseroberfläche*) surface of the water; **Wassersport** *m* water sports *pl;* **Wasserspülung** *f* flush; **Wasserstand** *m* water-level; **hoher (niedriger) ~** high (low) water

Wasserstoff <-(e)s> *m* hydrogen; **Wasserstoffbombe** *f* hydrogen bomb, H-bomb; **Wasserstoffsuperoxyd** *nt* hydrogen peroxide

Wasserstrahl *m* jet of water; **Wasserstraße** *f* waterway; **Wassertropfen** *m* water-drop; **Wasserturm** *m* water-tower; **Wasseruhr** *f* water meter

Wasserung *f* (AVIAT) alighting on water

Wasserverbrauch *m* water consumption; **Wasserverdrängung** *f* (MAR) displacement of water; **Wasserversorgung** *f* water supply; **Wasserverunreinigung** *f* water pollution; **Wasservogel** *m* waterfowl; **Wasserwaage** *f* spirit-level; **Wasserweg** *m* waterway; **auf dem ~** by water [*o* sea]; **Wasserwelle** *f* shampoo and set; **Wasserwerfer** *m* water cannon; **Wasserwerk** *nt* waterworks *pl;* **Wasserwirtschaft** *f* water engineering; **Wasserzeichen** *nt* watermark

waten ['va:tən] *vi sein* wade

watscheln ['vatʃəln] *vi sein* waddle

Watschen <-, -> *f* (*österr*) slap on the face

Watt[1] [vat] <-(e)s, -en> *nt* (*~landschaft*) mud-flats *pl*

Watt[2] <-s, -> *nt* (ELEK) watt

Watte ['vatə] <-, -n> *f* cotton wool *Br,* cotton *Am;* **jdn in ~ packen** wrap s.o. in cotton wool; **Wattebausch** *m* cotton-wool ball; **Wattestäbchen** *nt* cotton-wool tip

wattieren *vt* **1.** (*füttern*) line with padding **2.** (*absteppen*) quilt

weben ['ve:bən] *irr vt, vi* weave; **Weber(in)** *m(f)* weaver; **Weberei** *f* **1.** (*Betrieb*) weaving-mill **2.** (*das Weben*) weaving; **Webfehler** *m* weaving flaw

Webseite *f* (INTERNET) web page

Website ['websaɪt] *f* (INTERNET: *mehrere zusammengehörige Web-Seiten*) web site

Webstuhl *m* loom

Wechsel ['vɛksəl] <-s, -> *m* **1.** (*Änderung*) change **2.** (*abwechselnder ~*) alternation **3.** (FIN: *Geld~*) exchange **4.** (COM FIN) bill (of exchange) **5.** (SPORT: *beim Staffellauf*) baton change; **im ~** alternately; **einen ~ ausstellen** (COM) draw a draft; **Wechselautomat** *m* change machine [*o* dispenser]; **Wechselbeziehung** *f* correlation, interrelation; **in ~ zueinander stehen** be correlated; **Wechselfälle** *mpl* vicissitudes; **Wechselgeld** <-(e)s> *nt* change; **wechselhaft** *adj* changeable; (*launisch*) fickle; **Wechseljahre** *pl* menopause; **in den ~n sein** be suffering from the menopause; **in die ~ kommen** start the menopause; **~ des Mannes** andropause; **Wechselkurs** *m* rate of exchange; **Wechselkursmechanismus** *m* exchange course mechanism; **Wechselkursschwankungen** *fpl* exchange rate fluctuations

wechseln ['vɛksəln] *vt* **1.** change (*in* into) **2.** (*austauschen*) exchange; **können Sie mir einen Euro ~?** can you give me change for an euro?; **ich kann auf DM 10 nicht ~** I haven't got change for 10 marks;

ein Rad ~ change a wheel; **den Besitzer** ~ change hands *pl;* **ich habe von Philosophie zu Mathematik gewechselt** I changed from philosophy to maths; **DM in Pfund** ~ exchange marks for pounds;

wechselnd *adj* **1.** changing; (*ab~*) alternating **2.** (*unterschiedlich*) variable **3.** (*wechselhaft*) changeable; **~e Winde** variable winds

wechselseitig *adj* reciprocal; (*gegenseitig*) mutual; **die ~e Beziehung zwischen ...** the reciprocal relationship between ...

Wechselspiel *nt* interplay; **Wechselstrom** *m* alternating current, A.C.; **Wechselstube** *f* bureau de change; **wechselvoll** *adj* varied; **wechselweise** *adv* alternately, in turn; **Wechselwirkung** *f* interaction; **in ~ stehen** interact

Wecken *nt:* **Ausgang bis zum ~ haben** (MIL) have overnight leave

wecken ['vɛkən] *vt* **1.** wake (up), waken **2.** (*fig*) arouse; **sich ~ lassen** have s.o. wake one up; **Wecker** *m* alarm-clock; **jdm auf den ~ gehen** (*fam*) get on someone's nerves, give s.o. the needle; **Weckmittel** *nt* (MED) cerebral stimulant

Wedel ['ve:dəl] <-s, -> *m* **1.** (*Fächer*) fan **2.** (*Staub~*) duster **3.** (*Blatt~*) frond; **wedeln** *vi* **1. mit etw ~** (*winken*) wave s.th.; **mit einem Fächer ~** wave a fan; **mit dem Schwanz ~** wag one's tail **2.** (*beim Skifahren*) wedel

weder ['ve:dɐ] *konj:* **~ ... noch ...** neither ... nor, not ... either ... or; **weder in dem einen, noch in dem anderen Fall** in neither case

Weg [ve:k] <-(e)s, -e> *m* **1.** (*Pfad, a. fig*) path **2.** (*Route*) way **3.** (*Art und Weise*) way **4.** (*fam: Besorgung*) errand; **der ~ zum Bahnhof** the way to the station; **auf dem ~ hierher** on the way here; **jdn aus dem ~ räumen** get s.o. out of the way; **jdm aus dem ~ gehen** keep out of someone's way; **jetzt steht uns nichts mehr im ~e** now nothing stands in our way; **ich will dir nicht im ~e stehen** don't let me stand in your way; **es gibt viele ~e, das Problem zu lösen** there are many ways of solving this problem; **wir nahmen den ~ über das Feld** we took a path across the fields; **wir müssen uns auf den ~ machen** we must be making tracks; **du bist auf dem richtigen ~** you're on the right track; **etw zu ~e bringen**[RR] manage s.th.; (*erreichen*) accomplish s.th.

weg [vɛk] *adv:* **ich muss ~** I must be off; **er ist schon ~** he has already gone; **meine Uhr ist ~** my watch is gone; **er war ~, bevor ich den Mund auftun konnte** he was away before I could say a word; **~ mit euch!** scram!; **los, ~ von hier!** let's scram!; **~ da!** out of the way!; **~ vom Fenster sein** (*fam*) be out of the game; **ich kann jetzt nicht ~** I can't leave now

Wegbereiter(in) ['ve:k-] *m(f)* forerunner, precursor; **~ für etw sein** pave the way for s.th.; **~ für jdn sein** prepare the way for s.o.

weg|blasen *irr vt* blow away; **wie weggeblasen sein** have vanished

weg|bleiben *irr vi* **1.** stay away **2.** (*nicht mehr kommen*) stop coming **3.** (*ausgelassen werden*) be omitted; **mir bleibt die Spucke weg!** (*fam*) I'm absolutely flabbergasted!

weg|bringen *irr vt* **1.** take away **2.** (*zur Reparatur*) take in **3.** (*fam: Flecken*) get off (*von* from)

Wegelagerer ['ve:gəla:gərɐ] *m* highwayman

wegen ['ve:gən] *präp* because of, on account of; (*infolge*) due to; **jdn ~ etw bestrafen** punish s.o. for s.th.; **~ seiner Mutter** on account of his mother; **von ~!** (*ganz und gar nicht*) nothing of the sort!

Wegerich ['ve:gərɪç] <-s, -e> *m* (*Pflanze*) plantain

weg|fahren I. *irr vi sein* (*abfahren*) leave; (*mit Auto*) drive away; (*verreisen*) go away **II.** *vt haben* (*wegschaffen*) take away; (*Auto*) drive away

weg|fallen *irr vi* **1.** *sein* (*ausgelassen werden*) be omitted **2.** (*abgeschafft werden*) cease to apply **3.** (*überflüssig werden*) become no longer necessary; **etw ~ lassen** discontinue s.th.

weg|fegen *vt* (*a. fig*) sweep away

weg|fliegen *irr vi sein* fly away; (*Hut*) fly off; (AVIAT) fly out (*von* of)

weg|führen *vt* **1.** lead away **2.** (*vom Thema*) lead off

Weggang ['vɛkgaŋ] *m* leaving, departure

weg|geben *irr vt* **1.** (*verschenken*) give away **2.** (*in Pflege geben*) have looked after **3.** (*zum Reparieren bringen*) take in

weg|gehen *irr vi* **1.** *sein* go, leave; (*ausgehen*) go out **2.** (*fam: Fleck*) come off **3.** (*fam: Waren*) sell; **geh mir bloß damit weg!** (*fam*) don't talk to me about that!

weg|gießen *irr vt* pour away

Wegguckmentalität *f* don't-want-to-know mentality

weg|haben *irr vt* (*fam: erledigt haben*) have got done; **einen ~** (*betrunken sein*) be tight; (*verrückt sein*) be off one's head

weg|holen *vt* take away; **sich was ~** (*fam: Krankheit*) catch s.th.

weg|jagen *vt* chase [*o* drive] away

weg|kommen *irr vi* (*fam*) **1.** *sein* (*weggehen können*) get away **2.** (*abhanden kom-*

men) disappear, get lost; **gut bei etw ~** come off well with s.th.; **mach, dass du wegkommst!** make yourself scarce!

weg|lassen *irr vt* **1.** *(fam: gehen lassen)* let go **2.** *(auslassen)* leave out

weg|laufen *irr vi sein* run away *(vor* from)

weg|legen *vt* put away; *(zur Seite)* put aside

weg|müssen *irr vi* **1.** *(fortgehen müssen)* have to be off **2.** *(entfernt werden müssen)* have to be removed; **der Schrank muss hier erstmal weg!** *(fam)* we'll have to move the cupboard!

weg|nehmen *irr vt* take away; **Gas ~** (AUTO) ease off the accelerator *Br,* ease off the gas *Am*

weg|rationalisieren *vt* *(Arbeitsplätze)* rationalize away

weg|räumen *vt* clear away

weg|schaffen *vt* **1.** *(beseitigen)* get rid of **2.** *(wegräumen)* clear away

weg|scheren *vr (fam)* shove off

weg|schicken *vt* **1.** *(um etwas zu holen)* send off **2.** *(abschicken, hinausschicken)* send away

weg|schieben *irr vt* shove away

weg|schleppen I. *vt* drag away **II.** *vr* haul o.s. away

weg|schmeißen *irr vt (fam)* chuck away

weg|schütten *vt* pour away

weg|sehen *irr vi* look away

weg|setzen *vr (woandershin)* move away

weg|stecken *vt* put away

weg|stellen *vt (fortstellen)* put away

weg|stoßen *irr vt* push away; *(mit Fuß)* kick away

Wegstrecke ['ve:k-] *f* stretch of road

weg|tragen *irr vt* carry away

weg|treten *irr vi sein* (MIL) fall out

weg|tun *irr vt (fam)* **1.** *(fortlegen)* put away **2.** *(wegwerfen)* throw away

Wegweiser ['ve:k-] *m* sign(post)

weg|werfen *irr vt* throw away; **du wirfst wirklich dein Geld weg!** you're pouring money down the drain!; **Wegwerfwindel** *f* disposable nappy/diaper *Br/Am*

weg|wischen *vt* **1.** wipe off **2.** *(fig)* dismiss

Wegzeiger *m* sign

weg|ziehen I. *irr vt* **1.** *haben (Mensch: fortziehen)* pull away *(jdm* from s.o.) **2.** *(beiseite ziehen)* draw back **II.** *vi sein (die Wohnung wechseln)* move away; *(von Vögeln)* migrate

Weh [ve:] <-(e)s, -e> *nt* woe; **weh I.** *interj:* **o ~!** oh dear! **II.** *adj (wund)* sore; **mir tut der Magen ~** my stomach aches; **davon tun mir die Augen ~** it makes my eyes ache; **mir tut alles ~** I'm aching all over; **es tut mir ~ zu …** it grieves me to …; **wehe** ['ve:ə] *interj:* **~ dir, wenn …** you'll be sorry if …; **~!** *(bloß nicht!)* you dare!; **~, du gehst dahin!** watch out if you go there!

Wehe <-, -n> *f (Schnee~)* drift

Wehen *fpl* **1.** *(Geburts~)* labour pains **2.** *(fig)* birth pangs

wehen ['ve:ən] **I.** *vi* **1.** *(Wind)* blow **2.** *(Fahne)* wave **3.** *(Haare)* blow about **4.** *(Geruch, Klang)* drift; **es wehte ein starker Wind** the wind was blowing hard **II.** *vt* blow; *(sanft)* waft

Wehklage *f* lament(ation); **wehklagen** *vi* lament *(über* over)

wehleidig *adj (pej)* **1.** *(überempfindlich)* oversensitive to pain **2.** *(voller Selbstmitleid)* self-pitying **3.** *(jammernd)* snivelling; **Wehmut** <-> *f* **1.** *(Melancholie)* melancholy **2.** *(Sehnsucht)* wistfulness; **wehmütig** *adj* **1.** *(melancholisch)* melancholy **2.** *(sehnsüchtig)* wistful

Wehr¹ [ve:ɐ] <-(e)s, -e> *nt (Wasser~)* weir

Wehr² <-, -en> *f (Feuer~)* fire brigade *Br,* fire department *Am;* **sich zur ~ setzen** defend o.s.

Wehrbeauftragte(r) *m* ombudsman for the Armed Forces; **Wehrdienst** <-(e)s> *m* military service; **jdn zum ~ einberufen** call s.o. up *Br,* draft s.o. *Am;* **Wehrdienstverweigerer** *m* conscientious objector; **Wehrdienstverweigerung** *f* conscientious objection

wehren ['ve:rən] **I.** *vr* **1.** *(sich widersetzen)* (put up a) fight **2.** *(sich verteidigen)* defend o.s.; **sich seiner Haut ~** defend o.s. vigorously **II.** *vi (Einhalt gebieten)* check; **wehret den Anfängen!** these things must be nipped in the bud!; **Wehrexperte, -expertin** *m, f* defense expert; **wehrhaft** *adj* **1.** *(kampfesbereit)* able to put up a fight **2.** *(befestigt)* well-fortified; **wehrlos** *adj* **1.** defenceless **2.** *(hilflos)* helpless; **jdm ~ ausgeliefert sein** be at someone's mercy; **Wehrlosigkeit** *f* **1.** defencelessness **2.** *(Hilflosigkeit)* helplessness; **Wehrmacht** <-> *f:* **die ~** (HIST) The German Armed Forces *pl;* **Wehrpass**RR *m* service-record book; **Wehrpflicht** <-> *f* conscription; **allgemeine ~** conscription; **wehrpflichtig** *adj* liable for military service; **Wehrpflichtige(r)** *m* **1.** *(vor der Erfassung)* person liable for military service **2.** *(Eingezogener)* conscript *Br,* draftee *Am;* **Wehrsold** *m* (military) pay; **Wehrsportgruppe** *f* para-military group; **wehrtauglich** *adj* fit for military service; **Wehrtechnik** *f* defence engineering; **Wehrübung** *f* reserve duty training exercise

Weib [vaɪp] <-(e)s, -er> *nt* **1.** *(pej)* female **2.** *(obs: Frau)* woman; **Weibchen** ['vaɪpçən] *nt (Tier~)* female, mate; **Wei-**

berfeind *m* (*pej*) misogynist, woman-hater; **Weiberheld** *m* (*pej*) lady-killer, womanizer; **Weibervolk** <-s> *nt* (*pej*) females *pl*, womenfolk; **weibisch** *adj* effeminate; **weiblich** *adj* **1.** (*das Geschlecht bezeichnend*) female **2.** (*feminin*) feminine; **Weiblichkeit** *f* (*Eigenschaft*) femininity; **die holde ~** (*hum*) the fair sex; **Weibsbild** *nt* (*pej*) female

weich [vaɪç] *adj* **1.** (*nicht hart, a. fig*) soft **2.** (*Fleisch*) tender; **~ werden** soften; (*nachgeben*) give in; (*gerührt werden*) be moved; **ich bekam ~e Knie** my knees turned to jelly; **ein ~ gekochtes**[RR] **Ei** a soft-boiled egg

Weiche[1] ['vaɪçə] <-, -n> *f* (RAIL) points *Br*, switch *Am*; **die ~n stellen** switch the points; (*fig*) set the course

Weiche[2] *f* **1.** (*Weichheit*) softness **2.** (ANAT: *Flanke*) side

weichen ['vaɪçən] *irr vi* **1.** (*Platz machen, a. fig*) give way **2.** (*zurück~*) retreat (*vor jdm* from s.o.) **3.** (*nachlassen*) ease **4.** (*verschwinden*) go; **jdm nicht von der Seite ~** not leave someone's side

weichgekocht *adj s.* **weich**

Weichheit *f* **1.** softness **2.** (*Zartheit*) tenderness **3.** (*Schwachheit*) weakness **4.** (*Weichherzigkeit*) soft-heartedness; **weichherzig** *adj* soft-hearted; **Weichherzigkeit** *f* soft-heartedness

Weichkäse *m* soft cheese

weichlich *adj* **1.** (*weich*) soft **2.** (*schwächlich*) weak; (*verweichlicht*) effeminate; **Weichlichkeit** *f* (*fig*) weakness; **Weichling** *m* (*pej*) softy, weakling

Weichsel[1] ['vaɪksəl] <-> *f* Vistula

Weichsel[2] ['vaɪksl] <-, -n> *f* (*österr, CH*) sour cherry

Weichspüler *m* (*Wäsche~*) softener

Weide[1] *f* willow

Weide[2] ['vaɪdə] <-, -n> *f* (*Vieh~*) pasture; **weiden I.** *vi* graze **II.** *vt* graze, put out to pasture **III.** *vr:* **sich an etw ~** revel in s.th.; (*sadistisch*) gloat over s.th.

Weidengebüsch *nt* willow bush; **Weidengeflecht** *nt* wicker-work; **Weidenrute** *f* willow rod [*o* switch]

Weidmann ['vaɪtman] <-(e)s, -̈er> *m* huntsman; **weidmännisch** ['vaɪt mɛnɪʃ] **I.** *adj* huntsman's **II.** *adv* in a huntsman's manner; **Weidmannsheil** *interj:* **~!** good hunting!

weigern ['vaɪgɐn] *vr* refuse; **Weigerung** *f* refusal

Weihbischof *m* (ECCL) suffragan bishop

Weihe[1] *f* (*Greifvogel*) harrier

Weihe[2] ['vaɪə] <-, -n> *f* **1.** (ECCL) consecration **2.** (*Feierlichkeit*) solemnity; **weihen** *vt* (ECCL) consecrate; **dem Untergang geweiht sein** be doomed to disaster

Weiher ['vaɪɐ] <-s, -> *m* pond

Weihnachten ['vaɪnaxtən] *nt* Christmas; **fröhliche ~!** merry Christmas!; **das ist ein Gefühl wie ~** (*fam*) it's an odd feeling; **weihnachtlich** *adj* **1.** Christmassy **2.** (*festlich*) festive; **Weihnachtsabend** *m* Christmas Eve; **Weihnachtsbaum** *m* Christmas tree; **Weihnachtsbotschaft** *f* Christmas message; **Weihnachtseinkäufe** *pl:* **seine ~ erledigen** do one's Christmas shopping; **Weihnachtsfeiertag** *m:* **zweiter ~** Boxing Day; **Weihnachtsfest** *nt* Christmas; **Weihnachtsgeld** *nt* Christmas money; **Weihnachtsgeschenk** *nt* Christmas present, Christmas gift *Am;* **Weihnachtsgratifikation** *f* Christmas bonus; **Weihnachtslied** *nt* carol; **Weihnachtsmann** <-(e)s, -̈er> *m* **1.** Father Christmas, Santa Claus **2.** (*pej*) clown; **Weihnachtsmarkt** *m* Christmas fair

Weihrauch *m* incense; **Weihwasser** *nt* holy water

weil [vaɪl] *konj* because

Weilchen ['vaɪlçən] *nt* little while

Weile <-> *f* while; **eine ganze ~** a good while; **vor einer ganzen ~** a long while ago

weilen *vi* **1.** (*bleiben*) stay **2.** (*sein*) be

Weiler ['vaɪlɐ] <-s, -> *m* hamlet

Wein [vain] <-(e)s, -e> *m* **1.** wine **2.** (*Pflanze*) vine; **wilder ~** Virginia creeper; **jdm reinen ~ einschenken** tell s.o. the plain truth; **Weinbau** <-(e)s> *m* wine-growing; **Weinbeere** *f* grape; **Weinberg** *m* vineyard; **Weinbergschnecke** *f* snail; (*als Speise*) escargot; **Weinbrand** *m* brandy

weinen ['vaɪnən] *vt, vi* cry; (*aus Kummer*) weep (*um* for, *über* over, *aus o vor* with)

weinerlich *adj* (*pej*) whining

Weinessig *m* vinegar; **Weinfass**[RR] *nt* wine cask; **Weinflasche** *f* wine bottle; **Weinglas** *nt* wineglass; **Weingut** *nt* wine-growing estate; **Weinhändler(in)** *m(f)* wine dealer; **Weinhandlung** *f* wine shop; **Weinkarte** *f* wine list; **Weinkeller** *m* **1.** (*Kellerei*) wine-cellar **2.** (*Lokal*) wine tavern; **Weinkenner(in)** *m(f)* connoisseur of wine; **Weinlese** *f* grape harvest, vintage; **Weinprobe** *f* wine-tasting; **Weinrebe** *f* vine; **weinrot** *adj* wine-red; **Weinsorte** *f* sort of wine; **Weinstock** <-(e)s, -̈e> *m* vine; **Weinstube** *f* wine tavern; **Weintraube** *f* grape

Weise ['vaɪzə] <-, -n> *f* **1.** (*Verfahren*) fashion, manner, way **2.** (*Melodie*) melody, tune; **jdm zeigen, auf welche Art und ~ etw gemacht wird** show s.o. the way to do s.th.; **man kann mit ihm nur auf eine**

Art und ~ reden there's only one way to speak to him; **auf irgendeine Art und ~** in one way or another; **in gewisser ~** in a way

weise ['vaɪzə] *adj* wise

weisen ['vaɪzən] **I.** *irr vt:* **jdm den Weg ~** show s.o. the way **II.** *vi* (*zeigen*) point (*auf* at, *nach* to)

Weisheit *f* **1.** wisdom **2.** (*weiser Spruch, Lebens~*) wise saying; **das ist auch nicht der ~ letzter Schluss!** that's not exactly the ideal solution!

Weisheitszahn *m* wisdom tooth

weis|machen *vt:* **jdm etw ~** make s.o. believe s.th.; **lassen Sie sich nichts ~!** don't be taken in!; **das kannst du wem anders ~!** (*fam*) pull the other one!

weiß [vaɪs] *adj* **1.** white **2.** (*unbeschrieben*) blank; **das Weiße Haus** the White House; **~ werden** turn white; **~ glühend**[RR] incandescent, white-hot

weissagen ['---] *vt* foretell, prophesy; **Weissagung** *f* prophecy

Weißblech *nt* tinplate; **Weißbrot** *nt* **1.** (*Brotart*) white bread **2.** (*Laib*) white loaf; **Weißbuch** *nt* (POL) white paper; **Weißdorn** <-(e)s, -e> *m* hawthorn

weißen ['vaɪsən] *vt* (*tünchen*) whitewash

weißglühend *adj s.* **weiß**; **Weißglut** <-> *f* incandescence, white heat; **jdn zur ~ bringen** make s.o. livid; **Weißgold** *nt* white gold; **weißhaarig** *adj* white-haired

Weißkohl *m* (*österr*) white cabbage

weißlich *adj* whitish

Weißwandreifen *m* (AUTO) whitewall tyre *Br,* whitewall tire *Am*

Weißwein *m* white wine

Weisung *f* direction; **auf ~** on instructions *pl;* **weisungsgemäß** *adj* as instructed

weit [vaɪt] **I.** *adj* **1.** wide **2.** (*breit*) broad **3.** (*lang*) long; **im ~eren Sinne** in the broader sense; **das liegt noch in ~er Ferne** it's still in the distant future **II.** *adv* (*Entfernung*) far; **ziemlich ~ am (Anfang) Ende** fairly near the (beginning) end; **von ~em** from a long way off; **~ gefehlt!** far from it!; **wie ~ bist du?** how far have you got?; **wie ~ fahren Sie?** how far are you going?; **ist es noch ~?** is it far?; **kommen Sie von ~ her?** have you come far?; **so ~ ist es noch nicht** it has not come to that yet; **das geht zu ~** that's going too far; **das würde zu ~ führen** that would be taking things too far; **~ blickend**[RR] far-sighted; **~ gehend**[RR] (*adjektivisch*) far-reaching; (*adverbial*) largely, to a large extent; **~ gehende**[RR] **Übereinstimmung erzielen** reach a large degree of consensus; **~ gereist**[RR] widely travelled; **~ hergeholt**[RR] far-fetched; **~ reichend**[RR] (MIL: *Waffen*) long-range; (*fig*) far-reaching; **~ gereist**[RR] well travelled; **~ verbreitet**[RR] widespread; **~ verzweigt**[RR] with many branches; **so ~**[RR] **fertig sein** be more or less ready; **es ist gleich so ~**[RR] it'll soon be time

weitab *adv* far away (*von* from); **weitaus** *adv* far; **~ der beste ...** by far the best ...; **Weitblick** <-(e)s> *m* (*fig*) far-sightedness

weitblickend *adj s.* **weit**

Weite[1] *f* (*Entfernung*) distance; **das ~ suchen** (*fam*) take to one's heels

Weite[2] ['vaɪtə] <-, -n> *f* **1.** (*als Maß*) width **2.** (*Größe*) expanse; **weiten I.** *vt* widen; (*Schuhe*) stretch **II.** *vr* widen; (*a. fig*) broaden

weiter ['vaɪtɐ] **I.** *adj* (*Komparativ von weit*) farther **II.** *adj* (*zusätzlich*) further; **~e Informationen** further information *sing* **III.** *adv* **1.** (*zudem*) furthermore **2.** (*noch hinzu*) further **3.** (*sonst*) otherwise; **das ist ~ kein Unglück** that presents no great problem; **sie hat nicht ~ geweint** she didn't really cry much; **es besteht ~ keine Gefahr** there is no real danger; **~ nichts?** is that all?; **ich brauche ~ nichts als ...** all I need is ...; **immer ~** on and on; **und ~?** and then?; **und so ~** and so on

weiter|behandeln *vt* (MED) give further treatment; (*mit Arznei*) carry on medication

weiter|bilden *vr* continue one's education; **Weiterbildung** *f* continuation of one's education, further education

weiter|bringen *irr vt* advance, take further

Weitere *nt* **1.** (*das Weitere*) the rest **2.** (*Genaueres*): **~s** further details *pl;* **ohne Weiteres** just like that; **bis auf Weiteres** for the time being; **alles ~** everything else

weiter|empfehlen *irr vt* recommend

weiter|entwickeln *irr vt, vr* develop (*zu* into)

Weiterfahrt *f* continuation of one's journey; **vor meiner ~ ...** before continuing my journey ...

weiter|führen I. *vt* (*fortsetzen*) carry on, continue **II.** *vi* lead on; **~de Schularten** secondary schools; **das führt uns nicht weiter** that doesn't get us anywhere

Weitergabe *f* (*Übermittlung*) transmission; **weiter|geben** *irr vt* **1.** (*weiterreichen*) pass on **2.** (*übermitteln*) transmit

weiter|gehen *irr vi sein* go on; **~!** move on!; **so kann es nicht ~** things can't go on like this; **wie soll es nun ~?** what's going to happen now?

weiter|helfen *irr vi:* **jdm ~** help s.o. along

weiterhin *adv* furthermore

weiter|kommen *irr vi* **1.** *sein* (*auf dem Wege*) get further **2.** (*Fortschritte machen*) make headway; **hier kommen wir nicht**

weiter we're just not getting anywhere

weiter|leiten *vt* pass on (*an* to); (*weiterbefördern*) forward

weiter|machen *vi* carry on (*etw* with s.th.)

Weiterreise *f* continuation of one's journey; **gute ~!** hope the rest of your journey goes well!

weiter|sagen *vt* pass on

Weiterverarbeitung *f* (further) processing

Weiterverkauf *m* resale

weitgehend *adj s.* **weit**

weitgereist *adj s.* **weit**

weither *adv* from far away; **weithergeholt** *adj s.* **weit**

weitherzig ['vaɪthɛrtsɪç] *adj* charitable, understanding

weithin *adv* **1.** (*weit im Umkreis*) for a long way **2.** (*bekannt, beliebt*) widely **3.** (*weitgehend*) to a large extent; **~ unbekannt** largely unknown

weitläufig *adj* **1.** (*Gebäude*) spacious **2.** (*verzweigt*) rambling **3.** (*Verwandte*) distant

weitmaschig *adj* (*Strickware*) loose knit; (*Netz*) wide-meshed

weitreichend *adj s.* **weit**

weitschweifig *adj* circuitous, lengthy; **~ werden** grow lengthy

weitsichtig *adj* **1.** (MED) long-sighted *Br,* far-sighted *Am* **2.** (*fig*) far-sighted; **Weitsichtigkeit** *f* **1.** (MED) long-sightedness *Br,* far-sightedness *Am* **2.** (*fig*) far-sightedness

Weitsprung *m* long jump *Br,* broad jump *Am*

weitverbreitet *adj s.* **weit**

weitverzweigt *adj s.* **weit**

Weitwinkelobjektiv *nt* (PHOT) wide-angle lens

Weizen ['vaɪtsən] <-s, -> *m* wheat; **Weizenmehl** *nt* wheat flour

welch [vɛlç] *pron:* **~ ein ...** what ...

welche(r, s) *pron* **1.** (*interrogativ*) which **2.** (*relativ*) that, which, who; **~s Kleid soll ich anziehen?** which dress shall I wear?; **~r von den beiden?** which of the two?; **diejenigen, ~ ...** those who ...; **derjenige, ~r ...** he who ...

welk [vɛlk] *adj* (*Blume*) faded, wilted; (*Blatt*) dead; **~e Haut** flaccid skin; **welken** *vi sein* (*a. fig*) fade, wilt

Wellblech *nt* corrugated iron; **Wellblechhütte** *f* corrugated-iron shelter

Welle ['vɛlə] <-, -n> *f* **1.** (*a.* PHYS) wave **2.** (RADIO) wavelength **3.** (TECH) shaft; **~n schlagen** create a stir *sing;* **grüne ~** (AUTO) traffic pacer, linked traffic lights *Br,* synchronized traffic lights *Am*

wellen *vr* become wavy

Wellenbereich *m* (PHYS) frequency range; (RADIO) waveband; **Wellenberg** *m* giant wave; **Wellenbrecher** *m* breakwater; **wellenförmig I.** *adj* wave-like, wavy **II.** *adv* in the form of waves; **Wellengang** *m* waves *pl;* **Wellenlänge** *f* (PHYS) wavelength; **auf gleicher ~ liegen** [*o* **sein**] be on the same wavelength; **Wellenlinie** *f* wavy line; **Wellenreiten** *nt* (SPORT) surfing; **Wellenschlag** <-(e)s> *m* breaking of the waves

Wellensittich *m* budgerigar; (*fam*) budgie

Wellental *nt* wave trough

wellig *adj* (*Oberfläche*) undulating; (*Haar*) wavy

Wellness-Bereich ['vɛlnɛsbəraɪç] *m* (*zum Wohlfühlen*) wellness area; **Wellness-Produkt** ['vɛlnɛsproˌdʊkt] *nt* wellness product

Wellpappe *f* corrugated cardboard

Welpe ['vɛlpə] <-n, -n> *m* whelp

Wels [vɛls] <-es, -e> *m* (*großer, schuppenloser Fisch*) catfish

Welt [vɛlt] <-, -en> *f* world; **alle ~** all the world, everybody; **auf der ~** on earth; **in aller ~** all over the world; **auf die ~ kommen** come into the world; **nicht um alles in der ~** not for anything on earth; **aus der ~ schaffen** do away with, eliminate, settle; **in die ~ setzen, zur ~ bringen** bring into the world, give birth to; **in der ~ herumgekommen sein** have been all over the world; **das kostet doch nicht die ~!** it won't cost the earth!; **die ~ ist klein!** (*fam*) it's a small world!; **in etw in der ~ führend sein** lead the world in s.th.; **davon geht die ~ nicht unter!** (*fam*) it's not the end of the world!; **Weltall** *nt* universe; **Weltanschauung** *f* philosophy of life; **Weltausstellung** *f* world exhibition; **Weltbank** *f* World Bank; **weltberühmt** *adj* world-famous; **Weltbeste(r)** *f m* (SPORT) world record holder *Br,* world's record holder *Am;* **Weltbevölkerung** *f* world population; **Weltbild** *nt* view of life; **Weltempfänger** *m* world radio (with world-wide reception); **Weltenbummler(in)** *m(f)* globetrotter

weltfremd *adj* unworldly; **Weltgeschichte** *f* universal history; **Welthandel** *m* world trade; **Weltherrschaft** *f* world domination; **Weltkarte** *f* map of the world; **Weltkrieg** *m:* **der Erste (Zweite) ~** World War one (two); **Weltlage** *f* global backdrop

weltläufig *adj* cosmopolitan

weltlich *adj* mundane, worldly; (*diesseitig*) secular

Weltliteratur *f* world literature; **Weltmacht** *f* world power; **weltmännisch**

['vɛltmɛnɪʃ] *adj* sophisticated, urbane; **Weltmarkt** <-(e)s> *m* world market; **Weltmeer** *nt* ocean; **Weltmeister(in)** *m(f)* world champion *Br,* world's champion *Am;* **Weltmeisterschaft** *f* world championship *Br,* world's championship *Am;* **Weltöffentlichkeit** *f* world public; **Weltpolitik** *f* world politics *pl;* **Weltrang** *m:* **von ~** world-famous; **Weltrangliste** *f* (SPORT) world ranking

Weltraum <-(e)s> *m* space; **Weltraumbehörde** *f* space agency; **Weltraumfähre** *f* space shuttle; **Weltraumfahrt** *f* space travel; **Weltraumforschung** *f* space research; **Weltraumlabor** *nt* space laboratory; **Weltraumrüstung** *f* space armament; **Weltraumwaffe** *f* space weapon

Weltreise *f* journey round the world; **eine ~ machen** go round the world; **Weltreisende(r)** *f m* globetrotter; **Weltrekord** *m* world record *Br,* world's record *Am;* **Weltrekordler(in)** *m(f)* world record holder *Br,* world's record holder *Am;* **Weltschmerz** <-es> *m* worldweariness; **Weltsicherheitsrat** *m* U.N. Security Council; **Weltsprache** *f* world language; **Weltstadt** *f* metropolis; **Welttournee** *f* world tour; **Weltuntergang** *m* (*a. fig*) end of the world; **Weltuntergangsstimmung** *f* apocalyptic mood; **weltweit** *adj* global, world-wide; **Weltwirtschaft** *f* world economy; **Weltwirtschaftskrise** *f* world economic crisis; **Weltwunder** *nt:* **die sieben ~** the Seven Wonders of the World; **Weltzeit** *f* universal time; **Weltzeituhr** *f* world clock

wem [ve:m] *pron* (*dat*) to whom; **~ von euch soll ich das Geld geben?** to which, of you should I give the money?; **~ ... auch (immer)** no matter who ... to

wen [ve:n] *pron* (*acc*) whom; **~ von diesen hast du gestern gesehen?** which of these did you see yesterday?; **~ auch immer ...** whoever ...

Wende ['vɛndə] <-, -n> *f* **1.** (*Wendung*) turn **2.** (*Änderung*) change **3.** (SPORT) face vault; **Wendefläche** *f* (AUTO) turning area; **Wendejacke** *f* reversible jacket; **Wendekreis** *m* **1.** (GEOG) tropic **2.** (AUTO) turning circle

Wendeltreppe ['vɛndəl-] *f* spiral staircase

wenden I. *a. irr vt* turn (*in entgegengesetzte Richtung* round, *auf die andere Seite* over); **du kannst es drehen oder ~, wie du willst, ...** whichever way you look at it ... **II.** *vi* **1.** (MAR: *gieren*) yaw **2.** (*umkehren*) turn round **III.** *vr* turn round; **sich ~ an ...** (*um Hilfe*) turn to ...; (*um Auskunft*) consult ...; **sich gegen ... ~** come out against ...; **sich zum Guten ~** take a turn for the better; **bitte ~!** (please) turn over!, P.T.O.

Wendepunkt *m* turning point

wendig *adj* **1.** (*behende*) agile, nimble **2.** (AUTO: *leicht zu handhaben*) manoeuvrable **3.** (*Person*) agile; **Wendigkeit** *f* **1.** (*Behändigkeit*) nimbleness **2.** (AUTO) manoeuvrability **3.** (*von Person*) agility

Wendung *f* **1.** turn **2.** (*Änderung*) change **3.** (*Rede~*) expression, phrase; **die Dinge nahmen eine tragische ~** events took a tragic turn

wenig ['ve:nɪç] *adj, adv* little; **~e** few, some; **ein ~ besser** a little better; **das ist ~** that isn't much; **ich habe zu ~ Geld** I don't have enough money; **mit ~en Ausnahmen** with few exceptions; **wie ~e das sind!** how few they are!; **gar nicht so ~e** some few; **genauso ~ wie du** as few as you; **ich habe sowieso zu ~** I've got too few [*o* too little] as it is

weniger I. *adj, pron* less *pl,* fewer; **es wird immer ~** it's getting less and less; **nichts ~ als ...** no fewer than ... **II.** *adv* less; **noch ~** even less; **je mehr ... desto ~ ...** the more ... the less ...; **das finde ich ~ schön** that's not so nice; **~ bedeutend** of less importance

wenigste *adj sing* least *pl,* fewest; **am ~n** fewest; **er hat am ~n Geld** he has the least money; **darüber mache ich mir die ~n Sorgen** that's the least of my worries; **und das ist noch das ~!** and that's the least of it!

wenigstens *adv* at least; **wir können es ~ versuchen** we can at least try; **du könntest dich ~ entschuldigen** at the very least you could apologize

wenn [vɛn] *konj* **1.** (*bedingend*) if, in case **2.** (*zeitlich*) when; **~ er auch noch so dumm sein mag ...** however stupid he may be ...; **na, ~ das so ist!** well, in that case!; **na, ~ schon!** (*fam*) so what of it!; **immer ~ ...** whenever ...; **~ man bedenkt, dass ...** considering ...; **außer ~** unless ...; **~ es nicht anders geht** if there's no other way; **wenngleich** [-'-] *konj* although, even though

wer [ve:ɐ] *pron* **1.** (*relativ*) he who, the person who **2.** (*interrogativ*) who; (*auswählend*) which **3.** (*fam: jemand*) somebody, s.o.; (*in Fragen, Konditionalsätzen*) anybody, anyone; **~ auch immer ...** whoever ...; **da ist ~ für dich** there's s.o. to see you; **ist ~ gekommen?** did anyone come?; **~ da?** (MIL) who goes there?; **~ von ...** which (one) of ...; **ist da ~?** (*fam*) is anybody there?; **~ sein** (*fam*) be somebody

Werbeabteilung *f* advertising [*o* publicity] department; **Werbeagentur** *f* advertising

W

agency; **Werbeaktion** *f* advertising [*o* publicity] campaign; **Werbeaufwendungen** *pl* gross advertising expenditure *sing;* **Werbebanner** *m* (INTERNET) banner; **Werbebeilage** *f* advertising supplement; **Werbebranche** *f ohne pl* advertising industry; **Werbeeinnahmen** *fpl* advertising revenue; **Werbefachmann, -frau** *m, f* advertising specialist; **Werbefernsehen** *nt* television commercials *pl;* **Werbefilm** *m* advertising film; (*Werbespot*) commercial; **Werbefläche** *f* advertising space; **Werbefunk** *m* commercials *pl;* **Werbegeschenk** *nt* (promotional) gift; **Werbekampagne** *f* advertising campaign; **Werbekonzept** *nt* advertising concept; **Werbekosten** *pl* advertising expenses; **Werbeleiter(in)** *m(f)* advertising [*o* publicity] manager; **Werbematerial** *nt* advertising material; **Werbemittel** *nt* means of advertising

werben ['vɛrbən] **I.** *irr vi* (COM) advertise (*für etw* s.th.); **um junge Wähler** ~ try to attract young voters **II.** *vt:* **Kunden** ~ win customers; **neue Leser** ~ attract new readers

Werbeprospekt *m* advertising leaflet; **Werbeschrift** *f* (POL) publicity leaflet; (COM) advertising leaflet; **Werbeslogan** *m* advertising slogan; **Werbespot** *m* advertising spot, commercial; **Werbestrategie** *f* advertising strategy; **Werbetext** *m* advertising copy; ~ **in Form eines Leitartikels** advertorial; **Werbeträger** *m* (advertising) medium; **Werbetrommel** *f:* **die** ~ **rühren** (*fam*) beat the big drum (*für etw* for s.th.); **werbewirksam** *adj* effective (for advertising purposes); **Werbewirkung** *f* advertising effect; **Werbezweck** *m* advertising purpose

Werbung *f* **1.** (COM: *Propaganda*) advertising **2.** (*Werbeabteilung*) publicity department; **für etw ~ machen** advertise s.th.; **ich habe die ~ für X im Fernsehen gesehen** I've seen X advertised on television; **die ~ im Fernsehen** the TV advertisements *pl;* **die Zeitschrift besteht zu 60% aus** ~ 60% of the magazine is advertisements *pl;* **sie ist in der** ~ she's in advertising; **Werbungskosten** *pl* advertising costs, income-related costs

Werdegang <-(e)s> *m* **1.** (*Entwicklung*) development **2.** (*beruflich*) career

Werden *nt* **1.** (*Entwicklung*) development **2.** (*philosophisch*) Becoming; **im ~ sein** be in the making

werden ['veːɐdən] *irr vi* **1.** (*futurisch, konjunktivisch*) will [*o* shall] **2.** (*zu etw* ~) become, get **3.** (*sein* ~) be going to be **4.** (*sich verwandeln in*) turn into; **anders** ~ change; **wer wird denn gleich!** (*fam*) come on, now!; **es wird gleich regnen** it's going to rain; **verrückt** ~ go crazy; **kalt** ~ turn cold; **wird schon ~!** it'll turn out all right!; **was soll das ~?** what's that going to be?; **wird Zeit, dass du kommst** it's time you came; **das Stück wurde verfilmt** the play was turned into a film; **nichts wird ihn von seinem Vorhaben abbringen** nothing will turn him from his purpose; **alt** ~ become old; **Arzt** ~ become a doctor; **ich weiß nicht, was aus ihm noch werden soll** I don't know what will become of him

werfen ['vɛrfən] **I.** *irr vt, vi* **1.** throw (*nach* at) **2.** (*Junge kriegen*) have; **einen Blick auf etw** ~ cast one's eyes over s.th.; **einen Schatten auf ...** ~ throw a shadow on ...; **sich in einen Sessel** ~ drop into an armchair; **einen Ball 50 m weit** ~ throw a ball 50 metres; **sich auf jdn** ~ throw o.s. at s.o.; **sie warf ihm einen eisigen Blick zu** she threw him an icy look **II.** *vi:* **mit etw** ~ throw s.th.; **mit Fremdwörtern um sich** ~ bandy foreign words about; **hat die Katze geworfen?** has the cat had its youngs? **III.** *vr* (TECH: *Holz*) warp; (*Metall*) buckle

Werft [vɛrft] <-, -en> *f* (MAR) shipyard; (AVIAT) hangar; **Werftarbeiter** *m* shipyard worker; **Werftkran** *m* quayside crane

Werg [vɛrk] <-(e)s> *nt* tow; **mit ~ verstopfen** tow

Werk [vɛrk] <-(e)s, -e> *nt* **1.** (*hergestelltes* ~) work **2.** (*Gesamt~*) works *pl* **3.** (*Fabrik*) works *pl* **4.** (TECH: *Mechanismus*) mechanism; **das ist mein** ~ this is my doing; **ab** ~ (COM) ex works *pl;* **am ~ sein** be at work; **es sind Kräfte am ~, die ...** there are forces at work which ...; **ein literarisches** ~ a work of literature

Werkbank <-, ⸚e> *f* workbench

werkeln ['vɛrkəln] *vi* potter around

werkgetreu *adj* true to the original

Werkkunstschule *f* arts and crafts school; **Werkmeister** *m* foreman; **Werksangehörige(r)** *f m* works [*o* factory] employee; **Werksarzt, -ärztin** *m, f* company doctor; **Werkschutz** *m* works [*o* factory], security service; **werkseigen** *adj* company; **Werksgelände** *nt* factory premises *pl;* **Werksleiter(in)** *m(f)* works [*o* factory] manager

Werkspionage *f* industrial espionage; **Werkstatt** *f* workshop; (*Auto~*) garage; (*eines Künstlers*) studio; **Werkstattwagen** *m* repair [*o* workshop] truck; **Werkstoff** *m* material; **Werkstück** *nt* (TECH) workpiece

Werksvertrag *m* contract of manufacture; **Werkswohnung** *f* company flat *Br,* company apartment *Am*

Werktag *m* work(ing) day; **werktags** *adv* on workdays

werktätig *adj* working; ~**e Bevölkerung** working classes *pl;* **die Werktätigen** the working people

Werkzeug <-(e)s, -e> *nt* (*a. fig*) tool; **Werkzeugkasten** *m* toolbox; **Werkzeugmacher(in)** *m(f)* toolmaker; **Werkzeugmaschine** *f* machine tool; **Werkzeugschrank** *f* tool cabinet; **Werkzeugtasche** *f* tool bag

Wermut ['ve:ɐmu:t] <-(e)s> *m* **1.** (*Pflanze*) wormwood **2.** (*aromatisierter Wein*) vermouth; **ein ~stropfen** a drop of bitterness

Wert [ve:ɐt] <-(e)s, -e> *m* **1.** (*Geld~, Bedeutung*) value **2.** (*~gegenstand*) article of value; ~**e** (*Ergebnis~, Test~*) results; **von ~ sein** be of value; **ich lege keinen großen ~ darauf** I don't attach great importance to it; **sie kennen ihren wahren ~ nicht** they don't appreciate her real value; **sittliche ~e** moral standards; **wenn Sie ~ auf meine Meinung legen ...** if you value my opinion ...; **Bücher im ~ von DM 500** 500 marks worth of books; **seinen wahren ~ zeigen** show one's true worth; **im ~ steigen** increase in value

wert [ve:ɐt] *adj:* **was ist der Wagen ~?** what's the value of the car?; **was ist er gebraucht ~?** what's it's second-hand value?; **es ist sein Geld ~!** it's good value!; **der ist sein Geld nicht ~!** it doesn't give you value for money!; **was ist das ~?** what's this worth?; **so viel kann es unmöglich ~ sein!** it can't be worth that!; **ob es der Mühe ~ ist?** is it worth the trouble?; **wie viel ist das momentan ~?** what's the current worth of this?

Wertangabe *f* declaration of value; **Wertarbeit** *f* workmanship; **wertbeständig** *adj* stable in value; **Wertbeständigkeit** *f* stability of value; **Wertbrief** *m* registered letter

werten *vt* **1.** (*beurteilen*) judge (*als* to be) **2.** (*einstufen*) rate (*als* as) **3.** (SPORT: *Punkte geben*) give a score; (*als gültig ~*) allow; **ein Tor nicht ~** (SPORT) disallow a goal

Wertesystem *nt* system of values; **Wertewandel** *m* change in values

wertfrei *adj* (*fig*) unbiased, without prejudice

Wertgegenstände *mpl* valuables

Wertigkeit *f* (CHEM LING) valency

Wertkartenhandy *nt* card mobile

wertlos *adj* valueless, worthless; **Wertmaßstab** *m* standard; **Wertminderung** *f* reduction in value; **Wertpapier** *nt* bond, security; **Wertpapierbörse** *f* stock exchange; **Wertpapierhandel** *m* securities trading; **Wertpapierhändler(in)** *m(f)* securities dealer; **Wertpapiermarkt** *m* securities market; **Wertschätzung** *f* esteem, high regard; **Wertschöpfung** *f* value production; **Wertstoffhof** *m* recycling centre

Wertung *f* assessment, evaluation; (*Beurteilung*) judging; (SPORT: *nach Punkten*) scoring

Werturteil *nt* value judgement

Wertverlust *m* depreciation

wertvoll *adj* **1.** precious, valuable **2.** (*ethisch*) worthy

Wertvorstellung *f* moral concept; **Wertzuwachs** *m* increase in value

Wesen ['ve:zən] <-s, -> *nt* **1.** (*Natur*) nature **2.** (*Kreatur*) creature; **ein menschliches ~** a human being; **ein fröhliches ~ haben** have a happy nature; **es entspricht nicht meinem ~, so etw zu sagen** it is not my nature to say things like that; **wesenhaft** *adj* essential, intrinsic; **wesenlos** *adj* insubstantial; **Wesenszug** *m* characteristic feature, trait

wesentlich I. *adj* **1.** (*essenziell*) essential **2.** (*grundlegend*) fundamental **3.** (*eigentlich*) intrinsic **4.** (*beträchtlich*) substantial **5.** (*wichtig*) important; **das Wesentliche** the essential part; (*Kern*) the gist **II.** *adv* **1.** (*beträchtlich*) considerably **2.** (*grundlegend*) fundamentally; **es ist mir ~ lieber, wenn wir ...** I'd much rather we ...; **im Wesentlichen**[RR] essentially

weshalb [-'-] *adv* **1.** (*Frage*) why **2.** (*relativ*) for which reason; **der Grund, ~ ...** the reason why ...

Wespe ['vɛspə] <-, -n> *f* wasp; **Wespennest** *nt* wasps' nest; **in ein ~ stechen** stir up a hornets' nest

wessen ['vɛsən] *pron* **1.** (*von wem*) whose **2.** (*wovon*) of what

Westdeutschland *nt* Western Germany

Weste ['vɛstə] <-, -n> *f* **1.** (*Herren~*) waistcoat *Br,* vest *Am* **2.** (*Strick~*) cardigan; **eine reine ~ haben** have a clean slate

Westen ['vɛstən] <-s> *m* West; **im ~ von ...** to the west of ...; **der Wind kommt von ~** the wind is blowing from the west; **nach ~ unterwegs** west-bound

Westentasche *f* waistcoat pocket *Br,* vest pocket *Am;* **etw wie seine ~ kennen** (*fam*) know s.th. like the palm of one's hand

Western ['vɛstɐn] <-s, -> *m* (FILM) western

Westfalen [vɛst'fa:lən] <-s> *nt* Westphalia

westindisch *adj* West Indian; **die ~en Inseln** the West Indies

Westküste *f* west coast

westlich I. *adj* **1.** (GEOG) western **2.** (POL) Western **3.** (METE) westerly; ~ **ausgerichtet**

W

westernized; **am weitesten** ~ westernmost **II.** *adv* to the west (*von* of) **III.** *präp* west of …

Westmächte ['vɛstmɛçtə] *fpl* (POL) Western Powers

westwärts *adv* westward(s), (to the) west

Westwind *m* west wind

weswegen *adv* **1.** (*Frage*) why **2.** (*relativ*) for which reason; **der Grund, ~ …** the reason why …

Wettannahme *f* betting office

Wettbewerb ['vɛtbəvɛrp] <-(e)s, -e> *m* competition; **in ~ treten** enter into competition (*mit jdm* with s.o.); **Wettbewerber(in)** *m(f)* competitor; **Wettbewerbsfähigkeit** *f* competitiveness; **Wettbewerbsregel** *f* competition rule; **Wettbewerbsverzerrung** *f* competitive distortions *pl*

Wette ['vɛtə] <-, -n> *f* bet; **ich gehe jede ~ ein, dass …** I'll bet you anything that …; **mit jdm um die ~ laufen** race s.o.; **lass uns um die ~ laufen!** let's run race!; **darauf gehe ich jede ~ ein!** I'll bet you anything you like!; **mit jdm eine ~ eingehen** have a bet with s.o.; **was gilt die ~?** what will you bet me?

Wetteifer *m* competitive zeal; **wetteifern** ['---] *vi* vie (*mit jdm um etw* with s.o. for s.th.)

wetten *vt, vi* bet (*auf etw* on s.th., *mit jdm* with s.o., *mit jdm um etw* s.o. s.th.); **ich habe mit ihm gewettet, dass …** I have a bet with him that …; **ich habe mit ihm um 10 Mark gewettet** I bet him 10 marks; **zehn gegen eins ~** bet ten to one; **~, dass er kommt!** I bet he'll come!; **~, dass du das nicht tust!** bet you won't do it!; **~, dass ich das tue!** bet you I do!

Wetter ['vɛtɐ] <-s, -> *nt* (METE) **1.** weather **2.** (*Un~*) storm, tempest; **bei (diesem) kalten ~** in (this) cold weather; **was für ein ~!** what weather!; **wie ist das ~?** what's the weather like?; **bei jedem ~** in all weathers *pl;* **bei jdm gut ~ machen** make up to s.o.; **schlagende ~** (MIN) fire-damp *sing*

Wetteramt *nt* weather office; **Wetteraussichten** *pl* weather outlook [*o* prospects]; **Wetterbericht** *m* weather report; **wetterbeständig** *adj* weatherproof; **Wetterdienst** *m* meteorological [*o* weather] service; **Wetterfahne** *f* weather vane; **wetterfest** *adj* weatherproof; **wetterfühlig** *adj* sensitive to changes in the weather; **Wetterfühligkeit** *f* sensitivity to the weather; **Wetterhahn** *m* weathercock; **Wetterkarte** *f* weather chart [*o* map]; **Wetterlage** *f* weather situation; **Wetterleuchten** *nt* **1.** sheet lightning **2.** (*fig*) storm clouds *pl*

wettern ['vɛtɐn] *vi* **1.** (*ein Gewitter geben*): **es wettert** there's a thunderstorm **2.** (*schimpfen*) curse and swear; **gegen** [*o* **auf**] **etw ~** rail against s.th.

Wettersatellit *m* weather satellite; **Wetterumschwung** *m* sudden change in the weather; **Wettervorhersage** *f* weather forecast; **Wetterwarte** *f* meteorological [*o* weather] station; **Wetterwolke** *f* storm cloud

Wettkampf *m* competition; **Wettkämpfer(in)** *m(f)* competitor; **Wettlauf** *m* race; **einen ~ machen** run a race; **wettlaufen** *vi* run a race; **Wettläufer(in)** *m(f)* runner

wett|machen *vt* make up for; (*Verluste*) make good; (*Rückstand*) make up

Wettrennen *nt* race; **Wettrüsten** <-s> *nt* arms race; **Wettstreit** *m* competition, contest; **mit jdm in ~ liegen** compete with s.o.; **mit jdm in ~ treten** enter into competition with s.o.

wetzen ['vɛtsən] **I.** *vt haben* (*schärfen*) sharpen, whet **II.** *vi sein* (*fam: rennen*) scoot; **Wetzstein** *m* whetstone

WG <-, -s> *f* (*fam*) *Abk. von* **Wohngemeinschaft** shared flat

Whirlpool ['wɜːlpuːl] <-s, -s> *m* whirlpool bath; **Whirlwanne** *f* whirlpool bath

Wichse ['vɪksə] <-, -n> *f* **1.** (*Schuh~*) shoe polish **2.** (*fam: Prügel*) hiding; **du kriegst gleich ~!** you'll get a good hiding!; **wichsen I.** *vi* (*vulg*) jerk off, wank *Br* **II.** *vt:* **seine Schuhe ~** polish one's shoes *Br,* shine one's shoes *Am;* **Wichser** *m* (*vulg*) wanker *Br,* jerk-off *Am*

Wicht [vɪçt] <-(e)s, -e> *m* **1.** (*kleines Geschöpf*) creature **2.** (*poet: Gnom*) goblin; **armer ~** poor wretch; **Wichtelmännchen** ['vɪçtəlmɛnçən] *nt* brownie

wichtig ['vɪçtɪç] *adj* important; **ich verstehe nicht, warum das ~ sein soll** I don't see the importance of that; **nicht (besonders) ~ sein** be of no (great) importance; **sie will sich nur ~ machen** she just wants to get attention; **sich ~ vorkommen** be full of o.s.; **Wichtigkeit** *f* importance; **Wichtigtuer(in)** *m(f)* (*pej*) pompous ass, stuffed shirt; **Wichtigtuerei** *f* (*pej*) pomposity, pompousness

Wicke ['vɪkə] <-, -n> *f* garden pea

Wickel ['vɪkəl] <-s, -> *m* **1.** (MED) compress **2.** (*Locken~*) curler; **beim ~ kriegen** (*fam*) grab by the scruff of the neck; (*fig*) have someone's guts for garters; **Wickelkind** *nt* **1.** (*Säugling*) babe-in-arms **2.** (*fig*) baby; **Wickelkommode** *f* baby's changing unit

wickeln I. *vt* **1.** (*ein~*) wrap (*in* in) **2.** (*schlingen*) wind (*um* round) **3.** (ELEK:

Spule) coil; **jdn um den Finger** ~ twist s.o. round one's finger; **da bist du aber schief gewickelt!** (*fam*) you've got another think coming!; **einen Säugling** ~ put on a baby's nappy *Br,* put on a baby's diaper *Am* **II.** *vr* wrap o.s. [*o* itself] (*in* in, *um* around)

Wickelraum *m* nursing room

Widder ['vɪdɐ] <-s, -> *m* **1.** (*Schafbock*) ram **2.** (*Sternzeichen*) Aries

wider ['vi:dɐ] *präp:* ~ **Erwarten** contrary to expectations *pl;* **das Für und Wider** the pros and cons *pl;* **widerfahren** *irr vi sein* happen (*jdm* to s.o.); (*Unglück*) befall (*jdm* s.o.)

Widerhaken *m* (*an Angel, Pfeil*) barb

Widerhall *m* **1.** echo, reverberation **2.** (*fig*) response; **wider|hallen** *vi* echo, reverberate (*von* with)

widerlegen *vt* **1.** (*Argumente*) disprove, refute **2.** (*Person*) prove wrong

widerlich ['vi:dɐlɪç] *adj* **1.** (*eklig*) disgusting **2.** (*Person*) repulsive **3.** (*fam: schlimm*) nasty

widernatürlich *adj* **1.** (*unnatürlich*) unnatural **2.** (*pervers*) perverted

widerrechtlich *adj* illegal, unlawful; **sich etw** ~ **aneignen** misappropriate s.th.

Widerrede *f* contradiction; **keine** ~**!** don't argue!; **ich dulde keine** ~ I will not have any arguments about it; **ohne** ~ without protest

Widerruf *m* revocation; (COM: *von Bestellung*) cancellation; **bis auf** ~ until revoked; ~ **leisten** recant; **widerrufen** *irr vt* (*Erlaubnis*) revoke; (*Befehl*) countermand; (*Aussage, Geständnis*) retract

Widersacher(in) *m(f)* adversary, antagonist, opponent

Widerschein *m* reflection

widersetzen *vr* oppose (*jdm, einer Sache* s.o., s.th.)

Widersinn <-(e)s> *m* absurdity; **widersinnig** *adj* absurd, nonsensical

widerspenstig ['vi:dɐʃpɛnstɪç] *adj* **1.** (*aufsässig*) unruly, wilful; (*eigensinnig*) stubborn **2.** (*fig*) unmanageable; ~**e Haare** unruly hair; **Der Widerspenstigen Zähmung** (*Drama von Shakespeare*) The Taming of the Shrew; **Widerspenstigkeit** *f* **1.** (*Aufsässigkeit*) unruliness; (*Eigensinn*) stubbornness **2.** (*fig*) unmanageableness

wider|spiegeln I. *vt* (*a. fig*) reflect **II.** *vr* be reflected

widersprechen I. *irr vi* contradict (*jdm, einer Sache* s.o., s.th.); **da muss ich aber** ~**!** I've got to contradict you there!; **rundheraus** ~ give a flat contradiction **II.** *vr* **1.** (*von Person*) contradict (*sich selbst* o.s., *einander* each other) **2.** (*Aussagen*) be inconsistent; **widersprechend** *adj* (*Aussagen*) inconsistent, contradictory

Widerspruch *m* contradiction; **im** ~ **zu etw stehen** be contradictory to s.th.; **er duldet keinen** ~ he dislikes any contradiction of his view; **auf** ~ **stoßen** meet with opposition (*bei* from); **zu etw im** ~ **stehen** be contradictory to s.th.; **es ist kein** ~ **zu behaupten ...** it is not contradictory to say ...; **widersprüchlich** *adj* contradictory; ~**es Verhalten** inconsistent behaviour; **Widerspruchsgeist** *m* spirit of opposition; **er war voller** ~ he was in a contradictory mood; **widerspruchslos** *adv* without arguing

Widerstand *m* **1.** (*Widersetzung*) resistance **2.** (ELEK) resistor; **zum** ~ **aufrufen** call upon people to resist; **auf** ~ **stoßen** meet with resistance; **jdm (gegen etw) keinen** ~ **leisten** offer no resistance to s.o. (s.th.); **es erhebt sich** ~ there is resistance; **Widerstandsbewegung** *f* resistance movement; **widerstandsfähig** *adj* (MED TECH) resistant (*gegen* to); (*robust*) robust; **Widerstandsfähigkeit** *f* (MED TECH) resistance (*gegen* to); (*Robustheit*) robustness; **Widerstandskämpfer(in)** *m(f)* resistance fighter; **Widerstandskraft** *f* power of resistance; **widerstandslos** *adj, adv* without resistance

widerstehen *irr vi* resist; (*standhalten*) withstand

Widerstreben [--'--] *nt* reluctance; **widerstreben** *vi* **1.** oppose (*jdm, einer Sache* s.o., s.th.) **2.** (*zuwider sein*): **es widerstrebt mir so etw zu tun** I am reluctant to do anything like that; **widerstrebend** *adj* **1.** (*widerwillig*) reluctant **2.** (*gegensätzlich*) conflicting; **etw** ~ **tun** do s.th. with reluctance

Widerstreit *m* conflict (*zu* with)

widerwärtig ['vi:dɐvɛrtɪç] *adj* **1.** (*ekelhaft*) disgusting **2.** (*unangenehm*) objectionable; **Widerwärtigkeit** *f* **1.** offensiveness; (*Ekelhaftigkeit*) disgusting nature **2.** (*Unannehmlichkeit*) objectionable nature

Widerwille *m* (*Widerstreben*) reluctance; **mit** ~**n** reluctantly; **etw mit** ~**n tun** do s.th. with reluctance; **widerwillig** *adj* reluctant, unwilling; **er ist nur** ~ **Soldat** he is a reluctant soldier; **etw** ~ **tun** do s.th. with reluctance

widmen ['vɪtmən] **I.** *vt* (*zueignen*) dedicate (*jdm etw* s.th. to s.o.); (*schenken, verwenden auf*) devote (*jdm etw* s.th. to s.o.) **II.** *vr* (*hingeben*) devote o.s. to ...; (*einem Problem, Gästen*) attend to ...; **Widmung** <-, -en> *f* dedication (*an* to)

widrig ['vi:drɪç] *adj* adverse; (*ungünstig*)

unfavourable

wie [viː] *adv, konj* **1.** (*fragend*) how; (*welcher Art, was*) what **2.** (*vergleichend bei adj o adv*) as; (*vergleichend bei Substantiv*) like; **so groß, ~ er ist ...** as big as he is ...; **~ dem auch sei ...** be that as it may ...; **ich habe es ~ er gemacht** I did as he did; **~ Sie selbst gesagt haben** as you yourself said; **~ kommt denn das?** how come?; **~ kommt es, dass ...?** how is it that ...?; **~ ist das möglich?** how can that be?; **~ viele?** how many?; **~ viel[RR]** how much *pl;* (*wie viele*) how many; **um ~ viel[RR] größer** how much bigger; **~ geht's?** how are you?; **~ wäre es damit?** how about it?; **~ wär's mit einem Spaziergang?** how about going for a walk?; **~ geht's im Betrieb?** how are things at the office?; **na, und ~!** and how!; **~ sie nun mal ist ...** the way she is ...; **~ noch nie** as never before; **~ ist er?** what's he like?; **~ ein Mann** like a man; **~ verrückt** (*fam*) like anything; **mach es so ~ ich** do it like I do; **~ findest du das?** how do you like that?; **~ bitte?** pardon?; **~ man's nimmt** that depends

Wiedehopf [ˈviːdəhɔpf] <-(e)s, -e> *m* (*Vogel mit langem, dünnem Schnabel*) hoopoe

wieder [ˈviːdɐ] *adv* again; **da sieht man mal ~ ...** it just shows ...; **immer ~** time and again; **schon ~!** not again!; **schon ~ Eier!** not eggs again!; **da bin ich ~** it's me again; **du schon ~?** you again!; **da wären wir ~!** here we are again!; **~ aufbauen[RR]** rebuild, reconstruct; **~ aufbereiten[RR]** recycle, reprocess; **~ aufladen[RR]** recharge; **~ beleben[RR]** revive; **~ einführen[RR]** reintroduce; **~ eingliedern[RR]** reintegrate; **~ einsetzen[RR]** reinstate; **~ einstellen[RR]** re-employ; **~ erkennen[RR]** recognize; **~ ernennen[RR]** reappoint; **~ eröffnen[RR]** reopen; **~ erzählen[RR]** retell; **~ finden[RR]** find again; **~ gutmachen[RR]** make good, compensate for; **~ sehen[RR]** see again, meet again; **~ vereinigen** reunite

wieder- *präfix* re-

Wiederaufbau <-(e)s> *m* (*a. fig*) rebuilding, reconstruction; **wiederauf|bauen** *vt s.* **wieder**

wiederauf|bereiten *vt s.* **wieder**

Wiederaufbereitung *f* **1.** recycling **2.** (*von Atommüll*) reprocessing; **Wiederaufbereitungsanlage** *f* (*für Kernbrennstoff*) reprocessing plant

wiederauf|laden *vt s.* **wieder**

Wiederaufnahme *f* **1.** (*von Gespräch*) resumption; (*von Ideen*) readoption **2.** (JUR) reopening; **Wiederaufnahmeverfahren** *nt* (JUR: *im Strafrecht*) retrial; (*im Zivilrecht*) rehearing; **wiederauf|nehmen** *irr vt* **1.** (*Gespräch*) resume; (*Ideen, Hobbies*) take up again **2.** (JUR) reopen **3.** (*in Gemeinschaft*) readmit

wieder|bekommen *irr vt* get back

wieder|beleben *vt s.* **wieder**; **Wiederbelebung** *f* (*a. fig*) revival; (MED) resuscitation; **Wiederbelebungsversuch** *m* **1.** (MED) attempt at resuscitation **2.** (*fig*) attempt at revival; **~e bei jdm anstellen** attempt to revive s.o.

Wiederbeschaffung *f* replacement

wieder|bringen *irr vt* bring back

Wiedereinfuhr *f* re-importation; **wiederein|führen** *vt s.* **wieder**; **Wiedereinführung** *f* reintroduction

wiederein|gliedern *vt s.* **wieder**; **Wiedereingliederung** *f* (*von Straftätern*) reintegration

wiederein|setzen *vt s.* **wieder**

wiederein|stellen *vt s.* **wieder**; **Wiedereinstellung** *f* re-employment

Wiedereintritt *m* re-entry (*in* into)

wieder|erhalten *irr vt* recover

wieder|erkennen *vt s.* **wieder**

wieder|erlangen *vt* regain; (*Eigentum*) recover

wiederernennen *vt s.* **wieder**

Wiederernennung *f* reappointment

wieder|eröffnen *vt s.* **wieder**; **Wiedereröffnung** *f* reopening

wieder|erstatten *vt* refund, reimburse (*jdm etw* s.o. for s.th.)

wieder|erzählen *vt s.* **wieder**

wieder|finden *vt s.* **wieder**

Wiedergabe *f* **1.** (*von Bild*) reproduction **2.** (*fig*) rendering **3.** (*Übersetzung*) translation; **bei der ~** in reproduction; **getreue ~** (*von Bild, Ton*) high fidelity

wieder|geben *irr vt* **1.** (*zurückgeben*) give back **2.** (*beschreiben*) describe **3.** (*reproduzieren*) reproduce; **was ich empfinde, lässt sich nicht ~** words cannot convey what I feel

Wiedergeburt *f* rebirth, reincarnation

wieder|gewinnen *irr vt* (*a. fig*) regain; (*Person*) win back

wiedergut|machen *vt s.* **wieder**; **Wiedergutmachung** *f* compensation; (POL) reparations *pl;* (JUR) redress; **als ~ für ...** to make up for ...

wieder|haben *irr vt* (*fam*) have got back; **etw ~ wollen** want s.th. back

wiederher|stellen *vt* restore; (*reparieren*) repair; (*Beziehungen*) re-establish; **wiederhergestellt sein** (*gesundheitlich*) have recovered; **Wiederherstellung** *f* re-establishment, restoration; (*gesundheitlich*) restoration of one's health

wieder|holen[1] *vt* (*zurückholen*) get back

wiederholen[2] **I.** *vt, vi* (*noch einmal tun*) repeat; (*mehrmals*) reiterate **II.** *vr* **1.** (*Per-*

son) repeat o.s. **2.** (*noch einmal geschehen*) recur; **wiederholt** *adj* repeated; **zum ~en Male** once again; **~e Male** repeatedly; **Wiederholung** *f* repetition; (*mehrmalige ~*) reiteration; (RADIO TV) repeat; (SCHULE: *von Lernstoff*) revision; (SPORT: *von Spiel*) replay; (*von Strafstoß*) retake

Wiederhören *nt:* **auf ~!** (TELE) goodbye!; (RADIO) goodbye for now!

Wiederinstandsetzung *f* repair, repairs (*einer Sache* to s.th.)

wieder|käuen ['vi:dɐkɔɪən] **I.** *vt* **1.** (*von Tier*) ruminate **2.** (*fam*) go over and over again **II.** *vi* **1.** ruminate **2.** (*fam*) harp on; **Wiederkäuer** *m* ruminant

Wiederkehr ['vi:dɐke:ɐ] <-> *f* **1.** (*Rückkehr*) return **2.** (*ständiges Vorkommen*) recurrence; **bei meiner ~** on my return; **wieder|kehren** *vi* **1.** *sein* (*sich wiederholen*) be repeated **2.** (*immer wieder vorkommen*) recur **3.** (*zurückkehren*) return

wieder|kommen *irr vi sein* come back; **komm doch mal wieder vorbei!** you must come round again!

Wiedersehen *nt* reunion; **Auf[RR]/auf ~!** goodbye!, see you again! *Am;* **wieder|sehen** *vt s.* **wieder**; **Wiedersehensfreude** *f* pleasure of seeing each other again

wiederum ['vi:dərʊm] *adv* **1.** (*nochmals*) again, anew **2.** (*hingegen*) on the other hand; **sie ~ sagte, …** she, for her part, said …

wieder|vereinigen *vt s.* **wieder**

Wiedervereinigung *f* reunification

Wiederverheiratung *f* remarriage

Wiederverkäufer *m* reseller; (*Einzelhändler*) retailer; **Wiederverkaufswert** *m* resale value

Wiederverwendung *f* reuse; **Wiederverwertung** *f* reutilization

Wiedervorlage *f* renewed submission

Wiederwahl *f* re-election; **wieder|wählen** *vt* re-elect

Wiederzulassung *f* re-admission; (AUTO) relicensing

Wiege ['vi:gə] <-, -n> *f* cradle

Wiegemesser *nt* chopping knife

wiegen[1] ['vi:gən] *irr vt, vi* (*Gewicht feststellen*) weigh; **~ lassen** (*Gepäck*) weigh in

wiegen[2] **I.** *vt* **1.** (*schaukeln*) rock; (*Hüften*) sway; (*Kopf*) shake slowly **2.** (*zerkleinern*) chop up **II.** *vr* (*Boot*) rock gently; (*Bäume, Personen*) sway

Wiegenlied *nt* cradle song, lullaby

wiehern ['vi:ɐn] *vi* **1.** (*von Pferd*) neigh **2.** (*pej: lachen*) bray

Wien [vi:n] *nt* Vienna; **Wiener(in)** *m(f)* Viennese; **~ Schnitzel** veal cutlet, Wiener schnitzel; **~ Würstchen** frankfurter *Br,* wiener *Am*

Wiese ['vi:zə] <-, -n> *f* meadow

Wiesel ['vi:zəl] <-s, -> *nt* weasel

wieso [vi'zo:] *adv* why; **~ weißt du das?** how do you know that?

wieviel *adv s.* **wie**

wievielt *adj:* **den Wievielten haben wir heute?** what day of the month is it?

Wild [vɪlt] <-(e)s> *nt* **1.** (*~tiere*) game; (*Rot~*) deer **2.** (*Fleisch vom Rot~*) venison

wild *adj* **1.** wild **2.** (*unzivilisiert*) savage **3.** (*heftig*) fierce, furious; **den ~en Mann markieren** (*fam*) come the heavy; **~ durcheinander liegen** be strewn all over the place; **sei nicht so ~!** (*fam*) calm down a bit!; **das ~e Durcheinander im Zimmer** the wild disorder of the room; **das ist doch halb so ~!** (*fam*) it's not all that bad!; **~ wachsend[RR]** wild(-growing)

Wildbach *m* torrent

Wildbret ['vɪltbrɛt] <-s> *nt* (*Fleisch vom Rotwild*) venison; **Wilddieb** *m* poacher

Wilde(r) <-n, -n> *f m* **1.** savage **2.** (*Übergeschnappter*) madman, madwoman

Wildente *f* wild duck

Wilderer, -rin *m, f* poacher; **wildern** ['vɪldɐn] *vi* **1.** (*vom Menschen*) poach **2.** (*von Hund*) kill game

wildfremd *adj* (*fam*) completely strange

Wildheit *f* wildness; (*Kampf, Blicke*) fierceness; (*von Eingeborenen*) savagery

Wildhüter(in) *m(f)* gamekeeper

Wildleder *nt* suede

Wildnis <-> *f* wilderness

Wildpark *m* (*für Rotwild*) game [*o* deer] park

wildreich *adj* abounding in game

Wildsau *f* **1.** wild sow **2.** (*sl pej*) pig

Wildschaden *m* damage caused by game

Wildschwein *nt* wild boar [*o* pig]

wildwachsend *adj s.* **wild**

Wildwasserfahrt *f* rapid-river canoeing; **Wildwechsel** *m* deer pass

Wildwestfilm *m* western

Wille ['vɪlə] <-ns, (-n)> *m* **1.** will **2.** (*Absicht*) intention; **seinen ~n durchsetzen** have one's own way; **einen eigenen ~n haben** have a will of one's own; **gegen seinen ~n handeln** go against one's will; **beim besten ~n nicht** not with the best will in the world; **das geschah gegen meinen ~n** that was done against my will; **ich kann mich beim besten ~n nicht erinnern** I can't for the life of me remember

willenlos *adj* spineless, weak-willed; **er ist völlig ~** he has no will of his own; **jds ~es Werkzeug sein** be someone's mere tool

willens ['vɪləns] *adj:* **~ sein** be willing

Willensfreiheit *f* freedom of will; **Wil-**

lenskraft *f* strength of mind, will-power; **willensschwach** *adj* weak-willed; **willensstark** *adj* strong-willed; **willentlich** ['vɪləntlɪç] *adj* deliberate, wilful

willfährig ['vɪlfɛ:rɪç] *adj:* **jdm ~ sein** submit to s.o.

willig *adj* willing

Willkommen *nt* welcome; **willkommen** *adj* welcome; **Sie sind uns jederzeit ~!** you always are welcome here!; **herzlich ~!** welcome!; **jdn bei sich ~ heißen** welcome s.o. to one's house

Willkür ['vɪlky:ɐ] <-> *f* arbitrariness; **jds ~ ausgeliefert sein** be completely at someone's mercy; **willkürlich** *adj* **1.** (*despotisch*) arbitrary **2.** (*vorsätzlich*) at will

wimmeln ['vɪməln] *vi* swarm, teem (*von* with); **die Bahnhofshalle wimmelte von Leuten** the station was swarming with people

wimmern ['vɪmɐn] *vi* whimper

Wimpel ['vɪmpəl] <-s, -> *m* pennant

Wimper ['vɪmpɐ] <-, -n> *f* eyelash; **ohne mit der ~ zu zucken** without batting an eyelid; **Wimperntusche** *f* mascara

Wind [vɪnt] <-(e)s, -e> *m* wind; **der ~ kommt von Westen** it's a west wind; **hart am ~ segeln** sail close to the wind; **jetzt weht hier ein frischerer ~** now there's a wind of change here; **sehen, woher der ~ weht** see which way the wind blows; **jdm den ~ aus den Segeln nehmen** take the wind out of someone's sails; **von etw ~ bekommen** get wind of s.th.; **jds Bedenken in den ~ schlagen** cast someone's caution to the winds; **mach nicht so viel ~!** (*fam*) don't make such fuss!

Windbeutel *m* **1.** (*Gebäck*) cream puff **2.** (*pej: Person*) frivolous and irresponsible person; **Windbö(e)** *f* gust of wind

Winde[1] ['vɪndə] <-, -n> *f* (TECH) winch, windlass

Winde[2] *f* bindweed

Windei *nt* (*pej*) non-starter

Windel ['vɪndəl] <-, -n> *f* nappy *Br,* diaper *Am;* **Windelhöschen** *nt* disposable nappy *Br,* disposable diaper *Am*

windelweich *adj* (*fam*): **jdn ~ schlagen** beat the shit out of s.o.

winden I. *irr vt* **1.** (*wickeln*) wind **2.** (*hoch~*) hoist, winch **3.** (*Kranz*) bind **4.** (*ent~*) wrest (*jdm etw aus der Hand* s.th. out of someone's hand) **II.** *vr* **1.** (*Pflanze, Schlange*) wind (itself) **2.** (*vor Verlegenheit*) squirm (*vor* with, in); (*vor Schmerz*) writhe (*vor* with, in) **3.** (*Fluss*) meander; (*Weg*) wind

Windenergie *f* wind energy

Windeseile *f:* **sich mit ~ verbreiten** spread like wildfire; **etw in ~ tun** do s.th. in no time at all

Windfang *m* **1.** (*als Vorflur*) draught-excluder *Br,* draft-excluder *Am* **2.** (*als Vorbau*) porch; **windgeschützt I.** *adj* sheltered (from the wind) **II.** *adv:* **das Haus liegt ~** the house lies in a sheltered place; **Windhauch** *m* breath of wind; **Windhose** *f* vortex; **Windhund** *m* **1.** greyhound **2.** (*pej: Luftikus*) careless and unreliable sort

windig *adj* **1.** windy **2.** (*pej: unsicher*) dubious

Windjacke *f* windcheater; **Windkraftwerk** *nt* wind power station; **Windlicht** *nt* storm lantern; **Windmühle** *f* windmill; **Windmühlenflügel** *m* windmill vane; **Windparkanlage** *f* wind-farm; **Windpocken** *pl* chicken-pox *sing;* **Windrad** *nt* (TECH) wind turbine; **Windrichtung** *f* wind direction; **Windrose** *f* **1.** (MAR) compass card **2.** (METE) wind rose; **Windschatten** <-s> *m* lee; (*von Fahrzeugen*) slipstream; **windschief** *adj* crooked; **Windschutzscheibe** *f* windscreen *Br,* windshield *Am;* **Windschutzstreifen** *m* shelter belt, windbreak; **Windstärke** *f* wind-force; **windstill** *adj* windless; **es ist völlig ~** there's no wind at all; **Windstille** *f* calm; **Windstoß** *m* gust of wind

Windsurfen *nt* (SPORT) windsurfing; **windsurfen** *vi* (SPORT) go windsurfing; **Windsurfer(in)** *m(f)* windsurfer

Windung *f* **1.** (ELEK: *Spulen~*) coil **2.** (*Fluss~*) meander **3.** (TECH: *Schrauben~*) thread; **die Straße hat viele ~en** the road is full of twists and turns

Wink [vɪŋk] <-(e)s, -e> *m* **1.** (*Hinweis*) hint, tip **2.** (*Zeichen*) sign; **jdm einen ~ geben** (*Tipp*) drop s.o. a hint; **jdm einen leisen ~ geben ...** give s.o. a gentle hint ...; **einen ~ verstehen** know how to take a hint

Winkel ['vɪŋkəl] <-s, -> *m* **1.** (MATH) angle **2.** (TECH: *Werkzeug*) square **3.** (*Stelle, Ecke*) corner; **spitzer, stumpfer, rechter ~** acute, obtuse, right angle; **toter ~** dead angle [*o* space]; **Winkeladvokat** *m* (*pej*) incompetent lawyer; **Winkeleisen** *nt* angle iron

winkelig *adj* **1.** (*Gässchen*) twisty **2.** (*Städtchen*) full of nooks and crannies

Winkellineal *nt* triangle; **Winkelmesser** *m* protractor

Winkelzug *m* dodge, trick

winken ['vɪŋkən] **I.** *irr vt, vi:* **jdm ~** wave one's hands to s.o.; **jdm zum Abschied ~** wave s.o. goodbye; **jdn zu sich ~** beckon [*o* wave] s.o. over to one; **er winkte mich zu sich** he waved me over; **mit dem Taschentuch ~** wave one's handkerchief; **einem Taxi ~** hail a taxi; **einem Kellner ~**

call a waiter **II.** *vi* (*in Aussicht stehen*) be in store; **dem Gewinner winkt eine Reise nach London** the winner will receive a trip to London

winklig *adj* **1.** (*Gässchen*) twisty **2.** (*Städtchen*) full of nooks and crannies

winseln ['vɪnzəln] *vi* (*Hund*) whine; (*pej: Mensch*) whimper; (*um Gnade*) grovel

Winter ['vɪntɐ] <-s, -> *m* winter; **durch den ~ bringen** winter; **es wird ~** winter is coming; **im ~** in winter; **mitten im ~** in the depth of winter; **Winterdienst** *m* (AUTO) winter road clearance; **Winterfell** *nt* winter coat; **Wintergarten** *m* conservatory; **Wintergetreide** *nt* winter crop; **Winterkleidung** *f* winter clothing; **winterlich** *adj* wintry; **~ gekleidet** dressed for winter

Wintermantel *m* winter (over) coat; **Winterreifen** *m* (AUTO) winter tyre/tire *Br/Am;* **Winterruhe** *f* winter rest period; **Winterschlaf** *m* (*von Tieren*) hibernation; **~ halten** hibernate; **Winterschlussverkauf**[RR] *m* winter (clearance) sales; **Wintersemester** *m* winter semester; **Wintersonnenwende** *f* winter solstice; **Wintersport** *m* winter sports *pl;* **Winterszeit** *f* (*literarisch*) wintertime

Winzer(in) ['vɪntsɐ] *m(f)* wine-grower

winzig ['vɪntsɪç] *adj* **1.** (*sehr klein*) tiny **2.** (*unbedeutend*) petty; **ein ~es Bisschen** a tiny little bit; **~ klein** minute

Winzling ['vɪntslɪŋ] <-, -e> *m* (*pej*) mite

Wipfel ['vɪpfəl] <-s, -> *m* treetop

Wippe ['vɪpə] <-, -n> *f* seesaw; **wippen** *vi* **1.** (*auf Wippe*) seesaw **2.** (*auf und ab ~*) bob up and down; (*hin und her ~*) teeter; **mit dem Fuß ~** jiggle one's foot; **in den Knien ~** give at the knees

wir [viːɐ] *pron* we; **~ beide** (**drei**) the two (three) of us; **wer war das? – ~ nicht!** who was that? – it wasn't us!; **wer ist da? – ~ sind's!** who's there? – it's us!

Wirbel ['vɪrbəl] <-s, -> *m* **1.** (*a. fig*) whirl **2.** (*Wasser~*) eddy, whirlpool **3.** (ANAT: *Rücken~*) vertebra **4.** (*am Scheitel*) crown; **mach nicht so 'n ~!** (*fam*) don't make such a to-do!; **das hat einen ganz schönen ~ gemacht!** (*fam*) that caused a lot of commotion!

wirbellos *adj* (*Lebewesen*) invertebrate

wirbeln *vt, vi* whirl; (*Staub, Laub*) swirl; (*Trommel*) roll

Wirbelsäule *f* spinal column

Wirbelsturm *m* whirlwind

Wirbeltier *nt* vertebrate

Wirken <-s> *nt* (*geh*) work; **am ~ sein** be at work

wirken[1] ['vɪrkən] **I.** *vi* **1.** (*wirksam sein*) have an effect (*auf* on) **2.** (*so erscheinen*) appear, seem **3.** (*zur Geltung kommen*) be effective **4.** (*am Werk sein*) be at work; **wirkt die Tablette schon?** is the pill taking effect?; **sie wirkt jünger, als sie ist** she seems younger than she is; **das wirkt nur so** it only seems like it **II.** *vt:* **Wunder ~** work wonders

wirken[2] *vt* (*weben*) weave

wirklich **I.** *adv* really; **ach ~?** (*als Antwort*) (what,) really?; **ich weiß ~ nicht, was ich davon halten soll** I really don't know what to think; **sie ist ~ blöd** (*fam*) she is really an idiot; **hat er das ~ gesagt?** did he actually say that?; **wenn du ~ einen Jaguar hast …** if you actually own a Jaguar … **II.** *adj* (*tatsächlich*) real; **ein ~er Freund** a true friend; **Wirklichkeit** *f* reality; **~ werden** come true

wirksam *adj* effective; **~ werden** take effect; **~ bleiben** remain in effect; **Wirksamkeit** *f* effectiveness

Wirkstoff *m* active agent [*o* substance]

Wirkung *f* effect (*bei, auf* on); **unsere Warnung hatte keine ~** our warning was to no effect; **seine ~ verfehlen** not have the desired effect; **Wirkungsbereich** *m* **1.** (MIL) effected area **2.** (*Tätigkeitsbereich*) domain; **Wirkungsgrad** *m* (TECH) (degree of) effectiveness; **Wirkungskreis** *m* sphere of activity; **wirkungslos** *adj* ineffective; **Wirkungslosigkeit** *f* ineffectiveness; **wirkungsvoll** *adj* effective, efficacious; **Wirkungsweise** *f* (mode of) action; **die ~ eines …** the way a … works

wirr [vɪr] *adj* **1.** (*durcheinander*) confused **2.** (*unordentlich*) tangled **3.** (*verworren*) weird; (*verstiegen*) wild; **~e Gedanken** weird thoughts; **er ist ein ~er Kopf** he has crazy ideas; **Wirren** *pl* (POL) confusion *sing;* **Wirrkopf** *m* muddle-head; **Wirrwarr** ['vɪrvar] <-s> *m* **1.** (*Durcheinander*) confusion **2.** (*Stimmen~*) hubbub

Wirsing(kohl) ['vɪrzɪŋ] <-s> *m* savoy (cabbage)

Wirt [vɪrt] <-(e)s, -e> *m* (*Gast~*) landlord; **ich hatte die Rechnung ohne den ~ gemacht** (*fam*) there was one thing I hadn't reckoned with; **Wirtin** *f* (*Gast~, Vermieterin*) landlady

Wirtschaft ['vɪrtʃaft] *f* **1.** (*Volks~*) economy **2.** (*Industrie*) business world **3.** (*Gast~*) pub *Br,* bar *Am;* **das ist ja eine saubere ~ hier!** (*fam*) that's a fine state of affairs!; **die ~ ankurbeln** improve economies *pl;* **in der freien ~ tätig sein** work in industry; **wirtschaften** *vi* **1.** (*sparsam sein*) economize **2.** (*sich beschäftigen*) potter about

Wirtschafterin *f* housekeeper

wirtschaftlich *adj* **1.** (*volks~*) economic **2.** (*sparsam, a.* AUTO) economical; **mit etw**

~ **umgehen** use s.th. economically; **man muss ~ denken** one has to be economically minded; **in ~er Hinsicht schon, aber ...** economically yes, but ...; ~ **vertretbar** economically defendable; **Wirtschaftlichkeit** *f* economy

Wirtschaftsabkommen *nt* trade agreement; **Wirtschaftsaufschwung** *m* economic recovery [*o* upswing]; **Wirtschaftsbereich** *m* economic sector; **Wirtschaftsbeziehungen** *fpl* business relations; **Wirtschaftsentwicklung** *f* commercial development; **Wirtschaftsfaktor** *m* economic factor; **Wirtschaftsflüchtling** *m* economic refugee; **Wirtschaftsgebäude** *nt* working quarters *pl;* **Wirtschaftsgeld** *nt* housekeeping money; **Wirtschaftsgymnasium** *nt* commercial high school; **Wirtschaftshilfe** *f* economic aid; **Wirtschaftsjahr** *nt* financial year; **Wirtschaftskraft** *f* economic power; **Wirtschaftskriminalität** *f* business delinquency; **Wirtschaftskrise** *f* economic crisis; **Wirtschaftslage** *f* economic situation; **Wirtschaftsleben** *nt* business; **Wirtschaftsmacht** *f* economic power; **Wirtschaftsminister(in)** *m(f)* minister of trade and commerce; **Wirtschaftsministerium** *nt* (*in GB*) Ministry of Trade and Commerce; (*in den USA*) Department of Commerce; **Wirtschaftsordnung** *f* economic system; **Wirtschaftsplanung** *f* economic planning; **Wirtschaftspolitik** *f* economic policy; **wirtschaftspolitisch** *adj:* **~e Zusammenarbeit** economic policy cooperation; **Wirtschaftsprüfer(in)** *m(f)* accountant; **Wirtschaftsraum** *m* economic region; **Wirtschaftssystem** *nt* economic system; **Wirtschaftsteil** *m* (*in Zeitung*) financial [*o* business] section; **Wirtschafts- und Sozialausschuss**[RR] *m* Economic and Social Committee; **Wirtschafts- und Währungsunion** *f* Economic and Monetary Union; **Wirtschaftsunion** *f* economic union; **Wirtschaftswachstum** *nt* economic growth; **Wirtschaftswissenschaft** *f* economics *pl;* **Wirtschaftswunder** *nt* (HIST) economic miracle; **Wirtschaftszweig** *m* branch of industry

Wirtshaus *nt* (*Lokal*) pub *Br,* bar *Am;* (*Gasthof*) inn; **Wirtsleute** *pl* landlord and landlady

Wisch [vɪʃ] <-(e)s, -e> *m* **1.** (*pej: Zettel*) piece of paper **2.** (*mit Gedrucktem*) scrap of bumph

wischen ['vɪʃən] *vt, vi* **1.** wipe; (*reinigen*) wipe clean **2.** (*fam: sich schnell bewegen*) whisk; **jdm eine ~** (*fam*) clout s.o. one; **einen gewischt bekommen** (*fam: einen Stromschlag bekommen*) get a shock

Wischerblatt *nt* (AUTO) wiper blade

Wischlappen *m* cloth

Wisent ['viːzɛnt] <-s, -e> *m* bison

Wismut ['vɪsmuːt] <-(e)s> *nt* bismuth

wispern ['vɪspɐn] *vt, vi* whisper

Wissbegier(de)[RR] *f* thirst for knowledge; **wissbegierig**[RR] *adj* eager to learn

wissen ['vɪsən] *irr vt* **1.** (*informiert sein, kennen*) know (*von* about) **2.** (*sich erinnern*) remember **3.** (*sich vor Augen führen*) realize; **von jdm (etw) nichts ~ wollen** not be interested in s.o. (s.th.); **nicht dass ich wüsste** not that I know; **als ob ich das wüsste!** how should I know!; **Bescheid ~** (*fam*) know a thing or two; **das hättest du doch ~ müssen!** you ought to have known that!; **das möchte ich auch ~** that's what I'd like to know, too; **was weiß ich?** who knows?; **weiß ich doch nicht!** I wouldn't know!; **man kann nie ~ ...** you never know ...; **er weiß, was gut ist** he knows a good thing when he sees it; **weiß der Himmel!** (*fam*) God knows!; **wenn ich das wüsste!** goodness knows!; **jdn etw ~ lassen** tell s.o. s.th.; **er hält sich für wer weiß wie schlau** he thinks he's ever so smart

Wissen <-s> *nt* knowledge; **meines ~s** to the best of my knowledge; **ohne ihr ~** without her knowledge

Wissenschaft *f* science; **Wissenschaftler(in)** *m(f)* scientist; (*Geistes~*) academic; **wissenschaftlich** *adj* scientific; **~ arbeiten** work scientifically; **Wissenschaftsminister(in)** *m(f)* minister of science; **Wissensdrang** *m,* **Wissensdurst** *m* thirst for knowledge; **Wissensgebiet** *nt* field (of knowledge); **wissenswert** *adj* worth knowing

wissentlich ['vɪsəntlɪç] **I.** *adj* deliberate, intentional **II.** *adv* deliberately, intentionally, knowingly

wittern ['vɪtɐn] **I.** *vt* (*a. fig*) scent **II.** *vi* (*von Wild*) sniff the air

Witterung *f* **1.** (*Wetter*) weather **2.** (*Geruchswahrnehmung*) scent (*von* of); **bei günstiger ~** if the weather is good; **Witterungsverhältnisse** *pl* weather conditions

Witwe ['vɪtvə] <-, -n> *f* widow; **~ werden** be widowed; **Witwenrente** *f* widow's pension; **Witwer** <-s, -> *m* widower

Witz [vɪts] <-es, -e> *m* **1.** (*Scherz, Spaß*) joke **2.** (*geistvolle Schärfe*) wit; **das ist kein ~!** it's no joke!; **das ist kein ~ mehr!** it's beyond a joke!; **einen ~ über etw machen** make a joke about s.th.; **das soll wohl ein ~ sein!** you must be joking!;

mach keine ~e! you're joking!; **und das ist der ganze ~ dabei!** and that's all there is to it!; **Witzblatt** *nt* joke book; **Witzbold** ['vɪtsbɔlt] <-(e)s, -e> *m* joker; **du ~!** (*fam*) you're a great one!; **Witzelei** *f* teasing; **witzeln** ['vɪtsəln] *vi* joke (*über* about)

Witzfigur *f* (*a. fig*) joke figure

witzig *adj* **1.** (*spaßig*) funny **2.** (*geistreich*) witty; **sehr ~!** (*fam*) you're a great one!

WM <-, -s> *f Abk. von* **Weltmeisterschaft** world championship

wo [vo:] **I.** *adv* where; **ach ~!** (*fam*) nonsense!; **~ gehst du hin?** where are you going to? **II.** *konj:* **~ ... doch** (*Gegensatz*) when ...; **warum machst du es denn auf diese Art, ~ es doch so viel einfacher wäre?** why do you do it that way when it would be much easier like this?

woanders *adv* elsewhere, somewhere else

wobei *pron* **1.** (*Frage*) how?; (*bei was*) at what? **2.** (*relativ*) in which; **~ mir einfällt, ...** which reminds me ...

Woche ['vɔxə] <-, -n> *f* week; **das ist eine ~ Arbeit** (*fam*) that's a week's work; **in einer ~** in a week; **~ für ~** week in, week out; **dreimal die ~** three times a week; **morgen in einer ~** a week tomorrow; **zwei ~n Ferien** two weeks' holiday; **Wochenarbeitszeit** *f* working week; **Wochenbericht** *m* weekly report; **Wochenbett** *nt* (*obs*) lying-in; **im ~ liegen** be lying in; **Wochenblatt** *nt* weekly; **Wocheneinnahmen** *pl* weekly income; **Wochenendbeilage** *f* (*in Zeitung*) weekly supplement; **Wochenende** <-(e)s, -en> *nt* weekend; **zum ~** for the weekend; **schönes ~!** have a nice weekend!; **übers ~ verreisen** go away for the weekend; **ein langes ~ machen** take a long weekend; **er verbringt die ~n auf dem Lande** he spends his weekends in the country; **Wochenendhaus** *m* weekend house; **Wochenkarte** *f* weekly season ticket

wochenlang *adj, adv* for weeks

Wochenlohn *m* weekly wage; **Wochenschau** *f* (FILM) newsreel; **Wochentag** *m* **1.** (*im Gegensatz zum Sonntag*) weekday **2.** (*bestimmter*) day of the week; **wochentags** *adv* on weekdays

wöchentlich ['vœçəntlɪç] **I.** *adj* weekly; **der ~e Großeinkauf** the weekly shopping trip **II.** *adv* weekly; **einmal ~** once a week; **~ bezahlen** pay by the week; **sich ~ abwechseln** take turns every week

Wochenzeitschrift *f* weekly (magazine)

Wöchnerin ['vœçnərɪn] *f* woman in childbed

wodurch *pron* **1.** (*Frage*) how **2.** (*Relativpronomen*) which

wofür *pron* **1.** (*Frage*) for what? what ... for?; (*warum auch*) why **2.** (*relativ*) for which, which ... for; **~ halten Sie mich?** what do you take me for?; **..., ~ er jetzt zahlen muss** ... which he has to pay for now

Woge ['vo:gə] <-, -n> *f* wave; **wenn sich die ~n geglättet haben** when things have calmed down

wogegen *adv* **1.** (*gegen was?*) against what? **2.** (*relativ*) against which, which ... against

wogen ['vo:gən] *vi* (*a. fig*) surge

woher [-'-] *pron* **1.** (*Frage*) from where? where ... from? **2.** (*wie*) how **3.** (*relativ*) from which, where ... from; **~ wissen Sie das?** how do you know that?; **ach, ~!** (*fam*) nonsense!

wohin *pron* **1.** (*Frage*) where (to)? **2.** (*relativ*) where; **~ du auch siehst** wherever you look; **ich muss mal ~** (*fam: zur Toilette*) I've got to go somewhere

Wohl [vo:l] <-(e)s> *nt* well-being; **auf Ihr ~!** here's to you! your health!; **zum ~!** cheers!

wohl *adv* **1.** (*gut, gesund*) well **2.** (*zwar, freilich*) all right, it is true, to be sure **3.** (*vielleicht*) perhaps **4.** (*wahrscheinlich*) probably; **~ ausgewogen**[RR] well balanced; **~ bedacht**[RR] well considered; **~ begründet**[RR] well-founded; (*Strafe*) well-justified; **~ durchdacht**[RR] well thought out; **~ geordnet**[RR] well-ordered; **~ tuend**[RR] most agreeable; **~ tun**[RR] do good; **jdm ~ tun**[RR] (*angenehm sein*) do s.o. good; (*Gutes tun*) benefit s.o.; **~ überlegt**[RR] well-considered; **ich fühle mich nicht ~** I don't feel well; **~ bekomm's!** your health!; **~ oder übel** like it or not; **das ist ~ das Beste** I suppose it's the best thing; **was er ~ hat?** I wonder what's wrong with him?; **du bist ~ verrückt!** you must be mad!; **das mag ~ sein** that may well be; **das ist doch ~ nicht dein Ernst!** you can't be serious!; **ich habe es ~ gewusst, aber was konnte ich machen?** it's true that I knew but what could I have done?; **sie hat es ~ gesagt, aber ...** she may have promised, but ...

wohlan *interj* well now!

wohlauf I. *interj* well then! **II.** *adj* in good health, well; **~ sein** be in good health

wohlausgewogen *adj s.* **wohl**

wohlbedacht *adj s.* **wohl**

Wohlbefinden *nt* well-being

wohlbegründet *adj s.* **wohl**

Wohlbehagen *nt* comfort, ease

wohlbehalten *adj* **1.** (*Person*) safe and sound **2.** (*Gegenstand*) intact

wohlbekannt *adj* well-known

wohldurchdacht *adj s.* **wohl**

Wohlergehen <-s> *nt* welfare
wohlerwogen *adj* well considered
wohlerzogen *adj* (*Erwachsene*) well-bred; (*Kind*) well-mannered
Wohlfahrt <-> *f* welfare; **Wohlfahrtseinrichtungen** *pl* social services; **Wohlfahrtsstaat** *m* welfare state
Wohlgefallen <-s> *nt* pleasure, satisfaction; **sein ~ an etw haben** take pleasure in s.th.; **sich in ~ auflösen** (*fam*) vanish into thin air; **wohlgefällig** *adj* **1.** (*gefallend*) pleasing **2.** (*erfreut, zufrieden*) well-pleased
wohlgemeint *adj* well-meant
wohlgemerkt *adv* mark you, mind (you)
wohlgenährt *adj* well-fed
wohlgeordnet *adj s.* **wohl**
wohlgeraten *adj* **1.** (*Werk*) successful **2.** (*Kind*) fine
Wohlgeruch *m* fragrance
Wohlgeschmack *m* pleasant taste
wohlgesinnt *adj* well-disposed (*jdm* towards s.o.)
wohlhabend *adj* prosperous, well-to-do
wohlig *adj* pleasant; (*heimelig*) cosy
Wohlklang *m* melodious sound
wohlmeinend *adj* well-meaning
wohlriechend *adj* fragrant
wohlschmeckend *adj* palatable
Wohlsein *nt*: **zum ~!** your health!
Wohlstand <-(e)s> *m* affluence, prosperity; **Wohlstandsgesellschaft** *f* affluent society
Wohltat *f*: **das ist eine wahre ~!** that's a real comfort!; **jdm eine ~ erweisen** do s.o. a good turn; **Wohltäter(in)** *m(f)* benefactor (benefactress); **wohltätig** *adj* charitable; **Wohltätigkeit** *f* charity; **Wohltätigkeitsveranstaltung** *f* charity performance
wohltuend *adj* most agreeable; **wohl|tun** *vi s.* **wohl**
wohlüberlegt *adj s.* **wohl**
wohlverdient *adj* well-deserved
Wohlverhalten *nt* good conduct
wohlverstanden **I.** *adj* well-understood **II.** *adv* mark you, mind (you)
wohlweislich *adv* very wisely
Wohlwollen <-s> *nt* benevolence, goodwill; **selbst mit dem größten ~ ...** with the best will in the world ...; **wohlwollen** *irr vi*: **jdm ~** wish s.o. well; **wohlwollend** *adj* benevolent; **jdm gegenüber ~ sein** be kindly disposed towards s.o.
Wohnanhänger *m* caravan *Br*, trailer *Am*; **Wohnanlage** *f* housing development, housing estate *Br*; **Wohnbevölkerung** *f* residential population; **Wohnblock** <-s, -s> *m* block of flats; **Wohncontainer** *m* portacabin; **Wohndichte** *f* housing [*o* residential] density
wohnen ['vo:nən] *vi* live, stay (*bei* with); **er wohnt bei seinen Eltern** he lives with his parents; **ein Haus, in dem man nicht ~ kann** a house not fit to live in; **im Hotel ~** stay at a hotel
Wohnfläche *f* living space; **Wohngebiet** *nt* residential district [*o* area]; **Wohngeld** *nt* public housing allowance; **Wohngemeinschaft** *f people sharing a flat or a house;* **Wohnhaus** *nt* residential building *Br*, apartment house *Am*; **Wohnheim** *nt* residential home *Br*, rooming house *Am*; (*Studenten~*) hostel; **Wohnkomfort** *m* home comfort; **Wohnküche** *f* kitchen-cum-living room; **Wohnlage** *f* residential area; **ein Haus in schöner ~** a nicely situated house
wohnlich *adj* cosy; **es sich ~ machen** make o.s. comfortable
Wohnmobil <-s, -e> *nt* (AUTO) camper, motor caravan, RV (recreation vehicle) *Am*
Wohnort *m* (place of) residence; **Wohnqualität** *f* quality of housing; **Wohnrecht** *nt* (JUR) right of residence; **Wohn-Schlafzimmer** *nt* bed-sitting room; **Wohnsiedlung** *f* housing estate; **Wohnsilo** *m* (*pej*) concrete block; **Wohnsitz** *m* domicile; **ständiger ~** permanent residence; **ohne festen ~** of no fixed abode
Wohnung *f* flat *Br*, apartment *Am*; **neue ~en bauen** build new homes; **freie ~ haben** have free lodging; **Wohnungsamt** *nt* housing office; **Wohnungsangebot** *nt* housing stock; **Wohnungsbau** *m* house building; **Wohnungsbauprogramm** *nt* housing programme; **Wohnungsbedarf** *m* housing need; **Wohnungsbesetzer(in)** *m(f)* squatter; **Wohnungsinhaber(in)** *m(f)* householder, occupant; **Wohnungsmangel** <-s> *m* housing shortage; **Wohnungsmarkt** <-(e)s> *m* housing market; **Wohnungsmarktanzeige** *f* residential property advertisement; **Wohnungsnachfrage** *f* housing demand; **Wohnungsnachweis** *m* accomodation registry; **Wohnungsnot** *f* (serious) housing shortage; **Wohnungssuche** *f*: **auf ~ sein** be flat-hunting; **Wohnungssuchende(r)** *f m* flat-hunter; **Wohnungswechsel** *m* change of address
Wohnviertel *nt* residential quarter; **Wohnwagen** *m* caravan *Br*, trailer *Am*; **Wohnwert** <-(e)s> *m* residential amenity; **Wohnzimmer** *nt* living-room
wölben ['vœlbən] *vr* curve; (*Straße*) buckle
Wölbung *f* curvature; (ARCH: *bogenförmig*) arch; (ARCH: *kuppelförmig*) dome
Wolf [vɔlf, *pl:* 'vœlfə] <-(e)s, ¨-e> *m* **1.** (ZOO) wolf **2.** (MED) intertrigo **3.** (TECH:

Fleisch~) mincer *Br,* grinder *Am;* (*für Schrott*) shredder; ~ **im Schafspelz** wolf in a sheep's clothing; **jdn durch den ~ drehen** put s.o. through his paces; **Wölfin** ['vœlfɪn] *f* she-wolf

Wolfram ['vɔlfram] <-s> *nt* (CHEM) tungsten, wolfram

Wolfshunger *m* (*fam*) ravenous hunger; **einen ~ haben** be ravenous

Wolke ['vɔlkə] <-, -n> *f* (*a. fig*) cloud; **aus allen ~n fallen** be flabbergasted; **Wolkenbruch** *m* cloudburst; **Wolkendecke** <-> *f* cloud cover [*o* pall]; **Wolkenkratzer** *m* skyscraper; **wolkenlos** *adj* cloudless

wolkig *adj* cloudy

Wolldecke *f* (woollen) blanket

Wolle ['vɔlə] <-, -n> *f* wool; **reine ~** pure wool; **sich mit jdm in der ~ haben** (*fam*) be at loggerheads with s.o.; **sich mit jdm in die ~ kriegen** (*fam*) start squabbling with s.o.; **wollen** *adj* (*aus Wolle*) woollen

wollen ['vɔlən] **I.** *irr vi* (*Willen haben*): **da ist nichts zu ~** there's nothing I can do about it; **er will es nicht gewesen sein** he maintains that it wasn't him; **na, dann ~ wir mal!** all right, let's get started!; **wenn du willst, kannst du gehen** you can go if you want; **ich will nicht** I don't want to; **will sie es wirklich?** does she really want to?; **tu, was du willst** do as you want; **willst du jetzt wohl ruhig sein!** will you be quiet!; **das will nichts heißen!** that doesn't mean anything!; **die Schnittwunde will nicht heilen** the cut won't heal; **du kannst sagen, was du willst ...** (*fam*) say what you will ...; **das ist, wenn du so willst, ...** it is, if you will, ...; **ich will unbedingt ins Kino!** I'm set on going to the cinema! **II.** *vt* (*bezwecken, wünschen*) want; **etw tun ~** want to do s.th.; **ich will zu Herrn Y.** I want to see Mr. Y; **ich will, dass du herkommst** I want you to come here; **ich will das sofort erledigt haben** I want it done now; **was will er von dir?** what does he want with you?; **sonst willst du nichts?** (*ironisch*) you don't want much; **er will nicht unterschreiben** he won't sign; **ich wollte nur helfen** I only meant to help; **willst du damit sagen, dass du nicht kommst?** do you mean to say you're not coming?; **er wollte niemand beleidigen** he meant no offence

wollig *adj* wooly; **Wolljacke** *f* cardigan; **Wollstoff** *m* woollen material

Wollust ['vɔlʊst] <-> *f* **1.** (*Sinnlichkeit*) voluptuousness **2.** (*Lüsternheit*) lust; **wollüstig** ['vɔlʏstɪç] *adj* **1.** (*sinnlich*) sensual, voluptuous **2.** (*lüstern*) lusty; **jdn ~ ansehen** give s.o. a lascivious look

Wollwaren *pl* woollen goods; **Wollwäsche** *f* washing woollens

Womanizer ['vʊmənaɪzɐ] <-s, -> *m* (*Schürzenjäger*) womanizer

womit [-'-] *pron* **1.** (*Frage*) with what? what ... with? **2.** (*relativ*) with which; (*bei Bezug auf ganzen Satz*) by which; **~ kann ich dienen?** what can I do for you?; **~ ich nicht sagen will, dass ...** which doesn't mean to say that ...

womöglich *adv* possibly

wonach *pron* **1.** (*Frage*) after what? what ... after? **2.** (*relativ: zufolge*) according to which; **~ ich mich sehne, ist ...** what I am longing for is ...; **das Land, ~ ich mich sehne** the country which I am longing for; **~ riecht das?** what does it smell of?

Wonne ['vɔnə] <-, -n> *f* bliss; **aber mit ~!** with great pleasure!; **das ist eine wahre ~** it's a sheer delight

Woofs [vu:fs] *pl Abk. von* **well-off older folks** (*gut situierte ältere Leute*) woofs *pl*

Woopies ['vu:pi:s] *pl Abk. von* **well-off older people** (*gut situierte ältere Leute*) woopies *pl*

woran [vo'ran] *pron* **1.** (*Frage*) by what? **2.** (*relativ, mit Bezug auf vorausgehenden Satz*) by which; **~ denkst du?** what are you thinking of?; **~ arbeiten Sie?** what are you working at?; **~ erinnert Sie das?** what does that remind you of?; **man weiß bei ihm nie, ~ man ist** with him you never know where you are at; **..., ~ man sieht ...** ... by which is shown ...

worauf [vo'raʊf] *pron* **1.** (*Frage*) (up)on what? **2.** (*relativ: zeitlich*) whereupon; **~ du dich verlassen kannst!** ... of which you can be sure!; **~ wartest du?** what are you waiting for?

woraus [vo'raʊs] *pron* **1.** (*Frage*) (out) of what? what ... of? **2.** (*relativ*) out of which, from which; **~ schließen Sie das?** from what do you deduce that?; **..., ~ ich schließe, dass ...** ... from which I conclude that ...

worin [vo'rɪn] *pron* **1.** (*Frage*) in what? what ... in? **2.** (*relativ*) in which, which ... in, wherein; **~ besteht der Unterschied?** what is the difference?

Workout [vɔ:k'aʊt] <-s, -s> *nt* (*Ausdauertraining*) workout

Wort [vɔrt] <pl: einzelne 'Wörter'; 'Worte' im Zusammenhang> *nt* word; **~ für ~** word for word; **sowas kann man mit ~en nicht beschreiben** words cannot describe it; **mir fehlen die ~e** words fail me; **mit einem ~** in a word; **mit anderen ~en** in other words; **ein paar ~e sprechen** say a few words; **jdn beim ~ nehmen** take s.o. at his word; **du hast mir das ~ aus**

dem Munde genommen you took the words out of my mouth; **für jdn ein gutes ~ einlegen** put in a word for s.o.; **sein ~ halten** keep one's word; **ich gebe dir mein ~ darauf** I give you my word on it; **sein ~ brechen** break one's word; **ich habe sein ~** I have his word for it; **das ist ein ~!** wonderful!; **davon hat man mir kein ~ gesagt** they didn't tell me anything about it; **dein ~ in Gottes Ohr!** let us hope so!; **jdm ins ~ fallen** interrupt s.o.; **jdm das ~ abschneiden** cut s.o. short; **zu ~ kommen** get a chance to speak; **jdm das ~ erteilen** allow s.o. to speak; **in ~e fassen** put into words

Wortart *f* (GRAM) part of speech

wortbrüchig *adj* false; **~ werden** break one's word

Wörterbuch *nt* dictionary; **Wörterverzeichnis** *nt* glossary

Wortführer(in) *m(f)* spokesman (spokeswoman), spokesperson; **Wortgefecht** *nt* battle of words; **wortgetreu** *adj, adv* verbatim; **wortkarg** *adj* taciturn; **Wortklauberei** ['vɔrtklaʊbə'raɪ] *f* cavilling, quibbling; **Wortlaut** <-(e)s> *m* wording; **im ~** verbatim; **nach dem ~ des Vertrages** by the terms of the contract

wörtlich ['vœrtlɪç] *adj* (*Bedeutung*) literal; (*Wiedergabe*) word-for-word; **~e Rede** direct speech; **etw ~ übersetzen** translate s.th. literally

wortlos I. *adj* silent **II.** *adv* without saying a word; **Wortmeldung** *f* request to speak; **~en liegen nicht vor** there is nobody who asked leave to speak; **wortreich** *adj* (*Rede*) verbose, wordy; (*Protest*) voluble

Wortschatz <-es, ⸚e> *m* vocabulary; **Wortschwall** <-(e)s> *m* torrent of words; **Wortspiel** *nt* play upon words, pun; **Wortstellung** *f* (GRAM) word order; **Wortwahl** *f* choice of words; **Wortwechsel** *m* verbal exchange; **einen ~ haben** have a quarrel; **wortwörtlich I.** *adj* word-for-word, verbatim **II.** *adv* word for word, verbatim

worüber [vo'ry:bɐ] *adv* **1.** (*Frage*) about what? what … about? **2.** (*örtlich*) over what? what … over? **3.** (*relativ*) about which, which … about; (*örtlich*) over which, which … over; (*bei Bezug auf vorausgehenden Satz*) which

worum [vo'rʊm] *adv* **1.** (*Frage*) about what? what … about? **2.** (*relativ*) about which, which … about; **~ handelt es sich?** what's it about?

worunter [vo'rʊntɐ] *adv* **1.** (*Frage*) under what? what … under? **2.** (*relativ*) under which, which … under; **~ leidest du denn?** what are you suffering from?

wovon *adv* **1.** (*Frage*) from what? what … from? **2.** (*relativ*) from which, which … from; (*bei Bezug auf vorausgehenden Satz*) about which, which … about; **~ sprechen Sie?** what are you talking about?; **~ hat er das abgeleitet?** what did he derive that from?; **~ auch immer Sie sprechen** whatever you're talking about

wovor *adv* **1.** (*Frage*) before what? what … before? **2.** (*relativ*) before which, which … before; **~ fürchtest du dich?** what are you afraid of?; **etwas, ~ ich ihn schon immer gewarnt habe** something I have always warned him about

wozu [-'-] *adv* **1.** (*Frage*) to what? what … to?; (*warum*) why? **2.** (*relativ*) to which, which … to; **~ soll das gut sein?** what is that supposed to be good for?; **~ denn?** why should I?

Wrack [vrak] <-(e)s, -s/(-e)> *nt* (*a. fig*) wreck

wringen ['vrɪŋən] *irr vt* wring

Wucher ['vu:xɐ] <-s> *m* profiteering; (*bei Geldverleih*) usury; **das ist doch der reinste ~!** that's daylight robbery!; **Wucherer, -rin** *m, f* profiteer; (*Geldverleiher*) usurer; **wucherisch** *adj* profiteering; (*Zinsen*) usurious; **Wuchermiete** *f* extortionate rent

wuchern ['vu:xɐn] *vi* **1.** *sein* (*empor~*) proliferate **2.** (*von Haaren*) grow profusely; **wuchernd** *adj* proliferous

Wucherpreis *m* exorbitant price

Wucherung *f* **1.** (MED) growth, tumour **2.** (BOT) proliferation

Wucherzins *m* usurious interest

Wuchs [vu:ks] <-es> *m* **1.** (*Wachstum*) growth **2.** (*Körper~*) stature

Wucht [vʊxt] <-> *f* **1.** force; (*Stoßkraft*) momentum **2.** (*fam: eine ganze Menge*) load **3.** (*fam: Prügel*) good hiding; **Anna ist eine ~!** (*fam*) Anna is smashing!; **wuchten** *vt, vi* (*hochheben*) heave; **wuchtig** *adj* **1.** (*schwer, a. fig*) heavy **2.** (*kräftig*) powerful

wühlen ['vy:lən] **I.** *vi, vt* **1.** dig (*nach* for); (*von Nager*) burrow **2.** (*stöbern*) root, rummage (*nach etw* for s.th.) **3.** (*Schmerzen*) gnaw (*in* at) **4.** (*zersetzend tätig sein*) stir things up **II.** *vr* (*durch Akten*) burrow one's way (through)

Wühlkorb *m* bargain basket

Wühlmaus *f* vole

Wühltisch *m* bargain counter

Wulst [vʊlst, *pl:* 'vʏlstə] <-(e)s, ⸚e> *m* bulge; (*Flaschen~, Glas~*) lip; (AUTO: *Reifen~*) bead; (*Falte*) fold; **wulstig** *adj* bulged; (*Lippen*) thick

wund [vʊnt] *adj* sore; **~er Punkt** sore point; **sich ~ reiben** make o.s. sore (by chafing); **sich die Füße ~ laufen** walk one's legs off; **sich ~ liegen**[RR] get bedsores

Wunde ['vʊndə] <-, -n> *f* (*a. fig*) wound; **alte ~n wieder aufreißen** open up old sores

Wunder ['vʊndɐ] <-s, -> *nt* **1.** (*überraschendes Ereignis*) wonder **2.** (REL: *Übernatürliches*) miracle **3.** (*Person*) marvel; **das ist kein ~** no wonder; **~ tun** work wonders; **er wird sein blaues ~ erleben** (*fam*) he won't know what's hit him; **es geschehen noch Zeichen und ~** (*hum*) wonders will never cease; **sich ~ was einbilden** think one is too wonderful for words

wunderbar *adj* **1.** (*schön*) marvellous, wonderful **2.** (*übernatürlich*) miraculous; **wunderbarerweise** *adv* miraculously; **Wunderkind** *nt* child prodigy

wunderlich *adj* **1.** (*merkwürdig*) odd, strange **2.** (*wundersam*) wondrous

wundern I. *vt* surprise; **das wundert mich aber!** you amaze me!; **es würde mich nicht ~, wenn …** I wouldn't be surprised if …; **es wundert mich, dass du nicht daran gedacht hast** I'm surprised you didn't think of that **II.** *vr* be surprised [*o* astonished] (*über* at)

wunderschön *adj* lovely, wonderful; **wundervoll** *adj* marvellous, wonderful

wund|liegen *vi s.* **wund**; **Wundsalbe** *f* antiseptic ointment; **Wundstarrkrampf** *m* tetanus

Wunsch [vʊnʃ, *pl:* 'vʏnʃə] <-(e)s, ⸚e> *m* **1.** wish; (*sehnliches Verlangen*) desire **2.** (*Bitte*) request; **es ging alles nach ~** everything was going smoothly; **ich lese ihr jeden ~ von den Augen ab** I anticipate her every wish; **dein ~ sei mir Befehl** your wish is my command; **dein ~ soll in Erfüllung gehen** you shall have your wish; **haben Sie noch einen ~?** is there anything else you'd like?; **da war der ~ der Vater des Gedankens** the wish was father to the thought; **Wunschdenken** *nt* wishful thinking

Wünschelrute ['vʏnʃəlru:tə] *f* dowsing rod; **Wünschelrutengänger(in)** *m(f)* dowser

wünschen [vʏnʃən] *vt, vi* wish (*sich etw* s.th., *jdm etw* s.o. s.th.); (*im Stillen*) wish (*sich etw* for s.th.); (*bitten*) ask (*sich etw* for s.th.); (*begehren, verlangen*) want; **ich wünschte, du wärest still** I wish you'd be quiet; **jdm alles Gute ~** wish s.o. well; **jdm frohe Weihnachten ~** wish s.o. a happy Christmas; **es war genauso wie ich es mir gewünscht hatte** it was everything I had wished for; **sie hat alles, was man sich nur ~ kann** she has everything she could wish for; **das lässt zu ~ übrig** that leaves s.th. to be desired; **wünschenswert** *adj* desirable

wunschgemäß *adv* as planned [*o* requested]; **Wunschkind** *nt* wanted [*o* planned] child; **Wunschkonzert** *nt* request progamme; **Wunschtraum** *m* dream; (*Illusion*) illusion; **Wunschzettel** *m* list of things desired

Würde ['vʏrdə] <-, -n> *f* **1.** dignity **2.** (*Ehre*) honour **3.** (*Titel*) title; **in Amt und ~n** in an exalted position; **unter jds ~** beneath someone's dignity; **unter aller ~** (*fam*) beneath contempt; **würdelos** *adj* undignified; **Würdenträger(in)** *m(f)* dignitary; **würdevoll** *adj* dignified

würdig *adj* **1.** (*wert*) worthy **2.** (*würdevoll*) dignified; **du bist ihrer nicht ~** you are unworthy of her

würdigen ['vʏrdɪgən] *vt* **1.** (*einschätzen*) appreciate **2.** (*respektieren*) respect **3.** (*für würdig befinden*) deem (*jdn einer Sache* s.o. worthy of s.th.); **etw zu ~ wissen** appreciate s.th.; **sie würdigte ihn keines Blickes** she did not deign to look at him

Würdigung *f* **1.** (*Anerkennung*) appreciation **2.** (*Ehrung*) honour

Wurf [vʊrf, *pl:* 'vʏrfə] <-(e)s, ⸚e> *m* **1.** throw; (SPORT: *beim Handball*) shot **2.** (*das Werfen*) throwing **3.** (*Jungtiere*) litter; (*das Werfen*) birth; **einen guten ~ tun** (*Glück haben*) hit the jackpot; **zum ~ ausholen** get ready to throw

Würfel ['vʏrfəl] <-s, -> *m* **1.** (*Spiel~*) die, dice *pl* **2.** (MATH) cube; **die ~ sind gefallen** the die is cast; **~ spielen** play at dice; **Würfelbecher** *m* shaker; **würfelförmig** *adj* cube-shaped, cubic; **Würfelspiel** *nt* **1.** (*als Spielart*) dice **2.** (*eine Partie ~*) game of dice; **Würfelzucker** *m* cube sugar, lump sugar; **zwei Stück ~** two lumps (of sugar)

Wurfgeschoss[RR] *m* missile, projectile; **Wurfpfeil** *m* dart; **Wurfsendung** *f* circular; **Wurfspieß** *m* javelin

würgen ['vʏrgən] **I.** *vt* **1.** (*Luft ab~*) strangle, throttle **2.** (*schlucken*) choke **II.** *vi* **1.** (*mühsam schlucken*) choke **2.** (*hoch~*) retch; **mit Hängen und Würgen** by the skin of one's teeth

Wurm [vʊrm, 'vʏrmɐ] <-(e)s, ⸚er> *m* **1.** worm; (*Made, Larve*) maggot **2.** (*fam: Kind*) (little) mite; **da ist der ~ drin!** (*fam*) there's s.th. wrong somewhere!; **jdm die Würmer aus der Nase ziehen** (*fam*) drag it all out of s.o.

Würmchen ['vʏrmçən] *nt* **1.** (*kleiner Wurm*) small worm **2.** (*fam: Kind*) (poor) little mite

wurmen ['vʊrmən] *vt* (*fam*): **es wurmt**

W

mich I'm rankling with it

wurmförmig *adj* vermiform, worm-shaped

Wurmfortsatz *m* (ANAT) vermiform appendix

wurmstichig *adj* (*Holz*) full of worm-holes

Wurst [vʊrst, 'vʏrstə] <-, ⸚e> *f* sausage; **das ist mir ~** (*fam*) it is all the same to me *Br*, I don't give a hang *Am*; **jetzt geht's um die ~!** (*fam*) here we go! now for it!

Würstchen ['vʏrstçən] *nt* **1.** (small) sausage **2.** (*pej: ein Niemand*) squirt; **heiße ~** hot sausages; **armes ~** poor devil; **Würstchenstand** *m* sausage stand *Br*, hot-dog stand *Am*

wursteln ['vʊrstəln] *vi* (*fam*) muddle along

Wurstfabrik *f* sausage factory

wurstig *adj* (*fam*) couldn't-care-less; **Wurstigkeit** *f* (*fam*) couldn't-care-less attitude

Wurstkonserve *f* tinned sausages *sing*; **Wurstvergiftung** *f* sausage poisoning; **Wurstwaren** *pl* sausages

Würze ['vʏrtsə] <-, -n> *f* **1.** (*Gewürz*) seasoning, spice **2.** (*Reiz*) spice; **in der Kürze liegt die ~** (*prov*) brevity is the soul of wit

Wurzel ['vʊrtsəl] <-, -n> *f* (*von Pflanzen, Zähnen*) root; (LING) radical, stem; **~n schlagen** root; (*sich einleben*) put down roots; **etw mit der ~ ausrotten** eradicate s.th.; **die ~ aus einer Zahl ziehen** (MATH) find the root of a number; **Wurzelbehandlung** *f* (MED) root treatment

wurzeln *vi* (*a. fig*) be rooted; (*verursacht worden sein*) have its roots (*in etw* in s.th.)

Wurzelzeichen *nt* (MATH) radical sign

würzen ['vʏrtsən] *vt* **1.** season **2.** (*fig*) add spice to

würzig *adj* **1.** (*Speisen*) tasty; (*scharf*) spicy **2.** (*aromatisch*) aromatic **3.** (*Luft*) fragrant

Würzmittel *nt* condiment; **Würzstoff** *m* flavouring

Wust [vu:st] <-(e)s> *m* **1.** (*unordentlicher Haufen*) heap **2.** (*Menge*) pile **3.** (*Durcheinander*) jumble

wüst [vy:st] *adj* **1.** (*öde*) desert, waste; (*verlassen*) deserted, desolate **2.** (*unordentlich*) chaotic; (*wild*) wild **3.** (*liederlich, ausschweifend*) dissolute, wild **4.** (*rüde*) vile **5.** (*schlimm, schrecklich*) awful; **~ aussehen** look a real mess

Wüste ['vy:stə] <-, -n> *f* **1.** desert **2.** (*Öde, a. fig*) wilderness; **jdn in die ~ schicken** (*fam*) send s.o. packing; **Wüstensand** *m* desert sand

Wüstling ['vy:stlɪŋ] *m* (*pej*) lecher

Wut [vu:t] <-> *f* **1.** (*Zorn*) fury, rage **2.** (*Verbissenheit*) frenzy; **jdn in ~ bringen** infuriate s.o.; **er kochte vor ~** (*fam*) he was boiling with rage; **wenn ihn die ~ packt ...** when he gets in(to) a rage ...; **seine ~ in sich hineinfressen** (*fam*) lump it; **er schäumte vor ~** he foamed with rage; **er ließ seine ~ an mir aus** he vented his rage on me; **in ~ geraten** fly into a rage; **ich hab' vielleicht 'ne ~ im Bauch!** (*fam*) I'm livid!; **Wutanfall** *m* fit of rage; **Wutausbruch** *m* outburst of rage

wüten ['vy:tən] *vi* **1.** (*toben*) rage **2.** (*Zerstörungen anrichten*) cause havoc **3.** (*mit Worten*) storm (*gegen* at); **wütend** *adj* **1.** (*erzürnt*) enraged, furious; (*Menschenmenge*) angry, rioting **2.** (*Sturm*) raging **3.** (*heftig*) fierce; **auf jdn ~ sein** be mad at s.o.; **über etw ~ sein** be furious about s.th.; **~ sein** be in a rage; **jdn ~ machen** put s.o. into a rage

wutentbrannt *adj* enraged, furious; **wutschnaubend** *adj* snorting with rage; **Wutschrei** *m* yell of rage; **wutverzerrt** *adj* distorted with rage

WWU *f Abk. von* **Wirtschafts- und Währungsunion** EMU

WWW *f* (INTERNET) *Abk. von* **World Wide Web** the Web

X

X, x [ɪks] <-, -> *nt* X, x
X *nt:* **jdm ein X für ein U vormachen** (*fam*) put one over on s.o.
x-Achse *f* (MATH) x-axis
X-Beine *pl* knock-knees; ~ **haben** be knock-kneed; **x-beinig** *adj* knock-kneed
x-beliebig *adj* (*fam*) any old …; **das würde ich nicht für jeden ~en tun** I wouldn't do that for just anyone
x-fach *adj* (*fam*): **trotz ~er Ermahnungen** in spite of umpteen warnings
x-mal *adv* (*fam*): **ich hab' dir schon ~ gesagt …** I've told you umpteen times …
x-te *adj* (*fam*): **zum ~n Mal** for the umpteenth time
Xanthippe [ksanˈtɪpə] <-, -n> *f* (*pej*) harridan
Xenon [ˈkseːnɔn] <-s> *nt* (CHEM) xenon
xenophob [ksenoˈfoːp] *adj* xenophobic; **Xenophobie** <-> *f* xenophobia
Xerogramm [kseːroˈgram] *nt* (TYP) xerographic copy; **Xerographie** *f*, **Xerografie**[RR] *f* (TYP) xerography; **Xerokopie** *f* xerographic print
Xylophon [ksyloˈfoːn] <-s, -e> *nt*, **Xylofon**[RR] *nt* xylophone

Y

Y, y [ˈypsilɔn] <-, -> *nt* Y, y
y-Achse <-, -n> *f* (MATH) y-axis
Yacht *f* yacht
Yak [jak] <-s, -s> *m* (*wild lebendes Rind*) yak
Yeppy <-s, -s> *m Abk. von* **young, European and proud of it** yeppy
Yoga [ˈjoːga] <-s> *m/nt* yoga; **Yogasitz** *m* lotus position
Yogi [ˈjoːgi] <-(s), -s> *m* yogi
Ypsilon *nt* **1.** (*Buchstabe*) y **2.** (*griechischer Buchstabe*) upsilon
Ysop [ˈiːzɔp] <-s, -e> *m* (*Pflanze*) hyssop
Ytong® [ˈyːtɔŋ] <-s, -s> *m* breezeblock
Yucca [ˈjʊka] <-, -s> *f* yucca
Yuppie [ˈjʊpɪ] <-s, -s> *m* (*fam*) yuppie

Z

Z, z [tsɛt] <-, -> *nt* Z, z

z.A. *Abk. von* **zur Anstellung** on probation

Zack [tsak] *m* (*fam*): **auf ~ sein** be on the ball; **jdn auf ~ bringen** knock s.o. into shape; **jdn auf ~ halten** keep s.o. on his toes; **zack** *interj*: **~, ~!** chop, chop!

Zacke(n) <-s, -> *f (m)* point; (*Auszackung*) indentation; (*von Gabel*) prong; (*von Kamm*) tooth; **ihm würde kein ~ aus der Krone fallen, wenn er ...** it wouldn't hurt him to ...; **zackig** *adj* **1.** (*gezackt*) jagged; (*Blätter*) serrated **2.** (*fam: Mensch*) smart **3.** (*fam: Rhythmus*) brisk

zagen ['tsa:gən] *vi* be apprehensive, hesitate; **zaghaft** *adj* timid; **Zaghaftigkeit** *f* timidity

zäh [tsɛ:] *adj* **1.** (*~flüssig*) viscous **2.** (*widerstandsfähig*) tough; **~ wie Leder** (*fam*) as tough as leather; **~ werden** toughen up; **sie hielt ~ an ihren Prinzipien fest** she held tenaciously to her principles; **sein ~er Lebenswille** his tenacity of life; **~er Verkehr** slow-moving traffic; **zähflüssig** *adj* **1.** thick, viscous **2.** (*Verhandlung*) slow-moving; **Zähflüssigkeit** *f* thickness, viscosity; **Zähigkeit** *f* (*Strapazierfähigkeit*) toughness; (*Hartnäckigkeit*) tenacity

Zahl [tsa:l] <-, -en> *f* (MATH GRAM) number; (*Ziffer*) figure, numeral; (*Zahlzeichen*) cipher; **eine große ~ von Leuten** large numbers of people; **dreistellige ~** three-figure number; **der ~ nach** in number; **an ~ übertreffen** outnumber; **haben Sie die ~en vom Vorjahr gesehen?** (COM) have you seen last year's figures?

zahlbar *adj* payable (*an* to); **~ bei Erhalt** payable on receipt; **~ bei Lieferung** cash on delivery

zahlen ['tsa:lən] *vt, vi* pay; **auf Rechnung ~** pay on account; **dieses Mal zahle ich!** this is on me; **Herr Ober, bitte ~!** waiter, the bill/check please! *Br/Am;* **Kinder ~ die Hälfte** children half-price; **sie zahlten ihm die Reise nach England** they paid for him to go to England; **eine Rate für etw ~** make a payment on s.th.

zählen ['tsɛ:lən] *vt, vi* (*gehören zu*) count; **bis zehn ~** count to ten; **jdn zu seinen Freunden ~** count s.o. among one's friends; **du kannst auf seine Hilfe ~** you can count on him to help; **Picasso zählt zu den bekanntesten Malern unserer Zeit** Picasso ranks as one of the best-known painters of our time; **man kann ihn nicht zu den Punks ~** one cannot number [*o* count] him among the punks

Zahlenfolge *f* order of numbers; **Zahlenkombination** *f* combination of numbers; **zahlenmäßig** *adv* in numerical terms, numerically; **Zahlenmaterial** *nt* figures *pl;* **Zahlenreihe** *f* sequence of numbers; **Zahlenschloss**[RR] *nt* combination lock; **Zahlenverhältnis** *nt* ratio

Zahler *m* payer

Zähler *m* **1.** (MATH) numerator **2.** (*Ablesegerät*) meter; **Zählerstand** *m* meter reading

Zahlkarte *f* giro transfer form

zahllos *adj* countless, innumerable

Zahlmeister *m* (MIL) paymaster; (MAR) purser

zahlreich *adj* numerous

Zahltag *m* pay day

Zahlung *f* payment; **in ~ geben** trade in; **in ~ nehmen** take as a trade-in; **eine ~ leisten** make a payment; **etw zur ~ vorlegen** present s.th. for payment; **die ~en einstellen** stop payments

Zählung *f* count; (TECH) metering; (*Volks~*) census

Zahlungsabkommen *nt* payments agreement; **Zahlungsanweisung** *f* (*durch Bank*) giro transfer order; (*durch Post*) post-office order, P.O.O.; **Zahlungsart** *f* method of payment; **Zahlungsaufforderung** *f* request [*o* demand] for payment; **Zahlungsaufschub** *m* extension of credit; (JUR) moratorium; **Zahlungsauftrag** *m* payment order; **Zahlungsbedingungen** *pl* terms of payment; **Zahlungsbefehl** *m* order to pay; **Zahlungsempfänger** *m* payee; **zahlungsfähig** *adj* solvent; **Zahlungsfähigkeit** *f* ability to pay; **Zahlungsfrist** *f* time allowed for payment; **zahlungskräftig** *adj* wealthy; **Zahlungsmittel** *nt* (*gesetzliches ~*) (legal) tender *Br,* lawful money *Am;* (*Währung*) currency; **zahlungspflichtig** *adj* obliged [*o* liable] to pay; **Zahlungsschwierigkeiten** *pl* financial difficulties; **Zahlungsunfähigkeit** *f* inability to pay; **zahlungsunwillig** *adj* unwilling to pay; **Zahlungsverkehr** *m* monetary [*o* payment] transactions; **bargeldloser ~** cashless transfer system; **Zahlungsver-**

pflichtungen *pl* liabilities to pay; **Zahlungsverzug** *m* arrears *pl,* default; **Zahlungsweise** *f* method of payment; **Zahlungsziel** *nt* period allowed for payment

Zählwerk *nt* counter

Zahlwort <-(e)s, ¨-er> *nt* numeral; **Zahlzeichen** *nt* numerical symbol

zahm [tsa:m] *adj* (*a. fig*) tame

zähmen ['tsɛ:mən] *vt* **1.** tame **2.** (*Leidenschaft*) control; **Zahmheit** *f* tameness; **Zähmung** *f* taming

Zahn [tsa:n, *pl:* 'tsɛ:nə] <-(e)s, ¨-e> *m* **1.** (ANAT) tooth *pl,* teeth **2.** (TECH: *von Zahnrad*) cog **3.** (*von Briefmarke*) perforation; **falsche Zähne** false teeth; **jdm auf den ~ fühlen** (*aushorchen*) sound s.o. out; (*scharf befragen*) grill s.o.; **Haare auf den Zähnen haben** (*pej*) be a Tartar; **sich einen ~ ziehen lassen** have a tooth out; **bis an die Zähne bewaffnet sein** be armed to the teeth; **die Zähne zeigen** (*a. fig*) show one's teeth; **sich die Zähne putzen** brush one's teeth; **der ~ der Zeit** the ravages of time; **einen ~ zulegen** (*sl*) get a move on

Zahnarzt, **-ärztin** *m, f* dentist; **Zahnarztbesuch** *m* visit to the dentist; **Zahnarzthelfer(in)** *m(f)* dentist's assistant; **Zahnbehandlung** *f* dental treatment; **Zahnbein** *nt* dentine; **Zahnbelag** <-(e)s> *m* crusts on the teeth; **Zahnbrücke** *f* (dental) bridge; **Zahnbürste** *f* tooth brush

Zähnefletschen *nt* snarling; **Zähneklappern** *nt* chattering of teeth

zahnen ['tsa:nən] *vi* cut one's teeth, teethe

Zahnersatz *m* dentures *pl;* **Zahnfäule** <-> *f* caries; **Zahnfleisch** *nt* gum; **auf dem ~ gehen** (*fam*) be all-in; **Zahnfleischbluten** *nt* bleeding of the gums; **Zahnfüllung** *f* filling; **Zahnhals** *m* neck of the tooth; **Zahnklinik** *f* dental clinic; **Zahnkrone** *f* (dental) crown; **zahnlos** *adj* toothless; **Zahnlücke** *f* gap between one's teeth; **Zahnmedizin** *f* dental medicine; **Zahnnerv** *m* dental nerve; **Zahnpasta** ['tsa:npasta] <-, (-s)> *f* tooth paste; **Zahnpflege** *f* dental hygiene; **Zahnprothese** *f* dental prothesis, denture; **Zahnputzglas** *nt* toothbrush glass; **Zahnrad** *nt* (TECH) cogwheel, gear; **Zahnradbahn** *f* rack-railway *Br,* rack-railroad *Am;* **Zahnschmelz** *m* (tooth) enamel; **Zahnschmerzen** *pl:* **ich habe ~** I have a toothache *sing;* **Zahnseide** *f* dental floss; **Zahnspange** *f* brace; **Zahnstange** *f* (TECH) gear rack; **Zahnstein** <-(e)s> *m* tartar; **Zahnstocher** *m* tooth pick; **Zahntechniker(in)** *m(f)* dental technician; **Zahnwurzel** *f* root of a [*o* the] tooth

Zampano [tsam'pa:no] <-s, -s> *m* (*fam*): **der große ~** the big cheese

Zange ['tsaŋə] <-, -n> *f* **1.** (TECH: *Kneif~, Flach~*) pliers *pl;* (*Beiß~, a. von Tier*) pincers *pl;* (*Feuer~*) tongs *pl;* (*medizinische ~*) forceps *pl* **2.** (SPORT: *~ beim Ringkampf*) double lock; **eine ~** a pair of pincers; **jdn in die ~ nehmen** (*fam: fertig machen*) give s.o. a pasting; (*in die Enge treiben*) put the screws on s.o.; (SPORT: *beim Ringkampf*) put a double lock on s.o.; **zangenförmig** *adj* pincer-shaped; **Zangengeburt** *f* forceps delivery

Zank [tsaŋk] <-(e)s> *m* quarrel, row; **Zankapfel** *m* (*fig*) bone of contention

zanken **I.** *vi* (*schimpfen*) scold (*mit jdm* s.o.) **II.** *vr* quarrel, row, squabble; **sich mit jdm ~** have a row with s.o.; **sie haben sich gezankt** they've had a quarrel

Zänkerei [tsɛŋkə'raɪ] *f* quarrelling, squabbling

zänkisch ['tsɛŋkɪʃ] *adj* (*streitlustig*) quarrelsome; (*Frau*) shrewish

Zanksucht <-> *f* quarrelsomeness

Zäpfchen ['tsɛpfçən] *nt* **1.** (MED: *Einführ~*) suppository **2.** (ANAT: *Gaumen~*) uvula **3.** (TECH) small plug

Zapfen ['tsapfən] <-s, -> *m* **1.** (*Nadelbaum~*) cone **2.** (TECH: *Lager~*) journal **3.** (TECH: *Möbelholz~*) tenon **4.** (TECH: *in Drehzapfenlager*) pin **5.** (*Eis~*) icicle

zapfen *vt* tap

Zapfenstreich *m* (MIL) tattoo *Br,* taps *Am*

Zapfgeschwindigkeit *f* delivery rate; **Zapfhahn** *m* tap; **Zapfpistole** *f* nozzle; **Zapfsäule** *f* petrol/gas pump *Br/Am;* **Zapfventil** *nt* delivery nozzle

zappelig *adj* fidgety, wriggly; **jdn ~ machen** give s.o. the fidgets *pl;* **~ werden** get the fidgets *pl*

zappeln ['tsapəln] *vi* (*herum~*) fidget; (*sich winden*) wriggle; **zappel nicht so rum!** don't fidget!; **jdn ~ lassen** keep s.o. in suspense

Zappelphilipp *m* (*fam*) fidget; **was bist du für ein ~!** have you got the fidgets?

zappenduster ['tsapən'du:stɐ] *adj* (*fam*): **nun ist es aber ~!** now we're really in the soup!

Zar [tsa:ɐ] <-s/-en, -en> *m* (HIST) czar; **Zarin** *f* (HIST) czarina

zart [tsa:ɐt] *adj* **1.** tender; (*Gesundheit*) delicate; (*zerbrechlich*) fragile, frail **2.** (*feinfühlig*) sensitive **3.** (*Farbe*) pale **4.** (*weich*) soft; **~ besaitet**[RR] **sein** be highly sensitive; **~ fühlend**[RR] sensitive; **zartbesaitet** *adj s.* zart; **zartfühlend** *adj s.* zart; **Zartgefühl** *nt* delicacy of feeling, sensitivity; **zartgrün** *adj* pale green

zärtlich ['tsɛ:ɐtlɪç] *adj* loving, tender; (*streichelnd*) caressing; **Zärtlichkeit** *f* **1.** (*Zärt-*

Z

lichsein) tenderness **2.** (*Liebkosung*) caress

Zauber ['tsaʊbɐ] <-s, -> *m* **1.** (*Magie*) magic **2.** (*Reiz*) charm **3.** (*~spruch*) (magic) spell; **fauler ~** (*pej*) humbug *Br,* punk *Am;* **was soll der ganze ~?** (*fam*) why all the fuss?; **Zauberei** *f* **1.** (*Magie*) magic, sorcery, witchcraft **2.** (*Zauberkunststück*) conjuring trick; **ein Buch über ~** a book on witchcraft; **wie durch ~** as if by magic

Zauberer, -rin *m, f* **1.** (*Magier*) magician; (*Hexer*) sorcerer, wizard **2.** (*Zauberkünstler*) conjurer; **ein ~ mit dem Ball** (SPORT) a wizard with the ball

Zauberformel *f* magic formula; **zauberhaft** *adj* enchanting; **Zauberkunst** *f* **1.** (*Magie*) magic **2.** (*Taschenspielerei*) conjuring; **Zauberkünstler(in)** *m(f)* conjurer; **Zauberkunststück** *nt* conjuring trick; **er unterhielt sie mit ein paar ~en** he entertained them with a display of magic; **Zauberlehrling** ['tsaʊbɐˌleːɐlɪŋ] *m* magician's/sorcerer's apprentice

zaubern ['tsaʊbɐn] **I.** *vi* **1.** (*Magie ausüben*) do magic **2.** (*Zauberkunststücke zeigen*) do conjuring tricks; **ich kann doch nicht ~!** (*fam*) I'm not a magician! **II.** *vt* produce as if by magic; **er zauberte die Taube in seinen Hut** he made the dove disappear in his hat by magic

Zauberspruch *m* (magic) spell; **Zauberstab** *m* (magic) wand; **Zaubertrank** *m* magic potion; **Zauberwort** *nt* magic word

Zauderer *m* vacillator

zaudern ['tsaʊdɐn] *vi* (*schwanken*) vacillate; (*zögern*) hesitate; **ohne auch nur einen Augenblick zu ~** without the slightest hesitation

Zaum [tsaʊm, *pl:* 'tsɔɪmə] <-(e)s, =e> *m* bridle; **im ~ halten** bridle, keep a tight rein on

zäumen ['tsɔɪmən] *vt* bridle

Zaun [tsaʊn, *pl:* 'tsɔɪnə] <-(e)s, =e> *m* fence; **einen Streit vom ~e brechen** pick a quarrel; **Zaungast** *m* (*fam*) *s.o. who gets a free view of an event;* **Zaunkönig** *m* (*kleiner Singvogel*) wren; **Zaunlatte** *f* pale, stake; **Zaunpfahl** *m* (fencing) post; **ein Wink mit dem ~** a broad hint

zausen ['tsaʊzən] *vt* ruffle

z. B. *Abk. von* **zum Beispiel** e.g

Zebra ['tseːbra] <-s, -s> *nt* zebra; **Zebrastreifen** *m* zebra crossing *Br,* crosswalk *Am*

Zeche ['tsɛçə] <-, -n> *f* **1.** (*Wirtshausrechnung*) bill *Br,* check *Am* **2.** (*Bergwerk*) (coal-)mine **3.** (*Bergwerksgesellschaft*) mining company; **die ~ bezahlen** (*a. fig*) foot the bill; **zechen** *vi* (*ein Zechgelage machen*) carouse; (*fam: sich betrinken*) booze; **Zechgelage** *nt* carouse; **Zechkumpan** *m* (*fam*) drinking-mate

Zecke ['tsɛkə] <-, -n> *f* tick; **Zeckenbiss**[RR] *m* tick bite; **Zeckenimpfung** *f* tick vaccination

Zeder ['tseːdɐ] <-, -n> *f* (*Nadelbaum*) cedar; **Zedernholz** *nt* cedar wood

Zehe ['tseːə] <-, -n> *f* **1.** (ANAT) toe **2.** (*Knoblauch~*) clove; **große ~** big toe; **jdm auf die ~n treten** (*fam*) tread on someone's toes; **Zehennagel** *m* toe nail; **Zehenspitze** *f* tip of the toe; **auf (den) ~n gehen** (walk on) tiptoe

zehn [tseːn] *adj* ten

Zehner <-s, -> *m* **1.** (MATH) ten **2.** (*fam: Geldschein*) tenner; **Zehnerkarte** *f* (*für Schwimmbad*) 10-visit-ticket; **zehnerlei** *adj* of ten different sorts; **Zehnerpackung** *f* packet of ten

Zehnfingersystem *nt* touch-typing method; **zehnjährig** *adj* ten-year-old; **Zehnkampf** *m* (SPORT) decathlon; **zehnmal** *adv* ten times; **Zehnmarkschein** *m* ten-mark note

zehntausend *adj* ten thousand; **die oberen ~**[RR] the upper ten *Br,* the four hundred *Am;* **Zehntausende von Menschen** tens of thousands of people

zehnte *adj* tenth; **Zehntel** <-s, -> *nt* tenth; **zehntens** *adv* in the tenth place, tenthly

zehren ['tseːrən] *vi* **1.** (*leben*) live (*von etw* on s.th.) **2.** (*fig*) feed (*von etw* on s.th.) **3.** (*entkräften*) wear (*an jdm* s.o.), out **4.** (*Kummer*) gnaw (*an jdm* at s.o.); (*an Gesundheit*) undermine (*an etw* s.th.)

Zeichen ['tsaɪçən] <-s, -> *nt* **1.** sign; (*Hinweis, Signal*) signal **2.** (*Merkmal*) token; (*An~*) indication; (*Erkennungs~*) identification **3.** (*Schrift~*) character; (*Karten~, Symbol*) symbol; (*Satz~*) punctuation mark; **ein ~ geben** give a sign [*o* signal]; **jdm ein ~ geben etw zu tun** sign to s.o. to do s.th.; **als ~ der Verehrung** as a token of respect; **zum ~, dass ...** to show that ...

Zeichenblock <-(e)s, -s/=e> *m* drawing-pad; **Zeichenbrett** *nt* drawing-board; **Zeichendreieck** *nt* set-square; **Zeichenerklärung** *f* (*auf Landkarte*) legend; (*auf Fahrplänen*) key to the symbols; **Zeichenkunst** *f* (art of) drawing; **Zeichenlehrer(in)** *m(f)* art teacher; **Zeichenpapier** *nt* drawing paper; **Zeichensaal** *m* art-room; **Zeichensetzung** *f* punctuation; **Zeichensprache** *f* sign language; **Zeichenstift** *m* drawing pencil; **Zeichenstunde** *f* art lesson; **Zeichentisch** *m* drawing table; **Zeichentrickfilm** *m* animated cartoon; **Zeichenunterricht** *m* **1.** (*Unterrichtsstunde*) drawing lesson **2.** (*Schulfach*) art

zeichnen ['tsaɪçnən] **I.** *vi* draw; **gezeichnet: xy** signed: xy **II.** *vt* **1.** (*ab~*) draw **2.** (FIN: *Anleihe*) subscribe to; **eine Kurve ~** map a graph, plot a curve

Zeichner(in) *m(f)* draughtsman *Br,* draftsman (-woman) *Am;* (*technischer ~*) engineering draughtsman (-woman)

Zeichnung *f* **1.** (*Darstellung, Entwurf*) drawing; (*Skizze*) sketch **2.** (*Schilderung*) depiction **3.** (FIN: *einer Anleihe*) subscription **4.** (*Struktur von Fell*) markings *pl;* **zur ~ auflegen** (FIN) invite subscriptions for; **zeichnungsberechtigt** *adj* authorized to sign

Zeigefinger *m* forefinger, index finger

zeigen ['tsaɪgən] **I.** *vt* show; **ohne irgendwelche Gefühle zu ~** without any show of emotion *sing;* **jdm etw ~** show s.th. to s.o.; **zeig mir, wie man das macht!** show me how to do it!; **dir werd' ich's ~!** (*fam*) I'll show you!; **dem hab' ich's aber gezeigt!** (*fam*) that showed him!; **ihnen wurde die Fabrik gezeigt** they were shown around the factory **II.** *vi* (*anzeigen, deuten*) point (*auf* at); **der Zeiger zeigt auf Rot, wenn ...** the dial will show red if ...; **zeig nicht mit dem Finger!** don't point!; **er zeigte mit dem Stock auf das Haus** he pointed his stick in the direction of the house; **in welche Richtung zeigt es?** in which direction is it pointing?; **kannst du mir ~, wer er ist?** could you point him out to me? **III.** *vr* **1.** (*offensichtlich werden*) appear **2.** (*sich herausstellen*) prove, turn out; **wie sich gleich ~ wird** as will presently appear; **da zeigt sich mal wieder, dass ...** it all goes to prove that ...; **es zeigte sich, dass er selbst der Mörder war** he turned out to be the murderer himself; **sich dankbar ~** show one's gratitude

Zeiger *m* (*Instrumenten~*) indicator, pointer; (*Uhren~*) hand; **Zeigestock** *m* pointer

Zeile ['tsaɪlə] <-, -n> *f* **1.** (*Text~*) line **2.** (TV) scanning line **3.** (*Reihe, Häuser~*) row; **Zeilenabstand** *m* line spacing; **Zeilenlänge** *f* length

Zeisig ['tsaɪzɪç] <-s, -e> *m* (*Singvogel*) siskin

Zeit ['tsaɪt] <-, -en> *f* **1.** time **2.** (*Ära, Epoche*) age **3.** (GRAM) tense; **es ist ~, dass wir gehen** it's time we went; **seit einiger ~** for some time past; **das wird aber auch ~!** about time too!; **von ~ zu ~** from time to time; **morgen um diese ~** this time tomorrow; **von der ~ an** from that time on; **wie die ~ vergeht!** how time flies!; **es ist an der ~** the time has come; **das braucht seine ~** it takes time to do that; **sich bei etw ~ lassen** take one's time over s.th.; **keine ~ für jdn haben** have no time for s.o.; **sich ~ für etw nehmen** make time for s.th.; **ich fahre längere ~ weg** I'm going away for a long time; **die ganze ~** all the time; **welche ~ hatte er?** (SPORT) what was his time?; **es wird langsam ~, dass sie kommt** it's about time she was here; **alles zu seiner Zeit!** there's a time and a place for everything!; **dies ist wohl kaum die rechte ~ um ...** this is hardly the time to ...; **jetzt ist die richtige ~ es zu tun** now's the time to do it; **es ist an der ~ etw zu tun** the time has come to do s.th.; **jds ~ auf 100 m stoppen** (SPORT) time s.o. over 100 metres; **das war genau zur rechten ~** that was very timely; **das waren noch ~en!** those were the days!; **die ~ drängt** time is pressing; **das hat ~** there's no hurry about it; **damit hat es ~ bis morgen** that can wait until tomorrow; **wir sind die längste ~ Freunde gewesen** this is the end of our friendship; **eine ~ lang**[RR] (for) a while; **zur ~ Kaiser Wilhelms I.** at the time of Emperor William I

zeit *präp:* **~ meines Lebens** in my lifetime

Zeitabschnitt *m* period (of time); **Zeitabstand** *m* time interval; **Zeitalter** <-s, -> *nt* age; **Zeitangabe** *f* **1.** (*Datum*) date **2.** (*Uhrzeit*) time (of day); **Zeitansage** *f* **1.** (RADIO) time check **2.** (TELE) speaking clock; **Zeitarbeit** *f* temporary work; **Zeitbombe** *f* time bomb; **Zeitdauer** *f* duration; **Zeitdruck** <-(e)s> *m* pressure of time; **unter ~** under pressure; **Zeiteinheit** *f* unit of time; **Zeiteinteilung** *f* timing; **Zeitersparnis** *f* saving of time; **Zeitfahren** *nt* (SPORT) time trial

zeitgebunden *adj* **1.** (*abhängig von der Zeit*) dependent on a particular time **2.** (*vorübergehend*) temporary

Zeitgeist <-es> *m* spirit of the times; **zeitgemäß** *adj* up-to date; **~ sein** be keeping with the times; **Zeitgenosse, -sin** *m, f* contemporary; **seltsamer ~** (*pej*) oddball; **zeitgenössisch** *adj* contemporary; **Zeitgeschichte** *f* contemporary history; **Zeitgeschmack** *m* prevailing taste; **Zeitgewinn** *m* gain in time; **Zeithistoriker(in)** *m(f)* contemporary historian

zeitig *adj, adv* early

zeitigen ['tsaɪtɪgən] *vt* (*hervorbringen*) bring about

Zeitkarte *f* season ticket *Br,* commutation ticket *Am;* **Zeitlang** *f s.* **Zeit**

zeitlebens [tsaɪt'le:bəns] *adv* all one's life

zeitlich I. *adj* **1.** (*auf die Zeit bezogen*) temporal **2.** (*chronologisch*) chronological **II.** *adv* **1.** timewise **2.** (*chronologisch*) chronologically; **passt dir das ~?** is the time convenient for you?; ~ **zusammenfallen** coincide; **das Zeitliche segnen** (*geh: sterben*) depart this life; **Dinge ~ aufeinander abstimmen** synchronize things

zeitlos *adj* timeless

Zeitlupe *f*: **etw in ~ zeigen** show s.th. in slow motion; **Zeitlupentempo** *nt* slow motion; **im ~** at a snail's pace; **Zeitmangel** <-s> *m* lack of time; **Zeitnehmer(in)** *m(f)* (SPORT) timekeeper; **Zeitplan** *m* schedule; **Zeitpunkt** *m* **1.** (*Termin*) time **2.** (*Augenblick*) moment; **Zeitraffer** *m* (PHOT FILM) time-lapse photography; **zeitraubend** *adj* time-consuming; **Zeitraum** *m* period of time; **Zeitrechnung** *f* calendar; **die christliche ~** the Christian calendar; **nach (vor) unserer ~** A.D. (B.C.); **Zeitschaltuhr** *f* time switch

Zeitschrift *f* magazine; (*wissenschaftlich*) journal, periodical; **Zeitschriftenabonnement** *nt* magazine subscription; **Zeitschriftenbeilage** *f* magazine supplement; **Zeitschriftenständer** *m* magazine rack

Zeitsoldat *m* (MIL) regular soldier; **Zeitspanne** *f* period of time

zeitsparend *adj* time-saving

Zeittafel *f* chronological table; **Zeittakt** *m* (TELE) unit length

zeittypisch ['tsaɪtˌty:pɪʃ] *adj* typical of the time

Zeitung ['tsaɪtʊŋ] *f* (news)paper; **eine ~ abonnieren** subscribe to a newspaper; **Zeitungsanzeige** *f* newspaper advertisement, announcement in the (news)paper; **Zeitungsartikel** *m* newspaper article; (*kurzer ~*) item; **Zeitungsausschnitt** *m* newspaper cutting; **Zeitungsausträger(in)** *m(f)* newspaper carrier; **Zeitungsbeilage** *f* newspaper supplement; **Zeitungsente** *f* (*fam*) canard; **Zeitungsinserat** *nt* newspaper advertisement; **Zeitungsjargon** *m* (*pej*) journalese; **Zeitungskiosk** *m* newsstand; **Zeitungsleser(in)** *m(f)* newspaper reader; **Zeitungsmeldung** *f* (piece of) news; **Zeitungspapier** *nt* newsprint; (*als Altpapier, zum Einwickeln*) newspaper; **Zeitungsreklame** *f* newspaper advertising; **Zeitungsstand** *m* newspaper rack; **Zeitungsverkäufer(in)** *m(f)* newsvendor; **Zeitungsverleger** *m* newspaper publisher; **Zeitungswesen** <-s> *nt* newspaper world, press

Zeitverlust *m* loss of time; **Zeitverschiebung** *f* time lag; **Zeitverschwendung** *f* waste of time; **Zeitvertreib** *m* (*Hobby*) pastime; **zum ~** to pass the time; **Zeitverzögerung** *f* time delay; **Zeitvorgabe** ['tsaɪtˌfo:ɐga:bə] *f* time setting

zeitweilig *adj* temporary

zeitweise *adv* at times

Zeitwort *nt* verb; **Zeitzeichen** *nt* time signal; **Zeitzeuge, -zeugin** *m, f* contemporary witness; **Zeitzünder** *m* time fuse

zelebrieren [tsele'bri:rən] *vt* celebrate

Zelle ['tsɛlə] <-, -n> *f* **1.** (*kleiner Raum*) cell **2.** (ELEK) cell **3.** (TELE) booth

Zellgewebe *nt* cell tissue; **Zellkern** *m* (cell) nucleus

Zellophan® [tsɛlo'fa:n] <-s, (-e)> *nt* cellophane

Zellstoff *m* cellulose

Zellteilung *f* cell division

Zellulitis [tsɛlu'li:tɪs] <-> *f* (MED) cellulitis

Zelluloid [tsɛlu'lɔɪt] <-(e)s> *nt* celluloid

Zellulose [tsɛlu'lo:zə] <-, (-n)> *f* cellulose

Zellwand *f* cell wall; **Zellwolle** *f* spun rayon

Zelt [tsɛlt] <-(e)s, -e> *nt* tent; (*Indianer~*) tepee, wigwam; (*Zirkus~*) big top; **seine ~e abbrechen** pack one's bags; **seine ~e aufschlagen** settle down; **Zeltbahn** *f* strip of canvas; **Zeltdach** *nt* **1.** (*Dach eines Zeltes*) tent-roof **2.** (ARCH: *Hausdachform*) pyramid roof; **zelten** *vi* camp; **Zeltlager** *nt* camp; **Zeltleine** *f* guy (line); **Zeltleinwand** *f* canvas; **Zeltstange** *f* tent pole

Zement [tse'mɛnt] <-(e)s, -e> *m* (*a.* MED) cement; **zementieren** *vt* (*a. fig*) cement

Zenit [tse'ni:t] <-(e)s> *m* (*a. fig*) zenith; **die Sonne steht im ~** the sun is at its zenith

zensieren *vt* **1.** (*der Zensur unterziehen*) censor **2.** (SCHULE: *beurteilen, benoten*) mark

Zensor(in) *m(f)* censor

Zensur [tsɛn'zu:ɐ] *f* **1.** (*Kontrolle*) censorship **2.** (*~stelle*) board of censors **3.** (*Note*) mark; **der ~ unterliegen** be censored; **gute ~en** (SCHULE) a good report *sing*

zensurieren *vt* (*österr*) censor

Zentimeter ['tsɛnti-] *nt* centimetre *Br,* centimeter *Am*

Zentner ['tsɛntnɐ] <-s, -> *m* hundredweight; **Zentnerlast** *f* (*fig*) heavy burden; **mir fiel eine ~ vom Herzen** it was a great weight off my mind; **zentnerweise** *adv* by the hundredweight

zentral [tsɛn'tra:l] *adj* (*a. fig*) central

Zentralbank *f* central bank; **~präsident(in)** president of the central bank

Zentrale <-, -n> *f* **1.** (*Zentralbüro*) head office **2.** (*Taxi~*) headquarters *pl* **3.** (TECH: *Schalt~*) central office; (TELE: *Amt*) exchange; (TELE: *in Firma*) switchboard

Zentraleinheit *f* (INFORM) central processing unit, CPU; **Zentraleinkauf** *m* central buying

Zentralheizung *f* central heating

zentralisieren *vt* centralize; **Zentralismus** <-> *m* centralism; **zentralistisch** *f* centralistic

Zentralkomittee *nt* central committee; **Zentralrechner** *m* (INFORM) mainframe; **Zentralregierung** *f* central government; **Zentralstelle** *f*: ~ **für die Vergabe von Studienplätzen** UCCA *Br,* SAT center *Am;* **Zentralverriegelung** *f* (AUTO) central door locking

zentrieren *vt* centre *Br,* center *Am*

Zentrifugalkraft *f* centrifugal force

Zentrifuge [tsɛntri'fu:gə] <-, -n> *f* centrifuge

zentripetal [tsɛntripe'ta:l] *adj* centripetal

Zentrum ['tsɛntrʊm] <-s, -tren> *nt* (*a. fig*) centre *Br,* center *Am;* **im ~ New Yorks** in the centre of N.Y. *Br,* in downtown N.Y. *Am*

Zepter ['tsɛptɐ] <-s, -> *nt* sceptre; **das ~ führen** (*fam*) wield the sceptre

zerbeißen *irr vt* chew; (*auseinander beißen*) chew through

zerbomben *vt* bomb out; **zerbombt** *adj* bombed out

zerbrechen *irr vt haben, vi sein* break into pieces; **sich den Kopf ~** rack one's brains *pl;* **am Leben ~** be destroyed by life; **zerbrechlich** *adj* fragile; **„Vorsicht, ~!"** "fragile, handle with care"

zerbröckeln *vt haben, vi sein* crumble

zerdrücken *vt* **1.** crush; (*zerquetschen*) mash **2.** (*Stoff: zerknittern*) crease

Zeremonie [tseremo'ni:] <-, -n> *f* ceremony; **Zeremoniell** <-s, -e> *nt* ceremonial; **zeremoniell** *adj* ceremonial

zerfahren *adj* **1.** (*Weg*) rutted **2.** (*unkonzentriert*) distracted; **Zerfahrenheit** *f* **1.** (*Unkonzentriertheit*) distraction **2.** (*Schusseligkeit*) scattiness

Zerfall <-(e)s> *m* **1.** (*Auflösung*) disintegration; (*Gebäude~*) decay **2.** (*fig*) decline **3.** (*Fäulnis*) decomposition

zerfallen I. *irr vi* **1.** *sein* (*Häuser*) decay, fall into ruin **2.** (*verwesen*) decompose **3.** (*fig*) decline **4.** (*sich gliedern*) fall (*in* into); **zu Staub ~** crumble into dust **II.** *adj* (*Gebäude*) tumble-down

Zerfallsprodukt *nt* (PHYS) daughter product; **Zerfallsprozess**[RR] *m* decomposition

zerfetzen *vt* (*a. fig*) tear to pieces; **zerfetzt** *adj* (*Kleidung*) ragged, tattered; (*Körper*) lacerated

zerfleischen *vt* tear to pieces; **sich gegenseitig ~** tear each other apart; **sich mit Selbstvorwürfen ~** torment o.s. with self-reproaches

zerfließen *irr vi sein* (*Tinte, Make-up*) run; (*schmelzen, a. fig*) melt away; **vor Mitleid ~** be overcome with pity

zerfressen *irr vt* **1.** (CHEM) corrode **2.** (*fig*) consume; **von Motten ~** moth-eaten

zerfurcht *adj* furrowed

zergehen *irr vi sein* (*sich auflösen*) dissolve; **auf der Zunge ~** melt in the mouth; (*Fleisch*) fall apart

zergliedern *vt* **1.** (BIOL) dissect **2.** (*analysieren*) analyse

zerhacken *vt* chop up

zerkleinern *vt* reduce to small pieces

zerklüftet [tsɛr'klʏftət] *adj* fissured

zerknautscht *adj* creased

zerknirscht *adj* remorseful; **Zerknirschung** *f* remorse

zerknittern *vt* crease, crumple

zerknüllen *vt* crumple [*o* scrunch] up

zerkochen *vt, vi sein* cook to a pulp; (*zu lange kochen*) overcook

zerkratzen *vt* scratch to pieces

zerkrümeln *vt* crumble

zerlassen *irr vt* melt

zerlegbar *adj* can be taken apart

zerlegen *vt* **1.** (*auseinander nehmen*) take apart; (AUTO: *Getriebe*) strip down **2.** (*Braten*) carve up; (BIOL) dissect **3.** (GRAM) analyse **4.** (MATH) reduce (*in* to); **eine Zahl in ihre Faktoren ~** (MATH) factorize a number; **einen Satz ~** (GRAM) parse a sentence; **etw in seine Einzelteile ~** take s.th. to pieces

zerlumpt *adj* (*pej*) ragged, tattered

zermalmen [tsɛr'malmən] *vt* (*a. fig*) crush; (*mit den Zähnen*) crunch

zermartern *vt:* **sich den Kopf ~** rack one's brains (*über* over)

zermürben *vt* (*fig*): **jdn ~** wear s.o. down; **zermürbend** *adj* trying

zernagen *vt* gnaw to pieces

zerpflücken *vt* (*a. fig*) pick to pieces

zerquetschen *vt* crush, squash

Zerrbild *nt* **1.** (*fig*) caricature **2.** (*in Spiegelkabinett*) distorted image

zerreden *vt* (*Problem*) flog to death

zerreiben *irr vt* (*a. fig*) crumble, crush; (*im Mörser*) grind

zerreißen I. *irr vt haben* (*versehentlich*) tear; (*absichtlich*) tear up; (*zerstückeln*) dismember; (*zerfleischen*) tear apart; **es zerreißt mir das Herz** it breaks my heart **II.** *vi sein* (*Papier, Stoff*) tear; (*Faden, Seil*) break; **ich kann mich doch nicht ~!** I can't be in two places at once!

Zerreißprobe *f* (*fig*) crucial test (*für* of)

zerren ['tsɛrən] *vt* (*Muskel*) pull, strain; (*reißen*) tear (*an* at); **an etw ~** tug at s.th.

zerrinnen *irr vi sein* (*a. fig*) melt away; **wie gewonnen so zerronnen** (*prov*) easy come easy go

Zerrung *f* (MED) pulling

zerrütten [tsɛr'rʏtən] *vt* destroy, ruin; (*Ner-*

ven, Gesundheit) shatter; **in zerrüttetem Zustand** in a very bad way

zersägen *vt* saw up

zerschellen [tsɛr'ʃɛlən] *vi sein* be dashed [*o* smashed] to pieces; (*Schiff*) be wrecked

zerschlagen **I.** *irr vt* **1.** (*in Stücke ~*) smash; (*zerschmettern*) shatter **2.** (*auseinander schlagen*) break up **3.** (*fig*) crush **II.** *vr* (*fehlschlagen*) fall through **III.** *adj* (*erschöpft*) washed out; **sich wie ~ fühlen** feel washed-out

zerschmettern *vt, vi* (*a. fig*) shatter; (*Gegner*) crush

zerschneiden *irr vt* (*in Stücke*) cut up

zersetzen **I.** *vt* **1.** (*verfaulen lassen*) decompose **2.** (*zerätzen*) corrode **3.** (*unterminieren*) undermine **II.** *vr* **1.** (*verfaulen*) decompose **2.** (*zerätzt werden*) corrode; **zersetzend** *adj* (*fig*) subversive; **Zersetzung** *f* **1.** (*Fäulnis*) decomposition **2.** (*Zerätzung*) corrosion **3.** (*Unterminierung*) undermining; **Zersetzungsprodukt** *nt* educt; **Zersetzungsprozess**[RR] *m* breakdown [*o* decomposition] process

zersiedeln *vt* spoil (by development); **Zersiedelung** *f:* **~ der Landschaft** uncontrolled urban spread

zersplittern *vt, vi, vr* (*in Stücke ~*) shatter; (*Holz*) splinter; **sich ~** (POL) fragment

zerspringen *irr vi* **1.** *sein* (*in Stücke gehen*) shatter **2.** (*Sprünge bekommen*) crack; **vor Ungeduld ~** burst with impatience

zerstampfen *vt* **1.** (*zerstoßen*) grind, pound **2.** (*zerquetschen*) mash

zerstäuben [tsɛr'ʃtɔɪbən] *vt* spray; **Zerstäuber** *m* (*Spray*) spray; (*Parfüm~*) atomizer

zerstechen *vt* (*Material*) puncture; **von Mücken zerstochen** bitten all over by midges

zerstören *vt* (*a. fig*) destroy; (*ruinieren*) ruin; **jds Hoffnungen ~** wreck someone's hopes; **Zerstörer** *m* (MAR MIL) destroyer; **zerstörerisch** *adj* destructive; **Zerstörung** *f* destruction; (*Ruin*) ruin; **Zerstörungswahn** *m* (MED) detrimental delusion; **Zerstörungswut** *f* (MED) destructive mania

zerstoßen *irr vt* (*Gewürz*) grind, pound

zerstreuen **I.** *vt* **1.** (*auflösen, vertreiben*) disperse **2.** (*verstreuen*) scatter (*über* over) **3.** (*unterhalten*) divert; **jds Zweifel ~** dispel someone's doubts **II.** *vr* **1.** (*auseinander gehen*) disperse **2.** (*sich ablenken*) amuse o.s.; **zerstreut** *adj* (*fig*) absent-minded; **Zerstreutheit** *f* absent-mindedness; **Zerstreuung** *f* (*Ablenkung*) diversion

zerstückeln *vt* **1.** (*Leiche*) dismember **2.** (*Bauland*) carve up; **Zerstückelung** *f* dismemberment

zerteilen *vt* (*aufteilen*) split up

zertrampeln *vt* trample on

zertreten *irr vt* crush

zertrümmern *vt* smash, destroy, wreck

Zervelatwurst [tsɛrvə'la:t-] *f* cervelat

Zerwürfnis [tsɛr'vʏrfnɪs] <-ses, -se> *nt* disagreement

zerzausen *vt* dishevel, tousle; **zerzaust** *adj* windswept

Zeter ['tse:tɐ] *nt:* **~ und Mordio schreien** scream blue murder, raise a hue and cry; **zetern** *vi* **1.** (*schreien*) clamour; (*keifen*) nag **2.** (*jammern*) moan

Zettel ['tsɛtəl] <-s, -> *m* (*Stück Papier*) piece of paper; (*beschriebener*) note; (*Formular*) form; **Zettelkasten** *m* (*Kasten für Zettel*) file-card box

Zeug [tsɔɪk] <-(e)s, -e> *nt* (*fam*) **1.** stuff **2.** (*Kleider*) things *pl* **3.** (*Dinge*) things *pl* **4.** (*Quatsch*) rubbish; **red kein dummes ~!** don't talk drivel!; **das ~ zu etw haben** have got what it takes to be s.th.; **jdm etw am ~e flicken** run s.o. down; **sich ins ~ legen** put one's shoulder to the wheel

Zeuge ['tsɔɪgə] <-n, -n> *m* (*a. fig*) witness (*einer Sache* to s.th.); **als ~ aussagen** (bear) witness; **vor ~n** in front of witnesses

zeugen[1] *vi:* **von etw ~** show s.th.; **für (gegen) jdn ~** testify for (against s.o.)

zeugen[2] *vt:* **ein Kind ~** father a child

Zeugenaussage *f* testimony; **Zeugenstand** *m* witness box *Br,* witness stand *Am;* **Zeugenvernehmung** *f* examination of the witness(es)

Zeugnis <-ses, -se> *nt* **1.** (SCHULE) report **2.** (*Arbeits~*) reference; **gute ~se haben** have good qualifications; **jdm ein ~ ausstellen** give s.o. a. reference; **gegen jdn ~ ablegen** give evidence against s.o.

Zeugung *f* fathering; **Zeugungsakt** *m* act of procreation; **zeugungsfähig** *adj* fertile; **zeugungsunfähig** *adj* sterile

z.H. *Abk. von* **zu Händen (von)** att; **~ Frau Moon** att.: Ms Moon

Zickzack ['tsɪktsak] <-(e)s, -e> *m* zigzag; **im ~ fahren** [*o* **gehen**] [*o* **laufen**] zigzag; **zickzackförmig** *adj* zigzag; **~ verlaufen** zigzag

Ziege ['tsi:gə] <-, -n> *f* goat; **blöde ~!** (*pej*) stupid cow!

Ziegel ['tsi:gəl] <-s, -> *m* **1.** (*~stein*) brick **2.** (*Dach~*) tile; **Ziegeldach** *nt* tiled roof; **Ziegelei** *f* brickworks *pl;* (*für Dachziegel*) tile-making works *pl;* **ziegelrot** *adj* brick-red; **Ziegelstein** *m* brick

Ziegenbock *m* billy goat; **Ziegenkäse** *m* goat's cheese; **Ziegenleder** *nt* kid(-leather), kidskin

Ziegenpeter *m* (*fam*) mumps *sing*

Ziehen *nt* (*Schmerz*) dragging pain

ziehen ['tsiːən] I. *irr vt* 1. pull; (*zerren*) tug 2. (*Pflanzen*) grow; (*Tiere*) breed; **einen Zahn** ~ pull out a tooth; **nach oben** ~ pull up; **einen Graben** ~ dig a ditch; **die Blicke auf sich** ~ attract attention; **den Kürzeren** ~ (*fam*) come off worst, get the worst of it II. *vi* 1. (*zerren*) pull 2. (*Luftzug*): **es zieht** there's a draught 3. *sein* (*Tee*) draw 4. *sein* (*ein~*) penetrate (*in etw* s.th.) 5. *sein* (*wandern*) go, move; **lass mich mal ~!** (*an Zigarette*) give me a drag!; **sich in die Länge** ~ drag; **etw nach sich** ~ lead to [*o* entail] s.th.; **der Wagen zieht nicht richtig** the car isn't pulling very well; **nach rechts** ~ (AUTO) pull to the right; **an seiner Zigarette** ~ pull at one's cigarette; **er zog auf die linke Spur** (AUTO) he pulled across to the left-hand lane; **das zieht bei mir nicht!** (*fam*) I don't like that sort of thing!; **so was zieht immer!** (*fam*) that sort of thing always goes down well!; **zieht's dir?** (*durch Luftzug*) are you in a draught?; **zu jdm** ~ move in with s.o.; **mir zieht's in der Schulter** my shoulder hurts; **was zieht dich denn nach Chicago?** what is so special about Chicago then?

Ziehharmonika *f* concertina

Ziehung *f* (*von Lotterie*) draw

Ziel [tsiːl] <-(e)s, -e> *nt* 1. (*Reise~*) destination; (*Zweck, Absicht*) aim, goal, objective 2. (*der Wünsche, der Kritik*) object 3. (*im Rennsport*) finish 4. (*~scheibe,*) target 5. (COM: *Zahlungs~*) credit period; **durchs ~ gehen** (SPORT) cross the finishing line; (*Pferdesport*) pass the winning-post; **sein ~ verfehlen** miss one's aim; **mit dem ~ etw zu tun** with the aim of doing s.th.; **sich hohe ~e setzen** aim high; **zum ~ gelangen** reach one's goal; **ins ~ treffen** hit the target; **Zielband** <-(e)s, ¨-er> *nt* (SPORT) finishing-tape; **zielbewusst**[RR] *adj* purposeful

zielen *vi* 1. aim (*auf* at) 2. (*Bemerkung*) be aimed (*auf* at); **mit dem Revolver auf jdn** ~ aim a pistol at s.o.

Zielfernrohr *nt* telescopic sight; **Zielgerade** *f* (SPORT) home straight; **zielgerichtet** *adj* purposeful, purposive; **Zielgruppe** *f* (MARKT) target group; **Zielgruppenforschung** *f* (MARKT) target group research; **Zielkamera** *f* finish camera; **Zielkauf** *m* credit purchase; **Ziellinie** *f* (SPORT) finishing-line; **ziellos** *adj* aimless, purposeless; **Zielmarkt** *m* target market; **Zielort** *m* destination; **Zielscheibe** *f* 1. target 2. (*von Angriffen*) object; **Zielsetzung** *f* objective, target; **zielsicher** *adj* 1. (*Mensch*) unerring 2. (*Planen, Handeln*) purposeful; **Zielsprache** *f* target language; **zielstrebig** I. *adj* determined II. *adv* full of determination; **Zielvorstellung** *f* objective

ziemen ['tsiːmən] *vr:* **das ziemt sich nicht** it isn't proper

ziemlich I. *adv* 1. (*beträchtlich*) quite; (*fam*) pretty 2. (*fam: fast*) almost, nearly; **das ist so ~ dasselbe** it's pretty much the same; ~ **viele Leute** quite a few people; **so ~ fertig** pretty well finished II. *adj* (*beträchtlich*) considerable; **mit ~er Sicherheit** fairly certainly; **eine ~e Enttäuschung** quite a disappointment

Zierde ['tsiːɐdə] <-, -n> *f* 1. (*Schmuck*) decoration 2. (*Ehre*) honour; **zur ~** for decoration

zieren ['tsiːrən] I. *vt* 1. (*schmücken*) adorn 2. (*auszeichnen*) grace II. *vr* 1. (*Umstände machen*) make a fuss; (*beim Essen*) need a lot of pressing 2. (*Frau*) act coyly 3. (*sich gekünstelt benehmen*) be affected; **ohne sich zu** ~ without having to be pressed

Ziergarten *m* ornamental garden; **Zierleiste** *f* 1. edging 2. (TYP) vignette 3. (AUTO) moulding *Br,* molding *Am*

zierlich *adj* (*niedlich*) dainty; (*fein, zerbrechlich*) delicate; **Zierlichkeit** *f* (*Niedlichkeit*) daintiness; (*Feinheit, Zerbrechlichkeit*) delicateness

Ziernaht *f* decorative stitching; **Zierpflanze** *f* ornamental plant; **Zierschrift** *f* ornamental lettering; **Zierstrauch** *m* ornamental shrub

Ziffer ['tsɪfɐ] <-, -n> *f* 1. (*Zahl*) figure, number; (*Zahlzeichen*) digit; (*Schriftzeichen*) cipher 2. (*eines Paragraphen*) clause; **in ~n schreiben** write in figures; **Zifferblatt** *nt* (*an Uhr*) dial, face

zig *adj* (*fam*) umpteen; **ich habe dir ~mal gesagt ...** I've told you umpteen times ...

Zigarette [tsiga'rɛtə] <-, -n> *f* cigarette; **eine ~ drehen** roll a cigarette; **Zigarettenanzünder** *m* cigarette lighter; **Zigarettenautomat** *m* cigarette machine; **Zigarettenetui** *nt* cigarette case; **Zigarettenpackung** *f* cigarette packet/pack *Br/Am;* **Zigarettenspitze** *f* cigarette-holder; **Zigarettenstummel** *m* cigarette end/butt *Br/Am*

Zigarillo [tsiga'rɪlo] <-s, -s> *m* cigarillo

Zigarre [tsi'garə] <-, -n> *f* cigar; **Zigarrenkiste** *f* cigar-box; **Zigarrenspitze** *f* cigar-holder; **Zigarrenstummel** *m* cigar-butt

Zigeuner(in) [tsi'gɔɪnɐ] *m(f)* gipsy

Zikade [tsi'kaːdə] <-, -n> *f* cicada

Zimbabwe [zɪm'bapve] <-s> *nt* Zimbabwe; **zimbabwisch** *adj* Zimbabwean

Zimmer ['tsɪmɐ] <-s, -> *nt* room; **„~ frei"** "vacancies"; **Zimmerantenne** *f* (RADIO)

indoor aerial; **Zimmerdecke** *f* ceiling; **Zimmereinrichtung** *f* furniture; **Zimmerflucht** *f* suite (of rooms); **Zimmerkellner** *m* room-waiter; **Zimmerlautstärke** *f:* **können Sie ihren Apparat auf ~ stellen?** could you turn it down a bit?; **Zimmermädchen** *nt* chambermaid; **Zimmermann** <-(e)s, -leute> *m* carpenter

zimmern ['tsɪmɐn] **I.** *vt* **1.** make [*o* construct] from wood **2.** (*konstruieren*) construct **II.** *vi* do carpentry; **an etw ~** make s.th. from wood; (*fig*) work on s.th.

Zimmernachweis *m* accomodation service; **Zimmerpflanze** *f* indoor plant; **Zimmertemperatur** *f* room temperature; **Zimmervermittlung** *f* **1.** (*als Einrichtung*) accomodation agency **2.** (*als Tätigkeit*) accomodation service

zimperlich ['tsɪmpɐlɪç] *adj* **1.** (*überempfindlich*) nervous (*gegen* about); (*zart besaitet*) squeamish **2.** (*geziert*) affected; **Zimperlichkeit** *f* **1.** (*Überempfindlichkeit*) nervousness **2.** (*Wehleidigkeit*) softness

Zimt [tsɪmt] <-(e)s, -e> *m* cinnamon

Zink [tsɪŋk] <-(e)s> *nt* zinc

Zinke ['tsɪŋkə] <-, -n> *f* (*an Gabel*) prong; (*am Kamm*) tooth

zinken *adj* (*aus Zink*) zinc

zinken *vt* (*sl: Karten markieren*) mark

Zinn [tsɪn] <-(e)s> *nt* tin; **Zinnbecher** *m* pewter tankard

Zinne ['tsɪnə] <-, -n> *f* **1.** (*von Burgmauer*): **~n** battlements **2.** (*Berg~*) pinnacle

zinne(r)n *adj* pewter

Zinngeschirr *m* pewter ware

Zinnober [tsɪ'no:bɐ] <-s, -> *m* **1.** (*Farbe*) cinnabar, vermilion **2.** (*fam: Unsinn*) rubbish; (*Getue*) fuss; **zinnoberrot** *adj* vermilion

Zinnsoldat *m* tin soldier

Zinsbelastung *f* interest load

Zinsen ['tsɪnzən] *pl* interest *sing;* **~ tragen** bear interest; **ein Darlehen zu 5% ~** a loan at 5% interest

Zinserhöhung *f* rise in the interest rate; **Zinsertrag** *m* interest proceeds *pl;* **Zinseszins** *m* compound interest; **Zinsfuß** *m* interest rate; **zinsgünstig** *adj* at a favourable rate of interest; **zinslos** *adj* interest-free; **Zinspolitik** *f* interest rate policy; **Zinssatz** *m* interest rate, rate of interest; **Zinssenkung** *f* reduction in the interest rate, interest rate cut; **Zinsverlust** *m* loss of interest; **Zinszahlung** *f* interest payment

Zionismus [tsio'nɪsmʊs] <-> *m* Zionism; **Zionist(in)** *m(f)* Zionist; **zionistisch** *adj* Zionist

Zipfel ['tsɪpfəl] <-s, -> *m* **1.** (*Stoff~*) corner **2.** (*Wurst~*) end; **Zipfelmütze** *f* pointed cap

zippen ['tsɪpən] *vt* (INFORM: *komprimieren*) zip

Zirbeldrüse ['tsɪrbəl-] *f* (ANAT) pineal gland

zirka ['tsɪrka] *adv* about, circa

Zirkel ['tsɪrkəl] <-s, -> *m* **1.** (*Gerät*) compasses *pl* **2.** (*Personenkreis*) circle

Zirkulation [tsɪrkula'tsjo:n] *f* circulation

zirkulieren *vi haben o sein* circulate

Zirkus ['tsɪrkʊs] <-, -se> *m* **1.** circus **2.** (*fam: Theater, Getue*) to-do; **Zirkuszelt** *nt* big top

zirpen ['tsɪrpən] *vi* cheep, chirp

zisch *interj* hiss; **zischeln** ['tsɪʃəln] *vi* whisper

zischen ['tsɪʃən] **I.** *vi* **1.** hiss; (*brutzeln*) sizzle **2.** *sein* (*fam: verschwinden*) whizz **II.** *vt* (*sprechen*) hiss; **Zischlaut** *f* (LING) sibilant

ziselieren [tsizə'li:rən] *vt* (*Schwert, Messer*) chase

Zisterne [tsɪs'tɛrnə] <-, -n> *f* cistern, well

Zitadelle [tsita'dɛlə] <-, -n> *f* citadel

Zitat [tsi'ta:t] <-(e)s, -e> *nt* quotation; **falsches ~** misquotation

Zither ['tsɪtɐ] <-, -n> *f* (MUS) zither

zitieren *vt* **1.** (*Zitat angeben*) quote **2.** (*vorladen*) summon (*vor* before)

Zitronat <-(e)s, -e> *nt* candied lemon peel

Zitrone [tsi'tro:nə] <-, -n> *f* lemon; **jdn wie eine ~ auspressen** squeeze s.o. until the pips squeak; **Zitronenfalter** *m* brimstone butterfly; **Zitronensaft** *m* **1.** (*purer Saft*) lemon juice **2.** (*Mischgetränk*) lemon squash; **Zitronenschale** *f* lemon peel

Zitrusfrucht ['tsi:trʊs-] *f* citrus fruit

zitterig *adj* shaky

zittern ['tsɪtɐn] *vi* **1.** (*vor Wut, Furcht*) tremble (*vor* with); (*vor Schwäche*) shake (*vor* with); (*vor Kälte*) shiver (*vor* with) **2.** (*vibrieren*) quiver; **am ganzen Körper ~** be all of a shake; **mit ~der Stimme** with a shaky voice; **Zittern** *nt* trembling; **das große ~ haben** (*fam*) be all of a tremble; **das große ~ kriegen** (*fam*) tremble in one's shoes

Zitterpappel *f* aspen

zittrig *adj* shaky

Zitze ['tsɪtsə] <-, -n> *f* (*bei weibl. Säugetieren*) teat

Zivil [tsi'vi:l] <-s> *nt:* **in ~** in civilian clothes; (*fam*) in civvies; **zivil** *adj* **1.** (*nicht mil*) civilian **2.** (*fam: anständig, angemessen*) civil; (*Preise*) reasonable; **~er Bevölkerungsschutz** civil defence *Br,* civil defense *Am;* **Zivilbevölkerung** *f* civilian population; **Zivilcourage** *f* courage (to stand up for one's beliefs); **Zivildienst** *m* civilian [*o* community] service; **Zivildienstleistende(r)** *m person doing social work instead of military service*

Zivilisation [tsiviliza'tsjo:n] *f* civilization; **Zivilisationserscheinung** *f* phenomenon of civilization; **Zivilisationskrankheit** *f* disease of modern civilization

zivilisatorisch I. *adj* of civilization **II.** *adv* in terms of civilization

zivilisiert *adj* civilized

Zivilist(in) *m(f)* civilian

Zivilleben *nt* civilian life; (*fam*) civvy street; **Zivilluftfahrt** *f* civil aviations *pl;* **Zivilprozess**[RR] *m* civil action; **Zivilprozessordnung**[RR] *f* (JUR) Civil Practice Act *Br,* Rules of Civil Procedure *Am;* **Zivilrecht** *nt* civil law; **zivilrechtlich** *adj* (of) civil law; **Zivilschutz** *m* civil defence *Br,* civil defense *Am*

Zobel ['tso:bəl] <-s, -> *m* (*Marder, a. Fell*) sable

zocken ['tsɔkn] *vi* (*sl*) gamble

Zoff ['tsɔf] <-s> *m* (*sl: Ärger*) trouble

Zögern *nt* hesitation; **ein Augenblick des ~s** a moment's hesitation

zögern ['tsø:gɐn] *vi* hesitate; **wir sollten nicht länger ~** we should not hesitate any longer; **ohne auch nur einen einzigen Augenblick zu ~** without the slightest hesitation

Zögling ['tsø:klɪŋ] *m* (*obs*) pupil

Zölibat [tsøli'ba:t] <-(e)s> *m/nt* (ECCL) celibacy; **im ~ leben** be celibate

Zoll[1] <-, -> *m* (*altes Längenmaß*) inch

Zoll[2] [tsɔl, *pl:* 'tsœlə] <-(e)s, ⸚e> *m* **1.** (*Waren~*) customs duty **2.** (*Amt, Behörde*) customs *pl;* **~ auf etw zahlen** pay duty on s.th.; **Zollabfertigung** *f* **1.** (*Vorgang*) customs clearance **2.** (*Dienststelle*) checkpoint; **Zollabgabe** *f* customs duty; **Zollamt** *nt* customs house; **Zollbeamte(r), -beamtin** *m, f* customs officer [*o* official]; **Zollbegleitpapiere** *ntpl* customs documents; **Zollbehörde** *f* customs authority; **Zollbereich** *m* customs matters *pl*

zollen ['tsɔlən] *vt:* **jdm Beifall ~** applaud s.o.; **jdm Tribut ~** pay tribute to s.o.; **jdm Achtung ~** respect s.o.

Zollerklärung *f* customs declaration; **Zollfahnder(in)** *m(f)* customs investigator; **Zollfahndung** *f* customs investigation department; **zollfrei** *adj* duty-free; **Zollgebiet** *nt* customs district; **Zollgebühr** *f* (customs) duty; **Zollgrenze** *f* customs frontier; **Zollinhaltserklärung** *f* customs declaration; **Zollkontrolle** *f* customs check; **zollpflichtig** *adj* dutiable *Br,* customable *Am;* **Zollschranke** *f* customs barrier

Zollstock *m* inch, rule, ruler

Zolltarif *m* customs tariff; **Zollunion** *f* customs union

Zombie ['tsɔmbɪ] <-(s), -s> *m* (*a. fig*) zombie

Zone ['tso:nə] <-, -n> *f* **1.** (*Gebiet*) zone **2.** (*Geltungsbereich von Verkehrsmittel*) fare stage; **Zonengrenze** *f* (HIST) zonal border

Zoo *m* zoo; **in den ~ gehen** go to the zoo; **Zoologe, -gin** [tso:o'lo:gə] *m, f* zoologist; **Zoologie** *f* zoology; **zoologisch** *adj* zoological

Zoom ['zu:m] <-s> *nt* (PHOT) zoom lens; **zoomen I.** *vt* (PHOT) zoom in on **II.** *vi* (PHOT) zoom

Zopf [tsɔpf, *pl:* 'tsœpfə] <-(e)s, ⸚e> *m* **1.** (*Haar~*) pigtail **2.** (*Gebäck*) plaited loaf; **sein Haar in Zöpfe flechten** plait one's hair; **ein alter ~ sein** be a hoary relic

Zorn [tsɔrn] <-(e)s> *m* anger; (*Wut*) rage; **was man im ~ sagt** words spoken in anger; **in großem ~** in great anger; **seinen ~ an jdm auslassen** vent one's anger on s.o.; **Zornesausbruch** *m* fit of anger; **Zornesröte** *f* flush of anger

zornig *adj* angry; **auf jdn ~ sein** be angry [*o* furious] with s.o.

Zote ['tso:tə] <-, -n> *f* smutty joke

Zottel ['tsɔtəl] <-s, -n> *m* rat's tail; **zottelig** *adj* (*Haar*) shaggy

zu [tsu:] **I.** *präp* **1.** (*hin*) to **2.** (*Lage*) at **3.** (*zeitlich*) at **4.** (*für*) for; **~ Spottpreisen** dirt cheap; **~ Weihnachten** at Christmas; **~m Fenster hinaus** out of the window; **~m Arzt gehen** go to the doctor's; **jdn ~m Freund haben** have s.o. as a friend; **was sollen wir ~m Essen trinken?** what shall we drink with our meal?; **etw ~ etw legen** put s.th. with s.th.; **sich ~ jdm setzen** sit with s.o.; **~ nichts ~ gebrauchen sein** be no use at all; **jdm ~ etw gratulieren** congratulate s.o. on s.th.; **~r Belohnung** as a reward; **~r Probe** on approval; **jdn ~ etw machen** make s.o. s.th.; **~ etw werden** turn into s.th.; **es steht 3 : 1** (SPORT) the score is three-one **II.** *adv* **1.** (*allzu*) too **2.** (*geschlossen*) closed, shut **3.** (*örtlich: hin*) towards; **keineswegs ~ früh** none too soon; **das ist wirklich ~ nett von dir!** (*iro*) too kind of you!; **wir haben ~!** (*Laden*) we're closed!; **ihre Augen fielen ~** her eyes closed; **~ Ende gehen** come to a close **III.** *konj* (*mit Infinitiv*) to; **ich habe noch ~ arbeiten** I have some work to do; **das ist noch ~ prüfen** that's still to be checked; **es ist ~m Verrücktwerden!** it's enough to lose your sanity!

zuallererst *adv* first of all

zuallerletzt *adv* last of all

Zubehör ['tsu:bəhø:ɐ] <-(e)s, (-e)> *nt* accessories *pl;* **ohne** ~ bare, plain; **mit** ~ with all conveniences; **Zubehörteil** *nt* accessory, attachment

zu|beißen *irr vi* bite; (*Hund*) snap

Zuber ['tsu:bɐ] <-s, -> *m* tub

zu|bereiten *vt* prepare; (*Getränk*) mix; **Zubereitung** *f* preparation

zu|billigen *vt* grant (*jdm etw* s.o. s.th.)

zu|binden *irr vt* tie up; (*Schuhe*) lace up

zu|bleiben *irr vi sein* (*fam*) stay shut

zu|blinzeln *vi* wink (*jdm* at s.o.)

zu|bringen *irr vt* **1.** (*Zeit*) pass, spend **2.** (*fam: zumachen können*) get shut

Zubringer *m* **1.** (*~straße*) feeder road **2.** (AVIAT: *~bus*) airport bus; **Zubringerdienst** *m* shuttle service

Zucchini [tsu'ki:nɪ] *fpl* courgettes *Br,* zucchini *Am*

Zucht [tsʊxt] <-> *f* **1.** (*Auf~, Züchten*) breeding; (*von Pflanzen*) cultivation **2.** (*~generation*) breed; (*von Pflanzen*) stock **3.** (*Disziplin*) discipline; ~ **und Ordnung** discipline; **in ~ halten** keep in hand; **Tiere zur ~ halten** keep animals for breeding; **Zuchtbulle** *m* breeding bull

züchten ['tsʏçtən] *vt* **1.** (*Tiere*) breed; (*Bienen*) keep **2.** (*Pflanzen*) cultivate; **Züchter(in)** *m(f)* **1.** (*von Tieren*) breeder **2.** (*von Pflanzen*) cultivator

Zuchthaus *nt* prison *Br,* penitentiary *Am;* **Zuchthäusler(in)** *m(f)* convict; (*sl*) con; **Zuchthausstrafe** *f* prison sentence

Zuchthengst *m* stud horse

züchtigen ['tsʏçtɪgən] *vt* (*prügeln*) beat, flog; **Züchtigung** *f* (*Prügel*) beating, flogging; **körperliche** ~ corporal punishment

zuchtlos *adj* undisciplined; **Zuchtlosigkeit** *f* lack of discipline

Zuchtvieh *nt* breeding cattle

zucken ['tsʊkən] **I.** *vi* **1.** (*nervös, krampfhaft*) twitch; (*zusammenfahren*) jerk **2.** *sein* (*Blitz*) flash; **es zuckt mir in der Schulter** I have a twinge in my shoulder; **ohne mit der Wimper zu** ~ without batting an eyelid **II.** *vt:* **die Achseln** ~ shrug one's shoulders

zücken ['tsʏkən] *vt* **1.** (*Messer*) draw **2.** (*fam: Brieftasche*) pull out

Zucker ['tsʊkɐ] <-s, (-)> *m* sugar; **Zuckeraustauschstoff** *m* sugar substitute; **Zuckerbrot** *nt:* **mit ~ und Peitsche** with a stick and a carrot; **Zuckerdose** *f* sugar bowl; **Zuckerguss**[RR] *m* icing *Br,* frosting *Am;* **Zuckerhut** *m* sugar loaf; **zuckerig** *adj* sugary

zuckerkrank *adj* diabetic; **Zuckerkranke(r)** *f m* diabetic; **Zuckerkrankheit** *f* diabetes

zuckern *vt* sugar; **der Kaffee ist zu stark gezuckert** the coffee has too much sugar in it

Zuckerrohr *nt* sugar-cane; **Zuckerrübe** *f* sugar beet; **Zuckerstreuer** *m* sugar sprinkler; **zuckersüß** *adj* (*a. fig*) sugar-sweet, (as) sweet as sugar

Zuckung *f:* **nervöse ~en** nervous twitches

zu|decken *vt* cover (up) (*mit etw* with s.th.)

zudem [tsu'de:m] *adv* in addition, moreover

zu|denken *irr vt:* **jdm etw zugedacht haben** have s.th. in store for s.o.

zu|drehen I. *vt* **1.** (*Wasserhahn*) turn off **2.** (*zuwenden*) turn; **jdm den Rücken** ~ turn one's back upon s.o. **II.** *vr* (*sich zuwenden*) turn (to)

zudringlich *adj* intrusive; ~ **werden** make advances *pl* (*zu jdm* to s.o.); **Zudringlichkeit** *f* intrusiveness; (*sexuell*) advances *pl*

zu|drücken *vt* press shut; **ein Auge** ~ (*fam*) turn a blind eye

zu|eilen *vi sein* rush (*auf jdn o etw* towards s.o., s.th.)

zueinander *adv* **1.** (*gegenseitig*) to each other **2.** (*zusammen*) together; ~ **passen** (*Farben,*) go together; (*Personen*) suit each other

zu|erkennen *irr vt* (*belohnen*) award (*jdm etw* s.th. to s.o.); **jdm eine Auszeichnung** ~ bestow a decoration on s.o.

zuerst *adv* **1.** (*als erster*) first **2.** (*zunächst*) at first **3.** (*zum ersten Mal*) first, for the first time; **wer ~ kommt, mahlt** ~ first come, first served; ~ **hast du etw anderes gesagt** that's not what you said first; ~ **gehe ich schwimmen** first of all I'm going swimming

zu|erteilen *vt* award (*jdm etw* s.th. to s.o.)

zu|fächeln *vt:* **sich (jdm) Kühlung** ~ fan o.s. (s.o.)

zu|fahren *irr vi* **1.** *sein:* **auf jdn** ~ drive towards s.o. **2.** (*fam: los-, weiterfahren*) get a move on; **Zufahrt** *f* **1.** (*Hinfahrt*) approach **2.** (*Einfahrt*) entrance **3.** (*~ zu einem Haus*) drive(way); **Zufahrtsstraße** *f* access road; (*zur Autobahn*) approach road

Zufall *m* accident, chance; **durch** ~ by chance; **das ist ~!** it's pure chance!; **es war reiner ~, dass ...** it was pure accident that ...; **es ist kein ~, dass ...** it's no accident that ...; **die Dinge dem ~ überlassen** leave things to chance; **welch (ein) ~!** what a coincidence!

zu|fallen *irr vi sein* **1.** (*Tür*) close, shut **2.** (*Aufgabe, Rolle*) fall (*jdm* to s.o., upon s.o); (*Preis*) go (*jdm* to s.o.); **die Augen fallen ihr ja schon zu!** she can scarcely keep her eyes open!

zufällig I. *adj* chance; (*Ergebnis*) accidental; **eine ~e Begegnung** a chance meeting **II.** *adv* by chance; **das war rein** ~ it was pure chance; **ich war** ~ **da** I happened to be there; **haben Sie** ~ **ihre Telefonnummer?** have you got her phone number by any chance?

Zufallsbekanntschaft *f* chance acquaintance; **Zufallstreffer** *m* **1.** fluke **2.** (SPORT) lucky goal

zu|fassen *vi* **1.** (*zugreifen*) take hold of it [*o* them] **2.** (*Gelegenheit ergreifen*) seize an [*o* the] opportunity **3.** (*helfen*) lend a hand

zu|fliegen *irr vi sein* **1.** (*fam: Tür*) slam shut **2.** (*Vogel*) fly to

zu|fließen *irr vi* flow towards; **jdm Geld** ~ **lassen** pour money into someone's coffers

Zuflucht <-> *f* (*a. fig*) refuge, shelter (*vor* from); **seine** ~ **zu etw nehmen** resort to s.th.; **du bist meine letzte** ~ you are my last hope

Zufluss[RR] *m* **1.** (*a. fig*) influx **2.** (*Nebenfluss*) tributary; (*zu einem See*) inlet

zu|flüstern *vt, vi* whisper (*jdm etw* s.th. to s.o.)

zufolge [tsuˈfɔlgə] *präp* **1.** (*gemäß*) according to **2.** (*aufgrund*) as a consequence of

zufrieden [tsuˈfriːdən] *adj* content(ed); **mit etw** ~ **sein** be satisfied with s.th.; **sich mit etw** ~ **geben**[RR] be content with s.th.; ~ **lassen** let alone, leave in peace; ~ **stellen**[RR] satisfy; **schwer zufrieden zu stellen**[RR] difficult to please; ~ **stellend**[RR] satisfactory; **zufrieden|geben** *vr s.* zufrieden; **Zufriedenheit** *f* **1.** contentedness **2.** (*Befriedigtsein*) satisfaction; **zufriedenlassen** *vt s.* zufrieden; **zufriedenstellen** *vt s.* zufrieden; **zufriedenstellend** *adj s.* **zufrieden**

zu|frieren *irr vi sein* freeze up [*o* over]

zu|fügen *vt* **1.** (*fam: dazutun*) add **2.** (*antun*) cause, do; (*Böses*) inflict (upon)

Zufuhr [ˈtsuːfuːɐ] <-, -en> *f* **1.** (*Versorgung*) supply (*nach* to); (MIL: *Nachschub*) supplies *pl* **2.** (METE) influx; **jdm die** ~ **abschneiden** cut off supplies to s.o.; **die** ~ **von Lebensmitteln** the supply of provisions; **zu|führen** *vt* **1.** (*versorgen*) supply (*jdm etw* s.o. with s.th.) **2.** (*bringen, zur Verfügung stellen*) bring; **etw seiner Bestimmung** ~ put s.th. to its intended use; **jdn der gerechten Strafe** ~ give s.o. the punishment he [*o* she] deserves

Zug[1] [tsuːk, *pl:* ˈtsyːgə] <-(e)s, ¨-e> *m* (RAIL) train; **mit dem** ~ **fahren** go by train; **im** ~ on the train; **der** ~ **hat Verspätung** the train is late

Zug[2] *m* **1.** (*Charakter~*) characteristic, trait **2.** (*Gesichts~*) feature; **das war kein schöner** ~ **von ihm** that wasn't very nice of him; **er hat einen** ~ **zur Extravaganz** he tends to be extravagant

Zug[3] *m* **1.** (*~luft*) draught *Br,* draft *Am* **2.** (*an Zigarette*) drag, pull **3.** (*langgezogene Gruppe*) procession **4.** (MIL: *Kompaniegruppe*) platoon **5.** (*Spielstein setzen*) move **6.** (*Schluck*) gulp, mouthful **7.** (TECH: *~kraft*) tension; **du bist am ~!** it's your move!; ~ **um** ~ step by step; **einen** ~ **machen** (*an Zigarette*) take a pull; (**nicht**) **zum ~(e) kommen** (not) get a look-in; **in den letzten Zügen liegen** be at one's last gasps; **etw in vollen Zügen genießen** enjoy s.th. to the full

Zugabe *f* (*Zuschlag*) extra; (*Bonus*) bonus; (COM: *Werbegeschenk*) free gift; (MUS THEAT) encore; **als** ~ (COM) into the bargain

Zugabteil *nt* railway compartment

Zugang *m* **1.** (*Zutritt, a. fig*) access **2.** (*Eingang, Einfahrt*) entrance **3.** (COM: *Neueingang von Waren*) receipt; (*von Schülern*) intake; (*von Patienten*) admission; **zu etw** ~ **haben** have access to s.th.; **zugänglich** [ˈtsuːgɛŋlɪç] *adj* **1.** (*erreichbar*) accessible; (*benutzbar*) available; (*Bibliotheken*) open **2.** (*Personen*) approachable; **der Allgemeinheit** ~ open to the public; **sie ist Komplimenten leicht** ~ she is quite amenable to compliments

Zugbrücke *f* drawbridge

zu|geben *irr vt* **1.** (*eingestehen*) admit **2.** (*hinzufügen*) add; **gib's zu!** admit it!; ~, **dass etw wahr ist** admit the truth of s.th.; **ich gebe zu …** I have to admit …

zugegen *adv* present (*bei* at)

zu|gehen *irr vi* **1.** *sein* (*fam: schließen*) shut **2.** (*Nachricht*) reach (*jdm* s.o.); **auf jdn** ~ approach [*o* go towards] s.o.; **es geht auf den Winter zu** winter is drawing near; **hier geht es nicht mit rechten Dingen zu** there's something fishy around here; **dort ging's sehr lustig zu** we had a great time there

zu|gehören *vi* belong (*jdm* to s.o.); **zugehörig** *adj* (*dazugehörend*) accompanying; **Zugehörigkeit** *f* **1.** (*Mitgliedschaft*) membership (*zu* of); (*zu Konfession, Nation*) affiliation **2.** (*Gefühl*) sense of belonging

zugeknöpft *adj* (*pej*) reserved, uncommunicative

Zügel [ˈtsyːgəl] <-s, -> *m* (*a. fig*) rein; **die** ~ **anziehen** draw in the reins; (*fig*) keep a tighter rein (*bei* on); **die** ~ **schießen lassen** give free rein to one's rage [*o* feelings]

zugelassen *adj* **1.** (AUTO) licensed **2.** (*autorisiert*) authorized

zügellos *adj* (*a. fig*) unbridled; (*ausschweifend*) licentious; **Zügellosigkeit** *f* lack of restraint, licentiousness

zügeln I. *vt* **1.** (*Pferd*) rein in **2.** (*fig*) check, curb **II.** *vr* (*sich zurückhalten*) restrain o.s.

zugestandenermaßen *adv* admittedly *Br*, concededly *Am*

Zugeständnis *nt* concession (*an* to); **zugestehen** *irr vt* **1.** (*einräumen*) concede, grant **2.** (*zugeben*) admit

zugetan ['tsu:gəta:n] *adj* fond (of)

Zugfahrkarte *f* train ticket; **Zugführer(in)** *m(f)* **1.** (RAIL) chief guard *Br*, conductor *Am* **2.** (MIL) platoon [*o* section] commander

zugig *adj* draughty *Br*, drafty *Am*

Zugkraft *f* **1.** (TECH) tractive power **2.** (*fig*) appeal, attraction; **zugkräftig** *adj* (*fig*) catchy, eye-catching

zugleich *adv* **1.** (*ebenso*) both **2.** (*zur gleichen Zeit*) at the same time; **sie lachte und weinte** ~ she was both laughing and crying

Zugluft *f* draught *Br*, draft *Am*

Zugmaschine *f* (*von Sattelschlepper*) traction engine, tractor

Zugpersonal *nt* (RAIL) train personnel

Zugpferd *nt* (*fig*) crowd puller

zu|greifen *irr vi* **1.** (*schnell nehmen*) grab it [*o* them]; (*bei Tisch*) help o.s. **2.** (*schnell handeln*) act fast; **greifen Sie zu!** help yourself!

Zugrestaurant *nt* (RAIL) dining car

Zugriff *m* **1.** (*das Zugreifen*): **durch raschen** ~ by acting quickly **2.** (INFORM) access; **Zugriffsberechtigung** *f* (INTERNET) access privileges; **Zugriffszeit** *f* (INFORM) access time

zugrunde, **zu Grunde**[RR] *adv:* **etw** ~ **legen** base s.th. on s.th.; **etw** ~ **liegen** be based on s.th.; ~ **richten** ruin, destroy

Zugschaffner(in) *m(f)* (RAIL) train conductor; **Zugsekretariat** *nt* (RAIL) secretarial compartment

zugunsten, **zu Gunsten**[RR] *präp* (*von o mit Genitiv*) in favour of

zugute *adv:* **jdm etw** ~ **halten** make allowances for s.th.; **jdm** ~ **kommen** be of benefit to s.o.; **jdm etw** ~ **kommen lassen** let s.o. have s.th.

Zugverbindung *f* train connection; **Zugverkehr** *m* railway traffic *Br*, railroad traffic *Am*

Zugvogel *m* migratory bird

zu|haben *irr vi* (*Laden*) be closed

zu|halten I. *irr vt* keep closed [*o* shut]; **jdm den Mund** ~ cover someone's mouth with one's hands; **sich die Ohren** ~ put one's hands over one's ears **II.** *vi:* **auf etw** ~ make straight for ...

Zuhälter ['tsu:hɛltɐ] *m* pimp, ponce

zu|hauen I. *irr vt* **1.** (*Stein*) pare; (*Baumstamm*) hew **2.** (*fam: Tür*) slam **II.** *vi* (*zuschlagen*) strike out

zuhauf *adv* (*poet*) in throngs

Zuhause [tsu'haʊzə] <-s, -> *nt* home; **hast du kein ~?** haven't you got a home to go to?; **zuhause** *adv* at home

zu|heilen *vi sein* heal up [*o* over]

Zuhilfenahme *f:* **unter (ohne)** ~ **von ...** with (without) the help of ...

zu|hören *vi* listen (*jdm* to s.o.); **nun hören Sie mal zu!** now listen!; **ich höre sehr genau zu!** I'm all ears!; **Zuhörer(in)** *m(f)* listener *pl a.,* audience *sing;* **Zuhörerschaft** *f* audience

zu|jubeln *vi* cheer (*jdm* s.o.)

zu|kehren *vt:* **jdm das Gesicht** ~ turn to face s.o.; **jdm den Rücken** ~ (*a. fig*) turn one's back (up)on s.o.

zu|klappen *vt haben, vi sein* snap shut

zu|kleben *vt* (*Briefumschlag*) stick down; (*Loch*) stick up

zu|knöpfen *vt* button up

zu|kommen *irr vi* **1.** *sein* (*gebühren*) become, befit **2.** (*hingehen*) come towards (*auf jdn* s.o.); **jdm etw** ~ **lassen** (*schenken*) give s.o. s.th.; (*senden*) send s.o. s.th.; **diesem Treffen kommt große Bedeutung zu** this meeting is of great importance; **etw auf sich** ~ **lassen** wait and see

Zukunft ['tsu:kʊnft] <-> *f* **1.** future **2.** (GRAM) future tense; **in** ~ in future; **in naher** ~ in the near future; **das liegt noch in weiter** ~ that is still very much in the future; **eine große** ~ **haben** have a great future

zukünftig I. *adj* future; **mein(e) Zukünftige(r)** (*hum*) my intended **II.** *adv* in future

Zukunftsaussichten *fpl* future prospects; **Zukunftsbranche** *f* new industry; **Zukunftsforscher(in)** *m(f)* futurist, futurologist; **Zukunftsforschung** *f* futurology; **Zukunftsmusik** *f* (*fam*) a pie in the sky; **Zukunftsperspektive** *f* future prospects *pl;* **Zukunftspläne** *mpl* plans for the future; **zukunftssicher** *adj* with a safe [*o* guaranteed] future; **Zukunftstechnologie** *f* new technology

Zukurzgekommene(r) *f m* *one who came off badly, one who missed out*

zu|lächeln *vi* smile (*jdm* at s.o.)

Zulage *f* **1.** (*Geld~*) extra pay; (*Gefahren~*) danger-money **2.** (*Gehaltserhöhung*) rise *Br*, raise *Am*

zu|langen *vi* (*bei Tisch*) help o.s.

zu|lassen *irr vt* **1.** (*Tür*) leave shut **2.** (*Zugang gewähren*) admit **3.** (*dulden*) allow, permit **4.** (*amtlich*) authorize; (*Arzt, Heilpraktiker*) register; (*Kraftfahrzeug*) license; **~, dass etw geschieht** allow s.th. to happen

zulässig ['tsu:lɛsɪç] *adj* allowed, permissible, permitted; (*amtlicherseits*) authorized; ~**es Gesamtgewicht** (AUTO) maximum laden weight

Zulassung *f* **1.** (AUTO) papers *pl* **2.** (*amtliche Autorisierung*) authorization; (*von Kfz*) licensing; **Antrag auf ~ zur Prüfung** application to enter the examination; **Zulassungsbedingungen** *fpl* admission requirements, registration requirements; **Zulassungsbeschränkung** *f* restriction of admissions; **Zulassungspapiere** *ntpl* (vehicle) registration documents; **Zulassungsstelle** *f* registration office; **Zulassungsverfahren** *nt* registration [*o* admission] procedure

Zulauf <-(e)s> *m:* **großen ~ haben** (*gut besucht sein*) be very popular; (FILM THEAT) draw large crowds; **zu|laufen** *irr vi* **1. auf jdn zugelaufen kommen** come running towards s.o. **2. spitz ~** run to a point **3.** (*Wasser*) run in; **die Katze ist mir zugelaufen** it's a stray cat

zu|legen I. *vt* **1.** (*da~*) put on **2.** (*hinzufügen*) add; (*bei Verlustgeschäft*) lose; **einen Zahn ~** (*fam*) get a move on **II.** *vi* (*fam: an Gewicht*) put on weight **III.** *vr* (*fam*): **sich etw ~** get o.s. s.th., treat o.s. to s.th.

zuleide, zu Leide[RR] *adv:* **jdm etw ~ tun** do s.o. harm, harm s.o.; **er tut keiner Fliege was ~** he wouldn't hurt a fly

zu|leiten *vt* **1.** (*durch Leitung zuführen*) let in, supply **2.** (*zusenden*) forward, send on; **Zuleitung** *f* (TECH) supply; (ELEK) conductor; **Zuleitungsrohr** *nt* feed pipe

zuletzt *adv* **1.** (*als Letzter*) last **2.** (*endlich*) in the end; **damit hatte ich ~ gerechnet** that was the last thing I expected

zuliebe *adv:* **jdm ~** for someone's sake

Zulieferer *m* (COM) supplier

Zulieferindustrie *f* supply industry

Zulu ['tsu:lu] *m* Zulu

zum [tsʊm] (*zu dem*): **~ Beispiel** for instance; **~ Glück** fortunately; **~ Teil** partially

zu|machen I. *vt* (*fam: schließen*) close, shut; (*Loch*) stop up; (*Brief*) seal; (*Weinflasche*) cork up **II.** *vi* **1.** (*fam: sich beeilen*) get a move on **2.** (*fam: den Laden ~*) close down

zumal I. *konj* especially [*o* particularly] as **II.** *adv* especially, particularly

zu|mauern *vt* brick [*o* wall] up

zumeist *adv* for the most part, mostly

zumindest *adv* at least

zumute, zu Mute[RR] *adv:* **mir ist nicht zum Lachen ~** I am not in the mood for laughing; **wie ist dir ~?** how do you feel?

zu|muten ['tsu:mu:tən] *vt:* **jdm etw ~** expect s.th. of s.o.; **jdm zu viel ~** expect too much of s.o.; **sich zu viel ~** take on too much; **seinem Körper zu viel ~** overtax o.s.; **Zumutung** *f* unreasonable demand; (*Frechheit*) cheek; **das ist eine ~!** that's a bit much!

zunächst *adv* **1.** (*vor allem*) first, first of all **2.** (*vorläufig*) for the time being

zu|nähen *vt* sew up

Zunahme *f* increase; (*Ansteigen*) rise

Zuname *m* surname *Br,* last name *Am*

Zündeinstellung *f* (AUTO) ignition [*o* timing] adjustment

zünden [tsʏndən] **I.** *vi* **1.** (*Feuer fangen*) catch fire **2.** (AUTO) fire **II.** *vt* **1.** (*Rakete*) fire **2.** (*Bombe*) detonate; **zündend** *adj* (*Rede*) stirring; (*Vorschlag*) exciting; (*Idee*) ingenious

Zünder ['tsʏndɐ] <-s, -> *m* (MIL) fuse

Zündflamme *nt* (*in Gasbrenner*) pilot flame [*o* light]; **Zündholz** *nt* match; **ein ~ anreißen** strike a match; **Zündholzschachtel** *f* match-box; **Zündhütchen** ['tsʏnthy:tçən] *nt* percussion cap; **Zündkabel** *nt* (AUTO) plug lead; **Zündkerze** *f* (AUTO) sparking-plug *Br,* spark-plug *Am;* **Zündschlüssel** *m* (AUTO) ignition key; **Zündschnur** *f* fuse; **Zündspule** *f* (AUTO) ignition [*o* spark] coil; **Zündstoff** *m* (*fig*) dynamite; **Zündung** *f* (AUTO) ignition; **die ~ einstellen** adjust the timing; **Zündverteiler** *m* (AUTO) distributor

zu|nehmen *irr vt* **1.** (*an Gewicht*) gain weight **2.** (*anwachsen*) increase (*an* in); **5 Kilo ~** gain 5 kilos; ~**der Mond** waxing moon

zu|neigen I. *vi* be inclined towards; **ich neige zu der Ansicht, dass ...** I'm inclined to think that ... **II.** *vr* lean towards; **sich dem Ende ~** be drawing to a close; (*knapp werden*) be running out; **Zuneigung** *f* affection; **~ zu jdm fassen** take a liking to s.o.; **~ für jdn empfinden** feel affection for s.o.

Zunft [tsʊnft, *pl:* 'tsʏnftə] <-, ⸚e> *f* guild

zünftig ['tsʏnftɪç] *adj* **1.** (*fam: geziemend*) proper **2.** (*professionell*) professional; **eine ~e Anglerkluft** a proper angler's outfit

Zunge ['tsʊŋə] <-, -n> *f* **1.** (ANAT) tongue **2.** (*Seezunge*) sole; **jdm die ~ herausstrecken** stick one's tongue out at s.o.; **eine scharfe ~ haben** have a sharp tongue; **dabei bricht man sich ja die ~ ab!** (*fam*) I can't get my tongue round it!; **auf der ~ brennen** burn the tongue; **ich hab's auf der ~!** (*fam*) I have it on the tip of my tongue!

züngeln ['tsʏŋəln] *vi* **1.** (*Schlange*) dart its tongue in and out **2.** *sein* (*Flamme*) lick

Zungenbelag *m* coating of the tongue; **Zungenbrecher** *m* (*Wort*) tongue-twister; **Zungenfertigkeit** *f* eloquence, volubility; **ZungenkussRR** *m* French kiss; **Zungenspitze** *f* tip of the tongue

Zünglein ['tsʏŋlaɪn] *nt:* **das ~ an der Waage sein** tip the scales

zunichte *adv:* **~ machen** (*zerstören*) destroy, ruin; (*vereiteln*) frustrate

zu|nicken *vi* nod (*jdm* to, at s.o.)

zunutze, **zu Nutze**[RR] *adv:* **sich etw ~ machen** (*verwenden*) utilize s.th.; (*ausnutzen*) take advantage of s.th.

zuoberst *adv* right on [*o* at] the top

zu|ordnen *vt* assign to

zu|packen *vi* (*fam*) **1.** (*bei einer Gelegenheit*) grasp **2.** (*bei der Arbeit*) get down to it **3.** (*helfen*) lend a hand

zupfen ['tsʊpfən] *vt* (*Unkraut, Fäden, Maschen*) pull; (*Wolle*) pick; **jdn am Ärmel ~** tug at someone's sleeve

zur [tsuːɐ] *präp* (*zu der*): **~ Ansicht** (COM) on approval; **~ Weihnachtszeit** at Christmas time; **~ See fahren** go to sea

zurande[RR] *adv:* **mit etw ~ kommen** cope with s.th.; **mit etw nicht ~ kommen** not to be able to manage s.th.

zurate[RR] *adv:* **jdn/etw ~ ziehen** consult s.o./s.th.

zu|raten *irr vi* advise (strongly) (*jdm, etw zu tun* s.o. to do s.th.); **auf ihr Zuraten (hin)** on her advice

zurechnungsfähig *adj* of sound mind; **Zurechnungsfähigkeit** *f* soundness of mind; **verminderte ~** diminished responsibility; **an jds ~ zweifeln** (*fam*) wonder if s.o. is compos mentis

zurecht|finden *irr vr* find one's way (*in* around); **findest du dich damit zurecht?** can you get the hang of it?

zurecht|kommen *irr vi* **1.** (*auskommen*) manage (*mit* on) **2.** (*bewältigen*) cope (*mit* with); **mit jdm ~** get on (well) with s.o.; **mit etw ~** cope with s.th.

zurecht|legen *vt* get out ready; **sich etw ~** get s.th. out ready; (*fig*) work s.th. out

zurecht|machen *vt* (*Zimmer*) prepare *Br,* fix *Am;* **sich ~** get dressed; (*sich schminken*) put on one's make-up

zurecht|weisen *irr vt* (*tadeln*) reprimand; **Zurechtweisung** *f* reprimand

Zureden *nt:* **auf mein ~ (hin)** with my encouragement; (*Überreden*) with my persuasion; **freundliches ~** friendly persuasion; **zu|reden** *vi* **1.** (*überreden*) keep on (*jdm* at s.o.) **2.** (*ermutigen*) encourage (*jdm* s.o.)

zu|reiten *irr vt haben* (*Pferd*) break in

zu|richten *vt* **1.** (TECH: *zubereiten*) dress, finish **2.** (*beschädigen*) make a mess of **3.** (*verletzen*) injure; **jdn übel ~** beat s.o. up

zürnen ['tsʏrnən] *vi* be angry (*jdm* with s.o.)

Zurschaustellung *f* display, parading

zurück [tsu'rʏk] *adv* **1.** back **2.** (COM: *im Rückstand*) behind; **hin und ~** there and back; **bis ins 16. Jahrhundert ~** as far back as the 16th century; **hinter seiner Zeit ~ sein** be behind the times *pl*

zurück|behalten *irr vt* keep back

zurück|bekommen *irr vt* get back

zurück|bezahlen *vt* pay back, repay

zurück|bleiben *irr vi* **1.** *sein* stay [*o* remain], behind **2.** (*nicht Schritt halten, a. fig*) fall behind; (*entwicklungsmäßig*) be backward **3.** (*übrig bleiben*) be left (behind); (*als Krankheitsfolge, Schaden*) remain; **das bleibt hinter meinen Erwartungen zurück** that doesn't come up to my expectations

zurück|blicken *vi* look back

zurück|bringen *irr vt* **1.** (*wieder herbringen*) bring back **2.** (*wieder wegbringen*) take back

zurück|datieren *vt* backdate

zurück|denken *irr vi* think back (*an* to)

zurück|drängen *vt* **1.** drive [*o* force] back [*o* push] **2.** (*fig*) repress

zurück|erobern *vt* (MIL) reconquer

zurück|erstatten *vt* refund; (*Ausgabe*) reimburse

zurück|fahren I. *irr vi sein* **1.** drive [*o* go] back **2.** (*plötzlich zurückweichen*) start back **II.** *vt haben* drive back

zurück|fallen *irr vi sein* **1.** (*in einen Fehler, in ein Laster*) relapse (*in* into) **2.** (SPORT) drop back **3.** (COM: *Umsätze*) drop **4.** (*an Besitzer*) revert (*an* to) **5.** (*leistungsmäßig*) fall behind **6.** (*Schande, Untat*) reflect (*auf jdn* on s.o.)

zurück|finden *irr vi* find one's way back

zurück|fließen *irr vi sein* flow back

zurück|fordern *vt* demand back

zurück|führen I. *vt* **1.** lead back **2.** (MATH) reduce; (*ableiten, erklären*) put down to **3.** (*zurückverfolgen*) trace back **II.** *vi* lead back

zurück|geben *irr vt* **1.** give back **2.** (*erwidern*) return

zurück|gehen *irr vi* **1.** *sein* go back (*nach, in* to) **2.** (*zurückweichen*) retreat **3.** (*Geschäft*) fall off; (*Preise, Vorräte*) go down; (*Schmerz, Sturm*) die down; **~ auf ...** go back to ...; **~ lassen** (*Warensendung*) return, send back

zurückgeblieben *adj* retarded

zurückgezogen I. *adj* **1.** (*Leben*) secluded **2.** (*Person*) withdrawn **II.** *adv* in seclusion; **Zurückgezogenheit** *f* seclusion

zurück|greifen *irr vi* fall back (*auf* upon)

zurück|halten I. *irr vt* **1.** (*nicht fortlassen*) hold [*o* keep] back **2.** (*aufhalten*) hold up **3.** (*nicht freigeben*) withhold **4.** (*fig: unterdrücken*) repress **5.** (*hindern*) keep (*jdn von etw* s.o. from s.th.) **II.** *vi* (*verheimli-*

chen) hold back (*mit etw* s.th.) **III.** *vr* **1.** (*reserviert sein*) be reserved **2.** (*sich beherrschen*) contain o.s. **3.** (*bescheiden sein*) keep in the background; **zurückhaltend** *adj* **1.** (*beherrscht*) restrained **2.** (*vorsichtig*) cautious **3.** (*reserviert*) reserved; **Zurückhaltung** *f* **1.** (*Beherrschtheit*) restraint **2.** (*Vorsicht*) caution

zurück|holen *vt* fetch back; **jdn ~** (*fig*) ask s.o. to come back

zurück|kehren *vi* **1.** *sein* come back, return (*von, aus* from) **2.** (*fortgehen*) go back, return (*nach, zu* to)

zurück|kommen *irr vi* **1.** *sein* (*a. fig*) come back, return **2.** (*Bezug nehmen*) refer (*auf* to)

zurück|lassen *irr vt* **1.** (*hinterlassen*) leave **2.** (*liegen lassen*) leave behind, allow back; **eine Nachricht ~** leave word

zurück|legen I. *vt* **1.** (*an seinen Platz*) put back; (*Kopf*) lay back **2.** (*aufbewahren, reservieren*) put aside; (*Geld*) lay aside **3.** (*Strecke*) cover; **können Sie es mir ~?** could you put it aside for me?; **ein gutes Stück Weg ~** cover quite a distance **II.** *vr* lie back

zurück|liegen *irr vi* **1.** (*örtlich*) be behind **2.** (*zeitlich*) be … ago; **das liegt zehn Jahre zurück** that was ten years ago

Zurücknahme <-, -n> *f* **1.** (*das Zurücknehmen*) taking back **2.** (*einer Bestellung, einer Klage*) withdrawal; (*einer Anordnung, Zustimmung*) revocation; (*einer Beschuldigung*) retraction

zurück|nehmen *irr vt* **1.** take back **2.** (*Behauptung*) withdraw; (*Gesetz, Anordnung*) revoke; (COM: *Auftrag*) cancel; (*Vorwurf*) retract; **sein Wort ~** go back on one's promise

zurück|pfeifen *vt* (*fig*) bring s.o. back into line

zurück|prallen *vi sein* bounce back; (*Geschoss*) ricochet; (*Strahlen, Hitze*) be reflected; **von etw ~** be bounced back off s.th.

zurück|reisen *vi sein* return, travel back

zurück|rufen *irr vt* **1.** (*a.* TELE) call back **2.** (*zurückbeordern*) recall; **sich etw ins Gedächtnis ~** call s.th. to mind

zurück|schalten *vt* (AUTO) change back

zurück|schauen *vi* (*a. fig*) look back (*auf* at, on)

zurück|schicken *vt* send back

zurück|schieben *irr vt* push back

zurück|schlagen I. *irr vt* **1.** (*Angriff, Feind*) beat back, repulse **2.** (*Ball*) return **3.** (*umschlagen*) fold back; (*Buchseiten*) leaf back; (*Schleier*) lift **II.** *vi* **1.** (*a. fig*) hit back, strike back **2.** (*Pendel*) swing back

zurück|schrecken *irr vi sein* shrink [*o* start] back (*vor* from); **vor nichts ~** stop at nothing

zurück|sehnen I. *vr* long to return (*nach* to) **II.** *vt* long for the return (*jdn o etw* of s.o., s.th.)

zurück|senden *irr vt* send back

zurück|setzen I. *vt* **1.** (*an frühere Stelle*) put back **2.** (*nach hinten*) move back; (AUTO: *Wagen*) reverse **3.** (*benachteiligen*) neglect; **sich zurückgesetzt fühlen** feel neglected **II.** *vi* (AUTO: *mit Wagen*) reverse

zurück|springen *irr vt sein* jump [*o* leap] back

zurück|stecken I. *vt* (*Gegenstand*) put back **II.** *vi* **1.** (*anspruchsmäßig*) lower one's expectations; (*weniger ausgeben*) cut back **2.** (*nachgeben*) backtrack

zurück|stehen *irr vi* **1.** (*hintanstehen*) take second place **2.** (*unberücksichtigt bleiben*) be left out

zurück|stellen *vt* **1.** (*a. Uhr*) put back **2.** (*beiseite stellen*) put aside **3.** (*hintanstellen*) defer **4.** (*beiseiteschieben*) put aside; **seine Pläne ~** shelve one's plans

zurück|stoßen *irr vt* **1.** push back **2.** (*fig*) reject

zurück|strömen *vi* **1.** *sein* (*Fluss*) flow back **2.** (*Menschen*) stream back

zurück|stufen *vt* downgrade

zurück|treiben *irr vt* drive back

zurück|treten *irr vi* **1.** *sein* (*sich zurückstellen*) step back **2.** *haben* (SPORT: *beim Fußball*) kick back **3.** *sein* (*fig: Regierung*) resign **4.** *sein* (*von einem Vertrag*) withdraw (*von* from) **5.** *sein* (*an Bedeutung verlieren*) fade; **bitte ~!** stand back, please!; **hinter jdm (etw) ~** come second to s.o. (s.th.)

zurück|verlangen *vt* demand back

zurück|versetzen I. *vt* **1.** (*zurückverwandeln*) restore (*in* into) **2.** (SCHULE: *Schüler in alte Klasse*) move down (*in* into) **II.** *vr* (*sich zurückdenken*) think o.s. back (*in* to)

zurück|weichen *irr vi* **1.** *sein* (MIL) fall back; (*erschrocken*) shrink back (*vor* from) **2.** (*fig*) retreat

zurück|weisen *irr vt* **1.** (*Gegenstand, a. fig*) reject **2.** (*abweisen*) turn away; (*zurückschicken*) turn back; **einen Angriff ~** repel an attack; **einen Antrag ~** reject [*o* turn down] an application; **Zurückweisung** *f* **1.** (*von Gegenstand, a. fig*) rejection **2.** (*Abweisung*) turning away **3.** (*Abschlagen von Angriff*) repulsion

zurück|werfen *irr vt* **1.** (*Ball*) throw back **2.** (MIL: *Feind*) repulse **3.** (*reflektieren*) reflect **4.** (*wirtschaftlich*) set back (*um* by)

zurück|wollen *vi* want to go back

zurück|zahlen *vt* pay back, repay; **wann soll ich das Geld ~?** when do you want me to pay back the money?

zurück|ziehen I. *irr vt haben* 1. pull [*o* draw] back 2. (*zurücknehmen*) withdraw II. *vr haben* 1. retire, withdraw (*von, aus* from) 2. (MIL) retreat III. *vi sein* 1. move back 2. (*Vögel*) fly back

Zuruf *m* call, shout; **zu|rufen** *irr vt, vi* shout (*jdm etw* s.th. at s.o.)

zurzeit^RR *adv* at present, at the moment

Zusage <-, -n> *f* 1. (*Versprechen*) promise 2. (*Zustimmung*) assent, consent 3. (*Annahme*) acceptance 4. (*Bestätigung*) confirmation; **zu|sagen** I. *vt* 1. (*versprechen*) promise 2. (*bestätigen*) confirm; **jdm etw auf den Kopf** ~ tell s.o. s.th. outright II. *vi* 1. (*auf Einladung*) accept, promise to come 2. (*behagen, gefallen*) appeal (*jdm* s.o.)

zusammen [tsu'zamən] *adv* together; **etw** ~ **tun** do s.th. together; **nur wir beide** ~ just you and me together

Zusammenarbeit *f* co-operation; (*mit dem Feind*) collaboration; (*einer Gemeinschaft*) team work; **im Geiste freundschaftlicher** ~ in a spirit of friendship and collaboration; **in** ~ **mit ...** in co-operation with ...; **zusammen|arbeiten** *vi* co-operate, work together; (*mit dem Feind*) collaborate

zusammen|ballen I. *vt* (*zusammenkneten*) make into a ball; (*zusammenknüllen*) screw up into a ball II. *vr* (*sich ansammeln*) accumulate; (*Menschenmenge*) mass (together)

zusammen|bauen *vt* put together; (TECH AUTO) assemble; **etw wieder** ~ reassemble s.th.

zusammen|beißen *irr vt:* **die Zähne** ~ grit one's teeth

zusammen|binden *irr vt* bind [*o* tie] together

zusammen|bleiben *vi sein* stay together

zusammen|brechen *irr vi sein* (*zusammenfallen*) cave in; (*Wirtschaft*) collapse; (*Mensch*) break down; **der Verkehr ist völlig zusammengebrochen** traffic has come to a complete standstill

zusammen|bringen *irr vt* 1. (*sammeln*) bring together, collect; (*Geld*) raise 2. (*Leute*) bring together [*o* into contact with each other] 3. (*fam: zustande bringen*) manage; (*Gedanken, Worte, Sätze*) put together

Zusammenbruch *m* breakdown, collapse

zusammen|drücken *vt* press together; (*verdichten*) compress

zusammen|fahren I. *irr vi* 1. *sein* (*erschrecken*) start 2. (AUTO: *zusammenstoßen*) collide II. *vt* 1. *haben* (*fam: überfahren*) run over 2. (*fam: Kfz kaputtfahren*) wreck

zusammen|fallen *irr vi* 1. *sein* (*einstürzen, in sich* ~) collapse 2. (*sich decken*) coincide 3. (*sich senken*) go down

zusammen|falten *vt* fold (up)

zusammen|fassen I. *vt* 1. (*kombinieren*) combine (*zu* to) 2. (*vereinigen*) unite 3. (MATH) sum 4. (*in Bericht*) summarize II. *vi* (*als Fazit*) sum up; **lassen Sie mich** (**kurz**) ~ **...** just to sum up ...; **Zusammenfassung** *f* 1. (*Kombinierung*) combination 2. (*Vereinigung*) union 3. (*Abriss, Auszug*) abstract; (*eines Textes*) résumé, summary

zusammen|fließen *irr vi sein* (*Wasserläufe*) flow together; (*Farben*) run together; **Zusammenfluss**^RR *m* confluence

zusammen|fügen *vt, vr* fit together

zusammen|führen *vt* bring together; (*Familien*) reunite

zusammen|gehören *vi* 1. belong together 2. (*Gegenstände*) go together; **zusammengehörig** *adj* 1. (*Kleidungsstück*) matching 2. (*Menschen*) related; **Zusammengehörigkeit** *f* identity, unity; **Zusammengehörigkeitsgefühl** *nt* 1. (*einer Gruppe*) communal spirit; (*einer Mannschaft*) team spirit 2. (POL) feeling of solidarity

zusammengesetzt *adj* composed (*aus etw* of s.th.)

zusammengewürfelt *adj* (*bunt* ~) motley, oddly assorted

Zusammenhalt <-(e)s> *m* 1. (*das Zusammenhalten*) cohesion 2. (TECH: *Kohäsion*) cohesive strength; **zusammen|halten** I. *irr vt* hold together; (*Geld*) hold on to II. *vi* 1. hold together 2. (*als Freunde*) stick together

Zusammenhang <-(e)s, ⸚e> *m* connection (*von, zwischen* between); (*Text~*) context; (*Wechselbeziehung*) correlation (*von, zwischen* between); (*Verflechtung*) interrelation (*von, zwischen* between); (*innerhalb einer Erzählung*) coherence; **etw aus dem** ~ **reißen** detach s.th. from its context; **im** ~ **mit etw** in connection with s.th.; **im** ~ **mit etw stehen** be connected with s.th.; **in diesem** ~ in this context; **zusammenhängen** *irr vi* 1. (*Gegenstände*) be joined 2. (*fig*) be connected; **wie hängt das** ~**?** how is that?; **zusammenhängend** *adj* coherent; (*ununterbrochen*) continous; **zusammenhang(s)los** *adj* (*nicht zusammenhängend*) incoherent; (*weitschweifig*) rambling; **Zusammenhang(s)losigkeit** *f* incoherence

zusammenklappbar *adj* folding; (*Stuhl, Tisch*) collapsible; **zusammen|klappen** I. *vt haben* (*Messer, Stuhl*) fold up; (*Schirm*) shut II. *vi* 1. *sein* (*Stuhl*) collapse 2. (*fam: Person*) flake out

zusammen|kleben *vt haben, vi sein* stick together

zusammen|knüllen *vt* crumple up

zusammen|kommen *irr vi* **1.** *sein* come together; (*sich treffen*) meet (*mit jdm* s.o.); (*Umstände*) combine **2.** (*fam: sich ansammeln*) accumulate

zusammen|krachen *vi* **1.** *sein* (*fam: Gebäude*) break down with a crash **2.** (*fam: Fahrzeuge*) crash into each other

zusammen|kratzen *vt* (*a. fig*) rake [*o* scrape] together

Zusammenkunft [tsuˈzamənkʊnft, *pl:* -kʏnftə] <-, ¨-e> *f* gathering, meeting

zusammen|laufen *irr vi* **1.** *sein* (*Flüssigkeit*) collect **2.** (*Farben*) run together **3.** (*Menschen*) gather

Zusammenleben *nt* living together; **im ~ mit …** living together with …

zusammenlegbar *adj* collapsible, foldable; **zusammen|legen I.** *vt* **1.** (*zusammenfalten*) fold **2.** (*kombinieren*) combine **3.** (*stapeln*) pile together **II.** *vi* (*Geld*) club together

zusammen|nehmen I. *irr vr* **1.** (*sich anstrengen*) make an effort **2.** (*im Benehmen*) control o.s., pull o.s. together; **nimm dich ~!** pull yourself together! **II.** *vt* (*Gegenstände*) gather up; **alles zusammengenommen** all in all

zusammen|packen I. *vt* pack up **II.** *vi* (*fam: aufgeben*) pack it all in

zusammen|passen *vi* **1.** (*Personen*) suit each other **2.** (*Dinge*) go together

zusammen|pferchen *vt* **1.** (*Tiere*) herd together **2.** (*Personen*) pack together

Zusammenprall *m* **1.** (*Kollision*) collision **2.** (*fig*) clash; **zusammen|prallen** *vi* **1.** *sein* (*kollidieren*) collide **2.** (*fig*) clash

zusammen|pressen *vt* squeeze together; (*verdichten*) compress

zusammen|raffen *vt* **1.** (*Dinge*) bundle together **2.** (*aufhäufen*) amass, pile up

zusammen|rechnen *vt* add [*o* total] up; **alles zusammengerechnet** all together; (*fig*) all in all

zusammen|reimen I. *vt* (*fam*): **sich den Rest ~** put two and two together; **das kann ich mir nicht ~** I can't make head or tail of it **II.** *vr* make sense; **wie reimt sich das zusammen?** that doesn't make any sense!

zusammen|reißen *irr vr* pull o.s. together

zusammen|rollen I. *vt haben* roll up **II.** *vr haben* curl up; (*Schlange*) coil up; (*Igel*) roll up into a ball

zusammen|rotten *vr* band together (*gegen* against)

zusammen|rücken I. *vt* **1.** *haben* (*Möbel*) move closer together **2.** (*Wörter*) close up **II.** *vi sein* move up closer

zusammen|rufen *irr vt* call together

zusammen|scheißen *irr vt* (*sl*): **jdn ~** give s.o. a bollocking

zusammen|schlagen I. *irr vt* **1.** (*zerschlagen*) smash up **2.** (*aneinander schlagen*) knock together; (*die Hände*) clap; (*Hacken*) click **3.** (*verprügeln*) beat up **II.** *vi* (*von Wasser*) close, dash (*über jdm o etw* over s.o., s.th.)

zusammen|schließen *irr vr* combine, join together; (COM: *fusionieren*) amalgamate; **Zusammenschluss**[RR] *m* **1.** combining **2.** (COM) amalgamation

zusammen|schnüren *vt* tie up; **jdm das Herz ~** make someone's heart bleed

zusammen|schrauben *vt* bolt [*o* screw] together

zusammen|schreiben *irr vt* (*Wörter*) write together

zusammen|schrumpfen *vi* **1.** *sein* shrivel up **2.** (*fig*) dwindle (*auf* to)

zusammen|schweißen *vt* (*a. fig*) weld together

Zusammensein <-s> *nt* get-together

zusammen|setzen I. *vt* **1.** put together; (*aus Teilen*) assemble (*zu* to make) **2.** (*Personen nebeneinander setzen*) seat together **II.** *vr* **1.** sit together **2.** (*zwecks Konferenz*) get together **3.** (*bestehen aus*) consist of, be composed of; **Zusammensetzung** *f* (*Aufbau*) composition; (*Kombination*) combination

Zusammenspiel <-(e)s> *nt* **1.** (MUS) ensemble playing **2.** (THEAT) ensemble acting **3.** (SPORT) teamwork **4.** (*fig*) co-operation; (*von Kräften*) interaction

zusammen|stecken I. *vt* fit together; **die Köpfe ~** (*flüstern*) whisper to each other **II.** *vi* (*fam*) be together

zusammen|stellen *vt* **1.** put together **2.** (*arrangieren*) arrange **3.** (*kompilieren*) compile; (*Liste*) draw up **4.** (*Gruppe*) assemble; **eine Mannschaft ~** (SPORT) pick a team; **Zusammenstellung** *f* **1.** (*Arrangement*) arrangement **2.** (*Kompilierung*) compilation **3.** (*Übersicht*) survey **4.** (*Zusammensetzung*) composition

Zusammenstoß *m* **1.** (*Auto, Zug, Schiff, a. fig*) collision, crash **2.** (MIL: *~ der Meinungen*) clash; **zusammen|stoßen I.** *irr vt haben* knock together **II.** *vi sein* **1.** (*kollidieren*) collide **2.** (MIL: *streiten*) clash

zusammen|streichen *irr vt* (*Budget*) cut down

zusammen|stürzen *vi sein* (*zusammenfallen*) collapse, tumble down

zusammen|tragen *irr vt* (*a. fig*) collect

Zusammentreffen *nt* **1.** (*Treffen*) meeting **2.** (MIL: *Kampf*) encounter **3.** (*zeitlich*)

Z

coincidence; **zusammen|treffen** *irr vi* **1.** *sein* meet (*mit jdm* s.o.) **2.** (*feindlich*) encounter **3.** (*gleichzeitig geschehen*) coincide

zusammen|treten *irr vi sein* (*Konferenz*) meet; (PARL) assemble; (JUR: *Gericht*) sit

zusammen|tun **I.** *irr vt* (*fam*) **1.** put together **2.** (*mischen*) mix **II.** *vr* combine forces, get together

Zusammenwirken *nt* combination, interaction; **zusammen|wirken** *vi* act in combination, combine

zusammen|zählen *vt* add [*o* sum] up

zusammen|ziehen **I.** *irr vt* **1.** *haben* draw together **2.** (MATH: *addieren*) add together; (*reduzieren*) reduce **3.** (*Truppen*) assemble, concentrate; **seine Augenbrauen ~** knit one's eyebrows **II.** *vi sein* (*in eine Wohnung*) move in together (*mit jdm* with s.o.) **III.** *vr* **1.** *haben* (*sich kontrahieren*) contract; (*enger werden*) narrow **2.** (*Gewitter, a. fig*) be brewing

Zusatz *m* **1.** (*Zugabe*) addition **2.** (*zusätzl. Bemerkung*) additional remark, postscript **3.** (*Additiv*) additive; **unter ~ von ...** with the addition of ...; **Zusatzausrüstung** *f* extra equipment; **Zusatzgerät** *nt* attachment; (TECH) additional implement; **Zusatzklausel** *f* additional clause; **Zusatzkosten** *pl* additional costs

zusätzlich ['tsu:zɛtslɪç] **I.** *adj* additional; (*ergänzend*) supplementary **II.** *adv* in addition; **Zusatzpension** ['tsu:zatspɛn-ˌzio:n] *f* additional pension; **Zusatzstoffe** *pl* additives

zu|schanzen ['tsu:ʃantsən] *vt:* **jdm etw ~** make sure s.o. gets s.th.

zu|schauen *vi* watch (*jdm* s.o., *bei etw* s.th., *jdm bei etw* s.o. doing s.th.); **ich schaue nur zu** I'm only looking on

Zuschauer(in) *m(f)* (SPORT) spectator; (THEAT) member of the audience; (*Fernseh~*) viewer; (*neugieriger ~*) bystander, onlooker; **Zuschauerbefragung** *f* (TV) audience survey; **Zuschauerraum** *m* (THEAT) auditorium; **Zuschauertribüne** *f* stand; **Zuschauerzahl** *f* attendance figure

zu|schicken *vt* send (*jdm etw* s.th. to s.o.); **sich etw ~ lassen** send for s.th.

zu|schieben *irr vt* **1.** (*schließen*) slide shut; (*Schublade*) push shut **2.** (*heimlich*) slip s.o. s.th.; **jdm die Schuld ~** put [*o* lay] the blame on s.o.; **jdm die Verantwortung ~** saddle the responsibility upon s.o.

zu|schießen **I.** *irr vi sein* rush (*auf jdn, etw* up to s.o., s.th.) **II.** *vt haben* (*beitragen*) contribute; **jdm den Ball ~** kick the ball to s.o.

Zuschlag *m* **1.** (RAIL) supplement **2.** (COM: *Preis~*) surcharge **3.** (*bei Auktion*): **jdm den ~ erteilen** knock down the lot to s.o.; (*bei Ausschreibung*) award the contract to s.o.; **zu|schlagen** **I.** *irr vt* (*Tür*) slam; (*Buch*) shut; (*Gebiet*) annex to **II.** *vi* **1.** (*Fenster, Tür*) bang shut **2.** (*schlagen*) strike **3.** (*fam: zugreifen*) get in quickly

zu|schließen *irr vt* lock; **den Laden ~** lock up the shop

zu|schnappen *vi sein* (*Schloss*) snap shut

zu|schneiden *irr vt* cut to size; **auf jdn (etw) genau zugeschnitten sein** be tailor-made for s.o. (s.th.)

Zuschnitt *m* (*Kaliber*) calibre *Br,* caliber *Am*

zu|schnüren *vt* **1.** (*Paket*) tie up **2.** (*Schuhe*) lace up; **die Angst schnürte ihm die Kehle zu** he was choked with fear

zu|schrauben *vt* **1.** (*Ventil*) screw shut **2.** (*Schraubdeckel*) screw on

zu|schreiben *irr vt* ascribe (*jdm etw* s.th. to s.o.); **das hat er nur sich selbst zuzuschreiben** he's got himself to blame

Zuschrift *f* (*Brief*) letter; (*auf Anzeige*) reply

zuschulden, zu Schulden[RR] *adv:* **sich etw ~ kommen lassen** do s.th. wrong

Zuschuss[RR] *m* **1.** (*Unterstützungszahlung*) grant, subsidy; (*Extrageld*) something towards it **2.** (TYP) overplus; **Zuschussbetrieb**[RR] *m* subsidized establishment

zu|schütten *vt* (*zufüllen*) fill up

zu|sehen *irr vi* **1.** (*beobachtend*) watch (*jdm* s.o., *bei etw* s.th., *jdm bei etw* s.o. doing s.th.); (*unbeteiligt*) look on **2.** (*Sorge tragen*): **~, dass ...** see to it that ...; **mir blieb nichts übrig, als zuzusehen** I could only stand by and watch; **ich kann doch nicht (einfach) ~, wie sie ...** I can't sit back and watch her ...

zusehends *adv* (*offensichtlich*) visibly; (*merklich*) noticeably; (*rasch*) rapidly

zu|senden *irr vt* forward, send

zu|setzen **I.** *vt* **1.** (*hinzufügen*) add **2.** (*fam: Geld*) shell out **II.** *vi* (*pej*): **jdm ~** lean on s.o.; (*Kälte, Krankheit*) take a lot out of s.o.

zu|sichern *vt* assure (*jdm etw* s.o. of s.th.)

Zuspätkommende(r) *f m* latecomer

zu|sperren *vt* (*zuschließen*) lock; (*verriegeln*) bolt

zu|spielen *vt* (SPORT) pass (to); **jdm etw ~** play s.th. on to s.o.

zu|spitzen *vr* (*Lage*) come to a crisis, get critical

zu|sprechen **I.** *irr vi* **1.** (*einem Getränk*) drink copiously; (*dem Essen*) eat heartily **2.** (*einem Menschen*) talk (*jdm* to s.o.) **II.** *vt* **1.** (JUR: *gerichtlich*) adjudge **2.** (*Preis, Gewinn*) award; **jdm Trost ~** comfort s.o.; **das Kind wurde der Mutter zugespro-**

chen the mother was granted custody of the child

Zuspruch <-(e)s> *m* **1.** (*Aufmunterung*) words *pl*, of encouragement; (*Trost*) words *pl*, of comfort **2.** (*Anklang*): ~ **finden** be popular; (THEAT FILM) meet with general acclaim

Zustand *m* **1.** (*Beschaffenheit*) condition, state **2.** (*Lage*) situation; (*rechtliche, politische Lage*) status **3.** (*Entwicklungsstufe*) phase **4. Zustände** state of affairs; **der gegenwärtige** ~ the status quo; **in gutem (schlechtem)** ~ in good (bad) shape; (*Gebäude*) in good (bad) repair; **in angetrunkenem** ~ under the influence of alcohol; **das sind ja schöne Zustände!** (*iro*) that's a fine state of affairs!; **Zustände kriegen** (*fam*) hit the roof

zustande, **zu Stande**[RR] *adv:* ~ **bringen** achieve, manage; ~ **kommen** (*geschehen*) come about; (*erreicht werden*) be achieved; **Zustandekommen** *nt* (*Geschehen*) taking place; (*Erreichen*) achievement, achieving

zuständig *adj* competent; (*verantwortlich*) responsible; (JUR: *Gericht*) having jurisdiction; **nicht** ~ incompetent; **dafür bin ich nicht** ~ that's not in my department; ~ **sein** (JUR) have jurisdiction; **Zuständigkeit** *f* **1.** (*Kompetenz*) competence; (*des Gerichts*) jurisdiction **2.** (*~sbereich*) area of responsibility; **Zuständigkeitsbereich** *m* area of authority [*o* responsibility]

zustatten *adv:* **jdm** ~ **kommen** come in useful for s.o.

zu|stecken *vt:* **jdm etw (heimlich)** ~ slip s.o. s.th.; **sie steckte ihm etwas Geld zu** she slipped him some money

zu|stehen *irr vi:* **etw steht jdm zu** s.o. is entitled to s.th.; **es steht ihm nicht zu darüber zu urteilen** he has no right to judge that

zu|stellen *vt* **1.** (*Brief*) deliver (*jdm etw* s.th. to s.o.); (JUR) serve (*jdm etw* s.o. with s.th.) **2.** (*verbarrikadieren*) block (up); **Zusteller** *m* **1.** (*Briefträger*) postman **2.** (*Speditionsfirma*) delivery agent; **Zustellgebühr** *f* delivery charge; **Zustellung** *f* (*Post~*) delivery; (JUR) service (of a writ)

zu|stimmen *vi* agree (*einer Sache* to s.th.); (*einwilligen*) consent (to s.th.); (*billigen*) approve (of s.th.); **Zustimmung** *f* (*Einverständnis*) agreement, assent; (*Einwilligung*) consent; (*Billigung*) approval; **allgemeine** ~ **finden** meet with general approval

zu|stoßen **I.** *irr vt* (*heftig schließen*) push shut **II.** *vi* (*geschehen*) happen (*jdm* to s.o.)

zu|streben *vi* **1.** *sein* head [*o* make] (*auf* for) **2.** (*fig*) strive (*auf* for)

Zustrom <-(e)s> *m* (*Menschenmenge*) influx; (*Andrang*) crowd, throng; **großen** ~ **haben** be very popular

zu|stürzen *vi sein* rush (*auf* up to)

zutage, **zu Tage**[RR] *adv:* ~ **fördern** unearth; (*fig*) bring to light; ~ **kommen,** ~ **treten** (*a. fig*) come to light

Zutaten *fpl* ingredients *pl*

zuteil *adv:* **jdm wird etw** ~ s.th. falls to someone's share; **jdm etw** ~ **werden lassen** bestow s.th. (up)on s.o.; **ihm wurde die Ehre** ~ **zu …** he was given the honour of …

zu|teilen *vt* (*zuweisen*) allocate, allot; **mir wurde die fünfte Klasse zugeteilt** I was assigned the fifth class [*o* form]; **Zuteilung** *f* **1.** (*Zuweisung*) allocation **2.** (*das Zugewiesene*) allotment

zutiefst *adv* deeply

zu|tragen **I.** *irr vt* (*Neuigkeiten*) report (*jdm* to s.o.) **II.** *vr* (*geschehen*) happen, take place

zuträglich ['tsu:trɛ:klɪç] *adj* good (for); (*förderlich*) conducive (to)

Zutrauen *nt* confidence (*zu* in); ~ **zu jdm haben,** ~ **in jdn setzen** trust s.o.; ~ **zu jdm fassen** begin to trust s.o.

zu|trauen *vt:* **jdm etw** ~ credit s.o. with s.th.; (*für fähig halten*) believe s.o. capable of s.th.; **jdm nicht viel** ~ have no high opinion of s.o.; **sich zu viel** ~ (*sich übernehmen*) take on too much; **das hätte ich dir nie zugetraut!** I never thought you had it in you!; **dem ist alles zu~!** I can well believe it of him!; **das trau' ich mir zu** I think I can do it; **zutraulich** *adj* (*Mensch*) trusting; (*Tier*) friendly

zu|treffen *irr vi* **1.** (*richtig sein*) be correct **2.** (*gelten*) apply (*für* to); **das trifft besonders auf Sie zu!** that applies especially to you!; **zutreffend** *adj* **1.** (*richtig*) correct, right **2.** (*auf etw ~*) applicable; **Zutreffendes bitte ankreuzen** mark with a cross where applicable

zu|trinken *irr vi* drink (*jdm* to s.o.); (*mit Trinkspruch*) toast (*jdm* s.o.)

Zutritt <-(e)s> *m* (*Einlass*) admission (to), admittance; (*Zugang*) (free) access; **kein ~!** ~ **verboten!** no admittance! no entry!; **sich zu einem Raum** ~ **verschaffen** gain admission to a room; ~ **für Unbefugte verboten** no admittance except on business

Zutun *nt* assistance

zu|tun *irr vt:* **kein Auge** ~ (*nicht schlafen können*) not sleep a wink

zuungunsten *präp:* ~ **von jdm** to the disadvantage of s.o.

zuverlässig ['tsu:fɛrlɛsɪç] *adj* reliable; **ich weiß aus ~er Quelle, dass …** I am reliably informed that …; **Zuverlässigkeit** *f* reliability

Zuversicht ['tsu:fɛrzɪçt] <-> *f* confidence; **zuversichtlich** *adj* confident; **ich bin ~, dass ich gewinne** I'm confident of succeeding; **ich bin ganz ~, dass ...** I have every confidence that ...

zuviel *adv s.* **viel** too much

zuvor *adv* before; (*zuerst*) beforehand; **kurz ~** shortly before; **im Jahr ~** in the previous year; **am Tag ~** the day before

zuvor|kommen *irr vi sein* anticipate; (*verhindern*) forestall; **zuvorkommend** *adj* (*hilfsbereit*) helpful; (*höflich*) courteous; **Zuvorkommenheit** *f* (*Hilfsbereitschaft*) helpfulness; (*Höflichkeit*) courtesy

Zuwachs ['tsu:vaks] <-es> *m* increase (*an* of); **~ bekommen** (*fam: ein Kind*) have an addition to the family; **zu|wachsen** *irr vi* **1.** *sein* (*Loch*) grow over; (*hum: mit Haaren*) become overgrown **2.** (*Wunde*) heal (over) **3.** (FIN: *zufallen*) accrue (*jdm* to s.o.); **Zuwachsrate** *f* growth rate

zu|wandern *vi sein* immigrate; **Zuwanderung** *f* immigration

zuwege, zu Wege[RR] *adv:* **~ bringen** manage; (*erreichen*) accomplish

zuweilen *adv* from time to time, now and then

zu|weisen *irr vt* allot, assign (*jdm etw* s.th. to s.o.)

zu|wenden I. *irr vt* **1.** (*a. fig*) turn towards **2.** (*zuteilen*) give (*jdm etw* s.o. s.th.) **II.** *vr* **1.** turn to face (*jdm, einer Sache* s.o., s.th.) **2.** (*sich widmen*) devote o.s. (*jdm, einer Sache* to s.o., s.th.); **Zuwendung** *f* **1.** (*Geldbetrag*) sum; (*Schenkung*) donation **2.** (*liebevolle Aufmerksamkeit*) care

zu|werfen *irr vt* (*Tür*) slam; **jdm einen Blick ~** cast a glance at s.o.; **jdm einen bösen Blick ~** look daggers at s.o.

zuwider *adv* (*entgegen*) contrary (*einer Sache* to s.th.); **das ist mir ~** I detest that

Zuwiderhandelnde(r) *f m* offender *Br,* violator *Am;* **Zuwiderhandlung** *f* contravention, violation

zuwiderlaufen *irr vi* go directly against

zu|winken *vi* wave (*jdm* to s.o.)

zu|zahlen *vt:* **DM 20,- ~** pay another 20 marks

zu|ziehen I. *irr vt* **1.** *haben* (*Vorhang*) draw **2.** (*schließen*) close **3.** (*Schlinge*) tighten; **sich jds Hass ~** incur someone's hatred; **sich eine Krankheit ~** contract an illness; **sich Verletzungen ~** sustain injuries **II.** *vi sein* (*in Ortschaft*) move in

Zuzug <-(e)s> *m* (*Zustrom*) influx

zuzüglich ['tsu:tsy:klɪç] *präp* plus

Zwang [tsvaŋ, *pl:* 'ts-vɛŋə] <-(e)s, ¨-e> *m* **1.** (*Notwendigkeit*) compulsion **2.** (*moralischer*) constraint; (*Verpflichtung*) obligation **3.** (*Gewalt*) force; **tu dir keinen ~ an!** feel free!; **etw unter ~ tun** be forced to do s.th.; **sich keinen ~ antun** feel free and easy

zwängen ['tsvɛŋən] *vt* force; **sich durch etw ~** squeeze through s.th.

zwanglos *adj* (*locker*) casual; (*ungezwungen*) free and easy; (*ohne Förmlichkeit*) informal; **Zwanglosigkeit** *f* (*Unbekümmertheit*) casualness

Zwangsabgabe *f* compulsory levy [*o* charge]; **Zwangsarbeit** *f* forced labour, penal servitude; **Zwangsarbeiter(in)** ['tsvaŋsˌarbaɪtɐ] *m(f)* forced labourer/laborer; **Zwangsernährung** *f* forced feeding; **Zwangshandlung** *f* (PSYCH) compulsive act; **Zwangsjacke** *f* (*a. fig*) straitjacket; **jdm eine ~ anlegen** put s.o. in a straitjacket; **Zwangslage** *f* dilemma, predicament

zwangsläufig *adj* inevitable; **das war wohl ~ so** it was inevitable that that would happen

Zwangsmaßnahme *f* compulsory measure; (POL: *Sanktion*) sanction; **Zwangsräumung** *f* compulsory evacuation; **zwangsumsiedeln** *vt* displace by force; **Zwangsverkauf** *m* forced sale; **Zwangsversteigerung** *f* compulsory auction; **Zwangsvollstreckung** *f* execution; **Zwangsvorstellung** *f* obsession; **zwangsweise I.** *adj* compulsory **II.** *adv* compulsorily

zwanzig ['tsvantsɪç] *num* twenty; **zwanzigfach** *adj* twentyfold; **zwanzigjährig** *adj* twenty-year-old; **Zwanzigmarkschein** *m* twenty mark note; **zwanzigste** *adj* twentieth; **Zwanzigstel** <-s, -> *nt* twentieth part

zwar [tsvaːɐ] *adv* **1.** (*erklärend*) it is true, to be sure **2.** (*wohl ..., aber*): **... ~ ..., aber...** ..., but ...; **und ~** namely [*o* that is]; **es wird ~ nicht einfach sein** it won't be easy, in fact; **tut's weh? – ja, und ~ ganz schön!** does it hurt? – as a matter of fact it's very painful!

Zweck ['tsvɛk] <-(e)s, -e> *m* **1.** (*Verwendung*) purpose **2.** (*Ziel*) aim **3.** (*Sinn, Nutzen*) point; **sich für einen guten ~ einsetzen** work for a good cause; **zu welchem ~?** to what end?; **der ~ heiligt die Mittel** the end justifies the means; **es hat keinen ~ zu bleiben** there's no point in staying; **Sinn und ~ ist ...** the point is that ...; **jds ~en dienen** serve someone's purposes; **für unsere ~e** for our purposes; **es hat keinen ~!** it's no use!

zweckbedingt *adj* determined by its function

Zweckbündnis ['tsvɛkˌbʏntnɪs] *nt* alliance of convenience

zweckdienlich *adj* (*förderlich*) expedient

Zwecke ['tsvɛkə] <-, -n> *f* (*Heft~*) drawing-pin *Br,* thumbtack *Am*

zweckentfremden <ohne ge-> *vt* misuse; **zweckentsprechend** *adj* appropriate; **Zweckgemeinschaft** *f* partnership of convenience

zwecklos *adj* (*unnütz*) useless; (*sinnlos*) pointless

zweckmäßig *adj* (*passend*) suitable; (*ratsam, förderlich*) expedient; (*nützlich*) useful; (*wirksam*) effective

zwecks [tsvɛks] *präp* for the purpose of

Zwecksparen *nt* target saving; **Zweckverband** *m* ad hoc authority, joint body; **zweckwidrig** *adj* inappropriate

zwei [tsvaɪ] *num* two; **zu ~en** in twos, two by two; **(nur) wir ~** (just) the two of us; **dazu gehören ~** (*fam*) it takes two

zweiarmig *adj* (TECH) with two branches

Zweibettkabine *f* (MAR) double berth; **Zweibettzimmer** *nt* twin room

zweideutig ['tsvaɪdɔɪtɪç] *adj* **1.** ambiguous, equivocal **2.** (*obszön*) suggestive; **Zweideutigkeit** *f* **1.** ambiguity, equivocalness **2.** (*Obszönität*) suggestiveness

zweidimensional *adj* two-dimensional

Zweidrittelmehrheit *f* (PARL) two-thirds majority

Zweier ['tsvaɪɐ] <-s, -> *m* (*fam: Schulnote*) good; **Zweierbob** *m* (SPORT) two-man bob; **Zweierkajak** *m* (SPORT) double kayak

zweierlei *adj* two kinds of; **aus ~ Leder** of two kinds of leather; **~ Sorten** two different kinds

zweifach *adj* **1.** (*doppelt*) double **2.** (*zweimal*) twice; **in ~er Ausfertigung** in duplicate

Zweifamilienhaus *nt* two-family house *Br,* duplex house *Am*

zweifarbig *adj* two-colour, two-tone

Zweifel ['tsvaɪfəl] <-s, -> *m* doubt (*an* about); **ich habe so meine ~, ob ...** I am in doubt as to whether ...; **etw in ~ ziehen** cast doubt on s.th.; **daran gibt's keinen ~** there's no doubt about it; **es steht außer ~, dass ...** it's beyond doubt that ...; **ohne jeden ~** without question; **er ist ohne ~ ...** without question he is ...; **jdm gegenüber ~ hegen** be doubtful about s.o.

zweifelhaft *adj* doubtful; (*verdächtig*) dubious; **es ist ~, ob er starten wird** (SPORT) he's a doubtful starter

zweifellos **I.** *adj* (*unbezweifelbar*) undisputed **II.** *adv* without doubt; (*als Antwort*) undoubtedly

zweifeln *vi* doubt (*an etw o jdm* s.th., s.o.); **ich zweifle nicht daran** I don't doubt it

Zweifelsfall *m* doubtful case; **im ~** in case of doubt; (*fam: gegebenenfalls*) if necessary

zweifelsfrei **I.** *adj* unequivocal **II.** *adv* beyond all doubt

Zweifler(in) *m(f)* sceptic

Zweig [tsvaɪk] <-(e)s, -e> *m* (*a. fig*) branch; (*kleiner*) twig; **auf keinen grünen ~ kommen** (*fam*) get nowhere

Zweiggeschäft *nt* branch

Zweiggesellschaft *f* subsidiary

zweigleisig *adj* (RAIL) double-track; **~ fahren** (*fam*) have two strings to one's bow

Zweigniederlassung *f* subsidiary; **Zweigstelle** *f* branch

zweihändig ['tsvaɪhɛndɪç] *adj* two-handed; (MUS) for two hands

zweihundert *num* two hundred

zweijährig *adj* **1.** (*zwei Jahre alt*) two-year-old **2.** (BOT) biennial

Zweikampf *m* single combat; (*Duell*) duel

zweimal *adv* twice; **sich etw nicht ~ sagen lassen** not have to be told s.th. twice; **zweimalig** *adj* done twice; (*wiederholt*) repeated

Zweimaster *m* (MAR) two-master

zweimotorig *adj* twin-engined; **~es Düsenflugzeug** twin-jet

Zweiparteiensystem *nt* (POL) two-party system

zweipolig *adj* (ELEK) bipolar

Zweirad *nt* (*Fahrrad*) bicycle; **zweirädrig** ['tsvaɪrɛːdrɪç] *adj* two-wheeled

zweireihig **I.** *adj* **1.** (*in zwei Reihen*) double-row, in two rows **2.** (*Jacke*) double-breasted **II.** *adv* in two rows

zweischneidig *adj* (*a. fig*) double-edged; **das ist ein ~es Schwert** it cuts both ways

zweiseitig **I.** *adj* **1.** (POL: *Vertrag, Beziehungen*) bilateral **2.** (*Stoff*) reversible **II.** *adv* on two sides

zweisitzig *adj* two-seat(er)

zweispaltig *adj* (TYP) double-columned, in double columns

Zweispänner ['tsvaɪʃpɛnɐ] *m* carriage and pair

zweisprachig *adj* (*Wörterbuch, Land*) bilingual; (*Vertrag*) in two languages

zweistimmig *adj* (MUS) for two voices

zweistöckig *adj* two-storeyed

zweistufig *adj* two-stage; **~er Scheibenwischer** two-stage windscreen/windshield wiper *Br/Am*

zweistündig *adj* of two hours, two hour

zweit [tsvaɪt] *adv:* **zu ~** in twos; **das Leben zu ~** living with s.o.; **wir sind zu ~** there are two of us

Zweitakter *m,* **Zweitaktmotor** *m* two-stroke (engine)

zweitälteste *adj* second eldest

Zweitausfertigung *f* duplicate

zweitbeste *adj* second best

zweite *adj* second; (*nächster*) next; **Zweite(r)** (SPORT) runner-up; **an ~r Stelle** in second place; **~r Klasse fahren** (RAIL) go second; **ich sage dir das kein ~s Mal!** I won't tell you a second time!; **einen guten ~n Platz belegen** (SPORT) come a good second

Zweiteiler *m* (*Badeanzug*) bikini; **zweiteilig** *adj* (*Kleidungsstück*) two-piece; (*Fernsehserie*) two-part

zweitens ['tsvaɪtəns] *adv* secondly

zweitklassig *adj* (*fig*) second-rate; **zweitletzte** *adj* last but one; **zweitrangig** *adj* second-rate; **Zweitschrift** *f* copy; **Zweitstimme** *f* (POL) second vote

Zweitürer *m* (AUTO) two-door

Zweitwagen *m* second car; **Zweitwohnung** *f* second home; **Zweiwegebox** *f* two-way speaker

zweizeilig *adj* **1.** (*mit zwei Zeilen*) two-lined **2.** (TYP: *mit ~em Abstand*) double-spaced

Zwerchfell ['tsvɛrçfɛl] *nt* (ANAT) diaphragm

Zwerg(in) *m(f)* **1.** dwarf; (*Garten~*) gnome **2.** (*Knirps*) midget **3.** (*pej*) squirt

Zwergbetrieb *m* dwarf enterprise

zwergenhaft *adj* **1.** dwarfish **2.** (*fig*) diminutive

Zwerghuhn *nt* bantam

Zwergschule *f* village school; **Zwergstaat** *m* mini-state; **Zwergvolk** *nt* pygmy tribe; **Zwergwuchs** *m* stunted growth, dwarfism

Zwetschge ['tsvɛtʃgə] <-, -n> *f* plum; **Zwetschgenwasser** *nt* plum brandy

Zwickel ['tsvɪkəl] <-s, -> *m* **1.** (*Hosenteil*) gusset; (MAR: *am Segel*) gore **2.** (ARCH) spandrel

zwicken ['tsvɪkən] *vi, vt* **1.** (*kneifen*) pinch **2.** (*schmerzen*) hurt; **Zwicker** <-s, -> *m* pince-nez; **Zwickmühle** *f* (*beim Mühlespiel*) double-mill; **in der ~ sitzen** be in a dilemma

Zwieback ['tsviːbak] <-(e)s, -e> *m* rusk *Br*, cracker *Am*

Zwiebel ['tsviːbəl] <-, -n> *f* onion; (*Blumen~*) bulb; **zwiebelförmig** *adj* bulbous

zwiebeln *vt* (*fam: antreiben*) drive hard; (*schikanieren*) harass

Zwiebelschale *f* onion-skin; **Zwiebelsuppe** *f* onion soup; **Zwiebelturm** *m* onion dome

Zwiegespräch *nt* dialogue; **Zwielicht** <-(e)s> *nt* twilight; (*abends*) dusk; (*morgens*) half-light; **ins ~ geraten** become suspect; **zwielichtig** *adj* (*pej*) shady; **Zwiespalt** <-(e)s, (-e/¨-e)> *m* conflict; **in einen ~ geraten** get into a conflict; **zwiespältig** ['tsviːʃpɛltɪç] *adj* (*Gefühle*) mixed; (*widerstreitend*) conflicting; **Zwietracht** <-> *f* discord; **~ säen** sow the seeds of discord

Zwillich ['tsvɪlɪç] <-s, -e> *m* ticking

Zwilling ['tsvɪlɪŋ] <-s, -e> *m* **1.** twin **2.** (ASTRON): **~e** Gemini **3.** (*doppelläufige Flinte*) double-barrelled gun; **eineiige ~** identical twins; **Zwillingsbruder** *m* twin brother; **Zwillingsgeburt** *f* twin birth; **Zwillingsschwester** *f* twin sister; **Zwillingsstecker** *m* (ELEK) biplug

Zwingburg *f* (*a. fig*) stronghold

Zwinge <-, -n> *f* (TECH: *Werkzeug*) clamp

zwingen ['tsvɪŋən] **I.** *irr vt* compel, force **II.** *vr* force o.s.; **sich ~ etw zu tun** force o.s. to do s.th. **III.** *vi:* **ich sehe mich gezwungen …** I feel compelled to …; **ich sehe mich zu der Folgerung gezwungen, dass …** I feel forced to conclude that …

zwingend *adj* **1.** (*Notwendigkeit*) urgent **2.** (*logisch ~*) necessary **3.** (*schlüssig*) conclusive; **er legte seinen Fall mit ~er Logik dar** he presented his case compellingly; **ein ~es Argument** a forcible argument

Zwinger *m* (*Hunde~*) kennels *pl*

zwinkern ['tsvɪŋkɐn] *vi* blink; **mit den Augen ~** twinkle

Zwirn [tsvɪrn] <-(e)s, -e> *m* **1.** thread, yarn **2.** (*fam: Geld*) dough; **Zwirnsfaden** *m* thread

zwischen ['tsvɪʃən] *präp* **1.** (*in der Mitte von zwei Dingen*) between **2.** (*unter einer Anzahl*) among, amongst; **~ ihnen ist nichts** there's nothing between them; **Zwischenakt** *m* (THEAT) interval; **Zwischenaufenthalt** *m* intermediate stop; **Zwischenbemerkung** *f* incidental remark; (*Unterbrechung*) interruption; **Zwischenbericht** *m* interim report; **Zwischenbescheid** *m* provisional notification; (JUR) interlocutory decree; **Zwischenbilanz** *f* **1.** (COM) interim balance **2.** (*fig*) provisional appraisal; **eine ~ ziehen** take stock provisionally; **Zwischendeck** *nt* (MAR) 'tween decks; **Zwischendecke** *f* false ceiling; **Zwischending** <-s> *nt* cross; **ein ~ sein zwischen …** be halfway between …

zwischendurch *adv* (*zeitlich*) in between times; **etw ~ machen** (*nebenher*) fit s.th. in

Zwischenergebnis *nt* provisional [*o* interim] result; (SPORT) latest score; **Zwischenfall** *m* incident; **ohne Zwischenfälle** without incidents; **Zwischenfrage** *f* question; **Zwischengas** *nt* (AUTO): **~ geben** double-declutch; **Zwischengericht** *nt* (*Speise*) entrée; **Zwischenglied** *nt* (*a. fig*) (connection) link; **Zwischengröße** *f* in-between size; **Zwischenhandel**

m intermediate trade; **Zwischenhändler** *m* middleman; **zwischen|kuppeln** *nt* (AUTO) double-clutch; **zwischenlagern** *vt* store (temporarily); **Zwischenlagerung** *f* temporary storage; **Zwischenlandung** *f* (AVIAT) stopover; **Zwischenmahlzeit** *f* snack

zwischenmenschlich *adj* between people; ~**e Beziehungen** interpersonal relations

Zwischenprüfung *f* intermediate examination; **Zwischenraum** *m* **1.** (*zeitlich*) interval **2.** (TYP) space; (*Lücke*) gap; **Zwischenruf** *m* interruption; ~**e** heckling; **Zwischenrufer(in)** *m(f)* heckler; **Zwischenrunde** *f* (SPORT) intermediate round; **Zwischenspiel** *nt* (*a. fig*) interlude; **zwischenstaatlich** *adj* (*international*) international; (*auf Bundesstaatenebene*) interstate; **Zwischenstation** *f* intermediate stop; ~ **machen** stop off; **Zwischenstecker** *m* (ELEK) adaptor; **Zwischenstück** *nt* connecting piece, connection; **Zwischentitel** *m* (FILM) title link; **Zwischenwand** *f* dividing wall; (*Stellwand*) partition; **Zwischenzeit** *f* **1.** (*Zeitraum*) interval **2.** (SPORT) intermediate time; **in der** ~ in the meantime; **zwischenzeitlich** *adv* meantime; **Zwischenzeugnis** *nt* interim report

Zwist [tsvɪst] <-es, -e> *m* discordance

zwitschern ['tsvɪtʃɐn] *vi* chirp, twitter

Zwitter ['tsvɪtɐ] <-s, -> *m* hermaphrodite; **zwitterhaft** *adj* hermaphroditic

zwo [tsvo:] *num* (*fam*) two

zwölf [tsvœlf] *num* twelve; ~ **Uhr** (**mittags**) twelve noon; **fünf Minuten vor** ~ at the eleventh hour

Zwölfender *m* (*Hirsch*) royal

zwölffach *adj* twelvefold

Zwölffingerdarm *m* (ANAT) duodenum

zwölfjährig *adj* twelve-year-old

Zwölfkampf *m* (SPORT) twelve-exercise event

zwölfmalig *adv* repeated twelve times; **zwölfte** *adj* twelfth; **Zwölftel** <-s, -> *nt* twelfth; **zwölftens** *adv* in (the) twelfth place, twelfth(ly); **Zwölftonlehre** *f* (MUS) dodecaphony; **Zwölftonmusik** *f* (MUS) twelve-tone music

Zyanid [tsya'ni:t] <-s, -e> *nt* (CHEM) cyanide

Zyankali [tsyaŋ'ka:li] <-(s)> *nt* (CHEM) potassium cyanide

zyklisch ['tsy:klɪʃ] *adj* cyclic(al)

Zyklon [tsy'klo:n] <-s, -e> *m* (METE) cyclone

Zyklotron [tsyklo'tro:n] *nt* (PHYS) cyclotron

Zyklus ['tsy:klʊs] <-, -klen> *m* cycle

Zylinder [tsi'lɪndɐ/tsy'lɪndɐ] <-s, -> *m* **1.** (MATH TECH AUTO) cylinder **2.** (*Hut*) top-hat; (*fam*) topper; **Zylinderblock** *m* (AUTO) cylinder block; **Zylinderkopf** *m* (AUTO) cylinder head; **Zylinderkopfdichtung** *f* (AUTO) cylinder head gasket; **zylindrisch** *adj* cylindrical

Zyniker(in) ['tsy:nɪkɐ] *m(f)* cynic; **zynisch** *adj* cynical; **Zynismus** <-, -men> *m* cynicism

Zypern ['tsy:pɐn] *nt* Cyprus

Zypresse [tsy'prɛsə] <-, -n> *f* (*Baum*) cypress

Zypriot(in) ['tsypri'o:t] <-en, -en> *m(f)* Cypriot; **zyprisch** *adj* Cyprian

Zyste ['tsʏstə] <-, -n> *f* (MED) cyst

Zytostatikum [tsyto'sta:tikʊm] <-s, -statika> *nt* cytostatic drug

Anhang

Englische und amerikanische Abkürzungen

AA 1. *Alcoholics Anonymous;* **2.** *(Br) Automobile Association;* **3.** *antiaircraft*
AAA *Amateur Athletic Association*
AB *(Am) Artium Baccalaureus (Bachelor of Arts)*
ABC 1. *American Broadcasting Company;* **2.** *Australian Broadcasting Commission*
ABM *anti-ballistic missile*
AC *alternating current*
a/c *account*
ACAS *(Br) Advisory, Conciliation, and Arbitration Service*
ACORN *automatic checkout and recording network*
AD *anno Domini* a. D.
ad. lib. *ad libitum (aus dem Stegreif)*
Adm. *Admiral* Adm.
AEA *(Br) Atomic Energy Authority*
AEC *(Am) Atomic Energy Commission*
AGM 1. *air-to-ground missile;* **2.** *annual general meeting*
AGR *advanced gas-cooled reactor*
AI 1. *artificial insemination;* **2.** *artificial intelligence*
AID 1. *Agency for International Development;* **2.** *artificial insemination by donor*
AIDS *acquired immune deficiency syndrome*
a. k. a. *also known as*
ALGOL *algorithmic language* ALGOL
a. m. *ante meridiem (vormittags)*
amp. *ampere*
a. o. b. *any other business*
APA *American Psychiatric Association*
APR *annual percentage rate*
APT *advanced passenger train*
arr. *arrival*
a. s. a. p. *as soon as possible*
ASPCA *American Society for Prevention of Cruelty to Animals*
ATC *(Br) Air Training Corps*
Att-Gen *(Am) Attorney-General*
AUT *(Br) Association of University Teachers*
AV 1. *audiovisual;* **2.** *Authorized Version of the Bible*
av. *average*
Av. *avenue*
AWACS *Airborne Warning and Control System* AWACS
AWOL (MIL) *absent without (official) leave*

BA 1. *Bachelor of Arts;* **2.** *British Airways*
B & B *bed and breakfast*
BAOR *British Army on the Rhine*
BASIC *Beginner's All-purpose Symbolic Instruction Code* BASIC
BBC *British Broadcasting Corporation* BBC
BC *before Christ*
BCG *bacillus of Calmette and Guérin* BCG
BEd *Bachelor of Education*
BEM *British Empire Medal*
BFPO *British Forces Post Office*
bhp *brake horsepower*
bit *binary digit*
BM *British Museum*
BMA *British Medical Association*
BO *body odour*
BOSS (HIST) *Bureau of State Security*
BOT *Board of Trade*
Bq *becquerel*
BR *British Rail*
BSc *Bachelor of Science*
BST *British Summer Time*
Btu *British thermal unit*

c. *circa*
CCA *Civil Aviation Authority*
CAB 1. *Citizens' Advice Bureau;* **2.** *(Am) Civil Aeronautics Board*
CAD/CAM *computer-aided design and manufacture* CAD/CAM
cal. *calorie* cal.
CAP (EU) *Common Agricultural Policy*
Caps. *capitals*
CARE *Cooperative for American Relief Everywhere*
CAT *(Br) Centre for Alternative Technology*
CB *citizens' band (radio)* CB
CBI *(Br) Confederation of British Industry*
CBW *chemical and biological warfare*
cc *cubic centimetres* cc, cm^3
CCTV *closed-circuit television*
ccw. *counterclockwise*
CD *compact disc* CD
CET *Central European Time* MEZ
cf. *confer* vgl.
CFC *chlorofluorocarbon* FCKW

c/h *central heating*
chap. *chapter* Kap.
CIA *(Am) Central Intelligence Agency* CIA
CID *(Br) Criminal Investigation Department* Kripo
CIO *(Am) Congress of Industrial Organizations*
CIS *Commonwealth of Independent States* GUS
ckw. *clockwise*
cm *centimetre* cm
CND *Campaign for Nuclear Disarmament*
Co *cobalt*
CO *Commanding Officer*
COBOL *common business-oriented language* COBOL
COD *(Br)* **1.** *cash on delivery;* **2.** *chemical oxygen demand*
COI *(Br) Central Office of Information*
COL *computer-oriented language*
cols *columns*
Comecon *Council for Mutual Economic Assistance* COMECON
COMSAT *(Am) communications satellite*
CORE *(Am) Congress of Racial Equality*
cos *cosine* cos
cosec *cosecant* cosec
cot *or* **cotan** *(math) cotangent* cot
CP *Communist Party* KP
CPU *central processing unit*
CRT *cathoderay tube*
CSCE *Conference on Security and Cooperation in Europe* KSZE
CSE *(Br) Certificate of Secondary Education*
CTC *(Br) city technology college*
CV *curriculum vitae*
cwt. *hundredweight*

d. **1.** *day;* **2.** *diameter;* **3.** *died*
DA *(Am) District Attorney*
DAT *digital audio tape*
dB *decibel*
DC **1.** *direct current ;* **2.** *District Commissioner,* **3.** *District of Colombia*
DD *Doctor of Divinity*
DDT *Dichlorodiphenyl-trichloroethane* DDT
deg. *degree*
dep. *department* Abt.
DES *(Br) Department of Education and Science*
Det *Detective*
DEW *distant early warning*
Dip *Diploma* Dipl.
DIY *do-it-yourself*
DJ **1.** *dinner jacket;* **2.** *disc jockey*
DM *Deutschmark* DM
DNA *deoxyribonucleic acid* DNS
DOA *dead on arrival*
DOD *(Am) Department of Defense*
DoE *(Br) Department of the Environment*
DOS *Disk Operating System* DOS
doz. *dozen*
DP **1.** *data processing;* **2.** *displaced person*
DPhil *Doctor of Philosophy*
Dr *Doctor*
DS *Detective Sergeant*
DSc *Doctor of Science* Dr. rer. nat.
DTP *desktop publishing* DTP
dup. *duplicate*
DVLA *(Br) Driver and Vehicle Licensing Authority*

E *east*
ECG *electrocardiogram* EKG
ECT *electroconvulsive therapy* Elektroschock
ECU *European Currency Unit* ECU
ed. **1.** editor; **2.** *edition;* **3.** *edited*
EDP *electronic data processing* EDV
EEC (HIST) *European Economic Community* EWG
EEG *electroencephalogram* EEG
EFTA *European Free Trade Association* EFTA
e. g. *(exempli gratia) for example* z. B.
EIS *executive information system*
ELT *English language teaching*
enc. *or* **encl.** *enclosure* Anl.
ENE *east-northeast* ONO
ENT *ear, nose and throat* HNO
EOC *(Br) Equal Opportunities Commission*
EOF *end of file*
EP *extended play* Schallplatte mit verlängerter Spieldauer
EPNS *electroplated nickel silver*
eq. *or* **equiv.** *equivalent*
ER *Elizabeth Regina*
ESE *east-southeast* OSO
ESN *educationally subnormal*
ESL *English as a second language*
ESP *extrasensory perception* ASW
Esq. *Esquire*
est. **1.** *estimated;* **2.** *established*
ETA *estimated time of arrival*
et al. *et alii* et al.
etc. *et cetera* usw.

ETD *estimated time of departure*
EU *European Union* EU
Euratom *European Atomic Energy Community* EURATOM

F *Fahrenheit*
f 1. *folio;* **2.** *feminine*
FA *(Br) Football Association*
FBI *(Am) Federal Bureau of Investigation*
FCO *(Br) Foreign and Commonwealth Office*
Fed. *federal*
ff *the following* ff.
FIFA *Federation of International Football Association* FIFA
fig. 1. figure; **2.** *figurative*
FM 1. (PHYS) *frequency modulation;* **2.** *Field Marshal*
FO *(Br) Foreign Office*
fob *free-on-board*
FoE *Friends of the Earth*
foll. *followed or following* folg.
FORTRAN *formula translation* FORTRAN
FRG *Federal Republic of Germany* BRD
ft *foot or feet*

g *gram*
gall. *gallon*
GATT *General Agreement on Tariffs and Trade* GATT
GB *Great Britain*
GBH *(Br jur) grievous bodily harm*
GCE *General Certificate of Education*
GCHQ *(Br) Government Communications Headquarters*
GCSE *(Br) General Certificate of Secondary Education*
Gdns *Gardens*
GDP *Gross Domestic Product*
GDR (HIST) *German Democratic Republic* DDR
GFR *German Federal Republic* BRD
GI *government issue*
GMT *Greenwich Mean Time* WEZ
GNP *Gross National Product* BSP
Gov. *Governor*
GP *general practitioner*
GPO *General Post Office*
GT *Gran Turismo* GT

h & c *hot and cold (water)*
HGV *heavy goods vehicle*
HIV *human immunodeficiency virus* HIV
hl *hectolitre* hl
HMG *Her/His Majesty's Government*
HMI *Her/His Majesty's Inspector (of schools)*
HMSO *Her/His Majesty's Stationery Office*
HNC *Higher National Certificate*
HND *Higher National Diploma*
HMS 1. *Her/His Majesty's Service;* **2.** *Her/His Majesty's Ship*
HO 1. *head office;* **2.** *Home Office*
Hon. *Honorary*
hons *honours*
HP *Houses of Parliament*
HQ *headquarters*
HRH *Her/His Royal Highness*
HST *high-speed train*
ht *height*
Hz *hertz* Hz

IAEA *International Atomic Energy Agency*
IATA *International Air Transport Association* IATA
ibid. *ibidem (in the same place)*
IC *integrated circuit*
i/c *in charge(of)*
ICBM *intercontinental ballistic missile*
ICU *intensive care unit*
ID *identification*
IDDD *(Am) international direct distance dial(ling)*
IDP 1. *integrated data processing;* **2.** *International Driving Permit*
i. e. *id est* d. h.
illus. *ilustrated or illustration* Abb.
ILO *International Labour Organisation* IAO
ILS *instrument landing system*
IMF *International Monetary Fund* IWF
in *inch*
Inc. *Incorporated*
INS *International News Service*
Interpol *International Criminal Police Commission* Interpol
I/O *input/output*
IOC *International Olympic Commitee* IOK
IOM *Isle of Man*
IOU *I owe you*
IOW *Isle of Wight*
IPA *International Phonetic Alphabet*
IQ *Intelligence Quotient* IQ
IRA *Irish Republican Army* IRA
IRBM *intermediate-range ballistic missile*
ISBN *International Standard Book Number* ISBN
ISD *international subscriber dialling*

ITA 1. *Independent Television Authority;* **2.** *initial teaching alphabet*
ITN *(Br) Independent Television News*
ITV *(Br) Independent Television*
IUD *intrauterine device*
i. v. *intravenous*

JP *(Br) Justice of the Peace*
Jr *Junior*
jt *joint*

kbyte *kilobyte*
KC *King's Counsel*
kc *kilocycle*
kg *kilogram*
kHz *kilohertz*
KIA *killed in action* gef.
kJ *kilojoule* kJ
km *kilometre* km
km/h *kilometres per hour* km/h
KO *knockout* K. o.
kw *kilowatt* kW
kWh *kilowatt hour* kWh
KWIC *key word in context*
KWOC *key word out of context*

L 1. *(Br) Learner;* **2.** *large*
l *litre*
lab. *laboratory* Lab.
LAN *local area network* LAN
lat. *latitude* Br.
lb *pound* lb
LCD 1. *liquid crystal diode;* **2.** *liquid crystal display* LCD-Anzeige
LCM *London College of Music*
LED *light-emitting diode*
LEM *lunar excursion module*
LF *low frequency* LF
Lieut *Lieutenant* Lt.
loc. cit. *loco citato* l. c., a. a. O.
log *logarithm*
long. *longitude* L.
LP *long-playing (record)* LP
LPG *liquid petroleum gas*
LSD *lysergic acid diethylamide* LSD
Ltd *Limited*
LV *luncheon voucher*
LW *long wave* LW

M 1. *male;* **2.** *medium;* **3.** *mass*
m 1. *metre;* **2.** *mile;* **3.** *million;* **4.** *minutes;* **5.** *married;* **6.** *masculine*
MA *Master of Arts*
mA *milliampere* mA
MAFF *(Br) Ministry of Agricultural, Fisheries and Food*
Maj. *Major*
MASH *(Am) Mobile Army Surgical Hospital*
max. *maximum*
mb *millibar*
MC 1. *Master of Ceremonies;* **2.** *Medical Corps;* **3.** *Member of Congress;* **4.** *Military Cross*
MD 1. *managing director,* **2.** *Doctor of Medicine*
med. *medium*
MEP *Member of the European Parliament*
met. *meteorological*
Mg *magnesium*
MHR *(Am) Member of the House of Representatives*
Mhz *megahertz* mHz
MICR *magnetic-ink character recognition*
MIDAS *Missile Defence Alarm System*
min. 1. *minute* min; **2.** *minimum* min
MIRV *multiple independently targetted reentry vehicle*
MLR *minimum lending rate*
mm *millimetre* mm
MO 1. *modus operandi;* **2.** *Medical Officer;* **3.** *money order*
MOD *(Br) Minstry of Defense*
mod. *modern* mod.
MOL *manned orbiting laboratory*
MOT *Ministry of Transport* TÜV
MP 1. *Member of Parliament;* **2.** *Metropolitain Police;* **3.** *Military Police*
mpg *miles per gallon*
mph *miles per hour*
Mr *Mister* Herr
MRBM *medium-range ballistic missile*
Mrs *Mistress* Frau
Ms *Miss* Frau (auch für Unverheiratete)
MS *multiple sclerosis* MS
ms *manuscript*
MSc *Master of Science*
MSG *monosodium glutamate*
MT *(Am) Mountain Time*
Mt. *Mountain*
MW *medium wave* MW

N *north*
n 1. (MATH) n; **2.** *noun;* **3.** *neuter*
NAACP *(Am) National Association for the advancement of Colored People*
Naafi *Navy, Army and Air Force Institutes*
NALGO *(Br) National and Local Government Officers Association*

NASA *(Am) National Aeronautics and Space Administration* NASA
NATO *North Atlantic Treaty Organisation* NATO
NB *nota bene* NB
NCC *(Br) Nature Conservancy Council*
NCO *non commissioned officer*
NE *northeast* NO
NF *(Br) National Front*
NHS *(Br) National Health Service*
NNE *north-northeast* NNO
NNW *north-northwest* NNW
no *number*
NSPCC *National Society for the Prevention of Cruelty to Children*
NT 1. *New Testament;* **2.** *National Trust*
NW *northwest* NW
NY *New York*
NZ *New Zealand*

OAP *old-age pensioner*
OAS *Organization of American States* OAS
OAU *Organization of African Unity* OAU
OCR *optical character recognition* OCR
OD *overdose*
OECD *Organization for Economic Cooperation and Development* OECD
OHMS *On Her/His Majesty's Service*
ONC *Ordinary National Certificate*
o. n. o. *or nearest offer*
op. cit. *opere citato* op. cit.
OPEC *Organization of Petroleum Exporting Countries* OPEC
OS 1. *ordinary seaman;* **2.** *Ordnance Survey;* **3.** *outsize*
OT *Old Testament* AT
OU *(Br) Open University*
OXFAM *Oxford Commitee for Famine Relief*
oz *ounce*

p 1. *page;* **2.** *penny*
PA 1. *Press Association;* **2.** *public address system*
p. a. *per annum (yearly)*
PABX *private automatic branch exchange*
PACE *Police and Criminal Evidence Act*
p & p *postage and packing*
par. *paragraph* Abs.
Parl. *Parliament*
PAT *Professionel Association of Teachers*
PAYE *Pay As You Earn*
PBS *(Am) Public Broadcasting Service*
PC 1. *Police Constable;* **2.** *Privy Councillor;* **3.** *Personal Computer*
p. c. *per cent*
PE *physical education*
PEN *International Association of Poets, Playwrights, Editors, Essayists and Novelists*
per pro. *per procurationem (by proxy)*
PERT *programme evaluation and review technique*
PGCE *(Br) Postgraduate Certificate of Education*
PhD *Philosophiae Doctor (Doctor of Philosophy)*
PIN *personal identification number*
plc *public limited company*
PLO *Palestine Liberation Organization* PLO
PLP *(Br) Parliamentary Labour Party*
PM 1. *Prime Minister;* **2.** *post mortem*
p. m. *post meridiem* nachm.
PO 1. *parole officer;* **2.** *personal officer*
POB *Post-Office Box* Postf.
POD *pay on delivery*
poss. (GRAM) *possessive*
POW 1. *Prince of Wales;* **2.** *prisoner of war*
pp *pages*
PR 1. *proportional representation;* **2.** *public relations*
Pres. *Presbyterian*
Prof. *Professor*
prog. *program*
PROM *programmable read-only memory*
PS *postscript* PS
PSV *public service vehicle*
PT 1. *physical therapy;* **2.** *physical training*
pt 1. *pint;* **2.** *point*
pto *please turn over* b. w.
PVC *polyvinyl chloride* PVC
PWR *pressurized water reactor*
PX *(Am) Post Exchange*

Q *Queen*
QC *(Br) Queen's Counsel*
QED *quod erat demonstrandum* q. e. d.
qtr *quarter*
qv *quod vide*

R 1. *resistance;* **2.** *River;* **3.** *restricted*
r. *run*
RAC *Royal Automobile Club*
RAF *Royal Air Force*
RAM *random-access memory* RAM
R & B *rhythm and blues*

RC 1. *Red Cross* DRK; 2. *Roman Catholic* rk
RCMP *Royal Canadian Mounted Police*
Rd *road* Str.
RE 1. *religious education;* 2. *Royal Exchange*
REM *rapid eye movement* REM
Rep. 1. *Republic* Rep; 2. *Republican* Rep.
Revd. *Reverend* Ehrw.
RFC *(Br) Rugby Football Club*
Rh *rhesus* Rh.
RI *religious instruction*
RIP *rest in peace* R. I. P.
RN *Royal Navy*
RNA *ribonucleic acid* RNS
RNLI *Royal National Lifeboat Institution*
ROM *read-only memory* ROM
RoSPA *Royal Society for the Prevention of Accidents*
RP *received pronunciation*
rpm *revolutions per minute* Umd. p. min.
RR *(Am) Railroad*
RSPCA *Royal Society for the Prevention of Cruelty to Animals*
RSVP *répondez s'il vous plaît* u. A. w. g.
Rt Hon. *Right Honourable*
RUC *Royal Ulster Constabulary*

S 1. *south;* 2. *small*
s *second*
SA 1. *South Africa;* 2. *South America;* 3. *South Australia;* 4. *Salvation Army*
s. a. e. *stamped addressed envelope*
SALT *Strategic Arms Limitation Talks* SALT
SAM *surface-to-air missile*
SAS *(Br) Special Air Service*
SAYE *Save As You Earn*
sci-fi *science fiction*
SDI *(Am) Strategic Defense Initiative*
SE *southeast* SO
SEATO *South-East Asia Treaty Organization* SEATO
Sen. *(Am) Senator*
s. g. *specific gravity*
SHAPE *Supreme Headquarters Allied Powers Europe*
SJ *Society of Jesus*
SNP *Scottish National Party*
sonar *sound navigation and ranging*
Sq. *square* Pl.
SS 1. *steamships;* 2. *saints*
SSE *south-southeast* SSO
SSM *surface-to-surface missile*
SSW *south-southwest* SSW
St. 1. *Strait;* 2. *street*
st. *stone*
STD *(Br) subscriber trunk dialling*
START *Strategic Arms Reduction Talks*
STOL *short takeoff and landing*
STUC *Scottish Trades Union Congress*
SU *Scripture Union*
SUM *surface-to-underwater missile*
SW *southwest* SW
SWAPO *South West African People's Organization* SWAPO

t *tonne*
TA *(Br) Territorial Army*
tan *tangent* tan.
TB *tuberculosis* TB
tbs. *tablepoon(ful)* Essl.
TCBM *transcontinental ballistic missile*
TD 1. touchdown; 2. (MED) *tardive dyskinesia*
tel. *telephone* Tel.
temp. 1. *temperature* Temp.; 2. *temporary* zeitw.
TIR *International Road Transport*
TNT *trinitrotoluene*
trig. *trigonometry*
TT 1. *teetotal;* 2. *Tourist Trophy;* 3. *tuberculin-tested*
TUC *Trades Union Congress*
TV *television* TV
TVP *textured vegetable protein*

UAE *United Arab Emirates*
UCCA *(Br) Universities Central Council for Admissions*
UDA *Ulster Defence Association*
UDR *Ulster Defence Regiment*
UDI *unilateral declaration of independence*
UEFA *Union of European Football Associations* UEFA
UFO *unidentified flying object* UFO
UHF *ultrahigh frequency*
UHT *ultra heat treated*
UK *United Kingdom*
UN *United Nations* UN
UNA *(Br) United Nations Association*
UNCTAD *United Nations Commissions for Trade and Development* UNCTAD
UNESCO *United Nations Educational, Scientific and Cultural Organization* UNESCO
UNICEF *United Nations International Children's Emergency Fund* UNICEF
Univ. *University* Univ.
UNO *United Nations Organization* UNO
UPI *(Am) United Press International*

US *United States* US
USA 1. *United States of America;* **2.** *United States Army*
USAF *United States Air Force*
USM 1. *underwater-to-surface missile;* **2.** *United States Mail*
USS 1. *United States Ship;* **2.** *United States Senate*
USW *ultrashort waves*
UV *ultraviolett* UV
UVF *Ulster Volunteer Force*

V 1. *volume;* **2.** *volt*
vac. *vacant*
VAT *value-added tax* MwSt.
VC 1. *Victoria Cross;* **2.** *Vice-Chairman*
VCR *videocassette recorder* VCR
VD *veneral disease*
VDU *visual display unit* VDU
VE *Victory in Europe*
VERA *vision electronic recording apparatus*
v. g. *very good*
VHF *very high frequency*
VIP *very important person* VIP
viz *videlicet (namely)*
vol *volume* Bd.
VSO *very superior old*
VSOP *very superior old pale*
VTOL *vertical takeoff and landing*
VTR *videotape recorder*

W *west*
w *watt*
WAAF *Women's Auxiliary Air Force*
WAC *Women's Army Corps*
WASP *(Am) White Anglo-Saxon Protestant*
w. c. *water closet* WC
w. e. f. *with effect from*
WHO *World Health Organization* WGO
WI *(Br) Women's Institute*
WNW *west-northwest* WNW
w/o *without* o.
WPC *(Br) Woman Police Constable*
wpm *words per minute* WpM
WRAC *(Br) Women's Royal Army Corps*
WRAF *(Br) Women's Royal Air Force*
WRNS *(Br) Women's Royal Naval Service*
WSW *west-southwest* WSW
wt *weight* Gew.
WW *World War*
WWF *Worldwide Fund for Nature*
WWW *World Wide Web* WWW
WYSIWYG *what you see is what you get*

X (MATH) ×
XL *extra large* XL
Xmas *Christmas*

y. *year*
yd *yard(s)*
YHA *Youth Hostel Association*
YMCA *Young Men's Christian Association* CVJM
yr *your*

ZIP *(Am) zone improvement program*

Deutsche Abkürzungen

A *Ampere* amp.
a *Ar* are
AA *Auswärtiges Amt* Foreign Office
a. a. O. *am angegebenen od angeführten Ort* loc. cit.
Abb. *Abbildung* illus.
Abf. *Abfahrt* dep.
Abk. *Abkürzung* abbreviation
ABM *Arbeitsbeschaffungsmaßnahme* job creation scheme
Abs. *Absatz* para.
ABS *Antiblockiersystem* anti-lock braking system
Abt. *Abteilung* dep., dept.
abzgl. *abzüglich* less, minus
a. Chr. (n.) *ante Christum (natum)* B C
a. D. *außer Dienst* retd.
A. D. *anno Domini* A D
ADAC *Allgemeiner Deutscher Automobil-Club* General German Automobile Association
Add. *Addenda, Ergänzungen* addenda, additions, supplements
Adr. *Adresse* address
AG *Aktiengesellschaft* (*Br*) plc
ahd. *althochdeutsch* OHG
Aids, AIDS *Acquired Immune Deficiency Syndrome, erworbene Immunschwäche* AIDS
Akad. *Akademie* academy, *a.* college
Akt.-Nr. *Aktennummer* file no.
AKW *Atomkraftwerk* nuclear power station
allg. *allgemein* general
allj. *alljährlich* annual(ly *adv*), yearly
a. M. *am Main* on the Main
amtl. *amtlich* official
Anh. *Anhang* appendix
Ank. *Ankunft* arr.
Anm. *Anmerkung* note
anschl. *anschließend* following, subsequent(ly *adv*)
a. o. *außerordentlich* extraordinary, special
a. o. Prof. *außerordentlicher Professor (Br)* senior lecturer, *(Am)* associate professor
APO *Außerparlamentarische Opposition* extra-parliamentary opposition
App. *Apparat; Telefon* appliance, instrument; telephone
arab. *arabisch* Arab(ian), Arabic figures
a. Rh. *am Rhein* on the Rhine
Art. *Artikel* article
ASCII *American Standard Code for Information Interchange* ASCII
Assist. *Assistent, Assistenz* assistance, assistant
ASTA *Allgemeiner Studentenausschuss* general students' committee
ASU *Abgassonderuntersuchung* anti-pollution test of exhaust fumes
A. T. *Altes Testament* OT
atü *Atmosphärenüberdruck* atmosphere excess pressure
Aufl. *Auflage* ed.
Auftr.-Nr. *Auftragsnummer* order no.
Ausg. *Ausgabe, Ausgang* edition, exit
Az. *Aktenzeichen* file number

B *Bundesstraße* federal highway
b. *bei, per Adresse* c/o
BAföG *Bundesausbildungsförderungsgesetz* grant
B(au)j. *Baujahr* year of manufacture
b. a. W. *bis aus Widerruf* until recalled, unless countermanded
b. a. w. *bis auf weiteres* until further notice
Bd *Band (Buch)* vol.
Bund (Vereinigung) union, association; *Bündnis* alliance
Bde. *Bände* vols.
Bea(mt). *Beamte(r)* civil servant, official
Begl. *Beglaubigung* certification
begl. *beglaubigt* certified;
beglichen paid
Benelux *Belgien, Niederlande, Luxemburg* Belgium, the Netherlands, and Luxemburg
bes. *besonders* esp.
Best. *Bestellung* order
Best.-Nr. *Bestellnummer* order no.
Betr. *Betreff, betrifft* re
betr. *betreffend, betreffs* re
Bez. *Bezeichnung; Bezirk* name, designation; district
bfr *beglischer Franc* Belgian franc
BGB *Bürgerliches Gesetzbuch* Civil Code
BGH *Bundesgerichtshof* Federal Supreme Court
Bhf. *Bahnhof* station
BND *Bundesnachrichtendienst* Federal Intelligence Service
B. P. a. *Bundespatent angemeldet* pat. pend.

BRD *Bundesrepublik Deutschland* FRG, GFR
BRT *Bruttoregistertonne* g. r. t.
BSE *Bovine Spongiforme Enzephalopathie* BSE
BSP *Bruttosozialprodukt* GNP
Btx *Bildschirmtext* viewdata, videotex
b. w. *bitte wenden* p. t. o.
bzgl. *bezüglich* with reference to
bzw. *beziehungsweise* respectively

C *Celsius* C
c *Cent* cent
Centime centime
ca. *circa, ungefähr* approximately
CAD *Computer Aided/Assisted Design, computergestützter Entwurf und Konstruktion* CAD
CAM *Computer Aided/Assisted Manufacture, computergestützte Fertigung* CAM
cbm *Kubikmeter* m^3
ccm *Kubikzentimeter* cm^3
CD *Compact Disc* CD
CDU *Christlich-Demokratische Union* Christian Democratic Union
cf. *confer. vergleiche* cf.
CIM *Computer Integrated Manufacture, computerintegrierte Fertigung* CIM
cl *Zentiliter* cl
cm *Zentimeter* cm
Co. *Gesellschaft* Co.
cos *Kosinus* cosine
CPU *Central Processing Unit, Zentraleinheit* CPU
ct. *Cent* ct; *Centime* centime
c. t. *cum tempore, mit akademischem Viertel* 15 minutes later
CVJM *Christlicher Verein Junger Menschen* Young Men's/Women's Christian Association YMCA/YWCA

d. Ä. *der Ältere* senior
DAAD *Deutscher Akademischer Austauschdienst* Academic Exchance Service
DAG *Deutsche Angestelltengewerkschaft* Trade Union for German Employees
DB *Deutsche Bahn* German Railway
DBP(a) *Deutsches Bundespatent (angemeldet)* German Federal Patent (pending)
DDR (HIST) *Deutsche Demokratische Republik* GDR
DGB *Deutscher Gewerkschaftsbund* Federation of German Trade Unions
dgl. *der-, desgleichen* the like
d. Gr. *der Große* the Great
d. h. *das heißt* i.e.
DIN *Deutsche Industrie-Norm* DIN
Dipl. *Diplom* Dip.
dipl. *diplomatisch* diplomatic; *diplomiert* holding a diploma
Dipl.-Ing. *Diplomingenieur* graduate engineer
Diss. *Dissertation* dissertation, (doctoral) thesis
d. J. *der Jüngere* junior
DKP *Deutsche Kommunistische Partei* German Communist Party
DLRG *Deutsche Lebensrettungsgesellschaft* RNLA
dkr *dänische Krone* Danish crown
DM *Deutsche Mark* DM
DNS *Desoxiribonukleinsäure* DNA
d. O. *der od die od das Obige* the abovementioned
dpa *Deutsche Presse-Agentur* German Press Agency
Dr. *Doktor* Dr.
dr. *Drachme* drachma
d. Red. *die Redaktion* the ed.
Dr. jur. *Doktor der Rechte* LLD
DRK *Deutsches Rotes Kreuz* German Red Cross
Dr. med. *Doktor der Medizin* MD
Dr. phil. *Doktor der Philosophie* PhD
Dr. rer. nat. *Doktor der Naturwissenschaften* DSc
Dr. theol. *Doktor der Theologie* DD
dt(sch). *deutsch* Ger.
D(t)z(d). *Dutzend* doz.
d. U. *der Unterzeichnete* the undersigned
Dupl. *Duplikat* duplicate; (*Abschrift*) copy
Durchw.(-Nr.) *Durchwahl(nummer)* STD (code)
DV *Datenverarbeitung* DP
d. V(er)f. *der Verfasser* the author
dz *Doppelzentner* metric (*od* double) centner
D-Zug *Schnellzug* express *od* through train

EAN *Europäische Artikelnummer* EAN
ebd. *ebenda* ibid.
EC *Eurocity(zug)* EC
Ecu, ECU *European Currency Unit, europäische Währungseinheit* ECU
Ed. *Edition, Ausgabe* ed.
ed. *hat herausgegeben* ed.

EDV *Elektronische Datenverarbeitung* EDP
e. G. *eingetragene Gesellschaft* registered company
eh(e)m. *ehemalig* former, *ehemals* formerly
Ehrw. *Ehrwürden* Rev.
Eing.-Nr. *Eingangsnummer* number of entry, receipt number
Einh. *Einheit* unit
EKD *Evangelische Kirche in Deutschland* Protestant Church in Germany
EKG *Elektrokardiogram* ECG
Empf. *Empfänger* adressee of letter, receiver
et al. *et alii* et. al.
EU *Europäische Union* EU
EURATOM *Europäische Atomgemeinschaft* European Atomic Community EURATOM
e. V. *eingetragener Verein* registered association *od* society
ev. *evangelisch* Protestant
ev.-luth. *evangelisch-lutherisch* Lutheran (Protestant)
ev.-ref. *evangelisch-reformiert* Reformed
evtl. *eventuell* poss.
EWS *Europäisches Währungssystem* EMS
EWU *Europäische Währungsunion* EMU
e. Wz. *eingetragenes Warenzeichen* regd. trademark
exkl. *exklusive* excl.
Expl. *Exemplar* copy, sample
Exz. *Exzellenz* Excellency

F *Fahrenheit* F
Fa. *Firma* firm (in Briefen: Messrs)
Fahrg(est).-Nr. *Fahrgestellnummer* chassis (*od* serial) no.
F(ahr)z. *Fahrzeug* vehicle
Fam. *Familie* family
FC *Fußballclub* FC
FCKW *Fluorchlorkohlenwasserstoff* CFC
FDP *Freie Demokratische Partei* Liberal Democratic Party
FF *französischer Franc* French franc
ff. *folgende Seiten* pp.
FH *Fachhochschule* technical college
Fig. *Figur* fig.
fm *Festmeter* cubic metre, (*Am* -er)
Fr. *Frau* Mrs, Ms
Frl. *Fräulein* Miss
Frh. *Freiherr* Baron
frz. *französisch* Fr.

g *Gramm* gramme
GATT *General Argreement on Tariffs and Trade, Allgemeines Zoll- und Handelsabkommen* GATT
GAU *größter anzunehmender Unfall* MCA
geb. *geboren (geborene)* b., (née)
Gebr. *Gebrüder* Brothers, Bros.
gebr. *gebräuchlich* common, usual; *gebraucht* second(-)hand, used
gegr. *gegründet* founded
GEMA *Gesellschaft für musikalische Aufführungs- u. mechanische Vervielfältigungsrechte (Br)* Performing Rights Society PRS; Mechanical Copyright Protection Society MCPS; *(Am)* American Society of Composers, Authors and Publishers ASAP
gepr. *geprüft* certified document, tested
ger. *gerichtlich* judicial, legal
Ges. *Gesellschaft* asso.; *Gesetz* law
gez. *gezeichnet* signed
ggf. *gegebenenfalls* if need be
ggs. *gegensätzlich* opposite; *gegenseitig* mutual
GmbH *Gesellschaft mit beschränkter Haftung (Br)* Ltd.; *(Am)* Inc.
Gr. *Grad* degree
GUS *Gemeinschaft Unabhängiger Staaten* CIS

H *Haltestelle* bus stop
h *Hekto ...* hecto ... *hora, Stunde* hour
ha *Hektar* hectare
habil. *habilitatus, habilitiert* habilitated
Hbf. *Hauptbahnhof* central station
h. c. *honoris causa, ehrenhalber* honorary
hfl *holländischer Gulden* Dutch guilder (*od* florin)
HGB *Handelsgesetzbuch* Commercial Code
HIV *Human Immunodeficiency Virus, menschliches Immunschwächevirus* HIV
Hj. *Halbjahr* six months *pl*
hl *Hektoliter* hl.
hl. *heilig* holy, St.
Hochw. *Hochwürden* Rev.
HR(eg). *Handelsregister* Commercial Register
Hr(n). *Herr(n)* Mr
Hrsg. *Herausgeber* ed.
hrsg. *herausgegeben* ed
Hz *Hertz* cycle Hz

i. A. *im Auftrag* pp
i. Allg. *im Allgemeinen* in general
ibd. *ibidem, ebenda, -dort* ibid
IC *Intercity(zug)* IC
ICE *Intercityexpress* ICE
i. D. *im Dienst* on duty; *im Durchschnitt* on av.
i. d. M(in). *in der Minute* per Minute
i. d. Sek. *in der Sekunde* per second
i. d. St(d). *in der Stunde* per hour
IFO *Institut für Wirtschaftsforschung* Institute for Economic Research
IG *Industriegewerkschaft* industrial trade union
i. H. *im Hause* on the premises
IHK *Industrie- und Handelskammer* Chamber of Industry and Commerce
i. J. *im Jahr* p. a.
i. M. *im Monat* in (the month of); *monatlich,* monthly, per month
Ing. *Ingenieur Br* engineer, *Am* civil engineer
Inh. *Inhaber* proprietor; *Inhalt* contents *pl*
inkl. *inklusive* incl.
Interpol *Internationale Kriminalpolizei-Kommission* Interpol
i. R. *im Ruhestand* retd.
IQ *Intelligenzquotient* IQ
IRK *Internationales Rotes Kreuz* International Red Cross
ISBN *Internationale Standardbuchnummer* ISBN
ISDN *Integrated Services Digital Network, diensteintegrierendes digitales Fernmeldenetz* ISDN
i. Tr. *in der Trockenmasse* in dry matter percentage of fat
i. V. *in Vertretung* by proxy, on behalf of; *in Vorbereitung* in preparation
IWF *Internationaler Währungsfonds* IMF

J *Joule* joule
Jh. *Jahrhundert* century
JH *Jugendherberge* YH
jhrl. *jährlich* annual
jr., jun. *junior* jun.
jur. *juristisch* legal

kath. *katholisch* catholic
kcal *Kilokalorie* kilocalorie
Kfm *Kaufmann* businessman
kfm. *kaufmännisch* commercial
Kfz. *Kraftfahrzeug* motor vehicle
KG *Kommanditgesellschaft* limited partnership
kg *Kilogramm* kg.
kgl. *königlich* royal
kHz *Kiloherz* kHz
KKW *Kernkraftwerk* nuclear power station
km *Kilometer* kilometre (*Am* -er)
km/h *Kilometer pro Stunde* kilometres per hour
KP *Kommunistische Partei* CP
kpl. *komplett* compl.
Kripo *Kriminalpolizei* Criminal Investigation Department
Krs. *Kreis* (administrative) district
KSZE *Konferenz über Sicherheit und Zusammenarbeit in Europa* CSCE
Kto. *Konto* a/c
Kto.-Nr. *Kontonummer* a/c no.
Ktr.-Nr. *Kontrollnummer* check *od* code number
KW *Kurzwelle* SW
kW *Kilowatt* kw
kWh *Kilowattstunde* kWh, kwh

l *Liter* l
LAN *Local Area Network, Lokalnetz* LAN, lan
LCD *Liquid Crystal Display, Leuchtdiodenanzeige* LCD
led. *ledig* s.
lfd. *laufend* current, running
lfd. Nr. *laufende Nummer* current number
LG *Landgericht* dictrict court
LKW, Lkw *Lastkraftwagen* HGV
LP *Langspielplatte* LP
LSD *Lysergsäurediäthylamid* LSD
lt. *laut* according to, as per
luth. *lutherisch* Lutheran
LW *Langwelle* LW

m *Meter* m.
MA *Magister Artium* MA
MA. *Mittelalter* Middle Ages *pl*
mA *Milliampere* mA
mbH, m.b.H. *mit beschränkter Haftung* with limited liability
MdB *Mitglied des Bundestages* Member of the (German) ‚Bundestag'
MdL *Mitglied des Landtags* member of the ‚Landtag'
m. E. *meines Erachtens* in my opinion
MEZ *mitteleuropäische Zeit* Central European Time
MG *Maschinengewehr* machine-gun
mg *Milligramm* mg

mhd. *mittelhochdeutsch* MHG
MHz *Megahertz* MHz
Min., min *Minute* min.
mm *Millimeter* mm
MP *Maschinenpistiole* submachine gun; *Militärpolizei* MP
Mrd. *Milliarde(n)* billion(s)
Ms *Manuskript* ms
m/sec *Meter pro Sekunde* m/sec
m. ü. M. *Meter über Meer* metres above sea-level
MW *Mittelwelle* MW
m. W. *meines Wissens* as far as I know
MwSt. *Mehrwertsteuer* VAT

N *Norden* N; *Leistung* power
N(a)chf. *Nachfolger* successor
NATO *Nordatlantikpakt-Organisation* North Atlantic Treaty Organization NATO
N. B. *nota bene* NB
n. Br. *nördlicher Breite* northern latitude
n. Chr. *nach Christus* AD
nhd. *neuhochdeutsch* NHG
NO *Nordosten* NE
Nr(n). *Nummer(n)* no(s).
N. T. *Neues Testament* NT
nto. *netto* net
NW *Nordwesten* NW

O *Osten* E
o. *oben* above; *oder* or; *ohne* without
o. ä. *oder ähnlich* or the like
O B *Oberbürgermeister* Lord Mayor
OECD *Organization for Economic Cooperation and Development, Organisation für wirtschaftliche Zusammenarbeit und Endwicklung* OECD
OEZ *osteuropäische Zeit* time of the East European zone
OHG *offene Handelsgesellschaft* general partnership
OLG *Oberlandesgericht* Higher Regional Court
Op. *Opus* composition, opus
op. cit. *opere citato, im angegebenen Werk* op. cit.
o. Prof. *ordentlicher Professor* Prof.
OP *Operationssaal* (operating) theatre (*Am* -er)
OPEC *Organization of Petroleum Exporting Countries, Organisation der Erdöl exportierenden Länder* OPEC
orth. *orthodox* orthodox

P. *Pater* father
p. Adr. *per Adresse, bei* c/o
Pat. *Patent* pat.
PC *Personalcomputer* PC
p. Chr. (n) *post Christum (natum), nach Christus (nach Christi Geburt)* A. D.
Pf *Pfennig* pfennig
PLO *Palestine Liberation Organization, Palästinensische Befreiungsorganisation* PLO
pp *per procura* pp
Prof. *Professor* Prof.
prot. *protestantisch* Protestant
PS *Pferdestärke(n)* HP
PVC *Polyvinylchlorid* PVC

qcm *Quadratzentimeter* cm^2
q. e. d. *quod erat demonstrandum, was zu beweisen war* Q. E. D.
qkm *Quadratkilometer* km^2
qm *Quadratmeter* m^2

RA *Rechtsanwalt* barrister, lawyer, solicitor, *Am* a. attorney
RAF *Rote-Armee-Fraktion* RAF
RAM *Random Access Memory, Direktzugriffsspeicher* RAM
rd. *rund* c.
Ref. *Referat (Abteilung)* department
Reg. *Regierung* govt.
Reg.-Bez. *Regierungsbezirk* administrative district
rh *Rhesusfaktor* Rh
R. I. P. *requiescat in pace* rest in peace, RIP
rk. *römisch-katholisch* RC
RNS *Ribonukleinsäure* RNA
ROM *Read Only Memory, Festwertspeicher* ROM
RT *Registertonne* registered ton

S *Süden* S; *Schilling* schilling
S. *Seite* p.
s. *sieh(e)* v.
SB *Selbstbedienung* self-service
s. Br. *südlicher Breite* southern latitude
scil. *scilicet, nämlich* namely, that is (to say)
SDI *Stratetic Defense Initiative, Strategische Verteidigungsinitiative* SDI
Sek. *Sekunde* sec.
sFr., sfr *schweizer Franken* Swiss Franc
sin *Sinus* sine
SJ *Societatis Jesu, von der Gesellschaft Jesu* SJ
skr *schwedische Krone* Swedish crown

sm *Seemeile* nautical mile
S. M. S. *Seiner Majestät Schiff* HMS
SO *Südost(en)* SE
s. o. *siehe oben* see above
SOS *save our souls, Internationales Notsignal* SOS
Sr. *Senior, der Ältere* senior
SSV *Sommerschlussverkauf* summer sale
s. t. *sine tempore, ohne (akademisches) Viertel, pünktlich* sharp, on time
staatl. *staatlich* state …, government … statal
StGB *Strafgesetzbuch* Penal Code
StPO *Strafprozessordnung* Code of Criminal Procedure
Str. *Straße* St.
StVO *Straßenverkehrsordnung* road traffic regulations
s. u. *siehe unten* see below
SW *Südwest(en)* SW

t *Tonne* T
Tb(c) *Tuberkulose* TB
TEE *Trans-Europ-Express* TEE
Tel. *Telefon* tel.
TH *technische Hochschule* technical college *od* university
TU *technische Universität* technical university
TÜV *Technischer Überwachungsverein* ≈ MoT

UB *Universitätsbibliothek* University library
u. a. *und andere(s)* and others; *unter anderem* od *anderen* among others *od* among other things *od* inter alia
u. Ä. *und Ähnliche(s)* and the like
u. d. M. *unter dem Meeresspiegel* below sea level
ü. d. M. *über dem Meeresspiegel* above sea level
u. E. *unseres Erachtens* in our opinion
UFO, Ufo *unbekanntes Flugobjekt* UFO, Ufo
U-Haft *Untersuchungshaft* imprisonment (*od* period) on remand, detention (pending trial)
UKW *Ultrakurzwelle* UHF
U/min *Umdrehungen in der Minute* rpm
UN *United Nations, Vereinte Nationen* UN
UNO *United Nations Organization, Organisation der Vereinten Nationen* UNO
Unterz. *Unterzeichnete(r)* undersigned
US(A) *Vereinigte Staaten von Amerika* US(A)
usw. *und so weiter* etc.
u. U. *unter Umständen* circumstances permitting
UV *Ultraviolett* UV

V *Volt* V; *Volumen* vol.
v. Chr. *vor Christus* B. C.
v. D. *vom Dienst* in charge, on duty
vgl. *vergleiche* cf.
v. H. *von Hundert* pc
VHS *Volkshochschule* adult education centre
V. I. P. *Very Important Person* VIP
v. J. *vorigen Jahres* of last year
v. l. n. r. *von links nach rechts* from left to right
VR *Volksrepublik* People's Republic

W *Watt* w; *Westen* W
WAA *Wiederaufbereitungsanlage* reprocessing plant
WEZ *westeuropäische Zeit* GMT
WG *Wohngemeinschaft* shared flat
WM *Weltmeisterschaft* world championship
WSV *Winterschlussverkauf* winter sale
WWW *world wide web* www
Wz. *Warenzeichen* regd. trademark

z. B. *zum Beispiel* e.g.
z. H. *zu Händen* atn.
ZPO *Zivilprozessordnung* Code of Civil Procedure
z. T. *zum Teil* partly
Ztr. *Zentner* centner
z(u)zgl. *zuzüglich* plus
z. Z. *zur Zeit* at present, for the time being

United Kingdom

England

Counties (Grafschaften) mit Abkürzung und Hauptstadt

Bedfordshire	(Beds)	Bedford
Berkshire	(Berks)	Reading
Buckinghamshire	(Bucks)	Aylesbury
Cambridgeshire	(Cambs)	Cambridge
Cheshire	(Ches)	Chester
Cornwall	(Corn)	Truro
Cumbria		Carlisle
Derbyshire	(Derbys)	Matlock
Devon		Exeter
Dorset		Dorchester
Durham	(Dur)	Durham
East Sussex	(E. Sussex)	Lewes
Essex		Chelmsford
Gloucestershire	(Glos)	Gloucester
Greater London		**London**
Greater Manchester		Manchester
Hampshire	(Hants)	Winchester
Hertfordshire	(Herts)	Hertford
Kent		Maidstone
Lancashire	(Lancs)	Preston
Leicestershire	(Leics)	Leicester
Lincolnshire	(Lincs)	Lincoln
Merseyside		Liverpool
Norfolk		Norwich
Northamtonshire	(Northants)	Northampton
Northumberland	(Northd)	Morpeth
North Yorkshire	(N. Yorks)	Northallerton
Nottinghamshire	(Notts)	Nottingham
Oxfordshire	(Oxon)	Oxford
Shropshire	(Salop)	Shrewsbury
Somerset	(Som)	Taunton
South Yorkshire	(S. Yorks)	Barnsley
Staffordshire	(Staffs)	Stafford
Suffolk	(Suff)	Ipswich
Surrey		Kingston upon Thames
Tyne & Wear		Newcastle-upon-Tyne
Warwickshire	(Warks)	Warwick
West Midlands	(W. Midlands)	Birmingham
West Sussex	(W. Sussex)	Chichester
West Yorkshire	(W. Yorks)	Wakefield

Wiltshire	(Wilts)	Trowbridge
Worcestershire	(Worcs)	Worcester

Wales (Cymru)

Unitary authority	Administrative headquarters
Anglesey	Llangefni
Blaenau Gwent	Ebbw Vale
Bridgend	Bridgend
Caerphilly	Hengoed
Cardiff	**Cardiff**
Carmarthenshire	Carmarthen
Ceredigion	Aberaeron
Conwy	Conwy
Denbighshire	Ruthin
Flintshire	Mold
Gwynedd	Caernarfon
Merthyr Tydfil	Merthyr Tydfil
Monmouthshire	Cwmbran
Neath Port Talbot	Port Talbot
Newport	Newport
Pembrokeshire	Haverfordwest
Powys	Llandrindod Wells
Rhondda Cynon Taff	Clydach Vale
Swansea	Swansea
Torfaen	Pontypool
Vale of Glamorgan	Barry
Wrexham	Wrexham

Scotland

Unitary authority	Administrative headquarters
Aberdeen City	
Aberdeenshire	Aberdeen
Angus	Forfar
Argyll and Bute	Lochgilphead
Clackmannanshire	Alloa
Dumfries and Galloway	Dumfries
Dundee City	
East Ayrshire	Kilmarnock
East Dunbartonshire	Kirkintilloch
East Lothian	Haddington
East Renfrewshire	Giffnock
Edinburgh City	
Falkirk	Falkirk

Fife	Glenrothes
Glasgow City	
Highland	Inverness
Inverclyde	Greenock
Midlothian	Dalkeith
Moray	Elgin
North Ayrshire	Irvine
North Lanarkshire	Motherwell
Orkney Islands	Kirkwall
Perth and Kinross	Perth
Renfrewshire	Paisley
Scottish Borders	Melrose
Shetland Islands	Lerwick
South Ayrshire	Ayr
South Lanarkshire	Hamilton
Stirling	Stirling
West Dunbartonshire	Dunbarton
Western Isles	Stornoway
West Lothian	Livingston

Northern Ireland

Counties	**Principal town (Hauptstadt)**
Antrim	**Belfast**
Armagh	Armagh
Down	Downpatrick
Fermanagh	Enniskillen
Londonderry	Londonderry
Tyrone	Omagh

Vereinigte Staaten von Amerika

Die Bundesstaaten mit Abkürzung, Zipcode (Postleitkennzeichen) und Hauptstadt

Alabama	(Ala.)	AL	Montgomery
Alaska	(Alas.)	AK	Juneau
Arizona	(Ariz.)	AZ	Phoenix
Arkansas	(Ark.)	AR	Little Rock
California	(Cal., Calif.)	CA	Sacramento
Colorado	(Colo.)	CO	Denver
Connecticut	(Conn.)	CT	Hartford
Delaware	(Del.)	DE	Dover
Florida	(Fla.)	FL	Tallahassee
Georgia	(Ga.)	GA	Atlanta
Hawaii		HI	Honolulu
Idaho	(Id., Ida.)	ID	Boise
Illinois	(Ill.)	IL	Springfield
Indiana	(Ind.)	IN	Indianapolis
Iowa	(Ia.)	IA	Des Moines
Kansas	(Kan., Kans.)	KS	Topeka
Kentucky	(Ken., Ky.)	KY	Frankfort
Louisiana	(La.)	LA	Baton Rouge
Maine	(ME)	ME	Augusta
Maryland	(Md.)	MD	Annapolis
Massachusetts	(Mass.)	MA	Boston
Michigan	(Mich.)	MI	Lansing
Minnesota	(Minn.)	MN	St Paul
Mississippi	(Miss.)	MS	Jackson
Missouri	(Mo.)	MO	Jefferson City
Montana	(Mont.)	MT	Helena
Nebraska	(Nebr.)	NE	Lincoln
Nevada	(Nev.)	NV	Carson City
New Hampshire	(N.H.)	NH	Concord
New Jersey	(N.J.)	NJ	Trenton
New Mexico	(N.Mex., N.M.)	NM	Santa Fe
New York	(N.Y.)	NY	Albany
North Carolina	(N.C.)	NC	Raleigh
North Dakota	(N.Dak., N.D.)	ND	Bismarck
Ohio	(OH)	OH	Columbus
Oklahoma	(Okla.)	OK	Oklahoma City
Oregon	(Oreg.)	OR	Salem
Pennsylvania	(Pa., Penn., Penna.)	PA	Harrisburg
Rhode Island	(R.I.)	RI	Providence
South Carolina	(S.C.)	SC	Columbia
South Dakota	(S.D., S.Dak.)	SD	Pierre

Tennessee	(Tenn.)	TN	Nashville
Texas	(Tex.)	TX	Austin
Utah	(Ut.)	UT	Salt Lake City
Vermont	(Vt.)	VT	Montpelier
Virginia	(Va.)	VA	Richmond
Washington	(Wash.)	WA	Olympia
West Virginia	(W.Va.)	WV	Charleston
Wisconsin	(Wis.)	WI	Madison
Wyoming	(Wyo., Wy.)	WY	Cheyenne

Bundesrepublik Deutschland
Federal Republic of Germany

Bundesländer (und ihre Hauptstädte)	Länder (and their capitals)
Baden-Württemberg (Stuttgart)	Baden-Württemberg (Stuttgart)
Bayern (München)	Bavaria (Munich)
Berlin (Berlin)	Berlin (Berlin)
Brandenburg (Potsdam)	Brandenburg (Potsdam)
Bremen (Bremen)	Bremen (Bremen)
Hamburg (Hamburg)	Hamburg (Hamburg)
Hessen (Wiesbaden)	Hesse (Wiesbaden)
Mecklenburg-Vorpommern (Schwerin)	Mecklenburg-West Pomerania (Schwerin)
Niedersachsen (Hannover)	Lower Saxony (Hanover)
Nordrhein-Westfalen (Düsseldorf)	North Rhine-Westphalia (Düsseldorf)
Rheinland-Pfalz (Mainz)	Rhineland-Palatinate (Mainz)
Saarland (Saarbrücken)	Saarland (Saarbrücken)
Sachsen (Dresden)	Saxony (Dresden)
Sachsen-Anhalt (Magdeburg)	Saxony-Anhalt (Magdeburg)
Schleswig-Holstein (Kiel)	Schleswig-Holstein (Kiel)
Thüringen (Erfurt)	Thuringia (Erfurt)

Österreich
Austria

Bundesländer (und Hauptstädte)	Provinces (and capitals)
Burgenland (Eisenstadt)	Burgenland (Eisenstadt)
Kärnten (Klagenfurt)	Carinthia (Klagenfurt)
Niederösterreich (St. Pölten)	Lower Austria (St. Pölten)
Oberösterreich (Linz)	Upper Austria (Linz)
Salzburg (Salzburg)	Salzburg (Salzburg)
Steiermark (Graz)	Styria (Graz)
Tirol (Innsbruck)	Tyrol (Innsbruck)
Vorarlberg (Bregenz)	Vorarlberg (Bregenz)
Wien (Wien)	Vienna (Vienna)

Die Schweiz
Switzerland

Kantone (und Hauptorte)	Cantons (and capitals)
Aargau (Aarau)	Aargau (Aarau)
Appenzell Außerrhoden (Herisau)	Appenzell Outer Rhodes (Herisau)
Appenzell Innerrhoden (Appenzell)	Appenzell Inner Rhodes (Appenzell)
Basel-Land (Liestal)	Basel-Land (Liestal)
Basel-Stadt (Basel)	Basel-Stadt (Basel, Basle)
Bern (Bern)	Bern (Bern)
Freiburg (Freiburg)	Fribourg (Fribourg)
Genf (Genf)	Geneva (Geneva)
Glarus (Glarus)	Glarus (Glarus)
Graubünden (Chur)	Graubünden, Grisons (Chur)
Jura (Delémont)	Jura (Delémont)
Luzern (Luzern)	Lucerne (Lucerne)
Neuenburg (Neuenburg)	Neuchâtel (Neuchâtel)
Sankt Gallen (Sankt Gallen)	St. Gall(en) (St. Gall(en)
Schaffhausen (Schaffhausen)	Schaffhausen (Schaffhausen)
Schwyz (Schwyz)	Schwyz (Schwyz)
Solothurn (Solothurn)	Solothurn (Solothurn)
Tessin (Bellinzona)	Ticino (Bellinzona)
Thurgau (Frauenfeld)	Thurgau (Frauenfeld)
Unterwalden nid dem Wald (Stans)	Nidwalden (Stans)
Unterwalden ob dem Wald (Sarnen)	Obwalden (Sarnen)

Uri (Altdorf)	Uri (Altdorf)
Waadt (Lausanne)	Vaud (Lausanne)
Wallis (Sitten)	Valais (Sion)
Zug (Zug)	Zug (Zug)
Zürich (Zürich)	Zürich (Zürich)

Englische und amerikanische Maße und Gewichte

Längenmaße – Linear measures

1 inch (in) 1″		= 2,54 cm
1 foot (ft) 1′	= 12 inches	= 30,48 cm
1 yard (yd)	= 3 feet	= 91,44 cm
1 furlong (fur)	= 220 yards	= 201,17 m
1 mile (m)	= 1760 yards	= 1,609 km
1 league	= 3 miles	= 4,828 km

Nautische Maße – Nautical measures

1 fathom	= 6 feet	= 1,829 m
1 cable	= 608 feet	= 185,31 m
1 nautical, sea mile	= 10 cables	= 1,853 km
1 sea league	= 3 nautical miles	= 5,550 km

Feldmaße – Surveyors' measures

1 link	= 7,92 inches	= 20,12 cm
1 rod, perch, pole	= 25 links	= 5,029 m
1 chain	= 4 rods	= 20,12 m

Flächenmaße – Square measures

1 square inch		= 6,452 cm^2
1 square foot	= 144 sq inches	= 929,029 cm^2
1 square yard	= 9 sq feet	= 0,836 m^2
1 square rod	= 30,25 sq yards	= 25,29 m^2
1 acre	= 4840 sq yards	= 40,47 Ar
1 square mile	= 640 acres	= 2,59 km^2

Raummaße – Cubic measures

1 cubic inch		= 16,387 cm^3
1 cubic foot	= 1728 cu inches	= 0,028 m^3
1 cubic yard	= 27 cu feet	= 0,765 m^3
1 register ton	= 100 cu feet	= 2,832 m^3

Britische Hohlmaße – Measures of capacity

Flüssigkeitsmaße – Liquid measures of capacity

1 gill		= 0,142 l
1 pint (pt)	= 4 gills	= 0,568 l
1 quart (qt)	= 2 pints	= 1,136 l
1 gallon (gal)	= 4 quarts	= 4,546 l
1 barrel	= *(für Öl)* 35 gallons *(Bierbrauerei)* 36 gallons	= 159,106 l = 163,656 l

Trockenmaße – Dry measures of capacity

1 peck	= 2 gallons	= 9,092 l
1 bushel	= 4 pecks	= 36,368 l
1 quarter	= 8 bushels	= 290,935 l

Amerikanische Hohlmaße – Measues of capacity

Flüssigkeitsmaße – Liquid measures of capacity

1 gill		= 0,118 l
1 pint	= 4 gills	= 0,473 l
1 quart	= 2 pints	= 0,946 l
1 gallon	= 4 quarts	= 3,785 l
1 barrel	= *(für Öl)* 42 gallons	= 159,106 l

Handelsgewichte – Avoirdupois weights

1 grain (gr)		= 0,0648 g
1 dram (dr)	= 27,3438 grains	= 1,772 g
1 ounce (oz)	= 16 drams	= 28,35 g
1 pound (lb)	= 16 ounces	= 453,59 g
1 stone	= 14 pounds	= 6,348 kg
1 quarter	= 28 pounds	= 12,701 kg
1 hundredweight (cwt)	= *(Br long cwt)* 112 pounds *Am short cwt)* 100 pounds	= 50,8 kg = 45,36 kg
1 ton	= *(Br long ton)* 20 cwt *(Am short ton)* 2000 pounds	= 1016 kg = 907,185 kg

Temperaturumrechnung

Fahrenheit – Celsius

°F	°C
0	–17,8
32	0
50	10
70	21,1
90	32,2
98,4	37
212	100

zur Umrechnung 32 abziehen und mit $^5/_9$ multiplizieren

Celsius – Fahrenheit

°C	°F
–10	14
0	32
10	50
20	68
30	86
37	98,4
100	212

zur Umrechnung mit $^9/_5$ multiplizieren und 32 addieren

Amtliche deutsche Maße und Gewichte

Längenmaße		Zeichen	Vielfaches der Einheit
Seemeile	*nautical mile*	sm	1852 m
Kilometer	*kilometre*	km	1000 m
Meter	*metre*	m	Grundeinheit
Dezimeter	*decimetre*	dm	0,1 m
Zentimeter	*centimetre*	cm	0,01 m
Millimeter	*millimeter*	mm	0,001 m
Flächenmaße			
Quadratkilometer	*square kilometre*	km^2	1 000 000 m^2
Hektar	*hectare*	ha	10 000 m^2
Ar	*are*	a	100 m^2
Quadratmeter	*square metre*	m^2	1 m^2
Quadratdezimeter	*square decimetre*	dm^2	0,01 m^2
Quadratzentimeter	*square centimetre*	cm^2	0,0001 m^2
Quadratmillimeter	*square millimetre*	mm^2	0,000 001 m^2
Kubik- und Hohlmaße			
Kubikmeter	*cubic metre*	m^3	1 m^3
Hektoliter	*hectolitre*	hl	0,1 m^3
Kubikdezimeter	*cubic decimetre*	dm^3	0,001 m^3
Liter	*litre*	l	
Kubikzentimeter	*cubic centimetre*	cm^3	0,000 001 m^3
Gewichte			
Tonne	*ton*	t	1000 kg
Doppelzentner	–	dz	100 kg
Kilogramm	*kilogramme*	kg	1000 g
Gramm	*gramme*	g	1 g
Milligramm	*milligramme*	mg	0,001 g

Zahlwörter – numerals

1 Grundzahlen – Cardinal numbers

0 null *nought, zero*
1 eins *one*
2 zwei *two*
3 drei *three*
4 vier *four*
5 fünf *five*
6 sechs *six*
7 sieben *seven*
8 acht *eight*
9 neun *nine*
10 zehn *ten*
11 elf *eleven*
12 zwölf *twelve*
13 dreizehn *thirteen*
14 vierzehn *fourteen*
15 fünfzehn *fifteen*
16 sechzehn *sixteen*
17 siebzehn *seventeen*
18 achtzehn *eighteen*
19 neunzehn *nineteen*
20 zwanzig *twenty*
21 einundzwanzig *twenty-one*
22 zweiundzwanzig *twenty-two*
23 dreiundzwanzig *twenty-three*
30 dreißig *thirty*
31 einunddreißig *thirty-one*
32 zweiunddreißig *thirty-two*
33 dreiunddreißig *thirty-three*
40 vierzig *forty*
41 einundvierzig *forty-one*
50 fünfzig *fifty*
51 einundfünfzig *fifty-one*
60 sechzig *sixty*
61 einundsechzig *sixty-one*
70 siebzig *seventy*
71 einundsiebzig *seventy-one*
80 achtzig *eighty*
81 einundachtzig *eighty-one*
90 neunzig *ninety*
91 einundneunzig *ninety-one*
100 hundert *one hundred*
101 hundert(und)eins *hundred and one*
102 hundert(und)zwei *hundred and two*
110 hundert(und)zehn *hundred and ten*
200 zweihundert *two hundred*
300 dreihundert *three hundred*
451 vierhundert(und)einundfünfzig *four hundred and fifty-one*
1000 tausend *a (od one) thousand*
2000 zweitausend *two thousand*
10 000 zehntausend *ten thousand*
1 000 000 eine Million *a (od one) million*
2 000 000 zwei Millionen *two million*
1 000 000 000 eine Milliarde *a (od one) billion*
1 000 000 000 000 eine Billion *a (od one) trillion*

2. Ordnungszahlen – Ordinal numbers

1. erste *first*
2. zweite *second*
3. dritte *third*
4. vierte *fourth*
5. fünfte *fifth*
6. sechste *sixth*
7. siebente *seventh*
8. achte *eighth*
9. neunte *ninth*
10. zehnte *tenth*
11. elfte *eleventh*
12. zwölfte *twelfth*
13. dreizehnte *thirteenth*
14. vierzehnte *fourteenth*
15. fünfzehnte *fifteenth*
16. sechzehnte *sixteenth*
17. siebzehnte *seventeenth*
18. achtzehnte *eighteenth*
19. neunzehnte *nineteenth*
20. zwanzigste *twentieth*

21. einundzwanzigste *twenty-first*
22. zweiundzwanzigste *twenty-second*
23. dreiundzwanzigste *twenty-third*
30. dreißigste *thirtieth*
31. einunddreißigste *thirty-first*
40. vierzigste *fortieth*
41. einundvierzigste *forty-first*
50. fünfzigste *fiftieth*
51. einundfünfzigste *fifty-first*
60. sechzigste *sixtieth*
61. einundsechzigste *sixty-first*
70. siebzigste *seventieth*
71. einundsiebzigste *seventy-first*
80. achtzigste *eightieth*
81. einundachtzigste *eighty-first*
90. neunzigste *ninetieth*
100. hundertste *(one) hundredth*
101. hundertunderste *hundred and first*
200. zweihundertste *two hundredth*
300. dreihundertste *three hundredth*
451. vierhundert(und) einundfünfzigste *four hundred and fifty-first*
1000. tausendste *(one) thousandth*
1100. tausend(und)-einhundertste *(one) thousand and (one) hundredth*
2000. zweitausendste *two thousandth*
100 000. einhunderttausendste *(one) hundred thousandth*
1 000 000. millionste *millionth*
10 000 000. zehnmillionste *ten millionth*

3. Bruchzahlen – Fractional numbers

$^1/_2$ ein halb *one (od a) half*
$^1/_3$ ein Drittel *one (od a) third*
$^1/_4$ ein Viertel *one (od a) fourth (od a quarter)*
$^2/_3$ zwei Drittel *two thirds*
$^3/_4$ drei Viertel *three fourths, three quarters*
$^1/_5$ ein Fünftel *one (od a) fifth*
$^2/_5$ zwei Fünftel *two fifths*
$^1/_{10}$ ein Zehntel *one (od a) tenth*
$^3/_{10}$ drei Zehntel *three tenths*
$^1/_{100}$ ein Hundertstel *one hundredth*
$^1/_{1000}$ ein Tausendstel *one thousandth*
$^1/_{1\,000\,000}$ ein Millionstel *on millionth*
$1^1/_2$ anderthalb *one and a half*
$2^1/_2$ zwei(und)einhalb *two and a half*
$5^3/_8$ fünf drei achtel *five and three eighths*
1,1 eins Komma eins *one point one (1.1)*

4. Vervielfältigungszahlen – Multiples

einfach *single*
zweifach *double*
dreifach *threefold, treble, triple*
vierfach *fourfold, quadruple*
fünffach *fivefold*
hundertfach *(one) hundredfold*

Englische Kurzgrammatik

Substantiv

Das **Geschlecht** der Substantive stimmt im Englischen mit dem natürlichen Geschlecht überein. Da der Artikel immer gleich ist, erkennt man es nur an dem Pronomen (persönliches Fürwort).

the boy	**he**	er
the lady	**she**	sie
the book	**it**	es

Schiffsnamen sind meist weiblich. Auch Länder, Autos und Flugzeuge werden oft durch den Gebrauch der weiblichen Pronomen personifiziert.

Im **Plural** wird an den Singular eines Substantivs ein ***-s*** angehängt. Dieses *s* wird stimmhaft [z] gesprochen nach Vokalen und stimmhaften Konsonanten:

days	[deɪz]	Tage
dogs	[dɒgz]	Hunde
boys	[bɔɪz]	Jungen

und stimmlos nach allen stimmlosen Konsonanten:

books	[bʊks]	Bücher
hats	[hæts]	Hüte

Bei Wörtern, die auf ***-ce, -ge, -se, -ze*** enden, wird das im Singular stumme ***-e*** wie [ɪ] ausgesprochen:

pieces	['pi:sɪz]	Stücke
sizes	['saɪzɪz]	Größen

Auf einen Zischlaut ***(s, ss, sh, ch, x, z)*** endende Wörter bekommen ***-es*** [ɪz] angehängt:

box**es**	['bɒksɪz]	Schachteln
boss**es**	['bɒsɪz]	Chefs

Auslautendes ***y***, dem ein Konsonant vorausgeht, wird im Plural zu ***-ies*** [ɪz]:

lady	Dame	lad**ies**	['leɪdɪz]	Damen
pony	Pony	pon**ies**	['pəʊnɪz]	Ponys

auch Wörter, die auf ***-o*** enden, und einen Konsonanten vorangestellt haben, bekommen oft ***-es***:

tomato**es**	[tə'mɑ:təʊz]	Tomaten
hero**es**	['hɪərəʊz]	Helden

Einige auf *-f* oder *-fe* endende Wörter erhalten im Plural die Endung ***-ves***:

Singular			Plural		
half	[hɑːf]	Hälfte	hal**ves**	[hɑːvz]	Hälften
knife	[naɪf]	Messer	kni**ves**	[naɪvz]	Messer
leaf	[liːf]	Blatt	lea**ves**	[liːvz]	Blätter
wife	[waɪf]	Ehefrau	wi**ves**	[waɪvz]	Ehefrauen

Andere ändern ihren Vokal bzw. ihre Vokale:

Singular			Plural		
foot	[fʊt]	Fuß	f**ee**t	[fiːt]	Füße
man	[mæn]	Mann	m**e**n	[men]	Männer
woman	['wʊmən]	Frau	wom**e**n	['wɪmɪn]	Frauen

Unregelmäßige Pluralbildungen und solche auf ***-ves, -oes*** bzw. ***-os*** sind im englisch-deutschen Teil des Wörterbuchs angegeben.

Nominativ/Akkusativ/Dativ/Genitiv

Nominativ und Akkusativ haben dieselbe Form. Der Genitiv wird meist mit Hilfe von ***of***, der Dativ mit ***to*** ausgedrückt.

- Der **Dativ** kann auch ohne ***to*** gebildet werden, wenn das Dativobjekt unbetont ist. Das Dativobjekt steht dann direkt hinter dem Verb:

	He gives the porter the ticket.
anstelle von:	He gives the ticket to the porter.

- Im Unterschied zum Deutschen wird auch bei folgenden Ausdrücken die Form des **Genitivs** mit ***of*** gebraucht:

a cup **of** coffee	eine Tasse Kaffee
the city **of** London	London
the Isle **of** Wight	die Insel Wight

- Der **sächsische Genitiv**, der häufig bei Personen und personifizierten Begriffen zur Bezeichnung des Besitzes verwendet wird und vor dem Substantiv steht, das er näher bestimmt, ist ähnlich wie im Deutschen: „Vaters Hut". Er wird im Singular durch Apostroph und ***s*** gekennzeichnet:

my sister**'s** room	das Zimmer meiner Schwester

und im Plural durch den Apostroph allein:

my sister**s'** room	das Zimmer meiner Schwestern

Wörter wie z. B. ***shop, church, cathedral*** werden nach dem sächsischen Genitiv oft weggelassen:

at the butcher**'s**	*statt:* at the butcher's shop	beim Metzger
St. Paul**'s**	*statt:* St. Paul's Cathedral	die St.-Pauls-Kathedrale

Adjektiv

Das Adjektiv bleibt nach Geschlecht und Zahl immer unverändert.

Steigerung

Bei der **regelmäßigen Steigerung** erhalten einsilbige Adjektive im Komparativ die Endung ***-er*** [ə(r)] und im Superlativ ***-est*** [ɪst].

great	great**er** (than)	great**est**
groß	größer (als)	am größten

- Bei Adjektiven, die auf ***-e*** enden, entfällt bei der Steigerung mit ***-er, -est*** ein ***e:*** fine, fin**er**, fin**est**.
- Bei Endbuchstaben ***d, g, n*** und ***t*** werden bei der Steigerung mit ***-er, -est*** verdoppelt, wenn ihnen ein kurzes, betontes ***a, e, i*** oder ***o*** vorausgeht: big, big**ger**, big**gest**.

Zwei- und mehrsilbige Adjektive werden im Komparativ mit ***more*** [mɔ:] (mehr) und im Superlativ mit ***most*** [məʊst] (meist) gesteigert.

difficult	**more** difficult (than)	**most** difficult
schwierig	schwieriger (als)	am schwierigsten

Unregelmäßige Steigerung

good gut	**better** besser	**best** am besten
bad schlecht	**worse** schlechter	**worst** am schlechtesten
much/many viel/viele	**more** mehr	**most** am meisten
little wenig	**less** weniger	**least** am wenigsten

Unregelmäßige Steigerungsformen sind im englisch-deutschen Teil des Wörterbuchs angegeben.

Adverb

Adverbien werden gebildet, indem man an ein Adjektiv ***-ly*** anhängt

slow quick	slow**ly** quick**ly**	He speaks slow**ly**. He runs quick**ly**.	Er spricht langsam. Er läuft schnell.

- Ein Sonderfall ist ***well,*** das Adverb zu *good* (gut).

He speaks English **well**.	Er spricht gut Englisch.

- Adverbien mit der Endung ***-ly*** werden mit ***more*** und ***most*** gesteigert.

slow**ly** langsam	**more** slowly langsamer	**most** slowly am langsamsten

Verb

Präsens

Infinitiv: (Grundform)		**to knock** klopfen	**to call** rufen	**to go** gehen	**to wash** waschen	**to study** studieren
I	(ich)	knock	call	go	wash	study
you	(du, Sie)	knock	call	go	wash	study
he	(er)					
she	(sie)	knock**s**	call**s**	go**es**	wash**es**	studi**es**
it	(es)	[nɒks]	[kɔ:lz]	[gəʊz]	['wɒʃɪz]	['stʌdɪz]
we	(wir)	knock	call	go	wash	study
you	(ihr, Sie)	knock	call	go	wash	study
they	(sie)	knock	call	go	wash	study

Nur die 3. Person Singular wird verändert.

Das ***-s*** ist stimmlos nach stimmlosen Konsonanten *(he knocks)* und stimmhaft nach Vokalen *(he goes)* sowie stimmhaften Konsonanten *(he calls)*.

Präteritum und Partizip Perfekt

Die Vergangenheitsform wird gebildet, indem man ***-ed*** an die Grundform des Verbs anhängt.

Infinitiv: (Grundform)	**to open** öffnen	**to arrive** ankommen	**to stop** anhalten	**to carry** tragen
I	open**ed** ['əʊpənd]	arrive**d** [ə'raɪvd]	stop**ped** [stɒpt]	carr**ied** ['kærɪd]
you, he, she, it, we, you, they	open**ed**	arrive**d**	stop**ped**	carr**ied**

- Bei Verben, die auf ***-e*** enden, entfällt ein *e:* agre**ed**, arriv**ed**.
- Ein auslautendes ***-y*** verwandelt sich in ***-ied:*** hurr**ied**
- Auslautendes ***b, d, g, m, n, p, s, t*** wird verdoppelt, wenn es nach kurzem, betonten Vokal steht.
- Bei mehrsilbigen Verben, die auf ***-l*** enden, wird im britischen Englisch dieses meist verdoppelt: travel, trave**ll**ed.
- Das Partizip Perfekt ist gleich dem Präteritum:

opened geöffnet	**arrived** angekommen	**stopped** angehalten	**carried** getragen

Die Formen der **unregelmäßigen Verben** sind in einer gesonderten Liste aufgeführt.

Die Hilfsverben

Präsens und Partizip Präsens

Infinitiv: (Grundform)	**to be** sein	**to have** haben	**to do** tun, machen
I	**am** ich bin	**have** ich habe	**do** ich tue
you	**are** du bist; Sie sind	**have** du hast; Sie haben	**do** du tust; Sie tun
he, she, it	**is** er, sie, es ist	**has** er, sie, es hat	**does** er, sie, es tut
we	**are** wir sind	**have** wir haben	**do** wir tun
you	**are** ihr seid; Sie sind	**have** ihr habt; Sie haben	**do** ihr tut; Sie tun
they	**are** sie sind	**have** sie haben	**do** sie tun
Partizip:	**being** seiend	**having** habend	**doing** tuend

Im gesprochenen Englisch werden häufig Kurzformen gebraucht:

am **are** **is**	→ **'m** → **'re** → **'s**	**I'm** **you're** **he's, she's**
have **has**	→ **'ve** → **'s**	**I've** **he's, she's**

Verneinung	**Kurzform**
are not	**aren't**
is not	**isn't**
have not	**haven't**
has not	**hasn't**
do not	**don't**
does not	**doesn't**

Präteritum und Partizip Perfekt

Infinitiv: (Grundform)	**to be** sein	**ho have** haben	**to do** tun, machen
I	**was** ich war	**had** ich hatte	**did** ich tat
you	**were** du warst; Sie waren	**had** du hattest; Sie hatten	**did** du tatest; Sie taten
he, she, it	**was** er, sie, es war	**had** er, sie, es hatte	**did** er, sie, es tat
we	**were** wir waren	**had** wir hatten	**did** wir taten
you	**were** ihr wart; Sie waren	**had** ihr hattet; Sie hatten	**did** ihr tatet; Sie taten
they	**were** sie waren	**had** sie hatten	**did** sie taten
Partizip:	**been** gewesen	**had** gehabt	**done** getan
Kurzform:		**'d**	
Verneinung:	**wasn't** **weren't**	**hadn't**	**didn't**

Perfekt

Das Perfekt bildet man im Unterschied zum Deutschen immer mit ***have*** + Partizip Perfekt.

I have had	ich habe gehabt
I have been	ich bin gewesen
I have done	ich habe getan
I have called	ich habe gerufen
I have arrived	ich bin angekommen
I have gone	ich bin gegangen

Plusquamperfekt

Das Plusquamperfekt wird mit ***had*** + Partizip Perfekt gebildet.

I had had	ich hatte gehabt
I had been	ich war gewesen
I had done	ich hatte getan
I had called	ich hatte gerufen
I had arrived	ich war angekommen
I had gone	ich war gegangen

Unselbstständige Hilfsverben

Sie können nicht selbstständig auftreten, sondern müssen immer von einem anderen Verb (im Infinitiv ohne *to*) begleitet werden.

I **you** **he, she, it** **we** **you** **they**	**can** können	**may** dürfen	**shall** sollen	**will** wollen, werden	**must** müssen
Verneinung:	**cannot** **can't**	**must not** **mustn't**	**shall not** **shan't**	**will not** **won't**	**need not** **needn't**

Diese Verben sind bei allen Personen gleich; die dritte Person Singular hat **kein** *-s*.

Präteritum		**Ersatz**	
could	konnte	to be able (to)	können, im Stande sein (zu)
might	könnte	to be allowed (to)	mögen, dürfen, können
would	würde	to want, to wish (to)	wollen, wünschen
should	sollte	to be obliged (to)	verpflichtet sein (zu)

Verneinung:	**could not**	**might not**	**would not**	**should not**
	couldn't	**mightn't**	**wouldn't**	**shouldn't**

- Die Formen des Präteritums, die denen des Konditionals gleich sind, findet man oft in Höflichkeitswendungen:

Could you give me ...?	Können sie mir ... geben?
Would you ..., please.	Würden Sie bitte ... .
Would you like ...?	Wollen/Möchten Sie ...?
I should like	Ich möchte ... .

Futur und Konditional

Das Futur wird mit Hilfe von ***shall/will*** (1. Person Singular und Plural) und ***will*** in den übrigen Personen und das Konditional mit ***should/would*** (1. Person Singular und Plural) und ***would*** in den übrigen Personen gebildet. In der gesprochenen Sprache wird fast nur die Kurzform verwendet.

Futur		**Konditional**	
I shall/will go	ich werde gehen	**I should/ would go**	ich würde gehen
you will go	du wirst gehen; Sie werden gehen	**you would go**	du würdest gehen; Sie würden gehen
he, she, it will go	er, sie, es wird gehen	**he, she, it would go**	er, sie, es würde gehen
we shall/ will go	wir werden gehen	**we should/ would go**	wir würden gehen
you will got	ihr werdet gehen; Sie werden gehen	**you would go**	ihr würdet gehen; Sie würden gehen
they will go	sie werden gehen	**they would go**	sie würden gehen
Kurzform:	**I'll go, you'll go, he'll go, we'll go, you'll go, they'll go**	**I'd go, you'd go, he'd go, we'd go, you'd go, they'd go**	

Frage und Verneinung mit do

Das Hilfsverb ***do*** wird zur Bildung der fragenden und der mit ***not*** verneinten Form der selbstständigen Verben verwendet.

Do you speak German? **Does he know?** **Did you call?**	Sprechen Sie Deutsch? Weiß er es? Haben Sie gerufen?
I do not (don't) speak German. **He does not (doesn't) know.** **I did not (didn't) call.**	Ich spreche kein Deutsch. Er weiß es nicht. Ich habe nicht gerufen.
Didn't he come? **Didn't she call?**	Ist er nicht gekommen? Hat sie nicht gerufen?

- ***do*** wird nicht verwendet in Fragesätzen, in denen ein Fragewort selbst das Subjekt ist:

Who wrote the letter?	Wer schrieb den Brief?
Which of these trains goes to London?	Welcher dieser Züge fährt nach London?

und auch nicht in Sätzen mit den Hilfsverben:

am, are, is, was, were, can, could, may, might, must, shall, should, will, would

Verlaufsform

Die Verlaufsform wird mit dem Hilfsverb ***be*** und dem Partizip Präsens ***(-ing)*** gebildet. Mit der Verlaufsform wird eine Handlung ausgedrückt, die gerade abläuft, noch andauert oder noch nicht abgeschlossen ist, war oder sein wird.

I am working.	Ich arbeite gerade.
I was working.	Ich arbeitete (gerade).
I shall be working.	Ich werde arbeiten.
It is raining.	Es regnet.

- Bei Verben, die auf ***-e*** enden, entfällt das ***e:*** **arrive, arriving.**
- Bei Verben, die auf ***-ie*** enden, verwandelt sich dies in ***y:*** **lie, lying.**
- Für die Verdoppelung der Endkonsonanten gelten dieselben Regeln wie zur Bildung des Präteritums: **stop, stopping; travel, travelling**.
- Die Form ***be going to*** wird für eine beabsichtigte Handlung, die in naher Zukunft stattfinden wird, verwendet.

I **am going to** go London next week.	Ich werde nächste Woche nach London fahren.
She **is going to** buy a new dress.	Sie wird sich ein neues Kleid kaufen.

Gerundium

Das Gerundium (Verb + *-ing*) ist die substantivierte Form des Infinitivs.

Instead of **writing** I'd rather go for a walk.	Anstatt zu schreiben würde ich lieber spazieren gehen.
Smoking is dangerous.	Rauchen ist gefährlich.

Passiv

Zur Bildung des Passivs verwendet man das Hilfsverb ***be*** und das Partizip Perfekt.

The doctor examines Peter.	Der Arzt untersucht Peter.
Peter **is examined** (by the doctor).	Peter wird (vom Arzt) untersucht.
Somebody stole my bike.	Jemand hat mein Fahrrad gestohlen.
My bike **was stolen**.	Mein Fahrrad wurde gestohlen.

Personalpronomen

Subjektsfall		Objektsfall	
I	ich	**me**	mir/mich
you	du; Sie	**you**	dir/dich; Ihnen/Sie
he	er	**him**	ihm/ihn
she	sie	**her**	ihr/sie
it	es	**it**	ihm/es
we	wir	**us**	uns/uns
you	ihr; Sie	**you**	euch/euch; Ihnen/Sie
they	sie	**them**	ihnen/sie

- Im Objektsfall steht ***to*** (Dativ), wenn das Pronomen besonders hervorgehoben werden soll:

I gave the book **to** him.	Ich gab ihm *(betont)* das Buch.
anstatt: I gave him the book.	Ich gab ihm *(unbetont)* das Buch.

Possessivpronomen

Das Possessivpronomen ist für Singular und Plural gleich. Es hat adjektivische und substantivische Formen.

Adjektivisch (verbunden)

my book	mein Buch	**my books**	meine Bücher
your book	dein/Ihr Buch	**your books**	deine/Ihre Bücher
his book	sein Buch	**his books**	seine Bücher
her book	ihr Buch	**her books**	ihre Bücher
its book	sein Buch	**its books**	seine Bücher
our car	unser Auto	**our cars**	unsere Autos
your car	euer/Ihr Auto	**your cars**	eure/Ihre Autos
their car	ihr Auto	**their cars**	ihre Autos

Substantivisch (allein stehend)

mine	meines/der, die, das meinige/die meinigen
yours	deines/Ihres; der, die, das deinige/Ihrige; die deinigen/Ihrigen
his	seines/der, die, das seinige/die seinigen
hers	ihres/der, die, das ihrige/die ihrigen
ours	unseres/der, die, das unsrige/die unsrigen
yours	eures/Ihres; der, die, das eurige/Ihrige; die eurigen/Ihrigen
theirs	ihres/der, die, das ihrige/die ihrigen

It's not my book. It's yours. Es ist nicht mein Buch. Es ist deines.

Demonstrativpronomen

Singular:	**this** dieser, diese, dieses **that** jener, jene, jenes	Plural:	**these** diese **those** jene

This is an English book and **that** is a German book. Dies hier ist ein englisches Buch und das da ist ein deutsches Buch.
These pictures are nicer than **those.** Diese Bilder sind schöner als jene.

Reflexivpronomen

myself	mich	**ourselves**	uns
yourself	dich; sich	**yourselves**	euch; sich
himself	sich	**themselves**	sich
herself	sich		
itself	sich		

I enjoy **myself.**	Ich amüsiere mich.
You enjoy **yourself.**	Du amüsierst dich./Sie amüsieren sich.
He enjoys **himself.**	Er amüsiert sich.
She enjoys **herself.**	Sie amüsiert sich.
We enjoy **ourselves.**	Wir amüsieren uns.
You enjoy **yourselves.**	Ihr amüsiert euch./Sie amüsieren sich.
They enjoy **themselves.**	Sie amüsieren sich.

Relativpronomen

	Personen	**Sachen**	**Personen und Sachen**
Nominativ (Wer? Was?)	**who**	**which**	**that**
Genitiv (Wessen)	**whose**	**of which**	
Dativ (Wem?)	**to whom**	**to which**	
Akkusativ (Wen? Was?)	**whom/who**	**which**	**that**

Das Relativpronomen hat im Singular und im Plural die gleiche Form.

- Im Akkusativ kann ***that*** auch wegfallen:

This is the strangest book **(that)** I have ever read.
Das ist das merkwürdigste Buch, das ich je gelesen habe.

Interrogativpronomen

Substantivisch (allein stehend)

who?	wer?	**Who are you?**	Wer sind Sie?
whose?	wessen?	**Whose car is this?**	Wessen Auto ist das?
whom?/who?	wem/wen?	**Who(m) did you help?** **Who(m) did you see?**	Wem hast du geholfen? Wen hast du gesehen?
what?	was?	**What is that?**	Was ist das?
which?	welche/ welcher/ welches?	**Which is the quickest way?**	Welches ist der kürzeste Weg?

who/whose/whom fragen nach Personen, ***what*** nach Sachen und ***which*** nach Sachen aus einer bestimmten Anzahl.

- **Präpositionen** im Fragesatz werden **nachgestellt**:

Where do you come **from**?	woher?
What are you looking **for**?	wonach?
What do you want this **for**?	wofür?
What are you laughing **at**?	worüber?
Who are you speaking **to**?	mit wem?

Adjektivisch (verbunden)

What book?	*Was für ein* Buch?
What English songs?	*Was für* englische Lieder?
Which book?	*Welches* Buch? (von mehreren Büchern)

Die indefinitiven Pronomen: *some* und *any*
some/somebody/someone/something

some und seine Zusammensetzungen stehen
1. in bejahenden Sätzen,
2. in Fragesätzen, wenn darauf eine bejahende Antwort erwartet wird.

1.	I'd like **some** strawberry jam. Ich hätte gern die Erdbeermarmelade.
	Somebody/Someone has stolen my purse. Jemand hat meinen Geldbeutel gestohlen.
	I'd like **something** to drink. Ich hätte gern etwas zu trinken.
2.	May I have **some** more tea, please? – Yes, of course. Kann ich noch etwas Tee haben? – Aber selbstverständlich.

any/anybody/anyone/anything

any und seine Zusammensetzungen werden verwendet in
1. verneinten Sätzen,
2. in Fragesätzen, auf welche die Antwort ungewiss ist,
3. in Bedingungssätzen.

1.	I don't have **any** friends in London. Ich habe keine Freunde in London.
2.	Is there **anybody/anyone** who speaks German? Spricht hier jemand Deutsch?
	Have you got **any** stamps? Haben Sie vielleicht ein paar Briefmarken?
	Can I do **anything** for you? Kann ich irgendetwas für Sie tun?
3.	If I had **any** stamps I would post the letter. Wenn ich Briefmarken hätte, würde ich den Brief einwerfen.

Übersicht über die wichtigsten unregelmäßigen englischen Verben

Infinitiv	Präteritum	Partizip Perfekt
abide	abode, abided	abode, abided
arise	arose	arisen
awake	awoke	awoken
be	was *sing*, were *pl*	been
bear	bore	borne
beat	beat	beaten
become	became	become
beget	begot	begotten
begin	began	begun
behold	beheld	beheld
bend	bent	bent
beseech	besought	besought
beset	beset	beset
bet	bet, betted	bet, betted
bid	bade, bid	bid, bidden
bind	bound	bound
bite	bit	bitten
bleed	bled	bled
blow	blew	blown
break	broke	broken
breed	bred	bred
bring	brought	brought
build	built	built
burn	burned, burnt	burned, burnt
burst	burst	burst
buy	bought	bought
can	could	–
cast	cast	cast
catch	caught	caught
chide	chided	chided
choose	chose	chosen
cleave[1] *(cut)*	clove, cleaved	cloven, cleaved, cleft
cleave[2] *(adhere)*	cleaved, clove	cleaved
cling	clung	clung
come	came	come
cost	cost	cost
creep	crept	crept
cut	cut	cut
deal	dealt	dealt
dig	dug	dug
do	did	done
draw	drew	drawn
dream	dreamed, dreamt	dreamed, dreamt
drink	drank	drunk
drive	drove	driven
dwell	dwelt	dwelt
eat	ate	eaten
fall	fell	fallen
feed	fed	fed
feel	felt	felt
fight	fought	fought
find	found	found
flee	fled	fled
fling	flung	flung
fly	flew	flown
forbid	forbad(e)	forbidden
forget	forgot	forgotten
forsake	forsook	forsaken
freeze	froze	frozen
get	got	got, *Am* gotten
gild	gilded, gilt	gilded, gilt
gird	girded, girt	girded, girt
give	gave	given
go	went	gone
grind	ground	ground
grow	grew	grown
hang	hung, *jur* hanged	hung, *jur* hanged
have	had	had
hear	heard	heard
heave	heaved, hove	heaved, hove
hew	hewed	hewed, hewn
hide	hid	hidden
hit	hit	hit
hold	held	held
hurt	hurt	hurt
keep	kept	kept
kneel	knelt	knelt
know	knew	known
lade	laded	laden, laded
lay	laid	laid
lead	led	led
lean	leaned, leant	leaned, leant
leap	leaped, leapt	leaped, leapt

Infinitiv	Präteritum	Partizip Perfekt
learn	learned, learnt	learned, learnt
leave	left	left
lend	lent	lent
let	let	let
lie	lay	lain
light	lit, lighted	lit, lighted
lose	lost	lost
make	made	made
may	might	–
mean	meant	meant
meet	met	met
mistake	mistook	mistaken
mow	mowed	mown, mowed
pay	paid	paid
put	put	put
quit	quit, quitted	quit, quitted
read [ri:d]	read [red]	read [red]
rend	rent	rent
rid	rid	rid
ride	rode	ridden
ring	rang	rung
rise	rose	risen
run	ran	run
saw	sawed	sawed, sawn
say	said	said
see	saw	seen
seek	sought	sought
sell	sold	sold
send	sent	sent
set	set	set
sew	sewed	sewed, sewn
shake	shook	shaken
shave	shaved	shaved, shaven
stave	stove, staved	stove, staved
steal	stole	stolen
shear	sheared	sheared, shorn
shed	shed	shed
shine	shone	shone
shit	shit, *hum* shat	shit, *hum* shat
shoe	shod	shod
shoot	shot	shot
show	showed	shown, showed
shrink	shrank	shrunk
shut	shut	shut

Infinitiv	Präteritum	Partizip Perfekt
sing	sang	sung
sink	sank	sunk
sit	sat	sat
slay	slew	slain
sleep	slept	slept
slide	slid	slid
sling	slung	slung
slink	slunk	slunk
slit	slit	slit
smell	smelled, smelt	smelled, smelt
smite	smote	smitten
sow	sowed	sowed, sown
speak	spoke	spoken
speed	speeded, sped	speeded, sped
spell	spelled spelt	spelled, spelt
spend	spent	spent
spill	spilled, spilt	spilled, spilt
spin	spun	spun
spit	spat	spat
split	split	split
spoil	spoiled, spoilt	spoiled, spoilt
spread	spread	spread
spring	sprang	sprung
stand	stood	stood
stick	stuck	stuck
sting	stung	stung
stink	stank	stunk
strew	strewed	strewed, strewn
stride	strode	stridden
strike	struck	struck
string	strung	strung
strive	strove	striven
swear	swore	sworn
sweep	swept	swept
swell	swelled	swollen
swim	swam	swum
swing	swung	swung
take	took	taken
teach	taught	taught
tear	tore	torn
tell	told	told
think	thought	thought
thrive	throve, thrived	thriven, thrived
throw	threw	thrown
thrust	thrust	thrust

Infinitiv	Präteritum	Partizip Perfekt
tread	trod	trodden
wake	woke, waked	woken, waked
wear	wore	worn
weave	wove	woven

Infinitiv	Präteritum	Partizip Perfekt
weep	wept	wept
win	won	won
wind	wound	wound
wring	wrung	wrung
write	wrote	written

Übersicht über die wichtigsten unregelmäßigen deutschen Verben

Ableitungen und Zusammensetzungen sind unter dem Grundverb nachzuschlagen; z. B. **ab|brechen** unter **brechen**

Infinitiv	Präteritum	Partizip Perfekt
backen	backte (buk)	gebacken
befehlen	befahl	befohlen
beginnen	begann	begonnen
beißen	biss	gebissen
bergen	barg	geborgen
bersten	barst	geborsten <sein>
bewegen	bewog	bewogen
biegen	bog	gebogen
bieten	bot	geboten
binden	band	gebunden
bitten	bat	gebeten
blasen	blies	geblasen
bleiben	blieb	geblieben <sein>
bleichen	bleichte (blich)	gebleicht (geblichen) <sein>
braten	briet	gebraten
brechen	brach	gebrochen <sein>
brennen	brannte	gebrannt
bringen	brachte	gebracht
denken	dachte	gedacht
dreschen	drosch	gedroschen
dringen	drang	gedrungen <sein>
dürfen	durfte	dürfen, gedurft
empfehlen	empfahl	empfohlen
essen	aß	gegessen
fahren	fuhr	gefahren <sein>
fallen	fiel	gefallen <sein>

Infinitiv	Präteritum	Partizip Perfekt
fangen	fing	gefangen
fechten	focht	gefochten
finden	fand	gefunden
flechten	flocht	geflochten
fliegen	flog	geflogen <sein>
fliehen	floh	geflohen <sein>
fließen	floss	geflossen <sein>
fragen	fragte	gefragt
fressen	fraß	gefressen
frieren	fror	gefroren <sein>
gären	gor (gärte)	gegoren (gegärt) <sein>
gebären	gebar	geboren
geben	gab	gegeben
gedeihen	gedieh	gediehen <sein>
gehen	ging	gegangen <sein>
gelingen	gelang	gelungen <sein>
gelten	galt	gegolten
genesen	genas	genesen <sein>
genießen	genoss	genossen
geschehen	geschah	geschehen <sein>
gewinnen	gewann	gewonnen
gießen	goss	gegossen
gleichen	glich	geglichen

Infinitiv	Präteritum	Partizip Perfekt
gleiten	glitt (gleitete)	geglitten (gegleitet) <sein>
glimmen	glomm, glimmte	geglommen, geglimmt
graben	grub	gegraben
greifen	griff	gegriffen
haben	hatte	gehabt
hangen	hing	gehangen
hängen	hing (hängte)	gehangen (gehängt) <sein>
hängen	hängte (hing)	gehängt (gehangen)
hauen	haute	gehauen (hieb)
hauen	hieb (haute)	gehauen
heben	hob (hub)	gehoben
heißen	hieß	geheißen
helfen	half	geholfen
kennen	kannte	gekannt
klimmen	klomm	geklommen <sein>
klingen	klang	geklungen
kneifen	kniff	gekniffen
kommen	kam	gekommen <sein>
können	konnte	können, gekonnt
laden	lud	geladen
lassen	ließ	lassen, gelassen
laufen	lief	gelaufen <sein>
leiden	litt	gelitten
leihen	lieh	geliehen
lesen	las	gelesen
liegen	lag	gelegen <sein>
löschen	losch	geloschen <sein>
lügen	log	gelogen
mahlen	mahlte	gemahlen
meiden	mied	gemieden
melken	molk, melkte	gemolken, gemelkt
messen	maß	gemessen
misslingen	misslang	misslungen <sein>
mögen	mochte	mögen, gemocht

Infinitiv	Präteritum	Partizip Perfekt
müssen	musste	müssen, gemusst
nehmen	nahm	genommen
nennen	nannte	genannt
pfeifen	pfiff	gepfiffen
preisen	pries	gepriesen
quellen	quoll	gequollen <sein>
raten	riet	geraten
reiben	rieb	gerieben
reißen	riss	gerissen <sein>
reiten	ritt	geritten <sein>
rennen	rannte (rennte)	gerannt <sein>
riechen	roch	gerochen
ringen	rang	gerungen
rinnen	rann	geronnen <sein>
rufen	rief	gerufen
salzen	salzte	gesalzen (gesalzt)
saufen	soff	gesoffen
saugen	sog, saugte	gesogen, gesaugt
schaffen	schuf, schaffte	geschaffen, geschafft
schallen	schallte, scholl	geschallt
scheiden	schied	geschieden <sein>
scheinen	schien	geschienen
scheißen	schiss	geschissen
schelten	schalt	gescholten
scheren	schor (scherte)	geschoren (geschert)
schieben	schob	geschoben
schießen	schoss	geschossen <sein>
schinden	schindete	geschunden
schlafen	schlief	geschlafen
schlagen	schlug	geschlagen <sein>
schleichen	schlich	geschlichen <sein>
schleifen	schliff	geschliffen
schließen	schloss	geschlossen
schlingen	schlang	geschlungen
schmeißen	schmiss	geschmissen
schmelzen	schmolz	geschmolzen <sein>

Infinitiv	Präteritum	Partizip Perfekt
schneiden	schnitt	geschnitten
schrecken	schreckte, schrak	geschreckt <sein>
schreiben	schrieb	geschrieben
schreien	schrie	geschrie(e)n
schreiten	schritt	geschritten <sein>
schweigen	schwieg	geschwiegen
schwellen	schwoll	geschwollen <sein>
schwimmen	schwamm	geschwommen <sein>
schwinden	schwand	geschwunden <sein>
schwingen	schwang	geschwungen
schwören	schwor (schwur)	geschworen
sehen	sah	gesehen
sein	war	gewesen <sein>
senden	sandte (sendete)	gesandt (gesendet)
sieden	sott, siedete	gesotten, gesiedet
singen	sang	gesungen
sinken	sank	gesunken <sein>
sinnen	sann	gesonnen
sitzen	saß	gesessen <sein>
sollen	sollte	sollen, gesollt
spalten	spaltete	gespaltet, gespalten
speien	spie	gespie(e)n
spinnen	spann	gesponnen
spleißen	spliss	gesplissen
sprechen	sprach	gesprochen
sprießen	spross	gesprossen <sein>
springen	sprang	gesprungen <sein>
stechen	stach	gestochen <sein>
stecken	steckte (stak)	gesteckt
stehen	stand	gestanden <sein>
stehlen	stahl	gestohlen
steigen	stieg	gestiegen <sein>
sterben	starb	gestorben <sein>
stieben	stob	gestoben <sein>
stinken	stank	gestunken
stoßen	stieß	gestoßen <sein>
streichen	strich	gestrichen <sein>
streiten	stritt	gestritten
tragen	trug	getragen
treffen	traf	getroffen
treiben	trieb	getrieben <sein>
treten	trat	getreten <sein>
triefen	triefte	getrieft (getroffen) <sein>
trinken	trank	getrunken
trügen	trog	getrogen
tun	tat	getan
verderben	verdarb	verdorben <sein>
verdrießen	verdross	verdrossen
vergessen	vergaß	vergessen
verlieren	verlor	verloren
wachsen	wuchs	gewachsen <sein>
wägen	wog	gewogen
waschen	wusch	gewaschen
weben	webte	gewebt (gewoben)
weichen	wich	gewichen <sein>
weisen	wies	gewiesen
wenden	wendete, wandte	gewendet, gewandt
werben	warb	geworben
werden	wurde	worden, geworden <sein>
werfen	warf	geworfen
wiegen	wog	gewogen
winden	wand	gewunden
winken	winkte	gewinkt (gewunken)
wissen	wusste	gewusst
wollen	wollte	wollen, gewollt
wringen	wrang	gewrungen
ziehen	zog	gezogen <sein>
zwingen	zwang	gezwungen

American English *(Am)*	**British English** *(Br)*	**Deutsch**
airplane	aeroplane	Flugzeug *nt*
apartment	flat	(Miets)wohnung *f*
apartment house	block of flats	Mietshaus *nt*
appointment book	diary	Terminkalender *m*
baby carriage	pram	Kinderwagen *m*
baby-stroller	pushchair	(Kinder)sportwagen *m*
backpack	rucksack	Rucksack *m*
baggage car	luggage van	Gepäckwagen *m*
bangs	fringe	(Pony)fransen *pl*
bar	pub	Kneipe *f*
bathroom	toilet, loo (*fam*)	Toilette *f*
bill	banknote	Geldschein *m*
billfold	wallet	Brieftasche *f*
bleachers	terrace	Zuschauersitze (im Freien)
blinder	blinker	Scheuklappe *f*
to blow away (*sl*)	to beat hollow	vernichtend schlagen
bookstore	bookshop	Buchhandlung *f*
brackets	square brackets	eckige Klammern *pl*
buck (*sl: $*)	quid (*sl: £*)	Dollar *m*/Pfund *nt*
buddy (*fam*)	mate (*fam*)	Kumpel *m*
bulletin board	noticeboard	schwarzes Brett
to burglarize (*house*)	to burgle	einbrechen in
buttocks	bottom	Hintern *m*
to call	to ring	anrufen
call	ring	Anruf *m*
can	tin	Dose *f*
candy	sweet	Bonbon *nt*
candy store	sweet shop	Süßwarenladen *m*
car	waggon	Waggon *m*
casket	coffin	Sarg *m*
catchall	junk room	Rumpelkammer *f*
central	switchboard	(Telefon)zentrale *f*
checkbook	cheque book	Scheckheft *nt*
checkers	draughts	Damespiel *nt*
checking account	current account	Girokonto *nt*
chips	crisps	Kartoffelchips *pl*
clean-up (*sl*)	profit	Gewinn *m*
coat check	cloakroom	Garderobe *f*
collect call	reverse charge call	R-Gespräch *nt*
comforter	duvet	Deckbett *nt*

American English *(Am)*	**British English** *(Br)*	**Deutsch**
condo(minium)	owner-occupied flat	Eigentumswohnung *f*
conductor	chief guard	Zugführer(in) *m(f)*
cookie	biscuit	Keks *m*
cot	folding bed	Klappbett *nt*
cotton	cotton wool	Watte *f*
counterclockwise	anticlockwise	gegen den Uhrzeigersinn
crazy (*person*)	nutter	Verrückte(r) *mf*
crosswalk	pedestrian crossing	Fußgängerüberweg *m*
curb(stone)	kerb	Bordstein *m*
custom-made clothes	made-to-measure clothes	Maßkleidung *f*
dead end	cul-de-sac, close	Sackgasse *f*
detour	diversion	Umleitung *f*
diaper	nappy	Windel *f*
dishtowel	tea towel	Geschirrtuch *nt*
dormitory	students' hostel, hall of residence	Studentenwohnheim *nt*
drapes *pl*	curtains	Vorhänge *mpl*
dresser	dressing table	Frisierkommode *f*
driver's license	driving licence	Führerschein *m*
eggplant	aubergine	Aubergine *f*
elective	option	Wahlfach *nt*
elementary school	primary school	Grundschule *f*
elevator	lift	Aufzug *m*
eraser	rubber	Radiergummi *m*
exclamation point	exclamation mark	Ausrufezeichen *nt*
fall	autumn	Herbst *m*
faucet	tap	Wasserhahn *m*
fender	wing	Kotflügel *m*
fire department	fire brigade	Feuerwehr *f*
first floor	ground floor	Erdgeschoss *nt*
fish store	fishmonger's	Fischgeschäft *nt*
flashlight	torch	Taschenlampe *f*
freeway	motorway	Autobahn *f*
french fries/French fries	chips	Pommes frites *pl*
garbage	rubbish	Müll *m*
garbage bag	bin liner	Müllbeutel *m*
garbage can	(rubbish) bin	Mülleimer *m*
garbageman	refuse collector, bin man (*fam*)	Müllmann *m*
gas(oline)	petrol	Benzin *nt*
gas heater	gas fire	Gasofen *m*

American English *(Am)*	**British English** *(Br)*	**Deutsch**
gas station	petrol station	Tankstelle *f*
gawker (*pej*)	gawper (*fam*)	Gaffer(in) *m*(*f*)
general delivery	poste restante	postlagernd
German shepherd	alsatian	Schäferhund *m*
godawful (*fam*)	dreadful, terrible	fürchterlich
goddam(ned) (*sl*)	bloody awful (*sl*)	beschissen (*sl*)
gotten	got	bekommen (haben)
grade	1.class; 2. mark	1.Klasse f; 2. Note f
grade school	primary school	Grundschule *f*
green thumb	green fingers	gärtnerisches Geschick
high-rise	high rise, tower block	Hochhaus *nt*
high school	secondary school	weiterführende Schule
to hightail (*fam*)	to clear off (*fam*)	abhauen (*fam*)
highway	main road	Hauptstraße *f*
hood (*of car*)	bonnet	Motorhaube *f*
hooky: to play ~ (*fam*)	to play truant	(die Schule) schwänzen (*fam*)
instruction	tuition	Unterricht *m*
intermission	interval	Pause *f*
John Doe	Joe Bloggs	Otto Normalverbraucher
jumper	pinafore dress	Trägerkleid *n*
know-it-all (*fam*)	know-all (*fam*)	Besserwisser(in) *m*(*f*)
ladybug	ladybird	Marienkäfer *m*
lady's room	Ladies	Damentoilette *f*
layover	stopover	Zwischenlandung *f*
leash	lead	(Hunde)leine *f*
license plate	number plate	Nummernschild *nt*
life preserver	lifebelt, life jacket	Rettungsring *m*; Schwimmweste *f*
line: to stand in ~, to ~ up	to queue (up)	Schlange stehen
line	queue	(*Menschen*-)Schlange *f*
liquor store	off-licence	Wein- und Spirituosenhandlung *f*
lush (*sl pej*)	boozer (*fam*), piss artist (*sl pej*)	Säufer(in) *m*(*f*) (*pej*)
mail	post	Post *f* (*Briefe, ...*)
mailbox	letter box	Briefkasten *m*
mailman	postman	Briefträger *m*
main street	high street	Hauptstraße *f*
major	main subject	Hauptfach *nt*
math	maths	Mathe *f*

American English *(Am)*	**British English** *(Br)*	**Deutsch**
men's room	Gents	Herrentoilette *f*
mobile home	caravan, mobile home	Wohnwagen *m*
motor home	camper van, motor caravan	Wohnmobil *nt*
mover	removal man	Möbelpacker *m*
movie	film	Film *m*
movie theater	cinema	Kino *nt*
moving truck	removal van	Möbelwagen *m*
muffler (*of car*)	silencer	Auspufftopf *m*
nail polish	nail varnish	Nagellack *m*
natality	birth rate	Geburtenziffer *f*
neat (*fam*)	great (*fam*), smashing (*fam*)	super (*fam*)
newsdealer	newsagent	Zeitungshändler(in) *m(f)*
nightstick	truncheon	Schlagstock *m*
notebook	exercise book	Übungsheft *nt*
odometer	mileage indicator, mileometer	Kilometerzähler *m*
overpass	flyover	Überführung *f*
pacifier	dummy	Schnuller *m*
pack (*of cigarettes*)	packet	Schachtel *f* (*Zigaretten*)
to panhandle (*fam*)	to scrounge (*fam*), beg	schnorren (*fam*); betteln
panties	knickers, panties	(Damen)slip *m*
pantsuit	trouser suit	Hosenanzug *m*
pantyhose	tights	Strumpfhose *f*
parentheses	(round) brackets	(runde) Klammern *pl*
parking lot	(outside) car park	Parkplatz *m*
parochial school	denominational school	Konfessionsschule *f*
part (*of hair*)	parting	Scheitel *m*
patrolman	policeman on patrol, bobby on the beat (*fam*)	Streifenpolizist *m*
pavement	road surface	Fahrbahn *f*
period (*in punctuation*)	full stop	Punkt *m*
phone booth	phone box	Telefonzelle *f*
potato chips	crisps	Kartoffelchips *pl*
principal	headteacher	Rektor(in) *m(f)*
to pry (open)	to prize (open)	aufbrechen
public school	state school	staatliche Schule
purse	handbag	Handtasche *f*
railroad	railway	Eisenbahn *f*
realtor	estate agent	Grundstücksmakler(in) *m(f)*

American English *(Am)*	**British English** *(Br)*	**Deutsch**
recreational vehicle, RV	camper (van)	Wohnmobil *nt*
regular	normal	normal
re-run (TV)	repeat	Wiederholung *f*
restroom	toilet	Toilette *f*
résumé	CV	Lebenslauf *m*
review	revision	Wiederholung *f* (*von Stoff*)
robe	dressing gown; bathrobe	Morgenmantel *m*
round-trip ticket	return ticket	Rückfahrkarte *f*
rowboat	rowing boat	Ruderboot *nt*
rumpus room	playroom	Spielzimmer *nt*
sailboat	sailing boat	Segelboot *nt*
sales clerk, salesperson	shop assistant	Verkäufer(in) *m*(*f*)
schedule	timetable	Stundenplan *m*
second floor	first floor	erster Stock
sedan	saloon	Limousine *f*
semi (trailer)	artic(ulated lorry)	Sattelschlepper *m*
shine	shoe polishing	Schuhputzen *nt*
shopping cart	shopping trolley	Einkaufswagen *m*
sidewalk	pavement	Gehweg *m*
spoiled (*food*)	off	verdorben, schlecht geworden
squad car	patrol car	Streifenwagen *m*
station wagon	estate (car)	Kombi(wagen) *m*
store	shop	Laden *m*
storekeeper	shopkeeper	Ladenbesitzer(in) *m*(*f*)
strip mining	open-cast mining	Tagebau *m*
stroller	pushchair	(Kinder)sportwagen *m*
student	student; (secondary school) pupil	Schüler(in) *m*(*f*)
subway	underground	U-Bahn *f*
sugar pea	mangetout	Zuckererbse *f*
sunroom	conservatory, sunroom	Wintergarten *m*
suspenders	braces	Hosenträger *pl*
switchblade (knife)	flick knife	Klappmesser *nt*
tailpipe	exhaust pipe	Auspuffrohr *nt*
taxi stand	taxi rank	Taxistand *m*
third-class mail	printed matter	Drucksache *f*
thumbtack	drawing pin	Reißnagel *m*
tideland	mud-flats	Watt *nt*
toiletries bag	sponge bag	Kulturbeutel *m*

American English *(Am)*	**British English** *(Br)*	**Deutsch**
toll-free	free of charge; *(telephone number)* freephone	gebührenfrei
traffic circle	roundabout	Kreisverkehr *m*
trainman	railwayman	Eisenbahner *m*
transcript	copy of one's school report	Zeugniskopie *f*
trash	rubbish	Abfall *m*
trash can	(rubbish) bin	Abfalleimer *m*
Treasury Secretary	Chancellor of the Exchequer	Finanzminister(in) *m*(*f*)
truck	lorry	Lastwagen *m*
trucker	lorry driver	Lastwagenfahrer(in) *m*(*f*)
trucking	road haulage	Spedition *f*
trunk	boot	Kofferraum *m*
tuxedo	dinner jacket	Smoking *m*
undershirt	vest	Unterhemd *nt*
upgrade	upward slope	Steigung *f* (*im Gelände*)
vacation	holiday	Ferien *pl*
vacationer	holidaymaker	Urlauber(in) *m*(*f*)
vendue	auction	Auktion *f*
vest	waistcoat	(Herren)weste *f*
vice girl	prostitute, tart (*fam*)	Prostituierte *f*, Nutte *f* (*pej*)
vocational school	technical college	Berufsschule *f*
wallet	purse; wallet	Geldbeutel *m*; Brieftasche *f*
washcloth, washrag	flannel	Waschlappen *m*
workweek	working week	Arbeitswoche *f*
wrecker	breakdown van/vehicle	Abschleppwagen *m*
yard	garden	Garten *m*
zee	zed	Zett *nt*
zip code, ZIP code	postcode	Postleitzahl *f*
zipper	zip	Reißverschluss *m*
zucchini	courgette	Zucchini *f*

Notizen

Notes

Notizen

Notes

Notizen Notes

Notizen **Notes**

Notizen **Notes**

Notizen **Notes**

Notizen

Notes

Notizen

Notes

Notizen

Notes

Notizen

Notes

Notizen **Notes**

Notizen

Notes

Notizen

Notes

Inhalt und Aufbau
Deutsch – Englisch

belämmertRR [bəˈlɛmɐt] *adj* (*sl: betreten*) sheepish	Die durch die Rechtschreibreform bedingten neuen Schreibungen sind durch RR gekennzeichnet.
belemmert *adj s* **belämmert**	Grau sind jene Schreibungen hinterlegt, die nach der Übergangsphase der Rechtschreibreform durch reformierte Schreibungen abgelöst werden.
Rechtschreibfehler *m* spelling mistake; **Rechtschreibreform** *f* spelling reform; **Rechtschreibung** *f* spelling	Alle **Stichwörter** sind durch Fettdruck hervorgehoben.
paar *adj:* **ein ~** a few; *(zwei, drei)* a couple of … ; **vor ein ~ Tagen** a few days ago; **die ~ Leute, die da waren** the few people who were there; **kannst du mir ein ~ Zeilen schreiben?** can you drop me a line?	**Anwendungsbeispiele** und **Redewendungen** sind **halbfett** hervorgehoben.
ab|bestellen *vt* cancel; **jdn ~** tell s.o. not to come; **eine Zeitung ~** cancel a newspaper subscription **Abbildung** *f* **1.** (*Wiedergabe*) reproduction **2.** (*Illustration*) illustration **3.** (INFORM) mapping; **mit ~en versehen** illustrate	Die **Tilde** ~ ersetzt in den Anwendungsbeispielen und Redewendungen das unveränderte Stichwort.
ab|brennen I. *irr vt haben (Bewuchs)* burn off; *(Gebäude)* burn down; *(Feuerwerk)* let off; **II.** *vi sein* burn down	**Römische Ziffern** dienen zur Unterscheidung der verschiedenen Wortarten, denen ein Stichwort angehört, und zur Gliederung der Verben *(vt, vi, vr)*.
Ebene [ˈeːbənə] <-, -n> *f* **1.** *(Tiefland)* plain; *(Hochland)* plateau; **2.** (MATH) plane; **3.** *(fig)* level; **auf höchster (gleicher) ~** *(fig)* at the highest (same) level	Grundlegend verschiedene Bedeutungen eines Stichworts sind durch **arabische Ziffern** differenziert.
Füller1 *m (nur als Seiten~ eingeschobener Zeitungsartikel)* filler **Füller**2 *m*, **Füllfederhalter** *m* fountain pen	**Hochgestellte arabische Ziffern** unterscheiden Homographe.